사도신경 The Apostles' Creed

전능하사 천지를 만드신 아버지를 내가 믿사오며,
그 외아들 우리 주 예수 그리스도를 믿사오니,
이는 성령으로 잉태하사 동정녀 마리아에게 나시고,
'본디오 빌라도'에게 고난을 받으사, 십자가에 못 박혀 죽으시고,
장사한 지 사흘 만에 죽은 자 가운데서 다시 살아나시며,
하늘에 오르사, 전능하신 하나님 우편에 앉아 계시다가,
저리로서 산 자와 죽은 자를 심판하러 오시리라.
성령을 믿사오며, 거룩한 공회와,
성도가 서로 교통하는 것과,
죄를 사하여 주시는 것과, 몸이 다시 사는 것과,
영원히 사는 것을 믿사옵나이다. 아멘.

새번역

나는 전능하신 아버지 하나님, 천지의 창조주를 믿습니다.
나는 그의 유일하신 아들, 우리 주 예수 그리스도를 믿습니다.
그는 성령으로 잉태되어 동정녀 마리아에게서 나시고,
본디오 빌라도에게 고난을 받아 십자가에 못 박혀 죽으시고,
장사된 지 사흘 만에 죽은 자 가운데서 다시 살아나셨으며,
하늘에 오르시어 전능하신 아버지 하나님 우편에 앉아 계시다가,
거기로부터 살아 있는 자와 죽은 자를 심판하러 오십니다.
나는 성령을 믿으며, 거룩한 공교회와 성도의 교제와
죄를 용서받는 것과 몸의 부활과 영생을 믿습니다. 아멘.

90일 성경일독

통큰통독 연대기 해설 성경

개역개정

해설 편집 | 주 해 홍 목사

〈통큰통독 연대기 해설 성경을 발간하면서..〉

"... 은과 금은 내게 없거니와
내게 있는 이것을 네게 주노니
나사렛 예수 그리스도의 이름으로
일어나 걸으라"

베드로의 담대한 외침이다.
아마 가장 짧고도 가장 강력한 설교일 것이다.
과연 이런 설교가 오늘에도 살아 있는가?

행 3:1-12 제 구 시 기도 시간에 베드로와 요한이 성전에 올라갈 새 **나면서 못 걷게 된 이를 사람들이 메고 오니 이는 성전에 들어가는 사람들에게 구걸하기 위하여 날마다 미문이라는 성전 문에 두는 자**라
그가 베드로와 요한이 성전에 들어가려 함을 보고 구걸하거늘 베드로가 요한과 더불어 **주목하여 이르되 우리를 보라** 하니 그가 그들에게서 무엇을 얻을까 하여 바라보거늘 베드로가 이르되 **은과 금은 내게 없거니와 내게 있는 이것을 네게 주노니 나사렛 예수 그리스도의 이름으로 일어나 걸으라** 하고 오른손을 잡아 일으키니 발과 발목이 **곧 힘을 얻고 뛰어 서서 걸으며 그들과 함께 성전으로 들어가면서 걷기도 하고 뛰기도 하며 하나님을 찬송하니** 모든 백성이 그 걷는 것과 하나님을 찬송함을 보고 그가 본래 성전 미문에 앉아 구걸하던 사람인 줄 알고 그에게 일어난 일로 인하여 심히 놀랍게 여기며 놀라니라
나은 사람이 베드로와 요한을 붙잡으니 모든 백성이 크게 놀라며 달려 나아가 솔로몬의 행각이라 불리우는 행각에 모이거늘 베드로가 이것을 보고 백성에게 말하되 **이스라엘 사람들아 이 일을 왜 놀랍게 여기느냐 우리 개인의 권능과 경건으로 이 사람을 걷게 한 것처럼 왜 우리를 주목하느냐**

그 당시 예루살렘 성전에는 4개의 문이 있었는데 그중 동쪽에 있는 문이 가장 화려하고 아름다운 문이었다, 이를 미문(美門)이라고 불렀다. 니카노르 문이라고도 한다, 이 미문 앞에 날 때부터 앉은뱅이가 있었는데 사람들이 이 자를 구걸을 할 수 있도록 매일 이 미문 앞에 데려다 놓았다. 성전 앞에서 앉은뱅이가 구걸하는 모습은 성경이 강조하는 하나님 사랑, 이웃 사랑이 엉망진창이 되었다는 것을 보여 주는 것이다. 신 15:4은 가난한 자가 생겼다는 것은 율법을 지키지 않는다는 증거이다.

신 15:4 네가 만일 네 하나님 여호와의 말씀만 듣고 내가 오늘 네게 내리는 그 명령을 다 지켜 행하면 네 하나님 여호와께서 네게 기업으로 주신 땅에서 네가 반드시 복을 받으리니 너희 중에 가난한 자가 없으리라

그리고 유대인들은 그들의 관례에 따라 제3시, 제6시, 제9시 등 하루에 세 번 기도하러 성전에 올라가는데 누구도 이 걸인에게 주의와 관심을 주는 사람이 없었음을 또한 볼 수 있다.

이들은 하나님의 율법을 지키기보다는 자기들의 유익을 위해 기도하거나 아니면 형식에 따라 습관적으로 기도하는 종교행위를 더 중요시하는 위선적인 모습을 보여 주고 있다.

도움이 절실히 필요한 이웃을 외면하고 기도에만 열중하는 위선적 모습이 오늘날 성도와 교회의 모습일 수도 있다고 생각한다. 남의 등에 업혀서 구걸하려고 나온 이 앉은뱅이는 아무것도 할 수 없어 도움을 절실히 받아야 할 현실적·영적 무능력자일 수밖에 없다.

마치 나를 포함한 이 시대 성도들의 모습일 것 같다. 우리는 원래 흙으로 지음을 받은 존재이지만 하나님의 생기를 받아 생령, 즉 하나님의 대리인이 될 만큼 탁월한 존재였다(창 1:26-28, 2:7). 그러나 하나님과 함께하기를 거절하고, 주인을 바꿈으로 하나님의 생기를 잃어버리고 흙과 같은 무능력한 앉은뱅이 같은 존재가 되어 버린 것이다. 회복이, 하나님의 생기가 돌아오는 회복이 절실히 필요한 상태에 놓여 있는 것이다. 지금은 에스겔의 시대임을

우리는 깨달아야 한다.

"학문 없던 범인"(행 4:13)이었던 일자무식한 베드로가 예수의 제자가 되고, 오순절 성령강림으로 변화 받은 그는 이 걸인을 예수의 마음인 측은지심(惻隱之心) (마 9:35-36)으로 보게 된 것이다. 그리고 베드로는 알았다. 이 걸인의 문제를 근원적으로 해결하는 것은 "금이나, 은"이 아니라, "나사렛 예수 그리스도의 이름"이라는 것을! 그렇다. 오늘 나와 우리의 교회, 나아가 이 시대의 문제는 물질적이고 물리적인 방법으로는 결코 해결할 수 없다는 사실을 우리는 깨달아야 한다. 무슨 위원회, 무슨 대책반이 결코 해결책이 될 수 없다.

슥 4:6 그가 내게 대답하여 이르되 여호와께서 스룹바벨에게 하신 말씀이 이러하니라 만군의 여호와께서 말씀하시되 이는 힘으로 되지 아니하며 능력으로 되지 아니하고 오직 나의 영으로 되느니라

베드로는 알았다. 예수가 그의 마음에 계셨고, 성령이 충만했기에 그는 우리의 문제가 금이나 은의 방법으로 결코 해결할 수 없고 예수의 권능으로만 가능하다는 사실을 베드로는 알고 있었다. 우리도 그 사실을 알아야 한다. 그것을 알고 그 예수의 이름으로 변화를 받고 권능을 받기 위해 말씀(성경)으로 돌아가는 길 밖에는 없다는 사실을...

히 4:12 하나님의 말씀은 살아 있고 활력이 있어 좌우에 날선 어떤 검보다도 예리하여 혼과 영과 및 관절과 골수를 찔러 쪼개기까지 하며 또 마음의 생각과 뜻을 판단하나니

성경은 이런 점에서 우리를 매우 불편하게 하는 책이다. 그러나 그 과정을 거치는 자에게 성경은 소망과 복됨을 보여 주는 하나님의 계시와 능력의 말씀이 되어 우리의 삶 속에 다가와 역사한다.

고후 10:4-6 우리의 싸우는 무기는 육신에 속한 것이 아니요 오직 어떤 견고한 진도 무너뜨리는 하나님의 능력이라 **모든 이론을 무너뜨리며 하나님 아는 것을 대적하여 높아진 것을 다 무너뜨리고 모든 생각을 사로잡아 그리스도에게 복종하게 하니** 너희의 복종이 온전하게 될 때에 **모든 복종하지 않는 것을 벌하려고 준비하는 중에 있노라**

그러므로 **진정한 변화는 생각과 사상이 성경의 원리와 진리에 의해서 바뀌는 것이다.** 그렇게 바뀌지 않으면 그냥 지나가는 것이 아니고 벌주신다는 사실을 명심하자.

이제 우리도 말씀(성경)으로 돌아가 그 속에서 "나사렛 예수의 이름으로" 변화 받아 "발과 발목이 **곧 힘을 얻고 뛰어 서서 걸으며 그들과 함께 성전으로 들어가면서 걷기도 하고 뛰기도 하며 하나님을 찬송하는" 복된 하나님의 자녀가 되자.**

"나사렛 예수 그리스도의 이름으로 일어나 걸으라"

그 "나사렛 예수 그리스도의 이름"이 이 성경 속에 있다.

말씀이 삶이 되도록 오늘 성경 읽으셨나요?
그러므로 "이 두루마리 책을 갖다 먹어라"(겔 3:1, 계 10:9)
성경이 세상의 답이다.

"일어나 너 걸어라. 내가 새 힘을 주리니..."

2024년 7월
주의 작은 종이 된지 20년이 되는 해.

주 해 홍 목사

CONTENTS

* 본 목차의 페이지는 성경의 나열된 장들 중 첫 번째 장에 해당하는 페이지를 표기한 것입니다.

구약 성경

CONTENTS

신약 성경

CONTENTS

일 러 두 기

성경

♣ 성경 본문은 대한성서공회에서 발행한 『성경전서 개역 개정판』을 사용했다.
♣ 성경 본문 배열은 도서출판 에스라에서 발행한 『하나님 나라 관점에서 읽는 90일 성경 일독, 통큰통독』(개정증보판)의 순서를 따랐다.
♣ 해설 성경으로서 많은 지도, 도표, 연대표, 각권, 각장 개요 설명, 절별 설명, 그리고 가치관의 변화를 위한 성경적 세계관과 묵상을 위한 질문을 매일 분량 끝에 실었다. 개인 또는 소그룹이 나눔을 통해 서로 함께 자라가면 좋을 것이다.
♣ 성경 본문을 13개의 시대로 나누어 시간 흐름에 따라 이해하도록 도왔다.
♣ 소제목과 부제목을 수록하여 본문의 이해를 도왔다.
♣ 성경 장·절을 별색으로 표시하여 본문을 쉽게 찾아볼 수 있도록 했다.
♣ 본문 하단에는 통독 일자 및 시대와 시대 연도, 일련 페이지를 표기했다.
♣ 90일 통독 일자를 수록하여 성경 통독을 수월하게 진행할 수 있도록 했다.
♣ 다음 페이지의 활용법을 잘 숙지하라.

부록

♣ 개역개정 성경 찾아보기 – 개역개정 성경의 본래 순서에 따라 본서의 페이지를 병기하여 개역개정 성경 본문을 쉽게 찾을 수 있게 했다.
♣ 90일 일독 가이드 – 90일 개인 성경 일독과 90일 성경 일독학교의 운영을 돕는 안내서를 수록했다.
♣ 통독의 더 깊은 공부를 위해 별책으로 "학습자료집"을 출간하였고 관련 자료를 찾아 갈 수 있도록 Indexing을 달았다.

특별 감사

♣ 이 책이 나오기까지 참으로 긴 시간이 걸렸다. 부족한 종이 목사가 되기 25년 전부터 성경을 가르쳐야 하는 경우에 처했고, 그래서 혼자서 성경을 이런저런 참고서를 읽으며 기도하며 공부하고, 깨우치고, 소화하는데 참으로 긴 세월을 보냈다. 신학교에서 전문적으로 성경을 탐구하고 결국 목사로 부름을 받고 통독을 전문 사역으로 하는 지금까지의 20년을 더 성경과 더불어 씨름하며 성경적 삶을 살려고 애쓴 흔적들이 이 책에 녹아져 있을 것이다.

통독은 성경 본문 읽기가 핵심이기 때문에 성경을 읽을 때 본문을 더 쉽게 이해할 수 있도록 본문 옆에 딱딱한 주석이나 해석이 아닌 설명을 수록한 성경을 만들고 싶었고, 이제 45년의 내공을 담아 이 해설 성경을 펴내게 되었다.

무엇보다 지금까지 52년을 동고동락하며 함께 한 아내의 내조와 기도에 감사하며, 두 아들 대근, 중근과 4명(아람(Sean), 다인(Dillon), 준하(Toby), 하영(Caleb))의 손자들과 함께 즐거움을 누리며 생동감을 가진 것도 얼마나 감사한가...

이 해설 성경이 세상에 나올 수 있도록 물질로, 기도로 도와주신 많은 분께 감사를 드리지 않을 수 없다. 원고를 정리하고 입력하며 도와준 박정흠 목사님, 최정관 목사님, 물질과 기도로 도와주신 박충기 목사님, 박갑례 전도사, 일산의 김현숙 권사님, 최형심 권사님, 김경옥 권사님, 이희자 권사님 그리고 우리 에스라 성경통독 사역원 한국 본부장 이성수 장로님께 각별한 감사를 드린다.

또한 나의 지난 목회 20년간 기쁠 때나, 힘들 때나, 변함없이 하나님 나라를 위해 함께 기도하며 애썼던 동지, 윤여훈, 황희남 형제에게 각별한 감사를 표한다.

물론 이 모든 것을 가능하게 해 주시며 사소한 것까지 이끌어 주신 하나님께 모든 감사와 영광을 올려 드림은 너무나 당연하다. **Soli Deo Gloria!**

활 용 법

♣ 성경 공부의 목적은 단순히 성경 관련 지식을 습득하기 위함이 아니고, 그 배운 지식을 통해 성경의 계시를 주신 하나님이 누구이신가를 발견하여 깨우치고 그 하나님과 관계를 회복하여 그 관계 맺은 대로 살아가기 위함이다. 그러므로 이 해설 성경은 지식을 습득하여 하나님이 누구이신가를 알아(지성적 읽기), 그 하나님과 나와의 관계를 회복하여(감성적 읽기), 그 관계 맺은 대로 삶을 살아갈 수 있도록 도움을 주는데 주안점을 두고 있다. 따라서 본 해설 성경은 신학적 전문성을 가진 주석이나 해석을 수록한 것이 아니고, 성경 본문에서 "그러면 어떻게 살 것인가?"의 질문에 답을 찾을 수 있는 설명을 수록한 해설 성경이다.

지식적 습득을 위한 심화 과정의 자료를 필요한 자를 위한 추가 "학습자료"를 묶어 별책 『통큰통독 연대기 해설 성경 학습자료집』을 출간하였다.

본 성경의 특징과 활용법

❶ 본 성경은 성경의 각 책별 순서로 읽는 것이 아니고, 총 1,189장(구약 929장 23,145절 + 신약 260장 7,957절)을 연대에 따라 시간 순서대로 읽게 하는 연대기 성경이다. 그 이유는 성경은 하나님 나라를 회복하시려는 하나님의 구속 역사를 기록한 책이기 때문에 구속 역사의 큰 그림(통전적 이해)을 이해하려면 그 시간 흐름을 따라 나오는 줄거리를 파악해야 하기 때문이다. 이 줄거리를 파악하면 성경의 중요 메시지(교훈)를 더욱 정확하게 이해할 수 있기 때문이다.

❷ 본 연대기 해설 성경의 성경 신학적 근거를 성경을 읽기 전에 충분히 이해해야 한다. 그러기 위해 본 교재 『통큰통독』(도서출판 에스라) 개정증보판 p22-74의 "서론" 부분과 동영상 강의 시리즈 "서론 6강"을 영상 강의 워크북 서론 강의 노트나, 학습자료집 서론 강의 노트를 참조해서 시청하고 학습하여야 한다.(▶ 영상 강의 서론 6강은 에스라 성경통독 사역원 홈페이지 www.90daysbible.com이나 Youtube의 "에스라 성경통독 사역원" site에서 시청할 수 있다.)

❸ 본 해설 성경은 성경 전체를 90일에 일독할 수 있도록 배정하였다. 1,189장을 90일에 일독하려면 하루에 13~14장을 읽어야 한다. 그렇게 매일 분량을 정하였다.(읽기표 참조)
성경을 90일에 일독하는 것은 쉽지 않지만, 성경 전체의 줄거리를 파악하여 숲(큰 그림, 통전적 이해)을 보려면 최대한 단기간에 읽어야 한다.(그 이유를 서론 6강에서 들어라.)

▶ 동영상 강의 시리즈 소개

90일 일독 계획에 따라 배정된 일일 하루 평균 13~14장을 범위로 하여 『통큰통독』 저자이며 본 해설 성경의 해설 편집자인 주해홍 목사가 직접 강의하여 영상으로 제작하였다. 서론 6강을 포함하여 90일 분량 92편으로 모두 98편을 제작하였고, 총강의 시간은 55시간 45분이며, 일일 평균 강의 시간은 34분이다. ppt 분량으로 2,000장 분량의 자료가 영상 자막으로 처리되어 통독의 통전적 이해를 위해 충분한 정보를 제공한다. 본 영상 강의의 샘플은 유튜브 "에스라 성경 통독 사역원" 사이트에서 볼 수 있고, 강의 수강 신청은 www. 90daystongdok.com에서 할 수 있다. 매일 분량의 성경을 들으며 읽을 수 있는 음원과 본문을 보고 들을 수 있는 영상 파일도 준비되어 있다.

해설 성경의 구성

❶ 성경을 연대기로 구성하면서 성경의 시간을 13시대로 나누었고, 각 시대의 개요, 한눈에 보기 도표, 연표, 배경을 볼 수 있는 지도와 도표를 수록하였다.

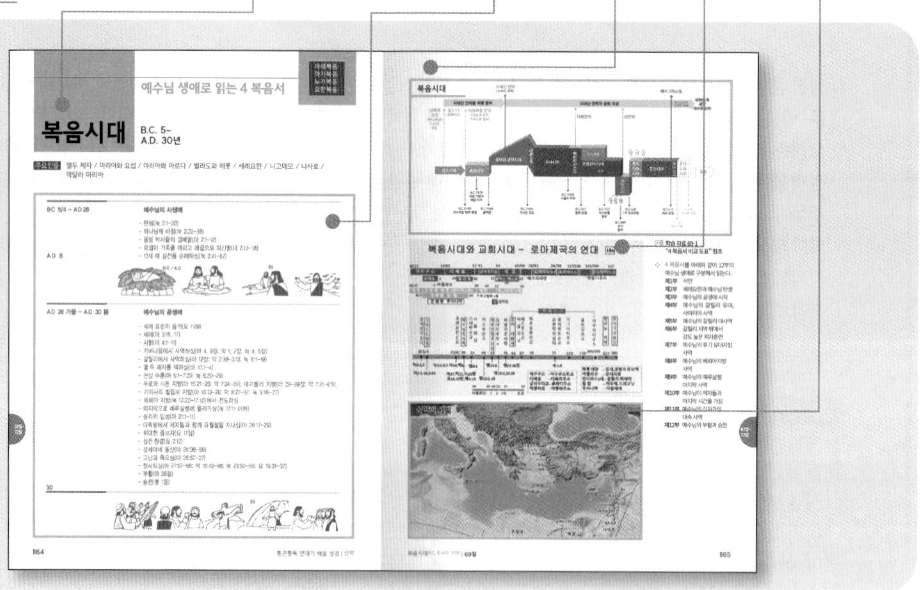

❷ 그 시대를 배경으로 하는 매일 읽기 분량의 성경 본문을 배정하고, 배정 본문의 책 별 한눈에 보기 도표를 통해 각 책의 구조를 파악하게 하였고, 그 책의 개요, 각 장의 개요, 주요 절의 설명을 수록하였고, 중요한 부분의 깊은 이해를 위한 학습자료(통큰통독연대기해설성경 학습자료)를 별책으로 만들고 indexing 하였다.

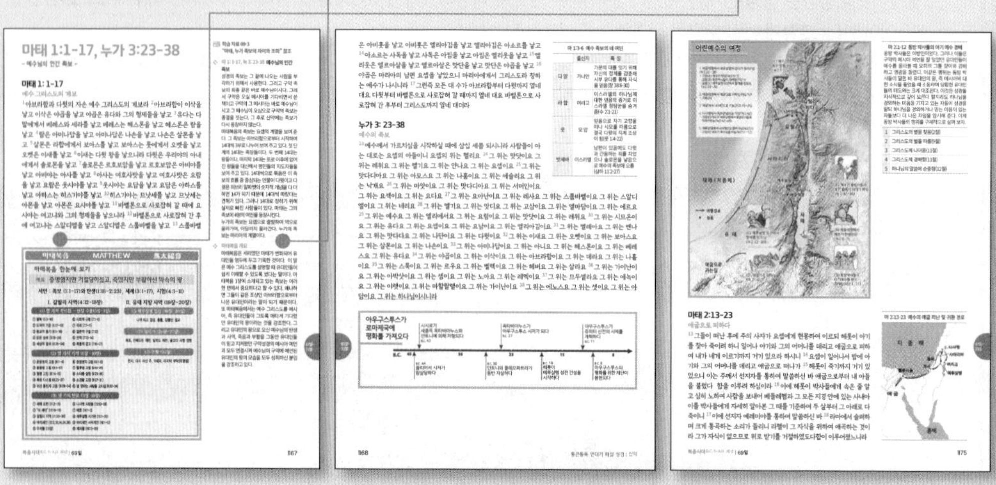

③ 매일 읽기 분량 마지막에 그날 읽은 본문의 내용의 요약문을 수록하였다. 이 매일 읽기 요약문을 잘 정리하면 성경 전체의 흐름을 파악하는 데 매우 유용한 정보를 얻을 수 있다.

④ 매일 읽은 분량의 내용과 깨달음을 삶에 적용하는 것이 성경 읽기의 최종 목표이므로 이 부분 즉 "그러면 어떻게 살 것인가?"의 활용은 매우 중요하다. 행동은 생각에 근거해서 나오기 때문에 이 생각을 성경적으로 변화시키는 것이 성경 읽기의 종착점이라는 것을 꼭 명심하고 이 부분을 깊이 성찰, 반성, 묵상하기를 바란다.

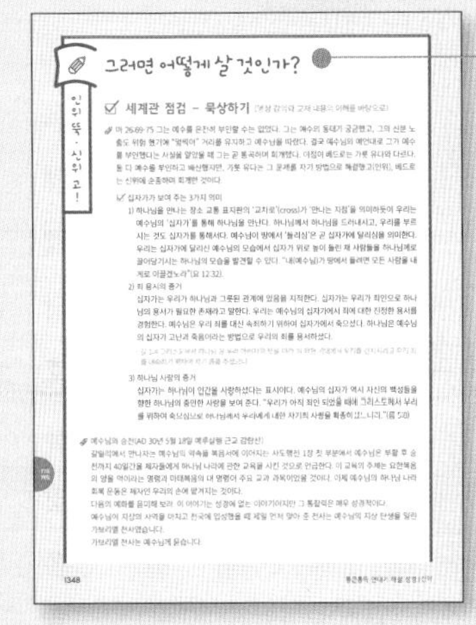

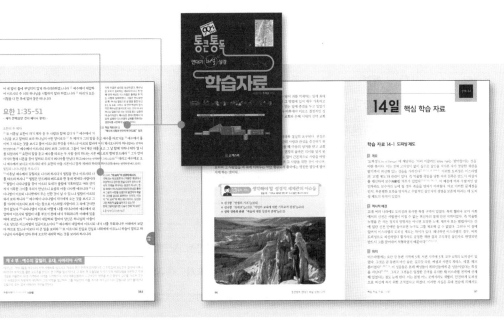

약 자 표

구 약

창세기	창
출애굽기	출
레위기	레
민수기	민
신명기	신
여호수아	수
사사기	삿
룻기	룻
사무엘상	삼상
사무엘하	삼하
열왕기 상	왕상
열왕기 하	왕하
역대상	대상
역대하	대하
에스라	스
느헤미야	느
에스더	에
욥기	욥
시편	시
잠언	잠
전도서	전
아가	아
이사야	사
예레미야	렘
예레미야 애가	애
에스겔	겔
다니엘	단
호세아	호
요엘	욜
아모스	암
오바댜	옵
요나	욘
미가	미
나훔	나
하박국	합
스바냐	습
학개	학
스가랴	슥
말라기	말

신 약

마태복음	마
마가복음	막
누가복음	눅
요한복음	요
사도행전	행
로마서	롬
고린도전서	고전
고린도후서	고후
갈라디아서	갈
에베소서	엡
빌립보서	빌
골로새서	골
데살로니가전서	살전
데살로니가후서	살후
디모데전서	딤전
디모데후서	딤후
디도서	딛
빌레몬서	몬
히브리서	히
야고보서	약
베드로전서	벧전
베드로후서	벧후
요한일서	요일
요한이서	요이
요한삼서	요삼
유다서	유
요한계시록	계

구약

창조시대

**태초~
B.C.1805**

주요인물 아담 / 아벨 / 에녹 / 노아

주요사건 천지창조 / 대홍수 / 타락 / 바벨탑

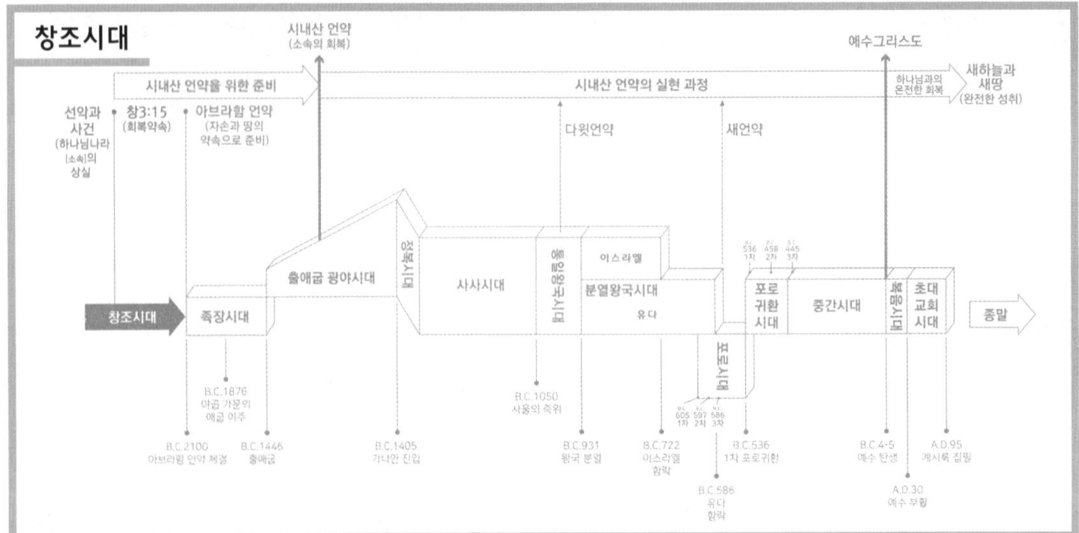

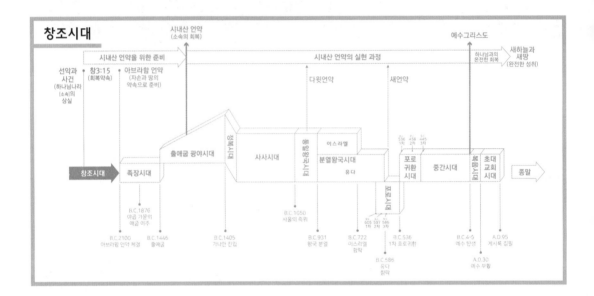

시대 한눈에 보기

영국 국교의 주교였던 James Ussher 주교(1581-1656)는 1658년에 출간된 그의 저서 『The Annals of the world』 에서 하나님이 천지를 B.C. 4004년 10월 23일 일요일, 아침 9시에 창조하시기 시작했다고 주장했다. 그는 이 날짜를 근거로 해서 아담과 하와가 같은 해(B.C. 4004년) 11월 10일 월요일에 에덴동산에서 추방되었고, 노아의 방주는 B.C. 2348년 5월 5일 수요일에 아라랏 산에 정박했다고 주장한다(Craig, G.Y. and E.J. Joned, A Geological Miscellany(Princeton University, 1982)).

유대인들은 전승에 따라 하나님이 우주를 B.C. 3759년에 창조했다고 믿는다. 창조 과학자들은 우주, 특히 지구의 나이를 6천 년에서 2만 년으로 추정한다.

그러나 이 시대의 시기는 아무도 정확하게 측정할 수 없다.

이 창조 시대는 창세기 1장에서 11장까지를 커버하는 시대로서 시간을 측정할 수 없는 시기이다. 이 시기의 역사를 원 역사라고 한다. 이 원 역사는 연대를 측정할 수 없는 태초의 창조부터 아브라함이 태어나는 시기까지이다. 빠른 출애굽 시기를 B.C. 1446년으로 보는 성경학자들은 아브라함의 탄생 연대를 기원전 2166년으로 추정한다. 그래서 이 시기까지를 창조 시대로 잡는다. 성경은 이 기간 동안 일어난 4대 중심 사건을 기록하고 있는데 그것은 창조, 타락, 홍수, 바벨탑 사건 등이다. 타락한 인간이 자기중심적 역사를 이루어 가는 모습을 보여 주고 있다.

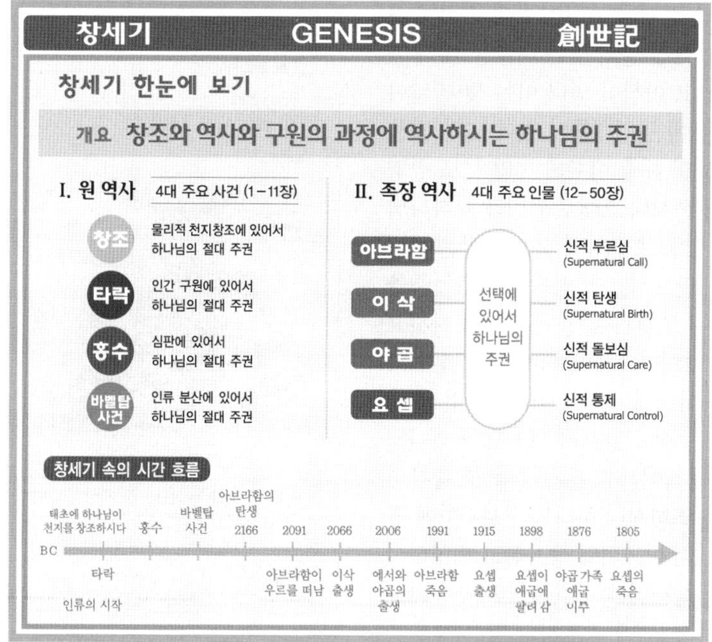

❖ 창세기 개요

창세기는 모든 것들의 기원을 알려 주는 책이다, 그 출발과 원인을 알려 준다. 역사의 시작을 알려 주는 책이다. 과학적 역사는 아니지만, 그렇다고 허상이나 우화 같은 역사의 이야기도 아니다.
하나님의 창조 의도와 그것을 어긴 인간을 사랑으로 다시 회복시키시려는 하나님의 구속 역사의 시작과 진행을 보여 주는 책이다.
첫 시작의 시간은 정확히 알려 주지 않지만, 인간을 죄에서 구원하여 창조의 의도대로 하나님과의 사랑의 관계를 회복하시려는 구속의 역사를 B.C. 2000년 어간에 아브라함을 부르심으로부터 시작하고 있다.
성경을 통해서 우리는 그 진행과 완성을 볼 것이다.

창세기 1~11장 : 원 역사

창세기 1장

천지 창조

1 태초에 하나님이 천지를 창조하
시니라 2 땅이 혼돈하고 공허하며
흑암이 깊음 위에 있고 하나님의
영은 수면 위에 운행하시니라 3 하
나님이 이르시되 빛이 있으라 하
시니 빛이 있었고 4 빛이 하나님이
보시기에 좋았더라 하나님이 빛과 어둠을 나누사 5 하나님이 빛을 낮이
라 부르시고 어둠을 밤이라 부르시니라 저녁이 되고 아침이 되니 이는 첫
째 날이니라 6 하나님이 이르시되 물 가운데에 궁창이 있어 물과 물로 나
뉘라 하시고 7 하나님이 궁창을 만드사 궁창 아래의 물과 궁창 위의 물로
나뉘게 하시니 그대로 되니라 8 하나님이 궁창을 하늘이라 부르시니라 저
녁이 되고 아침이 되니 이는 둘째 날이니라 9 하나님이 이르시되 천하의
물이 한 곳으로 모이고 뭍이 드러나라 하시니 그대로 되니라 10 하나님이 뭍을 땅이라 부르시고 모인 물을 바다
라 부르시니 하나님이 보시기에 좋았더라 11 하나님이 이르시되 땅은 풀과 씨 맺는 채소와 **각기 종류대로** 씨

창 1:1 성경은 선포하는 책이지 설명하는 책이 아니다. 따라서 믿음이 반드시 필요하다.

창 1:2 하나님의 신 = 루아흐(영, 호흡, 바람) = 성령 하나님.
하나님의 역사가 없는 곳에는 혼돈과 공허만 있다. 하나님의 영이 역사하는 곳에는 생명이 있다.

창 1:4 빛과 어둠의 나눔(분리)의 영적 의미는 모든 일에 그 경계가 분명히 있다는 뜻이다.
창조주와 피조물의 경계도 엄연히 존재한다. 피조물이 그 경계를 뛰어 넘는 것이 곧 죄(罪)이다.

가진 열매 맺는 나무를 내라 하시니 그대로 되어 12 땅이 풀과 **각기 종류**
대로 씨 맺는 채소와 **각기 종류대로** 씨 가진 열매 맺는 나무를 내니 하
나님이 보시기에 좋았더라 13 저녁이 되고 아침이 되니 이는 셋째 날이
니라 14 하나님이 이르시되 하늘의 궁창에 광명체들이 있어 낮과 밤을
나뉘게 하고 그것들로 징조와 계절과 날과 해를 이루게 하라 15 또 광명
체들이 하늘의 궁창에 있어 땅을 비추라 하시니 그대로 되니라 16 하나님
이 두 큰 광명체를 만드사 큰 광명체로 낮을 주관하게 하시고 작은 광명
체로 밤을 주관하게 하시며 또 별들을 만드시고 17 하나님이 그것들을
하늘의 궁창에 두어 땅을 비추게 하시며 18 낮과 밤을 주관하게 하시고
빛과 어둠을 나뉘게 하시니 하나님이 보시기에 좋았더라 19 저녁이 되
고 아침이 되니 이는 넷째 날이니라 20 하나님이 이르시되 물들은 생물
을 번성하게 하라 땅 위 하늘의 궁창에는 새가 날으라 하시고 21 하나님
이 큰 바다 짐승들과 물에서 번성하여 움직이는 모든 생물을 그 종류대
로, 날개 있는 모든 새를 그 **종류대로 창조하시니** 하나님이 보시기에 좋
았더라 22 하나님이 그들에게 복을 주시며 이르시되 생육하고 번성하여
여러 바닷물에 충만하라 새들도 땅에 번성하라 하시니라 23 저녁이 되고
아침이 되니 이는 다섯째 날이니라 24 하나님이 이르시되 땅은 생물을
그 종류대로 내되 가축과 기는 것과 땅의 짐승을 **종류대로 내라** 하시니
그대로 되니라 25 하나님이 땅의 짐승을 **그 종류대로**, 가축을 **그 종류대**
로, 땅에 기는 모든 것을 **그 종류대로** 만드시니 하나님이 보시기에 좋았
더라 26 하나님이 이르시되 우리의 형상을 따라 우리의 모양대로 우리
가 사람을 만들고 그들로 바다의 물고기와 하늘의 새와 가축과 온 땅과
땅에 기는 모든 것을 다스리게 하자 하시고 27 하나님이 자기 형상 곧 하
나님의 형상대로 사람을 창조하시되 남자와 여자를 창조하시고 28 하나
님이 그들에게 복을 주시며 하나님이 그들에게 이르시되 생육하고 번성
하여 땅에 충만하라, 땅을 정복하라, 바다의 물고기와 하늘의 새와 땅
에 움직이는 모든 생물을 다스리라 하시니라 29 하나님이 이르시되 내가
온 지면의 씨 맺는 모든 채소와 씨 가진 열매 맺는 모든 나무를 너희에
게 주노니 너희의 먹을 거리가 되리라 30 또 땅의 모든 짐승과 하늘의 모
든 새와 생명이 있어 땅에 기는 모든 것에게는 내가 모든 푸른 풀을 먹
을 거리로 주노라 하시니 그대로 되니라 31 하나님이 지으신 그 모든 것
을 보시니 보시기에 심히 좋았더라 저녁이 되고 아침이 되니 이는 여섯
째 날이니라

❖ 하늘들은 고대인들의 우주관을 반영한다. 히브리의 3층천 개념에서 궁창은 첫째 하늘을 말한다.

창 1:8 궁창 아래 그림 참조

히브리인의 하늘 개념

창 1:3-18의 창조과정은 1:2에서 언급하는 형태(영역)를 만들고 그 영역의 거주자를 만드는 과정을 보여 주어 2절의 무질서를 창조 질서로 채움을 볼 수 있다.

창 1:11절 이하 - '각기 종류대로'
진화론이 논쟁할 여지가 없다. 종은 처음부터 창조된 것이지 진화된 것이 아님을 선포한다.

창 1:25 '보시기 좋았더라.'
선하게 창조되었다. 하나님의 뜻에 합당하게 창조되었다.

창 1:26-28 창조의 근원적 원리
▶ 통큰통독 저자의 동영상 강의 서론 1강을 필히 들어보라.

학습 자료 1-1
"창세기 기사와 문화적 배경" 참조
· 도표 "6일간 창조과정",
"창조를 부정하는 세속 사상들",
"성경의 창조론의 특징"

❖ 2장의 하나님은 '엘로힘'(אֱלֹהִים)으로 표현한다. 전능하신 하나님을 뜻한다.("여호와"는 언약의 하나님이라는 의미다)

❖ 에덴(Eden עֵדֶן) 기본 의미는 "기쁨", "즐거움"이다. 하나님의 동산의 특징이다.

창세기 2장

1 천지와 만물이 다 이루어지니라 2 하나님이 그가 하시던 일을 일곱째 날에 마치시니 그가 하시던 모든 일을 그
치고 일곱째 날에 안식하시니라 3 하나님이 그 일곱째 날을 복되게 하사 거룩하게 하셨으니 이는 하나님이 그 창
조하시며 만드시던 모든 일을 마치시고 그 날에 안식하셨음이니라

에덴 동산

4 이것이 천지가 창조될 때에 하늘과 땅의 내력이니 여호와 하나님이 땅과 하늘을 만드시던 날에 5 여호와 하나

님이 땅에 비를 내리지 아니하셨고 땅을 갈 사람도 없었으므로 들에는 초
목이 아직 없었고 밭에는 채소가 나지 아니하였으며 6 안개만 땅에서 올
라와 온 지면을 적셨더라 7 여호와 하나님이 땅의 흙으로 사람을 지으시
고 생기를 그 코에 불어넣으시니 사람이 생령이 되니라 8 여호와 하나님
이 동방의 에덴에 동산을 창설하시고 그 지으신 사람을 거기 두시니라 9
여호와 하나님이 그 땅에서 보기에 아름답고 먹기에 좋은 나무가 나게 하
시니 동산 가운데에는 생명 나무와 선악을 알게 하는 나무도 있더라 10
강이 에덴에서 흘러 나와 동산을 적시고 거기서부터 갈라져 네 근원이 되
었으니 11 첫째의 이름은 비손이라 금이 있는 하윌라 온 땅을 둘렀으며 12
그 땅의 금은 순금이요 그 곳에는 베델리엄과 호마노도 있으며 13 둘째
강의 이름은 기혼이라 구스 온 땅을 둘렀고 14 셋째 강의 이름은 힛데겔
이라 앗수르 동쪽으로 흘렀으며 넷째 강은 유브라데더라 15 여호와 하나
님이 그 사람을 이끌어 에덴 동산에 두어 그것을 경작하며 지키게 하시고
16 여호와 하나님이 그 사람에게 명하여 이르시되 동산 각종 나무의 열매
는 네가 임의로 먹되 17 선악을 알게 하는 나무의 열매는 먹지 말라 네가
먹는 날에는 반드시 죽으리라 하시니라 18 여호와 하나님이 이르시되 사
람이 혼자 사는 것이 좋지 아니하니 내가 그를 위하여 돕는 배필을 지으
리라 하시니라 19 여호와 하나님이 흙으로 각종 들짐승과 공중의 각종 새
를 지으시고 아담이 무엇이라고 부르나 보시려고 그것들을 그에게로 이
끌어 가시니 아담이 각 생물을 부르는 것이 곧 그 이름이 되었더라 20 아
담이 모든 가축과 공중의 새와 들의 모든 짐승에게 이름을 주니라 아담
이 **돕는 배필**이 없으므로 21 여호와 하나님이 아담을 깊이 잠들게 하시니
잠들매 그가 그 갈빗대 하나를 취하고 살로 대신 채우시고 22 여호와 하
나님이 아담에게서 취하신 그 갈빗대로 여자를 만드시고 그를 아담에게
로 이끌어 오시니 23 아담이 이르되 이는 내 뼈 중의 뼈요 살 중의 살이라
이것을 남자에게서 취하였은즉 여자라 부르리라 하니라 24 이러므로 남
자가 부모를 떠나 그의 아내와 합하여 둘이 한 몸을 이룰지로다 25 아담과 그의 아내 두 사람이 벌거벗었으나 부
끄러워하지 아니하니라

창 2:7 인간의 최고의 가치는 하나님의 생기가 함께할 때이다. 따라서 인간의 지고의 복은 하나님이 함께해 줄 때 이다.(창 1:28 참조)

창 2:9 '알게' (히; דַּעַת 다아트)는 '알다, 체험하다, 익숙하다' 등 다양한 뜻을 지니는 '야다(히)' 에서 유래한 명사로서 '지식' (시 19:2 ; 전 1:16) 뿐 아니라 '재능'(왕상:7:14)까지 의미한다. 따라서 '선악을 알게 하는'이란 표현은 선과 악을 명확히 구별하는 지식은 물론 선악과를 따먹기 전에는 선만을 행하였으나 선악과를 따먹은 후에는 악까지 행할 재능을 지니게 됨을 보여 준다.
한편 하나님께서 선악을 알게 하는 나무를 주신 까닭은 인간이 자유 의지를 가진 존재로서, 타율에 의해서가 아니라 자신 스스로 판단에 의해서 하나님 말씀에 순종할 수 있는 자유를 주시기 위해서였다.

창 2:16과 창 3:19의 대조를 파악하라.

창 2:17 선악과 언약(창 3:1-7 참조)

창 2:18, 20 '돕는'(히; עֵזֶר 에제르)은 단순히 '도움을 주다'는 의미뿐 아니라 '호위하다'(겔 12:14), '더하다'(슥 1:15)란 의미도 지닌다. 그리고 '배필'(히; נֶגֶד 네게드)은 '바라보다'(왕하 2:7), '마주 대하다'(느 3:28)라는 기본 의미를 지니고 있다. 그런데 본문의 '케네그' 또는 '네게드'에 '~같이', '~처럼'이란 뜻을 지니는 전치사 '케'를 붙인 것으로 본문 전체의 뜻은 '마주보는 것처럼 돕는 자'라고 할 수 있다.
이것이 부부 사랑의 기본 원리이다.

창 2:24-25 성경의 결혼 등식은 1+1=1이다.

창세기 3장

사람의 불순종과 하나님의 심판 선언

1 그런데 뱀은 여호와 하나님이 지으신 들짐승 중에 가장 간교하니라 뱀이 여자에게 물어 이르되 하나님이 참으
로 너희에게 동산 모든 나무의 열매를 먹지 말라 하시더냐 2 여자가 뱀에
게 말하되 동산 나무의 열매를 우리가 먹을 수 있으나 3 동산 중앙에 있는
나무의 열매는 하나님의 말씀에 너희는 먹지도 말고 만지지도 말라 너희
가 죽을까 하노라 하셨느니라 4 뱀이 여자에게 이르되 너희가 결코 죽지
아니하리라 5 너희가 그것을 먹는 날에는 너희 눈이 밝아져 하나님과 같
이 되어 선악을 알 줄 하나님이 아심이니라 6 여자가 그 나무를 본즉 먹음
직도 하고 보암직도 하고 지혜롭게 할 만큼 탐스럽기도 한 나무인지라 여
자가 그 열매를 따먹고 자기와 함께 있는 남편에게도 주매 그도 먹은지라

창 3:9 죄는 하나님과 관계를 파괴하는 것이다.

창 3:15 원시 복음 (Proto Evangelium). 구속 역사가 여기서 시작하고 계시록 20:10, 15에서 완성된다.

창 3:19 2:16의 반전적 상황
불순종의 죄로 인해서 무진장의 복이 제한적인 복으로 반전되었다.

7 이에 그들의 눈이 밝아져 자기들이 벗은 줄을 알고 무화과나무 잎을 엮
어 치마로 삼았더라 8 그들이 그 날 바람이 불 때 동산에 거니시는 여호와
하나님의 소리를 듣고 아담과 그의 아내가 여호와 하나님의 낯을 피하
여 동산 나무 사이에 숨은지라 9 여호와 하나님이 아담을 부르시며 그에
게 이르시되 네가 어디 있느냐 10 이르되 내가 동산에서 하나님의 소리를
듣고 내가 벗었으므로 두려워하여 숨었나이다 11 이르시되 누가 너의 벗
었음을 네게 알렸느냐 내가 네게 먹지 말라 명한 그 나무 열매를 네가 먹
었느냐 12 아담이 이르되 하나님이 주셔서 나와 함께 있게 하신 여자 그가
그 나무 열매를 내게 주므로 내가 먹었나이다 13 여호와 하나님이 여자에
게 이르시되 네가 어찌하여 이렇게 하였느냐 여자가 이르되 뱀이 나를 꾀
므로 내가 먹었나이다 14 여호와 하나님이 뱀에게 이르시되 네가 이렇게
하였으니 네가 모든 가축과 들의 모든 짐승보다 더욱 저주를 받아 배로
다니고 살아 있는 동안 흙을 먹을지니라 15 내가 너로 여자와 원수가 되게
하고 네 후손도 여자의 후손과 원수가 되게 하리니 여자의 후손은 네 머
리를 상하게 할 것이요 너는 그의 발꿈치를 상하게 할 것이니라 하시고 16
또 여자에게 이르시되 내가 네게 임신하는 고통을 크게 더하리니 네가 수
고하고 자식을 낳을 것이며 너는 남편을 원하고 남편은 너를 다스릴 것이
니라 하시고 17 아담에게 이르시되 네가 네 아내의 말을 듣고 내가 네게
먹지 말라 한 나무의 열매를 먹었은즉 땅은 너로 말미암아 저주를 받고
너는 네 평생에 수고하여야 그 소산을 먹으리라 18 땅이 네게 가시덤불과
엉겅퀴를 낼 것이라 네가 먹을 것은 밭의 채소인즉 19 네가 흙으로 돌아갈
때까지 얼굴에 땀을 흘려야 먹을 것을 먹으리니 네가 그것에서 취함을 입
었음이라 너는 흙이니 흙으로 돌아갈 것이니라 하시니라 20 아담이 그의
아내의 이름을 하와라 불렀으니 그는 모든 산 자의 어머니가 됨이더라 21
여호와 하나님이 아담과 그의 아내를 위하여 가죽옷을 지어 입히시니라
아담과 하와를 쫓아내시다
22 여호와 하나님이 이르시되 보라 이 사람이 선악을 아는 일에 우리 중
하나 같이 되었으니 그가 그의 손을 들어 생명 나무 열매도 따먹고 영생
할까 하노라 하시고 23 여호와 하나님이 에덴 동산에서 그를 내보내어 그
의 근원이 된 땅을 갈게 하시니라 24 이같이 하나님이 그 사람을 쫓아내시
고 에덴 동산 동쪽에 그룹들과 두루 도는 불 칼을 두어 생명 나무의 길을
지키게 하시니라

창세기 4장

가인과 아벨

1 아담이 그의 아내 하와와 동침하매 하와가 임신하여 가인을 낳고 이르
되 내가 여호와로 말미암아 득남하였다 하니라 2 그가 또 가인의 아우 아
벨을 낳았는데 아벨은 양 치는 자였고 가인은 농사하는 자였더라 3 세월
이 지난 후에 가인은 땅의 소산으로 제물을 삼아 여호와께 드렸고 4 아벨
은 자기도 양의 첫 새끼와 그 기름으로 드렸더니 여호와께서 아벨과 그

아담의 죄로 인한 5가지 심판

	대상	내용
1	뱀	· 저주를 받아 배로 기어다님 · 흙을 먹음(창3:14)
2	사탄	· 여자의 후손과 원수됨 · 머리가 상함(창3:15)
3	하와	· 잉태하는 고통 · 남편을 사모함(창3:16)
4	땅(자연)	· 저주를 받음 · 가시덤불과 엉겅퀴를 냄(창3:17, 18)
5	아담	· 수고한 소산 먹음 · 죽어 흙으로 돌아감(창3:17, 19)

아담 범죄의 결과와 그리스도의 해결

	아담 범죄의 결과	그리스도의 해결
1	죄 (롬4:12, 14, 17)	의 (롬5:16, 18)
2	죽음 (창2:17, 5:5)	생명 (요14:6, 롬5:17, 18)
3	고통 (창3:16)	평안 (사53:5, 요20:19)
4	자연계 훼손 (창3:17, 19)	만물을 새롭게 하심 (계21:5)
5	수고와 땀 (창3:18, 19)	안식 (마11:28, 29)

성경적 세계관 point

3:21에서 가죽을 입히시는 하나님의 마음은 곧 모든 문제의 해결은 하나님의 방법(신위)으로 해야 함을 보여 준다.

창 3:21 가죽 옷
문제 해결은 하나님 방법으로 하신다.

창 3:22-24 선악과를 따먹고 죄성을 가지게 된 인간이 생명나무의 열매를 먹고 영원히 살게 되면 영원히 저주 가운데 소망 없는 존재가 되기 때문에 추방 후 구원하시려는 것이다.

창 3:24 그룹(Cherubim)은 보좌 곁에서 하나님을 시중들며(시 18:10, 80:1) 하나님의 명령을 받아 인간을 심판하는 역할을 하는 천사들을 가리킴을 알 수 있다(겔 10:2, 3). 이들은 하나님의 명령을 받아 동산을 지키는 역할을 수행하였다.
성경에는 그룹이 비록 날개를 가진 사람이나 소와 사자와 독수리가 결합된 형태로도 묘사되지만(겔 1:6, 10, 10:14, 21, 22, 41:18), 그것은 하나의 상징적인 묘사이고 근본적으로 육체를 가지지 않아 눈에 보이지 않는 신비한 영적 존재이다.

의 제물은 받으셨으나 5 가인과 그의 제물은 받지 아니하신지라 가인이
몹시 분하여 안색이 변하니 6 여호와께서 가인에게 이르시되 네가 분하여
함은 어찌 됨이며 안색이 변함은 어찌 됨이냐 7 네가 선을 행하면 어찌 낯
을 들지 못하겠느냐 선을 행하지 아니하면 죄가 문에 엎드려 있느니라 죄
가 너를 원하나 너는 죄를 다스릴지니라 8 가인이 그의 아우 아벨에게 말
하고 그들이 들에 있을 때에 가인이 그의 아우 아벨을 쳐죽이니라 9 여호
와께서 가인에게 이르시되 네 아우 아벨이 어디 있느냐 그가 이르되 내가
알지 못하나이다 내가 내 아우를 지키는 자니이까 10 이르시되 네가 무엇
을 하였느냐 네 아우의 핏소리가
땅에서부터 내게 호소하느니라 11
땅이 그 입을 벌려 네 손에서부터
네 아우의 피를 받았은즉 네가 땅
에서 저주를 받으리니 12 네가 밭
을 갈아도 땅이 다시는 그 효력을
네게 주지 아니할 것이요 너는 땅
에서 피하며 유리하는 자가 되리
라 13 가인이 여호와께 아뢰되 내
죄짐을 지기가 너무 무거우니이다
14 주께서 오늘 이 지면에서 나를
쫓아내시온즉 내가 주의 낯을 뵈
옵지 못하리니 내가 땅에서 피하
며 유리하는 자가 될지라 무릇 나
를 만나는 자마다 나를 죽이겠나
이다 15 여호와께서 그에게 이르시되 그렇지 아니하다 가인을 죽이는 자
는 벌을 칠 배나 받으리라 하시고 가인에게 표를 주사 그를 만나는 모든
사람에게서 죽임을 면하게 하시니라

가인의 자손

16 가인이 여호와 앞을 떠나서 에덴 동쪽 놋 땅에 거주하더니 17 아내와
동침하매 그가 임신하여 에녹을 낳은지라 가인이 성을 쌓고 그의 아들의
이름으로 성을 이름하여 에녹이라 하니라 18 에녹이 이랏을 낳고 이랏은
므후야엘을 낳고 므후야엘은 므드사엘을 낳고 므드사엘은 라멕을 낳았
더라 19 라멕이 두 아내를 맞이하였으니 하나의 이름은 아다요 하나의 이름은 씰라였더라 20 아다는 야발을 낳
았으니 그는 장막에 거주하며 가축을 치는 자의 조상이 되었고 21 그의 아우의 이름은 유발이니 그는 수금과 퉁
소를 잡는 모든 자의 조상이 되었으며 22 씰라는 두발가인을 낳았으니 그는 구리와 쇠로 여러 가지기구를 만드
는 자요 두발가인의 누이는 나아마였더라 23 라멕이 아내들에게 이르되 아다와 씰라여 내 목소리를 들으라 라
멕의 아내들이여 내 말을 들으라 나의 상처로 말미암아 내가 사람을 죽였고 나의 상함으로 말미암아 소년을
죽였도다 24 가인을 위하여는 벌이 칠 배일진대 라멕을 위하여는 벌이 칠십칠 배이리로다 하였더라

셋과 에노스

25 아담이 다시 자기 아내와 동침하매 그가 아들을 낳아 그의 이름을 셋이라 하였으니 이는 하나님이 내게 가인

창 4:1-15 가인의 제사
가인의 제사는 자기중심성에 근거한 시기심, 질투심이라는 품성에 의해 판단되어 드려진 것이다.
하나님은 신령과 진리로 드리는 예배를 받으신다고 했다(요 4:24, 롬 12:1).
믿음이 없이는 하나님을 기쁘시게 할 수 없다(롬 14:22-23, 히 11:6).
인간의 의나 공로는 인간을 구원하지 못한다(롬 3:28, 고전 1:27,28, 갈 2:21).
인간 최초의 살인은 타락 이후에 나타나는 타락의 첫 열매이다. 인위(人爲)는 인위(人危), 인재(人災)를 낳는 법이다.

창 4:9 "가인아 네 아우 아벨이 어디 있느냐?"의 질문이 갖는 이웃과의 관계성을 유의할 것(cf. 창 3:9).

창 4:16 ~ 창 5:32 두 계열의 족보

❖ 가인의 계열의 족보와 그 족보가 보여 주는 인간 세속 역사의 시작을 보여 준다. 라멕의 두 아내에게서 태어난 세 아들은 인간 분냉과 분화의 시소가 된다.
- **야발** – 목축업(당시 최고의 산업)의 시조
- **유발** – 수금과 퉁소, 음악, 문화의 시조
- **두발가인** – 청동기의 시조(모세(?) 시대의 최우선으로 앞선 문명, 지금으로는 초과학적 문명)

반면에 하나님의 계열인 셋의 족보가 주는 의미를 보여 준다. 그 계열에서 노아를 선택하는데 이는 남은 자 신앙(Remnant)의 맥락을 의미한다.
택한 백성을 통한 여호와 신앙과 구원의 역사가 이미 태초부터 면면히 이어져 온 것임을 보여 준다.
성경의 족보는 택한 혈통의 끝없는 계승을 보여 주는 셋 계통과 셈 계통을 통해서 하나님의 구속 역사가 이어짐을 보여 준다.
구약의 족보는 이스라엘의 혈통이요 세계 만인의 영원한 왕으로 나신 예수 그리스도(Jesus Christ)에 대한 믿음을 통한 우리의 구원의 역사가 이처럼 역사의 원점으로까지 거슬러 올라가는 사실을 보여 준다.

이 죽인 아벨 대신에 다른 씨를 주셨다 함이며 26 셋도 아들을 낳고 그의
이름을 에노스라 하였으며 그 때에 사람들이 비로소 여호와의 이름을
불렀더라

> 창 4:25 **'셋'을 허락하시는 하나님.**
> '셋'은 '대신하다'는 뜻이다. 가인의 후예가 아닌 하나님의 백성을 원하시는 하나님이다. 관점 3의 구별하는 삶의 근거이다.

창세기 5장

아담의 계보

1 이것은 아담의 계보를 적은 책이니라 하나님이 사람을 창조하실 때에 하나님의 모양대로 지으시되 2 남자와
여자를 창조하셨고 그들이 창조되던 날에 하나님이 그들에게 복을 주시고 그들의 이름을 사람이라 일컬으셨더
라 3 아담은 백삼십 세에 자기의 모양 곧 자기의 형상과 같은 아들을 낳아 이름을 셋이라 하였고 4 아담은 셋을
낳은 후 팔백 년을 지내며 자녀들을 낳았으며 5 그는 구백삼십 세를 살고 죽었더라 6 셋은 백오 세에 에노스를
낳았고 7 에노스를 낳은 후 팔백칠 년을 지내며 자녀들을 낳았으며 8 그는 구백십이 세를 살고 죽었더라 9 에노스
는 구십 세에 게난을 낳았고 10 게난을 낳은 후 팔백십오 년을 지내며 자녀들을 낳았으며 11 그는 구백오 세를 살
고 죽었더라 12 게난은 칠십 세에 마할랄렐을 낳았고 13 마할랄렐을 낳은 후 팔백사십 년을 지내며 자녀들을 낳
았으며 14 그는 구백십 세를 살고 죽었더라 15 마할랄렐은 육십오 세에 야렛을 낳았고 16 야렛을 낳은 후 팔백삼
십 년을 지내며 자녀를 낳았으며 17 그는 팔백구십오 세를 살고 죽었더라 18 야렛은 백육십이 세에 에녹을 낳았
고 19 에녹을 낳은 후 팔백 년을 지내며 자녀들을 낳았으며 20 그는 구백육십이 세를 살고 죽었더라 21 에녹은 육
십오 세에 므두셀라를 낳았고 22 므두셀라를 낳은 후 삼백 년을 하나님과 동행하며 자녀들을 낳았으며 23 그는
삼백육십오 세를 살았더라 24 에녹이 하나님과 동행하더니 하나님이 그를 데려가시므로 세상에 있지 아니하였
더라 25 므두셀라는 백팔십칠 세에 라멕을 낳았고 26 라멕을 낳은 후 칠백팔십이 년을 지내며 자녀를 낳았으며
27 그는 구백육십구 세를 살고 죽었더라 28 라멕은 백팔십이 세에 아들을 낳고 29 이름을 노아라 하여 이르되 여
호와께서 땅을 저주하시므로 수고롭게 일하는 우리를 이 아들이 안위하리라 하였더라 30 라멕은 노아를 낳은 후
오백구십오 년을 지내며 자녀들을 낳았으며 31 그는 칠백칠십칠 세를 살고 죽었더라 32 노아는 오백 세 된 후에
셈과 함과 야벳을 낳았더라

창세기 6장

사람의 죄악

1 사람이 땅 위에 번성하기 시작할 때에 그들에게서 딸들이 나니 2 하나님
의 아들들이 사람의 딸들의 아름다움을 보고 자기들이 좋아하는 모든 여
자를 아내로 삼는지라 3 여호와께서 이르시되 나의 영이 영원히 사람과
함께 하지 아니하리니 이는 그들이 육신이 됨이라 그러나 그들의 날은 백
이십 년이 되리라 하시니라 4 당시에 땅에는 네피림이 있었고 그 후에도
하나님의 아들들이 사람의 딸들에게로 들어와 자식을 낳았으니 그들은
용사라 고대에 명성이 있는 사람들이었더라 5 여호와께서 사람의 죄악이
세상에 가득함과 그의 마음으로 생각하는 모든 계획이 항상 악할 뿐임을
보시고 6 땅 위에 사람 지으셨음을 한탄하사 마음에 근심하시고 7 이르시
되 내가 창조한 사람을 내가 지면에서 쓸어버리되 사람으로부터 가축과
기는 것과 공중의 새까지 그리하리니 이는 내가 그것들을 지었음을 한탄
함이니라 하시니라 8 그러나 노아는 여호와께 은혜를 입었더라

노아의 족보

9 이것이 노아의 족보니라 노아는 의인이요 당대에 완전한 자라 그는 하

> 창 6:1-8 노아 시대의 상황
> 하나님은 왜 인간을 홍수로 심판하시는가의 답을 이 구절에서 찾아보라. 예수님도 당시의 시대적 상황을 노아의 시대로 비교하셨다(마 24:37-39, 눅 17:26-27, 30).
> 오늘날 이 세대도 노아의 시대와 같은 심판에 직면하고 있지 않는지 숙고하라.
> 2절 "하나님의 아들이 사람의 딸과 결혼했다" 이 상황이 왜 하나님의 노여움을 샀을까?
> 섞이면 안 된다. 혼합주의는 하나님의 진노를 불러일으키는 심각한 요인임을 알아야 한다.

창 6:7
학습 자료 1-2
"홍수 이전의 지구 상태에 대한 과학적 추정" 참조

나님과 동행하였으며 10 세 아들을 낳았으니 셈과 함과 야벳이라 11 그 때에 온 땅이 하나님 앞에 부패하여 포악
함이 땅에 가득한지라 12 하나님이 보신즉 땅이 부패하였으니 이는 땅에서 모든 혈육 있는 자의 행위가 부패함이
었더라 13 하나님이 노아에게 이르시되 모든 혈육 있는 자의 포악함이 땅에 가득하므로 그 끝 날이 내 앞에 이르
렀으니 내가 그들을 땅과 함께 멸하리라 14 너는 고페르 나무로 너를 위하여 방주를 만들되 그 안에 칸들을 막고
역청을 그 안팎에 칠하라 15 네가 만들 방주는 이러하니 그 길이는 삼백 규
빗, 너비는 오십 규빗, 높이는 삼십 규빗이라 16 거기에 창을 내되 위에서부
터 한 규빗에 내고 그 문은 옆으로 내고 상 중 하 삼층으로 할지니라 17 내
가 홍수를 땅에 일으켜 무릇 생명의 기운이 있는 모든 육체를 천하에서 멸
절하리니 땅에 있는 것들이 다 죽으리라 18 그러나 너와는 내가 내 언약을
세우리니 너는 네 아들들과 네 아내와 네 며느리들과 함께 그 방주로 들어가고 19 혈육 있는 모든 생물을 너는 각
기 암수 한 쌍씩 방주로 이끌어들여 너와 함께 생명을 보존하게 하되 20 새가 그 종류대로, 가축이 그 종류대로,
땅에 기는 모든 것이 그 종류대로 각기 둘씩 네게로 나아오리니 그 생명을 보존하게 하라 21 너는 먹을 모든 양식
을 네게로 가져다가 저축하라 이것이 너와 그들의 먹을 것이 되리라 22 노아가 그와 같이 하여 하나님이 자기에게
명하신 대로 다 준행하였더라

> 창 6:14-16 **방주의 설계**
> Box 형으로 설계하고, 동력과 방향타가 없다는 특징이 주는 의미를 신위(神爲)의 개념으로 이해하라.

창세기 7장

홍수

1 여호와께서 노아에게 이르시되 너와 네 온 집은 방주로 들어가라 이 세
대에서 네가 내 앞에 의로움을 내가 보았음이니라 2 너는 모든 정결한 짐
승은 암수 일곱씩, 부정한 것은 암수 둘씩을 네게로 데려오며 3 공중의 새
도 암수 일곱씩을 데려와 그 씨를 온 지면에 유전하게 하라 4 지금부터 칠
일이면 내가 사십 주야를 땅에 비를 내려 내가 지은 모든 생물을 지면에
서 쓸어버리리라 5 노아가 여호와께서 자기에게 명하신 대로 다 준행하였
더라 6 홍수가 땅에 있을 때에 노아가 육백 세라 7 노아는 아들들과 아내
와 며느리들과 함께 홍수를 피하여 방주에 들어갔고 8 정결한 짐승과 부
정한 짐승과 새와 땅에 기는 모든 것은 9 하나님이 노아에게 명하신 대로
암수 둘씩 노아에게 나아와 방주로 들어갔으며 10 칠 일 후에 홍수가 땅
에 덮이니 11 노아가 육백 세 되던 해 둘째 달 곧 그 달 열이렛날이라 그
날에 큰 깊음의 샘들이 터지며 하늘의 창문들이 열려 12 사십 주야를 비가
땅에 쏟아졌더라 13 곧 그 날에 노아와 그의 아들 셈, 함, 야벳과 노아의
아내와 세 며느리가 다 방주로 들어갔고 14 그들과 모든 들짐승이 그 종
류대로, 모든 가축이 그 종류대로, 땅에 기는 모든 것이 그 종류대로, 모
든 새가 그 종류대로 15 무릇 생명의 기운이 있는 육체가 둘씩 노아에게 나아와 방주로 들어갔으니 16 들어간 것
들은 모든 것의 암수라 하나님이 그에게 명하신 대로 들어가매 여호와께
서 그를 들여보내고 문을 닫으시니라 17 홍수가 땅에 사십 일 동안 계속
된지라 물이 많아져 방주가 땅에서 떠올랐고 18 물이 더 많아져 땅에 넘치
매 방주가 물 위에 떠 다녔으며 19 물이 땅에 더욱 넘치매 천하의 높은 산
이 다 잠겼더니 20 물이 불어서 십오 규빗이나 오르니 산들이 잠긴지라 21
땅 위에 움직이는 생물이 다 죽었으니 곧 새와 가축과 들짐승과 땅에 기
는 모든 것과 모든 사람이라 22 육지에 있어 그 코에 생명의 기운의 숨이

❖ 창 7장의 상황

에드먼드 할레이(Edmond Haley)라는 천문학자는 본문의 표현을 다음과 같이 해석하였다. 당시까지 지구는 수직을 유지하고 있었으나 이때 지축(地轉)이 오늘날과 같이 23.5도로 기울어졌기 때문에 지구에는 대양(大洋)의 물이 육지로 쏟아지는 대해일(大海溢)이 있었다는 것이다. 이때 물결은 시속 1,600km 속도로 이동했을 것이며 지구의 가장 높은 산들에까지도 물이 덮치게 되었고 지구의 많은 수목들과 동물들은 물에 휩쓸려 어떤 지역에 몰려가서 그곳에서 퇴적되어 화석과 화석 연료들이 되었다고 보는 것이다. 오늘 날 안데스나 알프스, 히말라야 같은 높은 지대에서 해양 동물의 화석들이 발견되는 것도 이와 같은 이유 때문일 것으로 추정하고 있다. 이러한 주장의 신빙성 여부는 속단할 수 없으나 본문에 나오는 '터지며' 라는 히브리어 용례로 보아 노아 홍수는 하늘에서 내린 비만 아니라 큰 지각 변동으로 인한 해일 현상과 물의 분출 현상을 동반한 대재난(大災難)이었던 것만큼은 분명하다.

있는 것은 다 죽었더라 23 지면의 모든 생물을 쓸어버리시니 곧 사람과 가축과 기는 것과 공중의 새까지라 이들
은 땅에서 쓸어버림을 당하였으되 오직 노아와 그와 함께 방주에 있던 자들만 남았더라 24 물이 백오십 일을 땅
에 넘쳤더라

창세기 8장

홍수가 그치다

1 하나님이 노아와 그와 함께 방주에 있는 모든 들짐승과 가축을 기억하
사 하나님이 바람을 땅 위에 불게 하시매 물이 줄어들었고 2 깊음의 샘과
하늘의 창문이 닫히고 하늘에서 비가 그치매 3 물이 땅에서 물러가고 점
점 물러가서 백오십 일 후에 줄어들고 4 일곱째 달 곧 그 달 열이렛날에
방주가 아라랏 산에 머물렀으며 5 물이 점점 줄어들어 열째 달 곧 그 달
초하룻날에 산들의 봉우리가 보였더라 6 사십 일을 지나서 노아가 그 방
주에 낸 창문을 열고 7 까마귀를 내놓으매 까마귀가 물이 땅에서 마르기
까지 날아 왕래하였더라 8 그가 또 비둘기를 내놓아 지면에서 물이 줄어
들었는지를 알고자 하매 9 온 지면에 물이 있으므로 비둘기가 발 붙일 곳
을 찾지 못하고 방주로 돌아와 그에게로 오는지라 그가 손을 내밀어 방
주 안 자기에게로 받아들이고 10 또 칠 일을 기다려 다시 비둘기를 방주에
서 내놓으매 11 저녁때에 비둘기가 그에게로 돌아왔는데 그 입에 감람나
무 새 잎사귀가 있는지라 이에 노아가 땅에 물이 줄어든 줄을 알았으며
12 또 칠 일을 기다려 비둘기를 내놓으매 다시는
그에게로 돌아오지 아니하였더라 13 육백일
년 첫째 달 곧 그 달 초하룻날에 땅 위에
서 물이 걷힌지라 노아가 방주 뚜껑
을 제치고 본즉 지면에서 물이 걷혔
더니 14 둘째 달 스무이렛날에 땅이 말랐더라 15 하나님이 노아에게 말씀하
여 이르시되 16 너는 네 아내와 네 아들들과 네 며느리들과 함께 방주에서 나오고 17 너와 함께 한 모든
혈육 있는 생물 곧 새와 가축과 땅에 기는 모든 것을 다 이끌어내라 이것들이 땅에서 생육하고 땅에서 번성하리
라 하시매 18 노아가 그 아들들과 그의 아내와 그 며느리들과 함께 나왔고 19 땅 위의 동물 곧 모든 짐승과 모든
기는 것과 모든 새도 그 종류대로 방주에서 나왔더라

창 8:4 아라랏산 위치

창 8:12 홍수의 기간은 모두 372일로 계산된다.

✣ 신위(神爲)에 온전히 순종하는 노아의 모습을 통해서 방주의 신위적 의미와 구원의 영적 의미를 묵상하라.
오늘의 교회는 과연 방주와 같은 역할을 감당하고 있는가?

노아가 번제를 드리다

20 노아가 여호와께 제단을 쌓고 모든 정결한 짐승과 모든 정결한 새 중에서 제물을 취하여 번제로 제단에 드
렸더니 21 여호와께서 그 향기를 받으시고 그 중심에 이르시되 내가 다시는 사람으로 말미암아 땅을 저주하지
아니하리니 이는 사람의 마음이 계획하는 바가 어려서부터 악함이라 내가 전에 행한 것 같이 모든 생물을 다
시 멸하지 아니하리니 22 땅이 있을 동안에는 심음과 거둠과 추위와 더위와 여름과 겨울과 낮과 밤이 쉬지 아니
하리라

창세기 9장

하나님이 노아와 언약을 세우시다

1 하나님이 노아와 그 아들들에게 복을 주시며 그들에게 이르시되 생육
하고 번성하여 땅에 충만하라 2 땅의 모든 짐승과 공중의 모든 새와 땅에

✣ 창 9:1-11은 창 1:26-28의 연장선상을 보여 준다. 노아의 홍수로 인류는 재창조되고 다시 "생육하고 번성해야" 한다.

기는 모든 것과 바다의 모든 물고기가 너희를 두려워하며 너희를 무서워
하리니 이것들은 너희의 손에 붙였음이니라 3 모든 산 동물은 너희의 먹
을 것이 될지라 채소 같이 내가 이것을 다 너희에게 주노라 4 그러나 고기
를 그 생명 되는 피째 먹지 말 것이니라 5 내가 반드시 너희의 피 곧 너희
의 생명의 피를 찾으리니 짐승이면 그 짐승에게서, 사람이나 사람의 형제면 그에게서 그의 생명을 찾으리라 6 다
른 사람의 피를 흘리면 그 사람의 피도 흘릴 것이니 이는 하나님이 자기 형상대로 사람을 지으셨음이니라 7 너희
는 생육하고 번성하며 땅에 가득하여 그 중에서 번성하라 하셨더라 8 하나님이 노아와 그와 함께 한 아들들에게
말씀하여 이르시되 9 내가 내 언약을 너희와 너희 후손과 10 너희와 함께 한 모든 생물 곧 너희와 함께 한 새와
가축과 땅의 모든 생물에게 세우리니 방주에서 나온 모든 것 곧 땅의 모든 짐승에게니라 11 내가 너희와 언약을
세우리니 다시는 모든 생물을 홍수로 멸하지 아니할 것이라 땅을 멸할 홍
수가 다시 있지 아니하리라 12 하나님이 이르시되 내가 나와 너희와 및 너
희와 함께 하는 모든 생물 사이에 대대로 영원히 세우는 언약의 증거는
이것이니라 13 내가 내 무지개를 구름 속에 두었나니 이것이 나와 세상 사
이의 언약의 증거니라 14 내가 구름으로 땅을 덮을 때에 무지개가 구름 속에 나타나면 15 내가 나와 너희와 및 육
체를 가진 모든 생물 사이의 내 언약을 기억하리니 다시는 물이 모든 육체를 멸하는 홍수가 되지 아니할지라 16
무지개가 구름 사이에 있으리니 내가 보고 나 하나님과 모든 육체를 가진 땅의 모든 생물 사이의 영원한 언약을
기억하리라 17 하나님이 노아에게 또 이르시되 내가
나와 땅에 있는 모든 생물 사이에 세운 언약의 증거
가 이것이라 하셨더라

❖ 노아의 언약과 창 1:28의 문화명령과 연관성을 생각하며 읽자.
☞ 신 28:12, 13
☞ 시 35:27
☞ 요삼 1:12

창 9:11 노아의 언약은 하나님의 보호의 약속이다. 우리는 이 보호의 약속 가운데 있는가?

노아와 그 아들들

18 방주에서 나온 노아의 아들들은 셈과 함과 야벳
이며 함은 가나안의 아버지라 19 노아의 이 세 아들
로부터 사람들이 온 땅에 퍼지니라 20 노아가 농사
를 시작하여 포도나무를 심었더니 21 포도주를 마시
고 취하여 그 장막 안에서 벌거벗은지라 22 가나안
의 아버지 함이 그의 아버지의 하체를 보고 밖으로
나가서 그의 두 형제에게 알리매 23 셈과 야벳이 옷
을 가져다가 자기들의 어깨에 메고 뒷걸음쳐 들어가서 그들의 아버지의 하체를 덮었으며 그들이 얼굴을 돌이키
고 그들의 아버지의 하체를 보지 아니하였더라 24 노아가 술이 깨어 그의 작은 아들이 자기에게 행한 일을 알고
25 이에 이르되 가나안은 저주를 받아 그의 형제의 종들의 종이 되기를 원하노라 하고 26 또 이르되 셈의 하나님
여호와를 찬송하리로다 가나안은 셈의 종이 되고 27 하나님이 야벳을 창대하게 하사 셈의 장막에 거하게 하시
고 가나안은 그의 종이 되게 하시기를 원하노라 하였더라 28 홍수 후에 노아가 삼백오십 년을 살았고 29 그의 나
이가 구백오십 세가 되어 죽었더라

창세기 10장

노아의 아들들의 족보(대상 1:5-23)

1 노아의 아들 셈과 함과 야벳의 족보는 이러하니라 홍수 후에 그들이
아들들을 낳았으니 2 야벳의 아들은 고멜과 마곡과 마대와 야완과 두발과 메섹과 디라스요 3 고멜의 아들은
아스그나스와 리밧과 도갈마요 4 야완의 아들은 엘리사와 달시스와 깃딤과 도다님이라 5 이들로부터 여러 나
라 백성으로 나뉘어서 각기 언어와 종족과 나라대로 바닷가의 땅에 머물렀더라 6 함의 아들은 구스와 미스라

❖ 창 10장 **노아 후손**
☞ 인류의 재번성
다시 인류는 "생육하고 번성해야 한다."는 사실을 언급하고 있다.

임과 붓과 가나안이요 7 구스의 아들은 스바와 하윌라와 삽다와 라아마와 삽드가요 라아마의 아들은 스바와
드단이며 8 구스가 또 니므롯을 낳았으니 그는 세상에 첫 용사라 9 그가 여호와 앞에서 용감한 사냥꾼이 되었
으므로 속담에 이르기를 아무는 여호와 앞에 니므롯 같이 용감한 사냥꾼이로다 하더라 10 그의 나라는 시날 땅
의 바벨과 에렉과 악갓과 갈레에서 시작되었으며 11 그가 그 땅에서 앗수르로 나아가 니느웨와 르호보딜과 갈
라와 12 및 니느웨와 갈라 사이의 레센을 건설하였으니 이는 큰 성읍이라 13 미스라임은 루딤과 아나밈과 르하
빔과 납두힘과 14 바드루심과 가슬루힘과 갑도림을 낳았더라(가슬루힘에게서 블레셋이 나왔더라) 15 가나안은 장자
시돈과 헷을 낳고 16 또 여부스 족속과 아모리 족속과 기르가스 족속과 17 히위 족속과 알가 족속과 신 족속과
18 아르왓 족속과 스말 족속과 하맛 족속을 낳았더니 이 후로 가나안 자손의 족속이 흩어져 나아갔더라 19 가
나안의 경계는 시돈에서부터 그랄을 지나 가사까지와 소돔과 고모라와 아드마와 스보임을 지나 라사까지였더
라 20 이들은 함의 자손이라 각기 족속과 언어와 지방과 나라대로였더라 21 셈은 에벨 온 자손의 조상이요 야벳
의 형이라 그에게도 자녀가 출생하였으니 22 셈의 아들은 엘람과 앗수르와 아르박삿과 룻과 아람이요 23 아람
의 아들은 우스와 훌과 게델과 마스며 24 아르박삿은 셀라를 낳고 셀라는 에벨을 낳았으며 25 에벨은 두 아들
을 낳고 하나의 이름을 벨렉이라 하였으니 그 때에 세상이 나뉘었음이요 벨렉의 아우의 이름은 욕단이며 26 욕
단은 알모닷과 셀렙과 하살마웻과 예라와 27 하도람과 우살과 디글라와 28 오발과 아비마엘과 스바와 29 오빌
과 하윌라와 요밥을 낳았으니 이들은 다 욕단의 아들이며 30 그들이 거주하는 곳은 메사에서부터 스발로 가는
길의 동쪽 산이었더라 31 이들은 셈의 자손이니 그 족속과 언어와 지방과 나라대로였더라 32 이들은 그 백성들
의 족보에 따르면 노아 자손의 족속들이요 홍수 후에 이들에게서 그 땅의 백성들이 나뉘었더라

창세기 11장

바벨

1 온 땅의 언어가 하나요 말이 하나였더라 2 이에 그들이 동방으로 옮기다
가 시날 평지를 만나 거기 거류하며 3 서로 말하되 자, 벽돌을 만들어 견고
히 굽자 하고 이에 벽돌로 돌을 대신하며 역청으로 진흙을 대신하고 4 또
말하되 자, 성읍과 탑을 건설하여 그 탑 꼭대기를 하늘에 닿게 하여 우리
이름을 내고 온 지면에 흩어짐을 면하자 하였더니 5 여호와께서 사람들이
건설하는 그 성읍과 탑을 보려고 내려오셨더라 6 여호와께서 이르시되 이
무리가 한 족속이요 언어도 하나이므로 이같이 시작하였으니 이후로는
그 하고자 하는 일을 막을 수 없으리로다 7 자, 우리가 내려가서 거기서 그
들의 언어를 혼잡하게 하여 그들이 서로 알아듣지 못하게 하자 하시고 8
여호와께서 거기서 그들을 온 지면에 흩으셨으므로 그들이 그 도시를 건
설하기를 그쳤더라 9 그러므로 그 이름을 바벨이라 하니 이는 여호와께서
거기서 온 땅의 언어를 혼잡하게 하셨음이니라 여호와께서 거기서 그들
을 온 지면에 흩으셨더라

셈의 족보(대상 1:24-27)

10 셈의 족보는 이러하니라 셈은 백 세 곧 홍수 후 이 년에 아르박삿을 낳
았고 11 아르박삿을 낳은 후에 오백 년을 지내며 자녀를 낳았으며 12 아르
박삿은 삼십오 세에 셀라를 낳았고 13 셀라를 낳은 후에 사백삼 년을 지
내며 자녀를 낳았으며 14 셀라는 삼십 세에 에벨을 낳았고 15 에벨을 낳은
후에 사백삼 년을 지내며 자녀를 낳았으며 16 에벨은 삼십사 세에 벨렉을
낳았고 17 벨렉을 낳은 후에 사백삼십 년을 지내며 자녀를 낳았으며 18 벨

❖ 창 11장 **바벨탑 사건**

바벨탑 사건은 인위의 극치이고, 그 결과는 심판이다. 심판은 하나님의 뜻의 강제적 집행이다.

성경의 크고 작은 심판 또는 하나님의 진노는 인위(人爲)가 신위(神爲)의 경계를 넘을 때 반드시 온다. "경계를 넘음"은 곧 죄(罪)이다.

☞ "구음이 하나이요..."

촘스키(N. Choimsky) 등의 현대 언어학자들의 연구 결과, 언어는 단순히 의사 전달의 수동적 수단일 뿐만 아니라 그 안에 인간의 사고방식과 사고의 내용까지를 규정하는 고유한 능동적 기능까지 가진 인간들만의 고유한 문화 양식임이 드러나고 있다. 그리고 언어란 본래는 분석이나 연습이 아니라 직관적으로 습득되는 것이다. 그리하여 언어의 궁극적 기원은 인간의 의도적 고안이 아니라 생래적인 것으로 인정되고 있다. 즉 각 언어는 인간이 발명한 것이 아니라 근본적으로 부여받았다는 것이다. 따라서 본문의 구음 곧 언어가 하나였다는 말은 천지 창조 때에 주어진 단일 단어가 계속 전승되어 왔음을 보여 준다. 동시에 당시까지는 한 언어를 매체로 상호 의사소통이 용이하였고 근본적인 사고방식이 유사하여 전 인류가 하나로 집결되기 쉬웠음을 보여 준다.

창 11장

학습 자료 1-3 "바벨탑과 니므롯" 참조

렉은 삼십 세에 르우를 낳았고 19 르우를 낳은 후에 이백구 년을 지내며 자녀를 낳았으며 20 르우는 삼십이 세에
스룩을 낳았고 21 스룩을 낳은 후에 이백칠 년을 지내며 자녀를 낳았으며 22 스룩은 삼십 세에 나홀을 낳았고 23
나홀을 낳은 후에 이백 년을 지내며 자녀를 낳았으며 24 나홀은 이십구 세에 데라를 낳았고 25 데라를 낳은 후에
백십구 년을 지내며 자녀를 낳았으며 26 데라는 칠십 세에 아브람과 나홀과 하란을 낳았더라

데라의 족보

27 데라의 족보는 이러하니라 데라는 아브람과 나홀과 하란을 낳고 하란은 롯을 낳았으며 28 하란은 그 아비 데
라보다 먼저 고향 갈대아인의 우르에서 죽었더라 29 아브람과 나홀이 장가 들었으니 아브람의 아내의 이름은 사
래며 나홀의 아내의 이름은 밀가니 하란의 딸이요 하란은 밀가의 아버지이며 또 이스가의 아버지더라 30 사래는
임신하지 못하므로 자식이 없었더라 31 데라가 그 아들 아브람과 하란의 아들인 그의 손자 롯과 그의 며느리 아
브람의 아내 사래를 데리고 갈대아인의 우르를 떠나 가나안 땅으로 가고자 하더니 하란에 이르러 거기 거류하
였으며 32 데라는 나이가 이백오 세가 되어 하란에서 죽었더라

1일차 읽기의 요약
(창 1~11)

성경은 창세기 1장 1절을 통해 창조를 선포하고 있다! 하나님께서는 온 우주 만물을 만드시고 그 모든 것을 임의로 아담이 주관하게 하시고 복을 주시며 다스리게 하셨다. 오직 하나의 예외는 선악과를 두어 하나님이 창조주 되심을 언제나 기억하도록 하셨다. 에덴은 하나님 나라의 진정한 원형이다. 그러나 아담이 사탄의 유혹에 넘어가 죄가 들어오므로 하나님과의 관계가 끊어지고 하나님 나라를 상실하게 되었다(관계 파괴). 하나님은 창세기 3장 15절을 통해 하나님 나라를 회복시키겠다는 영적 전쟁을 선포하셨다(처음 약속인 복을 다시 주시려고).
그 이후 이 세상은 하나님을 예배하며 하나님 중심으로 사는 셋 계열의 하나님 나라 문화와 자기중심성을 따라 사는 가인 계열의 인간 문화의 두 물줄기로 창세기 초반부터 요한계시록까지 흘러간다. 두 문화는 결국 하나님을 예배하는 셋 공동체가 세상 문화에 정복당하여 노아 홍수라는 하나님의 심판을 받는다. 그리고 그 이후 다시 셈 계열을 통해 하나님 나라의 자손이 이어지지만 자기중심성을 따라 사는 인간 문화는 바벨탑으로 상징되는 세상 문화를 만들어 낸다. 하나님은 결국 바벨탑을 흩어 버리시고 하나님 나라를 회복시키시기 위해 갈대아 우르에서 우상을 섬기던 아브람을 불러내신다.

그러면 어떻게 살 것인가?

인위뚝·신위고!

☑ 세계관 점검 - 묵상하기 (영상 강의와 교재 내용의 이해를 바탕으로)

☑ 세계관 형성의 기본은 "신은 있는가?"의 질문으로부터 시작한다.

- 무신론
- 유신론 - 유일신론 / 단일신론 / 다신론 / 범신론

기독교 신앙의 신관은? 성경을 근거로 해서 왜 그런가를 확인하라.

☑ 인간의 시작은?

- 진화론에 따르면 우연히 단세포가 조성되고 오랜 시간 진화의 과정 중에 인간이라는 존재로 진화했고 계속 진화하고 있다.
- 하나님이 창조하심으로 인간의 존재가 시작되었다 – 창 1:26-28

☑ 죄악과 타락의 시작은?

- 진화론에서 죄의 시작과 그로 인해 타락이 왔다는 사실을 언급하고 입증하고 있는가?
- 성경은 무엇이라고 설명하며 나의 반응은 어떤가?

그렇다면 4장~5장은 타락한 인간이 이루어가는 세속 문화를 언급하고 그에 대한 하나님의 응답이 홍수라고 생각하는가? 그렇다면 오늘의 상황이 예수님이 지적하신 대로 노아 홍수 때와 같은 상황이라고 걱정하셨던 것과 같다고 생각하는가? 그렇다면 하나님은 오늘날의 이 상황에 어떻게 반응하실 것이며, 우리는 이런 상황에 어떻게 대처해야 할까?

☑ 위의 이해를 근거로 문명의 기원을 따져 보자. 우리의 뿌리와 과정을 이해하는 데 매우 중요하다. 가인의 계열인가? 셋의 계열인가?

☑ 창 1:27은 분명히 인간을 남과 여, 즉 양성(兩性)으로 만들었고 결혼은 이 양성의 결합으로 규정하고 있다. 오늘날 동성애는 용납될 수 있는 세계관인가? 왜 그런가?
그렇지 않다면 우리는 이 문제를 어떻게 다루어야 할 것인가?

☑ 창 1:26-28을 "문화 명령(Cultural Mandate)"이라고도 한다. 이 세상은 하나님이 창조하신 의도대로 이루라는 하나님의 명령이다. 그 명령의 내용은 무엇이며, 전적으로 동의하는가? 그러기 위해서 무엇을 하고 있으며, 해야 하는가?

✎ 나의 세계관은 진정 창조의 원리에 의거하고 있는가?
진화론자들은 원숭이가 우리의 조상이라고 주장한다. 세상에는 이런 허무맹랑한 소리를 믿는 사림들이 너무나 많다. 진화론을 과학적으로 입증된 절대의 진리인 양 믿고 있는 사람들이 너무나 많다. 우리가 지금도 학교에서 배우는 과학, 특히 생물학이 진화론에 근거한 내용이라는 사실은 안타깝다 못해 개탄스럽다. 진화론은 적어도 한 종에서 다른 종으로 진화되었다는 사실을 입증할 연결고리의 화석이 발견되지 않고 있다는 사실만으로도 그것은 과학도 논리도 아니라는 것을 다 인정

한다. 성경은 이 부분에 대해 이미 "종류대로" 만드셨다고 단언한다. 진화론은 한 종에서 다른 종으로 발전한다고 주장한다.

우리 그리스도인들도 이 세상 문화가 바로 이 진화론적 가치관에 의해 형성된 사실을 깨닫고, 나와 우주가 진화에 의한 것이 아니라 하나님이 그분의 설계와 섭리에 의해 창조하신 것임을 확고하게 믿어야 한다(창 1:26-28을 설명한 동영상 강의 서론의 "우리의 처음 모습" 부분을 잘 공부하라). 그것은 바로 내 삶의 주인은 하나님이며 나는 하나님의 설계와 목적에 의해 지금 이 세상에 존재해 있다는 믿음으로 연결되며, 바른 순종의 삶을 살아갈 수 있게 한다. 창조와 진화는 바로 이런 세계관의 싸움이자 큰 영적 싸움이다.

창 1:26-28과 창 2:7에서 나의 "처음 모습"을 발견할 수 있는가? 인간 창조의 특별함을 기억하라.
고대에서 "형상"은 오직 왕의 형상만을 의미한다. 그런데 성경은 바로 이 형상이라는 단어를 사용함으로 인간을 왕으로 만드셨다는 것이다. 즉 하나님의 권위를 위임받는 섭정 왕으로 지음을 받았다는 뜻이다. 그러므로 ① 인간의 존엄성, ② 인간의 평등성(모두가 다 왕), ③ 하나님의 대리자, ④하나님과 영적 교제를 나누는 자로서 존재 가치를 지닌다는 의미이다.

창 1:27에서 하나님이 인간을 남자와 여자로 만드셨다고 했다. 이와 관련해서 동성애의 문제를 어떻게 생각해야 하는가? 동성애는 하나님의 창조의 질서를 깨뜨려 버리려는 사탄의 직격탄이다. 그렇다면 하나님은 이 사탄의 공격에 어떻게 대처하실 것 같은가?

에덴(Eden עֵדֶן)의 뜻은 "기쁨", "즐거움"이다. 하나님의 동산 특징이다. 하나님과 바른 관계가 완벽하게 이루어져 있는 하나님 나라의 원형이기 때문이다. 우리가 잘 산다는 것의 기준은 곧 "관계가 좋다"는데 있음을 명심하고 에덴의 삶이 어떤 삶인가를 묵상하라.

창 2:16은 창 1:28에서 약속된 복을 누리는 모습이다. 하나님이 이 창조 언약을 통해 약속하신 복은 무진장의 것("임의로 먹되")이다. 그것은 하나님이 의도하셨던 창조의 질서 가운데 하나님과 바른 관계에 있을 때만 누리는 복이다. 에덴에서 그것을 누렸다. 그러나 선악과 사건 이후는 창 3:19의 상태로 반전된다. 오늘 나의 삶에서 이런 모습은 없을까?

선악과 사건은 왜 일어났다고 생각하는가? 나의 현재 일상의 삶에서 이런 사탄의 유혹은 없는가?
있다면 어떻게 대처할 것인가?

창 2:18-24에서 보는 성경적 가정의 참된 모델을 파악했는가? 나의 가정도 이런 모습을 가지고 있는가?

영상 강의에서 아담과 하와가 만들어 입은 무화과나무 잎의 옷과 하나님이 지어 입히신 가죽 옷의 의미는 곧 인위(人爲)와 신위(神爲)의 개념을 설명하고 있다. 이것은 무엇을 의미하는가?
하나님은 모든 것을 하나님의 원리에 의한 방법으로 이루어지기를 원하는데(神爲), 인간은 그것을 자기가 원하는 방법으로 하려고 하기 때문에 인류의 비극이 생기는 것임을 알겠는가?

창 3:1-6 하나님의 뜻에 앞선 인간의 자기 결정이 인간 세상에 죄를 가져왔다면, 죄의 문제를 해결하기 위해 이제는 자신의 의지에 앞서[인위] 하나님의 뜻[신위]을 구하는 겸손한 순종이 있어야 하지 않을까!

✐ 가인의 제물보다 아벨의 제물을 더 기뻐 받으신 하나님께 우리가 지금 드리고 있는 것은 과연 어떠한 것인가? 우리가 드리는 많은 것들이 하나님이 원하시고 기뻐하시는 것이라고 자부할 수 있는가?
[시 50:23, 롬 12:1. 찬송가 50장(통 71장), 111장(통 111장)]

✐ 창 3:9과 4:9은 하나님 나라는 관계 가운데 이루진다는 그 출발점을 보여 준다. 『통큰통독』 교재 p95 도표와 영상 강의의 설명을 참고하여 당신의 삶의 관계성이 어떤지 분석하고 반성해 보라.

✐ 창 4장과 5장에서 인류 문화의 시작은 하나님파(아벨과 셋의 후예)와 비하나님파(가인의 후예-사탄파)의 두 부류로 시작하고 전개됨을 감지할 수 있는가?

✐ 노아 시대의 징조와 오늘 우리 시대의 징조는 다를까?
노아 홍수 기사에서 신위에 순종하여 자기의 인위, 자기중심성을 내려놓는 노아의 모습을 볼 수 있는가?
나는 어떤가?

✐ 창 6:9 노아가 의인이요, 완전한 자로 인정받을 수 있었던 것은 그가 항상 하나님과 동행하였기 때문이다. 그렇다면 당신은 어떤가? 당신은 항상 하나님과 동행하는가?
[신 5:33, 렘 7:23. 찬송가 288장(통 204장), 436장(통 493장)]

✐ 하나님은 방주를 항해용이 아니라 단순히 뜨게 하도록 설계하셨고, 동력과 방향타가 없는 상자 모양으로 짓게 하셨다(창 6:14-16). 하나님의 의도가 무엇인지 깊이 묵상하고 그 깨달음을 나의 삶으로 표현해야 한다.

✐ 무지개 언약은 "하나님의 보호(Divine Protection)"의 상징이다. 성경의 언약의 기본적 의미는 우리를 보호하심의 약속이다. 그래서 하나님을 임마누엘이라고 한다. 우리와 함께 하신다는 말이다. "함께 하심" 그 자체가 보호하심이다. [창 28:15, 마 28:20. 찬송가 289장(통 208)]

✐ 창 10장 생육하고 번성하여 땅에 충만하라는 하나님의 축복이 구체적으로 실현되고 있다. 하나님의 위대한 계획이 바로 그분의 보이지 않는 손에 의해 이루어져 가고 있는 것이다. 그렇다면 진정 우리는 모든 인간의 역사 속에서, 또한 우리의 삶 전체에서 계속되어지는 하나님의 확실한 섭리를 깨닫고 있는가?
[단 10:21, 엡 1:9. 찬송가 9장(통 53장), 586장(통 521장)]

✐ 바벨탑 사건에 왜 하나님이 진노하셨나? 오늘의 모습과 비교해 볼 수 있는가?
나에게 바벨탑 같은 사고방식은 없는지 성찰해 보라.

☑ 결단기도와 실행하기

약 2:26 영혼 없는 몸이 죽은 것 같이 행함이 없는 믿음은 죽은 것이니라
시 119:28 나의 영혼이 눌림으로 말미암아 녹사오니 주의 말씀대로 나를 세우소서

족장시대 B.C. 2165~1805

주요인물 아브라함 / 이삭 / 야곱 / 요셉

주요사건 아브라함에게 언약하심 / 히브리 민족의 탄생 / 히브리 민족이 애굽으로 이주함 / 하나님이 사탄에게 욥을 시험하도록 허락하심

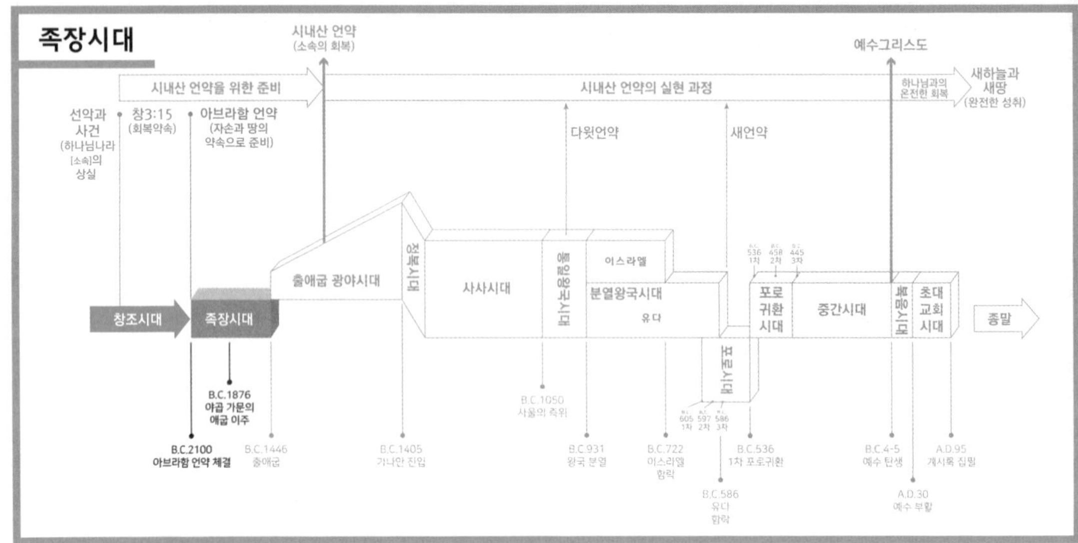

시대 한눈에 보기

창세기 1장에서 11장까지의 인간의 자기중심성의 반역의 역사에서 이제 하나님의 신위(神爲)의 역사로 반전시키기 위한 하나님의 역사가 아브라함을 부르심으로 시작된다. 창세기 12장에서 50장까지는 족장시대를 그리며 아브라함, 이삭, 야곱, 요셉 등 4명의 족장들을 통해 하나님께서 하나님의 나라를 회복하시기 위한 일을 전개해 나가신다. 이들 족장은 앞에서 언급한 인위(人爲)의 자기중심성의 모습이 아니라 하나님 나라에 합당한 순종의 믿음을 소유한 자들로서 하나님의 나라 회복에 쓰임 받기 위해 연단과 훈련을 받으며 하나님 나라를 이룩할 백성들을 만들어 간다. 12장에서 23장까지는 아브라함을 집중적으로 기록하고 있다. 아브람을 갈대아 우르에서 부르시고 그의 후손이 하늘의 별과 바다의 모래처럼 많을 것과 그들이 거할 땅을 약속한다. 이것은 하나님 나라에 필요한 조건들이다. 하나님은 이런 아브라함과의 언약에서 하나님 나라를 회복하시려는 그의 계획을 언약을 통해 보여 주신다. 여기서 중요한 구절은 12:1-3의 하나님이 아브람을 부르시는 장면과 15:1, 5-6의 하나님이 아브람에게 언약을 주는 장면이다. 여기에서 볼 수 있는 것은 아브람이 연약한 인간이라 실수도 하지만, 하나님의 모든 약속을 온전히 순종하는 모습을 보게 된다.

아브람은 하나님의 언약을 강하게 믿는 믿음 때문에 그의 이름이 아브라함으로 바뀐다. 그는 과연 믿음의 아버지

였다. 하나님 나라는 바로 그 순종 위에 이루어지는 것이다.

24장에서 27장까지는 주로 이삭의 이야기가 나온다. B.C. 2066년에 이삭이 태어났을 것으로 추정한다. 하나님이 주신 유일한 아들인 이삭을 제물로 바치라는 하나님의 명령에 순전히 순종하는 아브라함의 모습을 보지만 그 명령에 이삭도 함께 그 순종에 동참하는 모습을 본다. 여기서 우리는 미래를 준비하시는 여호와 이레의 하나님을 만난다. 이삭의 신앙의 모습은 겸손과 순종이었다.

28장에서 36장까지는 야곱에 관한 이야기이다. 야곱은 B.C. 2006년에 태어났다고 추정한다. 그는 쌍둥이 형 에서의 발꿈치를 잡고 나온 까닭에 이름이 야곱이라고 불리었다. 그는 생존 경쟁에 강한 기질을 타고났고 경쟁심이 강하고 흥정에 능한 자였음을 볼 수 있고 그런 점에서 자기중심성이 강한 자였다. 하나님은 그런 그를 연단하시고 보호하시며 하나님 나라의 백성이 될 이스라엘의 12지파의 아버지가 되게 하신다. 그는 얍복 강에서 하나님과 씨름하다가 환도뼈가 깨어졌고 그 후에 한 차례 가족의 고통(딸 디나의 강간 사건)이 있은 후 '벧엘로 돌아가라'는 하나님의 음성을 들은 후에야 '내려놓음'의 영성을 터득하고 순종하는 자가 된다. 야곱은 집념의 신앙인의 전형이다.

37장에서 50장까지는 주로 요셉의 이야기가 나온다. 요셉이 태어난 해는 B.C. 1915년으로 추정한다(창 30장). 요셉이 애굽으로 팔려 가고 또 그가 바로의 시위대장인 보디발의 집사가 되어 신임을 얻었고, 보디발의 아내의 유혹을 뿌리친 것 때문에 모함에 빠져 감옥에 갇혔다가 다른 죄수의 꿈을 풀어 준 것이 계기가 되어 바로 왕의 꿈을 해석하고 일약 애굽의 총리가 된다. 기근으로 인해 야곱의 식구가 애굽으로 오게 되고 죽은 줄 알았던 아들 요셉을 만난 야곱은 기근을 피해 애굽으로 이주하게 되고(B.C. 1876) 요셉의 총리됨의 덕을 입어 고센 지방에 자리를 잡게 된다. 그래서 이스라엘 백성이 이역만리 남의 땅에서 비록 노예의 신세가 되지만 인구가 증가되어 번성할 계기를 얻게 된다. 이 모든 역사를 통해 하나님 나라를 회복하시기 위한 하나님 섭리의 손길과 지혜와 분별의 신앙을 갖고 있는 요셉의 모습을 볼 수 있다.

족장들의 이야기를 읽을 때 그들이 믿음의 사람들이긴 하지만 그들의 신앙을 지나치게 우상화해서는 안 된다. 그들도 우리와 같이 많은 실수를 한다. 오히려 그런 사람들에게 역사하시는 하나님의 주권에 초점을 맞추어 족장들의 이야기를 읽어야 한다.

창세기 12~23장 : 아브라함

성경의 구체적 역사는 아브라함으로부터 시작된다. 아브라함의 탄생 연도는 B.C. 2166으로 추정한다.(『통큰통독』 교재 p107의 계산 근거 참조)

학습 자료 2-1 "족장" 참조

우르(Ur)의 생활상(B.C.22세기경)

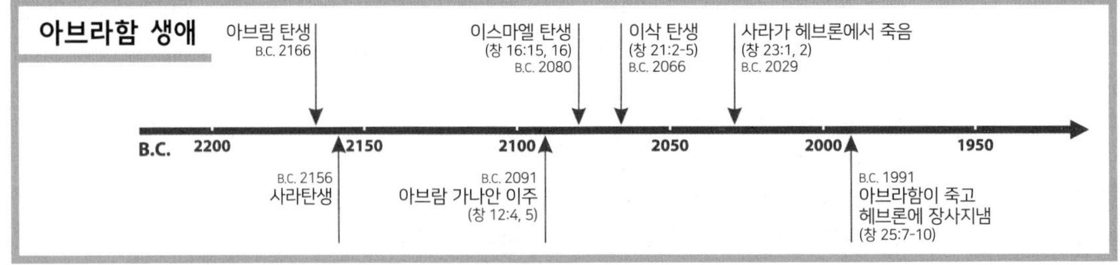

창세기 12장

여호와께서 아브람에게 이르시다

[1] 여호와께서 아브람에게 이르시되 너는 너의 고향과 친척과 아버지의 집
을 떠나 내가 네게 보여 줄 땅으로 가라 [2] 내가 너로 큰 민족을 이루고 네
게 복을 주어 네 이름을 창대하게 하리니 너는 복이 될지라 [3] 너를 축복
하는 자에게는 내가 복을 내리고 너를 저주하는 자에게는 내가 저주하리
니 땅의 모든 족속이 너로 말미암아 복을 얻을 것이라 하신지라 [4] 이에 아
브람이 여호와의 말씀을 따라갔고 롯도 그와 함께 갔으며 아브람이 하란
을 떠날 때에 칠십오 세였더라 [5] 아브람이 그의 아내 사래와 조카 롯과
하란에서 모은 모든 소유와 얻은 사람들을 이끌고 가나안 땅으로 가려
고 떠나서 마침내 가나안 땅에 들어갔더라 [6] 아브람이 그 땅을 지나 세
겜 땅 모레 상수리나무에 이르니 그 때에 가나안 사람이 그 땅에 거주하
였더라 [7] 여호와께서 아브람에게 나타나 이르시되 내가 이 땅을 네 자손
에게 주리라 하신지라 자기에게 나타나신 여호와께 그가 그 곳에서 제
단을 쌓고 [8] 거기서 벧엘 동쪽 산으로 옮겨 장막을 치니 서쪽은 벧엘이요
동쪽은 아이라 그가 그 곳에서 여호와께 제단을 쌓고 여호와의 이름을
부르더니 [9] 점점 남방으로 옮겨갔더라

아브람이 애굽으로 내려가다

[10] 그 땅에 기근이 들었으므로 아브람이 애굽에 거류하려고 그리로 내려
갔으니 이는 그 땅에 기근이 심하였음이라 [11] 그가 애굽에 가까이 이르렀
을 때에 그의 아내 사래에게 말하되 내가 알기에 그대는 아리따운 여인
이라 [12] 애굽 사람이 그대를 볼 때에 이르기를 이는 그의 아내라 하여 나
는 죽이고 그대는 살리리니 [13] 원하건대 그대는 나의 누이라 하라 그러면
내가 그대로 말미암아 안전하고 내 목숨이 그대로 말미암아 보존되리라
하니라 [14] 아브람이 애굽에 이르렀을 때에 애굽 사람들이 그 여인이 심히 아리따움을 보았고 [15] 바로의 고관들도
그를 보고 바로 앞에서 칭찬하므로 그 여인을 바로의 궁으로 이끌어들인지라 [16] 이에 바로가 그로 말미암아 아
브람을 후대하므로 아브람이 양과 소와 노비와 암수 나귀와 낙타를 얻었더라 [17] 여호와께서 아브람의 아내 사
래의 일로 바로와 그 집에 큰 재앙을 내리신지라 [18] 바로가 아브람을 불러서 이르되 네가 어찌하여 나에게 이렇
게 행하였느냐 네가 어찌하여 그를 네 아내라고 내게 말하지 아니하였느냐 [19] 네가 어찌 그를 누이라 하여 내가
그를 데려다가 아내를 삼게 하였느냐 네 아내가 여기 있으니 이제 데려가라 하고 [20] 바로가 사람들에게 그의 일
을 명하매 그들이 그와 함께 그의 아내와 그의 모든 소유를 보내었더라

창 12:1 하나님은 항상 우리를 먼저 불러 주신다. 부름 받은 성도는 과거의 죄의 자리에서 떠나야 한다. 하늘의 영광을 위해서는 희생을 감수해야 한다. 하나님이 성도를 부르시는 것은 복을 주시기 위함이다(神爲).
하나님은 아브라함을 갈대아 우르에서 불러내신다. 갈대아 우르는 당시 수메르 문명에서 우르남무 3세가 다스리던 가장 번성했던 도시 국가였다. 번성했다는 것은 물질적 풍요를 말하는 동시에 영적 타락상을 보여 주는 것이기도 하다.

창 12:3 왜 아브라함이 복의 근원이 되는가를 복의 바른 개념을 통해 묵상할 수가 있다. 복은 시 73:28에서 하나님과 함께하는 것이 복이라고 했다. 그것은 곧 관계의 회복을 말하고, 아브라함의 언약을 통해 시작하는 하나님의 구속 역사는 곧 그 관계회복을 통해 복의 관계가 회복되는 것을 말한다.
3절 하반부 "땅의 모든 족속이 너로 말미암아 복을 얻을 것이라"고 한 것은 타락으로 인해 상실한 복의 관계를 회복하신다는 약속이다. 이로 인해 인류는 새로운 전기를 맞이하게 되었다.

창 12:10 기근을 피해 애굽으로 내려가는 아브라함의 모습을 8절의 모습과 대조해 보라. 신위와 인위의 개념을 적용해 보라. 아브라함은 그 결과로 거짓말을 하는 실수를 저지르게 된다.

창세기 13장

아브람과 롯이 서로 떠나다

1 아브람이 애굽에서 그와 그의 아내와 모든 소유와 롯과 함께 네게브로 올라가니 2 아브람에게 가축과 은과 금
이 풍부하였더라 3 그가 네게브에서부터 길을 떠나 벧엘에 이르며 벧엘과 아이 사이 곧 전에 장막 쳤던 곳에 이
르니 4 그가 처음으로 제단을 쌓은 곳이라 그가 거기서 여호와의 이름을 불렀더라 5 아브람의 일행 롯도 양과 소
와 장막이 있으므로 6 그 땅이 그들이 동거하기에 넉넉하지 못하였으니
이는 그들의 소유가 많아서 동거할 수 없었음이니라 7 그러므로 아브람의
가축의 목자와 롯의 가축의 목자가 서로 다투고 또 가나안 사람과 브리
스 사람도 그 땅에 거주하였는지라 8 아브람이 롯에게 이르되 우리는 한
친족이라 나나 너나 내 목자나 네 목자나 서로 다투게 하지 말자 9 네 앞
에 온 땅이 있지 아니하냐 나를 떠나가라 네가 좌하면 나는 우하고 네가
우하면 나는 좌하리라 10 이에 롯이 눈을 들어 요단 지역을 바라본즉 소
알까지 온 땅에 물이 넉넉하니 여호와께서 소돔과 고모라를 멸하시기 전
이었으므로 여호와의 동산 같고 애굽 땅과 같았더라 11 그러므로 롯이 요
단 온 지역을 택하고 동으로 옮기니 그들이 서로 떠난지라 12 아브람은 가
나안 땅에 거주하였고 롯은 그 지역의 도시들에 머무르며 그 장막을 옮겨
소돔까지 이르렀더라 13 소돔 사람은 여호와 앞에 악하며 큰 죄인이었더라

아브람이 헤브론으로 옮기다

14 롯이 아브람을 떠난 후에 여호와께서 아브람에게 이르시되 너는 눈을
들어 너 있는 곳에서 북쪽과 남쪽 그리고 동쪽과 서쪽을 바라보라 15 보이
는 땅을 내가 너와 네 자손에게 주리니 영원히 이르리라 16 내가 네 자손
이 땅의 티끌 같게 하리니 사람이 땅의 티끌을 능히 셀 수 있을진대 네 자
손도 세리라 17 너는 일어나 그 땅을 종과 횡으로 두루 다녀 보라 내가 그
것을 네게 주리라 18 이에 아브람이 장막을 옮겨 헤브론에 있는 마므레 상
수리 수풀에 이르러 거주하며 거기서 여호와를 위하여 제단을 쌓았더라

창13:5-18 **분가하는 아브라함과 롯.** 초지 선택의 기준이 가시적이며 인위적인 롯과 하나님에게 온전히 의지하는(신위) 아브라함의 대조를 보라.

창 13:12 아브람과 롯의 이동 경로와 정착지

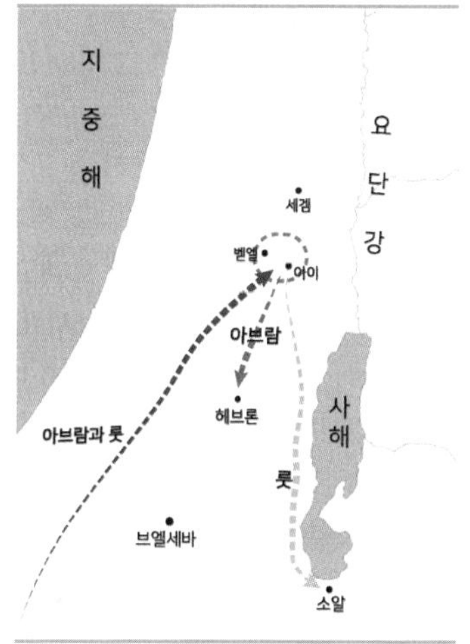

창세기 14장

아브람이 롯을 구하다

1 당시에 시날 왕 아므라벨과 엘라살 왕 아리옥과 엘람 왕 그돌라오멜과
고임 왕 디달이 2 소돔 왕 베라와 고모라 왕 비르사와 아드마 왕 시납과
스보임 왕 세메벨과 벨라 곧 소알 왕과 싸우니라 3 이들이 다 싯딤 골짜기
곧 지금의 염해에 모였더라 4 이들이 십이 년 동안 그돌라오멜을 섬기다
가 제십삼년에 배반한지라 5 제십사년에 그돌라오멜과 그와 함께 한 왕
들이 나와서 아스드롯 가르나임에서 르바 족속을, 함에서 수스 족속을, 사웨 기랴다임에서 엠 족속을 치고 6 호
리 족속을 그 산 세일에서 쳐서 광야 근방 엘바란까지 이르렀으며 7 그들이 돌이켜 엔미스밧 곧 가데스에 이르러
아말렉 족속의 온 땅과 하사손다말에 사는 아모리 족속을 친지라 8 소돔 왕과 고모라 왕과 아드마 왕과 스보임
왕과 벨라 곧 소알 왕이 나와서 싯딤 골짜기에서 그들과 전쟁을 위하여 진을 쳤더니 9 엘람 왕 그돌라오멜과 고
임 왕 디달과 시날 왕 아므라벨과 엘라살 왕 아리옥 네 왕이 곧 그 다섯 왕과 맞서니라 10 싯딤 골짜기에는 역청
구덩이가 많은지라 소돔 왕과 고모라 왕이 달아날 때에 그들이 거기 빠지고 그 나머지는 산으로 도망하매 11 네
왕이 소돔과 고모라의 모든 재물과 양식을 빼앗아 가고 12 소돔에 거주하는 아브람의 조카 롯도 사로잡고 그 재

❖ 창 14장
전쟁을 불사하고 조카 롯을 구하는 아브라함의 믿음에서 그의 믿음이 명사가 아니라 동사라는 사실을 몸소 보여 준다. 믿음은 실행할 때 그 역동성이 발하게 된다. 당신의 믿음은 머릿속에 머물고 있는 관념적, 개념적인가? 그렇다면 반성하고 회개하자! 그런 아브라함에게 하나님이 주시는 상급은? 13:16-17을 참고해서 묵상하라.

물까지 노략하여 갔더라 13 도망한 자가 와서 히브리 사람 아브람에게 알
리니 그 때에 아브람이 아모리 족속 마므레의 상수리 수풀 근처에 거주하
였더라 마므레는 에스골의 형제요 또 아넬의 형제라 이들은 아브람과 동
맹한 사람들이더라 14 아브람이 그의 조카가 사로잡혔음을 듣고 집에서
길리고 훈련된 자 삼백십팔 명을 거느리고 단까지 쫓아가서 15 그와 그의
가신들이 나뉘어 밤에 그들을 쳐부수고 다메섹 왼편 호바까지 쫓아가 16
모든 빼앗겼던 재물과 자기의 조카 롯과 그의 재물과 또 부녀와 친척을
다 찾아왔더라

멜기세덱이 아브람에게 축복하다

17 아브람이 그돌라오멜과 그와 함께 한 왕들을 쳐부수고 돌아올 때에
소돔 왕이 사웨 골짜기 곧 왕의 골짜기로 나와 그를 영접하였고 18 살렘
왕 멜기세덱이 떡과 포도주를 가지고 나왔으니 그는 지극히 높으신 하나
님의 제사장이었더라 19 그가 아브람에게 축복하여 이르되 천지의 주재
이시요 지극히 높으신 하나님이여 아브람에게 복을 주옵소서 20 너희 대
적을 네 손에 붙이신 지극히 높으신 하나님을 찬송할지로다 하매 아브람
이 그 얻은 것에서 십분의 일을 멜기세덱에게 주었더라 21 소돔 왕이 아브
람에게 이르되 사람은 내게 보내고 물품은 네가 가지라 22 아브람이 소돔
왕에게 이르되 천지의 주재이시요 지극히 높으신 하나님 여호와께 내가
손을 들어 맹세하노니 23 네 말이 내가 아브람으로 치부하게 하였다 할까
하여 네게 속한 것은 실 한 오라기나 들메끈 한 가닥도 내가 가지지 아니
하리라 24 오직 젊은이들이 먹은 것과 나와 동행한 아넬과 에스골과 마므
레의 분깃을 제할지니 그들이 그 분깃을 가질 것이니라

창세기 15장

여호와께서 아브람과 언약을 세우시다

1 이 후에 여호와의 말씀이 환상 중에 아브람에게 임하여 이르시되 아브
람아 두려워하지 말라 나는 네 방패요 너의 지극히 큰 상급이니라 2 아브
람이 이르되 주 여호와여 무엇을 내게 주시려 하나이까 나는 자식이 없
사오니 나의 상속자는 이 다메섹 사람 엘리에셀이니이다 3 아브람이 또
이르되 주께서 내게 씨를 주지 아니하셨으니 내 집에서 길린 자가 내 상
속자가 될 것이니이다 4 여호와의 말씀이 그에게 임하여 이르시되 그 사
람이 네 상속자가 아니라 네 몸에서 날 자가 네 상속자가 되리라 하시
고 5 그를 이끌고 밖으로 나가 이르시되 하늘을 우러러 뭇별을 셀 수 있
나 보라 또 그에게 이르시되 네 자손이 이와 같으리라 6 아브람이 여호와
를 믿으니 여호와께서 이를 그의 의로 여기시고 7 또 그에게 이르시되 나
는 이 땅을 네게 주어 소유를 삼게 하려고 너를 갈대아인의 우르에서 이
끌어 낸 여호와니라 8 그가 이르되 주 여호와여 내가 이 땅을 소유로 받
을 것을 무엇으로 알리이까 9 여호와께서 그에게 이르시되 나를 위하여
삼 년 된 암소와 삼 년 된 암염소와 삼 년 된 숫양과 산비둘기와 집비둘기
새끼를 가져올지니라 10 아브람이 그 모든 것을 가져다가 그 중간을 쪼

창 14:13-16 아브람의 롯 구출 여정

창 14:17-18 멜기세덱이 누구인가?
'멜기세덱'은 '왕'으로 번역되는 '멜레크'와 '의'로 번역되는 '체데크'의 합성어로 보아 그는 '의의 왕'으로 보아야 한다.
그는 아론과 같은 반열의 제사장이 아니고 족보가 없는 제사장임을 고려 할 때 그는 하나님이며, 예수님의 예표로 본다.

멜기세덱에 대한 표현들

1	살렘(예루살렘) 왕 (창14:18)
2	하나님의 제사장 (창14:18)
3	아브라함을 축복한 자 (창14:19)
4	의의 왕 (히7:2)
5	평강의 왕 (히7:2)
6	아버지도 없고 어머니도 없고 족보도 없고 시작한 날도 없고 생명의 끝도 없어 하나님의 아들과 닮음 (히7:3)

❖ **창 15장 아브라함 언약**
선악과 사건을 통해 잃어버린 하나님 나라를 회복하시기 위한 하나님의 정지작업이 이 언약을 통해 시작된다. 하나님 주권의 통치를 받을 백성이 필요하고(자손의 약속), 그들이 살아가야 할 영역(땅의 약속, 창17:9)이 필요한 것이다. 그래서 하나님의 주권이 이루어지는 에덴이 온전히 회복되는 것이다.(창 1:26-28 참조)

❖ 아브라함 언약의 핵심 내용(자손, 땅, 하나님의 주권의 실현)은 곧 창 1:26-28의 실현임을 알 수 있다.

창 15장
학습 자료 2-2 "시험" 참조

개고 그 쪼갠 것을 마주 대하여 놓고 그 새는 쪼개지 아니하였으며 11솔
개가 그 사체 위에 내릴 때에는 아브람이 쫓았더라 12해 질 때에 아브람
에게 깊은 잠이 임하고 큰 흑암과 두려움이 그에게 임하였더니 13여호와
께서 아브람에게 이르시되 너는 반드시 알라 네 자손이 이방에서 객이
되어 그들을 섬기겠고 그들은 사백 년 동안 네 자손을 괴롭히리니 14그
들이 섬기는 나라를 내가 징벌할지며 그 후에 네 자손이 큰 재물을 이끌
고 나오리라 15너는 장수하다가 평안히 조상에게로 돌아가 장사될 것이
요 16네 자손은 사대 만에 이 땅으로 돌아오리니 이는 아모리 족속의 죄
악이 아직 가득 차지 아니함이니라 하시더니 17해가 져서 어두울 때에 연
기 나는 화로가 보이며 타는 횃불이 쪼갠 고기 사이로 지나더라 18그 날
에 여호와께서 아브람과 더불어 언약을 세워 이르시되 내가 이 땅을 애
굽 강에서부터 그 큰 강 유브라데까지 네 자손에게 주노니 19곧 겐 족속
과 그니스 족속과 갓몬 족속과 20헷 족속과 브리스 족속과 르바 족속과
21아모리 족속과 가나안 족속과 기르가스 족속과 여부스 족속의 땅이니
라 하셨더라

창 15:12-18 **언약 조인 의식**
하나님이 일방적으로 행하심으로 이 언약이 은혜언약임을 보여 준다.
창 15:13-14 출애굽 사건을 예언

약속된 땅의 범위

창세기 16장

하갈과 이스마엘

1아브람의 아내 사래는 출산하지 못하였고 그에게 한 여종이 있으니 애
굽 사람이요 이름은 하갈이라 2사래가 아브람에게 이르되 여호와께서
내 출산을 허락하지 아니하셨으니 원하건대 내 여종에게 들어가라 내가
혹 그로 말미암아 자녀를 얻을까 하노라 하매 아브람이 사래의 말을 들
으니라 3아브람의 아내 사래가 그 여종 애굽 사람 하갈을 데려다가 그
남편 아브람에게 첩으로 준 때는 아브람이 가나안 땅에 거주한 지 십 년
후였더라 4아브람이 하갈과 동침하였더니 하갈이 임신하매 그가 자기
의 임신함을 알고 그의 여주인을 멸시한지라 5사래가 아브람에게 이르
되 내가 받는 모욕은 당신이 받아야 옳도다 내가 나의 여종을 당신의 품
에 두었거늘 그가 자기의 임신함을 알고 나를 멸시하니 당신과 나 사이
에 여호와께서 판단하시기를 원하노라 6아브람이 사래에게 이르되 당
신의 여종은 당신의 수중에 있으니 당신의 눈에 좋을 대로 그에게 행하
라 하매 사래가 하갈을 학대하였더니 하갈이 사래 앞에서 도망하였더라
7여호와의 사자가 광야의 샘물 곁 곧 술 길 샘 곁에서 그를 만나 8이르
되 사래의 여종 하갈아 네가 어디서 왔으며 어디로 가느냐 그가 이르되
나는 내 여주인 사래를 피하여 도망하나이다 9여호와의 사자가 그에게
이르되 네 여주인에게로 돌아가서 그 수하에 복종하라 10여호와의 사자
가 또 그에게 이르되 내가 네 씨를 크게 번성하여 그 수가 많아 셀 수 없
게 하리라 11여호와의 사자가 또 그에게 이르되 네가 임신하였은즉 아
들을 낳으리니 그 이름을 이스마엘이라 하라 이는 여호와께서 네 고통을 들으셨음이니라 12그가 사람 중에 들
나귀 같이 되리니 그의 손이 모든 사람을 치겠고 모든 사람의 손이 그를 칠지며 그가 모든 형제와 대항해서 살
리라 하니라 13하갈이 자기에게 이르신 여호와의 이름을 나를 살피시는 하나님이라 하였으니 이는 내가 어떻

창 16장 **인위로 돌아서는 아브라함**
☞ 1925-1931 사이에 미국 펜실베니아 대학 고고학 발굴 팀에 의해 발굴된 B.C. 15세기경의 중동 지역의 생활 풍습을 기록한 누지 서판(Nuzi Tablets)에는 주인이 대를 이을 자녀가 없을 때 종의 몸에서 그 자녀를 낳게 할 수도 있다고 기록하고 있다.
☞ 하갈과 이스마엘도 감찰하시는 하나님을 묵상하라.

창 16:14 브엘라해로이 위치

게 여기서 나를 살피시는 하나님을 뵈었는고 함이라 14 이러므로 그 샘을
브엘라해로이라 불렀으며 그것은 가데스와 베렛 사이에 있더라 15 하갈
이 아브람의 아들을 낳으매 아브람이 하갈이 낳은 그 아들을 이름하여
이스마엘이라 하였더라 16 하갈이 아브람에게 이스마엘을 낳았을 때에
아브람이 팔십육 세였더라

창세기 17장

할례 : 언약의 표징

1 아브람이 구십구 세 때에 여호와께서 아브람에게 나타나서 그에게 이
르시되 나는 전능한 하나님이라 너는 내 앞에서 행하여 완전하라 2 내가
내 언약을 나와 너 사이에 두어 너를 크게 번성하게 하리라 하시니 3 아
브람이 엎드렸더니 하나님이 또 그에게 말씀하여 이르시되 4 보라 내 언
약이 너와 함께 있으니 너는 여러 민족의 아버지가 될지라 5 이제 후로는
네 이름을 아브람이라 하지 아니하고 아브라함이라 하리니 이는 내가 너
를 여러 민족의 아버지가 되게 함이니라 6 내가 너로 심히 번성하게 하리
니 내가 네게서 민족들이 나게 하며 왕들이 네게로부터 나오리라 7 내가
내 언약을 나와 너 및 네 대대 후손 사이에 세워서 영원한 언약을 삼고 너
와 네 후손의 하나님이 되리라 8 내가 너와 네 후손에게 네가 거류하는 이
땅 곧 가나안 온 땅을 주어 영원한 기업이 되게 하고 나는 그들의 하나님
이 되리라 9 하나님이 또 아브라함에게 이르시되 그런즉 너는 내 언약을
지키고 네 후손도 대대로 지키라 10 너희 중 남자는 다 할례를 받으라 이것이 나와 너희와 너희 후손 사이에 지킬
내 언약이니라 11 너희는 포피를 베어라 이것이 나와 너희 사이의 언약의 표징이니라 12 너희의 대대로 모든 남자
는 집에서 난 자나 또는 너희 자손이 아니라 이방 사람에게서 돈으로 산 자를 막론하고 난 지 팔 일 만에 할례를
받을 것이라 13 너희 집에서 난 자든지 너희 돈으로 산 자든지 할례를 받아야 하리니 이에 내 언약이 너희 살에
있어 영원한 언약이 되려니와 14 할례를 받지 아니한 남자 곧 그 포피를 베지 아니한 자는 백성 중에서 끊어지리
니 그가 내 언약을 배반하였음이니라 15 하나님이 또 아브라함에게 이르시되 네 아내 사래는 이름을 사래라 하
지 말고 사라라 하라 16 내가 그에게 복을 주어 그가 네게 아들을 낳아 주게 하며 내가 그에게 복을 주어 그를 여
러 민족의 어머니가 되게 하리니 민족의 여러 왕이 그에게서 나리라 17 아브라함이 엎드려 웃으며 마음속으로 이
르되 백 세 된 사람이 어찌 자식을 낳을까 사라는 구십 세니 어찌 출산하리요 하고 18 아브라함이 이에 하나님께
아뢰되 이스마엘이나 하나님 앞에 살기를 원하나이다 19 하나님이 이르시되 아니라 네 아내 사라가 네게 아들을
낳으리니 너는 그 이름을 이삭이라 하라 내가 그와 내 언약을 세우리니 그의 후손에게 영원한 언약이 되리라 20
이스마엘에 대하여는 내가 네 말을 들었나니 내가 그에게 복을 주어 그를 매우 크게 생육하고 번성하게 할지라
그가 열두 두령을 낳으리니 내가 그를 큰 나라가 되게 하려니와 21 내 언약은 내가 내년 이 시기에 사라가 네게
낳을 이삭과 세우리라 22 하나님이 아브라함과 말씀을 마치시고 그를 떠나 올라가셨더라 23 이에 아브라함이 하
나님이 자기에게 말씀하신 대로 이 날에 그 아들 이스마엘과 집에서 태어난 모든 자와 돈으로 산 모든 자 곧 아
브라함의 집 사람 중 모든 남자를 데려다가 그 포피를 베었으니 24 아브라함이 그의 포피를 벤 때는 구십구 세였
고 25 그의 아들 이스마엘이 그의 포피를 벤 때는 십삼 세였더라 26 그 날에 아브라함과 그 아들 이스마엘이 할례
를 받았고 27 그 집의 모든 남자 곧 집에서 태어난 자와 돈으로 이방 사람에게서 사온 자가 다 그와 함께 할례를
받았더라

누지 서판(Nuzi Tablets)

❖ 창 17장

아브라함 언약의 핵심은 하나님 주권의 회복이다. 이 주권은 선악과 사건을 통해서 인간의 주인이 하나님에서부터 사탄으로 그 소속이 바뀌면서 상실되고 말았다. 구약 곳곳에서 이런 모습을 볼 수 있고, 오늘날에도 여전하다. 하나님 주권의 회복이 곧 하나님 나라의 회복이다.

창 17장

학습 자료 2-3 "하나님의 절대 의" 참조
학습 자료 2-4 "성경의 언약" 참조

창세기 18장

아브라함이 아들을 약속받다

1 여호와께서 마므레의 상수리나무들이 있는 곳에서 아브라함에게 나타
나시니라 날이 뜨거울 때에 그가 장막 문에 앉아 있다가 2 눈을 들어 본즉
사람 셋이 맞은편에 서 있는지라 그가 그들을 보자 곧 장막 문에서 달려
나가 영접하며 몸을 땅에 굽혀 3 이르되 내 주여 내가 주께 은혜를 입었사
오면 원하건대 종을 떠나 지나가지 마시옵고 4 물을 조금 가져오게 하사
당신들의 발을 씻으시고 나무 아래에서 쉬소서 5 내가 떡을 조금 가져오
리니 당신들의 마음을 상쾌하게 하신 후에 지나가소서 당신들이 종에게
오셨음이니이다 그들이 이르되 네 말대로 그리하라 6 아브라함이 급히 장
막으로 가서 사라에게 이르되 속히 고운 가루 세 스아를 가져다가 반죽
하여 떡을 만들라 하고 7 아브라함이 또 가축 떼 있는 곳으로 달려가서 기
름지고 좋은 송아지를 잡아 하인에게 주니 그가 급히 요리한지라 8 아브
라함이 엉긴 젖과 우유와 하인이 요리한 송아지를 가져다가 그들 앞에 차
려 놓고 나무 아래에 모셔 서매 그들이 먹으니라 9 그들이 아브라함에게
이르되 네 아내 사라가 어디 있느냐 대답하되 장막에 있나이다 10 그가 이
르시되 내년 이맘때 내가 반드시 네게로 돌아오리니 네 아내 사라에게
아들이 있으리라 하시니 사라가 그 뒤 장막 문에서 들었더라 11 아브라함
과 사라는 나이가 많아 늙었고 사라에게는 여성의 생리가 끊어졌는지라 12 사라가 속으로 웃고 이르되 내가 노
쇠하였고 내 주인도 늙었으니 내게 무슨 즐거움이 있으리요 13 여호와께서 아브라함에게 이르시되 사라가 왜 웃
으며 이르기를 내가 늙었거늘 어떻게 아들을 낳으리요 하느냐 14 여호와께 능하지 못한 일이 있겠느냐 기한이 이
를 때에 내가 네게로 돌아오리니 사라에게 아들이 있으리라 15 사라가 두려워서 부인하여 이르되 내가 웃지 아
니하였나이다 이르시되 아니라 네가 웃었느니라

❖ 창 18장 **자손의 약속**
18장에서 아브라함이 하나님을 만나 영접하며 대화하는 일련의 과정에서 정확한 성경적 예배의 전형적인 모형을 발견하게 된다. 우리의 예배가 이런 정신으로 드려져야 한다.
(본 교재와 영상강의에서 그 구체적 내용을 공부하라)

창 18:1 마브레 위치

아브라함이 소돔을 위하여 빌다

16 그 사람들이 거기서 일어나서 소돔으로 향하고 아브라함은 그들을 전
송하러 함께 나가니라 17 여호와께서 이르시되 내가 하려는 것을 아브라
함에게 숨기겠느냐 18 아브라함은 강대한 나라가 되고 천하 만민은 그로
말미암아 복을 받게 될 것이 아니냐 19 내가 그로 그 자식과 권속에게 명
하여 여호와의 도를 지켜 공의와 정의를 행하게 하려고 그를 택하였나니
이는 나 여호와가 아브라함에게 대하여 말한 일을 이루려 함이니라 20 여
호와께서 또 이르시되 소돔과 고모라에 대한 부르짖음이 크고 그 죄악이 심히 무거우니 21 내가 이제 내려가서
그 모든 행한 것이 과연 내게 들린 부르짖음과 같은지 그렇지 않은지 내가 보고 알려 하노라 22 그 사람들이 거기
서 떠나 소돔으로 향하여 가고 아브라함은 여호와 앞에 그대로 섰더니 23 아브라함이 가까이 나아가 이르되 주
께서 의인을 악인과 함께 멸하려 하시나이까 24 그 성 중에 의인 오십 명이 있을지라도 주께서 그 곳을 멸하시고
그 오십 의인을 위하여 용서하지 아니하시리이까 25 주께서 이같이 하사 의인을 악인과 함께 죽이심은 부당하오
며 의인과 악인을 같이 하심도 부당하니이다 세상을 심판하시는 이가 정의를 행하실 것이 아니니이까 26 여호와
께서 이르시되 내가 만일 소돔 성읍 가운데에서 의인 오십 명을 찾으면 그들을 위하여 온 지역을 용서하리라 27
아브라함이 대답하여 이르되 나는 티끌이나 재와 같사오나 감히 주께 아뢰나이다 28 오십 의인 중에 오 명이 부
족하다면 그 오 명이 부족함으로 말미암아 온 성읍을 멸하시리이까 이르시되 내가 거기서 사십오 명을 찾으면
멸하지 아니하리라 29 아브라함이 또 아뢰어 이르되 거기서 사십 명을 찾으시면 어찌 하려 하시나이까 이르시되

❖ 50명에서 10명에 이르기까지 의인을 찾는다는 의미는 참된 회개를 하는 자를 찾는다는 의미이다. 진정한 회개를 하는 10명이 없다는 것은 롯의 사위처럼 하나님의 경고의 말씀을 농담으로 여기는 자(창19:14)가 회개하는 의인보다 더 많다는 뜻이고 그렇다면 심판을 피할 길이 없을 것이다.

사십명으로 말미암아 멸하지 아니하리라 30 아브라함이 이르되 내 주여 노하지 마시옵고 말씀하게 하옵소서 거
기서 삼십 명을 찾으시면 어찌 하려 하시나이까 이르시되 내가 거기서 삼십 명을 찾으면 그리하지 아니하리라 31
아브라함이 또 이르되 내가 감히 내 주께 아뢰나이다 거기서 이십 명을 찾으시면 어찌 하려 하시나이까 이르시
되 내가 이십 명으로 말미암아 그리하지 아니하리라 32 아브라함이 또 이르되 주는 노하지 마옵소서 내가 이번만
더 아뢰리이다 거기서 십 명을 찾으시면 어찌 하려 하시나이까 이르시되 내가 십 명으로 말미암아 멸하지 아니하
리라 33 여호와께서 아브라함과 말씀을 마치시고 가시니 아브라함도 자기 곳으로 돌아갔더라

창세기 19장

❖ 소돔과 고모라의 죄악상이 무엇인지를 파악하라. 바로 그 죄악상이 하나님의 진노를 일으키고 결국에는 심판을 받게 된다는 사실을 묵상하라.
- 오늘날은 하나님의 진노를 살 이런 죄악상은 없는가?
- 그 죄악이 넘치지만 누군가 의인 10여 명이 하나님께 참회하며 기도하고 있기 때문에 심판을 면하고 있다고 생각하지는 않는가?
- 그 10명에 내가 포함된다고 생각하는가?

창 19:5 "상관하리라"라는 표현을 통해서 이들은 동성애자들임을 알 수 있다. 소돔과 고모라는 성적 타락이 심판의 수준에 이르렀다.

소돔의 죄악

1 저녁 때에 그 두 천사가 소돔에 이르니 마침 롯이 소돔 성문에 앉아 있
다가 그들을 보고 일어나 영접하고 땅에 엎드려 절하며 2 이르되 내 주여
돌이켜 종의 집으로 들어와 발을 씻고 주무시고 일찍이 일어나 갈 길을
가소서 그들이 이르되 아니라 우리가 거리에서 밤을 새우리라 3 롯이 간
청하매 그제서야 돌이켜 그 집으로 들어오는지라 롯이 그들을 위하여 식
탁을 베풀고 무교병을 구우니 그들이 먹으니라 4 그들이 눕기 전에 그 성
사람 곧 소돔 백성들이 노소를 막론하고 원근에서 다 모여 그 집을 에워
싸고 5 롯을 부르고 그에게 이르되 오늘 밤에 네게 온 사람들이 어디 있느
냐 이끌어 내라 우리가 그들을 상관하리라 6 롯이 문 밖의 무리에게로 나
가서 뒤로 문을 닫고 7 이르되 청하노니 내 형제들아 이런 악을 행하지 말
라 8 내게 남자를 가까이 하지 아니한 두 딸이 있노라 청하건대 내가 그들을 너희에게로 이끌어 내리니 너희 눈
에 좋을 대로 그들에게 행하고 이 사람들은 내 집에 들어왔은즉 이 사람들에게는 아무 일도 저지르지 말라 9 그
들이 이르되 너는 물러나라 또 이르되 이 자가 들어와서 거류하면서 우리의 법관이 되려 하는도다 이제 우리가
그들보다 너를 더 해하리라 하고 롯을 밀치며 가까이 가서 그 문을 부수려고 하는지라 10 그 사람들이 손을 내밀
어 롯을 집으로 끌어들이고 문을 닫고 11 문 밖의 무리를 대소를 막론하고 그 눈을 어둡게 하니 그들이 문을 찾
느라고 헤매었더라

롯이 소돔을 떠나다

12 그 사람들이 롯에게 이르되 이 외에 네게 속한 자가 또 있느냐 네 사위나 자녀나 성 중에 네게 속한 자들을 다
성 밖으로 이끌어 내라 13 그들에 대한 부르짖음이 여호와 앞에 크므로 여호와께서 이 곳을 멸하시려고 우리를
보내셨나니 우리가 멸하리라 14 롯이 나가서 그 딸들과 결혼할 사위들에
게 말하여 이르기를 여호와께서 이 성을 멸하실 터이니 너희는 일어나 이
곳에서 떠나라 하되 그의 사위들은 농담으로 여겼더라 15 동틀 때에 천사
가 롯을 재촉하여 이르되 일어나 여기 있는 네 아내와 두 딸을 이끌어 내
라 이 성의 죄악 중에 함께 멸망할까 하노라 16 그러나 롯이 지체하매 그 사람들이 롯의 손과 그 아내의 손과 두
딸의 손을 잡아 인도하여 성 밖에 두니 여호와께서 그에게 자비를 더하심이었더라 17 그 사람들이 그들을 밖으
로 이끌어 낸 후에 이르되 도망하여 생명을 보존하라 돌아보거나 들에 머물지 말고 산으로 도망하여 멸망함을
면하라 18 롯이 그들에게 이르되 내 주여 그리 마옵소서 19 주의 종이 주께 은혜를 입었고 주께서 큰 인자를 내게
베푸사 내 생명을 구원하시오나 내가 도망하여 산에까지 갈 수 없나이다 두렵건대 재앙을 만나 죽을까 하나이
다 20 보소서 저 성읍은 도망하기에 가깝고 작기도 하오니 나를 그 곳으로 도망하게 하소서 이는 작은 성읍이 아
니니이까 내 생명이 보존되리이다 21 그가 그에게 이르되 내가 이 일에도 네 소원을 들었은즉 네가 말하는 그 성
읍을 멸하지 아니하리니 22 그리로 속히 도망하라 네가 거기 이르기까지는 내가 아무 일도 행할 수 없노라 하였

창 19:14 하나님의 말씀을 농담으로 여기는 롯의 사위와 같은 교인들이 너무 많은 시대에 우리가 살고 있지는 않는가?

더라 그러므로 그 성읍 이름을 소알이라 불렀더라

소돔과 고모라를 멸하시다

23 롯이 소알에 들어갈 때에 해가 돋았더라 24 여호와께서 하늘 곧 여호와
께로부터 유황과 불을 소돔과 고모라에 비같이 내리사 25 그 성들과 온 들
과 성에 거주하는 모든 백성과 땅에 난 것을 다 엎어 멸하셨더라 26 롯의
아내는 뒤를 돌아보았으므로 소금 기둥이 되었더라 27 아브라함이 그 아
침에 일찍이 일어나 여호와 앞에 서 있던 곳에 이르러 28 소돔과 고모라와
그 온 지역을 향하여 눈을 들어 연기가 옹기 가마의 연기같이 치솟음을 보
았더라 29 하나님이 그 지역의 성을 멸하실 때 곧 롯이 거주하는 성을 엎으
실 때에 하나님이 아브라함을 생각하사 롯을 그 엎으시는 중에서 내보내
셨더라

창 19:24 소돔과 고모라 위치

> 창 19:26 신앙생활은 하나님의 뜻에 순종하는 삶이다. 그러므로 푯대를 향하여 전진하는 삶이다. 뒤를 돌아보고 과거에 미련을 가지면 안 된다. 예수를 따르기로 하고 과거의 세속적 생각과 가치관을 버리기로 했으면 그것에 미련을 두면 안 된다.
> 롯의 아내는 왜 소금 기둥이 되었는가를 깊이 생각해 보라.
> 나를 포함해서 하나님의 백성을 자처하는 수많은 자가 이 소금기둥이 되어 있지는 않는지?

모압과 암몬 자손의 조상

30 롯이 소알에 거주하기를 두려워하여 두 딸과 함께 소알에서 나와 산에
올라가 거주하되 그 두 딸과 함께 굴에 거주하였더니 31 큰 딸이 작은 딸
에게 이르되 우리 아버지는 늙으셨고 온 세상의 도리를 따라 우리의 배필
될 사람이 이 땅에는 없으니 32 우리가 우리 아버지에게 술을 마시게 하고
동침하여 우리 아버지로 말미암아 후손을 이어가자 하고 33 그 밤에 그들
이 아버지에게 술을 마시게 하고 큰 딸이 들어가서 그 아버지와 동침하니
라 그러나 그 아버지는 그 딸이 눕고 일어나는 것을 깨닫지 못하였더라 34
이튿날 큰 딸이 작은 딸에게 이르되 어제 밤에는
내가 우리 아버지와 동침하였으니 오늘 밤에
도 우리가 아버지에게 술을 마시게 하고 네가 들어가 동침하고 우리가 아버
지로 말미암아 후손을 이어가자 하고 35 그 밤에도 그들이 아버지에게 술
을 마시게 하고 작은 딸이 일어나 아버지와 동침하니라 그러나 아버지는
그 딸이 눕고 일어나는 것을 깨닫지 못하였더라 36 롯의 두 딸이 아버지로
말미암아 임신하고 37 큰 딸은 아들을 낳아 이름을 모압이라 하였으니 오늘날 모압의 조상이
요 38 작은 딸도 아들을 낳아 이름을 벤암미라 하였으니 오늘날 암몬 자손의 조상이었더라

창세기 20장

아브라함과 아비멜렉

1 아브라함이 거기서 네게브 땅으로 옮겨가 가데스와 술 사이 그랄에 거
류하며 2 그의 아내 사라를 자기 누이라 하였으므로 그랄 왕 아비멜렉이
사람을 보내어 사라를 데려갔더니 3 그 밤에 하나님이 아비멜렉에게 현
몽하시고 그에게 이르시되 네가 데려간 이 여인으로 말미암아 네가 죽으
리니 그는 남편이 있는 여자임이라 4 아비멜렉이 그 여인을 가까이 하지
아니하였으므로 그가 대답하되 주여 주께서 의로운 백성도 멸하시나이
까 5 그가 나에게 이는 내 누이라고 하지 아니하였나이까 그 여인도 그는
내 오라비라 하였사오니 나는 온전한 마음과 깨끗한 손으로 이렇게 하였
나이다 6 하나님이 꿈에 또 그에게 이르시되 네가 온전한 마음으로 이렇
게 한 줄을 나도 알았으므로 너를 막아 내게 범죄하지 아니하게 하였나니

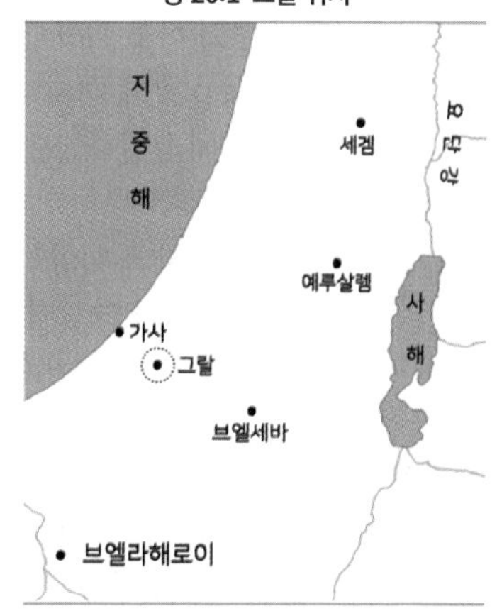

여인에게 가까이 하지 못하게 함이 이 때문이니라 7 이제 그 사람의 아내
를 돌려보내라 그는 선지자라 그가 너를 위하여 기도하리니 네가 살려니
와 네가 돌려보내지 아니하면 너와 네게 속한 자가 다 반드시 죽을 줄 알
지니라 8 아비멜렉이 그 날 아침에 일찍이 일어나 모든 종들을 불러 그 모
든 일을 말하여 들려 주니 그들이 심히 두려워하였더라 9 아비멜렉이 아
브라함을 불러서 그에게 이르되 네가 어찌하여 우리에게 이렇게 하느냐
내가 무슨 죄를 네게 범하였기에 네가 나와 내 나라가 큰 죄에 빠질 뻔하
게 하였느냐 네가 합당하지 아니한 일을 내게 행하였도다 하고 10 아비멜
렉이 또 아브라함에게 이르되 네가 무슨 뜻으로 이렇게 하였느냐 11 아브
라함이 이르되 이 곳에서는 하나님을 두려워함이 없으니 내 아내로 말미
암아 사람들이 나를 죽일까 생각하였음이요 12 또 그는 정말로 나의 이복
누이로서 내 아내가 되었음이니라 13 하나님이 나를 내 아버지의 집을 떠
나 두루 다니게 하실 때에 내가 아내에게 말하기를 이후로 우리의 가는
곳마다 그대는 나를 그대의 오라비라 하라 이것이 그대가 내게 베풀 은
혜라 하였었노라 14 아비멜렉이 양과 소와 종들을 이끌어 아브라함에게
주고 그의 아내 사라도 그에게 돌려보내고 15 아브라함에게 이르되 내 땅
이 네 앞에 있으니 네가 보기에 좋은 대로 거주하라 하고 16 사라에게 이
르되 내가 은 천 개를 네 오라비에게 주어서 그것으로 너와 함께 한 여러 사람 앞에서 네 수치를 가리게 하였노
니 네 일이 다 해결되었느니라 17 아브라함이 하나님께 기도하매 하나님이 아비멜렉과 그의 아내와 여종을 치료
하사 출산하게 하셨으니 18 여호와께서 이왕에 아브라함의 아내 사라의 일로 아비멜렉의 집의 모든 태를 닫으셨
음이더라

아브라함의 실수 비교

	첫 번째 실수 (창12:10-20)	두 번째 실수 (창20:1-18)
장소	애굽으로 내려감	그랄(가데스와 술 사이)로 내려감
나이	75세	99세
원인	기근	미상(未詳)
관련 된 사람	바로 왕	그랄 왕 아비멜렉
실수	아내(사라)를 누이라 함	아내(사라)를 누이라 함
하나님의 보호 방법	바로와 그 집에 재앙을 내리셔서 사라를 보호하심	아비멜렉의 꿈에 나타나셔서 사라를 지키심
결 과	육축과 은금을 가지고 애굽 땅에서 나와 가나안 땅으로 올라감	아비멜렉의 보상을 받음. 아비멜렉은 아브라함의 기도로 집안 여자들의 닫힌 태가 열리게 되는 은혜를 받음

창세기 21장

사라가 이삭을 낳다

1 여호와께서 말씀하신 대로 사라를 돌보셨고 여호와께서 말씀하신 대로
사라에게 행하셨으므로 2 사라가 임신하고 하나님이 말씀하신 시기가 되
어 노년의 아브라함에게 아들을 낳으니 3 아브라함이 그에게 태어난 아
들 곧 사라가 자기에게 낳은 아들을 이름하여 이삭이라 하였고 4 그 아들
이삭이 난 지 팔 일 만에 그가 하나님이 명령하신 대로 할례를 행하였더
라 5 아브라함이 그의 아들 이삭이 그에게 태어날 때에 백 세라 6 사라가
이르되 하나님이 나를 웃게 하시니 듣는 자가 다 나와 함께 웃으리로다 7 또 이르되 사라가 자식들을 젖먹이겠
다고 누가 아브라함에게 말하였으리요마는 아브라함의 노경에 내가 아들을 낳았도다 하니라

❖ 이삭의 탄생까지 역사하시는 하나님은 오직 하나님의 방법으로만 역사하셨다는 사실을 깨닫고 기억하라.
이것이 곧 신위의 개념이다. 하나님은 오직 하나님의 방법만 인정하신다. 우리는 하루빨리 우리의 방법으로 하나님을 섬기려는 자세를 하나님의 방법으로 전환해야 한다.

하갈과 이스마엘을 내쫓다

8 아이가 자라매 젖을 떼고 이삭이 젖을 떼는 날에 아브라함이 큰 잔치를 베풀었더라 9 사라가 본즉 아브라함
의 아들 애굽 여인 하갈의 아들이 이삭을 놀리는지라 10 그가 아브라함에게 이르되 이 여종과 그 아들을 내쫓
으라 이 종의 아들은 내 아들 이삭과 함께 기업을 얻지 못하리라 하므로 11 아브라함이 그의 아들로 말미암
아 그 일이 매우 근심이 되었더니 12 하나님이 아브라함에게 이르시되 네 아이나 네 여종으로 말미암아 근심
하지 말고 사라가 네게 이른 말을 다 들으라 이삭에게서 나는 자라야 네 씨라 부를 것임이니라 13 그러나 여종
의 아들도 네 씨니 내가 그로 한 민족을 이루게 하리라 하신지라 14 아브라함이 아침에 일찍이 일어나 떡과 물
한 가죽부대를 가져다가 하갈의 어깨에 메워 주고 그 아이를 데리고 가게 하니 하갈이 나가서 브엘세바 광야

에서 방황하더니 15 가죽부대의 물이 떨어진지라 그 자식을 관목덤불 아래에 두고 16 이르되 아이가 죽는 것
을 차마 보지 못하겠다 하고 화살 한 바탕 거리 떨어져 마주 앉아 바라보며 소리 내어 우니 17 하나님이 그 어
린 아이의 소리를 들으셨으므로 하나님의 사자가 하늘에서부터 하갈을 불러 이르시되 하갈아 무슨 일이냐 두
려워하지 말라 하나님이 저기 있는 아이의 소리를 들으셨나니 18 일어나 아이를 일으켜 네 손으로 붙들라 그가
큰 민족을 이루게 하리라 하시니라 19 하나님이 하갈의 눈을 밝히셨으므로 샘물을 보고 가서 가죽부대에 물을
채워다가 그 아이에게 마시게 하였더라 20 하나님이 그 아이와 함께 계시매 그가 장성하여 광야에서 거주하며
활 쏘는 자가 되었더니 21 그가 바란 광야에 거주할 때에 그의 어머니가 그를 위하여 애굽 땅에서 아내를 얻어
주었더라

아브라함과 아비멜렉의 언약

22 그 때에 아비멜렉과 그 군대 장관 비골이 아브라함에게 말하여 이르되 네가 무슨 일을 하든지 하나님이 너와
함께 계시도다 23 그런즉 너는 나와 내 아들과 내 손자에게 거짓되이 행하지 아니하기를 이제 여기서 하나님을
가리켜 내게 맹세하라 내가 네게 후대한 대로 너도 나와 네가 머무는 이 땅에서 행하여 보이라 24 아브라함이 이
르되 내가 맹세하리라 하고 25 아비멜렉의 종들이 아브라함의 우물을 빼앗은 일에 관하여 아브라함이 아비멜렉
을 책망하매 26 아비멜렉이 이르되 누가 그리하였는지 내가 알지 못하노라 너도 내게 알리지 아니하였고 나도
듣지 못하였더니 오늘에야 들었노라 27 아브라함이 양과 소를 가져다가 아비멜렉에게 주고 두 사람이 서로 언약
을 세우니라 28 아브라함이 일곱 암양 새끼를 따로 놓으니 29 아비멜렉이 아브라함에게 이르되 이 일곱 암양 새
끼를 따로 놓음은 어찜이냐 30 아브라함이 이르되 너는 내 손에서 이 암양 새끼 일곱을 받아 내가 이 우물 판 증
거를 삼으라 하고 31 두 사람이 거기서 서로 맹세하였으므로 그 곳을 브엘세바라 이름하였더라 32 그들이 브엘세
바에서 언약을 세우매 아비멜렉과 그 군대 장관 비골은 떠나 블레셋 사람의 땅으로 돌아갔고 33 아브라함은 브
엘세바에 에셀 나무를 심고 거기서 영원하신 여호와의 이름을 불렀으며 34 그가 블레셋 사람의 땅에서 여러 날
을 지냈더라

창세기 22장

이삭을 번제로 드리라 하시다

1 그 일 후에 하나님이 아브라함을 시험하시려고 그를 부르시되 아브라함
아 하시니 그가 이르되 내가 여기 있나이다 2 여호와께서 이르시되 네 아
들 네 사랑하는 독자 이삭을 데리고 모리아 땅으로 가서 내가 네게 일러
준 한 산 거기서 그를 번제로 드리라 3 아브라함이 아침에 일찍이 일어나
나귀에 안장을 지우고 두 종과 그의 아들 이삭을 데리고 번제에 쓸 나무
를 쪼개어 가지고 떠나 하나님이 자기에게 일러 주신 곳으로 가더니 4 제
삼일에 아브라함이 눈을 들어 그 곳을 멀리 바라본지라 5 이에 아브라함
이 종들에게 이르되 너희는 나귀와 함께 여기서 기다리라 내가 아이와 함
께 저기 가서 예배하고 우리가 너희에게로 돌아오리라 하고 6 아브라함이
이에 번제 나무를 가져다가 그의 아들 이삭에게 지우고 자기는 불과 칼을
손에 들고 두 사람이 동행하더니 7 이삭이 그 아버지 아브라함에게 말하
여 이르되 내 아버지여 하니 그가 이르되 내 아들아 내가 여기 있노라 이
삭이 이르되 불과 나무는 있거니와 번제할 어린 양은 어디 있나이까 8 아
브라함이 이르되 내 아들아 번제할 어린 양은 하나님이 자기를 위하여 친
히 준비하시리라 하고 두 사람이 함께 나아가서 9 하나님이 그에게 일러
주신 곳에 이른지라 이에 아브라함이 그 곳에 제단을 쌓고 나무를 벌여
놓고 그의 아들 이삭을 결박하여 제단 나무
위에 놓고 10 손을 내밀어 칼을 잡고 그
아들을 잡으려 하니 11 여호와의 사자가
하늘에서부터 그를 불러 이르시되 아브
라함아 아브라함아 하시는지라 아브라
함이 이르되 내가 여기 있나이다 하매 12
사자가 이르시되 그 아이에게 네 손을 대지
말라 그에게 아무 일도 하지 말라 네가 네 아
들 네 독자까지도 내게 아끼지 아니하였으
니 내가 이제야 네가 하나님을 경외하는 줄
을 아노라 13 아브라함이 눈을 들어 살펴본즉 한 숫양이 뒤에 있는데 뿔
이 수풀에 걸려 있는지라 아브라함이 가서 그 숫양을 가져다가 아들을 대
신하여 번제로 드렸더라 14 아브라함이 그 땅 이름을 여호와 이레라 하였
으므로 오늘날까지 사람들이 이르기를 여호와의 산에서 준비되리라 하
더라 15 여호와의 사자가 하늘에서부터 두 번째 아브라함을 불러 16 이르
시되 여호와께서 이르시기를 내가 나를 가리켜 맹세하노니 네가 이같이
행하여 네 아들 네 독자도 아끼지 아니하였은즉 17 내가 네게 큰 복을 주
고 네 씨가 크게 번성하여 하늘의 별과 같고 바닷가의 모래와 같게 하리
니 네 씨가 그 대적의 성문을 차지하리라 18 또 네 씨로 말미암아 천하 만
민이 복을 받으리니 이는 네가 나의 말을 준행하였음이니라 하셨다 하니
라 19 이에 아브라함이 그의 종들에게로 돌아가서 함께 떠나 브엘세바에
이르러 거기 거주하였더라

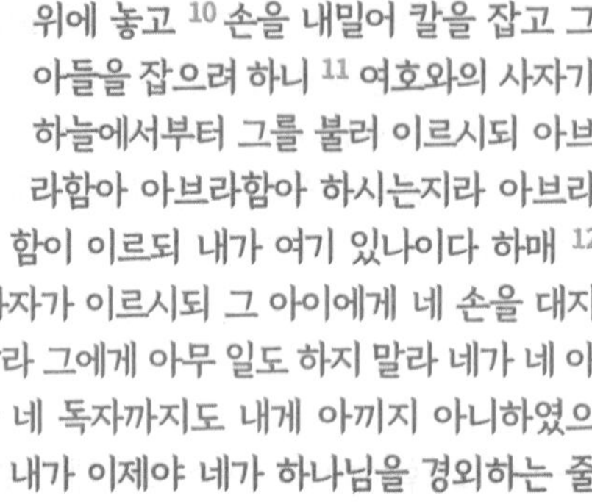

❖ **창 22장**
아브라함이 믿음의 아버지임을 이삭의 번제에서도 볼 수 있다. 이 번제는 인간으로서 도저히 견디기 어려운 상황이다. 아브라함이 그것을 견뎌 냈다는 사실에 공감의식을 가져 보라.

창 22:1-3 아브라함의 모리아산 여정

창 22:14 "여호와 이레"의 하나님을 깊이 묵상하라. 나의 모든 삶에서 창조주이시고, 구속주이시며, 섭리주이신 하나님으로 의지하고 있는가?

이삭 희생 제사의 교훈

	내용
실천적 교훈	아들을 바치라는 놀라운 명령에도 묵묵히 따르는 확고한 순종(창22:2-3 약2:17)
	하나님의 이삭 희생 제사 요구에 즉각 응하는 순종(창22:2-3)
	하나님이 아들 이삭을 다시 살리시사 돌려 주실 것을 믿는 절대적 신뢰(히11:18-19)
	하나님께서 당신의 희생 제물을 친히 준비하실 것에 대한 믿음(창22:8)
	죽기까지 순종하는 이삭의 헌신적 순종(창22:9-10)
예표적 교훈	이삭 희생 제사가 모리아산에 드려졌듯이 장차 성전이 모리아산 근경 곧 예루살렘에 세워질 것과 나아가 영원한 성전이 되시는 그리스도께서 우리의 희생 제물이 되기 위하여 세상에 오실 것임(창22:2, 대하3:1, 요2:21)
	하나님의 독생자로서 그리스도께서 죽으시기까지 순종하심(요1:14, 빌2:6-11)
	그리스도께서 하나님 뜻대로 희생 제물로 죽으셨다가 다시 부활하시어 하나님께 드려지신 바 됨(요20:17, 히10:5-10)
	하나님께서 요구되어지는 제물을 친히 준비하심(히10:5-7)

나홀의 후예

20 이 일 후에 어떤 사람이 아브라함에게 알리어 이르기를 밀가가 당신의 형제 나홀에게 자녀를 낳았다 하였더라
21 그의 맏아들은 우스요 우스의 형제는 부스와 아람의 아버지 그므엘과 22 게셋과 하소와 빌다스와 이들랍과
브두엘이라 23 이 여덟 사람은 아브라함의 형제 나홀의 아내 밀가의 소생이며 브두엘은 리브가를 낳았고 24 나홀
의 첩 르우마라 하는 자도 데바와 가함과 다하스와 마아가를 낳았더라

창세기 23장

아브라함이 막벨라 굴을 사다

1 사라가 백이십칠 세를 살았으니 이것이 곧 사라가 누린 햇수라 2 사라가 가나안 땅 헤브론 곧 기럇아르바에서
죽으매 아브라함이 들어가서 사라를 위하여 슬퍼하며 애통하다가 3 그 시신 앞에서 일어나 나가서 헷 족속에게
말하여 이르되 4 나는 당신들 중에 나그네요 거류하는 자이니 당신들 중에서 내게 매장할 소유지를 주어 내가
나의 죽은 자를 내 앞에서 내어다가 장사하게 하시오 5 헷 족속이 아브라함에게 대답하여 이르되 6 내 주여 들
으소서 당신은 우리 가운데 있는 하나님이 세우신 지도자이시니 우리 묘실 중에서 좋은 것을 택하여 당신의 죽
은 자를 장사하소서 우리 중에서 자기 묘실에 당신의 죽은 자 장사함을 금할 자가 없으리이다 7 아브라함이 일
어나 그 땅 주민 헷 족속을 향하여 몸을 굽히고 8 그들에게 말하여 이르되 나로 나의 죽은 자를 내 앞에서 내어
다가 장사하게 하는 일이 당신들의 뜻일진대 내 말을 듣고 나를 위하여 소할의 아들 에브론에게 구하여 9 그가
그의 밭머리에 있는 그의 막벨라 굴을 내게 주도록 하되 충분한 대가를
받고 그 굴을 내게 주어 당신들 중에서 매장할 소유지가 되게 하기를 원
하노라 하매 10 에브론이 헷 족속 중에 앉아 있더니 그가 헷 족속 곧 성문
에 들어온 모든 자가 듣는 데서 아브라함에게 대답하여 이르되 11 내 주
여 그리 마시고 내 말을 들으소서 내가 그 밭을 당신에게 드리고 그 속의
굴도 내가 당신에게 드리되 내가 내 동족 앞에서 당신에게 드리오니 당
신의 죽은 자를 장사하소서 12 아브라함이 이에 그 땅의 백성 앞에서 몸
을 굽히고 13 그 땅의 백성이 듣는 데서 에브론에게 말하여 이르되 당신
이 합당히 여기면 청하건대 내 말을 들으시오 내가 그 밭 값을 당신에게
주리니 당신은 내게서 받으시오 내가 나의 죽은 자를 거기 장사하겠노라
14 에브론이 아브라함에게 대답하여 이르되 15 내 주여 내 말을 들으소서
땅 값은 은 사백 세겔이나 그것이 나와 당신 사이에 무슨 문제가 되리이
까 당신의 죽은 자를 장사하소서 16 아브라함이 에브론의 말을 따라 에
브론이 헷 족속이 듣는 데서 말한 대로 상인이 통용하는 은 사백 세겔을
달아 에브론에게 주었더니 17 마므레 앞 막벨라에 있는 에브론의 밭 곧
그 밭과 거기에 속한 굴과 그 밭과 그 주위에 둘린 모든 나무가 18 성 문에 들어온 모든 헷 족속이 보는 데서 아
브라함의 소유로 확정된지라 19 그 후에 아브라함이 그 아내 사라를 가나안 땅 마므레 앞 막벨라 밭 굴에 장사
하였더라(마므레는 곧 헤브론이라) 20 이와 같이 그 밭과 거기에 속한 굴이 헷 족속으로부터 아브라함이 매장할 소
유지로 확정되었더라

창 23:9 막벨라굴 위치

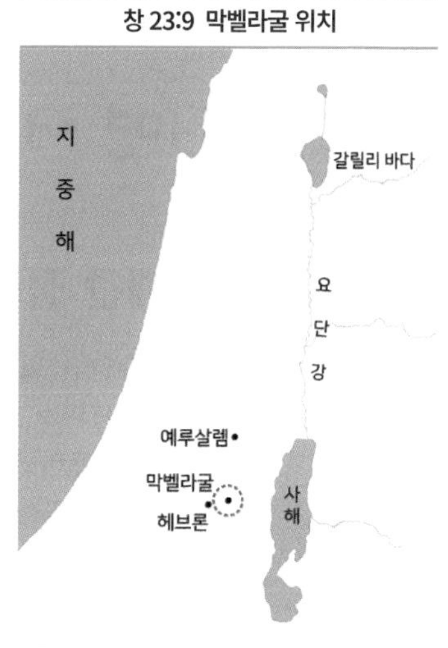

2일차 읽기의 요약

(창 12~23)

하나님께서는 한 사람 아브라함을 갈대아 우르에서 불러내셨다. 그리고 아브라함에게 언약을 맺어주셨다. 그 언약의 내용은 앞으로 아브라함의 후손이 셀 수 없이 많아질 것과 아브라함과 그의 후손에게 약속하신 땅(가나안 땅)을 주시겠다는 것이었다. 그리고 아브라함의 후손으로 말미암아 천하 만민이 복을 받게 될 것을 약속해 주셨다. 그리고 그 언약의 징표로 아브라함과 그의 후손들이 할례를 행하게 하셨다. 그런데 성경의 언약은 언제나 하나님께서 주도하시고 그 언약의 성취 역시 하나님의 방법대로 행하신다.

아브라함은 자기중심성을 내려놓고 하나님의 뜻을 따라 자신에게 언약하신 약속이 이루어질 것을 믿기까지 여러 실수가 있었고 오랜 시간이 걸렸다. 하나님은 아브라함이 자기중심성을 내려놓고 하나님과의 바른 관계 가운데 하나님을 온전히 의지하고 순종하는 법을 훈련시키기 위해 수십 년의 시간을 사용하셨다. 아브라함은 결국 이삭을 제물로 바치라는 하나님의 명령에 대한 순종을 통해 그의 믿음을 확증했다. 또한 하나님은 아브라함이 그분의 언약이 성취되는 통로로 쓰임 받는 믿음의 사람이 된 것을 인정해 주셨다.

그러면 어떻게 살 것인가?

인위 뚝 · 신위 고!

☑ 세계관 점검 – 묵상하기 (영상 강의와 교재 내용의 이해를 바탕으로)

창 12장에서 하나님은 아브라함에게 "너는 너의 고향과 친척과 아버지의 집을 떠나 내가 네게 보여 줄 땅으로 가라"라고 명령하셨다. 그러자 아브라함은 하나님의 비전을 위해 그의 모든 것을 버렸다. "고향과 친척과 아버지를 떠나"는 특히 한국적 문화에서 "지연"과 "학연"을 버리라는 의미이다. 당신은 무엇을 포기했는가? 영상 강의에서 "떠남"과 "버림"의 영성이 무엇인지를 잘 이해하고 나는 무엇으로부터 떠나야 하고, 무엇을 버려야 할 것인가를 실천하라. 회복과 문제의 해결은 여기서부터 시작한다는 사실을 명심하라. [시 1:1. 찬송가 322장(통 327장)]

지명 "우르(אוּר)"의 명칭의 의미는 '빛나다'(잠 4:18), '불사르다'(말 1:10)는 뜻을 지닌 "오르"에서 유래하며 "빛", "불"의 의미를 가진다. 아브라함이 살던 우르는 달신(月神) 난나(Nanna)를 섬기며 우상 숭배가 왕성했던 곳이다. 이 후 이곳은 불을 숭배하는 배화교(拜火教, Zoroastrianism)의 발상지가 되었다. 가장 세속적인 도시이었고, 하나님의 사람은 언제나 세속적인 것과 구별되어야 한다. 그것이 "거룩"의 개념임을 명심하라.

☑ 우르는 어떤 곳인가?
나는 그 우르를 떠났는가?
아직도 그곳에 머물면서 하나님의 백성으로서 성도이기를 자처하고 싶은가?

☑ 아브라함의 "떠남"과 "분리"의 영성이 보여주는 세계관은 어떤 것인지를 살펴보고 오늘 우리 성도들의 세계관과 어떤 차이가 있다고 보는가? 왜 그런가?

사실에 믿음을 더하면 그것이 성경적 세계관이 된다. 그렇다면 나의 성경의 배움과 그리고 그것을 보는 믿음이 곧 나의 성경적 세계관을 형성한다. 그렇다면 이 통큰통독식 성경 읽기는 곧 성경적 세계관을 형성하는데 그 방향과 목적이 있다는 사실을 알았는가?

☑ 수메르 문명권의 유적인 누지(Nuzi) 서판에 의하면 아브라함 당시 이 지역의 풍습 중 하나는 본부인이 대를 이을 아들을 낳지 못하면 여자 종에게서 아들을 낳아 대를 잇게 하였다. 아브람도 이런 풍습을 따라 하갈을 통해 대를 이을 이스마엘을 낳았다. 그러나 하나님은 하나님의 방법대로 하신다는 사실을 기억하라. 그 사실을 뛰어넘으면 엄청난 비극을 초래할 것이다. 이스마엘이 오늘 이슬람의 원조가 되었다는 사실을 생각해 보라.

☑ 아브라함의 언약은 구속사의 실제적 시작이라는 점을 알아야 한다. 관계 회복으로서 구속하시는 하나님의 이유와 목적은 우리의 하나님이 되시려고 우리를 만드신 창조의 의도를 회복하시는 것이다. 그래서 창 17:8에서 "그들의 하나님이 되리라"라고 하시고, 성경 곳곳에서 이런 구절은 쉽게 만나게 된다. 그것이 구속의 핵심이고 성경적 세계관의 뼈대가 된다.
이 하나님은 지금 당신의 하나님인가? 성경이 보여 주신 그분이 지금 나의 하나님으로 내가 섬기고 있는가? 확신해야 한다.

✐ 창 13:5-12 땅의 것만을 바라보는 롯에게 전적인 선택권을 허락한 아브라함에게서 배울 점은 무엇인가? 당신도 아브라함처럼 땅의 것에 연연하지 않고 오로지 하늘의 것을 기다리는 여유로움이 있는가? [롬 8:32, 엡 3:8. 찬송가 197(통178), 368(통486)]

✐ 창 13:14-17 우르를 떠났다는 것은 세속적 가치관을 온전히 버리고 하나님 나라의 가치관(성경적 세계관)으로 새롭게 되었다는 의미이다. 그런 아브라함에게 하나님은 마 6:33의 약속(" ...그리하면 이 모든 것을 더하시리라")처럼 더 크고 놀라운 것으로 채워 주셨다. 당신도 그런 복의 채움을 받은 그릇의 변화를 이루고 있는가? [마 6:33, 딤후 2:20-21. 찬송 214(통349), 362(통481)]

✐ 창 15:12-17 아브라함과 언약을 맺으시고, 스스로 조인하시고, 또한 성경의 모든 언약을 통해 우리의 "처음 모습"을 온전히 회복하여 태초의 복의 관계를 회복하시는 하나님의 모습을 성경 곳곳에서 만날 수 있다. 성경을 읽으면서 그런 하나님을 만나고 있는가? 오직 성경을 통해서만 만날 수 있다는 사실도 명심하라. 그래서 한날의 괴로움과 고통에 족히 비교할 수도 없는 영광된 승리의 그날이 당신에게도 이미 약속되어 있음을 확신하는가? [벧전 5:10. 찬송가 105(통 105), 360(통 404)]

✐ 창 16:1-5 당신의 인간적인 계획(인위)과 결정이 자신의 올무가 됨을 경험한 적이 있는가? 우리가 겸손히 하나님의 계획(신위) 속에서 도구로 사용되는 일에 순종할 때에만 선한 열매가 얻어짐을 확신하는가? [요 15:1-7. 찬송가 425(통 217), 370(통 455)]

✐ 창 16:13-14 당신은 우리의 머리털 하나라도 세신바 되시는 하나님의 감찰하심을 깨닫는가? 그리고 그것에 대해 하나님께 감사하는가? [약 4:6. 찬송, 534(통 324), 325(통 359)]

✐ 창 18:1-8 성경적 예배의 진정한 모델을 발견하라.

☑ 창 18장은 성경적 예배의 전형적인 모델을 제시한다. 예배의 양식은 그 시대의 문화를 반영한다. 창 18

장의 예배의 전형(앞으로 이사야 6장에서 배울 예배의 모습)과 비교할 때 오늘날의 예배는 세속 문화, 특히 한국의 무속 문화를 너무 잘 반영하고 있다고 판단되지 않는가? 예배는 하나님의 방법대로 드려져야 한다는 사실은 절대 진리이다.

예배(禮拜)는 한자 그대로 하나님께 예(禮)를 갖추어 절(拜)한다는 사실을 명심하라.
오늘 우리의 예배는 이런 성경적 의미를 반영하고 있는가를 심각하게 반성해야 한다.
예배가 비성경적이 되면 우리의 신앙 체계는 거짓된 것이고 따라서 치명적이기 때문이다.

창 18:32 만일 지금 이 시대에 하나님이 의인 열을 원하신다면 진정 당신은 그 앞에 부름 받을 수 있을까? [마 5:20, 계 22:11. 찬송가 426(통 215), 516(통 265)]

소돔과 고모라의 멸망이 "동성애" 문제에 있다고 생각하지 않는가? 그렇다면 이 시대의 동성애 문제는 얼마나 심각한 재앙을 불러일으키리라고 상상해 본 적이 있는가?

창 19:12-14 오늘 날 우리 시대에 나타나고 있는 하나님의 경고는 너무나 명확하다. 그런데 하나님의 말씀을 농담으로 여긴 롯의 사위와 같은 자들이 교회 안에 너무도 많다는 사실은 안타까움을 금할 수 없다. 말씀을 읽지 아니하고 자신의 주관대로 하나님을 섬기는 자들은 하나님의 말씀을 농담으로 여기는 자와 똑같다. 당신은 어떤가? [잠 1:24-33. 찬송 199(통 234), 200(통 235)]

☑ 다원주의 시대에서 절대 진리가 없는 풍조 가운데 롯의 사위 같이 성도들 중에서도 하나님의 말씀을 절대 진리가 아닌 세속의 흔한 농담같이 여기는 자가 의외로 많다는 것이 오늘의 교회 현실임을 부인할 길이 없을 것이다. 개탄만 하고 있지 말고 내가 먼저 어떤 자세로 바뀌어야 하는 것을 심각하게 결단해야 한다.

창 21:1-7 하나님의 때[신위]를 기다리지 못하는 자는 결코 하나님께서 예비하신 축복과 가쁨의 순간에 참여 할 수 없다. 순간의 인내를 포기함으로 영원의 축복을 잃어버리는 어리석음을 언제까지 계속할 것인가? [히 6:13-18. 찬송 610(통 289)]

창 22:2 당신이 가장 소중하게 여기는 그것을 하나님께서 지금 받기를 원하신다면 당신은 어찌하겠는가? 망설임 없이 기꺼이 내어 놓을 수 있겠는가? [마 22:37-38, 엡 5:5. 찬송 50(통 71), 349(통 387)]

☑ 나의 세계관 속에 "여호와 이레"는 어떤 의미가 있는가?

창 23:7-18 우리가 세상 사람들 앞에서 드러내는 공정함과 공손함, 그리고 성실한 자세와 여유로움은 세상을 이기는 하나님의 자녀들이 마땅히 가져야 할 모습이 아닌가? 지금 당신의 삶의 모습은 어떤가? [마 5:16. 찬송 510(통 276), 212(통 347)]

☑ 결단기도와 실행하기

약 2:26 영혼 없는 몸이 죽은 것 같이 행함이 없는 믿음은 죽은 것이니라
시 119:28 나의 영혼이 눌림으로 말미암아 녹사오니 주의 말씀대로 나를 세우소서

창세기 24~36장 : 이삭과 야곱

창세기 24장

이삭이 리브가를 아내로 삼다

1 아브라함이 나이가 많아 늙었고 여호와께서 그에게 범사에 복을 주셨
더라 2 아브라함이 자기 집 모든 소유를 맡은 늙은 종에게 이르되 청하건
대 내 허벅지 밑에 네 손을 넣으라 3 내가 너에게 하늘의 하나님, 땅의 하
나님이신 여호와를 가리켜 맹세하게 하노니 너는 내가 거주하는 이 지방
가나안 족속의 딸 중에서 내 아들을 위하여 아내를 택하지 말고 4 내 고
향 내 족속에게로 가서 내 아들 이삭을 위하여 아내를 택하라 5 종이 이
르되 여자가 나를 따라 이 땅으로 오려고 하지 아니하거든 내가 주인의
아들을 주인이 나오신 땅으로 인도하여 돌아가리이까 6 아브라함이 그
에게 이르되 내 아들을 그리로 데리고 돌아가지 아니하도록 하라 7 하늘
의 하나님 여호와께서 나를 내 아버지의 집과 내 고향 땅에서 떠나게 하
시고 내게 말씀하시며 내게 맹세하여 이르시기를 이 땅을 네 씨에게 주리
라 하셨으니 그가 그 사자를 너보다 앞서 보내실지라 네가 거기서 내 아
들을 위하여 아내를 택할지니라 8 만일 여자가 너를 따라 오려고 하지 아
니하면 나의 이 맹세가 너와 상관이 없나니 오직 내 아들을 데리고 그리
로 가지 말지니라 9 그 종이 이에 그의 주인 아브라함의 허벅지 아래에 손
을 넣고 이 일에 대하여 그에게 맹세하였더라 10 이에 종이 그 주인의 낙
타 중 열 필을 끌고 떠났는데 곧 그의 주인의 모든 좋은 것을 가지고 떠
나 메소보다미아로 가서 나홀의 성에 이르러 11 그 낙타를 성 밖 우물 곁
에 꿇렸으니 저녁 때라 여인들이 물을 길으러 나올 때였더라 12 그가 이르
되 우리 주인 아브라함의 하나님 여호와여 원하건대 오늘 나에게 순조롭
게 만나게 하사 내 주인 아브라함에게 은혜를 베푸시옵소서 13 성 중 사
람의 딸들이 물 길으러 나오겠사오니 내가 우물 곁에 서 있다가 14 한 소
녀에게 이르기를 청하건대 너는 물동이를 기울여 나로 마시게 하라 하리
니 그의 대답이 마시라 내가 당신의 낙타에게도 마시게 하리라 하면 그
는 주께서 주의 종 이삭을 위하여 정하신 자라 이로 말미암아 주께서 내
주인에게 은혜 베푸심을 내가 알겠나이다 15 말을 마치기도 전에 리브가
가 물동이를 어깨에 메고 나오니
그는 아브라함의 동생 나홀의 아
내 밀가의 아들 브두엘의 소생이라
16 그 소녀는 보기에 심히 아리땁고
지금까지 남자가 가까이 하지 아니
한 처녀더라 그가 우물로 내려가서
물을 그 물동이에 채워가지고 올라
오는지라 17 종이 마주 달려가서 이

창 24:1-8 하나님 나라의 이룸을 위해 "셋"을 허락하신 하나님의 의도를 온전히 이해하는 아브라함은 이삭의 결혼을 같은 맥락에서 접근하는 모습을 읽을 수 있다. 하나님 백성의 결혼은 ① 순수성과 ② 동질성을 유지함으로 세속적으로 '섞이면 안 된다'는 사실을 다시 한번 이해하고 실천하라.
가나안에 들어가는 백성들에게 가나안 풍습에 섞이지 않게 하기 위해서 통혼을 엄격히 금하고 있음을 볼 수 있고, 에스라의 부흥회 끝에 이런 통혼을 무효화하는 것도 같은 맥락임을 통전적으로 이해하라.

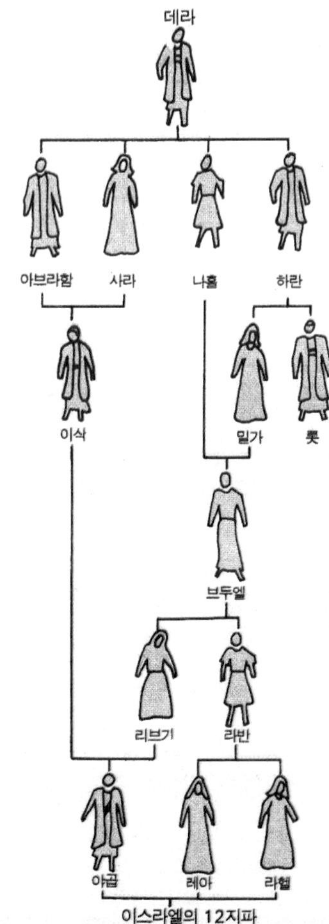

르되 청하건대 네 물 동이의 물을 내게 조금 마시게 하라 [18] 그가 이르되
내 주여 마시소서 하며 급히 그 물동이를 손에 내려 마시게 하고 [19] 마시
게 하기를 다하고 이르되 당신의 낙타를 위하여서도 물을 길어 그것들도
배불리 마시게 하리이다 하고 [20] 급히 물동이의 물을 구유에 붓고 다시 길
으려고 우물로 달려가서 모든 낙타를 위하여 긷는지라 [21] 그 사람이 그를
묵묵히 주목하며 여호와께서 과연 평탄한 길을 주신 여부를 알고자 하더
니 [22] 낙타가 마시기를 다하매 그가 반 세겔 무게의 금 코걸이 한 개와 열
세겔 무게의 금 손목고리 한 쌍을 그에게 주며 [23] 이르되 네가 누구의 딸
이냐 청하건대 내게 말하라 네 아버지의 집에 우리가 유숙할 곳이 있느냐
[24] 그 여자가 그에게 이르되 나는 밀가가 나홀에게서 낳은 아들 브두엘의
딸이니이다 [25] 또 이르되 우리에게 짚과 사료가 족하며 유숙할 곳도 있나
이다 [26] 이에 그 사람이 머리를 숙여 여호와께 경배하고 [27] 이르되 나의 주인 아브라함의 하나님 여호와를 찬송
하나이다 나의 주인에게 주의 사랑과 성실을 그치지 아니하셨사오며 여호와께서 길에서 나를 인도하사 내 주인
의 동생 집에 이르게 하셨나이다 하니라 [28] 소녀가 달려가서 이 일을 어머니 집에 알렸더니 [29] 리브가에게 오라버
니가 있어 그의 이름은 라반이라 그가 우물로 달려가 그 사람에게 이르러 [30] 그의 누이의 코걸이와 그 손의 손목
고리를 보고 또 그의 누이 리브가가 그 사람이 자기에게 이같이 말하더라 함을 듣고 그 사람에게로 나아감이라
그 때에 그가 우물가 낙타 곁에 서 있더라 [31] 라반이 이르되 여호와께 복을 받은 자여 들어오소서 어찌 밖에 서
있나이까 내가 방과 낙타의 처소를 준비하였나이다 [32] 그 사람이 그 집으로 들어가매 라반이 낙타의 짐을 부리
고 짚과 사료를 낙타에게 주고 그 사람의 발과 그의 동행자들의 발 씻을 물을 주고 [33] 그 앞에 음식을 베푸니 그
사람이 이르되 내가 내 일을 진술하기 전에는 먹지 아니하겠나이다 라반이 이르되 말하소서 [34] 그가 이르되 나는
아브라함의 종이니이다 [35] 여호와께서 나의 주인에게 크게 복을 주시어 창성하게 하시되 소와 양과 은금과 종들
과 낙타와 나귀를 그에게 주셨고 [36] 나의 주인의 아내 사라가 노년에 나의 주인에게 아들을 낳으매 주인이 그의
모든 소유를 그 아들에게 주었나이다 [37] 나의 주인이 나에게 맹세하게 하
여 이르되 너는 내 아들을 위하여 내가 사는 땅 가나안 족속의 딸들 중에
서 아내를 택하지 말고 [38] 내 아버지의 집, 내 족속에게로 가서 내 아들을
위하여 아내를 택하라 하시기로 [39] 내가 내 주인에게 여쭈되 혹 여자가 나
를 따르지 아니하면 어찌하리이까 한즉 [40] 주인이 내게 이르되 내가 섬기
는 여호와께서 그의 사자를 너와 함께 보내어 네게 평탄한 길을 주시리니
너는 내 족속 중 내 아버지 집에서 내 아들을 위하여 아내를 택할 것이니
라 [41] 네가 내 족속에게 이를 때에는 네가 내 맹세와 상관이 없으리라 만
일 그들이 네게 주지 아니할지라도 네가 내 맹세와 상관이 없으리라 하시
기로 [42] 내가 오늘 우물에 이르러 말하기를 내 주인 아브라함의 하나님 여
호와여 만일 내가 행하는 길에 형통함을 주실진대 [43] 내가 이 우물 곁에
서 있다가 젊은 여자가 물을 길으러 오거든 내가 그에게 청하기를 너는
물동이의 물을 내게 조금 마시게 하라 하여 [44] 그의 대답이 당신은 마시라 내가 또 당신의 낙타를 위하여도 길
으리라 하면 그 여자는 여호와께서 내 주인의 아들을 위하여 정하여 주신 자가 되리이다 하며 [45] 내가 마음속으
로 말하기를 마치기도 전에 리브가가 물동이를 어깨에 메고 나와서 우물로 내려와 긷기로 내가 그에게 이르기를
청하건대 내게 마시게 하라 한즉 [46] 그가 급히 물동이를 어깨에서 내리며 이르되 마시라 내가 당신의 낙타에게
도 마시게 하리라 하기로 내가 마시매 그가 또 낙타에게도 마시게 한지라 [47] 내가 그에게 묻기를 네가 뉘 딸이
냐 한즉 이르되 밀가가 나홀에게서 낳은 브두엘의 딸이라 하기로 내가 코걸이를 그 코에 꿰고 손목고리를 그 손

창 24:18-20 리브가의 품성을 볼 수 있다. 이는 하나님 나라 백성의 기본 품격이다. 나의 품성과 품격은?

창 24:26-36 우리는 진정 주인되신 하나님을 영화롭게 하는 충실한 청지기인가를 살펴보자. 하나님 이름을 앞세워 모든 일에 부끄럽지 않기 위해, 그리고 모든 영광이 하나님께로만 돌려지도록 하기 위해 당신은 지금 무엇을 하고 있는가?

☞ **고전 4:1-2** 사람이 마땅히 우리를 그리스도의 일꾼이요 하나님의 비밀을 맡은 자로 여길지어다 그리고 맡은 자들에게 구할 것은 충성이니라

이삭의 신앙

이삭이 제물로 바쳐질 때 나이는 37세로 추정한다.(『통큰통독』 73쪽 계산근거 참조) 그 나이면 모든 것을 스스로 판단하고 행동할 수 있다. 아버지 아브라함에게 "제물은 어디 있나이까?"(창 22:7)라고 물었을 때 그 제물이 자기일 수 있다고 생각했을 것이다. 그래서 청년의 힘으로 결박을 풀고 도망갈 수 있었을 것이다. 그럼에도 그는 아버지와 함께 갔고, 제단에 결박될 때도 그는 저항하지 않았다. 이것이 이삭의 신앙이다. 제물이 되어 죽기까지 순종하는 신앙이고 순교자의 신앙을 가진 자이다. 그러므로 아브라함의 축복을 함께 누리게 된다(창 22:13-14).

에 끼우고 48 내 주인 아브라함의 하나님 여호와께서 나를 바른 길로 인도하사 나의 주인의 동생의 딸을 그의 아
들을 위하여 택하게 하셨으므로 내가 머리를 숙여 그에게 경배하고 찬송하였나이다 49 이제 당신들이 인자함과
진실함으로 내 주인을 대접하려거든 내게 알게 해 주시고 그렇지 아니할지라도 내게 알게 해 주셔서 내가 우로
든지 좌로든지 행하게 하소서 50 라반과 브두엘이 대답하여 이르되 이 일이 여호와께로 말미암았으니 우리는 가
부를 말할 수 없노라 51 리브가가 당신 앞에 있으니 데리고 가서 여호와의 명령대로 그를 당신의 주인의 아들의
아내가 되게 하라 52 아브라함의 종이 그들의 말을 듣고 땅에 엎드려 여호와께 절하고 53 은금 패물과 의복을 꺼
내어 리브가에게 주고 그의 오라버니와 어머니에게도 보물을 주니라 54 이에 그들 곧 종과 동행자들이 먹고 마
시고 유숙하고 아침에 일어나서 그가 이르되 나를 보내어 내 주인에게로 돌아가게 하소서 55 리브가의 오라버니
와 그의 어머니가 이르되 이 아이로 하여금 며칠 또는 열흘을 우리와 함께 머물게 하라 그 후에 그가 갈 것이니
라 56 그 사람이 그들에게 이르되 나를 만류하지 마소서 여호와께서 내게 형통한 길을 주셨으니 나를 보내어 내
주인에게로 돌아가게 하소서 57 그들이 이르되 우리가 소녀를 불러 그에게 물으리라 하고 58 리브가를 불러 그에
게 이르되 네가 이 사람과 함께 가려느냐 그가 대답하되 가겠나이다 59 그들이 그 누이 리브가와 그의 유모와 아
브라함의 종과 그 동행자들을 보내며 60 리브가에게 축복하여 이르되 우리 누이여 너는 천만인의 어머니가 될지
어다 네 씨로 그 원수의 성 문을 얻게 할지어다 61 리브가가 일어나 여자 종들과 함께 낙타를 타고 그 사람을 따
라가니 그 종이 리브가를 데리고 가니라 62 그 때에 이삭이 브엘라해로이에서 왔으니 그가 네게브 지역에 거주
하였음이라 63 이삭이 저물 때에 들에 나가 묵상하다가 눈을 들어 보매 낙타들이 오는지라 64 리브가가 눈을 들
어 이삭을 바라보고 낙타에서 내려 65 종에게 말하되 들에서 배회하다가 우리에게로 마주 오는 자가 누구냐 종
이 이르되 이는 내 주인이니이다 리브가가 너울을 가지고 자기의 얼굴을 가리더라 66 종이 그 행한 일을 다 이삭
에게 아뢰매 67 이삭이 리브가를 인도하여 그의 어머니 사라의 장막으로 들이고 그를 맞이하여 아내로 삼고 사
랑하였으니 이삭이 그의 어머니를 장례한 후에 위로를 얻었더라

창세기 25장

아브라함이 죽다

1 아브라함이 후처를 맞이하였으니 그의 이름은 그두라라 2 그가 시므란
과 욕산과 므단과 미디안과 이스박과 수아를 낳고 3 욕산은 스바와 드단
을 낳았으며 드단의 자손은 앗수르 족속과 르두시 족속과 르움미 족속이
며 4 미디안의 아들은 에바와 에벨과 하녹과 아비다와 엘다아이니 다 그
두라의 자손이었더라 5 아브라함이 이삭에게 자기의 모든 소유를 주었고
6 자기 서자들에게도 재산을 주어 자기 생전에 그들로 하여금 자기 아들
이삭을 떠나 동방 곧 동쪽 땅으로 가게 하였더라 7 아브라함의 향년이 백
칠십오 세라 8 그의 나이가 높고 늙어서 기운이 다하여 죽어 자기 열조에
게로 돌아가매 9 그의 아들들인 이삭과 이스마엘이 그를 마므레 앞 헷 족
속 소할의 아들 에브론의 밭에 있는 막벨라 굴에 장사하였으니 10 이것은
아브라함이 헷 족속에게서 산 밭이라 아브라함과 그의 아내 사라가 거기
장사되니라 11 아브라함이 죽은 후에 하나님이 그의 아들 이삭에게 복을
주셨고 이삭은 브엘라해로이 근처에 거주하였더라

이스마엘의 후예

12 사라의 여종 애굽인 하갈이 아브라함에게 낳은 아들 이스마엘의 족보
는 이러하고 13 이스마엘의 아들들의 이름은 그 이름과 그 세대대로 이와
같으니라 이스마엘의 장자는 느바욧이요 그 다음은 게달과 앗브엘과 밉

❖ **아브라함의 죽음 - B.C. 1991**

❖ 아브라함의 무소유의 가치관을 창 23장의 내용과 함께 묵상하고, 나의 재물에 대한 가치관을 점검해 보라.

아브라함의 재물관

	사건	내용	성구
1	롯에게 땅의 선택권을 먼저 줌	아브라함과 롯이 병존할 수 없으므로 롯으로 하여금 먼저 살 땅을 선택하게 함	창13:5-18
2	소돔 왕의 물품을 취하지 않음	소돔왕이 그 백성과 제물을 구해준 대가로 물품을 줄 때 거절함	창14:17-24
3	헷 족속 에브론에게 무상으로 도움받지 않음	그의 아내 사라의 매장지를 구입할 때 무상으로 도움받지 않고 돈을 지불함	창23:3-20

삼과 14 미스마와 두마와 맛사와 15 하닷과 데마와 여둘과 나비스와 게드마니 16 이들은 이스마엘의 아들들이요
그 촌과 부락대로 된 이름이며 그 족속대로는 열두 지도자들이었더라 17 이스마엘은 향년이 백삼십칠 세에 기운
이 다하여 죽어 자기 백성에게로 돌아갔고 18 그 자손들은 하윌라에서부터 앗수르로 통하는 애굽 앞 술까지 이
르러 그 모든 형제의 맞은편에 거주하였더라

에서와 야곱이 태어나다

19 아브라함의 아들 이삭의 족보는 이러하니라 아브라함이 이삭을 낳았
고 20 이삭은 사십 세에 리브가를 맞이하여 아내를 삼았으니 리브가는 밧
단 아람의 아람 족속 중 브두엘의 딸이요 아람 족속 중 라반의 누이였더
라 21 이삭이 그의 아내가 임신하지 못하므로 그를 위하여 여호와께 간구
하매 여호와께서 그의 간구를 들으셨으므로 그의 아내 리브가가 임신하
였더니 22 그 아들들이 그의 태 속에서 서로 싸우는지라 그가 이르되 이럴
경우에는 내가 어찌할꼬 하고 가서 여호와께 묻자온대 23 여호와께서 그에게 이르시되 두 국민이 네 태중에 있
구나 두 민족이 네 복중에서부터 나누이리라 이 족속이 저 족속보다 강하겠고 큰 자가 어린 자를 섬기리라 하셨
더라 24 그 해산 기한이 찬즉 태에 쌍둥이가 있었는데 25 먼저 나온 자는 붉고 전신이 털옷 같아서 이름을 에서라
하였고 26 후에 나온 아우는 손으로 에서의 발꿈치를 잡았으므로 그 이름을 야곱이라 하였으며 리브가가 그들
을 낳을 때에 이삭이 육십 세였더라

❖ **야곱 탄생의 의미**
하나님의 구속 역사의 본격적인 초석 역할을 하는 자가 된다. 아래 구절을 찾아 그 맥락을 이해하리.
창 3:15, 창 6:8, 창 12:1-2, 롬 9:6-13
☞ 야곱은 인위가 넘치는 삶을 살아가고 있는 데도 하나님은 그를 정통으로 택하신다. 그 이유는 하나님 몫이다. 야곱은 결국에는 하나님의 사람으로 돌아온다.

에서가 장자의 명분을 팔다

27 그 아이들이 장성하매 에서는 익숙한 사냥꾼이었으므로 들사람이 되
고 야곱은 조용한 사람이었으므로 장막에 거주하
니 28 이삭은 에서가 사냥한 고기를 좋아하므로
그를 사랑하고 리브가는 야곱을 사랑하였더라
29 야곱이 죽을 쑤었더니 에서가 들에서 돌아와서
심히 피곤하여 30 야곱에게 이르되 내가 피곤하니 그 붉은 것을 내가 먹게 하라 한
지라 그러므로 에서의 별명은 에돔이더라 31 야곱이 이르되 형의 장자의 명분을
오늘 내게 팔라 32 에서가 이르되 내가 죽게 되었으니 이 장자의 명분이 내게
무엇이 유익하리요 33 야곱이 이르되 오늘 내게 맹세하라 에서가 맹세하고
장자의 명분을 야곱에게 판지라 34 야곱이 떡과 팥죽을 에서에게 주매 에
서가 먹으며 마시고 일어나 갔으니
에서가 장자의 명분을 가볍게 여김
이었더라

창 25:27-34 에서는 가시적인 것에 삶의 가치를 둔 전형적인 인위의 삶임을 보여준다. 영적 가치 따위는 그의 삶에서 중요하지 않다.

창세기 26장

이삭이 그랄에 거주하다

1 아브라함 때에 첫 흉년이 들었더니 그 땅에 또 흉년이 들매 이삭이 그랄
로 가서 블레셋 왕 아비멜렉에게 이르렀더니 2 여호와께서 이삭에게 나타
나 이르시되 애굽으로 내려가지 말고 내가 네게 지시하는 땅에 거주하라
3 이 땅에 거류하면 내가 너와 함께 있어 네게 복을 주고 내가 이 모든 땅
을 너와 네 자손에게 주리라 내가 네 아버지 아브라함에게 맹세한 것을
이루어 4 네 자손을 하늘의 별과 같이 번성하게 하며 이 모든 땅을 네 자
손에게 주리니 네 자손으로 말미암아 천하 만민이 복을 받으리라 5 이는

창 26:1 그랄로 이동하는 이삭

아브라함이 내 말을 순종하고 내 명령과 내 계명과 내 율례와 내 법도를
지켰음이라 하시니라 6이삭이 그랄에 거주하였더니 7그 곳 사람들이 그
의 아내에 대하여 물으매 그가 말하기를 그는 내 누이라 하였으니 리브가
는 보기에 아리따우므로 그 곳 백성이 리브가로 말미암아 자기를 죽일까
하여 그는 내 아내라 하기를 두려워함이었더라 8이삭이 거기 오래 거주
하였더니 이삭이 그 아내 리브가를 껴안은 것을 블레셋 왕 아비멜렉이 창
으로 내다본지라 9이에 아비멜렉이 이삭을 불러 이르되 그가 분명히 네
아내거늘 어찌 네 누이라 하였느냐 이삭이 그에게 대답하되 내 생각에
그로 말미암아 내가 죽게 될까 두려워하였음이로라 10아비멜렉이 이르
되 네가 어찌 우리에게 이렇게 행하였느냐 백성 중 하나가 네 아내와 동
침할 뻔하였도다 네가 죄를 우리에게 입혔으리라 11아비멜렉이 이에 모
든 백성에게 명하여 이르되 이 사람이나 그의 아내를 범하는 자는 죽이리
라 하였더라 12이삭이 그 땅에서 농사하여 그 해에 백 배나 얻었고 여호
와께서 복을 주시므로 13그 사람이 창대하고 왕성하여 마침내 거부가 되
어 14양과 소가 떼를 이루고 종이 심히 많으므로 블레셋 사람이 그를 시
기하여 15그 아버지 아브라함 때에 그 아버지의 종들이 판 모든 우물을
막고 흙으로 메웠더라 16아비멜렉이 이삭에게 이르되 네가 우리보다 크
게 강성한즉 우리를 떠나라 17이삭이 그 곳을 떠나 그랄 골짜기에 장막
을 치고 거기 거류하며 18그 아버지 아브라함 때에 팠던 우물들을 다시
팠으니 이는 아브라함이 죽은 후에 블레셋 사람이 그 우물들을 메웠음이
라 이삭이 그 우물들의 이름을 그의 아버지가 부르던 이름으로 불렀더라 19이삭의 종들이 골짜기를 파서 샘 근
원을 얻었더니 20그랄 목자들이 이삭의 목자와 다투어 이르되 이 물은 우리의 것이라 하매 이삭이 그 다툼으로
말미암아 그 우물 이름을 에섹이라 하였으며 21또 다른 우물을 팠더니 그들이 또 다투므로 그 이름을 싯나라 하
였으며 22이삭이 거기서 옮겨 다른 우물을 팠더니 그들이 다투지 아니하였으므로 그 이름을 르호봇이라 하여 이
르되 이제는 여호와께서 우리를 위하여 넓게 하셨으니 이 땅에서 우리가 번성하리로다 하였더라 23이삭이 거기
서부터 브엘세바로 올라갔더니 24그 밤에 여호와께서 그에게 나타나 이
르시되 나는 네 아버지 아브라함의 하나님이니 두려워하지 말라 내 종 아
브라함을 위하여 내가 너와 함께 있어 네게 복을 주어 네 자손이 번성하
게 하리라 하신지라 25이삭이 그 곳에 제단을 쌓고, 여호와의 이름을 부
르며 거기 장막을 쳤더니 이삭의 종들이 거기서도 우물을 팠더라

이삭과 아비멜렉의 계약

26아비멜렉이 그 친구 아훗삿과 군대 장관 비골과 더불어 그랄에서부터
이삭에게로 온지라 27이삭이 그들에게 이르되 너희가 나를 미워하여 나
에게 너희를 떠나게 하였거늘 어찌하여 내게 왔느냐 28그들이 이르되 여
호와께서 너와 함께 계심을 우리가 분명히 보았으므로 우리의 사이 곧 우
리와 너 사이에 맹세하여 너와 계약을 맺으리라 말하였노라 29너는 우리
를 해하지 말라 이는 우리가 너를 범하지 아니하고 선한 일만 네게 행하여 네가 평안히 가게 하였음이니라 이제
너는 여호와께 복을 받은 자니라 30이삭이 그들을 위하여 잔치를 베풀매 그들이 먹고 마시고 31아침에 일찍이
일어나 서로 맹세한 후에 이삭이 그들을 보내매 그들이 평안히 갔더라 32그 날에 이삭의 종들이 자기들이 판 우
물에 대하여 이삭에게 와서 알리어 이르되 우리가 물을 얻었나이다 하매 33그가 그 이름을 세바라 한지라 그러

창세기의 가나안 땅 약속

대상자	내용	성구
아브라함	이 땅을 네 자손에게 주리라	창12:7
	내가 그것을 네게 주리라	창13:14-17
	이땅을 네게 주어 업(業)을 삼게 하려고	창15:7-21
	너와 네 후손에게 이 땅 주어 영원한 기업이 되게	창17:8
이삭	이 모든 땅을 너와 네 자손에게 주리라	창26:3
야곱	네가 누운 땅을 내가 너와 네 자손에게 주리니	창28:13, 14
	땅을 네게 주고 내가 네 후손에게도 주리라	창35:12

창 26:12-22 우리가 하나님의 자녀로서 의의 터를 넓히면 넓힐수록 가중되는, 세상의 핍박과 시련 앞에서 당신은 다툼과 인내 중 무엇을 선택할 것인가?
(cf. 히 10:32-39)

창 26:24 하나님은 이삭이 아브라함의 언약의 계승자임을 확인하신다.

창 26:26-33 우리가 세상과 화해하는 것이 그들과 타협한다는 것을 의미하는 것은 아니다. 오히려 우리를 통해 명백한 하나님의 의와 위대하심이 드러나는 그때 우리와 세상과의 진정한 평화의 길이 열린다(peace-maker의 역할). 당신의 모습을 통해 세상 사람들이 평화를 기대한다고 생각하는가?
당신은 peace-lover인가, peace-maker인가?(cf. 마 5:7, 히 12:14)

므로 그 성읍 이름이 오늘까지 브엘세바더라

에서의 이방인 아내들

34 에서가 사십 세에 헷 족속 브에리의 딸 유딧과 헷 족속 엘론의 딸 바스맛을 아내로 맞이하였더니 35 그들이 이
삭과 리브가의 마음에 근심이 되었더라

창세기 27장

이삭이 야곱에게 축복하다

1 이삭이 나이가 많아 눈이 어두워 잘 보지 못하더니 맏아들 에서를 불러
이르되 내 아들아 하매 그가 이르되 내가 여기 있나이다 하니 2 이삭이 이
르되 내가 이제 늙어 어느 날 죽을는지 알지 못하니 3 그런즉 네 기구 곧
화살통과 활을 가지고 들에 가서 나를 위하여 사냥하여 4 내가 즐기는 별
미를 만들어 내게로 가져와서 먹게 하여 내가 죽기 전에 내 마음껏 네게
축복하게 하라 5 이삭이 그의 아들 에서에게 말할 때에 리브가가 들었더
니 에서가 사냥하여 오려고 들로 나가매 6 리브가가 그의 아들 야곱에게
말하여 이르되 네 아버지가 네 형 에서에게 말씀하시는 것을 내가 들으
니 이르시기를 7 나를 위하여 사냥하여 가져다가 별미를 만들어 내가 먹
게 하여 죽기 전에 여호와 앞에서 네게 축복하게 하라 하셨으니 8 그런
즉 내 아들아 내 말을 따라 내가 네게 명하는 대로 9 염소 떼에 가서 거기
서 좋은 염소 새끼 두 마리를 내게로 가져오면 내가 그것으로 네 아버지
를 위하여 그가 즐기시는 별미를 만들리니 10 네가 그것을 네 아버지께 가
져다 드려서 그가 죽기 전에 네게 축복하기 위하여 잡수시게 하라 11 야곱이 그 어머니 리브가에게 이르되 내 형
에서는 털이 많은 사람이요 나는 매끈매끈한 사람인즉 12 아버지께서 나를 만지실진대 내가 아버지의 눈에 속이
는 자로 보일지라 복은 고사하고 저주를 받을까 하나이다 13 어머니가 그에게 이르되 내 아들아 너의 저주는 내
게로 돌리리니 내 말만 따르고 가서 가져오라 14 그가 가서 끌어다가 어머니에게로 가져왔더니 그의 어머니가 그
의 아버지가 즐기는 별미를 만들었더라 15 리브가가 집 안 자기에게 있는 그의 맏아들 에서의 좋은 의복을 가져
다가 그의 작은 아들 야곱에게 입히고 16 또 염소 새끼의 가죽을 그의 손과 목의 매끈매끈한 곳에 입히고 17 자
기가 만든 별미와 떡을 자기 아들 야곱의 손에 주니 18 야곱이 아버지에게 나아가서 내 아버지여 하고 부르니 이
르되 내가 여기 있노라 내 아들아 네가 누구냐 19 야곱이 아버지에게 대답하되 나는 아버지의 맏아들 에서로소
이다 아버지께서 내게 명하신 대로 내가 하였사오니 원하건대 일어나 앉아서 내가 사냥한 고기를 잡수시고 아버
지 마음껏 내게 축복하소서 20 이삭이 그의 아들에게 이르되 내 아들아 네가 어떻게 이같이 속히 잡았느냐 그가
이르되 아버지의 하나님 여호와께서 나로 순조롭게 만나게 하셨음이니
이다 21 이삭이 야곱에게 이르되 내 아들아 가까이 오라 네가 과연 내 아
들 에서인지 아닌지 내가 너를 만져보려 하노라 22 야곱이 그 아버지 이삭
에게 가까이 가니 이삭이 만지며 이르되 음성은 야곱의 음성이나 손은 에
서의 손이로다 하며 23 그의 손이 형 에서의 손과 같이 털이 있으므로 분
별하지 못하고 축복하였더라 24 이삭이 이르되 네가 참 내 아들 에서냐 그
가 대답하되 그러하니이다 25 이삭이 이르되 내게로 가져오라 내 아들이
사냥한 고기를 먹고 내 마음껏 네게 축복하리라 야곱이 그에게로 가져가
매 그가 먹고 또 포도주를 가져가매 그가 마시고 26 그의 아버지 이삭이
그에게 이르되 내 아들아 가까이 와서 내게 입맞추라 27 그가 가까이 가

창 27:2 이삭의 결혼과 같이 순수성과 동질성을 강조하고 있다. 하나님 나라 백성은 "섞이면 안 된다"는 사실을 세계관화하라.

창 27:5-23 목적이 아무리 선하다 할지라도 그것을 이루기 위한 과정과 방법이 악하다면 그것은 분명 하나님 앞에 죄이다. 공산주의자들은 목적이 수단을 정당화한다는 궤변을 늘어놓는다. 민주주의 재판에서도 재판이 이루어지게 하는 적법절차를 무시하면 재판 자체가 무효가 된다. 이 모든 것은 성경적 가치관이다. 그럼에도 우리는 하나님의 사람이라는 미명 하에 얼마나 많은 영적 기만을 저지르고 있는가. 우리는 분명한 성경적 가치관을 세워야 한다.(cf. 롬 3:5-8)

서 그에게 입맞추니 아버지가 그의 옷의 향취를 맡고 그에게 축복하여 이르되 내 아들의 향취는 여호와께서 복
주신 밭의 향취로다 28 하나님은 하늘의 이슬과 땅의 기름짐이며 풍성한 곡식과 포도주를 네게 주시기를 원하노
라 29 만민이 너를 섬기고 열국이 네게 굴복하리니 네가 형제들의 주가 되고 네 어머니의 아들들이 네게 굴복하
며 너를 저주하는 자는 저주를 받고 너를 축복하는 자는 복을 받기를 원하노라 30 이삭이 야곱에게 축복하기를
마치매 야곱이 그의 아버지 이삭 앞에서 나가자 곧 그의 형 에서가 사냥
하여 돌아온지라 31 그가 별미를 만들어 아버지에게로 가지고 가서 이르
되 아버지여 일어나서 아들이 사냥한 고기를 잡수시고 마음껏 내게 축복
하소서 32 그의 아버지 이삭이 그에게 이르되 너는 누구냐 그가 대답하되
나는 아버지의 아들 곧 아버지의 맏아들 에서로소이다 33 이삭이 심히 크
게 떨며 이르되 그러면 사냥한 고기를 내게 가져온 자가 누구냐 네가 오
기 전에 내가 다 먹고 그를 위하여 축복하였은즉 그가 반드시 복을 받을 것이니라 34 에서가 그의 아버지의 말을
듣고 소리 내어 울며 아버지에게 이르되 내 아버지여 내게 축복하소서 내게도 그리하소서 35 이삭이 이르되 네
아우가 와서 속여 네 복을 빼앗았도다 36 에서가 이르되 그의 이름을 야곱이라 함이 합당하지 아니하니이까 그
가 나를 속임이 이것이 두 번째니이다 전에는 나의 장자의 명분을 빼앗고 이제는 내 복을 빼앗았나이다 또 이르
되 아버지께서 나를 위하여 빌 복을 남기지 아니하셨나이까 37 이삭이 에서에게 대답하여 이르되 내가 그를 너의
주로 세우고 그의 모든 형제를 내가 그에게 종으로 주었으며 곡식과 포도주를 그에게 주었으니 내 아들아 내가
네게 무엇을 할 수 있으랴 38 에서가 아버지에게 이르되 내 아버지여 아버지가 빌 복이 이 하나 뿐이리이까 내 아
버지여 내게 축복하소서 내게도 그리하소서 하고 소리를 높여 우니 39 그 아버지 이삭이 그에게 대답하여 이르되
네 주소는 땅의 기름짐에서 멀고 내리는 하늘 이슬에서 멀 것이며 40 너는 칼을 믿고 생활하겠고 네 아우를 섬길
것이며 네가 매임을 벗을 때에는 그 멍에를 네 목에서 떨쳐버리리라 하였더라 41 그의 아버지가 야곱에게 축복
한 그 축복으로 말미암아 에서가 야곱을 미워하여 심중에 이르기를 아버지를 곡할 때가 가까웠은즉 내가 내 아
우 야곱을 죽이리라 하였더니 42 맏아들 에서의 이 말이 리브가에게 들리매 이에 사람을 보내어 작은 아들 야곱
을 불러 그에게 이르되 네 형 에서가 너를 죽여 그 한을 풀려 하니 43 내 아들아 내 말을 따라 일어나 하란으로 가
서 내 오라버니 라반에게로 피신하여 44 네 형의 노가 풀리기까지 몇 날 동안 그와 함께 거주하라 45 네 형의 분노
가 풀려 네가 자기에게 행한 것을 잊어버리거든 내가 곧 사람을 보내어 너를 거기서 불러오리라 어찌 하루에 너
희 둘을 잃으랴

창 27:30-40 에서의 방성대곡의 통곡의 의미를 잘 새겨 보라. 나의 삶 가운데는 이런 억울한 후회가 없는지를 살펴보고 영적으로 늘 깨어 있어야 한다는 사실을 늘 실천하라.(cf. 잠 1:24-33)

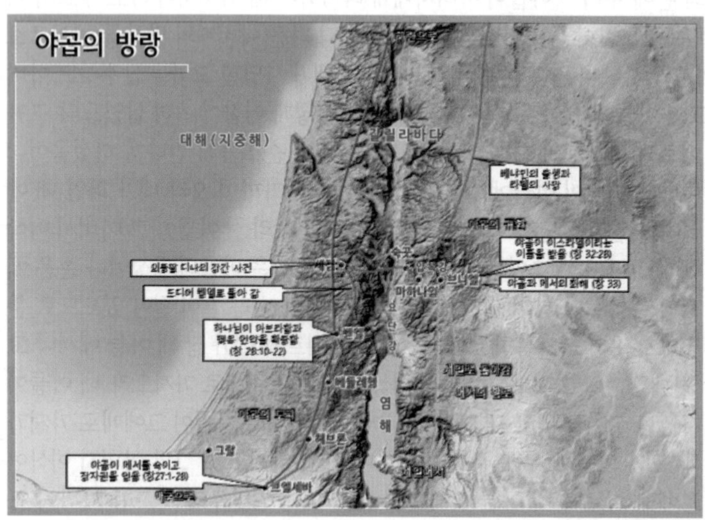

창 27:43 하란으로 도피하는 야곱

이삭이 야곱을 라반에게 보내다

46 리브가가 이삭에게 이르되 내가 헷 사람의 딸들로 말미암아 내 삶이 싫어졌거늘 야곱이 만일 이 땅의 딸들 곧
그들과 같은 헷 사람의 딸들 중에서 아내를 맞이하면 내 삶이 내게 무슨 재미가 있으리이까

창세기 28장

1 이삭이 야곱을 불러 그에게 축복하고 또 당부하여 이르되 너는 가나안 사람의 딸들 중에서 아내를 맞이하지
말고 2 일어나 밧단아람으로 가서 네 외조부 브두엘의 집에 이르러 거기서 네 외삼촌 라반의 딸 중에서 아내를
맞이하라 3 전능하신 하나님이 네게 복을 주시어 네가 생육하고 번성하
게 하여 네가 여러 족속을 이루게 하시고 4 아브라함에게 허락하신 복을
네게 주시되 너와 너와 함께 네 자손에게도 주사 하나님이 아브라함에게
주신 땅 곧 네가 거류하는 땅을 네가 차지하게 하시기를 원하노라 5 이에
이삭이 야곱을 보내매 그가 밧단아람으로 가서 라반에게 이르렀으니 라반은 아람 사람 브두엘의 아들이요 야곱
과 에서의 어머니 리브가의 오라비더라

창 28:3-4 이삭의 축복 속에 야곱이 하나님의 창조 원리를 이루어 갈 아브라함 언약의 승계자임을 보여 주고 있다.

에서가 다른 아내를 맞이하다

6 에서가 본즉 이삭이 야곱에게 축복하고 그를 밧단아람으로 보내어 거기서 아내를 맞이하게 하였고 또 그에게
축복하고 명하기를 너는 가나안 사람의 딸들 중에서 아내를 맞이하지 말라 하였고 7 또 야곱이 부모의 명을 따
라 밧단아람으로 갔으며 8 에서가 또 본즉 가나안 사람의 딸들이 그의 아버지 이삭을 기쁘게 하지 못하는지라 9
이에 에서가 이스마엘에게 가서 그 본처들 외에 아브라함의 아들 이스마엘의 딸이요 느바욧의 누이인 마할랏을
아내로 맞이하였더라

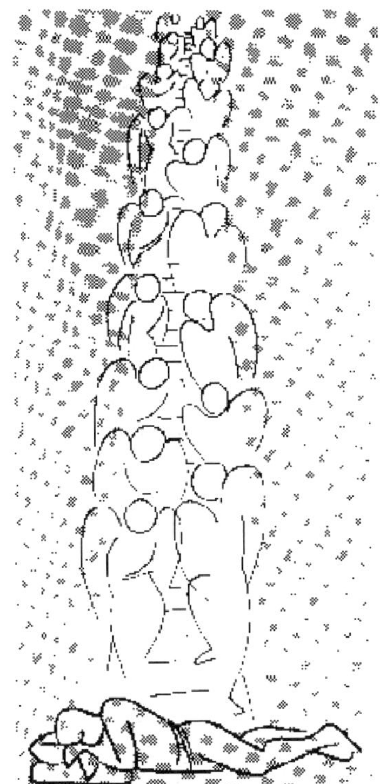

야곱이 벧엘에서 꿈을 꾸다

10 야곱이 브엘세바에서 떠나 하란으로 향하여 가더니 11 한 곳에 이르러
는 해가 진지라 거기서 유숙하려고 그 곳의 한 돌을 가져다가 베개로 삼
고 거기 누워 자더니 12 꿈에 본즉 사닥다리가 땅 위에 서 있는데 그 꼭대
기가 하늘에 닿았고 또 본즉 하나님의 사자들이 그 위에서 오르락내리락
하고 13 또 본즉 여호와께서 그 위에 서서 이르시되 나는 여호와니 너의
조부 아브라함의 하나님이요 이삭
의 하나님이라 네가 누워 있는 땅
을 내가 너와 네 자손에게 주리니
14 네 자손이 땅의 티끌 같이 되어
네가 서쪽과 동쪽과 북쪽과 남쪽
으로 퍼져나갈지며 땅의 모든 족
속이 너와 네 자손으로 말미암아
복을 받으리라 15 내가 너와 함께
있어 네가 어디로 가든지 너를 지
키며 너를 이끌어 이 땅으로 돌아
오게 할지라 내가 네게 허락한 것
을 다 이루기까지 너를 떠나지 아
니하리라 하신지라 16 야곱이 잠
이 깨어 이르되 여호와께서 과연
여기 계시거늘 내가 알지 못하였

창 28:15 성경의 가장 은혜로운 구절 중의 하나이며, 우리의 세계관의 근간이 되는 구절이다.
"내가 너와 함께 있어 ... 내가 네게 허락한 것을 다 이룰 때까지 너를 떠나지 아니하리라"
이 약속은 창조의 원리(창 1:26-28, 창 2:7)를 우리의 삶에서 온전히 회복할 때까지 우리와 함께 하신다는 축복의 약속이다.
하나님의 이름을 '여호와', '엘로힘'으로 표현한다. '여호와'는 "약속을 주시고 반드시 지키시는 신실하신 분" 이라는 뜻이고, '엘로힘'이라는 의미는 "전지전능, 무소부재, 영원불변"의 능력의 하나님이라는 말이다. 이런 하나님이 나를 통해 이루시려는 일을 주시고, 그것을 이룰 수 있도록 능력으로 함께 하신다는 약속을 하시는 것이다. 보존과 섭리의 하나님의 모습을 확실히 보여 준다.
이것이 진정 나의 세계관인가?

도다 [17]이에 두려워하여 이르되 두렵도다 이 곳이여 이것은 다름 아닌 하
나님의 집이요 이는 하늘의 문이로다 하고 [18]야곱이 아침에 일찍이 일어
나 베개로 삼았던 돌을 가져다가 기둥으로 세우고 그 위에 기름을 붓고
[19]그 곳 이름을 벧엘이라 하였더라 이 성의 옛 이름은 루스더라 [20]야곱이
서원하여 이르되 하나님이 나와 함께 계셔서 내가 가는 이 길에서 나를
지키시고 먹을 떡과 입을 옷을 주시어 [21]내가 평안히 아버지 집으로 돌아가게 하시오면 여호와께서 나의 하나님
이 되실 것이요 [22]내가 기둥으로 세운 이 돌이 하나님의 집이 될 것이요 하나님께서 내게 주신 모든 것에서 십분
의 일을 내가 반드시 하나님께 드리겠나이다 하였더라

창 28:18-22 본 교재 『통큰통독』 114쪽에 나오는 3가지 신앙 유형을 공부하고, 왜 야곱의 신앙이 '조건부' 신앙이라고 하는지 그 이유를 본문에서 살펴보라.
나의 믿음의 유형은?

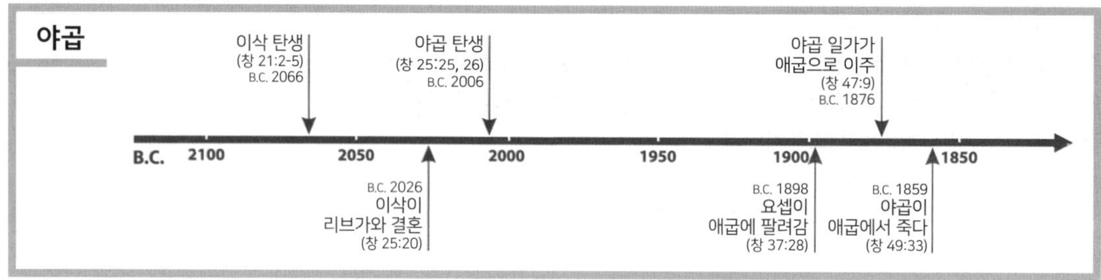

창세기 29장

야곱이 라반의 집에 이르다

[1]야곱이 길을 떠나 동방 사람의 땅에 이르러 [2]본즉 들에 우물이 있고 그
곁에 양 세 떼가 누워 있으니 이는 목자들이 그 우물에서 양 떼에게 물
을 먹임이라 큰 돌로 우물 아귀를 덮었다가 [3]모든 떼가 모이면 그들이 우
물 아귀에서 돌을 옮기고 그 양 떼에게 물을 먹이고는 우물 아귀 그 자리
에 다시 그 돌을 덮더라 [4]야곱이 그들에게 이르되 내 형제여 어디서 왔느
냐 그들이 이르되 하란에서 왔노라 [5]야곱이 그들에게 이르되 너희가 나
홀의 손자 라반을 아느냐 그들이 이르되 아노라 [6]야곱이 그들에게 이르
되 그가 평안하냐 이르되 평안하니라 그의 딸 라헬이 지금 양을 몰고 오
느니라 [7]야곱이 이르되 해가 아직 높은즉 가축 모일 때가 아니니 양에게
물을 먹이고 가서 풀을 뜯게 하라 [8]그들이 이르되 우리가 그리하지 못하겠노라 떼가 다 모이고 목자들이 우물
아귀에서 돌을 옮겨야 우리가 양에게 물을 먹이느니라 [9]야곱이 그들과 말하는 동안에 라헬이 그의 아버지의 양
과 함께 오니 그가 그의 양들을 치고 있었기 때문이
더라 [10]야곱이 그의 외삼촌 라반의 딸 라헬과 그의
외삼촌의 양을 보고 나아가 우물 아귀에서 돌을 옮
기고 외삼촌 라반의 양 떼에게 물을 먹이고 [11]그가
라헬에게 입맞추고 소리 내어 울며 [12]그에게 자기
가 그의 아버지의 생질이요 리브가의 아들 됨을 말
하였더니 라헬이 달려가서 그 아버지에게 알리매 [13]
라반이 그의 생질 야곱의 소식을 듣고 달려와서 그
를 영접하여 안고 입맞추며 자기 집으로 인도하여
들이니 야곱이 자기의 모든 일을 라반에게 말하매

❖ 야곱이 밧단아람(하란)에 도착한 시기는 B.C. 1930년경이다. 여기서 20년간 머물게 된다.
첫 7년은 외삼촌의 둘째 딸인 라헬과 결혼하기 위한 봉사 기간이었는데 첫째 딸인 레아와 결혼하게 되고 다시 7년을 더 봉사해야 라헬과 결혼 할 수 있다는 조건으로 모두 14년을 보낸다. 다음 6년은 자신의 재산을 늘리는 기간으로 모두 20년을 하란에서 보내며 11명의 아들과 1명의 딸을 낳는다. 이 결혼도 야곱의 인위로 치르는 것 같지만 그 배후에는 하나님의 구속 역사가 면면히 흐르고 있음을 알 수 있다.

[14] 라반이 이르되 너는 참으로 내 혈육이로다 하였더라 야곱이 한 달을 그
와 함께 거주하더니 [15] 라반이 야곱에게 이르되 네가 비록 내 생질이나 어
찌 그저 내 일을 하겠느냐 네 품삯을 어떻게 할지 내게 말하라 [16] 라반에
게 두 딸이 있으니 언니의 이름은 레아요 아우의 이름은 라헬이라 [17] 레아
는 시력이 약하고 라헬은 곱고 아리따우니 [18] 야곱이 라헬을 더 사랑하므
로 대답하되 내가 외삼촌의 작은 딸 라헬을 위하여 외삼촌에게 칠 년을
섬기리이다 [19] 라반이 이르되 그를 네게 주는 것이 타인에게 주는 것보다
나으니 나와 함께 있으라 [20] 야곱이 라헬을 위하여 칠 년 동안 라반을 섬
겼으나 그를 사랑하는 까닭에 칠 년을 며칠 같이 여겼더라

야곱이 레아와 라헬을 아내로 맞다

[21] 야곱이 라반에게 이르되 내 기한이 찼으니 내 아내를 내게 주소서 내가
그에게 들어가겠나이다 [22] 라반이 그 곳 사람을 다 모아 잔치하고 [23] 저녁
에 그의 딸 레아를 야곱에게로 데려가매 야곱이 그에게로 들어가니라 [24]
라반이 또 그의 여종 실바를 그의 딸 레아에게 시녀로 주었더라 [25] 야곱이
아침에 보니 레아라 라반에게 이르되 외삼촌이 어찌하여 내게 이같이 행
하셨나이까 내가 라헬을 위하여 외삼촌을 섬기지 아니하였나이까 외삼
촌이 나를 속이심은 어찌됨이니이까 [26] 라반이 이르되 언니보다 아우를
먼저 주는 것은 우리 지방에서 하지 아니하는 바이라 [27] 이를 위하여 칠 일
을 채우라 우리가 그도 네게 주리니 네가 또 나를 칠 년 동안 섬길지니라
[28] 야곱이 그대로 하여 그 칠 일을 채우매 라반이 딸 라헬도 그에게 아내
로 주고 [29] 라반이 또 그의 여종 빌하를 그의 딸 라헬에게 주어 시녀가 되
게 하매 [30] 야곱이 또한 라헬에게로 들어갔고 그가 레아보다 라헬을 더
사랑하여 다시 칠 년 동안 라반을 섬겼더라

야곱의 아내와 첩들

	레아
뜻	들의 암소
신분	라반의 첫째딸
기타	· 안력(眼力)이 부족함 · 라반의 속임수로 야곱에게 라헬 대신 먼저 주어짐 · 6명의 자녀를 낳음
성구	창29:21-26, 31-35, 30:17-20
	실바
뜻	그늘, 보호
신분	레아의 여종
기타	· 2명의 자녀를 낳음
성구	창29:24, 30:10-13
	라헬
뜻	암양
신분	라반의 둘째딸
기타	· 곱고 아리따워 야곱이 연애함. · 라반에 의해 레아 다음으로 야곱에게 주어짐 · 2명의 자녀를 낳음
성구	창29:17, 27-30, 30:24, 35:16-18
	빌하
뜻	수줍어함,단순
신분	라헬의 여종
기타	· 2명의 자녀를 낳음
성구	창29:29, 30:4-8

야곱에게 아이들이 생기다

[31] 여호와께서 레아가 사랑 받지 못함을 보시고 그의 태를 여셨으나 라헬은 자녀가 없었더라 [32] 레아가 임신하여
아들을 낳고 그 이름을 르우벤이라 하여 이르되 여호와께서 나의 괴로움을 돌보셨으니 이제는 내 남편이 나를
사랑하리로다 하였더라 [33] 그가 다시 임신하여 아들을 낳고 이르되 여호와께서 내가 사랑 받지 못함을 들으셨으
므로 내게 이 아들도 주셨도다 하고 그의 이름을 시므온이라 하였으며 [34] 그가 또 임신하여 아들을 낳고 이르되
내가 그에게 세 아들을 낳았으니 내 남편이 지금부터 나와 연합하리로다 하고 그의 이름을 레위라 하였으며 [35]
그가 또 임신하여 아들을 낳고 이르되 내가 이제는 여호와를 찬송하리로다 하고 이로 말미암아 그가 그의 이름
을 유다라 하였고 그의 출산이 멈추었더라

창세기 30장

[1] 라헬이 자기가 야곱에게서 아들을 낳지 못함을 보고 그의 언니를 시기
하여 야곱에게 이르되 내게 자식을 낳게 하라 그렇지 아니하면 내가 죽
겠노라 [2] 야곱이 라헬에게 성을 내어 이르되 그대를 임신하지 못하게 하
시는 이는 하나님이시니 내가 하나님을 대신하겠느냐 [3] 라헬이 이르되 내
여종 빌하에게로 들어가라 그가 아들을 낳아 내 무릎에 두리니 그러면 나
도 그로 말미암아 자식을 얻겠노라 하고 [4] 그의 시녀 빌하를 남편에게 아내로 주매 야곱이 그에게로 들어갔더
니 [5] 빌하가 임신하여 야곱에게 아들을 낳은지라 [6] 라헬이 이르되 하나님이 내 억울함을 푸시려고 내 호소를 들

창 30:1-2 영국의 극작가 버나드 쇼가 이런 말을 했다. "인간에는 두 가지 비극이 있다. 하나는 자기 마음의 요구대로 하지 못하는 것이요, 또 하나는 그것을 하는 것이다"

으사 내게 아들을 주셨다 하고 이로 말미암아 그의 이름을 단이라 하였
으며 7 라헬의 시녀 빌하가 다시 임신하여 둘째 아들을 야곱에게 낳으매 8
라헬이 이르되 내가 언니와 크게 경쟁하여 이겼다 하고 그의 이름을 납달
리라 하였더라 9 레아가 자기의 출산이 멈춤을 보고 그의 시녀 실바를 데
려다가 야곱에게 주어 아내로 삼게 하였더니 10 레아의 시녀 실바가 야곱
에게서 아들을 낳으매 11 레아가 이르되 복되도다 하고 그의 이름을 갓이
라 하였으며 12 레아의 시녀 실바가 둘째 아들을 야곱에게 낳으매 13 레아
가 이르되 기쁘도다 모든 딸들이 나를 기쁜 자라 하리로다 하고 그의 이
름을 아셀이라 하였더라 14 밀 거둘 때 르우벤이 나가서 들에서 합환채를
얻어 그의 어머니 레아에게 드렸더니 라헬이 레아에게 이르되 언니의 아
들의 합환채를 청구하노라 15 레아가 그에게 이르되 네가 내 남편을 빼
앗은 것이 작은 일이냐 그런데 네가 내 아들의 합환채도 빼앗고자 하느
냐 라헬이 이르되 그러면 언니의 아들의 합환채 대신에 오늘 밤에 내 남
편이 언니와 동침하리라 하니라 16 저물 때에 야곱이 들에서 돌아오매 레아가 나와서 그를 영접하며 이르되 내게
로 들어오라 내가 내 아들의 합환채로 당신을 샀노라 그 밤에 야곱이 그와 동침하였더라 17 하나님이 레아의 소
원을 들으셨으므로 그가 임신하여 다섯째 아들을 야곱에게 낳은지라 18 레아가 이르되 내가 내 시녀를 내 남편
에게 주었으므로 하나님이 내게 그 값을 주셨다 하고 그의 이름을 잇사갈이라 하였으며 19 레아가 다시 임신하
여 여섯째 아들을 야곱에게 낳은지라 20 레아가 이르되 하나님이 내게 후한 선물을 주시도다 내가 남편에게 여
섯 아들을 낳았으니 이제는 그가 나와 함께 살리라 하고 그의 이름을 스불론이라 하였으며 21 그 후에 그가 딸을
낳고 그의 이름을 디나라 하였더라 22 하나님이 라헬을 생각하신지라 하나님이 그의 소원을 들으시고 그의 태를
여셨으므로 23 그가 임신하여 아들을 낳고 이르되 하나님이 내 부끄러움을 씻으셨다 하고 24 그 이름을 요셉이라
하니 여호와는 다시 다른 아들을 내게 더하시기를 원하노라 하였더라

야곱이 라반과 품삯을 정하다

25 라헬이 요셉을 낳았을 때에 야곱이 라반에게 이르되 나를 보내어 내 고향 나의 땅으로 가게 하시되 26 내가
외삼촌에게서 일하고 얻은 처자를 내게 주시어 나로 가게 하소서 내가 외삼촌에게 한 일은 외삼촌이 아시나이
다 27 라반이 그에게 이르되 여호와께서 너로 말미암아 내게 복 주신 줄을 내가 깨달았노니 네가 나를 사랑스럽
게 여기거든 그대로 있으라 28 또 이르되 네 품삯을 정하라 내가 그것을 주리라 29 야곱이 그에게 이르되 내가 어
떻게 외삼촌을 섬겼는지, 어떻게 외삼촌의 가축을 쳤는지 외삼촌이 아시나이다 30 내가 오기 전에는 외삼촌의
소유가 적더니 번성하여 떼를 이루었으니 내 발이 이르는 곳마다 여호와께서 외삼촌에게 복을 주셨나이다 그러
나 나는 언제나 내 집을 세우리이까 31 라반이 이르되 내가 무엇으로 네
게 주랴 야곱이 이르되 외삼촌께서 내게 아무것도 주시지 않아도 나를
위하여 이 일을 행하시면 내가 다시 외삼촌의 양 떼를 먹이고 지키리이
다 32 오늘 내가 외삼촌의 양 떼에 두루 다니며 그 양 중에 아롱진 것과 점
있는 것과 검은 것을 가려내며 또 염소 중에 점 있는 것과 아롱진 것을 가
려내리니 이같은 것이 내 품삯이 되리이다 33 후일에 외삼촌께서 오셔서
내 품삯을 조사하실 때에 나의 공의가 내 대답이 되리이다 내게 혹시 염
소 중 아롱지지 아니한 것이나 점이 없는 것이나 양 중에 검지 아니한 것
이 있거든 다 도둑질한 것으로 인정하소서 34 라반이 이르되 내가 네 말대
로 하리라 하고 35 그 날에 그가 숫염소 중 얼룩무늬 있는 것과 점 있는 것
을 가리고 암염소 중 흰 바탕에 아롱진 것과 점 있는 것을 가리고 양 중의

야곱이 당한 환난들

1	형 에서의 분노를 피해 도망함(창27:42-45)
2	밧단아람에서 20년 동안 고생함(창29:1-20, 31:8)
3	라반에게 10번이나 속임을 당함(창31:7)
4	딸 디나가 강간 당함(창34:1-7)
5	두 아들 시므온과 레위의 살인 사건(창34:8-31)
6	라헬의 산고와 죽음(창35:16-20)
7	요셉을 잃음(창37:18-36)
8	기근을 통한 시련(창42:1-2, 43:1-10)
9	베냐민을 애굽에 보냄(창43:11-15)

창 30:30 "내 집 세우기"를 갈망하는 야곱의 모습은 오늘 우리의 모습과 너무나 닮았다. 내 뜻을 이루기 위해 하나님의 능력을 최대한 끌어 드리는 것이 곧 믿음이라고 착각하는 성도가 너무 많다. 창 28:15에서 하나님은 분명 야곱의 삶을 통해 이루시려는 하나님의 계획이 있다고 하셨다. 창 31:3, 31:13에서 하나님은 하나님 나라를 세우려는 의도를 보여 주신다.
이것이 오늘 현대인들의 딜레마이다. 하나님은 지속적으로 "너의 삶으로 내 나라(하나님 나라)를 세울래? 네 나라를 세울래?"라고 도전하고 계신다. 이것에 대한 반응이 우리의 신앙이다.

검은 것들을 가려 자기 아들들의 손에 맡기고 36 자기와 야곱의 사이를 사흘 길이 뜨게 하였고 야곱은 라반의 남
은 양 떼를 치니라 37 야곱이 버드나무와 살구나무와 신풍나무의 푸른 가지를 가져다가 그것들의 껍질을 벗겨
흰 무늬를 내고 38 그 껍질 벗긴 가지를 양 떼가 와서 먹는 개천의 물 구유에 세워 양 떼를 향하게 하매 그 떼가
물을 먹으러 올 때에 새끼를 배니 39 가지 앞에서 새끼를 배므로 얼룩얼룩한 것과 점이 있고 아롱진 것을 낳은지
라 40 야곱이 새끼 양을 구분하고 그 얼룩무늬와 검은 빛 있는 것을 라반의 양과 서로 마주보게 하며 자기 양을
따로 두어 라반의 양과 섞이지 않게 하며 41 튼튼한 양이 새끼 밸 때에는 야곱이 개천에다가 양 떼의 눈 앞에 그
가지를 두어 양이 그 가지 곁에서 새끼를 배게 하고 42 약한 양이면 그 가지를 두지 아니하니 그렇게 함으로 약한
것은 라반의 것이 되고 튼튼한 것은 야곱의 것이 된지라 43 이에 그 사람이 매우 번창하여 양 떼와 노비와 낙타와
나귀가 많았더라

창세기 31장

❖ 창 28:15의 축복의 약속대로 드디어 하나님이 야곱의 삶에 직접 개입하신다. 창 31:3, 31:13을 깊이 묵상하라.

창 31:5
학습 자료 3-1 "초월성과 내재성" 참조

야곱이 라반을 떠나다

1 야곱이 라반의 아들들이 하는 말을 들은즉 야곱이 우리 아버지의 소유
를 다 빼앗고 우리 아버지의 소유로 말미암아 이 모든 재물을 모았다 하
는지라 2 야곱이 라반의 안색을 본즉 자기에게 대하여 전과 같지 아니하
더라 3 여호와께서 야곱에게 이르시되 네 조상의 땅 네 족속에게로 돌아가라 내가 너와 함께 있으리라 하신지라
4 야곱이 사람을 보내어 라헬과 레아를 자기 양 떼가 있는 들로 불러다가 5 그들에게 이르되 내가 그대들의 아버
지의 안색을 본즉 내게 대하여 전과 같지 아니하도다 그러할지라도 내 아버지의 하나님은 나와 함께 계셨느니
라 6 그대들도 알거니와 내가 힘을 다하여 그대들의 아버지를 섬겼거늘 7 그대들의 아버지가 나를 속여 품삯을
열 번이나 변경하였느니라 그러나 하나님이 그를 막으사 나를 해치지 못하게 하셨으며 8 그가 이르기를 점 있는
것이 네 삯이 되리라 하면 온 양 떼가 낳은 것이 점 있는 것이요 또 얼룩무늬 있는 것이 네 삯이 되리라 하면 온
양 떼가 낳은 것이 얼룩무늬 있는 것이니 9 하나님이 이같이 그대들의 아
버지의 가축을 빼앗아 내게 주셨느니라 10 그 양 떼가 새끼 밸 때에 내가
꿈에 눈을 들어 보니 양 떼를 탄 숫양은 다 얼룩무늬 있는 것과 점 있는
것과 아롱진 것이었더라 11 꿈에 하나님의 사자가 내게 말씀하시기를 야
곱아 하기로 내가 대답하기를 여기 있나이다 하매 12 이르시되 네 눈을 들
어 보라 양 떼를 탄 숫양은 다 얼룩무늬 있는 것, 점 있는 것과 아롱진 것
이니라 라반이 네게 행한 모든 것을 내가 보았노라 13 나는 벧엘의 하나
님이라 네가 거기서 기둥에 기름을 붓고 거기서 내게 서원하였으니 지금
일어나 이 곳을 떠나서 네 출생지로 돌아가라 하셨느니라 14 라헬과 레아
가 그에게 대답하여 이르되 우리가 우리 아버지 집에서 무슨 분깃이나 유
산이 있으리요 15 아버지가 우리를 팔고 우리의 돈을 다 먹어버렸으니 아
버지가 우리를 외국인처럼 여기는 것이 아닌가 16 하나님이 우리 아버지에
게서 취하여 가신 재물은 우리와 우리 자식의 것이니 이제 하나님이 당신
에게 이르신 일을 다 준행하라 17 야곱이 일어나 자식들과 아내들을 낙타
들에게 태우고 18 그 모은 바 모든 가축과 모든 소유물 곧 그가 밧단아람
에서 모은 가축을 이끌고 가나안 땅에 있는 그의 아버지 이삭에게로 가려
할새 19 그 때에 라반이 양털을 깎으러 갔으므로 라헬은 그의 아버지의
드라빔을 도둑질하고 20 야곱은 그 거취를 아람 사람 라반에게 말하지 아
니하고 가만히 떠났더라 21 그가 그의 모든 소유를 이끌고 강을 건너 길

창 31:13은 영적 대이동을 준엄히 명령하고 있는 구절이다.
내가 돌아가야 할 영적 고향은 어디인가? 『통큰통독』 서론 강의에서 배운 "우리의 처음 모습"이 생각나는가?(아니면 다시 복습하라) 성도(聖徒) (거룩한 무리라는 뜻으로 세상과 구별된 존재들이라는 말이다)는 이중 국적자임을 명심하고 하나님 나라의 본향과 본적을 향하여 과감히 이동을 시작해야 한다.

창 31:13 야곱의 가나안 귀향

르앗 산을 향하여 도망한 지 22 삼 일 만에 야곱이 도망한 것이 라반에게 들린지라 23 라반
이 그의 형제를 거느리고 칠 일 길을 쫓아가 길르앗 산에서 그에게 이르렀더니 24 밤에 하
나님이 아람 사람 라반에게 현몽하여 이르시되 너는 삼가 야곱에게 선악
간에 말하지 말라 하셨더라 25 라반이 야곱을 뒤쫓아 이르렀으니 야곱이
그 산에 장막을 친지라 라반이 그 형제와 더불어 길르앗 산에 장막을 치
고 26 라반이 야곱에게 이르되 네가 나를 속이고 내 딸들을 칼에 사로잡
힌 자 같이 끌고 갔으니 어찌 이같이 하였느냐 27 내가 즐거움과 노래와 북과 수금으로 너를 보내겠거늘 어찌하
여 네가 나를 속이고 가만히 도망하고 내게 알리지 아니하였으며 28 내가 내 손자들과 딸들에게 입맞추지 못하
게 하였으니 네 행위가 참으로 어리석도다 29 너를 해할 만한 능력이 내 손에 있으나 너희 아버지의 하나님이 어
제 밤에 내게 말씀하시기를 너는 삼가 야곱에게 선악간에 말하지 말라 하셨느니라 30 이제 네가 네 아버지 집을
사모하여 돌아가려는 것은 옳거니와 어찌 내 신을 도둑질하였느냐 31 야곱이 라반에게 대답하여 이르되 내가 생
각하기를 외삼촌이 외삼촌의 딸들을 내게서 억지로 빼앗으리라 하여 두려워하였음이니이다 32 외삼촌의 신을
누구에게서 찾든지 그는 살지 못할 것이요 우리 형제들 앞에서 무엇이든지 외삼촌의 것이 발견되거든 외삼촌에
게로 가져가소서 하니 야곱은 라헬이 그것을 도둑질한 줄을 알지 못함이었더라 33 라반이 야곱의 장막에 들어가
고 레아의 장막에 들어가고 두 여종의 장막에 들어갔으나 찾지 못하고 레아의 장막에서 나와 라헬의 장막에 들
어가매 34 라헬이 그 드라빔을 가져 낙타 안장 아래에 넣고 그 위에 앉은지라 라반이 그 장막에서 찾다가 찾아내
지 못하매 35 라헬이 그의 아버지에게 이르되 마침 생리가 있어 일어나서 영접할 수 없사오니 내 주는 노하지 마
소서 하니라 라반이 그 드라빔을 두루 찾다가 찾아내지 못한지라 36 야곱
이 노하여 라반을 책망할새 야곱이 라반에게 대답하여 이르되 내 허물이
무엇이니이까 무슨 죄가 있기에 외삼촌께서 내 뒤를 급히 추격하나이까
37 외삼촌께서 내 물건을 다 뒤져보셨으니 외삼촌의 집안 물건 중에서 무
엇을 찾아내었나이까 여기 내 형제와 외삼촌의 형제 앞에 그것을 두고 우
리 둘 사이에 판단하게 하소서 38 내가 이 이십 년을 외삼촌과 함께 하였
거니와 외삼촌의 암양들이나 암염소들이 낙태하지 아니하였고 또 외삼
촌의 양 떼의 숫양을 내가 먹지 아니하였으며 39 물려 찢긴 것은 내가 외
삼촌에게로 가져가지 아니하고 낮에 도둑을 맞았든지 밤에 도둑을 맞았
든지 외삼촌이 그것을 내 손에서 찾았으므로 내가 스스로 그것을 보충하
였으며 40 내가 이와 같이 낮에는 더위와 밤에는 추위를 무릅쓰고 눈 붙
일 겨를도 없이 지냈나이다 41 내가 외삼촌의 집에 있는 이 이십 년 동안
외삼촌의 두 딸을 위하여 십사 년, 외삼촌의 양 떼를 위하여 육 년을 외삼
촌에게 봉사하였거니와 외삼촌께서 내 품삯을 열 번이나 바꾸셨으며 42
우리 아버지의 하나님, 아브라함의 하나님 곧 이삭이 경외하는 이가 나와
함께 계시지 아니하셨더라면 외삼촌께서 이제 나를 빈손으로 돌려보내셨
으리이다마는 하나님이 내 고난과 내 손의 수고를 보시고 어제 밤에 외삼촌을 책망하셨나이다

드라빔

창 31:40-42 인생의 모든 수고가 하나님의 보호 안에 있어야 한다는 사실을 말한다. 하나님 없는 모든 수고는 헛수고라는 말이다. 전도서의 전도자도 같은 고백을 한다.

야곱과 라반의 언약

43 라반이 야곱에게 대답하여 이르되 딸들은 내 딸이요 자식들은 내 자식이요 양 떼는 내 양 떼요 네가 보는 것
은 다 내 것이라 내가 오늘 내 딸들과 그들이 낳은 자식들에게 무엇을 하겠느냐 44 이제 오라 나와 네가 언약을
맺고 그것으로 너와 나 사이에 증거를 삼을 것이니라 45 이에 야곱이 돌을 가져다가 기둥으로 세우고 46 또 그 형
제들에게 돌을 모으라 하니 그들이 돌을 가져다가 무더기를 이루매 무리가 거기 무더기 곁에서 먹고 47 라반은
그것을 여갈사하두다라 불렀고 야곱은 그것을 갈르엣이라 불렀으니 48 라반의 말에 오늘 이 무더기가 너와 나

사이에 증거가 된다 하였으므로 그 이름을 갈르엣이라 불렀으며 49 또 미스바라 하였으니 이는 그의 말에 우리
가 서로 떠나 있을 때에 여호와께서 나와 너 사이를 살피시옵소서 함이라 50 만일 네가 내 딸을 박대하거나 내
딸들 외에 다른 아내들을 맞이하면 우리와 함께 할 사람은 없어도 보라 하나님이 나와 너 사이에 증인이 되시느
니라 함이었더라 51 라반이 또 야곱에게 이르되 내가 나와 너 사이에 둔 이 무더기를 보라 또 이 기둥을 보라 52
이 무더기가 증거가 되고 이 기둥이 증거가 되나니 내가 이 무더기를 넘어 네게로 가서 해하지 않을 것이요 네가
이 무더기, 이 기둥을 넘어 내게로 와서 해하지 아니할 것이라 53 아브라함의 하나님, 나홀의 하나님, 그들의 조상
의 하나님은 우리 사이에 판단하옵소서 하매 야곱이 그의 아버지 이삭이 경외하는 이를 가리켜 맹세하고 54 야곱
이 또 산에서 제사를 드리고 형제들을 불러 떡을 먹이니 그들이 떡을 먹고 산에서 밤을 지내고 55 라반이 아침에
일찍이 일어나 손자들과 딸들에게 입맞추며 그들에게 축복하고 떠나 고향으로 돌아갔더라

창세기 32장

야곱이 에서를 만날 준비를 하다

1 야곱이 길을 가는데 하나님의 사자들이 그를 만난지라 2 야곱이 그들을
볼 때에 이르기를 이는 하나님의 군대라 하고 그 땅 이름을 마하나임이라
하였더라 3 야곱이 세일 땅 에돔 들에 있는 형 에서에게로 자기보다 앞서
사자들을 보내며 4 그들에게 명령하여 이르되 너희는 내 주 에서에게 이
같이 말하라 주의 종 야곱이 이같이 말하기를 내가 라반과 함께 거류하며
지금까지 머물러 있었사오며 5 내게 소와 나귀와 양 떼와 노비가 있으므
로 사람을 보내어 내 주께 알리고 내 주께 은혜 받기를 원하나이다 하라
하였더니 6 사자들이 야곱에게 돌아와 이르되 우리가 주인의 형 에서에게
이른즉 그가 사백 명을 거느리고 주인을 만나려고 오더이다 7 야곱이 심
히 두렵고 답답하여 자기와 함께 한 동행자와 양과 소와 낙타를 두 떼로 나누고 8 이르되 에서가 와서 한 떼를 치
면 남은 한 떼는 피하리라 하고 9 야곱이 또 이르되 내 조부 아브라함의 하나님, 내 아버지 이삭의 하나님 여호와
여 주께서 전에 내게 명하시기를 네 고향, 네 족속에게로 돌아가라 내가 네게 은혜를 베풀리라 하셨나이다 10 나
는 주께서 주의 종에게 베푸신 모든 은총과 모든 진실하심을 조금도 감당할 수 없사오나 내가 내 지팡이만 가지
고 이 요단을 건넜더니 지금은 두 떼나 이루었나이다 11 내가 주께 간구하오니 내 형의 손에서, 에서의 손에서 나
를 건져내시옵소서 내가 그를 두려워함은 그가 와서 나와 내 처자들을 칠까 겁이 나기 때문이니이다 12 주께서 말
씀하시기를 내가 반드시 네게 은혜를 베풀어 네 씨로 바다의 셀 수 없는 모래와 같이 많게 하리라 하셨나이다

> **창 32:2 하나님의 군대**
> 창 28:15에서 야곱이 어디로 가든지 함께 하신다는 하나님의 약속대로 에서와의 조우를 보호하시는 모습을 볼 수 있다. "마하나임"은 하나님의 군대를 뜻하는 "마하네(מַחֲנֶה)"의 복수형이다. 여기의 여호와는 엘로힘 여호와로 표현한다. 권능의 하나님과 그 군대가 야곱의 이동을 보호하신다는 것이다.
> 내 삶도 이 마하나임의 보호가 있다고 확신하는가?

야곱이 브니엘에서 씨름을 하다

13 야곱이 거기서 밤을 지내고 그 소유 중에서 형 에서를 위하여 예물을 택하니 14 암염소가 이백이요 숫염소가
이십이요 암양이 이백이요 숫양이 이십이요 15 젖 나는 낙타 삼십과 그 새끼요 암소가 사십이요 황소가 열이요
암나귀가 이십이요 그 새끼 나귀가 열이라 16 그것을 각각 떼로 나누어 종들의 손에 맡기고 그의 종에게 이르되
나보다 앞서 건너가서 각 떼로 거리를 두게 하라 하고 17 그가 또 앞선 자에게 명령하여 이르되 내 형 에서가 너
를 만나 묻기를 네가 누구의 사람이며 어디로 가느냐 네 앞의 것은 누구의 것이냐 하거든 18 대답하기를 주의 종
야곱의 것이요 자기 주 에서에게로 보내는 예물이오며 야곱도 우리 뒤에 있나이다 하라 하고 19 그 둘째와 셋째
와 각 떼를 따라가는 자에게 명령하여 이르되 너희도 에서를 만나거든 곧 이같이 그에게 말하고 20 또 너희는 말
하기를 주의 종 야곱이 우리 뒤에 있다 하라 하니 이는 야곱이 말하기를 내가 내 앞에 보내는 예물로 형의 감정
을 푼 후에 대면하면 형이 혹시 나를 받아 주리라 함이었더라 21 그 예물은 그에 앞서 보내고 그는 무리 가운데
서 밤을 지내다가 22 밤에 일어나 두 아내와 두 여종과 열한 아들을 인도하여 얍복 나루를 건널새 23 그들을 인도
하여 시내를 건너가게 하며 그의 소유도 건너가게 하고 24 야곱은 홀로 남았더니 어떤 사람이 날이 새도록 야곱

과 씨름하다가 25 자기가 야곱을 이기지 못함을 보
고 그가 야곱의 허벅지 관절을 치매 야곱의 허
벅지 관절이 그 사람과 씨름할 때에 어긋났더
라 26 그가 이르되 날이 새려하니 나로 가게 하
라 야곱이 이르되 당신이 내게 축복하지 아
니하면 가게 하지 아니하겠나이다 27
그 사람이 그에게 이르되 네 이름이
무엇이냐 그가 이르되 야곱이니이
다 28 그가 이르되 네 이름을 다시
는 야곱이라 부를 것이 아니요 이스라엘이라 부를 것이니 이는
네가 하나님과 및 사람들과 겨루어 이겼음이니라 29 야곱이 청하여
이르되 당신의 이름을 알려주소서 그 사람이 이르되 어찌하여 내 이름을
묻느냐 하고 거기서 야곱에게 축복한지라 30 그러므로 야곱이 그 곳 이름
을 브니엘이라 하였으니 그가 이르기를 내가 하나님과 대면하여 보았으
나 내 생명이 보전되었다 함이더라 31 그가 브니엘을 지날 때에 해가 돋았
고 그의 허벅다리로 말미암아 절었더라 32 그 사람이 야곱의 허벅지 관절
에 있는 둔부의 힘줄을 쳤으므로 이스라엘 사람들이 지금까지 허벅지 관
절에 있는 둔부의 힘줄을 먹지 아니하더라

창 32:22-32 야곱 생애의 전환점
인위의 사람에서 신위의 사람으로 그의 정체성이 바뀌고, 따라서 이름이 야곱에서 이스라엘로 바뀐다(28절). 그는 이제 이스라엘 열두 지파의 아비가 되었다.

창 32:22 얍복 나루터

창세기 33장

야곱이 에서를 만나다

1 야곱이 눈을 들어 보니 에서가 사백 명의 장정을 거느리고 오고 있는
지라 그의 자식들을 나누어 레아와 라헬과 두 여종에게 맡기고 2 여종들
과 그들의 자식들은 앞에 두고 레아와 그의 자식들은 다음에 두고 라헬
과 요셉은 뒤에 두고 3 자기는 그들 앞에서 나아가되 몸을 일곱 번 땅에
굽히며 그의 형 에서에게 가까이 가니 4 에서
가 달려와서 그를 맞이하여 안고 목
을 어긋맞추어 그와 입맞추고 서로
우니라 5 에서가 눈을 들어 여인들
과 자식들을 보고 묻되 너와 함께 한
이들은 누구냐 야곱이 이르되 하나
님이 주의 종에게 은혜로 주신 자
식들이니이다 6 그 때에 여종들이
그의 자식들과 더불어 나아와 절
하고 7 레아도 그의 자식들과 더불어 나아와 절하고 그
후에 요셉이 라헬과 더불어 나아와 절하니 8 에서가 또 이르되 내가 만난 바 이 모든 떼는 무슨 까닭이냐 야곱
이 이르되 내 주께 은혜를 입으려 함이니이다 9 에서가 이르되 내 동생아 내게 있는 것이 족하니 네 소유는 네
게 두라 10 야곱이 이르되 그렇지 아니하니이다 내가 형님의 눈앞에서 은혜를 입었사오면 청하건대 내 손에서
이 예물을 받으소서 내가 형님의 얼굴을 뵈온즉 하나님의 얼굴을 본 것 같사오며 형님도 나를 기뻐하심이니이
다 11 하나님이 내게 은혜를 베푸셨고 내 소유도 족하오니 청하건대 내가 형님께 드리는 예물을 받으소서 하고

창 33:4 야곱과 에서의 만남

그에게 강권하매 받으니라 12 에서가 이르되 우리가 떠나자 내가 너와 동행하리라 13 야곱이 그에게 이르되 내
주도 아시거니와 자식들은 연약하고 내게 있는 양 떼와 소가 새끼를 데리고 있은즉 하루만 지나치게 몰면 모
든 떼가 죽으리니 14 청하건대 내 주는 종보다 앞서 가소서 나는 앞에 가는 가축과 자식들의 걸음대로 천천히
인도하여 세일로 가서 내 주께 나아가리이다 15 에서가 이르되 내가 내
종 몇 사람을 네게 머물게 하리라 야곱이 이르되 어찌하여 그리하리이까
나로 내 주께 은혜를 얻게 하소서 하매 16 이 날에 에서는 세일로 돌아가
고 17 야곱은 숙곳에 이르러 자기를 위하여 집을 짓고 그의 가축을 위하
여 우릿간을 지었으므로 그 땅 이름을 숙곳이라 부르더라 18 야곱이 밧
단아람에서부터 평안히 가나안 땅 세겜 성읍에 이르러 그 성읍 앞에 장
막을 치고 19 그가 장막을 친 밭을 세겜의 아버지 하몰의 아들들의 손에
서 백 크시타에 샀으며 20 거기에 제단을 쌓고 그 이름을 엘엘로헤이스
라엘이라 불렀더라

> 창 33:17-18 얍복 강에서 천사와 씨름하여 이기고, 정체성이 바뀌었지만 자기중심성을 온전히 내려놓기란 쉬운 일이 아닌듯하다. 야곱은 여전히 "자기 집을 짓고자" 한다(창 30:30). 하지만 하나님은 그를 벧엘로 가기를 원하셨다(창 31:3, 13).
> 그러나 하나님은 그가 기어코 벧엘로 가게 하시려고 34장에서 그의 외동딸 디나의 강간 사건을 당하게 하신 후에야 야곱은 온전히 하나님께로 돌아선다.

창세기 34장

디나가 부끄러운 일을 당하다

1 레아가 야곱에게 낳은 딸 디나가 그 땅의 딸들을 보러 나갔더니 2 히위
족속 중하몰의 아들 그 땅의 추장 세겜이 그를 보고 끌어들여 강간하여
욕되게 하고 3 그 마음이 깊이 야곱의 딸 디나에게 연연하며 그 소녀를 사
랑하여 그의 마음을 말로 위로하고 4 그의 아버지 하몰에게 청하여 이르
되 이 소녀를 내 아내로 얻게 하여 주소서 하였더라 5 야곱이 그 딸 디나
를 그가 더럽혔다 함을 들었으나 자기의 아들들이 들에서 목축하므로 그
들이 돌아오기까지 잠잠하였고 6 세겜의 아버지 하몰은 야곱에게 말하
러 왔으며 7 야곱의 아들들은 들에서 이를 듣고 돌아와서 그들 모두가 근
심하고 심히 노하였으니 이는 세겜이 야곱의 딸을 강간하여 이스라엘에
게 부끄러운 일 곧 행하지 못할 일을 행하였음이더라 8 하몰이 그들에게
이르되 내 아들 세겜이 마음으로 너희 딸을 연연하여 하니 원하건대 그
를 세겜에게 주어 아내로 삼게 하라 9 너희가 우리와 통혼하여 너희 딸을
우리에게 주며 우리 딸을 너희가 데려가고 10 너희가 우리와 함께 거주하
되 땅이 너희 앞에 있으니 여기 머물러 매매하며 여기서 기업을 얻으라 하
고 11 세겜도 디나의 아버지와 그의 남자 형제들에게 이르되 나로 너희에게 은혜를 입게 하라 너희가 내게 말하
는 것은 내가 다 주리니 12 이 소녀만 내게 주어 아내가 되게 하라 아무리 큰 혼수와 예물을 청할지라도 너희가
내게 말한 대로 주리라 13 야곱의 아들들이 세겜과 그의 아버지 하몰에게 속여 대답하였으니 이는 세겜이 그 누
이 디나를 더럽혔음이라 14 야곱의 아들들이 그들에게 말하되 우리는 그리하지 못하겠노라 할례 받지 아니한 사
람에게 우리 누이를 줄 수 없노니 이는 우리의 수치가 됨이니라 15 그런즉 이같이 하면 너희에게 허락하리라 만
일 너희 중 남자가 다 할례를 받고 우리 같이 되면 16 우리 딸을 너희에게 주며 너희 딸을 우리가 데려오며 너희
와 함께 거주하여 한 민족이 되려니와 17 너희가 만일 우리 말을 듣지 아니하고 할례를 받지 아니하면 우리는 곧
우리 딸을 데리고 가리라 18 그들의 말을 하몰과 그의 아들 세겜이 좋게 여기므로 19 이 소년이 그 일 행하기를 지
체하지 아니하였으니 그가 야곱의 딸을 사랑함이며 그는 그의 아버지 집에서 가장 존귀하였더라 20 하몰과 그
의 아들 세겜이 그들의 성읍 문에 이르러 그들의 성읍 사람들에게 말하여 이르되 21 이 사람들은 우리와 친목하
고 이 땅은 넓어 그들을 용납할 만하니 그들이 여기서 거주하며 매매하게 하고 우리가 그들의 딸들을 아내로 데

려오고 우리 딸들도 그들에게 주자 22 그러나 우리 중의 모든 남자가 그들이 할례를 받음 같이 할례를 받아야 그
사람들이 우리와 함께 거주하여 한 민족 되기를 허락할 것이라 23 그러면 그들의 가축과 재산과 그들의 모든 짐
승이 우리의 소유가 되지 않겠느냐 다만 그들의 말대로 하자 그러면 그들이 우리와 함께 거주하리라 24 성문으
로 출입하는 모든 자가 하몰과 그의 아들 세겜의 말을 듣고 성문으로 출입하는 그 모든 남자가 할례를 받으니라
25 제삼일에 아직 그들이 아파할 때에 야곱의 두 아들 디나의 오라버니 시므온과 레위가 각기 칼을 가지고 가서
몰래 그 성읍을 기습하여 그 모든 남자를 죽이고 26 칼로 하몰과 그의 아들 세겜을 죽이고 디나를 세겜의 집에서
데려오고 27 야곱의 여러 아들이 그 시체 있는 성읍으로 가서 노략하였으니 이는 그들이 그들의 누이를 더럽힌
까닭이라 28 그들이 양과 소와 나귀와 그 성읍에 있는 것과 들에 있는 것과 29 그들의 모든 재물을 빼앗으며 그들
의 자녀와 그들의 아내들을 사로잡고 집 속의 물건을 다 노략한지라 30 야곱이 시므온과 레위에게 이르되 너희
가 내게 화를 끼쳐 나로 하여금 이 땅의 주민 곧 가나안 족속과 브리스 족속에게 악취를 내게 하였도다 나는 수
가 적은즉 그들이 모여 나를 치고 나를 죽이리니 그러면 나와 내 집이 멸망하리라 31 그들이 이르되 그가 우리 누
이를 창녀 같이 대우함이 옳으니이까

창세기 35장

하나님이 야곱에게 복을 주시다

1 하나님이 야곱에게 이르시되 일어나 벧엘로 올라가서 거기 거주하며 네
가 네 형 에서의 낯을 피하여 도망하던 때에 네게 나타났던 하나님께 거
기서 제단을 쌓으라 하신지라 2 야곱이 이에 자기 집과 사람과 자기와 함
께 한 모든 자에게 이르되 너희 중에 있는 이방 신상들을 버리고 자신을
정결하게 하고 너희들의 의복을 바꾸어 입으라 3 우리가 일어나 벧엘로
올라가자 내 환난 날에 내게 응답하시며 내가 가는 길에서 나와 함께 하신 하나님께 내가 거기서 제단을 쌓으려
하노라 하매 4 그들이 자기 손에 있는 모든 이방 신상들과 자기 귀에 있는 귀고리들을 야곱에게 주는지라 야곱이
그것들을 세겜 근처 상수리나무 아래에 묻고 5 그들이 떠났으나 하나님이 그 사면 고을들로 크게 두려워하게 하
셨으므로 야곱의 아들들을 추격하는 자가 없었더라 6 야곱과 그와 함께 한 모든 사람이 가나안 땅 루스 곧 벧엘
에 이르고 7 그가 거기서 제단을 쌓고 그 곳을 엘벧엘이라 불렀으니 이는 그의 형의 낯을 피할 때에 하나님이 거
기서 그에게 나타나셨음이더라 8 리브가의 유모 드보라가 죽으매 그를 벧엘 아래에 있는 상수리나무 밑에 장사
하고 그 나무 이름을 알론바굿이라 불렀더라 9 야곱이 밧단아람에서 돌아오매 하나님이 다시 야곱에게 나타나
사 그에게 복을 주시고 10 하나님이 그에게 이르시되 네 이름이 야곱이지마는 네 이름을 다시는 야곱이라 부르
지 않겠고 이스라엘이 네 이름이 되리라 하시고 그가 그의 이름을 이스라엘이라 부르시고 11 하나님이 그에게 이
르시되 나는 전능한 하나님이라 생육하며 번성하라 한 백성과 백성들의 총회가 네게서 나오고 왕들이 네 허리에
서 나오리라 12 내가 아브라함과 이삭에게 준 땅을 네게 주고 내가 네 후
손에게도 그 땅을 주리라 하시고 13 하나님이 그와 말씀하시던 곳에서 그
를 떠나 올라가시는지라 14 야곱이 하나님이 자기와 말씀하시던 곳에 기
둥 곧 돌 기둥을 세우고 그 위에 전제물을 붓고 또 그 위에 기름을 붓고
15 하나님이 자기와 말씀하시던 곳의 이름을 벧엘이라 불렀더라

> **창 35:1-5** 진정 하나님께로 돌아가는 길은 이방 신상을 버리는 것이다. 이방 신상을 버린다는 것은 세계관을 하나님 중심인 성경적 세계관으로 바꾼다는 것이다.

> **창 35:9-15** 신위의 사람으로 온전히 변화된 야곱이 아브라함 언약의 승계자로서 하나님 나라의 구속 사역을 이어갈 자임을 확인 시켜준다.

라헬이 산고로 죽다

16 그들이 벧엘에서 길을 떠나 에브랏에 이르기까지 얼마간 거리를 둔 곳에서 라헬이 해산하게 되어 심히 고생하
여 17 그가 난산할 즈음에 산파가 그에게 이르되 두려워하지 말라 지금 네가 또 득남하느니라 하매 18 그가 죽게
되어 그의 혼이 떠나려 할 때에 아들의 이름을 베노니라 불렀으나 그의 아버지는 그를 베냐민이라 불렀더라 19
라헬이 죽으매 에브랏 곧 베들레헴 길에 장사되었고 20 야곱이 라헬의 묘에 비를 세웠더니 지금까지 라헬의 묘비

라 일컫더라 21 이스라엘이 다시 길을 떠나 에델 망대를 지나 장막을 쳤더
라 22 이스라엘이 그 땅에 거주할 때에 르우벤이 가서 그 아버지의 첩 빌
하와 동침하매 이스라엘이 이를 들었더라 야곱의 아들은 열둘이라 23 레
아의 아들들은 야곱의 장자 르우벤과 그 다음 시므온과 레위와 유다와 잇
사갈과 스불론이요 24 라헬의 아들들은 요셉과 베냐민이며 25 라헬의 여
종 빌하의 아들들은 단과 납달리요 26 레아의 여종 실바의 아들들은 갓과
아셀이니 이들은 야곱의 아들들이요 밧단아람에서 그에게 낳은 자더라

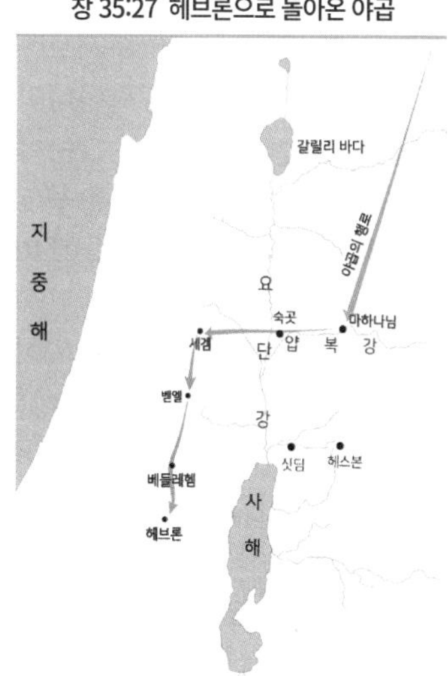

창 35:27 헤브론으로 돌아온 야곱

이삭이 죽다

27 야곱이 기럇아르바의 마므레로 가서 그의 아버지 이삭에게 이르렀으
니 기럇아르바는 곧 아브라함과 이삭이 거류하던 헤브론이더라 28 이삭
의 나이가 백팔십 세라 29 이삭이 나이가 많고 늙어 기운이 다하매 죽어
자기 열조에게로 돌아가니 그의 아들 에서와 야곱이 그를 장사하였더라

창세기 36장

에서의 자손(대상 1:34-37)

1 에서 곧 에돔의 족보는 이러하니라 2 에서가 가나안 여인 중 헷 족속 엘론의 딸 아다와 히위 족속 시브온의 딸
인 아나의 딸 오홀리바마를 자기 아내로 맞이하고 3 또 이스마엘의 딸 느바욧의 누이 바스맛을 맞이하였더니 4
아다는 엘리바스를 에서에게 낳았고 바스맛은 르우엘을 낳았고 5 오홀리바마는 여우스와 얄람과 고라를 낳았
으니 이들은 에서의 아들들이요 가나안 땅에서 그에게 태어난 자들이더라 6 에서가 자기 아내들과 자기 자녀들
과 자기 집의 모든 사람과 자기의 가축과 자기의 모든 짐승과 자기가 가나안 땅에서 모은 모든 재물을 이끌고 그
의 동생 야곱을 떠나 다른 곳으로 갔으니 7 두 사람의 소유가 풍부하여 함께 거주할 수 없음이러라 그들이 거주
하는 땅이 그들의 가축으로 말미암아 그들을 용납할 수 없었더라 8 이에 에서 곧 에돔이 세일 산에 거주하니라 9
세일 산에 있는 에돔 족속의 조상 에서의 족보는 이러하고 10 그 자손의 이름은 이러하니라 에서의 아내 아다의
아들은 엘리바스요 에서의 아내 바스맛의 아들은 르우엘이며 11 엘리바스의 아들들은 데만과 오말과 스보와 가
담과 그나스요 12 에서의 아들 엘리바스의 첩 딤나는 아말렉을 엘리바스에게 낳았으니 이들은 에서의 아내 아다
의 자손이며 13 르우엘의 아들들은 나핫과 세라와 삼마와 미사니 이들은 에서의 아내 바스맛의 자손이며 14 시
브온의 손녀 아나의 딸 에서의 아내 오홀리바마의 아들들은 이러하니 그
가 여우스와 얄람과 고라를 에서에게 낳았더라 15 에서 자손 중 족장은
이러하니라 에서의 장자 엘리바스의 자손으로는 데만 족장, 오말 족장,
스보 족장, 그나스 족장과 16 고라 족장, 가담 족장, 아말렉 족장이니 이들
은 에돔 땅에 있는 엘리바스의 족장들이요 이들은 아다의 자손이며 17 에
서의 아들 르우엘의 자손으로는 나핫 족장, 세라 족장, 삼마 족장, 미사
족장이니 이들은 에돔 땅에 있는 르우엘의 족장들이요 이들은 에서의 아
내 바스맛의 자손이며 18 에서의 아내인 오홀리바마의 아들들은 여우스
족장, 얄람 족장, 고라 족장이니 이들은 아나의 딸이요 에서의 아내인 오
홀리바마의 족장들이라 19 에서 곧 에돔의 자손으로서 족장 된 자들이 이
러하였더라

창 36:8 세일산의 위치

세일의 자손(대상 1:38-41)

20 그 땅의 주민 호리 족속 세일의 자손은 로단과 소발과 시브온과 아나
와 21 디손과 에셀과 디산이니 이들은 에돔 땅에 있는 세일의 자손 중 호

리 족속의 족장들이요 22 로단의 자녀는 호리와 헤맘과 로단의 누이 딤나요 23 소발의 자녀는 알완과 마나핫과
에발과 스보와 오남이요 24 시브온의 자녀는 아야와 아나며 이 아나는 그 아버지 시브온의 나귀를 칠 때에 광야
에서 온천을 발견하였고 25 아나의 자녀는 디손과 오홀리바마니 오홀리바마는 아나의 딸이며 26 디손의 자녀는
헴단과 에스반과 이드란과 그란이요 27 에셀의 자녀는 빌한과 사아완과 아간이요 28 디산의 자녀는 우스와 아란
이니 29 호리 족속의 족장들은 곧 로단 족장, 소발 족장, 시브온 족장, 아나 족장, 30 디손 족장, 에셀 족장, 디산 족
장이라 이들은 그들의 족속들에 따라 세일 땅에 있는 호리 족속의 족장들이었더라

에돔의 왕들(대상 1:43-54)

31 이스라엘 자손을 다스리는 왕이 있기 전에 에돔 땅을 다스리던 왕들은 이러하니라 32 브올의 아들 벨라가 에
돔의 왕이 되었으니 그 도성의 이름은 딘하바며 33 벨라가 죽고 보스라 사람 세라의 아들 요밥이 그를 대신하여
왕이 되었고 34 요밥이 죽고 데만 족속의 땅의 후삼이 그를 대신하여 왕이 되었고 35 후삼이 죽고 브닷의 아들 곧
모압 들에서 미디안 족속을 친 하닷이 그를 대신하여 왕이 되었으니 그 도성 이름은 아윗이며 36 하닷이 죽고 마
스레가의 삼라가 그를 대신하여 왕이 되었고 37 삼라가 죽고 유브라데 강변 르호봇의 사울이 그를 대신하여 왕
이 되었고 38 사울이 죽고 악볼의 아들 바알하난이 그를 대신하여 왕이 되었고 39 악볼의 아들 바알하난이 죽고
하달이 그를 대신하여 왕이 되었으니 그 도성 이름은 바우며 그의 아내의 이름은 므헤다벨이니 마드렛의 딸이
요 메사합의 손녀더라 40 에서에게서 나온 족장들의 이름은 그 종족과 거처와 이름을 따라 나누면 이러하니 딤
나 족장, 알와 족장, 여뎃 족장, 41 오홀리바마 족장, 엘라 족장, 비논 족장, 42 그나스 족장, 데만 족장, 밉살 족장,
43 막디엘 족장, 이람 족장이라 이들은 그 구역과 거처를 따른 에돔 족장들이며 에돔 족속의 조상은 에서더라

3일차 읽기의 요약
(창 24~36)

아브라함의 하나님은 이삭과 야곱에게도 찾아오셔서 같은 언약의 내용을 반복해서 말씀하셨다. 아브라함의 하나님, 이삭의 하나님, 야곱의 하나님이란 그들과 맺으신 같은 언약의 내용을 신실하게 이루어 가시는 하나님이심을 보여 주신다.

특별히 야곱은 자기중심적인 성향이 강한 인물이지만 하나님은 그의 생애를 통해서도 여전히 그분의 언약을 성취해 가신다. 하나님께서는 에서의 보복을 피해 외삼촌이 사는 밧단아람(하란) 지역으로 도망가는 야곱에게 나타나셔서 내가 너와 함께 있어 네가 어디로 가든지 너를 지키며 너를 이끌어 이 땅으로 돌아오게 할 것과 하나님께서 야곱에게 허락한 것을 다 이루기까지 야곱을 떠나지 않을 것을 약속해 주셨고 야곱은 하나님이 자신에게 나타나셨던 그곳을 벧엘이라 부른다.

그 말씀대로 야곱은 20년 만에 밧단아람에서 대가족을 거느리고 다시 집으로 돌아오는 길에 간절한 기도로 하나님을 경험하게 되고(마하나임), 그의 이름이 야곱에서 이스라엘로 정체성이 바뀌게 된다.

그러나 야곱은 세겜에서 고향으로 돌아가는 일을 지체하고 그 문화와 동화될 위기에 처해있을 때에 자신의 딸 디나의 강간 사건을 계기로 벧엘로 다시 돌아가라는 하나님의 음성을 듣게 된다. 야곱은 세겜에 머무는 동안 혼탁해진 우상 숭배적인 삶을 청산하고 20년 전 하나님을 만났었던 그 벧엘로 돌아와 다시 하나님 중심의 구별된 삶을 살게 된다.

그러면 어떻게 살 것인가?

인위뚝·신위고!

☑ 세계관 점검 - 묵상하기 (영상 강의와 교재 내용의 이해를 바탕으로)

- 이삭의 결혼에서 강조된 핵심과 오늘 우리의 결혼 풍조를 비교 검토해 보라. 성경적 결혼관이 이 세상에 적용 정착되어야 하지 않을까?
  결혼의 ① 동질성과 ② 순수성이 성경적 가치관을 그대로 반영하고 있다는 사실을 잘 숙지하라.
  ('셋'을 주시며, 고센 지방으로 격리하게 하시는 등 "구별된(거룩한) 삶"을 절대적으로 명령하시는 하나님의 의도에 근거해서 묵상하고 가치관으로 삼아라)

- 창 24:7 "... 그가 그 사자를 너보다 앞서 보내실지라.."
  하나님은 우리의 문제에서 언제나 한발 앞서 오셔서 해결해 주시는 섭리주 하나님을 이 구절에서 만날 수 있다.
  도망가는 야곱을 루스 광야(벧엘 광야)에서 기다리시고 축복의 약속을 주신 하나님(창 28장), 사마리아 수가성 우물가에서 문제의 여인을 기다리시고 그녀의 문제를 해결해 주신 예수님(요 4장), 베데스다 연못가의 38년 묵은 거동이 불가능한 병자를 찾아가셔서 고쳐 주신 예수님(요 5장), 그 하나님이 나의 모든 문제에 주권을 행사하시는 섭리주 하나님임을 이 야곱처럼 믿는가?(복음송 "나의 등 뒤에서")

- 창 26:26-33 "너는 여호와께 복을 받은 자니라" 이 말은 이방인의 입에서 나온 말이다. 하나님의 백성을 향해 이방인이 인정할 정도인 이 사건은 칭찬이 드문 이 시대에 중요한 의미와 교훈을 준다. 이삭의 삶이 어땠기에 이들이 이런 말을 할 수 있을까?
  1. 투명한 삶이었다.
  2. 화평을 좇는 삶이었다. - peace-maker.(Peace-lover가 아님)
  3. 신실한 삶을 살았다.
  [찬송가 321(통 351), 428(통 488)]

- 창 26:12-13 성경은 청빈(淸貧)을 강조하지 않는다. 청빈(淸貧)은 오히려 유교적 가치관이다. 성경은 물질이 나쁘다고 말하지 않는다. 부(富)는 은사요 하나님 나라를 위해 사용되어야 함을 강조한다. 그것을 청부(淸富)라고 한다. 깨끗한 부자가 되는 것이 곧 성경적 가치관을 추구하며 사는 삶이다.

- 창 28:15에서 "내가 네게 허락한 것을 다 이룰 때까지 너를 떠나지 아니하리라"라고 야곱에게 하신 약속이 곧 나에게 하신 약속이라고 믿는가? 그렇다면 지금 내가 살아가는 것이 곧 하나님이 허락한 것을 이루는 삶이라는 사실도 동의하는가? 그렇다면 나의 삶의 자세는 어떠해야 할까?

- 창 28:15에서 하나님이 야곱을 보호하신다는 약속은 라반과의 관계 속에서도, 에서와의 만남에서도 "마하나임"으로 이루어진다. 또한 얍복 강에서의 천사와의 대결에서도 그 약속은 지키신다. 그의 보호하심은 야곱의 전 생애를 통해서 이루어짐을 알 수 있다. 그렇다면 내 삶도 그렇게 섭리하고 계신다는 확신이 있는가?

✐ 영상 08'38~11'08의 내용을 다시 듣고 에서와 야곱의 가치관의 차이를 잘 분석하고 진정한 가치관의 척도(Cannon)가 성경이라는 데 동의하는가? 그렇다면 성경을 그런 측면에서 읽기로 결단할 수 있는가? (BIBLE의 의미를 다시 새겨 보라) 그래서 성경은 인생의 지침서, 즉 매뉴얼(Manual)이다. 매뉴얼대로 산다는 말은 성경의 원리를 나의 세계관으로 세운다는 것이다.

✐ 야곱의 인성과 품성이 하나님의 구속 역사 안에서 어떻게 쓰임 받고 변화하는가를 관찰하면서 그 의미를 찾아라. 여기서 세계관의 중요성을 알 수 있다.

✐ 창 32:1-2에서 야곱이 돌아오는 길을 하나님이 어떻게 지키시는가를 관찰하고 묵상하라. 창 28:15에서 하나님은 야곱에게 어떤 약속을 주셨는가를 기억하라.
"마하나임"의 의미를 이해하고 창 28:15의 하나님의 축복의 약속과 함께 묵상하라. 하나님은 그 "지킴의 약속"을 지키시는 분이다.

✐ 창 29:1-14 거친 광야의 여정 속에 홀로 남겨졌던 야곱을 안전하게 그리고 정확하게 예비된 처소로 이끄시는 하나님의 인도하심이, 항상 당신의 여정 속에서도 그대로 역사하고 계심을 확신하는가? 당신의 삶 속에서 많은 순간 느끼게 되는 보이지 않는 인도의 손길을 항상 기억하며 감사하고 있는가?
[신 32:9-12. 찬송가 350(통 359), 390(통 444)]

✐ 창 31:6-16 하나님의 주권적인 역사하심과 모든 것을 살펴 아시는 감찰하심이 진정 당신의 생활 속에서 고백되어지는가? 또한 당신의 이런 신앙 고백들이 다른 이들의 신앙적 결단을 촉구하는데 얼마나 영향을 주고 있다고 생각하는가? [롬 8:26-30, 갈 1:15. 찬송가 304(통 404), 295(통 417)]

✐ 창 32:7-12 형 에서로부터 자신의 재산을 보호하려고 철저히 머리를 굴리는 야곱의 인성을 살펴보라. 그런데 하나님은 이미 창 28:15에서 야곱을 끝까지 보호하신다는 약속을 주셨다. 그리고 하나님은 "마하나임"으로 그를 이미 보호하고 계신다. 자기중심성에 빠져 하나님의 은혜를 깨닫지 못하는 야곱의 모습이 오늘 나의 모습은 아닌지? [시 89:3-6, 38-52. 찬송가 383(통 433), 382(통 432)]

✐ 창 35:2-4 하나님과 진정한 만남을 위해 당신이 해야 할 일은 무엇이라고 생각하는가? 야곱과 그 가족은 이방 신상을 버리고 정결하게 하고 의복을 바꾼 것과 같은 준비를 당신도 하고 있는가?
[골 2:11-15, 엡 4:22-23. 찬송가436(통 493)]

✐ 창 36:6-8 당신의 소유가 풍부한 바로 그때 당신이 거하는 곳은 어딘가? 혹 하나님의 백성을 떠나 세상에 거하기를 더 기뻐하지 않는가? [요일 2:15-17. 찬송가 277(통 335), 341(통 367)]

☑ 결단기도와 실행하기

약 2:26 영혼 없는 몸이 죽은 것 같이 행함이 없는 믿음은 죽은 것이니라
시 119:28 나의 영혼이 눌림으로 말미암아 녹사오니 주의 말씀대로 나를 세우소서

4 일

창세기 37~50장 : 요셉

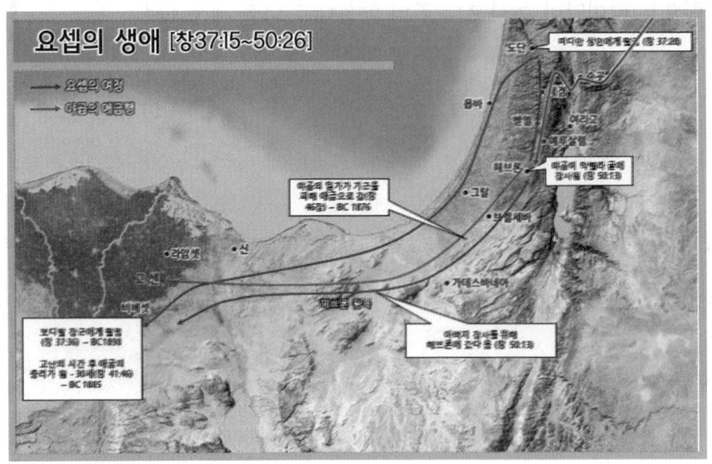

❖ 구속의 역사를 이루시기 위한 자손의 약속을 아브라함 언약에서 하시고 그것을 야곱을 통해 실현할 단계에 온 것이다. 그것을 위해 요셉을 애굽으로 팔려 가게 하시고, 기근을 일으켜 야곱의 식솔들이 애굽으로 가서 하나님의 구속 역사를 이룰 그 백성을 이루게 하신다.
족장 시대의 4명의 족장은 선악과 사건을 통해 파괴된 하나님과 끊어진 관계를 회복해서, 그 관계 파괴로 막혀 버린 복(창 1:28)의 채널을 다시 여는 구속의 역사를 이룰 백성을 형성하려는 계획에 쓰임 받는 존재라는 사실을 명심하라.

창세기 37장

요셉과 형제들

1 야곱이 가나안 땅 곧 그의 아버지가 거류하던 땅에 거주하였으니 2 야곱
의 족보는 이러하니라 요셉이 십칠 세의 소년으로서 그의 형들과 함께 양
을 칠 때에 그의 아버지의 아내들 빌하와 실바의 아들들과 더불어 함께
있었더니 그가 그들의 잘못을 아버지에게 말하더라 3 요셉은 노년에 얻은
아들이므로 이스라엘이 여러 아들들보다 그를 더 사랑하므로 그를 위하
여 채색옷을 지었더니 4 그의 형들이 아버지가 형들보다 그를 더 사랑함
을 보고 그를 미워하여 그에게 편안하게 말할 수 없었더라 5 요셉이 꿈을
꾸고 자기 형들에게 말하매 그들이 그를 더욱 미워하였더라 6 요셉이 그
들에게 이르되 청하건대 내가 꾼 꿈을 들으시오 7 우리가 밭에서 곡식 단
을 묶더니 내 단은 일어서고 당신들의 단은 내 단을 둘러서서 절하더이다
8 그의 형들이 그에게 이르되 네가 참으로 우리의 왕이 되겠느냐 참으로
우리를 다스리게 되겠느냐 하고 그의 꿈과 그의 말로 말미암아 그를 더
욱 미워하더니 9 요셉이 다시 꿈을 꾸고 그의 형들에게 말하여 이르되 내
가 또 꿈을 꾼즉 해와 달과 열한 별이 내게 절하더이다 하니라 10 그가 그
의 꿈을 아버지와 형들에게 말하매 아버지가 그를 꾸짖고 그에게 이르되
네가 꾼 꿈이 무엇이냐 나와 네 어머니와 네 형들이 참으로 가서 땅에 엎
드려 네게 절하겠느냐 11 그의 형들은 시기하되 그의 아버지는 그 말을 간
직해 두었더라

창 37:3-11 2개의 꿈은 부모와 형제 모두가 요셉에게 절한다는 사실을 예언적으로 상징하고 있다. 이는 애굽으로 이주하면서 이루어지게 된다.
요셉은 꿈 때문에 흥망성쇠를 맛 본 자가 된다.

❖ **요셉이 팔려 감 - B.C. 1898**

창 37:12-36 야곱은 자기가 사랑하는 아내 라헬에게서 오랜 시간이 지난 후에 요셉을 얻었다. 그래서 요셉을 특별히 채색옷을 해 입히는 편애를 하였고, 요셉은 이 꿈을 통해 형들의 시기와 질투를 받는 존재가 되었다.
그러나 창 45:5-8과 창 50:19-21에서 보는 것처럼 이 모든 것은 하나님의 구속 역사의 계획 선상에서 이루어지는 하나님의 섭리이었음을 볼 수 있다.
단 10장에서처럼 이 세상 역사의 이면에 거대한 영적 전쟁이 이루어지는 것은 곧 역사는 하나님의 섭리 가운데 있다는 증거이다. 이 섭리를 요셉은 알았다.

요셉이 애굽으로 팔려가다

12 그의 형들이 세겜에 가서 아버지의 양 떼를 칠 때에 13 이스라엘이 요셉에게 이르되 네 형들이 세겜에서 양을
치지 아니하느냐 너를 그들에게로 보내리라 요셉이 아버지에게 대답하되 내가 그리하겠나이다 14 이스라엘이 그

에게 이르되 가서 네 형들과 양 떼가 다 잘 있는지를 보고 돌아와 내게 말하라 하고 그를 헤브론 골짜기에서 보내
니 그가 세겜으로 가니라 15 어떤 사람이 그를 만난즉 그가 들에서 방황하는지라 그 사람이 그에게 물어 이르되
네가 무엇을 찾느냐 16 그가 이르되 내가 내 형들을 찾으오니 청하건대 그들이 양치는 곳을 내게 가르쳐 주소서 17
그 사람이 이르되 그들이 여기서 떠났느니라 내가 그들의 말을 들으니 도단으로 가자 하더라 하니라 요셉이 그의
형들의 뒤를 따라 가서 도단에서 그들을 만나니라 18 요셉이 그들에게 가까이 오기 전에 그들이 요셉을 멀리서 보
고 죽이기를 꾀하여 19 서로 이르되 꿈꾸는 자가 오는도다 20 자, 그를 죽여 한 구덩이에 던지고 우리가 말하기를
악한 짐승이 그를 잡아먹었다 하자 그의 꿈이 어떻게 되는지를 우리가 볼 것이니라 하는지라 21 르우벤이 듣고 요
셉을 그들의 손에서 구원하려 하여 이르되 우리가 그의 생명은 해치지 말자 22 르우벤이 또 그들에게 이르되 피를
흘리지 말라 그를 광야 그 구덩이에 던지고 손을 그에게 대지 말라 하니 이는 그가 요셉을 그들의 손에서 구출하
여 그의 아버지에게로 돌려보내려 함이었더라 23 요셉이 형들에게 이르매 그의 형들이 요셉의 옷 곧 그가 입은 채
색옷을 벗기고 24 그를 잡아 구덩이에 던지니 그 구덩이는 빈 것이라 그 속에 물이 없었더라 25 그들이 앉아 음식을
먹다가 눈을 들어 본즉 한 무리의 이스마엘 사람들이 길르앗에서 오는데 그 낙타들에 향품과 유향과 몰약을 싣
고 애굽으로 내려가는지라 26 유다가 자기 형제에게 이르되 우리가 우리 동생을 죽이고 그의 피를 덮어둔들 무엇
이 유익할까 27 자 그를 이스마엘 사람들에게 팔고 그에게 우리 손을 대지 말자 그는 우리의 동생이요 우리의 혈
육이니라 하매 그의 형제들이 청종하였더라 28 그 때에 미디안 사람 상인
들이 지나가고 있는지라 형들이 요셉을 구덩이에서 끌어올리고 은 이십에
그를 이스마엘 사람들에게 팔매 그 상인들이 요셉을 데리고 애굽으로 갔
더라 29 르우벤이 돌아와 구덩이에 이르러 본즉 거기 요셉이 없는지라 옷
을 찢고 30 아우들에게로 되돌아와서 이르되 아이가 없도다 나는 어디로
갈까 31 그들이 요셉의 옷을 가져다가 숫염소를 죽여 그 옷을 피에 적시고
32 그의 채색옷을 보내어 그의 아버지에게로 가지고 가서 이르기를 우리가
이것을 발견하였으니 아버지 아들의 옷인가 보소서 하매 33 아버지가 그것
을 알아보고 이르되 내 아들의 옷이라 악한 짐승이 그를 잡아 먹었도다 요
셉이 분명히 찢겼도다 하고 34 자기 옷을 찢고 굵은 베로 허리를 묶고 오래
도록 그의 아들을 위하여 애통하니 35 그의 모든 자녀가 위로하되 그가 그
위로를 받지 아니하여 이르되 내가 슬퍼하며 스올로 내려가 아들에게로
가리라 하고 그의 아버지가 그를 위하여 울었더라 36 그 미디안 사람들은
그를 애굽에서 바로의 신하 친위대장 보디발에게 팔았더라

창 37:28 애굽으로 팔려가는 요셉

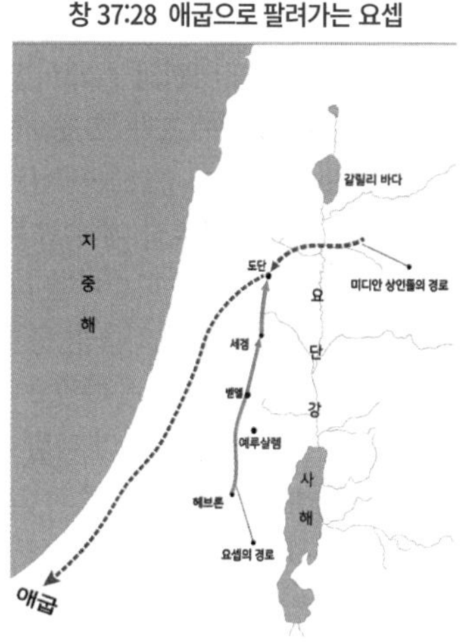

창세기 38장

유다와 다말

1 그 후에 유다가 자기 형제들로부터 떠나 내려가서 아둘람 사람 히라와 가까이 하니라 2 유다가 거기서 가나안
사람 수아라 하는 자의 딸을 보고 그를 데리고 동침하니 3 그가 임신하여 아들을 낳으매 유다가 그의 이름을 엘
이라 하니라 4 그가 다시 임신하여 아들을 낳고 그의 이름을 오난이라 하고 5 그가 또 다시 아들을 낳고 그의 이
름을 셀라라 하니라 그가 셀라를 낳을 때에 유다는 거십에 있었더라 6 유다가 장자 엘을 위하여 아내를 데려오
니 그의 이름은 다말이더라 7 유다의 장자 엘이 여호와가 보시기에 악하므로 여호와께서 그를 죽이신지라 8 유다
가 오난에게 이르되 네 형수에게로 들어가서 남편의 아우 된 본분을 행하여 네 형을 위하여 씨가 있게 하라 9 오
난이 그 씨가 자기 것이 되지 않을 줄 알므로 형수에게 들어갔을 때에 그의 형에게 씨를 주지 아니하려고 땅에
설정하매 10 그 일이 여호와가 보시기에 악하므로 여호와께서 그도 죽이시니 11 유다가 그의 며느리 다말에게 이
르되 수절하고 네 아버지 집에 있어 내 아들 셀라가 장성하기를 기다리라 하니 셀라도 그 형들 같이 죽을까 염려

함이라 다말이 가서 그의 아버지 집에 있으니라 12 얼마 후에 유다의 아내
수아의 딸이 죽은지라 유다가 위로를 받은 후에 그의 친구 아둘람 사람
히라와 함께 딤나로 올라가서 자기의 양털 깎는 자에게 이르렀더니 13 어
떤 사람이 다말에게 말하되 네 시아버지가 자기의 양털을 깎으려고 딤나
에 올라왔다 한지라 14 그가 그 과부의 의복을 벗고 너울로 얼굴을 가리
고 몸을 휩싸고 딤나 길 곁 에나임 문에 앉으니 이는 셀라가 장성함을 보
았어도 자기를 그의 아내로 주지 않음으로 말미암음이라 15 그가 얼굴을
가리었으므로 유다가 그를 보고 창녀로 여겨 16 길 곁으로 그에게 나아가
이르되 청하건대 나로 네게 들어가게 하라 하니 그의 며느리인 줄을 알지
못하였음이라 그가 이르되 당신이 무엇을 주고 내게 들어오려느냐 17 유
다가 이르되 내가 내 떼에서 염소 새끼를 주리라 그가 이르되 당신이 그
것을 줄 때까지 담보물을 주겠느냐 18 유다가 이르되 무슨 담보물을 네게
주랴 그가 이르되 당신의 도장과 그 끈과 당신의 손에 있는 지팡이로 하
라 유다가 그것들을 그에게 주고 그에게로 들어갔더니 그가 유다로 말미
암아 임신하였더라 19 그가 일어나 떠나가서 그 너울을 벗고 과부의 의복
을 도로 입으니라 20 유다가 그 친구 아둘람 사람의 손에 부탁하여 염소
새끼를 보내고 그 여인의 손에서 담보물을 찾으려 하였으나 그가 그 여인
을 찾지 못한지라 21 그가 그 곳 사람에게 물어 이르되 길 곁 에나임에 있
던 창녀가 어디 있느냐 그들이 이르되 여기는 창녀가 없느니라 22 그가 유
다에게로 돌아와 이르되 내가 그를 찾지 못하였고 그 곳 사람도 이르기를
거기에는 창녀가 없다 하더이다 하더라 23 유다가 이르되 그로 그것을 가
지게 두라 우리가 부끄러움을 당할까 하노라 내가 이 염소 새끼를 보냈
으나 그대가 그를 찾지 못하였느니라 24 석 달쯤 후에 어떤 사람이 유다
에게 일러 말하되 네 며느리 다말이 행음하였고 그 행음함으로 말미암아
임신하였느니라 유다가 이르되 그를 끌어내어 불사르라 25 여인이 끌려
나갈 때에 사람을 보내어 시아버지에게 이르되 이 물건 임자로 말미암아
임신하였나이다 청하건대 보소서 이 도장과 그 끈과 지팡이가 누구의 것
이니이까 한지라 26 유다가 그것들을 알아보고 이르되 그는 나보다 옳도
다 내가 그를 내 아들 셀라에게 주지 아니하였음이로다 하고 다시는 그
를 가까이 하지 아니하였더라 27 해산할 때에 보니 쌍태라 28 해산할 때에
손이 나오는지라 산파가 이르되 이는 먼저 나온 자라 하고 홍색 실을 가
져다가 그 손에 매었더니 29 그 손을 도로 들이며 그의 아우가 나오는지라
산파가 이르되 네가 어찌하여 터뜨리고 나오느냐 하였으므로 그 이름을
베레스라 불렀고 30 그의 형 곧 손에 홍색 실 있는 자가 뒤에 나오니 그의
이름을 세라라 불렀더라

창세기 39장

요셉과 보디발의 아내

1 요셉이 이끌려 애굽에 내려가매 바로의 신하 친위대장 애굽 사람 보디
발이 그를 그리로 데려간 이스마엘 사람의 손에서 요셉을 사니라 2 여호

창 38장

야곱의 가족이 애굽으로 이주하여 하나님의 백성을 형성하게 되는 창세기의 마지막 부분에 이 흐름과는 관계가 없어 보이는 유다와 다말의 불륜적 추한 이야기를 기록하고 있음은 의아해 할 수 있는 부분이고 해석상 논란의 여지가 많은 부분이다.
그러나 구속사적 흐름에서 보면 자손 형성의 필요성과 중요성을 보여 준다는 의미를 부여한다.
이 부분을 이해하기 위해 신명기 25:5-10에서 말하는 형사취수법(兄死娶嫂法)의 정신을 이해해야 한다. 이 법은 형이 대를 이을 아이가 없이 죽으면 동생이 형의 아내(형수)를 취해서 아들을 낳아 그 형의 대를 잇게 하는 제도이다.
이 유다와 다말의 관계에서 베레스와 세라가 태어나고, 베레스가 예수님의 족보에 오르게 된다(마 1:3).
족장 시대는 이 구속의 역사를 이어갈 하나님의 백성을 형성하는 중요한 시기인데 그 일을 맡은 사라, 리브가, 라헬 모두가 공교롭게도 불임증에 시달렸다는 사실, 그런 상황에서도 하나님의 구속의 흐름을 이어갈 이삭, 야곱, 요셉이 태어났다는 사실에 어떤 하나님의 손길을 느끼는가?
그 연장선상에서 오늘 나도 그 구원과 구속의 은혜 가운데 있다는 사실을 알겠는가?

창 38장 계대 결혼의 풍습

계대 결혼이란 고대 중근동 문화권 내에서 주로 행해지던 풍습으로서, 죽은 형제에게 자손이 없을 경우 그 대를 이어주기 위해 죽은 자의 남은 형제가 미망인과 결혼하는 것을 말한다. 특히 이는 가계의 보존과 재산권을 중시하던 당시의 상황 속에서 생겨난 풍속이다. 이때 그 결혼으로 인해 태어난 아이는 법적으로 죽은 형제의 자손이 되어 그 죽은 자의 모든 권리를 이어받게 된다. 한편 이 계대 결혼의 풍습은 사회적으로 아주 강한 구속력을 갖는 것이었으며, 만약 남은 형제가 이 결혼을 거부할 경우 심한 사회적 비난과 수치를 당해야만 했다. 이후 이 풍습은 이스라엘 사회 내에서 하나의 율법으로 정착되어 예수님 당시까지 이어져 내려왔던 것으로 보인다. 창 38:6-11에서 유다는 큰 아들 엘이 죽어 둘째 아들 오난에게 큰 며느리 다말과 결혼하게 한다. 이 관습을 이행치 않은 오난은 하나님에 의해 죽임을 당한다. 이로 보아 하나님께서도 이 관습을 허용하신 듯하다.

창 38:27-30 여기서 태어난 "베레스"는 예수님의 족보에 오른 인물이다(마 1:1-5).

와께서 요셉과 함께 하시므로 그가 형통한 자가 되어 그의 주인 애굽 사
람의 집에 있으니 3 그의 주인이 여호와께서 그와 함께 하심을 보며 또 여
호와께서 그의 범사에 형통하게 하심을 보았더라 4 요셉이 그의 주인에
게 은혜를 입어 섬기매 그가 요셉을 가정 총무로 삼고 자기의 소유를 다
그의 손에 위탁하니 5 그가 요셉에게 자기의 집과 그의 모든 소유물을 주
관하게 한 때부터 여호와께서 요셉을 위하여 그 애굽 사람의 집에 복을
내리시므로 여호와의 복이 그의 집과 밭에 있는 모든 소유에 미친지라 6
주인이 그의 소유를 다 요셉의 손에 위탁하고 자기가 먹는 음식 외에는
간섭하지 아니하였더라 요셉은 용모가 빼어나고 아름다웠더라 7 그 후에
그의 주인의 아내가 요셉에게 눈짓하다가 동침하기를 청하니 8 요셉이 거
절하며 자기 주인의 아내에게 이르되 내 주인이 집안의 모든 소유를 간섭
하지 아니하고 다 내 손에 위탁하였으니 9 이 집에는 나보다 큰 이가 없으
며 주인이 아무것도 내게 금하지 아니하였어도 금한 것은 당신뿐이니 당
신은 그의 아내임이라 그런즉 내가 어찌 이 큰 악을 행하여 하나님께 죄
를 지으리이까 10 여인이 날마다 요셉에게 청하였으나 요셉이 듣지 아니
하여 동침하지 아니할 뿐더러 함께 있지도 아니하니라 11 그러할 때에 요
셉이 그의 일을 하러 그 집에 들어갔더니 그 집 사람들은 하나도 거기에 없었더라 12 그 여인이 그의 옷을 잡고 이
르되 나와 동침하자 그러나 요셉이 자기의 옷을 그 여인의 손에 버려두고 밖으로 나가매 13 그 여인이 요셉이 그
의 옷을 자기 손에 버려두고 도망하여 나감을 보고 14 그 여인의 집 사람들을 불러서 그들에게 이르되 보라 주인
이 히브리 사람을 우리에게 데려다가 우리를 희롱
하게 하는도다 그가 나와 동침하고자 내게로 들어
오므로 내가 크게 소리 질렀더니 15 그가 나의 소리
질러 부름을 듣고 그의 옷을 내게 버려두고 도망하
여 나갔느니라 하고 16 그의 옷을 곁에 두고 자기 주
인이 집으로 돌아오기를 기다려 17 이 말로 그에게
말하여 이르되 당신이 우리에게 데려온 히브리 종
이 나를 희롱하려고 내게로 들어왔으므로 18 내가
소리 질러 불렀더니 그가 그의 옷을 내게 버려두고
밖으로 도망하여 나갔나이다 19 그의 주인이 자기
아내가 자기에게 이르기를 당신의 종이 내게 이같
이 행하였다 하는 말을 듣고 심히 노한지라 20 이에
요셉의 주인이 그를 잡아 옥에 가두니 그 옥은 왕의 죄수를 가두는 곳이었더라 요셉이 옥에 갇혔으나 21 여호와
께서 요셉과 함께 하시고 그에게 인자를 더하사 간수장에게 은혜를 받게 하시매 22 간수장이 옥중 죄수를 다 요
셉의 손에 맡기므로 그 제반 사무를 요셉이 처리하고 23 간수장은 그의 손에 맡긴 것을 무엇이든지 살펴보지 아
니하였으니 이는 여호와께서 요셉과 함께 하심이라 여호와께서 그를 범사에 형통하게 하셨더라

❖ 창 39장
요셉이 애굽으로 팔려가고, 왕의 최측근자인 보디발의 집의 총무 집사가 되어 재정을 관리하는 훈련을 받게 하고, 보디발 아내의 모함으로 감옥에 가서 꿈을 해석하게 하고 그것으로 바로의 꿈을 해석하는 계기가 되어 총리가 되는 인생을 보내게 된다. 이 모든 요셉의 인생 여정을 하나님 나라를 회복하시려고 맺은 아브라함 언약 중 자손의 약속을 생각하라.
야곱의 일가가 애굽으로 들어가 이 약속을 이루어 갈 정지 작업을 하고 있는 것이다.

창 39:2-10 끊임없이 다가오는 세상의 유혹과 시험 가운데서 당신은 얼마나 하나님과 함께 하심을 확신하며 견디는가? (cf. 마 4:1-11)

창 39:9 보디발의 아내의 유혹 사건에서 요셉은 하나님 앞에서 행하듯 하는 삶을 사는 자임을 보여 주고 있다. 이러한 모습을 코람 데오(Coram Deo)라고 한다.

창세기 40장

요셉이 관원장의 꿈을 해석하다

1 그 후에 애굽 왕의 술 맡은 자와 떡 굽는 자가 그들의 주인 애굽 왕에게 범죄한지라 2 바로가 그 두 관원장 곧
술 맡은 관원장과 떡 굽는 관원장에게 노하여 3 그들을 친위대장의 집 안에 있는 옥에 가두니 곧 요셉이 갇힌

곳이라 4 친위대장이 요셉에게 그들을 수종들게 하매 요셉이 그들을 섬
겼더라 그들이 갇힌 지 여러 날이라 5 옥에 갇힌 애굽 왕의 술 맡은 자와
떡 굽는 자 두 사람이 하룻밤에 꿈을 꾸니 각기 그 내용이 다르더라 6 아
침에 요셉이 들어가 보니 그들에게 근심의 빛이 있는지라 7 요셉이 그 주
인의 집에 자기와 함께 갇힌 바로의 신하들에게 묻되 어찌하여 오늘 당
신들의 얼굴에 근심의 빛이 있나이까 8 그들이 그에게 이르되 우리가 꿈
을 꾸었으나 이를 해석할 자가 없도다 요셉이 그들에게 이르되 해석은 하
나님께 있지 아니하니이까 청하건대 내게 이르소서 9 술 맡은 관원장이 그
의 꿈을 요셉에게 말하여 이르되 내가 꿈에 보니 내 앞에 포도나무가 있는
데 10 그 나무에 세 가지가 있고 싹이 나서 꽃이 피고 포도송이가 익었고 11
내 손에 바로의 잔이 있기로 내가 포도를 따서 그 즙을 바로의 잔에 짜서
그 잔을 바로의 손에 드렸노라 12 요셉이 그에게 이르되 그 해석이 이러하
니 세 가지는 사흘이라 13 지금부터 사흘 안에 바로가 당신의 머리를 들고 당신의 전직을 회복시키리니 당신이 그
전에 술 맡은 자가 되었을 때에 하던 것 같이 바로의 잔을 그의 손에 드리게 되리이다 14 당신이 잘 되시거든 나를
생각하고 내게 은혜를 베풀어서 내 사정을 바로에게 아뢰어 이 집에서 나를 건져 주소서 15 나는 히브리 땅에서 끌
려온 자요 여기서도 옥에 갇힐 일은 행하지 아니하였나이다 16 떡 굽는 관원장이 그 해석이 좋은 것을 보고 요셉에
게 이르되 나도 꿈에 보니 흰 떡 세 광주리가 내 머리에 있고 17 맨 윗광주리에 바로를 위하여 만든 각종 구운 음식
이 있는데 새들이 내 머리의 광주리에서 그것을 먹더라 18 요셉이 대답하여 이르되 그 해석은 이러하니 세 광주리
는 사흘이라 19 지금부터 사흘 안에 바로가 당신의 머리를 들고 당신을 나무에 달리니 새들이 당신의 고기를 뜯어
먹으리이다 하더니 20 제삼일은 바로의 생일이라 바로가 그의 모든 신하를 위하여 잔치를 베풀 때에 술 맡은 관원
장과 떡 굽는 관원장에게 그의 신하들 중에 머리를 들게 하니라 21 바로의 술 맡은 관원장은 전직을 회복하매 그
가 잔을 바로의 손에 받들어 드렸고 22 떡 굽는 관원장은 매달리니 요셉이 그들에게 해석함과 같이 되었으나 23 술
맡은 관원장이 요셉을 기억하지 못하고 그를 잊었더라

❖ 요셉이 꿈을 꾸고, 또 관원장 죄수들과 바로의 꿈을 해석함으로 그의 인생이 흥망성쇠를 맞게 된다. 이 모든 그의 삶 또한 앞선 조상들처럼 철저하게 하나님의 구속 역사의 섭리 가운데 쓰임 받는 삶이었다. 창 28:15에서 야곱에게 하신 약속처럼 모든 족장뿐만 아니라 당신을 포함한 모든 하나님의 백성들은 하나님의 섭리를 이루기 위해 허락된 삶을 살아간다는 세계관을 가져야 한다.

❖ **창 40장**
요셉에 대한 하나님의 섭리는 실로 세밀하고 확실했다. 마찬가지로 우리에게 벌어지는 모든 상황, 심지어 고난과 위험의 순간 역시 하나님께서 섭리하고 계심을 당신은 확신하는가?(cf. 마 10:29-31)

창세기 41장

요셉이 바로의 꿈을 해석하다

1 만 이 년 후에 바로가 꿈을 꾼즉 자기가 나일 강 가에 서 있는데 2 보니 아름답고 살진 일곱 암소가 강 가에서
올라와 갈밭에서 뜯어먹고 3 그 뒤에 또 흉하고 파리한 다른 일곱 암소가 나일 강 가에서 올라와 그 소와 함께
나일 강 가에 서 있더니 4 그 흉하고 파리한 소가 그 아름답고 살진 일곱 소를 먹은지라 바로가 곧 깨었다가 5 다
시 잠이 들어 꿈을 꾸니 한 줄기에 무성하고 충실한 일곱 이삭이 나오고 6 그 후에 또 가늘고 동풍에 마른 일곱
이삭이 나오더니 7 그 가는 일곱 이삭이 무성하고
충실한 일곱 이삭을 삼킨지라 바로가 깬즉 꿈이라
8 아침에 그의 마음이 번민하여 사람을 보내어 애굽
의 점술가와 현인들을 모두 불러 그들에게 그의 꿈
을 말하였으나 그것을 바로에게 해석하는 자가 없
었더라 9 술 맡은 관원장이 바로에게 말하여 이르되
내가 오늘 내 죄를 기억하나이다 10 바로께서 종들
에게 노하사 나와 떡 굽는 관원장을 친위대장의 집
에 가두셨을 때에 11 나와 그가 하룻밤에 꿈을 꾼즉
각기 뜻이 있는 꿈이라 12 그 곳에 친위대장의 종 된

히브리 청년이 우리와 함께 있기로 우리가 그에게 말하매 그가 우리의 꿈
을 풀되 그 꿈대로 각 사람에게 해석하더니 13 그 해석한 대로 되어 나는
복직되고 그는 매달렸나이다 14 이에 바로가 사람을 보내어 요셉을 부르
매 그들이 급히 그를 옥에서 내 놓은지라 요셉이 곧 수염을 깎고 그의 옷을 갈아 입고 바로에게 들어가니 15 바
로가 요셉에게 이르되 내가 한 꿈을 꾸었으나 그것을 해석하는 자가 없더니 들은즉 너는 꿈을 들으면 능히 푼다
하더라 16 요셉이 바로에게 대답하여 이르되 내가 아니라 하나님께서 바로에게 편안한 대답을 하시리이다 17 바
로가 요셉에게 이르되 내가 꿈에 나일 강 가에 서서 18 보니 살지고 아름다운 일곱 암소가 나일 강 가에 올라와
갈밭에서 뜯어 먹고 19 그 뒤에 또 약하고 심히 흉하고 파리한 일곱 암소가 올라오니 그같이 흉한 것들은 애굽
땅에서 내가 아직 보지 못한 것이라 20 그 파리하고 흉한 소가 처음의 일곱 살진 소를 먹었으며 21 먹었으나 먹은
듯 하지 아니하고 여전히 흉하더라 내가 곧 깨었다가 22 다시 꿈에 보니 한 줄기에 무성하고 충실한 일곱 이삭이
나오고 23 그 후에 또 가늘고 동풍에 마른 일곱 이삭이 나더니 24 그 가는 이삭이 좋은 일곱 이삭을 삼키더라 내
가 그 꿈을 점술가에게 말하였으나 그것을 내게 풀이해 주는 자가 없느니라 25 요셉이 바로에게 아뢰되 바로의
꿈은 하나라 하나님이 그가 하실 일을 바로에게 보이심이니이다 26 일곱 좋은 암소는 일곱 해요 일곱 좋은 이삭
도 일곱 해니 그 꿈은 하나라 27 그 후에 올라온 파리하고 흉한 일곱 소는 칠 년이요 동풍에 말라 속이 빈 일곱 이
삭도 일곱 해 흉년이니 28 내가 바로에게 이르기를 하나님이 그가 하실 일을 바로에게 보이신다 함이 이것이라 29
온 애굽 땅에 일곱 해 큰 풍년이 있겠고 30 후에 일곱 해 흉년이 들므로 애굽 땅에 있던 풍년을 다 잊어버리게 되
고 이 땅이 그 기근으로 망하리니 31 후에 든 그 흉년이 너무 심하므로 이전 풍년을 이 땅에서 기억하지 못하게 되
리이다 32 바로께서 꿈을 두 번 겹쳐 꾸신 것은 하나님이 이 일을 정하셨음이라 하나님이 속히 행하시리니 33 이제
바로께서는 명철하고 지혜 있는 사람을 택하여 애굽 땅을 다스리게 하시고 34 바로께서는 또 이같이 행하사 나
라 안에 감독관들을 두어 그 일곱 해 풍년에 애굽 땅의 오분의 일을 거두되 35 그들로 장차 올 풍년의 모든 곡물
을 거두고 그 곡물을 바로의 손에 돌려 양식을 위하여 각 성읍에 쌓아 두게 하소서 36 이와 같이 그 곡물을 이 땅
에 저장하여 애굽 땅에 임할 일곱 해 흉년에 대비하시면 땅이 이 흉년으로 말미암아 망하지 아니하리이다

요셉 시대
학습 자료 4-1
"요셉 당시 간추린 애굽 역사" 참조

요셉이 애굽의 총리가 되다

37 바로와 그의 모든 신하가 이 일을 좋게 여긴지라 38 바로가 그의 신하들에게 이르되 이와 같이 하나님의 영에
감동된 사람을 우리가 어찌 찾을 수 있으리요 하고 39 요셉에게 이르되 하나님이 이 모든 것을 네게 보이셨으니
너와 같이 명철하고 지혜 있는 자가 없도다 40 너는 내 집을 다스리라 내 백성이 다 네 명령에 복종하리니 내가 너
보다 높은 것은 내 왕좌뿐이니라 41 바로가 또 요셉에게 이르되 내가 너를
애굽 온 땅의 총리가 되게 하노라 하고 42 자기의 인장 반지를 빼어 요셉
의 손에 끼우고 그에게 세마포 옷을 입히고 금 사슬을 목에 걸고 43 자기
에게 있는 버금 수레에 그를 태우매 무리가 그의 앞에서 소리 지르기를 엎드리라 하더라 바로가 그에게 애굽 전
국을 총리로 다스리게 하였더라 44 바로가 요셉에게 이르되 나는 바로라 애굽 온 땅에서 네 허락이 없이는 수족
을 놀릴 자가 없으리라 하고 45 그가 요셉의 이름을 사브낫바네아라 하고 또 온의 제사장 보디베라의 딸 아스낫
을 그에게 주어 아내로 삼게 하니라 요셉이 나가 애굽 온 땅을 순찰하니라 46 요셉이 애굽 왕 바로 앞에 설 때에
삼십 세라 그가 바로 앞을 떠나 애굽 온 땅을 순찰하니 47 일곱 해 풍년에 토지 소출이 심히 많은지라 48 요셉이
애굽 땅에 있는 그 칠 년 곡물을 거두어 각 성에 저장하되 각 성읍 주위의 밭의 곡물을 그 성읍 중에 쌓아 두매
49 쌓아 둔 곡식이 바다 모래 같이 심히 많아 세기를 그쳤으니 그 수가 한이 없음이었더라 50 흉년이 들기 전에 요
셉에게 두 아들이 나되 곧 온의 제사장 보디베라의 딸 아스낫이 그에게서 낳은지라 51 요셉이 그의 장남의 이름
을 므낫세라 하였으니 하나님이 내게 내 모든 고난과 내 아버지의 온 집 일을 잊어버리게 하셨다 함이요 52 차남
의 이름을 에브라임이라 하였으니 하나님이 나를 내가 수고한 땅에서 번성하게 하셨다 함이었더라 53 애굽 땅에
일곱 해 풍년이 그치고 54 요셉의 말과 같이 일곱 해 흉년이 들기 시작하매 각국에는 기근이 있으나 애굽 온 땅에

창 41:41 요셉이 총리가 되는 해는 나이 30세가 되는 B.C. 1885년이다.

는 먹을 것이 있더니 55 애굽 온 땅이 굶주리매 백성이 바로에게 부르짖어 양식을 구하는지라 바로가 애굽 모든
백성에게 이르되 요셉에게 가서 그가 너희에게 이르는 대로 하라 하니라 56 온 지면에 기근이 있으매 요셉이 모
든 창고를 열고 애굽 백성에게 팔새 애굽 땅에 기근이 심하며 57 각국 백성도 양식을 사려고 애굽으로 들어와 요
셉에게 이르렀으니 기근이 온 세상에 심함이었더라

창세기 42장

요셉의 형들이 애굽으로 가다

1 그 때에 야곱이 애굽에 곡식이 있음을 보고 아들들에게 이르되 너희는 어찌하여 서로 바라보고만 있느냐 2
야곱이 또 이르되 내가 들은즉 저 애굽에 곡식이 있다 하니 너희는 그리로 가서 거기서 우리를 위하여 사오라
그러면 우리가 살고 죽지 아니하리라 하매 3 요셉의 형 열 사람이 애굽에서 곡식을 사려고 내려갔으나 4 야곱이
요셉의 아우 베냐민은 그의 형들과 함께 보내지 아니하였으니 이는 그의 생각에 재난이 그에게 미칠까 두려워
함이었더라 5 이스라엘의 아들들이 양식 사러 간 자 중에 있으니 가나안 땅에 기근이 있음이라 6 때에 요셉이
나라의 총리로서 그 땅 모든 백성에게 곡식을 팔더니 요셉의 형들이 와서 그 앞에서 땅에 엎드려 절하매 7 요셉
이 보고 형들인 줄을 아나 모르는 체하고 엄한 소리로 그들에게 말하여 이르되 너희가 어디서 왔느냐 그들이
이르되 곡물을 사려고 가나안에서 왔나이다 8 요셉은 그의 형들을 알아보았으나 그들은 요셉을 알아보지 못하
더라 9 요셉이 그들에게 대하여 꾼 꿈을 생각하고 그들에게 이르되 너희는 정탐꾼들이라 이 나라의 틈을 엿보
려고 왔느니라 10 그들이 그에게 이르되 내 주여 아니니이다 당신의 종들은 곡물을 사러 왔나이다 11 우리는 다
한 사람의 아들들로서 확실한 자들이니 당신의 종들은 정탐꾼이 아니니이다 12 요셉이 그들에게 이르되 아니
라 너희가 이 나라의 틈을 엿보러 왔느니라 13 그들이 이르되 당신의 종 우리들은 열두 형제로서 가나안 땅 한
사람의 아들들이라 막내 아들은 오늘 아버지와 함께 있고 또 하나는 없어졌나이다 14 요셉이 그들에게 이르되
내가 너희에게 이르기를 너희는 정탐꾼들이라 한 말이 이것이니라 15 너희는 이같이 하여 너희 진실함을 증명
할 것이라 바로의 생명으로 맹세하노니 너희 막내 아우가 여기 오지 아니하면 너희가 여기서 나가지 못하리라
16 너희 중 하나를 보내어 너희 아우를 데려오게 하고 너희는 갇히어 있으라 내가 너희의 말을 시험하여 너희
중에 진실이 있는지 보리라 바로의 생명으로 맹세하노니 그리하지 아니하면 너희는 과연 정탐꾼이니라 하고
17 그들을 다 함께 삼 일을 가두었더라 18 사흘 만에 요셉이 그들에게 이
르되 나는 하나님을 경외하노니 너희는 이같이 하여 생명을 보전하라 19
너희가 확실한 자들이면 너희 형제 중 한 사람만 그 옥에 갇히게 하고 너
희는 곡식을 가지고 가서 너희 집안의 굶주림을 구하고 20 너희 막내 아
우를 내게로 데리고 오라 그러면 너희 말이 진실함이 되고 너희가 죽지

> 창 42:18-28 어떤 사람이 당신에게 심한 잘못을 저질렀을 때 당신은 진정 복수를 하겠는가? 아니면 용서를 하겠는가? 그 부분에 대한 하나님의 도는 무엇인가?(cf. 롬 12:17-21)

아니하리라 하니 그들이 그대로 하니라 21 그들이 서로 말하되 우리가 아우의 일로 말미암아 범죄하였도다 그
가 우리에게 애걸할 때에 그 마음의 괴로움을 보고도 듣지 아니하였으므로 이 괴로움이 우리에게 임하도다 22
르우벤이 그들에게 대답하여 이르되 내가 너희에게 그 아이에 대하여 죄를 짓지 말라고 하지 아니하였더냐 그
래도 너희가 듣지 아니하였느니라 그러므로 그의 핏값을 치르게 되었도다 하니 23 그들 사이에 통역을 세웠으
므로 그들은 요셉이 듣는 줄을 알지 못하였더라 24 요셉이 그들을 떠나가서 울고 다시 돌아와서 그들과 말하다
가 그들 중에서 시므온을 끌어내어 그들의 눈 앞에서 결박하고 25 명하여 곡물을 그 그릇에 채우게 하고 각 사
람의 돈은 그의 자루에 도로 넣게 하고 또 길 양식을 그들에게 주게 하니 그대로 행하였더라

요셉의 형들이 가나안으로 돌아오다

26 그들이 곡식을 나귀에 싣고 그 곳을 떠났더니 27 한 사람이 여관에서 나귀에게 먹이를 주려고 자루를 풀고 본
즉 그 돈이 자루 아귀에 있는지라 28 그가 그 형제에게 말하되 내 돈을 도로 넣었도다 보라 자루 속에 있도다 이
에 그들이 혼이 나서 떨며 서로 돌아보며 말하되 하나님이 어찌하여 이런 일을 우리에게 행하셨는가 하고 29 그들

이 가나안 땅에 돌아와 그들의 아버지 야곱에게 이르러 그들이 당한 일을 자세히 알리어 아뢰되 30 그 땅의 주인
인 그 사람이 엄하게 우리에게 말씀하고 우리를 그 땅에 대한 정탐꾼으로 여기기로 31 우리가 그에게 이르되 우리
는 확실한 자들이요 정탐꾼이 아니니이다 32 우리는 한 아버지의 아들 열두 형제로서 하나는 없어지고 막내는 오
늘 우리 아버지와 함께 가나안 땅에 있나이다 하였더니 33 그 땅의 주인인 그 사람이 우리에게 이르되 내가 이같
이 하여 너희가 확실한 자들임을 알리니 너희 형제 중의 하나를 내게 두고 양식을 가지고 가서 너희 집안의 굶주
림을 구하고 34 너희 막내 아우를 내게로 데려 오라 그러면 너희가 정탐꾼이 아니요 확실한 자들임을 내가 알고
너희 형제를 너희에게 돌리리니 너희가 이 나라에서 무역하리라 하더이다 하고 35 각기 자루를 쏟고 본즉 각 사
람의 돈뭉치가 그 자루 속에 있는지라 그들과 그들의 아버지가 돈뭉치를 보고 다 두려워하더니 36 그들의 아버지
야곱이 그들에게 이르되 너희가 나에게 내 자식들을 잃게 하도다 요셉도 없어졌고 시므온도 없어졌거늘 베냐민
을 또 빼앗아 가고자 하니 이는 다 나를 해롭게 함이로다 37 르우벤이 그의 아버지에게 말하여 이르되 내가 그를
아버지께로 데리고 오지 아니하거든 내 두 아들을 죽이소서 그를 내 손에 맡기소서 내가 그를 아버지께로 데리고
돌아오리이다 38 야곱이 이르되 내 아들은 너희와 함께 내려가지 못하리니 그의 형은 죽고 그만 남았음이라 만일
너희가 가는 길에서 재난이 그에게 미치면 너희가 내 흰 머리를 슬퍼하며 스올로 내려가게 함이 되리라

창세기 43장

형들이 베냐민을 데리고 애굽으로 가다

1 그 땅에 기근이 심하고 2 그들이 애굽에서 가져온 곡식을 다 먹으매 그 아버지가 그들에게 이르되 다시 가서 우
리를 위하여 양식을 조금 사오라 3 유다가 아버지에게 말하여 이르되 그 사람이 우리에게 엄히 경고하여 이르되
너희 아우가 너희와 함께 오지 아니하면 너희가 내 얼굴을 보지 못하리라 하였으니 4 아버지께서 우리 아우를 우
리와 함께 보내시면 우리가 내려가서 아버지를 위하여 양식을 사려니와 5 아버지께서 만일 그를 보내지 아니하
시면 우리는 내려가지 아니하리니 그 사람이 우리에게 말하기를 너희의 아우가 너희와 함께 오지 아니하면 너희
가 내 얼굴을 보지 못하리라 하였음이니이다 6 이스라엘이 이르되 너희가 어찌하여 너희에게 또 다른 아우가 있
다고 그 사람에게 말하여 나를 괴롭게 하였느냐 7 그들이 이르되 그 사람이 우리와 우리의 친족에 대하여 자세
히 질문하여 이르기를 너희 아버지가 아직 살아 계시느냐 너희에게 아우가 있느냐 하기로 그 묻는 말에 따라 그
에게 대답한 것이니 그가 너희의 아우를 데리고 내려오라 할 줄을 우리가 어찌 알았으리이까 8 유다가 그의 아
버지 이스라엘에게 이르되 저 아이를 나와 함께 보내시면 우리가 곧 가리니 그러면 우리와 아버지와 우리 어린
아이들이 다 살고 죽지 아니하리이다 9 내가 그를 위하여 담보가 되오리니 아버지께서 내 손에서 그를 찾으소서
내가 만일 그를 아버지께 데려다가 아버지 앞에 두지 아니하면 내가 영원히 죄를 지리이다 10 우리가 지체하지
아니하였더라면 벌써 두 번 갔다 왔으리이다 11 그들의 아버지 이스라엘이 그들에게 이르되 그러할진대 이렇게
하라 너희는 이 땅의 아름다운 소산을 그릇에 담아가지고 내려가서 그 사람에게 예물로 드릴지니 곧 유향 조금
과 꿀 조금과 향품과 몰약과 유향나무 열매와 감복숭아이니라 12 너희 손에 갑절의 돈을 가지고 너희 자루 아귀
에 도로 넣어져 있던 그 돈을 다시 가지고 가라 혹 잘못이 있었을까 두렵도다 13 네 아우도 데리고 떠나 다시 그
사람에게로 가라 14 전능하신 하나님께서 그 사람 앞에서 너희에게 은혜
를 베푸사 그 사람으로 너희 다른 형제와 베냐민을 돌려보내게 하시기를

창 43:14
학습 자료 4-2 "전능" 참조

원하노라 내가 자식을 잃게 되면 잃으리로다 15 그 형제들이 예물을 마련하고 갑절의 돈을 자기들의 손에 가지
고 베냐민을 데리고 애굽에 내려가서 요셉 앞에 서니라 16 요셉은 베냐민이 그들과 함께 있음을 보고 자기의 청
지기에게 이르되 이 사람들을 집으로 인도해 들이고 짐승을 잡고 준비하라 이 사람들이 정오에 나와 함께 먹을
것이니라 17 청지기가 요셉의 명대로 하여 그 사람들을 요셉의 집으로 인도하니 18 그 사람들이 요셉의 집으로
인도되매 두려워하여 이르되 전번에 우리 자루에 들어 있던 돈의 일로 우리가 끌려드는도다 이는 우리를 억류하
고 달려들어 우리를 잡아 노예로 삼고 우리의 나귀를 빼앗으려 함이로다 하고 19 그들이 요셉의 집 청지기에게

가까이 나아가 그 집 문 앞에서 그에게 말하여 [20] 이르되 내 주여 우리가
전번에 내려와서 양식을 사가지고 [21] 여관에 이르러 자루를 풀어본즉 각
사람의 돈이 전액 그대로 자루 아귀에 있기로 우리가 도로 가져왔고 [22] 양
식 살 다른 돈도 우리가 가지고 내려왔나이다 우리의 돈을 우리 자루에
넣은 자는 누구인지 우리가 알지 못하나이다 [23] 그가 이르되 너희는 안심
하라 두려워하지 말라 너희 하나님, 너희 아버지의 하나님이 재물을 너희
자루에 넣어 너희에게 주신 것이니라 너희 돈은 내가 이미 받았느니라 하
고 시므온을 그들에게로 이끌어내고 [24] 그들을 요셉의 집으로 인도하고
물을 주어 발을 씻게 하며 그들의 나귀에게 먹이를 주더라 [25] 그들이 거기
서 음식을 먹겠다 함을 들었으므로 예물을 정돈하고 요셉이 정오에 오기
를 기다리더니 [26] 요셉이 집으로 오매 그들이 집으로 들어가서 예물을 그
에게 드리고 땅에 엎드려 절하니 [27] 요셉이 그들의 안부를 물으며 이르되
너희 아버지 너희가 말하던 그 노인이 안녕하시냐 아직도 생존해 계시느
냐 [28] 그들이 대답하되 주의 종 우리 아버지가 평안하고 지금까지 생존하
였나이다 하고 머리 숙여 절하더라 [29] 요셉이 눈을 들어 자기 어머니의 아
들 자기 동생 베냐민을 보고 이르되 너희가 내게 말하던 너희 작은 동생
이 이 아이냐 그가 또 이르되 소자여 하나님이 네게 은혜 베푸시기를 원
하노라 [30] 요셉이 아우를 사랑하는 마음이 복받쳐 급히 울 곳을 찾아 안
방으로 들어가서 울고 [31] 얼굴을 씻고 나와서 그 정을 억제하고 음식을
차리라 하매 [32] 그들이 요셉에게 따로 차리고 그 형제들에게 따로 차리고
그와 함께 먹는 애굽 사람에게도 따로 차리니 애굽 사람은 히브리 사람과 같이 먹으면 부정을 입음이었더라 [33]
그들이 요셉 앞에 앉되 그들의 나이에 따라 앉히게 되니 그들이 서로 이상히 여겼더라 [34] 요셉이 자기 음식을 그
들에게 주되 베냐민에게는 다른 사람보다 다섯 배나 주매 그들이 마시며 요셉과 함께 즐거워하였더라

창 43:16 요셉과 형들의 식사
그림의 순서는 맨 위에서부터 왕에게 예물을 가지고 오는 모습, 하인들의 음식 준비, 귀족들의 식사 모습 순이다. 마루에 앉아 작은 식탁에 있는 음식을 손으로 들고 먹는 모습이 특이하다. 요셉 형제의 식사 장면을 연상시킨다.

창세기 44장

은잔이 없어지다

[1] 요셉이 그의 집 청지기에게 명하여 이르되 양식을 각자의 자루에 운반
할 수 있을 만큼 채우고 각자의 돈을 그 자루에 넣고 [2] 또 내 잔 곧 은잔을
그 청년의 자루 아귀에 넣고 그 양식 값 돈도 함께 넣으라 하매 그가 요셉
의 명령대로 하고 [3] 아침이 밝을 때에 사람들과 그들의 나귀들을 보내니
라 [4] 그들이 성읍에서 나가 멀리 가기 전에 요셉이 청지기에게 이르되 일어나 그 사람들의 뒤를 따라 가서 그들
에게 이르기를 너희가 어찌하여 선을 악으로 갚느냐 [5] 이것은 내 주인이 가지고 마시며 늘 점치는 데에 쓰는 것이
아니냐 너희가 이같이 하니 악하도다 하라 [6] 청지기가 그들에게 따라 가서 그대로 말하니 [7] 그들이 그에게 대답
하되 내 주여 어찌 이렇게 말씀하시나이까 당신의 종들이 이런 일은 결단코 아니하나이다 [8] 우리 자루에 있던 돈
도 우리가 가나안 땅에서부터 당신에게로 가져왔거늘 우리가 어찌 당신의 주인의 집에서 은 금을 도둑질하리이
까 [9] 당신의 종들 중 누구에게서 발견되든지 그는 죽을 것이요 우리는 내 주의 종들이 되리이다 [10] 그가 이르되
그러면 너희의 말과 같이 하리라 그것이 누구에게서든지 발견되면 그는 내게 종이 될 것이요 너희는 죄가 없으
리라 [11] 그들이 각각 급히 자루를 땅에 내려놓고 자루를 각기 푸니 [12] 그가 나이 많은 자에게서부터 시작하여 나
이 적은 자에게까지 조사하매 그 잔이 베냐민의 자루에서 발견된지라 [13] 그들이 옷을 찢고 각기 짐을 나귀에 싣
고 성으로 돌아 가니라

❖ 창 44장
성도들에게 임하는 시험의 의미는 무엇인가? 하나님께서는 시험과 함께 선을 도모할 계기와 하나님께로 좀 더 가까이 나아갈 수 있는 길 또한 허락하신다는 명백한 사실이 여기에 그대로 나타나 있지 않은가?(cf. 약 1:2-4, 12)

유다가 베냐민을 위하여 인질을 청하다

14 유다와 그의 형제들이 요셉의 집에 이르니 요셉이 아직 그 곳에 있는지라 그의 앞에서 땅에 엎드리니 15 요셉
이 그들에게 이르되 너희가 어찌하여 이런 일을 행하였느냐 나 같은 사람이 점을 잘 치는 줄을 너희는 알지 못하
였느냐 16 유다가 말하되 우리가 내 주께 무슨 말을 하오리이까 무슨 설명을 하오리이까 우리가 어떻게 우리의
정직함을 나타내리이까 하나님이 종들의 죄악을 찾아내셨으니 우리와 이 잔이 발견된 자가 다 내 주의 노예가
되겠나이다 17 요셉이 이르되 내가 결코 그리하지 아니하리라 잔이 그 손에서 발견된 자만 내 종이 되고 너희는
평안히 너희 아버지께로 도로 올라갈 것이니라 18 유다가 그에게 가까이 가서 이르되 내 주여 원하건대 당신의
종에게 내 주의 귀에 한 말씀을 아뢰게 하소서 주의 종에게 노하지 마소서 주는 바로와 같으심이니이다 19 이전
에 내 주께서 종들에게 물으시되 너희는 아버지가 있느냐 아우가 있느냐 하시기에 20 우리가 내 주께 아뢰되 우
리에게 아버지가 있으니 노인이요 또 그가 노년에 얻은 아들 청년이 있으니 그의 형은 죽고 그의 어머니가 남긴
것은 그뿐이므로 그의 아버지가 그를 사랑하나이다 하였더니 21 주께서 또 종들에게 이르시되 그를 내게로 데리
고 내려와서 내가 그를 보게 하라 하시기로 22 우리가 내 주께 말씀드리기를 그 아이는 그의 아버지를 떠나지 못
할지니 떠나면 그의 아버지가 죽겠나이다 23 주께서 또 주의 종들에게 말씀하시되 너희 막내아우가 너희와 함
께 내려오지 아니하면 너희가 다시 내 얼굴을 보지 못하리라 하시기로 24 우리가 주의 종 우리 아버지에게로 도
로 올라가서 내 주의 말씀을 그에게 아뢰었나이다 25 그 후에 우리 아버지가 다시 가서 곡물을 조금 사오라 하시
기로 26 우리가 이르되 우리가 내려갈 수 없나이다 우리 막내아우가 함께 가면 내려가려니와 막내아우가 우리와
함께 가지 아니하면 그 사람의 얼굴을 볼 수 없음이니이다 27 주의 종 우리 아버지가 우리에게 이르되 너희도 알
거니와 내 아내가 내게 두 아들을 낳았으나 28 하나는 내게서 나갔으므로 내가 말하기를 틀림없이 찢겨 죽었다
하고 내가 지금까지 그를 보지 못하거늘 29 너희가 이 아이도 내게서 데려 가려하니 만일 재해가 그 몸에 미치면
나의 흰 머리를 슬퍼하며 스올로 내려가게 하리라 하니 30 아버지의 생명과 아이의 생명이 서로 하나로 묶여 있
거늘 이제 내가 주의 종 우리 아버지에게 돌아갈 때에 아이가 우리와 함께 가지 아니하면 31 아버지가 아이의 없
음을 보고 죽으리니 이같이 되면 종들이 주의 종 우리 아버지가 흰 머리로 슬퍼하며 스올로 내려가게 함이니이
다 32 주의 종이 내 아버지에게 아이를 담보하기를 내가 이를 아버지께로 데리고 돌아오지 아니하면 영영히 아버
지께 죄짐을 지리이다 하였사오니 33 이제 주의 종으로 그 아이를 대신하여 머물러 있어 내 주의 종이 되게 하시
고 그 아이는 그의 형제들과 함께 올려 보내소서 34 그 아이가 나와 함께 가지 아니하면 내가 어찌 내 아버지에
게로 올라갈 수 있으리이까 두렵건대 재해가 내 아버지에게 미침을 보리이다

창세기 45장

창 45장
학습 자료 4-3
"하나님의 섭리와 이신론" 참조

요셉이 형제들에게 자기를 밝히다

1 요셉이 시종하는 자들 앞에서 그 정을 억제하지 못하여 소리 질러 모든
사람을 자기에게서 물러가라 하고 그 형제들에게 자기를 알리니 그 때에 그와 함께 한 다른 사람이 없었더라 2
요셉이 큰 소리로 우니 애굽 사람에게 들리며 바로의 궁중에 들리더라 3 요셉이 그 형들에게 이르되 나는 요셉
이라 내 아버지께서 아직 살아 계시니이까 형들이 그 앞에서 놀라서 대답하지 못하더라 4 요셉이 형들에게 이르
되 내게로 가까이 오소서 그들이 가까이 가니 이르되 나는 당신들의 아우 요셉이니 당신들이 애굽에 판 자라 5
당신들이 나를 이 곳에 팔았다고 해서 근심하지 마소서 한탄하지 마소서 하나님이 생명을 구원하시려고 나를 당
신들보다 먼저 보내셨나이다 6 이 땅에 이 년 동안 흉년이 들었으나 아직
오 년은 밭갈이도 못하고 추수도 못할지라 7 하나님이 큰 구원으로 당신
들의 생명을 보존하고 당신들의 후손을 세상에 두시려고 나를 당신들보
다 먼저 보내셨나니 8 그런즉 나를 이리로 보낸 이는 당신들이 아니요 하
나님이시라 하나님이 나를 바로에게 아버지로 삼으시고 그 온 집의 주로

창 45:5-8 요셉의 삶을 통해서 구속 역사를 이루시는 하나님을 만나라. 바로 그 하나님은 오늘 나의 삶을 통해서도 하나님 나라를 이루어 가신다는 사실을 확신하는가? 그렇다면 나의 삶의 자세는?

삼으시며 애굽 온 땅의 통치자로 삼으셨나이다 9 당신들은 속히 아버지께
로 올라가서 아뢰기를 아버지의 아들 요셉의 말에 하나님이 나를 애굽 전
국의 주로 세우셨으니 지체 말고 내게로 내려오사 10 아버지의 아들들과
아버지의 손자들과 아버지의 양과 소와 모든 소유가 고센 땅에 머물며
나와 가깝게 하소서 11 흉년이 아직 다섯 해가 있으니 내가 거기서 아버지
를 봉양하리이다 아버지와 아버지의 가족과 아버지께 속한 모든 사람에
게 부족함이 없도록 하겠나이다 하더라고 전하소서 12 당신들의 눈과 내
아우 베냐민의 눈이 보는 바 당신들에게 이 말을 하는 것은 내 입이라 13
당신들은 내가 애굽에서 누리는 영화와 당신들이 본 모든 것을 다 내 아
버지께 아뢰고 속히 모시고 내려오소서 하며 14 자기 아우 베냐민의 목을
안고 우니 베냐민도 요셉의 목을 안고 우니라 15 요셉이 또 형들과 입맞
추며 안고 우니 형들이 그제서야 요셉과 말하니라 16 요셉의 형들이 왔다
는 소문이 바로의 궁에 들리매 바로와 그의 신하들이 기뻐하고 17 바로는
요셉에게 이르되 네 형들에게 명령하기를 너희는 이렇게 하여 너희 양식
을 싣고 가서 가나안 땅에 이르거든 18 너희 아버지와 너희 가족을 이끌고
내게로 오라 내가 너희에게 애굽의 좋은 땅을 주리니 너희가 나라의 기
름진 것을 먹으리라 19 이제 명령을 받았으니 이렇게 하라 너희는 애굽 땅
에서 수레를 가져다가 너희 자녀와 아내를 태우고 너희 아버지를 모셔 오
라 20 또 너희의 기구를 아끼지 말라 온 애굽 땅의 좋은 것이 너희 것임이
니라 21 이스라엘의 아들들이 그대로 할새 요셉이 바로의 명령대로 그들
에게 수레를 주고 길 양식을 주며 22 또 그들에게 다 각기 옷 한 벌씩을 주
되 베냐민에게는 은 삼백과 옷 다섯 벌을 주고 23 그가 또 이와 같이 그 아
버지에게 보내되 수나귀 열 필에 애굽의 아름다운 물품을 실리고 암나귀
열 필에는 아버지에게 길에서 드릴 곡식과 떡과 양식을 실리고 24 이에 형
들을 돌려보내며 그들에게 이르되 당신들은 길에서 다투지 말라 하였더
라 25 그들이 애굽에서 올라와 가나안 땅으로 들어가서 아버지 야곱에게
이르러 26 알리어 이르되 요셉이 지금까지 살아 있어 애굽 땅 총리가 되었
더이다 야곱이 그들의 말을 믿지 못하여 어리둥절 하더니 27 그들이 또 요
셉이 자기들에게 부탁한 모든 말로 그에게 말하매 그들의 아버지 야곱은
요셉이 자기를 태우려고 보낸 수레를 보고서야 기운이 소생한지라 28 이
스라엘이 이르되 족하도다 내 아들 요셉이 지금까지 살아 있으니 내가 죽
기 전에 가서 그를 보리라 하니라

예수 그리스도와 요셉

	예수 그리스도	요셉
1	하나님 아버지의 사랑을 받으심 (마 3:17, 17:5)	아버지 야곱의 사랑을 받음 (창 37:3)
2	영혼의 목자 (요 10:11, 14)	양치는 목자 (창 37:2)
3	이스라엘 백성에게 보내지심 (눅 20:9-18, 요 1:11, 3:17)	형제들에게 보내짐 (창 37:12-17)
4	이스라엘 백성들의 미움을 받으심 (마 12:14, 요 5:18, 7:1)	형제들의 미움을 받음 (창 37:4, 8, 11)
5	이스라엘 백성에 의해 배반당하고 이방인에게 넘겨지심(마 26:47-27:2)	형제들에 의해 미디안 족속 상인에게 넘겨져 애굽인에게 팔림 (창 37:18-36)
6	은 30에 팔려지심 (마 27:3-10)	은 20개에 팔려짐 (창 39:1-6)
7	자기를 비어 종의 형체를 가지심 (빌 2:7)	애굽인 보디발의 집에서 종노릇함 (창 39:1-6)
8	사탄에게 시험 받으심(마 4:1-10)	보디발의 아내의 유혹 받음 (창 39:7-12)
9	사탄의 시험을 이기심(마 4:3-10)	보디발의 아내의 유혹을 물리침 (창 39:8-18)
10	고난 뒤에 높아지심 (빌 2:9-11)	고난 뒤에 높아짐 (창 41:37-46)
11	이방인 신부(교회)를 취하심 (엡 2:11-19)	이방인 아내를 취함 (창 41:45)
12	이스라엘 백성들에게 잠시 잊혀지심 (롬 11:7-11, 25)	형제들에게 한동안 잊혀짐 (창 42:6-17)
13	회개하는 자들을 용서하심 (마 18:21-35)	뉘우치는 형제들을 용서함(창 45:1-15)
14	온 만물을 다스리심 (계 19:16)	온 애굽 백성을 다스림 (창 41:46-57, 47:20-26)

창세기 46장

야곱 가족이 애굽으로 내려가다

1 이스라엘이 모든 소유를 이끌고 떠나 브엘세바에 이르러 그의 아버지
이삭의 하나님께 희생제사를 드리니 2 그 밤에 하나님이 이상 중에 이스
라엘에게 나타나 이르시되 야곱아 야곱아 하시는지라 야곱이 이르되 내
가 여기 있나이다 하매 3 하나님이 이르시되 나는 하나님이라 네 아버지
의 하나님이니 애굽으로 내려가기를 두려워하지 말라 내가 거기서 너로

야곱의 애굽 이주 – B.C. 1876년
구속 역사를 위한 하나님 자녀의 형성을 위한 것 – 고센지방에 격리하게 함으로 애굽 사람과 섞이지 않고, 하나님 백성의 순수 혈통을 유지하려 함이다.

창 46:2-4 야곱의 애굽 이주는 구속 사역의 연장선상에 있는 일임을 명심하라.

큰 민족을 이루게 하리라 4 내가 너와 함께 애굽으로 내려가겠고 반드시 너를 인도하여 다시 올라올 것이며 요셉
이 그의 손으로 네 눈을 감기리라 하셨더라 5 야곱이 브엘세바에서 떠날새 이스라엘의 아들들이 바로가 그를 태
우려고 보낸 수레에 자기들의 아버지 야곱과 자기들의 처자들을 태우고 6 그들의 가축과 가나안 땅에서 얻은 재
물을 이끌었으며 야곱과 그의 자손들이 다함께 애굽으로 갔더라 7 이와 같이 야곱이 그 아들들과 손자들과 딸
들과 손녀들 곧 그의 모든 자손을 데리고 애굽으로 갔더라 8 애굽으로 내려간 이스라엘 가족의 이름은 이러하니
라 야곱과 그의 아들들 곧 야곱의 맏아들 르우벤과 9 르우벤의 아들 하녹과 발루와 헤스론과 갈미요 10 시므온
의 아들은 여무엘과 야민과 오핫과 야긴과 스할과 가나안 여인의 아들 사울이요 11 레위의 아들은 게르손과 그
핫과 므라리요 12 유다의 아들 곧 엘과 오난과 셀라와 베레스와 세라니 엘과 오난은 가나안 땅에서 죽었고 베레
스의 아들은 헤스론과 하물이요 13 잇사갈의 아들은 돌라와 부와와 욥과 시므론이요 14 스불론의 아들은 세렛
과 엘론과 얄르엘이니 15 이들은 레아가 밧단아람에서 야곱에게 난 자손들이라 그 딸 디나를 합하여 남자와 여
자가 삼십삼 명이며 16 갓의 아들은 시뵨과 학기와 수니와 에스본과 에리와 아로디와 아렐리요 17 아셀의 아들은
임나와 이스와와 이스위와 브리아와 그들의 누이 세라며 또 브리아의 아들은 헤벨과 말기엘이니 18 이들은 라반
이 그의 딸 레아에게 준 실바가 야곱에게 낳은 자손들이니 모두 십육 명이라 19 야곱의 아내 라헬의 아들 곧 요
셉과 베냐민이요 20 애굽 땅에서 온의 제사장 보디베라의 딸 아스낫이 요셉에게 낳은 므낫세와 에브라임이요 21
베냐민의 아들 곧 벨라와 베겔과 아스벨과 게라와 나아만과 에히와 로스와 뭅빔과 훕빔과 아릇이니 22 이들은
라헬이 야곱에게 낳은 자손들이니 모두 십사 명이요 23 단의 아들 후심이요 24 납달리의 아들 곧 야스엘과 구니
와 예셀과 실렘이라 25 이들은 라반이 그의 딸 라헬에게 준 빌하가 야곱에게 낳은 자손들이니 모두 칠 명이라 26
야곱과 함께 애굽에 들어간 자는 야곱의 며느리들 외에 육십육 명이니 이
는 다 야곱의 몸에서 태어난 자이며 27 애굽에서 요셉이 낳은 아들은 두
명이니 야곱의 집 사람으로 애굽에 이른 자가 모두 칠십 명이었더라

야곱 일행이 애굽에 이르다

28 야곱이 유다를 요셉에게 미리 보내어 자기를 고센으로 인도하게 하고
다 고센 땅에 이르니 29 요셉이 그의 수레를 갖추고 고센으로 올라가서
그의 아버지 이스라엘을 맞으며 그에게 보이고 그의 목을 어긋맞춰 안고
얼마 동안 울매 30 이스라엘이 요셉에게 이르되 네가 지금까지 살아 있고
내가 네 얼굴을 보았으니 지금 죽어도 족하도다 31 요셉이 그의 형들과
아버지의 가족에게 이르되 내가 올라가서 바로에게 아뢰어 이르기를 가
나안 땅에 있던 내 형들과 내 아버지의 가족이 내게로 왔는데 32 그들은
목자들이라 목축하는 사람들이므로 그들의 양과 소와 모든 소유를 이끌
고 왔나이다 하리니 33 바로가 당신들을 불러서 너희의 직업이 무엇이냐
묻거든 34 당신들은 이르기를 주의 종들은 어렸을 때부터 지금까지 목축
하는 자들이온데 우리와 우리 선조가 다 그러하니이다 하소서 애굽 사람
은 다 목축을 가증히 여기나니 당신들이 고센 땅에 살게 되리이다

애굽으로 내려간 야곱의 가족 수

	숫자	배 경	성구
1	66명	야곱 자신과 그의 며느리들을 포함시키지 아니한 애굽으로 내려간 야곱의 모든 후손들	창 46:26
2	70명	창 46:26의 66명에 야곱 자신과 요셉 및 요셉의 두 아들들에 브라임과 므낫세를 더한 수	창 46:27 출 1:5
3	75명	창 46:27의 70명에 애굽에서 낳은 요셉의 다섯 후손을 더한 수(창 50:23)	행 7:14

창 46:33-34 『통큰통독』의 성경 신학적 관점 3으로 이해하라.
하나님 백성은 모든 면에서 세속적인 것과 섞이면 안 된다는 점을 분명히 보여 준다.

창세기 47장

1 요셉이 바로에게 가서 고하여 이르되 내 아버지와 내 형들과 그들의 양과 소와 모든 소유가 가나안 땅에서 와
서 고센 땅에 있나이다 하고 2 그의 형들 중 다섯 명을 택하여 바로에게 보이니 3 바로가 요셉의 형들에게 묻되
너희 생업이 무엇이냐 그들이 바로에게 대답하되 종들은 목자이온데 우리와 선조가 다 그러하니이다 하고 4 그
들이 또 바로에게 고하되 가나안 땅에 기근이 심하여 종들의 양 떼를 칠 곳이 없기로 종들이 이곳에 거류하고자
왔사오니 원하건대 종들로 고센 땅에 살게 하소서 5 바로가 요셉에게 말하여 이르되 네 아버지와 형들이 네게

왔은즉 [6]애굽 땅이 네 앞에 있으니 땅의 좋은 곳에 네 아버지와 네 형들
이 거주하게 하되 그들이 고센 땅에 거주하고 그들 중에 능력 있는 자가
있거든 그들로 내 가축을 관리하게 하라 [7]요셉이 자기 아버지 야곱을 인
도하여 바로 앞에 서게 하니 야곱이 바로에게 축복하매 [8]바로가 야곱에게 묻되 네 나이가 얼마냐 [9]야곱이 바로
에게 아뢰되 내 나그네 길의 세월이 백삼십 년이니이다 내 나이가 얼마 못 되니 우리 조상의 나그네 길의 연조에
미치지 못하나 험악한 세월을 보내었나이다 하고 [10]야곱이 바로에게 축복하고 그 앞에서 나오니라 [11]요셉이 바
로의 명령대로 그의 아버지와 그의 형들에게 거주할 곳을 주되 애굽의 좋은 땅 라암셋을 그들에게 주어 소유로
삼게 하고 [12]또 그의 아버지와 그의 형들과 그의 아버지의 온 집에 그 식구를 따라 먹을 것을 주어 봉양하였더라

> **창 47:7-9** 왜 야곱의 130년 삶이 험악했던 삶이라고 고백할까?

기근이 더욱 심해지다

[13]기근이 더욱 심하여 사방에 먹을 것이 없고 애굽 땅과 가나안 땅이 기근으로 황폐하니 [14]요셉이 곡식을 팔아
애굽 땅과 가나안 땅에 있는 돈을 모두 거두어들이고 그 돈을 바로의 궁으로 가져가니 [15]애굽 땅과 가나안 땅
에 돈이 떨어진지라 애굽 백성이 다 요셉에게 와서 이르되 돈이 떨어졌사오니 우리에게 먹을 거리를 주소서 어
찌 주 앞에서 죽으리이까 [16]요셉이 이르되 너희의 가축을 내라 돈이 떨어졌은즉 내가 너희의 가축과 바꾸어 주
리라 [17]그들이 그들의 가축을 요셉에게 끌어오는지라 요셉이 그 말과 양 떼와 소 떼와 나귀를 받고 그들에게
먹을 것을 주되 곧 그 모든 가축과 바꾸어서 그 해 동안에 먹을 것을 그들에게 주니라 [18]그 해가 다 가고 새 해가
되매 무리가 요셉에게 와서 그에게 말하되 우리가 주께 숨기지 아니하나이다 우리의 돈이 다하였고 우리의 가
축 떼가 주께로 돌아갔사오니 주께 낼 것이 아무것도 남지 아니하고 우리의 몸과 토지뿐이라 [19]우리가 어찌 우
리의 토지와 함께 주의 목전에 죽으리이까 우리 몸과 우리 토지를 먹을 것을 주고 사소서 우리가 토지와 함께 바
로의 종이 되리니 우리에게 종자를 주시면 우리가 살고 죽지 아니하며 토지도 황폐하게 되지 아니하리이다 [20]그
러므로 요셉이 애굽의 모든 토지를 다 사서 바로에게 바치니 애굽의 모든 사람들이 기근에 시달려 각기 토지를
팔았음이라 땅이 바로의 소유가 되니라 [21]요셉이 애굽 땅 이 끝에서 저 끝까지의 백성을 성읍들에 옮겼으나 [22]
제사장들의 토지는 사지 아니하였으니 제사장들은 바로에게서 녹을 받음이라 바로가 주는 녹을 먹으므로 그들
이 토지를 팔지 않음이었더라 [23]요셉이 백성에게 이르되 오늘 내가 바로
를 위하여 너희 몸과 너희 토지를 샀노라 여기 종자가 있으니 너희는 그
땅에 뿌리라 [24]추수의 오분의 일을 바로에게 상납하고 오분의 사는 너
희가 가져서 토지의 종자로도 삼고 너희의 양식으로도 삼고 너희 가족과
어린 아이의 양식으로도 삼으라 [25]그들이 이르되 주께서 우리를 살리셨
사오니 우리가 주께 은혜를 입고 바로의 종이 되겠나이다 [26]요셉이 애굽
토지법을 세우매 그 오분의 일이 바로에게 상납되나 제사장의 토지는 바
로의 소유가 되지 아니하여 오늘날까지 이르니라

야곱의 마지막 청

[27]이스라엘 족속이 애굽 고센 땅에 거주하며 거기서 생업을 얻어 생육하
고 번성하였더라 [28]야곱이 애굽 땅에 십칠 년을 거주하였으니 그의 나이
가 백사십칠 세라 [29]이스라엘이 죽을 날이 가까우매 그의 아들 요셉을 불
러 그에게 이르되 이제 내가 네게 은혜를 입었거든 청하노니 네 손을 내
허벅지 아래에 넣고 인애와 성실함으로 내게 행하여 애굽에 나를 장사하
지 아니하도록 하라 [30]내가 조상들과 함께 눕거든 너는 나를 애굽에서 메
어다가 조상의 묘지에 장사하라 요셉이 이르되 내가 아버지의 말씀대로
행하리이다 [31]야곱이 또 이르되 내게 맹세하라 하매 그가 맹세하니 이스
라엘이 침상 머리에서 하나님께 경배하니라

이스라엘의 주요 이동 경로

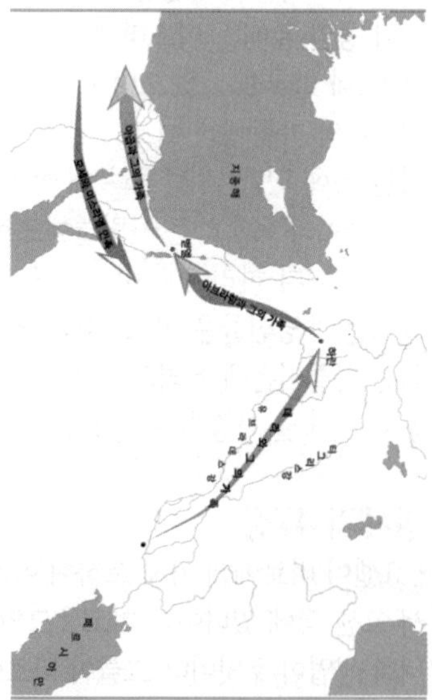

창 47:31
학습 자료 4-4 "성경의 무오성" 참조

창세기 48장

야곱이 에브라임과 므낫세에게 축복하다

> 창 48:3-4 창조언약(창 1:28)과 아브라함 언약을 바탕으로 이해하고 하나님의 구속 역사의 흐름으로 읽어라.

1 이 일 후에 어떤 사람이 요셉에게 말하기를 네 아버지가 병들었다 하므
로 그가 곧 두 아들 므낫세와 에브라임과 함께 이르니 2 어떤 사람이 야
곱에게 말하되 네 아들 요셉이 네게 왔다 하매 이스라엘이 힘을 내어 침
상에 앉아 3 요셉에게 이르되 이전에 가나안 땅 루스에서 전능하신 하나
님이 내게 나타나사 복을 주시며 4 내게 이르시되 내가 너로 생육하고 번성하게 하여 네게서 많은 백성이 나게
하고 내가 이 땅을 네 후손에게 주어 영원한 소유가 되게 하리라 하셨느니라 5 내가 애굽으로 와서 네게 이르기
전에 애굽에서 네가 낳은 두 아들 에브라임과 므낫세는 내 것이라 르우벤과 시므온처럼 내 것이 될 것이요 6 이
들 후의 네 소생은 네 것이 될 것이며 그들의 유산은 그들의 형의 이름으로 함께 받으리라 7 내게 대하여는 내가
이전에 밧단에서 올 때에 라헬이 나를 따르는 도중 가나안 땅에서 죽었는데 그 곳은 에브랏까지 길이 아직도 먼
곳이라 내가 거기서 그를 에브랏 길에 장사하였느니라 (에브랏은 곧 베들레헴이라) 8 이스라엘이 요셉의 아들들을 보
고 이르되 이들은 누구냐 9 요셉이 그의 아버지에게 아뢰되 이는 하나님이 여기서 내게 주신 아들들이니이다 아
버지가 이르되 그들을 데리고 내 앞으로 나아오라 내가 그들에게 축복하리라 10 이스라엘의 눈이 나이로 말미
암아 어두워서 보지 못하더라 요셉이 두 아들을 이끌어 아버지 앞으로 나아가니 이스라엘이 그들에게 입맞추
고 그들을 안고 11 요셉에게 이르되 내가 네 얼굴을 보리라고는 생각하지 못하였더니 하나님이 내게 네 자손까
지도 보게 하셨도다 12 요셉이 아버지의 무릎 사이에서 두 아들을 물러나게 하고 땅에 엎드려 절하고 13 오른손
으로는 에브라임을 이스라엘의 왼손을 향하게 하고 왼손으로는 므낫세를 이스라엘의 오른손을 향하게 하여 이
끌어 그에게 가까이 나아가매 14 이스라엘이 오른손을 펴서 차남 에브라임의 머리에 얹고 왼손을 펴서 므낫세의
머리에 얹으니 므낫세는 장자라도 팔을 엇바꾸어 얹었더라 15 그가 요셉을 위하여 축복하여 이르되 내 조부 아
브라함과 아버지 이삭이 섬기던 하나님, 나의 출생으로부터 지금까지 나를 기르신 하나님, 16 나를 모든 환난에
서 건지신 여호와의 사자께서 이 아이들에게 복을 주시오며 이들로 내 이름과 내 조상 아브라함과 이삭의 이름
으로 칭하게 하시오며 이들이 세상에서 번식되게 하시기를 원하나이다 17 요셉이 그 아버지가 오른손을 에브라
임의 머리에 얹은 것을 보고 기뻐하지 아니하여 아버지의 손을 들어 에브라임의 머리에서 므낫세의 머리로 옮기
고자 하여 18 그의 아버지에게 이르되 아버지여 그리 마옵소서 이는 장자이니 오른손을 그의 머리
에 얹으소서 하였으나 19 그의 아버지가 허락하지 아니하며 이르되 나도 안다 내 아들아 나도 안
다 그도 한 족속이 되며 그도 크게 되려니와 그의 아우가 그보다 큰 자가 되고 그
의 자손이 여러 민족을 이루리라 하고 20 그 날에 그들에게 축복하여 이르되 이스
라엘이 너로 말미암아 축복하기를 하나님이 네게 에브라임 같고 므낫세 같게 하
시리라 하며 에브라임을 므낫세보다 앞세웠더라 21 이스라엘이 요셉에게
또 이르되 나는 죽으나 하나님이 너희와 함께 계시사 너희를 인도하여 너
희 조상의 땅으로 돌아가게 하시려니와 22 내가 네게 네 형제보다 세겜
땅을 더 주었나니 이는 내가 내 칼과 활로 아모리 족속의 손에서 빼앗은
것이니라

창세기 49장

야곱의 유언과 죽음

> ✣ 야곱의 죽음 - B.C.1860
>
> 창 49:1
> 학습 자료 4-5 "예지" 참조

1 야곱이 그 아들들을 불러 이르되 너희는 모이라 너희가 후일에 당할 일
을 내가 너희에게 이르리라 2 너희는 모여 들으라 야곱의 아들들아 너희 아버지 이스라엘에게 들을지어다 3 르우
벤아 너는 내 장자요 내 능력이요 내 기력의 시작이라 위풍이 월등하고 권능이 탁월하다마는 4 물의 끓음 같았은

즉 너는 탁월하지 못하리니 네가 아버지의 침상에 올라 더럽혔음이로다 그가 내 침상에 올랐었도다 5 시므온과 레
위는 형제요 그들의 칼은 폭력의 도구로다 6 내 혼아 그들의 모의에 상관하지 말지어다 내 영광아 그들의 집회에
참여하지 말지어다 그들이 그들의 분노대로 사람을 죽이고 그들의 혈기대로 소의 발목 힘줄을 끊었음이로다 7 그
노여움이 혹독하니 저주를 받을 것이요 분기가 맹렬하니 저주를 받을 것
이라 내가 그들을 야곱 중에서 나누며 이스라엘 중에서 흩으리로다 8 유다
야 너는 네 형제의 찬송이 될지라 네 손이 네 원수의 목을 잡을 것이요 네
아버지의 아들들이 네 앞에 절하리로다 9 유다는 사자 새끼로다 내 아들아
너는 움킨 것을 찢고 올라갔도다 그가 엎드리고 웅크림이 수사자 같고 암
사자 같으니 누가 그를 범할 수 있으랴 10 규가 유다를 떠나지 아니하며 통

> 창 49:8-12 유다 가문에서 메시아가 오신다는 것을 암시적으로 예언하고 있다. 이것이 구속사의 중심 줄기이다. 그렇다면 나의 삶은 구속사의 주변인가 중심인가를 성찰하라.(cf. 벧전 2:6, 계 5:10)

치자의 지팡이가 그 발 사이에서 떠나지 아니하기를 실로가 오시기까지 이르리니 그에게 모든 백성이 복종하리로
다 11 그의 나귀를 포도나무에 매며 그의 암나귀 새끼를 아름다운 포도나무에 맬 것이며 또 그 옷을 포도주에 빨
며 그의 복장을 포도즙에 빨리로다 12 그의 눈은 포도주로 인하여 붉겠고 그의 이는 우유로 말미암아 희리로다 13
스불론은 해변에 거주하리니 그 곳은 배 매는 해변이라 그의 경계가 시돈까지리로다 14 잇사갈은 양의 우리 사이
에 꿇어앉은 건장한 나귀로다 15 그는 쉴 곳을 보고 좋게 여기며 토지를 보고 아름답게 여기고 어깨를 내려 짐을
메고 압제 아래에서 섬기리로다 16 단은 이스라엘의 한 지파 같이 그의 백성을 심판하리로다 17 단은 길섶의 뱀이
요 샛길의 독사로다 말굽을 물어서 그 탄 자를 뒤로 떨어지게 하리로다 18 여호와여 나는 주의 구원을 기다리나이
다 19 갓은 군대의 추격을 받으나 도리어 그 뒤를 추격하리로다 20 아셀에게서 나는 먹을 것은 기름진 것이라 그가
왕의 수라상을 차리리로다 21 납달리는 놓인 암사슴이라 아름다운 소리를 발하는도다 22 요셉은 무성한 가지 곧
샘 곁의 무성한 가지라 그 가지가 담을 넘었도다 23 활쏘는 자가 그를 학대하며 적개심을 가지고 그를 쏘았으나 24
요셉의 활은 도리어 굳세며 그의 팔은 힘이 있으니 이는 야곱의 전능자 이스라엘의 반석인 목자의 손을 힘입음이
라 25 네 아버지의 하나님께로 말미암나니 그가 너를 도우실 것이요 전능
자로 말미암나니 그가 네게 복을 주실 것이라 위로 하늘의 복과 아래로 깊

> 창 49:25
> 학습 자료 4-6 "전능자" 참조

은 샘의 복과 젖먹이는 복과 태의 복이리로다 26 네 아버지의 축복이 내 선조의 축복보다 나아서 영원한 산이 한
없음 같이 이 축복이 요셉의 머리로 돌아오며 그 형제 중 뛰어난 자의 정수리로 돌아오리로다 27 베냐민은 물어뜯
는 이리라 아침에는 빼앗은 것을 먹고 저녁에는 움킨 것을 나누리로다 28 이들은 이스라엘의 열두 지파라 이와 같
이 그들의 아버지가 그들에게 말하고 그들에게 축복하였으니 곧 그들 각 사람의 분량대로 축복하였더라 29 그가
그들에게 명하여 이르되 내가 내 조상들에게로 돌아가리니 나를 헷 사람 에브론의 밭에 있는 굴에 우리 선조와
함께 장사하라 30 이 굴은 가나안 땅 마므레 앞 막벨라 밭에 있는 것이라 아브라함이 헷 사람 에브론에게서 밭과
함께 사서 그의 매장지를 삼았으므로 31 아브라함과 그의 아내 사라가 거기 장사되었고 이삭과 그의 아내 리브가
도 거기 장사되었으며 나도 레아를 그 곳에 장사하였노라 32 이 밭과 거기 있는 굴은 헷 사람에게서 산 것이니라 33
야곱이 아들에게 명하기를 마치고 그 발을 침상에 모으고 숨을 거두니 그의 백성에게로 돌아갔더라

창세기 50장

1 요셉이 그의 아버지 얼굴에 구푸려 울며 입맞추고 2 그 수종 드는 의원에게 명하여 아버지의 몸을 향으로 처리
하게 하매 의원이 이스라엘에게 그대로 하되 3 사십 일이 걸렸으니 향으로 처리하는 데는 이 날수가 걸림이며 애
굽 사람들은 칠십 일 동안 그를 위하여 곡하였더라 4 곡하는 기한이 지나매 요셉이 바로의 궁에 말하여 이르되
내가 너희에게 은혜를 입었으면 원하건대 바로의 귀에 아뢰기를 5 우리 아버지가 나로 맹세하게 하여 이르되 내
가 죽거든 가나안 땅에 내가 파 놓은 묘실에 나를 장사하라 하였나니 나로 올라가서 아버지를 장사하게 하소서
내가 다시 오리이다 하라 하였더니 6 바로가 이르되 그가 네게 시킨 맹세대로 올라가서 네 아버지를 장사하라 7
요셉이 자기 아버지를 장사하러 올라가니 바로의 모든 신하와 바로 궁의 원로들과 애굽 땅의 모든 원로와 8 요

섭의 온 집과 그의 형제들과 그의 아버지의 집이 그와 함께 올라가고 그
들의 어린 아이들과 양 떼와 소 떼만 고센 땅에 남겼으며 9 병거와 기병이
요셉을 따라 올라가니 그 떼가 심히 컸더라 10 그들이 요단 강 건너편 아
닷 타작 마당에 이르러 거기서 크게 울고 애통하며 요셉이 아버지를 위하
여 칠 일 동안 애곡하였더니 11 그 땅 거민 가나안 백성들이 아닷 마당의
애통을 보고 이르되 이는 애굽 사람의 큰 애통이라 하였으므로 그 땅 이
름을 아벨미스라임이라 하였으니 곧 요단 강 건너편이더라 12 야곱의 아
들들이 아버지가 그들에게 명령한 대로 그를 위해 따라 행하여 13 그를
가나안 땅으로 메어다가 마므레 앞 막벨라 밭 굴에 장사하였으니 이는
아브라함이 헷 족속 에브론에게 밭과 함께 사서 매장지를 삼은 곳이더라
14 요셉이 아버지를 장사한 후에 자기 형제와 호상꾼과 함께 애굽으로 돌
아왔더라

요셉이 형들을 위로하다

15 요셉의 형제들이 그들의 아버지가 죽었음을 보고 말하되 요셉이 혹시
우리를 미워하여 우리가 그에게 행한 모든 악을 다 갚지나 아니할까 하
고 16 요셉에게 말을 전하여 이르되 당신의 아버지가 돌아가시기 전에 명
령하여 이르시기를 17 너희는 이같이 요셉에게 이르라 네 형들이 네게 악
을 행하였을지라도 이제 바라건대 그들의 허물과 죄를 용서하라 하셨나
니 당신 아버지의 하나님의 종들인 우리 죄를 이제 용서하소서 하매 요셉
이 그들이 그에게 하는 말을 들을 때에 울었더라 18 그의 형들이 또 친히
와서 요셉의 앞에 엎드려 이르되 우리는 당신의 종들이니이다 19 요셉이
그들에게 이르되 두려워하지 마소서 내가 하나님을 대신하리이까 20 당
신들은 나를 해하려 하였으나 하나님은 그것을 선으로 바꾸사 오늘과 같
이 많은 백성의 생명을 구원하게 하시려 하셨나니 21 당신들은 두려워하
지 마소서 내가 당신들과 당신들의 자녀를 기르리이다 하고 그들을 간곡
한 말로 위로하였더라

요셉이 죽다

22 요셉이 그의 아버지의 가족과 함께 애굽에 거주하여 백십 세를 살며 23
에브라임의 자손 삼대를 보았으며 므낫세의 아들 마길의 아들들도 요셉
의 슬하에서 양육되었더라 24 요셉이 그의 형제들에게 이르되 나는 죽을
것이나 하나님이 당신들을 돌보시고 당신들을 이 땅에서 인도하여 내사
아브라함과 이삭과 야곱에게 맹세하신 땅에 이르게 하시리라 하고 25 요
셉이 또 이스라엘 자손에게 맹세시켜 이르기를 하나님이 반드시 당신들
을 돌보시리니 당신들은 여기서 내 해골을 메고 올라가겠다 하라 하였더
라 26 요셉이 백십 세에 죽으매 그들이 그의 몸에 향 재료를 넣고 애굽에
서 입관하였더라

창 50:1-3 야곱의 죽음과 장사
그림은 위에서부터 죽음을 슬퍼하여 우는 여인들의 모습, 미이라된 시체를 싸는 모습이다. 당시는 애굽의 왕이나 귀족 등 귀인들의 시체를 미이라로 만들어 장례를 하였다. 야곱의 죽음과 그의 장례를 연상시켜 주는 그림이다.

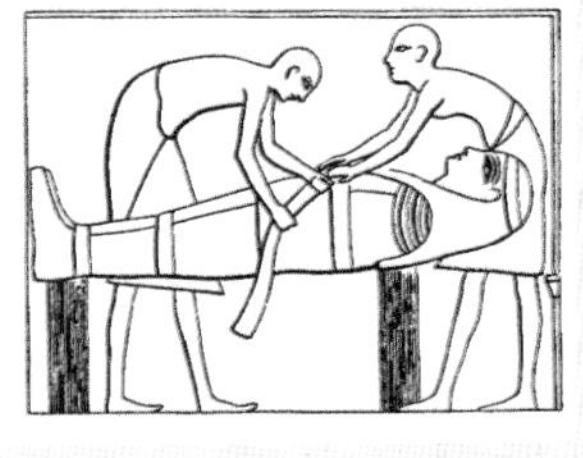

창 50:19-21 이 모든 일은 하나님이 아브라함 언약을 통해 약속하신 하나님 나라 회복의 구속 역사를 이룰 자손을 형성하기 위한 하나님의 섭리적 계획임을 요셉은 정확히 확신하고 있었다.
당신의 삶도 그런 하나님의 섭리 가운데 있음을 확신하는가?

❖ **요셉의 죽음 – B.C. 1805**

4일차 읽기의 요약

(창 37~50)

창세기 12장부터 시작되는 족장시대를 통해서 하나님께서는 하나님 나라의 언약 백성들을 만들어 가신다. 아브라함 한 사람의 족장을 부르신 이후 창세기 50장에 오니 하나님 나라 백성이 될 자손들은 야곱의 12아들(12지파)과 며느리들과 자손들을 모두 합해 70명으로 늘어났다.
하나님은 그분의 언약을 이루어가시기 위해 요셉을 먼저 애굽으로 부르셨다. 요셉은 형들에 의해 버림을 당하고 애굽으로 이송되지만, 바로의 시위 대장 보디발 아내의 누명을 쓰고 억울하게 감옥에 가게 된다. 그러나 요셉은 하나님과의 바른 관계 가운데 있었고 하나님께서 함께 하심으로 옥에서 풀려나와 하나님의 지혜로 바로의 꿈을 해석하게 되어 애굽 총리의 자리에 오른다. 하나님께서는 요셉을 통해 야곱과 그의 아들들의 가족 모두를 가나안 땅에서 애굽으로 이주하게 하셔서 그들을 가나안 땅의 기근에서 구원하셨고 약 400년의 세월이 흐르는 동안 야곱의 후손들이 애굽 땅에서 급속도로 번성하게 하셨다.
이처럼 요셉 한 사람의 신위의 삶을 통해 하나님께서는 야곱의 가족들을 구원하셨을 뿐만 아니라 아브라함에게 하신 자손에 대한 언약의 내용을 하나님의 방법대로 계속해서 이루어나가셨다.

그러면 어떻게 살 것인가?

인위뚝 · 신위고!

☑ 세계관 점검 – 묵상하기 (영상 강의와 교재 내용의 이해를 바탕으로)

요셉의 삶의 여정을 통해서 구속의 역사를 이루시는 하나님의 섭리를 관찰하고 묵상하라. 성경의 사건과 인물은 대표성을 갖는다. 그 말은 요셉에게 일어난 일들이 오늘 나에게도 일어날 수 있고, 같은 맥락으로 하나님이 나에게도 동일하게 역사하신다는 것이다.
그렇다면 오늘 나의 삶의 의미는? 창 28:15의 메시지와 함께 묵상하며 성찰하라.

- ☑ 애굽으로 이주한 야곱의 일행을 고센 지방으로 격리하시는 하나님의 의도를 구속사적으로 이해하는가? 통큰통독 관점 3으로 이해하라. 오늘도 하나님은 우리를 세속으로부터 구별되는 삶을 살기를 원하신다는 사실을 성경을 통해서 확실히 이해하고 우리의 가치를 성경의 원리에 두어야 한다는 것을 삶으로 실천해야 한다.
- ☑ 야곱이 자기 삶을 회고하고 나그네 같은 험악한 삶을 130년간 살았다고 고백한다. 왜 그런 삶을 살 수밖에 없었을까? 나는 지금 그 나그네 같은 험악한 삶을 살아가고 있는지를 돌아보라.

☑ 야곱이 바로에게 "나그네 130년 험한 삶을 살았나이다"(창 47:9)라고 말했다. 왜 스스로의 삶을 "험한 삶"이라고 평가했을까? 그 "험한"의 가치의 기준은 어디에 있다고 생각하나? 지금 나의 삶은 험한 삶의 과정을 지나가고 있는가?

☑ 요셉의 전 생애를 통해 구속의 역사를 위한 하나님의 경륜을 확인할 수 있다. 그분은 분명 나와 우리의 창조주, 섭리주, 구속주이심이 분명해졌다. 과연 우리의 세계관 속에 과연 이신론이 발을 붙일 수가 있을

까? 그런데도 우리 주변에 종교 다원주의적 이신론의 사고방식이 교회의 영성을 좀먹고 있다고 생각하지 않는가?
심각하게 성찰하고 분석하고 회개하자. 요셉처럼 코람 데오의 삶으로 돌아가야 한다.

☑ 요셉의 삶을 "코람 데오(Coram Deo)"의 삶이라고 말한다. 그 의미는 무엇이고, 오늘날 다원주의 시대에서 이런 삶을 살면 어떻게 되는가? 그런데도 성도는 바로 이런 삶을 살기를 하나님이 원하신다는 사실을 알고 있는가? 당신의 상태와 각오는?

☑ 이신론과 성경이 말하는 하나님의 섭리를 구별하겠는가?

☑ 결단기도와 실행하기

약 2:26 영혼 없는 몸이 죽은 것 같이 행함이 없는 믿음은 죽은 것이니라
시 119:28 나의 영혼이 눌림으로 말미암아 녹사오니 주의 말씀대로 나를 세우소서

한눈에 보는 성경의 핵심 줄거리와 메시지

구약

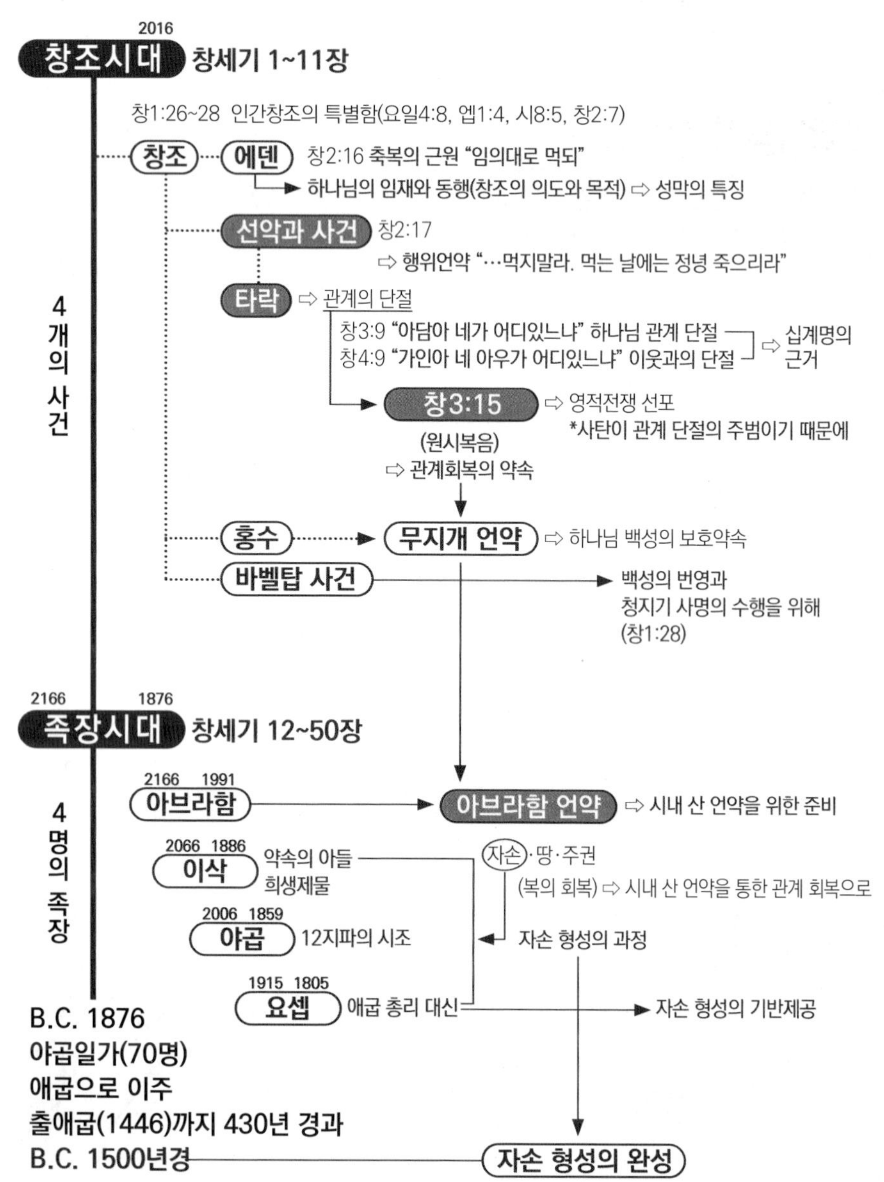

출애굽·광야시대

B.C.
1805~1405

주요인물 모세 / 아론 / 미리암 / 엘르아살 / 고라 / 발람 / 비느하스

주요사건 출애굽 / 시내 산 언약 / 성막 건축 / 율법수여 / 가데스바네아에서의 실패 / 광야의 훈련

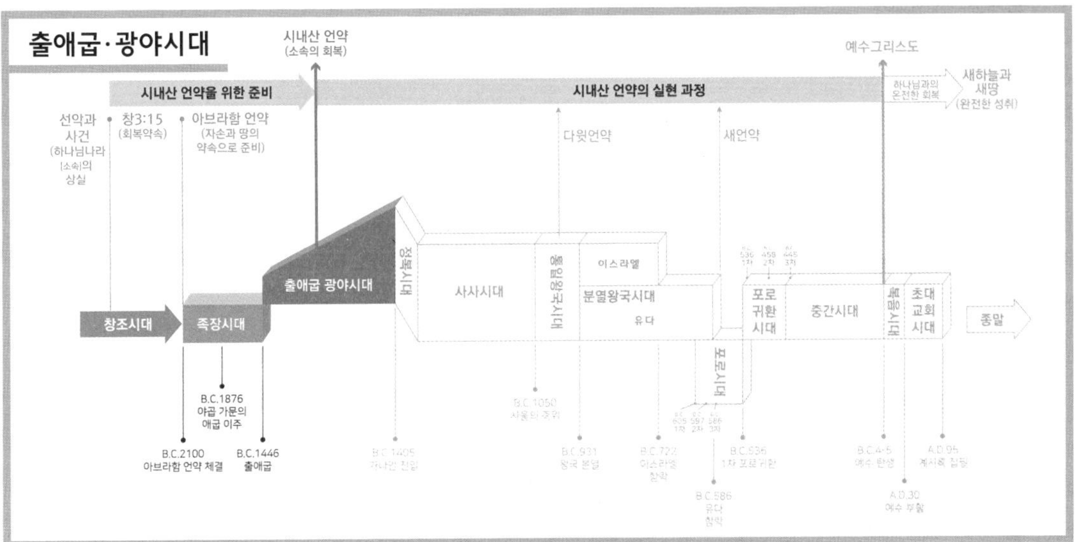

시대 한눈에 보기

출애굽기를 이해하기 위한 간추린 애굽의 역사

애굽은 노아의 아들 함의 후예들이 세운 나라이다. 이집트의 역사는 수메르나 바벨론의 역사처럼 3000년 이상의 방대한 역사를 가지고 있다. B.C. 3000년경부터 시작한 이집트의 역사를 다음과 같이 나누어 볼 수 있다. 고 왕조(1-2왕조), 구 왕조(3-6왕조 피라미드 시대), 제1중간기(7-10왕조), 중 왕조(11-12왕조), 제2중간기(13-17왕조), 신 왕조(18-20왕조), 후기 왕조(21-30왕조) 등 30왕조를 이어 가면서 큰 제국을 형성하였다. 이집트 역사를 다 서술할 수는 없고 출애굽과 관련되는 부분만 살펴보자.

먼저 출애굽의 시기와 관련해서 2가지의 이론이 있다.

1) 빠른 출애굽 설(Early Date Theory) : 이 이론은 왕상 6:1을 근거로 시작한다. 이 구절에서 솔로몬은 그의 재임 4년째에 성전을 건축했고 그것은 출애굽한 지 480년이 되는 해라고 언급한다. 솔로몬의 재임기간이 B.C. 970-930년간 40년 동안이 정설이라고 볼 때 그의 재임 4년째는 B.C. 966이고 이때가 출애굽한 지 480년이라고 한다면 출애굽의 해는 966+480 즉 B.C. 1446년이 된다.

2) 후기 출애굽 설(Late Date Theory) : 이 이론은 출 1:11에 "...그들에게 바로를 위하여 국고성 비돔과 라암셋을 건축하게 하니라"한 것을 근거로 비돔과 라암셋의 국고성(store cities) 건설은 19왕조의 람세스 2세에 의한 것이라

는 역사적 사실에 근거를 두고 있다. 람세스 2세의 재임 기간은 B.C. 1290-1244임으로 B.C. 1200년대가 출애굽 시기라는 것이다.

이 두 이론은 팽팽히 맞서고 있지만 빠른 출애굽 설이 아직은 유력한 설로 인정받고 있다. 따라서 본 강의도 빠른 출애굽 설을 따른다.

B.C. 1800-1400의 기간이 이스라엘 백성이 애굽에서 살던 때이다. 이 무렵의 애굽은 13, 14, 17대 왕조 25명의 왕은 애굽의 남쪽 지역을 다스렸고, 15대, 16대 왕조 11명의 왕은 북쪽을 다스렸다. 이 기간의 애굽의 왕조는 아시아에서 온 셈족이 세운 힉소스(Hyksos) 즉 세페르트 왕은 수리아와 북쪽 애굽을 통일하여 세운 왕조이다. 힉소스란 말은 "외국 땅의 통치자들"을 의미한다. 아시아에서 온 이들은 무력으로 애굽의 통치권을 빼앗은 것이 아니라 서서히 침투함으로 점령한 것이다. 요셉이 애굽에서 총리가 될 때 애굽의 왕조는 16대 왕조의 아페피(Apepi) 2세로 생각된다. 그들은 같은 셈족으로 이스라엘 백성에게 호의적이었다. 그러나 이 왕조가 18대 왕조에 의해 물러나자 이스라엘 백성들은 노예로 전락한다(출 1:8).

모세가 등장하는 애굽의 왕조는 18대 왕조로 B.C. 1500년에서 1200년까지 집권한 왕조이다. 힉소스는 18대 왕조의 아모세에 의해 제거되었고 이때는 주전 1570년경이다. 아모세는 팔레스타인 지방과 시리아 지방을 흡수한다. 이 18대 왕조는 외국인인 힉소스들을 외국으로 몰아내고 반 셈족 정책을 쓰면서 이스라엘 백성을 억압하기 시작했고 모세가 태어날 때의 바로는 투트모스 3세(Thutmose III, 주전 1504년 즉위) 이며, 모세가 이스라엘 백성을 보내 달라고 요구한 바로는 주전 1453년경에 즉위한 아멘호텝 2세(Amenhotep II)라고 많은 학자들은 믿는다.

출애굽·광야시대는 야곱의 자손들이 애굽으로 내려가 번성하며 노예의 삶을 살기까지 400여 년간 하나님은 그의 백성의 수가 이루어질 때까지 준비 기간을 거쳐 모세를 훈련시키고, 그를 통하여 이스라엘의 백성을 애굽에서 구해 내시고, 시내 산에서 율법을 주어 하나님의 백성을 삼는 시내 산 언약을 체결한다. 이스라엘 백성은 이 기간 동안 그 수가 20세 이상의 장정들만 계산해도 603,550명(민 1:46)에 이르게 되었다. 하나님은 애굽에서 당신의 백성을 인도해 내시고 하나님 나라를 이룰 율법을 주시고, 성막을 완성하게 하신다. 가데스바네아에서 이스라엘 백성이 하나님의 능력을 거역하는 죄를 범함으로 눈앞에 둔 가나안 입성이 38년이나 지연되고 하나님은 광야에서 하나님 나라를 이룰 백성들을 재훈련시킨다. 재훈련 교본이 바로 레위기이다. 레위기는 바로 하나님 나라의 백성이 되는 훈련 교재이다. 오늘날도 그 정신은 동일하다.

아브라함을 부르심으로 시작한 하나님 나라의 다시 세움의 약속은 출애굽이란 엄청난 사건을 통해 그 이루어짐이 시작되며, 시내 산에서 언약을 맺음으로 형태를 갖추기 시작했다.

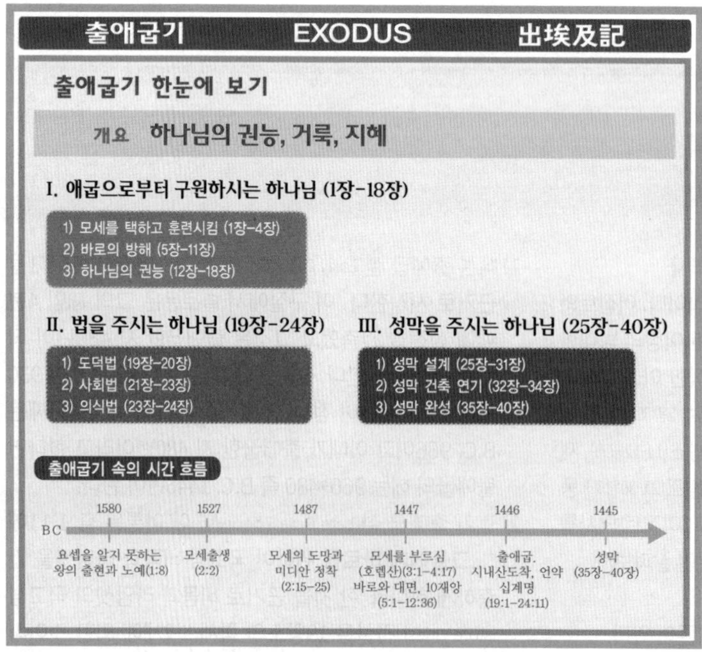

하나님의 구약 백성의 3개의 호칭

① **이스라엘(Israelites)** 이것은 창 32:28에 야곱의 이름이 이스라엘로 바뀌고 그의 아들이 12지파가 되어 이스라엘의 민족을 형성한다. 이 호칭은 국가적 개념이 강한 호칭이다.

② **유대인(Jews)** 종교적 개념이 강조된 호칭이다.

③ **히브리인(Hebrews)** 이것은 종족의 개념이 강한 호칭이다.
'히브리'라는 말은 '강을 건너 온 자'라는 뜻으로 아브람이 갈대아 우르를 떠나 유프라테스 강을 건너 가나안으로 온 것을 말한다.

출애굽기 1장~12장 : 출애굽을 준비하다.

출애굽기 1장

이스라엘 자손이 학대를 받다

1 야곱과 함께 각각 자기 가족을 데리고 애굽에 이른 이스라엘 아들들의
이름은 이러하니 2 르우벤과 시므온과 레위와 유다와 3 잇사갈과 스불론
과 베냐민과 4 단과 납달리와 갓과 아셀이요 5 야곱의 허리에서 나온 사람
이 모두 칠십이요 요셉은 애굽에 있었더라 6 요셉과 그의 모든 형제와 그
시대의 사람은 다 죽었고 7 이스라엘 자손은 생육하고 불어나 번성하고 매
우 강하여 온 땅에 가득하게 되었더라 8 요셉을 알지 못하는 새 왕이 일어
나 애굽을 다스리더니 9 그가 그 백성에게 이르되 이 백성 이스라엘 자손
이 우리보다 많고 강하도다 10 자, 우리가 그들에게 대하여 지혜롭게 하자
두렵건대 그들이 더 많게 되면 전쟁이 일어날 때에 우리 대적과 합하여 우
리와 싸우고 이 땅에서 나갈까 하노라 하고 11 감독들을 그들 위에 세우고
그들에게 무거운 짐을 지워 괴롭게 하여 그들에게 바로를 위하여 국고성
비돔과 라암셋을 건축하게 하니라 12 그러나 학대를 받을수록 더욱 번성
하여 퍼져나가니 애굽 사람이 이스라엘 자손으로 말미암아 근심하여 13 이
스라엘 자손에게 일을 엄하게 시켜 14 어려운 노동으로 그들의 생활을 괴
롭게 하니 곧 흙 이기기와 벽돌 굽기와 농사의 여러 가지 일이라 그 시키는
일이 모두 엄하였더라 15 애굽 왕이 히브리 산파 십브라라 하는 사람과 부
아라 하는 사람에게 말하여 16 이르되 너희는 히브리 여인을 위하여 해산을 도울 때에 그 자리를 살펴서 아들이거
든 그를 죽이고 딸이거든 살려두라 17 그러나 산파들이 하나님을 두려워하여 애굽 왕의 명령을 어기고 남자 아기
들을 살린지라 18 애굽 왕이 산파를 불러 그들에게 이르되 너희가 어찌하여 이같이 남자 아기들을 살렸느냐 19 산
파가 바로에게 대답하되 히브리 여인은 애굽 여인과 같지 아니하고 건장하여 산파가 그들에게 이르기 전에 해산
하였더이다 하매 20 하나님이 그 산파들에게 은혜를 베푸시니 그 백성은 번성하고 매우 강해지니라 21 그 산파들
은 하나님을 경외하였으므로 하나님이 그들의 집안을 흥왕하게 하신지라 22 그러므로 바로가 그의 모든 백성에게
명령하여 이르되 아들이 태어나거든 너희는 그를 나일 강에 던지고 딸이거든 살려두라 하였더라

❖ 출 1장 **히브리 민족 형성**
애굽으로 내려간 70인의 야곱의 가족은 430년(B.C. 1876~1446)이란 긴 세월 동안 약 250만 명(민수기 603,550명에 근거해서 추정한 수치임)의 히브리 민족을 이룬다. 이는 하나님이 아브라함을 통해 하나님 나라를 회복하는 백성 약속의 성취이다. 하나님의 나라는 이제 족장이라는 가족 중심의 공동체에서 민족 공동체로 번성하였다. 그러나 히브리인에게 호의적이던 요셉시대의 바로는 없어지고 히브리 민족을 노예로 부리는 애굽왕의 시대가 되었다. 이들의 울부짖음을 들으신 하나님은 히브리 민족을 구원하실 역사를 시작하신다. 인간은 그들이 고난에 처했을 때에야 하나님을 찾게 되는 것인가?

출 1:8
학습 자료 5-2 "요셉을 알지 못하는 새 왕" 참조
학습 자료 5-1 연대표 함께 참조

출 1:12-22
애굽의 3가지 이스라엘 백성 억압 정책.
① 심한 노역 ② 태아 살해 ③ 유아 수장

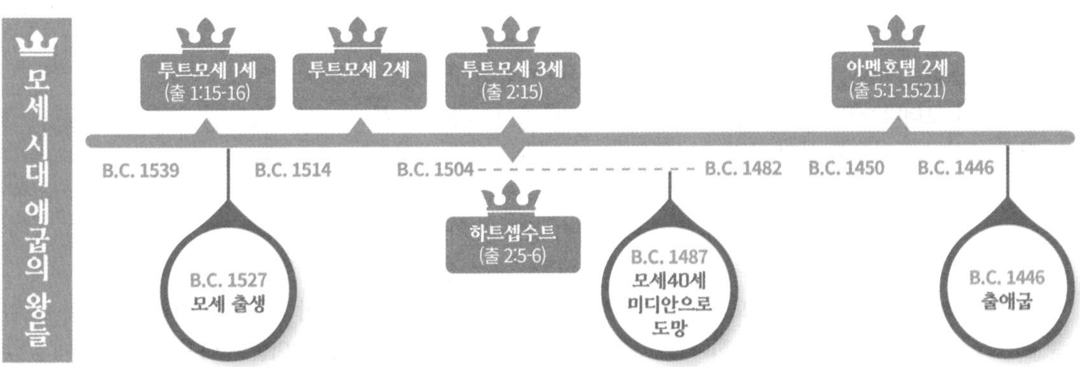

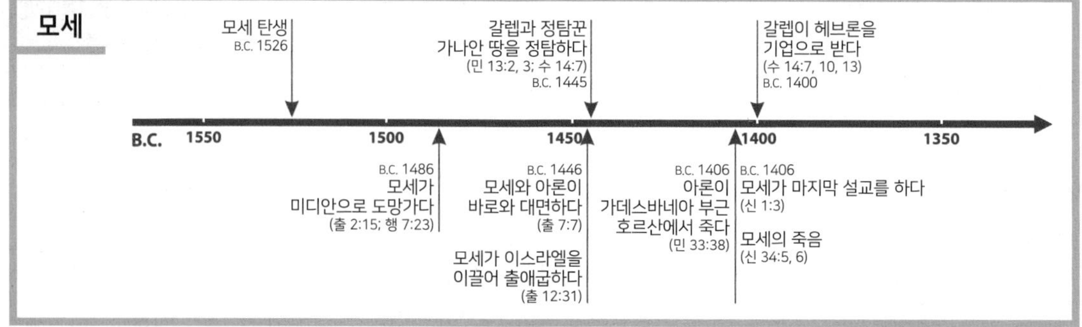

출애굽기 2장

모세가 태어나다

1 레위 가족 중 한 사람이 가서 레위 여자에게 장가들어 2 그 여자가 임신
하여 아들을 낳으니 그가 잘 생긴 것을 보고 석 달 동안 그를 숨겼으나 3
더 숨길 수 없게 되매 그를 위하여 갈대 상자를 가져다가 역청과 나무 진
을 칠하고 아기를 거기 담아 나일 강 가 갈대 사이에 두고 4 그의 누이가
어떻게 되는지를 알려고 멀리 섰더니 5 바로의 딸이 목욕하러 나일 강으
로 내려오고 시녀들은 나일 강 가를
거닐 때에 그가 갈대 사이의 상자를
보고 시녀를 보내어 가져다가 6 열고
그 아기를 보니 아기가 우는지라 그
가 그를 불쌍히 여겨 이르되 이는 히
브리 사람의 아기로다 7 그의 누이가 바로
의 딸에게 이르되 내가 가서 당신을 위하여 히브
리 여인 중에서 유모를 불러다가 이 아기에게 젖을 먹
이게 하리이까 8 바로의 딸이 그에게 이르되 가라 하매 그 소녀가 가서 그
아기의 어머니를 불러오니 9 바로의 딸이 그에게 이르되 이 아기를 데려
다가 나를 위하여 젖을 먹이라 내가 그 삯을 주리라 여인이 아기를 데려
다가 젖을 먹이더니 10 그 아기가 자라매 바로의 딸에게로 데려가니 그가
그의 아들이 되니라 그가 그의 이름을 모세라 하여 이르되 이는 내가 그
를 물에서 건져내었음이라 하였더라

모세가 미디안으로 피하다

11 모세가 장성한 후에 한번은 자기 형제들에게 나가서 그들이 고되게 노
동하는 것을 보더니 어떤 애굽 사람이 한 히브리 사람 곧 자기 형제를 치
는 것을 본지라 12 좌우를 살펴 사람이 없음을 보고 그 애굽 사람을 쳐죽
여 모래 속에 감추니라 13 이튿날 다시 나가니 두 히브리 사람이 서로 싸
우는지라 그 잘못한 사람에게 이르되 네가 어찌하여 동포를 치느냐 하
매 14 그가 이르되 누가 너를 우리를 다스리는 자와 재판관으로 삼았느냐
네가 애굽 사람을 죽인 것처럼 나도 죽이려느냐 모세가 두려워하여 이르되 일이 탄로되었도다 15 바로가 이 일
을 듣고 모세를 죽이고자 하여 찾는지라 모세가 바로의 낯을 피하여 미디안 땅에 머물며 하루는 우물 곁에 앉았

❖ 출 2장 **모세의 탄생과 생애 요약**
① 왕자 시절(40세까지) 능력 훈련
② 목자 시절(80세까지) 품성 훈련
③ 선지자(120세까지) 순종 훈련

▶ 이 부분 동영상 강의 제5강을 통해 모세의 3등분 된 생애를 통해 역사하시는 하나님을 꼭 만나라.

창세기의 가나안 땅 약속

단계	생애	영적 교훈
양육 (1-40세)	애굽에서 출생, 그의 어머니 요게벳으로부터 선민 정신을 배움. 애굽 사람의 학술을 다 배움 (출 2:1-15, 행 7:20-29)	아무리 유능한 자라도 어려서 좋은 양육과 교육이 요구됨, 특히 유아 신앙 교육이 절대적으로 필요함 (딤후 3:14-17)
성숙 (40-80세)	애굽인 살인 사건으로 미디안 광야로 도피, 그곳에서 40년 동안 목자 생활함 (출 2:15-22, 행 7:29-35)	시련과 연단, 고요한 묵상 등을 통하여 인격이 성숙됨. 참 지도자는 인생에 대한 깊은 통찰을 가질 것이 요구됨
사역 (80-120세)	하나님의 소명을 받아 이스라엘 백성을 영도함 (출 3:1-4:31, 행 7:36)	하나님 앞에 연단 받고 성숙한 후에야 하나님의 부르심에 따라 사역할 수 있음

출 2:3 "갈대 상자"를 '테베'라고 한다. 노아의 방주도 '테베'라고 한다.

출2:11-22 모세를 도망자로 만드시는 하나님의 섭리적 의도를 이해하라.

더라 16 미디안 제사장에게 일곱 딸이 있었더니 그들이 와서 물을 길어 구
유에 채우고 그들의 아버지의 양 떼에게 먹이려 하는데 17 목자들이 와서
그들을 쫓는지라 모세가 일어나 그들을 도와 그 양 떼에게 먹이니라 18
그들이 그들의 아버지 르우엘에게 이를 때에 아버지가 이르되 너희가 오
늘은 어찌하여 이같이 속히 돌아오느냐 19 그들이 이르되 한 애굽 사람이
우리를 목자들의 손에서 건져내고 우리를 위하여 물을 길어 양 떼에게 먹
였나이다 20 아버지가 딸들에게 이르되 그 사람이 어디에 있느냐 너희가
어찌하여 그 사람을 버려두고 왔느냐 그를 청하여 음식을 대접하라 하였
더라 21 모세가 그와 동거하기를 기뻐하매 그가 그의 딸 십보라를 모세에
게 주었더니 22 그가 아들을 낳으매 모세가 그의 이름을 게르솜이라 하여
이르되 내가 타국에서 나그네가 되었음이라 하였더라 23 여러 해 후에 애
굽 왕은 죽었고 이스라엘 자손은 고된 노동으로 말미암아 탄식하며 부르짖으니 그 고된 노동으로 말미암아 부
르짖는 소리가 하나님께 상달된지라 24 하나님이 그들의 고통 소리를 들으시고 하나님이 아브라함과 이삭과 야
곱에게 세운 그의 언약을 기억하사 25 하나님이 이스라엘 자손을 돌보셨고 하나님이 그들을 기억하셨더라

출 2:15 모세의 미디안 도피

출애굽기 3장

여호와께서 모세를 부르시다

1 모세가 그의 장인 미디안 제사장 이드로의 양 떼를 치더니 그 떼를 광
야 서쪽으로 인도하여 하나님의 산 호렙에 이르매 2 여호와의 사자가 떨
기나무 가운데로부터 나오는 불꽃 안에서 그에게 나타나시니라 그가 보
니 떨기나무에 불이 붙었으나 그 떨기나무가 사라지지 아니하는지라 3 이
에 모세가 이르되 내가 돌이켜 가서 이 큰 광경을 보리라 떨기나무가 어
찌하여 타지 아니하는고 하니 그 때에 4 여호와께서 그가 보려고 돌이켜
오는 것을 보신지라 하나님이 떨기나무 가운데서 그를 불러 이르시되 모
세야 모세야 하시매 그가 이르되 내가 여기 있나이다 5 하나님이 이르시
되 이리로 가까이 오지 말라 네가 선 곳은 거룩한 땅이니 네 발에서 신을
벗으라 6 또 이르시되 나는 네 조상의 하나님이니 아브라함의 하나님, 이
삭의 하나님, 야곱의 하나님이니라 모세가 하나님 뵈옵기를 두려워하여

출 3:1 호렙산 위치

출 3:5 하나님의 임재 앞에 선 모세를 향하여 하나님은 "여기는 거룩한 곳이니 네 발에서 신을 벗으라"라고 하신다. 신발은 인간이 자기 뜻을 실현시키고자 신고 돌아다니게 해 주는 수단이다. 그 신발을 벗는다는 것은 자기 뜻을 이루는 노력을 그만둔다는 결단을 말하고, 자기 권리를 포기한다는 것을 뜻한다(룻기 4:1-10). 이제 하나님의 종이 되어 하나님 나라를 회복하는 사역에 동역자 모세는 자기중심성을 온전히 버려야 했다.
☞ 갈 2:20 내가 그리스도와 함께 십자가에 못 박혔나니 그런즉 이제는 내가 사는 것이 아니요 오직 내 안에 그리스도께서 사시는 것이라 이제 내가 육체 가운데 사는 것은 나를 사랑하사 나를 위하여 자기 자신을 버리신 하나님의 아들을 믿는 믿음 안에서 사는 것이라

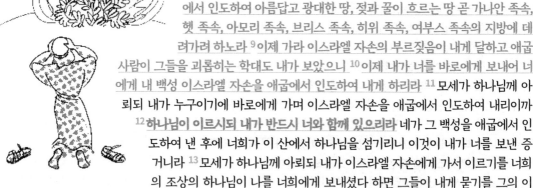

얼굴을 가리매 [7] 여호와께서 이르시되 내가 애굽에 있는 내 백성의 고통을
분명히 보고 그들이 그들의 감독자로 말미암아 부르짖음을 듣고 그 근심
을 알고 [8] 내가 내려가서 그들을 애굽인의 손에서 건져내고 그들을 그 땅
에서 인도하여 아름답고 광대한 땅, 젖과 꿀이 흐르는 땅 곧 가나안 족속,
헷 족속, 아모리 족속, 브리스 족속, 히위 족속, 여부스 족속의 지방에 데
려가려 하노라 [9] 이제 가라 이스라엘 자손의 부르짖음이 내게 달하고 애굽
사람이 그들을 괴롭히는 학대도 내가 보았으니 [10] 이제 내가 너를 바로에게 보내어 너
에게 내 백성 이스라엘 자손을 애굽에서 인도하여 내게 하리라 [11] 모세가 하나님께 아
뢰되 내가 누구이기에 바로에게 가며 이스라엘 자손을 애굽에서 인도하여 내리이까
[12] **하나님이 이르시되 내가 반드시 너와 함께 있으리라** 네가 그 백성을 애굽에서 인
도하여 낸 후에 너희가 이 산에서 하나님을 섬기리니 이것이 내가 너를 보낸 증
거니라 [13] 모세가 하나님께 아뢰되 내가 이스라엘 자손에게 가서 이르기를 너희
의 조상의 하나님이 나를 너희에게 보내셨다 하면 그들이 내게 묻기를 그의 이
름이 무엇이냐 하리니 내가 무엇이라고 그들에게 말하리이까 [14] 하나님이 모세에게 이르시되 나는 스스로 있는
자이니라 또 이르시되 너는 이스라엘 자손에게 이같이 이르기를 스스로
있는 자가 나를 너희에게 보내셨다 하라 [15] 하나님이 또 모세에게 이르시
되 너는 이스라엘 자손에게 이같이 이르기를 너희 조상의 하나님 여호와
곧 아브라함의 하나님, 이삭의 하나님, 야곱의 하나님께서 나를 너희에
게 보내셨다 하라 이는 나의 영원한 이름이요 대대로 기억할 나의 칭호니
라 [16] 너는 가서 이스라엘의 장로들을 모으고 그들에게 이르기를 여호와
너희 조상의 하나님 곧 아브라함과 이삭과 야곱의 하나님이 내게 나타나
이르시되 내가 너희를 돌보아 너희가 애굽에서 당한 일을 확실히보았노
라 [17] 내가 말하였거니와 내가 너희를 애굽의 고난 중에서 인도하여 내어
젖과 꿀이 흐르는 땅 곧 가나안 족속, 헷 족속, 아모리 족속, 브리스 족속, 히위 족속, 여부스 족속의 땅으로 올라
가게 하리라 하셨다 하면 [18] 그들이 네 말을 들으리니 너는 그들의 장로들과 함께 애굽 왕에게 이르기를 히브리
사람의 하나님 여호와께서 우리에게 임하셨은즉 우리가 우리 하나님 여호와께 제사를 드리려 하오니 사흘길쯤
광야로 가도록 허락하소서 하라 [19] 내가 아노니 강한 손으로 치기 전에는 애굽 왕이 너희가 가도록 허락하지 아
니하다가 [20] 내가 내 손을 들어 애굽 중에 여러 가지 이적으로 그 나라를 친 후에야 그가 너희를 보내리라 [21] 내
가 애굽 사람으로 이 백성에게 은혜를 입히게 할지라 너희가 나갈 때에 빈손으로 가지 아니하리니 [22] 여인들은
모두 그 이웃 사람과 및 자기 집에 거류하는 여인에게 은 패물과 금 패물과 의복을 구하여 너희의 자녀를 꾸미
라 너희는 애굽 사람들의 물품을 취하리라

출 3:14 하나님은 자신의 이름을 "스스로 있는 자"라고 알려 주신다. 이는 구약에서 가장 중요한 계시이다. 그 이름은 무한한 능력을 의미하며 바로 그 능력이 그의 백성을 구원하신다는 믿음을 주시는 이름이다. אהיה אשר אהיה('ehyeh' 'asher' 'ehyeh' 에흐예 아쉐르 에흐예) "I Am Who I Am") "나는 스스로 있는 자니라.", "自由自在"

출 3:21-22 하나님은 나중에 세울 성막의 자료까지 챙겨 주신다.

출애굽기 4장

여호와께서 모세에게 능력을 주시다

[1] 모세가 대답하여 이르되 그러나 그들이 나를 믿지 아니하며 내 말을 듣
지 아니하고 이르기를 여호와께서 네게 나타나지 아니하셨다 하리이다 [2]
여호와께서 그에게 이르시되 네 손에 있는 것이 무엇이냐 그가 이르되 지
팡이니이다 [3] 여호와께서 이르시되 그것을 땅에 던지라 하시매 곧 땅에
던지니 그것이 뱀이 된지라 모세가 뱀 앞에서 피하매 [4] 여호와께서 모세
에게 이르시되 네 손을 내밀어 그 꼬리를 잡으라 그가 손을 내밀어 그것

출 4:1-5 모세에게 능력을 주시는데 그것은 특출하고 비범한 것이 아니었다. 40년간 미디안 광야에서 이드로의 양 떼를 칠 때 사용한 평범한 지팡이었다. 이것은 우리의 일상의 평범한 삶을 변화시켜서 그 삶을 통해서 하나님의 능력이 임한다는 사실을 보여 준다.

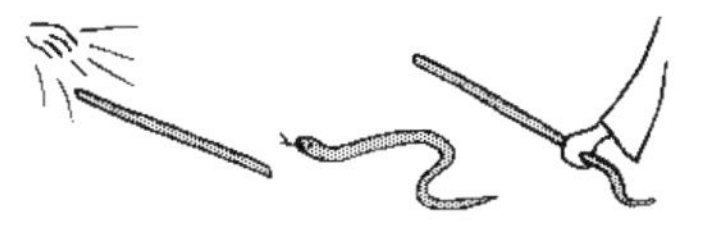

출 4:5
학습 자료 5-3 "하나님의 불변성" 참조

을 잡으니 그의 손에서 지팡이가 된
지라 5 이는 그들에게 그들의 조상
의 하나님 곧 아브라함의 하나님, 이삭의 하나님, 야곱의 하나님 여호와가
네게 나타난 줄을 믿게 하려 함이라 하시고 6 여호와께서 또 그에게 이르시
되 네 손을 품에 넣으라 하시매 그가 손을 품에 넣었다가 내어보니 그의 손에 나병이 생겨 눈 같이 된지라 7 이르
시되 네 손을 다시 품에 넣으라 하시매 그가 다시 손을 품에 넣었다가 내어보니 그의 손이 본래의 살로 되돌아왔
더라 8 여호와께서 이르시되 만일 그들이 너를 믿지 아니하며 그 처음 표적의 표징을 받지 아니하여도 나중 표적
의 표징은 믿으리라 9 그들이 이 두 이적을 믿지 아니하며 네 말을 듣지 아니하거든 너는 나일 강 물을 조금 떠다
가 땅에 부으라 네가 떠온 나일 강 물이 땅에서 피가 되리라 10 모세가 여호와께 아뢰되 오 주여 나는 본래 말을
잘 하지 못하는 자니이다 주께서 주의 종에게 명령하신 후에도 역시 그러하니 나는 입이 뻣뻣하고 혀가 둔한 자
니이다 11 여호와께서 그에게 이르시되 누가 사람의 입을 지었느냐 누가 말 못 하는 자나 못 듣는 자나 눈 밝은
자나 맹인이 되게 하였느냐 나 여호와가 아니냐 12 이제 가라 내가 네 입과 함께 있어서 할 말을 가르치리라 13
모세가 이르되 오 주여 보낼 만한 자를 보내소서 14 여호와께서 모세를 향하여 노하여 이르시되 레위 사람 네 형
아론이 있지 아니하냐 그가 말 잘 하는 것을 내가 아노라 그가 너를 만나러 나오나니 그가 너를 볼 때에 그의 마
음에 기쁨이 있을 것이라 15 너는 그에게 말하고 그의 입에 할 말을 주라 내가 네 입과 그의 입에 함께 있어서 너
희들이 행할 일을 가르치리라 16 그가 너를 대신하여 백성에게 말할 것이니 그는 네 입을 대신할 것이요 너는 그
에게 하나님 같이 되리라 17 너는 이 지팡이를 손에 잡고 이것으로 이적을 행할지니라

모세가 애굽으로 돌아가다

18 모세가 그의 장인 이드로에게로 돌아가서 그에게 이르되 내가 애굽에 있는 내 형제들에게로 돌아가서 그들
이 아직 살아 있는지 알아보려 하오니 나로 가게 하소서 이드로가 모세에게 평안히 가라 하니라 19 여호와께서
미디안에서 모세에게 이르시되 애굽으로 돌아가라 네 목숨을 노리던 자가 다 죽었느니라 20 모세가 그의 아내와
아들들을 나귀에 태우고 애굽으로 돌아가는데 모세가 하나님의 지팡이를 손에 잡았더라 21 여호와께서 모세에
게 이르시되 네가 애굽으로 돌아가거든 내가 네 손에 준 이적을 바로 앞에서 다 행하라 그러나 내가 그의 마음
을 완악하게 한즉 그가 백성을 보내 주지 아니하리니 22 너는 바로에게 이
르기를 여호와의 말씀에 이스라엘은 내 아들 내 장자라 23 내가 네게 이
르기를 내 아들을 보내 주어 나를 섬기게 하라 하여도 네가 보내 주기를
거절하니 내가 네 아들 네 장자를 죽이리라 하셨다 하라 하시니라 24 모세
가 길을 가다가 숙소에 있을 때에 여호와께서 그를 만나사 그를 죽이려
하신지라 25 십보라가 돌칼을 가져다가 그의 아들의 포피를 베어 그의 발
에 갖다 대며 이르되 당신은 참으로 내게 피 남편이로다 하니 26 여호와께
서 그를 놓아 주시니라 그 때에 십보라가 피 남편이라 함은 할례 때문이
었더라 27 여호와께서 아론에게 이르시되 광야에 가서 모세를 맞으라 하
시매 그가 가서 하나님의 산에서 모세를 만나 그에게 입맞추니 28 모세가
여호와께서 자기에게 분부하여 보내신 모든 말씀과 여호와께서 자기에
게 명령하신 모든 이적을 아론에게 알리니라 29 모세와 아론이 가서 이스
라엘 자손의 모든 장로를 모으고 30 아론이 여호와께서 모세에게 이르신
모든 말씀을 전하고 그 백성 앞에서 이적을 행하니 31 백성이 믿으며 여호
와께서 이스라엘 자손을 찾으시고 그들의 고난을 살피셨다 함을 듣고 머
리 숙여 경배하였더라

출 4:20 애굽으로 돌아온 모세

출 4:24-26 할례는 아브라함 언약으로 주어진 언약 백성의 징표이다. 이 징표 없이 하나님의 사람이 되고, 또 구속 사역의 동역자가 된다는 것은 잘못된 것이다.
오늘날 세례의 의미를 생각해 보라. 세례는 단순한 요식 행위가 아님을 깊이 명심하라.

출애굽기 5장

모세와 아론이 바로 앞에 서다

1 그 후에 모세와 아론이 바로에게 가서 이르되 이스라엘의 하나님 여호
와께서 이렇게 말씀하시기를 내 백성을 보내라 그러면 그들이 광야에서
내 앞에 절기를 지킬 것이니라 하셨나이다 2 바로가 이르되 여호와가 누
구이기에 내가 그의 목소리를 듣고 이스라엘을 보내겠느냐 나는 여호와
를 알지 못하니 이스라엘을 보내지 아니하리라 3 그들이 이르되 히브리인
의 하나님이 우리에게 나타나셨은즉 우리가 광야로 사흘길쯤 가서 우리
하나님 여호와께 제사를 드리려 하오니 가도록 허락하소서 여호와께서
전염병이나 칼로 우리를 치실까 두려워하나이다 4 애굽 왕이 그들에게 이르되 모세와 아론아 너희가 어찌하여
백성의 노역을 쉬게 하려느냐 가서 너희의 노역이나 하라 5 바로가 또 이르되 이제 이 땅의 백성이 많아졌거늘
너희가 그들로 노역을 쉬게 하는도다 하고 6 바로가 그 날에 백성의 감독들과 기록원들에게 명령하여 이르되 7
너희는 백성에게 다시는 벽돌에 쓸 짚을 전과 같이 주지 말고 그들이 가서 스스로 짚을 줍게 하라 8 또 그들이 전
에 만든 벽돌 수효대로 그들에게 만들게 하고 감하지 말라 그들이 게으르므로 소리 질러 이르기를 우리가 가서
우리 하나님께 제사를 드리자 하나니 9 그 사람들의 노동을 무겁게 함으로 수고롭게 하여 그들로 거짓말을 듣
지 않게 하라 10 백성의 감독들과 기록원들이 나가서 백성에게 말하여 이르되 바로가 이렇게 말하기를 내가 너
희에게 짚을 주지 아니하리니 11 너희는 짚을 찾을 곳으로 가서 주우라 그러나 너희 일은 조금도 감하지 아니하
리라 하셨느니라 12 백성이 애굽 온 땅에 흩어져 곡초 그루터기를 거두어다가 짚을 대신하니 13 감독들이 그들을
독촉하여 이르되 너희는 짚이 있을 때와 같이 그 날의 일을 그 날에 마치라 하며 14 바로의 감독들이 자기들이 세
운 바 이스라엘 자손의 기록원들을 때리며 이르되 너희가 어찌하여 어제와 오늘에 만드는 벽돌의 수효를 전과
같이 채우지 아니하였느냐 하니라 15 이스라엘 자손의 기록원들이 가서 바로에게 호소하여 이르되 왕은 어찌하
여 당신의 종들에게 이같이 하시나이까 16 당신의 종들에게 짚을 주지 아니하고 그들이 우리에게 벽돌을 만들라
하나이다 당신의 종들이 매를 맞사오니 이는 당신의 백성의 죄니이다 17 바로가 이르되 너희가 게으르다 게으르
다 그러므로 너희가 이르기를 우리가 가서 여호와께 제사를 드리자 하는도다 18 이제 가서 일하라 짚은 너희에
게 주지 않을지라도 벽돌은 너희가 수량대로 바칠지니라 19 기록하는 일을 맡은 이스라엘 자손들이 너희가 매일
만드는 벽돌을 조금도 감하지 못하리라 함을 듣고 화가 몸에 미친 줄 알고 20 그들이 바로를 떠나 나올 때에 모
세와 아론이 길에 서 있는 것을 보고 21 그들에게 이르되 너희가 우리를 바로의 눈과 그의 신하의 눈에 미운 것이
되게 하고 그들의 손에 칼을 주어 우리를 죽이게 하는도다 여호와는 너희를 살피시고 판단하시기를 원하노라

> 출 5:1-9 하나님에 대한 바로의 무지함은 불순종의 죄뿐만 아니라 더 큰 악을 조장시키는 결과를 초래했다. 그렇다면 당신은 하나님에 대해 얼마나 알고 있으며, 하나님을 더 알기 위해 어떤 노력을 하고 있는가? 또한 당신은 당신이 아는 만큼 하나님께 순종하고 있는가?(cf. 신 1:26, 잠 19:29)

모세가 여호와께 아뢰다

22 모세가 여호와께 돌아와서 아뢰되 주여 어찌하여 이 백성이 학대를 당하게 하셨나이까 어찌하여 나를 보내셨
나이까 23 내가 바로에게 들어가서 주의 이름으로 말한 후로부터 그가 이 백성을 더 학대하며 주께서도 주의 백
성을 구원하지 아니하시나이다

출애굽기 6장

1 여호와께서 모세에게 이르시되 이제 내가 바로에게 하는 일을 네가 보
리라 강한 손으로 말미암아 바로가 그들을 보내리라 강한 손으로 말미암
아 바로가 그들을 그의 땅에서 쫓아내리라

하나님이 모세를 부르시다

2 하나님이 모세에게 말씀하여 이르시되 나는 여호와이니라 3 내가 아브라
함과 이삭과 야곱에게 전능의 하나님으로 나타났으나 나의 이름을 여호

> 출 6:2-8 우리의 원래의 모습(창 1:26-28)을 회복하시려는 하나님의 창조적 사랑의 모습을 보게 된다. 사탄의 간계에 넘어간 아담과 하와처럼, 자기 꾀에 빠져 아버지로부터 자기 분깃을 미리 받아 탕진한 탕자 같은 자(눅 15장)들에게 하나님은 어떻게 다가오시는가를 분명히 보라. 오늘 그 하나님이 나와 동행하시기를 원한다는 사실을 알고 있는가?

와로는 그들에게 알리지 아니하였고 4 가나안 땅 곧 그들이 거류하는 땅을 그들에게 주기로 그들과 언약하였더니
5 이제 애굽 사람이 종으로 삼은 이스라엘 자손의 신음 소리를 내가 듣고 나의 언약을 기억하노라 6 그러므로 이스
라엘 자손에게 말하기를 나는 여호와라 내가 애굽 사람의 무거운 짐 밑에서 너희를 빼내며 그들의 노역에서 너희
를 건지며 편 팔과 여러 큰 심판들로써 너희를 속량하여 7 너희를 내 백성으로 삼고 나는 너희의 하나님이 되리니
나는 애굽 사람의 무거운 짐 밑에서 너희를 빼낸 너희의 하나님 여호와인 줄 너희가 알지라 8 내가 아브라함과 이
삭과 야곱에게 주기로 맹세한 땅으로 너희를 인도하고 그 땅을 너희에게 주어 기업을 삼게 하리라 나는 여호와라
하셨다 하라 9 모세가 이와 같이 이스라엘 자손에게 전하나 그들이 마음의 상함과 가혹한 노역으로 말미암아 모
세의 말을 듣지 아니하였더라 10 여호와께서 모세에게 말씀하여 이르시되 11 들어가서 애굽 왕 바로에게 말하여
이스라엘 자손을 그 땅에서 내보내게 하라 12 모세가 여호와 앞에 아뢰어 이르되 이스라엘 자손도 내 말을 듣지
아니하였거든 바로가 어찌 들으리이까 나는 입이 둔한 자니이다 13 여호와께서 모세와 아론에게 말씀하사 그들로
이스라엘 자손과 애굽 왕 바로에게 명령을 전하고 이스라엘 자손을 애굽 땅에서 인도하여 내게 하시니라

모세와 아론의 조상

14 그들의 조상을 따라 집의 어른은 이러하니라 이스라엘의 장자 르우벤의 아들은 하녹과 발루와 헤스론과 갈
미니 이들은 르우벤의 족장이요 15 시므온의 아들들은 여무엘과 야민과 오핫과 야긴과 소할과 가나안 여인의 아
들 사울이니 이들은 시므온의 가족이요 16 레위의 아들들의 이름은 그들의 족보대로 이러하니 게르손과 고핫
과 므라리요 레위의 나이는 백삼십칠 세였으며 17 게르손의 아들들은 그들의 가족대로 립니와 시므이요 18 고핫
의 아들들은 아므람과 이스할과 헤브론과 웃시엘이요 고핫의 나이는 백
삼십삼 세였으며 19 므라리의 아들들은 마흘리와 무시니 이들은 그들의
족보대로 레위의 족장이요 20 아므람은 그들의 아버지의 누이 요게벳을
아내로 맞이하였고 그는 아론과 모세를 낳았으며 아므람의 나이는 백삼
십칠 세였으며 21 이스할의 아들들은 고라와 네벡과 시그리요 22 웃시엘
의 아들들은 미사엘과 엘사반과 시드리요 23 아론은 암미나답의 딸 나손
의 누이 엘리세바를 아내로 맞이하였고 그는 나답과 아비후와 엘르아살
과 이다말을 낳았으며 24 고라의 아들들은 앗실과 엘가나와 아비아삽이
니 이들은 고라 사람의 족장이요 25 아론의 아들 엘르아살은 부디엘의 딸
중에서 아내를 맞이하였고 그는 비느하스를 낳았으니 이들은 레위 사람
의 조상을 따라 가족의 어른들이라 26 이스라엘 자손을 그들의 군대대로
애굽 땅에서 인도하라 하신 여호와의 명령을 받은 자는 이 아론과 모세요
27 애굽 왕 바로에게 이스라엘 자손을 애굽에서 내보내라 말한 사람도 이
모세와 아론이었더라

출 6:27 아론과 모세의 계보

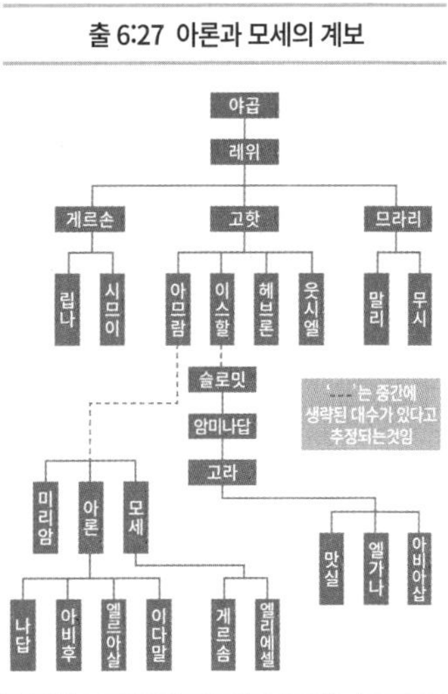

여호와께서 모세와 아론에게 명령하시다

28 여호와께서 애굽 땅에서 모세에게 말씀하시던 날에 29 여호와께서 모세에게 말씀하여 이르시되 나는 여호와
라 내가 네게 이르는 바를 너는 애굽 왕 바로에게 다 말하라 30 모세가 여호와 앞에서 아뢰되 나는 입이 둔한 자
이오니 바로가 어찌 나의 말을 들으리이까

출애굽기 7장

출 7~11장
학습 자료 5-4 "10가지 재앙" 참조

1 여호와께서 모세에게 이르시되 볼지어다 내가 너를 바로에게 신 같이
되게 하였은즉 네 형 아론은 네 대언자가 되리니 2 내가 네게 명령한 바를 너는 네 형 아론에게 말하고 그는 바로
에게 말하여 그에게 이스라엘 자손을 그 땅에서 내보내게 할지니라 3 내가 바로의 마음을 완악하게 하고 내 표
징과 내 이적을 애굽 땅에서 많이 행할 것이나 4 바로가 너희의 말을 듣지 아니할 터인즉 내가 내 손을 애굽에 뻗

쳐 여러 큰 심판을 내리고 내 군대, 내 백성 이스라엘 자손을 그 땅에서 인
도하여 낼지라 5 내가 내 손을 애굽 위에 펴서 이스라엘 자손을 그 땅에서
인도하여 낼 때에야 애굽 사람이 나를 여호와인 줄 알리라 하시매 6 모세
와 아론이 여호와께서 자기들에게 명령하신 대로 행하였더라 7 그들이 바
로에게 말할 때에 모세는 팔십 세였고 아론은 팔십삼 세였더라

뱀이 된 아론의 지팡이

8 여호와께서 모세와 아론에게 말씀하여 이르시되 9 바로가 너희에게 이르
기를 너희는 이적을 보이라 하거든 너는 아론에게 말하기를 너의 지팡이를
들어서 바로 앞에 던지라 하라 그것이 뱀이 되리라 10 모세와 아론이 바로에
게 가서 여호와께서 명령하신 대로 행하여 아론이 바로와 그의 신하 앞에
지팡이를 던지니 뱀이 된지라 11 바로도 현인들과 마술사들을 부르매 그 애
굽 요술사들도 그들의 요술로 그와 같이 행하되 12 각 사람이 지팡이를 던지
매 뱀이 되었으나 아론의 지팡이가 그들의 지팡이를 삼키니라 13 그러나 바
로의 마음이 완악하여 그들의 말을 듣지 아니하니 여호와의 말씀과 같더라

첫째 재앙 : 물이 피가 되다

14 여호와께서 모세에게 이르시되 바로의 마음이 완강하여 백성 보내기
를 거절하는도다 15 아침에 너는 바로에게로 가라 보라 그가 물 있는 곳
으로 나오리니 너는 나일 강 가에 서서 그를 맞으며 그 뱀 되었던 지팡이
를 손에 잡고 16 그에게 이르기를 히브리 사람의 하나님 여호와께서 나를
왕에게 보내어 이르시되 내 백성을 보내라 그러면 그들이 광야에서 나를
섬길 것이니라 하였으나 이제까지 네가 듣지 아니하도다 17 여호와가 이
같이 이르노니 네가 이로 말미암아 나를 여호와인 줄 알리라 볼지어다 내
가 내 손의 지팡이로 나일 강을 치면 그것이 피로 변하고 18 나일 강의 고
기가 죽고 그 물에서는 악취가 나리니 애굽 사람들이 그 강 물 마시기를
싫어하리라 하라 19 여호와께서 또 모세에게 이르시되 아론에게 명령하
기를 네 지팡이를 잡고 네 팔을 애굽의 물들과 강들과 운하와 못과 모든
호수 위에 내밀라 하라 그것들이 피가 되리니 애굽 온 땅과 나무 그릇과
돌 그릇 안에 모두 피가 있으리라 20 모세와 아론이 여호와께서 명령하신
대로 행하여 바로와 그의 신하의 목전에서 지팡이를 들어 나일 강을 치니
그 물이 다 피로 변하고 21 나일 강의 고기가 죽고 그 물에서는 악취가 나
니 애굽 사람들이 나일 강 물을 마시지 못하며 애굽 온 땅에는 피가 있으
나 22 애굽 요술사들도 자기들의 요술로 그와 같이 행하므로 바로의 마음
이 완악하여 그들의 말을 듣지 아니하니 여호와의 말씀과 같더라 23 바로
가 돌이켜 궁으로 들어가고 그 일에 관심을 가지지도 아니하였고 24 애굽
사람들은 나일 강 물을 마실 수 없으므로 나일 강 가를 두루 파서 마실 물
을 구하였더라 25 여호와께서 나일 강을 치신 후 이레가 지나니라

❖ **출 7~11장**
왜 하나님은 열 가지 재앙을 내리신 후에야 히브리 민족을 구원해 내실까?
이들은 야곱이 애굽으로 이주하던 때(B.C.1876)부터 출애굽 때(B.C.1446) 까지 430년간 이스라엘 백성은 애굽 땅에 살면서 아브라함과 이삭과 야곱의 하나님을 잊어버렸고 그 하나님이 어떤 분이신지도, 얼마나 능력이 있으신 분인지도 모르고 있었다. 하나님은 자신이 하늘과 땅의 창조주요, 자기 백성을 바로 밑에서 겪었던 혹독한 노예생활에서 구해 내시는 구속주이시요, 그들의 삶을 인도하시는 섭리주 하나님이심을 분명히 보여 주셨다. 오늘날 우리들도 이 출애굽 사건을 통해 하나님이 창조주, 구속주, 섭리주 하나님이심을 배우고(지성적 읽기), 그렇게 고백하고(감성적 읽기), 그분께 순종하는 삶(의지적 읽기)을 살아야 한다.
하나님은 애굽의 종교 문화에 익숙해서 그들의 신을 섬기고 있는 이스라엘 백성에게 하나님이 누구이시고 어떤 분이신가를 가르쳐 줄 기회가 필요하였다. 그래서 하나님은 10가지 재앙을 애굽이 섬기는 신과의 대결로 이끌어 내어 재앙을 통해 하나님만이 유일한 신이라는 사실을 보여 주셨다(신 4:31-35).
이 재앙은 또한 요한계시록에서 사탄의 세력들에게 내리는 심판들이기도 하다.

> **출 7:1-7** 만약 사람이 하나님의 경고를 무시하고 계속 불순종하고 반역하면 하나님은 반드시 심판하신다는 것을 보여 주신다(히 3:7-13 참조).
> 바로는 스스로 강퍅하여 하나님의 말씀을 무시하였고, 하나님은 그런 바로를 심판하여 강퍅게 하신다. 똑같은 태양인데 아이스크림을 녹이기도 하고, 진흙을 굳게 하기도 한다는 사실을 명심하라.

❖ 재앙은 거짓 신과 그들의 간계에 대한 하나님의 전쟁이다. 특히 이 10개의 재앙은 각 재앙의 상황과 관련 있는 애굽의 잡신들에 대한 하나님의 전쟁이다. 이스라엘 사람들은 하나님이 누구이시고, 무엇을 행하셨는가를(7:5, 12:12, 시 106:6-7) 눈으로 분명히 보았다. 또한 하나님은 이스라엘을 애굽 사람들과 구별하셨다.
그럼에도 그들은 하나님께 순종하지 않았을 뿐만 아니라, 심지어 홍해의 벽에 부딪혔을 때 다시 애굽으로 돌아가기를 원했다. 왜 그럴까?

출애굽기 8장

둘째 재앙 : 개구리가 올라오다

1 여호와께서 모세에게 이르시되 너는 바로에게 가서 그에게 이르기를 여호와의 말씀에 내 백성을 보내라 그들

출 8:2
학습 자료 5-5 "하나님의 일반 심판" 참조

이 나를 섬길 것이니라 2 네가 만일 보내기를 거절하면 내가 개구리로 너의 온 땅을 치리라 3 개구리가 나일 강에
서 무수히 생기고 올라와서 네 궁과 네 침실과 네 침상 위와 네 신하의 집과 네 백성과 네 화덕과 네 떡 반죽 그
릇에 들어갈 것이며 4 개구리가 너와 네 백성과 네 모든 신하에게 기어오르리라 하셨다 하라 5 여호와께서 모세
에게 이르시되 아론에게 명령하기를 네 지팡이를 잡고 네 팔을 강들과 운하들과 못 위에 펴서 개구리들이 애굽
땅에 올라오게 하라 할지니라 6 아론이 애굽 물들 위에 그의 손을 내밀매 개구리가 올라
와서 애굽 땅에 덮이니 7 요술사들도 자기 요술대로 그와 같이 행하여 개구리가 애
굽 땅에 올라오게 하였더라 8 바로가 모세와 아론을 불러 이르되 여호와께 구하
여 나와 내 백성에게서 개구리를 떠나게 하라 내가 이 백성을 보내리니 그들이
여호와께 제사를 드릴 것이니라 9 모세가 바로에게 이르되 내가 왕과 왕의
신하와 왕의 백성을 위하여 이 개구리를 왕과 왕궁에서 끊어 나일 강에만
있도록 언제 간구하는 것이 좋을는지 내게 분부하소서 10 그가 이르되
내일이니라 모세가 이르되 왕의 말씀대로 하여 왕에게 우리 하나님 여
호와와 같은 이가 없는 줄을 알게 하리니 11 개구리가 왕과 왕궁과 왕의 신하와
왕의 백성을 떠나서 나일 강에만 있으리이다 하고 12 모세와 아론이 바로를 떠나 나가서 바로에게 내리신 개구
리에 대하여 모세가 여호와께 간구하매 13 여호와께서 모세의 말대로 하시니 개구리가 집과 마당과 밭에서부터
나와서 죽은지라 14 사람들이 모아 무더기로 쌓으니 땅에서 악취가 나더라 15 그러나 바로가 숨을 쉴 수 있게 됨
을 보았을 때에 그의 마음을 완강하게 하여 그들의 말을 듣지 아니하였으니 여호와께서 말씀하신 것과 같더라

셋째 재앙 : 티끌이 이가 되다

16 여호와께서 모세에게 이르시되 아론에게 명령하기를 네 지팡이를 들어 땅의 티끌을 치라 하라 그것이 애굽
온 땅에서 이가 되리라 17 그들이 그대로 행할새 아론이 지팡이를 잡고 손을 들어 땅의 티끌을 치매 애굽 온 땅
의 티끌이 다 이가 되어 사람과 가축에게 오르니 18 요술사들도 자기 요술로 그같이 행하여 이를 생기게 하려 하
였으나 못 하였고 이가 사람과 가축에게 생긴지라 19 요술사가 바로에게 말하되 이는 하나님의 권능이니이다 하
였으나 바로의 마음이 완악하게 되어 그들의 말을 듣지 아니하였으니 여호와의 말씀과 같더라

넷째 재앙 : 파리가 가득하다

20 여호와께서 모세에게 이르시되 아침에 일찍이 일어나 바로 앞에 서라 그가 물 있는 곳으로 나오리니 그에게
이르기를 여호와께서 이와 같이 말씀하시기를 내 백성을 보내라 그러면 그들이 나를 섬길 것이니라 21 네가 만일
내 백성을 보내지 아니하면 내가 너와 네 신하와 네 백성과 네 집들에 파리 떼를 보내리니 애굽 사람의 집집에
파리 떼가 가득할 것이며 그들이 사는 땅에도 그러하리라 22 그 날에 나는 내 백성이 거주하는 고센 땅을 구별

성경과 이방 신화의 신(神)개념 비교

	성경	바벨론	애굽	헬라
신의 존재	절대 유일하신 하나님 한분이 계시다.	세력 투쟁을 일삼는 숱한 남·녀 신들이 있다.	가족 또는 위계 상의 관계를 갖고 있는 숱한 신들이 있다.	각각 독특한 개성과 기능을 가진 상당수의 신들이 올림푸스를 중심으로 모여 있다.
신의 속성	전지 전능과 절대 거룩	선신과 악신이 따로 존재한다.	자연 현상 또는 인간의 관념의 근원이 곧 각신의 성품 발현이다.	질투,성적 욕망,공포 등 인간의 모든 속성을 보유한다.
신과 우주의 관계	하나님에 의하여 예정, 창조, 보존된다.	그 옛날 살해된 신 티아맛(Tiamat)의 시체가 바로 우주이다.	다섯 개의 서로 다른 신화가 있다. 한마디로 우주의 근본 기원에 대해서는 별 관심이 없다.	우주는 신들 이전에 자연 발생하였다.
신과 인간의 관계	하나님에 의하여 예정, 창조되었으며 교제를 나눈다. 그리고 선악간 심판된다.	인간은 전투 중에 숨진 신 킹구(kinggu)의 피에서 나온 비천한 존재이다.	조건적 축복을 주는 개인적 관계	신들이 상대적으로 우월하나 인간과 마찬가지로 운명에 종속된다. 신들은 인간사에 자신의 기분대로 관여한다.

하여 그 곳에는 파리가 없게 하리니 이로 말미암아 이 땅에서 내가 여호
와인 줄을 네가 알게 될 것이라 23 내가 내 백성과 네 백성 사이를 구별하
리니 내일 이 표징이 있으리라 하셨다 하라 하시고 24 여호와께서 그와 같
이 하시니 무수한 파리가 바로의 궁과 그의 신하의 집과 애굽 온 땅에 이
르니 파리로 말미암아 그 땅이 황폐하였더라 25 바로가 모세와 아론을 불
러 이르되 너희는 가서 이 땅에서 너희 하나님께 제사를 드리라 26 모세가
이르되 그리함은 부당하니이다 우리가 우리 하나님 여호와께 제사를 드리는 것은 애굽 사람이 싫어하는 바인즉
우리가 만일 애굽 사람의 목전에서 제사를 드리면 그들이 그것을 미워하여 우리를 돌로 치지 아니하리이까 27 우
리가 사흘길쯤 광야로 들어가서 우리 하나님 여호와께 제사를 드리되 우리에게 명령하시는 대로 하려 하나이다
28 바로가 이르되 내가 너희를 보내리니 너희가 너희의 하나님 여호와께 광야에서 제사를 드릴 것이나 너무 멀리
가지는 말라 그런즉 너희는 나를 위하여 간구하라 29 모세가 이르되 내가 왕을 떠나가서 여호와께 간구하리니
내일이면 파리 떼가 바로와 바로의 신하와 바로의 백성을 떠나려니와 바로는 이 백성을 보내어 여호와께 제사
를 드리는 일에 다시 거짓을 행하지 마소서 하고 30 모세가 바로를 떠나 나와서 여호와께 간구하니 31 여호와께
서 모세의 말대로 하시니 그 파리 떼가 바로와 그의 신하와 그의 백성에게서 떠나니 하나도 남지 아니하였더라
32 그러나 바로가 이 때에도 그의 마음을 완강하게 하여 그 백성을 보내지 아니하였더라

> 출 8:22 열 가지 재앙 중 4번째 재앙부터 는 하나님의 백성에게 임하지 않는 은혜를 베푸신다. 우리가 믿는 하나님은 택함을 받은 하나님의 백성을 특별히 보호하신다는 사실을 믿고 감사하는가?
> 나는 그런 은총을 덧입는 삶을 사는가?

출애굽기 9장

다섯째 재앙 : 가축의 죽음

1 여호와께서 모세에게 이르시되 바로에게 들어가서 그에게 이르라 히브
리 사람의 하나님 여호와께서 말씀하시기를 내 백성을 보내라 그들이 나
를 섬길 것이니라 2 네가 만일 보내기를 거절하고 억지로 잡아두면 3 여호
와의 손이 들에 있는 네 가축 곧 말과 나귀와 낙타와 소와 양에게 더하리
니 심한 돌림병이 있을 것이며 4 여호와가 이스라엘의 가축과 애굽의 가
축을 구별하리니 이스라엘 자손에게 속한 것은 하나도 죽지 아니하리라
하셨다 하라 하시고 5 여호와께서 기한을 정하여 이르시되 여호와가 내일 이 땅에서 이 일을 행하리라 하시더니
6 이튿날에 여호와께서 이 일을 행하시니 애굽의 모든 가축은 죽었으나 이스라엘 자손의 가축은 하나도 죽지 아
니한지라 7 바로가 사람을 보내어 본즉 이스라엘의 가축은 하나도 죽지 아니하였더라 그러나 바로의 마음이 완
강하여 백성을 보내지 아니하니라

❖ 출 9 ~ 10장
궁지에 몰린 바로는 타협을 시도한다, 타협은 사탄의 유능한 무기임을 무시하면 우리는 낭패를 당하게 된다는 사실을 가슴 깊이 새기라. 하나님은 이스라엘을 애굽과 구별시키시고(9:4, 11:7) 그들과 타협하지 않고 오직 하나님의 방법으로 행하시기를 원하신다(신위, 고전 6:14-16).

출 9장
학습 자료 5-6 "유일신론" 참조

여섯째 재앙 : 악성 종기가 생기다

8 여호와께서 모세와 아론에게 이르시되 너희는 화덕의 재 두 움큼을 가지고 모세가 바로의 목전에서 하늘을 향
하여 날리라 9 그 재가 애굽 온 땅의 티끌이 되어 애굽 온 땅의 사람과 짐승에게 붙어서 악성 종기가 생기리라 10
그들이 화덕의 재를 가지고 바로 앞에 서서 모세가 하늘을 향하여 날리니 사람과 짐승에게 붙어 악성 종기가 생
기고 11 요술사들도 악성 종기로 말미암아 모세 앞에 서지 못하니 악성 종기가 요술사들로부터 애굽 모든 사람
에게 생겼음이라 12 그러나 여호와께서 바로의 마음을 완악하게 하셨으므로 그들의 말을 듣지 아니하였으니 여
호와께서 모세에게 말씀하심과 같더라

일곱째 재앙 : 우박이 내리다

13 여호와께서 모세에게 이르시되 아침에 일찍이 일어나 바로 앞에 서서 그에게 이르기를 히브리 사람의 하나님
여호와의 말씀에 내 백성을 보내라 그들이 나를 섬길 것이니라 14 내가 이번에는 모든 재앙을 너와 네 신하와 네
백성에게 내려 온 천하에 나와 같은 자가 없음을 네가 알게 하리라 15 내가 손을 펴서 돌림병으로 너와 네 백성을
쳤더라면 네가 세상에서 끊어졌을 것이나 16 내가 너를 세웠음은 나의 능력을 네게 보이고 내 이름이 온 천하에

전파되게 하려 하였음이니라 17 네가 여전히 내 백성 앞에 교만하여 그들을 보내지 아니하느냐 18 내일 이맘때면 내가 무거운 우박을 내리리니 애굽 나라가 세워진 그 날로부터 지금까지 그와 같은 일이 없었더라 19 이제 사람을 보내어 네 가축과 네 들에 있는 것을 다 모으라 사람이나 짐승이나 무릇 들에 있어서 집에 돌아오지 않는 것들에게는 우박이 그 위에 내리리니 그것들이 죽으리라 하셨다 하라 하시니라 20 바로의 신하 중에 여호와의 말씀을 두려워하는 자들은 그 종들과 가축을 집으로 피하여 들였으나 21 여호와의 말씀을 마음에 두지 아니하는 사람은 그의 종들과 가축을 들에 그대로 두었더라 22 여호와께서 모세에게 이르시되 너는 하늘을 향하여 손을 들어 애굽 전국에 우박이 애굽 땅의 사람과 짐승과 밭의 모든 채소에 내리게 하라 23 모세가 하늘을 향하여 지팡이를 들매 여호와께서 우렛소리와 우박을 보내시고 불을 내려 땅에 달리게 하시니라 여호와께서 우박을 애굽 땅에 내리시매 24 우박이 내림과 불덩이가 우박에 섞여 내림이 심히 맹렬하니 나라가 생긴 그 때로부터 애굽 온 땅에는 그와 같은 일이 없었더라 25 우박이 애굽 온 땅에서 사람과 짐승을 막론하고 밭에 있는 모든 것을 쳤으며 우박이 또 밭의 모든 채소를 치고 들의 모든 나무를 꺾었으되 26 이스라엘 자손들이 있는 그 곳 고센 땅에는 우박이 없었더라 27 바로가 사람을 보내어 모세와 아론을 불러 그들에게 이르되 이번은 내가 범죄하였노라 여호와는 의로우시고 나와 나의 백성은 악하도다 28 여호와께 구하여 이 우렛소리와 우박을 그만 그치게 하라 내가 너희를 보내리니 너희가 다시는 머물지 아니하리라 29 모세가 그에게 이르되 내가 성에서 나가서 곧 내 손을 여호와를 향하여 펴리니 그리하면 우렛소리가 그치고 우박이 다시 있지 아니할지라 세상이 여호와께 속한 줄을 왕이 알리이다 30 그러나 왕과 왕의 신하들이 여호와 하나님을 아직도 두려워하지 아니할 줄을 내가 아나이다 31 그 때에 보리는 이삭이 나왔고 삼은 꽃이 피었으므로 삼과 보리가 상하였으나 32 그러나 밀과 쌀보리는 자라지 아니한 고로 상하지 아니하였더라 33 모세가 바로를 떠나 성에서 나가 여호와를 향하여 손을 펴매 우렛소리와 우박이 그치고 비가 땅에 내리지 아니하니라 34 바로가 비와 우박과 우렛소리가 그친 것을 보고 다시 범죄하여 마음을 완악하게 하니 그와 그의 신하가 꼭 같더라 35 바로의 마음이 완악하여 이스라엘 자손을 내보내지 아니하였으니 여호와께서 모세에게 말씀하심과 같더라

출애굽기 10장

여덟째 재앙 : 메뚜기가 땅을 덮다

1 여호와께서 모세에게 이르시되 바로에게로 들어가라 내가 그의 마음과 그의 신하들의 마음을 완강하게 함은 나의 표징을 그들 중에 보이기 위함이며 2 네게 내가 애굽에서 행한 일들 곧 내가 그들 가운데에서 행한 표징을 네 아들과 네 자손의 귀에 전하기 위함이라 너희는 내가 여호와인 줄을 알리라 3 모세와 아론이 바로에게 들어가서 그에게 이르되 히브리 사람의 하나님 여호와께서 말씀하시기를 네가 어느 때까지 내 앞에 겸비하지 아니하겠느냐 내 백성을 보내라 그들이 나를 섬길 것이라 4 네가 만일 내 백성 보내기를 거절하면 내일 내가 메뚜기를 네 경내에 들어가게 하리니 5 메뚜기가 지면을 덮어서 사람이 땅을 볼 수 없을 것이라 메뚜기가 네게 남은 그것 곧 우박을 면하고 남은 것을 먹으며 너희를 위하여 들에서 자라나는 모든 나무를 먹을 것이며 6 또 네 집들과 네 모든 신하의 집들과 모든 애굽 사람의 집들에 가득하리니 이는 네 아버지와 네 조상이 이 땅에 있었던 그 날로부터 오늘까지 보지 못하였던 것이리라 하셨다 하고 돌이켜 바로에게서 나오니 7 바로의 신하들이 그에게 말하되 어느 때까지 이 사람이 우리의 함정이 되리이까 그 사람들을 보내어 그들의 하나님 여호와를 섬기게 하소서 왕은 아직도 애굽이 망한 줄을 알지 못하시나이까 하고 8 모세와 아론을 바로에게로 다시 데려오니 바로가 그들에게 이르되 가서 너희의 하나님 여호와를 섬기라 갈 자는 누구 누구냐 9 모세가 이르되 우리가 여호와 앞에 절기를 지킬 것인즉 우리가 남녀 노소와 양과 소를 데리고 가겠나이다 10 바로가 그들에게 이르되 내가 너희와 너희의 어린 아이들을 보내면 여호와가 너희와 함께 함과 같으니라 보라 그것이 너희에게는 나쁜 것이니라 11 그렇게 하지 말고 너희 장정만 가서 여호와를 섬기라 이것이 너희가 구하는 바니라 이에 그들이 바로 앞에서 쫓겨나니라 12 여호와께서 모세에게 이르시되 애굽 땅 위에 네 손을 내밀어 메뚜기를 애굽 땅에 올라오게 하여 우박에

상하지 아니한 밭의 모든 채소를 먹게 하라 13 모세가 애굽 땅 위에 그 지팡이를 들매 여호와께서 동풍을 일으켜
온 낮과 온 밤에 불게 하시니 아침이 되매 동풍이 메뚜기를 불어 들인지라 14 메뚜기가 애굽 온 땅에 이르러 그
사방에 내리매 그 피해가 심하니 이런 메뚜기는 전에도 없었고 후에도 없을 것이라 15 메뚜기가 온 땅을 덮어 땅
이 어둡게 되었으며 메뚜기가 우박에 상하지 아니한 밭의 채소와 나무 열매를 다 먹었으므로 애굽 온 땅에서 나
무나 밭의 채소나 푸른 것은 남지 아니하였더라 16 바로가 모세와 아론을 급히 불러 이르되 내가 너희의 하나님
여호와와 너희에게 죄를 지었으니 17 바라건대 이번만 나의 죄를 용서하고 너희의 하나님 여호와께 구하여 이
죽음만은 내게서 떠나게 하라 18 그가 바로에게서 나가서 여호와께 구하매 19 여호와께서 돌이켜 강렬한 서풍을
불게 하사 메뚜기를 홍해에 몰아넣으시니 애굽 온 땅에 메뚜기가 하나도 남지 아니하니라 20 그러나 여호와께서
바로의 마음을 완악하게 하셨으므로 이스라엘 자손을 보내지 아니하였더라

아홉째 재앙 : 흑암이 땅에 있다

21 여호와께서 모세에게 이르시되 하늘을 향하여 네 손을 내밀어 애굽 땅
위에 흑암이 있게 하라 곧 더듬을 만한 흑암이리라 22 모세가 하늘을 향
하여 손을 내밀매 캄캄한 흑암이 삼 일 동안 애굽 온 땅에 있어서 23 그 동
안은 사람들이 서로 볼 수 없으며 자기 처소에서 일어나는 자가 없으되
온 이스라엘 자손들이 거주하는 곳에는 빛이 있었더라 24 바로가 모세를
불러서 이르되 너희는 가서 여호와를 섬기되 너희의 양과 소는 머물러 두
고 너희 어린 것들은 너희와 함께 갈지니라 25 모세가 이르되 왕이라도 우리 하나님 여호와께 드릴 제사와 번제
물을 우리에게 주어야 하겠고 26 우리의 가축도 우리와 함께 가고 한 마리도 남길 수 없으니 이는 우리가 그 중
에서 가져다가 우리 하나님 여호와를 섬길 것임이며 또 우리가 거기에 이르기까지는 어떤 것으로 여호와를 섬길
는지 알지 못함이니이다 하나 27 여호와께서 바로의 마음을 완악하게 하셨으므로 그들 보내기를 기뻐하지 아니
하고 28 바로가 모세에게 이르되 너는 나를 떠나가고 스스로 삼가 다시 내 얼굴을 보지 말라 네가 내 얼굴을 보
는 날에는 죽으리라 29 모세가 이르되 당신이 말씀하신 대로 내가 다시는 당신의 얼굴을 보지 아니하리이다

> 출 10:21-23 캄캄한 흑암의 재앙 속에서도 하나님의 백성이 거하는 곳만큼은 광명의 축복을 누리고 있다. 오늘 교회는 이 세상의 어두움 가운데서 광명을 누리고 있는 곳인가? 아니면 더 칠흑같이 어두워진 곳인가? 반성하자.

출애굽기 11장

처음 난 것의 죽음을 경고하다

1 여호와께서 모세에게 이르시기를 내가 이제 한 가지 재앙을 바로와 애
굽에 내린 후에야 그가 너희를 여기서 내보내리라 그가 너희를 내보낼
때에는 여기서 반드시 다 쫓아내리니 2 백성에게 말하여 사람들에게 각
기 이웃들에게 은금 패물을 구하게 하라 하시더니 3 여호와께서 그 백성
으로 애굽 사람의 은혜를 받게 하셨고 또 그 사람 모세는 애굽 땅에 있는
바로의 신하와 백성의 눈에 아주 위대하게 보였더라 4 모세가 바로에게
이르되 여호와께서 이와 같이 말씀하시기를 밤중에 내가 애굽 가운데로
들어가리니 5 애굽 땅에 있는 모든 처음 난 것은 왕위에 앉아 있는 바로의
장자로부터 맷돌 뒤에 있는 몸종의 장자와 모든 가축의 처음 난 것까지 죽으리니 6 애굽 온 땅에 전무후무한 큰
부르짖음이 있으리라 7 그러나 이스라엘 자손에게는 사람에게나 짐승에게나 개 한 마리도 그 혀를 움직이지 아
니하리니 여호와께서 애굽 사람과 이스라엘 사이를 구별하는 줄을 너희가 알리라 하셨나니 8 왕의 이 모든 신하
가 내게 내려와 내게 절하며 이르기를 너와 너를 따르는 온 백성은 나가라 한 후에야 내가 나가리라 하고 심히
노하여 바로에게서 나오니라 9 여호와께서 모세에게 이르시기를 바로가 너희의 말을 듣지 아니하리라 그러므로
내가 애굽 땅에서 나의 기적을 더하리라 하셨고 10 모세와 아론이 이 모든 기적을 바로 앞에서 행하였으나 여호
와께서 바로의 마음을 완악하게 하셨으므로 그가 이스라엘 자손을 그 나라에서 보내지 아니하였더라

❖ 출 11장
모세가 대결했던 당시의 애굽의 바로는 아멘호텝 2세(Amenhotep II)일 것으로 추정한다. 아멘호텝 2세는 18왕조의 왕으로서 마음이 강퍅했던 인물로 알려져 있으며 그의 장남이 재앙으로 죽었다는 것이 고고학적 자료에 의해 알려져 있다.

> 출 11:7 세상과 하나님의 자녀인 당신을 구별하시는 하나님을 체험한 적이 있는가? 특히 하나님의 구별하심은 우리에게 속한 아주 작은 것까지 유효한 것인지를 아는가?

출애굽기 12장

유월절

1여호와께서 애굽 땅에서 모세와 아론에게 일러 말씀하시되 2이 달을 너
희에게 달의 시작 곧 해의 첫 달이 되게 하고 3너희는 이스라엘 온 회중
에게 말하여 이르라 이 달 열흘에 너희 각자가 어린 양을 잡을지니 각 가
족대로 그 식구를 위하여 어린 양을 취하되 4그 어린 양에 대하여 식구가
너무 적으면 그 집의 이웃과 함께 사람 수를 따라서 하나를 잡고 각 사람
이 먹을 수 있는 분량에 따라서 너희 어린 양을 계산할 것이며 5너희 어린 양은 흠 없고 일 년 된 수컷으로 하되
양이나 염소 중에서 취하고 6이 달 열나흗날까지 간직하였다가 해 질 때에 이스라엘 회중이 그 양을 잡고 7그
피를 양을 먹을 집 좌우 문설주와 인방에 바르고 8그 밤에 그 고기를 불에 구워 무교병과 쓴 나물과 아울러 먹되
9날것으로나 물에 삶아서 먹지 말고 머리와 다리와 내장을 다 불에 구워 먹고 10아침까지 남겨두지 말며 아침까
지 남은 것은 곧 불사르라 11너희는 그것을 이렇게 먹을지니 허리에 띠를 띠고 발에 신을 신고 손에 지팡이를 잡
고 급히 먹으라 이것이 여호와의 유월절이니라 12내가 그 밤에 애굽 땅에 두루 다니며 사람이나 짐승을 막론하
고 애굽 땅에 있는 모든 처음 난 것을 다 치고 애굽의 모든 신을 내가 심판하리라 나는 여호와라 13내가 애굽 땅
을 칠 때에 그 피가 너희가 사는 집에 있어서 너희를 위하여 표적이 될지라 내가 피를 볼 때에 너희를 넘어가리니
재앙이 너희에게 내려 멸하지 아니하리라 14너희는 이 날을 기념하여 여호와의 절기를 삼아 영원한 규례로 대대
로 지킬지니라

> 출 12:1-14 유월절 어린 양은 예수님의 그림자이다. 피 흘려 제물이 되셔서 구원하신 그 일을 예수님이 감당하셨다. 예수님은 완벽한 제물로서 영원히 단 한번의 희생제물이 되셔서 구원의 사역을 완성하셨다.

무교절

15너희는 이레 동안 무교병을 먹을지니 그 첫날에 누룩을 너희 집에서 제하라 무릇 첫날부터 일곱째 날까지 유
교병을 먹는 자는 이스라엘에서 끊어지리라 16너희에게 첫날에도 성회요 일곱째 날에도 성회가 되리니 너희는
이 두 날에는 아무 일도 하지 말고 각자의 먹을 것만 갖출 것이니라 17너
희는 무교절을 지키라 이 날에 내가 너희 군대를 애굽 땅에서 인도하여
내었음이니라 그러므로 너희가 영원한 규례로 삼아 대대로 이 날을 지킬
지니라 18첫째 달 그 달 열나흗날 저녁부터 이십일일 저녁까지 너희는 무
교병을 먹을 것이요 19이레 동안은 누룩이 너희 집에서 발견되지 아니하
도록 하라 무릇 유교물을 먹는 자는 타국인이든지 본국에서 난 자든지를
막론하고 이스라엘 회중에서 끊어지리니 20너희는 아무 유교물이든지
먹지 말고 너희 모든 유하는 곳에서 무교병을 먹을지니라

> 출 12:15-20 누룩은 죄를 상징한다. 구원의 유일한 조건은 죄 사함을 받아야 한다. 그 일은 오직 예수 그리스도의 피로만 가능하다.

첫 유월절

21모세가 이스라엘 모든 장로를 불러서 그들에게 이르되 너희는 나가서
너희의 가족대로 어린 양을 택하여 유월절 양으로 잡고 22우슬초 묶음을
가져다가 그릇에 담은 피에 적셔서 그 피를 문 인방과 좌우 설주에 뿌리
고 아침까지 한 사람도 자기 집 문 밖에 나가지 말라 23여호와께서 애굽
사람들에게 재앙을 내리려고 지나가실 때에 문 인방과 좌우 문설주의 피
를 보시면 여호와께서 그 문을 넘으시고 멸하는 자에게 너희 집에 들어가
서 너희를 치지 못하게 하실 것임이니라 24너희는 이 일을 규례로 삼아 너
희와 너희 자손이 영원히 지킬 것이니 25너희는 여호와께서 허락하신 대
로 너희에게 주시는 땅에 이를 때에 이 예식을 지킬 것이라 26이 후에 너
희의 자녀가 묻기를 이 예식이 무슨 뜻이냐 하거든 27너희는 이르기를 이
는 여호와의 유월절 제사라 여호와께서 애굽 사람에게 재앙을 내리실 때

❖ **I CUT – 출 12:21-23**

천주교의 교인들이 성호를 긋는 것은 십자가를 상징하는 것이라고 한다.
첫 유월절에 양의 피를 설주와 인방에 바른 점을 상하 좌우로 연결하면 그것이 십자가의 모양을 만든다. 신부들이 성호를 긋는 것은 십자가를 상징하지만 상하로 긋는 것을 영어 알파벳으로 보면 "I"에 해당되고 좌우로 긋는 것은 그 I를 중간에 자른 모양새가 된다. 따라서 성호를 긋는 것은 I, 즉 나를 죽인다는 뜻이기도 하다.
☞ 갈 2:20 "내가 그리스도와 함께 십자가에 못 박혔나니 그런즉 이제는 내가 사는 것이 아니요 오직 내 안에 그리스도께서 사시는 것이라 이제 내가 육체 가운데 사는 것은 나를 사랑하사 나를 위하여 자기 자신을 버리신 하나님의 아들을 믿는 믿음 안에서 사는 것이라"
만약 성호를 긋는 것이 바로 이런 의미라면 우리 개신교도 하나님 앞에서 자기를 죽인다는 증표로 이 성호 긋기를 해볼 만한 것이다.

에 애굽에 있는 이스라엘 자손의 집을 넘으사 우리의 집을 구원하셨느니라 하라 하매 백성이 머리 숙여 경배하
니라 28 이스라엘 자손이 물러가서 그대로 행하되 여호와께서 모세와 아론에게 명령하신 대로 행하니라

열째 재앙 : 처음 난 것들의 죽음

29 밤중에 여호와께서 애굽 땅에서 모든 처음 난 것 곧 왕위에 앉은 바로의 장자로부터 옥에 갇힌 사람의 장자
까지와 가축의 처음 난 것을 다 치시매 30 그 밤에 바로와 그 모든 신하와 모든 애굽 사람이 일어나고 애굽에 큰
부르짖음이 있었으니 이는 그 나라에 죽임을 당하지 아니한 집이 하나도 없었음이었더라 31 밤에 바로가 모세와
아론을 불러서 이르되 너희와 이스라엘 자손은 일어나 내 백성 가운데에서 떠나 너희의 말대로 가서 여호와를
섬기며 32 너희가 말한 대로 너희 양과 너희 소도 몰아가고 나를 위하여 축복하라 하며 33 애굽 사람들은 말하기
를 우리가 다 죽은 자가 되도다 하고 그 백성을 재촉하여 그 땅에서 속히 내보내려 하므로 34 그 백성이 발교되
지못한 반죽 담은 그릇을 옷에 싸서 어깨에 메니라 35 이스라엘 자손이 모세의 말대로 하여 애굽 사람에게 은금
패물과 의복을 구하매 36 여호와께서 애굽 사람들에게 이스라엘 백성에게 은혜를 입히게 하사 그들이 구하는
대로 주게 하시므로 그들이 애굽 사람의 물품을 취하였더라

이스라엘이 애굽 땅에서 나오다

37 이스라엘 자손이 라암셋을 떠나서 숙곳에 이르니 유아 외에 보행하는
장정이 육십만 가량이요 38 수많은 잡족과 양과 소와 심히 많은 가축이
그들과 함께 하였으며 39 그들이 애굽
으로부터 가지고 나온 발교되지 못
한 반죽으로 무교병을 구웠으니 이
는 그들이 애굽에서 쫓겨나므로 지
체할 수 없었음이며 아무 양식도 준
비하지 못하였음이었더라 40 이스라엘 자손이 애굽에 거주한 지 사백삼십
년이라 41 사백삼십 년이 끝나는 그 날에 여호와의 군대가 다 애굽 땅에
서 나왔은즉 42 이 밤은 그들을 애굽 땅에서 인도하여 내심으로 말미암아
여호와 앞에 지킬 것이니 이는 여호와의 밤이라 이스라엘 자손이 다 대대
로 지킬 것이니라

출 12:37 숙곳의 위치

출 12:40 애굽의 거주 기간
야곱의 애굽 이주 : B.C. 1876
모세의 출애굽 : B.C. 1446

유월절 규례

43 여호와께서 모세와 아론에게 이르시되 유월절 규례는 이러하니라 이
방 사람은 먹지 못할 것이나 44 각 사람이 돈으로 산 종은 할례를 받은 후
에 먹을 것이며 45 거류인과 타국 품꾼은 먹지 못하리라 46 한 집에서 먹되 그 고기를 조금도 집 밖으로 내지 말고
뼈도 꺾지 말지며 47 이스라엘 회중이 다 이것을 지킬지니라 48 너희와 함께 거류하는 타국인이 여호와의 유월절
을 지키고자 하거든 그 모든 남자는 할례를 받은 후에야 가까이 하여 지킬지니 곧 그는 본토인과 같이 될 것이나
할례 받지 못한 자는 먹지 못할 것이니라 49 본토인에게나 너희 중에 거류하는 이방인에게 이 법이 동일하니라
하셨으므로 50 온 이스라엘 자손이 이와 같이 행하되 여호와께서 모세와 아론에게 명령하신 대로 행하였으며 51
바로 그 날에 여호와께서 이스라엘 자손을 그 무리대로 애굽 땅에서 인도하여 내셨더라

5일차 읽기의 요약

(출 1~12)

야곱의 가족들 70명이 애굽으로 이주한 지 약 400년의 세월이 흘렀다. 이제 그들은 약 이백만 명가량의 민족으로 인구가 증가했지만, 요셉을 알지 못하는 새로운 애굽 왕조 밑에서 무거운 노역을 담당하는 노예의 신분으로 전락해 있었다. 하나님께서는 이들을 애굽으로부터 구원하여 아브라함에게 약속하신 가나안 땅으로 인도하시기 위해 애굽의 왕궁에서 왕자의 신분으로 교육을 받았지만, 히브리인으로서의 정체성이 분명한 모세를 선택하셨다.

모세는 자기 민족을 위해 애굽인을 살해하고 광야로 도망하게 된다. 모세는 40년 동안 광야에서 양을 치며 자기중심성을 내려놓는 훈련을 받았다. 그러던 어느 날 불이 붙었으나 타지 않는 떨기나무 불꽃 가운데 임재하신 하나님 앞에 신을 벗어 자기중심성을 철저하게 내려놓게 된다.

하나님께서는 모세를 애굽으로 보내셨다. 바로가 모세의 요청을 거절하자 하나님은 애굽인들이 신들로 섬기는 대상들에 대해 9가지 재앙을 차례로 내리셨다. 이 재앙을 통해 하나님은 여호와 하나님만이 참 신이심을 그 당시 가장 큰 제국이었던 애굽 땅에서 보여 주셨다. 마지막으로 애굽의 모든 장자가 죽는 재앙을 통해 하나님은 이스라엘 백성들이 하나님의 방법으로 애굽에서 나오게 하셨다.

그러면 어떻게 살 것인가?

인위 뚝 · 신위 고!

☑ 세계관 점검 – 묵상하기 (영상 강의와 교재 내용의 이해를 바탕으로)

- 왜 하나님은 이스라엘 백성을 출애굽 시키려 하실까?

- 출 1:15-21 세상의 권력자와 하나님 중 당신은 실제로 누구를 더 두려워하며, 누구를 더 경외하고 있는가? 두려움과 경외의 대상이 하나님이라면 왜 당신은 더 담대하지 못한가?
[대하 2:5, 롬 11:36. 찬송가 21(통 21), 419(통 478)]

- 출 3:7-10 우리의 고통과 아픔을 보고 계시며 우리의 홀로 부르짖음을 듣고 계신 그분이 우주의 주관자라는 사실 보다 더 큰 위로와 기쁨이 있겠는가?
[시 27:14, 고전 1:7. 찬송가 73(통 73), 309(통 409)]

☑ 모세의 생애를 잘 공부하여 하나님이 그의 삶을 어떻게, 왜 그렇게 이끄시는가를 묵상하고 나의 삶을 이끌고 계시는 하나님을 묵상해 보라.

☑ 모세를 연단시켜 하나님의 사역자로 훈련하는 하나님의 의도가 무엇인지를 이해했는가? 나는 어떤 연단의 과정을 거쳐 가고 있다고 생각하는가?
이것을 통해 우리가 배워야 할 진정한 리더십은 어떤 것이어야 하는가?

☑ 하나님 스스로가 모세에게 가르쳐 주신 이름에서 배우는 하나님의 속성은?

☑ 왜 10가지 재앙을 일으킨 후에야 바로를 제압하는가?

출 4:1-5 하나님께서 당신의 생활 속에서 반복하여 자신의 실존과 능력을 보증하고 계심을 깨닫고 있는가? 당신은 언제 그 특별한 표징을 체험하였는가?
[삼하 7:28, 시 19:9. 찬송가 78(통 75), 134(통 84)]

출 8:25-32 종교적 타협 앞에서 당신의 대답은 무엇인가? 진정 '그리함은 불가하니이다'라고 담대히 외칠 수 있는가? [딤전 6:12, 히 3:1. 찬송가 93(통 93), 459(통 514)]

출 12:1-13 오늘날 우리의 구원을 이루는 피뿌림의 표적은 무엇인가? 진정 당신은 유일한 구원의 수단인 그리스도의 피를 바로 당신의 마음에 인침으로써 세상에서 구별되어 있는가?
[눅 5:32, 요 3:16. 찬송가 147(통 136), 146(통 146)]

☑ 결단기도와 실행하기

약 2:26 영혼 없는 몸이 죽은 것 같이 행함이 없는 믿음은 죽은 것이니라
시 119:28 나의 영혼이 눌림으로 말미암아 녹사오니 주의 말씀대로 나를 세우소서

출애굽기 13~24장 :
시내 산 언약과 율법 수여

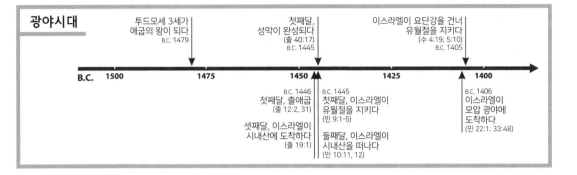

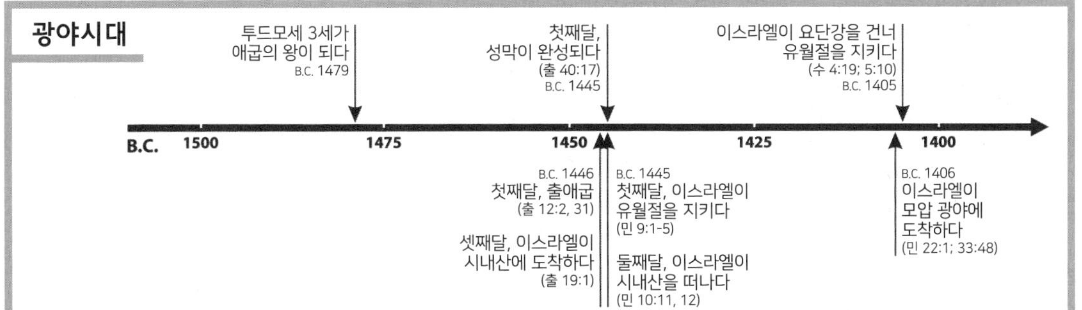

출애굽기 13장

제6일차 부분
학습 자료 6-1 "연대 도표" 참조

출 13:2 '거룩'이라는 단어가 성경에 유독, 그리고 결정적인 의미로 두드러지게 많이 나온다.
거룩(카도쉬 קָדַשׁ)의 원어의 의미는 '구별하다'는 뜻이다. 하나님 백성의 정체성을 부여받은 자는 세상적이고 세속적인 것과 온전히 구별되어야 함은 너무나도 당연하다. 성경적 관점에서 볼 때, 세속적인 것은 가인의 전통이고 이를 추종하는 자는 사탄의 후예들이기 때문에 당연히 그들과 그들의 문화로부터 확연히 구별되어야 한다.
과연 오늘 나와 우리 신앙 공동체는 이런 거룩성이 있는가?
교회는 거룩성을 바탕으로 한 세속성을 가져야 한다는 사실을 명심해야 한다.
성경에서 '거룩'이란 단어가 나오면 이 개념을 꼭 명심하라.

무교절

1 여호와께서 모세에게 일러 이르시되 2 이스라엘 자손 중에서 사람이나
짐승을 막론하고 태에서 처음 난 모든 것은 다 거룩히 구별하여 내게 돌
리라 이는 내 것이니라 하시니라 3 모세가 백성에게 이르되 너희는 애굽
곧 종 되었던 집에서 나온 그 날을 기념하여 유교병을 먹지 말라 여호와
께서 그 손의 권능으로 너희를 그 곳에서 인도해 내셨음이니라 4 아빕월
이 날에 너희가 나왔으니 5 여호와께서 너를 인도하여 가나안 사람과 헷
사람과 아모리 사람과 히위 사람과 여부스 사람의 땅 곧 네게 주시려고
네 조상들에게 맹세하신 바 젖과 꿀이 흐르는 땅에 이르게 하시거든 너
는 이 달에 이 예식을 지켜 6 이레 동안 무교병을 먹고 일곱째 날에는 여
호와께 절기를 지키라 7 이레 동안에는 무교병을 먹고 유교병을 네게 보
이지 아니하게 하며 네 땅에서 누룩을 네게 보이지 아니하게 하라 8 너는
그 날에 네 아들에게 보여 이르기를 이 예식은 내가 애굽에서 나올 때에
여호와께서 나를 위하여 행하신 일로 말미암음이라 하고 9 이것으로 네
손의 기호와 네 미간의 표를 삼고 여호와의 율법이 네 입에 있게 하라 이는 여호와께서 강하신 손으로 너를 애굽
에서 인도하여 내셨음이니 10 해마다 절기가 되면 이 규례를 지킬지니라

태에서 처음 난 것

11 여호와께서 너와 네 조상에게 맹세하신 대로 너를 가나안 사람의 땅에 인도하시고 그 땅을 네게 주시거든 12
너는 태에서 처음 난 모든 것과 네게 있는 가축의 태에서 처음 난 것을 다 구별하여 여호와께 돌리라 수컷은 여
호와의 것이니라 13 나귀의 첫 새끼는 다 어린 양으로 대속할 것이요 그렇게 하지 아니하려면 그 목을 꺾을 것이
며 네 아들 중 처음 난 모든 자는 대속할지니라 14 후일에 네 아들이 네게 묻기를 이것이 어찌 됨이냐 하거든 너
는 그에게 이르기를 여호와께서 그 손의 권능으로 우리를 애굽에서 곧 종이 되었던 집에서 인도하여 내실새 15
그 때에 바로가 완악하여 우리를 보내지 아니하매 여호와께서 애굽 나라 가운데 처음 난 모든 것은 사람의 장자
로부터 가축의 처음 난 것까지 다 죽이셨으므로 태에서 처음 난 모든 수컷들은 내가 여호와께 제사를 드려서 내

아들 중에 모든 처음 난 자를 다 대속하리니 16 이것이 네 손의 기호와 네 미
간의 표가 되리라 이는 여호와께서 그 손의 권능으로 우리를 애굽에서 인
도하여 내셨음이니라 할지니라

구름 기둥과 불기둥

17 바로가 백성을 보낸 후에 블레셋 사람의
땅의 길은 가까울지라도 하나님이 그들을
그 길로 인도하지 아니하셨으니 이는 하
나님이 말씀하시기를 이 백성이 전쟁
을 하게 되면 마음을 돌이켜 애굽으
로 돌아갈까 하셨음이라 18 그러므
로 하나님이 홍해의 광야 길로 돌
려 백성을 인도하시매 이스라엘 자
손이 애굽 땅에서 대열을 지어 나올 때에 19 모세가 요셉의 유골을 가졌
으니 이는 요셉이 이스라엘 자손으로 단단히 맹세하게 하여 이르기를 하
나님이 반드시 너희를 찾아오시리니 너희는 내 유골을 여기서 가지고 나
가라 하였음이더라 20 그들이 숙곳을 떠나서 광야 끝 에담에 장막을 치니
21 여호와께서 그들 앞에서 가시며 낮에는 구름 기둥으로 그들의 길을 인도하시고 밤에는 불 기둥을 그들에게
비추사 낮이나 밤이나 진행하게 하시니 22 낮에는 구름 기둥, 밤에는 불 기둥이 백성 앞에서 떠나지 아니하니라

> 출 13:17-22 하나님은 하나님의 백성을 친히 보호하시며 인도하신다는 모습을 보여 준다.
> 출애굽 당시 애굽에서 가나안 땅으로 가는 3갈래의 길이 있었지만, 대로를 이용하는 것은 엄청난 대군이 이동하기에는 적들로부터 쉽게 당할 수 있다. 이스라엘 백성들은 아직도 오합지졸에 불과한 무리이다. 그래서 길이 없는 곳으로 가는 것이 안전하고 그들을 인도할 하나님의 특별한 내비게이션이 필요했다. 안내와 보호 이것이 하나님의 주권적 섭리와 사랑이다.
> 오늘날에도 하나님은 우리를 불기둥과 구름기둥으로 인도하고 계신다.
> 그 하나님과 동행하고 있는가?
> (cf. 골 1:20-22)

출애굽기 14장

홍해를 건너다

1 여호와께서 모세에게 말씀하여 이르시되 2 이스라엘 자손에게 명령하여 돌이켜 바다와 믹돌 사이의 비하히
롯 앞 곧 바알스본 맞은편 바닷가에 장막을 치게 하라 3 바로가 이스라엘 자손에 대하여 말하기를 그들이 그 땅

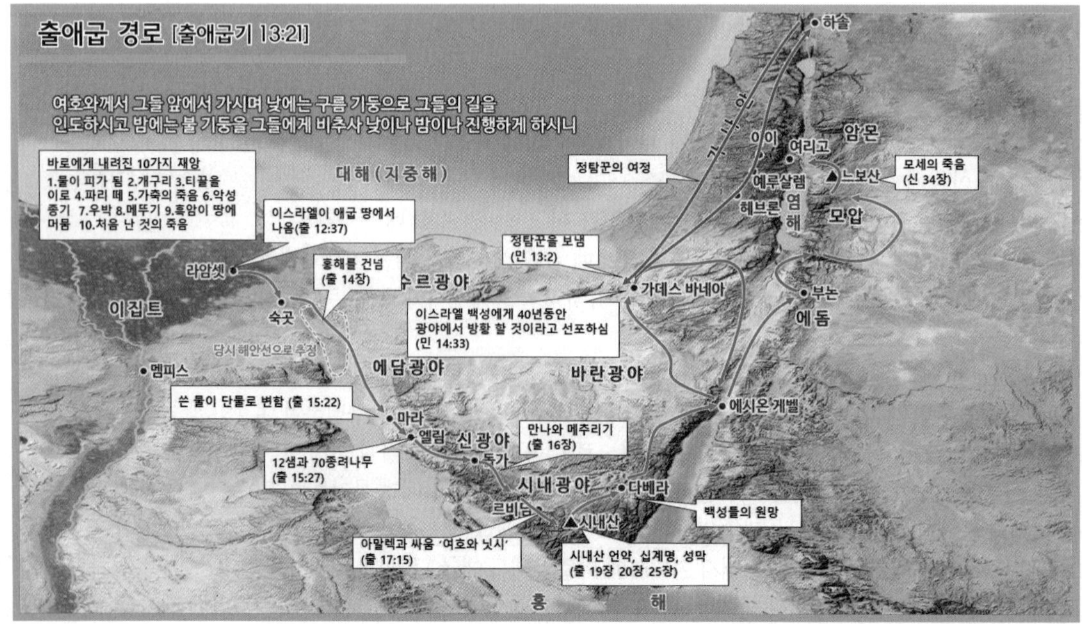

에서 멀리 떠나 광야에 갇힌 바 되었다 하리라 4 내가 바로의 마음을 완
악하게 한즉 바로가 그들의 뒤를 따르리니 내가 그와 그의 온 군대로 말
미암아 영광을 얻어 애굽 사람들이 나를 여호와인 줄 알게 하리라 하시
매 무리가 그대로 행하니라 5 그 백성이 도망한 사실이 애굽 왕에게 알려
지매 바로와 그의 신하들이 그 백성에 대하여 마음이 변하여 이르되 우
리가 어찌 이같이 하여 이스라엘을 우리를 섬김에서 놓아 보내었는가 하
고 6 바로가 곧 그의 병거를 갖추고 그의 백성을 데리고 갈새 7 선발된 병
거 육백 대와 애굽의 모든 병거를 동원하니 지휘관들이 다 거느렸더라 8
여호와께서 애굽 왕 바로의 마음을 완악하게 하셨으므로 그가 이스라엘
자손의 뒤를 따르니 이스라엘 자손이 담대히 나갔음이라 9 애굽 사람들
과 바로의 말들, 병거들과 그 마병과 그 군대가 그들의 뒤를 따라 바알스
본 맞은편 비하히롯 곁 해변 그들이 장막 친 데에 미치니라 10 바로가 가
까이 올 때에 이스라엘 자손이 눈을 들어 본즉 애굽 사람들이 자기들 뒤
에 이른지라 이스라엘 자손이 심히 두려워하여 여호와께 부르짖고 11 그
들이 또 모세에게 이르되 애굽에 매장지가 없어서 당신이 우리를 이끌어
내어 이 광야에서 죽게 하느냐 어찌하여 당신이 우리를 애굽에서 이끌어
내어 우리에게 이같이 하느냐 12 우리가 애굽에서 당신에게 이른 말이 이
것이 아니냐 이르기를 우리를 내버려 두라 우리가 애굽 사람을 섬길 것이
라 하지 아니하더냐 애굽 사람을 섬기는 것이 광야에서 죽는 것보다 낫겠
노라 13 모세가 백성에게 이르되 너희는 두려워하지 말고 가만히 서서 여
호와께서 오늘 너희를 위하여 행하시는 구원을 보라 너희가 오늘 본 애
굽 사람을 영원히 다시 보지 아니하리라 14 여호와께서 너희를 위하여 싸우시리니 너희는 가만히 있을지니라 15
여호와께서 모세에게 이르시되 너는 어찌하여 내게 부르짖느냐 이스라엘 자손에게 명령하여 앞으로 나아가게
하고 16 지팡이를 들고 손을 바다 위로 내밀어 그것이 갈라지게 하라 이
스라엘 자손이 바다 가운데서 마른 땅으로 행하리라 17 내가 애굽 사람들
의 마음을 완악하게 할 것인즉 그들이 그 뒤를 따라 들어갈 것이라 내가
바로와 그의 모든 군대와 그의 병거와 마병으로 말미암아 영광을 얻으리
니 18 내가 바로와 그의 병거와 마
병으로 말미암아 영광을 얻을 때
에야 애굽 사람들이 나를 여호와
인 줄 알리라 하시더니 19 이스라
엘 진 앞에 가던 하나님의 사자가
그들의 뒤로 옮겨 가매 구름 기둥
도 앞에서 그 뒤로 옮겨 20 애굽 진
과 이스라엘 진 사이에 이르러 서니 저쪽에는 구름과 흑암이 있고 이쪽에
는 밤이 밝으므로 밤새도록 저쪽이 이쪽에 가까이 못하였더라 21 모세가
바다 위로 손을 내밀매 여호와께서 큰 동풍이 밤새도록 바닷물을 물러가
게 하시니 물이 갈라져 바다가 마른 땅이 된지라 22 이스라엘 자손이 바다
가운데를 육지로 걸어가고 물은 그들의 좌우에 벽이 되니 23 애굽 사람들
과 바로의 말들, 병거들과 그 마병들이 다 그들의 뒤를 추격하여 바다 가

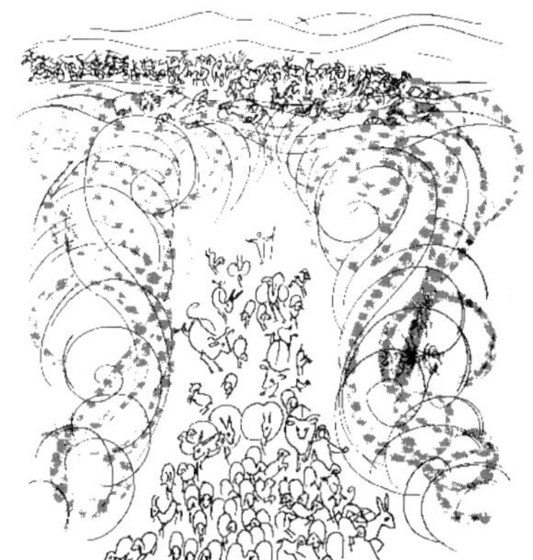

애굽으로부터 탈출이 의미하는 점

① 애굽은 당시의 최대 강국이요, 잡다한 신을 섬기는 우상 숭배국이었다. 이런 곳으로부터의 탈출은 이스라엘이 하나님과 새로운 관계를 맺고 새로운 자유의 삶을 시작한다는 것을 의미한다.
② 애굽을 이겼다는 것은 하나님만이 유일한 신이라는 사실을 표명한 것이다.
③ 성경에서 '애굽'을 말할 때 그것은 모형론적 의미를 갖는데, 곧 '죄악된 세상과 세속'을 의미하며, 출애굽은 바로 이것으로부터 구별된다는 의미를 갖는다.

반드시 출애굽 시켜야 하는 이유

- 소속이 바뀜 : 하나님과 새로운 관계
- 하나님만이 유일한 신임을 표명
- 죄악된 세상과 세속으로부터의 구별

출애굽의 구속사적 의미

- 외적 출애굽 : 외적 세상으로부터 구별되는 것.
- 내적 출애굽 : 이는 세상의 삶을 사랑하는 마음으로부터 분리, 즉 가치관의 변화, 패러다임 Paradigm의 변화를 의미한다.

☞ 이스라엘의 출애굽 세대는 이 내적 출애굽이 이루어지지 않아 결국 가나안 땅에 들어가지 못한 것에서 배울 교훈이 많다. 광야학교의 훈련은 바로 이 내적 출애굽이 이루어지도록 하는 훈련이고 이 훈련은 오늘날에도 계속되고 있다.

출애굽 각 여정의 영적 상징

	출애굽 여정	신약 성도의 삶
1	애굽 (출11:1, 12:1, 29)	세상 (요15:18, 19, 17:14, 15)
2	출애굽 (유월절 피로 인한 구원), (출12:1-36)	예수 그리스도의 피로 인한 사죄와 구원(엡1:7, 히9:12-14, 요일1:7)
3	홍해 건넘 (출14:15-31)	세례로 인한 세상과의 분리 (고전10:1, 2)
4	광야 여정 (출15:22-17:16)	세상 나그네의 삶 (벧전1:1, 17)
5	가나안 (수3:14-17, 5:10-12)	그리스도 안의 안식 (히4:1-11)

운데로 들어오는지라 24 새벽에 여호와께서 불과 구름 기둥 가운데서 애굽 군대를 보시고 애굽 군대를 어지럽게
하시며 25 그들의 병거 바퀴를 벗겨서 달리기가 어렵게 하시니 애굽 사람들이 이르되 이스라엘 앞에서 우리가 도
망하자 여호와가 그들을 위하여 싸워 애굽 사람들을 치는도다 26 여호와께서 모세에게 이르시되 네 손을 바다
위로 내밀어 물이 애굽 사람들과 그들의 병거들과 마병들 위에 다시 흐르게 하라 하시니 27 모세가 곧 손을 바다
위로 내밀매 새벽이 되어 바다의 힘이 회복된지라 애굽 사람들이 물을 거슬러 도망하나 여호와께서 애굽 사람
들을 바다 가운데 엎으시니 28 물이 다시 흘러 병거들과 기병들을 덮되 그들의 뒤를 따라 바다에 들어간 바로의
군대를 다 덮으니 하나도 남지 아니하였더라 29 그러나 이스라엘 자손은 바다 가운데를 육지로 행하였고 물이
좌우에 벽이 되었더라 30 그 날에 여호와께서 이같이 이스라엘을 애굽 사람의 손에서 구원하시매 이스라엘이 바
닷가에서 애굽 사람들이 죽어 있는 것을 보았더라 31 이스라엘이 여호와께서 애굽 사람들에게 행하신 그 큰 능
력을 보았으므로 백성이 여호와를 경외하며 여호와와 그의 종 모세를 믿었더라

출애굽기 15장

모세의 노래

1 이 때에 모세와 이스라엘 자손이 이 노래로 여호와께 노래하니 일렀으
되 내가 여호와를 찬송하리니 그는 높고 영화로우심이요 말과 그 탄 자
를 바다에 던지셨음이로다 2 여호와는 나의 힘이요 노래시며 나의 구원
이시로다 그는 나의 하나님이시니 내가 그를 찬송할 것이요 내 아버지의
하나님이시니 내가 그를 높이리로다 3 여호와는 용사시니 여호와는 그의
이름이시로다 4 그가 바로의 병거와 그의 군대를 바다에 던지시니 최고
의 지휘관들이 홍해에 잠겼고 5 깊은 물이 그들을 덮으니 그들이 돌처럼 깊음 속에 가라앉았도다 6 여호와여 주
의 오른손이 권능으로 영광을 나타내시니이다 여호와여 주의 오른손이 원수를 부수시니이다 7 주께서 주의 큰
위엄으로 주를 거스르는 자를 엎으시니이다 주께서 진노를 발하시니 그 진노가 그들을 지푸라기 같이 사르니이
다 8 주의 콧김에 물이 쌓이되 파도가 언덕 같이 일어서고 큰 물이 바다 가운데 엉기니이다 9 원수가 말하기를 내
가 뒤쫓아 따라잡아 탈취물을 나누리라, 내가 그들로 말미암아 내 욕망을 채우리라, 내가 내 칼을 빼리니 내 손
이 그들을 멸하리라 하였으나 10 주께서 바람을 일으키시매 바다가 그들을 덮으니 그들이 거센 물에 납 같이 잠
겼나이다 11 여호와여 신 중에 주와 같은 자가 누구니이까 주와 같이 거룩함으로 영광스러우며 찬송할 만한 위
엄이 있으며 기이한 일을 행하는 자가 누구니이까 12 주께서 오른손을 드신즉 땅이 그들을 삼켰나이다 13 주의
인자하심으로 주께서 구속하신 백성을 인도하시되 주의 힘으로 그들을 주의 거룩한 처소에 들어가게 하시나이
다 14 여러 나라가 듣고 떨며 블레셋 주민이 두려움에 잡히며 15 에돔 두령들이 놀라고 모압 영웅이 떨림에 잡히
며 가나안 주민이 다 낙담하나이다 16 놀람과 두려움이 그들에게 임하매 주의 팔이 크므로 그들이 돌 같이 침묵
하였사오니 여호와여 주의 백성이 통과하기까지 곧 주께서 사신 백성이 통과하기까지였나이다 17 주께서 백성
을 인도하사 그들을 주의 기업의 산에 심으시리이다 여호와여 이는 주의 처소를 삼으시려고 예비하신 것이라 주
여 이것이 주의 손으로 세우신 성소로소이다 18 여호와께서 영원무궁 하도록 다스리시도다 하였더라

> 출 15:1-18 우리가 마땅히 찬양해야 할, 우리를 위해 행하신 하나님의 기적은 무엇인가를 생각해 보라. 우리에게는 이미 넘치는 찬양의 조건들이 있음에도 여전히 침묵하고 있음은 어찌됨인가?
> (cf. 삼하 22:4, 시 9:11)

미리암의 노래

19 바로의 말과 병거와 마병이 함께 바다에 들어가매 여호와께서 바닷물을 그들 위에 되돌려 흐르게 하셨으나
이스라엘 자손은 바다 가운데서 마른 땅으로 지나간지라 20 아론의 누이 선지자 미리암이 손에 소고를 잡으매
모든 여인도 그를 따라 나오며 소고를 잡고 춤추니 21 미리암이 그들에게 화답하여 이르되 너희는 여호와를 찬
송하라 그는 높고 영화로우심이요 말과 그 탄 자를 바다에 던지셨음이로다 하였더라

단 물로 변한 마라의 쓴 물

22 모세가 홍해에서 이스라엘을 인도하매 그들이 나와서 수르 광야로 들어가서 거기서 사흘길을 걸었으나 물을

얻지 못하고 [23] 마라에 이르렀더니 그 곳 물이 써서 마시지 못하겠으므로
그 이름을 마라라 하였더라 [24] 백성이 모세에게 원망하여 이르되 우리가
무엇을 마실까 하매 [25] 모세가 여호와께 부르짖었더니 여호와께서 그에
게 한 나무를 가리키시니 그가 물에 던지니 물이 달게 되었더라 거기서 여
호와께서 그들을 위하여 법도와 율례를 정하시고 그들을 시험하실새 [26]
이르시되 너희가 너희 하나님 나 여호와의 말을 들어 순종하고 내가 보기
에 의를 행하며 내 계명에 귀를 기울이며 내 모든 규례를 지키면 내가 애
굽 사람에게 내린 모든 질병 중 하나도 너희에게 내리지 아니하리니 나는 너희를 치료하는 여호와임이라 [27] 그들
이 엘림에 이르니 거기에 물 샘 열둘과 종려나무 일흔 그루가 있는지라 거기서 그들이 그 물 곁에 장막을 치니라

> 출 15:22-26 쓴물을 단물로 바꾸시는 하나님이 당신의 삶의 쓴 물을 단물로 바꾸실 수 있음을 믿는가? 그렇다면 그 복을 받기 위해 내가 해야 할 일은 무엇인가?
> (구원은 불가항력의 무조건적 은혜로 받는 것이지만, "복"은 우리가 하나님의 뜻에 하나님의 방법으로 순종할 때 받는 조건적 축복(신 28장)임을 깊이 명심해야 한다)

출애굽기 16장

만나와 메추라기

[1] 이스라엘 자손의 온 회중이 엘림에서 떠나 엘림과 시내 산 사이에 있는 신 광야에 이르니 애굽에서 나온 후 둘
째 달 십오일이라 [2] 이스라엘 자손 온 회중이 그 광야에서 모세와 아론을 원망하여 [3] 이스라엘 자손이 그들에
게 이르되 우리가 애굽 땅에서 고기 가마 곁에 앉아 있던 때와 떡을 배불리 먹던 때에 여호와의 손에 죽었더라
면 좋았을 것을 너희가 이 광야로 우리를 인도해 내어 이 온 회중이 주려 죽게 하는도다 [4] 그 때에 여호와께서 모
세에게 이르시되 보라 내가 너희를 위하여 하늘에서 양식을 비 같이 내리
리니 백성이 나가서 일용할 것을 날마다 거둘 것이라 이같이 하여 그들이
내 율법을 준행하나 아니하나 내가 시험하리라 [5] 여섯째 날에는 그들이
그 거둔 것을 준비할지니 날마다 거두던 것의 갑절이 되리라 [6] 모세와 아
론이 온 이스라엘 자손에게 이르되 저녁이 되면 너희가 여호와께서 너희
를 애굽 땅에서 인도하여 내셨음을 알 것이요 [7] 아침에는 너희가 여호와
의 영광을 보리니 이는 여호와께서 너희가 자기를 향하여 원망함을 들으
셨음이라 우리가 누구이기에 너희가 우리에게 대하여 원망하느냐 [8] 모세
가 또 이르되 여호와께서 저녁에는 너희에게 고기를 주어 먹이시고 아침
에는 떡으로 배불리시리니 이는 여호와께서 자기를 향하여 너희가 원망하는 그 말을 들으셨음이라 우리가 누구
냐 너희의 원망은 우리를 향하여 함이 아니요 여호와를 향하여 함이로다 9 모세가 또 아론에게 이르되 이스라
엘 자손의 온 회중에게 말하기를 여호와께 가까이 나아오라 여호와께서 너희의 원망함을 들으셨느니라 하라 [10]
아론이 이스라엘 자손의 온 회중에게 말하매 그들이 광야를 바라보니 여호와의 영광이 구름 속에 나타나더라
[11] 여호와께서 모세에게 말씀하여 이르시되 [12] 내가 이스라엘 자손의 원망함을 들었노라 그들에게 말하여 이르
기를 너희가 해 질 때에는 고기를 먹고 아침에는 떡으로 배부르리니 내
가 여호와 너희의 하나님인 줄 알리라 하라 하시니라 [13] 저녁에는 메추
라기가 와서 진에 덮이고 아침에는 이슬이 진 주위에 있더니 [14] 그 이슬
이 마른 후에 광야 지면에 작고 둥글며 서리 같이 가는 것이 있는지라 [15] 이
스라엘 자손이 보고 그것이 무엇인지 알지 못하여 서로 이르되 이것이 무엇
이냐 하니 모세가 그들에게 이르되 이는 여호와께서 너희에게 주어 먹게
하신 양식이라 [16] 여호와께서 이같이 명령하시기를 너희 각 사람은 먹을
만큼만 이것을 거둘지니 곧 너희 사람 수효대로 한 사람에 한 오멜씩 거두
되 각 사람이 그의 장막에 있는 자들을 위하여 거둘지니라 하셨느니라 [17]
이스라엘 자손이 그같이 하였더니 그 거둔 것이 많기도 하고 적기도 하나

> 출 16:4, 16 인간 탐심의 근원이 되는 잉여의 문제...
> 이 구절의 핵심 메시지는 "각자의 분량"이다. 즉 하나님이 각자에게 주신 분량의 은혜이다. 우리의 믿음은 이 분량에 만족하고 감사할 줄 아는 것이다. 그런데 인간의 탐심은 그것 이상을 갈급하게 함으로 하나님에게 인위의 강청하는 기도를 드리고 있다. 성찰하고 반성하자.
> (cf. 신 8:2-18 빌 4:6, 11-13)

18 오멜로 되어 본즉 많이 거둔 자도 남음이 없고 적게 거둔 자도 부족함이 없이 각 사람은 먹을 만큼만 거두었더
라 19 모세가 그들에게 이르기를 아무든지 아침까지 그것을 남겨두지 말라 하였으나 20 그들이 모세에게 순종하
지 아니하고 더러는 아침까지 두었더니 벌레가 생기고 냄새가 난지라 모세가 그들에게 노하니라 21 무리가 아침
마다 각 사람은 먹을 만큼만 거두었고 햇볕이 뜨겁게 쬐면 그것이 스러졌더라 22 여섯째 날에는 각 사람이 갑절
의 식물 곧 하나에 두 오멜씩 거둔지라 회중의 모든 지도자가 와서 모세에게 알리매 23 모세가 그들에게 이르되
여호와께서 이같이 말씀하셨느니라 내일은 휴일이니 여호와께 거룩한 안식일이라 너희가 구울 것은 굽고 삶을
것은 삶고 그 나머지는 다 너희를 위하여 아침까지 간수하라 24 그들이 모세의 명령대로 아침까지 간수하였으나
냄새도 나지 아니하고 벌레도 생기지 아니한지라 25 모세가 이르되 오늘은 그것을 먹으라 오늘은 여호와의 안식
일인즉 오늘은 너희가 들에서 그것을 얻지 못하리라 26 엿새 동안은 너희가 그것을 거두되 일곱째 날은 안식일인
즉 그 날에는 없으리라 하였으나 27 일곱째 날에 백성 중 어떤 사람들이 거두러 나갔다가 얻지 못하니라 28 여호
와께서 모세에게 이르시되 어느 때까지 너희가 내 계명과 내 율법을 지키지 아니하려느냐 29 볼지어다 여호와가
너희에게 안식일을 줌으로 여섯째 날에는 이틀 양식을 너희에게 주는 것이니 너희는 각기 처소에 있고 일곱째
날에는 아무도 그의 처소에서 나오지 말지니라 30 그러므로 백성이 일곱째 날에 안식하니라 31 이스라엘 족속이
그 이름을 만나라 하였으며 깟씨 같이 희고 맛은 꿀 섞은 과자 같았더라 32 모세가 이르되 여호와께서 이같이 명
령하시기를 이것을 오멜에 채워서 너희의 대대 후손을 위하여 간수하라 이는 내가 너희를 애굽 땅에서 인도하여
낼 때에 광야에서 너희에게 먹인 양식을 그들에게 보이기 위함이니라 하셨다 하고 33 또 모세가 아론에게 이르
되 항아리를 가져다가 그 속에 만나 한 오멜을 담아 여호와 앞에 두어 너희 대대로 간수하라 34 아론이 여호와께
서 모세에게 명령하신 대로 그것을 증거판 앞에 두어 간수하게 하였고 35 사람이 사는 땅에 이르기까지 이스라
엘 자손이 사십 년 동안 만나를 먹었으니 곧 가나안 땅 접경에 이르기까지 그들이 만나를 먹었더라 36 오멜은 십
분의 일 에바이더라

출애굽기 17장

출 17~18장
하나님의 백성을 돌보시는 하나님의 모습

반석에서 물이 나오다(민 20:1-13)

1 이스라엘 자손의 온 회중이 여호와의 명령대로 신 광야에서 떠나 그 노정대로 행하여 르비딤에 장막을 쳤으
나 백성이 마실 물이 없는지라 2 백성이 모세와 다투어 이르되 우리에게 물을 주어 마시게 하라 모세가 그들에
게 이르되 너희가 어찌하여 나와 다투느냐 너희가 어찌하여 여호와를 시험하느냐 3 거기서 백성이 목이 말라 물
을 찾으매 그들이 모세에게 대하여 원망하여 이르되 당신이 어찌하여 우리를 애굽에서 인도해 내어서 우리와 우
리 자녀와 우리 가축이 목말라 죽게 하느냐 4 모세가 여호와께 부르짖어 이르되 내가 이 백성에게 어떻게 하리이
까 그들이 조금 있으면 내게 돌을 던지겠나이다 5 여호와께서 모세에게 이르시되 백성 앞을 지나서 이스라엘 장
로들을 데리고 나일 강을 치던 네 지팡이를 손에 잡고 가라 6 내가 호렙 산에 있는 그 반석 위 거기서 네 앞에 서
리니 너는 그 반석을 치라 그것에서 물이 나오리니 백성이 마시리라 모세가 이스라엘 장로들의 목전에서 그대로
행하니라 7 그가 그 곳 이름을 맛사 또는 므리바라 불렀으니 이는 이스라엘 자손이 다투었음이요 또는 그들이 여
호와를 시험하여 이르기를 여호와께서 우리 중에 계신가 안 계신가 하였음이더라

아말렉과 싸우다

8 그 때에 아말렉이 와서 이스라엘과 르비딤에서 싸우니라 9 모세가 여호수아에게 이르되 우리를 위하여 사람
들을 택하여 나가서 아말렉과 싸우라 내일 내가 하나님의 지팡이를 손에
잡고 산 꼭대기에 서리라 10 여호수아가 모세의 말대로 행하여 아말렉과
싸우고 모세와 아론과 훌은 산 꼭대기에 올라가서 11 모세가 손을 들면
이스라엘이 이기고 손을 내리면 아말렉이 이기더니 12 모세의 팔이 피곤
하매 그들이 돌을 가져다가 모세의 아래에 놓아 그가 그 위에 앉게 하고

> **출 17:8-16 아말렉과 직접 싸우시는 하나님 - 여호와 닛시**
> 창조주, 섭리주, 구속주로서 하나님은 지금도 나를 위해 싸우고 계신다는 사실을 당신은 알고 있는가?

아론과 훌이 한 사람은 이쪽에서,
한 사람은 저쪽에서 모세의 손을
붙들어 올렸더니 그 손이 해가
지도록 내려오지 아니한지라
13 여호수아가 칼날로 아말렉
과 그 백성을 쳐서 무찌르니라 14
여호와께서 모세에게 이르시되 이것을 책에 기록하여 기념하게 하고 여
호수아의 귀에 외워 들리라 내가 아말렉을 없이하여 천하에서 기억도 못
하게 하리라 15 모세가 제단을 쌓고 그 이름을 여호와 닛시라 하고 16 이
르되 여호와께서 맹세하시기를 여호와가 아말렉과 더불어 대대로 싸우
리라 하셨다 하였더라

하나님의 이름과 관련된 관용어

명칭	의미	성구
여호와 이레	여호와께서 준비하심	창22:14
여호와 라파	치료하시는 여호와	출15:26
여호와 닛시	여호와는 우리의 깃발	출17:15
여호와 살롬	여호와는 우리의 평강	삿6:24
여호와 로이	여호와는 나의 목자	시23:1
여호와 삼마	여호와께서 거기 계심	겔48:35
여호와 치드케누	여호와는 우리의 공의	렘23:6

출애굽기 18장

이드로가 모세를 방문하다

1 모세의 장인이며 미디안 제사장인 이드로가 하나님이 모세에게와 자기
백성 이스라엘에게 하신 일 곧 여호와께서 이스라엘을 애굽에서 인도하
여 내신 모든 일을 들으니라 2 모세의 장인 이드로가 모세가 돌려보냈던
그의 아내 십보라와 3 그의 두 아들을 데리고 왔으니 그 하나의 이름은 게르솜이라 이는 모세가 이르기를 내가
이방에서 나그네가 되었다 함이요 4 하나의 이름은 엘리에셀이라 이는 내 아버지의 하나님이 나를 도우사 바로
의 칼에서 구원하셨다 함이더라 5 모세의 장인 이드로가 모세의 아들들과 그의 아내와 더불어 광야에 들어와
모세에게 이르니 곧 모세가 하나님의 산에 진 친 곳이라 6 그가 모세에게 말을 전하되 네 장인 나 이드로가 네
아내와 그와 함께 한 그의 두 아들과 더불어 네게 왔노라 7 모세가 나가서 그의 장인을 맞아 절하고 그에게 입
맞추고 그들이 서로 문안하고 함께 장막에 들어가서 8 모세가 여호와께서 이스라엘을 위하여 바로와 애굽 사
람에게 행하신 모든 일과 길에서 그들이 당한 모든 고난과 여호와께서 그들을 구원하신 일을 다 그 장인에게
말하매 9 이드로가 여호와께서 이스라엘에게 큰 은혜를 베푸사 애굽 사
람의 손에서 구원하심을 기뻐하여 10 이드로가 이르되 여호와를 찬송하
리로다 너희를 애굽 사람의 손에서와 바로의 손에서 건져내시고 백성을
애굽 사람의 손아래에서 건지셨도다 11 이제 내가 알았도다 여호와는 모
든 신보다 크시므로 이스라엘에게 교만하게 행하는 그들을 이기셨도다
하고 12 모세의 장인 이드로가 번제물과 희생제물들을 하나님께 가져오
매 아론과 이스라엘 모든 장로가 와서 모세의 장인과 함께 하나님 앞에
서 떡을 먹으니라

출 18장
학습 자료 6-6 "하나님의 거룩" 참조
학습 자료 6-7 "하나님의 유일성" 참조

출 18:10-11 무엇을 위한 출애굽인가? - 해방 신학의 참 의미
'해방'이라고 할 때 그 해방의 방향성이 중요하다. 즉 "누구로부터의 해방"이 아니고, "누구에게로 향한 해방"인가가 중요하다. 해방 신학, 민중 신학은 "누구로부터 또는 무엇으로부터 해방"에 초점을 맞추고 있다. 그것은 곧 인간 중심(Anthrocentric)이냐, 하나님 중심(Theocentric)이냐의 문제이다. 출애굽의 사건은 순전한 하나님의 은혜의 사건이다. 하나님 나라를 회복하시기 위한 계획 속에 진행된 그의 주도적 사건이다.

우두머리를 세워 재판하게 하다(신 1:9-18)

13 이튿날 모세가 백성을 재판하느라고 앉아 있고 백성은 아침부터 저녁
까지 모세 곁에 서 있는지라 14 모세의 장인이 모세가 백성에게 행하는 모
든 일을 보고 이르되 네가 이 백성에게 행하는 이 일이 어찌 됨이냐 어찌하여 네가 홀로 앉아 있고 백성은 아침
부터 저녁까지 네 곁에 서 있느냐 15 모세가 그의 장인에게 대답하되 백성이 하나님께 물으려고 내게로 옴이라
16 그들이 일이 있으면 내게로 오나니 내가 그 양쪽을 재판하여 하나님의 율례와 법도를 알게 하나이다 17 모세
의 장인이 그에게 이르되 네가 하는 것이 옳지 못하도다 18 너와 또 너와 함께 한 이 백성이 필경 기력이 쇠하리
니 이 일이 네게 너무 중함이라 네가 혼자 할 수 없으리라 19 이제 내 말을 들으라 내가 네게 방침을 가르치리니

하나님이 너와 함께 계실지로다 너는 하나님 앞에서 그 백성을 위하여 그
사건들을 하나님께 가져오며 [20] 그들에게 율례와 법도를 가르쳐서 마땅
히 갈 길과 할 일을 그들에게 보이고 [21] 너는 또 온 백성 가운데서 능력 있
는 사람들 곧 하나님을 두려워하며 진실하며 불의한 이익을 미워하는 자를 살펴서 백성 위에 세워 천부장과 백
부장과 오십부장과 십부장을 삼아 [22] 그들이 때를 따라 백성을 재판하게 하라 큰 일은 모두 네게 가져갈 것이요
작은 일은 모두 그들이 스스로 재판할 것이니 그리하면 그들이 너와 함께 담당할 것인즉 일이 네게 쉬우리라 [23]
네가 만일 이 일을 하고 하나님께서도 네게 허락하시면 네가 이 일을 감당하고 이 모든 백성도 자기 곳으로 평안
히 가리라 [24] 이에 모세가 자기 장인의 말을 듣고 그 모든 말대로 하여 [25] 모세가 이스라엘 무리 중에서 능력 있는
사람들을 택하여 그들을 백성의 우두머리 곧 천부장과 백부장과 오십부장과 십부장을 삼으매 [26] 그들이 때를
따라 백성을 재판하되 어려운 일은 모세에게 가져오고 모든 작은 일은 스스로 재판하더라 [27] 모세가 그의 장인
을 보내니 그가 자기 땅으로 가니라

출 18:23 인생의 최종 결정권자는 하나님이시라는 사실을 보여 준다.

출애굽기 19장

이스라엘 자손이 시내 산에 이르다

[1] 이스라엘 자손이 애굽 땅을 떠난 지 삼 개월이 되던 날 그들이 시내 광
야에 이르니라 [2] 그들이 르비딤을 떠나 시내 광야에 이르러 그 광야에 장
막을 치되 이스라엘이 거기 산 앞에 장막을 치니라 [3] 모세가 하나님 앞에
올라가니 여호와께서 산에서 그를 불러 말씀하시되 너는 이같이 야곱의
집에 말하고 이스라엘 자손들에게 말하라 [4] 내가 애굽 사람에게 어떻게
행하였음과 내가 어떻게 독수리 날개로 너희를 업어 내게로 인도하였음
을 너희가 보았느니라 [5] 세계가 다 내게 속하였나니 너희가 내 말을 잘 듣
고 내 언약을 지키면 너희는 모든 민족 중에서 내 소유가 되겠고 [6] 너희가
내게 대하여 제사장 나라가 되며 거룩한 백성이 되리라 너는 이 말을 이
스라엘 자손에게 전할지니라 [7] 모세가 내려와서 백성의 장로들을 불러 여
호와께서 자기에게 명령하신 그 모든 말씀을 그들 앞에 진술하니 [8] 백성
이 일제히 응답하여 이르되 여호와께서 명령하신 대로 우리가 다 행하리
이다 모세가 백성의 말을 여호와께 전하매 [9] 여호와께서 모세에게 이르
시되 내가 빽빽한 구름 가운데서 네게 임함은 내가 너와 말하는 것을 백
성들이 듣게 하며 또한 너를 영영히 믿게 하려 함이니라 모세가 백성의 말을 여호와께 아뢰었으므로 [10] 여호와
께서 모세에게 이르시되 너는 백성에게로 가서 오늘과 내일 그들을 성결하게 하며 그들에게 옷을 빨게 하고 [11]
준비하게 하여 셋째 날을 기다리게 하라 이는 셋째 날에 나 여호와가 온 백성의 목전에서 시내 산에 강림할 것임
이니 [12] 너는 백성을 위하여 주위에 경계를 정하고 이르기를 너희는 삼가 산에 오르거나 그 경계를 침범하지 말
지니 산을 침범하는 자는 반드시 죽임을 당할 것이라 [13] 그런 자에게는 손을 대지 말고 돌로 쳐죽이거나 화살로
쏘아 죽여야 하리니 짐승이나 사람을 막론하고 살아남지 못하리라 하고 나팔을 길게 불거든 산 앞에 이를 것이
니라 하라 [14] 모세가 산에서 내려와 백성에게 이르러 백성을 성결하게 하니 그들이 자기 옷을 빨더라 [15] 모세가
백성에게 이르되 준비하여 셋째 날을 기다리고 여인을 가까이 하지 말라 하니라 [16] 셋째 날 아침에 우레와 번개
와 빽빽한 구름이 산 위에 있고 나팔 소리가 매우 크게 들리니 진중에 있는 모든 백성이 다 떨더라 [17] 모세가 하
나님을 맞으려고 백성을 거느리고 진에서 나오매 그들이 산기슭에 서 있는데 [18] 시내 산에 연기가 자욱하니 여호
와께서 불 가운데서 거기 강림하심이라 그 연기가 옹기 가마 연기 같이 떠오르고 온 산이 크게 진동하며 [19] 나팔
소리가 점점 커질 때에 모세가 말한즉 하나님이 음성으로 대답하시더라 [20] 여호와께서 시내 산 곧 그 산 꼭대기

시내 산 언약의 핵심 내용과 의미

1. "내 소유가 되겠고"
   - 소속의 변화 : 구원
2. "제사장 나라가 되며"
   - 하나님 나라가 된다. : 하나님의 대사
3. "거룩한 백성이 되리라"
   - 구별된 삶을 통해 하나님 백성 되기

출 19장

학습 자료 6-2
"시내 산 언약의 구속사적 의미" 참조

출 19:5 "소유"의 히브리 원어는 쎄구라[סְגֻלָּה]인데 그 의미는 "소유, 재산, 귀중한 재산, 특별한 보물"을 뜻한다. 이 단어를 사용해서 소속이 바뀐다는 것을 말하는 것은 곧 우리는 하나님의 소중하고 특별한 보물 같은 존재 가치를 회복한다는 것이다.
창 1:26-28의 우리의 처음 모습을 기억하라.
동영상 강의 서론 1강을 다시 공부할 것

모세의 시내 산 등정 횟수

등정 횟수		성구	사건	등정 횟수		성구	사건
1차	오름	출19:3	언약을 맺으시고자 하는 하나님의 뜻을 들음	2차	오름	출19:8	모세가 백성들의 반응을 하나님께 말함
	내려옴	출19:7	모세가 백성들에게 하나님 말씀을 전함		내려옴	출19:14	몸을 정결하게 하라는 하나님의 말씀을 전달
3차	오름	출19:20-24	하나님이 백성들로 하여금 시내 산에 오르지 못하게 하심	4차	오름	출20:1,21	모세가 십계명과 율법을 받음
	내려옴	출19:25	모세가 백성들에게 하나님 말씀을 전함		내려옴	출24:3-8	모세가 율법서를 낭독하고 언약 체결함
5차	오름	출24:9-11	언약 체결식 후 산에 올라 공동 식사함	6차	오름	출24:15	40주야 동안 머물면서 십계명판과 성막에 대한 계시를 받음
	내려옴				내려옴	출32:15	이스라엘의 금송아지 우상 숭배로 십계명판을 깨뜨림
7차	오름	출32:30, 31	모세가 이스라엘 백성을 위해 중보 기도함	8차	오름	출34:4	십계명판을 다시 받기 위해 올라가 40주야 머묾
	내려옴	출33:4-6	자숙하는 의미에서 이스라엘 백성들의 화장을 금함		내려옴	출34:29	모세가 십계명판을 들고 내려옴

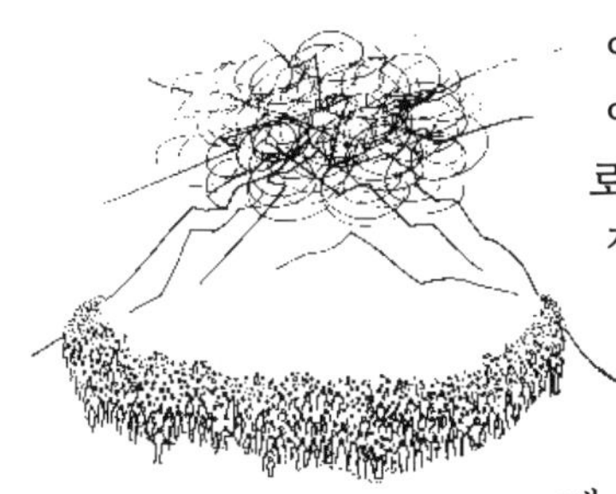

에 강림하시고 모세를 그리로 부르시니 모세가 올라가매 21 여호와께서 모세
에게 이르시되 내려가서 백성을 경고하라 백성이 밀고 들어와 나 여호와에게
로 와서 보려고 하다가 많이 죽을까 하노라 22 또 여호와에게 가까이 하는 제사
장들에게 그 몸을 성결히 하게 하라 나 여호와가 그들을 칠까 하노라 23 모세
가 여호와께 아뢰되 주께서 우리에게 명령하여 이르시기를 산 주위에 경계
를 세워 산을 거룩하게 하라 하셨사온즉 백성이 시내 산에 오르지 못하
리이다 24 여호와께서 그에게 이르시되 가라 너는 내려가서 아론과 함
께 올라오고 제사장들과 백성에게는 경계를 넘어 나 여호와에게로 올라오지 못
하게 하라 내가 그들을 칠까 하노라 25 모세가 백성에게 내려가서 그들에게 알리니라

출애굽기 20장

십계명(신 5:1-21)

1 하나님이 이 모든 말씀으로 말씀하여 이르시되 2 나는 너를 애굽 땅, 종
되었던 집에서 인도하여 낸 네 하나님 여호와니라 3 너는 나 외에는 다른
신들을 네게 두지 말라 4 너를 위하여 새긴 우상을 만들지 말고 또 위로 하
늘에 있는 것이나 아래로 땅에 있는 것이나 땅 아래 물 속에 있는 것의 어
떤 형상도 만들지 말며 5 그것들에게 절하지 말며 그것들을 섬기지 말라
나 네 하나님 여호와는 질투하는 하나님인즉 나를 미워하는 자의 죄를 갚
되 아버지로부터 아들에게로 삼사 대까지 이르게 하거니와 6 나를 사랑하
고 내 계명을 지키는 자에게는 천 대까지 은혜를 베푸느니라 7 너는 네 하
나님 여호와의 이름을 망령되게 부르지 말라 여호와는 그의 이름을 망령
되게 부르는 자를 죄 없다 하지 아니하리라 8 안식일을 기억하여 거룩하
게 지키라 9 엿새 동안은 힘써 네 모든 일을 행할 것이나 10 일곱째 날은 네
하나님 여호와의 안식일인즉 너나 네 아들이나 네 딸이나 네 남종이나 네
여종이나 네 가축이나 네 문안에 머무는 객이라도 아무 일도 하지 말라
11 이는 엿새 동안에 나 여호와가 하늘과 땅과 바다와 그 가운데 모든 것을 만들고 일곱째 날에 쉬었음이라 그러
므로 나 여호와가 안식일을 복되게 하여 그 날을 거룩하게 하였느니라 12 네 부모를 공경하라 그리하면 네 하나

출 20장

- **학습 자료 6-3 "그리스도인의 삶속에서 십계명의 역할은?" 참조**
- **학습 자료 6-4 "법을 주시는 하나님" 참조**
- **학습 자료 6-5 "십계명은 율법인가, 언약인가?" 참조**

❖ 십계명이 주어진 이유

① 하나님의 소유가 되어 그의 백성이 된 자는 그 정체성에 걸맞은 법에 의해 살아야 한다.
② 언약은 관계회복의 약속이다. 창3:9에서 하나님과 끊어진 관계, 창 4:9에서 이웃과 끊어진 관계를 회복해야 하기 때문이다. 그래서 십계명은 아래와 같은 이중 구조로 주어졌다.

❖ 십계명이 이중 구조로 되어 있는 근거

☞『통큰통독』 교재 p95에서 창 3:9와 창 4:9로 설명하는 관계성을 반드시 이해해야 한다.

구속은 관계의 회복이다.

창 3:9
**여호와 하나님이
아담을 부르시며
그에게 이르시되**
네가 어디 있느냐

창 4:9
**여호와께서
가인에게
이르시되**
네 아우 아벨이
어디 있느냐

님 여호와가 네게 준 땅에서 네 생명이 길리라 13 살인하지 말라 14 간음하
지 말라 15 도둑질하지 말라 16 네 이웃에 대하여 거짓 증거하지 말라 17 네
이웃의 집을 탐내지 말라 네 이웃의 아내나 그의 남종이나 그의 여종이나
그의 소나 그의 나귀나 무릇 네 이웃의 소유를 탐내지 말라

두려워 떨다(신 5:22-33)

18 뭇 백성이 우레와 번개와 나팔 소리와 산의 연기를 본지라 그들이 볼
때에 떨며 멀리 서서 19 모세에게 이르되 당신이 우리에게 말씀하소서 우
리가 들으리이다 하나님이 우리에게 말씀하시지 말게 하소서 우리가 죽
을까 하나이다 20 모세가 백성에게 이르되 두려워하지 말라 하나님이 임
하심은 너희를 시험하고 너희로 경외하여 범죄하지 않게 하려 하심이니
라 21 백성은 멀리 서 있고 모세는 하나님이 계신 흑암으로 가까이 가니라

제단에 관한 법

22 여호와께서 모세에게 이르시되 너는 이스라엘 자손에게 이같이 이르
라 내가 하늘로부터 너희에게 말하는 것을 너희 스스로 보았으니 23 너희
는 나를 비겨서 은으로나 금으로나 너희를 위하여 신상을 만들지 말고 24
내게 토단을 쌓고 그 위에 네 양과 소로 네 번제와 화목제를 드리라 내가
내 이름을 기념하게 하는 모든 곳에서 네게 임하여 복을 주리라 25 네가
내게 돌로 제단을 쌓거든 다듬은 돌로 쌓지 말라 네가 정으로 그것을 쪼
면 부정하게 함이니라 26 너는 층계로 내 제단에 오르지 말라 네 하체가
그 위에서 드러날까 함이니라

출애굽기 21장

종에 관한 법(신 15:12-18)

1 네가 백성 앞에 세울 법규는 이러하니라 2 네가 히브리 종을 사면 그는
여섯 해 동안 섬길 것이요 일곱째 해에는 몸값을 물지 않고 나가 자유인
이 될 것이며 3 만일 그가 단신으로 왔으면 단신으로 나갈 것이요 장가 들
었으면 그의 아내도 그와 함께 나가려니와 4 만일 상전이 그에게 아내
를 주어 그의 아내가 아들이나 딸을 낳았으면 그의 아내와 그의 자식들
은 상전에게 속할 것이요 그는 단신으로 나갈 것이로되 5 만일 종이 분명
히 말하기를 내가 상전과 내 처자를 사랑하니 나가서 자유인이 되지 않

십계명의 이중 구조

출 20:3-17 십계명 요약

하나님을 향하여

1. 다른 신을 있게 말라.
2. 우상을 만들지 말라.
3. 여호와의 이름을 망령되이 일컫지 말라.
4. 안식일을 지키라.

사람을 향하여

5. 네 부모를 공경하라.
6. 살인하지 말라.
7. 간음하지 말라.
8. 도둑질하지 말라.
9. 거짓 증거하지 말라.
10. 네 이웃의 집을 탐내지 말라.

십계명의 8가지의 "하지 마라"와 2가지의 "하라"

스스로 자기 일을 찾아서 하지 못하는 미성숙한 자에게는 "하지 말라"가 더 많은 법이다.
유대교(Judaism- 포로기 이후에 형성된 이스라엘의 신앙)는 모세 5경 통해 613개의 계명을 뽑아냈다. 그중 248개는 "하라"의 형태이고, 365개는 "하지마라"의 형태이다. 248개는 우리 온 몸을 이루고 있는 각 부분의 총수를 의미하고, 365는 일 년의 날 수를 의미한다고 한다. 이것은 일 년 내내 우리의 온 몸과 정성을 다해 하나님을 사랑해야 한다는 의미이다.
유대이즘은 구원을 이 계명을 지키는 행위 구원에 두고 있다(이슬람도 마찬가지). 그러나 인간이 스스로 이 계명을 다 지키고 구원에 이르는 길은 불가능하다. 그래서 두려움이 생기고, 각 계명의 시행세칙을 세분화해서 만들고 결국에는 율법주의로 흘러가고 만다. 외부로 나타나는 "행함"이 중요해지는 것이다. 십계명은 원리적인 것이지 세칙적인 것은 아니다.
10계명은 단순히 지키는 윤리나 도덕적인 것 이상이다. 윤리나 도덕일 경우 지킴의 요구와 의무만이 있을 뿐이다.
임마누엘 칸트는 "의무에서 유래한 선의지"라는 그의 저서에서 그런 윤리적 지킴에 대한 보상은 없다고 말한다.
그러나 십계명의 지킴은 보상이 따른다고 성경은 말하고 있다. "지켜 행하면" 하나님의 복이 약속되어 있다. 신명기를 읽을 때 "지켜 행하면"의 강조점을 유의하라.

겠노라 하면 6 상전이 그를 데리고 재판장에게로 갈 것이요 또 그를 문이
나 문설주 앞으로 데리고 가서 그것에다가 송곳으로 그의 귀를 뚫을 것이
라 그는 종신토록 그 상전을 섬기리라 7 사람이 자기의 딸을 여종으로 팔
았으면 그는 남종 같이 나오지 못할지며 8 만일 상전이 그를 기뻐하지 아
니하여 상관하지 아니하면 그를 속량하게 할 것이나 상전이 그 여자를 속
인 것이 되었으니 외국인에게는 팔지 못할 것이요 9 만일 그를 자기 아들
에게 주기로 하였으면 그를 딸 같이 대우할 것이요 10 만일 상전이 다른
여자에게 장가 들지라도 그 여자의 음식과 의복과 동침하는 것은 끊지 말
것이요 11 그가 이 세 가지를 시행하지 아니하면, 여자는 속전을 내지 않
고 거저 나가게 할 것이니라

출 21장
학습 자료 6-8 "결의법" 참조

❖ 출 21~23장
십계명 성격의 개요적인 율법을 언급한다. 핵심은 곧 하나님과 바른 관계를 회복하고 성장함으로 그것을 이웃 사랑으로 연결하여 하나님의 창조 원리를 온전히 이루는 것이다.
이 부분에서 하나님은 이웃 사랑을 매우 강조하고 있음을 읽어라
"구제", "이웃 섬김"은 신앙생활에서 매우 중요한 덕목이요, 품성이다.

폭행에 관한 법

12 사람을 쳐죽인 자는 반드시 죽일 것이나 13 만일 사람이 고의적으로 한 것이 아니라 나 하나님이 사람을 그의
손에 넘긴 것이면 내가 그를 위하여 한 곳을 정하리니 그 사람이 그리로 도망할 것이며 14 사람이 그의 이웃을 고
의로 죽였으면 너는 그를 내 제단에서라도 잡아내려 죽일지니라 15 자기 아버지나 어머니를 치는 자는 반드시 죽
일지니라 16 사람을 납치한 자가 그 사람을 팔았든지 자기 수하에 두었든지 그를 반드시 죽일지니라 17 자기의
아버지나 어머니를 저주하는 자는 반드시 죽일지니라 18 사람이 서로 싸우다가 하나가 돌이나 주먹으로 그의 상
대방을 쳤으나 그가 죽지 않고 자리에 누웠다가 19 지팡이를 짚고 일어나 걸으면 그를 친 자가 형벌은 면하되 그
간의 손해를 배상하고 그가 완치되게 할 것이니라 20 사람이 매로 그 남종이나 여종을 쳐서 당장에 죽으면 반드
시 형벌을 받으려니와 21 그가 하루나 이틀을 연명하면 형벌을 면하리니 그는 상전의 재산임이라 22 사람이 서로
싸우다가 임신한 여인을 쳐서 낙태하게 하였으나 다른 해가 없으면 그 남편의 청구대로 반드시 벌금을 내되 재
판장의 판결을 따라 낼 것이니라 23 그러나 다른 해가 있으면 갚되 생명은 생명으로, 24 눈은 눈으로, 이는 이로,
손은 손으로, 발은 발로, 25 덴 것은 덴 것으로, 상하게 한 것은 상함으로,
때린 것은 때림으로 갚을지니라 26 사람이 그 남종의 한 눈이나 여종의
한 눈을 쳐서 상하게 하면 그 눈에 대한 보상으로 그를 놓아 줄 것이며 27 그 남종의 이나 여종의 이를 쳐서 빠뜨
리면 그 이에 대한 보상으로 그를 놓아 줄지니라

출 21:24-25는 동태복수법을 말한다.

임자의 책임

28 소가 남자나 여자를 받아서 죽이면 그 소는 반드시 돌로 쳐서 죽일 것이요 그 고기는 먹지 말 것이며 임자는 형
벌을 면하려니와 29 소가 본래 받는 버릇이 있고 그 임자는 그로 말미암아 경고를 받았으되 단속하지 아니하여
남녀를 막론하고 받아 죽이면 그 소는 돌로 쳐죽일 것이고 임자도 죽일 것이며 30 만일 그에게 속죄금을 부과하
면 무릇 그 명령한 것을 생명의 대가로 낼 것이요 31 아들을 받든지 딸을 받든지 이 법규대로 그 임자에게 행할
것이며 32 소가 만일 남종이나 여종을 받으면 소 임자가 은 삼십 세겔을 그의 상전에게 줄 것이요 소는 돌로 쳐서
죽일지니라 33 사람이 구덩이를 열어두거나 구덩이를 파고 덮지 아니하므로 소나 나귀가 거기에 빠지면 34 그 구
덩이 주인이 잘 보상하여 짐승의 임자에게 돈을 줄 것이요 죽은 것은 그가 차지할 것이니라 35 이 사람의 소가 저
사람의 소를 받아 죽이면 살아 있는 소를 팔아 그 값을 반으로 나누고 또한 죽은 것도 반으로 나누려니와 36 그
소가 본래 받는 버릇이 있는 줄을 알고도 그 임자가 단속하지 아니하였으면 그는 소로 소를 갚을 것이요 죽은 것
은 그가 차지할지니라

출애굽기 22장

배상에 관한 법

1 사람이 소나 양을 도둑질하여 잡거나 팔면 그는 소 한 마리에 소 다섯 마리로 갚고 양 한 마리에 양 네 마리로

갚을지니라 2 도둑이 뚫고 들어오는 것을 보고 그를 쳐죽이면 피 흘린 죄가 없으
나 3 해 돋은 후에는 피 흘린 죄가 있으리라 도둑은 반드시 배상할 것이나
배상할 것이 없으면 그 몸을 팔아 그 도둑질한 것을 배상할 것이요 4 도
둑질한 것이 살아 그의 손에 있으면 소나 나귀나 양을 막론하고 갑절을
배상할지니라 5 사람이 밭에서나 포도원에서 짐승을 먹이다가 자기의 짐
승을 놓아 남의 밭에서 먹게 하면 자기 밭의 가장 좋은 것과 자기 포도원의 가장 좋은 것으로 배상할지니라 6 불
이 나서 가시나무에 댕겨 낟가리나 거두지 못한 곡식이나 밭을 태우면 불 놓은 자가 반드시 배상할지니라 7 사람
이 돈이나 물품을 이웃에게 맡겨 지키게 하였다가 그 이웃 집에서 도둑을 맞았는데 그 도둑이 잡히면 갑절을 배
상할 것이요 8 도둑이 잡히지 아니하면 그 집 주인이 재판장 앞에 가서 자기가 그 이웃의 물품에 손 댄 여부의 조
사를 받을 것이며 9 어떤 잃은 물건 즉 소나 나귀나 양이나 의복이나 또는 다른 잃은 물건에 대하여 어떤 사람이
이르기를 이것이 그것이라 하면 양편이 재판장 앞에 나아갈 것이요 재판장이 죄 있다고 하는 자가 그 상대편에
게 갑절을 배상할지니라 10 사람이 나귀나 소나 양이나 다른 짐승을 이웃에게 맡겨 지키게 하였다가 죽거나 상
하거나 끌려가도 본 사람이 없으면 11 두 사람 사이에 맡은 자가 이웃의 것에 손을 대지 아니하였다고 여호와께
맹세할 것이요 그 임자는 그대로 믿을 것이며 그 사람은 배상하지 아니하려니와 12 만일 자기에게서 도둑 맞았
으면 그 임자에게 배상할 것이며 13 만일 찢겼으면 그것을 가져다가 증언할 것이요 그 찢긴 것에 대하여 배상하
지 아니할지니라 14 만일 이웃에게 빌려온 것이 그 임자가 함께 있지 아니할 때에 상하거나 죽으면 반드시 배상
하려니와 15 그 임자가 그것과 함께 있었으면 배상하지 아니할지니라 만일 세 낸 것이면 세로 족하니라

도덕에 관한 법

16 사람이 약혼하지 아니한 처녀를 꾀어 동침하였으면 납폐금을 주고 아내로 삼을 것이요 17 만일 처녀의 아버지
가 딸을 그에게 주기를 거절하면 그는 처녀에게 납폐금으로 돈을 낼지니라 18 너는 무당을 살려두지 말라 19 짐
승과 행음하는 자는 반드시 죽일지니라 20 여호와 외에 다른 신에게 제사를 드리는 자는 멸할지니라 21 너는 이
방 나그네를 압제하지 말며 그들을 학대하지 말라 너희도 애굽 땅에서 나그네였음이라 22 너는 과부나 고아를
해롭게 하지 말라 23 네가 만일 그들을 해롭게 하므로 그들이 내게 부르짖으면 내가 반드시 그 부르짖음을 들으
리라 24 나의 노가 맹렬하므로 내가 칼로 너희를 죽이리니 너희의 아내는 과부가 되고 너희 자녀는 고아가 되리
라 25 네가 만일 너와 함께 한 내 백성 중에서 가난한 자에게 돈을 꾸어 주면 너는 그에게 채권자 같이 하지 말며
이자를 받지 말 것이며 26 네가 만일 이웃의 옷을 전당 잡거든 해가 지기 전에 그에게 돌려보내라 27 그것이 유일
한 옷이라 그것이 그의 알몸을 가릴 옷인즉 그가 무엇을 입고 자겠느냐
그가 내게 부르짖으면 내가 들으리니 나는 자비로운 자임이니라 28 너는
재판장을 모독하지 말며 백성의 지도자를 저주하지 말지니라 29 너는 네가 추수한 것과 네가 짜낸 즙을 바치기
를 더디하지 말지며 네 처음 난 아들들을 내게 줄지며 30 네 소와 양도 그와 같이 하되 이레 동안 어미와 함께 있
게 하다가 여드레 만에 내게 줄지니라 31 너희는 내게 거룩한 사람이 될지니 들에서 짐승에게 찢긴 동물의 고기
를 먹지 말고 그것을 개에게 던질지니라

출 22:26-27 (cf. 신 24:12-15, 암 2:8)

출애굽기 23장

공평에 관한 법

1 너는 거짓된 풍설을 퍼뜨리지 말며 악인과 연합하여 위증하는 증인이 되지 말며 2 다수를 따라 악을 행하지 말며
송사에 다수를 따라 부당한 증언을 하지 말며 3 가난한 자의 송사라고 해서 편벽되이 두둔하지 말지니라 4 네가
만일 네 원수의 길 잃은 소나 나귀를 보거든 반드시 그 사람에게로 돌릴지며 5 네가 만일 너를 미워하는 자의 나귀
가 짐을 싣고 엎드러짐을 보거든 그것을 버려두지 말고 그것을 도와 그 짐을 부릴지니라 6 너는 가난한 자의 송사
라고 정의를 굽게 하지 말며 7 거짓 일을 멀리 하며 무죄한 자와 의로운 자를 죽이지 말라 나는 악인을 의롭다 하

지 아니하겠노라 8 너는 뇌물을 받지 말라 뇌물은 밝은 자의 눈을 어둡게
하고 의로운 자의 말을 굽게 하느니라 9 너는 이방 나그네를 압제하지 말
라 너희가 애굽 땅에서 나그네 되었었은즉 나그네의 사정을 아느니라

> 출 23:10-19 절기 지킴을 강조하는 이유는 절기의 형식을 위함이 아니고, 그 절기를 통해 하나님이 우리를 위해 무엇을 행하셨는지를 기억하고 그분께 영광을 돌리기 위함이라는 사실을 명심하라.

안식년과 안식일에 관한 법

10 너는 여섯 해 동안은 너의 땅에 파종하여 그 소산을 거두고 11 일곱째
해에는 갈지 말고 묵혀두어서 네 백성의 가난한 자들이 먹게 하라 그 남은 것은 들짐승이 먹으리라 네 포도원과
감람원도 그리할지니라 12 너는 엿새 동안에 네 일을 하고 일곱째 날에는 쉬라 네 소와 나귀가 쉴 것이며 네 여
종의 자식과 나그네가 숨을 돌리리라 13 내가 네게 이른 모든 일을 삼가 지키고 다른 신들의 이름은 부르지도 말
며 네 입에서 들리게도 하지 말지니라

세 가지 절기에 관한 법(출 34:18-26; 신 16:1-17)

14 너는 매년 세 번 내게 절기를 지킬지니라 15 너는 무교병의 절기를 지키라 내가 네게 명령한 대로 아빕월의 정
한 때에 이레 동안 무교병을 먹을지니 이는 그 달에 네가 애굽에서 나왔음이라 빈 손으로 내 앞에 나오지 말지니
라 16 맥추절을 지키라 이는 네가 수고하여 밭에 뿌린 것의 첫 열매를 거둠이니라 수장절을 지키라 이는 네가 수
고하여 이룬 것을 연말에 밭에서부터 거두어 저장함이니라 17 네 모든 남자는 매년 세 번씩 주 여호와께 보일지
니라 18 너는 네 제물의 피를 유교병과 함께 드리지 말며 내 절기 제물의 기름을 아침까지 남겨두지 말지니라 19
네 토지에서 처음 거둔 열매의 가장 좋은 것을 가져다가 너의 하나님 여호와의 전에 드릴지니라 너는 염소 새끼
를 그 어미의 젖으로 삶지 말지니라

명령과 약속

20 내가 사자를 네 앞서 보내어 길에서 너를 보호하여 너를 내가 예비한
곳에 이르게 하리니 21 너희는 삼가 그의 목소리를 청종하고 그를 노엽
게 하지 말라 그가 너희의 허물을 용서하지 아니할 것은 내 이름이 그에
게 있음이니라 22 네가 그의 목소리를 잘 청종하고 내 모든 말대로 행하
면 내가 네 원수에게 원수가 되고 네 대적에게 대적이 될지라 23 내 사자
가 네 앞서 가서 너를 아모리 사람과 헷 사람과 브리스 사람과 가나안 사
람과 히위 사람과 여부스 사람에게로 인도하고 나는 그들을 끊으리니 24
너는 그들의 신을 경배하지 말며 섬기지 말며 그들의 행위를 본받지 말고
그것들을 다 깨뜨리며 그들의 주상을 부수고 25 네 하나님 여호와를 섬기
라 그리하면 여호와가 너희의 양식과 물에 복을 내리고 너희 중에서 병을
제하리니 26 네 나라에 낙태하는 자가 없고 임신하지 못하는 자가 없을 것이라 내가 너의 날 수를 채우리라 27 내
가 내 위엄을 네 앞서 보내어 네가 이를 곳의 모든 백성을 물리치고 네 모든 원수들이 네게 등을 돌려 도망하게
할 것이며 28 내가 왕벌을 네 앞에 보내리니 그 벌이 히위 족속과 가나안 족속과 헷 족속을 네 앞에서 쫓아내리라
29 그러나 그 땅이 황폐하게 됨으로 들짐승이 번성하여 너희를 해할까 하여 일 년 안에는 그들을 네 앞에서 쫓아
내지 아니하고 30 네가 번성하여 그 땅을 기업으로 얻을 때까지 내가 그들을 네 앞에서 조금씩 쫓아내리라 31 내
가 네 경계를 홍해에서부터 블레셋 바다까지, 광야에서부터 강까지 정하고 그 땅의 주민을 네 손에 넘기리니 네
가 그들을 네 앞에서 쫓아낼지라 32 너는 그들과 그들의 신들과 언약하지 말라 33 그들이 네 땅에 머무르지 못할
것은 그들이 너를 내게 범죄하게 할까 두려움이라 네가 그 신들을 섬기면 그것이 너의 올무가 되리라

> 출 23:20-33 하나님의 백성은 세속적 상황으로부터 구별된 삶을 살아야 한다. 이것은 선택의 문제가 아니고 필수적인 것이며, 권면 사항이 아니고 명령이다. 명령은 생명이 걸려 있는 것이다.
> 시내 산 언약 이후 성경의 이야기는 십계명의 영성으로 거룩한 삶, 즉 구별된 삶을 살아야 한다는 것을 강조한다는 사실을 염두에 두고 읽어라. 통큰통독 관점 3 "구별된 삶, 섞이면 안 된다"를 명심하고 실천해야 한다.
> 이것이 성경의 의지적 읽기이다.

출애굽기 24장

> ❖ 출 24장
> "준행함, 지켜 행함"의 절대적 중요성을 강조한다.

시내 산에서 언약을 세우다

1 또 모세에게 이르시되 너는 아론과 나답과 아비후와 이스라엘 장로 칠

십 명과 함께 여호와께로 올라와 멀리서 경배하고 2 너 모세만 여호와께 가까이 나아오고 그들은 가까이 나아오
지 말며 백성은 너와 함께 올라오지 말지니라 3 모세가 와서 여호와의 모든 말씀과 그의 모든 율례를 백성에게
전하매 그들이 한 소리로 응답하여 이르되 여호와께서 말씀하신 모든 것을 우리가 준행하리이다 4 모세가 여호
와의 모든 말씀을 기록하고 이른 아침에 일어나 산 아래에 제단을 쌓고 이스라엘 열두 지파대로 열두 기둥을 세
우고 5 이스라엘 자손의 청년들을 보내어 여호와께 소로 번제와 화목제를 드리게 하고 6 모세가 피를 가지고 반
은 여러 양푼에 담고 반은 제단에 뿌리고 7 언약서를 가져다가 백성에게 낭독하여 듣게 하니 그들이 이르되 여호
와의 모든 말씀을 우리가 준행하리이다 8 모세가 그 피를 가지고 백성에게 뿌리며 이르되 이는 여호와께서 이 모
든 말씀에 대하여 너희와 세우신 언약의 피니라 9 모세와 아론과 나답과 아비후와 이스라엘 장로 칠십 인이 올라
가서 10 이스라엘의 하나님을 보니 그의 발 아래에는 청옥을 편 듯하고 하늘 같이 청명하더라 11 하나님이 이스
라엘 자손들의 존귀한 자들에게 손을 대지 아니하셨고 그들은 하나님을 뵙고 먹고 마셨더라

시내 산에서 사십 일을 있다

12 여호와께서 모세에게 이르시되 너는 산에 올라 내게로 와서 거기 있으
라 네가 그들을 가르치도록 내가 율법과 계명을 친히 기록한 돌판을 네게
주리라 13 모세가 그의 부하 여호수아와 함께 일어나 모세가 하나님의 산
으로 올라가며 14 장로들에게 이르되 너희는 여기서 우리가 너희에게로 돌아오기까지 기다리라 아론과 훌이 너
희와 함께 하리니 무릇 일이 있는 자는 그들에게로 나아갈지니라 하고 15 모세가 산에 오르매 구름이 산을 가리
며 16 여호와의 영광이 시내 산 위에 머무르고 구름이 엿새 동안 산을 가리더니 일곱째 날에 여호와께서 구름 가
운데서 모세를 부르시니라 17 산 위의 여호와의 영광이 이스라엘 자손의 눈에 맹렬한 불 같이 보였고 18 모세는
구름 속으로 들어가서 산 위에 올랐으며 모세가 사십 일 사십 야를 산에 있으니라

> 출 24:12 최초로 기록된 성경은 하나님이 친히 돌판에 기록하신 것이다.

6일차 읽기의 요약

(출 13~24)

하나님께서는 이스라엘 백성들을 독수리가 새끼를 날개로 업듯이 하나님의 방법으로 애굽의 속박으로부터 구원해 주셨다. 하나님께서는 아브라함에게 약속하셨던 언약을 이루시어 그 자손을 번성케 하셨고 이제는 약속하신 땅을 주시기 위해 애굽으로부터 이스라엘 민족을 불러내셨다. 그들은 기적적인 방법으로 홍해를 건너고 광야를 행진하게 된다.
그런데 이때부터 가시적인 것에 의존하는 이스라엘 백성들은 하나님의 행하심을 신뢰하기보다 자기중심적(인위)으로 하나님을 악평하며 원망과 불평을 반복한다. 하나님은 광야에서 하나님의 방법(신위)으로 그들의 필요를 채워주셨을 뿐만 아니라 이스라엘 백성들의 원망과 불평을 다루고 훈련하신다.
출애굽한 지 3개월째 되어 시내 산에 이르자 하나님께서는 이스라엘 민족과 시내 산 언약을 맺는다. 아브라함과의 언약이 발전된 시내 산 언약을 통해 하나님께서는 이스라엘 백성들과 진정한 관계 회복을 원하셨다. 이것이 구약의 핵심 구속의 사역이다. 그리고 이 언약의 구체적인 실행을 위해 십계명을 비롯한 율법을 주셨다. 십계명은 단순히 윤리 도덕적 차원을 넘어서 하나님의 구원을 얻은 언약 백성인 이스라엘 민족이 하나님의 마음을 알고 그분의 마음을 따라 이 세상에서 구별된 삶을 살아가게 하기 위한 삶의 원리를 담고 있다.

그러면 어떻게 살 것인가?

인위뚝·신위고!

☑ 세계관 점검 – 묵상하기 (영상 강의와 교재 내용의 이해를 바탕으로)

☑ 절기 지킴을 강조하는 이유는 하나님의 행하심을 기억하게 하기 위함이다.
오늘 나의 일상에서 하나님이 행해 주심을 얼마나 기억하며 그분께 감사하고 있는가?

☑ 불기둥과 구름 기둥으로 인도하시는 하나님을 묵상하라.
출애굽 여정 내내 하나님의 백성을 보호하시는 하나님을 묵상하고 그 하나님이 오늘 나를 어떻게 인도하고 계실까를 생각해 보라.

☑ 홍해 건넘은 이쪽과 저쪽을 확실히 구분하는 것이다.
출 19:5 "..내 소유가 되겠고" 세속과 하나님은 구별되어야 한다.***(관점 3)***
나는 진정 홍해를 건넜는가?

☑ 하나님의 은혜와 명령으로 출애굽하는 하나님의 백성을 못 가게 막고, 떠나는 하나님의 백성을 기어코 따라 잡으려는 바로는 오늘날 하나님의 백성을 괴롭히는 사탄과도 같다.
오늘의 사탄은 자기를 떠나 하나님의 백성으로 소속을 바꾼 성도들을 어떻게 괴롭히고 있는가? 세상의 많은 세계관은 바로 이 광명한 천사를 가장하여 하나님의 백성을 미혹함으로 하나님과의 관계를 다시 끊어 놓으려고 획책하고 있다는 사실을 아는가?
그렇다면 당신은 어떻게 대처해야 하는가?

☑ 출애굽과 해방 신학을 연계해서 민중 신학이라는 좌파 성향의 신학에 대해 어떻게 생각하는가?
우리의 참된 해방은 "누구로부터 해방이냐"가 중요한 것이 아니고, "누구에게로 향한 해방"인가가 핵심이라는 사실을 인정하는가?

출 14:1-9 희망이 없어 보이는 그 순간 바다와 산과 광야에 둘러싸여 있고 엄청난 위세로 도전해 오는 옛 원수의 공격 앞에서 당신은 도대체 무엇을 보았는가? 바로 그 순간이 하나님께서 스스로 자신을 드러내시며 영광을 보여 주시기를 원하시는 때임을 깨달을 수 있는가?
출 14장의 출애굽의 장엄한 모습에서 하나님은 이 모든 것을 준비하시고(여호와 이레), 그들의 앞에서, 가운데서, 또한 뒤에서 함께 하시는 모습을 보고 무엇을 생각하는가?

출애굽은 소속을 바꾸는 사건이다. 바로의 소속에서 하나님의 소속으로 바뀐 것이다. 신약의 세례와 같다. 당신은 소속이 완전히 바뀌었나?

출애굽의 두 가지 측면의 의미를 잘 이해하고, 나의 출애굽의 여정은 어떤가를 반성해 보라.
하나님 나라의 회복을 위해 이스라엘은 반드시 출애굽해야 한다. 그 이유를 잘 이해하라. 나에게도 출애굽을 시키고 있다는 사실도 함께 이해해야 한다.

반드시 출애굽을 시키는 하나님의 이유를 잘 파악하고, 지금 이 시각도 하나님은 우리를 출애굽 시키려고 역사하고 있다는 사실을 인식해야 한다. 진정한 출애굽은 세속으로부터 하나님께로 소속을 바꾸는 것이고 이것은 곧 세계관을 바꾸는 것임을 깊이 명심하고 실천하며 노력해야 한다. 그것이 구별된 삶이고 성화적 구원을 이루는 과정의 삶이다.

출애굽 여정 중 '돕가'라는 곳에 이르렀을 때 식량이 떨어졌고, 하나님은 식량을 허락하는 기적을 베풀어 주신다. 그러면서 '일용할' 양만 취하라고 하신다. 우리의 삶을 섭리하셔서 모든 것을 인도하시는 하나님의 계산이다. 그러나 인간은 언제나 '잉여'를 추구하는 탐심을 가지고 있다. 이 탐심의 주모자는 '인위'이다. 이를 어떻게 다룰 것인가를 심각하게 생각해야 한다.

☑ 하나님은 인간이 '잉여'를 추구하는 욕심을 아신다. 이 잉여를 추구하는 가치관이 오늘 인류의 물질문명을 만들어 냈고 결국 인류를 파국으로 몰아가고 있다고 생각하지 않는가?

- 잠언 30:8-9 곧 헛된 것과 거짓말을 내게서 멀리 하옵시며 나를 가난하게도 마옵시고 부하게도 마옵시고 오직 필요한 양식으로 나를 먹이시옵소서 혹 내가 배불러서 하나님을 모른다 여호와가 누구냐 할까 하오며 혹 내가 가난하여 도둑질하고 내 하나님의 이름을 욕되게 할까 두려워함 이니이다
- 빌 4:11-12 내가 궁핍하므로 말하는 것이 아니니라 어떠한 형편에든지 나는 자족하기를 배웠노니 나는 비천에 처할 줄도 알고 풍부에 처할 줄도 알아 모든 일 곧 배부름과 배고픔과 풍부와 궁핍에도 처할 줄 아는 일체의 비결을 배웠노라

출 16:1-3 인생이라는 광야 여정 속에서 우리의 최대 관심사는 무엇인가? 어떤 경우에는 우리의 몰염치한 원망들이 발하여지지 않는가? 이미 우리에게는 하나님으로부터 보다 근원적인 은혜들이 쌓여 있지 않은가? [신 29:5, 시 107:43. 찬송가 93(통 93), 293(통 414)]

시내 산 언약을 잘 이해하는 것이 구약, 더 나아가서 성경 전체를 통전적으로 이해하는 데 매우 중요한 부분이다. 따라서 강의 중에 설명한 '언약'의 개념을 잘 이해해야 한다.

출 19:10-15 오늘날 하나님께 나아가는 우리들의 모습은 어떤가? 정돈되지 못한 모습임에도 불구하고 아무 거리낌도 없어 너무나도 불경스러운 모습으로 나아가고 있지는 않는가?
[시 26:6, 사 56:6. 찬송가 36(통 36), 44(통 56)]

출 20:24-26에서 본 제단의 특징이 주는 의미
구약의 예배 형태는 제물을 바치는 것으로 어디든지 제단만 있으면 제사를 드릴 수 있다. 그러나 신 12장 이후 한 중앙 성소에서만 제사를 드리게 한다. 제단은 토단으로도 족하지만(24절) 경우에 따라서는 다듬지 않은 돌을 쓸 수 있는데, 연장을 대면 제단은 사람이 만든 것이 되고 이는 제단을 부정하게 한 것이 된다는 것이다. 이 말은 예배가 인위로 이루어지는 것이 되면 절대 안 된다는 것을 말한다. 오늘날의 예배는 인간의 손길로 얼마나 많이 인위의 담금질을 한 예배인가를 성찰하고 반성해야 한다.

왜 십계명을 주셨고, 왜 이중 구조로 주셨는지를 잘 이해해야 한다.
하나님 백성은 구별된 삶을 살아야 한다고 하나님은 명령하신다. 그 거룩의 기준은 곧 십계명의 영성이다. 다원주의 시대에 성도들은 과연 이 십계명의 영성(성경의 핵심 메시지)을 삶의 기준으로 삼고 있는지를 철저히 점검하고 개혁해야 한다.

십계명의 영성이 예수님의 가르침의 핵심이다. 그러므로 성경 전체의 통전적 메시지는 하나님과의 바른 관계, 이웃과의 바른 관계임을 명심하라. 이것이 우리의 처음 모습이다. 이런 성경적 세계관을 가져야 한다.

출 24장에서 시내 산 언약 조인식을 한다. 이들은 이후로 이 언약을 맺은 언약 백성으로서 살아갈 것을 다짐하며 결단한다. 바로 거기에 하나님 나라가 회복되고 세워져가기 때문이다. 시내 산 언약을 기점으로 이전은 이 언약을 맺기 위한 준비 기간이었고, 이후의 기간은 이 언약의 내용을 "지켜 행하는" 것이어야 했다. 그런데 이후의 구약의 역사는 어떻게 진행되는지를 잘 관찰해 보라(구속사 도표 참조).

결단기도와 실행하기

약 2:26 영혼 없는 몸이 죽은 것 같이 행함이 없는 믿음은 죽은 것이니라
시 119:28 나의 영혼이 눌림으로 말미암아 녹사오니 주의 말씀대로 나를 세우소서

7일

출애굽기 25~40장 :
성막 설계도, 금송아지 숭배, 범죄, 회개, 성막 건립

출애굽기 25장

성소를 지을 예물

1 여호와께서 모세에게 말씀하여 이르시되 2 이스라엘 자손에게 명령하
여 내게 예물을 가져오라 하고 기쁜 마음으로 내는 자가 내게 바치는 모
든 것을 너희는 받을지니라 3 너희가 그들에게서 받을 예물은 이러하니
금과 은과 놋과 4 청색 자색 홍색 실과 가는 베 실과 염소 털과 5 붉은 물
들인 숫양의 가죽과 해달의 가죽과 조각목과 6 등유와 관유에 드는 향료
와 분향할 향을 만들 향품과 7 호마노며 에봇과 흉패에 물릴 보석이니라
8 내가 그들 중에 거할 성소를 그들이 나를 위하여 짓되 9 무릇 내가 네게
보이는 모양대로 장막을 짓고 기구들도 그 모양을 따라 지을지니라

증거궤(출 37:1-9)

10 그들은 조각목으로 궤를 짜되 길이는 두 규빗 반, 너비는 한 규빗 반,
높이는 한 규빗 반이 되게 하고 11 너는 순금으로 그것을 싸되 그 안팎을
싸고 위쪽 가장자리로 돌아가며 금 테를 두르고 12 금 고리 넷을 부어 만
들어 그 네 발에 달되 이쪽에 두 고리 저쪽에 두 고리를 달며 13 조각목으
로 채를 만들어 금으로 싸고 14 그 채를 궤 양쪽 고리에 꿰어서 궤를 메게
하며 15 채를 궤의 고리에 꿴 대로 두고 빼내지 말지며 16 내가 네게 줄 증
거판을 궤 속에 둘지며 17 순금으로 속죄소를 만들되 길이는 두 규빗 반,
너비는 한 규빗 반이 되게 하고 18 금으로 그룹 둘을 속죄소 두 끝에 쳐서
만들되 19 한 그룹은 이 끝에, 또 한 그룹은 저 끝에 곧 속죄소 두 끝에 속
죄소와 한 덩이로 연결할지며 20 그룹들은 그 날개를 높이 펴서 그 날개로

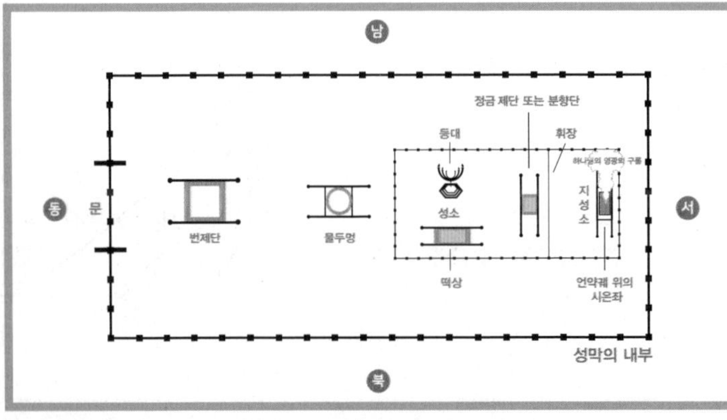

성막의 내부

출 25:2 이스라엘 사람이 애굽을 떠날 때 이 예물을 다 준비해서 떠나는 모습을 읽었다 - 출 12:35-36

출 25:8 성막 - 하나님의 처소와 임재

① 하나님은 처음에 에덴에 임재하시고 아담과 함께하셨다.(창 3:8)
② 성막에서 함께하셨다.(출 25:8)
③ 솔로몬의 성전에 충만하셨다.(왕상 6장)
④ Immanuel. 하나님이 우리와 함께하시다.(사 7:14)
⑤ 하나님의 영광이 성전을 떠났다.(겔 10:18)
⑥ 육신이 되셔서 우리 가운데 거하시다.(요 1:14)
⑦ 우리가 성령이 거하시는 전이다.(고전 3:16)
⑧ 하나님께서 그의 백성과 영원히 함께 하신다.(계 21:3)

☞ 참고 "성막과 하나님의 임재"에 관해 주해홍 저 『성경 그리고 삶』 도서출판 에스라 p126-132을 읽어 보라.

출 25-8
학습 자료 7-1 "성막을 주시는 이유" 참조

출 25:17 속죄소(כַּפֹּרֶת, 카포레트)란 말은 "덮다"라는 기본 뜻을 가진 '카파르(כָּפַר)'에서 유래했다. 이는 죄를 덮는다는 의미가 있다. 인간의 죄는 하나님이 덮어 주심이 있어야 해결된다는 뜻이다.
구약의 속죄 원리인 짐승 제사는 짐승의 피 자체가 죄 사함의 효력이 있는 것이 아니라 그것을 보고 죄를 덮어 주시는 하나님의 은혜를 깨달아야 한다는 것이다.

속죄소를 덮으며 그 얼굴을 서로 대하여 속죄소를 향하게 하고 21 속죄소
를 궤 위에 얹고 내가 네게 줄 증거판을 궤 속에 넣으라 22 거기서 내가 너
와 만나고 속죄소 위 곧 증거궤 위에 있는 두 그룹 사이에서 내가 이스라
엘 자손을 위하여 네게 명령할 모든 일을 네게 이르리라

진설병을 두는 상(출 37:10-16)

23 너는 조각목으로 상을 만들되 길이는 두 규빗, 너비는 한 규빗, 높이는
한 규빗 반이 되게 하고 24 순금으로 싸고 주위에 금 테를 두르고 25 그 주
위에 손바닥 넓이만한 턱을 만들고 그 턱 주위에 금으로 테를 만들고 26
그것을 위하여 금 고리 넷을 만들어 그 네 발 위 네 모퉁이에 달되 27 턱
곁에 붙이라 이는 상을 멜 채를 꿸 곳이며 28 또 조각목으로 그 채를 만들
고 금으로 싸라 상을 이것으로 멜 것이니라 29 너는 대접과 숟가락과 병
과 붓는 잔을 만들되 순금으로 만들며 30 상 위에 진설병을 두어 항상 내
앞에 있게 할지니라

등잔대와 기구들(출 37:17-24)

31 너는 순금으로 등잔대를 쳐 만들되 그 밑판과 줄기와 잔과 꽃받침과
꽃을 한 덩이로 연결하고 32 가지 여섯을 등잔대 곁에서 나오게 하되 다른
세 가지는 이쪽으로 나오고 다른 세 가지는 저쪽으로 나오게 하며 33 이
쪽 가지에 살구꽃 형상의 잔 셋과 꽃받침과 꽃이 있게 하고 저쪽 가지에
도 살구꽃 형상의 잔 셋과 꽃받침과 꽃이 있게 하여 등잔대에서 나온 가
지 여섯을 같게 할지며 34 등잔대 줄기에는 살구꽃 형상의 잔 넷과 꽃받침
과 꽃이 있게 하고 35 등잔대에서 나온 가지 여섯을 위하여 꽃받침이 있게
하되 두 가지 아래에 한 꽃받침이 있어 줄기와 연결하며 또 두 가지 아래
에 한 꽃받침이 있어 줄기와 연결하며 또 두 가지 아래에 한 꽃받침이 있
어 줄기와 연결하게 하고 36 그 꽃받침과 가지를 줄기와 연결하여 전부를
순금으로 쳐 만들고 37 등잔 일곱을 만들어 그 위에 두어 앞을 비추게 하
며 38 그 불 집게와 불 똥 그릇도 순금으로 만들지니 39 등잔대와 이 모든
기구를 순금 한 달란트로 만들되 40 너는 삼가 이 산에서 네게 보인 양식
대로 할지니라

출애굽기 26장

성막(출 36:8-38)

1 너는 성막을 만들되 가늘게 꼰 베 실과 청색 자색 홍색 실로 그룹을 정
교하게 수 놓은 열 폭의 휘장을 만들지니 2 매 폭의 길이는 스물여덟 규
빗, 너비는 네 규빗으로 각 폭의 장단을 같게 하고 3 그 휘장 다섯 폭을 서
로 연결하며 다른 다섯 폭도 서로 연결하고 4 그 휘장을 이을 끝폭 가에
청색 고를 만들며 이어질 다른 끝폭 가에도 그와 같이 하고 5 휘장 끝폭
가에 고 쉰 개를 달며 다른 휘장 끝폭 가에도 고 쉰 개를 달고 그 고들을
서로 마주 보게 하고 6 금 갈고리 쉰 개를 만들고 그 갈고리로 휘장을 연
결하게 한 성막을 이룰지며 7 그 성막을 덮는 막 곧 휘장을 염소털로 만
들되 열한 폭을 만들지며 8 각 폭의 길이는 서른 규빗, 너비는 네 규빗으

진설병상의 영적 의미들

	진설병상	영적 의미
재료	조각목	그리스도의 인성 상징 (요 1:14, 4:6, 7)
	정금	그리스도의 신성 상징 (요 10:30, 골 2:9)
부분	금테	그리스도의 아름다우심 상징(눅 2:52)
	턱	그리스도의 보호하심 상징(롬 8:34-39)
	채	그리스도의 동행을 상징하는 듯함 (마 28:20, 요 14:16-24)
	전설병(떡)	생명의 양식되시는 그리스도 상징 (요 6:33-58)

법궤의 영적 의미들

	법궤	영적 의미
재료	조각목	그리스도의 인성 상징 (요 1:14, 4:6, 7)
	정금	그리스도의 신성 상징 (요 10:30, 골 2:9)
부분	금테	그리스도의 아름다우심 상징(눅 2:52)
	채	그리스도의 동행을 상징하는 듯함 (마 28:20, 요 14:16-24)
	십계명 돌비 (증거판)	하나님의 속성을 증거하시는 그리스도 상징 (요 1:14, 14:9-11)
	만나	생명의 양식이 되시는 그리스도 상징 (요 6:33-58)
	아론의 싹난 지팡이	부활이 되시는 그리스도 상징(요 11:25)
	속죄소	하나님과 인간을 회복케 하시는 그리스도 상징 (롬 3:25, 골 1:20, 21)
	그룹	하나님을 보좌하며 그분의 영광을 지키는 영적 존재(겔 9:3, 10:1-4)

성막의 설계를 직접 주시는 하나님 – 신위.
신위의 개념을 생각해 보라. 무화과 잎의 옷을 벗기시고 가죽옷을 해 입히시는 하나님, 방주를 직접 설계해 주시고 동력과 방향타를 달아 주지 않으신 하나님, 이것은 곧 신위, 즉 하나님 방법대로 이루어져야 한다는 사실을 강하게 보여 준다.
내 믿음은 과연 신위에 근거하고 있는가? 아니면 내 주장을 달성하려고 하나님을 끌어 드리고 싶어 하지는 않은가? 그렇다면 그것은 믿음이 아니다.

로 열한 폭의 길이를 같게 하고 9그 휘장 다섯 폭을 서로 연결하며 또 여
섯 폭을 서로 연결하고 그 여섯째 폭 절반은 성막 전면에 접어 드리우고
10휘장을 이을 끝폭 가에 고 쉰 개를 달며 다른 이을 끝폭 가에도 고 쉰
개를 달고 11놋 갈고리 쉰 개를 만들고 그 갈고리로 그 고를 꿰어 연결하
여 한 막이 되게 하고 12그 막 곧 휘장의 그 나머지 반 폭은 성막 뒤에 늘
어뜨리고 13막 곧 휘장의 길이의 남은 것은 이쪽에 한 규빗, 저쪽에 한 규
빗씩 성막 좌우 양쪽에 덮어 늘어뜨리고 14붉은 물 들인 숫양의 가죽으
로 막의 덮개를 만들고 해달의 가죽으로 그 윗덮개를 만들지니라 15너
는 조각목으로 성막을 위하여 널판을 만들어 세우되 16각 판의 길이는 열
규빗, 너비는 한 규빗 반으로 하고 17각 판에 두 촉씩 내어 서로 연결하
게 하되 너는 성막 널판을 다 그와 같이 하라 18너는 성막을 위하여 널판
을 만들되 남쪽을 위하여 널판 스무 개를 만들고 19스무 널판 아래에 은
받침 마흔 개를 만들지니 이쪽 널판 아래에도 그 두 촉을 위하여 두 받침
을 만들고 저쪽 널판 아래에도 그 두 촉을 위하여 두 받침을 만들지며 20
성막 다른 쪽 곧 그 북쪽을 위하여도 널판 스무 개로 하고 21은 받침 마흔
개를 이쪽 널판 아래에도 두 받침, 저쪽 널판 아래에도 두 받침으로 하며
22성막 뒤 곧 그 서쪽을 위하여는 널판 여섯 개를 만들고 23성막 뒤 두 모
퉁이 쪽을 위하여는 널판 두 개를 만들되 24아래에서부터 위까지 각기 두
겹 두께로 하여 윗고리에 이르게 하고 두 모퉁이 쪽을 다 그리하며 25그
여덟 널판에는 은 받침이 열여섯이니 이쪽 판 아래에도 두 받침이요 저쪽
판 아래에도 두 받침이니라 26너는 조각목으로 띠를 만들지니 성막 이쪽
널판을 위하여 다섯 개요 27성막 저쪽 널판을 위하여 다섯 개요 성막 뒤
곧 서쪽 널판을 위하여 다섯 개이며 28널판 가운데에 있는 중간 띠는 이
끝에서 저 끝에 미치게 하고 29그 널판들을 금으로 싸고 그 널판들의 띠
를 꿸 금 고리를 만들고 그 띠를 금으로 싸라 30너는 산에서 보인 양식대
로 성막을 세울지니라 31너는 청색 자색 홍색 실과 가늘게 꼰 베 실로 짜
서 휘장을 만들고 그 위에 그룹들을 정교하게 수 놓아서 32금 갈고리를
네 기둥 위에 늘어뜨리되 그 네 기둥을 조각목으로 만들고 금으로 싸서
네 은 받침 위에 둘지며 33그 휘장을 갈고리 아래에 늘어뜨린 후에 증거
궤를 그 휘장 안에 들여놓으라 그 휘장이 너희를 위하여 성소와 지성소를
구분하리라 34너는 지성소에 있는 증거궤 위에 속죄소를 두고 35그 휘
장 바깥 북쪽에 상을 놓고 남쪽에 등잔대를 놓아 상과 마주하게 할지며
36청색 자색 홍색 실과 가늘게 꼰 베 실로 수 놓아 짜서 성막 문을 위하여 휘장을 만들고 37그 휘장 문을 위하여
기둥 다섯을 조각목으로 만들어 금으로 싸고 그 갈고리도 금으로 만들지며 또 그 기둥을 위하여 받침 다섯 개를
놋으로 부어 만들지니라

에덴과 성막(전)의 유사성

1. 하나님의 거주, 동행하는 곳 (창 3:8, 레 25:8, 레 26:1)
2. 모두 체루빔에 의해 보호받고, 오직 동쪽에서만 접근할 수 있다.
3. 성막의 등대는 생명나무를 상징한다.
4. 창 2:15의 Work(레오브 : 섬기고/경작하다)와 Keep(올레쇼무라 : 지키게 하다)이라는 단어는 레위인이 성막에서 일하는 것을 묘사할 때 사용되는 동사이다.
5. 에덴에 강이 흐르고 에스겔 성전에도 강이 흐른다(창 2:10, 겔 47:1-12)
6. 둘 다 산 위에 위치한다. 근동에서 산은 신성한 곳으로 여겼다.

출처:T.Schreiner “The King in His Beauty”

☞ 위의 모두가 “새 하늘”과 “새 땅”으로 연결된다.

성막 구조의 3 단계

하나님은 성막을 기본적으로 세 구조로 설계해 주셨다. 성막은 하나님이 임재하는 곳이다. 창 1:26-28에서 하나님은 인간을 사랑의 관계로 함께하시려고 만드셨다고 배웠다(Ⓒ 서론 2강 동영상 참조). 그러나 선악과 사건을 통해 인간은 하나님과의 관계를 상실했고 하나님은 그것을 회복하시려고 창 3:15을 통해 영적 전쟁을 선포하시고 아브라함 언약을 거쳐 시내 산에서 그 관계회복의 언약을 맺으셨다. 그러므로 이제 하나님은 인간과 함께 하실 수 있는 길을 여신 것이다. 그런데 인간은 여전히 죄성을 가진 존재이기에 하나님을 보면 죽게 되어 있다(출 33:20-23). 이 죄의 문제를 해결한 후에야 하나님을 만날 수 있기에 그 과정을 거치게 하도록 세 구조로 설계해 주신 것이다.

출 26:1-27 성막에서 지성소까지의 3단계

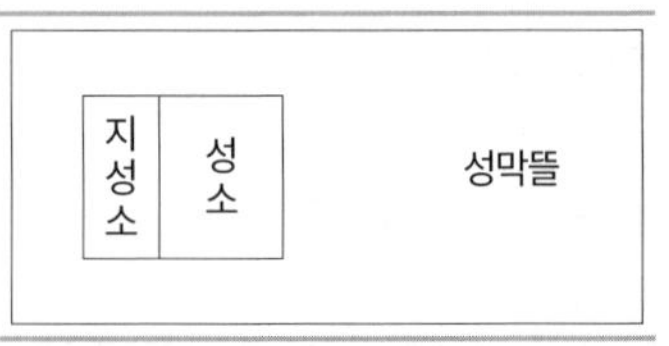

출애굽기 27장

제단(출 38:1-7)

1너는 조각목으로 길이가 다섯 규빗, 너비가 다섯 규빗의 제단을 만들되 네모 반듯하게 하며 높이는 삼 규빗
으로 하고 2그 네 모퉁이 위에 뿔을 만들되 그 뿔이 그것에 이어지게 하고 그 제단을 놋으로 싸고 3재를 담는

통과 부삽과 대야와 고기 갈고리와 불 옮기는 그릇을 만들되 제단의 그릇을 다 놋으로 만들지며 4 제단을 위
하여 놋으로 그물을 만들고 그 위 네 모퉁이에 놋 고리 넷을 만들고 5 그물은 제단 주위 가장자리 아래 곧 제
단 절반에 오르게 할지며 6 또 그 제단을 위하여 채를 만들되 조각목으로 만들고 놋으로 쌀지며 7 제단 양쪽
고리에 그 채를 꿰어 제단을 메게 할지며 8 제단은 널판으로 속이 비게 만들되 산에서 네게 보인 대로 그들이
만들게 하라

성막의 뜰(출 38:9-20)

9 너는 성막의 뜰을 만들지니 남쪽을 향하여 뜰 남쪽에 너비가 백 규빗의 세마포 휘장을 쳐서 그 한 쪽을 당하게
할지니 10 그 기둥이 스물이며 그 받침 스물은 놋으로 하고 그 기둥의 갈고리와 가름대는 은으로 할지며 11 그 북
쪽에도 너비가 백 규빗의 포장을 치되 그 기둥이 스물이며 그 기둥의 받침 스물은 놋으로 하고 그 기둥의 갈고리
와 가름대는 은으로 할지며 12 뜰의 옆 곧 서쪽에 너비 쉰 규빗의 포장을 치되 그 기둥이 열이요 받침이 열이며 13
동쪽을 향하여 뜰 동쪽의 너비도 쉰 규빗이 될지며 14 문 이쪽을 위하여 포장이 열다섯 규빗이며 그 기둥이 셋이
요 받침이 셋이요 15 문 저쪽을 위하여도 포장이 열다섯 규빗이며 그 기둥이 셋이요 받침이 셋이며 16 뜰 문을 위
하여는 청색 자색 홍색 실과 가늘게 꼰 베 실로 수 놓아 짠 스무 규빗의 휘장이 있게 할지니 그 기둥이 넷이요 받
침이 넷이며 17 뜰 주위 모든 기둥의 가름대와 갈고리는 은이요 그 받침은 놋이며 18 뜰의 길이는 백 규빗이요 너
비는 쉰 규빗이요 세마포 휘장의 높이는 다섯 규빗이요 그 받침은 놋이며 19 성막에서 쓰는 모든 기구와 그 말뚝
과 뜰의 포장 말뚝을 다 놋으로 할지니라

등불 관리(레 24:1-4)

20 너는 또 이스라엘 자손에게 명령하여 감람으로 짠 순수한 기름을 등불을 위하여 네게로 가져오게 하고 끊이
지 않게 등불을 켜되 21 아론과 그의 아들들로 회막 안 증거궤 앞 휘장 밖에서 저녁부터 아침까지 항상 여호와
앞에 그 등불을 보살피게 하라 이는 이스라엘 자손이 대대로 지킬 규례이니라

출애굽기 28장

제사장의 옷(출 39:1-7)

1 너는 이스라엘 자손 중 네 형 아론과 그의 아들들 곧 아론과 아론의 아
들들 나답과 아비후와 엘르아살과 이다말을 그와 함께 네게로 나아오
게 하여 나를 섬기는 제사장 직분을 행하게 하되 2 네 형 아론을 위하여
거룩한 옷을 지어 영화롭고 아름답게 할지니 3 너는 무릇 마음에 지혜 있
는 모든 자 곧 내가 지혜로운 영으로 채운 자들에게 말하여 아론의 옷을
지어 그를 거룩하게 하여 내게 제사장 직분을 행하게 하라 4 그들이 지을
옷은 이러하니 곧 흉패와 에봇과 겉옷과 반포 속옷과 관과 띠라 그들이
네 형 아론과 그 아들들을 위하여 거룩한 옷을 지어 아론이 내게 제사장
직분을 행하게 하라 5 그들이 쓸 것은 금 실과 청색 자색 홍색 실과 가늘
게 꼰 베실이니라 6 그들이 금 실과 청색 자색 홍색 실과 가늘게 꼰 베 실
로 정교하게 짜서 에봇을 짓되 7 그것에 어깨받이 둘을 달아 그 두 끝을
이어지게 하고 8 에봇 위에 매는 띠는 에봇 짜는 법으로 금 실과 청색 자
색 홍색 실과 가늘게 꼰 베 실로 에봇에 정교하게 붙여 짤지며 9 호마노
두 개를 가져다가 그 위에 이스라엘 아들들의 이름을 새기되 10 그들의
나이대로 여섯 이름을 한 보석에, 나머지 여섯 이름은 다른 보석에 새기
라 11 보석을 새기는 자가 도장에 새김 같이 너는 이스라엘 아들들의 이
름을 그 두 보석에 새겨 금테에 물리고 12 그 두 보석을 에봇의 두 어깨

출 28:1-43 제사장 복식

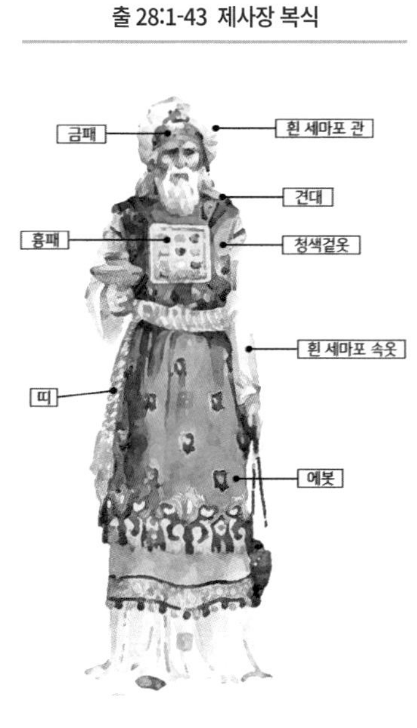

받이에 붙여 이스라엘 아들들의 기념 보석을 삼되 아론이 여호와 앞에서
그들의 이름을 그 두 어깨에 메워서 기념이 되게 할지며 13 너는 금으로
테를 만들고 14 순금으로 노끈처럼 두 사슬을 땋고 그 땋은 사슬을 그 테
에 달지니라

판결 흉패(출 39:8-21)

15 너는 판결 흉패를 에봇 짜는 방법으로 금 실과 청색 자색 홍색 실과 가
늘게 꼰 베 실로 정교하게 짜서 만들되 16 길이와 너비가 한 뼘씩 두 겹으
로 네모 반듯하게 하고 17 그것에 네 줄로 보석을 물리되 첫 줄은 홍보석
황옥 녹주옥이요 18 둘째 줄은 석류석 남보석 홍마노요 19 셋째 줄은 호
박 백마노 자수정이요 20 넷째 줄은 녹보석 호마노 벽옥으로 다 금 테에
물릴지니 21 이 보석들은 이스라엘 아들들의 이름대로 열둘이라 보석마
다 열두 지파의 한 이름씩 도장을 새기는 법으로 새기고 22 순금으로 노끈
처럼 땋은 사슬을 흉패 위에 붙이고 23 또 금 고리 둘을 만들어 흉패 위 곧
흉패 두 끝에 그 두 고리를 달고 24 땋은 두 금 사슬로 흉패 두 끝 두 고리
에 꿰어 매고 25 두 땋은 사슬의 다른 두 끝을 에봇 앞 두 어깨받이의 금
테에 매고 26 또 금 고리 둘을 만들어 흉패 아래 양쪽 가 안쪽 곧 에봇에
닿은 곳에 달고 27 또 금 고리 둘을 만들어 에봇 앞 두 어깨받이 아래 매는
자리 가까운 쪽 곧 정교하게 짠 띠 위쪽에 달고 28 청색 끈으로 흉패 고리
와 에봇 고리에 꿰어 흉패로 정교하게 짠 에봇 띠 위에 붙여 떨어지지 않
게 하라 29 아론이 성소에 들어갈 때에는 이스라엘 아들들의 이름을 기록
한 이 판결 흉패를 가슴에 붙여 여호와 앞에 영원한 기념을 삼을 것이니
라 30 너는 우림과 둠밈을 판결 흉패 안에 넣어 아론이 여호와 앞에 들어
갈 때에 그의 가슴에 붙이게 하라 아론은 여호와 앞에서 이스라엘 자손
의 흉패를 항상 그의 가슴에 붙일지니라

출 28:4, 5 대제사장의 복식

	명칭	의미
1	관 (mitre)	세마포로 만든 것으로써 하나님의 권위에 대한 그리스도의 순종 상징
2	패 (plate)	정금으로 만든 것으로써 그리스도의 성결 상징
3	반포 속옷 (broidered coat)	가는 베실로 만든 것으로써 겉옷 안에 받쳐 입는 옷, 그리스도의 순결성 상징
4	겉옷 (robe)	청색으로 만든 것으로 에봇에 안에 입는 옷, 그리스도의 신성 상징

제사장 옷의 중요성 – 영적 의미

하나님의 제사장은 매우 엄격히 세상적인 것과 세속적인 것으로부터 거룩(구별)해야 한다. “내가 거룩하니 너희도 거룩하라”(레 11:45). 옷은 곧 구별성을 상징하고 제사장은 더욱 엄격히 구별되어야 하기 때문에 속옷까지 규례를 주신다.

시내 산 언약(출 19:4-6)을 통해서 이스라엘은 제사장 나라가 되었고, 우리는 벧전 2:9에서 “그러나 너희는 택하신 족속이요 왕 같은 제사장들이요 거룩한 나라요 그의 소유가 된 백성이니 이는 너희를 어두운 데서 불러내어 그의 기이한 빛에 들어가게 하신 이의 아름다운 덕을 선포하게 하려 하심이라”처럼 왕 같은 제사장이 되었다. 그렇다면 우리는 어떤 옷을 입어야 하는가? 그 답이 성경 속에 있다.

모든 상황의 답은 성경 속에 반드시 있음을 명심하라.

“오늘 성경 읽으셨나요?”

제사장의 또 다른 옷(출 39:22-31)

31 너는 에봇 받침 겉옷을 전부 청색으로 하되 32 두 어깨 사이에 머리 들어갈 구멍을 내고 그 주위에 갑옷 깃 같
이 깃을 짜서 찢어지지 않게 하고 33 그 옷 가장자리로 돌아가며 청색 자색 홍색 실로 석류를 수 놓고 금 방울을
간격을 두어 달되 34 그 옷 가장자리로 돌아가며 한 금 방울, 한 석류, 한 금 방울, 한 석류가 있게 하라 35 아론이
입고 여호와를 섬기러 성소에 들어갈 때와 성소에서 나올 때에 그 소리가 들릴 것이라 그리하면 그가 죽지 아니
하리라 36 너는 또 순금으로 패를 만들어 도장을 새기는 법으로 그 위에 새기되 여호와께 성결'이라 하고 37 그 패
를 청색 끈으로 관 위에 매되 곧 관 전면에 있게 하라 38 이 패를 아론의 이마에 두어 그가 이스라엘 자손이 거룩
하게 드리는 성물과 관련된 죄책을 담당하게 하라 그 패가 아론의 이마에 늘 있으므로 그 성물을 여호와께서 받
으시게 되리라 39 너는 가는 베 실로 반포 속옷을 짜고 가는 베 실로 관을 만들고 띠를 수놓아 만들지니라 40 너
는 아론의 아들들을 위하여 속옷을 만들며 그들을 위하여 띠를 만들며 그들을 위하여 관을 만들어 영화롭고 아
름답게 하되 41 너는 그것들로 네 형 아론과 그와 함께 한 그의 아들들에게 입히고 그들에게 기름을 부어 위임하
고 거룩하게 하여 그들이 제사장 직분을 내게 행하게 할지며 42 또 그들을 위하여 베로 속바지를 만들어 허리에
서부터 두 넓적다리까지 이르게 하여 하체를 가리게 하라 43 아론과 그의 아들들이 회막에 들어갈 때에나 제단
에 가까이 하여 거룩한 곳에서 섬길 때에 그것들을 입어야 죄를 짊어진 채 죽지 아니하리니 그와 그의 후손이 영
원히 지킬 규례니라

출애굽기 29장

제사장 직분 위임(레 8:1-36)

1 네가 그들에게 나를 섬길 제사장 직분을 위임하여 그들을 거룩하게 할
일은 이러하니 곧 어린 수소 하나와 흠 없는 숫양 둘을 택하고 2 무교병
과 기름 섞인 무교 과자와 기름 바른 무교 전병을 모두 고운 밀가루로 만
들고 3 그것들을 한 광주리에 담고 그것을 광주리에 담은 채 그 송아지와
두 양과 함께 가져오라 4 너는 아론과 그의 아들들을 회막 문으로 데려다
가 물로 씻기고 5 의복을 가져다가 아론에게 속옷과 에봇 받침 겉옷과 에
봇을 입히고 흉패를 달고 에봇에 정교하게 짠 띠를 띠게 하고 6 그의 머
리에 관을 씌우고 그 위에 거룩한 패를 더하고 7 관유를 가져다가 그의 머
리에 부어 바르고 8 그의 아들들을 데려다가 그들에게 속옷을 입히고 9 아
론과 그의 아들들에게 띠를 띠우며 관을 씌워 그들에게 제사장의 직분을
맡겨 영원한 규례가 되게 하라 너는 이같이 아론과 그의 아들들에게 위임
하여 거룩하게 할지니라 10 너는 수송아지를 회막 앞으로 끌어오고 아론
과 그의 아들들은 그 송아지 머리에 안수할지며 11 너는 회막 문 여호와
앞에서 그 송아지를 잡고 12 그 피를 네 손가락으로 제단 뿔들에 바르고
그 피 전부를 제단 밑에 쏟을지며 13 내장에 덮인 모든 기름과 간 위에 있
는 꺼풀과 두 콩팥과 그 위의 기름을 가져다가 제단 위에 불사르고 14 그
수소의 고기와 가죽과 똥을 진 밖에서 불사르라 이는 속죄제니라 15 너는
또 숫양 한 마리를 끌어오고 아론과 그의 아들들은 그 숫양의 머리 위에
안수할지며 16 너는 그 숫양을 잡고 그 피를 가져다가 제단 위의 주위에
뿌리고 17 그 숫양의 각을 뜨고 그 장부와 다리는 씻어 각을 뜬 고기와 그
머리와 함께 두고 18 그 숫양 전부를 제단 위에 불사르라 이는 여호와께 드리는 번제요 이는 향기로운 냄새니 여
호와께 드리는 화제니라 19 너는 다른 숫양을 택하고 아론과 그 아들들은 그 숫양의 머리 위에 안수할지며 20 너
는 그 숫양을 잡고 그것의 피를 가져다가 아론의 오른쪽 귓부리와 그의 아들들의 오른쪽 귓부리에 바르고 그 오
른손 엄지와 오른발 엄지에 바르고 그 피를 제단 주위에 뿌리고 21 제단 위의 피와 관유를 가져다가 아론과 그의
옷과 그의 아들들과 그의 아들들의 옷에 뿌리라 그와 그의 옷과 그의 아들들과 그의 아들들의 옷이 거룩하리라
22 또 너는 그 숫양의 기름과 기름진 꼬리와 그것의 내장에 덮인 기름과 간 위의 꺼풀과 두 콩팥과 그것들 위의
기름과 오른쪽 넓적다리를 가지라 이는 위임식의 숫양이라 23 또 여호와 앞에 있는 무교병 광주리에서 떡 한 개
와 기름 바른 과자 한 개와 전병 한 개를 가져다가 24 그 전부를 아론의 손과 그의 아들들의 손에 주고 그것을 흔
들어 여호와 앞에 요제를 삼을지며 25 너는 그것을 그들의 손에서 가져다가 제단 위에서 번제물을 더하여 불사
르라 이는 여호와 앞에 향기로운 냄새니 곧 여호와께 드리는 화제니라 26 너는 아론의 위임식 숫양의 가슴을 가
져다가 여호와 앞에 흔들어 요제를 삼으라 이것이 네 분깃이니라 27 너는 그 흔든 요제물 곧 아론과 그의 아들들
의 위임식 숫양의 가슴과 넓적다리를 거룩하게 하라 28 이는 이스라엘 자손이 아론과 그의 자손에게 돌릴 영원
한 분깃이요 거제물이니 곧 이스라엘 자손이 화목제의 제물 중에서 취한 거제물로서 여호와께 드리는 거제물이
니라 29 아론의 성의는 후에 아론의 아들들에게 돌릴지니 그들이 그것을 입고 기름 부음으로 위임을 받을 것이며
30 그를 이어 제사장이 되는 아들이 회막에 들어가서 성소에서 섬길 때에는 이레 동안 그것을 입을지니라 31 너는
위임식 숫양을 가져다가 거룩한 곳에서 그 고기를 삶고 32 아론과 그의 아들들은 회막 문에서 그 숫양의 고기와
광주리에 있는 떡을 먹을지라 33 그들은 속죄물 곧 그들을 위임하며 그들을 거룩하게 하는 데 쓰는 것을 먹되 타
인은 먹지 못할지니 그것이 거룩하기 때문이라 34 위임식 고기나 떡이 아침까지 남아 있으면 그것을 불에 사를지

구약 대제사장과 그리스도 비교

	구약의 대제사장	그리스도
직분	일시적인 대제사장 (출 28:1, 29:29, 30, 히 7:23)	영원하신 대제사장 (히 7:21, 23, 24)
신분	레위의 자손 (출 6:16-27, 히 7:5, 11)	멜기세덱의 반차를 좇으심(창 14:18, 히 7:1-3, 11, 15)
제물	짐승 및 곡물 (레 1:1-6:7, 16:5-28)	그리스도 자신 (히 7:27, 9:12-14, 26)
제사 횟수	필요할 때마다 매번 (레 16:34, 히 9:25, 10:1-4)	갈보리 십자가 사건1회 (마 27:27-56, 히 9:12, 25, 26)
제사 장소	땅의 장막 (레 1:1, 5, 4:3-21, 16:33, 히 9:1, 23)	하늘의 성소 (히 8:1, 2, 9:24)
제사 효과	일부의 죄만 임시적으로 가림 (레 16:34, 히 10:1-4)	그리스도가 완전하신 제물이므로 족히 한번에 모든 죄가 근본적으로 씻어짐(히 9:12-14, 26, 10:10-18)
제물 특성	흠이 없고 온전함 (레 1:3, 10, 3:1)	흠없고 온전하심 (히 9:14, 벧전 1:19)
예언 의미	장차 올 그리스도의 제사의 그림자 (히 10:1)	아론의 제사의 실체 (히 10:1)

니 이는 거룩한즉 먹지 못할지니라 35 너는 내가 네게 한 모든 명령대로 아론과 그의 아들들에게 그같이 하여 이
레 동안 위임식을 행하되 36 매일 수송아지 하나로 속죄하기 위하여 속죄제를 드리며 또 제단을 위하여 속죄하
여 깨끗하게 하고 그것에 기름을 부어 거룩하게 하라 37 너는 이레 동안 제단을 위하여 속죄하여 거룩하게 하라
그리하면 지극히 거룩한 제단이 되리니 제단에 접촉하는 모든 것이 거룩하리라

7일~12일

매일 드릴 번제(민 28:1-8)

38 네가 제단 위에 드릴 것은 이러하니라 매일 일 년 된 어린 양 두 마리니 39 한 어린 양은 아침에 드리고 한 어린
양은 저녁때에 드릴지며 40 한 어린 양에 고운 밀가루 십분의 일 에바와 찧은 기름 사분의 일 힌을 더하고 또 전
제로 포도주 사분의 일 힌을 더할지며 41 한 어린 양은 저녁때에 드리되 아침에 한 것처럼 소제와 전제를 그것과
함께 드려 향기로운 냄새가 되게 하여 여호와께 화제로 삼을지니 42 이는
너희가 대대로 여호와 앞 회막 문에서 늘 드릴 번제라 내가 거기서 너희
와 만나고 네게 말하리라 43 내가 거기서 이스라엘 자손을 만나리니 내 영
광으로 말미암아 회막이 거룩하게 될지라 44 내가 그 회막과 제단을 거룩
하게 하며 아론과 그의 아들들도 거룩하게 하여 내게 제사장 직분을 행
하게 하며 45 내가 이스라엘 자손 중에 거하여 그들의 하나님이 되리니 46
그들은 내가 그들의 하나님 여호와로서 그들 중에 거하려고 그들을 애굽
땅에서 인도하여 낸 줄을 알리라 나는 그들의 하나님 여호와니라

출 29:45-46 성경 곳곳에서 이와 같은 구절을 많이 볼 수 있다. 애굽에서 갓 나온 이스라엘이 하나님을 온전히 알지 못했기 때문에 하나님은 이런 당부를 수없이 하신다. 그러나 구약 내내 하나님을 제대로 알지 못하는 것이 이스라엘의 고질병처럼 되었다. 오늘 우리는 과연 하나님이 흡족하실 만큼 그분을 제대로 알고 섬기며 영광을 올려 드리는지 진정으로 심각하게 성찰하고 반성해야 한다.

출애굽기 30장

분향할 제단(출 37:25-28)

1 너는 분향할 제단을 만들지니 곧 조각목으로 만들되 2 길이가 한 규빗,
너비가 한 규빗으로 네모가 반듯하게 하고 높이는 두 규빗으로 하며 그
뿔을 그것과 이어지게 하고 3 제단 상면과 전후 좌우 면과 뿔을 순금으로
싸고 주위에 금 테를 두를지며 4 금 테 아래 양쪽에 금 고리 둘을 만들되
곧 그 양쪽에 만들지니 이는 제단을 메는 채를 꿸 곳이며 5 그 채를 조각
목으로 만들고 금으로 싸고 6 그 제단을 증거궤 위 속죄소 맞은편 곧 증
거궤 앞에 있는 휘장 밖에 두라 그 속죄소는 내가 너와 만날 곳이며 7 아
론이 아침마다 그 위에 향기로운 향을 사르되 등불을 손질할 때에 사를
지며 8 또 저녁 때 등불을 켤 때에 사를지니 이 향은 너희가 대대로 여호
와 앞에 끊지 못할지며 9 너희는 그 위에 다른 향을 사르지 말며 번제나
소제를 드리지 말며 전제의 술을 붓지 말며 10 아론이 일 년에 한 번씩 이
향단 뿔을 위하여 속죄하되 속죄제의 피로 일 년에 한 번씩 대대로 속죄
할지니라 이 제단은 여호와께 지극히 거룩하니라

회막 봉사에 쓰는 속전

11 여호와께서 모세에게 말씀하여 이르시되 12 네가 이스라엘 자손의 수
효를 조사할 때에 조사 받은 각 사람은 그들을 계수할 때에 자기의 생명
의 속전을 여호와께 드릴지니 이는 그것을 계수할 때에 그들 중에 질병이
없게 하려 함이라 13 무릇 계수 중에 드는 자마다 성소의 세겔로 반 세겔
을 낼지니 한 세겔은 이십 게라라 그 반 세겔을 여호와께 드릴지며 14 계
수 중에 드는 모든 자 곧 스무 살 이상 된 자가 여호와께 드리되 15 너희
의 생명을 대속하기 위하여 여호와께 드릴 때에 부자라고 반 세겔에서 더

출 30:1-10 분향단

분향단의 영적 의미들

	분향단	영적 의미
재료	조각목	그리스도의 인성 상징 (요 1:14, 4:6, 7)
	정금	그리스도의 신성 상징 (요 10:30, 골 2:9)
부분	뿔	그리스도의 능력 상징 (마 8:23-27, 롬 8:35)
	금테	그리스도의 아름다우심 상징(눅 2:52)
	채	그리스도의 동행을 상징하는 듯함(마 28:20, 요 14:16-24)
	향	그리스도의 중보기도 상징 (롬 8:34, 계 8:3-5)

내지 말고 가난한 자라고 덜 내지 말지며 16 너는 이스라엘 자손에게서 속전을 취하여 회막 봉사에 쓰라 이것이
여호와 앞에서 이스라엘 자손의 기념이 되어서 너희의 생명을 대속하리라

놋 물두멍

17 여호와께서 모세에게 말씀하여 이르시되 18 너는 물두멍을 놋으로 만들고 그 받침도 놋으로 만들어 씻게 하
되 그것을 회막과 제단 사이에 두고 그 속에 물을 담으라 19 아론과 그의 아들들이 그 두멍에서 수족을 씻되 20
그들이 회막에 들어갈 때에 물로 씻어 죽기를 면할 것이요 제단에 가까이 가서 그 직분을 행하여 여호와 앞에 화
제를 사를 때에도 그리 할지니라 21 이와 같이 그들이 그 수족을 씻어 죽기를 면할지니 이는 그와 그의 자손이 대
대로 영원히 지킬 규례니라

거룩한 향기름

22 여호와께서 모세에게 또 말씀하여 이르시되 23 너는 상등 향품을 가지되 액체 몰약 오백 세겔과 그 반수의 향
기로운 육계 이백오십 세겔과 향기로운 창포 이백오십 세겔과 24 계피 오백 세겔을 성소의 세겔로 하고 감람 기
름 한 힌을 가지고 25 그것으로 거룩한 관유를 만들되 향을 제조하는 법대로 향기름을 만들지니 그것이 거룩한
관유가 될지라 26 너는 그것을 회막과 증거궤에 바르고 27 상과 그 모든 기구이며 등잔대와 그 기구이며 분향단
과 28 및 번제단과 그 모든 기구와 물두멍과 그 받침에 발라 29 그것들을 지극히 거룩한 것으로 구별하라 이것에
접촉하는 것은 모두 거룩하리라 30 너는 아론과 그의 아들들에게 기름을 발라 그들을 거룩하게 하고 그들이 내
게 제사장 직분을 행하게 하고 31 이스라엘 자손에게 말하여 이르기를 이것은 너희 대대로 내게 거룩한 관유니
32 사람의 몸에 붓지 말며 이 방법대로 이와 같은 것을 만들지 말라 이는 거룩하니 너희는 거룩히 여기라 33 이와
같은 것을 만드는 모든 자와 이것을 타인에게 붓는 모든 자는 그 백성 중에서 끊어지리라 하라

거룩한 향

34 여호와께서 모세에게 이르시되 너는 소합향과 나감향과 풍자향의 향품을 가져다가 그 향품을 유향에 섞되
각기 같은 분량으로 하고 35 그것으로 향을 만들되 향 만드는 법대로 만들고 그것에 소금을 쳐서 성결하게 하고
36 그 향 얼마를 곱게 찧어 내가 너와 만날 회막 안 증거궤 앞에 두라 이 향은 너희에게 지극히 거룩하니라 37 네
가 여호와를 위하여 만들 향은 거룩한 것이니 너희를 위하여는 그 방법대로 만들지 말라 38 냄새를 맡으려고 이
같은 것을 만드는 모든 자는 그 백성 중에서 끊어지리라

출애굽기 31장

회막 기구를 만들게 하라(출 35:30-36:1)

1 여호와께서 모세에게 말씀하여 이르시되 2 내가 유다 지파 훌의 손자요
우리의 아들인 브살렐을 지명하여 부르고 3 하나님의 영을 그에게 충만하
게 하여 지혜와 총명과 지식과 여러 가지 재주로 4 정교한 일을 연구하여
금과 은과 놋으로 만들게 하며 5 보석을 깎아 물리며 여러 가지 기술로 나
무를 새겨 만들게 하리라 6 내가 또 단 지파 아히사막의 아들 오홀리압을
세워 그와 함께 하게 하며 지혜로운 마음이 있는 모든 자에게 내가 지혜
를 주어 그들이 내가 네게 명령한 것을 다 만들게 할지니 7 곧 회막과 증
거궤와 그 위의 속죄소와 회막의 모든 기구와 8 상과 그 기구와 순금 등잔
대와 그 모든 기구와 분향단과 9 번제단과 그 모든 기구와 물두멍과 그 받
침과 10 제사직을 행할 때에 입는 정교하게 짠 의복 곧 제사장 아론의 성
의와 그의 아들들의 옷과 11 관유와 성소의 향기로운 향이라 무릇 내가
네게 명령한 대로 그들이 만들지니라

안식일

성막의 여러 명칭

	명칭	의미
1	성막 또는 장막 (Tabernacle)	원어상 '거처'라는 뜻으로서 '하나님께서 임재하시는 처소'라는 뜻(출 26:1)
2	회막 (The tabernacle of the congregation)	이스라엘 백성들이 하나님 앞에서 모이는 장소 (출 27:21)
3	증거막 (The tabernacle of testimony)	언약의 증거인 십계명, 만나, 아론의 지팡이가 들어 있는 법궤가 있는 바, 언약을 증거하는 막이라는 뜻(출 38:21)
4	여호와의 장막 (The tabernacle of the Load)	하나님께서 거하시는 집, 장소라는 뜻(왕상 2:28)
5	법막 (The tabernacle of witness)	'증거막'의 뜻과 유사함 (대하 24:6)

12 여호와께서 모세에게 말씀하여 이르시되 13 너는 이스라엘 자손에게
말하여 이르기를 너희는 나의 안식일을 지키라 이는 나와 너희 사이에 너
희 대대의 표징이니 나는 너희를 거룩하게 하는 여호와인 줄 너희가 알게
함이라 14 너희는 안식일을 지킬지니 이는 너희에게 거룩한 날이 됨이니
라 그 날을 더럽히는 자는 모두 죽일지며 그 날에 일하는 자는 모두 그 백
성 중에서 그 생명이 끊어지리라 15 엿새 동안은 일할 것이나 일곱째 날은
큰 안식일이니 여호와께 거룩한 것이라 안식일에 일하는 자는 누구든지
반드시 죽일지니라 16 이같이 이스라엘 자손이 안식일을 지켜서 그것으로
대대로 영원한 언약을 삼을 것이니 17 이는 나와 이스라엘 자손 사이에 영
원한 표징이며 나 여호와가 엿새 동안에 천지를 창조하고 일곱째 날에 일
을 마치고 쉬었음이니라 하라

증거판

18 여호와께서 시내 산 위에서 모세에게 이르시기를 마치신 때에 증거판
둘을 모세에게 주시니 이는 돌판이요 하나님이 친히 쓰신 것이더라

출애굽기 32장

금 송아지(신 9:6-29)

1 백성이 모세가 산에서 내려옴이 더딤을 보고 모여 백성이 아론에게 이르
러 말하되 일어나라 우리를 위하여 우리를 인도할 신을 만들라 이 모세 곧
우리를 애굽 땅에서 인도하여 낸 사람은 어찌 되었는지 알지 못함이니라
2 아론이 그들에게 이르되 너희의 아내와 자녀의 귀에서 금 고리를 빼어
내게로 가져오라 3 모든 백성이 그 귀에서 금 고리를 빼어 아론에게로 가
져가매 4 아론이 그들의 손에서 금 고리를 받아 부어서 조각칼로 새겨 송
아지 형상을 만드니 그들이 말하되 이스라엘아 이는 너희를 애굽 땅에서
인도하여 낸 너희의 신이로다 하는지라 5 아론이 보고 그 앞에 제단을 쌓
고 이에 아론이 공포하여 이르되 내일은 여호와의 절일이니라 하니 6 이튿
날에 그들이 일찍이 일어나 번제를 드리며 화목제를 드리고 백성이 앉아
서 먹고 마시며 일어나서 뛰놀더라 7 여호와께서 모세에게 이르시되 너는
내려가라 네가 애굽 땅에서 인도하여 낸 네 백성이 부패하였도다 8 그들
이 내가 그들에게 명령한 길을 속히 떠나 자기를 위하여 송아지를 부어 만
들고 그것을 예배하며 그것에게 제물을 드리며 말하기를 이스라엘아 이
는 너희를 애굽 땅에서 인도하여 낸 너희 신이라 하였도다 9 여호와께서
또 모세에게 이르시되 내가 이 백성을 보니 목이 뻣뻣한 백성이로다 10 그
런즉 내가 하는 대로 두라 내가 그들에게 진노하여 그들을 진멸하고 너를
큰 나라가 되게 하리라 11 모세가 그의 하나님 여호와께 구하여 이르되 여
호와여 어찌하여 그 큰 권능과 강한 손으로 애굽 땅에서 인도하여 내신 주
의 백성에게 진노하시나이까 12 어찌하여 애굽 사람들이 이르기를 여호와
가 자기의 백성을 산에서 죽이고 지면에서 진멸하려는 악한 의도로 인도
해 내었다고 말하게 하시려 하나이까 주의 맹렬한 노를 그치시고 뜻을 돌
이키사 주의 백성에게 이 화를 내리지 마옵소서 13 주의 종 아브라함과 이

성막의 기구들

위치	기구들
지성소	법궤(출25:10-22)
성소	진설병상(출25:23-30)
	등대(출25:31-40)
	분향단(출30:1-10)
성막뜰	번제단(출27:1-8)
	물두멍(출30:17-21)
기타	등잔 7, 불집게, 불똥 그릇 (출 25:37, 38)
	성막 앙장, 금 갈고리 50, 놋 갈고리 50(출 26:31-37)
	네 기둥, 네 은받침, 다섯 기둥, 다섯 놋받침(출 26:31-37)
	재를 담는 통, 부삽, 대야, 고기 갈고리, 불 옮기는 그릇(출 27:3)
	세마포장, 기둥 56, 놋받침 56, 기둥의 갈고리, 은 가름대, 뜰 문장, 문기둥 4, 놋받침 4, 놋말뚝, 줄 (출 27:9-19, 35:18)

❖ 출 32~34장

모세가 십계명을 받기 위해 시내 산 속으로 간 사이의 공백을 참지 못한 이스라엘 사람은 아론을 설득하여 애굽의 신관으로 회귀하는 모습을 본다. 금송아지를 만들어 놓고 그것을 하나님이라고 섬긴다.
잘못된 신을 바른 신으로 섬기는 것은 바른 신을 잘못된 신으로 섬기는 것만큼이나 치명적이다. 오늘 우리는 잘못된 신을 바른 신이라고 착각하며 섬기고 있지는 않는지 특히 종교다원주의가 가져다주는 혼합주의에 빠진 현대 그리스도인의 신관은 과연 문제가 없는가를 심각하게 생각해 보아야 할 것이다. 출 34:12-14을 특히 유의 하라.
이는 또한 성경을 읽는 관점을 제공한다.
아론은 결국 "사람이 무엇을 원하는가"에 귀를 기울이는 목회자로 전락해 버렸고, 시장 원리에 의한 목회는 결국 우상 숭배로 가는 결과를 초래한다. 왜냐하면 거기에는 하나님의 만족은 생각하지 않기 때문이다.
이 금송아지 숭배는 이것으로 끝나는 것이 아니고 분열 왕국이 시작되면서 북 왕국의 여로보암이 금송아지 숭배를 시작하고 그것을 위한 신전을 짓고, 그것이 북 왕국의 신앙의 기초가 됨으로 북 왕국은 왕국뿐만 아니라 거기에 동조한 열 지파가 없어지는 비극을 초래함을 보게 된다.

삭과 이스라엘을 기억하소서 주께서 그들을 위하여 주를 가리켜 맹세하여
이르시기를 내가 너희의 자손을 하늘의 별처럼 많게 하고 내가 허락한 이
온 땅을 너희의 자손에게 주어 영원한 기업이 되게 하리라 하셨나이다 14
여호와께서 뜻을 돌이키사 말씀하신 화를 그 백성에게 내리지 아니하시니
라 15 모세가 돌이켜 산에서 내려오는데 두 증거판이 그의 손에 있고 그 판
의 양면 이쪽저쪽에 글자가 있으니 16 그 판은 하나님이 만드신 것이요 글
자는 하나님이 쓰셔서 판에 새기신 것이더라 17 여호수아가 백성들의 요란
한 소리를 듣고 모세에게 말하되 진중에서 싸우는 소리가 나나이다 18 모
세가 이르되 이는 승전가도 아니요 패하여 부르짖는 소리도 아니라 내가
듣기에는 노래하는 소리로다 하고 19 진에 가까이 이르러 그 송아지와 그
춤 추는 것들을 보고 크게 노하여 손에서 그 판들을 산 아래로 던져 깨뜨
리니라 20 모세가 그들이 만든 송아지를 가져다가 불살라 부수어 가루를
만들어 물에 뿌려 이스라엘 자손에게 마시게 하니라 21 모세가 아론에게
이르되 이 백성이 당신에게 어떻게 하였기에 당신이 그들을 큰 죄에 빠지
게 하였느냐 22 아론이 이르되 내 주여 노하지 마소서 이 백성의 악함을 당신이 아나이다 23 그들이 내게 말하기를
우리를 위하여 우리를 인도할 신을 만들라 이 모세 곧 우리를 애굽 땅에서 인도하여 낸 사람은 어찌 되었는지 알
수 없노라 하기에 24 내가 그들에게 이르기를 금이 있는 자는 빼내라 한즉 그들이 그것을 내게로 가져왔기로 내가
불에 던졌더니 이 송아지가 나왔나이다 25 모세가 본즉 백성이 방자하니 이는 아론이 그들을 방자하게 하여 원수
에게 조롱거리가 되게 하였음이라 26 이에 모세가 진 문에 서서 이르되 누구든지 여호와의 편에 있는 자는 내게로
나아오라 하매 레위 자손이 다 모여 그에게로 가는지라 27 모세가 그들에게 이르되 이스라엘의 하나님 여호와께
서 이렇게 말씀하시기를 너희는 각각 허리에 칼을 차고 진 이 문에서 저 문까지 왕래하며 각 사람이 그 형제를, 각
사람이 자기의 친구를, 각 사람이 자기의 이웃을 죽이라 하셨느니라 28 레위 자손이 모세의 말대로 행하매 이 날에
백성 중에 삼천 명 가량이 죽임을 당하니라 29 모세가 이르되 각 사람이 자기의 아들과 자기의 형제를 쳤으니 오늘
여호와께 헌신하게 되었느니라 그가 오늘 너희에게 복을 내리시리라 30 이튿날 모세가 백성에게 이르되 너희가
큰 죄를 범하였도다 내가 이제 여호와께로 올라가노니 혹 너희를 위하여 속죄가 될까 하노라 하고 31 모세가 여호
와께로 다시 나아가 여짜오되 슬프도소이다 이 백성이 자기들을 위하여
금 신을 만들었사오니 큰 죄를 범하였나이다 32 그러나 이제 그들의 죄를
사하시옵소서 그렇지 아니하시오면 원하건대 주께서 기록하신 책에서 내
이름을 지워 버려 주옵소서 33 여호와께서 모세에게 이르시되 누구든지 내
게 범죄하면 내가 내 책에서 그를 지워 버리리라 34 이제 가서 내가 네게 말
한 곳으로 백성을 인도하라 내 사자가 네 앞서 가리라 그러나 내가 보응할
날에는 그들의 죄를 보응하리라 35 여호와께서 백성을 치시니 이는 그들이
아론이 만든 바 그 송아지를 만들었음이더라

출 32:8-10 하나님의 진노가 얼마나 큰 것인가를 상상하고, 이 상황이 얼마나 중대한 것인가를 묵상하라.
민 13:12의 가데스바네아의 반역 사건에서의 진노와 함께 생각하라.
오늘 나와 우리의 공동체에 이런 하나님의 진노할 일이 일어나고 있지는 않는가를 성찰하라.

❖ 출 32장의 금송아지 숭배 사건은 세계관의 변화가 수반되지 않는 변화는 겉모양만 바뀐 변화일 뿐이고 따라서 엄청난 오류를 범할 수 있다는 것을 확연히 보여 주는 사건이다.
☞ **딤후 4:3-4** 때가 이르리니 사람이 바른 교훈을 받지 아니하며 귀가 가려워서 자기의 사욕을 따를 스승을 많이 두고 또 그 귀를 진리에서 돌이켜 허탄한 이야기를 따르리라

출 32:31 오늘도 우리는 나를 위한 신을 찾거나 만들고 있지 않는가를 살펴야 한다. 왜냐하면 바울이 디모데에게 경고한 것처럼 "때가 이르리니 사람이 바른 교훈을 받지 아니하며 귀가 가려워서 자기의 사욕을 따를 스승을 많이 두고 또 그 귀를 진리에서 돌이켜 허탄한 이야기를 따르리라" (딤후 4:3-4), 오늘 같은 다원주의 시대에 더욱 이것은 심각한 사탄의 무기로 맹활약하고 있음을 알아야 한다.
출 32:34, 33:2의 사자는 수 5:3-5의 하나님의 군대 장관을 말한다.

출애굽기 33장

시내 산을 떠나라고 명하시다

1 여호와께서 모세에게 이르시되 너는 네가 애굽 땅에서 인도하여 낸 백성
과 함께 여기를 떠나서 내가 아브라함과 이삭과 야곱에게 맹세하여 네 자
손에게 주기로 한 그 땅으로 올라가라 2 내가 사자를 너보다 앞서 보내어
가나안 사람과 아모리 사람과 헷 사람과 브리스 사람과 히위 사람과 여부스 사람을 쫓아내고 3 너희를 젖과 꿀

출 33장
학습 자료 7-2
"하나님의 현현(顯現)" 참조

이 흐르는 땅에 이르게 하려니와 나는 너희와 함께 올라가지 아니하리니 너희는 목이 곧은 백성인즉 내가 길에
서 너희를 진멸할까 염려함이니라 하시니 4 백성이 이 준엄한 말씀을 듣고 슬퍼하여 한 사람도 자기의 몸을 단장
하지 아니하니 5 여호와께서 모세에게 이르시기를 이스라엘 자손에게 이르라 너희는 목이 곧은 백성인즉 내가
한 순간이라도 너희 가운데에 이르면 너희를 진멸하리니 너희는 장신구를 떼어 내라 그리하면 내가 너희에게 어
떻게 할 것인지 정하겠노라 하셨음이라 6 이스라엘 자손이 호렙 산에서부터 그들의 장신구를 떼어 내니라

회막

7 모세가 항상 장막을 취하여 진 밖에 쳐서 진과 멀리 떠나게 하고 회막이라 이름하니 여호와를 앙모하는 자는
다 진 바깥 회막으로 나아가며 8 모세가 회막으로 나아갈 때에는 백성이 다 일어나 자기 장막 문에 서서 모세가
회막에 들어가기까지 바라보며 9 모세가 회막에 들어갈 때에 구름 기둥이 내려 회막 문에 서며 여호와께서 모세
와 말씀하시니 10 모든 백성이 회막 문에 구름 기둥이 서 있는 것을 보고 다 일어나 각기 장막 문에 서서 예배하
며 11 사람이 자기의 친구와 이야기함 같이 여호와께서는 모세와 대면하여 말씀하시며 모세는 진으로 돌아오나
눈의 아들 젊은 수종자 여호수아는 회막을 떠나지 아니하니라

여호와께서 친히 가리라 하시다

12 모세가 여호와께 아뢰되 보시옵소서 주께서 내게 이 백성을 인도하여 올라가라 하시면서 나와 함께 보낼 자
를 내게 지시하지 아니하시나이다 주께서 전에 말씀하시기를 나는 이름으로도 너를 알고 너도 내 앞에 은총을
입었다 하셨사온즉 13 내가 참으로 주의 목전에 은총을 입었사오면 원하건대 주의 길을 내게 보이사 내게 주를
알리시고 나로 주의 목전에 은총을 입게 하시며 이 족속을 주의 백성으로 여기소서 14 여호와께서 이르시되 내가
친히 가리라 내가 너를 쉬게 하리라 15 모세가 여호와께 아뢰되 주께서 친히 가지 아니하시려거든 우리를 이 곳
에서 올려 보내지 마옵소서 16 나와 주의 백성이 주의 목전에 은총 입은 줄을 무엇으로 알리이까 주께서 우리와
함께 행하심으로 나와 주의 백성을 천하 만민 중에 구별하심이 아니니이까 17 여호와께서 모세에게 이르시되 네
가 말하는 이 일도 내가 하리니 너는 내 목전에 은총을 입었고 내가 이름으로도 너를 앎이니라 18 모세가 이르되
원하건대 주의 영광을 내게 보이소서 19 여호와께서 이르시되 내가 내 모든 선한 것을 네 앞으로 지나가게 하고
여호와의 이름을 네 앞에 선포하리라 나는 은혜 베풀 자에게 은혜를 베풀고 긍휼히 여길 자에게 긍휼을 베푸느
니라 20 또 이르시되 네가 내 얼굴을 보지 못하리니 나를 보고 살 자가 없음이니라 21 여호와께서 또 이르시기를
보라 내 곁에 한 장소가 있으니 너는 그 반석 위에 서라 22 내 영광이 지나갈 때에 내가 너를 반석 틈에 두고 내가
지나도록 내 손으로 너를 덮었다가 23 손을 거두리니 네가 내 등을 볼 것이요 얼굴은 보지 못하리라

출애굽기 34장

두 번째 돌판(신 10:1-5)

1 여호와께서 모세에게 이르시되 너는 돌판 둘을 처음 것과 같이 다듬어
만들라 네가 깨뜨린 처음 판에 있던 말을 내가 그 판에 쓰리니 2 아침까
지 준비하고 아침에 시내 산에 올라와 산꼭대기에서 내게 보이되 3 아무
도 너와 함께 오르지 말며 온 산에 아무도 나타나지 못하게 하고 양과 소
도 산 앞에서 먹지 못하게 하라 4 모세가 돌판 둘을 처음 것과 같이 깎아
만들고 아침에 일찍이 일어나 그 두 돌판을 손에 들고 여호와의 명령대로
시내 산에 올라가니 5 여호와께서 구름 가운데에 강림하사 그와 함께 거
기 서서 여호와의 이름을 선포하실새 6 여호와께서 그의 앞으로 지나시며
선포하시되 여호와라 여호와라 자비롭고 은혜롭고 노하기를 더디하고 인자와 진실이 많은 하나님이라 7 인자를
천대까지 베풀며 악과 과실과 죄를 용서하리라 그러나 벌을 면제하지는 아니하고 아버지의 악행을 자손 삼사
대까지 보응하리라 8 모세가 급히 땅에 엎드려 경배하며 9 이르되 주여 내가 주께 은총을 입었거든 원하건대 주

출 34장
학습 자료 7-3 "하나님의 속성" 참조

> 출 34:5-7 여기서 하나님의 자비로운 품성을 볼 수 있다 그러므로 사실 가문의 저주는 없다. 아래 구절이 그것을 입증하고 있다.
>
> 겔 18:1-22, 대하 25:4 출애굽 시대는 집단성을 강조하고, 포로시대는 개인성을 강조하게 됨으로 출애굽 상황에서는 가문의 저주를 상기시킬 의도가 있었을 것이다.

는 우리와 동행하옵소서 이는 목이 뻣뻣한 백성이니이다 우리의 악과 죄를 사하시고 우리를 주의 기업으로 삼으소서

다시 언약을 세우시다(출 23:14-19; 신 7:1-5; 16:1-17)

10 여호와께서 이르시되 보라 내가 언약을 세우나니 곧 내가 아직 온 땅
아무 국민에게도 행하지 아니한 이적을 너희 전체 백성 앞에 행할 것이라
네가 머무는 나라 백성이 다 여호와의 행하심을 보리니 내가 너를 위하여
행할 일이 두려운 것임이니라 11 너는 내가 오늘 네게 명령하는 것을 삼가
지키라 보라 내가 네 앞에서 아모리 사람과 가나안 사람과 헷 사람과 브
리스 사람과 히위 사람과 여부스 사람을 쫓아내리니 12 너는 스스로 삼가
네가 들어가는 땅의 주민과 언약을 세우지 말라 그것이 너희에게 올무가
될까 하노라 13 너희는 도리어 그들의 제단들을 헐고 그들의 주상을 깨

출 34:10-18 시내 산 언약의 핵심은 십계명의 영성을 지킴으로 하나님의 주권을 인정하고 그 분이 나의 주인이시라는 고백 가운데 살아가게 하는 것이다.
그런 맥락에서 하나님의 질투하심은 우상 숭배에만 관련해서 나타난다는 사실을 염두에 두라.
하나님 외에 다른 주인이 없다는 사실을 하나님은 분명히 하신다.

뜨리고 그들의 아세라 상을 찍을지어다 14 너는 다른 신에게 절하지 말라 여호와는 질투라 이름하는 질
투의 하나님임이니라 15 너는 삼가 그 땅의 주민과 언약을 세우지 말지니 이는 그들이 모든 신을 음란

하게 섬기며 그들의 신들에게 제물을 드리고 너를 청하면 네가 그 제물을
먹을까 함이며 16 또 네가 그들의 딸들을 네 아들들의 아내로 삼음으로
그들의 딸들이 그들의 신들을 음란하게 섬기며 네 아들에게 그들의 신들
을 음란하게 섬기게 할까 함이니라 17 너는 신상들을 부어 만들지 말지니라
18 너는 무교절을 지키되 내가 네게 명령한 대로 아빕월 그 절기에 이레 동안 무교병을
먹으라 이는 네가 아빕월에 애굽에서 나왔음이니라 19 모든 첫 태생은 다
내 것이며 네 가축의 모든 처음 난 수컷인 소와 양도 다 그러하며 20 나귀
의 첫 새끼는 어린 양으로 대속할 것이요 그렇게 하지 아니하려면 그 목
을 꺾을 것이며 네 아들 중 장자는 다 대속할지며 빈손으로 내 얼굴을 보
지 말지니라 21 너는 엿새 동안 일하고 일곱째 날에는 쉴지니 밭 갈 때에나 거둘 때에도 쉴지며 22 칠칠절 곧 맥
추의 초실절을 지키고 세말에는 수장절을 지키라 23 너희의 모든 남자는 매년 세 번씩 주 여호와 이스라엘의 하
나님 앞에 보일지라 24 내가 이방 나라들을 네 앞에서 쫓아내고 네 지경을 넓히리니 네가 매년 세 번씩 여호와 네
하나님을 뵈려고 올 때에 아무도 네 땅을 탐내지 못하리라 25 너는 내 제물의 피를 유교병과 함께 드리지 말며
유월절 제물을 아침까지 두지 말지며 26 네 토지 소산의 처음 익은 것을 가져다가 네 하나님 여호와의 전에 드릴
지며 너는 염소 새끼를 그 어미의 젖으로 삶지 말지니라 27 여호와께서 모세에게 이르시되 너는 이 말들을 기록
하라 내가 이 말들의 뜻대로 너와 이스라엘과 언약을 세웠음이니라 하시니라 28 모세가 여호와와 함께 사십 일
사십 야를 거기 있으면서 떡도 먹지 아니하였고 물도 마시지 아니하였으며 여호와께서는 언약의 말씀 곧 십계명을 그 판들에 기록하셨더라

❖ **절기 지킴의 의미**
절기 지킴은 그 절기에 하나님이 행하심이 무엇이며 그것을 통해 하나님이 누구이신가를 알게 하기 위함이다.

모세가 시내 산에서 내려오다

29 모세가 그 증거의 두 판을 모세의 손에 들고 시내 산에서 내려오니 그 산에서 내려올 때에 모세는 자기가 여
호와와 말하였음으로 말미암아 얼굴 피부에 광채가 나나 깨닫지 못하였더라 30 아론과 온 이스라엘 자손이 모
세를 볼 때에 모세의 얼굴 피부에 광채가 남을 보고 그에게 가까이 하기를 두려워하더니 31 모세가 그들을 부르
매 아론과 회중의 모든 어른이 모세에게로 오고 모세가 그들과 말하니 32 그 후에야 온 이스라엘 자손이 가까
이 오는지라 모세가 여호와께서 시내 산에서 자기에게 이르신 말씀을 다 그들에게 명령하고 33 모세가 그들에게
말하기를 마치고 수건으로 자기 얼굴을 가렸더라 34 그러나 모세가 여호와 앞에 들어가서 함께 말할 때에는 나
오기까지 수건을 벗고 있다가 나와서는 그 명령하신 일을 이스라엘 자손에게 전하며 35 이스라엘 자손이 모세의
얼굴의 광채를 보므로 모세가 여호와께 말하러 들어가기까지 다시 수건으로 자기 얼굴을 가렸더라

출애굽기 35장

안식일 규례

[1] 모세가 이스라엘 자손의 온 회중을 모으고 그들에게 이르되 여호와께서 너희에게 명령하사 행하게 하신 말씀
이 이러하니라 [2] 엿새 동안은 일하고 일곱째 날은 너희를 위한 거룩한 날이니 여호와께 엄숙한 안식일이라 누구
든지 이 날에 일하는 자는 죽일지니 [3] 안식일에는 너희의 모든 처소에서 불도 피우지 말지니라

여호와께 드릴 것들(출 25:1-9)

[4] 모세가 이스라엘 자손의 온 회중에게 말하여 이르되 여호와께서 명령하신 일이 이러하니라 이르시기를 [5] 너희
의 소유 중에서 너희는 여호와께 드릴 것을 택하되 마음에 원하는 자는 누구든지 그것을 가져다가 여호와께 드
릴지니 곧 금과 은과 놋과 [6] 청색 자색 홍색 실과 가는 베 실과 염소 털과 [7] 붉은 물 들인 숫양의 가죽과 해달의 가
죽과 조각목과 [8] 등유와 및 관유에 드는 향품과 분향할 향을 만드는 향품과 [9] 호마노며 에봇과 흉패에 물릴 보석
이니라 [10] 무릇 너희 중 마음이 지혜로운 자는 와서 여호와께서 명령하신 것을 다 만들지니 [11] 곧 성막과 천막과
그 덮개와 그 갈고리와 그 널판과 그 띠와 그 기둥과 그 받침과 [12] 증거궤와 그 채와 속죄소와 그 가리는 휘장과
[13] 상과 그 채와 그 모든 기구와 진설병과 [14] 불 켜는 등잔대와 그 기구와 그 등잔과 등유와 [15] 분향단과 그 채와
관유와 분향할 향품과 성막 문의 휘장과 [16] 번제단과 그 놋 그물과 그 채와 그 모든 기구와 물두멍과 그 받침과
[17] 뜰의 포장과 그 기둥과 그 받침과 뜰 문의 휘장과 [18] 장막 말뚝과 뜰의 말뚝과 그 줄과 [19] 성소에서 섬기기 위하
여 정교하게 만든 옷 곧 제사 직분을 행할 때에 입는 제사장 아론의 거룩한 옷과 그의 아들들의 옷이니라

여호와께 자원하여 드린 예물

[20] 이스라엘 자손의 온 회중이 모세 앞에서 물러갔더니 [21] 마음이 감동된 모든 자와 자원하는 모든 자가 와서 회
막을 짓기 위하여 그 속에서 쓸 모든 것을 위하여, 거룩한 옷을 위하여 예물을 가져다가 여호와께 드렸으니 [22] 곧
마음에 원하는 남녀가 와서 팔찌와 귀고리와 가락지와 목걸이와 여러 가지 금품을 가져다가 사람마다 여호와께
금 예물을 드렸으며 [23] 무릇 청색 자색 홍색 실과 가는 베 실과 염소 털과 붉은 물 들인 숫양의 가죽과 해달의 가
죽이 있는 자도 가져왔으며 [24] 은과 놋으로 예물을 삼는 모든 자가 가져다가 여호와께 드렸으며 섬기는 일에 소
용되는 조각목이 있는 모든 자는 가져왔으며 [25] 마음이 슬기로운 모든 여인은 손수 실을 빼고 그 뺀 청색 자색
홍색 실과 가는 베 실을 가져왔으며 [26] 마음에 감동을 받아 슬기로운 모든 여인은 염소 털로 실을 뽑았으며 [27] 모
든 족장은 호마노와 및 에봇과 흉패에 물릴 보석을 가져왔으며 [28] 등불과 관유와 분향할 향에 소용되는 기름과
향품을 가져왔으니 [29] 마음에 자원하는 남녀는 누구나 여호와께서 모세의 손을 빌어 명령하신 모든 것을 만들기
위하여 물품을 드렸으니 이것이 이스라엘 자손이 여호와께 자원하여 드린 예물이니라

성막 일꾼(출 31:1-11)

[30] 모세가 이스라엘 자손에게 이르되 볼지어다 여호와께서 유다 지파 훌의 손자요 우리의 아들인 브살렐을 지명
하여 부르시고 [31] 하나님의 영을 그에게 충만하게 하여 지혜와 총명과 지식으로 여러 가지 일을 하게 하시되 [32]
금과 은과 놋으로 제작하는 기술을 고안하게 하시며 [33] 보석을 깎아 물리며 나무를 새기는 여러 가지 정교한 일
을 하게 하셨고 [34] 또 그와 단 지파 아히사막의 아들 오홀리압을 감동시키사 가르치게 하시며 [35] 지혜로운 마음
을 그들에게 충만하게 하사 여러 가지 일을 하게 하시되 조각하는 일과 세공하는 일과 청색 자색 홍색 실과 가
는 베 실로 수 놓는 일과 짜는 일과 그 외에 여러 가지 일을 하게 하시고 정교한 일을 고안하게 하셨느니라

출애굽기 36장

[1] 브살렐과 오홀리압과 및 마음이 지혜로운 사람 곧 여호와께서 지혜와 총명을 부으사 성소에 쓸 모든 일을 할
줄 알게 하신 자들은 모두 여호와께서 명령하신 대로 할 것이니라

예물로 드린 재료가 넉넉하다

[2] 모세가 브살렐과 오홀리압과 및 마음이 지혜로운 사람 곧 그 마음에 여호와께로부터 지혜를 얻고 와서 그 일

을 하려고 마음에 원하는 모든 자를 부르매 3 그들이 이스라엘 자손의 성소의 모든 것을 만들기 위하여 가져온
예물을 모세에게서 받으니라 그러나 백성이 아침마다 자원하는 예물을 연하여 가져왔으므로 4 성소의 모든 일
을 하는 지혜로운 자들이 각기 하는 일을 중지하고 와서 5 모세에게 말하여 이르되 백성이 너무 많이 가져오므
로 여호와께서 명령하신 일에 쓰기에 남음이 있나이다 6 모세가 명령을 내리매 그들이 진중에 공포하여 이르되
남녀를 막론하고 성소에 드릴 예물을 다시 만들지 말라 하매 백성이 가져오기를 그치니 7 있는 재료가 모든 일을
하기에 넉넉하여 남음이 있었더라

성막을 만들다(출 26:1-37)

8 일하는 사람 중에 마음이 지혜로운 모든 사람이 열 폭 휘장으로 성막
을 지었으니 곧 가늘게 꼰 베실과 청색 자색 홍색 실로 그룹들을 무늬 놓
아 짜서 지은 것이라 9 매 폭의 길이는 스물여덟 규빗, 너비는 네 규빗으
로 각 폭의 장단을 같게 하여 10 그 다섯 폭을 서로 연결하며 또 그 다섯
폭을 서로 연결하고 11 연결할 끝폭 가에 청색 고를 만들며 다른 연결할
끝폭 가에도 고를 만들되 12 그 연결할 한 폭에 고리 쉰 개를 달고 다른
연결할 한 폭의 가에도 고리 쉰 개를 달아 그 고들이 서로 대하게 하고
13 금 갈고리 쉰 개를 만들어 그 갈고리로 두 휘장을 연결하여 한 막을 이
루었더라 14 그 성막을 덮는 막 곧 휘장을 염소 털로 만들되 열한 폭을 만
들었으니 15 각 폭의 길이는 서른 규빗, 너비는 네 규빗으로 열한 폭의 장
단을 같게 하여 16 그 휘장 다섯 폭을 서로 연결하며 또 여섯 폭을 서로 연결하고 17 휘장을 연결할 끝폭 가에 고
리 쉰 개를 달며 다른 연결할 끝폭 가에도 고리 쉰 개를 달고 18 놋 갈고리 쉰 개를 만들어 그 휘장을 연결하여
한 막이 되게 하고 19 붉은 물들인 숫양의 가죽으로 막의 덮개를 만들고 해달의 가죽으로 그 웃덮개를 만들었
더라 20 그가 또 조각목으로 성막에 세울 널판들을 만들었으니 21 각 판의 길이는 열 규빗, 너비는 한 규빗 반이
며 22 각 판에 두 촉이 있어 서로 연결하게 하였으니 성막의 모든 판이 그러하며 23 성막을 위하여 널판을 만들
었으되 남으로는 남쪽에 널판이 스무 개라 24 그 스무 개 널판 밑에 은 받침 마흔 개를 만들었으되 곧 이 널판
밑에도 두 받침이 그 두 촉을 받게 하였고 저 널판 밑에도 두 받침이 그 두 촉을 받게 하였으며 25 성막 다른 쪽
곧 북쪽을 위하여도 널판 스무 개를 만들고 26 또 은 받침 마흔 개를 만들었으니 곧 이 판 밑에도 받침이 둘이요
저 판 밑에도 받침이 둘이며 27 장막 뒤 곧 서쪽을 위하여는 널판 여섯 개를 만들었고 28 장막 뒤 두 모퉁이 편
을 위하여는 널판 두 개를 만들되 29 아래에서부터 위까지 각기 두 겹 두께로 하여 윗고리에 이르게 하고 두 모
퉁이 쪽을 다 그리하며 30 그 널판은 여덟 개요 그 받침은 은 받침 열여섯 개라 각 널판 밑에 두 개씩이었더라 31
그가 또 조각 목으로 띠를 만들었
으니 곧 성막 이쪽 널판을 위하여
다섯 개요 32 성막 저쪽 널판을 위
하여 다섯 개요 성막 뒤 곧 서쪽
널판을 위하여 다섯 개며 33 그 중
간띠를 만들되 널판 중간 이 끝에
서 저 끝에 미치게 하였으며 34 그
널판들을 금으로 싸고 그 널판에
띠를 꿸 금 고리를 만들고 그 띠
도 금으로 쌌더라 35 그가 또 청색
자색 홍색 실과 가늘게 꼰 베 실
로 휘장을 짜고 그 위에 그룹들을

성막 색실의 의미			
	명칭	의미	성구
1	가늘게 꼰 베실	흰색 실로써 그리스도의 순결성 의미	출 36:8, 계 1:14
2	청색실	하늘색 실로써 그리스도의 신성 의미	출 24:10, 36:8
3	자색실	주로 왕들이 입는 옷색 실로써 그리스도의 왕권 의미	출 36:8, 삿 8:26
4	홍색실	피의 색 실로써 그리스도의 구속 의미	출 36:8, 히 9:12-14

정교하게 수놓고 [36] 조각 목으로 네 기둥을 만들어 금으로 쌌으며 그 갈고리는 금으로 기둥의 네 받침은 은으
로 부어 만들었으며 [37] 청색 자색 홍색 실과 가늘게 꼰 베 실로 수 놓아 장막 문을 위하여 휘장을 만들고 38 휘
장 문의 기둥 다섯과 그 갈고리를 만들고 기둥 머리와 그 가름대를 금으로 쌌으며 그 다섯 받침은 놋이었더라

7월~ 12월

출애굽기 37장

언약궤를 만들다(출 25:10-22)

[1] 브살렐이 조각목으로 궤를 만들었으니 길이가 두 규빗 반, 너비가 한
규빗 반, 높이가 한 규빗 반이며 [2] 순금으로 안팎을 싸고 위쪽 가장자리
로 돌아가며 금 테를 만들었으며 [3] 금 고리 넷을 부어 만들어 네 발에 달
았으니 곧 이쪽에 두 고리요 저쪽에 두 고리이며 [4] 조각목으로 채를 만들어 금
으로 싸고 [5] 그 채를 궤 양쪽 고리에 꿰어 궤를 메게 하였으며 [6] 순금으로 속죄소를 만들었으니 길이가 두 규빗
반 너비가 한 규빗 반이며 [7] 금으로 그룹 둘을 속죄소 양쪽에 쳐서 만들었으되 [8] 한 그룹은 이쪽 끝에, 한 그룹은
저쪽 끝에 곧 속죄소와 한 덩이로 그 양쪽에 만들었으니 [9] 그룹들이 그 날개를 높이 펴서 그 날개로 속죄소를 덮
었으며 그 얼굴은 서로 대하여 속죄소를 향하였더라

상을 만들다(출 25:23-30)

[10] 그가 또 조각목으로 상을 만들었으니 길이가 두 규빗, 너비가 한 규빗, 높이가 한 규빗 반이며 [11] 순금으로 싸
고 위쪽 가장자리로 돌아가며 금 테를 둘렀으며 [12] 그 주위에 손바닥 넓이만한 턱을 만들고 그 턱 주위에 금으로
테를 만들었고 [13] 상을 위하여 금 고리 넷을 부어 만들어 네 발 위, 네 모퉁이에 달았으니 [14] 그 고리가 턱 곁에 있
어서 상을 메는 채를 꿰게 하였으며 [15] 또 조각목으로 상 멜 채를 만들어 금으로 쌌으며 [16] 상 위의 기구 곧 대접
과 숟가락과 잔과 따르는 병을 순금으로 만들었더라

등잔대를 만들다(출 25:31-40)

[17] 그가 또 순금으로 등잔대를 만들되 그것을 쳐서 만들었으니 그 밑판과 줄기와 잔과 꽃받침과 꽃이 그것과 한 덩
이로 되었고 [18] 가지 여섯이 그 곁에서 나왔으니 곧 등잔대의 세 가지는 저쪽으로 나왔고 등잔대의 세 가지는 이쪽
으로 나왔으며 [19] 이쪽 가지에 살구꽃 형상의 잔 셋과 꽃받침과 꽃이 있고 저쪽 가지에 살구꽃 형상의 잔 셋과 꽃
받침과 꽃이 있어 등잔대에서 나온 가지 여섯이 그러하며 [20] 등잔대 줄기에는 살구꽃 형상의 잔 넷과 꽃받침과 꽃
이 있고 [21] 등잔대에서 나온 가지 여섯을 위하여는 꽃받침이 있게 하였으되 두 가지 아래에 한 꽃받침이 있어 줄기
와 연결하였고 또 두 가지 아래에 한 꽃받침이 있어 줄기와 연결하였고 또 다시 두 가지 아래에 한 꽃받침이 있어
줄기와 연결되게 하였으니 [22] 이 꽃받침과 가지들을 줄기와 연결하여 전부를 순금으로 쳐서 만들었으며 [23] 등잔 일
곱과 그 불 집게와 불 똥 그릇을 순금으로 만들었으니 [24] 등잔대와 그 모든 기구는 순금 한 달란트로 만들었더라

분향할 제단을 만들다(출 30:1-5; 30:22-38)

[25] 그가 또 조각목으로 분향할 제단을 만들었으니 길이는 한 규빗이요 너비도 한 규빗이라 네모가 반듯하고 높이는 두
규빗이며 그 뿔들이 제단과 연결되었으며 [26] 제단 상면과 전후 좌우면과 그 뿔을 순금으로 싸고 주위에 금 테를 둘렀고
[27] 그 테 아래 양쪽에 금 고리 둘을 만들었으되 곧 그 양쪽에 만들어 제단을 메는 채를 꿰게 하였으며 [28] 조각목으로 그
채를 만들어 금으로 쌌으며 [29] 거룩한 관유와 향품으로 정결한 향을 만들었으되 향을 만드는 법대로 하였더라

출애굽기 38장

번제단을 만들다(출 27:1-8)

[1] 그가 또 조각목으로 번제단을 만들었으니 길이는 다섯 규빗이요 너비도 다섯 규빗이라 네모가 반듯하고 높이
는 세 규빗이며 [2] 그 네 모퉁이 위에 그 뿔을 만들되 그 뿔을 제단과 연결하게 하고 제단을 놋으로 쌌으며 [3] 제단
의 모든 기구 곧 통과 부삽과 대야와 고기 갈고리와 불 옮기는 그릇을 다 놋으로 만들고 [4] 제단을 위하여 놋 그

물을 만들어 제단 주위 가장자리 아래에 두되 제단 절반에 오르게 하고 5 그 놋 그물 네 모퉁이에 채를 꿸 고리
넷을 부어 만들었으며 6 채를 조각목으로 만들어 놋으로 싸고 7 제단 양쪽 고리에 그 채를 꿰어 메게 하였으며
제단은 널판으로 속이 비게 만들었더라

놋 물두멍을 만들다(출 30:18)

8 그가 놋으로 물두멍을 만들고 그 받침도 놋으로 하였으니 곧 회막 문에서 수종드는 여인들의 거울로 만들었더라

성막 울타리를 만들다(출 27:9-19)

9 그가 또 뜰을 만들었으니 남으로 뜰의 남쪽에는 세마포 포장이 백 규빗이라 10 그 기둥이 스물이며 그 받침이 스
물이니 놋이요 기둥의 갈고리와 가름대는 은이며 11 그 북쪽에도 백 규빗이라 그 기둥이 스물이며 그 받침이 스물
이니 놋이요 기둥의 갈고리와 가름대는 은이며 12 주위에 포장은 쉰 규빗이라 그 기둥이 열이요 받침이 열이며 기둥
의 갈고리와 가름대는 은이며 13 동으로 동쪽에도 쉰 규빗이라 14 문 이쪽의 포장이 열다섯 규빗이요 그 기둥이 셋
이요 받침이 셋이며 15 문 저쪽도 그와 같으니 뜰 문 이쪽, 저쪽의 포장이 열다섯 규빗씩이요 그 기둥이 셋씩, 받침
이 셋씩이라 16 뜰 주위의 포장은 세마포요 17 기둥 받침은 놋이요 기둥의 갈고리와 가름대는 은이요 기둥 머리 싸
개는 은이며 뜰의 모든 기둥에 은 가름대를 꿰었으며 18 뜰의 휘장 문을 청색 자색 홍색 실과 가늘게 꼰 베 실로 수
놓아 짰으니 길이는 스무 규빗이요 너비와 높이는 뜰의 포장과 같이 다섯 규빗이며 19 그 기둥은 넷인데 그 받침 넷
은 놋이요 그 갈고리는 은이요 그 머리 싸개와 가름대도 은이며 20 성막 말뚝과 뜰 주위의 말뚝은 모두 놋이더라

성막 재료의 물자 목록

21 성막 곧 증거막을 위하여 레위 사람이 쓴 재료의 물목은 제사장 아론의 아들 이다말이 모세의 명령대로 계산하
였으며 22 유다 지파 훌의 손자요 우리의 아들인 브살렐은 여호와께서 모세에게 명령하신 모든 것을 만들었고 23
단 지파 아히사막의 아들 오홀리압이 그와 함께 하였으니 오홀리압은 재능이 있어서 조각하며 또 청색 자색 홍색
실과 가는 베 실로 수 놓은 자더라 24 성소 건축 비용으로 들인 금은 성소의 세겔로 스물아홉 달란트와 칠백삼십
세겔이며 25 계수된 회중이 드린 은은 성소의 세겔로 백 달란트와 천칠백칠십오 세겔이니 26 계수된 자가 이십 세
이상으로 육십만 삼천오백오십 명인즉 성소의 세겔로 각 사람에게 은 한 베가 곧 반 세겔씩이라 27 은 백 달란트
로 성소의 받침과 휘장 문의 기둥 받침을 모두 백 개를 부어 만들었으니 각 받침마다 한 달란트씩 모두 백 달란트
요 28 천칠백칠십오 세겔로 기둥 갈고리를 만들고 기둥 머리를 싸고 기둥 가름대를 만들었으며 29 드린 놋은 칠십
달란트와 이천사백 세겔이라 30 이것으로 회막 문 기둥 받침과 놋 제단과 놋 그물과 제단의 모든 기구를 만들었으
며 31 뜰 주위의 기둥 받침과 그 휘장 문의 기둥 받침이며 성막의 모든 말뚝과 뜰 주위의 모든 말뚝을 만들었더라

출애굽기 39장

제사장의 옷을 만들다(출 28:1-14)

1 그들은 여호와께서 모세에게 명령하신 대로 청색 자색 홍색 실로 성소에서 섬길 때 입을 정교한 옷을 만들고
또 아론을 위해 거룩한 옷을 만들었더라 2 그는 또 금 실과 청색 자색 홍색 실과 가늘게 꼰 베 실로 에봇을 만들
었으되 3 금을 얇게 쳐서 오려서 실을 만들어 청색 자색 홍색 실과 가는 베 실에 섞어 정교하게 짜고 4 에봇에는
어깨받이를 만들어 그 두 끝에 달아 서로 연결되게 하고 5 에봇 위에 에봇을 매는 띠를 에봇과 같은 모양으로 금
실과 청색 자색 홍색 실과 가늘게 꼰 베 실로 에봇에 붙여 짰으니 여호와께서 모세에게 명령하신 대로 하였더라
6 그들은 또 호마노를 깎아 금 테에 물려 도장을 새김 같이 이스라엘의 아들들의 이름을 그것에 새겨 7 에봇 어
깨받이에 달아 이스라엘의 아들들을 기념하는 보석을 삼았으니 여호와께서 모세에게 명령하신 대로 하였더라

흉패를 짜다(출 28:15-30)

8 그가 또 흉패를 정교하게 짜되 에봇과 같은 모양으로 금 실과 청색 자색 홍색 실과 가늘게 꼰 베 실로 하였으니 9
그것의 길이가 한 뼘, 너비가 한 뼘으로 네 모가 반듯하고 두 겹이며 10 그것에 네 줄 보석을 물렸으니 곧 홍보석 황
옥 녹주옥이 첫 줄이요 11 둘째 줄은 석류석 남보석 홍마노요 12 셋째 줄은 호박 백마노 자수정이요 13 넷째 줄은 녹

7일~
12일

보석 호마노 벽옥이라 다 금 테에 물렸으니 14 이 보석들은 이스라엘의 아
들들의 이름 곧 그들의 이름대로 열둘이라 도장을 새김 같이 그 열두 지파
의 각 이름을 새겼으며 15 그들이 또 순금으로 노끈처럼 사슬을 땋아 흉패
에 붙이고 16 또 금 테 둘과 금 고리 둘을 만들어 그 두 고리를 흉패 두 끝에
달고 17 그 땋은 두 금 사슬을 흉패 끝 두 고리에 꿰매었으며 18 그 땋은 두
사슬의 다른 두 끝을 에봇 앞 두 어깨받이의 금 테에 매고 19 또 금 고리 둘
을 만들어 흉패 두 끝에 달았으니 곧 그 에봇을 마주한 안쪽 가장자리에 달
았으며 20 또 금 고리 둘을 만들어 에봇 앞 두 어깨받이 아래 매는 자리 가
까운 쪽 곧 정교하게 짠 에봇 띠 위쪽에 달고 21 청색 끈으로 흉패 고리와
에봇 고리에 꿰어 흉패로 정교하게 짠 에봇 띠 위에 붙여서 에봇에서 벗어
지지 않게 하였으니 여호와께서 모세에게 명령하신 대로 하였더라

제사장의 또 다른 옷을 만들다(출 28:31-43)

22 그가 에봇 받침 긴 옷을 전부 청색으로 짜서 만들되 23 그 옷의 두 어깨
사이에 구멍을 내고 갑옷 깃 같이 그 구멍 주위에 깃을 짜서 찢어지지 않게
하고 24 청색 자색 홍색 실과 가는 베 실로 그 옷 가장자리에 석류를 수 놓고
25 순금으로 방울을 만들어 그 옷 가장자리로 돌아가며 석류 사이사이에 달
되 26 방울과 석류를 서로 간격을 두고 번갈아 그 옷 가장자리로 돌아가며
달았으니 여호와께서 모세에게 명령하신 대로 하였더라 27 그들이 또 직조
한 가는 베로 아론과 그의 아들들을 위하여 속옷을 짓고 28 세마포로 두건을
짓고 세마포로 빛난 관을 만들고 가는 베 실로 짜서 세마포 속바지들을 만
들고 29 가는 베 실과 청색 자색 홍색 실로 수 놓아 띠를 만들었으니 여호와
께서 모세에게 명령하신 대로 하였더라 30 그들이 또 순금으로 거룩한 패를 만들고 도장을 새김 같이 그 위에 '여호
와께 성결'이라 새기고 31 그 패를 청색 끈으로 관 전면에 달았으니 여호와께서 모세에게 명령하신 대로 하였더라

성막의 모든 역사를 마치다(출 35:10-19)

32 이스라엘 자손이 이와 같이 성막 곧 회막의 모든 역사를 마치되 여호와께서 모세에게 명령하신 대로 다 행하
고 33 그들이 성막을 모세에게로 가져왔으니 곧 막과 그 모든 기구와 그 갈고리들과 그 널판들과 그 띠들과 그
기둥들과 그 받침들과 34 붉은 물을 들인 숫양의 가죽 덮개와 해달의 가죽 덮개와 가리는 휘장과 35 증거궤와 그
채들과 속죄소와 36 상과 그 모든 기구와 진설병과 37 순금 등잔대와 그 잔 곧 벌여놓는 등잔대와 그 모든 기구와
등유와 38 금 제단과 관유와 향기로운 향과 장막 휘장 문과 39 놋 제단과 그 놋 그물과 그 채들과 그 모든 기구와
물두멍과 그 받침과 40 뜰의 포장들과 그 기둥들과 그 받침들과 뜰 문의 휘장과 그 줄들과 그 말뚝들과 성막 곧
회막에서 사용할 모든 기구와 41 성소에서 섬기기 위한 정교한 옷 곧 제사 직분을 행할 때에 입는 제사장 아론의
거룩한 옷과 그의 아들들의 옷이라 42 여호와께서 모세에게 명령하신 대로 이스라엘 자손이 모든 역사를 마치매
43 모세가 그 마친 모든 것을 본즉 여호와께서 명령하신 대로 되었으므로 모세가 그들에게 축복하였더라

❖ 출 39~40장에서 "여호와께서 명령하신대로 하였더라"의 구절이 몇 번이나 나오는가를 살펴보라.
이 말은 하나님의 성막이 하나님이 설계하신 대로 이루어졌다는 말이다.
참으로 중요한 순종이며 메시지이다. 인간을 포함한 모든 피조 세계는 하나님의 설계대로 된 것이기 때문에 그대로 이루어져야 한다. 이것이 신위의 개념이다.
우리의 삶도 하나님의 설계가 있다. 그 설계대로 이루어져야 한다. 그것이 성경의 가르침이다.
☞ **창 28:15** "내가 너와 함께 있어 네가 어디로 가든지 너를 지키며 너를 이끌어 이 땅으로 돌아오게 할지라 내가 네게 허락한 것을 다 이루기까지 너를 떠나지 아니하리라 하신지라"
예수님은 주기도문을 통해 이렇게 기도하게 하신다.
☞ **마 6:10** "나라가 임하시오며 뜻이 하늘에서 이루어진 것 같이 땅에서도 이루어지이다"
당신의 삶은 하늘에서 하나님이 이루신 하나님의 설계 도면을 현실로 이루는 삶이라는 뜻이다.
과연 그렇게 살아가고 있는가?

학습 자료 7-4
"성막의 구조로 본 구원의 완성" 참조

출애굽기 40장

성막 봉헌

1 여호와께서 모세에게 말씀하여 이르시되 2 너는 첫째 달 초하루에 성막 곧 회막을 세우고 3 또 증거궤를 들여
놓고 또 휘장으로 그 궤를 가리고 4 또 상을 들여놓고 그 위에 물품을 진설하고 등잔대를 들여놓아 불을 켜고 5
또 금 향단을 증거궤 앞에 두고 성막 문에 휘장을 달고 6 또 번제단을 회막의 성막 문 앞에 놓고 7 또 물두멍을 회
막과 제단 사이에 놓고 그 속에 물을 담고 8 또 뜰 주위에 포장을 치고 뜰 문에 휘장을 달고 9 또 관유를 가져다

가 성막과 그 안에 있는 모든 것에 발라 그것과 그 모든 기구를 거룩하게 하라 그것이 거룩하리라 10 너는 또 번
제단과 그 모든 기구에 발라 그 안을 거룩하게 하라 그 제단이 지극히 거룩하리라 11 너는 또 물두멍과 그 받침에
발라 거룩하게 하고 12 너는 또 아론과 그 아들들을 회막 문으로 데려다가 물로 씻기고 13 아론에게 거룩한 옷을
입히고 그에게 기름을 부어 거룩하게 하여 그가 내게 제사장의 직분을 행하게 하라 14 너는 또 그 아들들을 데려
다가 그들에게 겉옷을 입히고 15 그 아버지에게 기름을 부음 같이 그들에게도 부어서 그들이 내게 제사장의 직
분을 행하게 하라 그들이 기름 부음을 받았은즉 대대로 영영히 제사장이 되리라 하시매 16 모세가 그같이 행하
되 곧 여호와께서 자기에게 명령하신 대로 다 행하였더라 17 둘째 해 첫째 달 곧 그 달 초하루에 성막을 세우니
라 18 모세가 성막을 세우되 그 받침들을 놓고 그 널판들을 세우고 그 띠를 띠우고 그 기둥들을 세우고 19 또 성
막 위에 막을 펴고 그 위에 덮개를 덮으니 여호와께서 모세에게 명령하신 대로 되니라 20 그는 또 증거판을 궤
속에 넣고 채를 궤에 꿰고 속죄소를 궤 위에 두고 21 또 그 궤를 성막에 들여놓고 가리개 휘장을 늘어뜨려 그 증
거궤를 가리니 여호와께서 모세에게 명령하신 대로 되니라 22 그는 또 회막 안 곧 성막 북쪽으로 휘장 밖에 상을
놓고 23 또 여호와 앞 그 상 위에 떡을 진설하니 여호와께서 모세에게 명령하신 대로 되니라 24 그는 또 회막 안
곧 성막 남쪽에 등잔대를 놓아 상과 마주하게 하고 25 또 여호와 앞에 등잔대에 불을 켜니 여호와께서 모세에게
명령하신 대로 되니라 26 그가 또 금 향단을 회막 안 휘장 앞에 두고 27 그 위에 향기로운 향을 사르니 여호와께
서 모세에게 명령하신 대로 되니라 28 그는 또 성막 문에 휘장을 달고 29 또 회막의 성막 문 앞에 번제단을 두고
번제와 소제를 그 위에 드리니 여호와께서 모세에게 명령하신 대로 되니라 30 그는 또 물두멍을 회막과 제단 사
이에 두고 거기 씻을 물을 담으니라 31 모세와 아론과 그 아들들이 거기서 수족을 씻되 32 그들이 회막에 들어갈
때와 제단에 가까이 갈 때에 씻었으니 여호와께서 모세에게 명령하신 대로 되니라 33 그는 또 성막과 제단 주위
뜰에 포장을 치고 뜰 문에 휘장을 다니라 모세가 이같이 역사를 마치니

여호와의 영광이 성막에 충만하다(민 9:15-23)

34 구름이 회막에 덮이고 여호와의 영광이 성막에 충만하매 35 모세가 회막에 들어갈 수 없었으니 이는 구름이
회막 위에 덮이고 여호와의 영광이 성막에 충만함이었으며 36 구름이 성막 위에서 떠오를 때에는 이스라엘 자손
이 그 모든 행진하는 길에 앞으로 나아갔고 37 구름이 떠오르지 않을 때에는 떠오르는 날까지 나아가지 아니하
였으며 38 낮에는 여호와의 구름이 성막 위에 있고 밤에는 불이 그 구름 가운데에 있음을 이스라엘의 온 족속이
그 모든 행진하는 길에서 그들의 눈으로 보았더라

7일차 읽기의 요약

(출 25~40)

하나님께서는 이스라엘 백성들을 시내 산으로 인도하셔서 언약을 맺으시고 그들에게 십계명과 율법을 베풀어 주셨고 이제 마지막으로 관계 회복의 징표로 하나님이 백성들에게 임재하셔야 했다. 그렇게 임재하신 하나님이 거할 처소로 성막을 지을 것을 명하셨다.

그러나 죄된 본성을 가진 인간은 아무리 언약 백성이라 할지라도 그 율법을 다 지켜 행할 수 없고, 또한 죄성을 가진 인간은 죄의 문제 해결이 없이 하나님을 만나면 죽게 되어 있는 존재들이다. 그래서 하나님께서는 그들이 죄를 지었을 때 하나님과의 관계를 다시 회복시켜 주셔서 만나게 하려면 성막을 만들고 그곳에서 제사를 통해서 다시 살길을 열어주셨다. 그러므로 성막은 죄를 지은 인간이 하나님을 만나러 가는 길(약도)이다.

출 40장에는 모세가 여호와께서 명령하신 대로 성막을 완성했다는 말이 8번이나 나온다. 하나님을 만나러 가는 길은 오직 하나님의 방법(신위)대로 지어져야 했다. 또한 거기서 드려지는 제사는 하나님께서 명령하신 대로 드려져야 했다. 성막이 완성되었을 때 성막에는 하나님의 임재의 상징인 구름이 회막에 가득히 덮여 하나님의 영광이 충만했다.

7일~12일

그러면 어떻게 살 것인가?

인위뚝·신위고!

☑ 세계관 점검 - 묵상하기 (영상 강의와 교재 내용의 이해를 바탕으로)

출 25장 성막은 하나님의 임재를 위한 방편이다. 이것은 창조 원리의 실현이다. 하나님은 인간을 사랑을 나누는 대상으로 지으셨다고 했다. 이는 곧 함께함, 즉 임마누엘을 의미하는 것이다. 그것이 선악과 사건을 통해서 함께하심이 파괴되자 곧바로 구속의 역사를 시작하시고 그것을 시내 산에서 언약을 맺음으로 회복하셨다. 그래서 이제 하나님이 그의 백성과 함께해야 하는데 죄성을 가진 인간이 죄 사함 없이 하나님을 만나면 죽게 되니 성막이라는 장소에서 제사 제도를 통해 하나님을 만나게 하시려고 성막을 지상의 백성에게 임재하시는 장소로 삼은 것이다.
신약은 우리가 성자 예수님 보혈의 능력으로 성령을 모시는 성전이 되었다고 했다(고전16:19). 그렇다면 나는 여전히 세속적 세계관으로 살아가서 되겠는가?

성막이 왜 주어졌으며, 그 구조가 주는 구원론적 의미를 잘 이해해야 한다. 그 의미가 곧 나의 성경적 세계관을 형성한다.

출 27:9-19 성막은 포장으로 벽을 두름으로 밖의 세계와 분리했다. 이것은 곧 거룩(구별)을 뜻한다. 성도의 삶, 가치관, 세계관은 이처럼 세속과 구별되어야 한다는 뜻이다. 당신의 가치관과 세계관은 그렇게 구별되어 있는가?

출 28장 우리가 입을 거룩한 옷은 하나님의 전신갑주이다(엡 4:3, 22-24, 6:11-17). 당신은 그 옷을 입고 있는가? 그렇지 않고서야 어떻게 이 세상을 이길 수 있겠는가?

성막의 기구와 구조를 통해서 하나님은 신위를 매우 강조하심을 볼 수 있다. 따라서 예배도 하나님이 원하시는 방법대로 드려야 한다는 사실을 매우 심각하게 받아들이고, 우리의 예배 모습을 성찰 반성해 보라.

출 32장 금송아지 예배 사건에서 우리는 참된 신관(神觀)을 가졌는지를 점검해 보아야 한다. 팀 켈러(Tim Keller)가 말한 것처럼 내가 섬기는 하나님이 성경에 계시된, 나를 만드신 창조주 하나님이시며, 내 삶을 주관하시는 섭리주 하나님이신지, 또한 나의 모든 고난을 통제하시는 구속주 하나님이신지를 정확하게 성찰해야 한다. 딤후 4:3-4 같은 신앙을 가진 자들은 성경의 하나님이 아닌 내가 마음대로 조종하여 나의 필요를 충족하게 하는 내가 만든 신을 섬기고 있을 것이다. 그것이 최초의 범죄한 아담과 하와의 신관(神觀)이었다. 정말 나는 어떤가? 잘못된 신을 참신으로 알고 예배를 드리는 것은 참신을 자기식으로 재해석해서 자기 편리한 대로 섬기는 것과 같이 치명적이다. 내가 섬기는 하나님은 내 편리대로 나의 욕구를 적당히 채워주는 그런 신인가? 아니면 성경에 계시된 바로 그 하나님인가? 앞의 신은 무당 푸닥거리에 적합한 신이라는 사실을 깨달아야 한다.

출 36:8-38 성막에서 일하는 자들은 한 치의 어긋남도 없이 하나님의 법대로 그들의 직무를 수행했다. 오늘 당신과 당신의 공동체에서는 얼마나 하나님의 법대로 하고 있는지를 심각하게 성찰해야 한다.
출 39~40장에서 "여호와께서 모세에게 명령하신 대로 되니라"가 무려 11번이나 나온다. 무엇을 강조하고 싶은 것이라고 생각하는가? 오늘날 교회에는 너무나 많은 인간의 계획, 발상, 의도, 등등..(인위)이 하나님의 법을 덮어버리고 있음을 개탄한다. ***확실하게 회개하자!!!***

☑ 결단기도와 실행하기

약 2:26 영혼 없는 몸이 죽은 것 같이 행함이 없는 믿음은 죽은 것이니라
시 119:28 나의 영혼이 눌림으로 말미암아 녹사오니 주의 말씀대로 나를 세우소서

레위기	LEVITICUS	利未記

레위기 한눈에 보기

개요 구별된 삶을 통한 하나님과 교제 (거룩한 길 다니리)

I. 하나님과 교제의 근거 - 제사(1장-10장) "내가 거룩하니"	II. 구별된 삶에 대한 하나님의 지침(11장-27장) "너희도 거룩하라"
1) 제사와 제사규례 (죄사함) 1장-7장 2) 제사장 (중보) 8장-10장	1) 정결 (순결) 11장-16장 2) 제단 (화해) 17장 3) 사람이 지켜야 할 규례 (18장-20장) 4) 제사장이 지켜야 할 규례 (21장-22장) 5) 절기 등에 대한 규례 (23장-24장) 6) 가나안 땅에 들어 갔을 때 지켜야 할 규례 (25장-27장)

❖ 레위기 개요
레위기는 십계명의 각론이다.
십계명의 2중 구조대로 하나님과의 관계에 대한 각론과 이웃과의 관계에 대한 각론으로 구성되어 있다. 그 이유는 이 두 부분의 관계 회복이 하나님의 구속의 완성이기 때문이다.
이 바른 관계의 회복은 거룩을 통해서 온다는 것을 보여 준다(레 11:45).
그 거룩성은 세속과 구별되는 것이고 그 가치관과 세계관은 바로 이 구별에 근간을 두고 있어야 한다는 것을 강조한다.
레위기의 세계관은 성경 전체가 그러하듯, 세상과 구별되는 거룩성에 근거하는 하나님 나라이다.

레위기 1~10장 : 백성을 위한 제사 규정(1:1~6:7), 제사장을 위한 제사 규정(6:8~7:38), 시내 산에서 제사 제도를 제정하다(8장~10장)

레위기 1장

번제

1 여호와께서 회막에서 모세를 부르시고 그에게 말씀하여 이르시되 2 이
스라엘 자손에게 말하여 이르라 너희 중에 누구든지 여호와께 예물을
드리려거든 가축 중에서 소나 양으로 예물을 드릴지니라 3 그 예물이 소
의 번제이면 흠 없는 수컷으로 회막 문에서 여호와 앞에 기쁘게 받으시
도록 드릴지니라 4 그는 번제물의 머리에 안수할지니 그를 위하여 기쁘게
받으심이 되어 그를 위하여 속죄가 될 것이라 5 그는 여호와 앞에서 그
수송아지를 잡을 것이요 아론의 자손 제사장들은 그 피를 가져다가 회
막 문 앞 제단 사방에 뿌릴 것이며 6 그는 또 그 번제물의 가죽을 벗기고
각을 뜰 것이요 7 제사장 아론의 자손들은 제단 위에 불을 붙이고 불 위
에 나무를 벌여 놓고 8 아론의 자손 제사장들은 그 뜬 각과 머리와 기름
을 제단 위의 불 위에 있는 나무에 벌여 놓을 것이며 9 그 내장과 정강이
를 물로 씻을 것이요 제사장은 그 전부를 제단 위에서 불살라 번제를 드
릴지니 이는 화제라 여호와께 향기로운 냄새니라 10 만일 그 예물이 가
축 떼의 양이나 염소의 번제이면 흠 없는 수컷으로 드릴지니 11 그가 제

❖ 레위기의 시간은 출애굽 둘째 해(B.C. 1445) 첫째 달에 성막을 완성하고(출 40:17), 민 10:11-12에서 "제이년(출애굽 다음해 B.C. 1445)" 2월 20일에 출발했으므로 약 50일을 시내 산기슭에 머물면서 레위기로 훈련을 받았다.

레위기 개요
학습 자료 8-1 "레위기가 구속사에서 차지하는 위치" 참조

❖ **관계 회복과 5대 제사**
1) **번제** - 제물을 다 태우는 제사.
이것은 "자기 부인"을 말한다. 예수님께서도 자기를 부인하고 자기의 십자가를 지고 예수님을 따르라고 부탁하신다. "내려놓음"을 강조하며, 하나님의 주권을 인정하라는 것이다.
2) **소제** - 밀이나 곡식의 알맹이가 깨어져 가루가 되어서 드리는 제사. 이것은"자기희생과 봉사의 정신"을 말한다.
3) **화목제** - 제사를 드린 후에 함께 나누어 먹는 제사. 감사를 드리고 함께 나누는"나눔의 정신"을 말한다.

단 북쪽 여호와 앞에서 그것을 잡을 것이요 아론의 자손 제사장들은 그
것의 피를 제단 사방에 뿌릴 것이며 12 그는 그것의 각을 뜨고 그것의 머
리와 그것의 기름을 베어낼 것이요 제사장은 그것을 다 제단 위의 불 위
에 있는 나무 위에 벌여 놓을 것이며 13 그 내장과 그 정강이를 물로 씻을
것이요 제사장은 그 전부를 가져다가 제단 위에서 불살라 번제를 드릴
지니 이는 화제라 여호와께 향기로운 냄새니라 14 만일 여호와께 드리는
예물이 새의 번제이면 산비둘기나 집비둘기 새끼로 예물을 드릴 것이요
15 제사장은 그것을 제단으로 가져다가 그것의 머리를 비틀어 끊고 제단
위에서 불사르고 피는 제단 곁에 흘릴 것이며 16 그것의 모이주머니와 그
더러운 것은 제거하여 제단 동쪽 재 버리는 곳에 던지고 17 또 그 날개 자
리에서 그 몸을 찢되 아주 찢지 말고 제사장이 그것을 제단 위의 불 위
에 있는 나무 위에서 불살라 번제를 드릴지니 이는 화제라 여호와께 향
기로운 냄새니라

4) 속죄제 - "회개와 자백"의 제사. 오늘 날에는 이 제사를 위해 제물을 드릴 필요가 없다. 예수님께서 영 단번 제물이 되어 주셨기 때문이다. 이 제사는 죄에는 값이 지불되며 진실한 회개가 있는 곳에는 손해배상과 상환이 따른다는 사실을 상기시킨다.

5) 속건제 - 이 제사의 정신은 남의 재산을 존중해 주어야 하는 정신이 깃든 제사. 속죄제는 인간의 본성에 입각하여 죄를 보는 것이며 자신이 죄인이라는 사실을 보는 것이다. 반면에 속건제는 개개의 죄악된 행위들에 강조를 두고 있다. 속건제에서는 범법자가 한 행동에 대해 손해배상을 해야 한다는 데 초점을 두고 있다(5:16, 6:4~5). 따라서 이 제사는 죄에는 값이 지불되며 진실한 회개가 있는 곳에는 손해배상과 상환이 따른다는 사실을 상기시킨다.

7일~12일

레위기 2장

소제의 예물

1 누구든지 소제의 예물을 여호와께 드리려거든 고운 가루로 예물을 삼
아 그 위에 기름을 붓고 또 그 위에 유향을 놓아 2 아론의 자손 제사장
들에게로 가져갈 것이요 제사장은 그 고운 가루 한 움큼과 기름과 그 모
든 유향을 가져다가 기념물로 제단 위에서 불사를지니 이는 화제라 여
호와께 향기로운 냄새니라 3 그 소제물의 남은 것은 아론과 그의 자손에
게 돌릴지니 이는 여호와의 화제물 중에 지극히 거룩한 것이니라 4 네가
화덕에 구운 것으로 소제의 예물을 드리려거든 고운 가루에 기름을 섞
어 만든 무교병이나 기름을 바른 무교전병을 드릴 것이요 5 철판에 부친
것으로 소제의 예물을 드리려거든 고운 가루에 누룩을 넣지 말고 기름
을 섞어 6 조각으로 나누고 그 위에 기름을 부을지니 이는 소제니라 7 네
가 냄비의 것으로 소제를 드리려거든 고운 가루와 기름을 섞어 만들지니
라 8 너는 이것들로 만든 소제물을 여호와께로 가져다가 제사장에게 줄
것이요 제사장은 그것을 제단으로 가져가서 9 그 소제물 중에서 기념할
것을 가져다가 제단 위에서 불사를지니 이는 화제라 여호와께 향기로운
냄새니라 10 소제물의 남은 것은 아론과 그의 아들들에게 돌릴지니 이는
여호와의 화제물 중에 지극히 거룩한 것이니라 11 너희가 여호와께 드리
는 모든 소제물에는 누룩을 넣지 말지니 너희가 누룩이나 꿀을 여호와
께 화제로 드려 사르지 못할지니라 12 처음 익은 것으로는 그것을 여호
와께 드릴지나 향기로운 냄새를 위하여는 제단에 올리지 말지며 13 네
모든 소제물에 소금을 치라 네 하나님의 언약의 소금을 네 소제에 빼지
못할지니 네 모든 예물에 소금을 드릴지니라 14 너는 첫 이삭의 소제를
여호와께 드리거든 첫 이삭을 볶아 찧은 것으로 네 소제를 삼되 15 그 위
에 기름을 붓고 그 위에 유향을 더할지니 이는 소제니라 16 제사장은 찧
은 곡식과 기름을 모든 유향과 함께 기념물로 불사를지니 이는 여호와

번제의 각 요소와 영적 의미

	요소	영적 의미
1	흠없는 제물 (레 1:3)	그리스도께서 원천적으로 완전하심을 예표함 (고후 5:21, 벧전 1:19) 성도가 헌신하되 자기 자신을 최선의 상태로 온전히 주께 드려야 함을 상징함
2	경배자가 제물의 머리에 안수하여 죄를 전가함(레 1:4)	그리스도께서 성도의 죄를 대신 짊어지심을 예표함 (요 1:29, 고후 5:21)
3	경배자가 제물을 죽임 (레 1:5)	그리스도께서 성도의 대속을 위하여 죽으심을 예표함(마 20:28, 롬4:25)
4	제사장이 제물의 피를 단 사면에 뿌림 (레 1:5)	그리스도께서 성도의 속죄를 위하여 피흘리심을 예표함 (마 26:28, 히 9:12-14)
5	제사장이 제물의 각을 뜸 (레 1:6-8)	그리스도와 성도가 헌신하되 자신 자체를 찢어 바쳐야 함을 상징함 (시 22:14-17, 마 27:35-50)
6	제사장이 제물의 내장과 정강이를 물로 씻음(레 1:9)	그리스도와 성도가 헌신하되 자신을 더욱 가다듬어 헌신함을 상징함 (고후 5:21, 벧전 2:21-24)
7	제물을 불로 사름(레 1:9)	그리스도와 성도가 헌신하되 고통 중에서 그리고 자신을 정결케 하는 성령의 불로 살라 바침을 상징함
8	제물 전체를 다 태움	그리스도와 성도가 헌신하되 끝까지 그리고 완전히 헌신함을 상징함 (마 27:32-50, 엡 5:2)

께 드리는 화제니라

레위기 3장

화목제의 예물

[1]사람이 만일 화목제의 제물을 예물로 드리되 소로 드리려면 수컷이나 암
컷이나 흠 없는 것으로 여호와 앞에 드릴지니 [2]그 예물의 머리에 안수하고
회막 문에서 잡을 것이요 아론의 자손 제사장들은 그 피를 제단 사방에 뿌
릴 것이며 [3]그는 또 그 화목제의 제물 중에서 여호와께 화제를 드릴지니
곧 내장에 덮인 기름과 내장에 붙은 모든 기름과 [4]두 콩팥과 그 위의 기름
곧 허리 쪽에 있는 것과 간에 덮인 꺼풀을 콩팥과 함께 떼어낼 것이요 [5]아
론의 자손은 그것을 제단 위의 불 위에 있는 나무 위의 번제물 위에서 사를
지니 이는 화제라 여호와께 향기로운 냄새니라 [6]만일 여호와께 예물로 드
리는 화목제의 제물이 양이면 수컷이나 암컷이나 흠 없는 것으로 드릴지며
[7]만일 그의 예물로 드리는 것이 어린 양이면 그것을 여호와 앞으로 끌어다
가 [8]그 예물의 머리에 안수하고 회막 앞에서 잡을 것이요 아론의 자손은
그 피를 제단 사방에 뿌릴 것이며 [9]그는 그 화목제의 제물 중에서 여호와
께 화제를 드릴지니 그 기름 곧 미골에서 벤 기름진 꼬리와 내장에 덮인 기
름과 내장에 붙은 모든 기름과 [10]두 콩팥과 그 위의 기름 곧 허리쪽에 있는
것과 간에 덮인 꺼풀을 콩팥과 함께 떼어낼 것이요 [11]제사장은 그것을 제
단 위에서 불사를지니 이는 화제로 여호와께 드리는 음식이니라 [12]만일 그
의 예물이 염소면 그것을 여호와 앞으로 끌어다가 [13]그것의 머리에 안수하
고 회막 앞에서 잡을 것이요 아론의 자손은 그 피를 제단 사방에 뿌릴 것이
며 [14]그는 그 중에서 예물을 가져다가 여호와께 화제를 드릴지니 곧 내장
에 덮인 기름과 내장에 붙은 모든 기름과 [15]두 콩팥과 그 위의 기름 곧 허
리 쪽에 있는 것과 간에 덮인 꺼풀을 콩팥과 함께 떼어낼 것이요 [16]제사장
은 그것을 제단 위에서 불사를지니 이는 화제로 드리는 음식이요 향기로운
냄새라 모든 기름은 여호와의 것이니라 [17]너희는 기름과 피를 먹지 말라
이는 너희의 모든 처소에서 너희 대대로 지킬 영원한 규례니라

소제의 각 요소와 영적의미

	요소	영적 의미
1	고운 가루 (레 2:1)	그리스도와 성도가 봉사(실천)하되 먼저 자신이 가루처럼 철저히 부서지도록 행함을 뜻함. 그리고 고운 가루처럼 온유한 마음을 가짐을 상징하며 나아가 하나님이 자신을 마음대로 빚어 쓰시기를 바라는 전적 의뢰를 상징함 (마 3:15-16, 26:38-46, 27:32-50, 요 5:19)
2	기름(레 2:1)	그리스도의 사역을 동역하신 성령님을 상징함 (마 3:16, 행 10:38, 히 9:14)
3	유향(레 2:1)	그리스도의 사역 중 중보기도의 아름다우심을 상징하는 듯함 (막 1:35, 롬 8:34, 히 7:25)
4	소제의 기념물을 단 위에 불사름 (레 2:2)	그리스도와 성도가 자신을 온전히 바쳐서 하나님께 봉사함을 상징함 (마 26:38-46, 27:32-50, 요 17:4)
5	소제물 중 하나님께 불태워 드리고 남은 부분은 제사장이 소득으로 먹음 (레 2:3, 6:16-18)	그리스도께서 성도에게 생명의 양식으로 주어지심을 예표함 (요 6:33-58)
6	소제로서 고운 가루를 화덕에 구운 것, 번철에 부친 것, 솥에 삶은 것 등을 불살라 드림 (레 2:4-10)	고난과 시련을 당하신 그리스도께서 당신 자신을 성도를 위하여 세상 끝날까지 희생하여 드리심을 예표함 (요 4:6, 히 5:8, 벧전 2:21-23)
7	소제물에 소금을 침 (레 2:13)	봉사 사역의 불변성과 지속성,순결성을 상징함 (히 9:25-26, 10:12, 17

레위기 4장

속죄제를 드리는 규례

[1]여호와께서 모세에게 말씀하여 이르시되 [2]이스라엘 자손에게 말하여 이르라
누구든지 여호와의 계명 중 하나라도 그릇 범하였으되 [3]만일 기름 부음을 받은
제사장이 범죄하여 백성의 허물이 되었으면 그가 범한 죄로 말미암아 흠 없는
수송아지로 속죄제물을 삼아 여호와께 드릴지니 [4]그 수송아지를 회막 문 여호
와 앞으로 끌어다가 그 수송아지의 머리에 안수하고 그것을 여호와 앞에서 잡
을 것이요 [5]기름 부음을 받은 제사장은 그 수송아지의 피를 가지고 회막에 들
어가서 [6]그 제사장이 손가락에 그 피를 찍어 여호와 앞 곧 성소의 휘장 앞에 일
곱 번 뿌릴 것이며 [7]제사장은 또 그 피를 여호와 앞 곧 회막 안 향단 뿔들에 바르
고 그 송아지의 피 전부를 회막 문 앞 번제단 밑에 쏟을 것이며 [8]또 그 속죄제물

이 된 수송아지의 모든 기름을 떼어낼지니 곧 내장에 덮인 기름과 내장에
붙은 모든 기름과 9 두 콩팥과 그 위의 기름 곧 허리쪽에 있는 것과 간에 덮
인 꺼풀을 콩팥과 함께 떼어내되 10 화목제 제물의 소에게서 떼어냄 같이
할 것이요 제사장은 그것을 번제단 위에서 불사를 것이며 11 그 수송아지
의 가죽과 그 모든 고기와 그것의 머리와 정강이와 내장과 12 똥 곧 그 송
아지의 전체를 진영 바깥 재 버리는 곳인 정결한 곳으로 가져다가 불로 나
무 위에서 사르되 곧 재 버리는 곳에서 불사를지니라 13 만일 이스라엘 온
회중이 여호와의 계명 중 하나라도 부지중에 범하여 허물이 있으나 스스
로 깨닫지 못하다가 14 그 범한 죄를 깨달으면 회중은 수송아지를 속죄제
로 드릴지니 그것을 회막 앞으로 끌어다가 15 회중의 장로들이 여호와 앞
에서 그 수송아지 머리에 안수하고 그것을 여호와 앞에서 잡을 것이요 16
기름 부음을 받은 제사장은 그 수송아지의 피를 가지고 회막에 들어가서
17 그 제사장이 손가락으로 그 피를 찍어 여호와 앞, 휘장 앞에 일곱 번 뿌
릴 것이며 18 또 그 피로 회막 안 여호와 앞에 있는 제단 뿔들에 바르고 그
피 전부는 회막 문 앞 번제단 밑에 쏟을 것이며 19 그것의 기름은 다 떼어
제단 위에서 불사르되 20 그 송아지를 속죄제의 수송아지에게 한 것 같이
할지며 제사장이 그것으로 회중을 위하여 속죄한즉 그들이 사함을 받으리
라 21 그는 그 수송아지를 진영 밖으로 가져다가 첫번 수송아지를 사름 같
이 불사를지니 이는 회중의 속죄제니라 22 만일 족장이 그의 하나님 여호
와의 계명 중 하나라도 부지중에 범하여 허물이 있었는데 23 그가 범한 죄
를 누가 그에게 깨우쳐 주면 그는 흠 없는 숫염소를 예물로 가져다가 24 그
숫염소의 머리에 안수하고 여호와 앞 번제물을 잡는 곳에서 잡을지니 이
는 속죄제라 25 제사장은 그 속죄 제물의 피를 손가락에 찍어 번제단 뿔
들에 바르고 그 피는 번제단 밑에 쏟고 26 그 모든 기름은 화목제 제물의 기름 같이 제단 위에서 불사를지니 이같
이 제사장이 그 범한 죄에 대하여 그를 위하여 속죄한즉 그가 사함을 얻으리라 27 만일 평민의 한 사람이 여호와의
계명 중 하나라도 부지중에 범하여 허물이 있었는데 28 그가 범한 죄를 누가 그에게 깨우쳐 주면 그는 흠 없는 암
염소를 끌고 와서 그 범한 죄로 말미암아 그것을 예물로 삼아 29 그 속죄제물의 머리에 안수하고 그 제물을 번제
물을 잡는 곳에서 잡을 것이요 30 제사장은 손가락으로 그 피를 찍어 번제단 뿔들에 바르고 그 피 전부를 제단 밑
에 쏟고 31 그 모든 기름을 화목제물의 기름을 떼어낸 것 같이 떼어내 제단 위에서 불살라 여호와께 향기롭게 할
지니 제사장이 그를 위하여 속죄한즉 그가 사함을 받으리라 32 그가 만일 어린 양을 속죄제물로 가져오려거든 흠
없는 암컷을 끌어다가 33 그 속죄제 제물의 머리에 안수하고 번제물을 잡는 곳에서 속죄제물로 잡을 것이요 34 제
사장은 그 속죄제물의 피를 손가락으로 찍어 번제단 뿔들에 바르고 그 피는 전부 제단 밑에 쏟고 35 그 모든 기름
을 화목제 어린 양의 기름을 떼낸 것 같이 떼내어 제단 위 여호와의 화제물 위에서 불사를지니 이같이 제사장이
그가 범한 죄에 대하여 그를 위하여 속죄한즉 그가 사함을 받으리라

화목제의 각 요소와 영적 의미

	요소	영적 의미
1	흠없는 제물 (레 3:1)	죄없으시고 순수하신 그리스도를 예표함 (고후 5:21, 벧전 1:19)
2	경배자가 제물의 머리에 안수하여 죄를 전가함(레 3:2)	그리스도께서 성도의 죄를 대신 짊어지심을 예표함, 하나님과 성도의 화목을 위해서는 먼저 죄문제의 해결이 필요함을 보여줌 (요 1:29, 고후 5:21)
3	경배자가 제물을 죽임 (레 3:2)	그리스도께서 성도를 위하여 죽으심을 예표함 (마 20:28, 롬 4:25)
4	제사장이 제물의 피를 단 사면에 뿌림(레 3:2)	그리스도께서 성도의 속죄를 위해 피흘리심을 예표함(마 26:28, 히 9:12-14)
5	제사장이 내장의 기름, 두 콩팥 등을 단위에서 불살라 드림 (레 3:3-5)	그리스도께서 당신의 가장 좋고, 아름다우신 부분을 하나님께 헌신하여 희생 드림을 예표함(마 27:35-50, 요 10:17, 18)
6	화목 제물 중 요제와 거제는 제사장에게 돌려짐 (레 7:14, 29-34)	그리스도께서 하나님을 섬기는 성도들의 생명의 양식이 되심을 상징함 (요 6:38-50, 벧전 2:9)
7	화목 제물 중 감사제, 낙헌제, 서원제 등은 경배자도 먹음 (레 7:15-18)	희생 제물 그리스도를 하나님도 받으시고 성도도 먹음으로 하나님과 성도의 관계가 회복됨을 예표함 (요 6:38-50)

레위기 5장

1 만일 누구든지 저주하는 소리를 듣고서도 증인이 되어 그가 본 것이나 알고 있는 것을 알리지 아니하면 그는 자
기의 죄를 져야 할 것이요 그 허물이 그에게로 돌아갈 것이며 2 만일 누구든지 부정한 것들 곧 들짐승의 사체나
부정한 가축의 사체나 부정한 곤충의 사체를 만졌으면 부지중이라고 할지라도 그 몸이 더러워져서 허물이 있을
것이요 3 만일 부지중에 어떤 사람의 부정에 닿았는데 그 사람의 부정이 어떠한 부정이든지 그것을 깨달았을 때

에는 허물이 있을 것이요 4만일 누구든지 입술로 맹세하여 악한 일이든지
선한 일이든지 하리라고 함부로 말하면 그 사람이 함부로 말하여 맹세한
것이 무엇이든지 그가 깨닫지 못하다가 그것을 깨닫게 되었을 때에는 그
중 하나에 그에게 허물이 있을 것이니 5이 중 하나에 허물이 있을 때에는
아무 일에 잘못하였노라 자복하고 6그 잘못으로 말미암아 여호와께 속
죄제를 드리되 양 떼의 암컷 어린 양이나 염소를 끌어다가 속죄제를 드릴
것이요 제사장은 그의 허물을 위하여 속죄할지니라 7만일 그의 힘이 어
린 양을 바치는 데에 미치지 못하면 그가 지은 죄를 속죄하기 위하여 산비
둘기 두 마리나 집비둘기 새끼 두 마리를 여호와께로 가져가되 하나는 속
죄제물을 삼고 하나는 번제물을 삼아 8제사장에게로 가져갈 것이요 제사
장은 그 속죄제물을 먼저 드리되 그 머리를 목에서 비틀어 끊고 몸은 아주
쪼개지 말며 9그 속죄제물의 피를 제단 곁에 뿌리고 그 남은 피는 제단 밑
에 흘릴지니 이는 속죄제요 10그 다음 것은 규례대로 번제를 드릴지니 제
사장이 그의 잘못을 위하여 속죄한즉 그가 사함을 받으리라 11만일 그의
손이 산비둘기 두 마리나 집비둘기 두 마리에도 미치지 못하면 그의 범죄
로 말미암아 고운 가루 십분의 일 에바를 예물로 가져다가 속죄제물로 드
리되 이는 속죄제인즉 그 위에 기름을 붓지 말며 유향을 놓지 말고 12그것
을 제사장에게로 가져갈 것이요 제사장은 그것을 기념물로 한 움큼을 가
져다가 제단 위 여호와의 화제물 위에서 불사를지니 이는 속죄제라 13제
사장이 그가 이 중에서 하나를 범하여 얻은 허물을 위하여 속죄한즉 그가
사함을 받으리라 그 나머지는 소제물 같이 제사장에게 돌릴지니라

속건제를 드리는 규례

14여호와께서 모세에게 말씀하여 이르시되 15누구든지 여호와의 성물에
대하여 부지중에 범죄하였으면 여호와께 속건제를 드리되 네가 지정한
가치를 따라 성소의 세겔로 몇 세겔 은에 상당한 흠 없는 숫양을 양 떼 중
에서 끌어다가 속건제로 드려서 16성물에 대한 잘못을 보상하되 그것에
오분의 일을 더하여 제사장에게 줄 것이요 제사장은 그 속건제의 숫양으
로 그를 위하여 속죄한즉 그가 사함을 받으리라 17만일 누구든지 여호와
의 계명 중 하나를 부지중에 범하여도 허물이라 벌을 당할 것이니 18그는
네가 지정한 가치대로 양 떼 중 흠 없는 숫양을 속건제물로 제사장에게
로 가져갈 것이요 제사장은 그가 부지중에 범죄한 허물을 위하여 속죄한즉 그가 사함을 받으리라 19이는 속건
제니 그가 여호와 앞에 참으로 잘못을 저질렀음이니라

속죄제의 각 요소와 영적 의미

	요소	영적 의미
1	흠없는 제물 (레 4:3, 23)	죄없으시고 순수하신 그리스도 예표함 (고후 5:21, 벧전 1:19)
2	경배자가 제물의 머리에 안수하여 죄를 전가함 (레 4:4, 24)	그리스도께서 성도의 죄를 대신 짊어지심 예표 (요 1:29, 고후 5:21)
3	경배자가 제물을 죽임 (레 4:4, 24)	그리스도께서 성도를 위하여 죽으심을 예표함 (마 20:28, 롬 4:25)
4	제사장이 제물의 피를 뿌림 (레 4:5-7, 25, 30)	그리스도께서 성도의 속죄를 위하여 피흘리심을 예표함(마 26:28, 히 9:12-14)
5	각 범죄자의 신분에 따라 제사장이 피를 뿌리고 바르는 부분이 다름 (레 4:5-7, 25, 30)	각 성도의 영적 위치에 따라 속죄하는 죄의 비중이 다름을 암시함
6	제물의 피를 성소 안에 가지고 들어가지 않는 속죄제 (족장과 평민의 경우)는 제사장이 하나님께 불태워 드리지 않은 부분을 먹음 (레 6:25-30)	영원한 중보자 그리스도를 예표하는 구약 중보자 제사장들이 속죄 제물을 먹은 것은 결국 중보자로서 속죄 사역의 책임이 있음을 보이는 것임. 따라서 이는 결국 그리스도가 중보자로서 우리의 속죄를 위하여 하나님 앞에서 책임지심을 예표함 (히 9:26, 28, 10:12-18)
7	제물의 피를 성소 안에 가지고 들어가는 속죄제는 (제사장과 회중의 경우) 제사장이 하나님께 불태워 드리고 남은 부분을 진 밖에서 불태움	그리스도께서 훗날 진 밖, 즉 예루살렘 영문(營門) 밖에서 성도의 속죄를 위하여 희생 죽임 당하심을 상징함(히 13:11, 12)

레위기 6장

1여호와께서 모세에게 말씀하여 이르시되 2누구든지 여호와께 신실하지 못하여 범죄하되 곧 이웃이 맡긴 물건
이나 전당물을 속이거나 도둑질하거나 착취하고도 사실을 부인하거나 3남의 잃은 물건을 줍고도 사실을 부인
하여 거짓 맹세하는 등 사람이 이 모든 일 중의 하나라도 행하여 범죄하면 4이는 죄를 범하였고 죄가 있는 자니
그 훔친 것이나 착취한 것이나 맡은 것이나 잃은 물건을 주운 것이나 5그 거짓 맹세한 모든 물건을 돌려보내되
곧 그 본래 물건에 오분의 일을 더하여 돌려보낼 것이니 그 죄가 드러나는 날에 그 임자에게 줄 것이요 6그는 또
그 속건제물을 여호와께 가져갈지니 곧 네가 지정한 가치대로 양 떼 중 흠 없는 숫양을 속건제물을 위하여 제사

장에게로 끌고 갈 것이요 7 제사장은 여호와 앞에서 그를 위하여 속죄한
즉 그는 무슨 허물이든지 사함을 받으리라

번제를 드리는 규례

8 여호와께서 모세에게 말씀하여 이르시되 9 아론과 그의 자손에게 명령
하여 이르라 번제의 규례는 이러하니라 번제물은 아침까지 제단 위에 있
는 석쇠 위에 두고 제단의 불이 그 위에서 꺼지지 않게 할 것이요 10 제사
장은 세마포 긴 옷을 입고 세마포 속바지로 하체를 가리고 제단 위에서
불태운 번제의 재를 가져다가 제단 곁에 두고 11 그 옷을 벗고 다른 옷을
입고 그 재를 진영 바깥 정결한 곳으로 가져갈 것이요 12 제단 위의 불은
항상 피워 꺼지지 않게 할지니 제사장은 아침마다 나무를 그 위에서 태
우고 번제물을 그 위에 벌여 놓고 화목제의 기름을 그 위에서 불사를지며
13 불은 끊임이 없이 제단 위에 피워 꺼지지 않게 할지니라

소제를 드리는 규례

14 소제의 규례는 이러하니라 아론의 자손은 그것을 제단 앞 여호와 앞에
드리되 15 그 소제의 고운 기름 가루 한 움큼과 소제물 위의 유향을 다 가
져다가 기념물로 제단 위에서 불살라 여호와 앞에 향기로운 냄새가 되게
하고 16 그 나머지는 아론과 그의 자손이 먹되 누룩을 넣지 말고 거룩한 곳
회막 뜰에서 먹을지니라 17 그것에 누룩을 넣어 굽지 말라 이는 나의 화제
물 중에서 내가 그들에게 주어 그들의 소득이 되게 하는 것이라 속죄제와
속건제 같이 지극히 거룩한즉 18 아론 자손의 남자는 모두 이를 먹을지니
이는 여호와의 화제물 중에서 대대로 그들의 영원한 소득이 됨이라 이를
만지는 자마다 거룩하리라 19 여호와께서 모세에게 말씀하여 이르시되 20
아론과 그의 자손이 기름 부음을 받는 날에 여호와께 드릴 예물은 이러하
니라 고운 가루 십분의 일 에바를 항상 드리는 소제물로 삼아 그 절반은 아
침에 절반은 저녁에 드리되 21 그것을 기름으로 반죽하여 철판에 굽고 기름
에 적셔 썰어서 소제로 여호와께 드려 향기로운 냄새가 되게 하라 22 이 소
제는 아론의 자손 중 기름 부음을 받고 그를 이어 제사장 된 자가 드릴 것
이요 영원한 규례로 여호와께 온전히 불사를 것이니 23 제사장의 모든 소제물은 온전히 불사르고 먹지 말지니라

속죄제를 드리는 규례

24 여호와께서 모세에게 말씀하여 이르시되 25 아론과 그의 아들들에게 말하여 이르라 속죄제의 규례는 이러하
니라 속죄제 제물은 지극히 거룩하니 여호와 앞 번제물을 잡는 곳에서 그 속죄제 제물을 잡을 것이요 26 죄를 위
하여 제사 드리는 제사장이 그것을 먹되 곧 회막 뜰 거룩한 곳에서 먹을 것이며 27 그 고기에 접촉하는 모든 자는
거룩할 것이며 그 피가 어떤 옷에든지 묻었으면 묻은 그것을 거룩한 곳에서 빨 것이요 28 그 고기를 토기에 삶았
으면 그 그릇을 깨뜨릴 것이요 유기에 삶았으면 그 그릇을 닦고 물에 씻을 것이며 29 제사장인 남자는 모두 그것
을 먹을지니 그것은 지극히 거룩하니라 30 그러나 피를 가지고 회막에 들어가 성소에서 속죄하게 한 속죄제 제물
의 고기는 먹지 못할지니 불사를지니라

레위기 7장

속건제를 드리는 규례

1 속건제의 규례는 이러하니라 이는 지극히 거룩하니 2 번제물을 잡는 곳에서 속건제의 번제물을 잡을 것이요 제

속건제의 각 요소와 정의

	요소	영적 의미
1	흠없는 제물(레 5:15, 6:6)	죄없으시고 순수하신 그리스도를 예표함(벧전 1:19)
2	경배자가 제물의 머리에 안수하여 죄를 전가함	그리스도께서 성도의 죄를 대신 짊어지심을 예표함(요 1:29, 고후 5:21)
3	경배자가 제물을 죽임(레 7:2)	그리스도께서 성도를 위하여 죽으심을 예표함(마 20:28, 롬 4:25)
4	제사장이 제물의 피를 단 사면에 뿌림(레 7:2)	그리스도께서 성도의 속죄를 위하여 피흘리심을 예표함(마 26:28)
5	내장의 기름과 두 콩팥 등을 단위에 불살라 드림(레 7:3-5)	그리스도께서 당신의 가장 좋고 아름다우신 부분을 하나님께 희생하여 드리심을 예표함(마 27:35-50)
6	제사장이 불태워 드리지 않은 부분을 속죄 제물과 일례로 먹음(레 7:7)	영원한 중보자 그리스도를 예표하는 구약의 중보자 제사장들이 속죄 제물을 먹은 것은 결국 중보자로서 속죄 사역의 책임이 있음을 보이는 것임. 따라서 이는 결국 그리스도가 중보자로서 우리의 속죄를 위하여 하나님 앞에서 책임지심을 예표함(고후 5:21)
7	범한 성물(聖物)이나 물건을 배상함	공의의 하나님께서 범한 죄에 대해서는 그 책임을 지게 하심을 보임
8	범한 성물이나 물건의 배상에 1/5을 더 첨가함	하나님께서는 인간의 죄에 대해 그 책임을 물으실 뿐만 아니라, 그에 대한 죄벌을 가하심을 보임

레 6:19
학습 자료 8-4 "하나님의 인격성" 참조

사장은 그 피를 제단 사방에 뿌릴 것이며 3 그 기름을 모두 드리되 곧 그 기름진 꼬리와 내장에 덮인 기름과 4 두
콩팥과 그 위의 기름 곧 허리 쪽에 있는 것과 간에 덮인 꺼풀을 콩팥과 함께 떼어내고 5 제사장은 그것을 다 제
단 위에서 불살라 여호와께 화제로 드릴 것이니 이는 속건제니라 6 제사장인 남자는 모두 그것을 먹되 거룩한 곳
에서 먹을지니라 그것은 지극히 거룩하니라 7 속죄제와 속건제는 규례가 같으니 그 제물은 속죄하는 제사장에
게로 돌아갈 것이요 8 사람을 위하여 번제를 드리는 제사장 곧 그 제사장은 그 드린 번제물의 가죽을 자기가 가
질 것이며 9 화덕에 구운 소제물과 냄비에나 철판에서 만든 소제물은 모두 그 드린 제사장에게로 돌아갈 것이니
10 소제물은 기름 섞은 것이나 마른 것이나 모두 아론의 모든 자손이 균등하게 분배할 것이니라

화목제물을 드리는 규례

11 여호와께 드릴 화목제물의 규례는 이러하니라 12 만일 그것을 감사함으로 드리려면 기름 섞은 무교병과 기름
바른 무교전병과 고운 가루에 기름 섞어 구운 과자를 그 감사제물과 함께 드리고 13 또 유교병을 화목제의 감사
제물과 함께 그 예물로 드리되 14 그 전체의 예물 중에서 하나씩 여호와께 거제로 드리고 그것을 화목제의 피를
뿌린 제사장들에게로 돌릴지니라 15 감사함으로 드리는 화목제물의 고기는 드리는 그 날에 먹을 것이요 조금이
라도 이튿날 아침까지 두지 말 것이니라 16 그러나 그의 예물의 제물이 서원이나 자원하는 것이면 그 제물을 드
린 날에 먹을 것이요 그 남은 것은 이튿날에도 먹되 17 그 제물의 고기가 셋째 날까지 남았으면 불사를지니 18 만
일 그 화목제물의 고기를 셋째 날에 조금이라도 먹으면 그 제사는 기쁘게 받아들여지지 않을 것이라 드린 자에
게도 예물답게 되지 못하고 도리어 가증한 것이 될 것이며 그것을 먹는 자는 그 죄를 짊어지리라 19 그 고기가 부
정한 물건에 접촉되었으면 먹지 말고 불사를 것이라 그 고기는 깨끗한 자만 먹을 것이니 20 만일 몸이 부정한 자
가 여호와께 속한 화목제물의 고기를 먹으면 그 사람은 자기 백성 중에서 끊어질 것이요 21 만일 누구든지 부정
한 것 곧 사람의 부정이나 부정한 짐승이나 부정하고 가증한 무슨 물건을 만지고 여호와께 속한 화목제물의 고
기를 먹으면 그 사람도 자기 백성 중에서 끊어지리라

피와 기름은 먹지 말라

22 여호와께서 모세에게 말씀하여 이르시되 23 이스라엘 자손에게 말하여 이르라 너희는 소나 양이나 염소의 기
름을 먹지 말 것이요 24 스스로 죽은 것의 기름이나 짐승에게 찢긴 것의 기름은 다른 데는 쓰려니와 결단코 먹지
는 말지니라 25 사람이 여호와께 화제로 드리는 제물의 기름을 먹으면 그 먹는 자는 자기 백성 중에서 끊어지리
라 26 너희가 사는 모든 곳에서 새나 짐승의 피나 무슨 피든지 먹지 말라 27 무슨 피든지 먹는 사람이 있으면 그
사람은 다 자기 백성 중에서 끊어지리라

화목제물 중에서 제사장이 받을 소득

28 여호와께서 모세에게 말씀하여 이르시되 29 이스라엘 자손에게 말하여 이르라 화목제물을 여호와께 드리려
는 자는 그 화목제물 중에서 그의 예물을 여호와께 가져오되 30 여호와의
화제물은 그 사람이 자기 손으로 가져올지니 곧 그 제물의 기름과 가슴을
가져올 것이요 제사장은 그 가슴을 여호와 앞에 흔들어 요제를 삼고 31
그 기름은 제단 위에서 불사를 것이며 가슴은 아론과 그의 자손에게 돌릴
것이며 32 또 너희는 그 화목제물의 오른쪽 뒷다리를 제사장에게 주어 거
제를 삼을지니 33 아론의 자손 중에서 화목제물의 피와 기름을 드리는 자
는 그 오른쪽 뒷다리를 자기의 소득으로 삼을 것이니라 34 내가 이스라엘
자손의 화목제물 중에서 그 흔든 가슴과 든 뒷다리를 가져다가 제사장
아론과 그의 자손에게 주었나니 이는 이스라엘 자손에게서 받을 영원한
소득이니라

맺는 말(1)

35 이는 여호와의 화제물 중에서 아론에게 돌릴 것과 그의 아들들에게 돌

5대 제사의 공통점	
1	제사장이 중보자로서 드림 (1:5, 2:2, 3:2, 4:16, 5:16)
2	번제단에서 드려짐 (1:7-9, 2:2, 3:5, 4:19, 7:5)
3	거룩하게 드려짐 (1:3, 2:2, 3, 3:1, 4:3, 5:15)
4	화제(火祭)로 드려짐 (1:9, 2:2, 3:5, 4:10, 7:5)
5	근본적으로 속죄를 의미하는 희생의 피가 요구됨(레 1:5, 11, 3:2, 8, 13, 4:6, 7, 16-18, 25, 30, 7:2)
6	오직 성소에서 하나님이 지정하신 방식대로만 진행됨(레 1:1-6:7)

릴 것이니 그들을 세워 여호와의 제사장의 직분을 행하게 한 날 36 곧 그들에게 기름 부은 날에 여호와께서 명령
하사 이스라엘 자손 중 에서 그들에게 돌리게 하신 것이라 대대로 영원히 받을 소득이니라

맺는 말(2)

37 이는 번제와 소제와 속죄제와 속건제와 위임식과 화목제의 규례라 38 여호와께서 시내 광야에서 이스라엘 자
손에게 그 예물을 여호와께 드리라 명령하신 날에 시내 산에서 이같이 모세에게 명령하셨더라

레위기 8장

레 8장
학습 자료 8-2
"레위기로 보는 예배 정신" 참조

레 8장 **제사장을 구별하여 세우시는 하나님**
이 절차가 오늘 우리가 드리는 예배의 절차이어야 한다. 왜냐하면 이제 우리가 그 제사장이 되었기 때문이다.
벧전 2:9에서 "그러나 너희는 택하신 족속이요 왕 같은 제사장들이요 거룩한 나라요 그의 소유가 된 백성이니 이는 너희를 어두운 데서 불러내어 그의 기이한 빛에 들어가게 하신 이의 아름다운 덕을 선포하게 하려 하심이라"처럼 왕 같은 제사장이 되었다. 그렇다면 우리도 이렇게 구별되고 성별되어야 한다.
오늘 나의 삶 속에서 그런 성별과 구별이 이루어지고 있는가?

아론과 그의 아들들의 제사장 위임식

1 여호와께서 모세에게 말씀하여 이르시되 2 너는 아론과 그의 아들들과
함께 그 의복과 관유와 속죄제의 수송아지와 숫양 두 마리와 무교병 한
광주리를 가지고 3 온 회중을 회막 문에 모으라 4 모세가 여호와께서 자기
에게 명령하신 대로 하매 회중이 회막 문에 모인지라 5 모세가 회중에게
이르되 여호와께서 행하라고 명령하신 것이 이러하니라 하고 6 모세가 아
론과 그의 아들들을 데려다가 물로 그들을 씻기고 7 아론에게 속옷을 입
히며 띠를 띠우고 겉옷을 입히며 에봇을 걸쳐 입히고 에봇의 장식 띠를
띠워서 에봇을 몸에 매고 8 흉패를 붙이고 흉패에 우림과 둠밈을 넣고 9
그의 머리에 관을 씌우고 그 관 위 전면에 금 패를 붙이니 곧 거룩한 관이
라 여호와께서 모세에게 명령하신 것과 같았더라 10 모세가 관유를 가져
다가 성막과 그 안에 있는 모든 것에 발라 거룩하게 하고 11 또 제단에 일
곱 번 뿌리고 또 그 제단과 그 모든 기구와 물두멍과 그 받침에 발라 거룩하게 하고 12 또 관유를 아론의 머리에
붓고 그에게 발라 거룩하게 하고 13 모세가 또 아론의 아들들을 데려다가 그들에게 속옷을 입히고 띠를 띠우며
관을 씌웠으니 여호와께서 모세에게 명령하신 것과 같았더라 14 모세가 또 속죄제의 수송아지를 끌어오니 아론
과 그의 아들들이 그 속죄제의 수송아지 머리에 안수하매 15 모세가 잡고 그 피를 가져다가 손가락으로 그 피를
제단의 네 귀퉁이 뿔에 발라 제단을 깨끗하게 하고 그 피는 제단 밑에 쏟아 제단을 속하여 거룩하게 하고 16 또
내장에 덮인 모든 기름과 간 꺼풀과 두 콩팥과 그 기름을 가져다가 모세가 제단 위에 불사르고 17 그 수송아지
곧 그 가죽과 고기와 똥은 진영 밖에서 불살랐으니 여호와께서 모세에게 명령하심과 같았더라 18 또 번제의 숫
양을 드릴새 아론과 그의 아들들이 그 숫양의 머리에 안수하매 19 모세가 잡아 그 피를 제단 사방에 뿌리고 20 그
숫양의 각을 뜨고 모세가 그 머리와 각 뜬 것과 기름을 불사르고 21 물로 내장과 정강이들을 씻고 모세가 그 숫
양의 전부를 제단 위에서 불사르니 이는 향기로운 냄새를 위하여 드리는 번제로 여호와께 드리는 화제라 여호
와께서 모세에게 명령하심과 같았더라 22 또 다른 숫양 곧 위임식의 숫양을 드릴새 아론과 그의 아들들이 그 숫
양의 머리에 안수하매 23 모세가 잡고 그 피를 가져다가 아론의 오른쪽 귓부리와 그의 오른쪽 엄지 손가락과 그
의 오른쪽 엄지 발가락에 바르고 24 아론의 아들들을 데려다가 모세가 그 오른쪽 귓부리와 그들의 손의 오른쪽
엄지 손가락과 그들의 발의 오른쪽 엄지 발가락에 그 피를 바르고 또 모세가 그 피를 제단 사방에 뿌리고 25 그
가 또 그 기름과 기름진 꼬리와 내장에 덮인 모든 기름과 간 꺼풀과 두 콩팥과 그 기름과 오른쪽 뒷다리를 떼어
내고 26 여호와 앞 무교병 광주리에서 무교병 한 개와 기름 섞은 떡 한 개와 전병 한 개를 가져다가 그 기름 위에
와 오른쪽 뒷다리 위에 놓아 27 그 전부를 아론의 손과 그의 아들들의 손에 두어 여호와 앞에 흔들어 요제를 삼
게 하고 28 모세가 그것을 그들의 손에서 가져다가 제단 위에 있는 번제물 위에 불사르니 이는 향기로운 냄새를
위하여 드리는 위임식 제사로 여호와께 드리는 화제라 29 이에 모세가 그 가슴을 가져다가 여호와 앞에 흔들어
요제를 삼았으니 이는 위임식에서 잡은 숫양 중 모세의 몫이라 여호와께서 모세에게 명령하심과 같았더라 30 모
세가 관유와 제단 위의 피를 가져다가 아론과 그의 옷과 그의 아들들과 그의 아들들의 옷에 뿌려서 아론과 그

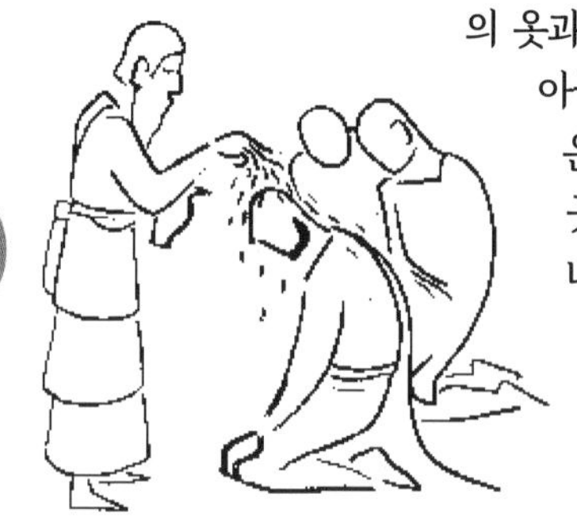

의 옷과 그의 아들들과 그의 아들들의 옷을 거룩하게 하고 31모세가 아론과 그의
아들들에게 이르되 내게 이미 명령하시기를 아론과 그의 아들들은 먹으라 하셨
은즉 너희는 회막 문에서 그 고기를 삶아 위임식 광주리 안의 떡과 아울러 그
곳에서 먹고 32고기와 떡의 나머지는 불사를지며 33위임식은 이레 동안 행하
나니 위임식이 끝나는 날까지 이레 동안은 회막 문에 나가지 말라 34오늘 행
한 것은 여호와께서 너희를 위하여 속죄하게 하시려고 명령하신 것이니 35
너희는 칠 주야를 회막 문에 머물면서 여호와께서 지키라고 하신 것을 지
키라 그리하면 사망을 면하리라 내가 이같이 명령을 받았느니라 36아론과
그의 아들들이 여호와께서 모세를 통하여 명령하신 모든 일을 준행하니라

레위기 9장

아론이 첫 제사를 드리다

1여덟째 날에 모세가 아론과 그의 아들들과 이스라엘 장로들을 불러다
가 2아론에게 이르되 속죄제를 위하여 흠 없는 송아지를 가져오고 번제
를 위하여 흠 없는 숫양을 여호와 앞에 가져다 드리고 3이스라엘 자손에
게 말하여 이르기를 너희는 속죄제를 위하여 숫염소를 가져오고 또 번제
를 위하여 일 년 되고 흠 없는 송아지와 어린 양을 가져오고 4또 화목제
를 위하여 여호와 앞에 드릴 수소와 숫양을 가져오고 또 기름 섞은 소제
물을 가져오라 하라 오늘 여호와께서 너희에게 나타나실 것임이니라 하
매 5그들이 모세가 명령한 모든 것을 회막 앞으로 가져오고 온 회중이 나
아와 여호와 앞에 선지라 6모세가 이르되 이는 여호와께서 너희에게 하
라고 명령하신 것이니 여호와의 영광이 너희에게 나타나리라 7모세가 또
아론에게 이르되 너는 제단에 나아가 네 속죄제와 네 번제를 드려서 너를
위하여, 백성을 위하여 속죄하고 또 백성의 예물을 드려서 그들을 위하
여 속죄하되 여호와의 명령대로 하라 8이에 아론이 제단에 나아가 자기
를 위한 속죄제 송아지를 잡으매 9아론의 아들들이 그 피를 아론에게 가
져오니 아론이 손가락으로 그 피를 찍어 제단 뿔들에 바르고 그 피는 제
단 밑에 쏟고 10그 속죄제물의 기름과 콩팥과 간 꺼풀을 제단 위에서 불
사르니 여호와께서 모세에게 명령하심과 같았고 11그 고기와 가죽은 진
영 밖에서 불사르니라 12아론이 또 번제물을 잡으매 아론의 아들들이 그
피를 그에게로 가져오니 그가 그 피를 제단 사방에 뿌리고 13그들이 또
번제의 제물 곧 그의 각과 머리를 그에게로 가져오매 그가 제단 위에서
불사르고 14또 내장과 정강이는 씻어서 단 위에 있는 번제물 위에서 불
사르니라 15그가 또 백성의 예물을 드리되 곧 백성을 위한 속죄제의 염
소를 가져다가 잡아 전과 같이 죄를 위하여 드리고 16또 번제물을 드리
되 규례대로 드리고 17또 소제를 드리되 그 중에서 그의 손에 한 움큼을
채워서 아침 번제물에 더하여 제단 위에서 불사르고 18또 백성을 위하는
화목제물의 수소와 숫양을 잡으매 아론의 아들들이 그 피를 그에게로 가
져오니 그가 제단 사방에 뿌리고 19그들이 또 수소와 숫양의 기름과 기름진 꼬리와 내장에 덮인 것과 콩팥과 간
꺼풀을 아론에게로 가져다가 20그 기름을 가슴들 위에 놓으매 아론이 그 기름을 제단 위에서 불사르고 21가슴

레위기 제사

학습 자료 8-5 "성막과 제사 제도를 통해 깨닫는 예배의 참된 의미" 참조

레위기 제사 제도

학습 자료 8-3 도표 참조

취임식 제사 순서와 의미

	제사	의미 및 성구
1	아론의 속죄제	타인의 속죄에 앞서 인간 대제사장으로서 자신의 죄를 먼저 속죄해야 함(레 9:8-11, 히 7:27)
2	아론의 번제	대제사장으로서 헌신, 충성을 나타냄(레 9:12-14)
3	백성의 속죄제	하나님의 백성 사이의 장애물인 죄는 먼저 속죄해야 함(레 9:15)
4	백성의 번제	속죄 후 백성들의 헌신을 나타냄(레 9:16)
5	백성의 소제	백성들의 순수한 봉사를 나타냄(레 9:17)
6	백성의 화목제	하나님의 백성 사이의 화목 관계를 회복함(레 9:18-21)
7	아론의 축복	하나님께 대한 속죄, 헌신, 봉사, 화목 후 하나님의 축복이 임함. 또한 온전한 주의 좋은 축복권을 갖고 있음을 보여줌(레 9:22)

들과 오른쪽 뒷다리를 그가 여호와 앞에 요제로 흔드니 모세가 명령한 것과 같았더라 22 아론이 백성을 향하여
손을 들어 축복함으로 속죄제와 번제와 화목제를 마치고 내려오니라 23 모세와 아론이 회막에 들어갔다가 나와
서 백성에게 축복하매 여호와의 영광이 온 백성에게 나타나며 24 불이 여호와 앞에서 나와 제단 위의 번제물과
기름을 사른지라 온 백성이 이를 보고 소리 지르며 엎드렸더라

레위기 10장

나답과 아비후가 벌을 받아 죽다

1 아론의 아들 나답과 아비후가 각기 향로를 가져다가 여호와께서 명령
하시지 아니하신 다른 불을 담아 여호와 앞에 분향하였더니 2 불이 여호
와 앞에서 나와 그들을 삼키매 그들이 여호와 앞에서 죽은지라 3 모세가
아론에게 이르되 이는 여호와의 말씀이라 이르시기를 나는 나를 가까이
하는 자 중에서 내 거룩함을 나타내겠고 온 백성 앞에서 내 영광을 나타
내리라 하셨느니라 아론이 잠잠하니 4 모세가 아론의 삼촌 웃시엘의 아
들 미사엘과 엘사반을 불러 그들에게 이르되 나아와 너희 형제들을 성소
앞에서 진영 밖으로 메고 나가라 하매 5 그들이 나와 모세가 말한 대로 그
들을 옷 입은 채 진영 밖으로 메어 내니 6 모세가 아론과 그의 아들 엘르
아살과 이다말에게 이르되 너희는 머리를 풀거나 옷을 찢지 말라 그리하
여 너희가 죽음을 면하고 여호와의 진노가 온 회중에게 미침을 면하게 하라 오직 너희 형제 이스라엘 온 족속은
여호와께서 치신 불로 말미암아 슬퍼할 것이니라 7 여호와의 관유가 너희에게 있은즉 너희는 회막 문에 나가지
말라 그리하면 죽음을 면하리라 그들이 모세의 말대로 하니라

> ✣ 레 10장 **하나님 방법대로 – 신위**
> 1) 하나님의 일은 하나님의 말씀(또는 그의 방법)대로 하나님에게 속한 것으로 해야 한다는 것이다. 하나님께 속하지 않는 지혜, 능력, 성품 등은 모두 하나님의 일을 하는데 걸림돌이 된다는 것이다. 따라서 우리들은 성경에 의지하며 살아야 한다.
> 2) 지위, 신분 고하를 막론하고 하나님의 거룩성을 훼손하는 자는 반드시 징벌을 받는다는 점을 보여 준다. 따라서 우리는 두렵고 떨리는 마음으로 하나님의 말씀에 귀를 기울이며 근신하는 가운데 그분께 순종하는 삶을 살아야 한다. 바로 이것이 하나님 나라를 이루는 길이요, 신위(神爲)가 유난히 강조되는 대목이다.

제사장이 회막에 들어갈 때의 규례

8 여호와께서 아론에게 말씀하여 이르시되 9 너와 네 자손들이 회막에 들어갈 때에는 포도주나 독주를 마시지
말라 그리하여 너희 죽음을 면하라 이는 너희 대대로 지킬 영영한 규례라 10 그리하여야 너희가 거룩하고 속된
것을 분별하며 부정하고 정한 것을 분별하고 11 또 나 여호와가 모세를 통하여 모든 규례를 이스라엘 자손에게
가르치리라

제사장이 거룩한 곳에서 먹을 제물

12 모세가 아론과 그 남은 아들 엘르아살에게와 이다말에게 이르되 여호와께 드린 화제물 중 소제의 남은 것은
지극히 거룩하니 너희는 그것을 취하여 누룩을 넣지 말고 제단 곁에서 먹되 13 이는 여호와의 화제물 중 네 소득
과 네 아들들의 소득인즉 너희는 그것을 거룩한 곳에서 먹으라 내가 명령을 받았느니라 14 흔든 가슴과 들어올
린 뒷다리는 너와 네 자녀가 너와 함께 정결한 곳에서 먹을지니 이는 이스라엘 자손의 화목제물 중에서 네 소득
과 네 아들들의 소득으로 주신 것임이니라 15 그 들어올린 뒷다리와 흔든 가슴을 화제물의 기름과 함께 가져다
가 여호와 앞에 흔들어 요제를 삼을지니 이는 여호와의 명령대로 너와 네 자손의 영원한 소득이니라 16 모세가
속죄제 드린 염소를 찾은즉 이미 불살랐는지라 그가 아론의 남은 아들 엘르아살과 이다말에게 노하여 이르되
17 이 속죄제물은 지극히 거룩하거늘 너희가 어찌하여 거룩한 곳에서 먹지 아니하였느냐 이는 너희로 회중의 죄
를 담당하여 그들을 위하여 여호와 앞에 속죄하게 하려고 너희에게 주신 것이니라 18 그 피는 성소에 들여오지
아니하는 것이었으니 그 제물은 너희가 내가 명령한 대로 거룩한 곳에서 먹었어야 했을 것이니라 19 아론이 모세
에게 이르되 오늘 그들이 그 속죄제와 번제를 여호와께 드렸어도 이런 일이 내게 임하였거늘 오늘 내가 속죄제
물을 먹었더라면 여호와께서 어찌 좋게 여기셨으리요 20 모세가 그 말을 듣고 좋게 여겼더라

8일차 읽기의 요약

(레 1~10)

레위기를 통해 이스라엘 백성들은 하나님의 백성으로서 거룩하게 구별되어 살아갈 십계명과 법률들에 대해 모세로부터 구체적인 가르침을 받았다. 오늘 읽을 분량의 내용은 하나님과의 관계를 다루는 것으로, 제사법에 의해 제사를 드리는 사람이 자신이 준비해 온 제물의 머리에 직접 안수를 하여 자신의 죄를 제물에 전가하고, 제물을 죽이고, 가죽을 벗기고, 각을 뜨고, 머리와 기름을 떼어내고, 내장과 정강이를 물로 씻어낸다. 그리고 나면 제사장은 그 짐승의 피를 제사자를 대신하여 제단에 뿌린다. 그 다음 계속해서 그것들을 제단 위에 올려 태우는 일을 한다. 레위기의 5대 제사는 이스라엘 백성들의 죄를 하나님께서 정해주신 제사의 방법으로만 용서받을 수 있도록 규정하여 하나님의 백성들이 다른 민족과 구별된 삶을 계속적으로 살아가게 해주신 장치이다.
이러한 성막의 일을 책임 맡은 제사장과 그의 아들들은 하나님의 방법대로 맡은 직임을 수행해야 했고(신위), 제사장 아론이 첫 제사를 드리자 여호와 앞에서 불이 나와 번제물과 기름을 사르는 놀라운 광경을 보았다. 그러나 아론의 아들 나답과 아비후는 제사장의 사명을 가볍게 여겨 하나님께서 정해주신 불이 아닌 다른 불로 분향하다가(인위) 불이 여호와 앞에서 나와 죽임을 당했다.
레위기의 성막과 제사와 절기에 대한 모든 규례를 통해 하나님께서는 장차 오셔서 우리의 대제사장이시며 동시에 제물이 되실 예수 그리스도의 십자가 사역의 의미의 기초를 마련하셨다.

그러면 어떻게 살 것인가?

인위 뚝 · 신위 고!

☑ 세계관 점검 – 묵상하기 (영상 강의와 교재 내용의 이해를 바탕으로)

※ ***레위기 영상 강의는 8일차, 9일차 모두 2차례 걸쳐서 시행한다. 잘 경청하기를 권한다.***

☑ 레위기에서 강조하는 거룩성
하나님이 절대적으로 거룩하시기 때문에 그의 백성도 절대적으로 거룩해야 한다. 이것은 명령이다(레 11:45).
그 거룩해지는 길을 보여 주는 것이 레위기의 목적이다. 거룩의 개념은 곧 구별이다. 그것은 구별된 세계관과 가치관을 가짐으로 이룰 수 있다는 사실을 명심해야 한다.

☑ 레위기는 "세속"과 "하나님"을 구별하고 분별하는 기준을 제공하는 책임을 명심하라. 성경적 세계관 형성에 중요한 자료를 제공하고 있다.

✎ 레위기의 핵심 메시지는 성경의 핵심 메시지를 보여 준다. 그것은 하나님과 바른 관계, 이웃과의 바른 관계를 말하는 것이다. 예수님도 이 문제를 핵심적으로 언급하고 있다.

· 마 22:33-40 무리가 듣고 그의 가르치심에 놀라더라 예수께서 사두개인들로 대답할 수 없게 하셨다 함을 바리새인들이 듣고 모였는데 그중의 한 율법사가 예수를 시험하여 묻되 선생님 율법 중에서 어느 계명이 크니이까 예수께서 이르시되 네 마음을 다하고 목숨을 다하고 뜻을 다하여 주 너의 하나님을 사랑하라 하셨으니 이것이 크고 첫째 되는 계명이요

둘째도 그와 같으니 네 이웃을 네 자신 같이 사랑하라 하셨으니 이 두 계명이 온 율법과 선지자의 강령이니라.

과연 이 영성이 곧 나의 영성이며 나의 세계관을 이루고 있는가를 점검해 보라.
성경의 모든 문제는 바로 이 문제로부터 생겨나고, 오늘날 인류가 직면한 모든 문제의 근원도 여기에 있음을 동의하는가? 그렇다면 오늘 성도는 이 근원적인 인류의 문제를 어떻게 접근해야 하는가의 답을 명확히 알고 있다, 문제는 그 답을 실천하지 않는 데 있지 않을까?

하나님이 제정해 주신 레위기의 5대 제사의 정신을 잘 숙지하고 그것이 오늘 나와 예배 공동체인 교회의 예배의 근간을 이루고 있는지를 철저하게 성찰하고 반성해야 한다. 우리의 살길은 곧 바른 예배로부터 시작하기 때문이다.(학습자료 예배 부분을 잘 공부하라)

레위기를 은혜롭게 읽는 방법은 레위기의 핵심 메시지인 대속의 개념을 이해해야 한다. 구약 제사에서 나의 죄를 대신해서 바쳐지는 제물이 아래와 같이 분해 처리되어 바쳐진다는 사실을 알고 내가 그러해야 되는데 짐승이 대신해 줌으로 죄사함을 받을 수 있게 되었다. 그 유효 기간이 구약에서는 1년이기 때문에 매년 되풀이해야 했다. 신약에서는 그것을 예수님의 십자가의 고통과 보혈로 대속하심으로 그리고 영원히 단 한 번의 제물(히 10:11-14)이 되심으로 영원히 죄사함을 받았다고 강조한다.

제물 처리의 과정과 의미

- 제물에 안수하여 자기 죄와 허물을 전가.
- 가죽을 벗기고, 각을 뜨고, 머리와 기름을 떼어내고, 내장과 정강이를 물로 씻음.
- 각을 뜬다는 것은 내 몸 전체가 부서진다는 뜻이고, 내장은 내 마음과 뜻 그리고 온 정성을 뜻함.
- 머리는 내 사상, 생각, 가치관을 말하고, 기름은 생명을 뜻함.

이런 것들을 태운다는 것은 생명 전체를 하나님께 바친다는 뜻이다. 비록 짐승이 대신 죽지만 곧 내가 그렇게 죽어 하나님께 바쳐진다는 의미이다. 자기중심성을 내려놓는다는 말이다.

· 고전 15:31 형제들아 내가 그리스도 예수 우리 주 안에서 가진 바 너희에 대한 나의 자랑을 두고 단언하노니 나는 날마다 죽노라
· 롬 12:1-2 그러므로 형제들아 내가 하나님의 모든 자비하심으로 너희를 권하노니 너희 몸을 하나님이 기뻐하시는 거룩한 산 제물로 드리라 이는 너희가 드릴 영적 예배니라 너희는 이 세대를 본받지 말고 오직 마음을 새롭게 함으로 변화를 받아 하나님의 선하시고 기뻐하시고 온전하신 뜻이 무엇인지 분별하도록 하라

레 6:1-7 여호와께 신실하지 못한 자는 곧 자기 이웃에게까지도 죄를 범한다. 당신 자신을 점검해 보라. 여호와께 신실한가? 이웃에게 죄를 범하지 않았는가? [신 6:5, 마 5:43-44, 찬송가 218(통 369)]

레 9:7 제사의 근본정신은 순종에 있다. 이와 더불어 우리 삶의 근본 정신 또한 “여호와의 명대로”(신위) 순종하는 것이다. 그렇다면 삶의 길목 요소요소에서 하나님은 당신께 순종을 요구하실 때 당신은 어떻게 답을 할 것인가? [신 27:9-10, 느 1:5. 찬송가 333(통 381)]

레 10:8-11 하나님의 규례를 무시하다가 죽임을 당한 나답과 아비후의 모습에서 오늘날 교회와 성도가 하나님의 말씀을 “농담”으로 여기다가 당할 수 있는 상황이 아닐까 매우 염려스럽다. 당신은 어떻게 생각하는가? [눅 21:34, 엡 5:18. 찬송가 342(통 395)]

덴마크 종교 철학자 쉐렌 키에르케고르(Søren Aabye Kierkegaard 1813-1855)는 예배를 연극에 비유하

여 설명한 적이 있다. 즉 연기자는 예배자이고, 그 연극을 관람하는 관객은 하나님이시다. 예배를 인도하는 자들, 즉 순서를 맡은 자들은 연극에서 연기자들의 연기를 돕는 보조자인 Prompter가 있듯이 이들은 예배자의 예배를 신령과 진리로 드려지도록 돕는 자들이다. 그런데 오늘 우리의 예배는 이들의 예배를 돕는 행위를 관람하는 꼴이 되어 하나님이 있는 자리에 예배행위를 해야 할 예배자가 앉아 있는 꼴이 되었다. 마치 가리키는 달은 안 보고 손가락을 쳐다보는 것과 같다. 이 모습에서 오늘 우리들의 예배 자세뿐만 아니라, 우리의 신앙 자세를 보는 듯하다.

"예배 봤어?" vs "예배 드렸어?"의 차이가 무엇인지를 영상 강의에서 이 부분 설명을 잘 이해하고 나의 예배의 자세는 어떤 것인지 한번 심도 있게 성찰하고 반성해야 한다.

과연 우리의 예배에 레위기의 제사 정신이 살아 있는가? 아니면 하나님께 영광을 드리는 예배이기보다 사람을 즐겁게 하는 Event와 Program으로서의 예배를 즐기고 있는가? 마치 딤후 4:3-4와 갈 1:10의 합작품과 같은 예배의 모습이다.

- 딤후 4:3-4 때가 이르리니 사람이 바른 교훈을 받지 아니하며 귀가 가려워서 자기의 사욕을 따를 스승을 많이 두고 또 그 귀를 진리에서 돌이켜 허탄한 이야기를 따르리라
- 갈 1:10 이제 내가 사람들에게 좋게 하랴 하나님께 좋게 하랴 사람들에게 기쁨을 구하랴 내가 지금까지 사람들의 기쁨을 구하였다면 그리스도의 종이 아니니라

예수님은 아직도 "신령과 진리로" 드리는 예배자를 찾고 있다(요 4장).

☑ 결단기도와 실행하기

약 2:26 영혼 없는 몸이 죽은 것 같이 행함이 없는 믿음은 죽은 것이니라
시 119:28 나의 영혼이 눌림으로 말미암아 녹사오니 주의 말씀대로 나를 세우소서

레위기 11~27장 :
제사예배 참여 조건(11장~15장)
대 속죄일(16장)
하나님의 거룩함을 거스르는 중죄(17장~20장)
제사장과 제물에 대한 규정들(21~22장)
절기와 특별한 때에 대한 규정들(23장~25장)
순종과 불순종의 결과(26장)
헌물에 대한 추가 규정(27장)

레위기 11장

정한 짐승과 부정한 짐승

1 여호와께서 모세와 아론에게 말씀하여 이르시되 2 이스라엘 자손에
게 말하여 이르라 육지의 모든 짐승 중 너희가 먹을 만한 생물은 이러하
니 3 모든 짐승 중 굽이 갈라져 쪽발이 되고 새김질하는 것은 너희가 먹
되 4 새김질하는 것이나 굽이 갈라진 짐승 중에도 너희가 먹지 못할 것은
이러하니 낙타는 새김질은 하되 굽이 갈라지지 아니하였으므로 너희에
게 부정하고 5 사반도 새김질은 하되 굽이 갈라지지 아니하였으므로 너
희에게 부정하고 6 토끼도 새김질은 하되 굽이 갈라지지 아니하였으므
로 너희에게 부정하고 7 돼지는 굽이 갈라져 쪽발이로되 새김질을 못하
므로 너희에게 부정하니 8 너희는 이러한 고기를 먹지 말고 그 주검도 만
지지 말라 이것들은 너희에게 부정하니라 9 물에 있는 모든 것 중에서 너
희가 먹을 만한 것은 이것이니 강과 바다와 다른 물에 있는 모든 것 중에
서 지느러미와 비늘 있는 것은 너희가 먹되 10 물에서 움직이는 모든 것
과 물에서 사는 모든 것 곧 강과 바다에 있는 것으로서 지느러미와 비늘
없는 모든 것은 너희에게 가증한 것이라 11 이들은 너희에게 가증한 것
이니 너희는 그 고기를 먹지 말고 그 주검을 가증히 여기라 12 수중 생물
에 지느러미와 비늘 없는 것은 너희가 혐오할 것이니라 13 새 중에 너희가 가증히 여길 것은 이것이라 이것들이
가증한즉 먹지 말지니 곧 독수리와 솔개와 물수리와 14 말똥가리와 말똥가리 종류와 15 까마귀 종류와 16 타조
와 타흐마스와 갈매기와 새매 종류와 17 올빼미와 가마우지와 부엉이와
18 흰 올빼미와 사다새와 너새와 19 황새와 백로 종류와 오디새와 박쥐
니라 20 날개가 있고 네 발로 기어 다니는 곤충은 너희가 혐오할 것이로
되 21 다만 날개가 있고 네 발로 기어다니는 모든 곤충 중에 그 발에 뛰
는 다리가 있어서 땅에서 뛰는 것은 너희가 먹을지니 22 곧 그 중에 메
뚜기 종류와 베짱이 종류와 귀뚜라미 종류와 팥중이 종류는 너희가 먹

❖ 성결법은 이웃과의 바른 관계를 위해 구별되어야 하는 메시지를 말하고 있다. 이스라엘 백성은 시내 산 언약을 통해 하나님 나라의 백성으로서 언약 백성이 되었다. 그러므로 그들의 삶은 당연히 이 세속의 사탄의 문화와 풍습으로부터 구별되고 분별되어야 한다.

☞ **롬 12:2** 너희는 이 세대를 본받지 말고 오직 마음을 새롭게 함으로 변화를 받아 하나님의 선하시고 기뻐하시고 온전하신 뜻이 무엇인지 분별하도록 하라

오늘 우리는 이런 규례가 구약의 것이라고 해서 그 원래의 정신과 메시지를 잘 이해하지 못하고 다원주의적 삶을 살고 있다. 그러면서도 일말의 신앙 양심의 가책도 느끼지 못하는 교인과 그 지도자들 때문에 오늘 한국과 온 세계의 교회는 유래 없는 쇠퇴의 내리막길을 무서운 속도로 내달리고 있다. 회개하자!(cf.. 약 4:8)

레 11장
학습 자료 9-1
"정결한 동물과 부정한 동물" 도표 참조

으려니와 23 오직 날개가 있고 기어다니는 곤충은 다 너희가 혐오할 것이니라 24 이런 것은 너희를 부정하게 하
나니 누구든지 이것들의 주검을 만지면 저녁까지 부정할 것이며 25 그 주검을 옮기는 모든 자는 그 옷을 빨지니
저녁까지 부정하리라 26 굽이 갈라진 모든 짐승 중에 쪽발이 아닌 것이나 새김질 아니하는 것의 주검은 다 네게
부정하니 만지는 자는 부정할 것이요 27 네 발로 다니는 모든 짐승 중 발바닥으로 다니는 것은 다 네게 부정하
니 그 주검을 만지는 자는 저녁까지 부정할 것이며 28 그 주검을 옮기는 자는 그 옷을 빨지니 저녁까지 부정하
리라 그것들이 네게 부정하니라 29 땅에 기는 길짐승 중에 네게 부정한 것은 이러하니 곧 두더지와 쥐와 큰 도
마뱀 종류와 30 도마뱀붙이와 육지 악어와 도마뱀과 사막 도마뱀과 카멜레온이라 31 모든 기는 것 중 이것들은
네게 부정하니 그 주검을 만지는 모든 자는 저녁까지 부정할 것이며 32 이런 것 중 어떤 것의 주검이 나무 그릇
에든지 의복에든지 가죽에든지 자루에든지 무엇에 쓰는 그릇에든지 떨어지면 부정하여지리니 물에 담그라 저
녁까지 부정하다가 정할 것이며 33 그것 중 어떤 것이 어느 질그릇에 떨어지면 그 속에 있는 것이 다 부정하여지
나니 너는 그 그릇을 깨뜨리라 34 먹을 만한 축축한 식물이 거기 담겼으면 부정하여질 것이요 그같은 그릇에 담
긴 마실 것도 부정할 것이며 35 이런 것의 주검이 물건 위에 떨어지면 그것이 모두 부정하여지리니 화덕이든지
화로이든지 깨뜨려버리라 이것이 부정하여져서 너희에게 부정한 것이 되리라 36 샘물이나 물이 고인 웅덩이는
부정하여지지 아니하되 그 주검에 닿는 것은 모두 부정하여질 것이요 37 이것들의 주검이 심을 종자에 떨어지
면 그것이 정하거니와 38 만일 종자에 물이 묻었을 때에 그것이 그 위에 떨어지면 너희에게 부정하리라 39 너희
가 먹을 만한 짐승이 죽은 때에 그 주검을 만지는 자는 저녁까지 부정할 것이며 40 그것을 먹는 자는 그 옷을 빨
것이요 저녁까지 부정할 것이며 그 주검을 옮기는 자도 그의 옷을 빨 것이요 저녁까지 부정하리라 41 땅에 기어
다니는 모든 길짐승은 가증한즉 먹지 못할지니 42 곧 땅에 기어다니는 모든 기는 것 중에 배로 밀어 다니는 것
이나 네 발로 걷는 것이나 여러 발을 가진 것이라 너희가 먹지 말지니 이것들은 가증함이니라 43 너희는 기는 바
기어다니는 것 때문에 자기를 가증하게 되게 하지 말며 또한 그것 때문에 스스로 더럽혀 부정하게 되게 하지
말라 44 나는 여호와 너희의 하나님이라 내가 거룩하니 너희도 몸을 구별하여 거룩하게 하고 땅에 기는 길짐승
으로 말미암아 스스로 더럽히지 말라 45 나는 너희의 하나님이 되려고 너
희 를 애굽 땅에서 인도하여 낸 여호와라 내가 거룩하니 너희도 거룩할
지어다 46 이는 짐승과 새와 물에서 움직이는 모든 생물과 땅에 기는 모
든 길짐승에 대한 규례니 47 부정하고 정한 것과 먹을 생물과 먹지 못할
생물을 분별한 것이니라

레 11:45 성경이 우리에게 주어진 핵심 이유이기도 하다.
하나님이 우리의 하나님이 되시려면 그 분이 주신 율례와 규례를 그분의 방법대로 우리가 순종함으로만 가능하기 때문이다.

레위기 12장

아이를 낳은 여인에 대한 규례

레 12장
학습 자료 9-2 "할례와 과학" 참조

1 여호와께서 모세에게 말씀하여 이르시되 2 이스라엘 자손에게 말하여 이르라 여인이 임신하여 남자를 낳으면
그는 이레 동안 부정하리니 곧 월경할 때와 같이 부정할 것이며 3 여덟째 날에는 그 아이의 포피를 벨 것이요 4 그
여인은 아직도 삼십삼 일을 지내야 산혈이 깨끗하리니 정결하게 되는 기한이 차기 전에는 성물을 만지지도 말며
성소에 들어가지도 말 것이며 5 여자를 낳으면 그는 두 이레 동안 부정하리니 월경할 때와 같을 것이며 산혈이 깨
끗하게 됨은 육십육 일을 지내야 하리라 6 아들이나 딸이나 정결하게 되는 기한이 차면 그 여인은 번제를 위하여
일 년 된 어린 양을 가져가고 속죄제를 위하여 집비둘기 새끼나 산비둘기를 회막 문 제사장에게로 가져갈 것이
요 7 제사장은 그것을 여호와 앞에 드려서 그 여인을 위하여 속죄할지니 그리하면 산혈이 깨끗하리라 이는 아들
이나 딸을 생산한 여인에게 대한 규례니라 8 그 여인이 어린 양을 바치기에 힘이 미치지 못하면 산비둘기 두 마리
나 집비둘기 새끼 두 마리를 가져다가 하나는 번제물로, 하나는 속죄제물로 삼을 것이요 제사장은 그를 위하여
속죄할지니 그가 정결하리라

레위기 13장

피부에 나병 같은 것이 생기거든

1 여호와께서 모세와 아론에게 말씀하여 이르시되 2 만일 사람이 그의 피부에 무엇이 돋거나 뾰루지가 나거나 색
점이 생겨서 그의 피부에 나병 같은 것이 생기거든 그를 곧 제사장 아론에게나 그의 아들 중 한 제사장에게로 데
리고 갈 것이요 3 제사장은 그 피부의 병을 진찰할지니 환부의 털이 희어졌고 환부가 피부보다 우묵하여졌으면
이는 나병의 환부라 제사장이 그를 진찰하여 그를 부정하다 할 것이요 4 피부에 색점이 희나 우묵하지 아니하고
그 털이 희지 아니하면 제사장은 그 환자를 이레 동안 가두어둘 것이며 5 이레 만에 제사장이 그를 진찰할지니 그
가 보기에 그 환부가 변하지 아니하고 병색이 피부에 퍼지지 아니하였으면 제사장이 그를 또 이레 동안을 가두어
둘 것이며 6 이레 만에 제사장이 또 진찰할지니 그 환부가 엷어졌고 병색이 피부에 퍼지지 아니하였으면 피부병
이라 제사장이 그를 정하다 할 것이요 그의 옷을 빨 것이라 그리하면 정하리라 7 그러나 그가 정결한지를 제사장
에게 보인 후에 병이 피부에 퍼지면 제사장에게 다시 보일 것이요 8 제사장은 진찰할지니 그 병이 피부에 퍼졌으
면 그를 부정하다 할지니라 이는 나병임이니라 9 사람에게 나병이 들었거든 그를 제
사장에게로 데려갈 것이요 10 제사장은 진찰할지니 피부에 흰 점이 돋고 털이 희어지
고 거기 생살이 생겼으면 11 이는 그의 피부의 오랜 나병이라 제사장이 부정하다 할
것이요 그가 이미 부정하였은즉 가두어두지는 않을 것이며 12 제사장이 보기에 나
병이 그 피부에 크게 발생하였으되 그 환자의 머리부터 발끝까지 퍼졌으면 13 그
가 진찰할 것이요 나병이 과연 그의 전신에 퍼졌으면 그 환자를 정하다 할지니
다 희어진 자인즉 정하거니와 14 아무 때든지 그에게 생살이 보이면 그는 부정한
즉 15 제사장이 생살을 진찰하고 그를 부정하다 할지니 그 생살은 부정한 것인즉
이는 나병이며 16 그 생살이 변하여 다시 희어지면 제사장에게로 갈 것이요 17 제
사장은 그를 진찰하여서 그 환부가 희어졌으면 환자를 정하다 할지니 그는 정하니라
18 피부에 종기가 생겼다가 나았고 19 그 종처에 흰 점이 돋거나 희고 불그스름한 색점
이 생겼으면 제사장에게 보일 것이요 20 그는 진찰하여 피부보다 얕고 그 털이 희면 그
를 부정하다 할지니 이는 종기로 된 나병의 환부임이니라 21 그러나 제사장이 진찰하여
거기 흰 털이 없고 피부보다 얕지 아니하고 빛이 엷으면 제사장은 그를 이레 동안 가두어둘 것이며 22 그 병이 크
게 피부에 퍼졌으면 제사장은 그를 부정하다 할지니 이는 환부임이니라 23 그러나 그 색점이 여전하고 퍼지지 아
니하였으면 이는 종기 흔적이니 제사장은 그를 정하다 할지니라 24 피부가 불에 데었는데 그 덴 곳에 불그스름하
고 희거나 순전히 흰 색점이 생기면 25 제사장은 진찰할지니 그 색점의 털이 희고 그 자리가 피부보다 우묵하면
이는 화상에서 생긴 나병인즉 제사장이 그를 부정하다 할 것은 나병의 환부가 됨이니라 26 그러나 제사장이 보기
에 그 색점에 흰 털이 없으며 그 자리가 피부보다 얕지 아니하고 빛이 엷으면 그는 그를 이레 동안 가두어둘 것이
며 27 이레 만에 제사장이 그를 진찰할지니 만일 병이 크게 피부에 퍼졌으면 그가 그를 부정하다 할 것은 나병의
환부임이니라 28 만일 색점이 여전하여 피부에 퍼지지 아니하고 빛이 엷으
면 화상으로 부은 것이니 제사장이 그를 정하다 할 것은 이는 화상의 흔
적임이니라 29 남자나 여자의 머리에나 수염에 환부가 있으면 30 제사장은
진찰할지니 환부가 피부보다 우묵하고 그 자리에 누르스름하고 가는 털
이 있으면 그가 그를 부정하다 할 것은 이는 옴이니라 머리에나 수염에 발
생한 나병임이니라 31 만일 제사장이 보기에 그 옴의 환부가 피부보다 우
묵하지 아니하고 그 자리에 검은 털이 없으면 제사장은 그 옴 환자를 이레
동안 가두어둘 것이며 32 이레 만에 제사장은 그 환부를 진찰할지니 그 옴
이 퍼지지 아니하고 그 자리에 누르스름한 털이 없고 피부보다 우묵하지

레위기의 영성

레위기를 읽으면서 이 책은 수천 년 전 구약 백성을 훈련을 시키기 위한 규례를 준 책일 뿐이라고 생각하면 안 된다. 레위기는 모든 하나님 백성의 삶은 하나님이 원하시는 방법에 의해 항상 청결한 삶이 되어야 한다는 것을 매우 강하게 보여 주는 책이다. 성경을 인생의 지침서(매뉴얼)라고 말하는 이유가 이 책 가운데 있음을 명심하라.

하나님 백성은 거룩해야 하고 그 기준을 이 레위기의 영성에서 배워야 한다.

아니하면 33 그는 모발을 밀되 환부는 밀지 말 것이요 제사장은 옴 환자를
또 이레 동안 가두어둘 것이며 34 이레 만에 제사장은 그 옴을 또 진찰할지
니 그 옴이 피부에 퍼지지 아니하고 피부보다 우묵하지 아니하면 그는 그
를 정하다 할 것이요 그는 자기의 옷을 빨아서 정하게 되려니와 35 깨끗한
후에라도 옴이 크게 피부에 퍼지면 36 제사장은 그를 진찰할지니 과연 옴
이 피부에 퍼졌으면 누른 털을 찾을 것 없이 그는 부정하니라 37 그러나 제
사장이 보기에 옴이 여전하고 그 자리에 검은 털이 났으면 그 옴은 나았
고 그 사람은 정하니 제사장은 그를 정하다 할지니라 38 남자나 여자의 피
부에 색점 곧 흰 색점이 있으면 39 제사장은 진찰할지니 그 피부의 색점이
부유스름하면 이는 피부에 발생한 어루러기라 그는 정하니라 40 누구든
지 그 머리털이 빠지면 그는 대머리니 정하고 41 앞머리가 빠져도 그는 이마 대머리니 정하니라 42 그러나 대머리
나 이마 대머리에 희고 불그스름한 색점이 있으면 이는 나병이 대머리에나 이마 대머리에 발생함이라 43 제사장
은 그를 진찰할지니 그 대머리에나 이마 대머리에 돋은 색점이 희고 불그스름하여 피부에 발생한 나병과 같으면
44 이는 나병 환자라 부정하니 제사장이 그를 확실히 부정하다고 할 것은 그 환부가 그 머리에 있음이니라 45 나병
환자는 옷을 찢고 머리를 풀며 윗입술을 가리고 외치기를 부정하다 부정하다 할 것이요 46 병 있는 날 동안은 늘
부정할 것이라 그가 부정한즉 혼자 살되 진영 밖에서 살지니라

구약법의 2가지 영성
율법은 언약과 매우 밀접한 관계가 있다. 언약이 없으면 법이 주어지지 않는다. 그 언약은 곧 법 지킴을 통해서만 이루어지기 때문이다. 그러므로 언약은 상위 개념이고, 법은 종속 개념이다. 따라서 법 지킴과 관련해서 구약의 영성을 크게 2가지로 볼 때,
1) 레위기를 중심으로 하는 법 지킴으로 하나님과의 관계를 강조하는 제사장적 영성과
2) 그 법을 지킴으로 이웃과의 관계 회복과 유지를 강조하는 선지자적 영성이 있다.

의복이나 가죽에 생기는 곰팡이

47 만일 의복에 나병 색점이 발생하여 털옷에나 베옷에나 48 베나 털의 날에나 씨에나 혹 가죽에나 가죽으로 만
든 모든 것에 있으되 49 그 의복에나 가죽에나 그 날에나 씨에나 가죽으로 만든 모든 것에 병색이 푸르거나 붉으
면 이는 나병의 색점이라 제사장에게 보일 것이요 50 제사장은 그 색점을 진찰하고 그것을 이레 동안 간직하였다
가 51 이레 만에 그 색점을 살필지니 그 색점이 그 의복의 날에나 씨에나 가죽에나 가죽으로 만든 것에 퍼졌으면
이는 악성 나병이라 그것이 부정하므로 52 그는 그 색점 있는 의복이나 털이나 베의 날이나 씨나 모든 가죽으로
만든 것을 불사를지니 이는 악성 나병인즉 그것을 불사를지니라 53 그러나 제사장이 보기에 그 색점이 그 의복의
날에나 씨에나 모든 가죽으로 만든 것에 퍼지지 아니하였으면 54 제사장은 명령하여 그 색점 있는 것을 빨게 하
고 또 이레 동안 간직하였다가 55 그 빤 곳을 볼지니 그 색점의 빛이 변하지 아니하고 그 색점이 퍼지지 아니하였
으면 부정하니 너는 그것을 불사르라 이는 거죽에 있든지 속에 있든지 악성 나병이니라 56 빤 후에 제사장이 보
기에 그 색점이 엷으면 그 의복에서나 가죽에서나 그 날에서나 씨에서나 그 색점을 찢어 버릴 것이요 57 그 의복
의 날에나 씨에나 가죽으로 만든 모든 것에 색점이 여전히 보이면 재발하는 것이니 너는 그 색점 있는 것을 불사
를지니라 58 네가 빤 의복의 날에나 씨에나 가죽으로 만든 모든 것에 그 색점이 벗겨졌으면 그것을 다시 빨아야
정하리라 59 이는 털옷에나 베옷에나 그 날에나 씨에나 가죽으로 만든 모든 것에 발생한 나병 색점의 정하고 부
정한 것을 진단하는 규례니라

레위기 14장

환자가 정결하게 되는 날의 규례

1 여호와께서 모세에게 말씀하여 이르시되 2 나병 환자가 정결하게 되는 날의 규례는 이러하니 곧 그 사람을 제
사장에게로 데려갈 것이요 3 제사장은 진영에서 나가 진찰할지니 그 환자에게 있던 나병 환부가 나았으면 4 제사
장은 그 정결함을 받을 자를 위하여 명령하여 살아 있는 정결한 새 두 마리와 백향목과 홍색 실과 우슬초를 가져
오게 하고 5 제사장은 또 명령하여 그 새 하나는 흐르는 물 위 질그릇 안에서 잡게 하고 6 다른 새는 산 채로 가
져다가 백향목과 홍색 실과 우슬초와 함께 가져다가 흐르는 물 위에서 잡은 새의 피를 찍어 7 나병에서 정결함
을 받을 자에게 일곱 번 뿌려 정하다 하고 그 살아 있는 새는 들에 놓을지며 8 정결함을 받는 자는 그의 옷을 빨

고 모든 털을 밀고 물로 몸을 씻을 것이라 그리하면 정하리니 그 후에 진영에 들어올 것이나 자기 장막 밖에 이
레를 머물 것이요 9 일곱째 날에 그는 모든 털을 밀되 머리털과 수염과 눈썹을 다 밀고 그의 옷을 빨고 몸을 물
에 씻을 것이라 그리하면 정하리라 10 여덟째 날에 그는 흠 없는 어린 숫양 두 마리와 일 년 된 흠 없는 어린 암양
한 마리와 또 고운 가루 십분의 삼 에바에 기름 섞은 소제물과 기름 한 록을 취할 것이요 11 정결하게 하는 제사
장은 정결함을 받을 자와 그 물건들을 회막 문 여호와 앞에 두고 12 어린 숫양 한 마리를 가져다가 기름 한 록과
아울러 속건제로 드리되 여호와 앞에 흔들어 요제를 삼고 13 그 어린 숫양은 거룩한 장소 곧 속죄제와 번제물 잡
는 곳에서 잡을 것이며 속건제물은 속죄제물과 마찬가지로 제사장에게 돌릴지니 이는 지극히 거룩한 것이니라
14 제사장은 그 속건제물의 피를 취하여 정결함을 받을 자의 오른쪽 귓부리와 오른쪽 엄지 손가락과 오른쪽 엄
지발가락에 바를 것이요 15 제사장은 또 그 한 록의 기름을 취하여 자기 왼쪽 손바닥에 따르고 16 오른쪽 손가락
으로 왼쪽 손의 기름을 찍어 그 손가락으로 그것을 여호와 앞에 일곱 번 뿌릴 것이요 17 손에 남은 기름은 제사
장이 정결함을 받을 자의 오른쪽 귓부리와 오른쪽 엄지손가락과 오른쪽 엄지 발가락 곧 속건제물의 피 위에 바
를 것이며 18 아직도 그 손에 남은 기름은 제사장이 그 정결함을 받는 자의 머리에 바르고 제사장은 여호와 앞에
서 그를 위하여 속죄하고 19 또 제사장은 속죄제를 드려 그 부정함으로 말미암아 정결함을 받을 자를 위하여 속
죄하고 그 후에 번제물을 잡을 것이요 20 제사장은 그 번제와 소제를 제단에 드려 그를 위하여 속죄할 것이라 그
리하면 그가 정결하리라 21 만일 그가 가난하여 그의 힘이 미치지 못하면 그는 흔들어 자기를 속죄할 속건제를
위하여 어린 숫양 한 마리와 소제를 위하여 고운 가루 십분의 일 에바에 기름 섞은 것과 기름 한 록을 취하고 22
그의 힘이 미치는 대로 산비둘기 둘이나 집비둘기 새끼 둘을 가져다가 하나는 속죄제물로, 하나는 번제물로 삼
아 23 여덟째 날에 그 결례를 위하여 그것들을 회막 문 여호와 앞 제사장에게로 가져갈 것이요 24 제사장은 속건
제의 어린 양과 기름 한 록을 가져다가 여호와 앞에 흔들어 요제를 삼고 25 속건제의 어린 양을 잡아서 제사장은
그 속건제물의 피를 가져다가 정결함을 받을 자의 오른쪽 귓부리와 오른쪽 엄지손가락과 오른쪽 엄지발가락에
바를 것이요 26 제사장은 그 기름을 자기 왼쪽 손바닥에 따르고 27 오른쪽 손가락으로 왼쪽 손의 기름을 조금 찍
어 여호와 앞에 일곱 번 뿌릴 것이요 28 그 손의 기름은 제사장이 정결함을 받을 자의 오른쪽 귓부리와 오른쪽 엄
지손가락과 오른쪽 엄지 발가락 곧 속건제물의 피를 바른 곳에 바를 것이며 29 또 그 손에 남은 기름은 제사장이
그 정결함을 받는 자의 머리에 발라 여호와 앞에서 그를 위하여 속죄할 것이며 30 그는 힘이 미치는 대로 산비둘
기 한 마리나 집비둘기 새끼 한 마리를 드리되 31 곧 그의 힘이 미치는 대로 한 마리는 속죄제로, 한 마리는 소제
와 함께 번제로 드릴 것이요 제사장은 정결함을 받을 자를 위하여 여호와 앞에 속죄할지니 32 나병 환자로서 그
정결예식에 그의 힘이 미치지 못한 자의 규례가 그러하니라

집에 생기는 곰팡이

33 여호와께서 모세와 아론에게 말씀하여 이르시되 34 내가 네게 기업으
로 주는 가나안 땅에 너희가 이를 때에 너희 기업의 땅에서 어떤 집에 나
병 색점을 발생하게 하거든 35 그 집 주인은 제사장에게 가서 말하여 알리
기를 무슨 색점이 집에 생겼다 할 것이요 36 제사장은 그 색점을 살펴보러
가기 전에 그 집안에 있는 모든 것이 부정을 면하게 하기 위하여 그 집을
비우도록 명령한 후에 들어가서 그 집을 볼지니 37 그 색점을 볼 때에
그 집 벽에 푸르거나 붉은 무늬의 색점이 있어 벽보다 우묵하면 38 제
사장은 그 집 문으로 나와 그 집을 이레 동안 폐쇄하였다가 39 이레 만
에 또 가서 살펴볼 것이요 그 색점이 벽에 퍼졌으면 40 그는 명령하여
색점 있는 돌을 빼내어 성 밖 부정한 곳에 버리게 하고 41 또 집 안 사방을 긁게 하
고 그 긁은 흙을 성 밖 부정한 곳에 쏟아버리게 할 것이요 42 그들은 다른 돌로 그
돌을 대신하며 다른 흙으로 집에 바를지니라 43 돌을 빼내며 집을 긁고 고쳐 바

레 14:33-47 하나님의 자녀가 되는 영광을 누리기 위해서는 당신의 죄된 모습을 깨끗이 긁어버려야 한다. 당신이 지금 헐어버려야 할 죄악은 무엇인가?

른 후에 색점이 집에 재발하면 44 제사장은 또 가서 살펴볼 것이요 그 색점이 만일 집에 퍼졌으면 악성 나병인즉
이는 부정하니 45 그는 그 집을 헐고 돌과 그 재목과 그 집의 모든 흙을 성 밖 부정한 곳으로 내어 갈 것이며 46 그
집을 폐쇄한 날 동안에 들어가는 자는 저녁까지 부정할 것이요 47 그 집에서 자는 자는 그의 옷을 빨 것이요 그
집에서 먹는 자도 그의 옷을 빨 것이니라 48 그 집을 고쳐 바른 후에 제사장이 들어가 살펴보아서 색점이 집에 퍼
지지 아니하였으면 이는 색점이 나은 것이니 제사장은 그 집을 정하다 하고 49 그는 그 집을 정결하게 하기 위하
여 새 두 마리와 백향목과 홍색 실과 우슬초를 가져다가 50 그 새 하나를 흐르는 물 위 질그릇 안에서 잡고 51 백
향목과 우슬초와 홍색 실과 살아 있는 새를 가져다가 잡은 새의 피와 흐르는 물을 찍어 그 집에 일곱 번 뿌릴 것
이요 52 그는 새의 피와 흐르는 물과 살아 있는 새와 백향목과 우슬초와 홍색 실로 집을 정결하게 하고 53 그 살
아 있는 새는 성 밖 들에 놓아 주고 그 집을 위하여 속죄할 것이라 그러면 정결하리라 54 이는 각종 나병 환부에
대한 규례니 곧 옴과 55 의복과 가옥의 나병과 56 돋는 것과 뾰루지와 색점이 57 어느 때는 부정하고 어느 때는 정
함을 가르치는 것이니 나병의 규례가 이러하니라

7일~12일

레위기 15장

몸에 유출병이 있으면

1 여호와께서 모세와 아론에게 말씀하여 이르시되 2 이스라엘 자손에게
말하여 이르라 누구든지 그의 몸에 유출병이 있으면 그 유출병으로 말미
암아 부정한 자라 3 그의 유출병으로 말미암아 부정함이 이러하니 곧 그
의 몸에서 흘러 나오든지 그의 몸에서 흘러 나오는 것이 막혔든지 부정한
즉 4 유출병 있는 자가 눕는 침상은 다 부정하고 그가 앉았던 자리도 다
부정하니 5 그의 침상에 접촉하는 자는 그의 옷을 빨고 물로 몸을 씻을 것
이며 저녁까지 부정하리라 6 유출병이 있는 자가 앉았던 자리에 앉는 자
는 그의 옷을 빨고 물로 씻을 것이요 저녁까지 부정하리라 7 유출병이 있
는 자의 몸에 접촉하는 자는 그의 옷을 빨고 물로 몸을 씻을 것이며 저녁
까지 부정하리라 8 유출병이 있는 자가 정한 자에게 침을 뱉으면 정한 자
는 그의 옷을 빨고 물로 몸을 씻을 것이며 저녁까지 부정하리라 9 유출병
이 있는 자가 탔던 안장은 다 부정하며 10 그의 몸 아래에 닿았던 것에 접
촉한 자는 다 저녁까지 부정하며 그런 것을 옮기는 자는 그의 옷을 빨고
물로 몸을 씻을 것이며 저녁까지 부정하리라 11 유출병이 있는 자가 물
로 그의 손을 씻지 아니하고 아무든지 만지면 그 자는 그의 옷을 빨고 물
로 몸을 씻을 것이며 저녁까지 부정하리라 12 유출병이 있는 자가 만진 질
그릇은 깨뜨리고 나무 그릇은 다 물로 씻을지니라 13 유출병이 있는 자는
그의 유출이 깨끗해지거든 그가 정결하게 되기 위하여 이레를 센 후에 옷
을 빨고 흐르는 물에 그의 몸을 씻을 것이라 그러면 그가 정하리니 14 여
덟째 날에 산비둘기 두 마리나 집비둘기 새끼 두 마리를 자기를 위하여
가져다가 회막 문 여호와 앞으로 가서 제사장에게 줄 것이요 15 제사장은
그 한 마리는 속죄제로, 다른 한 마리는 번제로 드려 그의 유출병으로 말
미암아 여호와 앞에서 속죄할지니라 16 설정한 자는 전신을 물로 씻을 것
이며 저녁까지 부정하리라 17 정수가 묻은 모든 옷과 가죽은 물에 빨 것이
며 저녁까지 부정하리라 18 남녀가 동침하여 설정하였거든 둘 다 물로 몸
을 씻을 것이며 저녁까지 부정하리라

유출병의 특징과 그 의미

	제사	의미 및 성구
1	불결성 (레 15:2, 3)	타락한 인간. 즉 육신 안에서 나오는 것은 근본적으로 부패하고 죄된 것임을 암시함(롬 7:14, 18,20)
2	전염성 (레 15:4-12)	타락한 인간으로부터 나오는 죄는 그 속성상 전염성이 강해 전염된 자 또한 죄의 영향을 받고 부정하게 됨을 암시함 (잠 1:10-19)
3	유출병이 나은 자는 7일 후에 옷을 빨고 몸을 물로 씻음 (레 15:13)	부정에서 정결케 된 자가 자신의 생활을 새롭게 하고 그 자신을 하나님의 생명수로 정결하게 씻음 받음을 암시함 (요 7:37-39, 15:3, 엡 4:22-24)
4	제8일에 속죄제를 드림	부정에서 치유된 자가 이제 하나님의 새로운 백성으로 그의 모든 죄를 속죄 받음을 암시함
5	제8일에 번제를 드림	부정에서 치유된 자가 그의 속죄 후 이제 전적으로 하나님께 헌신할 것임을 암시함

출 15:13-15 하나님은 우리에게 지속적인 성결을 요구하신다. 죄씻음을 받는 그 순간만 아닌 그 후까지도 우리가 영육 간에 정결하기를 원하시는 것이다. 이를 가리켜 성화적 구원을 이루는 삶이라고 말한다.

☞ **빌 2:12** 그러므로 나의 사랑하는 자들아 너희가 나 있을 때뿐 아니라 더욱 지금 나 없을 때에도 항상 복종하여 두렵고 떨림으로 너희 구원을 이루라

우리는 지속적인 정결을 유지하여 두렵고 떨리는 마음으로 성화적 구원을 이루어 가는 삶을 살아야 한다.

여인이 유출을 하면

[19]어떤 여인이 유출을 하되 그의 몸에 그의 유출이 피이면 이레 동안 불결하니 그를 만지는 자마다 저녁까지 부
정할 것이요 [20]그가 불결할 동안에는 그가 누웠던 자리도 다 부정하며 그가 앉았던 자리도 다 부정한즉 [21]그의
침상을 만지는 자는 다 그의 옷을 빨고 물로 몸을 씻을 것이요 저녁까지 부정할 것이며 [22]그가 앉은 자리를 만지
는 자도 다 그들의 옷을 빨고 물로 몸을 씻을 것이요 저녁까지 부정할 것이며 [23]그의 침상 위에나 그가 앉은 자
리 위에 있는 것을 만지는 모든 자도 저녁까지 부정할 것이며 [24]누구든지 이 여인과 동침하여 그의 불결함에 전
염되면 이레 동안 부정할 것이라 그가 눕는 침상은 다 부정하니라 [25]만일 여인의 피의 유출이 그의 불결기가 아
닌데도 여러 날이 간다든지 그 유출이 그의 불결기를 지나도 계속되면 그 부정을 유출하는 모든 날 동안은 그 불
결한 때와 같이 부정한즉 [26]그의 유출이 있는 모든 날 동안에 그가 눕는 침상은 그에게 불결한 때의 침상과 같
고 그가 앉는 모든 자리도 부정함이 불결한 때의 부정과 같으니 [27]그것들을 만지는 자는 다 부정한즉 그의 옷을
빨고 물로 몸을 씻을 것이며 저녁까지 부정할 것이요 [28]그의 유출이 그치면 이레를 센 후에야 정하리니 [29]그는
여덟째 날에 산비둘기 두 마리나 집비둘기 새끼 두 마리를 자기를 위하여 가져다가 회막 문 앞 제사장에게로 가
져갈 것이요 [30]제사장은 그 한 마리는 속죄제로, 다른 한 마리는 번제로 드려 유출로 부정한 여인을 위하여 여호
와 앞에서 속죄할지니라 [31]너희는 이와 같이 이스라엘 자손이 그들의 부정에서 떠나게 하여 그들 가운데에 있
는 내 성막을 그들이 더럽히고 그들이 부정한 중에서 죽지 않도록 할지니라 [32]이 규례는 유출병이 있는 자와 설
정함으로 부정하게 된 자와 33 불결기의 앓는 여인과 유출병이 있는 남녀와 그리고 불결한 여인과 동침한 자에
대한 것이니라

레위기 16장

속죄일

[1]아론의 두 아들이 여호와 앞에 나아가다가 죽은 후에 여호와께서 모세
에게 말씀하시니라 [2]여호와께서 모세에게 이르시되 네 형 아론에게 이
르라 성소의 휘장 안 법궤 위 속죄소 앞에 아무 때나 들어오지 말라 그리
하여 죽지 않도록 하라 이는 내가 구름 가운데에서 속죄소 위에 나타남
이니라 [3]아론이 성소에 들어오려면 수송아지를 속죄제물로 삼고 숫양
을 번제물로 삼고 [4]거룩한 세마포 속옷을 입으며 세마포 속바지를 몸에
입고 세마포 띠를 띠며 세마포 관을 쓸지니 이것들은 거룩한 옷이라 물
로 그의 몸을 씻고 입을 것이며 [5]이스라엘 자손의 회중에게서 속죄제물
로 삼기 위하여 숫염소 두 마리와 번제물로 삼기 위하여 숫양 한 마리를
가져갈지니라 [6]아론은 자기를 위한 속죄제의 수송아지를 드리되 자기
와 집안을 위하여 속죄하고 [7]또 그 두 염소를 가지고 회막 문 여호와 앞
에 두고 [8]두 염소를 위하여 제비 뽑되 한 제비는 여호와를 위하고 한 제
비는 아사셀을 위하여 할지며 [9]아론은 여호와를 위하여 제비 뽑은 염소
를 속죄제로 드리고 [10]아사셀을
위하여 제비 뽑은 염소는 산 채로
여호와 앞에 두었다가 그것으로
속죄하고 아사셀을 위하여 광야
로 보낼지니라 [11]아론은 자기를
위한 속죄제의 수송아지를 드리
되 자기와 집안을 위하여 속죄하

❖ 레 16장 **구약의 속죄**
16장은 속죄일의 중요성을 언급한다. 이 속죄일을 유대인들은 Yom Kippur(the Day of Atonement)라고 하여 오늘날에도 지키는 절기이다. 이 대 속죄일에는 대제사장이 1년에 한 번 지성소에 들어가 속죄함을 받는 의식(儀式)을 치루는 날이다(레 16:30). 창 3:2에서 발생한 죄를 해결하는 길은 피밖에 없고 제물인 짐승의 피는 1년만 유효할 뿐이다. 그러나 대제사장인 예수님이 우리를 대신하여 제물이 되어 뿌린 피는 영원한 속죄력을 갖는다. 히브리서10장1절 이하는 이 장에 대한 신약적 해석에 해당된다."피흘림이 없이 죄 사함이 없느니라"(히 9:22, 레 17:11). 히브리서는 레위기를 메시아적 상징으로 해석해 주고 있다. 그러므로 히브리서는 반드시 레위기의 눈으로 읽어야 하고, 레위기는 반드시 히브리서의 안목으로 해석해야 한다. 찬송가 252(통 184)장은 "나의 죄를 씻기는 예수의 피밖에 없네"라고 찬송한다.
☞ 구약의 속죄는 1년간 유효 하지만, 신약의 속죄 유효기간은 영원하다
☞ **히 10:11-14** 제사장마다 매일 서서 섬기며 자주 같은 제사를 드리되 이 제사는 언제나 죄를 없게 하지 못하거니와 오직 그리스도는 죄를 위하여 한 영원한 제사를 드리시고 하나님 우편에 앉으사 그 후에 자기 원수들을 자기 발등상이 되게 하실 때까지 기다리시나니 그가 거룩하게 된 자들을 한 번의 제사로 영원히 온전하게 하셨느니라

고 자기를 위한 그 속죄제 수송아지를 잡고 12 향로를 가져다가 여호와
앞 제단 위에서 피운 불을 그것에 채우고 또 곱게 간 향기로운 향을 두
손에 채워 가지고 휘장 안에 들어가서 13 여호와 앞에서 분향하여 향연으
로 증거궤 위 속죄소를 가리게 할지니 그리하면 그가 죽지 아니할 것이며
14 그는 또 수송아지의 피를 가져다가 손가락으로 속죄소 동쪽에 뿌리고
또 손가락으로 그 피를 속죄소 앞에 일곱 번 뿌릴 것이며 15 또 백성을 위
한 속죄제 염소를 잡아 그 피를 가지고 휘장 안에 들어가서 그 수송아지
피로 행함 같이 그 피로 행하여 속죄소 위와 속죄소 앞에 뿌릴지니 16 곧
이스라엘 자손의 부정과 그들이 범한 모든 죄로 말미암아 지성소를 위하
여 속죄하고 또 그들의 부정한 중에 있는 회막을 위하여 그같이 할 것이
요 17 그가 지성소에 속죄하러 들어가서 자기와 그의 집안과 이스라엘 온
회중을 위하여 속죄하고 나오기까지는 누구든지 회막에 있지 못할 것이
며 18 그는 여호와 앞 제단으로 나와서 그것을 위하여 속죄할지니 곧 그
수송아지의 피와 염소의 피를 가져다가 제단 귀퉁이 뿔들에 바르고 19 또
손가락으로 그 피를 그 위에 일곱 번 뿌려 이스라엘 자손의 부정에서 제
단을 성결하게 할 것이요 20 그 지성소와 회막과 제단을 위하여 속죄하
기를 마친 후에 살아 있는 염소를 드리되 21 아론은 그의 두 손으로 살아
있는 염소의 머리에 안수하여 이스라엘 자손의 모든 불의와 그 범한 모
든 죄를 아뢰고 그 죄를 염소의 머리에 두어 미리 정한 사람에게 맡겨 광
야로 보낼지니 22 염소가 그들의 모든 불의를 지고 접근하기 어려운 땅에
이르거든 그는 그 염소를 광야에 놓을지니라 23 아론은 회막에 들어가서
지성소에 들어갈 때에 입었던 세마포 옷을 벗어 거기 두고 24 거룩한 곳
에서 물로 그의 몸을 씻고 자기 옷을 입고 나와서 자기의 번제와 백성의
번제를 드려 자기와 백성을 위하여 속죄하고 25 속죄제물의 기름을 제단
에서 불사를 것이요 26 염소를 아사셀에게 보낸 자는 그의 옷을 빨고 물
로 그의 몸을 씻은 후에 진영에 들어갈 것이며 27 속죄제 수송아지와 속
죄제 염소의 피를 성소로 들여다가 속죄하였은즉 그 가죽과 고기와 똥
을 밖으로 내다가 불사를 것이요 28 불사른 자는 그의 옷을 빨고 물로 그
의 몸을 씻은 후에 진영에 들어갈지니라 29 너희는 영원히 이 규례를 지
킬지니라 일곱째 달 곧 그 달 십일에 너희는 스스로 괴롭게 하고 아무 일
도 하지 말되 본토인이든지 너희 중에 거류하는 거류민이든지 그리하라
30 이 날에 너희를 위하여 속죄하여 너희를 정결하게 하리니 너희의 모든
죄에서 너희가 여호와 앞에 정결하리라 31 이는 너희에게 안식일 중의 안
식일인즉 너희는 스스로 괴롭게 할지니 영원히 지킬 규례라 32 기름 부음
을 받고 위임되어 자기의 아버지를 대신하여 제사장의 직분을 행하는 제
사장은 속죄하되 세마포 옷 곧 거룩한 옷을 입고 33 지성소를 속죄하며
회막과 제단을 속죄하고 또 제사장들과 백성의 회중을 위하여 속죄할지
니 34 이는 너희가 영원히 지킬 규례라 이스라엘 자손의 모든 죄를 위하
여 일 년에 한 번 속죄할 것이니라 아론이 여호와께서 모세에게 명령하신
대로 행하니라

레 16:8 아사셀은 무엇인가?

염소 중 한 마리는 사람들의 속죄 제물로 바치기 위해 죽였다. 그런 다음 제사장은 두 번째 염소의 몸에 두 손을 대고 백성들의 모든 죄를 염소 위에 고백하고 사람들의 죄를 뒤집어씌워 그 염소를 광야로 내몰았다. 이 두 번째 염소는 '아사셀'에게 간다고 성서에 기록되어 있다.

이 아사셀은 무엇인가? 한 성서 해석자는 이 단어의 의미가 영어의 '희생양(scapegoat)'이란 단어를 파생시킨 '떠나는 염소' 또는 '도망치는 염소'라는 의미를 가지고 있다는 의견을 제시한다. 그에 반하여 어떤 학자는 염소가 보내지는 장소의 이름이 아사셀이라는 의견을 제시한다. 대부분의 학자들은 이 단어가 '성난 염소'와 유사한 의미를 가진 것으로 생각한다. 아사셀은 사악한 정령들이 즐겨 거주하는 지역으로 믿어지는 사막에 있는 악마의 거처인 것으로 여겨진다. 두 번째 염소를 쫓아 보내는 의식은 나쁜 죄를 원래의 장소로 되돌려 보내는 의미를 가진 의식이었을 것이다. 아니면 사람들의 '모든 불의'(16:22)를 인간에게 해를 미치지 않는 장소로 보내는 의미를 가진 듯하다.

대속죄제와 그리스도의 속죄

	대속죄제	그리스도의 속죄
1	레위의 자손 대제사장이 드림 (출 6:16, 20, 레 16:2)	멜기세덱의 반차를 좇은 대제사장이 드림 (히 7:11-21)
2	대제사장이 자신을 가리우는 세마포 옷을 입고 드림 (레 16:4)	그리스도께서는 가리우지 않고 당신 자신이 직접 드리심
3	짐승을 희생 제물로 삼아 드림 (레 16:5-11)	그리스도 당신 자신을 제물로 삼음 (히 10:5-18)
4	지성소와 회막, 단 등을 속죄하고 드림 (레 16:14, 16-19)	속죄할 필요가 없는 하늘의 성소에서 드리심(히 9:23, 24)
5	대제사장이 자신과 가족의 죄를 먼저 속죄함 (레 16:6, 11, 17)	그리스도께서는 죄가 없음으로 죄를 속죄할 필요가 없음 (히 7:26-28)
6	후에 그리스도의 속죄로 대체됨 (히 8:13)	영원히 지속됨 (히 7:24)
7	일년에 한번씩 해마다 드림 (레 16:34)	과거,현재,미래의 죄를 한번에 영원히 속죄함 (히 9:12, 25-28)

레위기 17장

제물을 드릴 곳

[1] 여호와께서 모세에게 말씀하여 이르시되 [2] 아론과 그의 아들들과 이스
라엘의 모든 자손에게 말하여 그들에게 이르기를 여호와의 명령이 이러
하시다 하라 [3] 이스라엘 집의 모든 사람이 소나 어린 양이나 염소를 진영
안에서 잡든지 진영 밖에서 잡든지 [4] 먼저 회막 문으로 끌고 가서 여호와
의 성막 앞에서 여호와께 예물로 드리지 아니하는 자는 피 흘린 자로 여
길 것이라 그가 피를 흘렸은즉 자기 백성 중에서 끊어지리라 [5] 그런즉 이
스라엘 자손이 들에서 잡던 그들의 제물을 회막 문 여호와께로 끌고 가
서 제사장에게 주어 화목제로 여호와께 드려야 할 것이요 [6] 제사장은 그
피를 회막 문 여호와의 제단에 뿌리고 그 기름을 불살라 여호와께 향기로
운 냄새가 되게 할 것이라 [7] 그들은 전에 음란하게 섬기던 숫염소에게 다
시 제사하지 말 것이니라 이는 그들이 대대로 지킬 영원한 규례니라 [8] 너
는 또 그들에게 이르라 이스라엘 집 사람이나 혹은 그들 중에 거류하는
거류민이 번제나 제물을 드리되 [9] 회막 문으로 가져다가 여호와께 드리지
아니하면 그는 백성 중에서 끊어지리라

피를 먹지 말라

[10] 이스라엘 집 사람이나 그들 중에 거류하는 거류민 중에 무슨 피든지 먹
는 자가 있으면 내가 그 피를 먹는 그 사람에게는 내 얼굴을 대하여 그를
백성 중에서 끊으리니 [11] 육체의 생명은 피에 있음이라 내가 이 피를 너희
에게 주어 제단에 뿌려 너희의 생명을 위하여 속죄하게 하였나니 생명이
피에 있으므로 피가 죄를 속하느니라 [12] 그러므로 내가 이스라엘 자손에
게 말하기를 너희 중에 아무도 피를 먹지 말며 너희 중에 거류하는 거류
민이라도 피를 먹지 말라 하였나니 [13] 모든 이스라엘 자손이나 그들 중에
거류하는 거류민이 먹을 만한 짐승이나 새를 사냥하여 잡거든 그것의 피
를 흘리고 흙으로 덮을지니라 [14] 모든 생물은 그 피가 생명과 일체라 그러
므로 내가 이스라엘 자손에게 이르기를 너희는 어떤 육체의 피든지 먹지
말라 하였나니 모든 육체의 생명은 그것의 피인즉 그 피를 먹는 모든 자
는 끊어지리라 [15] 또 스스로 죽은 것이나 들짐승에게 찢겨 죽은 것을 먹은
모든 자는 본토인이거나 거류민이거나 그의 옷을 빨고 물로 몸을 씻을 것
이며 저녁까지 부정하고 그 후에는 정하려니와 [16] 그가 빨지 아니하거나
그의 몸을 물로 씻지 아니하면 그가 죄를 담당하리라

레위기 18장

가증한 풍속을 따르지 말라

[1] 여호와께서 모세에게 말씀하여 이르시되 [2] 너는 이스라엘 자손에게 말
하여 이르라 나는 여호와 너희의 하나님이니라 [3] 너희는 너희가 거주하던
애굽 땅의 풍속을 따르지 말며 내가 너희를 인도할 가나안 땅의 풍속과
규례도 행하지 말고 [4] 너희는 내 법도를 따르며 내 규례를 지켜 그대로 행
하라 나는 너희의 하나님 여호와이니라 [5] 너희는 내 규례와 법도를 지키

대속죄일 제사 절차와 교훈

	제사 절차	영적 교훈
1	대제사장이 물로 몸을 씻음(레 16:4)	육신의 더러움을 하나님의 생명수로 씻어 정결케 함 (요 15:3)
2	대제사장이 세마포 의복을 입음(레 16:4)	하나님을 섬기기 위해 타락한 자신의 육신을 순수하신 그리스도를 예표하는 옷으로 가림 (13:14)
3	대제사장이 자기와 가족을 위해 속죄제물을 잡음 (레 16:6, 11)	땅의 성막과 다른 이스라엘 백성들을 속죄하기에 앞서 먼저 자신의 죄를 속죄할 필요성이 있음 (히 7:27)
4	대제사장이 향연으로 증거궤 위 속죄소를 가리움(레 16:12, 13)	부정에서 치유된 자가 이제 하나님의 새로운 백성으로서 그의 모든 죄를 속죄 받음 (롬 8:34, 히 7:25)
5	대제사장의 속죄제의 피를 속죄소 동편과 앞에 뿌림(레 16:14)	대제사장과 그의 가족이 다른 사람의 속죄에 앞서 먼저 자신들의 죄를 속죄의 피로 속죄 받음(히 7:27)
6	백성들의 속죄제의 피를 속죄소 위와 앞에 뿌림 (레 16:15-19)	율법으로 인한 속죄제의 피가 백성들의 과거, 현재, 미래의 죄를 영원히 속죄할 수 없는 것인바, 대제사장이 매년 그리스도의 피를 예표하는 속죄제의 피로 속함(히 10:1-18)
7	대제사장이 산염소를 아사셀을 위하여 광야로 보냄 (레 16:20-22)	그리스도께서 성도의 죄를 짊어지시고 도맡게 하심을 암시함 (요 1:29, 36)
8	대제사장과 백성의 속죄제를 드림 (레 16:24)	대제사장과 백성이 속죄 후 하나님께 대한 헌신을 나타냄을 암시함
9	대제사장과 백성의 속죄제물 중 불태워 드리지 않은 부분을 진 밖에서 불태움 (레 16:27)	그리스도께서 하나님의 백성들의 죄를 속하시기 위하여 진 밖, 영문(營門)밖에서 죽임 당하심을 암시(히 13:11-13)

레 17:14 제사의 원리로서 "피"가 갖는 의미는 중요하다. 피는 생명의 근원이며 (레 17:11) 사죄의 근거이고, 결국 예수의 보혈로 이어지는 구속사적 의미를 갖는다 (출 12:13).

라 사람이 이를 행하면 그로 말미암아 살리라 나는 여호와이니라 6 각 사
람은 자기의 살붙이를 가까이 하여 그의 하체를 범하지 말라 나는 여호와
이니라 7 네 어머니의 하체는 곧 네 아버지의 하체이니 너는 범하지 말라
그는 네 어머니인즉 너는 그의 하체를 범하지 말지니라 8 너는 네 아버지
의 아내의 하체를 범하지 말라 이는 네 아버지의 하체니라 9 너는 네 자매
곧 네 아버지의 딸이나 네 어머니의 딸이나 집에서나 다른 곳에서 출생하
였음을 막론하고 그들의 하체를 범하지 말지니라 10 네 손녀나 네 외손녀
의 하체를 범하지 말라 이는 네 하체니라 11 네 아버지의 아내가 네 아버
지에게 낳은 딸은 네 누이니 너는 그의 하체를 범하지 말지니라 12 너는
네 고모의 하체를 범하지 말라 그는 네 아버지의 살붙이니라 13 너는 네
이모의 하체를 범하지 말라 그는 네 어머니의 살붙이니라 14 너는 네 아버
지 형제의 아내를 가까이 하여 그의 하체를 범하지 말라 그는 네 숙모니
라 15 너는 네 며느리의 하체를 범하지 말라 그는 네 아들의 아내이니 그의 하체를 범하지 말지니라 16 너는 네 형
제의 아내의 하체를 범하지 말라 이는 네 형제의 하체니라 17 너는 여인과 그 여인의 딸의 하체를 아울러 범하지
말며 또 그 여인의 손녀나 외손녀를 아울러 데려다가 그의 하체를 범하지 말라 그들은 그의 살붙이이니 이는 악
행이니라 18 너는 아내가 생존할 동안에 그의 자매를 데려다가 그의 하체를 범하여 그로 질투하게 하지 말지니
라 19 너는 여인이 월경으로 불결한 동안에 그에게 가까이 하여 그의 하체를 범하지 말지니라 20 너는 네 이웃의
아내와 동침하여 설정하므로 그 여자와 함께 자기를 더럽히지 말지니라 21 너는 결단코 자녀를 몰렉에게 주어
불로 통과하게 함으로 네 하나님의 이름을 욕되게 하지 말라 나는 여호와이니라 22 너는 여자와 동침함 같이 남
자와 동침하지 말라 이는 가증한 일이니라 23 너는 짐승과 교합하여 자기를 더럽히지 말며 여자는 짐승 앞에 서
서 그것과 교접하지 말라 이는 문란한 일이니라 24 너희는 이 모든 일로 스스로 더럽히지 말라 내가 너희 앞에서
쫓아내는 족속들이 이 모든 일로 말미암아 더러워졌고 25 그 땅도 더러워졌으므로 내가 그 악으로 말미암아 벌
하고 그 땅도 스스로 그 주민을 토하여 내느니라 26 그러므로 너희 곧 너희의 동족이나 혹은 너희 중에 거류하는
거류민이나 내 규례와 내 법도를 지키고 이런 가증한 일의 하나라도 행하지 말라 27 너희가 전에 있던 그 땅 주민
이 이 모든 가증한 일을 행하였고 그 땅도 더러워졌느니라 28 너희도 더럽히면 그 땅이 너희가 있기 전 주민을 토
함 같이 너희를 토할까 하노라 29 이 가증한 모든 일을 행하는 자는 그 백성 중에서 끊어지리라 30 그러므로 너희
는 내 명령을 지키고 너희가 들어가기 전에 행하던 가증한 풍속을 하나라도 따름으로 스스로 더럽히지 말라 나
는 너희의 하나님 여호와이니라

> **레 18:2-5** 하나님의 백성이 되었으므로 백성으로의 정체성(Identity)을 유지하기 위함이다. 그러므로 하나님의 백성은 세상 백성과 구별되는 삶을 살아야 한다. - ***관점 3***
> 하나님 백성(성도, 聖徒<구별된 무리>)은 성경적 세계관과 가치관으로 이루어지는 하나님 나라의 문화를 세우는 삶을 살아야 한다. 이것이 하나님 나라의 통치 원리이며 구조인 것이다.
> 그래서 율법(십계명)이 주어진다.
>
> **레 18:3-5** 애굽의 풍습을 버리고 이제 들어갈 가나안 땅의 풍습을 버린다는 것은 구체적으로 그 땅의 문란한 성적 풍습을 따르지 말고 순결하라는 것을 강조하는 말이다.

레위기 19장

너희는 거룩하라

레 19~20장
학습 자료 9-3
"율법에 나타난 사회적 관심사" 도표를 참조

1 여호와께서 모세에게 말씀하여 이르시되 2 너는 이스라엘 자손의 온 회
중에게 말하여 이르라 너희는 거룩하라 이는 나 여호와 너희 하나님이 거
룩함이니라 3 너희 각 사람은 부모를 경외하고 나의 안식일을 지키라 나는 너희의 하나님 여호와이니라 4 너희는
헛된 것들에게로 향하지 말며 너희를 위하여 신상들을 부어 만들지 말라 나는 너희의 하나님 여호와이니라 5 너
희는 화목제물을 여호와께 드릴 때에 기쁘게 받으시도록 드리고 6 그 제물은 드리는 날과 이튿날에 먹고 셋째
날까지 남았거든 불사르라 7 셋째 날에 조금이라도 먹으면 가증한 것이 되어 기쁘게 받으심이 되지 못하고 8 그
것을 먹는 자는 여호와의 성물을 더럽힘으로 말미암아 죄를 담당하리니 그가 그의 백성 중에서 끊어지리라 9 너
희가 너희의 땅에서 곡식을 거둘 때에 너는 밭 모퉁이까지 다 거두지 말고 네 떨어진 이삭도 줍지 말며 10 네 포
도원의 열매를 다 따지 말며 네 포도원에 떨어진 열매도 줍지 말고 가난한 사람과 거류민을 위하여 버려두라 나

는 너희의 하나님 여호와이니라 11 너희는 도둑질하지 말며 속이지 말며
서로 거짓말하지 말며 12 너희는 내 이름으로 거짓 맹세함으로 네 하나님
의 이름을 욕되게 하지 말라 나는 여호와이니라 13 너는 네 이웃을 억압
하지 말며 착취하지 말며 품꾼의 삯을 아침까지 밤새도록 네게 두지 말며
14 너는 귀먹은 자를 저주하지 말며 맹인 앞에 장애물을 놓지 말고 네 하
나님을 경외하라 나는 여호와이니라 15 너희는 재판할 때에 불의를 행하
지 말며 가난한 자의 편을 들지 말며 세력 있는 자라고 두둔하지 말고 공
의로 사람을 재판할지며 16 너는 네 백성 중에 돌아다니며 사람을 비방하
지 말며 네 이웃의 피를 흘려 이익을 도모하지 말라 나는 여호와이니라 17
너는 네 형제를 마음으로 미워하지 말며 네 이웃을 반드시 견책하라 그러
면 네가 그에 대하여 죄를 담당하지 아니하리라 18 원수를 갚지 말며 동
포를 원망하지 말며 네 이웃 사랑하기를 네 자신과 같이 사랑하라 나는
여호와이니라 19 너희는 내 규례를 지킬지어다 네 가축을 다른 종류와 교
미시키지 말며 네 밭에 두 종자를 섞어 뿌리지 말며 두 재료로 직조한 옷
을 입지 말지며 20 만일 어떤 사람이 다른 사람과 정혼한 여종 곧 아직 속
량되거나 해방되지 못한 여인과 동침하여 설정하면 그것은 책망을 받을
일이니라 그러나 그들은 죽임을 당하지는 아니하리니 그 여인이 해방되
지 못하였기 때문이니라 21 그 남자는 그 속건제물 곧 속건제 숫양을 회막
문 여호와께로 끌고 올 것이요 22 제사장은 그가 범한 죄를 위하여 그 속
건제의 숫양으로 여호와 앞에 속죄할 것이요 그리하면 그가 범한 죄를 사
함 받으리라 23 너희가 그 땅에 들어가 각종 과목을 심거든 그 열매는 아
직 할례 받지 못한 것으로 여기되 곧 삼 년 동안 너희는 그것을 할례 받지
못한 것으로 여겨 먹지 말 것이요 24 넷째 해에는 그 모든 과실이 거룩하
니 여호와께 드려 찬송할 것이며 25 다섯째 해에는 그 열매를 먹을지니 그
리하면 너희에게 그 소산이 풍성하리라 나는 너희의 하나님 여호와이니
라 26 너희는 무엇이든지 피째 먹지 말며 점을 치지 말며 술법을 행하지 말
며 27 머리 가를 둥글게 깎지 말며 수염 끝을 손상하지 말며 28 죽은 자 때
문에 너희의 살에 문신을 하지 말며 무늬를 놓지 말라 나는 여호와이니라
29 네 딸을 더럽혀 창녀가 되게 하지 말라 음행이 전국에 퍼져 죄악이 가
득할까 하노라 30 내 안식일을 지키고 내 성소를 귀히 여기라 나는 여호와
이니라 31 너희는 신접한 자와 박수를 믿지 말며 그들을 추
종하여 스스로 더럽히지 말라 나는 너희 하나님 여호와이니라 32 너는 센 머리 앞에서 일어서고
노인의 얼굴을 공경하며 네 하나님을 경외하라 나는 여호와이니라 33 거류민이 너희의 땅에 거
류하여 함께 있거든 너희는 그를 학대하지 말고 34 너희와 함께 있는 거류민을 너희
중에서 낳은 자 같이 여기며 자기 같이 사랑하라 너희도 애굽 땅에서 거류민이
되었었느니라 나는 너희의 하나님 여호와이니라 35 너희는 재판할 때나 길
이나 무게나 양을 잴 때 불의를 행하지 말고 36 공평한 저울과 공평한 추
와 공평한 에바와 공평한 힌을 사용하라 나는 너희를 인도하여 애굽 땅
에서 나오게 한 너희의 하나님 여호와이니라 37 너희는 내 모든 규례와
내 모든 법도를 지켜 행하라 나는 여호와이니라

❖ 레 19~20장은 이웃과 바른 관계에 대한 규례를 가르쳐준다. 이런 것들은 앞으로 이스라엘 백성이 가나안 땅을 정복할 때 이미 형성된 그곳의 이방 문화에 무방비 상태로 노출되어 하나님의 백성으로서의 정체성을 잃지 않도록 그 지침을 주신 것이다. 이렇듯 하나님 나라가 이루어지기 위해서는 그 백성들이 세속과 섞이지 않고 그 정체성을 유지할 뿐만 아니라, 그 이방 문화의 현장에 하나님의 사랑과 공의의 문화를 심어야 하는 제사장적 사명도 함께 있음을 말해 주고 있다.
구약에 있어서 구별된 삶은 규례를 지키는 단순 수동적인 순종적 삶이다. 그러나 신약적으로 구별된 삶은 단순히 수동적 삶을 넘어서 보다 능동적이고 더 적극적인 삶이다. 그리스도인은 구별된 삶을 산다는 이유로 이분법적 사고(二分法的 思考)로 세상과 구별하여 세상과 선을 긋는 삶을 중요하게 생각하는 삶을 살아서는 안 된다. 그리스도인은 오히려 더 적극적으로 세상을 향하여 나아가 그 세상의 시대정신(時代精神)을 주도하며 세상에 그리스도의 문화를 심어야 한다.
행 17:6 "... 천하를 어지럽게 하던 이 사람들이 여기도 이르매" 이 구절에서 초대교회 시절의 이방인들은 그리스도인들은 '천하를 어지럽히는 자들' 즉 영어 성경에는 these men who have turned the world upside down 이라고 했다. 세상을 뒤집어엎은 사람들이라는 뜻이다. 그리스도의 문화로 세상 문화를 바꾸어 놓았다는 말이다. 그러므로 19~20장은 하나님 백성이 된 자들의 삶의 원리가 곧 성경이라는 것을 말하고 있다.

❖ **구약 법의 2가지 양식**

1. 단언적 법 (Apodictic Law)
   "~ 을 하라" (긍정)
   "~ 을 하지 마라" (부정)
2. 결의론적 법 (Casuistic Law)
   "만일 ~ 이면" 이라는 조건이 붙으며 "~을 하라" 라는 평결문 형태를 띄고 있다.

레위기 20장

반드시 죽여야 하는 죄

❖ 레 20에서 극형(돌로 쳐 죽임을 당하는)에 처해지는 죄는 어떤 것인지를 관찰하고 오늘 내 생활에서 내가 부지불식간에 문화라는 명분을 앞세워 저지르고 있지 않는지 성찰하라.

7일~12일

1 여호와께서 모세에게 말씀하여 이르시되 2 너는 이스라엘 자손에게 또
이르라 그가 이스라엘 자손이든지 이스라엘에 거류하는 거류민이든지 그
의 자식을 몰렉에게 주면 반드시 죽이되 그 지방 사람이 돌로 칠 것이요 3 나도 그 사람에게 진노하여 그를 그의
백성 중에서 끊으리니 이는 그가 그의 자식을 몰렉에게 주어서 내 성소를 더럽히고 내 성호를 욕되게 하였음이
라 4 그가 그의 자식을 몰렉에게 주는 것을 그 지방 사람이 못 본 체하고 그를 죽이지 아니하면 5 내가 그 사람과
그의 권속에게 진노하여 그와 그를 본받아 몰렉을 음란하게 섬기는 모든 사람을 그들의 백성 중에서 끊으리라 6
접신한 자와 박수무당을 음란하게 따르는 자에게는 내가 진노하여 그를 그의 백성 중에서 끊으리니 7 너희는 스
스로 깨끗하게 하여 거룩할지어다 나는 너희의 하나님 여호와이니라 8 너희는 내 규례를 지켜 행하라 나는 너희
를 거룩하게 하는 여호와이니라 9 만일 누구든지 자기의 아버지나 어머니를 저주하는 자는 반드시 죽일지니 그
가 자기의 아버지나 어머니를 저주하였은즉 그의 피가 자기에게로 돌아가리라 10 누구든지 남의 아내와 간음하
는 자 곧 그의 이웃의 아내와 간음하는 자는 그 간부와 음부를 반드시 죽일지니라 11 누구든지 그의 아버지의 아
내와 동침하는 자는 그의 아버지의 하체를 범하였은즉 둘 다 반드시 죽일지니 그들의 피가 자기들에게로 돌아
가리라 12 누구든지 그의 며느리와 동침하거든 둘 다 반드시 죽일지니 그들이 가증한 일을 행하였음이라 그들의
피가 자기들에게로 돌아가리라 13 누구든지 여인과 동침하듯 남자와 동침하면 둘 다 가증한 일을 행함인즉 반드
시 죽일지니 자기의 피가 자기에게로 돌아가리라 14 누구든지 아내와 자기의 장모를 함께 데리고 살면 악행인즉
그와 그들을 함께 불사를지니 이는 너희 중에 악행이 없게 하려 함이니라 15 남자가 짐승과 교합하면 반드시 죽
이고 너희는 그 짐승도 죽일 것이며 16 여자가 짐승에게 가까이 하여 교합하면 너는 여자와 짐승을 죽이되 그들
을 반드시 죽일지니 그들의 피가 자기들에게로 돌아가리라 17 누구든지 그의 자매 곧 그의 아버지의 딸이나 그
의 어머니의 딸을 데려다가 그 여자의 하체를 보고 여자는 그 남자의 하체를 보면 부끄러운 일이라 그들의 민족
앞에서 그들이 끊어질지니 그가 자기의 자매의 하체를 범하였은즉 그가 그의 죄를 담당하리라 18 누구든지 월경
중의 여인과 동침하여 그의 하체를 범하면 남자는 그 여인의 근원을 드러냈고 여인은 자기의 피 근원을 드러내
었음인즉 둘 다 백성 중에서 끊어지리라 19 네 이모나 고모의 하체를 범하지 말지니 이는 살붙이의 하체인즉 그
들이 그들의 죄를 담당하리라 20 누구든지 그의 숙모와 동침하면 그의 숙부의 하체를 범함이니 그들은 그들의
죄를 담당하여 자식이 없이 죽으리라 21 누구든지 그의 형제의 아내를 데리고 살면 더러운 일이라 그가 그의 형
제의 하체를 범함이니 그들에게 자식이 없으리라 22 너희는 나의 모든 규례와 법도를 지켜 행하라 그리하여야
내가 너희를 인도하여 거주하게 하는 땅이 너희를 토하지 아니하리라 23 너희는 내가 너희 앞에서 쫓아내는 족
속의 풍속을 따르지 말라 그들이 이 모든 일을 행하므로 내가 그들을 가증히 여기노라 24 내가 전에 너희에게 이
르기를 너희가 그들의 땅을 기업으로 받을 것이라 내가 그 땅 곧 젖과 꿀이 흐르는 땅을 너희에게 주어 유업을
삼게 하리라 하였노라 나는 너희를 만민 중에서 구별한 너희의 하나님 여호와이니라 25 너희는 짐승이 정하고 부
정함과 새가 정하고 부정함을 구별하고 내가 너희를 위하여 부정한 것으로 구별한 짐승이나 새나 땅에 기는 것
들로 너희의 몸을 더럽히지 말라 26 너희는 나에게 거룩할지어다 이는 나 여호와가 거룩하고 내가 또 너희를 나
의 소유로 삼으려고 너희를 만민 중에서 구별하였음이니라 27 남자나 여자가 접신하거나 박수무당이 되거든 반
드시 죽일지니 곧 돌로 그를 치라 그들의 피가 자기들에게로 돌아가리라

레위기 21장

제사장이 지켜야 할 규례

1 여호와께서 모세에게 이르시되 아론의 자손 제사장들에게 말하여 이르라 그의 백성 중에서 죽은 자를 만짐
으로 말미암아 스스로를 더럽히지 말려니와 2 그의 살붙이인 그의 어머니나 그의 아버지나 그의 아들이나 그의

딸이나 그의 형제나 3 출가하지 아니한 처녀인 그의 자매로 말미암아서
는 몸을 더럽힐 수 있느니라 4 제사장은 그의 백성의 어른인즉 자신을 더
럽혀 속되게 하지 말지니라 5 제사장들은 머리털을 깎아 대머리 같게 하
지 말며 자기의 수염 양쪽을 깎지 말며 살을 베지 말고 6 그들의 하나님
께 대하여 거룩하고 그들의 하나님의 이름을 욕되게 하지 말 것이며 그들
은 여호와의 화제 곧 그들의 하나님의 음식을 드리는 자인즉 거룩할 것이
라 7 그들은 부정한 창녀나 이혼 당한 여인을 취하지 말지니 이는 그가 여
호와 하나님께 거룩함이니라 8 너는 그를 거룩히 여기라 그는 네 하나님
의 음식을 드림이니라 너는 그를 거룩히 여기라 너희를 거룩하게 하는 나
여호와는 거룩함이니라 9 어떤 제사장의 딸이든지 행음하여 자신을 속되
게 하면 그의 아버지를 속되게 함이니 그를 불사를지니라 10 자기의 형제
중 관유로 부음을 받고 위임되어 그 예복을 입은 대제사장은 그의 머리
를 풀지 말며 그의 옷을 찢지 말며 11 어떤 시체에든지 가까이 하지 말지니 그의 부모로 말미암아서도 더러워지
게 하지 말며 12 그 성소에서 나오지 말며 그의 하나님의 성소를 속되게 하지 말라 이는 하나님께서 성별하신 관
유가 그 위에 있음이니라 나는 여호와이니라 13 그는 처녀를 데려다가 아내를 삼을지니 14 과부나 이혼 당한 여
자나 창녀 짓을 하는 더러운 여인을 취하지 말고 자기 백성 중에서 처녀를 취하여 아내를 삼아 15 그의 자손이 그
의 백성 중에서 속되게 하지 말지니 나는 그를 거룩하게 하는 여호와임이니라 16 여호와께서 모세에게 말씀하여
이르시되 17 아론에게 말하여 이르라 누구든지 너의 자손 중 대대로 육체에 흠이 있는 자는 그 하나님의 음식을
드리려고 가까이 오지 못할 것이니라 18 누구든지 흠이 있는 자는 가까이 하지 못할지니 곧 맹인이나 다리 저는
자나 코가 불완전한 자나 지체가 더한 자나 19 발 부러진 자나 손 부러진 자나 20 등 굽은 자나 키 못 자란 자나 눈
에 백막이 있는 자나 습진이나 버짐이 있는 자나 고환 상한 자나 21 제사장 아론의 자손 중에 흠이 있는 자는 나
와 여호와께 화제를 드리지 못할지니 그는 흠이 있은즉 나와서 그의 하나님께 음식을 드리지 못하느니라 22 그
는 그의 하나님의 음식이 지성물이든지 성물이든지 먹을 것이나 23 휘장 안에 들어가지 못할 것이요 제단에 가까
이 하지 못할지니 이는 그가 흠이 있음이니라 이와 같이 그가 내 성소를 더럽히지 못할 것은 나는 그들을 거룩하
게 하는 여호와임이니라 24 이와 같이 모세가 아론과 그의 아들들과 온 이스라엘 자손에게 말하였더라

❖ 레 21장은 제사장의 순결을 매우 강조하고 있다. 사사기에서 이들이 순결하지 못했고 그래서 그들의 본분을 상실했을 때 온 공동체가 심각한 고통 가운데 빠져들게 되었다는 사실을 발견하게 될 것이다.
오늘날도 마찬가지다. 순결하고 하나님의 사명에 충실해야 할 교회 지도자가 그 순결을 상실하고 본분을 망각함으로 이 세대가 심각한 고통과 암흑 가운데 빠지게 되었다. 종교가 부패하여 그 본분을 망각할 때 개인과 사회, 나아가 국가 공동체가 고통 가운데 빠진다는 것을 역사가 입증하고 있다. 그러므로 특히 교회의 영적 지도자는 영적 근원이요 샘인 성경을 겉모양으로서가 아니라 진지하게 읽어야 한다.

"오늘 성경 읽으셨나요?"

레위기 22장

성물을 먹는 규례

1 여호와께서 모세에게 말씀하여 이르시되 2 아론과 그의 아들들에게 말하여 그들로 이스라엘 자손이 내게 드리
는 그 성물에 대하여 스스로 구별하여 내 성호를 욕되게 함이 없게 하라 나는 여호와이니라 3 그들에게 이르라
누구든지 네 자손 중에 대대로 그의 몸이 부정하면서도 이스라엘 자손이 구별하여 여호와께 드리는 성물에 가
까이 하는 자는 내 앞에서 끊어지리라 나는 여호와이니라 4 아론의 자손 중 나병 환자나 유출병자는 그가 정결하
기 전에는 그 성물을 먹지 말 것이요 시체의 부정에 접촉된 자나 설정한 자나 5 무릇 사람을 부정하게 하는 벌레
에 접촉된 모든 사람과 무슨 부정이든지 사람을 더럽힐 만한 것에게 접촉된 자 6 곧 이런 것에 접촉된 자는 저녁
까지 부정하니 그의 몸을 물로 씻지 아니하면 그 성물을 먹지 못할지며 7 해 질 때에야 정하리니 그 후에야 그 성
물을 먹을 것이니라 이는 자기의 음식이 됨이니라 8 시체나 찢겨 죽은 짐승을 먹음으로 자기를 더럽히지 말라 나
는 여호와이니라 9 그들은 내 명령을 지킬 것이니라 그것을 속되게 하면 그로 말미암아 죄를 짓고 그 가운데에서
죽을까 하노라 나는 그들을 거룩하게 하는 여호와이니라 10 일반인은 성물을 먹지 못할 것이며 제사장의 객이나
품꾼도 다 성물을 먹지 못할 것이니라 11 그러나 제사장이 그의 돈으로 어떤 사람을 샀으면 그는 그것을 먹을 것
이며 그의 집에서 출생한 자도 그렇게 하여 그들이 제사장의 음식을 먹을 것이며 12 제사장의 딸이 일반인에게

출가하였으면 거제의 성물을 먹지 못하되 13 만일 그가 과부가 되든지 이혼을 당하든지 자식이 없이 그의 친정에
돌아와서 젊었을 때와 같으면 그는 그의 아버지 몫의 음식을 먹을 것이나 일반인은 먹지 못할 것이니라 14 만일
누가 부지중에 성물을 먹으면 그 성물에 그것의 오분의 일을 더하여 제사장에게 줄지니라 15 이스라엘 자손이 여
호와께 드리는 성물을 그들은 속되게 하지 말지니 16 그들이 성물을 먹으면 그 죄로 인하여 형벌을 받게 할 것이
니라 나는 그 음식을 거룩하게 하는 여호와이니라

7일~
12일

여호와께서 기쁘게 받으시는 제물

17 여호와께서 모세에게 말씀하여 이르시되 18 아론과 그의 아들들과 이스라엘 온 족속에게 말하여 이르라 이스
라엘 자손이나 그 중에 거류하는 자가 서원제물이나 자원제물로 번제와 더불어 여호와께 예물로 드리려거든 19
기쁘게 받으심이 되도록 소나 양이나 염소의 흠 없는 수컷으로 드릴지니 20 흠 있는 것은 무엇이나 너희가 드리지
말 것은 그것이 기쁘게 받으심이 되지 못할 것임이니라 21 만일 누구든지 서원한 것을 갚으려 하든지 자의로 예물
을 드리려 하여 소나 양으로 화목제물을 여호와께 드리는 자는 기쁘게 받으심이 되도록 아무 흠이 없는 온전한 것
으로 할지니 22 너희는 눈 먼 것이나 상한 것이나 지체에 베임을 당한 것이나 종기 있는 것이나 습진 있는 것이나
비루먹은 것을 여호와께 드리지 말며 이런 것들은 제단 위에 화제물로 여호와께 드리지 말라 23 소나 양의 지체가
더하거나 덜하거나 한 것은 너희가 자원 제물로는 쓰려니와 서원 제물로 드리면 기쁘게 받으심이 되지 못하리라
24 너희는 고환이 상하였거나 치었거나 터졌거나 베임을 당한 것은 여호와께 드리지 말며 너희의 땅에서는 이런
일을 행하지도 말지며 25 너희는 외국인에게서도 이런 것을 받아 너희의 하나님의 음식으로 드리지 말라 이는 결
점이 있고 흠이 있는 것인즉 너희를 위하여 기쁘게 받으심이 되지 못할 것임이니라 26 여호와께서 모세에게 말씀
하여 이르시되 27 수소나 양이나 염소가 나거든 이레 동안 그것의 어미와 같이 있게 하라 여덟째 날 이후로는 여호
와께 화제로 예물을 드리면 기쁘게 받으심이 되리라 28 암소나 암양을 막론하고 어미와 새끼를 같은 날에 잡지 말
지니라 29 너희가 여호와께 감사제물을 드리려거든 너희가 기쁘게 받으심이 되도록 드릴지며 30 그 제물은 그 날
에 먹고 이튿날까지 두지 말라 나는 여호와이니라 31 너희는 내 계명을 지키며 행하라 나는 여호와이니라 32 너희
는 내 성호를 속되게 하지 말라 나는 이스라엘 자손 중에서 거룩하게 함을 받을 것이니라 나는 너희를 거룩하게
하는 여호와요 33 너희의 하나님이 되려고 너희를 애굽 땅에서 인도하여 낸 자니 나는 여호와이니라

레위기 23장

레 23장
학습 자료 9-6 "레위기의 절기" 참조

성회를 삼을 여호와의 절기

1 여호와께서 모세에게 말씀하여 이르시되 2 이스라엘 자손에게 말하여 이르라 이것이 나의 절기들이니 너희가
성회로 공포할 여호와의 절기들이니라 3 엿새 동안은 일할 것이요 일곱째 날은 쉴 안식일이니 성회의 날이라 너
희는 아무 일도 하지 말라 이는 너희가 거주하는 각처에서 지킬 여호와의 안식일이니라

유월절과 무교절

4 이것이 너희가 그 정한 때에 성회로 공포할 여호와의 절기들이니라 5 첫째 달 열나흗날 저녁은 여호와의 유월
절이요 6 이 달 열 닷샛날은 여호와의 무교절이니 이레 동안 너희는 무교병을 먹을 것이요 7 그 첫 날에는 너희가
성회로 모이고 아무 노동도 하지 말지며 8 너희는 이레 동안 여호와께 화제를 드릴 것이요 일곱째 날에도 성회로
모이고 아무 노동도 하지 말지니라

첫 이삭 한 단을 바치는 절기

9 여호와께서 모세에게 말씀하여 이르시되 10 이스라엘 자손에게 말하여 이르라 너희는 내가 너희에게 주는 땅
에 들어가서 너희의 곡물을 거둘 때에 너희의 곡물의 첫 이삭 한 단을 제사장에게로 가져갈 것이요 11 제사장은
너희를 위하여 그 단을 여호와 앞에 기쁘게 받으심이 되도록 흔들되 안식일 이튿날에 흔들 것이며 12 너희가 그
단을 흔드는 날에 일 년 되고 흠 없는 숫양을 여호와께 번제로 드리고 13 그 소제로는 기름 섞은 고운 가루 십분
의 이 에바를 여호와께 드려 화제로 삼아 향기로운 냄새가 되게 하고 전제로는 포도주 사분의 일 힌을 쓸 것이며

14 너희는 너희 하나님께 예물을 가져오는 그 날까지 떡이든지 볶은 곡식이든지 생 이삭이든지 먹지 말지니 이
는 너희가 거주하는 각처에서 대대로 지킬 영원한 규례니라

두 번째 거둔 곡식을 바치는 절기

15 안식일 이튿날 곧 너희가 요제로 곡식단을 가져온 날부터 세어서 일곱 안식일의 수효를 채우고 16 일곱 안식
일 이튿날까지 합하여 오십 일을 계수하여 새 소제를 여호와께 드리되 17 너희의 처소에서 십분의 이 에바로 만
든 떡 두 개를 가져다가 흔들지니 이는 고운 가루에 누룩을 넣어서 구운 것이요 이는 첫 요제로 여호와께 드리
는 것이며 18 너희는 또 이 떡과 함께 일 년 된 흠 없는 어린 양 일곱 마리와 어린 수소 한 마리와 숫양 두 마리를
드리되 이것들을 그 소제와 그 전제제물과 함께 여호와께 드려서 번제로 삼

을지니 이는 화제라 여호와께 향기로운 냄새며 19 또 숫염소 하나로 속죄
제를 드리며 일 년 된 어린 숫양 두 마리를 화목제물로 드릴 것이요 20 제
사장은 그 첫 이삭의 떡과 함께 그 두 마리 어린 양을 여호와 앞에 흔들어
서 요제를 삼을 것이요 이것들은 여호와께 드리는 성물이니 제사장에게
돌릴 것이며 21 이 날에 너희는 너희 중에 성회를 공포하고 어떤 노동도
하지 말지니 이는 너희가 그 거주하는 각처에서 대대로 지킬 영원한 규례
니라 22 너희 땅의 곡물을 벨 때에 밭 모퉁이까지 다 베지 말며 떨어진 것
을 줍지 말고 그것을 가난한 자와 거류민을 위하여 남겨두라 나는 너희의
하나님 여호와이니라

> 레 23:22 **룻기의 이삭줍기**
> 이웃을 특히 가난한 자를 배려하고 보호하시는 하나님의 사랑이 깃들어져 있는 풍습이다. 우리 사회가 이랬으면 참 좋겠다.

일곱째 달 첫 날은 쉬는 날

23 여호와께서 모세에게 말씀하여 이르시되 24 이스라엘 자손에게 말하여 이르라 일곱째 달 곧 그 달 첫 날은 너
희에게 쉬는 날이 될지니 이는 나팔을 불어 기념할 날이요 성회라 25 어떤 노동도 하지 말고 여호와께 화제를 드
릴지니라

속죄일

26 여호와께서 모세에게 말씀하여 이르시되 27 일곱째 달 열흘날은 속죄일이니 너희는 성회를 열고 스스로 괴롭
게 하며 여호와께 화제를 드리고 28 이 날에는 어떤 일도 하지 말 것은 너희를 위하여 너희 하나님 여호와 앞에
속죄할 속죄일이 됨이니라 29 이 날에 스스로 괴롭게 하지 아니하는 자는 그 백성 중에서 끊어질 것이라 30 이 날
에 누구든지 어떤 일이라도 하는 자는 내가 그의 백성 중에서 멸절시키리니 31 너희는 아무 일도 하지 말라 이는
너희가 거주하는 각처에서 대대로 지킬 영원한 규례니라 32 이는 너희가 쉴 안식일이라 너희는 스스로 괴롭게
하고 이 달 아흐렛날 저녁 곧 그 저녁부터 이튿날 저녁까지 안식을 지킬지니라

초막절

33 여호와께서 모세에게 말씀하여 이르시되 34 이스라엘 자손에게 말하여 이르라 일곱째 달 열닷샛날은 초막절
이니 여호와를 위하여 이레 동안 지킬 것이라 35 첫 날에는 성회로 모일지니 너희는 아무 노동도 하지 말지며 36
이레 동안에 너희는 여호와께 화제를 드릴 것이요 여덟째 날에도 너희는 성회로 모여서 여호와께 화제를 드릴
지니 이는 거룩한 대회라 너희는 어떤 노동도 하지 말지니라 37 이것들은 여호와의 절기라 너희는 공포하여 성회
를 열고 여호와께 화제를 드릴지니 번제와 소제와 희생제물과 전제를 각각 그 날에 드릴지니 38 이는 여호와의
안식일 외에, 너희의 헌물 외에, 너희의 모든 서원제물 외에 또 너희의 모든 자원제물 외에 너희가 여호와께 드
리는 것이니라 39 너희가 토지 소산 거두기를 마치거든 일곱째 달 열 닷샛날부터 이레 동안 여호와의 절기를 지
키되 첫 날에도 안식하고 여덟째 날에도 안식할 것이요 40 첫 날에는 너희가 아름다운 나무 실과와 종려나무 가
지와 무성한 나무 가지와 시내 버들을 취하여 너희의 하나님 여호와 앞에서 이레 동안 즐거워할 것이라 41 너희
는 매년 이레 동안 여호와께 이 절기를 지킬지니 너희 대대의 영원한 규례라 너희는 일곱째 달에 이를 지킬지니
라 42 너희는 이레 동안 초막에 거주하되 이스라엘에서 난 자는 다 초막에 거주할지니 43 이는 내가 이스라엘 자

손을 애굽 땅에서 인도하여 내던 때에 초막에 거주하게 한 줄을 너희 대대로 알게 함이니라 나는 너희의 하나님
여호와이니라 44 모세는 이와 같이 여호와의 절기를 이스라엘 자손에게 공포하였더라

레위기 24장

계속해서 켜 둘 등잔불

1 여호와께서 모세에게 말씀하여 이르시되 2 이스라엘 자손에게 명령하여 불을 켜기 위하여 감람을 찧어낸 순결
한 기름을 네게로 가져오게 하여 계속해서 등잔불을 켜 둘지며 3 아론은 회막안 증거궤 휘장 밖에서 저녁부터 아
침까지 여호와 앞에 항상 등잔불을 정리할지니 이는 너희 대대로 지킬 영원한 규례라 4 그는 여호와 앞에서 순결
한 등잔대 위의 등잔들을 항상 정리할지니라

여호와 앞에 진설할 떡

5 너는 고운 가루를 가져다가 떡 열두 개를 굽되 각 덩이를 십분의 이 에바로 하여 6 여호와 앞 순결한 상 위에 두
줄로 한 줄에 여섯씩 진설하고 7 너는 또 정결한 유향을 그 각 줄 위에 두어 기념물로 여호와께 화제를 삼을 것이
며 8 안식일마다 이 떡을 여호와 앞에 항상 진설할지니 이는 이스라엘 자손을 위한 것이요 영원한 언약이니라 9
이 떡은 아론과 그의 자손에게 돌리고 그들은 그것을 거룩한 곳에서 먹을지니 이는 여호와의 화제 중 그에게 돌
리는 것으로서 지극히 거룩함이니라 이는 영원한 규례니라

여호와의 이름을 모독하면

10 이스라엘 자손 중에 그의 어머니가 이스라엘 여인이요 그의 아버지는 애굽 사람인 어떤 사람이 나가서 한 이
스라엘 사람과 진영 중에서 싸우다가 11 그 이스라엘 여인의 아들이 여호와의 이름을 모독하며 저주하므로 무리
가 끌고 모세에게로 가니라 그의 어머니의 이름은 슬로밋이요 단 지파 디브리의 딸이었더라 12 그들이 그를 가
두고 여호와의 명령을 기다리더니 13 여호와께서 모세에게 말씀하여 이르시되 14 그 저주한 사람을 진영 밖으로
끌어내어 그것을 들은 모든 사람이 그들의 손을 그의 머리에 얹게 하고 온 회중이 돌로 그를 칠지니라 15 너는 이
스라엘 자손에게 말하여 이르라 누구든지 그의 하나님을 저주하면 죄를 담당할 것이요 16 여호와의 이름을 모독
하면 그를 반드시 죽일지니 온 회중이 돌로 그를 칠 것이니라 거류민이든지 본토인이든지 여호와의 이름을 모독
하면 그를 죽일지니라 17 만일 사람을 쳐죽인 자는 반드시 죽일 것이요 18 짐승을 쳐죽인 자는 짐승으로 짐승을
갚을 것이며 19 사람이 만일 그의 이웃에게 상해를 입혔으면 그가 행한 대로 그에게 행할 것이니 20 상처에는 상
처로, 눈에는 눈으로, 이에는 이로 갚을지라 남에게 상해를 입힌 그대로 그에게 그렇게 할 것이며 21 짐승을 죽인
자는 그것을 물어 줄 것이요 사람을 죽인 자는 죽일지니 22 거류민에게든지 본토인에게든지 그 법을 동일하게 할
것은 나는 너희의 하나님 여호와임이니라 23 모세가 이스라엘 자손에게 말하니 그들이 그 저주한 자를 진영 밖
으로 끌어내어 돌로 쳤더라 이스라엘 자손이 여호와께서 모세에게 명령하신 대로 행하였더라

레위기 25장

안식년

1 여호와께서 시내 산에서 모세에게 말씀하여 이르시되 2 이스라엘 자손
에게 말하여 이르라 너희는 내가 너희에게 주는 땅에 들어간 후에 그 땅
으로 여호와 앞에 안식하게 하라 3 너는 육 년 동안 그 밭에 파종하며 육
년 동안 그 포도원을 가꾸어 그 소출을 거둘 것이나 4 일곱째 해에는 그
땅이 쉬어 안식하게 할지니 여호와께 대한 안식이라 너는 그 밭에 파종하
거나 포도원을 가꾸지 말며 5 네가 거둔 후에 자라난 것을 거두지 말고 가
꾸지 아니한 포도나무가 맺은 열매를 거두지 말라 이는 땅의 안식년임이
니라 6 안식년의 소출은 너희가 먹을 것이니 너와 네 남종과 네 여종과 네

❖ 레 25장 **안식년과 희년에 대하여**
희년은 안식 개념이 발전된 것이고 회복이라는 하나님 나라의 개념을 가지고 있는 절기이다. 매 7일째는 안식일이고, 매 7년째는 안식년이며, 안식년이 7번째 되는 다음 해 즉 50년이 되는 해를 희년 (the Year of Jubilee) 이라고 한다. 이 희년에는 모든 것을 원래 상태로 돌려야 한다. 특히 토지는 원 주인에게 돌려준다. 이것은 곧 하나님 나라의 회복을 의미한다. 이스라엘이 지켜야 할 가장 아름다운 절기이지만 성경에 그것이 지켜졌다는 기록은 찾기 힘들다.

학습 자료 9-6 "레위기의 7대 절기" 참조

품꾼과 너와 함께 거류하는 자들과 7 네 가축과 네 땅에 있는 들짐승들이 다 그 소출로 먹을 것을 삼을지니라

희년

8 너는 일곱 안식년을 계수할지니 이는 칠 년이 일곱 번인즉 안식년 일곱 번 동안 곧 사십구 년이라 9 일곱째 달
열흘날은 속죄일이니 너는 뿔나팔 소리를 내되 전국에서 뿔나팔을 크게 불지며 10 너희는 오십 년째 해를 거룩
하게 하여 그 땅에 있는 모든 주민을 위하여 자유를 공포하라 이 해는 너희에게 희년이니 너희는 각각 자기의
소유지로 돌아가며 각각 자기의 가족에게로 돌아갈지며 11 그 오십 년째 해는 너희의 희년이니 너희는 파종하지
말며 스스로 난 것을 거두지 말며 가꾸지 아니한 포도를 거두지 말라 12 이는 희년이니 너희에게 거룩함이니라
너희는 밭의 소출을 먹으리라

부당한 이익을 취하지 말라

13 이 희년에는 너희가 각기 자기의 소유지로 돌아갈지라 14 네 이웃에게 팔든지 네 이웃의 손에서 사거든 너희
각 사람은 그의 형제를 속이지 말라 15 그 희년 후의 연수를 따라서 너는 이웃에게서 살 것이요 그도 소출을 얻
을 연수를 따라서 네게 팔 것인즉 16 연수가 많으면 너는 그것의 값을 많이 매기고 연수가 적으면 너는 그것의 값
을 적게 매길지니 곧 그가 소출의 다소를 따라서 네게 팔 것이라 17 너희 각 사람은 자기 이웃을 속이지 말고 네
하나님을 경외하라 나는 너희의 하나님 여호와이니라 18 너희는 내 규례를 행하며 내 법도를 지켜 행하라 그리
하면 너희가 그 땅에 안전하게 거주할 것이라 19 땅은 그것의 열매를 내리니 너희가 배불리 먹고 거기 안전하게
거주하리라 20 만일 너희가 말하기를 우리가 만일 일곱째 해에 심지도 못하고 소출을 거두지도 못하면 우리가
무엇을 먹으리요 하겠으나 21 내가 명령하여 여섯째 해에 내 복을 너희에게 주어 그 소출이 삼 년 동안 쓰게 하
리라 22 너희가 여덟째 해에는 파종하려니와 묵은 소출을 먹을 것이며 아홉째 해에 그 땅에 소출이 들어오기까
지 너희는 묵은 것을 먹으리라 23 토지를 영구히 팔지 말 것은 토지는 다 내 것임이니라 너희는 거류민이요 동거
하는 자로서 나와 함께 있느니라 24 너희 기업의 온 땅에서 그 토지 무르기를 허락할지니 25 만일 네 형제가 가난
하여 그의 기업 중에서 얼마를 팔았으면 그에게 가까운 기업 무를 자가 와서 그의 형제가 판 것을 무를 것이요
26 만일 그것을 무를 사람이 없고 자기가 부유하게 되어 무를 힘이 있으면 27 그 판 해를 계수하여 그 남은 값을
산 자에게 주고 자기의 소유지로 돌릴 것이니라 28 그러나 자기가 무를 힘이 없으면 그 판 것이 희년에 이르기까
지 산 자의 손에 있다가 희년에 이르러 돌아올지니 그것이 곧 그의 기업으로 돌아갈 것이니라 29 성벽 있는 성 내
의 가옥을 팔았으면 판 지 만 일 년 안에는 무를 수 있나니 곧 그 기한 안에 무르려니와 30 일 년 안에 무르지 못
하면 그 성 안의 가옥은 산 자의 소유로 확정되어 대대로 영구히 그에게 속하고 희년에라도 돌려보내지 아니할
것이니라 31 그러나 성벽이 둘리지 아니한 촌락의 가옥은 나라의 전토와 같이 물러 주기도 할 것이요 희년에 돌
려보내기도 할 것이니라 32 레위 족속의 성읍 곧 그들의 소유의 성읍의 가옥은 레위 사람이 언제든지 무를 수 있
으나 33 만일 레위 사람이 무르지 아니하면 그의 소유 성읍의 판 가옥은 희년에 돌려 보낼지니 이는 레위 사람의
성읍의 가옥은 이스라엘 자손 중에서 받은 그들의 기업이 됨이니라 34 그러나 그들의 성
읍 주위에 있는 들판은 그들의 영원한 소유지이니 팔지 못할지니라 35 네 형제가 가난
하게 되어 빈 손으로 네 곁에 있거든 너는 그를 도와 거류민이나 동거인처럼 너와 함
께 생활하게 하되 36 너는 그에게 이자를 받지 말고 네 하나님을 경외하여 네 형제
로 너와 함께 생활하게 할 것인즉 37 너는 그에게 이자를 위하여 돈을 꾸어 주지 말
고 이익을 위하여 네 양식을 꾸어 주지 말라 38 나는 너희의 하나님이 되며 또 가나
안 땅을 너희에게 주려고 애굽 땅에서 너희를 인도하여 낸 너희의 하나님 여호와이
니라 39 너와 함께 있는 네 형제가 가난하게 되어 네게 몸이 팔리거든 너는 그를 종
으로 부리지 말고 40 품꾼이나 동거인과 같이 함께 있게 하여 희년까지 너를 섬기
게 하라 41 그 때에는 그와 그의 자녀가 함께 네게서 떠나 그의 가족과 그의 조
상의 기업으로 돌아가게 하라 42 그들은 내가 애굽 땅에서 인도하여 낸 내 종들

이니 종으로 팔지 말 것이라 43너는 그를 엄하게 부리지 말고 네 하나님을 경외하라 44네 종은 남녀를 막론하고
네 사방 이방인 중에서 취할지니 남녀 종은 이런 자 중에서 사올 것이며 45또 너희 중에 거류하는 동거인들의 자
녀 중에서도 너희가 사올 수 있고 또 그들이 너희와 함께 있어서 너희 땅에서 가정을 이룬 자들 중에서도 그리
할 수 있은즉 그들이 너희의 소유가 될지니라 46너희는 그들을 너희 후손에게 기업으로 주어 소유가 되게 할 것
이라 이방인 중에서는 너희가 영원한 종을 삼으려니와 너희 동족 이스라엘 자손은 너희가 피차 엄하게 부리지
말지니라 47만일 너와 함께 있는 거류민이나 동거인은 부유하게 되고 그와 함께 있는 네 형제는 가난하게 되므
로 그가 너와 함께 있는 거류민이나 동거인 또는 거류민의 가족의 후손에게 팔리면 48그가 팔린 후에 그에게는
속량 받을 권리가 있나니 그의 형제 중 하나가 그를 속량하거나 49또는 그의 삼촌이나 그의 삼촌의 아들이 그
를 속량하거나 그의 가족 중 그의 살붙이 중에서 그를 속량할 것이요 그가 부유하게 되면 스스로 속량하되 50자
기 몸이 팔린 해로부터 희년까지를 그 산 자와 계산하여 그 연수를 따라서 그 몸의 값을 정할 때에 그 사람을 섬
긴 날을 그 사람에게 고용된 날로 여길 것이라 51만일 남은 해가 많으면 그 연수대로 팔린 값에서 속량하는 값
을 그 사람에게 도로 주고 52만일 희년까지 남은 해가 적으면 그 사람과 계산하여 그 연수대로 속량하는 그 값
을 그에게 도로 줄지며 53주인은 그를 매년의 삯꾼과 같이 여기고 네 목전에서 엄하게 부리지 말지니라 54그가
이같이 속량하지 아니하여 희년에 이르러는 그와 그의 자녀가 자유하리니 55이스라엘 자손은 나의 종들이 됨이
라 그들은 내가 애굽 땅에서 인도하여 낸 내 종이요 나는 너희의 하나님 여호와이니라

레위기 26장

1너희는 자기를 위하여 우상을 만들지 말지니 조각한 것이나 주상을 세
우지 말며 너희 땅에 조각한 석상을 세우고 그에게 경배하지 말라 나는
너희의 하나님 여호와임이니라 2너희는 내 안식일을 지키며 내 성소를 경
외하라 나는 여호와이니라

상과 벌

3너희가 내 규례와 계명을 준행하면 4내가 너희에게 철따라 비를 주리
니 땅은 그 산물을 내고 밭의 나무는 열매를 맺으리라 5너희의 타작은 포
도 딸 때까지 미치며 너희의 포도 따는 것은 파종할 때까지 미치리니 너
희가 음식을 배불리 먹고 너희의 땅에 안전하게 거주하리라 6내가 그 땅
에 평화를 줄 것인즉 너희가 누울 때 너희를 두렵게 할 자가 없을 것이며
내가 사나운 짐승을 그 땅에서 제할 것이요 칼이 너희의 땅에 두루 행하
지 아니할 것이며 7너희의 원수들을 쫓으리니 그들이 너희 앞에서 칼에
엎드러질 것이라 8또 너희 다섯이 백을 쫓고 너희 백이 만을 쫓으리니 너
희 대적들이 너희 앞에서 칼에 엎드러질 것이며 9내가 너희를 돌보아 너
희를 번성하게 하고 너희를 창대하게 할 것이며 내가 너희와 함께 한 내
언약을 이행하리라 10너희는 오래 두었던 묵은 곡식을 먹다가 새 곡식으
로 말미암아 묵은 곡식을 치우게 될 것이며 11내가 내 성막을 너희 중에
세우리니 내 마음이 너희를 싫어하지 아니할 것이며 12나는 너희 중에 행
하여 너희의 하나님이 되고 너희는 내 백성이 될 것이니라 13나는 너희를 애굽 땅에서 인도해 내어 그들에게 종
된 것을 면하게 한 너희의 하나님 여호와이니라 내가 너희의 멍에의 빗장을 부수고 너희를 바로 서서 걷게 하였
느니라 14그러나 너희가 내게 청종하지 아니하여 이 모든 명령을 준행하지 아니하며 15내 규례를 멸시하며 마음
에 내 법도를 싫어하여 내 모든 계명을 준행하지 아니하며 내 언약을 배반할진대 16내가 이같이 너희에게 행하
리니 곧 내가 너희에게 놀라운 재앙을 내려 폐병과 열병으로 눈이 어둡고 생명이 쇠약하게 할 것이요 너희가 파

❖ 레 26장

구속사에서 가장 중요한 사건은 시내 산 언약이다. 그 언약을 통해 하나님은 선악과 사건으로 인해 상실한 에덴의 복을 회복하고 하나님의 주권을 온전히 회복하여 창 1:26-28에서 하나님의 의도대로 창조하신 인간의 처음 모습을 회복하신다. 이 것이 시내 산 언약을 통한 하나님의 구속사의 구약적 절정이다.

이 언약은 곧 행위언약이고, 인간이 지켜야 할 의무조항이 나오는 것이다. 그것이 십계명을 근거로 모세 5경에서 613개의 규례와 명령으로 나타난다.

이후로 인간은 이 규례와 명령을 삶의 원리로 삼고 세계관화해서 하나님 백성의 정체성을 유지하며 살아야 함을 강조하고 있다는 사실을 명심하라.

33-35절에서 이 규례와 명령을 지켜 내지 못하면 다시 선악과 사건과 같은 결과를 초래할 것이라고 예언하고 경고한다. 선악과 사건에서 하나님과의 관계가 끊어져 영적 죽음을 당했다. 이 시내 산 언약이 파괴되면 그들은 포로로 잡혀가게 된다는 것을 예언하며 경고하신다.

실제로 그것이 이루지고야 만다.

학습 자료 9-6 "레위기의 7대 절기" 참조

종한 것은 헛되리니 너희의 대적이 그것을 먹을 것임이며 17 내가 너희를 치리니 너희가 너희의 대적에게 패할 것
이요 너희를 미워하는 자가 너희를 다스릴 것이며 너희는 쫓는 자가 없어도 도망하리라 18 또 만일 너희가 그렇
게까지 되어도 내게 청종하지 아니하면 너희의 죄로 말미암아 내가 너희를 일곱 배나 더 징벌하리라 19 내가 너
희의 세력으로 말미암은 교만을 꺾고 너희의 하늘을 철과 같게 하며 너희 땅을 놋과 같게 하리니 20 너희의 수고
가 헛될지라 땅은 그 산물을 내지 아니하고 땅의 나무는 그 열매를 맺지 아니하리라 21 너희가 나를 거슬러 내게
청종하지 아니할진대 내가 너희의 죄대로 너희에게 일곱 배나 더 재앙을 내릴 것이라 22 내가 들짐승을 너희 중
에 보내리니 그것들이 너희의 자녀를 움키고 너희 가축을 멸하며 너희의 수효를 줄이리니 너희의 길들이 황폐하
리라 23 이런 일을 당하여도 너희가 내게로 돌아오지 아니하고 내게 대항할진대 24 나 곧 나도 너희에게 대항하
여 너희 죄로 말미암아 너희를 칠 배나 더 치리라 25 내가 칼을 너희에게로 가져다가 언약을 어긴 원수를 갚을 것
이며 너희가 성읍에 모일지라도 너희 중에 염병을 보내고 너희를 대적의 손에 넘길 것이며 26 내가 너희가 의뢰
하는 양식을 끊을 때에 열 여인이 한 화덕에서 너희 떡을 구워 저울에 달아 주리니 너희가 먹어도 배부르지 아
니하리라 27 너희가 이같이 될지라도 내게 청종하지 아니하고 내게 대항할진대 28 내가 진노로 너희에게 대항하
되 너희의 죄로 말미암아 칠 배나 더 징벌하리니 29 너희가 아들의 살을 먹을 것이요 딸의 살을 먹을 것이며 30 내
가 너희의 산당들을 헐며 너희의 분향단들을 부수고 너희의 시체들을 부숴진 우상들 위에 던지고 내 마음이 너
희를 싫어할 것이며 31 내가 너희의 성읍을 황폐하게 하고 너희의 성소들을 황량하게 할 것이요 너희의 향기로운
냄새를 내가 흠향하지 아니하고 32 그 땅을 황무하게 하리니 거기 거주하는 너희의 원수들이 그것으로 말미암아
놀랄 것이며 33 내가 너희를 여러 민족 중에 흩을 것이요 내가 칼을 빼어 너희를 따르게 하리니 너희의 땅이 황무
하며 너희의 성읍이 황폐하리라 34 너희가 원수의 땅에 살 동안에 너희의 본토가 황무할 것이므로 땅이 안식을
누릴 것이라 그 때에 땅이 안식을 누리리니 35 너희가 그 땅에 거주하는 동안 너희가 안식할 때에 땅은 쉬지 못
하였으나 그 땅이 황무할 동안에는 쉬게 되리라 36 너희 남은 자에게는 그 원수들의 땅에서 내가 그들의 마음을
약하게 하리니 그들은 바람에 불린 잎사귀 소리에도 놀라 도망하기를 칼을 피하여 도망하듯 할 것이요 쫓는 자
가 없어도 엎드러질 것이라 37 그들은 쫓는 자가 없어도 칼 앞에 있음 같이 서로 짓밟혀 넘어지리니 너희가 원수
들을 맞설 힘이 없을 것이요 38 너희가 여러 민족 중에서 망하리니 너희의 원수들의 땅이 너희를 삼킬 것이라 39
너희 남은 자가 너희의 원수들의 땅에서 자기의 죄로 말미암아 쇠잔하며 그 조상의 죄로 말미암아 그 조상 같이
쇠잔하리라 40 그들이 나를 거스른 잘못으로 자기의 죄악과 그들의 조상의 죄악을 자복하고 또 그들이 내게 대
항하므로 41 나도 그들에게 대항하여 내가 그들을 그들의 원수들의 땅으로 끌어 갔음을 깨닫고 그 할례 받지 아
니한 그들의 마음이 낮아져서 그들의 죄악의 형벌을 기쁘게 받으면 42 내가 야곱과 맺은 내 언약과 이삭과 맺은
내 언약을 기억하며 아브라함과 맺은 내 언약을 기억하고 그 땅을 기억하
리라 43 그들이 내 법도를 싫어하며 내 규례를 멸시하였으므로 그 땅을 떠
나서 사람이 없을 때에 그 땅은 황폐하여 안식을 누릴 것이요 그들은 자
기 죄악의 형벌을 기쁘게 받으리라 44 그런즉 그들이 그들의 원수들의 땅
에 있을 때에 내가 그들을 내버리지 아니하며 미워하지 아니하며 아주 멸
하지 아니하고 그들과 맺은 내 언약을 폐하지 아니하리니 나는 여호와 그
들의 하나님이 됨이니라 45 내가 그들의 하나님이 되기 위하여 민족들이
보는 앞에서 애굽 땅으로부터 그들을 인도하여 낸 그들의 조상과의 언약
을 그들을 위하여 기억하리라 나는 여호와이니라 46 이것은 여호와께서
시내 산에서 자기와 이스라엘 자손 사이에 모세를 통하여 세우신 규례와
법도와 율법이니라

레 26: 42-46 구속사를 통해서 하나님은 당신이 하신 약속을 반드시 지킨다는 확신을 보여 주신다. 그러므로 인간도 언약을 통해서 주신 하나님의 율례를 반드시 지켜야 한다. 그렇지 못하면 또다시 선악과 사건과 같은 결과를 반드시 초래하게 된다는 예언적 경고이다.
"따 먹는 날에는 정녕 죽으리라" 분명히 죽는다고 했는데 사탄인 뱀은 "죽을까 하노라"라고 그 경고의 의미를 듣기 좋게 희석시킨다.(창 3장)
오늘 이 시대도 사탄은 하나님의 경고를 듣기 좋은 말로 희석시키고 있음을 상기하라.

레위기 27장

서원 예물의 값

1 여호와께서 모세에게 말씀하여 이르시되 2 이스라엘 자손에게 말하여 이르라 만일 어떤 사람이 사람의 값을
여호와께 드리기로 분명히 서원하였으면 너는 그 값을 정할지니 3 네가 정한 값은 스무 살로부터 예순 살까지는
남자면 성소의 세겔로 은 오십 세겔로 하고 4 여자면 그 값을 삼십 세겔로 하며 5 다섯 살로부터 스무 살까지는
남자면 그 값을 이십 세겔로 하고 여자면 열 세겔로 하며 6 일 개월로부터 다섯 살까지는 남자면 그 값을 은 다섯
세겔로 하고 여자면 그 값을 은 삼 세겔로 하며 7 예순 살 이상은 남자면 그 값을 십오 세겔로 하고 여자는 열 세
겔로 하라 8 그러나 서원자가 가난하여 네가 정한 값을 감당하지 못하겠으면 그를 제사장 앞으로 데리고 갈 것
이요 제사장은 그 값을 정하되 그 서원자의 형편대로 값을 정할지니라 9 사람이 서원하는 예물로 여호와께 드리
는 것이 가축이면 여호와께 드릴 때는 다 거룩하니 10 그것을 변경하여 우열간 바꾸지 못할 것이요 혹 가축으로
가축을 바꾸면 둘 다 거룩할 것이며 11 부정하여 여호와께 예물로 드리지 못할 가축이면 그 가축을 제사장 앞으
로 끌어갈 것이요 12 제사장은 우열간에 값을 정할지니 그 값이 제사장의 정한 대로 될 것이며 13 만일 그가 그것
을 무르려면 네가 정한 값에 그 오분의 일을 더할지니라 14 만일 어떤 사람이 자기 집을 성별하여 여호와께 드리
려하면 제사장이 그 우열간에 값을 정할지니 그 값은 제사장이 정한 대로 될 것이며 15 만일 그 사람이 자기 집을
무르려면 네가 값을 정한 돈에 그 오분의 일을 더할지니 그리하면 자기 소유가 되리라 16 만일 어떤 사람이 자기
기업된 밭 얼마를 성별하여 여호와께 드리려하면 마지기 수대로 네가 값을 정하되 보리 한 호멜지기에는 은 오
십 세겔로 계산할지며 17 만일 그가 그 밭을 희년부터 성별하여 드렸으면 그 값을 네가 정한 대로 할 것이요 18 만
일 그 밭을 희년 후에 성별하여 드렸으면 제사장이 다음 희년까지 남은 연수를 따라 그 값을 계산하고 정한 값에
서 그 값에 상당하게 감할 것이며 19 만일 밭을 성별하여 드린 자가 그것을 무르려면 네가 값을 정한 돈에 그 오
분의 일을 더할지니 그리하면 그것이 자기 소유가 될 것이요 20 만일 그가 그 밭을 무르지 아니하려거나 타인에
게 팔았으면 다시는 무르지 못하고 21 희년이 되어서 그 밭이 돌아오게 될 때에는 여호와께 바친 성물이 되어 영
영히 드린 땅과 같이 제사장의 기업이 될 것이며 22 만일 사람에게 샀고 자기 기업이 아닌 밭을 여호와께 성별하
여 드렸으면 23 너는 값을 정하고 제사장은 그를 위하여 희년까지 계산하고 그는 네가 값을 정한 돈을 그 날에
여호와께 드려 성물로 삼을지며 24 그가 판 밭은 희년에 그 판 사람 곧 그 땅의 원주인에게로 되돌아갈지니라 25
또 네가 정한 모든 값은 성소의 세겔로 하되 이십 게라를 한 세겔로 할지니라

처음 난 가축

26 오직 가축 중의 처음 난 것은 여호와께 드릴 첫 것이라 소나 양은 여호와의 것이니 누구든지 그것으로는 성별
하여 드리지 못할 것이며 27 만일 부정한 짐승이면 네가 정한 값에 그 오분의 일을 더하여 무를 것이요 만일 무르
지 아니하려면 네가 정한 값대로 팔지니라

여호와께 온전히 바친 것

28 어떤 사람이 자기 소유 중에서 오직 여호와께 온전히 바친 모든 것은 사람이든지 가축이든지 기업의 밭이든지
팔지도 못하고 무르지도 못하나니 바친 것은 다 여호와께 지극히 거룩함이며 29 온전히 바쳐진 그 사람은 다시
무르지 못하나니 반드시 죽일지니라

십분의 일은 여호와의 것

레 27:30-34
학습 자료 9-5 "Thomas Aquinas 율법 분류" 참조
학습 자료 9-7 "십일조" 참조

30 그리고 그 땅의 십분의 일 곧 그 땅의 곡식이나 나무의 열매는 그 십분
의 일은 여호와의 것이니 여호와의 성물이라 31 또 만일 어떤 사람이 그의
십일조를 무르려면 그것에 오분의 일을 더할 것이요 32 모든 소나 양의 십
일조는 목자의 지팡이 아래로 통과하는 것의 열 번째의 것마다 여호와의 성물이 되리라 33 그 우열을 가리거나
바꾸거나 하지 말라 바꾸면 둘 다 거룩하리니 무르지 못하리라 34 이것은 여호와께서 시내 산에서 이스라엘 자손
을 위하여 모세에게 명령하신 계명이니라

9일차 읽기의 요약

(레 11~27)

이 분문은 이웃과의 관계에 관한 것을 다루고 있다. 이스라엘 백성들이 시내 산에서 모세를 통해 교육받은 내용들 가운데 민법과 형법은 그 당시 상황에서는 유효했으나 지금은 시대가 바뀌면서 시행하는 방법이 달라졌다. 그러나 도덕법에 해당하는 십계명의 내용은 예수께서 다시 오실 때까지 지켜 행해야 한다. 특히 이스라엘 백성들이 앞으로 들어가서 살게 될 가나안 땅은 성적 문란이 극심하였으므로 하나님께서는 그들의 풍속을 따르지 말 것을 엄히 경고하셨다.
또한 유월절을 시작으로 1년에 7절기를 정하시고 그 절기들을 지킴으로 그들을 구원하고 생명을 주시기 위해 여호와 하나님께서 어떤 일들을 행하셨는지를 기억하며 기념하도록 하셨다. 특히 7월 10일은 대속제일로 정하여 대제사장이 지성소에 들어가 준비된 제물의 피를 뿌림으로 이스라엘 백성의 1년 동안의 모든 죄를 사하는 특별한 날로 삼으셨다.
또한 그날에 한 염소(아사셀 염소)를 지정하여 안수하여 먼 광야로 보내 동이 서에서 먼 것처럼 이스라엘 백성들의 모든 죄를 용서하셨다. 특별히 안식일뿐만 아니라 안식년과 희년을 정하셔서 가난한 백성들이 가난을 계속해서 대물림하는 악순환으로부터 보호받도록 하셨다.
하나님은 이스라엘 백성들이 앞으로 들어가게 될 땅에서 가나안 문화로 대표되는 이방 문화를 따르지 말고 하나님의 말씀을 지켜 행함으로 이방 문화 가운데 오히려 여호와 신앙으로 그 땅을 하나님 나라로 정복해가기를 원하셨다.
결론적으로 하나님께서는 레위기 26장을 통해 이 모든 율법을 지켜 행했을 때의 축복과 이 모든 규례를 무시하고 우상 숭배를 행할 때 그들이 겪어야만 하는 형벌과 저주를 말씀하셨고 오고 오는 후손들을 위해 기록하게 하셨다.

그러면 어떻게 살 것인가?

인위뚝·신위고!

세계관 점검 – 묵상하기 (영상 강의와 교재 내용의 이해를 바탕으로)

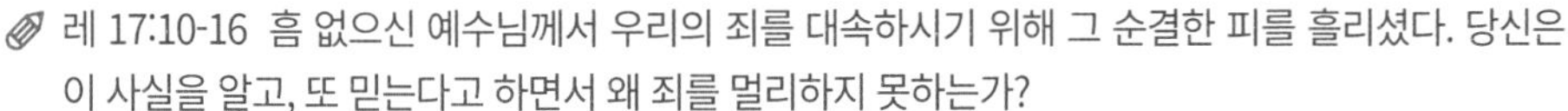

- 레 17:10-16 흠 없으신 예수님께서 우리의 죄를 대속하시기 위해 그 순결한 피를 흘리셨다. 당신은 이 사실을 알고, 또 믿는다고 하면서 왜 죄를 멀리하지 못하는가?
- 레 18:1-5 애굽 땅과 이제 들어갈 가나인 땅의 풍습을 따르지 말라는 강력한 명령이다. 왜냐하면 하나님 나라는 '섞이면 안 되기' 때문이다.(관점 3을 상기하라) 이 말은 곧 하나님의 백성은 그 백성다운 가치관과 세계관을 이룰 때 참 변화를 이루게 된다는 의미이다.
- 레 20장의 하나님의 극형을 받게 될 죄악상을 나열하고 있다. 이런 것들이 종교다원주의라는 세계관을 근거로 하는 문화라는 것을 빙자해서 자연스럽게 우리의 생활 속에서 저질러지고 있지 않는지 성찰하고, 반드시 성경적 세계관으로 다시 무장하도록 성경을 열심히 읽고 기도하라.

7일~12일

레 26:3 "너희가 나의 규례와 계명을 준행하면"
출 19:4-6을 상기하라. 하나님 백성의 자격을 회복한 이스라엘 백성은 그 자격을 유지하고 복의 관계를 맺음으로 에덴의 복을 누릴 수 있게 되는데 그 조건은 "내 말을 잘 듣고 언약을 지키면.."임을 상기하라. 신명기 28장의 "지켜 행하면"과 같은 맥락이다. 하나님의 백성으로서 순종이 얼마나 중요한 미덕인가를 보여 주고 있다.
당신의 삶 가운데 어떤 순종이 이루어지고 있다고 생각하는가?

레 25:23-34 가나안 땅의 토지와 관련해서, 하나님은 자신의 소유권을 천명하셨다. - "토지는 다 내 것임이라"(레 25:23). 그 땅은 하나님에 의해 창조되었고 하나님에 의해 약속의 땅으로 지정되었으며, 하나님에 의해 이스라엘 백성에게 부여되었기 때문에 본질적으로 하나님의 소유이다. 이 사실은, 그 땅에 사는 사람은 결코 그 땅을 개인적으로 소유할 수 없음을 의미한다. 결국 이스라엘 백성들은 그 땅을 관리하고 돌보는 관리인에 불과하였다(오늘날 토지 공개념은 이런 사상에서 나온 것일 것이다). 하나님께서 땅의 소유권을 주장하신 이유는 이스라엘 백성들이 탐욕스런 물질주의에 빠져드는 것을 방지하기 위해서였다. 오늘날 우리도 모든 것의 소유자가 하나님임을 잊지 말아야 한다. 요컨대 청지기 자세가 우리의 물질적 소유물들에 관한 태도가 되어야 한다는 것이다. 우리는 단지 하나님의 것을 관리하는 청지기일 뿐이다.

레 25장 - 레위기의 7절기 외에 희년의 절기가 있다.
희년(禧年, jubilee, יובל, yobel)은 성경에 나오는 규정으로 안식년이 일곱 번 지난 50년마다 돌아오는 해이다. 이 해가 되면 유대인들은 유일신 여호와가 가나안 땅에서 나누어 준 자기 가족의 땅으로 돌아가고 땅은 쉬게 한다. 희년은 7월 10일 속죄일에 선포되었다. 유대인들은 분배받은 땅을 기업(基業, Inheritance)이라고 하여 영구히 팔지 못하도록 하였으며, 따라서 땅의 매매는 희년까지 한시적으로만 이루어졌고 희년 전이라도 매도자가 원할 경우 언제든지 매도자, 혹은 매도자의 친족이 희년까지 남은 기간에 따라 정당한 값을 치르고 땅 무르기가 허용되었다. 희년이 되면 땅과 집이 원주인에게 돌아가고 노예가 해방되며 부채가 면제되었다.
이 절기는 가장 안 지켜진 절기이지만 그 정신은 매우 구속사적이다. 즉 원년을 회복한다는 것이다. 구속사의 핵심은 우리의 "처음 모습"을 회복하는 것이다. 현재의 상태에서 원상복구가 된다는 것이다. 이것이 예수님이 이 땅에 오신 이유이기도 하다.

· 요 10:10 도둑이 오는 것은 도둑질하고 죽이고 멸망시키려는 것뿐이요 내가 온 것은 양으로 생명을 얻게 하고 더 풍성히 얻게 하려는 것이라

☑ 출애굽기 19장의 시작과 아울러 그리스도의 십자가에 이르기까지(골 2: 14) 우리는 모세의 제도 즉 율법 아래의 삶을 살게 된다. 이제 언약을 맺음으로 율법을 받았고, 성막도 하나님의 설계대로 완성함으로 하나님 나라의 백성으로 새로운 삶을 살아갈 준비가 끝났다. 이제 그 나라를 이룰 가나안 땅을 향하여 출발할 때가 되었다.

☑ 레위기 하반부(11~27장)은 십계명의 "이웃과의 관계" 부분의 각론이다.
성화적 삶, 즉 구별된 삶의 지침을 말해 주고 있다. 성도(聖徒)는 구별된 무리를 가리킨다. 우리는 구별된 자들이다. 그 구별의 기준이 성경이고 구체적으로 십계명이며 그 각론이 레위기이다. 율법은 구별되는 삶의 기준을 보여 준다. 그래서 성경은 삶의 매뉴얼이라고 한다.
매뉴얼대로 살아가고 있나요?

☑ 십계명(율법)은 행위언약의 조건으로 주어져야 한다. 그 이유는 행위언약이 하나님과 관계를 회복하고 맺어 나가는 언약이기 때문에 이 언약으로 이스라엘 백성은(우리는) 하나님의 백성이 되었으므로 백성으로의 정체성(Identity)을 유지하기 위한 기준 즉 법이 필요한 것이다. 그러므로 하나님의 백성은 세상

백성과 구별되는 삶을 살아야 한다(***관점 3***). 그 구별, 또는 분별의 기준이 있어야 한다. 그것이 곧 법이다. 그 법이 성도들 세계관의 바탕을 이룬다. 하나님이 법을 주시는 이유를 다음 구절에서 볼 수 있다.

· 레 18:2-5 너는 이스라엘 자손에게 말하여 이르라 나는 여호와 너희의 하나님이니라 너희는 너희가 거주하던 애굽 땅의 풍속을 따르지 말며 내가 너희를 인도할 가나안 땅의 풍속과 규례도 행하지 말고 너희는 내 법도를 따르며 내 규례를 지켜 그대로 행하라 나는 너희의 하나님 여호와이니라 너희는 내 규례와 법도를 지키라 사람이 이를 행하면 그로 말미암아 살리라 나는 여호와이니라.

· *하나님 백성(성도, 聖徒<구별된 무리>)은 성경적 세계관과 가치관으로 이루어지는 하나님 나라의 문화를 세우는 삶을 살아야 한다. 이것이 하나님 나라의 통치 원리이며 구조이다*

· *레위기에 '나는 너희 하나님이 됨이라' 또는 '되리라'라고 하는 구절이 몇 번이나 나오는가를 살펴보고 관점 2를 연결해 보라.*

☑ 십계명은 곧 기준을 보여 주는 하나님의 명령이다. 그것은 삶의 기준, 선택의 기준, 심판의 기준이 된다는 것이며 이것이 곧 성경적 세계관의 핵심이다, 나의 성경적 세계관은 어디에 근거를 두고 있는가를 심각하게 성찰해 보라.

☑ 레 26장은 레위기로 훈련받은 이스라엘 백성의 훈련 수료식에서 행한 결단이다. 그 핵심은 언약의 내용 즉, 십계명적 삶을 사는 것의 심각성을 말하고 있다. 그 심각성을 깊이 깨닫고 나의 삶의 이정표로 삼아야 한다. 이 장에서 "지켜 행함"이 절대적으로 중요함을 깊이 묵상하라.

☑ 영상 강의와 학습 자료를 통해 토마스 아퀴나스의 율법 분류와 신약에서의 해결에 대한 설명을 잘 이해를 해서 구약의 법의 원리가 신약에서 어떻게 정리되어 그 연속성이 이루어지는가를 잘 이해하는 것이 중요하다. 이것이 성경을 통전적으로 이해할 수 있게 한다.

☑ 결단기도와 실행하기

약 2:26　영혼 없는 몸이 죽은 것 같이 행함이 없는 믿음은 죽은 것이니라
시 119:28　나의 영혼이 눌림으로 말미암아 녹사오니 주의 말씀대로 나를 세우소서

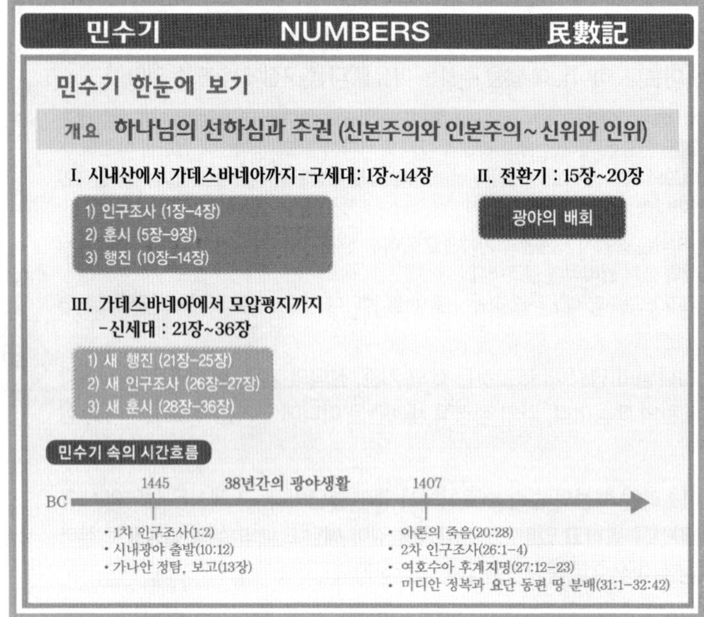

민수기 NUMBERS 民數記
민수기 한눈에 보기
개요 하나님의 선하심과 주권 (신본주의와 인본주의~ 신위와 인위)
I. 시내산에서 가데스바네아까지 - 구세대 : 1장~14장
1) 인구조사 (1장-4장)
2) 훈시 (5장-9장)
3) 행진 (10장-14장)
II. 전환기 : 15장~20장
광야의 배회
III. 가데스바네아에서 모압평지까지
-신세대 : 21장~36장
1) 새 행진 (21장-25장)
2) 새 인구조사 (26장-27장)
3) 새 훈시 (28장-36장)
민수기 속의 시간흐름
BC
1445
38년간의 광야생활
1407
• 1차 인구조사(1:2)
• 시내광야 출발(10:12)
• 가나안 정탐, 보고(13장)
• 아론의 죽음(20:28)
• 2차 인구조사(26:1-4)
• 여호수아 후계지명(27:12-23)
• 미디안 정복과 요단 동편 땅 분배(31:1-32:42)

민수기 1~14장 : 시내 산에서 광야까지 - 가나안 정탐

민수기 1장

싸움에 나갈 만한 자를 계수하다

1이스라엘 자손이 애굽 땅에서 나온 후 둘째 해 둘째 달 첫째 날에 여
호와께서 시내 광야 회막에서 모세에게 말씀하여 이르시되 2너희는 이
스라엘 자손의 모든 회중 각 남자의 수를 그들의 종족과 조상의 가문
에 따라 그 명수대로 계수할지니 3이스라엘 중 이십 세 이상으로 싸움
에 나갈 만한 모든 자를 너와 아론은 그 진영별로 계수하되 4각 지파의
각 조상의 가문의 우두머리 한 사람씩을 너희와 함께 하게 하라 5너희
와 함께 설 사람들의 이름은 이러하니 르우벤 지파에서는 스데울의 아
들 엘리술이요 6시므온 지파에서는 수리삿대의 아들 슬루미엘이요 7
유다 지파에서는 암미나답의 아들 나손이요 8잇사갈 지파에서는 수알
의 아들 느다넬이요 9스불론 지파에서는 헬론의 아들 엘리압이요 10요
셉의 자손들 중 에브라임 지파에서는 암미훗의 아들 엘리사마요 므낫

❖ 민수기는 시내 산을 출발하여 모압 평지까지 진군한 이스라엘 백성들의 광야 행적이다. (p181 지도 참조)
민수기(民數記)라고 이름을 붙인 이유는 백성(民)의 수(數)를 세는 인구 조사가 두 번이나 있었던 것에 근거한다. 민수기는 이름 그대로 백성을 계수한 책이다. 첫째 조사는 시내 산을 떠날 때이고, 두 번째 조사는 가나안에 들어가기 직전이다. 민수기는 그 사이의 모든 사건을 기록한 책이다.
시내 산에서 언약을 맺고, 법을 받고, 성막을 완성하는 등 하나님의 백성으로서 살아갈 준비를 완료한 이스라엘 백성은 이듬해 두 번째 유월절을 보내고 시내 산을 출발할 준비를 시작한다.
앞으로 가나안 땅에 들어가 그곳 주민을 몰아내기 위한 전쟁 수행 능력자와 레위인들에 대한 인구를 조사한 다음, 진영을 친 후에 시내 산을 출발한다. 이때가 시내 산에 머문 지 11개월 5일이 지난 B.C. 1445년경 봄이다.
음식에 대한 불평(11:1-9), 탐욕을 부린 백성을 죽여 장사 지낸 기브롯 핫다아와 사건(11:18-23, 31-35), 미리암과 아론의 질투(12:1-6) 등을 기록하고 있으며, 그런 가운데서 하나님은 그의 종 모세를 통해 이스라엘을 시내 산에서 가데스 바네아까지 인도한다. 그곳에서 이스라엘은 하나님을 반역하게 되고, 그 땅에 들어가기를 거절하는 것 등으로 인해 하나님의 진노를 받아 행렬이 멈춰서는 비극을 초래한다(13장~15장). 그 결과 그들은 광야에서 38년의 시간을 보내면서 반역한 구세대가 다 죽게 된다. 그 결과 다음 38년간(정확히 37년 6개월)의 방황은 길고도 슬픈 일이며, 그러고 나서 다시 이스라엘은 행진을 계속하지만 그들의 불평은 끊임없이 이어진다. 결국에는 고라의 반역 사건(16:1-35)이 생기고, 물 부족을 불평한 백성을 위해 모세는 반석을 두 번이나 치는 혈기를 부림으로 가나안에 들어가지 못하게 되는 사건(20:25), 그리고 놋뱀 사건(21:49)을 기록한다. 이런 일을 치루면서 하나님은 백성들을 가데스바네아로부터 요단강 동쪽이며 사해의 북쪽인 모압 평지까지 행진하게 하신다. 모압에 왔을 때 발람의 사건이 생긴다. 이 대이동의 끝 무렵에는 신세대들의 군사들과 레위인들에 대한 2번째 인구 조사가 실시된다. 모압 평지에서 그 땅에 들어가기 위한 준비가 완료된다(15장~36장).
이 책은 이스라엘의 많은 아픈 경험을 기록한 책이다. 많은 대가를 치루고 배운 교훈들을 기록한 책이다. 그러나 하나님은 새 세대를 통해 이스라엘을 가나안 땅으로 인도하시는 언약을 신실하게 지키신다. 민수기는 레위기와 마찬가지로 하나님의 공의와 자비를 보여 주는 책이다.

세 지파에서는 브다술의 아들 가말리엘이요 11 베냐민 지파에서는 기드
오니의 아들 아비단이요 12 단 지파에서는 암미삿대의 아들 아히에셀이
요 13 아셀 지파에서는 오그란의 아들 바기엘이요 14 갓 지파에서는 드
우엘의 아들 엘리아삽이요 15 납달리 지파에서는 에난의 아들 아히라
이니라 하시니 16 그들은 회중에서 부름을 받은 자요 그 조상 지파의 지
휘관으로서 이스라엘 종족들의 우두머리라 17 모세와 아론이 지명된 이
사람들을 데리고 18 둘째 달 첫째 날에 온 회중을 모으니 그들이 각 종
족과 조상의 가문에 따라 이십 세 이상인 남자의 이름을 자기 계통별
로 신고하매 19 여호와께서 모세에게 명령하신 대로 그가 시내 광야에
서 그들을 계수하였더라 20 이스라엘의 장자 르우벤의 아들들에게서
난 자를 그들의 종족과 조상의 가문에 따라 이십 세 이상으로 싸움에
나갈 만한 각 남자를 그 명수대로 다 계수하니 21 르우벤 지파에서 계수
된 자는 사만 육천오백 명이었더라 22 시므온의 아들들에게서 난 자를
그들의 종족과 조상의 가문에 따라 이십 세 이상으로 싸움에 나갈 만
한 각 남자를 그 명수대로 다 계수하니 23 시므온 지파에서 계수된 자는
오만 구천삼백 명이었더라 24 갓의 아들들에게서 난 자를 그들의 종족
과 조상의 가문에 따라 이십 세 이상으로 싸움에 나갈 만한 자를 그 명
수대로 다 계수하니 25 갓 지파에서 계수된 자는 사만 오천육백오십 명
이었더라 26 유다의 아들들에게서 난 자를 그들의 종족과 조상의 가문
에 따라 이십 세 이상으로 싸움에 나갈 만한 자를 그 명수대로 다 계수
하니 27 유다 지파에서 계수된 자는 칠만 사천육백 명이었더라 28 잇사
갈의 아들들에게서 난 자를 그들의 종족과 조상의 가문에 따라 이십 세
이상으로 싸움에 나갈 만한 자를 그 명수대로 다 계수하니 29 잇사갈 지
파에서 계수된 자는 오만 사천사백 명이었더라 30 스불론의 아들들에게
서 난 자를 그들의 종족과 조상의 가문에 따라 이십 세 이상으로 싸움에 나갈 만한 자를 그 명수대로 다 계수
하니 31 스불론 지파에서 계수된 자는 오만 칠천사백 명이었더라 32 요셉의 아들 에브라임의 아들들에게서 난
자를 그들의 종족과 조상의 가문에 따라 이십 세 이상으로 싸움에 나갈 만한 자를 그 명수대로 다 계수하니
33 에브라임 지파에서 계수된 자는 사만 오백 명이었더라 34 므낫세의 아들들에게서 난 자를 그들의 종족과
조상의 가문에 따라 이십 세 이상으로 싸움에 나갈 만한 자를 그 명수대로 다 계수하니 35 므낫세 지파에서
계수된 자는 삼만 이천이백 명이었더라 36 베냐민의 아들들에게서 난 자를 그들의 종족과 조상의 가문에 따
라 이십 세 이상으로 싸움에 나갈 만한 자를 그 명수대로 다 계수하니 37 베냐민 지파에서 계수된 자는 삼만
오천사백 명이었더라 38 단의 아들들에게서 난 자를 그들의 종족과 조상의 가문에 따라 이십 세 이상으로 싸
움에 나갈 만한 자를 그 명수대로 다 계수하니 39 단 지파에서 계수된 자는 육만 이천칠백 명이었더라 40 아셀
의 아들들에게서 난 자를 그들의 종족과 조상의 가문에 따라 이십 세 이상으로 싸움에 나갈 만한 자를 그 명
수대로 다 계수하니 41 아셀 지파에서 계수된 자는 사만 천오백 명이었더라 42 납달리의 아들들에게서 난 자
를 그들의 종족과 조상의 가문에 따라 이십 세 이상으로 싸움에 나갈 만한 자를 그 명수대로 다 계수하니 43
납달리 지파에서 계수된 자는 오만 삼천사백 명이었더라 44 이 계수함을 받은 자는 모세와 아론과 각기 이스
라엘 조상의 가문을 대표한 열두 지휘관이 계수하였더라 45 이같이 이스라엘 자손이 그 조상의 가문을 따라
이십 세 이상으로 싸움에 나갈 만한 이스라엘 자손이 다 계수되었으니 46 계수된 자의 총계는 육십만 삼천오
백오십 명이었더라

❖ 민 1장~4장 : **첫 번째 인구 조사**

성막을 완성한 이스라엘 백성은 가나안 땅을 향한 출발을 준비한다. 하나님은 가나안 땅을 향하여 출발하기 전 가나안에서 있을 전투를 대비해서 이스라엘 백성들을 전투 대열로 진영을 짠다. 그래서 20세 이상 전투 수행 능력자를 각 지파별로 조사하여 진영을 짜게 한다.

민 1:18 "...자기 계통별로 신고하매..."

계통은 혈통(pedigree)을 말한다. 각 지파별로 구별하셨다는 말이다. 이 진영은 하나님의 백성의 대열이다. 따라서 그 대열 밖은 진 밖, 곧 이방을 뜻한다. 이들은 하나님의 성막으로 상징되는 하나님의 거룩하심과 영광을 중심으로 뭉쳐져 있다. 이것은 오늘날 모든 성도들의 삶의 모습과도 같다. 오늘날 영적 전쟁에 참여하는 성도는 이스라엘의 진영처럼 하나님의 거룩하심과 영광을 중심으로 하는 삶을 살아야 한다. 결코 세상과 세속에 섞이면 절대로 안 된다는 것을 말한다.(통큰통독 관점 3을 적용하라)

인구조사 결과 각 지파에서 전쟁에 나갈 수 있는 총수는 603,550명이다. 이들을 중심으로 야영의 진과 행진 대열이 정해진다. 오합지졸의 이스라엘 백성에게 조직적인 질서를 주심으로 한 단계 진보한 민족으로서 하나님 나라의 공동체를 형성하게 된다. 이로써 오합지졸의 이스라엘 백성이 조직적으로 짜인 하나님의 강한 군사가 되었다. 각 지파별 조사된 숫자와 성막을 중심으로 짠 진영은 2장에 수록한 도표를 참고하라.

7일~
12일

레위 지파는 계수하지 말라

47 그러나 레위인은 그들의 조상의 지파대로 그 계수에 들지 아니하였으
니 48 이는 여호와께서 모세에게 말씀하여 이르시되 49 너는 레위 지파만
은 계수하지 말며 그들을 이스라엘 자손 계수 중에 넣지 말고 50 그들에
게 증거의 성막과 그 모든 기구와 그 모든 부속품을 관리하게 하라 그들
은 그 성막과 그 모든 기구를 운반하며 거기서 봉사하며 성막 주위에 진
을 칠지며 51 성막을 운반할 때에는 레위인이 그것을 걷고 성막을 세울 때
에는 레위인이 그것을 세울 것이요 외인이 가까이 오면 죽일지며 52 이스
라엘 자손은 막사를 치되 그 진영별로 각각 그 진영과 군기 곁에 칠 것이
나 53 레위인은 증거의 성막 사방에 진을 쳐서 이스라엘 자손의 회중에게
진노가 임하지 않게 할 것이라 레위인은 증거의 성막에 대한 책임을 지킬
지니라 하셨음이라 54 이스라엘 자손이 그대로 행하되 여호와께서 모세에게 명령하신 대로 행하였더라

> **민 1:47-54** 왜 레위인은 계수에서 제외시켰는가?
> 그들은 하나님 나라의 일을 감당하는 임무가 주어졌기 때문이다. 여호수아서에서 레위인은 땅을 기업으로 분배받지 못하는 이유와도 같다. 이들은 하나님 나라의 일을 관장하며 하나님의 지침을 이스라엘 백성들에게 가르쳐 그들의 삶의 원리로 삼아 성경적 세계관을 세우게 하는 일을 감당하기 때문이다. 오늘날 교회와 교회 지도자가 이 일을 감당해야 하고 그 기본적인 도구는 "성경"이다. 성경이 곧 하나님이 우리에게 주신 삶의 지침이기 때문이다.

민수기 2장

진 편성 및 행군 순서

1 여호와께서 모세와 아론에게 말씀하여 이르시되 2 이스라엘 자손은 각
각 자기의 진영의 군기와 자기의 조상의 가문의 기호 곁에 진을 치되 회막
을 향하여 사방으로 치라 3 동방 해 돋는 쪽에 진 칠 자는 그 진영별로 유
다의 진영의 군기에 속한 자라 유다 자손의 지휘관은 암미나답의 아들 나
손이요 4 그의 군대로 계수된 자가 칠만 사천육백 명이며 5 그 곁에 진 칠
자는 잇사갈 지파라 잇사갈 자손의 지휘관은 수알의 아들 느다넬이요 6
그의 군대로 계수된 자가 오만 사천사백 명이라 7 그리고 스불론 지파라
스불론 자손의 지휘관은 헬론의 아들 엘리압이요 8 그의 군대로 계수된 자가 오만 칠천사백 명이니 9 유다 진영
에 속한 군대로 계수된 군인의 총계는 십팔만 육천사백 명이라 그들은 제일대로 행진할지니라 10 남쪽에는 르우
벤 군대 진영의 군기가 있을 것이라 르우벤 자손의 지휘관은 스데울의 아들 엘리술이요 11 그의 군대로 계수된
자가 사만 육천오백 명이며 12 그 곁에 진 칠 자는 시므온 지파라 시므온 자손의 지휘관은 수리삿대의 아들 슬루
미엘이요 13 그의 군대로 계수된 자가 오만 구천삼백 명이며 14 또 갓 지파라 갓 자손의 지휘관은 르우엘의 아들
엘리아삽이요 15 그의 군대로 계수된 자가 사만 오천육백오십 명이니 16 르우벤 진영에 속하여 계수된 군인의 총
계는 십오만 천사백오십 명이라 그들은 제이대로 행
진할지니라 17 그 다음에 회막이 레위인의 진영과 함
께 모든 진영의 중앙에 있어 행진하되 그들의 진 친
순서대로 각 사람은 자기의 위치에서 자기들의 기를
따라 앞으로 행진할지니라 18 서쪽에는 에브라임의
군대의 진영의 군기가 있을 것이라 에브라임 자손의
지휘관은 암미훗의 아들 엘리사마요 19 그의 군대로
계수된 자가 사만 오백 명이며 20 그 곁에는 므낫세
지파가 있을 것이라 므낫세 자손의 지휘관은 브다술
의 아들 가말리엘이요 21 그의 군대로 계수된 자가
삼만 이천이백 명이며 22 또 베냐민 지파라 베냐민 자
손의 지휘관은 기드오니의 아들 아비단이요 23 그의

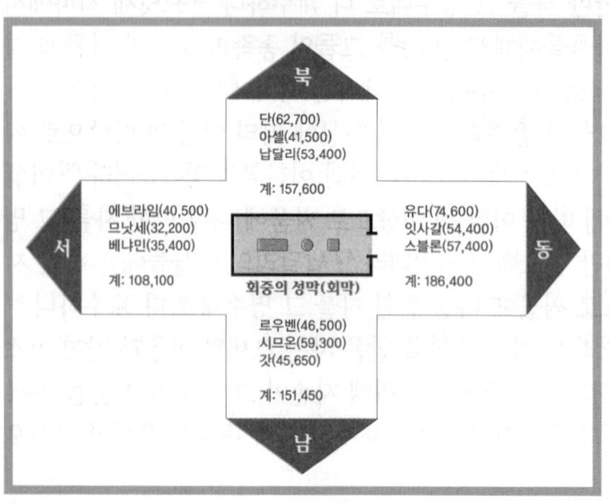

> ❖ **민 2장**
> 진영을 짜다는 것은 하나님 나라와 세상 나라를 구별한다는 영적 의미가 있다. 그러므로 이 하나님의 진영에 속한 자들(하나님의 백성)은 하나님의 지시와 지침에 따라 살아야 하고 전투명령에 순종해야 한다는 사실을 깊이 명심해야 한다.
> ☞ 지상의 교회는 영적 전쟁을 수행하는 전투하는 교회임을 결코 잊어서는 안 된다.

> **민 2:2**
> 학습 자료 10-1 "전투적 교회" 참조

군대로 계수된 자가 삼만 오천사백 명이니 24 에브라임 진영에 속하여 계수된 군인의 총계는 십만 팔천백 명이
라 그들은 제삼대로 행진할지니라 25 북쪽에는 단 군대 진영의 군기가 있을 것이라 단 자손의 지휘관은 암미삿
대의 아들 아히에셀이요 26 그의 군대로 계수된 자가 육만 이천칠백 명이며 27 그 곁에 진 칠 자는 아셀 지파라 아
셀 자손의 지휘관은 오그란의 아들 바기엘이요 28 그의 군대로 계수된 자가 사만 천오백 명이며 29 또 납달리 지
파라 납달리 자손의 지휘관은 에난의 아들 아히라요 30 그의 군대로 계수된 자가 오만 삼천사백 명이니 31 단의
진영에 속하여 계수함을 받은 군인의 총계는 십오만 칠천육백 명이라 그들은 기를 따라 후대로 행진할지니라 하
시니라 32 이상은 이스라엘 자손이 그들의 조상의 가문을 따라 계수된 자니 모든 진영의 군인 곧 계수된 자의 총
계는 육십만 삼천오백오십 명이며 33 레위인은 이스라엘 자손과 함께 계수되지 아니하였으니 여호와께서 모세
에게 명령하심과 같았느니라 34 이스라엘 자손이 여호와께서 모세에게 명령하신 대로 다 준행하여 각기 종족과
조상의 가문에 따르며 자기들의 기를 따라 진 치기도 하며 행진하기도 하였더라

7일~
12일

민수기 3장

아론의 아들들

1 여호와께서 시내 산에서 모세와 말씀하실 때에 아론과 모세가 낳은 자는 이러하니라 2 아론의 아들들의 이름
은 이러하니 장자는 나답이요 다음은 아비후와 엘르아살과 이다말이니 3 이는 아론의 아들들의 이름이며 그들
은 기름 부음을 받고 거룩하게 구별되어 제사장 직분을 위임 받은 제사장들이라 4 나답과 아비후는 시내 광야에
서 여호와 앞에 다른 불을 드리다가 여호와 앞에서 죽어 자식이 없었으며 엘르아살과 이다말이 그의 아버지 아
론 앞에서 제사장의 직분을 행하였더라

제사장을 돕는 레위 사람

5 여호와께서 또 모세에게 말씀하여 이르시되 6 레위 지파는 나아가 제사장 아론 앞에 서서 그에게 시종하게 하
라 7 그들이 회막 앞에서 아론의 직무와 온 회중의 직무를 위하여 회막에서 시무하되 8 곧 회막의 모든 기구를 맡
아 지키며 이스라엘 자손의 직무를 위하여 성막에서 시무할지니 9 너는 레위인을 아론과 그의 아들들에게 맡기
라 그들은 이스라엘 자손 중에서 아론에게 온전히 맡겨진 자들이니라 10 너는 아론과 그의 아들들을 세워 제사
장 직무를 행하게 하라 외인이 가까이 하면 죽임을 당할 것이니라 11 여호와께서 모세에게 말씀하여 이르시되 12
보라 내가 이스라엘 자손 중에서 레위인을 택하여 이스라엘 자손 중에 태를 열어 태어난 모든 자를 대신하게 하
였은즉 레위인은 내 것이라 13 처음 태어난 자는 다 내 것임은 내가 애굽 땅에서 그 처음 태어난 자를 다 죽이던
날에 이스라엘의 처음 태어난 자는 사람이나 짐승을 다 거룩하게 구별하였음이니 그들은 내 것이 될 것임이니라
나는 여호와이니라

레위 자손 인구 조사

14 여호와께서 시내 광야에서 모세에게 말씀하여 이르시되 15 레위 자손을 그들의 조상의 가문과 종족을 따라
계수하되 일 개월 이상된 남자를 다 계수하라 16 모세가 여호와의 말씀을 따라 그 명령하신 대로 계수하니라 17
레위의 아들들의 이름은 이러하니 게르손과 고핫과 므라리요 18 게르손의 아들들의 이름은 그들의 종족대로 이
러하니 립니와 시므이요 19 고핫의 아들들은 그들의 종족대로 이러하니 아므람과 이스할과 헤브론과 웃시엘이
요 20 므라리의 아들들은 그들의 종족대로 말리와 무시이니 이는 그의 종족대로 된 레위인의 조상의 가문들이
니라 21 게르손에게서는 립니 종족과 시므이 종족이 났으니 이들이 곧 게르손의 조상의 가문들이라 22 계수된 자
곧 일 개월 이상 된 남자의 수효 합계는 칠천오백 명이며 23 게르손 종족들은 성막 뒤 곧 서쪽에 진을 칠 것이요
24 라엘의 아들 엘리아삽은 게르손 사람의 조상의 가문의 지휘관이 될 것이며 25 게르손 자손이 회막에서 맡을
일은 성막과 장막과 그 덮개와 회막 휘장 문과 26 뜰의 휘장과 및 성막과 제단 사방에 있는 뜰의 휘장 문과 그 모
든 것에 쓰는 줄들이니라 27 고핫에게서는 아므람 종족과 이스할 종족과 헤브론 종족과 웃시엘 종족이 났으니
이들은 곧 고핫 종족들이라 28 계수된 자로서 출생 후 일 개월 이상 된 남자는 모두 팔천육백 명인데 성소를 맡

을 것이며 29 고핫 자손의 종족들은 성막 남쪽에 진을 칠 것이요 30 웃시엘의 아들 엘리사반은 고핫 사람의 종족
과 조상의 가문의 지휘관이 될 것이며 31 그들이 맡을 것은 증거궤와 상과 등잔대와 제단들과 성소에서 봉사하
는 데 쓰는 기구들과 휘장과 그것에 쓰는 모든 것이며 32 제사장 아론의 아들 엘르아살은 레위인의 지휘관들의
어른이 되고 또 성소를 맡을 자를 통할할 것이니라 33 므라리에게서는 말리 종족과 무시 종족이 났으니 이들은
곧 므라리 종족들이라 34 그 계수된 자 곧 일 개월 이상 된 남자는 모두 육천이백 명이며 35 아비하일의 아들 수
리엘은 므라리 종족과 조상의 가문의 지휘관이 될 것이요 이 종족은 성막 북쪽에 진을 칠 것이며 36 므라리 자손
이 맡을 것은 성막의 널판과 그 띠와 그 기둥과 그 받침과 그 모든 기구와 그것에 쓰는 모든 것이며 37 뜰 사방 기
둥과 그 받침과 그 말뚝과 그 줄들이니라 38 성막 앞 동쪽 곧 회막 앞 해 돋는 쪽에는 모세와 아론과 아론의 아들
들이 진을 치고 이스라엘 자손의 직무를 위하여 성소의 직무를 수행할 것이며 외인이 가까이 하면 죽일지니라 39
모세와 아론이 여호와의 명령을 따라 레위인을 각 종족대로 계수한즉 일 개월 이상 된 남자는 모두 이만 이천 명
이었더라

레위 사람이 맏아들 구실을 하다

40 여호와께서 또 모세에게 이르시되 이스라엘 자손의 처음 태어난 남자를 일 개월 이상으로 다 계수하여 그 명
수를 기록하라 41 나는 여호와라 이스라엘 자손 중 모든 처음 태어난 자 대신에 레위인을 내게 돌리고 또 이스라
엘 자손의 가축 중 모든 처음 태어난 것 대신에 레위인의 가축을 내게 돌리라 42 모세가 여호와께서 자기에게 명
령하신 대로 이스라엘 자손 중 모든 처음 태어난 자를 계수하니 43 일 개월 이상으로 계수된 처음 태어난 남자의
총계는 이만 이천이백칠십삼 명이었더라 44 여호와께서 모세에게 말씀하여 이르시되 45 이스라엘 자손 중 모든
처음 태어난 자 대신에 레위인을 취하고 또 그들의 가축 대신에 레위인의 가축을 취하라 레위인은 내 것이라 나
는 여호와니라 46 이스라엘 자손의 처음 태어난 자가 레위인보다 이백칠십삼 명이 더 많은즉 속전으로 47 한 사
람에 다섯 세겔씩 받되 성소의 세겔로 받으라 한 세겔은 이십 게라니라 48 그 더한 자의 속전을 아론과 그의 아
들들에게 줄 것이니라 49 모세가 레위인으로 대속한 이외의 사람에게서 속전을 받았으니 50 곧 이스라엘 자손의
처음 태어난 자에게서 받은 돈이 성소의 세겔로 천삼백육십오 세겔이라 51 모세가 이 속전을 여호와의 말씀대로
아론과 그의 아들들에게 주었으니 여호와께서 모세에게 명령하심과 같았느니라

민수기 4장

고핫 자손의 임무

1 또 여호와께서 모세와 아론에게 말씀하여 이르시되 2 레위 자손 중에서 고핫 자손을 그들의 종족과 조상의 가
문에 따라 집계할지니 3 곧 삼십 세 이상으로 오십 세까지 회막의 일을 하기 위하여 그 역사에 참가할 만한 모든
자를 계수하라 4 고핫 자손이 회막 안의 지성물에 대하여 할 일은 이러하니라 5 진영이 전진할 때에 아론과 그의
아들들이 들어가서 칸 막는 휘장을 걷어 증거궤를 덮고 6 그 위를 해달의 가죽으로 덮고 그 위에 순청색 보자기
를 덮은 후에 그 채를 꿰고 7 진설병의 상에 청색 보자기를 펴고 대접들과 숟가락들과 주발들과 붓는 잔들을 그
위에 두고 또 항상 진설하는 떡을 그 위에 두고 8 홍색 보자기를 그 위에 펴고 그것을 해달의 가죽 덮개로 덮은
후에 그 채를 꿰고 9 청색 보자기를 취하여 등잔대와 등잔들과 불 집게들과 불똥 그릇들과 그 쓰는 바 모든 기
름 그릇을 덮고 10 등잔대와 그 모든 기구를 해달의 가죽 덮개 안에 넣어 메는 틀 위에 두고 11 금제단 위에 청색
보자기를 펴고 해달의 가죽 덮개로 덮고 그 채를 꿰고 12 성소에서 봉사하는 데에 쓰는 모든 기구를 취하여 청색
보자기에 싸서 해달의 가죽 덮개로 덮어 메는 틀 위에 두고 13 제단의 재를 버리고 그 제단 위에 자색 보자기를
펴고 14 봉사하는 데에 쓰는 모든 기구 곧 불 옮기는 그릇들과 고기 갈고리들과 부삽들과 대야들과 제단의 모든
기구를 두고 해달의 가죽 덮개를 그 위에 덮고 그 채를 꿸 것이며 15 진영을 떠날 때에 아론과 그의 아들들이 성
소와 성소의 모든 기구 덮는 일을 마치거든 고핫 자손들이 와서 멜 것이니라 그러나 성물은 만지지 말라 그들이
죽으리라 회막 물건 중에서 이것들은 고핫 자손이 멜 것이며 16 제사장 아론의 아들 엘르아살이 맡을 것은 등유

와 태우는 향과 항상 드리는 소제물과 관유이며 또 장막 전체와 그 중에 있는 모든 것과 성소와 그 모든 기구니
라 17 여호와께서 또 모세와 아론에게 말씀하여 이르시되 18 너희는 고핫 족속의 지파를 레위인 중에서 끊어지
게 하지 말지니 19 그들이 지성물에 접근할 때에 그들의 생명을 보존하고 죽지 않게 하기 위하여 이같이 하라 아
론과 그의 아들들이 들어가서 각 사람에게 그가 할 일과 그가 멜 것을 지휘하게 할지니라 20 그들은 잠시라도 들
어가서 성소를 보지 말라 그들이 죽으리라

게르손 자손의 임무

21 여호와께서 또 모세에게 말씀하여 이르시되 22 게르손 자손도 그 조상의 가문과 종족에 따라 계수하되 23 삼
십 세 이상으로 오십 세까지 회막에서 복무하고 봉사할 모든 자를 계수하라 24 게르손 종족의 할 일과 멜 것은
이러하니 25 곧 그들이 성막의 휘장들과 회막과 그 덮개와 그 위의 해달의 가죽 덮개와 회막 휘장 문을 메며 26
뜰의 휘장과 성막과 제단 사방에 있는 뜰의 휘장 문과 그 줄들과 그것에 사용하는 모든 기구를 메며 이 모든 것

을 이렇게 맡아 처리할 것이라 27 게르손 자손은 그들의 모든 일 곧
멜 것과 처리할 것을 아론과 그의 아들들의 명령대로 할 것이니
너희는 그들이 멜 짐을 그들에게 맡길 것이니라 28 게르손 자손
의 종족들이 회막에서 할 일은 이러하며 그들의 직무는 제사장
아론의 아들 이다말이 감독할지니라

므라리 자손의 임무

29 너는 므라리 자손도 그 조상의 가문과 종족에 따라 계수하되 30 삼십 세부터 오십 세까지 회막에서 복무하고
봉사할 모든 자를 계수하라 31 그들이 직무를 따라 회막에서 할 모든 일 곧 그 멜 것은 이러하니 곧 장막의 널판
들과 그 띠들과 그 기둥들과 그 받침들과 32 뜰 둘레의 기둥들과 그 받침들과 그 말뚝들과 그 줄들과 그 모든 기
구들과 그것에 쓰는 모든 것이라 너희는 그들이 맡아 멜 모든 기구의 품목을 지정하라 33 이는 제사장 아론의 아
들 이다말의 수하에 있을 므라리 자손의 종족들이 그 모든 직무대로 회막에서 행할 일이니라

레위 사람 인구 조사

34 모세와 아론과 회중의 지도자들이 고핫 자손들을 그 종족과 조상의 가문에 따라 계수하니 35 삼십 세부터 오
십 세까지 회막에서 복무하고 봉사할 모든 자 36 곧 그 종족대로 계수된 자가 이천칠백오십 명이니 37 이는 모세
와 아론이 여호와께서 모세에게 명령하신 대로 회막에서 종사하는 고핫인의 모든 종족 중 계수된 자이니라 38
게르손 자손 중 그 종족과 조상의 가문을 따라 계수된 자는 39 삼십 세부터 오십 세까지 회막 봉사에 참여하여
일할 만한 모든 자라 40 그 종족과 조상의 가문을 따라 계수된 자는 이천육백삼십 명이니 41 이는 모세와 아론이
여호와의 명령대로 회막에서 종사하는 게르손 자손의 모든 종족 중 계수된 자니라 42 므라리 자손의 종족 중 그
종족과 조상의 가문을 따라 계수된 자는 43 삼십 세부터 오십 세까지 회막에서 복무하고 봉사할 모든 자라 44 그
종족을 따라 계수된 자는 삼천이백 명이니 45 이는 모세와 아론이 여호와께서 모세에게 명령하신 대로 므라리
자손들의 종족 중 계수된 자니라 46 모세와 아론과 이스라엘 지휘관들이 레위인을 그 종족과 조상의 가문에 따
라 다 계수하니 47 삼십 세부터 오십 세까지 회막 봉사와 메는 일에 참여하여 일할 만한 모든 자 48 곧 그 계수된
자는 팔천오백팔십 명이라 49 그들이 할 일과 짐을 메는 일을 따라 모세에게 계수되었으되 여호와께서 모세에
게 명령하신 대로 그들이 계수되었더라

민수기 5장

부정한 사람의 처리

1 여호와께서 모세에게 말씀하여 이르시되 2 이스라엘 자손에게 명령하여 모든 나병 환자와 유출증이 있는 자와
주검으로 부정하게 된 자를 다 진영 밖으로 내보내되 3 남녀를 막론하고 다 진영 밖으로 내보내어 그들이 진영
을 더럽히게 하지 말라 내가 그 진영 가운데에 거하느니라 하시매 4 이스라엘 자손이 그같이 행하여 그들을 진영

밖으로 내보냈으니 곧 여호와께서 모세에게 이르신 대로 이스라엘 자손
이 행하였더라
죄에 대한 값
5 여호와께서 모세에게 말씀하여 이르시되 6 이스라엘 자손에게 이르라
남자나 여자나 사람들이 범하는 죄를 범하여 여호와께 거역함으로 죄를
지으면 7 그 지은 죄를 자복하고 그 죄 값을 온전히 갚되 오분의 일을 더
하여 그가 죄를 지었던 그 사람에게 돌려줄 것이요 8 만일 죄 값을 받을
만한 친척이 없으면 그 죄 값을 여호와께 드려 제사장에게로 돌릴 것이니
이는 그를 위하여 속죄할 속죄의 숫양과 함께 돌릴 것이니라 9 이스라엘
자손이 거제로 제사장에게 가져오는 모든 성물은 그의 것이 될 것이라 10
각 사람이 구별한 물건은 그의 것이 되나니 누구든지 제사장에게 주는 것
은 그의 것이 되느니라
아내의 간통을 밝히는 절차
11 여호와께서 모세에게 말씀하여 이르시되 12 이스라엘 자손에게 말하여 그들에게 이르라 만일 어떤 사람의 아
내가 탈선하여 남편에게 신의를 저버렸고 13 한 남자가 그 여자와 동침하였으나 그의 남편의 눈에 숨겨 드러나
지 아니하였고 그 여자의 더러워진 일에 증인도 없고 그가 잡히지도 아니하였어도 14 그 남편이 의심이 생겨 그
아내를 의심하였는데 그의 아내가 더럽혀졌거나 또는 그 남편이 의심이 생겨 그 아내를 의심하였으나 그 아내가
더럽혀지지 아니하였든지 15 그의 아내를 데리고 제사장에게로 가서 그를 위하여 보리 가루 십분의 일 에바를 헌
물로 드리되 그것에 기름도 붓지 말고 유향도 두지 말라 이는 의심의 소제요 죄악을 기억나게 하는 기억의 소제
라 16 제사장은 그 여인을 가까이 오게 하여 여호와 앞에 세우고 17 토기에 거룩한 물을 담고 성막 바닥의 티끌을
취하여 물에 넣고 18 여인을 여호와 앞에 세우고 그의 머리를 풀게 하고 기억나게 하는 소제물 곧 의심의 소제물
을 그의 두 손에 두고 제사장은 저주가 되게 할 쓴 물을 자기 손에 들고 19 여인에게 맹세하게 하여 그에게 이르
기를 네가 네 남편을 두고 탈선하여 다른 남자와 동침하여 더럽힌 일이 없으면 저주가 되게 하는 이 쓴 물의 해
독을 면하리라 20 그러나 네가 네 남편을 두고 탈선하여 몸을 더럽혀서 네 남편 아닌 사람과 동침하였으면 21 (제
사장이 그 여인에게 저주의 맹세를 하게 하고 그 여인에게 말할지니라) 여호와께서 네 넓적다리가 마르고 네 배가 부어서 네
가 네 백성 중에 저줏거리, 맹셋거리가 되게 하실지라 22 이 저주가 되게 하는 이 물이 네 창자에 들어가서 네 배
를 붓게 하고 네 넓적다리를 마르게 하리라 할 것이요 여인은 아멘 아멘 할지니라 23 제사장이 저주의 말을 두루
마리에 써서 그 글자를 그 쓴 물에 빨아 넣고 24 여인에게 그 저주가 되게 하는 쓴 물을 마시게 할지니 그 저주가
되게 하는 물이 그의 속에 들어 가서 쓰리라 25 제사장이 먼저 그 여인의 손에서 의심의 소제물을 취하여 그 소제
물을 여호와 앞에 흔들고 제단으로 가지고 가서 26 제사장은 그 소제물 중에서 한 움큼을 취하여 그 여자에게 기
억나게 하는 소제물로 제단 위에 불사르고 그 후에 여인에게 그 물을 마시게 할지라 27 그 물을 마시게 한 후에
만일 여인이 몸을 더럽혀서 그 남편에게 범죄하였으면 그 저주가 되게 하는 물이 그의 속에 들어가서 쓰게 되어
그의 배가 부으며 그의 넓적다리가 마르리니 그 여인이 그 백성 중에서 저줏거리가 될 것이니라 28 그러나 여인이
더럽힌 일이 없고 정결하면 해를 받지 않고 임신하리라 29 이는 의심의 법이니 아내가 그의 남편을 두고 탈선하여
더럽힌 때나 30 또는 그 남편이 의심이 생겨서 자기의 아내를 의심할 때에 여인을 여호와 앞에 두고 제사장이 이
법대로 행할 것이라 31 남편은 무죄할 것이요 여인은 죄가 있으면 당하리라

❖ 민 5~8장 : **훈시**
이 부분은 레위기의 연장선상에서 읽어야 한다. 백성들에게 성결, 범죄, 부부간의 정절 등에 관한 규례를 주시며, 나실인에 대한 규례, 그리고 레위인의 임무인 성막과 그 기구들을 옮기는 규례를 가르쳐 주심으로 하나님 백성으로서 구별된 삶을 살아가도록 훈련하신다(레위기는 바로 이런 규례와 훈련의 책이다). 훈시의 핵심은 5:2-3 "이스라엘 자손에게 명하여 모든 문둥병 환자와 유출병이 있는 자와 주검으로 부정케 된 자를 다 진 밖으로 내어 보내되 남녀를 막론하고 다 진영 밖으로 내보내어 그들이 진영을 더럽히게 하지 말라 내가 그 진영 가운데에 거하느니라 하시매"
하나님 나라는 이런 구별된 삶을 사는 자들이 들어가는 나라이다. 이 말씀은 관점 3을 훈련시키는 훈시이다.

민수기 6장
나실인의 법
1 여호와께서 모세에게 말씀하여 이르시되 2 이스라엘 자손에게 전하여 그들에게 이르라 남자나 여자가 특별한

서원 곧 나실인의 서원을 하고 자기 몸을 구별하여 여호와께 드리려고 하
면 3 포도주와 독주를 멀리하며 포도주로 된 초나 독주로 된 초를 마시지
말며 포도즙도 마시지 말며 생포도나 건포도도 먹지 말지니 4 자기 몸을
구별하는 모든 날 동안에는 포도나무 소산은 씨나 껍질이라도 먹지 말지
며 5 그 서원을 하고 구별하는 모든 날 동안은 삭도를 절대로 그의 머리에
대지 말 것이라 자기 몸을 구별하여 여호와께 드리는 날이 차기까지 그
는 거룩한즉 그의 머리털을 길게 자라게 할 것이며 6 자기의 몸을 구별하
여 여호와께 드리는 모든 날 동안은 시체를 가까이 하지 말 것이요 7 그의
부모 형제 자매가 죽은 때에라도 그로 말미암아 몸을 더럽히지 말 것이니
이는 자기의 몸을 구별하여 하나님께 드리는 표가 그의 머리에 있음이라
8 자기의 몸을 구별하는 모든 날 동안 그는 여호와께 거룩한 자니라 9 누가 갑자기 그 곁에서 죽어서 스스로 구별
한 자의 머리를 더럽히면 그의 몸을 정결하게 하는 날에 머리를 밀 것이니 곧 일곱째 날에 밀 것이며 10 여덟째 날
에 산비둘기 두 마리나 집비둘기 새끼 두 마리를 가지고 회막 문에 와서 제사장에게 줄 것이요 11 제사장은 그 하
나를 속죄제물로, 하나를 번제물로 드려서 그의 시체로 말미암아 얻은 죄를 속하고 또 그는 그 날에 그의 머리를
성결하게 할 것이며 12 자기 몸을 구별하여 여호와께 드릴 날을 새로 정하고 일 년 된 숫양을 가져다가 속건제물
로 드릴지니라 자기의 몸을 구별한 때에 그의 몸을 더럽혔은즉 지나간 기간은 무효니라 13 나실인의 법은 이러하
니라 자기의 몸을 구별한 날이 차면 그 사람을 회막 문으로 데리고 갈 것이요 14 그는 여호와께 헌물을 드리되 번
제물로 일 년 된 흠 없는 숫양 한 마리와 속죄제물로 일 년 된 흠 없는 어린 암양 한 마리와 화목제물로 흠 없는
숫양 한 마리와 15 무교병 한 광주리와 고운 가루에 기름 섞은 과자들과 기름 바른 무교전병들과 그 소제물과 전
제물을 드릴 것이요 16 제사장은 그것들을 여호와 앞에 가져다가 속죄제와 번제를 드리고 17 화목제물로 숫양에
무교병 한 광주리를 아울러 여호와께 드리고 그 소제와 전제를 드릴 것이요 18 자기의 몸을 구별한 나실인은 회
막 문에서 자기의 머리털을 밀고 그것을 화목제물 밑에 있는 불에 둘지며 19 자기의 몸을 구별한 나실인이 그의
머리 털을 민 후에 제사장이 삶은 숫양의 어깨와 광주리 가운데 무교병 하나와 무교전병 하나를 취하여 나실인
의 두 손에 두고 20 여호와 앞에 요제로 흔들 것이며 그것과 흔든 가슴과 받들어올린 넓적다리는 성물이라 다 제
사장에게 돌릴 것이니라 그 후에는 나실인이 포도주를 마실 수 있느니라 21 이는 곧 서원한 나실인이 자기의 몸
을 구별한 일로 말미암아 여호와께 헌물을 드림과 행할 법이며 이외에도 힘이 미치는 대로 하려니와 그가 서원
한 대로 자기의 몸을 구별하는 법을 따라 할 것이니라

민 6:1-8 나실인은 누구인가?
이들은 일정기간 동안 자신을 성별하여 하나님께 헌신하는 남녀를 말한다. 나실인 제도는 바로 이런 사람들이 일정기간 동안 자신을 구별하여 하나님께 헌신할 수 있도록 하기 위한 제도이다. 나실인은 포도에서 산출되는 것을 먹지 않아야 하고 어떠한 시체도 만지지 않아야 하며 머리카락을 잘라서도 안 된다. 서원한 기간은 최소한 30일 이상이어야 하며, 일평생일 수도 있다. 일정한 기간만을 서원한 자는 그 기간 끝나면 일상의 생활로 돌아올 수 있다.

제사장의 축복

22 여호와께서 모세에게 말씀하여 이르시되 23 아론과 그의 아들들에게 말하여 이르기를 너희는 이스라엘 자손
을 위하여 이렇게 축복하여 이르되 24 여호와는 네게 복을 주시고 너를 지키시기를 원하며 25 여호와는 그의 얼굴
을 네게 비추사 은혜 베푸시기를 원하며 26 여호와는 그 얼굴을 네게로 향하여 드사 평강 주시기를 원하노라 할
지니라 하라 27 그들은 이같이 내 이름으로 이스라엘 자손에게 축복할지니 내가 그들에게 복을 주리라

민수기 7장

감독된 자들이 드린 헌물

1 모세가 장막 세우기를 끝내고 그것에 기름을 발라 거룩히 구별하고 또 그 모든 기구와 제단과 그 모든 기물에
기름을 발라 거룩히 구별한 날에 2 이스라엘 지휘관들 곧 그들의 조상의 가문의 우두머리들이요 그 지파의 지휘
관으로서 그 계수함을 받은 자의 감독된 자들이 헌물을 드렸으니 3 그들이 여호와께 드린 헌물은 덮개 있는 수
레 여섯 대와 소 열두 마리이니 지휘관 두 사람에 수레가 하나씩이요 지휘관 한 사람에 소가 한 마리씩이라 그
것들을 장막 앞에 드린지라 4 여호와께서 모세에게 말씀하여 이르시되 5 그것을 그들에게서 받아 레위인에게 주

어 각기 직임대로 회막 봉사에 쓰게 할지니라 6 모세가 수레와 소를 받아 레위인에게 주었으니 7 곧 게르손 자손
들에게는 그들의 직임대로 수레 둘과 소 네 마리를 주었고 8 므라리 자손들에게는 그들의 직임대로 수레 넷과
소 여덟 마리를 주고 제사장 아론의 아들 이다말에게 감독하게 하였으나 9 고핫 자손에게는 주지 아니하였으니
그들의 성소의 직임은 그 어깨로 메는 일을 하는 까닭이었더라 10 제단에 기름을 바르던 날에 지휘관들이 제단
의 봉헌을 위하여 헌물을 가져다가 그 헌물을 제단 앞에 드리니라 11 여호와께서 모세에게 이르시기를 지휘관들
은 하루 한 사람씩 제단의 봉헌물을 드릴지니라 하셨더라 12 첫째 날에 헌물을 드린 자는 유다 지파 암미나답의
아들 나손이라 13 그의 헌물은 성소의 세겔로 백삼십 세겔 무게의 은반 하나와 칠십 세겔 무게의 은 바리 하나라
이 두 그릇에는 소제물로 기름 섞은 고운 가루를 채웠고 14 또 열 세겔 무게의 금 그릇 하나라 그것에는 향을 채
웠고 15 또 번제물로 수송아지 한 마리와 숫양 한 마리와 일 년 된 어린 숫양 한 마리이며 16 속죄제물로 숫염소
한 마리이며 17 화목제물로 소 두 마리와 숫양 다섯 마리와 숫염소 다섯 마리와 일 년 된 어린 숫양 다섯 마리라
이는 암미나답의 아들 나손의 헌물이었더라 18 둘째 날에는 잇사갈의 지휘관 수알의 아들 느다넬이 헌물을 드렸
으니 19 그가 드린 헌물도 성소의 세겔로 백삼십 세겔 무게의 은반 하나와 칠십 세겔 무게의 은 바리 하나라 이
두 그릇에는 소제물로 기름 섞은 고운 가루를 채웠고 20 또 열 세겔 무게의 금 그릇 하나라 그것에는 향을 채웠
고 21 또 번제물로 수송아지 한 마리와 숫양 한 마리와 일 년 된 어린 숫양 한 마리이며 22 속죄제물로 숫염소 한
마리이며 23 화목제물로 소 두 마리와 숫양 다섯 마리와 숫염소 다섯 마리와 일년 된 어린 숫양 다섯 마리라 이는
수알의 아들 느다넬의 헌물이었더라 24 셋째 날에는 스불론 자손의 지휘관 헬론의 아들 엘리압이 헌물을 드렸으
니 25 그의 헌물도 성소의 세겔로 백삼십 세겔 무게의 은반 하나와 칠십 세겔 무게의 은 바리 하나라 이 두 그릇
에는 소제물로 기름 섞은 고운 가루를 채웠고 26 또 열 세겔 무게의 금 그릇 하나라 이것에는 향을 채웠고 27 또
번제물로 수송아지 한 마리와 숫양 한 마리와 일 년 된 어린 숫양 한 마리이며 28 속죄제물로 숫염소 한 마리이며
29 화목제물로 소 두 마리와 숫양 다섯 마리와 숫염소 다섯 마리와 일 년 된 어린 숫양 다섯 마리라 이는 헬론의
아들 엘리압의 헌물이었더라 30 넷째 날에는 르우벤 자손의 지휘관 스데울의 아들 엘리술이 헌물을 드렸으니 31
그의 헌물도 성소의 세겔로 백삼십 세겔 무게의 은 쟁반 하나와 칠십 세겔 무게의 은 바리 하나라 이 두 그릇에
는 소제물로 기름 섞은 고운 가루를 채웠고 32 또 열 세겔 무게의 금 그릇 하나라 이것에는 향을 채웠고 33 또 번
제물로 수송아지 한 마리와 숫양 한 마리와 일 년 된 어린 숫양 한 마리이며 34 속죄제물로 숫염소 한 마리이며 35
화목제물로 소 두 마리와 숫양 다섯 마리와 숫염소 다섯 마리와 일 년 된 어린 숫양 다섯 마리라 이는 스데울의
아들 엘리술의 헌물이었더라 36 다섯째 날에는 시므온 자손의 지휘관 수리삿대의 아들 슬루미엘이 헌물을 드렸
으니 37 그 헌물도 성소의 세겔로 백삼십 세겔 무게의 은 쟁반 하나와 칠십 세겔 무게의 은 바리 하나라 이 두 그
릇에는 소제물로 기름 섞은 고운 가루를 채웠고 38 또 열 세겔 무게의 금 그릇 하나라 이것에는 향을 채웠고 39
또 번제물로 수송아지 한 마리와 숫양 한 마리와 일 년 된 어린 숫양 한 마리이며 40 속죄제물로 숫염소 한 마리
이며 41 화목제물로 소 두 마리와 숫양 다섯 마리와 숫염소 다섯 마리와 일 년 된 어린 숫양 다섯 마리라 이는 수
리삿대의 아들 슬루미엘의 헌물이었더라 42 여섯째 날에는 갓 자손의 지휘관 드우엘의 아들 엘리아삽이 헌물을
드렸으니 43 그의 헌물도 성소의 세겔로 백삼십 세겔 무게의 은 쟁반 하나와 칠십 세겔 무게의 은 바리 하나라
이 두 그릇에는 소제물로 기름 섞은 고운 가루를 채웠고 44 또 열 세겔 무게의 금 그릇 하나라 이것에는 향을 채
웠고 45 또 번제물로 수송아지 한 마리와 숫양 한 마리와 일 년 된 어린 숫양 한 마리이며 46 속죄제물로 숫염소
한 마리이며 47 화목제물로 소 두 마리와 숫양 다섯 마리와 숫염소 다섯 마리와 일 년 된 어린 숫양 다섯 마리라 이
는 드우엘의 아들 엘리아삽의 헌물이었더라 48 일곱째 날에는 에브라임 자손의 지휘관 암미훗의 아들 엘리사마
가 헌물을 드렸으니 49 그의 헌물도 성소의 세겔로 백삼십 세겔 무게의 은 쟁반 하나와 칠십 세겔 무게의 은 바리
하나라 이 두 그릇에는 소제물로 기름 섞은 고운 가루를 채웠고 50 또 열 세겔 무게의 금 그릇 하나라 이것에는
향을 채웠고 51 또 번제물로 수송아지 한 마리와 숫양 한 마리와 일 년 된 어린 숫양 한 마리이며 52 속죄제물로 숫
염소 한 마리이며 53 화목제물로 소 두 마리와 숫양 다섯 마리와 숫염소 다섯 마리와 일 년 된 어린 숫양 다섯 마

리라 이는 암미훗의 아들 엘리사마의 헌물이었더라 54 여덟째 날에는 므낫세 자손의 지휘관 브다술의 아들 가말
리엘이 헌물을 드렸으니 55 그 헌물도 성소의 세겔로 백삼십 세겔 무게의 은 쟁반 하나와 칠십 세겔 무게의 은 바
리 하나라 이 두 그릇에는 소제물로 기름 섞은 고운 가루를 채웠고 56 또 열 세겔 무게의 금 그릇 하나라 이것에
는 향을 채웠고 57 또 번제물로 수송아지 한 마리와 숫양 한 마리와 일 년 된 어린 숫양 한 마리이며 58 속죄제물
로 숫염소 한 마리이며 59 화목제물로 소 두 마리와 숫양 다섯 마리와 숫염소 다섯 마리와 일 년 된 어린 숫양 다
섯 마리라 이는 브다술의 아들 가말리엘의 헌물이었더라 60 아홉째 날에는 베냐민 자손의 지휘관 기드오니의 아
들 아비단이 헌물을 드렸으니 61 그의 헌물도 성소의 세겔로 백삼십 세겔 무게의 은 쟁반 하나와 칠십 세겔 무게
의 은 바리 하나라 이 두 그릇에는 소제물로 기름 섞은 고운 가루를 채웠고 62 또 열 세겔 무게의 금 그릇 하나라
이것에는 향을 채웠고 63 또 번제물로 수송아지 한 마리와 숫양 한 마리와 일 년 된 어린 숫양 한 마리이며 64 속죄
제물로 숫염소 한 마리이며 65 화목제물로 소 두 마리와 숫양 다섯 마리와 숫염소 다섯 마리와 일 년 된 어린 숫양
다섯 마리라 이는 기드오니의 아들 아비단의 헌물이었더라 66 열째 날에는 단 자손의 지휘관 암미삿대의 아들 아
히에셀이 헌물을 드렸으니 67 그의 헌물도 성소의 세겔로 백삼십 세겔 무게의 은 쟁반 하나와 칠십 세겔 무게의
은 바리 하나라 이 두 그릇에는 소제물로 기름 섞은 고운 가루를 채웠고 68 또 열 세겔 무게의 금 그릇 하나라 이
것에는 향을 채웠고 69 또 번제물로 수송아지 한 마리와 숫양 한 마리와 일 년 된 어린 숫양 한 마리이며 70 속죄
제물로 숫염소 한 마리이며 71 화목제물로 소 두 마리와 숫양 다섯 마리와 숫염소 다섯 마리와 일 년 된 어린 숫양
다섯 마리라 이는 암미삿대의 아들 아히에셀의 헌물이었더라 72 열한째 날에는 아셀 자손의 지휘관 오그란의 아
들 바기엘이 헌물을 드렸으니 73 그의 헌물도 성소의 세겔로 백삼십 세겔 무게의 은 쟁반 하나와 칠십 세겔 무게
의 은 바리 하나라 이 두 그릇에는 소제물로 기름 섞은 고운 가루를 채웠고 74 또 열 세겔 무게의 금 그릇 하나라
이것에는 향을 채웠고 75 또 번제물로 수송아지 한 마리와 숫양 한 마리와 일 년 된 어린 숫양 한 마리이며 76 속죄
제물로 숫염소 한 마리이며 77 화목제물로 소 두 마리와 숫양 다섯 마리와 숫염소 다섯 마리와 일 년 된 어린 숫양
다섯 마리라 이는 오그란의 아들 바기엘의 헌물이었더라 78 열두째 날에는 납달리 자손의 지휘관 에난의 아들 아
히라가 헌물을 드렸으니 79 그의 헌물도 성소의 세겔로 백삼십 세겔 무게의 은 쟁반 하나와 칠십 세겔 무게의 은
바리 하나라 이 두 그릇에는 소제물로 기름 섞은 고운 가루를 채웠고 80 또 열 세겔 무게의 금 그릇 하나라 이것
에는 향을 채웠고 81 또 번제물로 수송아지 한 마리와 숫양 한 마리와 일 년 된 어린 숫양 한 마리이며 82 속죄제물
로 숫염소 한 마리이며 83 화목제물로 소 두 마리와 숫양 다섯 마리와 숫염소 다섯 마리와 일 년 된 어린 숫양 다
섯 마리라 이는 에난의 아들 아히라의 헌물이었더라 84 이는 곧 제단에 기름 바르던 날에 이스라엘 지휘관들이 드
린 바 제단의 봉헌물이라 은 쟁반이 열둘이요 은 바리가 열둘이요 금 그릇이 열둘이니 85 은 쟁반은 각각 백삼십
세겔 무게요 은 바리는 각각 칠십 세겔 무게라 성소의 세겔로 모든 기구의 은이 모두 이천사백 세겔이요 86 또 향
을 채운 금 그릇이 열둘이니 성소의 세겔로 각각 열 세겔 무게라 그 그릇의 금이 모두 백이십 세겔이요 87 또 번제
물로 수송아지가 열두 마리요 숫양이 열두 마리요 일 년 된 어린 숫양이 열두 마리요 그 소제물이며 속죄제물로
숫염소가 열두 마리이며 88 화목제물로 수소가 스물네 마리요 숫양이 육십 마리요 숫염소가 육십 마리요 일 년 된
어린 숫양이 육십 마리라 이는 제단에 기름 바른 후에 드린 바 제단의 봉헌물이었더라 89 모세가 회막에 들어가서
여호와께 말하려 할 때에 증거궤 위 속죄소 위의 두 그룹 사이에서 자기에게 말씀하시는 목소리를 들었으니 여
호와께서 그에게 말씀하심이었더라

민수기 8장

등잔을 차려 놓는 방식

1 여호와께서 또 모세에게 말씀하여 이르시되 2 아론에게 말하여 이르라 등불을 켤 때에는 일곱 등잔을 등잔대
앞으로 비추게 할지니라 하시매 3 아론이 그리하여 등불을 등잔대 앞으로 비추도록 켰으니 여호와께서 모세에
게 명령하심과 같았더라 4 이 등잔대의 제작법은 이러하니 곧 금을 쳐서 만든 것인데 밑판에서 그 꽃까지 쳐서 만

든 것이라 모세가 여호와께서 자기에게 보이신 양식을 따라 이 등잔대를
만들었더라

레위인을 요제로 여호와께 드리다

[5] 여호와께서 모세에게 말씀하여 이르시되 [6] 이스라엘 자손 중에서 레위
인을 데려다가 정결하게 하라 [7] 너는 이같이 하여 그들을 정결하게 하되
곧 속죄의 물을 그들에게 뿌리고 그들에게 그들의 전신을 삭도로 밀게
하고 그 의복을 빨게 하여 몸을 정결하게 하고 [8] 또 그들에게 수송아지 한
마리를 번제물로, 기름 섞은 고운 가루를 그 소제물로 가져오게 하고 그
외에 너는 또 수송아지 한 마리를 속죄제물로 가져오고 [9] 레위인을 회막
앞에 나오게 하고 이스라엘 자손의 온 회중을 모으고 [10] 레위인을 여호와
앞에 나오게 하고 이스라엘 자손이 그들에게 안수하게 한 후에 [11] 아론이
이스라엘 자손을 위하여 레위인을 흔들어 바치는 제물로 여호와 앞에 드
릴지니 이는 그들에게 여호와께 봉사하게 하기 위함이라 [12] 레위인으로
수송아지들의 머리에 안수하게 하고 네가 그 하나는 속죄제물로, 하나는
번제물로 여호와께 드려 레위인을 속죄하고 [13] 레위인을 아론과 그의 아
들들 앞에 세워 여호와께 요제로 드릴지니라 [14] 너는 이같이 이스라엘 자손 중에서 레위인을 구별하라 그리하면
그들이 내게 속할 것이라 [15] 네가 그들을 정결하게 하여 요제로 드린 후에 그들이 회막에 들어가서 봉사할 것이
니라 [16] 그들은 이스라엘 자손 중에서 내게 온전히 드린 바 된 자라 이스라엘 자손 중 모든 초태생 곧 모든 처음
태어난 자 대신 내가 그들을 취하였나니 [17] 이스라엘 자손 중에 처음 태어난 것은 사람이든지 짐승이든지 다 내
게 속하였음은 내가 애굽 땅에서 모든 처음 태어난 자를 치던 날에 그들을 내게 구별하였음이라 [18] 이러므로 내
가 이스라엘 자손 중 모든 처음 태어난 자 대신 레위인을 취하였느니라 [19] 내가 이스라엘 자손 중에서 레위인을
취하여 그들을 아론과 그의 아들들에게 주어 그들로 회막에서 이스라엘 자손을 대신하여 봉사하게 하며 또 이
스라엘 자손을 위하여 속죄하게 하였나니 이는 이스라엘 자손이 성소에 가까이 할 때에 그들 중에 재앙이 없게
하려 하였음이니라 [20] 모세와 아론과 이스라엘 자손의 온 회중이 여호와께서 레위인에 대하여 모세에게 명령하
신 것을 다 따라 레위인에게 행하였으되 곧 이스라엘 자손이 그와 같이 그들에게 행하였더라 [21] 레위인이 이에
죄에서 스스로 깨끗하게 하고 그들의 옷을 빨매 아론이 그들을 여호와 앞에 요제로 드리고 그가 또 그들을 위
하여 속죄하여 정결하게 한 [22] 후에 레위인이 회막에 들어가서 아론과 그의 아들들 앞에서 봉사하니라 여호와께
서 레위인의 일에 대하여 모세에게 명령하게 하신 것을 따라 그와 같이 그들에게 행하였더라 [23] 여호와께서 또
모세에게 말씀하여 이르시되 [24] 레위인은 이같이 할지니 곧 이십오 세 이상으로는 회막에 들어가서 복무하고 봉
사할 것이요 [25] 오십 세부터는 그 일을 쉬어 봉사하지 아니할 것이나 [26] 그의 형제와 함께 회막에서 돕는 직무를
지킬 것이요 일하지 아니할 것이라 너는 레위인의 직무에 대하여 이같이 할지니라

민 8:1-4 등대는 성소에 빛을 비추는 역할을 한다. 지금 우리가 살고 있는 이 세상은 어떠한가? 너무나도 많은 곳에서 빛을 필요로 하는데 당신은 지금 무엇을 하는가?
☞ 마 5:13-16 너희는 세상의 소금이니 소금이 만일 그 맛을 잃으면 무엇으로 짜게 하리요 후에는 아무 쓸 데 없어 다만 밖에 버려져 사람에게 밟힐 뿐이니라 너희는 세상의 빛이라 산 위에 있는 동네가 숨겨지지 못할 것이요 사람이 등불을 켜서 말 아래에 두지 아니하고 등경 위에 두나니 이러므로 집 안 모든 사람에게 비치느니라 이같이 너희 빛이 사람 앞에 비치게 하여 그들로 너희 착한 행실을 보고 하늘에 계신 너희 아버지께 영광을 돌리게 하라.
예수님은 하나님의 택함을 받은 우리는 그 순간 세상을 향한 소금과 빛이 되었다고 말한다. 서서히 소금과 빛이 되어가라는 것이 아니다. 그러니 그 역할을 하라는 것이다.

민수기 9장

두 번째 유월절

[1] 애굽 땅에서 나온 다음 해 첫째 달에 여호와께서 시내 광야에서 모세에게 말씀하여 이르시되 [2] 이스라엘 자손에
게 유월절을 그 정한 기일에 지키게 하라 [3] 그 정한 기일 곧 이 달 열넷째 날 해 질 때에 너희는 그것을 지키되 그 모
든 율례와 그 모든 규례대로 지킬지니라 [4] 모세가 이스라엘 자손에게 명령하여 유월절을 지키라 하매 [5] 그들이 첫
째 달 열넷째 날 해 질 때에 시내 광야에서 유월절을 지켰으되 이스라엘 자손이 여호와께서 모세에게 명령하신 것
을 다 따라 행하였더라 [6] 그 때에 사람의 시체로 말미암아 부정하게 되어서 유월절을 지킬 수 없는 사람들이 있었
는데 그들이 그 날에 모세와 아론 앞에 이르러 [7] 그에게 이르되 우리가 사람의 시체로 말미암아 부정하게 되었거

니와 우리를 금지하여 이스라엘 자손과 함께 정한 기일에 여호와께 헌물
을 드리지 못하게 하심은 어찌함이니이까 8 모세가 그들에게 이르되 기다
리라 여호와께서 너희에게 대하여 어떻게 명령하시는지 내가 들으리라 9
여호와께서 모세에게 말씀하여 이르시되 10 이스라엘 자손에게 말하여 이
르라 너희나 너희 후손 중에 시체로 말미암아 부정하게 되든지 먼 여행 중
에 있다 할지라도 다 여호와 앞에 마땅히 유월절을 지키되 11 둘째 달 열넷
째 날 해 질 때에 그것을 지켜서 어린 양에 무교병과 쓴 나물을 아울러 먹
을 것이요 12 아침까지 그것을 조금도 남겨두지 말며 그 뼈를 하나도 꺾지
말아서 유월절 모든 율례대로 지킬 것이니라 13 그러나 사람이 정결하기도
하고 여행 중에도 있지 아니하면서 유월절을 지키지 아니하는 자는 그 백
성 중에서 끊어지리니 이런 사람은 그 정한 기일에 여호와께 헌물을 드리
지 아니하였은즉 그의 죄를 담당할지며 14 만일 타국인이 너희 중에 거류
하여 여호와 앞에 유월절을 지키고자 하면 유월절 율례대로 그 규례를 따
라서 행할지니 거류민에게나 본토인에게나 그 율례는 동일할 것이니라

길을 안내한 구름(출 40:34-38)

15 성막을 세운 날에 구름이 성막 곧 증거의 성막을 덮었고 저녁이 되면
성막 위에 불 모양 같은 것이 나타나서 아침까지 이르렀으되 16 항상 그
러하여 낮에는 구름이 그것을 덮었고 밤이면 불 모양이 있었는데 17 구름
이 성막에서 떠오르는 때에는 이스라엘 자손이 곧 행진하였고 구름이 머
무는 곳에 이스라엘 자손이 진을 쳤으니 18 이스라엘 자손이 여호와의 명
령을 따라 행진하였고 여호와의 명령을 따라 진을 쳤으며 구름이 성막 위
에 머무는 동안에는 그들이 진영에 머물렀고 19 구름이 성막 위에 머무는
날이 오랠 때에는 이스라엘 자손이 여호와의 명령을 지켜 행진하지 아니
하였으며 20 혹시 구름이 성막 위에 머무는 날이 적을 때에도 그들이 다만
여호와의 명령을 따라 진영에 머물고 여호와의 명령을 따라 행진하였으
며 21 혹시 구름이 저녁부터 아침까지 있다가 아침에 그 구름이 떠오를 때

에는 그들이 행진하였고 구름이 밤낮 있다가 떠오르면 곧 행
진하였으며 22 이틀이든지 한 달이든지 일 년이든지 구름이 성
막 위에 머물러 있을 동안에는 이스라엘 자손이 진영에 머물
고 행진하지 아니하
다가 떠오르면 행
진하였으니 23 곧 그들이 여호와의 명령을 따라 진을 치며
여호와의 명령을 따라 행진하고 또 모세를 통하여 이르신
여호와의 명령을 따라 여호와의 직임을 지켰더라

❖ 민 9장 **불기둥·구름 기둥으로 인도하시는 하나님**

이제 인구조사도 마쳤고, 가나안까지 여정을 시작해야 할 시간이 되었다. 당시에는 내비게이션(navigation)같은 것이 없었고 물론 지도도 없다. 이들의 가나안 여정은 초행이다. 그러나 이 길을 인도하시는 분은 모세가 아니고 하나님이시다. 하나님은 그들을 낮에는 구름기둥, 밤에는 불기둥으로 그 길을 안내한다. 또한 이 구름기둥·불기둥은 열악한 광야의 기후 조건에 이스라엘 백성을 보호하기 위함이기도 하다. 광야의 밤은 대단히 춥고 낮은 대단히 더운 열악한 환경이다. 그래서 낮에는 구름기둥으로 강열한 태양 빛으로부터 보호하고, 밤에는 낮아지는 기온으로부터 보호하시는 것이다. 구름기둥·불기둥이 움직이면 가고, 서면 그곳에서 야영을 했다. 여기서도 하나님의 주권적 통치와 돌보심을 볼 수 있다. 이것은 하나님의 방법이고 신위(神爲)를 보는 대목이다.

"여호와의 명령에 따라"가 몇 번이나 나오는가를 세어보라. 시내 산 언약을 통해 하나님의 백성으로 택함을 받은 이스라엘의 삶은 그들의 자의적인 삶이 아니고,
"하나님의 명령에 따라" 사는 것임을 강조하여 보여 주는 구절이다.
오늘 지금 여기에서도 나를 불기둥과 구름기둥으로 보호하시고 인도하시며 주권적으로 돌보아 주심을 체험하고 그분의
"명령에 따라"살아가는가?

민 9장

학습 자료 10-2 "불기둥, 구름 기둥" 참조

민수기 10장

나팔 신호

민 10장

학습 자료 10-3 "애굽 거주 430년 근거" 참조

1 여호와께서 모세에게 말씀하여 이르시되 2 은 나팔 둘을 만들되 두들겨 만들어서 그것으로 회중을 소집하며
진영을 출발하게 할 것이라 3 나팔 두 개를 불 때에는 온 회중이 회막 문 앞에 모여서 네게로 나아올 것이요 4 하
나만 불 때에는 이스라엘의 천부장 된 지휘관들이 모여서 네게로 나아올 것이며 5 너희가 그것을 크게 불 때에

는 동쪽 진영들이 행진할 것이며 6 두 번째로 크게 불 때에는 남쪽 진영들
이 행진할 것이라 떠나려 할 때에는 나팔 소리를 크게 불 것이며 7 또 회
중을 모을 때에도 나팔을 불 것이나 소리를 크게 내지 말며 8 그 나팔은
아론의 자손인 제사장들이 불지니
이는 너희 대대에 영원한 율례니
라 9 또 너희 땅에서 너희가 자기
를 압박하는 대적을 치러 나갈 때
에는 나팔을 크게 불지니 그리하
면 너희 하나님 여호와가 너희를 기
억하고 너희를 너희의 대적에게서 구
원하시리라 10 또 너희의 희락의 날과 너희가 정한 절기와 초하루에는 번
제물을 드리고 화목제물을 드리며 나팔을 불라 그로 말미암아 너희의 하
나님이 너희를 기억하시리라 나는 너희의 하나님 여호와니라

이스라엘 자손이 진행하기를 시작하다

11 둘째 해 둘째 달 스무날에 구름이 증거의 성막에서 떠오르매 12 이스라
엘 자손이 시내 광야에서 출발하여 자기 길을 가더니 바란 광야에 구름이
머무니라 13 이와 같이 그들이 여호와께서 모세에게 명령하신 것을 따라
행진하기를 시작하였는데 14 선두로 유다 자손의 진영의 군기에 속한 자
들이 그들의 진영별로 행진하였으니 유다 군대는 암미나답의 아들 나손
이 이끌었고 15 잇사갈 자손 지파의 군대는 수알의 아들 느다넬이 이끌었
고 16 스불론 자손 지파의 군대는 헬론의 아들 엘리압이 이끌었더라 17 이
에 성막을 걷으매 게르손 자손과 므라리 자손이 성막을 메고 출발하였으
며 18 다음으로 르우벤 진영의 군기에 속한 자들이 그들의 진영별로 출발
하였으니 르우벤의 군대는 스데울의 아들 엘리술이 이끌었고 19 시므온
자손 지파의 군대는 수리삿대의 아들 슬루미엘이 이끌었고 20 갓 자손 지
파의 군대는 드우엘의 아들 엘리아삽이 이끌었더라 21 고핫인은 성물을
메고 행진하였고 그들이 이르기 전에 성막을 세웠으며 22 다음으로 에브
라임 자손 진영의 군기에 속한 자들이 그들의 진영별로 행진하였으니 에
브라임 군대는 암미훗의 아들 엘리사마가 이끌었고 23 므낫세 자손 지파
의 군대는 브다술의 아들 가말리엘이 이끌었고 24 베냐민 자손 지파의 군
대는 기드오니의 아들 아비단이 이끌었더라 25 다음으로 단 자손 진영의
군기에 속한 자들이 그들의 진영별로 행진하였으니 이 군대는 모든 진영
의 마지막 진영이었더라 단 군대는 암미삿대의 아들 아히에셀이 이끌었
고 26 아셀 자손 지파의 군대는 오그란의 아들 바기엘이 이끌었고 27 납달
리 자손 지파의 군대는 에난의 아들 아히라가 이끌었더라 28 이스라엘 자
손이 행진할 때에 이와 같이 그들의 군대를 따라 나아갔더라 29 모세가
모세의 장인 미디안 사람 르우엘의 아들 호밥에게 이르되 여호와께서 주
마 하신 곳으로 우리가 행진하나니 우리와 동행하자 그리하면 선대하리
라 여호와께서 이스라엘에게 복을 내리리라 하셨느니라 30 호밥이 그에
게 이르되 나는 가지 아니하고 내 고향 내 친족에게로 가리라 31 모세가

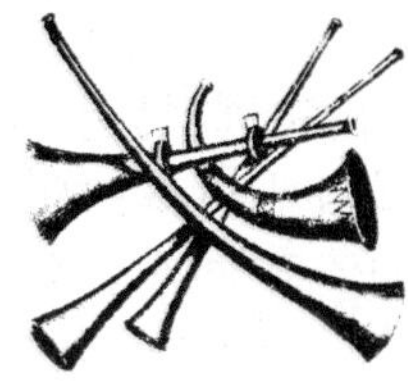

민 10장

이스라엘 백성은 출애굽 제2년 정월에 성막을 완성하고(출 40:17), 1개월 20일(50일)간 레위기로 훈련을 받고, 이제 "젖과 꿀이 흐르는 가나안"을 향하여 출발한다. B.C. 1445년 2월 20일.

☞ **민 10:11-12** 둘째 해 둘째 달 스무날에 구름이 증거의 성막에서 떠오르매 이스라엘 자손이 시내 광야에서 출발하여 자기 길을 가더니…

애굽을 떠날 때 이스라엘인의 수는 민수기의 인구 조사에 의하면 각 지파 장정만 603,550명이었다. 여기 부녀자, 노인, 아이들, 그리고 섞인 중다한 잡족들까지 합치면 250만 명은 족히 된다고 추정할 수 있다. 여기에 가축들까지 합치면 이들의 이동은 장대한 모습일 것이다.

장정이 60만이라면 총인구는 250만 정도로 추정한다. 10열로 걸어갔으면 그 행군의 길이가 240km일 것이다. 이 행군이 한 지점을 다 통과하려면 8-9일이 걸린다는 계산이 나온다. 만약 2열로 홍해를 건넜다면 35일이 걸렸을 것이다. 그 길이가 1340km가 되기 때문이다. 이들이 광야 생활을 하면서 소모하는 음식의 양은 얼마나 되었는가를 상상해 보라.

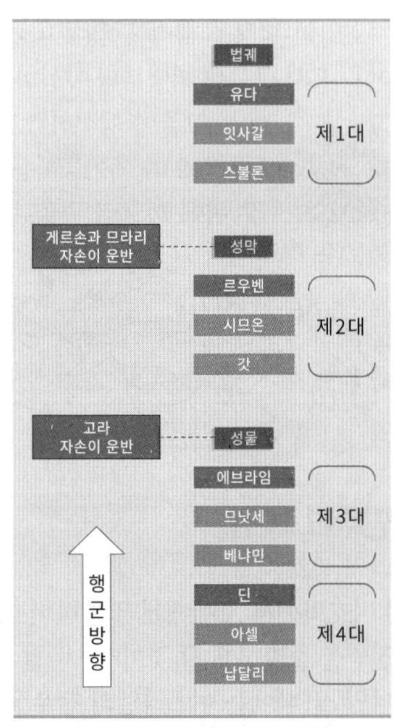

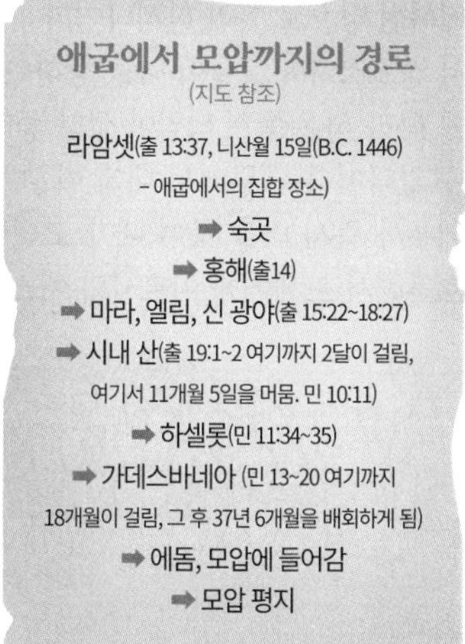

애굽에서 모압까지의 경로
(지도 참조)

라암셋(출 13:37, 니산월 15일(B.C. 1446)
- 애굽에서의 집합 장소)
➡ 숙곳
➡ 홍해(출14)
➡ 마라, 엘림, 신 광야(출 15:22~18:27)
➡ 시내 산(출 19:1~2 여기까지 2달이 걸림,
여기서 11개월 5일을 머뭄. 민 10:11)
➡ 하셀롯(민 11:34~35)
➡ 가데스바네아 (민 13~20 여기까지
18개월이 걸림, 그 후 37년 6개월을 배회하게 됨)
➡ 에돔, 모압에 들어감
➡ 모압 평지

이르되 청하건대 우리를 떠나지 마소서 당신은 우리가 광야에서 어떻게 진 칠지를 아나니 우리의 눈이 되리이다
32 우리와 동행하면 여호와께서 우리에게 복을 내리시는 대로 우리도 당신에게 행하리이다 33 그들이 여호와의
산에서 떠나 삼 일 길을 갈 때에 여호와의 언약궤가 그 삼 일 길에 앞서 가며 그들의 쉴 곳을 찾았고 34 그들이 진
영을 떠날 때에 낮에는 여호와의 구름이 그 위에 덮였었더라 35 궤가 떠날 때에는 모세가 말하되 여호와여 일어
나사 주의 대적들을 흩으시고 주를 미워하는 자가 주 앞에서 도망하게 하소서 하였고 36 궤가 쉴 때에는 말하되
여호와여 이스라엘 종족들에게로 돌아오소서 하였더라

민수기 11장

다베라

1 여호와께서 들으시기에 백성이 악한 말로 원망하매 여호와께서 들으시
고 진노하사 여호와의 불을 그들 중에 붙여서 진영 끝을 사르게 하시매 2
백성이 모세에게 부르짖으므로 모세가 여호와께 기도하니 불이 꺼졌더
라 3 그 곳 이름을 다베라라 불렀으니 이는 여호와의 불이 그들 중에 붙은
까닭이었더라

모세가 장로 칠십 인을 뽑다

4 그들 중에 섞여 사는 다른 인종들이 탐욕을 품으매 이스라엘 자손도 다
시 울며 이르되 누가 우리에게 고기를 주어 먹게 하랴 5 우리가 애굽에 있
을 때에는 값없이 생선과 오이와 참외와 부추와 파와 마늘들을 먹은 것
이 생각나거늘 6 이제는 우리의 기력이 다하여 이 만나 외에는 보이는 것
이 아무 것도 없도다 하니 7 만나는 깟씨와 같고 모양은 진주와 같은 것
이라 8 백성이 두루 다니며 그것을 거두어 맷돌에 갈기도 하며 절구에 찧
기도 하고 가마에 삶기도 하여 과자를 만들었으니 그 맛이 기름 섞은 과

민 11:3, 34 다베라, 기브롯 핫다아와 위치

자 맛 같았더라 9 밤에 이슬이 진영에 내릴 때에 만나도 함께 내렸더라 10 백성의 온 종족들이 각기 자기 장막 문
에서 우는 것을 모세가 들으니라 이러므로 여호와의 진노가 심히 크고 모세도 기뻐하지 아니하여 11 모세가 여호
와께 여짜오되 어찌하여 주께서 종을 괴롭게 하시나이까 어찌하여 내게 주의 목전에서 은혜를 입게 아니하시고
이 모든 백성을 내게 맡기사 내가 그 짐을 지게 하시나이까 12 이 모든 백성을 내가 배었나이까 내가 그들을 낳았
나이까 어찌 주께서 내게 양육하는 아버지가 젖 먹는 아이를 품듯 그들을 품에 품고 주께서 그들의 열조에게 맹

세하신 땅으로 가라 하시나이까 13 이 모든 백성에게 줄 고기를 내가 어디
서 얻으리이까 그들이 나를 향하여 울며 이르되 우리에게 고기를 주어 먹
게 하라 하온즉 14 책임이 심히 중하여 나 혼자는 이 모든 백성을 감당할
수 없나이다 15 주께서 내게 이같이 행하실진대 구하옵나니 내게 은혜를
베푸사 즉시 나를 죽여 내가 고난당함을 내가 보지 않게 하옵소서 16 여
호와께서 모세에게 이르시되 이스라엘 노인 중에 네가 알기로 백성의 장
로와 지도자가 될 만한 자 칠십
명을 모아 내게 데리고 와 회막
에 이르러 거기서 너와 함께 서
게 하라 17 내가 강림하여 거기
서 너와 말하고 네게 임한 영을
그들에게도 임하게 하리니 그들이
너와 함께 백성의 짐을 담당하고 너 혼자 담당하지 아니하리
라 18 또 백성에게 이르기를 너희의 몸을 거룩히 하여 내일 고기 먹기를 기
다리라 너희가 울며 이르기를 누가 우리에게 고기를 주어 먹게 하랴 애굽
에 있을 때가 우리에게 좋았다 하는 말이 여호와께 들렸으므로 여호와께
서 너희에게 고기를 주어 먹게 하실 것이라 19 하루나 이틀이나 닷새나 열
흘이나 스무 날만 먹을 뿐 아니라 20 냄새도 싫어하기까지 한 달 동안 먹
게 하시리니 이는 너희가 너희 중에 계시는 여호와를 멸시하고 그 앞에서
울며 이르기를 우리가 어찌하여 애굽에서 나왔던가 함이라 하라 21 모세
가 이르되 나와 함께 있는 이 백성의 보행자가 육십만 명이온데 주의 말
씀이 한 달 동안 고기를 주어 먹게 하겠다 하시오니 22 그들을 위하여 양
떼와 소 떼를 잡은들 족하오며 바다의 모든 고기를 모은들 족하오리이까
23 여호와께서 모세에게 이르시되 여호와의 손이 짧으냐 네가 이제 내 말
이 네게 응하는 여부를 보리라 24 모세가 나가서 여호와의 말씀을 백성에
게 알리고 백성의 장로 칠십 인을 모아 장막에 둘러 세우매 25 여호와께
서 구름 가운데 강림하사 모세에게 말씀하시고 그에게 임한 영을 칠십 장
로에게도 임하게 하시니 영이 임하신 때에 그들이 예언을 하다가 다시는
하지 아니하였더라 26 그 기명된 자 중 엘닷이라 하는 자와 메닷이라 하는
자 두 사람이 진영에 머물고 장막에 나아가지 아니하였으나 그들에게도
영이 임하였으므로 진영에서 예언한지라 27 한 소년이 달려와서 모세에게
전하여 이르되 엘닷과 메닷이 진중에서 예언하나이다 하매 28 택한 자 중
한 사람 곧 모세를 섬기는 눈의 아들 여호수아가 말하여 이르되 내 주 모
세여 그들을 말리소서 29 모세가 그에게 이르되 네가 나를 두고 시기하느
냐 여호와께서 그의 영을 그의 모든 백성에게 주사 다 선지자가 되게 하
시기를 원하노라 30 모세와 이스라엘 장로들이 진중으로 돌아왔더라

여호와께서 메추라기를 보내시다

31 바람이 여호와에게서 나와 바다에서부터 메추라기를 몰아 진영 곁 이
쪽 저쪽 곧 진영 사방으로 각기 하룻길 되는 지면 위 두 규빗쯤에 내리게
한지라 32 백성이 일어나 그 날 종일 종야와 그 이튿날 종일토록 메추라기

> **민 11:4-10** 하나님의 뜻보다는 현재의 안락과 축복만을 추구한 이스라엘의 모습을 보라. 당신은 지금 무엇을 추구하고 있는가? 그 추구함을 이루기 위해 하나님의 연단을 기꺼이 받아들이면서 인내로 소망하고 있는가?
> 아니면 현세의 안락한 축복과 감언이설 같은 가짜 평강을 추구하며 영적 마취 상태에 빠져 있는가?
> 이 시대는 사사시대 같은 영적 암흑시대에 처해 있다. 심각하다.
> ☞ **삼상 3:1** 아이 사무엘이 엘리 앞에서 여호와를 섬길 때에는 여호와의 말씀이 희귀하여 이상이 흔히 보이지 않았더라
> 영적 암흑 상태에 있다는 각성은 없는가? 이 시대는 매우 심각하다.

다베라에서 있었던 일 - 불평의 본격 시작

여전히 끊임없이 불평하고 모세의 지도력에 도전하는 백성들.

민수기는 이스라엘 민족의 불평 기록기라고 해도 과언이 아니다.

이제 하나님의 인도하심으로 이스라엘 백성은 하나님이 주시기로 한 약속의 땅을 향하여 240여만 명과 그들의 가축들이 대이동을 시작한다. 이스라엘 백성은 하나님이 많은 기적을 통해 그들을 보호하시고 인도하심을 보여 주었는데도 불구하고, 그것이 눈에 보이는 동안에는 순종했지만 그 현상이 사라지면 금방 불평을 늘어놓고 있음을 볼 수 있다. 그들은 가시적인 믿음을 소유한 자들이기 때문에 그렇다. 이 가시적 믿음의 대표자는 롯이다.

그래서 이 책은 "민족의 불평"이라고 붙여도 될 만큼 이스라엘 백성의 불평으로 가득 찬 책이며 그 불평으로 인하여 엄청난 대가를 치르게 됨을 보는 서글픈 책이기도 하다.

애굽의 배불리 먹던 시절로, 다시 노예로 돌아가면 현재의 고생을 면할 것 같은 어리석은 생각을 가진 우둔한 백성을 끊임없는 사랑으로 대하시며, 고기를 못 먹어 불평하는 백성에게 메추라기를 주시는 하나님은 여전히 우리 가운데 계셔서 우리의 필요를 채워 주신다.

민 11:4을 유의하라. 이스라엘 백성이 애굽을 떠나올 때 "중다히 섞인 잡족들이"이스라엘을 선동한다. 그리스도인들도 이런 선동을 받는 신앙생활을 할 때가 많다. 그것은 우리의 신앙관이 하나님 중심으로 견고히 서 있지 못하기 때문이다.

하나님은 240여만 명의 대인구에게 1개월간 고기를 허락하신다. 이것을 신약의 오병이어의 기적에 견주어 생각해 보라.

를 모으니 적게 모은 자도 열 호멜이라 그들이 자기들을 위하여 진영 사면
에 펴 두었더라 33 고기가 아직 이 사이에 있어 씹히기 전에 여호와께서 백
성에게 대하여 진노하사 심히 큰 재앙으로 치셨으므로 34 그 곳 이름을 기
브롯 핫다아와라 불렀으니 욕심을 낸 백성을 거기 장사함이었더라 35 백
성이 기브롯 핫다아와에서 행진하여 하세롯에 이르러 거기 거하니라

민수기 12장

미리암이 벌을 받다

1 모세가 구스 여자를 취하였더니 그 구스 여자를 취하였으므로 미리암과
아론이 모세를 비방하니라 2 그들이 이르되 여호와께서 모세와만 말씀하
셨느냐 우리와도 말씀하지 아니하셨느냐 하매 여호와께서 이 말을 들으
셨더라 3 이 사람 모세는 온유함이 지면의 모든 사람보다 더하더라 4 여호
와께서 갑자기 모세와 아론과 미리암에게 이르시되 너희 세 사람은 회막
으로 나아오라 하시니 그 세 사람이 나아가매 5 여호와께서 구름 기둥 가
운데로부터 강림하사 장막 문에 서시고 아론과 미리암을 부르시는지라
그 두 사람이 나아가매 6 이르시되 내 말을 들으라 너희 중에 선지자가 있
으면 나 여호와가 환상으로 나를 그에게 알리기도 하고 꿈으로 그와 말
하기도 하거니와 7 내 종 모세와는 그렇지 아니하니 그는 내 온 집에 충성
함이라 8 그와는 내가 대면하여 명백히 말하고 은밀한 말로 하지 아니하며 그는 또 여호와의 형상을 보거늘 너희
가 어찌하여 내 종 모세 비방하기를 두려워하지 아니하느냐 9 여호와께서 그들을 향하여 진노하시고 떠나시매
10 구름이 장막 위에서 떠나갔고 미리암은 나병에 걸려 눈과 같더라 아론이 미리암을 본즉 나병에 걸렸는지라 11
아론이 이에 모세에게 이르되 슬프도다 내 주여 우리가 어리석은 일을 하여 죄를 지었으나 청하건대 그 벌을 우
리에게 돌리지 마소서 12 그가 살이 반이나 썩어 모태로부터 죽어서 나온 자 같이 되지 않게 하소서 13 모세가 여
호와께 부르짖어 이르되 하나님이여 원하건대 그를 고쳐 주옵소서 14 여호와께서 모세에게 이르시되 그의 아버
지가 그의 얼굴에 침을 뱉었을지라도 그가 이레 동안 부끄러워하지 않겠느냐 그런즉 그를 진영 밖에 이레 동안
가두고 그 후에 들어오게 할지니라 하시니 15 이에 미리암이 진영 밖에 이레 동안 갇혀 있었고 백성은 그를 다시
들어오게 하기까지 행진하지 아니하다가 16 그 후에 백성이 하세롯을 떠나 바란 광야에 진을 치니라

> **민 11:34-35** 식욕의 노예가 된 백성들은 하나님께 감사하는 마음도 없이 마음껏 메추라기를 잡았다. 그러나 그들의 탐욕이 다 채워지기 전에 하나님께서는 그들을 치셨다. 그 후 재앙으로 붕괴된 그 곳은 '탐욕의 무덤'이라는 뜻을 가진 '기브롯 핫다아와'라고 불리게 되었다.
> "탐욕"이 모든 불의의 뿌리라는 사실을 명심하자.

❖ 민 12장
미리암과 아론이 모세가 구스 여인을 아내로 삼자 불평하다가 미리암이 나병에 걸리는 벌을 받는다. - 하세롯 지역

> **민 12:3** 이 사람 모세는 온유함이 지면의 모든 사람보다 더하더라.

❖ **온유란?**
☞ **마태 5:5** 온유한 자는 복이 있나니 그들이 땅을 기업으로 받을 것임이요
모세는 어떻게 "온유"한 자가 되었을까? – Nobody의 연단 과정을 회상하라.

7일~12일

민수기 13장

가나안 땅 정탐(신 1:19-33)

1 여호와께서 모세에게 말씀하여 이르시되 2 사람을 보내어 내가 이스라엘 자손에게 주는 가나안 땅을 정탐하
게 하되 그들의 조상의 가문 각 지파 중에서 지휘관 된 자 한 사람씩 보내라 3 모세가 여호와의 명령을 따라 바
란 광야에서 그들을 보냈으니 그들은 다 이스라엘 자손의 수령 된 사람이라 4 그들의 이름은 이러하니라 르우벤
지파에서는 삭굴의 아들 삼무아요 5 시므온 지파에서는 호리의 아들 사밧이요 6 유다 지파에서는 여분네의 아
들 갈렙이요 7 잇사갈 지파에서는 요셉의 아들 이갈이요 8 에브라임 지파에서는 눈의 아들 호세아요 9 베냐민 지
파에서는 라부의 아들 발디요 10 스불론 지파에서는 소디의 아들 갓디엘이요 11 요셉 지파 곧 므낫세 지파에서
는 수시의 아들 갓디요 12 단 지파에서는 그말리의 아들 암미엘이요 13 아셀 지파에서는 미가엘의 아들 스둘이요
14 납달리 지파에서는 웝시의 아들 나비요 15 갓 지파에서는 마기의 아들 그우엘이니 16 이는 모세가 땅을 정탐하
러 보낸 자들의 이름이라 모세가 눈의 아들 호세아를 여호수아라 불렀더라 17 모세가 가나안 땅을 정탐하러 그
들을 보내며 이르되 너희는 네겝 길로 행하여 산지로 올라가서 18 그 땅이 어떠한지 정탐하라 곧 그 땅 거민이 강

한지 약한지 많은지 적은지와 19 그들이 사는 땅이 좋은지 나쁜지와 사는
성읍이 진영인지 산성인지와 20 토지가 비옥한지 메마른지 나무가 있는
지 없는지를 탐지하라 담대하라 또 그 땅의 실과를 가져오라 하니 그 때
는 포도가 처음 익을 즈음이었더라 21 이에 그들이 올라가서 땅을 정탐하
되 신 광야에서부터 하맛 어귀 르홉에 이르렀고 22 또 네겝으로 올라가서
헤브론에 이르렀으니 헤브론은 애굽 소안보다 칠 년 전에 세운 곳이라 그
곳에 아낙 자손 아히만과 세새와 달매가 있었더라 23 또 에스골 골짜기
에 이르러 거기서 포도송이가 달린 가지를 베어 둘이 막대기에 꿰어 메고
또 석류와 무화과를 따니라 24 이스라엘 자손
이 거기서 포도를 베었으므로 그 곳을 에
스골 골짜기라 불렀더라 25 사십 일 동
안 땅을 정탐하기를 마치고 돌아와
26 바란 광야 가데스에 이르러 모세
와 아론과 이스라엘 자손의 온 회
중에게 나아와 그들에게 보고하
고 그 땅의 과일을 보이고 27 모세에게 말하여 이르되 당신이 우리를 보
낸 땅에 간즉 과연 그 땅에 젖과 꿀이 흐르는데 이것은 그 땅의 과일이니
이다 28 그러나 그 땅 거주민은 강하고 성읍은 견고하고 심히 클 뿐 아니
라 거기서 아낙 자손을 보았으며 29 아말렉인은 남방 땅에 거주하고 헷인
과 여부스인과 아모리인은 산지에 거주하고 가나안인은 해변과 요단 가
에 거주하더이다 30 갈렙이 모세 앞에서 백성을 조용하게 하고 이르되 우
리가 곧 올라가서 그 땅을 취하자 능히 이기리라 하나 31 그와 함께 올라
갔던 사람들은 이르되 우리는 능히 올라가서 그 백성을 치지 못하리라 그
들은 우리보다 강하니라 하고 32 이스라엘 자손 앞에서 그 정탐한 땅을
악평하여 이르되 우리가 두루 다니며 정탐한 땅은 그 거주민을 삼키는 땅
이요 거기서 본 모든 백성은 신장이 장대한 자들이며 33 거기서 네피림 후
손인 아낙 자손의 거인들을 보았나니 우리는 스스로 보기에도 메뚜기 같
으니 그들이 보기에도 그와 같았을 것이니라

민수기 14장

백성의 원망

1 온 회중이 소리를 높여 부르짖으며 백성이 밤새도록 통곡하였더라 2 이
스라엘 자손이 다 모세와 아론을 원망하며 온 회중이 그들에게 이르되
우리가 애굽 땅에서 죽었거나 이 광야에서 죽었으면 좋았을 것을 3 어찌
하여 여호와가 우리를 그 땅으로 인도하여 칼에 쓰러지게 하려 하는가 우
리 처자가 사로잡히리니 애굽으로 돌아가는 것이 낫지 아니하랴 4 이에
서로 말하되 우리가 한 지휘관을 세우고 애굽으로 돌아가자 하매 5 모세
와 아론이 이스라엘 자손의 온 회중 앞에서 엎드린지라 6 그 땅을 정탐한
자 중 눈의 아들 여호수아와 여분네의 아들 갈렙이 자기들의 옷을 찢고 7
이스라엘 자손의 온 회중에게 말하여 이르되 우리가 두루 다니며 정탐한

민 13:26-28은 가나안에 거주하고 있는 족속들의 생활상을 보여 주는 대목이기도 하다. 당시 가나안은 이미 매우 앞선 농경 문화를 이루며 살고 있었고, 이 땅에 들어가 그들을 쫓아내고 거주할 이스라엘 백성은 자유인이 된지 겨우 40여 년에 불과하고, 문화라는 것이 아예 없는 상태이다. 이런 상황이기에 하나님의 백성은 절대로 섞이면 안 되기 때문에 하나님은 이 가나안 문화와 단호한 단절이 절대적으로 필요한 상황이기에 "단절"이라는 극단적 단어를 사용하여 구별됨을 매우 강조하시는 것을 여호수아서에서 볼 수 있다.

12 정탐꾼의 보고 비교

	10 정탐꾼	2 정탐꾼
1	올라가서 그 백성을 치지 못하리라(민 13:31)	올라가서 그 땅을 취하자(민 13:30)
2	그 땅 거민은 강하고 성읍은 견고하다(민 13:28)	그 땅 백성을 두려워 말자(민 14:9)
3	땅을 악평함(민 13:32)	땅을 아름답다 함(민 14:7, 8)
4	그들은 신장이 장대하다(민 13:32, 33)	그들의 보호자는 그들에게서 떠났다(민 14:9)
5	우리는 메뚜기 같이 보인다(민 13:33)	여호와는 우리와 함께 하신다(민 14:9)

가나안에 보낸 정탐꾼
각 지파에서 대표 한 명씩을 뽑아 12명의 정탐꾼을 편성하여, 40일간 가나안 땅을 정탐한다. 10명의 부정적인 보고와 2명의 긍정적인 보고를 하고 이스라엘 진영은 부정적인 다수결을 좇아 하나님에게 반역을 저지른다.

다수결의 원리에 사로잡힌 인위의 사람들의 결말이 어떤 것인가를 유념하라. 광야를 37년 6개월 동안 배회하며 결국 가나안에 이르지 못하는 말로를 맛보았다.
10명의 부정적 보고의 핵심은 그곳에 거주하는 네피림의 후손 아낙 자손의 장대함을 보고 겁에 질려 하나님의 백성인 자신들은 그 아낙 자손보다 못한 메뚜기에 비교했다.(Grasshopper Syndrome) - 민 13:25-33
☞ 교회나 성도들의 삶은 인위, 즉 다수결이나 다수의 여론에 의해 움직이는 것이 아니고, 신위, 즉 오직 하나님의 뜻에 따라 움직여야 한다는 사실을 명심하라.
(cf. 고전 1:10)

땅은 심히 아름다운 땅이라 8 여호와께서 우리를 기뻐하시면 우리를 그 땅
으로 인도하여 들이시고 그 땅을 우리에게 주시리라 이는 과연 젖과 꿀이
흐르는 땅이니라 9 다만 여호와를 거역하지는 말라 또 그 땅 백성을 두려
워하지 말라 그들은 우리의 먹이라 그들의 보호자는 그들에게서 떠났고 여호와는 우리와 함께 하시느니라 그들
을 두려워하지 말라 하나 10 온 회중이 그들을 돌로 치려 하는데 그 때에 여호와의 영광이 회막에서 이스라엘 모
든 자손에게 나타나시니라

민 14장
학습 자료 10-4 "다수결의 오류" 참조

7일~12일

모세가 백성을 두고 기도하다

11 여호와께서 모세에게 이르시되 이 백성이 어느 때까지 나를 멸시하겠느냐 내가 그들 중에 많은 이적을 행하
였으나 어느 때까지 나를 믿지 않겠느냐 12 내가 전염병으로 그들을 쳐서 멸하고 네게 그들보다 크고 강한 나라
를 이루게 하리라 13 모세가 여호와께 여짜오되 애굽인 중에서 주의 능력으로 이 백성을 인도하여 내셨거늘 그
리하시면 그들이 듣고 14 이 땅 거주민에게 전하리이다 주 여호와께서 이 백성 중에 계심을 그들도 들었으니 곧
주 여호와께서 대면하여 보이시며 주의 구름이 그들 위에 섰으며 주께서 낮에는 구름 기둥 가운데에서, 밤에는
불 기둥 가운데에서 그들 앞에 행하시는 것이니이다 15 이제 주께서 이 백성을 하나 같이 죽이시면 주의 명성을
들은 여러 나라가 말하여 이르기를 16 여호와가 이 백성에게 주기로 맹세한 땅에 인도할 능력이 없었으므로 광야
에서 죽였다 하리이다 17 이제 구하옵나니 이미 말씀하신 대로 주의 큰 권능을 나타내옵소서 이르시기를 18 여호
와는 노하기를 더디하시고 인자가 많아 죄악과 허물을 사하시나 형벌 받을 자는 결단코 사하지 아니하시고 아
버지의 죄악을 자식에게 갚아 삼사대까지 이르게 하리라 하셨나이다 19 구하옵나니 주의 인자의 광대하심을 따
라 이 백성의 죄악을 사하시되 애굽에서부터 지금까지 이 백성을 사하신 것 같이 사하시옵소서 20 여호와께서 이
르시되 내가 네 말대로 사하노라 21 그러나 진실로 내가 살아 있는 것과 여호와의 영광이 온 세계에 충만할 것을
두고 맹세하노니 22 내 영광과 애굽과 광야에서 행한 내 이적을 보고서도 이같이 열 번이나 나를 시험하고 내 목
소리를 청종하지 아니한 그 사람들은 23 내가 그들의 조상들에게 맹세한 땅을 결단코 보지 못할 것이요 또 나를
멸시하는 사람은 한 사람도 그것을 보지 못하리라 24 그러나 내 종 갈렙은 그 마음이 그들과 달라서 나를 온전히
따랐은즉 그가 갔던 땅으로 내가 그를 인도하여 들이리니 그의 자손이 그 땅을 차지하리라 25 아말렉인과 가나
안인이 골짜기에 거주하나니 너희는 내일 돌이켜 홍해 길을 따라 광야로 들어갈지니라

여호와께서 원망하는 백성을 벌하시다

26 여호와께서 모세와 아론에게 말씀하여 이르시되 27 나를 원망하는 이
악한 회중에게 내가 어느 때까지 참으랴 이스라엘 자손이 나를 향하여
원망하는 바 그 원망하는 말을 내가 들었노라 28 그들에게 이르기를 여호
와의 말씀에 내 삶을 두고 맹세하노라 너희 말이 내 귀에 들린 대로 내가
너희에게 행하리니 29 너희 시체가 이 광야에 엎드러질 것이라 너희 중에
서 이십 세 이상으로서 계수된 자 곧 나를 원망한 자 전부가 30 여분네의
아들 갈렙과 눈의 아들 여호수아 외에는 내가 맹세하여 너희에게 살게
하리라 한 땅에 결단코 들어가지 못하리라 31 너희가 사로잡히겠다고 말
하던 너희의 유아들은 내가 인도하여 들이리니 그들은 너희가 싫어하던
땅을 보려니와 32 너희의 시체는 이 광야에 엎드러질 것이요 33 너희의 자
녀들은 너희 반역한 죄를 지고 너희의 시체가 광야에서 소멸되기까지 사
십 년을 광야에서 방황하는 자가 되리라 34 너희는 그 땅을 정탐한 날 수
인 사십 일의 하루를 일 년으로 쳐서 그 사십 년간 너희의 죄악을 담당할지니 너희는 그제서야 내가 싫어하면 어
떻게 되는지를 알리라 하셨다 하라 35 나 여호와가 말하였거니와 모여 나를 거역하는 이 악한 온 회중에게 내가
반드시 이같이 행하리니 그들이 이 광야에서 소멸되어 거기서 죽으리라 36 모세의 보냄을 받고 땅을 정탐하고 돌

> 민 14:26-38
> · 반역은 하나님의 뜻을 자기중심적으로 재해석해서 자기에게 편리하게 적용하여 하나님을 거역하는 것을 말한다. 반역의 결과는 매우 심각한 것임을 성경 곳곳에서 볼 수 있다.
> · 이 가데스 바네아 반역 사건은 금송아지 숭배 사건과 같이 하나님의 격노를 불러일으키고, 하나님은 이 세대를 즉시 다 죽이고 모세로부터 새롭게 시작하려 하신다. 그러나 모세의 간곡한 기도로 즉결 처분을 연기하고 이 1세들이 다 죽기까지 가나안 입성을 유보하신다. 그 결과 1세들이 다 죽기까지 37년 6개월을 광야를 배회하게 하신다.

아와서 그 땅을 악평하여 온 회중이 모세를 원망하게 한 사람 37 곧 그 땅에 대하여 악평한 자들은 여호와 앞에
서 재앙으로 죽었고 38 그 땅을 정탐하러 갔던 사람들 중에서 오직 눈의 아들 여호수아와 여분네의 아들 갈렙은
생존하니라

첫번째 점령 시도(신 1:41-46)

39 모세가 이 말로 이스라엘 모든 자손에게 알리매 백성이 크게 슬퍼하여 40 아침에 일찍이 일어나 산 꼭대기로
올라가며 이르되 보소서 우리가 여기 있나이다 우리가 여호와께서 허락하신 곳으로 올라가리니 우리가 범죄하
였음이니이다 41 모세가 이르되 너희가 어찌하여 이제 여호와의 명령을 범하느냐 이 일이 형통하지 못하리라 42
여호와께서 너희 중에 계시지 아니하니 올라가지 말라 너희의 대적 앞에서 패할까 하노라 43 아말렉인과 가나안
인이 너희 앞에 있으니 너희가 그 칼에 망하리라 너희가 여호와를 배반하였으니 여호와께서 너희와 함께 하지
아니하시리라 하나 44 그들이 그래도 산 꼭대기로 올라갔고 여호와의 언약궤와 모세는 진영을 떠나지 아니하였
더라 45 아말렉인과 산간지대에 거주하는 가나안인이 내려와 그들을 무찌르고 호르마까지 이르렀더라

10일차 읽기의 요약

(민 1~14)

이스라엘 백성들이 성막을 만들어 하나님께 봉헌한 후 하나님께서는 20세 이상으로 싸움에 나갈만한 남자들의 수를 지파 별로 계수하여 성막을 중심으로 사방에 3 지파씩 진영을 짜도록 명령하신다. 그러나 레위 지파는 성막 봉사의 일을 전담하기 위해 12지파를 계수하는데 포함되지 않는다. 애굽에서 유월절에 살아남은 이스라엘의 모든 장자가 다 하나님의 것인데 그 장자들을 대신하여 하나님은 레위 지파를 자신의 소유로 삼아 그들을 성막 안에서의 사역에 전념하도록 구별하셨다.

드디어 민수기 10:11에 이르러 이스라엘 백성들은 약 50여 일 동안 머물렀던 시내 산을 떠나 민족 대이동을 시작한다. 하나님께서는 구름 기둥과 불기둥으로 그들을 보호하신다. 그러나 그들 중에 섞여있는 중다한 잡족들의 선동으로 인해 그들은 하나님과 모세를 향해 끊임없이 원망 불평하며 필요 이상의 탐욕을 부린다. 드디어 가데스 바네아에 왔을 때 각 지파의 대표 12명을 뽑아 그들이 들어갈 가나안 땅으로 정탐꾼들을 보낸다. 그런데 그들 중 10명은 가나안 거주민의 장대한 체격과 앞선 문화에 압도당하여 가나안 땅을 주시겠다는 하나님의 언약을 믿지 못하여 12지파 앞에서 혹독한 부정적인 보고를 한다.

이 사건은 창세기 12장에서 아브라함 한 사람을 부르신 이후 하나님께서 말씀하신 언약의 성취를 위해 그들을 이 지점까지 수백 년에 걸쳐 인도해 오신 하나님의 크신 뜻에 정면충돌하는 반역적인 사건이다. 결국 이 사건으로 애굽에서 나온 이스라엘 1세대는 가나안 땅에 들어가야 하는 사명을 감당하지 못하고 38년을 광야에서 육신의 소욕을 따라 의미 없이 살다가 죽게 되는 부끄러운 역사를 만들게 된다. 하나님께서 주시기로 약속한 땅이 보장되어 있었지만, 그들은 하나님의 언약에 대한 불신앙으로 그 땅을 정복할 기회를 놓치고 만다.

그러면 어떻게 살 것인가?

인위뚝 · 신위고!

☑ 세계관 점검 - 묵상하기 (영상 강의와 교재 내용의 이해를 바탕으로)

"계통대로 신고"(민 1:18) 하게 하시는 하나님의 의도를 우리는 분명히 이해해야 한다. 그래야 하나님의 백성을 하나님의 뜻에 따라 구별된 삶, 거룩한 백성으로 사는 삶을 살아가야 할 이유를 알게 된다. 구별된 삶을 기준은 성경에서만 알 수 있다.
성도(聖徒)라는 말의 뜻은 구별된 무리를 가리킨다. 우리는 구별된 자들이다. 그 구별의 기준이 성경이고 구체적으로 십계명이며 그 각론이 레위기이다. 율법은 구별되는 삶의 기준을 보여 준다. 그래서 성경은 삶의 매뉴얼이라고 한다. 메뉴얼대로 살아가고 있는가?(나실인의 개념도 같은 맥락으로 이해해야 한다.)

진영을 짠다는 것은 세속과 구별하는 백성의 무리를 만들고 영적 전쟁을 싸운다는 의미를 말한다(여호수아서에서는 대문화(對文化 Counter Culture)로 표현).
우리가 싸우는 영적 전쟁의 성격이 무엇인지를 알아야 한다(cf. 고후 10:4-5).

민 2장을 통해서 지상의 교회는 전투하는 교회라고 한다. 어떤 의미인가? 과연 그 의미대로 전투하고 있는가? 아니면 사탄이 주는 달콤한 위장 평화에 마약 중독자처럼 영적 마취 상태에 있는가?

☑ "지상의 교회는 전투하는 교회"란?
성도는 이 세속의 가치관을 뛰어넘어 하나님 나라(성경)의 가치관을 세상에 심어야 한다는 말로 이해가 되는가? 세속 문화의 주도자는 악한 영 사탄이라고 믿는가?
사탄은 광명한 천사를 가장해서 하나님의 말씀(성경)을 교묘히 왜곡해서 성도를 미혹한다는 바울의 판단(고후 11:14)을 믿는가? 그렇다면 우리의 각오는 어떻게 해야 하는가?

민 7장 성막 봉헌식
요한복음 1:14에 예수님이 인간의 육신을 입고 오셔서 우리 가운데 거하셨다고 했다. 그때 '거하다'라는 말은 장막을 쳤다는 말이다. 지금 여기 광야의 이스라엘 백성들 한 가운데 장막을 성전 삼으셔서 그들 가운데 거하시고, 구름 기둥 불기둥으로 그들을 인도하시는 하나님으로 함께 하신다. 하나님은 이렇게 우리 가운데 함께 하시기를 기뻐하신다고 했다(cf. 스바냐 3:17). 하나님이 내 삶에도 함께하심을 확신하며 그로 인해 내 삶이 행복한가?

9장 불기둥 구름기둥

☑ 동영상 강의에서 구름 기둥 불기둥의 내용을 들으며 "말씀에 의지하는" 순종을 배웠는가?
"주님 말씀하시면"의 복음송의 가사를 음미하면서 꼭 한번 불러 보라. 절대 진리가 없어 가치판단이 혼란스러운 이 시대에 성경을 판단의 절대 기준으로 삼고 살아가고 있는가? 아니라면 왜 그런가를 스스로 성찰, 반성하고 "말씀"을 절대 기준으로 삼아야 한다.

· 눅 5:4-6 말씀을 마치시고 시몬에게 이르시되 깊은 데로 가서 그물을 내려 고기를 잡으라 시몬이 대답하여 이르되

선생님 우리들이 밤이 새도록 수고하였으되 잡은 것이 없지마는 말씀에 의지하여 내가 그물을 내리리이다 하고 그렇게 하니 고기를 잡은 것이 심히 많아 그물이 찢어지는지라

민 14:11-12의 하나님 마음을 묵상하라.
나는 삶 가운데서 얼마나 자주 하나님을 생각하고 그분을 의지하는가?

가데스 바네아의 반역 사건을 깊이 묵상해야 한다.
그중에 정탐 보고를 들은 백성들의 반응을 어떻게 생각나는가? 그들의 판단 기준은 다수결의 원리에 따르고 있다. 다수결이 최상의 원리일 수가 없다. 위의 질문에서 언급했듯이 성도들 개인과 교회의 의사결정 판단 기준은 오직 말씀(성경)이라는 사실을 결코 무시하면 안 된다.

☑ 다수결의 원리가 진정한 민주주의 원리라고 생각하는가? 우매한 대중의 다수가 과연 진정한 민주주의의 정의를 실현할 수 있겠는가?
성경은 다수결이 결정의 잣대가 아니고 하나님의 뜻(신위)대로 판단하고 결정해야 한다고 가르치고 있다. 그런데도 오늘날 성도와 교회는 민주주의라는 명목으로 인간의 의견으로 이루어진 다수를 결정의 기준으로 삼는다. 신본주의(신위)는 언제 사용하려는가?

- 고전 1:10 형제들아 내가 우리 주 예수 그리스도의 이름으로 너희를 권하노니 모두가 같은 말을 하고 너희 가운데 분쟁이 없이 같은 마음과 같은 뜻으로 온전히 합하라
- 갈 5:20 우상 숭배와 주술과 원수 맺는 것과 분쟁과 시기와 분냄과 당 짓는 것과 분열함과 이단과 투기와 술 취함과 방탕함과 또 그와 같은 것들이라 전에 너희에게 경계한 것 같이 경계하노니 이런 일을 하는 자들은 하나님의 나라를 유업으로 받지 못할 것이요

☑ 결단기도와 실행하기

약 2:26 영혼 없는 몸이 죽은 것 같이 행함이 없는 믿음은 죽은 것이니라
시 119:28 나의 영혼이 눌림으로 말미암아 녹사오니 주의 말씀대로 나를 세우소서

민수기 15~27장 :
고라 무리의 반역, 아론의 싹 난 지팡이, 발람 이야기, 두 번째 인구 조사

민수기 15장

❖ 민 15장의 핵심은 패역하고 우상 숭배에 빠지는 죄를 범했어도 이스라엘 백성을 가나안까지 계속 인도하신다는 것이다. 그 가나안에서의 삶의 비결을 보여 주는 것이다. 패역한 이스라엘 백성이 살길은 제사라고 언급한다.
14장이 끝나고 16장이 시작하기까지는 38년의 세월이 흘렀다. 16장 이후는 이제 광야 생활 마지막 시기의 시간을 기록한다. 15장은 이 공백기적 상황을 율법으로 요약해서 삽입되었다.

여호와께 드리는 제물

1 여호와께서 모세에게 말씀하여 이르시되 2 이스라엘 자손에게 말하여
그들에게 이르라 너희는 내가 주어 살게 할 땅에 들어가서 3 여호와께 화
제나 번제나 서원을 갚는 제사나 낙헌제나 정한 절기제에 소나 양을 여
호와께 향기롭게 드릴 때에 4 그러한 헌물을 드리는 자는 고운 가루 십
분의 일에 기름 사분의 일 힌을 섞어 여호와께 소제로 드릴 것이며 5 번제
나 다른 제사로 드리는 제물이 어린 양이면 전제로 포도주 사분의 일 힌
을 준비할 것이요 6 숫양이면 소제로 고운 가루 십분의 이에 기름 삼분의
일 힌을 섞어 준비하고 7 전제로 포도주 삼분의 일 힌을 드려 여호와 앞에 향기롭게 할 것이요 8 번제로나 서원
을 갚는 제사로나 화목제로 수송아지를 예비하여 여호와께 드릴 때에는 9 소제로 고운 가루 십분의 삼 에바에
기름 반 힌을 섞어 그 수송아지와 함께 드리고 10 전제로 포도주 반 힌을 드려 여호와 앞에 향기로운 화제를 삼
을지니라 11 수송아지나 숫양이나 어린 숫양이나 어린 염소에는 그 마리 수마다 위와 같이 행하되 12 너희가 준
비하는 수효를 따라 각기 수효에 맞게 하라 13 누구든지 본토 소생이 여호와께 향기로운 화제를 드릴 때에는 이
법대로 할 것이요 14 너희 중에 거류하는 타국인이나 너희 중에 대대로 있는 자나 누구든지 여호와께 향기로운
화제를 드릴 때에는 너희가 하는 대로 그도 그리할 것이라 15 회중 곧 너희에게나 거류하는 타국인에게나 같은
율례이니 너희의 대대로 영원한 율례라 너희가 어떠한 대로 타국인도 여호와 앞에 그러하리라 16 너희에게나
너희 중에 거류하는 타국인에게나 같은 법도, 같은 규례이니라 17 여호와께서 모세에게 말씀하여 이르시되 18
이스라엘 자손에게 말하여 이르라 너희는 내가 인도하는 땅에 들어가거든 19 그 땅의 양식을 먹을 때에 여호와
께 거제를 드리되 20 너희의 처음 익은 곡식 가루 떡을 거제로 타작 마당의 거제 같이 들어 드리라 21 너희의 처
음 익은 곡식 가루 떡을 대대에 여호와께 거제로 드릴지니라 22 너희가 그릇 범죄하여 여호와가 모세에게 말씀
하신 이 모든 명령을 지키지 못하되 23 곧 여호와께서 모세를 통하여 너희에게 명령한 모든 것을 여호와께서 명
령한 날 이후부터 너희 대대에 지키지 못하여 24 회중이 부지중에 범죄하였거든 온 회중은 수송아지 한 마리를
여호와께 향기로운 화제로 드리고 규례대로 소제와 전제를 드리고 숫염소 한 마리를 속죄제로 드릴 것이라 25
제사장이 이스라엘 자손의 온 회중을 위하여 속죄하면 그들이 사함을 받으리니 이는 그가 부지중에 범죄함이
며 또 부지중에 범죄함으로 말미암아 헌물 곧 화제와 속죄제를 여호와께 드렸음이라 26 이스라엘 자손의 온 회
중과 그들 중에 거류하는 타국인도 사함을 받을 것은 온 백성이 부지중에 범죄하였음이니라 27 만일 한 사람이
부지중에 범죄하면 일 년 된 암염소로 속죄제를 드릴 것이요 28 제사장은 그 부지중에 범죄한 사람이 부지중에
여호와 앞에 범한 죄를 위하여 속죄하여 그 죄를 속할지니 그리하면 사함을 얻으리라 29 이스라엘 자손 중 본토
소생이든지 그들 중에 거류하는 타국인이든지 누구든 부지중에 범죄한 자에 대한 법이 동일하거니와 30 본토인
이든지 타국인이든지 고의로 무엇을 범하면 누구나 여호와를 비방하는 자니 그의 백성 중에서 끊어질 것이라
31 그런 사람은 여호와의 말씀을 멸시하고 그의 명령을 파괴하였은즉 그의 죄악이 자기에게로 돌아가서 온전히
끊어지리라

안식일에 일을 한 사람

32 이스라엘 자손이 광야에 거류할 때에 안식일에 어떤 사람이 나무하는 것을 발견한지라 33 그 나무하는 자를
발견한 자들이 그를 모세와 아론과 온 회중 앞으로 끌어왔으나 34 어떻게 처치할는지 지시하심을 받지 못한 고
로 가두었더니 35 여호와께서 모세에게 이르시되 그 사람을 반드시 죽일지니 온 회중이 진영 밖에서 돌로 그를
칠지니라 36 온 회중이 곧 그를 진영 밖으로 끌어내고 돌로 그를 쳐죽여서 여호와께서 모세에게 명령하신 대로
하니라

옷단 귀에 다는 술

37 여호와께서 모세에게 말씀하여 이르시되 38 이스라엘 자손에게 명령하
여 대대로 그들의 옷단 귀에 술을 만들고 청색 끈을 그 귀의 술에 더하라
39 이 술은 너희가 보고 여호와의 모든 계명을 기억하여 준행하고 너희를
방종하게 하는 자신의 마음과 눈의 욕심을 따라 음행하지 않게 하기 위
함이라 40 그리하여 너희가 내 모든 계명을 기억하고 행하면 너희의 하나
님 앞에 거룩하리라 41 나는 여호와 너희 하나님이라 나는 너희의 하나님
이 되려고 너희를 애굽 땅에서 인도해 내었느니라 나는 여호와 너희의 하
나님이니라

민 15:39-41은 민수기의 패역한 백성들에게 주는 복음서이다.
이 구절은 성경의 메시지의 핵심이다.
☞ 성경을 읽어야 이것을 깨달을 수 있다.
☞ 이스라엘이 말씀에 의지하는 삶을 살았다면 결코 이런 광야의 배회는 없었을 것이다.
☞ 이 구절을 가슴에 새기고 하나님을 하나님 되게 하는 삶을 살자!

민수기 16장

고라와 다단과 아비람의 반역

1 레위의 증손 고핫의 손자 이스할의 아들 고라와 르우벤 자손 엘리압의
아들 다단과 아비람과 벨렛의 아들 온이 당을 짓고 2 이스라엘 자손 총회
에서 택함을 받은 자 곧 회중 가운데에서 이름 있는 지휘관 이백오십 명
과 함께 일어나서 모세를 거스르니라 3 그들이 모여서 모세와 아론을 거
슬러 그들에게 이르되 너희가 분수에 지나도다 회중이 다 각각 거룩하고
여호와께서도 그들 중에 계시거늘 너희가 어찌하여 여호와의 총회 위에
스스로 높이느냐 4 모세가 듣고 엎드렸다가 5 고라와 그의 모든 무리에
게 말하여 이르되 아침에 여호와께서 자기에게 속한 자가 누구인지, 거룩
한 자가 누구인지 보이시고 그 사람을 자기에게 가까이 나아오게 하시되
곧 그가 택하신 자를 자기에게 가까이 나아오게 하시리니 6 이렇게 하라
너 고라와 네 모든 무리는 향로를 가져다가 7 내일 여호와 앞에서 그 향로
에 불을 담고 그 위에 향을 두라 그 때에 여호와께서 택하신 자는 거룩하
게 되리라 레위 자손들아 너희가 너무 분수에 지나치느니라 8 모세가 또
고라에게 이르되 너희 레위 자손들아 들으라 9 이스라엘의 하나님이 이
스라엘 회중에서 너희를 구별하여 자기에게 가까이 하게 하사 여호와의
성막에서 봉사하게 하시며 회중 앞에 서서 그들을 대신하여 섬기게 하심
이 너희에게 작은 일이겠느냐 10 하나님이 너와 네 모든 형제 레위 자손으
로 너와 함께 가까이 오게 하셨거늘 너희가 오히려 제사장의 직분을 구
하느냐 11 이를 위하여 너와 너의 무리가 다 모여서 여호와를 거스르는도
다 아론이 어떠한 사람이기에 너희가 그를 원망하느냐 12 모세가 엘리압
의 아들 다단과 아비람을 부르러 사람을 보냈더니 그들이 이르되 우리는
올라가지 않겠노라 13 네가 우리를 젖과 꿀이 흐르는 땅에서 이끌어 내어

❖ 민 16장
이하는 이제 광야 생활이 끝나갈 시점의 사건들을 기록한다. 시기적으로 B.C. 1410년쯤일 것으로 추정한다.

민 16:3 누구는 인삼 먹고, 누구는 무우뿌리 먹느냐는 식의 불평이다.
균등의 의미로서의 평등을 주장한다.
☞ 잘못된 평등주의. – 이런 평균의 의미를 갖는 균등식 평등주의는 급진적이며 공산주의적 발상이다. 이런 유의 불평은 조직적 쿠데타이다. 가담자 모두 250여 명에 해당한다. 하나님의 진노로 염병, 지진, 화재 등으로 15,000여 명이 죽고, 특히 염병으로 14,700명이 죽는다.
☞ 교회나 성도들의 삶은 인위나, 다수결이나, 다수의 여론에 의해 움직이는 것이 아니고, 신위, 즉 오직 하나님의 뜻에 따라 움직여야 한다.
☞ **고전 1:10** 형제들아 내가 우리 주 예수 그리스도의 이름으로 너희를 권하노니 모두가 같은 말을 하고 너희 가운데 분쟁이 없이 같은 마음과 같은 뜻으로 온전히 합하라
☞ **갈 5:20** 우상 숭배와 주술과 원수 맺는 것과 분쟁과 시기와 분냄과 당 짓는 것과 분열함과 이단과 투기와 술 취함과 방탕함과 또 그와 같은 것들이라 전에 너희에게 경계한 것 같이 경계하노니 이런 일을 하는 자들은 하나님의 나라를 유업으로 받지 못할 것이요

민 16:6-11 하나님은 각 사람에게 맞는 합당한 책무를 주신다. 그렇다면 당신은 어떤 자세로 임하는가?

광야에서 죽이려 함이 어찌 작은 일이기에 오히려 스스로 우리 위에 왕이 되려 하느냐 14 이뿐 아니라 네가 우리
를 젖과 꿀이 흐르는 땅으로 인도하여 들이지도 아니하고 밭도 포도원도 우리에게 기업으로 주지 아니하니 네가
이 사람들의 눈을 빼려느냐 우리는 올라가지 아니하겠노라 15 모세가 심히 노하여 여호와께 여짜오되 주는 그
들의 헌물을 돌아보지 마옵소서 나는 그들의 나귀 한 마리도 빼앗지 아니하였고 그들 중의 한 사람도 해하지 아
니하였나이다 하고 16 이에 모세가 고라에게 이르되 너와 너의 온 무리는 아론과 함께 내일 여호와 앞으로 나아
오되 17 너희는 제각기 향로를 들고 그 위에 향을 얹고 각 사람이 그 향로를 여호와 앞으로 가져오라 향로는 모
두 이백오십 개라 너와 아론도 각각 향로를 가지고 올지니라 18 그들이 제각기 향로를 가져다가 불을 담고 향을
그 위에 얹고 모세와 아론과 더불어 회막 문에 서니라 19 고라가 온 회중을 회막 문에 모아 놓고 그 두 사람을 대
적하려 하매 여호와의 영광이 온 회중에게 나타나시니라 20 여호와께서
모세와 아론에게 말씀하여 이르시되 21 너희는 이 회중에게서 떠나라 내
가 순식간에 그들을 멸하려 하노라 22 그 두 사람이 엎드려 이르되 하나님
이여 모든 육체의 생명의 하나님이여 한 사람이 범죄하였거늘 온 회중에
게 진노하시나이까 23 여호와께서 모세에게 말씀하여 이르시되 24 회중에
게 명령하여 이르기를 너희는 고라와 다단과 아비람의 장막 사방에서 떠
나라 하라 25 모세가 일어나 다단과 아비람에게로 가니 이스라엘 장로들이 따랐더라 26 모세가 회중에게 말하여
이르되 이 악인들의 장막에서 떠나고 그들의 물건은 아무 것도 만지지 말라 그들의 모든 죄중에서 너희도 멸망
할까 두려워하노라 하매 27 무리가 고라와 다단과 아비람의 장막 사방을 떠나고 다단과 아비람은 그들의 처자
와 유아들과 함께 나와서 자기 장막 문에 선지라 28 모세가 이르되 여호와께서 나를 보내사 이 모든 일을 행하게

> **민 16:20-33** 하나님의 의도를 무시하고 자기중심적으로 판단하여 행동할 때 그 결과는 실로 엄청나게 무시무시한 것임을 볼 수 있다. 나와 내 공동체에게 이런 끔찍한 일이 일어날 수 있는 행동거지는 없는지 성찰해야 한다.

하신 것이요 나의 임의로 함이 아닌 줄을 이 일로 말미암아 알리라 29 곧
이 사람들의 죽음이 모든 사람과 같고 그들이 당하는 벌이 모든 사람이
당하는 벌과 같으면 여호와께서 나를 보내심이 아니거니와 30 만일 여
호와께서 새 일을 행하사 땅이 입을 열어 이 사람들과 그들의 모든 소
유물을 삼켜 산 채로 스올에 빠지게 하시면 이 사람들이 과연 여호와를
멸시한 것인 줄을 너희가 알리라 31 그가 이 모든 말을 마치자마자 그들
이 섰던 땅바닥이 갈라지니라 32 땅이 그 입을 열어 그들과 그들의 집과
고라에게 속한 모든 사람과 그들의 재물을 삼키매 33 그들과 그의 모
든 재물이 산 채로 스올에 빠지며 땅이 그 위에 덮이니 그들이 회중 가운
데서 망하니라 34 그 주위에 있는 온 이스라엘이 그들의 부르짖음을 듣고
도망하며 이르되 땅이 우리도 삼킬까 두렵다 하였고 35 여호와께로부터
불이 나와서 분향하는 이백오십 명을 불살랐더라

> ❖ **민 16장과 17장**에서 2가지 반역 사건을 읽었다. 고라의 반역(16장)과 아론의 권위에 도전(17장)하는 두 사건이다. 가데스 바네아의 반역 사건을 통해 모든 것을 잃은 이스라엘이 이제 37년 6개월의 광야 생활을 끝낼 무렵 또 다른 반역 사건을 일으켜 하나님의 진노를 쌓는다. 왜 그럴까? 나의 모습은?

향로

36 여호와께서 모세에게 말씀하여 이르시되 37 너는 제사장 아론의 아들
엘르아살에게 명령하여 붙는 불 가운데에서 향로를 가져다가 그 불을 다른 곳에 쏟으라 그 향로는 거룩함이니
라 38 사람들은 범죄하여 그들의 생명을 스스로 해하였거니와 그들이 향로를 여호와 앞에 드렸으므로 그 향로가
거룩하게 되었나니 그 향로를 쳐서 제단을 싸는 철판을 만들라 이스라엘 자손에게 표가 되리라 하신지라 39 제
사장 엘르아살이 불탄 자들이 드렸던 놋 향로를 가져다가 쳐서 제단을 싸서 40 이스라엘 자손의 기념물이 되게
하였으니 이는 아론 자손이 아닌 다른 사람은 여호와 앞에 분향하러 가까이 오지 못하게 함이며 또 고라와 그의
무리와 같이 되지 않게 하기 위함이라 여호와께서 모세를 시켜 그에게 명령하신 대로 하였더라

아론이 백성을 구하다

41 이튿날 이스라엘 자손의 온 회중이 모세와 아론을 원망하여 이르되 너희가 여호와의 백성을 죽였도다 하고

7일~12일

[42] 회중이 모여 모세와 아론을 칠 때에 회막을 바라본즉 구름이 회막
을 덮었고 여호와의 영광이 나타났더라 [43] 모세와 아론이 회막 앞에
이르매 [44] 여호와께서 모세에게 말씀하여 이르시되 [45] 너희는 이 회중
에게서 떠나라 내가 순식간에 그들을 멸하려 하노라 하시매 그 두 사
람이 엎드리니라 [46] 이에 모세가 아론에게 이르되 너는 향로를 가져다
가 제단의 불을 그것에 담고 그 위에 향을 피워 가지고 급히 회중에게
로 가서 그들을 위하여 속죄하라 여호와께서 진노하셨으므로 염병이 시작되었음이니라 [47] 아론이 모세의 명령
을 따라 향로를 가지고 회중에게로 달려간즉 백성 중에 염병이 시작되었는지라 이에 백성을 위하여 속죄하고 [48]
죽은 자와 산 자 사이에 섰을 때에 염병이 그치니라 [49] 고라의 일로 죽은 자 외에 염병에 죽은 자가 만 사천칠백
명이었더라 [50] 염병이 그치매 아론이 회막 문 모세에게로 돌아오니라

민수기 17장

아론의 지팡이

❖ 민 17장
하나님 공동체의 지도자들은 이런 하나님의 권위가 함께 하신다는 확신을 보여 준다. 그런데 오늘날 실로 가짜들이 너무 많아 영적으로 매우 혼란스러운 가운데 있음을 또한 통탄하면서 성찰하고 반성해야 한다. 그것만이 진정 살길이다.

[1] 여호와께서 모세에게 말씀하여 이르시되 [2] 너는 이스라엘 자손에게 말
하여 그들 중에서 각 조상의 가문을 따라 지팡이 하나씩을 취하되 곧 그
들의 조상의 가문대로 그 모든 지휘관에게서 지팡이 열둘을 취하고 그
사람들의 이름을 각각 그 지팡이에 쓰되 [3] 레위의 지팡이에는 아론의 이
름을 쓰라 이는 그들의 조상의 가문의 각 수령이 지팡이 하나씩 있어야 할 것임이니라 [4] 그 지팡이를 회막 안
에서 내가 너희와 만나는 곳인 증거궤 앞에 두라 [5] 내가 택한 자의 지팡이에는 싹이 나리니 이것으로 이스라엘
자손이 너희에게 대하여 원망하는 말을 내 앞에서 그치게 하리라 [6] 모세가 이스라엘 자손에게 말하매 그들의
지휘관들이 각 지파대로 지팡이 하나씩을 그에게 주었으니 그 지팡이가 모두 열둘이라 그 중에 아론의 지팡이
가 있었더라 [7] 모세가 그 지팡이들을 증거의 장막 안 여호와 앞에 두었더라
[8] 이튿날 모세가 증거의 장막에 들어가 본즉 레위 집을 위하여 낸 아론의
지팡이에 움이 돋고 순이 나고 꽃이 피어서 살구 열매가 열렸더라 [9] 모세가
그 지팡이 전부를 여호와 앞에서 이스라엘 모든 자손에게로 가져오매 그들
이 보고 각각 자기 지팡이를 집어들었더라 [10] 여호와께서 또 모세에게 이르시되 아
론의 지팡이는 증거궤 앞으로 도로 가져다가 거기 간직하여 반역한 자에 대한 표징이 되게 하여 그들로 내게
대한 원망을 그치고 죽지 않게 할지니라 [11] 모세가 곧 그 같이 하되 여호와께서 자기에게 명령하신 대로 하였
더라 [12] 이스라엘 자손이 모세에게 말하여 이르되 보소서 우리는 죽게 되었나이다 망하게 되었나이다 다 망하
게 되었나이다 [13] 가까이 나아가는 자 곧 여호와의 성막에 가까이 나아가는 자마다 다 죽사오니 우리가 다 망
하여야 하리이까

민수기 18장

제사장과 레위인의 직무

❖ 민 18장의 제사장 직분을 읽고 오늘 "왕 같은 제사장"이 된 우리의 삶은 어떠해야 하는가를 묵상하라.

[1] 여호와께서 아론에게 이르시되 너와 네 아들들과 네 조상의 가문은 성
소에 대한 죄를 함께 담당할 것이요 너와 네 아들들은 너희의 제사장 직분에 대한 죄를 함께 담당할 것이니라 [2]
너는 네 형제 레위 지파 곧 네 조상의 지파를 데려다가 너와 함께 있게 하여 너와 네 아들들이 증거의 장막 앞에
있을 때 그들이 너를 돕게 하라 [3] 레위인은 네 직무와 장막의 모든 직무를 지키려니와 성소의 기구와 제단에는
가까이 하지 못하리니 두렵건대 그들과 너희가 죽을까 하노라 [4] 레위인은 너와 합동하여 장막의 모든 일과 회막
의 직무를 다할 것이요 다른 사람은 너희에게 가까이 하지 못할 것이니라 [5] 이와 같이 너희는 성소의 직무와 제

단의 직무를 다하라 그리하면 여호와의 진노가 다시는 이스라엘 자손에
게 미치지 아니하리라 6 보라 내가 이스라엘 자손 중에서 너희의 형제 레
위인을 택하여 내게 돌리고 너희에게 선물로 주어 회막의 일을 하게 하였
나니 7 너와 네 아들들은 제단과 휘장 안의 모든 일에 대하여 제사장의 직
분을 지켜 섬기라 내가 제사장의 직분을 너희에게 선물로 주었은즉 거기
가까이 하는 외인은 죽임을 당할지니라

제사장의 몫

8 여호와께서 또 아론에게 이르시되 보라 내가 내 거제물 곧 이스라엘
자손이 거룩하게 한 모든 헌물을 네가 주관하게 하고 네가 기름 부음을
받았음으로 말미암아 그것을 너와 네 아들들에게 영구한 몫의 음식으로
주노라 9 지성물 중에 불사르지 아니한 것은 네 것이라 그들이 내게 드리
는 모든 헌물의 모든 소제와 속죄제와 속건제물은 다 지극히 거룩한즉
너와 네 아들들에게 돌리리니 10 지극히 거룩하게 여김으로 먹으라 이는
네게 성물인즉 남자들이 다 먹을지니라 11 네게 돌릴 것은 이것이니 곧
이스라엘 자손이 드리는 거제물과 모든 요제물이라 내가 그것을 너와
네 자녀에게 영구한 몫의 음식으로 주었은즉 네 집의 정결한 자마다 먹을 것이니라 12 그들이 여호와께 드리는
첫 소산 곧 제일 좋은 기름과 제일 좋은 포도주와 곡식을 네게 주었은즉 13 그들이 여호와께 드리는 그 땅의 처
음 익은 모든 열매는 네 것이니 네 집에서 정결한 자마다 먹을 것이라 14 이스라엘 중에서 특별히 드린 모든 것
은 네 것이 되리라 15 여호와께 드리는 모든 생물의 처음 나는 것은 사람이나 짐승이나 다 네 것이로되 처음 태
어난 사람은 반드시 대속할 것이요 처음 태어난 부정한 짐승도 대속할 것이며 16 그 사람을 대속할 때에는 난
지 한 달 이후에 네가 정한 대로 성소의 세겔을 따라 은 다섯 세겔로 대속하라 한 세겔은 이십 게라이니라 17
오직 처음 태어난 소나 처음 태어난 양이나 처음 태어난 염소는 대속하지 말지니 그것들은 거룩한즉 그 피는
제단에 뿌리고 그 기름은 불살라 여호와께 향기로운 화제로 드릴 것이며 18 그 고기는 네게 돌릴지니 흔든 가슴
과 오른쪽 넓적다리 같이 네게 돌릴 것이니라 19 이스라엘 자손이 여호와께 거제로 드리는 모든 성물은 내가 영
구한 몫의 음식으로 너와 네 자녀에게 주노니 이는 여호와 앞에 너와 네 후손에게 영원한 소금 언약이니라 20
여호와께서 또 아론에게 이르시되 너는 이스라엘 자손의 땅에 기업도 없겠고 그들 중에 아무 분깃도 없을 것이
나 내가 이스라엘 자손 중에 네 분깃이요 네 기업이니라

레위인의 몫

21 내가 이스라엘의 십일조를 레위 자손에게 기업으로 다 주어서 그들이 하는 일 곧 회막에서 하는 일을 갚나니
22 이 후로는 이스라엘 자손이 회막에 가까이 하지 말 것이라 죄값으로 죽을까 하노라 23 그러나 레위인은 회막
에서 봉사하며 자기들의 죄를 담당할 것이요 이스라엘 자손 중에는 기업이 없을 것이니 이는 너희 대대에 영원
한 율례라 24 이스라엘 자손이 여호와께 거제로 드리는 십일조를 레위인에게 기업으로 주었으므로 내가 그들에
대하여 말하기를 이스라엘 자손 중에 기업이 없을 것이라 하였노라

레위인의 십일조

25 여호와께서 모세에게 말씀하여 이르시되 26 너는 레위인에게 말하여 그에게 이르라 내가 이스라엘 자손에게
받아 너희에게 기업으로 준 십일조를 너희가 그들에게서 받을 때에 그 십일조의 십일조를 거제로 여호와께 드
릴 것이라 27 내가 너희의 거제물을 타작 마당에서 드리는 곡물과 포도즙 틀에서 드리는 즙 같이 여기리니 28 너
희는 이스라엘 자손에게서 받는 모든 것의 십일조 중에서 여호와께 거제로 드리고 여호와께 드린 그 거제물은
제사장 아론에게로 돌리되 29 너희가 받은 모든 헌물 중에서 너희는 그 아름다운 것 곧 거룩하게 한 부분을 가져
다가 여호와께 거제로 드릴지니라 30 이러므로 너는 그들에게 이르라 너희가 그 중에서 아름다운 것을 가져다가

❖ 민 18장은 레위인의 직무를 규정하고 있다. 제사장과 레위인은 넓은 의미로 우리 모두가 해당된다.
☞ **벧전 2:9** 그러나 너희는 택하신 족속이요 왕 같은 제사장들이요 거룩한 나라요 그의 소유가 된 백성이니 이는 너희를 어두운 데서 불러내어 그의 기이한 빛에 들어가게 하신 이의 아름다운 덕을 선포하게 하려 하심이라
· 구약의 제사장과 레위인의 직분은 신약에서 왕 같은 제사장이 된 모든 성도의 직분이다. 따라서 성도들은 단순한 信者의 삶이 아니라 神子의 삶을 살아야 한다.
· 또한 좁은 의미에서 교회의 직무를 맡은 성직자를 가리킨다.
이들은 십일조를 통해 하나님이 직접 모든 것을 베풀어 주신다.
과연 오늘의 교회 성직자들은 하나님이 규정해 주신 직무를 하나님 뜻에 합당하게 수행하고 그래서 하나님의 베푸심에 복되게 참여하고 있는가?

드리고 남은 것은 너희 레위인에게는 타작 마당의 소출과 포도즙 틀의 소출 같이 되리니 31 너희와 너희의 권속
이 어디서든지 이것을 먹을 수 있음은 이는 회막에서 일한 너희의 보수임이니라 32 너희가 그 중 아름다운 것을
받들어 드린즉 이로 말미암아 죄를 담당하지 아니할 것이라 너희는 이스라엘 자손의 성물을 더럽히지 말라 그리
하여야 죽지 아니하리라

민수기 19장

붉은 암송아지의 재

1 여호와께서 모세와 아론에게 말씀하여 이르시되 2 여호와께서 명령하
시는 법의 율례를 이제 이르노니 이스라엘 자손에게 일러서 온전하여 흠
이 없고 아직 멍에 메지 아니한 붉은 암송아지를 네게로 끌어오게 하고 3
너는 그것을 제사장 엘르아살에게 줄 것이요 그는 그것을 진영 밖으로 끌
어내어서 자기 목전에서 잡게 할 것이며 4 제사장 엘르아살은 손가락에
그 피를 찍고 그 피를 회막 앞을 향하여 일곱 번 뿌리고 5 그 암소를 자기
목전에서 불사르게 하되 그 가죽과 고기와 피와 똥을 불사르게 하고 6 동
시에 제사장은 백향목과 우슬초와 홍색 실을 가져다가 암송아지를 사르
는 불 가운데에 던질 것이며 7 제사장은 자기의 옷을 빨고 물로 몸을 씻은
후에 진영에 들어갈 것이라 그는 저녁까지 부정하리라 8 송아지를 불사른
자도 자기의 옷을 물로 빨고 물로 그 몸을 씻을 것이라 그도 저녁까지 부
정하리라 9 이에 정결한 자가 암송아지의 재를 거두어 진영 밖 정한 곳에
둘지니 이것은 이스라엘 자손 회중을 위하여 간직하였다가 부정을 씻는
물을 위해 간직할지니 그것은 속죄제니라 10 암송아지의 재를 거둔 자도
자기의 옷을 빨 것이며 저녁까지 부정하리라 이는 이스라엘 자손과 그중
에 거류하는 외인에게 영원한 율례니라

시체를 만진 자

11 사람의 시체를 만진 자는 이레 동안 부정하리니 12 그는 셋째 날과 일
곱째 날에 잿물로 자신을 정결하게 할 것이라 그리하면 정하려니와 셋째
날과 일곱째 날에 자신을 정결하게 하지 아니하면 그냥 부정하니 13 누구
든지 죽은 사람의 시체를 만지고 자신을 정결하게 하지 아니하는 자는 여
호와의 성막을 더럽힘이라 그가 이스라엘에서 끊어질 것은 정결하게 하
는 물을 그에게 뿌리지 아니하므로 깨끗하게 되지 못하고 그 부정함이
그대로 있음이니라 14 장막에서 사람이 죽을 때의 법은 이러하니 누구든
지 그 장막에 들어가는 자와 그 장막에 있는 자가 이레 동안 부정할 것이
며 15 뚜껑을 열어 놓고 덮지 아니한 그릇은 모두 부정하니라 16 누구든지
들에서 칼에 죽은 자나 시체나 사람의 뼈나 무덤을 만졌으면 이레 동안 부정하리니 17 그 부정한 자를 위하여 죄
를 깨끗하게 하려고 불사른 재를 가져다가 흐르는 물과 함께 그릇에 담고 18 정결한 자가 우슬초를 가져다가 그
물을 찍어 장막과 그 모든 기구와 거기 있는 사람들에게 뿌리고 또 뼈나 죽임을 당한 자나 시체나 무덤을 만진
자에게 뿌리되 19 그 정결한 자가 셋째 날과 일곱째 날에 그 부정한 자에게 뿌려서 일곱째 날에 그를 정결하게
할 것이며 그는 자기 옷을 빨고 물로 몸을 씻을 것이라 저녁이면 정결하리라 20 사람이 부정하고도 자신을 정결
하게 하지 아니하면 여호와의 성소를 더럽힘이니 그러므로 회중 가운데에서 끊어질 것이니라 그는 정결하게 하
는 물로 뿌림을 받지 아니하였은즉 부정하니라 21 이는 그들의 영구한 율례니라 정결하게 하는 물을 뿌린 자는

❖ 민 19장
백성들의 성결과 신앙 공동체의 공중위생을 위한 청결 규례이다.
붉은 암소의 제사 규례는 히 9:13-14에서 언급한 예수의 구속적 죽음을 의미한다.

붉은 암송아지와 그리스도의 비교

	붉은 암송아지	그리스도
1	온전함 (민 19:2)	온전하심 (히 5:8, 9, 7:26)
2	흠이 없음 (민 19:2)	죄를 알지도 못하심 (고후 5:21, 벧전 2:22, 23)
3	멍에를 메지 아니함 (민 19:2)	인간과 같은 약점을 가지지 않으심 (히 4:15)
4	붉음 (민 19:2)	피흘리심 (요 19:34)
5	죽임 당함 (민 19:3)	죽임 당하심 (마 27:27-50)
6	진 밖에서 죽임을 당함 (민 19:3)	영문 밖, 즉 예루살렘 성 밖에서 죽임 당하심 (히 13:11, 12)
7	피뿌림 (민 19:4)	피로 속죄하심 (엡 1:7, 히 9:12-14, 23)
8	불사름을 당함 (민 19:5)	십자가의 고난을 당하심 (마 16:21, 27:32-50)
9	암송아지를 태운 재를 간직했다가 수시로 정결케 하는 물을 만듦(민 1:9)	그리스도의 정결케 하심의 효능은 필요할 때마다 적용되며 영원함 (요일 1:9)
10	암송아지를 태운 재로 만든 잿물을 정결케 하는데 사용함(민 19:14-19)	생명수로 정결케 하심(요 7:37-39, 엡 5:26)

자기의 옷을 빨 것이며 정결하게 하는 물을 만지는 자는 저녁까지 부정할 것이며 22 부정한 자가 만진 것은 무엇
이든지 부정할 것이며 그것을 만지는 자도 저녁까지 부정하리라

민수기 20장

가데스의 다툼과 므리바 물(출 17:1-7)

1 첫째 달에 이스라엘 자손 곧 온 회중이 신 광야에 이르러 백성이 가데스에 이르더니 미리암이 거기서 죽으매
거기에 장사되니라 2 회중이 물이 없으므로 모세와 아론에게로 모여드니라 3 백성이 모세와 다투어 말하여 이르
되 우리 형제들이 여호와 앞에서 죽을 때에 우리도 죽었더라면 좋을 뻔하였도다 4 너희가 어찌하여 여호와의 회
중을 이 광야로 인도하여 우리와 우리 짐승이 다 여기서 죽게 하느냐 5 너희가 어찌하여 우리를 애굽에서 나오
게 하여 이 나쁜 곳으로 인도하였느냐 이 곳에는 파종할 곳이 없고 무화과도 없고 포도도 없고 석류도 없고 마
실 물도 없도다 6 모세와 아론이 회중 앞을 떠나 회막 문에 이르러 엎드리매 여호와의 영광이 그들에게
나타나며 7 여호와께서 모세에게 말씀하여 이르시되 8 지팡이를 가지고 네 형 아론과 함께 회중

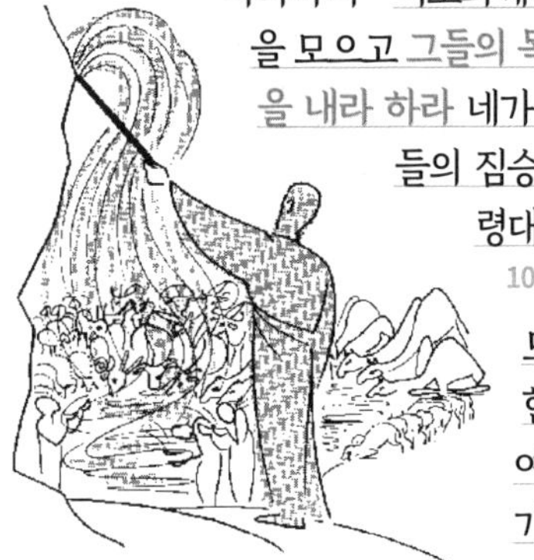

을 모으고 그들의 목전에서 너희는 반석에게 명령하여 물
을 내라 하라 네가 그 반석이 물을 내게 하여 회중과 그
들의 짐승에게 마시게 할지니라 9 모세가 그 명
령대로 여호와 앞에서 지팡이를 잡으니라
10 모세와 아론이 회중을 그 반석 앞에
모으고 모세가 그들에게 이르되 반역
한 너희여 들으라 우리가 너희를 위하
여 이 반석에서 물을 내랴 하고 11 모세
가 그의 손을 들어 그의 지팡이로 반석
을 두 번 치니 물이 많이 솟아나오므로
회중과 그들의 짐승이 마시니라 12 여호와께서 모세와 아론에게 이르시
되 너희가 나를 믿지 아니하고 이스라엘 자손의 목전에서 내 거룩함을 나
타내지 아니한 고로 너희는 이 회중을 내가 그들에게 준 땅으로 인도하
여 들이지 못하리라 하시니라 13 이스라엘 자손이 여호와와 다투었으므
로 이를 므리바 물이라 하니라 여호와께서 그들 중에서 그 거룩함을 나타
내셨더라

> 민 20:7-13 **모세의 유일한 실수.**
> 그 대가로 가나안 땅에 들어갈 특권을 상실한다.
> 우리는 부지불식간에 이런 엄청난 실수를 저지르고 있지 않는지 성찰해 보자.
> 혈기를 지혜롭게 다스리지 못해서 생기는 불상사가 교회 안팎으로 얼마나 많은지를 상상해 보라.
> 모세는 이 혈기를 다루기 위해 40년간 이드로의 양떼를 치면서 연단을 받았고, 그는 "온유에 승한 자"가 되었지만 이 엄청난 민중들의 불만 앞에 무너지는 실수를 저지르고 만다. 오호라......!
>
> 민 20:14-21 에돔이 이스라엘의 통과를 거절한다. 에돔은 에서의 후손으로 야곱의 형의 후손이며 형제국과 같은 존재인데 거절한다.
> ☞ 오바댜서의 동기가 된다.

에돔이 이스라엘이 지나감을 거절하다

14 모세가 가데스에서 에돔 왕에게 사신을 보내며 이르되 당신의 형제 이스라엘의 말에 우리가 당한 모든 고난
을 당신도 아시거니와 15 우리 조상들이 애굽으로 내려갔으므로 우리가 애굽에 오래 거주하였더니 애굽인이 우
리 조상들과 우리를 학대하였으므로 16 우리가 여호와께 부르짖었더니 우리 소리를 들으시고 천사를 보내사 우
리를 애굽에서 인도하여 내셨나이다 이제 우리가 당신의 변방 모퉁이 한 성읍 가데스에 있사오니 17 청하건대 우
리에게 당신의 땅을 지나가게 하소서 우리가 밭으로나 포도원으로 지나가지 아니하고 우물물도 마시지 아니하
고 왕의 큰길로만 지나가고 당신의 지경에서 나가기까지 왼쪽으로나 오른쪽으로나 치우치지 아니하리이다 한
다고 하라 하였더니 18 에돔 왕이 대답하되 너는 우리 가운데로 지나가지 못하리라 내가 칼을 들고 나아가 너를
대적할까 하노라 19 이스라엘 자손이 이르되 우리가 큰길로만 지나가겠고 우리나 우리 짐승이 당신의 물을 마시
면 그 값을 낼 것이라 우리가 도보로 지나갈 뿐인즉 아무 일도 없으리이다 하나 20 그는 이르되 너는 지나가지 못
하리라 하고 에돔 왕이 많은 백성을 거느리고 나와서 강한 손으로 막으니 21 에돔 왕이 이같이 이스라엘이 그의
영토로 지나감을 용납하지 아니하므로 이스라엘이 그들에게서 돌이키니라

7일~12일

아론의 죽음

22 이스라엘 자손 곧 온 회중이 가데스를 떠나 호르 산에 이르렀더니 23 여
호와께서 에돔 땅 변경 호르 산에서 모세와 아론에게 말씀하시니라 이르
시되 24 아론은 그 조상들에게로 돌아가고 내가 이스라엘 자손에게 준 땅
에는 들어가지 못하리니 이는 너희가 므리바 물에서 내 말을 거역한 까닭이니라 25 너는 아론과 그의 아들 엘르
아살을 데리고 호르 산에 올라 26 아론의 옷을 벗겨 그의 아들 엘르아살에게 입히라 아론은 거기서 죽어 그 조상
에게로 돌아가리라 27 모세가 여호와의 명령을 따라 그들과 함께 회중의 목전에서 호르 산에 오르니라 28 모세가
아론의 옷을 벗겨 그의 아들 엘르아살에게 입히매 아론이 그 산 꼭대기에서 죽으니라 모세와 엘르아살이 산에서
내려오니 29 온 회중 곧 이스라엘 온 족속이 아론이 죽은 것을 보고 그를 위하여 삼십 일 동안 애곡하였더라

민 20:22-29 아론이 명을 다하여 세상을 떠나고 이제 긴 광야의 방황하는 여정을 마무리하는 단계에 왔다.

민수기 21장

호르마를 점령하다

1 네겝에 거주하는 가나안 사람 곧 아랏의 왕이 이스라엘이 아다림 길로
온다 함을 듣고 이스라엘을 쳐서 그 중 몇 사람을 사로잡은지라 2 이스라
엘이 여호와께 서원하여 이르되 주께서 만일 이 백성을 내 손에 넘기시면
내가 그들의 성읍을 다 멸하리이다 3 여호와께서 이스라엘의 목소리를 들
으시고 가나안 사람을 그들의 손에 넘기시매 그들과 그들의 성읍을 다 멸
하니라 그러므로 그 곳 이름을 호르마라 하였더라

놋뱀으로 백성을 구하다

4 백성이 호르 산에서 출발하여 홍해 길을 따라 에돔 땅을 우회하
려 하였다가 길로 말미암아 백성의 마음이 상하니라 5 백
성이 하나님과 모세를 향하여 원망하되 어찌하여
우리를 애굽에서 인도해 내어 이 광야에서 죽게
하는가 이 곳에는 먹을 것도 없고 물도 없도다
우리 마음이 이 하찮은 음식을 싫어하노
라 하매 6 여호와께서 불뱀들을 백
성 중에 보내어 백성을 물게 하시므
로 이스라엘 백성 중에 죽은 자가 많은지라 7 백성이 모세에게 이르러 말
하되 우리가 여호와와 당신을 향하여 원망함으로 범죄하였사오니 여호
와께 기도하여 이 뱀들을 우리에게서 떠나게 하소서 모세가 백성을 위하
여 기도하매 8 여호와께서 모세에게 이르시되 불뱀을 만들어 장대 위에
매달아라 물린 자마다 그것을 보면 살리라 9 모세가 놋뱀을 만들어 장대
위에 다니 뱀에게 물린 자가 놋뱀을 쳐다본즉 모두 살더라

이스라엘 자손이 모압으로 떠나다

10 이스라엘 자손이 그 곳을 떠나 오봇에 진을 쳤고 11 오봇을 떠나 모압
앞쪽 해 돋는 쪽 광야 이예아바림에 진을 쳤고 12 거기를 떠나 세렛 골짜
기에 진을 쳤고 13 거기를 떠나 아모리인의 영토에서 흘러 나와서 광야에
이른 아르논 강 건너편에 진을 쳤으니 아르논은 모압과 아모리 사이에서
모압의 경계가 된 곳이라 14 이러므로 여호와의 전쟁기에 일렀으되 수바의 와헙과 아르논 골짜기와 15 모든 골
짜기의 비탈은 아르 고을을 향하여 기울어지고 모압의 경계에 닿았도다 하였더라 16 거기서 브엘에 이르니 브엘

✣ **민 21장**
원망과 불신앙의 이스라엘, 그들은 가시적 신앙의 소유자들이었다. 눈에 보이지 않으면 믿지 않는 자들이다. 원망과 불평을 하다가 이번에는 불뱀 심판을 받는다. 모세의 기도로 놋뱀을 달아 그것을 보는 자는 구원을 받게 하신다.
· 다가오는 불뱀을 없애지 않고 놋 뱀을 만들게 하시는 하나님!
그 뱀을 보고 도망하는 자와 그 뱀이 와도 달린 놋뱀을 보는 자는 구원을 얻는다는 하나님의 말씀을 믿고 의지하는 자로 나누어질 것이다.
여러분은 어느 쪽인가?
놋뱀은 십자가의 그림자이다.

민 21:4 호르산에서 비스가 산까지

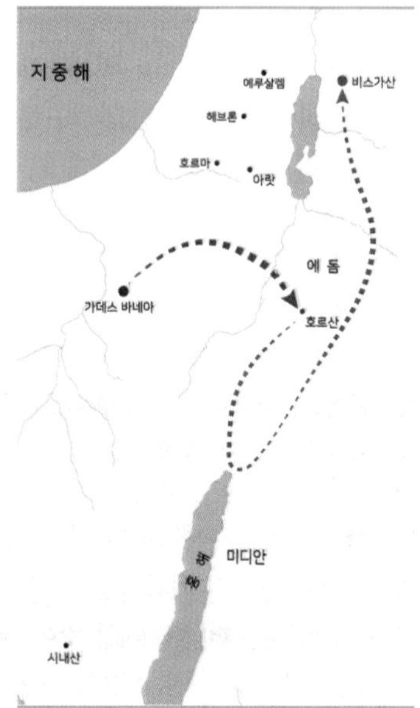

은 여호와께서 모세에게 명령하시기를 백성을 모으라 내가 그들에게 물
을 주리라 하시던 우물이라 17 그 때에 이스라엘이 노래하여 이르되 우물
물아 솟아나라 너희는 그것을 노래하라 18 이 우물은 지휘관들이 팠고 백
성의 귀인들이 규와 지팡이로 판 것이로다 하였더라 그들은 광야에서 맛
다나에 이르렀고 19 맛다나에서 나할리엘에 이르렀고 나할리엘에서 바못
에 이르렀고 20 바못에서 모압 들에 있는 골짜기에 이르러 광야가 내려다
보이는 비스가 산 꼭대기에 이르렀더라

요단 동쪽을 점령하다(신 2:26-3:11)

21 이스라엘이 아모리 왕 시혼에게 사신을 보내어 이르되 22 우리에게 당
신의 땅을 지나가게 하소서 우리가 밭에든지 포도원에든지 들어가지 아
니하며 우물물도 마시지 아니하고 당신의 지경에서 다 나가기까지 왕의
큰길로만 지나가리이다 하나 23 시혼이 이스라엘이 자기 영토로 지나감
을 용납하지 아니하고 그의 백성을 다 모아 이스라엘을 치러 광야로 나
와서 야하스에 이르러 이스라엘을 치므로 24 이스라엘이 칼날로 그들을
쳐서 무찌르고 그 땅을 아르논에서부터 얍복까지 점령하여 암몬 자손
에게까지 미치니 암몬 자손의 경계는 견고하더라 25 이스라엘이 이같이
그 모든 성읍을 빼앗고 그 아모리인의 모든 성읍 헤스본과 그 모든 촌락
에 거주하였으니 26 헤스본은 아모리인의 왕 시혼의 도성이라 시혼이 그
전 모압 왕을 치고 그의 모든 땅을 아르논까지 그의 손에서 빼앗았더라
27 그러므로 시인이 읊어 이르되 너희는 헤스본으로 올지어다 시혼의 성
을 세워 견고히 할지어다 28 헤스본에서 불이 나오며 시혼의 성에서 화염
이 나와서 모압의 아르를 삼키며 아르논 높은 곳의 주인을 멸하였도다
29 모압아 네가 화를 당하였도다 그모스의 백성아 네가 멸망하였도다 그
가 그의 아들들을 도망하게 하였고 그의 딸들을 아모리인의 왕 시혼의
포로가 되게 하였도다 30 우리가 그들을 쏘아서 헤스본을 디본까지 멸
하였고 메드바에 가까운 노바까지 황폐하게 하였도다 하였더라 31 이스
라엘이 아모리인의 땅에 거주하였더니 32 모세가 또 사람을 보내어 야셀을 정탐하게 하고 그 촌락들을 빼앗고
그 곳에 있던 아모리인을 몰아 내었더라 33 그들이 돌이켜 바산 길로 올라가매 바산 왕 옥이 그의 백성을 다 거
느리고 나와서 그들을 맞아 에드레이에서 싸우려 하는지라 34 여호와께서 모세에게 이르시되 그를 두려워하지
말라 내가 그와 그의 백성과 그의 땅을 네 손에 넘겼나니 너는 헤스본에 거주하던 아모리인의 왕 시혼에게 행
한 것 같이 그에게도 행할지니라 35 이에 그와 그의 아들들과 그의 백성을 다 쳐서 한 사람도 남기지 아니하고
그의 땅을 점령하였더라

놋뱀의 치유와 그리스도의 구원 비교

	놋뱀의 치유	그리스도의 구원
1	불뱀에 물린 자는 누구나 놋뱀을 쳐다 보아야 함	죄인된 인간은 누구나 그리스도를 믿어야만 함 (요 3:16, 롬 3:23, 24)
2	놋뱀은 놋으로 만들어짐	그리스도는 성도를 대신해서 심판을 당하심 (사 53:4, 5, 마 27:46)
3	놋뱀은 높이 들리움	그리스도는 십자가에 달려 돌아가심(마 27:35-50, 요 3:14)
4	놋뱀을 보는 자는 치유 받음	그리스도를 믿는 자는 구원 받음 (요 3:15, 16)
5	놋뱀은 뱀에게 물린 자를 치유함	그리스도는 죄인을 구원하심(요 1:29, 고후 5:21)
6	놋뱀으로 인한 치유는 하나님의 은혜임	그리스도를 통한 구원은 하나님의 은혜임(롬 3:24, 엡 2:8)
7	놋뱀을 쳐다봄이 치유받는 길임	그리스도를 믿는 것이 구원받는 유일한 길임(요 14:6)
8	놋뱀을 쳐다볼 때 즉시 치유 받음	그리스도를 믿을 때 즉시 구원받음 (요 5:24)
9	놋뱀을 쳐다보는 것만으로도 치유 받기에 충분함	그리스도를 믿는 것만으로도 구원 받기에 충분함 (요 8:32, 34)
10	놋뱀을 쳐다보는 것 외에는 다른 노력이 필요없음	그리스도를 믿는 것 외에 다른 것은 필요 없음(엡 2:8)

민수기 22장

모압의 왕이 발람을 불러오다

1 이스라엘 자손이 또 길을 떠나 모압 평지에 진을 쳤으니 요단 건너편 곧 여리고 맞은편이더라 2 십볼의 아들 발
락이 이스라엘이 아모리인에게 행한 모든 일을 보았으므로 3 모압이 심히 두려워하였으니 이스라엘 백성이 많음
으로 말미암아 모압이 이스라엘 자손 때문에 번민하더라 4 미디안 장로들에게 이르되 이제 이 무리가 소가 밭의
풀을 뜯어먹음 같이 우리 사방에 있는 것을 다 뜯어먹으리로다 하니 그 때에 십볼의 아들 발락이 모압 왕이었더
라 5 그가 사신을 브올의 아들 발람의 고향인 강 가 브돌에 보내어 발람을 부르게 하여 이르되 보라 한 민족이 애

굽에서 나왔는데 그들이 지면에 덮여서 우리 맞은편에 거주하였고 6 우리
보다 강하니 청하건대 와서 나를 위하여 이 백성을 저주하라 내가 혹 그
들을 쳐서 이겨 이 땅에서 몰아내리라 그대가 복을 비는 자는 복을 받고
저주하는 자는 저주를 받을 줄을 내가 앎이니라 7 모압 장로들과 미디안
장로들이 손에 복채를 가지고 떠나 발람에게 이르러 발락의 말을 그에
게 전하매 8 발람이 그들에게 이르되 이 밤에 여기서 유숙하라 여호와께
서 내게 이르시는 대로 너희에게 대답하리라 모압 귀족들이 발람에게서
유숙하니라 9 하나님이 발람에게 임하여 말씀하시되 너와 함께 있는 이
사람들이 누구냐 10 발람이 하나님께 아뢰되 모압 왕 십볼의 아들 발락이
내게 보낸 자들이니이다 이르기를 11 보라 애굽에서 나온 민족이 지면에
덮였으니 이제 와서 나를 위하여 그들을 저주하라 내가 혹 그들을 쳐서
몰아낼 수 있으리라 하나이다 12 하나님이 발람에게 이르시되 너는 그들
과 함께 가지도 말고 그 백성을 저주하지도 말라 그들은 복을 받은 자들
이니라 13 발람이 아침에 일어나서 발락의 귀족들에게 이르되 너희는 너
희의 땅으로 돌아가라 여호와께서 내가 너희와 함께 가기를 허락하지 아
니하시느니라 14 모압 귀족들이 일어나 발락에게로 가서 전하되 발람이
우리와 함께 오기를 거절하더이다 15 발락이 다시 그들보다 더 높은 고관
들을 더 많이 보내매 16 그들이 발람에게로 나아가서 그에게 이르되 십볼의 아들 발락의 말씀에 청하건대 아무
것에도 거리끼지 말고 내게로 오라 17 내가 그대를 높여 크게 존귀하게 하고 그대가 내게 말하는 것은 무엇이든
지 시행하리니 청하건대 와서 나를 위하여 이 백성을 저주하라 하시더이다 18 발람이 발락의 신하들에게 대답하
여 이르되 발락이 그 집에 가득한 은금을 내게 줄
지라도 내가 능히 여호와 내 하나님의 말씀을 어겨
덜하거나 더하지 못하겠노라 19 그런즉 이제 너희
도 이 밤에 여기서 유숙하라 여호와께서 내게 무슨
말씀을 더하실는지 알아보리라 20 밤에 하나님이
발람에게 임하여 이르시되 그 사람들이 너를 부르
러 왔거든 일어나 함께 가라 그러나 내가 네게 이
르는 말만 준행할지니라

발람과 그 나귀

21 발람이 아침에 일어나서 자기 나귀에 안장을 지
우고 모압 고관들과 함께 가니 22 그가 감으로 말미
암아 하나님이 진노하시므로 여호와의 사자가 그
를 막으려고 길에 서니라 발람은 자기 나귀를 탔고
그의 두 종은 그와 함께 있더니 23 나귀가 여호와의
사자가 칼을 빼어 손에 들고 길에 선 것을 보고 길
에서 벗어나 밭으로 들어간지라 발람이 나귀를 길
로 돌이키려고 채찍질하니 24 여호와의 사자는 포
도원 사이 좁은 길에 섰고 좌우에는 담이 있더라 25
나귀가 여호와의 사자를 보고 몸을 담에 대고 발람
의 발을 그 담에 짓누르매 발람이 다시 채찍질하니

민 22:6
학습 자료 11-1 "저주" 참조

민 22:5 발람 사건의 배경 지도

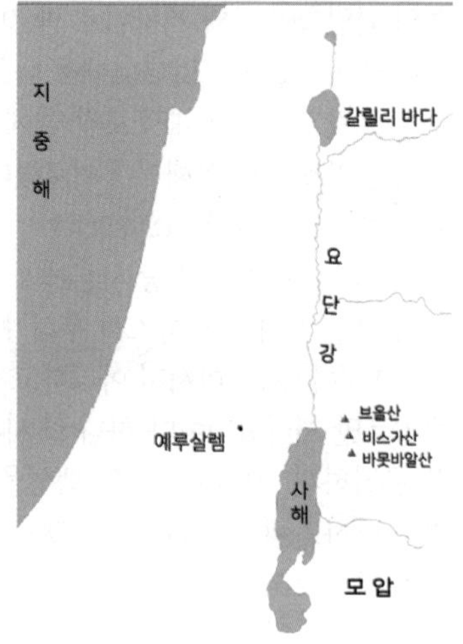

26 여호와의 사자가 더 나아가서 좌우로 피할 데 없
는 좁은 곳에 선지라 27 나귀가 여호와의 사자를 보
고 발람 밑에 엎드리니 발람이 노하여 자기 지팡이
로 나귀를 때리는지라 28 여호와께서 나귀 입을 여
시니 발람에게 이르되 내가 당신에게 무엇을 하였
기에 나를 이같이 세 번을 때리느냐 29 발람이 나귀
에게 말하되 네가 나를 거역하기 때문이니 내 손에
칼이 있었더면 곧 너를 죽였으리라 30 나귀가 발람
에게 이르되 나는 당신이 오늘까지 당신의 일생 동
안 탄 나귀가 아니냐 내가 언제 당신에게 이같이 하
는 버릇이 있었더냐 그가 말하되 없었느니라 31 그 때에 여호와께서 발람의 눈을 밝히시매 여호와의 사자가 손
에 칼을 빼들고 길에 선 것을 그가 보고 머리를 숙이고 엎드리니 32 여호와의 사자가 그에게 이르되 너는 어찌하
여 네 나귀를 이같이 세 번 때렸느냐 보라 내 앞에서 네 길이 사악하므로 내가 너를 막으려고 나왔더니 33 나귀가
나를 보고 이같이 세 번을 돌이켜 내 앞에서 피하였느니라 나귀가 만일 돌이켜 나를 피하지 아니하였더면 내가
벌써 너를 죽이고 나귀는 살렸으리라 34 발람이 여호와의 사자에게 말하되 내가 범죄하였나이다 당신이 나를 막
으려고 길에 서신 줄을 내가 알지 못하였나이다 당신이 이를 기뻐하지 아니하시면 나는 돌아가겠나이다 35 여호
와의 사자가 발람에게 이르되 그 사람들과 함께 가라 내가 네게 이르는 말만 말할지니라 발람이 발락의 고관들
과 함께 가니라

발락이 발람을 대접하다

36 발락은 발람이 온다 함을 듣고 모압 변경의 끝 아르논 가에 있는 성읍
까지 가서 그를 영접하고 37 발락은 발람에게 이르되 내가 특별히 사람을
보내어 그대를 부르지 아니하였느냐 그대가 어찌 내게 오지 아니하였느
냐 내가 어찌 그대를 높여 존귀하게 하지 못하겠느냐 38 발람이 발락에게
이르되 내가 오기는 하였으나 무엇을 말할 능력이 있으리이까 하나님이
내 입에 주시는 말씀 그것을 말할 뿐이니이다 39 발람이 발락과 동행하여
기럇후솟에 이르러서는 40 발락이 소와 양을 잡아 발람과 그와 함께 한
고관들을 대접하였더라

발람의 첫번째 예언

41 아침에 발락이 발람과 함께 하고 그를 인도하여 바알의 산당에 오르매
발람이 거기서 이스라엘 백성의 진 끝까지 보니라

선민 이스라엘의 특이한 위치	
1	하나님의 언약 백성이 됨(창 17:7, 8)
2	하나님의 아들(장자)임(출 4:22, 호 11:1)
3	율법을 지킬 경우 하나님의 소유, 제사장 나라, 거룩한 백성이 되는 축복을 받음(출 19:5, 6, 레 20:26)
4	하나님의 기업임(신 7:6, 14:2)
5	율법을 지킬 경우 세계 모든 민족 위에 , 뛰어나게 되는 축복을 받음(신 28:1)
6	하나님의 영광과 찬송을 위한 자들(사 43:7, 21)
7	하나님의 복을 받는 자들(민 22:12)

민수기 23장

1 발람이 발락에게 이르되 나를 위하여 여기 제단 일곱을 쌓고 거기 수송아지 일곱 마리와 숫양 일곱 마리를 준
비하소서 하매 2 발락이 발람의 말대로 준비한 후에 발락과 발람이 제단에 수송아지와 숫양을 드리니라 3 발람
이 발락에게 이르되 당신의 번제물 곁에 서소서 나는 저리로 가리이다 여호와께서 혹시 오셔서 나를 만나시리니
그가 내게 지시하시는 것은 다 당신에게 알리리이다 하고 언덕길로 가니 4 하나님이 발람에게 임하시는지라 발
람이 아뢰되 내가 일곱 제단을 쌓고 각 제단에 수송아지와 숫양을 드렸나이다 5 여호와께서 발람의 입에 말씀을
주시며 이르시되 발락에게 돌아가서 이렇게 말할지니라 6 그가 발락에게로 돌아간즉 발락과 모압의 모든 고관
이 번제물 곁에 함께 섰더라 7 발람이 예언을 전하여 말하되 발락이 나를 아람에서, 모압 왕이 동쪽 산에서 데려
다가 이르기를 와서 나를 위하여 야곱을 저주하라, 와서 이스라엘을 꾸짖으라 하도다 8 하나님이 저주하지 않으

신 자를 내가 어찌 저주하며 여호와께서 꾸짖지 않으신 자를 내가 어찌 꾸짖으랴 9 내가 바위 위에서 그들을 보
며 작은 산에서 그들을 바라보니 이 백성은 홀로 살 것이라 그를 여러 민족 중의 하나로 여기지 않으리로다 10 야
곱의 티끌을 누가 능히 세며 이스라엘 사분의 일을 누가 능히 셀고 나는 의인의 죽음을 죽기 원하며 나의 종말이
그와 같기를 바라노라 하매 11 발락이 발람에게 이르되 그대가 어찌 내게 이같이 행하느냐 나의 원수를 저주하
라고 그대를 데려왔거늘 그대가 오히려 축복하였도다 12 발람이 대답하여 이르되 여호와께서 내 입에 주신 말씀
을 내가 어찌 말하지 아니할 수 있으리이까

7일~
12일

발람의 두 번째 예언

13 발락이 말하되 나와 함께 그들을 달리 볼 곳으로 가자 거기서는 그들
을 다 보지 못하고 그들의 끝만 보리니 거기서 나를 위하여 그들을 저주
하라 하고 14 소빔 들로 인도하여 비스가 꼭대기에 이르러 일곱 제단을 쌓
고 각 제단에 수송아지와 숫양을 드리니 15 발람이 발락에게 이르되 내
가 저기서 여호와를 만나뵐 동안에 여기 당신의 번제물 곁에 서소서 하니
라 16 여호와께서 발람에게 임하사 그의 입에 말씀을 주시며 이르시되 발
락에게로 돌아가서 이렇게 말할지니라 17 발람이 가서 본즉 발락이 번제
물 곁에 섰고 모압 고관들이 함께 있더라 발락이 발람에게 이르되 여호
와께서 무슨 말씀을 하시더냐 18 발람이 예언하여 이르기를 발락이여 일
어나 들을지어다 십볼의 아들이여 내게 자세히 들으라 19 하나님은 사람
이 아니시니 거짓말을 하지 않으시고 인생이 아니시니 후회가 없으시도
다 어찌 그 말씀하신 바를 행하지 않으시며 하신 말씀을 실행하지 않으시
랴 20 내가 축복할 것을 받았으니 그가 주신 복을 내가 돌이키지 않으리
라 21 야곱의 허물을 보지 아니하시며 이스라엘의 반역을 보지 아니하시
는도다 여호와 그들의 하나님이 그들과 함께 계시니 왕을 부르는 소리가
그 중에 있도다 22 하나님이 그들을 애굽에서 인도하여 내셨으니 그의 힘
이 들소와 같도다 23 야곱을 해할 점술이 없고 이스라엘을 해할 복술이 없
도다 이 때에 야곱과 이스라엘에 대하여 논할진대 하나님께서 행하신 일
이 어찌 그리 크냐 하리로다 24 이 백성이 암사자 같이 일어나고 수사자 같이 일어나서 움킨 것을 먹으며 죽인 피
를 마시기 전에는 눕지 아니하리로다 하매 25 발락이 발람에게 이르되 그들을 저주하지도 말고 축복하지도 말라
26 발람이 발락에게 대답하여 이르되 내가 당신에게 말하여 이르기를 여호와께서 말씀하신 것은 내가 그대로 하
지 않을 수 없다고 하지 아니하더이까

❖ 돈에 현혹되어 이스라엘에 저주를 퍼붓고자 모두 5번에 걸쳐 가짜 예언을 하는 상황 가운데서도 영계의 주인은 하나님이심을 확고히 보여 준다.
발람의 저주 어린 예언 시도에도 하나님의 강권적인 주권에 의해 이스라엘을 위한 축복의 예언이 된다.
이토록 오늘 이 시대에도 하나님은 구속사 가운데 사랑의 주권으로 하나님의 택함 받은 백성을 그분의 의도대로 인도하고 계심을 확신할 수 있겠는가?
세상은 이토록 온통 가짜 예언과 유혹의 손길로 가득한 미혹의 영이 판을 치는 영적 전쟁 가운데 있다는 사실(단 10장)을 깨닫고 각성하고 있는가?
말씀을 읽지 않는 자는 이런 분별력을 결코 가질 수 없어 사탄의 먹거리가 될 수밖에 없다.
☞ **사 60:21-22** 네 백성이 다 의롭게 되어 영원히 땅을 차지하리니 그들은 내가 심은 가지요 내가 손으로 만든 것으로서 나의 영광을 나타낼 것인즉 그 작은 자가 천 명을 이루겠고 그 약한 자가 강국을 이룰 것이라 때가 되면 나 여호와가 속히 이루리라

발람의 세 번째 예언

27 발락이 발람에게 또 이르되 오라 내가 너를 다른 곳으로 인도하리니 네가 거기서 나를 위하여 그들을 저주하
기를 하나님이 혹시 기뻐하시리라 하고 28 발락이 발람을 인도하여 광야가 내려다 보이는 브올 산 꼭대기에 이르
니 29 발람이 발락에게 이르되 나를 위하여 여기 일곱 제단을 쌓고 거기 수송아지 일곱 마리와 숫양 일곱 마리를
준비하소서 30 발락이 발람의 말대로 행하여 각 제단에 수송아지와 숫양을 드리니라

민수기 24장

1 발람이 자기가 이스라엘을 축복하는 것을 여호와께서 선히 여기심을 보고 전과 같이 점술을 쓰지 아니하고 그
의 낯을 광야로 향하여 2 눈을 들어 이스라엘이 그 지파대로 천막 친 것을 보는데 그 때에 하나님의 영이 그 위에
임하신지라 3 그가 예언을 전하여 말하되 브올의 아들 발람이 말하며 눈을 감았던 자가 말하며 4 하나님의 말씀
을 듣는 자, 전능자의 환상을 보는 자, 엎드려서 눈을 뜬 자가 말하기를 5 야곱이여 네 장막들이, 이스라엘이여 네

거처들이 어찌 그리 아름다운고 6 그 벌어짐이 골짜기 같고 강 가의 동산 같으며 여호와께서 심으신 침향목들 같
고 물 가의 백향목들 같도다 7 그 물통에서는 물이 넘치겠고 그 씨는 많은 물 가에 있으리로다 그의 왕이 아각보
다 높으니 그의 나라가 흥왕하리로다 8 하나님이 그를 애굽에서 인도하여 내셨으니 그 힘이 들소와 같도다 그의
적국을 삼키고 그들의 뼈를 꺾으며 화살로 쏘아 꿰뚫으리로다 9 꿇어 앉고 누움이 수사자와 같고 암사자와도
같으니 일으킬 자 누구이랴 너를 축복하는 자마다 복을 받을 것이요 너를 저주하는 자마다 저주를 받을지로다

발람의 마지막 예언

10 발락이 발람에게 노하여 손뼉을 치며 말하되 내가 그대를 부른 것은 내 원수를 저주하라는 것이어늘 그대가
이같이 세 번 그들을 축복하였도다 11 그러므로 그대는 이제 그대의 곳으로 달아나라 내가 그대를 높여 심히 존
귀하게 하기로 뜻하였더니 여호와께서 그대를 막아 존귀하지 못하게 하셨도다 12 발람이 발락에게 이르되 당신
이 내게 보낸 사신들에게 내가 말하여 이르지 아니하였나이까 13 가령 발락이 그 집에 가득한 은금을 내게 줄지
라도 나는 여호와의 말씀을 어기고 선악간에 내 마음대로 행하지 못하고 여호와께서 말씀하신 대로 말하리라
하지 아니하였나이까 14 이제 나는 내 백성에게로 돌아가거니와 들으소서 내가 이 백성이 후일에 당신의 백성에
게 어떻게 할지를 당신에게 말하리이다 하고 15 예언하여 이르기를 브올의 아들 발람이 말하며 눈을 감았던 자
가 말하며 16 하나님의 말씀을 듣는 자가 말하며 지극히 높으신 자의 지식을 아는 자, 전능자의 환상을 보는 자,
엎드려서 눈을 뜬 자가 말하기를 17 내가 그를 보아도 이 때의 일이 아니
며 내가 그를 바라보아도 가까운 일이 아니로다 한 별이 야곱에게서 나오
며 한 규가 이스라엘에게서 일어나서 모압을 이쪽에서 저쪽까지 쳐서 무
찌르고 또 셋의 자식들을 다 멸하리로다 18 그의 원수 에돔은 그들의 유
산이 되며 그의 원수 세일도 그들의 유산이 되고 그와 동시에 이스라엘
은 용감히 행동하리로다 19 주권자가 야곱에게서 나서 남은 자들을 그 성
읍에서 멸절하리로다 하고 20 또 아말렉을 바라보며 예언하여 이르기를
아말렉은 민족들의 으뜸이나 그의 종말은 멸망에 이르리로다 하고 21 또
겐 족속을 바라보며 예언하여 이르기를 네 거처가 견고하고 네 보금자리
는 바위에 있도다 22 그러나 가인이 쇠약하리니 나중에는 앗수르의 포로
가 되리로다 하고 23 또 예언하여 이르기를 슬프다 하나님이 이 일을 행하
시리니 그 때에 살 자가 누구이랴 24 깃딤 해변에서 배들이 와서 앗수르를
학대하며 에벨을 괴롭힐 것이나 그도 멸망하리로다 하고 25 발람이 일어
나 자기 곳으로 돌아가고 발락도 자기 길로 갔더라

민수기 25장

브올에서 생긴 일

1 이스라엘이 싯딤에 머물러 있더니 그 백성이 모압 여자들과 음행하기를
시작하니라 2 그 여자들이 자기 신들에게 제사할 때에 이스라엘 백성을
청하매 백성이 먹고 그들의 신들에게 절하므로 3 이스라엘이 바알브올에
게 가담한지라 여호와께서 이스라엘에게 진노하시니라 4 여호와께서 모
세에게 이르시되 백성의 수령들을 잡아 태양을 향하여 여호와 앞에 목매
어 달라 그리하면 여호와의 진노가 이스라엘에게서 떠나리라 5 모세가 이
스라엘 재판관들에게 이르되 너희는 각각 바알브올에게 가담한 사람들
을 죽이라 하니라 6 이스라엘 자손의 온 회중이 회막 문에서 울 때에 이
스라엘 자손 한 사람이 모세와 온 회중의 눈앞에 미디안의 한 여인을 데

민 24:17
학습 자료 11-2 "야곱의 별" 참조

❖ 민 25장
발람은 다른 꾀를 제시하여 이스라엘 백성들이 바알브올에게 가담하는 우상 숭배 죄를 짓게 하고, 이 신전을 섬기는 모압 여자들과 행음하는 죄를 범하게 하였다. 이 모습에 하나님이 진노하시어 이스라엘 백성에게 염병을 내렸다. 그 와중에 이스라엘 자손 한 사람이 모세와 온 회중의 눈앞에 미디안 여자를 데리고 오는 것을 제사장 아론의 손자 엘르아살의 아들 비느하스가 보고 그 이스라엘의 남자와 그 여인의 배를 창으로 꿰뚫어 두 사람을 죽이니 염병이 그치게 되었고, 이 일로 하나님은 비느하스와 그의 후손에게 영원한 제사장의 직분을 허락한다. 이 사건이 주는 교훈은 성도를 넘어뜨리려는 거짓 선생들이 도처에 널려 있다는 것과 우상 숭배를 질투하시는 하나님의 마음이 잘 드러나 있다. 그리고 하나님의 의를 행하는 자를 하나님이 얼마나 기뻐하시는지를 알 수 있다.
☞ 민 25장에서 언급하는 "음행"은 인간들에게 매우 매력적이고 달콤하게 다가오는 사탄의 강력한 유혹의 무기이다.
오늘의 성도라고 해서 이런 음행의 유혹으로부터 결코 자유로울 수가 없다는 사실을 깊이 각성하자.
☞ **롬 6:13** 또한 너희 지체를 불의의 무기로 죄에게 내주지 말고 오직 너희 자신을 죽은 자 가운데서 다시 살아난 자 같이 하나님께 드리며 너희 지체를 의의 무기로 하나님께 드리라
☞ **딤후 2:15** 너는 진리의 말씀을 옳게 분별하며 부끄러울 것이 없는 일꾼으로 인정된 자로 자신을 하나님 앞에 드리기를 힘쓰라

리고 그의 형제에게로 온지라 7 제사장 아론의 손자 엘르아살의 아들 비
느하스가 보고 회중 가운데에서 일어나 손에 창을 들고 8 그 이스라엘 남
자를 따라 그의 막사에 들어가 이스라엘 남자와 그 여인의 배를 꿰뚫어
서 두 사람을 죽이니 염병이 이스라엘 자손에게서 그쳤더라 9 그 염병으
로 죽은 자가 이만 사천 명이었더라 10 여호와께서 모세에게 말씀하여 이
르시되 11 제사장 아론의 손자 엘르아살의 아들 비느하스가 내 질투심으
로 질투하여 이스라엘 자손 중에서 내 노를 돌이켜서 내 질투심으로 그
들을 소멸하지 않게 하였도다 12 그러므로 말하라 내가 그에게 내 평화의
언약을 주리니 13 그와 그의 후손에게 영원한 제사장 직분의 언약이라 그
가 그의 하나님을 위하여 질투하여 이스라엘 자손을 속죄하였음이니라
14 죽임을 당한 이스라엘 남자 곧 미디안 여인과 함께 죽임을 당한 자의
이름은 시므리니 살루의 아들이요 시므온인의 조상의 가문 중 한 지도자
이며 15 죽임을 당한 미디안 여인의 이름은 고스비이니 수르의 딸이라 수
르는 미디안 백성의 한 조상의 가문의 수령이었더라 16 여호와께서 모세
에게 말씀하여 이르시되 17 미디안인들을 대적하여 그들을 치라 18 이는 그들이 속임수로 너희를 대적하되 브올
의 일과 미디안 지휘관의 딸 곧 브올의 일로 염병이 일어난 날에 죽임을 당한 그들의 자매 고스비의 사건으로 너
희를 유혹하였음이니라

민 25:1 싯딤 위치

민수기 26장

두 번째 인구 조사

1 염병 후에 여호와께서 모세와 제사장 아론의 아들 엘르아살에게 말씀하
여 이르시되 2 이스라엘 자손의 온 회중의 총수를 그들의 조상의 가문을
따라 조사하되 이스라엘 중에 이십 세 이상으로 능히 전쟁에 나갈 만한 모
든 자를 계수하라 하시니 3 모세와 제사장 엘르아살이 여리고 맞은편 요단
가 모압 평지에서 그들에게 전하여 이르되 4 여호와께서 애굽 땅에서 나온
모세와 이스라엘 자손에게 명령하신 대로 너희는 이십 세 이상 된 자를 계
수하라 하니라 5 이스라엘의 장자는 르우벤이라 르우벤 자손은 하녹에게
서 난 하녹 종족과 발루에게서 난 발루 종족과 6 헤스론에게서 난 헤스론
종족과 갈미에게서 난 갈미 종족이니 7 이는 르우벤 종족들이라 계수된 자가 사만 삼천칠백삼십 명이었더라 8 발
루의 아들은 엘리압이요 9 엘리압의 아들은 느무엘과 다단과 아비람이라 이 다단과 아비람은 회중 가운데서 부름
을 받은 자들이니 고라의 무리에 들어가서 모세와 아론을 거슬러 여호와께 반역할 때에 10 땅이 그 입을 벌려서 그
무리와 고라를 삼키매 그들이 죽었고 당시에 불이 이백오십 명을 삼켜 징표가 되게 하였으나 11 고라의 아들들은
죽지 아니하였더라 12 시므온 자손의 종족들은 이러하니 느무엘에게서 난 느무엘 종족과 야민에게서 난 야민 종
족과 야긴에게서 난 야긴 종족과 13 세라에게서 난 세라 종족과 사울에게서 난 사울 종족이라 14 이는 시므온의 종
족들이니 계수된 자가 이만 이천이백 명이었더라 15 갓 자손의 종족들은 이러하니 스본에게서 난 스본 종족과 학
기에게서 난 학기 종족과 수니에게서 난 수니 종족과 16 오스니에게서 난 오스니 종족과 에리에게서 난 에리 종족
과 17 아롯에게서 난 아롯 종족과 아렐리에게서 난 아렐리 종족이라 18 이는 갓 자손의 종족들이니 계수된 자가 사
만 오백 명이었더라 19 유다의 아들들은 에르와 오난이라 이 에르와 오난은 가나안 땅에서 죽었고 20 유다 자손의
종족들은 이러하니 셀라에게서 난 셀라 종족과 베레스에게서 난 베레스 종족과 세라에게서 난 세라 종족이며 21
또 베레스 자손은 이러하니 헤스론에게서 난 헤스론 종족과 하물에게서 난 하물 종족이라 22 이는 유다 종족들이

❖ 민 26장은 모압 평지에서 가나안에 실제로 들어갈 수 있는 자들을 계수하는 인구 조사를 한다. 가데스 바네아 반역 사건에 연루된 1세들은 37년 6개월을 광야에서 배회하면서 모세, 갈렙, 그리고 여호수아만 남고 모두 죽게 되었다. 모세도 가나안에는 못 들어가고 여기서 생을 마감한다. 이제 그 2세들이 가나안에 들어갈 자격을 얻었고, 그들 역시 하나님 나라를 가나안 땅에 이루는 전쟁을 수행해야 하므로 계수를 받게 된 것이다.
1차 때는 603,550명이 계수되었고, 2차에는 601,739명을 집계되었다 1,820명이 줄어들었다.

니 계수된 자가 칠만 육천오백 명이었더라 23 잇사갈 자손의 종족들은 이러하니 돌라에게서 난 돌라 종족과 부와
에게서 난 부니 종족과 24 야숩에게서 난 야숩 종족과 시므론에게서 난 시므론 종족이라 25 이는 잇사갈 종족들이
니 계수된 자가 육만 사천삼백 명이었더라 26 스불론 자손의 종족들은 이러하니 세렛에게서 난 세렛 종족과 엘론
에게서 난 엘론 종족과 얄르엘에게서 난 얄르엘 종족이라 27 이는 스불론 종족들이니 계수된 자가 육만 오백 명이
었더라 28 요셉의 아들들의 종족들은 므낫세와 에브라임이요 29 므낫세의 자손 중 마길에게서 난 자손은 마길 종
족이라 마길이 길르앗을 낳았고 길르앗에게서 난 자손은 길르앗 종족이라 30 길르앗 자손은 이러하니 이에셀에게
서 난 이에셀 종족과 헬렉에게서 난 헬렉 종족과 31 아스리엘에게서 난 아스리엘 종족과 세겜에게서 난 세겜 종
족과 32 스미다에게서 난 스미다 종족과 헤벨에게서 난 헤벨 종족이며 33 헤벨의 아들 슬로브핫은 아들이 없고 딸
뿐이라 그 딸의 이름은 말라와 노아와 호글라와 밀가와 디르사니 34 이는 므낫세의 종족들이라 계수된 자가 오만
이천칠백 명이었더라 35 에브라임 자손의 종족들은 이러하니 수델라에게서 난 수델라 종족과 베겔에게서 난 베겔
종족과 다한에게서 난 다한 종족이며 36 수델라 자손은 이러하니 에란에게서 난 에란 종족이라 37 이는 에브라임
자손의 종족들이니 계수된 자가 삼만 이천오백 명이라 이상은 그 종족을 따른 요셉 자손이었더라 38 베냐민 자손
의 종족들은 이러하니 벨라에게서 난 벨라 종족과 아스벨에게서 난 아스벨 종족과 아히람에게서 난 아히람 종족
과 39 스부밤에게서 난 스부밤 종족과 후밤에게서 난 후밤 종족이며 40 벨라의 아들들은 아룻과 나아만이라 아릇
에게서 아릇 종족과 나아만에게서 나아만 종족이 났으니 41 이는 그들의 종족을 따른 베냐민 자손이라 계수된 자
가 사만 오천육백 명이었더라 42 단 자손의 종족들은 이러하니라 수함에게서 수함 종족이 났으니 이는 그들의 종
족을 따른 단 종족들이라 43 수함 모든 종족의 계수된 자가 육만 사천사백 명이었더라 44 아셀 자손의 종족들은 이
러하니 임나에게서 난 임나 종족과 이스위에게서 난 이스위 종족과 브리아에게서 난 브리아 종족이며 45 브리아
의 자손 중 헤벨에게서 난 헤벨 종족과 말기엘에게서 난 말기엘 종족이며 46 아셀의 딸의 이름은 세라라 47 이는
아셀 자손의 종족들이니 계수된 자가 오만 삼천사백 명이었더라 48 납달리 자손은 그들의 종족대로 이러하니 야
셀에게서 난 야셀 종족과 구니에게서 난 구니 종족과 49 예셀에게서 난 예셀 종족과 실렘에게서 난 실렘 종족이라
50 이는 그들의 종족을 따른 납달리 종족들이니 계수된 자가 사만 오천사백 명이었더라 51 이스라엘 자손의 계수
된 자가 육십만 천칠백삼십 명이었더라 52 여호와께서 모세에게 말씀하여 이르시되 53 이 명수대로 땅을 나눠 주
어 기업을 삼게 하라 54 수가 많은 자에게는 기업을 많이 줄 것이요 수가 적은 자에게는 기업을 적게 줄 것이니 그
들이 계수된 수대로 각기 기업을 주되 55 오직 그 땅을 제비 뽑아 나누어 그들의 조상 지파의 이름을 따라 얻게 할
지니라 56 그 다소를 막론하고 그들의 기업을 제비 뽑아 나눌지니라 57 레위인으로 계수된 자들의 종족들은 이러
하니 게르손에게서 난 게르손 종족과 고핫에게서 난 고핫 종족과 므라리에게서 난 므라리 종족이며 58 레위 종족
들은 이러하니 립니 종족과 헤브론 종족과 말리 종족과 무시 종족과 고라 종족이라 고핫은 아므람을 낳았으며 59
아므람의 처의 이름은 요게벳이니 레위의 딸이요 애굽에서 레위에게서 난 자라 그가 아므람에게서 아론과 모세
와 그의 누이 미리암을 낳았고 60 아론에게서는 나답과 아비후와 엘르아살과 이다말이 났더니 61 나답과 아비후
는 다른 불을 여호와 앞에 드리다가 죽었더라 62 일 개월 이상으로 계수된 레위인의 모든 남자는 이만 삼천 명이었
더라 그들은 이스라엘 자손 중 계수에 들지 아니하였으니 이는 이스라엘 자손 중에서 그들에게 준 기업이 없음이
었더라 63 이는 모세와 제사장 엘르아살이 계수한 자라 그들이 여리고 맞은편 요단 가 모압 평지에서 이스라엘 자
손을 계수한 중에는 64 모세와 제사장 아론이 시내 광야에서 계수한 이스라엘 자손은 한 사람도 들지 못하였으니
65 이는 여호와께서 그들에게 대하여 말씀하시기를 그들이 반드시 광야에서 죽으리라 하셨음이라 이러므로 여분
네의 아들 갈렙과 눈의 아들 여호수아 외에는 한 사람도 남지 아니하였더라

민수기 27장

슬로브핫의 딸들

민 27:1-11
학습 자료 11-3 "이스라엘의 토지 제도" 참조

1 요셉의 아들 므낫세 종족들에게 므낫세의 현손 마길의 증손 길르앗의

손자 헤벨의 아들 슬로브핫의 딸들이 찾아왔으니 그의 딸들의 이름은 말라와 노아와 호글라와 밀가와 디르사
라 2 그들이 회막 문에서 모세와 제사장 엘르아살과 지휘관들과 온 회중 앞에 서서 이르되 3 우리 아버지가 광
야에서 죽었으나 여호와를 거슬러 모인 고라의 무리에 들지 아니하고 자기 죄로 죽었고 아들이 없나이다 4 어
찌하여 아들이 없다고 우리 아버지의 이름이 그의 종족 중에서 삭제되리이까 우리 아버지의 형제 중에서 우리
에게 기업을 주소서 하매 5 모세가 그 사연을 여호와께 아뢰니라 6 여호와께서 모세에게 말씀하여 이르시되 7
슬로브핫 딸들의 말이 옳으니 너는 반드시 그들의 아버지의 형제 중에서 그들에게 기업을 주어 받게 하되 그
들의 아버지의 기업을 그들에게 돌릴지니라 8 너는 이스라엘 자손에게 말하여 이르기를 사람이 죽고 아들이 없
으면 그의 기업을 그의 딸에게 돌릴 것이요 9 딸도 없으면 그의 기업을 그의 형제에게 줄 것이요 10 형제도 없으
면 그의 기업을 그의 아버지의 형제에게 줄 것이요 11 그의 아버지의 형제도 없으면 그의 기업을 가장 가까운
친족에게 주어 받게 할지니라 하고 나 여호와가 너 모세에게 명령한 대로 이스라엘 자손에게 판결의 규례가
되게 할지니라

모세의 후계자 여호수아(신 31:1-8)

12 여호와께서 모세에게 이르시되 너는 이 아바림 산에 올라가서 내가 이스라엘 자손에게 준 땅을 바라보라 13
본 후에는 네 형 아론이 돌아간 것 같이 너도 조상에게로 돌아가리니 14 이는 신 광야에서 회중이 분쟁할 때에
너희가 내 명령을 거역하고 그 물 가에서 내 거룩함을 그들의 목전에 나타내지 아니하였음이니라 이 물은 신 광
야 가데스의 므리바 물이니라 15 모세가 여호와께 여짜와 이르되 16 여호와, 모든 육체의 생명의 하나님이시여
원하건대 한 사람을 이 회중 위에 세워서 17 그로 그들 앞에 출입하며 그들을 인도하여 출입하게 하사 여호와의
회중이 목자 없는 양과 같이 되지 않게 하옵소서 18 여호와께서 모세
에게 이르시되 눈의 아들 여호수아는 그 안에 영이 머무는 자니 너
는 데려다가 그에게 안수하고 19 그를 제사장 엘르아살과 온 회중
앞에 세우고 그들의 목전에서 그에게 위탁하여 20 네 존귀를 그에게
돌려 이스라엘 자손의 온 회중을 그에게 복종하게 하라 21 그는 제
사장 엘르아살 앞에 설 것이요 엘르아살은 그를 위하여 우림의 판결
로써 여호와 앞에 물을 것이며 그와 온 이스라엘 자손 곧 온 회중은

엘르아살의 말을 따라 나가며 들어올 것이니라 22 모세가 여호와께서 자기에게 명령하신
대로 하여 여호수아를 데려다가 제사장 엘르아살과 온 회중 앞에 세우고 23 그에게 안수하여 위탁하되 여호와
께서 모세에게 명령하신 대로 하였더라

11일차 읽기의 요약
(민15~27)

이스라엘 백성들은 광야 38년을 유랑하는 동안 불평과 원망을 반복하였다. 특히 고라를 중심으로 250명은 당을 지어 아론의 제사장 직분에 대해 도전하였다. 하나님께서는 땅이 갈라져 그들을 삼키는 무서운 심판으로 그들을 다루셨다. 아론을 포함한 1세대가 거의 모두가 광야에서 죽고 이제 그들의 자녀 세대들이 요단 동편의 험한 길로 인해 마음이 상하여 부모 세대처럼 모세를 향해 원망하다가 불뱀에게 물려 죽임을 당하였다. 이에 대해 하나님께서는 놋뱀을 장대 위에 달아 쳐다보게 하심으로 그들을 구원하셨다.

요단 동편 땅에서 이스라엘 백성들은 그들에게 길을 내어주지 않고 오히려 그들을 치러 나온 아모리 왕과 바산 왕을 물리쳐 얼마간의 땅을 얻게 된다. 또 한편 모압 왕 발락은 이스라엘 백성들의 엄청난 숫자와 그들의 하나님께서 그들을 위해 행하신 위대한 일들에 대한 소문을 듣고 두려움에 압도되어 그 당시 유명했던 이방인 술사 발람을 청한다. 탐욕에 연단된 마음을 가진 발람은 모압 왕 발락이 제시한 불의의 삯을 더 사랑하여 결국 모압 왕 발락에게로 가지만 하나님께서는 불의한 발람의 입을 통해서도 이스라엘 백성들을 축복하시는 분이심을 드러내셨다. 그러나 이스라엘 백성이 모압 땅에 머물러 있는 동안 모압 여인들을 통해 이스라엘 남자들이 음행하고 바알브올에게 가담하는 일로 인해 염병으로 무서운 심판을 받게 된다.

그 후 광야의 종착점에서 하나님께서는 광야 2세대의 20세 이상 된 남자의 수를 다시 계수하게 하신다. 계수된 601,730명 중에 시내 산에서 계수되었던 광야 1세대는 하나님의 말씀대로 여호수아와 갈렙 외에는 한 사람도 남지 않았다.

그러면 어떻게 살 것인가?

인위뚝 · 신위고!

☑ 세계관 점검 - 묵상하기 (영상 강의와 교재 내용의 이해를 바탕으로)

- 민수기에서 이스라엘 백성이 얼마나 많이 하나님을 원망하고 불평하는가? 그럴 때 하나님의 반응은 어떤가를 살펴보라.

- 민 16:3에서 말하는 것이 진정한 평등주의라고 생각하는가?
  사회주의와 공산주의 세계관에서 말하는 평등과 성경이 말하는 평등을 구별하겠는가? 성도는 이것을 구별할 수 있어야 한다. 그래야 이 세속과의 치열한 영적 전쟁에서 이길 수 있다. 성경은 절대적 균등의 개념을 평등이라고 하지 않는다. 성경의 평등은 "구별"과 "차별"의 차이점을 인정하는 것을 근거로 하는 평등이다. 바울의 은사론(고전 12장)과 예수님의 달란트 비유(마 25:14-30)가 이를 확실히 입증하고 있다.
  창 1장과 2장에서 남자와 여자를 창조하시고 가정을 이루게 하시며 그 관계성을 "돕는 배필"로 규정하셨다. 이 속에 "구별"과 "차별"의 의미가 들어 있다. 진정한 성경적 평등은 '차별은 없어야 하지만, 구별은 반드시 있어야 한다'는 것을 창조의 원리로 보여 주셨다. 이것이 평등에 대한 나의 가치관인가?

· 민 16:3 그들이 모여서 모세와 아론을 거슬러 그들에게 이르되 너희가 분수에 지나도다 회중이 다 각각 거룩하고 여호와께서도 그들 중에 계시거늘 너희가 어찌하여 여호와의 총회 위에 스스로 높이느냐 **(인삼 먹기와 무우 뿌리 먹기)**

✐ 15:40-41은 민수기의 패역한 백성들에게 주는 복음서라고 했다. 하나님의 뜻을 자기식으로 해석하여 멋대로 지키는 것이 곧 패역이다. 패역한 자들에게는 재앙이 임할 뿐인데 그들에게 다시 하나님의 백성으로서 살아갈 기회를 주신다는 것이다. 왜냐하면 하나님은 우리의 하나님이 되시려고 우리를 지으셨기 때문이다. 이 구절을 깊이 묵상하고 나의 삶을 돌이켜 보라. 나의 세계관 중심은 하나님이시고, 그분의 뜻을 찾아 실행하며 살아감으로 그분이 주시는 복을 누리는 삶을 살아가고 있는지....
이스라엘이 말씀에 의지하는 삶을 살았다면 결코 이런 광야의 배회는 없었을 것이다.

✐ 고라 일당의 반란 사건은 좌 편향된 평등사상 때문이라고 생각한다. 우리는 평등을 평균적으로 나누는 균등의 개념으로 이해하는 경향이 있다. 잘 사는 자의 것과 못 사는 자의 것을 합하여 이등분하여 균등이 나누어 갖는 것을 평등이라고 생각한다. 성경이 가르쳐 주는 평등의 개념은 차별과 구별의 개념 위에 이해해야 한다. 차별은 없으나 구별은 있는 평등을 말한다. 이것이 달란트 비유와 은사에 근거한 평등의 개념이다. 하나님이 우리 모두를 다르게 지으셨다는 것이다. 균등적 평등은 공산주의식 발상이고, "사촌이 논을 사면 배가 아프다" 또는 "내 못 먹는 밥 재 뿌리자"식의 한국적 발상이라는 사실을 한번 분석해 보라. 나의 평등과 공정에 대한 이해는 성경적인가?

✐ 다수결의 원리가 진정 민주주의적이고 성경적인지를 말씀의 원리에 의해 깊이 생각해 보라. 필자는 그렇게 생각하지 않는다. 우리의 판단과 결정과 선택의 기준은 세속화된 다수가 아니라, 오직 하나님, 그리고 그분의 계시의 말씀이 기준이 되어야 한다. 그것이 성경을 Basic Information Before Leaving Earth로 보는 이유이고, 말씀이 삶의 지침서(Manual)라는 것이다. 우리 신앙생활은 성경을 매뉴얼로 해서 사는 삶임을 꼭 기억하기를 바란다.

✐ 불 뱀을 처리하지 않으시고, 놋뱀을 만들어 달고, 그것을 보는 자는 구원을 받는다는 하나님의 논리를 어떻게 생각하는가?

✐ 발람의 사건은 하나님은 영계(靈界)의 주인이심을 분명히 말해 준다. 내 삶의 모든 영역에서 하나님은 어디까지 주인인가?

민수기의 교훈

광야, 그곳은 하나님 학교의 훈련장이다. 출애굽의 과정을 체험한 이스라엘 백성들에게 "광야"란 하나님의 철저한 보호와 양육과 인도와 임재가 충만했던 매우 안전한 곳인 동시에 가나안으로 가기 위한 중간 과정으로서 현실적으로는 매우 척박한 환경이기 때문에 매일 믿음의 투쟁을 해야 하는 이중적 특성을 가지는 곳이다. 오늘날 믿음이 약한 하나님의 백성들도 이 광야학교에서 훈련받고 졸업장을 받아야 가나안의 젖과 꿀이 흐르는 곳에 들어갈 자격을 얻게 된다.
결국 가데스 바네아 반역 사건으로 인한 하나님의 진노로, 하나님의 능력을 믿지 못해 울고불고한 제1세대는 광야에서 죽어야 하는 신세가 되었다. 불행하게도 인간의 본성은 믿음으로서가 아니라 눈에 보이는 대로 행하기를 더 좋아하고, 하나님의 말씀이 아니라 인간의 말에 의존하기를 더 좋아하는 모습을 볼 수 있다. 이런 자들은 광야의 훈련 과정을 거쳐야 한다. 마치 모세가 이드로의 양 떼를 치면서 연단을 받았던 것 같이….

♣ 인생은 광야와 같은 삶이라고 생각하는가? 그렇다면 우리에게 절실히 필요한 것은 "신적 보호(Divine Protection)"이다. 그래서 인간들은 종교라는 한 제도를 고안해서 스스로 그 보호자를 찾고자 한다. 그러나 성경은 무엇이라고 가르치고 있나? 그리고 그 보호는 어디서 온다고 했나? 성경 곳곳에서 그 답을 찾을 수 있지만, 시편 91편과 121편을 묵상하라.
그리고 무엇보다 예수님이 바로 그것 때문에 인간의 몸을 입고 이 땅에 오셨다는 사실을 깊이 깨달아야 한다.(요 10:10)

☑ 결단기도와 실행하기

약 2:26 영혼 없는 몸이 죽은 것 같이 행함이 없는 믿음은 죽은 것이니라
시 119:28 나의 영혼이 눌림으로 말미암아 녹사오니 주의 말씀대로 나를 세우소서

민수기 28~36장 : 요단 동쪽 땅의 정복과 분배 신명기 1~3장

민수기 28장

✣ 민 28~36장은 새 세대가 가나안에 들어가서 지켜야 할 지침을 기록하며 아브라함 언약을 통해 약속하신 땅을 확보하기 시작한 것을 기록하고 있다.

날마다 바치는 번제물(출 29:38-46)

1 여호와께서 모세에게 말씀하여 이르시되 2 이스라엘 자손에게 명령하
여 그들에게 이르라 내 헌물, 내 음식인 화제물 내 향기로운 것은 너희가
그 정한 시기에 삼가 내게 바칠지니라 3 또 그들에게 이르라 너희가 여호와께 드릴 화제는 이러하니 일 년 되고
흠 없는 숫양을 매일 두 마리씩 상번제로 드리되 4 어린 양 한 마리는 아침에 드리고 어린 양 한 마리는 해 질 때
에 드릴 것이요 5 또 고운 가루 십분의 일 에바에 빻아 낸 기름 사분의 일 힌을 섞어서 소제로 드릴 것이니 6 이는
시내 산에서 정한 상번제로서 여호와께 드리는 향기로운 화제며 7 또 그 전제는 어린 양 한 마리에 사분의 일 힌
을 드리되 거룩한 곳에서 여호와께 독주의 전제를 부어 드릴 것이며 8 해 질 때에는 두 번째 어린 양을 드리되 아
침에 드린 소제와 전제와 같이 여호와께 향기로운 화제로 드릴 것이니라

안식일

9 안식일에는 일 년 되고 흠 없는 숫양 두 마리와 고운 가루 십분의 이에 기름 섞은 소제와 그 전제를 드릴 것이니
10 이는 상번제와 그 전제 외에 매 안식일의 번제니라

초하루

11 초하루에는 수송아지 두 마리와 숫양 한 마리와 일 년 되고 흠 없는 숫양 일곱 마리로 여호와께 번제를 드리
되 12 매 수송아지에는 고운 가루 십분의 삼에 기름 섞은 소제와 숫양 한 마리에는 고운 가루 십분의 이에 기름
섞은 소제와 13 매 어린 양에는 고운 가루 십분의 일에 기름 섞은 소제를 향기로운 번제로 여호와께 화제를 드릴
것이며 14 그 전제는 수송아지 한 마리에 포도주 반 힌이요 숫양 한 마리에 삼분의 일 힌이요 어린 양 한 마리에
사분의 일 힌이니 이는 일 년 중 매월 초하루의 번제며 15 또 상번제와 그 전제 외에 숫염소 한 마리를 속죄제로
여호와께 드릴 것이니라

유월절(레 23:5-14)

16 첫째 달 열넷째 날은 여호와를 위하여 지킬 유월절이며 17 또 그 달 열다섯째 날부터는 명절이니 이레 동안 무
교병을 먹을 것이며 18 그 첫날에는 성회로 모일 것이요 아무 일도 하지 말 것이며 19 수송아지 두 마리와 숫양 한
마리와 일 년 된 숫양 일곱 마리를 다 흠 없는 것으로 여호와께 화제를 드려 번제가 되게 할 것이며 20 그 소제로
는 고운 가루에 기름을 섞어서 쓰되 수송아지 한 마리에는 십분의 삼이요 숫양 한 마리에는 십분의 이를 드리고
21 어린 양 일곱에는 어린 양 한 마리마다 십분의 일을 드릴 것이며 22 또 너희를 속죄하기 위하여 숫염소 한 마리
로 속죄제를 드리되 23 아침의 번제 곧 상번제 외에 그것들을 드릴 것이니라 24 너희는 이 순서대로 이레 동안 매
일 여호와께 향기로운 화제의 음식을 드리되 상번제와 그 전제 외에 드릴 것이며 25 일곱째 날에는 성회로 모일
것이요 아무 일도 하지 말 것이니라

칠칠절

26 칠칠절 처음 익은 열매를 드리는 날에 너희가 여호와께 새 소제를 드릴 때에도 성회로 모일 것이요 아무 일
도 하지 말 것이며 27 수송아지 두 마리와 숫양 한 마리와 일 년 된 숫양 일곱 마리로 여호와께 향기로운 번제를
드릴 것이며 28 그 소제로는 고운 가루에 기름을 섞어서 쓰되 수송아지 한 마리마다 십분의 삼이요 숫양 한 마

리에는 십분의 이요 [29] 어린 양 일곱 마리에는 어린 양 한 마리마다 십분의 일을 드릴 것이며 [30] 또 너희를 속죄
하기 위하여 숫염소 한 마리를 드리되 [31] 너희는 다 흠 없는 것으로 상번제와 그 소제와 전제 외에 그것들을 드
릴 것이니라

민수기 29장

일곱째 달 초하루(레 23:23-25)

[1] 일곱째 달에 이르러는 그 달 초하루에 성회로 모이고 아무 노동도 하지
말라 이는 너희가 나팔을 불 날이니라 [2] 너희는 수송아지 한 마리와 숫양
한 마리와 일 년 되고 흠 없는 숫양 일곱 마리를 여호와께 향기로운 번제
로 드릴 것이며 [3] 그 소제로는 고운 가루에 기름을 섞어서 쓰되 수송아지
에는 십분의 삼이요 숫양에는 십분의 이요 [4] 어린 양 일곱 마리에는 어린
양 한 마리마다 십분의 일을 드릴 것이며 [5] 또 너희를 속죄하기 위하여 숫
염소 한 마리로 속죄제를 드리되 [6] 그 달의 번제와 그 소제와 상번제와 그
소제와 그 전제 외에 그 규례를 따라 향기로운 냄새로 화제를 여호와께
드릴 것이니라

속죄일(레 23:26-32)

[7] 일곱째 달 열흘 날에는 너희가 성회로 모일 것이요 너희의 심령을 괴롭
게 하며 아무 일도 하지 말 것이니라 [8] 너희는 수송아지 한 마리와 숫양
한 마리와 일 년 된 숫양 일곱 마리를 다 흠 없는 것으로 여호와께 향기로
운 번제를 드릴 것이며 [9] 그 소제로는 고운 가루에 기름을 섞어서 쓰되 수
송아지 한 마리에는 십분의 삼이요 숫양 한 마리에는 십분의 이요 [10] 어린
양 일곱 마리에는 어린 양 한 마리마다 십분의 일을 드릴 것이며 [11] 속죄
제와 상번제와 그 소제와 그 전제 외에 숫염소 한 마리를 속죄제로 드릴
것이니라

민 29장 절기들
학습 자료 12-1 "제7월의 절기들" 참고

민 29장
학습 자료 12-2 "성경의 노동관" 참고
학습 자료 12-3 "하나님의 노동 명령"참고

> 민 29:1 '아무 노동도 하지 말라'의 원문을 직역하면 '너희를 위하여 어떠한 종류의 노동도 행하지 말라'가 된다. 이것의 일차적인 의미는 하나님께 예배드리는 성회의 날에 어떠한 종류의 일이라도 해서는 안 된다는 것이다. 비록 종교적인 업무라 할지라도(출 36:4) 이날만큼은 중지하고 하나님께 예배하는 데 전력을 기울여야 한다. 그리고 보다 엄밀하게 말하자면 '너희를 위하여'라는 문구가 보여 주듯이 하나님이 아닌 사람을 위한 종교적 행사, 혹은 다분히 세속적인 목적이 가미된 예배까지도 이날에 행해서는 안 된다.
> 이 말의 참뜻은 하나님께 드리는 모든 예배는 하나님 방법대로 해야 한다는 것이다. 그런데 이렇게 하면 우리에게 불편함이 오니까 우리가 적당히 그 방법을 바꾸어 버리고 만다. 그리고 분명 이것은 하나님을 불경스럽게 여기는 죄악임을 명심하라.
> 여기서 오늘날 교회가 지나치게 인간 중심적인 행사들을 주일에 행하는 것에 대해 면밀한 검토가 요청된다.

장막절(레 23:33-44)

[12] 일곱째 달 열다섯째 날에는 너희가 성회로 모일 것이요 아무 일도 하지 말 것이며 이레 동안 여호와 앞에 절기
를 지킬 것이라 [13] 너희 번제로 여호와께 향기로운 화제를 드리되 수송아지 열세 마리와 숫양 두 마리와 일 년 된
숫양 열네 마리를 다 흠 없는 것으로 드릴 것이며 [14] 그 소제로는 고운 가루에 기름을 섞어서 수송아지 열세 마리
에는 각기 십분의 삼이요 숫양 두 마리에는 각기 십분의 이요 [15] 어린 양 열네 마리에는 각기 십분의 일을 드릴 것
이며 [16] 상번제와 그 소제와 그 전제 외에 숫염소 한 마리를 속죄제로 드릴 것이니라 [17] 둘째 날에는 수송아지 열
두 마리와 숫양 두 마리와 일 년 되고 흠 없는 숫양 열네 마리를 드릴 것이며 [18] 그 소제와 전제는 수송아지와 숫
양과 어린 양의 수효를 따라서 규례대로 할 것이며 [19] 상번제와 그 소제와 그 전제 외에 숫염소 한 마리를 속죄
제로 드릴 것이니라 [20] 셋째 날에는 수송아지 열한 마리와 숫양 두 마리와 일 년 되고 흠 없는 숫양 열네 마리를
드릴 것이며 [21] 그 소제와 전제는 수송아지와 숫양과 어린 양의 수효를 따라서 규례대로 할 것이며 [22] 상번제와
그 소제와 그 전제 외에 숫염소 한 마리를 속죄제로 드릴 것이니라 [23] 넷째 날에는 수송아지 열 마리와 숫양 두
마리와 일 년 되고 흠 없는 숫양 열네 마리를 드릴 것이며 [24] 그 소제와 전제는 수송아지와 숫양과 어린 양의 수
효를 따라 규례대로 할 것이며 [25] 상번제와 그 소제와 그 전제 외에 숫염소 한 마리를 속죄제로 드릴 것이니라 [26]
다섯째 날에는 수송아지 아홉 마리와 숫양 두 마리와 일 년 되고 흠 없는 숫양 열네 마리를 드릴 것이며 [27] 그 소
제와 전제는 수송아지와 숫양과 어린 양의 수효를 따라서 규례대로 할 것이며 [28] 상번제와 그 소제와 그 전제 외
에 숫염소 한 마리를 속죄제로 드릴 것이니라 [29] 여섯째 날에는 수송아지 여덟 마리와 숫양 두 마리와 일 년 되

고 흠 없는 숫양 열네 마리를 드릴 것이며 30 그 소제와 전제는 수송아지와 숫양과 어린 양의 수효를 따라서 규례
대로 할 것이며 31 상번제와 그 소제와 그 전제 외에 숫염소 한 마리를 속죄제로 드릴 것이니라 32 일곱째 날에는
수송아지 일곱 마리와 숫양 두 마리와 일 년 되고 흠 없는 숫양 열네 마리를 드릴 것이며 33 그 소제와 전제는 수
송아지와 숫양과 어린 양의 수효를 따라 규례대로 할 것이며 34 상번제와 그 소제와 그 전제 외에 숫염소 한 마
리를 속죄제로 드릴 것이니라 35 여덟째 날에는 장엄한 대회로 모일 것이요 아무 일도 하지 말 것이며 36 번제로
여호와께 향기로운 화제를 드리되 수송아지 한 마리와 숫양 한 마리와 일 년 되고 흠 없는 숫양 일곱 마리를 드
릴 것이며 37 그 소제와 전제는 수송아지와 숫양과 어린 양의 수효를 따라 규례대로 할 것이며 38 상번제와 그 소
제와 그 전제 외에 숫염소 한 마리를 속죄제로 드릴 것이니라 39 너희가 이 절기를 당하거든 여호와께 이같이 드
릴지니 이는 너희의 서원제나 낙헌제로 드리는 번제, 소제, 전제, 화목제 외에 드릴 것이니라 40 모세가 여호와께
서 모세에게 명령하신 모든 일을 이스라엘 자손에게 말하니라

민수기 30장

민 30:3-16
학습 자료 12-4
"이스라엘 여성의 법적 지위" 참조

여호와께 서원한 것

1 모세가 이스라엘 자손 지파의 수령들에게 말하여 이르되 여호와의 명
령이 이러하니라 2 사람이 여호와께 서원하였거나 결심하고 서약하였으면 깨뜨리지 말고 그가 입으로 말한 대로
다 이행할 것이니라 3 또 여자가 만일 어려서 그 아버지 집에 있을 때에 여호와께 서원한 일이나 스스로 결심하려
고 한 일이 있다고 하자 4 그의 아버지가 그의 서원이나 그가 결심한 서약을 듣고도 그에게 아무 말이 없으면 그
의 모든 서원을 행할 것이요 그가 결심한 서약을 지킬 것이니라 5 그러나 그의 아버지가 그것을 듣는 날에 허락
하지 아니하면 그의 서원과 결심한 서약을 이루지 못할 것이니 그의 아버지가 허락하지 아니하였은즉 여호와께
서 사하시리라 6 또 혹시 남편을 맞을 때에 서원이나 결심한 서약을 경솔하게 그의 입술로 말하였으면 7 그의 남
편이 그것을 듣고 그 듣는 날에 그에게 아무 말이 없으면 그 서원을 이행할 것이요 그가 결심한 서약을 지킬 것이
니라 8 그러나 그의 남편이 그것을 듣는 날에 허락하지 아니하면 그 서원과 결심하려고 경솔하게 입술로 말한 서
약은 무효가 될 것이니 여호와께서 그 여자를 사하시리라 9 과부나 이혼 당한 여자의 서원이나 그가 결심한 모든
서약은 지킬 것이니라 10 부녀가 혹시 그의 남편의 집에서 서원을 하였다든지 결심하고 서약을 하였다 하자 11 그
의 남편이 그것을 듣고도 아무 말이 없고 금하지 않으면 그 서원은 다 이행할 것이요 그가 결심한 서약은 다 지킬
것이니라 12 그러나 그의 남편이 그것을 듣는 날에 무효하게 하면 그 서원과 결심한 일에 대하여 입술로 말한 것
을 아무것도 이루지 못하나니 그의 남편이 그것을 무효하게 하였은즉 여호와께서 그 부녀를 사하시느니라 13 모
든 서원과 마음을 자제하기로 한 모든 서약은 그의 남편이 그것을 지키게도 할 수 있고 무효하게도 할 수 있으니
14 그의 남편이 여러 날이 지나도록 말이 없으면 아내의 서원과 스스로 결심한 일을 지키게 하는 것이니 이는 그
가 그것을 들을 때에 그의 아내에게 아무 말도 아니하였으므로 지키게 됨이니라 15 그러나 그의 남편이 들은 지
얼마 후에 그것을 무효하게 하면 그가 아내의 죄를 담당할 것이니라 16 이는 여호와께서 모세에게 명령하신 규
례니 남편이 아내에게, 아버지가 자기 집에 있는 어린 딸에 대한 것이니라

민수기 31장

미디안에게 여호와의 원수를 갚다

1 여호와께서 모세에게 말씀하여 이르시되 2 이스라엘 자손의 원수를 미디안에게 갚으라 그 후에 네가 네 조상
에게로 돌아가리라 3 모세가 백성에게 말하여 이르되 너와 함께 있는 사람들 가운데서 전쟁에 나갈 사람들을 무
장시키고 미디안을 치러 보내어 여호와의 원수를 갚되 4 이스라엘 모든 지파에게 각 지파에서 천 명씩을 전쟁에
보낼지니라 하매 5 각 지파에서 천 명씩 이스라엘 백만 명 중에서 만 이천 명을 택하여 무장을 시킨지라 6 모세가
각 지파에 천 명씩 싸움에 보내되 제사장 엘르아살의 아들 비느하스에게 성소의 기구와 신호 나팔을 들려서 그

들과 함께 전쟁에 보내매 7 그들이 여호와께서 모세에게 명령하신 대로 미디안을 쳐서 남자를 다 죽였고 8 그 죽
인 자 외에 미디안의 다섯 왕을 죽였으니 미디안의 왕들은 에위와 레겜과 수르와 후르와 레바이며 또 브올의 아
들 발람을 칼로 죽였더라 9 이스라엘 자손이 미디안의 부녀들과 그들의 아이들을 사로잡고 그들의 가축과 양 떼
와 재물을 다 탈취하고 10 그들이 거처하는 성읍들과 촌락을 다 불사르고 11 탈취한 것, 노략한 것, 사람과 짐승
을 다 빼앗으니라 12 그들이 사로잡은 자와 노략한 것과 탈취한 것을 가지고 여리고 맞은편 요단 강 가 모압 평
지의 진영에 이르러 모세와 제사장 엘르아살과 이스라엘 자손의 회중에게로 나아오니라

7일~12일

군대가 이기고 돌아오다

13 모세와 제사장 엘르아살과 회중의 지도자들이 다 진영 밖에 나가서 영접하다가 14 모세가 군대의 지휘관 곧
싸움에서 돌아온 천부장들과 백부장들에게 노하니라 15 모세가 그들에게 이르되 너희가 여자들을 다 살려두었
느냐 16 보라 이들이 발람의 꾀를 따라 이스라엘 자손을 브올의 사건에서 여호와 앞에 범죄하게 하여 여호와의
회중 가운데에 염병이 일어나게 하였느니라 17 그러므로 아이들 중에서 남자는 다 죽이고 남자와 동침하여 사내
를 아는 여자도 다 죽이고 18 남자와 동침하지 아니하여 사내를 알지 못하는 여자들은 다 너희를 위하여 살려둘
것이니라 19 너희는 이레 동안 진영 밖에 주둔하라 누구든지 살인자나 죽임을 당한 사체를 만진 자는 셋째 날과
일곱째 날에 몸을 깨끗하게 하고 너희의 포로도 깨끗하게 할 것이며 20 모든 의복과 가죽으로 만든 모든 것과 염
소털로 만든 모든 것과 나무로 만든 모든 것을 다 깨끗하게 할지니라 21 제사장 엘르아살이 싸움에 나갔던 군인
들에게 이르되 이는 여호와께서 모세에게 명령하신 율법이니라 22 금, 은, 동, 철과 주석과 납 등의 23 불에 견딜
만한 모든 물건은 불을 지나게 하라 그리하면 깨끗하려니와 다만 정결하게 하는 물로 그것을 깨끗하게 할 것이
며 불에 견디지 못할 모든 것은 물을 지나게 할 것이니라 24 너희는 일곱째 날에 옷을 빨아서 깨끗하게 한 후에
진영에 들어올지니라

전리품 분배

25 여호와께서 모세에게 말씀하여 이르시되 26 너는 제사장 엘르아살과 회중의 수령들과 더불어 이 사로잡은 사
람들과 짐승들을 계수하고 27 그 얻은 물건을 반분하여 그 절반은 전쟁에 나갔던 군인들에게 주고 절반은 회중
에게 주고 28 전쟁에 나갔던 군인들은 사람이나 소나 나귀나 양 떼의 오백분의 일을 여호와께 드릴지니라 29 곧
이를 그들의 절반에서 가져다가 여호와의 거제로 제사장 엘르아살에게 주고 30 또 이스라엘 자손이 받은 절반에
서는 사람이나 소나 나귀나 양 떼나 각종 짐승 오십분의 일을 가져다가 여호와의 성막을 맡은 레위인에게 주라
31 모세와 제사장 엘르아살이 여호와께서 모세에게 명령하신 대로 하니라 32 그 탈취물 곧 군인들의 다른 탈취
물 외에 양이 육십칠만 오천 마리요 33 소가 칠만 이천 마리요 34 나귀가 육만 천 마리요 35 사람은 남자와 동침하
지 아니하여서 사내를 알지 못하는 여자가 도합 삼만 이천 명이니 36 그 절반 곧 전쟁에 나갔던 자들의 소유가 양
이 삼십삼만 칠천오백 마리라 37 여호와께 공물로 드린 양이 육백칠십오요 38 소가 삼만 육천 마리라 그 중에서
여호와께 공물로 드린 것이 칠십이 마리요 39 나귀가 삼만 오백 마리라 그 중에서 여호와께 공물로 드린 것이 육
십일 마리요 40 사람이 만 육천 명이라 그 중에서 여호와께 공물로 드린 자가 삼십이 명이니 41 여호와께 거제의
공물로 드린 것을 모세가 제사장 엘르아살에게 주었으니 여호와께서 모세에게 명령하심과 같았더라 42 모세가
전쟁에 나갔던 자에게서 나누어 이스라엘 자손에게 준 절반 43 곧 회중이 받은 절반은 양이 삼십삼만 칠천오백
마리요 44 소가 삼만 육천 마리요 45 나귀가 삼만 오백 마리요 46 사람이 만 육천 명이라 47 이스라엘 자손의 그 절
반에서 모세가 사람이나 짐승의 오십분의 일을 취하여 여호와의 장막을 맡은 레위인에게 주었으니 여호와께서
모세에게 명령하심과 같았더라 48 군대의 지휘관들 곧 천부장과 백부장들이 모세에게 나아와서 49 모세에게 말
하되 당신의 종들이 이끈 군인을 계수한즉 우리 중 한 사람도 축나지 아니하였기로 50 우리 각 사람이 받은 바 금
패물 곧 발목 고리, 손목 고리, 인장 반지, 귀 고리, 목걸이들을 여호와께 헌금으로 우리의 생명을 위하여 여호와
앞에 속죄하려고 가져왔나이다 51 모세와 제사장 엘르아살이 그들에게서 그 금으로 만든 모든 패물을 취한즉 52
천부장과 백부장들이 여호와께 드린 거제의 금의 도합이 만 육천칠백오십 세겔이니 53 군인들이 각기 자기를 위

하여 탈취한 것이니라 54 모세와 제사장 엘르아살이 천부장과 백부장들에게서 금을 취하여 회막에 드려 여호와
앞에서 이스라엘 자손의 기념을 삼았더라

민수기 32장

요단 강 동쪽 지파들(신 3:12-22)

1 르우벤 자손과 갓 자손은 심히 많은 가축 떼를 가졌더라 그들이 야셀 땅과 길르앗 땅을 본즉 그 곳은 목축할
만한 장소인지라 2 갓 자손과 르우벤 자손이 와서 모세와 제사장 엘르아살과 회중 지휘관들에게 말하여 이르되
3 아다롯과 디본과 야셀과 니므라와 헤스본과 엘르알레와 스밤과 느보와 브온 4 곧 여호와께서 이스라엘 회중
앞에서 쳐서 멸하신 땅은 목축할 만한 장소요 당신의 종들에게는 가축이 있나이다 5 또 이르되 우리가 만일 당
신에게 은혜를 입었으면 이 땅을 당신의 종들에게 그들의 소유로 주시고 우리에게 요단 강을 건너지 않게 하소
서 6 모세가 갓 자손과 르우벤 자손에게 이르되 너희 형제들은 싸우러 가거늘 너희는 여기 앉아 있고자 하느냐
7 너희가 어찌하여 이스라엘 자손에게 낙심하게 하여서 여호와께서 그들에게 주신 땅으로 건너갈 수 없게 하려
하느냐 8 너희 조상들도 내가 가데스바네아에서 그 땅을 보라고 보냈을 때에 그리 하였었나니 9 그들이 에스골
골짜기에 올라가서 그 땅을 보고 이스라엘 자손을 낙심하게 하여서 여호와께서 그들에게 주신 땅으로 갈 수 없
게 하였었느니라 10 그 때에 여호와께서 진노하사 맹세하여 이르시되 11 애굽에서 나온 자들이 이십 세 이상으로
는 한 사람도 내가 아브라함과 이삭과 야곱에게 맹세한 땅을 결코 보지 못하리니 이는 그들이 나를 온전히 따르
지 아니하였음이니라 12 그러나 그나스 사람 여분네의 아들 갈렙과 눈의 아들 여호수아는 여호와를 온전히 따랐
느니라 하시고 13 여호와께서 이스라엘에게 진노하사 그들에게 사십 년 동안 광야에 방황하게 하셨으므로 여호
와의 목전에 악을 행한 그 세대가 마침내는 다 끊어졌느니라 14 보라 너희는 너희의 조상의 대를 이어 일어난 죄
인의 무리로서 이스라엘을 향하신 여호와의 노를 더욱 심하게 하는도다 15 너희가 만일 돌이켜 여호와를 떠나면
여호와께서 다시 이 백성을 광야에 버리시리니 그리하면 너희가 이 모든 백성을 멸망시키리라 16 그들이 모세에
게 가까이 나아와 이르되 우리가 이 곳에 우리 가축을 위하여 우리를 짓고 우리 어린 아이들을 위하여 성읍을 건
축하고 17 이 땅의 원주민이 있으므로 우리 어린 아이들을 그 견고한 성읍에 거주하게 한 후에 우리는 무장하고
이스라엘 자손을 그 곳으로 인도하기까지 그들의 앞에서 가고 18 이스라엘 자손이 각기 기업을 받기까지 우리 집
으로 돌아오지 아니하겠사오며 19 우리는 요단 이쪽 곧 동쪽에서 기업을 받았사오니 그들과 함께 요단 저쪽에서
는 기업을 받지 아니하겠나이다 20 모세가 그들에게 이르되 너희가 만일 이 일을 행하여 무장하고 여호와 앞에
서 가서 싸우되 21 너희가 다 무장하고 여호와 앞에서 요단을 건너가서 여호와께서 그의 원수를 자기 앞에서 쫓
아내시고 22 그 땅이 여호와 앞에 복종하게 하시기까지 싸우면 여호와 앞에서나 이스라엘 앞에서나 무죄하여 돌
아오겠고 이 땅은 여호와 앞에서 너희의 소유가 되리라마는 23 너희가 만일 그같이 아니하면 여호와께 범죄함이
니 너희 죄가 반드시 너희를 찾아낼 줄 알라 24 너희는 어린 아이들을 위하여 성읍을 건축하고 양을 위하여 우리
를 지으라 그리하고 너희의 입이 말한 대로 행하라 25 갓 자손과 르우벤 자손이 모세에게 대답하여 이르되 주의
종들인 우리는 우리 주의 명령대로 행할 것이라 26 우리의 어린 아이들과 아내와 양 떼와 모든 가축은 이곳 길르
앗 성읍들에 두고 27 종들은 우리 주의 말씀대로 무장하고 여호와 앞에서 다 건너가서 싸우리이다 28 이에 모세
가 그들에 대하여 제사장 엘르아살과 눈의 아들 여호수아와 이스라엘 자손 지파의 수령들에게 명령하니라 29 모
세가 그들에게 이르되 갓 자손과 르우벤 자손이 만일 각각 무장하고 너희와 함께 요단을 건너가서 여호와 앞에
서 싸워서 그 땅이 너희 앞에 항복하기에 이르면 길르앗 땅을 그들의 소유로 줄 것이니라 30 그러나 만일 그들이
너희와 함께 무장하고 건너지 아니하면 그들은 가나안 땅에서 너희와 함께 땅을 소유할 것이니라 31 갓 자손과
르우벤 자손이 대답하여 이르되 여호와께서 당신의 종들에게 명령하신 대로 우리가 행할 것이라 32 우리가 무장
하고 여호와 앞에서 가나안 땅에 건너가서 요단 이쪽을 우리가 소유할 기업이 되게 하리이다 33 모세가 갓 자손
과 르우벤 자손과 요셉의 아들 므낫세 반 지파에게 아모리인의 왕 시혼의 나라와 바산 왕 옥의 나라를 주되 곧

그 땅과 그 경내의 성읍들과 그 성읍들의 사방 땅을 그들에게 주매 34 갓 자손은 디본과 아다롯과 아로엘과 35
아다롯소반과 야셀과 욕브하와 36 벧니므라와 벧하란들의 견고한 성읍을 건축하였고 또 양을 위하여 우리를 지
었으며 37 르우벤 자손은 헤스본과 엘르알레와 기랴다임과 38 느보와 바알므온들을 건축하고 그 이름을 바꾸었
고 또 십마를 건축하고 건축한 성읍들에 새 이름을 주었고 39 므낫세의 아들 마길의 자손은 가서 길르앗을 쳐서
빼앗고 거기 있는 아모리인을 쫓아내매 40 모세가 길르앗을 므낫세의 아들 마길에게 주매 그가 거기 거주하였고
41 므낫세의 아들 야일은 가서 그 촌락들을 빼앗고 하봇야일이라 불렀으며 42 노바는 가서 그낫과 그 마을들을
빼앗고 자기 이름을 따라서 노바라 불렀더라

민수기 33장

애굽에서 모압까지

1 모세와 아론의 인도로 대오를 갖추어 애굽을 떠난 이스라엘 자손들
의 노정은 이러하니라 2 모세가 여호와의 명령대로 그 노정을 따라 그들
이 행진한 것을 기록하였으니 그들이 행진한 대로의 노정은 이러하니라
3 그들이 첫째 달 열다섯째 날에 라암셋을 떠났으니 곧 유월절 다음 날
이라 이스라엘 자손이 애굽 모든 사람의 목전에서 큰 권능으로 나왔으
니 4 애굽인은 여호와께서 그들 중에 치신 그 모든 장자를 장사하는 때
라 여호와께서 그들의 신들에게도 벌을 주셨더라 5 이스라엘 자손이 라
암셋을 떠나 숙곳에 진을 치고 6 숙곳을 떠나 광야 끝 에담에 진을 치고
7 에담을 떠나 바알스본 앞 비하히롯으로 돌아가서 믹돌 앞에 진을 치
고 8 하히롯 앞을 떠나 광야를 바라보고 바다 가운데를 지나 에담 광야
로 사흘 길을 가서 마라에 진을 치고 9 마라를 떠나 엘림에 이르니 엘림
에는 샘물 열둘과 종려 칠십 그루가 있으므로 거기에 진을 치고 10 엘림
을 떠나 홍해 가에 진을 치고 11 홍해 가를 떠나 신 광야에 진을 치고 12
신 광야를 떠나 13 돕가에 진을 치고 돕가를 떠나 알루스에 진을 치고 14
알루스를 떠나 르비딤에 진을 쳤는데 거기는 백성이 마실 물이 없었더
라 15 르비딤을 떠나 시내 광야에 진을 치고 16 시내 광야를 떠나 기브롯
핫다아와에 진을 치고 17 기브롯핫다아와를 떠나 하세롯에 진을 치고 18
하세롯을 떠나 릿마에 진을 치고 19 릿마를 떠나 림몬베레스에 진을 치
고 20 림몬베레스를 떠나 립나에 진을 치고 21 립나를 떠나 릿사에 진을
치고 22 릿사를 떠나 그헬라다에 진을 치고 23 그헬라다를 떠나 세벨 산
에 진을 치고 24 세벨 산을 떠나 하라다에 진을 치고 25 하라다를 떠나 막
헬롯에 진을 치고 26 막헬롯을 떠나 다핫에 진을 치고 27 다핫을 떠나 데
라에 진을 치고 28 데라를 떠나 밋가에 진을 치고 29 밋가를 떠나 하스모
나에 진을 치고 30 하스모나를 떠나 모세롯에 진을 치고 31 모세롯을 떠
나 브네야아간에 진을 치고 32 브네야아간을 떠나 홀하깃갓에 진을 치
고 33 홀하깃갓을 떠나 욧바다에 진을 치고 34 욧바다를 떠나 아브로나
에 진을 치고 35 아브로나를 떠나 에시온게벨에 진을 치고 36 에시온게
벨을 떠나 신 광야 곧 가데스에 진을 치고 37 가데스를 떠나 에돔 땅 변경의 호르 산에 진을 쳤더라 38 이스라엘
자손이 애굽 땅에서 나온 지 사십 년째 오월 초하루에 제사장 아론이 여호와의 명령으로 호르 산에 올라가 거
기서 죽었으니 39 아론이 호르 산에서 죽던 때의 나이는 백이십삼 세였더라 40 가나안 땅 남방에 살고 있는 가

❖ 민 33장

이제 광야 생활을 마치고 가나안 정복을 시작할 역사적 전환기에 있는 이스라엘 민족에게 이처럼 과거 하나님의 보호와 인도로 진행된 광야 여정과 미래의 정복 사업에 대한 하나님의 명령을 보여 준다. 이와 같은 모습은 과거 가나안 정복 시에만 베풀어 주신 은혜가 아니고, 오늘 이 시간도 우리를 인생의 광야에서 지켜 주시고, 인도하고 계심을 알고 그분의 명령대로 순종하며 살아갈 때 우리는 복된 삶을 살아갈 수 있다는 교훈을 말하고 있다. 왜냐하면 하나님은 지금도 살아 계셔서 그 명령에 대한 순종 여부에 따라 우리의 전 존재에 결정적으로 영향을 끼칠 상급과 저주를 내리시기 때문이다(신 28장, 30:16).

이스라엘의 광야 행군의 의미	
1	성도는 이 땅에서 나그네 생활을 함 (벧전 2:11)
2	하나님은 나그네 된 성도를 말씀과 성령으로 끝까지 인도하심 (출 13:21, 22, 시 119:105)
3	하나님은 성도 가운데 임재하시어 함께 하심 (출 25:9, 22)
4	하나님은 성도를 생명의 떡으로 먹이심 (출 16:4, 13-36, 요 6:33-51)
5	하나님은 성도를 생명수로 먹이심 (출 17:5,6;고전 10:4)
6	성도는 나그네 생활 가운데서 연단을 받음 (신 8:2, 3)
7	성도는 나그네 생활 가운데서 말씀으로 삶 (신 8:3, 벧전 2:2)
8	성도에게는 분명한 목적지가 있음 (딤후 4:18)
9	목적지에 이르는 방법과 과정은 하나님께 맡겨야 함 (히 11:7, 8)
10	성도는 최후에 영원한 안식을 얻을 것임 (계 21:4)

나안 사람 아랏 왕은 이스라엘 자손이 온다는 소식을 들었더라 41 그들
이 호르 산을 떠나 살모나에 진을 치고 42 살모나를 떠나 부논에 진을 치
고 43 부논을 떠나 오봇에 진을 치고 44 오봇을 떠나 모압 변경 이예아바
림에 진을 치고 45 이임을 떠나 디본갓에 진을 치고 46 디본갓을 떠나 알
몬디블라다임에 진을 치고 47 알몬디블라다임을 떠나 느보 앞 아바림 산
에 진을 치고 48 아바림 산을 떠나 여리고 맞은편 요단 강 가 모압 평지에
진을 쳤으니 49 요단 강 가 모압 평지의 진영이 벧여시못에서부터 아벨싯
딤에 이르렀더라

가나안 땅을 제비 뽑아 나누다

50 여리고 맞은편 요단 강 가 모압 평지에서 여호와께서 모세에게 말씀
하여 이르시되 51 이스라엘 자손에게 말하여 그들에게 이르라 너희가 요
단 강을 건너 가나안 땅에 들어가거든 52 그 땅의 원주민을 너희 앞에서
다 몰아내고 그 새긴 석상과 부어 만든 우상을 다 깨뜨리며 산당을 다 헐
고 53 그 땅을 점령하여 거기 거주하라 내가 그 땅을 너희 소유로 너희에
게 주었음이라 54 너희의 종족을 따라 그 땅을 제비 뽑아 나눌 것이니 수
가 많으면 많은 기업을 주고 적으면 적은 기업을 주되 각기 제비 뽑은 대
로 그 소유가 될 것인즉 너희 조상의 지파를 따라 기업을 받을 것이니라
55 너희가 만일 그 땅의 원주민을 너희 앞에서 몰아내지 아니하면 너희가
남겨둔 자들이 너희의 눈에 가시와 너희의 옆구리에 찌르는 것이 되어 너
희가 거주하는 땅에서 너희를 괴롭게 할 것이요 56 나는 그들에게 행하기
로 생각한 것을 너희에게 행하리라

출애굽 40년 광야 생활의 주요 사건 일지

일자	장소	주요 사건
출애굽1년 1월 15일	라암셋	· 출애굽 시작 (출 12:37, 민 33:3)
2월 15일	신광야	· 만나와 메추라기 시작 (출 16:1, 4-36)
3월	시내산	· 율법 수여와 성막 건축 (출 19:1, 40:17)
출애굽2년 2월 20일	시내산	· 시내 산 출발 (민 10:11)
.	가데스 바네아	· 가나안 땅 열 두 정탐꾼 파송 · 열 정탐꾼의 불신과 광야 40년 방황 심판 (민 13:1-14:35)
38년간의 방랑 생활		
출애굽40년 1월	가데스 바네아	· 미리암의 죽음 (민 20:1) · 백성들의 원망과 모세와 아론의 실수 (민 20:10-13)
5월 1일	호르산	· 아론의 죽음 (민 33:38)
11월 1일	모압평지	· 모세의 죽음
.	모압평지	· 신명기 말씀 전수 (신 1:3)
출애굽41년 1월 11일	요단강	· 요단 강 도하
1월 14일	여리고 평지	· 가나안 땅에서의 첫 유월절
1월 15일	여리고 평지	· 만나의 그침

민 33:50-56 여호수아서에서도 매우 강조함을 볼 수 있는 부분인데, 가나안 땅은 단순 점령하는 땅이 아니라 정복하여 그 땅의 문화를 하나님 나라의 것으로 바꾸는 데까지 나아가야 한다.
오늘 성도들의 삶도 세상을 단순 점령한 것을 승리한 것으로 착각하지 말고 그리스도의 세계관과 가치관을 새롭게 되는 데까지 나아가야 한다는 것을 깨닫자.
(cf. 12:1-2, 골 3:9-10, 히 12:1, 사 45:20-21)

민수기 34장

가나안 땅의 경계

1 여호와께서 모세에게 말씀하여 이르시되 2 너는 이스라엘 자손에게 명령
하여 그들에게 이르라 너희가 가나안 땅에 들어가는 때에 그 땅은 너희의
기업이 되리니 곧 가나안 사방 지경이라 3 너희 남쪽은 에돔 곁에 접근한
신 광야니 너희의 남쪽 경계는 동쪽으로 염해 끝에서 시작하여 4 돌아서 아
그랍빔 언덕 남쪽에 이르고 신을 지나 가데스바네아 남쪽에 이르고 또 하
살아달을 지나 아스몬에 이르고 5 아스몬에서 돌아서 애굽 시내를 지나 바
다까지 이르느니라 6 서쪽 경계는 대해가 경계가 되나니 이는 너희의 서쪽
경계니라 7 북쪽 경계는 이러하니 대해에서부터 호르 산까지 그어라 8 호르
산에서 그어 하맛 어귀에 이르러 스닷에 이르고 9 그 경계가 또 시브론을
지나 하살에난에 이르나니 이는 너희의 북쪽 경계니라 10 너희의 동쪽 경계는 하살에난에서 그어 스밤에 이르고
11 그 경계가 또 스밤에서 리블라로 내려가서 아인 동쪽에 이르고 또 내려가서 긴네렛 동쪽 해변에 이르고 12 그 경
계가 또 요단으로 내려가서 염해에 이르나니 너희 땅의 사방 경계가 이러하니라 13 모세가 이스라엘 자손에게 명
령하여 이르되 이는 너희가 제비 뽑아 받을 땅이라 여호와께서 이것을 아홉 지파 반 쪽에게 주라고 명령하셨나니
14 이는 르우벤 자손의 지파와 갓 자손의 지파가 함께 그들의 조상의 가문에 따라 그들의 기업을 받을 것이며 므
낫세의 반쪽도 기업을 받았음이니라 15 이 두 지파와 그 반 지파는 여리고 맞은편 요단 건너편 곧 해 돋는 쪽에서
그들의 기업을 받으리라

각 지파의 기업 분할 책임자
16 여호와께서 또 모세에게 말씀하여 이르시되 17 너희에게 땅을 기업으로 나눌 자의 이름은 이러하니 제사장 엘
르아살과 눈의 아들 여호수아니라 18 너희는 또 기업의 땅을 나누기 위하여 각 지파에 한 지휘관씩 택하라 19 그
사람들의 이름은 이러하니 유다 지파에서는 여분네의 아들 갈렙이요 20 시므온 지파에서는 암미훗의 아들 스므
엘이요 21 베냐민 지파에서는 기슬론의 아들 엘리닷이요 22 단 자손 지파에서는 지휘관 요글리의 아들 북기요 23
요셉 자손 중 므낫세 자손 지파에서는 지휘관 에봇의 아들 한니엘이요 24 에브라임 자손 지파에서는 지휘관 십
단의 아들 그므엘이요 25 스불론 자손 지파에서는 지휘관 바르낙의 아들 엘리사반이요 26 잇사갈 자손 지파에서
는 지휘관 앗산의 아들 발디엘이요 27 아셀 자손 지파에서는 지휘관 슬로미의 아들 아히훗이요 28 납달리 자손
지파에서는 지휘관 암미훗의 아들 브다헬이니라 하셨느니라 29 이들이 여호와께서 명령하사 가나안 땅에서 이
스라엘 자손에게 기업을 받게 하신 자들이니라

민수기 35장

레위 사람에게 준 성읍
1 여호와께서 여리고 맞은편 요단 강 가 모압 평지에서 모세에게 말씀하
여 이르시되 2 이스라엘 자손에게 명령하여 그들이 받은 기업에서 레위인
에게 거주할 성읍들을 주게 하고 너희는 또 그 성읍들을 두르고 있는 초
장을 레위인에게 주어서 3 성읍은 그들의 거처가 되게 하고 초장은 그들
의 재산인 가축과 짐승들을 둘 곳이 되게 할 것이라 4 너희가 레위인에
게 줄 성읍들의 들은 성벽에서부터 밖으로 사방 천 규빗이라 5 성을 중앙
에 두고 성 밖 동쪽으로 이천 규빗, 남쪽으로 이천 규빗, 서쪽으로 이천 규
빗, 북쪽으로 이천 규빗을 측량할지니 이는 그들의 성읍의 들이며 6 너희
가 레위인에게 줄 성읍은 살인자들이 피하게 할 도피성으로 여섯 성읍이
요 그 외에 사십이 성읍이라 7 너희가 레위인에게 모두 사십팔 성읍을 주
고 그 초장도 함께 주되 8 너희가 이스라엘 자손의 소유에서 레위인에게
너희가 성읍을 줄 때에 많이 받은 자에게서는 많이 떼어서 주고 적게 받
은 자에게서는 적게 떼어 줄 것이라 각기 받은 기업을 따라서 그 성읍들
을 레위인에게 줄지니라

도피성(신 19:1-13, 수 20:1-9)
9 여호와께서 또 모세에게 말씀하여 이르시되 10 이스라엘 자손에게 말하
여 그들에게 이르라 너희가 요단 강을 건너 가나안 땅에 들어가거든 11 너
희를 위하여 성읍을 도피성으로 정하여 부지중에 살인한 자가 그리로 피
하게 하라 12 이는 너희가 복수할 자에게서 도피하는 성을 삼아 살인자가
회중 앞에 서서 판결을 받기까지 죽지 않게 하기 위함이니라 13 너희가 줄
성읍 중에 여섯을 도피성이 되게 하되 14 세 성읍은 요단 이쪽에 두고 세
성읍은 가나안 땅에 두어 도피성이 되게 하라 15 이 여섯 성읍은 이스라엘
자손과 타국인과 이스라엘 중에 거류하는 자의 도피성이 되리니 부지중
에 살인한 모든 자가 그리로 도피할 수 있으리라 16 만일 철 연장으로 사
람을 쳐죽이면 그는 살인자니 그 살인자를 반드시 죽일 것이요 17 만일 사
람을 죽일 만한 돌을 손에 들고 사람을 쳐죽이면 이는 살인한 자니 그 살
인자는 반드시 죽일 것이요 18 만일 사람을 죽일 만한 나무 연장을 손에

❖ 민 35장
레위에게는 분깃이 없고 레위인에게 배정된 성읍을 보여 주고 있다. 레위는 흩어져야 한다. 레위는 48곳의 성읍으로 배정된다. 그중 여섯 성읍에는 도피성이 마련된다. 도피성을 마련하는 이유는 당시 근동 지방의 형법에는 동태복수법이 있었다. 눈에는 눈, 이에는 이로, 살인은 살인으로 처벌한다는 것이다. 고의성이 없는 과실치사의 경우에는 가해자의 인권이 보호될 필요가 있었다. 동태 보복을 피하게 해주기 위해서다.

민 35장
학습 자료 12-5
"레위인 전국 분산의 의의" 참조

도피성과 그리스도 비교

	도피성	그리스도
1	하나님께서 정하심 (민 35:10, 11)	하나님께서 창세 전부터 예정하심 (벧전 1:20)
2	그릇 살인한 자가 도피함(민 35:11)	죄인이 그리스도 안에서 죄 씻음받고 자유케 됨 (요 8:32, 엡 1:7)
3	이스라엘 백성, 타국인,객 등 누구나 피할 수 있음 (민 35:15)	누구든지 믿으면 구원받음(요 3:16)
4	도피성 안에 있을 때 구원 받음 (민 35:26, 27)	그리스도 안에서만 구원 받음 (요 15:4-7, 롬 6:23)
5	대제사장이 죽기까지 그의 보호아래 있게 됨(민 35:25)	대제사장이신 그리스도의 긍휼을 입음(히4:15, 16, 7:24-28)
6	대제사장의 죽음으로 자기 땅에 돌아감(민 35:28)	대제사장이신 그리스도의 죽으심으로 인한 구원과 자유 (요 8:34, 롬 4:24, 25)

들고 사람을 쳐죽이면 그는 살인한 자니 그 살인자는 반드시 죽일 것이니라 19 피를 보복하는 자는 그 살인한 자
를 자신이 죽일 것이니 그를 만나면 죽일 것이요 20 만일 미워하는 까닭에 밀쳐 죽이거나 기회를 엿보아 무엇을
던져 죽이거나 21 악의를 가지고 손으로 쳐죽이면 그 친 자는 반드시 죽일 것이니 이는 살인하였음이라 피를 보
복하는 자는 살인자를 만나면 죽일 것이니라 22 악의가 없이 우연히 사람을 밀치거나 기회를 엿봄이 없이 무엇을
던지거나 23 보지 못하고 사람을 죽일 만한 돌을 던져서 죽였을 때에 이는 악의도 없고 해하려 한 것도 아닌즉 24
회중이 친 자와 피를 보복하는 자 간에 이 규례대로 판결하여 25 피를 보복하는 자의 손에서 살인자를 건져내어
그가 피하였던 도피성으로 돌려보낼 것이요 그는 거룩한 기름 부음을 받은 대제사장이 죽기까지 거기 거주할 것
이니라 26 그러나 살인자가 어느 때든지 그 피하였던 도피성 지경 밖에 나가면 27 피를 보복하는 자가 도피성 지
경 밖에서 그 살인자를 만나 죽일지라도 피 흘린 죄가 없나니 28 이는 살인자가 대제사장이 죽기까지 그 도피성
에 머물러야 할 것임이라 대제사장이 죽은 후에는 그 살인자가 자기 소유의 땅으로 돌아갈 수 있느니라 29 이는
너희의 대대로 거주하는 곳에서 판결하는 규례라 30 사람을 죽인 모든 자 곧 살인한 자는 증인들의 말을 따라서
죽일 것이나 한 증인의 증거만 따라서 죽이지 말 것이요 31 고의로 살인죄를 범한 살인자는 생명의 속전을 받지
말고 반드시 죽일 것이며 32 또 도피성에 피한 자는 대제사장이 죽기 전에는 속전을 받고 그의 땅으로 돌아가 거
주하게 하지 말 것이니라 33 너희는 너희가 거주하는 땅을 더럽히지 말라 피는 땅을 더럽히나니 피 흘림을 받은
땅은 그 피를 흘리게 한 자의 피가 아니면 속함을 받을 수 없느니라 34 너희는 너희가 거주하는 땅 곧 내가 거주
하는 땅을 더럽히지 말라 나 여호와는 이스라엘 자손 중에 있음이니라

민수기 36장

시집 간 여자의 유산

❖ 민 36장
여권신장에 대한 여호와 신앙의 점진적 사고를 보여 주는 대목이다. 여자의 재산권 보호는 당시 풍습에 비해 매우 점진적이다. 이것이 진정한 성경적 평등주의이다.

1 요셉 자손의 종족 중 므낫세의 손자 마길의 아들 길르앗 자손 종족들
의 수령들이 나아와 모세와 이스라엘 자손의 수령 된 지휘관들 앞에 말
하여 2 이르되 여호와께서 우리 주에게 명령하사 이스라엘 자손에게 제비 뽑아 그 기업의 땅을 주게 하셨고 여
호와께서 또 우리 주에게 명령하사 우리 형제 슬로브핫의 기업을 그의 딸들에게 주게 하셨은즉 3 그들이 만일
이스라엘 자손의 다른 지파들의 남자들의 아내가 되면 그들의 기업은 우리 조상의 기업에서 떨어져 나가고 그
들이 속할 그 지파의 기업에 첨가되리니 그러면 우리가 제비 뽑은 기업에서 떨어져 나갈 것이요 4 이스라엘 자
손의 희년을 당하여 그 기업이 그가 속한 지파에 첨가될 것이라 그런즉 그들의 기업은 우리 조상 지파의 기업에
서 아주 삭감되리이다 5 모세가 여호와의 말씀으로 이스라엘 자손에게 명령하여 이르되 요셉 자손 지파의 말
이 옳도다 6 슬로브핫의 딸들에게 대한 여호와의 명령이 이러하니라 이르시되 슬로브핫의 딸들은 마음대로 시
집가려니와 오직 그 조상 지파의 종족에게로만 시집갈지니 7 그리하면 이스라엘 자손의 기업이 이 지파에서 저
지파로 옮기지 않고 이스라엘 자손이 다 각기 조상 지파의 기업을 지킬 것이니라 하셨나니 8 이스라엘 자손의
지파 중 그 기업을 이은 딸들은 모두 자기 조상 지파의 종족되는 사람의 아내가 될 것이라 그리하면 이스라엘
자손이 각기 조상의 기업을 보전하게 되어 9 그 기업이 이 지파에서 저 지파로 옮기게 하지 아니하고 이스라엘
자손 지파가 각각 자기 기업을 지키리라 10 슬로브핫의 딸들이 여호와께서 모세에게 명령하신 대로 행하니라
11 슬로브핫의 딸 말라와 디르사와 호글라와 밀가와 노아가 다 그들의 숙부의 아들들의 아내가 되니라 12 그들
이 요셉의 아들 므낫세 자손의 종족 사람의 아내가 되었으므로 그들의 종족 지파에 그들의 기업이 남아 있었
더라 13 이는 여리고 맞은편 요단 가 모압 평지에서 여호와께서 모세를 통하여 이스라엘 자손에게 명령하신 계
명과 규례니라

신명기 DEUTERONOMY 申命記

신명기 한눈에 보기

개요 하나님의 신실하심 ◎신명기는 십계명을 모르는 광야에서 태어난 새 세대를 교육하기 위한 책이다.

I. 광야의 방랑을 회고 (1장 -11장)

1) 하나님께서 이스라엘 백성들을 위해서 하신 일이 무엇인가를 보여주고 있다.
그것은 하나님의 은혜를 잊지 않는 삶이다.
하나님께서 이스라엘에 기대하시는 바가 무엇인가를 말씀하고 있다.
2) 그것은 경건한 생활(구별되는 삶)이었다. 이 경건을 위해 하나님께서 주신 것이 율법이다.
율법을 보면 크게 두 가지 형태로 되어있다 '하라' 는 율법과 '하지 말라' 는 율법이다.

II. 현재의 경건한 삶과 미래를 향한 비전 (12장 -34장)

1) 하나님께서 이스라엘을 위하여 장차 무엇을 해주실 것인가의 약속이 들어 있다.
2) 세속도시 가나안에 들어가기 위한 규례 - 섞이면 안 된다는 권면.

모세의 세 설교의 핵심

	주제	내용
1	뒤를 돌아 보라 (과거)	시내 산에서 율법을 받은 때부터 요단 강의 모압 평지에 이르기까지의 과거를 회상함(1-4장)
2	위를 쳐다 보라 (현재)	하나님께서 주신 시내 산 율법을 다시 한번 회상하며 설명함(5-26장)
3	앞을 바라 보라 (미래)	앞으로 가나안 땅에 들어가서도 하나님께서 주신 율법을 신실히 지켜 하나님의 축복을 받을 것을 권고함(27-30)

신명기 1~3장 :
역사 회고와 백성에 대한 경고(1:1-4:43)

신명기 1장

서론

1 이는 모세가 요단 저쪽 숩 맞은편의 아라바 광야 곧 바란과 도벨과 라
반과 하세롯과 디사합 사이에서 이스라엘 무리에게 선포한 말씀이니라 2
호렙 산에서 세일 산을 지나 가데스 바네아까지 열 하룻길이었더라 3 마
흔째 해 열한째 달 그 달 첫째 날에 모세가 이스라엘 자손에게 여호와께
서 그들을 위하여 자기에게 주신 명령을 다 알렸으니 4 그 때는 모세가 헤
스본에 거주하는 아모리 왕 시혼을 쳐죽이고 에드레이에서 아스다롯에
거주하는 바산 왕 옥을 쳐죽인 후라 5 모세가 요단 저쪽 모압 땅에서 이
율법을 설명하기 시작하였더라 일렀으되 6 우리 하나님 여호와께서 호렙
산에서 우리에게 말씀하여 이르시기를 너희가 이 산에 거주한 지 오래니
7 방향을 돌려 행진하여 아모리 족속의 산지로 가고 그 근방 곳곳으로 가
고 아라바와 산지와 평지와 네겝과 해변과 가나안 족속의 땅과 레바논과
큰 강 유브라데까지 가라 8 내가 너희의 조상 아브라함과 이삭과 야곱에
게 맹세하여 그들과 그들의 후손에게 주리라 한 땅이 너희 앞에 있으니
들어가서 그 땅을 차지할지니라

모세가 수령을 세우다(출 18:13-17)

9 그 때에 내가 너희에게 말하여 이르기를 나는 홀로 너희의 짐을 질 수
없도다 10 너희의 하나님 여호와께서 너희를 번성하게 하셨으므로 너희
가 오늘날 하늘의 별 같이 많거니와 11 너희 조상의 하나님 여호와께서 너
희를 현재보다 천 배나 많게 하시며 너희에게 허락하신 것과 같이 너희에게 복 주시기를 원하노라 12 그런즉 나
홀로 어찌 능히 너희의 괴로운 일과 너희의 힘겨운 일과 너희의 다투는 일을 담당할 수 있으랴 13 너희의 각 지파
에서 지혜와 지식이 있는 인정받는 자들을 택하라 내가 그들을 세워 너희 수령을 삼으리라 한즉 14 너희가 내게
대답하여 이르기를 당신의 말씀대로 하는 것이 좋다 하기에 15 내가 너희 지파의 수령으로 지혜가 있고 인정받는

❖ 신 1~11장 : 출애굽해서 모압까지 오기까지의 하나님의 돌보심을 회상하다.
- 4장에서 유독 "지키라"는 것을 강조한다. 하나님의 말씀은 성도의 삶의 근거이다. 기독교는 삶이다.
- 가나안 땅에 들어 갈 2세에게 "십계명"을 다시 강의한다. 십계명이 곧 지켜 행함, 즉 구별된 삶(관점 3)의 기준이기 때문이다.
- 7장까지 여호와의 법도와 규례를 지켜야 한다는 것을 특별히 강조한다. - 우상 숭배에 대한 염려와 경고
- 8장에서 여호와를 잊을 수 있는 상황이 와도 그를 기억해야 한다는 사실을 강조한다. - 여호와가 복의 근원
- 9장에서 광야에서의 불순종한 일을 회상하고, 10장에서 여호와가 유일하게 요구하는 것은 딱 한 가지, 그것은 "순종"임을 강조한다.
- 11장 – 삶의 현장에서 내릴 축복과 저주 – 이른 비와 늦은 비를 주시는 하나님.

❖ 신 12~16장에서 예배 처소를 정해 주고 절기 지킴을 가르치는 것은 곧 성막의 의미와 정신을 가르치는 것이다.
- 14:22-29 – 십일조의 규정.
- 15장 – 안식년과 초태생의 규례.
- 16장 이스라엘이 지켜야 할 3대 절기 – 유월절, 칠칠절(오순절), 초막절(장막절).
- 17장에서 사법 질서의 공의 유지를 언급하고 이스라엘이 인간 왕을 요구할 것을 미리 아시고 왕의 자격 요건을 말해 준다.

신1:7
학습 자료 12-6 "가나안 주변의 땅"참조

신1:8
학습 자료 12-7 "하나님의 맹세" 참조

❖ 신 1장

가데스 바네아의 어리석은 반역 사건으로 인해 가나안에 들어갈 자격을 잃은 1세대가 다 죽기까지 37년 6개월을 기다리신 하나님은 이제 가나안에 들어가 하나님의 나라를 회복할 구속의 역사를 이어갈 2세대들을 모압 지역 느보 산기슭에서 제2의 법을 모세를 통해 주신다. 레위기로 훈련받은 1세대는 하나님을 반역함으로 광야에서 다 죽고, 오직 갈렙과 여호수아만이 가나안에 들어갈 은혜를 얻었다. 이들은 순종의 삶을 살았기 때문이다(36, 38절).

오늘 우리들도 여호와의 회복 역사에 동참하기 위해서는 이 땅의 역사가 인간의 힘과 지혜로 이루어져 가는 것이 아니라, 하나님의 섭리로 이루어져 가고 있다는 사실을 확실히 깨닫고 확신하여 그분의 계획에 순종해야 이 세상이 바로 설 것임을 명심하자.

신 1:1 아라바 광야

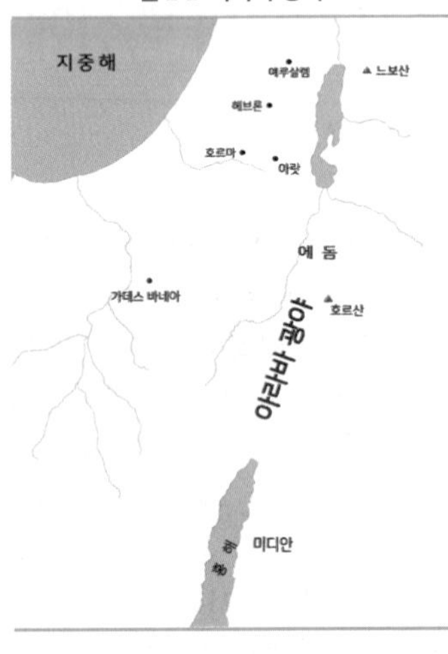

자들을 취하여 너희의 수령을 삼되 곧 각 지파를 따라 천부장과 백부장
과 오십부장과 십부장과 조장을 삼고 16 내가 그 때에 너희의 재판장들에
게 명하여 이르기를 너희가 너희의 형제 중에서 송사를 들을 때에 쌍방간
에 공정히 판결할 것이며 그들 중에 있는 타국인에게도 그리 할 것이라 17
재판은 하나님께 속한 것인즉 너희는 재판할 때에 외모를 보지 말고 귀
천을 차별 없이 듣고 사람의 낯을 두려워하지 말 것이며 스스로 결단하기
어려운 일이 있거든 내게로 돌리라 내가 들으리라 하였고 18 내가 너희의
행할 모든 일을 그 때에 너희에게 다 명령하였느니라

정탐할 사람을 보내다(민 13:1-33)

19 우리 하나님 여호와께서 우리에게 명령하신 대로 우리가 호렙 산을 떠
나 너희가 보았던 그 크고 두려운 광야를 지나 아모리 족속의 산지 길로
가데스 바네아에 이른 때에 20 내가 너희에게 이르기를 우리 하나님 여호
와께서 우리에게 주신 아모리 족속의 산지에 너희가 이르렀나니 21 너희
의 하나님 여호와께서 이 땅을 너희 앞에 두셨은즉 너희 조상의 하나님
여호와께서 너희에게 이르신 대로 올라가서 차지하라 두려워하지 말라 주저하지 말라 한즉 22 너희가 다 내 앞
으로 나아와 말하기를 우리가 사람을 우리보다 먼저 보내어 우리를 위하여 그 땅을 정탐하고 어느 길로 올라가
야 할 것과 어느 성읍으로 들어가야 할 것을 우리에게 알리게 하자 하기에 23 내가 그 말을 좋게 여겨 너희 중 각
지파에서 한 사람씩 열둘을 택하매 24 그들이 돌이켜 산지에 올라 에스골 골짜기에 이르러 그 곳을 정탐하고 25
그 땅의 열매를 손에 가지고 우리에게로 돌아와서 우리에게 말하여 이르되 우리의 하나님 여호와께서 우리에게
주시는 땅이 좋더라 하였느니라 26 그러나 너희가 올라가기를 원하지 아니하고 너희의 하나님 여호와의 명령을
거역하여 27 장막 중에서 원망하여 이르기를 여호와께서 우리를 미워하시므로 아모리 족속의 손에 넘겨 멸하시
려고 우리를 애굽 땅에서 인도하여 내셨도다 28 우리가 어디로 가랴 우리의 형제들이 우리를 낙심하게 하여 말하
기를 그 백성은 우리보다 장대하며 그 성읍들은 크고 성곽은 하늘에 닿았으며 우리가 또 거기서 아낙 자손을 보
았노라 하는도다 하기로 29 내가 너희에게 말하기를 그들을 무서워하지
말라 두려워하지 말라 30 너희보다 먼저 가시는 너희의 하나님 여호와께
서 애굽에서 너희를 위하여 너희 목전에서 모든 일을 행하신 것 같이 이제
도 너희를 위하여 싸우실 것이며 31 광야에서도 너희가 당하였거니와 사

신 1:29-33에서 이런 하나님을 만나라.
① 우리의 갈 길을 인도하시는 하나님
② 우리를 위해 예비하시는 하나님
③ 우리를 보호하시는 하나님.

람이 자기의 아들을 안는 것 같이 너희의 하나님 여호와께서 너희가 걸어온 길에서 너희를 안으사 이 곳까지 이
르게 하셨느니라 하나 32 이 일에 너희가 너희의 하나님 여호와를 믿지 아니하였도다 33 그는 너희보다 먼저 그
길을 가시며 장막 칠 곳을 찾으시고 밤에는 불로, 낮에는 구름으로 너희가 갈 길을 지시하신 자이시니라

여호와께서 이스라엘을 벌하시다(민 14:20-45)

34 여호와께서 너희의 말소리를 들으시고 노하사 맹세하여 이르시되 35 이 악한 세대 사람들 중에는 내가 그들
의 조상에게 주기로 맹세한 좋은 땅을 볼 자가 하나도 없으리라 36 오직 여분네의 아들 갈렙은 온전히 여호와께
순종하였은즉 그는 그것을 볼 것이요 그가 밟은 땅을 내가 그와 그의 자손에게 주리라 하시고 37 여호와께서 너
희 때문에 내게도 진노하사 이르시되 너도 그리로 들어가지 못하리라 38 네 앞에 서 있는 눈의 아들 여호수아는
그리로 들어갈 것이니 너는 그를 담대하게 하라 그가 이스라엘에게 그 땅을 기업으로 차지하게 하리라 39 또 너
희가 사로잡히리라 하던 너희의 아이들과 당시에 선악을 분별하지 못하던 너희의 자녀들도 그리로 들어갈 것이
라 내가 그 땅을 그들에게 주어 산업이 되게 하리라 40 너희는 방향을 돌려 홍해 길을 따라 광야로 들어갈지니라
하시매 41 너희가 대답하여 내게 이르기를 우리가 여호와께 범죄하였사오니 우리 하나님께서 우리에게 명령하
신 대로 우리가 올라가서 싸우리이다 하고 너희가 각각 무기를 가지고 경솔히 산지로 올라가려 할 때에 42 여호
와께서 내게 이르시되 너는 그들에게 이르기를 너희는 올라가지 말라 싸우지도 말라 내가 너희 중에 있지 아니
하니 너희가 대적에게 패할까 하노라 하시기로 43 내가 너희에게 말하였으나 너희가 듣지 아니하고 여호와의 명
령을 거역하고 거리낌 없이 산지로 올라가매 44 그 산지에 거주하는 아모리 족속이 너희에게 마주 나와 벌 떼 같
이 너희를 쫓아 세일 산에서 쳐서 호르마까지 이른지라 45 너희가 돌아와 여호와 앞에서 통곡하나 여호와께서
너희의 소리를 듣지 아니하시며 너희에게 귀를 기울이지 아니하셨으므로
46 너희가 가데스에 여러 날 동안 머물렀나니 곧 너희가 그 곳에 머물던
날 수대로니라

신 1:45
신 32장의 학습 자료 14-9 "신인 동형 동성론"를 참조.

신명기 2장

이스라엘이 광야에서 보낸 해

1 우리가 방향을 돌려 여호와께서 내게 명령하신 대로 홍해 길로 광야에
들어가서 여러 날 동안 세일 산을 두루 다녔더니 2 여호와께서 내게 말씀
하여 이르시되 3 너희가 이 산을 두루 다닌 지 오래니 돌이켜 북으로 나아
가라 4 너는 또 백성에게 명령하여 이르기를 너희는 세일에 거주하는 너
희 동족 에서의 자손이 사는 지역으로 지날진대 그들이 너희를 두려워하
리니 너희는 스스로 깊이 삼가고 5 그들과 다투지 말라 그들의 땅은 한
발자국도 너희에게 주지 아니하리니 이는 내가 세일 산을 에서에게 기업
으로 주었음이라 6 너희는 돈으로 그들에게서 양식을 사서 먹고 돈으로
그들에게서 물을 사서 마시라 7 네 하나님 여호와께서 네가 하는 모든 일에 네게 복을 주시고 네가 이 큰 광야
에 두루 다님을 알고 네 하나님 여호와께서 이 사십 년 동안을 너와 함께 하셨으므로 네게 부족함이 없었느니
라 하시기로 8 우리가 세일 산에 거주하는 우리 동족 에서의 자손을 떠나서 아라바를 지나며 엘랏과 에시온 게
벨 곁으로 지나 행진하고 돌이켜 모압 광야 길로 지날 때에 9 여호와께서 내게 이르시되 모압을 괴롭히지 말라
그와 싸우지도 말라 그 땅을 내가 네게 기업으로 주지 아니하리니 이는 내가 롯 자손에게 아르를 기업으로 주었
음이라 10 (이전에는 에밈 사람이 거기 거주하였는데 아낙 족속 같이 강하고 많고 키가 크므로 11 그들을 아낙 족속과 같이 르바임이라
불렀으나 모압 사람은 그들을 에밈이라 불렀으며 12 호리 사람도 세일에 거주하였는데 에서의 자손이 그들을 멸하고 그 땅에 거주하였
으니 이스라엘이 여호와께서 주신 기업의 땅에서 행한 것과 같았느니라) 13 이제 너희는 일어나서 세렛 시내를 건너가라 하시
기로 우리가 세렛 시내를 건넜으니 14 가데스 바네아에서 떠나 세렛 시내를 건너기까지 삼십팔 년 동안이라 이

❖ 신 2장
1세대가 가데스 바네아에서 반역하여 그들의 갈 방향이 달라져 버렸으나(뒤로 후퇴하여 37년 6개월 배회함), 2세들은 같은 가데스 바네아에 집결했고 이들은 하나님이 주시는 방향으로 행진하게 되었다. 그 차이는 한마디로 "순종"이었다.
당신의 삶은 순종하는 삶인가? 내 방법대로 하는 순종이 아닌 하나님 방법대로 하는 순종 말이다.

신 2:7
학습 자료 12-8 "하나님의 전지(全知)" 참조

때에는 그 시대의 모든 군인들이 여호와께서 그들에게 맹세하신 대로 진
영 중에서 다 멸망하였나니 15 여호와께서 손으로 그들을 치사 진영 중에
서 멸하신 고로 마침내는 다 멸망되었느니라 16 모든 군인이 사망하여 백
성 중에서 멸망한 후에 17 여호와께서 내게 말씀하여 이르시되 18 네가 오
늘 모압 변경 아르를 지나리니 19 암몬 족속에게 가까이 이르거든 그들을
괴롭히지 말고 그들과 다투지도 말라 암몬 족속의 땅은 내가 네게 기업
으로 주지 아니하리니 이는 내가 그것을 롯 자손에게 기업으로 주었음이
라 20 (이곳도 르바임의 땅이라 하였나니 전에 르바임이 거기 거주하였음이요 암몬 족속
은 그들을 삼숨밈이라 일컬었으며 21 그 백성은 아낙 족속과 같이 강하고 많고 키가 컸으
나 여호와께서 암몬 족속 앞에서 그들을 멸하셨으므로 암몬 족속이 대신하여 그 땅에 거
주하였으니 22 마치 세일에 거주한 에서 자손 앞에 호리 사람을 멸하심과 같으니 그들이
호리 사람을 쫓아내고 대신하여 오늘까지 거기에 거주하였으며 23 또 갑돌에서 나온 갑
돌 사람이 가사까지 각 촌에 거주하는 아위 사람을 멸하고 그들을 대신하여 거기에 거주
하였느니라) 24 너희는 일어나 행진하여 아르논 골짜기를 건너라 내가 헤스
본 왕 아모리 사람 시혼과 그의 땅을 네 손에 넘겼은즉 이제 더불어 싸워
서 그 땅을 차지하라 25 오늘부터 내가 천하 만민이 너를 무서워하며 너
를 두려워하게 하리니 그들이 네 명성을 듣고 떨며 너로 말미암아 근심
하리라 하셨느니라

신 2:24-37 헤스본 왕 시혼과의 싸움

신 2:24-25 그리스도인의 삶은 도전하는 삶이어야 한다(행 17:6).
① 누구를 향해 도전하고,
② 무엇을 가지고 도전할 것이며,
③ 어떻게 도전할 것인가를 생각하라.

이스라엘이 헤스본 왕 시혼을 치다(민 21:21-30)

26 내가 그데못 광야에서 헤스본 왕 시혼에게 사자를 보내어 평화의 말로 이르기를 27 나를 네 땅으로 통과하게
하라 내가 큰길로만 행하고 좌로나 우로나 치우치지 아니하리라 28 너는 돈을 받고 양식을 팔아 내가 먹게 하고
돈을 받고 물을 주어 내가 마시게 하라 나는 걸어서 지날 뿐인즉 29 세일에 거주하는 에서 자손과 아르에 거주하
는 모압 사람이 내게 행한 것 같이 하라 그리하면 내가 요단을 건너서 우리 하나님 여호와께서 우리에게 주시는
땅에 이르리라 하였으나 30 헤스본 왕 시혼이 우리가 통과하기를 허락하지 아니하였으니 이는 네 하나님 여호와
께서 그를 네 손에 넘기시려고 그의 성품을 완강하게 하셨고 그의 마음을 완고하게 하셨음이 오늘날과 같으니라
31 그 때에 여호와께서 내게 이르시되 내가 이제 시혼과 그의 땅을 네게 넘기노니 너는 이제부터 그의 땅을 차지
하여 기업으로 삼으라 하시더니 32 시혼이 그의 모든 백성을 거느리고 나와서 우리를 대적하여 야하스에서 싸울
때에 33 우리 하나님 여호와께서 그를 우리에게 넘기시매 우리가 그와 그의 아들들과 그의 모든 백성을 쳤고 34
그 때에 우리가 그의 모든 성읍을 점령하고 그의 각 성읍을 그 남녀와 유아와 함께 하나도 남기지 아니하고 진멸
하였고 35 다만 그 가축과 성읍에서 탈취한 것은 우리의 소유로 삼았으며 36 우리 하나님 여호와께서 그 모든 땅
을 우리에게 넘겨주심으로 아르논 골짜기 가장자리에 있는 아로엘과 골짜기 가운데에 있는 성읍으로부터 길르
앗까지 우리가 모든 높은 성읍을 점령하지 못한 것이 하나도 없었으나 37 오직 암몬 족속의 땅 얍복 강 가와 산지
에 있는 성읍들과 우리 하나님 여호와께서 우리가 가기를 금하신 모든 곳은 네가 가까이 하지 못하였느니라

신명기 3장

이스라엘이 바산 왕 옥을 치다(민 21:21-35)

1 우리가 돌이켜 바산으로 올라가매 바산 왕 옥이 그의 모든 백성을 거느리고 나와서 우리를 대적하여 에드레이
에서 싸우고자 하는지라 2 여호와께서 내게 이르시되 그를 두려워하지 말라 내가 그와 그의 모든 백성과 그의
땅을 네 손에 넘겼으니 네가 헤스본에 거주하던 아모리 족속의 왕 시혼에게 행한 것과 같이 그에게도 행할 것이
니라 하시고 3 우리 하나님 여호와께서 바산 왕 옥과 그의 모든 백성을 우리 손에 넘기시매 우리가 그들을 쳐서

한 사람도 남기지 아니하였느니라 4 그 때에 우리가 그들에게서 빼앗지 아니한 성읍이 하나도 없이 다 빼앗았는
데 그 성읍이 육십이니 곧 아르곱 온 지방이요 바산에 있는 옥의 나라이니라 5 그 모든 성읍이 높은 성벽으로 둘
려 있고 문과 빗장이 있어 견고하며 그 외에 성벽 없는 고을이 심히 많았느니라 6 우리가 헤스본 왕 시혼에게 행
한 것과 같이 그 성읍들을 멸망시키되 각 성읍의 남녀와 유아를 멸망시켰으나 7 다만 모든 가축과 그 성읍들에서
탈취한 것은 우리의 소유로 삼았으며 8 그 때에 우리가 요단 강 이쪽 땅을 아르논 골짜기에서부터 헤르몬 산에
까지 아모리 족속의 두 왕에게서 빼앗았으니 9 (헤르몬 산을 시돈 사람은 시룐이라 부르고 아모리 족속은 스닐이라 불렀느니
라) 10 우리가 빼앗은 것은 평원의 모든 성읍과 길르앗 온 땅과 바산의 온 땅 곧 옥의 나라 바산의 성읍 살르가와
에드레이까지이니라 11 (르바임 족속의 남은 자는 바산 왕 옥뿐이었으며 그의 침상은 철 침상이라 아직도 암몬 족속의 랍바에 있지
아니하냐 그것을 사람의 보통 규빗으로 재면 그 길이가 아홉 규빗이요 너비가 네 규빗이니라)

요단 강 동쪽에 자리잡은 지파들(민 32:1-42)

12 그 때에 우리가 이 땅을 얻으매 아르논 골짜기 곁의 아로엘에서부터 길르앗 산지 절반과 그 성읍들을 내가
르우벤 자손과 갓 자손에게 주었고 13 길르앗의 남은 땅과 옥의 나라였던 아르곱 온 지방 곧 온 바산으로는 내
가 므낫세 반 지파에게 주었노라 (바산을 옛적에는 르바임의 땅이라 부르더니 14 므낫세의 아들 야일이 그술 족속과 마아갓 족
속의 경계까지의 아르곱 온 지방을 점령하고 자기의 이름으로 이 바산을 오늘날까지 하봇야일이라 불러오느니라) 15 내가 마길에게
길르앗을 주었고 16 르우벤 자손과 갓 자손에게는 길르앗에서부터 아르논 골짜기까지 주었으되 그 골짜기의
중앙으로 지역을 정하였으니 곧 암몬 자손의 지역 얍복 강까지며 17 또는 아라바와 요단과 그 지역이요 긴네렛
에서 아라바 바다 곧 염해와 비스가 산기슭에 이르기까지의 동쪽 지역이니라 18 그 때에 내가 너희에게 명령하
여 이르기를 너희의 하나님 여호와께서 이 땅을 너희에게 주어 기업이 되게 하셨은즉 너희의 군인들은 무장하
고 너희의 형제 이스라엘 자손의 선봉이 되어 건너가되 19 너희에게 가축이 많은 줄 내가 아노니 너희의 처자와
가축은 내가 너희에게 준 성읍에 머무르게 하라 20 여호와께서 너희에게 주신 것 같이 너희의 형제에게도 안식
을 주시리니 그들도 요단 저쪽에서 너희의 하나님 여호와께서 그들에게 주시는 땅을 받아 기업을 삼기에 이르
거든 너희는 각기 내가 준 기업으로 돌아갈 것이니라 하고 21 그 때에 내가 여호수아에게 명령하여 이르기를 너
희의 하나님 여호와께서 이 두 왕에게 행하신 모든 일을 네 눈으로 보았거니와 네가 가는 모든 나라에도 여호
와께서 이와 같이 행하시리니 22 너희는 그들을 두려워하지 말라 너희의 하나님 여호와께서 친히 너희를 위하
여 싸우시리라 하였노라

모세가 요단을 건너지 못하다

23 그 때에 내가 여호와께 간구하기를 24 주 여호와여 주께서 주의 크심과
주의 권능을 주의 종에게 나타내시기를 시작하셨사오니 천지간에 어떤
신이 능히 주께서 행하신 일 곧 주의 큰 능력으로 행하신 일 같이 행할 수
있으리이까 25 구하옵나니 나를 건너가게 하사 요단 저쪽에 있는 아름다
운 땅, 아름다운 산과 레바논을 보게 하옵소서 하되 26 여호와께서 너희 때문에 내게 진노하사 내 말을 듣지 아
니하시고 내게 이르시기를 그만해도 족하니 이 일로 다시 내게 말하지 말라 27 너는 비스가 산 꼭대기에 올라가
서 눈을 들어 동서남북을 바라고 네 눈으로 그 땅을 바라보라 너는 이 요단을 건너지 못할 것임이니라 28 너는 여
호수아에게 명령하고 그를 담대하게 하며 그를 강하게 하라 그는 이 백성을 거느리고 건너가서 네가 볼 땅을 그
들이 기업으로 얻게 하리라 하셨느니라 29 그 때에 우리가 벳브올 맞은편 골짜기에 거주하였느니라

> 신 3:23-29 가나안 땅에 들어갈 수 없는 심정을 한번 묵상해 보라. 시편 90편도 같은 맥락이다.

12일차 읽기의 요약

(민 28~신 3)

모압 왕 발락이 이스라엘을 저주하는 예언을 하라고 청한 이방 술사 발람은 결국 하나님의 강권적인 개입으로 이스라엘을 축복한다. 그 후 발람은 교묘하게 다른 꾀를 내어 이스라엘 자손들이 모압의 바알브올 우상에게 가담하고 간음하는 큰 범죄를 저지르게 했다. 이에 따라 이스라엘 백성 가운데 전염병이 내려져 24,000명이 죽게 된다.

이렇게 하나님께서는 요단 동편에서 바알브올 우상 숭배 사건을 통해 앞으로 이스라엘 백성들이 들어가게 될 가나안 땅의 종교가 얼마나 음란한지 그리고 그러한 우상 숭배에 빠졌을 때 얼마나 비참한 대가를 치러야 하는지를 요단 동편 땅에서 미리 경험하게 하셨다.

민수기 전체의 광야 40년을 통해 하나님께서는 이스라엘 민족이 하나님의 거룩한 언약 백성으로서 하나님의 말씀을 지켜 행함으로 세상 문화와 거룩히 구별되는 삶을 살아야 함을 훈련하셨다. 그러나 정작 모세는 백성들 앞에서 하나님의 거룩하심을 완전히 드러내지 못해 가나안 땅에 들어가지 못했다. 그 대신 요단 동편 모압 평지에서 광야 2세대에게 출애굽으로 시작하여 지금까지 있었던 하나님의 구원 역사를 회고하며 하나님의 법도를 반복하여 교육했다.

모세는 신명기를 통해 광야 2세대가 요단을 건너 가나안 땅에 들어가 음란한 가나안 문화에 섞이지 않고 오직 말씀을 지켜 행하는 삶을 통해 제사장 나라 백성의 삶을 살아가도록 정체성 교육을 반복하였다.

그러면 어떻게 살 것인가?

인위뚝·신위고!

☑ 세계관 점검 – 묵상하기 (영상 강의와 교재 내용의 이해를 바탕으로)

- 민수기 28~36장에서 이제 가나안에 들어갈 신세대들을 위한 훈시가 기록되어 있다. 이 훈시가 성도들의 삶의 기준이 되는 것이다. 그것이 성경이다. 즉 Basic Information이요, 삶의 Manual이다. Manual대로 살고 있는지를 성찰하고 반성해서 꼭 그렇게 살아야 한다. 그렇지 않으면 교회 생활은 있을 수 있지만 신앙생활은 없다. 하나님이 주신 매뉴얼대로 살지 않으면서 하나님과 관계 가운데 있다고 말할 수 있을까?
  그러므로 "오늘 성경 읽으셨나요?"

- 민 29:39-40 아무리 많은 제사를 드려도 하나님의 말씀에 순복하지 않는 자의 제물은 의미가 없다. 당신은 말씀대로 살려고 애쓰는가? 오늘 당신을 사로잡는 말씀은 무엇인가?
  [행 17:11, 약 1:25. 찬송가 624(통 313)]

- 민 31:25-47 하나님은 이스라엘 백성들에게 전리품을 똑같이 나누어 가지게 함으로써 그들 모두는 하나의 공동 운명체임을 깨닫게 하신다. 지금 당신이 소유하고 있는 것 중에 이웃과 나누어 가져야 할 것은 없는가?

[눅 10:27, 롬 13:9. 찬송가 219(통 279)]

민 32:20-23 하나님의 명령은 그 어떤 것에도 좌우됨 없이 반드시 지켜져야 할 절대적인 것이다. 당신은 하나님의 명령에 절대적으로 순종하는가? 아직까지 순종치 못하고 있는 말씀은 없는가?
[느 1:5, 호 12:6. 찬송가 331(통 375)]

민 33:1-3 이스라엘의 출애굽은 하나님의 절대적인 능력으로 말미암은 초자연적인 거사였다. 하나님은 세상의 어떠한 권력보다 더 강한 힘을 지니신 분임을 당신은 믿는가? 그러한 하나님을 믿는 자로서 이 세상을 대하는 당신의 태도는 어떠한가?

민 33:50-56 하나님은 이제 곧 가나안 땅에 들어갈 새 세대들에게 다시 한번 더 구별된 삶의 중요성을 교육한다. 하나님 나라의 순수성은 어떠해야 하는가를 보라. 섞이면 절대로 안 된다.

· 민 33: 55 너희가 만일 그 땅의 원주민을 너희 앞에서 몰아내지 아니하면 너희가 남겨둔 자들이 너희의 눈에 가시와 너희의 옆구리에 찌르는 것이 되어 너희가 거하는 땅에서 너희를 괴롭게 할 것이요.

결국 이 가나안 정복은 단순히 전쟁의 승리로 인한 땅의 정복이 아니고, 가치관을 새롭게 한 문화 혁명임을 알아야 한다. 이것이 영적 전쟁이요 성전(聖戰)인 것이다.

신 2:25 성경은 하나님이 이스라엘과 함께하심으로 천하 만민이 두려워했다고 말하고 있다. 하나님은 오늘도 성도들과 함께하신다. 그런데 무엇이 당신을 두렵게 하는가?

결단기도와 실행하기

약 2:26 영혼 없는 몸이 죽은 것 같이 행함이 없는 믿음은 죽은 것이니라
시 119:28 나의 영혼이 눌림으로 말미암아 녹사오니 주의 말씀대로 나를 세우소서

신명기 4~18장 :
율법 선포를 위한 준비(4:44~11:32)

신명기 4장

지켜야 할 하나님의 규례들

1 이스라엘아 이제 내가 너희에게 가르치는 규례와 법도를 듣고 준행하
라 그리하면 너희가 살 것이요 너희 조상의 하나님 여호와께서 너희에게
주시는 땅에 들어가서 그것을 얻게 되리라 2 내가 너희에게 명령하는 말
을 너희는 가감하지 말고 내가 너희에게 내리는 너희 하나님 여호와의 명
령을 지키라 3 여호와께서 바알브올의 일로 말미암아 행하신 바를 너희가
눈으로 보았거니와 바알브올을 따른 모든 사람을 너희의 하나님 여호와
께서 너희 가운데에서 멸망시키셨으되 4 오직 너희의 하나님 여호와께 붙
어 떠나지 않은 너희는 오늘까지 다 생존하였느니라 5 내가 나의 하나님
여호와께서 명령하신 대로 규례와 법도를 너희에게 가르쳤나니 이는 너
희가 들어가서 기업으로 차지할 땅에서 그대로 행하게 하려 함인즉 6 너
희는 지켜 행하라 이것이 여러 민족 앞에서 너희의 지혜요 너희의 지식이
라 그들이 이 모든 규례를 듣고 이르기를 이 큰 나라 사람은 과연 지혜와
지식이 있는 백성이로다 하리라 7 우리 하나님 여호와께서 우리가 그에
게 기도할 때마다 우리에게 가까이 하심과 같이 그 신이 가까이 함을 얻
은 큰 나라가 어디 있느냐 8 오늘 내가 너희에게 선포하는 이 율법과 같이
그 규례와 법도가 공의로운 큰 나라가 어디 있느냐 9 오직 너는 스스로 삼
가며 네 마음을 힘써 지키라 그리하여 네가 눈으로 본 그 일을 잊어버리
지 말라 네가 생존하는 날 동안에 그 일들이 네 마음에서 떠나지 않도록
조심하라 너는 그 일들을 네 아들들과 네 손자들에게 알게 하라 10 네가
호렙 산에서 네 하나님 여호와 앞에 섰던 날에 여호와께서 내게 이르시기
를 나에게 백성을 모으라 내가 그들에게 내 말을 들려주어 그들이 세상
에 사는 날 동안 나를 경외함을 배우게 하며 그 자녀에게 가르치게 하리
라 하시매 11 너희가 가까이 나아와서 산 아래에 서니 그 산에 불이 붙어
불길이 충천하고 어둠과 구름과 흑암이 덮였는데 12 여호와께서 불길 중
에서 너희에게 말씀하시되 음성뿐이므로 너희가 그 말소리만 듣고 형상
은 보지 못하였느니라 13 여호와께서 그의 언약을 너희에게 반포하시고
너희에게 지키라 명령하셨으니 곧 십계명이며 두 돌판에 친히 쓰신 것이라 14 그 때에 여호와께서 내게 명령하사
너희에게 규례와 법도를 교훈하게 하셨나니 이는 너희가 거기로 건너가 받을 땅에서 행하게 하려 하심이니라

우상을 만들어 섬기지 말라

15 여호와께서 호렙 산 불길 중에서 너희에게 말씀하시던 날에 너희가 어떤 형상도 보지 못하였은즉 너희는 깊
이 삼가라 16 그리하여 스스로 부패하여 자기를 위해 어떤 형상대로든지 우상을 새겨 만들지 말라 남자의 형상
이든지, 여자의 형상이든지, 17 땅 위에 있는 어떤 짐승의 형상이든지, 하늘을 나는 날개 가진 어떤 새의 형상이
든지, 18 땅 위에 기는 어떤 곤충의 형상이든지, 땅 아래 물 속에 있는 어떤 어족의 형상이든지 만들지 말라 19 또

❖ 신 4장
"규례와 법도"는 시내 산 언약으로 인해 주어진 십계명을 삶에 적용하는 표준으로서 주어지는 것이다. 시내 산 언약은 선악과 사건으로 인해 상실된 복된 관계를 회복하시는 구속 역사의 구약적 성취이다. 이 언약을 통해서 우리의 소속이 바로(사탄)의 소속에서 하나님의 소속으로 바뀌는 놀라운 은혜를 얻게 되었다. 그렇게 회복된 관계를 유지하고 돈독히 하기 위해 십계명의 영성을 가져야 한다. 그것을 위해 하나님은 십계명 영성의 각론 격인 "규례와 법도"를 주시는 것이다.
즉, 하나님은 당신의 백성들을 구원의 길로 인도하심에 있어 율법을 하나의 길잡이로 제시하시며, 그 길잡이를 잘 따르느냐 따르지 않느냐에 따라 축복과 저주를 내리신다. 그 길잡이인 율법을 주신 하나님은 살아계시며 또한 전 우주의 영생과 주권자이시므로 그 율법은 지켜도 그만 안 지켜도 그만인 말뿐인 법이 아니라 그 순종 여부에 따라 영생과 형벌까지 결정되는 것이다.
여호와의 율법과 그 율법에 대한 백성들의 순종 여부에 따른 하나님의 축복과 저주는 구속사의 핵심 사상의 하나이다.
한편 구속사의 시대 변화에 따라 신약 성도는 율법까지 포함하여 이것이 더욱 승화된 복음의 교훈까지 받았는바, 이제는 성경 계시 전체가 우리가 지켜야 할 법이 되었다.
4장과 5장에서 하나님이 주신 율법을 "지켜 행해야 함"을 유난히 강조한 이유는 기독교는 추상적인 진리나 교리를 배워 깨닫기만 하는 소위 득도(得道)의 종교가 아니고 그 말씀의 가르침대로 살아가는 삶 그 자체이기 때문이다.

신명기
학습 자료 13-1
"신명기 신학의 6가지 핵심" 참조.

그리하여 네가 하늘을 향하여 눈을 들어 해와 달과 별들, 하늘 위의 모
든 천체 곧 너희의 하나님 여호와께서 천하 만민을 위하여 배정하신 것
을 보고 미혹하여 그것에 경배하며 섬기지 말라 20 여호와께서 너희를 택
하시고 너희를 쇠 풀무불 곧 애굽에서 인도하여 내사 자기 기업의 백성을
삼으신 것이 오늘과 같아도 21 여호와께서 너희로 말미암아 내게 진노하
사 내게 요단을 건너지 못하며 네 하나님 여호와께서 네게 기업으로 주
신 그 아름다운 땅에 들어가지 못하게 하리라고 맹세하셨은즉 22 나는 이
땅에서 죽고 요단을 건너지 못하려니와 너희는 건너가서 그 아름다운 땅
을 얻으리니 23 너희는 스스로 삼가 너희의 하나님 여호와께서 너희와 세
우신 언약을 잊지 말고 네 하나님 여호와께서 금하신 어떤 형상의 우상
도 조각하지 말라 24 네 하나님 여호와는 소멸하는 불이시요 질투하시는
하나님이시니라 25 네가 그 땅에서 아들을 낳고 손자를 얻으며 오래 살
때에 만일 스스로 부패하여 무슨 형상의 우상이든지 조각하여 네 하나
님 여호와 앞에 악을 행함으로 그의 노를 일으키면 26 내가 오늘 천지를
불러 증거를 삼노니 너희가 요단을 건너가서 얻는 땅에서 속히 망할 것
이라 너희가 거기서 너희의 날이 길지 못하고 전멸될 것이니라 27 여호와
께서 너희를 여러 민족 중에 흩으실 것이요 여호와께서 너희를 쫓아 보
내실 그 여러 민족 중에 너희의 남은 수가 많지 못할 것이며 28 너희는 거
기서 사람의 손으로 만든 바 보지도 못하며 듣지도 못하며 먹지도 못하며 냄새도 맡지 못하는 목석의 신들을 섬
기리라 29 그러나 네가 거기서 네 하나님 여호와를 찾게 되리니 만일 마음을 다하고 뜻을 다하여 그를 찾으면 만
나리라 30 이 모든 일이 네게 임하여 환난을 당하다가 끝날에 네가 네 하나님 여호와께로 돌아와서 그의 말씀을
청종하리니 31 네 하나님 여호와는 자비하신 하나님이심이라 그가 너를 버리지 아니하시며 너를 멸하지 아니하
시며 네 조상들에게 맹세하신 언약을 잊지 아니하시리라 32 네가 있기 전 하나님이 사람을 세상에 창조하신 날
부터 지금까지 지나간 날을 상고하여 보라 하늘 이 끝에서 저 끝까지 이런 큰 일이 있었느냐 이런 일을 들은 적
이 있었느냐 33 어떤 국민이 불 가운데에서 말씀하시는 하나님의 음성을 너처럼 듣고 생존하였느냐 34 어떤 신
이 와서 시험과 이적과 기사와 전쟁과 강한 손과 편 팔과 크게 두려운 일로 한 민족을 다른 민족에게서 인도하
여 낸 일이 있느냐 이는 다 너희의 하나님 여호와께서 애굽에서 너희를 위하여 너희의 목전에서 행하신 일이라
35 이것을 네게 나타내심은 여호와는 하나님이시요 그 외에는 다른 신이 없음을 네게 알게 하려 하심이니라 36
여호와께서 너를 교훈하시려고 하늘에서부터 그의 음성을 네게 듣게 하시며 땅에서는 그의 큰 불을 네게 보이
시고 네가 불 가운데서 나오는 그의 말씀을 듣게 하셨느니라 37 여호와께서 네 조상들을 사랑하신 고로 그 후손
인 너를 택하시고 큰 권능으로 친히 인도하여 애굽에서 나오게 하시며 38 너보다 강대한 여러 민족을 네 앞에서
쫓아내고 너를 그들의 땅으로 인도하여 들여서 그것을 네게 기업으로 주려 하심이 오늘과 같으니라 39 그런즉
너는 오늘 위로 하늘에나 아래로 땅에 오직 여호와는 하나님이시요 다른 신이 없는 줄을 알아 명심하고 40 오늘
내가 네게 명령하는 여호와의 규례와 명령을 지키라 너와 네 후손이 복을 받아 네 하나님 여호와께서 네게 주시
는 땅에서 한 없이 오래 살리라

신 4:15-39 여호와의 유일성을 강조하는 것은 비관용적 배타성을 강조하는 것이 아니고, 창조주 하나님의 주권을 강조하는 것이다. 하나님이 창조주이시라면 하나님 이외 다른 신은 당연히 있을 수 없다. 그러나 사탄의 유혹으로 판단력이 오염된 인간은 그런 분별력을 상실하고 자기 편의에 의한 신들을 만들고 있는 우매한 존재가 되어 있음을 자각해야 한다.(딤후 4:3-4) 특히 27절은 레위기 26장을 풀어 주는 대목이다. 우상을 섬기면 하나님과 관계가 선악과 사건처럼 다시 파괴될 것임을 강조한다. 28절의 우상의 상태는 시편 115편에서 읽을 수 있다.
우리의 삶에서도 사탄의 미혹한 간계에 빠져 오늘도 나의 편의를 제공해 주는 종 같은 하나님을 만들고 있지는 않는가?(출 32장) (cf. 삼하 7:22, 사 4:5, 행 10:6, 요 14:6)

신 4:16-19
학습 자료 13-2 "형상 숭배" 참조

신4:25
학습 자료 13-3 "성상 숭배" 참조

요단 강 동쪽의 도피성

41 그 때에 모세가 요단 이쪽 해 돋는 쪽에서 세 성읍을 구별하였으니 42 이는 과거에 원한이 없이 부지중에 살인
한 자가 그 곳으로 도피하게 하기 위함이며 그 중 한 성읍으로 도피한 자가 그의 생명을 보전하게 하기 위함이라
43 하나는 광야 평원에 있는 베셀이라 르우벤 지파를 위한 것이요 하나는 길르앗 라못이라 갓 지파를 위한 것이
요 하나는 바산 골란이라 므낫세 지파를 위한 것이었더라

모세가 선포한 율법

44 모세가 이스라엘 자손에게 선포한 율법은 이러하니라 45 이스라엘 자손이 애굽에서 나온 후에 모세가 증언과
규례와 법도를 선포하였으니 46 요단 동쪽 벳브올 맞은편 골짜기에서 그리하였더라 이 땅은 헤스본에 사는 아모
리 족속의 왕 시혼에게 속하였더니 모세와 이스라엘 자손이 애굽에서 나온 후에 그를 쳐서 멸하고 47 그 땅을 기
업으로 얻었고 또 바산 왕 옥의 땅을 얻었으니 그 두 사람은 아모리 족속의 왕으로서 요단 이쪽 해 돋는 쪽에 살
았으며 48 그 얻은 땅은 아르논 골짜기 가장자리의 아로엘에서부터 시온 산 곧 헤르몬 산까지요 49 요단 이쪽 곧
그 동쪽 온 아라바니 비스가 기슭 아래 아라바의 바다까지이니라

신명기 5장

십계명(출 20:1-17)

1 모세가 온 이스라엘을 불러 그들에게 이르되 이스라엘아 오늘 내가 너
희의 귀에 말하는 규례와 법도를 듣고 그것을 배우며 지켜 행하라 2 우리
하나님 여호와께서 호렙 산에서 우리와 언약을 세우셨나니 3 이 언약은
여호와께서 우리 조상들과 세우신 것이 아니요 오늘 여기 살아 있는 우
리 곧 우리와 세우신 것이라 4 여호와께서 산 위 불 가운데에서 너희와 대
면하여 말씀하시매 5 그 때에 너희가 불을 두려워하여 산에 오르지 못하
므로 내가 여호와와 너희 중간에 서서 여호와의 말씀을 너희에게 전하였
노라 여호와께서 이르시되 6 나는 너를 애굽 땅, 종 되었던 집에서 인도하
여 낸 네 하나님 여호와라 7 나 외에는 다른 신들을 네게 두지 말지니라 8
너는 자기를 위하여 새긴 우상을 만들지 말고 위로 하늘에 있는 것이나
아래로 땅에 있는 것이나 땅밑 물 속에 있는 것의 어떤 형상도 만들지 말
며 9 그것들에게 절하지 말며 그것들을 섬기지 말라 나 네 하나님 여호와
는 질투하는 하나님인즉 나를 미워하는 자의 죄를 갚되 아버지로부터 아
들에게로 삼사 대까지 이르게 하거니와 10 나를 사랑하고 내 계명을 지키
는 자에게는 천 대까지 은혜를 베푸느니라 11 너는 네 하나님 여호와의
이름을 망령되이 일컫지 말라 나 여호와는 내 이름을 망령되이 일컫는 자
를 죄 없는 줄로 인정하지 아니하리라 12 네 하나님 여호와가 네게 명령한
대로 안식일을 지켜 거룩하게 하라 13 엿새 동안은 힘
써 네 모든 일을 행할 것이나 14 일곱째 날은 네 하나님 여호와의 안식일인즉 너나 네 아들이
나 네 딸이나 네 남종이나 네 여종이나 네 소나 네 나귀나 네 모든 가축이나 네 문 안에 유하
는 객이라도 아무 일도 하지 못하게 하고 네 남종이나 네 여종에게 너 같이 안식하게 할지니
라 15 너는 기억하라 네가 애굽 땅에서 종이 되었더니 네 하나님 여호와가 강한 손과 편 팔로
거기서 너를 인도하여 내었나니 그러므로 네 하나님 여호와가 네게 명령하여 안식일을 지키
라 하느니라 16 너는 네 하나님 여호와께서 명령한 대로 네 부모를 공경하라 그리하면 네 하
나님 여호와가 네게 준 땅에서 네 생명이 길고 복을 누리리라 17 살인하지 말지니라 18 간음
하지 말지니라 19 도둑질 하지 말지니라 20 네 이웃에 대하여 거짓 증거하지 말지니라 21 네
이웃의 아내를 탐내지 말지니라 네 이웃의 집이나 그의 밭이나 그의 남종이나 그의 여종이나 그의 소나 그의 나
귀나 네 이웃의 모든 소유를 탐내지 말지니라

❖ 신 5장

십계명은 기독교 영성, 즉 하나님 나라를 이루어 가는 삶의 근원이다. 기독교 세계관의 핵심이 십계명의 영성이다.
십계명은 하나님 나라의 헌법과도 같은 것이다.
성경 신학적 관점에서 5장에서 만나는 하나님은 당신의 창조 원리에 근거하여 명확한 생활 지침을 주시는 계시의 하나님, 윤리의 하나님이시라는 사실이다.
왜냐하면 기독교는 추상적인 진리나 교리를 배워 깨닫기만 하는 소위 득도(得道)의 종교가 아니고 그 말씀의 가르침대로 살아가는 삶 그 자체이기 때문이다.
만약 하나님이 존재하시기만 하고 정확한 지침을 주시지 않는다면 어떻게 될 것인가? 또 하나님이 인간에게 뚜렷한 근거도 없는 행동을 요구하신다면 어떻게 될 것인가? 우리의 하나님은 인간에게 명료한 지침과 명령을 주신다. 이제 남은 것은 우리가 삶으로 순종하는 것뿐이다.
그런 순종하는 삶을 위해 하나님은 각 시대마다 당신의 종들을 세우셔서 우리에게 설명하시고 가르쳐 주신다.
이렇게 모세가 2세들에게 가나안에서 삶의 지침을 주듯이 오늘 우리는 성경 말씀을 핵심으로 하는 말씀 사역자들의 가르침을 잘 받아야 한다.

여호와의 음성 듣기를 두려워하다(출 20:18-21)

22 여호와께서 이 모든 말씀을 산 위 불 가운데, 구름 가운데, 흑암 가운데에서 큰 음성으로 너희 총회에 이르신

후에 더 말씀하지 아니하시고 그것을 두 돌판에 써서 내게 주셨느니라 23
산이 불에 타며 캄캄한 가운데에서 나오는 그 소리를 너희가 듣고 너희
지파의 수령과 장로들이 내게 나아와 24 말하되 우리 하나님 여호와께서
그의 영광과 위엄을 우리에게 보이시매 불 가운데에서 나오는 음성을 우
리가 들었고 하나님이 사람과 말씀하시되 그 사람이 생존하는 것을 오늘
우리가 보았나이다 25 이제 우리가 죽을 까닭이 무엇이니이까 이 큰 불이
우리를 삼킬 것이요 만일 우리가 우리 하나님 여호와의 음성을 다시 들으
면 죽을 것이라 26 육신을 가진 자로서 우리처럼 살아 계시는 하나님의 음
성이 불 가운데에서 발함을 듣고 생존한 자가 누구니이까 27 당신은 가까
이 나아가서 우리 하나님 여호와께서 하시는 말씀을 다 듣고 우리 하나님
여호와께서 당신에게 이르시는 것을 다 우리에게 전하소서 우리가 듣고
행하겠나이다 하였느니라 28 여호와께서 너희가 내게 말할 때에 너희가
말하는 소리를 들으신지라 여호와께서 내게 이르시되 이 백성이 네게 말
하는 그 말소리를 내가 들은즉 그 말이 다 옳도다 29 다만 그들이 항상 이같은 마음을 품어 나를 경외하며 내 모
든 명령을 지켜서 그들과 그 자손이 영원히 복 받기를 원하노라 30 가서 그들에게 각기 장막으로 돌아가라 이르
고 31 너는 여기 내 곁에 서 있으라 내가 모든 명령과 규례와 법도를 네게 이르리니 너는 그것을 그들에게 가르쳐
서 내가 그들에게 기업으로 주는 땅에서 그들에게 이것을 행하게 하라 하셨나니 32 그런즉 너희 하나님 여호와
께서 너희에게 명령하신 대로 너희는 삼가 행하여 좌로나 우로나 치우치
지 말고 33 너희 하나님 여호와께서 너희에게 명령하신 모든 도를 행하라
그리하면 너희가 살 것이요 복이 너희에게 있을 것이며 너희가 차지한 땅
에서 너희의 날이 길리라

❖ **삶으로서 십계명의 의미**
십계명은 하나님의 백성이기 때문에 주는 것이다. 계명을 받는다는 것은 하나님의 백성이 되었다는 증거이다. 계명을 지킨다는 것은 인간 경험 가운데 가장 주목해야 할 10가지 싸움을 말한다고 볼 수 있다.
- **1계명** - 자신이 하나님이 되고 싶어 하는 것과의 싸움
- **2계명** - 예배의 대상에 대한 싸움
- **3계명** - 주인(lordship)에 대한 갈등
- **4계명** - 창조의 원리로 돌아가는 삶의 재충전
- **5계명** - 존경심 함양의 싸움
- **6계명** - 남을 미워하는 것과의 싸움
- **7계명** - 성적 순결과 싸움
- **8계명** - 부당 이득과의 싸움
- **9계명** - 진리 지킴에 대한 싸움
- **10계명** - 탐심, 물질만능주의와의 싸움

신 5:32-33 좌나 우가 아니라 오직 하나님 세계관만 인정된다.

신명기 6장

여호와의 명령과 규례와 법도

1 이는 곧 너희의 하나님 여호와께서 너희에게 가르치라고 명하신 명령과
규례와 법도라 너희가 건너가서 차지할 땅에서 행할 것이니 2 곧 너와 네
아들과 네 손자들이 평생에 네 하나님 여호와를 경외하며 내가 너희에게
명한 그 모든 규례와 명령을 지키게 하기 위한 것이며 또 네 날을 장구하
게 하기 위한 것이라 3 이스라엘아 듣고 삼가 그것을 행하라 그리하면 네
가 복을 받고 네 조상들의 하나님 여호와께서 네게 허락하심 같이 젖과
꿀이 흐르는 땅에서 네가 크게 번성하리라 4 이스
라엘아 들으라 우리 하나님 여호와는 오직 유일
한 여호와이시니 5 너는 마음을 다하고 뜻을 다하
고 힘을 다하여 네 하나님 여호와를 사랑하
라 6 오늘 내가 네게 명하는 이 말씀을
너는 마음에 새기고 7 네 자녀에게 부
지런히 가르치며 집에 앉았을 때에든
지 길을 갈 때에든지 누워 있을 때에
든지 일어날 때에든지 이 말씀을 강
론할 것이며 8 너는 또 그것을 네 손

❖ 신 6장
시내 산 언약의 내용을 기록한 출 19:4-6에 그 언약을 위한 한 조건이 따라 나온다는 것을 꼭 기억해야 한다.
☞ **출 19:5** "... 너희가 내 말을 잘 듣고 내 언약을 지키면 너희는 모든 민족 중에서 내 소유가 되겠고..." 그러므로 하나님의 소유가 되는 유일한 길은 하나님의 말씀을 잘 듣고 지키는 것뿐이다. 그렇지 못하면 하나님 백성의 자격을 다시 잃는다는 말이다. 예수님도 같은 맥락의 명령을 하셨다.
☞ **마 28:20** 내가 너희에게 분부한 모든 것을 가르쳐 지키게 하라 볼지어다 내가 세상 끝날 때까지 너희와 항상 함께 있으리라
6장의 구약 신학의 핵심을 보여 준다. 이것을 신명기 신학이라고 한다.
학습 자료 13-1을 꼭 공부하라.

신 6:4
학습 자료 13-4 "쉐마 본문 이해" 참조

신 6:5은 하나님을 경외하고 사랑하는 것이 우리의 세계관이 되어야 한다는 것을 말하고 있다.

목에 매어 기호를 삼으며 네 미간에 붙여 표로 삼고 [9] 또 네 집 문설주와 바깥 문에 기록할지니라

불순종에 대한 경고

[10] 네 하나님 여호와께서 네 조상 아브라함과 이삭과 야곱을 향하여 네게 주리라 맹세하신 땅으로 너를 들어가
게 하시고 네가 건축하지 아니한 크고 아름다운 성읍을 얻게 하시며 [11] 네가 채우지 아니한 아름다운 물건이 가
득한 집을 얻게 하시며 네가 파지 아니한 우물을 차지하게 하시며 네가 심지 아니한 포도원과 감람나무를 차지하
게 하사 네게 배불리 먹게 하실 때에 [12] 너는 조심하여 너를 애굽 땅 종 되었던 집에서 인도하여 내신 여호와를 잊
지 말고 [13] 네 하나님 여호와를 경외하며 그를 섬기며 그의 이름으로 맹세할 것이니라 [14] 너희는 다른 신들 곧 네
사면에 있는 백성의 신들을 따르지 말라 [15] 너희 중에 계신 너희의 하나님
여호와는 질투하시는 하나님이신즉 너희의 하나님 여호와께서 네게 진노
하사 너를 지면에서 멸절시키실까 두려워하노라 [16] 너희가 맛사에서 시험
한 것 같이 너희의 하나님 여호와를 시험하지 말고 [17] 너희의 하나님 여호
와께서 너희에게 명하신 명령과 증거와 규례를 삼가 지키며 [18-19] 여호와
께서 보시기에 정직하고 선량한 일을 행하라 그리하면 네가 복을 받고 그
땅에 들어가서 여호와께서 모든 대적을 네 앞에서 쫓아내시겠다고 네 조
상들에게 맹세하신 아름다운 땅을 차지하리니 여호와의 말씀과 같으니라

> 신 6:15 '질투하시는 하나님"에 관해 신 32장에 적용한 **학습 자료 14-9 (14일 읽기분량) "신인 동형 동성론" 참조**
>
> 신 6:20 부모는 자녀에 대한 신앙 교육의 책임이 있다. 오늘날과 같이 점점 더 치열해지는 입시 경쟁에서 당신은 자녀의 신앙 교육을 어떻게 하는가를 돌아보고 반성해 보라.(cf. 시 34:11)

[20] 후일에 네 아들이 네게 묻기를 우리 하나님 여호와께서 명령하신 증거와 규례와 법도가 무슨 뜻이냐 하거든 [21]
너는 네 아들에게 이르기를 우리가 옛적에 애굽에서 바로의 종이 되었더니 여호와께서 권능의 손으로 우리를 애
굽에서 인도하여 내셨나니 [22] 곧 여호와께서 우리의 목전에서 크고 두려운 이적과 기사를 애굽과 바로와 그의 온
집에 베푸시고 [23] 우리 조상들에게 맹세하신 땅을 우리에게 주어 들어가게 하시려고 우리를 거기서 인도하여 내
시고 [24] 여호와께서 우리에게 이 모든 규례를 지키라 명령하셨으니 이는 우리가 우리 하나님 여호와를 경외하여
항상 복을 누리게 하기 위하심이며 또 여호와께서 우리를 오늘과 같이 살게 하려 하심이라 [25] 우리가 그 명령하신
대로 이 모든 명령을 우리 하나님 여호와 앞에서 삼가 지키면 그것이 곧 우리의 의로움이니라 할지니라

신명기 7장

여호와께서 택하신 민족(출 34:11-16)

[1] 네 하나님 여호와께서 너를 인도하사 네가 가서 차지할 땅으로 들이시
고 네 앞에서 여러 민족 헷 족속과 기르가스 족속과 아모리 족속과 가나
안 족속과 브리스 족속과 히위 족속과 여부스 족속 곧 너보다 많고 힘이
센 일곱 족속을 쫓아내실 때에 [2] 네 하나님 여호와께서 그들을 네게 넘겨
네게 치게 하시리니 그 때에 너는 그들을 진멸할 것이라 그들과 어떤 언
약도 하지 말 것이요 그들을 불쌍히 여기지도 말 것이며 [3] 또 그들과 혼인
하지도 말지니 네 딸을 그들의 아들에게 주지 말 것이요 그들의 딸도 네
며느리로 삼지 말 것은 [4] 그가 네 아들을 유혹하여 그가 여호와를 떠나고
다른 신들을 섬기게 하므로 여호와께서 너희에게 진노하사 갑자기 너희
를 멸하실 것임이니라 [5] 오직 너희가 그들에게 행할 것은 이러하니 그들
의 제단을 헐며 주상을 깨뜨리며 아세라 목상을 찍으며 조각한 우상들을
불사를 것이니라 [6] 너는 여호와 네 하나님의 성민이라 네 하나님 여호와
께서 지상 만민 중에서 너를 자기 기업의 백성으로 택하셨나니 [7] 여호와
께서 너희를 기뻐하시고 너희를 택하심은 너희가 다른 민족보다 수효가
많기 때문이 아니니라 너희는 오히려 모든 민족 중에 가장 적으니라 [8] 여

> 신 7장
>
> 시내 산 언약을 통해 하나님의 백성이 된 아브라함의 후손인 히브리 민족은 그들의 정체성을 지켜내야 한다. 그래야 에덴에서 잃어버린 하나님의 나라가 온전히 회복되는 것이다.
>
> 그러기 위해서 그들의 삶은 가나안 지역의 문화와 섞이면 안 된다는 것을 모세는 매우 강조하면서 진멸하기까지 그 지역의 우상 문화와 단절해야 한다는 것을 강조한다. 이 시점 가나안의 일곱 부족의 문화는 철기문화로 찬란한 농경문화를 이루고 있었다. 반면 이스라엘은 불과 40여 년 전에는 애굽의 노예로 있었기 때문에 그들의 문화가 없었다.
>
> 하등문화는 고등 문화에 쉽게 동화 흡수된다. 하나님의 백성이 가나안의 우상 문화에 동화되고 흡수되면 하나님의 구속 역사는 어떻게 되겠는가?
>
> 오늘 우리도 그리스도의 문화로 세상 문화를 이기지 않으면 우리의 삶 속에 하나님의 나라는 이루어지지 않는다. 어떻게 해야 우리가 세상 문화를 이길 수 있을까?
>
> 그것은 오직 말씀의 능력으로만 가능하다는 사실을 명심하라.

호와께서 다만 너희를 사랑하심으로 말미암아, 또는 너희의 조상들에게
하신 맹세를 지키려 하심으로 말미암아 자기의 권능의 손으로 너희를 인
도하여 내시되 너희를 그 종 되었던 집에서 애굽 왕 바로의 손에서 속량
하셨나니 9 그런즉 너는 알라 오직 네 하나님 여호와는 하나님이시요 신
실하신 하나님이시라 그를 사랑하고 그의 계명을 지키는 자에게는 천 대
까지 그의 언약을 이행하시며 인애를 베푸시되 10 그를 미워하는 자에게
는 당장에 보응하여 멸하시나니 여호와는 자기를 미워하는 자에게 지체
하지 아니하시고 당장에 그에게 보응하시느니라 11 그런즉 너는 오늘 내
가 네게 명하는 명령과 규례와 법도를 지켜 행할지니라

	성도의 승리의 신앙
1	세상과 타협하지 않는 신앙 (창 14:17, 21-24, 롬 12:2)
2	세상과 대적하는 신앙(요일 5:4, 5)
3	이 세상 임금 사탄을 대적하는 신앙 (요 12:31, 벧전 5:8, 9)
4	보이지 않는 하나님을 보는 것같이 여기고 끝까지 참는 신앙 (눅 21:19, 히 11:27)
5	두려워하지 않는 담대한 신앙(출 14:13)
6	그리스도의 보혈을 의지하여 말씀을 증거하는 신앙(계 12:11)

법도를 듣고 지켜 행하면(신 28:1-14)

12 너희가 이 모든 법도를 듣고 지켜 행하면 네 하나님 여호와께서 네 조
상들에게 맹세하신 언약을 지켜 네게 인애를 베푸실 것이라 13 곧 너를 사랑하시고 복을 주사 너를 번성하게 하
시되 네게 주리라고 네 조상들에게 맹세하신 땅에서 네 소생에게 은혜를 베푸시며 네 토지 소산과 곡식과 포도
주와 기름을 풍성하게 하시고 네 소와 양을 번식하게 하시리니 14 네가 복을 받음이 만민보다 훨씬 더하여 너희
중의 남녀와 너희의 짐승의 암수에 생육하지 못함이 없을 것이며 15 여호와께서 또 모든 질병을 네게서 멀리 하
사 너희가 아는 애굽의 악질에 걸리지 않게 하시고 너를 미워하는 모든 자에게 걸리게 하실 것이라 16 네 하나
님 여호와께서 네게 넘겨주신 모든 민족을 네 눈이 긍휼히 여기지 말고 진멸하며 그들의 신을 섬기지 말라 그것
이 네게 올무가 되리라 17 네가 혹시 심중에 이르기를 이 민족들이 나보다 많으니 내가 어찌 그를 쫓아낼 수 있
으리요 하리라마는 18 그들을 두려워하지 말고 네 하나님 여호와께서 바로와 온 애굽에 행하신 것을 잘 기억하
되 19 네 하나님 여호와께서 너를 인도하여 내실 때에 네가 본 큰 시험과 이적과 기사와 강한 손과 편 팔을 기억
하라 네 하나님 여호와께서 네가 두려워하는 모든 민족에게 그와 같이 행하실 것이요 20 네 하나님 여호와께서
또 왕벌을 그들 중에 보내어 그들의 남은 자와 너를 피하여 숨은 자를 멸하시리니 21 너는 그들을 두려워하지 말
라 너희의 하나님 여호와 곧 크고 두려운 하나님이 너희 중에 계심이니라 22 네 하나님 여호와께서 이 민족들을
네 앞에서 조금씩 쫓아내시리니 너는 그들을 급히 멸하지 말라 들짐승이 번성하여 너를 해할까 하노라 23 네 하
나님 여호와께서 그들을 네게 넘기시고 그들을 크게 혼란하게 하여 마침내 진멸하시고 24 그들의 왕들을 네 손
에 넘기시리니 너는 그들의 이름을 천하에서 제하여 버리라 너를 당할 자
가 없이 네가 마침내 그들을 진멸하리라 25 너는 그들이 조각한 신상들을
불사르고 그것에 입힌 은이나 금을 탐내지 말며 취하지 말라 네가 그것으
로 말미암아 올무에 걸릴까 하노니 이는 네 하나님 여호와께서 가증히 여
기시는 것임이니라 26 너는 가증한 것을 네 집에 들이지 말라 너도 그것과
같이 진멸 당할까 하노라 너는 그것을 멀리하며 심히 미워하라 그것은 진
멸 당할 것임이니라

신명기 8장

이스라엘이 차지할 아름다운 땅

1 내가 오늘 명하는 모든 명령을 너희는 지켜 행하라 그리하면 너희가
살고 번성하고 여호와께서 너희의 조상들에게 맹세하신 땅에 들어가서
그것을 차지하리라 2 네 하나님 여호와께서 이 사십 년 동안에 네게 광
야 길을 걷게 하신 것을 기억하라 이는 너를 낮추시며 너를 시험하사 네
마음이 어떠한지 그 명령을 지키는지 지키지 않는지 알려 하심이라 3 너

❖ 신 8장
인간의 생사화복(生死禍福)의 근원이시고, 주관자는 하나님이시라는 사실을 분명하고 명확하게 밝히고 있다.
미국의 철학자이자 심리학자인 매슬로우(Abraham Harold Maslow, 1908~1970)는 인간의 행복 추구를 위한 욕구의 점진적 충족의 5단계를 다음과 같이 설명한다.
① 생리적(physiological) 욕구
② 안전(safety)의 욕구.
③ 애정·소속(love/belonging)의 욕구
④ 존중(esteem)의 욕구
⑤ 자아실현(self-actualization)의 욕구
자기를 계속 발전하게 하고자 자신의 잠재력을 최대한 발휘하려는 욕구이다.
이 모든 단계의 충족은 인간의 지혜와 노력으로 이루어지는 것이 아니고 하나님의 섭리하시는 은혜로 이루어진다는 것이 성경적 세계관의 핵심임을 알라는 모세의 당부이다.

를 낮추시며 너를 주리게 하시며 또 너도 알지 못하며 네 조상들도 알지 못하던 만나를 네게 먹이신 것은 사람
이 떡으로만 사는 것이 아니요 여호와의 입에서 나오는 모든 말씀으로 사는 줄을 네가 알게 하려 하심이니라
4 이 사십 년 동안에 네 의복이 해어지지 아니하였고 네 발이 부르트지 아니하였느니라 5 너는 사람이 그 아들
을 징계함 같이 네 하나님 여호와께서 너를 징계하시는 줄 마음에 생각하고 6 네 하나님 여호와의 명령을 지켜
그의 길을 따라가며 그를 경외할지니라 7 네 하나님 여호와께서 너를 아름다운 땅에 이르게 하시나니 그 곳은
골짜기든지 산지든지 시내와 분천과 샘이 흐르고 8 밀과 보리의 소산지요 포도와 무화과와 석류와 감람나무
와 꿀의 소산지라 9 네가 먹을 것에 모자람이 없고 네게 아무 부족함이 없는 땅이며 그 땅의 돌은 철이요 산에
서는 동을 캘 것이라 10 네가 먹어서 배부르고 네 하나님 여호와께서 옥토를 네게 주셨음으로 말미암아 그를
찬송하리라

13일~18일

여호와를 잊지 말라

11 내가 오늘 네게 명하는 여호와의 명령과 법도와 규례를 지키지 아니하
고 네 하나님 여호와를 잊어버리지 않도록 삼갈지어다 12 네가 먹어서 배
부르고 아름다운 집을 짓고 거주하게 되며 13 또 네 소와 양이 번성하며
네 은금이 증식되며 네 소유가 다 풍부하게 될 때에 14 네 마음이 교만하
여 네 하나님 여호와를 잊어버릴까 염려하노라 여호와는 너를 애굽 땅 종
되었던 집에서 이끌어 내시고 15 너를 인도하여 그 광대하고 위험한 광야
곧 불뱀과 전갈이 있고 물이 없는 간조한 땅을 지나게 하셨으며 또 너를
위하여 단단한 반석에서 물을 내셨으며 16 네 조상들도 알지 못하던 만나
를 광야에서 네게 먹이셨나니 이는 다 너를 낮추시며 너를 시험하사 마침
내 네게 복을 주려 하심이었느니라 17 그러나 네가 마음에 이르기를 내 능
력과 내 손의 힘으로 내가 이 재물을 얻었다 말할 것이라 18 네 하나님 여
호와를 기억하라 그가 네게 재물 얻을 능력을 주셨음이라 이같이 하심은 네 조상들에게 맹세하신 언약을 오늘
과 같이 이루려 하심이니라 19 네가 만일 네 하나님 여호와를 잊어버리고 다른 신들을 따라 그들을 섬기며 그들
에게 절하면 내가 너희에게 증거하노니 너희가 반드시 멸망할 것이라 20 여호와께서 너희 앞에서 멸망시키신 민
족들 같이 너희도 멸망하리니 이는 너희가 너희의 하나님 여호와의 소리를 청종하지 아니함이니라

> 신 8:11-20 어떤 환경이 여호와를 잊어버리게 한다고 했는지를 유의하면서 읽으라.
> 사회학자들은 인간의 종교심은 국가의 부의 성장과 반비례한다는 연구 결과를 발표한 적이 있다.
> 하나님은 우리의 하나님이 되시기 위해서 우리를 지으셨고, 선악과로 관계가 끊어졌지만, 그것을 회복하시려 구속의 역사를 시작하신 사실을 기억하라.
> 여호와만이 인간이 누릴 수 있는 모든 복의 유일하신 참 근원이라는 이 사실을 절대로 잊어버리면 안 된다는 것을 거듭 강조하고 있다.

신명기 9장

백성의 불순종

1 이스라엘아 들으라 네가 오늘 요단을 건너 너보다 강대한 나라들로 들
어가서 그것을 차지하리니 그 성읍들은 크고 성벽은 하늘에 닿았으며 2
크고 많은 백성은 네가 아는 아낙 자손이라 그에 대한 말을 네가 들었나
니 이르기를 누가 아낙 자손을 능히 당하리요 하거니와 3 오늘 너는 알라
네 하나님 여호와께서 맹렬한 불과 같이 네 앞에 나아가신즉 여호와께
서 그들을 멸하사 네 앞에 엎드러지게 하시리니 여호와께서 네게 말씀하
신 것 같이 너는 그들을 쫓아내며 속히 멸할 것이라 4 네 하나님 여호와께
서 그들을 네 앞에서 쫓아내신 후에 네가 심중에 이르기를 내 공의로움으
로 말미암아 여호와께서 나를 이 땅으로 인도하여 들여서 그것을 차지하
게 하셨다 하지 말라 이 민족들이 악함으로 말미암아 여호와께서 그들을
네 앞에서 쫓아내심이니라 5 네가 가서 그 땅을 차지함은 네 공의로 말미
암음도 아니며 네 마음이 정직함으로 말미암음도 아니요 이 민족들이 악

❖ 신 9장

출 32장의 금송아지 숭배 사건을 회상한다. 이것은 인간의 치명적인 죄악임을 다시 깨우치려는 것이다.
오늘 이 시대도 우리는 팀 켈러(Tim Keller) 목사의 말처럼 나를 만드신 하나님이 아니라, 내 편리를 충족시켜 주는 나의 종과 같이 부려 먹으려고 내가 신을 만들고 그것을 여호와 하나님이라고 착각하는 현대의 교인들이 너무나 많다는 사실을 우리는 성경을 읽고 직시해야 한다.
☞ **딤후 4:3-4** 때가 이르리니 사람이 바른 교훈을 받지 아니하며 귀가 가려워서 자기의 사욕을 따를 스승을 많이 두고 또 그 귀를 진리에서 돌이켜 허탄한 이야기를 따르리라
그런 자들이 하나님으로부터 받는 응답은 어떤 것인지 성경은 분명히 말하고 있다. 출 32장을 상기해 보라.

신 9장

학습 자료 13-5 "하나님의 진노" 참조

함으로 말미암아 네 하나님 여호와께서 그들을 네 앞에서 쫓아내심이라
여호와께서 이같이 하심은 네 조상 아브라함과 이삭과 야곱에게 하신 맹
세를 이루려 하심이니라 6 그러므로 네가 알 것은 네 하나님 여호와께서
네게 이 아름다운 땅을 기업으로 주신 것이 네 공의로 말미암음이 아니니
라 너는 목이 곧은 백성이니라 7 너는 광야에서 네 하나님 여호와를 격노
하게 하던 일을 잊지 말고 기억하라 네가 애굽 땅에서 나오던 날부터 이
곳에 이르기까지 늘 여호와를 거역하였으되 8 호렙 산에서 너희가 여호와
를 격노하게 하였으므로 여호와께서 진노하사 너희를 멸하려 하셨느니라 9 그 때에 내가 돌판들 곧 여호와께서
너희와 세우신 언약의 돌판들을 받으려고 산에 올라가서 사십 주 사십 야를 산에 머물며 떡도 먹지 아니하고 물
도 마시지 아니하였더니 10 여호와께서 두 돌판을 내게 주셨나니 그 돌판의 글은 하나님이 손으로 기록하신 것
이요 너희의 총회 날에 여호와께서 산상 불 가운데서 너희에게 이르신 모든 말씀이니라 11 사십 주 사십 야를 지
난 후에 여호와께서 내게 돌판 곧 언약의 두 돌판을 주시고 12 내게 이르시되 일어나 여기서 속히 내려가라 네가
애굽에서 인도하여 낸 네 백성이 스스로 부패하여 내가 그들에게 명령한 도를 속히 떠나 자기를 위하여 우상을
부어 만들었느니라 13 여호와께서 또 내게 말씀하여 이르시되 내가 이 백성을 보았노라 보라 이는 목이 곧은 백
성이니라 14 나를 막지 말라 내가 그들을 멸하여 그들의 이름을 천하에서 없애고 너를 그들보다 강대한 나라가
되게 하리라 하시기로 15 내가 돌이켜 산에서 내려오는데 산에는 불이 붙었고 언약의 두 돌판은 내 두 손에 있었
느니라 16 내가 본즉 너희가 너희의 하나님 여호와께 범죄하여 자기를 위하여 송아지를 부어 만들어서 여호와께
서 명령하신 도를 빨리 떠났기로 17 내가 그 두 돌판을 내 두 손으로 들어 던져 너희의 목전에
서 깨뜨렸노라 18 그리고 내가 전과 같이 사십 주 사십 야를 여호와 앞에 엎드려서 떡도 먹지
아니하고 물도 마시지 아니하였으니 이는 너희가 여호와의 목전에 악
을 행하여 그를 격노하게 하여 크게 죄를 지었음이라 19 여호와께서
심히 분노하사 너희를 멸하려 하셨으므로 내가 두려워하였노라 그
러나 여호와께서 그 때에도 내 말을 들으셨고 20 여호와께서 또 아론
에게 진노하사 그를 멸하려 하셨으므로 내가 그 때에도 아론을 위하여
기도하고 21 너희의 죄 곧 너희가 만든 송아지를 가져다가 불살라 찧고 티끌 같이 가늘게 갈아 그 가루를 산에서
흘러내리는 시내에 뿌렸느니라 22 너희가 다베라와 맛사와 기브롯 핫다아와에서도 여호와를 격노하게 하였느
니라 23 여호와께서 너희를 가데스 바네아에서 떠나게 하실 때에 이르시기를 너희는 올라가서 내가 너희에게 준
땅을 차지하라 하시되 너희가 너희의 하나님 여호와의 명령을 거역하여 믿지 아니하고 그 말씀을 듣지 아니하였
나니 24 내가 너희를 알던 날부터 너희가 항상 여호와를 거역하여 왔느니
라 25 그 때에 여호와께서 너희를 멸하겠다 하셨으므로 내가 여전히 사십
주 사십 야를 여호와 앞에 엎드리고 26 여호와께 간구하여 이르되 주 여호
와여 주께서 큰 위엄으로 속량하시고 강한 손으로 애굽에서 인도하여 내
신 주의 백성 곧 주의 기업을 멸하지 마옵소서 27 주의 종 아브라함과 이
삭과 야곱을 생각하사 이 백성의 완악함과 악과 죄를 보지 마옵소서 28
주께서 우리를 인도하여 내신 그 땅 백성이 말하기를 여호와께서 그들에
게 허락하신 땅으로 그들을 인도하여 들일 만한 능력도 없고 그들을 미워
하기도 하사 광야에서 죽이려고 인도하여 내셨다 할까 두려워하나이다
29 그들은 주의 큰 능력과 펴신 팔로 인도하여 내신 주의 백성 곧 주의 기
업이로소이다 하였노라

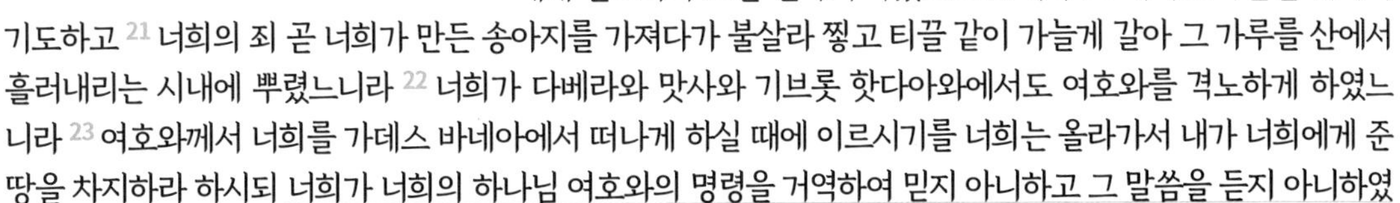

신 9:1-5에서 가나안 땅을 정복하게 하시는 하나님의 이유를 분명히 밝히고 있다. 내 삶에도 정복해야 할 부분이 많이 있을 것이다. 그러기 위해 하나님께 온전히 순복하고 있는가?

신 9:6, 23-24 당신은 목이 곧은 백성인가? 그렇다면 그 목을 풀어야 한다. 어떻게? 말씀의 능력으로..

13일~18일

예수께서 시험 받으실 때 인용하신 신명기 말씀

예수님께서는 요단강에서 세례받으신 후 사역하시기 전 광야에서 사탄에게 시험을 받으셨는데(마 4:1-11, 눅 4:1-13), 그때 신명기 말씀을 인용하여 승리하셨다. 그 인용하신 말씀은 다음과 같다.

1	사람이 떡으로만 사는 것이 아니요 여호와의 입에서 나오는 모든 말씀으로 사는 줄을 너로 알게 하려 하심이니라(8:3)
2	너희의 하나님 여호와를 시험하지 말고(6:16)
3	네 하나님 여호와를 경외하며 섬기며(6:13)
	네 하나님 여호와를 경외하여 그를 섬기며(10:20)

신명기 10장

모세가 십계명을 다시 받다(출 34:1-10)

1 그 때에 여호와께서 내게 이르시기를 너는 처음과 같은 두 돌판을 다듬어 가지고 산에 올라 내게로 나아오고
또 나무궤 하나를 만들라 2 네가 깨뜨린 처음 판에 쓴 말을 내가 그 판에 쓰리니 너는 그것을 그 궤에 넣으라 하
시기로 3 내가 조각목으로 궤를 만들고 처음 것과 같은 돌판 둘을 다듬어 손에 들고 산에 오르매 4 여호와께서
그 총회 날에 산 위 불 가운데에서 너희에게 이르신 십계명을 처음과 같이 그 판에 쓰시고 그것을 내게 주시기로
5 내가 돌이켜 산에서 내려와서 여호와께서 내게 명령하신 대로 그 판을 내가 만든 궤에 넣었더니 지금까지 있느
니라 6 (이스라엘 자손이 브에롯 브네야아간에서 길을 떠나 모세라에 이르러 아론이 거기서 죽어 장사되었고 그의 아들 엘르아살이 그
를 이어 제사장의 직임을 행하였으며 7 또 거기를 떠나 굿고다에 이르고 굿고다를 떠나 욧바다에 이른즉 그 땅에는 시내가 많았으며 8 그
때에 여호와께서 레위 지파를 구별하여 여호와의 언약궤를 메게 하며 여호와 앞에 서서 그를 섬기며 또 여호와의 이름으로 축복하게 하
셨으니 그 일은 오늘까지 이르느니라 9 그러므로 레위는 그의 형제 중에 분깃이 없으며 기업이 없고 네 하나님 여호와께서 그에게 말씀하
심 같이 여호와가 그의 기업이시니라) 10 내가 처음과 같이 사십 주 사십 야를 산에 머물렀고 그 때에도 여호와께서 내
말을 들으사 너를 참아 멸하지 아니하시고 11 여호와께서 내게 이르시되 일어나서 백성보다 먼저 길을 떠나라 내
가 그들에게 주리라고 그들의 조상들에게 맹세한 땅에 그들이 들어가서 그것을 차지하리라 하셨느니라

13일~18일

여호와께서 요구하시는 것

> 신 10:12-22 십계명은 하나님이 우리에게 기본적으로 요구하시는 바를 기록하고 있는 하나님의 명령이다. 그것은 ① 하나님을 사랑하고, ② 이웃을 사랑하라 이다. 이 절대적인 기본이 나의 세계관을 이루고 있는가? 그렇지 않다면 그것을 이룰 때까지 우리는 가짜일 수 있다.

12 이스라엘아 네 하나님 여호와께서 네게 요구하시는 것이 무엇이냐 곧
네 하나님 여호와를 경외하여 그의 모든 도를 행하고 그를 사랑하며 마음
을 다하고 뜻을 다하여 네 하나님 여호와를 섬기고 13 내가 오늘 네 행복
을 위하여 네게 명하는 여호와의 명령과 규례를 지킬 것이 아니냐 14 하늘
과 모든 하늘의 하늘과 땅과 그 위의 만물은 본래 네 하나님 여호와께 속
한 것이로되 15 여호와께서 오직 네 조상들을 기뻐하시고 그들을 사랑하
사 그들의 후손인 너희를 만민 중에서 택하셨음이 오늘과 같으니라 16 그러므로 너희는 마음에 할례를 행하고 다
시는 목을 곧게 하지 말라 17 너희의 하나님 여호와는 신 가운데 신이시며 주 가운데 주시요 크고 능하시며 두려
우신 하나님이시라 사람을 외모로 보지 아니하시며 뇌물을 받지 아니하시고 18 고아와 과부를 위하여 정의를 행
하시며 나그네를 사랑하여 그에게 떡과 옷을 주시나니 19 너희는 나그네를 사랑하라 전에 너희도 애굽 땅에서 나
그네 되었음이니라 20 네 하나님 여호와를 경외하여 그를 섬기며 그에게 의지하고 그의 이름으로 맹세하라 21 그
는 네 찬송이시요 네 하나님이시라 네 눈으로 본 이같이 크고 두려운 일을 너를 위하여 행하셨느니라 22 애굽에
내려간 네 조상들이 겨우 칠십 인이었으나 이제는 네 하나님 여호와께서 너를 하늘의 별 같이 많게 하셨느니라

신명기 11장

여호와께서 행하신 큰 일

> ❖ 신 11장
> 우리에게 율법을 주시는 하나님은 그저 관념이나 상상에 불과한 죽은 신(神)이 아니고, 인간의 역사 현장에서 구체적으로 간섭하시는 분이시요, 그분이 백성들이 삶의 현장에서 그 명령을 수행하기를 진심으로 바라시는 분이시라는 사실을 보여 주고 있다. 그리고 그 순종에 대한 축복과 저주도 그저 말뿐인 협박적인 것이 아니라 구체적이고 실제적으로 성취된다는 것을 언급하신다. 이것은 이 지상에서뿐만 아니라, 천국에서도 이루어지는 것이다.

1 그런즉 네 하나님 여호와를 사랑하여 그가 주신 책무와 법도와 규례와
명령을 항상 지키라 2 너희의 자녀는 알지도 못하고 보지도 못하였으나 너
희가 오늘날 기억할 것은 너희의 하나님 여호와의 교훈과 그의 위엄과 그
의 강한 손과 펴신 팔과 3 애굽에서 그 왕 바로와 그 전국에 행하신 이적과
기사와 4 또 여호와께서 애굽 군대와 그 말과 그 병거에 행하신 일 곧 그들
이 너희를 뒤쫓을 때에 홍해 물로 그들을 덮어 멸하사 오늘까지 이른 것과
5 또 너희가 이 곳에 이르기까지 광야에서 너희에게 행하신 일과 6 르우벤
자손 엘리압의 아들 다단과 아비람에게 하신 일 곧 땅이 입을 벌려서 그들과 그들의 가족과 그들의 장막과 그들
을 따르는 온 이스라엘의 한가운데에서 모든 것을 삼키게 하신 일이라 7 너희가 여호와께서 행하신 이 모든 큰 일

을 너희의 눈으로 보았느니라

주리라고 맹세하신 땅

[8] 그러므로 너희는 내가 오늘 너희에게 명하는 모든 명령을 지키라 그리하면 너희가 강성할 것이요 너희가 건너가
차지할 땅에 들어가서 그것을 차지할 것이며 [9] 또 여호와께서 너희의 조상들에게 맹세하여 그들과 그들의 후손에
게 주리라고 하신 땅 곧 젖과 꿀이 흐르는 땅에서 너희의 날이 장구하리라 [10] 네가 들어가 차지하려 하는 땅은 네
가 나온 애굽 땅과 같지 아니하니 거기에서는 너희가 파종한 후에 발로 물 대기를 채소밭에 댐과 같이 하였거니
와 [11] 너희가 건너가서 차지할 땅은 산과 골짜기가 있어서 하늘에서 내리는 비를 흡수하는 땅이요 [12] 네 하나님 여
호와께서 돌보아 주시는 땅이라 연초부터 연말까지 네 하나님 여호와의 눈이 항상 그 위에 있느니라 [13] 내가 오
늘 너희에게 명하는 내 명령을 너희가 만일 청종하고 너희의 하나님 여호와를 사랑하여 마음을 다하고 뜻을 다하
여 섬기면 [14] 여호와께서 너희의 땅에 이른 비, 늦은 비를 적당한 때에 내리시리니 너희가 곡식과 포도주와 기름을
얻을 것이요 [15] 또 가축을 위하여 들에 풀이 나게 하시리니 네가 먹고 배부를 것이라 [16] 너희는 스스로 삼가라 두
렵건대 마음에 미혹하여 돌이켜 다른 신들을 섬기며 그것에게 절하므로 [17] 여호와께서 너희에게 진노하사 하늘을
닫아 비를 내리지 아니하여 땅이 소산을 내지 않게 하시므로 너희가 여호와께서
주신 아름다운 땅에서 속히 멸망할까 하노라 [18] 이러므로 너희는 나의 이 말을 너
희의 마음과 뜻에 두고 또 그것을 너희의 손목에 매어 기호를 삼고 너희 미간에
붙여 표를 삼으며 [19] 또 그것을 너희의 자녀에게 가르치며 집에 앉아 있을 때에든
지, 길을 갈 때에든지, 누워 있을 때에든지, 일어날 때에든지 이 말씀을 강론하고
[20] 또 네 집 문설주와 바깥문에 기록하라 [21] 그리하면 여호와께서 너희 조상들
에게 주리라고 맹세하신 땅에서 너희의 날과 너희의 자녀의 날이 많아서 하늘이
땅을 덮는 날과 같으리라 [22] 너희가 만일 내가 너희에게 명하는 이 모든 명령을
잘 지켜 행하여 너희의 하나님 여호와를 사랑하고 그의 모든 도를 행하여 그에게
의지하면 [23] 여호와께서 그 모든 나라 백성을 너희 앞에서 다 쫓아내실 것이라 너
희가 너희보다 강대한 나라들을 차지할 것인즉 [24] 너
희의 발바닥으로 밟는 곳은 다 너희의 소유가 되리니 너희의 경계는 곧 광
야에서부터 레바논까지와 유브라데 강에서부터 서해까지라 [25] 너희의 하
나님 여호와께서 너희에게 말씀하신 대로 너희가 밟는 모든 땅 사람들에
게 너희를 두려워하고 무서워하게 하시리니 너희를 능히 당할 사람이 없
으리라 [26] 내가 오늘 복과 저주를 너희 앞에 두나니 [27] 너희가 만일 내가 오
늘 너희에게 명하는 너희의 하나님 여호와의 명령을 들으면 복이 될 것이
요 [28] 너희가 만일 내가 오늘 너희에게 명령하는 도에서 돌이켜 떠나 너희
의 하나님 여호와의 명령을 듣지 아니하고 본래 알지 못하던 다른 신들을
따르면 저주를 받으리라 [29] 네 하나님 여호와께서 네가 가서 차지할 땅으
로 너를 인도하여 들이실 때에 너는 그리심 산에서 축복을 선포하고 에발
산에서 저주를 선포하라 [30] 이 두 산은 요단 강 저쪽 곧 해지는 쪽으로 가
는 길 뒤 길갈 맞은편 모레 상수리나무 곁의 아라바에 거주하는 가나안 족
속의 땅에 있지 아니하냐 [31] 너희가 요단을 건너 너희의 하나님 여호와께
서 너희에게 주시는 땅에 들어가서 그 땅을 차지하려 하나니 반드시 그것
을 차지하여 거기 거주할지라 [32] 내가 오늘 너희 앞에 베푸는 모든 규례와
법도를 너희는 지켜 행할지니라

13일~18일

신 11:26-29 복과 저주의 분기점은 말씀에 순종하느냐이다.

신 11:29 에발 산과 그리심 산 위치

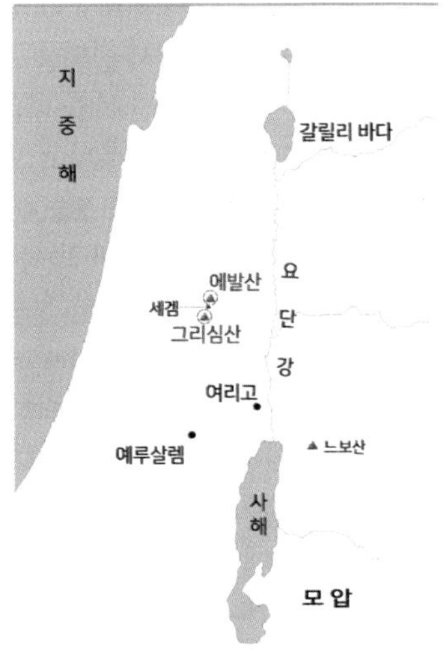

신명기 12장

택하신 예배 처소

[1] 네 조상의 하나님 여호와께서 네게 주셔서 차지하게 하신 땅에서 너희
가 평생에 지켜 행할 규례와 법도는 이러하니라 [2] 너희가 쫓아낼 민족들이
그들의 신들을 섬기는 곳은 높은 산이든지 작은 산이든지 푸른 나무 아래
든지를 막론하고 그 모든 곳을 너희가 마땅히 파멸하며 [3] 그 제단을 헐
며 주상을 깨뜨리며 아세라 상을 불사르고 또 그 조각한 신상들
을 찍어 그 이름을 그 곳에서 멸하라 [4] 너
희의 하나님 여호와께는 너희가 그처
럼 행하지 말고 [5] 오직 너희의 하나
님 여호와께서 자기의 이름을 두시
려고 너희 모든 지파 중에서 택하
신 곳인 그 계실 곳으로 찾아 나
아가서 [6] 너희의 번제와 너희의 제물
과 너희의 십일조와 너희 손의 거제와 너희의 서원제와 낙헌 예물과 너희
소와 양의 처음 난 것들을 너희는 그리로 가져다가 드리고 [7] 거기 곧 너희
의 하나님 여호와 앞에서 먹고 너희의 하나님 여호와께서 너희의 손으로
수고한 일에 복 주심으로 말미암아 너희와 너희의 가족이 즐거워할지니
라 [8] 우리가 오늘 여기에서는 각기 소견대로 하였거니와 너희가 거기에서
는 그렇게 하지 말지니라 [9] 너희가 너희 하나님 여호와께서 주시는 안식과
기업에 아직은 이르지 못하였거니와 [10] 너희가 요단을 건너 너희 하나님 여호와께서 너희에게 기업으로 주시는
땅에 거주하게 될 때 또는 여호와께서 너희에게 너희 주위의 모든 대적을 이기게 하시고 너희에게 안식을 주사
너희를 평안히 거주하게 하실 때에 [11] 너희는 너희의 하나님 여호와께서 자기 이름을 두시려고 택하실 그 곳으
로 내가 명령하는 것을 모두 가지고 갈지니 곧 너희의 번제와 너희의 희생과 너희의 십일조와 너희 손의 거제와
너희가 여호와께서 원하시는 모든 아름다운 서원물을 가져가고 [12] 너희와 너희의 자녀와 노비와 함께 너희의 하
나님 여호와 앞에서 즐거워할 것이요 네 성중에 있는 레위인과도 그리할지니 레위인은 너희 중에 분깃이나 기업
이 없음이니라 [13] 너는 삼가서 네게 보이는 아무 곳에서나 번제를 드리지 말고 [14] 오직 너희의 한 지파 중에 여호
와께서 택하실 그 곳에서 번제를 드리고 또 내가 네게 명령하는 모든 것을 거기서 행할지니라 [15] 그러나 네 하나
님 여호와께서 네게 주신 복을 따라 각 성에서 네 마음에 원하는 대로 가축을 잡아 그 고기를 먹을 수 있나니 곧
정한 자나 부정한 자를 막론하고 노루나 사슴을 먹는 것 같이 먹으려니와 [16] 오직 그 피는 먹지 말고 물 같이 땅에
쏟을 것이며 [17] 너는 곡식과 포도주와 기름의 십일조와 네 소와 양의 처음 난 것과 네 서원을 갚는 예물과 네 낙헌
예물과 네 손의 거제물은 네 각 성에서 먹지 말고 [18] 오직 네 하나님 여호와께서 택하실 곳에서 네 하나님 여호와
앞에서 너는 네 자녀와 노비와 성중에 거주하는 레위인과 함께 그것을 먹고 또 네 손으로 수고한 모든 일로 말미
암아 네 하나님 여호와 앞에서 즐거워하되 [19] 너는 삼가 네 땅에 거주하는 동안에 레위인을 저버리지 말지니라 [20]
네 하나님 여호와께서 네게 허락하신 대로 네 지경을 넓히신 후에 네 마음에 고기를 먹고자 하여 이르기를 내가
고기를 먹으리라 하면 네가 언제나 마음에 원하는 만큼 고기를 먹을 수 있으리니 [21] 만일 네 하나님 여호와께서
자기 이름을 두시려고 택하신 곳이 네게서 멀거든 내가 네게 명령한 대로 너는 여호와께서 주신 소와 양을 잡아
네 각 성에서 네가 마음에 원하는 모든 것을 먹되 [22] 정한 자나 부정한 자를 막론하고 노루나 사슴을 먹는 것 같
이 먹을 수 있거니와 [23] 다만 크게 삼가서 그 피는 먹지 말라 피는 그 생명인즉 네가 그 생명을 고기와 함께 먹지
못하리니 [24] 너는 그것을 먹지 말고 물 같이 땅에 쏟으라 [25] 너는 피를 먹지 말라 네가 이같이 여호와께서 의롭게

13일~
18일

❖ 신 12장
제사를 하나님이 택하신 장소에서 드려야 한다고 규정하는 것은 하나님 방법대로(신위) 드려져야 함을 강조하는 것이다. 그렇다. 하나님은 유일하신 분이요, 절대적인 존재이시고, 거룩하신 분이시기에 그분의 방법대로, 그분에게 합당하게 드려져야 함은 너무나도 당연하다.
그런데 오늘 우리의 예배는 과연 그런가? 얼마나 많은 인간적 방법과 요인들이 넘치는 예배를 드리고 있는가? 마치 출 32장의 금송아지 예배처럼….

> 신 12:2-3 이스라엘이 가나안을 정복하고 제일 먼저 해야 할 일은 우상을 제거하는 것이었다. 제1계명의 명령이기도 하다. 하나님과의 바른 관계를 회복하고 유지하기 위해서 이것은 절대적으로 단행해야 할 일이다. 그렇다면 내가 제거해야 할 우상은 무엇인지 성찰하라.

신 12장

학습 자료 13-6 "단일 중앙 성소의 의의" 참조
학습 자료 13-7 "쉐키나"
학습 자료 13-6 13-8 "쉐키나의 용례" 참조

여기시는 일을 행하면 너와 네 후손이 복을 누리리라 26 오직 네 성물과 서
원물을 여호와께서 택하신 곳으로 가지고 가라 27 네가 번제를 드릴 때에
는 그 고기와 피를 네 하나님 여호와의 제단에 드릴 것이요 네 제물의 피
는 네 하나님 여호와의 제단 위에 붓고 그 고기는 먹을지니라 28 내가 네
게 명령하는 이 모든 말을 너는 듣고 지키라 네 하나님 여호와의 목전에
선과 의를 행하면 너와 네 후손에게 영구히 복이 있으리라

다른 신들을 섬기지 말라

29 네 하나님 여호와께서 네가 들어가서 쫓아낼 그 민족들을 네 앞에서 멸
절하시고 네가 그 땅을 차지하여 거기에 거주하게 하실 때에 30 너는 스스
로 삼가 네 앞에서 멸망한 그들의 자취를 밟아 올무에 걸리지 말라 또 그
들의 신을 탐구하여 이르기를 이 민족들은 그 신들을 어떻게 섬겼는고 나
도 그와 같이 하겠다 하지 말라 31 네 하나님 여호와께는 네가 그와 같이
행하지 못할 것이라 그들은 여호와께서 꺼리시며 가증히 여기시는 일을
그들의 신들에게 행하여 심지어 자기들의 자녀를 불살라 그들의 신들에
게 드렸느니라 32 내가 너희에게 명령하는 이 모든 말을 너희는 지켜 행하
고 그것에 가감하지 말지니라

신12:29-32 우상 섬김, 가나안 문화와의 동화 등등, 이런 것은 바로 세계관의 충돌이다. 오늘의 영적 전쟁은 곧 세계관의 충돌을 말한다. 나의 세계관, 가치관은 성경 위에 확고하게 서 있는가?
특히 32절은 성경을 성경대로 풀어야 한다는 것을 말한다.
☞ **벧전 1:23-25** 너희가 거듭난 것은 썩어질 씨로 된 것이 아니요 썩지 아니할 씨로 된 것이니 살아 있고 항상 있는 하나님의 말씀으로 되었느니라 그러므로 모든 육체는 풀과 같고 그 모든 영광은 풀의 꽃과 같으니 풀은 마르고 꽃은 떨어지되 오직 주의 말씀은 세세토록 있도다 하였으니 너희에게 전한 복음이 곧 이 말씀이니라
☞ **벧후 1:20-21** 먼저 알 것은 성경의 모든 예언은 사사로이 풀 것이 아니니 예언은 언제든지 사람의 뜻으로 낸 것이 아니요 오직 성령의 감동하심을 받은 사람들이 하나님께 받아 말한 것임이라

13일~
18일

신명기 13장

1 너희 중에 선지자나 꿈꾸는 자가 일어나서 이적과 기사를 네게 보이고 2
그가 네게 말한 그 이적과 기사가 이루어지고 너희가 알지 못하던 다른 신
들을 우리가 따라 섬기자고 말할지라도 3 너는 그 선지자나 꿈꾸는 자의
말을 청종하지 말라 이는 너희의 하나님 여호와께서 너희가 마음을 다하
고 뜻을 다하여 너희의 하나님 여호와를 사랑하는 여부를 알려 하사 너희
를 시험하심이니라 4 너희는 너희의 하나님 여호와를 따르며 그를 경외하
며 그의 명령을 지키며 그의 목소리를 청종하며 그를 섬기며 그를 의지하
며 5 그런 선지자나 꿈 꾸는 자는 죽이라 이는 그가 너희에게 너희를 애굽
땅에서 인도하여 내시며 종 되었던 집에서 속량하신 너희의 하나님 여호와를 배반하게 하려 하며 너희의 하나
님 여호와께서 네게 행하라 명령하신 도에서 너를 꾀어내려고 말하였음이라
너는 이같이 하여 너희 중에서 악을 제할지니라 6 네 어머니의 아들 곧 네 형
제나 네 자녀나 네 품의 아내나 너와 생명을 함께 하는 친구가 가만히 너를
꾀어 이르기를 너와 네 조상들이 알지 못하던 다른 신들 7 곧 네 사방을 둘러
싸고 있는 민족 혹 네게서 가깝든지 네게서 멀든지 땅 이 끝에서 저 끝까지
에 있는 민족의 신들을 우리가 가서 섬기자 할지라도 8 너는 그를 따르지 말
며 듣지 말며 긍휼히 여기지 말며 애석히 여기지 말며 덮어 숨기지 말고 9 너
는 용서 없이 그를 죽이되 죽일 때에 네가 먼저 그에게 손을 대고 후에 뭇 백성이 손을 대라 10
그는 애굽 땅 종 되었던 집에서 너를 인도하여 내신 네 하나님 여호와에게서 너를 꾀어 떠나
게 하려 한 자이니 너는 돌로 쳐죽이라 11 그리하면 온 이스라엘이 듣고 두려워하여 이같은 악을 다시는 너희 중에
서 행하지 못하리라 12 네 하나님 여호와께서 네게 주어 거주하게 하시는 한 성읍에 대하여 네게 소문이 들리기를
13 너희 가운데서 어떤 불량배가 일어나서 그 성읍 주민을 유혹하여 이르기를 너희가 알지 못하던 다른 신들을 우
리가 가서 섬기자 한다 하거든 14 너는 자세히 묻고 살펴보아서 이런 가증한 일이 너희 가운데에 있다는 것이 확실

❖ 신 13장
갈 4장에서 언급하고 있는 것처럼 구습을 청산하고 불결을 청소하지 못하는 한 우리는 사탄의 공격을 막아 낼 수가 없다.
오늘 이 세대는 가나안 땅에 들어가는 이스라엘의 백성만큼이나 구습과 세속 문화를 단호히 단절(진멸하라)해야 하는 상황 가운데 살아가고 있음을 각성해야 한다.

신 13장
학습 자료 13-9
"구약 의식법의 4대 의의" 참조

한 사실로 드러나면 15 너는 마땅히 그 성읍 주민을 칼날로 죽이고 그 성읍과 그 가운데에 거주하는 모든 것과 그
가축을 칼날로 진멸하고 16 또 그 속에서 빼앗아 차지한 물건을 다 거리에 모아 놓고 그 성읍과 그 탈취물 전부를
불살라 네 하나님 여호와께 드릴지니 그 성읍은 영구히 폐허가 되어 다시는 건축되지 아니할 것이라 17 너는 이 진
멸할 물건을 조금도 네 손에 대지 말라 그리하면 여호와께서 그의 진노를 그치시고 너를 긍휼히 여기시고 자비를
더하사 네 조상들에게 맹세하심 같이 너를 번성하게 하실 것이라 18 네가 만일 네 하나님 여호와의 말씀을 듣고 오
늘 내가 네게 명하는 그 모든 명령을 지켜 네 하나님 여호와의 목전에서 정직하게 행하면 이같이 되리라

신명기 14장

금지된 애도법

1 너희는 너희 하나님 여호와의 자녀이니 죽은 자를 위하여 자기 몸을 베
지 말며 눈썹 사이 이마 위의 털을 밀지 말라 2 너는 네 하나님 여호와의
성민이라 여호와께서 지상 만민 중에서 너를 택하여 자기 기업의 백성으
로 삼으셨느니라

정한 짐승과 부정한 짐승(레 11:1-47)

3 너는 가증한 것은 무엇이든지 먹지 말라 4 너희가 먹을 만한 짐승은 이
러하니 곧 소와 양과 염소와 5 사슴과 노루와 불그스름한 사슴과 산 염소
와 볼기가 흰 노루와 뿔이 긴 사슴과 산양들이라 6 짐승 중에 굽이 갈라
져 쪽발도 되고 새김질도 하는 모든 것은 너희가 먹을 것이니라 7 다만 새
김질을 하거나 굽이 갈라진 짐승 중에도 너희가 먹지 못할 것은 이것이니
곧 낙타와 토끼와 사반, 그것들은 새김질은 하나 굽이 갈라지지 아니하였
으니 너희에게 부정하고 8 돼지는 굽은 갈라졌으나 새김질을 못하므로 너
희에게 부정하니 너희는 이런 것의 고기를 먹지 말 것이며 그 사체도 만지
지 말 것이니라 9 물에 있는 모든 것 중에서 이런 것은 너희가 먹을 것이니
지느러미와 비늘 있는 모든 것은 너희가 먹을 것이요 10 지느러미와 비늘
이 없는 모든 것은 너희가 먹지 말지니 이는 너희에게 부정함이니라 11 정
한 새는 모두 너희가 먹으려니와 12 이런 것은 먹지 못할지니 곧 독수리와
솔개와 물수리와 13 매와 새매와 매의 종류와 14 까마귀 종류와 15 타조와
타흐마스와 갈매기와 새매 종류와 16 올빼미와 부엉이와 흰 올빼미와 17
당아와 올응과 노자와 18 학과 황새 종류와 대승과 박쥐며 19 또 날기도
하고 기어다니기도 하는 것은 너희에게 부정하니 너희는 먹지 말 것이나
20 정한 새는 모두 너희가 먹을지니라 21 너희는 너희의 하나님 여호와의
성민이라 스스로 죽은 모든 것은 먹지 말 것이나 그것을 성중에 거류하는
객에게 주어 먹게 하거나 이방인에게 파는 것은 가하니라 너는 염소 새끼
를 그 어미의 젖에 삶지 말지니라

십일조 규례

22 너는 마땅히 매 년 토지소산의 십일조를 드릴 것이며 23 네 하나님 여호
와 앞 곧 여호와께서 그의 이름을 두시려고 택하신 곳에서 네 곡식과 포
도주와 기름의 십일조를 먹으며 또 네 소와 양의 처음 난 것을 먹고 네 하
나님 여호와 경외하기를 항상 배울 것이니라 24 그러나 네 하나님 여호와
께서 자기의 이름을 두시려고 택하신 곳이 네게서 너무 멀고 행로가 어려

신 14:22-29 십일조의 역사성과 그 성경적 의미

☞ 역사적 배경

십일조를 바치는 것은 고대의 일반적인 관습이었다. 이집트에서는 백성들이 자기들의 수확한 것의 10분의 2를 바로에게 바쳤다(창47:24). 이런 점에서 고대 십일조는 일반적으로 통치자가 피지배 계급들에게 부과한 현물세의 성격을 띠고 있었다. 반면에 이스라엘에서는 하나님께 봉헌하는 종교적인 성격을 띠고 있다. 성경에서 십일조에 관한 처음 기록은 아브라함이 메소포타미아 왕들을 쳐부수고 돌아올 때 멜기세덱에게 전리품의 십일조를 바친 것이다(창 14장).

두 번째가 하란으로 도망가던 야곱이 벧엘에서 하나님께서 은혜를 베풀어 주시면 십일조를 바치겠다고 서원한 사건에서이다(창 28:22).

이런 십일조가 공식적인 백성들의 의무로 규정된 것은 모세의 율법을 통해서이다. 모세는 율법에서 땅에서 나는 모든 소산과 목축의 십일조를 드리라고 규정하고 있다(레 27:30-32). 이러한 십일조는 성소를 위한 경비와 레위인들의 생활에 사용되었다. 이외에 특별히 드리는 십일조가 있는데 중앙 성소에서 열리는 감사 축제 비용으로 사용되는 특별 십일조(22-27절)와, 안식년을 기준으로 매 3년과 6년에 구제를 위해 드려지는 특별 십일조가 있다(28-29절).

☞ 성경적 의미

하나님께 바쳐진 십일조는 성소와 관련된 비용만이 아니라 공동의 축제와 구제를 위해 사용되었다. 이는 성도들이 하나님께서 자신에게 주신 세속적 재물을 어떻게 사용해야 하는지를 말해 주고 있다. 그것은 자신만을 위해서가 아니라 성도 공동체를 위해 사용되어야 하며 사회 속에서 소외되고 가난한 자들을 위해 사용되어야 한다. 이런 점에서 많은 재물은 성도에게 곧 축복인 동시에 선행의 의무를 포함하고 있다.

☞ 나의 십일조 생활은 어떠한가?
(아모스서의 자료를 참고하여 한번 깊이 성찰하고 반성하자)

워서 네 하나님 여호와께서 그 풍부히 주신 것을 가지고 갈 수 없거든 25
그것을 돈으로 바꾸어 그 돈을 싸 가지고 네 하나님 여호와께서 택하신
곳으로 가서 26 네 마음에 원하는 모든 것을 그 돈으로 사되 소나 양이나
포도주나 독주 등 네 마음에 원하는 모든 것을 구하고 거기 네 하나님 여
호와 앞에서 너와 네 권속이 함께 먹고 즐거워할 것이며 27 네 성읍에 거
주하는 레위인은 너희 중에 분깃이나 기업이 없는 자이니 또한 저버리지
말지니라 28 매 삼 년 끝에 그 해 소산의 십분의 일을 다 내어 네 성읍에
저축하여 29 너희 중에 분깃이나 기업이 없는 레위인과 네 성중에 거류하
는 객과 및 고아와 과부들이 와서 먹고 배부르게 하라 그리하면 네 하나
님 여호와께서 네 손으로 하는 범사에 네게 복을 주시리라

신명기 15장

빚을 면제해 주는 해(레 25:1-7)

1 매 칠 년 끝에는 면제하라 2 면제의 규례는 이러하니라 그의 이웃에게 꾸
어준 모든 채주는 그것을 면제하고 그의 이웃에게나 그 형제에게 독촉하
지 말지니 이는 여호와를 위하여 면제를 선포하였음이라 3 이방인에게는
네가 독촉하려니와 네 형제에게 꾸어준 것은 네 손에서 면제하라 4-5 네가
만일 네 하나님 여호와의 말씀만 듣고 내가 오늘 네게 내리는 그 명령을
다 지켜 행하면 네 하나님 여호와께서 네게 기업으로 주신 땅에서 네가 반
드시 복을 받으리니 너희 중에 가난한 자가 없으리라 6 네 하나님 여호와
께서 네게 허락하신 대로 네게 복을 주시리니 네가 여러 나라에 꾸어 줄지
라도 너는 꾸지 아니하겠고 네가 여러 나라를 통치할지라도 너는 통치를
당하지 아니하리라 7 네 하나님 여호와께서 네게 주신 땅 어느 성읍에서든
지 가난한 형제가 너와 함께 거주하거든 그 가난한 형제에게 네 마음을 완
악하게 하지 말며 네 손을 움켜 쥐지 말고 8 반드시 네 손을 그에게 펴서 그
에게 필요한 대로 쓸 것을 넉넉히 꾸어주라 9 삼가 너는 마음에 악한 생각
을 품지 말라 곧 이르기를 일곱째 해 면제년이 가까이 왔다 하고 네 궁핍한
형제를 악한 눈으로 바라보며 아무것도 주지 아니하면 그가 너를 여호와
께 호소하리니 그것이 네게 죄가 되리라 10 너는 반드시 그에게 줄 것이요,
줄 때에는 아끼는 마음을 품지 말 것이니라 이로 말미암아 네 하나님 여호
와께서 네가 하는 모든 일과 네 손이 닿는 모든 일에 네게 복을 주시리라
11 땅에는 언제든지 가난한 자가 그치지 아니하겠으므로 내가 네게 명령
하여 이르노니 너는 반드시 네 땅 안에 네 형제 중 곤란한 자와 궁핍한 자에게 네 손을 펼지니라

종을 대우하는 법(출 21:1-11)

12 네 동족 히브리 남자나 히브리 여자가 네게 팔렸다 하자 만일 여섯 해 동안 너
를 섬겼거든 일곱째 해에 너는 그를 놓아 자유롭게 할 것이요 13 그를 놓아 자유
하게 할 때에는 빈 손으로 가게 하지 말고 14 네 양 무리 중에서와 타작 마당에서
와 포도주 틀에서 그에게 후히 줄지니 곧 네 하나님 여호와께서 네게 복을 주신
대로 그에게 줄지니라 15 너는 애굽 땅에서 종 되었던 것과 네 하나님 여호와께
서 너를 속량하셨음을 기억하라 그것으로 말미암아 내가 오늘 이같이 네게 명령하노라

신 14:28-29 하나님의 백성은 하나님과의 바른 관계를 이웃과의 바른 관계로 표현해 내야 한다. 그것이 곧 진정한 십일조의 영성이다. 이 규례는 단순히 기복적 개념만 이해하면 안 되고 현실 가운데 실천되어야 하는 것들이다.
이웃과의 관계는 실천될 때 이루어지는 것이다.
야고보는 이렇게 외친다.
☞ 약 2:14-18 내 형제들아 만일 사람이 믿음이 있노라 하고 행함이 없으면 무슨 유익이 있으리요 그 믿음이 능히 자기를 구원하겠느냐 만일 형제나 자매가 헐벗고 일용할 양식이 없는데 너희 중에 누구든지 그에게 이르되 평안히 가라, 덥게 하라, 배부르게 하라 하며 그 몸에 쓸 것을 주지 아니하면 무슨 유익이 있으리요 이와 같이 행함이 없는 믿음은 그 자체가 죽은 것이라 어떤 사람은 말하기를 너는 믿음이 있고 나는 행함이 있으니 행함이 없는 네 믿음을 내게 보이라 나는 행함으로 내 믿음을 네게 보이리라 하리라
한 마디로 "Make your faith public!" 즉, 네 믿음을 공개적으로 공식화하여 이웃을 하나님 사랑처럼 공동체적 관계의 믿음으로 보이라는 말이다.

채무 면제 규례가 주는 교훈	
1	연약한 자를 사랑하시고 돌보시는 하나님의 사랑을 암시 (출 22:22, 신 10:18, 24:17, 21)
2	모든 제품의 주인은 하나님이시며 모든 것이 그분으로부터 공급 되어짐을 암시 (시 24:1, 고후 3:5)
3	이스라엘 백성들로 하여금 자신도 연약한 자로서 하나님의 은혜를 받는 자인 만큼 연약한 자를 돌볼 것을 교훈해 줌(신 24:21, 22, 히 13:3)
4	일하지 아니한 안식년에 채무 면제를 함으로 안식년의 의미를 더욱 견고히 함 (신 15:1)
5	같은 동족으로서 형제애를 나타낼 것을 교훈함(신 15:3, 벧후 1:7)

16 종이 만일 너와 네 집을 사랑하므로 너와 동거하기를 좋게 여겨 네게 향하여 내가 주인을 떠나지 아니하겠노라
하거든 17 송곳을 가져다가 그의 귀를 문에 대고 뚫으라 그리하면 그가 영구히 네 종이 되리라 네 여종에게도 그
같이 할지니라 18 그가 여섯 해 동안에 품꾼의 삯의 배나 받을 만큼 너를 섬겼은즉 너는 그를 놓아 자유하게 하기
를 어렵게 여기지 말라 그리하면 네 하나님 여호와께서 네 범사에 네게 복을 주시리라

처음 난 소와 양의 새끼

19 네 소와 양의 처음 난 수컷은 구별하여 네 하나님 여호와께 드릴 것이니 네 소의 첫 새끼는 부리지 말고 네 양
의 첫 새끼의 털은 깎지 말고 20 너와 네 가족은 매년 여호와께서 택하신 곳 네 하나님 여호와 앞에서 먹을지니라
21 그러나 그 짐승이 흠이 있어서 절거나 눈이 멀었거나 무슨 흠이 있으면 네 하나님 여호와께 잡아 드리지 못할
지니 22 네 성중에서 먹되 부정한 자나 정한 자가 다 같이 먹기를 노루와 사슴을 먹음 같이 할 것이요 23 오직 피
는 먹지 말고 물 같이 땅에 쏟을지니라

신명기 16장

유월절(출 12:1-20)

1 아빕월을 지켜 네 하나님 여호와께 유월절을 행하라 이는 아빕월에 네
하나님 여호와께서 밤에 너를 애굽에서 인도하여 내셨음이라 2 여호와께
서 자기의 이름을 두시려고 택하신 곳에서 소와 양으로 네 하나님 여호와
께 유월절 제사를 드리되 3 유교병을 그것과 함께 먹지 말고 이레 동안은
무교병 곧 고난의 떡을 그것과 함께 먹으라 이는 네가 애굽 땅에서 급히
나왔음이니 이같이 행하여 네 평생에 항상 네가 애굽 땅에서 나온 날을 기
억할 것이니라 4 그 이레 동안에는 네 모든 지경 가운데에 누룩이 보이지
않게 할 것이요 또 네가 첫날 해 질 때에 제사 드린 고기를 밤을 지내 아침
까지 두지 말 것이며 5 유월절 제사를 네 하나님 여호와께서 네게 주신 각
성에서 드리지 말고 6 오직 네 하나님 여호와께서 자기의 이름을 두시려고
택하신 곳에서 네가 애굽에서 나오던 시각 곧 초저녁 해 질 때에 유월절
제물을 드리고 7 네 하나님 여호와께서 택하신 곳에서 그 고기를 구워 먹
고 아침에 네 장막으로 돌아갈 것이니라 8 너는 엿새 동안은 무교병을 먹
고 일곱째 날에 네 하나님 여호와 앞에 성회로 모이고 일하지 말지니라

칠칠절(출 34:22; 레 23:15-21)

9 일곱 주를 셀지니 곡식에 낫을 대는 첫 날부터 일곱 주를 세어 10 네 하
나님 여호와 앞에 칠칠절을 지키되 네 하나님 여호와께서 네게 복을 주신
대로 네 힘을 헤아려 자원하는 예물을 드리고 11 너와 네 자녀와 노비와
네 성중에 있는 레위인과 및 너희 중에 있는 객과 고아와 과부가 함께 네
하나님 여호와께서 자기의 이름을 두시려고 택하신 곳에서 네 하나님 여호와 앞에서 즐거워할지니라 12 너는 애
굽에서 종 되었던 것을 기억하고 이 규례를 지켜 행할지니라

초막절(레 23:33-43)

13 너희 타작 마당과 포도주 틀의 소출을 거두어 들인 후에 이레 동안 초막절을 지킬 것이요 14 절기를 지킬 때에는
너와 네 자녀와 노비와 네 성중에 거주하는 레위인과 객과 고아와 과부가 함께 즐거워하되 15 네 하나님 여호와께
서 택하신 곳에서 너는 이레 동안 네 하나님 여호와 앞에서 절기를 지키고 네 하나님 여호와께서 네 모든 소출과 네
손으로 행한 모든 일에 복 주실 것이니 너는 온전히 즐거워할지니라 16 너의 가운데 모든 남자는 일 년에 세 번 곧 무
교절과 칠칠절과 초막절에 네 하나님 여호와께서 택하신 곳에서 여호와를 뵈옵되 빈손으로 여호와를 뵈옵지 말고

❖ 신 16장

이스라엘 백성이 지켜야 할 3대 절기를 기록하고 있다. 절기 지킴은 그 절기의 내용을 통해서 하나님이 이스라엘을 위해서 무엇을 하였는가를 기억하시기를 원하시기 때문이다.
성경, 특히 구약에서 "저들이 내가 여호와임을 알리라"라는 말이 수도 없이 나온다. 하나님은 우리가 하나님을 진심으로 알기를 원하신다, 그것이 관계이기 때문이고 그것 때문에 우리를 만드신 것이다(창 1:26-28).
그런데 인간인지라 그 한계 때문에 하나님을 온전히 기억하기란 쉽지 않다. 그래서 하나님은 절기를 설정하시고, 그 절기가 해마다 정기적으로 돌아오게 함으로 그것을 통해 최소한이나마 하나님을 기억할 수 있도록 하신다.
당신은 삶을 통해서 하나님을 얼마나 자주 기억하며 순종하는가?

신 16:1-8 유월절을 기념하라고 당부한다. 유월절을 지킴은 애굽의 고통스러웠던 삶에서 구원해 주신 하나님을 기억하라는 것이다.
당신의 삶에서 애굽과 같은 삶은 없었는가? 그럴 때 하나님은 어떻게 하셨는지를 기억하는가?

[17]각 사람이 네 하나님 여호와께서 주신 복을 따라 그 힘대로 드릴지니라

공의로 재판하라

[18]네 하나님 여호와께서 네게 주시는 각 성에서 네 지파를 따라 재판장
들과 지도자들을 둘 것이요 그들은 공의로 백성을 재판할 것이니라 [19]너
는 재판을 굽게 하지 말며 사람을 외모로 보지 말며 또 뇌물을 받지 말라
뇌물은 지혜자의 눈을 어둡게 하고 의인의 말을 굽게 하느니라 [20]너는
마땅히 공의만을 따르라 그리하면 네가 살겠고 네 하나님 여호와께서 네
게 주시는 땅을 차지하리라 [21]네 하나님 여호와를 위하여 쌓은 제단 곁에 어떤 나무로든지 아세라 상을 세우지
말며 [22]자기를 위하여 주상을 세우지 말라 네 하나님 여호와께서 미워하시느니라

신 16:18-20 재판장과 지파의 지도자를 선정하는 기준은 공의로 재판해야 한다는 것이다. 이것은 편견이나 뇌물을 받아서는 안 된다는 의미이다. 너무나도 당연한 말인데 오늘 우리의 삶의 현장의 모든 면에서, 심지어 교회 안에서까지 이것이 전혀 지켜지고 있지 않다는 것을 회개해야 한다.

13일~18일

신명기 17장

[1]흠이나 악질이 있는 소와 양은 아무것도 네 하나님 여호와께 드리지 말
지니 이는 네 하나님 여호와께 가증한 것이 됨이니라 [2]네 하나님 여호와
께서 네게 주시는 어느 성중에서든지 너희 가운데에 어떤 남자나 여자가
네 하나님 여호와의 목전에 악을 행하여 그 언약을 어기고 [3]가서 다른 신
들을 섬겨 그것에게 절하며 내가 명령하지 아니한 일월성신에게 절한다 하
자 [4]그것이 네게 알려지므로 네가 듣거든 자세히 조사해 볼지니 만일 그
일과 말이 확실하여 이스라엘 중에 이런 가증한 일을 행함이 있으면 [5]너는
그 악을 행한 남자나 여자를 네 성문으로 끌어내고 그 남자나 여자를 돌로
쳐죽이되 [6]죽일 자를 두 사람이나 세 사람의 증언으로 죽일 것이요 한 사
람의 증언으로는 죽이지 말 것이며 [7]이런 자를 죽이기 위하여는 증인이 먼
저 그에게 손을 댄 후에 뭇 백성이 손을 댈지니라 너는 이와 같이 하여 너
희 중에서 악을 제할지니라 [8]네 성중에서 서로 피를 흘렸거나 다투었거나 구타하였거나 서로 간에 고소하여 네가
판결하기 어려운 일이 생기거든 너는 일어나 네 하나님 여호와께서 택하실 곳으로 올라가서 [9]레위 사람 제사장과
당시 재판장에게 나아가서 물으라 그리하면 그들이 어떻게 판결할지를 네게 가르치리니 [10]여호와께서 택하신 곳
에서 그들이 네게 보이는 판결의 뜻대로 네가 행하되 그들이 네게 가르치는 대로 삼가 행할 것이니 [11]곧 그들이
네게 가르치는 율법의 뜻대로, 그들이 네게 말하는 판결대로 행할 것이요
그들이 네게 보이는 판결을 어겨 좌로나 우로나 치우치지 말 것이니라 [12]
사람이 만일 무법하게 행하고 네 하나님 여호와 앞에 서서 섬기는 제사장
이나 재판장에게 듣지 아니하거든 그 사람을 죽여 이스라엘 중에서 악을
제하여 버리라 [13]그리하면 온 백성이 듣고 두려워하여 다시는 무법하게
행하지 아니하리라

이스라엘의 왕

[14]네가 네 하나님 여호와께서 네게 주시는 땅에 이르러 그 땅을 차지하고
거주할 때에 만일 우리도 우리 주위의 모든 민족들 같이 우리 위에 왕을
세워야겠다는 생각이 나거든 [15]반드시 네 하나님 여호와께서 택하신 자
를 네 위에 왕으로 세울 것이며 네 위에 왕을 세우려면 네 형제 중에서 한
사람을 할 것이요 네 형제 아닌 타국인을 네 위에 세우지 말 것이며 [16]그
는 병마를 많이 두지 말 것이요 병마를 많이 얻으려고 그 백성을 애굽으로
돌아가게 하지 말 것이니 이는 여호와께서 너희에게 이르시기를 너희가

❖ 신 17장
구속받은 백성들이 이루는 사회(신앙 공동체) 속에서는 생활의 전 영역에서 공의(公義)가 올바르게 시행되어야 한다는 것을 강조하고 있다. 하나님이 공의의 하나님이기 때문에 우리는 정의와 진리가 모든 부분의 기준이 되어야 한다. 한국 교회는 감성적 민족성 때문에 사랑의 하나님을 더 부각하는 경향이 있다.
공의와 사랑은 동전의 양면과 같고, 이 둘은 균형을 가지고 함께 작용해야 한다. 그래서 적절한 "권징"은 특히 한국 교회와 사회에 꼭 필요한 것이다.

신 17:2-7
학습 자료 13-10 "권징"을 참조.

신 17:14-20 **왕의 자격요건**
하나님은 이미 이스라엘이 왕을 요구하실 것을 아시고 왕을 세우는 방법도 가르쳐 주신다. 여기에도 하나님의 방법(神爲)이 강조되어 있음을 보아야 한다.
하나님은 17:14-20에서 그것을 지시하신다.
☞ 왕을 택하는 법규 –
1) 여호와께서 택하신 사람을 세울 것.
2) 이방인이 아닌 형제 중에서 세울 것.
☞ 왕들이 지킬 행동 원리 –
1) 말(馬)을 많이 두지 말 것.
2) 아내를 많이 두지 말 것.
3) 자기를 위해 은금을 많이 가지지 말 것.
4) 율법서를 등사하여 평생 옆에 두고 읽으며 그대로 행할 것.
불행하게도 이 수칙이 솔로몬부터 무너지기 시작하여 왕국이 분열하고 결국 이스라엘은 멸망하는 비극을 맞이한다.

이 후에는 그 길로 다시 돌아가지 말 것이라 하셨음이며 17 그에게 아내를 많이 두어 그의 마음이 미혹되게 하지
말 것이며 자기를 위하여 은금을 많이 쌓지 말 것이니라 18 그가 왕위에 오르거든 이 율법서의 등사본을 레위 사
람 제사장 앞에서 책에 기록하여 19 평생에 자기 옆에 두고 읽어 그의 하나님 여호와 경외하기를 배우며 이 율법
의 모든 말과 이 규례를 지켜 행할 것이라 20 그리하면 그의 마음이 그의 형제 위에 교만하지 아니하고 이 명령에
서 떠나 좌로나 우로나 치우치지 아니하리니 이스라엘 중에서 그와 그의 자손이 왕위에 있는 날이 장구하리라

신명기 18장

제사장과 레위 사람의 몫

1 레위 사람 제사장과 레위의 온 지파는 이스라엘 중에 분깃도 없고 기업도 없을지니 그들은 여호와의 화제물과
그 기업을 먹을 것이라 2 그들이 그들의 형제 중에서 기업을 가지지 않을 것은 여호와께서 그들의 기업이 되심이
니 그들에게 말씀하심 같으니라 3 제사장이 백성에게서 받을 몫은 이러하니 곧 그 드리는 제물의 소나 양이나 그
앞다리와 두 볼과 위라 이것을 제사장에게 줄 것이요 4 또 네가 처음 거둔 곡식과 포도주와 기름과 네가 처음 깎
은 양털을 네가 그에게 줄 것이니 5 이는 네 하나님 여호와께서 네 모든 지파 중에서 그를 택하여 내시고 그와 그
의 자손에게 항상 여호와의 이름으로 서서 섬기게 하셨음이니라 6 이스라엘 온 땅 어떤 성읍에든지 거주하는 레
위인이 간절한 소원이 있어 그가 사는 곳을 떠날지라도 여호와께서 택하신 곳에 이르면 7 여호와 앞에 선 그의
모든 형제 레위인과 같이 그의 하나님 여호와의 이름으로 섬길 수 있나니 8 그 사람의 몫은 그들과 같을 것이요
그가 조상의 것을 판 것은 별도의 소유이니라

다른 민족들의 가증한 행위

9 네 하나님 여호와께서 네게 주시는 땅에 들어가거든 너는 그 민족들의
가증한 행위를 본받지 말 것이니 10 그의 아들이나 딸을 불 가운데로 지나
게 하는 자나 점쟁이나 길흉을 말하는 자나 요술하는 자나 무당이나 11 진
언자나 신접자나 박수나 초혼자를 너희 가운데에 용납하지 말라 12 이런
일을 행하는 모든 자를 여호와께서 가증히 여기시나니 이런 가증한 일로
말미암아 네 하나님 여호와께서 그들을 네 앞에서 쫓아내시느니라 13 너
는 네 하나님 여호와 앞에서 완전하라 14 네가 쫓아낼 이 민족들은 길흉을
말하는 자나 점쟁이의 말을 듣거니와 네게는 네 하나님 여호와께서 이런
일을 용납하지 아니하시느니라

> 신 18:9-14 이방 풍습 추종 금지 조항이다. 이는 이제 이방 문화가 창궐하고 있는 가나안 땅에 들어가 아직도 문화를 제대로 갖추지 못한 이스라엘 백성이 그 이방 문화에 쉽게 동화될 것은 불 보듯 뻔한 것이기 때문에 이를 강하게 단절하도록 명령하시는 것이다.
> 우리도 세속적 세계관을 세우고 따르는 삶을 살면 우리의 삶 가운데 하나님의 나라가 세워질 수 없다는 것을 명확히 말하고 있다. 가나안 땅에 들어가는 2번째 이유가 아모리 족속의 죄악을 심판하는 것이라고 했는데(창 15:16) 가나안의 풍속과 풍습을 몰아내는 것이(진멸하기) 아모리 족속의 창궐한 죄악을 심판하는 것이다.

선지자를 일으키실 약속

15 네 하나님 여호와께서 너희 가운데 네 형제 중에서 너를 위하여 나와
같은 선지자 하나를 일으키시리니 너희는 그의 말을 들을지니라 16 이것
이 곧 네가 총회의 날에 호렙 산에서 네 하나님 여호와께 구한 것이라 곧 네가 말하기를 내가 다시는 내 하나님
여호와의 음성을 듣지 않게 하시고 다시는 이 큰 불을 보지 않게 하소서 두렵건대 내가 죽을까 하나이다 하매 17
여호와께서 내게 이르시되 그들의 말이 옳도다 18 내가 그들의 형제 중에서 너와 같은 선지자 하나를 그들을 위
하여 일으키고 내 말을 그 입에 두리니 내가 그에게 명령하는 것을 그가 무리에게 다 말하리라 19 누구든지 내 이
름으로 전하는 내 말을 듣지 아니하는 자는 내게 벌을 받을 것이요 20 만일 어떤 선지자가 내가 전하라고 명령하
지 아니한 말을 제 마음대로 내 이름으로 전하든지 다른 신들의 이름으로 말하면 그 선지자는 죽임을 당하리라
하셨느니라 21 네가 마음속으로 이르기를 그 말이 여호와께서 이르신 말씀인지 우리가 어떻게 알리요 하리라 22
만일 선지자가 있어 여호와의 이름으로 말한 일에 증험도 없고 성취함도 없으면 이는 여호와께서 말씀하신 것이
아니요 그 선지자가 제 마음대로 한 말이니 너는 그를 두려워하지 말지니라

13일차 읽기의 요약 (신 4~18)

모세는 요단 동편에서 광야 2세대에게 하나님이 누구신지, 그리고 그분께서 이스라엘 역사 가운데 어떤 일들을 행하셨는지를 설교하였다. 무엇보다도 이스라엘 민족은 하나님께서 애굽 땅 종 되었던 곳에서 친히 구원하신 하나님의 백성임을 잊지 말 것을 당부하였다. 또한 시내 산에서 하나님으로부터 십계명을 받은 것은 하나님과 그들과 복된 관계를 유지하기 위함임을 강조하였다. 그러므로 십계명을 비롯한 여러 법도를 오고 오는 다음 세대들에게 계속 가르쳐 지키게 하도록 당부하였다.

그리고 이제 곧 가나안 땅에 들어가면 이내 그들과 대면하게 될 가나안 땅에 거주하는 일곱 족속의 가증한 행위들을 통한 우상 숭배를 하지 말고 그들을 진멸하라고 명하였다. 하나님께서 가나안 땅을 주시는 목적은 아브라함과 맺은 언약 때문이고 또 한편으로는 그 땅에 사는 아모리 족속들의 죄의 수위가 하나님의 심판을 자초했기 때문이지 결코 이스라엘 백성들의 행위가 의롭기 때문이 아님을 말씀하셨다. 하나님께서는 이스라엘 백성들이 십계명 안에 있는 하나님의 마음을 회복하여 제사장 나라 백성으로서의 구별된 삶과 영적 전쟁을 통해 가나안의 세속 문화를 하나님의 나라로 정복할 것을 모세를 통해 엄히 명령하셨다.

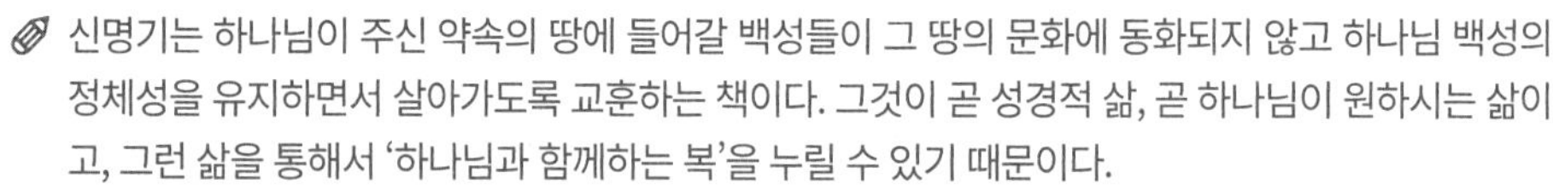

☑ 세계관 점검 - 묵상하기 (영상 강의와 교재 내용의 이해를 바탕으로)

- 신명기는 하나님이 주신 약속의 땅에 들어갈 백성들이 그 땅의 문화에 동화되지 않고 하나님 백성의 정체성을 유지하면서 살아가도록 교훈하는 책이다. 그것이 곧 성경적 삶, 곧 하나님이 원하시는 삶이고, 그런 삶을 통해서 '하나님과 함께하는 복'을 누릴 수 있기 때문이다.
  나는 그런 규례와 법도를 지키는 성경적 삶을 살아가고 있는가? 아니면 세속 문화에 동화되어 가는가? 그렇다면 어떻게 해야 하는가? 삶의 변화는 가치관 및 세계관의 변화로부터 온다.

- 신명기는 아브라함 언약의 2번째 약속을 실행하기 위해 가나안에 들어가 정착할 2세들에게 그 땅에서 하나님의 백성으로서 구별된 삶을 살아가야 할 지침을 알려 주는 책이다. 그야말로 삶의 지침서이다. 성경 전체가 그렇다.
  서구가 복음을 접함으로 그들의 야만성을 버리고 하나님의 원래 인간 창조의 모습인 하나님의 형상과 모양을 회복함으로 그들의 문화를 세울 수 있었다. D James Kennedy "What if the Bible has not been written?"
  성경은 하나님의 백성이 하나님 나라의 문화를 세우며 살아가게 하는 지침서이며, 그 기본 정보를 제공하는 책이다. 크리스천들의 성경적 세계관의 기본을 이루는 책이다. 오늘도 그런 관점으로 성경을 읽고 있는가? 그래서 우리도 하나님 나라의 문화를 세워가는 삶을 살아야 하지 않겠는가?
  믿음은 동사이지 결코 명사가 아님을 꼭 명심하고 실천해야 한다. 그래서 성경적 세계관을 이 개념 위에 형성해야 한다. 생각은 행동을 낳는다.
"신앙고백은 있는데 그 고백에 따르는 삶은 없다." 이것은 우리의 슬픈 현상이다. 그러므로 "지켜 행함"의 중요성을 매우 강조하고 있다는 사실을 명심하라.

✐ 오늘 읽은 부분 전반에서 일관되게 강조하는 것은 여호와를 경외하고 사랑하라는 것이다.
이 말의 실천은 무엇인가? 성경 구절을 암송하고 교회 안에서 뜨겁게 찬송하고 열정적으로 기도하는 것이 이 말의 실천이라고 생각하는가? 오늘 읽은 부분에서 또한 매우 강조하는 것은 "지켜 행하라"임을 파악했는가? 그렇다면 답은 무엇인가? 그 답대로 살아가고 있는가? 아니라면 당신은 가짜 신자임을 고백하고 회개하라!

✐ 신 7:1-5 가나안 문화에 동화되면 하나님 나라의 문화를 세울 수가 없고, 그렇게 되면 하나님 나라는 회복되지 못하기 때문에 그 가나안 문화와 철저하게 단절할 것을 매우 강하게 강조한다. 문화적 동화가 손쉽게 이루어지는 부분이 결혼이다. 그래서 성경은 믿는 자들이 불신자와 결혼하는 것을 금하고 있다.
동의 하는가? 당신의 결혼관은 과연 성경적인가?[창 2:23-24. 찬송가 605(통 287), 559(통 305)]

✐ 8장에서 어떤 환경이 오면 하나님을 잊어버린다고 했는가? 내가 겪고 있는 환경이 하나님을 잊게 하는 환경인가? 그런 환경에서도 하나님을 잊지 않는 삶을 살려면 어떻게 해야 하는가?
사회학자들의 연구 결과에 의하면 한 국가 사회 집단의 종교의 열정은 부의 증거와 반비례한다는 사실을 밝혀냈다. 8장은 우리가 부를 이룰 수 있는 능력도 하나님의 은혜로 이루어졌다는 사실을 분명히 말해 주고 있다.

☑ 이 문제를 다스리는 방법.

- 잠언 30:8-9 곧 헛된 것과 거짓말을 내게서 멀리 하옵시며 나를 가난하게도 마옵시고 부하게도 마옵시고 오직 필요한 양식으로 나를 먹이시옵소서 혹 내가 배불러서 하나님을 모른다 여호와가 누구냐 할까 하오며 혹 내가 가난하여 도둑질하고 내 하나님의 이름을 욕되게 할까 두려워함 이니이다
- 빌 4:11-12 내가 궁핍하므로 말하는 것이 아니니라 어떠한 형편에든지 나는 자족하기를 배웠노니 나는 비천에 처할 줄도 알고 풍부에 처할 줄도 알아 모든 일 곧 배부름과 배고픔과 풍부와 궁핍에도 처할 줄 아는 일체의 비결을 배웠노라

✐ 신 8:1 하나님의 계명을 지키는 것은 삶과 죽음의 문제임을 분명히 아는가? 그래서 당신은 하나님이 당신께 주시는 능력의 말씀을 얼마나 진지하게 받아들이는가? 또한 그 말씀은 당신의 삶에 어떤 영향을 미치고 있는가? 하나님의 말씀을 통해 당신이 변화 받은 구체적인 실례는 무엇인가?
[시 51:10, 빌 4:11-13. 찬송가 430(통 456)]

✐ 신 11:26-32 성도의 삶에는 순종과 불순종, 이 두 가지 중 하나의 선택만이 있을 뿐이다. 현재 당신은 어느 선택을 하고 있는가?[히 3:1-6. 찬송가 218(통 369), 191(통 427)]

✐ 14장 22-29에서 말하는 십일조의 정신은 어떤 것인가? 신약의 십일조 정신과 비교해서 묵상하라.

✐ 신 18:9-22 오늘날 우리는 적그리스도가 만연한 시대에 살고 있다. 이처럼 혼란하고 복잡한 세상 속에서 당신은 거짓 영에 미혹되지 않도록 하나님의 말씀을 매일의 양식으로 삼고 있는가?
[잠 1:7, 엡 4:21-27. 찬송가 449(통 377), 430(통 456)]

✐ 성경이 말하는 하나님 나라는 내 삶 속에서 하나님과의 관계가 목자와 양의 관계가 형성되어 하나님의 주권

이 내 삶을 통치하고 주관하여, 내가 그분의 통치하에 순종하는 자로 살아갈 때 이루어지는 관계를 말한다. 그런 관점에서 내 속에, 내 주변의 공동체 속에 하나님 나라가 이루어지고 있는가?
이것 또한 성경적 세계관의 중요한 바탕을 이루는 관점이다.

"지켜 행함"의 중요성을 이해할 때 한 가지 명심해야 할 명언이 있다. 즉, "생각이 행동을 낳는다." 내 생각은 곧 내 가치에 근거하고, 그 가치는 세계관에 근거한다. 그러므로 나의 행동은 내 세계관의 표현이다. 성경의 "지켜 행함"을 위해 내 세계관이 성경적으로 변화되어야 한다.

4장의 우상 숭배의 문제를 생각해 보라. 우리가 섬기는 대상이 곧 내 삶의 질을 결정하고 내 세계관을 결정한다. 내가 무당을 믿는다면 내 삶은 무당의 삶의 질에서 절대로 벗어날 수 없다.
서구의 역사를 보면 복음이 그들에게 들어가기 전에 잡다한 신을 믿을 때 그들의 삶은 짐승 같은 야만인이었다. 그러나 예수님의 복음이 들어가자 그들은 인간다운 면모를 회복하고 오늘의 삶의 질을 발전시킬 수 있었다.(D. James Kennedy "What if Jesus had never been born?" 참조)
우리에게 주신 부(물질)는 축복이 아니고, 은사이다. 은사는 나누고 섬기는 수단으로 주어진다는 사실도 잘 새겨두라.

성도가 이 세상과 섞여 버리면 그 섞임이 내 삶을 주도하는 원리가 되어 버리고 하나님 나라는 선악과 사건처럼 없어져 버린다. 그래서 성경은 그토록 "섞이면 안 된다"를 매우 강조하는 것이다. 이런 맥락으로 신명기 12:1-7의 말씀을 심도 있게 이해하고 묵상하라.

결단기도와 실행하기

약 2:26 영혼 없는 몸이 죽은 것 같이 행함이 없는 믿음은 죽은 것이니라
시 119:28 나의 영혼이 눌림으로 말미암아 녹사오니 주의 말씀대로 나를 세우소서

신명기 19~34장 :
하나님 나라(땅)에 사는 백성을 위한 율법 (12:1-26:15) - 섞이면 안 되는 삶을 강조
시 90편 : 모세의 시

신명기 19장

도피성(민 35:9-28; 수 20:1-9)

1 네 하나님 여호와께서 이 여러 민족을 멸절하시고 네 하나님 여호와께서
그 땅을 네게 주시므로 네가 그것을 받고 그들의 성읍과 가옥에 거주할
때에 2 네 하나님 여호와께서 네게 기업으로 주신 땅 가운데에서 세 성읍
을 너를 위하여 구별하고 3 네 하나님 여호와께서 네게 기업으로 주시는
땅 전체를 세 구역으로 나누어 길을 닦고 모든 살인자를 그 성읍으로 도
피하게 하라 4 살인자가 그리로 도피하여 살 만한 경우는 이러하니 곧 누
구든지 본래 원한이 없이 부지중에 그의 이웃을 죽인 일, 5 가령 사람이 그
이웃과 함께 벌목하러 삼림에 들어가서 손에 도끼를 들고 벌목하려고 찍
을 때에 도끼가 자루에서 빠
져 그의 이웃을 맞춰 그를 죽
게 함과 같은 것이라 이런 사람
은 그 성읍 중 하나로 도피하여 생명을 보
존할 것이니라 6 그 사람이 그에게 본래 원한이 없으니
죽이기에 합당하지 아니하나 두렵건대 그 피를 보복하는 자의 마음이 복
수심에 불타서 살인자를 뒤쫓는데 그 가는 길이 멀면 그를 따라 잡아 죽
일까 하노라 7 그러므로 내가 네게 명령하기를 세 성읍을 너를 위하여 구
별하라 하노라 8 네 하나님 여호와께서 네 조상들에게 맹세하신 대로 네 지경을 넓혀 네 조상들에게 주리라고 말
씀하신 땅을 다 네게 주실 때 9 또 너희가 오늘 내가 너희에게 명하는 이 모든 명령을 지켜 행하여 네 하나님 여호
와를 사랑하고 항상 그의 길로 행할 때에는 이 셋 외에 세 성읍을 더하여 10 네 하나님 여호와께서 네게 기업으로
주시는 땅에서 무죄한 피를 흘리지 말라 이같이 하면 그의 피가 네게로 돌아가지 아니하리라 11 그러나 만일 어
떤 사람이 그의 이웃을 미워하여 엎드려 그를 기다리다가 일어나 상처를 입혀 죽게 하고 이 한 성읍으로 도피하
면 12 그 본 성읍 장로들이 사람을 보내어 그를 거기서 잡아다가 보복자의 손에 넘겨 죽이게 할 것이라 13 네 눈이
그를 긍휼히 여기지 말고 무죄한 피를 흘린 죄를 이스라엘에서 제하라 그리하면 네게 복이 있으리라

이웃의 경계표를 옮기지 말라

14 네 하나님 여호와께서 네게 주어 차지하게 하시는 땅 곧 네 소유가 된
기업의 땅에서 조상이 정한 네 이웃의 경계표를 옮기지 말지니라

두 세 증인의 입으로 하라

15 사람의 모든 악에 관하여 또한 모든 죄에 관하여는 한 증인으로만 정
할 것이 아니요 두 증인의 입으로나 또는 세 증인의 입으로 그 사건을 확
정할 것이며 16 만일 위증하는 자가 있어 어떤 사람이 악을 행하였다고 말하면 17 그 논쟁하는 쌍방이 같이 하나

❖ 신 19장
여기에 나오는 3가지 규례는 건전하고 아름다운 이웃과의 관계에 관한 것이다. 하나님의 백성은 하나님과의 바른 관계를 이웃과의 바른 관계로 표현해 내야 한다. 그것이 곧 진정한 십계명의 영성이다. 이 규례는 단순히 개념적인 것이 아니라 현실 가운데 실천되어야 하는 것들이다.
이웃과의 관계는 실천될 때 이루어지는 것이다.

신 19장
학습 자료 14-1 "도피성 제도" 참조

❖ **도피성(신 19:1-13)**
고대 근동의 형법 집행은 일반적으로 동태복수법(同態復讐法)으로 집행한다. (레 25:20, 신 19:21) 따라서 사람을 죽인 자는 마땅히 죽어야만 했다.(창 9:6, 출 21:12, 14). 그러나 전혀 고의성이 없이 부지 중에 살인한 자에 대해서까지 극형에 처하거나 복수의 대상이 되는 것은 너무 지나친 일이었다. 그뿐만 아니라 무모한 피 흘림과 보복의 악순환이 계속되어 사회·질서를 혼란하게 할 우려도 있었다. 하나님은 질서의 하나님이시다.

신 19:14 **경계 지키기**
타인의 재산을 보호하게 하시는 하나님. 본문의 규례는 오늘날 우리들이 타인의 권리를 침해하는 어떤 속임수나 교묘한 행위를 하지 말도록 교훈한다.

님 앞에 나아가 그 당시의 제사장과 재판장 앞에 설 것이요 [18] 재판장은
자세히 조사하여 그 증인이 거짓 증거하여 그 형제를 거짓으로 모함한 것
이 판명되면 [19] 그가 그의 형제에게 행하려고 꾀한 그대로 그에게 행하여
너희 중에서 악을 제하라 [20] 그리하면 그 남은 자들이 듣고 두려워하여 다
시는 그런 악을 너희 중에서 행하지 아니하리라 [21] 네 눈이 긍휼히 여기지
말라 생명에는 생명으로, 눈에는 눈으로, 이에는 이로, 손에는 손으로, 발에는 발로이니라

신 19:15-21 거짓 증언을 방지하고 증거 능력을 온전하게 하려는 규례이다. 오늘날 이웃을 내 몸과 같이 사랑하지는 못할지언정, 거짓 증언과 음모로 올가미를 씌우는 인간들에게 내리는 경고이다.

신명기 20장

적군과 싸우려 할 때에

[1] 네가 나가서 적군과 싸우려 할 때에 말과 병거와 백성이 너보다 많음을
볼지라도 그들을 두려워하지 말라 애굽 땅에서 너를 인도하여 내신 네 하
나님 여호와께서 너와 함께 하시느니라 [2] 너희가 싸울 곳에 가까이 가면
제사장은 백성에게 나아가서 고하여 그들에게 [3] 말하여 이르기를 이스라
엘아 들으라 너희가 오늘 너희의 대적과 싸우려고 나아왔으니 마음에 겁
내지 말며 두려워하지 말며 떨지 말며 그들로 말미암아 놀라지 말라 [4] 너
희 하나님 여호와는 너희와 함께 행하시며 너희를 위하여 너희 적군과 싸
우시고 구원하실 것이라 할 것이며 [5] 책임자들은 백성에게 말하여 이르기
를 새 집을 건축하고 낙성식을 행하지 못한 자가 있느냐 그는 집으로 돌
아갈지니 전사하면 타인이 낙성식을 행할까 하노라 [6] 포도원을 만들고 그
과실을 먹지 못한 자가 있느냐 그는 집으로 돌아갈지니 전사하면 타인이
그 과실을 먹을까 하노라 [7] 여자와 약혼하고 그와 결혼하지 못한 자가 있
느냐 그는 집으로 돌아갈지니 전사하면 타인이 그를 데려갈까 하노라 하
고 [8] 책임자들은 또 백성에게 말하여 이르기를 두려워서 마음이 허약한
자가 있느냐 그는 집으로 돌아갈지니 그의 형제들의 마음도 그의 마음
과 같이 낙심될까 하노라 하고 [9] 백성에게 이르기를 마친 후에 군대의 지
휘관들을 세워 무리를 거느리게 할지니라 [10] 네가 어떤 성읍으로 나아가
서 치려 할 때에는 그 성읍에 먼저 화평을 선언하라 [11] 그 성읍이 만일 화
평하기로 회답하고 너를 향하여 성문을 열거든 그 모든 주민들에게 네게
조공을 바치고 너를 섬기게 할 것이요 [12] 만일 너와 화평하기를 거부하고
너를 대적하여 싸우려 하거든 너는 그 성읍을 에워쌀 것이며 [13] 네 하나님
여호와께서 그 성읍을 네 손에 넘기시거든 너는 칼날로 그 안의 남자를
다 쳐죽이고 [14] 너는 오직 여자들과 유아들과 가축들과 성읍 가운데에 있
는 모든 것을 너를 위하여 탈취물로 삼을 것이며 너는 네 하나님 여호와
께서 네게 주신 적군에게서 빼앗은 것을 먹을지니라 [15] 네가 네게서 멀리
떠난 성읍들 곧 이 민족들에게 속하지 아니한 성읍들에게는 이같이 행하려니와 [16] 오직 네 하나님 여호와께서
네게 기업으로 주시는 이 민족들의 성읍에서는 호흡 있는 자를 하나도 살리지 말지니 [17] 곧 헷 족속과 아모리 족
속과 가나안 족속과 브리스 족속과 히위 족속과 여부스 족속을 네가 진멸하되 네 하나님 여호와께서 네게 명령
하신 대로 하라 [18] 이는 그들이 그 신들에게 행하는 모든 가증한 일을 너희에게 가르쳐 본받게 하여 너희가 너희
의 하나님 여호와께 범죄하게 할까 함이니라 [19] 너희가 어떤 성읍을 오랫동안 에워싸고 그 성읍을 쳐서 점령하
려 할 때에도 도끼를 둘러 그 곳의 나무를 찍어내지 말라 이는 너희가 먹을 것이 될 것임이니 찍지 말라 들의 수

❖ 신 20장
전쟁은 하나님께 속한 것이다. 신위를 존중하고 그에게 맡기고 따르라. 모세는 이런 규례들을 설명하면서 현재의 삶이 구별된 삶이 되어야 함을 강조한다. 이것은 관점 3에서 말하는 구별된 삶의 그 기준은 언제나 말씀이다. 그래서 우리는 성경을 늘 읽고, 감성적으로 읽고, 삶으로 표현하는 의지적으로 읽어야 한다.
☞ 20장에서 보여 주는 전쟁은 신약적 개념으로 영적 전쟁이다. 영적 전쟁 자체를 인정하는가? 즉 사탄의 세력이 하나님을 대적하는 그런 전쟁이 이루어지고 있다는 사실 말이다. 사실 이 전쟁은 선악과 사건 때부터 시작된 전쟁이고 예수님 재림으로 끝나는 전쟁이다. 그래서 우리는 "종말론적" 구속의 역사라고 부른다. 이런 전쟁은 하나님이 싸우는 전쟁이다. 여호수아처럼 그 작전권을 하나님께 맡기고 그를 의지하는가?

신 20:4-10 매우 독특한 군대 운영법을 보여 주고 있다. 그 이유는 먼저 전쟁은 하나님께 속한 것이기 때문에 하나님 방법대로 해야 한다는 것이다. 하나님의 전쟁은 파괴를 일삼는 전쟁이 아니고 진정한 하나님의 평화를 이루는 것이기 때문에 먼저 화평을 제의하고 그것이 받아들여지지 않으면 무력을 사용해서라도 하나님의 평화를 지켜야 한다는 것을 말해 준다.

신 20:19-20 이 구절에서 하나님은 자연계의 피조 세계도 섭리하고 계신다는 것을 명확하게 볼 수 있다. 오늘 인간은 하나님이 주신 자연계를 너무 인위적으로 파괴하고 많은 재해를 스스로 초래한다는 것을 깊이 반성해야 할 것이다.

목이 사람이냐 너희가 어찌 그것을 에워싸겠느냐 20 다만 과목이 아닌 수목은 찍어내어 너희와 싸우는 그 성읍
을 치는 기구를 만들어 그 성읍을 함락시킬 때까지 쓸지니라

신명기 21장

죽인 자를 알지 못하거든

1 네 하나님 여호와께서 네게 주어 차지하게 하신 땅에서 피살된 시체가
들에 엎드러진 것을 발견하고 그 쳐죽인 자가 누구인지 알지 못하거든 2
너희의 장로들과 재판장들은 나가서 그 피살된 곳의 사방에 있는 성읍의
원근을 잴 것이요 3 그 피살된 곳에서 제일 가까운 성읍의 장로들이 그 성
읍에서 아직 부리지 아니하고 멍에를 메지 아니한 암송아지를 취하여 4
그 성읍의 장로들이 물이 항상 흐르고 갈지도 않고 씨를 뿌린 일도 없는
골짜기로 그 송아지를 끌고 가서 그 골짜기에서 그 송아지의 목을 꺾을
것이요 5 레위 자손 제사장들도 그리로 갈지니 그들은 네 하나님 여호와
께서 택하사 자기를 섬기게 하시며 또 여호와의 이름으로 축복하게 하신
자라 모든 소송과 모든 투쟁이 그들의 말대로 판결될 것이니라 6 그 피살
된 곳에서 제일 가까운 성읍의 모든 장로들은 그 골짜기에서 목을 꺾은
암송아지 위에 손을 씻으며 7 말하기를 우리의 손이 이 피를 흘리지 아니
하였고 우리의 눈이 이것을 보지도 못하였나이다 8 여호와여 주께서 속량
하신 주의 백성 이스라엘을 사하시고 무죄한 피를 주의 백성 이스라엘 중
에 머물러 두지 마옵소서 하면 그 피 흘린 죄가 사함을 받으리니 9 너는 이
와 같이 여호와께서 보시기에 정직한 일을 행하여 무죄한 자의 피 흘린 죄를 너희 중에서 제할지니라

❖ **신 21장 하나님 나라 백성의 성결 유지**
하나님은 당신의 나라 안에서 죄 있는 자, 즉 성결치 못한 자를 용납하지 않는다는 것이다(마 22:11-14). 즉, 가나안 땅에서는 살인을 범한 죄인이 아무 형벌을 받지 않고도 그냥 살아갈 수 있다거나(1-9절), 성결치 못한 이방인이 하나님의 백성으로 살아갈 수 있다거나(10-14절), 부모를 거역한 패륜아가 버젓이 살아갈 수 있다거나(18-21절)하는 일이 전혀 있을 수 없다는 것이다. 이스라엘 백성들은 이런 땅에서 사소한 일에서라도 그 땅의 거룩성을 범하지 않도록 촉구되고 있다(22~23절). 그리고 이럴 때에는 아무리 장자가 못나고 밉더라도 그 장자권이 보장된다는 사실이 암시하듯이 선민의 지위와 특권이 보장된다는 것이다. 이것을 신약의 우리에게 영적으로 적용한다면 우리가 삶의 전 영역에서 성결과 거룩을 유지할 때, 또 유지해야만 천국 시민의 권리가 계속 보장됨을 암시한다고 볼 수 있다.

신 21장
학습 자료 14-2 "성경의 효 사상" 참조

여자 포로를 아내로 삼는 규정

10 네가 나가서 적군과 싸울 때에 네 하나님 여호와께서 그들을 네 손에 넘기시므로 네가 그들을 사로잡은 후
에 11 네가 만일 그 포로 중의 아리따운 여자를 보고 그에게 연연하여 아내를 삼고자 하거든 12 그를 네 집으로
데려갈 것이요 그는 그 머리를 밀고 손톱을 베고 13 또 포로의 의복을 벗고 네 집에 살며 그 부모를 위하여 한
달 동안 애곡한 후에 네가 그에게로 들어가서 그의 남편이 되고 그는 네 아내가 될 것이요 14 그 후에 네가 그
를 기뻐하지 아니하거든 그의 마음대로 가게 하고 결코 돈을 받고 팔지 말지라 네가 그를 욕보였은즉 종으로
여기지 말지니라

장자의 상속권

15 어떤 사람이 두 아내를 두었는데 하나는 사랑을 받고 하나는 미움을 받다가 그 사랑을 받는 자와 미움을 받는
자가 둘 다 아들을 낳았다 하자 그 미움을 받는 자의 아들이 장자이면 16 자기의 소유를 그의 아들들에게 기업으
로 나누는 날에 그 사랑을 받는 자의 아들을 장자로 삼아 참 장자 곧 미움을 받는 자의 아들보다 앞세우지 말고
17 반드시 그 미움을 받는 자의 아들을 장자로 인정하여 자기의 소유에서 그에게는 두 몫을 줄 것이니 그는 자기
의 기력의 시작이라 장자의 권리가 그에게 있음이니라

패역한 아들에게 내리는 벌

18 사람에게 완악하고 패역한 아들이 있어 그의 아버지의 말이나 그 어머니의 말을 순종하지 아니하고 부모가
징계하여도 순종하지 아니하거든 19 그의 부모가 그를 끌고 성문에 이르러 그 성읍 장로들에게 나아가서 20 그
성읍 장로들에게 말하기를 우리의 이 자식은 완악하고 패역하여 우리 말을 듣지 아니하고 방탕하며 술에 잠긴
자라 하면 21 그 성읍의 모든 사람들이 그를 돌로 쳐죽일지니 이같이 네가 너희 중에서 악을 제하라 그리하면 온
이스라엘이 듣고 두려워하리라

기타 규정

22 사람이 만일 죽을 죄를 범하므로 네가 그를 죽여 나무 위에 달거든 23 그 시체를 나무 위에 밤새도록 두지 말
고 그 날에 장사하여 네 하나님 여호와께서 네게 기업으로 주시는 땅을 더럽히지 말라 나무에 달린 자는 하나님
께 저주를 받았음이니라

신명기 22장

1 네 형제의 소나 양이 길 잃은 것을 보거든 못 본 체하지 말고 너는 반드
시 그것들을 끌어다가 네 형제에게 돌릴 것이요 2 네 형제가 네게서 멀거
나 또는 네가 그를 알지 못하거든 그 짐승을 네 집으로 끌고 가서 네 형제
가 찾기까지 네게 두었다가 그에게 돌려줄지니 3 나귀라도 그리하고 의복
이라도 그리하고 형제가 잃어버린 어떤 것이든지 네가 얻거든 다 그리하
고 못 본 체하지 말 것이며 4 네 형제의 나귀나 소가 길에 넘어진 것을 보
거든 못 본 체하지 말고 너는 반드시 형제를 도와 그것들을 일으킬지니라
5 여자는 남자의 의복을 입지 말 것이요 남자는 여자의 의복을 입지 말 것
이라 이같이 하는 자는 네 하나님 여호와께 가증한 자이니라 6 길을 가다
가 나무에나 땅에 있는 새의 보금자리에 새 새끼나 알이 있고 어미 새가
그의 새끼나 알을 품은 것을 보거든 그 어미 새와 새끼를 아울러 취하지
말고 7 어미는 반드시 놓아 줄 것이요 새끼는 취하여도 되나니 그리하면
네가 복을 누리고 장수하리라 8 네가 새 집을 지을 때에 지
붕에 난간을 만들어 사람이 떨어지지 않게 하라 그 피가
네 집에 돌아갈까 하노라 9 네 포도원에 두 종자를 섞
어 뿌리지 말라 그리하면 네가 뿌린 씨의 열매와 포
도원의 소산을 다 빼앗길까 하노라 10 너는 소와
나귀를 겨리하여 갈지 말며 11 양 털과 베 실로
섞어 짠 것을 입지 말지니라 12 너희는 너희가 입는 겉옷의 네 귀에 술을 만들지니라

❖ 신 22~25장의 개요

하나님은 우리에게 우리와 하나님과의 수직적 관계에 있어서나, 인간과 인간끼리의 수평적 관계에 있어서나 결국 공의, 순결, 사랑이 실천되기를 원하시며 이를 명령하신다. 또한 이런 율법은 그 입법 원리가 하나님께서 절대자요 창조자로서 세상을 창조하신 원리와, 모든 인간이 죄인이지만 그중 일부를 택하여 궁극적으로는 예수 그리스도의 희생 구속을 통하여 구원해 주시는 구속 원리에 따라 된 것임이 자주 암시된다. 동시에 이상의 원리에 따라 각종 율법을 입법 제정하신 하나님께서는 그것으로 그만인 것이 아니라, 그 율법에 대한 순종과 불순종 여부에 따라 분명히 복과 저주로 보응할 것도 끊임없이 그 이면에서 교훈하고 있다.

> 신 22:10-11 섞이면 안 된다는 관점 3을 말한다.
> 성도는 부정한 세속 세력과 타협하거나 동화되어서는 안 된다.
> 당신은 세상에 속한 불신자와 타협함으로 하나님으로부터 멀어져 있지는 않은가?
> 세상의 유혹으로부터 자신을 지키는 방법은 무엇인가?

순결에 관한 법

13 누구든지 아내를 맞이하여 그에게 들어간 후에 그를 미워하여 14 비방거리를 만들어 그에게 누명을 씌워 이르
되 내가 이 여자를 맞이하였더니 그와 동침할 때에 그가 처녀임을 보지 못하였노라 하면 15 그 처녀의 부모가 그
처녀의 처녀인 표를 얻어가지고 그 성문 장로들에게로 가서 16 처녀의 아버지가 장로들에게 말하기를 내 딸을 이
사람에게 아내로 주었더니 그가 미워하여 17 비방거리를 만들어 말하기를 내가 네 딸에게서 처녀임을 보지 못하
였노라 하나 보라 내 딸의 처녀의 표적이 이것이라 하고 그 부모가 그 자리옷을 그 성읍 장로들 앞에 펼 것이요
18 그 성읍 장로들은 그 사람을 잡아 때리고 19 이스라엘 처녀에게 누명을 씌움으로 말미암아 그에게서 은 일백
세겔을 벌금으로 받아 여자의 아버지에게 주고 그 여자는 그 남자가 평생에 버릴 수 없는 아내가 되게 하려니와
20 그 일이 참되어 그 처녀에게 처녀의 표적이 없거든 21 그 처녀를 그의 아버지 집 문에서 끌어내고 그 성읍 사람
들이 그를 돌로 쳐죽일지니 이는 그가 그의 아버지 집에서 창기의 행동을 하여 이스라엘 중에서 악을 행하였음
이라 너는 이와 같이 하여 너희 가운데서 악을 제할지니라 22 어떤 남자가 유부녀와 동침한 것이 드러나거든 그
동침한 남자와 그 여자를 둘 다 죽여 이스라엘 중에 악을 제할지니라 23 처녀인 여자가 남자와 약혼한 후에 어떤
남자가 그를 성읍 중에서 만나 동침하면 24 너희는 그들을 둘 다 성읍 문으로 끌어내고 그들을 돌로 쳐죽일 것이
니 그 처녀는 성안에 있으면서도 소리 지르지 아니하였음이요 그 남자는 그 이웃의 아내를 욕보였음이라 너는
이같이 하여 너희 가운데에서 악을 제할지니라 25 만일 남자가 어떤 약혼한 처녀를 들에서 만나서 강간하였으면

그 강간한 남자만 죽일 것이요 26 처녀에게는 아무것도 행하지 말 것은 처녀에게는 죽일 죄가 없음이라 이 일은
사람이 일어나 그 이웃을 쳐죽인 것과 같은 것이라 27 남자가 처녀를 들에서 만난 까닭에 그 약혼한 처녀가 소리
질러도 구원할 자가 없었음이니라 28 만일 남자가 약혼하지 아니한 처녀를 만나 그를 붙들고 동침하는 중에 그
두 사람이 발견되면 29 그 동침한 남자는 그 처녀의 아버지에게 은 오십 세겔을 주고 그 처녀를 아내로 삼을 것이
라 그가 그 처녀를 욕보였은즉 평생에 그를 버리지 못하리라 30 사람이 그의 아버지의 아내를 취하여 아버지의
하체를 드러내지 말지니라

신명기 23장

신 23장
학습 자료 4-3 "성도의 사회적 책임" 참조

총회에 들어오지 못하는 사람들

1 고환이 상한 자나 음경이 잘린 자는 여호와의 총회에 들어오지 못하리라 2 사생자는 여호와의 총회에 들어오
지 못하리니 십 대에 이르기까지도 여호와의 총회에 들어오지 못하리라 3 암몬 사람과 모압 사람은 여호와의 총
회에 들어오지 못하리니 그들에게 속한 자는 십 대뿐 아니라 영원히 여호와의 총회에 들어오지 못하리라 4 그들
은 너희가 애굽에서 나올 때에 떡과 물로 너희를 길에서 영접하지 아니하고 메소보다미아의 브돌 사람 브올의
아들 발람에게 뇌물을 주어 너희를 저주하게 하려 하였으나 5 네 하나님 여호와께서 너를 사랑하시므로 네 하나
님 여호와께서 발람의 말을 듣지 아니하시고 네 하나님 여호와께서 그 저주를 변하여 복이 되게 하셨나니 6 네
평생에 그들의 평안함과 형통함을 영원히 구하지 말지니라 7 너는 에돔 사람을 미워하지 말라 그는 네 형제임이
니라 애굽 사람을 미워하지 말라 네가 그의 땅에서 객이 되었음이니라 8 그들의 삼 대 후 자손은 여호와의 총회
에 들어올 수 있느니라

진영을 거룩하게 하는 법

9 네가 적군을 치러 출진할 때에 모든 악한 일을 스스로 삼갈지니 10 너희 중에 누가 밤에 몽설함으로 부정하거
든 진영 밖으로 나가고 진영 안에 들어오지 아니하다가 11 해 질 때에 목욕하고 해 진 후에 진에 들어올 것이요
12 네 진영 밖에 변소를 마련하고 그리로 나가되 13 네 기구에 작은 삽을 더하여 밖에 나가서 대변을 볼 때에 그
것으로 땅을 팔 것이요 몸을 돌려 그 배설물을 덮을지니 14 이는 네 하나님 여호와께서 너를 구원하시고 적군을
네게 넘기시려고 네 진영 중에 행하심이라 그러므로 네 진영을 거룩히 하라 그리하면 네게서 불결한 것을 보시
지 않으므로 너를 떠나지 아니하시리라

기타 규정

15 종이 그의 주인을 피하여 네게로 도망하거든 너는 그의 주인에게 돌려
주지 말고 16 그가 네 성읍 중에서 원하는 곳을 택하는 대로 너와 함께 네
가운데에 거주하게 하고 그를 압제하지 말지니라 17 이스라엘 여자 중에
창기가 있지 못할 것이요 이스라엘 남자 중에 남창이 있
지 못할지니 18 창기가 번 돈과 개 같은 자의 소득
은 어떤 서원하는 일로든지 네 하나님 여호와의 전
에 가져오지 말라 이 둘은 다 네 하나님 여호와께 가증한 것임이니라 19 네가 형제에게 꾸
어주거든 이자를 받지 말지니 곧 돈의 이자, 식물의 이자, 이자를 낼 만한 모든 것의 이자를
받지 말 것이라 20 타국인에게 네가 꾸어주면 이자를 받아도 되거니와 네 형제에게 꾸어
주거든 이자를 받지 말라 그리하면 네 하나님 여호와께서 네가 들어가서 차지할 땅에
서 네 손으로 하는 범사에 복을 내리시리라 21 네 하나님 여호와께 서원하거든 갚기를
더디하지 말라 네 하나님 여호와께서 반드시 그것을 네게 요구하시리니 더디면 그것이
네게 죄가 될 것이라 22 네가 서원하지 아니하였으면 무죄하리라 그러나 23 네 입으로
말한 것은 그대로 실행하도록 유의하라 무릇 자원한 예물은 네 하나님 여호와께 네가 서

> 신 23:17-18 여호와께 바치는 헌물은 부정한 방법이나 부도덕한 행위로 번 것이어서는 안 된다. 당신은 땀 흘려 수고한 대가의 일부, 곧 십일조를 하나님께 드리는가? 혹 부당한 방법으로 번 재물을 드리지 않는가?(cf. 잠 11:1)

원하여 입으로 언약한 대로 행할지니라 24 네 이웃의 포도원에 들어갈 때에는 마음대로 그 포도를 배불리 먹어
도 되느니라 그러나 그릇에 담지는 말 것이요 25 네 이웃의 곡식밭에 들어갈 때에는 네가 손으로 그 이삭을 따도
되느니라 그러나 네 이웃의 곡식밭에 낫을 대지는 말지니라

신명기 24장

이혼과 재혼

1 사람이 아내를 맞이하여 데려온 후에 그에게 수치되는 일이 있음을 발견하고 그를 기뻐하지 아니하면 이혼 증
서를 써서 그의 손에 주고 그를 자기 집에서 내보낼 것이요 2 그 여자는 그의 집에서 나가서 다른 사람의 아내가
되려니와 3 그의 둘째 남편도 그를 미워하여 이혼 증서를 써서 그의 손에 주고 그를 자기 집에서 내보냈거나 또
는 그를 아내로 맞이한 둘째 남편이 죽었다 하자 4 그 여자는 이미 몸을 더럽혔은즉 그를 내보낸 전남편이 그를
다시 아내로 맞이하지 말지니 이 일은 여호와 앞에 가증한 것이라 너는 네 하나님 여호와께서 네게 기업으로 주
시는 땅을 범죄하게 하지 말지니라

기타 규정

5 사람이 새로이 아내를 맞이하였으면 그를 군대로 내보내지 말 것이요 아무 직무도 그에게 맡기지 말 것이며 그
는 일 년 동안 한가하게 집에 있으면서 그가 맞이한 아내를 즐겁게 할지니라 6 사람이 맷돌이나 그 위짝을 전당
잡지 말지니 이는 그 생명을 전당 잡음이니라 7 사람이 자기 형제 곧 이스라엘 자손 중 한 사람을 유인하여 종으
로 삼거나 판 것이 발견되면 그 유인한 자를 죽일지니 이같이 하여 너희 중에서 악을 제할지니라 8 너는 나병에
대하여 삼가서 레위 사람 제사장들이 너희에게 가르치는 대로 네가 힘써 다 지켜 행하되 너희는 내가 그들에게
명령한 대로 지켜 행하라 9 너희는 애굽에서 나오는 길에서 네 하나님 여호와께서 미리암에게 행하신 일을 기억
할지니라 10 네 이웃에게 무엇을 꾸어줄 때에 너는 그의 집에 들어가서 전당물을 취하지 말고 11 너는 밖에 서 있
고 네게 꾸는 자가 전당물을 밖으로 가지고 나와서 네게 줄 것이며 12 그가 가난한 자이면 너는 그의 전당물을
가지고 자지 말고 13 해 질 때에 그 전당물을 반드시 그에게 돌려줄 것이라 그리하면 그가 그 옷을 입고 자며 너
를 위하여 축복하리니 그 일이 네 하나님 여호와 앞에서 네 공의로움이 되리라 14 곤궁하고 빈한한 품꾼은 너희
형제든지 네 땅 성문 안에 우거하는 객이든지 그를 학대하지 말며 15 그 품삯을 당일에 주고 해 진 후까지 미루지
말라 이는 그가 가난하므로 그 품삯을 간절히 바람이라 그가 너를 여호와께 호소하지 않게 하라 그렇지 않으면
그것이 네게 죄가 될 것임이라 16 아버지는 그 자식들로 말미암아 죽임을
당하지 않을 것이요 자식들은 그 아버지로 말미암아 죽임을 당하지 않을
것이니 각 사람은 자기 죄로 말미암아 죽임을 당할 것이니라 17 너는 객이
나 고아의 송사를 억울하게 하지 말며 과부의 옷을 전당 잡지 말라 18 너
는 애굽에서 종 되었던 일과 네 하나님 여호와께서 너를 거기서 속량하신
것을 기억하라 이러므로 내가 네게 이 일을 행하라 명령하노라 19 네가 밭
에서 곡식을 벨 때에 그 한 뭇을 밭에 잊어버렸거든 다시 가서 가져오지
말고 나그네와 고아와 과부를 위하여 남겨두라 그리하면 네 하나님 여호와께서 네 손으로 하는 모든 일에 복을
내리시리라 20 네가 네 감람나무를 떤 후에 그 가지를 다시 살피지 말고 그 남은 것은 객과 고아와 과부를 위하
여 남겨두며 21 네가 네 포도원의 포도를 딴 후에 그 남은 것을 다시 따지 말고 객과 고아와 과부를 위하여 남겨
두라 22 너는 애굽 땅에서 종 되었던 것을 기억하라 이러므로 내가 네게 이 일을 행하라 명령하노라

신 24:16 가문의 저주는 없다.
신 24:16 가난하고 약한 자를 보호하시는 하나님
우리 모두가 하나님 앞에서 자기중심성을 온전히 내려놓고 심령이 가난하고 약한 자가 되어 그분의 사랑으로 은혜를 받는 자가 되자.

신명기 25장

1 사람들 사이에 시비가 생겨 재판을 청하면 재판장은 그들을 재판하여 의인은 의롭다 하고 악인은 정죄할 것이
며 2 악인에게 태형이 합당하면 재판장은 그를 엎드리게 하고 그 앞에서 그의 죄에 따라 수를 맞추어 때리게 하

라 3 사십까지는 때리려니와 그것을 넘기지는 못할지니 만일 그것을 넘겨 매를 지나치게 때리면 네가 네 형제를
경히 여기는 것이 될까 하노라 4 곡식 떠는 소에게 망을 씌우지 말지니라

죽은 형제에 대한 의무

5 형제들이 함께 사는데 그 중 하나가 죽고 아들이 없거든 그 죽은 자의 아
내는 나가서 타인에게 시집가지 말 것이요 그의 남편의 형제가 그에게로
들어가서 그를 맞이하여 아내로 삼아 그의 남편의 형제 된 의무를 그에게
다 행할 것이요 6 그 여인이 낳은 첫 아들이 그 죽은 형제의 이름을 잇게 하
여 그 이름이 이스라엘 중에서 끊어지지 않게 할 것이니라 7 그러나 그 사
람이 만일 그 형제의 아내 맞이하기를 즐겨하지 아니하면 그 형제의 아내
는 그 성문으로 장로들에게로 나아가서 말하기를 내 남편의 형제가 그의
형제의 이름을 이스라엘 중에 잇기를 싫어하여 남편의 형제 된 의무를 내
게 행하지 아니하나이다 할 것이요 8 그 성읍 장로들은 그를 불러다가 말
할 것이며 그가 이미 정한 뜻대로 말하기를 내가 그 여자를 맞이하기를 즐
겨하지 아니하노라 하면 9 그의 형제의 아내가 장로들 앞에서 그에게 나아
가서 그의 발에서 신을 벗기고 그의 얼굴에 침을 뱉으며 이르기를 그의 형
제의 집을 세우기를 즐겨 아니하는 자에게는 이같이 할 것이라 하고 10 이
스라엘 중에서 그의 이름을 신 벗김 받은 자의 집이라 부를 것이니라

> **신 25:5-6 형사취수제 (계대결혼법)**
> 형이 자식이 없이 죽으면 동생이 형수를 맞이해서 아들을 낳도록 하여 형의 대가 이어지고 가업을 잇게 하는 제도이다.
> 형제의 기업을 잇게 해준다는 원대한 목적 이외에 또 다른 측면이 있다. 곧 이스라엘 여인이 이방인과 결혼하는 것을 방지함은 물론 자녀 없이 불쌍하게 된 미망인을 보호하는 사회보장적 측면도 있다. 더욱이 이는 "내가 너로 큰 민족을 이루고… 창대케 하리니"(창 12:2)라고 하신 아브라함에 대한 하나님의 약속을 성취하기 위한 섭리적인 면도 있다.
> 한편 그리스도가 나신 혈통인 다윗의 계열이 바로 보아스와의 계대 결혼에 의해 유지되었기 때문이다(룻 4:10, 마 1:1-17). 그 예수 그리스도로 인하여 구속함을 입었고, 영원한 기업을 소유하게 되었다.

다른 법

11 두 사람이 서로 싸울 때에 한 사람의 아내가 그 치는 자의 손에서 그의 남편을 구하려 하여 가까이 가서 손을
벌려 그 사람의 음낭을 잡거든 12 너는 그 여인의 손을 찍어버릴 것이고 네 눈이 그를 불쌍히 여기지 말지니라 13
너는 네 주머니에 두 종류의 저울추 곧 큰 것과 작은 것을 넣지 말 것이며 14 네 집에 두 종류의 되 곧 큰 것과 작
은 것을 두지 말 것이요 15 오직 온전하고 공정한 저울추를 두며 온전하고 공정한 되를 둘 것이라 그리하면 네 하
나님 여호와께서 네게 주시는 땅에서 네 날이 길리라 16 이런 일들을 행하는 모든 자, 악을 행하는 모든 자는 네
하나님 여호와께 가증하니라

아말렉에 대한 기억을 지워버리라

17 너희는 애굽에서 나오는 길에 아말렉이 네게 행한 일을 기억하라 18 곧 그들이 너를 길에서 만나 네가 피곤할
때에 네 뒤에 떨어진 약한 자들을 쳤고 하나님을 두려워하지 아니하였느니라 19 그러므로 네 하나님 여호와께서
네게 기업으로 주어 차지하게 하시는 땅에서 네 하나님 여호와께서 사방에 있는 모든 적군으로부터 네게 안식
을 주실 때에 너는 천하에서 아말렉에 대한 기억을 지워버리라 너는 잊지 말지니라

신명기 26장

토지 소산

1 네 하나님 여호와께서 네게 기업으로 주어 차지하게 하실 땅에 네가 들
어가서 거기에 거주할 때에 2 네 하나님 여호와께서 네게 주신 땅에서 그
토지의 모든 소산의 맏물을 거둔 후에 그것을 가져다가 광주리에 담고
네 하나님 여호와께서 그의 이름을 두시려고 택하신 곳으로 그것을 가지
고 가서 3 그 때의 제사장에게 나아가 그에게 이르기를 내가 오늘 당신의
하나님 여호와께 아뢰나이다 내가 여호와께서 우리에게 주시겠다고 우
리 조상들에게 맹세하신 땅에 이르렀나이다 할 것이요 4 제사장은 네 손
에서 그 광주리를 받아서 네 하나님 여호와의 제단 앞에 놓을 것이며 5 너

> ❖ **신 26장 모세의 2차 설교의 결론**
> 각종 율법의 원리(原理)와 목적, 그리고 그 세부 내용을 새삼 강해함으로써 결국 하나님의 명령인 이 법에 순종할 때만이 복을 얻을 수 있다는 진리의 핵심을 강조한 설교의 결론이다.
> 이 결론에서 우리는 다음과 같은 질문을 스스로 던져야 할 것이다.
> 나는 하나님의 명령을 잘 알고 있는가? 나는 하나님의 명령을 잘 준행하고 있는가? 그리고 이 명령에 얼마만큼 순종하느냐 아니냐에 따라 천국에서 받을 나의 상급이 결정됨을 기억하고 있는가?
> "지켜 행함"이 하나님이 주신 만복의 근원이라는 사실을 깊이 새겨라.

는 또 네 하나님 여호와 앞에 아뢰기를 내 조상은 방랑하는 아람 사람으
로서 애굽에 내려가 거기에서 소수로 거류하였더니 거기에서 크고 강하
고 번성한 민족이 되었는데 6 애굽 사람이 우리를 학대하며 우리를 괴롭
히며 우리에게 중노동을 시키므로 7 우리가 우리 조상의 하나님 여호와
께 부르짖었더니 여호와께서 우리 음성을 들으시고 우리의 고통과 신고와 압제를 보시고 8 여호와께서 강한 손
과 편 팔과 큰 위엄과 이적과 기사로 우리를 애굽에서 인도하여 내시고 9 이곳으로 인도하사 이 땅 곧 젖과 꿀이
흐르는 땅을 주셨나이다 10 여호와여 이제 내가 주께서 내게 주신 토지 소산의 맏물을 가져왔나이다 하고 너는
그것을 네 하나님 여호와 앞에 두고 네 하나님 여호와 앞에 경배할 것이며 11 네 하나님 여호와께서 너와 네 집에
주신 모든 복으로 말미암아 너는 레위인과 너희 가운데에 거류하는 객과 함께 즐거워할지니라 12 셋째 해 곧 십
일조를 드리는 해에 네 모든 소산의 십일조 내기를 마친 후에 그것을 레위인과 객과 고아와 과부에게 주어 네 성
읍 안에서 먹고 배부르게 하라 13 그리 할 때에 네 하나님 여호와 앞에 아뢰기를 내가 성물을 내 집에서 내어 레
위인과 객과 고아와 과부에게 주기를 주께서 내게 명령하신 명령대로 하였사오니 내가 주의 명령을 범하지도 아
니하였고 잊지도 아니하였나이다 14 내가 애곡하는 날에 이 성물을 먹지 아니하였고 부정한 몸으로 이를 떼어두
지 아니하였고 죽은 자를 위하여 이를 쓰지 아니하였고 내 하나님 여호와의 말씀을 청종하여 주께서 내게 명령
하신 대로 다 행하였사오니 15 원하건대 주의 거룩한 처소 하늘에서 보시고 주의 백성 이스라엘에게 복을 주시
며 우리 조상들에게 맹세하여 우리에게 주신 젖과 꿀이 흐르는 땅에 복을 내리소서 할지니라

신 26장
학습 자료 14-4 "구제와 자선" 참조

신 26:11
학습 자료 14-5 "복" 참조

하나님 백성과 맺은 언약의 뜻(신명기 26:16~30장)

하나님의 보배로운 백성

16 오늘 네 하나님 여호와께서 이 규례와 법도를 행하라고 네게 명령하시나니 그런즉 너는 마음을 다하고 뜻을
다하여 지켜 행하라 17 네가 오늘 여호와를 네 하나님으로 인정하고 또
그 도를 행하고 그의 규례와 명령과 법도를 지키며 그의 소리를 들으라
18 여호와께서도 네게 말씀하신 대로 오늘 너를 그의 보배로운 백성이
되게 하시고 그의 모든 명령을 지키라 확언하셨느니라 19 그런즉 여호와
께서 너를 그 지으신 모든 민족 위에 뛰어나게 하사 찬송과 명예와 영광
을 삼으시고 그가 말씀하신 대로 너를 네 하나님 여호와의 성민이 되게
하시리라

신 26:18 시내 산 언약을 통해서 이스라엘과 우리가 하나님의 보배로운 백성이 되었으므로 이제 우리가 어떻게 해야 하는가?

신명기 27장

돌 위에 기록한 율법

1 모세와 이스라엘 장로들이 백성에게 명령하여 이르되 내가 오늘 너희
에게 명령하는 이 명령을 너희는 다 지킬지니라 2 너희가 요단을 건너 네
하나님 여호와께서 네게 주시는 땅에 들어가는 날에 큰 돌들을 세우고
석회를 바르라 3 요단을 건넌 후에 이 율법의 모든 말씀을 그 위에 기록
하라 그리하면 네 하나님 여호와께서 네게 주시는 땅 곧 젖과 꿀이 흐르
는 땅에 네가 들어가기를 네 조상들의 하나님 여호와께서 네게 말씀하
신 대로 하리라 4 너희가 요단을 건너거든 내가 오늘 너희에게 명령하는
이 돌들을 에발 산에 세우고 그 위에 석회를 바를 것이며 5 또 거기서 네
하나님 여호와를 위하여 제단 곧 돌단을 쌓되 그것에 쇠 연장을 대지 말
지니라 6 너는 다듬지 않은 돌로 네 하나님 여호와의 제단을 쌓고 그 위에
네 하나님 여호와께 번제를 드릴 것이며 7 또 화목제를 드리고 거기에서

❖ 신 27장
27~30장은 모세의 세 편의 고별 설교 중 마지막 설교이다. 이 설교에서 모세는 가나안에 들어갔을 때 모든 규례와 명령을 지킬 것을 다짐하는 2가지 의식에 관해 설교한다.
그중 하나는 먼저 에발 산에 석회를 발라 그 위에 율법의 내용을 새긴 돌비와 돌단을 건축하며 감사 제사를 드리라는 것이었다(27:1-10). 또 하나는 이스라엘 12지파의 대표가 각각 반씩 나뉘어 에발 산과 그림신 산에 서로 마주 보며 서서 그리심 산의 지파들은 율법을 순종할 때는 축복이 있음을, 에발 산의 지파들은 법에 불순종할 때는 저주가 있음을 선포하라는 내용의 명령이었다(27:11-26). 특히 이 후자에는 저주받아 마땅한 12가지 사례가 제시되어 있다.
이 두 의식은 결국 율법에 대한 순종의 자세를 공개적으로 다짐하는 신앙고백 의식이었다.
모든 인간이 하나님으로부터 축복을 받기 위해 필요한 것은 오직 인간 편의 순종일 뿐일 것임을 다시 한번 마음에 새기자.
☞ 11-26절 에발 산에서 선포한 12가지 저주 항목을 유의하라.

먹으며 네 하나님 여호와 앞에서 즐거워하라 [8] 너는 이 율법의 모든 말씀을
그 돌들 위에 분명하고 정확하게 기록할지니라 [9] 모세와 레위 제사장들이
온 이스라엘에게 말하여 이르되 이스라엘아 잠잠하여 들으라 오늘 네가 네
하나님 여호와의 백성이 되었으니 [10] 그런즉 네 하나님 여호와의 말씀을 청
종하여 내가 오늘 네게 명령하는 그 명령과 규례를 행할지니라

에발 산에서 선포한 저주

11 모세가 그 날 백성에게 명령하여 이르되 [12] 너희가 요단을 건넌 후에 시므온과 레위와 유다와 잇사갈과 요셉
과 베냐민은 백성을 축복하기 위하여 그리심 산에 서고 [13] 르우벤과 갓과 아셀과 스불론과 단과 납달리는 저주
하기 위하여 에발 산에 서고 [14] 레위 사람은 큰 소리로 이스라엘 모든 사람에게 말하여 이르기를 [15] 장색의 손으
로 조각하였거나 부어 만든 우상은 여호와께 가증하니 그것을 만들어 은밀히 세우는 자는 저주를 받을 것이라
할 것이요 모든 백성은 응답하여 말하되 아멘 할지니라 [16] 그의 부모를 경홀히 여기는 자는 저주를 받을 것이라
할 것이요 모든 백성은 아멘 할지니라 [17] 그의 이웃의 경계표를 옮기는 자는 저주를 받을 것이라 할 것이요 모든
백성은 아멘 할지니라 [18] 맹인에게 길을 잃게 하는 자는 저주를 받을 것이라 할 것이요 모든 백성은 아멘 할지니
라 [19] 객이나 고아나 과부의 송사를 억울하게 하는 자는 저주를 받을 것이라 할 것이요 모든 백성은 아멘 할지니
라 [20] 그의 아버지의 아내와 동침하는 자는 그의 아버지의 하체를 드러냈으니 저주를 받을 것이라 할 것이요 모
든 백성은 아멘 할지니라 [21] 짐승과 교합하는 모든 자는 저주를 받을 것이라 할 것이요 모든 백성은 아멘 할지니
라 [22] 그의 자매 곧 그의 아버지의 딸이나 어머니의 딸과 동침하는 자는 저주를 받을 것이라 할 것이요 모든 백
성은 아멘 할지니라 [23] 장모와 동침하는 자는 저주를 받을 것이라 할 것이요 모든 백성은 아멘 할지니라 [24] 그의
이웃을 암살하는 자는 저주를 받을 것이라 할 것이요 모든 백성은 아멘 할지니라 [25] 무죄한 자를 죽이려고 뇌물
을 받는 자는 저주를 받을 것이라 할 것이요 모든 백성은 아멘 할지니라 [26] 이 율법의 말씀을 실행하지 아니하는
자는 저주를 받을 것이라 할 것이요 모든 백성은 아멘 할지니라

신명기 28장

순종하여 받는 복(레 26:3-13; 신 7:12-24)

1 네가 네 하나님 여호와의 말씀을 삼가 듣고 내가 오늘 네게 명령하는 그
의 모든 명령을 지켜 행하면 네 하나님 여호와께서 너를 세계 모든 민족
위에 뛰어나게 하실 것이라 [2] 네가 네 하나님 여호와의 말씀을 청종하면
이 모든 복이 네게 임하며 네게 이르리니 [3] 성읍에서도 복을 받고 들에서
도 복을 받을 것이며 [4] 네 몸의 자녀와 네 토지의 소산과 네 짐승의 새끼
와 소와 양의 새끼가 복을 받을 것이며 [5] 네 광주리와 떡 반죽 그릇이 복
을 받을 것이며 [6] 네가 들어와도 복을 받고 나가도 복을 받을 것이니라 [7]
여호와께서 너를 대적하기 위해 일어난 적군들을 네 앞에서 패하게 하시
리라 그들이 한 길로 너를 치러 들어왔으나 네 앞에서 일곱 길로 도망하
리라 [8] 여호와께서 명령하사 네 창고와 네 손으로 하는 모든 일에 복을 내
리시고 네 하나님 여호와께서 네게 주시는 땅에서 네게 복을 주실 것이
며 [9] 여호와께서 네게 맹세하신 대로 너를 세워 자기의 성민이 되게 하시
리니 이는 네가 네 하나님 여호와의 명령을 지켜 그 길로 행할 것임이니라
10 땅의 모든 백성이 여호와의 이름이 너를 위하여 불리는 것을 보고 너를
두려워하리라 [11] 여호와께서 네게 주리라고 네 조상들에게 맹세하신 땅
에서 네게 복을 주사 네 몸의 소생과 가축의 새끼와 토지의 소산을 많게

✣ 신 28장을 흔히 축복장이라고 하지만 전혀 그렇지 않다. 28장은 축복과 저주의 기준이 "성경이 준 하나님의 명령과 규례를 지켜 행하여 하나님의 방법대로 사는가?"가 기준이 된다는 사실을 매우 명확하게 보여 준다. 그 기준은 절대 진리이다. 우리가 목숨을 걸고 지켜야 할 진리이다.
성경 곳곳에서 하나님의 복과 저주의 분명한 성취의 실례를 수차 제시하고 있다. 이런 원칙은 영적인 것으로 우리의 심령에서와 현실에서도 그대로 적용된다. 즉, 여호와께 순종하는 자의 영혼은 평안과 기쁨을 소유하나 악인의 심령은 그 육적 상태가 어떠하든지 간에 현실에서도 고통과 혼란을 경험한다. 이런 인간 보편적 경험도 이런 축복과 저주의 원칙 및 종말론적(終末論的) 실현에 대하여 확신을 주는 하나의 증거이다.
따라서 성경을 통전적으로 이해함으로 우리는 개인과 민족 모두의, 그리고 삶의 전 영역에 미칠 축복과 저주의 원칙과 그 종말론적 성취의 확실성을 깨달아 하루하루 경건의 삶을 살아야 할 것이다.

하시며 12 여호와께서 너를 위하여 하늘의 아름다운 보고를 여시사 네 땅
에 때를 따라 비를 내리시고 네 손으로 하는 모든 일에 복을 주시리니 네
가 많은 민족에게 꾸어줄지라도 너는 꾸지 아니할 것이요 13 여호와께서
너를 머리가 되고 꼬리가 되지 않게 하시며 위에만 있고 아래에 있지 않
게 하시리니 오직 너는 내가 오늘 네게 명령하는 네 하나님 여호와의 명
령을 듣고 지켜 행하며 14 내가 오늘 너희에게 명령하는 그 말씀을 떠나
좌로나 우로나 치우치지 아니하고 다른 신을 따라 섬기지 아니하면 이와
같으리라

불순종하여 받는 저주

15 네가 만일 네 하나님 여호와의 말씀을 순종하지 아니하여 내가 오늘
네게 명령하는 그의 모든 명령과 규례를 지켜 행하지 아니하면 이 모든
저주가 네게 임하며 네게 이를 것이니 16 네가 성읍에서도 저주를 받으며
들에서도 저주를 받을 것이요 17 또 네 광주리와 떡 반죽 그릇이 저주를
받을 것이요 18 네 몸의 소생과 네 토지의 소산과 네 소와 양의 새끼가 저
주를 받을 것이며 19 네가 들어와도 저주를 받고
나가도 저주를 받으리라 20 네가 악을 행하여 그를 잊으므로 네 손으로 하는 모든 일에
여호와께서 저주와 혼란과 책망을 내리사 망하며 속히 파멸하게 하실 것이며 21 여호와
께서 네 몸에 염병이 들게 하사 네가 들어가 차지할 땅에서 마침내 너를 멸하실 것이며
22 여호와께서 폐병과 열병과 염증과 학질과 한재와 풍재와 썩는 재앙으로 너를 치시리
니 이 재앙들이 너를 따라서 너를 진멸하게 할 것이라 23 네 머리 위의 하늘은 놋이 되고
네 아래의 땅은 철이 될 것이며 24 여호와께서 비 대신에 티끌과 모래를 네 땅에 내리시
리니 그것들이 하늘에서 네 위에 내려 마침내 너를 멸하리라 25 여호와께서 네 적군 앞
에서 너를 패하게 하시리니 네가 그들을 치러 한 길로 나가서 그들 앞에서 일곱 길로 도망할 것이
며 네가 또 땅의 모든 나라 중에 흩어지고 26 네 시체가 공중의 모든 새와 땅의 짐승들의 밥이 될 것이나 그것들
을 쫓아줄 자가 없을 것이며 27 여호와께서 애굽의 종기와 치질과 괴혈병과 피부병으로 너를 치시리니 네가 치유
받지 못할 것이며 28 여호와께서 또 너를 미치는 것과 눈 머는 것과 정신병으로 치시리니 29 맹인이 어두운 데에
서 더듬는 것과 같이 네가 백주에도 더듬고 네 길이 형통하지 못하여 항상 압제와 노략을 당할 뿐이리니 너를 구
원할 자가 없을 것이며 30 네가 여자와 약혼하였으나 다른 사람이 그 여자와 같이 동침할 것이요 집을 건축하였
으나 거기에 거주하지 못할 것이요 포도원을 심었으나 네가 그 열매를 따지 못할 것이며 31 네 소를 네 목전에서
잡았으나 네가 먹지 못할 것이며 네 나귀를 네 목전에서 빼앗겨도 도로 찾지 못할 것이며 네 양을 원수에게 빼
앗길 것이나 너를 도와 줄 자가 없을 것이며 32 네 자녀를 다른 민족에게 빼앗기고 종일 생각하고 찾음으로 눈이
피곤하여지나 네 손에 힘이 없을 것이며 33 네 토지 소산과 네 수고로 얻은 것을 네가 알지 못하는 민족이 먹겠고
너는 항상 압제와 학대를 받을 뿐이리니 34 이러므로 네 눈에 보이는 일로 말미암아 네가 미치리라 35 여호와께
서 네 무릎과 다리를 쳐서 고치지 못할 심한 종기를 생기게 하여 발바닥에서부터 정수리까지 이르게 하시리라 36
여호와께서 너와 네가 세울 네 임금을 너와 네 조상들이 알지 못하던 나라로 끌어가시리니 네가 거기서 목석으
로 만든 다른 신들을 섬길 것이며 37 여호와께서 너를 끌어가시는 모든 민족 중에서 네가 놀람과 속담과 비방거
리가 될 것이라 38 네가 많은 종자를 들에 뿌릴지라도 메뚜기가 먹으므로 거둘 것이 적을 것이며 39 네가 포도원
을 심고 가꿀지라도 벌레가 먹으므로 포도를 따지 못하고 포도주를 마시지 못할 것이며 40 네 모든 경내에 감람
나무가 있을지라도 그 열매가 떨어지므로 그 기름을 네 몸에 바르지 못할 것이며 41 네가 자녀를 낳을지라도 그
들이 포로가 되므로 너와 함께 있지 못할 것이며 42 네 모든 나무와 토지소산은 메뚜기가 먹을 것이며 43 너의 중

신 28장

학습 자료 14-6 "성경적 복의 개념" 참조

복의 여러 유형	
영적인 복	하나님께 가까이 감(시 73:27, 28)
	죄사함을 얻음(시 32:1, 2)
	영생을 얻음(시 21:3)
	평강을 얻음(시 29:11)
	구원을 얻음(시 3:8)
	택함받고 하나님의 아들이 됨(엡 1:3-5)
현세적인 복	자녀를 얻음(창 1:28, 49:25)
	자손이 번성케 됨(창 26:24, 28:3)
	물질적 부를 얻음(신 15:4, 28:3-8, 잠 10:22)
	마음에 평강을 얻음(잠 10:22, 애 3:17)
	육체적 건강을 얻음(출 23:25, 26, 요삼 1:2)
	아내를 얻음(잠 18:22)

에 우거하는 이방인은 점점 높아져서 네 위에 뛰어나고 너는 점점 낮아질 것이며 44 그는 네게 꾸어줄지라도 너
는 그에게 꾸어주지 못하리니 그는 머리가 되고 너는 꼬리가 될 것이라 45 네가 네 하나님 여호와의 말씀을 청종
하지 아니하고 네게 명령하신 그의 명령과 규례를 지키지 아니하므로 이 모든 저주가 네게 와서 너를 따르고 네
게 이르러 마침내 너를 멸하리니 46 이 모든 저주가 너와 네 자손에게 영원히 있어서 표징과 훈계가 되리라 47 네
가 모든 것이 풍족하여도 기쁨과 즐거운 마음으로 네 하나님 여호와를 섬기지 아니함으로 말미암아 48 네가 주리
고 목마르고 헐벗고 모든 것이 부족한 중에서 여호와께서 보내사 너를 치게 하실 적군을 섬기게 될 것이니 그가
철 멍에를 네 목에 메워 마침내 너를 멸할 것이라 49 곧 여호와께서 멀리 땅 끝에서 한 민족을 독수리가 날아오는
것 같이 너를 치러 오게 하시리니 이는 네가 그 언어를 알지 못하는 민족이요 50 그 용모가 흉악한 민족이라 노인
을 보살피지 아니하며 유아를 불쌍히 여기지 아니하며 51 네 가축의 새끼와 네 토지의 소산을 먹어 마침내 너를
멸망시키며 또 곡식이나 포도주나 기름이나 소의 새끼나 양의 새끼를 너를 위하여 남기지 아니하고 마침내 너
를 멸절시키리라 52 그들이 전국에서 네 모든 성읍을 에워싸고 네가 의뢰하는 높고 견고한 성벽을 다 헐며 네 하
나님 여호와께서 네게 주시는 땅의 모든 성읍에서 너를 에워싸리니 53 네가 적군에게 에워싸이고 맹렬한 공격을
받아 곤란을 당하므로 네 하나님 여호와께서 네게 주신 자녀 곧 네 몸의 소생의 살을 먹을 것이라 54 너희 중에
온유하고 연약한 남자까지도 그의 형제와 그의 품의 아내와 그의 남은 자녀를 미운 눈으로 바라보며 55 자기가
먹는 그 자녀의 살을 그 중 누구에게든지 주지 아니하리니 이는 네 적군이 네 모든 성읍을 에워싸고 맹렬히 너를
쳐서 곤란하게 하므로 아무것도 그에게 남음이 없는 까닭일 것이며 56 또 너희 중에 온유하고 연약한 부녀 곧 온
유하고 연약하여 자기 발바닥으로 땅을 밟아 보지도 아니하던 자라도 자기 품의 남편과 자기 자녀를 미운 눈으
로 바라보며 57 자기 다리 사이에서 나온 태와 자기가 낳은 어린 자식을 남몰래 먹으리니 이는 네 적군이 네 생명
을 에워싸고 맹렬히 쳐서 곤란하게 하므로 아무것도 얻지 못함이리라 58 네가 만일 이 책에 기록한 이 율법의 모
든 말씀을 지켜 행하지 아니하고 네 하나님 여호와라 하는 영화롭고 두려운 이름을 경외하지 아니하면 59 여호와
께서 네 재앙과 네 자손의 재앙을 극렬하게 하시리니 그 재앙이 크고 오래고 그 질병이 중하고 오랠 것이라 60 여
호와께서 네가 두려워하던 애굽의 모든 질병을 네게로 가져다가 네 몸에 들어붙게 하실 것이며 61 또 이 율법책
에 기록하지 아니한 모든 질병과 모든 재앙을 네가 멸망하기까지 여호와께서 네게 내리실 것이니 62 너희가 하늘
의 별 같이 많을지라도 네 하나님 여호와의 말씀을 청종하지 아니하므로 남는 자가 얼마 되지 못할 것이라 63 여
호와께서 너희에게 선을 행하시고 너희를 번성하게 하시기를 기뻐하시던 것 같이 이제는 여호와께서 너희를 망
하게 하시며 멸하시기를 기뻐하시리니 너희가 들어가 차지할 땅에서 뽑힐 것이요 64 여호와께서 너를 땅 이 끝에
서 저 끝까지 만민 중에 흩으시리니 네가 그 곳에서 너와 네 조상들이 알지 못하던 목석 우상을 섬길 것이라 65
그 여러 민족 중에서 네가 평안함을 얻지 못하며 네 발바닥이 쉴 곳도 얻지 못하고 여호와께서 거기에서 네 마음
을 떨게 하고 눈을 쇠하게 하고 정신을 산란하게 하시리니 66 네 생명이 위험에 처하고 주야로 두려워하며 네 생
명을 확신할 수 없을 것이라 67 네 마음의 두려움과 눈이 보는 것으로 말미암아 아침에는 이르기를 아하 저녁이
되었으면 좋겠다 할 것이요 저녁에는 이르기를 아하 아침이 되었으면 좋겠다 하리라 68 여호와께서 너를 배에 싣
고 전에 네게 말씀하여 이르시기를 네가 다시는 그 길을 보지 아니하리라 하시던 그 길로 너를 애굽으로 끌어가
실 것이라 거기서 너희가 너희 몸을 적군에게 남녀 종으로 팔려 하나 너희를 살 자가 없으리라

신명기 29장

모압 땅에서 세우신 언약

1 호렙에서 이스라엘 자손과 세우신 언약 외에 여호와께서 모세에게 명령하여 모압 땅에서 그들과 세우신 언약
의 말씀은 이러하니라 2 모세가 온 이스라엘을 소집하고 그들에게 이르되 여호와께서 애굽 땅에서 너희의 목전
에 바로와 그의 모든 신하와 그의 온 땅에 행하신 모든 일을 너희가 보았나니 3 곧 그 큰 시험과 이적과 큰 기사
를 네 눈으로 보았느니라 4 그러나 깨닫는 마음과 보는 눈과 듣는 귀는 오늘 여호와께서 너희에게 주지 아니하

셨느니라 [5] 주께서 사십 년 동안 너희를 광야에서 인도하게 하셨거니와
너희 몸의 옷이 낡아지지 아니하였고 너희 발의 신이 해어지지 아니하였
으며 [6] 너희에게 떡도 먹지 못하며 포도주나 독주를 마시지 못하게 하셨
음은 주는 너희의 하나님 여호와이신 줄을 알게 하려 하심이니라 [7] 너희
가 이곳에 올 때에 헤스본 왕 시혼과 바산 왕 옥이 우리와 싸우러 나왔으
므로 우리가 그들을 치고 [8] 그 땅을 차지하여 르우벤과 갓과 므낫세 반 지
파에게 기업으로 주었나니 [9] 그런즉 너희는 이 언약의 말씀을 지켜 행하
라 그리하면 너희가 하는 모든 일이 형통하리라 [10] 오늘 너희 곧 너희의 수령과 너희의 지파와 너희의 장로들과
너희의 지도자가 이스라엘 모든 남자와 [11] 너희의 유아들과 너희의 아내와 및 네 진중에 있는 객과 너를 위하여
나무를 패는 자로부터 물 긷는 자까지 다 너희의 하나님 여호와 앞에 서 있는 것은 [12] 네 하나님 여호와의 언약
에 참여하며 또 네 하나님 여호와께서 오늘 네게 하시는 맹세에 참여하여 [13] 여호와께서 네게 말씀하신 대로 또
네 조상 아브라함과 이삭과 야곱에게 맹세하신 대로 오늘 너를 세워 자기 백성을 삼으시고 그는 친히 네 하나
님이 되시려 함이니라 [14] 내가 이 언약과 맹세를 너희에게만 세우는 것이 아니라 [15] 오늘 우리 하나님 여호와 앞
에서 우리와 함께 여기 서 있는 자와 오늘 우리와 함께 여기 있지 아니한 자에게까지이니 [16] (우리가 애굽 땅에서 살
았던 것과 너희가 여러 나라를 통과한 것을 너희가 알며 [17] 너희가 또 그들 중에 있는 가증한 것과 목석과 은금의 우상을 보았느니라) [18]
너희 중에 남자나 여자나 가족이나 지파나 오늘 그 마음이 우리 하나님 여호와를 떠나서 그 모든 민족의 신들에
게 가서 섬길까 염려하며 독초와 쑥의 뿌리가 너희 중에 생겨서 [19] 이 저주의 말을 듣고도 심중에 스스로 복을 빌
어 이르기를 내가 내 마음이 완악하여 젖은 것과 마른 것이 멸망할지라도 내게는 평안이 있으리라 할까 함이라
[20] 여호와는 이런 자를 사하지 않으실 뿐 아니라 그 위에 여호와의 분노와 질투의 불을 부으시며 또 이 책에 기록
된 모든 저주를 그에게 더하실 것이라 여호와께서 그의 이름을 천하에서 지워버리시되 [21] 여호와께서 곧 이스라
엘 모든 지파 중에서 그를 구별하시고 이 율법책에 기록된 모든 언약의 저주대로 그에게 화를 더하시리라 [22] 너
희 뒤에 일어나는 너희의 자손과 멀리서 오는 객이 그 땅의 재앙과 여호와께서 그 땅에 유행시키시는 질병을 보
며 [23] 그 온 땅이 유황이 되며 소금이 되며 또 불에 타서 심지도 못하며 결실함도 없으며 거기에는 아무 풀도 나지
아니함이 옛적에 여호와께서 진노와 격분으로 멸하신 소돔과 고모라와 아드마와 스보임의 무너짐과 같음을 보
고 물을 것이요 [24] 여러 나라 사람들도 묻기를 여호와께서 어찌하여 이 땅에 이같이 행하셨느냐 이같이 크고 맹
렬하게 노하심은 무슨 뜻이냐 하면 [25] 그 때에 사람들이 대답하기를 그 무리가 자기 조상의 하나님 여호와께서
그들의 조상을 애굽에서 인도하여 내실 때에 더불어 세우신 언약을 버리고 [26] 가서 자기들이 알지도 못하고 여호
와께서 그들에게 주시지도 아니한 다른 신들을 따라가서 그들을 섬기고 절한 까닭이라 [27] 이러므로 여호와께서
이 땅에 진노하사 이 책에 기록된 모든 저주대로 재앙을 내리시고 [28] 여호
와께서 또 진노와 격분과 크게 통한하심으로 그들을 이 땅에서 뽑아내사
다른 나라에 내던지심이 오늘과 같다 하리라 [29] 감추어진 일은 우리 하나
님 여호와께 속하였거니와 나타난 일은 영원히 우리와 우리 자손에게 속
하였나니 이는 우리에게 이 율법의 모든 말씀을 행하게 하심이니라

❖ 모압 언약은 한 마디로 시내 산 언약을 갱신하는 것이다. 시내 산에서 언약을 맺은 1세들은 가나안에 들어가 그 언약대로 살아갈 특권을 상실하고 모두 광야에서 죽었고, 그 특권이 이제 2세들에게로 넘어갔다. 그 언약의 내용을 다시 듣고, 공부한 2세들과 언약을 다짐하는 것이다. 이것이 모압에서 이루어졌다고 해서 모압 언약이라고 하지만 시내 산에서 맺은 언약의 갱신이다.

신 29:22-28 하나님께 선택받은 자가 세상 사람들로부터 손가락질을 당하는 것은 하나님을 욕되게 하는 것이다. 당신은 택함을 받은 자로서 이러한 일이 일어나지 않도록 늘 깨어 있는가?(cf. 호 4:7-8, 벧전 2:1)

신명기 30장

복 받는 길

[1] 내가 네게 진술한 모든 복과 저주가 네게 임하므로 네가 네 하나님 여호와로부터 쫓겨간 모든 나라 가운데서
이 일이 마음에서 기억이 나거든 [2] 너와 네 자손이 네 하나님 여호와께로 돌아와 내가 오늘 네게 명령한 것을 온
전히 따라 마음을 다하고 뜻을 다하여 여호와의 말씀을 청종하면 [3] 네 하나님 여호와께서 마음을 돌이키시고 너
를 긍휼히 여기사 포로에서 돌아오게 하시되 네 하나님 여호와께서 흩으신 그 모든 백성 중에서 너를 모으시리

니 4 네 쫓겨간 자들이 하늘 가에 있을지라도 네 하나님 여호와께서 거기
서 너를 모으실 것이며 거기서부터 너를 이끄실 것이라 5 네 하나님 여호
와께서 너를 네 조상들이 차지한 땅으로 돌아오게 하사 네게 다시 그것
을 차지하게 하실 것이며 여호와께서 또 네게 선을 행하사 네게 네 조상
들보다 더 번성하게 하실 것이며 6 네 하나님 여호와께서 네 마음과 네 자
손의 마음에 할례를 베푸사 네게 마음을 다하며 뜻을 다하여 네 하나님
여호와를 사랑하게 하사 네게 생명을 얻게 하실 것이며 7 네 하나님 여호
와께서 네 적군과 너를 미워하고 핍박하던 자에게 이 모든 저주를 내리
게 하시리니 8 너는 돌아와 다시 여호와의 말씀을 청종하고 내가 오늘 네
게 명령하는 그 모든 명령을 행할 것이라 9-10 네가 네 하나님 여호와의 말
씀을 청종하여 이 율법책에 기록된 그의 명령과 규례를 지키고 네 마음을
다하며 뜻을 다하여 여호와 네 하나님께 돌아오면 네 하나님 여호와께서
네 손으로 하는 모든 일과 네 몸의 소생과 네 가축의 새끼와 네 토지 소
산을 많게 하시고 네게 복을 주시되 곧 여호와께서 네 조상들을 기뻐하
신 것과 같이 너를 다시 기뻐하사 네게 복을 주시리라 11 내가 오늘 네게
명령한 이 명령은 네게 어려운 것도 아니요 먼 것도 아니라 12 하늘에 있
는 것이 아니니 네가 이르기를 누가 우리를 위하여 하늘에 올라가 그의
명령을 우리에게로 가지고 와서 우리에게 들려 행하게 하랴 할 것이 아니
요 13 이것이 바다 밖에 있는 것이 아니니 네가 이르기를 누가 우리를 위하여 바다를 건너가서 그의 명령을 우리
에게로 가지고 와서 우리에게 들려 행하게 하랴 할 것도 아니라 14 오직 그 말씀이 네게 매우 가까워서 네 입에
있으며 네 마음에 있은즉 네가 이를 행할 수 있느니라 15 보라 내가 오늘 생명과 복과 사망과 화를 네 앞에 두었
나니 16 곧 내가 오늘 네게 명령하여 네 하나님 여호와를 사랑하고 그 모든 길로 행하며 그의 명령과 규례와
법도를 지키라 하는 것이라 그리하면 네가 생존하며 번성할 것이요 또 네 하나님 여호와께서 네가 가서 차
지할 땅에서 네게 복을 주실 것임이니라 17 그러나 네가 만일 마음을 돌이켜 듣지 아니하고
유혹을 받아 다른 신들에게 절하고 그를 섬기면 18 내가 오늘 너희에게 선언하노니 너희가 반
드시 망할 것이라 너희가 요단을 건너가서 차지할 땅에서 너희의 날이 길지 못할 것이니라 19 내가
오늘 하늘과 땅을 불러 너희에게 증거를 삼노라 내가 생명과 사망과 복과 저주를 네 앞에 두었은즉
너와 네 자손이 살기 위하여 생명을 택하고 20 네 하나님 여호와를 사랑하고 그의 말씀을 청종하
며 또 그를 의지하라 그는 네 생명이시요 네 장수이시니 여호와께서 네 조상 아브라함과 이삭과
야곱에게 주리라고 맹세하신 땅에 네가 거주하리라

❖ 신 30장 **복 받는 길**
성경은 인간이 살아가는 데 필요한 기본 정보를 제공하는 책이라고 서론 강의를 통해 배웠다(잘 이해가 안 되는 분은 서론 강의를 다시 공부할 것. 매우 중요함). 그 기본 정보를 바로 30장에서 확실히 보여 주고 있다. 복 받는 비결, 그것이 바로 기본 정보요, 삶의 매뉴얼(지침)이다.
성경을 통큰통독식으로 읽으면 바로 이 축복의 비결을 터득할 수 있다.
28장은 이 복 받는 비결과 저주 받는 처지를 소상히 보여 준다.
하나님은 실현 불가능한 규례와 명령을 주어 우리를 힘들게 하시는 분이 아니시다. 그러므로 그 지킴의 일차적인 "지킴"의 책임은 인간에게 있다.

신 30:11-14 하나님의 말씀은 생활과 멀리 떨어져 있는 것이 아니라 인간의 실생활과 밀접히 연관되어 있다. 당신에게 있어 하나님의 말씀은 어디에 거하고 있는가? 당신은 바로 당신의 삶 속에 거하고 있는 하나님 말씀을 깨닫는가?
(cf. 신 5:10, 요 15:10)

신명기 31장

여호수아가 모세의 뒤를 잇다

1 또 모세가 가서 온 이스라엘에게 이 말씀을 전하여 2 그들에게 이르되
이제 내 나이 백이십 세라 내가 더 이상 출입하지 못하겠고 여호와께서
도 내게 이르시기를 너는 이 요단을 건너지 못하리라 하셨느니라 3 여호와께서 이미 말씀하신 것과 같이 네 하
나님 여호와께서 너보다 먼저 건너가사 이 민족들을 네 앞에서 멸하시고 네가 그 땅을 차지하게 할 것이며 여
호수아는 네 앞에서 건너갈지라 4 또한 여호와께서 이미 멸하신 아모리 왕 시혼과 옥과 및 그 땅에 행하신 것과
같이 그들에게도 행하실 것이라 5 또한 여호와께서 그들을 너희 앞에 넘기시리니 너희는 내가 너희에게 명한
모든 명령대로 그들에게 행할 것이라 6 너희는 강하고 담대하라 두려워하지 말라 그들 앞에서 떨지 말라 이는

❖ **후계자 여호수아**
신 31:3-6
학습 자료 14-8 "성전" 참조

네 하나님 여호와 그가 너와 함께 가시며 결코 너를 떠나지 아니하시며 버리지 아니하실 것임이라 하고 7 모세
가 여호수아를 불러 온 이스라엘의 목전에서 그에게 이르되 너는 강하고 담대하라 너는 이 백성을 거느리고 여
호와께서 그들의 조상에게 주리라고 맹세하신 땅에 들어가서 그들에게 그 땅을 차지하게 하라 8 그리하면 여
호와 그가 네 앞에서 가시며 너와 함께 하사 너를 떠나지 아니하시며 버리지 아니하시리니 너는 두려워하지 말
라 놀라지 말라

일곱 해마다 율법을 낭독하여 주라

9 또 모세가 이 율법을 써서 여호와의 언약궤를 메는 레위 자손 제사장들
과 이스라엘 모든 장로에게 주고 10 모세가 그들에게 명령하여 이르기를
매 칠 년 끝 해 곧 면제년의 초막절에 11 온 이스라엘이 네 하나님 여호와
앞 그가 택하신 곳에 모일 때에 이 율법을 낭독하여 온 이스라엘에게 듣
게 할지니 12 곧 백성의 남녀와 어린이와 네 성읍 안에 거류하는 타국인을
모으고 그들에게 듣고 배우고 네 하나님 여호와를 경외하며 이 율법의 모
든 말씀을 지켜 행하게 하고 13 또 너희가 요단을 건너가서 차지할 땅에
거주할 동안에 이 말씀을 알지 못하는 그들의 자녀에게 듣고 네 하나님
여호와 경외하기를 배우게 할지니라

여호와께서 모세에게 하신 마지막 지시

14 여호와께서 모세에게 이르시되 네가 죽을 기한이 가까웠으니 여호수
아를 불러서 함께 회막으로 나아오라 내가 그에게 명령을 내리리라 모세
와 여호수아가 나아가서 회막에 서니 15 여호와께서 구름 기둥 가운데에
서 장막에 나타나시고 구름 기둥은 장막 문 위에 머물러 있더라 16 또 여
호와께서 모세에게 이르시되 너는 네 조상과 함께 누우려니와 이 백성은
그 땅으로 들어가 음란히 그 땅의 이방 신들을 따르며 일어날 것이요 나
를 버리고 내가 그들과 맺은 언약을 어길 것이라 17 내가 그들에게 진노
하여 그들을 버리며 내 얼굴을 숨겨 그들에게 보이지 않게 할 것인즉 그들이 삼킴을 당하여 허다한 재앙과 환난
이 그들에게 임할 그 때에 그들이 말하기를 이 재앙이 우리에게 내림은 우리 하나님이 우리 가운데에 계시지 않
은 까닭이 아니냐 할 것이라 18 또 그들이 돌이켜 다른 신들을 따르는 모든 악행으로 말미암아 내가 그 때에 반
드시 내 얼굴을 숨기리라 19 그러므로 이제 너희는 이 노래를 써서 이스라엘 자손들에게 가르쳐 그들의 입으로
부르게 하여 이 노래로 나를 위하여 이스라엘 자손들에게 증거가 되게 하라 20 내가 그들의 조상들에게 맹세한
바 젖과 꿀이 흐르는 땅으로 그들을 인도하여 들인 후에 그들이 먹어 배부르고 살찌면 돌이켜 다른 신들을 섬기
며 나를 멸시하여 내 언약을 어기리니 21 그들이 수많은 재앙과 환난을 당할 때에 그들의 자손이 부르기를 잊지
아니한 이 노래가 그들 앞에 증인처럼 되리라 나는 내가 맹세한 땅으로 그들을 인도하여 들이기 전 오늘 나는 그
들이 생각하는 바를 아노라 22 그러므로 모세가 그 날 이 노래를 써서 이스라엘 자손들에게 가르쳤더라 23 여호
와께서 또 눈의 아들 여호수아에게 명령하여 이르시되 너는 이스라엘 자손들을 인도하여 내가 그들에게 맹세한
땅으로 들어가게 하리니 강하고 담대하라 내가 너와 함께 하리라 하시니라 24 모세가 이 율법의 말씀을 다 책에
써서 마친 후에 25 모세가 여호와의 언약궤를 메는 레위 사람에게 명령하여 이르되 26 이 율법책을 가져다가 너
희 하나님 여호와의 언약궤 곁에 두어 너희에게 증거가 되게 하라 27 내가 너희의 반역함과 목이 곧은 것을 아나
니 오늘 내가 살아서 너희와 함께 있어도 너희가 여호와를 거역하였거든 하물며 내가 죽은 후의 일이랴 28 너희
지파 모든 장로와 관리들을 내 앞에 모으라 내가 이 말씀을 그들의 귀에 들려주고 그들에게 하늘과 땅을 증거로
삼으리라 29 내가 알거니와 내가 죽은 후에 너희가 스스로 부패하여 내가 너희에게 명령한 길을 떠나 여호와의
목전에 악을 행하여 너희의 손으로 하는 일로 그를 격노하게 하므로 너희가 후일에 재앙을 당하리라 하니라

신 31:9-13 **성경 읽기의 중요성**
"지켜 행함"의 절체절명(絶體絶命)적 중요성을 알았다. "지켜 행해야" 하는 내용과 그 방법은 성경을 통해서만 알고 배울 수 있으므로 성경을 읽지 않고 하나님의 말씀대로 산다고 할 수 없다.
신 31:20 8장에서도 당부했지만, 이것은 이스라엘 백성들이 구약의 역사를 통해서 보여 준 문제였고, 오늘 우리 모두의 문제이기도 하다. 왜냐하면 내 삶을 주도하는 주인이 하나님이 아니고 나의 자기중심성이기 때문이다.
내가 주도하고 주인이 된 내 삶에 필요한 만큼 하나님의 능력을 끌어들이는 기술로서의 신앙을 우리는 원한다. 얼마만큼 그의 능력을 끌어들이는 것이 신앙의 척도가 되어 버린 오늘날의 신앙은 기복신앙이다. 성경은 우리의 자기중심성이 하나님의 신위에 얼마만큼 내려놓는가가 곧 신앙의 척도임을 분명히 보여 준다. 우리는 성경을 읽을 때 이것을 깨닫고 배우고 삶으로 실천해야 한다.

30 그리고 모세가 이스라엘 총회에 이 노래의 말씀을 끝까지 읽어 들리니라

신명기 32장

신 32장
학습 자료 14-9 "신인 동형 동성론" 참조

1 하늘이여 귀를 기울이라 내가 말하리라 땅은 내 입의 말을 들을지어다 2
내 교훈은 비처럼 내리고 내 말은 이슬처럼 맺히나니 연한 풀 위의 가는 비 같고 채소 위의 단비 같도다 3 내가 여
호와의 이름을 전파하리니 너희는 우리 하나님께 위엄을 돌릴지어다 4 그는 반석이시니 그가 하신 일이 완전하고
그의 모든 길이 정의롭고 진실하고 거짓이 없으신 하나님이시니 공의로우시고 바르시도다 5 그들이 여호와를 향
하여 악을 행하니 하나님의 자녀가 아니요 흠이 있고 삐뚤어진 세대로다 6 어리석고 지혜 없는 백성아 여호와께
이같이 보답하느냐 그는 네 아버지시요 너를 지으신 이가 아니시냐 그가 너를 만드시고 너를 세우셨도다 7 옛날
을 기억하라 역대의 연대를 생각하라 네 아버지에게 물으라 그가 네게 설명할 것이요 네 어른들에게 물으라 그들
이 네게 말하리로다 8 지극히 높으신 자가 민족들에게 기업을 주실 때에,
인종을 나누실 때에 이스라엘 자손의 수효대로 백성들의 경계를 정하셨
도다 9 여호와의 분깃은 자기 백성이라 야곱은 그가 택하신 기업이로다 10
여호와께서 그를 황무지에서, 짐승이 부르짖는 광야에서 만나시고 호위
하시며 보호하시며 자기의 눈동자 같이 지키셨도다 11 마치 독수리가 자기
의 보금자리를 어지럽게 하며 자기의 새끼 위에 너풀거리며 그의 날개를
펴서 새끼를 받으며 그의 날개 위에 그것을 업는 것 같이 12 여호와께서 홀로 그를 인도하셨고 그와 함께 한 다른
신이 없었도다 13 여호와께서 그가 땅의 높은 곳을 타고 다니게 하시며 밭의 소산을 먹게 하시며 반석에서 꿀을,
굳은 반석에서 기름을 빨게 하시며 14 소의 엉긴 젖과 양의 젖과 어린 양의 기름과 바산에서 난 숫양과 염소와 지
극히 아름다운 밀을 먹이시며 또 포도즙의 붉은 술을 마시게 하셨도다 15 그런데 여수룬이 기름지매 발로 찼도다
네가 살찌고 비대하고 윤택하매 자기를 지으신 하나님을 버리고 자기를 구원하신 반석을 업신여겼도다 16 그들
이 다른 신으로 그의 질투를 일으키며 가증한 것으로 그의 진노를 격발하였도다 17 그들은 하나님께 제사하지 아
니하고 귀신들에게 하였으니 곧 그들이 알지 못하던 신들, 근래에 들어온 새로운 신들 너희의 조상들이 두려워하
지 아니하던 것들이로다 18 너를 낳은 반석을 네가 상관하지 아니하고 너를 내신 하나님을 네가 잊었도다 19 그러
므로 여호와께서 보시고 미워하셨으니 그 자녀가 그를 격노하게 한 까닭이로다 20 그가 말씀하시기를 내가 내 얼
굴을 그들에게서 숨겨 그들의 종말이 어떠함을 보리니 그들은 심히 패역한 세대요 진실이 없는 자녀임이로다 21
그들이 하나님이 아닌 것으로 내 질투를 일으키며 허무한 것으로 내 진노를 일으켰으니 나도 백성이 아닌 자로 그
들에게 시기가 나게 하며 어리석은 민족으로 그들의 분노를 일으키리로다 22 그러므로 내 분노의 불이 일어나서
스올의 깊은 곳까지 불사르며 땅과 그 소산을 삼키며 산들의 터도 불타게 하는도다 23 내가 재앙을 그들 위에 쌓
으며 내 화살이 다할 때까지 그들을 쏘리로다 24 그들이 주리므로 쇠약하며 불 같은 더위와 독한 질병에 삼켜질
것이라 내가 들짐승의 이와 티끌에 기는 것의 독을 그들에게 보내리로다 25 밖으로는 칼에, 방 안에서는 놀람에
멸망하리니 젊은 남자도 처녀도 백발 노인과 함께 젖 먹는 아이까지 그러하리로다 26 내가 그들을 흩어서 사람들
사이에서 그들에 대한 기억이 끊어지게 하리라 하였으나 27 혹시 내가 원수를 자극하여 그들의 원수가 잘못 생각
할까 걱정하였으니 원수들이 말하기를 우리의 수단이 높으며 여호와가 이 모든 것을 행함이 아니라 할까 염려함
이라 28 그들은 모략이 없는 민족이라 그들 중에 분별력이 없도다 29 만일 그들이 지혜가 있어 이것을 깨달았으면
자기들의 종말을 분별하였으리라 30 그들의 반석이 그들을 팔지 아니하였고 여호와께서 그들을 내주지 아니하셨
더라면 어찌 하나가 천을 쫓으며 둘이 만을 도망하게 하였으리요 31 진실로 그들의 반석이 우리의 반석과 같지 아
니하니 우리의 원수들이 스스로 판단하도다 32 이는 그들의 포도나무는 소돔의 포도나무요 고모라의 밭의 소산
이라 그들의 포도는 독이 든 포도이니 그 송이는 쓰며 33 그들의 포도주는 뱀의 독이요 독사의 맹독이라 34 이것

신 32:7-14 이스라엘의 역사는 거듭되는 백성의 배반에도 불구하고 하나님의 끊임없는 은혜와 사랑이 베풀어진 긍휼의 역사였다. 당신은 당신의 삶 가운데 베풀어 주신 하나님의 은혜를 늘 기억하며 감사를 드리는가?(cf. 시 84:11, 딛 3:7)

이 내게 쌓여 있고 내 곳간에 봉하여 있지 아니한가 35 그들이 실족할 그 때에 내가 보복하리라 그들의 환난날이
가까우니 그들에게 닥칠 그 일이 속히 오리로다 36 참으로 여호와께서 자기 백성을 판단하시고 그 종들을 불쌍히
여기시리니 곧 그들의 무력함과 갇힌 자나 놓인 자가 없음을 보시는 때에로다 37 또한 그가 말씀하시기를 그들의
신들이 어디 있으며 그들이 피하던 반석이 어디 있느냐 38 그들의 제물의 기름을 먹고 그들의 전제의 제물인 포도
주를 마시던 자들이 일어나 너희를 돕게 하고 너희를 위해 피난처가 되게 하라 39 이제는 나 곧 내가 그인 줄 알라
나 외에는 신이 없도다 나는 죽이기도 하며 살리기도 하며 상하게도 하며 낫게도 하나니 내 손에서 능히 빼앗을
자가 없도다 40 이는 내가 하늘을 향하여 내 손을 들고 말하기를 내가 영원히 살리라 하였노라 41 내가 내 번쩍이
는 칼을 갈며 내 손이 정의를 붙들고 내 대적들에게 복수하며 나를 미워하는 자들에게 보응할 것이라 42 내 화살
이 피에 취하게 하고 내 칼이 그 고기를 삼키게 하리니 곧 피살자와 포로된 자의 피요 대적의 우두머리의 머리로
다 43 너희 민족들아 주의 백성과 즐거워하라 주께서 그 종들의 피를 갚으사 그 대적들에게 복수하시고 자기 땅
과 자기 백성을 위하여 속죄하시리로다 44 모세와 눈의 아들 호세아가 와서 이 노래의 모든 말씀을 백성에게 말
하여 들리니라 45 모세가 이 모든 말씀을 온 이스라엘에게 말하기를 마치고 46 그들에게 이르되 내가 오늘 너희에
게 증언한 모든 말을 너희의 마음에 두고 너희의 자녀에게 명령하여 이 율법의 모든 말씀을 지켜 행하게 하라 47
이는 너희에게 헛된 일이 아니라 너희의 생명이니 이 일로 말미암아 너희가 요단을 건너가 차지할 그 땅에서 너
희의 날이 장구하리라 48 바로 그 날에 여호와께서 모세에게 말씀하여 이르시되 49 너는 여리고 맞은편 모압 땅에
있는 아바림 산에 올라가 느보 산에 이르러 내가 이스라엘 자손에게 기업으로 주는 가나안 땅을 바라보라 50 네
형 아론이 호르 산에서 죽어 그의 조상에게로 돌아간 것 같이 너도 올라가는 이 산에서 죽어 네 조상에게로 돌아
가리니 51 이는 너희가 신 광야 가데스의 므리바 물 가에서 이스라엘 자손 중 내게 범죄하여 내 거룩함을 이스라
엘 자손 중에서 나타내지 아니한 까닭이라 52 네가 비록 내가 이스라엘 자손에게 주는 땅을 맞은편에서 바라보기
는 하려니와 그리로 들어가지는 못하리라 하시니라

신명기 33장

모세의 축복

1 하나님의 사람 모세가 죽기 전에 이스라엘 자손을 위하여 축복함이 이
러하니라 2 그가 일렀으되 여호와께서 시내 산에서 오시고 세일 산에서
일어나시고 바란 산에서 비추시고 일만 성도 가운데에 강림하셨고 그의
오른손에는 그들을 위해 번쩍이는 불이 있도다 3 여호와께서 백성을 사
랑하시나니 모든 성도가 그의 수중에 있으며 주의 발 아래에 앉아서 주의
말씀을 받는도다 4 모세가 우리에게 율법을 명령하였으니 곧 야곱의 총

> 신 33:2-4 모세는 율법을 곧 이스라엘의 기업이라고 하였다(4절). 하나님의 자녀로서 당신이 하나님께 받은 가장 귀하고 보배로운 기업은 무엇인가? 이를 통해 당신이 얻은 풍요로움은 무엇인가?
> (cf. 시 2:8. 마 25:34)

회의 기업이로다 5 여수룬에 왕이 있었으니 곧 백성의 수령이 모이고 이스라엘 모든 지파가 함께 한 때에로다 6
르우벤은 죽지 아니하고 살기를 원하며 그 사람 수가 적지 아니하기를 원하나이다 7 유다에 대한 축복은 이러하
니라 일렀으되 여호와여 유다의 음성을 들으시고 그의 백성에게로 인도하시오며 그의 손으로 자기를 위하여 싸
우게 하시고 주께서 도우사 그가 그 대적을 치게 하시기를 원하나이다 8 레위에 대하여는 일렀으되 주의 둠밈과
우림이 주의 경건한 자에게 있도다 주께서 그를 맛사에서 시험하시고 므리바 물 가에서 그와 다투셨도다 9 그는
그의 부모에게 대하여 이르기를 내가 그들을 보지 못하였다 하며 그의 형제들을 인정하지 아니하며 그의 자녀
를 알지 아니한 것은 주의 말씀을 준행하고 주의 언약을 지킴으로 말미암음이로다 10 주의 법도를 야곱에게, 주
의 율법을 이스라엘에게 가르치며 주 앞에 분향하고 온전한 번제를 주의 제단 위에 드리리로다 11 여호와여 그
의 재산을 풍족하게 하시고 그의 손의 일을 받으소서 그를 대적하여 일어나는 자와 미워하는 자의 허리를 꺾으
사 다시 일어나지 못하게 하옵소서 12 베냐민에 대하여는 일렀으되 여호와의 사랑을 입은 자는 그 곁에 안전히
살리로다 여호와께서 그를 날이 마치도록 보호하시고 그를 자기 어깨 사이에 있게 하시리로다 13 요셉에 대하여

는 일렀으되 원하건대 그 땅이 여호와께 복을 받아 하늘의 보물인 이슬과 땅 아래에 저장한 물과 14 태양이 결실
하게 하는 선물과 태음이 자라게 하는 선물과 15 옛 산의 좋은 산물과 영원한 작은 언덕의 선물과 16 땅의 선물
과 거기 충만한 것과 가시떨기나무 가운데에 계시던 이의 은혜로 말미암아 복이 요셉의 머리에, 그의 형제 중 구
별한 자의 정수리에 임할지로다 17 그는 첫 수송아지 같이 위엄이 있으니 그 뿔이 들소의 뿔 같도다 이것으로 민
족들을 받아 땅 끝까지 이르리니 곧 에브라임의 자손은 만만이요 므낫세의 자손은 천천이리로다 18 스불론에
대하여는 일렀으되 스불론이여 너는 밖으로 나감을 기뻐하라 잇사갈이여 너는 장막에 있음을 즐거워하라 19 그
들이 백성들을 불러 산에 이르게 하고 거기에서 의로운 제사를 드릴 것이며 바다의 풍부한 것과 모래에 감추어
진 보배를 흡수하리로다 20 갓에 대하여는 일렀으되 갓을 광대하게 하시는 이에게 찬송을 부를지어다 갓이 암사
자 같이 엎드리고 팔과 정수리를 찢는도다 21 그가 자기를 위하여 먼저 기업을 택하였으니 곧 입법자의 분깃으로
준비된 것이로다 그가 백성의 수령들과 함께 와서 여호와의 공의와 이스라엘과 세우신 법도를 행하도다 22 단
에 대하여는 일렀으되 단은 바산에서 뛰어나오는 사자의 새끼로다 23 납달리에 대하여는 일렀으되 은혜가 풍성
하고 여호와의 복이 가득한 납달리여 너는 서쪽과 남쪽을 차지할지로다 24 아셀에 대하여는 일렀으되 아셀은 아
들들 중에 더 복을 받으며 그의 형제에게 기쁨이 되며 그의 발이 기름에 잠길지로다 25 네 문빗장은 철과 놋이 될
것이니 네가 사는 날을 따라서 능력이 있으리로다 26 여수룬이여 하나님 같은 이가 없도다 그가 너를 도우시려고
하늘을 타고 궁창에서 위엄을 나타내시는도다 27 영원하신 하나님이 네 처소가 되시니 그의 영원하신 팔이 네
아래에 있도다 그가 네 앞에서 대적을 쫓으시며 멸하라 하시도다 28 이스라엘이 안전히 거하며 야곱의 샘은 곡
식과 새 포도주의 땅에 홀로 있나니 곧 그의 하늘이 이슬을 내리는 곳에로다 29 이스라엘이여 너는 행복한 사람
이로다 여호와의 구원을 너 같이 얻은 백성이 누구냐 그는 너를 돕는 방패시요 네 영광의 칼이시로다 네 대적이
네게 복종하리니 네가 그들의 높은 곳을 밟으리로다

신명기 34장

모세의 죽음

1 모세가 모압 평지에서 느보 산에 올라가 여리고 맞은편 비스가 산꼭대
기에 이르매 여호와께서 길르앗 온 땅을 단까지 보이시고 2 또 온 납달리
와 에브라임과 므낫세의 땅과 서해까지의 유다 온 땅과 3 네겝과 종려나
무의 성읍 여리고 골짜기 평지를 소알까지 보이시고 4 여호와께서 그에게
이르시되 이는 내가 아브라함과 이삭과 야곱에게 맹세하여 그의 후손에
게 주리라 한 땅이라 내가 네 눈으로 보게 하였거니와 너는 그리로 건너
가지 못하리라 하시매 5 이에 여호와의 종 모세가 여호와의 말씀대로 모
압 땅에서 죽어 6 벳브올 맞은편 모압 땅에 있는 골짜기에 장사되었고 오늘까지 그의 묻힌 곳을 아는 자가 없느
니라 7 모세가 죽을 때 나이 백이십 세였으나 그의 눈이 흐리지 아니하였고 기력이 쇠하지 아니하였더라 8 이스
라엘 자손이 모압 평지에서 모세를 위하여 애곡하는 기간이 끝나도록 모세를 위하여 삼십 일을 애곡하니라 9 모
세가 눈의 아들 여호수아에게 안수하였으므로 그에게 지혜의 영이 충만하니 이스라엘 자손이 여호와께서 모세
에게 명령하신 대로 여호수아의 말을 순종하였더라 10 그 후에는
이스라엘에 모세와 같은 선지자가 일어나지 못하였나니 모세는
여호와께서 대면하여 아시던 자요 11 여호와께서 그를 애굽 땅
에 보내사 바로와 그의 모든 신하와 그의 온 땅에 모든 이적과
기사와 12 모든 큰 권능과 위엄을 행하게 하시매 온 이스라엘의
목전에서 그것을 행한 자이더라

❖ 신 34장

모세는 모두 120년을 살았다. 그의 삶은 다음과 같이 3등분 된다.

① 애굽에서 왕자 40년
② 미디안 지방에서 목자 40년
③ 선지자 40년

하나님 나라의 회복을 위한 구속 역사에 쓰임 받기 위해 온 생애가 바쳐진 삶이었다. 창 28:15의 야곱에게 하신 약속에서 우리의 삶도 하나님이 허락하신 뜻을 이루기 위한 삶임을 알 수 있다. 지금 당신의 삶은 어떤가?

시편 90편 : 모세의 시

하나님의 사람 모세의 기도

1 주여 주는 대대에 우리의 거처가 되셨나이다 2 산이 생기기 전, 땅과 세
계도 주께서 조성하시기 전 곧 영원부터 영원까지 주는 하나님이시니이다
3 주께서 사람을 티끌로 돌아가게 하시고 말씀하시기를 너희 인생들은 돌
아가라 하셨사오니 4 주의 목전에는 천 년이 지나간 어제 같으며 밤의 한
순간 같을 뿐임이니이다 5 주께서 그들을 홍수처럼 쓸어가시나이다 그들
은 잠깐 자는 것 같으며 아침에 돋는 풀 같으니이다 6 풀은 아침에 꽃이 피
어 자라다가 저녁에는 시들어 마르나이다 7 우리는 주의 노에 소멸되며 주
의 분내심에 놀라나이다 8 주께서 우리의 죄악을 주의 앞에 놓으시며 우
리의 은밀한 죄를 주의 얼굴 빛 가운데에 두셨사오니 9 우리의 모든 날이
주의 분노 중에 지나가며 우리의 평생이 순식간에 다하였나이다 10 우리
의 연수가 칠십이요 강건하면 팔십이라도 그 연수의 자랑은 수고와 슬픔
뿐이요 신속히 가니 우리가 날아가나이다 11 누가 주의 노여움의 능력을
알며 누가 주의 진노의 두려움을 알리이까 12 우리에게 우리 날 계수함을
가르치사 지혜로운 마음을 얻게 하소서 13 여호와여 돌아오소서 언제까지
니이까 주의 종들을 불쌍히 여기소서 14 아침에 주의 인자하심이 우리를 만족하게 하사 우리를 일생 동안 즐겁고
기쁘게 하소서 15 우리를 괴롭게 하신 날수대로와 우리가 화를 당한 연수대로 우리를 기쁘게 하소서 16 주께서 행
하신 일을 주의 종들에게 나타내시며 주의 영광을 그들의 자손에게 나타내소서 17 주 우리 하나님의 은총을 우리
에게 내리게 하사 우리의 손이 행한 일을 우리에게 견고하게 하소서 우리의 손이 행한 일을 견고하게 하소서

❖ 시 90편 **모세의 시**
자신의 삶과 광야 생활을 회상하는 시.
본 시에는 죄와 질고로 점철된 삶을 살다가 마침내 죽어 흙으로 돌아가야 하는 인간의 유한성과 연약성, 무상성(無常性)에 대한 깊은 절망과 이러한 절망의 궁극적 원인이 결국 인생의 범과에 대한 여호와의 진노의 결과라는 사실을 올바로 통찰한 시인의 구속사적 인생관(救贖史的 人生觀)이 잘 드러나 있다 그러나 시인은 이러한 절망에만 사로잡혀 있지 않고 절망을 초극하여 인간 존재의 영원성(永遠性)과 완전성(完全性)을 얻는, 곧 구원을 얻는 것이 영원한 지존이시자 우주 만물의 창조자요 주재자로서 필연적으로 우리의 전 존재를 결정하시는 여호와 하나님께 있음을 믿고서 선민 이스라엘의 지도자로서 거룩하신 절대자 여호와 하나님과 범죄한 이스라엘 백성 사이의 중보자적(仲保者的) 입장에서 민족을 위해 간구한다.
☞ 우리는 오래 살기를 노력하는가? 아니면 주 안에서 삶을 살기를 노력하는가?

13일~18일

14일차 읽기의 요약

(신 19~34)

모세는 신명기에서 이스라엘 백성들에게 시내 산 언약을 기억하고 십계명을 지켜 행할 것을 명령한다. 신명기 28장을 통해 축복과 저주의 내용을 상세히 열거하며 하나님의 백성들에게 다시 한번 분명한 선택을 요구한다. 약속된 가나안에 들어가기 직전에 시내 산이 아닌 모압 땅에서 광야 2세대와 또 한 번의 언약을 맺는다. 하나님께서는 '내가 생명과 복과 사망과 저주를 네 앞에 두니 너와 네 자손이 살기 위해 무엇보다 생명의 길을 선택하라'라고 요구하신다. 그리고 그 모든 율법의 말씀을 기록하게 하여 레위인에게 맡긴다.

그러나 한편 하나님께서는 이스라엘 백성들이 가나안에 들어가면 얼마 못 가서 속히 하나님과의 언약을 깨뜨려 버리고 이내 그 명령을 떠나 결국 우상 숭배에 빠질 것을 모세를 통해 예언하셨다. 그리고 그들에게 앞으로 되어질 일들을 미리 예언적 노래로 기록하게 하여 이스라엘 백성들에게 증거가 되게 하셨다. 이 노래를 통해 하나님께서는 이스라엘 백성이 하나님의 말씀을 지켜 행하는 일에 실패하여 대적의 손에 붙여져 먼 땅으로 흩어지고 엄청난 징계를 당할 것을 알려 주셨다.

그러나 하나님께서는 결국 그들이 그 죄로 인한 징벌을 받은 후에 그 백성들을 그 흩어진 곳에서 다시 돌아오게 하셔서 그들의 하나님이 유일한 신이시며 그 외에는 말씀대로 하시는 신실하신 다른 신이 없음을 깨닫게 하실 것이다.

모세는 결국 가나안 땅에 들어가지 못하고 느보 산에서 죽는다.

그러면 어떻게 살 것인가?

인위뚝·신위고!

13일~18일

☑ 세계관 점검 – 묵상하기 (영상 강의와 교재 내용의 이해를 바탕으로)

신 19:15-20 재판의 증인의 내용 중 2인 이상의 증인에 의한 증언이 일치해야만 유죄가 성립된다는 규정은 무고나 위증을 방지하고 재판의 공정성을 꾀하기 위함이었다. 당신은 이 사회에서의 공의의 실현과 질서 유지, 그리고 범죄 예방을 위해 엄격히 법을 준수하고 있는가? [시 51:6, 고후 6:14]

신 20:1-4 전쟁은 하나님께 속한 일로서, 얼마나 하나님을 의뢰하느냐에 따라 승패가 결정된다. 사탄과의 영적 전쟁에 임해 있는 당신은 그리스도의 군사로서 승리를 확신하는가? [렘 15:20, 계12:11. 찬송가 585(통 384), 358(통 400)]

신 22:13-30 성경은 육체의 순결을 강조하고 있다. 오늘날처럼 성 윤리가 타락해 있는 세상에서 당신은 성에 대한 어떤 가치관을 가지고 있는가? 당신은 육체적 순결뿐 아니라 영적 순결 또한 유지하고 있는가? [잠 5:20, 딤전 4:12. 찬송가 264(통 198), 303(통 403)]

신 23:24-25 하나님의 율법은 굶주린 이웃이 포도원이나 곡식밭에 들어가 그 주린 배를 채울 때, 관용과 긍휼의 정신으로 그것을 허용하라고 명하고 있다. 당신은 가난하고 힘없는 이웃이 도움의 손길을 바라고 있을 때 어떻게 하는가? [사 55:3, 엡 4:32]

신 24:14-15 이웃 사랑은 하나님 사랑과 더불어 율법이 명한 두 개의 근본정신 중 하나이다. 하나님은 이처럼 이웃 사랑에 큰 비중을 두신다. 당신에게 있어 이웃 사랑은 얼마나 큰 비중을 차지하고 있는가? [레 19:18, 눅 10:37. 찬송가 293(통 414)]

신 25:13-16 부정한 도량형기를 사용하는 것은 사랑과 신뢰로 뭉쳐야 할 공동체를 혼란과 불신 속으로 빠뜨리는 것이다. 당신은 불신과 사기가 난무하는 현실 속에서도 하나님의 말씀에 따라 공정한 상거래 질서를 확립하기 위하여 성경적 가치관을 확고히 하고 있는가? [신25:15, 행 16:14. 찬송가 563(통 411), 427(통 516)]

신 26:12-15 이스라엘 백성들은 매 안식년을 기준으로 3년째 되는 해마다 특별히 가난한 자의 구제를 목적으로 십일조를 드렸다. 당신은 당신의 소득 중 얼마를 가난하고 소외된 자들 들을 위해 사용하고 있는가? [막 12:44. 찬송가 327(통 361)]

신 27:16 성경은 자녀된 모든 자들에게 부모를 공경할 것을 명하고 있다. 당신은 부모를 공경하며 그 모든 말씀에 순종하는가? 부모님의 말씀에 따를 수 없는 부득이한 경우, 당신은 어떻게 하는가? [잠 19:13, 요 19:26. 찬송가 218(통 369)]

신 28:57 하나님과 함께하는 삶은 어디서나 천국 같지만, 하나님을 떠난 삶은 처한 상황과 관계없이 매 순간이 지겨운 지옥과도 같다. 오늘 하루 당신의 삶은 어떠했는가? 축복받은 삶이었는가, 아니면 고통과 체념에 빠져 버린 삶이었는가? [신 5:29, 마 12:50. 찬송가 534(통 324), 429(통 489)]

신 28장은 복에 대한 세계관을 분명히 보여 줍니다. 그것은 조건부라는 것이다. 즉, 하나님의 명령과 규례를 지킬 때 오는 것이라는 것을 분명히 말해준다. 시편 기자 아삽은 복을 하나님과 함께하는 상태라고 했다(시 73:28). 하나님의 명령과 규례를 지키는 것이야말로 하나님이 우리와 함께해 주시는 상태를 말한다.
크리스천은 성경적 복의 개념을 분명히 성경의 가르침 위에 세워야 합니다. 복은 모든 세계관의 가장 근원적인 것이기 때문이다. 어떤 복을, 왜 추구하느냐가 곧 그 사람의 세계관을 이루는 것이다.

모세의 죽음을 통해서 그의 생애를 다시 복습하며 묵상하라.
1. 왕자 모세(Somebody) 2. 목자 모세(Nobody) 3. 선지자 모세(None)
한 생애를 마감하면서 장엄한 장례식을 준비하는 것은 무모한 짓이다.
어떤 가치 있는 삶을 살았는가가 더 중요하다.
모세는 철저히 하나님 뜻을 따라 살았다는 사실을 기억하라.
그러므로 삶의 주인을 하나님으로 모시고 살아야 한다는 것이다. 여러분의 선택과 결정은?

동영상 강의(14일차) 중에 강사가 성도들의 사회적 책임에 관해 언급했다. 그 사회적 책임의 근거는 창 1:26-28의 문화 명령에 두고 있으며 특별히 28절에 "청지기"의 사명에 그 직접적인 근거를 두고 있다고 강조한다. 여러분은 그런 사회적 책임감을 느끼고 실천하고 있는가?

동영상 강의 13강에서도 살펴보았듯이, 우리의 삶의 질은 우리가 추구하는 복의 성경에 의해 결정된다고 했다. 창 1:27에서 하나님은 복된 관계 가운데 우리를 만드셨고, 시편 기자들 특히 시 73:28에서 보듯이 진정한 성경적 복은 "하나님과 함께" 할 때 온다고 했다.
서론에서도 강조했듯이 성경은 어떻게 해야 하나님과 함께할 수 있고, 그래서 복의 관계를 회복할 수 있는가를 보여 주는 책이라고 했다. 신명기 28장은 바로 그것을 보여 준다.
복은 하나님의 규례와 명령은 지킬 때 온다고 분명히 말하고 있다. 규례와 명령을 지킨다는 것이 곧 하나님과 함께하는 것이기 때문이다. 따라서 복은 조건부로 온다는 사실을 꼭 기억해야 한다. 그 조건은 "지켜 행함"이다.

☑ 결단기도와 실행하기

약 2:26 영혼 없는 몸이 죽은 것 같이 행함이 없는 믿음은 죽은 것이니라
시 119:28 나의 영혼이 눌림으로 말미암아 녹사오니 주의 말씀대로 나를 세우소서

한눈에 보는 성경의 핵심 줄거리와 메시지

구약

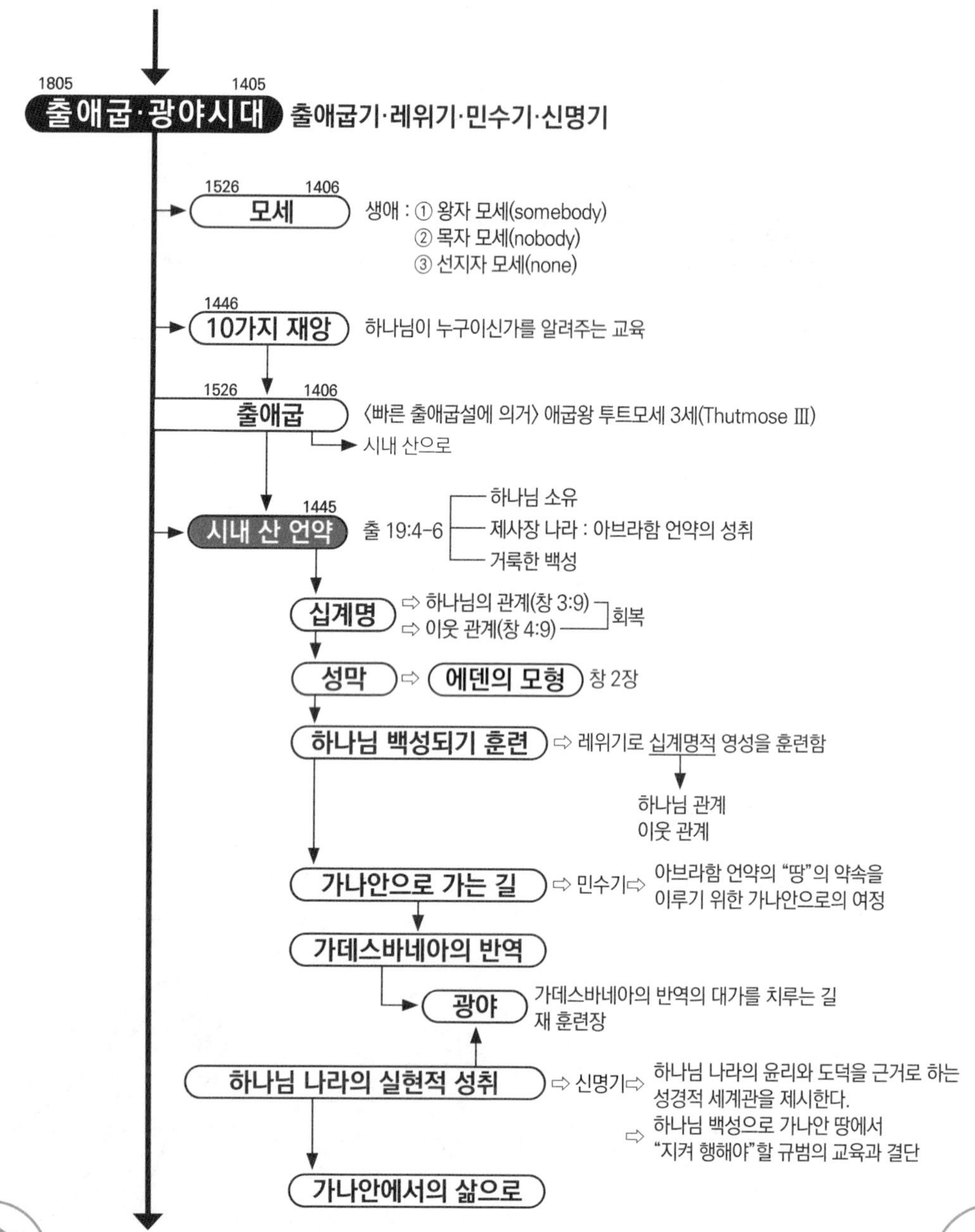

가나안 정복시대

B.C. 1405~1382

주요인물 여호수아 / 갈렙 / 라합 / 아간

주요사건 가나안 입성 / 가나안 정복 / 가나안 땅의 분배

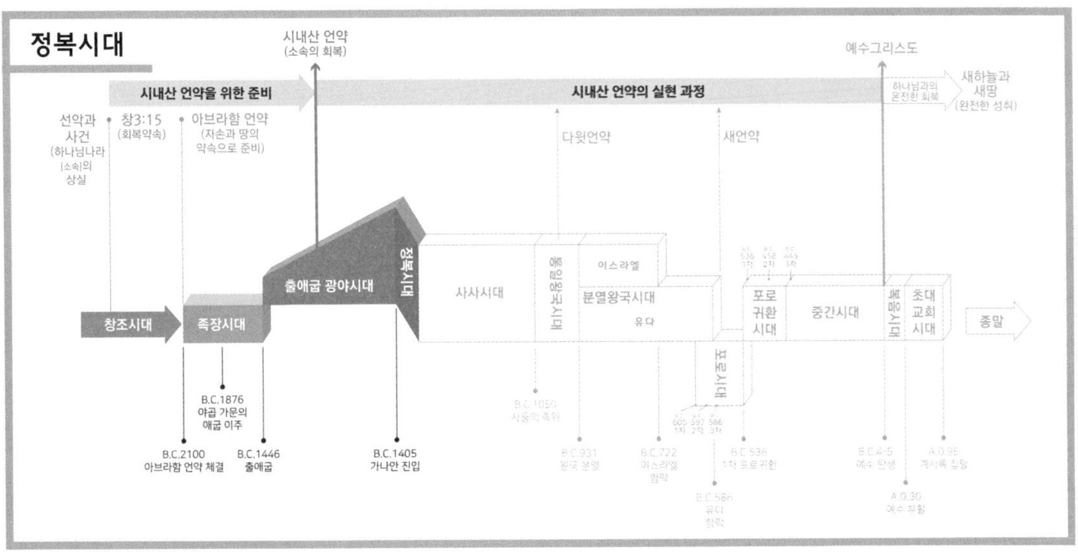

시대 한눈에 보기

하나님을 반역함으로 광야를 배회하게 된 제1세대는 여호수아와 갈렙을 제외하고 모두 광야에서 죽는다. 이제 살아남은 제2세대는 긴 광야의 훈련 여정을 끝내고 드디어 가나안에 들어가게 되었다. 하나님은 모세로 하여금 이제 가나안에 들어가야 하는 2세들에게 다시 한번 교육을 시키도록 한다. 그것이 바로 신명기이다. 이때가 B.C. 1407년으로 추정한다. 모세는 죽게 되고, 준비를 완료한 제2세대의 이스라엘 백성은 여호수아의 지휘로 요단강을 건너 가나안 정복전쟁을 개시한다. 이때가 B.C. 1405년이다. 1400년경에 땅의 정복을 완료하고 분배를 완료한다. 1390년경 여호수아가 죽고 이스라엘의 역사는 사사 시대로 접어들게 된다. 모세를 통한 하나님의 간곡한 부탁은(신명기의 주제) 섞이면 안 된다는 것이었다. 그러나 이스라엘은 가나안을 진멸하기를 실패한다.

이 시대의 약속의 땅 가나안은 잡다한 부족들이 모여서 살던 곳이고(가나안에 이미 아모리 족속, 헷 족속, 여부스 족속, 가나안 족속, 히위 족속, 브리스 족속, 기르가스 족속 등이 자리 잡고 살고 있음) 바알 신앙 등 우상 숭배가 매우 성행하였다. 가나안 정복의 다른 이유는 가나안 땅의 죄가 심판의 수준에까지 이르렀기 때문이다. 창 15:16에서 보는 것처럼 "네 자손은 사대 만에 이 땅으로 돌아오리니 이는 아모리 족속의 죄악이 아직 관영치 아니함이니라 하시더니"에서 보는 것처럼 약속의 땅 가나안에 사는 원주민인 아모리 족속의 죄가 차서 그것을 심판하는 목적도 있다.

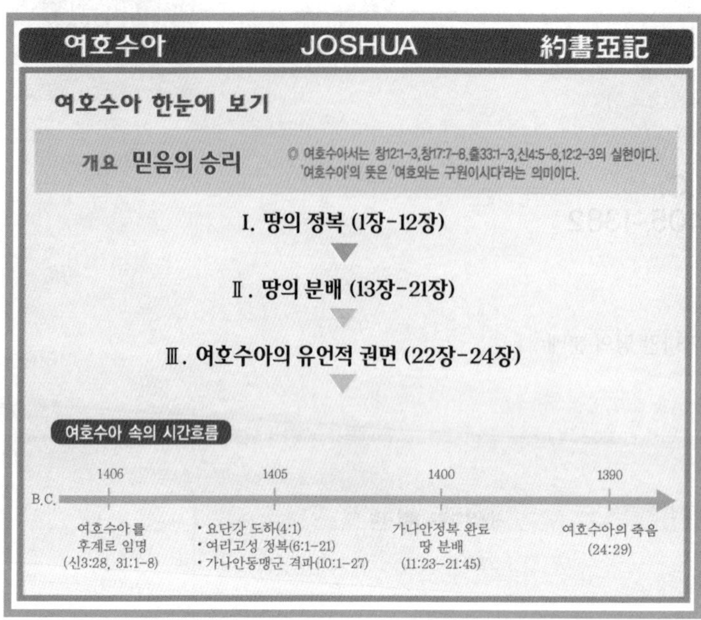

여호수아 JOSHUA 約書亞記
여호수아 한눈에 보기
개요 믿음의 승리
◎ 여호수아서는 창12:1-3,창17:7-8,출33:1-3,신4:5-8,12:2-3의 실현이다.
'여호수아'의 뜻은 '여호와는 구원이시다'라는 의미이다.
Ⅰ. 땅의 정복 (1장-12장)
Ⅱ. 땅의 분배 (13장-21장)
Ⅲ. 여호수아의 유언적 권면 (22장-24장)
여호수아 속의 시간흐름
B.C.
1406
1405
1400
1390
여호수아를 후계로 임명 (신3:28, 31:1-8)
• 요단강 도하(4:1)
• 여리고성 정복(6:1-21)
• 가나안동맹군 격파(10:1-27)
가나안정복 완료 땅 분배 (11:23-21:45)
여호수아의 죽음 (24:29)

❖ Storyline에서 여호수아서의 위치는 모세 5경과 이어서 나올 역사서를 잇는 다리와 같은 책이다. 모세 5경의 보충서이고, 12권의 역사서의 서론과 같은 책이다.

- 모세 5경은 이스라엘 백성을 가나안까지(up to) 데리고 온 책이고,
- 여호수아는 그 백성을 가나안 안으로(into) 데리고 간 책이고,
- 나머지 11권의 역사서는 그 가나안 안에서(in) 정착(settlement)하면서 살아가는 내용을 기록한 책이다.

❖ 여호수아는 마침내 모세의 후계자가 되어 가나안 정복의 대임을 완수하는데 이러한 그의 사역은 장차 자기 백성을 구원하여 하늘 가나안으로 인도하실 예수 그리스도의 구속 사역을 예표 한다. 즉 가나안 족속을 물리치고 그 땅을 정복, 백성에게 분배하고 기업으로 삼게 한 여호수아의 사역은 그리스도께서 사탄의 세력을 물리치시고, 승리하여 하나님 나라의 영원한 기업을 성도들에게 나누어 주시는 구속 사역의 모형이었던 것이다(요 14:1-3).

여호수아 1~12장

여호수아서 1장

여호와께서 여호수아에게 말씀하시다

1 여호와의 종 모세가 죽은 후에 여호와께서 모세의 수종자 눈의 아들 여
호수아에게 말씀하여 이르시되 2 내 종 모세가 죽었으니 이제 너는 이 모
든 백성과 더불어 일어나 이 요단을 건너 내가 그들 곧 이스라엘 자손에
게 주는 그 땅으로 가라 3 내가 모세에게 말한 바와 같이 너희 발바닥으
로 밟는 곳은 모두 내가 너희에게 주었노니 4 곧 광야와 이 레바논에서부
터 큰 강 곧 유브라데 강까지 헷 족속의 온 땅과 또 해 지는 쪽 대해까지
너희의 영토가 되리라 5 네 평생에 너를 능히 대적할 자가 없으리니 내가
모세와 함께 있었던 것 같이 너와 함께 있을 것임이니라 내가 너를 떠나
지 아니하며 버리지 아니하리니 6 강하고 담대하라 너는 내가 그들의 조
상에게 맹세하여 그들에게 주리라 한 땅을 이 백성에게 차지하게 하리라
7 오직 강하고 극히 담대하여 나의 종 모세가 네게 명령한 그 율법을 다
지켜 행하고 우로나 좌로나 치우치지 말라 그리하면 어디로 가든지 형통
하리니 8 이 율법책을 네 입에서 떠나지 말게 하며 주야로 그것을 묵상하
여 그 안에 기록된 대로 다 지켜 행하라 그리하면 네 길이 평탄하게 될 것
이며 네가 형통하리라 9 내가 네게 명령한 것이 아니냐 강하고 담대하라

❖ **여호수아서 메시지의 핵심 4가지**
① 진멸하라
② 점령
③ 정복
④ 대문화 (Counter Culture 對文化)

학습 자료 15-1을 참조
학습 자료 15-2 "가나안 땅의 모형론"을 참조

수 1:5-9 **성공의 지름길**
여호수아는 이스라엘 백성이 승리하고 성공하는 길을 제시했다. 그것은 한마디로 **말씀을 읽고 지켜 행하라는 것**이다.(지성적, 감성적, 그리고 반드시 의지적 읽기의 전인격 읽기이다.)
즉 성공의 길은
1) 지켜 행하기의 조건이 충족되어야 한다.
2) 성공은 순종함에서 오는 것이다.
3) 성공은 받아서 누리는 수동적인 것이 아니고 지켜 행함으로써 오는 적극적이고 능동적인 것이다.

두려워하지 말며 놀라지 말라 네가 어디로 가든지 네 하나님 여호와가 너와 함께 하느니라 하시니라

여호수아가 백성에게 명령을 내리다

10 이에 여호수아가 그 백성의 관리들에게 명령하여 이르되 11 진중에 두루 다니며 그 백성에게 명령하여 이르기
를 양식을 준비하라 사흘 안에 너희가 이 요단을 건너 너희의 하나님 여호와께서 너희에게 주사 차지하게 하시
는 땅을 차지하기 위하여 들어갈 것임이니라 하라 12 여호수아가 또 르우벤 지파와 갓 지파와 므낫세 반 지파에
게 말하여 이르되 13 여호와의 종 모세가 너희에게 명령하여 이르기를 너희의 하나님 여호와께서 너희에게 안식
을 주시며 이 땅을 너희에게 주시리라 하였나니 너희는 그 말을 기억하라 14 너희의 처자와 가축은 모세가 너희
에게 준 요단 이쪽 땅에 머무르려니와 너희 모든 용사들은 무장하고 너희의 형제보다 앞서 건너가서 그들을 돕
되 15 여호와께서 너희를 안식하게 하신 것 같이 너희의 형제도 안식하며 그들도 너희의 하나님 여호와께서 주
시는 그 땅을 차지하기까지 하라 그리고 너희는 너희 소유지 곧 여호와의 종 모세가 너희에게 준 요단 이쪽 해
돋는 곳으로 돌아와서 그것을 차지할지니라 16 그들이 여호수아에게 대답하여 이르되 당신이 우리에게 명령하
신 것은 우리가 다 행할 것이요 당신이 우리를 보내시는 곳에는 우리가 가리이다 17 우리는 범사에 모세에게 순
종한 것 같이 당신에게 순종하려니와 오직 당신의 하나님 여호와께서 모세와 함께 계시던 것 같이 당신과 함께
계시기를 원하나이다 18 누구든지 당신의 명령을 거역하며 당신의 말씀을 순종하지 아니하는 자는 죽임을 당하
리니 오직 강하고 담대하소서

여호수아서 2장

여호수아가 여리고에 정탐꾼을 보내다

1 눈의 아들 여호수아가 싯딤에서 두 사람을 정탐꾼으로 보내며 이르되
가서 그 땅과 여리고를 엿보라 하매 그들이 가서 라합이라 하는 기생의
집에 들어가 거기서 유숙하더니 2 어떤 사람이 여리고 왕에게 말하여 이
르되 보소서 이 밤에 이스라엘 자
손 중의 몇 사람이 이 땅을 정
탐하러 이리로 들어왔나이다
3 여리고 왕이 라합에게 사람
을 보내어 이르되 네게로 와서 네 집에 들
어간 그 사람들을 끌어내라 그들은 이 온 땅을 정탐하
러 왔느니라 4 그 여인이 그 두 사람을 이미 숨긴지라 이르되 과연 그 사람
들이 내게 왔었으나 그들이 어디에서 왔는지 나는 알지 못하였고 5 그 사
람들이 어두워 성문을 닫을 때쯤 되어 나갔으니 어디로 갔는지 내가 알지
못하나 급히 따라가라 그리하면 그들을 따라잡으리라 하였으나 6 그가
이미 그들을 이끌고 지붕에 올라가서 그 지붕에 벌여 놓은 삼대에 숨겼더

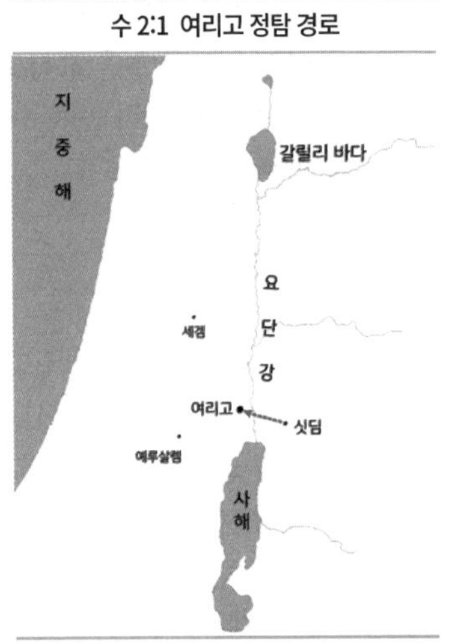

라 7 그 사람들은 요단 나루터까지 그들을 쫓아갔고 그들을 뒤쫓는 자들이 나가자 곧 성문을 닫았더라 8 또 그
들이 눕기 전에 라합이 지붕에 올라가서 그들에게 이르러 9 말하되 여호와께서 이 땅을 너희에게 주신 줄을 내
가 아노라 우리가 너희를 심히 두려워하고 이 땅 주민들이 다 너희 앞에서 간담이 녹나니 10 이는 너희가 애굽에
서 나올 때에 여호와께서 너희 앞에서 홍해 물을 마르게 하신 일과 너희가 요단 저쪽에 있는 아모리 사람의 두
왕 시혼과 옥에게 행한 일 곧 그들을 전멸시킨 일을 우리가 들었음이니라 11 우리가 듣자 곧 마음이 녹았고 너희
로 말미암아 사람이 정신을 잃었나니 너희의 하나님 여호와는 위로는 하늘에서도 아래로는 땅에서도 하나님이
시니라 12 그러므로 이제 청하노니 내가 너희를 선대하였은즉 너희도 내 아버지의 집을 선대하도록 여호와로 내
게 맹세하고 내게 증표를 내라 13 그리고 나의 부모와 나의 남녀 형제와 그들에게 속한 모든 사람을 살려 주어

우리 목숨을 죽음에서 건져내라 14 그 사람들이 그에게 이르되 네가 우리
의 이 일을 누설하지 아니하면 우리의 목숨으로 너희를 대신할 것이요 여
호와께서 우리에게 이 땅을 주실 때에는 인자하고 진실하게 너를 대우하
리라 15 라합이 그들을 창문에서 줄로 달아 내리니 그의 집이 성벽 위에
있으므로 그가 성벽 위에 거주하였음이라 16 라합이 그들에게 이르되 두
렵건대 뒤쫓는 사람들이 너희와 마주칠까 하노니 너희는 산으로 가서 거
기서 사흘 동안 숨어 있다가 뒤쫓는 자들이 돌아간 후에 너희의 길을 갈
지니라 17 그 사람들이 그에게 이르되 네가 우리에게 서약하게 한 이 맹세
에 대하여 우리가 허물이 없게 하리니 18 우리가 이 땅에 들어올 때에 우
리를 달아 내린 창문에 이 붉은 줄을 매고 네 부모와 형제와 네 아버지의
가족을 다 네 집에 모으라 19 누구든지 네 집 문을 나가서 거리로 가면 그
의 피가 그의 머리로 돌아갈 것이요 우리는 허물이 없으리라 그러나 누
구든지 너와 함께 집에 있는 자에게 손을 대면 그의 피는 우리의 머리로
돌아오려니와 20 네가 우리의 이 일을 누설하면 네가 우리에게 서약하게
한 맹세에 대하여 우리에게 허물이 없으리라 하니 21 라합이 이르되 너희
의 말대로 할 것이라 하고 그들을 보내어 가게 하고 붉은 줄을 창문에 매
니라 22 그들이 가서 산에 이르러 뒤쫓는 자들이 돌아가기까지 사흘을 거
기 머물매 뒤쫓는 자들이 그들을 길에서 두루 찾다가 찾지 못하니라 23 그
두 사람이 돌이켜 산에서 내려와 강을 건너 눈의 아들 여호수아에게 나아
가서 그들이 겪은 모든 일을 고하고 24 또 여호수아에게 이르되 진실로 여
호와께서 그 온 땅을 우리 손에 주셨으므로 그 땅의 모든 주민이 우리 앞
에서 간담이 녹더이다 하더라

여호수아서 3장

이스라엘 백성이 요단을 건너다

1 또 여호수아가 아침에 일찍이 일어나서 그와 모든 이스라엘 자손들과
더불어 싯딤에서 떠나 요단에 이르러 건너가기 전에 거기서 유숙하니라 2
사흘 후에 관리들이 진중으로 두루 다니며 3 백성에게 명령하여 이르되 너
희는 레위 사람 제사장들이 너희 하나님 여호와의 언약궤 메는 것을 보거
든 너희가 있는 곳을 떠나 그 뒤를 따르라 4 그러나 너희와 그 사이 거리가
이천 규빗쯤 되게 하고 그것에 가까이 하지는 말라 그리하면 너희가 행할
길을 알리니 너희가 이전에 이 길을 지나보지 못하였음이니라 하니라 5 여
호수아가 또 백성에게 이르되 너희는 자신을 성결하게 하라 여호와께서
내일 너희 가운데에 기이한 일들을 행하시리라 6 여호수아가 또 제사장들
에게 말하여 이르되 언약궤를 메고 백성에 앞서 건너라 하매 곧 언약궤를
메고 백성에 앞서 나아가니라 7 여호와께서 여호수아에게 이르시되 내가
오늘부터 시작하여 너를 온 이스라엘의 목전에서 크게 하여 내가 모세와
함께 있었던 것 같이 너와 함께 있는 것을 그들이 알게 하리라 8 너는 언약
궤를 멘 제사장들에게 명령하여 이르기를 너희가 요단 물가에 이르거든
요단에 들어서라 하라 9 여호수아가 이스라엘 자손에게 이르되 이리 와서

기생 라합

라합의 출신 배경에 대해서는 아무것도 알려진 것이 없다. 단지 여호수아의 여리고성 정복과 관련한 기사에서 최초로 언급되고 있다. 그녀는 여리고 성에 거주하던 기생이었다. 그런데 여리고 성의 상황을 알기 위해 여호수아가 보낸 두 정탐꾼이 라합의 집에 유숙하였다. 라합은 단순하게 몸만 파는 매춘부가 아니라 성문 근처에 있는 주막을 경영하며 나그네들을 상대로 장사하는 여인이었으므로 그녀의 집은 성의 상황에 대해 가장 많은 정보를 들을 수 있는 곳이기 때문이었다. 그러나 여리고 성 군대에게 이 사실이 알려지게 되어 위기에 처하게 되었다. 이때 라합은 두 정탐꾼을 지붕에 숨겨 두었다가 후에 성벽을 통해 무사히 탈출시켜 주었다. 이때 라합은 정탐꾼들에게 이스라엘이 여리고를 정복할 때 자신과 가족을 구원해 달라고 요청하였고, 약속대로 여리고 성이 멸망할 때 구원받았다. 이외에 신약에서는 라합이 보아스의 어머니며 예수의 조상으로 기록되어 있다. 이상과 같은 라합의 일생은 구원을 얻은 개인적인 신앙의 표본이기도 하지만 더 중요한 것은 구속사의 큰 원리인 구원의 개방성에 대해 계시하고 있다는 것이다. 즉 라합은 이스라엘 백성이 아니라 가나안의 이방 여인이었으며 더욱이 기생이었다. 그러나 그는 멸망에서 구원받고 메시아이신 그리스도의 조상이 되는 영광을 얻었다. 이는 하나님의 구원은 처음부터 이스라엘이라는 특정한 민족만을 대상으로 하지 않고 모든 민족을 향하여 열려 있다는 것을 말해준다. 구원은 혈통이 아니라 오직 라합과 같이 전능하신 하나님을 믿는 믿음을 가짐으로 얻을 수 있는 것이다. 이런 점에서 라합의 이야기는 구원은 오직 믿음으로 얻는다는 바울의 가르침의 구약적 근거를 제공하고 있다고 할 것이다.

이스라엘 속의 주요 이방인

	인적 사항	출신지
하 갈	아브라함의 첩	애굽(창 16:1)
다 말	유다의 며느리	가나안(창 38:6)
십보라	모세의 아내	미디안(출 2:21)
이드로	모세의 장인	미디안(출 18:1)
라 합	여리고 정탐꾼을 도움	가나안(수 2:1)
갈 렙	가나안 12정탐 꾼 중 일인	그나스(수 14:6)
옷니엘	초대 사사	그나스(삿 3:1)
룻	나오미의 며느리	모압(룻 1:5)
우리아	다윗의 장수	헷(삼하 23:39)
이세벨	아합의 아내	베니게(왕상 18:1)

너희의 하나님 여호와의 말씀을 들으라 하고 10 또 말하되 살아 계신 하나
님이 너희 가운데에 계시사 가나안 족속과 헷 족속과 히위 족속과 브리스
족속과 기르가스 족속과 아모리 족속과 여부스 족속을 너희 앞에서 반드
시 쫓아내실 줄을 이것으로서 너희가 알리라 11 보라 온 땅의 주의 언약궤
가 너희 앞에서 요단을 건너가나니 12 이제 이스라엘 지파 중에서 각 지파
에 한 사람씩 열두 명을 택하라 13 온 땅의 주 여호와의 궤를 멘 제사장들
의 발바닥이 요단 물을 밟고 멈추면 요단 물 곧 위에서부터 흘러내리던 물
이 끊어지고 한 곳에 쌓여 서리라 14 백성이 요단을 건너려고 자기들의 장
막을 떠날 때에 제사장들은 언약궤를 메고 백성 앞에서 나아가니라 15 요
단이 곡식 거두는 시기에는 항상 언덕에 넘치더라 궤를 멘 자들이 요단에
이르며 궤를 멘 제사장들의 발이 물 가에 잠기자 16 곧 위에서부터 흘러내
리던 물이 그쳐서 사르단에 가까운 매우 멀리 있는 아담 성읍 변두리에 일
어나 한 곳에 쌓이고 아라바의 바다 염해로 향하여 흘러가는 물은 온전히
끊어지매 백성이 여리고 앞으로 바로 건널새 17 여호와의 언약궤를 멘 제
사장들은 요단 가운데 마른 땅에 굳게 섰고 그 모든 백성이 요단을 건너기를 마칠 때까지 모든 이스라엘은 그 마
른 땅으로 건너갔더라

수 3:6-17 요단강 도하의 기적은 구속사의 성취는 사람에 의해서가 아니라 오로지 하나님의 주권과 능력으로만 가능하다는 것을 보여 준다. 특별히 요단강과 같이 인간으로서는 도저히 극복할 수 없는 장애물이 앞에 가로 놓였을 때 하나님의 주권과 능력의 역사는 더욱 두드러지게 나타난다. 여호와의 법궤를 멘 제사장들이 요단강에 발을 들여놓았을 때 흐르던 물이 멈추고 큰 물 벽을 이루며 쌓여 있는 모습을 상상해 보라. 그 장엄한 광경을 바라볼 때 과연 구속 역사에 있어 감히 인간의 공적을 내세우며 하나님의 주권을 만홀히 여길 수 있겠는가! 이럴 때 우리는 오직 당신의 백성들을 구속하시기 위한 하나님의 열심(熱心)을 감사하며 그분의 주권과 능력을 찬양하지 않을 수 없는 것이다.

여호수아서 4장

길갈에 세운 열두 돌

1 그 모든 백성이 요단을 건너가기를 마치매 여호와께서 여호수아에게 말씀하여 이르시되 2 백성의 각 지파에
한 사람씩 열두 사람을 택하고 3 그들에게 명령하여 이르기를 요단 가운데 제사장들의 발이 굳게 선 그 곳에서
돌 열둘을 택하여 그것을 가져다가 오늘밤 너희가 유숙할 그 곳에 두게 하라 하시니라 4 여호수아가 이스라엘
자손 중에서 각 지파에 한 사람씩 준비한 그 열두 사람을 불러 5 그들에게 이르
되 요단 가운데로 들어가 너희 하나님 여호와의 궤 앞으로 가서 이스라엘 자
손들의 지파 수대로 각기 돌 한 개씩 가져다가 어깨에 메라 6 이것이 너희 중
에 표징이 되리라 후일에 너희의 자손
들이 물어 이르되 이 돌들은 무슨 뜻이
냐 하거든 7 그들에게 이르기를 요단 물이 여호와의 언약궤 앞에서 끊어
졌나니 곧 언약궤가 요단을 건널 때에 요단 물이 끊어졌으므로 이 돌들
이 이스라엘 자손에게 영원히 기념이 되리라 하라 하니라 8 이스라엘 자
손들이 여호수아가 명령한 대로 행하되 여호와께서 여호수아에게 이르
신 대로 이스라엘 자손들의 지파의 수를 따라 요단 가운데에서 돌 열둘
을 택하여 자기들이 유숙할 곳으로 가져다가 거기에 두었더라 9 여호수
아가 또 요단 가운데 곧 언약궤를 멘 제사장들의 발이 선 곳에 돌 열둘을
세웠더니 오늘까지 거기에 있더라 10 또 여호와께서 여호수아에게 명령
하사 백성에게 말하게 하신 일 곧 모세가 여호수아에게 명령한 일이 다
마치기까지 궤를 멘 제사장들이 요단 가운데에 서 있고 백성은 속히 건
넜으며 11 모든 백성이 건너기를 마친 후에 여호와의 궤와 제사장들이 백
성의 목전에서 건넜으며 12 르우벤 자손과 갓 자손과 므낫세 반 지파는
모세가 그들에게 이른 것 같이 무장하고 이스라엘 자손들보다 앞서 건너

수 4:20 길갈 위치

갔으니 13 무장한 사만 명 가량이 여호
와 앞에서 건너가 싸우려고 여리고
평지에 이르니라 14 그 날에 여호
와께서 모든 이스라엘의 목전에
서 여호수아를 크게 하시매 그가
생존한 날 동안에 백성이 그를 두
려워하기를 모세를 두려워하던 것 같이 하였더라 15 여호와께서 여호수아
에게 말씀하여 이르시되 16 증거궤를 멘 제사장들에게 명령하여 요단에
서 올라오게 하라 하신지라 17 여호수아가 제사장들에게 명령하여 이르
기를 요단에서 올라오라 하매 18 여호와의 언약궤를 멘 제사장들이 요단
가운데에서 나오며 그 발바닥으로 육지를 밟는 동시에 요단 물이 본 곳
으로 도로 흘러서 전과 같이 언덕에 넘쳤더라 19 첫째 달 십일에 백성이 요
단에서 올라와 여리고 동쪽 경계 길갈에 진 치매 20 여호수아가 요단에서
가져온 그 열두 돌을 길갈에 세우고 21 이스라엘 자손들에게 말하여 이르
되 후일에 너희의 자손들이 그들의 아버지에게 묻기를 이 돌들은 무슨 뜻
이니이까 하거든 22 너희는 너희의 자손들에게 알게 하여 이르기를 이스
라엘이 마른 땅을 밟고 이 요단을 건넜음이라 23 너희의 하나님 여호와께서 요단 물을 너희 앞에서 마르게 하사
너희를 건너게 하신 것이 너희의 하나님 여호와께서 우리 앞에 홍해를 말리시고 우리를 건너게 하심과 같았나니
24 이는 땅의 모든 백성에게 여호와의 손이 강하신 것을 알게 하며 너희가
너희의 하나님 여호와를 항상 경외하게 하려 하심이라 하라

수 4:23 요단강 도하 사건의 의미는 홍해 사건(출 14장)과 대비될 수 있다(23절). 홍해 사건은 과거 죄에 매여 종살이하던 옛 생활을 완전히 벗어버리고 물로 세례(고전 10:2)를 받음으로써 새롭게 탄생하는 중생(重生)을 의미하는 사건이라면(칭의적 구원), 요단강 도하 사건은 성도의 지상(地上) 생활에 비유되는 광야 40년 방랑 생활을 청산하고, 이 세상에서의 성결한 삶으로 살아가려는 단계로 들어간다는 것이다(성화적 구원). 각 개인 성도들은 다 영적으로 이 같은 두 과정을 겪게 된다. 즉, 처음에는 옛 생활을 청산하고 새 생활을 시작하게 되는 시점인 이 같은 두 과정을 겪게 된다. 옛 생활을 청산하고 새 생활을 시작하게 되는 시점인 중생의 체험을 한 후(고후 5:17), 훈련과 연단의 생활을 통한 성화와, 그리스도의 재림과 함께 완전한 성결의 상태인 영화의 상태가 된 후 천국으로 들어가게 되는 것이다.

여호수아서 5장

1 요단 서쪽의 아모리 사람의 모든 왕들과 해변의 가나안 사람의 모든 왕
들이 여호와께서 요단 물을 이스라엘 자손들 앞에서 말리시고 우리를 건너
게 하셨음을 듣고 마음이 녹았고 이스라엘 자손들 때문에 정신을 잃었더라

이스라엘이 길갈에서 할례를 받다

2 그 때에 여호와께서 여호수아에게 이르시되 너는 부싯돌로 칼을 만들
어 이스라엘 자손들에게 다시 할례를 행하라 하시매 3 여호수아가 부싯돌
로 칼을 만들어 할례 산에서 이스라엘 자손들에게 할례를 행하니라 4 여
호수아가 할례를 시행한 까닭은 이것이니 애굽에서 나온 모든 백성 중 남
자 곧 모든 군사는 애굽에서 나온 후 광야 길에서 죽었는데 5 그 나온 백성
은 다 할례를 받았으나 다만 애굽에서 나온 후 광야 길에서 난 자는 할례
를 받지 못하였음이라 6 이스라엘 자손들이 여호와의 음성을 청종하지 아
니하므로 여호와께서 그들에게 대하여 맹세하사 그들의 조상들에게 맹
세하여 우리에게 주리라고 하신 땅 곧 젖과 꿀이 흐르는 땅을 그들이 보
지 못하게 하리라 하시매 애굽에서 나온 족속 곧 군사들이 다 멸절하기까
지 사십 년 동안을 광야에서 헤매었더니 7 그들의 대를 잇게 하신 이 자손
에게 여호수아가 할례를 행하였으니 길에서는 그들에게 할례를 행하지
못하였으므로 할례 없는 자가 되었음이었더라 8 또 그 모든 백성에게 할
례 행하기를 마치매 백성이 진중 각 처소에 머물며 낫기를 기다릴 때에 9

❖ 수 5장

5:5에 보니 광야에서 죽은 1세들은 다 할례를 받았던 자였으나 2세들은 할례를 받지 못하였다고 했다. 할례는 언약 지킴의 증표이다. 할례를 통해서 하나님과의 기본 교제가 설립되고 회복되는 것이다.

- 그 땅의 소산을 먹기 시작하자 만나가 끊어졌다.
- 여리고 전쟁을 위해 당도했을 때 한 사람이 칼을 빼 들고 여호수아를 기다리고 있었다. 이는 하나님의 군대 장관이었고, 여호수아에게 신발 벗기를 명령한다.

☞ 먼저 사자(使者)를 앞서 보낸다고 약속하신 것을 실천.

☞ **출 23:23-25** 내 사자가 네 앞서가서 너를 아모리 사람과 헷 사람과 브리스 사람과 가나안 사람과 히위 사람과 여부스 사람에게로 인도하고 나는 그들을 끊으리니 너는 그들의 신을 경배하지 말며 섬기지 말며 그들의 행위를 본받지 말고 그것들을 다 깨뜨리며 그들의 주상을 부수고 네 하나님 여호와를 섬기라 그리하면 여호와가 너희의 양식과 물에 복을 내리고 너희 중에서 병을 제하리니

- 신발 벗기-자기 권리포기

☞ 여기서는 여호수아 장군의 작전권 포기이다.

전쟁은 하나님께 속한 것이기도 하지만, 이것은 신위에 대한 인위의 내려놓음을 원하는 하나님의 뜻이다. 여호수아는 순종한다. 그 대가가 6장이다.

여호와께서 여호수아에게 이르시되 내가 오늘 애굽의 수치를 너희에게
서 떠나가게 하였다 하셨으므로 그 곳 이름을 오늘까지 길갈이라 하느니
라 [10] 또 이스라엘 자손들이 길갈에 진 쳤고 그 달 십사일 저녁에는 여리고 평지에서 유월절을 지켰으며 [11] 유월절
이튿날에 그 땅의 소산물을 먹되 그 날에 무교병과 볶은 곡식을 먹었더라 [12] 또 그 땅의 소산물을 먹은 다음 날에
만나가 그쳤으니 이스라엘 사람들이 다시는 만나를 얻지 못하였고 그 해에 가나안 땅의 소출을 먹었더라

수 5:2-6
학습 자료 15-3 "할례" 참조

칼을 든 여호와의 군대 대장

[13] 여호수아가 여리고에 가까이 이르렀을 때에 눈을 들어 본즉 한 사람이 칼을 빼어 손에 들고 마주 서 있는지라
여호수아가 나아가서 그에게 묻되 너는 우리를 위하느냐 우리의 적들을 위하느냐 하니 [14] 그가 이르되 아니라
나는 여호와의 군대 대장으로 지금 왔느니라 하는지라 여호수아가 얼굴을 땅에 대고 엎드려 절하고 그에게 이
르되 내 주여 종에게 무슨 말씀을 하려 하시나이까 [15] 여호와의 군대 대장이 여호수아에게 이르되 네 발에서 신
을 벗으라 네가 선 곳은 거룩하니라 하니 여호수아가 그대로 행하니라

13일~
18일

여호수아서 6장

여리고 성이 무너지다

[1] 이스라엘 자손들로 말미암아 여리고는 굳게 닫혔고 출입하는 자가 없더
라 [2] 여호와께서 여호수아에게 이르시되 보라 내가 여리고와 그 왕과 용
사들을 네 손에 넘겨 주었으니 [3] 너희 모든 군사는 그 성을 둘러 성 주위
를 매일 한 번씩 돌되 엿새 동안을 그리하라 [4] 제사장 일곱은 일곱 양각
나팔을 잡고 언약궤 앞에서 나아갈 것이요 일곱째 날에는 그 성을 일곱
번 돌며 그 제사장들은 나팔을 불 것이며 [5] 제사장들이 양각 나팔을 길게
불어 그 나팔 소리가 너희에게 들릴 때에는 백성은 다 큰 소리로 외쳐 부
를 것이라 그리하면 그 성벽이 무너져 내리리니 백성은 각기 앞으로 올라
갈지니라 하시매 [6] 눈의 아들 여호수아가 제사장들을 불러 그들에게 이
르되 너희는 언약궤를 메고 제사장 일곱은 양각 나팔 일곱을 잡고 여호
와의 궤 앞에서 나아가라 하고 [7] 또 백성에게 이르되 나아가서 그 성을 돌
되 무장한 자들이 여호와의 궤 앞에서 나아갈지니라 하니라 [8] 여호수아가
백성에게 이르기를 마치매 제사장 일곱은 양각 나팔 일곱을 잡고 여호와 앞에서 나아가며 나팔을 불고 여호와
의 언약궤는 그 뒤를 따르며 [9] 그 무장한 자들은 나팔 부는 제사장들 앞에서 행진하며 후군은 궤 뒤를 따르고 제
사장들은 나팔을 불며 행진하더라 [10] 여호수아가 백성에게 명령하여 이르되 너희는 외치지 말며 너희 음성을 들
리게 하지 말며 너희 입에서 아무 말도 내지 말라 그리하다가 내가 너희에게 명령하여 외치라 하는 날에 외칠지
니라 하고 [11] 여호와의 궤가 그 성을 한 번 돌게 하고 그들이 진영으로 들어와서 진영에서 자니라 [12] 또 여호수아
가 아침에 일찍이 일어나니 제사장들이 여호와의 궤를 메고 [13] 제사장 일곱은 양각 나팔 일곱을 잡고 여호와의
궤 앞에서 계속 행진하며 나팔을 불고 무장한 자들은 그 앞에 행진하며 후군은 여호와의 궤 뒤를 따르고 제사장
들은 나팔을 불며 행진하니라 [14] 그 둘째 날에도 그 성을 한 번 돌고 진영으로 돌아오니라 엿새 동안을 이같이 행
하니라 [15] 일곱째 날 새벽에 그들이 일찍이 일어나서 전과 같은 방식으로 그 성을 일곱 번 도니 그 성을 일곱 번
돌기는 그 날뿐이었더라 [16] 일곱 번째에 제사장들이 나팔을 불 때에 여호수아가 백성에게 이르되 외치라 여호와
께서 너희에게 이 성을 주셨느니라 [17] 이 성과 그 가운데에 있는 모든 것은 여호와께 온전히 바치되 기생 라합과
그 집에 동거하는 자는 모두 살려 주라 이는 우리가 보낸 사자들을 그가 숨겨 주었음이니라 [18] 너희는 온전히 바
치고 그 바친 것 중에서 어떤 것이든지 취하여 너희가 이스라엘 진영으로 바치는 것이 되게 하여 고통을 당하게
되지 아니하도록 오직 너희는 그 바친 물건에 손대지 말라 [19] 은금과 동철 기구들은 다 여호와께 구별될 것이니

❖ 수 6장 **여리고 전쟁 : 이상한 전술과 전략으로 이상하게 치러진 전쟁**
(역대하 20장에서 여호사밧과 암몬과 모압, 세일산 주민과의 전쟁에서 찬양대가 앞에 서는 전투대열)
· 믿음으로 이긴 전쟁
1) 하나님의 말씀과 뜻을 확인하고
2) 그것을 무조건 순종하고
3) 실천하는 것이다.
☞ 인생의 난공불락과 난제를 어떻게 이길 수 있을까? 여리고 전쟁의 하나님의 방법을 생각해 보라.
☞ 신위, 여기에 모든 해답이 있다. 성경은 하나님 말씀에 의지하라고 가르치고 있다.
* 이 정복 전쟁이 수월히 진행될 수 있도록 주변 정세를 관장해 주신 하나님

수 5~6장
학습 자료 5-4 "여리고 전쟁" 참조

그것을 여호와의 곳간에 들일지니라 하니라 20 이
에 백성은 외치고 제사장들은 나팔을 불매 백성이
나팔 소리를 들을 때에 크게 소리 질러 외치니 성벽
이 무너져 내린지라 백성이 각기 앞으로 나아가 그
성에 들어가서 그 성을 점령하고 21 그 성 안에 있
는 모든 것을 온전히 바치되 남녀 노소와 소와 양과
나귀를 칼날로 멸하니라 22 여호수아가 그 땅을 정
탐한 두 사람에게 이르되 그 기생의 집에 들어가서 너희가 그 여인에게 맹세한 대로 그와 그에게 속한 모든 것
을 이끌어 내라 하매 23 정탐한 젊은이들이 들어가서 라합과 그의 부모와 그의 형제와 그에게 속한 모든 것을 이
끌어 내고 또 그의 친족도 다 이끌어 내어 그들을 이스라엘의 진영 밖에 두고 24 무리가 그 성과 그 가운데에 있
는 모든 것을 불로 사르고 은금과 동철 기구는 여호와의 집 곳간에 두었더라 25 여호수아가 기생 라합과 그의 아
버지의 가족과 그에게 속한 모든 것을 살렸으므로 그가 오늘까지 이스라엘 중에 거주하였으니 이는 여호수아가
여리고를 정탐하려고 보낸 사자들을 숨겼음이었더라 26 여호수아가 그 때에 맹세하게 하여 이르되 누구든지 일
어나서 이 여리고 성을 건축하는 자는 여호와 앞에서 저주를 받을 것이라 그 기초를 쌓을 때에 그의 맏아들을 잃
을 것이요 그 문을 세울 때에 그의 막내아들을 잃으리라 하였더라 27 여호와께서 여호수아와 함께 하시니 여호
수아의 소문이 그 온 땅에 퍼지니라

여호수아서 7장

아간의 범죄

1 이스라엘 자손들이 온전히 바친 물건으로 말미암아 범죄하였으니 이는
유다 지파 세라의 증손 삽디의 손자 갈미의 아들 아간이 온전히 바친 물
건을 가졌음이라 여호와께서 이스라엘 자손들에게 진노하시니라 2 여호
수아가 여리고에서 사람을 벧엘 동쪽 벧아웬 곁에 있는 아이로 보내며 그
들에게 말하여 이르되 올라가서 그 땅을 정탐하라 하매 그 사람들이 올
라가서 아이를 정탐하고 3 여호수아에게로 돌아와 그에게 이르되 백성
을 다 올라가게 하지 말고 이삼천 명만 올라가서 아이를 치게 하소서 그
들은 소수이니 모든 백성을 그리로 보내어 수고롭게 하지 마소서 하므로
4 백성 중 삼천 명쯤 그리로 올라갔다가 아이 사람 앞에서 도망하니 5 아
이 사람이 그들을 삼십육 명쯤 쳐죽이고 성문 앞에서부터 스바림까지 쫓
아가 내려가는 비탈에서 쳤으므로 백성의 마음이 녹아 물 같이 된지라 6
여호수아가 옷을 찢고 이스라엘 장로들과 함께 여호와의 궤 앞에서 땅
에 엎드려 머리에 티끌을 뒤집어쓰고 저물도록 있다가 7 이르되 슬프도소
이다 주 여호와여 어찌하여 이 백성을 인도하여 요단을 건너게 하시고 우
리를 아모리 사람의 손에 넘겨 멸망시키려 하셨나이까 우리가 요단 저쪽
을 만족하게 여겨 거주하였더면 좋을 뻔하였나이다 8 주여 이스라엘이 그의 원수들 앞에서 돌아섰으니 내가 무
슨 말을 하오리이까 9 가나안 사람과 이 땅의 모든 사람들이 듣고 우리를 둘러싸고 우리 이름을 세상에서 끊으
리니 주의 크신 이름을 위하여 어떻게 하시려 하나이까 하니 10 여호와께서 여호수아에게 이르시되 일어나라 어
찌하여 이렇게 엎드렸느냐 11 이스라엘이 범죄하여 내가 그들에게 명령한 나의 언약을 어겼으며 또한 그들이 온
전히 바친 물건을 가져가고 도둑질하며 속이고 그것을 그들의 물건들 가운데에 두었느니라 12 그러므로 이스라
엘 자손들이 그들의 원수 앞에 능히 맞서지 못하고 그 앞에서 돌아섰나니 이는 그들도 온전히 바친 것이 됨이라

개인 범죄의 영향

성경에는 개인 또는 일부 극소수의 죄로 인해 전체가 징계를 받는 모습이 종종 나타나고 있다. 이는 하나님의 백성은 한 사람 한 사람이 서로 유기적인 연합을 이루고 있기 때문인데, 이러한 현상은 구약 시대 이스라엘 백성들에게 뿐만 아니라 신약 교회 안에서도 나타난다. 그 예를 살펴보자.

	범죄자와 그 내용	범죄 결과
1	시므리의 음행 (민 25:6-9)	염병 징계로 인해 24,000명 사망
2	아간의 성물 횡령 (수 7:1-5)	이스라엘의 아이성 전투 실패
3	사울의 기브온인 살해(삼하 21:1)	3년 동안 기근이 임함
4	다윗의 인구 조사 (삼하 24:1-17)	온역으로 인해 백성 7만명 사망
5	고린도 교인의 음행 (고전 5:1-13)	고린도 교회 전체를 더럽힘

그 온전히 바친 물건을 너희 중에서 멸하지 아니하면 내가 다시는 너희
와 함께 있지 아니하리라 13 너는 일어나서 백성을 거룩하게 하여 이르기
를 너희는 내일을 위하여 스스로 거룩하게 하라 이스라엘의 하나님 여호
와의 말씀에 이스라엘아 너희 가운데에 온전히 바친 물건이 있나니 너희
가 그 온전히 바친 물건을 너희 가운데에서 제하기까지는 네 원수들 앞에
능히 맞서지 못하리라 14 너희는 아침에 너희의 지파대로 가까이 나아오
라 여호와께 뽑히는 그 지파는 그 족속대로 가까이 나아올 것이요 여호
와께 뽑히는 족속은 그 가족대로 가까이 나아올 것이요 여호와께 뽑히는
그 가족은 그 남자들이 가까이 나아올 것이며 15 온전히 바친 물건을 가진
자로 뽑힌 자를 불사르되 그와 그의 모든 소유를 그리하라 이는 여호와
의 언약을 어기고 이스라엘 가운데에서 망령된 일을 행하였음이라 하셨
다 하라 16 이에 여호수아가 아침 일찍이 일어나서 이스라엘을 그의 지파
대로 가까이 나아오게 하였더니 유다 지파가 뽑혔고 17 유다 족속을 가까이 나아오게 하였더니 세라 족속이 뽑
혔고 세라 족속의 각 남자를 가까이 나아오게 하였더니 삽디가 뽑혔고 18 삽디의 가족 각 남자를 가까이 나아오
게 하였더니 유다 지파 세라의 증손이요 삽디의 손자요 갈미의 아들인 아간이 뽑혔더라 19 그러므로 여호수아가
아간에게 이르되 내 아들아 청하노니 이스라엘의 하나님 여호와께 영광을 돌려 그 앞에 자복하고 네가 행한 일
을 내게 알게 하라 그 일을 내게 숨기지 말라 하니 20 아간이 여호수아에게 대답하여 이르되 참으로 나는 이스라
엘의 하나님 여호와께 범죄하여 이러이러하게 행하였나이다 21 내가 노략한 물건 중에 시날 산의 아름다운 외투
한 벌과 은 이백 세겔과 그 무게가 오십 세겔 되는 금덩이 하나를 보고 탐내어 가졌나이다 보소서 이제 그 물건
들을 내 장막 가운데 땅 속에 감추었는데 은은 그 밑에 있나이다 하더라 22 이에 여호수아가 사자들을 보내매 그
의 장막에 달려가 본즉 물건이 그의 장막 안에 감추어져 있는데 은은 그 밑에 있는지라 23 그들이 그것을 장막 가
운데서 취하여 여호수아와 이스라엘 모든 자손에게 가지고 오매 그들이 그것을 여호와 앞에 쏟아 놓으니라 24
여호수아가 이스라엘 모든 사람과 더불어 세라의 아들 아간을 잡고 그 은과 그 외투와 그 금덩이와 그의 아들들
과 그의 딸들과 그의 소들과 그의 나귀들과 그의 양들과 그의 장막과 그에게 속한 모든 것을 이끌고 아골 골짜
기로 가서 25 여호수아가 이르되 네가 어찌하여 우리를 괴롭게 하였느냐 여호와께서 오늘 너를 괴롭게 하시리라
하니 온 이스라엘이 그를 돌로 치고 물건들도 돌로 치고 불사르고 26 그 위에 돌 무더기를 크게 쌓았더니 오늘까
지 있더라 여호와께서 그의 맹렬한 진노를 그치시니 그러므로 그 곳 이름을 오늘까지 아골 골짜기라 부르더라

❖ **인간 탐욕의 전형적인 패턴**
7장 아간의 범죄와 아담의 범죄의 유사성
– "보고, 탐나서, 가졌다."(7:21)
☞ 見物生心 + 自己中心性
☞ 한 개인의 죄가 집단을 오염시켰다.

❖ 하나님은 무조건적 은혜와 한 치도 변치 않는 성실하심으로 태초부터 종말까지 인간을 은혜와 사랑으로 보호하시고 인도하시는 데 반해서, 인간은 끝없이 배반하고 실패한다는 사실이다. 이때 하나님은 그런 범죄의 책임이 있는 자는 단호히 처벌하시나, 그래도 다시 인내하시며 당신의 모든 택한 백성을 위해 묵묵히 그리고 끊임없이, 자녀를 애틋이 여기시는 부모처럼 사랑하신다는 사실이다.(cf. 시 106편)

여호수아서 8장

아이 성을 점령하다

1 여호와께서 여호수아에게 이르시되 두려워하지 말라 놀라지 말라 군사를 다 거느리고 일어나 아이로 올라가
라 보라 내가 아이 왕과 그의 백성과 그의 성읍과 그의 땅을 다 네 손에 넘겨 주었으니 2 너는 여리고와 그 왕에
게 행한 것 같이 아이와 그 왕에게 행하되 오직 거기서 탈취할 물건과 가축은 스스로 가지라 너는 아이 성 뒤에
복병을 둘지니라 하시니 3 이에 여호수아가 일어나서 군사와 함께 아이로 올라가려 하여 용사 삼만 명을 뽑아 밤
에 보내며 4 그들에게 명령하여 이르되 너희는 성읍 뒤로 가서 성읍을 향하여 매복하되 그 성읍에서 너무 멀리
하지 말고 다 스스로 준비하라 5 나와 나를 따르는 모든 백성은 다 성읍으로 가까이 가리니 그들이 처음과 같이
우리에게로 쳐 올라올 것이라 그리 할 때에 우리가 그들 앞에서 도망하면 6 그들이 나와서 우리를 추격하며 이르
기를 그들이 처음과 같이 우리 앞에서 도망한다 하고 우리의 유인을 받아 그 성읍에서 멀리 떠날 것이라 우리가
그들 앞에서 도망하거든 7 너희는 매복한 곳에서 일어나 그 성읍을 점령하라 너희 하나님 여호와께서 그 성읍을
너희 손에 주시리라 8 너희가 그 성읍을 취하거든 그것을 불살라 여호와의 말씀대로 행하라 보라 내가 너희에게

명령하였느니라 하고 9 그들을 보내매 그들이 매복할 곳으로 가서 아이 서쪽 벧엘과 아이 사이에 매복하였고 여
호수아는 그 밤에 백성 가운데에서 잤더라 10 여호수아가 아침에 일찍이 일어나 백성을 점호하고 이스라엘 장로
들과 더불어 백성에 앞서 아이로 올라가매 11 그와 함께 한 군사가 다 올라가서 그 성읍 앞에 가까이 이르러 아
이 북쪽에 진 치니 그와 아이 사이에는 한 골짜기가 있더라 12 그가 약 오천 명을 택하여 성읍 서쪽 벧엘과 아이
사이에 매복시키니 13 이와 같이 성읍 북쪽에는 온 군대가 있고 성읍 서쪽에는 복병이 있었더라 여호수아가 그
밤에 골짜기 가운데로 들어가니 14 아이 왕이 이를 보고 그 성읍 백성과 함께 일찍이 일어나 급히 나가 아라바 앞
에 이르러 정한 때에 이스라엘과 싸우려 하나 성읍 뒤에 복병이 있는 줄은 알지 못하였더라 15 여호수아와 온 이
스라엘이 그들 앞에서 거짓으로 패한 척하여 광야 길로 도망하매 16 그 성읍에 있는 모든 백성이 그들을 추격하
려고 모여 여호수아를 추격하며 유인함을 받아 아이 성읍을 멀리 떠나니 17 아이와 벧엘에 이스라엘을 따라가지
아니한 자가 하나도 없으며 성문을 열어 놓고 이스라엘을 추격하였더라 18 여호와께서 여호수아에게 이르시되
네 손에 잡은 단창을 들어 아이를 가리키라 내가 이 성읍을 네 손에 넘겨 주리라 여호수아가 그의 손에 잡은 단
창을 들어 그 성읍을 가리키니 19 그의 손을 드는 순간에 복병이 그들의 자리에서 급히 일어나 성읍으로 달려 들
어가서 점령하고 곧 성읍에 불을 놓았더라 20 아이 사람이 뒤를 돌아본즉 그 성읍에 연기가 하늘에 닿은 것이 보
이니 이 길로도 저 길로도 도망할 수 없이 되었고 광야로 도망하던 이스라엘 백성은 그 추격하던 자에게로 돌아
섰더라 21 여호수아와 온 이스라엘이 그 복병이 성읍을 점령함과 성읍에 연기가 오름을 보고 다시 돌이켜 아이
사람들을 쳐죽이고 22 복병도 성읍에서 나와 그들을 치매 그들이 이스라엘 중간에 든지라 어떤 사람들은 이쪽에
서 어떤 사람들은 저쪽에서 쳐죽여서 한 사람도 남거나 도망하지 못하게 하였고 23 아이 왕을 사로잡아 여호수
아 앞으로 끌어 왔더라 24 이스라엘이 자기들을 광야로 추격하던 모든 아이 주민을 들에서 죽이되 그들을 다 칼
날에 엎드러지게 하여 진멸하기를 마치고 온 이스라엘이 아이로 돌아와서 칼날로 죽이매 25 그 날에 엎드러진 아
이 사람들은 남녀가 모두 만 이천 명이라 26 아이 주민들을 진멸하여 바치기까지 여호수아가 단창을 잡아 든 손
을 거두지 아니하였고 27 오직 그 성읍의 가축과 노략한 것은 여호와께서 여호수아에게 명령하신 대로 이스라엘
이 탈취하였더라 28 이에 여호수아가 아이를 불살라 그것으로 영원한 무더기를 만들었더니 오늘까지 황폐하였
으며 29 그가 또 아이 왕을 저녁 때까지 나무에 달았다가 해 질 때에 명령하여 그의 시체를 나무에서 내려 그 성
문 어귀에 던지고 그 위에 돌로 큰 무더기를 쌓았더니 그것이 오늘까지 있더라

에발 산에서 율법을 낭독하다

30 그 때에 여호수아가 이스라엘의 하나님 여호와를 위하여 에발 산에 한
제단을 쌓았으니 31 이는 여호와의 종 모세가 이스라엘 자손에게 명령한
것과 모세의 율법책에 기록된 대로 쇠 연장으로 다듬지 아니한 새 돌로
만든 제단이라 무리가 여호와께 번제물과 화목제물을 그 위에 드렸으며
32 여호수아가 거기서 모세가 기록한 율법을 이스라엘 자손의 목전에서
그 돌에 기록하매 33 온 이스라엘과 그 장로들과 관리들과 재판장들과 본
토인뿐 아니라 이방인까지 여호와의 언약궤를 멘 레위 사람 제사장들 앞
에서 궤의 좌우에 서되 절반은 그리심 산 앞에, 절반은 에발 산 앞에 섰으
니 이는 전에 여호와의 종 모세가 이스라엘 백성에게 축복하라고 명령한
대로 함이라 34 그 후에 여호수아가 율법책에 기록된 모든 것 대로 축복
과 저주하는 율법의 모든 말씀을 낭독하였으니 35 모세가 명령한 것은 여
호수아가 이스라엘 온 회중과 여자들과 아이와 그들 중에 동행하는 거류
민들 앞에서 낭독하지 아니한 말이 하나도 없었더라

수 8:30-35 에발 산 기념비에 율법 기록과, 에발 산과 그리심 산에서의 율법 준수에 따른 축복 및 저주의 선포 의식은 우리에게 신앙고백의 중요성을 새삼 각성시켜 준다. 구속사를 진행하시는 하나님의 말씀과 주요 역사 기록 및 그분의 말씀에 대한 순종의 서원은, 먼저는 하나님 앞에서 그분의 존재와 주권을 인정하는 것이며 공개적으로 순종의 자세를 맹세하는 것이다.
☞ 신 11:29의 에발 산 위치 지도와 신 27:11-29을 참조할 것

학습 자료 15-5 "에발 산과 그리심 산의 축복과 저주" 참조

수 8:30-31
학습 자료 15-6 "여호수아의 제단과 신앙은 어떻게 다른가?" 참조

여호수아서 9장

기브온 주민들이 여호수아를 속이다

1 이 일 후에 요단 서쪽 산지와 평지와 레바논 앞 대해 연안에 있는 헷 사
람과 아모리 사람과 가나안 사람과 브리스 사람과 히위 사람과 여부스 사
람의 모든 왕들이 이 일을 듣고 2 모여서 일심으로 여호수아와 이스라엘에
맞서서 싸우려 하더라 3 기브온 주민들이 여호수아가 여리고와 아이에 행
한 일을 듣고 4 꾀를 내어 사신의 모
양을 꾸미되 해어진 전대와 해어지
고 찢어져서 기운 가죽 포도주 부대
를 나귀에 싣고 5 그 발에는 낡아서 기
운 신을 신고 낡은 옷을 입고 다 마르
고 곰팡이가 난 떡을 준비하고 6 그들이
길갈 진영으로 가서 여호수아에게 이르
러 그와 이스라엘 사람들에게 이르되 우리는 먼 나라에서 왔나이다 이제
우리와 조약을 맺읍시다 하니 7 이스라엘 사람들이 히위 사람에게 이르되
너희가 우리 가운데에 거주하는 듯하니 우리가 어떻게 너희와 조약을 맺
을 수 있으랴 하나 8 그들이 여호수아에게 이르되 우리는 당신의 종들이
니이다 하매 여호수아가 그들에게 묻되 너희는 누구며 어디서 왔느냐 하
니 9 그들이 여호수아에게 대답하되 종들은 당신의 하나님 여호와의 이
름으로 말미암아 심히 먼 나라에서 왔사오니 이는 우리가 그의 소문과 그
가 애굽에서 행하신 모든 일을 들으며 10 또 그가 요단 동쪽에 있는 아모
리 사람의 두 왕들 곧 헤스본 왕 시혼과 아스다롯에 있는 바산 왕 옥에게
행하신 모든 일을 들었음이니이다 11 그러므로 우리 장로들과 우리 나라
의 모든 주민이 우리에게 말하여 이르되 너희는 여행할 양식을 손에 가지
고 가서 그들을 만나서 그들에게 이르기를 우리는 당신들의 종들이니 이
제 우리와 조약을 맺읍시다 하라 하였나이다 12 우리의 이 떡은 우리가 당
신들에게로 오려고 떠나던 날에 우리들의 집에서 아직도 뜨거운 것을 양
식으로 가지고 왔으나 보소서 이제 말랐고 곰팡이가 났으며 13 또 우리가
포도주를 담은 이 가죽 부대도 새 것이었으나 찢어지게 되었으며 우리의
이 옷과 신도 여행이 매우 길었으므로 낡아졌나이다 한지라 14 무리가 그
들의 양식을 취하고는 어떻게 할지를 여호와께 묻지 아니하고 15 여호수
아가 곧 그들과 화친하여 그들을 살리리라는 조약을 맺고 회중 족장들이
그들에게 맹세하였더라 16 그들과 조약을 맺은 후 사흘이 지나서야 그들
이 이웃에서 자기들 중에 거주하는 자들이라 함을 들으니라 17 이스라엘
자손이 행군하여 셋째 날에 그들의 여러 성읍들에 이르렀으니 그들의 성
읍들은 기브온과 그비라와 브에롯과 기랴여아림이라 18 그러나 회중 족장
들이 이스라엘의 하나님 여호와로 그들에게 맹세했기 때문에 이스라엘 자손이 그들을 치지 못한지라 그러므로
회중이 다 족장들을 원망하니 19 모든 족장이 온 회중에게 이르되 우리가 이스라엘의 하나님 여호와로 그들에게
맹세하였은즉 이제 그들을 건드리지 못하리라 20 우리가 그들에게 맹세한 맹약으로 말미암아 진노가 우리에게
임할까 하노니 이렇게 행하여 그들을 살리리라 하고 21 무리에게 이르되 그들을 살리라 하니 족장들이 그들에게

❖ 수 9장

기브온 주민이 여호수아를 속이는 대목을 읽으면서 사탄의 간계를 생각해 보라

기브온의 위장된 협상에 걸려든 이유는

1) '진멸하라'라는 뜻을 잘못 이해했기 때문이다.
2) 외모로 판단했다(9:12-14).
3) 하나님과 상의 없이 인위로 결정했다(9:14).

☞ 사탄의 속임수는 정말 진짜처럼 위장한다. 영적으로 깨어 있지 않으면 사탄을 결코 이길 수 없다. 사탄은 "우는 사자"일 때 보다 "광명한 천사"로 가장할 때가 더 위험한 존재이다. 오늘날 우리의 믿음의 위기는 없는가? 위기가 있다면 그 이유는 무엇인가?

☞ 성경보다 인간을, 잘못된 인간의 지혜를 참인 줄로 착각하여 그것을 더 의지하지는 않는가? 오늘 교회의 지도자조차도 말씀보다 인간의 가르침에 더 의지하고 그것을 가르치는 자들이 너무나도 많다.

☞ **딤후 4:3-4** "때가 이르리니 사람이 바른 교훈을 받지 아니하며 귀가 가려워서 자기의 사욕을 따를 스승을 많이 두고 또 그 귀를 진리에서 돌이켜 허탄한 이야기를 따르리라"

수 9:1-27 기브온 위치

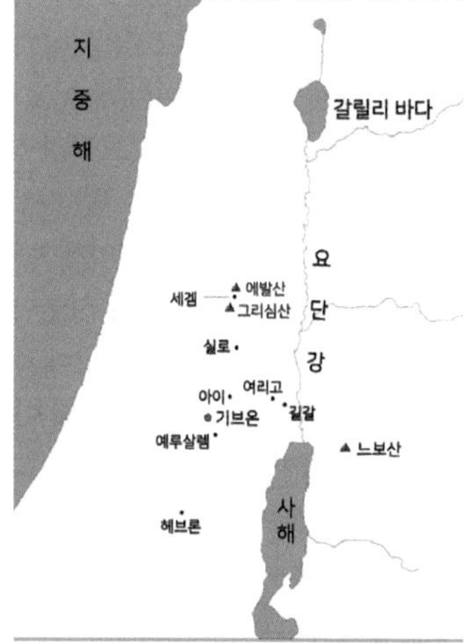

수 9:14 전형적인 인위(人爲)의 모습
이것이 하나님의 관계를 허무는 첫 번째 문제이다.

13일~18일

이른 대로 그들이 온 회중을 위하여 나무를 패며 물을 긷는 자가 되었더라 22 여호수아가 그들을 불러다가 말하
여 이르되 너희가 우리 가운데에 거주하면서 어찌하여 심히 먼 곳에서 왔다고 하여 우리를 속였느냐 23 그러므로
너희가 저주를 받나니 너희가 대를 이어 종이 되어 다 내 하나님의 집을 위하여 나무를 패며 물을 긷는 자가 되리
라 하니 24 그들이 여호수아에게 대답하여 이르되 당신의 하나님 여호와께서 그의 종 모세에게 명령하사 이 땅을
다 당신들에게 주고 이 땅의 모든 주민을 당신들 앞에서 멸하라 하신 것이 당신의 종들에게 분명히 들리므로 당
신들로 말미암아 우리의 목숨을 잃을까 심히 두려워하여 이같이 하였나이다 25 보소서 이제 우리가 당신의 손에
있으니 당신의 의향에 좋고 옳은 대로 우리에게 행하소서 한지라 26 여호수아가 곧 그대로 그들에게 행하여 그
들을 이스라엘 자손의 손에서 건져서 죽이지 못하게 하니라 27 그 날에 여호수아가 그들을 여호와께서 택하신 곳
에서 회중을 위하며 여호와의 제단을 위하여 나무를 패며 물을 긷는 자들로 삼았더니 오늘까지 이르니라

여호수아서 10장

여호수아가 기브온을 구하다

1 그 때에 여호수아가 아이를 빼앗아 진멸하되 여리고와 그 왕에게 행한 것 같이 아이와 그 왕에게 행한 것과 또 기
브온 주민이 이스라엘과 화친하여 그 중에 있다 함을 예루살렘 왕 아도니세덱이 듣고 2 크게 두려워하였으니 이는
기브온은 왕도와 같은 큰 성임이요 아이보다 크고 그 사람들은 다 강함이라 3 예루살렘 왕 아도니세덱이 헤브론
왕 호함과 야르뭇 왕 비람과 라기스 왕 야비아와 에글론 왕 드빌에게 보내어 이르되 4 내게로 올라와 나를 도우라
우리가 기브온을 치자 이는 기브온이 여호수아와 이스라엘 자손과 더불어 화친하였음이니라 하매 5 아모리 족속
의 다섯 왕들 곧 예루살렘 왕과 헤브론 왕과 야르뭇 왕과 라기스 왕과 에글론 왕이 함께 모여 자기들의 모든 군대
를 거느리고 올라와 기브온에 대진하고 싸우니라 6 기브온 사람들이 길갈 진영에 사람을 보내어 여호수아에게 전
하되 당신의 종들 돕기를 더디게 하지 마시고 속히 우리에게 올라와 우리를 구하소서 산지에 거주하는 아모리 사
람의 왕들이 다 모여 우리를 치나이다 하매 7 여호수아가 모든 군사와 용사와 더불어 길갈에서 올라가니라 8 그 때
에 여호와께서 여호수아에게 이르시되 그들을 두려워하지 말라 내가 그들을 네 손에 넘겨 주었으니 그들 중에서
한 사람도 너를 당할 자 없으리라 하신지라 9 여호수아가 길갈에서 밤새도록 올라가 갑자기 그들에게 이르니 10 여
호와께서 그들을 이스라엘 앞에서 패하게 하시므로 여호수아가 그들을 기브온에서 크게 살륙하고 벧 호론에 올
라가는 비탈에서 추격하여 아세가와 막게다까지 이르니라 11 그들이 이스라엘 앞에서 도망하여 벧 호론의 비탈에
서 내려갈 때에 여호와께서 하늘에서 큰 우박 덩이를 아세가에 이르기까지 내리시매 그들이 죽었으니 이스라엘
자손의 칼에 죽은 자보다 우박에 죽은 자가 더 많았더라 12 여호와께서 아모리 사람을 이스라엘 자손에게 넘겨 주
시던 날에 여호수아가 여호와께 아뢰어 이스라엘의 목전에서 이르되 태양아 너는 기브온 위에 머무르라 달아 너
도 아얄론 골짜기에서 그리할지어다 하매 13 태양이 머물고 달이 멈추기를 백성이 그 대적에게 원수를 갚기까지 하
였느니라 야살의 책에 태양이 중천에 머물러서 거의 종일토록 속히 내려가지 아니하였다고 기록되지 아니하였느
냐 14 여호와께서 사람의 목소리를 들으신 이같은 날은 전에도 없었고 후
에도 없었나니 이는 여호와께서 이스라엘을 위하여 싸우셨음이니라 15 여
호수아가 온 이스라엘과 더불어 길갈 진영으로 돌아왔더라

수 10:12-14
학습 자료 15-7 "태양이 멈춤에 대한 과학성" 참조
학습 자료 15-8 "태양의 멈춤" 참조

아모리의 모든 왕과 땅을 취하다

16 그 다섯 왕들이 도망하여 막게다의 굴에 숨었더니 17 어떤 사람이 여호수
아에게 고하여 이르되 막게다의 굴에 그 다섯 왕들이 숨은 것을 발견하였나
이다 하니 18 여호수아가 이르되 굴 어귀에 큰 돌을 굴려 막고 사람을 그 곁
에 두어 그들을 지키게 하고 19 너희는 지체하지 말고 너희 대적의 뒤를 따라
가 그 후군을 쳐서 그들이 자기들의 성읍에 들어가지 못하게 하라 너희 하나
님 여호와께서 그들을 너희 손에 넘겨 주셨느니라 하고 20 여호수아와 이스

라엘 자손이 그들을 크게 살륙하여 거의 멸하였고 그 남은 몇 사람은 견고한 성들로 들어간 고로 21 모든 백성
이 평안히 막게다 진영으로 돌아와 여호수아에게 이르렀더니 혀를 놀려 이스라엘 자손을 대적하는 자가 없었더
라 22 그 때에 여호수아가 이르되 굴 어귀를 열고 그 굴에서 그 다섯 왕들을 내게로 끌어내라 하매 23 그들이 그
대로 하여 그 다섯 왕들 곧 예루살렘 왕과 헤브론 왕과 야르뭇 왕과 라기스 왕과 에글론 왕을 굴에서 그에게로
끌어내니라 24 그 왕들을 여호수아에게로 끌어내매 여호수아가 이스라엘 모든 사람을 부르고 자기와 함께 갔
던 지휘관들에게 이르되 가까이 와서 이 왕들의 목을 발로 밟으라 하매 그들이 가까이 가서 그들의 목을 밟으
매 25 여호수아가 그들에게 이르되 두려워하지 말며 놀라지 말고 강하고 담대하라 너희가 맞서서 싸우는 모든
대적에게 여호와께서 다 이와 같이 하시리라 하고 26 그 후에 여호수아가 그 왕들을 쳐죽여 다섯 나무에 매달
고 저녁까지 나무에 달린 채로 두었다가 27 해 질 때에 여호수아가 명령하매 그들의 시체를 나무에서 내려 그들
이 숨었던 굴 안에 던지고 굴 어귀를 큰 돌로 막았더니 오늘까지 그대로 있더라 28 그 날에 여호수아가 막게다
를 취하고 칼날로 그 성읍과 왕을 쳐서 그 성읍과 그 중에 있는 모든 사람을 진멸하여 바치고 한 사람도 남기지
아니하였으니 막게다 왕에게 행한 것이 여리고 왕에게 행한 것과 같았더라 29 여호수아가 온 이스라엘과 더불
어 막게다에서 립나로 나아가서 립나와 싸우매 30 여호와께서 또 그 성읍과 그 왕을 이스라엘의 손에 붙이신지
라 칼날로 그 성읍과 그 중의 모든 사람을 쳐서 멸하여 한 사람도 남기지 아니하였으니 그 왕에게 행한 것이 여
리고 왕에게 행한 것과 같았더라 31 여호수아가 또 온 이스라엘과 더불어 립나에서 라기스로 나아가서 대진하
고 싸우더니 32 여호와께서 라기스를 이스라엘의 손에 넘겨 주신지라 이튿날에 그 성읍을 점령하고 칼날로 그
것과 그 안의 모든 사람을 쳐서 멸하였으니 립나에 행한 것과 같았더라 33 그 때에 게셀 왕 호람이 라기스를 도
우려고 올라오므로 여호수아가 그와 그의 백성을 쳐서 한 사람도 남기지 아니하였더라 34 여호수아가 온 이스
라엘과 더불어 라기스에서 에글론으로 나아가서 대진하고 싸워 35 그 날
에 그 성읍을 취하고 칼날로 그것을 쳐서 그 중에 있는 모든 사람을 당일
에 진멸하여 바쳤으니 라기스에 행한 것과 같았더라 36 여호수아가 또 온
이스라엘과 더불어 에글론에서 헤브론으로 올라가서 싸워 37 그 성읍을
점령하고 그것과 그 왕과 그 속한 성읍들과 그 중의 모든 사람을 칼날로
쳐서 하나도 남기지 아니하였으니 그 성읍들과 그 중의 모든 사람을 진멸
하여 바친 것이 에글론에 행한 것과 같았더라 38 여호수아가 온 이스라엘
과 더불어 돌아와서 드빌에 이르러 싸워 39 그 성읍과 그 왕과 그 속한 성
읍들을 점령하고 칼날로 그 성읍을 쳐서 그 안의 모든 사람을 진멸하여
바치고 하나도 남기지 아니하였으니 드빌과 그 왕에게 행한 것이 헤브론
에 행한 것과 같았으며 립나와 그 왕에게 행한 것과 같았더라 40 이와 같
이 여호수아가 그 온 땅 곧 산지와 네겝과 평지와 경사지와 그 모든 왕을
쳐서 하나도 남기지 아니하고 호흡이 있는 모든 자는 다 진멸하여 바쳤으
니 이스라엘의 하나님 여호와께서 명령하신 것과 같았더라 41 여호수아
가 또 가데스 바네아에서 가사까지와 온 고센 땅을 기브온에 이르기까지
치매 42 이스라엘의 하나님 여호와께서 이스라엘을 위하여 싸우셨으므
로 여호수아가 이 모든 왕들과 그들의 땅을 단번에 빼앗으니라 43 여호
수아가 온 이스라엘과 더불어 길갈 진영으로 돌아왔더라

수 10:26-40
학습 자료 15-9 "여호수아 정복 전쟁의 잔인성?" 참조
학습 자료 15-10 "여호와 유일신 신앙과 고대 이방의 다신교 신앙의 신 개념 비교" 참조

수 10:7-43 기브온 전투

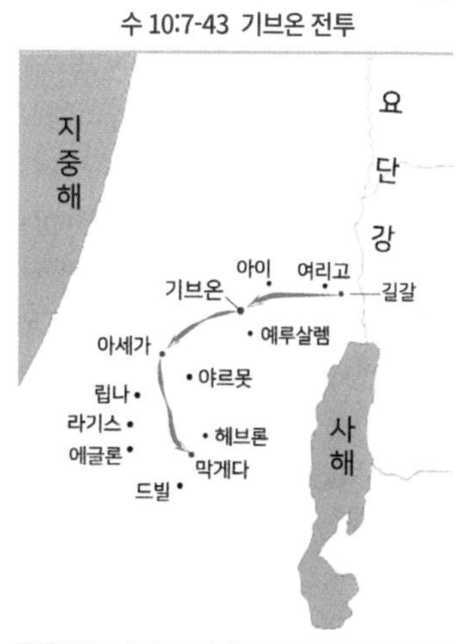

여호수아서 11장

가나안 북방을 취하다

1 하솔 왕 야빈이 이 소식을 듣고 마돈 왕 요밥과 시므론 왕과 악삽 왕과 2 및 북쪽 산지와 긴네롯 남쪽 아라바와

평지와 서쪽 돌의 높은 곳에 있는 왕들과 3 동쪽과 서쪽의 가나안 족속
과 아모리 족속과 헷 족속과 브리스 족속과 산지의 여부스 족속과 미스
바 땅 헤르몬 산 아래 히위 족속에게 사람을 보내매 4 그들이 그 모든 군
대를 거느리고 나왔으니 백성이 많아 해변의 수많은 모래 같고 말과 병거
도 심히 많았으며 5 이 왕들이 모두 모여 나아와서 이스라엘과 싸우려고
메롬 물가에 함께 진 쳤더라 6 여호와께서 여호수아에게 이르시되 그들
로 말미암아 두려워하지 말라 내일 이맘때에 내가 그들을 이스라엘 앞에
넘겨 주어 몰살시키리니 너는 그들의 말 뒷발의 힘줄을 끊고 그들의 병거
를 불사르라 하시니라 7 이에 여호수아가 모든 군사와 함께 메롬 물 가로
가서 갑자기 습격할 때에 8 여호와께서 그들을 이스라엘의 손에 넘겨 주
셨기 때문에 그들을 격파하고 큰 시돈과 미스르봇 마임까지 추격하고 동
쪽으로는 미스바 골짜기까지 추격하여 한 사람도 남기지 아니하고 쳐죽
이고 9 여호수아가 여호와께서 자기에게 명령하신 대로 행하여 그들의 말
뒷발의 힘줄을 끊고 그들의 병거를 불로 살랐더라 10 하솔은 본래 그 모
든 나라의 머리였더니 그 때에 여호수아가 돌아와서 하솔을 취하고 그 왕
을 칼날로 쳐죽이고 11 그 가운데 모든 사람을 칼날로 쳐서 진멸하여 호흡
이 있는 자는 하나도 남기지 아니하였고 또 하솔을 불로 살랐고 12 여호수
아가 그 왕들의 모든 성읍과 그 모든 왕을 붙잡아 칼날로 쳐서 진멸하여
바쳤으니 여호와의 종 모세가 명령한 것과 같이 하였으되 13 여호수아가
하솔만 불살랐고 산 위에 세운 성읍들은 이스라엘이 불사르지 아니하였으며 14 이 성읍들의 모든 재물과 가축은
이스라엘 자손들이 탈취하고 모든 사람은 칼날로 쳐서 멸하여 호흡이 있는 자는 하나도 남기지 아니하였으니 15
여호와께서 그의 종 모세에게 명령하신 것을 모세는 여호수아에게 명령하였고 여호수아는 그대로 행하여 여호
와께서 모세에게 명하신 모든 것을 하나도 행하지 아니한 것이 없었더라

수 11:15 순종의 12대 원칙	
1	명령대로 순종하라(왕상 9:4, 11:38)
2	하나도 빠짐없이 다 순종하라 (수 1:8, 11:15)
3	온전히 순종하라(민 32:11, 12, 신 1:36)
4	자신이 원치 않는 경우에도 순종하라 (마 19:16-22)
5	자신의 일보다 하나님께 먼저 순종하라 (눅 9:59-62, 요일 2:17)
6	이해되지 않는 경우에도 순종하라 (수 6:1-21, 요 7:17)
7	확신하는 가운데 순종하라 (딤후 1:13, 3:14)
8	의심하지 말고 순종하라 (삿 6:36-40, 요 7:17)
9	하나님의 방법으로 순종하라 (삼상 15:22, 렘 7:23)
10	즐겨 순종하라(시 112:1, 사 1:19)
11	마음과 성품을 다하여 순종하라 (신 32:46, 롬 6:17, 엡 6:6)
12	사람보다는 하나님께 우선 순종하라 (행 5:29)

여호수아가 취한 지역

16 여호수아가 이같이 그 온 땅 곧 산지와 온 네겝과 고센 온 땅과 평지와 아라바와 이스라엘 산지와 평지를 점
령하였으니 17 곧 세일로 올라가는 할락 산에서부터 헤르몬 산 아래 레바논 골짜기의 바알갓까지라 그들의 왕
들을 모두 잡아 쳐 죽였으며 18 여호수아가 그 모든 왕들과 싸운 지가 오랫동안이라 19 기브온 주민 히위 족속 외
에는 이스라엘 자손과 화친한 성읍이 하나도 없고 이스라엘 자손이 싸워서 다 점령하였으니 20 그들의 마음이
완악하여 이스라엘을 대적하여 싸우러 온 것은 여호와께서 그리하게 하신 것이라 그들을 진멸하여 바치게 하여
은혜를 입지 못하게 하시고 여호와께서 모세에게 명령하신 대로 그들을 멸하려 하심이었더라 21 그 때에 여호수
아가 가서 산지와 헤브론과 드빌과 아납과 유다 온 산지와 이스라엘의 온 산지에서 아낙 사람들을 멸절하고 그
가 또 그들의 성읍들을 진멸하여 바쳤으므로 22 이스라엘 자손의 땅에는 아낙 사람들이 하나도 남지 아니하였고
가사와 가드와 아스돗에만 남았더라 23 이와 같이 여호수아가 여호와께서 모세에게 말씀하신 대로 그 온 땅을
점령하여 이스라엘 지파의 구분에 따라 기업으로 주매 그 땅에 전쟁이 그쳤더라

여호수아서 12장

모세가 정복한 왕들

1 이스라엘 자손이 요단 저편 해 돋는 쪽 곧 아르논 골짜기에서 헤르몬 산까지의 동쪽 온 아라바를 차지하고 그 땅
에서 쳐죽인 왕들은 이러하니라 2 시혼은 헤스본에 거주하던 아모리 족속의 왕이라 그가 다스리던 땅은 아르논 골
짜기 가에 있는 아로엘에서부터 골짜기 가운데 성읍과 길르앗 절반 곧 암몬 자손의 경계 얍복 강까지이며 3 또 동

방 아라바 긴네롯 바다까지이며 또 동방 아라바의 바다 곧 염해의 벧여시
못으로 통한 길까지와 남쪽으로 비스가 산기슭까지이며 [4] 옥은 르바의 남
은 족속으로서 아스다롯과 에드레이에 거주하던 바산의 왕이라 [5] 그가 다
스리던 땅은 헤르몬 산과 살르가와 온 바산과 및 그술 사람과 마아가 사람
의 경계까지의 길르앗 절반이니 헤스본 왕 시혼의 경계에 접한 곳이라 [6] 여
호와의 종 모세와 이스라엘 자손이 그들을 치고 여호와의 종 모세가 그 땅
을 르우벤 사람과 갓 사람과 므낫세 반 지파에게 기업으로 주었더라

여호수아가 정복한 왕들

[7] 여호수아와 이스라엘 자손이 요단 이편 곧 서쪽 레바논 골짜기의 바알
갓에서부터 세일로 올라가는 곳 할락 산까지 쳐서 멸한 그 땅의 왕들은
이러하니라 (그 땅을 여호수아가 이스라엘의 지파들에게 구분에 따라 소유로 주었으
니 [8] 곧 산지와 평지와 아라바와 경사지와 광야와 네겝 곧 헷 족속과 아모리 족속과 가나
안 족속과 브리스 족속과 히위 족속과 여부스 족속의 땅이라) [9] 하나는 여리고 왕이
요 하나는 벧엘 곁의 아이 왕이요 [10] 하나는 예루살렘 왕이요 하나는 헤브론 왕이요 하나는 야르뭇 왕이요 [11] 하
나는 라기스 왕이요 [12] 하나는 에글론 왕이요 하나는 게셀 왕이요 [13] 하나는 드빌 왕이요 하나는 게델 왕이요 [14]
하나는 호르마 왕이요 하나는 아랏 왕이요 [15] 하나는 립나 왕이요 하나는 아둘람 왕이요 [16] 하나는 막게다 왕이
요 하나는 벧엘 왕이요 [17] 하나는 답부아 왕이요 하나는 헤벨 왕이요 [18] 하나는 아벡 왕이요 하나는 랏사론 왕이
요 [19] 하나는 마돈 왕이요 하나는 하솔 왕이요 [20] 하나는 시므론 므론 왕이요 하나는 악삽 왕이요 [21] 하나는 다아
낙 왕이요 하나는 므깃도 왕이요 [22] 하나는 게데스 왕이요 하나는 갈멜의 욕느암 왕이요 [23] 하나는 돌의 높은 곳
의 돌 왕이요 하나는 길갈의 고임 왕이요 [24] 하나는 디르사 왕이라 모두 서른한 왕이었더라

❖ 수 12장

가나안 족속들은 세속 역사적 관점에서 보면 가나안 땅이 그 옛날 아브라함에게 약속의 땅으로 주어지기 전부터 그 땅에 뿌리박고 살던 토착 세력이었다(창 15:18-21). 반면 이스라엘은 40년간이나 광야에서 방황하던 유랑 노예 민족에 불과하였던 집단이었다. 그러나 이런 정치적 군사적 열세에도 불구하고 천지를 창조 주재하시는 하나님은 이스라엘로 하여금 그런 세력들을 다 이기게 하시고 가나안 족속들이 차지했던 땅을 그 옛날 이스라엘 조상에게 했던 약속대로 다 이스라엘에게 주었다.
신약의 교회에게, 그 옛날 신약 교회의 전신인 이스라엘 백성들을 앞세우고 전진할 때 능히 하나님의 천국에 들어갈 수 있다는 구속사적 교훈을 확신시켜 준다.

15일차 읽기의 요약

(수 1~12)

요단 동편에서 모세를 위한 30일의 애도 기간이 끝나자 하나님께서는 여호수아에게 요단을 건너 약속하신 땅으로 가라고 명하신다. 드디어 이스라엘 백성은 요단을 건너 애굽의 수치를 완전히 떨쳐버리고 길갈에 진을 친다. 하나님께서는 그들이 첫 번째로 점령해야 할 여리고 성 근처에서 여호와의 군대 장관을 만나게 하셔서 이 정복전쟁은 이스라엘의 하나님께서 친히 함께하시는 전쟁임을 보여 주시며 여호수아를 격려하신다.
땅의 정복은 먼저 중앙지역인 여리고와 아이성 정복으로 시작된다. 이 소식을 듣고 두려움에 휩싸인 기브온 족속들은 여호수아를 속이고 이스라엘과 화친조약을 맺는다. 그러자 아모리 족속 다섯 왕은 연합군을 형성하여 자신들을 배반한 기브온 족속을 물리치기 위해 이스라엘을 공격한다. 이 상황에서 여호수아는 이스라엘과 화친을 맺은 기브온을 구하기 위해 전쟁을 벌여 그 연합군을 대파하고 남방지역을 한꺼번에 점령한다.
남방지역이 점령되었다는 소식을 듣고 이번에는 북쪽의 하솔 왕 야빈을 중심으로 연합군이 형성되고 이스라엘은 북쪽 연합군과 메롬 물가에서 전투를 벌여 승리하여 북쪽지역 큰 덩어리를 정복하게 된다. 이렇게 하여 하나님께서 아브라함에게 주시기로 약속하셨던 땅에 대한 언약이 이루어진다.
하나님께서는 그 땅을 점령함과 동시에 이스라엘 백성들은 하나님의 말씀을 지켜 행함으로 구별되어 그 땅의 부패한 종교 문화와 섞이면 안 될 것을 강조한다. 결국 이스라엘 백성의 가나안땅 정복은 하나님께서 온 세상의 주권자로 가나안 땅의 가증한 바알 종교를 자기 백성 이스라엘을 통해 심판하심을 의미한다.

그러면 어떻게 살 것인가?

인위 뚝 · 신위 고!

13일~18일

☑ 세계관 점검 – 묵상하기 (영상 강의와 교재 내용의 이해를 바탕으로)

아래 도표는 성경 전체의 줄거리와 메시지 라인의 통전적 이해를 돕는 도표이다. 성경을 하나님의 구속 역사라고 하는 것은 선약과 사건을 통해서 끊어진 하나님과의 관계를 회복하시려고 창 3:15에서 그 관계를 끊게 한 사탄과의 영적 전쟁을 선포하시고, 아브라함의 언약을 거쳐 시내 산에서 그 관계 회복의 언약(시내 산 언약)을 맺는다. 이 언약을 기점으로 그 이전은 이 계획을 위한 준비 과정이고, 이 시내 산 언약을 맺어 관계가 회복되어 이제 가나안에서 하나님의 백성으로 정체성(우리의 처음 모습)을 회복한 사람답게 그 언약을 실현하는 삶을 살아가야 한다는 것이 하나님의 구속 역사의 의도이고 그 전개를 보여 주는 도표이다. 하지만 이스라엘 백성은 이 언약(십계명적 삶)을 제대로 실천하지 못해 관계가 다시 끊어질 상황이(레 26장) 전개되자 이를 막으려고 하나님은 선지자들을 보내게 된다. 자세한 설명은 동영상 강의 38-1강을 시청하기를 바란다.

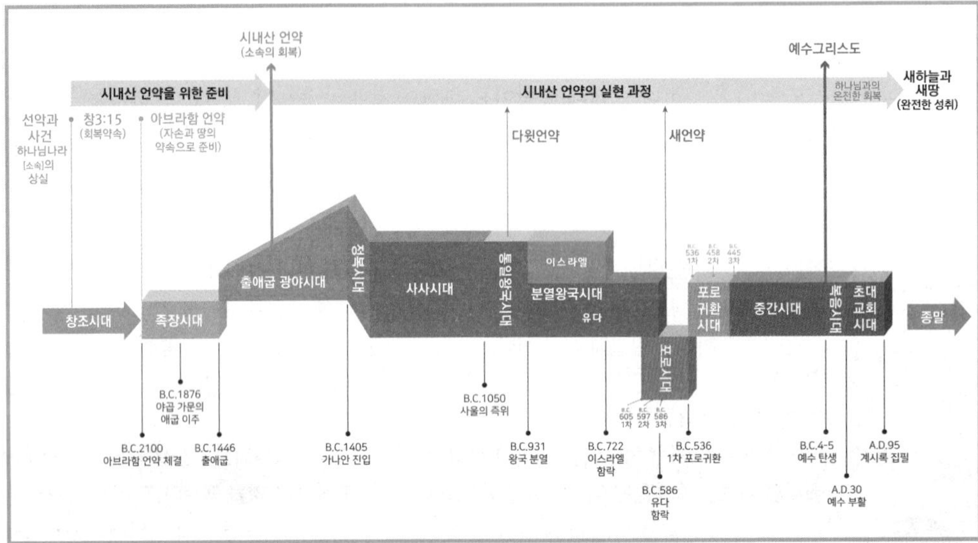

여호수아서 영상 강의와 학습 자료에서 여호수아서의 4가지 핵심 단어(Key Words)로 표현되는 메시지를 숙지해야 한다. 이것의 이해가 성경의 통전적 이해를 위해 필수적이다.

☑ 아래 4가지 핵심 단어의 메시지는 성경의 기본 메시지이다.
1. 진멸하라 2. 정복 3. 점령 4. Counter Culture (대문화, 對文化)

수 1:5-9과 창 28:15에서 보는 하나님의 약속은 '함께 하심'이다. 이 '함께 하심'은 우리가 순종할 때 이루어지는 것이다. 그것을 통해서 행복을 누리게 된다.
나는 지켜 행하여 하나님이 함께하심 가운데 살아가는 사람인가?

이스라엘의 법궤를 앞세운 전투대열(대하 20:20-22에서 찬양대를 앞세운 전투대열)에서 전쟁은 하나님께 속한 것임을 보여 준다. 오늘의 영적 전쟁도 하나님이 수행하는 것이다. 여호수아가 하나님의 군대 장관에게 작전권을 이양하듯(신발 벗음) 나의 영적 전쟁에서 그 작전권을 하나님께 이양하고 있는가? 신위 앞에 인위를 내려놓아야 한다. 자기중심성을 내려놓아야 한다. 내 가치관, 세계관을 내려놓아야 한다.

수 2:12-16 라합은 믿음을 행동으로 보인 여인이었다(信行一致). 이것은 매우 본받을 그녀의 모습이다. 그녀는 하나님께 대한 무조건적인 믿음을 행위로 드러냈다. 그렇다면 당신 가슴에 담겨있는 주를 향한 믿음과 당신의 행위는 진정 비례하고 있는가?[눅 17:10, 약 2:17. 찬송가 450(통 376), 435(통 492)]

수 5:13-15에서 작전권을 이양하자 하나님이 여리고성 점령 작전을 지시한다.
여리고성은 누구에 의해 무너졌는가? 백성이 하나님께 순종함으로 무너진 것이다.

수 7:21 아간의 범죄와 아담의 범죄의 유사성 - "보고, 탐나서, 가졌다."
見物生心 + 自己中心性
한 개인의 죄가 집단을 오염시켰다.

수 7:16-26, 7:18-28 아간은 결국 몇 푼 안 되는 노획품들로 인하여 천하보다 귀한 목숨을 잃게 되었을 뿐만 아니라 민족에게는 패배를, 동료들에게는 전사(戰死)의 아픔을 남겨 주었다. 혹, 당신으로 인하여 당신이 속한 공동체가 어려움을 겪고 있지는 않는지 돌아보라.[잠 21:25, 벧전 1:14-15. 찬송가 220(통 278)]

수 9장 : 기브온 주민의 속임수에 넘어간 여호수아의 실수는 인위의 산물이었다.
이미 진멸하기를 실패할 징조를 보이는 것이다. - 진멸 = 구별된 삶(관점 3)

☑ "진멸하라"의 가치관 – 섞이면 안 된다.
여기서 진멸하라는 명령은 종족 말살적 진멸이 아니라, 문화, 종교적 단절(세계관의 단절 – 섞이면 안 된다는 지상명령)을 분명히 하라는 것이다. - 이것은 세계관의 단호한 변화를 강조하는 말이다.

- 신 20:16-18 오직 네 하나님 여호와께서 네게 기업으로 주시는 이 민족들의 성읍에서는 호흡 있는 자를 하나도 살리지 말지니 곧 헷 족속과 아모리 족속과 가나안 족속과 브리스 족속과 히위 족속과 여부스 족속을 네가 진멸하되 네 하나님 여호와께서 네게 명령하신 대로 하라 이는 그들이 그 신들에게 행하는 모든 가증한 일을 너희에게 가르쳐 본받게 하여 너희가 너희의 하나님 여호와께 범죄하게 할까 함이니라
- 고린도후서 10:4-5 우리의 싸우는 무기는 육신에 속한 것이 아니요 오직 어떤 견고한 진도 무너뜨리는 하나님의 능력이라 모든 이론을 무너뜨리며 하나님 아는 것을 대적하여 높아진 것을 다 무너뜨리고 모든 생각을 사로잡아 그리스도에게 복종하게 하니

사탄의 속임수는 정말 진짜처럼 위장한다. 영적으로 깨어 있지 않으면 이런 사탄을 결코 이길 수 없다. 사탄은 "우는 사자"일 때 보다 "광명한 천사"로 가장할 때가 더 위험한 존재이다. 오늘날 우리의 믿음의 위기는 없는가? 위기가 있다면 그 이유는 무엇인가?

☑ 성경보다 인간을, 잘못된 인간의 지혜를 참인 줄로 착각하여 그것을 더 의지하지는 않는가? 오늘 교회의 지도자조차 말씀보다 인간의 가르침에 더 의지하고 그것을 가르치는 자들이 너무나도 많다.

· 딤후 4:3-4 "때가 이르리니 사람이 바른 교훈을 받지 아니하며 귀가 가려워서 자기의 사욕을 따를 스승을 많이 두고 또 그 귀를 진리에서 돌이켜 허탄한 이야기를 따르리라"

☑ 이 세상의 비성경적 세계관은 천사를 가장하여 하나님의 말씀을 왜곡하여 하나님의 백성이 된 자기의 옛 백성을 다시 현혹하는 사탄의 간사한 계략이라는 것을 인정하는가?

✎ "가나안 땅의 모형론"에서 우리는 어떤 세계관을 배워야 하는가를 숙고해 보라.

☑ 결단기도와 실행하기

약 2:26 영혼 없는 몸이 죽은 것 같이 행함이 없는 믿음은 죽은 것이니라
시 119:28 나의 영혼이 눌림으로 말미암아 녹사오니 주의 말씀대로 나를 세우소서

여호수아 13 ~ 24장

16일

13일~18일

여호수아서 13장

정복하지 못한 지역

1 여호수아가 나이가 많아 늙으매 여호와께서 그에게 이르시되 너는 나이
가 많아 늙었고 얻을 땅이 매우 많이 남아 있도다 2 이 남은 땅은 이러하니
블레셋 사람의 모든 지역과 그술 족속의 모든 지역 3 곧 애굽 앞 시홀 시내
에서부터 가나안 사람에게 속한 북쪽 에그론 경계까지와 블레셋 사람의
다섯 통치자들의 땅 곧 가사 족속과 아스돗 족속과 아스글론 족속과 가드
족속과 에그론 족속과 또 남쪽 아위 족속의 땅과 4 또 가나안 족속의 모든
땅과 시돈 사람에게 속한 므아라와 아모리 족속의 경계 아벡까지와 5 또
그발 족속의 땅과 해 뜨는 곳의 온 레바논 곧 헤르몬 산 아래 바알갓에서
부터 하맛에 들어가는 곳까지와 6 또 레바논에서부터 미스르봇마임까지
산지의 모든 주민 곧 모든 시돈 사람의 땅이라 내가 그들을 이스라엘 자손
앞에서 쫓아내리니 너는 내가 명령한 대로 그 땅을 이스라엘에게 분배하
여 기업이 되게 하되 7 너는 이 땅을 아홉 지파와 므낫세 반 지파에게 나누
어 기업이 되게 하라 하셨더라

> 수 13:1 여호수아는 나이가 많이 들었지만, 아직도 그 앞에 많은 땅을 점령해야 할 일이 놓여 있다. 그는 과거를 사는 자가 아니고 미래를 향하여 살아가는 자이다. 하나님이 오라는 날까지, 모든 일을 마치고 하나님이 주시는 안식에 이르기까지 모든 사람의 나이는 숫자에 불과하다는 사실을 명심해 두자. 오직 성도는 앞의 푯대를 향하여 나갈 뿐이다. 하나님께 맡기면 된다. 하나님께 맡기지 못하기 때문에 뒤를 돌아보고, 장래를 걱정하고, 우왕좌왕하게 되는 것이다.
> ☞ George E. Vaillant, M.D. psychiatrist는 그의 저서 "Aging Well"에서 1930년에 대학을 입학한 268명의 하바드대 학생들이 전쟁을 겪고, 직장을 다니며 결혼하고 이혼하는 등 72년간 삶을 관찰하여 분석한 결과를 발표했는데 "노인도 성장한다"는 결론을 발표하고, 노인의 삶에 대한 Paradigm을 바꾸어 놓았다. "100세 시대"의 소망이다.

수 13:1
학습 자료 16-1 "노인과 사회 활동" 참조

요단 동쪽 기업의 분배

8 므낫세 반 지파와 함께 르우벤 족속과 갓 족속은 요단 저편 동쪽에서 그
들의 기업을 모세에게 받았는데 여호와의 종 모세가 그들에게 준 것은 이
러하니 9 곧 아르논 골짜기 가에 있는 아로엘에서부터 골짜기 가운데에 있
는 성읍과 디본까지 이르는 메드바 온 평지와 10 헤스본에서 다스리던 아모
리 족속의 왕 시혼의 모든 성읍 곧 암몬 자손의 경계까지와 11 길르앗과 및 그술 족속과 마아갓 족속의 지역과 온
헤르몬 산과 살르가까지 온 바산 12 곧 르바의 남은 족속으로서 아스다롯과 에드레이에서 다스리던 바산 왕 옥의
온 나라라 모세가 이 땅의 사람들을 쳐서 쫓아냈어도 13 그술 족속과 마아갓 족속은 이스라엘 자손이 쫓아내지 아
니하였으므로 그술과 마아갓이 오늘까지 이스라엘 가운데에서 거주하니라 14 오직 레위 지파에게는 여호수아가
기업으로 준 것이 없었으니 이는 그에게 말씀하신 것과 같이 이스라엘의 하나님 여호와께 드리는 화제물이 그들
의 기업이 되었음이더라

르우벤 자손의 기업

15 모세가 르우벤 자손의 지파에게 그들의 가족을 따라서 기업을 주었으니 16 그들의 지역은 아르논 골짜기 가에
있는 아로엘에서부터 골짜기 가운데 있는 성읍과 메드바 곁에 있는 온 평지와 17 헤스본과 그 평지에 있는 모든 성
읍 곧 디본과 바못 바알과 벧 바알 므온과 18 야하스와 그데못과 메바앗과 19 기랴다임과 십마와 골짜기의 언덕에
있는 세렛 사할과 20 벧브올과 비스가 산기슭과 벧여시못과 21 평지 모든 성읍과 헤스본에서 다스리던 아모리 족
속의 왕 시혼의 온 나라라 모세가 시혼을 그 땅에 거주하는 시혼의 군주들 곧 미디안의 귀족 에위와 레겜과 술과
훌과 레바와 함께 죽였으며 22 이스라엘 자손이 그들을 살륙하는 중에 브올의 아들 점술가 발람도 칼날로 죽였더
라 23 르우벤 자손의 서쪽 경계는 요단과 그 강 가라 이상은 르우벤 자손의 기업으로 그 가족대로 받은 성읍들과
주변 마을들이니라

갓 자손의 기업

24 모세가 갓 지파 곧 갓 자손에게도 그들의 가족을 따라서 기업을 주었으니 25 그들의 지역은 야셀과 길르앗 모든
성읍과 암몬 자손의 땅 절반 곧 랍바 앞의 아로엘까지와 26 헤스본에서 라맛 미스베와 브도님까지와 마하나임에
서 드빌 지역까지와 27 골짜기에 있는 벧 하람과 벧니므라와 숙곳과 사본 곧 헤스본 왕 시혼의 나라의 남은 땅 요
단과 그 강 가에서부터 요단 동쪽 긴네렛 바다의 끝까지라 28 이는 갓 자손의 기업으로 그들의 가족대로 받은 성
읍들과 주변 마을들이니라

동쪽 므낫세 자손의 기업

29 모세가 므낫세 반 지파에게 기업을 주었으되 므낫세 자손의 반 지파에게 그들의 가족대로 주었으니 30 그 지역
은 마하나임에서부터 온 바산 곧 바산 왕 옥의 온 나라와 바산에 있는 야일의 모든 고을 육십 성읍과 31 길르앗 절
반과 바산 왕 옥의 나라 성읍 아스다롯과 에드레이라 이는 므낫세의 아들 마길의 자손에게 돌린 것이니 곧 마길
자손의 절반이 그들의 가족대로 받으니라 32 요단 동쪽 여리고 맞은편 모압 평지에서 모세가 분배한 기업이 이러
하여도 33 오직 레위 지파에게는 모세가 기업을 주지 아니하였으니 이는 그들에게 말씀하신 것과 같이 이스라엘
의 하나님 여호와께서 그들의 기업이 되심이었더라

여호수아서 14장

요단 서쪽 기업의 분배

1 이것은 이스라엘 자손이 가나안 땅에서 받은 기업 곧 제사장 엘르아살과
눈의 아들 여호수아와 이스라엘 자손 지파의 족장들이 분배한 것이니라 2
여호와께서 모세에게 명령하신 대로 그들의 기업을 제비 뽑아 아홉 지파
와 반 지파에게 주었으니 3 이는 두 지파와 반 지파의 기업은 모세가 요단
저쪽에서 주었음이요 레위 자손에게는 그들 가운데에서 기업을 주지 아니
하였으니 4 이는 요셉의 자손이 므낫세와 에브라임의 두 지파가 되었음이
라 이 땅에서 레위 사람에게 아무 분깃도 주지 아니하고 다만 거주할 성읍
들과 가축과 재산을 위한 목초지만 주었으니 5 이스라엘 자손이 여호와께
서 모세에게 명령하신 것과 같이 행하여 그 땅을 나누었더라

갈렙이 헤브론을 기업으로 받다

6 그 때에 유다 자손이 길갈에 있는 여호수아에게 나아오고 그니스 사람
여분네의 아들 갈렙이 여호수아에게 말하되 여호와께서 가데스 바네아에
서 나와 당신에게 대하여 하나님의 사람 모세에게 이르신 일을 당신이 아
시는 바라 7 내 나이 사십 세에 여호와의 종 모세가 가데스 바네아에서 나
를 보내어 이 땅을 정탐하게 하였으므로 내가 성실한 마음으로 그에게 보
고하였고 8 나와 함께 올라갔던 내 형제들은 백성의 간담을 녹게 하였으나
나는 내 하나님 여호와께 충성하였으므로 9 그 날에 모세가 맹세하여 이
르되 네가 내 하나님 여호와께 충성하였은즉 네 발로 밟는 땅은 영원히 너
와 네 자손의 기업이 되리라 하였나이다 10 이제 보소서 여호와께서 이 말
씀을 모세에게 이르신 때로부터 이스라엘이 광야에서 방황한 이 사십오
년 동안을 여호와께서 말씀하신 대로 나를 생존하게 하셨나이다 오늘 내
가 팔십오 세로되 11 모세가 나를 보내던 날과 같이 오늘도 내가 여전히 강건하니 내 힘이 그 때나 지금이나 같아
서 싸움에나 출입에 감당할 수 있으니 12 그 날에 여호와께서 말씀하신 이 산지를 지금 내게 주소서 당신도 그 날
에 들으셨거니와 그 곳에는 아낙 사람이 있고 그 성읍들은 크고 견고할지라도 여호와께서 나와 함께 하시면 내가

수 14~19장 땅의 분배
가나안 땅의 입성과 정복과 분배의 목적은 여호와를 "주(主)"로 섬기기 위함이다(하나님 나라 – 관점 2).
'섬기다'의 동사가 여호수아 22~24장에 무려 19번이나 나온다. 이 섬김을 위해 하나님은 이스라엘 백성을 이 땅으로 인도해 데려온 것이다.
내가 하나님의 부르심을 받고 구원을 받고 인도되는 이유가 바로 여기에 있는 것이다. "여호와를 섬긴다"는 것의 진정한 성경적 이유는 무엇인가를 깊이 묵상하라.
☞ 정복 과정 못지않게 여호수아서는 기업 분배 과정에서도 믿음의 중요성을 말하고 있다. 이스라엘의 기업 분배의 과정을 보면 가장 먼저 아직 정복하지 못한 땅에 대한 분배 명령이 나온다(13: 1-7). 각 지파는 이미 정복된 땅뿐 아니라 앞으로 정복을 완수해야 할 땅을 분배받는 것이다. 또한 분배의 과정을 보면 가장 먼저 믿음의 사람인 갈렙이 축복 가운데 기업을 분배받아 쟁취하는 과정이 나오며(14장), 중간에 기업 분배에 소극적으로 지체하고 있는 일곱 지파에 대한 여호수아의 강한 책망이 삽입되어 있다(18:1-10). 이는 결국 기업의 축복은 그것을 소망하고 적극적으로 쟁취하고자 하는 자만이 누릴 수 있다는 것을 말한다. 하나님 나라의 기업은 그것을 얻고자 소망하는 자에게만 주어진다. 천국은 강력히 확산되며 누구에게나 그 문호가 개방되어 있으나, 오직 침노하는 자만이 그것을 차지하는 것이다(마 11: 12).

여호와께서 말씀하신 대로 그들을 쫓아내리이다 하니 [13]여호수아가 여분네의 아들 갈렙을 위하여 축복하고 헤
브론을 그에게 주어 기업을 삼게 하매 [14]헤브론이 그니스 사람 여분네의 아들 갈렙의 기업이 되어 오늘까지 이르
렀으니 이는 그가 이스라엘의 하나님 여호와를 온전히 좇았음이라 [15]헤브론의 옛 이름은 기랏 아르바라 아르바
는 아낙 사람 가운데에서 가장 큰 사람이었더라 그리고 그 땅에 전쟁이 그쳤더라

여호수아서 15장

유다 자손의 땅

[1]또 유다 자손의 지파가 그들의 가족대로 제비 뽑은 땅의 남쪽으로는 에
돔 경계에 이르고 또 남쪽 끝은 신 광야까지라 [2]또 그들의 남쪽 경계는 염
해의 끝 곧 남향한 해만에서부터 [3]아그랍빔 비탈 남쪽으로 지나 신에 이
르고 가데스 바네아 남쪽으로 올라가서 헤스론을 지나며 아달로 올라가
서 돌이켜 갈가에 이르고 [4]거기서 아스몬에 이르러 애굽 시내로 나아가 바
다에 이르러 경계의 끝이 되나니 이것이 너희 남쪽 경계가 되리라 [5]그 동
쪽 경계는 염해이니 요단 끝까지요 그 북쪽 경계는 요단 끝에 있는 해만에
서부터 [6]벧 호글라로 올라가서 벧 아라바 북쪽을 지나 르우벤 자손 보한
의 돌에 이르고 [7]또 아골 골짜기에서부터 드빌을 지나 북쪽으로 올라가서 그 강 남쪽에 있는 아둠밈 비탈 맞은편
길갈을 향하고 나아가 엔 세메스 물들을 지나 엔로겔에 이르며 [8]또 힌놈의 아들의 골짜기로 올라가서 여부스 곧
예루살렘 남쪽 어깨에 이르며 또 힌놈의 골짜기 앞 서쪽에 있는 산꼭대기로 올라가나니 이곳은 르바임 골짜기 북
쪽 끝이며 [9]또 이 산 꼭대기에서부터 넵도아 샘물까지 이르러 에브론 산 성읍들로 나아가고 또 바알라 곧 기럇 여
아림으로 접어들며 [10]또 바알라에서부터 서쪽으로 돌이켜 세일 산에 이르러 여아림 산 곧 그살론 곁 북쪽에 이르
고 또 벧 세메스로 내려가서 딤나를 지나고 [11]또 에그론 비탈 북쪽으로 나아가 식그론으로 접어들어 바알라 산을
지나고 얍느엘에 이르나니 그 끝은 바다며 [12]서쪽 경계는 대해와 그 해안이니 유다 자손이 그들의 가족대로 받은
사방 경계가 이러하니라

❖ 수 15장
이스라엘 장자 지파가 르우벤이었음에도 불구하고 유다 지파가 먼저 기업을 분배받은 것은 야곱의 예언대로(창 49:8-12) 유다 지파가 장자권을 계승하였음을 보여 주는 것이다.
여기서 우리는 하나님 나라에 있어서는 연령이나 지식, 또는 공적(功績)이나 지위 등 육적 상태에서 앞선 자보다는 영적으로 앞선 자가 인정받게 됨을 알게 된다(히 12:23).

수 15:1
학습 자료 16-2 "장자 상속 제도" 참조

갈렙이 헤브론과 드빌을 정복하다(삿 1:11-15)

[13]여호와께서 여호수아에게 명령하신 대로 여호수아가 기럇 아르바 곧 헤브론을 유다 자손 중에서 분깃으로 여
분네의 아들 갈렙에게 주었으니 아르바는 아낙의 아버지였더라 [14]갈렙이 거기서 아낙의 소생 그 세 아들 곧 세새
와 아히만과 달매를 쫓아내었고 [15]거기서 올라가서 드빌 주민을 쳤는데 드빌의 본 이름은 기럇 세벨이라 [16]갈렙
이 말하기를 기럇 세벨을 쳐서 그것을 점령하는 자에게는 내가 내 딸 악사를 아내로 주리라 하였더니 [17]갈렙의 아
우 그나스의 아들인 옷니엘이 그것을 점령함으로 갈렙이 자기 딸 악사를 그에게 아내로 주었더라 [18]악사가 출가
할 때에 그에게 청하여 자기 아버지에게 밭을 구하자 하고 나귀에서 내리매 갈렙이 그에게 묻되 네가 무엇을 원
하느냐 하니 [19]이르되 내게 복을 주소서 아버지께서 나를 네겝 땅으로 보내시오니 샘물도 내게 주소서 하매 갈렙
이 윗샘과 아랫샘을 그에게 주었더라

유다 자손의 기업

[20]유다 자손의 지파가 그들의 가족대로 받은 기업은 이러하니라 [21]유다 자손의 지파의 남쪽 끝 에돔 경계에 접근
한 성읍들은 갑스엘과 에델과 야굴과 [22]기나와 디모나와 아다다와 [23]게데스와 하솔과 잇난과 [24]십과 델렘과 브
알롯과 [25]하솔 하닷다와 그리욧 헤스론 곧 하솔과 [26]아맘과 세마와 몰라다와 [27]하살갓다와 헤스몬과 벧 벨렛과
[28]하살 수알과 브엘세바와 비스요댜와 [29]바알라와 이임과 에셈과 [30]엘돌랏과 그실과 홀마와 [31]시글락과 맛만
나와 산산나와 [32]르바옷과 실힘과 아인과 림몬이니 모두 스물아홉 성읍과 그 마을들이었으며 [33]평지에는 에스다
올과 소라와 아스나와 [34]사노아와 엔간님과 답부아와 에남과 [35]야르뭇과 아둘람과 소고와 아세가와 [36]사아라
임과 아디다임과 그데라와 그데로다임이니 열네 성읍과 그 마을들이었으며 [37]스난과 하다사와 믹달갓과 [38]딜르

안과 미스베와 욕드엘과 39 라기스와 보스갓과 에글론과 40 갑본과 라맘과 기들리스와 41 그데롯과 벧다곤과 나
아마와 막게다이니 열여섯 성읍과 그 마을들이었으며 42 립나와 에델과 아산과 43 입다와 아스나와 느십과 44 그일
라와 악십과 마레사니 아홉 성읍과 그 마을들이었으며 45 에그론과 그 촌락들과 그 마을들과 46 에그론에서부터
바다까지 아스돗 곁에 있는 모든 성읍과 그 마을들이었으며 47 아스돗과 그 촌락들과 그 마을들과 가사와 그 촌락
들과 그 마을들이니 애굽 시내와 대해의 경계에까지 이르렀으며 48 산지는 사밀과 얏딜과 소고와 49 단나와 기럇
산나 곧 드빌과 50 아납과 에스드모와 아님과 51 고센과 홀론과 길로이니 열한 성읍과 그 마을들이었으며 52 아랍
과 두마와 에산과 53 야님과 벧 답부아와 아베가와 54 훔다와 기럇 아르바 곧 헤브론과 시올이니 아홉 성읍과 그
마을들이었으며 55 마온과 갈멜과 십과 윳다와 56 이스르엘과 욕드암과 사노아와 57 가인과 기브아와 딤나니 열
성읍과 그 마을들이었으며 58 할훌과 벧술과 그돌과 59 마아랏과 벧 아놋과 엘드곤이니 여섯 성읍과 그 마을들이
었으며 60 기럇 바알 곧 기럇 여아림과 랍바이니 두 성읍과 그 마을들이었으며 61 광야에는 벧 아라바와 밋딘과 스
가가와 62 닙산과 소금 성읍과 엔 게디니 여섯 성읍과 그 마을들이었더라 63 예루살렘 주민 여부스 족속을 유다 자
손이 쫓아내지 못하였으므로 여부스 족속이 오늘까지 유다 자손과 함께 예루살렘에 거주하니라

여호수아서 16장

에브라임과 서쪽 므낫세 자손의 기업

1 요셉 자손이 제비 뽑은 것은 여리고 샘 동쪽 곧 여리고 곁 요단으로부터
광야로 들어가 여리고로부터 벧엘 산지로 올라가고 2 벧엘에서부터 루스
로 나아가 아렉 족속의 경계를 지나 아다롯에 이르고 3 서쪽으로 내려가서
야블렛 족속의 경계와 아래 벧 호론과 게셀에까지 이르고 그 끝은 바다라
4 요셉의 자손 므낫세와 에브라임이 그들의 기업을 받았더라

에브라임 자손의 기업

5 에브라임 자손이 그들의 가족대로 받은 지역은 이러하니라 그들의 기업
의 경계는 동쪽으로 아다롯 앗달에서 윗 벧 호론에 이르고 6 또 서쪽으로
나아가 북쪽 믹므다에 이르고 동쪽으로 돌아 다아낫 실로에 이르러 야노
아 동쪽을 지나고 7 야노아에서부터 아다롯과 나아라로 내려가 여리고를
만나서 요단으로 나아가고 8 또 답부아에서부터 서쪽으로 지나서 가나 시
내에 이르나니 그 끝은 바다라 에브라임 자손의 지파가 그들의 가족대로
받은 기업이 이러하였고 9 그 외에 므낫세 자손의 기업 중에서 에브라임 자
손을 위하여 구분한 모든 성읍과 그 마을들도 있었더라 10 그들이 게셀에
거주하는 가나안 족속을 쫓아내지 아니하였으므로 가나안 족속이 오늘까
지 에브라임 가운데에 거주하며 노역하는 종이 되니라

❖ **수 16장**
이 장에서 하나님의 신실함에 비하여 너무 도 가증한 인간의 이기심과 패역함을 본다. 에브라임은 요셉의 차자(次子)였음에도 하나님의 절대 주권에 의해 야곱을 통하여 장자 므낫세보다 '더 큰 자가 될 것" (창 48:19)이라고 하신 약속대로 기업을 먼저 분배받는 축복을 얻었다. 그러나 에브라임 지파는 오히려 자신들의 인간적 판단과 순간의 이익을 위하여, 가나안 족속이 잔존할 경우 이스라엘이 그들의 풍습대로 우상 숭배에 빠질 염려와 또한 그들이 다시 발흥하여 두고두고 이스라엘을 괴롭힐 것도 염려하여 주어졌던 가나안 족속 진멸 명령을 무시하고 가나안인들을 종으로 삼음으로써 하나님의 명령을 거역하였던 것이다. 이것은 분명 패역이다. 하나님의 신실하심과 인간의 불성실함이 역력히 대조되는 장면이다.
한편 이것은 후에 에브라임 지파 타락의 치명적 원인으로 작용하게 된다. 사무엘상에 보면 사울이 이런 죄를 범하다가 왕권을 잃어버리는 비극을 당한다. 이는 오늘날 성도의 신앙생활에도 그대로 적용된다. 자신의 이기적 목적 때문에 하나님의 말씀에 반하여 세상과 타협할 때 그것은 결국 신앙생활에 있어 장애물과 가시로 변하기 마련이다(삿 2:3). 현재 나는 하나님의 뜻과 그의 의로운 사업에 동참하기보다 나의 이기심을 충족하고 있지 않는가?

여호수아서 17장

서쪽 므낫세 자손의 기업

1 므낫세 지파를 위하여 제비 뽑은 것은 이러하니라 므낫세는 요셉의 장자였고 므낫세의 장자 마길은 길르앗의
아버지라 그는 용사였기 때문에 길르앗과 바산을 받았으므로 2 므낫세의 남은 자손을 위하여 그들의 가족대로 제
비를 뽑았는데 그들은 곧 아비에셀의 자손과 헬렉의 자손과 아스리엘의 자손과 세겜의 자손과 헤벨의 자손과 스
미다의 자손이니 그들의 가족대로 요셉의 아들 므낫세의 남자 자손들이며 3 헤벨의 아들 길르앗의 손자 마길의
증손 므낫세의 현손 슬로브핫은 아들이 없고 딸뿐이요 그 딸들의 이름은 말라와 노아와 호글라와 밀가와 디르사
라 4 그들이 제사장 엘르아살과 눈의 아들 여호수아와 지도자들 앞에 나아와서 말하기를 여호와께서 모세에게 명

령하사 우리 형제 중에서 우리에게 기업을 주라 하셨다 하매 여호와의 명
령을 따라 그들에게 그들의 아버지 형제들 중에서 기업을 주므로 5 요단
동쪽 길르앗과 바산 외에 므낫세에게 열 분깃이 돌아갔으니 6 므낫세의 여
자 자손들이 그의 남자 자손들 중에서 기업을 받은 까닭이었으며 길르앗
땅은 므낫세의 남은 자손들에게 속하였더라 7 므낫세의 경계는 아셀에서
부터 세겜 앞 믹므닷까지이며 그 오른쪽으로 가서 엔답부아 주민의 경계
에 이르나니 8 답부아 땅은 므낫세에게 속하였으되 므낫세 경계에 있는 답
부아는 에브라임 자손에게 속하였으며 9 또 그 경계가 가나 시내로 내려가
서 그 시내 남쪽에 이르나니 므낫세의 성읍 중에 이 성읍들은 에브라임에
게 속하였으며 므낫세의 경계는 그 시내 북쪽이요 그 끝은 바다이며 10 남
쪽으로는 에브라임에 속하였고 북쪽으로는 므낫세에 속하였고 바다가 그
경계가 되었으며 그들의 땅의 북쪽은 아셀에 이르고 동쪽은 잇사갈에 이
르렀으며 11 잇사갈과 아셀에도 므낫세의 소유가 있으니 곧 벧 스안과 그
마을들과 이블르암과 그 마을들과 돌의 주민과 그 마을들이요 또 엔돌 주
민과 그 마을들과 다아낙 주민과 그 마을들과 므깃도 주민과 그 마을들 세
언덕 지역이라 12 그러나 므낫세 자손이 그 성읍들의 주민을 쫓아내지 못
하매 가나안 족속이 결심하고 그 땅에 거주하였더니 13 이스라엘 자손이 강
성한 후에야 가나안 족속에게 노역을 시켰고 다 쫓아내지 아니하였더라

❖ 수 17장
우리는 여기서 매우 중요한 하나님의 통치 원리의 하나를 발견할 수 있다. 그것은 하나님은 언제나 하나님의 방법(신위: 神爲)으로 모든 구속의 역사를 이루어 가신다는 것이다. 언제나 주도권은 하나님께 있다는 것이다. 그러나 세부 사역에 있어서는 항상 인간의 노력과 수고를 통한 동역(同役)을 원하신다. 그렇기 때문에 하나님은 어떤 일에 있어 항상 동기와 능력만을 공급하실 뿐(18절), 인간의 노력과 수고 없이 일방적으로 하나님이 일을 다 성취하신 후 인간은 그 열매만 즐기도록 하시지는 않는다. 따라서 요셉 자손들처럼, 하나님의 공급하시는 능력 안에서 (빌 4:13) 어떤 장애물이라도 극복하여 하나님의 사업을 성취하시겠다는 결심보다 그저 안일하게 불평불만 속에 좌절해 있는 일은 없어야 할 것이다.
오늘 우리는 주어진 달란트를 가지고 맡은 바 사명에 최선을 다하고 있는가? 혹 눈앞에 나타난 현상만을 보고 지레 겁에 질려 하던 일을 포기하고 좌절하고 있지 않는가?

수 17:3-6
학습 자료 16-3 "슬로브핫 딸들에게 기업 분배의 의의" 참조

13일~18일

에브라임과 므낫세 지파가 땅을 더 요구함

14 요셉 자손이 여호수아에게 말하여 이르되 여호와께서 지금까지 내게 복을 주시므로 내가 큰 민족이 되었거늘
당신이 나의 기업을 위하여 한 제비, 한 분깃으로만 내게 주심은 어찌함이니이까 하니 15 여호수아가 그들에게 이
르되 네가 큰 민족이 되므로 에브라임 산지가 네게 너무 좁을진대 브리스 족속과 르바임 족속의 땅 삼림에 올라
가서 스스로 개척하라 하니라 16 요셉 자손이 이르되 그 산지는 우리에게 넉넉하지도 못하고 골짜기 땅에 거주하
는 모든 가나안 족속에게는 벧 스안과 그 마을들에 거주하는 자이든지 이스르엘 골짜기에 거주하는 자이든지 다
철 병거가 있나이다 하니 17 여호수아가 다시 요셉의 족속 곧 에브라임과 므낫세에게 말하여 이르되 너는 큰 민족
이요 큰 권능이 있은즉 한 분깃만 가질 것이 아니라 18 그 산지도 네 것이 되리니 비록 삼림이라도 네가 개척하라
그 끝까지 네 것이 되리라 가나안 족속이 비록 철 병거를 가졌고 강할지라도 네가 능히 그를 쫓아내리라 하였더라

여호수아서 18장

나머지 땅 분배

1 이스라엘 자손의 온 회중이 실로에 모여서 거기에 회막을 세웠으며 그 땅은 그들 앞에서 돌아와 정복되었더라
2 그러나 이스라엘 자손 중에 그 기업의 분배를 받지 못한 자가 아직도 일곱 지파라 3 여호수아가 이스라엘 자손
에게 이르되 너희가 너희 조상의 하나님 여호와께서 너희에게 주신 땅을 점령하러 가기를 어느 때까지 지체하
겠느냐 4 너희는 각 지파에 세 사람씩 선정하라 내가 그들을 보
내리니 그들은 일어나서 그 땅에 두루 다니며 그들의 기업에 따
라 그 땅을 그려 가지고 내게로 돌아올 것이라 5 그들이 그 땅
을 일곱 부분으로 나누되 유다는 남쪽 자기 지역에 있고 요셉
의 족속은 북쪽에 있는 그들의 지역에 있으니 6 그 땅을 일곱
부분으로 그려서 이 곳 내게로 가져오라 그러면 내가 여기서 너희를
위하여 우리 하나님 여호와 앞에서 제비를 뽑으리라 7 레위 사람은 너희 중에 분깃

이 없나니 여호와의 제사장 직분이 그들의 기업이 됨이며 갓과 르우벤과
므낫세 반 지파는 요단 저편 동쪽에서 이미 기업을 받았나니 이는 여호와
의 종 모세가 그들에게 준 것이니라 하더라 8 그 사람들이 일어나 떠나니
여호수아가 그 땅을 그리러 가는 사람들에게 명령하여 이르되 가서 그 땅
으로 두루 다니며 그것을 그려 가지고 내게로 돌아오라 내가 여기 실로의
여호와 앞에서 너희를 위하여 제비를 뽑으리라 하니 9 그 사람들이 가서
그 땅으로 두루 다니며 성읍들을 따라서 일곱 부분으로 책에 그려서 실로
진영에 돌아와 여호수아에게 나아오니 10 여호수아가 그들을 위하여 실
로의 여호와 앞에서 제비를 뽑고 그가 거기서 이스라엘 자손의 분파대로
그 땅을 분배하였더라

베냐민 자손의 기업

11 베냐민 자손 지파를 위하여 그들의 가족대로 제비를 뽑았으니 그 제비
뽑은 땅의 경계는 유다 자손과 요셉 자손의 중간이라 12 그들의 북방 경계
는 요단에서부터 여리고 북쪽으로 올라가서 서쪽 산지를 넘어서 또 올라
가서 벧아웬 황무지에 이르며 13 또 그 경계가 거기서부터 루스로 나아가
서 루스 남쪽에 이르나니 루스는 곧 벧엘이며 또 그 경계가 아다롯 앗달로
내려가서 아래 벧 호론 남쪽 산 곁으로 지나고 14 벧 호론 앞 남쪽 산에서
부터 서쪽으로 돌아 남쪽으로 향하여 유다 자손의 성읍 기럇 바알 곧 기럇
여아림에 이르러 끝이 되나니 이는 서쪽 경계며 15 남쪽 경계는 기럇 여아
림 끝에서부터 서쪽으로 나아가 넵도아 물 근원에 이르고 16 르바임 골짜
기 북쪽 힌놈의 아들 골짜기 앞에 있는 산 끝으로 내려가고 또 힌놈의 골
짜기로 내려가서 여부스 남쪽에 이르러 엔 로겔로 내려가고 17 또 북쪽으
로 접어들어 엔 세메스로 나아가서 아둠밈 비탈 맞은편 글릴롯으로 나아
가서 르우벤 자손 보한의 돌까지 내려가고 18 북으로 아라바 맞은편을 지
나 아라바로 내려가고 19 또 북으로 벧 호글라 곁을 지나서 요단 남쪽 끝에
있는 염해의 북쪽 해만이 그 경계의 끝이 되나니 이는 남쪽 경계며 20 동쪽 경계는 요단이니 이는 베냐민 자손이 그
들의 가족대로 받은 기업의 사방 경계였더라 21 베냐민 자손의 지파가 그들의 가족대로 받은 성읍들은 여리고와
벧 호글라와 에멕 그시스와 22 벧 아라바와 스마라임과 벧엘과 23 아윔과 바라와 오브라와 24 그발 암모니와 오브
니와 게바이니 열두 성읍과 또 그 마을들이며 25 기브온과 라마와 브에롯과 26 미스베와 그비라와 모사와 27 레겜
과 이르브엘과 다랄라와 28 셀라와 엘렙과 여부스 곧 예루살렘과 기부앗과 기럇이니 열네 성읍이요 또 그 마을들
이라 이는 베냐민 자손이 그들의 가족대로 받은 기업이었더라

❖ 수 18~19장

이스라엘의 가나안 땅 완전 정복은 3단계로 이루어진다.

1. 가나안 전국 주요 거점 확보
이는 모든 지파가 일치단결하여 거국적으로 수행하는 전쟁이다(12장까지).

2. 12지파 사이에 영토 분배
각 지파별로 자기들이 거주할 땅을 분배받아 지파별로 그 땅을 확보해 나간다(13~18장).

3. 이후 확보한 땅을 점령에 그치지 않고 정복한다("진멸하라"의 실천).
그런데 18~19장의 7 지파는 앞선 5 지파에 비해 땅을 분배받는 일에 소극적인 모습을 보여 주고 있다(수 18:1-7).
이 같은 소극적인 자세는 결국 가나안의 완전한 정복이라는 하나님의 구속 사역을 지체시키는바 책망받아 마땅한 것이었다. 이것은 이스라엘 백성들이 과거 출애굽 40년 여정과 또 자신들이 바로 전에 경험한 요단 도하(渡河)와 그 이후 하나님께 순종했을 때 얻은 여러 승리에도 불구하고 확고한 구속사적 역사관과 세계관에 근거한 신념을 갖지 못했기 때문이다. 특히 그들이 이렇게 된 것은 과거 구원 역사의 본질은 깨닫지 못하고 이방 족속들의 두려운 모습만 보았기 때문이다. 신약에서 베드로가 주님을 바라볼 때는 바다 위를 걸었으나 물을 보았을 때는 거기에 빠져버린 것과 같은 이치이다.(마 14:28-31). 그러므로 우리도 늘 세상의 겉모습을 보기 전에 성경의 진리를 통하여 그 이면의 하나님 손길을 보고 당당하게 하나님의 구속사의 대열에 참가해야 하겠다.

여호수아서 19장

시므온 자손의 기업

1 둘째로 시므온 곧 시므온 자손의 지파를 위하여 그들의 가족대로 제비를 뽑았으니 그들의 기업은 유다 자손의
기업 중에서라 2 그들이 받은 기업은 브엘세바 곧 세바와 몰라다와 3 하살 수알과 발라와 에셈과 4 엘돌랏과 브둘
과 호르마와 5 시글락과 벧 말가봇과 하살수사와 6 벧 르바옷과 사루헨이니 열세 성읍이요 또 그 마을들이며 7 또
아인과 림몬과 에델과 아산이니 네 성읍이요 또 그 마을들이며 8 또 네겝의 라마 곧 바알랏 브엘까지 이 성읍들을
둘러 있는 모든 마을들이니 이는 시므온 자손의 지파가 그들의 가족대로 받은 기업이라 9 시므온 자손의 이 기업
은 유다 자손의 기업 중에서 취하였으니 이는 유다 자손의 분깃이 자기들에게 너무 많으므로 시므온 자손이 자기

의 기업을 그들의 기업 중에서 받음이었더라

스불론 자손의 기업

10 셋째로 스불론 자손을 위하여 그들의 가족대로 제비를 뽑았으니 그들의 기업의 경계는 사릿까지이며 11 서쪽으
로 올라가서 마랄라에 이르러 답베셋을 만나 욕느암 앞 시내를 만나고 12 사릿에서부터 동쪽으로 돌아 해 뜨는 쪽
을 향하여 기슬롯 다볼의 경계에 이르고 다브랏으로 나가서 야비아로 올라가고 13 또 거기서부터 동쪽으로 가드
헤벨을 지나 엣 가신에 이르고 네아까지 연결된 림몬으로 나아가서 14 북쪽으로 돌아 한나돈에 이르고 입다엘 골
짜기에 이르러 끝이 되며 15 또 갓닷과 나할랄과 시므론과 이달라와 베들레헴이니 모두 열두 성읍과 그 마을들이
라 16 스불론 자손이 그들의 가족대로 받은 기업은 이 성읍들과 그 마을들이었더라

잇사갈 자손의 기업

17 넷째로 잇사갈 곧 잇사갈 자손을 위하여 그들의 가족대로 제비를 뽑았으니 18 그들의 지역은 이스르엘과 그술
롯과 수넴과 19 하바라임과 시온과 아나하랏과 20 랍빗과 기시온과 에베스와 21 레멧과 엔 간님과 엔핫다와 벧 바
세스이며 22 그 경계는 다볼과 사하수마와 벧 세메스에 이르고 그 끝은 요단이니 모두 열여섯 성읍과 그 마을들이
라 23 잇사갈 자손 지파가 그 가족대로 받은 기업은 이 성읍들과 그 마을들이었더라

아셀 자손의 기업

24 다섯째로 아셀 자손의 지파를 위하여 그 가족대로 제비를 뽑았으니 25 그들의 지역은 헬갓과 할리와 베덴과 악
삽과 26 알람멜렉과 아맛과 미살이며 그 경계의 서쪽은 갈멜을 만나 시홀 림낫에 이르고 27 해 뜨는 쪽으로 돌아
벧 다곤에 이르며 스불론을 만나고 북쪽으로 입다 엘 골짜기를 만나 벧에멕과 느이엘에 이르고 가불 왼쪽으로 나
아가서 28 에브론과 르홉과 함몬과 가나를 지나 큰 시돈까지 이르고 29 돌아서 라마와 견고한 성읍 두로에 이르고
돌아서 호사에 이르고 악십 지방 곁 바다가 끝이 되며 30 또 움마와 아벡과 르홉이니 모두 스물두 성읍과 그 마을
들이라 31 아셀 자손의 지파가 그 가족대로 받은 기업은 이 성읍들과 그 마을들이었더라

납달리 자손의 기업

32 여섯째로 납달리 자손을 위하여 납달리 자손의 가족대로 제비를 뽑았으니 33 그들의 지역은 헬렙과 사아난님
의 상수리나무에서부터 아다미 네겝과 얍느엘을 지나 락굼까지요 그 끝은 요단이며 34 서쪽으로 돌아 아스놋 다
볼에 이르고 그 곳에서부터 훅곡으로 나아가 남쪽은 스불론에 이르고 서쪽은 아셀에 이르며 해 뜨는 쪽은 요단에
서 유다에 이르고 35 그 견고한 성읍들은 싯딤과 세르와 함맛과 락갓과 긴네렛과 36 아다마와 라마와 하솔과 37 게
데스와 에드레이와 엔 하솔과 38 이론과 믹다렐과 호렘과 벧 아낫과 벧 세메스니 모두 열아홉 성읍과 그 마을들이
라 39 납달리 자손의 지파가 그 가족대로 받은 기업은 이 성읍들과 그 마을들이었더라

단 자손의 기업

40 일곱째로 단 자손의 지파를 위하여 그들의 가족대로 제비를 뽑았으니 41 그들의 기업의 지역은 소라와 에스다
올과 이르세메스와 42 사알랍빈과 아얄론과 이들라와 43 엘론과 딤나와 에그론과 44 엘드게와 깁브돈과 바알랏과
45 여훗과 브네브락과 가드 림몬과 46 메얄곤과 락곤과 욥바 맞은편 경계까지라 47 그런데 단 자손의 경계는 더욱
확장되었으니 이는 단 자손이 올라가서 레셈과 싸워 그것을 점령하여 칼날로 치고 그것을 차지하여 거기 거주하
였음이라 그들의 조상 단의 이름을 따라서 레셈을 단이라 하였더라 48 단 자손의 지파가 그에 딸린 가족대로 받은
기업은 이 성읍들과 그들의 마을들이었더라

기업의 땅 나누기를 마치다

49 이스라엘 자손이 그들의 경계를 따라서 기업의 땅 나누기를 마치고 자기들 중에서 눈의 아들 여호수아에게 기
업을 주었으니 50 곧 여호와의 명령대로 여호수아가 요구한 성읍 에브라임 산지 딤낫 세라를 주매 여호수아가
그 성읍을 건설하고 거기 거주하였더라 51 제사장 엘르아살과 눈의 아들 여호수아와 이스라엘 자손의 지파의 족
장들이 실로에 있는 회막 문 여호와 앞에서 제비 뽑아 나눈 기업이 이러하니라 이에 땅 나누는 일을 마쳤더라

여호수아서 20장

수 20장
학습 자료 16-4 "도피성의 제정" 참조

도피성

1 여호와께서 여호수아에게 말씀하여 이르시되 2 이스라엘 자손에게 말하여 이르기를 내가 모세를 통하여 너희에
게 말한 도피성들을 너희를 위해 정하여 3 부지중에 실수로 사람을 죽인 자를 그리로 도망하게 하라 이는 너희를
위해 피의 보복자를 피할 곳이니라 4 이 성읍들 중의 하나에 도피하는 자는 그 성읍에 들어가는 문어귀에 서서 그
성읍의 장로들의 귀에 자기의 사건을 말할 것이요 그들은 그를 성읍에 받아들여 한 곳을 주어 자기들 중에 거주
하게 하고 5 피의 보복자가 그의 뒤를 따라온다 할지라도 그들은 그 살인자를 그의 손에 내주지 말지니 이는 본래
미워함이 없이 부지중에 그의 이웃을 죽였음이라 6 그 살인자는 회중 앞에 서서 재판을 받기까지 또는 그 당시 대
제사장이 죽기까지 그 성읍에 거주하다가 그 후에 그 살인자는 그 성읍 곧 자기가 도망하여 나온 자기 성읍 자기
집으로 돌아갈지니라 하라 하시니라 7 이에 그들이 납달리의 산지 갈릴리 게데스와 에브라임 산지의 세겜과 유다
산지의 기럇 아르바 곧 헤브론과 8 여리고 동쪽 요단 저쪽 르우벤 지파 중에서 평지 광야의 베셀과 갓 지파 중에서
길르앗 라못과 므낫세 지파 중에서 바산 골란을 구별하였으니 9 이는 곧 이스라엘 모든 자손과 그들 중에 거류하
는 거류민을 위하여 선정된 성읍들로서 누구든지 부지중에 살인한 자가 그리로 도망하여 그가 회중 앞에 설 때까
지 피의 보복자의 손에 죽지 아니하게 하기 위함이라

여호수아서 21장

레위 사람의 성읍

수 21장 **레위인의 성읍 파송의 의의**
레위인에게는 땅을 기업으로 주지 않았다. 그들의 임무가 이스라엘에게 하나님의 말씀을 중심으로 하는 영적 훈련을 감당하는 것이기 때문이다. 하나님은 이들의 임무를 통해 이스라엘이 하나님의 말씀을 그들의 삶의 원리로 삼아 태초의 처음 모습을 회복하고 유지하며 에덴의 복된 삶을 살아가는 하나님의 Utopia를 세우려고 하셨기 때문이다. 그러나 사사기는 그것의 실패를 보여 준다.

1 그 때에 레위 사람의 족장들이 제사장 엘르아살과 눈의 아들 여호수아
와 이스라엘 자손의 지파 족장들에게 나아와 2 가나안 땅 실로에서 그들
에게 말하여 이르되 여호와께서 모세에게 명령하사 우리가 거주할 성읍
들과 우리 가축을 위해 그 목초지들을 우리에게 주라 하셨나이다 하매 3
이스라엘 자손이 여호와의 명령을 따라 자기의 기업에서 이 성읍들과 그
목초지들을 레위 사람에게 주니라 4 그핫 가족을 위하여 제비를 뽑았는
데 레위 사람 중 제사장 아론의 자손들은 유다 지파와 시므온 지파와 베냐민 지파 중에서 제비 뽑은 대로 열세
성읍을 받았고 5 그핫 자손들 중에 남은 자는 에브라임 지파의 가족과 단 지파와 므낫세 반 지파 중에서 제비 뽑
은 대로 열 성읍을 받았으며 6 게르손 자손들은 잇사갈 지파의 가족들과 아셀 지파와 납달리 지파와 바산에 있
는 므낫세 반 지파 중에서 제비 뽑은 대로 열세 성읍을 받았더라 7 므라리 자손들은 그 가족대로 르우벤 지파와
갓 지파와 스불론 지파 중에서 열두 성읍을 받았더라 8 여호와께서 모세에게 명령하신 대로 이스라엘 자손이 제
비 뽑아 레위 사람에게 준 성읍들과 그 목초지들이 이러하니라 9 유다 자손의 지파와 시므온 자손의 지파 중에서
는 이 아래에 기명한 성읍들을 주었는데 10 레위 자손 중 그핫 가족들에 속한 아론 자손이 첫째로 제비 뽑혔으므
로 11 아낙의 아버지 아르바의 성읍 유다 산지 기럇 아르바 곧 헤브론과 그 주위의 목초지를 그들에게 주었고 12
그 성읍의 밭과 그 촌락들은 여분네의 아들 갈렙에게 주어 소유가 되게 하였더라 13 제사장 아론의 자손에게 준
것은 살인자의 도피성 헤브론과 그 목초지이요 또 립나와 그 목초지와 14 얏딜과 그 목초지와 에스드모아와 그
목초지와 15 홀론과 그 목초지와 드빌과 그 목초지와 16 아인과 그 목초지와 윳다와 그 목초지와 벧 세메스와 그
목초지이니 이 두 지파에서 아홉 성읍을 냈고 17 또 베냐민 지파 중에서는 기브온과 그 목초지와 게바와 그 목초
지와 18 아나돗과 그 목초지와 알몬과 그 목초지 곧 네 성읍을 냈으니 19 제사장 아론 자손의 성읍은 모두 열세
성읍과 그 목초지들이었더라 20 레위 사람인 그핫 자손 중에 남은 자들의 가족들 곧 그핫 자손에게는 제비 뽑아
에브라임 지파 중에서 그 성읍들을 주었으니 21 곧 살인자의 도피성 에브라임 산지 세겜과 그 목초지이요 또 게
셀과 그 목초지와 22 깁사임과 그 목초지와 벧 호론과 그 목초지이니 네 성읍이요 23 또 단 지파 중에서 준 것은
엘드게와 그 목초지와 깁브돈과 그 목초지와 24 아얄론과 그 목초지와 가드 림몬과 그 목초지이니 네 성읍이요

25 또 므낫세 반 지파 중에서 준 것은 다아낙과 그 목초지와 가드 림몬과
그 목초지이니 두 성읍이라 26 그핫 자손의 남은 가족들을 위한 성읍들은
모두 열 성읍과 그 목초지들이었더라 27 레위 가족의 게르손 자손에게는
므낫세 반 지파 중에서 살인자의 도피성 바산 골란과 그 목초지를 주었
고 또 브에스드라와 그 목초지를 주었으니 두 성읍이요 28 잇사갈 지파 중
에서는 기시온과 그 목초지와 다브랏과 그 목초지와 29 야르뭇과 그 목초
지와 엔 간님과 그 목초지를 주었으니 네 성읍이요 30 아셀 지파 중에서는
미살과 그 목초지와 압돈과 그 목초지와 31 헬갓과 그 목초지와 르홉과
그 목초지를 주었으니 네 성읍이요 32 납달리 지파 중에서는 살인자의 도
피성 갈릴리 게데스와 그 목초지를 주었고 또 함못 돌과 그 목초지와 가
르단과 그 목초지를 주었으니 세 성읍이라 33 게르손 사람이 그 가족대로
받은 성읍은 모두 열세 성읍과 그 목초지들이었더라 34 그 남은 레위 사람
므라리 자손의 가족들에게 준 것은 스불론 지파 중에서 욕느암과 그 목
초지와 가르다와 그 목초지와 35 딤나와 그 목초지와 나할랄과 그 목초지
이니 네 성읍이요 36 르우벤 지파 중에서 준 것은 베셀과 그 목초지와 야
하스와 그 목초지와 37 그데못과 그 목초지와 므바앗과 그 목초지이니 네
성읍이요 38 갓 지파 중에서 준 것은 살인자의 도피성 길르앗 라못과 그
목초지이요 또 마하나임과 그 목초지와 39 헤스본과 그 목초지와 야셀과
그 목초지이니 모두 네 성읍이라 40 이는 레위 가족의 남은 자 곧 므라리
자손이 그들의 가족대로 받은 성읍이니 그들이 제비 뽑아 얻은 성읍이 열
두 성읍이었더라 41 레위 사람들이 이스라엘 자손의 기업 중에서 받은 성
읍은 모두 마흔여덟 성읍이요 또 그 목초지들이라 42 이 각 성읍의 주위에
목초지가 있었고 모든 성읍이 다 그러하였더라

약속하신 온 땅을 차지하다

43 여호와께서 이스라엘의 조상들에게 맹세하사 주리라 하신 온 땅을 이
와 같이 이스라엘에게 다 주셨으므로 그들이 그것을 차지하여 거기에 거
주하였으니 44 여호와께서 그들의 주위에 안식을 주셨으되 그 조상들에게
맹세하신 대로 하셨으므로 그들의 모든 원수들 중에 그들과 맞선 자가 하
나도 없었으니 이는 여호와께서 그들의 모든 원수들을 그들의 손에 넘겨
주셨음이니라 45 여호와께서 이스라엘 족속에게 말씀하신 선한 말씀이 하
나도 남음이 없이 다 응하였더라

수 21:2-42 레위인 성읍 분배의 영적 교훈

1	레위인들이 먼저 요구함(수 21:2)
	욕심과는 달리 열심은 항상 요구됨(렘 20:9)
2	하나님의 약속에 의거하여 요구함(수 21:2)
	믿음으로 하나님 앞에 나아갈 때 상을 받음(히 11:6)
3	백성들이 레위인들의 요구에 기꺼이 응함(수 21:3)
	믿음 안에 거할 때 자기의 아까운 것이라도 내어줌(잠 11:24)
4	백성들이 준 성읍수는 모두 48개임(수 21:4-6)
	믿는 자들의 교제는 항상 풍성함(행 2:43-47)
5	성읍이 작고 협소할지라도 불평하지 않음(민 35:3-5)
	성직자는 항상 물욕(物慾)을 버려야 함(딤전 6:9)
6	성읍의 위치가 어디이든지 기꺼이 받음(수 21:8-42)
	성직자는 항상 자신의 안락보다 섬김에 힘써야 함(빌 2:25)
7	백성들 가운데 흩어져 거함(수 21:8-42)
	성직자는 항상 자신을 필요로 하는 자의 곁에 있어야 함(딤후 1:12)

수 21:4-42 레위 지파의 계보도

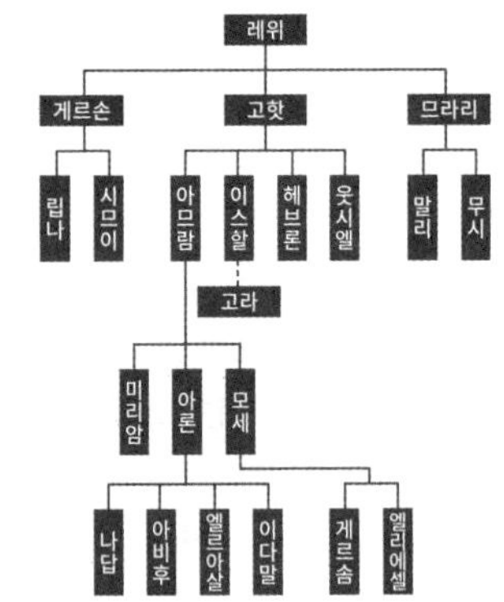

수 21:44
학습 자료 16-5 "안식" 참조

여호수아서 22장

여호수아가 동쪽 지파들을 보내다

1 그 때에 여호수아가 르우벤 사람과 갓 사람과 므낫세 반 지파를 불러서 2
그들에게 이르되 여호와의 종 모세가 너희에게 명령한 것을 너희가 다 지키며 또 내가 너희에게 명령한 모든 일
에 너희가 내 말을 순종하여 3 오늘까지 날이 오래도록 너희가 너희 형제를 떠나지 아니하고 오직 너희의 하나님
여호와께서 명령하신 그 책임을 지키도다 4 이제는 너희의 하나님 여호와께서 이미 말씀하신 대로 너희 형제에게
안식을 주셨으니 그런즉 이제 너희는 여호와의 종 모세가 요단 저쪽에서 너희에게 준 소유지로 가서 너희의 장막
으로 돌아가되 5 오직 여호와의 종 모세가 너희에게 명령한 명령과 율법을 반드시 행하여 너희의 하나님 여호와

를 사랑하고 그의 모든 길로 행하며 그의 계명을 지켜 그에게 친근히 하고
너희의 마음을 다하며 성품을 다하여 그를 섬길지니라 하고 6 여호수아가
그들에게 축복하여 보내매 그들이 자기 장막으로 갔더라 7 므낫세 반 지
파에게는 모세가 바산에서 기업을 주었고 그 남은 반 지파에게는 여호수
아가 요단 이쪽 서쪽에서 그들의 형제들과 함께 기업을 준지라 여호수아
가 그들을 그들의 장막으로 돌려보낼 때에 그들에게 축복하고 8 말하여
이르되 너희는 많은 재산과 심히 많은 가축과 은과 금과 구리와 쇠와 심
히 많은 의복을 가지고 너희의 장막으로 돌아가서 너희의 원수들에게서
탈취한 것을 너희의 형제와 나눌지니라 하매 9 르우벤 자손과 갓 자손과
므낫세 반 지파가 가나안 땅 실로에서 이스라엘 자손을 떠나 여호와께서
모세에게 명령하신 대로 받은 땅 곧 그들의 소유지 길르앗으로 가니라

요단 가에 제단을 쌓다

10 르우벤 자손과 므낫세 반 지파가 가나안 땅 요단 언덕 가에 이르자 거
기서 요단 가에 제단을 쌓았는데 보기에 큰 제단이었더라 11 이스라엘 자
손이 들은즉 이르기를 르우벤 자손과 갓 자손과 므낫세 반 지파가 가나
안 땅의 맨 앞쪽 요단 언덕 가 이스라엘 자손에게 속한 쪽에 제단을 쌓았
다 하는지라 12 이스라엘 자손이 이를 듣자 곧 이스라엘 자손의 온 회중
이 실로에 모여서 그들과 싸우러 가려 하니라 13 이스라엘 자손이 제사장
엘르아살의 아들 비느하스를 길르앗 땅으로 보내어 르우벤 자손과 갓 자
손과 므낫세 반 지파를 보게 하되 14 이스라엘 각 지파에서 한 지도자씩
열 지도자들을 그와 함께 하게 하니 그들은 각기 그들의 조상들의 가문
의 수령으로서 이스라엘 중에서 천부장들이라 15 그들이 길르앗 땅에 이
르러 르우벤 자손과 갓 자손과 므낫세 반 지파에게 나아가서 그들에게
말하여 이르되 16 여호와의 온 회중이 말하기를 너희가 어찌하여 이스라
엘 하나님께 범죄하여 오늘 여호와를 따르는 데서 돌아서서 너희를 위하
여 제단을 쌓아 너희가 오늘 여호와께 거역하고자 하느냐 17 브올의 죄
악으로 말미암아 여호와의 회중에 재앙이 내렸으나 오늘까지 우리가 그
죄에서 정결함을 받지 못하였거늘 그 죄악이 우리에게 부족하여서 18 오
늘 너희가 돌이켜 여호와를 따르지 아니하려고 하느냐 너희가 오늘 여호
와를 배역하면 내일은 그가 이스라엘 온 회중에게 진노하시리라 19 그런
데 너희의 소유지가 만일 깨끗하지 아니하거든 여호와의 성막이 있는 여
호와의 소유지로 건너와 우리 중에서 소유지를 나누어 가질 것이니라 오
직 우리 하나님 여호와의 제단 외에 다른 제단을 쌓음으로 여호와를 거역
하지 말며 우리에게도 거역하지 말라 20 세라의 아들 아간이 온전히 바친
물건에 대하여 범죄하므로 이스라엘 온 회중에 진노가 임하지 아니하였
느냐 그의 죄악으로 멸망한 자가 그 한 사람만이 아니었느니라 하니라 21
르우벤 자손과 갓 자손과 므낫세 반 지파가 이스라엘 천천의 수령들에게
대답하여 이르되 22 전능하신 자 하나님 여호와, 전능하신 자 하나님 여호
와께서 아시나니 이스라엘도 장차 알리라 이 일이 만일 여호와를 거역함
이거나 범죄함이거든 주께서는 오늘 우리를 구원하지 마시옵소서 23 우리

13일~18일

가나안 정복의 20대 사건과 영적 교훈

1	하나님의 요단강 도하 명령(수 1:2)
	모든 일은 하나님의 지시를 따라야 함
2	여리고 정탐(수 2장)
	인간적인 노력과 준비가 있어야 함
3	요단 강 도하(수 3, 4장)
	약속된 구원은 반드시 성취됨
4	열두 돌의 기념비 건립(수 4장)
	신앙 교육의 필요성이 절실함
5	길갈의 할례 시행(수 5:1-9)
	옛것을 벗어버리고 새것을 입는 성결한 삶이 요구됨
6	유월절 준수(수 5:10-12)
	구원은 유월절 어린양 되시는 그리스도의 피로 말미암음
7	여호와의 군대 장관 현현(수 5:13-15)
	항상 하나님이 성도들의 영적 전쟁을 지휘하심
8	여리고 성 정복(수 6장)
	영적 전쟁은 하나님의 방법으로만 승리 가능
9	여리고의 라합 구원(수 2:6, 25)
	혈통과 지연(地緣)이 아닌 믿음으로 구원 얻음
10	아간의 범죄(수 7장)
	모든 일의 실패의 가장 큰 원인은 죄임
11	아이 성 정복(수 8:1-29)
	죄의 회개 후에 하나님은 모든 것을 즉시 회복 시키심
12	에발 산 제단과 율법 선포(수 8:30-35)
	일의 승패는 하나님의 말씀에 대한 순종여부에 달려 있음
13	기브온 거민과의 조약 준수(수 9장)
	하나님의 이름으로 맹세한 것은 반드시 지켜야 함
14	하나님이 태양을 멈추게 하심(수 10:12-14)
	하나님은 창조주이시며 주권자이심
15	가나안 정복 완료(수 11:16-20)
	하나님은 언약에 신실하심
16	땅 분배(수 13-19장)
	이 땅의 수고 끝에 천국 기업을 얻게 됨
17	실로 회막 건축(수 18:1)
	성도의 삶은 하나님 중심이어야 함
18	도피성 건립(수 20장)
	죄인이 구원얻는 길은 오직 예수뿐임
19	요단 동편 제단 건립(수 22장)
	항상 신앙의 순수성이 요구됨
20	여호수아의 죽음(수 24:29-31)
	결국 하나님이 모든 일을 성취하심

가 제단을 쌓은 것이 돌이켜 여호와를 따르지 아니하려 함이거나 또는 그 위에 번제나 소제를 드리려 함이거나
또는 화목제물을 드리려 함이거든 여호와는 친히 벌하시옵소서 24 우리가 목적이 있어서 주의하고 이같이 하였
노라 곧 생각하기를 후일에 너희의 자손이 우리 자손에게 말하여 이르기를 너희가 이스라엘 하나님 여호와와 무
슨 상관이 있느냐 25 너희 르우벤 자손 갓 자손아 여호와께서 우리와 너희 사이에 요단으로 경계를 삼으셨나니
너희는 여호와께 받을 분깃이 없느니라 하여 너희의 자손이 우리 자손에게 여호와 경외하기를 그치게 할까 하여
26 우리가 말하기를 우리가 이제 한 제단 쌓기를 준비하자 하였노니 이는 번제를 위함도 아니요 다른 제사를 위
함도 아니라 27 우리가 여호와 앞에서 우리의 번제와 우리의 다른 제사와 우리의 화목제로 섬기는 것을 우리와
너희 사이와 우리의 후대 사이에 증거가 되게 할 뿐으로서 너희 자손들이 후일에 우리 자손들에게 이르기를 너
희는 여호와께 받을 분깃이 없다 하지 못하게 하려 함이라 28 우리가 말하였거니와 만일 그들이 후일에 우리에게
나 우리 후대에게 이같이 말하면 우리가 말하기를 우리 조상이 지은 여호와의 제단 모형을 보라 이는 번제를 위
한 것도 아니요 다른 제사를 위한 것도 아니라 오직 우리와 너희 사이에 증거만 되게 할 뿐이라 29 우리가 번제
나 소제나 다른 제사를 위하여 우리 하나님 여호와의 성막 앞에 있는 제단 외에 제단을 쌓음으로 여호와를 거역
하고 오늘 여호와를 따르는 데에서 돌아서려는 것은 결단코 아니라 하리라 30 제사장 비느하스와 그와 함께 한
회중의 지도자들 곧 이스라엘 천천의 수령들이 르우벤 자손과 갓 자손과 므낫세 자손의 말을 듣고 좋게 여긴지
라 31 제사장 엘르아살의 아들 비느하스가 르우벤 자손과 갓 자손과 므낫세 자손에게 이르되 우리가 오늘 여호
와께서 우리 중에 계신 줄을 아노니 이는 너희가 이 죄를 여호와께 범하지 아니하였음이니라 너희가 이제 이스
라엘 자손을 여호와의 손에서 건져내었느니라 하고 32 제사장 엘르아살의 아들 비느하스와 지도자들이 르우벤
자손과 갓 자손을 떠나 길르앗 땅에서 가나안 땅 이스라엘 자손에게 돌
아와 그들에게 보고하매 33 그 일이 이스라엘 자손을 즐겁게 한지라 이스
라엘 자손이 하나님을 찬송하고 르우벤 자손과 갓 자손이 거주하는 땅에
가서 싸워 그것을 멸하자 하는 말을 다시는 하지 아니하였더라 34 르우벤
자손과 갓 자손이 그 제단을 엣이라 불렀으니 우리 사이에 이 제단은 여
호와께서 하나님이 되시는 증거라 함이었더라

여호수아서 23장

여호수아의 마지막 말

1 여호와께서 주위의 모든 원수들로부터 이스라엘을 쉬게 하신 지 오랜 후
에 여호수아가 나이 많아 늙은지라 2 여호수아가 온 이스라엘 곧 그들의
장로들과 수령들과 재판장들과 관리들을 불러다가 그들에게 이르되 나는
나이가 많아 늙었도다 3 너희의 하나님 여호와께서 너희를 위하여 이 모든
나라에 행하신 일을 너희가 다 보았거니와 너희의 하나님 여호와 그는 너
희를 위하여 싸우신 이시니라 4 보라 내가 요단에서부터 해 지는 쪽 대해
까지의 남아 있는 나라들과 이미 멸한 모든 나라를 내가 너희를 위하여 제
비 뽑아 너희의 지파에게 기업이 되게 하였느니라 5 너희의 하나님 여호와
그가 너희 앞에서 그들을 쫓아내사 너희 목전에서 그들을 떠나게 하시리
니 너희의 하나님 여호와께서 너희에게 말씀하신 대로 너희가 그 땅을 차
지할 것이라 6 그러므로 너희는 크게 힘써 모세의 율법 책에 기록된 것을
다 지켜 행하라 그것을 떠나 우로나 좌로나 치우치지 말라 7 너희 중에 남
아 있는 이 민족들 중에 들어 가지 말라 그들의 신들의 이름을 부르지 말라
그것들을 가리켜 맹세하지 말라 또 그것을 섬겨서 그것들에게 절하지 말

수 23~24장 여호수아의 유언이 주는 메시지

여호수아의 유언 내용은 우상을 경계하고 오직 하나님만을 섬길 것을 강조하고 있다. 이는 아직도 가나안 족속이 완전히 정복되지 않고 남아 있는 현실 속에서 이스라엘 백성들이 그들의 문화에 오염되어 우상을 섬길 것을 염려하였기 때문이었다. 이스라엘의 가나안 정복 전쟁이 지니는 특징의 하나인 '헤렘', 즉 완전한 멸절(민33:50-56)도 동일한 이유 때문이었다. 그런데 여호수아는 이것을 강조하면서 먼저 가나안 전쟁을 통해 나타난 하나님의 싸우심과 승리를 상기시키고 있다. 이는 풍요와 다산과 더불어 부족 간의 전쟁에서 막강한 힘으로 수호하는 신을 최고의 신으로 섬기던 고대 근동의 신개념에서 이해할 수 있다. 예를 들어 가나안에서 원래 최고의 신은 '엘'이지만 바알이 더욱 중요하게 섬겨지는 것은 다산과 풍요를 관장할 뿐만 아니라 그가 신들과의 전쟁을 통해 최후의 승리자가 되었기 때문이다. 따라서 가나안 전쟁에서 이스라엘이 원주민들을 이기고 가나안을 정복한 것은 여호와 하나님이 가나안의 주신인 바알보다 위대한 신임을 스스로 입증한 것이다. 이방 문화와 섞여 버리면 하나님 백성의 정체성은 없어지고 따라서 하나님의 주권을 회복하시려는 구속의 역사는 바로 물거품이 되기 때문이다.

이것은 현대 성도들의 가장 큰 딜레마이기도 하다. 성도들은 "진멸하라"<헤렘>의 메시지를 가슴속 깊이 새기고 성경적 세계관을 확고하게 세워야 한다.

라 8 오직 너희의 하나님 여호와께 가까이 하기를 오늘까지 행한 것 같이
하라 9 이는 여호와께서 강대한 나라들을 너희의 앞에서 쫓아내셨으므로
오늘까지 너희에게 맞선 자가 하나도 없었느니라 10 너희 중 한 사람이 천
명을 쫓으리니 이는 너희의 하나님 여호와 그가 너희에게 말씀하신 것 같
이 너희를 위하여 싸우심이라 11 그러므로 스스로 조심하여 너희의 하나님
여호와를 사랑하라 12 너희가 만일 돌아서서 너희 중에 남아 있는 이 민족들을 가까이 하여 더불어 혼인하며 서로
왕래하면 13 확실히 알라 너희의 하나님 여호와께서 이 민족들을 너희 목전에서 다시는 쫓아내지 아니하시리니 그
들이 너희에게 올무가 되며 덫이 되며 너희의 옆구리에 채찍이 되며 너희의 눈에 가시가 되어서 너희가 마침내 너
희의 하나님 여호와께서 너희에게 주신 이 아름다운 땅에서 멸하리라 14 보라 나는 오늘 온 세상이 가는 길로 가
려니와 너희의 하나님 여호와께서 너희에게 대하여 말씀하신 모든 선한 말씀이 하나도 틀리지 아니하고 다 너희
에게 응하여 그 중에 하나도 어김이 없음을 너희 모든 사람은 마음과 뜻으로 아는 바라 15 너희의 하나님 여호와
께서 너희에게 말씀하신 모든 선한 말씀이 너희에게 임한 것 같이 여호와께서 모든 불길한 말씀도 너희에게 임하
게 하사 너희의 하나님 여호와께서 너희에게 주신 이 아름다운 땅에서 너희를 멸절하기까지 하실 것이라 16 만일
너희가 너희의 하나님 여호와께서 너희에게 명령하신 언약을 범하고 가서 다른 신들을 섬겨 그들에게 절하면 여
호와의 진노가 너희에게 미치리니 너희에게 주신 아름다운 땅에서 너희가 속히 멸망하리라 하니라

✣ 수 23~24장
여호수아의 유언의 핵심은 가나안 정착 작전 3단계를 차질 없이 수행하라는 것이다. 그것은 그 땅의 바일 우상 문화를 단절하기를 철저히 이행하라는 것이다. (헤렘, 진멸하라)

13일~18일

여호수아서 24장

여호수아가 세겜에 모인 백성에게 이르다

1 여호수아가 이스라엘 모든 지파를 세겜에 모으고 이스라엘 장로들과 그
들의 수령들과 재판장들과 관리들을 부르매 그들이 하나님 앞에 나와 선
지라 2 여호수아가 모든 백성에게 이르되 이스라엘의 하나님 여호와께서
이같이 말씀하시기를 옛적에 너희의 조상들 곧 아브라함의 아버지, 나홀
의 아버지 데라가 강 저쪽에 거주하여 다른 신들을 섬겼으나 3 내가 너희
의 조상 아브라함을 강 저쪽에서 이끌어 내어 가나안 온 땅에 두루 행하
게 하고 그의 씨를 번성하게 하려고 그에게 이삭을 주었으며 4 이삭에게
는 야곱과 에서를 주었고 에서에게는 세일 산을 소유로 주었으나 야곱과
그의 자손들은 애굽으로 내려갔으므로 5 내가 모세와 아론을 보내었고
또 애굽에 재앙을 내렸나니 곧 내가 그들 가운데 행한 것과 같고 그 후에
너희를 인도하여 내었노라 6 내가 너희의 조상들을 애굽에서 인도하여 내
어 바다에 이르게 한즉 애굽 사람들이 병거와 마병을 거느리고 너희의 조
상들을 홍해까지 쫓아오므로 7 너희의 조상들이 나 여호와께 부르짖기로
내가 너희와 애굽 사람들 사이에 흑암을 두고 바다를 이끌어 그들을 덮었
나니 내가 애굽에서 행한 일을 너희의 눈이 보았으며 또 너희가 많은 날을
광야에서 거주하였느니라 8 내가 또 너희를 인도하여 요단 저쪽에 거주하
는 아모리 족속의 땅으로 들어가게 하매 그들이 너희와 싸우기로 내가 그
들을 너희 손에 넘겨 주매 너희가 그 땅을 점령하였고 나는 그들을 너희
앞에서 멸절시켰으며 9 또한 모압 왕 십볼의 아들 발락이 일어나 이스라엘
과 싸우더니 사람을 보내어 브올의 아들 발람을 불러다가 너희를 저주하
게 하려 하였으나 10 내가 발람을 위해 듣기를 원하지 아니하였으므로 그
가 오히려 너희를 축복하였고 나는 너희를 그의 손에서 건져내었으며 11

지도자들에 대한 여호수아의 교훈

과거 회고	하나님이 너희를 위하셨음을 생각하라(수 23:3)
	하나님이 너희를 위해 행하신 모든 일을 생각하라(수 23:3)
	하나님이 너희를 위해 싸우셨음을 생각하라(수 23:3)
	너희에게 기업 주신 자를 생각하라(수 23:4)
현재의 책임	율법을 지켜 행하라(수 23:6)
	율법을 떠나 좌로나 우로나 치우치지 말라(수 23:6)
	이방 신들의 이름을 부르지 말라(수 23:7)
	여호와를 항상 친근히 하라(수 23:8)
	스스로 조심하여 하나님을 사랑하라(수 23:11)
	이방 족속들과 교제하지 말라(수 23:12, 13)
미래의 약속	원수들을 네 앞에서 쫓을 것이다(수 23:5)
	너희에게 하신 모든 말씀이 성취될 것이다(수 23:5)
	반드시 기업을 차지하게 될 것이다(수 23:5)
	불순종하면 아름다운 땅에서 속히 멸망될 것이다(수 23:14-16)

학습 자료 16-6
"가나안 정착의 3단계" 참조

너희가 요단을 건너 여리고에 이른즉 여리고 주민들 곧 아모리 족속과 브
리스 족속과 가나안 족속과 헷 족속과 기르가스 족속과 히위 족속과 여부
스 족속이 너희와 싸우기로 내가 그들을 너희의 손에 넘겨 주었으며 12 내가 왕벌을 너희 앞에 보내어 그 아모리
족속의 두 왕을 너희 앞에서 쫓아내게 하였나니 너희의 칼이나 너희의 활로써 이같이 한 것이 아니며 13 내가 또
너희가 수고하지 아니한 땅과 너희가 건설하지 아니한 성읍들을 너희에게 주었더니
너희가 그 가운데에 거주하며 너희는 또 너희가 심지 아니한 포도원과 감람원의 열
매를 먹는다 하셨느니라 14 그러므로 이제는 여호와를 경외하며 온전함과 진실함으
로 그를 섬기라 너희의 조상들이 강 저쪽과 애굽에서 섬기던 신들을 치워 버리고 여
호와만 섬기라 15 만일 여호와를 섬기는 것이 너희에게 좋지 않게 보이거든 너희 조
상들이 강 저쪽에서 섬기던 신들이든지 또는 너희가 거주하는 땅에 있는 아모리 족
속의 신들이든지 너희가 섬길 자를 오늘 택하라 오직 나와 내 집은 여호와를 섬기겠노
라 하니 16 백성이 대답하여 이르되 우리가 결단코 여호와를 버리고 다른 신들을 섬기기
를 하지 아니하오리니 17 이는 우리 하나님 여호와께서 친히 우리와 우리 조상들을 인도
하여 애굽 땅 종 되었던 집에서 올라오게 하시고 우리 목전에서 그 큰 이적들을 행하시고 우리가 행한 모든 길과
우리가 지나온 모든 백성들 중에서 우리를 보호하셨음이며 18 여호와께서
또 모든 백성들과 이 땅에 거주하던 아모리 족속을 우리 앞에서 쫓아내셨
음이라 그러므로 우리도 여호와를 섬기리니 그는 우리 하나님이심이니이
다 하니라 19 여호수아가 백성에게 이르되 너희가 여호와를 능히 섬기지
못할 것은 그는 거룩하신 하나님이시요 질투하시는 하나님이시니 너희의
잘못과 죄들을 사하지 아니하실 것임이라 20 만일 너희가 여호와를 버리
고 이방 신들을 섬기면 너희에게 복을 내리신 후에라도 돌이켜 너희에게
재앙을 내리시고 너희를 멸하시리라 하니 21 백성이 여호수아에게 말하되
아니니이다 우리가 여호와를 섬기겠나이다 하는지라 22 여호수아가 백성
에게 이르되 너희가 여호와를 택하고 그를 섬기리라 하였으니 스스로 증
인이 되었느니라 하니 그들이 이르되 우리가 증인이 되었나이다 하더라
23 여호수아가 이르되 그러면 이제 너희 중에 있는 이방 신들을 치워 버리
고 너희의 마음을 이스라엘의 하나님 여호와께로 향하라 하니 24 백성이
여호수아에게 말하되 우리 하나님 여호와를 우리가 섬기고 그의 목소리
를 우리가 청종하리이다 하는지라 25 그 날에 여호수아가 세겜에서 백성
과 더불어 언약을 맺고 그들을 위하여 율례와 법도를 제정하였더라 26 여
호수아가 이 모든 말씀을 하나님의 율법책에 기록하고 큰 돌을 가져다가
거기 여호와의 성소 곁에 있는 상수리나무 아래에 세우고 27 모든 백성에
게 이르되 보라 이 돌이 우리에게 증거가 되리니 이는 여호와께서 우리에
게 하신 모든 말씀을 이 돌이 들었음이니라 그런즉 너희가 너희의 하나님
을 부인하지 못하도록 이 돌이 증거가 되리라 하고 28 백성을 보내어 각기
기업으로 돌아가게 하였더라

여호수아와 엘르아살이 죽다

29 이 일 후에 여호와의 종 눈의 아들 여호수아가 백십 세에 죽으매 30 그들
이 그를 그의 기업의 경내 딤낫 세라에 장사하였으니 딤낫 세라는 에브라
임 산지 가아스 산 북쪽이었더라 31 이스라엘이 여호수아가 사는 날 동안

여호수아의 설교를 통한 이스라엘 역사의 교훈

시대	주제	내용
족장 시대	소명과 선택	우상 숭배자 아브라함을 부르심(수 24:2)
		하나님이 당신의 주권으로 가나안 땅까지 이끄심(수 24:3)
		가나안 온 땅을 미리 두루 살펴보게 하심(수 24:3)
		하나님의 백성을 번성케 하려고 이삭을 그 씨로 주심(수 24:3)
		이삭에게 야곱과 에서를 주시사 열국을 이루게 하심(수 24:4)
		애굽에서 야곱의 후손,곧 택한 백성들을 번성케 하심(수 24:4)
출애굽 시대	구원과 인도	이스라엘을 애굽에서 구원할 자로 모세와 아론을 보내심(수 24:5)
		애굽 백성에게는 재앙을 내리시되 이스라엘을 보호하심(수 24:5)
		이스라엘을 애굽에서 이끌어내심(수 24:5)
		홍해 바다에서 애굽 군대를 멸하심(수 24:6, 7)
가나안 정복 시대	승리와 축복	요단 동편 땅을 얻게 하심(수 24:8)
		발람의 저주를 막으시고 축복케 하심(수 24:9, 10)
		여리고 및 가나안 족속들을 정복케하심(수 24:11)
		왕벌을 보내시는 등 초자연적 이적을 베푸심(수 24:12)
		가나안 땅과 성읍들을 주심(수 24:13)
		포도원과 감람원의 과실을 먹게 하심(수 24:13)

과 여호수아 뒤에 생존한 장로들 곧 여호와께서 이스라엘을 위하여 행하신 모든 일을 아는 자들이 사는 날 동안
여호와를 섬겼더라 32 또 이스라엘 자손이 애굽에서 가져 온 요셉의 뼈를 세겜에 장사하였으니 이곳은 야곱이 백
크시타를 주고 세겜의 아버지 하몰의 자손들에게서 산 밭이라 그것이 요셉 자손의 기업이 되었더라 33 아론의 아
들 엘르아살도 죽으매 그들이 그를 그의 아들 비느하스가 에브라임 산지에서 받은 산에 장사하였더라

16일차 읽기의 요약

(수 13~24)

이스라엘 백성들은 가나안 땅 정복 전쟁을 통해 땅을 차지하게 된다. 그 후 유다 지파와 요셉 자손인 므낫세와 에브라임 지파를 선두로 하여 성막이 있었던 실로에서 지파별로 땅을 분배받는다. 그러나 레위 지파는 땅 분배에서 제외되고 여섯 곳의 도피성을 포함하여 48개의 성읍과 목초지를 허락받아 12지파 가운데에 골고루 흩어져 살며 모세의 율법을 가르치는 일과 성막관리와 제사하는 일을 전담하도록 하셨다. 언약에 신실한 하나님께서는 아브라함에게 약속하셨던 땅을 이와 같이 이스라엘 12지파에게 분배해 주셨고 그들을 비로소 그 땅에서 안식하게 하셨다.

마지막으로 여호수아는 온 이스라엘을 모으고 마지막 고별 설교를 통해 이스라엘 백성들이 모세의 율법책에 기록된 것을 다 지켜 행할 것을 간곡히 당부한다. 또한 이스라엘의 모든 지파를 세겜에 모은 후 이전에 모세가 요단 동편에서 백성들과 맺었던 모압 언약(곧 시내산 언약)을 새롭게 갱신한다. 여호수아는 이스라엘 백성들이 여호와 하나님만 그들이 섬길 유일한 신으로 선택하고 애굽이나 가나안 땅의 우상들을 따르지 말 것을 당부한다.

이렇게 하여 하나님께서 아브라함에게 하셨던 자손과 땅에 대한 언약은 여호수아 시대에 가시적으로 일단락되어 완성된다. 이제 이스라엘 백성들은 하나님께서 모세를 통해 명령하신 그 말씀을 지켜 행하여 하나님의 백성으로서의 정체성을 가지고 구별되어 살아가야 할 사명이 주어졌다.

그러면 어떻게 살 것인가?

인위뚝 · 신위고!

☑ 세계관 점검 – 묵상하기 (영상 강의와 교재 내용의 이해를 바탕으로)

- 여호수아의 유언은 내용을 잘 숙지하고 묵상하라. 오늘 우리들에게 시사하는 메시지가 무엇인가?
  - ☑ 여호수아서의 Key Words가 주는 세계관을 이해하는 것이 매우 중요하다.
    그것이 성경 메시지를 이해하는 기본을 제공하기 때문이다. 왜 그런가를 숙지하고 중요한 깨달음을 강의를 통해서 잘 이해하라.
- 수 13:1의 묵상 - "노인도 성장한다."는 연구 결과가 있다.
  (죠지 배일런트 "행복의 조건" 프론티어)

수 13:8-14 여호수아는 늙었어도 자신이 해야 할 일을 마다하지 않고 잘 수행하였다. 나이에 상관없이 하나님의 일을 하고자 하는 열의가 당신에게도 있는가? [행 27:24, 딤전 4:10. 찬송가 315(통 512)]

수 14:6-15 갈렙의 당당함을 묵상하라. 히 6:12이 말하는 갈렙의 믿음을 참고하라.
"믿음과 오래 참음으로 말미암아 약속을 기업으로 받은 자"라고 하였다. 나의 삶에도 이런 당당함이 있는가?

13일~
18일

가나안 땅의 입성과 정복과 분배의 목적은 여호와를 "주(主)"로 섬기기 위함이다***(하나님 나라 – 관점 2)***
'섬기다'의 동사가 여호수아 22-24장에 무려 19번이나 나온다. 이 섬김을 위해 하나님은 이스라엘 백성을 이 땅으로 인도해 데려온 것이다. 내가 하나님의 부르심을 받고 구원을 받고 인도되는 이유가 바로 여기에 있는 것이다. "여호와를 섬긴다"는 것의 진정한 성경적 이유는 무엇인가를 깊이 묵상하라.

수 17:18 "하나님은 인간에게 호두를 주시되 그것을 까서 주시지는 않는다."라는 속담이 있다.
당신은 수고와 고통이 없는 기복적 복을 원하는가?[시 81:13, 롬 5:8. 찬송가 66(통 20), 293(통 414)]

가나안은 안식의 장소가 아니다(**15일차 학습 자료 15-2 참조**). 우리가 정복해야 할 영적 전쟁이 치러지는 삶의 현장이다. 우리가 진멸하지 못하면 우리가 진멸 당한다. 성도여 어쩔 것인가?! 성도의 삶은 Counter Culture 즉 세상 문화와 구별되는 그리스도의 문화를 세워야 한다. 그것은 어떤 제도나 시스템으로 이루는 것이 아니고 일상의 삶을 그리스도인으로 살아가는 것 그 자체이다. 삶이 곧 문화이며, 문화가 삶이다. 우리의 세계관이다. 나의 삶은 말씀 위에 세워져 가고 있는가?(시 119:28 주의 말씀대로 나를 세우소서)

48개 성읍으로 레위인을 파송하는 하나님의 핵심 의도가 무엇인지를 이해하여야 하고, 우리도 그렇게 살아야 한다는 사실을 명심해야 한다. 그럴 때 우리는 최고의 행복한 삶을 살게 된다.

삶은 선택의 연속이다. 선택의 기준이 세계관이다. 그 세계관의 관점으로 나는 삶을 선택하게 된다. 나의 세계관은 어떠하다고 생각하는가?

수 14:6-15 갈렙의 당당함을 묵상하라. 히 6:12이 말하는 갈렙의 믿음을 참고하라.
"믿음과 오래 참음

수 24:14-15 여호수아의 선택의 요구를 묵상하며 다음의 시인 프로스트의 시를 함께 묵상해 보라

가지 않은 길

로버트 프로스트 지음, 정현종 역

단풍 든 숲 속에 두 갈래 길이 있더군요.
몸이 하나니 두 길을 다 가 볼 수는 없어
나는 서운한 마음으로 한참 서서
잣나무 숲 속으로 접어든 한쪽 길을
끝 간 데까지 바라보았습니다.

그러다가 또 하나의 길을 택했습니다. 먼저 길과 똑같이 아름답고,
아마 더 나은 듯도 했지요.
풀이 더 무성하고 사람을 부르는 듯했으니까요.
사람이 밟은 흔적은
먼저 길과 비슷하기는 했지만,

서리 내린 낙엽 위에는 아무 발자국도 없고
두 길은 그날 아침 똑같이 놓여 있었습니다.
아, 먼저 길은 다른 날 걸어 보리라! 생각했지요.
인생 길이 한번 가면 어떤지 알고 있으니
다시 보기 어려우리라 여기면서도.
오랜 세월이 흐른 다음
나는 한숨지으며 이야기하겠지요.
"두 갈래 길이 숲 속으로 나 있었다, 그래서 나는
사람이 덜 밟은 길을 택했고,
그것이 내 운명을 바꾸어 놓았다"라고

☑ 결단기도와 실행하기

약 2:26 영혼 없는 몸이 죽은 것 같이 행함이 없는 믿음은 죽은 것이니라
시 119:28 나의 영혼이 눌림으로 말미암아 녹사오니 주의 말씀대로 나를 세우소서

사사시대 B.C. 1382~1051

주요인물 에훗 / 바락 / 드보라 / 기드온 / 입다 / 삼손 / 룻 / 나오미 / 보아스 / 한나 / 엘리 / 사무엘

주요사건 열두 사사의 사역 / 모압여인(룻)의 혼인 / 한나의 기도 / 제사장의 죽음

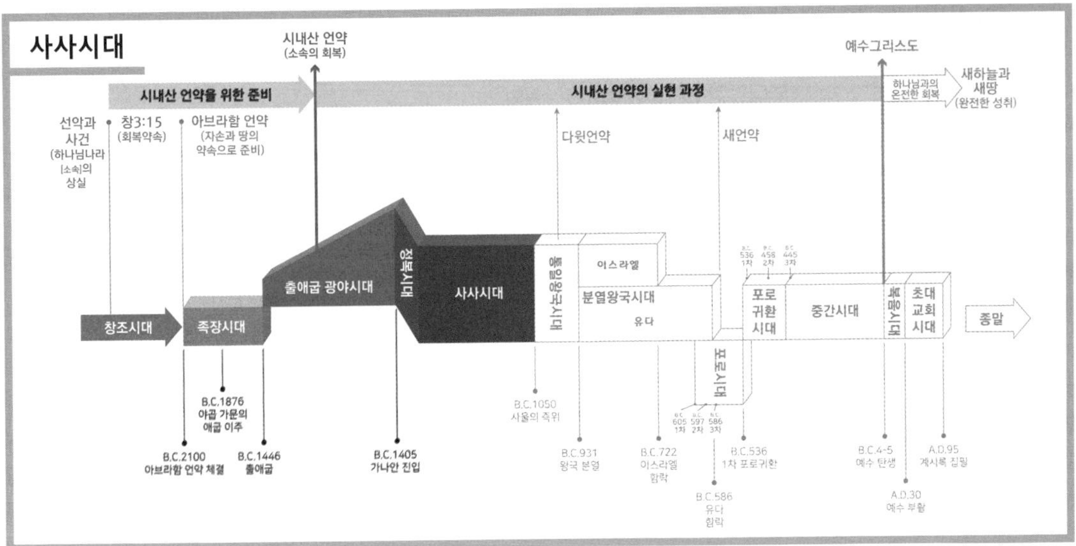

시대 한눈에 보기

B.C. 1400년경에 땅의 정복을 완료하고 분배를 완료한다. 1390년경 여호수아가 죽고 이스라엘의 역사는 사사 시대로 접어들게 된다. 사사 시대는 땅의 점령을 완료한 후 이스라엘이 직면한 위협은 내적으로는 문화 혼합주의 유혹과 외적으로는 주변 부족 국가들인 모압, 미디안, 그리고 이스라엘의 강적이 되는 블레셋의 공격이다. 모세를 통한 하나님의 간곡한 부탁은 섞이면 안 된다(신명기의 주제)는 것이었다. 왜냐하면 유목민이었던 이스라엘이 가나안에 정착하면서 농업이 주업으로 되면서 풍요(豊饒)와 다산(多産)을 준다는 가나안의 토속신인 바알과 그의 여신 아세라를 섬기는 유혹에 빠질 가능성 때문이다. 그러나 이스라엘은 가나안의 우상 문화를 진멸하기를 실패한다. 오히려 그 신을 섬기며 섞이는 비극을 초래한다. 따라서 그들은 하나님의 말씀에 의해 통치되는 하나님 나라의 유토피아(Utopia)라고 할 수 있는 신정국가(神政國家 Theocracy) 즉 신위가 온전히 이루어지는 시대를 기대했지만, 그것도 인간의 자기중심적 죄성 때문에 실패하고 만다. 이 사사기의 역사는 B.C. 1390년경부터 사울이 왕이 되는 B.C. 1050년까지 계속된다. 이 시기는 후기 청동기 2기 시대이다.

결국 사사 시대에도 하나님의 온전한 통치[신위 神爲]의 회복은 실패하고 그들은 왕을 요구하기에 이르게 된다. 이스라엘은 하나님의 뜻을 순종하기보다는 자기들의 뜻을 펴

는 왕정국가(王政國家 Monarchy)를 원했고, 하나님은 마지막 사사 사무엘을 통해 왕정국가를 허용하고 사울을 왕으로 세운다. 사울은 하나님의 그릇이 될 수 없었고, 하나님은 다시 사무엘을 시켜 다윗을 왕으로 세운다.

룻기는 사사 시대의 어느 한 시점(B.C.1390~B.C.1050)에 기록된 책이다. 룻기는 사사 시대의 총체적 난맥상의 어두운 시대에 한 줄기 싱싱한 꽃을 보는 듯 상긋한 향내가 나는 이야기이다.

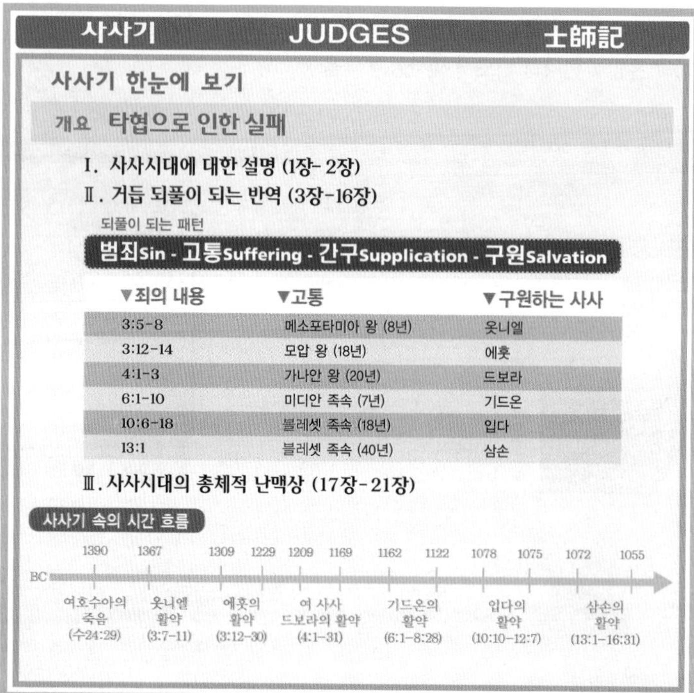

사사기 JUDGES 士師記

사사기 한눈에 보기

개요 타협으로 인한 실패

Ⅰ. 사사시대에 대한 설명 (1장-2장)

Ⅱ. 거듭 되풀이 되는 반역 (3장-16장)

되풀이 되는 패턴

범죄Sin - 고통Suffering - 간구Supplication - 구원Salvation

▼죄의 내용	▼고통	▼구원하는 사사
3:5-8	메소포타미아 왕 (8년)	옷니엘
3:12-14	모압 왕 (18년)	에훗
4:1-3	가나안 왕 (20년)	드보라
6:1-10	미디안 족속 (7년)	기드온
10:6-18	블레셋 족속 (18년)	입다
13:1	블레셋 족속 (40년)	삼손

Ⅲ. 사사시대의 총체적 난맥상 (17장-21장)

사사기 속의 시간 흐름

❖ B.C. 1390년 여호수아는 그의 소임을 다하고 하나님의 안식으로 들어간다. 이어서 사사 시대가 시작된다.

❖ **가나안 땅의 입성과 정복과 분배의 목적은 여호와를 "주(主)"로 섬기기 위함이다. (하나님 나라 - 관점 2)**

'섬기다'의 동사가 여호수아 22~24장에 무려 19번이나 나온다. 이 섬김을 위해 하나님은 이스라엘 백성을 이 땅으로 인도해 데려온 것이다.

내가 하나님의 부르심을 받고 구원을 받고 인도되는 이유가 바로 여기에 있다.

가나안은 하나님의 유토피아인 에덴을 회복하시려고 아브라함 언약을 통해 약속하신 땅이다. 이제 이스라엘은 정착 작전 3단계인 "진멸"(헤렘)의 역사를 이루는 작업을 시작해야 할 단계에 온 것이다. 그런데 오호라 시작도 해 보지도 못하고 섞여 버린다.

삿 1장에 "쫓아내지 못하였으매"가 무려 9번이나 나오는 점을 유의하라.

☞ 그들은 가나안 땅에서 하나님과 함께하지 않고 가나안과 함께했다. 가나안 사람과 함께 살면 가나안 사람들처럼 살아갈 수밖에 없다.

☞ 아담은 동산을 다스려야 했고, 이스라엘은 가나안 땅을 다스려야 했다.

아담은 동산에서 뱀을 제거해야 했고, 이스라엘은 가나안 땅에서 뱀의 후손을 제거해야 했다. - "진멸하라."

☞ 오늘, 이 시대에 우리가 진멸해야 할 것은 무엇인가? 그것을 하기 전에는 우리가 하나님의 진정한 참된 백성이 될 수 없다. 다만 무리에 불과한 교인일 따름이다.

학습 자료 17-1 "사사기 메시지를 통한 성경적 세계관 점검" 참조

17일

사사기 1 ~ 12장

사사시대

이스라엘이 시혼왕을 치고 헤스본 성읍을 함락시키다 (민 21:25, 26) B.C. 1406

이스라엘이 헤스본에 거주한지 300년이 지났다 (삿 11:26)

드보라가 시스라를 쳐서 승리하고 개가를 부르다 (삿 5) B.C. 1125

사울이 이스라엘의 첫 왕이되다 (삼상 11:15) B.C. 1050

B.C. 1415 1315 1215 1115 1015

B.C. 1405 여호수아가 가나안 정복을 시작하다 (수 4:19)

B.C. 1125 아비멜렉이 세겜과 그 망대를 쳐 부수다 (삿 9:45-49)

B.C. 1125 엘리가 처음으로 제사장과 사사를 겸직하다 (삼상 4:18)

사사기 1장

유다와 시므온 지파가 아도니 베섹을 잡다

1 여호수아가 죽은 후에 이스라엘 자손이 여호와께 여쭈어 이르되 우리 가운
데 누가 먼저 올라가서 가나안 족속과 싸우리이까 2 여호와께서 이르시되 유
다가 올라갈지니라 보라 내가 이 땅을 그의 손에 넘겨주었노라 하시니라 3 유
다가 그의 형제 시므온에게 이르되 내가 제비 뽑아 얻은 땅에 나와 함께 올라
가서 가나안 족속과 싸우자 그리하면 나도 네가 제비 뽑아 얻은 땅에 함께 가
리라 하니 이에 시므온이 그와 함께 가니라 4 유다가 올라가매 여호와께서 가
나안 족속과 브리스 족속을 그들의 손에 넘겨주시니 그들이 베섹에서 만 명을
죽이고 5 또 베섹에서 아도니 베섹을 만나 그와 싸워서 가나안 족속과 브리스
족속을 죽이니 6 아도니 베섹이 도망하는지라 그를 쫓아가서 잡아 그의 엄지
손가락과 엄지발가락을 자르매 7 아도니 베섹이 이르되 옛적에 칠십 명의 왕
들이 그들의 엄지손가락과 엄지발가락이 잘리고 내 상 아래에서 먹을 것을 줍
더니 하나님이 내가 행한 대로 내게 갚으심이로다 하니라 무리가 그를 끌고
예루살렘에 이르렀더니 그가 거기서 죽었더라

유다 지파가 예루살렘과 헤브론을 치다

8 유다 자손이 예루살렘을 쳐서 점령하여 칼날로 치고 그 성을 불살랐으며 9
그 후에 유다 자손이 내려가서 산지와 남방과 평지에 거주하는 가나안 족속과
싸웠고 10 유다가 또 가서 헤브론에 거주하는 가나안 족속을 쳐서 세새와 아
히만과 달매를 죽였더라 헤브론의 본 이름은 기럇 아르바였더라

옷니엘이 드빌을 치다(수 15:13-19)

11 거기서 나아가서 드빌의 주민들을 쳤으니 드빌의 본 이름은 기럇 세벨이라
12 갈렙이 말하기를 기럇 세벨을 쳐서 그것을 점령하는 자에게는 내 딸 악사를
아내로 주리라 하였더니 13 갈렙의 아우 그나스의 아들인 옷니엘이 그것을 점
령하였으므로 갈렙이 그의 딸 악사를 그에게 아내로 주었더라 14 악사가 출가
할 때에 그에게 청하여 자기 아버지에게 밭을 구하자 하고 나귀에서 내리매
갈렙이 묻되 네가 무엇을 원하느냐 하니 15 이르되 내게 복을 주소서 아버지
께서 나를 남방으로 보내시니 샘물도 내게 주소서 하매 갈렙이 윗샘과 아랫
샘을 그에게 주었더라

유다와 베냐민 지파의 승리

16 모세의 장인은 겐 사람이라 그의 자손이 유다 자손과 함께 종려나무
성읍에서 올라가서 아랏 남방의 유다 황무지에 이르러 그 백성 중에 거
주하니라 17 유다가 그의 형제 시므온과 함께 가서 스밧에 거주하는 가나
안 족속을 쳐서 그 곳을 진멸하였으므로 그 성읍의 이름을 호르마라 하니
라 18 유다가 또 가사 및 그 지역과 아스글론 및 그 지역과 에그론 및 그 지역을 점령하였고 19 여호와께서 유다와
함께 계셨으므로 그가 산지 주민을 쫓아내었으나 골짜기의 주민들은 철 병거가 있으므로 그들을 쫓아내지 못하
였으며 20 그들이 모세가 명령한 대로 헤브론을 갈렙에게 주었더니 그가 거기서 아낙의 세 아들을 쫓아내었고 21
베냐민 자손은 예루살렘에 거주하는 여부스 족속을 쫓아내지 못하였으므로 여부스 족속이 베냐민 자손과 함께
오늘까지 예루살렘에 거주하니라

❖ 사사시대의 하나님 의도는 하나님의 utopia를 세우는 것이었다. 그것은 하나님 주권이 온전히 회복되는 지상의 에덴과 같은 것이다.

- Thomas Moore 의 Utopia (1516)
- 불교의 "정토(淨土)" 사상
- 중국의 "무릉도원(武陵桃源)"

❖ 삿 1장 **무엇을 "쫓아내지" 못 했나?**

☞ 가나안의 문화와 종교

가나안 문화는 농경문화였고, 농사를 위주로 하는 가나안 사람들의 종교는 풍요의 신이 중심이 되었다. "신들과 인간들의 아버지"라고 불리는 엘(El)이 만신전의 우두머리였다. 그렇지만 인기 있는 신은 바알(Baal) 이었다. 바알은 짐승과 인간의 생활뿐만 아니라 토양에도 비옥함을 가르쳐 주는 "구름의 신"(Rider of the Cloud)이었다. 바알은 때때로 "아세라"(Asherah) 라고 불리는 풍요의 여신을 그 배우자로 갖고 있다. 아낫(Anat)과 아스타트(Astarte)도 풍요의 여신이다. 이런 신들이 드리는 의식은 사제와 여사제가 신전에서 성관계를 갖는 풍요의식인 "종교적 매춘"(Ritual Prostitution)이다. 농경 문화에서 "풍요" 만큼 중요한 것은 없다.

- **가나안 지방의 종교는 다신교이다.**

가나안에는 많은 잡신이 있다. 애굽에서부터 잡신들을 섬기는 문화에 익숙했던 이스라엘의 백성들에게 이런 가나안의 문화는 매우 친숙한 것일 수 있다. 이런 잡다한 신들은 실제로 존재하지 않는 형상들로 표현된다. - 시편 115편

이스라엘 하나님, 살아 계시고, 인격이신 하나님을 모독하는 이런 신을 받아들이도록 유혹하는 것은 사악한 영 즉 사탄과 마귀들의 계략임을 알아야 한다. 가나안 백성들은 종교라는 이름 아래 매음을 신앙화했고, 자기들의 자녀를 희생 제물로 바치는 인신 제사를 지냈다.

바울은 이렇게 개탄한다. "그들이 하나님의 진리를 거짓 것으로 바꾸어 피조물을 조물주보다 더 경배하고 섬김이라..."(롬 1:25)

학습 자료 17-2
"이스라엘 백성의 우상 숭배" 참조

삿 1:17

학습 자료 17-3
"가나안 족속의 철병거" 참조

에브라임과 므낫세 지파가 벧엘을 치다

22 요셉 가문도 벧엘을 치러 올라가니 여호와께서 그와 함께 하시니라 23
요셉 가문이 벧엘을 정탐하게 하였는데 그 성읍의 본 이름은 루스라 24
정탐꾼들이 그 성읍에서 한 사람이 나오는 것을 보고 그에게 이르되 청하
노니 이 성읍의 입구를 우리에게 보이라 그리하면 우리가 네게 선대하리
라 하매 25 그 사람이 성읍의 입구를 가리킨지라 이에 그들이 칼날로 그
성읍을 쳤으되 오직 그 사람과 그의 가족을 놓아 보내매 26 그 사람이 헷
사람들의 땅에 가서 성읍을 건축하고 그것의 이름을 루스라 하였더니 오
늘까지 그 곳의 이름이 되니라

13일~
18일

쫓아내지 못한 가나안 족속

27 므낫세가 벧스안과 그에 딸린 마을들의 주민과 다아낙과 그에 딸린 마
을들의 주민과 돌과 그에 딸린 마을들의 주민과 이블르암과 그에 딸린 마
을들의 주민과 므깃도와 그에 딸린 마을들의 주민들을 쫓아내지 못하매
가나안 족속이 결심하고 그 땅에 거주하였더니 28 이스라엘이 강성한 후에
야 가나안 족속에게 노역을 시켰고 다 쫓아내지 아니하였더라 29 에브라임
이 게셀에 거주하는 가나안 족속을 쫓아내지 못하매 가나안 족속이 게셀
에서 그들 중에 거주하였더라 30 스불론은 기드론 주민과 나할롤 주민을
쫓아내지 못하였으므로 가나안 족속이 그들 중에 거주하면서 노역을 하였
더라 31 아셀이 악고 주민과 시돈 주민과 알랍과 악십과 헬바와 아빅과 르
홉 주민을 쫓아내지 못하고 32 아셀 족속이 그 땅의 주민 가나안 족속 가운
데 거주하였으니 이는 그들을 쫓아내지 못함이었더라 33 납달리는 벧세메
스 주민과 벧아낫 주민을 쫓아내지 못하고 그 땅의 주민 가나안 족속 가운
데 거주하였으나 벧세메스와 벧아낫 주민들이 그들에게 노역을 하였더라
34 아모리 족속이 단 자손을 산지로 몰아넣고 골짜기에 내려오기를 용납하
지 아니하였으며 35 결심하고 헤레스 산과 아얄론과 사알빔에 거주하였더
니 요셉의 가문의 힘이 강성하매 아모리 족속이 마침내는 노역을 하였으
며 36 아모리 족속의 경계는 아그랍빔 비탈의 바위부터 위쪽이었더라

사사기 2장

여호와의 사자가 보김에 나타나다

1 여호와의 사자가 길갈에서부터 보김으로 올라와 말하되 내가 너희를
애굽에서 올라오게 하여 내가 너희의 조상들에게 맹세한 땅으로 들어가
게 하였으며 또 내가 이르기를 내가 너희와 함께 한 언약을 영원히 어기
지 아니하리니 2 너희는 이 땅의 주민과 언약을 맺지 말며 그들의 제단들
을 헐라 하였거늘 너희가 내 목소리를 듣지 아니하였으니 어찌하여 그리
하였느냐 3 그러므로 내가 또 말하기를 내가 그들을 너희 앞에서 쫓아내
지 아니하리니 그들이 너희 옆구리에 가시가 될 것이며 그들의 신들이 너
희에게 올무가 되리라 하였노라 4 여호와의 사자가 이스라엘 모든 자손
에게 이 말씀을 이르매 백성이 소리를 높여 운지라 5 그러므로 그 곳을 이
름하여 보김이라 하고 그들이 거기서 여호와께 제사를 드렸더라

❖ 출애굽하여 이제 미지의 가나안 땅에 들어갈 이스라엘 백성의 구별된 삶은 이방인의 풍속을 좇지 않는 삶이어야 한다. 그 구별된 삶은 율법을 따르는 삶이어야 한다.

☞ **레위기 18:1-5** "여호와께서 모세에게 말씀하여 이르시되 너는 이스라엘 자손에게 말하여 이르라 나는 여호와 너희의 하나님이니라 너희는 너희가 거주하던 애굽 땅의 풍속을 따르지 말며 내가 너희를 인도할 가나안 땅의 풍속과 규례도 행하지 말고 너희는 내 법도를 따르며 내 규례를 지켜 그대로 행하라 나는 너희의 하나님 여호와이니라 너희는 내 규례와 법도를 지키라 사람이 이를 행하면 그로 말미암아 살리라 나는 여호와이니라"

오늘날 우리의 구별된 삶은 로마서 12:1-2에 의한 삶이다.

☞ **로마서 12:1-2** "그러므로 형제들아 내가 하나님의 모든 자비하심으로 너희를 권하노니 너희 몸을 하나님이 기뻐하시는 거룩한 산 제물로 드리라 이는 너희가 드릴 영적예배니라 너희는 이 세대를 본받지 말고 오직 마음을 새롭게 함으로 변화를 받아 하나님의 선하시고 기뻐하시고 온전하신 뜻이 무엇인지 분별하도록 하라"

❖ 삿 2장 **사사기의 패턴**

3장~16장에서 "..여호와의 목전에서 악을 행하여...", "... 대적케 하시며...", "그런 후에 여호와께 부르짖으매...", "한 구원자(사사)를 세우셨으며"가 계속 되풀이됨을 볼 수 있다. 이것이 각 사사가 시작될 때 보여주는 한 패턴(Pattern)이다.

이것을 다음과 같이 요약할 수 있다.

1) "여호와의 목전에 악을 행하여" 가나안의 우상을 섬김으로 범죄함(Sin).

2) "... 대적케 하시며" 하나님이 이방 족속들을 대적으로 붙이고 이스라엘을 억압하심(Suffering).

3) "그런 후에 여호와께 부르짖으매" 회개가 일어남 (Supplication).

4) "한 구원자(사사)를 세우셨으며" 하나님께서 그들에게 구원을 주심 (Salvation).

여호수아가 죽다

6 전에 여호수아가 백성을 보내매 이스라엘 자손이 각기 그들의 기업으로
가서 땅을 차지하였고 7 백성이 여호수아가 사는 날 동안과 여호수아 뒤
에 생존한 장로들 곧 여호와께서 이스라엘을 위하여 행하신 모든 큰 일
을 본 자들이 사는 날 동안에 여호와를 섬겼더라 8 여호와의 종 눈의 아들
여호수아가 백십 세에 죽으매 9 무리가 그의 기업의 경내 에브라임 산지
가아스 산 북쪽 딤낫 헤레스에 장사하였고 10 그 세대의 사람도 다 그 조
상들에게로 돌아갔고 그 후에 일어난 다른 세대는 여호와를 알지 못하며
여호와께서 이스라엘을 위하여 행하신 일도 알지 못하였더라

이스라엘이 여호와를 버리다

11 이스라엘 자손이 여호와의 목전에 악을 행하여 바알들을 섬기며 12 애
굽 땅에서 그들을 인도하여 내신 그들의 조상들의 하나님 여호와를 버리
고 다른 신들 곧 그들의 주위에 있는 백성의 신들을 따라 그들에게 절하
여 여호와를 진노하시게 하였으되 13 곧 그들이 여호와를 버리고 바알과
아스다롯을 섬겼으므로 14 여호와께서 이스라엘에게 진노하사 노략하는
자의 손에 넘겨 주사 그들이 노략을 당하게 하시며 또 주위에 있는 모든
대적의 손에 팔아 넘기시매 그들이 다시는 대적을 당하지 못하였으며 15
그들이 어디로 가든지 여호와의 손이 그들에게 재앙을 내리시니 곧 여호
와께서 말씀하신 것과 같고 여호와께서 그들에게 맹세하신 것과 같아서
그들의 괴로움이 심하였더라 16 여호와께서 사사들을 세우사 노략자의 손에서 그들을 구원하게 하셨으나 17 그
들이 그 사사들에게도 순종하지 아니하고 오히려 다른 신들을 따라가 음행하며 그들에게 절하고 여호와의 명령
을 순종하던 그들의 조상들이 행하던 길에서 속히 치우쳐 떠나
서 그와 같이 행하지 아니하였더라 18 여호와께서 그들을 위
하여 사사들을 세우실 때에는 그 사사와 함께 하셨고 그 사
사가 사는 날 동안에는 여호와께서 그들을 대적의 손에서 구
원하셨으니 이는 그들이 대적에게 압박과 괴롭게 함을 받아 슬
피 부르짖으므로 여호와께서 뜻을 돌이키셨음이거늘 19 그 사사가
죽은 후에는 그들이 돌이켜 그들의 조상들보다 더욱 타락하여 다른 신들을 따라
섬기며 그들에게 절하고 그들의 행위와 패역한 길을 그치지 아니하였으므로 20 여호와께서 이스라엘에게 진노
하여 이르시되 이 백성이 내가 그들의 조상들에게 명령한 언약을 어기고 나의 목소리를 순종하지 아니하였은즉
21 나도 여호수아가 죽을 때에 남겨 둔 이방 민족들을 다시는 그들 앞에서 하나도 쫓아내지 아니하리니 22 이는
이스라엘이 그들의 조상들이 지킨 것 같이 나 여호와의 도를 지켜 행하나 아니하나 그들을 시험하려 함이라 하
시니라 23 여호와께서 그 이방 민족들을 머물러 두사 그들을 속히 쫓아내지 아니하셨으며 여호수아의 손에 넘겨
주지 아니하셨더라

❖ 사사란 무엇인가?

사사란 여호수아의 죽음(B.C. 1390년) 이후부터 이스라엘 초대 왕 사울의 즉위(B.C. 1050년)에 이르기까지의 약 350년간, 즉 이스라엘 전 지파에 대한 중앙 집권적 주도권이 확립되지 않았던 시기에, 이스라엘이 내외적으로 위기에 처할 때마다 지파별 또는 일부 특정 지역별로 등장한 이스라엘의 군사 사법적 지도자들이었다. 사사(士師)란 말은 '쇼페팀(shofetim)'으로 '백성의 소송을 재판하는 자(Judge)'라는 의미보다는 '누구를 바른 길로 인도하는 자' 또는'구원자'(삿 3:9)의 의미가 더 많은 단어이다. 사사들은 전쟁 때는 최고 사령관, 평화 때는 행정 수반직을 수행하면서 백성들을 바른길로 인도하는 자들이라는 뜻이다. 그들은 단순한 재판관만은 아니다. 가톨릭은 이 책을 판관기(判官記)라고 한다.

사사기란 이러한 과도기적 체제, 즉 '이스라엘에 왕이 없던' 시기에, 사사들의 영웅담적 에피소드를 중심으로 당시의 역사를 조망한 책이다.

학습 자료 17-4 "사사(the Judge)의 이해" 참조

사사기 3장

그 땅에 남겨 두신 사람들

1 여호와께서 가나안의 모든 전쟁들을 알지 못한 이스라엘을 시험하려 하
시며 2 이스라엘 자손의 세대 중에 아직 전쟁을 알지 못하는 자들에게 그
것을 가르쳐 알게 하려 하사 남겨 두신 이방 민족들은 3 블레셋의 다섯 군

삿 3:1-2

학습 자료 17-5 "신들의 전쟁" 참조

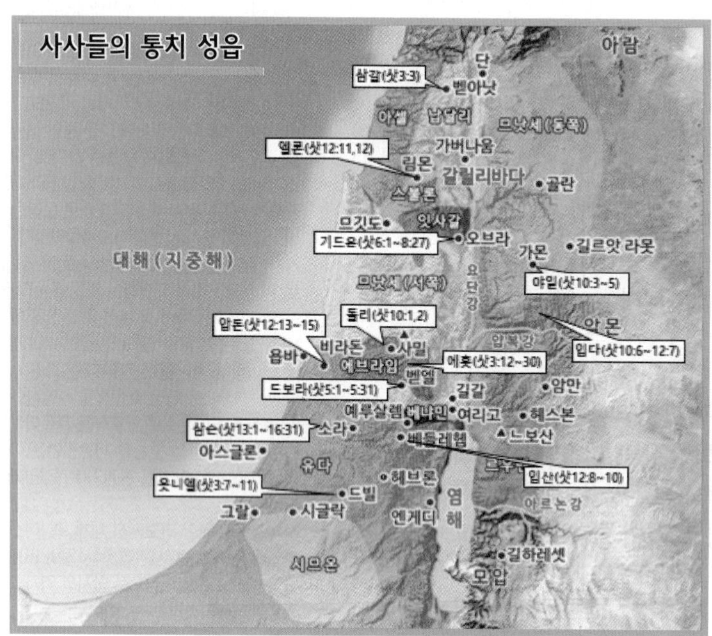

❖ 삿 3~16장 **계속되는 반역에 구원자로 등장하는 사사들**

- **옷니엘** – 초대 사사, 갈렙의 조카, B.C. 1330년경에 등장 메소포타미아 왕 구산을 무찌름.
- **에훗** – 모압 왕 에글론을 무찌름.
- **삼갈** – 소를 모는 막대기로 블레셋 사람 600명을 쳐 죽이다.
- **여사사 드보라** – 가나안의 야빈(그의 장군 시스라의 죽임을 통해)을 무찌름.
- **기드온** – 300명의 정예 부대를 선발해서 미디안과 아말렉 족속을 무찌름.
- **돌라와 야일** – 대적자가 누구인지 알 수 없다.
- **입다** – 블레셋과 암몬 족속을 무찌르다. 성급하고 경솔한 약속으로 딸을 희생 제물로 바치게 된다.
- **입산, 엘론, 압돈** – 특정한 대적자의 기술이 없다.
- **삼손** – 블레셋을 격파하다.

12명의 사사 중 무려 7명의 사사가 하나님의 심판적 압제에 구원자로 등단한다.

주들과 모든 가나안 족속과 시돈 족속과 바알 헤르몬 산에서부터 하맛 입구까지 레바논 산에 거주하는 히위 족
속이라 4남겨 두신 이 이방 민족들로 이스라엘을 시험하사 여호와께서 모세를 통하여 그들의 조상들에게 이르
신 명령들을 순종하는지 알고자 하셨더라 5그러므로 이스라엘 자손은 가나안 족속과 헷 족속과 아모리 족속과
브리스 족속과 히위 족속과 여부스 족속 가운데에 거주하면서 6그들의 딸들을 맞아 아내로 삼으며 자기 딸들을
그들의 아들들에게 주고 또 그들의 신들을 섬겼더라

사사 옷니엘

7이스라엘 자손이 여호와의 목전에 악을 행하여 자기들의 하나님 여호와
를 잊어버리고 바알들과 아세라들을 섬긴지라 8여호와께서 이스라엘에
게 진노하사 그들을 메소보다미아 왕 구산 리사다임의 손에 팔았으므로
이스라엘 자손이 구산 리사다임을 팔 년 동안 섬겼더니 9이스라엘 자손
이 여호와께 부르짖으매 여호와께서 이스라엘 자손을 위하여 한 구원자
를 세워 그들을 구원하게 하시니 그는 곧 갈렙의 아우 그나스의 아들 옷
니엘이라 10여호와의 영이 그에게 임하셨으므로 그가 이스라엘의 사사
가 되어 나가서 싸울 때에 여호와께서 메소보다미아 왕 구산 리사다임을
그의 손에 넘겨 주시매 옷니엘의 손이 구산 리사다임을 이기니라 11그 땅
이 평온한 지 사십 년에 그나스의 아들 옷니엘이 죽었더라

❖ **사사 옷니엘**

옷니엘은 여호수아와 함께 가나안 정복 사역 당시 크게 활약하였던 갈렙의 조카로서(수 15:17, 삿 1:13), 그의 뛰어난 용맹과 신앙은 그가 드빌을 바쳐 정복할 때부터 널리 알려 졌다.

사사기의 패턴에서 보듯이 이스라엘이 하나님을 잊어버리고 바알과 아세라를 섬긴 대가로 (7절) 하나님의 형벌을 받아 메소포타미아의 지배하에 8년 동안이나 압제를 받는다. 이에 이스라엘이 회개하고 하나님께 구원을 호소하자 사사 옷니엘을 세워 이스라엘을 구원해 내셨음을 보여 준다(9-11절).

사사 에훗

12이스라엘 자손이 또 여호와의 목전에 악을 행하니라 이스라엘 자손이 여호와의 목전에 악을 행하므로 여호와
께서 모압 왕 에글론을 강성하게 하사 그들을 대적하게 하시매 13에글론이 암몬과 아말렉 자손들을 모아 가지
고 와서 이스라엘을 쳐서 종려나무 성읍을 점령한지라 14이에 이스라엘 자손이 모압 왕 에글론을 열여덟 해 동
안 섬기니라 15이스라엘 자손이 여호와께 부르짖으매 여호와께서 그들을 위하여 한 구원자를 세우셨으니 그는
곧 베냐민 사람 게라의 아들 왼손잡이 에훗이라 이스라엘 자손이 그를 통하여 모압 왕 에글론에게 공물을 바칠
때에 16에훗이 길이가 한 규빗 되는 좌우에 날선 칼을 만들어 그의 오른쪽 허벅지 옷 속에 차고 17공물을 모압

이름	기간	업적 및 특징, 그리고 관련 성경
옷니엘	40년	최초의 사사이며 갈렙의 조카. 가나안 땅의 견고한 요새지를 정복함 **(사사기 3:7-11)**
에훗	80년	왼손잡이 사사. 모압 왕 에글론을 물리침 **(사사기 3:12-30)**
삼갈	?	소 모는 막대기로 600명을 물리침 **(사사기 3:31)**
드보라	40년	여자 사사. 바락과 협력하여 가나안 왕 야빈과 그의 군대장관 시스라를 물리침 **(사사기 4-5장)**
기드온	40년	300명의 용사들과 함께 135,000명의 미디안 군사를 대파함 **(사사기 6-8장)**
돌라	23년	도도의 손자 **(사사기 10:1-2)**
야일	22년	30명의 아들을 둠 **(사사기 10:3-5)**
입다	6년	기생의 아들. 암몬 족속을 물리침. 경솔한 서원으로 외동딸을 제물로 바침 **(사사기 10:6-12:7)**
입산	7년	아들 30명과 딸 30명을 둠 **(사사기 12:8-10)**
엘론	10년	스불론 지파 사람 **(사사기 12:11-12)**
압돈	8년	아들 40명과 손자 30명을 둠 **(사사기 12:13-15)**
삼손	20년	나실인(Nazirite). 초인적인 힘을 소유한 역사(力士)로, 블레셋 족속을 물리침 **(사사기 13-16장)**

13일~
18일

왕 에글론에게 바쳤는데 에글론은 매우 비둔한 자였더라 18 에훗이 공물
바치기를 마친 후에 공물을 메고 온 자들을 보내고 19 자기는 길갈 근처
돌 뜨는 곳에서부터 돌아와서 이르되 왕이여 내가 은밀한 일을 왕에게 아
뢰려 하나이다 하니 왕이 명령하여 조용히 하라 하매 모셔 선 자들이 다
물러간지라 20 에훗이 그에게로 들어가니 왕은 서늘한 다락방에 홀로 앉
아 있는 중이라 에훗이 이르되 내가 하나님의 명령을 받들어 왕에게 아뢸
일이 있나이다 하매 왕이 그의 좌석에서 일어나니 21 에훗이 왼손을 뻗쳐
그의 오른쪽 허벅지 위에서 칼을 빼어 왕의 몸을 찌르매 22 칼자루도 날
을 따라 들어가서 그 끝이 등 뒤까지 나갔고 그가 칼을 그의 몸에서 빼내
지 아니하였으므로 기름이 칼날에 엉겼더라 23 에훗이 현관에 나와서 다
락문들을 뒤에서 닫아 잠그니라 24 에훗이 나간 후에 왕의 신하들이 들어
와서 다락문들이 잠겼음을 보고 이르되 왕이 분명히 서늘한 방에서 그의 발을 가리우신다 하고 25 그들이 오래
기다려도 왕이 다락문들을 열지 아니하는지라 열쇠를 가지고 열어 본즉 그들의 군주가 이미 땅에 엎드러져 죽었
더라 26 그들이 기다리는 동안에 에훗이 피하여 돌 뜨는 곳을 지나 스이라로 도망하니라 27 그가 이르러 에브라
임 산지에서 나팔을 불매 이스라엘 자손이 산지에서 그를 따라 내려오니 에훗이 앞서 가며 28 그들에게 이르되
나를 따르라 여호와께서 너희의 원수들인 모압을 너희의 손에 넘겨 주셨느니라 하매 무리가 에훗을 따라 내려
가 모압 맞은편 요단 강 나루를 장악하여 한 사람도 건너지 못하게 하였고 29 그 때에 모압 사람 약 만 명을 죽였
으니 모두 장사요 모두 용사라 한 사람도 도망하지 못하였더라 30 그 날에 모압이 이스라엘 수하에 굴복하매 그
땅이 팔십 년 동안 평온하였더라

사사기의 7번의 압제와 구원

	압제자	구원자
1	구산 리사다임	옷니엘(삿 3:7-11)
2	에글론	에훗,삼갈 (삿 3:12-31)
3	야빈	드보라(삿 4:1-5:31)
4	미디아인	기드온(삿 6:1-8:32)
5	미디아인	돌라,야일 (삿 8:33-10:5)
6	블레셋과 암몬인	입다, 입산, 엘론, 압돈(삿 10:6-12:15)
7	블레셋	삼손(삿 13:1-15:31)

사사 삼갈

31 에훗 후에는 아낫의 아들 삼갈이 있어 소 모는 막대기로 블레셋 사람 육백 명을 죽였고 그도 이스라엘을 구원
하였더라

사사기 4장

사사 드보라

1 에훗이 죽으니 이스라엘 자손이 또 여호와의 목전에 악을 행하매 2 여호
와께서 하솔에서 통치하는 가나안 왕 야빈의 손에 그들을 팔았으니 그의
군대 장관은 하로셋 학고임에 거주하는 시스라요 3 야빈 왕은 철 병거 구
백 대가 있어 이십 년 동안 이스라엘 자손을 심히 학대했으므로 이스라엘
자손이 여호와께 부르짖었더라 4 그 때에 랍비돗의 아내 여선지자 드보라가 이스라엘의 사사가 되었는데 5 그
는 에브라임 산지 라마와 벧엘 사이 드보라의 종려나무 아래에 거주하였고 이스라엘 자손은 그에게 나아가 재
판을 받더라 6 드보라가 사람을 보내어 아비노암의 아들 바락을 납달리 게데스에서 불러다가 그에게 이르되 이
스라엘의 하나님 여호와께서 이같이 명령하지 아니하셨느냐 너는 납달리 자손과 스불론 자손 만 명을 거느리고
다볼 산으로 가라 7 내가 야빈의 군대 장관 시스라와 그의 병거들과 그의 무리를 기손 강으로 이끌어 네게 이르
게 하고 그를 네 손에 넘겨 주리라 하셨느니라 8 바락이 그에게 이르되 만일 당신이 나와 함께 가면 내가 가려니
와 만일 당신이 나와 함께 가지 아니하면 나도 가지 아니하겠노라 하니 9 이르되 내가 반드시 너와 함께 가리라
그러나 네가 이번에 가는 길에서는 영광을 얻지 못하리니 이는 여호와께서 시스라를 여인의 손에 파실 것임이니
라 하고 드보라가 일어나 바락과 함께 게데스로 가니라 10 바락이 스불론과 납달리를 게데스로 부르니 만 명이
그를 따라 올라가고 드보라도 그와 함께 올라가니라 11 모세의 장인 호밥의 자손 중 겐 사람 헤벨이 떠나 게데
스에 가까운 사아난님 상수리나무 곁에 이르러 장막을 쳤더라 12 아비노암의 아들 바락이 다볼 산에 오른 것을
사람들이 시스라에게 알리매 13 시스라가 모든 병거 곧 철 병거 구백 대와 자기와 함께 있는 모든 백성을 하로셋
학고임에서부터 기손 강으로 모은지라 14 드보라가 바락에게 이르되 일어나라 이는 여호와께서 시스라를 네 손
에 넘겨주신 날이라 여호와께서 너에 앞서 나가지 아니하시느냐 하는지라 이에 바락이 만 명을 거느리고 다볼

산에서 내려가니 15 여호와께서 바락 앞에서 시스라와 그의 모
든 병거와 그의 온 군대를 칼날로 혼란에 빠지게 하시매 시스
라가 병거에서 내려 걸어서 도망한지라 16 바락이 그의 병거들
과 군대를 추격하여 하로셋학고임에 이르니 시스라의 온 군대
가 다 칼에 엎드러졌고 한 사람도 남은 자가 없었더라 17 시스
라가 걸어서 도망하여 겐 사람 헤벨의 아내 야엘의 장막에 이
르렀으니 이는 하솔 왕 야빈과 겐 사람 헤벨의 집 사이에는 화평이 있음이라 18 야엘이 나가 시스라를 영접하며
그에게 말하되 나의 주여 들어오소서 내게로 들어오시고 두려워하지 마소서 하매 그가 그 장막에 들어가니 야
엘이 이불로 그를 덮으니라 19 시스라가 그에게 말하되 청하노니 내게 물을 조금 마시게 하라 내가 목이 마르다
하매 우유 부대를 열어 그에게 마시게 하고 그를 덮으니 20 그가 또 이르되 장막 문에 섰다가 만일 사람이 와서
네게 묻기를 여기 어떤 사람이 있느냐 하거든 너는 없다 하라 하고 21 그가 깊이 잠드니 헤벨의 아내 야엘이 장막
말뚝을 가지고 손에 방망이를 들고 그에게로 가만히 가서 말뚝을 그의 관자놀이에 박으매 말뚝이 꿰뚫고 땅에
박히니 그가 기절하여 죽으니라 22 바락이 시스라를 추격할 때에 야엘이 나가서 그를 맞아 그에게 이르되 오라
네가 찾는 그 사람을 내가 네게 보이리라 하매 바락이 그에게 들어가 보니 시스라가 엎드러져 죽었고 말뚝이 그
의 관자놀이에 박혔더라 23 이와 같이 이 날에 하나님이 가나안 왕 야빈을 이스라엘 자손 앞에 굴복하게 하신지
라 24 이스라엘 자손의 손이 가나안 왕 야빈을 점점 더 눌러서 마침내 가나안 왕 야빈을 진멸하였더라

❖ 삿4~5장 **여사사 드보라**
드보라는 여자 사사이고, 당시 또 다른 여자, 장막에 거하는 겐 사람인 헤벨의 아내 야엘을 볼 수 있다. 드보라는 군대 지휘관인 바락과 더불어 몸소 전장에 나아가 싸웠다. 적장 시스라는 야엘의 장막으로 도망친다. 그러나 야엘은 기지를 발휘하여 말뚝으로 적장 시스라를 죽인다(4~5장).

사사기 5장

드보라와 바락의 노래

1 이 날에 드보라와 아비노암의 아들 바락이 노래하여 이르되 2 이스라엘의 영솔자들이 영솔하였고 백성이 즐거

이 헌신하였으니 여호와를 찬송하라 3 너희 왕들아 들으라 통치자들아 귀
를 기울이라 나 곧 내가 여호와를 노래할 것이요 이스라엘의 하나님 여호
와를 찬송하리로다 4 여호와여 주께서 세일에서부터 나오시고 에돔 들에
서부터 진행하실 때에 땅이 진동하고 하늘이 물을 내리고 구름도 물을 내
렸나이다 5 산들이 여호와 앞에서 진동하니 저 시내 산도 이스라엘의 하
나님 여호와 앞에서 진동하였도다 6 아낫의 아들 삼갈의 날에 또는 야엘
의 날에는 대로가 비었고 길의 행인들은 오솔길로 다녔도다 7 이스라엘에
는 마을 사람들이 그쳤으니 나 드보라가 일어나 이스라엘의 어머니가 되
기까지 그쳤도다 8 무리가 새 신들을 택하였으므로 그 때에 전쟁이 성문
에 이르렀으나 이스라엘의 사만 명 중에 방패와 창이 보였던가 9 내 마음
이 이스라엘의 방백을 사모함은 그들이 백성 중에서 즐거이 헌신하였음
이니 여호와를 찬송하라 10 흰 나귀를 탄 자들, 양탄자에 앉은 자들, 길에
행하는 자들아 전파할지어다 11 활 쏘는 자들의 소리로부터 멀리 떨어진
물 긷는 곳에서도 여호와의 공의로우신 일을 전하라 이스라엘에서 마을
사람들을 위한 의로우신 일을 노래하라 그 때에 여호와의 백성이 성문에
내려갔도다 12 깰지어다 깰지어다 드보라여 깰지어다 깰지어다 너는 노
래할지어다 일어날지어다 바락이여 아비노암의 아들이여 네가 사로잡은
자를 끌고 갈지어다 13 그 때에 남은 귀인과 백성이 내려왔고 여호와께서
나를 위하여 용사를 치시려고 내려오셨도다 14 에브라임에게서 나온 자

삿 5:13-22 드보라의 승리

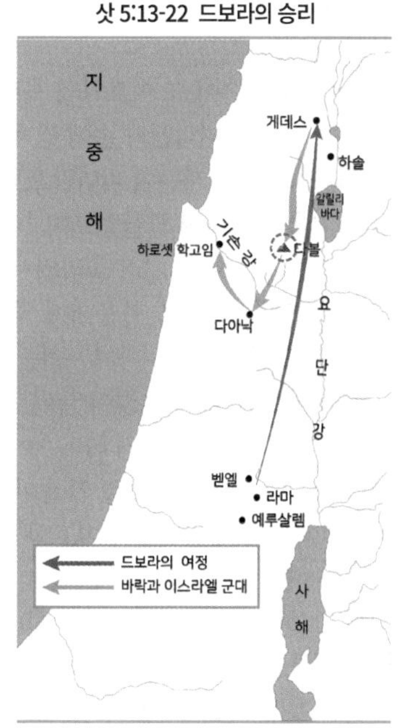

삿 5:19
학습 자료 17-6 "므깃도" 참조

13일~18일

들은 아말렉에 뿌리 박힌 자들이요 베냐민은 백성들 중에서 너를 따르는 자들이요 마길에게서는 명령하는 자들
이 내려왔고 스불론에게서는 대장군의 지팡이를 잡은 자들이 내려왔도다 15 잇사갈의 방백들이 드보라와 함께
하니 잇사갈과 같이 바락도 그의 뒤를 따라 골짜기로 달려 내려가니 르우벤 시냇가에서 큰 결심이 있었도다 16
네가 양의 우리 가운데에 앉아서 목자의 피리 부는 소리를 들음은 어찌 됨이냐 르우벤 시냇가에서 큰 결심이 있
었도다 17 길르앗은 요단 강 저쪽에 거주하며 단은 배에 머무름이 어찌 됨이냐 아셀은 해변에 앉으며 자기 항만
에 거주하도다 18 스불론은 죽음을 무릅쓰고 목숨을 아끼지 아니한 백성이요 납달리도 들의 높은 곳에서 그러
하도다 19 왕들이 와서 싸울 때에 가나안 왕들이 므깃도 물 가 다아낙에서 싸웠으나 은을 탈취하지 못하였도다
20 별들이 하늘에서부터 싸우되 그들이 다니는 길에서 시스라와 싸웠도다 21 기손 강은 그 무리를 표류시켰으니
이 기손 강은 옛 강이라 내 영혼아 네가 힘 있는 자를 밟았도다 22 그 때에 군마가 빨리 달리니 말굽 소리가 땅을
울리도다 23 여호와의 사자의 말씀에 메로스를 저주하라 너희가 거듭거듭 그 주민들을 저주할 것은 그들이 와서
여호와를 돕지 아니하며 여호와를 도와 용사를 치지 아니함이니라 하시도다 24 겐 사람 헤벨의 아내 야엘은 다
른 여인들보다 복을 받을 것이니 장막에 있는 여인들보다 더욱 복을 받을 것이로다 25 시스라가 물을 구하매 우
유를 주되 곧 엉긴 우유를 귀한 그릇에 담아 주었고 26 손으로 장막 말뚝을 잡으며 오른손에 일꾼들의 방망이를
들고 시스라를 쳐서 그의 머리를 뚫되 곧 그의 관자놀이를 꿰뚫었도다 27 그가 그의 발 앞에 꾸부러지며 엎드러
지고 쓰러졌고 그의 발 앞에 꾸부러져 엎드러져서 그 꾸부러진 곳에 엎드러져 죽었도다 28 시스라의 어머니가 창
문을 통하여 바라보며 창살을 통하여 부르짖기를 그의 병거가 어찌하여 더디 오는가 그의 병거들의 걸음이 어
찌하여 늦어지는가 하매 29 그의 지혜로운 시녀들이 대답하였겠고 그도 스스로 대답하기를 30 그들이 어찌 노략
물을 얻지 못하였으랴 그것을 나누지 못하였으랴 사람마다 한두 처녀를 얻었으리로다 시스라는 채색 옷을 노략
하였으리니 그것은 수 놓은 채색 옷이리로다 곧 양쪽에 수 놓은 채색 옷이리니 노략한 자의 목에 꾸미리로다 하
였으리라 31 여호와여 주의 원수들은 다 이와 같이 망하게 하시고 주를 사랑하는 자들은 해가 힘 있게 돋음 같게
하시옵소서 하니라 그 땅이 사십 년 동안 평온하였더라

사사기 6장

사사 기드온

1 이스라엘 자손이 또 여호와의 목전에 악을 행하였으므로 여호와께서 칠
년 동안 그들을 미디안의 손에 넘겨 주시니 2 미디안의 손이 이스라엘을 이
긴지라 이스라엘 자손이 미디안으로 말미암아 산에서 웅덩이와 굴과 산성
을 자기들을 위하여 만들었으며 3 이스라엘이 파종한 때면 미디안과 아말
렉과 동방 사람들이 치러 올라와서 4 진을 치고 가사에 이르도록 토지 소
산을 멸하여 이스라엘 가운데에 먹을 것을 남겨 두지 아니하며 양이나 소
나 나귀도 남기지 아니하니 5 이는 그들이 그들의 짐승과 장막을 가지고
올라와 메뚜기 떼 같이 많이 들어오니 그 사람과 낙타가 무수함이라 그들
이 그 땅에 들어와 멸하려 하니 6 이스라엘이 미디안으로 말미암아 궁핍함
이 심한지라 이에 이스라엘 자손이 여호와께 부르짖었더라 7 이스라엘 자
손이 미디안으로 말미암아 여호와께 부르짖었으므로 8 여호와께서 이스라
엘 자손에게 한 선지자를 보내시니 그가 그들에게 이르되 여호와께서 이
같이 말씀하시기를 이스라엘의 하나님 내가 너희를 애굽에서 인도하여 내
며 너희를 그 종 되었던 집에서 나오게 하여 9 애굽 사람의 손과 너희를 학
대하는 모든 자의 손에서 너희를 건져내고 그들을 너희 앞에서 쫓아내고
그 땅을 너희에게 주었으며 10 내가 또 너희에게 이르기를 나는 너희의 하
나님 여호와이니 너희가 거주하는 아모리 사람의 땅의 신들을 두려워하
지 말라 하였으나 너희가 내 목소리를 듣지 아니하였느니라 하셨다 하니
라 11 여호와의 사자가 아비에셀 사람 요아스에게 속한 오브라에 이르러
상수리나무 아래에 앉으니라 마침 요아스의 아들 기드온이 미디안 사람에
게 알리지 아니하려 하여 밀을 포도주 틀에서 타작하더니 12 여호와의 사
자가 기드온에게 나타나 이르되 큰 용사여 여호와께서
너와 함께 계시도다 하매 13 기드온이 그에게 대답하
되 오 나의 주여 여호와께서 우리와 함께 계시면 어
찌하여 이 모든 일이 우리에게 일어났나이까 또 우
리 조상들이 일찍이 우리에게 이르기를 여호와께서
우리를 애굽에서 올라오게 하신 것이 아니
냐 한 그 모든 이적이 어디 있나이까 이제 여
호와께서 우리를 버리사 미디안의 손에 우
리를 넘겨 주셨나이다 하니 14 여호와께서 그
를 향하여 이르시되 너는 가서 이 너의 힘으로 이스라엘을 미디안의 손에
서 구원하라 내가 너를 보낸 것이 아니냐 하시니라 15 그러나 기드온이 그
에게 대답하되 오 주여 내가 무엇으로 이스라엘을 구원하리이까 보소서
나의 집은 므낫세 중에 극히 약하고 나는 내 아버지 집에서 가장 작은 자니이다 하니 16 여호와께서 그에게 이르
시되 내가 반드시 너와 함께 하리니 네가 미디안 사람 치기를 한 사람을 치듯 하리라 하시니라 17 기드온이 그에게
대답하되 만일 내가 주께 은혜를 얻었사오면 나와 말씀하신 이가 주 되시는 표징을 내게 보이소서 18 내가 예물을
가지고 다시 주께로 와서 그것을 주 앞에 드리기까지 이 곳을 떠나지 마시기를 원하나이다 하니 그가 이르되 내가
너의 돌아오기까지 머무르리라 하니라 19 기드온이 가서 염소 새끼 하나를 준비하고 가루 한 에바로 무교병을 만

❖ 삿 6~8장 사사 기드온

기드온은 하나님의 부르심을 받았을 때 바알과 아세라 제단을 부수는 과단성을 보인다. 기드온은 300명의 군사로 135,000명의 미디안 군사를 물리친 지혜로운 사사이다. 그가 300명의 용사를 뽑는 방법은 참으로 지혜로운 방법이다. 백성들을 데리고 물가로 가서 물을 먹게 하고는 물먹는 자세를 관찰한다. 손바닥으로 물을 떠서 핥아 먹는 자들은 무릎을 꿇고 물을 마시는 자보다 훨씬 경계 태세가 좋은 자임을 알고 그런 자 300명만 뽑는다. 그런 기드온을 왕으로 삼으려 하자 기드온은 오직 하나님 한 분만이 왕이시라고 선언하고 왕이 되기를 거절한다.

"진멸하라"에 충실했던 기드온의 모습을 관찰하라.

삿 6:11 기드온 생애의 구분

기드온은 일개 소심한 청년 농사꾼이었으나, 하나님의 소명을 받아 위대한 정복자요 통치자로서의 삶을 살았다. 기드온의 이런 파란 만장한 인생은 초라한 죄인의 상태에서 소명을 받아 하나님의 성도로서 이 세상을 살아가는 우리의 모습과 유사하다. 그러므로 우리는 기드온의 인생 길을 요약해 보아 타산 지석(他山之石)의 교훈으로 삼을 필요가 있다. 특히 말년의 기드온의 모습은 성도들로 하여금 평안할 때 절제하고 근신해야 함을 잘 보여 준다.

연약자	자신의 일에 충실한 평범한 청년임(삿 6:11)
소명자	겸손함(삿 6:15)
	신중함(삿 6:17)
	하나님을 경외함(삿 6:22)
	영성을 소유함(삿 6:24)
	하나님께 복종함(삿 6:25-27)
	우상을 타파함(삿 6:27-32)
정복자	성령을 체험함(삿 6:34)
	하나님과 교제함(삿 6:36)
	용맹함(삿 7:8-23)
	계략이 뛰어남(삿 7:16-18)
통치자	재치가 있음(삿 8:23)
	하나님께 충성함(삿 8:23)
나태자	많은 첩을 둠(삿 8:29-31)
	금 에봇을 만듬(삿 8:27)

들고 고기를 소쿠리에 담고 국을 양푼에 담아 상수리나무 아래 그에게로 가져다가 드리매 20 하나님의 사자가 그
에게 이르되 고기와 무교병을 가져다가 이 바위 위에 놓고 국을 부으라 하니 기드온이 그대로 하니라 21 여호와의
사자가 손에 잡은 지팡이 끝을 내밀어 고기와 무교병에 대니 불이 바위에서 나와 고기와 무교병을 살랐고 여호와
의 사자는 떠나서 보이지 아니한지라 22 기드온이 그가 여호와의 사자인 줄을 알고 이르되 슬프도소이다 주 여호
와여 내가 여호와의 사자를 대면하여 보았나이다 하니 23 여호와께서 그에게 이르시되 너는 안심하라 두려워하지
말라 죽지 아니하리라 하시니라 24 기드온이 여호와를 위하여 거기서 제단을 쌓고 그것을 여호와 살롬이라 하였더
라 그것이 오늘까지 아비에셀 사람에게 속한 오브라에 있더라 25 그 날 밤에 여호와께서 기드온에게 이르시되 네
아버지에게 있는 수소 곧 칠 년 된 둘째 수소를 끌어 오고 네 아버지에게 있는 바알의 제단을 헐며 그 곁의 아세라
상을 찍고 26 또 이 산성 꼭대기에 네 하나님 여호와를 위하여 규례대로 한 제단을 쌓고 그 둘째 수소를 잡아 네
가 찍은 아세라 나무로 번제를 드릴지니라 하시니라 27 이에 기드온이 종 열 사람을 데리고 여호와께서 그에게 말
씀하신 대로 행하되 그의 아버지의 가문과 그 성읍 사람들을 두려워하므로 이 일을 감히 낮에 행하지 못하고 밤
에 행하니라 28 그 성읍 사람들이 아침에 일찍이 일어나 본즉 바알의 제단이 파괴되었으며 그 곁의 아세라가 찍혔
고 새로 쌓은 제단 위에 그 둘째 수소를 드렸는지라 29 서로 물어 이르되 이것이 누구의 소행인가 하고 그들이 캐
어 물은 후에 이르되 요아스의 아들 기드온이 이를 행하였도다 하고 30 성읍 사람들이 요아스에게 이르되 네 아들
을 끌어내라 그는 당연히 죽을지니 이는 바알의 제단을 파괴하고 그 곁의
아세라를 찍었음이니라 하니 31 요아스가 자기를 둘러선 모든 자에게 이
르되 너희가 바알을 위하여 다투느냐 너희가 바알을 구원하겠느냐 그를
위하여 다투는 자는 아침까지 죽임을 당하리라 바알이 과연 신일진대 그
의 제단을 파괴하였은즉 그가 자신을 위해 다툴 것이니라 하니라 32 그 날
에 기드온을 여룹바알이라 불렀으니 이는 그가 바알의 제단을 파괴하였으
므로 바알이 그와 더불어 다툴 것이라 함이었더라 33 그 때에 미디안과 아
말렉과 동방 사람들이 다 함께 모여 요단 강을 건너와서 이스르엘 골짜기
에 진을 친지라 34 여호와의 영이 기드온에게 임하시니 기드온이 나팔을 불
매 아비에셀이 그의 뒤를 따라 부름을 받으니라 35 기드온이 또 사자들을
온 므낫세에 두루 보내매 그들도 모여서 그를 따르고 또 사자들을 아셀과
스불론과 납달리에 보내매 그 무리도 올라와 그를 영접하더라 36 기드온이
하나님께 여쭈되 주께서 이미 말씀하심 같이 내 손으로 이스라엘을 구원
하시려거든 37 보소서 내가 양털 한 뭉치를 타작 마당에 두리니 만일 이슬
이 양털에만 있고 주변 땅은 마르면 주께서 이미 말씀하심 같이 내 손으로
이스라엘을 구원하실 줄을 내가 알겠나이다 하였더니 38 그대로 된지라 이
튿날 기드온이 일찍이 일어나서 양털을 가져다가 그 양털에서 이슬을 짜니
물이 그릇에 가득하더라 39 기드온이 또 하나님께 여쭈되 주여 내게 노하
지 마옵소서 내가 이번만 말하리이다 구하옵나니 내게 이번만 양털로 시험
하게 하소서 원하건대 양털만 마르고 그 주변 땅에는 다 이슬이 있게 하옵
소서 하였더니 40 그 밤에 하나님이 그대로 행하시니 곧 양털만 마르고 그
주변 땅에는 다 이슬이 있었더라

삿 6:24
학습 자료 17-7 "여호와 샬롬" 참조

삿 6:28
학습 자료 17-8 "기독교의 배타성" 참조

삿 6:25-35 기드온 종교 개혁의 교훈	
1	7년된 둘째 수소를 취함(삿 6:25) 신앙의 회복만이 징계에서 벗어나게 함 (삼상 7:3, 4)
2	바알 제단과 아세라상 훼파(삿 6:28) 신앙은 행동으로 보이는 것이 중요함 (약 2:18)
3	수소로 번제를 드림(삿 6:28) 개혁은 예배 회복이 선행되어야 함 (왕하 23:4)
4	성읍 사람들이 분노함(삿 6:29, 30) 가까운 이웃이 때로 신앙 생활의 장애물이 됨(막 6:3, 4)
5	요아스가 기드온을 변호함(삿 6:31) 진리를 위해 싸울 때 하나님이 도우심 (행 5:34-39)
6	성읍 사람들이 잠잠케 됨(삿 6:32) 하나님의 진리가 항상 승리하게 됨 (딤후 1:12)
7	여호와의 신이 기드온에게 임함(삿 6:34) 하나님 일에 열심을 다할 때 성령 충만케 됨(행 4:31)

사사기 7장

기드온이 미디안을 치다

1 여룹바알이라 하는 기드온과 그를 따르는 모든 백성이 일찍이 일어나 하롯 샘 곁에 진을 쳤고 미디안의 진영은

그들의 북쪽이요 모레 산 앞 골짜기에 있었더라 2 여호와께서 기드온에게
이르시되 너를 따르는 백성이 너무 많은즉 내가 그들의 손에 미디안 사
람을 넘겨주지 아니하리니 이는 이스라엘이 나를 거슬러 스스로 자랑하
기를 내 손이 나를 구원하였다 할까 함이니라 3 이제 너는 백성의 귀에 외
쳐 이르기를 누구든지 두려워 떠는 자는 길르앗 산을 떠나 돌아가라 하
라 하시니 이에 돌아간 백성이 이만 이천 명이요 남은 자가 만 명이었더라
4 여호와께서 또 기드온에게 이르시되 백성이 아직도 많으니 그들을 인
도하여 물 가로 내려가라 거기서 내가 너를 위하여 그들을 시험하리라 내
가 누구를 가리켜 네게 이르기를 이 사람이 너와 함께 가리라 하면 그는
너와 함께 갈 것이요 내가 누구를 가리켜 네게 이르기를 이 사람은 너와
함께 가지 말 것이니라 하면 그는 가지 말 것이니라 하신지라 5 이에 백성
을 인도하여 물 가에 내려가매 여호와께서 기드온에게 이르시되 누구든
지 개가 핥는 것 같이 혀로 물을 핥는 자들을 너는 따로 세우고 또 누구든지 무릎을 꿇고 마시는 자들도 그와 같

삿 7:4-8 여호와께서 사용하시는 사람은 수에 상관없음을 보여 준다. 수의 중대함이 힘이나 능력의 상징이 결코 될 수 없음을 보여 준다. 하나님의 용병술은 그분을 진심으로 따르는 소수 정예 요원을 필요로 하신다는 것이다.
무리와 제자의 개념을 생각하고, 당신은 지금 무리로서 교회와 세상의 분위기에 휩쓸려 가는 자인가? 아니면 하나님 말씀을 깨닫고 그것을 당신의 세계관으로 삼아 살아가는 소수 정예 제자인가?
오늘 그 대답이 명확하지 않다면 계속해서 이 성경을 읽어라. 그리고 성령 하나님께 깨우침을 구하고 함께하심을 간구하라.

이 하라 하시더니 6 손으로 움켜 입에 대고 핥는 자의 수는 삼백
명이요 그 외의 백성은 다 무릎을 꿇고 물을 마신지라 7 여호와
께서 기드온에게 이르시되 내가 이 물을 핥아 먹은 삼백 명으로
너희를 구원하며 미디안을 네 손에 넘겨 주리니 남은 백성은 각
각 자기의 처소로 돌아갈 것이니라 하시니 8 이에 백성이 양식
과 나팔을 손에 든지라 기드온이 이스라엘 모든 백성을 각각 그의 장막으로 돌려보내고 그 삼백 명은 머물게 하
니라 미디안 진영은 그 아래 골짜기 가운데에 있었더라 9 그 밤에 여호와께서 기드온에게 이르시되 일어나 진영
으로 내려가라 내가 그것을 네 손에 넘겨 주었느니라 10 만일 네가 내려가기를 두려워하거든 네 부하 부라와 함
께 그 진영으로 내려가서 11 그들이 하는 말을 들으라 그 후에 네 손이 강하여져서 그 진영으로 내려가리라 하시
니 기드온이 이에 그의 부하 부라와 함께 군대가 있는 진영 근처로 내려간즉 12 미디안과 아말렉과 동방의 모든
사람들이 골짜기에 누웠는데 메뚜기의 많은 수와 같고 그들의 낙타의 수가 많아 해변의 모래가 많음 같은지라
13 기드온이 그 곳에 이른즉 어떤 사람이 그의 친구에게 꿈을 말하여 이르기를 보라 내가 한 꿈을 꾸었는데 꿈에
보리떡 한 덩어리가 미디안 진영으로 굴러 들어와 한 장막에 이르러 그것을 쳐서 무너뜨려 위쪽으로 엎으니 그
장막이 쓰러지더라 14 그의 친구가 대답하여 이르되 이는 다른 것이 아니라 이스라엘 사람 요아스의 아들 기드
온의 칼이라 하나님이 미디안과 그 모든 진영을 그의 손에 넘겨 주셨느니라 하더라 15 기드온이 그 꿈과 해몽하
는 말을 듣고 경배하며 이스라엘 진영으로 돌아와 이르되 일어나라 여호와께서 미디안과 그 모든 진영을 너희
손에 넘겨 주셨느니라 하고 16 삼백 명을 세 대로 나누어 각 손에 나팔과 빈 항아리를 들리고 항아리 안에는 횃
불을 감추게 하고 17 그들에게 이르되 너희는 나만 보고 내가 하는 대로 하되 내가 그 진영 근처에 이르러서 내
가 하는 대로 너희도 그리하여 18 나와 나를 따르는 자가 다 나팔을 불거든 너희도 모든 진영 주위에서 나팔을
불며 이르기를 여호와를 위하라, 기드온을 위하라 하라 하니라 19 기드온과 그와 함께 한 백 명이 이
경 초에 진영 근처에 이른즉 바로 파수꾼들을 교대한 때라 그들이 나팔을 불며 손에 가졌던 항
아리를 부수니라 20 세 대가 나팔을 불며 항아리를 부수고 왼손에 횃불을 들고 오른손에 나팔
을 들어 불며 외쳐 이르되 여호와와 기드온의 칼이다 하고 21 각기 제자리에 서
서 그 진영을 에워싸매 그 온 진영의 군사들이 뛰고 부르짖으며 도망하였
는데 22 삼백 명이 나팔을 불 때에 여호와께서 그 온 진영에서 친구끼리 칼
로 치게 하시므로 적군이 도망하여 스레라의 벧 싯다에 이르고 또 답밧에
가까운 아벨므홀라의 경계에 이르렀으며 23 이스라엘 사람들은 납달리와

아셀과 온 므낫세에서부터 부름을 받고 미디안을 추격하였더라 24 기드온이 사자들을 보내서 에브라임 온 산지
로 두루 다니게 하여 이르기를 내려와서 미디안을 치고 그들을 앞질러 벧 바라와 요단 강에 이르는 수로를 점령
하라 하매 이에 에브라임 사람들이 다 모여 벧 바라와 요단 강에 이르는 수로를 점령하고 25 또 미디안의 두 방
백 오렙과 스엡을 사로잡아 오렙은 오렙 바위에서 죽이고 스엡은 스엡 포도주 틀에서 죽이고 미디안을 추격하
였고 오렙과 스엡의 머리를 요단 강 건너편에서 기드온에게 가져왔더라

사사기 8장

기드온이 죽인 미디안 왕들

1 에브라임 사람들이 기드온에게 이르되 네가 미디안과 싸우러 갈 때에 우리를 부르지 아니하였으니 우리를 이
같이 대접함은 어찌 됨이냐 하고 그와 크게 다투는지라 2 기드온이 그들에게 이르되 내가 이제 행한 일이 너희
가 한 것에 비교되겠느냐 에브라임의 끝물 포도가 아비에셀의 맏물 포도보다 낫지 아니하냐 3 하나님이 미디안
의 방백 오렙과 스엡을 너희 손에 넘겨 주셨으니 내가 한 일이 어찌 능히 너희가 한 것에 비교되겠느냐 하니라
기드온이 이 말을 하매 그 때에 그들의 노여움이 풀리니라 4 기드온과 그와 함께 한 자 삼백 명이 요단 강에 이
르러 건너고 비록 피곤하나 추격하며 5 그가 숙곳 사람들에게 이르되 나를 따르는 백성이 피곤하니 청하건대 그
들에게 떡덩이를 주라 나는 미디안의 왕들인 세바와 살문나의 뒤를 추격하고 있노라 하니 6 숙곳의 방백들이 이
르되 세바와 살문나의 손이 지금 네 손 안에 있다는거냐 어찌 우리가 네 군대에게 떡을 주겠느냐 하는지라 7 기
드온이 이르되 그러면 여호와께서 세바와 살문나를 내 손에 넘겨 주신 후에 내가 들가시와 찔레로 너희 살을 찢
으리라 하고 8 거기서 브누엘로 올라가서 그들에게도 그같이 구한즉 브누엘 사람들의 대답도 숙곳 사람들의 대
답과 같은지라 9 기드온이 또 브누엘 사람들에게 말하여 이르되 내가 평안히 돌아올 때에 이 망대를 헐리라 하
니라 10 이 때에 세바와 살문나가 갈골에 있는데 동방 사람의 모든 군대 중에 칼 든 자 십이만 명이 죽었고 그 남
은 만 오천 명 가량은 그들을 따라와서 거기에 있더라 11 적군이 안심하고 있는 중에 기드온이 노바와 욕브하 동
쪽 장막에 거주하는 자의 길로 올라가서 그 적진을 치니 12 세바와 살문나가 도망하는지라 기드온이 그들의 뒤
를 추격하여 미디안의 두 왕 세바와 살문나를 사로잡고 그 온 진영을 격파하니라 13 요아스의 아들 기드온이 헤
레스 비탈 전장에서 돌아오다가 14 숙곳 사람 중 한 소년을 잡아 그를 심문하매 그가 숙곳의 방백들과 장로들 칠
십칠 명을 그에게 적어 준지라 15 기드온이 숙곳 사람들에게 이르러 말하되 너희가 전에 나를 희롱하여 이르기를
세바와 살문나의 손이 지금 네 손 안에 있다는거냐 어찌 우리가 네 피곤한 사람들에게 떡을 주겠느냐 한 그 세
바와 살문나를 보라 하고 16 그 성읍의 장로들을 붙잡아 들가시와 찔레로 숙곳 사람들을 징벌하고 17 브누엘 망
대를 헐며 그 성읍 사람들을 죽이니라 18 이에 그가 세바와 살문나에게 말하되 너희가 다볼에서 죽인 자들은 어
떠한 사람들이더냐 하니 대답하되 그들이 너와 같아서 하나 같이 왕자들의 모습과 같더라 하니라 19 그가 이르
되 그들은 내 형제들이며 내 어머니의 아들들이니라 여호와께서 살아 계심을 두고 맹세하노니 너희가 만일 그들
을 살렸더라면 나도 너희를 죽이지 아니하였으리라 하고 20 그의 맏아들 여델에게 이르되 일어나 그들을 죽이라
하였으나 그 소년이 그의 칼을 빼지 못하였으니 이는 아직 어려서 두려워함이었더라 21 세바와 살문나가 이르되
네가 일어나 우리를 치라 사람이 어떠하면 그의 힘도 그러하니라 하니 기드온이 일어나 세바와 살문나를 죽이고
그들의 낙타 목에 있던 초승달 장식들을 떼어서 가지니라 22 그 때에 이스라엘 사람들이 기드온에게 이르되 당
신이 우리를 미디안의 손에서 구원하셨으니 당신과 당신의 아들과 당신의 손자가 우리를 다스리소서 하는지라
23 기드온이 그들에게 이르되 내가 너희를 다스리지 아니하겠고 나의 아들도 너희를 다스리지 아니할 것이요 여
호와께서 너희를 다스리시리라 하니라 24 기드온이 또 그들에게 이르되 내가 너희에게 요청할 일이 있으니 너희
는 각기 탈취한 귀고리를 내게 줄지니라 하였으니 이는 그들이 이스마엘
사람들이므로 금 귀고리가 있었음이라 25 무리가 대답하되 우리가 즐거
이 드리리이다 하고 겉옷을 펴고 각기 탈취한 귀고리를 그 가운데에 던지

삿 8:23 여호와 하나님의 주권을 나의 세계관으로 삼아라. 그분이 통치하신다[神爲].

니 26 기드온이 요청한 금 귀고리의 무게가 금 천칠백 세겔이요 그 외에 또 초승달 장식들과 패물과 미디안 왕들
이 입었던 자색 의복과 또 그 외에 그들의 낙타 목에 둘렀던 사슬이 있었더라 27 기드온이 그 금으로 에봇 하나를
만들어 자기의 성읍 오브라에 두었더니 온 이스라엘이 그것을 음란하게 위하므로 그것이 기드온과 그의 집에 올
무가 되니라 28 미디안이 이스라엘 자손 앞에 복종하여 다시는 그 머리를 들지 못하였으므로 기드온이 사는 사십
년 동안 그 땅이 평온하였더라

기드온이 죽다

13일~18일

29 요아스의 아들 여룹바알이 돌아가서 자기 집에 거주하였는데 30 기드온이 아내가 많으므로 그의 몸에서 낳은
아들이 칠십 명이었고 31 세겜에 있는 그의 첩도 아들을 낳았으므로 그 이름을 아비멜렉이라 하였더라 32 요아스
의 아들 기드온이 나이가 많아 죽으매 아비에셀 사람의 오브라에 있는 그의 아버지 요아스의 묘실에 장사되었
더라 33 기드온이 이미 죽으매 이스라엘 자손이 돌아서서 바알들을 따라가 음행하였으며 또 바알브릿을 자기들
의 신으로 삼고 34 이스라엘 자손이 주위의 모든 원수들의 손에서 자기들을 건져내신 여호와 자기들의 하나님을
기억하지 아니하며 35 또 여룹바알이라 하는 기드온이 이스라엘에 베푼 모든 은혜를 따라 그의 집을 후대하지도
아니하였더라

사사기 9장

아비멜렉

1 여룹바알의 아들 아비멜렉이 세겜에 가서 그의 어머니의 형제에게 이르
러 그들과 그의 외조부의 집의 온 가족에게 말하여 이르되 2 청하노니 너
희는 세겜의 모든 사람들의 귀에 말하라 여룹바알의 아들 칠십 명이 다
너희를 다스림과 한 사람이 너희를 다스림이 어느 것이 너희에게 나으냐
또 나는 너희와 골육임을 기억하라 하니 3 그의 어머니의 형제들이 그를
위하여 이 모든 말을 세겜의 모든 사람들 의 귀에 말하매 그들의 마음이
아비멜렉에게로 기울어서 이르기를 그는 우리 형제라 하고 4 바알브릿 신
전에서 은 칠십 개를 내어 그에게 주매 아비멜렉이 그것으로 방탕하고 경
박한 사람들을 사서 자기를 따르게 하고 5 오브라에 있는 그의 아버지의
집으로 가서 여룹바알의 아들 곧 자기 형제 칠십 명을 한 바위 위에서 죽
였으되 다만 여룹바알의 막내 아들 요담은 스스로 숨었으므로 남으니라
6 세겜의 모든 사람과 밀로 모든 족속이 모여서 세겜에 있는 상수리나무
기둥 곁에서 아비멜렉을 왕으로 삼으니라 7 사람들이 요담에게 그 일을
알리매 요담이 그리심 산 꼭대기로 가서 서서 그의 목소리를 높여 그들에게 외쳐 이르되 세겜 사람들아 내 말을
들으라 그리하여야 하나님이 너희의 말을 들으시리라 8 하루는 나무들이 나가서 기름을 부어 자신들 위에 왕으
로 삼으려 하여 감람나무에게 이르되 너는 우리 위에 왕이 되라 하매 9 감람나무가 그들에게 이르되 내게 있는
나의 기름은 하나님과 사람을 영화롭게 하나니 내가 어찌 그것을 버리고 가서 나무들 위에 우쭐대리요 한지라
10 나무들이 또 무화과나무에게 이르되 너는 와서 우리 위에 왕이 되라 하매 11 무화과나무가 그들에게 이르되
나의 단 것과 나의 아름다운 열매를 내가 어찌 버리고 가서 나무들 위에 우쭐대리요 한지라 12 나무들이 또 포도
나무에게 이르되 너는 와서 우리 위에 왕이 되라 하매 13 포도나무가 그들에게 이르되 하나님과 사람을 기쁘게
하는 내 포도주를 내가 어찌 버리고 가서 나무들 위에 우쭐대리요 한지라 14 이에 모든 나무가 가시나무에게 이
르되 너는 와서 우리 위에 왕이 되라 하매 15 가시나무가 나무들에게 이르되 만일 너희가 참으로 내게 기름을 부
어 너희 위에 왕으로 삼겠거든 와서 내 그늘에 피하라 그리하지 아니하면 불이 가시나무에서 나와서 레바논의
백향목을 사를 것이니라 하였느니라 16 이제 너희가 아비멜렉을 세워 왕으로 삼았으니 너희가 행한 것이 과연 진

❖ 삿 9장 **아비멜렉**
그는 스스로 사사와 같은 구원자를 자처한 자이다. 그는 기드온의 숱한 서자(庶子) 가운데 하나인데 자신의 형제 70인을 죽이고 세겜 사람들을 충동하여 왕이 된 사실을 기록하고 있다. 이렇게 잔인한 방법으로 왕위에 오른 아비멜렉을 빗대어 요담이 유명한 나무들 비유와 세겜 족속들을 향한 저주의 예언을 말한 사실이 기록되어 있다. 그리고 요담의 예언대로 아비멜렉과 세겜 사람들 간에 반목이 생겨나고 결국에는 양자가 다 멸망한 사실이 소개된다.
그것은 하나님이 세우신 자 이외에는 그 누구도 참 구원자가 될 수 없으며, 오히려 그 백성을 망하게 한다는 것을 깨닫게 한다. 인간적 탐욕으로 지도자의 자리와 권력을 탐하면서도, 하나님에 의해 세움 받지 않았을 뿐만 아니라 또 하나님이 진행하시는 구속사의 절대 진리와 은혜에 자기가 맡은 백성들을 동참시키고자 노력하지도 않는 자들은 다 이 아비멜렉 같은 자이다.

실하고 의로우냐 이것이 여룹바알과 그의 집을 선대함이냐 이것이 그의 손이 행한 대로 그에게 보답함이냐 17
우리 아버지가 전에 죽음을 무릅쓰고 너희를 위하여 싸워 미디안의 손에서 너희를 건져냈거늘 18 너희가 오늘 일
어나 우리 아버지의 집을 쳐서 그의 아들 칠십 명을 한 바위 위에서 죽이고 그의 여종의 아들 아비멜렉이 너희 형
제가 된다고 그를 세워 세겜 사람들 위에 왕으로 삼았도다 19 만일 너희가 오늘 여룹바알과 그의 집을 대접한 것
이 진실하고 의로운 일이면 너희가 아비멜렉으로 말미암아 기뻐할 것이요 아비멜렉도 너희로 말미암아 기뻐하
려니와 20 그렇지 아니하면 아비멜렉에게서 불이 나와서 세겜 사람들과 밀로의 집을 사를 것이요 세겜 사람들과
밀로의 집에서도 불이 나와 아비멜렉을 사를 것이니라 하고 21 요담이 그의 형제 아비멜렉 앞에서 도망하여 피
해서 브엘로 가서 거기에 거주하니라 22 아비멜렉이 이스라엘을 다스린 지 삼 년에 23 하나님이 아비멜렉과 세겜
사람들 사이에 악한 영을 보내시매 세겜 사람들이 아비멜렉을 배반하였으니 24 이는 여룹바알의 아들 칠십 명에
게 저지른 포학한 일을 갚되 그들을 죽여 피 흘린 죄를 그들의 형제 아비멜렉과 아비멜렉의 손을 도와 그의 형제
들을 죽이게 한 세겜 사람들에게로 돌아가게 하심이라 25 세겜 사람들이 산들의 꼭대기에 사람을 매복시켜 아비
멜렉을 엿보게 하고 그 길로 지나는 모든 자를 다 강탈하게 하니 어떤 사람이 그것을 아비멜렉에게 알리니라 26
에벳의 아들 가알이 그의 형제와 더불어 세겜에 이르니 세겜 사람들이 그를 신뢰하니라 27 그들이 밭에 가서 포
도를 거두어다가 밟아 짜서 연회를 베풀고 그들의 신당에 들어가서 먹고 마시며 아비멜렉을 저주하니 28 에벳의
아들 가알이 이르되 아비멜렉은 누구며 세겜은 누구기에 우리가 아비멜렉을 섬기리요 그가 여룹바알의 아들이
아니냐 그의 신복은 스불이 아니냐 차라리 세겜의 아버지 하몰의 후손을 섬길 것이라 우리가 어찌 아비멜렉을
섬기리요 29 이 백성이 내 수하에 있었더라면 내가 아비멜렉을 제거하였으리라 하고 아비멜렉에게 이르되 네 군
대를 증원해서 나오라 하니라 30 그 성읍의 방백 스불이 에벳의 아들 가알의 말을 듣고 노하여 31 사자들을 아비
멜렉에게 가만히 보내어 이르되 보소서 에벳의 아들 가알과 그의 형제들이 세겜에 이르러 그 성읍이 당신을 대
적하게 하니 32 당신은 당신과 함께 있는 백성과 더불어 밤에 일어나 밭에 매복하였다가 33 아침 해 뜰 때에 당신
이 일찍 일어나 이 성읍을 엄습하면 가알 및 그와 함께 있는 백성이 나와서 당신을 대적하리니 당신은 기회를 보
아 그에게 행하소서 하니 34 아비멜렉과 그와 함께 있는 모든 백성이 밤에 일어나 네 떼로 나누어 세겜에 맞서
매복하였더니 35 에벳의 아들 가알이 나와서 성읍 문 입구에 설 때에 아비멜렉과 그와 함께 있는 백성이 매복하
였던 곳에서 일어난지라 36 가알이 그 백성을 보고 스불에게 이르되 보라 백성이 산 꼭대기에서부터 내려오는도
다 하니 스불이 그에게 이르되 네가 산 그림자를 사람으로 보았느니라 하는지라 37 가알이 다시 말하여 이르되
보라 백성이 밭 가운데를 따라 내려오고 또 한 떼는 므오느님 상수리나무 길을 따라 오는도다 하니 38 스불이 그
에게 이르되 네가 전에 말하기를 아비멜렉이 누구이기에 우리가 그를 섬기리요 하던 그 입이 이제 어디 있느냐
이들이 네가 업신여기던 그 백성이 아니냐 청하노니 이제 나가서 그들과 싸우라 하니 39 가알이 세겜 사람들보다
앞에 서서 나가 아비멜렉과 싸우다가 40 아비멜렉이 그를 추격하니 그 앞에서 도망하였고 부상하여 엎드러진 자
가 많아 성문 입구까지 이르렀더라 41 아비멜렉은 아루마에 거주하고 스불은 가알과 그의 형제들을 쫓아내어 세
겜에 거주하지 못하게 하더니 42 이튿날 백성이 밭으로 나오매 사람들이 그것을 아비멜렉에게 알리니라 43 아비
멜렉이 자기 백성을 세 무리로 나누어 밭에 매복시켰더니 백성이 성에서 나오는 것을 보고 일어나 그들을 치되
44 아비멜렉과 그 떼는 돌격하여 성문 입구에 서고 두 무리는 밭에 있는 자들에게 돌격하여 그들을 죽이니 45 아
비멜렉이 그 날 종일토록 그 성을 쳐서 마침내는 점령하고 거기 있는 백성을 죽이며 그 성을 헐고 소금을 뿌리니
라 46 세겜 망대의 모든 사람들이 이를 듣고 엘브릿 신전의 보루로 들어갔더니 47 세겜 망대의 모든 사람들이 모
인 것이 아비멜렉에게 알려지매 48 아비멜렉 및 그와 함께 있는 모든 백성이 살몬 산에 오르고 아비멜렉이 손에
도끼를 들고 나뭇가지를 찍어 그것을 들어올려 자기 어깨에 메고 그와 함께 있는 백성에게 이르되 너희는 내가
행하는 것을 보나니 빨리 나와 같이 행하라 하니 49 모든 백성들도 각각 나뭇가지를 찍어서 아비멜렉을 따라 보
루 위에 놓고 그것들이 얹혀 있는 보루에 불을 놓으매 세겜 망대에 있는 사람들이 다 죽었으니 남녀가 약 천 명
이었더라 50 아비멜렉이 데베스에 가서 데베스에 맞서 진 치고 그것을 점령하였더니 51 성읍 중에 견고한 망대가

있으므로 그 성읍 백성의 남녀가 모두 그리로 도망하여 들어가서 문을 잠그고 망대 꼭대기로 올라간지라 52 아
비멜렉이 망대 앞에 이르러 공격하며 망대의 문에 가까이 나아가서 그것을 불사르려 하더니 53 한 여인이 맷돌
위짝을 아비멜렉의 머리 위에 내려 던져 그의 두개골을 깨뜨리니 54 아비멜렉이 자기의 무기를 든 청년을 급히
불러 그에게 이르되 너는 칼을 빼어 나를 죽이라 사람들이 나를 가리켜 이르기를 여자가 그를 죽였다 할까 하노
라 하니 그 청년이 그를 찌르매 그가 죽은지라 55 이스라엘 사람들이 아비멜렉이 죽은 것을 보고 각각 자기 처소
로 떠나갔더라 56 아비멜렉이 그의 형제 칠십 명을 죽여 자기 아버지에게 행한 악행을 하나님이 이같이 갚으셨고
57 또 세겜 사람들의 모든 악행을 하나님이 그들의 머리에 갚으셨으니 여룹바알의 아들 요담의 저주가 그들에게
응하니라

사사기 10장

사사 돌라

1 아비멜렉의 뒤를 이어서 잇사갈 사람 도도의 손자 부아의 아들 돌라가
일어나서 이스라엘을 구원하니라 그가 에브라임 산지 사밀에 거주하면서
2 이스라엘의 사사가 된 지 이십삼 년 만에 죽으매 사밀에 장사되었더라

사사 야일

3 그 후에 길르앗 사람 야일이 일어나서 이십이 년 동안 이스라엘의 사사
가 되니라 4 그에게 아들 삼십 명이 있어 어린 나귀 삼십을 탔고 성읍 삼십
을 가졌는데 그 성읍들은 길르앗 땅에 있고 오늘까지 하봇야일이라 부르
더라 5 야일이 죽으매 가몬에 장사되었더라

사사 입다

6 이스라엘 자손이 다시 여호와의 목전에 악을 행하여 바알들과 아스다
롯과 아람의 신들과 시돈의 신들과 모압의 신들과 암몬 자손의 신들과
블레셋 사람들의 신들을 섬기고 여호와를 버리고 그를 섬기지 아니하므
로 7 여호와께서 이스라엘에게 진노하사 블레셋 사람들의 손과 암몬 자
손의 손에 그들을 파시매 8 그 해에 그들이 요단 강 저쪽 길르앗에 있는
아모리 족속의 땅에 있는 모든 이스라엘 자손을 쳤으며 열여덟 해 동안
억압하였더라 9 암몬 자손이 또 요단을 건너서 유다와 베냐민과 에브라임
족속과 싸우므로 이스라엘의 곤고가 심하였더라 10 이스라엘 자손이 여
호와께 부르짖어 이르되 우리가 우리 하나님을 버리고 바알들을 섬김으
로 주께 범죄하였나이다 하니 11 여호와께서 이스라엘 자손에게 이르시
되 내가 애굽 사람과 아모리 사람과 암몬 자손과 블레셋 사람에게서 너
희를 구원하지 아니하였느냐 12 또 시돈 사람과 아말렉 사람과 마온 사
람이 너희를 압제할 때에 너희가 내게 부르짖으므로 내가 너희를 그들의
손에서 구원하였거늘 13 너희가 나를 버리고 다른 신들을 섬기니 그러므
로 내가 다시는 너희를 구원하지 아니하리라 14 가서 너희가 택한 신들에
게 부르짖어 너희의 환난 때에 그들이 너희를 구원하게 하라 하신지라 15
이스라엘 자손이 여호와께 여쭈되 우리가 범죄하였사오니 주께서 보시기
에 좋은 대로 우리에게 행하시려니와 오직 주께 구하옵나니 오늘 우리를 건져내옵소서 하고 16 자기 가운데에서
이방 신들을 제하여 버리고 여호와를 섬기매 여호와께서 이스라엘의 곤고로 말미암아 마음에 근심하시니라 17
그 때에 암몬 자손이 모여서 길르앗에 진을 쳤으므로 이스라엘 자손도 모여서 미스바에 진을 치고 18 길르앗 백

❖ 삿 10:6~11장 **입다**

이스라엘의 새로운 사사로 선택된 입다는 길르앗이란 사람이 기생에게서 낳은 사생아였다. 여기서 기생이란 일반적인 의미에서의 창녀를 가리킨다. 따라서 입다는 길르앗의 정식 아들로 인정될 수 없는 자였다. 이스라엘에서 아들로 인정받는 경우는 본부인에게서 낳은 아들과 정식으로 받아들인 첩의 소생에 한하였다. 한편 상속에 있어서는 본 부인에게서 낳은 아들이 우선권을 가진다. 아브라함이 하갈에게서 낳은 이스마엘 대신 사라가 낳은 이삭을 자신의 후계자로 정한 것은 정당한 것이었다. 그러나 첩에게서 낳은 서자들도 일정한 상속을 받을 수는 있었다. 이때 부자유한 첩, 즉 하녀와 같은 노예의 신분에게서 낳은 자녀들은 원칙적으로 상속권이 없고 대신 양자로 받아들이는 공식적인 절차를 거쳐 상속권을 부여받을 수 있다. 따라서 본 부인에게서 낳은 입다의 형제들이 입다의 상속권을 박탈하고 기업에서 추방한 것은 당연한 권리를 행사한 것이다. 입다가 형제들을 피해 도망간 돕 땅은 요단 동편 길르앗 라못에 위치한 곳으로 입다는 그곳에서 비적을 모아 활동한 것으로 보인다. 이런 점에서 입다는 이스라엘 사회에서 멸시받을 수밖에 없는 비천한 신분이었음을 알 수 있다.

입다는 결코 억울하게 쫓겨난 영웅이 아니라 출신부터 현재의 생활까지 이스라엘의 지도자로서 어떤 자격도 없는 인물이었다. 그러나 하나님께서는 그를 택하셨다. 이는 인간의 외적 조건이 하나님의 구원에 있어 어떤 장애도 될 수 없음을 말해준다. 모든 인간은 이미 하나님 앞에서 죄인이기 때문이다. 예수님의 족보에 유다의 며느리 다말과 우리아 아내 밧세바, 이방 여인 룻이 들어가 있는 것은 이를 대변해 준다. 이런 점에서 입다의 이야기는 하나님의 무한하신 은혜를 보여 주는 전형적인 사건이다.

성과 방백들이 서로 이르되 누가 먼저 나가서 암몬 자손과 싸움을 시작하랴 그가 길르앗 모든 주민의 머리가 되
리라 하니라

사사기 11장

1 길르앗 사람 입다는 큰 용사였으니 기생이 길르앗에게서 낳은 아들이
었고 2 길르앗의 아내도 그의 아들들을 낳았더라 그 아내의 아들들이 자
라매 입다를 쫓아내며 그에게 이르되 너는 다른 여인의 자식이니 우리 아
버지의 집에서 기업을 잇지 못하리라 한지라 3 이에 입다가 그의 형제들
을 피하여 돕 땅에 거주하매 잡류가 그에게로 모여 와서 그와 함께 출입
하였더라 4 얼마 후에 암몬 자손이 이스라엘을 치려 하니라 5 암몬 자손이
이스라엘을 치려 할 때에 길르앗 장로들이 입다를 데려오려고 돕 땅에 가
서 6 입다에게 이르되 우리가 암몬 자손과 싸우려 하니 당신은 와서 우리
의 장관이 되라 하니 7 입다가 길르앗 장로들에게 이르되 너희가 전에 나
를 미워하여 내 아버지 집에서 쫓아내지 아니하였느냐 이제 너희가 환난
을 당하였다고 어찌하여 내게 왔느냐 하니라 8 그러므로 길르앗 장로들
이 입다에게 이르되 이제 우리가 당신을 찾아온 것은 우리와 함께 가서
암몬 자손과 싸우게 하려 함이니 그리하면 당신이 우리 길르앗 모든 주민
의 머리가 되리라 하매 9 입다가 길르앗 장로들에게 이르되 너희가 나를
데리고 고향으로 돌아가서 암몬 자손과 싸우게 할 때에 만일 여호와께서
그들을 내게 넘겨 주시면 내가 과연 너희의 머리가 되겠느냐 하니 10 길
르앗 장로들이 입다에게 이르되 여호와는 우리 사이의 증인이시니 당신
의 말대로 우리가 그렇게 행하리이다 하니라 11 이에 입다가 길르앗 장로

삿 11:1-40 입다의 전투

들과 함께 가니 백성이 그를 자기들의 머리와 장관을 삼은지라 입다가 미스바에서 자기의 말을 다 여호와 앞에
아뢰니라 12 입다가 암몬 자손의 왕에게 사자들을 보내 이르되 네가 나와 무슨 상관이 있기에 내 땅을 치러 내
게 왔느냐 하니 13 암몬 자손의 왕이 입다의 사자들에게 대답하되 이스라엘이 애굽에서 올라올 때에 아르논에
서부터 얍복과 요단까지 내 땅을 점령했기 때문이니 이제 그것을 평화롭게 돌려 달라 하니라 14 입다가 암몬 자
손의 왕에게 다시 사자들을 보내 15 그에게 이르되 입다가 이같이 말하노라 이스라엘이 모압 땅과 암몬 자손의
땅을 점령하지 아니하였느니라 16 이스라엘이 애굽에서 올라올 때에 광야로 행하여 홍해에 이르고 가데스에 이
르러서는 17 이스라엘이 사자들을 에돔 왕에게 보내어 이르기를 청하건대 나를 네 땅 가운데로 지나게 하라 하
였으나 에돔 왕이 이를 듣지 아니하였고 또 그와 같이 사람을 모압 왕에게도 보냈으나 그도 허락하지 아니하므
로 이스라엘이 가데스에 머물렀더니 18 그 후에 광야를 지나 에돔 땅과 모압 땅을 돌아서 모압 땅의 해 뜨는 쪽
으로 들어가 아르논 저쪽에 진 쳤고 아르논은 모압의 경계이므로 모압 지역 안에는 들어가지 아니하였으며 19 이
스라엘이 헤스본 왕 곧 아모리 족속의 왕 시혼에게 사자들을 보내어 그에게 이르되 청하건대 우리를 당신의 땅
으로 지나 우리의 곳에 이르게 하라 하였으나 20 시혼이 이스라엘을 믿지 아니하여 그의 지역으로 지나지 못하게
할 뿐 아니라 그의 모든 백성을 모아 야하스에 진 치고 이스라엘을 치므로 21 이스라엘의 하나님 여호와께서 시
혼과 그의 모든 백성을 이스라엘의 손에 넘겨 주시매 이스라엘이 그들을 쳐서 그 땅 주민 아모리 족속의 온 땅
을 점령하되 22 아르논에서부터 얍복까지와 광야에서부터 요단까지 아모리 족속의 온 지역을 점령하였느니라
23 이스라엘의 하나님 여호와께서 이같이 아모리 족속을 자기 백성 이스라엘 앞에서 쫓아내셨거늘 네가 그 땅
을 얻고자 하는 것이 옳으냐 24 네 신 그모스가 네게 주어 차지하게 한 것을 네가 차지하지 아니하겠느냐 우리 하
나님 여호와께서 우리 앞에서 어떤 사람이든지 쫓아내시면 그것을 우리가 차지하리라 25 이제 네가 모압 왕 십

볼의 아들 발락보다 더 나은 것이 있느냐 그가 이스라엘과 더불어 다툰 일이 있었느냐 싸운 일이 있었느냐 26 이
스라엘이 헤스본과 그 마을들과 아로엘과 그 마을들과 아르논 강 가에 있는 모든 성읍에 거주한 지 삼백 년이거
늘 그 동안에 너희가 어찌하여 도로 찾지 아니하였느냐 27 내가 네게 죄를 짓지 아니하였거늘 네가 나를 쳐서 내
게 악을 행하고자 하는도다 원하건대 심판하시는 여호와께서 오늘 이스라엘 자손과 암몬 자손 사이에 판결하시
옵소서 하였으나 28 암몬 자손의 왕이 입다가 사람을 보내어 말한 것을 듣지 아니하였더라 29 이에 여호와의 영
이 입다에게 임하시니 입다가 길르앗과 므낫세를 지나서 길르앗의 미스베에 이르고 길르앗의 미스베에서부터
암몬 자손에게로 나아갈 때에 30 그가 여호와께 서원하여 이르되 주께서 과연 암몬 자손을 내 손에 넘겨 주시면
31 내가 암몬 자손에게서 평안히 돌아올 때에 누구든지 내 집 문에서 나와서 나를 영접하는 그는 여호와께 돌릴
것이니 내가 그를 번제물로 드리겠나이다 하니라 32 이에 입다가 암몬 자손에게 이르러 그들과 싸우더니 여호와
께서 그들을 그의 손에 넘겨 주시매 33 아로엘에서부터 민닛에 이르기까지 이십 성읍을 치고 또 아벨 그라밈까지
매우 크게 무찌르니 이에 암몬 자손이 이스라엘 자손 앞에 항복하였더라

입다의 딸

34 입다가 미스바에 있는 자기 집에 이를 때에 보라 그의 딸이 소고를 잡고 춤추며 나와
서 영접하니 이는 그의 무남독녀라 35 입다가 이를 보고 자기 옷을 찢으며 이르
되 어찌할꼬 내 딸이여 너는 나를 참담하게 하는 자요 너는 나를 괴롭게 하는
자 중의 하나로다 내가 여호와를 향하여 입을 열었으니 능히 돌이키지 못하
리로다 하니 36 딸이 그에게 이르되 나의 아버지여 아버지께서 여호와를 향
하여 입을 여셨으니 아버지의 입에서 낸 말씀대로 내게 행하소서 이는 여호
와께서 아버지를 위하여 아버지의 대적 암몬 자손에게 원수를 갚으셨음이니이다 하니라 37 또
그의 아버지에게 이르되 이 일만 내게 허락하사 나를 두 달만 버려 두소서 내가 내 여자 친구들과 산에 가서 나
의 처녀로 죽음을 인하여 애곡하겠나이다 하니 38 그가 이르되 가라 하고 두 달을 기한하고 그를 보내니 그가 그
여자 친구들과 가서 산 위에서 처녀로 죽음을 인하여 애곡하고 39 두 달
만에 그의 아버지에게로 돌아온지라 그는 자기가 서원한 대로 딸에게 행
하니 딸이 남자를 알지 못하였더라 이것이 이스라엘에 관습이 되어 40 이
스라엘의 딸들이 해마다 가서 길르앗 사람 입다의 딸을 위하여 나흘씩
애곡하더라

삿 11:34-40
학습 자료 17-9
"입다는 과연 딸을 번제로 드렸는가?" 참조

사사기 12장

입다와 에브라임 사람들

1 에브라임 사람들이 모여 북쪽으로 가서 입다에게 이르되 네가 암몬 자손과 싸우러 건너갈 때에 어찌하여 우리
를 불러 너와 함께 가게 하지 아니하였느냐 우리가 반드시 너와 네 집을 불사르리라 하니 2 입다가 그들에게 이
르되 나와 내 백성이 암몬 자손과 크게 싸울 때에 내가 너희를 부르되 너희가 나를 그들의 손에서 구원하지 아
니한 고로 3 나는 너희가 도와 주지 아니하는 것을 보고 내 목숨을 돌보지 아니하고 건너가서 암몬 자손을 쳤더
니 여호와께서 그들을 내 손에 넘겨 주셨거늘 너희가 어찌하여 오늘 내게 올라와서 나와 더불어 싸우고자 하느
냐 하니라 4 입다가 길르앗 사람을 다 모으고 에브라임과 싸웠으며 길르앗 사람들이 에브라임을 쳐서 무찔렀으
니 이는 에브라임의 말이 너희 길르앗 사람은 본래 에브라임에서 도망한 자로서 에브라임과 므낫세 중에 있다
하였음이라 5 길르앗 사람이 에브라임 사람보다 앞서 요단 강 나루턱을 장악하고 에브라임 사람의 도망하는 자
가 말하기를 청하건대 나를 건너가게 하라 하면 길르앗 사람이 그에게 묻기를 네가 에브라임 사람이냐 하여 그
가 만일 아니라 하면 6 그에게 이르기를 쉽볼렛이라 발음하라 하여 에브라임 사람이 그렇게 바로 말하지 못하고
십볼렛이라 발음하면 길르앗 사람이 곧 그를 잡아서 요단 강 나루턱에서 죽였더라 그 때에 에브라임 사람의 죽

은 자가 사만 이천 명이었더라 7 입다가 이스라엘의 사사가 된 지 육 년이라 길르앗 사람 입다가 죽으매 길르앗
에 있는 그의 성읍에 장사되었더라

사사 입산

8 그 뒤를 이어 베들레헴의 입산이 이스라엘의 사사가 되었더라 9 그가 아들 삼십 명과 딸 삼십 명을 두었더니
그가 딸들을 밖으로 시집 보냈고 아들들을 위하여는 밖에서 여자 삼십 명을 데려왔더라 그가 이스라엘의 사사
가 된 지 칠 년이라 10 입산이 죽으매 베들레헴에 장사되었더라 11 그 뒤를 이어 스불론 사람 엘론이 이스라엘
의 사사가 되어 십 년 동안 이스라엘을 다스렸더라 12 스불론 사람 엘론이 죽으매 스불론 땅 아얄론에 장사되
었더라

사사 압돈

13 그 뒤를 이어 비라돈 사람 힐렐의 아들 압돈이 이스라엘의 사사가 되었더라 14 그에게 아들 사십 명과 손자 삼
십 명이 있어 어린 나귀 칠십 마리를 탔더라 압돈이 이스라엘의 사사가 된 지 팔 년이라 15 비라돈 사람 힐렐의 아
들 압돈이 죽으매 에브라임 땅 아말렉 사람의 산지 비라돈에 장사되었더라

17일차 읽기의 요약

(삿 1~12)

여호수아가 죽고 그 땅에 안식이 찾아오자, 가나안의 정복 전쟁을 경험하지 못한 다음 세대들은 가나안 땅의 우상과 문화에 섞이기 시작한다. 하나님께서는 12지파가 땅을 분배받은 이후 하나님의 말씀을 통치 원리로 삼는 제사장 나라 문화를 꽃피우며 살기를 원하셨다. 그러나 레위 지파와 부모 세대는 자녀들에게 하나님의 말씀을 가르쳐 지키게 하는 일에 실패하였고 그 결과 이방 민족들에게 오히려 침략당하게 된다.

이 시기에 하나님께서는 이방 민족들의 압제와 고통으로부터 이스라엘을 구원할 사사들을 세우셔서 그 대적들과의 전쟁을 통해 이스라엘을 구원하신다. 그러나 이스라엘 백성은 오히려 이방 나라들의 왕정 체제를 부러워하여 이스라엘도 인간 왕이 세워지고 인간 왕의 통치를 받기를 원하여 하나님의 마음을 아프게 한다.

기드온 사사는 미디안과의 싸움에서 이기고 백성들로부터 왕이 되어달라는 요청을 받자, 이스라엘 나라는 여호와 하나님께서 다스리는 나라임을 깨닫고 왕이 되지 않는다. 그에 반해 기드온의 서자 아비멜렉은 스스로 왕이 되고자 형제 칠십 인을 살해하는 일이 벌어지기도 했다.

하나님이 말씀을 통해 주신 삶의 원리를 떠나고 다음 세대에 하나님의 구속 역사를 전수하는 일에 실패하자 이스라엘은 곧 우상 숭배에 빠지게 되고 자기 소견을 따라 타락한 삶을 살게 된다.

그러면 어떻게 살 것인가?

인위뚝·신위고!

13일~18일

☑ 세계관 점검 – 묵상하기 (영상 강의와 교재 내용의 이해를 바탕으로)

가나안의 문화와 종교

가나안 문화는 농경문화였고, 농사를 위주로 하는 가나안 사람들의 종교는 풍요의식이 중심이 되었다. "신들과 인간들의 아버지"라고 불리는 엘(El)이 만신전의 우두머리였다. 그렇지만 인기 있는 신은 바알(Baal) 이었다. 바알은 짐승과 인간의 생활뿐만 아니라 토양에도 비옥함을 가르쳐 주는 "구름의 신"(Rider of the Cloud) 이었다. 바알은 때때로 "아세라"(Asherah) 라고 불리는 풍요의 여신을 그 배우자로 삼고 있다. 아낫(Anat)과 아스타트(Astarte)도 풍요의 여신이다. 이런 신들이 드리는 의식은 사제와 여사제가 신전에서 성관계를 갖는 풍요의식인 "종교적 매춘"(Ritual Porstitution) 이다. 농경문화에서 "풍요"만큼 중요한 것은 없었다.

☑ 가나안 지방의 종교는 다신교이다.

가나안에는 많은 잡신이 있다. 애굽에서부터 잡신들을 섬기는 문화에 익숙했던 이스라엘의 백성들에게 이런 가나안의 문화는 매우 친숙한 것일 수 있다. 이런 잡다한 신들은 실제로 존재하지 않는 형상들로 표현된다. - 시편 115편

이스라엘 하나님, 살아 계시고, 인격이신 하나님을 모독하는 이런 신을 받아들이도록 유혹하는 것은 사악한 영 즉 사탄과 마귀들의 계략임을 알아야 한다. 가나안 백성들은 종교라는 이름 아래 매음을 신앙화했고, 자기들의 자녀를 희생 제물로 바치는 인신 제사를 지냈다.

바울은 이렇게 개탄한다. "이는 그들이 하나님의 진리를 거짓 것으로 바꾸어 피조물을 조물주보다 더 경배하고 섬김이라…."(롬 1:25)

- 가나안 사람과 함께 살면 가나안 사람들처럼 살아갈 수밖에 없다. 그들은 가나안 땅에서 하나님과 함께하지 않고 가나안과 함께했다.
- 아담은 동산을 다스려야 했고, 이스라엘은 가나안 땅을 다스려야 했다.
  아담은 동산에서 뱀을 제거해야 했고, 이스라엘은 가나안 땅에서 뱀의 후손을 제거해야 했다.
  "진멸하라."

사사기 1장에서 언급하기를 쫓아내지 못했다고 했다.
무엇을 쫓아내지 못했는가? [출 23:20-33, 신 7:1-11, 16, 수 23:5-13]
왜 그것을 쫓아내는 것이 중요한가? 왜 실패했을까?

삿 3:6은 사사 시대의 단면을 보여 주는 구절이다. 신 7:1-11, 수 23:5-13을 같이 읽고 이스라엘 백성들의 자세를 묵상하고 지금의 나의 삶은 어떤가를 반성해 보라.

각 사사들의 삶을 요약해 보고 그들이 얼마나 신위에 충실한 삶을 살았는가를 묵상해 보라.

"여호와의 목전에 악을 행하여…." 어떤 악을 행했나?
이스라엘 백성들은 왜 이렇게 끊임없이 하나님을 거역할까?(cf. 삿 21:25).

사사 시대의 악순환을 묵상하라

사사기에는 인간 타락상의 한 가지 두드러진 패턴(Pattern)이 드러나 있다. 곧 범죄(Sin) → 징계(Chastisement) → 회개(Repentance) → 구원 (Deliverance) → 망각(Forgetting) → 재범죄(Sin Again)라고 하는 과정이 순환적 주기(Recurring Cycle)가 되어 반복되고 있다. 물론 이 반복은 단순 반복이 아니라 반복이 거듭될수록 타락의 양상은 다양화되고 심화되어 가는 일종의 하향식의 나선(Downward Spiral)을 그리고 있다. 이는 당시의 이스라엘뿐 아니라 근본적으로 타락한 본성을 가지고 있는 인간이 타락한 세상에서 살아가는 삶의 기본 패턴을 보여주고 있다. 그러나 끊임없이 배교하는 타락한 본성을 가지고 있는 이스라엘 백성의 모습에도 불구하고, 하나님은 그들이 하나님께 부르짖을 때마다 사사들(The Judges)을 보내셔서 그 백성을 압제로부터 구원하여 내셨다. 이는 인류의 타락성에도 불구하고 참되고 영원한 사사이신 예수 그리스도를 이 땅에 보내셔서 회개하는 자에게 사탄의 압제로부터 구원을 베푸실 것에 대한 구약적 전망이라고 할 수 있다.

결단기도와 실행하기

약 2:26 영혼 없는 몸이 죽은 것 같이 행함이 없는 믿음은 죽은 것이니라
시 119:28 나의 영혼이 눌림으로 말미암아 녹사오니 주의 말씀대로 나를 세우소서

사사기 13~21장
룻기 1~4장

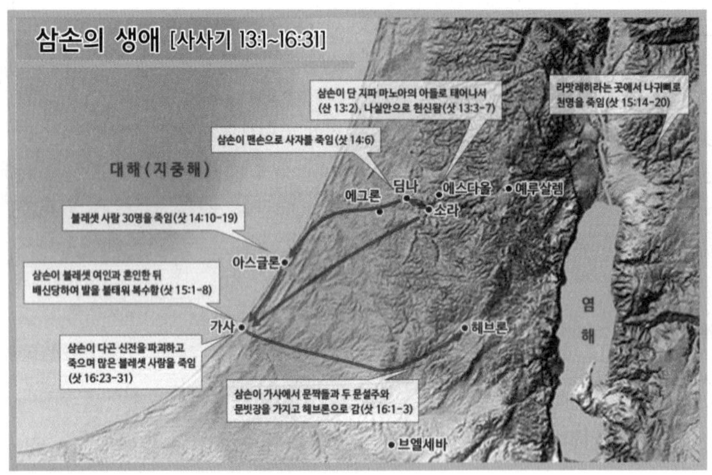
삼손의 생애 [사사기 13:1~16:31]
삼손이 단 지파 마노아의 아들로 태어나서
(산 13:2), 나실인으로 헌신함(삿 13:3-7)
라맛레히라는 곳에서 나귀뼈로
천명을 죽임(삿 15:14-20)
삼손이 맨손으로 사자를 죽임(삿 14:6)
대해(지중해)
딤나
에스다올
예루살렘
에그론
소라
블레셋 사람 30명을 죽임(삿 14:10-19)
아스글론
삼손이 블레셋 여인과 혼인한 뒤
배신당하여 밭을 불태워 복수함(삿 15:1-8)
가사
헤브론
염
해
삼손이 다곤 신전을 파괴하고
죽으며 많은 블레셋 사람을 죽임
(삿 16:23-31)
삼손이 가사에서 문짝들과 두 문설주와
문빗장을 가지고 헤브론으로 감(삿 16:1-3)
브엘세바

❖ 삿 13~16장 **삼손**

삼손은 이스라엘의 사사 중에서도 가장 파란만장한 삶을 살았던 인물이다. 그는 단 지파 사람 마노아의 아들로 태어났다. 삼손은 나기 전부터 하나님의 계시를 받고 블레셋의 학정에서 이스라엘을 구할 사사로 부름을 받았다. 그래서 태어날 때부터 하나님을 위하여 바쳐진 나실인으로 지목되었고 평생 독주를 마시지 못하고 머리에 삭도를 대지 못하도록 명령을 받았다. 삼손이 성년이 되었을 때 하나님의 신이 그에게 임하셔서 그때부터 블레셋을 대상으로 활약을 시작하였다. 그는 맨손으로, 때로는 나귀턱뼈 하나를 가지고 수많은 블레셋 사람을 죽였다. 그러나 사사로서 삼손의 활동은 다른 사사들에 비해 매우 독특하였다. 다른 사사들은 조직을 구성하고 의식적으로 해방을 위해 전쟁을 벌였으나 삼손은 항상 개인적으로 활동하였고 이스라엘의 해방을 위한 의식적인 전투를 벌이지 않았다. 그런데도 블레셋 사람들은 삼손의 무서운 활약에 기가 눌려 이스라엘 백성을 괴롭히지 못하였다. 하지만 삼손은 그의 막강한 힘에도 불구하고 하나님의 뜻을 헤아리고 행동하지 못한 잘못을 범하였다. 그는 나실 인으로서 규례를 어기고 이방 여인과 결혼하였고 독주를 마셨으며 자신의 영예와 개인적인 복수를 위해 블레셋 사람들을 죽였다. 결국 들릴라라는 블레셋 여인에게 유혹되어 머리칼을 깎임으로 힘을 잃고 연자 맷돌을 돌리는 포로의 신세가 되었다. 그러나 최후의 순간에 하나님께 간구함으로 힘을 얻고 수천 명의 블레셋 사람들과 함께 장렬한 최후를 맞이하였다. 이처럼 사사이지만 모범적이지 못하고 개인적이며 영육이 점철된 삶을 살았던 삼손의 인생이었지만, 초인적인 힘을 통해 블레셋 족속들에게 놀라운 하나님의 능력을 나타내 보였다는 점에서 의미를 찾아볼 수 있다.

사사기 13장

삼손이 태어나다

1 이스라엘 자손이 다시 여호와의 목전에 악을 행하였으므로 여호와께서
그들을 사십 년 동안 블레셋 사람의 손에 넘겨 주시니라 2 소라 땅에 단 지
파의 가족 중에 마노아라 이름하는 자가 있더라 그의 아내가 임신하지 못
하므로 출산하지 못하더니 3 여호와의 사자가 그 여인에게 나타나서 그에
게 이르시되 보라 네가 본래 임신하지 못하므로 출산하지 못하였으나 이제
임신하여 아들을 낳으리니 4 그러므로 너는 삼가 포도주와 독주를 마시지
말며 어떤 부정한 것도 먹지 말지니라 5 보라 네가 임신하여 아들을 낳으리
니 그의 머리 위에 삭도를 대지 말라 이 아이는 태에서 나옴으로부터 하나
님께 바쳐진 나실인이 됨이라 그가 블레셋 사람의 손에서 이스라엘을 구원
하기 시작하리라 하시니 6 이에 그 여인이 가서 그의 남편에게 말하여 이르
되 하나님의 사람이 내게 오셨는데 그의 모습이 하나님의 사자의 용모 같
아서 심히 두려우므로 어디서부터 왔는지를 내가 묻지 못하였고 그도 자기
이름을 내게 이르지 아니하였으며 7 그가 내게 이르기를 보라 네가 임신하여 아들을 낳으리니 이제 포도주와 독주
를 마시지 말며 어떤 부정한 것도 먹지 말라 이 아이는 태에서부터 그가 죽는 날까지 하나님께 바쳐진 나실인이 됨
이라 하더이다 하니라 8 마노아가 여호와께 기도하여 이르되 주여 구하옵나니 주께서 보내셨던 하나님의 사람을 우
리에게 다시 오게 하사 우리가 그 낳을 아이에게 어떻게 행할지를 우리에게 가르치게 하소서 하니 9 하나님이 마노
아의 목소리를 들으시니라 여인이 밭에 앉았을 때에 하나님의 사자가 다시 그에게 임하였으나 그의 남편 마노아는
함께 있지 아니한지라 10 여인이 급히 달려가서 그의 남편에게 알리어 이르되 보소서 전일에 내게 오셨던 그 사람이
내게 나타났나이다 하매 11 마노아가 일어나 아내를 따라가서 그 사람에게 이르러 그에게 묻되 당신이 이 여인에게

말씀하신 그 사람이니이까 하니 이르되 내가 그로다 하니라 12 마노아가 이
르되 이제 당신의 말씀대로 되기를 원하나이다 이 아이를 어떻게 기르며 우
리가 그에게 어떻게 행하리이까 13 여호와의 사자가 마노아에게 이르되 내
가 여인에게 말한 것들을 그가 다 삼가서 14 포도나무의 소산을 먹지 말며
포도주와 독주를 마시지 말며 어떤 부정한 것도 먹지 말고 내가 그에게 명
령한 것은 다 지킬 것이니라 하니라 15 마노아가 여호와의 사자에게 말하되
구하옵나니 당신은 우리에게 머물러서 우리가 당신을 위하여 염소 새끼 하
나를 준비하게 하소서 하니 16 여호와의 사자가 마노아에게 이르되 네가 비
록 나를 머물게 하나 내가 네 음식을 먹지 아니하리라 번제를 준비하려거든
마땅히 여호와께 드릴지니라 하니 이는 그가 여호와의 사자인 줄을 마노아
가 알지 못함이었더라 17 마노아가 또 여호와의 사자에게 말하되 당신의 이
름이 무엇이니이까 당신의 말씀이 이루어질 때에 우리가 당신을 존귀히 여
기리이다 하니 18 여호와의 사자가 그에게 이르되 어찌하여 내 이름을 묻느
냐 내 이름은 기묘자라 하니라 19 이에 마노아가 염소 새끼와 소제물을 가
져다가 바위 위에서 여호와께 드리매 이적이 일어난지라 마노아
와 그의 아내가 본즉 20 불꽃이 제단에서부터 하늘로 올라가는
동시에 여호와의 사자가 제단 불꽃에 휩싸여 올라간지라 마노
아와 그의 아내가 그것을 보고 그들의 얼굴을 땅에 대고 엎드
리니라 21 여호와의 사자가 마노아와 그의 아내에게 다시 나타나지 아니하니 마노아가
그제야 그가 여호와의 사자인 줄 알고 22 그의 아내에게 이르되 우리가 하나님을 보았
으니 반드시 죽으리로다 하니 23 그의 아내가 그에게 이르되 여호와께서 우리를 죽이려
하셨더라면 우리 손에서 번제와 소제를 받지 아니하셨을 것이요 이 모든 일을 보이지
아니하셨을 것이며 이제 이런 말씀도 우리에게 이르지 아니하셨으리이다 하였더라 24
그 여인이 아들을 낳으매 그의 이름을 삼손이라 하니라 그 아이가 자라매 여호와께서 그에게 복
을 주시더니 25 소라와 에스다올 사이 마하네단에서 여호와의 영이 그를 움직이기 시작하셨더라

❖ 미국의 마크 애테베리 목사는 '삼손 신드롬'(이레서원 2005)이라는 그의 저서를 통해 삼손같이 강한 남자들이 범할 수 있는 12가지 문제를 지적한 적이 있다.
1) 죄의 경계선을 무시한다.
2) 정욕과 씨름한다.
3) 남의 조언을 무시한다.
4) 규칙을 깨뜨린다.
5) 자기 과시가 강하다.
6) 분노를 다루지 못한다.
7) 같은 실수를 되풀이 한다.
8) 자아가 강하다.
9) 어리석은 모험을 잘 한다.
10) 친밀한 관계가 없다.
11) 모든 것을 당연시 한다.
12) 큰 그림을 보지 못한다.
이상의 문제점은 삼손이 당한 것들이다. 사사기 14장 이하 삼손의 기사를 읽을 때 위에 열거한 삼손의(또는 삼손과 같이 강한 남자들) 문제점들이 어떻게 나타나는가를 살펴보라. 이 모습이 나의 모습인지도 모를 일이다. 성찰해 보자.

삿 13:24
학습 자료 18-1 "축복" 참조

사사기 14장

삼손과 딤나의 여자

1 삼손이 딤나에 내려가서 거기서 블레셋 사람의 딸들 중에서 한 여자를 보고 2 올라와서 자기 부모에게 말하여
이르되 내가 딤나에서 블레셋 사람의 딸들 중에서 한 여자를 보았사오니 이제 그를 맞이하여 내 아내로 삼게 하
소서 하매 3 그의 부모가 그에게 이르되 네 형제들의 딸들 중에나 내 백성 중에 어찌 여자가 없어서 네가 할례
받지 아니한 블레셋 사람에게 가서 아내를 맞으려 하느냐 하니 삼손이 그의 아버지에게 이르되 내가 그 여자를
좋아하오니 나를 위하여 그 여자를 데려오소서 하니라 4 그 때에 블레셋 사람이 이스라엘을 다스린 까닭에 삼
손이 틈을 타서 블레셋 사람을 치려함이었으나 그의 부모는 이 일이 여호와께로부터 나온 것인 줄은 알지 못하
였더라 5 삼손이 그의 부모와 함께 딤나에 내려가 딤나의 포도원에 이른즉 젊은 사자가 그를 보고 소리 지르는
지라 6 여호와의 영이 삼손에게 강하게 임하니 그가 손에 아무것도 없이 그 사자를 염소 새끼를 찢는 것 같이 찢
었으나 그는 자기가 행한 일을 부모에게 알리지 아니하였더라 7 그가 내려가서 그 여자와 말하니 그 여자가 삼
손의 눈에 들었더라 8 얼마 후에 삼손이 그 여자를 맞이하려고 다시 가다가 돌이켜 그 사자의 주검을 본즉 사자
의 몸에 벌 떼와 꿀이 있는지라 9 손으로 그 꿀을 떠서 걸어가며 먹고 그의 부모에게 이르러 그들에게 그것을 드
려서 먹게 하였으나 그 꿀을 사자의 몸에서 떠왔다고는 알리지 아니하였더라 10 삼손의 아버지가 여자에게로 내

려가매 삼손이 거기서 잔치를 베풀었으니 청년들은 이렇게 행하는 풍속이 있음이더라 11 무리가 삼손을 보고 삼
십 명을 데려와서 친구를 삼아 그와 함께 하게 한지라 12 삼손이 그들에게 이르되 이제 내가 너희에게 수수께끼
를 내리니 잔치하는 이레 동안에 너희가 그것을 풀어 내게 말하면 내가 베옷 삼십 벌과 겉옷 삼십 벌을 너희에
게 주리라 13 그러나 그것을 능히 내게 말하지 못하면 너희가 내게 베옷 삼십 벌과 겉옷 삼십 벌을 줄지니라 하
니 그들이 이르되 네가 수수께끼를 내면 우리가 그것을 들으리라 하매 14 삼손이 그들에게 이르되 먹는 자에게
서 먹는 것이 나오고 강한 자에게서 단 것이 나왔느니라 하니라 그들이 사흘이 되도록 수수께끼를 풀지 못하였
더라 15 일곱째 날에 이르러 그들이 삼손의 아내에게 이르되 너는 네 남편을 꾀어 그 수수께끼를 우리에게 알려
달라 하라 그렇지 아니하면 너와 네 아버지의 집을 불사르리라 너희가 우리의 소유를 빼앗고자 하여 우리를 청
한 것이 아니냐 그렇지 아니하냐 하니 16 삼손의 아내가 그의 앞에서 울며 이르되 당신이 나를 미워할 뿐이요 사
랑하지 아니하는도다 우리 민족에게 수수께끼를 말하고 그 뜻을 내게 알려 주지 아니하도다 하는지라 삼손이
그에게 이르되 보라 내가 그것을 나의 부모에게도 알려 주지 아니하였거든 어찌 그대에게 알게 하리요 하였으
나 17 칠 일 동안 그들이 잔치할 때 그의 아내가 그 앞에서 울며 그에게 강요함으로 일곱째 날에는 그가 그의 아
내에게 수수께끼를 알려 주매 그의 아내가 그것을 자기 백성들에게 알려 주었더라 18 일곱째 날 해 지기 전에 성
읍 사람들이 삼손에게 이르되 무엇이 꿀보다 달겠으며 무엇이 사자보다 강하겠느냐 한지라 삼손이 그들에게 이
르되 너희가 내 암송아지로 밭 갈지 아니하였더라면 내 수수께끼를 능히 풀지 못하였으리라 하니라 19 여호와의
영이 삼손에게 갑자기 임하시매 삼손이 아스글론에 내려가서 그 곳 사람 삼십 명을 쳐 죽이고 노략하여 수수께
끼 푼 자들에게 옷을 주고 심히 노하여 그의 아버지의 집으로 올라갔고 20 삼손의 아내는 삼손의 친구였던 그의
친구에게 준 바 되었더라

사사기 15장

1 얼마 후 밀 거둘 때에 삼손이 염소 새끼를 가지고 그의 아내에게로 찾아 가서 이르되 내가 방에 들어가 내 아
내를 보고자 하노라 하니 장인이 들어오지 못하게 하고 2 이르되 네가 그를 심히 미워하는 줄 알고 그를 네 친구
에게 주었노라 그의 동생이 그보다 더 아름답지 아니하냐 청하노니 너는 그를 대신하여 동생을 아내로 맞이하
라 하니 3 삼손이 그들에게 이르되 이번은 내가 블레셋 사람들을 해할지라도
그들에게 대하여 내게 허물이 없을 것이니라 하고 4 삼손이 가서 여우 삼백 마
리를 붙들어서 그 꼬리와 꼬리를 매고 홰를 가지고 그 두 꼬리 사이에 한 홰를
달고 5 홰에 불을 붙이고 그것을 블레셋 사람들의 곡식밭으로 몰아 들여
서 곡식 단과 아직 베지 아니한 곡식과 포도원과 감람나무들을 사른지라
6 블레셋 사람들이 이르되 누가 이 일을 행하였느냐 하니 사람들이 대답하
되 딤나 사람의 사위 삼손이니 장인이 삼손의 아내를 빼앗아 그의 친구에게
준 까닭이라 하였더라 블레셋 사람들이 올라가서 그 여인과 그의 아버지를 불사르니라 7 삼손이 그들에게 이르
되 너희가 이같이 행하였은즉 내가 너희에게 원수를 갚고야 말리라 하고 8 블레셋 사람들의 정강이와 넓적다리
를 크게 쳐서 죽이고 내려가서 에담 바위틈에 머물렀더라

삼손이 블레셋을 치다

9 이에 블레셋 사람들이 올라와 유다에 진을 치고 레히에 가득한지라 10 유다 사람들이 이르되 너희가 어찌하여
올라와서 우리를 치느냐 그들이 대답하되 우리가 올라온 것은 삼손을 결박하여 그가 우리에게 행한 대로 그에
게 행하려 함이로라 하는지라 11 유다 사람 삼천 명이 에담 바위틈에 내려가서 삼손에게 이르되 너는 블레셋 사
람이 우리를 다스리는 줄을 알지 못하느냐 네가 어찌하여 우리에게 이같이 행하였느냐 하니 삼손이 그들에게
이르되 그들이 내게 행한 대로 나도 그들에게 행하였노라 하니라 12 그들이 삼손에게 이르되 우리가 너를 결박
하여 블레셋 사람의 손에 넘겨 주려고 내려왔노라 하니 삼손이 그들에게 이르되 너희가 나를 치지 아니하겠다

고 내게 맹세하라 하매 13 그들이 삼손에게 말하여 이르되 아니라 우리가 다만 너를 단단히 결박하여 그들의 손
에 넘겨 줄 뿐이요 우리가 결단코 너를 죽이지 아니하리라 하고 새 밧줄 둘로 결박하고 바위 틈에서 그를 끌어내
니라 14 삼손이 레히에 이르매 블레셋 사람들이 그에게로 마주 나가며 소리 지를 때 여호와의 영이 삼손에게 갑
자기 임하시매 그의 팔 위의 밧줄이 불탄 삼과 같이 그의 결박되었던 손에서 떨어진지라 15 삼손이 나귀의 새 턱
뼈를 보고 손을 내밀어 집어 들고 그것으로 천 명을 죽이고 16 이르되 나귀의 턱뼈로 한 더미, 두 더미를 쌓았음
이여 나귀의 턱뼈로 내가 천 명을 죽였도다 하니라 17 그가 말을 마치고 턱뼈를 자기 손에서 내던지고 그 곳을 라
맛 레히라 이름하였더라 18 삼손이 심히 목이 말라 여호와께 부르짖어 이르되 주께서 종의 손을 통하여 이 큰 구
원을 베푸셨사오나 내가 이제 목말라 죽어서 할례 받지 못한 자들의 손에 떨어지겠나이다 하니 19 하나님이 레
히에서 한 우묵한 곳을 터뜨리시니 거기서 물이 솟아나오는지라 삼손이 그것을 마시고 정신이 회복되어 소생하
니 그러므로 그 샘 이름을 엔학고레라 불렀으며 그 샘이 오늘까지 레히에 있더라 20 블레셋 사람의 때에 삼손이
이스라엘의 사사로 이십 년 동안 지냈더라

사사기 16장

삼손이 가사에 가다

1 삼손이 가사에 가서 거기서 한 기생을 보고 그에게로 들어갔더니 2 가사 사람들에게 삼손이 왔다고 알려지매
그들이 곧 그를 에워싸고 밤새도록 성문에 매복하고 밤새도록 조용히 하며 이르기를 새벽이 되거든 그를 죽이
리라 하였더라 3 삼손이 밤중까지 누워 있다가 그 밤중에 일어나 성 문짝들과 두 문설주와 문빗장을 빼어 가지
고 그것을 모두 어깨에 메고 헤브론 앞산 꼭대기로 가니라

삼손과 들릴라

4 이 후에 삼손이 소렉 골짜기의 들릴라라 이름하는 여인을 사랑하매 5 블레셋 사람의 방백들이 그 여인에게로
올라가서 그에게 이르되 삼손을 꾀어서 무엇으로 말미암아 그 큰 힘이 생기는지 그리고 우리가 어떻게 하면 능
히 그를 결박하여 굴복하게 할 수 있을는지 알아보라 그리하면 우리가 각각 은 천백 개씩을 네게 주리라 하니 6
들릴라가 삼손에게 말하되 청하건대 당신의 큰 힘이 무엇으로 말미암아 생기며 어떻게 하면 능히 당신을 결박하
여 굴복하게 할 수 있을는지 내게 말하라 하니 7 삼손이 그에게 이르되 만일 마르지 아니한 새 활줄 일곱으로 나
를 결박하면 내가 약해져서 다른 사람과 같으리라 8 블레셋 사람의 방백들이 마르지 아니한 새 활줄 일곱을 여
인에게로 가져오매 그가 그것으로 삼손을 결박하고 9 이미 사람을 방 안에 매복시켰으므로 삼손에게 말하되 삼
손이여 블레셋 사람들이 당신에게 들이닥쳤느니라 하니 삼손이 그 줄들을 끊기를 불탄 삼실을 끊음 같이 하였
고 그의 힘의 근원은 알아내지 못하니라 10 들릴라가 삼손에게 이르되 보라 당신이 나를 희롱하여 내게 거짓말
을 하였도다 청하건대 무엇으로 당신을 결박할 수 있을는지 이제는 내게 말하라 하니 11 삼손이 그에게 이르되
만일 쓰지 아니한 새 밧줄들로 나를 결박하면 내가 약해져서 다른 사람과 같으리라 하니라 12 들릴라가 새 밧줄
들을 가져다가 그것들로 그를 결박하고 그에게 이르되 삼손이여 블레셋 사람이 당신에게 들이닥쳤느니라 하니
삼손이 팔 위의 줄 끊기를 실을 끊음 같이 하였고 그 때에도 사람이 방 안에 매복하였더라 13 들릴라가 삼손에게
이르되 당신이 이 때까지 나를 희롱하여 내게 거짓말을 하였도다 내가 무엇으로 당신을 결박할 수 있을는지 내
게 말하라 하니 삼손이 그에게 이르되 그대가 만일 나의 머리털 일곱 가닥을 베틀의 날실에 섞어 짜면 되리라 하
는지라 14 들릴라가 바디로 그 머리털을 단단히 짜고 그에게 이르되 삼손이여 블레셋 사람들이 당신에게 들이닥
쳤느니라 하니 삼손이 잠을 깨어 베틀의 바디와 날실을 다 빼내니라 15 들릴라가 삼손에게 이르되 당신의 마음
이 내게 있지 아니하면서 당신이 어찌 나를 사랑한다 하느냐 당신이 이로써 세 번이나 나를 희롱하고 당신의 큰
힘이 무엇으로 말미암아 생기는지를 내게 말하지 아니하였도다 하며 16 날마다 그 말로 그를 재촉하여 조르매
삼손의 마음이 번뇌하여 죽을 지경이라 17 삼손이 진심을 드러내어 그에게 이르되 내 머리 위에는 삭도를 대지
아니하였나니 이는 내가 모태에서부터 하나님의 나실인이 되었음이라 만일 내 머리가 밀리면 내 힘이 내게서 떠

나고 나는 약해져서 다른 사람과 같으리라
하니라 18 들릴라가 삼손이 진심을 다 알려 주
므로 사람을 보내어 블레셋 사람들의 방백들
을 불러 이르되 삼손이 내게 진심을 알려 주었으
니 이제 한 번만 올라오라 하니 블레셋 방백들이 손에
은을 가지고 그 여인에게로 올라오니라 19 들릴라가
삼손에게 자기 무릎을 베고 자게 하고 사람을 불러 그
의 머리털 일곱 가닥을 밀고 괴롭게 하여 본즉 그의
힘이 없어졌더라 20 들릴라가 이르되 삼손이여 블레
셋 사람이 당신에게 들이닥쳤느니라 하니 삼손이 잠을 깨며 이르기를 내
가 전과 같이 나가서 몸을 떨치리라 하였으나 여호와께서 이미 자기를 떠
나신 줄을 깨닫지 못하였더라 21 블레셋 사람들이 그를 붙잡아 그의 눈을
빼고 끌고 가사에 내려가 놋 줄로 매고 그에게 옥에서 맷돌을 돌리게 하
였더라 22 그의 머리털이 밀린 후에 다시 자라기 시작하니라

삼손이 죽다

23 블레셋 사람의 방백들이 이르되 우리의 신이 우리 원수 삼손을 우리 손
에 넘겨 주었다 하고 다 모여 그들의 신 다곤에게 큰 제사를 드리고 즐거
워하고 24 백성들도 삼손을 보았으므로 이르되 우리의 땅을 망쳐 놓고 우
리의 많은 사람을 죽인 원수를 우리의 신이 우리 손에 넘겨 주었다 하고
자기들의 신을 찬양하며 25 그들의 마음이 즐거울 때에 이르되 삼손을 불
러다가 우리를 위하여 재주를 부리게 하자 하고 옥에서 삼손을 불러내매
삼손이 그들을 위하여 재주를 부리니라 그들이 삼손을 두 기둥 사이에 세
웠더니 26 삼손이 자기 손을 붙든 소년에게 이르되 나에게 이 집을 버틴
기둥을 찾아 그것을 의지하게 하라 하니라 27 그 집에는 남녀가 가득하니
블레셋 모든 방백들도 거기에 있고 지붕에 있는 남녀도 삼천 명 가량이라 다 삼손이 재주 부리는 것을 보더라 28
삼손이 여호와께 부르짖어 이르되 주 여호와여 구하옵나니 나를 생각하옵소서 하나님이여 구하옵나니 이번만
나를 강하게 하사 나의 두 눈을 뺀 블레셋 사람에게 원수를 단번에 갚게 하옵
소서 하고 29 삼손이 집을 버틴 두 기둥 가운데 하나는 왼손으로 하나는 오른손
으로 껴 의지하고 30 삼손이 이르되 블레셋 사람과 함께 죽기를 원하노라 하고
힘을 다하여 몸을 굽히매 그 집이 곧 무너져 그 안에 있는 모든 방백들과 온 백
성에게 덮이니 삼손이 죽을 때에 죽인 자가 살았을 때에 죽인 자보다 더욱 많았
더라 31 그의 형제와 아버지의 온 집이 다 내려가서 그의 시체를 가지고 올라가
서 소라와 에스다올 사이 그의 아버지 마노아의 장지에 장사하니라 삼손이 이
스라엘의 사사로 이십 년 동안 지냈더라

삿 16:17 나실인 삼손

나실인이란 특별한 서원을 통해 자신의 몸을 하나님께 드린 사람을 말한다. 나실인의 기원은 모세의 율법에서 비롯되었다(민 6:1-21). 나실인이 서약하는 것은 보통 하나님께서 자신에게 내려 주신 은혜에 대한 감사의 표시나 어떤 청원을 이루기 위해 서원을 하는 경우, 또는 특별한 하나님의 일에 봉사하기 위해 서원하는 경우가 있다. 나실인들은 자신을 드려 거룩하게 한 기간 동안 지켜야 할 사항이 있다.
첫째는 시체를 멀리하는 것이고(민6:9-12),
둘째는 포도주와 독주를 금하여야 하며(민 6:3-4).
셋째는 머리를 깎는 것이다(민6:5).
이는 하나님께 드려진 자는 거룩해야 하므로 부정해지는 것을 방지하기 위해서이다.
그리고 나실인으로서의 서원 기간이 끝나면 번제와 속죄제와 화목제를 드리고 자기 머리카락을 밀어서 불에 태움으로 보통인으로 환속될 수 있었다. 그런데 어떤 일정한 기간만이 아니라 평생을 나실인으로 서원하는 경우도 있다. 바로 삼손과 사무엘이 대표적인 경우이다.
삼손은 하나님께서 정하신 나실인으로 특별한 사역을 위해 구별된 경우이고 사무엘은 자식을 얻기 위한 어머니 한나의 서원에 따른 것이었다. 이런 경우도 금지 규정은 동일하며 단지 일정기간이 아니라 평생 서약을 지켜야 한다는 점이 다를 뿐이다.
☞ 삼손이 들릴라의 꼬드김에 넘어가 나실인 서약 2번째를 어김으로 하나님의 능력을 잃어버리고 패망의 길을 가게 된다.

사사기 17장

미가 집의 제사장

1 에브라임 산지에 미가라 이름하는 사람이 있더니 2 그의 어머니에게 이르되 어머니께서 은 천백을 잃어버리셨
으므로 저주하시고 내 귀에도 말씀하셨더니 보소서 그 은이 내게 있나이다 내가 그것을 가졌나이다 하니 그의
어머니가 이르되 내 아들이 여호와께 복 받기를 원하노라 하니라 3 미가가 은 천백을 그의 어머니에게 도로 주매

그의 어머니가 이르되 내가 내 아들을 위하여 한 신상을 새기며 한 신상
을 부어 만들기 위해 내 손에서 이 은을 여호와께 거룩히 드리노라 그러
므로 내가 이제 이 은을 네게 도로 주리라 4 미가가 그 은을 그의 어머니
에게 도로 주었으므로 어머니가 그 은 이백을 가져다 은장색에게 주어 한
신상을 새기고 한 신상을 부어 만들었더니 그 신상이 미가의 집에 있더라
5 그 사람 미가에게 신당이 있으므로 그가 에봇과 드라빔을 만들고 한 아
들을 세워 그의 제사장으로 삼았더라 6 그 때에는 이스라엘에 왕이 없었
으므로 사람마다 자기 소견에 옳은 대로 행하였더라 7 유다 가족에 속한
유다 베들레헴에 한 청년이 있었으니 그는 레위인으로서 거기서 거류하
였더라 8 그 사람이 거주할 곳을 찾고자 하여 그 성읍 유다 베들레헴을 떠
나 가다가 에브라임 산지로 가서 미가의 집에 이르매 9 미가가 그에게 묻
되 너는 어디서부터 오느냐 하니 그가 이르되 나는 유다 베들레헴의 레위
인으로서 거류할 곳을 찾으러 가노라 하는지라 10 미가가 그에게 이르되
네가 나와 함께 거주하며 나를 위하여 아버지와 제사장이 되라 내가 해
마다 은 열과 의복 한 벌과 먹을 것을 주리라 하므로 그 레위인이 들어갔
더라 11 그 레위인이 그 사람과 함께 거주하기를 만족하게 생각했으니 이
는 그 청년이 미가의 아들 중 하나 같이 됨이라 12 미가가 그 레위인을 거
룩하게 구별하매 그 청년이 미가의 제사장이 되어 그 집에 있었더라 13 이
에 미가가 이르되 레위인이 내 제사장이 되었으니 이제 여호와께서 내게
복 주실 줄을 아노라 하니라

❖ 삿 17장~21장 직무유기의 레위와 시대의 난맥상

1장에서 언급한 것처럼 "쫓아내지 못함"으로 이스라엘 백성은 결국 우상 숭배에 빠져 섞임으로 하나님의 백성으로서의 정체성을 잃어버리고 만다. 그 정체성을 상실한 백성들의 난맥상이 어떤 것인가를 17장~21장에서 보여 주고 있다. 22:25 "그 때에 이스라엘에 왕이 없으므로 사람이 각기 자기의 소견에 옳은 대로 행하였더라"라고 했다. 결국 그들은 자기 소견 즉 인위(人爲)의 삶을 살았다. 이것이 오늘날에는 하나님 없이 인간의 힘으로 살아가려는 현대인의 모습이기도 하다. 그것이 오늘날의 뉴에이지(New Age)운동이고 "긍정의 힘"이 주장하는 요점이기도 하며 다원주의의 속성이기도 하다.

그러나 성경은 분명히 말한다.

☞ **잠 16:9** "사람이 마음으로 자기의 길을 계획할지라도 그의 걸음을 인도하는 자는 여호와시니라"

☞ **잠 16:33** "사람이 제비는 뽑으나 모든 일을 작정하기는 여호와께 있느니라"

☞ **시 37:5** "네 길을 여호와께 맡기라 그를 의지하면 그가 이루시고"

여기서 우리는 다시 한번 분명한 성경적 세계관을 확고히 하는 결단을 해야 한다.

레위인들에게는 땅을 할당하지 않고 48 성읍으로 배치하여 각 지파에게 모세의 명한 대로 여호와의 규례를 가르치는 일을 감당해야 함에도 불구하고(수 21장, 레 10:11), 본문의 레위인은 '거할 곳을 찾고자 하여' 돌아다니고 있다. 이들 역시 "왕이 없이 자기 소견대로 살았다"는 것이다.

사사기 18장

미가와 단 지파

1 그 때에 이스라엘에 왕이 없었고 단 지파는 그 때에 거주할 기업의 땅을
구하는 중이었으니 이는 그들이 이스라엘 지파 중에서 그 때까지 기업을 분배 받지 못하였음이라 2 단 자손이 소
라와 에스다올에서부터 그들의 가족 가운데 용맹스런 다섯 사람을 보내어 땅을 정탐하고 살피게 하며 그들에게
이르되 너희는 가서 땅을 살펴보라 하매 그들이 에브라임 산지에 가서 미가의 집에 이르러 거기서 유숙하니라 3
그들이 미가의 집에 있을 때에 그 레위 청년의 음성을 알아듣고 그리로 돌아가서 그에게 이르되 누가 너를 이리
로 인도하였으며 네가 여기서 무엇을 하며 여기서 무엇을 얻었느냐 하니 4 그가 그들에게 이르되 미가가 이러이
러하게 나를 대접하고 나를 고용하여 나를 자기의 제사장으로 삼았느니라 하니라 5 그들이 그에게 이르되 청하
건대 우리를 위하여 하나님께 물어 보아서 우리가 가는 길이 형통할는지 우리에게 알게 하라 하니 6 그 제사장이
그들에게 이르되 평안히 가라 너희가 가는 길은 여호와 앞에 있느니라 하니라 7 이에 다섯 사람이 떠나 라이스에
이르러 거기 있는 백성을 본즉 염려 없이 거주하며 시돈 사람들이 사는 것처럼 평온하며 안전하니 그 땅에는 부
족한 것이 없으며 부를 누리며 시돈 사람들과 거리가 멀고 어떤 사람과도 상종하지 아니함이라 8 그들이 소라와
에스다올에 돌아가서 그들의 형제들에게 이르매 형제들이 그들에게 묻되 너희가 보기에 어떠하더냐 하니 9 이
르되 일어나 그들을 치러 올라가자 우리가 그 땅을 본즉 매우 좋더라 너희는 가만히 있느냐 나아가서 그 땅 얻기
를 게을리 하지 말라 10 너희가 가면 평화로운 백성을 만날 것이요 그 땅은 넓고 그 곳에는 세상에 있는 것이 하
나도 부족함이 없느니라 하나님이 그 땅을 너희 손에 넘겨 주셨느니라 하는지라 11 단 지파의 가족 중 육백 명이
무기를 지니고 소라와 에스다올에서 출발하여 12 올라가서 유다에 있는 기럇여아림에 진 치니 그러므로 그 곳 이
름이 오늘까지 마하네 단이며 그 곳은 기럇여아림 뒤에 있더라 13 무리가 거기서 떠나 에브라임 산지 미가의 집

에 이르니라 14 전에 라이스 땅을 정탐하러 갔던 다섯 사람이 그 형제들에
게 말하여 이르되 이 집에 에봇과 드라빔과 새긴 신상과 부어 만든 신상
이 있는 줄을 너희가 아느냐 그런즉 이제 너희는 마땅히 행할 것을 생각
하라 하고 15 다섯 사람이 그 쪽으로 향하여 그 청년 레위 사람의 집 곧 미
가의 집에 이르러 그에게 문안하고 16 단 자손 육백 명은 무기를 지니고
문 입구에 서니라 17 그 땅을 정탐하러 갔던 다섯 사람이 그리로 들어가서
새긴 신상과 에봇과 드라빔과 부어 만든 신상을 가져갈 때에 그 제사장
은 무기를 지닌 육백 명과 함께 문 입구에 섰더니 18 그 다섯 사람이 미가
의 집에 들어가서 그 새긴 신상과 에봇과 드라빔과 부어 만든 신상을 가
지고 나오매 그 제사장이 그들에게 묻되 너희가 무엇을 하느냐 하니 19
그들이 그에게 이르되 잠잠하라 네 손을 입에 대라 우리와 함께 가서 우
리의 아버지와 제사장이 되라 네가 한 사람의 집의 제사장이 되는 것과
이스라엘의 한 지파 한 족속의 제사장이 되는 것 중에서 어느 것이 낫겠
느냐 하는지라 20 그 제사장이 마음에 기뻐하여 에봇과 드라빔과 새긴 우
상을 받아 가지고 그 백성 가운데로 들어가니라 21 그들이 돌이켜서 어린
아이들과 가축과 값진 물건들을 앞세우고 길을 떠나더니 22 그들이 미가
의 집을 멀리 떠난 때에 미가의 이웃집 사람들이 모여서 단 자손을 따라
붙어서 23 단 자손을 부르는지라 그들이 얼굴을 돌려 미가에게 이르되 네
가 무슨 일로 이같이 모아 가지고 왔느냐 하니 24 미가가 이르되 내가 만
든 신들과 제사장을 빼앗아 갔으니 이제 내게 오히려 남은 것이 무엇이냐 너희가 어찌하여 나더러 무슨 일이냐
고 하느냐 하는지라 25 단 자손이 그에게 이르되 네 목소리를 우리에게 들리게 하지 말라 노한 자들이 너희를 쳐
서 네 생명과 네 가족의 생명을 잃게 할까 하노라 하고 26 단 자손이 자기 길을 간지라 미가가 단 자손이 자기보
다 강한 것을 보고 돌이켜 집으로 돌아갔더라 27 단 자손이 미가가 만든 것과 그 제사장을 취하여 라이스에 이르
러 한가하고 걱정 없이 사는 백성을 만나 칼날로 그들을 치며 그 성읍을 불사르되 28 그들을 구원할 자가 없었으
니 그 성읍이 베드르홉 가까운 골짜기에 있어서 시돈과 거리가 멀고 상종하는 사람도 없음이었더라 단 자손이
성읍을 세우고 거기 거주하면서 29 이스라엘에게서 태어난 그들의 조상 단의 이름을 따라 그 성읍을 단이라 하
니라 그 성읍의 본 이름은 라이스였더라 30 단 자손이 자기들을 위하여 그 새긴 신상을 세웠고 모세의 손자요 게
르솜의 아들인 요나단과 그의 자손은 단 지파의 제사장이 되어 그 땅 백성이 사로잡히는 날까지 이르렀더라 31
하나님의 집이 실로에 있을 동안에 미가가 만든 바 새긴 신상이 단 자손에게 있었더라

❖ 삿 17-18장 **레위인의 난맥상 1**
미가의 신상 : 단 지파의 이주
이 시기는 아마 블레셋의 압박으로 인해 단지파가 이스라엘 북단으로 대량 이주했던 시기와 관련있는 것 같다. 단 지파는 제대로 자리조차 잡지 못하고 있는 모습을 보여 주고 있다. 그런 자들이 어찌 '진멸 작전'을 펼 수가 있을까. 미가가 만든 신상은 율법에서 엄금하는 것이다(출애굽기 20:4). '에봇'과 '드라빔'(가정 신들)으로 점치는 일도 엄금되었다. 더욱이 미가에게는 젊은 레위인을 제사장으로 임명할 권한이 전혀 없었다.
1. 미가의 신상의 제사장이 되는 본분을 상실케하는 결과를 초래했다(삿 17~18장).
☞ 성막 제도 운영의 혼탁
· 미가의 아들을 제사장으로 세운다.
· 레위가 미가와 단 지파의 제사장이 된다
☞ 여호와의 신앙을 기복신앙으로 변질
· 신상(우상)을 여호와를 기쁘게 하는 것으로 오해하여 복 받는 수단으로 여김
☞ 종교 혼합주의
· 신상을 세우는 것과 미가 어머니의 헌금정신 – 제1, 2계명 위배.
· 신상 제작비용을 하나님께 드리는 헌금으로 여김.

사사기 19장

어떤 레위 사람과 그의 첩

1 이스라엘에 왕이 없을 그 때에 에브라임 산지 구석에 거류하는 어떤 레위 사람이 유다 베들레헴에서 첩을 맞이
하였더니 2 그 첩이 행음하고 남편을 떠나 유다 베들레헴 그의 아버지의 집에 돌아가서 거기서 넉 달 동안을 지
내매 3 그의 남편이 그 여자에게 다정하게 말하고 그를 데려오고자 하여 하인 한 사람과 나귀 두 마리를 데리고
그에게로 가매 여자가 그를 인도하여 아버지의 집에 들어가니 그 여자의 아버지가 그를 보고 기뻐하니라 4 그의
장인 곧 그 여자의 아버지가 그를 머물게 하매 그가 삼 일 동안 그와 함께 머물며 먹고 마시며 거기서 유숙하다
가 5 넷째 날 아침에 일찍이 일어나 떠나고자 하매 그 여자의 아버지가 그의 사위에게 이르되 떡을 조금 먹고 그
대의 기력을 돋운 후에 그대의 길을 가라 하니라 6 두 사람이 앉아서 함께 먹고 마시매 그 여자의 아버지가 그 사
람에게 이르되 청하노니 이 밤을 여기서 유숙하여 그대의 마음을 즐겁게 하라 하니 7 그 사람이 일어나서 가고자

하되 그의 장인의 간청으로 거기서 다시 유숙하더니 8 다섯째 날 아침에
일찍이 일어나 떠나고자 하매 그 여자의 아버지가 이르되 청하노니 그대
의 기력을 돋우고 해가 기울도록 머물라 하므로 두 사람이 함께 먹고 9 그
사람이 첩과 하인과 더불어 일어나 떠나고자 하매 그의 장인 곧 그 여자
의 아버지가 그에게 이르되 보라 이제 날이 저물어 가니 청하건대 이 밤
도 유숙하라 보라 해가 기울었느니라 그대는 여기서 유숙하여 그대의 마
음을 즐겁게 하고 내일 일찍이 그대의 길을 가서 그대의 집으로 돌아가라
하니 10 그 사람이 다시 밤을 지내고자 하지 아니하여 일어나서 떠나 여부
스 맞은편에 이르렀으니 여부스는 곧 예루살렘이라 안장 지운 나귀 두 마
리와 첩이 그와 함께 하였더라 11 그들이 여부스에 가까이 갔을 때에 해
가 지려 하는지라 종이 주인에게 이르되 청하건대 우리가 돌이켜 여부스
사람의 이 성읍에 들어가서 유숙하십시다 하니 12 주인이 그에게 이르되
우리가 돌이켜 이스라엘 자손에게 속하지 아니한 이방 사람의 성읍으로
들어갈 것이 아니니 기브아로 나아가리라 하고 13 또 그 종에게 이르되 우
리가 기브아나 라마 중 한 곳에 가서 거기서 유숙하자 하고 14 모두 앞으
로 나아가더니 베냐민에 속한 기브아에 가까이 이르러 해가 진지라 15 기
브아에 가서 유숙하려고 그리로 돌아 들어가서 성읍 넓은 거리에 앉아 있
으나 그를 집으로 영접하여 유숙하게 하는 자가 없었더라 16 저녁 때에 한
노인이 밭에서 일하다가 돌아오니 그 사람은 본래 에브라임 산지 사람으
로서 기브아에 거류하는 자요 그 곳 사람들은 베냐민 자손이더라 17 노인
이 눈을 들어 성읍 넓은 거리에 나그네가 있는 것을 본지라 노인이 묻되
그대는 어디로 가며 어디서 왔느냐 하니 18 그가 그에게 이르되 우리는 유
다 베들레헴에서 에브라임 산지 구석으로 가나이다 나는 그 곳 사람으로
서 유다 베들레헴에 갔다가 이제 여호와의 집으로 가는 중인데 나를 자기
집으로 영접하는 사람이 없나이다 19 우리에게는 나귀들에게 먹일 짚과
여물이 있고 나와 당신의 여종과 당신의 종인 우리들과 함께 한 청년에게
먹을 양식과 포도주가 있어 무엇이든지 부족함이 없나이다 하는지라 20
그 노인이 이르되 그대는 안심하라 그대의 쓸 것은 모두 내가 담당할 것
이니 거리에서는 유숙하지 말라 하고 21 그를 데리고 자기 집에 들어가서
나귀에게 먹이니 그들이 발을 씻고 먹고 마시니라 22 그들이 마음을 즐겁
게 할 때에 그 성읍의 불량배들이 그 집을 에워싸고 문을 두들기며 집 주
인 노인에게 말하여 이르되 네 집에 들어온 사람을 끌어내라 우리가 그와
관계하리라 하니 23 집 주인 그 사람이 그들에게로 나와서 이르되 아니라
내 형제들아 청하노니 이같은 악행을 저지르지 말라 이 사람이 내 집에
들어왔으니 이런 망령된 일을 행하지 말라 24 보라 여기 내 처녀 딸과 이
사람의 첩이 있은즉 내가 그들을 끌어내리니 너희가 그들을 욕보이든지
너희 눈에 좋은 대로 행하되 오직 이 사람에게는 이런 망령된 일을 행하
지 말라 하나 25 무리가 듣지 아니하므로 그 사람이 자기 첩을 붙잡아 그
들에게 밖으로 끌어내매 그들이 그 여자와 관계하였고 밤새도록 그 여자
를 능욕하다가 새벽 미명에 놓은지라 26 동틀 때에 여인이 자기의 주인이

✣ 삿 19-21장 **레위인의 난맥상 2**

기브아에서의 강간사건 :
베냐민 자손에 대한 징벌

19장 이하에서 하나님의 율법을 가르쳐야 할 레위가 얼마나 타락했는지를 잘 보여주고 있다. 그는 자신의 직분을 미가에게 팔고 미가의 신성시하는 물건을 훔쳐서 단 지파에게 전달한다. 단 지파는 북쪽에 새 성소를 세워 당시 이스라엘의 참된 신앙 중심지였던 실로에 맞서게 된다.

그 이유는 바로 "좇아내지 못했기" 때문이라는 사실을 염두에 두고 읽어야 한다. 왕이 없었다는 것은 인간 왕이 없다는 것만을 의미하지 않고, 그들의 삶의 인도자이신 하나님을 왕으로 순종하는 신앙이 없었다는 뜻이다. 그러기에 삶의 본이 되어야 할 레위가 첩을 두었고, 소돔과 고모라와 비슷한 상황이 벌어지며, 그 첩은 베냐민에 속한 기브아 사람들에게 윤간 당하며 살해되는 끔찍한 사건이 일어나고, 그녀의 남편인 레위는 그녀의 몸을 잔인하게 열두 토막으로 나누어 열두 지파들에게 보냄으로써 복수를 호소한다(20장). 베냐민 자손이 범죄자들(기브아 사람들)을 넘겨주지 않음으로써 내전이 일어난다. 그 결과 베냐민 자손이 거의 멸절되다시피 하는 민족적인 비극을 맞게 된다. 이와 같은 어처구니없는 일들은 바로 인간들이 자기의 소견대로 행한 결과이다. 자기 소견대로 행했다는 것은 바로 인위(人爲)로 행한다는 것이다. 하나님이 없는 인간이 하는 일은 도덕 무감각증에 걸릴 수밖에 없다.

2. 첩을 둔 레위인 – 기브아의 강간 사건에 보복하는 레위인(삿 19~21장)

· 비류들의 동성애
· 레위인이 첩을 두는 것

☞ 시대정신은 그 시대의 종교가 주도한다.
☞ 따라서 종교 지도자가 타락하면 시대정신도 타락한다.

이 세대의 레위, 왕 같은 제사장인 우리는 과연 사사 시대보다 더 나은 윤리성과 도덕성으로 무장하고 하나님의 뜻을 알고 그 뜻에 순종하는 삶을 살아가고 있는지 깊이 성찰하고 반성해야 한다.

그 시대의 정신을 주도해야 할 종교인이 부패하면 그 시대는 망한다. 세계의 정신문화 역사를 통해서 확연히 볼 수 있는 일이다. 오늘 이 시대의 정신을 주도해 갈 하나님의 사람, 특히 교회의 교역자들과 지도자들은 구약의 레위인들에게 주어진 사명과 동일한 사명을 받은 자들인데 그 사명을 잘 감당하고 있는가? 한국과 세계의 정신문화와 세계관을 주도적으로 선도하고 있는가? 깊이 생각하고, 회개하고, 본연의 사명으로 반드시 돌아가야 한다. 그것만이 우리의 살길이다.

삿 19:22
학습 자료 18-2 "비류들" 참조

있는 그 사람의 집 문에 이르러 엎드러져 밝기까지 거기 엎드러져 있더라 [27]그의 주인이 일찍이 일어나 집 문을
열고 떠나고자 하더니 그 여인이 집 문에 엎드러져 있고 그의 두 손이 문지방에 있는 것을 보고 [28]그에게 이르되
일어나라 우리가 떠나가자 하나 아무 대답이 없는지라 이에 그의 시체를 나귀에 싣고 행하여 자기 곳에 돌아가
서 [29]그 집에 이르러서는 칼을 가지고 자기 첩의 시체를 거두어 그 마디를 찍어 열두 덩이에 나누고 그것을 이스
라엘 사방에 두루 보내매 [30]그것을 보는 자가 다 이르되 이스라엘 자손이 애굽 땅에서 올라온 날부터 오늘까지
이런 일은 일어나지도 아니하였고 보지도 못하였도다 이 일을 생각하고 상의한 후에 말하자 하니라

사사기 20장

이스라엘이 전쟁 준비를 하다

[1]이에 모든 이스라엘 자손이 단에서부터 브엘세바까지와 길르앗 땅에서
나와서 그 회중이 일제히 미스바에서 여호와 앞에 모였으니 [2]온 백성의
어른 곧 이스라엘 모든 지파의 어른들은 하나님 백성의 총회에 섰고 칼을 빼는 보병은 사십만 명이었으며 [3]이스
라엘 자손이 미스바에 올라간 것을 베냐민 자손이 들었더라 이스라엘 자손이 이르되 이 악한 일이 어떻게 일어
났는지 우리에게 말하라 하니 [4]레위 사람 곧 죽임을 당한 여인의 남편이 대답하여 이르되 내가 내 첩과 더불어
베냐민에 속한 기브아에 유숙하러 갔더니 [5]기브아 사람들이 나를 치러 일어나서 밤에 내가 묵고 있던 집을 에워
싸고 나를 죽이려 하고 내 첩을 욕보여 그를 죽게 한지라 [6]내가 내 첩의 시체를 거두어 쪼개서 이스라엘 기업의
온 땅에 보냈나니 이는 그들이 이스라엘 중에서 음행과 망령된 일을 행하였기 때문이라 [7]이스라엘 자손들아 너
희가 다 여기 있은즉 너희의 의견과 방책을 낼지니라 하니라 [8]모든 백성이 일제히 일어나 이르되 우리가 한 사
람도 자기 장막으로 돌아가지 말며 한 사람도 자기 집으로 들어가지 말고 [9]우리가 이제 기브아 사람에게 이렇게
행하리니 곧 제비를 뽑아서 그들을 치되 [10]우리가 이스라엘 모든 지파 중에서 백 명에 열 명, 천 명에 백 명, 만
명에 천 명을 뽑아 그 백성을 위하여 양식을 준비하고 그들에게 베냐민의 기브아에 가서 그 무리가 이스라엘 중
에서 망령된 일을 행한 대로 징계하게 하리라 하니라 [11]이와 같이 이스라엘 모든 사람이 하나 같이 합심하여 그
성읍을 치려고 모였더라 [12]이스라엘 지파들이 베냐민 온 지파에 사람들을 보내어 두루 다니며 이르기를 너희 중
에서 생긴 이 악행이 어찌 됨이냐 [13]그런즉 이제 기브아 사람들 곧 그 불량배들을 우리에게 넘겨 주어서 우리가
그들을 죽여 이스라엘 중에서 악을 제거하여 버리게 하라 하나 베냐민 자손이 그들의 형제 이스라엘 자손의 말
을 듣지 아니하고 [14]도리어 성읍들로부터 기브아에 모이고 나가서 이스라엘 자손과 싸우고자 하니라 [15]그 때에
그 성읍들로부터 나온 베냐민 자손의 수는 칼을 빼는 자가 모두 이만 육천 명이요 그 외에 기브아 주민 중 택한
자가 칠백 명인데 [16]이 모든 백성 중에서 택한 칠백 명은 다 왼손잡이라 물매로 돌을 던지면 조금도 틀림이 없는
자들이더라

삿 20:5
학습 자료 18-3 "간음" 참조

이스라엘과 베냐민 자손이 싸우다

[17]베냐민 자손 외에 이스라엘 사람으로서 칼을 빼는 자의 수는 사십만 명이니 다 전사라 [18]이스라엘 자손이 일
어나 벧엘에 올라가서 하나님께 여쭈어 이르되 우리 중에 누가 먼저 올라가서 베냐민 자손과 싸우리이까 하니
여호와께서 말씀하시되 유다가 먼저 갈지니라 하시니라 [19]이스라엘 자손이 아침에 일어나 기브아를 대하여 진
을 치니라 [20]이스라엘 사람이 나가 베냐민과 싸우려고 전열을 갖추고 기브아에서 그들과 싸우고자 하매 [21]베냐
민 자손이 기브아에서 나와서 당일에 이스라엘 사람 이만 이천 명을 땅에 엎드러뜨렸으나 [22]이스라엘 사람들이
스스로 용기를 내어 첫날 전열을 갖추었던 곳에서 다시 전열을 갖추니라 [23]이스라엘 자손이 올라가 여호와 앞에
서 저물도록 울며 여호와께 여쭈어 이르되 내가 다시 나아가서 내 형제 베냐민 자손과 싸우리이까 하니 여호와
께서 말씀하시되 올라가서 치라 하시니라 [24]그 이튿날에 이스라엘 자손이 베냐민 자손을 치러 나아가매 [25]베냐
민도 그 이튿날에 기브아에서 그들을 치러 나와서 다시 이스라엘 자손 만 팔천 명을 땅에 엎드러뜨렸으니 다 칼
을 빼는 자였더라 [26]이에 온 이스라엘 자손 모든 백성이 올라가 벧엘에 이르러 울며 거기서 여호와 앞에 앉아서

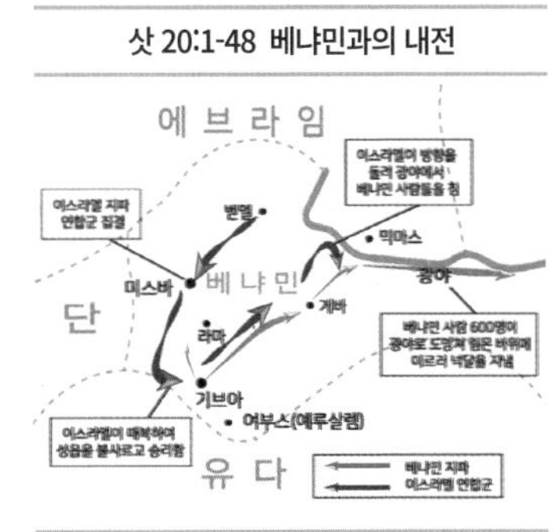

삿 20:1-48 베냐민과의 내전

그 날이 저물도록 금식하고 번제와 화목제를 여호와 앞에 드리고 27 이스
라엘 자손이 여호와께 물으니라 그 때에는 하나님의 언약궤가 거기 있고
28 아론의 손자인 엘르아살의 아들 비느하스가 그 앞에 모시고 섰더라 이
스라엘 자손들이 여쭈기를 우리가 다시 나아가 내 형제 베냐민 자손과 싸
우리이까 말리이까 하니 여호와께서 이르시되 올라가라 내일은 내가 그
를 네 손에 넘겨 주리라 하시는지라 29 이스라엘이 기브아 주위에 군사를
매복하니라 30 이스라엘 자손이 셋째 날에 베냐민 자손을 치러 올라가서
전과 같이 기브아에 맞서 전열을 갖추매 31 베냐민 자손이 나와서 백성을
맞더니 꾀임에 빠져 성읍을 떠났더라 그들이 큰 길 곧 한쪽은 벧엘로 올
라가는 길이요 한쪽은 기브아의 들로 가는 길에서 백성을 쳐서 전과 같이
이스라엘 사람 삼십 명 가량을 죽이기 시작하며 32 베냐민 자손이 스스로 이르기를 이들이 처음과 같이 우리 앞
에서 패한다 하나 이스라엘 자손은 이르기를 우리가 도망하여 그들을 성읍에서 큰 길로 꾀어내자 하고 33 이스
라엘 사람이 모두 그들의 처소에서 일어나서 바알다말에서 전열을 갖추었고 이스라엘의 복병은 그 장소 곧 기브
아 초장에서 쏟아져 나왔더라 34 온 이스라엘 사람 중에서 택한 사람 만 명이 기브아에 이르러 치매 싸움이 치열
하나 베냐민 사람은 화가 자기에게 미친 줄을 알지 못하였더라 35 여호와께서 이스라엘 앞에서 베냐민을 치시매
당일에 이스라엘 자손이 베냐민 사람 이만 오천백 명을 죽였으니 다 칼을 빼는 자였더라

이스라엘이 승리한 방법

36 이에 베냐민 자손이 자기가 패한 것을 깨달았으니 이는 이스라엘 사람이 기브아에 매복한 군사를 믿고 잠깐
베냐민 사람 앞을 피하매 37 복병이 급히 나와 기브아로 돌격하고 나아가며 칼날로 온 성읍을 쳤음이더라 38 처
음에 이스라엘 사람과 복병 사이에 약속하기를 성읍에서 큰 연기가 치솟는 것으로 군호를 삼자 하고 39 이스라
엘 사람은 싸우다가 물러가고 베냐민 사람은 이스라엘 사람 삼십 명 가량을 쳐죽이기를 시작하며 이르기를 이들
이 틀림없이 처음 싸움 같이 우리에게 패한다 하다가 40 연기 구름이 기둥 같이 성읍 가운데에서 치솟을 때에 베
냐민 사람이 뒤를 돌아보매 온 성읍에 연기가 하늘에 닿았고 41 이스라엘 사람은 돌아서는지라 베냐민 사람들이
화가 자기들에게 미친 것을 보고 심히 놀라 42 이스라엘 사람 앞에서 몸을 돌려 광야 길로 향하였으나 군사가 급
히 추격하며 각 성읍에서 나온 자를 그 가운데에서 진멸하니라 43 그들이 베냐민 사람을 에워싸고 기브아 앞 동
쪽까지 추격하며 그 쉬는 곳에서 짓밟으매 44 베냐민 중에서 엎드러진 자가 만 팔천 명이니 다 용사더라 45 그들
이 몸을 돌려 광야로 도망하였으나 림몬 바위에 이르는 큰 길에서 이스라엘이 또 오천 명을 이삭 줍듯 하고 또
급히 그 뒤를 따라 기돔에 이르러 또 이천 명을 죽였으니 46 이 날에 베냐민 사람으로서 칼을 빼는 자가 엎드러진
것이 모두 이만 오천 명이니 다 용사였더라 47 베냐민 사람 육백 명이 돌이켜 광야로 도망하여 림몬 바위에 이르
러 거기에서 넉 달 동안을 지냈더라 48 이스라엘 사람이 베냐민 자손에게로 돌아와서 온 성읍과 가축과 만나는
자를 다 칼날로 치고 닥치는 성읍은 모두 다 불살랐더라

사사기 21장

베냐민 자손의 아내

1 이스라엘 사람들이 미스바에서 맹세하여 이르기를 우리 중에 누구든지 딸을 베냐민 사람에게 아내로 주지 아
니하리라 하였더라 2 백성이 벧엘에 이르러 거기서 저녁까지 하나님 앞에 앉아서 큰 소리로 울며 3 이르되 이스라
엘의 하나님 여호와여 어찌하여 이스라엘에 이런 일이 생겨서 오늘 이스라엘 중에 한 지파가 없어지게 하시나이
까 하더니 4 이튿날에 백성이 일찍이 일어나 거기에 한 제단을 쌓고 번제와 화목제를 드렸더라 5 이스라엘 자손
이 이르되 이스라엘 온 지파 중에 총회와 함께 하여 여호와 앞에 올라오지 아니한 자가 누구냐 하니 이는 그들이
크게 맹세하기를 미스바에 와서 여호와 앞에 이르지 아니하는 자는 반드시 죽일 것이라 하였음이라 6 이스라엘

자손이 그들의 형제 베냐민을 위하여 뉘우쳐 이르되 오늘 이스라엘 중에 한 지파가 끊어졌도다 7 그 남은 자들
에게 우리가 어떻게 하면 아내를 얻게 하리요 우리가 전에 여호와로 맹세하여 우리의 딸을 그들의 아내로 주지
아니하리라 하였도다 8 또 이르되 이스라엘 지파 중 미스바에 올라와서 여호와께 이르지 아니한 자가 누구냐 하
고 본즉 야베스 길르앗에서는 한 사람도 진영에 이르러 총회에 참여하지 아니하였으니 9 백성을 계수할 때에 야
베스 길르앗 주민이 하나도 거기 없음을 보았음이라 10 회중이 큰 용사 만 이천 명을 그리로 보내며 그들에게 명
령하여 이르되 가서 야베스 길르앗 주민과 부녀와 어린 아이를 칼날로 치라 11 너희가 행할 일은 모든 남자 및 남
자와 잔 여자를 진멸하여 바칠 것이니라 하였더라 12 그들이 야베스 길르앗 주민 중에서 젊은 처녀 사백 명을 얻
었으니 이는 아직 남자와 동침한 일이 없어 남자를 알지 못하는 자라 그들을 실로 진영으로 데려오니 이 곳은 가
나안 땅이더라 13 온 회중이 림몬 바위에 있는 베냐민 자손에게 사람을 보내어 평화를 공포하게 하였더니 14 그
때에 베냐민이 돌아온지라 이에 이스라엘 사람이 야베스 길르앗 여자들 중에서 살려 둔 여자들을 그들에게 주
었으나 아직도 부족하므로 15 백성들이 베냐민을 위하여 뉘우쳤으니 이는 여호와께서 이스라엘 지파들 중에 한
지파가 빠지게 하셨음이었더라 16 회중의 장로들이 이르되 베냐민의 여인이 다 멸절되었으니 이제 그 남은 자들
에게 어떻게 하여야 아내를 얻게 할까 하고 17 또 이르되 베냐민 중 도망하여 살아 남은 자에게 마땅히 기업이
있어야 하리니 그리하면 이스라엘 중에 한 지파가 사라짐이 없으리라 18 그러나 우리가 우리의 딸을 그들의 아내
로 주지 못하리니 이는 이스라엘 자손이 맹세하여 이르기를 딸을 베냐민에게 아내로 주는 자는 저주를 받으리
라 하였음이로다 하니라 19 또 이르되 보라 벧엘 북쪽 르보나 남쪽 벧엘에서 세겜으로 올라가는 큰 길 동쪽 실로
에 매년 여호와의 명절이 있도다 하고 20 베냐민 자손에게 명령하여 이르되 가서 포도원에 숨어 21 보다가 실로
의 여자들이 춤을 추러 나오거든 너희는 포도원에서 나와서 실로의 딸 중에서 각각 하나를 붙들어 가지고 자기
의 아내로 삼아 베냐민 땅으로 돌아가라 22 만일 그의 아버지나 형제가 와서 우리에게 시비하면 우리가 그에게
말하기를 청하건대 너희는 우리에게 은혜를 베풀어 그들을 우리에게 줄지니라 이는 우리가 전쟁할 때에 각 사
람을 위하여 그의 아내를 얻어 주지 못하였고 너희가 자의로 그들에게 준 것이 아니니 너희에게 죄가 없을 것임
이니라 하겠노라 하매 23 베냐민 자손이 그같이 행하여 춤추는 여자들 중에서 자기들의 숫자대로 붙들어 아내로
삼아 자기 기업에 돌아가서 성읍들을 건축하고 거기에 거주하였더라 24 그 때에 이스라엘 자손이 그 곳에서 각기
자기의 지파, 자기의 가족에게로 돌아갔으니 곧 각기 그 곳에서 나와서 자
기의 기업으로 돌아갔더라 25 그 때에 이스라엘에 왕이 없으므로 사람이
각기 자기의 소견에 옳은 대로 행하였더라

삿 21:25
학습 자료 18-4
"이스라엘 왕정 제도의 두 측면" 참조

13일~18일

룻기 1장

엘리멜렉과 그 가족의 모압 이주

1 사사들이 치리하던 때에 그 땅에 흉년이 드니라 유다 베들레헴에 한 사람이 그의 아내와 두 아들을 데리고 모
압 지방에 가서 거류하였는데 2 그 사람의 이름은 엘리멜렉이요 그의 아내의 이름은 나오미요 그의 두 아들의
이름은 말론과 기룐이니 유다 베들레헴 에브랏 사람들이더라 그들이 모압 지방에 들어가서 거기 살더니 3 나오
미의 남편 엘리멜렉이 죽고 나오미와 그의 두 아들이 남았으며 4 그들은 모압 여자 중에서 그들의 아내를 맞이
하였는데 하나의 이름은 오르바요 하나의 이름은 룻이더라 그들이 거기에 거주한 지 십 년쯤에 5 말론과 기룐 두
사람이 다 죽고 그 여인은 두 아들과 남편의 뒤에 남았더라

나오미와 룻이 베들레헴으로 오다

6 그 여인이 모압 지방에서 여호와께서 자기 백성을 돌보시사 그들에게 양식을 주셨다 함을 듣고 이에 두 며느리
와 함께 일어나 모압 지방에서 돌아오려 하여 7 있던 곳에서 나오고 두 며느리도 그와 함께 하여 유다 땅으로 돌
아오려고 길을 가다가 8 나오미가 두 며느리에게 이르되 너희는 각기 너희 어머니의 집으로 돌아가라 너희가 죽
은 자들과 나를 선대한 것 같이 여호와께서 너희를 선대하시기를 원하며 9 여호와께서 너희에게 허락하사 각기

룻기	RUTH	路得記

룻기 한눈에 보기

개요 **고통을 감수한 사랑이 열매를 맺다**

1장 : 사랑으로 인한 선택	신실한 며느리 룻은 시어머니 나오미의 슬픔에서 떠나기를 거절
2장 : 사랑으로 인한 섬김	모압 여인 룻은 이삭줍기를 응함으로 나오미를 섬김
3장 : 사랑으로 인한 청혼	룻은 보아스에게 정숙한 청혼을 탄원함
4장 : 그 사랑의 열매	룻은 사랑받는 아내와 어머니가 되고 예수님의 족보에 오름으로 사랑이 결실을 맺음

남편의 집에서 위로를 받게 하시기를 원하노라 하고 그들에게 입 맞추
매 그들이 소리를 높여 울며 10 나오미에게 이르되 아니니이다 우리는 어
머니와 함께 어머니의 백성에게로 돌아가겠나이다 하는지라 11 나오미가
이르되 내 딸들아 돌아가라 너희가 어찌 나와 함께 가려느냐 내 태중에
너희의 남편 될 아들들이 아직 있느냐 12 내 딸들아 되돌아 가라 나는 늙
었으니 남편을 두지 못할지라 가령 내가 소망이 있다고 말한다든지 오늘
밤에 남편을 두어 아들들을 낳는다 하더라도 13 너희가 어찌 그들이 자라
기를 기다리겠으며 어찌 남편 없이 지내겠다고 결심하겠느냐 내 딸들아
그렇지 아니하니라 여호와의 손이 나를 치셨으므로 나는 너희로 말미암
아 더욱 마음이 아프도다 하매 14 그들이 소리를 높여 다시 울더니 오르바
는 그의 시어머니에게 입 맞추되 룻은 그를 붙좇았더라 15 나오미가 또 이
르되 보라 네 동서는 그의 백성과 그의 신들에게로 돌아가나니 너도 너의
동서를 따라 돌아가라 하니 16 룻이 이르되 내게 어머니를 떠나며 어머니
를 따르지 말고 돌아가라 강권하지 마옵소서 어머니께서 가시는 곳에 나
도 가고 어머니께서 머무시는 곳에서 나도 머물겠나이다 어머니의 백성
이 나의 백성이 되고 어머니의 하나님이 나의 하나님이 되시리니 17 어머
니께서 죽으시는 곳에서 나도 죽어 거기 묻힐 것이라 만일 내가 죽는 일
외에 어머니를 떠나면 여호와께서 내게 벌을 내리시고 더 내리시기를 원
하나이다 하는지라 18 나오미가 룻이 자기와 함께 가기로 굳게 결심함을
보고 그에게 말하기를 그치니라 19 이에 그 두 사람이 베들레헴까지 갔더
라 베들레헴에 이를 때에 온 성읍이 그들로 말미암아 떠들며 이르기를 이
이가 나오미냐 하는지라 20 나오미가 그들에게
이르되 나를 나오미라 부르지 말고 나를 마
라라 부르라 이는 전능자가 나를 심히 괴롭
게 하셨음이니라 21 내가 풍족하게 나갔더
니 여호와께서 내게 비어 돌아오게 하셨느
니라 여호와께서 나를 징벌하셨고 전능자
가 나를 괴롭게 하셨거늘 너희가 어찌 나

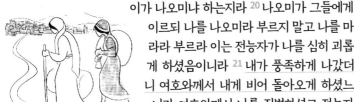

❖ 룻기 개요

성경에서 여성의 이름이 책의 제목으로 붙여진 것은 룻기와 에스더 단 두 권뿐이다. 그만큼 룻기와 에스더는 독특하다. 더구나 룻기는 그 주인공이 이스라엘 사람이 아닌 모압 출신의 이방 여인이라는 점에서 더욱 특이하다. 어떻게 하나님의 선민(選民) 이스라엘의 역사를 기록한 구약 성경 속에 이방 여인이 주인공으로 등장하는 이야기가 당당히 차지할 수 있었을까? 적어도 여성이 주요 인물로 등장하고, 이방인이 주인공이 되었다는 이 두 가지 점만으로도 룻기는 우리의 관심을 끌 만큼 매우 독특한 책이다.

룻기는 사사 시대를 배경으로 하고 있다. 그러나 4장에 다윗에 이르는 족보가 기록된 것으로 봐서 실제적인 기록 연대는 다윗왕의 즉위 후인 B.C. 11세기 후반으로 추정된다. 룻기에 나오는 인물들의 역사성에 대한 자료는 발견되지 않고 있어서 정확한 사실을 알 수는 없다.

룻기가 정경의 위치상 역사서에 배열되어 있다는 것에 주목해야 한다. 이는 룻기가 문학적 특징뿐 아니라 분명한 역사성을 띠고 있다는 것을 말해준다. 룻은 단순한 소설상의 주인공이 아니라 이스라엘 역사 속에 실재한 인물이다. 룻기의 기록 목적은 단순히 룻이라고 하는 사사 시대의 한 여인의 미담(美談)을 전하는 것에 있는 것이 아니라, 룻이라고 하는 한 여인을 통해 이스라엘 역사를 주관하시는 하나님의 섭리가 어떻게 나타나고 있는가를 보여 주는 것에 있다고 하겠다.

룻기는 사사들이 치리하던 때를 시대적 배경으로 하고 있다(1:1). 한마디로 사사 시대는 방향 감각을 상실한 시대(the Age of Disorientation)였다. 종교적 · 도덕적으로 절대적 진리의 기준을 잃어버리고 '사람마다 각각 자기 소견에 옳은 대로 행하던'(삿 17:6; 21:25) 시대였다. 그러나 룻기는 이런 어두운 시대에도 신앙을 지켰던 소수의 경건한 사람들의 이야기를 들려줌으로써, 하나님의 구속사의 손길은 그러한 순간에도 멈추어지지 않았음과 사사 시대에서 왕정 시대로 넘어가는 과정에서도 하나님께서 친히 이스라엘의 역사를 섭리하고 계셨음을 보여 주고 있다.

☞ 또한 룻기는 이웃과의 관계가 하나님 나라에서 매우 중요하다는 것을 다음 3가지 풍습으로 보여 주고 있다.

1.이삭 줍기
2.형사취수제
3.기업 무르기(고엘)

이것은 기독교가 바로 관계의 종교이고, 구속 역사는 이런 관계 회복에 초점이 맞추어져 있다는 것이다.

를 나오미라 부르느냐 하니라 22나오미가 모압 지방에서 그의 며느리 모
압 여인 룻과 함께 돌아왔는데 그들이 보리 추수 시작할 때에 베들레헴
에 이르렀더라

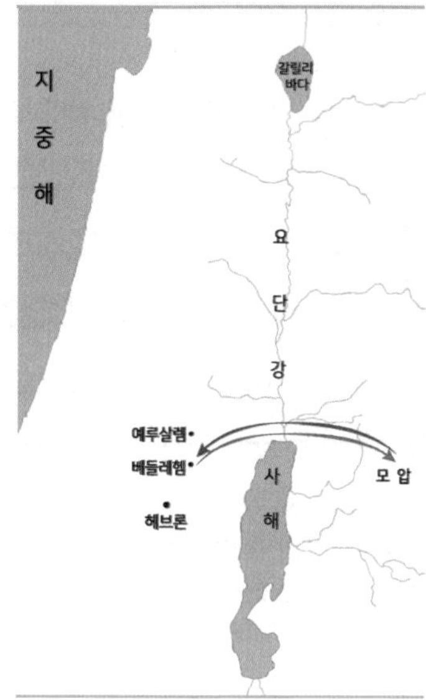

룻기 2장

룻이 보아스를 만나다

13일~18일

1나오미의 남편 엘리멜렉의 친족으로 유력한 자가 있으니 그의 이름은
보아스더라 2모압 여인 룻이 나오미에게 이르되 원하건대 내가 밭으로
가서 내가 누구에게 은혜를 입으면 그를 따라서 이삭을 줍겠나이다 하니
나오미가 그에게 이르되 내 딸아 갈지어다 하매 3룻이 가서 베는 자를 따
라 밭에서 이삭을 줍는데 우연히 엘리멜렉의 친족 보아스에게 속한 밭에
이르렀더라 4마침 보아스가 베들레헴에서부터 와서 베는 자들에게 이르
되 여호와께서 너희와 함께 하시기를 원하노라 하니 그들이 대답하되 여
호와께서 당신에게 복 주시기를 원하나이다 하니라 5보아스가 베는 자
들을 거느린 사환에게 이르되 이는 누구의 소녀냐 하니 6베는 자를 거느
린 사환이 대답하여 이르되 이는 나오미와 함께 모압 지방에서 돌아온 모
압 소녀인데 7그의 말이 나로 베는 자를 따라 단 사이에서 이삭을 줍게
하소서 하였고 아침부터 와서는 잠시 집에서 쉰 외에 지금까지 계속하는
중이니이다 8보아스가 룻에게 이르되 내 딸아 들으라 이삭을 주우러 다
른 밭으로 가지 말며 여기서 떠나지 말고 나의 소녀들과 함께 있으라 9그
들이 베는 밭을 보고 그들을 따르라 내가 그 소년들에게 명령하여 너를
건드리지 말라 하였느니라 목이 마르거든 그릇에 가서 소년들이 길어 온
것을 마실지니라 하는지라 10룻이 엎드려 얼굴을 땅에 대고 절하며 그에
게 이르되 나는 이방 여인이거늘 당신이 어찌하여 내게 은혜를 베푸시며
나를 돌보시나이까 하니 11보아스가 그에게 대답하여 이르되 네 남편이
죽은 후로 네가 시어머니에게 행한 모든 것과 네 부모와 고국을 떠나 전
에 알지 못하던 백성에게로 온 일이 내게 분명히 알려졌느니라 12여호와
께서 네가 행한 일에 보답하시기를 원하며 이스라엘의 하나님 여호와께
서 그의 날개 아래에 보호를 받으러 온 네게 온전한 상 주시기를 원하노
라 하는지라 13룻이 이르되 내 주여 내가 당신께 은혜 입기를 원하나이다
나는 당신의 하녀 중의 하나와도 같지 못하오나 당신이 이 하녀를 위로하시고 마음을 기쁘게 하는 말씀을 하셨
나이다 하니라 14식사할 때에 보아스가 룻에게 이르되 이리로 와서 떡을 먹으며 네 떡 조각을 초에 찍으라 하므
로 룻이 곡식 베는 자 곁에 앉으니 그가 볶은 곡식을 주매 룻이 배불리 먹고 남았더라 15룻이 이삭을 주우러 일
어날 때에 보아스가 자기 소년들에게 명령하여 이르되 그에게 곡식 단 사이에서 줍게 하고 책망하지 말며 16또
그를 위하여 곡식 다발에서 조금씩 뽑아 버려서 그에게 줍게 하고 꾸짖지 말라 하니라 17룻이 밭에서 저녁까지
줍고 그 주운 것을 떠니 보리가 한 에바쯤 되는지라 18그것을 가지고 성읍에 들어가서 시어머니에게 그 주운 것
을 보이고 그가 배불리 먹고 남긴 것을 내어 시어머니에게 드리매 19시어머니가 그에게 이르되 오늘 어디서 주
웠느냐 어디서 일을 하였느냐 너를 돌본 자에게 복이 있기를 원하노라 하니 룻이 누구에게서 일했는지를 시어머
니에게 알게 하여 이르되 오늘 일하게 한 사람의 이름은 보아스니이다 하는지라 20나오미가 자기 며느리에게 이
르되 그가 여호와로부터 복 받기를 원하노라 그가 살아 있는 자와 죽은 자에게 은혜 베풀기를 그치지 아니하도

❖ 삿 2장 **보아스의 인품**
· 유력자 보아스(2:1)
· 노사 관계가 원만한 보아스(2:6)
· 고엘의 사람 보아스 - 4장
그러므로 그는 소통의 달인이었다.
보아스의 인품에서 기독교는 관계의 종교임을 확실히 볼 수 있다.
☞ 기독교는 관계를 중시하는 믿음 체계이다. 하나님과의 관계, 이웃과의 관계 - 십계명 영성도 그것을 분명히 말해 준다.
☞ 불교의 인간관은 천상천하 유아독존(天上天下 唯我獨尊)이라고 가르친다. 관계가 아닌 개인의 해탈, 즉 깨달음이 그들의 주목적이다.
관계, 이것이 곧 행복한 삶의 척도이다.잘 산다는 것은 곧 관계가 좋다는 것이다.

학습 자료 6 정용철 시인의 "흐르게 하소서"를 감상할 것.

다 하고 나오미가 또 그에게 이르되 그 사람은 우리와 가까우니 우리 기업을 무를 자 중의 하나이니라 하니라 21
모압 여인 룻이 이르되 그가 내게 또 이르기를 내 추수를 다 마치기까지 너는 내 소년들에게 가까이 있으라 하더
이다 하니 22 나오미가 며느리 룻에게 이르되 내 딸아 너는 그의 소녀들과 함께 나가고 다른 밭에서 사람을 만나
지 아니하는 것이 좋으니라 하는지라 23 이에 룻이 보아스의 소녀들에게 가까이 있어서 보리 추수와 밀 추수를
마치기까지 이삭을 주우며 그의 시어머니와 함께 거주하니라

룻기 3장

룻이 보아스와 가까워지다

1 룻의 시어머니 나오미가 그에게 이르되 내 딸아 내가 너를 위하여 안식할 곳을 구하여 너를 복되게 하여야 하
지 않겠느냐 2 네가 함께 하던 하녀들을 둔 보아스는 우리의 친족이 아니냐 보라 그가 오늘 밤에 타작 마당에서
보리를 까불리라 3 그런즉 너는 목욕하고 기름을 바르고 의복을 입고 타작 마당에 내려가서 그 사람이 먹고 마
시기를 다 하기까지는 그에게 보이지 말고 4 그가 누울 때에 너는 그가 눕는 곳을 알았다가 들어가서 그의 발치
이불을 들고 거기 누우라 그가 네 할 일을 네게 알게 하리라 하니 5 룻이 시어머니에게 이르되 어머니의 말씀대
로 내가 다 행하리이다 하니라 6 그가 타작 마당으로 내려가서 시어머니의 명령대로 다 하니라 7 보아스가 먹고
마시고 마음이 즐거워 가서 곡식 단 더미의 끝에 눕는지라 룻이 가만히 가서 그의 발치 이불을 들고 거기 누웠더
라 8 밤중에 그가 놀라 몸을 돌이켜 본즉 한 여인이 자기 발치에 누워 있는지라 9 이르되 네가 누구냐 하니 대답
하되 나는 당신의 여종 룻이오니 당신의 옷자락을 펴 당신의 여종을 덮으
소서 이는 당신이 기업을 무를 자가 됨이니이다 하니 10 그가 이르되 내 딸
아 여호와께서 네게 복 주시기를 원하노라 네가 가난하건 부하건 젊은 자를 따르지 아니하였으니 네가 베푼 인
애가 처음보다 나중이 더하도다 11 그리고 이제 내 딸아 두려워하지 말라 내가 네 말대로 네게 다 행하리라 네가
현숙한 여자인 줄을 나의 성읍 백성이 다 아느니라 12 참으로 나는 기업을 무를 자이나 기업 무를 자로서 나보다
더 가까운 사람이 있으니 13 이 밤에 여기서 머무르라 아침에 그가 기업 무를 자의 책임을 네게 이행하려 하면 좋
으니 그가 그 기업 무를 자의 책임을 행할 것이니라 만일 그가 기업 무를 자의 책임을 네게 이행하기를 기뻐하지
아니하면 여호와께서 살아 계심을 두고 맹세하노니 내가 기업 무를 자의 책임을 네게 이행하리라 아침까지 누
워 있을지니라 하는지라 14 룻이 새벽까지 그의 발치에 누웠다가 사람이 서로 알아보기 어려울 때에 일어났으니
보아스가 말하기를 여인이 타작 마당에 들어온 것을 사람이 알지 못하여야 할 것이라 하였음이라 15 보아스가 이
르되 네 겉옷을 가져다가 그것을 펴서 잡으라 하매 그것을 펴서 잡으니 보리를 여섯 번 되어 룻에게 지워 주고 성
읍으로 들어가니라 16 룻이 시어머니에게 가니 그가 이르되 내 딸아 어떻게 되었느냐 하니 룻이 그 사람이 자기
에게 행한 것을 다 알리고 17 이르되 그가 내게 이 보리를 여섯 번 되어 주며 이르기를 빈 손으로 네 시어머니에게
가지 말라 하더이다 하니라 18 이에 시어머니가 이르되 내 딸아 이 사건이 어떻게 될지 알기까지 앉아 있으라 그
사람이 오늘 이 일을 성취하기 전에는 쉬지 아니하리라 하니라

룻 3:9, 4:3 기업 무를 자(고엘)
학습 자료 18-5 "고엘 제도" 참조

룻기 4장

룻이 보아스와 결혼하다

1 보아스가 성문으로 올라가서 거기 앉아 있더니 마침 보아스가 말하던 기업 무를 자가 지나가는지라 보아스가
그에게 이르되 아무개여 이리로 와서 앉으라 하니 그가 와서 앉으매 2 보아스가 그 성읍 장로 열 명을 청하여 이
르되 당신들은 여기 앉으라 하니 그들이 앉으매 3 보아스가 그 기업 무를 자에게 이르되 모압 지방에서 돌아온
나오미가 우리 형제 엘리멜렉의 소유지를 팔려 하므로 4 내가 여기 앉은 이들과 내 백성의 장로들 앞에서 그것
을 사라고 네게 말하여 알게 하려 하였노라 만일 네가 무르려면 무르려니와 만일 네가 무르지 아니하려거든 내
게 고하여 알게 하라 네 다음은 나요 그 외에는 무를 자가 없느니라 하니 그가 이르되 내가 무르리라 하는지라

13일~
18일

5 보아스가 이르되 네가 나오미의 손
에서 그 밭을 사는 날에 곧 죽은 자의
아내 모압 여인 룻에게서 사서 그 죽
은 자의 기업을 그의 이름으로 세워
야 할지니라 하니 6 그 기업 무를 자
가 이르되 나는 내 기업에 손해가 있
을까 하여 나를 위하여 무르지 못하
노니 내가 무를 것을 네가 무르라 나
는 무르지 못하겠노라 하는지라 7 옛
적 이스라엘 중에는 모든 것을 무르
거나 교환하는 일을 확정하기 위하여 사람이 그의 신을 벗어 그의 이웃에
게 주더니 이것이 이스라엘 중에 증명하는 전례가 된지라 8 이에 그 기업
무를 자가 보아스에게 이르되 네가 너를 위하여 사라 하고 그의 신을 벗
는지라 9 보아스가 장로들과 모든 백성에게 이르되 내가 엘리멜렉과 기
룐과 말론에게 있던 모든 것을 나오미의 손에서 산 일에 너희가 오늘 증
인이 되었고 10 또 말론의 아내 모압 여인 룻을 사서 나의 아내로 맞이하
고 그 죽은 자의 기업을 그의 이름으로 세워 그의 이름이 그의 형제 중과
그 곳 성문에서 끊어지지 아니하게 함에 너희가 오늘 증인이 되었느니라 하니 11 성문에 있는 모든 백성과 장로
들이 이르되 우리가 증인이 되나니 여호와께서 네 집에 들어가는 여인으로 이스라엘의 집을 세운 라헬과 레아
두 사람과 같게 하시고 네가 에브랏에서 유력하고 베들레헴에서 유명하게 하시기를 원하며 12 여호와께서 이
젊은 여자로 말미암아 네게 상속자를 주사 네 집이 다말이 유다에게 낳아준 베레스의 집과 같게 하시기를 원하
노라 하니라 13 이에 보아스가 룻을 맞이하여 아내로 삼고 그에게 들어갔더니 여호와께서 그에게 임신하게 하
시므로 그가 아들을 낳은지라 14 여인들이 나오미에게 이르되 찬송할지로다 여호와께서 오늘 네게 기업 무를
자가 없게 하지 아니하셨도다 이 아이의 이름이 이스라엘 중에 유명하게 되기를 원하노라 15 이는 네 생명의 회
복자이며 네 노년의 봉양자라 곧 너를 사랑하며 일곱 아들보다 귀한 네 며느리가 낳은 자로다 하니라 16 나오미
가 아기를 받아 품에 품고 그의 양육자가 되니 17 그의 이웃 여인들이 그에게 이름을 지어 주되 나오미에게 아
들이 태어났다 하여 그의 이름을 오벳이라 하였는데 그는 다윗의 아버지인 이새의 아버지였더라 18 베레스의
계보는 이러하니라 베레스는 헤스론을 낳고 19 헤스론은 람을 낳았고 람은 암미나답을 낳았고 20 암미나답은
나손을 낳았고 나손은 살몬을 낳았고 21 살몬은 보아스를 낳았고 보아스는 오벳을 낳았고 22 오벳은 이새를 낳
고 이새는 다윗을 낳았더라

룻 4:1-7 기업 무를 자는 형제나 친족이 어려움에 부닥쳤을 때 그것을 해결해 주어야 하는 '구속자'이다. 따라서 친족이 팔려고 내놓은 땅을 일차적으로 살 수 있는 권리가 있는 등 이익을 보는 때도 있지만 대개 손실을 보는 것이 일반적이다(레 25:25-28, 47-49). 특별히 본문에서와 같이 계대 결혼의 의무까지 수행해야 하는 처지일 때는 더욱 그렇다(신 25:5-10). 그와 같은 이유로 엘리멜렉의 친족은 처음에는 단순히 자신의 유익이 되는 권리를 행사하려 했다가 나중에는 그것을 번복하여 자신의 권리를 보아스에게 넘긴다(4-6절). 반면 보아스는 자신에게 큰 손실이 미칠 것이 뻔했음에도 불구하고 자신에게 돌아온 의무를 마다하지 아니하고 성실하게 수행할 것을 선언하였다. 그런 의미에서 보아스는 자신의 생명까지도 아끼지 않고 죄인을 구속하시기 위해 내어주신 그리스도를 예표한다.
이래서 보아스는 또한 '소통의 달인'이기도 하다.

18일차 읽기의 요약
(삿 13~21, 룻 1~4)

이스라엘의 마지막 사사 삼손은 태어날 때부터 종신 나실인으로 이스라엘을 블레셋으로부터 구원해야 하는 사명을 받는다. 그러나 그는 나실인으로서의 규례를 지키지 못하고 정욕에 이끌려 반복적으로 어려움에 부닥치게 된다. 결국 삼손은 마지막 간절한 기도로 자신의 죽음을 통해 많은 블레셋 족속을 죽임으로 자신의 사명과 인생을 마감한다.
사사기는 마지막 부분에서 미가의 신상 사건과 레위인의 첩 사건을 통해 그 당시 레위인들이 자신의 자리에서 제대로 사명을 감당하지 못하고 얼마나 타락했는지를 보여 준다. 레위인의 첩 사건은 베냐민 지파와 나머지 11지파들 간의 전쟁으로 확대되어 한 지파가 완전히 사라질 위기까지 간다. 레위인들의 본분 망각이 부른 참극이 어떤가를 보여 준다.
그러나 이어지는 룻기에서는 사사 시대의 한 가정의 이야기를 통해 이처럼 총체적으로 타락한 사사 시대에서도 하나님께서 구속의 역사를 계속 이어 가고 계심을 보여 준다. 하나님께서는 모압 여인 룻이 모압 땅에서 예루살렘으로 돌아와 하나님 말씀의 원리에 순종하는 보아스를 만나 결혼을 통해 자녀를 낳게 하신다. 이렇게 하여 하나님께서는 보아스와 룻을 통해 앞으로 이스라엘의 왕이 될 다윗 가문의 족보를 준비하셔서 자신의 구속사를 이어 가신다.

그러면 어떻게 살 것인가?

인위뚝 · 신위고!

☑ 세계관 점검 - 묵상하기 (영상 강의와 교재 내용의 이해를 바탕으로)

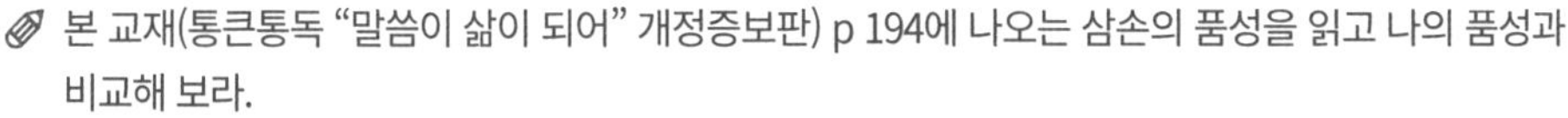

- 본 교재(통큰통독 "말씀이 삶이 되어" 개정증보판) p 194에 나오는 삼손의 품성을 읽고 나의 품성과 비교해 보라.
  어떻게 성경적 품성으로 변화될 수 있을까?

- 삿 17~21장에서 레위인들의 정체성 혼란이 사회적 혼란으로 이어지고 있음을 파악하라.
  역사적으로도 그 시대를 주도하는 종교 또는 시대정신이 타락할 때 그 사회는 함께 부패한다는 사실을 알 수 있다. 오늘 이 시대의 종교인 특히 하나님의 일꾼들의 모습은 이 사사 시대의 레위인들과 정녕 다른 모습인가? 종교인이 부패하면 그 사회는 망한다.

  • 그 시대의 정신과 문화는 그 시대의 우세한 종교의 영향 아래 있다. 그래서 종교가 부패하여 그 기능을 제대로 수행하지 못하면 그 사회 역시 타락하고 부패하게 된다는 것은 성경에서뿐만 아니라, 세상의 역사에서도 그것을 알 수 있다.
  오늘 이 시대, 특히 한국에서의 문제는 그 원인이 종교, 특히 교회가 하나님의 말씀을 삶의 원리로 가르치고 실행하도록(마태 28:18-20) 하는 그 기능을 제대로 수행하고 있는지를 대오각성(大悟覺醒)해야 한다.
  우리의 개인적, 사회적 문제의 해결은 오직 말씀으로 돌아가 그 말씀의 원리를 깨닫고 그것을 삶으로 적용하는 길밖에 없다. 그 이유는 하나님이 우리를 창조하실 때 하나님과 관계 가운데 그분을 의존하도록 만드셨는데, 우리는 사탄의 꼬드김에 넘어가 그 원리를 뛰어넘어 자존적(내 하나님 되는) 존재가 되기를 원했기 때문이다. 이 존재론적 오해와 오류를 말씀으로 돌아가 해결하는 길 밖에는 없다.

- 룻기는 이 문제의 해답을 보여 주는 책이다. 기독교는 관계의 종교이고, 관계는 소통 가운데 이루어진다. 룻기 인물들의 관계를 잘 살펴보라, 특히 보아스의 소통하는 모습에서 문제가 해결되는 것을 볼 수 있다.
  한국 문화의 주도적 역할을 하는 유교나 불교에서는 이 소통의 문제를 어떻게 다루는가를 잘 살펴보라. 특히 개인의 해탈을 강조하는 불교는 이런 관계성에는 관심이 없다. 그들은 인생을 천상천하 유아독존(天上天下 唯我獨尊)이라고 강조한다. 세계관 차원에서 어떻게 생각하는가?

13일~
18일

🖉 삿 21:25 "그때에 이스라엘에 왕이 없으므로 사람이 각기 자기의 소견에 옳은 대로 행하였더라" 우리도 자기의 소견에 옳은 대로 살아가고 있지 않는가? 이스라엘은 왜 우상을 섬겼을까? 우리는 어떤가? 어떻게 그 우상 숭배를 타파할 수 있을까?(cf. 시 115편)

☑ 이스라엘 백성들은 왜 하나님을 떠나서 자꾸만 바알 등 우상을 섬길까?
우선 사사 시대의 경우는 레위들이 그들의 율법 가르침의 직무를 망각했거나 유기한 것이 원인일 것이다. 믿음은 들음에서 난다고 했는데 가르치는 자가 없으면 어찌 들을 수 있을까? 오늘날 교회에서도 바른 가르침이 있어야 한다. 가르침이 있는 것이 중요한 것이 아니라 바른 가르침, 진짜 복음, 즉 십자가의 복음을 가르쳐야 한다.
우상을 섬기게 되는 또 다른 이유는 "위험 부담" 때문일 것이다. 하나님을 섬기고 순종하는 것은 현실의 안락하고 손쉬운 삶을 포기해야 하는 위험 부담이 따르기 때문이다. 하나님이 주는 축복은 "지켜 행해야 오는 축복", 즉 조건부 축복이다. 사람은 그런 위험 부담을 싫어한다. 우상은 "지켜 행하면"의 조건을 달지 않는다. 우상은 그런 위험 부담 없이 쉽게 축복을 준다고 가르치기 때문에 거기에 속아 넘어가는 것이다. 그것이 사탄의 속임수임을 알아야 한다.
우리가 위험 부담을 화투짝에 걸 때 그것은 '도박'이며, 증권에 걸면 그것은 '투기'이며, 하나님에게 걸면 그것은 바로 '믿음'이 되는 것이다.

🖉 왜 룻기, 특히 나오미 가정의 삶의 모습이 사사 시대의 암흑 같은 시대의 한 줄기 빛과 같은 삶이었나? 그 시대는 왕(하나님, 신위)이 없어 각자의 소견대로(인위) 행했다는 것과 룻의 가정의 율법 지키는 삶과 대조해 보라. 오늘 나의 삶을 어떤가?

🖉 보아스의 성품을 묵상하고 기독교는 관계 종교임을 파악하라.

☑ 결단기도와 실행하기

약 2:26 영혼 없는 몸이 죽은 것 같이 행함이 없는 믿음은 죽은 것이니라
시 119:28 나의 영혼이 눌림으로 말미암아 녹사오니 주의 말씀대로 나를 세우소서

한눈에 보는 성경의 핵심 줄거리와 메시지

구약

광야에서

1406 1375

가나안 정복시대 여호수아

가나안 정복 ⇨ 하나님 나라 건설을 위한 땅의 확보(삶의 영역·하나님 통치의 실현)

요단강을 건넘
하나님의 군대장관 "네 발의 신을 벗어라"
전쟁은 하나님께 속함으로, 작전권을 하나님께 넘겨라(신위)

여리고성과 아이성의 전쟁
인위와 신위에 의거한 싸움의 결과를 보여준다.

요단강을 건넘
1) 삶의 정착
① 진멸
② 정복
③ 점령
④ 대문화(対文化, Counter Culture)
2) 삶의 규범- "지켜 행하라" 명령의 실행
*레위인의 48성읍에 배치 - 하나님나라를 삶으로 실천하여 이루게 하기 위해서

1375

여호수아의 유언
① 여호와를 택하라(수 24:15)
• 우상 숭배가 흥한 가나안 땅에서 여호와 신앙지키기
• 선택하는 삶
• 섞이지 않는 삶

1375 1050

사사시대 사사기, 룻기

• 사사시대의 하나님의 의도 ⇨ 말씀의 원리가 통치의 원리가 되는 하나님 나라의 건설(창조 원리)
• 사사시대의 실패의 내용 ⇨ "쫓아내지 못하였다"(삿 1장 출 23:20-26, 신 7:1-11, 수 23:5-13)
• 실패의 원인 - 레위인들의 직무유기(삿 18-21장)
• 그 결과 "왕이 없음으로 각기 소견대로 행하니라" ⇨ 인위의 극치
• 12사사들의 패턴

범죄 ↖
↙ 압제 구원
↘ 회개 ↗

룻기
• 각기 소견대로 행하던 사사시대
• 말씀의 원리를 따라 살려고 했던 나오미 가정의 이야기

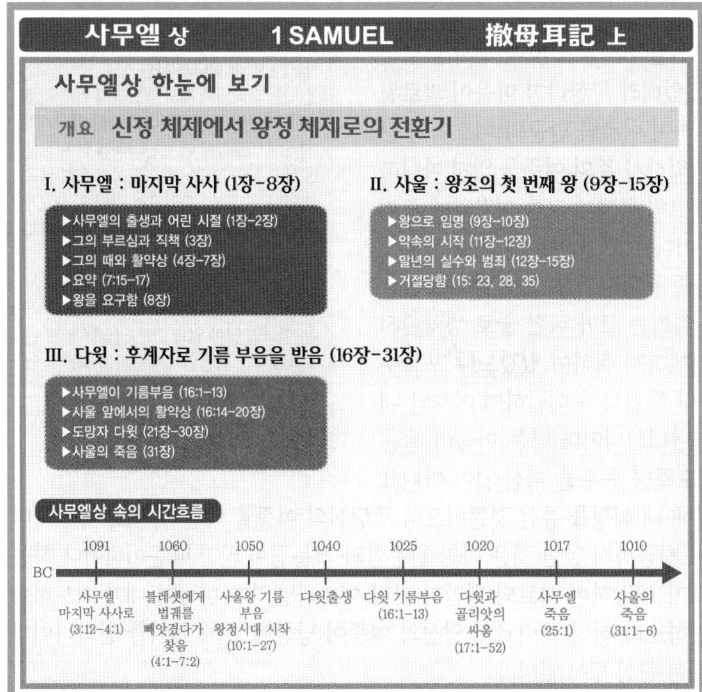

❖ 사무엘서 개요

사무엘 상·하는 이스라엘이 언약 민족으로 공식 태동한 이래 사무엘 때까지 이어져 온 신정 체제(Theocracy)가 사울, 다윗을 중심으로 건립된 B.C. 1090년경에서 975년까지의 대략 120여 년의 역사를 다룬다.

☞ 사무엘서는 한나의 노래에서 "가난하게도 부하게도 낮추기도 높이기도 하는 하나님"에서 해석의 열쇠가 있다. 제사장이었던 엘리의 아들들과 어린 사무엘, 초대 왕 사울과 목자 다윗의 대비를 통해 이스라엘의 주권이 사사 시대든 왕정시대든 하나님께 있음을 말해 준다. 구속사의 측면에서 보자면 아브라함에게 약속하였던 땅의 약속이 다윗의 시대에 와서 완전히 성취되고, 안식을 누리게 된다. 이후의 왕들은 다윗의 통치, 즉 다윗의 길로 갔는지가 평가 기준이 될 것이다. 사무엘서 이후의 역사는 다윗 언약이 어떻게 실현되는지를 보여 주는 역사이다. 이스라엘은 제사장 나라, 거룩한 백성으로 그 언약을 지킬 때만 그 땅에서 샬롬을 누릴 수 있는 것이다. 정체성과 소명이 없으면 그 땅에서 안식을 누릴 수 없고 가나안 족속처럼 쫓겨나야 하는 것이다. 다윗 왕국의 모든 행적은 예수 그리스도를 지향하는 예표이자 그림자이다.

☞ 사무엘상은 사무엘의 출생으로 그 막을 연다. 사무엘은 신정 체제에 의한 최후의 사사였으며 뒤이어진 왕정 체제 수립에 있어서 하나님의 대행자로서 하나님이 택한 왕에게 기름 부음을 통하여 이스라엘의 왕정을 단순한 왕정이 아니라 신정적(神政的) 왕정(王政)이 되도록 사역함으로써 결국 이스라엘 신정 왕국(神政王國)의 산파 역할을 담당했다.

☞ 사무엘하는 다윗의 전기와 같은 기록이다.

사무엘상 1~16장 시편 23편

사무엘상 1장

엘가나의 실로 순례

1 에브라임 산지 라마다임소빔에 에브라임 사람 엘가나라 하는 사람이 있었으니 그는 여로함의 아들이요 엘리
후의 손자요 도후의 증손이요 숩의 현손이더라 2 그에게 두 아내가 있었으니 한 사람의 이름은 한나요 한 사람
의 이름은 브닌나라 브닌나에게는 자식이 있고 한나에게는 자식이 없었더라 3 이 사람이 매년 자기 성읍에서 나
와서 실로에 올라가서 만군의 여호와께 예배하며 제사를 드렸는데 엘리의 두 아들 홉니와 비느하스가 여호와의
제사장으로 거기에 있었더라 4 엘가나가 제사를 드리는 날에는 제물의 분깃을 그의 아내 브닌나와 그의 모든 자
녀에게 주고 5 한나에게는 갑절을 주니 이는 그를 사랑함이라 그러나 여호와께서 그에게 임신하지 못하게 하시
니 6 여호와께서 그에게 임신하지 못하게 하시므로 그의 적수인 브닌나가 그를 심히 격분하게 하여 괴롭게 하더
라 7 매년 한나가 여호와의 집에 올라갈 때마다 남편이 그같이 하매 브닌나가 그를 격분시키므로 그가 울고 먹지
아니하니 8 그의 남편 엘가나가 그에게 이르되 한나여 어찌하여 울며 어찌하여 먹지 아니하며 어찌하여 그대의
마음이 슬프냐 내가 그대에게 열 아들보다 낫지 아니하냐 하니라

한나와 엘리

9 그들이 실로에서 먹고 마신 후에 한나가 일어나니 그 때에 제사장 엘리
는 여호와의 전 문설주 곁 의자에 앉아 있었더라 10 한나가 마음이 괴로워
서 여호와께 기도하고 통곡하며 11 서원하여 이르되 만군의 여호와여 만
일 주의 여종의 고통을 돌보시고 나를 기억하사 주의 여종을 잊지 아니하
시고 주의 여종에게 아들을 주시면 내가 그의 평생에 그를 여호와께 드리
고 삭도를 그의 머리에 대지 아니하겠나이다 12 그가 여호와 앞에 오래 기
도하는 동안에 엘리가 그의 입을 주목한즉 13 한나가 속으로 말하매 입술
만 움직이고 음성은 들리지 아니하므로 엘리는 그가 취한 줄로 생각한지
라 14 엘리가 그에게 이르되 네가 언제까지 취하여 있겠느냐 포도주
를 끊으라 하니 15 한나가 대답하여 이르되 내
주여 그렇지 아니하니이다 나는 마음이 슬픈
여자라 포도주나 독주를 마신 것이 아니요
여호와 앞에 내 심정을 통한 것뿐이오니 16 당신의 여종을 악한 여자로 여기지 마
옵소서 내가 지금까지 말한 것은 나의 원통함과 격분됨이 많기 때문이니이다 하는
지라 17 엘리가 대답하여 이르되 평안히 가라 이스라엘의 하나님이 네가 기도하여
구한 것을 허락하시기를 원하노라 하니 18 이르되 당신의 여종이 당신께 은혜 입기를 원하나이다
하고 가서 먹고 얼굴에 다시는 근심 빛이 없더라

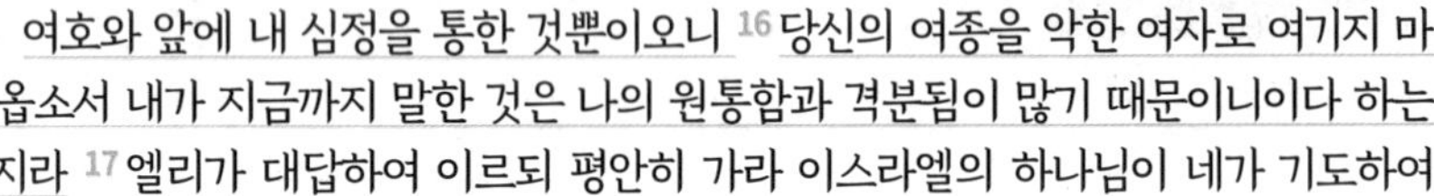

삼상 1:9-18 한나의 서원
한나는 하나님께 제사를 드리기 위해 실로에 올라갔던 남편 엘가나를 따라 하나님의 성소에 이르렀을 때 브닌나에게 당한 설움으로 인하여 하나님께 기도하며 심히 통곡하였다(9-10절). 그리고선 만약 자기에게 아들을 주시면 하나님께 나실인으로 바치겠다고 서원하였다(11절).
이 와중에 한나는 당시 대제사장이며 사사였던 엘리의 오해를 사기도 했으나, 결국에는 한나의 당한 일과 그 신앙심을 알게 된 엘리로부터 평안함과 형통함을 축원 받았다(15~18절).
☞ 사무엘은 종신 나실인이었고, 레위인이었다 (대하 6:26-28, 33-38)

19일~24일

사무엘의 출생과 봉헌

19 그들이 아침에 일찍이 일어나 여호와 앞에 경배하고 돌아가 라마의 자기 집에 이르니라 엘가나가 그의 아내
한나와 동침하매 여호와께서 그를 생각하신지라 20 한나가 임신하고 때가 이르매 아들을 낳아 사무엘이라 이름
하였으니 이는 내가 여호와께 그를 구하였다 함이더라 21 그 사람 엘가나와 그의 온 집이 여호와께 매년제와 서
원제를 드리러 올라갈 때에 22 오직 한나는 올라가지 아니하고 그의 남편에게 이르되 아이를 젖 떼거든 내가 그
를 데리고 가서 여호와 앞에 뵙게 하고 거기에 영원히 있게 하리이다 하니 23 그의 남편 엘가나가 그에게 이르되
그대의 소견에 좋은 대로 하여 그를 젖 떼기까지 기다리라 오직 여호와께서 그의 말씀대로 이루시기를 원하노
라 하니라 이에 그 여자가 그의 아들을 양육하며 그가 젖 떼기까지 기다리다가 24 젖을 뗀 후에 그를 데리고 올
라갈새 수소 세 마리와 밀가루 한 에바와 포도주 한 가죽부대를 가지고 실로 여호와의 집에 나아갔는데 아이가
어리더라 25 그들이 수소를 잡고 아이를 데리고 엘리에게 가서 26 한나가 이르되 내 주여 당신의 사심으로 맹세
하나이다 나는 여기서 내 주 당신 곁에 서서 여호와께 기도하던 여자라 27 이 아이를 위하여 내가 기도하였더니
내가 구하여 기도한 바를 여호와께서 내게 허락하신지라 28 그러므로 나도 그를 여호와께 드리되 그의 평생을
여호와께 드리나이다 하고 그가 거기서 여호와께 경배하니라

사무엘상 2장

한나의 기도

1 한나가 기도하여 이르되 내 마음이 여호와로 말미암아 즐거워하며 내 뿔이 여호와로 말미암아 높아졌으며 내
입이 내 원수들을 향하여 크게 열렸으니 이는 내가 주의 구원으로 말미암아 기뻐함이니이다 2 여호와와 같이 거
룩하신 이가 없으시니 이는 주 밖에 다른 이가 없고 우리 하나님 같은 반석도 없으심이니이다 3 심히 교만한 말을
다시 하지 말 것이며 오만한 말을 너희의 입에서 내지 말지어다 여호와는 지식의 하나님이시라 행동을 달아 보시
느니라 4 용사의 활은 꺾이고 넘어진 자는 힘으로 띠를 띠도다 5 풍족하던 자들은 양식을 위하여 품을 팔고 주리
던 자들은 다시 주리지 아니하도다 전에 임신하지 못하던 자는 일곱을 낳았고 많은 자녀를 둔 자는 쇠약하도다 6

여호와는 죽이기도 하시고 살리기도 하시며 스올에 내리게도 하시고 거기
에서 올리기도 하시는도다 7 여호와는 가난하게도 하시고 부하게도 하시
며 낮추기도 하시고 높이기도 하시는도다 8 가난한 자를 진토에서 일으키
시며 빈궁한 자를 거름더미에서 올리사 귀족들과 함께 앉게 하시며 영광
의 자리를 차지하게 하시는도다 땅의 기둥들은 여호와의 것이라 여호와
께서 세계를 그것들 위에 세우셨도다 9 그가 그의 거룩한 자들의 발을 지
키실 것이요 악인들을 흑암 중에서 잠잠하게 하시리니 힘으로는 이길 사
람이 없음이로다 10 여호와를 대적하는 자는 산산이 깨어질 것이라 하늘
에서 우레로 그들을 치시리로다 여호와께서 땅 끝까지 심판을 내리시고
자기 왕에게 힘을 주시며 자기의 기름 부음을 받은 자의 뿔을 높이시리로
다 하니라 11 엘가나는 라마의 자기 집으로 돌아가고 그 아이는 제사장 엘
리 앞에서 여호와를 섬기니라

❖ 삼상 2장 **한나의 기도**
한나의 노래는 단순히 자식을 허락하신 하나님의 은혜에 대한 감사를 넘어서 하나님의 거룩하심(2절), 하나님의 무한하신 지식(3절), 하나님의 절대 주권(4-8a절), 우주적인 신정 통치(8b-10절)를 언급하고 있어서 사람의 성정을 초월하여 하나님의 감동으로 된 것임을 알 수 있다.
더욱이 그녀가 하나님의 뜻대로 이 땅을 통치할 왕에 대하여 예언하고 있음(10절)은 하나님이 한나를 통해 앞으로 전개될 이스라엘 역사의 방향을 예시해 주고 있다고 할 수 있다. 즉 이는 이스라엘에 있어서 지금까지 이어져 온 신정 체제가 장차 왕정 체제로 이전될 것임을 예시해 준다(삼상 8~10장).
특히 이러한 본문에서 '기름 부음을 받은 자'(10절)는 이스라엘에 장차 왕정 체제가 수립될 것만을 예시한 것이 아니라 전 우주적인 메시아의 통치, 곧 예수 그리스도에 의한 하나님 나라 건설 또한 예언한 것임을 알 수 있다.
☞ 한나의 기도는 신약에서 마리아 찬가의 모티브(motif)가 된다.

엘리의 행실이 나쁜 아들들

12 엘리의 아들들은 행실이 나빠 여호와를 알지 못하더라 13 그 제사장들
이 백성에게 행하는 관습은 이러하니 곧 어떤 사람이 제사를 드리고 그
고기를 삶을 때에 제사장의 사환이 손에 세 살 갈고리를 가지고 와서 14
그것으로 냄비에나 솥에나 큰 솥에나 가마에 찔러 넣어 갈고리에 걸려 나
오는 것은 제사장이 자기 것으로 가지되 실로에서 그 곳에 온 모든 이스라엘 사람에게 이같이 할 뿐 아니라 15 기
름을 태우기 전에도 제사장의 사환이 와서 제사 드리는 사람에게 이르기를 제사장에게 구워 드릴 고기를 내라
그가 네게 삶은 고기를 원하지 아니하고 날 것을 원하신다 하다가 16 그 사람이 이르기를 반드시 먼저 기름을 태
운 후에 네 마음에 원하는 대로 가지라 하면 그가 말하기를 아니라 지금 내게 내라 그렇지 아니하면 내가 억지로
빼앗으리라 하였으니 17 이 소년들의 죄가 여호와 앞에 심히 큼은 그들이 여호와의 제사를 멸시함이었더라

실로에 머문 사무엘

18 사무엘은 어렸을 때에 세마포 에봇을 입고 여호와 앞에서 섬겼더라 19 그의 어머니가
매년 드리는 제사를 드리러 그의 남편과 함께 올라갈 때마다 작은 겉옷을 지어다가 그에
게 주었더니 20 엘리가 엘가나와 그의 아내에게 축복하여 이르되 여호와께서 이 여인으로
말미암아 네게 다른 후사를 주사 이가 여호와께 간구하여 얻어 바친 아들을 대신하게 하
시기를 원하노라 하였더니 그들이 자기 집으로 돌아가매 21 여호와께서 한나를 돌보시사
그로 하여금 임신하여 세 아들과 두 딸을 낳게 하셨고 아이 사무엘은 여호와 앞에서 자
라니라

엘리와 그의 아들들

22 엘리가 매우 늙었더니 그의 아들들이 온 이스라엘에게 행한 모든 일과 회막 문에서 수종 드는 여인들
과 동침하였음을 듣고 23 그들에게 이르되 너희가 어찌하여 이런 일을 하느냐 내가 너희의 악행을 이 모든 백성
에게서 듣노라 24 내 아들들아 그리하지 말라 내게 들리는 소문이 좋지 아니하니라 너희가 여호와의 백성으로
범죄하게 하는도다 25 사람이 사람에게 범죄하면 하나님이 심판하시려니와 만일 사람이 여호와께 범죄하면 누
가 그를 위하여 간구하겠느냐 하되 그들이 자기 아버지의 말을 듣지 아니하였으니 이는 여호와께서 그들을 죽
이기로 뜻하셨음이더라 26 아이 사무엘이 점점 자라매 여호와와 사람들에게 은총을 더욱 받더라

엘리의 집에 내린 저주

27 하나님의 사람이 엘리에게 와서 그에게 이르되 여호와의 말씀에 너희 조상의 집이 애굽에서 바로의 집에 속
하였을 때에 내가 그들에게 나타나지 아니하였느냐 28 이스라엘 모든 지파 중에서 내가 그를 택하여 내 제사장

으로 삼아 그가 내 제단에 올라 분향하며 내 앞에서 에봇을 입게 하지 아니하였느냐 이스라엘 자손이 드리는 모
든 화제를 내가 네 조상의 집에 주지 아니하였느냐 29 너희는 어찌하여 내가 내 처소에서 명령한 내 제물과 예물
을 밟으며 네 아들들을 나보다 더 중히 여겨 내 백성 이스라엘이 드리는 가장 좋은 것으로 너희들을 살지게 하느
냐 30 그러므로 이스라엘의 하나님 나 여호와가 말하노라 내가 전에 네 집과 네 조상의 집이 내 앞에 영원히 행
하리라 하였으나 이제 나 여호와가 말하노니 결단코 그렇게 하지 아니하리라 나를 존중히 여기는 자를 내가 존
중히 여기고 나를 멸시하는 자를 내가 경멸하리라 31 보라 내가 네 팔과 네 조상의 집 팔을 끊어 네 집에 노인이
하나도 없게 하는 날이 이를지라 32 이스라엘에게 모든 복을 내리는 중에 너는 내 처소의 환난을 볼 것이요 네 집
에 영원토록 노인이 없을 것이며 33 내 제단에서 내가 끊어 버리지 아니할 네 사람이 네 눈을 쇠잔하게 하고 네
마음을 슬프게 할 것이요 네 집에서 출산되는 모든 자가 젊어서 죽으리라 34 네 두 아들 홉니와 비느하스가 한
날에 죽으리니 그 둘이 당할 그 일이 네게 표징이 되리라 35 내가 나를 위하여 충실한 제사장을 일으키리니 그 사
람은 내 마음, 내 뜻대로 행할 것이라 내가 그를 위하여 견고한 집을 세우리니 그가 나의 기름 부음을 받은 자 앞
에서 영구히 행하리라 36 그리고 네 집에 남은 사람이 각기 와서 은 한 조각과 떡 한 덩이를 위하여 그에게 엎드
려 이르되 청하노니 내게 제사장의 직분 하나를 맡겨 내게 떡 조각을 먹게 하소서 하리라 하셨다 하니라

사무엘상 3장

여호와께서 사무엘을 부르시다

1 아이 사무엘이 엘리 앞에서 여호와를 섬길 때에는 여호와의 말씀이 희
귀하여 이상이 흔히 보이지 않았더라 2 엘리의 눈이 점점 어두워 가서 잘
보지 못하는 그 때에 그가 자기 처소에 누웠고 3 하나님의 등불은 아직 꺼
지지 아니하였으며 사무엘은 하나님의 궤 있는 여호와의 전 안에 누웠더
니 4 여호와께서 사무엘을 부르시는지라 그가 대답하되 내가 여기 있나이
다 하고 5 엘리에게로 달려가서 이르되 당신이 나를 부르셨기로 내가 여
기 있나이다 하니 그가 이르되 나는 부르지 아니하였으니 다시 누우라 하
는지라 그가 가서 누웠더니 6 여호와께서 다시 사무엘을 부르시는지라 사
무엘이 일어나 엘리에게로 가서 이르되 당신이 나를 부르셨기로 내가 여
기 있나이다 하니 그가 대답하되 내 아들아 내가 부르지 아니하였으니 다
시 누우라 하니라 7 사무엘이 아직 여호와를 알지 못하고 여호와의 말씀
도 아직 그에게 나타나지 아니한 때라 8 여호와께서 세 번째 사무엘을 부
르시는지라 그가 일어나 엘리에게로 가서 이르되 당신이 나를 부르셨기
로 내가 여기 있나이다 하니 엘리가 여호와께서 이 아이를 부르신 줄을
깨닫고 9 엘리가 사무엘에게 이르되 가서 누웠다가 그가 너를 부르시거든 네가 말하기를 여호와여 말씀하옵소
서 주의 종이 듣겠나이다 하라 하니 이에 사무엘이 가서 자기 처소에 누우니라 10 여호와께서 임하여 서서 전과
같이 사무엘아 사무엘아 부르시는지라 사무엘이 이르되 말씀하옵소서 주의 종이 듣겠나이다 하니 11 여호와께
서 사무엘에게 이르시되 보라 내가 이스라엘 중에 한 일을 행하리니 그것을 듣는 자마다 두 귀가 울리리라 12 내
가 엘리의 집에 대하여 말한 것을 처음부터 끝까지 그 날에 그에게 다 이루리라 13 내가 그의 집을 영원토록 심판
하겠다고 그에게 말한 것은 그가 아는 죄악 때문이니 이는 그가 자기의 아들들이 저주를 자청하되 금하지 아니
하였음이니라 14 그러므로 내가 엘리의 집에 대하여 맹세하기를 엘리 집의 죄악은 제물로나 예물로나 영원히 속
죄함을 받지 못하리라 하였노라 하셨더라 15 사무엘이 아침까지 누웠다가 여호와의 집의 문을 열었으나 그 이상
을 엘리에게 알게 하기를 두려워하더니 16 엘리가 사무엘을 불러 이르되 내 아들 사무엘아 하니 그가 대답하되
내가 여기 있나이다 하니 그가 17 이르되 네게 무엇을 말씀하셨느냐 청하노니 내게 숨기지 말라 네게 말씀하신

삼상 3:1 사사 시대 이스라엘의 영적 암흑 상태가 참혹함을 보여 주는 구절이다. 이 영적 암흑은 세상이 윤리, 도덕적으로 타락하여 추악해졌다는 말이기보다는 하나님이 택한 이스라엘 백성이 하나님의 말씀대로 전혀 살고 있지 않다는 것을 단적으로 표현하는 것이다.
사사 시대는 이를 "왕이 없어 각기 자기 소견대로 행했다"고 표현한다.
엘리 제사장과 그 아들들의 영적 상태가 이를 입증하고 있다.
오늘 우리의 시대도, 한국과 온 세계가, 특히 한때 하나님 말씀의 원리에 따라 살면서 번영과 호황을 누리던 많은 국가가 다원주의, 혼합주의에 빠져 말씀을 경시함으로 모두 몰락의 길을 걷고 있는 이 시대가 바로 삼상 3:1의 모습이다. 믿는 자요 어이할꼬?

모든 것을 하나라도 숨기면 하나님이 네게 벌을 내리시고 또 내리시기를 원하노라 하는지라 18 사무엘이 그것을
그에게 자세히 말하고 조금도 숨기지 아니하니 그가 이르되 이는 여호와이시니 선하신 대로 하실 것이니라 하니
라 19 사무엘이 자라매 여호와께서 그와 함께 계셔서 그의 말이 하나도 땅에 떨어지지 않게 하시니 20 단에서부
터 브엘세바까지의 온 이스라엘이 사무엘은 여호와의 선지자로 세우심을 입은 줄을 알았더라 21 여호와께서 실
로에서 다시 나타나시되 여호와께서 실로에서 여호와의 말씀으로 사무엘에게 자기를 나타내시니라

❖ 삼상 4장
법궤란 하나님의 임재의 상징으로서 너무 나 거룩한 것이지만 그것은 그야말로 외적 상징에 불과할 뿐 그것 자체가 결코 하나님이 아님을 알아야 한다. 또한 그것은 다만 이스라엘 백성들이 순결한 신앙을 유지할 때만이 이들 백성 중에 임재하시는 하나님의 상징 역할을 하는 것이었음을 깨달아야 한다. 그런데 이 당시 이스라엘 백성들이 법궤를 전쟁에 앞세움으로써 마치 겉으로만 보면 대단한 신앙 행위를 한 것처럼 보이나 그것은 그들이 내면적으로 참으로 회개하여 여호와만을 앞세운 그런 신앙 행위가 전혀 아니었다. 다만 여호와의 법궤에 혹시 무슨 미신적인 힘이 있을까 하여 내세운 것일 뿐이었다. 또한 그들은 이렇게 법궤를 내세우기 전에 법궤의 참 주인 되시는 하나님의 뜻을 먼저 생각해 보지도 않고 자신들의 생각만으로 하나님의 법궤를 마음대로 내세운 것이었다. 그리하여 그 결과는 당연히 이스라엘의 패배로 귀착될 수밖에 없었다. 이것은 바알 신앙의 영향을 받은 전형적인 기복 신앙의 발로이다.

사무엘상 4장

언약궤를 빼앗기다

1 사무엘의 말이 온 이스라엘에 전파되니라 이스라엘은 나가서 블레셋
사람들과 싸우려고 에벤에셀 곁에 진 치고 블레셋 사람들은 아벡에 진
쳤더니 2 블레셋 사람들이 이스라엘에 대하여 전열을 벌이니라 그 둘이 싸우다가 이스라엘이 블레셋 사람들 앞
에서 패하여 그들에게 전쟁에서 죽임을 당한 군사가 사천 명 가량이라 3 백성이 진영으로 돌아오매 이스라엘 장
로들이 이르되 여호와께서 어찌하여 우리에게 오늘 블레셋 사람들 앞에 패하게 하셨는고 여호와의 언약궤를 실
로에서 우리에게로 가져다가 우리 중에 있게 하여 그것으로 우리를 우리 원수들의 손에서 구원하게 하자 하니 4
이에 백성이 실로에 사람을 보내어 그룹 사이에 계신 만군의 여호와의 언약궤를 거기서 가져왔고 엘리의 두 아
들 홉니와 비느하스는 하나님의 언약궤와 함께 거기에 있었더라 5 여호와의 언약궤가 진영에 들어올 때에 온 이
스라엘이 큰 소리로 외치매 땅이 울린지라 6 블레셋 사람이 그 외치는 소리를 듣고 이르되 히브리 진영에서 큰
소리로 외침은 어찌 됨이냐 하다가 여호와의 궤가 진영에 들어온 줄을 깨달은지라 7 블레셋 사람이 두려워하여
이르되 신이 진영에 이르렀도다 하고 또 이르되 우리에게 화로다 전날에는 이런 일이 없었도다 8 우리에게 화로
다 누가 우리를 이 능한 신들의 손에서 건지리요 그들은 광야에서 여러 가지 재앙으로 애굽인을 친 신들이니라 9
너희 블레셋 사람들아 강하게 되며 대장부가 되라 너희가 히브리 사람의 종이 되기를 그들이 너희의 종이 되었
던 것 같이 되지 말고 대장부 같이 되어 싸우라 하고 10 블레셋 사람들이 쳤더니 이스라엘이 패하여 각기 장막으
로 도망하였고 살륙이 심히 커서 이스라엘 보병의 엎드러진 자가 삼만 명이었으며 11 하나님의 궤는 빼앗겼고 엘
리의 두 아들 홉니와 비느하스는 죽임을 당하였더라

엘리가 죽다

12 당일에 어떤 베냐민 사람이 진영에서 달려나와 자기의 옷을 찢고 자기의 머리에 티끌을 덮어쓰고 실로에 이
르니라 13 그가 이를 때는 엘리가 길 옆 자기의 의자에 앉아 기다리며 그의 마음이 하나님의 궤로 말미암아 떨

릴 즈음이라 그 사람이 성읍에 들어오며 알리매 온 성읍이 부르짖는지라 [14] 엘리가 그 부르짖는 소리를 듣고 이
르되 이 떠드는 소리는 어찌 됨이냐 그 사람이 빨리 가서 엘리에게 말하니 [15] 그 때에 엘리의 나이가 구십팔 세
라 그의 눈이 어두워서 보지 못하더라 [16] 그 사람이 엘리에게 말하되 나는 진중에서 나온 자라 내가 오늘 진중
에서 도망하여 왔나이다 엘리가 이르되 내 아들아 일이 어떻게 되었느냐 [17] 소식을 전하는 자가 대답하여 이르
되 이스라엘이 블레셋 사람들 앞에서 도망하였고 백성 중에는 큰 살륙이 있었고 당신의 두 아들 홉니와 비느
하스도 죽임을 당하였고 하나님의 궤는 빼앗겼나이다 [18] 하나님의 궤를 말할 때에 엘리가 자기 의자에서 뒤로
넘어져 문 곁에서 목이 부러져 죽었으니 나이가 많고 비대한 까닭이라 그가 이스라엘의 사사가 된 지 사십 년
이었더라

비느하스의 아내가 죽다

[19] 그의 며느리인 비느하스의 아내가 임신하여 해산 때가 가까웠더니 하나님의 궤를 빼앗긴 것과 그의 시아버지
와 남편이 죽은 소식을 듣고 갑자기 아파서 몸을 구푸려 해산하고 [20] 죽어갈 때에 곁에 서 있던 여인들이 그에게
이르되 두려워하지 말라 네가 아들을 낳았다 하되 그가 대답하지도 아니하며 관념하지도 아니하고 [21] 이르기를
영광이 이스라엘에서 떠났다 하고 아이 이름을 이가봇이라 하였으니 하나님의 궤가 빼앗겼고 그의 시아버지와
남편이 죽었기 때문이며 [22] 또 이르기를 하나님의 궤를 빼앗겼으므로 영광이 이스라엘에서 떠났다 하였더라

사무엘상 5장

블레셋 사람에게 빼앗긴 언약궤

[1] 블레셋 사람들이 하나님의 궤를 빼앗아 가지고 에벤에셀에서부터 아스
돗에 이르니라 [2] 블레셋 사람들이 하나님의 궤를 가지고 다곤의 신전에
들어가서 다곤 곁에 두었더니 [3] 아스돗 사람들이 이튿날 일찍이 일어나
본즉 다곤이 여호와의 궤 앞에서 엎드러져 그 얼굴이 땅에 닿았는지라 그
들이 다곤을 일으켜 다시 그 자리에 세웠더니 [4] 그 이튿날 아침에 그들이
일찍이 일어나 본즉 다곤이 여호와의 궤 앞에서 또다시 엎드러져 얼굴이
땅에 닿았고 그 머리와 두 손목은 끊어져 문지방에 있고 다곤의 몸뚱이만
남았더라 [5] 그러므로 다곤의 제사장들이나 다곤의 신전에 들어가는 자는
오늘까지 아스돗에 있는 다곤의 문지방을 밟지 아니하더라 [6] 여호와의 손
이 아스돗 사람에게 엄중히 더하사 독한 종기의 재앙으로 아스돗과 그 지
역을 쳐서 망하게 하니 [7] 아스돗 사람들이 이를 보고 이르되 이스라엘 신
의 궤를 우리와 함께 있지 못하게 할지라 그의 손이 우리와 우리 신 다곤
을 친다 하고 [8] 이에 사람을 보내어 블레셋 사람들의 모든 방백을 모으고
이르되 우리가 이스라엘 신의 궤를 어찌하랴 하니 그들이 대답하되 이스
라엘 신의 궤를 가드로 옮겨 가라 하므로 이스라엘 신의 궤를 옮겨 갔더
니 [9] 그것을 옮겨 간 후에 여호와의 손이 심히 큰 환난을 그 성읍에 더하사
성읍 사람들의 작은 자와 큰 자를 다 쳐서 독한 종기가 나게 하신지라 [10]
이에 그들이 하나님의 궤를 에그론으로 보내니라 하나님의 궤가 에그론
에 이른즉 에그론 사람이 부르짖어 이르되 그들이 이스라엘 신의 궤를 우
리에게로 가져다가 우리와 우리 백성을 죽이려 한다 하고 [11] 이에 사람을
보내어 블레셋 모든 방백을 모으고 이르되 이스라엘 신의 궤를 보내어 그
있던 곳으로 돌아가게 하고 우리와 우리 백성이 죽임을 면하게 하자 하니
이는 온 성읍이 사망의 환난을 당함이라 거기서 하나님의 손이 엄중하시

❖ 삼상 5장
고대의 전쟁이 신들의 전쟁이라고 믿기 때문에 법궤를 빼앗았다는 것은 블레셋의 신(神)인 다곤이 여호와를 이겼다고 생각하여 그 법궤를 다곤 신전에 전리품으로 바친다. 그러나 어떤 일이 발생했고 누가 진정한 승리자인가를 관찰하고 묵상하라.

블레셋 족속 탐구
학습 자료 19-2 '블레셋 탐구" 참조

삼상 5:2-6 다곤 신

므로 [12] 죽지 아니한 사람들은 독한 종기로 치심을 당해 성읍의 부르짖음이 하늘에 사무쳤더라

사무엘상 6장

언약궤가 돌아오다

1 여호와의 궤가 블레셋 사람들의 지방에 있은 지 일곱 달이라 2 블레셋
사람들이 제사장들과 복술자들을 불러서 이르되 우리가 여호와의 궤를
어떻게 할까 그것을 어떻게 그 있던 곳으로 보낼 것인지 우리에게 가르치
라 3 그들이 이르되 이스라엘 신의 궤를 보내려거든 거저 보내지 말고 그
에게 속건제를 드려야 할지니라 그리하면 병도 낫고 그의 손을 너희에게
서 옮기지 아니하는 이유도 알리라 하니 4 그들이 이르되 무엇으로 그에
게 드릴 속건제를 삼을까 하니 이르되 블레셋 사람의 방백의 수효대로
금 독종 다섯과 금 쥐 다섯 마리라야 하리니 너희와 너희 통치자에게 내
린 재앙이 같음이니라 5 그러므로 너희는 너희의 독한 종기의 형상과 땅
을 해롭게 하는 쥐의 형상을 만들어 이스라엘 신께 영광을 돌리라 그가
혹 그의 손을 너희와 너희의 신들과 너희 땅에서 가볍게 하실까 하노라 6
애굽인과 바로가 그들의 마음을 완악하게 한 것 같이 어찌하여 너희가 너
희의 마음을 완악하게 하겠느냐 그가 그들 중에서 재앙을 내린 후에 그
들이 백성을 가게 하므로 백성이 떠나지 아니하였느냐 7 그러므로 새 수
레를 하나 만들고 멍에를 메어 보지 아니한 젖 나는 소 두 마리를 끌어다
가 소에 수레를 메우고 그 송아지들은 떼어 집으로 돌려보내고 8 여호와
의 궤를 가져다가 수레에 싣고 속건제로 드릴 금으로 만든 물건들은 상
자에 담아 궤 곁에 두고 그것을 보내어 가게하고 9 보고 있다가 만일 궤
가 그 본 지역 길로 올라가서 벧세메스로 가면 이 큰 재앙은 그가 우리에
게 내린 것이요 그렇지 아니하면 우리를 친 것이 그의 손이 아니요 우연히
당한 것인 줄 알리라 하니라 10 그 사람들이 그같이 하여 젖 나는 소 둘을
끌어다가 수레를 메우고 송아지들은 집에 가두고 11 여호와의 궤와 및 금
쥐와 그들의 독종의 형상을 담은 상자를 수레 위에 실으니 12 암소가 벧
세메스 길로 바로 행하여 대로로 가며 갈 때에 울고 좌우로 치우치지 아
니하였고 블레셋 방백들은 벧세메스 경계선까지 따라 가니라 13 벧세메
스 사람들이 골짜기에서 밀을 베다가 눈을 들어 궤를 보고 그 본 것을 기
뻐하더니 14 수레가 벧세메스 사람 여호수아의 밭 큰 돌 있는 곳에 이르
러 선지라 무리가 수레의 나무를 패고 그 암소들을 번제물로 여호와께
드리고 15 레위인은 여호와의 궤와 그 궤와 함께 있는 금 보물 담긴 상자
를 내려다가 큰 돌 위에 두매 그 날에 벧세메스 사람들이 여호와께 번제
와 다른 제사를 드리니라 16 블레셋 다섯 방백이 이것을 보고 그 날에 에
그론으로 돌아갔더라 17 블레셋 사람이 여호와께 속건제물로 드린 금 독
종은 이러하니 아스돗을 위하여 하나요 가사를 위하여 하나요 아스글론
을 위하여 하나요 가드를 위하여 하나요 에그론을 위하여 하나이며 18 드
린 바 금 쥐들은 견고한 성읍에서부터 시골의 마을에까지 그리고 사람들
이 여호와의 궤를 큰 돌에 이르기까지 다섯 방백들에게 속한 블레셋 사람

언약궤 귀환의 의미

1	하나님은 자신의 영광을 스스로 지키심 (5:3-5)
2	하나님 앞에서는 어떠한 우상도 무력할 뿐임(5:3-5)
3	하나님은 대적자들을 심판하시는 분임 (5:9-12)
4	대적자들에게는 두려우신 분으로 자신을 나타내심(5:11)
5	이스라엘을 완전히 저버리지 않으심 (6:10-21)
6	당신의 백성들에게는 항상 거룩을 요구하심(6:19-21)
7	구속사는 인간의 의지와 상관없이 진행 됨(6:10-21)

삼상 6:7 고대의 수레

법궤의 이동 경로

이동 경로	주요사건
에벤에셀	블레셋과의 전투에서 빼앗김 (삼상 4:1-11)
아스돗	우상 다곤의 신상을 파괴하고 독종으로 블레셋 백성을 침 (삼상 5:1-7)
가 드	독종으로 더 크게 블레셋 백성을 침 (삼상 5:8, 9)
에그론	심한 독종으로 사망의 환난이 임함(삼상 5:10)
벧세메스	이스라엘 사람들이 법궤를 들여다 봄으로 70인이 사망함 (삼상 6:12-19)
기럇 여아림	다윗이 예루살렘으로 옮겨가기 까지 20년간 머물게 됨(삼상 7:1, 2)
나곤의 타작마당	법궤를 만진 웃사가 죽임을 당함 (삼하 6:6-9)
오벧에돔의 집	법궤가 석달 머무는 동안 축복을 받음(삼하 6:10, 11)
다윗 성	1차 법궤 운반 실패 후 3개월만에 성공적으로 운반함(삼하 6:12-19)

들의 모든 성읍들의 수대로였더라 그 돌은 벧세메스 사람 여호수아의 밭에 오늘까
지 있더라

언약궤를 기랏여아림으로 보내다

19 벧세메스 사람들이 여호와의 궤를 들여다 본 까닭에 그들을 치사 (오만)
칠십 명을 죽이신지라 여호와께서 백성을 쳐서 크게 살륙하셨으므로 백성이
슬피 울었더라 20 벧세메스 사람들이 이르되 이 거룩하신 하나님 여호와 앞
에 누가 능히 서리요 그를 우리에게서 누구에게로 올라가시게 할까 하고 21
전령들을 기랏여아림 주민에게 보내어 이르되 블레셋 사람들이 여호와의 궤를
도로 가져왔으니 너희는 내려와서 그것을 너희에게로 옮겨 가라

19일~24일

사무엘상 7장

1 기랏여아림 사람들이 와서 여호와의 궤를 옮겨 산에 사는 아비나답의
집에 들여놓고 그의 아들 엘리아살을 거룩하게 구별하여 여호와의 궤를
지키게 하였더니 2 궤가 기랏여아림에 들어간 날부터 이십 년 동안 오래
있은지라 이스라엘 온 족속이 여호와를 사모하니라

사무엘이 이스라엘을 다스리다

3 사무엘이 이스라엘 온 족속에게 말하여 이르되 만일 너희가 전심으로
여호와께 돌아오려거든 이방 신들과 아스다롯을 너희 중에서 제거하고
너희 마음을 여호와께로 향하여 그만을 섬기라 그리하면 너희를 블레셋
사람의 손에서 건져내시리라 4 이에 이스라엘 자손이 바알들과 아스다롯
을 제거하고 여호와만 섬기니라 5 사무엘이 이르되 온 이스라엘은 미스바
로 모이라 내가 너희를 위하여 여호와께 기도하리라 하매 6 그들이 미스
바에 모여 물을 길어 여호와 앞에 붓고 그 날 종일 금식하고 거기에서 이
르되 우리가 여호와께 범죄하였나이다 하니라 사무엘이 미스바에서 이스
라엘 자손을 다스리니라 7 이스라엘 자손이 미스바에 모였다 함을 블레
셋 사람들이 듣고 그들의 방백들이 이스라엘을 치러 올라온지라 이스라
엘 자손들이 듣고 블레셋 사람들을 두려워하여 8 이스라엘 자손이 사무
엘에게 이르되 당신은 우리를 위하여 우리 하나님 여호와께 쉬지 말고 부
르짖어 우리를 블레셋 사람들의 손에서 구원하시게 하소서 하니 9 사무엘
이 젖 먹는 어린 양 하나를 가져다가 온전한 번제를 여호와께 드리고 이
스라엘을 위하여 여호와께 부르짖으매 여호와께서 응답하셨더라 10 사
무엘이 번제를 드릴 때에 블레셋 사람이 이스라엘과 싸우려고 가까이 오매 그 날에 여호와께서 블레셋 사람에
게 큰 우레를 발하여 그들을 어지럽게 하시니 그들이 이스라엘 앞에 패한지라 11 이스라엘 사람들이 미스바에서
나가서 블레셋 사람들을 추격하여 벧갈 아래에 이르기까지 쳤더라 12 사무엘이 돌을 취하여 미스바와 센 사이에
세워 이르되 여호와께서 여기까지 우리를 도우셨다 하고 그 이름을 에벤에셀이라 하니라 13 이에 블레셋 사람들
이 굴복하여 다시는 이스라엘 지역 안에 들어오지 못하였으며 여호와의 손이 사무엘이 사는 날 동안에 블레셋
사람을 막으시매 14 블레셋 사람들이 이스라엘에게서 빼앗았던 성읍이 에그론부터 가드까지 이스라엘에게 회
복되니 이스라엘이 그 사방 지역을 블레셋 사람들의 손에서 도로 찾았고 또 이스라엘과 아모리 사람 사이에 평
화가 있었더라 15 사무엘이 사는 날 동안에 이스라엘을 다스렸으되 16 해마다 벧엘과 길갈과 미스바로 순회하여
그 모든 곳에서 이스라엘을 다스렸고 17 라마로 돌아왔으니 이는 거기에 자기 집이 있음이니라 거기서도 이스라

❖ 삼상 7장 **미스바 부흥 운동**

언약궤가 돌아왔지만, 하나님의 상징이라는 언약궤의 보존으로만 이스라엘에 하나님의 보호가 있는 것은 아니라 하나님을 전심으로 의지하는 믿음이 회복되어야 한다는 것이다. 그래서 사무엘은 먼저 회개를 통해 진실한 신앙을 회복하고자 한 것이다.

미스바 부흥은 다음 2가지 개혁을 단행한다. 그것이 현 이스라엘의 당면 문제들인 것이다.

그것은 ① 우상을 제거하라. ② 마음을 하나님께로 향하여 오직 그만 섬기라는 것이다(3절). 이러한 사무엘의 종교 개혁 강령은 신앙생활의 본질이 무엇인가를 명확하게 제시해 준다. 즉 하나님을 섬기고 그의 은혜 안에 거하기를 원하는 자가 있다면 그는 세상에 대한 모든 욕심과 죄악된 것을 버리고, 전인격을 다하여(신 6:5) 하나님을 섬기며 그 명령에 순종하는 실천적인 태도를 가져야 한다는 것이다(수 22:5; 고전 9:27).

이것이 후대에 선지자들이 강조한 옷을 찢지 말고 마음을 찢으라는 가르침과 동일한 교훈이며, 종교 개혁의 주제인 믿음에 의한 구원의 진리이다.

이는 여느 시대를 막론하고 불변하는 원칙으로서 오늘날 우리도 명심해야 한다. 이것이 이루어지지 않고서는 진정한 회개와 영적 부흥은 없다.

엘을 다스렸으며 또 거기에 여호와를 위하여 제단을 쌓았더라

사무엘상 8장

백성이 왕을 요구하다

1 사무엘이 늙으매 그의 아들들을 이스라엘 사사로 삼으니 2 장자의 이름
은 요엘이요 차자의 이름은 아비야라 그들이 브엘세바에서 사사가 되니
라 3 그의 아들들이 자기 아버지의 행위를 따르지 아니하고 이익을 따라
뇌물을 받고 판결을 굽게 하니라 4 이스라엘 모든 장로가 모여 라마에 있
는 사무엘에게 나아가서 5 그에게 이르되 보소서 당신은 늙고 당신의 아
들들은 당신의 행위를 따르지 아니하니 모든 나라와 같이 우리에게 왕을
세워 우리를 다스리게 하소서 한지라 6 우리에게 왕을 주어 우리를 다스
리게 하라 했을 때에 사무엘이 그것을 기뻐하지 아니하여 여호와께 기도
하매 7 여호와께서 사무엘에게 이르시되 백성이 네게 한 말을 다 들으라
이는 그들이 너를 버림이 아니요 나를 버려 자기들의 왕이 되지 못하게 함
이니라 8 내가 그들을 애굽에서 인도하여 낸 날부터 오늘까지 그들이 모
든 행사로 나를 버리고 다른 신들을 섬김 같이 네게도 그리하는도다 9 그
러므로 그들의 말을 듣되 너는 그들에게 엄히 경고하고 그들을 다스릴 왕
의 제도를 가르치라 10 사무엘이 왕을 요구하는 백성에게 여호와의 모든
말씀을 말하여 11 이르되 너희를 다스릴 왕의 제도는 이러하니라 그가 너
희 아들들을 데려다가 그의 병거와 말을 어거하게 하리니 그들이 그 병거
앞에서 달릴 것이며 12 그가 또 너희의 아들들을 천부장과 오십부장을 삼
을 것이며 자기 밭을 갈게 하고 자기 추수를 하게 할 것이며 자기 무기와
병거의 장비도 만들게 할 것이며 13 그가 또 너희의 딸들을 데려다가 향료
만드는 자와 요리하는 자와 떡 굽는 자로 삼을 것이며 14 그가 또 너희의
밭과 포도원과 감람원에서 제일 좋은 것을 가져다가 자기의 신하들에게
줄 것이며 15 그가 또 너희의 곡식과 포도원 소산의 십일조를 거두어 자기
의 관리와 신하에게 줄 것이며 16 그가 또 너희의 노비와 가장 아름다운
소년과 나귀들을 끌어다가 자기 일을 시킬 것이며 17 너희의 양 떼의 십분
의 일을 거두어 가리니 너희가 그의 종이 될 것이라 18 그 날에 너희는 너
희가 택한 왕으로 말미암아 부르짖되 그 날에 여호와께서 너희에게 응답
하지 아니하시리라 하니 19 백성이 사무엘의 말 듣기를 거절하여 이르되
아니로소이다 우리도 우리 왕이 있어야 하리니 20 우리도 다른 나라들 같
이 되어 우리의 왕이 우리를 다스리며 우리 앞에 나가서 우리의 싸움을
싸워야 할 것이니이다 하는지라 21 사무엘이 백성의 말을 다 듣고 여호와
께 아뢰매 22 여호와께서 사무엘에게 이르시되 그들의 말을 들어 왕을 세
우라 하시니 사무엘이 이스라엘 사람들에게 이르되 너희는 각기 성읍으
로 돌아가라 하니라

삼상 8장

학습 자료 19-3 "왕의 자격 요건과 신약 지도자의 자격" 참조

삼상 8:4-22

학습 자료 19-4 "왕정 요구에 대한 하나님의 책망 이유"참조

삼상 8:2-22 왕을 요구하는 이스라엘 백성
이스라엘 백성들은 밖으로는 새롭게 등장하는 신흥 부족인 블레셋과 동쪽으로부터 오는 암몬 족속의 위협에서 그들의 안보가 불안하다는 것을 느꼈을 것이다. 안으로는 사사직을 이어받은 사무엘의 아들들의 부정부패가 심각한 수준이었다. 이런 문제들의 해결은 주변 국가들처럼 왕정 제도라고 생각했을 것이다. 그런 왕정 제도가 그들의 안보 문제를 해결해 주리라고 생각했던 것이다. 이스라엘 백성들은 자신들도 주변 나라들처럼 왕이 있다면, 그 왕이 전쟁에서 이겨 줄 것이라 생각한다.
이스라엘 백성 (오늘날의 성도들도 마찬가지)들은 하나님의 특별하신 선택에 의해 언약 관계로 맺어진 백성들이다. 하나님은 이스라엘 백성과 언약을 맺고 하나님 한 분만이 그들의 왕이시라는 사실을 알려 주었다. 그리고 많은 행하심으로 그들의 왕임을 직접 보여 주셨다. 특히 이스라엘이 싸워 이겼던 모든 싸움은 하나님이 직접 싸운 싸움임을 그들은 눈으로 보고 체험한 것이다. 광야에서 아말렉과 싸움에서 모세의 팔이 내려오면 지고 올라가면 이기는 싸움은 인간의 전술로는 이해가 되지 않는 싸움이다. 여리고 성 함락도 그렇다. 기드온이 300명의 군사로 밤중에 횃불과 항아리를 깨는 전법으로 미디안의 대군을 무찌른 싸움(삿 7:20)은 하나님이 싸운 싸움임을 알 수 있다.
이런 일을 통해서 이스라엘 백성에게 하나님은 우리의 삶을 책임지시고 풍족하게 해 주시는 왕이시라는 신앙이 생기지 않았다는 사실은 참으로 슬픈 사실이다. 그들의 신앙은 가시적(可視的)인 것에 의존하는 신앙이기 때문이다. 그들은 눈에 보이지는 않지만 한 분 하나님이 그들의 진정한 왕이요 주인(Lord)이시라는 사실을 알기를 원치 않았다. 그들은 눈에 보이는 왕을 원했고, 그 왕이 자기들의 문제를 해결해 줄 것이라고 믿었다.
인위(人爲)를 믿는다는 것은 참으로 어리석은 짓이다.
하나님의 최선을 스스로 포기하고, 차선인 인간의 것들을 택한다. 오늘 나의 모습은?

삼상8-31장·
삼하·왕상1-11장·
대상·대하1-9장·
시편·잠언·
전도서·아가

통일왕국 시대

B.C. 1051~931

19일~24일

주요인물 사울 / 다윗 / 솔로몬 / 요압 / 아브넬 / 압살롬 / 골리앗 / 사독 / 밧세바 / 엔돌의신접한 여인 / 나단 / 요나단 / 스바의 여왕

주요사건 다윗이 세 번 기름부음을 받음(① 베들레헴에서 사무엘에 의해 ② 헤브론에서 두 지파에 의해 ③ 헤브론에서 열두 지파에 의해) / 다윗이 예루살렘을 점령함 / 예루살렘으로 언약궤를 운반해 옴 / 다윗이 언약을 받음 / 솔로몬이 성전을 선축함

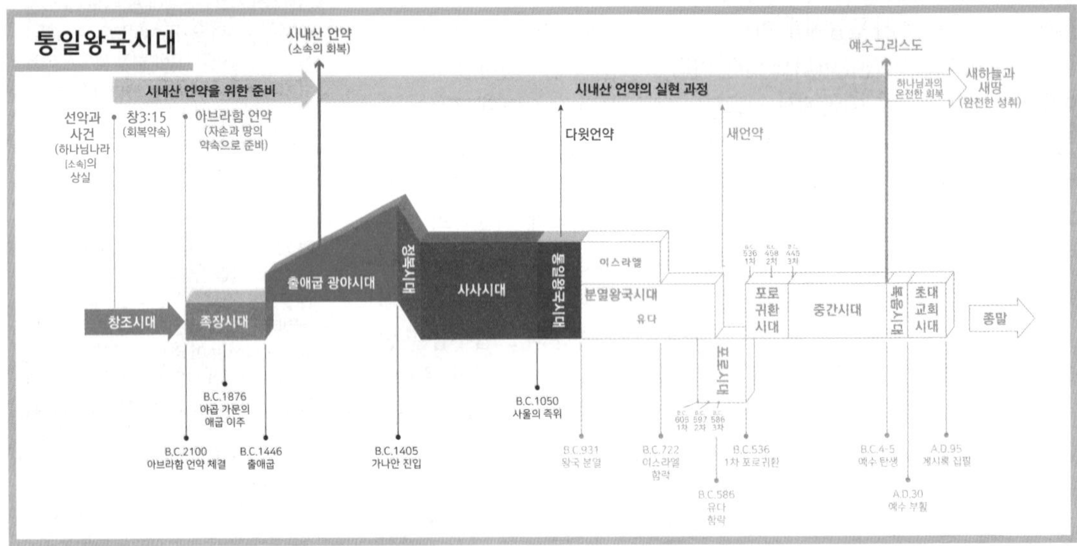

시대 한눈에 보기

사사 시대의 인간의 불순종으로 인해 하나님 나라[신위]가 이루어지는 신정 국가의 꿈은 접어야 했다. 이스라엘은 하나님의 뜻을 순종하기보다는 자기들의 뜻을 펴는 왕정국가를 원했고, 하나님은 마지막 사사 사무엘을 통해 왕정국가를 허용하고 사울을 왕으로 세운다. 사울은 하나님의 그릇이 될 수 없었고, 하나님은 다시 사무엘을 시켜 다윗을 왕으로 세운다.

다윗의 재임 기간에 많은 사건이 일어난다(B.C. 1010 ~ 970). 이 기간에 법궤를 예루살렘으로 옮겨 왕국의 위상을 든든히 하면서 잘 나가던 다윗은 밧세바와의 간음 사건을 전환점으로 내리막길을 걷게 된다. 그 후 아들 압살롬의 반란으로 인해 도망자의 신세까지로 전락한다.

다윗은 도망자 신세가 되어 떠돌아다니면서도 늘 하나님을 의지하고 찬양하는 마음은 변하지 않았다. 그래서 그는 많은 시편들을 남기게 되었다. 다윗은 또한 하나님의 성전 건축을 준비하며, 성전 조직을 강화하는 등 하나님에 대한 열정을 가지지만 그는 전쟁으로 인한 많은 피 흘림과 범죄로 성전 건축의 특권이 솔로몬에게로 넘어간다.

솔로몬이 왕위를 계승하고 선정을 베푸는 초기 모습을 보며, 잠언을 읽는다.

솔로몬은 결국 많은 이방 아내 때문에 이방 신전이 들어서

고 과중한 세금 정책으로 인해 타락하면서 국운이 기울기 시작하며 결국 B.C. 931년에 남북 왕국으로 분열된다. 이런 처지를 생각하며 전도서와 아가서를 읽자. 여로보암이 이끄는 북 왕국은 아예 사마리아에 금송아지를 두어 그것을 숭배하는 정책으로 돌변하면서 하나님에게 패역한다. 이 시점에서 엘리야와 엘리사가 활동한다.

사무엘상 9장~16장 : 왕정에 이르는 과도기

사무엘상 9장

사울이 사무엘을 만나다

1 베냐민 지파에 기스라 이름하는 유력한 사람이 있으니 그는 아비엘의
아들이요 스롤의 손자요 베고랏의 증손이요 아비아의 현손이며 베냐민
사람이더라 2 기스에게 아들이 있으니 그의 이름은 사울이요 준수한 소년
이라 이스라엘 자손 중에 그보다 더 준수한 자가 없고 키는 모든 백성보
다 어깨 위만큼 더 컸더라 3 사울의 아버지 기스가 암나귀들을 잃고 그의
아들 사울에게 이르되 너는 일어나 한 사환을 데리고 가서 암나귀들을 찾
으라 하매 4 그가 에브라임 산지와 살리사 땅으로 두루 다녀 보았으나 찾
지 못하고 사알림 땅으로 두루 다녀 보았으나 그 곳에는 없었고 베냐민
사람의 땅으로 두루 다녀 보았으나 찾지 못하니라 5 그들이 숩 땅에 이른
때에 사울이 함께 가던 사환에게 이르되 돌아가자 내 아버지께서 암나
귀 생각은 고사하고 우리를 위하여 걱정하실까 두려워하노라 하니 6 그
가 대답하되 보소서 이 성읍에 하나님의 사람이 있는데 존경을 받는 사람
이라 그가 말한 것은 반드시 다 응하나니 그리로 가사이다 그가 혹 우리
가 갈 길을 가르쳐 줄까 하나이다 하는지라 7 사울이 그의 사환에게 이르
되 우리가 가면 그 사람에게 무엇을 드리겠느냐 우리 주머니에 먹을 것이
다하였으니 하나님의 사람에게 드릴 예물이 없도다 무엇이 있느냐 하니 8
사환이 사울에게 다시 대답하여 이르되 보소서 내 손에 은 한 세겔의 사
분의 일이 있으니 하나님의 사람에게 드려 우리 길을 가르쳐 달라 하겠나
이다 하더라 9 (옛적 이스라엘에 사람이 하나님께 가서 물으려 하면 말하기를 선견자에
게로 가자 하였으니 지금 선지자라 하는 자를 옛적에는 선견자라 일컬었더라) 10 사울이
그의 사환에게 이르되 네 말이 옳다 가자 하고 그들이 하나님의 사람이
있는 성읍으로 가니라 11 그들이 성읍을 향한 비탈길로 올라가다가 물 길
으러 나오는 소녀들을 만나 그들에게 묻되 선견자가 여기 있느냐 하니 12
그들이 대답하여 이르되 있나이다 보소서 그가 당신보다 앞서 갔으니 빨
리 가소서 백성이 오늘 산당에서 제사를 드리므로 그가 오늘 성읍에 들어
오셨나이다 13 당신들이 성읍으로 들어가면 그가 먹으러 산당에 올라가
기 전에 곧 만나리이다 그가 오기 전에는 백성이 먹지 아니하나니 이는 그
가 제물을 축사한 후에야 청함을 받은 자가 먹음이니이다 그러므로 지금

사울, 그는 누구인가?

사울은 베냐민 지파에 속한 기스의 아들로 이스라엘의 왕국 시대를 여는 초대 왕이 되어 약 40년 동안 통치하였다(행 13:21). 사울은 왕을 요구하는 백성들의 요구에 따라 사사인 사무엘이 하나님의 명령을 받고 기름 부어 왕으로 세웠다. 그러나 초기에는 특별한 주목을 받지 못하다가 암몬의 나하스가 길르앗 야베스를 공격한 것을 계기로 이스라엘 12지파를 모아 전쟁을 벌여 승리함으로 지도력을 인정받게 되었다. 그 후 그는 이스라엘의 최대 적인 블레셋으로부터 백성들을 성공적으로 보호함으로 왕권의 토대를 마련하였다. 그러나 사울은 왕으로서 기반을 잡아가는 상황에서 하나님께 버림 받는 비극적인 운명을 맞게 되었다. 바로 블레셋과의 전쟁을 앞두고 반드시 드려야 하는 번제를 제사장인 사무엘이 오기까지 기다리지 못하고 자신이 드림으로 하나님께 버림을 받았던 것이다. 그뿐만 아니라 아말렉과의 전쟁에서는 진멸의 명령을 어기고 아말렉 왕 아각과 노획물을 남겨둠으로 사무엘의 극심한 분노를 불러일으키고 자신의 멸망을 재촉하였다. 그 후 하나님의 신마저 그를 떠나고 악령이 마음을 지배함으로 인격적인 파탄의 길을 걷게 되었다.

그 후에 새 시대의 지도자 다윗을 만나게 되었다. 그러나 다윗과의 만남은 상대적으로 사울이 자신의 초라함을 더욱 크게 느끼는 계기가 되었고 이후로 다윗에 대한 극도의 증오로 그를 죽이려고 하였다. 그러나 다윗은 이미 하나님의 명령을 받은 사무엘에 의해 기름 부음을 받고 사울에 이은 이스라엘의 왕으로 추대되었다. 결국 사무엘은 블레셋과의 전투에서 세 아들과 함께 길보아 산에서 전사하고 말았다. 이처럼 사울은 사사 시대라는 구시대와 다윗으로 대변되는 새 시대의 과도기를 살았던 비운의 인물이었다.

그는 아직 조화되지 않은 시대 속에서 많은 고민을 안고 살아갈 수밖에 없었다. 결국 그는 단 하나 잃어버려서는 안 될 여호와 신앙까지 상실함으로 비참한 최후를 맞게 된 것이다. 그는 자기중심성을 다스리지 못해 스타(스스로 타락하는 자)의식에 사로잡힌 자이었음을 보게 된다. 범죄하고 그것을 회개하는 그의 자세에서 우리는 진정한 회개가 무엇인가를 생각하게 된다.

그는 결국 하나님께 돌아오지 못한 자가 되었다. 그는 끝까지 엔돌의 무당을 통해 사무엘의 영을 불러 그의 조언을 받으려 한 것이다.

19일~24일

올라가소서 곧 그를 만나리이다 하는지라 14 그들이 성읍으로 올라가서 그리로 들어갈
때에 사무엘이 마침 산당으로 올라가려고 마주 나오더라 15 사울이 오기 전날에 여
호와께서 사무엘에게 알게 하여 이르시되 16 내일 이맘 때에 내가 베냐민 땅에서 한
사람을 네게로 보내리니 너는 그에게 기름을 부어 내 백성 이스라엘의 지도자로 삼
으라 그가 내 백성을 블레셋 사람들의 손에서 구원하리라 내 백성의 부르짖음이 내
게 상달되었으므로 내가 그들을 돌보았노라 하셨더니 17 사무엘이 사울을 볼 때에
여호와께서 그에게 이르시되 보라 이는 내가 네게 말한 사람이니 이가 내 백성을 다
스리리라 하시니라 18 사울이 성문 안 사무엘에게 나아가 이르되 선견자의 집이 어
디인지 청하건대 내게 가르치소서 하니 19 사무엘이 사울에게 대답하여 이르되 내가

선견자이니라 너는 내 앞서 산당으로 올라가라 너희가 오늘 나와 함께 먹을 것이요 아침에는 내가 너를 보내되
네 마음에 있는 것을 다 네게 말하리라 20 사흘 전에 잃은 네 암나귀들을 염려하지 말라 찾았느니라 온 이스라엘
이 사모하는 자가 누구냐 너와 네 아버지의 온 집이 아니냐 하는지라 21 사울이 대답하여 이르되 나는 이스라엘
지파의 가장 작은 지파 베냐민 사람이 아니니이까 또 나의 가족은 베냐민 지파 모든 가족 중에 가장 미약하지
아니하니이까 당신이 어찌하여 내게 이같이 말씀하시나이까 하니 22 사무엘이 사울과 그의 사환을 인도하여 객
실로 들어가서 청한 자 중 상석에 앉게 하였는데 객은 삼십 명 가량이었더라 23 사무엘이 요리인에게 이르되 내
가 네게 주며 네게 두라고 말한 그 부분을 가져오라 24 요리인이 넓적다리와 그것에 붙은 것을 가져다가 사울 앞
에 놓는지라 사무엘이 이르되 보라 이는 두었던 것이니 네 앞에 놓고 먹으라 내가 백성을 청할 때부터 너를 위하
여 이것을 두고 이 때를 기다리게 하였느니라 그 날에 사울이 사무엘과 함께 먹으니라

사무엘이 사울에게 기름을 붓다

25 그들이 산당에서 내려 성읍에 들어가서는 사무엘이 사울과 함께 지붕에서 담화하고 26 그들이 일찍이 일어날
새 동틀 때쯤이라 사무엘이 지붕에서 사울을 불러 이르되 일어나라 내가 너를 보내리라 하매 사울이 일어나고
그 두 사람 사울과 사무엘이 함께 밖으로 나가서 27 성읍 끝에 이르매 사무엘이 사울에게 이르되 사환에게 우리
를 앞서게 하라 하니라 사환이 앞서가므로 또 이르되 너는 이제 잠깐 서 있으라 내가 하나님의 말씀을 네게 들
려 주리라 하더라

사무엘상 10장

1 이에 사무엘이 기름병을 가져다가 사울의 머리에 붓고 입맞추며 이르되 여호와께서 네게
기름을 부으사 그의 기업의 지도자로 삼지 아니하셨느냐 2 네가 오늘 나를 떠나가다
가 베냐민 경계 셀사에 있는 라헬의 묘실 곁에서 두 사람을 만나리니 그들이 네게
이르기를 네가 찾으러 갔던 암나귀들을 찾은지라 네 아버지가 암나귀들의 염려는
놓았으나 너희로 말미암아 걱정하여 이르되 내 아들을 위하여 어찌하리요 하더라
할 것이요 3 네가 거기서 더 나아가서 다볼 상수리나무에 이르면 거기서 하나님을
뵈오려고 벧엘로 올라가는 세 사람을 만나리니 한 사람은 염소 새끼 셋을 이끌었
고 한 사람은 떡 세 덩이를 가졌고 한 사람은 포도주 한 가죽부대를 가진 자라 4 그
들이 네게 문안하고 떡 두 덩이를 주겠고 너는 그의 손에서 받으리라 5 그 후에 네
가 하나님의 산에 이르리니 그 곳에는 블레셋 사람들의 영문이 있느니라 네가 그리로 가서 그 성읍으로 들어갈
때에 선지자의 무리가 산당에서부터 비파와 소고와 저와 수금을 앞세우고 예언하며 내려오는 것을 만날 것이요
6 네게는 여호와의 영이 크게 임하리니 너도 그들과 함께 예언을 하고 변하여 새 사람이 되리라 7 이 징조가 네
게 임하거든 너는 기회를 따라 행하라 하나님이 너와 함께 하시느니라 8 너는 나보다 앞서 길갈로 내려가라 내
가 네게로 내려가서 번제와 화목제를 드리리니 내가 네게 가서 네가 행할 것을 가르칠 때까지 칠 일 동안 기다

리라 9 그가 사무엘에게서 떠나려고 몸을 돌이킬 때에 하나님이 새 마음
을 주셨고 그 날 그 징조도 다 응하니라 10 그들이 산에 이를 때에 선지자
의 무리가 그를 영접하고 하나님의 영이 사울에게 크게 임하므로 그가 그
들 중에서 예언을 하니 11 전에 사울을 알던 모든 사람들이 사울이 선지자
들과 함께 예언함을 보고 서로 이르되 기스의 아들에게 무슨 일이 일어났
느냐 사울도 선지자들 중에 있느냐 하고 12 그 곳의 어떤 사람은 말하여
이르되 그들의 아버지가 누구냐 한지라 그러므로 속담이 되어 이르되 사
울도 선지자들 중에 있느냐 하더라 13 사울이 예언하기를 마치고 산당으로 가니라 14 사울의 숙부가 사울과 그의
사환에게 이르되 너희가 어디로 갔더냐 사울이 이르되 암나귀들을 찾다가 찾지 못하므로 사무엘에게 갔었나이
다 하니 15 사울의 숙부가 이르되 청하노니 사무엘이 너희에게 이른 말을 내게 말하라 하니라 16 사울이 그의 숙
부에게 말하되 그가 암나귀들을 찾았다고 우리에게 분명히 말하더이다 하고 사무엘이 말하던 나라의 일은 말하
지 아니하니라

삼상 10:10-12 우리는 본문을 통해서 하나님의 신(성령)이 임해 변화된 사울의 모습을 보았다. 성도의 변화는 자기의 능력과 지혜로만 이루어지지 않는다. 반드시 성령의 능력으로 충만함을 입어야 한다. 반드시 성경을 읽고 말씀의 능력을 깨달을 때 내 속에 이미 내주하신 성령의 충만하심을 입게 된다.

19일~24일

사울이 왕으로 뽑히다

17 사무엘이 백성을 미스바로 불러 여호와 앞에 모으고 18 이스라엘 자손
에게 이르되 이스라엘 하나님 여호와께서 이같이 말씀하시기를 내가 이
스라엘을 애굽에서 인도하여 내고 너희를 애굽인의 손과 너희를 압제하는 모든 나라의 손에서 건져내었느니라
하셨거늘 19 너희는 너희를 모든 재난과 고통 중에서 친히 구원하여 내신 너희의 하나님을 오늘 버리고 이르기를
우리 위에 왕을 세우라 하는도다 그런즉 이제 너희의 지파대로 천 명씩 여호와 앞에 나아오라 하고 20 사무엘이
이에 이스라엘 모든 지파를 가까이 오게 하였더니 베냐민 지파가 뽑혔고 21 베냐민 지파를 그들의 가족별로 가
까이 오게 하였더니 마드리의 가족이 뽑혔고 그 중에서 기스의 아들 사울이 뽑혔으나 그를 찾아도 찾지 못한지
라 22 그러므로 그들이 또 여호와께 묻되 그 사람이 여기 왔나이까 여호와께서 대답하시되 그가 짐보따리들 사
이에 숨었느니라 하셨더라 23 그들이 달려 가서 거기서 그를 데려오매 그가 백성 중에 서니 다른 사람보다 어깨
위만큼 컸더라 24 사무엘이 모든 백성에게 이르되 너희는 여호와께서 택하신 자를 보느냐 모든 백성 중에 짝할
이가 없느니라 하니 모든 백성이 왕의 만세를 외쳐 부르니라 25 사무엘이 나라의 제도를 백성에게 말하고 책에
기록하여 여호와 앞에 두고 모든 백성을 각기 집으로 보내매 26 사울도 기브아 자기 집으로 갈 때에 마음이 하나
님께 감동된 유력한 자들과 함께 갔느니라 27 어떤 불량배는 이르되 이 사람이 어떻게 우리를 구원하겠느냐 하
고 멸시하며 예물을 바치지 아니하였으나 그는 잠잠하였더라

삼상 10:17-24
학습 자료 19-5 "미스바" 참조

사무엘상 11장

사울이 암몬 사람을 치다

1 암몬 사람 나하스가 올라와서 길르앗 야베스에 맞서 진 치매 야베스 모든 사람들이 나하스에게 이르되 우리
와 언약하자 그리하면 우리가 너를 섬기리라 하니 2 암몬 사람 나하스가 그들에게 이르되 내가 너희 오른 눈을
다 빼야 너희와 언약하리라 내가 온 이스라엘을 이같이 모욕하리라 3 야베스 장로들이 그에게 이르되 우리에게
이레 동안 말미를 주어 우리가 이스라엘 온 지역에 전령들을 보내게 하라 만일 우리를 구원할 자가 없으면 네게
나아가리라 하니라 4 이에 전령들이 사울이 사는 기브아에 이르러 이 말을 백성에게 전하매 모든 백성이 소리
를 높여 울더니 5 마침 사울이 밭에서 소를 몰고 오다가 이르되 백성이 무슨 일로 우느냐 하니 그들이 야베스 사
람의 말을 전하니라 6 사울이 이 말을 들을 때에 하나님의 영에게 크게 감동되매 그의 노가 크게 일어나 7 한 겨
리의 소를 잡아 각을 뜨고 전령들의 손으로 그것을 이스라엘 모든 지역에 두루 보내어 이르되 누구든지 나와서
사울과 사무엘을 따르지 아니하면 그의 소들도 이와 같이 하리라 하였더니 여호와의 두려움이 백성에게 임하
매 그들이 한 사람 같이 나온지라 8 사울이 베섹에서 그들의 수를 세어 보니 이스라엘 자손이 삼십만 명이요 유

다 사람이 삼만 명이더라 9 무리가 모든 전령들에게 이르되 너희는 길르앗 야베스 사람에게 이같이 이르기를 내
일 해가 더울 때에 너희가 구원을 받으리라 하라 전령들이 돌아가서 야베스 사람들에게 전하매 그들이 기뻐하
니라 10 야베스 사람들이 이에 이르되 우리가 내일 너희에게 나아가리니 너희 생각에 좋을 대로 우리에게 다 행
하라 하니라 11 이튿날 사울이 백성을 삼 대로 나누고 새벽에 적진 한가운데로 들어가서 날이 더울 때까지 암몬
사람들을 치매 남은 자가 다 흩어져서 둘도 함께 한 자가 없었더라

사무엘이 길갈에서 사울을 왕으로 세우다

12 백성이 사무엘에게 이르되 사울이 어찌 우리를 다스리겠느냐 한 자가 누구니이까 그들을 끌어내소서 우리가
죽이겠나이다 13 사울이 이르되 이 날에는 사람을 죽이지 못하리니 여호와께서 오늘 이스라엘 중에 구원을 베푸
셨음이니라 14 사무엘이 백성에게 이르되 오라 우리가 길갈로 가서 나라를 새롭게 하자 15 모든 백성이 길갈로
가서 거기서 여호와 앞에서 사울을 왕으로 삼고 길갈에서 여호와 앞에 화목제를 드리고 사울과 이스라엘 모든
사람이 거기서 크게 기뻐하니라

사무엘상 12장

사무엘의 마지막 말

1 사무엘이 온 이스라엘에게 이르되 보라 너희가 내게 한 말을 내가 다
듣고 너희 위에 왕을 세웠더니 2 이제 왕이 너희 앞에 출입하느니라 보
라 나는 늙어 머리가 희어졌고 내 아들들도 너희와 함께 있느니라 내가
어려서부터 오늘까지 너희 앞에 출입하였거니와 3 내가 여기 있나니 여
호와 앞과 그의 기름 부음을 받은 자 앞에서 내게 대하여 증언하라 내
가 누구의 소를 빼앗았느냐 누구의 나귀를 빼앗았느냐 누구를 속였느
냐 누구를 압제하였느냐 내 눈을 흐리게 하는 뇌물을 누구의 손에서 받
았느냐 그리하였으면 내가 그것을 너희에게 갚으리라 하니 4 그들이 이
르되 당신이 우리를 속이지 아니하였고 압제하지 아니하였고 누구의 손
에서든지 아무것도 빼앗은 것이 없나이다 하니라 5 사무엘이 백성에게
이르되 너희가 내 손에서 아무것도 찾아낸 것이 없음을 여호와께서 너희
에게 대하여 증언하시며 그의 기름 부음을 받은 자도 오늘 증언하느니
라 하니 그들이 이르되 그가 증언하시나이다 하니라 6 사무엘이 백성에
게 이르되 모세와 아론을 세우시며 너희 조상들을 애굽 땅에서 인도하
여 내신 이는 여호와이시니 7 그런즉 가만히 서 있으라 여호와께서 너희
와 너희 조상들에게 행하신 모든 공의로운 일에 대하여 내가 여호와 앞
에서 너희와 담론하리라 8 야곱이 애굽에 들어간 후 너희 조상들이 여호
와께 부르짖으매 여호와께서 모세와 아론을 보내사 그 두 사람으로 너

삼 12:2-5 사무엘의 은퇴사

사무엘의 삶을 반면교사로 삼아 나의 삶을 되돌아보라. 나도 이런 순결한 삶을 살아가고 있는지를 성찰하고 반성해야 한다. 이것은 하나님이 그의 백성에게 요구하는 삶 그 자체이다.

한평생을 마감할 즈음에 뒤를 돌아보고 이런 고백을 할 수 있는 삶을 살기를 축복한다. 그런 삶을 살기의 위해 예수님의 인도를 받는 삶을 살아야 하고 그러기 위해 성경을 통해 삶의 지혜를 터득해야 한다.

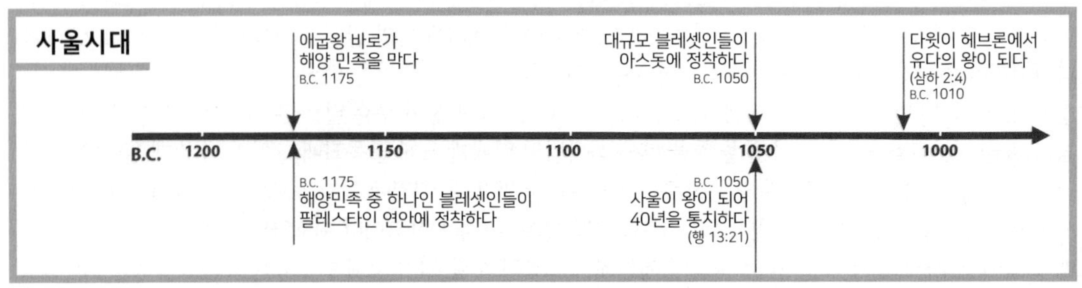

희 조상들을 애굽에서 인도해 내어 이곳에 살게 하셨으나 9 그들이 그들의 하나님 여호와를 잊은지라 여호와
께서 그들을 하솔 군사령관 시스라의 손과 블레셋 사람들의 손과 모압 왕의 손에 넘기셨더니 그들이 저희를
치매 10 백성이 여호와께 부르짖어 이르되 우리가 여호와를 버리고 바알들과 아스다롯을 섬김으로 범죄하였나
이다 그러하오나 이제 우리를 원수들의 손에서 건져내소서 그리하시면 우리가 주를 섬기겠나이다 하매 11 여호
와께서 여룹바알과 베단과 입다와 나 사무엘을 보내사 너희를 너희 사방 원수의 손에서 건져내사 너희에게 안
전하게 살게 하셨거늘 12 너희가 암몬 자손의 왕 나하스가 너희를 치러 옴을 보고 너희의 하나님 여호와께서는
너희의 왕이 되심에도 불구하고 너희가 내게 이르기를 아니라 우리를 다스릴 왕이 있어야 하겠다 하였도다 13
이제 너희가 구한 왕, 너희가 택한 왕을 보라 여호와께서 너희 위에 왕을 세우셨느니라 14 너희가 만일 여호와
를 경외하여 그를 섬기며 그의 목소리를 듣고 여호와의 명령을 거역하지 아니하며 또 너희와 너희를 다스리는
왕이 너희의 하나님 여호와를 따르면 좋겠지마는 15 너희가 만일 여호와의 목소리를 듣지 아니하고 여호와의
명령을 거역하면 여호와의 손이 너희의 조상들을 치신 것 같이 너희를 치실 것이라 16 너희는 이제 가만히 서서
여호와께서 너희 목전에서 행하시는 이 큰 일을 보라 17 오늘은 밀 베는 때가 아니냐 내가 여호와께 아뢰리니
여호와께서 우레와 비를 보내사 너희가 왕을 구한 일 곧 여호와의 목전에서 범한 죄악이 큼을 너희에게 밝히
알게 하시리라 18 이에 사무엘이 여호와께 아뢰매 여호와께서 그 날에 우레와 비를 보내시니 모든 백성이 여호
와와 사무엘을 크게 두려워하니라 19 모든 백성이 사무엘에게 이르되 당신의 종들을 위하여 당신의 하나님 여
호와께 기도하여 우리가 죽지 않게 하소서 우리가 우리의 모든 죄에 왕을 구하는 악을 더하였나이다 20 사무엘
이 백성에게 이르되 두려워하지 말라 너희가 과연 이 모든 악을 행하였으나 여호와를 따르는 데에서 돌아서지
말고 오직 너희의 마음을 다하여 여호와를 섬기라 21 돌아서서 유익하게도 못하며 구원하지도 못하는 헛된 것
을 따르지 말라 그들은 헛되니라 22 여호와께서는 너희를 자기 백성으로 삼으신 것을 기뻐하셨으므로 여호와
께서는 그의 크신 이름을 위해서라도 자기 백성을 버리지 아니하실 것이요 23 나는 너희를 위하여 기도하기를
쉬는 죄를 여호와 앞에 결단코 범하지 아니하고 선하고 의로운 길을 너희에게 가르칠 것인즉 24 너희는 여호와
께서 너희를 위하여 행하신 그 큰 일을 생각하여 오직 그를 경외하며 너희의 마음을 다하여 진실히 섬기라 25
만일 너희가 여전히 악을 행하면 너희와 너희 왕이 다 멸망하리라

19일~
24일

사무엘상 13장

사울이 블레셋과 싸우다

1 사울이 왕이 될 때에 사십 세라 그가 이스라엘을 다스린 지 이 년에 2 이스라엘 사람 삼천 명을 택하여 그 중
에서 이천 명은 자기와 함께 믹마스와 벧엘 산에 있게 하고 일천 명은 요나단과 함께 베냐민 기브아에 있게 하
고 남은 백성은 각기 장막으로 보내니라 3 요나단이 게바에 있는 블레셋 사람의 수비대를 치매 블레셋 사람이
이를 들은지라 사울이 온 땅에 나팔을 불어 이르되 히브리 사람들은 들으라 하니 4 온 이스라엘이 사울이 블
레셋 사람들의 수비대를 친 것과 이스라엘이 블레셋 사람들의 미움을 받게 되었다 함을 듣고 그 백성이 길갈
로 모여 사울을 따르니라 5 블레셋 사람들이 이스라엘과 싸우려고 모였는데 병거가 삼만이요 마병이 육천 명
이요 백성은 해변의 모래 같이 많더라 그들이 올라와 벧아웬 동쪽 믹마스에 진 치매 6 이스라엘 사람들이 위급
함을 보고 절박하여 굴과 수풀과 바위 틈과 은밀한 곳과 웅덩이에 숨으며 7 어떤 히브리 사람들은 요단을 건
너 갓과 길르앗 땅으로 가되 사울은 아직 길갈에 있고 그를 따른 모든 백성은 떨더라 8 사울은 사무엘이 정한
기한대로 이레 동안을 기다렸으나 사무엘이 길갈로 오지 아니하매 백성이 사울에게서 흩어지는지라 9 사울이
이르되 번제와 화목제물을 이리로 가져오라 하여 번제를 드렸더니 10 번제 드리기를 마치자 사무엘이 온지라
사울이 나가 맞으며 문안하매 11 사무엘이 이르되 왕이 행하신 것이 무엇이냐 하니 사울이 이르되 백성은 내
게서 흩어지고 당신은 정한 날 안에 오지 아니하고 블레셋 사람은 믹마스에 모였음을 내가 보았으므로 12 이
에 내가 이르기를 블레셋 사람들이 나를 치러 길갈로 내려오겠거늘 내가 여호와께 은혜를 간구하지 못하였다

하고 부득이하여 번제를 드렸나이다 하니라 13 사무엘이 사울에게 이르되 왕이 망령되이 행하였도다 왕이 왕
의 하나님 여호와께서 왕에게 내리신 명령을 지키지 아니하였도다 그리하였더라면 여호와께서 이스라엘 위에
왕의 나라를 영원히 세우셨을 것이거늘 14 지금은 왕의 나라가 길지 못할 것이라 여호와께서 왕에게 명령하신
바를 왕이 지키지 아니하였으므로 여호와께서 그의 마음에 맞는 사람을 구하여 여호와께서 그를 그의 백성
의 지도자로 삼으셨느니라 하고 15 사무엘이 일어나 길갈에서 떠나 베냐민 기브아로 올라가니라 사울이 자기
와 함께 한 백성의 수를 세어 보니 육백 명 가량이라 16 사울과 그의 아들 요나단과 그들과 함께 한 백성은 베
냐민 게바에 있고 블레셋 사람들은 믹마스에 진 쳤더니 17 노략꾼들이 세 대로 블레셋 사람들의 진영에서 나
와서 한 대는 오브라 길을 따라서 수알 땅에 이르렀고 18 한 대는 벧호론 길로 향하였고 한 대는 광야쪽으로
스보임 골짜기가 내려다 보이는 지역 길로 향하였더라 19 그 때에 이스라엘 온 땅에 철공이 없었으니 이는 블
레셋 사람들이 말하기를 히브리 사람이 칼이나 창을 만들까 두렵다 하였음이라 20 온 이스라엘 사람들이 각기
보습이나 삽이나 도끼나 괭이를 벼리려면 블레셋 사람들에게로 내려갔었는데 21 곧 그들이 괭이나 삽이나 쇠
스랑이나 도끼나 쇠채찍이 무딜 때에 그리하였으므로 22 싸우는 날에 사울과 요나단과 함께 한 백성의 손에
는 칼이나 창이 없고 오직 사울과 그의 아들 요나단에게만 있었더라 23 블레셋 사람들의 부대가 나와서 믹마
스 어귀에 이르렀더라

19일~
24일

사무엘상 14장

요나단이 블레셋을 습격하다

1 하루는 사울의 아들 요나단이 자기의 무기를 든 소년에게 이르되 우리
가 건너편 블레셋 사람들의 부대로 건너가자 하고 그의 아버지에게는 아
뢰지 아니하였더라 2 사울이 기브아 변두리 미그론에 있는 석류나무 아래
에 머물렀고 함께 한 백성은 육백 명 가량이며 3 아히야는 에봇을 입고 거
기 있었으니 그는 이가봇의 형제 아히둡의 아들이요 비느하스의 손자요
실로에서 여호와의 제사장이 되었던 엘리의 증손이었더라 백성은 요나단
이 간 줄을 알지 못하니라 4 요나단이 블레셋 사람들에게로 건너가려 하
는 어귀 사이 이쪽에는 험한 바위가 있고 저쪽에도 험한 바위가 있는데
하나의 이름은 보세스요 하나의 이름은 세네라 5 한 바위는 북쪽에서 믹
마스 앞에 일어섰고 하나는 남쪽에서 게바 앞에 일어섰더라 6 요나단이
자기의 무기를 든 소년에게 이르되 우리가 이 할례 받지 않은 자들에게로
건너가자 여호와께서 우리를 위하여 일하실까 하노라 여호와의 구원은
사람이 많고 적음에 달리지 아니하였느니라 7 무기를 든 자가 그에게 이
르되 당신의 마음에 있는 대로 다 행하여 앞서 가소서 내가 당신과 마음
을 같이 하여 따르리이다 8 요나단이 이르되 보라 우리가 그 사람들에게
로 건너가서 그들에게 보이리니 9 그들이 만일 우리에게 이르기를 우리가
너희에게로 가기를 기다리라 하면 우리는 우리가 있는 곳에 가만히 서서
그들에게로 올라가지 말 것이요 10 그들이 만일 말하기를 우리에게로 올
라오라 하면 우리가 올라갈 것은 여호와께서 그들을 우리 손에 넘기셨음
이니 이것이 우리에게 표징이 되리라 하고 11 둘이 다 블레셋 사람들에게
보이매 블레셋 사람이 이르되 보라 히브리 사람이 그들이 숨었던 구멍에서 나온다 하고 12 그 부대 사람들이 요
나단과 그의 무기를 든 자에게 이르되 우리에게로 올라오라 너희에게 보여 줄 것이 있느니라 한지라 요나단이
자기의 무기를 든 자에게 이르되 나를 따라 올라오라 여호와께서 그들을 이스라엘의 손에 넘기셨느니라 하고 13

❖ 삼상 14~15장 **사울의 결정적 3가지 실수**

1. 제사장 없이 제물을 드린 것

삼상 13:8-9

☞ 그는 여호와께 제사를 드리고 그분의 뜻대로 전쟁을 수행하려는 하나님의 종이요 대행자가 지녀야 할 자세를 가진 것이 아니라, 일단 출전과 전투에 대한 모든 것은 스스로 결정해 놓고 단순한 요식 행위로만 제사를 수행하려고 한 것이다. 인위로 살려는 자의 전형적인 모습이다. 자기의 뜻을 이루려 하나님을 이용하는 모습, 오늘 우리 중에 이런 신앙을 가진 자가 의외로 많다는 사실을 한번 돌아보면 좋겠다.

2. 금식령을 절제 없이 시행한 것

삼상 14:24

☞ 이 또한 자기중심성의 발상이다. 사울은 율법에 그 유례가 없는데도 제사장을 마치 자신 부하처럼 거느리고 다니다가(14:3) 자기 마음대로 하나님의 뜻을 묻게 하였다(14:18-20). 이는 자기중심적 신앙의 전형적 모습이다.

3. 진멸하라는 명령을 자기식으로 해석함

삼상 15:9

☞ 사무엘을 통해 하나님이 명하신 아말렉 전멸 명령(15:1-5)을 재물에 대한 탐욕으로 거역한 사울의 범죄(15:6-9), 진정한 회개보다는 자신의 정치적 입장만을 고려한 사울의 형식적 회개의 모습(15:24-31).

☞ 그 결과 → 삼상 15:22-23

요나단이 손 발로 기어 올라갔고 그 무기를 든 자도 따랐더라 블레셋 사람들이 요나단 앞에서 엎드러지매 무기
를 든 자가 따라가며 죽였으니 14 요나단과 그 무기를 든 자가 반나절 갈이 땅 안에서 처음으로 쳐죽인 자가 이십
명 가량이라 15 들에 있는 진영과 모든 백성들이 공포에 떨었고 부대와 노략꾼들도 떨었으며 땅도 진동하였으니
이는 큰 떨림이었더라

블레셋 군인들이 칼로 서로를 치다

16 베냐민 기브아에 있는 사울의 파수꾼이 바라본즉 허다한 블레셋 사람들이 무너져 이리 저리 흩어지더라 17
사울이 자기와 함께 한 백성에게 이르되 우리에게서 누가 나갔는지 점호하여 보라 하여 점호한즉 요나단과 그
의 무기를 든 자가 없어졌더라 18 사울이 아히야에게 이르되 하나님의 궤를 이리로 가져오라 하니 그 때에 하나
님의 궤가 이스라엘 자손과 함께 있음이니라 19 사울이 제사장에게 말할 때에 블레셋 사람들의 진영에 소동이
점점 더한지라 사울이 제사장에게 이르되 네 손을 거두라 하고 20 사울과 그와 함께 한 모든 백성이 모여 전장
에 가서 본즉 블레셋 사람들이 각각 칼로 자기의 동무들을 치므로 크게 혼란하였더라 21 전에 블레셋 사람들과
함께 하던 히브리 사람이 사방에서 블레셋 사람들과 함께 진영에 들어왔더니 그들이 돌이켜 사울과 요나단과
함께 한 이스라엘 사람들과 합하였고 22 에브라임 산지에 숨었던 이스라엘 모든 사람도 블레셋 사람들이 도망
함을 듣고 싸우러 나와서 그들을 추격하였더라 23 여호와께서 그 날에 이스라엘을 구원하시므로 전쟁이 벧아
웬을 지나니라

사울의 맹세와 요나단의 실수

24 이 날에 이스라엘 백성들이 피곤하였으니 이는 사울이 백성에게 맹세시켜 경계하여 이르기를 저녁 곧 내가 내
원수에게 보복하는 때까지 아무 음식물이든지 먹는 사람은 저주를 받을지어다 하였음이라 그러므로 모든 백성
이 음식물을 맛보지 못하고 25 그들이 다 수풀에 들어간즉 땅에 꿀이 있더라 26 백성이 수풀로 들어갈 때에 꿀이
흐르는 것을 보고도 그들이 맹세를 두려워하여 손을 그 입에 대는 자가 없었으나 27 요나단은 그의 아버지가 백
성에게 맹세하여 명령할 때에 듣지 못하였으므로 손에 가진 지팡이 끝을 내밀어 벌집의 꿀을 찍고 그의 손을 돌
려 입에 대매 눈이 밝아졌더라 28 그 때에 백성 중 한 사람이 말하여 이르되 당신의 부친이 백성에게 맹세하여 엄
히 말씀하시기를 오늘 음식물을 먹는 사람은 저주를 받을지어다 하셨나이다 그러므로 백성이 피곤하였나이다
하니 29 요나단이 이르되 내 아버지께서 이 땅을 곤란하게 하셨도다 보라 내가 이 꿀 조금을 맛보고도 내 눈이
이렇게 밝아졌거든 30 하물며 백성이 오늘 그 대적에게서 탈취하여 얻은 것을 임의로 먹었더라면 블레셋 사람을
살륙함이 더욱 많지 아니하였겠느냐 31 그 날에 백성이 믹마스에서부터 아얄론에 이르기까지 블레셋 사람들을
쳤으므로 그들이 심히 피곤한지라 32 백성이 이에 탈취한 물건에 달려가서 양과 소와 송아지들을 끌어다가 그것
을 땅에서 잡아 피째 먹었더니 33 무리가 사울에게 전하여 이르되 보소서 백성이 고기를 피째 먹어 여호와께 범
죄하였나이다 사울이 이르되 너희가 믿음 없이 행하였도다 이제 큰 돌을 내게로 굴려 오라 하고 34 또 사울이 이
르되 너희는 백성 중에 흩어져 다니며 그들에게 이르기를 사람은 각기 소와 양을 이리로 끌어다가 여기서 잡아
먹되 피째로 먹어 여호와께 범죄하지 말라 하라 하매 그 밤에 모든 백성이 각각 자기의 소를 끌어다가 거기서 잡
으니라 35 사울이 여호와를 위하여 제단을 쌓았으니 이는 그가 여호와를 위하여 처음 쌓은 제단이었더라 36 사울
이 이르되 우리가 밤에 블레셋 사람들을 추격하여 동틀 때까지 그들 중에서 탈취하고 한 사람도 남기지 말자 무
리가 이르되 왕의 생각에 좋은 대로 하소서 할 때에 제사장이 이르되 이리로 와서 하나님께로 나아가사이다 하
매 37 사울이 하나님께 묻자오되 내가 블레셋 사람들을 추격하리이까 주께서 그들을 이스라엘의 손에 넘기시겠
나이까 하되 그 날에 대답하지 아니하시는지라 38 사울이 이르되 너희 군대의 지휘관들아 다 이리로 오라 오늘
이 죄가 누구에게 있나 알아보자 39 이스라엘을 구원하신 여호와께서 살아 계심을 두고 맹세하노니 내 아들 요
나단에게 있다 할지라도 반드시 죽으리라 하되 모든 백성 중 한 사람도 대답하지 아니하매 40 이에 그가 온 이스
라엘에게 이르되 너희는 저쪽에 있으라 나와 내 아들 요나단은 이쪽에 있으리라 백성이 사울에게 말하되 왕의
생각에 좋은 대로 하소서 하니라 41 이에 사울이 이스라엘의 하나님 여호와께 아뢰되 원하건대 실상을 보이소서

하였더니 요나단과 사울이 뽑히고 백성은 면한지라 42 사울이 이르되 나와 내 아들 요나단 사이에 뽑으라 하였
더니 요나단이 뽑히니라 43 사울이 요나단에게 이르되 네가 행한 것을 내게 말하라 요나단이 말하여 이르되 내
가 다만 내 손에 가진 지팡이 끝으로 꿀을 조금 맛보았을 뿐이오나 내가 죽을 수밖에 없나이다 44 사울이 이르되
요나단아 네가 반드시 죽으리라 그렇지 않으면 하나님이 내게 벌을 내리시고 또 내리시기를 원하노라 하니 45 백
성이 사울에게 말하되 이스라엘에 이 큰 구원을 이룬 요나단이 죽겠나이까 결단코 그렇지 아니하니이다 여호와
의 살아 계심을 두고 맹세하옵나니 그의 머리털 하나도 땅에 떨어지지 아니할 것은 그가 오늘 하나님과 동역하
였음이니이다 하여 백성이 요나단을 구원하여 죽지 않게 하니라 46 사울이 블레셋 사람들 추격하기를 그치고 올
라가매 블레셋 사람들이 자기 곳으로 돌아가니라

19일~24일

사울의 업적과 그 집안

47 사울이 이스라엘 왕위에 오른 후에 사방에 있는 모든 대적 곧 모압과 암몬 자손과 에돔과 소바의 왕들과 블
레셋 사람들을 쳤는데 향하는 곳마다 이겼고 48 용감하게 아말렉 사람들을 치고 이스라엘을 그 약탈하는 자들
의 손에서 건졌더라 49 사울의 아들은 요나단과 이스위와 말기수아요 그의 두 딸의 이름은 이러하니 맏딸의 이
름은 메랍이요 작은 딸의 이름은 미갈이며 50 사울의 아내의 이름은 아히노암이니 아히마아스의 딸이요 그의 군
사령관의 이름은 아브넬이니 사울의 숙부 넬의 아들이며 51 사울의 아버지는 기스요 아브넬의 아버지는 넬이니
아비엘의 아들이었더라 52 사울이 사는 날 동안에 블레셋 사람과 큰 싸움이 있었으므로 사울이 힘 센 사람이나
용감한 사람을 보면 그들을 불러모았더라

사무엘상 15장

사울이 아말렉을 치다

1 사무엘이 사울에게 이르되 여호와께서 나를 보내어 왕에게 기름을 부어 그의 백성 이스라엘 위에 왕으로 삼으
셨은즉 이제 왕은 여호와의 말씀을 들으소서 2 만군의 여호와께서 이같이 말씀하시기를 아말렉이 이스라엘에게
행한 일 곧 애굽에서 나올 때에 길에서 대적한 일로 내가 그들을 벌하노니 3 지금 가서 아말렉을 쳐서 그들의 모
든 소유를 남기지 말고 진멸하되 남녀와 소아와 젖 먹는 아이와 우양과 낙타와 나귀를 죽이라 하셨나이다 하니
4 사울이 백성을 소집하고 그들을 들라임에서 세어 보니 보병이 이십만 명이요 유다 사람이 만 명이라 5 사울이
아말렉 성에 이르러 골짜기에 복병시키니라 6 사울이 겐 사람에게 이르되 아말렉 사람 중에서 떠나 가라 그들과
함께 너희를 멸하게 될까 하노라 이스라엘 모든 자손이 애굽에서 올라올 때에 너희가 그들을 선대하였느니라
이에 겐 사람이 아말렉 사람 중에서 떠나니라 7 사울이 하윌라에서부터 애굽 앞 술에 이르기까지 아말렉 사람을
치고 8 아말렉 사람의 왕 아각을 사로잡고 칼날로 그의 모든 백성을 진멸하였으되 9 사울과 백성이 아각과 그의
양과 소의 가장 좋은 것 또는 기름진 것과 어린 양과 모든 좋은 것을 남기고 진멸하기를 즐겨 아니하고 가치 없고
하찮은 것은 진멸하니라

여호와께서 사울을 버리시다

10 여호와의 말씀이 사무엘에게 임하니라 이르시되 11 내가 사울을 왕으
로 세운 것을 후회하노니 그가 돌이켜서 나를 따르지 아니하며 내 명령을
행하지 아니하였음이니라 하신지라 사무엘이 근심하여 온 밤을 여호와께 부르짖으니라 12 사무엘이 사울을 만
나려고 아침에 일찍이 일어났더니 어떤 사람이 사무엘에게 말하여 이르되 사울이 갈멜에 이르러 자기를 위하여
기념비를 세우고 발길을 돌려 길갈로 내려갔다 하는지라 13 사무엘이 사울에게 이른즉 사울이 그에게 이르되 원
하건대 당신은 여호와께 복을 받으소서 내가 여호와의 명령을 행하였나이다 하니 14 사무엘이 이르되 그러면 내
귀에 들려오는 이 양의 소리와 내게 들리는 소의 소리는 어찌 됨이니이까 하니라 15 사울이 이르되 그것은 무리
가 아말렉 사람에게서 끌어 온 것인데 백성이 당신의 하나님 여호와께 제사하려 하여 양들과 소들 중에서 가장
좋은 것을 남김이요 그 외의 것은 우리가 진멸하였나이다 하는지라 16 사무엘이 사울에게 이르되 가만히 계시옵

삼상 15:12 자기중심성이 매우 강한 모습을 보여 준다.

소서 간 밤에 여호와께서 내게 이르신 것을 왕에게 말하리이다 하니 그가 이르되 말씀하소서 17 사무엘이 이르
되 왕이 스스로 작게 여길 그 때에 이스라엘 지파의 머리가 되지 아니하셨나이까 여호와께서 왕에게 기름을 부
어 이스라엘 왕을 삼으시고 18 또 여호와께서 왕을 길로 보내시며 이르시기를 가서 죄인 아말렉 사람을 진멸하
되 다 없어지기까지 치라 하셨거늘 19 어찌하여 왕이 여호와의 목소리를 청종하지 아니하고 탈취하기에만 급하
여 여호와께서 악하게 여기시는 일을 행하였나이까 20 사울이 사무엘에게 이르되 나는 실로 여호와의 목소리를
청종하여 여호와께서 보내신 길로 가서 아말렉 왕 아각을 끌어 왔고 아말렉 사람들을 진멸하였으나 21 다만 백
성이 그 마땅히 멸할 것 중에서 가장 좋은 것으로 길갈에서 당신의 하나님 여호와께 제사하려고 양과 소를 끌어
왔나이다 하는지라 22 사무엘이 이르되 여호와께서 번제와 다른 제사를 그의 목소리를 청종하는 것을 좋아하심
같이 좋아하시겠나이까 순종이 제사보다 낫고 듣는 것이 숫양의 기름보다 나으니 23 이는 거역하는 것은 점치는
죄와 같고 완고한 것은 사신 우상에게 절하는 죄와 같음이라 왕이 여호와의 말씀을 버렸으므로 여호와께서도
왕을 버려 왕이 되지 못하게 하셨나이다 하니 24 사울이 사무엘에게 이르되 내가 범죄하였나이다 내가 여호와의
명령과 당신의 말씀을 어긴 것은 내가 백성을 두려워하여 그들의 말을 청종하였음이니이다 25 청하오니 지금 내
죄를 사하고 나와 함께 돌아가서 나로 하여금 여호와께 경배하게 하소서 하니 26 사무엘이 사울에게 이르되 나
는 왕과 함께 돌아가지 아니하리니 이는 왕이 여호와의 말씀을 버렸으므로 여호와께서 왕을 버려 이스라엘 왕
이 되지 못하게 하셨음이니이다 하고 27 사무엘이 가려고 돌아설 때에 사울
이 그의 겉옷자락을 붙잡으매 찢어진지라 28 사무엘이 그에게 이르되 여호
와께서 오늘 이스라엘 나라를 왕에
게서 떼어 왕보다 나은 왕의 이웃에
게 주셨나이다 29 이스라엘의 지존자는
거짓이나 변개함이 없으시니 그는 사람이
아니시므로 결코 변개하지 않으심이니이다 하니 30 사울이 이르되 내가
범죄하였을지라도 이제 청하옵나니 내 백성의 장로들 앞과 이스라엘 앞
에서 나를 높이사 나와 함께 돌아가서 내가 당신의 하나님 여호와께 경배
하게 하소서 하더라 31 이에 사무엘이 돌이켜 사울을 따라가매 사울이 여
호와께 경배하니라

삼상 15:22
학습 자료 19-6 "순종이 제사보다 낫고" 참조

삼상 15:30 사울의 회개하는 모습
사무엘하에서 다윗이 회개하는 모습과 비교해서 살펴보겠다.

삼상 15-30
학습 자료 19-7 "사울의 회개가 진정한 회개가 아니라면 진정한 회개란?" 참조

사무엘이 아각을 처형하다

32 사무엘이 이르되 너희는 아말렉 사람의 왕 아각을 내게로 끌어 오라 하였더니 아각이 즐거이 오며 이르되 진
실로 사망의 괴로움이 지났도다 하니라 33 사무엘이 이르되 네 칼이 여인들에게 자식이 없게 한 것 같이 여인 중
네 어미에게 자식이 없으리라 하고 그가 길갈에서 여호와 앞에서 아각을 찍어 쪼개니라

사무엘이 다윗에게 기름을 붓다

34 이에 사무엘은 라마로 가고 사울은 사울 기브아 자기의 집으로 올라가니라 35 사무엘이 죽는 날까지 사울을
다시 가서 보지 아니하였으니 이는 그가 사울을 위하여 슬퍼함이었고 여호와께서는 사울을 이스라엘 왕으로 삼
으신 것을 후회하셨더라

사무엘상 16장

1 여호와께서 사무엘에게 이르시되 내가 이미 사울을 버려 이스라엘 왕
이 되지 못하게 하였거늘 네가 그를 위하여 언제까지 슬퍼하겠느냐 너는
뿔에 기름을 채워 가지고 가라 내가 너를 베들레헴 사람 이새에게로 보내리니 이는 내가 그의 아들 중에서 한
왕을 보았느니라 하시는지라 2 사무엘이 이르되 내가 어찌 갈 수 있으리이까 사울이 들으면 나를 죽이리이다
하니 여호와께서 이르시되 너는 암송아지를 끌고 가서 말하기를 내가 여호와께 제사를 드리러 왔다 하고 3 이

삼상 16:1-5
학습 자료 19-8 "사무엘의 거짓말" 참조

새를 제사에 청하라 내가 네게 행할 일을 가르치리니 내가 네게 알게 하
는 자에게 나를 위하여 기름을 부을지니라 4 사무엘이 여호와의 말씀대
로 행하여 베들레헴에 이르매 성읍 장로들이 떨며 그를 영접하여 이르
되 평강을 위하여 오시나이까 5 이르되 평강을 위함이니라 내가 여호와
께 제사하러 왔으니 스스로 성결하게 하고 와서 나와 함께 제사하자 하
고 이새와 그의 아들들을 성결하게 하고 제사에 청하니라 6 그들이 오매
사무엘이 엘리압을 보고 마음에 이르기를 여호와의 기름 부으실 자가
과연 주님 앞에 있도다 하였더니 7 여호와께서 사무엘에게 이르시되 그
의 용모와 키를 보지 말라 내가 이미 그를 버렸노라 내가 보는 것은 사람
과 같지 아니하니 사람은 외모를 보거니와 나 여호와는 중심을 보느니
라 하시더라 8 이새가 아비나답을 불러 사무엘 앞을 지나가게 하매 사무
엘이 이르되 이도 여호와께서 택하지 아니하셨느니라 하니 9 이새가 삼
마로 지나게 하매 사무엘이 이르되 이도 여호와께서 택하지 아니하셨느
니라 하니라 10 이새가 그의 아들 일곱을 다 사무엘 앞으로 지나가게 하
나 사무엘이 이새에게 이르되 여호와께서 이들을 택하지 아니하셨느니
라 하고 11 또 사무엘이 이새에게 이르되 네 아들들이 다 여기 있느냐 이
새가 이르되 아직 막내가 남았는데 그는 양을 지키나이다 사무엘이 이
새에게 이르되 사람을 보내어 그를 데려오라 그가 여기 오기까지는 우리
가 식사 자리에 앉지 아니하겠노라 12 이에 사람을 보내어 그를 데려오
매 그의 빛이 붉고 눈이 빼어나고 얼굴이 아름답더라 여호와께서 이르시
되 이가 그니 일어나 기름을 부으라 하시는지라 13 사무엘이 기름 뿔병을
가져다가 그의 형제 중에서 그에게 부었더니 이 날 이후로 다윗이 여호
와의 영에게 크게 감동되니라 사무엘이 떠나서 라마로 가니라

19일~
24일

사울을 섬기게 된 다윗

14 여호와의 영이 사울에게서 떠나고 여호와께서 부리시는 악령이 그를
번뇌하게 한지라 15 사울의 신하들이 그에게 이르되 보소서 하나님께서 부리시는 악령이 왕을 번뇌하게 하온
즉 16 원하건대 우리 주께서는 당신 앞에서 모시는 신하들에게 명령하여 수금을 잘 타는 사람을 구하게 하소
서 하나님께서 부리시는 악령이 왕에게 이를 때에 그가 손으로 타면 왕이 나으시리이다 하는지라 17 사울이
신하에게 이르되 나를 위하여 잘 타는 사람을 구하여 내게로 데려오라 하니 18 소년 중 한 사람이 대답하여 이
르되 내가 베들레헴 사람 이새의 아들을 본즉 수금을 탈 줄 알고 용기와 무용과 구변이 있는 준수한 자라 여
호와께서 그와 함께 계시더이다 하더라 19 사울이 이에 전령들을 이새에게 보내어 이르되 양 치는 네 아들 다
윗을 내게로 보내라 하매 20 이새가 떡과 한 가죽부대의 포도주와 염소 새끼를 나귀에 실리고 그의 아들 다
윗을 시켜 사울에게 보내니 21 다윗이 사울에게 이르러 그 앞에
모셔 서매 사울이 그를 크게 사랑하여 자기의 무기를 드는 자로
삼고 22 또 사울이 이새에게 사람을 보내어 이르되 원하건대
다윗을 내 앞에 모셔 서게 하라 그가 내게 은총을 얻었느니라
하니라 23 하나님께서 부리시는 악령이 사울에게 이를 때에
다윗이 수금을 들고 와서 손으로 탄즉 사울이 상쾌하여 낫고
악령이 그에게서 떠나더라

❖ **삼상 16장**
다윗은 통일 왕국의 왕이 되기 위해 모두 3번에 걸친 기름 부음을 받는다.
16장이 그 첫 번째이다.
하나님께서 다윗을 택하시고 그와 함께하심으로 능력이 되어 주심은 하나님의 택함의 원리를 제시해 준다. 하나님께서는 사람의 외모를 취하지 아니하시고 믿음을 보고 택하시어 그와 함께하심으로 사명을 감당할 수 있는 능력이 되어주신다는 것이다. 그러므로 누구든지 하나님께 택함을 받아 사명을 부여받은 자는 하나님을 의지함으로 모든 사명을 감당할 수 있는 것이다. 이러한 원리는 모든 성도에게 적용된다. 자신을 볼 때 아무 일도 감당할 능력이 없는 연약한 존재이지만 하나님의 영이 함께하시어 하나님의 손에 잡힌 바만 되면 어떠한 사명도 훌륭하게 감당할 수 있는 능력자가 되는 것이다. 그러므로 성도는 하나님을 의지함으로 담대하게 맡겨진 사명을 충실히 수행하여야 한다.

삼상 16:14 구약의 성령은 그 사역이 끝나면 떠나는 특징이 있다. 하나님의 버림을 받아 하나님의 성령이 떠나게 된 사울의 처지는 정신 착란에 빠질 수밖에 없다. 신약의 성령은 예수를 구주로 고백하고 물세례를 받은 모든 자에게 내주하신다. 그러나 그 내주하신 성령이 충만하지 않으면 구약에서 성령이 떠난 사울의 처지와 같이 악령의 지배를 받는 것은 똑같다.
지금 현재 당신의 처지는 어떤가?

삼상 16:14
학습 자료 19-9 "성령 떠남의 의미" 참조

시편 23편

다윗의 시

1 여호와는 나의 목자시니 내게 부족함이 없으리로다 2 그가 나를 푸른 풀
밭에 누이시며 쉴 만한 물 가로 인도하시는도다 3 내 영혼을 소생시키시
고 자기 이름을 위하여 의의 길로 인도하시는도다 4 내가 사망의 음침한
골짜기로 다닐지라도 해를 두려워하지 않을 것은 주께서 나와 함께 하심
이라 주의 지팡이와 막대기가 나를 안위하시나이다 5 주께서 내 원수의
목전에서 내게 상을 차려 주시고 기름을 내 머리에 부으셨으니 내 잔이 넘
치나이다 6 내 평생에 선하심과 인자하심이 반드시 나를 따르리니 내가
여호와의 집에 영원히 살리로다

❖ 시 23편
시편 23편에서 누리는 축복의 잔은 바로 인간이 태초에 에덴에서 누렸던 것이다. 인간은 누구나 할 것 없이 유한자 (有限者)이지만 절대 초월자로서 창조자요 주권자이신 여호와를 그 인생의 목자(牧者)로 삼은 자는 이 같은 전 인격, 전 존재를 망라한 구속사적 축복의 기쁨을 누릴 수 있다는 것이다. 그렇다면 우리는 본 시편을 대하면서 이처럼 구속사의 대열에 동참한 자 곧 하나님의 양들에게 무한하게 약속되고 보장된 축복을 온전히 누리고 있는지, 그렇지 못하다면 그 이유는 무엇인지를 되돌아보는 구속사적 자성의 시간을 가져야 할 것이다(요 16:33, 고후 13:5).

학습 자료 19-10
시편 23편에서의 "여호와의 이름" 참조
학습 자료 19-11 "시편 특강" 참조
강의 오디오 파일이 영상 파일에 있음

19일차 읽기의 요약
(삼상 1~16, 시 23)

사무엘은 아이를 낳지 못하던 여인 한나가 고통 중에 하나님께 자신의 심정을 통하여 얻은 아들로 이스라엘이 사사 시대에서 왕정 시대로 넘어가는 과도기에 하나님께 세우심을 입은 선지자이다. 이 당시 엘리 제사장 가문은 하나님께 드리는 제사를 업신여기고 타락하여 블레셋과의 전투에서 몰락당하고 여호와의 궤를 블레셋에게 빼앗긴다. 법궤는 블레셋의 여러 도시들을 이동하다가 결국 이스라엘로 돌아와 유다지파의 기럇여아림의 아비나답의 집에 20년 동안 안치된다.
사무엘은 단에서 브엘세바까지 이스라엘 열두 지파의 충성된 제사장이자 선지자로 부르심을 받아 미스바에서 온 이스라엘을 모으고 회개 운동을 일으켜 이스라엘 백성이 우상을 버리고 전심으로 여호와께로 돌아올 것을 촉구한다. 사무엘의 영향력으로 사무엘이 살아 있는 동안에 그 당시 이스라엘의 주적 블레셋이 다시는 이스라엘을 침입하지 못한다.
그러나 이스라엘 백성들은 다른 나라들처럼 왕을 세워달라고 요구한다. 하나님께서는 백성들의 요구대로 사무엘에게 베냐민 지파의 사울에게 기름 부음을 부어 초대 왕으로 세우신다. 그러나 사울은 하나님의 말씀에 대한 온전한 순종 없이 하나님의 말씀을 자기식대로 해석하고 불순종하며 반역한다. 즉 제사장 없이 제물을 드리고 아말렉을 진멸하라는 하나님의 명령을 거역하여 결국 하나님께서는 사울을 버려 왕이 되지 못하게 하시고 그의 왕위는 다윗에게로 옮겨진다.

인 위 뚝 · 신 위 고 !

19일~24일

그러면 어떻게 살 것인가?

☑ 세계관 점검 – 묵상하기 (영상 강의와 교재 내용의 이해를 바탕으로)

- 한나의 기도(삼상 2:1-10)를 깊이 묵상하고 그 기도의 정신과 마리아 찬가가 어떻게 맥이 같은가를 살펴보라. 이것이 기독교 진리의 핵심이다.

- 삼상 3:1의 상황을 묵상하라
  - 종교적 혼합주의의 경계와 하나님의 백성의 정체성 확립.

  엘리 시대 말기에 이스라엘은 하나님의 선민으로서 하나님도 섬기고 이방 신들도 섬기는 등 종교적 혼합주의(religious syncretism) 성향을 보임으로써 그들은 정신적·정치적으로 이방에게 종속되어 자기 정체성(self-identity)을 상실했었다. 그때 그들은 심지어 하나님의 임재의 상징인 언약궤마저 블레셋에 빼앗기고 말았다(4:5-12). 그때 그들의 삶이란 수치와 굴욕의 삶 그 자체였다. 그러다가 사무엘을 통한 대각성 운동으로 신앙의 혼합 요소를 제거하고 순수한 여호와 신앙을 회복하였을 때(7:3-6) 비로소 소금이 제맛을 내듯 하나님의 백성으로의 정체성을 회복할 수 있었다.

  어떤 점에서 보면 기독 교회사도 이방 종교와 세속주의(secularism) 사상으로부터 성경에 계시된 순수한 복음 신앙을 수호하고 되찾기 위한 투쟁사로 볼 수 있다. 중세 기독교는 이집트와 바벨론 종교에서 들어온 의식주의적이고도 신비주의적 요소, 그리고 헬라 문화의 인본주의와 합리주의적 요소, 로마의 물질주의적 요소 등의 영향으로 적어도 천 년 이상 혼합 종교를 유지해 왔다. 루터(M. Luther)나 칼빈(J. Calvin) 등 종교개혁자들의 외침은 이러한 혼합 종교로부터 복음 신앙을 되찾기 위한 또 다른 '사무엘의 외침' 이었다. 교회는 세속 문화의 바람에서 벗어나 있는 무풍지대가 아니다. 바울이 '고린도에 있는 하나님의 교회'라고 표현했듯이(고전 1:2) 현대 교회도 세속 문화의 영향에서 벗어날 수 없다. 그러므로 우리는 늘 우리 자신을 돌아보고 절대적인 하나님의 말씀으로 끊임없이 개인 신앙과 교회에서 비성경적인 요소들을 제거해 나감으로써 하나님의 백성으로서의 자기 정체성을 확고히 정립해 나가야 한다. 이것이 바로 소위 말하는 개혁신앙(改革信仰)이다.

- 법궤에 신통력이 있다고 믿는 홉니와 비느하스의 자세는 무속적이다.
  우리도 이처럼 말씀의 능력을 무슨 신통력처럼 생각하는 무속적 자세는 없는가?

- 사무엘의 은퇴사(삼상 12장)를 깊이 묵상하라. 나도 그런 은퇴사를 남길 수 있는 삶을 살아가고 있는가?

- 사울의 실수에서 무엇을 반성해 볼 수 있는가? '자기중심적'으로 하나님의 명령을 재해석하는 것을 하나님이 용납하지 않음을 확실히 보았다. 나의 '내가복음'(자기중심적 세계관, 가치관)이 성경을 뛰어넘을 만큼 막강한 영향력을 행사하고 있지 않는가? 사울의 불순종은 반역이었다. 반역은 하나님의 뜻을 자기식으로 해석해서 시행한 것을 말한다.

  ☑ 율법은 우리 생활의 영역을 가르는 경계선이다. 불순종은 이 경계를 쳐부수고 뛰쳐나가는 것이고, 반역은 그 경계선의 정당성 또는 합법성을 재해석하는 것이다.
  - 반역적 삶의 모습은 이러하다.

1) 계명을 재평가함으로 죄를 깨닫지 못한다.
2) 책망받을 때, 다른 사람을 비난함으로 자기 잘못을 전가한다.
3) 자신과 다른 사람들 간의 대화 단절을 중시할 뿐 하나님과의 사이의 죄는 깨닫지 못한다.
4) 하나님께 불순종한 사실보다는 개인적인 손실을 슬퍼한다. 따라서 반역은 자기중심성의 극치를 보여 주는 것이다.

사울은 결국 자기중심에서 벗어나지 못하고 “내가 복음식”으로 하나님을 섬기는 자의 대표격이 되었음을 묵상해 보라.

사울의 회개하는 모습(삼상 15:30)을 어떻게 생각하는가? 나의 회개의 자세는?

☑ 사울의 회개가 진정한 회개가 아니었다면 진정한 회개란? - 회개의 철두철미성(삼상 15:24-30).

- 회개란 헬라어로 μετανοέω (metanoeo)라고 한다. 이 말은 ‘μετα(meta) 달리’라는 뜻의 단어와 ‘νοέω(noeo) 생각하다’라는 단어의 합성어이다. 히브리어로는 ‘שׁוּב(shub) 가는 길을 돌아간다’라는 뜻이다. 즉 회개란 생각을 달리한다는 것이다. 이전의 생각을 바꾼다는 것이다. 감정이나 기분이나 느낌을 바꾼다는 것이 아니다.

· 믿음이란 지정의(知情意)의 복합체 즉, 믿음은 어떤 사실로서의 지식(Knowledge), 그 사실의 옳고 그름을 판단하는 신념(Belief), 그리고 그 신념을 실천으로 옮기는 것(Trust)의 복합체라면 회개는 우선 지식 체계가 바뀌고 그 지식을 판단하는 신념의 체제가 바뀌고, 그래서 그 신념 체제에 의한 행동 체제가 바뀌는 데까지 나아가야 하는 것이다. 회개란 단순한 감상적 회심이 아니라 생각의 근본을 바꾸어 생각 자체를 이전과 다르게 하는데까지 나아가는 것이다. 사람의 가치관 전체가 바뀌는 것을 말한다. 이를테면 우리는“하나님은 나의 왕”이라는 찬송을 부를 때 하나님을 왕으로 여기면서 부른다. 그런데 입술로는 그렇게 부르는데 내 생각과 가치관과 행동은 그분의 백성다운 모습으로 되어 있지 않다는 데 우리의 갈등이 있지 않을까? “왕이신 하나님”을 찬송할 때 동시에 나는 “하나님의 백성이 된 나의 모습”을 돌아보면서 찬양을 불러야 한다는 것이다.
우리는 회개가 단지 감정의 변화 정도로 생각하는 사람들을 많이 만난다. 회개는 가치체계가 바뀌는 것이다.

여호와가 나의 목자이시면 왜 부족함이 없는가?(창 1:1, 창 1:26-28, 창 2:16)
이것이 진정한 나의 고백이 될 수 있는가?

☑ 결단기도와 실행하기

약 2:26 영혼 없는 몸이 죽은 것 같이 행함이 없는 믿음은 죽은 것이니라
시 119:28 나의 영혼이 눌림으로 말미암아 녹사오니 주의 말씀대로 나를 세우소서

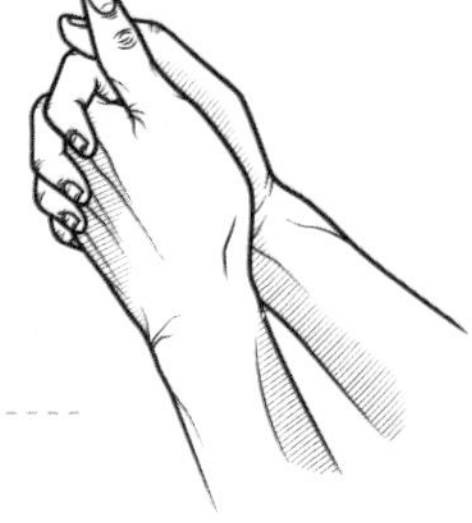

역대상 9:35~10장 : 사울의 족보와 몰락

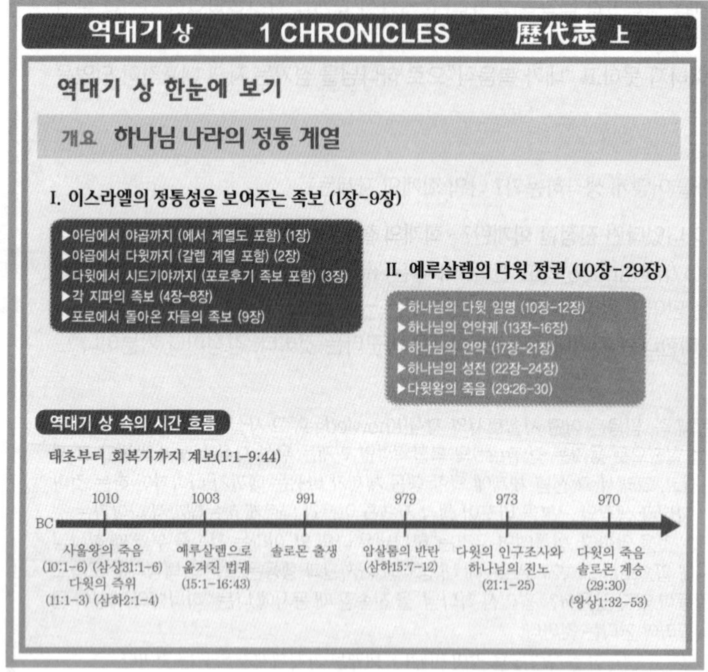

역대기 상 1 CHRONICLES 歷代志 上
역대기 상 한눈에 보기
개요 하나님 나라의 정통 계열
I. 이스라엘의 정통성을 보여주는 족보 (1장-9장)
▶아담에서 야곱까지 (에서 계열도 포함) (1장)
▶야곱에서 다윗까지 (갈렙 계열 포함) (2장)
▶다윗에서 시드기야까지 (포로후기 족보 포함) (3장)
▶각 지파의 족보 (4장-8장)
▶포로에서 돌아온 자들의 족보 (9장)
II. 예루살렘의 다윗 정권 (10장-29장)
▶하나님의 다윗 임명 (10장-12장)
▶하나님의 언약궤 (13장-16장)
▶하나님의 언약 (17장-21장)
▶하나님의 성전 (22장-24장)
▶다윗왕의 죽음 (29:26-30)
역대기 상 속의 시간 흐름
태초부터 회복기까지 계보(1:1-9:44)
BC
1010
1003
991
979
973
970
사울왕의 죽음 (10:1-6) (삼상31:1-6) 다윗의 즉위 (11:1-3) (삼하2:1-4)
예루살렘으로 옮겨진 법궤 (15:1-16:43)
솔로몬 출생
압살롬의 반란 (삼하15:7-12)
다윗의 인구조사와 하나님의 진노 (21:1-25)
다윗의 죽음 솔로몬 계승 (29:30) (왕상1:32-53)

역대상 9:35-44

사울의 족보

35기브온의 조상 여이엘은 기브온에 거주하였으니 그의 아내의 이름은
마아가 라 36그의 맏아들은 압돈이요 다음은 술과 기스와 바알과 넬과
나답과 37그돌과 아히오와 스가랴와 미글롯이며 38미글롯은 시므암을
낳았으니 그들은 그들의 친족들과 더불어 마주하고 예루살렘에 거주하
였더라 39넬은 기스를 낳고 기스는 사울을 낳고 사울은 요나단과 말기
수아와 아비나답과 에스바알을 낳았으며 40요나단의 아들은 므립바알
이라 므립바알은 미가를 낳았고 41미가의 아들들은 비돈과 멜렉과 다
레아와 아하스이며 42아하스는 야라를 낳고 야라는 알레멧과 아스마
웻과 시므리를 낳고 시므리는 모사를 낳고 43모사는 비느아를 낳았으
며 비느아의 아들은 르바야요 그의 아들은 엘르아사요 그의 아들은 아
셀이며 44아셀이 여섯 아들이 있으니 그들의 이름은 아스리감과 보그
루와 이스마엘과 스아랴와 오바댜와 하난이라 아셀의 아들들이 이러
하였더라

❖ 역대기 개요

역대기는 포로에서 돌아온 이스라엘 백성의 정체성을 회복할 목적을 가지고, 분열왕조 역사에서 오직 남 왕국의 정통성만 인정하여 남 왕조의 역사만 기록한 책이다.

역대상 첫 아홉 장은 사울 왕까지 내려오는 이스라엘 민족의 정체성을 규명하는 족보로 구성되어 있다.

역대상 11~16장은 법궤가 예루살렘으로 돌아오고 법궤의 귀환을 축하하는 과정을 기록하고 있고, 법궤를 이양한 후 그 법궤를 모실 영구적인 건물로써 성전을 짓기를 갈망하는 다윗의 모습과 다윗 언약을 받고 감사 기도를 드리는 장면이 17장에 기록되어 있고, 21장에는 다윗의 인구조사와 그로 인하여 전염병이 내려 이스라엘 백성 7만 명이 죽게 되고 다윗이 오르난의 타작마당에서 여호와께 제단을 쌓고 번제와 화목제를 드린 후에 전염병이 그치게 되는 장면이 기록되어 있다.

역대하 1~9장에는 솔로몬의 초기 정치와 주로 성전을 건축하는 과정이 자세하게 기록되어 있다. 역대하 10~36장에는 왕국이 분열되고 그 후 유다 왕국의 20왕들에 대하여 기록되어 있고 바벨론에서 70년 후 고레스에 의하여 귀국 명령조서가 내려지는 장면이 기록되어 있다.

❖ 역대기의 기록 관점

역대기는 열왕기처럼 이스라엘의 역사를 기록하지만, 열왕기는 남북 왕조를 포함한 왕권을 중심으로 한 기록이고, 역대기는 남 왕국 유다의 역사만을 중심으로 성전 중심의 역사를 자세하게 기록하고 있다.

B.C. 586년 유다가 바벨론에 의해 망하고 70년의 포로 생활이 바사왕 고레스의 칙령에 따라 끝나고 예루살렘으로 귀환했을 때 이스라엘의 모든 것은 황폐해 있었다.

이때 에스라는 이스라엘 백성의 정체성을 찾기 위한 역사서가 필요했고 그래서 하나님과의 관계를 회복하려는 제사장적 관점을 가지고 아담에서부터 시작되는 역사서를 기록하였다. 그러나 그 정통성이 남 왕국 유다로 이어지기 때문에 남 왕국의 역사만 포함하고 이스라엘이 하나님의 선민이라는 정체성을 확립하기 위해 왕권보다는 성전을 중심으로 하는 신앙 사관에 의해 기술한 역사서다. 역대기의 강조점은 성전과 그 관련된 예배의 순수성, 예배의 규정과 질서 등과 관련해서 하나님의 영광을 높이는 데 그 초점이 맞춰져 있다.

역대상 10장

사울 왕이 죽다(삼상 31:1-13)

1 블레셋 사람들과 이스라엘이 싸우더니 이스라엘 사람들이 블레셋 사람
들 앞에서 도망하다가 길보아 산에서 죽임을 당하여 엎드러지니라 2 블레
셋 사람들이 사울과 그 아들들을 추격하여 블레셋 사람들이 사울의 아들
요나단과 아비나답과 말기수아를 죽이고 3 사울을 맹렬히 치며 활 쏘는
자가 사울에게 따라 미치매 사울이 그 쏘는 자로 말미암아 심히 다급하여
4 사울이 자기의 무기를 가진 자에게 이르되 너는 칼을 빼어 그것으로 나
를 찌르라 할례 받지 못한 자들이 와서 나를 욕되게 할까 두려워하노라
그러나 그의 무기를 가진 자가 심히 두려워하여 행하기를 원하지 아니하
매 사울이 자기 칼을 뽑아서 그 위에 엎드러지니 5 무기 가진 자가 사울이
죽는 것을 보고 자기도 칼에 엎드러져 죽으니라 6 이와 같이 사울과 그의
세 아들과 그 온 집안이 함께 죽으니라 7 골짜기에 있는 모든 이스라엘 사
람이 그들의 도망한 것과 사울과 그의 아들들이 다 죽은 것을 보고 그 성
읍들을 버리고 도망하매 블레셋 사람들이 와서 거기에 거주하니라 8 이튿
날에 블레셋 사람들이 와서 죽임을 당한 자의 옷을 벗기다가 사울과 그
의 아들들이 길보아 산에 엎드러졌음을 보고 9 곧 사울의 옷을 벗기고 그의 머리와 갑옷을 가져다가 사람을 블레
셋 땅 사방에 보내 모든 이방 신전과 그 백성에게 소식을 전하고 10 사울의 갑옷을 그들의 신전에 두고 그의 머
리를 다곤의 신전에 단지라 11 길르앗야베스 모든 사람이 블레셋 사람들이 사울에게 행한 모든 일을 듣고 12 용
사들이 다 일어나서 사울의 시체와 그의 아들들의 시체를 거두어 야베스로 가져다가 그 곳 상수리나무 아래에
그 해골을 장사하고 칠 일간 금식하였더라 13 사울이 죽은 것은 여호와께 범죄하였기 때문이라 그가 여호와의
말씀을 지키지 아니하고 또 신접한 자에게 가르치기를 청하고 14 여호와께 묻지 아니하였으므로 여호와께서 그
를 죽이시고 그 나라를 이새의 아들 다윗에게 넘겨 주셨더라

❖ 이 부분의 역대기는 사무엘상의 사울의 몰락과 죽음의 중복 부분이다.

❖ **역대기의 4가지 특성**

1) 사무엘서나 열왕기보다 심판성이 더 강한 책이다. 따라서 신성이 인간적 측면보다 강한 책이다.
2) 역대기는 선지자적 관점에서 기록한 책이라기보다는 제사장 관점에서 쓴 책이다. 그래서 성전 건축에 관해서 지나칠 정도로 자세히 기록하고 있다. 또 왕의 선함과 악함의 기준이 레위기적 제사법에 기준하여 성전 예배를 함양하는가, 무시하는가, 방해하는가가 그 판단 기준이 됨을 보여 준다.
3) 첫 아홉 장은 사울 왕까지 내려오는 이스라엘 민족의 정체성을 규명하는 족보로 구성되어 있다.
4) 다윗과 솔로몬을 주로 부각하며, 악한 왕보다는 선한 왕을 더 부각한다. 역대기는 분열 왕조 역사에서 오직 남 왕국의 정통성만 인정하여 남 왕조의 역사만 기록한다.

사무엘상 17~19:17 : 사울의 몰락과 다윗의 등장

사무엘상 17장

골리앗이 이스라엘의 군대를 모욕하다

1 블레셋 사람들이 그들의 군대를 모으고 싸우고자 하여 유다에 속한 소
고에 모여 소고와 아세가 사이의 에베스담밈에 진 치매 2 사울과 이스라
엘 사람들이 모여서 엘라 골짜기에 진 치고 블레셋 사람들을 대하여 전열
을 벌였으니 3 블레셋 사람들은 이쪽 산에 섰고 이스라엘은 저쪽 산에 섰
고 그 사이에는 골짜기가 있었더라 4 블레셋 사람들의 진영에서 싸움을 돋우는 자가 왔는데 그의 이름은 골리앗
이요 가드 사람이라 그의 키는 여섯 규빗 한 뼘이요 5 머리에는 놋 투구를 썼고 몸에는 비늘 갑옷을 입었으니 그
갑옷의 무게가 놋 오천 세겔이며 6 그의 다리에는 놋 각반을 쳤고 어깨 사이에는 놋 단창을 메었으니 7 그 창 자
루는 베틀 채 같고 창 날은 철 육백 세겔이며 방패 든 자가 앞서 행하더라 8 그가 서서 이스라엘 군대를 향하여
외쳐 이르되 너희가 어찌하여 나와서 전열을 벌였느냐 나는 블레셋 사람이 아니며 너희는 사울의 신복이 아니냐
너희는 한 사람을 택하여 내게로 내려보내라 9 그가 나와 싸워서 나를 죽이면 우리가 너희의 종이 되겠고 만일
내가 이겨 그를 죽이면 너희가 우리의 종이 되어 우리를 섬길 것이니라 10 그 블레셋 사람이 또 이르되 내가 오늘

삼상 17:4-7 **골리앗의 무장**
골리앗 키 2m 80cm
갑옷 무게 57kg
창 무게 6.7kg

이스라엘의 군대를 모욕하였으니 사람을 보내어 나와 더불어 싸우게 하라 한지라 11 사울과 온 이스라엘이 블레
셋 사람의 이 말을 듣고 놀라 크게 두려워하니라

사울의 진영에 나타난 다윗

12 다윗은 유다 베들레헴 에브랏 사람 이새라 하는 사람의 아들이었는데 이새는 사울 당시 사람 중에 나이가 많
아 늙은 사람으로서 여덟 아들이 있는 중 13 그 장성한 세 아들은 사울을 따라 싸움에 나갔으니 싸움에 나간 세
아들의 이름은 장자 엘리압이요 그 다음은 아비나답이요 셋째는 삼마며 14 다윗은 막내라 장성한 세 사람은 사
울을 따랐고 15 다윗은 사울에게로 왕래하며 베들레헴에서 그의 아버지의 양을 칠 때에 16 그 블레셋 사람이 사
십 일을 조석으로 나와서 몸을 나타내었더라 17 이새가 그의 아들 다윗에게 이르되 지금 네 형들을 위하여 이 볶
은 곡식 한 에바와 이 떡 열 덩이를 가지고 진영으로 속히 가서 네 형들에게 주고 18 이 치즈 열 덩이를 가져다가
그들의 천부장에게 주고 네 형들의 안부를 살피고 증표를 가져오라 19 그 때에 사울과 그들과 이스라엘 모든 사
람들은 엘라 골짜기에서 블레셋 사람들과 싸우는 중이더라 20 다윗이 아침에 일찍이 일어나서 양을 양 지키는
자에게 맡기고 이새가 명령한 대로 가지고 가서 진영에 이른즉 마침 군대가 전장에 나와서 싸우려고 고함치며,
21 이스라엘과 블레셋 사람들이 전열을 벌이고 양군이 서로 대치하였더라 22 다윗이 자기의 짐을 짐 지키는 자의
손에 맡기고 군대로 달려가서 형들에게 문안하고 23 그들과 함께 말할 때에 마침 블레셋 사람의 싸움 돋우는 가
드 사람 골리앗이라 하는 자가 그 전열에서 나와서 전과 같은 말을 하매 다윗이 들으니라 24 이스라엘 모든 사람
이 그 사람을 보고 심히 두려워하여 그 앞에서 도망하며 25 이스라엘 사람들이 이르되 너희가 이 올라 온 사람을
보았느냐 참으로 이스라엘을 모욕하러 왔도다 그를 죽이는 사람은 왕이 많은 재물로 부하게 하고 그의 딸을 그
에게 주고 그 아버지의 집을 이스라엘 중에서 세금을 면제하게 하시리라 26 다윗이 곁에 서 있는 사람들에게 말
하여 이르되 이 블레셋 사람을 죽여 이스라엘의 치욕을 제거하는 사람에게는 어떠한 대우를 하겠느냐 이 할례
받지 않은 블레셋 사람이 누구이기에 살아 계시는 하나님의 군대를 모욕하겠느냐 27 백성이 전과 같이 말하여
이르되 그를 죽이는 사람에게는 이러이러하게 하시리라 하니라 28 큰형 엘리압이 다윗이 사람들에게 하는 말을
들은지라 그가 다윗에게 노를 발하여 이르되 네가 어찌하여 이리로 내려왔느냐 들에 있는 양들을 누구에게 맡
겼느냐 나는 네 교만과 네 마음의 완악함을 아노니 네가 전쟁을 구경하러 왔도다 29 다윗이 이르되 내가 무엇을
하였나이까 어찌 이유가 없으리이까 하고 30 돌아서서 다른 사람을 향하여 전과 같이 말하매 백성이 전과 같이
대답하니라 31 어떤 사람이 다윗이 한 말을 듣고 그것을 사울에게 전하였으므로 사울이 다윗을 부른지라 32 다
윗이 사울에게 말하되 그로 말미암아 사람이 낙담하지 말 것이라 주의 종이 가서 저 블레셋 사람과 싸우리이다
하니 33 사울이 다윗에게 이르되 네가 가서 저 블레셋 사람과 싸울 수 없으리니 너는 소년이요 그는 어려서부터
용사임이니라 34 다윗이 사울에게 말하되 주의 종이 아버지의 양을 지킬 때에 사자나 곰이 와서 양 떼에서 새끼
를 물어가면 35 내가 따라가서 그것을 치고 그 입에서 새끼를 건져내었고 그것이 일어나 나를 해하고자 하면 내
가 그 수염을 잡고 그것을 쳐죽였나이다 36 주의 종이 사자와 곰도 쳤은즉 살아 계시는 하나님의 군대를 모욕한
이 할례 받지 않은 블레셋 사람이리이까 그가 그 짐승의 하나와 같이 되리이다 37 또 다윗이 이르되 여호와께서
나를 사자의 발톱과 곰의 발톱에서 건져내셨은즉 나를 이 블레셋 사람의 손에서도 건져내시리이다 사울이 다윗
에게 이르되 가라 여호와께서 너와 함께 계시기를 원하노라 38 이에 사울이 자기 군복을 다윗에게 입히고 놋 투
구를 그의 머리에 씌우고 또 그에게 갑옷을 입히매 39 다윗이 칼을 군복 위에 차고는 익숙하지 못하므로 시험적
으로 걸어 보다가 사울에게 말하되 익숙하지 못하니 이것을 입고 가지 못하겠나이다 하고 곧 벗고 40 손에 막대
기를 가지고 시내에서 매끄러운 돌 다섯을 골라서 자기 목자의 제구 곧 주머니에 넣고 손에 물매를 가지고 블레
셋 사람에게로 나아가니라

다윗이 골리앗을 이기다

41 블레셋 사람이 방패 든 사람을 앞세우고 다윗에게로 점점 가까이 나아가니라 42 그 블레셋 사람이 둘러보다
가 다윗을 보고 업신여기니 이는 그가 젊고 붉고 용모가 아름다움이라 43 블레셋 사람이 다윗에게 이르되 네가

나를 개로 여기고 막대기를 가지고 내게 나아왔느냐 하고 그의 신들의 이
름으로 다윗을 저주하고 44 그 블레셋 사람이 또 다윗에게 이르되 내게로
오라 내가 네 살을 공중의 새들과 들짐승들에게 주리라 하는지라 45 다윗
이 블레셋 사람에게 이르되 너는 칼과 창과 단창으로 내게 나아 오거니
와 나는 만군의 여호와의 이름 곧 네가 모욕하는 이스라엘 군대의 하나
님의 이름으로 네게 나아가노라 46 오늘 여호와께서 너를 내 손에 넘기시
리니 내가 너를 쳐서 네 목을 베고 블레셋 군대의 시체를 오늘 공중의 새
와 땅의 들짐승에게 주어 온 땅으로 이스라엘에 하나님이 계신 줄 알게
하겠고 47 또 여호와의 구원하심이 칼과 창에 있지 아니함을 이 무리에게
알게 하리라 전쟁은 여호와께 속한 것인즉 그가 너희를 우리 손에 넘기
시리라 48 블레셋 사람이 일어나 다윗에게로 마주 가까이 올 때에 다윗이
블레셋 사람을 향하여 빨리 달리며 49 손을 주머니에 넣어 돌을 가지고 물
매로 던져 블레셋 사람의 이마를 치매 돌이 그의 이마에 박히니 땅에 엎
드러지니라 50 다윗이 이같이 물매와 돌로 블레셋 사람을 이기고 그를 쳐
죽였으나 자기 손에는 칼이 없었더라 51 다윗이 달려가서 블레셋
사람을 밟고 그의 칼을 그 칼 집에서 빼내어 그 칼로 그를 죽
이고 그의 머리를 베니
블레셋 사람들이 자기 용
사의 죽음을 보고 도망하
는지라 52 이스라엘과 유다 사람들
이 일어나서 소리 지르며 블레셋 사
람들을 쫓아 가이와 에그론 성문까지 이르렀고 블레셋 사람들의 부상자들
은 사아라임 가는 길에서부터 가드와 에그론까지 엎드러졌더라 53 이스라엘 자손이 블레셋 사람들을 쫓다가 돌
아와서 그들의 진영을 노략하였고 54 다윗은 그 블레셋 사람의 머리를 예루살렘으로 가져가고 갑주는 자기 장
막에 두니라

다윗이 사울 앞에 서다

55 사울은 다윗이 블레셋 사람을 향하여 나아감을 보고 군사령관 아브넬에게 묻되 아브넬아 이 소년이 누구의
아들이냐 아브넬이 이르되 왕이여 왕의 사심으로 맹세하옵나니 내가 알지 못하나이다 하매 56 왕이 이르되 너는
이 청년이 누구의 아들인가 물어보라 하였더니 57 다윗이 그 블레셋 사람을 죽이고 돌아올 때에 그 블레셋 사람
의 머리가 그의 손에 있는 채 아브넬이 그를 사울 앞으로 인도하니 58 사울이 그에게 묻되 소년이여 누구의 아들
이냐 하니 다윗이 대답하되 나는 주의 종 베들레헴 사람 이새의 아들이니이다 하니라

삼상 17:45
학습 자료 20-1 "만군의 여호와" 참조

삼상 17:41-50 거대한 용사 골리앗 앞에 이스라엘이 주눅이 든 것은 당연하였다. 그러나 과거 출애굽의 사건이나 가나안 정복 전쟁에서 경험한 하나님의 도우심을 기억했다면 절대 두려워하지 않았을 것이다. 결국 이스라엘의 두려움은 여호와를 향한 신앙의 상실이 그 원인이었다. 이처럼 세상에서 성도들의 삶은 근본적으로 하나님의 보호와 견인으로 존재한다. 따라서 물질적인 조건을 먼저 고려하는 것은 스스로 삶의 근원인 하나님을 떠나는 잘못된 선택이다.
이 싸움을 위해 사울이 제안한 갑옷과 칼을 거부한 다윗의 무기는 오직 물맷돌이었다. 그러나 근본적으로는 물맷돌이 아니라 그가 선언한 바와 같이 전쟁은 여호와께 속했다는 믿음이었다. 결국 다윗은 누구도 예상치 못한 승리를 거두었다. 다윗이 선택한 무기가 가장 현명한 것이었음을 증명한 것이다. 다윗에게서의 진정한 무기는 만군의 여호와임을 보았다(삼상 17:45).
바울이 말한 것처럼 성도들의 싸움은 혈과 육에 속한 것이 아니며(고후 10:4-5), 성도의 무기는 하나님의 말씀의 능력이라는 사실을 깊이 새기고 성령의 능력을 덧입을 수 있도록 해야 한다.

19일~24일

사무엘상 18장

1 다윗이 사울에게 말하기를 마치매 요나단의 마음이 다윗의 마음과 하나가 되어 요나단이 그를 자기 생명 같이
사랑하니라 2 그 날에 사울은 다윗을 머무르게 하고 그의 아버지의 집으로 다시 돌아가기를 허락하지 아니하였
고 3 요나단은 다윗을 자기 생명 같이 사랑하여 더불어 언약을 맺었으며 4 요나단이 자기가 입었던 겉옷을 벗어
다윗에게 주었고 자기의 군복과 칼과 활과 띠도 그리하였더라 5 다윗은 사울이 보내는 곳마다 가서 지혜롭게 행
하매 사울이 그를 군대의 장으로 삼았더니 온 백성이 합당히 여겼고 사울의 신하들도 합당히 여겼더라

사울이 불쾌하여 다윗을 주목하다

6 무리가 돌아올 때 곧 다윗이 블레셋 사람을 죽이고 돌아올 때에 여인들이 이스라엘 모든 성읍에서 나와서 노

래하며 춤추며 소고와 경쇠를 가지고 왕 사울을 환영하는데 7 여인들이 뛰
놀며 노래하여 이르되 사울이 죽인 자는 천천이요 다윗은 만만이로다 한
지라 8 사울이 그 말에 불쾌하여 심히 노하여 이르되 다윗에게는 만만을
돌리고 내게는 천천만 돌리니 그가 더 얻을 것이 나라 말고 무엇이냐 하
고 9 그 날 후로 사울이 다윗을 주목하였더라 10 그 이튿날 하나님께서 부
리시는 악령이 사울에게 힘 있게 내리매 그가 집 안에서 정신없이 떠들어
대므로 다윗이 평일과 같이 손으로 수금을 타는데 그 때에 사울의 손에
창이 있는지라 11 그가 스스로 이르기를 내가 다윗을 벽에 박으리라 하고
사울이 그 창을 던졌으나 다윗이 그의 앞에서 두 번 피하였더라 12 여호
와께서 사울을 떠나 다윗과 함께
계시므로 사울이 그를 두려워한
지라 13 그러므로 사울이 그를
자기 곁에서 떠나게 하고 그
를 천부장으로 삼으매 그가
백성 앞에 출입하며 14 다윗이 그의 모든 일을 지혜롭게
행하니라 여호와께서 그와 함께 계시니라 15 사울은 다윗이 크게 지혜롭
게 행함을 보고 그를 두려워하였으나 16 온 이스라엘과 유다는 다윗을 사
랑하였으니 그가 자기들 앞에 출입하기 때문이었더라

19일~
24일

다윗이 사울의 사위가 되다

17 사울이 다윗에게 이르되 내 맏딸 메랍을 네게 아내로 주리니 오직 너
는 나를 위하여 용기를 내어 여호와의 싸움을 싸우라 하니 이는 그가 생
각하기를 내 손을 그에게 대지 않고 블레셋 사람들의 손을 그에게 대게
하리라 함이라 18 다윗이 사울에게 이르되 내가 누구며 이스라엘 중에 내
친속이나 내 아버지의 집이 무엇이기에 내가 왕의 사위가 되리이까 하였
더니 19 사울의 딸 메랍을 다윗에게 줄 시기에 므홀랏 사람 아드리엘에게
아내로 주었더라 20 사울의 딸 미갈이 다윗을 사랑하매 어떤 사람이 사울
에게 알린지라 사울이 그 일을 좋게 여겨 21 스스로 이르되 내가 딸을 그
에게 주어서 그에게 올무가 되게 하고 블레셋 사람들의 손으로 그를 치
게 하리라 하고 이에 사울이 다윗에게 이르되 네가 오늘 다시 내 사위가
되리라 하니라 22 사울이 그의 신하들에게 명령하되 너희는 다윗에게 비
밀히 말하여 이르기를 보라 왕이 너를 기뻐하시고 모든 신하도 너를 사랑하나니 그런즉 네가 왕의 사위가 되는
것이 가하니라 하라 23 사울의 신하들이 이 말을 다윗의 귀에 전하매 다윗이 이르되 왕의 사위 되는 것을 너희는
작은 일로 보느냐 나는 가난하고 천한 사람이라 한지라 24 사울의 신하들이 사울에게 말하여 이르되 다윗이 이
러이러하게 말하더이다 하니 25 사울이 이르되 너희는 다윗에게 이같이 말하기를 왕이 아무 것도 원하지 아니하
고 다만 왕의 원수의 보복으로 블레셋 사람들의 포피 백 개를 원하신다 하라 하였으니 이는 사울의 생각에 다
윗을 블레셋 사람들의 손에 죽게 하리라 함이라 26 사울의 신하들이 이 말을 다윗에게 아뢰매 다윗이 왕의 사위
되는 것을 좋게 여기므로 결혼할 날이 차기 전에 27 다윗이 일어나서 그의 부하들과 함께 가서 블레셋 사람 이백
명을 죽이고 그들의 포피를 가져다가 수대로 왕께 드려 왕의 사위가 되고자 하니 사울이 그의 딸 미갈을 다윗에
게 아내로 주었더라 28 여호와께서 다윗과 함께 계심을 사울이 보고 알았고 사울의 딸 미갈도 그를 사랑하므로
29 사울이 다윗을 더욱더욱 두려워하여 평생에 다윗의 대적이 되니라 30 블레셋 사람들의 방백들이 싸우러 나오

삼상 18:10
학습 자료 20:2 "하나님이 부리신 악신" 참조

삼상 18:6-16, 19:11 사울의 시기와 질투심은 그의 "스타" 의식과 연결되어 있다. 스포트라이트(spotlight)가 자기에게만 비쳐야 하는데 그것이 다윗에게로 옮겨 갔기 때문이다(천천 만만송 – 삼상 18:7).
그래서 그가 다윗을 제거하려고 '손에 창을 들고' 죽이려 하는 모습(삼상 18:11, 19:10)에서 인간의 본성을 볼 수 있다
☞ 자아 我 = 손 手 + 창 戈
"사촌이 땅을 사면 배가 아프다."
"내 못 먹는 밥 재나 뿌리자."
여기에 사울의 모습과 동시에 성도라고 자처하는 크리스천의 모습을 함께 보게 되지 않을까? 나의 모습은?
이 잘못된 품성을 해결해 주실 분은 예수님이시다. "義"자가 그것을 말해 주고 있다.

삼상 18:17-19
사울의 거짓말과 거짓 맹세의 예

1	골리앗을 죽인 자에게 재물과 딸을 주겠다는 약속을 지키지 않음(17:25)
2	다윗에게 자기 딸 메랍을 아내로 주겠다고 거짓말함(18:17-19)
3	요나단에게 다윗을 죽이지 않겠다고 맹세한 것을 어김(19:4-7)
4	엔게디 굴에서 자신을 살려준 다윗과 화해한 후 또 죽이려 함(24:16-22))
5	십 광야에서 자신을 살려준 다윗에게 잘못을 시인하고도 또 다시 범죄함(26:21-25)

면 그들이 나올 때마다 다윗이 사울의 모든 신하보다 더 지혜롭게 행하매 이에 그의 이름이 심히 귀하게 되니라

사무엘상 19:1-17

사울이 다윗을 죽이려 하다

1 사울이 그의 아들 요나단과 그의 모든 신하에게 다윗을 죽이라 말하였더니 사울의 아들 요나단이 다윗을 심
히 좋아하므로 2 그가 다윗에게 말하여 이르되 내 아버지 사울이 너를 죽이기를 꾀하시느니라 그러므로 이제 청
하노니 아침에 조심하여 은밀한 곳에 숨어 있으라 3 내가 나가서 네가 있는 들에서 내 아버지 곁에 서서 네 일을
내 아버지와 말하다가 무엇을 보면 네게 알려 주리라 하고 4 요나단이 그의 아버지 사울에게 다윗을 칭찬하여 이
르되 원하건대 왕은 신하 다윗에게 범죄하지 마옵소서 그는 왕께 득죄하지 아니하였고 그가 왕께 행한 일은 심
히 선함이니이다 5 그가 자기 생명을 아끼지 아니하고 블레셋 사람을 죽였고 여호와께서는 온 이스라엘을 위하
여 큰 구원을 이루셨으므로 왕이 이를 보고 기뻐하셨거늘 어찌 까닭 없이 다윗을 죽여 무죄한 피를 흘려 범죄하
려 하시나이까 6 사울이 요나단의 말을 듣고 맹세하되 여호와께서 살아 계심을 두고 맹세하거니와 그가 죽임을
당하지 아니하리라 7 요나단이 다윗을 불러 그 모든 일을 그에게 알리고 요나단이 그를 사울에게로 인도하니 그
가 사울 앞에 전과 같이 있었더라 8 전쟁이 다시 있으므로 다윗이 나가서 블레셋 사람들과 싸워 그들을 크게 쳐
죽이매 그들이 그 앞에서 도망하니라 9 사울이 손에 단창을 가지고 그의 집에 앉았을 때에 여호와께서 부리시는
악령이 사울에게 접하였으므로 다윗이 손으로 수금을 탈 때에 10 사울이 단창으로 다윗을 벽에 박으려 하였으나
그는 사울의 앞을 피하고 사울의 창은 벽에 박힌지라 다윗이 그 밤에 도피하매 11 사울이 전령들을 다윗의 집에
보내어 그를 지키다가 아침에 그를 죽이게 하려 한지라 다윗의 아내 미갈이 다윗에게 말하여 이르되 당신이 이
밤에 당신의 생명을 구하지 아니하면 내일에는 죽임을 당하리라 하고 12 미갈이 다윗을 창에서 달아 내리매 그
가 피하여 도망하니라 13 미갈이 우상을 가져다가 침상에 누이고 염소 털로 엮은 것을 그 머리에 씌우고 의복으
로 그것을 덮었더니 14 사울이 전령들을 보내어 다윗을 잡으려 하매 미갈이 이르되 그가 병들었느니라 15 사울이
또 전령들을 보내어 다윗을 보라 하며 이르되 그를 침상째 내게로 들고 오라 내가 그를 죽이리라 16 전령들이 들
어가 본즉 침상에는 우상이 있고 염소 털로 엮은 것이 그 머리에 있었더라 17 사울이 미갈에게 이르되 너는 어찌
하여 이처럼 나를 속여 내 대적을 놓아 피하게 하였느냐 미갈이 사울에게 대답하되 그가 내게 이르기를 나를 놓
아 가게 하라 어찌하여 나로 너를 죽이게 하겠느냐 하더이다 하니라

사무엘상 19:18~21장 : 다윗의 도피

사무엘상 19:18-24

18 다윗이 도피하여 라마로 가서 사무엘에게로 나아가서 사울이 자기에
게 행한 일을 다 전하였고 다윗과 사무엘이 나욧으로 가서 살았더라 19 어
떤 사람이 사울에게 전하여 이르되 다윗이 라마 나욧에 있더이다 하매 20
사울이 다윗을 잡으려 전령들을 보냈더니 그들이 선지자 무리가 예언하
는 것과 사무엘이 그들의 수령으로 선 것을 볼 때에 하나님의 영이 사울
의 전령들에게 임하매 그들도 예언을 한지라 21 어떤 사람이 그것을 사울
에게 알리매 사울이 다른 전령들을 보냈더니 그들도 예언을 했으므로 사
울이 세 번째 다시 전령들을 보냈더니 그들도 예언을 한지라 22 이에 사
울도 라마로 가서 세구에 있는 큰 우물에 도착하여 물어 이르되 사무엘
과 다윗이 어디 있느냐 어떤 사람이 이르되 라마 나욧에 있나이다 23 사울

> 삼상 19:8-24 하나님을 떠난 사울의 패역은 끝없이 계속되었다. 하나님을 떠난 모든 인간의 행위는 악에서 벗어날 수 없음을 보여 준다. 한편 다윗을 죽이려는 사울의 계략은 정략적으로 결혼시킨 딸 미갈로 인해 실패하게 되었다. 인간의 악은 결코 하나님의 계획을 이길 수 없으며 하나님은 인간의 악을 이용해 자신의 선한 사업을 이루심을 보여 주었다. 이는 인간의 세속사는 결국 하나님의 구속사를 위한 도구이며, 모든 것은 구속사의 성취를 위해 달려가고 있음을 말해 준다
> ☞ 다윗은 평생의 2번 도망자 신세 중 첫 번째 도망자 신세가 된다.

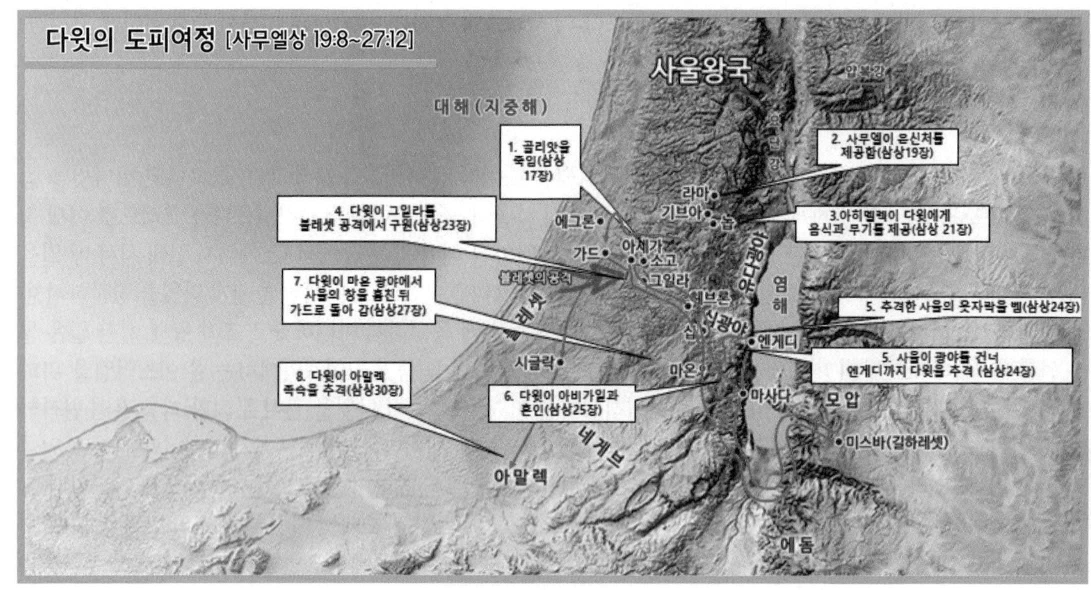
다윗의 도피여정 [사무엘상 19:8~27:12]
사울왕국
대해(지중해)
1. 골리앗을 죽임(삼상 17장)
2. 사무엘이 은신처를 제공함(삼상19장)
라마
기브아
놉
3.아히멜렉이 다윗에게 음식과 무기를 제공(삼상 21장)
4. 다윗이 그일라를 블레셋 공격에서 구원(삼상23장)
에그론
가드
아세가
소고
그일라
블레셋의 공격
7. 다윗이 마온 광야에서 사울의 창을 훔친 뒤 가드로 돌아 감(삼상27장)
헤브론
유다광야
염해
5. 추격한 사울의 옷자락을 벰(삼상24장)
십
십광야
엔게디
5. 사울이 광야를 건너 엔게디까지 다윗을 추격 (삼상24장)
시글락
마온
8. 다윗이 아말렉 족속을 추격(삼상30장)
6. 다윗이 아비가일과 혼인(삼상25장)
마사다
모압
미스바(길하레셋)
네게브
아말렉
에돔

이 라마 나욧으로 가니라 하나님의 영이 그에게도 임하시니 그가 라마 나욧에 이르기까지 걸어가며 예언을 하였
으며 24 그가 또 그의 옷을 벗고 사무엘 앞에서 예언을 하며 하루 밤낮을 벗은 몸으로 누웠더라 그러므로 속담에
이르기를 사울도 선지자 중에 있느냐 하니라

사무엘상 20장

요나단이 다윗을 돕다

✣ 삼상 20장은 "우정(友情)장"이라고 할 만큼 다윗과 요나단의 우정이 잘 그려져 있다. 나에게도 이런 우정을 나눌 대상이 있는가? 그렇다면 당신은 행복하다. 왜냐하면 "관계"가 좋기 때문이다. 잘 산다는 것은 관계가 좋다는 말이다.

1 다윗이 라마 나욧에서 도망하여 요나단에게 이르되 내가 무엇을 하였
으며 내 죄악이 무엇이며 네 아버지 앞에서 내 죄가 무엇이기에 그가 내
생명을 찾느냐 2 요나단이 그에게 이르되 결단코 아니라 네가 죽지 아
니하리라 내 아버지께서 크고 작은 일을 내게 알리지 아니하고는 행하지 아니하나니 내 아버지께서 어찌하여
이 일은 내게 숨기리요 그렇지 아니하니라 3 다윗이 또 맹세하여 이르되 내가 네게 은혜 받은 줄을 네 아버지께
서 밝히 알고 스스로 이르기를 요나단이 슬퍼할까 두려운즉 그에게 이것을 알리지 아니하리라 함이니라 그러
나 진실로 여호와의 살아 계심과 네 생명을 두고 맹세하노니 나와 죽음의 사이는 한 걸음 뿐이니라 4 요나단이
다윗에게 이르되 네 마음의 소원이 무엇이든지 내가 너를 위하여 그것을 이루리라 5 다윗이 요나단에게 이르
되 내일은 초하루인즉 내가 마땅히 왕을 모시고 앉아 식사를 하여야 할 것이나 나를 보내어 셋째 날 저녁까지
들에 숨게 하고 6 네 아버지께서 만일 나에 대하여 자세히 묻거든 그 때에 너는 말하기를 다윗이 자기 성읍 베
들레헴으로 급히 가기를 내게 허락하라 간청하였사오니 이는 온 가족을 위하여 거기서 매년제를 드릴 때가 됨
이니이다 하라 7 그의 말이 좋다 하면 네 종이 평안하려니와 그가 만일 노하면 나를 해하려고 결심한 줄을 알지
니 8 그런즉 바라건대 네 종에게 인자하게 행하라 네가 네 종에게 여호와 앞에서 너와 맹약하게 하였음이니라
그러나 내게 죄악이 있으면 네가 친히 나를 죽이라 나를 네 아버지에게로 데려갈 이유가 무엇이냐 하니라 9 요
나단이 이르되 이 일이 결코 네게 일어나지 아니하리라 내 아버지께서 너를 해치려 확실히 결심한 줄 알면 내가
네게 와서 그것을 네게 이르지 아니하겠느냐 하니 10 다윗이 요나단에게 이르되 네 아버지께서 혹 엄하게 네게
대답하면 누가 그것을 내게 알리겠느냐 하더라 11 요나단이 다윗에게 이르되 오라 우리가 들로 가자 하고 두
사람이 들로 가니라 12 요나단이 다윗에게 이르되 이스라엘의 하나님 여호와께서 증언하시거니와 내가 내일이

나 모레 이맘때에 내 아버지를 살펴서 너 다윗에게 대한 의향이 선하면
내가 사람을 보내어 네게 알리지 않겠느냐 13 그러나 만일 내 아버지께
서 너를 해치려 하는데도 내가 이 일을 네게 알려 주어 너를 보내어 평안
히 가게 하지 아니하면 여호와께서 나 요나단에게 벌을 내리시고 또 내
리시기를 원하노라 여호와께서 내 아버지와 함께 하신 것 같이 너와 함
께 하시기를 원하노니 14 너는 내가 사는 날 동안에 여호와의 인자하심
을 내게 베풀어서 나를 죽지 않게 할 뿐 아니라 15 여호와께서 너 다윗의
대적들을 지면에서 다 끊어 버리신 때에도 너는 네 인자함을 내 집에서
영원히 끊어 버리지 말라 하고 16 이에 요나단이 다윗의 집과 언약하기를
여호와께서는 다윗의 대적들을 치실지어다 하니라 17 다윗에 대한 요나
단의 사랑이 그를 다시 맹세하게 하였으니 이는 자기 생명을 사랑함 같
이 그를 사랑함이었더라 18 요나단이 다윗에게 이르되 내일은 초하루인
즉 네 자리가 비므로 네가 없음을 자세히 물으실 것이라 19 너는 사흘 동
안 있다가 빨리 내려가서 그 일이 있던 날에 숨었던 곳에 이르러 에셀 바
위 곁에 있으라 20 내가 과녁을 쏘려 함 같이 화살 셋을 그 바위 곁에 쏘
고 21 아이를 보내어 가서 화살을 찾으라 하며 내가 짐짓 아이에게 이르
기를 보라 화살이 네 이쪽에 있으니 가져오라 하거든 너는 돌아올지니
여호와께서 살아 계심을 두고 맹세하노니 네가 평안 무사할 것이요 22 만일 아이에게 이르기를 보라 화살이 네
앞쪽에 있다 하거든 네 길을 가라 여호와께서 너를 보내셨음이니라 23 너와 내가 말한 일에 대하여는 여호와께
서 너와 나 사이에 영원토록 계시느니라 하니라 24 다윗이 들에 숨으니라 초하루가 되매 왕이 앉아 음식을 먹
을 때에 25 왕은 평시와 같이 벽 곁 자기 자리에 앉아 있고 요나단은 서 있고 아브넬은 사울 곁에 앉아 있고 다
윗의 자리는 비었더라 26 그러나 그 날에는 사울이 아무 말도 하지 아니하였으니 이는 생각하기를 그에게 무슨
사고가 있어서 부정한가보다 정녕히 부정한가보다 하였음이더니 27 이튿날 곧 그 달의 둘째 날에도 다윗의 자
리가 여전히 비었으므로 사울이 그의 아들 요나단에게 묻되 이새의 아들이 어찌하여 어제와 오늘 식사에 나오
지 아니하느냐 하니 28 요나단이 사울에게 대답하되 다윗이 내게 베들레헴으로 가기를 간청하여 29 이르되 원
하건대 나에게 가게 하라 우리 가족이 그 성읍에서 제사할 일이 있으므로 나의 형이 내게 오기를 명령하였으
니 내가 네게 사랑을 받거든 내가 가서 내 형들을 보게 하라 하였으므로 그가 왕의 식사 자리에 오지 아니하였
나이다 하니 30 사울이 요나단에게 화를 내며 그에게 이르되 패역무도한 계집의 소생아 네가 이새의 아들을 택
한 것이 네 수치와 네 어미의 벌거벗은 수치 됨을 내가 어찌 알지 못하랴 31 이새의 아들이 땅에 사는 동안은 너
와 네 나라가 든든히 서지 못하리라 그런즉 이제 사람을 보내어 그를 내게로 끌어 오라 그는 죽어야 할 자이니
라 한지라 32 요나단이 그의 아버지 사울에게 대답하여 이르되 그가 죽을 일이 무엇이니이까 무엇을 행하였나
이까 33 사울이 요나단에게 단창을 던져 죽이려 한지라 요나단이 그의 아버지가 다윗을 죽이기로 결심한 줄 알
고 34 심히 노하여 식탁에서 떠나고 그 달의 둘째 날에는 먹지 아니하였으니 이는 그의 아버지가 다윗을 욕되
게 하였으므로 다윗을 위하여 슬퍼함이었더라 35 아침에 요나단이 작은 아이를 데리고 다윗과 정한 시간에 들
로 나가서 36 아이에게 이르되 달려가서 내가 쏘는 화살을 찾으라 하고 아이가 달려갈 때에 요나단이 화살을
그의 위로 지나치게 쏘니라 37 아이가 요나단이 쏜 화살 있는 곳에 이를 즈음에 요나단이 아이 뒤에서 외쳐 이
르되 화살이 네 앞쪽에 있지 아니하냐 하고 38 요나단이 아이 뒤에서 또 외치되 지체 말고 빨리 달음질하라 하
매 요나단의 아이가 화살을 주워 가지고 주인에게로 돌아왔으나 39 그 아이는 아무것도 알지 못하고 요나단과
다윗만 그 일을 알았더라 40 요나단이 그의 무기를 아이에게 주며 이르되 이것을 가지고 성읍으로 가라 하니 41
아이가 가매 다윗이 곧 바위 남쪽에서 일어나서 땅에 엎드려 세 번 절한 후에 서로 입 맞추고 같이 울되 다윗이

삼상 20:12-23 자신을 죽이려는 사울을 피해 라마 나욧으로 도망한 다윗은 그곳에서 친구인 요나단을 만나 도움을 요청하였다.
신분과 정치적인 이익을 떠나 맺어진 다윗과 요나단의 우정은 가장 위대한 우정의 표본으로 여겨진다. 신분으로 요나단은 왕자였고 다윗은 목동 출신의 평민이었다. 또한 정치적으로 다윗은 차기 왕권을 이을 요나단의 가장 강력한 적수로 이미 하나님에 의해 왕으로 기름부음 받은 자였다.
다윗과 요나단의 우정은 현대를 살아가는 모든 사람이 가져야 할 진실한 사랑의 표준을 보여 주고 있다. 그러나 무엇보다도 참된 우정은 자신의 몸을 내어줌으로 친구의 생명을 구한 참된 친구이신 그리스도에게서 찾을 수 있다. 한편 예수께서는 예수의 명하는 대로 행하는 자가 그의 친구라고 말씀하셨다. 이는 그리스도의 가르침대로 따르는 자가 예수 안에 있는 십자가의 생명에 동참할 것이며 그와 함께 영광을 받을 것임을 의미하는 것이다.

더욱 심하더니 42 요나단이 다윗에게 이르되 평안히 가라 우리 두 사람이 여
호와의 이름으로 맹세하여 이르기를 여호와께서 영원히 나와 너 사이
에 계시고 내 자손과 네 자손 사이에 계시리라 하였느니라 하니 다윗은
일어나 떠나고 요나단은 성읍으로 들어가니라

사무엘상 21장

다윗이 사울을 피하여 도망하다

19일~24일

1 다윗이 놉에 가서 제사장 아히멜렉에게 이르니 아히멜렉이 떨며 다윗
을 영접하여 그에게 이르되 어찌하여 네가 홀로 있고 함께 하는 자가 아
무도 없느냐 하니 2 다윗이 제사장 아히멜렉에게 이르되 왕이 내게 일
을 명령하고 이르시기를 내가 너를 보내는 것과 네게 명령한 일은 아무
것도 사람에게 알리지 말라 하시기로 내가 나의 소년들을 이러이러한
곳으로 오라고 말하였나이다 3 이제 당신의 수중에 무엇이 있나이까 떡
다섯 덩이나 무엇이나 있는 대로 내 손에 주소서 하니 4 제사장이 다윗
에게 대답하여 이르되 보통 떡은 내 수중에 없으나 거룩한 떡은 있나니
그 소년들이 여자를 가까이만 하지 아니하였으면 주리라 하는지라 5 다
윗이 제사장에게 대답하여 이르되 우리가 참으로 삼 일 동안이나 여자
를 가까이 하지 아니하였나이다 내가 떠난 길이 보통 여행이라도 소년
들의 그릇이 성결하겠거든 하물며 오늘 그들의 그릇이 성결하지 아니
하겠나이까 하매 6 제사장이 그 거룩한 떡을 주었으니 거기는 진설병 곧
여호와 앞에서 물려 낸 떡밖에 없었음이라 이 떡은 더운 떡을 드리는 날
에 물려 낸 것이더라 7 그 날에 사울의 신하 한 사람이 여호와 앞에 머물
러 있었는데 그는 도엑이라 이름하는 에돔 사람이요 사울의 목자장이었
더라 8 다윗이 아히멜렉에게 이르되 여기 당신의 수중에 창이나 칼이 없
나이까 왕의 일이 급하므로 내가 내 칼과 무기를 가지지 못하였나이다
하니 9 제사장이 이르되 네가 엘라 골짜기에서 죽인 블레셋 사람 골리앗
의 칼이 보자기에 싸여 에봇 뒤에 있으니 네가 그것을 가지려거든 가지
라 여기는 그것밖에 다른 것이 없느니라 하는지라 다윗이 이르되 그같
은 것이 또 없나니 내게 주소서 하더라 10 그 날에 다윗이 사울을 두려워
하여 일어나 도망하여 가드 왕 아기스에게로 가니 11 아기스의 신하들이
아기스에게 말하되 이는 그 땅의 왕 다윗이 아니니이까 무리가 춤추며
이 사람의 일을 노래하여 이르되 사울이 죽인 자는 천천이요 다윗은 만
만이로다 하지 아니하였나이까 한지라 12 다윗이 이 말을 그의 마음에
두고 가드 왕 아기스를 심히 두려워하여 13 그들 앞에서 그의 행동을 변
하여 미친 체하고 대문짝에 그적거리며 침을 수염에 흘리매 14 아기스가
그의 신하에게 이르되 너희도 보거니와 이 사람이 미치광이로다 어찌하여 그를 내게로 데려왔느냐 15 내게 미
치광이가 부족하여서 너희가 이 자를 데려다가 내 앞에서 미친 짓을 하게 하느냐 이 자가 어찌 내 집에 들어오
겠느냐 하니라

삼상 21:1-9 사울을 피해 다윗은 부하들과 함께 놉에 있는 제사장 아히멜렉에게 이르렀다. 피곤하고 굶주린 다윗은 그에게 먹을 떡을 요구하였다. 그러나 아히멜렉은 자신에게 일상적인 식용 떡은 없고 하나님의 전에 바치는 거룩한 떡만 있다고 하며 다윗과 함께 한 소년들이 여자를 가까이하지 않았으면 주겠다고 하였다.
진설병이란 여호와의 면전에 차려놓은 떡이란 의미로 그것은 지극히 고운 밀가루로 열두 개의 떡을 만들어 지성소 앞에 세워놓은 상 위에 두 줄로 배치해놓은 것이다(레 24:5-9). 제사장만이 먹을 수 있는 진설병을 다윗과 함께 한 소년들이 먹는 것은 율법을 어기는 것이나, 보다 더 큰 율법의 정신인 자비라는 명목으로 내어 주었던 것이다.
다윗이 진설병을 먹은 것은 결코 율법을 어긴 것이 아니었다. 율법은 규례보다 생명을 더 소중히 여기기 때문이다. 그래서 안식일에도 사람을 구하는 일은 허용하고 있다. 예수께서 바리새인과의 안식일 논쟁에서 다윗의 사건을 예로 든 것은 참된 하나님의 뜻은 율법을 통해 사람을 살리는 것이지 얽매려는 것이 아님을 말씀하신 것이다. 이처럼 하나님의 자비는 어떤 조건도 뛰어넘는 최우선의 원리이다.

❖ **관련 시편 읽기**

다윗이 등장하면서부터 시편 읽기를 시작한다. 시편도 연대기를 따라 시대적 상황을 배경으로 읽는다. 그렇게 읽음으로 그 시편의 생동감과 현장감을 느낄 수 있고 그것은 나의 기도로 읽을 수 있기 때문이다.

☞ 다윗은 모두 2번의 도망자 시절을 겪게 되는데 이 시절에 모두 27편의 비탄시를 남기다. 1차 도망자 기간(B.C. 1020~1010)동안 모두 10편을 기록한다.

시편 59

❖ 시편 59편, 56편
☞ 59, 56편은 도망자 신세이면서도 자신을 한탄하지 않고, 하나님을 송축하며 노래하는 다윗의 믿음을 본다. 시편이 기도하는 시라면 나의 기도가 되어 나도 그런 상황에서 하나님을 우러러 송축하는 믿음을 갖도록 하자.

시 59:3-4을 음미하며 감상하고 묵상하라
☞ 시편 중 (셀라)나, 또는 다른 ( ) 안의 표시가 나오면 낭독에서 읽으면 안 된다.

다윗의 믹담 시, 인도자를 따라 알다스헷에 맞춘 노래,
사울이 사람을 보내어 다윗을 죽이려고 그 집을 지킨 때에
1 나의 하나님이여 나의 원수에게서 나를 건지시고 일어나 치려는 자에게
서 나를 높이 드소서 2 악을 행하는 자에게서 나를 건지시고 피 흘리기를
즐기는 자에게서 나를 구원하소서 3 그들이 나의 생명을 해하려고 엎드려
기다리고 강한 자들이 모여 나를 치려 하오니 여호와여 이는 나의 잘못으
로 말미암음이 아니요 나의 죄로 말미암음도 아니로소이다 4 내가 허물이 없으나 그들이 달려와서 스스로 준비
하오니 주여 나를 도우시기 위하여 깨어 살펴 주소서 5 주님은 만군의 하나님 여호와, 이스라엘의 하나님이시오
니 일어나 모든 나라들을 벌하소서 악을 행하는 모든 자들에게 은혜를 베풀지 마소서 (셀라) 6 그들이 저물어 돌
아와서 개처럼 울며 성으로 두루 다니고 7 그들의 입으로는 악을 토하며 그들의 입술에는 칼이 있어 이르기를 누
가 들으리요 하나이다 8 여호와여 주께서 그들을 비웃으시며 모든 나라들을 조롱하시리이다 9 하나님은 나의 요
새이시니 그의 힘으로 말미암아 내가 주를 바라리이다 10 나의 하나님이 그의 인자하심으로 나를 영접하시며 하
나님이 나의 원수가 보응 받는 것을 내가 보게 하시리이다 11 그들을 죽이지 마옵소서 나의 백성이 잊을까 하나
이다 우리 방패 되신 주여 주의 능력으로 그들을 흩으시고 낮추소서 12 그들의 입술의 말은 곧 그들의 입의 죄라
그들이 말하는 저주와 거짓말로 말미암아 그들이 그 교만한 중에서 사로잡히게 하소서 13 진노하심으로 소멸하
시되 없어지기까지 소멸하사 하나님이 야곱 중에서 다스리심을 땅 끝까지 알게 하소서 (셀라) 14 그들에게 저물
어 돌아와서 개처럼 울며 성으로 두루 다니게 하소서 15 그들은 먹을 것을 찾아 유리하다가 배부름을 얻지 못하
면 밤을 새우려니와 16 나는 주의 힘을 노래하며 아침에 주의 인자하심을 높이 부르오리니 주는 나의 요새이시며
나의 환난 날에 피난처심이니이다 17 나의 힘이시여 내가 주께 찬송하오리니 하나님은 나의 요새이시며 나를 긍
휼히 여기시는 하나님이심이니이다

19일~24일

시편 56

❖ 시 56편 **비탄시**
☞ 시 56:3-4, 10-11 다윗의 비탄시를 통해서 보는 다윗의 신앙심은 신위, 즉 신본주의적(神本主義) 정통성을 가진 다윗 왕이 인위, 즉 세상의 인본주의적(人本主義) 교만과 탐욕에 젖은 자들로 인해 당해야 했던 각종 위기는 결국 하늘나라에 속한 성도가 사탄(Satan)의 사주로 인하여 이미 태초부터 인본주의적 죄성으로 오염된 이 세상에서 당해야 하는 각종 위기와 특히 인본주의자들이 성도에게 던지는 질시와 연속선상에 있다. 그는 이 세상이 가시적으로는 불합리하게 돌아가고 있는 것처럼 보이지만, 실은 완벽하게 하나님의 섭리에 의해 질서 정연하게 하나님의 뜻대로 돌아가고 있음을 확신하는 신앙심이다. 그렇기에 그는 이런 불합리한 상황에서도 하나님을 온전히 의지하며 평정심을 잃지 않는 것이다.
나의 세계관과 믿음의 상태는?

다윗의 믹담 시, 인도자를 따라 요낫 엘렘 르호김에 맞춘 노래, 다윗이 가
드에서 블레셋인에게 잡힌 때에
1 하나님이여 내게 은혜를 베푸소서 사람이 나를 삼키려고 종일 치며 압
제하나이다 2 내 원수가 종일 나를 삼키려 하며 나를 교만하게 치는 자들
이 많사오니 3 내가 두려워하는 날에는 내가 주를 의지하리이다 4 내가 하
나님을 의지하고 그 말씀을 찬송하올지라 내가 하나님을 의지하였은즉
두려워하지 아니하리니 혈육을 가진 사람이 내게 어찌하리이까 5 그들이
종일 내 말을 곡해하며 나를 치는 그들의 모든 생각은 사악이라 6 그들이
내 생명을 엿보았던 것과 같이 또 모여 숨어 내 발자취를 지켜보나이다 7
그들이 악을 행하고야 안전하오리이까 하나님이여 분노하사 뭇 백성을
낮추소서 8 나의 유리함을 주께서 계수하셨사오니 나의 눈물을 주의 병
에 담으소서 이것이 주의 책에 기록되지 아니하였나이까 9 내가 아뢰는 날에 내 원수들이 물러가리니 이것으로
하나님이 내 편이심을 내가 아나이다 10 내가 하나님을 의지하여 그의 말씀을 찬송하며 여호와를 의지하여 그의

말씀을 찬송하리이다 11 내가 하나님을 의지하였은즉 두려워하지 아니하리니 사람이 내게 어찌하리이까 12 하나
님이여 내가 주께 서원함이 있사온즉 내가 감사제를 주께 드리리니 13 주께서 내 생명을 사망에서 건지셨음이라
주께서 나로 하나님 앞, 생명의 빛에 다니게 하시려고 실족하지 아니하게 하지 아니하셨나이까

시편 34

❖ 시편 34편
☞ 삼상 21:10-14 미친 체하는 다윗을 배경으로 읽어라.

시 34:7-18 복 받는 비결이 무엇이라고 했는가? 그 비결을 찬찬히 찾아 묵상하고 나도 그 길을 따르는 결단으로 기도하라.

19일~24일

다윗이 아비멜렉 앞에서 미친 체하다가 쫓겨나서 지은 시

1 내가 여호와를 항상 송축함이여 내 입술로 항상 주를 찬양하리이다 2 내
영혼이 여호와를 자랑하리니 곤고한 자들이 이를 듣고 기뻐하리로다 3 나
와 함께 여호와를 광대하시다 하며 함께 그의 이름을 높이세 4 내가 여호
와께 간구하매 내게 응답하시고 내 모든 두려움에서 나를 건지셨도다 5 그들이 주를 앙망하고 광채를 내었으니
그들의 얼굴은 부끄럽지 아니하리로다 6 이 곤고한 자가 부르짖으매 여호와께서 들으시고 그의 모든 환난에서
구원하셨도다 7 여호와의 천사가 주를 경외하는 자를 둘러 진 치고 그들을 건지시는도다 8 너희는 여호와의 선
하심을 맛보아 알지어다 그에게 피하는 자는 복이 있도다 9 너희 성도들아 여호와를 경외하라 그를 경외하는 자
에게는 부족함이 없도다 10 젊은 사자는 궁핍하여 주릴지라도 여호와를 찾는 자는 모든 좋은 것에 부족함이 없
으리로다 11 너희 자녀들아 와서 내 말을 들으라 내가 여호와를 경외하는 법을 너희에게 가르치리로다 12 생명을
사모하고 연수를 사랑하여 복 받기를 원하는 사람이 누구뇨 13 네 혀를 악에서 금하며 네 입술을 거짓말에서 금
할지어다 14 악을 버리고 선을 행하며 화평을 찾아 따를지어다 15 여호와의 눈은 의인을 향하시고 그의 귀는 그
들의 부르짖음에 기울이시는도다 16 여호와의 얼굴은 악을 행하는 자를 향하사 그들의 자취를 땅에서 끊으려 하
시는도다 17 의인이 부르짖으매 여호와께서 들으시고 그들의 모든 환난에서 건지셨도다 18 여호와는 마음이 상
한 자를 가까이 하시고 충심으로 통회하는 자를 구원하시는도다 19 의인은 고난이 많으나 여호와께서 그의 모
든 고난에서 건지시는도다 20 그의 모든 뼈를 보호하심이여 그 중에서 하나도 꺾이지 아니하도다 21 악이 악인을
죽일 것이라 의인을 미워하는 자는 벌을 받으리로다 22 여호와께서 그의 종들의 영혼을 속량하시나니 그에게 피
하는 자는 다 벌을 받지 아니하리로다

사무엘상 22장 : 다윗이 유랑자의 우두머리가 되다.

사울이 놉의 제사장들을 죽이다

1 그러므로 다윗이 그 곳을 떠나 아둘람 굴로 도망하매 그의 형제와 아버지의 온 집이 듣고 그리로 내려가서 그
에게 이르렀고 2 환난 당한 모든 자와 빚진 모든 자와 마음이 원통한 자가 다 그에게로 모였고 그는 그들의 우두
머리가 되었는데 그와 함께 한 자가 사백 명 가량이었더라 3 다윗이 거기서 모압 미스베로 가서 모압 왕에게 이
르되 하나님이 나를 위하여 어떻게 하실지를 내가 알기까지 나의 부모가 나와서 당신들과 함께 있게 하기를 청
하나이다 하고 4 부모를 인도하여 모압 왕 앞에 나아갔더니 그들은 다윗이 요새에 있을 동안에 모압 왕과 함께
있었더라 5 선지자 갓이 다윗에게 이르되 너는 이 요새에 있지 말고 떠나 유다 땅으로 들어가라 다윗이 떠나 헤
렛 수풀에 이르니라 6 사울이 다윗과 그와 함께 있는 사람들이 나타났다 함을 들으니라 그 때에 사울이 기브아
높은 곳에서 손에 단창을 들고 에셀 나무 아래에 앉았고 모든 신하들은 그의 곁에 섰더니 7 사울이 곁에 선 신하
들에게 이르되 너희 베냐민 사람들아 들으라 이새의 아들이 너희에게 각기 밭과 포도원을 주며 너희를 천부장,
백부장을 삼겠느냐 8 너희가 다 공모하여 나를 대적하며 내 아들이 이새의 아들과 맹약하였으되 내게 고발하는

자가 하나도 없고 나를 위하여 슬퍼하거나 내 아들이 내 신하를 선동하
여 오늘이라도 매복하였다가 나를 치려 하는 것을 내게 알리는 자가 하나
도 없도다 하니 9 그 때에 에돔 사람 도엑이 사울의 신하 중에 섰더니 대
답하여 이르되 이새의 아들이 놉에 와서 아히둡의 아들 아히멜렉에게 이
른 것을 내가 보았는데 10 아히멜렉이 그를 위하여 여호와께 묻고 그에게
음식도 주고 블레셋 사람 골리앗의 칼도 주더이다 11 왕이 사람을 보내어
아히둡의 아들 제사장 아히멜렉과 그의 아버지의 온 집 곧 놉에 있는 제
사장들을 부르매 그들이 다 왕께 이른지라 12 사울이 이르되 너 아히둡의
아들아 들으라 대답하되 내 주여 내가 여기 있나이다 13 사울이 그에게 이
르되 네가 어찌하여 이새의 아들과 공모하여 나를 대적하여 그에게 떡
과 칼을 주고 그를 위하여 하나님께 물어서 그에게 오늘이라도 매복하였
다가 나를 치게 하려 하였느냐 하니 14 아히멜렉이 왕에게 대답하여 이르
되 왕의 모든 신하 중에 다윗 같이 충실한 자가 누구인지요 그는 왕의 사
위도 되고 왕의 호위대장도 되고 왕실에서 존귀한 자가 아니니이까 15 내
가 그를 위하여 하나님께 물은 것이 오늘이 처음이니이까 결단코 아니니
이다 원하건대 왕은 종과 종의 아비의 온 집에 아무것도 돌리지 마옵소서
왕의 종은 이 모든 크고 작은 일에 관하여 아는 것이 없나이다 하니라 16
왕이 이르되 아히멜렉아 네가 반드시 죽을 것이요 너와 네 아비의 온 집
도 그러하리라 하고 17 왕이 좌우의 호위병에게 이르되 돌아가서 여호와
의 제사장들을 죽이라 그들도 다윗과 합력하였고 또 그들이 다윗이 도망
한 것을 알고도 내게 알리지 아니하였음이니라 하나 왕의 신하들이 손을 들어 여호와의 제사장들 죽이기를 싫어
한지라 18 왕이 도엑에게 이르되 너는 돌아가서 제사장들을 죽이라 하매 에돔 사람 도엑이 돌아가서 제사장들을
쳐서 그 날에 세마포 에봇 입은 자 팔십오 명을 죽였고 19 제사장들의 성읍 놉의 남녀와 아이들과 젖 먹는 자들
과 소와 나귀와 양을 칼로 쳤더라 20 아히둡의 아들 아히멜렉의 아들 중 하나가 피하였으니 그의 이름은 아비아
달이라 그가 도망하여 다윗에게로 가서 21 사울이 여호와의 제사장들 죽인 일을 다윗에게 알리매 22 다윗이 아비
아달에게 이르되 그 날에 에돔 사람 도엑이 거기 있기로 그가 반드시 사울에게 말할 줄 내가 알았노라 네 아버지
집의 모든 사람 죽은 것이 나의 탓이로다 23 두려워하지 말고 내게 있으라 내 생명을 찾는 자가 네 생명도 찾는
자니 네가 나와 함께 있으면 안전하리라 하니라

삼상 22:11-19 21장에서 사울을 피해 놉으로 도망한 다윗 일행에게 제사장 아비멜렉이 진설병을 주고, 전리품으로 보관하던 골리앗의 칼을 주며 도왔다. 에돔 사람 도엑이 사울의 환심을 사고자 아히멜렉이 다윗을 도와주었던 일을 고자질하였다. 이에 노한 사울은 아히멜렉과 놉 땅의 모든 제사장을 데려오게 하였다. 사울에게 나아온 아히멜렉이 오히려 다윗을 두둔하자 신하들에게 아히멜렉과 모든 제사장을 죽이라고 명하였다. 다른 이들이 제사장이므로 꺼리자 도엑이 나서서 85인의 제사장과 사람을 포함한 놉의 모든 것을 진멸시켰다.
사울은 아히멜렉과 다른 제사장들을 죽일 때 여호와의 제사장을 죽이라고 명하였다. 이는 그의 행동이 다윗과 아히멜렉에 대한 도전이 아니라 하나님께 대한 도전이었음을 의미한다. 사울은 끝까지 자신의 잘못에 대해서 인정하지 않고 자신을 버리신 하나님을 원망하고 그의 뜻을 거스르려고 한 것이다(사울의 자기중심적 스타의식을 상기해 보라).
이처럼 하나님의 백성들을 핍박함으로 하나님을 거역하고 그의 섭리를 무너뜨리려고 하는 악한 세력은 오늘날 교회 공동체에 뱀처럼 똬리를 틀고 있다. 사탄의 농락임을 깨달아야 한다.

19일~24일

시편 52

❖ 시편 52편
삼상 22장의 상황을 배경으로 읽어라.

다윗의 마스길, 인도자를 따라 부르는 노래,
에돔인 도엑이 사울에게 이르러 다윗이 아히멜렉의 집에 왔다고 그에게 말하던 때에
1 포악한 자여 네가 어찌하여 악한 계획을 스스로 자랑하는가 하나님의 인자하심은 항상 있도다 2 네 혀가 심
한 악을 꾀하여 날카로운 삭도 같이 간사를 행하는도다 3 네가 선보다 악을 사랑하며 의를 말함보다 거짓을 사
랑하는도다 (셀라) 4 간사한 혀여 너는 남을 해치는 모든 말을 좋아하는
도다 5 그런즉 하나님이 영원히 너를 멸하심이여 너를 붙잡아 네 장막에
서 뽑아 내며 살아 있는 땅에서 네 뿌리를 빼시리로다 (셀라) 6 의인이 보
고 두려워하며 또 그를 비웃어 말하기를 7 이 사람은 하나님을 자기 힘

시 52:7-8 교회에서나 성도들 앞에서는 하나님만 나의 힘이라고 자신 있게 큰소리치면서도 사실은 제물을 더욱 의지하는 우리가 아닌가?

으로 삼지 아니하고 오직 자기 재물의 풍부함을 의지하며 자기의 악으로 스스로 든든하게 하던 자라 하리로다
8 그러나 나는 하나님의 집에 있는 푸른 감람나무 같음이여 하나님의 인자하심을 영원히 의지하리로다 9 주께
서 이를 행하셨으므로 내가 영원히 주께 감사하고 주의 이름이 선하시므로 주의 성도 앞에서 내가 주의 이름을
사모하리이다

사무엘상 23장 : 다윗이 그일라에 머물다.

다윗이 그일라를 구원하다

1 사람들이 다윗에게 전하여 이르되 보소서 블레셋 사람이 그일라를 쳐서
그 타작 마당을 탈취하더이다 하니 2 이에 다윗이 여호와께 묻자와 이르
되 내가 가서 이 블레셋 사람들을 치리이까 여호와께서 다윗에게 이르시
되 가서 블레셋 사람들을 치고 그일라를 구원하라 하시니 3 다윗의 사람
들이 그에게 이르되 보소서 우리가 유다에 있기도 두렵거든 하물며 그일
라에 가서 블레셋 사람들의 군대를 치는 일이리이까 한지라 4 다윗이 여호
와께 다시 묻자온대 여호와께서 대답하여 이르시되 일어나 그일라로 내
려가라 내가 블레셋 사람들을 네 손에 넘기리라 하신지라 5 다윗과 그의
사람들이 그일라로 가서 블레셋 사람들과 싸워 그들을 크게 쳐서 죽이고
그들의 가축을 끌어 오니라 다윗이 이와 같이 그일라 주민을 구원하니라
6 아히멜렉의 아들 아비아달이 그일라 다윗에게로 도망할 때에 손에 에봇
을 가지고 내려왔더라 7 다윗이 그일라에 온 것을 어떤 사람이 사울에게
알리매 사울이 이르되 하나님이 그를 내 손에 넘기셨도다 그가 문과 문 빗
장이 있는 성읍에 들어갔으니 갇혔도다 8 사울이 모든 백성을 군사로 불러
모으고 그일라로 내려가서 다윗과 그의 사람들을 에워싸려 하더니 9 다윗
은 사울이 자기를 해하려 하는 음모를 알고 제사장 아비아달에게 이르되
에봇을 이리로 가져오라 하고 10 다윗이 이르되 이스라엘 하나님 여호와
여 사울이 나 때문에 이 성읍을 멸하려고 그일라로 내려오기를 꾀한다 함을 주의 종이 분명히 들었나이다 11 그일
라 사람들이 나를 그의 손에 넘기겠나이까 주의 종이 들은 대로 사울이 내려 오겠나이까 이스라엘의 하나님 여
호와여 원하건대 주의 종에게 일러 주옵소서 하니 여호와께서 이르시되 그가 내려오리라 하신지라 12 다윗이 이
르되 그일라 사람들이 나와 내 사람들을 사울의 손에 넘기겠나이까 하니 여호와께서 이르시되 그들이 너를 넘기
리라 하신지라 13 다윗과 그의 사람 육백 명 가량이 일어나 그일라를 떠나서 갈 수 있는 곳으로 갔더니 다윗이 그
일라에서 피한 것을 어떤 사람이 사울에게 말하매 사울이 가기를 그치니라 14 다윗이 광야의 요새에도 있었고 또
십 광야 산골에도 머물렀으므로 사울이 매일 찾되 하나님이 그를 그의 손에 넘기지 아니하시니라

삼상 23:1-5 어떤 사람이 헤렛에 기거하고 있는 다윗에게 와서 블레셋 사람들이 그일라를 쳐서 재물을 탈취하였음을 고하였다. 이에 다윗이 여호와께 그들을 칠 것인지에 관해 물었다. 그러자 하나님께서 다윗에게 블레셋 사람을 치게 하셨다. 도망자로 피해 다니는 그였지만 두려움 속에서도 하나님의 도우심과 명령을 듣고 다윗은 블레셋을 쳤고 하나님의 약속대로 전투에서 승리하여 그일라 거민들을 구하였다.
다윗은 자신의 거처가 사울에게 드러나는 것도 무릅쓰고 그일라 거민들을 위해 블레셋과 전투를 벌였다. 무엇보다도 하나님의 명령이 우선이었기 때문이다. 이것이 자신의 판단대로 행동하며 하나님의 뜻을 불순종한 사울과의 차이점이다. 하나님께서는 개인의 능력이나 겉으로 드러나는 업적보다 먼저 자신의 뜻을 따르는 자를 원하신다. 이는 모든 존재하는 것들의 의미가 원래 하나님의 능력을 드러내고 그의 영광을 나타내기 위함이기 때문이다. 그래서 자신의 판단이 아니라 하나님의 판단과 뜻이 중요하다.

다윗이 엔게디 요새로 피하다

15 다윗이 사울이 자기의 생명을 빼앗으려고 나온 것을 보았으므로 그가 십 광야 수풀에 있었더니 16 사울의 아
들 요나단이 일어나 수풀에 들어가서 다윗에게 이르러 그에게 하나님을 힘 있게 의지하게 하였는데 17 곧 요나
단이 그에게 이르기를 두려워하지 말라 내 아버지 사울의 손이 네게 미치지 못할 것이요 너는 이스라엘 왕이 되
고 나는 네 다음이 될 것을 내 아버지 사울도 안다 하니라 18 두 사람이 여호와 앞에서 언약하고 다윗은 수풀에
머물고 요나단은 자기 집으로 돌아가니라 19 그 때에 십 사람들이 기브아에 이르러 사울에게 나아와 이르되 다
윗이 우리와 함께 광야 남쪽 하길라 산 수풀 요새에 숨지 아니하였나이까 20 그러하온즉 왕은 내려오시기를 원

하시는 대로 내려오소서 그를 왕의 손에 넘길 것이 우리의 의무니이다 하니 21 사울이 이르되 너희가 나를 긍휼
히 여겼으니 여호와께 복 받기를 원하노라 22 어떤 사람이 내게 말하기를 그는 심히 지혜롭게 행동한다 하나니
너희는 가서 더 자세히 살펴서 그가 어디에 숨었으며 누가 거기서 그를 보았는지 알아보고 23 그가 숨어 있는 모
든 곳을 정탐하고 실상을 내게 보고하라 내가 너희와 함께 가리니 그가 이 땅에 있으면 유다 몇 천 명 중에서라
도 그를 찾아내리라 하더라 24 그들이 일어나 사울보다 먼저 십으로 가니라 다윗과 그의 사람들이 광야 남쪽 마
온 광야 아라바에 있더니 25 사울과 그의 사람들이 찾으러 온 것을 어떤 사람이 다윗에게 아뢰매 이에 다윗이 바
위로 내려가 마온 황무지에 있더니 사울이 듣고 마온 황무지로 다윗을 따라가서는 26 사울이 산 이쪽으로 가매
다윗과 그의 사람들은 산 저쪽으로 가며 다윗이 사울을 두려워하여 급히 피하려 하였으니 이는 사울과 그의 사
람들이 다윗과 그의 사람들을 에워싸고 잡으려 함이었더라 27 전령이 사울에게 와서 이르되 급히 오소서 블레셋
사람들이 땅을 침노하나이다 28 이에 사울이 다윗 뒤쫓기를 그치고 돌아와 블레셋 사람들을 치러 갔으므로 그
곳을 셀라하마느곳이라 칭하니라 29 다윗이 거기서 올라가서 엔게디 요새에 머무니라

시편 63

❖ 시편 63편
삼상 23장의 상황을 배경으로 읽어라.

다윗의 시, 유다 광야에 있을 때에

1 하나님이여 주는 나의 하나님이시라 내가 간절히 주를 찾되 물이 없어 마르고 황폐한 땅에서 내 영혼이 주를
갈망하며 내 육체가 주를 앙모하나이다 2 내가 주의 권능과 영광을 보기 위하여 이와 같이 성소에서 주를 바라
보았나이다 3 주의 인자하심이 생명보다 나으므로 내 입술이 주를 찬양할 것이라 4 이러므로 나의 평생에 주를
송축하며 주의 이름으로 말미암아 나의 손을 들리이다 5 골수와 기름진 것을 먹음과 같이 나의 영혼이 만족할 것
이라 나의 입이 기쁜 입술로 주를 찬송하되 6 내가 나의 침상에서 주를 기억하며 새벽에 주의 말씀을 작은 소리
로 읊조릴 때에 하오리니 7 주는 나의 도움이 되셨음이라 내가 주의 날개 그늘에서 즐겁게 부르리이다 8 나의 영
혼이 주를 가까이 따르니 주의 오른손이 나를 붙드시거니와 9 나의 영혼을 찾아 멸하려 하는 그들은 땅 깊은 곳
에 들어가며 10 칼의 세력에 넘겨져 승냥이의 먹이가 되리이다 11 왕은 하나님을 즐거워하리니 주께 맹세한 자마
다 자랑할 것이나 거짓말하는 자의 입은 막히리로다

사무엘상 24장 :
다윗이 엔게디의 동굴에서 사울을 살려 주다.

삼상 24:1 다윗의 도피 행로

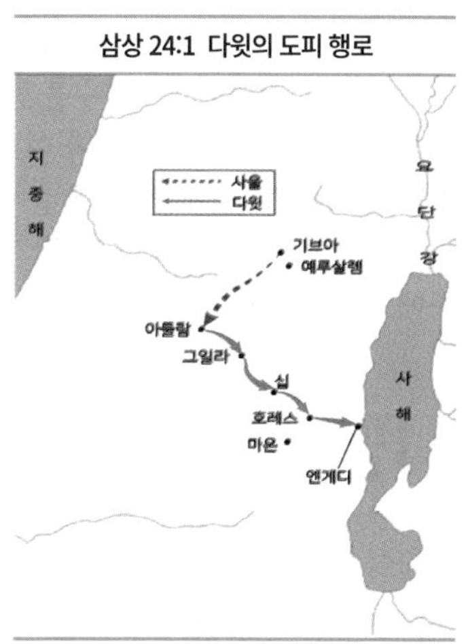

다윗이 사울을 살려 주다

1 사울이 블레셋 사람을 쫓다가 돌아오매 어떤 사람이 그에게 말하여 이
르되 보소서 다윗이 엔게디 광야에 있더이다 하니 2 사울이 온 이스라엘
에서 택한 사람 삼천 명을 거느리고 다
윗과 그의 사람들을 찾으러 들염
소 바위로 갈새 3 길 가 양의 우
리에 이른즉 굴이 있는지라 사
울이 뒤를 보러 들어가니라 다
윗과 그의 사람들이 그 굴 깊은

곳에 있더니 4 다윗의 사람들이 이르되 보소서 여호와께서 당신에게 이르
시기를 내가 원수를 네 손에 넘기리니 네 생각에 좋은 대로 그에게 행하
라 하시더니 이것이 그 날이니이다 하니 다윗이 일어나서 사울의 겉옷 자
락을 가만히 베니라 5 그리 한 후에 사울의 옷자락 벰으로 말미암아 다윗
의 마음이 찔려 6 자기 사람들에게 이르되 내가 손을 들어 여호와의 기름
부음을 받은 내 주를 치는 것은 여호와께서 금하시는 것이니 그는 여호와
의 기름 부음을 받은 자가 됨이니라 하고 7 다윗이 이 말로 자기 사람들을
금하여 사울을 해하지 못하게 하니라 사울이 일어나 굴에서 나가 자기 길
을 가니라 8 그 후에 다윗도 일어나 굴에서 나가 사울의 뒤에서 외쳐 이르
되 내 주 왕이여 하매 사울이 돌아보는지라 다윗이 땅에 엎드려 절하고 9
다윗이 사울에게 이르되 보소서 다윗이 왕을 해하려 한다고 하는 사람들
의 말을 왕은 어찌하여 들으시나이까 10 오늘 여호와께서 굴에서 왕을 내
손에 넘기신 것을 왕이 아셨을 것이니이다 어떤 사람이 나를 권하여 왕을
죽이라 하였으나 내가 왕을 아껴 말하기를 나는 내 손을 들어 내 주를 해
하지 아니하리니 그는 여호와의 기름 부음을 받은 자이기 때문이라 하였
나이다 11 내 아버지여 보소서 내 손에 있는 왕의 옷자락을 보소서 내가
왕을 죽이지 아니하고 겉옷 자락만 베었은즉 내 손에 악이나 죄과가 없는
줄을 오늘 아실지니이다 왕은 내 생명을 찾아 해하려 하시나 나는 왕에
게 범죄한 일이 없나이다 12 여호와께서는 나와 왕 사이를 판단하사 여호
와께서 나를 위하여 왕에게 보복하시려니와 내 손으로는 왕을 해하지 않
겠나이다 13 옛 속담에 말하기를 악은 악인에게서 난다 하였으니 내 손이
왕을 해하지 아니하리이다 14 이스라엘 왕이 누구를 따라 나왔으며 누구
의 뒤를 쫓나이까 죽은 개나 벼룩을 쫓음이니이다 15 그런즉 여호와께서
재판장이 되어 나와 왕 사이에 심판하사 나의 사정을 살펴 억울함을 풀
어 주시고 나를 왕의 손에서 건지시기를 원하나이다 하니라 16 다윗이 사
울에게 이같이 말하기를 마치매 사울이 이르되 내 아들 다윗아 이것이 네
목소리냐 하고 소리를 높여 울며 17 다윗에게 이르되 나는 너를 학대하되
너는 나를 선대하니 너는 나보다 의롭도다 18 네가 나 선대한 것을 오늘
나타냈나니 여호와께서 나를 네 손에 넘기셨으나 네가 나를 죽이지 아니
하였도다 19 사람이 그의 원수를 만나면 그를 평안히 가게 하겠느냐 네가
오늘 내게 행한 일로 말미암아 여호와께서 네게 선으로 갚으시기를 원하노라 20 보라 나는 네가 반드시 왕이 될
것을 알고 이스라엘 나라가 네 손에 견고히 설 것을 아노니 21 그런즉 너는 내 후손을 끊지 아니하며 내 아버지의
집에서 내 이름을 멸하지 아니할 것을 이제 여호와의 이름으로 내게 맹세하라 하니라 22 다윗이 사울에게 맹세
하매 사울은 집으로 돌아가고 다윗과 그의 사람들은 요새로 올라가니라

> **삼상 24:16-22** 다윗의 선한 행동은 사울로 하여금 자신의 죄를 회개하게 하였다. 그러나 사울의 회개는 진정한 것이 아니었다. 이스라엘의 종교의식에서 가장 중요한 것은 죄에 대한 회개이다. 희생 제사가 지니는 가장 큰 의미는 속죄이다. 물론 이러한 회개는 인간에 대한 것보다도 하나님께 대한 회개이다. 즉 인간에 대한 모든 죄도 하나님 앞에서 회개하고 하나님의 용서를 받아야 하는 것이다. 그래서 개인적인 회개 외에도 대속죄일과 같이 전 민족적인 속죄의 날을 정하기도 하였다. 이런 회개에 있어서 나타나는 행동은 옷을 찢는 것, 금식하는 것, 삼베옷을 입는 것, 재를 뒤집어쓰는 것과 같은 외적인 요소가 있으며 내면적으로는 용서를 위해 참회와 죄의 고백이라는 진실한 마음의 요소가 요구된다(시 32:5). 그러나 무엇보다도 외면적인 행위로 회개의 결과가 드러나야 한다. 우선 소극적인 면에서 과거의 악한 행동에서 떠나는 것이며(사 33:15), 진정한 회개는 세계관이 변하여 삶이 바뀌는 변화를 수반하는 것이다. 다음으로 적극적인 면으로 선을 행하는 것이다(사 1:17). 사울의 회개는 하나님께 대한 진정한 참회와 고백이 없었으며 회개 후에 또다시 다윗을 죽이려는 과거의 악한 행동으로 되돌아갔다는 점에서 진정한 회개가 아니라 순간적인 감정에 의해 일어난 일시적인 회개이며 후회일 뿐이었다.
> 예수께서 유대인들의 금식과 회개를 비난하신 것은 진정한 뉘우침과 삶의 변화가 동반되지 않고 형식적인 의식에 머물렀기 때문이다. 또한 동일하게 예수를 배반했지만, 베드로는 구원받고 가룟유다는 자살함으로 비극적인 최후를 맞이한 것도 하나님 앞에서의 자기 고백과 삶의 변화가 있고 없고의 차이였다. 이런 면에서 구원의 전제인 회개는 하나님의 은혜임과 동시에 그에 응답하는 인간의 진실한 세계관의 변화와 삶의 변화라는 모습이 연합하여 완성되는 전인격적인 것이다.

시편 57

다윗의 믹담 시, 인도자를 따라 알다스헷에 맞춘 노래, 다윗이 사울을 피하여 굴에 있던 때에

1 하나님이여 내게 은혜를 베푸소서 내게 은혜를 베푸소서 내 영혼이 주께로 피하되 주의 날개 그늘 아래에서

이 재앙들이 지나기까지 피하리이다 2 내가 지존하신 하나님께 부르짖음
이여 곧 나를 위하여 모든 것을 이루시는 하나님께로다 3 그가 하늘에서
보내사 나를 삼키려는 자의 비방에서 나를 구원하실지라 (셀라) 하나님이
그의 인자와 진리를 보내시리로다 4 내 영혼이 사자들 가운데에서 살며
내가 불사르는 자들 중에 누웠으니 곧 사람의 아들들 중에라 그들의 이
는 창과 화살이요 그들의 혀는 날카로운 칼 같도다 5 하나님이여 주는 하
늘 위에 높이 들리시며 주의 영광이 온 세계 위에 높아지기를 원하나이다
6 그들이 내 걸음을 막으려고 그물을 준비하였으니 내 영혼이 억울하도다
그들이 내 앞에 웅덩이를 팠으나 자기들이 그 중에 빠졌도다 (셀라) 7 하나님이여 내 마음이 확정되었고 내 마음
이 확정되었사오니 내가 노래하고 내가 찬송하리이다 8 내 영광아 깰지어다 비파야, 수금아, 깰지어다 내가 새벽
을 깨우리로다 9 주여 내가 만민 중에서 주께 감사하오며 뭇 나라 중에서 주를 찬송하리이다 10 무릇 주의 인자
는 커서 하늘에 미치고 주의 진리는 궁창에 이르나이다 11 하나님이여 주는 하늘 위에 높이 들리시며 주의 영광
이 온 세계 위에 높아지기를 원하나이다

❖ 시편 57, 142, 54편
삼상 24장의 상황을 배경으로 읽어라.

> 시 57:7-8 나에게 "새벽을 깨우는" 신앙의 야성(野性)이 있는가? 야성(野性)과 야심(野心)은 다르다. 야심(野心)은 자기 뜻을 이루려는 의지를 말하고 야성은 하나님의 뜻을 이루려는 의지를 말한다면 이 둘의 의미는 정반대이다.
> 나의 믿음은 야성의 믿음인가?

시편 142

다윗이 굴에 있을 때에 지은 마스길 곧 기도

1 내가 소리 내어 여호와께 부르짖으며 소리 내어 여호와께 간구하는도다 2 내가 내 원통함을 그의 앞에 토로하
며 내 우환을 그의 앞에 진술하는도다 3 내 영이 내 속에서 상할 때에도 주께서 내 길을 아셨나이다 내가 가는 길
에 그들이 나를 잡으려고 올무를 숨겼나이다 4 오른쪽을 살펴 보소서 나를 아는 이도 없고 나의 피난처도 없고
내 영혼을 돌보는 이도 없나이다 5 여호와여 내가 주께 부르짖어 말하기를 주는 나의 피난처시요 살아 있는 사람
들의 땅에서 나의 분깃이시라 하였나이다 6 나의 부르짖음을 들으소서 나는 심히 비천하니이다 나를 핍박하는
자들에게서 나를 건지소서 그들은 나보다 강하니이다 7 내 영혼을 옥에서 이끌어 내사 주의 이름을 감사하게 하
소서 주께서 나에게 갚아 주시리니 의인들이 나를 두르리이다

시편 54

다윗의 마스길, 인도자를 따라 현악에 맞춘 노래, 십 사람이 사울에게 이르러 말하기를 다윗이 우리가 있는 곳에
숨지 아니하였나이까 하던 때에

1 하나님이여 주의 이름으로 나를 구원하시고 주의 힘으로 나를 변호하소서 2 하나님이여 내 기도를 들으시며 내
입의 말에 귀를 기울이소서 3 낯선 자들이 일어나 나를 치고 포악한 자들이 나의 생명을 수색하며 하나님을 자기
앞에 두지 아니하였음이니이다 (셀라) 4 하나님은 나를 돕는 이시며 주께서는 내 생명을 붙들어 주시는 이시니이
다 5 주께서는 내 원수에게 악으로 갚으시리니 주의 성실하심으로 그들을 멸하소서 6 내가 낙헌제로 주께 제사
하리이다 여호와여 주의 이름에 감사하오리니 주의 이름이 선하심이니이다 7 참으로 주께서는 모든 환난에서 나
를 건지시고 내 원수가 보응 받는 것을 내 눈이 똑똑히 보게 하셨나이다

사무엘상 25장 : 사무엘의 죽음

사무엘이 죽다

1 사무엘이 죽으매 온 이스라엘 무리가 모여 그를 두고 슬피 울며 라마 그
의 집에서 그를 장사한지라 다윗이 일어나 바란 광야로 내려가니라

다윗과 아비가일

2 마온에 한 사람이 있는데 그의 생업이 갈멜에 있고 심히 부하여 양이 삼천 마리요 염소가 천 마리이므로 그
가 갈멜에서 그의 양 털을 깎고 있었으니 3 그 사람의 이름은 나발이요 그의 아내의 이름은 아비가일이라 그
여자는 총명하고 용모가 아름다우나 남자는 완고하고 행실이 악하며 그는 갈렙 족속이었더라 4 다윗이 나발
이 자기 양 털을 깎는다 함을 광야에서 들은지라 5 다윗이 이에 소년 열 명을 보내며 그 소년들에게 이르되 너
희는 갈멜로 올라가 나발에게 이르러 내 이름으로 그에게 문안하고 6
그 부하게 사는 자에게 이르기를 너는 평강하라 네 집도 평강하라 네 소
유의 모든 것도 평강하라 7 네게 양 털 깎는 자들이 있다 함을 이제 내
가 들었노라 네 목자들이 우리와 함께 있었으나 우리가 그들을 해하지 아니하였고 그들이 갈멜에 있는 동안
에 그들의 것을 하나도 잃지 아니하였나니 8 네 소년들에게 물으면 그들이 네게 말하리라 그런즉 내 소년들이
네게 은혜를 얻게 하라 우리가 좋은 날에 왔은즉 네 손에 있는 대로 네 종들과 네 아들 다윗에게 주기를 원하
노라 하더라 하라 9 다윗의 소년들이 가서 다윗의 이름으로 이 모든 말을 나발에게 말하기를 마치매 10 나발
이 다윗의 사환들에게 대답하여 이르되 다윗은 누구며 이새의 아들은 누구냐 요즈음에 각기 주인에게서 억지
로 떠나는 종이 많도다 11 내가 어찌 내 떡과 물과 내 양 털 깎는 자를 위하여 잡은 고기를 가져다가 어디서 왔
는지도 알지 못하는 자들에게 주겠느냐 한지라 12 이에 다윗의 소년들이 돌아서 자기 길로 행하여 돌아와 이
모든 말을 그에게 전하매 13 다윗이 자기 사람들에게 이르되 너희는 각
기 칼을 차라 하니 각기 칼을 차매 다윗도 자기 칼을 차고 사백 명 가량
은 데리고 올라가고 이백 명은 소유물 곁에 있게 하니라 14 하인들 가운
데 하나가 나발의 아내 아비가일에게 말하여 이르되 다윗이 우리 주인
에게 문안하러 광야에서 전령들을 보냈거늘 주인이 그들을 모욕하였나
이다 15 우리가 들에 있어 그들과 상종할 동안에 그 사람들이 우리를 매
우 선대하였으므로 우리가 다치거나 잃은 것이 없었으니 16 우리가 양
을 지키는 동안에 그들이 우리와 함께 있어 밤낮 우리에게 담이 되었음
이라 17 그런즉 이제 당신은 어떻게 할지를 알아 생각하실지니 이는 다
윗이 우리 주인과 주인의 온 집을 해하기로 결정하였음이니이다 주인은
불량한 사람이라 더불어 말할 수 없나이다 하는지라 18 아비가일이 급히
떡 이백 덩이와 포도주 두 가죽 부대와 잡아서 요리한 양 다섯 마리와
볶은 곡식 다섯 세아와 건포도 백 송이와 무화과 뭉치 이백 개를 가져다
가 나귀들에게 싣고 19 소년들에게 이르되 나를 앞서 가라 나는 너희 뒤
에 가리라 하고 그의 남편 나발에게는 말하지 아니하니라 20 아비가일이
나귀를 타고 산 호젓한 곳을 따라 내려가더니 다윗과 그의 사람들이 자
기에게로 내려오는 그들과 마주치니라 21 다윗이 이미 말하기를 내가 이
자의 소유물을 광야에서 지켜 그 모든 것을 하나도 손실이 없게 한 것이
진실로 허사라 그가 악으로 나의 선을 갚는도다 22 내가 그에게 속한 모

삼상 25:1
학습 자료 20-3 "사무엘의 3중직"

삼상 25:6
학습 자료 20:4 "히브리인의 인사법" 참조

19일~24일

삼상 25:14-25 나발의 배은망덕한 행동을 보고받은 다윗은 부하들을 이끌고 나발을 멸하기 위하여 갔다. 이 소식을 들은 나발의 아내 아비가일은 급히 음식을 준비하여 다윗을 맞으러 갔다. 중간에서 분노한 다윗을 만난 아비가일은 모든 것이 어리석은 남편으로 인해 발생한 것임을 고하고 가져온 예물을 바치며 다윗의 용서를 구하였다. 다윗은 자비를 구하는 아비가일의 태도에 감동하여 나발을 용서하고 돌아갔고 나발이 죽은 후 아비가일을 아내로 삼았다. 남편의 어리석은 행동을 자신의 슬기로 덮은 아비가일의 모습은 현숙한 아내의 전형적인 모습을 보여 준다. 이는 여자가 결코 남자에 비해 열등한 존재가 아니라 상호보완적인 인생의 동반자임을 말해 주고 있다. 이는 하나님께서 남자와 여자를 만드신 창조의 원리이기도 하다(에제르, 돕는 배필). 이런 면에서 성경은 모든 인간에 대한 평등을 가르치고 있으며 하나님의 공동체 안에서 역할의 차이는 있으나 모두 하나님 나라의 확장을 위한 일꾼임을 보여 주고 있는 것이다.(차별은 없어야 하지만, 구별은 있어야 하는 평등이 성경적 평등이라는 사실을 명심하라)

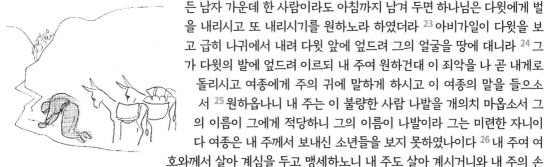

든 남자 가운데 한 사람이라도 아침까지 남겨 두면 하나님은 다윗에게 벌
을 내리시고 또 내리시기를 원하노라 하였더라 23 아비가일이 다윗을 보
고 급히 나귀에서 내려 다윗 앞에 엎드려 그의 얼굴을 땅에 대니라 24 그
가 다윗의 발에 엎드려 이르되 내 주여 원하건대 이 죄악을 나 곧 내게로
돌리시고 여종에게 주의 귀에 말하게 하시고 이 여종의 말을 들으소
서 25 원하옵나니 내 주는 이 불량한 사람 나발을 개의치 마옵소서 그
의 이름이 그에게 적당하니 그의 이름이 나발이라 그는 미련한 자니이
다 여종은 내 주께서 보내신 소년들을 보지 못하였나이다 26 내 주여 여
호와께서 살아 계심을 두고 맹세하노니 내 주도 살아 계시거니와 내 주의 손
으로 피를 흘려 친히 보복하시는 일을 여호와께서 막으셨으니 내 주의 원수들과 내 주를 해하려 하는 자들은
나발과 같이 되기를 원하나이다 27 여종이 내 주께 가져온 이 예물을 내 주를 따르는 이 소년들에게 주게 하시
고 28 주의 여종의 허물을 용서하여 주옵소서 여호와께서 반드시 내 주를 위하여 든든한 집을 세우시리니 이
는 내 주께서 여호와의 싸움을 싸우심이요 내 주의 일생에 내 주에게서 악한 일을 찾을 수 없음이니이다 29 사
람이 일어나서 내 주를 쫓아 내 주의 생명을 찾을지라도 내 주의 생명은 내 주의 하나님 여호와와 함께 생명
싸개 속에 싸였을 것이요 내 주의 원수들의 생명은 물매로 던지듯 여호와께서 그것을 던지시리이다 30 여호와
께서 내 주에 대하여 하신 말씀대로 모든 선을 내 주에게 행하사 내 주를 이스라엘의 지도자로 세우실 때에
31 내 주께서 무죄한 피를 흘리셨다든지 내 주께서 친히 보복하셨다든지 함으로 말미암아 슬퍼하실 것도 없
고 내 주의 마음에 걸리는 것도 없으시리니 다만 여호와께서 내 주를 후대하실 때에 원하건대 내 주의 여종을
생각하소서 하니라 32 다윗이 아비가일에게 이르되 오늘 너를 보내어 나를 영접하게 하신 이스라엘의 하나님
여호와를 찬송할지로다 33 또 네 지혜를 칭찬할지며 또 네게 복이 있을지로다 오늘 내가 피를 흘릴 것과 친히
복수하는 것을 네가 막았느니라 34 나를 막아 너를 해하지 않게 하신 이스라엘의 하나님 여호와의 살아 계심
을 두고 맹세하노니 네가 급히 와서 나를 영접하지 아니하였더면 밝는 아침에는 과연 나발에게 한 남자도 남
겨 두지 아니하였으리라 하니라 35 다윗이 그가 가져온 것을 그의 손에서 받고 그에게 이르되 네 집으로 평안
히 올라가라 내가 네 말을 듣고 네 청을 허락하노라 36 아비가일이 나발에게로 돌아오니 그가 왕의 잔치와 같
은 잔치를 그의 집에 배설하고 크게 취하여 마음에 기뻐하므로 아비가일이 밝는 아침까지는 아무 말도 하지
아니하다가 37 아침에 나발이 포도주에서 깬 후에 그의 아내가 그에게 이 일을 말하매 그가 낙담하여 몸이 돌
과 같이 되었더니 38 한 열흘 후에 여호와께서 나발을 치시매 그가 죽으니라 39 나발이 죽었다 함을 다윗이 듣
고 이르되 나발에게 당한 나의 모욕을 갚아 주사 종으로 악한 일을 하지 않게 하신 여호와를 찬송할지로다 여
호와께서 나발의 악행을 그의 머리에 돌리셨도다 하니라 다윗이 아비가일을 자기 아내로 삼으려고 사람을 보
내어 그에게 말하게 하매 40 다윗의 전령들이 갈멜에 가서 아비가일에게 이르러 그에게 말하여 이르되 다윗이
당신을 아내로 삼고자 하여 우리를 당신께 보내더이다 하니 41 아비가일이 일어나 몸을 굽혀 얼굴을 땅에 대
고 이르되 내 주의 여종은 내 주의 전령들의 발 씻길 종이니이다 하고 42 아비가일이 급히 일어나서 나귀를 타
고 그를 뒤따르는 처녀 다섯과 함께 다윗의 전령들을 따라가서 다윗의 아내가 되니라 43 다윗이 또 이스르엘
아히노암을 아내로 맞았더니 그들 두 사람이 그의 아내가 되니라 44 사울이 그의 딸 다윗의 아내 미갈을 갈림
에 사는 라이스의 아들 발디에게 주었더라

20일차 읽기의 요약

(대상 9:35~10장, 삼상 17~19:17, 삼상 19:18~21장, 시 59, 56, 34, 삼상 22, 시 52, 삼상 23, 시 63, 삼상 24, 시 57, 142, 54, 삼상 25)

자기중심성이 강했던 사울 왕이 하나님의 말씀을 버리고 불순종함으로 하나님께서는 사무엘을 통해 베들레헴에서 다윗에게 기름을 부어 그를 이스라엘의 2대 왕으로 지명하신다. 블레셋과 이스라엘 양 진영이 대결하고 있는 위기의 상황에서 다윗은 만군의 여호와 이름을 의지하여 블레셋의 거인 골리앗을 죽인 사건으로 큰 명성을 얻게 된다.

그러나 이때로부터 무려 십여 년 동안 다윗은 사울 왕의 시기의 칼을 피해 도망한다. 다윗의 생명을 노리는 사울의 끊임없는 추격 가운데서 다윗은 아둘람 굴을 중심으로 이스라엘 백성의 왕과 목자가 되기 위해 훈련받는다. 심지어는 블레셋의 아기스 왕에게로 망명하기도 한다. 또한 사울 왕을 피해 광야에서 도피하는 중에 자신의 대적 사울 왕을 죽일 수 있는 절호의 기회를 얻게 되나 하나님의 왕 되심을 철저히 인정하고 죽이지 않는다.

이렇게 다윗은 오랜 도피 생활을 통해 겸손과 하나님을 온전히 의지하는 법을 배우게 된다. 이러한 도망자의 신세로 시시각각 생명의 위협을 받는 현실 속에서 다윗은 하나님만 피난처로 의지할 수밖에 없는 그의 심정을 시편의 약 절반에 해당하는 많은 시를 통해 고백했다.

그러면 어떻게 살 것인가?

인위뚝 · 신위고!

☑ 세계관 점검 – 묵상하기 (영상 강의와 교재 내용의 이해를 바탕으로)

역대기의 현대적 의미

1) 현대인은 성경이 하나님의 영감에 의해 쓰였다는 사실에 대한 의구심 때문에 역대기의 의미에 중요성을 두지 않는 경향이 있다. 현실감이 없다고 생각한다. 그래서 현실감이 있는 사무엘서나 열왕기를 더 선호한다.

2) 현대인은 제사장적 영성 보다는 선지자적 영성을 더 선호하는 경향이 있다. 선지자적 영성은 윤리 도덕 같은 현실적인 것을 강조하는 반면에 제사장적 영성은 제사(예배)와 의식적인 것을 더 강조한다.

선지자적 영성은 수평적인 관계인 인간 상호 관계에 중점을 두며, 제사장적 영성은 수직적인 관계인 하나님과의 관계에 더 중점을 둔다. 현대인들은 초자연적인 것들조차도 자연적 도덕성으로 이해하려고 시도한다. 세상 모든 종교가 윤리 도덕적인 면에서는 서로 유사한 교리를 가질 수 있지만, 신(神)과의 관계에서는 확연히 다르다. 현대인은 성전을 짓는 것 보다 우리 집 짓기를 더 좋아한다.

3) 현대인이 역대기를 싫어하는 또 다른 이유는 족보이다. 그것은 족보의 중요성을 모르기 때문이다. 역대기의 족보는 유다에 초점이 맞추어져 있다. 그 계열에서 메시아가 나오기 때문이다(창

49:10). 이 족보의 끝은 마태복음의 족보로 이어진다. 그 족보의 끝은 바로 예수님이다. 구약의 족보는 신약에서 완성된다.

4) 현대인이 역대기에 흥미를 느끼지 못하는 또 다른 이유는 역대기의 역사를 하나님이 하나님 나라를 세우는(회복하는) 과정을 기록한 것이라는 관점에서 읽지 않고 단순히 이스라엘의 역사라는 관점에서 읽으려고 하기 때문이다. 남의 나라 역사라고 생각하면 흥미가 없는 법이다.

삼상 18:10-11 마음에 질투가 싹트기 시작하면 그것은 이내 큰 범죄를 불러일으키고 자기 파멸까지도 자초하게 된다. 다윗을 질투하는 사울을 보라. 앞으로 될 사울의 미래가 불안하지 않은가? 이번 기회에 우리 자신을 돌아보자. 누군가에 대해 마음속에 질투의 싹을 틔우고 있지 않는지를 ...
[롬 1:29, 고전 13:4. 찬송가 25(통 14)]

19일~
24일

골리앗의 거구를 맞서 싸우는 다윗의 담대함은 여호와의 능력, 곧 신위를 의지하는 다윗의 신앙으로부터 나온다. 삼상 17:45, 47을 깊이 묵상하라. 여기에 다윗의 위대함이 있다.

삼상 18:6-16에서 사울의 질투를 유의하라. 질투는 모든 관계를 파괴하고 갈등을 조장하는 가장 더럽고 무서운 품성이다. 스스로 죽이는 악한 기질이다. 나는 이 질투의 문제를 어떻게 해결하려는가? 해답을 다윗의 사울에 대한 태도에서 찾아 보라.(다윗의 시편에서 그의 품성을 찾아라. 삼상 24장 다윗의 태도에 답이 있다)
24:6 "…여호와의 기름 부음 받은 내 주를 치는 것은 여호와께서 금하시는 것이니…."
모든 인간은 "하나님의 형상"을 가진 자임으로 질시의 대상이 될 수 없다는 사실과도 같은 것이다.

다윗은 사울을 죽일 기회마다 하나님의 기름 부음을 받은 자를 죽일 수 없다며 사울을 살려 준다. 다윗이 질투의 갈등을 해결하는 품성이다. 용서와 이해, 참으로 귀한 덕목이다. 사울과 요나단의 죽음을 애도하고, 그 가족을 돌보는 다윗의 품성을 묵상하라.

사울의 시기는 그의 "스타" 의식과 연결되어 있다. 스포트라이트(spotlight)가 자기에게만 있어야 하는데 그것이 다윗에게로 옮겨 갔기 때문이다(천천 만만송 – 삼상 18:6-7).
그래서 그가 다윗을 제거하려고 '손에 창을 들고' 죽이려 하는 모습에서 인간의 본성을 볼 수 있다
⇒ 자아 我 = 손 手 + 창 戈
"사촌이 땅을 사면 배가 아프다."
"내 못 먹는 밥 재나 뿌리자." 여기에 사울의 모습과 동시에 성도라고 자처하는 크리스천의 모습을 함께 보게 되지 않을까? 나의 모습은?
이 잘못된 품성을 해결해 주실 분은 예수님이시다. "義"자가 그것을 말해주고 있다.

☑ 결단기도와 실행하기

약 2:26 영혼 없는 몸이 죽은 것 같이 행함이 없는 믿음은 죽은 것이니라
시 119:28 나의 영혼이 눌림으로 말미암아 녹사오니 주의 말씀대로 나를 세우소서

사무엘상 26장~31장 :
다윗의 도피 생활 계속

사무엘상 26장

다윗이 또 사울을 살려 주다

1 십 사람이 기브아에 와서 사울에게 말하여 이르되 다윗이 광야 앞 하길
라 산에 숨지 아니하였나이까 하매 2 사울이 일어나 십 광야에서 다윗을
찾으려고 이스라엘에서 택한 사람 삼천 명과 함께 십 광야로 내려가서 3
사울이 광야 앞 하길라 산 길 가에 진 치니라 다윗이 광야에 있더니 사울
이 자기를 따라 광야로 들어옴을 알고 4 이에 다윗이 정탐꾼을 보내어 사
울이 과연 이른 줄 알고 5 다윗이 일어나 사울이 진 친 곳에 이르러 사울과
넬의 아들 군사령관 아브넬이 머무는 곳을 본즉 사울이 진영 가운데에 누
웠고 백성은 그를 둘러 진 쳤더라 6 이에 다윗이 헷 사람 아히멜렉과 스루
야의 아들 요압의 아우 아비새에게 물어 이르되 누가 나와 더불어 진영
에 내려가서 사울에게 이르겠느냐 하니 아비새가 이르되 내가 함께 가겠
나이다 7 다윗과 아비새가 밤에 그 백성에게 나아가 본즉 사울이 진영 가
운데 누워 자고 창은 머리 곁 땅에 꽂혀 있고 아브넬과 백성들은 그를 둘
러 누웠는지라 8 아비새가 다윗에게 이르되 하나님이 오늘 당신의 원수를
당신의 손에 넘기셨나이다 그러므로 청하오니 내가 창으로 그를 찔러서
단번에 땅에 꽂게 하소서 내가 그를 두 번 찌를 것이 없으리이다 하니 9
다윗이 아비새에게 이르되 죽이지 말라 누구든지 손을 들어 여호와의 기
름 부음 받은 자를 치면 죄가 없겠느냐 하고 10 다윗이 또 이르되 여호와
께서 살아 계심을 두고 맹세하노니 여호와께서 그를 치시리니 혹은 죽을
날이 이르거나 또는 전장에 나가서 망하리라 11 내가 손을 들어 여호와의
기름 부음 받은 자를 치는 것을 여호와께서 금하시나니 너는 그의 머리
곁에 있는 창과 물병만 가지고 가자 하고 12 다윗이 사울의 머리 곁에서 창과 물병을 가지고 떠나가되 아무도 보
거나 눈치 채지 못하고 깨어 있는 사람도 없었으니 이는 여호와께서 그들을 깊이 잠들게 하셨으므로 그들이 다
잠들어 있었기 때문이었더라 13 이에 다윗이 건너편으로 가서 멀리 산 꼭대기에 서니 거리가 멀더라 14 다윗이 백
성과 넬의 아들 아브넬을 대하여 외쳐 이르되 아브넬아 너는 대답하지 아니하느냐 하니 아브넬이 대답하여 이
르되 왕을 부르는 너는 누구냐 하더라 15 다윗이 아브넬에게 이르되 네가 용사가 아니냐 이스라엘 가운데에 너
같은 자가 누구냐 그러한데 네가 어찌하여 네 주 왕을 보호하지 아니하느냐 백성 가운데 한 사람이 네 주 왕을
죽이려고 들어갔었느니라 16 네가 행한 이 일이 옳지 못하도다 여호와께서 살아 계심을 두고 맹세하노니 여호와
의 기름 부음 받은 너희 주를 보호하지 아니하였으니 너희는 마땅히 죽을 자이니라 이제 왕의 창과 왕의 머리 곁
에 있던 물병이 어디 있나 보라 하니 17 사울이 다윗의 음성을 알아듣고 이르되 내 아들 다윗아 이것이 네 음성이
냐 하는지라 다윗이 이르되 내 주 왕이여 내 음성이니이다 하고 18 또 이르되 내 주는 어찌하여 주의 종을 쫓으시
나이까 내가 무엇을 하였으며 내 손에 무슨 악이 있나이까 19 원하건대 내 주 왕은 이제 종의 말을 들으소서 만
일 왕을 충동시켜 나를 해하려 하는 이가 여호와시면 여호와께서는 제물을 받으시기를 원하나이다마는 만일 사
람들이면 그들이 여호와 앞에 저주를 받으리니 이는 그들이 이르기를 너는 가서 다른 신들을 섬기라 하고 오늘

❖ 삼상 26장

십 사람은 여전히 사울에게 충성을 다하는 것 같다. 이들은 위치가 어딘가 밝혀지지 않은 장소인 하길라에 있다는 것을 고자질한다. 다윗을 처리하러 온 사울을 오히려 죽일 수 있는 또 다른 기회를 얻지만, 또 다시 살려주는 모습을 읽을 수 있다(9절). 다윗은 이 사실을 알려 주고 다시는 다윗을 해치지 않겠다는 맹세를 받아낸다. 하지만 사울은 이미 악신에 의해 조종을 받는 자이므로 그 약속은 무의미하다.

삼상 26:1 다윗의 도피 행로

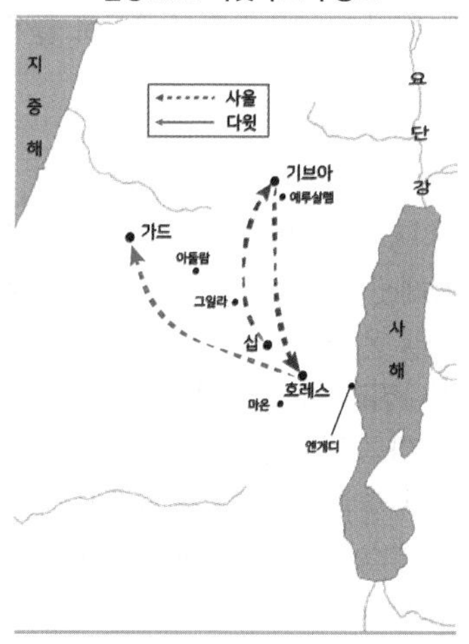

나를 쫓아내어 여호와의 기업에 참여하지 못하게 함이니이다 하니라 20
그런즉 청하건대 여호와 앞에서 먼 이 곳에서 이제 나의 피가 땅에 흐르
지 말게 하옵소서 이는 산에서 메추라기를 사냥하는 자와 같이 이스라엘
왕이 한 벼룩을 수색하러 나오셨음이니이다 21 사울이 이르되 내가 범죄
하였도다 내 아들 다윗아 돌아오라 네가 오늘 내 생명을 귀하게 여겼은
즉 내가 다시는 너를 해하려 하지 아니하리라 내가 어리석은 일을 하였으
니 대단히 잘못되었도다 하는지라 22 다윗이 대답하여 이르되 왕은 창을
보소서 한 소년을 보내어 가져가게 하소서 23 여호와께서 사람에게 그의
공의와 신실을 따라 갚으시리니 이는 여호와께서 오늘 왕을 내 손에 넘기
셨으되 나는 손을 들어 여호와의 기름 부음을 받은 자 치기를 원하지 아
니하였음이니이다 24 오늘 왕의 생명을 내가 중히 여긴 것 같이 내 생명을
여호와께서 중히 여기셔서 모든 환난에서 나를 구하여 내시기를 바라나
이다 하니라 25 사울이 다윗에게 이르되 내 아들 다윗아 네게 복이 있을지
로다 네가 큰일을 행하겠고 반드시 승리를 얻으리라 하니라 다윗은 자기
길로 가고 사울은 자기 곳으로 돌아가니라

사무엘상 27장

다윗이 블레셋 땅으로 피하다

1 다윗이 그 마음에 생각하기를 내가 후일에는 사울의 손에 붙잡히리니
블레셋 사람들의 땅으로 피하여 들어가는 것이 좋으리로다 사울이 이스
라엘 온 영토 내에서 다시 나를 찾다가 단념하리니 내가 그의 손에서 벗
어나리라 하고 2 다윗이 일어나 함께 있는 사람 육백 명과 더불어 가드
왕 마옥의 아들 아기스에게로 건너가니라 3 다윗과 그의 사람들이 저마
다 가족을 거느리고 가드에서 아기스와 동거하였는데 다윗이 그의 두 아
내 이스르엘 여자 아히노암과 나발의 아내였던 갈멜 여자 아비가일과 함
께 하였더니 4 다윗이 가드에 도망한 것을 어떤 사람이 사울에게 전하매
사울이 다시는 그를 수색하지 아니하니라 5 다윗이 아기스에게 이르되 바
라건대 내가 당신께 은혜를 입었다면 지방 성읍 가운데 한 곳을 내게 주
어 내가 살게 하소서 당신의 종이 어찌 당신과 함께 왕도에 살리이까 하
니 6 아기스가 그 날에 시글락을 그에게 주었으므로 시글락이 오늘까지
유다 왕에게 속하니라 7 다윗이 블레셋 사람들의 지방에 산 날 수는 일 년
사 개월이었더라 8 다윗과 그의 사람들이 올라가서 그술 사람과 기르스
사람과 아말렉 사람을 침노하였으니 그들은 옛적부터 술과 애굽 땅으로
지나가는 지방의 주민이라 9 다윗이 그 땅을 쳐서 남녀를 살려두지 아니
하고 양과 소와 나귀와 낙타와 의복을 빼앗아 가지고 돌아와 아기스에게
이르매 10 아기스가 이르되 너희가 오늘은 누구를 침노하였느냐 하니 다
윗이 이르되 유다 네겝과 여라무엘 사람의 네겝과 겐 사람의 네겝이니이
다 하였더라 11 다윗이 그 남녀를 살려서 가드로 데려가지 아니한 것은 그의 생각에 그들이 우리에게 대하여 이
르기를 다윗이 행한 일이 이러하니라 하여 블레셋 사람들의 지방에 거주하는 동안에 이같이 행하는 습관이 있었
다 할까 두려워함이었더라 12 아기스가 다윗을 믿고 말하기를 다윗이 자기 백성 이스라엘에게 심히 미움을 받게

삼상 26:14-25
신실한 자에게 불의를 행한 자들

	내용
가인이 아벨에게	하나님이 아벨의 제사만 열납하신 것을 시기하여 돌로 쳐 죽임(창 4:8)
라반이 야곱에게	열심히 일한 야곱을 속여 세 차례에 걸쳐 고용 계약을 맺음(창 30:25-36)
요셉의 형제들이 요셉에게	아비 야곱의 사랑을 독차지한 요셉을 시기하여 상인에게 종으로 팜(창 37:28)
보디발의 아내가 요셉에게	요셉을 유혹하다가 실패하자 오히려 모함하여 감옥에 가게 함(창 39:20)
사울이 다윗에게	백성들의 칭찬을 한몸에 받았던 다윗을 시기하여 죽이려 함(삼상 18:29, 26:14-25)
사울이 제사장 아히멜렉에게	불의한 재판으로 무고한 제사장 아히멜렉을 사형에 처함(삼상22:11-19)
다윗이 우리아에게	밧세바와의 간음 사건을 은폐하기 위해 충성스런 신하 우리아를 죽게 함(삼하 12:1-12)
아합이 나봇에게	나봇의 포도원을 빼앗기 위해 이세벨과 더불어 그를 죽임(왕상 21:1-16)
아합이 선지자 미가야에게	거짓 선지자들 말만 듣고 참 선지자 미가야를 감옥에 가둠(왕상 22:5-28)
요아스가 스가랴에게	제사장의 아들 스가랴가 자신의 잘못을 지적하자 그를 성전 뜰에서 죽임(대하 24:20, 21)
이리야가 예레미야에게	무고한 선지자 예레미야에게 누명을 씌워 방백들에게 끌고 감(렘 37:11-21)
헤롯이 세례 요한에게	자신의 잘못을 지적한 것을 분히 여겨 세례 요한을 죽임(마 14:1-12)
가룟 유다가 예수님에게	은 30에 눈이 어두워 예수님을 유대인들에게 팜(마 26:14-16)
빌라도가 예수님에게	권력에 집착한 나머지 죄가 없는 줄을 알면서도 예수를 십자가에 죽게 함(마 27:11-26)

❖ **삼상 27장**
다윗은 서울에 잡히는 것이 시간문제라고 판단하고 블레셋 땅으로 피한다. 옛날에 미친 척했던 아기스 왕에게로 다시 피신한다. 거기서 시글락이라는 봉토를 받는다. 아마 다윗은 여기서 1년 이상을 거했을 것이다. 사울이 죽기 전까지 머물렀던 성이다.

되었으니 그는 영원히 내 부하가 되리라고 생각하니라

사무엘상 28장

1 그 때에 블레셋 사람들이 이스라엘과 싸우려고 군대를 모집한지라 아
기스가 다윗에게 이르되 너는 밝히 알라 너와 네 사람들이 나와 함께 나
가서 군대에 참가할 것이니라 2 다윗이 아기스에게 이르되 그러면 당신의
종이 행할 바를 아시리이다 하니 아기스가 다윗에게 이르되 그러면 내가
너를 영원히 내 머리 지키는 자를 삼으리라 하니라

사울이 신접한 여인을 찾다

3 사무엘이 죽었으므로 온 이스라엘이 그를 두고 슬피 울며 그의 고향 라
마에 장사하였고 사울은 신접한 자와 박수를 그 땅에서 쫓아내었더라 4
블레셋 사람들이 모여 수넴에 이르러 진 치매 사울이 온 이스라엘을 모
아 길보아에 진 쳤더니 5 사울이 블레셋 사람들의 군대를 보고 두려워서
그의 마음이 크게 떨린지라 6 사울이 여호와께 묻자오되 여호와께서 꿈
으로도, 우림으로도, 선지자로도 그에게 대답하지 아니하시므로 7 사울이
그의 신하들에게 이르되 나를 위하여 신접한 여인을 찾으라 내가 그리로
가서 그에게 물으리라 하니 그의 신하들이 그에게 이르되 보소서 엔돌에
신접한 여인이 있나이다 8 사울이 다른 옷을 입어 변장하고 두 사람과 함
께 갈새 그들이 밤에 그 여인에게 이르러서는 사울이 이르되 청하노니 나
를 위하여 신접한 술법으로 내가 네게 말하는 사람을 불러 올리라 하니 9
여인이 그에게 이르되 네가 사울이 행한 일 곧 그가 신접한 자와 박수를
이 땅에서 멸절시켰음을 아나니 네가 어찌하여 내 생명에 올무를 놓아 나
를 죽게 하려느냐 하는지라 10 사울이 여호와의 이름으로 그에게 맹세하
여 이르되 여호와께서 살아 계심을 두고 맹세하노니 네가 이 일로는 벌을
당하지 아니하리라 하니 11 여인이 이르되 내가 누구를 네게로 불러올리
랴 하니 사울이 이르되 사무엘을 불러올리라 하는지라 12 여인이 사무엘
을 보고 큰 소리로 외치며 사울에게 말하여 이르되 당신이 어찌하여 나를
속이셨나이까 당신이 사울이시니이다 13 왕이 그에게 이르되 두려워하지
말라 네가 무엇을 보았느냐 하니 여인이 사울에게 이르되 내가 영이 땅에
서 올라오는 것을 보았나이다 하는지라 14 사울이 그에게 이르되 그의 모
양이 어떠하냐 하니 그가 이르되 한 노인이 올라오는데 그가 겉옷을 입었
나이다 하더라 사울이 그가 사무엘인 줄 알고 그의 얼굴을 땅에 대고 절
하니라 15 사무엘이 사울에게 이르되 네가 어찌하여 나를 불러 올려서 나
를 성가시게 하느냐 하니 사울이 대답하되 나는 심히 다급하니이다 블레
셋 사람들은 나를 향하여 군대를 일으켰고 하나님은 나를 떠나서 다시는
선지자로도, 꿈으로도 내게 대답하지 아니하시기로 내가 행할 일을 알아
보려고 당신을 불러 올렸나이다 하더라 16 사무엘이 이르되 여호와께서
너를 떠나 네 대적이 되셨거늘 네가 어찌하여 내게 묻느냐 17 여호와께서
나를 통하여 말씀하신 대로 네게 행하사 나라를 네 손에서 떼어 네 이웃
다윗에게 주셨느니라 18 네가 여호와의 목소리를 순종하지 아니하고 그

❖ 삼상 28장

궁지에 몰리기 시작한 사울은 사무엘의 도움이 간절하여 죽은 사무엘을 불러내기 위해 무당을 접촉한다. 율법상 무당과의 접촉은 죽임을 당하는 범죄이지만 사울은 다급하여 왕의 신분을 숨기고 무당에게 사무엘을 불러 달라고 부탁한다. 무당의 영매로 사무엘이 영혼 통화를 하지만 사실 이것은 사탄의 속임수이다. 여기서 우리는 사울은 여전히 자기의 문제를 자기 방법대로 풀려고 하는 모습을 볼 수 있다. 인위를 인위로 풀려할 때 더 많은 문제를 만들어 낸다는 것을 우리는 알고 있다. 다윗은 문제를 하나님께 의지하여 그 해결을 하나님께 맡김을 시편을 통해서 읽을 수 있다.
신약에서 예수를 배신했던 가룟 유다와 잠시나마 예수를 부인했던 베드로, 이 두 제자가 자기 잘못(인위)을 어떻게 해결했는가를 잠시 생각해 보라.
당신은 당신의 문제를 어떻게 풀려고 하는가? 이것은 곧 가치관과 세계관의 문제와 직결되어 있다.
☞ 오늘날 한국 교회에 무당을 찾는 교인이 아주 많아졌다고 염려하는 여러 목사님의 절규를 2023년도에 유튜브를 통해서 여러 번 들었다. 이는 말씀 교육을 제대로 안 했기 때문인 것을 그들이 먼저 깨달았으면 좋겠다.

19일~
24일

삼상 28:4 길보아 전투

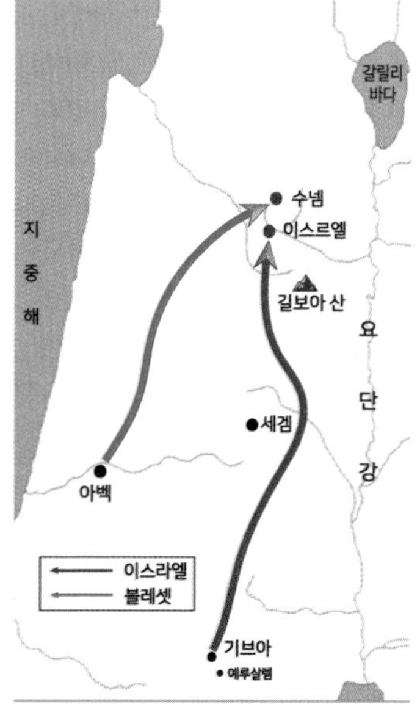

삼상 28:12-19
학습 자료 21-1 "접신녀와 초혼술" 참조

의 진노를 아말렉에게 쏟지 아니하였으므로 여호와께서 오늘 이 일을 네게 행하셨고 19 여호와께서 이스라엘을
너와 함께 블레셋 사람들의 손에 넘기시리니 내일 너와 네 아들들이 나와 함께 있으리라 여호와께서 또 이스라
엘 군대를 블레셋 사람들의 손에 넘기시리라 하는지라 20 사울이 갑자기 땅에 완전히 엎드러지니 이는 사무엘의
말로 말미암아 심히 두려워함이요 또 그의 기력이 다하였으니 이는 그가 하루 밤낮을 음식을 먹지 못하였음이니
라 21 그 여인이 사울에게 이르러 그가 심히 고통 당함을 보고 그에게 이
르되 여종이 왕의 말씀을 듣고 내 생명을 아끼지 아니하고 왕이 내게 이
르신 말씀을 순종하였사오니 22 그런즉 청하건대 이제 당신도 여종의 말
을 들으사 내가 왕 앞에 한 조각 떡을 드리게 하시고 왕은 잡수시고 길 가
실 때에 기력을 얻으소서 하니 23 사울이 거절하여 이르되 내가 먹지 아니
하겠노라 하니라 그의 신하들과 여인이 강권하매 그들의 말을 듣고 땅에
서 일어나 침상에 앉으니라 24 여인의 집에 살진 송아지가 있으므로 그것
을 급히 잡고 가루를 가져다가 뭉쳐 무교병을 만들고 구워서 25 사울 앞
에와 그의 신하들 앞에 내놓으니 그들이 먹고 일어나서 그 밤에 가니라

사무엘상 29장

블레셋 사람들이 다윗을 좋아하지 아니하다

1 블레셋 사람들은 그들의 모든 군대를 아벡에 모았고 이스라엘 사람들
은 이스르엘에 있는 샘 곁에 진 쳤더라 2 블레셋 사람들의 수령들은 수백
명씩 수천 명씩 인솔하여 나아가고 다윗과 그의 사람들은 아기스와 함께
그 뒤에서 나아가더니 3 블레셋 사람들의 방백들이 이르되 이 히브리 사
람들이 무엇을 하려느냐 하니 아기스가 블레셋 사람들의 방백들에게 이
르되 이는 이스라엘 왕 사울의 신하 다윗이 아니냐 그가 나와 함께 있은
지 여러 날 여러 해로되 그가 망명하여 온 날부터 오늘까지 내가 그의 허
물을 보지 못하였노라 4 블레셋 사람의 방백들이 그에게 노한지라 블레
셋 방백들이 그에게 이르되 이 사람을 돌려보내어 왕이 그에게 정하신 그
처소로 가게 하소서 그는 우리와 함께 싸움에 내려가지 못하리니 그가 전
장에서 우리의 대적이 될까 하나이다 그가 무엇으로 그 주와 다시 화합하
리이까 이 사람들의 머리로 하지 아니하겠나이까 5 그들이 춤추며 노래하
여 이르되 사울이 죽인 자는 천천이요 다윗은 만만이로다 하던 그 다윗이
아니니이까 하니 6 아기스가 다윗을 불러 그에게 이르되 여호와께서 살
아 계심을 두고 맹세하노니 네가 정직하여 내게 온 날부터 오늘까지 네게
악이 있음을 보지 못하였으니 나와 함께 진중에 출입하는 것이 내 생각에
는 좋으나 수령들이 너를 좋아하지 아니하니 7 그러므로 이제 너는 평안
히 돌아가서 블레셋 사람들의 수령들에게 거슬러 보이게 하지 말라 하니
라 8 다윗이 아기스에게 이르되 내가 무엇을 하였나이까 내가 당신 앞에
오늘까지 있는 동안에 당신이 종에게서 무엇을 보셨기에 내가 가서 내 주
왕의 원수와 싸우지 못하게 하시나이까 하니 9 아기스가 다윗에게 대답
하여 이르되 네가 내 목전에 하나님의 전령 같이 선한 것을 내가 아나 블
레셋 사람들의 방백들은 말하기를 그가 우리와 함께 전장에 올라가지 못
하리라 하니 10 그런즉 너는 너와 함께 온 네 주의 신하들과 더불어 새벽

❖ 삼상 29장
다윗이 사울의 신하라는 신분이 노출되자 블레셋 사람들이 다윗을 싫어하기 시작한다.

사울의 범죄

사울은 이스라엘의 초대 왕으로 선택되었음에도 하나님께 대한 불경건과 죄악으로 말미암아 하나님께 버림받는 자가 되었다. 이하는 결국 사울이 재물욕, 명예욕, 권력욕에서 출발하여 마침내 우상 숭배에까지 이르는 과정에서 사울이 행한 범죄들을 도표화한 것이다.

구분	내용
버림받기 전	스스로 망령된 제사를 드림 (삼상 13:8-14)
	아말렉을 멸절시키라는 하나님의 명령에 순종치 않음(삼상 15:4-31)
버림받은 후	기름 부음 받은 다윗을 죽이려 함 (삼상 19:5, 9, 10)
	제사장 아히멜렉과 놉 제사장 85인을 죽임(삼상 22:11-19)
	죽이지 않기로 언약한 기브온 거민을 죽임 (삼하21:2)
	엔돌의 신접한 자를 찾아감(삼상 28:7-25)
결과	길보아 전투에서 죽음으로써, 결국 그 일가가 몰락함(삼상 31:1-13)

삼상 29:1-11 하나님의 섭리의 특징

본문은 길보아 전투를 기록하고 있다. 이때, 블레셋 왕 아기스에게 망명 중이던 다윗은 난처한 처지에 놓이게 된다. 즉, 아기스에 의해 그 전투에 참여하면 동족과 싸우게 되고, 참가하지 않는다면 반역자로 몰릴 궁지에 처하게 된 것이다. 그러나 하나님은 놀라운 섭리로 그 절박한 상황에서 다윗을 구원해 주신다. 이에, 하나님 섭리의 특징을 알아보자.

1	인간 구원이라는 분명한 목적이 있음 (창 45:5-8, 벧전 3:20)
2	시·공(時空)을 초월함(시 19:1, 121:4)
3	인간의 이해를 초월함(욥 11:7-9)
4	주도 면밀하며, 결코 실패가 없음 (마 10:29, 벧후 1:11)
5	아무도 그 섭리를 거역할 수 없음(욥 34:29)
6	다른 어떤 존재도 영향을 끼칠 수 없음 (빌 2:10)
7	의롭고 은혜로우심(시 145:17, 단 4:3)
8	인간이 범죄하고자 하는 행위에 대해서 묵허(默許)하심(삼하 24:1)

에 일어나라 너희는 새벽에 일어나서 밝거든 곧 떠나라 하니라 11 이에 다윗이 자기 사람들과 더불어 아침에 일
찍이 일어나서 떠나 블레셋 사람들의 땅으로 돌아가고 블레셋 사람들은 이스르엘로 올라가니라

사무엘상 30장

다윗이 아말렉을 치다

1 다윗과 그의 사람들이 사흘 만에 시글락에 이른 때에 아말렉 사람들이
이미 네겝과 시글락을 침노하였는데 그들이 시글락을 쳐서 불사르고 2 거
기에 있는 젊거나 늙은 여인들은 한 사람도 죽이지 아니하고 다 사로잡아
끌고 자기 길을 갔더라 3 다윗과 그의 사람들이 성읍에 이르러 본즉 성읍
이 불탔고 자기들의 아내와 자녀들이 사로잡혔는지라 4 다윗과 그와 함
께 한 백성이 울 기력이 없도록 소리를 높여 울었더라 5 (다윗의 두 아내 이스
르엘 여인 아히노암과 갈멜 사람 나발의 아내였던 아비가일도 사로잡혔더라) 6 백성들이 자녀들 때문에 마음이 슬퍼서 다윗을
돌로 치자 하니 다윗이 크게 다급하였으나 그의 하나님 여호와를 힘입고 용기를 얻었더라 7 다윗이 아히멜렉의
아들 제사장 아비아달에게 이르되 원하건대 에봇을 내게로 가져오라 아비아달이 에봇을 다윗에게로 가져가매
8 다윗이 여호와께 묻자와 이르되 내가 이 군대를 추격하면 따라잡겠나이까 하니 여호와께서 그에게 대답하시
되 그를 쫓아가라 네가 반드시 따라잡고 도로 찾으리라 9 이에 다윗과 또 그와 함께 한 육백 명이 가서 브솔 시
내에 이르러 뒤떨어진 자를 거기 머물게 했으되 10 곧 피곤하여 브솔 시내를 건너지 못하는 이백 명을 머물게 했
고 다윗은 사백 명을 거느리고 쫓아가니라 11 무리가 들에서 애굽 사람 하나를 만나 그를 다윗에게로 데려다가
떡을 주어 먹게 하며 물을 마시게 하고 12 그에게 무화과 뭉치에서 뗀 덩이 하나와 건포도 두 송이를 주었으니
그가 밤낮 사흘 동안 떡도 먹지 못하였고 물도 마시지 못하였음이니라 그가 먹고 정신을 차리매 13 다윗이 그에
게 이르되 너는 누구에게 속하였으며 어디에서 왔느냐 하니 그가 이르되 나는 애굽 소년이요 아말렉 사람의 종
이더니 사흘 전에 병이 들매 주인이 나를 버렸나이다 14 우리가 그렛 사람의 남방과 유다에 속한 지방과 갈렙 남
방을 침노하고 시글락을 불살랐나이다 15 다윗이 그에게 이르되 네가 나를 그 군대로 인도하겠느냐 하니 그가
이르되 당신이 나를 죽이지도 아니하고 내 주인의 수중에 넘기지도 아니하겠다고 하나님의 이름으로 내게 맹세
하소서 그리하면 내가 당신을 그 군대로 인도하리이다 하니라 16 그가 다윗을 인도하여 내려가니 그들이 온 땅
에 편만하여 블레셋 사람들의 땅과 유다 땅에서 크게 약탈하였음으로 말미암아 먹고 마시며 춤추는지라 17 다
윗이 새벽부터 이튿날 저물 때까지 그들을 치매 낙타를 타고 도망한 소년 사백 명 외에는 피한 사람이 없었더라
18 다윗이 아말렉 사람들이 빼앗아 갔던 모든 것을 도로 찾고 그의 두 아내를 구원하였고 19 그들이 약탈하였던
것 곧 무리의 자녀들이나 빼앗겼던 것은 크고 작은 것을 막론하고 아무것도 잃은 것이 없이 모두 다윗이 도로 찾
아왔고 20 다윗이 또 양 떼와 소 떼를 다 되찾았더니 무리가 그 가축들을 앞에 몰고 가며 이르되 이는 다윗의 전
리품이라 하였더라 21 다윗이 전에 피곤하여 능히 자기를 따르지 못하므로 브솔 시내에 머물게 한 이백 명에게
오매 그들이 다윗과 그와 함께 한 백성을 영접하러 나오는지라 다윗이 그 백성에게 이르러 문안하매 22 다윗과
함께 갔던 자들 가운데 악한 자와 불량배들이 다 이르되 그들이 우리와 함께 가지 아니하였은즉 우리가 도로 찾
은 물건은 무엇이든지 그들에게 주지 말고 각자의 처자만 데리고 떠나가게 하라 하는지라 23 다윗이 이르되 나
의 형제들아 여호와께서 우리를 보호하시고 우리를 치러 온 그 군대를 우리 손에 넘기셨은즉 그가 우리에게 주
신 것을 너희가 이같이 못하리라 24 이 일에 누가 너희에게 듣겠느냐 전장에 내려갔던 자의 분깃이나 소유물 곁
에 머물렀던 자의 분깃이 동일할지니 같이 분배할 것이니라 하고 25 그 날부터 다윗이 이것으로 이스라엘의 율례
와 규례를 삼았더니 오늘까지 이르니라 26 다윗이 시글락에 이르러 전리품을 그의 친구 유다 장로들에게 보내어
이르되 보라 여호와의 원수에게서 탈취한 것을 너희에게 선사하노라 하고 27 벧엘에 있는 자와 남방 라못에 있
는 자와 얏딜에 있는 자와 28 아로엘에 있는 자와 십못에 있는 자와 에스드모아에 있는 자와 29 라갈에 있는 자와

❖ 삼상 30장 **다윗이 아멜렉을 치다.**
다윗은 언제나 8절처럼 "다윗이 여호와께 묻자와 이르되 내가 이 군대를 추격하면 따라잡겠나이까"라고 묻는다. 신위에 묻고 그것에 순종하는 것, 그것이 믿음이다. 다윗은 그래서 하나님의 마음에 합한 자가 되었다.

삼상 30:1-4
학습 자료 21-2
"상황 윤리에 대한 기독교적 비판" 참조

여라므엘 사람의 성읍들에 있는 자와 겐 사람의 성읍들에 있는 자와 30 홀마에 있는 자와 고라산에 있는 자와 아
닥에 있는 자와 31 헤브론에 있는 자에게와 다윗과 그의 사람들이 왕래하던 모든 곳에 보내었더라

사무엘상 31장

사울과 요나단이 죽다(대상 10:1-14)

1 블레셋 사람들이 이스라엘을 치매 이스라엘 사람들이 블레셋 사람들
앞에서 도망하여 길보아 산에서 엎드러져 죽으니라 2 블레셋 사람들이 사
울과 그의 아들들을 추격하여 사울의 아들 요나단과 아비나답과 말기수
아를 죽이니라 3 사울이 패전하매 활 쏘는 자가 따라잡으니 사울이 그 활
쏘는 자에게 중상을 입은지라 4 그가 무기를 든 자에게 이르되 네 칼을 빼
어 그것으로 나를 찌르라 할례 받지 않은 자들이 와서 나를 찌르고 모욕
할까 두려워하노라 하나 무기를 든 자가 심히 두려워하여 감히 행하지 아
니하는지라 이에 사울이 자기의 칼을 뽑아서 그 위에 엎드러지매 5 무기
를 든 자가 사울이 죽음을 보고 자기도 자기 칼 위에 엎드러져 그와 함께
죽으니라 6 사울과 그의 세 아들과 무기를 든 자와 그의 모든 사람이 다
그 날에 함께 죽었더라 7 골짜기 저쪽에 있는 이스라엘 사람과 요단 건너
쪽에 있는 자들이 이스라엘 사람들이 도망한 것과 사울과 그의 아들들이
죽었음을 보고 성읍들을 버리고 도망하매 블레셋 사람들이 이르러 거기에서 사니라 8 그 이튿날 블레셋 사람들
이 죽은 자를 벗기러 왔다가 사울과 그의 세 아들이 길보아 산에서 죽은 것을 보고 9 사울의 머리를 베고 그의 갑
옷을 벗기고 자기들의 신당과 백성에게 알리기 위하여 그것을 블레셋 사람들의 땅 사방에 보내고 10 그의 갑옷
은 아스다롯의 집에 두고 그의 시체는 벧산 성벽에 못 박으매 11 길르앗 야베스 주민들이 블레셋 사람들이 사울
에게 행한 일을 듣고 12 모든 장사들이 일어나 밤새도록 달려가서 사울의 시체와 그의 아들들의 시체를 벧산 성
벽에서 내려 가지고 야베스에 돌아가서 거기서 불사르고 13 그의 뼈를 가져다가 야베스 에셀 나무 아래에 장사
하고 칠 일 동안 금식하였더라

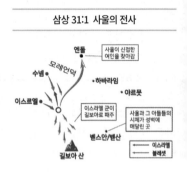

❖ 삼상 31장
사무엘상은 사울과 요나단이 블레셋과의 전투에서 전사하는 것으로 끝난다. 이 내용은 앞서 읽은 대상 10:1-14에도 기록되어 있다. 이때는 B.C. 1010년이다.

삼상 31:1 사울의 전사

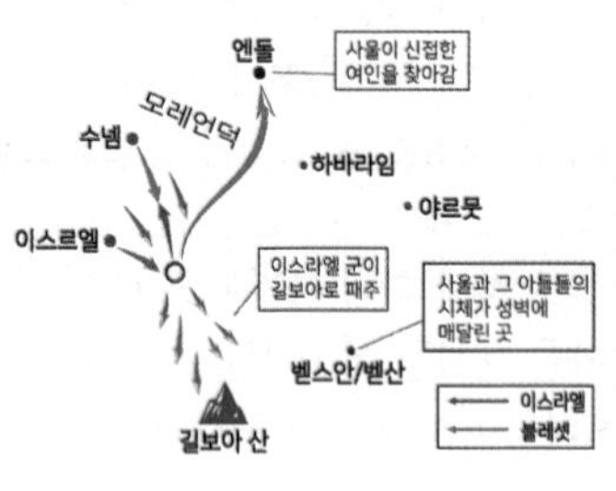
엔돌
사울이 신접한 여인을 찾아감
모레언덕
수넴
하바라임
야르뭇
이스르엘
이스라엘 군이 길보아로 패주
사울과 그 아들들의 시체가 성벽에 매달린 곳
벧스안/벧산
이스라엘
블레셋
길보아 산

19일~24일

사무엘하 1장

사울이 죽은 소식을 다윗이 듣다

1 사울이 죽은 후에 다윗이 아말렉 사람을 쳐죽이고 돌아와 다윗이 시글락에서 이틀을 머물더니 2 사흘째 되는
날에 한 사람이 사울의 진영에서 나왔는데 그의 옷은 찢어졌고 머리에는 흙이 있더라 그가 다윗에게 나아와 땅

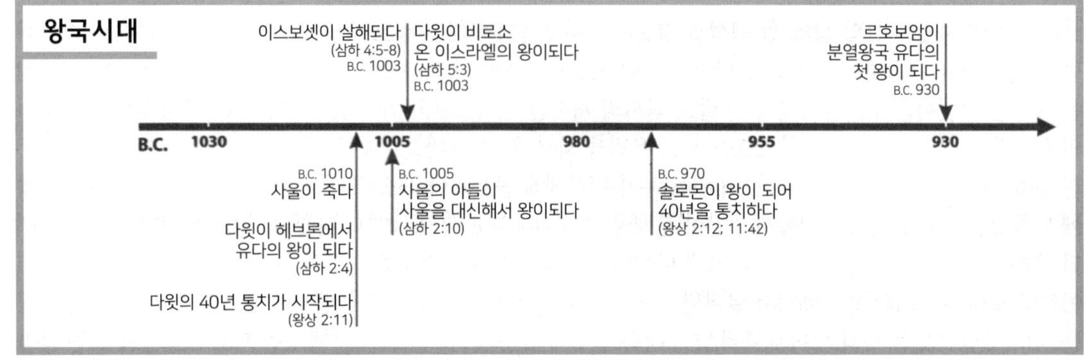
왕국시대
이스보셋이 살해되다 (삼하 4:5-8) B.C. 1003
다윗이 비로소 온 이스라엘의 왕이되다 (삼하 5:3) B.C. 1003
르호보암이 분열왕국 유다의 첫 왕이 되다 B.C. 930
B.C. 1030 1005 980 955 930
B.C. 1010 사울이 죽다
다윗이 헤브론에서 유다의 왕이 되다 (삼하 2:4)
다윗의 40년 통치가 시작되다 (왕상 2:11)
B.C. 1005 사울의 아들이 사울을 대신해서 왕이되다 (삼하 2:10)
B.C. 970 솔로몬이 왕이 되어 40년을 통치하다 (왕상 2:12; 11:42)

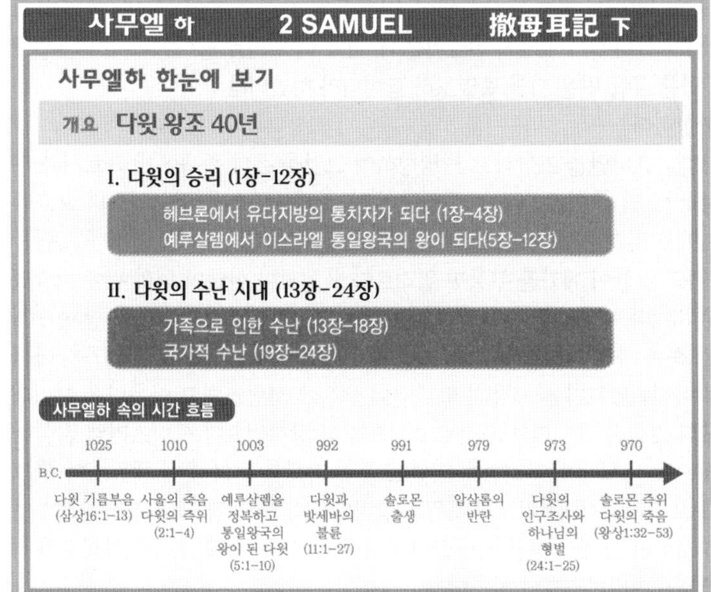

에 엎드려 절하매 3 다윗이 그에게 묻되 너는 어디서 왔느냐 하니 대답하
되 이스라엘 진영에서 도망하여 왔나이다 하니라 4 다윗이 그에게 이르되
일이 어떻게 되었느냐 너는 내게 말하라 그가 대답하되 군사가 전쟁 중
에 도망하기도 하였고 무리 가운데에 엎드러져 죽은 자도 많았고 사울과
그의 아들 요나단도 죽었나이다 하는지라 5 다윗이 자기에게 알리는 청
년에게 묻되 사울과 그의 아들 요나단이 죽은 줄을 네가 어떻게 아느냐 6
그에게 알리는 청년이 이르되 내가 우연히 길보아 산에 올라가 보니 사울
이 자기 창에 기대고 병거와 기병은 그를 급히 따르는데 7 사울이 뒤로 돌
아 나를 보고 부르시기로 내가 대답하되 내가 여기 있나이다 한즉 8 내게
이르되 너는 누구냐 하시기로 내가 그에게 대답하되 나는 아말렉 사람이
니이다 한즉 9 또 내게 이르시되 내 목숨이 아직 내게 완전히 있으므로 내
가 고통 중에 있나니 청하건대 너는 내 곁에 서서 나를 죽이라 하시기로
10 그가 엎드러진 후에는 살 수 없는 줄을 내가 알고 그의 곁에 서서 죽이
고 그의 머리에 있는 왕관과 팔에 있는 고리를 벗겨서 내
주께로 가져왔나이다 하니라 11 이에 다윗이 자기 옷
을 잡아 찢으매 함께 있는 모든 사람도 그리하
고 12 사울과 그의 아들 요나단과 여호와의 백
성과 이스라엘 족속이 칼에 죽음으로 말미암
아 저녁 때까지 슬퍼하여 울며 금식하니라 13
다윗이 그 소식을 전한 청년에게 묻되 너는 어
디 사람이냐 대답하되 나는 아말렉 사람 곧
외국인의 아들이니이다 하니 14 다윗이 그에
게 이르되 네가 어찌하여 손을 들어 여호와의

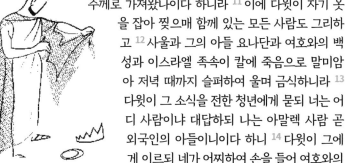

❖ 사무엘하의 개요

사무엘하는 다윗의 전기라고 해도 과언이 아니다. 다윗의 이야기로 가득 차 있다. 사무엘하를 열면 다윗이 왕이 되는 것부터 시작한다. 다윗은 사무엘상 16장에서 처음으로 사무엘로부터 기름 부음을 받아 사울 다음으로 왕위에 오를 예정이었다. 그러나 그는 사울과 긴 정치 투쟁에 들어간다. 후에 왕위에 오르지만 유다 지파만의 왕이 된다. 전 이스라엘의 왕이 되기 전에 세 번의 기름 부음을 받는다.

1) 어린 목동 시절 사무엘을 통해서 기름 부음을 받고(삼상 16:13)
2) 유다 사람이 기름 부어 유다 지파의 왕으로 삼는다(삼하 2:4). 그래서 7년간 헤브론에서 유다 지파의 왕이 된다.
3) 수도를 예루살렘에 옮겼을 때, 이스라엘 장로들이 다윗을 기름 부어 통일 이스라엘의 왕으로 삼는다(삼하 5:3).

다윗은 하나님의 마음에 드는 삶을 살았음을 보여 준다. 하나님이 함께함으로 전쟁에서 승승장구하게 되며 난공불락의 성, 여부스족이 살고 있는 예루살렘을 점령하고, 왕국의 수도로 삼고 북쪽 열 지파도 규합하여 명실공히 통일 왕국을 이루게 되며, 이때 법궤를 기럇여아림으로부터 옮겨 오고, 성전을 짓는 열망을 불태우게 된다. 그러나 하나님의 생각은 달랐다. 나단 선지자를 통해 성전 짓는 일은 아들에게 넘기고 그 대신 다윗 가문에서 영원한 왕이 오는 언약을 맺는다(삼하 7:16). 이를 통해 하나님은 이스라엘과 언약 관계를 다시 회복하시려는 것이다. 그러나 다윗은 밧세바 간음 사건을 저지르고 인생의 하향길로 접어들게 된다(삼하 11장 이하). 전투 중이라는 긴장의 끈을 놓는 것이 유혹에 노출되는 계기가 되는 것이다. 이 사건은 단순한 성범죄로 끝나는 사건이 아니다. 왕이 저지른 범죄요, 또한 사건을 은폐하려고 또 다른 살인 사건을 만들어 내게 되어 결국 하나님의 진노는 심각하게 되었다. 그래서 그에게 나단 선지자를 통해 회개를 촉구하게 된다.

다윗은 사울과 달리 회개를 철두철미하게 한다는 특징을 볼 수 있다(시 52편, 32편 참조). 그러나 그에 상응하는 대가는 가문에 칼의 심판으로 나타난다. 압살롬의 반란을 통해 다윗은 생애 두 번째 도망자의 신세로 전락하게 된다. 사태가 수습되어 왕권에 복귀한다. 이번에는 자신의 왕권을 강화할 심산으로 인구조사를 한다. 이것은 하나님을 의지하지 않고 자기의 군대의 능력으로 왕권을 유지하고 통치하려는 의도여서 하나님의 진노를 다시 받게 된다.

학습 자료 21-3
"사무엘하의 메시지" 참조

기름 부음 받은 자 죽이기를 두려워하지 아니하였느냐 하고 15 다윗이 청년 중 한 사람을 불러 이르되 가까이 가
서 그를 죽이라 하매 그가 치매 곧 죽으니라 16 다윗이 그에게 이르기를 네 피가 네 머리로 돌아갈지어다 네 입이
네게 대하여 증언하기를 내가 여호와의 기름 부음 받은 자를 죽였노라 함이니라 하였더라

다윗이 슬픈 노래로 사울과 요나단을 조상하다

17 다윗이 이 슬픈 노래로 사울과 그의 아들 요나단을 조상하고 18 명령하여 그것을 유다 족속에게 가르치라 하
였으니 곧 활 노래라 야살의 책에 기록되었으되 19 이스라엘아 네 영광이 산 위에서 죽임을 당하였도다 오호라
두 용사가 엎드러졌도다 20 이 일을 가드에도 알리지 말며 아스글론 거리에도 전파하지 말지어다 블레셋 사람들
의 딸들이 즐거워할까, 할례 받지 못한 자의 딸들이 개가를 부를까 염려로다 21 길보아 산들아 너희 위에 이슬과
비가 내리지 아니하며 제물 낼 밭도 없을지어다 거기서 두 용사의 방패가 버린 바 됨이니라 곧 사울의 방패가 기
름 부음을 받지 아니함 같이 됨이로다 22 죽은 자의 피에서, 용사의 기름에서 요나단의 활이 뒤로 물러가지 아니
하였으며 사울의 칼이 헛되이 돌아오지 아니하였도다 23 사울과 요나단이 생전에 사랑스럽고 아름다운 자이러
니 죽을 때에도 서로 떠나지 아니하였도다 그들은 독수리보다 빠르고 사자보다 강하였도다 24 이스라엘 딸들아
사울을 슬퍼하여 울지어다 그가 붉은 옷으로 너희에게 화려하게 입혔고 금 노리개를 너희 옷에 채웠도다 25 오
호라 두 용사가 전쟁 중에 엎드러졌도다 요나단이 네 산 위에서 죽임을 당하였도다 26 내 형 요나단이여 내가 그
대를 애통함은 그대는 내게 심히 아름다움이라 그대가 나를 사랑함이 기이하여 여인의 사랑보다 더하였도다 27
오호라 두 용사가 엎드러졌으며 싸우는 무기가 망하였도다 하였더라

19일~24일

시편 18

여호와의 종 다윗의 시, 인도자를 따라 부르는 노래, 여호와께서 다윗을
그 모든 원수들의 손에서와 사울의 손에서 건져 주신 날에 다윗이 이 노
래의 말로 여호와께 아뢰어 이르되

1 나의 힘이신 여호와여 주를 사랑하나이다 2 여호와는 나의 반석이시요
나의 요새시요 나를 건지시는 이시요 나의 하나님이시요 내가 그 안에 피
할 나의 바위시요 나의 방패시요 나의 구원의 뿔이시요 나의 산성이시로
다 3 내가 찬송 받으실 여호와께 아뢰리니 내 원수들에게서 구원을 얻으
리로다 4 사망의 줄이 나를 얽고 불의의 창수가 나를 두렵게 하였으며 5
스올의 줄이 나를 두르고 사망의 올무가 내게 이르렀도다 6 내가 환난 중
에서 여호와께 아뢰며 나의 하나님께 부르짖었더니 그가 그의 성전에서
내 소리를 들으심이여 그의 앞에서 나의 부르짖음이 그의 귀에 들렸도다
7 이에 땅이 진동하고 산들의 터도 요동하였으니 그의 진노로 말미암음이
로다 8 그의 코에서 연기가 오르고 입에서 불이 나와 사름이여 그 불에 숯
이 피었도다 9 그가 또 하늘을 드리우시고 강림하시니 그의 발 아래는 어
두캄캄하도다 10 그룹을 타고 다니심이여 바람 날개를 타고 높이 솟아오
르셨도다 11 그가 흑암을 그의 숨는 곳으로 삼으사 장막 같이 자기를 두
르게 하심이여 곧 물의 흑암과 공중의 빽빽한 구름으로 그리하시도다 12
그 앞에 광채로 말미암아 빽빽한 구름이 지나며 우박과 숯불이 내리도다
13 여호와께서 하늘에서 우렛소리를 내시고 지존하신 이가 음성을 내시
며 우박과 숯불을 내리시도다 14 그의 화살을 날려 그들을 흩으심이여 많

❖ 시 18편

다윗은 통일 왕국의 2번째 왕으로 선택된 지 5년 후인 B.C. 1020-1010년까지 무려 10년간을 직·간접의 극심한 핍박에 시달리며 도망을 다녀야 했었다. 그러던 다윗이 이제 마침내 모든 정적(政敵)과 원수들을 이기고 그 옛날 하나님의 기름 부으심과 축복대로 선민(選民) 이스라엘 위에 유일한 왕으로 우뚝 서게 되었을 때, 그 옛날 자신을 왕으로 택하시고 이제 마침내 왕위에 오르게 하신 하나님을 향하여 터져 나오는 감사와 찬양을 노래한 시가 바로 이 시이다.

한편, 본 시는 우주와 역사를 주관하시며 섭리하시는 절대자 하나님의 위엄과 권능 및 구원의 역사에 대한 찬양과 함께 그러한 하나님께 대하여 인간들은 철저히 복종하며 하나님의 말씀을 따라 의(義)를 행해야 한다는 교훈을 기록하고 있다. 그리고 그렇게 순종하는 자들에게 공의의 보응으로 구원을 베푸시는 하나님께 대한 송축이 나타나는데 이러한 본 시는 궁극적으로 성도들이 비록 이 세상에서 잠시 사탄의 세력에 의해 고난받을지라도 하나님으로 인하여 반드시 승리하게 될 것이라는 확신과 소망을 던져주고 있다

☞ 나도 다윗과 같은 인간 승리의 노래를 부를 수 있는 삶을 담대히 살아가고 있는가? 하나님은 우리를 그런 삶을 살아가도록 늘 함께하신다는 사실을 명심하면 좋겠다.

은 번개로 그들을 깨뜨리셨도다 15 이럴 때에 여호와의 꾸지람과 콧김으로 말미암아 물 밑이 드러나고 세상의
터가 나타났도다 16 그가 높은 곳에서 손을 펴사 나를 붙잡아 주심이여 많은 물에서 나를 건져내셨도다 17 나를
강한 원수와 미워하는 자에게서 건지셨음이여 그들은 나보다 힘이 세기 때문이로다 18 그들이 나의 재앙의 날에
내게 이르렀으나 여호와께서 나의 의지가 되셨도다 19 나를 넓은 곳으로 인도하시고 나를 기뻐하시므로 나를 구
원하셨도다 20 여호와께서 내 의를 따라 상 주시며 내 손의 깨끗함을 따라 내게 갚으셨으니 21 이는 내가 여호와
의 도를 지키고 악하게 내 하나님을 떠나지 아니하였으며 22 그의 모든 규례가 내 앞에 있고 내게서 그의 율례를
버리지 아니하였음이로다 23 또한 나는 그의 앞에 완전하여 나의 죄악에서 스스로 자신을 지켰나니 24 그러므로
여호와께서 내 의를 따라 갚으시되 그의 목전에서 내 손이 깨끗한 만큼 내게 갚으셨도다 25 자비로운 자에게는
주의 자비로우심을 나타내시며 완전한 자에게는 주의 완전하심을 보이시며 26 깨끗한 자에게는 주의 깨끗하심
을 보이시며 사악한 자에게는 주의 거스르심을 보이시리니 27 주께서 곤고한 백성은 구원하시고 교만한 눈은 낮
추시리이다 28 주께서 나의 등불을 켜심이여 여호와 내 하나님이 내 흑암을 밝히시리이다 29 내가 주를 의뢰하고
적군을 향해 달리며 내 하나님을 의지하고 담을 뛰어넘나이다 30 하나님의 도는 완전하고 여호와의 말씀은 순수
하니 그는 자기에게 피하는 모든 자의 방패시로다 31 여호와 외에 누가 하나님이며 우리 하나님 외에 누가 반석
이냐 32 이 하나님이 힘으로 내게 띠 띠우시며 내 길을 완전하게 하시며 33 나의 발을 암사슴 발 같게 하시며 나
를 나의 높은 곳에 세우시며 34 내 손을 가르쳐 싸우게 하시니 내 팔이 놋 활을 당기도다 35 또 주께서 주의 구원
하는 방패를 내게 주시며 주의 오른손이 나를 붙들고 주의 온유함이 나를 크게 하셨나이다 36 내 걸음을 넓게 하
셨고 나를 실족하지 않게 하셨나이다 37 내가 내 원수를 뒤쫓아가리니 그들이 망하기 전에는 돌아서지 아니하리
이다 38 내가 그들을 쳐서 능히 일어나지 못하게 하리니 그들이 내 발 아래에 엎드러지리이다 39 주께서 나를 전
쟁하게 하려고 능력으로 내게 띠 띠우사 일어나 나를 치는 자들이 내게 굴복하게 하셨나이다 40 또 주께서 내 원
수들에게 등을 내게로 향하게 하시고 나를 미워하는 자들을 내가 끊어 버리게 하셨나이다 41 그들이 부르짖으나
구원할 자가 없었고 여호와께 부르짖어도 그들에게 대답하지 아니하셨나이다 42 내가 그들을 바람 앞에 티끌 같
이 부숴뜨리고 거리의 진흙 같이 쏟아 버렸나이다 43 주께서 나를 백성의 다툼에서 건지시고 여러 민족의 으뜸으
로 삼으셨으니 내가 알지 못하는 백성이 나를 섬기리이다 44 그들이 내 소문을 들은 즉시로 내게 청종함이여 이
방인들이 내게 복종하리로다 45 이방 자손들이 쇠잔하여 그 견고한 곳에서 떨며 나오리로다 46 여호와는 살아 계
시니 나의 반석을 찬송하며 내 구원의 하나님을 높일지로다 47 이 하나님이 나를 위하여 보복해 주시고 민족들이
내게 복종하게 해 주시도다 48 주께서 나를 내 원수들에게서 구조하시니 주께서 나를 대적하는 자들의 위에 나
를 높이 드시고 나를 포악한 자에게서 건지시나이다 49 여호와여 이러므로 내가 이방 나라들 중에서 주께 감사
하며 주의 이름을 찬송하리이다 50 여호와께서 그 왕에게 큰 구원을 주시며 기름 부음 받은 자에게 인자를 베푸
심이여 영원토록 다윗과 그 후손에게로다

사무엘하 2장~7장 : 다윗 왕조의 시작.

사무엘하 2장

다윗이 유다의 왕이 되다

1 그 후에 다윗이 여호와께 여쭈어 아뢰되 내가 유다 한 성읍으로 올라가리이까 여호와께서 이르시되 올라가
라 다윗이 아뢰되 어디로 가리이까 이르시되 헤브론으로 갈지니라 2 다윗이 그의 두 아내 이스르엘 여인 아히
노암과 갈멜 사람 나발의 아내였던 아비가일을 데리고 그리로 올라갈 때에 3 또 자기와 함께 한 추종자들과 그
들의 가족들을 다윗이 다 데리고 올라가서 헤브론 각 성읍에 살게 하니라 4 유다 사람들이 와서 거기서 다윗에
게 기름을 부어 유다 족속의 왕으로 삼았더라 어떤 사람이 다윗에게 말하여 이르되 사울을 장사한 사람은 길

르앗 야베스 사람들이니이다 하매 5 다윗이 길르앗 야베스 사람들에게
전령들을 보내 그들에게 이르되 너희가 너희 주 사울에게 이처럼 은혜
를 베풀어 그를 장사하였으니 여호와께 복을 받을지어다 6 너희가 이 일
을 하였으니 이제 여호와께서 은혜와 진리로 너희에게 베푸시기를 원하
고 나도 이 선한 일을 너희에게 갚으리니 7 이제 너희는 손을 강하게 하
고 담대히 할지어다 너희 주 사울이 죽었고 또 유다 족속이 내게 기름을
부어 그들의 왕으로 삼았음이니라 하니라

이스보셋이 이스라엘의 왕이 되다

8 사울의 군사령관 넬의 아들 아브넬이 이미 사울의 아들 이스보셋을 데
리고 마하나임으로 건너가 9 길르앗과 아술과 이스르엘과 에브라임과 베
냐민과 온 이스라엘의 왕으로 삼았더라 10 사울의 아들 이스보셋이 이스
라엘 왕이 될 때에 나이가 사십 세이며 두 해 동안 왕위에 있으니라 유다
족속은 다윗을 따르니 11 다윗이 헤브론에서 유다 족속의 왕이 된 날 수
는 칠 년 육 개월이더라

이스라엘과 유다의 전쟁

12 넬의 아들 아브넬과 사울의 아들 이스보셋의 신복들은 마하나임에서
나와 기브온에 이르고 13 스루야의 아들 요압과 다윗의 신복들도 나와 기
브온 못 가에서 그들을 만나 함께 앉으니 이는 못 이쪽이요 그는 못 저쪽
이라 14 아브넬이 요압에게 이르되 원하건대 청년들에게 일어나서 우리
앞에서 겨루게 하자 요압이 이르되 일어나게 하자 하매 15 그들이 일어나 그 수대로 나아가니 베냐민과 사울의
아들 이스보셋의 편에 열두 명이요 다윗의 신복 중에 열두 명이라 16 각기 상대방의 머리를 잡고 칼로 상대방의
옆구리를 찌르매 일제히 쓰러진지라 그러므로 그 곳을 헬갓 핫수림이라 일컬었으며 기브온에 있더라 17 그 날에
싸움이 심히 맹렬하더니 아브넬과 이스라엘 사람들이 다윗의 신복들 앞에서 패하니라 18 그 곳에 스루야의 세
아들 요압과 아비새와 아사헬이 있었는데 아사헬의 발은 들노루 같이 빠르더라 19 아사헬이 아브넬을 쫓아 달
려가되 좌우로 치우치지 않고 아브넬의 뒤를 쫓으니 20 아브넬이 뒤를 돌아보며 이르되 아사헬아 너냐 대답하되
나로라 21 아브넬이 그에게 이르되 너는 왼쪽으로나 오른쪽으로나 가서 청년 하나를 붙잡아 그의 군복을 빼앗
으라 하되 아사헬이 그렇게 하기를 원하지 아니하고 그의 뒤를 쫓으매 22 아브넬이 다시 아사헬에게 이르되 너
는 나 쫓기를 그치라 내가 너를 쳐서 땅에 엎드러지게 할 까닭이 무엇이냐 그렇게 하면 내가 어떻게 네 형 요압
을 대면하겠느냐 하되 23 그가 물러가기를 거절하매 아브넬이 창 뒤 끝으로 그의 배를 찌르니 창이 그의 등을 꿰
뚫고 나간지라 곧 그 곳에 엎드러져 죽으매 아사헬이 엎드러져 죽은 곳에 이르는 자마다 머물러 섰더라 24 요압
과 아비새가 아브넬의 뒤를 쫓아 기브온 거친 땅의 길 가 기아 맞은쪽 암마 산에 이를 때에 해가 졌고 25 베냐민
족속은 함께 모여 아브넬을 따라 한 무리를 이루고 작은 산 꼭대기에 섰더라 26 아브넬이 요압에게 외쳐 이르되
칼이 영원히 사람을 상하겠느냐 마침내 참혹한 일이 생길 줄을 알지 못하느냐 네가 언제 무리에게 그의 형제 쫓
기를 그치라 명령하겠느냐 27 요압이 이르되 하나님이 살아 계심을 두고 맹세하노니 네가 말하지 아니하였더면
무리가 아침에 각각 다 돌아갔을 것이요 그의 형제를 쫓지 아니하였으리라 하고 28 요압이 나팔을 불매 온 무리
가 머물러 서고 다시는 이스라엘을 쫓아가지 아니하고 다시는 싸우지도 아니하니라 29 아브넬과 그의 부하들이
밤새도록 걸어서 아라바를 지나 요단을 건너 비드론 온 땅을 지나 마하나임에 이르니라 30 요압이 아브넬 쫓기
를 그치고 돌아와 무리를 다 모으니 다윗의 신복 중에 열아홉 명과 아사헬이 없어졌으나 31 다윗의 신복들이 베
냐민과 아브넬에게 속한 자들을 쳐서 삼백육십 명을 죽였더라 32 무리가 아사헬을 들어올려 베들레헴에 있는 그
의 조상 묘에 장사하고 요압과 그의 부하들이 밤새도록 걸어서 헤브론에 이른 때에 날이 밝았더라

❖ 삼하 2장
다윗이 유다의 왕위에 오른다. 사울은 죽었지만, 사울의 군대 장관 넬의 아들인 아브넬이 사울의 아들 이스보셋을 왕으로 삼고, 사울의 정통성과 왕권을 이어가려고 한다. 이래서 사울 집안과 다윗의 집안에 전쟁이 일어나게 된다.

19일~24일

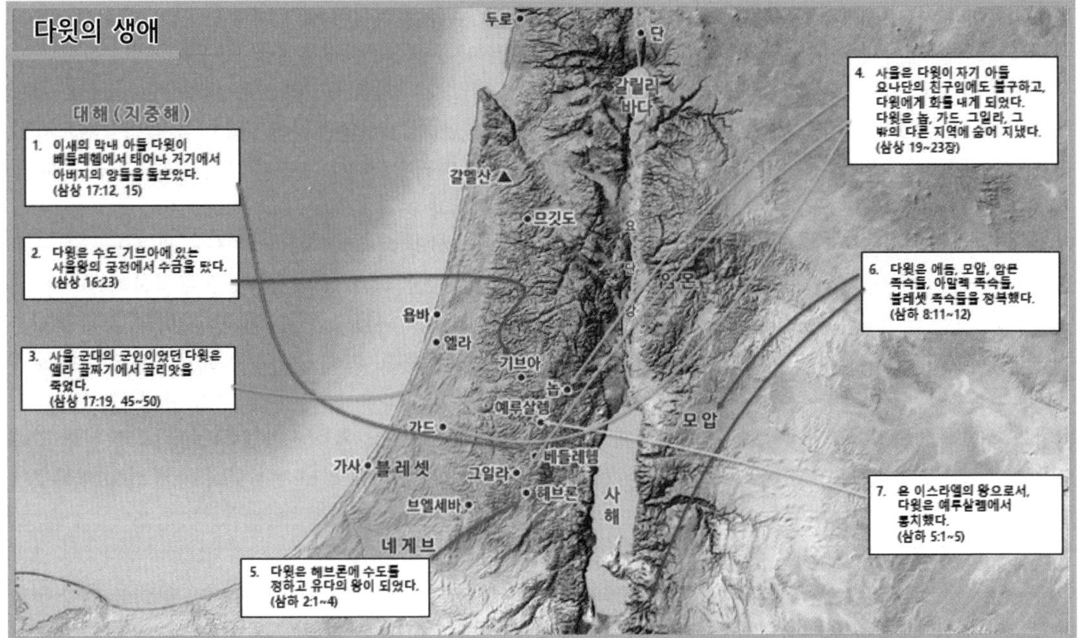
다윗의 생애
두로
단
갈릴리 바다
대해 (지중해)
1. 이새의 막내 아들 다윗이 베들레헴에서 태어나 거기에서 아버지의 양들을 돌보았다. (삼상 17:12, 15)
갈멜산
므깃도
요단강
2. 다윗은 수도 기브아에 있는 사울왕의 궁전에서 수금을 탔다. (삼상 16:23)
암몬
욥바
엘라
기브아
놉
3. 사울 군대의 군인이었던 다윗은 엘라 골짜기에서 골리앗을 죽였다. (삼상 17:19, 45~50)
예루살렘
모압
가드
가사
블레셋
베들레헴
그일라
헤브론
브엘세바
사해
네게브
4. 사울은 다윗이 자기 아들 요나단의 친구임에도 불구하고, 다윗에게 화를 내게 되었다. 다윗은 놉, 가드, 그일라, 그 밖의 다른 지역에 숨어 지냈다. (삼상 19~23장)
5. 다윗은 헤브론에 수도를 정하고 유다의 왕이 되었다. (삼하 2:1~4)
6. 다윗은 에돔, 모압, 암몬 족속들, 아말렉 족속들, 블레셋 족속들을 정복했다. (삼하 8:11~12)
7. 온 이스라엘의 왕으로서, 다윗은 예루살렘에서 통치했다. (삼하 5:1~5)

사무엘하 3장

1 사울의 집과 다윗의 집 사이에 전쟁이 오래매 다윗은 점점 강하여 가고
사울의 집은 점점 약하여 가니라

다윗의 아들들(대상 3:1-4)

2 다윗이 헤브론에서 아들들을 낳았으되 맏아들은 암논이라 이스르엘 여
인 아히노암의 소생이요 3 둘째는 길르압이라 갈멜 사람 나발의 아내였
던 아비가일의 소생이요 셋째는 압살롬이라 그술 왕 달매의 딸 마아가의
아들이요 4 넷째는 아도니야라 학깃의 아들이요 다섯째는 스바댜라 아비
달의 아들이요 5 여섯째는 이드르암이라 다윗의 아내 에글라의 소생이니
이들은 다윗이 헤브론에서 낳은 자들이더라

아브넬이 이스보셋을 배반하다

6 사울의 집과 다윗의 집 사이에 전쟁이 있는 동안에 아브넬이 사울의 집
에서 점점 권세를 잡으니라 7 사울에게 첩이 있었으니 이름은 리스바요
아야의 딸이더라 이스보셋이 아브넬에게 이르되 네가 어찌하여 내 아버
지의 첩과 통간하였느냐 하니 8 아브넬이 이스보셋의 말을 매우 분하게
여겨 이르되 내가 유다의 개 머리냐 내가 오늘 당신의 아버지 사울의 집
과 그의 형제와 그의 친구에게 은혜를 베풀어 당신을 다윗의 손에 내주지 아니하였거늘 당신이 오늘 이 여인에
게 관한 허물을 내게 돌리는도다 9 여호와께서 다윗에게 맹세하신 대로 내가 이루게 하지 아니하면 하나님이 아
브넬에게 벌 위에 벌을 내리심이 마땅하니라 10 그 맹세는 곧 이 나라를 사울의 집에서 다윗에게 옮겨서 그의 왕
위를 단에서 브엘세바까지 이스라엘과 유다에 세우리라 하신 것이니라 하매 11 이스보셋이 아브넬을 두려워하
여 감히 한 마디도 대답하지 못하니라 12 아브넬이 자기를 대신하여 전령들을 다윗에게 보내어 이르되 이 땅이
누구의 것이니이까 또 이르되 당신은 나와 더불어 언약을 맺사이다 내 손이 당신을 도와 온 이스라엘이 당신에

다윗의 가계 도표

학습 자료 21-4 도표 참조

❖ 삼하 3~4장
이런 틈새에서 아브넬이 권세를 잡으려 한다. 아브넬이 요압에 의해 살해되며 이스보셋마저 살해된다. 하나님께서 다윗의 왕조를 위해 모든 것을 정리하고 계심을 보면서 읽으면 좋겠다. 다윗은 요나단의 다리 저는 아들(아마 소아마비)인 므비보셋을 잘 보살펴 주는 의리도 보여 준다.

삼하 3:4-12 다윗에게는 이스보셋을 죽이고서 통일 왕국의 왕이 되겠다는 생각은 추호도 없었다. 만일 그에게 그런 생각이 있었다면 그는 이전에 이미 사울을 죽였을 것이다(삼상 24:4, 26:8). 그러나 그는 하나님의 기름 부음 받은 자를 죽이는 죄를 짓고자 하지 않았음은 물론 끝까지 사울 가문을 선대 하려 했다. 이는 그가 하나님의 뜻에 따라 그분의 인도하심에 모든 것을 의지하는 믿음을 가지고 있었기 때문이다.

게 돌아가게 하리이다 하니 13 다윗이 이르되 좋다 내가 너와 언약을 맺거니와 내가 네게 한 가지 일을 요구하노
니 나를 보러올 때에 우선 사울의 딸 미갈을 데리고 오라 그리하지 아니하면 내 얼굴을 보지 못하리라 하고 14 다
윗이 사울의 아들 이스보셋에게 전령들을 보내 이르되 내 처 미갈을 내게로 돌리라 그는 내가 전에 블레셋 사람
의 포피 백 개로 나와 정혼한 자니라 하니 15 이스보셋이 사람을 보내 그의 남편 라이스의 아들 발디엘에게서 그
를 빼앗아 오매 16 그의 남편이 그와 함께 오되 울며 바후림까지 따라왔더니 아브넬이 그에게 돌아가라 하매 돌
아가니라 17 아브넬이 이스라엘 장로들에게 말하여 이르되 너희가 여러
번 다윗을 너희의 임금으로 세우기를 구하였으니 18 이제 그대로 하라 여

> **삼하 3:17**
> 학습 자료 21-5 "이스라엘의 장로" 참조

호와께서 이미 다윗에 대하여 말씀하시기를 내가 내 종 다윗의 손으로 내 백성 이스라엘을 구원하여 블레셋 사
람의 손과 모든 대적의 손에서 벗어나게 하리라 하셨음이니라 하고 19 아브넬이 또 베냐민 사람의 귀에 말하고
아브넬이 이스라엘과 베냐민의 온 집이 선하게 여기는 모든 것을 다윗의 귀에 말하려고 헤브론으로 가니라 20
아브넬이 부하 이십 명과 더불어 헤브론에 이르러 다윗에게 나아가니 다윗이 아브넬과 그와 함께 한 사람을 위
하여 잔치를 배설하였더라 21 아브넬이 다윗에게 말하되 내가 일어나 가서 온 이스라엘 무리를 내 주 왕의 앞에
모아 더불어 언약을 맺게 하고 마음에 원하시는 대로 모든 것을 다스리시게 하리이다 하니 이에 다윗이 아브넬
을 보내매 그가 평안히 가니라

19일~
24일

아브넬이 살해되다

22 다윗의 신복들과 요압이 적군을 치고 크게 노략한 물건을 가지고 돌아오니 아브넬은 이미 보냄을 받아 평안
히 갔고 다윗과 함께 헤브론에 있지 아니한 때라 23 요압 및 요압과 함께 한 모든 군사가 돌아오매 어떤 사람이
요압에게 말하여 이르되 넬의 아들 아브넬이 왕에게 왔더니 왕이 보내매 그가 평안히 갔나이다 하니 24 요압이
왕에게 나아가 이르되 어찌 하심이니이까 아브넬이 왕에게 나아왔거늘 어찌하여 그를 보내 잘 가게 하셨나이까
25 왕도 아시려니와 넬의 아들 아브넬이 온 것은 왕을 속임이라 그가 왕이 출입하는 것을 알고 왕이 하시는 모든
것을 알려 함이니이다 하고 26 이에 요압이 다윗에게서 나와 전령들을 보내 아브넬을 쫓아가게 하였더니 시라 우
물 가에서 그를 데리고 돌아왔으나 다윗은 알지 못하였더라 27 아브넬이 헤브론으로 돌아오매 요압이 더불어 조
용히 말하려는 듯이 그를 데리고 성문 안으로 들어가 거기서 배를 찔러 죽이니 이는 자기의 동생 아사헬의 피로
말미암음이더라 28 그 후에 다윗이 듣고 이르되 넬의 아들 아브넬의 피에 대하여 나와 내 나라는 여호와 앞에 영
원히 무죄하니 29 그 죄가 요압의 머리와 그의 아버지의 온 집으로 돌아갈
지어다 또 요압의 집에서 백탁병자나 나병 환자나 지팡이를 의지하는 자
나 칼에 죽는 자나 양식이 떨어진 자가 끊어지지 아니할지로다 하니라 30
요압과 그의 동생 아비새가 아브넬을 죽인 것은 그가 기브온 전쟁에서 자
기 동생 아사헬을 죽인 까닭이었더라

> 삼하 3:29 뿌린 대로 거둔다는 속담이 있다. 당신은 어떤 씨앗을 뿌리고 있나? 그 씨앗의 열매가 어떤 것인지를 상상해 본 적이 있는가? (cf. 시 24:4-6)

아브넬을 장사하다

31 다윗이 요압과 및 자기와 함께 있는 모든 백성에게 이르되 너희는 옷을 찢고 굵은 베를 띠고 아브넬 앞에서
애도하라 하니라 다윗 왕이 상여를 따라가 32 아브넬을 헤브론에 장사하고 아브넬의 무덤에서 왕이 소리를 높
여 울고 백성도 다 우니라 33 왕이 아브넬을 위하여 애가를 지어 이르되 아브넬의 죽음이 어찌하여 미련한 자의
죽음 같은고 34 네 손이 결박되지 아니하였고 네 발이 차꼬에 채이지 아니하였거늘 불의한 자식의 앞에 엎드러
짐 같이 네가 엎드러졌도다 하매 온 백성이 다시 그를 슬퍼하여 우니라 35 석양에 뭇 백성이 나아와 다윗에게 음
식을 권하니 다윗이 맹세하여 이르되 만일 내가 해 지기 전에 떡이나 다른 모든 것을 맛보면 하나님이 내게 벌
위에 벌을 내리심이 마땅하니라 하매 36 온 백성이 보고 기뻐하며 왕이 무슨 일을 하든지 무리가 다 기뻐하므로
37 이 날에야 온 백성과 온 이스라엘이 넬의 아들 아브넬을 죽인 것이 왕이 한 것이 아닌 줄을 아니라 38 왕이 그
의 신복에게 이르되 오늘 이스라엘의 지도자요 큰 인물이 죽은 것을 알지 못하느냐 39 내가 기름 부음을 받은 왕
이 되었으나 오늘 약하여서 스루야의 아들인 이 사람들을 제어하기가 너무 어려우니 여호와는 악행한 자에게 그

악한 대로 갚으실지로다 하니라

사무엘하 4장

이스보셋이 살해되다

1 사울의 아들 이스보셋은 아브넬이 헤브론에서 죽었다 함을 듣고 손의 맥이 풀렸고 온 이스라엘이 놀라니라 2
사울의 아들 이스보셋에게 군지휘관 두 사람이 있으니 한 사람의 이름은 바아나요 한 사람의 이름은 레갑이라
베냐민 족속 브에롯 사람 림몬의 아들들이더라 브에롯도 베냐민 지파에 속하였으니 3 일찍이 브에롯 사람들이
깃다임으로 도망하여 오늘까지 거기에 우거함이더라 4 사울의 아들 요나단에게 다리 저는 아들 하나가 있었으
니 이름은 므비보셋이라 전에 사울과 요나단이 죽은 소식이 이스르엘에서 올 때에 그의 나이가 다섯 살이었는데
그 유모가 안고 도망할 때 급히 도망하다가 아이가 떨어져 절게 되었더라 5 브에롯 사람 림몬의 아들 레갑과 바
아나가 길을 떠나 볕이 쬘 때 즈음에 이스보셋의 집에 이르니 마침 그가 침상에서 낮잠을 자는지라 6 레갑과 그
의 형제 바아나가 밀을 가지러 온 체하고 집 가운데로 들어가서 그의 배를 찌르고 도망하였더라 7 그들이 집에
들어가니 이스보셋이 침실에서 침상 위에 누워 있는지라 그를 쳐죽이고 목을 베어 그의 머리를 가지고 밤새도록
아라바 길로 가 8 헤브론에 이르러 다윗 왕에게 이스보셋의 머리를 드리며 아뢰되 왕의 생명을 해하려 하던 원수
사울의 아들 이스보셋의 머리가 여기 있나이다 여호와께서 오늘 우리 주 되신 왕의 원수를 사울과 그의 자손에
게 갚으셨나이다 하니 9 다윗이 브에롯 사람 림몬의 아들 레갑과 그의 형제 바아나에게 대답하여 그들에게 이르
되 내 생명을 여러 환난 가운데서 건지신 여호와께서 살아 계심을 두고 맹세하노니 10 전에 사람이 내게 알리기
를 보라 사울이 죽었다 하며 그가 좋은 소식을 전하는 줄로 생각하였어도 내가 그를 잡아 시글락에서 죽여서 그
것을 그 소식을 전한 갚음으로 삼았거든 11 하물며 악인이 의인을 그의 집 침상 위에서 죽인 것이겠느냐 그런즉
내가 악인의 피흘린 죄를 너희에게 갚아서 너희를 이 땅에서 없이하지 아니하겠느냐 하고 12 청년들에게 명령하
매 곧 그들을 죽이고 수족을 베어 헤브론 못 가에 매달고 이스보셋의 머리를 가져다가 헤브론에서 아브넬의 무
덤에 매장하였더라

사무엘하 5장

다윗이 온 이스라엘의 왕이 되다(대상 11:1–3)

1 이스라엘 모든 지파가 헤브론에 이르러 다윗에게 나아와 이르되 보소
서 우리는 왕의 한 골육이니이다 2 전에 곧 사울이 우리의 왕이 되었을 때
에도 이스라엘을 거느려 출입하게 하신 분은 왕이시었고 여호와께서도
왕에게 말씀하시기를 네가 내 백성 이스라엘의 목자가 되며 네가 이스라
엘의 주권자가 되리라 하셨나이다 하니라 3 이에 이스라엘 모든 장로가
헤브론에 이르러 왕에게 나아오매 다윗 왕이 헤브론에서 여호와 앞에 그
들과 언약을 맺으매 그들이 다윗에게 기름을 부어 이스라엘 왕으로 삼으니라 4 다윗이 나이가 삼십 세에 왕위에
올라 사십 년 동안 다스렸으되 5 헤브론에서 칠 년 육 개월 동안 유다를 다스렸고 예루살렘에서 삼십삼 년 동안
온 이스라엘과 유다를 다스렸더라

❖ 삼하 5장
이제 이스라엘의 모든 지파가 헤브론의 다윗에게 나아가 왕이 되어 주기를 바란다. 다윗이 난공불락의 성으로서 여부스 족속이 차지하고 있는 예루살렘(시온 산성)을 함락하여 빼앗고 수도를 예루살렘으로 옮긴다. 비로소 통일 왕국의 왕이 된다.

삼하 5:1-10
학습 자료 21-6 "예루살렘 천도의 의의" 참조

다윗이 시온을 빼앗아 성을 둘러 쌓다(대상 11:4–9; 14:1–2)

6 왕과 그의 부하들이 예루살렘으로 가서 그 땅 주민 여부스 사람을 치려 하매 그 사람들이 다윗에게 이르되 네
가 결코 이리로 들어오지 못하리라 맹인과 다리 저는 자라도 너를 물리치리라 하니 그들 생각에는 다윗이 이리
로 들어오지 못하리라 함이나 7 다윗이 시온 산성을 빼앗았으니 이는 다윗 성이더라 8 그 날에 다윗이 이르기를
누구든지 여부스 사람을 치거든 물 긷는 데로 올라가서 다윗의 마음에 미워하는 다리 저는 사람과 맹인을 치라
하였으므로 속담이 되어 이르기를 맹인과 다리 저는 사람은 집에 들어오지 못하리라 하더라 9 다윗이 그 산성에

살면서 다윗 성이라 이름하고 다윗이 밀로에서부터 안으로 성을 둘러 쌓으니라 10 만군의 하나님 여호와께서 함
께 계시니 다윗이 점점 강성하여 가니라 11 두로 왕 히람이 다윗에게 사절들과 백향목과 목수와 석수를 보내매
그들이 다윗을 위하여 집을 지으니 12 다윗이 여호와께서 자기를 세우사 이스라엘 왕으로 삼으신 것과 그의 백
성 이스라엘을 위하여 그 나라를 높이신 것을 알았더라

다윗의 아들과 딸들(대상 14:3-7)

13 다윗이 헤브론에서 올라온 후에 예루살렘에서 처첩들을 더 두었으므로 아들과 딸들이 또 다윗에게서 나니 14
예루살렘에서 그에게서 난 자들의 이름은 삼무아와 소밥과 나단과 솔로몬과 15 입할과 엘리수아와 네벡과 야비
아와 16 엘리사마와 엘랴다와 엘리벨렛이었더라

다윗이 블레셋을 쳐서 이기다(대상 14:8-17)

17 이스라엘이 다윗에게 기름을 부어 이스라엘 왕으로 삼았다 함을 블레셋 사람들이 듣고 블레셋 사람들이 다
윗을 찾으러 다 올라오매 다윗이 듣고 요새로 나가니라 18 블레셋 사람들이 이미 이르러 르바임 골짜기에 가득
한지라 19 다윗이 여호와께 여쭈어 이르되 내가 블레셋 사람에게로 올라가리이까 여호와께서 그들을 내 손에
넘기시겠나이까 하니 여호와께서 다윗에게 말씀하시되 올라가라 내가 반드시 블레셋 사람을 네 손에 넘기리
라 하신지라 20 다윗이 바알브라심에 이르러 거기서 그들을 치고 다윗이 말하되 여호와께서 물을 흩음 같이 내
앞에서 내 대적을 흩으셨다 하므로 그 곳 이름을 바알브라심이라 부르니라 21 거기서 블레셋 사람들이 그들의
우상을 버렸으므로 다윗과 그의 부하들이 치우니라 22 블레셋 사람들이 다시 올라와서 르바임 골짜기에 가득
한지라 23 다윗이 여호와께 여쭈니 이르시되 올라가지 말고 그들 뒤로 돌아서 뽕나무 수풀 맞은편에서 그들을
기습하되 24 뽕나무 꼭대기에서 걸음 걷는 소리가 들리거든 곧 공격하라 그 때에 여호와가 너보다 앞서 나아가
서 블레셋 군대를 치리라 하신지라 25 이에 다윗이 여호와의 명령대로 행하여 블레셋 사람을 쳐서 게바에서 게
셀까지 이르니라

사무엘하 6장

하나님의 궤를 다윗 성으로 옮기다(대상 13:1-14; 15:25-16:6, 43)

1 다윗이 이스라엘에서 뽑은 무리 삼만 명을 다시 모으고 2 다윗이 일어나
자기와 함께 있는 모든 사람과 더불어 바알레유다로 가서 거기서 하나님
의 궤를 메어 오려 하니 그 궤는 그룹들 사이에 좌정하신 만군의 여호와
의 이름으로 불리는 것이라 3 그들이 하나님의 궤를 새 수레에 싣고 산에
있는 아비나답의 집에서 나오는데 아비나답의 아들 웃사와 아효가 그 새
수레를 모니라 4 그들이 산에 있는 아비나답의 집에서 하나님의 궤를 싣
고 나올 때에 아효는 궤 앞에서 가고 5 다윗과 이스라엘 온 족속
은 잣나무로 만든 여러 가지 악기와 수금과 비파와 소고와 양금
과 제금으로 여호와 앞에서 연주하더라 6 그들이 나곤의 타작
마당에 이르러서는 소들이 뛰므로 웃사가 손을 들어 하나님의
궤를 붙들었더니 7 여호와 하나님이 웃사가 잘못함으로 말미암
아 진노하사 그를 그 곳에서 치시니 그가 거기 하나님의 궤 곁
에서 죽으니라 8 여호와께서 웃사를 치시므로 다윗이 분하여 그 곳을 베레스웃사라 부르니 그 이름이 오늘까지
이르니라 9 다윗이 그 날에 여호와를 두려워하여 이르되 여호와의 궤가 어찌 내게로 오리요 하고 10 다윗이 여호
와의 궤를 옮겨 다윗 성 자기에게로 메어 가기를 즐겨하지 아니하고 가드 사람 오벧에돔의 집으로 메어 간지라
11 여호와의 궤가 가드 사람 오벧에돔의 집에 석 달을 있었는데 여호와께서 오벧에돔과 그의 온 집에 복을 주시
니라 12 어떤 사람이 다윗 왕에게 아뢰어 이르되 여호와께서 하나님의 궤로 말미암아 오벧에돔의 집과 그의 모

삼하 6장

다윗은 정권의 온전함과 견고함을 위해서도, 그리고 모든 일을 하나님의 뜻에 합하게 행함을 위해서도 법궤를 시온 산성, 즉 예루살렘으로 옮겨 오는 것이 급선무이었다. 법궤를 옮겨오다 그 과정에서 웃사가 죽는다. 미갈이 기쁜 날 뛰는 다윗을 보고 비웃다가 저주를 받아 아기를 낳지 못한다. 이런 일련의 사태를 통해 법궤의 위엄을 묵상해 보라.

든 소유에 복을 주셨다 한지라 다윗이 가서 하나님의 궤를 기쁨으로 메고 오벧에돔의 집에서 다윗 성으로 올라
갈새 13 여호와의 궤를 멘 사람들이 여섯 걸음을 가매 다윗이 소와 살진 송아지로 제사를 드리고 14 다윗이 여호
와 앞에서 힘을 다하여 춤을 추는데 그 때에 다윗이 베 에봇을 입었더라 15 다윗과 온 이스라엘 족속이 즐거이
환호하며 나팔을 불고 여호와의 궤를 메어오니라 16 여호와의 궤가 다윗 성으로 들어올 때에 사울의 딸 미갈이
창으로 내다보다가 다윗 왕이 여호와 앞에서 뛰놀며 춤추는 것을 보고 심중에 그를 업신여기니라 17 여호와의
궤를 메고 들어가서 다윗이 그것을 위하여 친 장막 가운데 그 준비한 자리에 그것을 두매 다윗이 번제와 화목제
를 여호와 앞에 드리니라 18 다윗이 번제와 화목제 드리기를 마치고 만군의 여호와의 이름으로 백성에게 축복하
고 19 모든 백성 곧 온 이스라엘 무리에게 남녀를 막론하고 떡 한 개와 고기 한 조각과 건포도 떡 한 덩이씩 나누
어 주매 모든 백성이 각기 집으로 돌아가니라 20 다윗이 자기의 가족에게 축복하러 돌아오매 사울의 딸 미갈이
나와서 다윗을 맞으며 이르되 이스라엘 왕이 오늘 어떻게 영화로우신지 방탕한 자가 염치 없이 자기의 몸을 드
러내는 것처럼 오늘 그의 신복의 계집종의 눈앞에서 몸을 드러내셨도다 하니 21 다윗이 미갈에게 이르되 이는 여
호와 앞에서 한 것이니라 그가 네 아버지와 그의 온 집을 버리시고 나를 택하사 나를 여호와의 백성 이스라엘의
주권자로 삼으셨으니 내가 여호와 앞에서 뛰놀리라 22 내가 이보다 더 낮아져서 스스로 천하게 보일지라도 네가
말한 바 계집종에게는 내가 높임을 받으리라 한지라 23 그러므로 사울의 딸 미갈이 죽는 날까지 그에게 자식이
없으니라

19일~24일

사무엘하 7장

나단이 계시대로 다윗에게 말하다(대상 17:1-15)

1 여호와께서 주위의 모든 원수를 무찌르사 왕으로 궁에 평안히 살게 하
신 때에 2 왕이 선지자 나단에게 이르되 볼지어다 나는 백향목 궁에 살거
늘 하나님의 궤는 휘장 가운데에 있도다 3 나단이 왕께 아뢰되 여호와께
서 왕과 함께 계시니 마음에 있는 모든 것을 행하소서 하니라 4 그 밤에
여호와의 말씀이 나단에게 임하여 이르시되 5 가서 내 종 다윗에게 말하
기를 여호와께서 이와 같이 말씀하시되 네가 나를 위하여 내가 살 집을
건축하겠느냐 6 내가 이스라엘 자손을 애굽에서 인도하여 내던 날부터 오
늘까지 집에 살지 아니하고 장막과 성막 안에서 다녔나니 7 이스라엘 자손과 더불어 다니는 모든 곳에서 내가 내
백성 이스라엘을 먹이라고 명령한 이스라엘 어느 지파들 가운데 하나에게 내가 말하기를 너희가 어찌하여 나를
위하여 백향목 집을 건축하지 아니하였느냐고 말하였느냐 8 그러므로 이제 내 종 다윗에게 이와 같이 말하라 만
군의 여호와께서 이와 같이 말씀하시기를 내가 너를 목장 곧 양을 따르는 데에서 데려다가 내 백성 이스라엘의
주권자로 삼고 9 네가 가는 모든 곳에서 내가 너와 함께 있어 네 모든 원수를 네 앞에서 멸하였은즉 땅에서 위대
한 자들의 이름 같이 네 이름을 위대하게 만들어 주리라 10 내가 또 내 백성 이스라엘을 위하여 한 곳을 정하여
그를 심고 그를 거주하게 하고 다시 옮기지 못하게 하며 악한 종류로 전과 같이 그들을 해하지 못하게 하여 11 전
에 내가 사사에게 명령하여 내 백성 이스라엘을 다스리던 때와 같지 아니하게 하고 너를 모든 원수에게서 벗어
나 편히 쉬게 하리라 여호와가 또 네게 이르노니 여호와가 너를 위하여 집을 짓고 12 네 수한이 차서 네 조상들과
함께 누울 때에 내가 네 몸에서 날 네 씨를 네 뒤에 세워 그의 나라를 견고하게 하리라 13 그는 내 이름을 위하여
집을 건축할 것이요 나는 그의 나라 왕위를 영원히 견고하게 하리라 14 나는 그에게 아버지가 되고 그는 내게 아
들이 되리니 그가 만일 죄를 범하면 내가 사람의 매와 인생의 채찍으로 징계하려니와 15 내가 네 앞에서 물러나
게 한 사울에게서 내 은총을 빼앗은 것처럼 그에게서 빼앗지는 아니하리라 16 네 집과 네 나라가 내 앞에서 영원
히 보전되고 네 왕위가 영원히 견고하리라 하셨다 하라 17 나단이 이 모든 말씀들과 이 모든 계시대로 다윗에게
말하니라

❖ 삼하 7장
법궤를 옮겨온 다윗의 믿음은 이제 그 법궤를 영구적으로 모실 성전을 짓고 싶은 열망을 보인다. 하나님은 다윗의 성전 건축 열망은 다음 세대에 넘기게 하고, 그 대신 다윗의 계열에서 참 왕 곧 메시아를 오게 하는 소위 다윗 언약을 주신다. 다윗은 그 사실에 대해 감사기도를 드린다.

삼하 7:1-16
학습 자료 21-7 "다윗 언약" 참조
학습 자료 21-8 "다윗 언약의 점진적 발전" 참조

다윗의 기도(대상 17:16-27)

18 다윗 왕이 여호와 앞에 들어가 앉아서 이르되 주 여호와여 나는 누구이
오며 내 집은 무엇이기에 나를 여기까지 이르게 하셨나이까 19 주 여호와
여 주께서 이것을 오히려 적게 여기시고 또 종의 집에 있을 먼 장래의 일
까지도 말씀하셨나이다 주 여호와여 이것이 사람의 법이니이다 20 주 여
호와는 주의 종을 아시오니 다윗이 다시 주께 무슨 말씀을 하오리이까 21
주의 말씀으로 말미암아 주의 뜻대로 이 모든 큰 일을 행하사 주의 종에
게 알게 하셨나이다 22 그런즉 주 여호와여 이러므로 주는 위대하시니 이
는 우리 귀로 들은 대로는 주와 같은 이가 없고 주 외에는 신이 없음이니
이다 23 땅의 어느 한 나라가 주의 백성 이스라엘과 같으리이까 하나님이
가서 구속하사 자기 백성으로 삼아 주의 명성을 내시며 그들을 위하여 큰
일을, 주의 땅을 위하여 두려운 일을 애굽과 많은 나라들과 그의 신들에
게서 구속하신 백성 앞에서 행하셨사오며 24 주께서 주의 백성 이스라엘
을 세우사 영원히 주의 백성으로 삼으셨사오니 여호와여 주께서 그들의
하나님이 되셨나이다 25 여호와 하나님이여 이제 주의 종과 종의 집에 대
하여 말씀하신 것을 영원히 세우셨사오며 말씀하신 대로 행하사 26 사람
이 영원히 주의 이름을 크게 높여 이르기를 만군의 여호와는 이스라엘의
하나님이라 하게 하옵시며 주의 종 다윗의 집이 주 앞에 견고하게 하옵소
서 27 만군의 여호와 이스라엘의 하나님이여 주의 종의 귀를 여시고 이르
시기를 내가 너를 위하여 집을 세우리라 하셨으므로 주의 종이 이 기도로
주께 간구할 마음이 생겼나이다 28 주 여호와여 오직 주는 하나님이시며
주의 말씀들이 참되시니이다 주께서 이 좋은 것을 주의 종에게 말씀하셨
사오니 29 이제 청하건대 종의 집에 복을 주사 주 앞에 영원히 있게 하옵
소서 주 여호와께서 말씀하셨사오니 주의 종의 집이 영원히 복을 받게 하
옵소서 하니라

19일~
24일

❖ 다윗 언약

다윗 언약은 태초 에덴동산에서의 여자의 후손 언약(창 3:15), 아브라함의 언약 등 과거의 언약을 현재에도 연결하게 하고 나아가 미래 예수의 언약으로도 연결해 준 중간 언약임을 알 수 있다. 또한 이 다윗 언약 이후에는 예수에 의하여 이 언약이 궁극적으로 성취될 때까지 하나님이 이 언약을 성실히 준행하심을 다윗 이후의 역사를 통해 발견할 수 있다. 즉 하나님은 전날 사울을 폐지하신 것처럼 다윗 가문 후손들의 왕위를 절대로 폐지하지 않을 것이라고 언약하신 대로(15절), 남북 분열 왕국 시대는 물론 바벨론 포로와 회복기, 그리고 중간기 시대까지도 비록 다윗 가문에 속한 자들은 타락하였지만, 그 가문을 통한 약속은 폐지하지 아니하시고 궁극적으로 그리스도에 의해 그 언약이 온전히 성취될 때까지 지켜 오신 것이다. 따라서 인간의 눈으로 볼 때 이스라엘의 역사가 완전히 단절되어 보이는 때에도 하나님의 인간에 대한 구속 사역은 끊이지 않고 계속되어 온 것이다.

한편 이제 이런 다윗 언약의 성취로 오신 예수께서는 새로 천국 언약을 주셨다. 그리하여 예수 때까지 다윗 언약을 중심으로 전개돼 오던 구속사는 천국 언약으로 발전 전개되게 되었다. 따라서 우리는 이처럼 언약에서 언약으로 이어져 꾸준히 전개되어 온 구속사의 실체, 곧 일관성(consistency)과 연속성(continuancy)을, 다윗 언약을 계기로 새삼 깨닫게 되며 지금, 이 순간도 우리는 계속 이어지는 구속사의 한 시대에 살고 있음을 각성하게 된다.

☞ **다윗 언약으로 두 가지를 약속하신다.** (삼하 7:14-15)

하나님께서 다윗에게 영원한 왕조(메시아)를 약속하심.

다윗이 여호와의 집을 짓겠다고 하자 중요한 것은 건물이 아니라 하나님께서 이를 통해 그의 백성을 돌볼 다윗 계열의 후손(왕조)이다.

다윗의 아들을 하나님의 아들로 입양하시리라는 것이다.

21일차 읽기의 요약
(삼상 26~31, 삼하 1, 시 18, 삼하 2~7)

사울이 죽은 후에 북쪽에서는 사울의 아들 이스보셋이 사울의 왕권을 이어간다. 남쪽에서는 다윗이 유다 지파의 왕으로서 헤브론에서 약 7년 반 동안 다스린다. 그러나 결국 이스보셋은 살해되고 다윗은 이스라엘 12지파의 왕으로 추대되어 다시 기름 부음을 받게 된다.
다윗은 여부스족이 살고 있던 철옹성 같은 예루살렘을 정복하고 수도를 헤브론에서 예루살렘으로 옮긴다. 다윗은 예루살렘이 하나님께서 임재하시고 통치하시는 하나님의 도성이 되기를 원하는 마음으로 하나님의 언약궤를 기랏여아림에서 예루살렘으로 모셔 온다.
그리고 다윗은 법궤를 모실 성전을 건축하기를 원했다. 하나님께서는 다윗의 그 마음을 기뻐하시며 '네가 나를 위해 집을 짓기보다 내가 네 왕위를 영원히 견고하게 해 주겠다'라는 약속을 해 주신다(다윗언약). 계속적으로 다윗의 후손들을 통해 이스라엘의 왕위가 이어지리라는 이 약속은 이스라엘의 그 이후 역사를 통해 결국 영원한 왕 되신 예수 그리스도까지 이어진다.
하나님의 구속 역사를 이루어 갈 창세기에서의 여인의 후손은 족장 시대에는 아브라함의 후손으로 연결되며 출애굽기의 시내 산 언약에서는 이스라엘의 열두 지파로 확정되고 그 후에 통일 왕국 시대에 이르러서는 다윗 가문으로 초점이 분명해진다. 이처럼 창조 시대로부터 시작하여 통일왕국시대에 이르기까지 하나님의 구속의 계시는 점진적으로 구체화한다.

그러면 어떻게 살 것인가?

인위뚝 · 신위고!

☑ 세계관 점검 – 묵상하기 (영상 강의와 교재 내용의 이해를 바탕으로)

- 삼상 28:3-15에서 신접한 여인을 통해 사무엘의 영혼을 불러 상담받기를 원하는 사울의 모습과 삼상 30:8에 아말렉과의 전쟁에서 신위를 구하는 다윗의 모습을 대조해서 묵상하라.

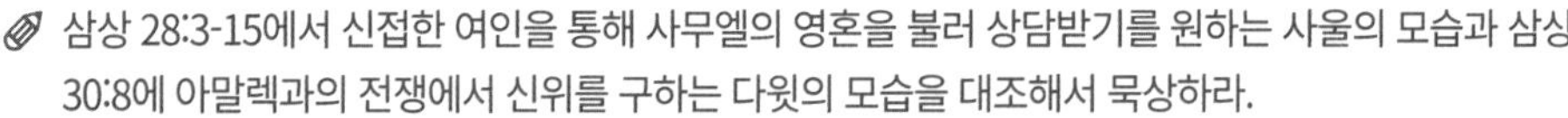

- 삼상 29:6-11에서 여호와 하나님의 섭리를 보라. 장차 이스라엘의 지도자가 될 다윗을 블레셋 군에서 제외하는 하나님의 섭리하심을 보라. 이렇듯 하나님께서는 당신과 당신의 자녀의 일거수일투족을 살피시며 인도하고 계신다는 사실이 그분이 섭리하심으로 인함이라는 사실을 믿는가?
[암 9:9, 롬 8:28. 찬송 337(통 363), 300(통 406)]

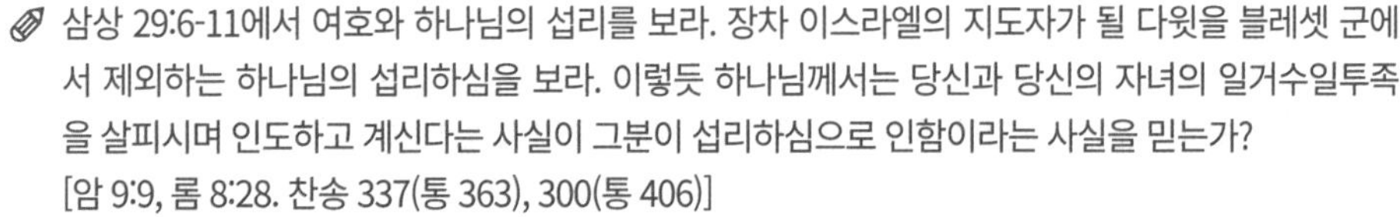

- 삼상 30:8 아말렉과 전투를 앞두고 하나님께 묻는 다윗의 믿음과 무당을 찾아 사무엘의 영과 상담하려는 사울의 자세와 비교해 보라.
  ⇒ 오늘날 한국 교회의 교인들이 무당을 찾는다는 것을 개탄하면서 한국의 대형교회 유명 목사들이 설교하는 것을 유튜브에서 자주 듣는다. 개탄만 할 것이 아니라 개혁해야 하지 않을까? 무속 신앙이 어느 민족보다 강한 한국 교회 교인들의 영적 개혁은 강한 말씀의 드라이브밖에 없다. 기복적 복 받기 위한 성경 읽기가 아닌 하나님과의 바른 관계를 회복하여 성경적 세계관을 수립하는 품성의 변화를 일으키는 전인격

적 성경 읽기 운동인 "통큰통독"식 성경 읽기를 널리 시행해야 할 것이다. 그것만이 우리의 살길이다.

삼하 2:1 이 말씀은 다윗이 여호와께 앞으로의 길을 묻는 장면이다. 신위의 사람 다윗의 면모를 보여 준다. 나는 얼마나 많은 영역에서 하나님께 그 길을 묻고 있는가? 이는 참으로 중대한 인생관이다.

삼하 6:6-7 법궤를 이송하다가 웃사가 죽는 장면을 기록한 대목이다. 웃사가 성실히 안전하게 운송하려고 한 짓인데 하나님의 진노를 사서 죽임을 당해야 하는가? 이 사건 속에 말씀의 원리대로 살아야 한다는 중요한 교훈이 있다.

☑ 법궤를 지키려고 그것을 잡은 웃사는 왜 죽었는가?

인간의 입장에서 법궤가 수레에서 떨어지는 비상 상황에서 손으로 잡아야 법궤를 보호할 수 있다. 그럼에도 하나님은 웃사를 현장에서 죽게 했다. 인간적 안목에서 도저히 이해할 수 없는 대목이다.

그러나 이것은 하나님의 영광과 관련된 부분이다. 법궤는 하나님이 임재하는 곳이며, 그래서 하나님은 "성물을 만지지 말지니 죽을까 하노라"(민 4:15)이라고 하셨다. 하나님의 영광이 인간의 도움을 받을 필요가 없다. 하나님의 일에 사람이 자기 생각을 보태어 판단하면 그것은 신위(神爲)를 인정한 것이 아니다. 따라서 하나님의 일을 하는 사람은 자신의 능력과 생각을 앞세우는 것이 아니라 먼저 하나님의 뜻을 헤아리고 하나님의 뜻(말씀)대로 행해야 한다(엡 6:4).

다윗 언약으로 두 가지를 약속하신다. [삼하 7:14-15]

- 하나님께서 다윗에게 영원한 왕조(메시아)를 약속하심.
  다윗이 여호와의 집을 짓겠다고 하자 중요한 것은 건물이 아니라 하나님께서 이를 통해 그의 백성을 돌볼 다윗 계열의 후손(왕조)이라는 것이다.
- 다윗의 아들을 하나님의 아들로 입양하시리라는 것이다.
  ⇒ 시내 산 언약과의 연관성

  13 **그는 내 이름을 위하여 집을 건축할 것이요 나는 그의 나라** 왕위를 영원히 **견고하게 하리라** 14 나는 그에게 아버지가 되고 그는 내게 아들이 되리니

☑ 결단기도와 실행하기

약 2:26 영혼 없는 몸이 죽은 것 같이 행함이 없는 믿음은 죽은 것이니라
시 119:28 나의 영혼이 눌림으로 말미암아 녹사오니 주의 말씀대로 나를 세우소서

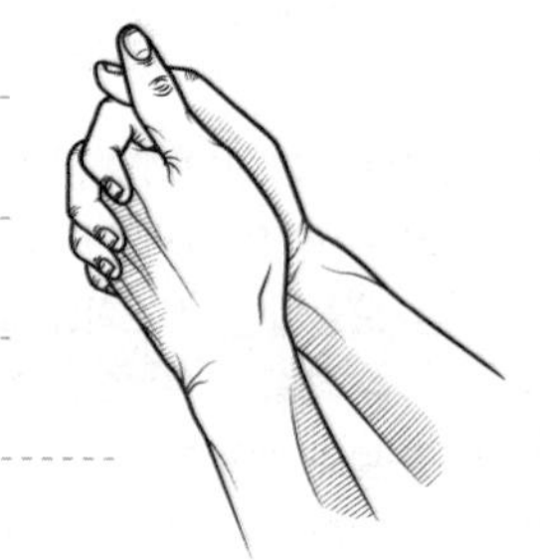

역대상 11장~15장 :
사울의 몰락과 다윗 왕조의 시작

사무엘하(신명기 사관)	역대상(에스라 사관)
차세 강조	성전, 예배 중심
계보 없음	9장에 걸친 계보
밧세바 사건	밧세바 사건 없음

역대상 11장

다윗이 이스라엘과 유다의 왕이 되다(삼하 5:1-10)

1 온 이스라엘이 헤브론에 모여 다윗을 보고 이르되 우리는 왕의 가까운
혈족이니이다 2 전에 곧 사울이 왕이 되었을 때에도 이스라엘을 거느리고
출입하게 한 자가 왕이시었고 왕의 하나님 여호와께서도 왕에게 말씀하
시기를 네가 내 백성 이스라엘의 목자가 되며 내 백성 이스라엘의 주권자
가 되리라 하셨나이다 하니라 3 이에 이스라엘의 모든 장로가 헤브론에
있는 왕에게로 나아가니 헤브론에서 다윗이 그들과 여호와 앞에 언약을
맺으매 그들이 다윗에게 기름을 부어 이스라엘의 왕으로 삼으니 여호와
께서 사무엘을 통하여 전하신 말씀대로 되었더라 4 다윗이 온 이스라엘과
더불어 예루살렘 곧 여부스에 이르니 여부스 땅의 주민들이 거기에 거주
하였더라 5 여부스 원주민이 다윗에게 이르기를 네가 이리로 들어오지 못
하리라 하나 다윗이 시온 산 성을 빼앗았으니 이는 다윗 성이더라 6 다윗
이 이르되 먼저 여부스 사람을 치는 자는 우두머리와 지휘관으로 삼으리
라 하였더니 스루야의 아들 요압이 먼저 올라갔으므로 우두머리가 되었
고 7 다윗이 그 산성에 살았으므로 무리가 다윗 성이라 불렀으며 8 다윗이
밀로에서부터 두루 성을 쌓았고 그 성의 나머지는 요압이 중수하였더라
9 만군의 여호와께서 함께 계시니 다윗이 점점 강성하여 가니라

다윗의 용사들(삼하 23:8-39)

10 다윗에게 있는 용사의 우두머리는 이러하니라 이 사람들이 온 이스라
엘과 더불어 다윗을 힘껏 도와 나라를 얻게 하고 그를 세워 왕으로 삼았
으니 이는 여호와께서 이스라엘에 대하여 이르신 말씀대로 함이었더라
11 다윗에게 있는 용사의 수효가 이러하니라 학몬 사람의 아들 야소브암
은 삼십 명의 우두머리라 그가 창을 들어 한꺼번에 삼백 명을 죽였고 12
그 다음은 아호아 사람 도도의 아들 엘르아살이니 세 용사 중 하나이라
13 그가 바스담밈에서 다윗과 함께 있었더니 블레셋 사람들이 그 곳에 모
여와서 치니 거기에 보리가 많이 난 밭이 있더라 백성들이 블레셋 사람들
앞에서 도망하되 14 그가 그 밭 가운데에 서서 그 밭을 보호하여 블레셋
사람들을 죽였으니 여호와께서 큰 구원으로 구원하심이었더라 15 삼십

❖ 역대상 11~15장의 내용은 사무엘 하 1~8장의 내용을 역대기 사관에 의해 기록한 것이다. 역대기는 에스라가 귀환했을 때 포로 기간에 사라진 유대의 정체성을 회복하기 위해 쓴 역사서이다. 이 역사서는 신명기 사관에 의해 쓴 역사서인 사무엘, 열왕기로 이어지는 역사서와는 달리 오직 유다의 역사만 기술하고 있고, 그것도 제사장 역사관에 의해 쓰였기 때문에 처음부터 금송아지 성전을 만든 북 왕국의 역사는 배제되었다는 사실을 이해하고 역대기의 내용을 읽어야 한다.
사울이 죽음으로 사울 정권이 몰락하고 다윗이 왕위에 오르고, 법궤를 예루살렘으로 옮겨 오면서 수도를 헤브론에서 예루살렘으로 옮기고 7년간 헤브론에서 유다 지파만의 왕을 청산하고 온 지파의 왕이 되며 명실공히 통일왕국을 구축하기 시작한다.
역대기의 이 부분에는 법궤의 옮김이 핵심이다. 제사장 관점에서 보기 때문이다. 그리고 다윗의 생애를 매우 강하게 부각한다. 이 시대적 상황을 염두에 두고 8편의 다윗의 시를 읽는다. 이 8편의 시는 다윗이 법궤를 예루살렘으로 옮겨 오면서 환희하고 감격하고, 그리고 수도를 정하고 지파를 연합함으로써 하나님의 위대하심을 송축하는 다윗의 심정을 읽어 보라.

학습 자료 22-1 "열왕기와 역대기 비교 도표" 참조
학습 자료 22-2 "역대기상 메시지" 참조

> 대상 11:9-10 만군의 하나님께서 나와 함께 하셔서 낮의 해와 밤의 달도 나를 상치 못 하도록 해주신다. 그럼에도 나에게는 또한 동역자가 있어야 한다. 그를 위해 기도하는가?(cf. 신 32:10, 빌 2:25)

우두머리 중 세 사람이 바위로 내려가서 아둘람 굴 다윗에게 이를 때에
블레셋 군대가 르바임 골짜기에 진 쳤더라 16 그 때에 다윗은 산성에 있
고 블레셋 사람들의 진영은 베들레헴에 있는지라 17 다윗이 갈망하여 이
르되 베들레헴 성문 곁 우물 물을 누가 내게 마시게 할꼬 하매 18 이 세 사
람이 블레셋 사람들의 군대를 돌파하고 지나가서 베들레헴 성문 곁 우물
물을 길어가지고 다윗에게로 왔으나 다윗이 마시기를 기뻐하지 아니하고
그 물을 여호와께 부어드리고 19 이르되 내 하나님이여 내가 결단코 이런
일을 하지 아니하리이다 생명을 돌아보지 아니하고 갔던 이 사람들의 피
를 어찌 마시리이까 하고 그들이 자기 생명도 돌보지 아니하고 이것을 가
져왔으므로 그것을 마시기를 원하지 아니하니라 세 용사가 이런 일을 행
하였더라 20 요압의 아우 아비새는 그 세 명 중 우두머리라 그가 창을 휘
둘러 삼백 명을 죽이고 그 세 명 가운데에 이름을 얻었으니 21 그는 둘째
세 명 가운데에 가장 뛰어나 그들의 우두머리가 되었으나 첫째 세 명에게
는 미치지 못하니라 22 갑스엘 용사의 손자 여호야다의 아들 브나야는 용
감한 사람이라 그가 모압 아리엘의 아들 둘을 죽였고 또 눈 올 때에 함정
에 내려가서 사자 한 마리를 죽였으며 23 또 키가 큰 애굽 사람을 죽였는
데 그 사람의 키가 다섯 규빗이요 그 손에 든 창이 베틀채 같으나 그가 막
대기를 가지고 내려가서 그 애굽 사람의 손에서 창을 빼앗아 그 창으로
죽였더라 24 여호야다의 아들 브나야가 이런 일을 행하였으므로 세 용사
중에 이름을 얻고 25 삼십 명 중에서는 뛰어나나 첫째 세 사람에게는 미치
지 못하니라 다윗이 그를 세워 시위대장을 삼았더라 26 또 군사 중의 큰
용사는 요압의 아우 아사헬과 베들레헴 사람 도도의 아들 엘하난과 27
하롤 사람 삼훗과 블론 사람 헬레스와 28 드고아 사람 익게스의 아들 이
라와 아나돗 사람 아비에셀과 29 후사 사람 십브개와 아호아 사람 일래와
30 느도바 사람 마하래와 느도바 사람 바아나의 아들 헬렛과 31 베냐민
자손에 속한 기브아 사람 리배의 아들 이대와 비라돈 사람 브나야와 32
가아스 시냇가에 사는 후래와 아르바 사람 아비엘과 33 바하룸 사람 아스
마?과 사알본 사람 엘리아바와 34 기손 사람 하셈의 아들들과 하랄 사람
사게의 아들 요나단과 35 하랄 사람 사갈의 아들 아히암과 울의 아들 엘
리발과 36 므게랏 사람 헤벨과 블론 사람 아히야와 37 갈멜 사람 헤스로
와 에스배의 아들 나아래와 38 나단의 아우 요엘과 하그리의 아들 밉할과
39 암몬 사람 셀렉과 스루야의 아들 요압의 무기 잡은 자 베롯 사람 나하
래와 40 이델 사람 이라와 이델 사람 가렙과 41 헷 사람 우리아와 알래의
아들 사밧과 42 르우벤 자손 시사의 아들 곧 르우벤 자손의 우두머리 아
디나와 그 추종자 삼십 명과 43 마아가의 아들 하난과 미덴 사람 요사밧
과 44 아스드랏 사람 웃시야와 아로엘 사람 호담의 아들 사마와 여이엘과
45 시므리의 아들 여디아엘과 그의 아우 디스 사람 요하와 46 마하위 사람 엘리엘과 엘라암의 아들 여리배와 요
사위야와 모압 사람 이드마와 47 엘리엘과 오벳과 므소바 사람 야아시엘이더라

❖ 대상 11장

다윗의 시작은 다윗의 혼자 힘으로 된 것이 아니라는 것을 보여 준다. 당연히 하나님의 주권 하에 이루어진 것이다. 그러나 그와 함께 한 용사들의 명단을 보여 준다. 이는 하나님 나라의 구속 역사는 Team으로 이루어진다는 것을 말하고 있다.

더욱이 다윗을 도운 용사 중 헷 사람 '우리야'(41절) 므소바 사람 '야아시엘'(47절) 등 이방인들의 명단이 포함되며, 심지어 '여호와의 총회'(신 23:3)에 들어오지 못하도록 율법에 규정한 암몬인 (39절)과 모압인(46절)까지 들어있는 것에 주목할 필요가 있다. 다윗이 이들을 발탁한 이유는 율법의 규정을 무시해서가 아니라, 통일 이스라엘 건설에 전 이스라엘, 나아가 이방인까지도 동참시키려는 의도가 있었기 때문으로 추측된다.

하나님 나라는 온 우주적인 것이다.

대상 11:20 다윗 군대내의 다윗의 친척들

이름 및 관계	특 징
요압 (이종 조카, 스루야의 장남)	다윗 군대의 총사령관을 지냄 (대상 11:6)
	아브넬과 아마사를 살해함 (삼하 3:27, 20:10)
	압살롬의 반란을 평정함 (삼하 18:9-16)
	아도니야의 반역에 가담함 (왕상 2:28-34)
아비새 (이종 조카, 스루야의 차남)	암몬 자손들을 격파함 (삼하 10:10,14)
	압살롬의 반란을 진압함 (삼하 18:11-15)
	블레셋과의 전투시 다윗을 도움(삼하 21:15-17))
아사헬 (이종 조카, 스루야의 3남)	다윗의 30인 용사들 중의 일인 (삼하 23:24)
	기브온 전투에서 아브넬에게 살해됨(삼하 2:23)
아마사 (이종 조카, 아비가일의 아들)	요압을 대신하여 총사령관을 지냄(삼하 19:13)
	세바의 반란 진압때 요압에게 살해됨 (삼하 20:10)
요나단 (조카, 시므아의 아들)	손·발가락이 모두 24개인 르바임의 거인을 죽임 (삼하 21:21)

역대상 12장

베냐민 지파에서 다윗을 도운 용사들

1 다윗이 기스의 아들 사울로 말미암아 시글락에 숨어 있을 때에 그에게
와서 싸움을 도운 용사 중에 든 자가 있었으니 2 그들은 활을 가지며 좌우
손을 놀려 물매도 던지며 화살도 쏘는 자요 베냐민 지파 사울의 동족인데
그 이름은 이러하니라 3 그 우두머리는 아히에셀이요 다음은 요아스이니
기브아 사람 스마아의 두 아들이요 또 아스마?의 아들 여시엘과 벨렛과
또 브라가와 아나돗 사람 예후와 4 기브온 사람 곧 삼십 명 중에 용사요
삼십 명의 우두머리가 된 이스마야이며 또 예레미야와 야하시엘과 요하
난과 그데라 사람 요사밧과 5 엘루새와 여리못과 브아랴와 스마랴와 하
룹 사람 스바댜와 6 고라 사람들 엘가나와 잇시야와 아사렐과 요에셀과
야소브암이며 7 그돌 사람 여로함의 아들 요엘라와 스바댜더라

갓 지파에서 다윗을 도운 용사들

8 갓 사람 중에서 광야에 있는 요새에 이르러 다윗에게 돌아온 자가 있었
으니 다 용사요 싸움에 익숙하여 방패와 창을 능히 쓰는 자라 그의 얼굴은 사자 같고 빠르기는 산의 사슴 같으
니 9 그 우두머리는 에셀이요 둘째는 오바댜요 셋째는 엘리압이요 10 넷째는 미스만나요 다섯째는 예레미야요
11 여섯째는 앗대요 일곱째는 엘리엘이요 12 여덟째는 요하난이요 아홉째는 엘사밧이요 13 열째는 예레미야요
열한째는 막반내라 14 이 갓 자손이 군대 지휘관이 되어 그 작은 자는 백부장이요, 그 큰 자는 천부장이더니 15 정
월에 요단 강 물이 모든 언덕에 넘칠 때에 이 무리가 강물을 건너서 골짜기에 있는 모든 자에게 동서로 도망하게
하였더라

베냐민과 유다에서 다윗을 도운 용사들

16 베냐민과 유다 자손 중에서 요새에 이르러 다윗에게 나오매 17 다윗이 나가서 맞아 그들에게 말하여 이르되
만일 너희가 평화로이 내게 와서 나를 돕고자 하면 내 마음이 너희 마음과 하나가 되려니와 만일 너희가 나를 속
여 내 대적에게 넘기고자 하면 내 손에 불의함이 없으니 우리 조상들의 하나님이 감찰하시고 책망하시기를 원하
노라 하매 18 그 때에 성령이 삼십 명의 우두머리 아마새를 감싸시니 이르되 다윗이여 우리가 당신에게 속하겠
고 이새의 아들이여 우리가 당신과 함께 있으리니 원하건대 평안하소서 당신도 평안하고 당신을 돕는 자에게도
평안이 있을지니 이는 당신의 하나님이 당신을 도우심이니이다 한지라 다
윗이 그들을 받아들여 군대 지휘관을 삼았더라

므낫세 지파에서 다윗을 도운 용사들

19 다윗이 전에 블레셋 사람들과 함께 가서 사울을 치려 할 때에 므낫세 지파에서 두어 사람이 다윗에게 돌아왔
으나 다윗 등이 블레셋 사람들을 돕지 못하였음은 블레셋 사람들의 방백이 서로 의논하고 보내며 이르기를 그
가 그의 왕 사울에게로 돌아가리니 우리 머리가 위태할까 하노라 함이라 20 다윗이 시글락으로 갈 때에 므낫세
지파에서 그에게로 돌아온 자는 아드나와 요사밧과 여디아엘과 미가엘과 요사밧과 엘리후와 실르대이니 다 므
낫세의 천부장이라 21 이 무리가 다윗을 도와 도둑 떼를 쳤으니 그들은 다 큰 용사요 군대 지휘관이 됨이었더라
22 그 때에 사람이 날마다 다윗에게로 돌아와서 돕고자 하매 큰 군대를 이루어 하나님의 군대와 같았더라

다윗의 군사들

23 싸움을 준비한 군대 지휘관들이 헤브론에 이르러 다윗에게로 나아와서 여호와의 말씀대로 사울의 나라를 그
에게 돌리고자 하였으니 그 수효가 이러하였더라 24 유다 자손 중에서 방패와 창을 들고 싸움을 준비한 자가 육
천팔백 명이요 25 시므온 자손 중에서 싸움하는 큰 용사가 칠천백 명이요 26 레위 자손 중에서 사천육백 명이요
27 아론의 집 우두머리 여호야다와 그와 함께 있는 자가 삼천칠백 명이요 28 또 젊은 용사 사독과 그의 가문의 지

❖ 대상 12장

12장에서 우리는 하나님께서는 그 택한 자를 보호하시되 환경과 때를 초월하여 적재적소(適材適所)에서 역사하며 보호하신다는 구속사적 진리를 알 수 있다. 또한 다윗 왕조의 설립에 모든 지파가 동참한 것은 장차 다윗의 후손으로 오실 메시아 예수가 완성할 천국이 모든 성도의 동참으로 이루어지며 그 안에서는 혈연과 지연의 구별이 완전히 철폐될 것임을 구속사적으로 암시한다.

대상 12:8 사람은 외모에서 그 하는 일이나 성품 등을 짐작할 수 있다. 용사는 외모에서 강한 힘이, 예술가는 예술가 나름의 인상이 드러난다. 그렇다면 당신은 그리스도인으로서 어떤 모습을 풍기고 있는가? (cf. 엡 5:2, 요일 2:6)

대상 12:17-18
학습 자료 22-3 "평화" 참조

휘관이 이십이 명이요 29 베냐민 자손 곧 사울의 동족은 아직도 태반이나 사울의 집을 따르나 그 중에서 나온 자
가 삼천 명이요 30 에브라임 자손 중에서 가족으로서 유명한 큰 용사가 이만팔백 명이요 31 므낫세 반 지파 중에
이름이 기록된 자로서 와서 다윗을 세워 왕으로 삼으려 하는 자가 만 팔천 명이요 32 잇사갈 자손 중에서 시세를
알고 이스라엘이 마땅히 행할 것을 아는 우두머리가 이백 명이니 그들은 그 모든 형제를 통솔하는 자이며 33 스
불론 중에서 모든 무기를 가지고 전열을 갖추고 두 마음을 품지 아니하고 능히 진영에 나아가서 싸움을 잘하는
자가 오만 명이요 34 납달리 중에서 지휘관 천 명과 방패와 창을 가지
고 따르는 자가 삼만 칠천 명이요 35 단 자손 중에서 싸움을 잘하는
자가 이만 팔천육백 명이요 36 아셀 중에서 능히 진영에 나가서 싸
움을 잘하는 자가 사만 명이요 37 요단 저편 르우벤 자손과 갓 자
손과 므낫세 반 지파 중에서 모든 무기를 가지고 능히 싸우는 자가 십
이만 명이었더라 38 이 모든 군사가 전열을 갖추고 다 성심으로 헤브론에
이르러 다윗을 온 이스라엘 왕으로 삼고자 하고 또 이스라엘의 남은 자도 다 한 마음으로 다윗을 왕으로 삼고
자 하여 39 무리가 거기서 다윗과 함께 사흘을 지내며 먹고 마셨으니 이는 그들의 형제가 이미 식물을 준비하였
음이며 40 또 그들의 근처에 있는 자로부터 잇사갈과 스불론과 납달리까지도 나귀와 낙타와 노새와 소에다 음
식을 많이 실어왔으니 곧 밀가루 과자와 무화과 과자와 건포도와 포도주와 기름이요 소와 양도 많이 가져왔으
니 이는 이스라엘 가운데에 기쁨이 있음이었더라

19일~
24일

역대상 13장

하나님의 궤를 옮기다(삼하 6:1-11)

1 다윗이 천부장과 백부장 곧 모든 지휘관과 더불어 의논하고 2 다윗이 이
스라엘의 온 회중에게 이르되 만일 너희가 좋게 여기고 또 우리의 하나님
여호와께로 말미암았으면 우리가 이스라엘 온 땅에 남아 있는 우리 형제
와 또 초원이 딸린 성읍에 사는 제사장과 레위 사람에게 전령을 보내 그
들을 우리에게로 모이게 하고 3 우리가 우리 하나님의 궤를 우리에게로
옮겨오자 사울 때에는 우리가 궤 앞에서 묻지 아니하였느니라 하매 4 뭇
백성의 눈이 이 일을 좋게 여기므로 온 회중이 그대로 행하겠다 한지라 5
이에 다윗이 애굽의 시홀 시내에서부터 하맛 어귀까지 온 이스라엘을 불
러모으고 기럇여아림에서부터 하나님의 궤를 메어오고자 할새 6 다윗이
온 이스라엘을 거느리고 바알라 곧 유다에 속한 기럇여아림에 올라가서
여호와 하나님의 궤를 메어오려 하니 이는 여호와께서 두 그룹 사이에 계
시므로 그러한 이름으로 일컬음을 받았더라 7 하나님의 궤를 새 수레에
싣고 아비나답의 집에서 나오는데 웃사와 아히오는 수레를 몰며 8 다윗
과 이스라엘 온 무리는 하나님 앞에서 힘을 다하여 뛰놀며 노래하며 수금
과 비파와 소고와 제금과 나팔로 연주하니라 9 기돈의 타작 마당에 이르러서는 소들이 뛰므로 웃사가 손을 펴서
궤를 붙들었더니 10 웃사가 손을 펴서 궤를 붙듦으로 말미암아 여호와께
서 진노하사 치시매 그가 거기 하나님 앞에서 죽으니라 11 여호
와께서 웃사의 몸을 찢으셨으므로 다윗이 노하여 그 곳을 베
레스 웃사라 부르니 그 이름이 오늘까지 이르니라 12 그 날
에 다윗이 하나님을 두려워하여 이르되 내가 어떻게 하나님
의 궤를 내 곳으로 오게 하리요 하고 13 다윗이 궤를 옮겨 자

❖ 대상 13장

다윗이 최고 통치권좌(統治權座)에 오르자마자 참다운 신정 정치의 실현을 위해 하나님의 언약궤를 예루살렘으로 안치하려고 계획했으며, 이제 그것을 구체적인 행동으로 착수했음을 보여 준다. 즉 블레셋에서 귀환한 이래 오랫동안 기럇여아림에 있던(삼상 7:1) 법궤를 자신이 이제 갓 쟁취한 다윗 성 즉 예루살렘으로 옮기기 위해 국민적 합의를 도출하여, 기럇여아림에서부터 운반하는 모습을 기록하고 있다. 오랜 환난과 핍박을 겪으며 산천을 유랑(流浪)한 끝에 왕으로 즉위한 다윗은 무엇보다 먼저 일신의 안일과 영예를 도모할 수도 있었을 것이다. 그러나 다윗은 이 같은 유혹을 거절하고 자신과 백성 전체의 영적 유익을 도모하려는 방편으로 먼저 법궤 옮기는 일을 추진하였다. 바로 여기에 다윗의 참모습을 엿볼 수 있으며 더불어 우리에게 성도의 먼저 구할 바는 '하나님 나라와 그의 의'(마 6:33)임을 구속사적으로 교훈해 준다.

기가 있는 다윗 성으로 메어들이지 못하고 그 대신 가드 사람 오벧에돔의
집으로 메어가니라 14 하나님의 궤가 오벧에돔의 집에서 그의 가족과 함
께 석 달을 있으니라 여호와께서 오벧에돔의 집과 그의 모든 소유에 복
을 내리셨더라

언약궤 운반에 관한 규례

1	아론 자손이 언약궤를 휘장, 해달의 가죽, 순청색 보자기로 덮은 뒤에 운반해야 함(민 4:5, 6)
2	레위인 중 고핫 자손만이 운반할 수 있음(민 4:15, 16)
3	언약궤 운반 시에는 몸을 성결케 해야함(신 31:9, 25)
4	반드시 사람이 직접 어깨에 메고 운반해야 함(민 4:15, 16, 19)
5	결코 손으로 만져서는 안됨(민 4:15)
6	행진할 때 백성들 앞에서 진행해야 함(민 10:33)
7	솔로몬 성전에 안치된 후 다시는 옮기지 못하게 함(대하 35:3)

역대상 14장

예루살렘에서 다윗이 활동하다(삼하 5:11-16)

1 두로 왕 히람이 다윗에게 사신들과 백향목과 석수와 목수를 보내 그의
궁전을 건축하게 하였더라 2 다윗이 여호와께서 자기를 이스라엘의 왕으
로 삼으신 줄을 깨달았으니 이는 그의 백성 이스라엘을 위하여 그의 나
라가 높이 들림을 받았음을 앎이었더라 3 다윗이 예루살렘에서 또 아내들
을 맞아 다윗이 다시 아들들과 딸들을 낳았으니 4 예루살렘에서 낳은 아
들들의 이름은 삼무아와 소밥과 나단과 솔로몬과 5 입할과 엘리수아와
엘벨렛과 6 노가와 네벡과 야비아와 7 엘리사마와 브엘랴다와 엘리벨렛
이었더라

다윗이 블레셋을 이기다(삼하 5:17-25)

8 다윗이 기름 부음을 받아 온 이스라엘의 왕이 되었다 함을 블레셋 사람
들이 듣고 모든 블레셋 사람들이 다윗을 찾으러 올라오매 다윗이 듣고
대항하러 나갔으나 9 블레셋 사람들이 이미 이르러 르바임 골짜기로 쳐들
어온지라 10 다윗이 하나님께 물어 이르되 내가 블레셋 사람들을 치러 올
라가리이까 주께서 그들을 내 손에 넘기시겠나이까 하니 여호와께서 그
에게 이르시되 올라가라 내가 그들을 네 손에 넘기리라 하신지라 11 이에
무리가 바알브라심으로 올라갔더니 다윗이 거기서 그들을 치고 다윗이 이르되 하나님이 물을 쪼갬 같이 내 손으
로 내 대적을 흩으셨다 하므로 그 곳 이름을 바알브라심이라 부르니라 12 블레셋 사람이 그들의 우상을 그 곳에
버렸으므로 다윗이 명령하여 불에 사르니라 13 블레셋 사람들이 다시 골짜기를 침범한지라 14 다윗이 또 하나님
께 묻자온대 하나님이 이르시되 마주 올라가지 말고 그들 뒤로 돌아 뽕나무 수풀 맞은편에서 그들을 기습하되
15 뽕나무 꼭대기에서 걸음 걷는 소리가 들리거든 곧 나가서 싸우라 너보다 하나님이 앞서 나아가서 블레셋 사
람들의 군대를 치리라 하신지라 16 이에 다윗이 하나님의 명령대로 행하여 블레셋 사람들의 군대를 쳐서 기브온
에서부터 게셀까지 이르렀더니 17 다윗의 명성이 온 세상에 퍼졌고 여호와께서 모든 이방 민족으로 그를 두려워
하게 하셨더라

❖ 대상 14장
다윗은 블레셋과의 전투에서 자신의 풍부한 군사적 경험을 의지하지 않고 오직 먼저 하나님의 뜻을 물어서 사람의 눈으로 다소 단순하게 보이는 하나님의 명령에 절대 의지하여 대승을 거두었다. 이것은 마치 고기를 잡는 데 있어서 노련한 베테랑이었던 베드로가 주님 말씀에만 의지하여 배 오른편에 그물을 던져 만선(滿船)의 축복을 받은 것에 비견할 수 있다(눅 5:3-6). 이들은 하나님의 미련한 것이 인간의 지혜로운 것보다 낫다는 평범하지만, 중대한 구속사적 진리를 깨우쳐 준다 (고전1 25).

역대상 15장

❖ 대상 15장은 삼하 6:12-23의 내용을 상세하게 기술한 부분이다.

하나님의 궤를 옮길 준비

1 다윗이 다윗 성에서 자기를 위하여 궁전을 세우고 또 하나님의 궤를 둘 곳을 마련하고 그것을 위하여 장막을
치고 2 다윗이 이르되 레위 사람 외에는 하나님의 궤를 멜 수 없나니 이는 여호와께서 그들을 택하사 여호와의
궤를 메고 영원히 그를 섬기게 하셨음이라 하고 3 다윗이 이스라엘 온 무리를 예루살렘으로 모으고 여호와의 궤
를 그 마련한 곳으로 메어 올리고자 하여 4 다윗이 아론 자손과 레위 사람을 모으니 5 그핫 자손 중에 지도자 우
리엘과 그의 형제가 백이십 명이요 6 므라리 자손 중에 지도자 아사야와 그의 형제가 이백이십 명이요 7 게르솜
자손 중에 지도자 요엘과 그의 형제가 백삼십 명이요 8 엘리사반 자손 중에 지도자 스마야와 그의 형제가 이백
명이요 9 헤브론 자손 중에 지도자 엘리엘과 그의 형제가 팔십 명이요 10 웃시엘 자손 중에 지도자 암미나답과

19일~24일

그의 형제가 백십이 명이라 11 다윗이 제사장 사독과 아비아달을 부르고 또 레위 사람 우리엘과 아사야와 요엘
과 스마야와 엘리엘과 암미나답을 불러 12 그들에게 이르되 너희는 레위 사람의 지도자이니 너희와 너희 형제는
몸을 성결하게 하고 내가 마련한 곳으로 이스라엘의 하나님 여호와의 궤를 메어 올리라 13 전에는 너희가 메지
아니하였으므로 우리 하나님 여호와께서 우리를 찟으셨으니 이는 우리가 규례대로 그에게 구하지 아니하였음
이라 하니 14 이에 제사장들과 레위 사람들이 이스라엘 하나님 여호와의 궤를 메고 올라가려 하여 몸을 성결하

게 하고 15 모세가 여호와의 말씀을 따라 명령한 대로 레위 자손이 채에 하나님의
궤를 꿰어 어깨에 메니라 16 다윗이 레위 사람의 어른들에게 명령하여 그의 형제
들을 노래하는 자들로 세우고 비파와 수금과 제금 등의 악기를 울려서 즐거운
소리를 크게 내라 하매 17 레위 사람이 요엘의 아들 헤만과 그의 형제 중 베레야
의 아들 아삽과 그의 형제 므라리 자손 중에 구사야의 아들 에단을 세우고 18 그
다음으로 그들의 형제 스가랴와 벤과 야아시엘과 스미라못과 여히엘과 운니와
엘리압과 브나야와 마아세야와 맛디디야와 엘리블레후와 믹네야와 문지기 오벧
에돔과 여이엘을 세우니 19 노래하는 자 헤만과 아삽과 에단은 놋제금을 크게 치는 자요 20 스가랴와 아시엘과
스미라못과 여히엘과 운니와 엘리압과 마아세야와 브나야는 비파를 타서
알라못에 맞추는 자요 21 맛디디야와 엘리블레후와 믹네야와 오벧에돔과
여이엘과 아사시야는 수금을 타서 여덟째 음에 맞추어 인도하는 자요 22

대상 15:16-21 성가대의 역사에 관해
61일차 학습 자료 61-5
"성가대의 역사"를 참조

레위 사람의 지도자 그나냐는 노래에 익숙하므로 노래를 인도하는 자요 23 베레갸와 엘가나는 궤 앞에서 문을
지키는 자요 24 제사장 스바냐와 요사밧과 느다넬과 아미새와 스가랴와 브나야와 엘리에셀은 하나님의 궤 앞에
서 나팔을 부는 자요 오벧에돔과 여히야는 궤 앞에서 문을 지키는 자이더라

하나님의 궤를 예루살렘으로 옮기다(삼하 6:12-22)

25 이에 다윗과 이스라엘 장로들과 천부장들이 가서 여호와의 언약궤를 즐거이 메고 오벧에돔의 집에서 올라왔

는데 26 하나님이 여호와의 언약궤를 멘 레위 사람을 도우셨으므로
무리가 수송아지 일곱 마리와 숫양 일곱 마리로 제사를 드렸더라
27 다윗과 및 궤를 멘 레위 사람과 노래하는 자와 그의 우두머리
그나냐와 모든 노래하는 자도 다 세마포 겉옷을 입었으며 다윗은 또
베 에봇을 입었고 28 이스라엘 무리는 크게 부르며 뿔나팔과 나팔을
불며 제금을 치며 비파와 수금을 힘있게 타며 여호와의 언약궤를 메
어 올렸더라 29 여호와의 언약궤가 다윗 성으로 들어올 때에 사울의
딸 미갈이 창으로 내다보다가 다윗 왕이 춤추며 뛰노는 것을 보고
그 마음에 업신여겼더라

시편 8

다윗의 시, 인도자를 따라 깃딧에 맞춘 노래

1 여호와 우리 주여 주의 이름이 온 땅에 어찌 그리 아름다운지요 주의 영
광이 하늘을 덮었나이다 2 주의 대적으로 말미암아 어린 아이들과 젖먹이
들의 입으로 권능을 세우심이여 이는 원수들과 보복자들을 잠잠하게 하
려 하심이니이다 3 주의 손가락으로 만드신 주의 하늘과 주께서 베풀어
두신 달과 별들을 내가 보오니 4 사람이 무엇이기에 주께서 그를 생각하

❖ 시편도 전인격적 읽기로 읽어야 한다.
각 시편에 나타나는 하나님의 모습, 품성, 행하심이 무엇인가를 살펴보고(지성적 읽기 : 하나님 알기)
그것들이 내 삶 가운데 어떤 영향을 주는가를 묵상하고 (감성적 읽기, 관계 맺기),
그런 하나님을 의지하며 살아가야 할 것이다. (의지적 읽기: 삶으로 믿음 표현하기)
☞ 시편 기자가 어떻게 하나님을 묘사하는가? - 지성적 읽기
☞ 하나님께 시편 기자는 어떻게 반응하는가? - 감성적 읽기
☞ 그러므로 그는 어떤 삶을 보여 주는가? - 의지적 읽기

시며 인자가 무엇이기에 주께서 그를 돌보시나이까 5 그를 하나님보다 조
금 못하게 하시고 영화와 존귀로 관을 씌우셨나이다 6 주의 손으로 만드
신 것을 다스리게 하시고 만물을 그의 발아래 두셨으니 7 곧 모든 소와 양
과 들짐승이며 8 공중의 새와 바다의 물고기와 바닷길에 다니는 것이니이
다 9 여호와 우리 주여 주의 이름이 온 땅에 어찌 그리 아름다운지요

❖ 시 8편은 하나님의 위대하심, 창조주 하나님으로서의 위대하심을 노래한다. 그 위대하신 하나님이 만드신 우주 그 가운데서 인간은 하나님에게 참으로 귀한 존재다. 그것이 하나님이 인간을 창조하신 이유이고, 마음이다. 그래서 우리의 삶이 주의 이름을 온 땅에서 아름다운 이름이 되게 하는 삶을 살아야 한다.

시편 19

❖ 시 19편
시편 19:1-4은 음악가 Haydn이 작곡한 Oratorio "천지창조"중 3중창과 합창곡인 "하늘이 말하다" 부분의 가사가 된 시편이기도 하다.
하나님의 피조물, 온 우주에 가득한 하나님의 영광을 찬양한다. 7-11절은 율법의 완전한 순결함을 찬양한다. 그러므로 율법을 익히고 그 율법을 순종하면 우리의 삶은 하나님의 의도대로 변화 받을 수 있다. 그래서 성경을 읽어야 한다.
법궤를 옮겨 오면서 다윗이 하나님에 대한 열정이 얼마나 크고 아름다웠는가를 생각하고 읽어라.

다윗의 시, 인도자를 따라 부르는 노래
1 하늘이 하나님의 영광을 선포하고 궁창이 그의 손으로 하신 일을 나타
내는도다 2 날은 날에게 말하고 밤은 밤에게 지식을 전하니 3 언어도 없고
말씀도 없으며 들리는 소리도 없으나 4 그의 소리가 온 땅에 통하고 그의
말씀이 세상 끝까지 이르도다 하나님이 해를 위하여 하늘에 장막을 베푸
셨도다 5 해는 그의 신방에서 나오는 신랑과 같고 그의 길을 달리기 기뻐
하는 장사 같아서 6 하늘 이 끝에서 나와서 하늘 저 끝까지 운행함이여 그
의 열기에서 피할 자가 없도다 7 여호와의 율법은 완전하여 영혼을 소성
시키며 여호와의 증거는 확실하여 우둔한 자를 지혜롭게 하며 8 여호와의 교훈은 정직하여 마음을 기쁘게 하고
여호와의 계명은 순결하여 눈을 밝게 하시도다 9 여호와를 경외하는 도는 정결하여 영원까지 이르고 여호와의
법도 진실하여 다 의로우니 10 금 곧 많은 순금보다 더 사모할 것이며 꿀과 송이꿀보다 더 달도다 11 또 주의 종이
이것으로 경고를 받고 이것을 지킴으로 상이 크니이다 12 자기 허물을 능히 깨달을 자 누구리요 나를 숨은 허물
에서 벗어나게 하소서 13 또 주의 종에게 고의로 죄를 짓지 말게 하사 그 죄가 나를 주장하지 못하게 하소서 그
리하면 내가 정직하여 큰 죄과에서 벗어나겠나이다 14 나의 반석이시요 나의 구속자이신 여호와여 내 입의 말과
마음의 묵상이 주님 앞에 열납되기를 원하나이다

시편 29

❖ 시 29편
여호와는 모든 영광을 받아 합당하신 분임을 높이 찬양하고 있다. 우리 예배의 초점은 바로 이렇게 하나님께 영광을 올려 드리는 데 있어야 한다. 하나님이 우리에게 어떻게 하셨는가를 생각하고 그 역사에 영광을 올려 드려야 한다.

다윗의 시
1 너희 권능 있는 자들아 영광과 능력을 여호와께 돌리고 돌릴지어다 2 여
호와께 그의 이름에 합당한 영광을 돌리며 거룩한 옷을 입고 여호와께
예배할지어다 3 여호와의 소리가 물 위에 있도다 영광의 하나님이 우렛소리를 내시니 여호와는 많은 물 위에 계
시도다 4 여호와의 소리가 힘 있음이여 여호와의 소리가 위엄차도다 5 여호와의 소리가 백향목을 꺾으심이여 여
호와께서 레바논 백향목을 꺾어 부수시도다 6 그 나무를 송아지 같이 뛰게 하심이여 레바논과 시룐으로 들송아
지 같이 뛰게 하시도다 7 여호와의 소리가 화염을 가르시도다 8 여호와의 소리가 광야를 진동하심이여 여호와께
서 가데스 광야를 진동시키시도다 9 여호와의 소리가 암사슴을 낙태하게 하시고 삼림을 말갛게 벗기시니 그의
성전에서 그의 모든 것들이 말하기를 영광이라 하도다 10 여호와께서 홍수 때에 좌정하셨음이여 여호와께서 영
원하도록 왕으로 좌정하시도다 11 여호와께서 자기 백성에게 힘을 주심이여 여호와께서 자기 백성에게 평강의
복을 주시리로다

시편 65

❖ 시 65편
법궤의 위엄에 압도된 다윗은 하나님의 위대하심을 생각했을 것이다. 이 시는 인간의 죄를 사하시고 구원하시는 구속주 하나님을 향한 감사의 찬양을 올리고, 권능으로 만물을 지으시고 다스리시는 창조주 하나님을 향한 즐거움을 외친다. 일상의 삶 가운데 은혜를 베풀어 주시는 섭리주 하나님을 향한 즐거움을 외친다. 다윗은 이 시편에서 하나님이 그의 창조주이시고 구속주이시고, 섭리주이심을 분명히 알고 찬송하는 모습을 우리도 본받아야 한다.

다윗의 시, 인도자를 따라 부르는 노래

1 하나님이여 찬송이 시온에서 주를 기다리오며 사람이 서원을 주께 이행
하리이다 2 기도를 들으시는 주여 모든 육체가 주께 나아오리이다 3 죄악
이 나를 이겼사오니 우리의 허물을 주께서 사하시리이다 4 주께서 택하시
고 가까이 오게 하사 주의 뜰에 살게 하신 사람은 복이 있나이다 우리가
주의 집 곧 주의 성전의 아름다움으로 만족하리이다 5 우리 구원의 하나
님이시여 땅의 모든 끝과 먼 바다에 있는 자가 의지할 주께서 의를 따라 엄위하신 일로 우리에게 응답하시리이
다 6 주는 주의 힘으로 산을 세우시며 권능으로 띠를 띠시며 7 바다의 설렘과 물결의 흔들림과 만민의 소요까지
진정하시나이다 8 땅 끝에 사는 자가 주의 징조를 두려워하나이다 주께서 아침 되는 것과 저녁 되는 것을 즐거워
하게 하시며 9 땅을 돌보사 물을 대어 심히 윤택하게 하시며 하나님의 강에 물이 가득하게 하시고 이같이 땅을
예비하신 후에 그들에게 곡식을 주시나이다 10 주께서 밭고랑에 물을 넉넉히 대사 그 이랑을 평평하게 하시며
또 단비로 부드럽게 하시고 그 싹에 복을 주시나이다 11 주의 은택으로 한 해를 관 씌우시니 주의 길에는 기름방
울이 떨어지며 12 들의 초장에도 떨어지니 작은 산들이 기쁨으로 띠를 띠었나이다 13 초장은 양 떼로 옷 입었고
골짜기는 곡식으로 덮였으매 그들이 다 즐거이 외치고 또 노래하나이다

시편 68

❖ 시 68편
다윗의 찬양시이다. 법궤가 예루살렘에 오기까지 역사하신 하나님의 은혜를 회상하며 감사하는 시라고 추정해서 이 시점에 읽는다. (그렇지 않을 수도 있으나 시적 배경이 그럴 수 있다고 여기는 것이다.)
☞ **1-6절** : 하나님을 향해 악인들의 패망을 간구하고 의인을 향해 환희의 찬양을 선포하는 모습을 읽는다.
☞ **7-18절** : 과거 하나님이 이스라엘 백성을 애굽에서 인도해 내시어 광야에서 베푸신 은혜와 가나안 땅을 차지하게 하시고 보호하심을 회고한다.
☞ **19-23절** : 하나님께서 이스라엘에게 베푸실 승리를 확신하며 드리는 찬양이다.
☞ **24-31절** : 성소에 임재하시는 하나님에 대한 환희의 찬양과 열망이 하나님을 경외한 것을 예언한다.
☞ **32-35절** : 열방을 향하여 이스라엘의 승리를 허락할 것이며 하나님의 능력, 그런 능력에 대한 찬양을 촉구한다.

다윗의 시, 인도자를 따라 부르는 노래

1 하나님이 일어나시니 원수들은 흩어지며 주를 미워하는 자들은 주 앞에
서 도망하리이다 2 연기가 불려 가듯이 그들을 몰아내소서 불 앞에서 밀이
녹음 같이 악인이 하나님 앞에서 망하게 하소서 3 의인은 기뻐하여 하나님
앞에서 뛰놀며 기뻐하고 즐거워할지어다 4 하나님께 노래하며 그의 이름
을 찬양하라 하늘을 타고 광야에 행하시던 이를 위하여 대로를 수축하라
그의 이름은 여호와이시니 그의 앞에서 뛰놀지어다 5 그의 거룩한 처소에
계신 하나님은 고아의 아버지시며 과부의 재판장이시라 6 하나님이 고독한
자들은 가족과 함께 살게 하시며 갇힌 자들은 이끌어 내사 형통하게 하시
느니라 오직 거역하는 자들의 거처는 메마른 땅이로다 7 하나님이여 주의
백성 앞에서 앞서 나가사 광야에서 행진하셨을 때에 (셀라) 8 땅이 진동하며
하늘이 하나님 앞에서 떨어지며 저 시내 산도 하나님 곧 이스라엘의 하나
님 앞에서 진동하였나이다 9 하나님이여 주께서 흡족한 비를 보내사 주의
기업이 곤핍할 때에 주께서 그것을 견고하게 하셨고 10 주의 회중을 그 가운데에 살게 하셨나이다 하나님이여 주
께서 가난한 자를 위하여 주의 은택을 준비하셨나이다 11 주께서 말씀을 주시니 소식을 공포하는 여자들은 큰 무
리라 12 여러 군대의 왕들이 도망하고 도망하니 집에 있던 여자들도 탈취물을 나누도다 13 너희가 양 우리에 누울
때에는 그 날개를 은으로 입히고 그 깃을 황금으로 입힌 비둘기 같도다 14 전능하신 이가 왕들을 그 중에서 흩으실
때에는 살몬에 눈이 날림 같도다 15 바산의 산은 하나님의 산임이여 바산의 산은 높은 산이로다 16 너희 높은 산들
아 어찌하여 하나님이 계시려 하는 산을 시기하여 보느냐 진실로 여호와께서 이 산에 영원히 계시리로다 17 하나님

의 병거는 천천이요 만만이라 주께서 그 중에 계심이 시내 산 성소에 계심 같도다 18 주께서 높은 곳으로 오르시며
사로잡은 자들을 취하시고 선물들을 사람들에게서 받으시며 반역자들로부터도 받으시니 여호와 하나님이 그들과
함께 계시기 때문이로다 19 날마다 우리 짐을 지시는 주 곧 우리의 구원이신 하나님을 찬송할지로다 (셀라) 20 하나
님은 우리에게 구원의 하나님이시라 사망에서 벗어남은 주 여호와로 말미암거니와 21 그의 원수들의 머리 곧 죄를
짓고 다니는 자의 정수리는 하나님이 쳐서 깨뜨리시리로다 22 주께서 말씀하시기를 내가 그들을 바산에서 돌아오
게 하며 바다 깊은 곳에서 도로 나오게 하고 23 네가 그들을 심히 치고 그들의 피에 네 발을 잠그게 하며 네 집의 개
의 혀로 네 원수들에게서 제 분깃을 얻게 하리라 하시도다 24 하나님이여 그들이 주께서 행차하심을 보았으니 곧
나의 하나님, 나의 왕이 성소로 행차하시는 것이라 25 소고 치는 처녀들 중에서 노래 부르는 자들은 앞서고 악기를
연주하는 자들은 뒤따르나이다 26 이스라엘의 근원에서 나온 너희여 대회 중에 하나님 곧 주를 송축할지어다 27 거
기에는 그들을 주관하는 작은 베냐민과 유다의 고관과 그들의 무리와 스불론의 고관과 납달리의 고관이 있도다
28 네 하나님이 너의 힘을 명령하셨도다 하나님이여 우리를 위하여 행하신 것을 견고하게 하소서 29 예루살렘에 있
는 주의 전을 위하여 왕들이 주께 예물을 드리리이다 30 갈밭의 들짐승과 수소의 무리와 만민의 송아지를 꾸짖으
시고 은 조각을 발 아래에 밟으소서 그가 전쟁을 즐기는 백성을 흩으셨도다 31 고관들은 애굽에서 나오고 구스인
은 하나님을 향하여 그 손을 신속히 들리로다 32 땅의 왕국들아 하나님께 노래하고 주께 찬송할지어다 (셀라) 33 옛
적 하늘들의 하늘을 타신 자에게 찬송하라 주께서 그 소리를 내시니 웅장한 소리로다 34 너희는 하나님께 능력을
돌릴지어다 그의 위엄이 이스라엘 위에 있고 그의 능력이 구름 속에 있도다 35 하나님이여 위엄을 성소에서 나타내
시나이다 이스라엘의 하나님은 그의 백성에게 힘과 능력을 주시나니 하나님을 찬송할지어다

19일~
24일

시편 103

❖ 시 103편
자신에게 여호와가 인자하심을 송축하기를 선포하는데 그 이유를 3가지로 들고 있다.
1. 개인을 향하신 그분의 인자하심
2. 이스라엘을 향하신 그분의 인자하심
3. 언약을 지키고 모든 인간을 향하신 그분의 인자하심 그러므로 온 우주가 여호와를 송축하라고 선포한다.
우리가 과거를 되돌아볼 때 승리에 초점을 맞추는가? 실패에 초점을 맞추는가?

다윗의 시
1 내 영혼아 여호와를 송축하라 내 속에 있는 것들아 다 그의 거룩한 이름
을 송축하라 2 내 영혼아 여호와를 송축하며 그의 모든 은택을 잊지 말지
어다 3 그가 네 모든 죄악을 사하시며 네 모든 병을 고치시며 4 네 생명을
파멸에서 속량하시고 인자와 긍휼로 관을 씌우시며 5 좋은 것으로 네 소
원을 만족하게 하사 네 청춘을 독수리 같이 새롭게 하시는도다 6 여호와께서 공의로운 일을 행하시며 억압 당하
는 모든 자를 위하여 심판하시는도다 7 그의 행위를 모세에게, 그의 행사를 이스라엘 자손에게 알리셨도다 8 여
호와는 긍휼이 많으시고 은혜로우시며 노하기를 더디 하시고 인자하심이 풍부하시도다 9 자주 경책하지 아니하
시며 노를 영원히 품지 아니하시리로다 10 우리의 죄를 따라 우리를 처벌하지는 아니하시며 우리의 죄악을 따라
우리에게 그대로 갚지는 아니하셨으니 11 이는 하늘이 땅에서 높음 같이 그를 경외하는 자에게 그의 인자하심이
크심이로다 12 동이 서에서 먼 것 같이 우리의 죄과를 우리에게서 멀리 옮기셨으며 13 아버지가 자식을 긍휼히 여
김 같이 여호와께서는 자기를 경외하는 자를 긍휼히 여기시나니 14 이는 그가 우리의 체질을 아시며 우리가 단지
먼지뿐임을 기억하심이로다 15 인생은 그 날이 풀과 같으며 그 영화가 들의 꽃과 같도다 16 그것은 바람이 지나
가면 없어지나니 그 있던 자리도 다시 알지 못하거니와 17 여호와의 인자하심은 자기를 경외하는 자에게 영원부
터 영원까지 이르며 그의 공의는 자손의 자손에게 이르리니 18 곧 그의 언약을 지키고 그의 법도를 기억하여 행
하는 자에게로다 19 여호와께서 그의 보좌를 하늘에 세우시고 그의 왕권으로 만유를 다스리시도다 20 능력이 있
어 여호와의 말씀을 행하며 그의 말씀의 소리를 듣는 여호와의 천사들이여 여호와를 송축하라 21 그에게 수종들
며 그의 뜻을 행하는 모든 천군이여 여호와를 송축하라 22 여호와의 지으심을 받고 그가 다스리시는 모든 곳에
있는 너희여 여호와를 송축하라 내 영혼아 여호와를 송축하라

시편 108

다윗의 찬송 시

[1] 하나님이여 내 마음을 정하였사오니 내가 노래하며 나의 마음을 다하여
찬양하리로다 [2] 비파야, 수금아, 깰지어다 내가 새벽을 깨우리로다 [3] 여호
와여 내가 만민 중에서 주께 감사하고 뭇 나라 중에서 주를 찬양하오리
니 [4] 주의 인자하심이 하늘보다 높으시며 주의 진실은 궁창에까지 이르나
이다 [5] 하나님이여 주는 하늘 위에 높이 들리시며 주의 영광이 온 땅에서
높임 받으시기를 원하나이다 [6] 주께서 사랑하시는 자들을 건지시기 위하여 우리에게 응답하사 오른손으로 구원
하소서 [7] 하나님이 그의 성소에서 말씀하시되 내가 기뻐하리라 내가 세겜을 나누며 숙곳 골짜기를 측량하리라 [8]
길르앗이 내 것이요 므낫세도 내 것이며 에브라임은 내 머리의 투구요 유다는 나의 규이며 [9] 모압은 내 목욕통이
라 에돔에는 내 신발을 벗어 던질지며 블레셋 위에서 내가 외치리라 하셨도다 [10] 누가 나를 이끌어 견고한 성읍
으로 인도해 들이며 누가 나를 에돔으로 인도할꼬 [11] 하나님이여 주께서 우리를 버리지 아니하셨나이까 하나님
이여 주께서 우리의 군대들과 함께 나아가지 아니하시나이다 [12] 우리를 도와 대적을 치게 하소서 사람의 구원은
헛됨이니이다 [13] 우리가 하나님을 의지하고 용감히 행하리니 그는 우리의 대적들을 밟으실 자이심이로다

❖ 시 108편
다윗은 열방(만민과 뭇 나라로 표현) 앞에서 하나님 찬양하기를 즐거워하며 그들에게 하나님이 누구이신가를 보여 주고 싶은 마음으로 충만해 있다.
"비파야 수금아 깰지어다 내가 새벽을 깨우리로다" 대단한 찬양의 열망이다. 우리의 인생이 이런 열망으로 가득 차 있으면 얼마나 행복하랴....다윗이 주변의 대적들로부터 하나님의 승리하심을 확신하기에 그 하나님을 향한 찬양에 더욱 넘치게 된다.

19일~24일

시편 138

다윗의 시

[1] 내가 전심으로 주께 감사하며 신들 앞에서 주께 찬송하리이다 [2] 내가 주
의 성전을 향하여 예배하며 주의 인자하심과 성실하심으로 말미암아 주
의 이름에 감사하오리니 이는 주께서 주의 말씀을 주의 모든 이름보다
높게 하셨음이라 [3] 내가 간구하는 날에 주께서 응답하시고 내 영혼에 힘
을 주어 나를 강하게 하셨나이다 [4] 여호와여 세상의 모든 왕들이 주께 감
사할 것은 그들이 주의 입의 말씀을 들음이오며 [5] 그들이 여호와의 도를
노래할 것은 여호와의 영광이 크심이니이다 [6] 여호와께서는 높이 계셔도
낮은 자를 굽어살피시며 멀리서도 교만한 자를 아심이니이다 [7] 내가 환난
중에 다닐지라도 주께서 나를 살아나게 하시고 주의 손을 펴사 내 원수
들의 분노를 막으시며 주의 오른손이 나를 구원하시리이다 [8] 여호와께서
나를 위하여 보상해 주시리이다 여호와여 주의 인자하심이 영원하오니
주의 손으로 지으신 것을 버리지 마옵소서

❖ 시 138편
간구를 듣고 응답해 주시는 하나님을 찬양한다. 3절 "내가 간구하는 날에 주께서 응답하시고 내 영혼에 힘을 주어 나를 강하게 하셨나이다." 기도 응답의 확신과 체험. 이것보다 더 신나는 것이 있을까? 그것은 곧 우리의 믿음의 분량과도 같을 것이다. 다윗처럼 하나님 마음에 합당한 삶을 살아갈 때 우리도 이런 기도 응답의 체험을 할 수 있다. 하나님 마음에 합당한 삶은 무엇일까? 성경 읽기와 관점 3개와 개념 3개에서 그 답을 찾을 수 있다. 다윗은 계속해서 완전케 하기까지 이어질 은혜에 대한 확신으로 기쁨이 충만하다.7절은 시편 23편의 사망의 음침한 골짜기를 다닐찌라도 해를 두려워하지 않는 다윗의 신앙적 이유를 볼 수 있다. 이것이 우리의 고백이요 확신이기를 축복한다.

역대상 16장

언약궤를 성소 안으로 옮기는 다윗

[1] 하나님의 궤를 메고 들어가서 다윗이 그것을 위하여 친 장막 가운데에
두고 번제와 화목제를 하나님께 드리니라 [2] 다윗이 번제와 화목제 드리기
를 마치고 여호와의 이름으로 백성에게 축복하고 [3] 이스라엘 무리 중 남녀를 막론하고 각 사람에게 떡 한 덩이
와 야자열매로 만든 과자와 건포도로 만든 과자 하나씩을 나누어 주었더라 [4] 또 레위 사람을 세워 여호와의 궤

대상 16:1-16
학습 자료 22-4 "성경의 신정 원리" 참조

앞에서 섬기며 이스라엘 하나님 여호와를 칭송하고 감사하며 찬양하게
하였으니 5 아삽은 우두머리요 그 다음은 스가랴와 여이엘과 스미라못과
여히엘과 맛디디아와 엘리압과 브나야와 오벧에돔과 여이엘이라 비파와
수금을 타고 아삽은 제금을 힘있게 치고 6 제사장 브나야와 야하시엘은
항상 하나님의 언약궤 앞에서 나팔을 부니라

감사 찬양(시 105:1-15; 96:1-13; 106:47-48)

7 그 날에 다윗이 아삽과 그의 형제를 세워 먼저 여호와께 감사하게 하여
이르기를 8 너희는 여호와께 감사하며 그의 이름을 불러 아뢰며 그가 행
하신 일을 만민 중에 알릴지어다 9 그에게 노래하며 그를 찬양하고 그의
모든 기사를 전할지어다 10 그의 성호를 자랑하라 여호와를 구하는 자마
다 마음이 즐거울지로다 11 여호와와 그의 능력을 구할지어다 항상 그의
얼굴을 찾을지어다 12-13 그의 종 이스라엘의 후손 곧 택하신 야곱의 자손
너희는 그의 행하신 기사와 그의 이적과 그의 입의 법도를 기억할지어다
14 그는 여호와 우리 하나님이시라 그의 법도가 온 땅에 있도다 15 너희는
그의 언약 곧 천 대에 명령하신 말씀을 영원히 기억할지어다 16 이것은 아
브라함에게 하신 언약이며 이삭에게 하신 맹세이며 17 이는 야곱에게 세
우신 율례 곧 이스라엘에게 하신 영원한 언약이라 18 이르시기를 내가 가
나안 땅을 네게 주어 너희 기업의 지경이 되게 하리라 하셨도다 19 그 때
에 너희 사람 수가 적어서 보잘것없으며 그 땅에 객이 되어 20 이 민족에
게서 저 민족에게로, 이 나라에서 다른 백성에게로 유랑하였도다 21 여호
와께서는 사람이 그들을 해하기를 용납하지 아니하시고 그들 때문에 왕
들을 꾸짖어 22 이르시기를 나의 기름 부은 자에게 손을 대지 말며 나의
선지자를 해하지 말라 하셨도다 23 온 땅이여 여호와께 노래하며 그의 구
원을 날마다 선포할지어다 24 그의 영광을 모든 민족 중에, 그의 기이한 행적을 만민 중에 선포할지어다 25 여호
와는 위대하시니 극진히 찬양할 것이요 모든 신보다 경외할 것임이여 26 만국의 모든 신은 헛것이나 여호와께서
는 하늘을 지으셨도다 27 존귀와 위엄이 그의 앞에 있으며 능력과 즐거움이 그의 처소에 있도다 28 여러 나라의
종족들아 영광과 권능을 여호와께 돌릴지어다 여호와께 돌릴지어다 29 여호와의 이름에 합당한 영광을 그에게
돌릴지어다 제물을 들고 그 앞에 들어갈지어다 아름답고 거룩한 것으로 여호와께 경배할지어다 30 온 땅이여 그
앞에서 떨지어다 세계가 굳게 서고 흔들리지 아니하는도다 31 하늘은 기뻐하고 땅은 즐거워하며 모든 나라 중
에서는 이르기를 여호와께서 통치하신다 할지로다 32 바다와 거기 충만한 것이 외치며 밭과 그 가운데 모든 것은
즐거워할지로다 33 그리 할 때에 숲 속의 나무들이 여호와 앞에서 즐거이 노래하리니 주께서 땅을 심판하러 오
실 것임이로다 34 여호와께 감사하라 그는 선하시며 그의 인자하심이 영원함이로다 35 너희는 이르기를 우리 구
원의 하나님이여 우리를 구원하여 만국 가운데에서 건져내시고 모으사 우리에게 주의 거룩한 이름을 감사하며
주의 영광을 드높일지어다 36 여호와 이스라엘의 하나님을 영원부터 영원
까지 송축할지로다 하매 모든 백성이 아멘 하고 여호와를 찬양하였더라

기브온에서 번제를 드리다

37 다윗이 아삽과 그의 형제를 여호와의 언약궤 앞에 있게 하며 항상 그 궤 앞에서 섬기게 하되 날마다 그 일대로
하게 하였고 38 오벧에돔과 그의 형제 육십팔 명과 여두둔의 아들 오벧에돔과 호사를 문지기로 삼았고 39 제사
장 사독과 그의 형제 제사장들에게 기브온 산당에서 여호와의 성막 앞에 모시게 하여 40 항상 아침 저녁으로 번
제단 위에 여호와께 번제를 드리되 여호와의 율법에 기록하여 이스라엘에게 명령하신 대로 다 준행하게 하였고

❖ 대상 16장
법궤를 예루살렘으로 가져오고 성전 체제를 구축하면서 먼저 찬양대를 조직하고 레위 사람 중 아삽을 찬양대 대장으로 삼는다.
☞ '찬양대'와 '성가대'의 의미를 구별함도 매우 중요하다.
· 다윗은 시인이며, 음악가이기도 해서 찬양의 중요성을 익히 알고 있는 자이다. 찬양을 맡은 자들로 하여금 법궤를 보살피게 한다. 구약 시대에도 찬양(찬송)은 예배의 핵심임을 알 수 있다.
· 다윗의 찬양시는 모두가 하나님의 행하심을 송축하는데 맞춰져 있음을 유의하라. 오늘날 찬양은 내 감정 고조에 초점이 맞춰져 있어 너무나 대조된다.
☞ 역대기는 제사장 관점에서 쓰여진 역사서이기 때문에 성전이 중심이 된다. 역대기를 통해서 보면 성전 제도와 성전 건축을 실질적으로 완성하는 이는 다윗임을 알 수 있다.

역상 16:7-36은 다윗의 감사시이다.
하나님께 의지하는 자는 이런 감사가 넘치는 삶을 살 수밖에 없다. 왜냐하면 그분이 창조주, 섭리주, 구속주 하나님이시고 모든 복의 근원이고 제공자이시기 때문이다.
그분께 전적으로 의지하고 있는가?
그러기 위해 오늘도 열심과 열정으로 전심을 다 해 성경 읽고 그대로 살려고 애쓰고 있는가?

대상 16:36
학습 자료 22-5 "아멘" 참조

19일~24일

41 또 여호와의 인자하심이 영원하시므로 그들과 함께 헤만과 여두둔과 그리고 택함을 받아 지명된 나머지 사람
을 세워 감사하게 하였고 42 또 그들과 함께 헤만과 여두둔을 세워 나팔과 제금들과 하나님을 찬송하는 악기로
소리를 크게 내게 하였고 또 여두둔의 아들에게 문을 지키게 하였더라 43 이에 뭇 백성은 각각 그 집으로 돌아가
고 다윗도 자기 집을 위하여 축복하려고 돌아갔더라

22일차 읽기의 요약

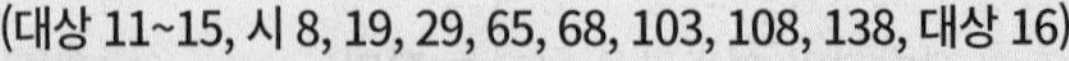
(대상 11~15, 시 8, 19, 29, 65, 68, 103, 108, 138, 대상 16)

역대기 상하는 모세 율법에 익숙한 에스라에 의해 쓰였다고 추정된다. 사무엘하의 역사보다 수백년 뒤에 쓰인 역대기 상하는 포로 귀환 시대의 학사였던 에스라에 의해 사무엘서와 사뭇 다른 관점으로 기록한다. 포로로 끌려갔다가 다시 예루살렘으로 돌아온 포로 귀환한 유대인들 가운데 있었던 에스라는 포로에서 돌아온 유대인들이 하나님의 언약 백성으로서의 정체성을 다시 바로 세우는 일을 돕기 위해 남방 유다만의 역사를 중심으로 역대상하를 기록한다.

그래서 역대기에는 성전과 예배문화, 제사장과 레위인들에 관한 기록들이 큰 비중을 차지하고 있다. 특히 역대상에서는 하나님의 언약궤가 예루살렘 성(시온성/다윗 산성)으로 들어올 때 다윗이 수금과 제금과 나팔을 불며 아삽과 그의 형제들을 세워 하나님을 찬양하게 하여 거국적으로 준비된 제사를 드리는 모습을 상세히 기록하고 있다.

다윗은 또한 시편을 통하여 예루살렘에 좌정하신 여호와 하나님께서 영원토록 왕으로 임재하시며 통치하시기를 간구한다. 하나님께서 시내 산 성소에 계셨던 것 같이 통일왕국 시대에 와서는 예루살렘이 하나님을 모시는 성전이 됨을 감격하며 찬양한다.

그러면 어떻게 살 것인가?

인위뚝·신위고!

☑ 세계관 점검 – 묵상하기 (영상 강의와 교재 내용의 이해를 바탕으로)

- 대상 12:32 시대 흐름을 분석해 그 시대에 자기가 할 일을 바르게 찾아야 할 줄 아는 자를 하나님은 찾으신다.
  이 시대를 당신은 어떻게 분석하고 있는가? 그리스도인으로서 이 시대에 마땅히 당신이 해야 할 일은 무엇인가? [잠 16:20, 롬 8:16-18. 찬송 323(통 355), 461(통 519)]

- 대상 13장에서 다윗이 민주주의 방식으로 법궤를 옮겨 오기로 뜻을 모으는 모습은 아름답다. 그런데 우리가 한가지 조심해야 할 것이 있다. 이 모습을 보고 우리는 흔히 "민심(民心)은 천심(天心)이다"

라고 말한다. 그러나 그 민심이 성경을 통해 하나님의 마음을 깨닫지 못하고 오늘날처럼 다원주의와 혼합주의에 물든 마음이라면 그 민심이 곧 천심이라고 단호히 말할 수 있겠으며 그들의 의도대로 과연 다수결이 원칙이 되어야 하겠는가? “신위(神爲)” 그것이 곧 천심임을 우리는 분명히 이해해야 한다. 그것이 성경적 세계관을 확고히 세워야 하는 당위성이다.

그다음에 이어서 보는 ‘웃사’의 실수에서 민심이 언제나 천심이 될 수 없다는 사실을 읽어라!

대상 13:10. 웃사가 죽임을 당한 이유를 역대상 15:13에서 답을 찾을 수 있다. 여호와의 규례를 여호와의 방법대로 지킴이 중요한 것임을 시사한다. 신위에 자기중심성의 인위를 내려놓는 것이다. 이것이 진정한 순종임을 명심하라. 하나님 방법대로 해야 한다는 것이다. [신위(神爲)]

대상 14:10 “다윗이 여호와께 물어 이르되...” 하나님의 뜻을 먼저 구하는 다윗을 묵상하라. 성경은 인간은 그의 뜻을 하나님의 뜻에 내려놓아야 한다고 가르친다. 인위를 신위에 내려놓는 것이 순종이다. 그러므로 바른 성경 읽기를 통해 하나님의 참 뜻을 발견하고 깨달아 내 뜻을 그분의 뜻에 맞추어야 한다. 이것이 가치관의 변화이고, 진정한 순종을 할 수 있게 되는 것이다.

레위기 26장, 신명기 28장에서 유독이 “지켜 행하면”을 강조하시는 하나님의 마음을 묵상하라.

다윗은 시편에서도 “하나님의 통치”를 노래하며 신위를 찬양한다. 그의 노래에서 하나님의 통치권을 회복하시기 위한 구속의 역사를 노래한다. 나의 삶에서 하나님의 통치는 어떻게 이루어지고 있는가?

“규례대로 행하기”의 세계관은 하나님의 구속사에서 매우 중요한 가치관을 보여 주고 있다. 사실 인간의 비극은 바로 이 규례 파괴에 있다. 태초에 아담과 하와가 하나님의 규례, 즉 선악을 알게 하는 나무의 열매는 먹지 말라는 하나님의 규례를 어겼다. 오늘 읽는 이 부분에서도 규례를 어김으로 일어나는 불상사를 볼 수 있다. 그런가 하면 다윗은 하나님과 교제하며 그분의 뜻을 구하며 준행하는 삶을 살아가는 모습을 보게 된다,

- 성경은 이 규례 지킴을 그 핵심으로 삼기 때문에 규례를 정확히 아는 지식이 아무리 풍요해도, 그것을 지켜내지 못하면 다 소용이 없다는 것이 되어 버린다,

결단기도와 실행하기

약 2:26 영혼 없는 몸이 죽은 것 같이 행함이 없는 믿음은 죽은 것이니라
시 119:28 나의 영혼이 눌림으로 말미암아 녹사오니 주의 말씀대로 나를 세우소서

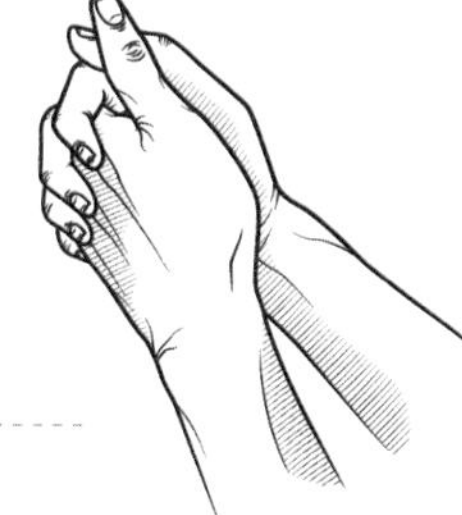

시편 96

[1] 새 노래로 여호와께 노래하라 온 땅이여 여호와께 노래할지어다 [2] 여호
와께 노래하여 그의 이름을 송축하며 그의 구원을 날마다 전파할지어다
[3] 그의 영광을 백성들 가운데에, 그의 기이한 행적을 만민 가운데에 선포
할지어다 [4] 여호와는 위대하시니 지극히 찬양할 것이요 모든 신들보다 경
외할 것임이여 [5] 만국의 모든 신들은 우상들이지만 여호와께서는 하늘을
지으셨음이로다 [6] 존귀와 위엄이 그의 앞에 있으며 능력과 아름다움이 그
의 성소에 있도다 [7] 만국의 족속들아 영광과 권능을 여호와께 돌릴지어
다 여호와께 돌릴지어다 [8] 여호와의 이름에 합당한 영광을 그에게 돌릴
지어다 예물을 들고 그의 궁정에 들어갈지어다 [9] 아름답고 거룩한 것으로
여호와께 예배할지어다 온 땅이여 그 앞에서 떨지어다 [10] 모든 나라 가운

데서 이르기를 여호와께서 다스리시니 세계가
굳게 서고 흔들리지 않으리라 그가 만민을 공
평하게 심판하시리라 할지로다 [11] 하늘은 기
뻐하고 땅은 즐거워하며 바다와 거기에 충만
한 것이 외치고 [12] 밭과 그 가운데에 있는 모든
것은 즐거워할지로다 그 때 숲의 모든 나무들이
여호와 앞에서 즐거이 노래하리니 [13] 그가 임하
시되 땅을 심판하러 임하실 것임이라 그가 의로
세계를 심판하시며 그의 진실하심으로 백성을 심판하시리로다

❖ 시편 95~100편은 **신정시(神政詩)** 모음이다. 이 땅의 모든 역사는 하나님이 다스리는 역사라는 신정 사상(神政 思想)을 읊조리는 시편들이다.

❖ 시편 96편
여호와에게는 늘 새로운 마음으로 노래해야 한다. 그것이 새 노래이다. 이 시는 대상 16:31에서 다윗이 "하나님이 통치하신다"라고 선언적 노래를 구체적으로 노래하는 시이다. 특히 10-13에서 열방을 향한 여호와의 통치와 그 종말론적 심판을 예언하며 그의 위엄을 노래한다. 이 부분은 통치의 온전한 회복이기 때문이다.
☞ 시인은 본 시에서 찬양과 영광 받으시기에 합당하신 하나님을 구원자시며(2절) 창조자시고(5절) 모든 신들보다 가장 뛰어나신 분이며(4, 6절) 만국을 통치하시는 분이요 (10절), 공의로운 판단자(13절)로 묘사하고 있는데, 그 중에서도 만민을 공평히 판단하실 심판자로서의 하나님에 대한 언급은(10-13절) 만왕의 왕 메시아(Messiah)의 재림을 통해 이루어질 우주적이고 최종적인 공회의 심판과 메시아 왕국에 대한 예언 구절로 해석한다(시 45:6-7, 창 49:10).

시편 105

❖ 시편 105편 : **역사시**
105편도 곧 그 통치하심과 관련되는 시편이다. 통치란 곧 하나님의 나라를 의미한다는 것을 기억하라. 이것이 성경의 핵심적 관점이고 메시지이다. 이 105편은 그 통치를 회복하고 하나님 나라를 회복하신다는 하나님의 종말론적 구속의 역사를 다윗이 찬양하고 있다. 이 시는 출애굽에서 보여 주신 하나님의 능력과 은혜를 찬양하는 시이고 그것이 곧 구속의 역사이다.

[1] 여호와께 감사하고 그의 이름을 불러 아뢰며 그가 하는 일을 만민 중에
알게 할지어다 [2] 그에게 노래하며 그를 찬양하며 그의 모든 기이한 일들
을 말할지어다 [3] 그의 거룩한 이름을 자랑하라 여호와를 구하는 자들은
마음이 즐거울지로다 [4] 여호와와 그의 능력을 구할지어다 그의 얼굴을 항
상 구할지어다 [5-6] 그의 종 아브라함의 후손 곧 택하신 야곱의 자손 너희
는 그가 행하신 기적과 그의 이적과 그의 입의 판단을 기억할지어다 [7] 그
는 여호와 우리 하나님이시라 그의 판단이 온 땅에 있도다 [8] 그는 그의 언약 곧 천 대에 걸쳐 명령하신 말씀을 영
원히 기억하셨으니 [9] 이것은 아브라함과 맺은 언약이고 이삭에게 하신 맹세이며 [10] 야곱에게 세우신 율례 곧 이
스라엘에게 하신 영원한 언약이라 [11] 이르시기를 내가 가나안 땅을 네게 주어 너희에게 할당된 소유가 되게 하
리라 하셨도다 [12] 그 때에 그들의 사람 수가 적어 그 땅의 나그네가 되었고 [13] 이 족속에게서 저 족속에게로, 이
나라에서 다른 민족에게로 떠돌아다녔도다 [14] 그러나 그는 사람이 그들을 억압하는 것을 용납하지 아니하시
고 그들로 말미암아 왕들을 꾸짖어 [15] 이르시기를 나의 기름 부은 자를 손대지 말며 나의 선지자들을 해하지 말
라 하셨도다 [16] 그가 또 그 땅에 기근이 들게 하사 그들이 의지하고 있는 양식을 다 끊으셨도다 [17] 그가 한 사람

을 앞서 보내셨음이여 요셉이 종으로 팔렸도다 18 그의 발은 차꼬를 차고
그의 몸은 쇠사슬에 매였으니 19 곧 여호와의 말씀이 응할 때까지라 그의
말씀이 그를 단련하였도다 20 왕이 사람을 보내어 그를 석방함이여 뭇 백
성의 통치자가 그를 자유롭게 하였도다 21 그를 그의 집의 주관자로 삼아
그의 모든 소유를 관리하게 하고 22 그의 뜻대로 모든 신하를 다스리며
그의 지혜로 장로들을 교훈하게 하였도다 23 이에 이스라엘이 애굽에 들
어감이여 야곱이 함의 땅에 나그네가 되었도다 24 여호와께서 자기의 백
성을 크게 번성하게 하사 그의 대적들보다 강하게 하셨으며 25 또 그 대
적들의 마음이 변하게 하여 그의 백성을 미워하게 하시며 그의 종들에게
교활하게 행하게 하셨도다 26 그리하여 그는 그의 종 모세와 그의 택하신
아론을 보내시니 27 그들이 그들의 백성 중에서 여호와의 표적을 보이고
함의 땅에서 징조들을 행하였도다 28 여호와께서 흑암을 보내사 그곳을
어둡게 하셨으나 그들은 그의 말씀을 지키지 아니하였도다 29 그들의 물
도 변하여 피가 되게 하사 그들의 물고기를 죽이셨도다 30 그 땅에 개구리
가 많아져서 왕의 궁실에도 있었도다 31 여호와께서 말씀하신즉 파리 떼
가 오며 그들의 온 영토에 이가 생겼도다 32 비 대신 우박을 내리시며 그
들의 땅에 화염을 내리셨도다 33 그들의 포도나무와 무화과나무를 치시며 그들의 지경에 있는 나무를 찍으셨도
다 34 여호와께서 말씀하신즉 황충과 수많은 메뚜기가 몰려와 35 그들의 땅에 있는 모든 채소를 먹으며 그들의
밭에 있는 열매를 먹었도다 36 또 여호와께서 그들의 기력의 시작인 그 땅의 모든 장자를 치셨도다 37 마침내 그
들을 인도하여 은 금을 가지고 나오게 하시니 그의 지파 중에 비틀거리는 자가 하나도 없었도다 38 그들이 떠날
때에 애굽이 기뻐하였으니 그들이 그들을 두려워함이로다 39 여호와께서 낮에는 구름을 펴사 덮개를 삼으시고
밤에는 불로 밝히셨으며 40 그들이 구한즉 메추라기를 가져 오시고 또 하늘의 양식으로 그들을 만족하게 하셨도
다 41 반석을 여신즉 물이 흘러나와 마른 땅에 강 같이 흘렀으니 42 이는 그의 거룩한 말씀과 그의 종 아브라함을
기억하셨음이로다 43 그의 백성이 즐겁게 나오게 하시며 그의 택한 자는 노래하며 나오게 하시고 44 여러 나라의
땅을 그들에게 주시며 민족들이 수고한 것을 소유로 가지게 하셨으니 45 이는 그들이 그의 율례를 지키고 그의
율법을 따르게 하려 하심이로다 할렐루야

시 105:9-11
가나안 땅에 대한 하나님의 약속

아브라함에게 하신 약속
내가 너와 네 후손에게 네가 거류하는 이 땅 곧 가나안 온 땅을 주어 영원한 기업이 되게 하고 나는 그들의 하나님이 되리라(창 17:8)
이삭에게 하신 약속
애굽으로 내려가지 말고 내가 네게 지시하는 땅에 거주하라 이 땅에 거류하면 내가 너와 함께 있어 네게 복을 주고 내가 이 모든 땅을 너와 네 자손에게 주리라(창 26:2, 3)
야곱에게 하신 약속
나는 여호와니 너의 조부 아브라함의 하나님이요 이삭의 하나님이라 네가 누워 있는 땅을 내가 너와 네 자손에게 주리니(창 28:13)
이스라엘 자손에게 하신 약속
내가 내려가서 그들을 애굽인의 손에서 건져내고 그들을 그 땅에서 인도하여 아름답고 광대한 땅, 젖과 꿀이 흐르는 땅 … 데려가려 하노라(출 3:8)

19일~24일

시편 106

❖ 시편 106편 : **역사시**
106편도 105편과 같은 맥락의 시다. 출애굽을 통한 하나님의 구속 역사를 찬양하고 있다. 법궤는 이런 구속의 역사를 찬양하고 있다. 법궤는 이런 구속의 역사를 배경으로 하고 있으며 다윗이 왕이 되고 그 왕조가 생겨난 것은 메시아라는 구속주가 오시고 그러므로 하나님의 구속 역사는 그로 인해 완성된다는 성경 전체의 Storyline과 메시지를 의식하고 읽어라.

1 할렐루야 여호와께 감사하라 그는 선하시며 그 인자하심이 영원함이
로다 2 누가 능히 여호와의 권능을 다 말하며 주께서 받으실 찬양을 다
선포하랴 3 정의를 지키는 자들과 항상 공의를 행하는 자는 복이 있도다
4 여호와여 주의 백성에게 베푸시는 은혜로 나를 기억하시며 주의 구원
으로 나를 돌보사 5 내가 주의 택하신 자가 형통함을 보고 주의 나라의
기쁨을 나누어 가지게 하사 주의 유산을 자랑하게 하소서 6 우리가 우리
의 조상들처럼 범죄하여 사악을 행하며 악을 지었나이다 7 우리의 조상들이 애굽에 있을 때 주의 기이한 일들
을 깨닫지 못하며 주의 크신 인자를 기억하지 아니하고 바다 곧 홍해에서 거역하였나이다 8 그러나 여호와께
서는 자기의 이름을 위하여 그들을 구원하셨으니 그의 큰 권능을 만인이 알게 하려 하심이로다 9 이에 홍해를
꾸짖으시니 곧 마르니 그들을 인도하여 바다 건너가기를 마치 광야를 지나감 같게 하사 10 그들을 그 미워하

> 시 106:16-18 모세와 아론을 질투한 다단, 그런데 우리 역시 교회에서 봉사하면서 서로 협력하기보다는 다른 성도들의 역할과 지위를 질투하며 불평하고 있지 않는가? 한 지체된 내가 왜 그를 질투해야 할까?(cf. 사 1:4)

19일~24일

는 자의 손에서 구원하시며 그 원수의 손에서 구원하셨고 11 그들의 대
적들은 물로 덮으시매 그들 중에서 하나도 살아남지 못하였도다 12 이
에 그들이 그의 말씀을 믿고 그를 찬양하는 노래를 불렀도다 13 그러나
그들은 그가 행하신 일을 곧 잊어버리며 그의 가르침을 기다리지 아니
하고 14 광야에서 욕심을 크게 내며 사막에서 하나님을 시험하였도다 15
그러므로 여호와께서는 그들이 요구한 것을 그들에게 주셨을지라도 그
들의 영혼은 쇠약하게 하셨도다 16 그들이 진영에서 모세와 여호와의 거룩한 자 아론을 질투하매 17 땅이 갈
라져 다단을 삼키며 아비람의 당을 덮었고 18 불이 그들의 당에 붙음이여 화염이 악인들을 살랐도다 19 그들이
호렙에서 송아지를 만들고 부어 만든 우상을 경배하여 20 자기 영광을 풀 먹는 소의 형상으로 바꾸었도다 21
애굽에서 큰 일을 행하신 그의 구원자 하나님을 그들이 잊었나니 22 그는 함의 땅에서 기사와 홍해에서 놀랄
만한 일을 행하신 이시로다 23 그러므로 여호와께서 그들을 멸하리라 하셨으나 그가 택하신 모세가 그 어려움
가운데에서 그의 앞에 서서 그의 노를 돌이켜 멸하시지 아니하게 하였도다 24 그들이 그 기쁨의 땅을 멸시하
며 그 말씀을 믿지 아니하고 25 그들의 장막에서 원망하며 여호와의 음성을 듣지 아니하였도다 26 이러므로 그
가 그의 손을 들어 그들에게 맹세하기를 그들이 광야에 엎드러지게 하고 27 또 그들의 후손을 뭇 백성 중에 엎
드러뜨리며 여러 나라로 흩어지게 하리라 하셨도다 28 그들이 또 브올의 바알과 연합하여 죽은 자에게 제사한
음식을 먹어서 29 그 행위로 주를 격노하게 함으로써 재앙이 그들 중에 크게 유행하였도다 30 그 때에 비느하
스가 일어서서 중재하니 이에 재앙이 그쳤도다 31 이 일이 그의 의로 인정되었으니 대대로 영원까지로다 32 그
들이 또 므리바 물에서 여호와를 노하시게 하였으므로 그들 때문에 재난이 모세에게 이르렀나니 33 이는 그들
이 그의 뜻을 거역함으로 말미암아 모세가 그의 입술로 망령되이 말하였음이로다 34 그들은 여호와께서 멸하
라고 말씀하신 그 이방 민족들을 멸하지 아니하고 35 그 이방 나라들과 섞여서 그들의 행위를 배우며 36 그들
의 우상들을 섬기므로 그것들이 그들에게 올무가 되었도다 37 그들이 그들의 자녀를 악귀들에게 희생제물로
바쳤도다 38 무죄한 피 곧 그들의 자녀의 피를 흘려 가나안의 우상들에게 제사하므로 그 땅이 피로 더러워졌
도다 39 그들은 그들의 행위로 더러워지니 그들의 행동이 음탕하도다 40 그러므로 여호와께서 자기 백성에게
맹렬히 노하시며 자기의 유업을 미워하사 41 그들을 이방 나라의 손에 넘기시매 그들을 미워하는 자들이 그들
을 다스렸도다 42 그들이 원수들의 압박을 받고 그들의 수하에 복종하게 되었도다 43 여호와께서 여러 번 그
들을 건지시나 그들은 교묘하게 거역하며 자기 죄악으로 말미암아 낮아짐을 당하였도다 44 그러나 여호와께
서 그들의 부르짖음을 들으실 때에 그들의 고통을 돌보시며 45 그들을 위하여 그의 언약을 기억하시고 그 크
신 인자하심을 따라 뜻을 돌이키사 46 그들을 사로잡은 모든 자에게서 긍휼히 여김을 받게 하셨도다 47 여호와
우리 하나님이여 우리를 구원하사 여러 나라로부터 모으시고 우리가 주의 거룩하신 이름을 감사하며 주의 영
예를 찬양하게 하소서 48 여호와 이스라엘의 하나님을 영원부터 영원까지 찬양할지어다 모든 백성들아 아멘
할지어다 할렐루야

시편 39

다윗의 시, 인도자를 따라 여두둔 형식으로 부르는 노래

1 내가 말하기를 나의 행위를 조심하여 내 혀로 범죄하지 아니하리니 악인이 내 앞에 있을 때에 내가 내 입에
재갈을 먹이리라 하였도다 2 내가 잠잠하여 선한 말도 하지 아니하니 나의 근심이 더 심하도다 3 내 마음이 내
속에서 뜨거워서 작은 소리로 읊조릴 때에 불이 붙으니 나의 혀로 말하기를 4 여호와여 나의 종말과 연한이 언
제까지인지 알게 하사 내가 나의 연약함을 알게 하소서 5 주께서 나의 날을 한 뼘 길이만큼 되게 하시매 나의

일생이 주 앞에는 없는 것 같사오니 사람은 그가 든든히 서 있는 때에도
진실로 모두가 허사뿐이니이다 (셀라) 6 진실로 각 사람은 그림자 같이 다
니고 헛된 일로 소란하며 재물을 쌓으나 누가 거둘는지 알지 못하나이
다 7 주여 이제 내가 무엇을 바라리요 나의 소망은 주께 있나이다 8 나를
모든 죄에서 건지시며 우매한 자에게서 욕을 당하지 아니하게 하소서
9 내가 잠잠하고 입을 열지 아니함은 주께서 이를 행하신 까닭이니이다
10 주의 징벌을 나에게서 옮기소서 주의 손이 치심으로 내가 쇠망하였나
이다 11 주께서 죄악을 책망하사 사람을 징계하실 때에 그 영화를 좀먹
음 같이 소멸하게 하시니 참으로 인생이란 모두 헛될 뿐이니이다 (셀라)
12 여호와여 나의 기도를 들으시며 나의 부르짖음에 귀를 기울이소서 내
가 눈물 흘릴 때에 잠잠하지 마옵소서 나는 주와 함께 있는 나그네이며
나의 모든 조상들처럼 떠도나이다 13 주는 나를 용서하사 내가 떠나 없
어지기 전에 나의 건강을 회복시키소서

시편 62

다윗의 시, 인도자를 따라 여두둔의 법칙에 따라 부르는 노래

1 나의 영혼이 잠잠히 하나님만 바람이여 나의 구원이 그에게서 나오는도
다 2 오직 그만이 나의 반석이시요 나의 구원이시요 나의 요새이시니 내
가 크게 흔들리지 아니하리로다 3 넘어지는 담과 흔들리는 울타리 같이
사람을 죽이려고 너희가 일제히 공격하기를 언제까지 하려느냐 4 그들이
그를 그의 높은 자리에서 떨어뜨리기만 꾀하고 거짓을 즐겨 하니 입으로
는 축복이요 속으로는 저주로다 (셀라) 5 나의 영혼아 잠잠히 하나님만 바
라라 무릇 나의 소망이 그로부터 나오는도다 6 오직 그만이 나의 반석이
시요 나의 구원이시요 나의 요새이시니 내가 흔들리지 아니하리로다 7 나
의 구원과 영광이 하나님께 있음이여 내 힘의 반석과 피난처도 하나님께
있도다 8 백성들아 시시로 그를 의지하고 그의 앞에 마음을 토하라 하나
님은 우리의 피난처시로다 (셀라) 9 아, 슬프도다 사람은 입김이며 인생도
속임수이니 저울에 달면 그들은 입김보다 가벼우리로다 10 포악을 의지하지 말며 탈취한 것으로 허망하여지지
말며 재물이 늘어도 거기에 마음을 두지 말지어다 11 하나님이 한두 번 하신 말씀을 내가 들었나니 권능은 하나
님께 속하였다 하셨도다 12 주여 인자함은 주께 속하오니 주께서 각 사람이 행한 대로 갚으심이니이다

❖ 시편 39편 : **참회시**
하나님의 위엄과 위대하심 앞에서 인간의 위치를 깨닫게 함으로 더욱 하나님을 높이게 해 달라는 다윗의 회개 기도이기도 하다. 4절 "여호와여 나의 종말과 연한이 언제까지인지 알게 하사 내가 나의 연약함을 알게 하소서" 하나님 앞에서 인간의 한계를 깨닫는 만큼 중요한 것은 없다. 이것이 곧 자기중심성을 내려놓는 첫 번째 단계이다.
☞ 우리는 무엇보다 먼저 단 한 사람의 예외 없이 원죄와 자범죄에 휩싸여 질고로 점철되는 처절한 삶을 살다가 죽어야 하는 인생의 실상을 새삼 목도하며 만감에 젖게 된다(롬 3:10, 23). 나아가 모든 인생이 그 어미를 무정히 버린 자식같이 배도하여 하나님을 떠나갔고 심지어 하나님을 믿고 돌아온 자들 역시도 단 한 사람의 예외 없이 스스로 완전하지 못하여 그 자신들 만으로서는 결국 죽음과 형벌만을 받아야 하지만, 하나님의 은혜는 절대 완전하여 당신께 나아오는 모든 자들에게 절대 구원을 보장해 주시는 하나님 은혜의 넓고 깊음을 새삼 깨달으며 그저 무릎을 꿇고 오열할 수밖에 없다(사 55:7, 벧후 3:9)

❖ 시편 62편 : **비탄시**
다윗의 이 시에서 하나님은 인간에게 무엇으로 다가오시는가를 살펴보고 그것이 하나님을 향한 나의 고백이 되어야 하겠다. 다윗은 하나님을 나의 반석, 나의 구원, 나의 요새, 나의 피난처라고 고백한다. 그러므로 우리는 그에게 피하고 의지할 수 있다. 그것이 구원의 확신이다. 그러므로 신위가 서고 인위가 내려짐으로 자기중심성이 내려지게 된다.
☞ 사실 하나님이 천지 만물의 창조주요 통치자이시며 장차 이 세상을 공의로 심판할 자이심을 믿고 그분의 뜻에 순복하는 자들, 곧 신위에 순종하는 자들은 정녕 하나님께서 주시는 절대 영원의 축복을 누리게 될 것이다.

시편 50

아삽의 시

1 전능하신 이 여호와 하나님께서 말씀하사 해 돋는 데서부터 지는 데까지 세상을 부르셨도다 2 온전히 아름다
운 시온에서 하나님이 빛을 비추셨도다 3 우리 하나님이 오사 잠잠하지 아니하시니 그 앞에는 삼키는 불이 있고
그 사방에는 광풍이 불리로다 4 하나님이 자기의 백성을 판결하시려고 위 하늘과 아래 땅에 선포하여 5 이르시

되 나의 성도들을 내 앞에 모으라 그들은 제사로 나와 언약한 이들이니
라 하시도다 6 하늘이 그의 공의를 선포하리니 하나님 그는 심판장이심이
로다 (셀라) 7 내 백성아 들을지어다 내가 말하리라 이스라엘아 내가 네게
증언하리라 나는 하나님 곧 네 하나님이로다 8 나는 네 제물 때문에 너를
책망하지는 아니하리니 네 번제가 항상 내 앞에 있음이로다 9 내가 네 집
에서 수소나 네 우리에서 숫염소를 가져가지 아니하리니 10 이는 삼림의
짐승들과 뭇 산의 가축이 다 내 것이며 11 산의 모든 새들도 내가 아는 것
이며 들의 짐승도 내 것임이로다 12 내가 가령 주려도 네게 이르지 아니할
것은 세계와 거기에 충만한 것이 내 것임이로다 13 내가 수소의 고기를 먹
으며 염소의 피를 마시겠느냐 14 감사로 하나님께 제사를 드리며 지존하
신 이에게 네 서원을 갚으며 15 환난 날에 나를 부르라 내가 너를 건지리
니 네가 나를 영화롭게 하리로다 16 악인에게는 하나님이 이르시되 네가
어찌하여 내 율례를 전하며 내 언약을 네 입에 두느냐 17 네가 교훈을 미
워하고 내 말을 네 뒤로 던지며 18 도둑을 본즉 그와 연합하고 간음하는
자들과 동료가 되며 19 네 입을 악에게 내어 주고 네 혀로 거짓을 꾸미며
20 앉아서 네 형제를 공박하며 네 어머니의 아들을 비방하는도다 21 네가
이 일을 행하여도 내가 잠잠하였더니 네가 나를 너와 같은 줄로 생각하였
도다 그러나 내가 너를 책망하여 네 죄를 네 눈 앞에 낱낱이 드러내리라
하시는도다 22 하나님을 잊어버린 너희여 이제 이를 생각하라 그렇지 아
니하면 내가 너희를 찢으리니 건질 자 없으리라 23 감사로 제사를 드리는
자가 나를 영화롭게 하나니 그의 행위를 옳게 하는 자에게 내가 하나님
의 구원을 보이리라

❖ 시편 50편 : **지혜시**
다윗 시대(B.C, 1010-971년경) 찬양대장 아삽이 심판주 하나님을 찬양하며 백성들을 향하여 여호와 하나님께 대한 바른 예배 자세에 대해 교훈한 지혜시이다. 하나님의 백성으로 구별되어 택함 받은 성도(聖徒)의 하나님께 대한 제1 의무인 예배 자세에 대해 교훈하고 있다.
☞ 예배(worship)는 창조자요 구속자이신 하나님과 인간인 성도 사이의 모든 교제의 요소 곧 찬양, 감사와 헌물, 서원과 간구, 말씀 선포, 축복 등을 망라하여 이를 의전화(儀典化)함으로 하나님을 경배하는 의식이다. 이러한 예배는 하나님과 인간이 가장 역동적으로 만나고 교제를 나누는 장(場)이기도 하며, 또한 태초부터 종말까지 이어지는 구속사의 노정에서 결코 단절될 수 없는 하나님을 향한 인간의 당연한 의무임과 동시에 하나님의 축복과 은총을 체험하게 되는 최대의 통로이다. 따라서 하나님께 대한 예배의 바른 자세를 가졌는지는 곧 성도의 삶 전체가 하나님 중심으로 정립되는 데 결정적인 요소가 되는 것이다. 이 때문에 성경(聖經)은 하나님께 대한 중심으로 정립되는 데 있어서 결정적인 요소가 되는 것이다. 왜냐하면 진정한 예배(禮拜)는 한자 그대로 예를 갖추어 절(敬拜)하는 것이기 때문에 그 방법이 성경 속에 있다. 그러므로 진정한 예배는 하나님의 율례를 삶으로 표현하는 것이다.
성경(聖經)은 바른 예배 자세에 대해 다른 어떤 교훈보다 강도 있게 교훈하고 있다. (신 6:13, 대상 16 29, 롬 12:1-2, 히 12:28, 계 14:7).

시편 73

아삽의 시

1 하나님이 참으로 이스라엘 중 마음이 정결한 자에게 선을 행하시나 2 나
는 거의 넘어질 뻔하였고 나의 걸음이 미끄러질 뻔하였으니 3 이는 내가
악인의 형통함을 보고 오만한 자를 질투하였음이로다 4 그들은 죽을 때
에도 고통이 없고 그 힘이 강건하며 5 사람들이 당하는 고난이 그들에게
는 없고 사람들이 당하는 재앙도 그들에게는 없나니 6 그러므로 교만이 그들의 목걸이요 강포가 그들의 옷이며
7 살찜으로 그들의 눈이 솟아나며 그들의 소득은 마음의 소원보다 많으며 8 그들은 능욕하며 악하게 말하며 높
은 데서 거만하게 말하며 9 그들의 입은 하늘에 두고 그들의 혀는 땅에 두루 다니도다 10 그러므로 그의 백성이
이리로 돌아와서 잔에 가득한 물을 다 마시며 11 말하기를 하나님이 어찌 알랴 지존자에게 지식이 있으랴 하는도
다 12 볼지어다 이들은 악인들이라도 항상 평안하고 재물은 더욱 불어나도다 13 내가 내 마음을 깨끗하게 하며
내 손을 씻어 무죄하다 한 것이 실로 헛되도다 14 나는 종일 재난을 당하며 아침마다 징벌을 받았도다 15 내가 만
일 스스로 이르기를 내가 그들처럼 말하리라 하였더라면 나는 주의 아들들의 세대에 대하여 악행을 행하였으리
이다 16 내가 어쩌면 이를 알까 하여 생각한즉 그것이 내게 심한 고통이 되었더니 17 하나님의 성소에 들어갈 때
에야 그들의 종말을 내가 깨달았나이다 18 주께서 참으로 그들을 미끄러운 곳에 두시며 파멸에 던지시니 19 그들

❖ 73편에서 시작해서 읽기 순서대로 83편까지 11편은 다윗 찬양대 대장인 아삽이 쓴 시이다. 그는 찬양 대장답게 하나님의 모든 점을 찬양하고 있다. 이사야 43:21 "이 백성은 나를 위해 지었나니 나의 찬송을 부르게 하려 함이니라" 라고 말한 것처럼, 우리는 하나님의 찬송을 부르기 위해 지어진 존재임을 알고 이 찬송시를 읽어라.

19일~24일

이 어찌하여 그리 갑자기 황폐되었는가 놀랄 정도로 그들은 전멸하였나
이다 20 주여 사람이 깬 후에는 꿈을 무시함 같이 주께서 깨신 후에는 그
들의 형상을 멸시하시리이다 21 내 마음이 산란하며 내 양심이 찔렸나이
다 22 내가 이같이 우매 무지함으로 주 앞에 짐승이오나 23 내가 항상 주
와 함께 하니 주께서 내 오른손을 붙드셨나이다 24 주의 교훈으로 나를
인도하시고 후에는 영광으로 나를 영접하시리니 25 하늘에서는 주 외에
누가 내게 있으리요 땅에서는 주 밖에 내가 사모할 이 없나이다 26 내 육
체와 마음은 쇠약하나 하나님은 내 마음의 반석이시요 영원한 분깃이시
라 27 무릇 주를 멀리하는 자는 망하리니 음녀 같이 주를 떠난 자를 주께
서 다 멸하셨나이다 28 하나님께 가까이 함이 내게 복이라 내가 주 여호와
를 나의 피난처로 삼아 주의 모든 행적을 전파하리이다

❖ 시편 73편

태초에 하나님은 자유 의지를 가진 전 피조물의 대표인 인간과 에덴동산에서 선악과 언약을 맺으면서 이를 어기면 반드시 죽을 것이고 이의 준수를 전제로 해서만 영원한 생명과 축복을 주시기로 약속하였다(창 2:17). 그러나 인간은 이를 어겼다. 따라서 인간의 죽음은 필연적이었다. 하나님은 절대 거룩한 분이시므로 그분이 세운 언약의 법(法)도 절대적으로 준수되어야 했다. 그러나 하나님은 절대 공의의 하나님인 동시에 절대 사랑의 주(主)이기도 하시다. 이에 하나님은 그 법 자체는 일단 지켜서 인간으로 하여금 죄의 책임은 지게 하면서도 그 죄를 범한 인간 자체만은 죄를 회개하는 것을 조건으로 하여 다시금 영생을 얻을 새 기회를 주시기 원하셨다. 따라서 하나님은 즉각적 심판을 유보하시고 다른 존재가 인간을 대신하여 죽음으로써 언약의 법에 따라 요구되던 죄의 대가를 치르는 대신 인간은 회개하면 다시 구원을 얻을 수 있는 구속(救贖)의 원리를 인간의 범죄 이후 새로 세우셨다.

그러므로 역으로 진정한 복은 하나님과 함께 할 때 받을 수 있고 그러기 위해 여호와의 율례를 지켜야 한다는 것을 강조한다.

19일~24일

시편 74

아삽의 마스길

1 하나님이여 주께서 어찌하여 우리를 영원히 버리시나이까 어찌하여 주
께서 기르시는 양을 향하여 진노의 연기를 뿜으시나이까 2 옛적부터 얻
으시고 속량하사 주의 기업의 지파로 삼으신 주의 회중을 기억하시며 주
께서 계시던 시온 산도 생각하소서 3 영구히 파멸된 곳을 향하여 주의 발을 옮겨 놓으소서 원수가 성소에서 모
든 악을 행하였나이다 4 주의 대적이 주의 회중 가운데에서 떠들며 자기들의 깃발을 세워 표적으로 삼았으니 5
그들은 마치 도끼를 들어 삼림을 베는 사람 같으니이다 6 이제 그들이 도끼와 철퇴로 성소의 모든 조각품을 쳐
서 부수고 7 주의 성소를 불사르며 주의 이름이 계신 곳을 더럽혀 땅에 엎었나이다 8 그들이 마음속으로 이르기
를 우리가 그들을 진멸하자 하고 이 땅에 있는 하나님의 모든 회당을 불살랐나이다 9 우리의 표적은 보이지 아
니하며 선지자도 더 이상 없으며 이런 일이 얼마나 오랠는지 우리 중에 아는 자도 없나이다 10 하나님이여 대적이
언제까지 비방하겠으며 원수가 주의 이름을 영원히 능욕하리이까 11 주께서 어찌하여 주의 손 곧 주의 오른손
을 거두시나이까 주의 품에서 손을 빼내시어 그들을 멸하소서 12 하나님
은 예로부터 나의 왕이시라 사람에게 구원을 베푸셨나이다 13 주께서 주
의 능력으로 바다를 나누시고 물 가운데 용들의 머리를 깨뜨리셨으며 14
리워야단의 머리를 부수시고 그것을 사막에 사는 자에게 음식물로 주셨
으며 15 주께서 바위를 쪼개어 큰물을 내시며 주께서 늘 흐르는 강들을 마
르게 하셨나이다 16 낮도 주의 것이요 밤도 주의 것이라 주께서 빛과 해를 마련하셨으며 17 주께서 땅의 경계를
정하시며 주께서 여름과 겨울을 만드셨나이다 18 여호와여 이것을 기억하소서 원수가 주를 비방하며 우매한 백
성이 주의 이름을 능욕하였나이다 19 주의 멧비둘기의 생명을 들짐승에게 주지 마시며 주의 가난한 자의 목숨을
영원히 잊지 마소서 20 그 언약을 눈여겨 보소서 무릇 땅의 어두운 곳에 포악한 자의 처소가 가득하나이다 21 학
대 받은 자가 부끄러이 돌아가게 하지 마시고 가난한 자와 궁핍한 자가 주의 이름을 찬송하게 하소서 22 하나님
이여 일어나 주의 원통함을 푸시고 우매한 자가 종일 주를 비방하는 것을 기억하소서 23 주의 대적들의 소리를
잊지 마소서 일어나 주께 항거하는 자의 떠드는 소리가 항상 주께 상달되나이다

시 74:12-17 주는 어떤 분이신가?

시 74:17

학습 자료 23-1 "지구의 자전" 참조

시편 75

❖ 시편 75편 : **찬양시**
하나님께 대한 찬양으로 시작하여 찬양으로 끝맺음으로써 수미쌍관(首尾機關)의 묘미를 보이고 있는데 이러한 찬양의 이유로 우주 만물을 지으시고 그 모든 것을 주관하는 하나님이 당신의 절대주권(絶對主權)에 따라 정하신 때가 되면 하나님의 존재를 부인하고 하나님의 택한 백성을 위협하며 대적하는 자들은 징벌하시고, 저들로 인해 무고히 고난 당하기 일쑤인 하나님의 택한 백성은 다 구원하실 것이라는 사실을 들고 있다. 따라서 본 시는 근본 찬양시이면서도 그 내용상 지혜시의 성격이 강하다.

아삽의 시, 인도자를 따라 알다스헷에 맞춘 노래

1 하나님이여 우리가 주께 감사하고 감사함은 주의 이름이 가까움이라
사람들이 주의 기이한 일들을 전파하나이다 2 주의 말씀이 내가 정한 기
약이 이르면 내가 바르게 심판하리니 3 땅의 기둥은 내가 세웠거니와 땅
과 그 모든 주민이 소멸되리라 하시도다 (셀라) 4 내가 오만한 자들에게 오
만하게 행하지 말라 하며 악인들에게 뿔을 들지 말라 하였노니 5 너희 뿔
을 높이 들지 말며 교만한 목으로 말하지 말지어다 6 무릇 높이는 일이 동
쪽에서나 서쪽에서 말미암지 아니하며 남쪽에서도 말미암지 아니하고 7 오직 재판장이신 하나님이 이를 낮추시
고 저를 높이시느니라 8 여호와의 손에 잔이 있어 술거품이 일어나는도다 속에 섞은 것이 가득한 그 잔을 하나님
이 쏟아 내시나니 실로 그 찌꺼기까지도 땅의 모든 악인이 기울여 마시리로다 9 나는 야곱의 하나님을 영원히 선
포하며 찬양하며 10 또 악인들의 뿔을 다 베고 의인의 뿔은 높이 들리로다

19일~ 24일

시편 76

❖ 시편 76편 : **찬양시**
본시 그 근본 주제에 있어서는 제75편과 마찬가지로 하나님을 경외치 아니하는 근본적 인본주의자들이 하나님의 택한 백성 곧 하나님을 경외하는 근본적 신본주의자들을 위협하며 대적할지라도 그 결국은 하나님의 진노의 심판을 당할 뿐이라는 사실을 교훈하고 있다.

아삽의 시, 인도자를 따라 현악에 맞춘 노래

1 하나님은 유다에 알려지셨으며 그의 이름이 이스라엘에 알려지셨도다
2 그의 장막은 살렘에 있음이여 그의 처소는 시온에 있도다 3 거기에서 그
가 화살과 방패와 칼과 전쟁을 없이하셨도다 (셀라) 4 주는 약탈한 산에서
영화로우시며 존귀하시도다 5 마음이 강한 자도 가진 것을 빼앗기고 잠에 빠질 것이며 장사들도 모두 그들에게
도움을 줄 손을 만날 수 없도다 6 야곱의 하나님이여 주께서 꾸짖으시매 병거와 말이 다 깊이 잠들었나이다 7 주
께서는 경외 받을 이시니 주께서 한 번 노하실 때에 누가 주의 목전에 서리이까 8 주께서 하늘에서 판결을 선포
하시매 땅이 두려워 잠잠하였나니 9 곧 하나님이 땅의 모든 온유한 자를 구원하시려고 심판하러 일어나신 때에
로다 (셀라) 10 진실로 사람의 노여움은 주를 찬송하게 될 것이요 그 남은 노여움은 주께서 금하시리이다 11 너희
는 여호와 너희 하나님께 서원하고 갚으라 사방에 있는 모든 사람도 마땅히 경외할 이에게 예물을 드릴지로다
12 그가 고관들의 기를 꺾으시리니 그는 세상의 왕들에게 두려움이시로다

시편 77

아삽의 시, 인도자를 따라 여두둔의 법칙에 따라 부르는 노래

1 내가 내 음성으로 하나님께 부르짖으리니 내 음성으로 하나님께 부르짖으면 내게 귀를 기울이시리로다 2 나
의 환난 날에 내가 주를 찾았으며 밤에는 내 손을 들고 거두지 아니하였나니 내 영혼이 위로 받기를 거절하였
도다 3 내가 하나님을 기억하고 불안하여 근심하니 내 심령이 상하도다 (셀라) 4 주께서 내가 눈을 붙이지 못하게
하시니 내가 괴로워 말할 수 없나이다 5 내가 옛날 곧 지나간 세월을 생각하였사오며 6 밤에 부른 노래를 내가
기억하여 내 심령으로, 내가 내 마음으로 간구하기를 7 주께서 영원히 버리실까, 다시는 은혜를 베풀지 아니하
실까, 8 그의 인자하심은 영원히 끝났는가, 그의 약속하심도 영구히 폐하였는가, 9 하나님이 그가 베푸실 은혜를

잊으셨는가, 노하심으로 그가 베푸실 긍휼을 그치셨는가 하였나이다 (셀
라) 10 또 내가 말하기를 이는 나의 잘못이라 지존자의 오른손의 해 11 곧
여호와의 일들을 기억하며 주께서 옛적에 행하신 기이한 일을 기억하리
이다 12 또 주의 모든 일을 작은 소리로 읊조리며 주의 행사를 낮은 소리
로 되뇌이리이다 13 하나님이여 주의 도는 극히 거룩하시오니 하나님과
같이 위대하신 신이 누구오니이까 14 주는 기이한 일을 행하신 하나님이
시라 민족들 중에 주의 능력을 알리시고 15 주의 팔로 주의 백성 곧 야곱
과 요셉의 자손을 속량하셨나이다 (셀라) 16 하나님이여 물들이 주를 보았
나이다 물들이 주를 보고 두려워하며 깊음도 진동하였고 17 구름이 물을
쏟고 궁창이 소리를 내며 주의 화살도 날아갔나이다 18 회오리바람 중에
주의 우렛소리가 있으며 번개가 세계를 비추며 땅이 흔들리고 움직였나
이다 19 주의 길이 바다에 있었고 주의 곧은 길이 큰 물에 있었으나 주의
발자취를 알 수 없었나이다 20 주의 백성을 양 떼 같이 모세와 아론의 손
으로 인도하셨나이다

❖ 시편 77편 : **찬양시**
본시는 구속사적 측면에서 개관할 때 태초 아담의 범죄 이래 인생들이 각자의 원죄(原罪)와 자범죄(自犯罪)로 인해 창조 당시의 원형(Antitype)을 상실한 결과 파란과 질고로 점철된 불안한 삶을 살 수밖에 없는 구속사적 현실을 새삼 각성시켜 준다. 그리고 이러한 근심과 불안, 절망을 극복한 시인이 하나님의 중단 없는 구원의 은총을 기대한 사실은 우리 사람에게 이 땅에서도 하나님의 중단 없는 보호와 구원이 요청됨은 물론 궁극적이고도 종말론적인 구원이 절실히 요청됨을 각성시켜 준다.
따라서 비록 우리의 처해 있는 현실이 아무리 캄캄한 밤중 같은 질고의 연속일지라도 성도 모두는 밤하늘에 찬란히 빛나고 있는 별빛 같은, 태초 이래 대종말에 이르기까지 도도히 중단 없이 진행되고 있는 하나님의 구속사(救救史)의 힘찬 물결을 바라보면서 언제 어떠한 상황에 부닥친다고 할지라도 종말론적 축복을 소망하며 인내로써 극복해야 할 것이다(고후 4:16-18, 계 7:14).

19일~24일

시편 78

❖ 시편 78편 : **역사시이며 지혜시**
선민 이스라엘 형성기인 출애굽(B.C.1446년경) 당시로부터 다윗의 통치기(B.C. 1010-971)에 이르기까지. 선민 이스라엘의 과거 역사를 회고하는 중에 성도들에게 귀중한 영적 교훈을 주는 지혜시다.

> 시편 78편 과거를 회상하며 여기까지 인도하신 하나님의 행하심과 그 은혜를 노래한다. 72절까지로 꽤 긴 시편이다. 신위의 하나님을 기억해야 한다. 하나님의 행하심, 신위, 이것이 성경 메시지의 핵심임을 명심해야 한다. 그 말은 하나님은 우리의 하나님이 되시어 우리를 그 백성으로 삼기를 원하시는 것이다. 그래야 하나님의 통치가 회복되고 그의 나라가 임하게 된다. 그러기 위해 우리는 그 분이 행하심을 알고 그것에 내 중심성을 내려놓고 순종해야 한다. 그것이 참된 찬양이다. 하나님은 입술의 찬양이 아닌 삶의 찬양, 제사보다는 순종을 원하신다는 사실을 늘 생각하고 실천하자.

시 78:9-64
학습 자료 23-2
"심판과 구원의 종말성" 참조

아삽의 마스길

1 내 백성이여, 내 율법을 들으며 내 입의 말에 귀를 기울일지어다 2 내가
입을 열어 비유로 말하며 예로부터 감추어졌던 것을 드러내려 하니 3 이
는 우리가 들어서 아는 바요 우리의 조상들이 우리에게 전한 바라 4 우리
가 이를 그들의 자손에게 숨기지 아니하고 여호와의 영예와 그의 능력과
그가 행하신 기이한 사적을 후대에 전하리로다 5 여호와께서 증거를 야곱
에게 세우시며 법도를 이스라엘에게 정하시고 우리 조상들에게 명령하
사 그들의 자손에게 알리라 하셨으니 6 이는 그들로 후대 곧 태어날 자손
에게 이를 알게 하고 그들은 일어나 그들의 자손에게 일러서 7 그들로 그
들의 소망을 하나님께 두며 하나님께서 행하신 일을 잊지 아니하고 오직
그의 계명을 지켜서 8 그들의 조상들 곧 완고하고 패역하여 그들의 마음
이 정직하지 못하며 그 심령이 하나님께 충성하지 아니하는 세대와 같이
되지 아니하게 하려 하심이로다 9 에브라임 자손은 무기를 갖추며 활을
가졌으나 전쟁의 날에 물러갔도다 10 그들이 하나님의 언약을 지키지 아
니하고 그의 율법 준행을 거절하며 11 여호와께서 행하신 것과 그들에게
보이신 그의 기이한 일을 잊었도다 12 옛적에 하나님이 애굽 땅 소안 들에
서 기이한 일을 그들의 조상들의 목전에서 행하셨으되 13 그가 바다를 갈
라 물을 무더기 같이 서게 하시고 그들을 지나가게 하셨으며 14 낮에는 구름으로, 밤에는 불빛으로 인도하셨으며
15 광야에서 반석을 쪼개시고 매우 깊은 곳에서 나오는 물처럼 흡족하게 마시게 하셨으며 16 또 바위에서 시내를
내사 물이 강 같이 흐르게 하셨으나 17 그들은 계속해서 하나님께 범죄하여 메마른 땅에서 지존자를 배반하였도
다 18 그들이 그들의 탐욕대로 음식을 구하여 그들의 심중에 하나님을 시험하였으며 19 그뿐 아니라 하나님을 대
적하여 말하기를 하나님이 광야에서 식탁을 베푸실 수 있으랴 20 보라 그가 반석을 쳐서 물을 내시니 시내가 넘

쳤으나 그가 능히 떡도 주시며 자기 백성을 위하여 고기도 예비하시랴 하였도다 21 그러므로 여호와께서 듣고 노
하셨으며 야곱에게 불 같이 노하셨고 또한 이스라엘에게 진노가 불타 올랐으니 22 이는 하나님을 믿지 아니하며
그의 구원을 의지하지 아니한 때문이로다 23 그러나 그가 위의 궁창을 명령하시며 하늘 문을 여시고 24 그들에게
만나를 비 같이 내려 먹이시며 하늘 양식을 그들에게 주셨나니 25 사람이 힘센 자의 떡을 먹었으며 그가 음식을
그들에게 충족히 주셨도다 26 그가 동풍을 하늘에서 일게 하시며 그의 권능으로 남풍을 인도하시고 27 먼지처럼
많은 고기를 비 같이 내리시고 나는 새를 바다의 모래 같이 내리셨도다 28 그가 그것들을 그들의 진중에 떨어지
게 하사 그들의 거처에 두르셨으므로 29 그들이 먹고 심히 배불렀나니 하나님이 그들의 원대로 그들에게 주셨도
다 30 그러나 그들이 그들의 욕심을 버리지 아니하여 그들의 먹을 것이 아직 그들의 입에 있을 때에 31 하나님이
그들에게 노염을 나타내사 그들 중 강한 자를 죽이시며 이스라엘의 청년을 쳐 엎드러뜨리셨도다 32 이러함에도
그들은 여전히 범죄하여 그의 기이한 일들을 믿지 아니하였으므로 33 하나님이 그들의 날들을 헛되이 보내게 하
시며 그들의 햇수를 두려움으로 보내게 하셨도다 34 하나님이 그들을 죽이실 때에 그들이 그에게 구하며 돌이켜
하나님을 간절히 찾았고 35 하나님이 그들의 반석이시며 지존하신 하나님이 그들의 구속자이심을 기억하였도다
36 그러나 그들이 입으로 그에게 아첨하며 자기 혀로 그에게 거짓을 말하였으니 37 이는 하나님께 향하는 그들의
마음이 정함이 없으며 그의 언약에 성실하지 아니하였음이로다 38 오직 하나님은 긍휼하시므로 죄악을 덮어 주
시어 멸망시키지 아니하시고 그의 진노를 여러 번 돌이키시며 그의 모든 분을 다 쏟아 내지 아니하셨으니 39 그들
은 육체이며 가고 다시 돌아오지 못하는 바람임을 기억하셨음이라 40 그들이 광야에서 그에게 반항하며 사막에
서 그를 슬프시게 함이 몇 번인가 41 그들이 돌이켜 하나님을 거듭거듭 시험하며 이스라엘의 거룩하신 이를 노엽
게 하였도다 42 그들이 그의 권능의 손을 기억하지 아니하며 대적에게서 그들을 구원하신 날도 기억하지 아니하
였도다 43 그 때에 하나님이 애굽에서 그의 표적들을, 소안 들에서 그의 징조들을 나타내사 44 그들의 강과 시내
를 피로 변하여 그들로 마실 수 없게 하시며 45 쇠파리 떼를 그들에게 보내어 그들을 물게 하시고 개구리를 보내
어 해하게 하셨으며 46 그들의 토산물을 황충에게 주셨고 그들이 수고한 것을 메뚜기에게 주셨으며 47 그들의 포
도나무를 우박으로, 그들의 뽕나무를 서리로 죽이셨으며 48 그들의 가축을 우박에, 그들의 양 떼를 번갯불에 넘
기셨으며 49 그의 맹렬한 노여움과 진노와 분노와 고난 곧 재앙의 천사들을 그들에게 내려보내셨으며 50 그는 진
노로 길을 닦으사 그들의 목숨이 죽음을 면하지 못하게 하시고 그들의 생명을 전염병에 붙이셨으며 51 애굽에서
모든 장자 곧 함의 장막에 있는 그들의 기력의 처음 것을 치셨으나 52 그가 자기 백성은 양 같이 인도하여 내시고
광야에서 양 떼 같이 지도하셨도다 53 그들을 안전히 인도하시니 그들은 두려움이 없었으나 그들의 원수는 바다
에 빠졌도다 54 그들을 그의 성소의 영역 곧 그의 오른손으로 만드신 산으로 인도하시고 55 또 나라를 그들의 앞
에서 쫓아내시며 줄을 쳐서 그들의 소유를 분배하시고 이스라엘의 지파들이 그들의 장막에 살게 하셨도다 56 그
러나 그들은 지존하신 하나님을 시험하고 반항하여 그의 명령을 지키지 아니하며 57 그들의 조상들 같이 배반하
고 거짓을 행하여 속이는 활 같이 빗나가서 58 자기 산당들로 그의 노여움
을 일으키며 그들의 조각한 우상들로 그를 진노하게 하였으매 59 하나님
이 들으시고 분내어 이스라엘을 크게 미워하사 60 사람 가운데 세우신 장
막 곧 실로의 성막을 떠나시고 61 그가 그의 능력을 포로에게 넘겨 주시
며 그의 영광을 대적의 손에 붙이시고 62 그가 그의 소유 때문에 분내사
그의 백성을 칼에 넘기셨으니 63 그들의 청년은 불에 살라지고 그들의 처
녀들은 혼인 노래를 들을 수 없었으며 64 그들의 제사장들은 칼에 엎드러지고 그들의 과부들은 애곡도 하지 못
하였도다 65 그 때에 주께서 잠에서 깨어난 것처럼, 포도주를 마시고 고함치는 용사처럼 일어나사 66 그의 대적
들을 쳐 물리쳐서 영원히 그들에게 욕되게 하셨도다 67 또 요셉의 장막을 버리시며 에브라임 지파를 택하지 아니
하시고 68 오직 유다 지파와 그가 사랑하시는 시온 산을 택하시며 69 그의 성소를 산의 높음 같이, 영원히 두신 땅
같이 지으셨도다 70 또 그의 종 다윗을 택하시되 양의 우리에서 취하시며 71 젖양을 지키는 중에서 그들을 이끌

> 시 78:59-60 우리 교회 안에서 예배, 모임 등을 돌아볼 때 그 속에 함께 하시는 성령 하나님을 확신하는가? 혹 성령 하나님이 함께하지도 않은 채 우리만의 헛된 예배, 헛된 모임이 될 요지가 우리 안에 있지는 않은가?(cf. 롬 8:14-17, 고전 2:13-15)

19일~24일

어 내사 그의 백성인 야곱, 그의 소유인 이스라엘을 기르게 하셨더니 72 이에 그가 그들을 자기 마음의 완전함으
로 기르고 그의 손의 능숙함으로 그들을 지도하였도다

시편 79

아삽의 시

1 하나님이여 이방 나라들이 주의 기업의 땅에 들어와서 주의 성전을 더
럽히고 예루살렘이 돌무더기가 되게 하였나이다 2 그들이 주의 종들의 시
체를 공중의 새에게 밥으로, 주의 성도들의 육체를 땅의 짐승에게 주며
3 그들의 피를 예루살렘 사방에 물 같이 흘렸으나 그들을 매장하는 자가
없었나이다 4 우리는 우리 이웃에게 비방 거리가 되며 우리를 에워싼 자
에게 조소와 조롱거리가 되었나이다 5 여호와여 어느 때까지니이까 영원
히 노하시리이까 주의 질투가 불붙듯 하시리이까 6 주를 알지 아니하는
민족들과 주의 이름을 부르지 아니하는 나라들에게 주의 노를 쏟으소서
7 그들이 야곱을 삼키고 그의 거처를 황폐하게 함이니이다 8 우리 조상들
의 죄악을 기억하지 마시고 주의 긍휼로 우리를 속히 영접하소서 우리가
매우 가련하게 되었나이다 9 우리 구원의 하나님이여 주의 이름의 영광스러운 행사를 위하여 우리를 도우시며
주의 이름을 증거하기 위하여 우리를 건지시며 우리 죄를 사하소서 10 이방 나라들이 어찌하여 그들의 하나님이
어디 있느냐 말하나이까 주의 종들이 피 흘림에 대한 복수를 우리의 목전에서 이방 나라에게 보여 주소서 11 갇
힌 자의 탄식을 주의 앞에 이르게 하시며 죽이기로 정해진 자도 주의 크신 능력을 따라 보존하소서 12 주여 우리
이웃이 주를 비방한 그 비방을 그들의 품에 칠 배나 갚으소서 13 우리는 주의 백성이요 주의 목장의 양이니 우리
는 영원히 주께 감사하며 주의 영예를 대대에 전하리이다

❖ 시편 79편, 80편
하나님께서 열방 중에서 당신의 택한 백성으로 삼아주신 구약 선민(選民) 이스라엘조차 하나님 앞에서 죄를 범하여 하나님의 엄정한 징계에 처한 사실은 하나님 안에 구원의 길이 있다는 진리와 절대 균형을 이루고 있는 또 하나의 구속사적 진리를 각성시켜 준다는 점이다. 그것은 바로 절대 자존자요 우주 만물의 창조주로서 생명과 축복의 근원인 하나님이 세우신 선악의 기준을 범한 자에 대한 심판은 결국 전인격의 차원에서 생명과 축복의 단절 및 저주를 야기하는 것이라는 구속사의 엄연한 현실이다. 따라서 우리 인생이 진정으로 살길은 하나님께 전적으로 순종하는 것이며 비록 죄를 범하였을지라도 속히 회개하고 돌이킴으로 하나님의 사죄(赦罪) 은총을 입는 길뿐임을 각성케 된다.

시편 80

아삽의 시, 인도자를 따라 소산님에둣에 맞춘 노래

1 요셉을 양 떼 같이 인도하시는 이스라엘의 목자여 귀를 기울이소서 그룹 사이에 좌정하신 이여 빛을 비추소서
2 에브라임과 베냐민과 므낫세 앞에서 주의 능력을 나타내사 우리를 구원하러 오소서 3 하나님이여 우리를 돌이
키시고 주의 얼굴빛을 비추사 우리가 구원을 얻게 하소서 4 만군의 하나님 여호와여 주의 백성의 기도에 대하여
어느 때까지 노하시리이까 5 주께서 그들에게 눈물의 양식을 먹이시며 많은 눈물을 마시게 하셨나이다 6 우리를
우리 이웃에게 다툼 거리가 되게 하시니 우리 원수들이 서로 비웃나이다 7 만군의 하나님이여 우리를 회복하여
주시고 주의 얼굴의 광채를 비추사 우리가 구원을 얻게 하소서 8 주께서 한 포도나무를 애굽에서 가져다가 민족
들을 쫓아내시고 그것을 심으셨나이다 9 주께서 그 앞서 가꾸셨으므로 그 뿌리가 깊이 박혀서 땅에 가득하며 10
그 그늘이 산들을 가리고 그 가지는 하나님의 백향목 같으며 11 그 가지가 바다까지 뻗고 넝쿨이 강까지 미쳤거
늘 12 주께서 어찌하여 그 담을 허시사 길을 지나가는 모든 이들이 그것을 따게 하셨나이까 13 숲 속의 멧돼지들
이 상해하며 들짐승들이 먹나이다 14 만군의 하나님이여 구하옵나니 돌아오소서 하늘에서 굽어보시고 이 포도
나무를 돌보소서 15 주의 오른손으로 심으신 줄기요 주를 위하여 힘있게 하신 가지니이다 16 그것이 불타고 베임
을 당하며 주의 면책으로 말미암아 멸망하오니 17 주의 오른쪽에 있는 자 곧 주를 위하여 힘있게 하신 인자에게

주의 손을 얹으소서 18 그리하시면 우리가 주에게서 물러가지 아니하오리니 우리를 소생하게 하소서 우리가 주
의 이름을 부르리이다 19 만군의 하나님 여호와여 우리를 돌이켜 주시고 주의 얼굴의 광채를 우리에게 비추소서
우리가 구원을 얻으리이다

시편 81

❖ 시편 81편
실로 하나님만이 인생의 생사화복(生死禍福)과 전 존재의 절대 영원의 축복 곧 구원을 주관하시는 자임을 믿고 깨닫는 자, 그만이 정녕 일상의 삶 가운데서 늘 하나님께 순복하며 그분과 영적으로 교제하는 심령의 기쁨에서 우러나는 찬양을 날마다 소리 높여 발할 수 있을 것이다. 할렐루야!

아삽의 시, 인도자를 따라 깃딧에 맞춘 노래

19일~24일

1 우리의 능력이 되시는 하나님을 향하여 기쁘게 노래하며 야곱의 하나
님을 향하여 즐거이 소리칠지어다 2 시를 읊으며 소고를 치고 아름다운
수금에 비파를 아우를지어다 3 초하루와 보름과 우리의 명절에 나팔을
불지어다 4 이는 이스라엘의 율례요 야곱의 하나님의 규례로다 5 하나님이 애굽 땅을 치러 나아가시던 때에 요
셉의 족속 중에 이를 증거로 세우셨도다 거기서 내가 알지 못하던 말씀을 들었나니 6 이르시되 내가 그의 어깨
에서 짐을 벗기고 그의 손에서 광주리를 놓게 하였도다 7 네가 고난 중에 부르짖으매 내가 너를 건졌고 우렛소
리의 은밀한 곳에서 네게 응답하며 므리바 물가에서 너를 시험하였도다 (셀라) 8 내 백성이여 들으라 내가 네게
증언하리라 이스라엘이여 내게 듣기를 원하노라 9 너희 중에 다른 신을
두지 말며 이방 신에게 절하지 말지어다 10 나는 너를 애굽 땅에서 인도
하여 낸 여호와 네 하나님이니 네 입을 크게 열라 내가 채우리라 하였으
나 11 내 백성이 내 소리를 듣지 아니하며 이스라엘이 나를 원하지 아니
하였도다 12 그러므로 내가 그의 마음을 완악한 대로 버려 두어 그의 임
의대로 행하게 하였도다 13 내 백성아 내 말을 들으라 이스라엘아 내 도를 따르라 14 그리하면 내가 속히 그들
의 원수를 누르고 내 손을 돌려 그들의 대적들을 치리니 15 여호와를 미워하는 자는 그에게 복종하는 체할지라
도 그들의 시대는 영원히 계속되리라 16 또 내가 기름진 밀을 그들에게 먹이며 반석에서 나오는 꿀로 너를 만족
하게 하리라 하셨도다

시 81:9-16 이 시에서 행복의 원천이요 지름길이 무엇이라고 말하고 있는가? 13절 "내 백성아 내 말을 들으라 이스라엘아 내 도를 따르라"

시편 82

❖ 시편 82편
물을 창조하시고 주관하시는 하나님이 모든 것을 당신의 선하신 뜻과 공의로 통치하시는 분이라는 신관(神觀)과 이 세상의 재판장들 곧 치리자들은 이 땅에서 하나님을 대리하여 공의를 시행할 자들이 치리자인 만큼 이들이 이 사회에서 자신들의 기본 인권마저 침해당하기 쉬운 사회적 약자들을 보호해 주는 것이 마땅함을 각성시킨다. 그리고 치리자들이 이 같은 본연의 책무를 저버리고 도리어 사리사욕(私利私慾)을 채우기 위해 하나님의 공의를 무시하고 불의를 자행할 때 하나님이 결단코 이들을 그냥 내버려 두지 아니하고 반드시 징벌하실 것임을 경고한다.

아삽의 시

1 하나님은 신들의 모임 가운데에 서시며 하나님은 그들 가운데에서 재
판하시느니라 2 너희가 불공평한 판단을 하며 악인의 낯 보기를 언제까지
하려느냐 (셀라) 3 가난한 자와 고아를 위하여 판단하며 곤란한 자와 빈궁
한 자에게 공의를 베풀지며 4 가난한 자와 궁핍한 자를 구원하여 악인들
의 손에서 건질지니라 하시는도다 5 그들은 알지도 못하고 깨닫지도 못하
여 흑암 중에 왕래하니 땅의 모든 터가 흔들리도다 6 내가 말하기를 너희
는 신들이며 다 지존자의 아들들이라 하였으나 7 그러나 너희는 사람처럼
죽으며 고관의 하나 같이 넘어지리로다 8 하나님이여 일어나사 세상을 심
판하소서 모든 나라가 주의 소유이기 때문이니이다

시편 83

아삽의 시 곧 노래

1 하나님이여 침묵하지 마소서 하나님이여 잠잠하지 마시고 조용하지 마
소서 2 무릇 주의 원수들이 떠들며 주를 미워하는 자들이 머리를 들었나
이다 3 그들이 주의 백성을 치려하여 간계를 꾀하며 주께서 숨기신 자를
치려고 서로 의논하여 4 말하기를 가서 그들을 멸하여 다시 나라가 되지
못하게 하여 이스라엘의 이름으로 다시는 기억되지 못하게 하자 하나이
다 5 그들이 한마음으로 의논하고 주를 대적하여 서로 동맹하니 6 곧 에돔
의 장막과 이스마엘인과 모압과 하갈인이며 7 그발과 암몬과 아말렉이며 블레셋과 두로 사람이요 8 앗수르도 그
들과 연합하여 롯 자손의 도움이 되었나이다 (셀라) 9 주는 미디안인에게 행하신 것 같이, 기손 시내에서 시스라와
야빈에게 행하신 것 같이 그들에게도 행하소서 10 그들은 엔돌에서 패망하여 땅에 거름이 되었나이다 11 그들의
귀인들이 오렙과 스엡 같게 하시며 그들의 모든 고관들은 세바와 살문나와 같게 하소서 12 그들이 말하기를 우
리가 하나님의 목장을 우리의 소유로 취하자 하였나이다 13 나의 하나님이여 그들이 굴러가는 검불 같게 하시며
바람에 날리는 지푸라기 같게 하소서 14 삼림을 사르는 불과 산에 붙는 불길 같이 15 주의 광풍으로 그들을 쫓으
시며 주의 폭풍으로 그들을 두렵게 하소서 16 여호와여 그들의 얼굴에 수치가 가득하게 하사 그들이 주의 이름
을 찾게 하소서 17 그들로 수치를 당하여 영원히 놀라게 하시며 낭패와 멸망을 당하게 하사 18 여호와라 이름하
신 주만 온 세계의 지존자로 알게 하소서

❖ 시편 83편 : **비탄시**
이방 동맹국들이 구약 선민 이스라엘을 멸하고자 전쟁을 일으킨 것은 하나님이 택한 성도와 사탄 및 그의 죄성으로 오염된 이 세상과의 영원한 영적 투쟁과 연속선상에 있다. 따라서 시인이 원수의 패망 곧 이방 동맹국들의 세력이 아무리 강대할지라도 우주 만물을 창조하시고 그 모든 것을 홀로 주장하시는 전능자 하나님 앞에서는 결국 초개 같을 뿐임을 확신한 것은 온 세대의 성도들이 하나님의 장중에 온전히 붙들려 있을 때 능히 사탄과 세상을 이기고 종말론적 승리를 얻을 사실에 대한 구속사적 확신을 전해준다.

시편 88

고라 자손의 찬송 시 곧 에스라인 헤만의 마스길, 인도자를 따라 마할랏 르안놋에 맞춘 노래

1 여호와 내 구원의 하나님이여 내가 주야로 주 앞에서 부르짖었사오니
2 나의 기도가 주 앞에 이르게 하시며 나의 부르짖음에 주의 귀를 기울여
주소서 3 무릇 나의 영혼에는 재난이 가득하며 나의 생명은 스올에 가까
웠사오니 4 나는 무덤에 내려가는 자 같이 인정되고 힘없는 용사와 같으
며 5 죽은 자 중에 던져진바 되었으며 죽임을 당하여 무덤에 누운 자 같으
니이다 주께서 그들을 다시 기억하지 아니하시니 그들은 주의 손에서 끊
어진 자니이다 6 주께서 나를 깊은 웅덩이와 어둡고 음침한 곳에 두셨사
오며 7 주의 노가 나를 심히 누르시고 주의 모든 파도가 나를 괴롭게 하
셨나이다 (셀라) 8 주께서 내가 아는 자를 내게서 멀리 떠나게 하시고 나를
그들에게 가증한 것이 되게 하셨사오니 나는 갇혀서 나갈 수 없게 되었나
이다 9 곤란으로 말미암아 내 눈이 쇠하였나이다 여호와여 내가 매일 주
를 부르며 주를 향하여 나의 두 손을 들었나이다 10 주께서 죽은 자에게
기이한 일을 보이시겠나이까 유령들이 일어나 주를 찬송하리이까 (셀라)
11 주의 인자하심을 무덤에서, 주의 성실하심을 멸망 중에서 선포할 수 있
으리이까 12 흑암 중에서 주의 기적과 잊음의 땅에서 주의 공의를 알 수

❖ 시편 88편
우리는 태초에 아담의 범죄 이래 전 인류가 단 한 사람도 예외 없이 죄성(罪性)에 오염되었으며 그로 인해 야기된 온갖 질고에 시달리고 있는 구속사적 현실을 재 각성케 된다. 실로 모든 인간은 너 나 할 것 없이 영혼의 감수성이 마비된 나머지 너무나 자주 우리의 죄악과 그로 인한 인생 질고를 간과하고 있다. 그러나 이 시편 기자를 엄정히 징계하신 하나님의 섭리(攝理)가 예표적으로 증언하듯이 우리의 죄악은 결국 하나님의 종말론적 심판을 야기할 것이다. 따라서 우리는 절대 자존자요 우주 만물의 창조주로서 생명과 축복의 근원이신 하나님이 세우신 선악의 기준을 범한 자에 대한 심판은 결국 전인격의 차원에서 생명과 축복의 단절 및 저주를 야기할 것이라는 사실과 그것은 오직 하나님 안에서 구원의 길이 있다는 진리와 절대 균형을 이루고 있는 구속사의 엄연한 현실임을 명심해야 할 것이다.
시편 기자가 하나님의 사죄(赦罪)와 구원(救援)의 은총을 간구한 것은 직접적으로 하나님 앞에서 모두가 죄인인 우리에게 하나님께 자복하고 회개함으로 하나님과의 관계 회복을 꾀하여야 함을 일러준다.

있으리이까 13 여호와여 오직 내가 주께 부르짖었사오니 아침에 나의 기도가 주의 앞에 이르리이다 14 여호와여
어찌하여 나의 영혼을 버리시며 어찌하여 주의 얼굴을 내게서 숨기시나이까 15 내가 어릴 적부터 고난을 당하여
죽게 되었사오며 주께서 두렵게 하실 때에 당황하였나이다 16 주의 진노가 내게 넘치고 주의 두려움이 나를 끊
었나이다 17 이런 일이 물 같이 종일 나를 에우며 함께 나를 둘러쌌나이다 18 주는 내게서 사랑하는 자와 친구를
멀리 떠나게 하시며 내가 아는 자를 흑암에 두셨나이다

19일~24일

역대상 17장 :
하나님이 다윗 집안을 하나님 나라 통치자 가문으로 세우다.

❖ **대상 17장**
대상 13장에서 16장까지 언약궤 안치를 중심으로 한 기사를 맺고 17장에서는 다윗이 하나님의 성전 건축 계획을 통해서 보여 주는 최고의 신앙적인 모습과 이에 대한 축복으로 주어지는 하나님의 언약이 소개되고 있다. 본서의 저자는 포로에서 돌아온 이스라엘의 백성들이 다윗의 신앙과 그에 대한 축복으로 주어진 하나님의 언약을 보고 자신들의 신앙을 회복하고 그 언약에 근거하여 이스라엘을 중흥시키게 하려는 의도에서 이 사건을 기록한다. 즉 다윗의 성전 건축 계획은 하나님의 뜻으로 솔로몬에게로 넘어갔지만, 다윗의 신앙은 하나님 앞에서 인정받게 되어 다윗은 영원한 축복의 언약을 받았다. 그리고 이후로 나타나는 다윗의 번성과 이스라엘의 부흥도 이런 언약의 결과임을 보여 주고 있다.
이 언약은 다윗 자신과 그의 왕조 그리고 이스라엘 전체에 대한 축복이기도 하지만, 궁극적으로는 메시아에 대한 언약으로 장차 세상을 구원하고 하나님 나라의 영원한 왕이 되실 예수 그리스도께서 다윗의 후손으로 오신다는 위대한 약속이다. 이것은 아담 때의 "여자의 후손"(창 3:15), 노아의 때의 "셈의 장막"(창 19:27), 아브라함 때의 "복의 근원"(창 12:1-3), 후일에 있을 예레미야의 "새 언약"(렘 31:31-31)까지 구약의 언약이 모두 집중된 언약의 결정체이다.

대상 17:1-17
학습 자료 23-3 "성경의 언약과 고대 근동 국가의 조약 비교" 참조

다윗에 대한 여호와의 말씀과 계시(삼하 7:1-17)

1 다윗이 그의 궁전에 거주할 때에 다윗이 선지자 나단에게 이르되 나는
백향목 궁에 거주하거늘 여호와의 언약궤는 휘장 아래에 있도다 2 나단이
다윗에게 아뢰되 하나님이 왕과 함께 계시니 마음에 있는 바를 모두 행하
소서 3 그 밤에 하나님의 말씀이 나단에게 임하여 이르시되 4 가서 내 종 다
윗에게 말하기를 여호와의 말씀이 너는 내가 거할 집을 건축하지 말라 5
내가 이스라엘을 애굽에서 올라오게 한 날부터 오늘까지 집에 있지 아니
하고 오직 이 장막과 저 장막에 있으며 이 성막과 저 성막에 있었나니 6 이
스라엘 무리와 더불어 가는 모든 곳에서 내가 내 백성을 먹이라고 명령한
이스라엘 어느 사사에게 내가 말하기를 너희가 어찌하여 내 백향목 집을
건축하지 아니하였느냐고 말하였느냐 하고 7 또한 내 종 다윗에게 이처럼
말하라 만군의 여호와께서 이처럼 말씀하시기를 내가 너를 목장 곧 양 떼
를 따라다니던 데에서 데려다가 내 백성 이스라엘의 주권자로 삼고 8 네가
어디로 가든지 내가 너와 함께 있어 네 모든 대적을 네 앞에서 멸하였은즉
세상에서 존귀한 자들의 이름 같은 이름을 네게 만들어 주리라 9 내가 또
내 백성 이스라엘을 위하여 한 곳을 정하여 그들을 심고 그들이 그 곳에 거
주하면서 다시는 옮겨가지 아니하게 하며 악한 사람들에게 전과 같이 그
들을 해치지 못하게 하여 10 전에 내가 사사에게 명령하여 내 백성 이스라
엘을 다스리던 때와 같지 아니하게 하고 또 네 모든 대적으로 네게 복종하게 하리라 또 네게 이르노니 여호와가
너를 위하여 한 왕조를 세울지라 11 네 생명의 연한이 차서 네가 조상들에게로 돌아가면 내가 네 뒤에 네 씨 곧 네
아들 중 하나를 세우고 그 나라를 견고하게 하리니 12 그는 나를 위하여 집을 건축할 것이요 나는 그의 왕위를 영
원히 견고하게 하리라 13 나는 그의 아버지가 되고 그는 나의 아들이 되리니 나의 인자를 그에게서 빼앗지 아니하
기를 내가 네 전에 있던 자에게서 빼앗음과 같이 하지 아니할 것이며 14 내가 영원히 그를 내 집과 내 나라에 세우
리니 그의 왕위가 영원히 견고하리라 하셨다 하라 15 나단이 이 모든 말씀과 이 모든 계시대로 다윗에게 전하니라

다윗의 감사 기도(삼하 7:18-29)

16 다윗 왕이 여호와 앞에 들어가 앉아서 이르되 여호와 하나님이여 나는 누구이오며 내 집은 무엇이기에 나에게
이에 이르게 하셨나이까 17 하나님이여 주께서 이것을 오히려 작게 여기시고 또 종의 집에 대하여 먼 장래까지
말씀하셨사오니 여호와 하나님이여 나를 존귀한 자들 같이 여기셨나이다 18 주께서 주의 종에게 베푸신 영예에

대하여 이 다윗이 다시 주께 무슨 말을 하오리이까 주께서는 주의 종을 아시나이다 19 여호와여 주께서 주의 종
을 위하여 주의 뜻대로 이 모든 큰 일을 행하사 이 모든 큰 일을 알게 하셨나이다 20 여호와여 우리 귀로 들은 대
로는 주와 같은 이가 없고 주 외에는 하나님이 없나이다 21 땅의 어느 한 나라가 주의 백성 이스라엘과 같으리이
까 하나님이 자기 백성을 구속하시려고 나가사 크고 두려운 일로 말미암아 이름을 얻으시고 애굽에서 구속하신
자기 백성 앞에서 모든 민족을 쫓아내셨사오며 22 주께서 주의 백성 이스라엘을 영원히 주의 백성으로 삼으셨사
오니 여호와여 주께서 그들의 하나님이 되셨나이다 23 여호와여 이제 주의 종과 그의 집에 대하여 말씀하신 것
을 영원히 견고하게 하시며 말씀하신 대로 행하사 24 견고하게 하시고 사람에게 영원히 주의 이름을 높여 이르기
를 만군의 여호와는 이스라엘의 하나님 곧 이스라엘에게 하나님이시라 하게 하시며 주의 종 다윗의 왕조가 주
앞에서 견고히 서게 하옵소서 25 나의 하나님이여 주께서 종을 위하여 왕조를 세우실 것을 이미 듣게 하셨으므로
주의 종이 주 앞에서 이 기도로 간구할 마음이 생겼나이다 26 여호와여 오직 주는 하나님이시라 주께서 이 좋은
것으로 주의 종에게 허락하시고 27 이제 주께서 종의 왕조에 복을 주사 주 앞에 영원히 두시기를 기뻐하시나이
다 여호와여 주께서 복을 주셨사오니 이 복을 영원히 누리리이다 하니라

사무엘하 8장~12:15(상) : 다윗의 승전 기록과 다윗의 실족

사무엘하 8장

다윗이 어디로 가든지 이기다(대상 18:1-17)

1 그 후에 다윗이 블레셋 사람들을 쳐서 항복을 받고 블레셋 사람들의 손
에서 메덱암마를 빼앗으니라 2 다윗이 또 모압을 쳐서 그들에게 땅에 엎
드리게 하고 줄로 재어 그 두 줄 길이의 사람은 죽이고 한 줄 길이의 사람
들은 살리니 모압 사람들이 다윗의 종들이 되어 조공을 드리니라 3 르홉
의 아들 소바 왕 하닷에셀이 자기 권세를 회복하려고 유브라데 강으로
갈 때에 다윗이 그를 쳐서 4 그에게서 마병 천칠백 명과 보병 이만 명을 사
로잡고 병거 일백 대의 말만 남기고 다윗이 그 외의 병거의 말은 다 발의
힘줄을 끊었더니 5 다메섹의 아람 사람들이 소바 왕 하닷에셀을 도우러
온지라 다윗이 아람 사람 이만 이천 명을 죽이고 6 다윗이 다메섹 아람에
수비대를 두매 아람 사람이 다윗의 종이 되어 조공을 바치니라 다윗이 어디로 가든지 여호와께서 이기게 하시니
라 7 다윗이 하닷에셀의 신복들이 가진 금 방패를 빼앗아 예루살렘으로 가져오고 8 또 다윗 왕이 하닷에셀의 고
을 베다와 베로대에서 매우 많은 놋을 빼앗으니라 9 하맛 왕 도이가 다윗이 하닷에셀의 온 군대를 쳐서 무찔렀
다 함을 듣고 10 도이가 그의 아들 요람을 보내 다윗 왕에게 문안하고 축복하게 하니 이는 하닷에셀이 도이와 더
불어 전쟁이 있던 터에 다윗이 하닷에셀을 쳐서 무찌름이라 요람이 은 그릇과 금 그릇과 놋 그릇을 가지고 온지
라 11 다윗 왕이 그것도 여호와께 드리되 그가 정복한 모든 나라에서 얻은 은금 12 곧 아람과 모압과 암몬 자손과
블레셋 사람과 아말렉에게서 얻은 것들과 소바 왕 르홉의 아들 하닷에셀에게서 노략한 것과 같이 드리니라 13
다윗이 소금 골짜기에서 에돔 사람 만 팔천 명을 쳐죽이고 돌아와서 명성을 떨치니라 14 다윗이 에돔에 수비대
를 두되 온 에돔에 수비대를 두니 에돔 사람이 다 다윗의 종이 되니라 다윗이 어디로 가든지 여호와께서 이기게
하셨더라 15 다윗이 온 이스라엘을 다스려 다윗이 모든 백성에게 정의와 공의를 행할새 16 스루야의 아들 요압
은 군사령관이 되고 아힐룻의 아들 여호사밧은 사관이 되고 17 아히둡의 아들 사독과 아비아달의 아들 아히멜렉

❖ 삼하 8장

다윗이 정복 작전을 성공리에 수행할 수 있었던 것은 하나님께서 그에게 승리를 주셨기 때문이다(6, 14절). 다윗은 이 사실을 분명히 깨닫고 있었기에 많은 시를 지어 그것을 노래했다.

그렇지만 한 가지 사실을 간과해서는 안 된다. 그것은 다윗이 어디를 가든지 하나님의 도우심을 받을 수 있게 해준 것은 그의 믿음이었다. 즉 다윗은 자기의 능력을 의지하지 않고(인위) 하나님의 능력을 전적으로 의지하고 신뢰했다(신위, 삼상 17:45).

이런 다윗의 신앙을 우리의 본으로 삼아야 한다.

은 제사장이 되고 스라야는 서기관이 되고 18 여호야다의 아들 브나야는 그렛 사람과 블렛 사람을 관할하고 다윗의 아들들은 대신들이 되니라

사무엘하 9장

다윗과 므비보셋

1 다윗이 이르되 사울의 집에 아직도 남은 사람이 있느냐 내가 요나단으로 말미암아 그 사람에게 은총을 베풀리라 하니라 2 사울의 집에는 종 한 사람이 있으니 그의 이름은 시바라 그를 다윗의 앞으로 부르매 왕이 그에게 말하되 네가 시바냐 하니 이르되 당신의 종이니이다 하니라 3 왕이 이르되 사울의 집에 아직도 남은 사람이 없느냐 내가 그 사람에게 하나님의 은총을 베풀고자 하노라 하니 시바가 왕께 아뢰되 요나단의 아들 하나가 있는데 다리 저는 자니이다 하니라 4 왕이 그에게 말하되 그가 어디 있느냐 하니 시바가 왕께 아뢰되 로드발 암미엘의 아들 마길의 집에 있나이다 하니라 5 다윗 왕이 사람을 보내어 로드발 암미엘의 아들 마길의 집에서 그를 데려오니 6 사울의 손자 요나단의 아들 므비보셋이 다윗에게 나아와 그 앞에 엎드려 절하매 다윗이 이르되 므비보셋이여 하니 그가 이르기를 보소서 당신의 종이니이다 7 다윗이 그에게 이르되 무서워하지 말라 내가 반드시 네 아버지 요나단으로 말미암아 네게 은총을 베풀리라 내가 네 할아버지 사울의 모든 밭을 다 네게 도로 주겠고 또 너는 항상 내 상에서 떡을 먹을지니라 하니 8 그가 절하여 이르되 이 종이 무엇이기에 왕께서 죽은 개 같은 나를 돌아보시나이까 하니라 9 왕이 사울의 시종 시바를 불러 그에게 이르되 사울과 그의 온 집에 속한 것은 내가 다 네 주인의 아들에게 주었노니 10 너와 네 아들들과 네 종들은 그를 위하여 땅을 갈고 거두어 네 주인의 아들에게 양식을 대주어 먹게 하라 그러나 네 주인의 아들 므비보셋은 항상 내 상에서 떡을 먹으리라 하니라 시바는 아들이 열다섯 명이요 종이 스무 명이라 11 시바가 왕께 아뢰되 내 주 왕께서 모든 일을 종에게 명령하신 대로 종이 준행하겠나이다 하니라 므비보셋은 왕자 중 하나처럼 왕의 상에서 먹으니라 12 므비보셋에게 어린 아들 하나가 있으니 이름은 미가더라 시바의 집에 사는 자마다 므비보셋의 종이 되니라 13 므비보셋이 항상 왕의 상에서 먹으므로 예루살렘에 사니라 그는 두 발을 다 절더라

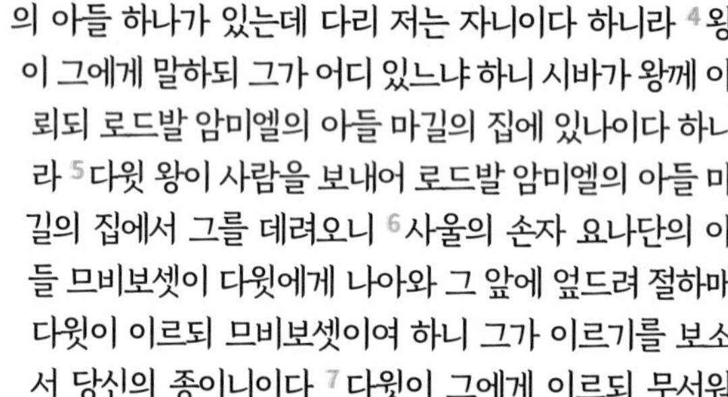

19일~24일

❖ 삼하 9장

다윗의 신앙은 하나님 사랑, 이웃 사랑의 균형이 잘 잡힌 신앙이다. 이 장에서 자신을 죽이려 했던 사울 가문의 자손들도 돌보아 주는 이웃과의 관계도 좋은 모습을 보여 준다.

☞ 다윗 왕국은 결국 훗날 우리 주 예수 그리스도가 우리 성도들과 함께 세울 메시아 왕국의 구속사적 예표이다. 따라서 다윗이 공의를 베푼 사실을 보도하는 본 장은 메시아의 나라를 "성령 안에 있는 의와 평강과 회락"(롬 14:17) 의 나라임을 예표하는 것이다. 또한 이는 하나님의 대리 통치자로 세움 받은 다윗이 이처럼 요나단과 맺은 인간적인 언약조차도 이토록 신실하게 수행했다면, 다윗의 주인 되시는 하나님은 또한 당신의 백성들과 맺으신 구속의 언약에 얼마나 신실할 것인가 하는 교훈을 준다. 그뿐만 아니라 다윗이 예표하는바 그리스도께서 십자가의 피로 세우신 새 언약(눅 22:20), 즉 영원한 구원과 축복의 언약을 또한 오고 오는 모든 세대를 위하여 얼마나 신실하게 수행할 것인가를 증거로 보여 주는 것이다.

사무엘하 10장

다윗이 암몬과 싸우다(대상 19:1-19)

1 그 후에 암몬 자손의 왕이 죽고 그의 아들 하눈이 대신하여 왕이 되니 2 다윗이 이르되 내가 나하스의 아들 하눈에게 은총을 베풀되 그의 아버지가 내게 은총을 베푼 것 같이 하리라 하고 다윗이 그의 신하들을 보내 그의 아버지를 조상하라 하니라 다윗의 신하들이 암몬 자손의 땅에 이르매 3 암몬 자손의 관리들이 그들의 주 하눈에게 말하되 왕은 다윗이 조객을 당신에게 보낸 것이 왕의 아버지를 공경함인 줄로 여기시나이까 다윗이 그의 신하들을 당신에게 보내 이 성을 엿보고 탐지하여 함락시키고자 함이 아니니이까 하니 4 이에 하눈이 다윗의 신하들을 잡아 그들의 수염 절반을 깎고 그들의 의복의 중동볼기까지 자르고 돌려보내매 5 사람들이 이 일을 다윗에게 알리니라 그 사람들이 크게 부끄러워하므로 왕이 그들을 맞으러 보내 이르기를 너희는 수염이 자라기까지 여리고에서 머물다가 돌아오라 하니라 6 암몬 자손들이 자기들이 다윗에게 미움이 된 줄 알고 암몬 자손들이 사람을 보내 벧르홉 아람 사람과 소바 아람 사람의 보병 이만 명과 마아가 왕과 그의 사람 천 명과 돕 사

람 만 이천 명을 고용한지라 [7] 다윗이 듣고 요압과 용사의 온 무리를 보
내매 [8] 암몬 자손은 나와서 성문 어귀에 진을 쳤고 소바와 르홉 아람 사
람과 돕과 마아가 사람들은 따로 들에 있더라 [9] 요압이 자기와 맞서 앞뒤
에 친 적진을 보고 이스라엘의 선발한 자 중에서 또 엄선하여 아람 사람
과 싸우려고 진 치고 [10] 그 백성의 남은 자를 그 아우 아비새의 수하에 맡
겨 암몬 자손과 싸우려고 진 치게 하고 [11] 이르되 만일 아람 사람이 나보
다 강하면 네가 나를 돕고 만일 암몬 자손이 너보다 강하면 내가 가서 너
를 도우리라 [12] 너는 담대하라 우리가 우리 백성과 우리 하나님의 성읍들
을 위하여 담대히 하자 여호와께서 선히 여기시는 대로 행하시기를 원하
노라 하고 [13] 요압과 그와 함께 한 백성이 아람 사람을 대항하여 싸우려
고 나아가니 그들이 그 앞에서 도망하고 [14] 암몬 자손은 아람 사람이 도
망함을 보고 그들도 아비새 앞에서 도망하여 성읍으로 들어간지라 요압
이 암몬 자손을 떠나 예루살렘으로 돌아가니라 [15] 아람 사람이 자기가
이스라엘 앞에서 패하였음을 보고 다 모이매 [16] 하닷에셀이 사람을 보내
강 건너쪽에 있는 아람 사람을 불러내매 그들이 헬람에 이르니 하닷에
셀의 군사령관 소박이 그들을 거느린지라 [17] 어떤 사람이 다윗에게 알리
매 그가 온 이스라엘을 모으고 요단을 건너 헬람에 이르매 아람 사람들
이 다윗을 향하여 진을 치고 더불어 싸우더니 [18] 아람 사람이 이스라엘 앞에서 도망한지라 다윗이 아람 병거 칠
백 대와 마병 사만 명을 죽이고 또 그 군사령관 소박을 치매 거기서 죽으니라 [19] 하닷에셀에게 속한 왕들이 자기
가 이스라엘 앞에서 패함을 보고 이스라엘과 화친하고 섬기니 그러므로 아람 사람들이 두려워하여 다시는 암
몬 자손을 돕지 아니하니라

❖ 삼하 10장
본 장에서 소개되고 있는 것처럼 암몬 – 아람 연합군에 대한 전쟁의 전개 과정을 살펴볼 때 이는 8장에서 소개된 정복 전쟁들과는 다소 다른 측면에서 소개되고 있음을 알 수 있다. 즉 8장의 정복 전쟁 기사가 다윗 왕국에 대한 하나님의 축복을 보여 주기 위한 것이라면, 본 장의 정복 전쟁 기사는 다윗 왕국의 확장을 시기하고 방해하는 대적들에 대한 심판적 성격을 갖는 전쟁이었음을 보여 주는 것이다.
하나님의 선민을 모욕하고 또 이방 족속들이 연합군을 형성하여 다윗 신정 왕국의 확장을 막기 위해 총공세를 폈다는 사실은 구속사적으로 볼 때 곧 다윗 왕국이 예표하는바 그리스도를 통한 하나님 나라의 확장을 방해하는 사탄의 공작을 예표하는 것이다. 따라서 본 장에서 소개하는바 결과적으로 다윗 군대가 암몬–아람 연합군을 격퇴하고 승리를 거두었다는 사실은 궁극적으로 그리스도의 십자가 사건과 부활 사건으로 말미암아 사탄의 세력이 파하게 되고 하나님의 나라가 영원한 승리를 얻게 됨을 교훈하는 것이다.(고전 15:20-28)

19일~
24일

사무엘하 11장

다윗과 밧세바

[1] 그 해가 돌아와 왕들이 출전할 때가 되매 다윗이 요압과 그에게 있는
그의 부하들과 온 이스라엘 군대를 보내니 그들이 암몬 자손을 멸하고
랍바를 에워쌌고 다윗은 예루살렘에 그대로 있더라 [2] 저녁 때에 다윗이
그의 침상에서 일어나 왕궁 옥상에서 거닐다가 그 곳에서 보니 한 여인이
목욕을 하는데 심히 아름다워 보이는지라 [3] 다윗이 사람을 보내 그 여인
을 알아보게 하였더니 그가 아뢰되 그는 엘리암의 딸이요 헷 사람 우리
아의 아내 밧세바가 아니니이까 하니 [4] 다윗이 전령을 보내어 그 여자를
자기에게로 데려오게 하고 그 여자가 그 부정함을 깨끗하게 하였으므로
더불어 동침하매 그 여자가 자기 집으로 돌아가니라 [5] 그 여인이 임신하
매 사람을 보내 다윗에게 말하여 이르되 내가 임신하였나이다 하니라 [6] 다윗이 요압에게 기별하여 헷 사람 우리
아를 내게 보내라 하매 요압이 우리아를 다윗에게로 보내니 [7] 우리아가 다윗에게 이르매 다윗이 요압의 안부와
군사의 안부와 싸움이 어떠했는지를 묻고 [8] 그가 또 우리아에게 이르되 네 집으로 내려가서 발을 씻으라 하니
우리아가 왕궁에서 나가매 왕의 음식물이 뒤따라 가니라 [9] 그러나 우리아는 집으로 내려가지 아니하고 왕궁 문
에서 그의 주의 모든 부하들과 더불어 잔지라 [10] 어떤 사람이 다윗에게 아뢰되 우리아가 그의 집으로 내려가지
아니하였나이다 다윗이 우리아에게 이르되 네가 길 갔다가 돌아온 것이 아니냐 어찌하여 네 집으로 내려가지 아
니하였느냐 하니 [11] 우리아가 다윗에게 아뢰되 언약궤와 이스라엘과 유다가 야영 중에 있고 내 주 요압과 내 왕

❖ 삼하 11장
다윗의 범죄는 단순한 개인의 신앙적·도덕적 차원의 문제가 아니다. 그것은 신정 왕국의 대표자인 왕으로서 공의의 의무를 저버린 것인 동시에 하나님 앞에서 지켜야 할 가장 기본적인 규례에 대한 불순종이다. 또한 다윗의 범죄는 한 유부녀와의 간음이라는 엄청난 범죄 이후에 이를 은폐하기 위하여 심지어 자신의 충성된 부하조차 살해하는 살인의 죄까지 자행한 것으로, 그 잔학성(殘虐性)을 부인할 길이 없는 것이었다. 이런 끔찍한 범죄는 외면적으로만 보면 평소 하나님 앞에서 신실하던 다윗이 방심하는 사이에 순간적으로 발생하여 급격히 비화한 것이었다.

19일~
24일

의 부하들이 바깥 들에 진 치고 있거늘 내가 어찌 내 집으로 가서 먹고 마
시고 내 처와 같이 자리이까 내가 이 일을 행하지 아니하기로 왕의 살아
계심과 왕의 혼의 살아 계심을 두고 맹세하나이다 하니라 12 다윗이 우리
아에게 이르되 오늘도 여기 있으라 내일은 내가 너를 보내리라 우리아가
그 날에 예루살렘에 머무니라 이튿날 13 다윗이 그를 불러서 그로 그 앞
에서 먹고 마시고 취하게 하니 저녁 때에 그가 나가서 그의 주의 부하들
과 더불어 침상에 눕고 그의 집으로 내려가지 아니하니라 14 아침이 되매
다윗이 편지를 써서 우리아의 손에 들려 요압에게 보내니 15 그 편지에 써
서 이르기를 너희가 우리아를 맹렬한 싸움에 앞세워 두고 너희는 뒤로 물
러가서 그로 맞아 죽게 하라 하였더라 16 요압이 그 성을 살펴 용사들이
있는 것을 아는 그 곳에 우리아를 두니 17 그 성 사람들이 나와서 요압과
더불어 싸울 때에 다윗의 부하 중 몇 사람이 엎드러지고 헷 사람 우리아
도 죽으니라 18 요압이 사람을 보내 그 전쟁의 모든 일을 다윗에게 보고
할새 19 그 전령에게 명령하여 이르되 전쟁의 모든 일을 네가 왕께 보고하
기를 마친 후에 20 혹시 왕이 노하여 네게 말씀하기를 너희가 어찌하여 성
에 그처럼 가까이 가서 싸웠느냐 그들이 성 위에서 쏠 줄을 알지 못하였
느냐 21 여룹베셋의 아들 아비멜렉을 쳐죽인 자가 누구냐 여인 하나가 성
에서 맷돌 위짝을 그 위에 던지매 그가 데벳스에서 죽지 아니하였느냐 어
찌하여 성에 가까이 갔더냐 하시거든 네가 말하기를 왕의 종 헷 사람 우
리아도 죽었나이다 하라 22 전령이 가서 다윗에게 이르러 요압이 그를 보
낸 모든 일을 다윗에게 아뢰어 23 이르되 그 사람들이 우리보다 우세하여
우리를 향하여 들로 나오므로 우리가 그들을 쳐서 성문 어귀까지 미쳤더
니 24 활 쏘는 자들이 성 위에서 왕의 부하들을 향하여 쏘매 왕의 부하 중
몇 사람이 죽고 왕의 종 헷 사람 우리아도 죽었나이다 하니 25 다윗이 전
령에게 이르되 너는 요압에게 이같이 말하기를 이 일로 걱정하지 말라 칼
은 이 사람이나 저 사람이나 삼키느니라 그 성을 향하여 더욱 힘써 싸워
함락시키라 하여 너는 그를 담대하게 하라 하니라 26 우리아의 아내는 그
남편 우리아가 죽었음을 듣고 그의 남편을 위하여 소리내어 우니라 27 그
장례를 마치매 다윗이 사람을 보내 그를 왕궁으로 데려오니 그가 그의
아내가 되어 그에게 아들을 낳으니라 다윗이 행한 그 일이 여호와 보시기에 악하였더라

삼하 11:1, 14-21 랍바에서의 우리아 죽음

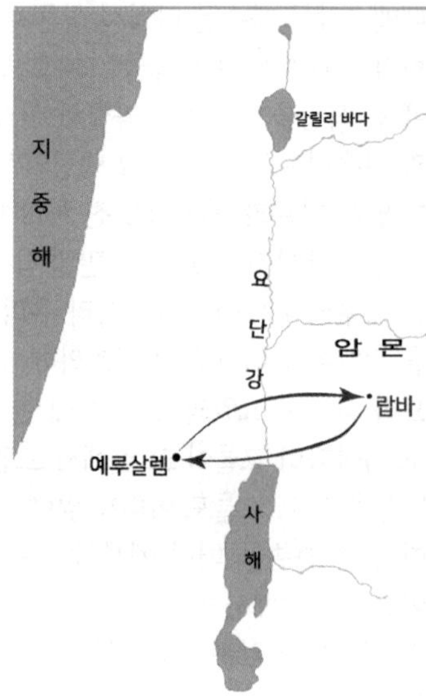

삼하 11:1-5 다윗 범죄의 교훈

1	안일에 빠져있을 때 범죄하게 됨 (삼하 11:1, 2)
2	탐욕의 마음을 가질 때 죄를 짓게 됨 (삼하 11:2, 약 1:15)
3	죄를 감추고자 할 때 더 큰 죄를 짓게 됨 (삼하 11:5-25)
4	하나님을 의식하지 않고 인간의 눈만 의식할 때 범죄케 됨(눅 22:54-62)
5	죄는 고매한 인격자 조차도 비열하게 만듦(삼하 11:25)
6	완악한 마음을 가질 때 회개의 기회조차 잃게 됨(잠 28:13)
7	뿌린 대로 반드시 고통의 결과를 거둠 (삼하 12:8-12, 갈 6:7)

사무엘하 12:1-15(상)

나단의 책망과 다윗의 회개

1 여호와께서 나단을 다윗에게 보내시니 그가 다윗에게 가서 그에게 이르되 한 성읍에 두 사람이 있는데 한 사
람은 부하고 한 사람은 가난하니 2 그 부한 사람은 양과 소가 심히 많으나 3 가난한 사람은 아무것도 없고 자
기가 사서 기르는 작은 암양 새끼 한 마리뿐이라 그 암
양 새끼는 그와 그의 자식과 함께 자라며 그가 먹는 것
을 먹으며 그의 잔으로 마시며 그의 품에 누우므로 그에
게는 딸처럼 되었거늘 4 어떤 행인이 그 부자에게 오
매 부자가 자기에게 온 행인을 위하여 자기의 양과 소

를 아껴 잡지 아니하고 가난한 사람의 양 새끼를 빼앗아다가 자기에게
온 사람을 위하여 잡았나이다 하니 5 다윗이 그 사람으로 말미암아 노하
여 나단에게 이르되 여호와의 살아 계심을 두고 맹세하노니 이 일을 행한
그 사람은 마땅히 죽을 자라 6 그가 불쌍히 여기지 아니하고 이런 일을 행
하였으니 그 양 새끼를 네 배나 갚아 주어야 하리라 한지라 7 나단이 다윗
에게 이르되 당신이 그 사람이라 이스라엘의 하나님 여호와께서 이와 같
이 이르시기를 내가 너를 이스라엘 왕으로 기
름 붓기 위하여 너를 사울의 손에서 구원하고
8 네 주인의 집을 네게 주고 네 주인의 아내
들을 네 품에 두고 이스라엘과 유다 족속
을 네게 맡겼느니라 만일 그것이 부족하였
을 것 같으면 내가 네게 이것 저것을 더 주
었으리라 9 그러한데 어찌하여 네가 여호와의 말씀을 업신여기고 나 보기에 악을 행하였느냐 네가 칼로 헷 사람
우리아를 치되 암몬 자손의 칼로 죽이고 그의 아내를 빼앗아 네 아내로 삼았도다 10 이제 네가 나를 업신여기고
헷 사람 우리아의 아내를 빼앗아 네 아내로 삼았은즉 칼이 네 집에서 영원토록 떠나지 아니하리라 하셨고 11 여
호와께서 또 이와 같이 이르시기를 보라 내가 너와 네 집에 재앙을 일으키고 내가 네 눈앞에서 네 아내를 빼앗
아 네 이웃들에게 주리니 그 사람들이 네 아내들과 더불어 백주에 동침하리라 12 너는 은밀히 행하였으나 나는
온 이스라엘 앞에서 백주에 이 일을 행하리라 하셨나이다 하니 13 다윗이 나단에게 이르되 내가 여호와께 죄를
범하였노라 하매 나단이 다윗에게 말하되 여호와께서도 당신의 죄를 사하셨나니 당신이 죽지 아니하려니와 14
이 일로 말미암아 여호와의 원수가 크게 비방할 거리를 얻게 하였으니 당신이 낳은 아이가 반드시 죽으리이다
하고 15 나단이 자기 집으로 돌아가니라

❖ 삼하 12장 **다윗의 회개**

사실상 다윗의 범죄는 매우 심각한 것이었다. 하나님께 불순종하며 망령된 제사를 드림으로 말미암아 하나님으로부터 버림받은 사울의 범죄와 표면적으로만 비교해 본다면 오히려 다윗의 범죄가 더 심각한 것이었다고 볼 수 있다. 그러나 그런데도 사울은 버림받았으되 다윗은 죄를 용서받고 하나님과의 관계를 회복할 수 있었던 것은, 먼저는 그의 범죄가 인간적 약점에서 나온 것이지 하나님 자체를 무시하였기 때문은 아니었으며, 또 그가 진심으로 자신의 죄를 깨닫고 스스로 겸비케 하며 회개하였기 때문이다. 그리고 하나님께서 그의 범죄의 심각성에도 불구하고 그의 회개함을 보시고 한량없는 은혜를 베푸셨기 때문이다.

19일~24일

23일차 읽기의 요약

(시 96, 105, 106, 39, 62 50, 73~83, 88, 대상 17, 삼하 8~12:15(상))

시편 73~83편은 다윗 시대에 찬양대장이었던 아삽의 시다. 아삽은 하나님께 가까이함이 진정한 복임을 고백했고 성소에 들어가서 하나님을 예배할 때 풀리지 않았던 악인의 결국을 깨닫게 된다. 아삽은 또한 출애굽 시대부터 통일왕국 시대에 이르기까지의 이스라엘의 역사를 자신이 기록한 시를 통해 회고한다. 홍해의 기적, 시내 산 언약, 광야에서의 반복되는 불순종에도 불구하고 그 가운데서도 그들을 가나안 땅으로 인도하시고 땅을 분배해 주신 하나님의 구속사를 자신의 시를 통해 후손들에게 전수했다.

아삽은 하나님께서 이스라엘 백성들의 우상 숭배로 인하여 실로의 성막을 떠나시고 요셉의 후손인 에브라임 지파가 아닌 유다 지파로 영적인 리더십을 옮기셨음을 지적한다. 그는 또한 하나님께서 지정하신 한 장소 시온산 곧 예루살렘을 택하셨고 그의 종 다윗을 양의 우리에서 취하여 왕으로 세우셨음을 강조한다. 거기에서 더 나아가 아삽은 앞으로 이방 나라들이 쳐들어와 예루살렘 성전을 더럽혀 예루살렘이 돌무더기가 될 것도 예언하며 하나님의 회복과 구원을 탄원하며 간구한다.

한편 다윗은 왕권이 안정되고 주변의 국가들과의 전쟁에서 하나님께서 어디로 가든지 이기게 하셔서 그 결과 다윗 시대에 이스라엘은 강대국이 된다. 그러나 다윗은 하나님께서 정해주신 국경의 경계를 넘어서까지 주변 국가의 땅을 정복하지 않았다. 그러나 전쟁터에 있어야 할 시간에 집에서 한가로이 지내다가 정욕에 사로잡혀 밧세바와 간음하게 되고 밧세바의 남편 우리아를 죽이는 죄를 범하게 된다.

그러면 어떻게 살 것인가?

인위뚝·신위고!

19일~24일

☑ 세계관 점검 – 묵상하기 (영상 강의와 교재 내용의 이해를 바탕으로)

- 시 39편의 다윗의 회개를 읽어라. 4절 "여호와여 나의 종말과 연한이 언제까지인지 알게 하사 내가 나의 연약함을 알게 하소서" 자기중심성을 내려놓기를 원하는 다윗의 모습을 묵상하라..

- 시 73:28상 "하나님께 가까이 함이 내게 복이라...."
"But as for me, it is good to be near God. ..." (NIV)
매일의 삶이 하나님께 가까이 가는 삶, 또는 하나님과 함께하는 삶(Coram Deo)이 바로 복된 삶이라는 시편 기자의 체험적 고백이다. 하나님께서도 늘 우리와 가까이, 함께 하시기를 원하신다. 그래서 하나님은 당신의 이름을 아예 임마누엘이라고 하셨다.
오늘 여러분은 하나님께 얼마나 가깝게 다가가는 삶을 살았나?
하나님께 가까이 가는 삶을 산다는 것은 어떤 삶을 말하는 것일까?

- 오늘 읽는 시에서 다윗은 예루살렘을 수도로 삼아 나라를 다시 통일하여 다스릴 수 있는 것은 오직 하나님의 통치가 이루어지게 되므로 일어난 것임을 깊이 체험하고 하나님의 주권적 통치를 높이 찬양한다.
나의 삶도 하나님의 통치 아래에 있는가? 하나님의 말씀이 나의 삶의 원리인가?
다시 말하면 성경의 메뉴엘 대로 살아가고 있는가?

- 다윗은 왜 죄를 범했을까? 시험의 3가지 강의를 잘 이해하고 나도 다윗과 같은 죄를 범할 유혹에 빠질 때 어떻게 대처하고 이길 것인가를 생각하라.

- 다윗의 범죄는 단순한 성범죄가 아니다. 그의 죄의 심각성을 잘 이해하고 그에 따른 하나님의 대응이 어떻게 나타나는지를 심각하게 이해하라.

- 다윗의 시에서 "하나님의 통치"를 찬양하는 대목이 나온다. 다윗은 왜 하나님이 통치하심을 찬양했을까? 이 점에서 다윗의 세계관을 생각해 보고 그것을 나의 세계관과 비교해 보라. 내가 다윗을 닮아 고쳐야 할 점이 무엇인지 구체적으로 열거하고 스스로 평가하여 반성하면 좋을 것이다.

- "하나님의 통치"는 곧 성경적 세계관의 근간이다. 즉, 말씀(성경)의 원리와 원칙에 의해 생각하고 행동하는 것이 하나님의 주권적 통치를 받는 것이기 때문이다.

☑ 결단기도와 실행하기

약 2:26 영혼 없는 몸이 죽은 것 같이 행함이 없는 믿음은 죽은 것이니라
시 119:28 나의 영혼이 눌림으로 말미암아 녹사오니 주의 말씀대로 나를 세우소서

시편 32

다윗의 마스길

1 허물의 사함을 받고 자신의 죄가 가려진 자는 복이 있도다 2 마음에 간
사함이 없고 여호와께 정죄를 당하지 아니하는 자는 복이 있도다 3 내가
입을 열지 아니할 때에 종일 신음하므로 내 뼈가 쇠하였도다 4 주의 손이
주야로 나를 누르시오니 내 진액이 빠져서 여름 가뭄에 마름 같이 되었나
이다 (셀라) 5 내가 이르기를 내 허물을 여호와께 자복하리라 하고 주께 내
죄를 아뢰고 내 죄악을 숨기지 아니하였더니 곧 주께서 내 죄악을 사하
셨나이다 (셀라) 6 이로 말미암아 모든 경건한 자는 주를 만날 기회를 얻어
서 주께 기도할지라 진실로 홍수가 범람할지라도 그에게 미치지 못하리
이다 7 주는 나의 은신처이오니 환난에서 나를 보호하시고 구원의 노래로
나를 두르시리이다 (셀라) 8 내가 네 갈 길을 가르쳐 보이고 너를 주목하여
훈계하리로다 9 너희는 무지한 말이나 노새 같이 되지 말지어다 그것들은
재갈과 굴레로 단속하지 아니하면 너희에게 가까이 가지 아니하리로다
10 악인에게는 많은 슬픔이 있으나 여호와를 신뢰하는 자에게는 인자하
심이 두르리로다 11 너희 의인들아 여호와를 기뻐하며 즐거워할지어다 마
음이 정직한 너희들아 다 즐거이 외칠지어다

시편 51

다윗의 시, 인도자를 따라 부르는 노래, 다윗이 밧세바와 동침한 후 선지
자 나단이 그에게 왔을 때

1 하나님이여 주의 인자를 따라 내게 은혜를 베푸시며 주의 많은 긍휼을
따라 내 죄악을 지워 주소서 2 나의 죄악을 말갛게 씻으시며 나의 죄를
깨끗이 제하소서 3 무릇 나는 내 죄과를 아오니 내 죄가 항상 내 앞에 있
나이다 4 내가 주께만 범죄하여 주의 목전에 악을 행하였사오니 주께서
말씀하실 때에 의로우시다 하고 주께서 심판하실 때에 순전하시다 하리
이다 5 내가 죄악 중에서 출생하였음이여 어머니가 죄 중에서 나를 잉태
하였나이다 6 보소서 주께서는 중심이 진실함을 원하시오니 내게 지혜를
은밀히 가르치시리이다 7 우슬초로 나를 정결하게 하소서 내가 정하리이
다 나의 죄를 씻어 주소서 내가 눈보다 희리이다 8 내게 즐겁고 기쁜 소리
를 들려 주시사 주께서 꺾으신 뼈들도 즐거워하게 하소서 9 주의 얼굴을
내 죄에서 돌이키시고 내 모든 죄악을 지워 주소서 10 하나님이여 내 속에
정한 마음을 창조하시고 내 안에 정직한 영을 새롭게 하소서 11 나를 주
앞에서 쫓아내지 마시며 주의 성령을 내게서 거두지 마소서 12 주의 구원
의 즐거움을 내게 회복시켜 주시고 자원하는 심령을 주사 나를 붙드소서

❖ 시편 32편, 51편 **다윗 회개의 진정성**

믿음이란 지정의(知情意)의 복합체 즉, 믿음은 어떤 사실로서의 지식(Knowledge), 그 사실의 옳고 그름을 판단하는 신념(Belief), 그리고 그 신념을 실천으로 옮기는 것(Trust)의 복합체라면 회개는 우선 지식 체계가 바뀌고 그 지식을 판단하는 신념의 체제가 바뀌고, 그래서 그 신념 체제에 의한 행동 체제가 바뀌는 데까지 나아가야 한다. 회개란 단순한 감상적 회심이 아니라 생각의 근본을 바꾸어 생각 자체를 이전과 다르게 하는 데까지 나아가는 것이다. 사람의 가치관 전체가 바뀌는 것을 말한다. 이를테면 우리는 "하나님은 나의 왕"이라는 찬송을 부를 때 하나님을 왕으로 여기면서 부른다. 그런데 입술로는 그렇게 부르는데 내 생각과 가치관과 행동은 그분의 백성다운 모습으로 되어 있지 않다는데 우리의 갈등이 있지 않을까? "왕이신 하나님"을 찬송할 때 동시에 나는 "하나님의 백성이 된 나의 모습"을 돌아보면서 찬양을 불러야 한다는 것이다.

우리는 회개가 단지 감정의 변화 정도로 생각하는 사람들을 많이 만난다. 회개는 가치체계가 바뀌는 것이다.

다윗은 사울처럼 자기의 죄를 인정하지 않고 숨기고 싶었을 것이다. 그러나 양심의 가책은 그를 끊임없이 괴롭혔다. 그러다가 나단 선지자를 통한 하나님의 꾸짖음을 듣고 크게 회개한다. 이것이 시 32편에 잘 나타나 있다.

시 51편은 다윗 회개의 특징을 보여 준다. 그는 회개를 사울처럼 대충 체면치레로 시늉만 내려 했던 것이 아니고 철두철미하게 했음을 보여 준다.

2절 "죄악을 말갛게 씻는다"라는 것은 옛날 어머니들이 빨래를 빨래판에 놓고 팍팍 미는 것을 말한다. 철두철미하게 씻어 낸다는 것이다. 이는 단순히 죄사함을 위한 소극적 회개로 끝나는 것이 아니고, 세계관을 바꿀 만큼 철저히 회개한다는 적극적 의미가 포함된 회개이다. 10절이 그것을 말해준다. "정한 마음을 창조하시고, 정직한 영을 새롭게 하소서"라는 곧 세계관이 바뀌는 새로움을 말하는 것이다.

나의 회개하는 자세를 비추어 보라.

☞ 마 3:8-12, 눅 3:8-14에서 회개의 합당한 열매가 무엇인지를 찾아서 깊이 묵상하라.

학습 자료 24-1 "회개의 중요성" 참조

13 그리하면 내가 범죄자에게 주의 도를 가르치리니 죄인들이 주께 돌아오리이다 14 하나님이여 나의 구원의 하
나님이여 피 흘린 죄에서 나를 건지소서 내 혀가 주의 공의를 높이 노래하리이다 15 주여 내 입술을 열어 주소서
내 입이 주를 찬송하여 전파하리이다 16 주께서는 제사를 기뻐하지 아니하시나니 그렇지 아니하면 내가 드렸을
것이라 주는 번제를 기뻐하지 아니하시나이다 17 하나님께서 구하시는 제사는 상한 심령이라 하나님이여 상하
고 통회하는 마음을 주께서 멸시하지 아니하시리이다 18 주의 은택으로 시온에 선을 행하시고 예루살렘 성을 쌓
으소서 19 그 때에 주께서 의로운 제사와 번제와 온전한 번제를 기뻐하시리니 그 때에 그들이 수소를 주의 제단
에 드리리이다

사무엘하 12:15(하)~15장 :
왕위 계승을 위한 아들들의 암투

❖ 삼하 12장 **하반부**
본문은 나단의 예고대로 다윗의 범죄에 대한 보응으로서 밧세바와 다윗의 불륜 관계에서 태어난 아이가 죽는 장면이다. 그러나 다윗의 회개로 말미암아 즉각적으로 하나님과의 관계가 회복되었으며, 또 다윗의 범죄에도 불구하고 하나님의 사랑과 은총은 계속되고 있다는 두 가지 증거로서, 솔로몬의 탄생과 요압의 군대가 암몬 족속의 수도 랍바를 정복한 사실을 기록하고 있다.
☞ 하나님은 다윗의 죄를 용서할 준비가 되어 있다. 그러나 하나님은 죄가 "죽음을 낳는"(약 1:15) 일을 막을 수는 없으셨다. 하나님의 사랑은 죄를 용서하신다. 그러나 하나님의 공의는 그 사람이 뿌린 씨를 거두게 하실 수밖에 없다(시 99:8 참조). 그 결과 검이 다윗의 집에서 떠나지 않았다(삼하 12:10). 밧세바와의 그런 부정한 관계에서 태어난 어린 젖먹이가 죽었고 압살롬은 다말을 범한 암논을 죽었으며(13장), 요압은 압살롬을 죽였고(18:9-17) 아도니야는 브나야에게 죽임을 당한다(왕상 2: 25). 이런 시련들에 첨부하여 다말은 무섭게 무너져 버렸고 다윗의 아내들은 압살롬에게 부끄러운 취급을 당한다(12:11/16:20-23). 이에 압살롬의 반역이 더하여진다. 다윗은 한순간의 욕정으로 말미암아 엄청난 값을 치르게 되었음을 볼 수 있다. 그는 육욕을 심고 똑같은 것을 거두었으며, 살인으로 심고 살인을 거두었다.
☞ **갈 6:7** 사람이 무엇으로 심든지 그대로 거두리라
☞ **갈 6:1** 너 자신을 돌아보아 너도 시험을 받을까 조심하라

사무엘하 12:15(하)-31

다윗의 아이가 죽다

15(하) 우리아의 아내가 다윗에게 낳은 아이를 여호와께서 치시매 심히 앓
는지라 16 다윗이 그 아이를 위하여 하나님께 간구하되 다윗이 금식하고
안에 들어가서 밤새도록 땅에 엎드렸으니 17 그 집의 늙은 자들이 그 곁에
서서 다윗을 땅에서 일으키려 하되 왕이 듣지 아니하고 그들과 더불어 먹
지도 아니하더라 18 이레 만에 그 아이가 죽으니라 그러나 다윗의 신하들
이 아이가 죽은 것을 왕에게 아뢰기를 두려워하니 이는 그들이 말하기를
아이가 살았을 때에 우리가 그에게 말하여도 왕이 그 말을 듣지 아니하
셨나니 어떻게 그 아이가 죽은 것을 그에게 아뢸 수 있으랴 왕이 상심하
시리로다 함이라 19 다윗이 그의 신하들이 서로 수군거리는 것을 보고 그
아이가 죽은 줄을 다윗이 깨닫고 그의 신하들에게 묻되 아이가 죽었느냐
하니 대답하되 죽었나이다 하는지라 20 다윗이 땅에서 일어나 몸을 씻고
기름을 바르고 의복을 갈아입고 여호와의 전에 들어가서 경배하고 왕궁
으로 돌아와 명령하여 음식을 그 앞에 차리게 하고 먹은지라 21 그의 신하
들이 그에게 이르되 아이가 살았을 때에는 그를 위하여 금식하고 우시더
니 죽은 후에는 일어나서 잡수시니 이 일이 어찌 됨이니이까 하니 22 이르
되 아이가 살았을 때에 내가 금식하고 운 것은 혹시 여호와께서 나를 불
쌍히 여기사 아이를 살려 주실는지 누가 알까 생각함이거니와 23 지금은
죽었으니 내가 어찌 금식하랴 내가 다시 돌아오게 할 수 있느냐 나는 그
에게로 가려니와 그는 내게로 돌아오지 아니하리라 하니라

솔로몬이 태어나다

24 다윗이 그의 아내 밧세바를 위로하고 그에게 들어가 그와 동침하였더니 그가 아들을 낳으매 그의 이름을 솔
로몬이라 하니라 여호와께서 그를 사랑하사 25 선지자 나단을 보내 그의 이름을 여디디야라 하시니 이는 여호와
께서 사랑하셨기 때문이더라

다윗이 랍바를 쳐서 점령하다(대상 20:1-3)

26 요압이 암몬 자손의 랍바를 쳐서 그 왕성을 점령하매 27 요압이 전령을 다윗에게 보내 이르되 내가 랍바 곧 물

들의 성읍을 쳐서 점령하였으니 28 이제 왕은 그 백성의 남은 군사를 모아 그 성에 맞서 진 치고 이 성읍을 쳐서
점령하소서 내가 이 성읍을 점령하면 이 성읍이 내 이름으로 일컬음을 받을까 두려워하나이다 하니 29 다윗이 모
든 군사를 모아 랍바로 가서 그 곳을 쳐서 점령하고 30 그 왕의 머리에서 보석 박힌 왕관을 가져오니 그 중량이
금 한 달란트라 다윗이 자기의 머리에 쓰니라 다윗이 또 그 성읍에서 노략한 물건을 무수히 내오고 31 그 안에 있
는 백성들을 끌어내어 톱질과 써레질과 철도끼질과 벽돌구이를 그들에게 하게 하니라 암몬 자손의 모든 성읍을
이같이 하고 다윗과 모든 백성이 예루살렘으로 돌아가니라

사무엘하 13장

19일~
24일

암논과 다말

1 그 후에 이 일이 있으니라 다윗의 아들 압살롬에게 아름다운 누이가 있
으니 이름은 다말이라 다윗의 다른 아들 암논이 그를 사랑하나 2 그는 처
녀이므로 어찌할 수 없는 줄을 알고 암논이 그의 누이 다말 때문에 울화
로 말미암아 병이 되니라 3 암논에게 요나답이라 하는 친구가 있으니 그
는 다윗의 형 시므아의 아들이요 심히 간교한 자라 4 그가 암논에게 이르
되 왕자여 당신은 어찌하여 나날이 이렇게 파리하여 가느냐 내게 말해 주
지 아니하겠느냐 하니 암논이 말하되 내가 아우 압살롬의 누이 다말을
사랑함이니라 하니라 5 요나답이 그에게 이르되 침상에 누워 병든 체하다
가 네 아버지가 너를 보러 오거든 너는 그에게 말하기를 원하건대 내 누
이 다말이 와서 내게 떡을 먹이되 내가 보는 데에서 떡을 차려 그의 손으
로 먹여 주게 하옵소서 하라 하니 6 암논이 곧 누워 병든 체하다가 왕이
와서 그를 볼 때에 암논이 왕께 아뢰되 원하건대 내 누이 다말이 와서 내
가 보는 데에서 과자 두어 개를 만들어 그의 손으로 내게 먹여 주게 하옵
소서 하니 7 다윗이 사람을 그의 집으로 보내 다말에게 이르되 이제 네 오
라버니 암논의 집으로 가서 그를 위하여 음식을 차리라 한지라 8 다말이
그 오라버니 암논의 집에 이르매 그가 누웠더라 다말이 밀가루를 가지고
반죽하여 그가 보는 데서 과자를 만들고 그 과자를 굽고 9 그 냄비를 가
져다가 그 앞에 쏟아 놓아도 암논이 먹기를 거절하고 암논이 이르되 모든
사람을 내게서 나가게 하라 하니 다 그를 떠나 나가니라 10 암논이 다말
에게 이르되 음식물을 가지고 침실로 들어오라 내가 네 손에서 먹으리라
하니 다말이 자기가 만든 과자를 가지고 침실에 들어가 그의 오라버니 암
논에게 이르러 11 그에게 먹이려고 가까이 가지고 갈 때에 암논이 그를 붙잡고 그에게 이르되 나의 누이야 와서
나와 동침하자 하는지라 12 그가 그에게 대답하되 아니라 내 오라버니여 나를 욕되게 하지 말라 이런 일은 이스
라엘에서 마땅히 행하지 못할 것이니 이 어리석은 일을 행하지 말라 13 내가 이 수치를 지니고 어디로 가겠느냐
너도 이스라엘에서 어리석은 자 중의 하나가 되리라 이제 청하건대 왕께 말하라 그가 나를 네게 주기를 거절하
지 아니하시리라 하되 14 암논이 그 말을 듣지 아니하고 다말보다 힘이 세므로 억지로 그와 동침하니라 15 그리
하고 암논이 그를 심히 미워하니 이제 미워하는 미움이 전에 사랑하던 사랑보다 더한지라 암논이 그에게 이르되
일어나 가라 하니 16 다말이 그에게 이르되 옳지 아니하다 나를 쫓아보내는 이 큰 악은 아까 내게 행한 그 악보
다 더하다 하되 암논이 그를 듣지 아니하고 17 그가 부리는 종을 불러 이르되 이 계집을 내게서 이제 내보내고 곧
문빗장을 지르라 하니 18 암논의 하인이 그를 끌어내고 곧 문빗장을 지르니라 다말이 채색옷을 입었으니 출가하
지 아니한 공주는 이런 옷으로 단장하는 법이라 19 다말이 재를 자기의 머리에 덮어쓰고 그의 채색옷을 찢고 손

❖ **삼하 13장**
검이 다윗의 가정에 머문다는 징벌이 현실로 나타나기 시작한다.

학습 자료 24-2
"회개 후에도 징계를 받는 이유" 참조

삼하 13:1-14
근친상간의 실례와 그에 대한 형벌
근친상간은 율법에서 엄격히 금지하고 있는(레 18:9, 11, 20:17)범죄이다. 그런데 위대한 왕인 다윗의 아들, 암논이 이러한 범죄를 저지르고 있다. 이로써 형제 살인으로 이어지는 다윗가의 불행의 역사가 시작된 것이다. 그러나 결국 이러한 일련의 사건들은 범죄한 다윗에 대한 나단 선지자의 징계 예언(삼하 12:10)의 성취였다. 다음에서 성경에 기록되어 있는 근친상간의 실례를 알아보자.

실례	롯과 그의 두 딸들(창 19:31-35)
	르우벤과 그의 서모 빌하(창 35:22)
	유다와 며느리 다말(창 38:16-18)
	암논과 이복누이 다말(삼하 13:14)
	압살롬과 부친의 후궁들(삼하 16:22)
	헤롯과 동생의 처 헤로디아(눅 3:19)
	고린도 교인 중 일부(고전 5:1)
형벌	사형당함(레 20:11-17)
	자식 없이 죽음(레 20:19-21)
	저주를 받음(신 27:20-23)
	사탄에게 내어줌(고전 5:5)

을 머리 위에 얹고 가서 크게 울부짖으니라 20 그의 오라버니 압살롬이 그에게 이르되 네 오라버니 암논이 너와
함께 있었느냐 그러나 그는 네 오라버니이니 누이야 지금은 잠잠히 있고 이것으로 말미암아 근심하지 말라 하니
라 이에 다말이 그의 오라버니 압살롬의 집에 있어 처량하게 지내니라 21 다윗 왕이 이 모든 일을 듣고 심히 노하
니라 22 압살롬은 암논이 그의 누이 다말을 욕되게 하였으므로 그를 미워하여 암논에 대하여 잘잘못을 압살롬이
말하지 아니하니라

압살롬의 복수

> "복수의 쾌감은 일시적이지만 용서로 얻어지는 기쁨은 영원하다." (스페인 속담)

23 만 이 년 후에 에브라임 곁 바알하솔에서 압살롬이 양 털을 깎는 일이
있으매 압살롬이 왕의 모든 아들을 청하고 24 압살롬이 왕께 나아가 말하되 이제 종에게 양 털 깎는 일이 있사오
니 청하건대 왕은 신하들을 데리시고 당신의 종과 함께 가사이다 하니 25 왕이 압살롬에게 이르되 아니라 내 아
들아 이제 우리가 다 갈 것 없다 네게 누를 끼칠까 하노라 하니라 압살롬이 그에게 간청하였으나 그가 가지 아
니하고 그에게 복을 비는지라 26 압살롬이 이르되 그렇게 하지 아니하시려거든 청하건대 내 형 암논이 우리와
함께 가게 하옵소서 왕이 그에게 이르되 그가 너와 함께 갈 것이 무엇이냐 하되 27 압살롬이 간청하매 왕이 암논
과 왕의 모든 아들을 그와 함께 그에게 보내니라 28 압살롬이 이미 그의 종들에게 명령하여 이르기를 너희는 이
제 암논의 마음이 술로 즐거워할 때를 자세히 보다가 내가 너희에게 암논을 치라 하거든 그를 죽이라 두려워하
지 말라 내가 너희에게 명령한 것이 아니냐 너희는 담대히 용기를 내라 한지라 29 압살롬의 종들이 압살롬의 명
령대로 암논에게 행하매 왕의 모든 아들들이 일어나 각기 노새를 타고 도망하니라 30 그들이 길에 있을 때에 압
살롬이 왕의 모든 아들들을 죽이고 하나도 남기지 아니하였다는 소문이 다윗에게 이르매 31 왕이 곧 일어나서
자기의 옷을 찢고 땅에 드러눕고 그의 신하들도 다 옷을 찢고 모셔 선지라 32 다윗의 형 시므아의 아들 요나답
이 아뢰어 이르되 내 주여 젊은 왕자들이 다 죽임을 당한 줄로 생각하지 마옵소서 오직 암논만 죽었으리이다 그
가 압살롬의 누이 다말을 욕되게 한 날부터 압살롬이 결심한 것이니이다 33 그러하온즉 내 주 왕이여 왕
자들이 다 죽은 줄로 생각하여 상심하지 마옵소서 오직 암논만 죽었으리이다 하니라 34 이에 압
살롬은 도망하니라 파수하는 청년이 눈을 들어 보니 보아라 뒷산 언덕길로 여러 사람이 오
는도다 35 요나답이 왕께 아뢰되 보소서 왕자들이 오나이다 당신의 종이 말한 대로
되었나이다 하고 36 말을 마치자 왕자들이 이르러 소리를 높여 통곡하니 왕과 그
의 모든 신하들도 심히 통곡하니라 37 압살롬은 도망하여 그술 왕 암미훌의 아
들 달매에게로 갔고 다윗은 날마다 그의 아들로 말미암아 슬퍼하니라 38 압
살롬이 도망하여 그술로 가서 거기에 산 지 삼 년이라 39 다윗 왕의 마음이 압살롬을 향하여 간절
하니 암논은 이미 죽었으므로 왕이 위로를 받았음이더라

사무엘하 14장

압살롬이 예루살렘으로 돌아오다

1 스루야의 아들 요압이 왕의 마음이 압살롬에게로 향하는 줄 알고 2 드고아에 사람을 보내 거기서 지혜로운 여
인 하나를 데려다가 그에게 이르되 청하건대 너는 상주가 된 것처럼 상복을 입고 기름을 바르지 말고 죽은 사람
을 위하여 오래 슬퍼하는 여인 같이 하고 3 왕께 들어가서 그에게 이러이러하게 말하라고 요압이 그의 입에 할
말을 넣어 주니라 4 드고아 여인이 왕께 아뢸 때에 얼굴을 땅에 대고 엎드려 이르되 왕이여 도우소서 하니 5 왕이
그에게 이르되 무슨 일이냐 하니라 대답하되 나는 진정으로 과부니이다 남편은 죽고 6 이 여종에게 아들 둘이 있
더니 그들이 들에서 싸우나 그들을 말리는 사람이 아무도 없으므로 한 아이가 다른 아이를 쳐죽인지라 7 온 족
속이 일어나서 당신의 여종 나를 핍박하여 말하기를 그의 동생을 쳐죽인 자를 내놓으라 우리가 그의 동생 죽인
죄를 갚아 그를 죽여 상속자 될 것까지 끊겠노라 하오니 그러한즉 그들이 내게 남아 있는 숯불을 꺼서 내 남편
의 이름과 씨를 세상에 남겨두지 아니하겠나이다 하니 8 왕이 여인에게 이르되 네 집으로 가라 내가 너를 위하

여 명령을 내리리라 하는지라 9 드고아 여인이 왕께 아뢰되 내 주 왕이여
그 죄는 나와 내 아버지의 집으로 돌릴 것이니 왕과 왕위는 허물이 없으
리이다 10 왕이 이르되 누구든지 네게 말하는 자를 내게로 데려오라 그가
다시는 너를 건드리지도 못하리라 하니라 11 여인이 이르되 청하건대 왕
은 왕의 하나님 여호와를 기억하사 원수 갚는 자가 더 죽이지 못하게 하
옵소서 내 아들을 죽일까 두렵나이다 하니 왕이 이르되 여호와께서 살아
계심을 두고 맹세하노니 네 아들의 머리카락 하나도 땅에 떨어지지 아니
하리라 하니라 12 여인이 이르되 청하건대 당신의 여종을 용납하여 한 말
씀을 내 주 왕께 여쭙게 하옵소서 하니 그가 이르되 말하라 하니라 13 여
인이 이르되 그러면 어찌하여 왕께서 하나님의 백성에게 대하여 이같은
생각을 하셨나이까 이 말씀을 하심으로 왕께서 죄 있는 사람 같이 되심은
그 내쫓긴 자를 왕께서 집으로 돌아오게 하지 아니하심이니이다 14 우리
는 필경 죽으리니 땅에 쏟아진 물을 다시 담지 못함 같을 것이오나 하나
님은 생명을 빼앗지 아니하시고 방책을 베푸사 내쫓긴 자가 하나님께 버
린 자가 되지 아니하게 하시나이다 15 이제 내가 와서 내 주 왕께 이 말씀
을 여쭙는 것은 백성들이 나를 두렵게 하므로 당신의 여종이 스스로 말하
기를 내가 왕께 여쭈오면 혹시 종이 청하는 것을 왕께서 시행하실 것이라
16 왕께서 들으시고 나와 내 아들을 함께 하나님의 기업에서 끊을 자의
손으로부터 주의 종을 구원하시리라 함이니이다 17 당신의 여종이 또 스
스로 말하기를 내 주 왕의 말씀이 나의 위로가 되기를 원한다 하였사오니
이는 내 주 왕께서 하나님의 사자 같이 선과 악을 분간하심이니이다 원하건대 왕의 하나님 여호와께서 왕과 같
이 계시옵소서 18 왕이 그 여인에게 대답하여 이르되 바라노니 내가 네게 묻는 것을 내게 숨기지 말라 여인이 이
르되 내 주 왕은 말씀하옵소서 19 왕이 이르되 이 모든 일에 요압이 너와 함께 하였느냐 하니 여인이 대답하여 이
르되 내 주 왕의 살아 계심을 두고 맹세하옵나니 내 주 왕의 말씀을 좌로나 우로나 옮길 자가 없으리이다 왕의
종 요압이 내게 명령하였고 그가 이 모든 말을 왕의 여종의 입에 넣어 주었사오니 20 이는 왕의 종 요압이 이 일
의 형편을 바꾸려 하여 이렇게 함이니이다 내 주 왕의 지혜는 하나님의 사자의 지혜와 같아서 땅에 있는 일을 다
아시나이다 하니라 21 왕이 요압에게 이르되 내가 이 일을 허락하였으니 가서 청년 압살롬을 데려오라 하니라 22
요압이 땅에 엎드려 절하고 왕을 위하여 복을 빌고 요압이 이르되 내 주 왕이여 종의 구함을 왕이 허락하시니 종
이 왕 앞에서 은혜 입은 줄을 오늘 아나이다 하고 23 요압이 일어나 그술로 가서 압살롬을 데리고 예루살렘으로
오니 24 왕이 이르되 그를 그의 집으로 물러가게 하여 내 얼굴을 볼 수 없게 하라 하매 압살롬이 자기 집으로 돌
아가고 왕의 얼굴을 보지 못하니라

	삼하 14:1-33 압살롬의 반역 사건의 경과
	경과 내용
1	요압의 중재로 압살롬이 예루살렘으로 귀환함(14:1-27)
2	귀환 2년만에 압살롬과 다윗이 만나 화해함(14:28-33)
3	압살롬이 병기들을 구비하고 호위병들을 세움(15:1)
4	성문에서 재판을 베풀며 민심을 규합함(15:1-6)
5	헤브론에서 스스로 왕이 되어 반란 정부를 세움(15:7-12)
6	예루살렘을 떠나 도피하는 다윗을 추적함(15:13-17:29)
7	예루살렘을 탈취하고 다윗의 후궁들과 동침함(16:20-23)
8	후세의 모략을 따름으로써 다윗이 피신할 여유 생김(16:15-17:29)
9	압살롬이 다윗의 반격에 의해 에브라임 수풀 전투에서 죽음(18:1-18)
10	압살롬의 반란군이 완전히 토벌됨(18:19-30)
11	다윗이 예루살렘으로 돌아옴(19:9-39)

19일~
24일

다윗이 압살롬과 화해하다

25 온 이스라엘 가운데에서 압살롬 같이 아름다움으로 크게 칭찬 받는 자
가 없었으니 그는 발바닥부터 정수리까지 흠이 없음이라 26 그의 머리털
이 무거우므로 연말마다 깎았으며 그의 머리 털을 깎을 때에 그것을 달아
본즉 그의 머리털이 왕의 저울로 이백 세겔이었더라 27 압살롬이 아들 셋
과 딸 하나를 낳았는데 딸의 이름은 다말이라 그는 얼굴이 아름다운 여
자더라 28 압살롬이 이태 동안 예루살렘에 있으되 왕의 얼굴을 보지 못하
였으므로 29 압살롬이 요압을 왕께 보내려 하여 압살롬이 요압에게 사람을 보내 부르되 그에게 오지 아니하고
또 다시 그에게 보내되 오지 아니하는지라 30 압살롬이 자기의 종들에게 이르되 보라 요압의 밭이 내 밭 근처에

삼하 14:25-26 사람의 아름다움은 외모에 있는 것이 아니라 마음, 내면에 있다. 오히려 보이지 않는 사람의 내면이 보이는 외모보다 사람을 진정 아름답게 한다. 이 내면의 아름다움을 가꾸기 위해 당신이 해야 할 일은 무엇인가? 그 일을 지금 실행하고 있는가?

있고 거기 보리가 있으니 가서 불을 지르라 하니라 압살롬의 종들이 그 밭에 불을 질렀더니 31 요압이 일어나 압
살롬의 집으로 가서 그에게 이르되 어찌하여 네 종들이 내 밭에 불을 질렀느냐 하니 32 압살롬이 요압에게 대답
하되 내가 일찍이 사람을 네게 보내 너를 이리로 오라고 청한 것은 내가 너를 왕께 보내 아뢰게 하기를 어찌하여
내가 그술에서 돌아오게 되었나이까 이 때까지 거기에 있는 것이 내게 나았으리이다 하려 함이로라 이제는 네가
나로 하여금 왕의 얼굴을 볼 수 있게 하라 내가 만일 죄가 있으면 왕이 나를 죽이시는 것이 옳으니라 하는지라 33
요압이 왕께 나아가서 그에게 아뢰매 왕이 압살롬을 부르니 그가 왕께 나아가 그 앞에서 얼굴을 땅에 대어 그에
게 절하매 왕이 압살롬과 입을 맞추니라

사무엘하 15장

압살롬이 반역하다

1 그 후에 압살롬이 자기를 위하여 병거와 말들을 준비하고 호위병 오십
명을 그 앞에 세우니라 2 압살롬이 일찍이 일어나 성문 길 곁에 서서 어
떤 사람이든지 송사가 있어 왕에게 재판을 청하러 올 때에 그 사람을 불
러 이르되 너는 어느 성읍 사람이냐 하니 그 사람의 대답이 종은 이스라
엘 아무 지파에 속하였나이다 하면 3 압살롬이 그에게 이르기를 보라 네
일이 옳고 바르다마는 네 송사를 들을 사람을 왕께서 세우지 아니하셨다
하고 4 또 압살롬이 이르기를 내가 이 땅에서 재판관이 되고 누구든지 송
사나 재판할 일이 있어 내게로 오는 자에게 내가 정의 베풀기를 원하노
라 하고 5 사람이 가까이 와서 그에게 절하려 하면 압살롬이 손을 펴서 그
사람을 붙들고 그에게 입을 맞추니 6 이스라엘 무리 중에 왕께 재판을 청
하러 오는 자들마다 압살롬의 행함이 이와 같아서 이스라엘 사람의 마
음을 압살롬이 훔치니라 7 사 년 만에 압살롬이 왕께 아뢰되 내가 여호와
께 서원한 것이 있사오니 청하건대 내가 헤브론에 가서 그 서원을 이루게
하소서 8 당신의 종이 아람 그술에 있을 때에 서원하기를 만일 여호와께
서 반드시 나를 예루살렘으로 돌아가게 하시면 내가 여호와를 섬기리이
다 하였나이다 9 왕이 그에게 이르되 평안히 가라 하니 그가 일어나 헤브
론으로 가니라 10 이에 압살롬이 정탐을 이스라엘 모든 지파 가운데에 두
루 보내 이르기를 너희는 나팔 소리를 듣거든 곧 말하기를 압살롬이 헤브
론에서 왕이 되었다 하라 하니라 11 그 때 청함을 받은 이백 명이 압살롬
과 함께 예루살렘에서부터 헤브론으로 내려갔으니 그들은 압살롬이 꾸
민 그 모든 일을 알지 못하고 그저 따라가기만 한 사람들이라 12 제사 드
릴 때에 압살롬이 사람을 보내 다윗의 모사 길로 사람 아히도벨을 그의
성읍 길로에서 청하여 온지라 반역하는 일이 커가매 압살롬에게로 돌아
오는 백성이 많아지니라

다윗이 예루살렘에서 도망하다

13 전령이 다윗에게 와서 말하되 이스라엘의 인심이 다 압살롬에게로 돌
아갔나이다 한지라 14 다윗이 예루살렘에 함께 있는 그의 모든 신하들에
게 이르되 일어나 도망하자 그렇지 아니하면 우리 중 한 사람도 압살롬에
게서 피하지 못하리라 빨리 가자 두렵건대 그가 우리를 급히 따라와 우리
를 해하고 칼날로 성읍을 칠까 하노라 15 왕의 신하들이 왕께 이르되 우

삼하 15:1-37 다윗의 주요 자녀들

	특징
암논	근친상간 후에 압살롬에게 죽임 당함(삼하 13장)
다말	암논에 의해 강간당함 (삼하 13:14)
압살롬	반역을 일으켰으나 실패함 (삼하 13-19)
아도니야	스스로 왕이 되려다가 실패함 (왕상 1, 2장)
나단	예수의 어머니의 조상이 됨 (눅 3:31)
솔로몬	이스라엘의 제3대 왕이 됨 (왕상 14:5)

19일~
24일

삼하 15:11 압살롬의 사기극(쿠데타)을 모른 채 따라다니는 200명이 있다. 참 멍청해 보이지 않나? 오늘 교회 안팎에서 이런 자들이 참 많다고 생각하지 않는가? 혹시 나는?
이를 물리칠 수 있는 무기는 무엇이며, 그것을 당신은 갖추고 있는가?
(cf. 삼상 17:45, 마 25:13)

**삼하 15:13-18
압살롬의 반역과 다윗의 도피 경로**

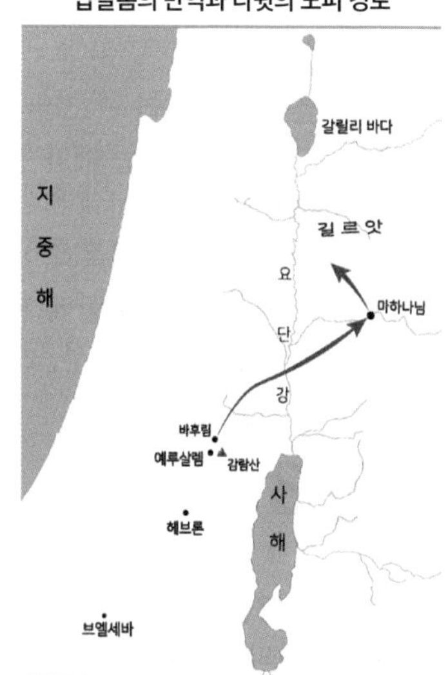

리 주 왕께서 하고자 하시는 대로 우리가 행하리이다 보소서 당신의 종들
이니이다 하더라 16 왕이 나갈 때에 그의 가족을 다 따르게 하고 후궁 열
명을 왕이 남겨 두어 왕궁을 지키게 하니라 17 왕이 나가매 모든 백성이 다
따라서 벧메르학에 이르러 멈추어 서니 18 그의 모든 신하들이 그의 곁으
로 지나가고 모든 그렛 사람과 모든 블렛 사람과 및 왕을 따라 가드
에서 온 모든 가드 사람 육백 명이 왕 앞으로 행진하니라 19 그 때에 왕
이 가드 사람 잇대에게 이르되 어찌하여 너도 우리와 함께 가느냐 너
는 쫓겨난 나그네이니 돌아가서 왕과 함께 네 곳에 있으라 20 너는 어제
왔고 나는 정처 없이 가니 오늘 어찌 너를 우리와 함께 떠돌아다니게 하리요 너도 돌아가고 네 동포들도 데려가
라 은혜와 진리가 너와 함께 있기를 원하노라 하니라 21 잇대가 왕께 대답하여 이르되 여호와의 살아 계심과 내
주 왕의 살아 계심으로 맹세하옵나니 진실로 내 주 왕께서 어느 곳에 계시든지 사나 죽으나 종도 그 곳에 있겠
나이다 하니 22 다윗이 잇대에게 이르되 앞서 건너가라 하매 가드 사람 잇대와 그의 수행자들과 그와 함께 한 아
이들이 다 건너가고 23 온 땅 사람이 큰 소리로 울며 모든 백성이 앞서 건너가매 왕도 기드론 시내를 건너가니 건
너간 모든 백성이 광야 길로 향하니라 24 보라 사독과 그와 함께 한 모든 레위 사람도 하나님의 언약궤를 메어다
가 하나님의 궤를 내려놓고 아비아달도 올라와서 모든 백성이 성에서 나오기를 기다리도다 25 왕이 사독에게 이
르되 보라 하나님의 궤를 성읍으로 도로 메어 가라 만일 내가 여호와 앞에서 은혜를 입으면 도로 나를 인도하사
내게 그 궤와 그 계신 데를 보이시리라 26 그러나 그가 이와 같이 말씀하시기를 내가 너를 기뻐하지 아니한다 하
시면 종이 여기 있사오니 선히 여기시는 대로 내게 행하시옵소서 하리라 27 왕이 또 제사장 사독에게 이르되 네
가 선견자가 아니냐 너는 너희의 두 아들 곧 네 아들 아히마아스와 아비아달의 아들 요나단을 데리고 평안히 성
읍으로 돌아가라 28 너희에게서 내게 알리는 소식이 올 때까지 내가 광야 나루터에서 기다리리라 하니라 29 사독
과 아비아달이 하나님의 궤를 예루살렘으로 도로 메어다 놓고 거기 머물러 있으니라 30 다윗이 감람 산 길로 올
라갈 때에 그의 머리를 그가 가리고 맨발로 울며 가고 그와 함께 가
는 모든 백성들도 각각 자기의 머리를 가리고 울며 올라가니라 31
어떤 사람이 다윗에게 알리되 압살롬과 함께 모반한 자들 가운데
아히도벨이 있나이다 하니 다윗이 이르되 여호와여 원하옵건대 아
히도벨의 모략을 어리석게 하옵소서 하니라 32 다윗이 하나님을 경배하는 마
루턱에 이를 때에 아렉 사람 후새가 옷을 찢고 흙을 머리에 덮어쓰고 다윗을 맞으
러 온지라 33 다윗이 그에게 이르되 네가 만일 나와 함께 나아가면 내게 누를 끼치리
라 34 그러나 네가 만일 성읍으로 돌아가서 압살롬에게 말하기를 왕이여 내가 왕의 종이
니이다 전에는 내가 왕의 아버지의 종이었더니 이제는 내가 왕의 종이니이다 하면 네가 나를 위하
여 아히도벨의 모략을 패하게 하리라 35 사독과 아비아달 두 제사장이 너와 함께 거기 있지 아니하냐 네가 왕의
궁중에서 무엇을 듣든지 사독과 아비아달 두 제사장에게 알리라 36 그들의 두 아들 곧 사독의 아히마아스와 아
비아달의 요나단이 그들과 함께 거기 있나니 너희가 듣는 모든 것을 그들 편에 내게 소식을 알릴지니라 하는지
라 37 다윗의 친구 후새가 곧 성읍으로 들어가고 압살롬도 예루살렘으로 들어갔더라

시편 3

다윗이 그의 아들 압살롬을 피할 때에 지은 시

1 여호와여 나의 대적이 어찌 그리 많은지요 일어나 나를 치는 자가 많으니이다 2 많은 사람이 나를 대적하여 말

하기를 그는 하나님께 구원을 받지 못한다 하나이다 (셀라) 3 여호와여 주
는 나의 방패시요 나의 영광이시요 나의 머리를 드시는 자이시니이다 4
내가 나의 목소리로 여호와께 부르짖으니 그의 성산에서 응답하시는도
다 (셀라) 5 내가 누워 자고 깨었으니 여호와께서 나를 붙드심이로다 6 천
만인이 나를 에워싸 진 친다 하여도 나는 두려워하지 아니하리이다 7 여
호와여 일어나소서 나의 하나님이여 나를 구원하소서 주께서 나의 모든
원수의 뺨을 치시며 악인의 이를 꺾으셨나이다 8 구원은 여호와께 있사
오니 주의 복을 주의 백성에게 내리소서 (셀라)

❖ 시편 3편

압살롬에게 쫓겨나 두 번째 도망자가 된 다윗의 마음을 읽어라.
노년에 이른 다윗이 아들 압살롬과 그에 동조한 일부 신하들의 천인공노(天人共怒)할 반역을 당하여 쫓기는 상황에서 조속한 구원을 급박하게 호소하는 내용이 주를 이루고 있다.
하나님의 사람이 사탄의 세력에게 쫓기고 있는 모양새지만, 하나님은 이미 승리하신 분이심을 믿고 담대하게 대처해야 한다.

사무엘하 16:1-14 : 다윗의 도망

다윗과 시바

1 다윗이 마루턱을 조금 지나니 므비보셋의 종 시바가 안장 지운 두 나귀에 떡 이백 개와 건포도 백 송이와 여름
과일 백 개와 포도주 한 가죽부대를 싣고 다윗을 맞는지라 2 왕이 시바에게 이르되 네가 무슨 뜻으로 이것을 가
져왔느냐 하니 시바가 이르되 나귀는 왕의 가족들이 타게 하고 떡과 과일은 청년들이 먹게 하고 포도주는 들에
서 피곤한 자들에게 마시게 하려 함이니이다 3 왕이 이르되 네 주인의 아들이 어디 있느냐 하니 시바가 왕께 아
뢰되 예루살렘에 있는데 그가 말하기를 이스라엘 족속이 오늘 내 아버지의 나라를 내게 돌리리라 하나이다 하
는지라 4 왕이 시바에게 이르되 므비보셋에게 있는 것이 다 네 것이니라 하니라 시바가 이르되 내가 절하나이다
내 주 왕이여 내가 왕 앞에서 은혜를 입게 하옵소서 하니라

다윗과 시므이

5 다윗 왕이 바후림에 이르매 거기서 사울의 친족 한 사람이 나오니 게라의 아들이요 이름은 시므이라 그가 나
오면서 계속하여 저주하고 6 또 다윗과 다윗 왕의 모든 신하들을 향하여 돌을 던지니 그 때에 모든 백성과 용사
들은 다 왕의 좌우에 있었더라 7 시므이가 저주하는 가운데 이와 같이 말하니라 피를 흘린 자여 사악한 자여 가
거라 가거라 8 사울의 족속의 모든 피를 여호와께서 네게로 돌리셨도다 그를 이어서 네가 왕이 되었으나 여호와
께서 나라를 네 아들 압살롬의 손에 넘기셨도다 보라 너는 피를 흘린 자이므로 화를 자초하였느니라 하는지라 9
스루야의 아들 아비새가 왕께 여짜오되 이 죽은 개가 어찌 내 주 왕을 저주하리이까 청하건대 내가 건너가서 그
의 머리를 베게 하소서 하니 10 왕이 이르되 스루야의 아들들아 내가 너희와 무슨 상관이 있느냐 그가 저주하는
것은 여호와께서 그에게 다윗을 저주하라 하심이니 네가 어찌 그리하였느냐 할 자가 누구겠느냐 하고 11 또 다
윗이 아비새와 모든 신하들에게 이르되 내 몸에서 난 아들도 내 생명을 해하려 하거든 하물며 이 베냐민 사람이
랴 여호와께서 그에게 명령하신 것이니 그가 저주하게 버려두라 12 혹시 여호와께서 나의 원통함을 감찰하시리
니 오늘 그 저주 때문에 여호와께서 선으로 내게 갚아 주시리라 하고 13 다윗과
그의 추종자들이 길을 갈 때에 시므이는 산비탈로 따라가면서 저주하고 그를
향하여 돌을 던지며 먼지를 날리더라 14 왕과 그와 함께 있는 백성들이 다 피
곤하여 한 곳에 이르러 거기서 쉬니라

시편 7

다윗의 식가욘, 베냐민인 구시의 말에 따라 여호와께 드린 노래

1 여호와 내 하나님이여 내가 주께 피하오니 나를 쫓아오는 모든 자들에
게서 나를 구원하여 내소서 2 건져낼 자가 없으면 그들이 사자 같이 나를
찢고 뜯을까 하나이다 3 여호와 내 하나님이여 내가 이런 일을 행하였거
나 내 손에 죄악이 있거나 4 화친한 자를 악으로 갚았거나 내 대적에게서
까닭 없이 빼앗았거든 5 원수가 나의 영혼을 쫓아 잡아 내 생명을 땅에 짓
밟게 하고 내 영광을 먼지 속에 살게 하소서 (셀라) 6 여호와여 진노로 일어
나사 내 대적들의 노를 막으시며 나를 위하여 깨소서 주께서 심판을 명령
하셨나이다 7 민족들의 모임이 주를 두르게 하시고 그 위 높은 자리에 돌
아오소서 8 여호와께서 만민에게 심판을 행하시오니 여호와여 나의 의와
나의 성실함을 따라 나를 심판하소서 9 악인의 악을 끊고 의인을 세우소
서 의로우신 하나님이 사람의 마음과 양심을 감찰하시나이다 10 나의 방
패는 마음이 정직한 자를 구원하시는 하나님께 있도다 11 하나님은 의로우신 재판장이심이여 매일 분노하시는
하나님이시로다 12 사람이 회개하지 아니하면 그가 그의 칼을 가심이여 그의 활을 이미 당기어 예비하셨도다 13
죽일 도구를 또한 예비하심이여 그가 만든 화살은 불화살들이로다 14 악인이 죄악을 낳음이여 재앙을 배어 거짓
을 낳았도다 15 그가 웅덩이를 파 만듦이여 제가 만든 함정에 빠졌도다 16 그의 재앙은 자기 머리로 돌아가고 그
의 포악은 자기 정수리에 내리리로다 17 내가 여호와께 그의 의를 따라 감사함이여 지존하신 여호와의 이름을
찬양하리로다

❖ **시편 7편**
삼하 16:1-14의 상황을 배경으로 읽어라. 이런 상황의 영적 의미를 묵상해 보자.
신위의 정통성을 가진 다윗 왕이 세상의 자기중심적 교만과 탐욕에 젖은 자들로 인해 당해야 했던 각종 위기는 결국 하나님 나라에 속한 성도가 사탄 (Satan)의 사주로 인하여 이미 태초부터 자기중심적 죄성으로 오염된 이 세상에서 당해야 하는 각종 위기, 특히 인위의 성도에게 던지는 질시와 연속성을 가지고 있다.
그러므로 여호수아의 당부처럼 우리는 강하고 담대해야 한다.
☞ **수 1:8-9** "율법책을 네 입에서 떠나지 말게 하며 주야로 그것을 묵상하여 그 안에 기록된 대로 다 지켜 행하라 그리하면 네 길이 평탄하게 될 것이며 네가 형통하리라 내가 네게 명령한 것이 아니냐 강하고 담대하라 두려워하지 말며 놀라지 말라 네가 어디로 가든지 네 하나님 여호와가 너와 함께 하느니라 하시니라"

19일~24일

사무엘하 16:15~20장 : 암투의 계속, 압살롬의 죽음. 다윗의 귀환

사무엘하 16:15-23

압살롬의 입성과 후새의 위장 전향

15 압살롬과 모든 이스라엘 백성들이 예루살렘에 이르고 아히도벨도 그
와 함께 이른지라 16 다윗의 친구 아렉 사람 후새가 압살롬에게 나갈 때
에 그에게 말하기를 왕이여 만세, 왕이여 만세 하니 17 압살롬이 후새에게
이르되 이것이 네가 친구를 후대하는 것이냐 네가 어찌하여 네 친구와 함
께 가지 아니하였느냐 하니 18 후새가 압살롬에게 이르되 그렇지 아니하
니이다 내가 여호와와 이 백성 모든 이스라엘의 택한 자에게 속하여 그와
함께 있을 것이니이다 19 또 내가 이제 누구를 섬기리이까 그의 아들이 아
니니이까 내가 전에 왕의 아버지를 섬긴 것 같이 왕을 섬기리이다 하니라
20 압살롬이 아히도벨에게 이르되 너는 어떻게 행할 계략을 우리에게 가르치라 하니 21 아히도벨이 압살롬에게
이르되 왕의 아버지가 남겨 두어 왕궁을 지키게 한 후궁들과 더불어 동침하소서 그리하면 왕께서 왕의 아버지가
미워하는 바 됨을 온 이스라엘이 들으리니 왕과 함께 있는 모든 사람의 힘이 더욱 강하여지리이다 하니라 22 이

❖ 모든 상황이 엉망이 되어 버렸음에도 불구하고 다윗은 자신의 남은 정치적 힘이나 칼로 그 상황을 바꾸려 하지 않았다. 그리고 심지어 그렇게 혹독하게 비난하는 시므이에 대해서도 아무런 조처를 하지 않았으며 그러한 시련이 근본적으로는 신정 왕국의 왕으로 신실치 못한 자신의 과거 범죄에 대한 징계로서, 모두 다 하나님에게서 온 줄 알고 끝까지 참았다. 그리고 오직 회개하여 이 모든 것이 다 하나님의 뜻대로 해결되기만을 간구하였다. 이처럼 다윗은 어떠한 상황 속에서도 오직 하나님의 뜻에 자신을 맡기며 오직 그분이 자신의 곤궁한 처지를 돌아보사 구원하시기를 기대하였다.

에 사람들이 압살롬을 위하여 옥상에 장막을 치니 압살롬이 온 이스라엘 무리의 눈앞에서 그 아버지의 후궁들
과 더불어 동침하니라 23 그 때에 아히도벨이 베푸는 계략은 사람이 하나님께 물어서 받은 말씀과 같은 것이라
아히도벨의 모든 계략은 다윗에게나 압살롬에게나 그와 같이 여겨졌더라

사무엘하 17장

후새가 아히도벨의 계략을 따르지 않다

1 아히도벨이 또 압살롬에게 이르되 이제 내가 사람 만 이천 명을 택하게
하소서 오늘 밤에 내가 일어나서 다윗의 뒤를 추적하여 2 그가 곤하고 힘
이 빠졌을 때에 기습하여 그를 무섭게 하면 그와 함께 있는 모든 백성이
도망하리니 내가 다윗 왕만 쳐죽이고 3 모든 백성이 당신께 돌아오게 하
리니 모든 사람이 돌아오기는 왕이 찾는 이 사람에게 달렸음이라 그리하
면 모든 백성이 평안하리이다 하니 4 압살롬과 이스라엘 장로들이 다 그
말을 옳게 여기더라 5 압살롬이 이르되 아렉 사람 후새도 부르라 우리가 이제 그의 말도 듣자 하니라 6 후새가 압
살롬에게 이르매 압살롬이 그에게 말하여 이르되 아히도벨이 이러이러하게 말하니 우리가 그 말대로 행하랴 그
렇지 아니하거든 너는 말하라 하니 7 후새가 압살롬에게 이르되 이번에는 아히도벨이 베푼 계략이 좋지 아니하
니이다 하고 8 또 후새가 말하되 왕도 아시거니와 왕의 아버지와 그의 추종자들은 용사라 그들은 들에 있는 곰
이 새끼를 빼앗긴 것 같이 격분하였고 왕의 부친은 전쟁에 익숙한 사람인즉 백성과 함께 자지 아니하고 9 지금
그가 어느 굴에나 어느 곳에 숨어 있으리니 혹 무리 중에 몇이 먼저 엎드러지면 그 소문을 듣는 자가 말하기를 압
살롬을 따르는 자 가운데에서 패함을 당하였다 할지라 10 비록 그가 사자 같은 마음을 가진 용사의 아들일지라
도 낙심하리니 이는 이스라엘 무리가 왕의 아버지는 영웅이요 그의 추종자들도 용사인 줄 앎이니이다 11 나는 이
렇게 계략을 세웠나이다 온 이스라엘을 단부터 브엘세바까지 바닷가의 많은 모래 같이 당신께로 모으고 친히
전장에 나가시고 12 우리가 그 만날 만한 곳에서 그를 기습하기를 이슬이 땅에 내림 같이 우리가 그의 위에 덮여
그와 그 함께 있는 모든 사람을 하나도 남겨 두지 아니할 것이요 13 또 만일 그가 어느 성에 들었으면 온 이스라
엘이 밧줄을 가져다가 그 성을 강으로 끌어들여서 그 곳에 작은 돌 하나도 보이지 아니하게 할 것이니이다 하매
14 압살롬과 온 이스라엘 사람들이 이르되 아렉 사람 후새의 계략은 아히도벨의 계략보다 낫다 하니 이는 여호
와께서 압살롬에게 화를 내리려 하사 아히도벨의 좋은 계략을 물리치라고 명령하셨음이더라

후새의 계략과 아히도벨의 죽음

15 이에 후새가 사독과 아비아달 두 제사장에게 이르되 아히도벨이 압살롬과 이스라엘 장로들에게 이러이러하
게 계략을 세웠고 나도 이러이러하게 계략을 세웠으니 16 이제 너희는 빨리 사람을 보내 다윗에게 전하기를 오
늘밤에 광야 나루터에서 자지 말고 아무쪼록 건너가소서 하라 혹시 왕과 그를 따르는 모든 백성이 몰사할까 하
노라 하니라 17 그 때에 요나단과 아히마아스가 사람이 볼까 두려워하여 감히 성에 들어가지 못하고 에느로겔
가에 머물고 어떤 여종은 그들에게 나와서 말하고 그들은 가서 다윗 왕에게 알리더니 18 한 청년이 그들을 보고
압살롬에게 알린지라 그 두 사람이 빨리 달려서 바후림 어떤 사람의 집으로 들어가서 그의 뜰에 있는 우물 속으
로 내려가니 19 그 집 여인이 덮을 것을 가져다가 우물 아귀를 덮고 찧은 곡식을 그 위에 널매 전혀 알지 못하더
라 20 압살롬의 종들이 그 집에 와서 여인에게 묻되 아히마아스와 요나단이 어디 있느냐 하니 여인이 그들에게
이르되 그들이 시내를 건너가더라 하니 그들이 찾아도 만나지 못하고 예루살렘으로 돌아가니라 21 그들이 간 후
에 두 사람이 우물에서 올라와서 다윗 왕에게 가서 다윗 왕에게 말하여 이르되 당신들은 일어나 빨리 물을 건너
가소서 아히도벨이 당신들을 해하려고 이러이러하게 계략을 세웠나이다 22 다윗이 일어나 모든 백성과 함께 요
단을 건널새 새벽까지 한 사람도 요단을 건너지 못한 자가 없었더라 23 아히도벨이 자기 계략이 시행되지 못함을
보고 나귀에 안장을 지우고 일어나 고향으로 돌아가 자기 집에 이르러 집을 정리하고 스스로 목매어 죽으매 그

❖ 삼하 17장
본 장은 압살롬의 모사 아히도벨의 모략(1-4절), 다윗의 모사 후새가 거짓 모략으로 아히도벨의 모략을 꺾음(5 -14절), 다윗을 미리 도피하도록 하기 위한 후새의 밀사 파견(15-20 절). 다윗의 도피 및 아히도벨의 자살(21-23절). 압살롬이 길르앗 땅에 진을 침(24-26절), 다윗이 마하나임에서 피로를 풂(27-29절) 등의 순으로 그 내용이 전개된다.

의 조상의 묘에 장사되니라 24 이에 다윗은 마하나임에
이르고 압살롬은 모든 이스라엘 사람과 함께 요단을
건너니라 25 압살롬이 아마사로 요압을 대신하여 군
지휘관으로 삼으니라 아마사는 이스라엘 사람 이드라
라 하는 자의 아들이라 이드라가 나하스의 딸 아비갈과 동
침하여 그를 낳았으며 아비갈은 요압의 어머니 스루야의 동생이더라 26
이에 이스라엘 무리와 압살롬이 길르앗 땅에 진 치니라 27 다윗이 마하나임에 이르렀을 때에 암몬 족속에게 속
한 랍바 사람 나하스의 아들 소비와 로데발 사람 암미엘의 아들 마길과 로글림 길르앗 사람 바르실래가 28 침상
과 대야와 질그릇과 밀과 보리와 밀가루와 볶은 곡식과 콩과 팥과 볶은 녹두와 29 꿀과 버터와 양과 치즈를 가
져다가 다윗과 그와 함께 한 백성에게 먹게 하였으니 이는 그들 생각에 백성이 들에서 시장하고 곤하고 목마르
겠다 함이더라

사무엘하 18장

압살롬이 패하다

1 이에 다윗이 그와 함께 한 백성을 찾아가서 천부장과 백부장을 그들 위
에 세우고 2 다윗이 그의 백성을 내보낼새 삼분의 일은 요압의 휘하에, 삼
분의 일은 스루야의 아들 요압의 동생 아비새의 휘하에 넘기고 삼분의 일
은 가드 사람 잇대의 휘하에 넘기고 왕이 백성에게 이르되 나도 반드시
너희와 함께 나가리라 하니 3 백성들이 이르되 왕은 나가지 마소서 우리
가 도망할지라도 그들은 우리에게 마음을 쓰지 아니할 터이요 우리가 절
반이나 죽을지라도 우리에게 마음을 쓰지 아니할 터이라 왕은 우리 만 명
보다 중하시오니 왕은 성읍에 계시다가 우리를 도우심이 좋으니이다 하
니라 4 왕이 그들에게 이르되 너희가 좋게 여기는 대로 내가 행하리라 하
고 문 곁에 왕이 서매 모든 백성이 백 명씩 천 명씩 대를 지어 나가는지라
5 왕이 요압과 아비새와 잇대에게 명령하여 이르되 나를 위하여 젊은 압
살롬을 너그러이 대우하라 하니 왕이 압살롬을 위하여 모든 군지휘관에
게 명령할 때에 백성들이 다 들으니라 6 이에
백성이 이스라엘을 치러 들로 나가서 에브
라임 수풀에서 싸우더니 7 거기서 이스라엘
백성이 다윗의 부하들에게 패하매 그 날 그
곳에서 전사자가 많아 이만 명에 이르렀고
8 그 땅에서 사면으로 퍼져 싸웠으므로 그
날에 수풀에서 죽은 자가 칼에 죽은 자보다 많았더라 9 압살롬이 다윗
의 부하들과 마주치니라 압살롬이 노새를 탔는데 그 노새가 큰 상수
리나무 번성한 가지 아래로 지날 때에 압살롬의 머리가 그 상수리나
무에 걸리매 그가 공중에 달리고 그가 탔던 노새는 그 땅과 공중 사
이로 빠져나간지라 10 한 사람이 보고 요압에게 알려 이르되 내가
보니 압살롬이 상수리나무에 달렸더이다 하니 11 요압이 그 알린 사
람에게 이르되 네가 보고 어찌하여 당장에 쳐서 땅에 떨어뜨리지
아니하였느냐 내가 네게 은 열 개와 띠 하나를 주었으리라 하는지라

삼하 18장

우리는 신정 왕국(神政王國)의 질서를 파괴하고 사울 이후 다시금 인본주의적 왕정을 추구했던 압살롬이 당시의 정치 · 군사적 상황으로는 절대 유리하였으나 하나님의 심판으로 비참한 최후를 맞이하게 된 것은, 결국 역사의 주권자는 오직 하나님이며 그런 하나님이 원하시는 왕정이 어떤 것인가를 깨닫게 된다. 또한 다윗도 신정 왕국의 대표자로서의 자신의 신분을 망각하고 죄를 범함으로 말미암아 압살롬의 반란 사건과 같은 끔찍한 시련을 겪었지만, 하나님 앞에 자신의 죄를 뉘우치고 다시금 하나님을 신뢰하는 삶을 살 때 환난 가운데서도 악인들의 손에서 끝까지 보호함을 받을 수 있었던 사실에서도 큰 구속사적 교훈을 얻는다. 이에서 우리는 하나님은 엄정(嚴正)한 공의의 하나님이시기도 하지만 죄인이 회개할 때는 곧 긍휼을 베푸시는 사랑의 하나님이시기도 하다는 사실을 깨닫는다. 그리고 다윗과의 언약(7:14-15)을 어김없이 이행하시는 하나님의 신실함도 발견하게 된다.

☞ 5절과 33절에서 대적자가 아닌 아들로서 압살롬을 대하는 아버지 다윗을 볼 수 있다. "피는 물보다 짙다"라고 하듯이 그의 부성(父性)을 잘 새겨 보아야 하겠다.

12 그 사람이 요압에게 대답하되 내가 내 손에 은 천 개를 받는다 할지라도 나는 왕의 아들에게 손을 대지 아니
하겠나이다 우리가 들었거니와 왕이 당신과 아비새와 잇대에게 명령하여 이르시기를 삼가 누구든지 젊은 압살
롬을 해하지 말라 하셨나이다 13 아무 일도 왕 앞에는 숨길 수 없나니 내가 만일 거역하여 그의 생명을 해하였더
라면 당신도 나를 대적하였으리이다 하니 14 요압이 이르되 나는 너와 같이 지체할 수 없다 하고 손에 작은 창 셋
을 가지고 가서 상수리나무 가운데서 아직 살아 있는 압살롬의 심장을 찌르니 15 요압의 무기를 든 청년 열 명이
압살롬을 에워싸고 쳐죽이니라 16 요압이 나팔을 불어 백성들에게 그치게 하니 그들이 이스라엘을 추격하지 아
니하고 돌아오니라 17 그들이 압살롬을 옮겨다가 수풀 가운데 큰 구멍에 그를 던지고 그 위에 매우 큰 돌무더기
를 쌓으니라 온 이스라엘 무리가 각기 장막으로 도망하니라 18 압살롬이 살았을 때에 자기를 위하여 한 비석을
마련하여 세웠으니 이는 그가 자기 이름을 전할 아들이 내게 없다고 말하였음이더라 그러므로 자기 이름을 기념
하여 그 비석에 이름을 붙였으며 그 비석이 왕의 골짜기에 있고 이제까지 그것을 압살롬의 기념비라 일컫더라

압살롬의 죽음과 다윗의 울음

19 사독의 아들 아히마아스가 이르되 청하건대 내가 빨리 왕에게 가서 여호와께서 왕의 원수 갚아 주신 소식을
전하게 하소서 20 요압이 그에게 이르되 너는 오늘 소식을 전하는 자가 되지 말고 다른 날에 전할 것이니라 왕의
아들이 죽었나니 네가 오늘 소식을 전하지 못하리라 하고 21 요압이 구스 사람에게 이르되 네가 가서 본 것을 왕
께 아뢰라 하매 구스 사람이 요압에게 절하고 달음질하여 가니 22 사독의 아들 아히마아스가 다시 요압에게 이
르되 청하건대 아무쪼록 내가 또한 구스 사람의 뒤를 따라 달려가게 하소서 하니 요압이 이르되 내 아들아 너는
왜 달려가려 하느냐 이 소식으로 말미암아서는 너는 상을 받지 못하리라 하되 23 그가 한사코 달려가겠노라 하
는지라 요압이 이르되 그리하라 하니 아히마아스가 들길로 달음질하여 구스 사람보다 앞질러가니라 24 때에 다
윗이 두 문 사이에 앉아 있더라 파수꾼이 성 문 위층에 올라가서 눈을 들어 보니 어떤 사람이 홀로 달려오는지라
25 파수꾼이 외쳐 왕께 아뢰매 왕이 이르되 그가 만일 혼자면 그의 입에 소식이 있으리라 할 때에 그가 점점 가까
이 오니라 26 파수꾼이 본즉 한 사람이 또 달려오는지라 파수꾼이 문지기에게 외쳐 이르되 보라 한 사람이 또 혼
자 달려온다 하니 왕이 이르되 그도 소식을 가져오느니라 27 파수꾼이 이르되 내가 보기에는 앞선 사람의 달음
질이 사독의 아들 아히마아스의 달음질과 같으니이다 하니 왕이 이르되 그는 좋은 사람이니 좋은 소식을 가져오
느니라 하니라 28 아히마아스가 외쳐 왕께 아뢰되 평강하옵소서 하고 왕 앞에서 얼굴을 땅에 대고 절하며 이르
되 왕의 하나님 여호와를 찬양하리로소이다 그의 손을 들어 내 주 왕을 대적하는 자들을 넘겨 주셨나이다 하니
29 왕이 이르되 젊은 압살롬은 잘 있느냐 하니라 아히마아스가 대답하되 요압이 왕의 종 나를 보낼 때에 크게 소
동하는 것을 보았사오나 무슨 일인지 알지 못하였나이다 하니 30 왕이 이르되 물러나 거기 서 있으라 하매 물러
나서 서 있더라 31 구스 사람이 이르러 말하되 내 주 왕께 아뢸 소식이 있나이다 여호와께서 오늘 왕을 대적하던
모든 원수를 갚으셨나이다 하니 32 왕이 구스 사람에게 묻되 젊은 압살롬은 잘 있느냐 구스 사람이 대답하되 내
주 왕의 원수와 일어나서 왕을 대적하는 자들은 다 그 청년과 같이 되기를 원하나이다 하니 33 왕의 마음이 심히
아파 문 위층으로 올라가서 우니라 그가 올라갈 때에 말하기를 내 아들 압살롬아 내 아들 내 아들 압살롬아 차
라리 내가 너를 대신하여 죽었더면, 압살롬 내 아들아 내 아들아 하였더라

사무엘하 19장

요압이 다윗에게 항의하다

1 어떤 사람이 요압에게 아뢰되 왕이 압살롬을 위하여 울며 슬퍼하시나이다 하니 2 왕
이 그 아들을 위하여 슬퍼한다 함이 그 날에 백성들에게 들리매 그 날의 승리가 모든
백성에게 슬픔이 된지라 3 그 날에 백성들이 싸움에 쫓겨 부끄러워 도망함 같이 가만
히 성읍으로 들어가니라 4 왕이 그의 얼굴을 가리고 큰 소리로 부르되 내 아들 압살롬아
압살롬아 내 아들아 내 아들아 하니 5 요압이 집에 들어가서 왕께 말씀 드리되 왕께서 오

늘 왕의 생명과 왕의 자녀의 생명과 처첩과 비빈들의 생명을 구원한 모든
부하들의 얼굴을 부끄럽게 하시니 6 이는 왕께서 미워하는 자는 사랑하시
며 사랑하는 자는 미워하시고 오늘 지휘관들과 부하들을 멸시하심을 나타
내심이라 오늘 내가 깨달으니 만일 압살롬이 살고 오늘 우리가 다 죽었더
면 왕이 마땅히 여기실 뻔하였나이다 7 이제 곧 일어나 나가 왕의 부하들의
마음을 위로하여 말씀하옵소서 내가 여호와를 두고 맹세하옵나니 왕이
만일 나가지 아니하시면 오늘 밤에 한 사람도 왕과 함께 머물지 아니할지
라 그리하면 그 화가 왕이 젊었을 때부터 지금까지 당하신 모든 화보다 더
욱 심하리이다 하니 8 왕이 일어나 성문에 앉으매 어떤 사람이 모든 백성에
게 말하되 왕이 문에 앉아 계신다 하니 모든 백성이 왕 앞으로 나아오니라

다윗의 귀환 준비

이스라엘은 이미 각기 장막으로 도망하였더라 9 이스라엘 모든 지파 백성
들이 변론하여 이르되 왕이 우리를 원수의 손에서 구원하여 내셨고 또 우
리를 블레셋 사람들의 손에서 구원하셨으나 이제 압살롬을 피하여 그 땅
에서 나가셨고 10 우리가 기름을 부어 우리를 다스리게 한 압살롬은 싸움
에서 죽었거늘 이제 너희가 어찌하여 왕을 도로 모셔 올 일에 잠잠하고
있느냐 하니라 11 다윗 왕이 사독과 아비아달 두 제사장에게 소식을 전하
여 이르되 너희는 유다 장로들에게 말하여 이르기를 왕의 말씀이 온 이스
라엘이 왕을 왕궁으로 도로 모셔오자 하는 말이 왕께 들렸거늘 너희는 어
찌하여 왕을 궁으로 모시는 일에 나중이 되느냐 12 너희는 내 형제요 내
골육이거늘 너희는 어찌하여 왕을 도로 모셔오는 일에 나중이 되리요 하
셨다 하고 13 너희는 또 아마사에게 이르기를 너는 내 골육이 아니냐 네가
요압을 이어서 항상 내 앞에서 지휘관이 되지 아니하면 하나님이 내게 벌
위에 벌을 내리시기를 바라노라 하셨다 하라 하여 14 모든 유다 사람들의
마음을 하나 같이 기울게 하매 그들이 왕께 전갈을 보내어 이르되 당신께
서는 모든 부하들과 더불어 돌아오소서 한지라 15 왕이 돌아와 요단에 이
르매 유다 족속이 왕을 맞아 요단을 건너가게 하려고 길갈로 오니라

다윗과 시므이

16 바후림에 있는 베냐민 사람 게라의 아들 시므이가 급히 유다 사람과 함
께 다윗 왕을 맞으러 내려올 때에 17 베냐민 사람 천 명이 그와 함께 하고
사울 집안의 종 시바도 그의 아들 열다섯과 종 스무 명과 더불어 그와 함
께 하여 요단 강을 밟고 건너 왕 앞으로 나아오니라 18 왕의 가족을 건너가
게 하며 왕이 좋게 여기는 대로 쓰게 하려 하여 나룻배로 건너가니 왕이 요
단을 건너가게 할 때에 게라의 아들 시므이가 왕 앞에 엎드려 19 왕께 아뢰되 내 주여 원하건대 내게 죄를 돌리지
마옵소서 내 주 왕께서 예루살렘에서 나오시던 날에 종의 패역한 일을 기억하지 마시오며 왕의 마음에 두지 마옵
소서 20 왕의 종 내가 범죄한 줄 아옵기에 오늘 요셉의 온 족속 중 내가 먼저 내려와서 내 주 왕을 영접하나이다 하
니 21 스루야의 아들 아비새가 대답하여 이르되 시므이가 여호와의 기름 부으신 자를 저주하였으니 그로 말미암
아 죽어야 마땅하지 아니하니이까 하니라 22 다윗이 이르되 스루야의 아들들아 내가 너희와 무슨 상관이 있기에
너희가 오늘 나의 원수가 되느냐 오늘 어찌하여 이스라엘 가운데에서 사람을 죽이겠느냐 내가 오늘 이스라엘의
왕이 된 것을 내가 알지 못하리요 하고 23 왕이 시므이에게 이르되 네가 죽지 아니하리라 하고 그에게 맹세하니라

❖ **삼하 19장**

압살롬의 반란은 진압되었지만, 지파의 통일은 다시 분열되는 듯하다.

즉 1-8절은 아들을 잃은 슬픔에 잠겨 있는 다윗을 요압이 설득하여 예루살렘 환궁을 서두르게 한 사실에 대하여, 9, 10절은 북쪽 이스라엘 지파 장로들이 다윗 환궁 문제를 거론한 사실에 대하여 기록한다. 이어서 11-15절에서는 다윗이 압살롬의 반란에 적극 가담했던 유다 지파 사람들을 설득하고 압살롬 반란군의 군장 아마사를 요압 대신 다윗 군장으로 삼은 사실에 대하여, 16-23절은 과거에 자신을 비방했던 시므이에 대해 다윗이 관용을 베푼 사실에 대하여, 24-30절은 므비보셋을 만나 시바와 므비보셋 간의 갈등을 일단락시키고 둘 다 포용한 사실에 대하여, 31- 39절은 마하나임에서부터 자신을 공궤하였던 바실래에게 다윗이 고마움을 표한 사실에 대하여 기록하고 있다. 그리고 마지막으로 40-43절은 다윗 환궁 절차 진행의 주도권을 둘러싼 유다 지파와 기타 지파 간의 분쟁에 대하여 기록한다. 이 분쟁은 급기야 세바의 반란에로까지 이어지게 된다(20장).

☞ 다윗이 그토록 선민 이스라엘의 화합과 일치를 위해 고군분투(孤軍奮鬪)하였음에도 불구하고 이 같은 분열 사태가 초래되었다는 것은 어찌하든지 선민 공동체의 구성원들 간에 이간질을 시켜 하나님 나라 확장에 거침돌을 놓는 사탄의 비열한 방해 공작에 대해 다시 한번 경각심을 드높이게 된다.

삼하 19:15 다윗의 환궁 경로

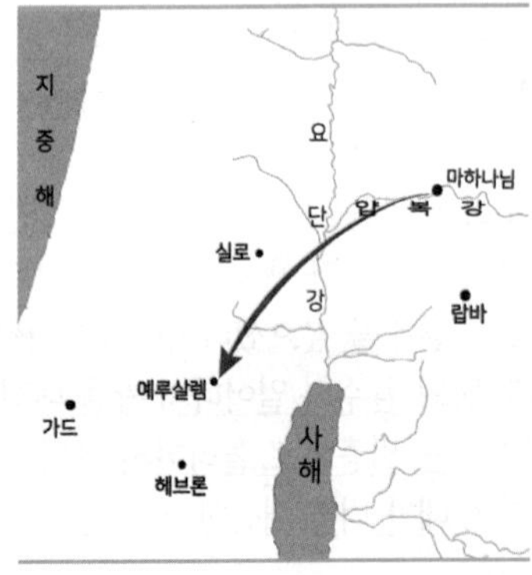

다윗과 므비보셋

24 사울의 손자 므비보셋이 내려와 왕을 맞으니 그는 왕이 떠난 날부터 평안히 돌아오는 날까지 그의 발을 맵시
내지 아니하며 그의 수염을 깎지 아니하며 옷을 빨지 아니하였더라 25 예루살렘에서 와서 왕을 맞을 때에 왕이
그에게 물어 이르되 므비보셋이여 네가 어찌하여 나와 함께 가지 아니하였더냐 하니 26 대답하되 내 주 왕이여
왕의 종인 나는 다리를 절므로 내 나귀에 안장을 지워 그 위에 타고 왕과 함께 가려 하였더니 내 종이 나를 속이
고 27 종인 나를 내 주 왕께 모함하였나이다 내 주 왕께서는 하나님의 사자와 같으시니 왕의 처분대로 하옵소서
28 내 아버지의 온 집이 내 주 왕 앞에서는 다만 죽을 사람이 되지 아니하였나이까 그러나 종을 왕의 상에서 음식
먹는 자 가운데에 두셨사오니 내게 아직 무슨 공의가 있어서 다시 왕께 부르짖을 수 있사오리이까 하니라 29 왕
이 그에게 이르되 네가 어찌하여 또 네 일을 말하느냐 내가 이르노니 너는 시바와 밭을 나누라 하니 30 므비보셋
이 왕께 아뢰되 내 주 왕께서 평안히 왕궁에 돌아오시게 되었으니 그로 그 전부를 차지하게 하옵소서 하니라

19일~ 24일

다윗과 바르실래

31 길르앗 사람 바르실래가 왕이 요단을 건너가게 하려고 로글림에서 내려와 함께 요단에 이르니 32 바르실래는 매
우 늙어 나이가 팔십 세라 그는 큰 부자이므로 왕이 마하나임에 머물 때에 그가 왕을 공궤하였더라 33 왕이 바르실래
에게 이르되 너는 나와 함께 건너가자 예루살렘에서 내가 너를 공궤하리라 34 바르실래가 왕께 아뢰되 내 생명의 날
이 얼마나 있사옵겠기에 어찌 왕과 함께 예루살렘으로 올라가리이까 35 내 나이가 이제 팔십 세라 어떻게 좋고 흉한
것을 분간할 수 있사오며 음식의 맛을 알 수 있사오리이까 이 종이 어떻게 다시 노래하는 남자나 여인의 소리를 알
아들을 수 있사오리이까 어찌하여 종이 내 주 왕께 아직도 누를 끼치리이까 36 당신의 종은 왕을 모시고 요단을 건너
려는 것뿐이거늘 왕께서 어찌하여 이같은 상으로 내게 갚으려 하시나이까 37 청하건대 당신의 종을 돌려보내옵소서
내가 내 고향 부모의 묘 곁에서 죽으려 하나이다 그러나 왕의 종 김함이 여기 있사오니 청하건대 그가 내 주 왕과 함
께 건너가게 하시옵고 왕의 처분대로 그에게 베푸소서 하니라 38 왕이 대답하되 김함이 나와 함께 건너가리니 나는
네가 좋아하는 대로 그에게 베풀겠고 또 네가 내게 구하는 것은 다 너를 위하여 시행하리라 하니라 39 백성이 다 요
단을 건너매 왕도 건너가서 왕이 바르실래에게 입을 맞추고 그에게 복을 비니 그가 자기 곳으로 돌아가니라

남북의 분쟁

40 왕이 길갈로 건너오고 김함도 함께 건너오니 온 유다 백성과 이스라엘 백성의 절반이나 왕과 함께 건너니라 41 온
이스라엘 사람이 왕께 나아와 왕께 아뢰되 우리 형제 유다 사람들이 어찌 왕을 도둑하여 왕과 왕의 집안과 왕을 따
르는 모든 사람을 인도하여 요단을 건너가게 하였나이까 하매 42 모든 유다 사람이 이스라엘 사람에게 대답하되 왕
은 우리의 종친인 까닭이라 너희가 어찌 이 일에 대하여 분 내느냐 우리가 왕의 것을 조금이라도 얻어 먹었느냐 왕
께서 우리에게 선물로 주신 것이 있느냐 43 이스라엘 사람이 유다 사람에게 대답하여 이르되 우리는 왕에 대하여 열
몫을 가졌으니 다윗에게 대하여 너희보다 더욱 관계가 있거늘 너희가 어찌 우리를 멸시하여 우리 왕을 모셔 오는
일에 먼저 우리와 의논하지 아니하였느냐 하나 유다 사람의 말이 이스라엘 사람의 말보다 더 강경하였더라

사무엘하 20장

세바의 반역

1 마침 거기에 불량배 하나가 있으니 그의 이름은 세바인데 베냐민 사람 비그리의 아들이었더라 그가 나팔을 불
며 이르되 우리는 다윗과 나눌 분깃이 없으며 이새의 아들에게서 받을 유산이 우리에게 없도다 이스라엘아 각각
장막으로 돌아가라 하매 2 이에 온 이스라엘 사람들이 다윗 따르기를 그치고 올라가 비그리의 아들 세바를 따르
나 유다 사람들은 그들의 왕과 합하여 요단에서 예루살렘까지 따르니라 3 다윗이 예루살렘 본궁에 이르러 전에
머물러 왕궁을 지키게 한 후궁 열 명을 잡아 별실에 가두고 먹을 것만 주고 그들에게 관계하지 아니하니 그들이
죽는 날까지 갇혀서 생과부로 지내니라 4 왕이 아마사에게 이르되 너는 나를 위하여 삼 일 내로 유다 사람을 큰
소리로 불러 모으고 너도 여기 있으라 하니라 5 아마사가 유다 사람을 모으러 가더니 왕이 정한 기일에 지체된지

라 6 다윗이 이에 아비새에게 이르되 이제 비그리의 아들 세바가 압살롬 보다 우리를 더 해하리니 너는 네 주의 부하들을 데리고 그의 뒤를 쫓아 가라 그가 견고한 성읍에 들어가 우리들을 피할까 염려하노라 하매 7 요압을 따르는 자들과 그렛 사람들과 블렛 사람들과 모든 용사들이 다 아비새를 따라 비그리의 아들 세바를 뒤쫓으려고 예루살렘에서 나와 8 기브온 큰 바위 곁에 이르매 아마사가 맞으러 오니 그 때에 요압이 군복을 입고 띠를 띠고 칼집에 꽂은 칼을 허리에 맸는데 그가 나아갈 때에 칼이 빠져 떨어졌더라 9 요압이 아마사에게 이르되 내 형은 평안하냐 하며 오른 손으로 아마사의 수염을 잡고 그와 입을 맞추려는 체하매 10 아마사가 요압의 손에 있는 칼은 주의하지 아니한지라 요압이 칼로 그의 배를 찌르매 그의 창자가 땅에 쏟아지니 그를 다시 치지 아니하여도 죽으니라 요압과 그의 동생 아비새가 비그리의 아들 세바를 뒤쫓을새 11 요압의 청년 중 하나가 아마사 곁에 서서 이르되 요압을 좋아하는 자가 누구이며 요압을 따라 다윗을 위하는 자는 누구냐 하니 12 아마사가 길 가운데 피 속에 놓여 있는지라 그 청년이 모든 백성이 서 있는 것을 보고 아마사를 큰길에서부터 밭으로 옮겼으나 거기에 이르는 자도 다 멈추어 서는 것을 보고 옷을 그 위에 덮으니라 13 아마사를 큰길에서 옮겨가매 사람들이 다 요압을 따라 비그리의 아들 세바를 뒤쫓아가니라 14 세바가 이스라엘 모든 지파 가운데 두루 다녀서 아벨과 벧마아가와 베림 온 땅에 이르니 그 무리도 다 모여 그를 따르더라 15 이에 그들이 벧마아가 아벨로 가서 세바를 에우고 그 성읍을 향한 지역 언덕 위에 토성을 쌓고 요압과 함께 한 모든 백성이 성벽을 쳐서 헐고자 하더니 16 그 성읍에서 지혜로운 여인 한 사람이 외쳐 이르되 들을지어다 들을지어다 청하건대 너희는 요압에게 이르기를 이리로 가까이 오라 내가 네게 말하려 하노라 한다 하라 17 요압이 그 여인에게 가까이 가니 여인이 이르되 당신이 요압이니이까 하니 대답하되 그러하다 하니라 여인이 그에게 이르되 여종의 말을 들으소서 하니 대답하되 내가 들으리라 하니라 18 여인이 말하여 이르되 옛 사람들이 흔히 말하기를 아벨에게 가서 물을 것이라 하고 그 일을 끝내었나이다 19 나는 이스라엘의 화평하고 충성된 자 중 하나이거늘 당신이 이스라엘 가운데 어머니 같은 성을 멸하고자 하시는도다 어찌하여 당신이 여호와의 기업을 삼키고자 하시나이까 하니 20 요압이 대답하여 이르되 결단코 그렇지 아니하다 결단코 그렇지 아니하다 삼키거나 멸하거나 하려 함이 아니니 21 그 일이 그러한 것이 아니니라 에브라임 산지 사람 비그리의 아들 그의 이름을 세바라 하는 자가 손을 들어 왕 다윗을 대적하였나니 너희가 그만 내주면 내가 이 성벽에서 떠나가리라 하니라 여인이 요압에게 이르되 그의 머리를 성벽에서 당신에게 내어던지리이다 하고 22 이에 여인이 그의 지혜를 가지고 모든 백성에게 나아가매 그들이 비그리의 아들 세바의 머리를 베어 요압에게 던진지라 이에 요압이 나팔을 불매 무리가 흩어져 성읍에서 물러나 각기 장막으로 돌아가고 요압은 예루살렘으로 돌아와 왕에게 나아가니라

다윗의 관리들

23 요압은 이스라엘 온 군대의 지휘관이 되고 여호야다의 아들 브나야는 그렛 사람과 블렛 사람의 지휘관이 되고 24 아도람은 감역관이 되고 아힐룻의 아들 여호사밧은 사관이 되고 25 스와는 서기관이 되고 사독과 아비아달은 제사장이 되고 26 야일 사람 이라는 다윗의 대신이 되니라

❖ 삼하 20장

19장에서 다윗이 압살롬 반란 사건 사후 수습 과정에서 선민 이스라엘의 내면적 일치와 화합을 위해 노력했지만, 완전한 성공에는 실패했음을 살펴 보았다. 다윗의 그러한 노력에도 불구하고 다윗 환궁 문제로 인해 이스라엘 북쪽 10지파와 유다 지파 간에 야기된 반목 질시가 급기야 세바의 반란이라는 국가적 비극으로까지 발전한 사실에 대해 기록하고 있다. 이처럼 이스라엘 간의 이러한 분파 의식이 끝내 다윗 왕정을 통해서도 치유되지 못하고 세바 반란이나 후에 북이스라엘과 남 유다에로의 분열로까지 진전되게 된 사실 속에서, 우리는 이 땅의 정치 체제를 통하여서는 결단코 진정한 일치와 화합이 있을 수 없다는 엄연한 구속사적 교훈을 깨닫게 된다.
더욱이 요압처럼 자신의 지위에 대한 야욕(삼하 19:13) 때문에 자신의 정적(政敵)을 서슴없이 살해하는 끔찍한 사실에 접할 때, 우리는 상호 간에 이기적 욕심과 죄악이 들끓는 이 세상 속에서 사람들 간에 화합을 가져오기란 전혀 불가능하며 오직 모든 백성이 동시에 다 함께 여호와의 주권에 순종하며, 또한 하나님이 은총으로 당신의 백성들을 인도해 주실 때에만이 화합할 수 있음을 깨닫게 된다.
그러므로 그리스도께서는 "너희는 먼저 그의 나라와 그의 의를 구하라"(마 6:33)라고 교훈하셨다. 그리고 또 하나님께서는 "하늘에 있는 자들과 땅에 있는 자들과 땅 아래 있는 자들로 모든 무릎을 예수의 이름에 꿇게"(빌 2:10) 하셨는데, 이는 오직 그리스도를 통해서만 전 인류의 화합을 이룰 수 있고 또 오직 그리스도를 중심으로 해서만 서로 연합하며 하나님 나라, 곧 교회를 이루어 가야 함(엡 2:20-22)을 교훈하는 말씀이다.

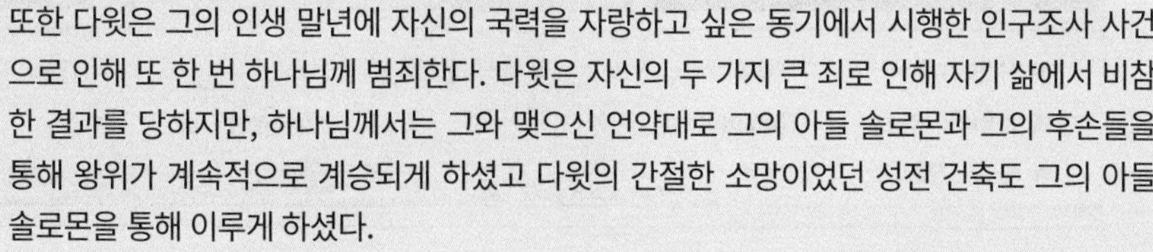

24일차 읽기의 요약

(시 32, 51, 삼하 12:15(하)~15장, 시 3, 삼하 16:1~14, 시 7, 삼하 16:15~20장)

다윗의 밧세바 간음 사건은 그의 생애를 가르는 분기점이 된다. 다윗은 자신의 죄를 하나님께 고백하고 회개했지만, 이 사건을 계기로 다윗의 생애는 내리막길을 가게 되며 비극적인 하나님의 형벌을 맞게 된다.

또한 다윗은 그의 인생 말년에 자신의 국력을 자랑하고 싶은 동기에서 시행한 인구조사 사건으로 인해 또 한 번 하나님께 범죄한다. 다윗은 자신의 두 가지 큰 죄로 인해 자기 삶에서 비참한 결과를 당하지만, 하나님께서는 그와 맺으신 언약대로 그의 아들 솔로몬과 그의 후손들을 통해 왕위가 계속적으로 계승되게 하셨고 다윗의 간절한 소망이었던 성전 건축도 그의 아들 솔로몬을 통해 이루게 하셨다.

다윗은 비록 자신이 이스라엘 왕의 자리에는 있었지만, 하나님께서 이스라엘의 진정한 왕이시고 그 하나님께서 이스라엘 백성들 가운데 오셔서 임재하시고 그 백성들을 다스려 주시길 원하는 마음으로 그토록 성전 건축을 사모했을 뿐만 아니라 성전 건축을 위한 헤아릴 수 없이 엄청난 모든 준비를 고난 가운데서도 완성했다.

그러면 어떻게 살 것인가?

인위뚝 · 신위고!

☑ 세계관 점검 – 묵상하기 (영상 강의와 교재 내용의 이해를 바탕으로)

- 시편 32편, 51편에서 다윗의 회개하는 모습과 삼상 15:30에서 사울의 회개하는 모습을 비교해 보라. 회개는 단순히 감정의 변화, 느낌의 변화가 아니라, 생각과 가치관의 변화를 통한 삶의 변화이다. 나에게 그런 회개가 있었고, 그래서 삶의 변화를 체험했는가?

  ☑ 회개란 변화를 말한다. 진정한 회개란 감정의 변화, 느낌의 변화를 말하는 것이 아니고, 삶 자체의 변화를 말한다. 이런 변화는 생각이 바뀌어야 일어나는 변화이다. 생각이 바뀌면 행동으로 그것이 나타나게 된다. 그것이 곧 세계관의 변화이다. 성도들의 회개는 세계관이 세속적인 것으로부터 성경적 세계관으로 바뀌어야 한다. 그것은 또한 성화적 삶이다. 그럴 때 롬 12:1-2에서 바울이 당부하는 "분별력"이 성경적으로 형성될 수 있고, 그러므로 성도들은 세속과 섞이지 않는 거룩한 삶, 구별된 삶을 살아가게 되고, 그럴 때 하나님은 우리를 복된 사랑의 관계로 함께하시며, 처음 모습을 회복하게 된다.

- 다윗의 간음 사건은 단순한 성범죄를 넘어서 살인 교사죄까지 확대된 것이고, 그것도 왕으로서 저지른 죄라서 하나님의 진노가 더욱 심각하다. 삼하 12:10 하반절에 "....칼이 네 집에서 영원토록 떠나지 아니 하리라.." 라고 했다. 왜 칼의 심판이 임했을까?
  그 결과 압살롬이 반란을 일으키자, 다시 도망자가 되는 다윗의 삶을 묵상해 보라.

✐ 시편 3편과 7편은 압살롬의 반란 배경으로 읽고 묵상하라.

✐ 성경에서 말하는 시험의 3가지 종류를 다음 도표에서 살펴보라.

시험의 종류	영어 표현	시험의 주체	시험의 목적	이기는 방법	대표 인물
■ 시련(약1:2-4)	Trial	하나님의 허락 하에 마귀	하나님 부인	인내(입조심)	욥
■ 유혹(약1:13-14)	Temptation	마귀	영적 능력 저하	피하는 것	요셉, 다윗
■ 테스트(창22:1)	Test	하나님	축복의 메시지	순종	아브라함

19일~
24일

☑ 결단기도와 실행하기

약 2:26 영혼 없는 몸이 죽은 것 같이 행함이 없는 믿음은 죽은 것이니라
시 119:28 나의 영혼이 눌림으로 말미암아 녹사오니 주의 말씀대로 나를 세우소서

25일

사무엘하 21장~23장 : 다윗 왕국에 대한 부록

사무엘하 21장

다윗이 기브온 사람의 말을 들어 주다

1 다윗의 시대에 해를 거듭하여 삼 년 기근이 있으므로 다윗이 여호와 앞
에 간구하매 여호와께서 이르시되 이는 사울과 피를 흘린 그의 집으로 말
미암음이니 그가 기브온 사람을 죽였음이니라 하시니라 2 기브온 사람은
이스라엘 족속이 아니요 그들은 아모리 사람 중에서 남은 자라 이스라
엘 족속들이 전에 그들에게 맹세하였거늘 사울이 이스라엘과 유다 족속
을 위하여 열심이 있으므로 그들을 죽이고자 하였더라 이에 왕이 기브온
사람을 불러 그들에게 물으니라 3 다윗이 그들에게 묻되 내가 너희를 위
하여 어떻게 하랴 내가 어떻게 속죄하여야 너희가 여호와의 기업을 위하
여 복을 빌겠느냐 하니 4 기브온 사람이 그에게 대답하되 사울과 그의 집
과 우리 사이의 문제는 은금에 있지 아니하오며 이스라엘 가운데에서 사
람을 죽이는 문제도 우리에게 있지 아니하니이다 하니라 왕이 이르되 너
희가 말하는 대로 시행하리라 5 그들이 왕께 아뢰되 우리를 학살하였고
또 우리를 멸하여 이스라엘 영토 내에 머물지 못하게 하려고 모해한 사람
의 6 자손 일곱 사람을 우리에게 내주소서 여호와께서 택하신 사울의 고
을 기브아에서 우리가 그들을 여호와 앞에서 목매어 달겠나이다 하니 왕
이 이르되 내가 내주리라 하니라 7 그러나 다윗과 사울의 아들 요나단 사
이에 서로 여호와를 두고 맹세한 것이 있으므로 왕이 사울의 손자 요나단
의 아들 므비보셋은 아끼고 8 왕이 이에 아야의 딸 리스바에게서 난 자 곧
사울의 두 아들 알모니와 므비보셋과 사울의 딸 메랍에게서 난 자 곧 므
홀랏 사람 바르실래의 아들 아드리엘의 다섯 아들을 붙잡아 9 그들을 기브온 사람의 손에 넘기니 기브온 사람이
그들을 산 위에서 여호와 앞에 목 매어 달매 그들 일곱 사람이 동시에 죽으니 죽은 때는 곡식 베는 첫날 곧 보리
를 베기 시작하는 때더라 10 아야의 딸 리스바가 굵은 베를 가져다가 자기를 위하여 바위 위에 펴고 곡식 베기 시
작할 때부터 하늘에서 비가 시체에 쏟아지기까지 그 시체에 낮에는 공중의 새가 앉지 못하게 하고 밤에는 들짐
승이 범하지 못하게 한지라 11 이에 아야의 딸 사울의 첩 리스바가 행한 일이 다윗에게 알려지매 12 다윗이 가서
사울의 뼈와 그의 아들 요나단의 뼈를 길르앗 야베스 사람에게서 가져가니 이는 전에 블레셋 사람들이 사울을
길보아에서 죽여 블레셋 사람들이 벧산 거리에 매단 것을 그들이 가만히 가져온 것이라 13 다윗이 그 곳에서 사
울의 뼈와 그의 아들 요나단의 뼈를 가지고 올라오매 사람들이 그 달려 죽은 자들의 뼈를 거두어다가 14 사울과
그의 아들 요나단의 뼈와 함께 베냐민 땅 셀라에서 그의 아버지 기스의 묘에 장사하되 모두 왕의 명령을 따라
행하니라 그 후에야 하나님이 그 땅을 위한 기도를 들으시니라

블레셋의 거인들을 죽인 다윗의 용사들(대상 20:4~8)

15 블레셋 사람이 다시 이스라엘을 치거늘 다윗이 그의 부하들과 함께 내려가서 블레셋 사람과 싸우더니 다윗이
피곤하매 16 거인족의 아들 중에 무게가 삼백 세겔 되는 놋 창을 들고 새 칼을 찬 이스비브놉이 다윗을 죽이려
하므로 17 스루야의 아들 아비새가 다윗을 도와 그 블레셋 사람들을 쳐죽이니 그 때에 다윗의 추종자들이 그에

❖ **삼하 21~23장**은 연대기에서 누락 된 사건들을 기록한 것으로 추정한다. 여기에 기록된 사건들은 역사적 사실이나 언제 발생했는지 그 연대를 추적하기가 쉽지 않아 부록으로 엮은 듯하다.

❖ **삼하 21장**

- **전반부**(1-14절)는 사울이 기브온과 이스라엘(여호수아)간에 맺은 언약(수 9:1-15)을 무시하고 기브온 사람들의 피를 흘린 일로 인해 다윗 시대에 임한 하나님의 3년 기근 징계 사건을 기록하고 있다. 그런데 사울에 의해 자행된 기브온 거민 살해 사건의 책임이 다윗에게로 넘어와 3년 기근이라는 하나님의 징계를 받게 된 이유는 무엇인가? 또한 선민에 대한 하나님의 구속사와는 직접적으로 상관이 없는 듯이 보이는 기브온 거민과 이스라엘 백성 간의 언약이 무엇이 그리 중요했기에 이같이 하나님이 이스라엘을 징계하셨는가? 그것은 하나님의 신실하신 품성을 드러내시는 하나님의 공의로우심을 보여 주는 것이다.
  신실하시다는 것은 약속과 언약을 반드시 지키신다는 것이다.
- **후반부**(15-22절)에서는 3년 기근 사건과는 독립된 사건으로서 블레셋과의 전투에서 다윗을 위하여 충성하며 용맹 펼친 용사들의 무용담을 간략히 소개하고 있다.

25일~30일

게 맹세하여 이르되 왕은 다시 우리와 함께 전장에 나가지 마옵소서 이스라엘의 등불이 꺼지지 말게 하옵소서
하니라 18 그 후에 다시 블레셋 사람과 곱에서 전쟁할 때에 후사 사람 십브개는 거인족의 아들 중의 삽을 쳐죽였
고 19 또 다시 블레셋 사람과 곱에서 전쟁할 때에 베들레헴 사람 야레오르김의 아들 엘하난은 가드 골리앗의 아
우 라흐미를 죽였는데 그 자의 창 자루는 베틀 채 같았더라 20 또 가드에서 전쟁할 때에 그 곳에 키가 큰 자 하나
는 손가락과 발가락이 각기 여섯 개씩 모두 스물 네 개가 있는데 그도 거인족의 소생이라 21 그가 이스라엘 사람
을 능욕하므로 다윗의 형 삼마의 아들 요나단이 그를 죽이니라 22 이 네 사람 가드의 거인족의 소생이 다윗의 손
과 그의 부하들의 손에 다 넘어졌더라

사무엘하 22장

다윗의 승전가

25일~30일

1 여호와께서 다윗을 모든 원수의 손과 사울의 손에서 구원하신 그 날에 다
윗이 이 노래의 말씀으로 여호와께 아뢰어 2 이르되 여호와는 나의 반석이
시요 나의 요새시요 나를 위하여 나를 건지시는 자시오 3 내가 피할 나의 반
석의 하나님이시요 나의 방패시요 나의 구원의
뿔이시요 나의 높은 망대시요 그에게 피할 나의
피난처시요 나의 구원자시라 나를 폭력에서 구원
하셨도다 4 내가 찬송 받으실 여호와께 아뢰리니 내
원수들에게서 구원을 받으리로다 5 사망의 물결이 나를
에우고 불의의 창수가 나를 두렵게 하였으며 6 스올의
줄이 나를 두르고 사망의 올무가 내게 이르렀도다 7 내
가 환난 중에서 여호와께 아뢰며 나의 하나님께 아뢰었
더니 그가 그의 성전에서 내 소리를 들으심이여 나의 부르짖음이 그의 귀에
들렸도다 8 이에 땅이 진동하고 떨며 하늘의 기초가 요동하고 흔들렸으니
그의 진노로 말미암음이로다 9 그의 코에서 연기가 오르고 입에서 불이 나
와 사름이여 그 불에 숯이 피었도다 10 그가 또 하늘을 드리우고 강림하시니
그의 발아래는 어두캄캄하였도다 11 그룹을 타고 날으심이여 바람 날개 위
에 나타나셨도다 12 그가 흑암 곧 모인 물과 공중의 빽빽한 구름으로 둘린
장막을 삼으심이여 13 그 앞에 있는 광채로 말미암아 숯불이 피었도다 14 여
호와께서 하늘에서 우렛소리를 내시며 지존하신 자가 음성을 내심이여 15
화살을 날려 그들을 흩으시며 번개로 무찌르셨도다 16 이럴 때에 여호와의
꾸지람과 콧김으로 말미암아 물 밑이 드러나고 세상의 기초가 나타났도다
17 그가 위에서 손을 내미사 나를 붙드심이여 많은 물에서 나를 건져내셨도
다 18 나를 강한 원수와 미워하는 자에게서 건지셨음이여 그들은 나보다 강했기 때문이로다 19 그들이 나의 재앙의
날에 내게 이르렀으나 여호와께서 나의 의지가 되셨도다 20 나를 또 넓은 곳으로 인도하시고 나를 기뻐하시므로 구
원하셨도다 21 여호와께서 내 공의를 따라 상주시며 내 손의 깨끗함을 따라 갚으셨으니 22 이는 내가 여호와의 도
를 지키고 악을 행함으로 내 하나님을 떠나지 아니하였으며 23 그의 모든 법도를 내 앞에 두고 그의 규례를 버리지
아니하였음이로다 24 내가 또 그의 앞에 완전하여 스스로 지켜 죄악을 피하였나니 25 그러므로 여호와께서 내 공의
대로, 그의 눈앞에서 내 깨끗한 대로 내게 갚으셨도다 26 자비한 자에게는 주의 자비하심을 나타내시며 완전한 자
에게는 주의 완전하심을 보이시며 27 깨끗한 자에게는 주의 깨끗하심을 보이시며 사악한 자에게는 주의 거스르심
을 보이시리이다 28 주께서 곤고한 백성은 구원하시고 교만한 자를 살피사 낮추시리이다 29 여호와여 주는 나의 등

삼하 22장

이 시는 다윗이 그의 우여곡절 많은 일생동안 개인적으로 체험한 하나님의 은혜와 사랑을 노래한 시이다. 그러나 이 시 속에서 우리는 하나님께서 주권적 섭리 하에 다윗과 언약(7:16)을 맺으시고 그 언약을 신실히 행하사 먼저 다윗과 그 가문을 통하여 당신의 약속을 성실히 이행하셨으며, 또 장차 미래에도 어떻게 전개해 나가실 것인가 하는 사실이 매우 생동감 있고도 확신 있게 드러나고 있음을 발견하게 된다.
하나님이 다윗 언약을 통해 하나님의 백성들에게 주신 구속사의 전개와 구원의 약속이 변함없이 실행될 것은, 그분은 영원히 살아 계시는 분이며 당신의 백성들과 늘 함께하시는 분이라는 사실(47, 51절) 속에서 분명히 밝혀지고 있다.
한편 이 내용이나, 저작 배경에 있어 몇 군데를 제외하고는 시 18편에서 그대로 재현되고 있다.

삼하 22:21-33에서 다윗은 말씀의 능력, 하나님의 도를 노래한다. 이 말씀의 도는 곧 우리의 도, 즉 우리의 생각, 사고방식, 패러다임을 바꾸게 한다.
☞ **히 4:12-13** 하나님의 말씀은 살아 있고 활력이 있어 좌우에 날선 어떤 검보다도 예리하여 혼과 영과 및 관절과 골수를 찔러 쪼개기까지 하며 또 마음의 생각과 뜻을 판단하나니 지으신 것이 하나도 그 앞에 나타나지 않음이 없고 우리의 결산을 받으실 이의 눈앞에 만물이 벌거벗은 것 같이 드러나느니라

불이시니 여호와께서 나의 어둠을 밝히시리이다 30 내가 주를 의뢰하고 적진으로 달리며 내 하나님을 의지하고 성
벽을 뛰어넘나이다 31 하나님의 도는 완전하고 여호와의 말씀은 진실하니 그는 자기에게 피하는 모든 자에게 방패
시로다 32 여호와 외에 누가 하나님이며 우리 하나님 외에 누가 반석이냐 33 하나님은 나의 견고한 요새시며 나를 안
전한 곳으로 인도하시며 34 나의 발로 암사슴 발 같게 하시며 나를 나의 높은 곳에 세우시며 35 내 손을 가르쳐 싸우
게 하시니 내 팔이 놋 활을 당기도다 36 주께서 또 주의 구원의 방패를 내게 주시며 주의 온유함이 나를 크게 하셨나
이다 37 내 걸음을 넓게 하셨고 내 발이 미끄러지지 아니하게 하셨나이다 38 내가 내 원수를 뒤쫓아 멸하였사오며 그
들을 무찌르기 전에는 돌이키지 아니하였나이다 39 내가 그들을 무찔러 전멸시켰더니 그들이 내 발 아래에 엎드러
지고 능히 일어나지 못하였나이다 40 이는 주께서 내게 전쟁하게 하려고 능력으로 내게 띠 띠우사 일어나 나를 치는
자를 내게 굴복하게 하셨사오며 41 주께서 또 내 원수들이 등을 내게로 향하게 하시고 내게 나를 미워하는 자를 끊
어 버리게 하셨음이니이다 42 그들이 도움을 구해도 구원할 자가 없었고 여호와께 부르짖어도 대답하지 아니하셨
나이다 43 내가 그들을 땅의 티끌 같이 부스러뜨리고 거리의 진흙 같이 밟아 헤쳤나이다 44 주께서 또 나를 내 백성
의 다툼에서 건지시고 나를 보전하사 모든 민족의 으뜸으로 삼으셨으니 내가 알지 못하는 백성이 나를 섬기리이다
45 이방인들이 내게 굴복함이여 그들이 내 소문을 귀로 듣고 곧 내게 순복하리로다 46 이방인들이 쇠약하여 그들의
견고한 곳에서 떨며 나오리로다 47 여호와의 사심을 두고 나의 반석을 찬송하며 내 구원의 반석이신 하나님을 높일
지로다 48 이 하나님이 나를 위하여 보복하시고 민족들이 내게 복종하게 하시며 49 나를 원수들에게서 이끌어 내시
며 나를 대적하는 자 위에 나를 높이시고 나를 강포한 자에게서 건지시는도다 50 이러므로 여호와여 내가 모든 민족
중에서 주께 감사하며 주의 이름을 찬양하리이다 51 여호와께서 그의 왕에게 큰 구원을 주시며 기름 부음 받은 자
에게 인자를 베푸심이여 영원하도록 다윗과 그 후손에게로다 하였더라

사무엘하 23장

다윗의 마지막 말

1 이는 다윗의 마지막 말이라 이새의 아들 다윗이 말함이여 높이 세워진
자, 야곱의 하나님께로부터 기름 부음 받은 자, 이스라엘의 노래 잘 하
는 자가 말하노라 2 여호와의 영이 나를 통하여 말씀하심이여 그의 말씀
이 내 혀에 있도다 3 이스라엘의 하나님이 말씀하시며 이스라엘의 반석이
내게 이르시기를 사람을 공의로 다스리는 자, 하나님을 경외함으로 다스
리는 자여 4 그는 돋는 해의 아침 빛 같고 구름 없는 아침 같고 비 내린 후
의 광선으로 땅에서 움이 돋는 새 풀 같으니라 하시도다 5 내 집이 하나님
앞에 이같지 아니하냐 하나님이 나와 더불어 영원한 언약을 세우사 만사
에 구비하고 견고하게 하셨으니 나의 모든 구원과 나의 모든 소원을 어
찌 이루지 아니하시랴 6 그러나 사악한 자는 다 내버려질 가시나무 같으
니 이는 손으로 잡을 수 없음이로다 7 그것들을 만지는 자는 철과 창자루
를 가져야 하리니 그것들이 당장에 불살리리로다 하니라

다윗의 용사들(대상 11:10-47)

8 다윗의 용사들의 이름은 이러하니라 다그몬 사람 요셉밧세벳이라고도
하고 에센 사람 아디노라고도 하는 자는 군지휘관의 두목이라 그가 단번
에 팔백 명을 쳐죽였더라 9 그 다음은 아호아 사람 도대의 아들 엘르아살
이니 다윗과 함께 한 세 용사 중의 한 사람이라 블레셋 사람들이 싸우려
고 거기에 모이매 이스라엘 사람들이 물러간지라 세 용사가 싸움을 돋우
고 10 그가 나가서 손이 피곤하여 그의 손이 칼에 붙기까지 블레셋 사람을

❖ 삼하 23장

- **전반부**(1-7절)는 다윗과 맺은 하나님의 영원한 언약에 따라 미래에 도래할 의의 통치자 곧 그리스도에 대한 찬양과 메시아 왕국의 도래에 의한 완전한 공의의 실현을 갈망하는 다윗의 '선지자적 찬양시'를 기록하고 있다.
- **후반부** 다윗의 용사들을 기록한 이유는 다윗이 생애 가운데 경험한바 모든 대적에서 승리할 수 있었던 것은 결단코 그 개인만의 능력에 의해서가 아니라, 먼저는 하나님의 축복하심과 둘째는 하나님의 나라를 위하여 충성을 다한 용사들의 헌신에 의한 것임을 말하려는 것이다. 이것은 구속사적으로 볼 때 먼저 다윗을 모든 대적에서 구원하시고 그의 나라를 주도적으로 인도하신 분은 곧 여호와 하나님이시라는 사실을 보여 준다. 따라서 여기서 우리는 다윗과 그의 나라를 보호하셨던 하나님이 또한 다윗이 예표 하는바 그리스도 안에서 오직 영적 이스라엘 백성인 우리들을 보호 인도하시리라는 강한 확신과 믿음을 얻게 된다.

☞ 역사는 하나님의 섭리하심에 의해 이루어지고 있다는 것을 확연히 보여 주는 대목이다.

인위 뚝, 신위 고!

치니라 그 날에 여호와께서 크게 이기게 하셨으므로 백성들은 돌아와 그
의 뒤를 따라가며 노략할 뿐이었더라 11 그 다음은 하랄 사람 아게의 아들
삼마라 블레셋 사람들이 사기가 올라 거기 녹두나무가 가득한 한쪽 밭에
모이매 백성들은 블레셋 사람들 앞에서 도망하되 12 그는 그 밭 가운데 서
서 막아 블레셋 사람들을 친지라 여호와께서 큰 구원을 이루시니라 13 또
삼십 두목 중 세 사람이 곡식 벨 때에 아둘람 굴에 내려가 다윗에게 나아
갔는데 때에 블레셋 사람의 한 무리가 르바임 골짜기에 진 쳤더라 14 그 때
에 다윗은 산성에 있고 그 때에 블레셋 사람의 요새는 베들레헴에 있는지
라 15 다윗이 소원하여 이르되 베들레헴 성문 곁 우물 물을 누가 내게 마시
게 할까 하매 16 세 용사가 블레셋 사람의 진영을 돌파하고 지나가서 베들
레헴 성문 곁 우물 물을 길어 가지고 다윗에게로 왔으나 다윗이 마시기를
기뻐하지 아니하고 그 물을 여호와께 부어 드리며 17 이르되 여호와여 내
가 나를 위하여 결단코 이런 일을 하지 아니하리이다 이는 목숨을 걸고 갔
던 사람들의 피가 아니니이까 하고 마시기를 즐겨하지 아니하니라 세 용
사가 이런 일을 행하였더라 18 또 스루야의 아들 요압의 아우 아비새이니
그는 그 세 사람의 우두머리라 그가 그의 창을 들어 삼백 명을 죽이고 세
사람 중에 이름을 얻었으니 19 그는 세 사람 중에 가장 존귀한 자가 아니냐 그가 그들의 우두머리가 되었으나 그
러나 첫 세 사람에게는 미치지 못하였더라 20 또 갑스엘 용사의 손자 여호야다의 아들 브나야이니 그는 용맹스런
일을 행한 자라 일찍이 모압 아리엘의 아들 둘을 죽였고 또 눈이 올 때에 구덩이에 내려가서 사자 한 마리를 쳐죽
였으며 21 또 장대한 애굽 사람을 죽였는데 그의 손에 창이 있어도 그가 막대기를 가지고 내려가 그 애굽 사람의
손에서 창을 빼앗아 그 창으로 그를 죽였더라 22 여호야다의 아들 브나야가 이런 일을 행하였으므로 세 용사 중
에 이름을 얻고 23 삼십 명보다 존귀하나 그러나 세 사람에게는 미치지 못하였더라 다윗이 그를 세워 시위대 대장
을 삼았더라 24 요압의 아우 아사헬은 삼십 명 중의 하나요 또 베들레헴 도도의 아들 엘하난과 25 하롯 사람 삼훗
과 하롯 사람 엘리가와 26 발디 사람 헬레스와 드고아 사람 익게스의 아들 이라와 27 아나돗 사람 아비에셀과 후
사 사람 므분내와 28 아호아 사람 살몬과 느도바 사람 마하래와 29 느도바 사람 바아나의 아들 헬렙과 베냐민 자
손에 속한 기브아 사람 리배의 아들 잇대와 30 비라돈 사람 브나야와 가아스 시냇가에 사는 힛대와 31 아르바 사람
아비알본과 바르훔 사람 아스마웻과 32 사알본 사람 엘리아바와 야센의 아들 요나단과 33 하랄 사람 삼마와 아랄
사람 사랄의 아들 아히암과 34 마아가 사람의 손자 아하스배의 아들 엘리벨렛과 길로 사람 아히도벨의 아들 엘리
암과 35 갈멜 사람 헤스래와 아랍 사람 바아래와 36 소바 사람 나단의 아들 이갈과 갓 사람 바니와 37 암몬 사람 셀
렉과 스루야의 아들 요압의 무기를 잡은 자 브에롯 사람 나하래와 38 이델 사람 이라와 이델 사람 가렙과 39 헷 사
람 우리아라 이상 총수가 삼십칠 명이었더라

삼하 23:1-39, 다윗의 군대 조직
이스라엘 역사상 최초로 이스라엘의 군대를 조직화한 사람은 다윗이었다. 그리고 다윗이 만든 군대 조직은 다윗 이후 이스라엘 멸망 때까지 거의 그 형태를 그대로 유지했다.

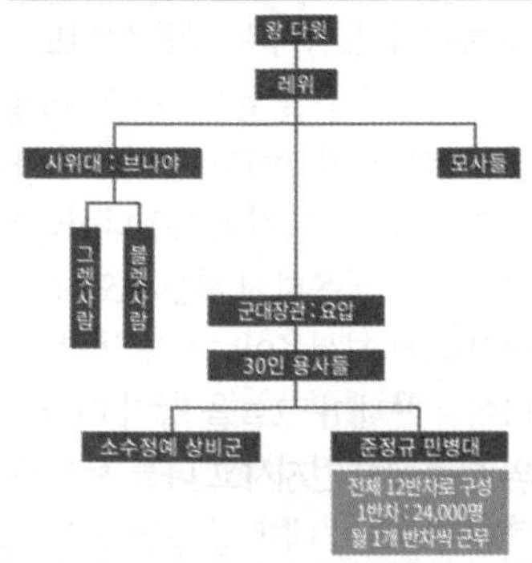

삼하 23장
학습 자료 25-3 "다윗 왕국" 참조

역대상 18장~20장 :
다윗의 전리품을 성전 건축을 위해 비축

❖ 역대상 18~20장은 사무엘하 내용의 에스라 버전이다.

역대상 18장

다윗의 승전 기록(삼하 8:1-18)

1 그 후에 다윗이 블레셋 사람들을 쳐서 항복을 받고 블레셋 사람들의 손에서 가드와 그 동네를 빼앗고 2 또 모

압을 치매 모압 사람이 다윗의 종이 되어 조공을 바치니라 [3] 소바 왕 하닷에셀이 유브라데 강 가에서 자기 세력
을 펴고자 하매 다윗이 그를 쳐서 하맛까지 이르고 [4] 다윗이 그에게서 병거 천 대와 기병 칠천 명과 보병 이만 명
을 빼앗고 다윗이 그 병거 백 대의 말들만 남기고 그 외의 병거의 말은 다 발의 힘줄을 끊었더니 [5] 다메섹 아람
사람이 소바 왕 하닷에셀을 도우러 온지라 다윗이 아람 사람 이만 이천 명을 죽이고 [6] 다윗이 다메섹 아람에 수
비대를 두매 아람 사람이 다윗의 종이 되어 조공을 바치니라 다윗이 어디로 가든지 여호와께서 이기게 하시니
라 [7] 다윗이 하닷에셀의 신하들이 가진 금 방패를 빼앗아 예루살렘으로 가져오고 [8] 또 하닷에셀의 성읍 디브핫
과 군에서 심히 많은 놋을 빼앗았더니 솔로몬이 그것으로 놋대야와 기둥과 놋그릇들을 만들었더라 [9] 하맛 왕 도
우가 다윗이 소바 왕 하닷에셀의 온 군대를 쳐서 무찔렀다 함을 듣고 [10] 그의 아들 하도람을 보내서 다윗 왕에게
문안하고 축복하게 하니 이는 하닷에셀이 벌써 도우와 맞서 여러 번 전쟁이 있던 터에 다윗이 하닷에셀을 쳐서
무찔렀음이라 하도람이 금과 은과 놋의 여러 가지 그릇을 가져온지라 [11] 다윗 왕이 그것도 여호와께 드리되 에
돔과 모압과 암몬 자손과 블레셋 사람들과 아말렉 등 모든 이방 민족에게서 빼앗아 온 은금과 함께 하여 드리니
라 [12] 스루야의 아들 아비새가 소금 골짜기에서 에돔 사람 만 팔천 명을 쳐죽인지라 [13] 다윗이 에돔에 수비대를
두매 에돔 사람이 다 다윗의 종이 되니라 다윗이 어디로 가든지 여호와께서 이기게 하셨더라 [14] 다윗이 온 이스
라엘을 다스려 모든 백성에게 정의와 공의를 행할새 [15] 스루야의 아들 요압은 군대사령관이 되고 아힐룻의 아
들 여호사밧은 행정장관이 되고 [16] 아히둡의 아들 사독과 아비아달의 아들 아비멜렉은 제사장이 되고 사워사는
서기관이 되고 [17] 여호야다의 아들 브나야는 그렛 사람과 블렛 사람을 다스리고 다윗의 아들들은 왕을 모시는
사람들의 우두머리가 되니라

역대상 19장

다윗이 암몬과 아람을 치다(삼하 10:1-19)

[1] 그 후에 암몬 자손의 왕 나하스가 죽고 그의 아들이 대신하여 왕이 되니 [2] 다윗이 이르되 하눈의 아버지 나하스
가 전에 내게 호의를 베풀었으니 이제 내가 그의 아들 하눈에게 호의를 베풀리라 하고 사절들을 보내서 그의 아
버지 죽음을 문상하게 하니라 다윗의 신하들이 암몬 자손의 땅에 이르러 하눈에게 나아가 문상하매 [3] 암몬 자손
의 방백들이 하눈에게 말하되 왕은 다윗이 조문사절을 보낸 것이 왕의 부친을 존경함인 줄로 여기시나이까 그의
신하들이 왕에게 나아온 것이 이 땅을 엿보고 정탐하여 전복시키고자 함이 아니니이까 하는지라 [4] 하눈이 이에
다윗의 신하들을 잡아 그들의 수염을 깎고 그 의복을 볼기 중간까지 자르고 돌려보내매 [5] 어떤 사람이 다윗에게
가서 그 사람들이 당한 일을 말하니라 그 사람들이 심히 부끄러워하므로 다윗이 그들을 맞으러 보내 왕이 이르
기를 너희는 수염이 자라기까지 여리고에 머물다가 돌아오라 하니라 [6] 암몬 자손이 자기가 다윗에게 밉게 한 줄
안지라 하눈과 암몬 자손은 더불어 은 천 달란트를 아람 나하라임과 아람마아가와 소바에 보내 병거와 마병을
삯 내되 [7] 곧 병거 삼만 이천 대와 마아가 왕과 그의 군대를 고용하였더니 그들이 와서 메드바 앞에 진 치매 암몬
자손이 그 모든 성읍으로부터 모여 와서 싸우려 한지라 [8] 다윗이 듣고 요압과 용사의 온 무리를 보냈더니 [9] 암몬
자손은 나가서 성문 앞에 진을 치고 도우러 온 여러 왕은 따로 들에 있더라 [10] 요압이 앞 뒤에 친 적진을 보고 이
스라엘에서 뽑은 자 중에서 또 뽑아 아람 사람을 대하여 진을 치고 [11] 그 남은 무리는 그의 아우 아비새의 수하
에 맡겨 암몬 자손을 대하여 진을 치게 하고 [12] 이르되 만일 아람 사람이 나보다 강하면 네가 나를 돕고 만일 암
몬 자손이 너보다 강하면 내가 너를 도우리라 [13] 너는 힘을 내라 우리가 우리 백성과 우리 하나님의 성읍들을 위
하여 힘을 내자 여호와께서 선히 여기시는 대로 행하시기를 원하노라 하고 [14] 요압과 그 추종자가 싸우려고 아
람 사람 앞에 나아가니 그들이 그 앞에서 도망하고 [15] 암몬 자손은 아람 사람이 도망함을 보고 그들도 요압의 아
우 아비새 앞에서 도망하여 성읍으로 들어간지라 이에 요압이 예루살렘으로 돌아오니라 [16] 아람 사람이 자기가
이스라엘 앞에서 패하였음을 보고 사신을 보내 강 건너편에 있는 아람 사람을 불러내니 하닷에셀의 군대사령관
소박이 그들을 거느린지라 [17] 어떤 사람이 다윗에게 전하매 다윗이 온 이스라엘을 모으고 요단을 건너 아람 사

람에게 이르러 그들을 향하여 진을 치니라 다윗이 아람 사람을 향하여 진을 치매 그들이 다윗과 맞서 싸우더니
18 아람 사람이 이스라엘 앞에서 도망한지라 다윗이 아람 병거 칠천 대의 군사와 보병 사만 명을 죽이고 또 군대
지휘관 소박을 죽이매 19 하닷에셀의 부하들이 자기가 이스라엘 앞에서 패하였음을 보고 다윗과 더불어 화친하
여 섬기고 그 후로는 아람 사람이 암몬 자손 돕기를 원하지 아니하였더라

역대상 20장

다윗이 랍바를 함락시키다(삼하 12:26-31)

1 해가 바뀌어 왕들이 출전할 때가 되매 요압이 그 군대를 거느리고 나가서 암몬 자손의 땅을 격파하고 들어가
랍바를 에워싸고 다윗은 예루살렘에 그대로 있더니 요압이 랍바를 쳐서 함락시키매 2 다윗이 그 왕의 머리에서
보석 있는 왕관을 빼앗아 중량을 달아보니 금 한 달란트라 그들의 왕관을 자기 머리에 쓰니라 다윗이 또 그 성
에서 노략한 물건을 무수히 내오고 3 그 가운데 백성을 끌어내어 톱과 쇠도끼와 돌써래로 일하게 하니라 다윗이
암몬 자손의 모든 성읍을 이같이 하고 다윗이 모든 백성과 함께 예루살렘으로 돌아오니라

블레셋 사람들과 싸우다(삼하 21:15-22)

4 이 후에 블레셋 사람들과 게셀에서 전쟁할 때에 후사 사람 십브개가 키가 큰 자의 아들 중에 십배를 쳐죽이
매 그들이 항복하였더라 5 다시 블레셋 사람들과 전쟁할 때에 야일의 아들 엘하난이 가드 사람 골리앗의 아우
라흐미를 죽였는데 이 사람의 창자루는 베틀채 같았더라 6 또 가드에서 전쟁할 때에 그 곳에 키 큰 자 하나는
손과 발에 가락이 여섯씩 모두 스물넷이 있는데 그도 키가 큰 자의 소생이라 7 그가 이스라엘을 능욕하므로 다
윗의 형 시므아의 아들 요나단이 그를 죽이니라 8 가드의 키 큰 자의 소생이라도 다윗의 손과 그 신하의 손에
다 죽었더라

시편 60

다윗이 교훈하기 위하여 지은 믹담, 인도자를 따라 수산에듯에 맞춘 노래,
다윗이 아람 나하라임과 아람소바와 싸우는 중에 요압이 돌아와
에돔을 소금 골짜기에서 쳐서 만 이천 명을 죽인 때에

1 하나님이여 주께서 우리를 버려 흩으셨고 분노하셨사오나 지금은 우리
를 회복시키소서 2 주께서 땅을 진동시키사 갈라지게 하셨사오니 그 틈을
기우소서 땅이 흔들림이니이다 3 주께서 주의 백성에게 어려움을 보이시
고 비틀거리게 하는 포도주를 우리에게 마시게 하셨나이다 4 주를 경외하
는 자에게 깃발을 주시고 진리를 위하여 달게 하셨나이다 (셀라) 5 주께서
사랑하시는 자를 건지시기 위하여 주의 오른손으로 구원하시고 응답하
소서 6 하나님이 그의 거룩하심으로 말씀하시되 내가 뛰놀리라 내가 세겜을 나누며 숙곳 골짜기를 측량하리라 7
길르앗이 내 것이요 므낫세도 내 것이며 에브라임은 내 머리의 투구요 유다는 나의 규이며 8 모압은 나의 목욕통
이라 에돔에는 나의 신발을 던지리라 블레셋아 나로 말미암아 외치라 하셨도다 9 누가 나를 이끌어 견고한 성에
들이며 누가 나를 에돔에 인도할까 10 하나님이여 주께서 우리를 버리지 아니하셨나이까 하나님이여 주께서 우
리 군대와 함께 나아가지 아니하시나이다 11 우리를 도와 대적을 치게 하소서 사람의 구원은 헛됨이니이다 12 우
리가 하나님을 의지하고 용감하게 행하리니 그는 우리의 대적을 밟으실 이심이로다

❖ 시편 60편
60편은 시편에 수록된 총 6편의 민족애가 중 두 번째 것으로 이스라엘의 다윗 군대가 에돔에게 일시적으로 패배를 당한 때를 배경으로 지은 시이다. 민족 애가는 그 내용 전개 구조상 탄식, 간구, 찬양의 형식으로 개인 비탄시와 유사하다. 다만 구원의 대상으로 개인이 아닌 선민 이스라엘 민족 전체가 언급되고 있는 점에서만 서로 다르다. 그리고 내용상의 특징으로 볼 때 본 시는 위기에서의 선민(選)의 구원과 이방 민족에 대한 승리를 간구하면서 택한 백성을 향한 하나님의 절대적인 사랑과 아브라함, 이삭, 야곱에게 주신 것처럼 가나안 땅을 주겠다고 하신 언약에 근거하여 호소하고 있다.

사무엘하 24장 :
인구 조사(대상 21:1-27)

1 여호와께서 다시 이스라엘을 향하여 진노하사 그들을 치시려고 다윗을
격동시키사 가서 이스라엘과 유다의 인구를 조사하라 하신지라 2 이에 왕
이 그 곁에 있는 군사령관 요압에게 이르되 너는 이스라엘 모든 지파 가
운데로 다니며 이제 단에서부터 브엘세바까지 인구를 조사하여 백성의
수를 내게 보고하라 하니 3 요압이 왕께 아뢰되 이 백성이 얼마든지 왕의
하나님 여호와께서 백 배나 더하게 하사 내 주 왕의 눈으로 보게 하시기
를 원하나이다 그런데 내 주 왕은 어찌하여 이런 일을 기뻐하시나이까 하
되 4 왕의 명령이 요압과 군대 사령관들을 재촉한지라 요압과 사령관들
이 이스라엘 인구를 조사하려고 왕 앞에서 물러나 5 요단을 건너 갓 골짜
기 가운데 성읍 아로엘 오른쪽 곧 야셀 맞은쪽에 이르러 장막을 치고 6 길
르앗에 이르고 닷딤홋시 땅에 이르고 또 다냐안에 이르러서는 시돈으로
돌아 7 두로 견고한 성에 이르고 히위 사람과 가나안 사람의 모든 성읍에
이르고 유다 남쪽으로 나와 브엘세바에 이르니라 8 그들 무리가 국내를
두루 돌아 아홉 달 스무 날 만에 예루살렘에 이르러 9 요압이 백성의 수를
왕께 보고하니 곧 이스라엘에서 칼을 빼는 담대한 자가 팔십만 명이요
유다 사람이 오십만 명이었더라 10 다윗이 백성을 조사한 후에 그의 마음
에 자책하고 다윗이 여호와께 아뢰되 내가 이 일을 행함으로 큰 죄를 범
하였나이다 여호와여 이제 간구하옵나니 종의 죄를 사하여 주옵소서 내
가 심히 미련하게 행하였나이다 하니라 11 다윗이 아침에 일어날 때에 여
호와의 말씀이 다윗의 선견자 된 선지자 갓에게 임하여 이르시되 12 가서
다윗에게 말하기를 여호와께서 이와 같이 말씀하시기를 내가 네게 세 가
지를 보이노니 너를 위하여 너는 그 중에서 하나를 택하라 내가 그것을 네
게 행하리라 하셨다 하라 하시니 13 갓이 다윗에게 이르러 아뢰어 이르되 왕의 땅에 칠 년 기근이 있을 것이니이
까 혹은 왕이 왕의 원수에게 쫓겨 석 달 동안 그들 앞에서 도망하실 것이니이까 혹은 왕의 땅에 사흘 동안 전염
병이 있을 것이니이까 왕은 생각하여 보고 나를 보내신 이에게 무엇을 대답하게 하소서 하는지라 14 다윗이 갓
에게 이르되 내가 고통 중에 있도다 청하건대 여호와께서는 긍휼이 크시니 우리가 여호와의 손에 빠지고 내가
사람의 손에 빠지지 아니하기를 원하노라 하는지라 15 이에 여호와께서 그 아침부터 정하신 때까지 전염병을 이
스라엘에게 내리시니 단에서부터 브엘세바까지 백성의 죽은 자가 칠만 명이라 16 천사가 예루살렘을 향하여 그
의 손을 들어 멸하려 하더니 여호와께서 이 재앙 내리심을 뉘우치사 백성을 멸하는 천사에게 이르시되 족하다
이제는 네 손을 거두라 하시니 여호와의 사자가 여부스 사람 아라우나의 타작 마당 곁에 있는지라 17 다윗이 백
성을 치는 천사를 보고 곧 여호와께 아뢰어 이르되 나는 범죄하였고 악을 행하였거니와 이 양 무리는 무엇을 행
하였나이까 청하건대 주의 손으로 나와 내 아버지의 집을 치소서 하니라 18 이 날에 갓이 다윗에게 이르러 그에
게 아뢰되 올라가서 여부스 사람 아라우나의 타작 마당에서 여호와를 위하여 제단을 쌓으소서 하매 19 다윗이
여호와께서 명령하신 바 갓의 말대로 올라가니라 20 아라우나가 바라보다가 왕과 그의 부하들이 자기를 향하여
건너옴을 보고 나가서 왕 앞에서 얼굴을 땅에 대고 절하며 21 이르되 어찌하여 내 주 왕께서 종에게 임하시나이
까 하니 다윗이 이르되 네게서 타작마당을 사서 여호와께 제단을 쌓아 백성에게 내리는 재앙을 그치게 하려 함

❖ **삼하 24장**

여호와 제일주의 신앙으로 무장하기 전에 인구조사를 통하여 군·행정 조직을 정비하고 그것에 더 의존하려고 했던 비신앙적 동기를 가진 다윗의 인구 조사 범죄와 그것에 대한 하나님의 징계 사건은, 구속사적으로 볼 때 우리에게 다음과 같은 교훈을 보여 준다.

그것은 첫째 다윗이 비록 이스라엘 역사상 뛰어난 신앙의 영웅이었다 할지라도 그도 어쩔 수 없는 허물 많은 죄인이다. 이는 이 세상에는 한 사람의 의인도 없으며(롬 3:10) 모든 사람이 다 하나님의 은혜로 구원받아야 할 존재라는 사실을 재삼 기억하게 한다.

둘째 신정 왕국의 대표자인 다윗이 여호와를 경외치 아니하고 교만할 때 일반 백성들도 또 교만하여 불의를 행하게 되었다(1절)는 사실이다. 이는 한 신앙 공동체 내에서 지도자의 중요성을 일깨워 준다.

셋째 다윗과 이스라엘 백성들이 죄를 범하였음에도 불구하고 완전히 멸절되지 아니하고 하나님 앞에서 존립할 수 있었던 것은, 전적으로 죄에 대해서는 엄하시나 그 죄를 범한 인간에 대해서는 끝없이 긍휼을 베푸시는 하나님 은총의 결과였다.

한편 아라우나 타작마당에서의 다윗의 제사를 통하여 우리는 하나님과 죄인들이 화해하기 위해서는 죄의 대가를 대신할 희생이 필요한바 이는 궁극적으로 많은 사람을 위하여 자기 몸을 속죄 제물로 드리사 십자가에서 죽임당하신 그리스도를 통하여서만이 가능하다는 사실을 발견하게 된다.

삼하 24장

학습 자료 25-2
"다윗의 인구 조사와 하나님의 징계" 참조

이라 하는지라 22 아라우나가 다윗에게 아뢰되 원하건대 내 주 왕은 좋게 여기시는 대로 취하여 드리소서 번제
에 대하여는 소가 있고 땔 나무에 대하여는 마당질 하는 도구와 소의 멍에가 있나이다 23 왕이여 아라우나가 이
것을 다 왕께 드리나이다 하고 또 왕께 아뢰되 왕의 하나님 여호와께서 왕을 기쁘게 받으시기를 원하나이다 24
왕이 아라우나에게 이르되 그렇지 아니하다 내가 값을 주고 네게서 사리라 값없이는 내 하나님 여호와께 번제
를 드리지 아니하리라 하고 다윗이 은 오십 세겔로 타작마당과 소를 사고 25 그 곳에서 여호와를 위하여 제단을
쌓고 번제와 화목제를 드렸더니 이에 여호와께서 그 땅을 위한 기도를 들으시매 이스라엘에게 내리는 재앙이
그쳤더라

역대상 21장 :
다윗의 인구 조사(삼하 24:1-25)

25일~
30일

1 사탄이 일어나 이스라엘을 대적하고 다윗을 충동하여 이스라엘을 계수
하게 하니라 2 다윗이 요압과 백성의 지도자들에게 이르되 너희는 가서
브엘세바에서부터 단까지 이스라엘을 계수하고 돌아와 내게 보고하여
그 수효를 알게 하라 하니 3 요압이 아뢰되 여호와께서 그 백성을 지금보
다 백 배나 더하시기를 원하나이다 내 주 왕이여 이 백성이 다 내 주의 종
이 아니니이까 내 주께서 어찌하여 이 일을 명령하시나이까 어찌하여 이
스라엘이 범죄하게 하시나이까 하나 4 왕의 명령이 요압을 재촉한지라 드
디어 요압이 떠나 이스라엘 땅에 두루 다닌 후에 예루살렘으로 돌아와 5
요압이 백성의 수효를 다윗에게 보고하니 이스라엘 중에 칼을 뺄 만한 자
가 백십만 명이요 유다 중에 칼을 뺄 만한 자가 사십칠만 명이라 6 요압이
왕의 명령을 마땅치 않게 여겨 레위와 베냐민 사람은 계수하지 아니하였
더라 7 하나님이 이 일을 악하게 여기사 이스라엘을 치시매 8 다윗이 하나
님께 아뢰되 내가 이 일을 행함으로 큰 죄를 범하였나이다 이제 간구하옵
나니 종의 죄를 용서하여 주옵소서 내가 심히 미련하게 행하였나이다 하
니라 9 여호와께서 다윗의 선견자 갓에게 말씀하여 이르시되 10 가서 다윗
에게 말하여 이르기를 여호와의 말씀이 내가 네게 세 가지를 내어 놓으리
니 그 중에서 하나를 네가 택하라 내가 그것을 네게 행하리라 하셨다 하
라 하신지라 11 갓이 다윗에게 나아가 그에게 말하되 여호와의 말씀이 너
는 마음대로 택하라 12 혹 삼년 기근이든지 혹 네가 석 달을 적군에게 패하
여 적군의 칼에 쫓길 일이든지 혹 여호와의 칼 곧 전염병이 사흘 동안 이
땅에 유행하며 여호와의 천사가 이스라엘 온 지경을 멸할 일이든지라고 하
셨나니 내가 무슨 말로 나를 보내신 이에게 대답할지를 결정하소서 하니 13 다윗이 갓에게 이르되 내가 곤경에
빠졌도다 여호와께서는 긍휼이 심히 크시니 내가 그의 손에 빠지고 사람의 손에 빠지지 아니하기를 원하나이다
하는지라 14 이에 여호와께서 이스라엘 백성에게 전염병을 내리시매 이스라엘 백성 중에서 죽은 자가 칠만 명이
었더라 15 하나님이 예루살렘을 멸하러 천사를 보내셨더니 천사가 멸하려 할 때에 여호와께서 보시고 이 재앙 내
림을 뉘우치사 멸하는 천사에게 이르시되 족하다 이제는 네 손을 거두라 하시니 그 때에 여호와의 천사가 여부스
사람 오르난의 타작 마당 곁에 선지라 16 다윗이 눈을 들어 보매 여호와의 천사가 천지 사이에 섰고 칼을 빼어 손

대상 21장
학습 자료 25-1 "다윗은 이 인구 조사로 하나님께 죄를 범한다." 참조

❖ **삼하 24장과 대상 21장**은 다윗의 말년에 인구 조사를 하였다가 하나님의 징계를 받은 내용을 기록하고 있다. 다윗의 인구 조사는 그의 치세 말기에 이루어졌다고 본다. 그는 하나님을 의지하는 믿음의 소유자였으나 말년에 자신의 힘을 과시하고 의존하려는 의도에서 인구 조사를 해서 군사력을 파악해 두려는 의도에서였고 이것은 하나님이 허락한 민수기의 인구 조사와는 달리 다윗의 교만에 기인한 인위의 산물이다. 당연히 하나님의 징계가 따른다.
하나님은 갓 선지자를 통해 3가지의 심판을 두고 한 개를 택하게 한다.
1. 7년 기근
2. 3달 도망자
3. 사흘간 전염병
3을 택하고, 그 결과 3일 동안 온역으로 죽은 자가 무려 7만 명이나 되었다.
이 온역은 아라우나(오르난 - 대하) 타작마당에서 번제와 화목제를 드리자 끝이 났다. 이는 죄의 용서를 위해서는 반드시 피 흘림이 요구된다는 구속사적 진리 (히 9:22)를 보여 주는 사례이다.
☞ 이 아라우나(오르난 - 대하) 타작마당은 아브라함이 이삭을 번제 드리려 했던 곳 (창 22:1-14)이며 솔로몬이 성전을 세운 곳(모리아 산, 대하 3:1)이다.

대상 21장
학습 자료 25-4 "역대기 저자의 9대 기록 관점" 참조

에 들고 예루살렘 하늘을 향하여 편지라 다윗이 장로들과 더불어 굵은 베를 입고 얼굴을 땅에 대고 엎드려 17 하
나님께 아뢰되 명령하여 백성을 계수하게 한 자가 내가 아니니이까 범죄하고 악을 행한 자는 곧 나이니이다 이
양 떼는 무엇을 행하였나이까 청하건대 나의 하나님 여호와여 주의 손으로 나와 내 아버지의 집을 치시고 주의
백성에게 재앙을 내리지 마옵소서 하니라 18 여호와의 천사가 갓에게 명령하여 다윗에게 이르시기를 다윗은 올
라가서 여부스 사람 오르난의 타작 마당에서 여호와를 위하여 제단을 쌓으라 하신지라 19 이에 갓이 여호와의 이
름으로 이른 말씀대로 다윗이 올라가니라 20 그 때에 오르난이 밀을 타작하다가 돌이켜 천사를 보고 오르난이 네
명의 아들과 함께 숨었더니 21 다윗이 오르난에게 나아가매 오르난이 내다보다가 다윗을 보고 타작마당에서 나
와 얼굴을 땅에 대고 다윗에게 절하매 22 다윗이 오르난에게 이르되 이 타작하는 곳을 내게 넘기라 너는 상당한
값으로 내게 넘기라 내가 여호와를 위하여 여기 한 제단을 쌓으리니 그리하면 전염병이 백성 중에서 그치리라 하
니 23 오르난이 다윗에게 말하되 왕은 취하소서 내 주 왕께서 좋게 여기시는 대로 행하소서 보소서 내가 이것들
을 드리나이다 소들은 번제물로, 곡식 떠는 기계는 화목으로, 밀은 소제물로 삼으시기 위하여 다 드리나이다 하
는지라 24 다윗 왕이 오르난에게 이르되 그렇지 아니하다 내가 반드시 상당한 값으로 사리라 내가 여호와께 드리
려고 네 물건을 빼앗지 아니하겠고 값 없이는 번제를 드리지도 아니하리라 하니라 25 그리하여 다윗은 그 자리에
서 금 육백 세겔을 달아 오르난에게 주고 26 다윗이 거기서 여호와를 위하여 제단을 쌓고 번제와 화목제를 드려
여호와께 아뢰었더니 여호와께서 하늘에서부터 번제단 위에 불을 내려 응답하시고 27 여호와께서 천사를 명령하
시매 그가 칼을 칼집에 꽂았더라 28 이때에 다윗이 여호와께서 여부스 사람 오르난의 타작 마당에서 응답하심을
보고 거기서 제사를 드렸으니 29 옛적에 모세가 광야에서 지은 여호와의 성막과 번제단이 그 때에 기브온 산당에
있었으나 30 다윗이 여호와의 천사의 칼을 두려워하여 감히 그 앞에 가서 하나님께 묻지 못하더라

시편	PSALMS	詩篇		
시편 한눈에 보기				
개요 **할렐루야**				

▼분류	▼해당 시편	▼총 편수	▼송영 부분	▼모세 오경과 비교	
제1권	1–41편	41편	41:13	창세기	창조와 사랑
제2권	42–72편	31편	72:18-19	출애굽기	해방과 구속
제3권	73–89편	17편	89:52	레위기	성소와 예배
제4권	90–106편	17편	106:48	민수기	방랑과 고난
제5권	107–150편	44편	150:1-6	신명기	율법과 찬양

시편 4

다윗의 시, 인도자를 따라 현악에 맞춘 노래

1 내 의의 하나님이여 내가 부를 때에 응답하소서 곤란 중에 나를 너그럽
게 하셨사오니 내게 은혜를 베푸사 나의 기도를 들으소서 2 인생들아 어
느 때까지 나의 영광을 바꾸어 욕되게 하며 헛된 일을 좋아하고 거짓을

❖ 시편은 포로 귀환 시대에 2차 귀환으로 돌아온 학자 겸 제사장 에스라가 이스라엘 백성의 하나님 백성으로서 상실한 정체성을 회복하는 신앙 부흥 운동을 일으킨다. 그 목적으로 그들의 역사를 성전 중심의 사관으로 새롭게 쓴 역대기를 기록하고, 시편을 집대성하여 편집한다. 그 편집의 구조를 모세 5경의 구조로 한다.(한눈에 보기 도표). 그는 성전 중심의 하나님 관계를 핵심 역사관으로 삼고 그 정체성을 회복하려 했기 때문에 모세 5경을 매우 중요시한 것은 당연하다.

학습 자료 25-5 "시편 개요" 공부

❖ 시편 4편
다윗은 전쟁 가운데 이 시를 쓴 것 같다. 8절에 "내가 평안히 눕고 자기도 하리니 나를 안전히 살게 하시는 이는 오직 여호와이시니이다" 라는 고백 속에서 전쟁의 위험 속에서도 지켜 주신다는 믿음을 가지고 있다. 신위에 전적으로 의지하며 인위를 내려놓는 다윗의 믿음, 이것이 다윗의 위대함이다. 잠이 들어 의식이 없는 사이에 적의 침입으로 목숨을 잃어버릴 수 있다는 불안함 가운데서 오히려 하나님을 의지하고 평안을 얻는 다윗의 신앙이야말로 신위에 순종하는 평강의 신앙이다. 이런 격언이 있다. "잠이 오지 않으면 진정을 얻으려 숫자를 센다. 그러지 말고 우리의 목자 되시는 분에게 말을 걸어라."

구하려는가 (셀라) 3 여호와께서 자기를 위하여 경건한 자를 택하신 줄 너희가 알지어다 내가 그를 부를 때에 여
호와께서 들으시리로다 4 너희는 떨며 범죄하지 말지어다 자리에 누워 심중에 말하고 잠잠할지어다 (셀라) 5 의의
제사를 드리고 여호와를 의지할지어다 6 여러 사람의 말이 우리에게 선을 보일 자 누구뇨 하오니 여호와여 주의
얼굴을 들어 우리에게 비추소서 7 주께서 내 마음에 두신 기쁨은 그들의 곡식과 새 포도주가 풍성할 때보다 더
하니이다 8 내가 평안히 눕고 자기도 하리니 나를 안전히 살게 하시는 이는 오직 여호와이시니이다

시편 5

> ❖ **시편 5편**
> 다윗은 사울의 궁전에서 섬길 때 사울의 신하에게서 모함과 왕에게 거짓 아첨하는 자들을 보았고 그가 사울의 왕관을 빼앗을 자로 여김을 받았다. 다윗은 이런 억울함을 잠잠히 하나님께 아뢰고 하나님의 행동하심을 바란다. 그는 근심과 눈물로 침상을 적실만큼의 탄식도 하나님 앞에 내놓는다. 그리고 그분의 인도하심과 보호하심을 기다린다. 하나님은 그런 다윗에게 평강의 기쁨을 내려 주신다.
> 당신도 이런 상황에서 다윗 같은 믿음을 가질 수 있는가?

다윗의 시, 인도자를 따라 관악에 맞춘 노래

25일~30일

1 여호와여 나의 말에 귀를 기울이사 나의 심정을 헤아려 주소서 2 나의
왕, 나의 하나님이여 내가 부르짖는 소리를 들으소서 내가 주께 기도하나
이다 3 여호와여 아침에 주께서 나의 소리를 들으시리니 아침에 내가 주
께 기도하고 바라리이다 4 주는 죄악을 기뻐하는 신이 아니시니 악이 주
와 함께 머물지 못하며 5 오만한 자들이 주의 목전에 서지 못하리이다 주
는 모든 행악자를 미워하시며 6 거짓말하는 자들을 멸망시키시리이다 여
호와께서는 피 흘리기를 즐기는 자와 속이는 자를 싫어하시나이다 7 오직 나는 주의 풍성한 사랑을 힘입어 주의
집에 들어가 주를 경외함으로 성전을 향하여 예배하리이다 8 여호와여 나의 원수들로 말미암아 주의 공의로 나
를 인도하시고 주의 길을 내 목전에 곧게 하소서 9 그들의 입에 신실함이 없고 그들의 심중이 심히 악하며 그들
의 목구멍은 열린 무덤 같고 그들의 혀로는 아첨하나이다 10 하나님이여 그들을 정죄하사 자기 꾀에 빠지게 하
시고 그 많은 허물로 말미암아 그들을 쫓아내소서 그들이 주를 배역함이니이다 11 그러나 주께 피하는 모든 사
람은 다 기뻐하며 주의 보호로 말미암아 영원히 기뻐 외치고 주의 이름을 사랑하는 자들은 주를 즐거워하리이
다 12 여호와여 주는 의인에게 복을 주시고 방패와 같은 은혜로 그를 호위하시리이다

시편 6

> ❖ **시편 6편 : 참회시**
> (시 6, 32, 38, 51,103, 103, 143등 모두 6편의 참회시가 있다)
> 시편의 참회시들이 갖고 있는 본질적 특징을 가장 뚜렷이 반영하고 있다. 먼저 본 시에서 참회자는 자기 행위의 잘못됨을 진정으로 뉘우치고 있다. 또한 동시에 하나님이 준엄한 법관이 아니라 창조주요 나아가 택한 자의 아비로서 이미 야기된 범죄 행위는 반드시 징계하시지만, 죄를 회개하는 당신의 백성만큼은 무궁한 은혜로 그 언제나 사죄해 주시며 심지어 당신의 징계로 인한 상처까지도 함께 아파하시며 위로해 주심을 이미 믿으며 참회하고 있음을 반영하고 있다. 역으로 표현하자면 참회자는 하나님은 절대 공의의 주이신 동시에 절대 사랑의 창조주로서 무궁한 은혜로 당신께 나아오는 자의 그 어떤 죄도 용서해 주실 것임을 믿기 때문에 하나님을 향하여 참회하며 사죄(赦罪)를 간구할 수 있는 것이다. 그리고 바로 이러한 사실이 본시에 강력히 반영되어 있다.

다윗의 시, 인도자를 따라 현악 여덟째 줄에 맞춘 노래

1 여호와여 주의 분노로 나를 책망하지 마시오며 주의 진노로 나를 징계
하지 마옵소서 2 여호와여 내가 수척하였사오니 내게 은혜를 베푸소서 여
호와여 나의 뼈가 떨리오니 나를 고치소서 3 나의 영혼도 매우 떨리나이
다 여호와여 어느 때까지니이까 4 여호와여 돌아와 나의 영혼을 건지시며
주의 사랑으로 나를 구원하소서 5 사망 중에서는 주를 기억하는 일이 없
사오니 스올에서 주께 감사할 자 누구리이까 6 내가 탄식함으로 피곤하
여 밤마다 눈물로 내 침상을 띄우며 내 요를 적시나이다 7 내 눈이 근심으
로 말미암아 쇠하며 내 모든 대적으로 말미암아 어두워졌나이다 8 악을
행하는 너희는 다 나를 떠나라 여호와께서 내 울음 소리를 들으셨도다 9
여호와께서 내 간구를 들으셨음이여 여호와께서 내 기도를 받으시리로
다 10 내 모든 원수들이 부끄러움을 당하고 심히 떪이여 갑자기 부끄러워
물러가리로다

시편 9

다윗의 시, 인도자를 따라 뭇랍벤에 맞춘 노래
1 내가 전심으로 여호와께 감사하오며 주의 모든 기이한 일들을 전하리이
다 2 내가 주를 기뻐하고 즐거워하며 지존하신 주의 이름을 찬송하리니 3
내 원수들이 물러갈 때에 주 앞에서 넘어져 망함이니이다 4 주께서 나의
의와 송사를 변호하셨으며 보좌에 앉으사 의롭게 심판하셨나이다 5 이방
나라들을 책망하시고 악인을 멸하시며 그들의 이름을 영원히 지우셨나이
다 6 원수가 끊어져 영원히 멸망하였사오니 주께서 무너뜨린 성읍들을 기
억할 수 없나이다 7 여호와께서 영원히 앉으심이여 심판을 위하여 보좌를
준비하셨도다 8 공의로 세계를 심판하심이여 정직으로 만민에게 판결을
내리시리로다 9 여호와는 압제를 당하는 자의 요새이시요 환난 때의 요
새이시로다 10 여호와여 주의 이름을 아는 자는 주를 의지하오리니 이는
주를 찾는 자들을 버리지 아니하심이니이다 11 너희는 시온에 계신 여호
와를 찬송하며 그의 행사를 백성 중에 선포할지어다 12 피 흘림을 심문하시는 이가 그들을 기억하심이여 가난한
자의 부르짖음을 잊지 아니하시도다 13 여호와여 내게 은혜를 베푸소서 나를 사망의 문에서 일으키시는 주여 나
를 미워하는 자에게서 받는 나의 고통을 보소서 14 그리하시면 내가 주의 찬송을 다 전할 것이요 딸 시온의 문에
서 주의 구원을 기뻐하리이다 15 이방 나라들은 자기가 판 웅덩이에 빠짐이여 자기가 숨긴 그물에 자기 발이 걸
렸도다 16 여호와께서 자기를 알게 하사 심판을 행하셨음이여 악인은 자기가 손으로 행한 일에 스스로 얽혔도다
(힉가욘, 셀라) 17 악인들이 스올로 돌아감이여 하나님을 잊어버린 모든 이방 나라들이 그리하리로다 18 궁핍한 자
가 항상 잊어버림을 당하지 아니함이여 가난한 자들이 영원히 실망하지 아니하리로다 19 여호와여 일어나사 인
생으로 승리를 얻지 못하게 하시며 이방 나라들이 주 앞에서 심판을 받게 하소서 20 여호와여 그들을 두렵게 하
시며 이방 나라들이 자기는 인생일 뿐인 줄 알게 하소서 (셀라)

❖ 시편 9편
다윗은 승리하게 해주신 하나님께 감사를 노래한다. 하나님께 합한 사람 다윗에게 하나님이 안겨 주신 승리가 얼마나 많은지를 보여 준다. 그렇다! 우리도 하나님의 마음에 합한 삶을 살 때 즉 관점 3의 "구별되는 삶, 세상과 섞이지 않는 삶"을 살 때 하나님은 우리에게 수많은 승리를 안겨 주실 것이다. 인위를 통제하며 신위의 삶을 사는 것이 얼마나 시급하고 중요한 것인가를 생각할 수 있다.
☞ 7-10절을 묵상하라.
· 17절 묵상 악인들이 스올로 돌아감이여 하나님을 잊어버린 모든 이방 나라들이 그리하리로다
C.S. Lewis는 "지옥에 이르는 가장 확실한 길은 안락한 길, 편하게 여겨지는 길, 급격한 전환도 없고 심지어는 이정표도 없는 길이다."라고 했다. 지옥으로 가는 길은 이렇듯 자기도 깨닫지 못하면서 가고 있는 길일 수 있다는 말이다.

시편 10

1 여호와여 어찌하여 멀리 서시며 어찌하여 환난 때에 숨으시나이까 2 악한
자가 교만하여 가련한 자를 심히 압박하오니 그들이 자기가 베푼 꾀에 빠지
게 하소서 3 악인은 그의 마음의 욕심을 자랑하며 탐욕을 부리는 자는 여호
와를 배반하여 멸시하나이다 4 악인은 그의 교만한 얼굴로 말하기를 여호와
께서 이를 감찰하지 아니하신다 하며 그의 모든 사상에 하나님이 없다 하나
이다 5 그의 길은 언제든지 견고하고 주의 심판은 높아서 그에게 미치지 못
하오니 그는 그의 모든 대적들을 멸시하며 6 그의 마음에 이르기를 나는 흔들리지 아니하며 대대로 환난을 당하지
아니하리라 하나이다 7 그의 입에는 저주와 거짓과 포악이 충만하며 그의 혀 밑에는 잔해와 죄악이 있나이다 8 그가
마을 구석진 곳에 앉으며 그 은밀한 곳에서 무죄한 자를 죽이며 그의 눈은 가련한 자를 엿보나이다 9 사자가 자기의
굴에 엎드림 같이 그가 은밀한 곳에 엎드려 가련한 자를 잡으려고 기다리며 자기 그물을 끌어당겨 가련한 자를 잡나
이다 10 그가 구푸려 엎드리니 그의 포악으로 말미암아 가련한 자들이 넘어지나이다 11 그가 그의 마음에 이르기를
하나님이 잊으셨고 그의 얼굴을 가리셨으니 영원히 보지 아니하시리라 하나이다 12 여호와여 일어나옵소서 하나님

❖ 시편 10편
때로 악인이 흥하는 것을 보면 하나님이 숨어 버린 것 같은 느낌이 들 때가 있다. 전능하신 하나님을 믿는 자는 흥하지 못하고 악인이 왜 번영하는가에 대한 신정론적 질문이다. 하박국과 예레미야가 그런 질문을 한다. 욥기도 이런 맥락이다. 악인은 아예 한 수 더 떠서 하나님이 어디 있느냐고 조롱한다는 것이다. 세상에는 이런 자들이 수없이 많다.
☞ 이럴 때를 체험했는가? 그럴 때 여러분은 어떻게 대처하는가?

이여 손을 드옵소서 가난한 자들을 잊지 마옵소서 13 어찌하여 악인이 하나님을 멸시하여 그의 마음에 이르기를 주
는 감찰하지 아니하리라 하나이까 14 주께서는 보셨나이다 주는 재앙과 원한을 감찰하시고 주의 손으로 갚으려 하
시오니 외로운 자가 주를 의지하나이다 주는 벌써부터 고아를 도우시는 이시니이다 15 악인의 팔을 꺾으소서 악한
자의 악을 더 이상 찾아낼 수 없을 때까지 찾으소서 16 여호와께서는 영원무궁하도록 왕이시니 이방 나라들이 주의
땅에서 멸망하였나이다 17 여호와여 주는 겸손한 자의 소원을 들으셨사오니 그들의 마음을 준비하시며 귀를 기울여
들으시고 18 고아와 압제 당하는 자를 위하여 심판하사 세상에 속한 자가 다시는 위협하지 못하게 하시리이다

시편 11

❖ 시편 11편
이 시의 배경은 다윗이 적에게 포위된 상태에서 어딘가 매복하고 있는 적으로부터 화살이 날아와 죽임을 당할 수 있다는 절박한 상황에 있는 듯하다. 그러나 다윗은 도망가지 않고 하나님의 보호하심을 믿고 그를 의지하고 있음을 보여 주고 있다.
☞ 여러분 같으면 어떻게 할 것인가?

25일~30일

다윗의 시, 인도자를 따라 부르는 노래
1 내가 여호와께 피하였거늘 너희가 내 영혼에게 새 같이 네 산으로 도망
하라 함은 어찌함인가 2 악인이 활을 당기고 화살을 시위에 먹임이여 마
음이 바른 자를 어두운 데서 쏘려 하는도다 3 터가 무너지면 의인이 무엇
을 하랴 4 여호와께서는 그의 성전에 계시고 여호와의 보좌는 하늘에 있음이여 그의 눈이 인생을 통촉하시고 그
의 안목이 그들을 감찰하시도다 5 여호와는 의인을 감찰하시고 악인과 폭력을 좋아하는 자를 마음에 미워하시
도다 6 악인에게 그물을 던지시리니 불과 유황과 태우는 바람이 그들의 잔의 소득이 되리로다 7 여호와는 의로
우사 의로운 일을 좋아하시나니 정직한 자는 그의 얼굴을 뵈오리로다

시편 12

❖ 시편 12편
아첨과 거짓으로 가득한 악인의 말은 결코 하나님의 말씀을 이길 수 없다.

다윗의 시, 인도자를 따라 여덟째 줄에 맞춘 노래
1 여호와여 도우소서 경건한 자가 끊어지며 충실한 자들이 인생 중에 없어지나이다 2 그들이 이웃에게 각기 거짓을
말함이여 아첨하는 입술과 두 마음으로 말하는도다 3 여호와께서 모든 아첨하는 입술과 자랑하는 혀를 끊으시리니
4 그들이 말하기를 우리의 혀가 이기리라 우리 입술은 우리 것이니 우리를 주관할 자 누구리요 함이로다 5 여호와의
말씀에 가련한 자들의 눌림과 궁핍한 자들의 탄식으로 말미암아 내가 이제 일어나 그를 그가 원하는 안전한 지대
에 두리라 하시도다 6 여호와의 말씀은 순결함이여 흙 도가니에 일곱 번 단련한 은 같도다 7 여호와여 그들을 지키
사 이 세대로부터 영원까지 보존하시리이다 8 비열함이 인생 중에 높임을 받는 때에 악인들이 곳곳에서 날뛰는도다

시편 13

❖ 시편 13편
우리가 곤경에 처해 기도할 때 그 응답이 없어 지금 이 시에서의 다윗 심정과 같을 것이다. 여호와가 숨어 우리를 잊어버린 것인가라는 답답한 심정을 가질 수 있다. 다윗은 이럴수록 더 하나님을 의지한다.

다윗의 시, 인도자를 따라 부르는 노래
1 여호와여 어느 때까지니이까 나를 영원히 잊으시나이까 주의 얼굴을 나
에게서 어느 때까지 숨기시겠나이까 2 나의 영혼이 번민하고 종일토록 마음에 근심하기를 어느 때까지 하오며
내 원수가 나를 치며 자랑하기를 어느 때까지 하리이까 3 여호와 내 하나님이여 나를 생각하사 응답하시고 나의
눈을 밝히소서 두렵건대 내가 사망의 잠을 잘까 하오며 4 두렵건대 나의 원수가 이르기를 내가 그를 이겼다 할
까 하오며 내가 흔들릴 때에 나의 대적들이 기뻐할까 하나이다 5 나는 오직 주의 사랑을 의지하였사오니 나의
마음은 주의 구원을 기뻐하리이다 6 내가 여호와를 찬송하리니 이는 주께서 내게 은덕을 베푸심이로다

25일차 읽기의 요약

(삼하 21~23, 대상 18~20, 시 60, 삼하 24, 대상 21, 시 4, 5, 6, 9, 10, 11, 12, 13)
다윗은 요압의 만류에도 불구하고 교만한 마음에서 비롯된 자신의 권력에 대한 자신감으로 인구 조사를 감행한다. 약 10개월에 걸쳐 인구 조사를 마친 후 다윗은 자신이 하나님의 영광이 아닌 자기 자신의 영광을 위하여 인구 조사를 행한 것에 대해 뉘우치게 된다. 하나님께서는 갓 선지자를 통해 세 가지 심판을 제시하시고 다윗은 그 가운데 3일 동안의 전염병의 심판을 선택한다. 그러자 하나님의 천사가 예루살렘을 향하여 칼을 들고 사람들을 해하는 심판이 내려 수많은 백성들이 죽게 된다.
이에 선지자 갓은 다윗에게 여부스 사람 아라우나(오르난)의 타작마당에서 여호와께 제단을 쌓으라고 명한다. 다윗이 그 말씀대로 아라우나의 타작마당을 값을 지불하고 사서 그 곳에서 제사를 드리자 하나님께서는 그 제물 가운데 여호와의 불을 내려 응답하시고 심판의 칼을 거두신다. 다윗이 자신의 교만에 대한 하나님의 징계와 심판을 받고, 제사를 통해 하나님과의 관계가 다시 회복된 이 곳, 곧 아라우나 타작마당을 다윗은 후에 하나님의 임재와 통치가 있는 예루살렘의 하나님의 성전 터로 삼게 된다.

25일~30일

그러면 어떻게 살 것인가?

인위뚝 · 신위고!

☑ 세계관 점검 – 묵상하기 (영상 강의와 교재 내용의 이해를 바탕으로)

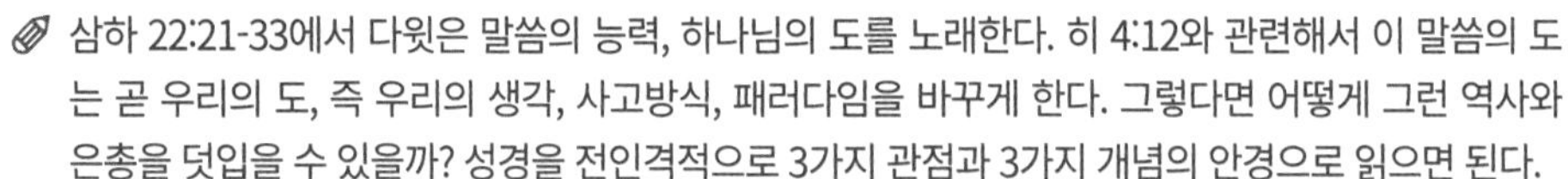

- 삼하 22:21-33에서 다윗은 말씀의 능력, 하나님의 도를 노래한다. 히 4:12와 관련해서 이 말씀의 도는 곧 우리의 도, 즉 우리의 생각, 사고방식, 패러다임을 바꾸게 한다. 그렇다면 어떻게 그런 역사와 은총을 덧입을 수 있을까? 성경을 전인격적으로 3가지 관점과 3가지 개념의 안경으로 읽으면 된다.

- 삼하 24장의 다윗의 인구조사는 하나님의 진노를 쌓는 일이었다. 하나님이 이스라엘 편에 서 계신다면 수의 많고 적음은 중요하지 않다(삿 7장). 다윗은 자기의 권한을 강화해서 강권정치를 하고 싶은 마음에서 이제 자기의 전쟁을 하려하고, 여호와의 전쟁을 하려 하지 않으려 하는 모습을 볼 수 있다(삼상 18:17참조).
  하나님은 3가지 재앙 옵션을 주고 하나를 택하게 하신다.
  1) 7년 기근　　2) 3달 도망자　　3) 사흘간 전염병
  3)을 택하고 왕의 죄로 백성이 고통을 받는다.
  아라우나의 타작마당에서 제단을 쌓자 재앙이 끝난다. 아라우나 타작마당은 솔로몬 성전 터가 된다.

- 시편 묵상 ① - 시편으로 기도하기
  시편은 하나님의 말씀을 읽거나 들을 때 기도로 참여한다는 것이 무엇인지를 탁월하게 보여 준다. 아타나시우

스는 시편의 천재성을 다음과 같이 간결하게 표현했다. "대부분의 성경은 우리를 향해서 말한다. 반면, 시편은 우리를 위해서 말한다. 시편을 기도의 학교로 사용할 때, 즉 그 기도를 가지고 기도할 때, 우리는 말씀하시는 하나님께 삶으로 반응함으로써 주의 깊은 예배를 드릴 때 어떤 말을 해야 적절한지 감각을 익히게 된다. 시편으로 기도할 때 첫 번째로 깨닫게 되는 것은, 우리는 무엇이든 기도할 수 있다는 것이다. 사실상 인간적인 모든 것이 기도의 재료로 적합하다. 반성과 관찰, 두려움과 분노, 죄책과 죄, 질문과 의심, 요구와 욕망, 찬양과 감사, 고통과 죽음 등 무엇이든 괜찮다. 인간적인 것은 아무것도 배제되지 않는다. 시편은, 기도란 하나님 앞에서 '친절하게 구는 것'이 아니라고 아주 길게 반박하는 책이다. 그렇다. 기도는 우리 자신을 있는 모습 그대로 바치는 것이다. 두 번째로 깨닫게 되는 것은, 기도가 하나님이 우리를 위해 가지시는 모든 속성(거룩, 정의, 자비, 용서, 주권, 축복, 변호, 구원, 사랑, 위엄, 영광)에 접근하는 길이라는 점이다. 시편은 기도가 있는 모습 그대로를 관대하게 내어 주시는 하나님의 따뜻한 임재로 우리를 인도한다는 사실을 자세하게 보여 주는 예시다."

루터는 자신의 독일어 시편(1528년)의 서문에 이렇게 썼다. "빛나는 색으로 채색된 거룩한 기독교회를 정말로 살아 있는 형태로 보고 싶다면, 그리고 그것을 축소된 모형으로 보고 싶다면, 반드시 시편을 붙잡아야 한다. 거기에서 당신은 기독교가 정말로 무엇인지를 보여 주는 맑고 깨끗하고 순수한 거울을 얻을 것이다. 그렇다. 거기에서 당신 자신의 모습을 발견하게 될 것이고, 진정한 '그노티 세아우톤'(gnoti seauton, 너 자신을 알라)과 하나님 그분과 하나님의 모든 피조물도 보게 될 것이다."

(유진 피터슨 "이 책을 먹어라" IVP 2006 p178-179에서 발췌)

☑ 결단기도와 실행하기

약 2:26 영혼 없는 몸이 죽은 것 같이 행함이 없는 믿음은 죽은 것이니라

시 119:28 나의 영혼이 눌림으로 말미암아 녹사오니 주의 말씀대로 나를 세우소서

시편 14

다윗의 시, 인도자를 따라 부르는 노래
[1] 어리석은 자는 그의 마음에 이르기를 하나님이 없다 하는도다 그들은
부패하고 그 행실이 가증하니 선을 행하는 자가 없도다 [2] 여호와께서 하
늘에서 인생을 굽어살피사 지각이 있어 하나님을 찾는 자가 있는가 보려
하신즉 [3] 다 치우쳐 함께 더러운 자가 되고 선을 행하는 자가 없으니 하
나도 없도다 [4] 죄악을 행하는 자는 다 무지하냐 그들이 떡 먹듯이 내 백
성을 먹으면서 여호와를 부르지 아니하는도다 [5] 그러나 거기서 그들은 두
려워하고 두려워하였으니 하나님이 의인의 세대에 계심이로다 [6] 너희가
가난한 자의 계획을 부끄럽게 하나 오직 여호와는 그의 피난처가 되시도
다 [7] 이스라엘의 구원이 시온에서 나오기를 원하도다 여호와께서 그의
백성을 포로된 곳에서 돌이키실 때에 야곱이 즐거워하고 이스라엘이 기
뻐하리로다

❖ 시편 14편
어리석은 자들은 여호와가 없다고 한다. 이 명제의 반대는 여호와가 없다고 주장하는 자는 어리석은 자들이다. 그러나 다윗은 하나님의 존재가 매우 착실하고 그에게 의지하고 기뻐한다고 읊고 있다. 이 시는 롬 3:10-12에서 인용되고 있다. 어리석다는 것은 지성이 모자란다는 의미가 아니고 하나님과 바른 관계 가운데 있지 아니한 자를 말한다. 하나님이 분명히 존재함에도 롬 1:18-32에 나오는 자들과 같은 자이다. 하나님이 있으면 자기 마음대로 살아갈 수 없으니 굳이 부정하고 싶은 것이다.
이 시대의 문제는 무신론자가 아니고 하나님을 알고도 하나님을 삶의 주인으로 모시기를 꺼려하는 교인들이다.
나도 그런 명목상의 교인은 아닌지를 성찰하라.

시편 16

다윗의 믹담
[1] 하나님이여 나를 지켜 주소서 내가 주께 피하나이다 [2] 내가 여호와께 아
뢰되 주는 나의 주님이시오니 주 밖에는 나의 복이 없다 하였나이다 [3] 땅
에 있는 성도들은 존귀한 자들이니 나의 모든 즐거움이 그들에게 있도다
[4] 다른 신에게 예물을 드리는 자는 괴로움이 더할 것이라 나는 그들이 드
리는 피의 전제를 드리지 아니하며 내 입술로 그 이름도 부르지 아니하리로다 [5] 여호와는 나의 산업과 나의 잔의
소득이시니 나의 분깃을 지키시나이다 [6] 내게 줄로 재어 준 구역은 아름다운 곳에 있음이여 나의 기업이 실로 아
름답도다 [7] 나를 훈계하신 여호와를 송축할지라 밤마다 내 양심이 나를 교훈하도다 [8] 내가 여호와를 항상 내 앞
에 모심이여 그가 나의 오른쪽에 계시므로 내가 흔들리지 아니하리로다 [9] 이러므로 나의 마음이 기쁘고 나의 영
도 즐거워하며 내 육체도 안전히 살리니 [10] 이는 주께서 내 영혼을 스올에 버리지 아니하시며 주의 거룩한 자를
멸망시키지 않으실 것임이니이다 [11] 주께서 생명의 길을 내게 보이시리니 주의 앞에는 충만한 기쁨이 있고 주의
오른쪽에는 영원한 즐거움이 있나이다

❖ 시편 16편
다윗의 "믹담" 이란 표제가 붙어 있다. 믹담의 정확한 뜻을 알 수 없으나 "구속의 시" 혹은 "속량의 시"라고 볼 수 있다. 시편에 모두 6편이 있다.
☞ 시 16:5-11 여호와를 의지함은 영원한 복임을 말해 준다.
☞ 2절 "주밖에는 나의 복이 없다 하였나이다."
⇒ 시편 73:28의 복과 상통한다.

시편 17

다윗의 기도
[1] 여호와여 의의 호소를 들으소서 나의 울부짖음에 주의하소서 거짓 되지
아니한 입술에서 나오는 나의 기도에 귀를 기울이소서 [2] 주께서 나를 판단하시며 주의 눈으로 공평함을 살피소
서 [3] 주께서 내 마음을 시험하시고 밤에 내게 오시어서 나를 감찰하셨으나 흠을 찾지 못하셨사오니 내가 결심하

❖ 시편 17편
다윗은 그의 대적자들로부터 보호하심을 탄원하는 노래다. 그 보호하심을 의인화해서 하나님의 귀, 눈, 손 그리고 그분의 형상으로 보호하심을 노래한다.

고 입으로 범죄하지 아니하리이다 4 사람의 행사로 논하면 나는 주의 입술의 말씀을 따라 스스로 삼가서 포악한
자의 길을 가지 아니하였사오며 5 나의 걸음이 주의 길을 굳게 지키고 실족하지 아니하였나이다 6 하나님이여 내
게 응답하시겠으므로 내가 불렀사오니 내게 귀를 기울여 내 말을 들으소서 7 주께 피하는 자들을 그 일어나 치
는 자들에게서 오른손으로 구원하시는 주여 주의 기이한 사랑을 나타내소서 8 나를 눈동자 같이 지키시고 주의
날개 그늘 아래에 감추사 9 내 앞에서 나를 압제하는 악인들과 나의 목숨을 노리는 원수들에게서 벗어나게 하
소서 10 그들의 마음은 기름에 잠겼으며 그들의 입은 교만하게 말하나이다 11 이제 우리가 걸어가는 것을 그들이
에워싸서 노려보고 땅에 넘어뜨리려 하나이다 12 그는 그 움킨 것을 찢으려 하는 사자 같으며 은밀한 곳에 엎드
린 젊은 사자 같으니이다 13 여호와여 일어나 그를 대항하여 넘어뜨리시고 주의 칼로 악인에게서 나의 영혼을 구
원하소서 14 여호와여 이 세상에 살아 있는 동안 그들의 분깃을 받은 사람들에게서 주의 손으로 나를 구하소서
그들은 주의 재물로 배를 채우고 자녀로 만족하고 그들의 남은 산업을 그들의 어린 아이들에게 물려 주는 자니
이다 15 나는 의로운 중에 주의 얼굴을 뵈오리니 깰 때에 주의 형상으로 만족하리이다

시편 22

❖ 시편 22편

23편, 24편과 더불어 선한 목자 예수님을 예언하는 시이다. 특히 1절은 예수님이 십자가상에서 인용한 구절이다. 7-8절은 십자가상에서 멸시받는 예수의 모습이다. 다윗이 겪는 이 역경은 메시아 예수, 극심한 수난과 회복을 예표하고 있음을 알 수 있는 일종의 예언시다.

예수님이 십자가상에서 직접 인용하셨던 '엘리 엘리 라마 사박다니'(마 27:46) 곧 '나의 하나님, 나의 하나님... 어찌 나를 버리셨나이까' 라는 복받치는 절규로 시작되는 다윗이 쓴 유명한 메시아 예언시이다. 여타 메시아 예언시들처럼 본 시도 일차적으로는 다윗이나 기타 하나님 사람들의 체험에서 우러나온 신앙의 교감을 토로한 것이지만 거기에 성령이 영감 하셔서 궁극적으로는 실로 하나님 자신이요. 또한 하나님 사람의 원형(Antitype)으로서 성육신(Incarnation)하여 세상에 오신 영원한 메시아 곧 예수 그리스도의 구속 사역의 여러 면을 오묘하게 함축 예언하고 있다.

다윗의 시, 인도자를 따라 아얠렛샤할에 맞춘 노래

1 내 하나님이여 내 하나님이여 어찌 나를 버리셨나이까 어찌 나를 멀리
하여 돕지 아니하시오며 내 신음 소리를 듣지 아니하시나이까 2 내 하나
님이여 내가 낮에도 부르짖고 밤에도 잠잠하지 아니하오나 응답하지 아
니하시나이다 3 이스라엘의 찬송 중에 계시는 주여 주는 거룩하시니이다
4 우리 조상들이 주께 의뢰하고 의뢰하였으므로 그들을 건지셨나이다 5
그들이 주께 부르짖어 구원을 얻고 주께 의뢰하여 수치를 당하지 아니하
였나이다 6 나는 벌레요 사람이 아니라 사람의 비방 거리요 백성의 조롱
거리니이다 7 나를 보는 자는 다 나를 비웃으며 입술을 비쭉거리고 머리
를 흔들며 말하되 8 그가 여호와께 의탁하니 구원하실 걸, 그를 기뻐하시
니 건지실 걸 하나이다 9 오직 주께서 나를 모태에서 나오게 하시고 내 어
머니의 젖을 먹을 때에 의지하게 하셨나이다 10 내가 날 때부터 주께 맡
긴 바 되었고 모태에서 나올 때부터 주는 나의 하나님이 되셨나이다 11 나
를 멀리 하지 마옵소서 환난이 가까우나 도울 자 없나이다 12 많은 황소가 나를 에워싸며 바산의 힘센 소들이 나
를 둘러쌌으며 13 내게 그 입을 벌림이 찢으며 부르짖는 사자 같으니이다 14 나는 물 같이 쏟아졌으며 내 모든 뼈
는 어그러졌으며 내 마음은 밀랍 같아서 내 속에서 녹았으며 15 내 힘이 말라 질그릇 조각 같고 내 혀가 입천장에
붙었나이다 주께서 또 나를 죽음의 진토 속에 두셨나이다 16 개들이 나를 에워쌌으며 악한 무리가 나를 둘러 내
수족을 찔렀나이다 17 내가 내 모든 뼈를 셀 수 있나이다 그들이 나를 주목하여 보고 18 내 겉옷을 나누며 속옷을
제비 뽑나이다 19 여호와여 멀리 하지 마옵소서 나의 힘이시여 속히 나를 도우소서 20 내 생명을 칼에서 건지시며
내 유일한 것을 개의 세력에서 구하소서 21 나를 사자의 입에서 구하소서 주께서 내게 응답하시고 들소의 뿔에
서 구원하셨나이다 22 내가 주의 이름을 형제에게 선포하고 회중 가운데에서 주를 찬송하리이다 23 여호와를 두
려워하는 너희여 그를 찬송할지어다 야곱의 모든 자손이여 그에게 영광을 돌릴지어다 너희 이스라엘 모든 자손
이여 그를 경외할지어다 24 그는 곤고한 자의 곤고를 멸시하거나 싫어하지 아니하시며 그의 얼굴을 그에게서 숨
기지 아니하시고 그가 울부짖을 때에 들으셨도다 25 큰 회중 가운데에서 나의 찬송은 주께로부터 온 것이니 주
를 경외하는 자 앞에서 나의 서원을 갚으리이다 26 겸손한 자는 먹고 배부를 것이며 여호와를 찾는 자는 그를 찬

송할 것이라 너희 마음은 영원히 살지어다 27 땅의 모든 끝이 여호와를 기억하고 돌아오며 모든 나라의 모든 족
속이 주의 앞에 예배하리니 28 나라는 여호와의 것이요 여호와는 모든 나라의 주재심이로다 29 세상의 모든 풍성
한 자가 먹고 경배할 것이요 진토 속으로 내려가는 자 곧 자기 영혼을 살리지 못할 자도 다 그 앞에 절하리로다
30 후손이 그를 섬길 것이요 대대에 주를 전할 것이며 31 와서 그의 공의를 태어날 백성에게 전함이여 주께서 이
를 행하셨다 할 것이로다

시편 25

다윗의 시

1 여호와여 나의 영혼이 주를 우러러보나이다 2 나의 하나님이여 내가 주
께 의지하였사오니 나를 부끄럽지 않게 하시고 나의 원수들이 나를 이겨
개가를 부르지 못하게 하소서 3 주를 바라는 자들은 수치를 당하지 아니
하려니와 까닭 없이 속이는 자들은 수치를 당하리이다 4 여호와여 주의
도를 내게 보이시고 주의 길을 내게 가르치소서 5 주의 진리로 나를 지도
하시고 교훈하소서 주는 내 구원의 하나님이시니 내가 종일 주를 기다리
나이다 6 여호와여 주의 긍휼하심과 인자하심이 영원부터 있었사오니 주
여 이것들을 기억하옵소서 7 여호와여 내 젊은 시절의 죄와 허물을 기억하
지 마시고 주의 인자하심을 따라 주께서 나를 기억하시되 주의 선하심으로 하옵소서 8 여호와는 선하시고 정직
하시니 그러므로 그의 도로 죄인들을 교훈하시리로다 9 온유한 자를 정의로 지도하심이여 온유한 자에게 그의
도를 가르치시리로다 10 여호와의 모든 길은 그의 언약과 증거를 지키는 자에게 인자와 진리로다 11 여호와여 나
의 죄악이 크오니 주의 이름으로 말미암아 사하소서 12 여호와를 경외하는 자 누구냐 그가 택할 길을 그에게 가
르치시리로다 13 그의 영혼은 평안히 살고 그의 자손은 땅을 상속하리로다 14 여호와의 친밀하심이 그를 경외하
는 자들에게 있음이여 그의 언약을 그들에게 보이시리로다 15 내 눈이 항상 여호와를 바라봄은 내 발을 그물에
서 벗어나게 하실 것임이로다 16 주여 나는 외롭고 괴로우니 내게 돌이키사 나에게 은혜를 베푸소서 17 내 마음
의 근심이 많사오니 나를 고난에서 끌어내소서 18 나의 곤고와 환난을 보
시고 내 모든 죄를 사하소서 19 내 원수를 보소서 그들의 수가 많고 나를
심히 미워하나이다 20 내 영혼을 지켜 나를 구원하소서 내가 주께 피하오
니 수치를 당하지 않게 하소서 21 내가 주를 바라오니 성실과 정직으로 나
를 보호하소서 22 하나님이여 이스라엘을 그 모든 환난에서 속량하소서

❖ 시편 25편
다윗이 죄에 억눌려 고통 받을 때 쓴 비탄시이다.
☞ 1-7절 : 신앙고백 전에 삼중 간구를 드린다.
1) 주를 의지함이 부끄럼이 아니게 해주소서!
2) 주의 도와 길을 보여 주소서
3) 인자하심으로 나를 기억하소서.
☞ 8-15절 : 주의 선하심과 은혜에 대한 신앙고백, 하나님의 품성을 읽을 수 있다.
☞ 16-22절 : 신앙을 고백하고 다시 간구를 올린다. 우리도 환난과 고통 중에 하나님의 선하심과 은혜를 생각하고 그분께 신앙을 고백할 수 있는 믿음을 가지자.

25일~30일

시편 26

다윗의 시

1 내가 나의 완전함에 행하였사오며 흔들리지 아니하고 여호와를 의지하
였사오니 여호와여 나를 판단하소서 2 여호와여 나를 살피시고 시험하사
내 뜻과 내 양심을 단련하소서 3 주의 인자하심이 내 목전에 있나이다 내
가 주의 진리 중에 행하여 4 허망한 사람과 같이 앉지 아니하였사오니 간
사한 자와 동행하지도 아니하리이다 5 내가 행악자의 집회를 미워하오니

❖ 시편 26편
다윗이 압살롬의 반역 (B. C. 979년경, 삼하 15:7-12) 이나 세바의 반역 (삼하 20:1-22) 또는 그에 준하는 정적(政敵)들의 준동으로 야기된 고난에 처하여 지은 비탄시다. 본 시는 불의한 원수들로 인하여 일평생을 두고 끊임없이 고난에 직면해야만 했었던 다윗이 쓴 수편의 비탄시들 중에서도 가장 강력하게 소위 자기 의(self-righteousness)를 선언하며 이에 근거하여 여호와의 구원을 요청하고 있다는 데에 그 특징이 있다.
다윗은 무엇보다도 전편에 걸쳐 오직 하나님의 절대 공의(絶對公義)의 실현만이 이러한 위기를 초극하고 궁극적인 평화와 승리를 얻는 첩경임을 신앙 고백하며 하나님의 절대 공의에 근거한 원수와 자신 사이의 심판과 이를 통한 자신의 구원을 탄원하고 있는 것이다.

학습 자료 26-1 "시편의 활용" 참조

악한 자와 같이 앉지 아니하리이다 6 여호와여 내가 무죄하므로 손을 씻고 주의 제단에 두루 다니며 7 감사의 소
리를 들려주고 주의 기이한 모든 일을 말하리이다 8 여호와여 내가 주께서 계신 집과 주의 영광이 머무는 곳을
사랑하오니 9 내 영혼을 죄인과 함께, 내 생명을 살인자와 함께 거두지 마소서 10 그들의 손에 사악함이 있고 그
들의 오른손에 뇌물이 가득하오나 11 나는 나의 완전함에 행하오리니 나를 속량하시고 내게 은혜를 베푸소서 12
내 발이 평탄한 데에 섰사오니 무리 가운데에서 여호와를 송축하리이다

시편 27

다윗의 시

1 여호와는 나의 빛이요 나의 구원이시니 내가 누구를 두려워하리요 여호
와는 내 생명의 능력이시니 내가 누구를 무서워하리요 2 악인들이 내 살
을 먹으려고 내게로 왔으나 나의 대적들, 나의 원수들인 그들은 실족하여
넘어졌도다 3 군대가 나를 대적하여 진 칠지라도 내 마음이 두렵지 아니
하며 전쟁이 일어나 나를 치려 할지라도 나는 여전히 태연하리로다 4 내가
여호와께 바라는 한 가지 일 그것을 구하리니 곧 내가 내 평생에 여호와
의 집에 살면서 여호와의 아름다움을 바라보며 그의 성전에서 사모하는
그것이라 5 여호와께서 환난 날에 나를 그의 초막 속에 비밀히 지키시고
그의 장막 은밀한 곳에 나를 숨기시며 높은 바위 위에 두시리로다 6 이제
내 머리가 나를 둘러싼 내 원수 위에 들리리니 내가 그의 장막에서 즐거
운 제사를 드리겠고 노래하며 여호와를 찬송하리로다 7 여호와여 내가 소리 내어 부르짖을 때에 들으시고 또한
나를 긍휼히 여기사 응답하소서 8 너희는 내 얼굴을 찾으라 하실 때에 내가 마음으로 주께 말하되 여호와여 내
가 주의 얼굴을 찾으리이다 하였나이다 9 주의 얼굴을 내게서 숨기지 마시고 주의 종을 노하여 버리지 마소서 주
는 나의 도움이 되셨나이다 나의 구원의 하나님이시여 나를 버리지 마시고 떠나지 마소서 10 내 부모는 나를 버
렸으나 여호와는 나를 영접하시리이다 11 여호와여 주의 도를 내게 가르치시고 내 원수를 생각하셔서 평탄한 길
로 나를 인도하소서 12 내 생명을 내 대적에게 맡기지 마소서 위증자와 악을 토하는 자가 일어나 나를 치려 함이
니이다 13 내가 산 자들의 땅에서 여호와의 선하심을 보게 될 줄 확실히 믿었도다 14 너는 여호와를 기다릴지어다
강하고 담대하며 여호와를 기다릴지어다

❖ 시편 27편 **다윗의 비탄시**
군대가 (즉 많은 수가) 다윗을 대적할지라도 그는 먼저 여호와를 찾고 그를 의뢰하겠다는 것을 노래한다. 왜냐하면 1-3절에 그 이유를 먼저 밝힌다. 이런 상황에서 다윗은 인위의 해결을 찾는 것이 아니고 하나님께 의지하는 신앙을 견지한다.
대부분의 비탄시는 시인이 당장 직면한 고통에 대한 호소, 구원의 간구, 간구를 들으신 하나님이 구원해 주실 것에 대한 진취적 확신과 찬양 등의 내용과 순서로 구성되어 있다. 반면 본 시는 이런 자연적이고도 기본적인 유형을 탈피하여 무엇보다 먼저 절대 초월자 되시는 하나님의 궁극적 구원에 대한 절대 신앙의 확신이 먼저 피력되고 난 후에 구원의 호소 및 간구가 이어지고 다시금 간략히 진취적 신앙에 따른 확신과 찬양이 선포되는 구조로 진행되는 특징을 보인다.

시편 28

다윗의 시

1 여호와여 내가 주께 부르짖으오니 나의 반석이여 내게 귀를 막지 마소
서 주께서 내게 잠잠하시면 내가 무덤에 내려가는 자와 같을까 하나이다
2 내가 주의 지성소를 향하여 나의 손을 들고 주께 부르짖을 때에 나의
간구하는 소리를 들으소서 3 악인과 악을 행하는 자들과 함께 나를 끌어
내지 마옵소서 그들은 그 이웃에게 화평을 말하나 그들의 마음에는 악독
이 있나이다 4 그들이 하는 일과 그들의 행위가 악한 대로 갚으시며 그들
의 손이 지은 대로 그들에게 갚아 그 마땅히 받을 것으로 그들에게 갚으

❖ 시편 28편
아들이 아비를 거스름으로 인륜(人倫)을 저버렸음은 물론 신본주의적 정통성 (神本主義的 正統性)을 가진 다윗의 왕권을 그저 인본주의적 탐욕에서 탈취하고자 시도하여 천륜(天倫)까지 저버렸던 사악한 반역, 곧 다름 아닌 다윗 자신의 아들 압살롬과 그의 정치적 추종 자들이 노년에 처한 다윗의 왕위를 노리고 반역함으로써 단순한 정치적 위기를 넘어 전인격적 위기에 빠졌었던 다윗이 지은 비탄시다.
다윗은 하나님이 자신을 악인과 함께 처우하지 않기를 간구한다. 이것은 비탄시다 다윗에게 하나님은 반석이고(1절) 힘과 방패(7절)이기에 그에게 도움을 청하기에 합당하다는 것이다. 그를 해치려 하는 악인들과 당연히 구별되는 응답을 받기를 원하는 것이다.

25일~30일

소서 5 그들은 여호와께서 행하신 일과 손으로 지으신 것을 생각하지 아니하므로 여호와께서 그들을 파괴하고
건설하지 아니하시리로다 6 여호와를 찬송함이여 내 간구하는 소리를 들으심이로다 7 여호와는 나의 힘과 나의
방패이시니 내 마음이 그를 의지하여 도움을 얻었도다 그러므로 내 마음이 크게 기뻐하며 내 노래로 그를 찬송
하리로다 8 여호와는 그들의 힘이시요 그의 기름 부음 받은 자의 구원의 요새이시로다 9 주의 백성을 구원하시
며 주의 산업에 복을 주시고 또 그들의 목자가 되시어 영원토록 그들을 인도하소서

시편 31

❖ 시편 31편
이 시도 비탄시에 분류되는 시이다. 주께 피하는 자에게 은혜 베풀어 주시길 사모하며 부르는 노래다. 하나님은 다윗에게 피난처이요, 보호를 받는 산성이다. 그런 하나님을 의지하는 다윗은 그의 인자하심을 소망한다.
주를 의지하는 믿음이 곧 복의 근원이 된다는 사실을 기억하라.

다윗의 시, 인도자를 따라 부르는 노래

1 여호와여 내가 주께 피하오니 나를 영원히 부끄럽게 하지 마시고 주의
공의로 나를 건지소서 2 내게 귀를 기울여 속히 건지시고 내게 견고한 바
위와 구원하는 산성이 되소서 3 주는 나의 반석과 산성이시니 그러므로
주의 이름을 생각하셔서 나를 인도하시고 지도하소서 4 그들이 나를 위하여 비밀히 친 그물에서 빼내소서 주는
나의 산성이시니이다 5 내가 나의 영을 주의 손에 부탁하나이다 진리의 하나님 여호와여 나를 속량하셨나이다 6
내가 허탄한 거짓을 숭상하는 자들을 미워하고 여호와를 의지하나이다 7 내가 주의 인자하심을 기뻐하며 즐거
워할 것은 주께서 나의 고난을 보시고 환난 중에 있는 내 영혼을 아셨으며 8 나를 원수의 수중에 가두지 아니하
셨고 내 발을 넓은 곳에 세우셨음이니이다 9 여호와여 내가 고통 중에 있사오니 내게 은혜를 베푸소서 내가 근심
때문에 눈과 영혼과 몸이 쇠하였나이다 10 내 일생을 슬픔으로 보내며 나의 연수를 탄식으로 보냄이여 내 기력
이 나의 죄악 때문에 약하여지며 나의 뼈가 쇠하도소이다 11 내가 모든 대적들 때문에 욕을 당하고 내 이웃에게
서는 심히 당하니 내 친구가 놀라고 길에서 보는 자가 나를 피하였나이다 12 내가 잊어버린 바 됨이 죽은 자를 마
음에 두지 아니함 같고 깨진 그릇과 같으니이다 13 내가 무리의 비방을 들었으므로 사방이 두려움으로 감싸였나
이다 그들이 나를 치려고 함께 의논할 때에 내 생명을 빼앗기로 꾀하였나이다 14 여호와여 그러하여도 나는 주
께 의지하고 말하기를 주는 내 하나님이시라 하였나이다 15 나의 앞날이 주의 손에 있사오니 내 원수들과 나를
핍박하는 자들의 손에서 나를 건져 주소서 16 주의 얼굴을 주의 종에게 비추시고 주의 사랑하심으로 나를 구원
하소서 17 여호와여 내가 주를 불렀사오니 나를 부끄럽게 하지 마시고 악인들을 부끄럽게 하사 스올에서 잠잠하
게 하소서 18 교만하고 완악한 말로 무례히 의인을 치는 거짓 입술이 말 못하는 자 되게 하소서 19 주를 두려워하
는 자를 위하여 쌓아 두신 은혜 곧 주께 피하는 자를 위하여 인생 앞에 베푸신 은혜가 어찌 그리 큰지요 20 주께
서 그들을 주의 은밀한 곳에 숨기사 사람의 꾀에서 벗어나게 하시고 비밀히 장막에 감추사 말 다툼에서 면하게
하시리이다 21 여호와를 찬송할지어다 견고한 성에서 그의 놀라운 사랑을 내게 보이셨음이로다 22 내가 놀라서
말하기를 주의 목전에서 끊어졌다 하였사오나 내가 주께 부르짖을 때에 주께서 나의 간구하는 소리를 들으셨나
이다 23 너희 모든 성도들아 여호와를 사랑하라 여호와께서 진실한 자를 보호하시고 교만하게 행하는 자에게 엄
중히 갚으시느니라 24 여호와를 바라는 너희들아 강하고 담대하라

시편 35

❖ 시편 35편
도망자 다윗이 도망자의 심정에 맺힌 3가지를 탄원한다.
1) 추격에서 건져주기를 탄원한다.(1-10절)
2) 배신자의 악함을 고발하며 벌주기를 탄원한다.(11-18절)
3) 자신과 원수 사이에 최종적 공의의 판결을 탄원한다.(19-26절)
그러면서 하나님의 행하심을 찬양하기를 잊지 않는다.(27-28절)

다윗의 시

1 여호와여 나와 다투는 자와 다투시고 나와 싸우는 자와 싸우소서 2 방
패와 손 방패를 잡으시고 일어나 나를 도우소서 3 창을 빼사 나를 쫓는

자의 길을 막으시고 또 내 영혼에게 나는 네 구원이라 이르소서 4 내 생명을 찾는 자들이 부끄러워 수치를 당하
게 하시며 나를 상해하려 하는 자들이 물러가 낭패를 당하게 하소서 5 그들을 바람 앞에 겨와 같게 하시고 여호
와의 천사가 그들을 몰아내게 하소서 6 그들의 길을 어둡고 미끄럽게 하시며 여호와의 천사가 그들을 뒤쫓게 하
소서 7 그들이 까닭 없이 나를 잡으려고 그들의 그물을 웅덩이에 숨기며 까닭 없이 내 생명을 해하려고 함정을
팠사오니 8 멸망이 순식간에 그에게 닥치게 하시며 그가 숨긴 그물에 자기가 잡히게 하시며 멸망 중에 떨어지게
하소서 9 내 영혼이 여호와를 즐거워함이여 그의 구원을 기뻐하리로다 10 내 모든 뼈가 이르기를 여호와와 같은
이가 누구냐 그는 가난한 자를 그보다 강한 자에게서 건지시고 가난하고 궁핍한 자를 노략하는 자에게서 건지
시는 이라 하리로다 11 불의한 증인들이 일어나서 내가 알지 못하는 일로 내게 질문하며 12 내게 선을 악으로 갚
아 나의 영혼을 외롭게 하나 13 나는 그들이 병들었을 때에 굵은 베 옷을 입으며 금식하여 내 영혼을 괴롭게 하
였더니 내 기도가 내 품으로 돌아왔도다 14 내가 나의 친구와 형제에게 행함 같이 그들에게 행하였으며 내가 몸
을 굽히고 슬퍼하기를 어머니를 곡함 같이 하였도다 15 그러나 내가 넘어지매 그들이 기뻐하여 서로 모임이여 불
량배가 내가 알지 못하는 중에 모여서 나를 치며 찢기를 마지아니하도다 16 그들은 연회에서 망령되이 조롱하
는 자 같이 나를 향하여 그들의 이를 갈도다 17 주여 어느 때까지 관망하시려 하나이까 내 영혼을 저 멸망자에게
서 구원하시며 내 유일한 것을 사자들에게서 건지소서 18 내가 대회 중에서 주께 감사하며 많은 백성 중에서 주
를 찬송하리이다 19 부당하게 나의 원수된 자가 나로 말미암아 기뻐하지 못하게 하시며 까닭 없이 나를 미워하
는 자들이 서로 눈짓하지 못하게 하소서 20 무릇 그들은 화평을 말하지 아니하고 오히려 평안히 땅에 사는 자들
을 거짓말로 모략하며 21 또 그들이 나를 향하여 입을 크게 벌리고 하하 우리가 목격하였다 하나이다 22 여호와
여 주께서 이를 보셨사오니 잠잠하지 마옵소서 주여 나를 멀리하지 마옵소서 23 나의 하나님, 나의 주여 떨치고
깨셔서 나를 공판하시며 나의 송사를 다스리소서 24 여호와 나의 하나님이여 주의 공의대로 나를 판단하사 그들
이 나로 말미암아 기뻐하지 못하게 하소서 25 그들이 마음속으로 이르기를 아하 소원을 성취하였다 하지 못하게
하시며 우리가 그를 삼켰다 말하지 못하게 하소서 26 나의 재난을 기뻐하는 자들이 함께 부끄러워 낭패를 당하
게 하시며 나를 향하여 스스로 뽐내는 자들이 수치와 욕을 당하게 하소서 27 나의 의를 즐거워하는 자들이 기꺼
이 노래 부르고 즐거워하게 하시며 그의 종의 평안함을 기뻐하시는 여호와는 위대하시다 하는 말을 그들이 항
상 말하게 하소서 28 나의 혀가 주의 의를 말하며 종일토록 주를 찬송하리이다

시편 36

여호와의 종 다윗의 시, 인도자를 따라 부르는 노래

1 악인의 죄가 그의 마음속으로 이르기를 그의 눈에는 하나님을 두려워
하는 빛이 없다 하니 2 그가 스스로 자랑하기를 자기의 죄악은 드러나지
아니하고 미워함을 받지도 아니하리라 함이로다 3 그의 입에서 나오는 말
은 죄악과 속임이라 그는 지혜와 선행을 그쳤도다 4 그는 그의 침상에서
죄악을 꾀하며 스스로 악한 길에 서고 악을 거절하지 아니하는도다 5 여
호와여 주의 인자하심이 하늘에 있고 주의 진실하심이 공중에 사무쳤으
며 6 주의 공의는 하나님의 산들과 같고 주의 심판은 큰 바다와 같으니이
다 여호와여 주는 사람과 짐승을 구하여 주시나이다 7 하나님이여 주의
인자하심이 어찌 그리 보배로우신지요 사람들이 주의 날개 그늘 아래에
피하나이다 8 그들이 주의 집에 있는 살진 것으로 풍족할 것이라 주께서
주의 복락의 강물을 마시게 하시리이다 9 진실로 생명의 원천이 주께 있

❖ 시편 36편 **지혜시**
잠언의 성격을 띤 시편 1편과도 같은 시
하나님을 무시하는 악인 앞에서 드리는 악인의 신앙고백과 간구를 읊은 시
1) 하나님을 무시하는 악인의 교만과 패역을 묘사 (1-4절)
신위를 무시하고 인위로, 자기식으로 사는 것이 악인의 특징
하나님이 이 우주의 주인이시고 내 삶을 주관하시는 섭리주라는 것을 인정하는 것이 믿음의 근원이다.
2) 악의 길을 떠난 의인이 하나님께 드리는 신앙고백 (5-9절)
하나님의 거룩한 품성에 대한 신앙고백과 함께 그 하나님을 의뢰하는 의인에게 주어지는 풍성한 축복을 말하고 있다.
3) 악인과 의인 사이를 구별해 주시기를 간구 (10-12절)
☞ 참고: 지혜는 하나님을 두려워하는 데서 오는 것이다.
☞ **잠언 1:7** "여호와를 경외하는 것이 지식의 근본이라…"

사오니 주의 빛 안에서 우리가 빛을 보리이다 10 주를 아는 자들에게 주의 인자하심을 계속 베푸시며 마음이 정
직한 자에게 주의 공의를 베푸소서 11 교만한 자의 발이 내게 이르지 못하게 하시며 악인들의 손이 나를 쫓아내
지 못하게 하소서 12 악을 행하는 자들이 거기서 넘어졌으니 엎드러지고 다시 일어날 수 없으리이다

시편 38

다윗의 기념하는 시

1 여호와여 주의 노하심으로 나를 책망하지 마시고 주의 분노하심으로
나를 징계하지 마소서 2 주의 화살이 나를 찌르고 주의 손이 나를 심히 누
르시나이다 3 주의 진노로 말미암아 내 살에 성한 곳이 없사오며 나의 죄
로 말미암아 내 뼈에 평안함이 없나이다 4 내 죄악이 내 머리에 넘쳐서 무
거운 짐 같으니 내가 감당할 수 없나이다 5 내 상처가 썩어 악취가 나오니
내가 우매한 까닭이로소이다 6 내가 아프고 심히 구부러졌으며 종일토록
슬픔 중에 다니나이다 7 내 허리에 열기가 가득하고 내 살에 성한 곳이 없
나이다 8 내가 피곤하고 심히 상하였으매 마음이 불안하여 신음하나이다
9 주여 나의 모든 소원이 주 앞에 있사오며 나의 탄식이 주 앞에 감추이지
아니하나이다 10 내 심장이 뛰고 내 기력이 쇠하여 내 눈의 빛도 나를 떠
났나이다 11 내가 사랑하는 자와 내 친구들이 내 상처를 멀리하고 내 친척
들도 멀리 섰나이다 12 내 생명을 찾는 자가 올무를 놓고 나를 해하려는 자가 괴악한 일을 말하여 종일토록 음모
를 꾸미오나 13 나는 못 듣는 자 같이 듣지 아니하고 말 못하는 자 같이 입을 열지 아니하오니 14 나는 듣지 못하
는 자 같아서 내 입에는 반박할 말이 없나이다 15 여호와여 내가 주를 바랐사오니 내 주 하나님이 내게 응답하시
리이다 16 내가 말하기를 두렵건대 그들이 나 때문에 기뻐하며 내가 실족할 때에 나를 향하여 스스로 교만할까
하였나이다 17 내가 넘어지게 되었고 나의 근심이 항상 내 앞에 있사오니 18 내 죄악을 아뢰고 내 죄를 슬퍼함이
니이다 19 내 원수가 활발하며 강하고 부당하게 나를 미워하는 자가 많으
며 20 또 악으로 선을 대신하는 자들이 내가 선을 따른다는 것 때문에 나
를 대적하나이다 21 여호와여 나를 버리지 마소서 나의 하나님이여 나를
멀리하지 마소서 22 속히 나를 도우소서 주 나의 구원이시여

❖ 시편 38편 **참회시**
밧세바 간음 사건 (B.C. 991년경, 삼하 11:1-12:23)을 그 배경으로 하는 다윗의 참회하는 마음 담은 본 시는 참회 시편 중에서도 가장 애절한 호소를 담고 있는 시편으로 손꼽힌다.
실제로 본 시는 그 주 내용이 자신의 범죄에 대한 시인이나 사죄(赦罪)의 간구 또는 하나님과 사람 앞에서의 지위의 회복 등 참회의 법적 요소에 대한 자인이나 간구 이전에 당장 하나님의 징계로 견딜 수 없는 영육 간의 번뇌에 빠진 자로서 애절하고도 긴박하게 하나님의 용서와 구원을 호소하는 내용 중심으로 진행되고 있다. 이스라엘 역사상 가장 위대한 왕이요. 정복자였던 다윗이 모든 세속적 가식을 벗어버리고 실로 하나님 앞에서 벌거벗은 심정으로 징계를 거두어 주실 것을 호소하는 정경은 단 한 사람의 예외 없이 모두 다 죄인일 수밖에 없는 우리 모두의 심금을 울린다.

시편 40

다윗의 시, 인도자를 따라 부르는 노래

1 내가 여호와를 기다리고 기다렸더니 귀를 기울이사 나의 부르짖음을 들
으셨도다 2 나를 기가 막힐 웅덩이와 수렁에서 끌어올리시고 내 발을 반
석 위에 두사 내 걸음을 견고하게 하셨도다 3 새 노래 곧 우리 하나님께
올릴 찬송을 내 입에 두셨으니 많은 사람이 보고 두려워하여 여호와를 의
지하리로다 4 여호와를 의지하고 교만한 자와 거짓에 치우치는 자를 돌아
보지 아니하는 자는 복이 있도다 5 여호와 나의 하나님이여 주께서 행하
신 기적이 많고 우리를 향하신 주의 생각도 많아 누구도 주와 견줄 수가

❖ 시편 40편
본 시는 전반부의 찬양시같은 부분과 후반부의 비탄시같은 부분이 결합된 형태의 시이다.
하나님께 기름 부음 받아 선민(選民) 이스라엘의 왕이 된 정복자요 통치자요 시인으로서 파란만장한 삶을 살아야 했던 다윗이 인생의 한고비에서 일단 과거에 행하신 하나님의 구원 행동을 감사하고 나서 다시금 자신이 지금 당장 처한 위기에서의 구원을 간구하였기 때문에 야기된 자연스러운 결과이다.
과거의 구원 찬양과 현재의 구원 호소를 망라함으로써 본 시는 결국 인생(人生)에게 이 땅에서도 하나님의 끝없는 보호와 구원이 요청됨은 물론 궁극적이고도 종말론적인 구원이 절실히 요청됨을 응축 제시해 준다. 그리하여 본 시는 궁극적으로는 이 잠시뿐인 세상에서의 평화에의 소망을 넘어 우리가 여호와 안에서 하늘나라에서 누릴 영원한 안식을 향한 더욱 뜨거운 사모의 마음을 갖게 한다(계 14:13).

없나이다 내가 널리 알려 말하고자 하나 너무 많아 그 수를 셀 수도 없나이다 6 주께서 내 귀를 통하여 내게 들려
주시기를 제사와 예물을 기뻐하지 아니하시며 번제와 속죄제를 요구하지 아니하신다 하신지라 7 그 때에 내가
말하기를 내가 왔나이다 나를 가리켜 기록한 것이 두루마리 책에 있나이다 8 나의 하나님이여 내가 주의 뜻 행하
기를 즐기오니 주의 법이 나의 심중에 있나이다 하였나이다 9 내가 많은 회중 가운데에서 의의 기쁜 소식을 전하
였나이다 여호와여 내가 내 입술을 닫지 아니할 줄을 주께서 아시나이다 10 내가 주의 공의를 내 심중에 숨기지
아니하고 주의 성실과 구원을 선포하였으며 내가 주의 인자와 진리를 많은 회중 가운데에서 감추지 아니하였나
이다 11 여호와여 주의 긍휼을 내게서 거두지 마시고 주의 인자와 진리로 나를 항상 보호하소서 12 수많은 재앙
이 나를 둘러싸고 나의 죄악이 나를 덮치므로 우러러볼 수도 없으며 죄가 나의 머리털보다 많으므로 내가 낙심
하였음이니이다 13 여호와여 은총을 베푸사 나를 구원하소서 여호와여 속히 나를 도우소서 14 내 생명을 찾아 멸
하려 하는 자는 다 수치와 낭패를 당하게 하시며 나의 해를 기뻐하는 자는 다 물러가 욕을 당하게 하소서 15 나
를 향하여 하하 하하 하며 조소하는 자들이 자기 수치로 말미암아 놀라게 하소서 16 주를 찾는 자는 다 주 안에
서 즐거워하고 기뻐하게 하시며 주의 구원을 사랑하는 자는 항상 말하기를 여호와는 위대하시다 하게 하소서 17
나는 가난하고 궁핍하오나 주께서는 나를 생각하시오니 주는 나의 도움이시요 나를 건지시는 이시라 나의 하나
님이여 지체하지 마소서

시편 41

❖ 시편 41편
레위기의 핵심 구절이 11:45 "내가 거룩하니 너희도 거룩하라"라고 했다. 이것은 온전한 관계성을 말한다. 기독교는 관계의 종교이고, 태초의 하나님의 창조 의도는 바로 이 관계에 있다. 하나님의 구속 역사는 곧 이 온전한 관계의 회복이다. 그것은 하나님과의 관계와 이웃과의 관계이다. 하나님과의 관계만 좋은 관계는 온전한 것이 아니다. 그것이 이웃과의 관계로 표현되어야 한다. 이 시는 바로 그 이웃과의 온전한 관계 회복을 간구하는 마음을 노래하고 있다.

다윗의 시, 인도자를 따라 부르는 노래
1 가난한 자를 보살피는 자에게 복이 있음이여 재앙의 날에 여호와께서
그를 건지시리로다 2 여호와께서 그를 지키사 살게 하시리니 그가 이 세
상에서 복을 받을 것이라 주여 그를 그 원수들의 뜻에 맡기지 마소서 3 여
호와께서 그를 병상에서 붙드시고 그가 누워 있을 때마다 그의 병을 고
쳐 주시나이다 4 내가 말하기를 여호와여 내게 은혜를 베푸소서 내가 주
께 범죄하였사오니 나를 고치소서 하였나이다 5 나의 원수가 내게 대하여
악담하기를 그가 어느 때에나 죽고 그의 이름이 언제나 없어질까 하며 6 나를 보러 와서는 거짓을 말하고 그의
중심에 악을 쌓았다가 나가서는 이를 널리 선포하오며 7 나를 미워하는 자가 다 하나같이 내게 대하여 수군거리
고 나를 해하려고 꾀하며 8 이르기를 악한 병이 그에게 들었으니 이제 그가 눕고 다시 일어나지 못하리라 하오며
9 내가 신뢰하여 내 떡을 나눠 먹던 나의 가까운 친구도 나를 대적하여 그의 발꿈치를 들었나이다 10 그러하오나
주 여호와여 내게 은혜를 베푸시고 나를 일으키사 내가 그들에게 보응하게 하소서 이로써 11 내 원수가 나를 이
기지 못하오니 주께서 나를 기뻐하시는 줄을 내가 알았나이다 12 주께서 나를 온전한 중에 붙드시고 영원히 주
앞에 세우시나이다 13 이스라엘의 하나님 여호와를 영원부터 영원까지 송축할지로다 아멘 아멘

시편 53

다윗의 마스길, 인도자를 따라 마할랏에 맞춘 노래
1 어리석은 자는 그의 마음에 이르기를 하나님이 없다 하도다 그들은 부패하며 가증한 악을 행함이여 선을 행하
는 자가 없도다 2 하나님이 하늘에서 인생을 굽어살피사 지각이 있는 자와 하나님을 찾는 자가 있는가 보려 하
신즉 3 각기 물러가 함께 더러운 자가 되고 선을 행하는 자 없으니 한 사람도 없도다 4 죄악을 행하는 자들은 무

지하냐 그들이 떡 먹듯이 내 백성을 먹으면서 하나님을 부르지 아니하는
도다 5 그들이 두려움이 없는 곳에서 크게 두려워하였으니 너를 대항하여
진 친 그들의 뼈를 하나님이 흩으심이라 하나님이 그들을 버리셨으므로
네가 그들에게 수치를 당하게 하였도다 6 시온에서 이스라엘을 구원하여
줄 자 누구인가 하나님이 자기 백성의 포로된 것을 돌이키실 때에 야곱이
즐거워하며 이스라엘이 기뻐하리로다

시편 55

다윗의 마스길, 인도자를 따라 현악에 맞춘 노래
1 하나님이여 내 기도에 귀를 기울이시고 내가 간구할 때에 숨지 마소서 2
내게 굽히사 응답하소서 내가 근심으로 편하지 못하여 탄식하오니 3 이는
원수의 소리와 악인의 압제 때문이라 그들이 죄악을 내게 더하며 노하여
나를 핍박하나이다 4 내 마음이 내 속에서 심히 아파하며 사망의 위험이
내게 이르렀도다 5 두려움과 떨림이 내게 이르고 공포가 나를 덮었도다 6
나는 말하기를 만일 내게 비둘기 같이 날개가 있다면 날아가서 편히 쉬리
로다 7 내가 멀리 날아가서 광야에 머무르리로다 (셀라) 8 내가 나의 피난
처로 속히 가서 폭풍과 광풍을 피하리라 하였도다 9 내가 성내에서 강포
와 분쟁을 보았사오니 주여 그들을 멸하소서 그들의 혀를 잘라 버리소서
10 그들이 주야로 성벽 위에 두루 다니니 성 중에는 죄악과 재난이 있으며
11 악독이 그 중에 있고 압박과 속임수가 그 거리를 떠나지 아니하도다 12
나를 책망하는 자는 원수가 아니라 원수일진대 내가 참았으리라 나를 대
하여 자기를 높이는 자는 나를 미워하는 자가 아니라 미워하는 자일진대
내가 그를 피하여 숨었으리라 13 그는 곧 너로다 나의 동료, 나의 친구요
나의 가까운 친우로다 14 우리가 같이 재미있게 의논하며 무리와 함께 하
여 하나님의 집 안에서 다녔도다 15 사망이 갑자기 그들에게 임하여 산 채
로 스올에 내려갈지어다 이는 악독이 그들의 거처에 있고 그들 가운데에
있음이로다 16 나는 하나님께 부르짖으리니 여호와께서 나를 구원하시리
로다 17 저녁과 아침과 정오에 내가 근심하여 탄식하리니 여호와께서 내
소리를 들으시리로다 18 나를 대적하는 자 많더니 나를 치는 전쟁에서 그
가 내 생명을 구원하사 평안하게 하셨도다 19 옛부터 계시는 하나님이 들
으시고 그들을 낮추시리이다 (셀라) 그들은 변하지 아니하며 하나님을 경
외하지 아니함이니이다 20 그는 손을 들어 자기와 화목한 자를 치고 그의
언약을 배반하였도다 21 그의 입은 우유 기름보다 미끄러우나 그의 마음
은 전쟁이요 그의 말은 기름보다 유하나 실상은 뽑힌 칼이로다 22 네 짐을
여호와께 맡기라 그가 너를 붙드시고 의인의 요동함을 영원히 허락하지 아니하시리로다 23 하나님이여 주께서
그들로 파멸의 웅덩이에 빠지게 하시리이다 피를 흘리게 하며 속이는 자들은 그들의 날의 반도 살지 못할 것이
나 나는 주를 의지하리이다

❖ 시편 53편
본시는 이스라엘의 왕 다윗이 그 백성들을 계도하고자 쓴 지혜시의 하나이다. 다윗은 하나님께로부터 기름부음 받고 선민 이스라엘 백성 위에 왕으로 세워진바 되고 그로부터 개시된 다윗 왕가가 선민 이스라엘 위에 유일하고 영원한 왕가가 될 것이라는 놀라운 축복의 언약 곧 장차 마침내 우리 주 예수에게 이르러 영원히 성취될 다윗 언약(Davidic Covenant, 삼하 7:8-16) 까지 받은 장본인이었다. 이러한 다윗이 쓴 본시는 하나님의 대리 통치자의 자격으로 이제 단순한 정치적 통치자의 차원을 넘어 영적 지도자의 위치에서 하나님을 떠나 타락하고 심지어 하나님 자체를 부인하는 현 세계와 이러한 세계의 격랑 속에 처해야 하는 선민 모두를 향하여 이런 세계 안에 서의 선민의 자세를 노래한 지혜시이다."
☞ **롬 1:21-23** 하나님을 알되 하나님을 영화롭게도 아니하며 감사하지도 아니하고 오히려 그 생각이 허망하여지며 미련한 마음이 어두워졌나니 스스로 지혜 있다 하나 어리석게 되어 썩어지지 아니하는 하나님의 영광을 썩어질 사람과 새와 짐승과 기어 다니는 동물 모양의 우상으로 바꾸었느니라
하나님을 알지만, 마음으로 삶의 주인으로 받아들이지 않고 갖은 세속적 사상과 감언이설을 하나님 자리에 우상으로 세운 오늘날의 교인은 통회 자복하고 회개해야 한다.

❖ 시편 55편
사울의 핍박으로부터, 그리고 이제 압살롬의 반란으로 인해 생애 2번씩이나 도망자의 신세에 처하지만, 하나님을 향한 그의 믿음은 절대 변질되지 않음을 보여 주는 비탄시다.
다윗의 삶이야말로 신위에 온전히 의지하는 삶임을 확실히 보여 준다.
그의 삶을 잘 말해 주는 잠언을 함께 묵상해 보라.
☞ **잠 16:3** 너의 행사를 여호와께 맡기라 그리하면 네가 경영하는 것이 이루어지리라
☞ **잠 16:9** 사람이 마음으로 자기의 길을 계획할지라도 그의 걸음을 인도하시는 이는 여호와시니라
☞ **잠 3:5** 너는 마음을 다하여 여호와를 신뢰하고 네 명철을 의지하지 말라
진정한 행복은 신위에 의지하는 삶이다. 그럴 때 하나님이 함께하시기 때문이다.
☞ **시 73:28** 하나님께 가까이함이 내게 복이라

25일~30일

26일차 읽기의 요약

(시 14, 16, 17, 22, 25, 26, 27, 28, 31, 35, 36, 38, 40, 41, 53, 55)

시편 150편 가운데 절반은 다윗에 의해 쓰였다. 다윗은 하나님을 인정하지 않고 악을 행하는 사람들로부터 당하는 많은 고난으로 슬퍼하고 탄식하며 하나님께 자신의 심정을 호소한다. 특히 사울의 핍박과 죽음의 칼을 피해 오래도록 도망 다녔던 다윗의 상황은 예수께서 공생애 동안 유대인들로부터 당했던 고난과 핍박의 상황과 흡사하다.

따라서 다윗이 기록한 많은 탄식시는 예수께서 이 땅에 오셔서 하나님과 사람 사이의 중보자로 하나님께 눈물로 탄식하며 기도했던 내용으로 연결된다. 예수님께서도 친히 시편에 기록된 많은 내용이 자신을 가리키고 있음을 말씀하셨다. 하나님께서는 다윗이 당하는 고난의 상황 속에서 쓰인 시편을 통하여 앞으로 예수께서 이 땅에 오셔서 하나님께 올려드릴 수많은 탄식의 기도를 기록하게 하셨다.

또한 다윗은 어떤 상황 가운데서도 하나님을 신뢰하며 하나님의 법도를 지키는 것을 그의 생명으로 여겼다. 성소에서 하나님의 얼굴을 구하며 기도할 때 하나님께서 오셔서 자기 고통의 상황을 구원해 주시리라는 확신을 하게 되었다. 그래서 많은 경우 다윗의 탄식 기도는 결국에는 하나님께 감사하고 찬양하는 내용으로 끝을 맺게 된다.

그러면 어떻게 살 것인가?

인위 뚝 · 신위 고!

☑ 세계관 점검 – 묵상하기 (영상 강의와 교재 내용의 이해를 바탕으로)

시편 묵상 ②

시편은 많은 강이 바다로 흘러와 합쳐지듯 많은 저자들의 시들이 모아져서 이루어 진 바다와 같다. 그 저자는 다윗이 절반 이상을 썼고, 모세, 솔로몬, 에스라, 아삽 등 이다. 시편이 쓰여진 시간은 모세부터 포로기까지 약 천 년 동안이지만 주로 다윗과 솔로몬 시대에 많이 쓰였다. 그러나 시편은 시간과 공간을 뛰어넘는 책이다. 그 진리성은 시(時) 공(空)을 뛰어넘고, 그것은 유대 전통에 의해 쓰였지만, 모든 사상과 문화와 인종적 한계를 뛰어넘는 시들이요, 기도문이다.

시편을 접할 때 기억해야 할 또 다른 중요한 구분이 있다. 오랜 시대에 걸쳐 하나님의 백성들은 시편을 소중히 여겨 왔는데, 왜냐하면 매우 많은 시편이 '보통 사람'을 위해 말하고 있기 때문이다. 그 시편들은 하나님의 사람이 외치는 기쁨과 고통과 회개의 부르짖음이다. 하지만 그들에게는 명확히 '제왕적인' 요소를 지닌 시편도 있다. 종종 그 시편들은 다윗을 언급하지만, 때로는 '다윗의 계열'에 따를 미래의 왕이신 메시아에 대해 언급하기도 한다.

시편 14편의 "어리석은 자"의 원어 뜻은 지성이 모자라는 자가 아니고 하나님과 상관없이 제 뜻대로 살아가는 자를 말한다. 자기중심적으로 인위의 사람이라는 말이다. 오늘 한국 교회의 많은 문제점은 교회 안에 이런

“어리석은 자”가 너무 너무 많다는 것이고, 더 큰 문제는 우리가 그렇다는 것을 모르고 마취에 취한 것 마냥 멍한 상태로 신앙생활을 한다는 것이다. 어떻게 생각하는가? 깊이 성찰하고 반성하라!

- 시편 17편에서 하나님은 다윗(또한 우리)을 어떻게 보호하시는가를 잘 관찰하라.

- 시 16편에서 복의 개념을 보여 주고 있다. 시편에서 유독 복과 관련된 내용이 많이 나온다. 서론에서부터 살펴보았듯이, 성경이 말하는 복의 개념을 정립하는 것이 곧 성경적 세계관을 세우는 정확한 길임을 강조했다. “복”에 대한 나의 가치관이 곧 나의 삶의 질을 결정하기 때문이다. 나는 아직도 무속적 기복 신앙이 추구하는 그런 복에 나의 가치를 두고 있는지를 잘 성찰해 보라.

- 성경이 말하는 악인과 의인의 구별은 윤리·도덕이 기준이 아니고 하나님과의 관계의 관점에서 판단한다. 하나님과 바른 관계, 하나님의 뜻대로(신위) 사는 사람은 의인이고, 자기 뜻대로(인위) 사는 자들은 곧 악인이다. 나는 악인의 삶을 사는가, 아니면 의인의 삶을 사는가를 성경적 세계관의 차원에서 반상해 보라.

☑ 결단기도와 실행하기

약 2:26 영혼 없는 몸이 죽은 것 같이 행함이 없는 믿음은 죽은 것이니라
시 119:28 나의 영혼이 눌림으로 말미암아 녹사오니 주의 말씀대로 나를 세우소서

27일

시편 58

다윗의 믹담 시, 인도자를 따라 알다스헷에 맞춘 노래
1 통치자들아 너희가 정의를 말해야 하거늘 어찌 잠잠하냐 인자들아 너
희가 올바르게 판결해야 하거늘 어찌 잠잠하냐 2 아직도 너희가 중심에
악을 행하며 땅에서 너희 손으로 폭력을 달아 주는도다 3 악인은 모태
에서부터 멀어졌음이여 나면서부터 곁길로 나아가 거짓을 말하는도다 4
그들의 독은 뱀의 독 같으며 그들은 귀를 막은 귀머거리 독사 같으니 5
술사의 홀리는 소리도 듣지 않고 능숙한 술객의 요술도 따르지 아니하
는 독사로다 6 하나님이여 그들의 입에서 이를 꺾으소서 여호와여 젊은
사자의 어금니를 꺾어 내시며 7 그들이 급히 흐르는 물 같이 사라지게
하시며 겨누는 화살이 꺾임 같게 하시며 8 소멸하여 가는 달팽이 같게
하시며 만삭 되지 못하여 출생한 아이가 햇빛을 보지 못함 같게 하소서
9 가시나무 불이 가마를 뜨겁게 하기 전에 생나무든지 불붙는 나무든지
강한 바람으로 휩쓸려가게 하소서 10 의인이 악인의 보복 당함을 보고
기뻐함이여 그의 발을 악인의 피에 씻으리로다 11 그 때에 사람의 말이
진실로 의인에게 갚음이 있고 진실로 땅에서 심판하시는 하나님이 계시
다 하리로다

시편 61

다윗의 시, 인도자를 따라 현악에 맞춘 노래
1 하나님이여 나의 부르짖음을 들으시며 내 기도에 유의하소서 2 내 마음
이 약해 질 때에 땅 끝에서부터 주께 부르짖으오리니 나보다 높은 바위
에 나를 인도하소서 3 주는 나의 피난처시요 원수를 피하는
견고한 망대이심이니이다 4 내가 영
원히 주의 장막에 머물며 내가 주의
날개 아래로 피하리이다 (셀라) 5 주
하나님이여 주께서 나의 서원을 들으
시고 주의 이름을 경외하는 자가 얻
을 기업을 내게 주셨나이다 6 주께서
왕에게 장수하게 하사 그의 나이가 여러 대에 미치게 하시리이다 7 그가
영원히 하나님 앞에서 거주하리니 인자와 진리를 예비하사 그를 보호하
소서 8 그리하시면 내가 주의 이름을 영원히 찬양하며 매일 나의 서원을
이행하리이다

❖ 시편 58편
시편에 수록된 총 3편의 저주시 중 그 첫 번째 것인 다윗의 시이다.
이 시의 배경은 압살롬의 반란을 피해 도망 다니면서 마하나임에서 임시 망명 정부를 세웠을 때 재판관들이 의인의 고난을 묵과하고 악인의 행악을 방조하는 사회상을 보면서 지었을 것이다.
저주시는 비탄시와 비슷하지만 다음과 같은 차이가 있다.
일반적으로 비탄시는 불의와 모순이 가득한 현실 속에서 악인들로부터 받는 고난에 대해 탄식하고 하나님께 공의의 보응을 간구하는 내용이 주조를 이룬다. 이와 달리 저주시는 선과 악의 기준을 세우시고 이의 준행 여부에 따라 징벌과 축복을 시행하시는 하나님의 절대 공의의 법칙에 근거하여 행악을 범한 자들의 죄를 지적하고 그에 따른 형벌을 절대 주권자요 심판자이신 하나님의 입장에서 일방적으로 선포하는 시이다.
☞ **1-2절은 오늘날 한국 교회 지도자들을 향한 하나님의 음성이다. 이 땅에 하나님의 공의, 하나님의 문화, 그분의 세계관을 세우는 것이 교회의 중차대한 사명인데, 교회가 요즈음 물질만능주의에 빠져 이 사명을 내 팽개치고 있다.**

❖ 시편 61편
다윗이 B.C. 979년경 압살롬의 반역으로 인해 예루살렘의 왕궁을 떠나 마하나임에 피신한 때 (삼하 15~17장)에 쓴 것으로 추측되는 비탄시다.
본 시는 탄식, 간구, 찬양 또는 서원 등의 요소로 된 전형적인 비탄시다. 단 그 내용상 자신의 생명 자체에 대한 구원 호소의 차원을 넘어 하나님의 언약 곧 선민 이스라엘 위에 유일하고도 영원할 왕가가 되게 하시겠다는 확증으로 주신 '다윗 언약'(Davidic Covenant, 삼하 7:4-17)에 근거해 자신의 왕권을 회복시켜 주시고 그 왕권을 대대에 보전케 해주시기를 간구하고 있다는 점에서 특징적이다.
☞ 인생의 벼랑 끝에서 하나님을 찾는 믿음이 절실히 필요한 시대이다. 인간의 좌절은 하나님의 시작이다. 찾아야 할 하나님은 찾지 않고 무당을 찾은 사울의 이야기를 읽었다.
오늘 한국 교회 교인 중에 무당을 찾는 자들이 많다는 이야기가 소문만은 아니라고 한다.

25일~30일

시편 64

다윗의 시, 인도자를 따라 부르는 노래

1 하나님이여 내가 근심하는 소리를 들으시고 원수의 두려움에서 나의
생명을 보존하소서 2 주는 악을 꾀하는 자들의 음모에서 나를 숨겨 주시
고 악을 행하는 자들의 소동에서 나를 감추어 주소서 3 그들이 칼 같이
자기 혀를 연마하며 화살 같이 독한 말로 겨누고 4 숨은 곳에서 온전한 자
를 쏘며 갑자기 쏘고 두려워하지 아니하는도다 5 그들은 악한 목적으로
서로 격려하며 남몰래 올무 놓기를 함께 의논하고 하는 말이 누가 우리
를 보리요 하며 6 그들은 죄악을 꾸미며 이르기를 우리가 묘책을 찾았다
하나니 각 사람의 속 뜻과 마음이 깊도다 7 그러나 하나님이 그들을 쏘시
리니 그들이 갑자기 화살에 상하리로다 8 이러므로 그들이 엎드러지리니
그들의 혀가 그들을 해함이라 그들을 보는 자가 다 머리를 흔들리로다 9
모든 사람이 두려워하여 하나님의 일을 선포하며 그의 행하심을 깊이 생
각하리로다 10 의인은 여호와로 말미암아 즐거워하며 그에게 피하리니
마음이 정직한 자는 다 자랑하리로다

시편 69

다윗의 시, 인도자를 따라 소산님에 맞춘 노래

1 하나님이여 나를 구원하소서 물들이 내 영혼에까지 흘러 들어왔나이다
2 나는 설 곳이 없는 깊은 수렁에 빠지며 깊은 물에 들어가니 큰 물이 내
게 넘치나이다 3 내가 부르짖음으로 피곤하여 나의 목이 마르며 나의 하
나님을 바라서 나의 눈이 쇠하였나이다 4 까닭 없이 나를 미워하는 자가
나의 머리털보다 많고 부당하게 나의 원수가 되어 나를 끊으려 하는 자
가 강하였으니 내가 빼앗지 아니한 것도 물어 주게 되었나이다 5 하나님
이여 주는 나의 우매함을 아시오니 나의 죄가 주 앞에서 숨김이 없나이
다 6 주 만군의 여호와여 주를 바라는 자들이 나를 인하여 수치를 당하게
하지 마옵소서 이스라엘의 하나님이여 주를 찾는 자가 나로 말미암아 욕
을 당하게 하지 마옵소서 7 내가 주를 위하여 비방을 받았사오니 수치가
나의 얼굴에 덮였나이다 8 내가 나의 형제에게는 객이 되고 나의 어머니
의 자녀에게는 낯선 사람이 되었나이다 9 주의 집을 위하는 열성이 나를
삼키고 주를 비방하는 비방이 내게 미쳤나이다 10 내가 곡하고 금식하였
더니 그것이 도리어 나의 욕이 되었으며 11 내가 굵은 베로 내 옷을 삼았
더니 내가 그들의 말 거리가 되었나이다 12 성문에 앉은 자가 나를 비난
하며 독주에 취한 무리가 나를 두고 노래하나이다 13 여호와여 나를 반
기시는 때에 내가 주께 기도하오니 하나님이여 많은 인자와 구원의 진리
로 내게 응답하소서 14 나를 수렁에서 건지사 빠지지 말게 하시고 나를 미

❖ 시편 64편
다윗이 압살롬 반역 사건(B.C. 979년경)을 배경으로 하여 쓴 것으로 비탄시
악인들의 광포함과 잔인함으로 인한 시인 자신의 고통을 탄식하고 간구하면서도 특별히 악인들의 은밀한 궤계와 행악을 집중적으로 고발하고 이에 대한 하나님의 징벌을 선포하는 저주시의 성격을 지니고 있다.

❖ 시편 69편
이 시는 다윗의 극심한 괴로움과 슬픔의 고난 가운데 탄식하며 하나님의 구하심을 간구하는 시이다.
이 시의 배경에 대해 많은 학자들은 아도니야의 반역으로 보고 있다.
아도니야는 다윗의 4남이다. 압살롬이 죽고 왕위 승계권이 자기에게 있다고 판단한 아도니야는 왕위가 솔로몬에게로 넘어갈 것 같아서 다윗을 몰아내고 왕이 되려 했던 자이다. 그는 평생 다윗의 심복 군대 장관인 요압과 제사장 아비아달을 규합해서 늙고 쇠약한 아버지 왕을 몰아내고 스스로 왕이라고 선포한다. 이때 다윗의 심정이 어떠했을까?
또한 이 시는 예수님의 고난을 예표 하는 메시아시 이기도 하다. 시 45편도 메시아 시인데 이 두 시는 "인도자를 따라 소산님에 맞춘 노래"라는 표제어가 붙어 있다. "소산님"은 "백합화"라는 말이다. 45편은 싱그러운 향기를 뿜어내며 상아 궁전의 아름다운 정원에서 피어나는 백합화라면 69편의 백합화는 골고다에서 피어나는 백합화인 것이다.
☞ 이런 절망과 좌절도 하나님을 바라며 의지할 때 절대로 망하지 않음을 보여 준다.
☞ 호 12:6 그런즉 너의 하나님께로 돌아와서 인애와 정의를 지키며 항상 너의 하나님을 바랄지니라
☞ 히 12:2 믿음의 주요 또 온전하게 하시는 이인 예수를 바라 보자 그는 그 앞에 있는 기쁨을 위하여 십자가를 참으사 부끄러움을 개의치 아니하시더니 하나님 보좌 우편에 앉으셨느니라
☞ 다윗은 이런 절망적인 순간마다 기도하며 이겼다는 사실을 깊이 새기자. 기도는 모든 문제를 푸는 열쇠이다.
☞ 단 6:10 다니엘이 이 조서에 왕의 도장이 찍힌 것을 알고도 자기 집에 돌아가서는 윗방에 올라가 예루살렘으로 향한 창문을 열고 전에 하던 대로 하루 세 번씩 무릎을 꿇고 기도하며 그의 하나님께 감사하였더라.
☞ 롬 12:12 소망 중에 즐거워하며 환난 중에 참으며 기도에 항상 힘쓰며
☞ 성도는 영혼 구원(개인 : 하나님과의 관계)과 공의(사회 구원 : 이웃과의 관계)의 실현을 위해 항상 함께 힘써야 한다.
☞ 사 1:17 선행을 배우며 정의를 구하며 학대 받는 자를 도와 주며 고아를 위하여 신원하며 과부를 위하여 변호하라 하셨느니라
☞ 히 10:39 우리는 뒤로 물러가 멸망할 자가 아니요 오직 영혼을 구원함에 이르는 믿음을 가진 자니라

워하는 자에게서와 깊은 물에서 건지소서 15 큰 물이 나를 휩쓸거나 깊음이 나를 삼키지 못하게 하시며 웅덩이가
내 위에 덮쳐 그것의 입을 닫지 못하게 하소서 16 여호와여 주의 인자하심이 선하시오니 내게 응답하시며 주의
많은 긍휼에 따라 내게로 돌이키소서 17 주의 얼굴을 주의 종에게서 숨기지 마소서 내가 환난 중에 있사오니 속
히 내게 응답하소서 18 내 영혼에게 가까이하사 구원하시며 내 원수로 말미암아 나를 속량하소서 19 주께서 나
의 비방과 수치와 능욕을 아시나이다 나의 대적자들이 다 주님 앞에 있나이다 20 비방이 나의 마음을 상하게 하
여 근심이 충만하니 불쌍히 여길 자를 바라나 없고 긍휼히 여길 자를 바라나 찾지 못하였나이다 21 그들이 쓸개
를 나의 음식물로 주며 목마를 때에는 초를 마시게 하였사오니 22 그들의 밥상이 올무가 되게 하시며 그들의 평
안이 덫이 되게 하소서 23 그들의 눈이 어두워 보지 못하게 하시며 그들의 허리가 항상 떨리게 하소서 24 주의
분노를 그들의 위에 부으시며 주의 맹렬하신 노가 그들에게 미치게 하소서 25 그들의 거처가 황폐하게 하시며
그들의 장막에 사는 자가 없게 하소서 26 무릇 그들이 주께서 치신 자를 핍박하며 주께서 상하게 하신 자의 슬
픔을 말하였사오니 27 그들의 죄악에 죄악을 더하사 주의 공의에 들어오지 못하게 하소서 28 그들을 생명책에
25일~30일 서 지우사 의인들과 함께 기록되지 말게 하소서 29 오직 나는 가난하고 슬프오니 하나님이여 주의 구원으로 나
를 높이소서 30 내가 노래로 하나님의 이름을 찬송하며 감사함으로 하나님을 위대하시다 하리니 31 이것이 소 곧
뿔과 굽이 있는 황소를 드림보다 여호와를 더욱 기쁘시게 함이 될 것이라 32 곤고한 자가 이를 보고 기뻐하나니
하나님을 찾는 너희들아 너희 마음을 소생하게 할지어다 33 여호와는 궁핍한 자의 소리를 들으시며 자기로 말미
암아 갇힌 자를 멸시하지 아니하시나니 34 천지가 그를 찬송할 것이요 바다와 그 중의 모든 생물도 그리할지로
다 35 하나님이 시온을 구원하시고 유다 성읍들을 건설하시리니 무리가 거기에 살며 소유를 삼으리로다 36 그의
종들의 후손이 또한 이를 상속하고 그의 이름을 사랑하는 자가 그 중에 살리로다

시편 70

❖ 시편 70편 **비탄시**
다윗은 원수에게는 수치를, 주를 찾는 자에게는 기쁨을 허락하라고 간구한다.

다윗의 시로 기념식에서 인도자를 따라 부르는 노래
1 하나님이여 나를 건지소서 여호와여 속히 나를 도우소서 2 나의 영혼을 찾는 자들이 수치와 무안을 당하게 하
시며 나의 상함을 기뻐하는 자들이 뒤로 물러가 수모를 당하게 하소서 3 아하, 아하 하는 자들이 자기 수치로 말
미암아 뒤로 물러가게 하소서 4 주를 찾는 모든 자들이 주로 말미암아 기뻐하고 즐거워하게 하시며 주의 구원
을 사랑하는 자들이 항상 말하기를 하나님은 위대하시다 하게 하소서 5 나는 가난하고 궁핍하오니 하나님이여
속히 내게 임하소서 주는 나의 도움이시요 나를 건지시는 이시오니 여호와여 지체하지 마소서

시편 71

1 여호와여 내가 주께 피하오니 내가 영원히 수치를 당하게 하지 마소서 2 주의 공의로 나를 건지시며 나를 풀어
주시며 주의 귀를 내게 기울이사 나를 구원하소서 3 주는 내가 항상 피하여 숨을 바위가 되소서 주께서 나를 구
원하라 명령하셨으니 이는 주께서 나의 반석이시요 나의 요새이심이니이다 4 나의 하나님이여 나를 악인의 손
곧 불의한 자와 흉악한 자의 장중에서 피하게 하소서 5 주 여호와여 주는 나의 소망이시요 내가 어릴 때부터 신
뢰한 이시라 6 내가 모태에서부터 주를 의지하였으며 나의 어머니의 배에서부터 주께서 나를 택하셨사오니 나
는 항상 주를 찬송하리이다 7 나는 무리에게 이상한 징조 같이 되었사오나 주는 나의 견고한 피난처시오니 8 주
를 찬송함과 주께 영광 돌림이 종일토록 내 입에 가득하리이다 9 늙을 때에 나를 버리지 마시며 내 힘이 쇠약할
때에 나를 떠나지 마소서 10 내 원수들이 내게 대하여 말하며 내 영혼을 엿보는 자들이 서로 꾀하여 11 이르기를

하나님이 그를 버리셨은즉 따라 잡으라 건질 자가 없다 하오니 12 하나님
이여 나를 멀리 하지 마소서 나의 하나님이여 속히 나를 도우소서 13 내
영혼을 대적하는 자들이 수치와 멸망을 당하게 하시며 나를 모해하려 하
는 자들에게는 욕과 수욕이 덮이게 하소서 14 나는 항상 소망을 품고 주
를 더욱더욱 찬송하리이다 15 내가 측량할 수 없는
주의 공의와 구원을 내 입으로 종일 전하리이다
16 내가 주 여호와의 능하신 행적을 가지고 오
겠사오며 주의 공의만 전하겠나이다 17 하나
님이여 나를 어려서부터 교훈하셨으므로 내가
지금까지 주의 기이한 일들을 전하였나이다
18 하나님이여 내가 늙어 백발이 될 때에도 나
를 버리지 마시며 내가 주의 힘을 후대에 전하고 주의 능
력을 장래의 모든 사람에게 전하기까지 나를 버리지 마소서 19 하나님이
여 주의 공의가 또한 지극히 높으시니이다 하나님이여 주께서 큰 일을 행
하셨사오니 누가 주와 같으리이까 20 우리에게 여러 가지 심한 고난을 보
이신 주께서 우리를 다시 살리시며 땅 깊은 곳에서 다시 이끌어 올리시리이다 21 나를 더욱 창대하게 하시고 돌
이키사 나를 위로하소서 22 나의 하나님이여 내가 또 비파로 주를 찬양하며 주의 성실을 찬양하리이다 이스라
엘의 거룩하신 주여 내가 수금으로 주를 찬양하리이다 23 내가 주를 찬양할 때에 나의 입술이 기뻐 외치며 주께
서 속량하신 내 영혼이 즐거워하리이다 24 나의 혀도 종일토록 주의 공의를 작은 소리로 읊조리오리니 나를 모
해하려 하던 자들이 수치와 무안을 당함이니이다

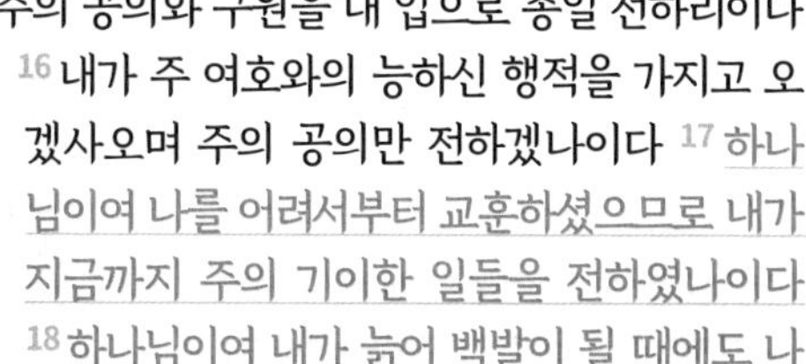

❖ 시편 71편
다윗이 인생 말년에 겪었던 친아들 압살롬(B.C. 979년경) 또는 아도니야(B.C. 973-971년경)의 반란을 배경으로 하여 쓴 것으로 추측되는 비탄시다.
본 시는 반란자에게 쫓기는 다급한 상황에서 하나님의 보호와 구원을 간구하며, 선취적 신앙에 의해 구원을 확신하는 가운데 찬양하는 내용으로서 여타 비탄시와 크게 다를 바 없다. 그러나 여기서 우리가 특별히 주목할 것은 실로 파란만장한 인생사를 다 거치고 이제 인생 말년에 이른 노시인 다윗과 그의 신앙 자세이다. 다윗은 실로 하나님의 정통성을 가진 자신의 왕권 탈취를 노리는 자들의 반란이라는 엄청난 재난에 직면해 있으면서도 인생사(人生事)는 결국 우주와 역사를 주관하시는 여호와 하나님의 손에 달려 있으며 그분께 대한 바른 자세 여부만이 인생의 담담한 심정으로 하나님께 구원을 간구하고 있다.

25일~30일

시편 86

다윗의 기도

1 여호와여 나는 가난하고 궁핍하오니 주의 귀를 기울여 내게 응답하소
서 2 나는 경건하오니 내 영혼을 보존하소서 내 주 하나님이여 주를 의지
하는 종을 구원하소서 3 주여 내게 은혜를 베푸소서 내가 종일 주께 부르
짖나이다 4 주여 내 영혼이 주를 우러러보오니 주여 내 영혼을 기쁘게 하
소서 5 주는 선하사 사죄하기를 즐거워하시며 주께 부르짖는 자에게 인
자함이 후하심이니이다 6 여호와여 나의 기도에 귀를 기울이시고 내가 간
구하는 소리를 들으소서 7 나의 환난 날에 내가 주께 부르짖으리니 주께
서 내게 응답하시리이다 8 주여 신들 중에 주와 같은 자 없사오며 주의 행
하심과 같은 일도 없나이다 9 주여 주께서 지으신 모든 민족이 와서 주의
앞에 경배하며 주의 이름에 영광을 돌리리이다 10 무릇 주는 위대하사 기
이한 일들을 행하시오니 주만이 하나님이시니이다 11 여호와여 주의 도
를 내게 가르치소서 내가 주의 진리에 행하오리니 일심으로 주의 이름을
경외하게 하소서 12 주 나의 하나님이여 내가 전심으로 주를 찬송하고 영
원토록 주의 이름에 영광을 돌리오리니 13 이는 내게 향하신 주의 인자하심이 크사 내 영혼을 깊은 스올에서 건
지셨음이니이다 14 하나님이여 교만한 자들이 일어나 나를 치고 포악한 자의 무리가 내 영혼을 찾았사오며 자

❖ 시편 86편
시편 제3권에서는 유일하게 나와 있는 다윗의 시로서 시편에 수록된 총 36편의 비탄시 중 27편을 차지하는 다윗의 비탄시 가운데 하나이다.
본 시는 구체적으로 어떤 특정 사건이나 시기를 배경으로 기록되었는지는 불명확하나 시 전편에 걸쳐 토로하는 곤고함과 절박감에 비추어 보아 대적이 다윗의 목숨을 노리는 절대절명(絶對絶命)의 위기 상황에서 기록된 것만은 틀림없다. 그런데도 다윗은 이러한 위기 상황을 맞이한 데 따른 절망감을 토로하지 아니하고 도리어 소위 자신의 경건함을 선언하며 자신이 더욱더 일심으로 여호와 하나님을 경외할 수 있게끔 구원해 달라는 여호와 중심 신앙을 당당히 드러내고 있다. 더욱이 다윗은 하나님이 성도의 기도를 들어 주시는 자인 줄로 확신하였기에 절박한 위기 중에 처하여서도 구원의 소망을 잃지 않고 담대히 하나님을 찬미할 수 있었음을 보여 주는데 호소, 찬양, 간구라는 성격 및 다윗 비탄시의 전형적인 특징적 요소를 내포하고 있다.

기 앞에 주를 두지 아니하였나이다 15 그러나 주여 주는 긍휼히 여기시며 은혜를 베푸시며 노하기를 더디하시며
인자와 진실이 풍성하신 하나님이시오니 16 내게로 돌이키사 내게 은혜를 베푸소서 주의 종에게 힘을 주시고 주
의 여종의 아들을 구원하소서 17 은총의 표적을 내게 보이소서 그러면 나를 미워하는 그들이 보고 부끄러워하
오리니 여호와여 주는 나를 돕고 위로하시는 이시니이다

시편 102

고난 당한 자가 마음이 상하여 그의 근심을 여호와 앞에 토로하는 기도

1 여호와여 내 기도를 들으시고 나의 부르짖음을 주께 상달하게 하소서 2
나의 괴로운 날에 주의 얼굴을 내게서 숨기지 마소서 주의 귀를 내게 기
울이사 내가 부르짖는 날에 속히 내게 응답하소서 3 내 날이 연기 같이 소
멸하며 내 뼈가 숯 같이 탔음이니이다 4 내가 음식 먹기도 잊었으므로 내
마음이 풀 같이 시들고 말라 버렸사오며 5 나의 탄식 소리로 말미암아 나
의 살이 뼈에 붙었나이다 6 나는 광야의 올빼미 같고 황폐한 곳의 부엉이
같이 되었사오며 7 내가 밤을 새우니 지붕 위의 외로운 참새 같으니이다
8 내 원수들이 종일 나를 비방하며 내게 대항하여 미칠 듯이 날뛰는 자들
이 나를 가리켜 맹세하나이다 9 나는 재를 양식 같이 먹으며 나는 눈물 섞
인 물을 마셨나이다 10 주의 분노와 진노로 말미암음이라 주께서 나를 들
어서 던지셨나이다 11 내 날이 기울어지는 그림자 같고 내가 풀의 시들어짐 같으니이다 12 여호와여 주는 영원히
계시고 주에 대한 기억은 대대에 이르리이다 13 주께서 일어나사 시온을 긍휼히 여기시리니 지금은 그에게 은혜
를 베푸실 때라 정한 기한이 다가옴이니이다 14 주의 종들이 시온의 돌들을 즐거워하며 그의 티끌도 은혜를 받
나이다 15 이에 뭇 나라가 여호와의 이름을 경외하며 이 땅의 모든 왕들이 주의 영광을 경외하리니 16 여호와께
서 시온을 건설하시고 그의 영광 중에 나타나셨음이라 17 여호와께서 빈궁한 자의 기도를 돌아보시며 그들의 기
도를 멸시하지 아니하셨도다 18 이 일이 장래 세대를 위하여 기록되리니 창조함을 받을 백성이 여호와를 찬양하
리로다 19 여호와께서 그의 높은 성소에서 굽어보시며 하늘에서 땅을 살펴 보셨으니 20 이는 갇힌 자의 탄식을
들으시며 죽이기로 정한 자를 해방하사 21 여호와의 이름을 시온에서, 그 영예를 예루살렘에서 선포하게 하려
하심이라 22 그 때에 민족들과 나라들이 함께 모여 여호와를 섬기리로다 23 그가 내 힘을 중도에 쇠약하게 하시
며 내 날을 짧게 하셨도다 24 나의 말이 나의 하나님이여 나의 중년에 나를 데려가지 마옵소서 주의 연대는 대
대에 무궁하니이다 25 주께서 옛적에 땅의 기초를 놓으셨사오며 하늘도 주의 손으로 지으신 바니이다 26 천지는
없어지려니와 주는 영존하시겠고 그것들은 다 옷 같이 낡으리니 의복 같이 바꾸시면 바뀌려니와 27 주는 한결같
으시고 주의 연대는 무궁하리이다 28 주의 종들의 자손은 항상 안전히 거주하고 그의 후손은 주 앞에 굳게 서리
이다 하였도다

❖ 시편 102편
본 시는 다윗의 도망자 신세의 비참함을 노래한 것이 아니라면(사실 여러 학자들이 작자 미상으로 여긴다), 이스라엘 민족이 바벨론 포로 시대(B. C. 586-538년)라는 암울한 상황에 처한 때를 배경으로 하여 써졌다고 볼 수도 있다. 이 시에서 시인은 당시 선민 이스라엘 공동체가 겪고 있던 비참한 고통을 마치 자신이 홀로 당하는 것과 같이 고통스러워하며 탄식하는 가운데 선민 이스라엘의 회복을 간절히 기원하였다. 본문은 시인의 비탄한 심정이 집중적으로 토로한 부분을 잘 묵상하라. 이 부분에서 우리는 고통 중에 기도하는 자가 가져야 할 마음 자세가 어떠해야 할 것인가를 발견하게 되는바 이에 시인 자신의 곤고한 심정에 대한 묘사를 본문에 밑줄로 강조해 두었다. 참고하라.

25일~30일

시편 109

다윗의 시, 인도자를 따라 부르는 노래

1 내가 찬양하는 하나님이여 잠잠하지 마옵소서 2 그들이 악한 입과 거짓된 입을 열어 나를 치며 속이는 혀로 내
게 말하며 3 또 미워하는 말로 나를 두르고 까닭 없이 나를 공격하였음이니이다 4 나는 사랑하나 그들은 도리어

나를 대적하니 나는 기도할 뿐이라 5 그들이 악으로 나의 선을 갚으며 미
워함으로 나의 사랑을 갚았사오니 6 악인이 그를 다스리게 하시며 사탄
이 그의 오른쪽에 서게 하소서 7 그가 심판을 받을 때에 죄인이 되어 나
오게 하시며 그의 기도가 죄로 변하게 하시며 8 그의 연수를 짧게 하시며
그의 직분을 타인이 빼앗게 하시며 9 그의 자녀는 고아가 되고 그의 아내
는 과부가 되며 10 그의 자녀들은 유리하며 구걸하고 그들의 황폐한 집
을 떠나 빌어먹게 하소서 11 고리대금하는 자가 그의 소유를 다 빼앗게
하시며 그가 수고한 것을 낯선 사람이 탈취하게 하시며 12 그에게 인애를
베풀 자가 없게 하시며 그의 고아에게 은혜를 베풀 자도 없게 하시며 13
그의 자손이 끊어지게 하시며 후대에 그들의 이름이 지워지게 하소서 14
여호와는 그의 조상들의 죄악을 기억하시며 그의 어머니의 죄를 지워 버
리지 마시고 15 그 죄악을 항상 여호와 앞에 있게 하사 그들의 기억을 땅
에서 끊으소서 16 그가 인자를 베풀 일을 생각하지 아니하고 가난하고 궁
핍한 자와 마음이 상한 자를 핍박하여 죽이려 하였기 때문이니이다 17 그
가 저주하기를 좋아하더니 그것이 자기에게 임하고 축복하기를 기뻐하
지 아니하더니 복이 그를 멀리 떠났으며 18 또 저주하기를 옷 입듯 하더니
저주가 물 같이 그의 몸 속으로 들어가며 기름 같이 그의 뼈 속으로 들어
갔나이다 19 저주가 그에게는 입는 옷 같고 항상 띠는 띠와 같게 하소서
20 이는 나의 대적들이 곧 내 영혼을 대적하여 악담하는 자들이 여호와께
받는 보응이니이다 21 그러나 주 여호와여 주의 이름으로 말미암아 나를
선대하소서 주의 인자하심이 선하시오니 나를 건지소서 22 나는 가난하
고 궁핍하여 나의 중심이 상함이니이다 23 나는 석양 그림자 같이 지나가
고 또 메뚜기 같이 불려 가오며 24 금식하므로 내 무릎이 흔들리고 내 육
체는 수척하오며 25 나는 또 그들의 비방 거리라 그들이 나를 보면 머리
를 흔드나이다 26 여호와 나의 하나님이여 나를 도우시며 주의 인자하심
을 따라 나를 구원하소서 27 이것이 주의 손이 하신 일인 줄을 그들이 알
게 하소서 주 여호와께서 이를 행하셨나이다 28 그들은 내게 저주하여도
주는 내게 복을 주소서 그들은 일어날 때에 수치를 당할지라도 주의 종
은 즐거워하리이다 29 나의 대적들이 욕을 옷 입듯 하게 하시며 자기 수
치를 겉옷 같이 입게 하소서 30 내가 입으로 여호와께 크게 감사하며 많
은 사람 중에서 찬송하리니 31 그가 궁핍한 자의 오른쪽에 서사 그의 영
혼을 심판하려 하는 자들에게서 구원하실 것임이로다

❖ 시편 109편

시편에 등장하는 총 3편의 저주시(시 53, 109, 137편) 가운데 두 번째 것으로 다윗이 쓴 저주시이다.
본 시가 구체적으로 어떤 사건이나 시기를 배경으로 기록되었는지는 불명확하다. 다만 전편에 흘러넘치는 긴박감과 개인적인 감정과 슬픔이 극대화되어 나타나는 것을 미루어 볼 때 다윗이 그 대적들로부터 한 인간으로서는 견디기 힘든 극한 고통과 배신감을 느끼고 육체적 정신적 허탈감에 빠진 상황에서 본 시를 기록한 것만은 확실하다.
일반적으로 성경 저주시는 선과 악의 기준을 세우시고 이의 준행 여부에 따라 징벌과 복을 시행하시는 하나님의 절대 공의의 법칙에 근거하여 행악을 범한 자들의 죄를 지적하고 그에 따른 형벌을 절대 주권자요 심판자이신 하나님의 입장에서 일방적으로 선포하는 시이다. 이러한 저주시의 특징에 따라 본 시에서는 다윗이 하나님에 의해 선택을 받고 기름 부음을 받은 하나님의 정통성을 지닌 왕으로서 그저 인본주의적 관점에서 정권을 유지 혹은 탈취하려 했던 악인들의 행악과 배신을 통렬하게 고발함과 동시에 일련의 저주를 퍼붓고 있다.

☞ 6-20절을 아래 구절과 함께 묵상하라

☞ **욥 34:11** 사람의 행위를 따라 갚으사 각각 그의 행위대로 받게 하시나니

☞ **겔 7:4** 내가 너를 불쌍히 여기지 아니하며 긍휼히 여기지도 아니하고 네 행위대로 너를 벌하여 네 가증한 일이 너희 중에 나타나게 하리니 내가 여호와인 줄을 너희가 알리라

☞ 특히 16절을 아래 구절과 함께 묵상하라

☞ **사 58:7** 또 주린 자에게 네 양식을 나누어 주며 유리하는 빈민을 집에 들이며 헐벗은 자를 보면 입히며 또 네 골육을 피하여 스스로 숨지 아니하는 것이 아니겠느냐

☞ **행 20:35** 범사에 여러분에게 모본을 보여준 바와 같이 수고하여 약한 사람들을 돕고 또 주 예수께서 친히 말씀하신 바 주는 것이 받는 것보다 복이 있다 하심을 기억하여야 할지니라

시편 139

다윗의 시, 인도자를 따라 부르는 노래

1 여호와여 주께서 나를 살펴 보셨으므로 나를 아시나이다 2 주께서 내가 앉고 일어섬을 아시고 멀리서도 나의
생각을 밝히 아시오며 3 나의 모든 길과 내가 눕는 것을 살펴 보셨으므로 나의 모든 행위를 익히 아시오니 4 여호
와여 내 혀의 말을 알지 못하시는 것이 하나도 없으시니이다 5 주께서 나의 앞뒤를 둘러싸시고 내게 안수하셨나

이다 6 이 지식이 내게 너무 기이하니 높아서 내가 능히 미치지 못하나이
다 7 내가 주의 영을 떠나 어디로 가며 주의 앞에서 어디로 피하리이까 8
내가 하늘에 올라갈지라도 거기 계시며 스올에 내 자리를 펼지라도 거기
계시니이다 9 내가 새벽 날개를 치며 바다 끝에 가서 거주할지라도 10 거
기서도 주의 손이 나를 인도하시며 주의 오른손이 나를 붙드시리이다 11
내가 혹시 말하기를 흑암이 반드시 나를 덮고 나를 두른 빛은 밤이 되리
라 할지라도 12 주에게서는 흑암이 숨기지 못하며 밤이 낮과 같이 비추이
나니 주에게는 흑암과 빛이 같음이니이다 13 주께서 내 내장을 지으시며
나의 모태에서 나를 만드셨나이다 14 내가 주께 감사하옴은 나를 지으심
이 심히 기묘하심이라 주께서 하시는 일이 기이함을 내 영혼이 잘 아나이
다 15 내가 은밀한 데서 지음을 받고 땅의 깊은 곳에서 기이하게 지음을
받은 때에 나의 형체가 주의 앞에 숨겨지지 못하였나이다 16 내 형질이 이
루어지기 전에 주의 눈이 보셨으며 나를 위하여 정한 날이 하루도 되기 전
에 주의 책에 다 기록이 되었나이다 17 하나님이여 주의 생각이 내게 어찌
그리 보배로우신지요 그 수가 어찌 그리 많은지요 18 내가 세려고 할지라
도 그 수가 모래보다 많도소이다 내가 깰 때에도 여전히 주와 함께 있나
이다 19 하나님이여 주께서 반드시 악인을 죽이시리이다 피 흘리기를 즐
기는 자들아 나를 떠날지어다 20 그들이 주를 대하여 악하게 말하며 주의
원수들이 주의 이름으로 헛되이 맹세하나이다 21 여호와여 내가 주를 미
워하는 자들을 미워하지 아니하오며 주를 치러 일어나는 자들을 미워하
지 아니하나이까 22 내가 그들을 심히 미워하니 그들은 나의 원수들이니
이다 23 하나님이여 나를 살피사 내 마음을 아시며 나를 시험하사 내 뜻을
아옵소서 24 내게 무슨 악한 행위가 있나 보시고 나를 영원한 길로 인도
하소서

❖ 시편 139편 **다윗의 찬양시**

이 시는 하나님의 속성에 대한 조직신학적 "신론"을 보여 주는 시이기도 하다.
1-6절 하나님의 전지전능함
7-12절 하나님의 무소 부재함
13-18절 하나님의 영원불변함
이상은 하나님의 신적 속성인 초월성을 언급한다.
19-24절은 하나님이 우리와 공유할 수 있는 내재적 속성(인격적 속성)을 언급하고 있다.
아무리 이렇게 하나님을 설명해도 하나님을 모두 알기는 역부족이다. 하나님은 우리의 이해보다 훨씬 크신 분이기 때문이다.
다윗은 14절에서 "내가 주께 감사하옴은 나를 지으심이 심히 기묘하심이라 주께서 하시는 일이 기이함을 내 영혼이 잘 아나이다"라고 고백한다. "심히 기묘하심"을 한글 개역판에서는 "신묘막측"이라고 표현했다. 인간의 이해의 한계를 훨씬 넘어서신 분이라는 표현이다.
우리는 이것을 "신비"라고 한다. 하나님을 이해하는 부분에서는 이 "신비로움"의 부분이 더 크다는 것을 인정해야 한다. 그것이 믿음이다. 우리의 이성으로 다 이해할 수 있는 존재 그것은 이미 하나님이 아니다.
☞ **사 55:9** 이는 하늘이 땅보다 높음 같이 내 길은 너희의 길보다 높으며 내 생각은 너희의 생각보다 높음이니라
☞ **롬 11:33-34** 깊도다 하나님의 지혜와 지식의 풍성함이여, 그의 판단은 헤아리지 못할 것이며 그의 길은 찾지 못할 것이로다 누가 주의 마음을 알았느냐 누가 그의 모사가 되었느냐

시편 140

다윗의 시, 인도자를 따라 부르는 노래
1 여호와여 악인에게서 나를 건지시며 포악한 자에게서 나를 보전하소서
2 그들이 마음속으로 악을 꾀하고 싸우기 위하여 매일 모이오며 3 뱀 같
이 그 혀를 날카롭게 하니 그 입술 아래에는 독사의 독이 있나이다 (셀라)
4 여호와여 나를 지키사 악인의 손에 빠지지 않게 하시며 나를 보전하사 포악한 자에게서 벗어나게 하소서 그들
은 나의 걸음을 밀치려 하나이다 5 교만한 자가 나를 해하려고 올무와 줄을 놓으며 길 곁에 그물을 치며 함정을
두었나이다 (셀라) 6 내가 여호와께 말하기를 주는 나의 하나님이시니 여호와여 나의 간구하는 소리에 귀를 기울
이소서 하였나이다 7 내 구원의 능력이신 주 여호와여 전쟁의 날에 주께서 내 머리를 가려 주셨나이다 8 여호와
여 악인의 소원을 허락하지 마시며 그의 악한 꾀를 이루지 못하게 하소서 그들이 스스로 높일까 하나이다 (셀라)
9 나를 에워싸는 자들이 그들의 머리를 들 때에 그들의 입술의 재난이 그들을 덮게 하소서 10 뜨거운 숯불이 그
들 위에 떨어지게 하시며 불 가운데와 깊은 웅덩이에 그들로 하여금 빠져 다시 일어나지 못하게 하소서 11 악담
하는 자는 세상에서 굳게 서지 못하며 포악한 자는 재앙이 따라서 패망하게 하리이다 12 내가 알거니와 여호와

❖ 시편 140편

140편은 악한 무리들의 사악한 계교로 인해 사면초가(四面楚歌)요 진퇴양난(進退兩難)의 절망적 형국에 처한 다윗이 자신이 처한 비참한 상황을 탄식하며 자신을 해하려는 악인들로부터 구원해 주시기를 하나님께 애절하게 호소한 사실을 보도하고 있다.

는 고난 당하는 자를 변호해 주시며 궁핍한 자에게 정의를 베푸시리이다 13 진실로 의인들이 주의 이름에 감사
하며 정직한 자들이 주의 앞에서 살리이다

시편 141

다윗의 시

1 여호와여 내가 주를 불렀사오니 속히 내게 오시옵소서 내가 주께 부르
짖을 때에 내 음성에 귀를 기울이소서 2 나의 기도가 주의 앞에 분향함과
같이 되며 나의 손드는 것이 저녁 제사 같이 되게 하소서 3 여호와여 내 입
에 파수꾼을 세우시고 내 입술의 문을 지키소서 4 내 마음이 악한 일에 기
울어 죄악을 행하는 자들과 함께 악을 행하지 말게 하시며 그들의 진수성찬을 먹지 말게 하소서 5 의인이 나를
칠지라도 은혜로 여기며 책망할지라도 머리의 기름 같이 여겨서 내 머리가 이를 거절하지 아니할지라 그들의 재
난 중에도 내가 항상 기도하리로다 6 그들의 재판관들이 바위 곁에 내려 던져졌도다 내 말이 달므로 무리가 들
으리로다 7 사람이 밭 갈아 흙을 부스러뜨림 같이 우리의 해골이 스올 입구에 흩어졌도다 8 주 여호와여 내 눈이
주께 향하며 내가 주께 피하오니 내 영혼을 빈궁한 대로 버려 두지 마옵소서 9 나를 지키사 그들이 나를 잡으려
고 놓은 올무와 악을 행하는 자들의 함정에서 벗어나게 하옵소서 10 악인은 자기 그물에 걸리게 하시고 나만은
온전히 면하게 하소서

❖ 시편 141편
제 141편은 다윗이 사울과 그 추종자들에게 쫓겨 다닐 때 엔게디 동굴에서 사울을 죽일 기회가 있었으나 하나님의 공의의 손길에 그 보응을 맡기며 옷자락만 자르고 살려준 것(삼상 4:1-22)을 회상하며 지은 것으로 자신이 당한 부당한 처사에 대한 탄식 보다는 스스로 자기의 모습을 반성하는 듯한 자세로 하나님께서 공의로 판단해 주실 것 요청하는데 치중하고 있다.

25일~
30일

시편 143

다윗의 시

1 여호와여 내 기도를 들으시며 내 간구에 귀를 기울이시고 주의 진실과
공의로 내게 응답하소서 2 주의 종에게 심판을 행하지 마소서 주의 눈 앞
에는 의로운 인생이 하나도 없나이다 3 원수가 내 영혼을 핍박하며 내 생
명을 땅에 엎어서 나로 죽은 지 오랜 자 같이 나를 암흑 속에 두셨나이다
4 그러므로 내 심령이 속에서 상하며 내 마음이 내 속에서 참담하니이다
5 내가 옛날을 기억하고 주의 모든 행하신 것을 읊조리며 주의 손이 행하
는 일을 생각하고 6 주를 향하여 손을 펴고 내 영혼이 마른 땅 같이 주를
사모하나이다 (셀라) 7 여호와여 속히 내게 응답하소서 내 영이 피곤하니
이다 주의 얼굴을 내게서 숨기지 마소서 내가 무덤에 내려가는 자 같을
까 두려워하나이다 8 아침에 나로 하여금 주의 인자한 말씀을 듣게 하소
서 내가 주를 의뢰함이니이다 내가 다닐 길을 알게 하소서 내가 내 영혼
을 주께 드림이니이다 9 여호와여 나를 내 원수들에게서 건지소서 내가
주께 피하여 숨었나이다 10 주는 나의 하나님이시니 나를 가르쳐 주의 뜻을 행하게 하소서 주의 영은 선하시니
나를 공평한 땅에 인도하소서 11 여호와여 주의 이름을 위하여 나를 살리시고 주의 공의로 내 영혼을 환난에서
끌어내소서 12 주의 인자하심으로 나의 원수들을 끊으시고 내 영혼을 괴롭게 하는 자를 다 멸하소서 나는 주의
종이니이다

❖ 시편 143편
악인들의 박해 속에서 자신의 죄인됨을 인정하고 하나님의 공의로운 심판과 회복을 갈망한 다윗의 참회시로 시편에 등장하는 총 7편의 참회시 가운데 마지막 시이다. 이러한 본시는 근본 참회시나 다른 참회시에 비해 그 내용 구성상 비탄시에 가까운데 노년에 이른 다윗이 아들 압살롬과 그에 동조한 일부 신하들의 천인공노(天人共怒)할 반역을 당해 쫓기는 상황에서 쓴 것이다. 본시의 내용상 특징은 앞서 언급한 대로 시인 자신의 죄인됨에 대한 자각이다. 즉 다윗은 앞선 세편의 비탄시들 (시 140-142편)과 같이 절망적인 상황에 빠져 있는 상태에서 구원을 간절히 간구하면서도 그의 그러한 고난의 원인이 인간이 본성적으로 지니는 죄성에 있음을 주장하고 있는 것이다. 이러한 다윗의 견해는 바울의 인간론과 일치하는 사상으로(롬 3:20) 구원론의 대원리인 오직 믿음으로 말미암아 의롭게 된다는 이신칭의(以信稱義)의 원리의 근거가 된다.

27일차 읽기의 요약

(시 58, 61, 64, 70, 71, 86, 102, 109, 139, 140, 141, 143편)

다윗이 쓴 대다수의 시편의 애가들은 시간과 공간에 제약을 받지 않는다. 유대 전통에서만 이해되는 내용이 아니라 모든 사상과 문화와 인종적 한계를 뛰어넘는 기도의 내용을 담고 있다. 또한 하나님은 누구신지 하나님은 어떤 분이신지에 대해 가르쳐 준다. 특히 시편 139편은 하나님의 속성을 말해 주는 시편이다. 하나님께서는 전지전능, 무소 부재, 영원불변 등 초월성을 가지고 계셔서 사람들과는 다른 비공유적 속성을 가지고 계신 분이시지만 또 한편으로는 사람과 공유하는 속성을 가지고 계신 분이다. 그래서 사람은 자신의 고통스러운 상황들 속에서 하나님과 인격적인 관계를 맺고 하나님께 자신의 심정을 고백하며 나아갈 수 있다. 하나님의 인자와 긍휼 그리고 그분의 자비하심으로 인해 우리는 그 은혜를 의지하여 성소로 나아가 하나님을 구할 수 있다. 다윗이 악인들로부터 당하는 많은 어려움과 억울함 가운데 성소에서 하나님께 나아가 부르짖으며 기도하고 찬양할 수 있었던 것은 하나님의 인자와 긍휼을 믿고 하나님과의 관계 회복을 통한 구원을 바라보았기 때문이다. 다윗의 많은 애가는 오늘도 우리가 소망이 보이지 않는 땅끝에서 큰물과 깊은 웅덩이 같은 삶의 정황 속에 있을지라도 소망 가운데 더욱 주를 찬송할 수 있도록 한다.

그러면 어떻게 살 것인가?

인위뚝 · 신위고!

☑ 세계관 점검 – 묵상하기 (영상 강의와 교재 내용의 이해를 바탕으로)

- 시편 58편에서 불의의 재판관을 응징하는 공의의 하나님을 보았다. 하나님은 사랑의 하나님이시면서 공의의 하나님이기도 하다는 사실을 기억해야 한다. 하나님에게서 사랑과 공의는 동전의 양면과 같은 것이다.
  사랑이 없는 공의는 단순한 폭력이며, 공의가 없는 사랑은 맹목적이고 형식적인 것에 불과하다. 한국 교회에서 사랑의 하나님만 너무 부각하다가 하나님의 공의를 놓치고 무기력한 영성만 조장하는 것을 반성해야 할 것이다.
  특히 부모의 사랑도 바로 하나님의 이런 공의가 수반되는 사랑을 하여야 할 것이다.

- 시편 71편에서 다윗은 하나님을 자기의 반석, 요새, 숨을 바위 등으로 묘사한다. 당신에게도 하나님은 다윗의 하나님처럼 바위, 반석, 요새 등으로 다가오시는 하나님인가를 성찰해 보라, 다음 구절을 묵상하라.
  - 시 71:18 하나님이여 내가 늙어 백발이 될 때에도 나를 버리지 마시며 내가 주의 힘을 후대에 전하고 주의 능력을 장래의 모든 사람에게 전하기까지 나를 버리지 마소서

동영상 강의 29일차 중 시편 139편 강의 부분에서 하나님의 속성을 잘 배우고 나의 하나님이 어떤 분이신가를 정확하게 이해하라.

☑ 시 139편이 보여 주는 하나님의 속성이 곧 나의 신관(神觀)인지를 반드시 점검해 보라. 내가 믿는 하나님이 성경이 계시하는 하나님인지, 아니면 세상의 지혜로 내가 나의 필요에 따라 적당히 만들어 놓은 하나님인지를 정확히 알아야 한다. 출애굽기 32장의 "금송아지 예배"의 모습으로 하나님을 이해한다면 이는 치명적이다.

공의의 하나님과 사랑의 하나님의 의미를 잘 이해하라.
"공의가 없는 사랑은 맹목적 사랑이고, 사랑이 없는 공의는 폭력이다."
무슨 뜻인가? 이 말씀을 근거로 오늘날 세상의 이치가 어떻게 돌아가고 갔는지를 깊이 성찰하고 크리스천으로서 나는 이런 세상을 어떻게 살아갈 것인가를 생각하고 실행하라.
"행함이 없는 믿음은 죽은 믿음이라"(약 2:26)

시 140편에서 진정한 변화는 내 삶의 주도권을 하나님께 드리는 것이라는 점을 깨달았는가?

시편 묵상 ③
시편은 인간 역사 전체를 회고해 보면서, 하나님이 어떤 분이신 것과 그 분이 하신 일들로 인해 그 분을 찬양하기 위해 쓰여진 노래들이다. 때때로 그것은 창조와 모든 인간의 필요를 채우시는 하나님의 행위 (우리가 이따금 '일반 은총'이라고 부르는)를 찬양하기도 한다. 때로는 하나님의 백성의 역사에서 있었던 특정한 사건들을 회고해 보고 그 분의 능력과 그 분의 자비로 인해 그 분을 찬양한다. 종종 어떤 시편은 특정한 개인이 지은 것이거나 어떤 절기를 위한 것이며, 이러한 배경은 시편의 세부 사항과 왜 백성들이 하나님을 찬양하고 있는가를 이해하도록 도와준다.
시편이 모두 찬양하는 노래만은 아니다. 고백도 있고, 심지어 불평하기 위해 지은 시들도 있다. 하나님의 백성은 그 분에게 어떤 것도 숨길 수 없다는 것을 알고 있었으며, 그래서 예배 시에 모든 것을 그 분께 가져간다. 바로 그 때문에 시편은 죄를 깨닫고 괴로워하며, 낙심한 그리스도인들에게 그처럼 커다란 격려의 원천이 되는 것이다. 주위에 있는 모든 것이 혼란스러울지라도 '그래도 나는 그 분을 찬양하겠노라'고 선포할 수 있는 것이다.
그러나 시편은 단순히 노래만은 아니다. 그것은 노래이면서 기도이다. 시편은 읽혀지는 것이 아니라 사용되어야 한다. 왜냐하면 기도와 찬양은 입술이 아니라 행동이기 때문이다.

묵상

그 삶이 도망자의 신세일 때도 하나님을 의지하는 다윗의 믿음을 우리는 배워야 한다. 특히 시편 71편을 통해서 우리를 도우시는 하나님의 마음을 읽으시고 그를 의지하는 삶이 되도록 이 시편으로 나의 기도를 올려 보라

☑ 결단기도와 실행하기

약 2:26 영혼 없는 몸이 죽은 것 같이 행함이 없는 믿음은 죽은 것이니라
시 119:28 나의 영혼이 눌림으로 말미암아 녹사오니 주의 말씀대로 나를 세우소서

25일~
30일

시편 37

다윗의 시
1 악을 행하는 자들 때문에 불평하지 말며 불의를 행하는 자들을 시기하
지 말지어다 2 그들은 풀과 같이 속히 베임을 당할 것이며 푸른 채소 같이
쇠잔할 것임이로다 3 여호와를 의뢰하고 선을 행하라 땅에 머무는 동안
그의 성실을 먹을 거리로 삼을지어다 4 또 여호와를 기뻐하라 그가 네 마
음의 소원을 네게 이루어 주시리로다 5 네 길을 여호와께 맡기라 그를 의
지하면 그가 이루시고 6 네 의를 빛 같이 나타내시며 네 공의를 정오의 빛
같이 하시리로다 7 여호와 앞에 잠잠하고 참고 기다리라 자기 길이 형통
하며 악한 꾀를 이루는 자 때문에 불평하지 말지어다 8 분을 그치고 노를
버리며 불평하지 말라 오히려 악을 만들 뿐이라 9 진실로 악을 행하는 자
들은 끊어질 것이나 여호와를 소망하는 자들은 땅을 차지하리로다 10 잠
시 후에는 악인이 없어지리니 네가 그 곳을 자세히 살필지라도 없으리로
다 11 그러나 온유한 자들은 땅을 차지하며 풍성한 화평으로 즐거워하리
로다 12 악인이 의인 치기를 꾀하고 그를 향하여 그의 이를 가는도다 13
그러나 주께서 그를 비웃으시리니 그의 날이 다가옴을 보심이로다 14 악
인이 칼을 빼고 활을 당겨 가난하고 궁핍한 자를 엎드러뜨리며 행위가
정직한 자를 죽이고자 하나 15 그들의 칼은 오히려 그들의 양심을 찌르고
그들의 활은 부러지리로다 16 의인의 적은 소유가 악인의 풍부함보다 낫
도다 17 악인의 팔은 부러지나 의인은 여호와께서 붙드시는도다 18 여호
와께서 온전한 자의 날을 아시나니 그들의 기업은 영원하리로다 19 그들
은 환난 때에 부끄러움을 당하지 아니하며 기근의 날에도 풍족할 것이나
20 악인들은 멸망하고 여호와의 원수들은 어린 양의 기름 같이 타서 연기
가 되어 없어지리로다 21 악인은 꾸고 갚지 아니하나 의인은 은혜를 베
풀고 주는도다 22 주의 복을 받은 자들은 땅을 차지하고 주의 저주를 받
은 자들은 끊어지리로다 23 여호와께서 사람의 걸음을 정하시고 그의 길
을 기뻐하시나니 24 그는 넘어지나 아주 엎드러지지 아니함은 여호와께
서 그의 손으로 붙드심이로다 25 내가 어려서부터 늙기까지 의인이 버림
을 당하거나 그의 자손이 걸식함을 보지 못하였도다 26 그는 종일토록 은
혜를 베풀고 꾸어 주니 그의 자손이 복을 받는도다 27 악에서 떠나 선을
행하라 그리하면 영원히 살리니 28 여호와께서 정의를 사랑하시고 그의 성
도를 버리지 아니하심이로다 그들은 영원히 보호를 받으나 악인의 자손은 끊어지리로다 29 의인이 땅을 차지함
이여 거기서 영원히 살리로다 30 의인의 입은 지혜로우며 그의 혀는 정의를 말하며 31 그의 마음에는 하나님의
법이 있으니 그의 걸음은 실족함이 없으리로다 32 악인이 의인을 엿보아 살해할 기회를 찾으나 33 여호와는 그
를 악인의 손에 버려 두지 아니하시고 재판 때에도 정죄하지 아니하시리로다 34 여호와를 바라고 그의 도를 지
키라 그리하면 네가 땅을 차지하게 하실 것이라 악인이 끊어질 때에 네가 똑똑히 보리로다 35 내가 악인의 큰 세
력을 본즉 그 본래의 땅에 서 있는 나무 잎이 무성함과 같으나 36 내가 지나갈 때에 그는 없어졌나니 내가 찾아

❖ 시편 37편

시편 1편과도 상통하는 메시지를 가진 시이다.

본 시는 선과 악이 혼재돼 있고 다만 일반 은총의 수준에서 기본적 질서만 유지되는 현 세상에서 하나님의 종말론적 심판의 실현이 유보됨으로써 당장 눈앞의 사물에만 집착하기 쉬운 유한자(有限者)인 인간들이 흔히 빠지기 쉬운 인본주의적 또는 무신론적 경향과 사조에 대하여 강력히 경고하면서 우리에게 하나님 앞에서 자기 자신의 참모습에 대한 구속사적 재인식을 가져 달라고 촉구하고 있다.

이 구속사의 개략을 학습 자료 28-1을 참조하라.

이 시편은 행악자가 득세하는 것에 대한 우려 섞인 시이다.

다윗 생애의 전반부와 후반부에 억울한 도망자 신세가 된 적이 있다. 악인과 선인을 대조하고 싶은 마음이 강했을 것이다. 그러나 다윗은 악인이 잘 되는 것 같아서 악의 길을 가기보다는 잘못되더라도 여호와를 의뢰하고 선을 행하는 것이 정도임을 간파하고 있다. 이 시는 또한 신학에서 말하는 신정론에 대해 언급하고 있다. 전지전능하시며 초월적인 하나님께 의지하고 의뢰하지만, 그리스도인이 왜 고난과 고통을 받아야 하는가에 대한 질문을 던지고 답을 찾고자 하는 것이 신정론이다.

예레미야 선지자도 렘 12:1-2에서 “악한 자의 길이 형통하며 반역자가 다 평안함은 무슨 까닭이니이까?”라고 하나님께 질문한다.

하박국 선지자도 같은 질문을 던진다. 하나님의 답은 “의인은 믿음으로 살리라”라고 하신다. 이 질문의 답은 인과응보, 권선징악의 사고방식으로는 답을 찾을 수 없다. 의인은 오직 믿음으로 살아갈 수밖에 없다. 그것이 온전히 신위에 순종하는 삶이기 때문이다.

학습 자료 28-2 “신정론” 참조

도 발견하지 못하였도다 37 온전한 사람을 살피고 정직한 자를 볼지어다 모든 화평한 자의 미래는 평안이로다
38 범죄자들은 함께 멸망하리니 악인의 미래는 끊어질 것이나 39 의인들의 구원은 여호와로부터 오나니 그는 환
난 때에 그들의 요새이시로다 40 여호와께서 그들을 도와 건지시되 악인들에게서 건져 구원하심은 그를 의지한
까닭이로다

역대상 22장 :
다윗이 성전 건축을 솔로몬에게 위임

❖ 대상 22장
성전을 향한 다윗의 열정을 생각해 보라. 솔로몬에게 성전 건축을 부탁하고 건축자재를 준비한다. 사실 솔로몬은 성전 건축을 땅 짚고 헤엄치듯 했다고 볼 수 있다. 다윗이 거의 모든 자재를 준비해 두었다.

1 다윗이 이르되 이는 여호와 하나님의 성전이요 이는 이스라엘의 번제단이라 하였더라

성전 건축 준비

2 다윗이 명령하여 이스라엘 땅에 거류하는 이방 사람을 모으고 석수를 시켜 하나님의 성전을 건축할 돌을 다
듬게 하고 3 다윗이 또 문짝 못과 거멀 못에 쓸 철을 많이 준비하고 또 무게를 달 수 없을 만큼 심히 많은 놋을
준비하고 4 또 백향목을 무수히 준비하였으니 이는 시돈 사람과 두로 사람이 백향목을 다윗에게로 많이 수운하
여 왔음이라 5 다윗이 이르되 내 아들 솔로몬은 어리고 미숙하고 여호와를 위하여 건축할 성전은 극히 웅장하
여 만국에 명성과 영광이 있게 하여야 할지라 그러므로 내가 이제 그것을 위하여 준비하리라 하고 다윗이 죽기
전에 많이 준비하였더라 6 다윗이 그의 아들 솔로몬을 불러 이스라엘 하나님 여호와를 위하여 성전 건축하기를
부탁하여 7 다윗이 솔로몬에게 이르되 내 아들아 나는 내 하나님 여호와의 이름을 위하여 성전을 건축할 마음
이 있었으나 8 여호와의 말씀이 내게 임하여 이르시되 너는 피를 심히 많이 흘렸고 크게 전쟁하였느니라 네가 내
앞에서 땅에 피를 많이 흘렸은즉 내 이름을 위하여 성전을 건축하지 못하리라 9 보라 한 아들이 네게서 나리니
그는 온순한 사람이라 내가 그로 주변 모든 대적에게서 평온을 얻게 하리라 그의 이름을 솔로몬이라 하리니 이
는 내가 그의 생전에 평안과 안일함을 이스라엘에게 줄 것임이니라 10 그가 내 이름을 위하여 성전을 건축할지
라 그는 내 아들이 되고 나는 그의 아버지가 되어 그 나라 왕위를 이스라엘 위에 굳게 세워 영원까지 이르게 하
리라 하셨나니 11 이제 내 아들아 여호와께서 너와 함께 계시기를 원하며 네가 형통하여 여호와께서 네게 대하
여 말씀하신 대로 네 하나님 여호와의 성전을 건축하며 12 여호와께서 네게 지혜와 총명을 주사 네게 이스라엘
을 다스리게 하시고 네 하나님 여호와의 율법을 지키게 하시기를 더욱 원하노라 13 그 때에 네가 만일 여호와께
서 모세를 통하여 이스라엘에게 명령하신 모든 규례와 법도를 삼가 행하면 형통하리니 강하고 담대하여 두려워
하지 말고 놀라지 말지어다 14 내가 환난 중에 여호와의 성전을 위하여 금
십만 달란트와 은 백만 달란트와 놋과 철을 그 무게를 달 수 없을 만큼 심
히 많이 준비하였고 또 재목과 돌을 준비하였으나 너는 더할 것이며 15 또
장인이 네게 많이 있나니 곧 석수와 목수와 온갖 일에 익숙한 모든 사람이니라 16 금과 은과
놋과 철이 무수하니 너는 일어나 일하라 여호와께서 너와 함께 계실지로다 하니라 17 다
윗이 또 이스라엘 모든 방백에게 명령하여 그의 아들 솔로몬을 도우라 하여 이르되
18 너희 하나님 여호와께서 너희와 함께 계시지 아니하시느냐 사면으로 너희에
게 평온함을 주지 아니하셨느냐 이 땅 주민을 내 손에 넘기사 이 땅으로 여호와
와 그의 백성 앞에 복종하게 하셨나니 19 이제 너희는 마음과 뜻을 바쳐서 너희
하나님 여호와를 구하라 그리고 일어나서 여호와 하나님의 성전을 건축하고 여호와의 언약궤와 하나님 성전의
기물을 가져다가 여호와의 이름을 위하여 건축한 성전에 들이게 하라 하였더라

대상 22:14
학습 자료 28-3
"다윗이 준비한 성전 건축 비용" 참조

시편 30

❖ 시편 30편
성전의 낙성을 미리 감사하고 또 다윗의 집을 세워주신 것을 감사하는 시이다.

다윗의 시, 곧 성전 낙성가
1 여호와여 내가 주를 높일 것은 주께서 나를 끌어내사 내 원수로 하여금 나로 말미암아 기뻐하지 못하게 하심
이니이다 2 여호와 내 하나님이여 내가 주께 부르짖으매 나를 고치셨나이다 3 여호와여 주께서 내 영혼을 스올
에서 끌어내어 나를 살리사 무덤으로 내려가지 아니하게 하셨나이다 4 주의 성도들아 여호와를 찬송하며 그의
거룩함을 기억하며 감사하라 5 그의 노염은 잠깐이요 그의 은총은 평생이로다 저녁에는 울음이 깃들일지라도
아침에는 기쁨이 오리로다 6 내가 형통할 때에 말하기를 영원히 흔들리지 아니하리라 하였도다 7 여호와여 주의
은혜로 나를 산 같이 굳게 세우셨더니 주의 얼굴을 가리시매 내가 근심하였나이다 8 여호와여 내가 주께 부르짖
고 여호와께 간구하기를 9 내가 무덤에 내려갈 때에 나의 피가 무슨 유익이 있으리요 진토가 어떻게 주를 찬송
하며 주의 진리를 선포하리이까 10 여호와여 들으시고 내게 은혜를 베푸소서 여호와여 나를 돕는 자가 되소서
하였나이다 11 주께서 나의 슬픔이 변하여 내게 춤이 되게 하시며 나의 베옷을 벗기고 기쁨으로 띠 띠우셨나이
다 12 이는 잠잠하지 아니하고 내 영광으로 주를 찬송하게 하심이니 여호와 나의 하나님이여 내가 주께 영원히
감사하리이다

역대상 23장~26장 :
다윗이 성전 인사를 재조직하다.

❖ 역대상 23-26장
역대기는 제사장 관점에서 학사 에스라가 쓴 역사서라는 사실을 염두에 두라. 따라서 성전을 중심으로 한 유대의 역사이며 다윗이 매우 중요한 인물로 등장한다.
역대상 23~26장은 다윗이 성전 조직을 정비하고 강화하는 내용을 기록하고 있다.
- 23장: 레위인의 임무를 조직한다.
- 24장: 제사장을 24 반차로 조직한다.
- 25장: 성가대 조직을 보여 주고 있다.
- 26장: 성전 관리자를 조직한다.

역대기는 성전을 중심으로 하는 역사에 관심을 두는 책이라고 했다. 따라서 국가조직보다 성전 조직을 더 중요시한다. 사실 이스라엘은 하나님의 제사장 나라이므로 성전 조직을 우선하게 되는 것이다.
☞ 따라서 다음 읽을 시편은 이런 성전과 관련해서 다윗 시와 성가대 지휘자인 아삽과 성전의 수장인 고라 자손들의 시들을 읽는다.
*시편을 읽을 때 언제나 시편에 묘사되는 하나님의 품성을 잘 관찰하라. 하나님을 아는 데 꼭 필요하다. 그리고 그 하나님 품성에 시편 저자가 어떻게 반응하는가를 살피고 그래서 그가 어떻게 살아가는가를 관찰하라.

대하 23장
학습 자료 28-4 " 다윗의 성전 건축 준비의 줄거리와 의의." 참조

역대상 23장

레위 사람의 일
1 다윗이 나이가 많아 늙으매 아들 솔로몬을 이스라엘 왕으로 삼고 2 이
스라엘 모든 방백과 제사장과 레위 사람을 모았더라 3 레위 사람은 삼십
세 이상으로 계수하니 모든 남자의 수가 삼만 팔천 명인데 4 그 중의 이
만 사천 명은 여호와의 성전의 일을 보살피는 자요 육천 명은 관원과 재
판관이요 5 사천 명은 문지기요 사천 명은 그가 여호와께 찬송을 드리기
위하여 만든 악기로 찬송하는 자들이라 6 다윗이 레위의 아들들을 게르
손과 그핫과 므라리에 따라 각 반으로 나누었더라 7 게르손 자손은 라단
과 시므이라 8 라단의 아들들은 우두머리 여히엘과 또 세담과 요엘 세 사
람이요 9 시므이의 아들들은 슬로밋과 하시엘과 하란 세 사람이니 이는
라단의 우두머리들이며 10 또 시므이의 아들들은 야핫과 시나와 여우스
와 브리아이니 이 네 사람도 시므이의 아들이라 11 그 우두머리는 야핫이
요 그 다음은 시사며 여우스와 브리아는 아들이 많지 아니하므로 그들
과 한 조상의 가문으로 계수되었더라 12 그핫의 아들들은 아므람과 이스
할과 헤브론과 웃시엘 네 사람이라 13 아므람의 아들들은 아론과 모세이
니 아론은 그 자손들과 함께 구별되어 몸을 성결하게 하여 영원토록 심
히 거룩한 자가 되어 여호와 앞에 분향하고 섬기며 영원토록 그 이름으로 축복하게 되었느니라 14 하나님의 사
람 모세의 아들들은 레위 지파 중에 기록되었으니 15 모세의 아들은 게르솜과 엘리에셀이라 16 게르솜의 아들

중에 스브엘이 우두머리가 되었고 17 엘리에셀의 아들들은 우두머리 르하뱌라 엘리에셀에게 이 외에는 다른 아
들이 없고 르하뱌의 아들들은 심히 많았으며 18 이스할의 아들들은 우두머리 슬로밋이요 19 헤브론의 아들들은
우두머리 여리야와 둘째 아마랴와 셋째 야하시엘과 넷째 여가므암이며 20 웃시엘의 아들들은 우두머리 미가와
그 다음 잇시야더라 21 므라리의 아들들은 마흘리와 무시요 마흘리의 아들들은 엘르아살과 기스라 22 엘르아살
이 아들이 없이 죽고 딸만 있더니 그의 형제 기스의 아들이 그에게 장가 들었으며 23 무시의 아들들은 마흘리와
에델과 여레못 세 사람이더라 24 이는 다 레위 자손이니 그 조상의 가문을 따라 계수된 이름이 기록되고 여호와
의 성전에서 섬기는 일을 하는 이십세 이상 된 우두머리들이라 25 다윗이 이르기를 이스라엘 하나님 여호와께서
평강을 그의 백성에게 주시고 예루살렘에 영원히 거하시나니 26 레위 사람이 다시는 성막과 그 가운데에서 쓰
는 모든 기구를 멜 필요가 없다 한지라 27 다윗의 유언대로 레위 자손이 이십 세 이상으로 계수되었으니 28 그 직
분은 아론의 자손을 도와 여호와의 성전과 뜰과 골방에서 섬기고 또 모든 성물을 정결하게 하는 일 곧 하나님의
성전에서 섬기는 일과 29 또 진설병과 고운 가루의 소제물 곧 무교전병이나 과자를 굽는 것이나 반죽하는 것이
나 또 모든 저울과 자를 맡고 30 아침과 저녁마다 서서 여호와께 감사하고 찬송하며 31 또 안식일과 초하루와 절
기에 모든 번제를 여호와께 드리되 그가 명령하신 규례의 정한 수효대로 항상 여호와 앞에 드리며 32 또 회막의
직무와 성소의 직무와 그들의 형제 아론 자손의 직무를 지켜 여호와의 성전에서 수종드는 것이더라

역대상 24장

제사장 직분을 맡은 사람들

1 아론 자손의 계열들이 이러하니라 아론의 아들들은 나답과 아비후와
엘르아살과 이다말이라 2 나답과 아비후가 그들의 아버지보다 먼저 죽고
그들에게 아들이 없으므로 엘르아살과 이다말이 제사장의 직분을 행하
였더라 3 다윗이 엘르아살의 자손 사독과 이다말의 자손 아히멜렉과 더
불어 그들을 나누어 각각 그 섬기는 직무를 맡겼는데 4 엘르아살의 자손
중에 우두머리가 이다말의 자손보다 많으므로 나눈 것이 이러하니 엘르
아살 자손의 우두머리가 열여섯 명이요 이다말 자손은 그 조상들의 가문
을 따라 여덟 명이라 5 이에 제비 뽑아 피차에 차등이 없이 나누었으니 이
는 성전의 일을 다스리는 자와 하나님의 일을 다스리는 자가 엘르아살의
자손 중에도 있고 이다말의 자손 중에도 있음이라 6 레위 사람 느다넬의
아들 서기관 스마야가 왕과 방백과 제사장 사독과 아비아달의 아들 아
히멜렉과 및 제사장과 레위 사람의 우두머리 앞에서 그 이름을 기록하여
엘르아살의 자손 중에서 한 집을 뽑고 이다말의 자손 중에서 한 집을 뽑
았으니 7 첫째로 제비 뽑힌 자는 여호야립이요 둘째는 여다야요 8 셋째는
하림이요 넷째는 스오림이요 9 다섯째는 말기야요 여섯째는 미야민이요
10 일곱째는 학고스요 여덟째는 아비야요 11 아홉째는 예수아요 열째는
스가냐요 12 열한째는 엘리아십이요 열두째는 야김이요 13 열셋째는 훕
바요 열넷째는 예세브압이요 14 열다섯째는 빌가요 열여섯째는 임멜이
요 15 열일곱째는 헤실이요 열여덟째는 합비세스요 16 열아홉째는 브다
히야요 스무째는 여헤스겔이요 17 스물한째는 야긴이요 스물두째는 가
물이요 18 스물셋째는 들라야요 스물넷째는 마아시야라 19 이와 같은 직
무에 따라 여호와의 성전에 들어가서 그의 아버지 아론을 도왔으니 이는
이스라엘의 하나님 여호와께서 명하신 규례더라

대상 24:6-23
성전 봉사 레위인 24반열의 가계별 분포도
본 도표는 특별히 여호와의 전 사무를 보살피는 자 24,000명을 효율적으로 통제하기 위하여 구성한 24반열을 레위지파 내의 3대 계보별로 분류하여 본 것이다(4절).

	가문			수	족장
게르손 자손	라단			1 2 3 4 5 6	여히엘 세담 요엘 슬로밋 하시엘 하란
	시므이			7 8 9 10	야핫 시나 여우스 브리아
그핫(고핫) 자손	아므람	모세	게르솜	11	스브엘
			엘리에셀	12	르하뱌
	아므람			13	슬로밋
	헤브론			14 15 16 17	여리야 아마랴 야하시엘 여가므암
	웃시엘			18 19	미가 잇시야
	마홀리			20 21	엘르아살 기스
므라리 자손	무시			22 23 24	마홀리 에델 여래못

레위 자손 중에 남은 자들

20 레위 자손 중에 남은 자는 이러하니 아므람의 아들들 중에는 수바엘
이요 수바엘의 아들들 중에는 예드야며 21 르하뱌에게 이르러는 그의 아
들들 중에 우두머리 잇시야요 22 이스할의 아들들 중에는 슬로못이요 슬
로못의 아들들 중에는 야핫이요 23 헤브론의 아들들은 장자 여리야와 둘
째 아마랴와 셋째 야하시엘과 넷째 여가므암이요 24 웃시엘의 아들들은
미가요 미가의 아들들 중에는 사밀이요 25 미가의 아우는 잇시야라 잇시
야의 아들들 중에는 스가랴이며 26 므라리의 아들들은 마흘리와 무시요
야아시야의 아들들은 브노이니 27 므라리의 자손 야아시야에게서 난 자
는 브노와 소함과 삭굴과 이브리요 28 마흘리의 아들 중에는 엘르아살이
니 엘르아살은 아들이 없으며 29 기스에게 이르러는 그의 아들 여라므엘
이요 30 무시의 아들들은 마흘리와 에델과 여리못이니 이는 다 그 조상의
가문에 따라 기록한 레위 자손이라 31 이 여러 사람도 다윗 왕과 사독과
아히멜렉과 제사장과 레위 우두머리 앞에서 그들의 형제 아론 자손처럼
제비 뽑혔으니 장자의 가문과 막내 동생의 가문이 다름이 없더라

대상 24:6-19, 대제사장 직제의 변천 과정

시대		직무 수행자
모세 이전		· 족장, 즉 가장(家長)이 담당 (창 8:20, 욥 1:5)
모세 시대		· 정규적인 제사장 직제 시작 · 아론과 그의 자손들이 대제사장 직무 수행(출 29:1-46)
사사 시대		· 종교,정치,경제적 혼란으로 제사장 직제가 불이행됨 · 사사 시대 후기부터 이다말 계열의 엘리 가문이 합법적 대제사장 가문으로 봉직(삼상 1:3)
왕정 시대	사울 시대	· 엘리 가문이 계속해서 대제사장 직무 수행
	다윗 시대	· 이다말 계열의 엘리 가문과 엘르아살 계열의 사독 가문이 대제사장 직무 병행
	솔로몬 이후	· 엘리 가문이 패하고 사독 가문이 주도(대상 6:8-15)
포로 전후 시대		· 사독 가문이 대제사장 직무 계속 수행 · 사두개파 형성(학 1:1)
신구약 중간기		· 제사장이 상당한 권력 행사 · 정통 신앙에서 벗어나 점점 타락하게 됨
신약 시대		· 성전 파괴(A.D.70년)와 함께 사두개파 사라짐 · 그리스도께서 대제사장 직무 종결(골 1:20) · 모든 성도들이 왕같은 제사장이 됨(벧전 2:9)

25일~30일

역대상 25장

찬송을 맡은 사람들

1 다윗이 군대 지휘관들과 더불어 아삽과 헤만과 여두둔의 자손 중에서
구별하여 섬기게 하되 수금과 비파와 제금을 잡아 신령한 노래를 하게 하
였으니 그 직무대로 일하는 자의 수효는 이러하니라 2 아삽의 아들들은
삭굴과 요셉과 느다냐와 아사렐라니 이 아삽의 아들들이 아삽의 지휘 아
래 왕의 명령을 따라 신령한 노래를 하며 3 여두둔에게 이르러서는 그의
아들들 그달리야와 스리와 여사야와 시므이와 하사뱌와 맛디디야 여섯
사람이니 그의 아버지 여두둔의 지휘 아래 수금을 잡아 신령한 노래를 하
며 여호와께 감사하며 찬양하며 4 헤만에게 이르러는 그의 아들들 북기야
와 맛다냐와 웃시엘과 스브엘과 여리못과 하나냐와 하나니와 엘리아다
와 깃달디와 로맘디에셀과 요스브가사와 말로디와 호딜과 마하시옷이라
5 이는 다 헤만의 아들들이니 나팔을 부는 자들이며 헤만은 하나님의 말
씀을 가진 왕의 선견자라 하나님이 헤만에게 열네 아들과 세 딸을 주셨더
라 6 이들이 다 그들의 아버지의 지휘 아래 제금과 비파와 수금을 잡아 여
호와의 전에서 노래하여 하나님의 전을 섬겼으며 아삽과 여두둔과 헤만
은 왕의 지휘 아래 있었으니 7 그들과 모든 형제 곧 여호와 찬송하기를 배
워 익숙한 자의 수효가 이백팔십팔 명이라 8 이 무리의 큰 자나 작은 자나
스승이나 제자를 막론하고 다같이 제비 뽑아 직임을 얻었으니 9 첫째로 제비 뽑힌 자는 아삽의 아들 중 요셉이요
둘째는 그달리야이니 그와 그의 형제들과 아들들 십이 명이요 10 셋째는 삭굴이니 그의 아들들과 형제들과 십이
명이요 11 넷째는 이스리이니 그의 아들들과 형제들과 십이 명이요 12 다섯째는 느다냐니 그의 아들들과 형제들
과 십이 명이요 13 여섯째는 북기야니 그의 아들들과 형제들과 십이 명이요 14 일곱째는 여사렐라니 그의 아들들
과 형제들과 십이 명이요 15 여덟째는 여사야니 그의 아들들과 형제들과 십이 명이요 16 아홉째는 맛다냐니 그의
아들들과 형제들과 십이 명이요 17 열째는 시므이니 그의 아들들과 형제들과 십이 명이요 18 열한째는 아사렐이

대상 25:6, 7
이스라엘 음악에 대한 다윗의 기여

1	여러 악기를 연주 (삼상 16:18, 23)
2	히브리 성가의 창시자요, 지휘자 (대상 16:42)
3	히브리 종교 의식에 찬송과 악기 도입 (대상 16:42)
4	일부 악기를 발명(대상 23:5)
5	24반차로 성가대 조직(대상 25:8-31)
6	다양한 상황에서 많은 시편 작곡(시 18편)
7	시편의 수집 및 정리(시 73-83편)
8	이스라엘 민족에게 찬양을 장려(시 150편)

니 그의 아들들과 형제들과 십이 명이요 19 열두째는 하사뱌니 그의 아들들과 형제들과 십이 명이요 20 열셋째는
수바엘이니 그의 아들들과 형제들과 십이 명이요 21 열넷째는 맛디디야니 그의 아들들과 형제들과 십이 명이요
22 열다섯째는 여레못이니 그의 아들들과 형제들과 십이 명이요 23 열여섯째는 하나냐니 그의 아들들과 형제들
과 십이 명이요 24 열일곱째는 요스브가사니 그의 아들들과 형제들과 십이 명이요 25 열여덟째는 하나니니 그의
아들들과 형제들과 십이 명이요 26 열아홉째는 말로디니 그의 아들들과 형제들과 십이 명이요 27 스무째는 엘리
아다니 그의 아들들과 형제들과 십이 명이요 28 스물한째는 호딜이니 그의 아들들과 형제들과 십이 명이요 29 스
물두째는 깃달디니 그의 아들들과 형제들과 십이 명이요 30 스물셋째는 마하시옷이니 그의 아들들과 형제들과
십이 명이요 31 스물넷째는 로맘디에셀이니 그의 아들들과 형제들과 십이 명이었더라

역대상 26장

성전 문지기

1 고라 사람들의 문지기 반들은 이러하니라 아삽의 가문 중 고레의 아들
므셀레먀라 2 므셀레먀의 아들들인 맏아들 스가랴와 둘째 여디아엘과
셋째 스바댜와 넷째 야드니엘과 3 다섯째 엘람과 여섯째 여호하난과 일
곱째 엘여호에내이며 4 오벧에돔의 아들들은 맏아들 스마야와 둘째 여
호사밧과 셋째 요아와 넷째 사갈과 다섯째 느다넬과 5 여섯째 암미엘과
일곱째 잇사갈과 여덟째 브울래대이니 이는 하나님이 오벧에돔에게 복
을 주셨음이라 6 그의 아들 스마야도 두어 아들을 낳았으니 그들의 조상
의 가문을 다스리는 자요 큰 용사라 7 스마야의 아들들은 오드니와 르바
엘과 오벳과 엘사밧이며 엘사밧의 형제 엘리후와 스마갸는 능력이 있는
자이니 8 이는 다 오벧에돔의 자손이라 그들과 그의 아들들과 그의 형제
들은 다 능력이 있어 그 직무를 잘하는 자이니 오벧에돔에게서 난 자가
육십이 명이며 9 또 므셀레먀의 아들과 형제 열여덟 명은 능력이 있는 자
라 10 므라리 자손 중 호사에게도 아들들이 있으니 그의 장자는 시므리라
시므리는 본래 맏아들이 아니나 그의 아버지가 장자로 삼았고 11 둘째는
힐기야요 셋째는 드발리야요 넷째는 스가랴이니 호사의 아들들과 형제
들이 열세 명이더라 12 이상은 다 문지기의 반장으로서 그 형제처럼 직임
을 얻어 여호와의 성전에서 섬기는 자들이라 13 각 문을 지키기 위하여 그
의 조상의 가문을 따라 대소를 막론하고 다 제비 뽑혔으니 14 셀레먀는
동쪽을 뽑았고 그의 아들 스가랴는 명철한 모사라 모사를 위하여 제비
뽑으니 북쪽을 뽑았고 15 오벧에돔은 남쪽을 뽑았고 그의 아들들은 곳간에 뽑혔으며 16 숩빔과 호사는 서쪽을
뽑아 큰 길로 통한 살래겟 문 곁에 있어 서로 대하여 파수하였으니 17 동쪽 문에 레위 사람이 여섯이요 북쪽 문
에 매일 네 사람이요 남쪽 문에 매일 네 사람이요 곳간에는 둘씩이며 18 서쪽 뜰에 있는 큰 길에 네 사람 그리고
뜰에 두 사람이라 19 고라와 므라리 자손의 문지기의 직책은 이러하였더라

대상 26:1, 2
레위인들의 성전 봉사 및 기타 직무

다윗은 성전 건축을 위한 모든 준비를 끝낸 후 성전에서 봉사할 레위 자손들을 계수하였다. 계수된 레위인들은 모두 38,000명인데 이들을 각각 나누어 성전 봉사의 직무 및 기타 종교적 업무를 담당하게 하였다.

	역 할	인원(명)
사무원	제사장을 도와 성전 제사와 관련된 일들을 감당(23:28-32)	24,000
재판관	종교,민생,외교 등의 여러 문제를 판결함(26:29-32)	6,000
유 사	재판관의 보조로서 문서 기록,보관 등의 직무를 행함(26:29)	
문지기	예루살렘 성전문, 왕궁, 성문, 곳간들을 지킴(26:1-28)	4,000
성가대	예배 시에 찬양으로 하나님의 영광을 높임(25:1, 2)	4,000
악 사	제금,비파,수금 등을 연주하며 하나님을 찬양함(25:1, 3-6)	

성전 곳간을 맡은 사람들

20 레위 사람 중에 아히야는 하나님의 전 곳간과 성물 곳간을 맡았으며 21 라단의 자손은 곧 라단에게 속한 게
르손 사람의 자손이니 게르손 사람 라단에게 속한 가문의 우두머리는 여히엘리라 22 여히엘리의 아들들은 스담
과 그의 아우 요엘이니 여호와의 성전 곳간을 맡았고 23 아므람 자손과 이스할 자손과 헤브론 자손과 웃시엘 자
손 중에 24 모세의 아들 게르솜의 자손 스브엘은 곳간을 맡았고 25 그의 형제 곧 엘리에셀에게서 난 자는 그의
아들 르하뱌와 그의 아들 여사야와 그의 아들 요람과 그의 아들 시그리와 그의 아들 슬로못이라 26 이 슬로못

과 그의 형제는 성물의 모든 곳간을 맡았으니 곧 다윗 왕과 가문의 우두머리와 천부장과 백부장과 군대의 모든
지휘관이 구별하여 드린 성물이라 27 그들이 싸울 때에 노략하여 얻은 물건 중에서 구별하여 드려 여호와의 성
전을 개수한 일과 28 선견자 사무엘과 기스의 아들 사울과 넬의 아들 아브넬과 스루야의 아들 요압이 무엇이든
지 구별하여 드린 성물은 다 슬로못과 그의 형제의 지휘를 받았더라

다른 레위 사람들의 직임

29 이스할 자손 중에 그나냐와 그의 아들들은 성전 밖에서 이스라엘의 일을 다스리는 관원과 재판관이 되었고
30 헤브론 자손 중에 하사뱌와 그의 동족 용사 천 칠백 명은 요단 서쪽에서 이스라엘을 주관하여 여호와의 모든
일과 왕을 섬기는 직임을 맡았으며 31 헤브론 자손 중에서는 여리야가 그의 족보와 종족대로 헤브론 자손의 우
두머리가 되었더라 다윗이 왕 위에 있은 지 사십 년에 길르앗 야셀에서 그들 중에 구하여 큰 용사를 얻었으니 32
그의 형제 중 이천칠백 명이 다 용사요 가문의 우두머리라 다윗 왕이 그들로 르우벤과 갓과 므낫세 반 지파를
주관하여 하나님의 모든 일과 왕의 일을 다스리게 하였더라

25일~
30일

시편 15

❖ 시편 15편 : **다윗시**
여호와의 장막과 성산에 거할 자의 자격과 여호와와 함께하는 자의 영원한 안전을 노래한다. 그 자격자는 하나님의 율례(시내산 언약으로 인해 주어진 십계명)를 지켜 행하는 자임을 의미한다.
☞ **마 5:20** 내가 너희에게 이르노니 너희 의가 서기관과 바리새인보다 더 낫지 못하면 결코 천국에 들어가지 못하리라
☞ **살후 1:5** 이는 하나님의 공의로운 심판의 표요 너희로 하여금 하나님의 나라에 합당한 자로 여김을 받게 하려 함이니 그 나라를 위하여 너희가 또한 고난을 받느니라

다윗의 시

1 여호와여 주의 장막에 머무를 자 누구오며 주의 성산에 사는 자 누구오
니이까 2 정직하게 행하며 공의를 실천하며 그의 마음에 진실을 말하며 3
그의 혀로 남을 허물하지 아니하고 그의 이웃에게 악을 행하지 아니하며
그의 이웃을 비방하지 아니하며 4 그의 눈은 망령된 자를 멸시하며 여호
와를 두려워하는 자들을 존대하며 그의 마음에 서원한 것은 해로울지라
도 변하지 아니하며 5 이자를 받으려고 돈을 꾸어 주지 아니하며 뇌물을
받고 무죄한 자를 해하지 아니하는 자이니 이런 일을 행하는 자는 영원
히 흔들리지 아니하리이다

시편 24

❖ 시편 24편 : **다윗시**
장엄한 종교행사에 사용되는 송축시이다. 법궤를 예루살렘에 옮겨오는 것을 기뻐하는 시이고 법궤의 예루살렘 입성은 메시아의 예루살렘 입성을 예표한다.
법궤는 하나님의 임재의 상징이고 그 법궤가 예루살렘에 옴으로 예루살렘이 세상의 중심이 되었다는 것을 노래하는 것이다.
☞ **행 17:24-25** 우주와 그 가운데 있는 만물을 지으신 하나님께서는 천지의 주재시니 손으로 지은 전에 계시지 아니하시고 또 무엇이 부족한 것처럼 사람의 손으로 섬김을 받으시는 것이 아니니 이는 만민에게 생명과 호흡과 만물을 친히 주시는 이심이라

다윗의 시

1 땅과 거기에 충만한 것과 세계와 그 가운데에 사는 자들은 다 여호와의
것이로다 2 여호와께서 그 터를 바다 위에 세우심이여 강들 위에 건설하
셨도다 3 여호와의 산에 오를 자가 누구며 그의 거룩한 곳에 설 자가 누구
인가 4 곧 손이 깨끗하며 마음이 청결하며 뜻을 허탄한 데에 두지 아니하
며 거짓 맹세하지 아니하는 자로다 5 그는 여호와께 복을 받고 구원의 하
나님께 공의를 얻으리니 6 이는 여호와를 찾는 족속이요 야곱의 하나님의
얼굴을 구하는 자로다 (셀라) 7 문들아 너희 머리를 들지어다 영원한 문들
아 들릴지어다 영광의 왕이 들어가시리로다 8 영광의 왕이 누구시냐 강하고 능한 여호와시요 전쟁에 능한 여호
와시로다 9 문들아 너희 머리를 들지어다 영원한 문들아 들릴지어다 영광의 왕이 들어가시리로다 10 영광의 왕이
누구시냐 만군의 여호와께서 곧 영광의 왕이시로다 (셀라)

시편 42

고라 자손의 마스길, 인도자를 따라 부르는 노래

1 하나님이여 사슴이 시냇물을 찾기에 갈급함 같이 내 영혼이 주를 찾기
에 갈급하니이다 2 내 영혼이 하나님 곧 살아 계시는 하나님을 갈망하나
니 내가 어느 때에 나아가서 하나님의 얼굴을 뵈올까 3 사람들이 종일 내
게 하는 말이 네 하나님이 어디 있느뇨 하오니 내 눈물이 주야로 내 음식
이 되었도다 4 내가 전에 성일을 지키는 무리와 동행하여 기쁨과 감사의
소리를 내며 그들을 하나님의 집으로 인도하였더니 이제 이 일을 기억하고 내 마음이 상하는도다 5 내 영혼아 네
가 어찌하여 낙심하며 어찌하여 내 속에서 불안해 하는가 너는 하나님께 소망을 두라 그가 나타나 도우심으로
말미암아 내가 여전히 찬송하리로다 6 내 하나님이여 내 영혼이 내 속에서 낙심이 되므로 내가 요단 땅과 헤르
몬과 미살 산에서 주를 기억하나이다 7 주의 폭포 소리에 깊은 바다가 서로 부르며 주의 모든 파도와 물결이 나
를 휩쓸었나이다 8 낮에는 여호와께서 그의 인자하심을 베푸시고 밤에는 그의 찬송이 내게 있어 생명의 하나님
께 기도하리로다 9 내 반석이신 하나님께 말하기를 어찌하여 나를 잊으셨나이까 내가 어찌하여 원수의 압제로
말미암아 슬프게 다니나이까 하리로다 10 내 뼈를 찌르는 칼 같이 내 대적이 나를 비방하여 늘 내게 말하기를
네 하나님이 어디 있느냐 하도다 11 내 영혼아 네가 어찌하여 낙심하며 어찌하여 내 속에서 불안해 하는가 너는
하나님께 소망을 두라 나는 그가 나타나 도우심으로 말미암아 내 하나님을 여전히 찬송하리로다

❖ **시편 42편, 43편**은 한 편의 시로 읽어라 저자는 하나님을 갈망하는 마음을 사슴이 시냇물을 찾는 것 같은 마음으로 표현한다. 낙심과 절망의 한 가운데서 여호와를 찾음으로 그 낙심과 절망을 이긴다는 신앙의 모습을 노래한다.

☞ **렘 29:13** 너희가 온 마음으로 나를 구하면 나를 찾을 것이요 나를 만나리라

☞ **사 58:9** 네가 부를 때에는 나 여호와가 응답하겠고 네가 부르짖을 때에는 내가 여기 있다 하리라 만일 네가 너희 중에서 멍에와 손가락질과 허망한 말을 제하여 버리고

25일~30일

시편 43

1 하나님이여 나를 판단하시되 경건하지 아니한 나라에 대하여 내 송사를 변호하시며 간사하고 불의한 자에게
서 나를 건지소서 2 주는 나의 힘이 되신 하나님이시거늘 어찌하여 나를 버리셨나이까 내가 어찌하여 원수의 억
압으로 말미암아 슬프게 다니나이까 3 주의 빛과 주의 진리를 보내시어 나를 인도하시고 주의 거룩한 산과 주께
서 계시는 곳에 이르게 하소서 4 그런즉 내가 하나님의 제단에 나아가 나의 큰 기쁨의 하나님께 이르리이다 하나
님이여 나의 하나님이여 내가 수금으로 주를 찬양하리이다 5 내 영혼아 네가 어찌하여 낙심하며 어찌하여 내 속
에서 불안해 하는가 너는 하나님께 소망을 두라 그가 나타나 도우심으로
말미암아 내 하나님을 여전히 찬송하리로다

시편 44

고라 자손의 마스길, 인도자를 따라 부르는 노래

1 하나님이여 주께서 우리 조상들의 날 곧 옛날에 행하신 일을 그들이 우
리에게 일러 주매 우리가 우리 귀로 들었나이다 2 주께서 주의 손으로 뭇
백성을 내쫓으시고 우리 조상들을 이 땅에 뿌리 박게 하시며 주께서 다
른 민족들은 고달프게 하시고 우리 조상들은 번성하게 하셨나이다 3 그들
이 자기 칼로 땅을 얻어 차지함이 아니요 그들의 팔이 그들을 구원함도 아
니라 오직 주의 오른손과 주의 팔과 주의 얼굴의 빛으로 하셨으니 주께서

❖ **시편 44편**
도살당할 양같이 연약한 선민의 구원을 호소하는 민족의 애가이다. 고라 자손의 마스길이다. "마스길"은 "깨닫다", "생각하다"라는 뜻의 단어 "시칼"에서 유래된 말로서 교훈의 시 또는 지성, 내성의 시를 가리킨다. 모두 13편이 있다. 4, 5, 6절에서 저자의 신앙 자세를 묵상하라. 인위를 내려놓고 신위에 의지함이 곧 믿음이다.

☞ **사 31:1** 도움을 구하러 애굽으로 내려가는 자들은 화 있을진저 그들은 말을 의지하며 병거의 많음과 마병의 심히 강함을 의지하고 이스라엘의 거룩하신 이를 앙모하지 아니하며 여호와를 구하지 아니하나니

☞ **빌 3:7** 그러나 무엇이든지 내게 유익하던 것을 내가 그리스도를 위하여 다 해로 여길뿐더러

그들을 기뻐하신 까닭이니이다 4 하나님이여 주는 나의 왕이시니 야곱에게 구원을 베푸소서 5 우리가 주를 의지
하여 우리 대적을 누르고 우리를 치러 일어나는 자를 주의 이름으로 밟으리이다 6 나는 내 활을 의지하지 아니할
것이라 내 칼이 나를 구원하지 못하리이다 7 오직 주께서 우리를 우리 원수들에게서 구원하시고 우리를 미워하는
자로 수치를 당하게 하셨나이다 8 우리가 종일 하나님을 자랑하였나이다 우리는 하나님의 이름에 영원히 감사하
리이다 (셀라) 9 그러나 이제는 주께서 우리를 버려 욕을 당하게 하시고 우리 군대와 함께 나아가지 아니하시나이
다 10 주께서 우리를 대적들에게서 돌아서게 하시니 우리를 미워하는 자가 자기를 위하여 탈취하였나이다 11 주
께서 우리를 잡아먹힐 양처럼 그들에게 넘겨 주시고 여러 민족 중에 우리를 흩으셨나이다 12 주께서 주의 백성을
헐값으로 파심이여 그들을 판 값으로 이익을 얻지 못하셨나이다 13 주께서 우리로 하여금 이웃에게 욕을 당하게
하시니 그들이 우리를 둘러싸고 조소하고 조롱하나이다 14 주께서 우리를 뭇 백성 중에 이야기 거리가 되게 하시
며 민족 중에서 머리 흔듦을 당하게 하셨나이다 15 나의 능욕이 종일 내 앞에 있으며 수치가 내 얼굴을 덮었으니
16 나를 비방하고 욕하는 소리 때문이요 나의 원수와 나의 복수자 때문이니이다 17 이 모든 일이 우리에게 임하였
으나 우리가 주를 잊지 아니하며 주의 언약을 어기지 아니하였나이다 18 우리의 마음은 위축되지 아니하고 우리
걸음도 주의 길을 떠나지 아니하였으나 19 주께서 우리를 승냥이의 처소에 밀어 넣으시고 우리를 사망의 그늘로
덮으셨나이다 20 우리가 우리 하나님의 이름을 잊어버렸거나 우리 손을 이방 신에게 향하여 폈더면 21 하나님이
이를 알아내지 아니하셨으리이까 무릇 주는 마음의 비밀을 아시나이다 22 우리가 종일 주를 위하여 죽임을 당하
게 되며 도살할 양 같이 여김을 받았나이다 23 주여 깨소서 어찌하여 주무시나이까 일어나시고 우리를 영원히 버
리지 마소서 24 어찌하여 주의 얼굴을 가리시고 우리의 고난과 압제를 잊으시나이까 25 우리 영혼은 진토 속에 파
묻히고 우리 몸은 땅에 붙었나이다 26 일어나 우리를 도우소서 주의 인자하심으로 말미암아 우리를 구원하소서

25일~30일

시편 45

✣ 시편 45편 **고라 자손 : 메시아 예언시**
여호와가 세우신 왕(메시아)의 혼인 잔치를 백성들이 기뻐하며 축하하는 시.
☞ **사 9:7** 그 정사와 평강의 더함이 무궁하며 또 다윗의 왕좌와 그의 나라에 군림하여 그 나라를 굳게 세우고 지금 이후로 영원히 정의와 공의로 그것을 보존하실 것이라 만군의 여호와의 열심이 이를 이루시리라
☞ **계 11:15** 일곱째 천사가 나팔을 불매 하늘에 큰 음성들이 나서 이르되 세상 나라가 우리 주와 그의 그리스도의 나라가 되어 그가 세세토록 왕 노릇 하시리로다 하니

고라 자손의 마스길, 사랑의 노래, 인도자를 따라 소산님에 맞춘 것

1 내 마음이 좋은 말로 왕을 위하여 지은 것을 말하리니 내 혀는 글 솜씨
가 뛰어난 서기관의 붓끝과 같도다 2 왕은 사람들보다 아름다워 은혜를
입술에 머금으니 그러므로 하나님이 왕에게 영원히 복을 주시도다 3 용
사여 칼을 허리에 차고 왕의 영화와 위엄을 입으소서 4 왕은 진리와 온유
와 공의를 위하여 왕의 위엄을 세우시고 병거에 오르소서 왕의 오른손이
왕에게 놀라운 일을 가르치리이다 5 왕의 화살은 날카로워 왕의 원수의
염통을 뚫으니 만민이 왕의 앞에 엎드러지는도다 6 하나님이여 주의 보좌는 영원하며 주의 나라의 규는 공평한
규이니이다 7 왕은 정의를 사랑하고 악을 미워하시니 그러므로 하나님 곧 왕의 하나님이 즐거움의 기름을 왕에
게 부어 왕의 동료보다 뛰어나게 하셨나이다 8 왕의 모든 옷은 몰약과 침향과 육계의 향기가 있으며 상아궁에
서 나오는 현악은 왕을 즐겁게 하도다 9 왕이 가까이 하는 여인들 중에는 왕들의 딸이 있으며 왕후는 오빌의 금
으로 꾸미고 왕의 오른쪽에 서도다 10 딸이여 듣고 보고 귀를 기울일지어다 네 백성과 네 아버지의 집을 잊어버
릴지어다 11 그리하면 왕이 네 아름다움을 사모하실지라 그는 네 주인이시니 너는 그를 경배할지어다 12 두로의
딸은 예물을 드리고 백성 중 부한 자도 네 얼굴 보기를 원하리로다 13 왕의 딸은 궁중에서 모든 영화를 누리니
그의 옷은 금으로 수 놓았도다 14 수 놓은 옷을 입은 그는 왕께로 인도함을 받으며 시종하는 친구 처녀들도 왕
께로 이끌려 갈 것이라 15 그들은 기쁨과 즐거움으로 인도함을 받고 왕궁에 들어가리로다 16 왕의 아들들은 왕
의 조상들을 계승할 것이라 왕이 그들로 온 세계의 군왕을 삼으리로다 17 내가 왕의 이름을 만세에 기억하게 하
리니 그러므로 만민이 왕을 영원히 찬송하리로다

시편 46

고라 자손의 시, 인도자를 따라 알라못에 맞춘 노래
[1] 하나님은 우리의 피난처시요 힘이시니 환난 중에 만날 큰 도움이시라 [2]
그러므로 땅이 변하든지 산이 흔들려 바다 가운데에 빠지든지 [3] 바닷물이
솟아나고 뛰놀든지 그것이 넘침으로 산이 흔들릴지라도 우리는 두려워하
지 아니하리로다 (셀라) [4] 한 시내가 있어 나뉘어 흘러 하나님의 성 곧 지존하신 이의 성소를 기쁘게 하도다 [5] 하나
님이 그 성 중에 계시매 성이 흔들리지 아니할 것이라 새벽에 하나님이 도우시리로다 [6] 뭇 나라가 떠들며 왕국이
흔들렸더니 그가 소리를 내시매 땅이 녹았도다 [7] 만군의 여호와께서 우리와 함께 하시니 야곱의 하나님은 우리의
피난처시로다 (셀라) [8] 와서 여호와의 행적을 볼지어다 그가 땅을 황무지로 만드셨도다 [9] 그가 땅 끝까지 전쟁을 쉬
게 하심이여 활을 꺾고 창을 끊으며 수레를 불사르시는도다 [10] 이르시기를 너희는 가만히 있어 내가 하나님 됨을
알지어다 내가 뭇 나라 중에서 높임을 받으리라 내가 세계 중에서 높임을 받으리라 하시도다 [11] 만군의 여호와께
서 우리와 함께 하시니 야곱의 하나님은 우리의 피난처시로다 (셀라)

❖ 시편 46편 **고라 자손의 시, 찬양시**
전쟁을 치르게 하시고 환난과 핍박 중에도 피난처가 되시고 힘이 되시는 여호와를 찬양한 시.
☞ **사 41:10** 두려워하지 말라 내가 너와 함께함이라 놀라지 말라 나는 네 하나님이 됨이라 내가 너를 굳세게 하리라 참으로 너를 도와주리라 참으로 나의 의로운 오른손으로 너를 붙들리라

시편 47

고라 자손의 시, 인도자를 따라 부르는 노래
[1] 너희 만민들아 손바닥을 치고 즐거운 소리로 하나님께 외칠지어다 [2] 지
존하신 여호와는 두려우시고 온 땅에 큰 왕이 되심이로다 [3] 여호와께서
만민을 우리에게, 나라들을 우리 발 아래에 복종하게 하시며 [4] 우리를 위
하여 기업을 택하시나니 곧 사랑하신 야곱의 영화로다 (셀라) [5] 하나님께
서 즐거운 함성중에 올라가심이여 여호와께서 나팔 소리 중에 올라가시
도다 [6] 찬송하라 하나님을 찬송하라 찬송하라 우리 왕을 찬송하라 [7] 하
나님은 온 땅의 왕이심이라 지혜의 시로 찬송할지어다 [8] 하나님이 뭇 백
성을 다스리시며 하나님이 그의 거룩한 보좌에 앉으셨도다 [9] 뭇 나라의
고관들이 모임이여 아브라함의 하나님의 백성이 되도다 세상의 모든 방
패는 하나님의 것임이여 그는 높임을 받으시리로다

❖ 시편 47편 **고라 자손의 시**
선민을 위해 온 땅을 다스리시는 하나님의 주권을 노래한다. 창조주, 섭리주, 하나님을 노래하는 것이 찬양의 근원이다.
☞ **대상 29:11** 여호와여 위대하심과 권능과 영광과 승리와 위엄이 다 주께 속하였사오니 천지에 있는 것이 다 주의 것이로소이다. 여호와여 주권도 주께 속하였사오니 주는 높으사 만물의 머리이심이니이다
☞ 이것이 나의 세계관인가?
☞ **골 3:16-17** 그리스도의 말씀이 너희 속에 풍성히 거하여 모든 지혜로 피차 가르치며 권면하고 시와 찬송과 신령한 노래를 부르며 감사하는 마음으로 하나님을 찬양하고 또 무엇을 하든지 말에나 일에나 다 주 예수의 이름으로 하고 그를 힘입어 하나님 아버지께 감사하라

시편 48

고라 자손의 시 곧 노래
[1] 여호와는 위대하시니 우리 하나님의 성, 거룩한 산에서 극진히 찬양 받
으시리로다 [2] 터가 높고 아름다워 온 세계가 즐거워함이여 큰 왕의 성 곧
북방에 있는 시온 산이 그러하도다 [3] 하나님이 그 여러 궁중에서 자기를
요새로 알리셨도다 [4] 왕들이 모여서 함께 지나갔음이여 [5] 그들이 보고 놀
라고 두려워 빨리 지나갔도다 [6] 거기서 떨림이 그들을 사로잡으니 고통
이 해산하는 여인의 고통 같도다 [7] 주께서 동풍으로 다시스의 배를 깨뜨

❖ 시편 48편 **고라 자손의 시**
시온에 거하시는 여호와의 권세와 은혜를 찬양한다.
☞ 1, 2절을 묵상하라 시온이 왜 거룩한가? 거기에 하나님이 임재해 계시기 때문이다. 오늘 우리 신안 공동체(교회)는 과연 하나님이 임재해서 함께하고 계시는가? 아무리 교회당을 화려하게 짓는다고 그것이 거룩하게 되는 것이 아니다, 본질을 추구하는 교회가 되어야 한다. 정신 차리고 회개하자.
☞ **요 14:23** 예수께서 대답하여 이르시되 사람이 나를 사랑하면 내 말을 지키리니 내 아버지께서 그를 사랑하실 것이요 우리가 그에게 가서 거처를 그와 함께 하리라
☞ **약 1:25** 자유롭게 하는 온전한 율법을 들여다보고 있는 자는 듣고 잊어버리는 자가 아니요 실천하는 자니 이 사람은 그 행하는 일에 복을 받으리라

리시도다 8 우리가 들은 대로 만군의 여호와의 성, 우리 하나님의 성에서 보았나니 하나님이 이를 영원히 견고
하게 하시리로다 (셀라) 9 하나님이여 우리가 주의 전 가운데에서 주의 인자하심을 생각하였나이다 10 하나님이
여 주의 이름과 같이 찬송도 땅 끝까지 미쳤으며 주의 오른손에는 정의가 충만하였나이다 11 주의 심판으로 말
미암아 시온 산은 기뻐하고 유다의 딸들은 즐거워할지어다 12 너희는 시온을 돌면서 그 곳을 둘러보고 그 망대
들을 세어 보라 13 그의 성벽을 자세히 보고 그의 궁전을 살펴서 후대에 전하라 14 이 하나님은 영원히 우리 하나
님이시니 그가 우리를 죽을 때까지 인도하시리로다

시편 49

❖ 시편 49편 **고라 자손의 시**
시편의 전도서라고 할 수 있다.
재물을 쫓는 자의 우매함에 대해서 종말론적 관점에서 권면하는 노래.
16-20절에서 세상 부귀영화의 허망함을 노래한다. 어떻게 생각하는가? 공수래공수거 같은 측면에서 그러할 것이다. 아무것도 가지고 오지 않았으니 아무것도 가져갈 것이 없다. 물질적 측면에서 그러하다. 그러나 우리는 하나님이 주신 은사를 가지고 이 땅에 왔다가 그 은사의 열매를 가지고 하나님께로 다시 돌아간다는 생사관을 가져야 한다.
☞ **신 31:6** 너희는 강하고 담대하라 두려워하지 말라 그들 앞에서 떨지 말라 이는 네 하나님 여호와 그가 너와 함께 가시며 결코 너를 떠나지 아니하시며 버리지 아니하실 것임이라 하고

고라 자손의 시, 인도자를 따라 부르는 노래

1 뭇 백성들아 이를 들으라 세상의 거민들아 모두 귀를 기울이라 2 귀천
빈부를 막론하고 다 들을지어다 3 내 입은 지혜를 말하겠고 내 마음은 명
철을 작은 소리로 읊조리리로다 4 내가 비유에 내 귀를 기울이고 수금으
로 나의 오묘한 말을 풀리로다 5 죄악이 나를 따라다니며 나를 에워싸는
환난의 날을 내가 어찌 두려워하랴 6 자기의 재물을 의지하고 부유함을
자랑하는 자는 7 아무도 자기의 형제를 구원하지 못하며 그를 위한 속전
을 하나님께 바치지도 못할 것은 8 그들의 생명을 속량하는 값이 너무 엄
청나서 영원히 마련하지 못할 것임이니라 9 그가 영원히 살아서 죽음을
보지 않을 것인가 10 그러나 그는 지혜 있는 자도 죽고 어리석고 무지한
자도 함께 망하며 그들의 재물은 남에게 남겨 두고 떠나는 것을 보게 되
리로다 11 그러나 그들의 속 생각에 그들의 집은 영원히 있고 그들의 거처는 대대에 이르리라 하여 그들의 토지
를 자기 이름으로 부르도다 12 사람은 존귀하나 장구하지 못함이여 멸망하는 짐승 같도다 13 이것이 바로 어리
석은 자들의 길이며 그들의 말을 기뻐하는 자들의 종말이로다 (셀라) 14 그들은 양 같이 스올에 두기로 작정되었
으니 사망이 그들의 목자일 것이라 정직한 자들이 아침에 그들을 다스리리니 그들의 아름다움은 소멸하고 스
올이 그들의 거처가 되리라 15 그러나 하나님은 나를 영접하시리니 이러므로 내 영혼을 스올의 권세에서 건져내
시리로다 (셀라) 16 사람이 치부하여 그의 집의 영광이 더할 때에 너는 두려워하지 말지어다 17 그가 죽으매 가져
가는 것이 없고 그의 영광이 그를 따라 내려가지 못함이로다 18 그가 비록 생시에 자기를 축하하며 스스로 좋게
함으로 사람들에게 칭찬을 받을지라도 19 그들은 그들의 역대 조상들에게로 돌아가리니 영원히 빛을 보지 못하
리로다 20 존귀하나 깨닫지 못하는 사람은 멸망하는 짐승 같도다

시편 84

고라 자손의 시, 인도자를 따라 깃딧에 맞춘 노래

1 만군의 여호와여 주의 장막이 어찌 그리 사랑스러운지요 2 내 영혼이 여호와의 궁정을 사모하여 쇠약함이여
내 마음과 육체가 살아 계시는 하나님께 부르짖나이다 3 나의 왕, 나의 하나님, 만군의 여호와여 주의 제단에서
참새도 제 집을 얻고 제비도 새끼 둘 보금자리를 얻었나이다 4 주의 집에 사는 자들은 복이 있나니 그들이 항상
주를 찬송하리이다 (셀라) 5 주께 힘을 얻고 그 마음에 시온의 대로가 있는 자는 복이 있나이다 6 그들이 눈물 골
짜기로 지나갈 때에 그 곳에 많은 샘이 있을 것이며 이른 비가 복을 채워 주나이다 7 그들은 힘을 얻고 더 얻어 나

아가 시온에서 하나님 앞에 각기 나타나리이다 [8] 만군의 하나님 여호와여
내 기도를 들으소서 야곱의 하나님이여 귀를 기울이소서 (셀라) [9] 우리 방
패이신 하나님이여 주께서 기름 부으신 자의 얼굴을 살펴 보옵소서 [10] 주
의 궁정에서의 한 날이 다른 곳에서의 천 날보다 나은즉 악인의 장막에
사는 것보다 내 하나님의 성전 문지기로 있는 것이 좋사오니 [11] 여호와 하
나님은 해요 방패이시라 여호와께서 은혜와 영화를 주시며 정직하게 행
하는 자에게 좋은 것을 아끼지 아니하실 것임이니이다 [12] 만군의 여호와
여 주께 의지하는 자는 복이 있나이다

❖ **시편 84편 고라 자손의 시**
시온을 떠나 쫓기는 자의 시온의 성소를 사모하는 노래.
주의 장막을 교회라는 공간적 의미보다는 하나님의 보호영역이라고 생각해 보자. 하나님의 보호하심을 사모하는 마음을 품어야 한다.
☞ **사 41:9** 내가 땅끝에서부터 너를 붙들며 땅 모퉁이에서부터 너를 부르고 네게 이르기를 너는 나의 종이라 내가 너를 택하고 싫어하여 버리지 아니하였다 하였노라
☞ **사 49:15-16** 여인이 어찌 그 젖 먹는 자식을 잊겠으며 자기 태에서 난 아들을 긍휼히 여기지 않겠느냐 그들은 혹시 잊을지라도 나는 너를 잊지 아니할 것이라 내가 너를 내 손바닥에 새겼고 너의 성벽이 항상 내 앞에 있나니
☞ **사 43:1** 야곱아 너를 창조하신 여호와께서 지금 말씀하시느니라 이스라엘아 너를 지으신 이가 말씀하시느니라 너는 두려워하지 말라 내가 너를 구속하였고 내가 너를 지명하여 불렀나니 너는 내 것이라

시편 85

25일~30일

고라 자손의 시, 인도자를 따라 부르는 노래

[1] 여호와여 주께서 주의 땅에 은혜를 베푸사 야곱의 포로 된 자들이 돌아
오게 하셨으며 [2] 주의 백성의 죄악을 사하시고 그들의 모든 죄를 덮으셨
나이다 (셀라) [3] 주의 모든 분노를 거두시며 주의 진노를 돌이키셨나이다 [4]
우리 구원의 하나님이여 우리를 돌이키시고 우리에게 향하신 주의 분노
를 거두소서 [5] 주께서 우리에게 영원히 노하시며 대대에 진노하시겠나이
까 [6] 주께서 우리를 다시 살리사 주의 백성이 주를 기뻐하도록 하지 아니
하시겠나이까 [7] 여호와여 주의 인자하심을 우리에게 보이시며 주의 구원을 우리에게 주소서 [8] 내가 하나님 여호
와께서 하실 말씀을 들으리니 무릇 그의 백성, 그의 성도들에게 화평을 말씀하실 것이라 그들은 다시 어리석은
데로 돌아가지 말지로다 [9] 진실로 그의 구원이 그를 경외하는 자에게 가까우니 영광이 우리 땅에 머무르리이다
[10] 인애와 진리가 같이 만나고 의와 화평이 서로 입맞추었으며 [11] 진리는 땅에서 솟아나고 의는 하늘에서 굽어
보도다 [12] 여호와께서 좋은 것을 주시리니 우리 땅이 그 산물을 내리로다 [13] 의가 주의 앞에 앞서 가며 주의 길
을 닦으리로다

❖ 시편 85편 고라 자손의 시
포로에서 돌아온 사람들의 감사와 간구 및 주님이 내려주신 복에 대해 찬양한다.

시편 87

고라 자손의 시 곧 노래

[1] 그의 터전이 성산에 있음이여 [2] 여호와께서 야곱의 모든 거처보다 시온
의 문들을 사랑하시는도다 [3] 하나님의 성이여 너를 가리켜 영광스럽다
말하는도다 (셀라) [4] 나는 라합과 바벨론이 나를 아는 자 중에 있다 말하
리라 보라 블레셋과 두로와 구스여 이것들도 거기서 났다 하리로다 [5] 시
온에 대하여 말하기를 이 사람, 저 사람이 거기서 났다고 말하리니 지존
자가 친히 시온을 세우리라 하는도다 [6] 여호와께서 민족들을 등록하실 때에는 그 수를 세시며 이 사람이 거기서
났다 하시리로다 (셀라) [7] 노래하는 자와 뛰어 노는 자들이 말하기를 나의 모든 근원이 네게 있다 하리로다

❖ **시편 87편 고라 자손의 시**
하나님의 성산, 시온을 통한 열방의 구원을 노래한다.
하나님의 성산 예루살렘은 하나님이 임재하신 곳이고 우주적 교회의 중심이 된다.
☞ **고전 3:16-17** 너희는 너희가 하나님의 성전인 것과 하나님의 성령이 너희 안에 계시는 것을 알지 못하느냐 누구든지 하나님의 성전을 더럽히면 하나님이 그 사람을 멸하시리라 하나님의 성전은 거룩하니 너희도 그러하니라

28일차 읽기의 요약

(시 37, 대상 22, 시 30, 대상 23~26, 시 15, 24, 42~49, 84, 85, 87)

예루살렘 성전은 솔로몬에 의해 세워졌지만, 성전 건축을 위한 모든 준비는 환난 중에 있었던 다윗에 의해 이루어졌다. 다윗은 솔로몬에게 성전건축과 함께 시내 산 언약을 늘 기억하고 지킬 것을 당부한다. 그리고 다윗은 성전 건축 전에 이미 성전 조직을 구성한다.

모든 레위 사람들(38,000명)을 계수하여 성전의 각각의 직임을 맡긴다. 아론의 남은 두 아들의 후손들을 통해 제사장을 세우고 아삽과 헤만 자손 중에서 악기들을 동반한 성가대를 구성하고 지휘자를 임명하여 여호와께 찬양하게 한다. 또한 오벳에돔의 아들들을 비롯한 많은 성전 문지기를 세워 성전을 관리하도록 한다. 이처럼 다윗은 국가조직보다는 하나님께서 왕으로 통치하시는 제사장 나라의 성전 조직을 가장 우위에 두었다.

또한 시편 중에는 레위 지파의 후손인 고라 자손이 기록한 시편들이 있다. 이스라엘 백성들의 구원은 오직 하나님께 있으며 만군의 여호와께서 이스라엘과 함께 계심을 찬양한다. 여호와께서 야곱의 모든 거처 보다 시온의 문들을 사랑하신다는 표현을 통해 시온에 대한 하나님의 특별한 사랑과 돌보심을 노래한다.

그러면 어떻게 살 것인가?

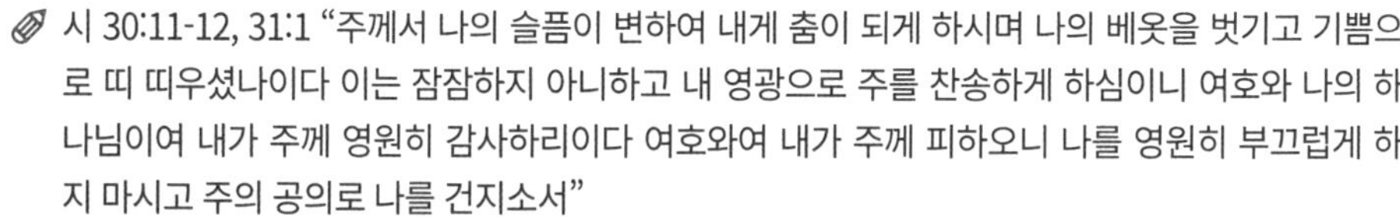

☑ 세계관 점검 – 묵상하기 (영상 강의와 교재 내용의 이해를 바탕으로)

- 시 30:11-12, 31:1 "주께서 나의 슬픔이 변하여 내게 춤이 되게 하시며 나의 베옷을 벗기고 기쁨으로 띠 띠우셨나이다 이는 잠잠하지 아니하고 내 영광으로 주를 찬송하게 하심이니 여호와 나의 하나님이여 내가 주께 영원히 감사하리이다 여호와여 내가 주께 피하오니 나를 영원히 부끄럽게 하지 마시고 주의 공의로 나를 건지소서"

  ☑ 이 시의 배경은 대상 21:1~22:6의 사건이다. 다윗이 인위로 인구 조사를 하고 하나님의 진노를 산 후 갓(Gad) 선지자의 권면으로 회개한 후 하나님에게 감사를 오히려 드리며 기쁨을 춤으로 표현하고 있다.
  하나님의 능력은 우리의 모든 고난과 역경을 기쁨의 춤으로 바꿀 수 있다.
  그런 하나님이 내 삶의 주인이시라면 우리는 매일의 삶이 춤과도 같은 삶을 살 수 있지 않을까?
  왜 그렇게 못할까?
  당신은 언제 기쁨에 겨워 춤을 추어 보았는가?

- 대상 23~26장을 읽으면서 살펴본 것은 다윗이 정비한 것은 국가조직이기보다는 성전 조직임을 알 수 있다. 오늘날과 같이 정교분리 원칙의 시각에서 볼 때 이를 국가조직이라고 볼 수 없지만, 하나님의 제사장 나라가 된 이스라엘에 있어서 성전은 국가조직보다도 우위에 있는 조직이다. 특히 "하나님의 마음에 맞는 다윗"에게

있어서는 성전의 중요성은 국가조직보다 훨씬 중요한 우위에 있다. 다윗은 국가조직을 찬양하는 시를 쓰지는 않았지만, 성전과 관련된 시를 많이 적은 이유가 여기에 있다. 우리는 이런 다윗을 닮아야 하지 않을까?

동영상 강의 28일자 마지막 내용과 함께 묵상하고 그것을 나의 세계관으로 삼아라.

시편 42, 43편에서처럼 오늘 우리의 낙심과 절망 중에 하나님을 갈망하는 마음을 품어 본 적이 있는가? 야곱의 절망 중에 찾아오셔서 "내가 너로 허락한 모든 것을 다 이룰 때까지 너와 함께하겠다"라는 그 하나님의 음성을 들었는가? 그 음성을 갈망하는가? 그렇다면 무릎을 꿇어라.
내 중심성을 하나님 앞에 내려놓아라. 그리고 그분의 인도하심에 모든 것을 의뢰하라.

시 49:16-20에서 우리가 정립해야 할 성경적 인생관은 무엇이라고 생각하는가?

25일~30일

대상 25:1 우리는 흔히 찬송을 '곡조 있는 기도'라고 말한다. 옳은 말이다. 신앙이 있어야 기도하게 되고 또 찬송도 가능하다. 특별히 신령한 노래는 하나님께는 영광이며, 듣는 이에게는 은혜이며, 부르는 이에게는 기쁨이 되는 매력이 있다. 당신의 생활 속에서는 자연스럽게 신령한 노래가 울려 나가고 있는가?
[히 13:15, 벧전 2:9. 찬송 80(통 101)]

결단기도와 실행하기

약 2:26 영혼 없는 몸이 죽은 것 같이 행함이 없는 믿음은 죽은 것이니라
시 119:28 나의 영혼이 눌림으로 말미암아 녹사오니 주의 말씀대로 나를 세우소서

역대상 27장~29장 :
다윗의 왕위 이양과 죽음

29일

역대상 27장

모든 가문의 우두머리와 관원들

1 이스라엘 자손의 모든 가문의 우두머리와 천부장과 백부장과 왕을 섬
기는 관원들이 그들의 숫자대로 반이 나누이니 각 반열이 이만 사천 명씩
이라 일 년 동안 달마다 들어가며 나왔으니 2 첫째 달 반의 반장은 삽디
엘의 아들 야소브암이요 그의 반에 이만 사천 명이라 3 그는 베레스의 자
손으로서 첫째 달 반의 모든 지휘관의 우두머리가 되었고 4 둘째 달 반의
반장은 아호아 사람 도대요 또 미글롯이 그의 반의 주장이 되었으니 그
의 반에 이만 사천 명이요 5 셋째 달 군대의 셋째 지휘관은 대제사장 여
호야다의 아들 브나야요 그의 반에 이만 사천 명이라 6 이 브나야는 삼십
명 중에 용사요 삼십 명 위에 있으며 그의 반 중에 그의 아들 암미사밧이
있으며 7 넷째 달 넷째 지휘관은 요압의 아우 아사헬이요 그 다음은 그의
아들 스바댜이니 그의 반에 이만 사천 명이요 8 다섯째 달 다섯째 지휘관
은 이스라 사람 삼훗이니 그의 반에 이만 사천 명이요 9 여섯째 달 여섯째
지휘관은 드고아 사람 익게스의 아들 이라이니 그의 반에 이만 사천 명
이요 10 일곱째 달 일곱째 지휘관은 에브라임 자손에 속한 발론 사람 헬
레스이니 그의 반에 이만 사천 명이요 11 여덟째 달 여덟째 지휘관은 세
라 족속 후사 사람 십브개이니 그의 반에 이만 사천 명이요 12 아홉째 달
아홉째 지휘관은 베냐민 자손 아나돗 사람 아비에셀이니 그의 반에 이
만 사천 명이요 13 열째 달 열째 지휘관은 세라 족속 느도바 사람 마하래
이니 그의 반에 이만 사천 명이요 14 열한째 달 열한째 지휘관은 에브라임
자손에 속한 비라돈 사람 브나야이니 그의 반에 이만 사천 명이요 15 열두
째 달 열두째 지휘관은 옷니엘 자손에 속한 느도바 사람 헬대니 그 반에
이만 사천 명이었더라

각 지파를 관할하는 자들

16 이스라엘 지파를 관할하는 자는 이러하니라 르우벤 사람의 지도자는
시그리의 아들 엘리에셀이요 시므온 사람의 지도자는 마아가의 아들 스
바댜요 17 레위 사람의 지도자는 그무엘의 아들 하사뱌요 아론 자손의
지도자는 사독이요 18 유다의 지도자는 다윗의 형 엘리후요 잇사갈의 지
도자는 미가엘의 아들 오므리요 19 스불론의 지도자는 오바댜의 아들 이스마야요 납달리의 지도자는 아스리
엘의 아들 여레못이요 20 에브라임 자손의 지도자는 아사시야의 아들 호세아요 므낫세 반 지파의 지도자는 브
다야의 아들 요엘이요 21 길르앗에 있는 므낫세 반 지파의 지도자는 스가랴의 아들 잇도요 베냐민의 지도자는
아브넬의 아들 야아시엘이요 22 단은 여로함의 아들 아사렐이니 이들은 이스라엘 지파의 지휘관이었더라 23 이
스라엘 사람의 이십 세 이하의 수효는 다윗이 조사하지 아니하였으니 이는 여호와께서 전에 말씀하시기를 이
스라엘 사람을 하늘의 별 같이 많게 하리라 하셨음이라 24 스루야의 아들 요압이 조사하기를 시작하고 끝내지

❖ 대상 27~29장 **다윗 말년 이야기**
다윗의 말년에 행한 일들을 기록하고 있다. 성전 조직을 완료한 다윗은 대상 27장에서 정부 관료조직을 정비한다.
28~29장은 다시 성전 건축 준비에 열정을 쏟아붓는 다윗의 모습을 보여 주고 있다.
29장에 나오는 성전 건축 자재를 현금으로 환산한 재미있는 자료가 있다.
일본 신학자(무교회주의자) 우찌무라 간조 목사가 1930년대 화폐 가치로 여기에 나오는 모든 자료의 현금 가치를 24억 5천만 불로 계산한 적이 있다. 지금 화폐 가치로는 엄청난 액수일 것이다. 성전이 이스라엘의 삶임을 한눈에 알 수 있다.
28일차 학습 자료 28-3 참조
하나님께 감사의 제단을 올리고 솔로몬이 등극하며 다윗은 열조로 돌아간다.
☞ 다윗은 앞서 읽은 23~26장에서 본 것처럼 성전 조직을 먼저 이루는 것을 보았다. 오늘 읽는 대상 27~29장에서는 국가 조직을 정비하고 왕권을 이양하는 내용을 읽는다. 사사기를 통해 "왕이 없어 각기 소견대로 행하던" 혼란스러운 상태를 모면하기 위해 왕정 체제로 돌입했지만, 하나님은 그분의 뜻대로 다스려지는 신정 체제를 원하셨다는 것을 우리는 기억해야 한다(신 17:14-20).
이 말은 비록 인간 왕이 다스린다 해도 그 통치 원리는 하나님에게로부터 나오는 것이어야 한다는 말이다. 그래서 다윗은 성전 조직부터 먼저 단행하는 것이다. 이것이 신위의 개념이다.
☞ 교회 안에 많은 조직이 있어도 그 모든 운영의 원리는 하나님의 원리에 철저히 근거해야 한다는 것을 배우라. 그러기 위해서는 성경을 제대로 읽어야 한다. 그 원리는 오직 성경을 통해서만 배울 수 있기 때문이다.

대상 27장
학습 자료 29-1
"다윗 왕의 통치 체제" 참조

도 못해서 그 일로 말미암아 진노가 이스라엘에게 임한지라 그 수효를 다윗 왕의 역대지략에 기록하지 아니하
였더라

왕의 재산을 맡은 자들

25 아디엘의 아들 아스마?은 왕의 곳간을 맡았고 웃시야의 아들 요나단은 밭과 성읍과 마을과 망대의 곳간을 맡
았고 26 글룹의 아들 에스리는 밭 가는 농민을 거느렸고 27 라마 사람 시므이는 포도원을 맡았고 스밤 사람 삽디
는 포도원의 소산 포도주 곳간을 맡았고 28 게델 사람 바알하난은 평야의 감람나무와 뽕나무를 맡았고 요아스
는 기름 곳간을 맡았고 29 사론 사람 시드래는 사론에서 먹이는 소 떼를 맡았고 아들래의 아들 사밧은 골짜기에
있는 소 떼를 맡았고 30 이스마엘 사람 오빌은 낙타를 맡았고 메로놋 사람 예드야는 나귀를 맡았고 하갈 사람
야시스는 양 떼를 맡았으니 31 다윗 왕의 재산을 맡은 자들이 이러하였더라

다윗을 섬기는 사람들

32 다윗의 숙부 요나단은 지혜가 있어서 모사가 되며 서기관도 되었고 학모니의 아들 여히엘은 왕자들의 수종자
가 되었고 33 아히도벨은 왕의 모사가 되었고 아렉 사람 후새는 왕의 벗이 되었고 34 브나야의 아들 여호야다와
아비아달은 아히도벨의 뒤를 이었고 요압은 왕의 군대 지휘관이 되었더라

25일~
30일

역대상 28장

다윗이 성전 건축을 지시하다

1 다윗이 이스라엘 모든 고관들 곧 각 지파의 어른과 왕을 섬기는 반장들
과 천부장들과 백부장들과 및 왕과 왕자의 모든 소유와 가축의 감독과
내시와 장사와 모든 용사를 예루살렘으로 소집하고 2 이에 다윗 왕이 일
어서서 이르되 나의 형제들, 나의 백성들아 내 말을 들으라 나는 여호와
의 언약궤 곧 우리 하나님의 발판을 봉안할 성전을 건축할 마음이 있어서
건축할 재료를 준비하였으나 3 하나님이 내게 이르시되 너는 전쟁을 많이
한 사람이라 피를 많이 흘렸으니 내 이름을 위하여 성전을 건축하지 못하
리라 하셨느니라 4 그러나 이스라엘 하나님 여호와께서 전에 나를 내 부친
의 온 집에서 택하여 영원히 이스라엘 왕이 되게 하셨나니 곧 하나님이 유
다 지파를 택하사 머리를 삼으시고 유다의 가문에서 내 부친의 집을 택하
시고 내 부친의 아들들 중에서 나를 기뻐하사 온 이스라엘의 왕을 삼으셨
느니라 5 여호와께서 내게 여러 아들을 주시고 그 모든 아들 중에서 내 아
들 솔로몬을 택하사 여호와의 나라 왕 위에 앉혀 이스라엘을 다스리게 하
려 하실새 6 내게 이르시기를 네 아들 솔로몬 그가 내 성전을 건축하고 내
여러 뜰을 만들리니 이는 내가 그를 택하여 내 아들로 삼고 나는 그의 아
버지가 될 것임이라 7 그가 만일 나의 계명과 법도를 힘써 준행하기를 오
늘과 같이 하면 내가 그의 나라를 영원히 견고하게 하리라 하셨느니라 8
이제 너희는 온 이스라엘 곧 여호와의 회중이 보는 데에서와 우리 하나님
이 들으시는 데에서 너희 하나님 여호와의 모든 계명을 구하여 지키기로
하라 그리하면 너희가 이 아름다운 땅을 누리고 너희 후손에게 끼쳐 영원한 기업이 되게 하리라 9 내 아들 솔로몬
아 너는 네 아버지의 하나님을 알고 온전한 마음과 기쁜 뜻으로 섬길지어다 여호와께서는 모든 마음을 감찰하사
모든 의도를 아시나니 네가 만일 그를 찾으면 만날 것이요 만일 네가 그를 버리면 그가 너를 영원히 버리시리라
10 그런즉 이제 너는 삼갈지어다 여호와께서 너를 택하여 성전의 건물을 건축하게 하셨으니 힘써 행할지니라 하
니라 11 다윗이 성전의 복도와 그 집들과 그 곳간과 다락과 골방과 속죄소의 설계도를 그의 아들 솔로몬에게 주

❖ 대상 28장

본 장의 내용에서 우리는 두 가지를 되새겨 볼 필요가 있다.

첫째, 솔로몬을 왕으로 천거한 것이다. 실제 솔로몬은 서열상 왕이 될 자격이 없었으나 다윗은 하나님의 뜻에 따라 차기 왕으로 지명하였다. 이는 혈육의 정을 떠나 철저히 하나님의 뜻을 끝까지 청종하고자 하는 다윗의 지고한 신앙을 잘 드러내 주며, 동시에 하나님 나라를 향한 구속의 역사는 혈육(肉)과 인간의 뜻이 아닌 오직 여호와의 주권과 은혜에 의해서만 진행됨을 보여 준다[신위].

또 한 가지는 죽음을 앞에 둔 다윗의 모습이다. 그는 생의 말년에 죽음의 공포에 사로잡히거나 자신의 못다 한 일을 눈물로써 반추하는 등의 비루한 모습을 보이지 않고, 오직 자신이 다하지 못한 성전 건축을 간곡히 당부하며 후세들에게 신앙적 지침을 분명히 제시해 주고 있다.

☞ 믿음의 선한 경주를 힘써 다 했고, 이제 후로는 자신에게 주의 예비한 상(賞)만이 남았음을 확신한 바울과 같은 믿음의 인물의 임종 장면과도 같다(빌 3:14). 삶의 마지막까지 담대하고 진실한 믿음을 하나님과 사람 앞에서 유지하는 자는 천국에서의 영원한 구속사적 상급을 확신하므로 이처럼 평화롭고 담대하며 후대에게 유익을 끼칠 수 있는 것이다.

고 12 또 그가 영감으로 받은 모든 것 곧 여호와의 성전의 뜰과 사면의 모든 방과 하나님의 성전 곳간과 성물 곳
간의 설계도를 주고 13 또 제사장과 레위 사람의 반열과 여호와의 성전에서 섬기는 모든 일과 여호와의 성전을
섬기는 데에 쓰는 모든 그릇의 양식을 설명하고 14 또 모든 섬기는 데에 쓰는 금 기구를 만들 금의 무게와 모든 섬
기는 데에 쓰는 은 기구를 만들 은의 무게를 정하고 15 또 금 등잔대들과 그 등잔 곧 각 등잔대와 그 등잔을 만들
금의 무게와 은 등잔대와 그 등잔을 만들 은의 무게를 각기 그 기구에 알맞게 하고 16 또 진설병의 각 상을 만들
금의 무게를 정하고 은상을 만들 은도 그렇게 하고 17 갈고리와 대접과 종지를 만들 순금과 금 잔 곧 각 잔을 만
들 금의 무게와 또 은 잔 곧 각 잔을 만들 은의 무게를 정하고 18 또 향단에 쓸 순금과 또 수레 곧 금 그룹들의 설
계도대로 만들 금의 무게를 정해 주니 이 그룹들은 날개를 펴서 여호와의 언약궤를 덮는 것이더라 19 다윗이 이
르되 여호와의 손이 내게 임하여 이 모든 일의 설계를 그려 나에게 알려 주셨느니라 20 또 그의 아들 솔로몬에게
이르되 너는 강하고 담대하게 이 일을 행하라 두려워하지 말며 놀라지 말라 네가 여호와의 성전 공사의 모든 일
을 마치기까지 여호와 하나님 나의 하나님이 너와 함께 계시사 네게서 떠나지 아니하시고 너를 버리지 아니하시
리라 21 제사장과 레위 사람의 반이 있으니 하나님의 성전의 모든 공사를 도울 것이요 또 모든 공사에 유능한 기
술자가 기쁜 마음으로 너와 함께 할 것이요 또 모든 지휘관과 백성이 온전히 네 명령 아래에 있으리라

역대상 29장

성전 건축에 쓸 예물

1 다윗 왕이 온 회중에게 이르되 내 아들 솔
로몬이 유일하게 하나님께서 택하신 바
되었으나 아직 어리고 미숙하며 이 공사
는 크도다 이 성전은 사람을 위한 것이
아니요 여호와 하나님을 위한 것이라 2 내가 이미 내 하나님의 성전을 위하여
힘을 다하여 준비하였나니 곧 기구를 만들 금과 은과 놋과 철과 나무와 또 마
노와 가공할 검은 보석과 채석과 다른 모든 보석과 옥돌이 매우 많으며 3 성전
을 위하여 준비한 이 모든 것 외에도 내 마음이 내 하나님의 성전을 사모하므로 내가 사유한 금, 은으로 내 하나
님의 성전을 위하여 드렸노니 4 곧 오빌의 금 삼천 달란트와 순은 칠천 달란트라 모든 성전 벽에 입히며 5 금, 은
그릇을 만들며 장인의 손으로 하는 모든 일에 쓰게 하였노니 오늘 누가 즐거이 손에 채워 여호와께 드리겠느냐
하는지라 6 이에 모든 가문의 지도자들과 이스라엘 모든 지파의 지도자들과 천부장과 백부장과 왕의 사무관이
다 즐거이 드리되 7 하나님의 성전 공사를 위하여 금 오천 달란트와 금 만 다릭 은 만 달란트와 놋 만 팔천 달란
트와 철 십만 달란트를 드리고 8 보석을 가진 모든 사람은 게르손 사람 여히엘의 손에 맡겨 여호와의 성전 곳간
에 드렸더라 9 백성들은 자원하여 드렸으므로 기뻐하였으니 곧 그들이 성심으로 여호와께 자원하여 드렸으므로
다윗 왕도 심히 기뻐하니라

대상 29:1-9 다윗이 준비한 성전의 모습이 얼마나 웅장하고 화려한가를 상상해 보라. 하나님의 영광은 가히 그것과는 비교할 수가 없다.

다윗의 감사 기도

10 다윗이 온 회중 앞에서 여호와를 송축하여 이르되 우리 조상 이스라엘
의 하나님 여호와여 주는 영원부터 영원까지 송축을 받으시옵소서 11 여호
와여 위대하심과 권능과 영광과 승리와 위엄이 다 주께 속하였사오니 천
지에 있는 것이 다 주의 것이로소이다 여호와여 주권도 주께 속하였사오
니 주는 높으사 만물의 머리이심이니이다 12 부와 귀가 주께로 말미암고
또 주는 만물의 주재가 되사 손에 권세와 능력이 있사오니 모든 사람을 크
게 하심과 강하게 하심이 주의 손에 있나이다 13 우리 하나님이여 이제 우
리가 주께 감사하오며 주의 영화로운 이름을 찬양하나이다 14 나와 내 백

대상 29:10-25 임종의 순간에도 하나님께 감사를 드리는 다윗의 믿음을 묵상해 보자.
☞ 삼상 12장에서 읽는 사무엘의 은퇴사 같은 구절을 회상해 보라.

대상 29:11
학습 자료 29-2 "하나님의 초월성" 참조

성이 무엇이기에 이처럼 즐거운 마음으로 드릴 힘이 있었나이까 모든 것이 주께로 말미암았사오니 우리가 주의
손에서 받은 것으로 주께 드렸을 뿐이니이다 15 우리는 우리 조상들과 같이 주님 앞에서 이방 나그네와 거류민들
이라 세상에 있는 날이 그림자 같아서 희망이 없나이다 16 우리 하나님 여호와여 우리가 주의 거룩한 이름을 위하
여 성전을 건축하려고 미리 저축한 이 모든 물건이 다 주의 손에서 왔사오니 다 주의 것이니이다 17 나의 하나님이
여 주께서 마음을 감찰하시고 정직을 기뻐하시는 줄을 내가 아나이다 내가 정직한 마음으로 이 모든 것을 즐거이
드렸사오며 이제 내가 또 여기 있는 주의 백성이 주께 자원하여 드리는 것을 보오니 심히 기쁘도소이다 18 우리 조
상들 아브라함과 이삭과 이스라엘의 하나님 여호와여 주께서 이것을 주의 백성의 심중에 영원히 두어 생각하게
하시고 그 마음을 준비하여 주께로 돌아오게 하시오며 19 또 내 아들 솔로몬에게 정성된 마음을 주사 주의 계명과
권면과 율례를 지켜 이 모든 일을 행하게 하시고 내가 위하여 준비한 것으로 성전을 건축하게 하옵소서 하였더라
20 다윗이 온 회중에게 이르되 너희는 너희 하나님 여호와를 송축하라 하매 회중이 그의 조상들의 하나님 여호와
를 송축하고 머리를 숙여 여호와와 왕에게 절하고 21 이튿날 여호와께 제사를 드리고 또 여호와께 번제를 드리니
수송아지가 천 마리요 숫양이 천 마리요 어린 양이 천 마리요 또 그 전제라 온 이스라엘을 위하여 풍성한 제물을
드리고 22 이 날에 무리가 크게 기뻐하여 여호와 앞에서 먹으며 마셨더라 무리가 다윗의 아들 솔로몬을 다시 왕으
로 삼아 기름을 부어 여호와께 돌려 주권자가 되게 하고 사독에게도 기름을 부어 제사장이 되게 하니라 23 솔로몬
이 여호와께서 주신 왕위에 앉아 아버지 다윗을 이어 왕이 되어 형통하니 온 이스라엘이 그의 명령에 순종하며 24
모든 방백과 용사와 다윗 왕의 여러 아들들이 솔로몬 왕에게 복종하니 25 여호와께서 솔로몬을 모든 이스라엘의
목전에서 심히 크게 하시고 또 왕의 위엄을 그에게 주사 그전 이스라엘 모든 왕보다 뛰어나게 하셨더라

다윗의 행적

26 이새의 아들 다윗이 온 이스라엘의 왕이 되어 27 이스라엘을 다스린 기간은 사십 년이라 헤브론에서 칠 년간
다스렸고 예루살렘에서 삼십삼 년을 다스렸더라 28 그가 나이 많아 늙도록 부하고 존귀를 누리다가 죽으매 그의
아들 솔로몬이 대신하여 왕이 되니라 29 다윗 왕의 행적은 처음부터 끝까지 선견자 사무엘의 글과 선지자 나단
의 글과 선견자 갓의 글에 다 기록되고 30 또 그의 왕 된 일과 그의 권세와 그와 이스라엘과 온 세상 모든 나라의
지난 날의 역사가 다 기록되어 있느니라

시편 2

1 어찌하여 이방 나라들이 분노하며 민족들이 헛된 일을 꾸미는가 2 세상
의 군왕들이 나서며 관원들이 서로 꾀하여 여호와와 그의 기름 부음 받은
자를 대적하며 3 우리가 그들의 맨 것을 끊고 그의 결박을 벗어 버리자 하
는도다 4 하늘에 계신 이가 웃으심이여 주께서 그들을 비웃으시리로다 5
그 때에 분을 발하며 진노하사 그들을 놀라게 하여 이르시기를 6 내가 나
의 왕을 내 거룩한 산 시온에 세웠다 하시리로다 7 내가 여호와의 명령을
전하노라 여호와께서 내게 이르시되 너는 내 아들이라 오늘 내가 너를 낳
았도다 8 내게 구하라 내가 이방 나라를 네 유업으로 주리니 네 소유가 땅
끝까지 이르리로다 9 네가 철장으로 그들을 깨뜨림이여 질그릇 같이 부수
리라 하시도다 10 그런즉 군왕들아 너희는 지혜를 얻으며 세상의 재판관
들아 너희는 교훈을 받을지어다 11 여호와를 경외함으로 섬기고 떨며 즐
거워할지어다 12 그의 아들에게 입맞추라 그렇지 아니하면 진노하심으로 너희가 길에서 망하리니 그의 진노가
급하심이라 여호와께 피하는 모든 사람은 다 복이 있도다

❖ 다윗의 말년을 그리는 시들을 집중적으로 읽는다.

❖ 시편 2편 **다윗, 메시아의 예언시**
여호와와 그 기름 부음 받은 자의 대적자들을 향한 경고를 내용으로 한다. 이방 왕들의 인위에 대한 경고이다. 세상 나라의 권세도 모두가 다 여호와의 신위 앞에 꿇어져야 한다.
☞ 이 시편에서 나타나는 하나님은 어떤 분이신가?
☞ **요 6:27** 썩을 양식을 위하여 일하지 말고 영생하도록 있는 양식을 위하여 하라 이 양식은 인자가 너희에게 주리니 인자는 아버지 하나님께서 인치신 자니라
☞ **계 11:15** 일곱째 천사가 나팔을 불매 하늘에 큰 음성들이 나서 이르되 세상 나라가 우리 주와 그의 그리스도의 나라가 되어 그가 세세토록 왕 노릇 하시리로다 하니

시편 20

다윗의 시, 인도자를 따라 부르는 노래

1 환난 날에 여호와께서 네게 응답하시고 야곱의 하나님의 이름이 너를 높이 드시며 2 성소에서 너를 도와 주시고 시온에서 너를 붙드시며 3 네 모든 소제를 기억하시며 네 번제를 받아 주시기를 원하노라 (셀라) 4 네 마음의 소원대로 허락하시고 네 모든 계획을 이루어 주시기를 원하노라 5 우리가 너의 승리로 말미암아 개가를 부르며 우리 하나님의 이름으로 우리의 깃발을 세우리니 여호와께서 네 모든 기도를 이루어 주시기를 원하노라 6 여호와께서 자기에게 기름 부음 받은 자를 구원하시는 줄 이제 내가 아노니 그의 오른손의 구원하는 힘으로 그의 거룩한 하늘에서 그에게 응답하시리로다 7 어떤 사람은 병거, 어떤 사람은 말을 의지하나 우리는 여호와 우리 하나님의 이름을 자랑하리로다 8 그들은 비틀거리며 엎드러지고 우리는 일어나 바로 서도다 9 여호와여 왕을 구원하소서 우리가 부를 때에 우리에게 응답하소서

❖ 시편 20편 **다윗의 시**
하나님 백성, 이스라엘의 왕으로서 출정하는 왕의 승리를 구하는 백성의 기도. 그들은 신위에 의존하기를 기도한다.
☞ 나의 삶에서 하나님이 아닌, 딴 것에 의지하려고 했던 적은 없는가? 아니 지금 그것을 의지하고 있지 않는가?
☞ **사 31:1** "도움을 구하려 애굽으로 내려가는 자들은 화 있을 진저 그들은 말을 의지하며 병거의 많음과 마병의 심히 강함을 의지하고 이스라엘의 거룩하신 이를 앙모하지 아니하며 여호와를 구하지 아니하나니"
☞ 여러분은 어떠한가? 아직도 "병거와 말과 마병의 심히 강함을 찾고 그것을 의지하려고 하는가?
☞ **렘 33:3** 너는 내게 부르짖으라 내가 네게 응답하겠고 네가 알지 못하는 크고 은밀한 일을 네게 보이리라

시편 21

다윗의 시, 인도자를 따라 부르는 노래

1 여호와여 왕이 주의 힘으로 말미암아 기뻐하며 주의 구원으로 말미암아 크게 즐거워하리이다 2 그의 마음의 소원을 들어 주셨으며 그의 입술의 요구를 거절하지 아니하셨나이다 (셀라) 3 주의 아름다운 복으로 그를 영접하시고 순금 관을 그의 머리에 씌우셨나이다 4 그가 생명을 구하매 주께서 그에게 주셨으니 곧 영원한 장수로소이다 5 주의 구원이 그의 영광을 크게 하시고 존귀와 위엄을 그에게 입히시나이다 6 그가 영원토록 지극한 복을 받게 하시며 주 앞에서 기쁘고 즐겁게 하시나이다 7 왕이 여호와를 의지하오니 지존하신 이의 인자함으로 흔들리지 아니하리이다 8 왕의 손이 왕의 모든 원수들을 찾아냄이여 왕의 오른손이 왕을 미워하는 자들을 찾아내리로다 9 왕이 노하실 때에 그들을 풀무불 같게 할 것이라 여호와께서 진노하사 그들을 삼키시리니 불이 그들을 소멸하리로다 10 왕이 그들의 후손을 땅에서 멸함이여 그들의 자손을 사람 중에서 끊으리로다 11 비록 그들이 왕을 해하려 하여 음모를 꾸몄으나 이루지 못하도다 12 왕이 그들로 돌아서게 함이여 그들의 얼굴을 향하여 활시위를 당기리로다 13 여호와여 주의 능력으로 높임을 받으소서 우리가 주의 권능을 노래하고 찬송하게 하소서

❖ 시편 21편은 20편과 짝을 이루는 시로서 21편은 궁극적으로 하나님을 대적하는 모든 사탄의 세력을 멸하고 영원한 의의 왕으로 백성을 통치하실 메시아의 도래를 예언하는 성격을 가진 시이다
☞ **잠 3:5-6** 너는 마음을 다하여 여호와를 신뢰하고 네 명철을 의지하지 말라 너는 범사에 그를 인정하라 그리하면 네 길을 지도하시리라

시편 72

솔로몬의 시

1 하나님이여 주의 판단력을 왕에게 주시고 주의 공의를 왕의 아들에게 주소서 2 그가 주의 백성을 공의로 재판하며 주의 가난한 자를 정의로 재판하리니 3 공의로 말미암아 산들이 백성에게 평강을 주며 작은 산들도 그리하리로다 4 그가 가난한 백성의 억울함을 풀어 주며 궁핍한 자의 자손을 구원하며 압박하는 자를 꺾으리로다 5 그들이 해가 있을 동안에도 주를 두려워하며 달이 있을 동안에도 대대로 그리하리로다 6 그는 벤 풀 위에 내리는

비 같이, 땅을 적시는 소낙비 같이 내리리니 7 그의 날에 의인이 흥왕하여
평강의 풍성함이 달이 다할 때까지 이르리로다 8 그가 바다에서부터 바다
까지와 강에서부터 땅 끝까지 다스리리니 9 광야에 사는 자는 그 앞에 굽
히며 그의 원수들은 티끌을 핥을 것이며 10 다시스와 섬의 왕들이 조공을
바치며 스바와 시바 왕들이 예물을 드리리로다 11 모든 왕이 그의 앞에 부
복하며 모든 민족이 다 그를 섬기리로다 12 그는 궁핍한 자가 부르짖을 때
에 건지며 도움이 없는 가난한 자도 건지며 13 그는 가난한 자와 궁핍한
자를 불쌍히 여기며 궁핍한 자의 생명을 구원하며 14 그들의 생명을 압박
과 강포에서 구원하리니 그들의 피가 그의 눈 앞에서 존귀히 여김을 받으
리로다 15 그들이 생존하여 스바의 금을 그에게 드리며 사람들이 그를 위
하여 항상 기도하고 종일 찬송하리로다 16 산 꼭대기의 땅에도 곡식이 풍성하고 그것의 열매가 레바논 같이 흔
들리며 성에 있는 자가 땅의 풀 같이 왕성하리로다 17 그의 이름이 영구함이여 그의 이름이 해와 같이 장구하리
로다 사람들이 그로 말미암아 복을 받으리니 모든 민족이 다 그를 복되다 하리로다 18 홀로 기이한 일들을 행하
시는 여호와 하나님 곧 이스라엘의 하나님을 찬송하며 19 그 영화로운 이름을 영원히 찬송할지어다 온 땅에 그
의 영광이 충만할지어다 아멘 아멘 20 이새의 아들 다윗의 기도가 끝나니라

❖ 시편 72편 **솔로몬의 시**
한 왕 곧 왕의 아들을 위한 축원과 그의 의로운 통치에 의한 평강의 도래를 기원하고 하나님이 세우실 한 왕의 범세계적 통치를 예언하는 메시아 대망을 표현하는 노래다.
☞ 1절에서 솔로몬 또는 그를 위해 이 시를 쓴 이의 우선순위는 지혜를 구하는 것임을 볼 수 있다. 그런 후에 하나님의 공의로움을 통해 이웃과의 바른 관계를 추구하는 모습을 볼 수 있다. 이것이 진정한 크리스천의 아름다운 품성이다.
☞ **신 24:17** 너는 객이나 고아의 송사를 억울하게 하지 말며 과부의 옷을 전당 잡지 말라

시편 93

1 여호와께서 다스리시니 스스로 권위를 입으셨도다 여호와께서 능력의
옷을 입으시며 띠를 띠셨으므로 세계도 견고히 서서 흔들리지 아니하는
도다 2 주의 보좌는 예로부터 견고히 섰으며 주는 영원부터 계셨나이다
3 여호와여 큰물이 소리를 높였고 큰 물이 그 소리를 높였으니 큰물이 그
물결을 높이나이다 4 높이 계신 여호와의 능력은 많은 물소리와 바다의
큰 파도보다 크니이다 5 여호와여 주의 증거들이 매우 확실하고 거룩함이
주의 집에 합당하니 여호와는 영원무궁하시리이다

❖ 시편 93편 **작자 미상**
여호와 통치의 견고성과 영원성에 대한 신앙 고백적 찬양.
하나님은 우주의 창조주 하나님이시며 역사를 이끄시는 섭리주 하나님이시다. 주(主)라는 말, Adonai는 주권(主權)을 뜻한다. 이 우주 만물의 질서가 곧 하나님 주권 행사의 결과이다.
☞ **사 12:2** 보라 하나님은 나의 구원이시라 내가 신뢰하고 두려움이 없으리니 주 여호와는 나의 힘이시며 나의 노래시며 나의 구원이심이라

시편 94

1 여호와여 복수하시는 하나님이여 복수하시는 하나님이여 빛을 비추어
주소서 2 세계를 심판하시는 주여 일어나사 교만한 자들에게 마땅한 벌
을 주소서 3 여호와여 악인이 언제까지, 악인이 언제까지 개가를 부르리
이까 4 그들이 마구 지껄이며 오만하게 떠들며 죄악을 행하는 자들이 다
자만하나이다 5 여호와여 그들이 주의 백성을 짓밟으며 주의 소유를 곤고
하게 하며 6 과부와 나그네를 죽이며 고아들을 살해하며 7 말하기를 여호
와가 보지 못하며 야곱의 하나님이 알아차리지 못하리라 하나이다 8 백성 중의 어리석은 자들아 너희는 생각하
라 무지한 자들아 너희가 언제나 지혜로울까 9 귀를 지으신 이가 듣지 아니하시랴 눈을 만드신 이가 보지 아니하
시랴 10 뭇 백성을 징벌하시는 이 곧 지식으로 사람을 교훈하시는 이가 징벌하지 아니하시랴 11 여호와께서는 사
람의 생각이 허무함을 아시느니라 12 여호와여 주로부터 징벌을 받으며 주의 법으로 교훈하심을 받는 자가 복이

❖ 시편 94편 **작가 미상, 비탄시**
악인들에 대한 복수의 호소와 자만하는 악인들의 만행을 고발하고, 악인들을 향한 하나님의 엄중한 심판을 경고하며, 악인의 멸절을 확신하는 노래.
복수는 하나님께 속한 영역임을 다시 한번 상기하라.
☞ **롬 12:19** 내 사랑하는 자들아 너희가 친히 원수를 갚지 말고 하나님의 진노하심에 맡기라 기록되었으되 원수 갚는 것이 내게 있으니 내가 갚으리라고 주께서 말씀하시니라

있나니 13 이런 사람에게는 환난의 날을 피하게 하사 악인을 위하여 구덩이를 팔 때까지 평안을 주시리이다 14
여호와께서는 자기 백성을 버리지 아니하시며 자기의 소유를 외면하지 아니하시리로다 15 심판이 의로 돌아가리
니 마음이 정직한 자가 다 따르리로다 16 누가 나를 위하여 일어나서 행악자들을 치며 누가 나를 위하여 일어나
서 악행하는 자들을 칠까 17 여호와께서 내게 도움이 되지 아니하셨더면 내 영혼이 벌써 침묵 속에 잠겼으리로
다 18 여호와여 나의 발이 미끄러진다고 말할 때에 주의 인자하심이 나를 붙드셨사오며 19 내 속에 근심이 많을
때에 주의 위안이 내 영혼을 즐겁게 하시나이다 20 율례를 빙자하고 재난을 꾸미는 악한 재판장이 어찌 주와 어
울리리이까 21 그들이 모여 의인의 영혼을 치려 하며 무죄한 자를 정죄하여 피를 흘리려 하나 22 여호와는 나의
요새이시요 나의 하나님은 내가 피할 반석이시라 23 그들의 죄악을 그들에게로 되돌리시며 그들의 악으로 말미
암아 그들을 끊으시리니 여호와 우리 하나님이 그들을 끊으시리로다

시편 95

❖ 시편 95편
하나님 나라의 백성들을 통치하시는 하나님의 주권을 찬양, 창조주, 섭리주 하나님의 주권을 노래하고 있다. 이 시편 기자의 하나님이 곧 나의 하나님이시다. 나의 찬송도 이러해야 할 것이다. 그것이 곧 "하나님 바로 알기"이다.
☞ 출애굽 1세들의 비극적 결말에 대한 회고를 통해서 하나님 백성들에게 경고하시는 하나님의 말씀을 대언 하는 형식으로 하나님이야 말로 진정한 왕이시며 만물의 절대 주권자이시기에 그분께 합당한 자세를 가질 것을 교훈하고 있다.

25일~30일

1 오라 우리가 여호와께 노래하며 우리의 구원의 반석을 향하여 즐거이
외치자 2 우리가 감사함으로 그 앞에 나아가며 시를 지어 즐거이 그를 노
래하자 3 여호와는 크신 하나님이시요 모든 신들보다 크신 왕이시기 때
문이로다 4 땅의 깊은 곳이 그의 손 안에 있으며 산들의 높은 곳도 그의
것이로다 5 바다도 그의 것이라 그가 만드셨고 육지도 그의 손이 지으셨
도다 6 오라 우리가 굽혀 경배하며 우리를 지으신 여호와 앞에 무릎을 꿇
자 7 그는 우리의 하나님이시요 우리는 그가 기르시는 백성이며 그의 손
이 돌보시는 양이기 때문이라 너희가 오늘 그의 음성을 듣거든 8 너희는 므리바에서와 같이 또 광야의 맛사에
서 지냈던 날과 같이 너희 마음을 완악하게 하지 말지어다 9 그 때에 너희 조상들이 내가 행한 일을 보고서도
나를 시험하고 조사하였도다 10 내가 사십 년 동안 그 세대로 말미암아 근심하여 이르기를 그들은 마음이 미혹
된 백성이라 내 길을 알지 못한다 하였도다 11 그러므로 내가 노하여 맹세하기를 그들은 내 안식에 들어오지
못하리라 하였도다

시편 97

❖ 시편 97편 **작가 미상**
여호와의 다스림은 만복의 근원이다. 여호와 통치의 의로움과 절대적 권세의 선포 및 경배를 촉구하고 신앙을 고백적으로 찬양하고 의인을 향한 권면과 감사를 찬양하라고 촉구한다.
☞ 그러므로 그분의 원리를 나의 삶의 원리로 삼는 세계관의 전환이 절대적으로 절실하다.
그렇지 못하면 모든 자가 다 우상 숭배자가 되기 때문이다.

1 여호와께서 다스리시나니 땅은 즐거워하며 허다한 섬은 기뻐할지어다 2
구름과 흑암이 그를 둘렀고 공의와 정의가 그의 보좌의 기초로다 3 불이
그의 앞에서 나와 사방의 대적들을 불사르시는도다 4 그의 번개가 세계
를 비추니 땅이 보고 떨었도다 5 산들이 여호와의 앞 곧 온 땅의 주 앞에
서 밀랍 같이 녹았도다 6 하늘이 그의 의를 선포하니 모든 백성이 그의 영
광을 보았도다 7 조각한 신상을 섬기며 허무한 것으로 자랑하는 자는 다
수치를 당할 것이라 너희 신들아 여호와께 경배할지어다 8 여호와여 시온이 주의 심판을 듣고 기뻐하며 유다의
딸들이 즐거워하였나이다 9 여호와여 주는 온 땅 위에 지존하시고 모든 신들보다 위에 계시니이다 10 여호와를
사랑하는 너희여 악을 미워하라 그가 그의 성도의 영혼을 보전하사 악인의 손에서 건지시느니라 11 의인을 위하
여 빛을 뿌리고 마음이 정직한 자를 위하여 기쁨을 뿌리시는도다 12 의인이여 너희는 여호와로 말미암아 기뻐하
며 그의 거룩한 이름에 감사할지어다

시편 98

시
[1] 새 노래로 여호와께 찬송하라 그는 기이한 일을 행하사 그의 오른손과
거룩한 팔로 자기를 위하여 구원을 베푸셨음이로다 [2] 여호와께서 그의 구
원을 알게 하시며 그의 공의를 뭇 나라의 목전에서 명백히 나타내셨도다
[3] 그가 이스라엘의 집에 베푸신 인자와 성실을 기억하셨으므로 땅 끝까지
이르는 모든 것이 우리 하나님의 구원을 보았도다 [4] 온 땅이여 여호와께
즐거이 소리칠지어다 소리 내어 즐겁게 노래하며 찬송할지어다 [5] 수금으
로 여호와를 노래하라 수금과 음성으로 노래할지어다 [6] 나팔과 호각 소리로 왕이신 여호와 앞에 즐겁게 소리칠
지어다 [7] 바다와 거기 충만한 것과 세계와 그 중에 거주하는 자는 다 외칠지어다 [8] 여호와 앞에서 큰물은 박수할
지어다 산악이 함께 즐겁게 노래할지어다 [9] 그가 땅을 심판하러 임하실 것임이로다 그가 의로 세계를 판단하시
며 공평으로 그의 백성을 심판하시리로다

❖ 시편 98편
하나님의 통치하심을 송축한다. 전체가 하나의 아름다움, 그 자체이고, 실제로 이 시로 쓴 성가 합창곡도 있다. 참으로 아름다운 한편의 음악이다.
1장 서두에 "새 노래"라는 말이 나오는데 이 말은 신곡을 의미하는 것이 아니라, 항상 깨끗함을 받는 새 마음이라는 말이다.
☞ **렘 17:9** 만물보다 거짓되고 심히 부패한 것은 마음이라 누가 능히 이를 알리요마는
☞ **시 51:10** 하나님이여 내 속에 정한 마음을 창조하시고 내 안에 정직한 영을 새롭게 하소서

시편 99

[1] 여호와께서 다스리시니 만민이 떨 것이요 여호와께서 그룹 사이에 좌정
하시니 땅이 흔들릴 것이로다 [2] 시온에 계시는 여호와는 위대하시고 모든
민족보다 높으시도다 [3] 주의 크고 두려운 이름을 찬송할지니 그는 거룩하
심이로다 [4] 능력 있는 왕은 정의를 사랑하느니라 주께서 공의를 견고하게
세우시고 주께서 야곱에게 정의와 공의를 행하시나이다 [5] 너희는 여호와
우리 하나님을 높여 그의 발등상 앞에서 경배할지어다 그는 거룩하시도
다 [6] 그의 제사장들 중에는 모세와 아론이 있고 그의 이름을 부르는 자들
중에는 사무엘이 있도다 그들이 여호와께 간구하매 응답하셨도다 [7] 여호
와께서 구름 기둥 가운데서 그들에게 말씀하시니 그들은 그가 그들에게
주신 증거와 율례를 지켰도다 [8] 여호와 우리 하나님이여 주께서는 그들에
게 응답하셨고 그들의 행한 대로 갚기는 하셨으나 그들을 용서하신 하나
님이시니이다 [9] 너희는 여호와 우리 하나님을 높이고 그 성산에서 예배할
지어다 여호와 우리 하나님은 거룩하심이로다

❖ 시편 99편
하나님의 통치를 송축하는 시. 만민을 통치하시고, 그 통치로 공의를 행하시는 하나님을 찬양하고, 자비를 베푸시는 하나님을 찬양하도록 촉구한다.
☞ 특히 1절을 깊이 새겨라. 우리가 여호와 앞에서 두렵고 떨리는 마음을 느껴 본 적이 얼마 만인가?
오늘 날 교인들은 하나님을 너무 친근한 상대로 여기며 마치 손자가 수염을 당겨도 화내시지 않는 할아버지 정도로 여긴다. 그것은 사랑의 하나님의 면목을 너무 지나치게 강조하면서, 한국인 특유의 감상적 정서가 섞여서 하나님을 두려고 떨림으로 예배하지 못하고 있다. 그래서 예배도 경박해지고, 삶도 경박해지면서 우리는 서서히 사회의 손가락질 그 끝에 놓이는 자로 전락해 가고 있다. 이 시편에서 두렵고 떨리게 하시는 하나님의 위엄을 체험하라.
☞ **시 33:12** 여호와를 자기 하나님으로 삼은 나라 곧 하나님의 기업으로 선택된 백성은 복이 있도다

시편 101

다윗의 시
[1] 내가 인자와 정의를 노래하겠나이다 여호와여 내가 주께 찬양하리이다
[2] 내가 완전한 길을 주목하오리니 주께서 어느 때나 내게 임하시겠나이
까 내가 완전한 마음으로 내 집 안에서 행하리이다 [3] 나는 비천한 것을 내
눈 앞에 두지 아니할 것이요 배교자들의 행위를 내가 미워하오리니 나는

❖ 시편 101편 **다윗의 시**
하나님의 통치를 찬양.
다윗은 여호와를 찬양하는 완전한 삶을 결단하고 하나님의 통치가 온전히 이루어지기 위해 구체적 맹세를 표현한다.
☞ 관점2와 관점3을 생각하며 읽어라.
이 시는 또한 신위 앞에 자기중심성을 내려놓는 자의 삶의 모습을 그리기도 한다. 즉, 구별하는 삶을 살아가는 자의 모습을 그린다. 그 구별하는 삶의 기준이 시내 산 언약을 통해서 받은 십계명적 영성의 삶이다.
☞ **레 19:2** 너는 이스라엘 자손의 온 회중에게 말하여 이르라 너희는 거룩하라 이는 나 여호와 너희 하나님이 거룩함이니라

그 어느 것도 붙들지 아니하리이다 4 사악한 마음이 내게서 떠날 것이니 악한 일을 내가 알지 아니하리로다 5 자
기의 이웃을 은근히 헐뜯는 자를 내가 멸할 것이요 눈이 높고 마음이 교만한 자를 내가 용납하지 아니하리로다 6
내 눈이 이 땅의 충성된 자를 살펴 나와 함께 살게 하리니 완전한 길에 행하는 자가 나를 따르리로다 7 거짓을 행
하는 자는 내 집 안에 거주하지 못하며 거짓말하는 자는 내 목전에 서지 못하리로다 8 아침마다 내가 이 땅의 모
든 악인을 멸하리니 악을 행하는 자는 여호와의 성에서 다 끊어지리로다

시편 110

❖ 시편 110편 **다윗, 메시아를 기다리는 시**
다윗은 그 언약을 통해 메시아가 오신다는 약속을 강하게 붙들고 있다. 왕과 제사장으로 오실 메시아의 통치와 심판을 노래한다.

다윗의 시

1 여호와께서 내 주에게 말씀하시기를 내가 네 원수들로 네 발판이 되게 하기까지 너는 내 오른쪽에 앉아 있
으라 하셨도다 2 여호와께서 시온에서부터 주의 권능의 규를 내보내시리니 주는 원수들 중에서 다스리소서 3
주의 권능의 날에 주의 백성이 거룩한 옷을 입고 즐거이 헌신하니 새벽이슬 같은 주의 청년들이 주께 나오는
도다 4 여호와는 맹세하고 변하지 아니하시리라 이르시기를 너는 멜기세덱의 서열을 따라 영원한 제사장이라
하셨도다 5 주의 오른쪽에 계신 주께서 그의 노하시는 날에 왕들을 쳐서 깨뜨리실 것이라 6 뭇 나라를 심판하
여 시체로 가득하게 하시고 여러 나라의 머리를 쳐서 깨뜨리시며 7 길 가의 시냇물을 마시므로 그의 머리를 드
시리로다

시편 144

❖ 시편 144편 **다윗의 시**
하나님의 통치를 노래한다.
여호와를 자신의 하나님으로 삼는 자가 누리는 복락을 선언하고 주의 공의가 이루어지기를 간구하는 노래.
이 시는 다윗이 하나님께서 이스라엘에게 허락하신 약속의 땅을 완전히 쟁취하고자 벌인 정복 전쟁 중 그 대세를 결정하는 데 중요한 결전이었던 암몬-아람 연합군과 일전을 치를 당시(삼상 10장)의 승리를 회상하고 쓴 시로 추정된다.

다윗의 시

1 나의 반석이신 여호와를 찬송하리로다 그가 내 손을 가르쳐 싸우게 하
시며 손가락을 가르쳐 전쟁하게 하시는도다 2 여호와는 나의 사랑이시요
나의 요새이시요 나의 산성이시요 나를 건지시는 이시요 나의 방패이시
니 내가 그에게 피하였고 그가 내 백성을 내게 복종하게 하셨나이다 3 여
호와여 사람이 무엇이기에 주께서 그를 알아 주시며 인생이 무엇이기에
그를 생각하시나이까 4 사람은 헛것 같고 그의 날은 지나가는 그림자 같으니이다 5 여호와여 주의 하늘을 드리
우고 강림하시며 산들에 접촉하사 연기를 내게 하소서 6 번개를 번쩍이사 원수들을 흩으시며 주의 화살을 쏘아
그들을 무찌르소서 7 위에서부터 주의 손을 펴사 나를 큰 물과 이방인의 손에서 구하여 건지소서 8 그들의 입은
거짓을 말하며 그의 오른손은 거짓의 오른손이니이다 9 하나님이여 내가 주께 새 노래로 노래하며 열 줄 비파로
주를 찬양하리이다 10 주는 왕들에게 구원을 베푸시는 자시요 그의 종 다윗을 그 해하려는 칼에서 구하시는 자
시니이다 11 이방인의 손에서 나를 구하여 건지소서 그들의 입은 거짓을 말하며 그 오른손은 거짓의 오른손이니
이다 12 우리 아들들은 어리다가 장성한 나무들과 같으며 우리 딸들은 궁전의 양식대로 아름답게 다듬은 모퉁잇
돌들과 같으며 13 우리의 곳간에는 백곡이 가득하며 우리의 양은 들에서 천천과 만만으로 번성하며 14 우리 수소
는 무겁게 실었으며 또 우리를 침노하는 일이나 우리가 나아가 막는 일이 없으며 우리 거리에는 슬피 부르짖음이
없을진대 15 이러한 백성은 복이 있나니 여호와를 자기 하나님으로 삼는 백성은 복이 있도다

25일~30일

시편 145

다윗의 찬송시
[1] 왕이신 나의 하나님이여 내가 주를 높이고 영원히 주의 이름을 송축하리
이다 [2] 내가 날마다 주를 송축하며 영원히 주의 이름을 송축하리이다 [3] 여호
와는 위대하시니 크게 찬양할 것이라 그의 위대하심을 측량하지 못하리로
다 [4] 대대로 주께서 행하시는 일을 크게 찬양하며 주의 능한 일을 선포하리
로다 [5] 주의 존귀하고 영광스러운 위엄과 주의 기이한 일들을 나는 작은 소
리로 읊조리리이다 [6] 사람들은 주의 두려운 일의 권능을 말할 것이요 나도
주의 위대하심을 선포하리이다 [7] 그들이 주의 크신 은혜를 기념하여 말하며
주의 공의를 노래하리이다 [8] 여호와는 은혜로우시며 긍휼이 많으시며 노하
기를 더디 하시며 인자하심이 크시도다 [9] 여호와께서는 모든 것을 선대하시
며 그 지으신 모든 것에 긍휼을 베푸시는도다 [10] 여호와여 주께서 지으신 모
든 것들이 주께 감사하며 주의 성도들이 주를 송축하리이다 [11] 그들이 주의
나라의 영광을 말하며 주의 업적을 일러서 [12] 주의 업적과 주의 나라의 위엄
있는 영광을 인생들에게 알게 하리이다 [13] 주의 나라는 영원한 나라이니 주
의 통치는 대대에 이르리이다 [14] 여호와께서는 모든 넘어지는 자들을 붙드시며 비굴한 자들을 일으키시는도다 [15] 모
든 사람의 눈이 주를 앙망하오니 주는 때를 따라 그들에게 먹을 것을 주시며 [16] 손을 펴사 모든 생물의 소원을 만족
하게 하시나이다 [17] 여호와께서는 그 모든 행위에 의로우시며 그 모든 일에 은혜로우시도다 [18] 여호와께서는 자기에
게 간구하는 모든 자 곧 진실하게 간구하는 모든 자에게 가까이 하시는도다 [19] 그는 자기를 경외하는 자들의 소원을
이루시며 또 그들의 부르짖음을 들으사 구원하시리로다 [20] 여호와께서 자기를 사랑하는 자들은 다 보호하시고 악인
들은 다 멸하시리로다 [21] 내 입이 여호와의 영예를 말하며 모든 육체가 그의 거룩하신 이름을 영원히 송축할지로다

❖ 시편 145편 **다윗, 예배 찬양시**
여호와를 찬양하고 송축하는 다윗의 마음을 배우자. 왕이신 여호와를 영원히 찬양하고 주의 광대하심과 위엄 등에 대해 만인이 찬양해야 하고, 주의 인자와 선한 통치를 찬송하고 주의 은혜와 구원과 심판 등 공의의 실현에 대한 찬양과 신앙고백을 담고 있다.

☞ 예배의 본질은 하나님을 찬양하는 것이다. 다윗은 참으로 삶의 많은 순간에서 하나님을 인격적으로 만나고 체험했기 때문이다. 그렇지 못한 자는 진정으로 하나님을 찬양할 수 없을 것이다. 감정과 체험으로만 하나님을 만나지 말고 말씀 속에서 하나님을 찾고 만나며 그 분께 순종할 때 체험적으로 만날 수 있는 것이다. 순종한다는 것은 그분의 행하심, 신위에 자기의 행함을 즉, 인위를 내려놓는다는 뜻이다. 하나님 앞에 자기를 내려놓고 순종하는 자는 하나님의 존귀히 여김을 받을 것이다.

☞ **잠 29:23** 사람이 교만하면 낮아지게 되겠고 마음이 겸손하면 영예를 얻으리라

☞ **약 4:10** 주 앞에서 낮추라 그리하면 주께서 너희를 높이시리라

25일~30일

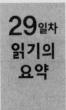

29일차 읽기의 요약

(대상 27~29, 시 2, 20, 21, 72, 93, 94, 95, 97, 98, 99, 101, 110, 144, 145)

다윗은 성전 안의 여러 구조와 각 부분의 위치와 크기 그리고 그 안에 둘 여러 기구의 금과 은의 무게까지도 하나님께 받은 설계도를 통해 솔로몬에게 알려 주었다. 백성들은 자원하여 성전에 필요한 모든 예물을 드렸고 다윗은 하나님께서 백성들에게 하나님을 향한 헌신의 마음을 주신 것을 감사했다. 다윗은 40년의 통치를 마감하고 솔로몬에게 그의 왕위를 계승했다.

다윗의 시편 가운데는 장차 하나님께서 기름 부어 세우신 진정한 왕이 오셔서 공의가 깨어진 이 세상을 회복하기를 간절히 원하는 탄식과 기도가 담겨 있다. 특히 시편 2편에서는 온 세상의 구원과 심판의 기준이 되실 예수 그리스도께서 하나님의 독생자로 이 땅에 오실 것을 예언했다.

다윗은 또한 시편 110편을 통해 여호와께서 장차 다윗의 진정한 구주가 되시는 예수 그리스도를 이 땅에 보내시고 죽음에서 다시 일으키셔서 하나님의 보좌 우편 곧 심판주의 자리에 앉히실 것까지 예언하셨다.

다윗의 시편은 앞으로 하나님께서 기름 부어 세우신 진정한 왕이 다시 오셔서 가난한 자들에게 구원을 베풀고 공의로 세상 이방 나라들의 헛된 분요함을 끝낼 그날이 올 것을 믿음으로 기다리도록 격려하고 있음을 알 수 있다.

그러면 어떻게 살 것인가?

인위뚝·신위고!

25일~30일

☑ 세계관 점검 – 묵상하기 (영상 강의와 교재 내용의 이해를 바탕으로)

- 대상 28:7 당신이 하나님의 계명과 규례를 힘써 지키고 순종하는 신실함을 가질 때 하나님께서 당신의 번영과 견고하게 함을 약속하셨다. 당신은 이 사실을 믿고 이 약속을 따라 순종하는가? [신 5:29, 슥 3:7. 찬송 288(통 204), 393(통 447)]

- 대상 29:11-16의 다윗의 감사기도를 신명기 8:11-19의 모세의 권면과 함께 묵상하라. 모든 것을 다 주께로 부터 왔다고 감사하는 다윗과 내 능력으로 재물을 모았다고 생각하는 자 중에 누가 하나님께 합당한 자일까?
  모든 부자가 자기의 재물이 하나님이 주신 것이라고 고백할 수 있다면 이 땅에 나눔과 섬김이 얼마나 아름답게 이루어질까? 그것이 내 능력으로 이루어졌다고 생각하는 순간 애착이 가고 그래서 더 움켜쥐고 싶은 생각이 강하게 들 것이다.
  모든 성도는 우리의 소유가 다 주님에게서 왔다는 생각을 가져야 할 것이다.

- 오늘 읽은 시편에서 하나님의 어떤 행하심을 발견했는가(신위)? 특히 어떤 행하심(신위)에 내 무릎을 꿇어야 할까?

- 시 20:7 오직 우리의 자랑은 하나님 한 분이시다. 나는 가진 것이 많고 적음에 관계없이 오직 주님만을 자랑하고 있는가? 또한 그러한 자랑을 주의의 불신자들에게까지 담대히 할 수 있겠는가? [빌 2:13, 요일 5:14. 찬송 518(통 252), 325(통 359)]

- 시 21:7 지극히 높으신 여호와의 인자함을 의지하는 나라는 절대 요동하지 않는다고 본문은 말씀하고 있다. 이에 통일 문제, 경제 불황, 빈부 간의 사회적 갈등 등 우리가 당면한 국가적 문제에 대해 먼저 여호와께 아뢰고 그 인자하심을 의뢰해야 하지 않겠는가? [사 45:11, 행 5:29. 찬송 516(통265), 586(통521)]

- 시 72:1-3 일을 판단하는 우리의 기준은 성경 말씀에 근거하는가, 아니면 이제까지 살아오면서 얻은 우리의 연륜과 세상 요령에 의지한 것인가? [왕상 3:28, 눅 23:13-25, 찬송 96(통 94), 543(통 342)]

- 시 94:4-7 교만한 말, 자기과시, 성도에 대한 핍박, 약자멸시, 하나님 무시 등은 시인이 고백한 악인의 악행이다. 이 중 내게도 빈번히 나타나는 모습은 없는가? [롬 14:19, 살전 4:11. 찬송 368(통 486), 452(통 505)

- 시 96:1 주님 안에서 날마다 새롭게 되어 가는 우리가 오늘 하나님께 드리는 "새 노래"는 무엇인가? [고후 4:16, 엡 4:23-24 . 찬송 285(통 209)]

☑ 결단기도와 실행하기

약 2:26 영혼 없는 몸이 죽은 것 같이 행함이 없는 믿음은 죽은 것이니라
시 119:28 나의 영혼이 눌림으로 말미암아 녹사오니 주의 말씀대로 나를 세우소서

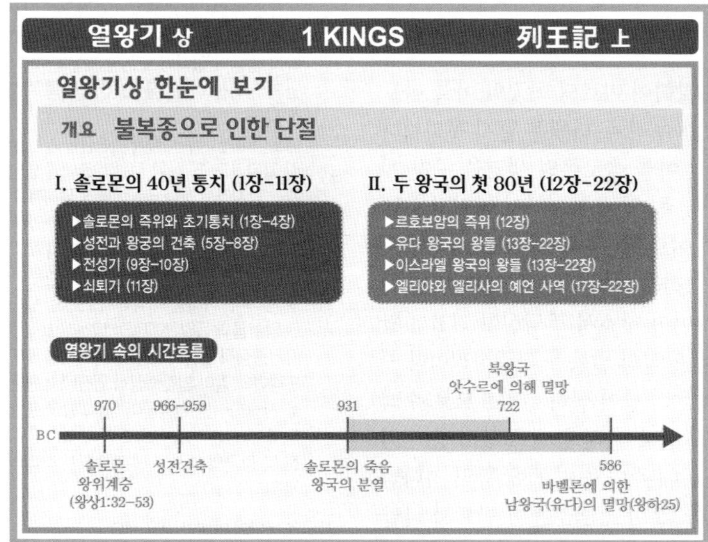

열왕기 상 1 KINGS 列王記 上
열왕기상 한눈에 보기
개요 불복종으로 인한 단절
I. 솔로몬의 40년 통치 (1장-11장)
▶솔로몬의 즉위와 초기통치 (1장-4장)
▶성전과 왕궁의 건축 (5장-8장)
▶전성기 (9장-10장)
▶쇠퇴기 (11장)
II. 두 왕국의 첫 80년 (12장-22장)
▶르호보암의 즉위 (12장)
▶유다 왕국의 왕들 (13장-22장)
▶이스라엘 왕국의 왕들 (13장-22장)
▶엘리야와 엘리사의 예언 사역 (17장-22장)
열왕기 속의 시간흐름
BC
970
솔로몬 왕위계승 (왕상1:32-53)
966-959
성전건축
931
솔로몬의 죽음 왕국의 분열
722
북왕국 앗수르에 의해 멸망
586
바벨론에 의한 남왕국(유다)의 멸망(왕하25)

30일

열왕기상 1장~11장 : 솔로몬의 등극과 선정

열왕기상 1장

다윗이 늙은 때

1 다윗 왕이 나이가 많아 늙으니 이불을 덮어도 따뜻하지 아니한지라 2 그
의 시종들이 왕께 아뢰되 우리 주 왕을 위하여 젊은 처녀 하나를 구하여
그로 왕을 받들어 모시게 하고 왕의 품에 누워 우리 주 왕으로 따뜻하시
게 하리이다 하고 3 이스라엘 사방 영토 내에 아리따운 처녀를 구하던 중
수넴 여자 아비삭을 얻어 왕께 데려왔으니 4 이 처녀는 심히 아름다워 그
가 왕을 받들어 시중들었으나 왕이 잠자리는 같이 하지 아니하였더라

아도니야가 왕이 되고자 하다

5 그 때에 학깃의 아들 아도니야가 스스로 높여서 이르기를 내가 왕이 되
리라 하고 자기를 위하여 병거와 기병과 호위병 오십 명을 준비하니 6 그
는 압살롬 다음에 태어난 자요 용모가 심히 준수한 자라 그의 아버지가
네가 어찌하여 그리 하였느냐고 하는 말로 한 번도 그를 섭섭하게 한 일
이 없었더라 7 아도니야가 스루야의 아들 요압과 제사장 아비아달과 모의하니 그들이 따르고 도우나 8 제사장
사독과 여호야다의 아들 브나야와 선지자 나단과 시므이와 레이와 다윗의 용사들은 아도니야와 같이 하지 아니
하였더라 9 아도니야가 에느로겔 근방 소헬렛 바위 곁에서 양과 소와 살찐 송아지를 잡고 왕자 곧 자기의 모든
동생과 왕의 신하 된 유다 모든 사람을 다 청하였으나 10 선지자 나단과 브나야와 용사들과 자기 동생 솔로몬은

열왕기상 개요

열왕기 상의 시간은 B.C. 970년에 솔로몬이 즉위하면서 시작해서 통일 왕국이 분열된 후 80여 년까지 모두 120년간의 이스라엘 역사를 포함한다.

다윗이 죽게 될 무렵, 다윗의 아들 중 하나인 아도니야가 선택된 솔로몬을 대신해서 왕위를 계승하려고 시도한다. 다윗이 개입하여 솔로몬이 왕으로 즉위하게 된다. 솔로몬은 현명하게도 여호와께 장수나 부가 아닌 지혜를 구하였다. 그는 성전을 건축하며, 위대한 봉헌 기도와 함께 그것을 여호와께 봉헌한다. 하지만 그렇게 한 후 얼마 지나지 않아, 그는 여호와를 떠나 정략적으로 결혼한 이방 여인들에게 그들의 신을 섬기게 허락함으로 하나님 앞에 죄를 범하게 되고, 또한 백성들에게 무거운 세금을 부과함으로 백성들의 원성을 쌓게 했다. 그의 아들 르호보암이 그의 뒤를 이어 왕위에 올랐을 때 북쪽의 열 지파는 여로보암 1세의 지도하에 갈라져 나가 북 왕국을 형성하게 되었다(왕상 1:1~12:24).

유다(남 왕국)의 계속되는 왕들은 좋은 왕도 있었고, 나쁜 왕도 있었던 반면에, 이스라엘(북 왕국)의 모든 왕들은 시종일관 나쁜 왕들이었다. 왜냐하면 북 왕국의 왕들은 '여로보암의 길로 행하며...이스라엘로 범죄케'(왕상 12:25-16:34) 하였기 때문에 결코 좋은 왕으로 인정받을 수 없었다.

북 왕국 아합 왕이 다스리는 동안 선지자 엘리야가 등장한다. 그는 갈멜 산에서 바알을 숭배하는 바알의 선지자들과 대결하며, 그러고 나서 아합의 이교도 아내인 이사벨의 위협을 받아 목숨을 보전하기 위해 시내 반도로 도망하게 된다. 엘리야는 거기에서 하나님을 만나며, 하나님은 예후를 이스라엘 왕으로, 또 엘리사를 자신의 후계자로 임명하라는 명령을 받고 이스라엘로 돌아온다. 그는 아합이 이세벨의 부추김으로 나봇의 포도원을 빼앗으려 할 때 다시 한번 아합과 대결한다(왕상 17:1~22:53).

학습 자료 30-1
"열왕기서의 사료(史料)" 참조

청하지 아니하였더라

솔로몬이 왕이 되다

11 나단이 솔로몬의 어머니 밧세바에게 말하여 이르되 학깃의 아들 아도
니야가 왕이 되었음을 듣지 못하였나이까 우리 주 다윗은 알지 못하시나
이다 12 이제 내게 당신의 생명과 당신의 아들 솔로몬의 생명을 구할 계
책을 말하도록 허락하소서 13 당신은 다윗 왕 앞에 들어가서 아뢰기를 내
주 왕이여 전에 왕이 여종에게 맹세하여 이르시기를 네 아들 솔로몬이 반
드시 나를 이어 왕이 되어 내 왕위에 앉으리라 하지 아니하셨나이까 그런
데 아도니야가 무슨 이유로 왕이 되었나이까 하소서 14 당신이 거기서 왕
과 말씀하실 때에 나도 뒤이어 들어가서 당신의 말씀을 확증하리이다 15
밧세바가 이에 침실에 들어가 왕에게 이르니 왕이 심히 늙었으므로 수넴
여자 아비삭이 시중들었더라 16 밧세바가 몸을 굽혀 왕께 절하니 왕이 이
르되 어찌 됨이냐 17 그가 왕께 대답하되 내 주여 왕이 전에 왕의 하나님
여호와를 가리켜 여종에게 맹세하시기를 네 아들 솔로몬이 반드시 나를
이어 왕이 되어 내 왕위에 앉으리라 하셨거늘 18 이제 아도니야가 왕이 되
었어도 내 주 왕은 알지 못하시나이다 19 그가 수소와 살찐 송아지와 양
을 많이 잡고 왕의 모든 아들과 제사장 아비아달과 군사령관 요압을 청
하였으나 왕의 종 솔로몬은 청하지 아니하였나이다 20 내 주 왕이여 온 이
스라엘이 왕에게 다 주목하고 누가 내 주 왕을 이어 그 왕위에 앉을지를 공포하시기를 기다리나이다 21 그렇지
아니하면 내 주 왕께서 그의 조상들과 함께 잘 때에 나와 내 아들 솔로몬은 죄인이 되리이다 22 밧세바가 왕과
말할 때에 선지자 나단이 들어온지라 23 어떤 사람이 왕께 말하여 이르되 선지자 나단이 여기 있나이다 하니 그
가 왕 앞에 들어와서 얼굴을 땅에 대고 왕께 절하고 24 이르되 내 주 왕께서 이르시기를 아도니야가 나를 이어 왕
이 되어 내 왕위에 앉으리라 하셨나이까 25 그가 오늘 내려가서 수소와 살찐 송아지와 양을 많이 잡고 왕의 모
든 아들과 군사령관들과 제사장 아비아달을 청하였는데 그들이 아도니야 앞에서 먹고 마시며 아도니야 왕은 만
세수를 하옵소서 하였나이다 26 그러나 왕의 종 나와 제사장 사독과 여호야다의 아들 브나야와 왕의 종 솔로몬
은 청하지 아니하였사오니 27 이것이 내 주 왕께서 정하신 일이니이까 그런데 왕께서 내 주 왕을 이어 그 왕위에
앉을 자를 종에게 알게 하지 아니하셨나이다 28 다윗 왕이 명령하여 이르되 밧세바를 내 앞으로 부르라 하매 그
가 왕의 앞으로 들어가 그 앞에 서는지라 29 왕이 이르되 내 생명을 모든 환난에서 구하신 여호와께서 살아 계심
을 두고 맹세하노라 30 내가 이전에 이스라엘의 하나님 여호와를 가리켜 네게 맹세하여 이르기를 네 아들 솔로
몬이 반드시 나를 이어 왕이 되고 나를 대신하여 내 왕위에 앉으리라 하였으니 내가 오늘 그대로 행하리라 31 밧
세바가 얼굴을 땅에 대고 절하며 내 주 다윗 왕은 만세수를 하옵소서 하니라 32 다윗 왕이 이르되 제사장 사독과
선지자 나단과 여호야다의 아들 브나야를 내 앞으로 부르라 하니 그들이 왕 앞에 이른지라 33 왕이 그들에게 이
르되 너희는 너희 주의 신하들을 데리고 내 아들 솔로몬을 내 노새에 태우고 기혼으로 인도하여 내려가고 34 거
기서 제사장 사독과 선지자 나단은 그에게 기름을 부어 이스라엘 왕으로 삼고 너희는 뿔나팔을 불며 솔로몬 왕
은 만세수를 하옵소서 하고 35 그를 따라 올라오라 그가 와서 내 왕위에 앉아 나를 대신하여 왕이 되리라 내가
그를 세워 이스라엘과 유다의 통치자로 지명하였느니라 36 여호야다의 아들 브나야가 왕께 대답하여 이르되 아
멘 내 주 왕의 하나님 여호와께서도 이렇게 말씀하시기를 원하오며 37 또 여호와께서 내 주 왕과 함께 계심 같이
솔로몬과 함께 계셔서 그의 왕위를 내 주 다윗 왕의 왕위보다 더 크게 하시기를 원하나이다 하니라 38 제사장 사
독과 선지자 나단과 여호야다의 아들 브나야와 그렛 사람과 블렛 사람이 내려가서 솔로몬을 다윗 왕의 노새에
태우고 인도하여 기혼으로 가서 39 제사장 사독이 성막 가운데에서 기름 담은 뿔을 가져다가 솔로몬에게 기름을

❖ **왕상 1장**에서 왕위 쟁탈 기사를 읽으면서 생각하게 되는 것은 "권세는 하나님께로 나지 않음이 없나니 모든 권세는 다 하나님의 정하신 바라"(롬 13:1)는 말씀 속에 잘 나타나 있다.
아도니야가 아무리 장자 계승권을 가진 자라 할지라도, 또 선왕 다윗의 총애를 받던 자라 할지라도 하나님이 그에게 권세를 주지 아니하셨기에 그는 왕이 될 수 없었다. 그리고 그 사실을 올바로 인식하지 못하고 불순종함으로 하나님의 징계를 받은 사울 왕이나, 아비를 대적해서 반란을 일으킨 압살롬과 동일한 전철을 밟은 대표적인 자기중심적 인물이었다. 그리고 이렇게 아도니야와 같이 인간중심적 입장에서 왕권을 찬탈하려는 인물들이 남·북 왕국 분열 후 숱한 왕권 쟁탈전으로 인해 피로 얼룩진 북 왕국의 역사 속에 계속해서 나타나게 된다.

사무엘 열왕기 역대기 비교 개요
학습 자료 30-2 참조

왕상 1장
학습 자료 30-3
"이스라엘의 왕위 계승"참조.

25일~30일

부으니 이에 뿔나팔을 불고 모든 백성이 솔로몬 왕은 만세수를 하옵소서 하니라 40 모든 백성이 그를 따라 올라
와서 피리를 불며 크게 즐거워하므로 땅이 그들의 소리로 말미암아 갈라질 듯하니 41 아도니야와 그와 함께 한
손님들이 먹기를 마칠 때에 다 들은지라 요압이 뿔나팔 소리를 듣고 이르되 어찌하여 성읍 중에서 소리가 요란
하냐 42 말할 때에 제사장 아비아달의 아들 요나단이 오는지라 아도니야가 이르되 들어오라 너는 용사라 아름
다운 소식을 가져오는도다 43 요나단이 아도니야에게 대답하여 이르되 과연 우리 주 다윗 왕이 솔로몬을 왕으로
삼으셨나이다 44 왕께서 제사장 사독과 선지자 나단과 여호야다의 아들 브나야와 그렛 사람과 블렛 사람을 솔
로몬과 함께 보내셨는데 그들 무리가 왕의 노새에 솔로몬을 태워다가 45 제사장 사독과 선지자 나단이 기혼에
서 기름을 부어 왕으로 삼고 무리가 그 곳에서 올라오며 즐거워하므로 성읍이 진동하였나니 당신들에게 들린 소
리가 이것이라 46 또 솔로몬도 왕좌에 앉아 있고 47 왕의 신하들도 와서 우리 주 다윗 왕에게 축복하여 이르기를
왕의 하나님이 솔로몬의 이름을 왕의 이름보다 더 아름답게 하시고 그의 왕위를 왕의 위보다 크게 하시기를 원
하나이다 하매 왕이 침상에서 몸을 굽히고 48 또한 이르시기를 이스라엘의 하나님 여호와를 찬송하리로다 여호
와께서 오늘 내 왕위에 앉을 자를 주사 내 눈으로 보게 하셨도다 하셨나이다 하니 49 아도니야와 함께 한 손님들
이 다 놀라 일어나 각기 갈 길로 간지라 50 아도니야도 솔로몬을 두려워하여 일어나 가서 제단 뿔을 잡으니 51 어
떤 사람이 솔로몬에게 말하여 이르되 아도니야가 솔로몬 왕을 두려워하여 지금 제단 뿔을 잡고 말하기를 솔로
몬 왕이 오늘 칼로 자기 종을 죽이지 않겠다고 내게 맹세하기를 원한다 하나이다 52 솔로몬이 이르되 그가 만일
선한 사람일진대 그의 머리털 하나도 땅에 떨어지지 아니하려니와 그에게 악한 것이 보이면 죽으리라 하고 53 사
람을 보내어 그를 제단에서 이끌어 내리니 그가 와서 솔로몬 왕께 절하매 솔로몬이 이르기를 네 집으로 가라 하
였더라

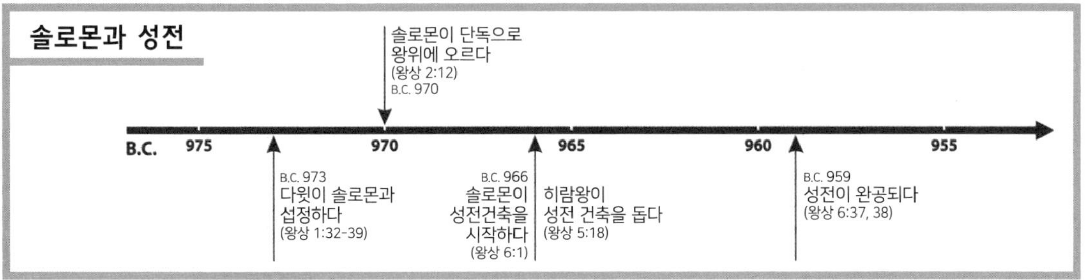

열왕기상 2장

다윗이 솔로몬에게 마지막으로 이르다

> **왕상 2:1-5 다윗의 유언**
> 1) 대장부가 되라 → 일신상의 안락이 아니라 시대적 사명을 가지고 살아라.
> 2) 율법에 기록된 대로 지키라 → 신명기 말씀을 행하는 삶
> 3) 마음을 다하고 성품을 다하여 하나님 앞에서 진실히 행하라 → 신위 앞에 인위를 굴복!

1 다윗이 죽을 날이 임박하매 그의 아들 솔로몬에게 명령하여 이르되 2 내
가 이제 세상 모든 사람이 가는 길로 가게 되었노니 너는 힘써 대장부가
되고 3 네 하나님 여호와의 명령을 지켜 그 길로 행하여 그 법률과 계명과
율례와 증거를 모세의 율법에 기록된 대로 지키라 그리하면 네가 무엇을
하든지 어디로 가든지 형통할지라 4 여호와께서 내 일에 대하여 말씀하시
기를 만일 네 자손들이 그들의 길을 삼가 마음을 다하고 성품을 다하여
진실히 내 앞에서 행하면 이스라엘 왕위에 오를 사람이 네게서 끊어지지
아니하리라 하신 말씀을 확실히 이루게 하시리라 5 스루야의 아들 요압이 내게 행한 일 곧 이스라엘 군대의 두
사령관 넬의 아들 아브넬과 예델의 아들 아마사에게 행한 일을 네가 알거니와 그가 그들을 죽여 태평 시대에 전
쟁의 피를 흘리고 전쟁의 피를 자기의 허리에 띤 띠와 발에 신은 신에 묻혔으니 6 네 지혜대로 행하여 그의 백발
이 평안히 스올에 내려가지 못하게 하라 7 마땅히 길르앗 바르실래의 아들들에게 은총을 베풀어 그들이 네 상에

서 먹는 자 중에 참여하게 하라 내가 네 형 압살롬의 낯을 피하여 도망할 때에 그들이 내게 나왔느니라 8 바후림
베냐민 사람 게라의 아들 시므이가 너와 함께 있나니 그는 내가 마하나임으로 갈 때에 악독한 말로 나를 저주하
였느니라 그러나 그가 요단에 내려와서 나를 영접하므로 내가 여호와를 두고 맹세하여 이르기를 내가 칼로 너
를 죽이지 아니하리라 하였노라 9 그러나 그를 무죄한 자로 여기지 말지어다 너는 지혜 있는 사람이므로 그에게
행할 일을 알지니 그의 백발이 피 가운데 스올에 내려가게 하라

25일~30일

다윗이 죽다

10 다윗이 그의 조상들과 함께 누워 다윗 성에 장사되니 11 다윗이 이스라엘 왕이 된 지 사십 년이라 헤브론에서
칠 년 동안 다스렸고 예루살렘에서 삼십삼 년 동안 다스렸더라 12 솔로몬이 그의 아버지 다윗의 왕위에 앉으니
그의 나라가 심히 견고하니라

아도니야가 죽임을 당하다

13 학깃의 아들 아도니야가 솔로몬의 어머니 밧세바에게 나아온지라 밧
세바가 이르되 네가 화평한 목적으로 왔느냐 대답하되 화평한 목적이니
이다 14 또 이르되 내가 말씀드릴 일이 있나이다 밧세바가 이르되 말하라
15 그가 이르되 당신도 아시는 바이거니와 이 왕위는 내 것이었고 온 이스
라엘은 다 얼굴을 내게로 향하여 왕으로 삼으려 하였는데 그 왕권이 돌
아가 내 아우의 것이 되었음은 여호와께로 말미암음이니이다 16 이제 내
가 한 가지 소원을 당신에게 구하오니 내 청을 거절하지 마옵소서 밧세바
가 이르되 말하라 17 그가 이르되 청하건대 솔로몬 왕에게 말씀하여 그가
수넴 여자 아비삭을 내게 주어 아내를 삼게 하소서 왕이 당신의 청을 거
절하지 아니하리이다 18 밧세바가 이르되 좋다 내가 너를 위하여 왕께 말
하리라 19 밧세바가 이에 아도니야를 위하여 말하려고 솔로몬 왕에게 이
르니 왕이 일어나 영접하여 절한 후에 다시 왕좌에 앉고 그의 어머니를
위하여 자리를 베푸니 그가 그의 오른쪽에 앉는지라 20 밧세바가 이르되 내가 한 가지 작은 일로 왕께 구하오니
내 청을 거절하지 마소서 왕이 대답하되 내 어머니여 구하소서 내가 어머니의 청을 거절하지 아니하리이다 21 이
르되 청하건대 수넴 여자 아비삭을 아도니야에게 주어 아내로 삼게 하소서 22 솔로몬 왕이 그의 어머니에게 대
답하여 이르되 어찌하여 아도니야를 위하여 수넴 여자 아비삭을 구하시나이까 그는 나의 형이오니 그를 위하여
왕권도 구하옵소서 그뿐 아니라 제사장 아비아달과 스루야의 아들 요압을 위해서도 구하옵소서 하고 23 여호와
를 두고 맹세하여 이르되 아도니야가 이런 말을 하였은즉 그의 생명을 잃지 아니하면 하나님은 내게 벌 위에 벌
을 내리심이 마땅하니이다 24 그러므로 이제 나를 세워 내 아버지 다윗의 왕위에 오르게 하시고 허락하신 말씀
대로 나를 위하여 집을 세우신 여호와께서 살아 계심을 두고 맹세하노니 아도니야는 오늘 죽임을 당하리라 하
고 25 여호야다의 아들 브나야를 보내매 그가 아도니야를 쳐서 죽였더라

아비아달의 추방과 요압의 처형

26 왕이 제사장 아비아달에게 이르되 네 고향 아나돗으로 가라 너는 마땅히 죽을 자이로되 네가 내 아버지 다윗
앞에서 주 여호와의 궤를 메었고 또 내 아버지가 모든 환난을 받을 때에 너도 환난을 받았은즉 내가 오늘 너를
죽이지 아니하노라 하고 27 아비아달을 쫓아내어 여호와의 제사장 직분을 파면하니 여호와께서 실로에서 엘리
의 집에 대하여 하신 말씀을 응하게 함이더라 28 그 소문이 요압에게 들리매 그가 여호와의 장막으로 도망하여
제단 뿔을 잡으니 이는 그가 다윗을 떠나 압살롬을 따르지 아니하였으나 아도니야를 따랐음이더라 29 어떤 사
람이 솔로몬 왕에게 아뢰되 요압이 여호와의 장막으로 도망하여 제단 곁에 있나이다 솔로몬이 여호야다의 아들
브나야를 보내며 이르되 너는 가서 그를 치라 30 브나야가 여호와의 장막에 이르러 그에게 이르되 왕께서 나오
라 하시느니라 그가 대답하되 아니라 내가 여기서 죽겠노라 브나야가 돌아가서 왕께 아뢰어 이르되 요압이 이

왕상 2:12-46 대 숙청작업

다윗이 임종하기 전 왕위 계승의 서열이 앞선 아도니야가 스스로 왕위에 오르지만, 다윗이 개입하여 큰 탈 없이 솔로몬이 왕위를 계승하게 된다. 그러나 솔로몬은 자신의 왕위를 견고히 하기 위해 집권 초기에 대대적 숙청 작업을 벌인다.

1) 아도니야를 처형. 그는 솔로몬의 형으로 왕권 계승 서열 1위였고 한 때 스스로 왕이 된 자였으며 아버지 다윗의 첩을 요구한 자였다.
2) 아비아달을 추방. 그는 쿠데타 모의에 가담한 제사장이었다.
3) 장군 요압을 처형. 아도니야의 반역 음모에 가담한 자였다.
4) 시므이를 처형. 그는 부왕인 다윗 왕이 피난길에 올랐을 때 저주한 자였다.

리이리 내게 대답하더이다 31 왕이 이르되 그의 말과 같이 하여 그를 죽여 묻으라 요압이 까닭 없이 흘린 피를 나
와 내 아버지의 집에서 네가 제하리라 32 여호와께서 요압의 피를 그의 머리로 돌려보내실 것은 그가 자기보다
의롭고 선한 두 사람을 쳤음이니 곧 이스라엘 군사령관 넬의 아들 아브넬과 유다 군사령관 예델의 아들 아마사
를 칼로 죽였음이라 이 일을 내 아버지 다윗은 알지 못하셨나니 33 그들의 피는 영영히 요압의 머리와 그의 자손
의 머리로 돌아갈지라도 다윗과 그의 자손과 그의 집과 그의 왕위에는 여호와께로 말미암는 평강이 영원히 있
으리라 34 여호야다의 아들 브나야가 곧 올라가서 그를 쳐죽이매 그가 광야에 있는 자기의 집에 매장되니라 35
왕이 이에 여호야다의 아들 브나야를 요압을 대신하여 군사령관으로 삼고 또 제사장 사독으로 아비아달을 대신
하게 하니라

시므이가 처형되다

36 왕이 사람을 보내어 시므이를 불러서 이르되 너는 예루살렘에서 너를 위하여 집을 짓고 거기서 살고 어디든지
나가지 말라 37 너는 분명히 알라 네가 나가서 기드론 시내를 건너는 날에는 반드시 죽임을 당하리니 네 피가 네
머리로 돌아가리라 38 시므이가 왕께 대답하되 이 말씀이 좋사오니 내 주 왕의 말씀대로 종이 그리 하겠나이다
하고 이에 날이 오래도록 예루살렘에 머무니라 39 삼 년 후에 시므이의 두 종이 가드 왕 마아가의 아들 아기스에
게로 도망하여 간지라 어떤 사람이 시므이에게 말하여 이르되 당신의 종이 가드에 있나이다 40 시므이가 그 종
을 찾으려고 일어나 그의 나귀에 안장을 지우고 가드로 가서 아기스에게 나아가 그의 종을 가드에서 데려왔더
니 41 시므이가 예루살렘에서부터 가드에 갔다가 돌아온 일을 어떤 사람이 솔로몬에게 말한지라 42 왕이 사람을
보내어 시므이를 불러서 이르되 내가 너에게 여호와를 두고 맹세하게 하고 경고하여 이르기를 너는 분명히 알라
네가 밖으로 나가서 어디든지 가는 날에는 죽임을 당하리라 하지 아니하였느냐 너도 내게 말하기를 내가 들은
말씀이 좋으니이다 하였거늘 43 네가 어찌하여 여호와를 두고 한 맹세와 내가 네게 이른 명령을 지키지 아니하였
느냐 44 왕이 또 시므이에게 이르되 네가 네 마음으로 아는 모든 악 곧 내 아버지에게 행한 바를 네가 스스로 아
나니 여호와께서 네 악을 네 머리로 돌려보내시리라 45 그러나 솔로몬 왕은 복을 받고 다윗의 왕위는 영원히 여
호와 앞에서 견고히 서리라 하고 46 여호야다의 아들 브나야에게 명령하매 그가 나가서 시므이를 치니 그가 죽
은지라 이에 나라가 솔로몬의 손에 견고하여지니라

열왕기상 3장

솔로몬이 지혜를 구하다(대하 1:3-12)

1 솔로몬이 애굽의 왕 바로와 더불어 혼인 관계를 맺어 그의 딸을 맞이하
고 다윗 성에 데려다가 두고 자기의 왕궁과 여호와의 성전과 예루살렘 주
위의 성의 공사가 끝나기를 기다리니라 2 그 때까지 여호와의 이름을 위
하여 성전을 아직 건축하지 아니하였으므로 백성들이 산당에서 제사하
며 3 솔로몬이 여호와를 사랑하고 그의 아버지 다윗의 법도를 행하였으나
산당에서 제사하며 분향하더라 4 이에 왕이 제사하러 기브온으로 가니 거
기는 산당이 큼이라 솔로몬이 그 제단에 일천 번제를 드렸더니 5 기브온
에서 밤에 여호와께서 솔로몬의 꿈에 나타나시니라 하나님이 이르시되
내가 네게 무엇을 줄꼬 너는 구하라 6 솔로몬이 이르되
주의 종 내 아버지 다윗이 성실과 공의와 정직
한 마음으로 주와 함께 주 앞에서 행하므로
주께서 그에게 큰 은혜를 베푸셨고 주께서
또 그를 위하여 이 큰 은혜를 항상 주사 오늘
과 같이 그의 자리에 앉을 아들을 그에게 주셨나이다

❖ 왕상 3장

솔로몬의 지혜를 구하는 기도는 신약에서 예수님의 주기도문을 연상시킨다. 그것은 바로 그 나라를 구하는 기도이기 때문이다. 그의 기도는 자기를 위한 기도가 아니라 하나님의 나라가 견고히 설 수 있는 지혜를 구한 기도였다. 또한 신위를 위해 인위를 굴복하는 기도였다.

우선 솔로몬이 일천 번제를 드렸다. 그것은 번제(Burn Offering)를 천 번 드렸다는 것이 아니고 천 마리의 제물을 드렸다는 뜻이다(대하1:6). 천 마리의 제물을 드린 후에 꿈에 나타난 하나님의 응답에 대하여 솔로몬이 구한 기도 내용이 무엇이었는가를 잘 살펴보라.

하나님의 응답은 백지수표와도 같은 것이다.

☞ 하나님께서 내게도 백지수표를 주신다면 나는 무엇을 구할까?

왕성 3:4-15

학습 자료 30-4 "신정(神政) 대리인으로서 왕의 의무와 임무" 참조

학습 자료 30-5 "이스라엘 신정 왕국(神政 王國)의 이해" 참조

7 나의 하나님 여호와여 주께서 종으로 종의 아버지 다윗을 대신하여 왕이 되게 하셨사오나 종은 작은 아이라
출입할 줄을 알지 못하고 8 왕께서 택하신 백성 가운데 있나이다 그들은 큰 백성이라 수효가 많아서 셀 수도 없
고 기록할 수도 없사오니 9 누가 주의 이 많은 백성을 재판할 수 있사오리이까 듣는 마음을 종에게 주사 주의 백
성을 재판하여 선악을 분별하게 하옵소서 10 솔로몬이 이것을 구하매 그 말씀이 주의 마음에 든지라 11 이에 하
나님이 그에게 이르시되 네가 이것을 구하도다 자기를 위하여 장수하기를 구하지 아니하며 부도 구하지 아니하
며 자기 원수의 생명을 멸하기도 구하지 아니하고 오직 송사를 듣고 분별하는 지혜를 구하였으니 12 내가 네 말
대로 하여 네게 지혜롭고 총명한 마음을 주노니 네 앞에도 너와 같은 자가 없었거니와 네 뒤에도 너와 같은 자가
일어남이 없으리라 13 내가 또 네가 구하지 아니한 부귀와 영광도 네게 주노니 네 평생에 왕들 중에 너와 같은 자
가 없을 것이라 14 네가 만일 네 아버지 다윗이 행함 같이 내 길로 행하며 내 법도와 명령을 지키면 내가 또 네 날
을 길게 하리라 15 솔로몬이 깨어 보니 꿈이더라 이에 예루살렘에 이르러 여호와의 언약궤 앞에 서서 번제와 감
사의 제물을 드리고 모든 신하들을 위하여 잔치하였더라

솔로몬의 재판

16 그 때에 창기 두 여자가 왕에게 와서 그 앞에 서며 17 한 여자는 말하되 내 주여 나와 이 여자가 한집에서 사는
데 내가 그와 함께 집에 있으며 해산하였더니 18 내가 해산한 지 사흘 만에 이 여자도 해산하고 우리가 함께 있
었고 우리 둘 외에는 집에 다른 사람이 없었나이다 19 그런데 밤에 저 여자가 그의 아들 위에 누우므로 그의 아
들이 죽으니 20 그가 밤중에 일어나서 이 여종 내가 잠든 사이에 내 아들을 내 곁에서 가져다가 자기의 품에 누이
고 자기의 죽은 아들을 내 품에 뉘었나이다 21 아침에 내가 내 아들을 젖 먹이려고 일어나 본즉 죽었기로 내가 아
침에 자세히 보니 내가 낳은 아들이 아니더이다 하매 22 다른 여자는 이르되 아니라 산 것은 내 아들이요 죽은 것
은 네 아들이라 하고 이 여자는 이르되 아니라 죽은 것이 네 아들이요 산 것이 내 아들이라 하며 왕 앞에서 그와
같이 쟁론하는지라 23 왕이 이르되 이 여자는 말하기를 산 것은 내 아들이요 죽은 것은 네 아들이라 하고 저 여자
는 말하기를 아니라 죽은 것이 네 아들이요 산 것이 내 아들이라 하는도다 하고 24 또 이르되 칼을 내게로 가져
오라 하니 칼을 왕 앞으로 가져온지라 25 왕이 이르되 산 아이를 둘로 나
누어 반은 이 여자에게 주고 반은 저 여자에게 주라 26 그 산 아들의 어
머니 되는 여자가 그 아들을 위하여 마음이 불붙는 것 같아서 왕께 아
뢰어 청하건대 내 주여 산 아이를 그에게 주시고 아무쪼록 죽이지 마
옵소서 하되 다른 여자는 말하기를 내 것도 되게 말고 네 것도 되게 말
고 나누게 하라 하는지라 27 왕이 대답하여 이르되 산 아이를 저 여자
에게 주고 결코 죽이지 말라 저가 그의 어머니이니라 하매 28 온 이스
라엘이 왕이 심리하여 판결함을 듣고 왕을 두려워하였으니 이는 하나님의 지혜가
그의 속에 있어 판결함을 봄이더라

열왕기상 4장

솔로몬이 거느린 신하들

1 솔로몬 왕이 온 이스라엘의 왕이 되었고 2 그의 신하들은 이러하니라 사독의 아들 아사리아는 제사장이요 3 시
사의 아들 엘리호렙과 아히야는 서기관이요 아힐룻의 아들 여호사밧은 사관이요 4 여호야다의 아들 브나야는
군사령관이요 사독과 아비아달은 제사장이요 5 나단의 아들 아사리아는 지방 관장의 두령이요 나단의 아들 사
붓은 제사장이니 왕의 벗이요 6 아히살은 궁내대신이요 압다의 아들 아도니람은 노동 감독관이더라 7 솔로몬이
또 온 이스라엘에 열두 지방 관장을 두매 그 사람들이 왕과 왕실을 위하여 양식을 공급하되 각기 일 년에 한 달
씩 양식을 공급하였으니 8 그들의 이름은 이러하니라 에브라임 산지에는 벤훌이요 9 마가스와 사알빔과 벧세메
스와 엘론벧하난에는 벤데겔이요 10 아룹봇에는 벤헤셋이니 소고와 헤벨 온 땅을 그가 주관하였으며 11 나밧

돌 높은 땅 온 지방에는 벤아비나답이니 그는 솔로몬의 딸 다밧을 아내로 삼았으며 12 다아낙과 므깃도와 이스
르엘 아래 사르단 가에 있는 벧스안 온 땅은 아힐룻의 아들 바아나가 맡았으니 벧스안에서부터 아벨므홀라에
이르고 욕느암 바깥까지 미쳤으며 13 길르앗 라못에는 벤게벨이니 그는 길르앗에 있는 므낫세의 아들 야일의 모
든 마을을 주관하였고 또 바산 아르곱 땅의 성벽과 놋빗장 있는 육십 개의 큰 성읍을 주관하였으며 14 마하나임
에는 잇도의 아들 아히나답이요 15 납달리에는 아히마아스이니 그는 솔로몬의 딸 바스맛을 아내로 삼았으며 16
아셀과 아롯에는 후새의 아들 바아나요 17 잇사갈에는 바루아의 아들 여호사밧이요 18 베냐민에는 엘라의 아들
시므이요 19 아모리 사람의 왕 시혼과 바산 왕 옥의 나라 길르앗 땅에는 우리의 아들 게벨이니 그 땅에서는 그
한 사람만 지방 관장이 되었더라

솔로몬의 영화

20 유다와 이스라엘의 인구가 바닷가의 모래 같이 많게 되매 먹고 마시며
즐거워하였으며 21 솔로몬이 그 강에서부터 블레셋 사람의 땅에 이르기
까지와 애굽 지경에 미치기까지의 모든 나라를 다스리므로 솔로몬이 사
는 동안에 그 나라들이 조공을 바쳐 섬겼더라 22 솔로몬의 하루의 음식물
은 가는 밀가루가 삼십 고르요 굵은 밀가루가 육십 고르요 23 살진 소가
열 마리요 초장의 소가 스무 마리요 양이 백 마리이며 그 외에 수사슴과
노루와 암사슴과 살진 새들이었더라 24 솔로몬이 그 강 건너편을 딥사에
서부터 가사까지 모두, 그 강 건너편의 왕을 모두 다스리므로 그가 사방
에 둘린 민족과 평화를 누렸으니 25 솔로몬이 사는 동안에 유다와 이스라
엘이 단에서부터 브엘세바에 이르기까지 각기 포도나무 아래와 무화과
나무 아래에서 평안히 살았더라 26 솔로몬의 병거의 말 외양간이 사만이요 마병이 만 이천 명이며 27 그 지방 관
장들은 각각 자기가 맡은 달에 솔로몬 왕과 왕의 상에 참여하는 모든 자를 위하여 먹을 것을 공급하여 부족함이
없게 하였으며 28 또 그들이 각기 직무를 따라 말과 준마에게 먹일 보리와 꼴을 그 말들이 있는 곳으로 가져왔더
라 29 하나님이 솔로몬에게 지혜와 총명을 심히 많이 주시고 또 넓은 마음을 주시되 바닷가의 모래 같이 하시니
30 솔로몬의 지혜가 동쪽 모든 사람의 지혜와 애굽의 모든 지혜보다 뛰어난지라 31 그는 모든 사람보다 지혜로
워서 예스라 사람 에단과 마홀의 아들 헤만과 갈골과 다르다보다 나으므로 그의 이름이 사방 모든 나라에 들렸
더라 32 그가 잠언 삼천 가지를 말하였고 그의 노래는 천다섯 편이며 33 그가 또 초목에 대하여 말하되 레바논의
백향목으로부터 담에 나는 우슬초까지 하고 그가 또 짐승과 새와 기어다니는 것과 물고기에 대하여 말한지라 34
사람들이 솔로몬의 지혜를 들으러 왔으니 이는 그의 지혜의 소문을 들은 천하 모든 왕들이 보낸 자들이더라

> 왕상 4:20-34 솔로몬의 부귀영화와 그의 번성함을 유의하라. 마 6:33의 확실한 응답이 아닌가!
> ☞ **마 6:33** 그런즉 너희는 먼저 그의 나라와 그의 의를 구하라 그리하면 이 모든 것을 너희에게 더하시리라
> · 얼마나 부귀영화를 누렸을까?
> 그의 궁전은 성전보다 약 4배가 더 크다. 궁전 11,250ft²(약 330평) - 성전 약 2700ft²(약 80평)
> · 4:22-23에 나오는 하루 식량을 보아도 그 부귀영화를 알 수 있다.

25일~30일

열왕기상 5장

솔로몬이 성전 건축을 준비하다(대하 2:1-18)

1 솔로몬이 기름 부음을 받고 그의 아버지를 이어 왕이 되었다 함을 두로 왕 히람이 듣고 그의 신하들을 솔로몬
에게 보냈으니 이는 히람이 평생에 다윗을 사랑하였음이라 2 이에 솔로몬이 히람에게 사람을 보내어 이르되 3 당
신도 알거니와 내 아버지 다윗이 사방의 전쟁으로 말미암아 그의 하나님 여호와의 이름을 위하여 성전을 건축하
지 못하고 여호와께서 그의 원수들을 그의 발바닥 밑에 두시기를 기다렸나이다 4 이제 내 하나님 여호와께서 내
게 사방의 태평을 주시매 원수도 없고 재앙도 없도다 5 여호와께서 내 아버지 다윗에게 하신 말씀에 내가 너를
이어 네 자리에 오르게 할 네 아들 그가 내 이름을 위하여 성전을 건축하리라 하신 대로 내가 내 하나님 여호와
의 이름을 위하여 성전을 건축하려 하오니 6 당신은 명령을 내려 나를 위하여 레바논에서 백향목을 베어내게 하
소서 내 종과 당신의 종이 함께 할 것이요 또 내가 당신의 모든 말씀대로 당신의 종의 삯을 당신에게 드리리이다
당신도 알거니와 우리 중에는 시돈 사람처럼 벌목을 잘하는 자가 없나이다 7 히람이 솔로몬의 말을 듣고 크게 기

빼하여 이르되 오늘 여호와를 찬양할지로다 그가 다윗에게 지혜로운 아
들을 주사 그 많은 백성을 다스리게 하셨도다 하고 8 이에 솔로몬에게 사
람을 보내어 이르되 당신이 사람을 보내어 하신 말씀을 내가 들었거니와
내 백향목 재목과 잣나무 재목에 대하여는 당신이 바라시는 대로 할지라
9 내 종이 레바논에서 바다로 운반하겠고 내가 그것을 바다에서 뗏목으
로 엮어 당신이 지정하는 곳으로 보내고 거기서 그것을 풀리니 당신은 받
으시고 내 원을 이루어 나의 궁정을 위하여 음식물을 주소서 하고 10 솔
로몬의 모든 원대로 백향목 재목과 잣나무 재목을 주매 11 솔로몬이 히람
에게 그의 궁정의 음식물로 밀 이만 고
르와 맑은 기름 이십 고르를 주고 해
마다 그와 같이 주었더라 12 여호와
께서 그의 말씀대로 솔로몬에게 지
혜를 주신 고로 히람과 솔로몬이 친
목하여 두 사람이 함께 약조를 맺
었더라 13 이에 솔로몬 왕이 온 이스
라엘 가운데서 역군을 불러일으키니 그 역군의 수가 삼만 명이라 14 솔로
몬이 그들을 한 달에 만 명씩 번갈아 레바논으로 보내매 그들이 한 달은 레바논에 있고 두 달은 집에 있으며 아
도니람은 감독이 되었고 15 솔로몬에게 또 짐꾼이 칠만 명이요 산에서 돌을 뜨는 자가 팔만 명이며 16 이 외에 그
사역을 감독하는 관리가 삼천삼백 명이라 그들이 일하는 백성을 거느렸더라 17 이에 왕이 명령을 내려 크고 귀한
돌을 떠다가 다듬어서 성전의 기초석으로 놓게 하매 18 솔로몬의 건축자와 히람의 건축자와 그발 사람이 그 돌
을 다듬고 성전을 건축하기 위하여 재목과 돌들을 갖추니라

❖ 왕상 5~8장 : **솔로몬의 빛**
솔로몬의 큰 업적은 성전을 완공하고 봉헌한 것이다. "주께서 영원히 거하실 처소로소이다"(8:13) - 출 25:8
하나님의 속성 중에 가장 중요한 속성이 임마누엘(Immanuel)이다. "우리와 함께 하신다"의 뜻이다. 그렇다. 하나님은 우리와 함께하시기를 원하시는 분이시고 바로 그것이 천지를 창조하시고 인간을 창조하신 동인(動因)이다. 성전은 바로 이 하나님의 임마누엘 속성을 상징하는 것이다. 하나님은 우리와 함께하시기를 원해서 만드신 에덴이 인간의 타락으로 화염검으로 인간의 접근이 불가능하게 되자 우리와 함께 하실 대안으로 성막과 성소를 허락하셨다. 성전의 신약적 의미는 성도들의 마음이다. 하나님은 이스라엘의 성막에 거하신 것을 요한 1:14에서 우리와 함께 거하신다고 표현했고, 스바냐 3:17에서 하나님은 우리 가운데 계신다고 했다.

열왕기상 6장

솔로몬이 성전을 건축하다

1 이스라엘 자손이 애굽 땅에서 나온 지 사백팔십 년이요 솔로몬이 이스
라엘 왕이 된 지 사 년 시브월 곧 둘째 달에 솔로몬이 여호와를 위하여 성
전 건축하기를 시작하였더라 2 솔로몬 왕이 여호와를 위하여 건축한 성
전은 길이가 육십 규빗이요 너비가 이십 규빗이요 높이가 삼십 규빗이며
3 성전의 성소 앞 주랑의 길이는 성전의 너비와 같이 이십 규빗이요 그 너
비는 성전 앞에서부터 십 규빗이며 4 성전을 위하여 창틀 있는 붙박이 창
문을 내고 5 또 성전의 벽 곧 성소와 지성소의 벽에 연접하여 돌아가며 다
락들을 건축하되 다락마다 돌아가며 골방들을 만들었으니 6 하층 다락
의 너비는 다섯 규빗이요 중층 다락의 너비는 여섯 규빗이요 셋째 층 다락의 너비는 일곱 규빗이라 성전의 벽 바
깥으로 돌아가며 턱을 내어 골방 들보들로 성전의 벽에 박히지 아니하게 하였으며 7 이 성전은 건축할 때에 돌을
그 뜨는 곳에서 다듬고 가져다가 건축하였으므로 건축하는 동안에 성전 속에서는 방망이나 도끼나 모든 철 연
장 소리가 들리지 아니하였으며 8 중층 골방의 문은 성전 오른쪽에 있는데 나사 모양 층계로 말미암아 하층에서
중층에 오르고 중층에서 셋째 층에 오르게 하였더라 9 성전의 건축을 마치니라 그 성전은 백향목 서까래와 널판
으로 덮었고 10 또 온 성전으로 돌아가며 높이가 다섯 규빗 되는 다락방을 건축하되 백향목 들보로 성전에 연접
하게 하였더라 11 여호와의 말씀이 솔로몬에게 임하여 이르시되 12 네가 지금 이 성전을 건축하니 네가 만일 내
법도를 따르며 내 율례를 행하며 내 모든 계명을 지켜 그대로 행하면 내가 네 아버지 다윗에게 한 말을 네게 확

왕상 6장 성전
학습 자료 30-6 "성전과 성막의 의미" 참조

왕상 6:1 성전 건축
왕상 6:1은 출애굽 시기 단서가 되는 중요 구절
☞ 솔로몬의 재임 기간은 970-930년, 재임 4년째는 966년, 이때가 출애굽 480년 후이니까 966 + 480 = 1446. B.C. 1446년이 출애굽 연도임
☞ 솔로몬 성전 건축은 7년 동안/왕궁 건축은 13년 동안 걸림

실히 이룰 것이요 13 내가 또한 이스라엘 자손 가운데에 거하며 내 백성
이스라엘을 버리지 아니하리라 하셨더라

성전 내부 장식(대하 3:8-14)

14 솔로몬이 성전 건축하기를 마치고 15 백향목 널판으로 성전의 안벽 곧
성전 마루에서 천장까지의 벽에 입히고 또 잣나무 널판으로 성전 마루를
놓고 16 또 성전 뒤쪽에서부터 이십 규빗 되는 곳에 마루에서 천장까지 백
향목 널판으로 가로막아 성전의 내소 곧 지성소를 만들었으며 17 내소 앞
에 있는 외소 곧 성소의 길이가 사십 규빗이며 18 성전 안에 입힌 백향목
에는 박과 핀 꽃을 아로새겼고 모두 백향목이라 돌이 보이지 아니하며 19
여호와의 언약궤를 두기 위하여 성전 안에 내소를 마련하였는데 20 그 내
소의 안은 길이가 이십 규빗이요 너비가 이십 규빗이요 높이가 이십 규빗
이라 정금으로 입혔고 백향목 제단에도 입혔더라 21 솔로몬이 정금으로
외소 안에 입히고 내소 앞에 금사슬로 건너지르고 내소를 금으로 입히고
22 온 성전을 금으로 입히기를 마치고 내소에 속한 제단의 전부를 금으로
입혔더라 23 내소 안에 감람나무로 두 그룹을 만들었는데 그 높이가 각각
십 규빗이라 24 한 그룹의 이쪽 날개도 다섯 규빗이요 저쪽 날개도 다섯
규빗이니 이쪽 날개 끝으로부터 저쪽 날개 끝까지 십 규빗이며 25 다른 그
룹도 십 규빗이니 그 두 그룹은 같은 크기와 같은 모양이요 26 이 그룹의
높이가 십 규빗이요 저 그룹도 같았더라 27 솔로몬이 내소 가운데에 그룹
을 두었으니 그룹들의 날개가 펴져 있는데 이쪽 그룹의 날개는 이쪽 벽에
닿았고 저쪽 그룹의 날개는 저쪽 벽에 닿았으며 두 날개는 성전의 중앙
에서 서로 닿았더라 28 그가 금으로 그룹을 입혔더라 29 내 외소 사방 벽
에는 모두 그룹들과 종려와 핀 꽃 형상을 아로새겼고 30 내외 성전 마루
에는 금으로 입혔으며 31 내소에 들어가는 곳에는 감람나무로 문을 만들
었는데 그 문인방과 문설주는 벽의 오분의 일이요 32 감람나무로 만든 그
두 문짝에 그룹과 종려와 핀 꽃을 아로새기고 금으로 입히되 곧 그룹들
과 종려에 금으로 입혔더라 33 또 외소의 문을 위하여 감람나무로 문설주
를 만들었으니 곧 벽의 사분의 일이며 34 그 두 문짝은 잣나무라 이쪽 문
짝도 두 짝으로 접게 되었고 저쪽 문짝도 두 짝으로 접게 되었으며 35 그
문짝에 그룹들과 종려와 핀 꽃을 아로새기고 금으로 입히되 그 새긴 데
에 맞게 하였고 36 또 다듬은 돌 세 켜와 백향목 두꺼운 판자 한 켜로 둘
러 안뜰을 만들었더라 37 넷째 해 시브월에 여호와의 성전 기초를 쌓았고
38 열한째 해 불월 곧 여덟째 달에 그 설계와 식양대로 성전 건축이 다 끝
났으니 솔로몬이 칠 년 동안 성전을 건축하였더라

열왕기상 7장

솔로몬의 궁

1 솔로몬이 자기의 왕궁을 십삼 년 동안 건축하여 그 전부를 준공하니라
2 그가 레바논 나무로 왕궁을 지었으니 길이가 백 규빗이요 너비가 오십
규빗이요 높이가 삼십 규빗이라 백향목 기둥이 네 줄이요 기둥 위에 백

왕상 6:11-14 성전 건축이 진행 중에 하나님이 솔로몬에게 나타나셔서 성전의 언약적 의미를 상기시키는 점을 묵상하라.

왕상 6:37, 38, 단일 중앙 성소의 의의

선민 이스라엘 백성들은 출애굽 이후 줄곧 단일 중앙 성소를 중심으로 그들의 종교적,사회적 삶을 영위해 나갔다. 즉 광야에서는 모세의 성막을 중심으로(출 25:8), 가나안 정착 후에는 실로 희막을 중심으로 (수 18:1) 그렇게 했던 것이다. 그러나 실로 회막이 블레셋인들에 의해 훼파된 이후(삼상 4:3) 이스라엘에서는 종교적 중심지 역할을 할만한 단일 중앙 성소로 마땅한 장소가 없다가 이제 다윗의 준비와 솔로몬의 성전 건축에 의해 중앙 성소가 다시 마련되게 된 것이다. 이처럼 이스라엘의 종교적,민족적 구심점이었던 중앙 성소는 오늘날의 신약 성도들에게도 큰 의의를 주는바 이를 도표로 살펴보면 다음과 같다.

1	섬겨야 할 대상은 오직 한 분 하나님 뿐임 (신 6:4, 고전 8:4)
2	참 진리는 오직 예수님 한 분 뿐이심 (요 14:6)
3	성도는 한 지체가 되어 하나님을 섬겨야 함(고전 10:17)
4	성도는 한 가지 소망으로 하나님을 섬겨야 함(엡 4:4)
5	성도는 동일한 목적으로 하나님을 섬겨야 함(빌 2:2)
6	성도는 마음과 뜻을 합하여 하나님을 섬겨야 함(빌 2:2)
7	성도의 대제사장은 한 분 예수님 뿐이심 (히 7:15)
8	성도의 구원을 위한 대속 제사는 오직 예수께만 있음(히 10:12, 14)
9	모든 성도는 지체로서 한 교회를 이루게 됨(엡 2:21, 22)
10	영원한 생명의 길은 오직 하나임 (요 14:6)

왕상 6:38 **성전 건축도 하나님 방법대로(신위)**

우리가 특히 주목할 사실은 성전 건축이 그 옛날 출애굽 시대의 성막 건축과 마찬가지로 철저하게 하나님께서 다윗에게 지시하신바(대상 28:11-19) 설계와 식양대로(38절) 지어졌다는 사실이다. 이는 성전을 통하여 계시된바 궁극적으로 하나님의 구속사가 전적으로 하나님의 주권과 방법에 의해서만 전개되어갈 것이며 인간에게 요청되는 바는 오직 그분의 주권에 대한 순종이라는 사실을 보여 준다(신 5:29).

향목 들보가 있으며 3기둥 위에 있는 들보 사십오 개를 백향목으로 덮
었는데 들보는 한 줄에 열 다섯이요 4또 창틀이 세 줄로 있는데 창과 창
이 세 층으로 서로 마주 대하였고 5모든 문과 문설주를 다 큰 나무로 네
모지게 만들었는데 창과 창이 세 층으로 서로 마주 대하였으며 6또 기
둥을 세워 주랑을 지었으니 길이가 오십 규빗이요 너비가 삼십 규빗이며
또 기둥 앞에 한 주랑이 있고 또 그 앞에 기둥과 섬돌이 있으며 7또 심판
하기 위하여 보좌의 주랑 곧 재판하는 주랑을 짓고 온 마루를 백향목으
로 덮었고 8솔로몬이 거처할 왕궁은 그 주랑 뒤 다른 뜰에 있으니 그 양
식이 동일하며 솔로몬이 또 그가 장가 든 바로의 딸을 위하여 집을 지었
는데 이 주랑과 같더라 9이 집들은 안팎을 모두 귀하고 다듬은 돌로 지
었으니 크기대로 톱으로 켠 것이라 그 초석에서 처마까지와 외면에서 큰
뜰에 이르기까지 다 그러하니 10그 초석은 귀하고 큰 돌 곧 십 규빗 되는
돌과 여덟 규빗 되는 돌이라 11그 위에는 크기대로 다듬은 귀한 돌도 있
고 백향목도 있으며 12또 큰 뜰 주위에는 다듬은 돌 세 켜와 백향목 두
꺼운 판자 한 켜를 놓았으니 마치 여호와의 성전 안뜰과 주랑에 놓은 것
같더라

왕상 7:1-8 솔로몬의 왕궁 복원도

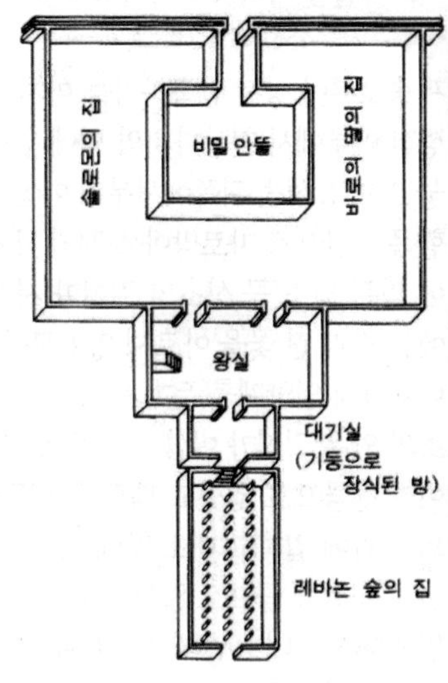

왕상 7:1-51 구속사의 전개와 여러 성전
성전이란 인간 가운데 계신 하나님의 임재 처소의 상징이다. 그런데 태초부터 종말까지 이어지는 하나님의 구속사의 전개에 따라 각 단계마다 이 성전은 다양한 형태로 나타나게 된다. 따라서 이 성전의 변천을 살펴보면서 우리는 결국 더 확실하고 영원한 형태로 우리 가운데 임재하시기 원하시는 하나님의 뜻을 깨달을 수 있다. 이제 구속사의 전개에 따른 성전의 변천을 알아보자.

1	족장 시대의 가정 교회(창 4:26)
2	모세의 장막(출 40장)
3	예루살렘 성전(왕상 7장)
4	스룹바벨 성전(스 6장)
5	예수의 몸인 성전(요 2:21)
6	성도 모임인 신약교회(고전 3:9, 11)
7	새 예루살렘 성전(계 21:2)

놋쇠 대장장이 히람과 두 놋기둥(대하 3:15-17)

13솔로몬 왕이 사람을 보내어 히람을 두로에서 데려오니 14그는 납달리
지파 과부의 아들이요 그의 아버지는 두로 사람이니 놋쇠 대장장이라 이
히람은 모든 놋 일에 지혜와 총명과 재능을 구비한 자이더니 솔로몬 왕
에게 와서 그 모든 공사를 하니라 15그가 놋기둥 둘을 만들었으니 그 높
이는 각각 십팔 규빗이라 각각 십이 규빗 되는 줄을 두를 만하며 16또 놋
을 녹여 부어서 기둥 머리를 만들어 기둥 꼭대기에 두었으니 한쪽 머리의
높이도 다섯 규빗이요 다른쪽 머리의 높이도 다섯 규빗이며 17기둥 꼭대
기에 있는 머리를 위하여 바둑판 모양으로 얽은 그물과 사슬 모양으로
땋은 것을 만들었으니 이 머리에 일곱이요 저 머리에 일곱이라 18기둥을
이렇게 만들었고 또 두 줄 석류를 한 그물 위에 둘러 만들어서 기둥 꼭대
기에 있는 머리에 두르게 하였고 다른 기둥 머리에도 그렇게 하였으며 19
주랑 기둥 꼭대기에 있는 머리의 네 규빗은 백합화 모양으로 만들었으며
20이 두 기둥 머리에 있는 그물 곁 곧 그 머리의 공 같이 둥근 곳으로 돌
아가며 각기 석류 이백 개가 줄을 지었더라 21이 두 기둥을 성전의 주랑 앞에 세우되 오른쪽 기둥을 세우고 그
이름을 야긴이라 하고 왼쪽의 기둥을 세우고 그 이름을 보아스라 하였으며 22그 두 기둥 꼭대기에는 백합화 형
상이 있더라 두 기둥의 공사가 끝나니라

놋을 부어 만든 바다(대하 4:2-5)

23또 바다를 부어 만들었으니 그 직경이 십 규빗이요 그 모양이 둥글며 그 높이는 다섯 규빗이요 주위는 삼십 규
빗 줄을 두를 만하며 24그 가장자리 아래에는 돌아가며 박이 있는데 매 규빗에 열 개씩 있어서 바다 주위에 둘렸
으니 그 박은 바다를 부어 만들 때에 두 줄로 부어 만들었으며 25그 바다를 소 열두 마리가 받쳤으니 셋은 북쪽
을 향하였고 셋은 서쪽을 향하였고 셋은 남쪽을 향하였고 셋은 동쪽을 향하였으며 바다를 그 위에 놓았고 소의
뒤는 다 안으로 두었으며 26바다의 두께는 한 손 너비만 하고 그것의 가는 백합화의 양식으로 잔 가와 같이 만
들었으니 그 바다에는 이천 밧을 담겠더라

놋 받침 수레와 물두멍

27 또 놋으로 받침 수레 열을 만들었으니 매 받침 수레의 길이가 네 규빗이요 너비가 네 규빗이요 높이가 세 규빗
이라 28 그 받침 수레의 구조는 이러하니 사면 옆 가장자리 가운데에는 판이 있고 29 가장자리 가운데 판에는 사
자와 소와 그룹들이 있고 또 가장자리 위에는 놓는 자리가 있고 사자와 소 아래에는 화환 모양이 있으며 30 그
받침 수레에 각각 네 놋바퀴와 놋축이 있고 받침 수레 네 발 밑에는 어깨 같은 것이 있으며 그 어깨 같은 것은 물
두멍 아래쪽에 부어 만들었고 화환은 각각 그 옆에 있으며 31 그 받침 수레 위로 들이켜 높이가 한 규빗 되게 내
민 것이 있고 그 면은 직경 한 규빗 반 되게 반원형으로 우묵하며 그 나머지 면에는 아로새긴 것이 있으며 그 내
민 판들은 네모지고 둥글지 아니하며 32 네 바퀴는 옆판 밑에 있고 바퀴 축은 받침 수레에 연결되었는데 바퀴의
높이는 각각 한 규빗 반이며 33 그 바퀴의 구조는 병거 바퀴의 구조 같은데 그 축과 테와 살과 통이 다 부어 만든
것이며 34 받침 수레 네 모퉁이에 어깨 같은 것 넷이 있는데 그 어깨는 받침 수레와 연결되었고 35 받침 수레 위
에 둥근 테두리가 있는데 높이가 반 규빗이요 또 받침 수레 위의 버팀대와 옆판들이 받침 수레와 연결되었고 36
버팀대 판과 옆판에는 각각 빈 곳을 따라 그룹들과 사자와 종려나무를 아로새겼고 또 그 둘레에 화환 모양이 있
더라 37 이와 같이 받침 수레 열 개를 만들었는데 그 부어 만든 법과 크기와 양식을 다 동일하게 만들었더라 38 또
물두멍 열 개를 놋으로 만들었는데 물두멍마다 각각 사십 밧을 담게 하였으며 매 물두멍의 직경은 네 규빗이라
열 받침 수레 위에 각각 물두멍이 하나씩이더라 39 그 받침 수레 다섯은 성전 오른쪽에 두었고 다섯은 성전 왼쪽
에 두었고 성전 오른쪽 동남쪽에는 그 바다를 두었더라

성전 기구들(대하 4:11-5:1)

40 히람이 또 물두멍과 부삽과 대접들을 만들었더라 이와 같이 히람이 솔로몬 왕을 위하여 여호와의 전의 모든
일을 마쳤으니 41 곧 기둥 둘과 그 기둥 꼭대기의 공 같은 머리 둘과 또 기둥 꼭대기의 공 같은 머리를 가리는 그
물 둘과 42 또 그 그물들을 위하여 만든 바 매 그물에 두 줄씩으로 기둥 위의 공 같은 두 머리를 가리게 한 석류
사백 개와 43 또 열 개의 받침 수레와 받침 수레 위의 열 개의 물두멍과 44 한 바다와 그 바다 아래의 소 열두 마
리와 45 솥과 부삽과 대접들이라 히람이 솔로몬 왕을 위하여 여호와의 성전에 이 모든 그릇을 빛난 놋으로 만드
니라 46 왕이 요단 평지에서 숙곳과 사르단 사이의 차진 흙에 그것들을 부어 내었더라 47 기구가 심히 많으므로
솔로몬이 다 달아보지 아니하고 두었으니 그 놋 무게를 능히 측량할 수 없었더라 48 솔로몬이 또 여호와의 성전
의 모든 기구를 만들었으니 곧 금 단과 진설병의 금 상과 49 내소 앞에 좌우로 다섯씩 둘 정금 등잔대며 또 금 꽃
과 등잔과 불집게며 50 또 정금 대접과 불집게와 주발과 숟가락과 불을
옮기는 그릇이며 또 내소 곧 지성소 문의 금 돌쩌귀와 성전 곧 외소 문의
금 돌쩌귀더라 51 솔로몬 왕이 여호와의 성전을 위하여 만드는 모든 일을
마친지라 이에 솔로몬이 그의 아버지 다윗이 드린 물건 곧 은과 금과 기
구들을 가져다가 여호와의 성전 곳간에 두었더라

열왕기상 8장

언약궤를 성전으로 옮기다(대하 5:2-6:2)

1 이에 솔로몬이 여호와의 언약궤를 다윗 성 곧 시온에서 메어 올리고자
하여 이스라엘 장로와 모든 지파의 우두머리 곧 이스라엘 자손의 족장들
을 예루살렘에 있는 자기에게로 소집하니 2 이스라엘 모든 사람이 다 에
다님월 곧 일곱째 달 절기에 솔로몬 왕에게 모이고 3 이스라엘 장로들이
다 이르매 제사장들이 궤를 메니라 4 여호와의 궤와 회막과 성막 안의 모
든 거룩한 기구들을 메고 올라가되 제사장과 레위 사람이 그것들을 메
고 올라가매 5 솔로몬 왕과 그 앞에 모인 이스라엘 회중이 그와 함께 그

❖ 왕상 8장 : **성전의 완공과 봉헌**

성전을 완성하고 법궤를 옮긴다. 하나님의 임재가 구름으로 임한다. 이를 "쉐키나"라고 한다.
성전을 봉헌하면서 8:13 "내가 참으로 주를 위해 계신 성전을 건축하였사오니, 주께서 영원히 계신 처소로소이다"라고 기도했다.
과연 영원히 거할 처소였는가?
하나님은 영원히 성전에만 계시는가?
이것이 모세의 가르침에서 언급한 지정한 공간이지만, 이스라엘 백성이 시내 산 언약의 규례를 지켜 그 언약이 유효할 때 이야기다.
결국 예루살렘이 멸망하는 지경에 이르기까지 이스라엘 백성은 하나님과의 약속을 지키지 못했고, 하나님의 영광이 에스겔서에서 성전을 떠나는 사건이 벌어지고 만다.
그때 성전을 떠난 하나님의 영광은 요1:14에 우리 가운데 오셔서 장막을 치시고, 우리가 성령을 모시는 성전이 되는 것이다(고전 6:19).

궤 앞에 있어 양과 소로 제사를 지냈으니 그 수가 많아 기록할 수도 없고 셀 수도 없었더라 6 제사장들이 여호와
의 언약궤를 자기의 처소로 메어 들였으니 곧 성전의 내소인 지성소 그룹들의 날개 아래라 7 그룹들이 그 궤 처
소 위에서 날개를 펴서 궤와 그 채를 덮었는데 8 채가 길므로 채 끝이 내소 앞 성소에서 보이나 밖에서는 보이지
아니하며 그 채는 오늘까지 그 곳에 있으며 9 그 궤 안에는 두 돌판 외에 아무것도 없으니 이것은 이스라엘 자손
이 애굽 땅에서 나온 후 여호와께서 저희와 언약을 맺으실 때에 모세가 호렙에서 그 안에 넣은 것이더라 10 제사
장이 성소에서 나올 때에 구름이 여호와의 성전에 가득하매 11 제사장이 그 구름으로 말미암아 능히 서서 섬기지
못하였으니 이는 여호와의 영광이 여호와의 성전에 가득함이었더라

솔로몬의 연설(대하 6:3-11)

12 그 때에 솔로몬이 이르되 여호와께서 캄캄한 데 계시겠다 말씀하셨사오나 13 내가 참으로 주를 위하여 계실
성전을 건축하였사오니 주께서 영원히 계실 처소로소이다 하고 14 얼굴을 돌이켜 이스라엘의 온 회중을 위하여
축복하니 그 때에 이스라엘의 온 회중이 서 있더라 15 왕이 이르되 이스라엘의 하나님 여호와를 송축할지로다
여호와께서 그의 입으로 내 아버지 다윗에게 말씀하신 것을 이제 그의 손으로 이루셨도다 이르시기를 16 내가
내 백성 이스라엘을 애굽에서 인도하여 낸 날부터 내 이름을 둘 만한 집을 건축하기 위하여 이스라엘 모든 지파
가운데에서 아무 성읍도 택하지 아니하고 다만 다윗을 택하여 내 백성 이스라엘을 다스리게 하였노라 하신지라
17 내 아버지 다윗이 이스라엘의 하나님 여호와의 이름을 위하여 성전을 건축할 마음이 있었더니 18 여호와께서
내 아버지 다윗에게 이르시되 네가 내 이름을 위하여 성전을 건축할 마음이 있으니 이 마음이 네게 있는 것이 좋
도다 19 그러나 너는 그 성전을 건축하지 못할 것이요 네 몸에서 낳을 네 아들 그가 내 이름을 위하여 성전을 건
축하리라 하시더니 20 이제 여호와께서 말씀하신 대로 이루시도다 내가 여호와께서 말씀하신 대로 내 아버지 다
윗을 이어서 일어나 이스라엘의 왕위에 앉고 이스라엘의 하나님 여호와의 이름을 위하여 성전을 건축하고 21 내
가 또 그 곳에 우리 조상들을 애굽 땅에서 인도하여 내실 때에 그들과 세우신 바 여호와의 언약을 넣은 궤를 위
하여 한 처소를 설치하였노라

솔로몬의 기도(대하 6:12-42)

22 솔로몬이 여호와의 제단 앞에서 이스라엘의 온 회중과 마주서서 하늘
을 향하여 손을 펴고 23 이르되 이스라엘의 하나님 여호와여 위로 하늘과
아래로 땅에 주와 같은 신이 없나이다 주께서는 온 마음으로 주의 앞에
서 행하는 종들에게 언약을 지키시고 은혜를 베푸시나이다 24 주께서 주
의 종 내 아버지 다윗에게 하신 말씀을 지키사 주의 입으로 말씀하신 것
을 손으로 이루심이 오늘과 같으니이다 25 이스라엘의 하나님 여호와여
주께서 주의 종 내 아버지 다윗에게 말씀하시기를 네 자손이 자기 길을
삼가서 네가 내 앞에서 행한 것 같이 내 앞에서 행하기만 하면 네게서 나
서 이스라엘의 왕위에 앉을 사람이 내 앞에서 끊어지지 아니하리라 하셨
사오니 이제 다윗을 위하여 그 하신 말씀을 지키시옵소서 26 그런즉 이스
라엘의 하나님이여 원하건대 주는 주의 종 내 아버지 다윗에게 하신 말씀
이 확실하게 하옵소서 27 하나님이 참으로 땅에 거하시리이까 하늘과 하
늘들의 하늘이라도 주를 용납하지 못하겠거든 하물며 내가 건축한 이 성
전이오리이까 28 그러나 내 하나님 여호와여 주의 종의 기도와 간구를 돌
아보시며 이 종이 오늘 주 앞에서 부르짖음과 비는 기도를 들으시옵소서
29 주께서 전에 말씀하시기를 내 이름이 거기 있으리라 하신 곳 이 성전을
향하여 주의 눈이 주야로 보시오며 주의 종이 이 곳을 향하여 비는 기도
를 들으시옵소서 30 주의 종과 주의 백성 이스라엘이 이 곳을 향하여 기도

왕상 8:22-53 솔로몬의 기도에서 기도는 내 뜻을 포기하고 하나님의 뜻을 받아들이기 위한 결단이다.
☞ 요 9:31 하나님이 죄인의 말을 듣지 아니하시고 경건하여 그의 뜻대로 행하는 자의 말은 들으시는 줄을 우리가 아나이다
☞ 빌 4:6-7 아무 것도 염려하지 말고 다만 모든 일에 기도와 간구로, 너희 구할 것을 감사함으로 하나님께 아뢰라 그리하면 모든 지각에 뛰어난 하나님의 평강이 그리스도 예수 안에서 너희 마음과 생각을 지키시리라

할 때에 주는 그 간구함을 들으시되 주께서 계신 곳 하늘에서 들으시고 들으시사 사하여 주옵소서 31 만일 어떤
사람이 그 이웃에게 범죄함으로 맹세시킴을 받고 그가 와서 이 성전에 있는 주의 제단 앞에서 맹세하거든 32 주
는 하늘에서 들으시고 행하시되 주의 종들을 심판하사 악한 자의 죄를 정하여 그 행위대로 그 머리에 돌리시고
공의로운 자를 의롭다 하사 그의 의로운 바대로 갚으시옵소서 33 만일 주의 백성 이스라엘이 주께 범죄하여 적
국 앞에 패하게 되므로 주께로 돌아와서 주의 이름을 인정하고 이 성전에서 주께 기도하며 간구하거든 34 주는
하늘에서 들으시고 주의 백성 이스라엘의 죄를 사하시고 그들의 조상들에게 주신 땅으로 돌아오게 하옵소서
35 만일 그들이 주께 범죄함으로 말미암아 하늘이 닫히고 비가 없어서 주께 벌을 받을 때에 이 곳을 향하여 기도
하며 주의 이름을 찬양하고 그들의 죄에서 떠나거든 36 주는 하늘에서 들으사 주의 종들과 주의 백성 이스라엘
의 죄를 사하시고 그들이 마땅히 행할 선한 길을 가르쳐 주시오며 주의 백성에게 기업으로 주신 주의 땅에 비를
내리시옵소서 37 만일 이 땅에 기근이나 전염병이 있거나 곡식이 시들거나 깜부기가 나거나 메뚜기나 황충이 나
거나 적국이 와서 성읍을 에워싸거나 무슨 재앙이나 무슨 질병이 있든지 막론하고 38 한 사람이나 혹 주의 온 백
성 이스라엘이 다 각각 자기의 마음에 재앙을 깨닫고 이 성전을 향하여 손을 펴고 무슨 기도나 무슨 간구를 하거
든 39 주는 계신 곳 하늘에서 들으시고 사하시며 각 사람의 마음을 아시오니 그들의 모든 행위대로 행하사 갚으
시옵소서 주만 홀로 사람의 마음을 다 아심이니이다 40 그리하시면 그들이 주께서 우리 조상들에게 주신 땅에서
사는 동안에 항상 주를 경외하리이다 41 또 주의 백성 이스라엘에 속하지 아니한 자 곧 주의 이름을 위하여 먼 지
방에서 온 이방인이라도 42 그들이 주의 크신 이름과 주의 능한 손과 주의 펴신 팔의 소문을 듣고 와서 이 성전을
향하여 기도하거든 43 주는 계신 곳 하늘에서 들으시고 이방인이 주께 부르짖는 대로 이루사 땅의 만민이 주의
이름을 알고 주의 백성 이스라엘처럼 경외하게 하시오며 또 내가 건축한 이 성전을 주의 이름으로 일컫는 줄을
알게 하옵소서 44 주의 백성이 그들의 적국과 더불어 싸우고자 하여 주께서 보내신 길로 나갈 때에 그들이 주께
서 택하신 성읍과 내가 주의 이름을 위하여 건축한 성전이 있는 쪽을 향하여 여호와께 기도하거든 45 주는 하늘
에서 그들의 기도와 간구를 들으시고 그들의 일을 돌아보옵소서 46 범죄하지 아니하는 사람이 없사오니 그들이
주께 범죄함으로 주께서 그들에게 진노하사 그들을 적국에게 넘기시매 적국이 그들을 사로잡아 원근을 막론하
고 적국의 땅으로 끌어간 후에 47 그들이 사로잡혀 간 땅에서 스스로 깨닫고 그 사로잡은 자의 땅에서 돌이켜 주
께 간구하기를 우리가 범죄하여 반역을 행하며 악을 지었나이다 하며 48 자기를 사로잡아 간 적국의 땅에서 온
마음과 온 뜻으로 주께 돌아와서 주께서 그들의 조상들에게 주신 땅 곧
주께서 택하신 성읍과 내가 주의 이름을 위하여 건축한 성전 있는 쪽을
향하여 주께 기도하거든 49 주는 계신 곳 하늘에서 그들의 기도와 간구를
들으시고 그들의 일을 돌아보시오며 50 주께 범죄한 백성을 용서하시며
주께 범한 그 모든 허물을 사하시고 그들을 사로잡아 간 자 앞에서 그들
로 불쌍히 여김을 얻게 하사 그 사람들로 그들을 불쌍히 여기게 하옵소서
51 그들은 주께서 철 풀무 같은 애굽에서 인도하여 내신 주의 백성, 주의
소유가 됨이니이다 52 원하건대 주는 눈을 들어 종의 간구함과 주의 백성
이스라엘의 간구함을 보시고 주께 부르짖는 대로 들으시옵소서 53 주 여
호와여 주께서 우리 조상을 애굽에서 인도하여 내실 때에 주의 종 모세
를 통하여 말씀하심 같이 주께서 세상 만민 가운데에서 그들을 구별하여
주의 기업으로 삼으셨나이다

> **왕상 8:46-53** 하나님의 백성은 어떤 곳에 있든지, 어떤 형편에 처하든지 하나님 백성으로서의 정체성을 분명하고 확실하게 보여야 한다. 다니엘을 생각해 보라.
> ☞ **신 7:6** 너는 여호와 네 하나님의 성민이라 네 하나님 여호와께서 지상 만민 중에서 너를 자기 기업의 백성으로 택하셨나니
> ☞ **시 33:12** 너는 여호와 네 하나님의 성민이라 네 하나님 여호와께서 지상 만민 중에서 너를 자기 기업의 백성으로 택하셨나니
> ☞ **계 5:10** 그들로 우리 하나님 앞에서 나라와 제사장들을 삼으셨으니 그들이 땅에서 왕 노릇 하리로다 하더라

솔로몬의 축복

54 솔로몬이 무릎을 꿇고 손을 펴서 하늘을 향하여 이 기도와 간구로 여호와께 아뢰기를 마치고 여호와의 제단
앞에서 일어나 55 서서 큰 소리로 이스라엘의 온 회중을 위하여 축복하며 이르되 56 여호와를 찬송할지로다 그가
말씀하신 대로 그의 백성 이스라엘에게 태평을 주셨으니 그 종 모세를 통하여 무릇 말씀하신 그 모든 좋은 약속

이 하나도 이루어지지 아니함이 없도다 57 우리 하나님 여호와께서 우리
조상들과 함께 계시던 것 같이 우리와 함께 계시옵고 우리를 떠나지 마시
오며 버리지 마시옵고 58 우리의 마음을 주께로 향하여 그의 모든 길로 행
하게 하시오며 우리 조상들에게 명령하신 계명과 법도와 율례를 지키게
하시기를 원하오며 59 여호와 앞에서 내가 간구한 이 말씀이 주야로 우리
하나님 여호와께 가까이 있게 하시옵고 또 주의 종의 일과 주의 백성 이
스라엘의 일을 날마다 필요한 대로 돌아보사 60 이에 세상 만민에게 여호
와께서만 하나님이시고 그 외에는 없는 줄을 알게 하시기를 원하노라 61
그런즉 너희의 마음을 우리 하나님 여호와께 온전히 바쳐 완전하게 하여
오늘과 같이 그의 법도를 행하며 그의 계명을 지킬지어다

> **왕상 8:57** 하나님은 우리와 함께하시려고 우리를 만드셨다는 사실을 알았다.(창 1:26-28)
> 죄가 들어옴으로 그 관계가 끊어졌다는 사실도 알았다. 하나님은 우리와 함께하시기를 원하신다는 것도 알았다. 그렇다면 우리는 어떻게 하나님과 함께 할 수 있는가?
> ☞ **사 49:15** 여인이 어찌 그 젖 먹는 자식을 잊겠으며 자기 태에서 난 아들을 긍휼히 여기지 않겠느냐 그들은 혹시 잊을지라도 나는 너를 잊지 아니할 것이라
> ☞ **요 10:28** 내가 그들에게 영생을 주노니 영원히 멸망하지 아니할 것이요 또 그들을 내 손에서 빼앗을 자가 없느니라

성전 봉헌식(대하 7:4-10)

62 이에 왕과 및 왕과 함께 한 이스라엘이 다 여호와 앞에 희생제물을 드리니라 63 솔로몬이 화목제의 희생제물
을 드렸으니 곧 여호와께 드린 소가 이만 이천 마리요 양이 십이만 마리라 이와 같이 왕과 모든 이스라엘 자손이
여호와의 성전의 봉헌식을 행하였는데 64 그 날에 왕이 여호와의 성전 앞뜰 가운데를 거룩히 구별하고 거기서 번
제와 소제와 감사제물의 기름을 드렸으니 이는 여호와의 앞 놋제단이 작으므로 번제물과 소제물과 화목제의 기
름을 다 용납할 수 없음이라 65 그 때에 솔로몬이 칠 일과 칠 일 도합 십사 일간을 우리 하나님 여호와 앞에서 절
기로 지켰는데 하맛 어귀에서부터 애굽 강까지의 온 이스라엘의 큰 회중이 모여 그와 함께 하였더니 66 여덟째
날에 솔로몬이 백성을 돌려보내매 백성이 왕을 위하여 축복하고 자기 장막으로 돌아가는데 여호와께서 그의 종
다윗과 그의 백성 이스라엘에게 베푸신 모든 은혜로 말미암아 기뻐하며 마음에 즐거워하였더라

열왕기상 9장

여호와께서 다시 솔로몬에게 나타나시다

1 솔로몬이 여호와의 성전과 왕궁 건축하기를 마치며 자기가 이루기를 원
하던 모든 것을 마친 때에 2 여호와께서 전에 기브온에서 나타나심 같이
다시 솔로몬에게 나타나사 3 여호와께서 그에게 이르시되 네 기도와 네
가 내 앞에서 간구한 바를 내가 들었은즉 나는 네가 건축한 이 성전을 거
룩하게 구별하여 내 이름을 영원히 그 곳에 두며 내 눈길과 내 마음이 항
상 거기에 있으리니 4 네가 만일 네 아버지 다윗이 행함 같이 마음을 온전
히 하고 바르게 하여 내 앞에서 행하며 내가 네게 명령한 대로 온갖 일에
순종하여 내 법도와 율례를 지키면 5 내가 네 아버지 다윗에게 말하기를
이스라엘의 왕위에 오를 사람이 네게서 끊어지지 아니하리라 한 대로 네
이스라엘의 왕위를 영원히 견고하게 하려니와 6 만일 너희나 너희의 자
손이 아주 돌아서서 나를 따르지 아니하며 내가 너희 앞에 둔 나의 계명
과 법도를 지키지 아니하고 가서 다른 신을 섬겨 그것을 경배하면 7 내가
이스라엘을 내가 그들에게 준 땅에서 끊어 버릴 것이요 내 이름을 위하여
내가 거룩하게 구별한 이 성전이라도 내 앞에서 던져버리리니 이스라엘
은 모든 민족 가운데에서 속담거리와 이야기거리가 될 것이며 8 이 성전이
높을지라도 지나가는 자마다 놀라며 비웃어 이르되 여호와께서 무슨 까닭으로 이 땅과 이 성전에 이같이 행하
셨는고 하면 9 대답하기를 그들이 그들의 조상들을 애굽 땅에서 인도하여 내신 그들의 하나님 여호와를 버리고
다른 신을 따라가서 그를 경배하여 섬기므로 여호와께서 이 모든 재앙을 그들에게 내리심이라 하리라 하셨더라

> ❖ **왕상 9~11장**
> 하나님이 다시 솔로몬에게 나타나 시내 산 언약의 내용을 잘 지키기를 당부하는 내용이 나온다. 9:2-9의 내용은 묵상하며 읽을 필요가 있다.
> 솔로몬은 사울과 비슷하게 자의식이 강하고 스타(star) 의식이 강한 면이 있음을 추측해 볼 수 있다. 그는 정치적이며 정략적이어서 처첩을 1,000여 명이나 두었는데 이들이 주로 주변 국가의 공주들이라는 점에서 외교적 거래에 의한 결혼임을 알 수 있다. 주변국과 부마국 관계를 맺어 정권의 안정을 꾀하였다고 볼 수 있다.
> 솔로몬은 이들을 행복하게 해주기 위해서 그들이 가져온 신들을 섬기도록 허용하는데 이것은 엄청난 실수였다. 11:1-13에서 이를 허용하는 내용이 나온다. 오늘날로 치면 종교 혼합주의를 허용한 셈이다. 출 34:11-17의 하나님의 당부를 정면으로 어긴 것이고, 십계명 1-3계명을 통째로 어긴 것이다. 하나님의 진노는 당연하고, 11:29-33에서 하나님은 선지자 아히야를 통해 솔로몬 왕조가 남북으로 나누어질 것이라는 예언을 보여 주신다.

솔로몬과 히람의 거래(대하 8:1-2)

10 솔로몬이 두 집 곧 여호와의 성전과 왕궁을 이십 년 만에 건축하기를
마치고 11 갈릴리 땅의 성읍 스무 곳을 히람에게 주었으니 이는 두로 왕
히람이 솔로몬에게 그 온갖 소원대로 백향목과 잣나무와 금을 제공하였
음이라 12 히람이 두로에서 와서 솔로몬이 자기에게 준 성읍들을 보고 눈
에 들지 아니하여 13 이르기를 내 형제여 내게 준 이 성읍들이 이러한가
하고 이름하여 가불 땅이라 하였더니 그 이름이 오늘까지 있느니라 14 히
람이 금 일백이십 달란트를 왕에게 보내었더라

솔로몬의 나머지 업적(대하 8:3-18)

15 솔로몬 왕이 역군을 일으킨 까닭은 이러하니 여호와의 성전과 자기 왕
궁과 밀로와 예루살렘 성과 하솔과 므깃도와 게셀을 건축하려 하였음이
라 16 전에 애굽 왕 바로가 올라와서 게셀을 탈취하여 불사르고 그 성읍
에 사는 가나안 사람을 죽이고 그 성읍을 자기 딸 솔로몬의 아내에게 예
물로 주었더니 17 솔로몬이 게셀과 아래 벧호론을 건축하고 18 또 바알랏
과 그 땅의 들에 있는 다드몰과 19 자기에게 있는 모든 국고성과 병거성
들과 마병의 성들을 건축하고 솔로몬이 또 예루살렘과 레바논과 그가 다
스리는 온 땅에 건축하고자 하던 것을 다 건축하였는데 20 이스라엘 자손
이 아닌 아모리 사람과 헷 사람과 브리스 사람과 히위 사람과 여부스 사람 중 남아 있는 모든 사람 21 곧 이스라
엘 자손이 다 멸하지 못하므로 그 땅에 남아 있는 그들의 자손들을 솔로몬이 노예로 역군을 삼아 오늘까지 이르
렀으되 22 다만 이스라엘 자손은 솔로몬이 노예를 삼지 아니하였으니 그들은 군사와 그 신하와 고관과 대장이며
병거와 마병의 지휘관이 됨이었더라 23 솔로몬에게 일을 감독하는 우두머리 오백오십 명이 있어 일하는 백성을
다스렸더라 24 바로의 딸이 다윗 성에서부터 올라와 솔로몬이 그를 위하여 건축한 궁에 이를 때에 솔로몬이 밀
로를 건축하였더라 25 솔로몬이 여호와를 위하여 쌓은 제단 위에 해마다 세 번씩 번제와 감사의 제물을 드리고
또 여호와 앞에 있는 제단에 분향하니라 이에 성전 짓는 일을 마치니라 26 솔로몬 왕이 에돔 땅 홍해 물가의 엘
롯 근처 에시온게벨에서 배들을 지은지라 27 히람이 자기 종 곧 바다에 익숙한 사공들을 솔로몬의 종과 함께 그
배로 보내매 28 그들이 오빌에 이르러 거기서 금 사백이십 달란트를 얻고 솔로몬 왕에게로 가져왔더라

❖ 왕상 9장

9장은 솔로몬의 부귀영화를 자세하게 알려 주고 있다(9:10-28). 시바의 여왕이 솔로몬을 방문한 것만 봐도 솔로몬의 국제적 지위와 명성을 충분히 확인할 수 있다(10:1-13).

이 부분에서 우리는 솔로몬이 하나님께 3가지의 중대한 죄를 범함을 읽는다.

첫째는 외교적으로 평화를 유지하려는 마음에서 정략적으로 많은 이방 여인과 결혼하였다는 점. 이것은 후에 유다로 하여금 우상 숭배에 빠지게 하는 구실을 주게 된다.

둘째는 이방 여인들로 하여금 자기들이 섬겨온 우상들을 섬길 수 있도록 종교적 자유를 허락하였다는 점. - 종교 혼합주의 허용 - 구별되는 삶이 없어 짐. 이는 결과적으로 십계명 1, 2, 3을 위배.

셋째는 솔로몬의 궁전과 성전 건축에 너무 많은 부역과 세금을 징수하고 국방의 의무까지 지웠기 때문에 백성들의 감정이 폭발 일보 직전.

☞ 솔로몬에게 두 번째로 꿈에 나타나셔서 권고와 훈계를 하시는 하나님. - 왕상 9:1-9

열왕기상 10장

스바의 여왕이 솔로몬을 찾아오다(대하 9:1-12)

1 스바의 여왕이 여호와의 이름으로 말미암은 솔로몬의 명성을 듣고 와서 어려운 문제로 그를 시험하고자 하여
2 예루살렘에 이르니 수행하는 자가 심히 많고 향품과 심히 많은 금과 보석을 낙타에 실었더라 그가 솔로몬에게
나아와 자기 마음에 있는 것을 다 말하매 3 솔로몬이 그가 묻는 말에 다 대답하였으니
왕이 알지 못하여 대답하지 못한 것이 하나도 없었더라 4 스바
의 여왕이 솔로몬의 모든 지혜와 그 건축한 왕궁과 5 그 상의
식물과 그의 신하들의 좌석과 그의 시종들이 시립한 것과 그
들의 관복과 술 관원들과 여호와의 성전에 올라가는 층계를 보고 크게 감동
되어 6 왕께 말하되 내가 내 나라에서 당신의 행위와 당신의 지혜에 대하여 들
은 소문이 사실이로다 7 내가 그 말들을 믿지 아니하였더니 이제 와서 친히 본즉 내게
말한 것은 절반도 못되니 당신의 지혜와 복이 내가 들은 소문보다 더하도다 8 복되도다 당신의 사람들이여 복되
도다 당신의 이 신하들이여 항상 당신 앞에 서서 당신의 지혜를 들음이로다 9 당신의 하나님 여호와를 송축할지

로다 여호와께서 당신을 기뻐하사 이스라엘 왕위에 올리셨고 여호와께
서 영원히 이스라엘을 사랑하시므로 당신을 세워 왕으로 삼아 정의와 공
의를 행하게 하셨도다 하고 10이에 그가 금 일백이십 달란트와 심히 많은
향품과 보석을 왕에게 드렸으니 스바의 여왕이 솔로몬 왕에게 드린 것처
럼 많은 향품이 다시 오지 아니하였더라 11오빌에서부터 금을 실어온 히
람의 배들이 오빌에서 많은 백단목과 보석을 운반하여 오매 12왕이 백단
목으로 여호와의 성전과 왕궁의 난간을 만들고 또 노래하는 자를 위하여
수금과 비파를 만들었으니 이같은 백단목은 전에도 온 일이 없었고 오늘
까지도 보지 못하였더라 13솔로몬 왕이 왕의 규례대로 스바의 여왕에게
물건을 준 것 외에 또 그의 소원대로 구하는 것을 주니 이에 그가 그의 신
하들과 함께 본국으로 돌아갔더라

> 왕상 10:8 진정한 복은 여호와와 함께함이라는 것을 알았다. 그들이야말로 진정 세상에서 가장 행복한 삶을 살아가는 자들이다.
> ☞ **수 24:15** 만일 여호와를 섬기는 것이 너희에게 좋지 않게 보이거든 너희 조상들이 강 저쪽에서 섬기던 신들이든지 또는 너희가 거주하는 땅에 있는 아모리 족속의 신들이든지 너희가 섬길 자를 오늘 택하라 오직 나와 내 집은 여호와를 섬기겠노라 하니
> ☞ **시 33:12** 여호와를 자기 하나님으로 삼은 나라 곧 하나님의 기업으로 선택된 백성은 복이 있도다

25일~30일

솔로몬의 재산과 지혜(대하 9:13-29)

14솔로몬의 세입금의 무게가 금 육백육십육 달란트요 15그 외에 또 상인들과 무역하는 객상과 아라비아의 모
든 왕들과 나라의 고관들에게서도 가져온지라 16솔로몬 왕이 쳐서 늘인 금으로 큰 방패 이백 개를 만들었으니
매 방패에 든 금이 육백 세겔이며 17또 쳐서 늘인 금으로 작은 방패 삼백 개를 만들었으니 매 방패에 든 금이 삼
마네라 왕이 이것들을 레바논 나무 궁에 두었더라 18왕이 또 상아로 큰 보좌를 만들고 정금으로 입혔으니 19그
보좌에는 여섯 층계가 있고 보좌 뒤에 둥근 머리가 있고 앉는 자리 양쪽에는 팔걸이가 있고 팔걸이 곁에는 사자
가 하나씩 서 있으며 20또 열두 사자가 있어 그 여섯 층계 좌우편에 서 있으니 어느 나라에도 이같이 만든 것이
없었더라 21솔로몬 왕이 마시는 그릇은 다 금이요 레바논 나무 궁의 그릇들도 다 정금이라 은 기물이 없으니 솔
로몬의 시대에 은을 귀히 여기지 아니함은 22왕이 바다에 다시스 배들을 두어 히람의 배와 함께 있게 하고 그 다
시스 배로 삼 년에 한 번씩 금과 은과 상아와 원숭이와 공작을 실어 왔음이더라 23솔로몬 왕의 재산과 지혜가
세상의 그 어느 왕보다 큰지라 24온 세상 사람들이 다 하나님께서 솔로몬의 마음에 주신 지혜를 들으며 그의 얼
굴을 보기 원하여 25그들이 각기 예물을 가지고 왔으니 곧 은 그릇과 금 그릇과 의복과 갑옷과 향품과 말과 노
새라 해마다 그리하였더라 26솔로몬이 병거와 마병을 모으매 병거가 천사백 대요 마병이 만이천 명이라 병거성
에도 두고 예루살렘 왕에게도 두었으며 27왕이 예루살렘에서 은을 돌 같이 흔하게 하고 백향목을 평지의 뽕나
무 같이 많게 하였더라 28솔로몬의 말들은 애굽에서 들여왔으니 왕의 상인들이 값주고 산 것이며 29애굽에서
들여온 병거는 한 대에 은 육백 세겔이요 말은 한 필에 백오십 세겔이라 이와 같이 헷 사람의 모든 왕과 아람 왕
들에게 그것들을 되팔기도 하였더라

열왕기상 11장

솔로몬의 마음이 여호와를 떠나다

1솔로몬 왕이 바로의 딸 외에 이방의 많은 여인을 사랑하였으니 곧 모압과 암몬과 에돔과 시돈과 헷 여인이라 2
여호와께서 일찍이 이 여러 백성에 대하여 이스라엘 자손에게 말씀하시기를 너희는 그들과 서로 통혼하지 말며
그들도 너희와 서로 통혼하게 하지 말라 그들이 반드시 너희의 마음을 돌려 그들의 신들을 따르게 하리라 하셨
으나 솔로몬이 그들을 사랑하였더라 3왕은 후궁이 칠백 명이요 첩이 삼백 명이라 그의 여인들이 왕의 마음을 돌
아서게 하였더라 4솔로몬의 나이가 많을 때에 그의 여인들이 그의 마음을 돌려 다른 신들을 따르게 하였으므로
왕의 마음이 그의 아버지 다윗의 마음과 같지 아니하여 그의 하나님 여호와 앞에 온전하지 못하였으니 5이는 시
돈 사람의 여신 아스다롯을 따르고 암몬 사람의 가증한 밀곰을 따름이라 6솔로몬이 여호와의 눈앞에서 악을 행
하여 그의 아버지 다윗이 여호와를 온전히 따름 같이 따르지 아니하고 7모압의 가증한 그모스를 위하여 예루살
렘 앞 산에 산당을 지었고 또 암몬 자손의 가증한 몰록을 위하여 그와 같이 하였으며 8그가 또 그의 이방 여인들

을 위하여 다 그와 같이 한지라 그들이 자기의 신들에게 분향하며 제사하
였더라 9 솔로몬이 마음을 돌려 이스라엘의 하나님 여호와를 떠나므로 여
호와께서 그에게 진노하시니라 여호와께서 일찍이 두 번이나 그에게 나
타나시고 10 이 일에 대하여 명령하사 다른 신을 따르지 말라 하셨으나 그
가 여호와의 명령을 지키지 않았으므로 11 여호와께서 솔로몬에게 말씀
하시되 네게 이러한 일이 있었고 또 네가 내 언약과 내가 네게 명령한 법
도를 지키지 아니하였으니 내가 반드시 이 나라를 네게서 빼앗아 네 신하
에게 주리라 12 그러나 네 아버지 다윗을 위하여 네 세대에는 이 일을 행
하지 아니하고 네 아들의 손에서 빼앗으려니와 13 오직 내가 이 나라를
다 빼앗지 아니하고 내 종 다윗과 내가 택한 예루살렘을 위하여 한 지파
를 네 아들에게 주리라 하셨더라

솔로몬의 대적

14 여호와께서 에돔 사람 하닷을 일으켜 솔로몬의 대적이 되게 하시니 그
는 왕의 자손으로서 에돔에 거하였더라 15 전에 다윗이 에돔에 있을 때에
군대 지휘관 요압이 가서 죽임을 당한 자들을 장사하고 에돔의 남자를
다 쳐서 죽였는데 16 요압은 에돔의 남자를 다 없애기까지 이스라엘 무리
와 함께 여섯 달 동안 그 곳에 머물렀더라 17 그 때에 하닷은 작은 아이라
그의 아버지 신하 중 에돔 사람 몇몇과 함께 도망하여 애굽으로 가려 하
여 18 미디안을 떠나 바란에 이르고 거기서 사람을 데리고 애굽으로 가서
애굽 왕 바로에게 나아가매 바로가 그에게 집과 먹을 양식을 주며 또 토
지를 주었더라 19 하닷이 바로의 눈 앞에 크게 은총을 얻었으므로 바로가
자기의 처제 곧 왕비 다브네스의 아우를 그의 아내로 삼으매 20 다브네
스의 아우가 그로 말미암아 아들 그누밧을 낳았더니 다브네스가 그 아이
를 바로의 궁중에서 젖을 떼게 하매 그누밧이 바로의 궁에서 바로의 아
들 가운데 있었더라 21 하닷이 애굽에 있어서 다윗이 그의 조상들과 함께
잔 것과 군대 지휘관 요압이 죽은 것을 듣고 바로에게 아뢰되 나를 보내
어 내 고국으로 가게 하옵소서 22 바로가 그에게 이르되 네가 나와 함께 있어 무슨 부족함이 있기에 네 고국으로
가기를 구하느냐 대답하되 없나이다 그러나 아무쪼록 나를 보내옵소서 하였더라 23 하나님이 또 엘리아다의 아
들 르손을 일으켜 솔로몬의 대적자가 되게 하시니 그는 그의 주인 소바 왕 하닷에셀에게서 도망한 자라 24 다윗
이 소바 사람을 죽일 때에 르손이 사람들을 자기에게 모으고 그 무리의 괴수가 되어 다메섹으로 가서 살다가 거
기서 왕이 되었더라 25 솔로몬의 일평생에 하닷이 끼친 환난 외에 르손이 수리아 왕이 되어 이스라엘을 대적하고
미워하였더라

여로보암에게 하신 여호와의 말씀

26 솔로몬의 신하 느밧의 아들 여로보암이 또한 손을 들어 왕을 대적하였
으니 그는 에브라임 족속인 스레다 사람이요 그의 어머니의 이름은 스루
아이니 과부더라 27 그가 손을 들어 왕을 대적하는 까닭은 이러하니라 솔
로몬이 밀로를 건축하고 그의 아버지 다윗의 성읍이 무너진 것을 수축하였는데 28 이 사람 여로보암은 큰 용사
라 솔로몬이 이 청년의 부지런함을 보고 세워 요셉 족속의 일을 감독하게 하였더니 29 그 즈음에 여로보암이 예
루살렘에서 나갈 때에 실로 사람 선지자 아히야가 길에서 그를 만나니 아히야가 새 의복을 입었고 그 두 사람만
들에 있었더라 30 아히야가 자기가 입은 새 옷을 잡아 열두 조각으로 찢고 31 여로보암에게 이르되 너는 열 조각

❖ 왕상 11장
신위(神爲)에 충실하며 시작한 솔로몬이 인위(人爲)에 빠져 몰락한다. - 왕상 11:1-13
☞ 솔로몬의 몰락
· 신 17장이 제시하는 자격 요건 미달
 - 말을 많이 두지 말 것
 - 아내를 많이 두지 말 것
 - 자기를 위해 은금을 많이 가지지 말 것
 - 율법서를 평생 옆에 두고 읽으며 그대로 실행할 것
⇒ 이것들을 위배하게 되므로 왕의 자격을 잃은 것이다.
· 인위와 스타 의식은 많은 아내를 두게 하고, 그들을 만족시키기 위해(자기 인기를 위해) 다원주의, 혼합주의를 허용했다.
· 백성들, 특히 북왕국 열 지파를 과하게 대했다.

왕상 11:1-8
학습 자료 30-7 "고대 이스라엘의 일부다처제" 참조

왕상 11:26-33 선지자 아히야를 통해 왕국을 분열하겠다는 하나님의 심판을 예고

을 가지라 이스라엘의 하나님 여호와의 말씀이 내가 이 나라를 솔로몬
의 손에서 찢어 빼앗아 열 지파를 네게 주고 32 오직 내 종 다윗을 위하
고 이스라엘 모든 지파 중에서 택한 성읍 예루살렘을 위하여 한 지파를 솔로몬
에게 주리니 33 이는 그들이 나를 버리고 시돈 사람의 여신 아스다롯과 모압의
신 그모스와 암몬 자손의 신 밀곰을 경배하며 그의 아버지 다윗이 행함 같지
아니하여 내 길로 행하지 아니하며 나 보기에 정직한 일과 내 법도와 내 율례를
행하지 아니함이니라 34 그러나 내가 택한 내 종 다윗이 내 명령과 내 법도를
지켰으므로 내가 그를 위하여 솔로몬의 생전에는 온 나라를 그의 손에서 빼
앗지 아니하고 주관하게 하려니와 35 내가 그의 아들의 손에서 나라를 빼앗
아 그 열 지파를 네게 줄 것이요 36 그의 아들에게는 내가 한 지파를 주어서 내가 거기에 내 이름을 두고자 하여
택한 성읍 예루살렘에서 내 종 다윗이 항상 내 앞에 등불을 가지고 있게 하리라 37 내가 너를 취하리니 너는 네
마음에 원하는 대로 다스려 이스라엘 위에 왕이 되되 38 네가 만일 내가 명령한 모든 일에 순종하고 내 길로 행
하며 내 눈에 합당한 일을 하며 내 종 다윗이 행함 같이 내 율례와 명령을 지키면 내가 너와 함께 있어 내가 다윗
을 위하여 세운 것 같이 너를 위하여 견고한 집을 세우고 이스라엘을 네게 주리라 39 내가 이로 말미암아 다윗의
자손을 괴롭게 할 것이나 영원히 하지는 아니하리라 한지라 40 이러므로 솔로몬이 여로보암을 죽이려 하매 여로
보암이 일어나 애굽으로 도망하여 애굽 왕 시삭에게 이르러 솔로몬이 죽기까지 애굽에 있으니라

솔로몬이 죽다(대하 9:29-31)

41 솔로몬의 남은 사적과 그의 행한 모든 일과 그의 지혜는 솔로몬의 실록에 기록되지 아니하였느냐 42 솔로몬
이 예루살렘에서 온 이스라엘을 다스린 날 수가 사십 년이라 43 솔로몬이 그의 조상들과 함께 자매 그의 아버지
다윗의 성읍에 장사되고 그의 아들 르호보암이 대신하여 왕이 되니라

30일차 읽기의 요약

(왕상 1~11)

다윗의 왕위를 계승한 솔로몬은 기브온 산당에서 일천 마리의 제물을 번제로 드린 후 하나님께 참 지혜 곧 듣는 마음을 주시길 구했다. 하나님께서는 솔로몬에게 지혜뿐만 아니라 전무후무한 부귀영화를 더하여 주셔서 솔로몬의 왕정 초기에는 이스라엘이 형통한다. 솔로몬은 7년에 걸쳐 성전을 건축하고 성전 봉헌식을 행하며 이스라엘 온 백성의 마음이 주께로 향하길 간절히 기도했다.

그러나 시간이 지나면서 솔로몬은 하나님을 떠나 점차 우상 숭배에 빠지는 삶으로 변질한다. 국제관계를 통한 나라의 번영과 안정을 위해 많은 이방 나라 여인들과의 정략결혼을 통해 여러 우상이 솔로몬 왕궁에 들어오게 되고 곳곳에 우상의 산당이 세워지게 된다. 솔로몬은 결국 초심을 잃고 우상과 섞이는 혼합주의로 기울게 된다. 이에 대해 하나님께서는 주변 국가들을 하나님의 징계의 막대기로 사용하셔서 주변 국가들이 솔로몬의 대적이 되게 하신다.

그리고 마침내는 솔로몬 왕궁의 노역 감독이었던 여로보암의 손을 들어 왕을 대적하게 하셔서 그에게 이스라엘의 10지파를 찢어주심으로 하나님을 떠난 솔로몬의 우상 숭배를 징계하신다. 그러나 하나님께서는 다윗과 맺은 다윗 언약으로 인해 이스라엘의 한 지파는 솔로몬이 계속 왕으로 다스릴 수 있도록 유지해 주심으로 다윗의 등불이 꺼지지 않고 이어가도록 은혜를 베푸신다.

그러면 어떻게 살 것인가?

인위뚝 · 신위고!

25일~30일

☑ 세계관 점검 - 묵상하기 (영상 강의와 교재 내용의 이해를 바탕으로)

✎ 왕상 3:4-12을 묵상하라. 일천 번제를 드린 솔로몬에게 나타나신 하나님은 백지수표(Open-ended request)를 주는 장면을 읽었다. "솔로몬의 꿈에 나타나시니라 하나님이 이르시되 내가 네게 무엇을 줄꼬 너는 구하라" 이것은 엄청난 기도의 응답이다. 이런 상황에서 여러분 같으면 무엇을 구하겠는가? 솔로몬은 '지혜'를 구했다. 그것이 하나님의 마음에 맞아 하나님은 '지혜' 뿐만 아니라 그가 구하지도 않은 모든 물질적 축복까지 주신다. 솔로몬의 기도에서 우리는 참 기도를 배워야 한다. 기도는 우리의 뜻을 이루기 위해 하나님의 마음을 움직이는 강청이 아니고 바로 하나님의 마음에 들게 하는 것이다. 그것이 바로 예수님이 산상 수훈에서 가르쳐 주신 기도이다. "나라가 임하옵시며, 뜻이 하늘에서 이룬 것같이 땅에서도 이루어지이다." 바로 이 땅에 하나님의 나라가 이루어지게 하는 기도, 그것이 하나님 마음의 기도이다.

· 마 6:33 "그런즉 너희는 먼저 그의 나라와 그의 의를 구하라 그리하면 이 모든 것을 너희에게 더하시리라"

당신의 기도는?

✎ 왕상 4:29-34 일천 번제를 드리고 백지수표 같은 응답을 받았을 때 솔로몬은 지혜를 구했다. 참으로 현명한 처사이다. "지혜"는 억만금의 물질과도 과히 비교할 수 없는 값어치를 갖는 것이다.
나는 과연 지혜를 구하는 기도를 드리는가?

· 약 1:5 너희 중에 누구든지 지혜가 부족하거든 모든 사람에게 후히 주시고 꾸짖지 아니하시는 하나님께 구하라 그리하면 주시리라

✎ 성전의 의미를 깊이 묵상하고 우리가 왜 성경 중심의 가치관을 가져야 하는가를 생각해 보라.(학습 자료 30-6과 ▶ 동영상 강의(30강 31:58~34:50) 설명 참조)

✎ 솔로몬의 꿈에 나타나시는 하나님의 모습에서 인간을 찾아오시는 하나님의 모습을 발견하게 된다. 왜 하나님은 먼저 우리를 찾아오시는 것일까? 그것이 하나님이 인간을 창조하신 원리이기 때문이다. 세상에 하나님 이외 다른 신은 없지만 오직 하나님만 인간을 찾아오시는 신(神)임을 성경을 통해서 확실히 알게 된다. 그 하나님이 지금도 당신을 찾아와 계심을 알고 있는가? 모른다면 어떻게 해야 이미 찾아와 계신 하나님을 만날 수 있을까?

✎ 솔로몬의 혼합주의와 오늘의 혼합주의를 비교해서 생각해 보고 오늘 이 시대의 크리스천은 무엇을 심각하게 반성해야 할 것인가를 심도 있게 연구하고 준행하라.

· 스 7:10 에스라가 여호와의 율법을 연구하여 준행하며 율례와 규례를 이스라엘에게 가르치기로 결심하였었더라

☑ 결단기도와 실행하기

약 2:26 영혼 없는 몸이 죽은 것 같이 행함이 없는 믿음은 죽은 것이니라
시 119:28 나의 영혼이 눌림으로 말미암아 녹사오니 주의 말씀대로 나를 세우소서

잠언	PROVERBS	箴言

잠언 한눈에 보기

개요 삶의 실천적 지혜

I.	1장-9장	잠언이라기보다는 지혜를 예찬하는 Sonnets 형식을 취한 짧은 시들
II.	10장-24장	격언, 금언, 좌우명 등 마음에 새겨야 할 잠언들 22:16까지 모두 375개의 시(詩)의 대구(對句)형태의 금언과 격언(aphorism)이 기재, 22:17에서 24장까지는 16개의 경구(epigram)가 기록됨.
III.	25장-31장	7개의 잠언과 경구의 합체 등 히스기야 왕이 찾아 낸 솔로몬의 잠언과 아굴의 잠언, 르무엘 왕을 훈계한 잠언이 기록됨

❖ 잠언은 하나님의 학교에서 하늘의 지혜를 배우고, 성화적 삶을 살아가는 것을 배우게 하는 책이다.

☞ **잠언 : 인위의 해답은 신위이다.**

☞ **1:7** 여호와를 경외하는 것이 지식의 근본이거늘

☞ **3:5-6** 너는 마음을 다하여 여호와를 신뢰하고 네 명철을 의지하지 말라
너는 범사에 그를 인정하라 그리하면 네 길을 지도 하시리라

☞ **16:3** 너의 행사를 여호와께 맡기라 그리하면 네가 경영하는 것이 이루어지리라

☞ **16:9** 사람이 마음으로 자기의 길을 계획할지라도 그의 걸음을 인도하시는 이는 여호와시니라

☞ **16:20** 여호와를 의지하는 자는 복이 있느니라

잠언
학습 자료 31-1
"잠언의 핵심 개요"를 공부할 것

잠언 1장~16장

31일~36일

잠언 1장

솔로몬의 잠언

1 다윗의 아들 이스라엘 왕 솔로몬의 잠언이라 2 이는 지혜와 훈계를 알게
하며 명철의 말씀을 깨닫게 하며 3 지혜롭게, 공의롭게, 정의롭게, 정직하
게 행할 일에 대하여 훈계를 받게 하며 4 어리석은 자를 슬기롭게 하며 젊
은 자에게 지식과 근신함을 주기 위한 것이니 5 지혜 있는 자는 듣고 학식
이 더할 것이요 명철한 자는 지략을 얻을 것이라 6 잠언과 비유와 지혜 있
는 자의 말과 그 오묘한 말을 깨달으리라

젊은이에게 주는 교훈

7 여호와를 경외하는 것이 지식의 근본이거늘 미련한 자는 지혜와 훈계를
멸시하느니라 8 내 아들아 네 아비의 훈계를 들으며 네 어미의 법을 떠나
지 말라 9 이는 네 머리의 아름다운 관이요 네 목의 금 사슬
이니라 10 내 아들아 악한 자가 너를 꾈지라도 따르지 말
라 11 그들이 네게 말하기를 우리와 함께 가자 우리가 가
만히 엎드렸다가 사람의 피를 흘리자 죄 없는 자를 까닭 없
이 숨어 기다리다가 12 스올 같이 그들을 산 채로 삼키며
무덤에 내려가는 자들 같이 통으로 삼키자 13 우리가 온
갖 보화를 얻으며 빼앗은 것으로 우리 집을 채우리니 14
너는 우리와 함께 제비를 뽑고 우리가 함께 전대 하나만 두자 할지라도
15 내 아들아 그들과 함께 길에 다니지 말라 네 발을 금하여 그 길을 밟지
말라 16 대저 그 발은 악으로 달려가며 피를 흘리는 데 빠름이니라 17 새가 보는 데서 그물을 치면 헛일이겠거늘
18 그들이 가만히 엎드림은 자기의 피를 흘릴 뿐이요 숨어 기다림은 자기의 생명을 해할 뿐이니 19 이익을 탐하는
모든 자의 길은 다 이러하여 자기의 생명을 잃게 하느니라

잠 1:2-7 잠언의 목적

잠 1:7 **세계관의 근간**
우리의 삶의 원리가 여호와를 경외함으로부터 시작하고 그분의 지식으로부터 모든 것이 출발해야 한다. 오늘 이 시대는 그렇지 못하기 때문에 온 세상이 혼란에 빠져들고 있다. 그것이 세계관의 혼란이요, 정체성의 혼란이요 다원주의의 원인이다. 세상 지식도 하나님을 경외하는 것 위에 세워질 때 더욱 가치 있는 것이 된다는 것을 알아야 한다.

☞ **고후 10:4-6** 우리의 싸우는 무기는 육신에 속한 것이 아니요 오직 어떤 견고한 진도 무너뜨리는 하나님의 능력이라 모든 이론을 무너뜨리며 하나님 아는 것을 대적하여 높아진 것을 다 무너뜨리고 모든 생각을 사로잡아 그리스도에게 복종하게 하니 너희의 복종이 온전하게 될 때에 모든 복종하지 않는 것을 벌하려고 준비하는 중에 있노라

☞ **전 12:13** 일의 결국을 다 들었으니 하나님을 경외하고 그의 명령들을 지킬지어다 이것이 모든 사람의 본분이니라

지혜가 부른다

[20] 지혜가 길거리에서 부르며 광장에서 소리를 높이며 [21] 시끄러운 길목에서 소리를 지르며 성문 어귀와 성중에
서 그 소리를 발하여 이르되 [22] 너희 어리석은 자들은 어리석음을 좋아하며 거만한 자들은 거만을 기뻐하며 미
련한 자들은 지식을 미워하니 어느 때까지 하겠느냐 [23] 나의 책망을 듣고 돌이키라 보라 내가 나의 영을 너희
에게 부어 주며 내 말을 너희에게 보이리라 [24] 내가 불렀으나 너희가 듣기 싫어하였고 내가 손을 폈으나 돌아
보는 자가 없었고 [25] 도리어 나의 모든 교훈을 멸시하며 나의 책망을 받지 아니하였은즉 [26] 너희가 재앙을 만
날 때에 내가 웃을 것이며 너희에게 두려움이 임할 때에 내가 비웃으리
라 [27] 너희의 두려움이 광풍 같이 임하겠고 너희의 재앙이 폭풍 같이 이
르겠고 너희에게 근심과 슬픔이 임하리니 [28] 그 때에 너희가 나를 부르
리라 그래도 내가 대답하지 아니하겠고 부지런히 나를 찾으리라 그래도
나를 만나지 못하리니 [29] 대저 너희가 지식을 미워하며 여호와 경외하기
를 즐거워하지 아니하며 [30] 나의 교훈을 받지 아니하고 나의 모든 책망
을 업신여겼음이니라 [31] 그러므로 자기 행위의 열매를 먹으며 자기 꾀에
배부르리라 [32] 어리석은 자의 퇴보는 자기를 죽이며 미련한 자의 안일은
자기를 멸망시키려니와 [33] 오직 내 말을 듣는 자는 평안히 살며 재앙의
두려움이 없이 안전하리라

잠 1:24-33 인위의 삶은 결코 하나님의 인도함을 받을 수 없다는 것을 경고한다. 그럴 것이 우리는 흙 + 생기로 지음을 받은 존재인데 생기가 없으면 흙에 불과한 존재일 뿐이다. 그러므로 여호와를 경외하고 그를 의지해야 한다.

☞ 신 10:12 이스라엘아 네 하나님 여호와께서 네게 요구하시는 것이 무엇이냐 곧 네 하나님 여호와를 경외하여 그의 모든 도를 행하고 그를 사랑하며 마음을 다하고 뜻을 다하여 네 하나님 여호와를 섬기고

31일~36일

잠언 2장

지혜가 주는 유익

❖ 잠 2장
지혜가 주는 유익이 어떤 것인가를 파악하라.

[1] 내 아들아 네가 만일 나의 말을 받으며 나
의 계명을 네게 간직하며 [2] 네 귀를 지혜에
기울이며 네 마음을 명철에 두며 [3] 지식을
불러 구하며 명철을 얻으려고 소리를 높
이며 [4] 은을 구하는 것 같이 그것을 구하
며 감추어진 보배를 찾는 것 같이 그것
을 찾으면 [5] 여호와 경외하기를 깨달으며 하나님을 알게 되리니 [6] 대저 여
호와는 지혜를 주시며 지식과 명철을 그 입에서 내심이며 [7] 그는 정직한
자를 위하여 완전한 지혜를 예비하시며 행실이 온전한 자에게 방패가 되
시나니 [8] 대저 그는 정의의 길을 보호하시며 그의 성도들의 길을 보전하
려 하심이니라 [9] 그런즉 네가 공의와 정의와 정직 곧 모든 선한 길을 깨달
을 것이라 [10] 곧 지혜가 네 마음에 들어가며 지식이 네 영혼을 즐겁게 할
것이요 [11] 근신이 너를 지키며 명철이 너를 보호하여 [12] 악한 자의 길과 패역을 말하는 자에게서 건져 내리라 [13]
이 무리는 정직한 길을 떠나 어두운 길로 행하며 [14] 행악하기를 기뻐하며 악인의 패역을 즐거워하나니 [15] 그 길
은 구부러지고 그 행위는 패역하니라 [16] 지혜가 또 너를 음녀에게서, 말로 호리는 이방 계집에게서 구원하리니
[17] 그는 젊은 시절의 짝을 버리며 그의 하나님의 언약을 잊어버린 자라 [18] 그의 집은 사망으로, 그의 길은 스올로
기울어졌나니 [19] 누구든지 그에게로 가는 자는 돌아오지 못하며 또 생명 길을 얻지 못하느니라 [20] 지혜가 너를
선한 자의 길로 행하게 하며 또 의인의 길을 지키게 하리니 [21] 대저 정직한 자는 땅에 거하며 완전한 자는 땅에
남아 있으리라 [22] 그러나 악인은 땅에서 끊어지겠고 간사한 자는 땅에서 뽑히리라

잠 2:5-12 여호와를 단순히 지식적으로만 아는 것 아니라 경외하는 마음으로 알아야 한다. 그것은 곧 그의 말씀을 듣고 그분의 지혜를 구하며, 그 도를 행하는 삶을 살아야 한다는 것이다.

☞ 사 50:10 너희 중에 여호와를 경외하며 그의 종의 목소리를 청종하는 자가 누구냐 흑암 중에 행하여 빛이 없는 자라도 여호와의 이름을 의뢰하며 자기 하나님께 의지할지어다

☞ 호 4:1 이스라엘 자손들아 여호와의 말씀을 들으라 여호와께서 이 땅 주민과 논쟁하시나니 이 땅에는 진실도 없고 인애도 없고 하나님을 아는 지식도 없고

잠언 3장

젊은이에게 주는 교훈

❖ 잠 3장
하나님의 방법에 의지하라는 신위를 강조하고 있다.

잠 3:5-8 여호와가 모든 것의 근원임으로 그를 의지하는 것만이 형통의 지름길이라는 사실을 강조하고 있다. 잠 1:7을 상기하라. 인위의 대답은 신위임을 명심하라.

잠 3:13-18 진정한 행복은 은금에 있지 않고, 지혜로움에 있다는 것이다.
☞ 욥 22:24-25 네 보화를 티끌로 여기고 오빌의 금을 계곡의 돌로 여기라 그리하면 전능자가 네 보화가 되시며 네게 고귀한 은이 되시리니
☞ 시 73:28 하나님께 가까이함이 내게 복이라 내가 주 여호와를 나의 피난처로 삼아 주의 모든 행적을 전파하리이다

1 내 아들아 나의 법을 잊어버리지 말고 네 마음으로 나의 명령을 지키라
2 그리하면 그것이 네가 장수하여 많은 해를 누리게 하며 평강을 더하게
하리라 3 인자와 진리가 네게서 떠나지 말게 하고 그것을 네 목에 매며 네
마음판에 새기라 4 그리하면 네가 하나님과 사람 앞에서 은총과 귀중히
여김을 받으리라 5 너는 마음을 다하여 여호와를 신뢰하고 네 명철을 의
지하지 말라 6 너는 범사에 그를 인정하라 그리하면 네 길을 지도하시리
라 7 스스로 지혜롭게 여기지 말지어다 여호와를 경외하며 악을 떠날지어
다 8 이것이 네 몸에 양약이 되어 네 골수를 윤택하게 하리라 9 네 재물과
네 소산물의 처음 익은 열매로 여호와를 공경하라 10 그리하면 네 창고가
가득히 차고 네 포도즙 틀에 새 포도즙이 넘치리라 11 내 아들아 여호와
의 징계를 경히 여기지 말라 그 꾸지람을 싫어하지 말라 12 대저 여호와께
서 그 사랑하시는 자를 징계하시기를 마치 아비가 그 기뻐하는 아들을 징계함 같이 하시느니라 13 지혜를 얻은
자와 명철을 얻은 자는 복이 있나니 14 이는 지혜를 얻는 것이 은을 얻는 것보다 낫고 그 이익이 정금보다 나음이
니라 15 지혜는 진주보다 귀하니 네가 사모하는 모든 것으로도 이에 비교할 수 없도다 16 그의 오른손에는 장수
가 있고 그의 왼손에는 부귀가 있나니 17 그 길은 즐거운 길이요 그의 지름길은 다 평강이니라 18 지혜는 그 얻은
자에게 생명나무라 지혜를 가진 자는 복되도다 19 여호와께서는 지혜로 땅에
터를 놓으셨으며 명철로 하늘을 견고히 세우셨고 20 그의 지식으로 깊은 바
다를 갈라지게 하셨으며 공중에서 이슬이 내리게 하셨느니라 21 내 아들
아 완전한 지혜와 근신을 지키고 이것들이 네 눈앞에서 떠나지 말게 하
라 22 그리하면 그것이 네 영혼의 생명이 되며 네 목에 장식이 되리니 23
네가 네 길을 평안히 행하겠고 네 발이 거치지 아니하겠으며 24 네가 누
울 때에 두려워하지 아니하겠고 네가 누운즉 네 잠이 달리로다 25 너는
갑작스러운 두려움도 악인에게 닥치는 멸망도 두려워하지 말라 26 대저 여호와는 네가 의지할 이시니라 네 발을
지켜 걸리지 않게 하시리라 27 네 손이 선을 베풀 힘이 있거든 마땅히 받을 자에게 베풀기를 아끼지 말며 28 네게
있거든 이웃에게 이르기를 갔다가 다시 오라 내일 주겠노라 하지 말며 29 네 이웃이 네 곁에서 평안히 살거든 그
를 해하려고 꾀하지 말며 30 사람이 네게 악을 행하지 아니하였거든 까닭 없이 더불어 다투지 말며 31 포학한 자
를 부러워하지 말며 그의 어떤 행위도 따르지 말라 32 대저 패역한 자는 여호와께서 미워하시나 정직한 자에게
는 그의 교통하심이 있으며 33 악인의 집에는 여호와의 저주가 있거니와 의인의 집에는 복이 있느니라 34 진실로
그는 거만한 자를 비웃으시며 겸손한 자에게 은혜를 베푸시나니 35 지혜로운 자는 영광을 기업으로 받거니와 미
련한 자의 영달함은 수치가 되느니라

잠언 4장

지혜와 명철을 얻으라

❖ 잠 4장
지혜와 명철을 얻으라는 것이다. 지혜와 명철을 얻는 것이 곧 하나님을 의지하고 의뢰하는 것이다. 그러기 위해서 성경을 읽고 묵상하며 삶으로 실천하면 된다.

1 아들들아 아비의 훈계를 들으며 명철을 얻기에 주의하라 2 내가 선한 도
리를 너희에게 전하노니 내 법을 떠나지 말라 3 나도 내 아버지에게 아들
이었으며 내 어머니 보기에 유약한 외아들이었노라 4 아버지가 내게 가르쳐 이르기를 내 말을 네 마음에 두라 내
명령을 지키라 그리하면 살리라 5 지혜를 얻으며 명철을 얻으라 내 입의 말을 잊지 말며 어기지 말라 6 지혜를 버
리지 말라 그가 너를 보호하리라 그를 사랑하라 그가 너를 지키리라 7 지혜가 제일이니 지혜를 얻으라 네가 얻

은 모든 것을 가지고 명철을 얻을지니라 8 그를 높이라 그리하면 그가 너
를 높이 들리라 만일 그를 품으면 그가 너를 영화롭게 하리라 9 그가 아
름다운 관을 네 머리에 두겠고 영화로운 면류관을 네게 주리라 하셨느니
라 10 내 아들아 들으라 내 말을 받으라 그리하면 네 생명의 해가 길리라
11 내가 지혜로운 길을 네게 가르쳤으며 정직한 길로 너를 인도하였은즉
12 다닐 때에 네 걸음이 곤고하지 아니하겠고 달려갈 때에 실족하지 아니
하리라 13 훈계를 굳게 잡아 놓치지 말고 지키라 이것이 네 생명이니라 14
사악한 자의 길에 들어가지 말며 악인의 길로 다니지 말지어다 15 그의 길
을 피하고 지나가지 말며 돌이켜 떠나갈지어다 16 그들은 악을 행하지 못
하면 자지 못하며 사람을 넘어뜨리지
못하면 잠이 오지 아니하며 17 불의의
떡을 먹으며 강포의 술을 마심이니
라 18 의인의 길은 돋는 햇살 같아서
크게 빛나 한낮의 광명에 이르거니와
19 악인의 길은 어둠 같아서 그가 걸
려 넘어져도 그것이 무엇인지 깨닫지 못
하느니라 20 내 아들아 내 말에 주의하며 내가 말
하는 것에 네 귀를 기울이라 21 그것을 네 눈에서 떠나게 하지 말며 네 마음 속에 지키라 22 그것
은 얻는 자에게 생명이 되며 그의 온 육체의 건강이 됨이니라 23 모든 지킬 만한 것 중에 더욱 네 마음을 지키라
생명의 근원이 이에서 남이니라 24 구부러진 말을 네 입에서 버리며 비뚤어진 말을 네 입술에서 멀리 하라 25 네
눈은 바로 보며 네 눈꺼풀은 네 앞을 곧게 살펴 26 네 발이 행할 길을 평탄하게 하며 네 모든 길을 든든히 하라
27 좌로나 우로나 치우치지 말고 네 발을 악에서 떠나게 하라

잠 4:1-2, 10 성경 훈계의 핵심은 하나님의 도리를 지키고 행하라는 것이다.
☞ **레 18:5** 너희는 내 규례와 법도를 지키라 사람이 이를 행하면 그로 말미암아 살리라 나는 여호와이니라
☞ **잠 22:6** 마땅히 행할 길을 아이에게 가르치라 그리하면 늙어도 그것을 떠나지 아니하리라

잠 4:13 하나님의 말씀을 붙잡고 신앙생활을 시작했으면 이제 죽든지 살든지 그 말씀을 놓으면 안 됨을 가르쳐주는 말씀이다.
☞ **단 3:18** 그렇게 하지 아니하실지라도 왕이여 우리가 왕의 신들을 섬기지도 아니하고 왕이 세우신 금 신상에게 절하지도 아니할 줄을 아옵소서
☞ **단 6:10** 다니엘이 이 조서에 왕의 도장이 찍힌 것을 알고도 자기 집에 돌아가서는 윗방에 올라가 예루살렘으로 향한 창문을 열고 전에 하던 대로 하루 세 번씩 무릎을 꿇고 기도하며 그의 하나님께 감사하였더라

31일~36일

잠언 5장

사지와 스올로 가지 말라

1 내 아들아 내 지혜에 주의하며 내 명철에 네 귀를 기울여서 2 근신을 지
키며 네 입술로 지식을 지키도록 하라 3 대저 음녀의 입술은 꿀을 떨어뜨
리며 그의 입은 기름보다 미끄러우나 4 나중은 쑥 같이 쓰고 두 날 가진 칼 같이 날카로우며 5 그의 발은 사지로
내려가며 그의 걸음은 스올로 나아가나니 6 그는 생명의 평탄한 길을 찾지 못하며 자기 길이 든든하지 못하여도
그것을 깨닫지 못하느니라 7 그런즉 아들들아 나에게 들으며 내 입의 말
을 버리지 말고 8 네 길을 그에게서 멀리 하라 그의 집 문에도 가까이 가지
말라 9 두렵건대 네 존영이 남에게 잃어버리게 되며 네 수한이 잔인한 자
에게 빼앗기게 될까 하노라 10 두렵건대 타인이 네 재물로 충족하게 되며
네 수고한 것이 외인의 집에 있게 될까 하노라 11 두렵건대 마지막에 이르
러 네 몸, 네 육체가 쇠약할 때에 네가 한탄하여 12 말하기를 내가 어찌하
여 훈계를 싫어하며 내 마음이 꾸지람을 가벼이 여기고 13 내 선생의 목소리를 청종하지 아니
하며 나를 가르치는 이에게 귀를 기울이지 아니하였던고 14 많은 무리들이 모인 중에서 큰 악에 빠지게 되었노
라 하게 될까 염려하노라 15 너는 네 우물에서 물을 마시며 네 샘에서 흐르는 물을 마시라 16 어찌하여 네 샘물을
집 밖으로 넘치게 하며 네 도랑물을 거리로 흘러가게 하겠느냐 17 그 물이 네게만 있게 하고 타인과 더불어 그것
을 나누지 말라 18 네 샘으로 복되게 하라 네가 젊어서 취한 아내를 즐거워하라 19 그는 사랑스러운 암사슴 같고

❖ 잠 5장
타인과의 관계. 특히 여인과의 관계 속에서 가져야 할 지혜로움을 가르쳐 주고 훈계하고 있다.

아름다운 암노루 같으니 너는 그의 품을 항상 족하게 여기며 그의 사랑을 항상 연모하라 20 내 아들아 어찌하여
음녀를 연모하겠으며 어찌하여 이방 계집의 가슴을 안겠느냐 21 대저 사람의 길은 여호와의 눈 앞에 있나니 그
가 그 사람의 모든 길을 평탄하게 하시느니라 22 악인은 자기의 악에 걸리며 그 죄의 줄에 매이나니 23 그는 훈계
를 받지 아니함으로 말미암아 죽겠고 심히 미련함으로 말미암아 혼미하게 되느니라

잠언 6장

실제적 교훈

1 내 아들아 네가 만일 이웃을 위하여 담보하며 타인을 위하여 보증하였
으면 2 네 입의 말로 네가 얽혔으며 네 입의 말로 인하여 잡히게 되었느니
라 3 내 아들아 네가 네 이웃의 손에 빠졌은즉 이같이 하라 너는 곧 가서
겸손히 네 이웃에게 간구하여 스스로 구원하되 4 네 눈을 잠들게 하지 말
며 눈꺼풀을 감기게 하지 말고 5 노루가 사냥꾼의 손에서 벗어나는 것 같
이, 새가 그물 치는 자의 손에서 벗어나는 것 같이 스스로 구원하라 6 게
으른 자여 개미에게 가서 그가 하는 것을 보고 지혜
를 얻으라 7 개미는 두령도 없고 감독자도 없고 통
치자도 없으되 8 먹을 것을 여름 동안에 예비하며
추수 때에 양식을 모으느니라 9 게으른 자여 네
가 어느 때까지 누워 있겠느냐 네가 어느 때에 잠이
깨어 일어나겠느냐 10 좀더 자자, 좀더 졸자, 손을 모으고 좀더 누워 있자 하면 11 네 빈궁이 강도 같이 오며 네 곤
핍이 군사 같이 이르리라 12 불량하고 악한 자는 구부러진 말을 하고 다니며 13 눈짓을 하며 발로 뜻을 보이며 손
가락질을 하며 14 그의 마음에 패역을 품으며 항상 악을 꾀하여 다툼을 일으키는 자라 15 그러므로 그의 재앙이
갑자기 내려 당장에 멸망하여 살릴 길이 없으리라 16 여호와께서 미워하시는 것 곧 그의 마음에 싫어하시는 것
이 예닐곱 가지이니 17 곧 교만한 눈과 거짓된 혀와 무죄한 자의 피를 흘리는 손과 18 악한 계교를 꾀하는 마음과
빨리 악으로 달려가는 발과 19 거짓을 말하는 망령된 증인과 및 형제 사이를 이간하는 자이니라

❖ 잠 6장
☞ 1-5절은 지혜를 추구하는 자가 경계해야 하는 것 중에 무분별한 보증과 담보 행위에 관해 교훈하고,
☞ 6-11절에서는 불량한 생활을 경계해야 한다고 가르치며
☞ 20-35절은 간음행위를 경계해야 한다고 가르친다.

> **잠 6:6-11** 부자나 성공하는 자의 삶의 기본적인 자세를 말하고 있다.
> ☞ **전 10:18** 게으른즉 서까래가 내려앉고 손을 놓은즉 집이 새느니라
> ☞ **마 25:26** 그 주인이 대답하여 이르되 악하고 게으른 종아 나는 심지 않은 데서 거두고 헤치지 않은 데서 모으는 줄로 네가 알았느냐

31일~
36일

훈계와 명령

20 내 아들아 네 아비의 명령을 지키며 네 어미의 법을 떠나지 말고 21 그
것을 항상 네 마음에 새기며 네 목에 매라 22 그것이 네가 다닐 때에 너를
인도하며 네가 잘 때에 너를 보호하며 네가 깰 때에 너와 더불어 말하리
니 23 대저 명령은 등불이요 법은 빛이요 훈계의 책망은
곧 생명의 길이라 24 이것이 너를 지켜 악한 여인에게, 이
방 여인의 혀로 호리는 말에 빠지지 않게 하리라 25 네
마음에 그의 아름다움을 탐하지 말며 그 눈꺼풀에 홀리
지 말라 26 음녀로 말미암아 사람이 한 조각 떡만 남게 됨이며 음란한 여
인은 귀한 생명을 사냥함이니라 27 사람이 불을 품에 품고서야 어찌 그
의 옷이 타지 아니하겠으며 28 사람이 숯불을 밟고서야 어찌 그의 발이 데지 아니하겠느냐 29 남의 아내와 통간
하는 자도 이와 같을 것이라 그를 만지는 자마다 벌을 면하지 못하리라 30 도둑이 만일 주릴 때에 배를 채우려고
도둑질하면 사람이 그를 멸시하지는 아니하려니와 31 들키면 칠 배를 갚아야 하리니 심지어 자기 집에 있는 것을
다 내주게 되리라 32 여인과 간음하는 자는 무지한 자라 이것을 행하는 자는 자기의 영혼을 망하게 하며 33 상함
과 능욕을 받고 부끄러움을 씻을 수 없게 되나니 34 남편이 투기로 분노하여 원수 갚는 날에 용서하지 아니하고
35 어떤 보상도 받지 아니하며 많은 선물을 줄지라도 듣지 아니하리라

> **잠 6:20-22** 계명 지키기의 절대적 중요성을 거듭 강조하고 있다.
> ☞ **요 14:21** 나의 계명을 지키는 자라야 나를 사랑하는 자니 나를 사랑하는 자는 내 아버지께 사랑을 받을 것이요 나도 그를 사랑하여 그에게 나를 나타내리라
> ☞ **약 1:25** 자유롭게 하는 온전한 율법을 들여다보고 있는 자는 듣고 잊어버리는 자가 아니요 실천하는 자니 이 사람은 그 행하는 일에 복을 받으리라

잠언 7장

음녀의 길로 치우치지 말라

1 내 아들아 내 말을 지키며 내 계명을 간직하라 2 내 계명을 지켜 살며 내
법을 네 눈동자처럼 지키라 3 이것을 네 손가락에 매며 이것을 네 마음판에
새기라 4 지혜에게 너는 내 누이라 하며 명철에게 너는 내 친족이라 하라 5
그리하면 이것이 너를 지켜서 음녀에게, 말로 호리는 이방 여인에게 빠지
지 않게 하리라 6 내가 내 집 들창으로, 살창으로 내다 보다가 7 어리석은
자 중에, 젊은이 가운데에 한 지혜 없는 자를 보았노라 8 그가 거리를 지나
음녀의 골목 모퉁이로 가까이 하여 그의 집쪽으로 가는데 9 저물 때, 황혼
때, 깊은 밤 흑암 중에라 10 그 때에 기생의 옷을 입은 간교한 여인이 그를
맞으니 11 이 여인은 떠들며 완악하며 그의 발이 집
에 머물지 아니하여 12 어떤 때에는 거리, 어떤 때에
는 광장 또 모퉁이마다 서서 사람을 기다리는 자라
13 그 여인이 그를 붙잡고 그에게 입맞추며 부끄러움을 모르는 얼굴로 그에게 말하되 14 내
가 화목제를 드려 서원한 것을 오늘 갚았노라 15 이러므로 내가 너를 맞으려고 나와 네 얼
굴을 찾다가 너를 만났도다 16 내 침상에는 요와 애굽의 무늬 있는 이불을 폈고 17 몰약
과 침향과 계피를 뿌렸노라 18 오라 우리가 아침까지 흡족하게 서로 사랑하며 사랑함으로
희락하자 19 남편은 집을 떠나 먼 길을 갔는데 20 은 주머니를 가졌은즉 보름 날에나 집에 돌아오리라 하여 21 여러
가지 고운 말로 유혹하며 입술의 호리는 말로 꾀므로 22 젊은이가 곧 그를 따랐으니 소가 도수장으로 가는 것 같
고 미련한 자가 벌을 받으려고 쇠사슬에 매이러 가는 것과 같도다 23 필경은 화살이 그 간을 뚫게 되리라 새가 빨
리 그물로 들어가되 그의 생명을 잃어버릴 줄을 알지 못함과 같으니라 24 이제 아들들아 내 말을 듣고 내 입의 말
에 주의하라 25 네 마음이 음녀의 길로 치우치지 말며 그 길에 미혹되지 말지어다 26 대저 그가 많은 사람을 상하여
엎드러지게 하였나니 그에게 죽은 자가 허다하니라 27 그의 집은 스올의 길이라 사망의 방으로 내려가느니라

❖ **잠 7장**
계속해서 성적 문제를 언급하고 있다. 이 성적인 것이 인생을 아름답게 하는 것이기도 하면서 동시에 엄청난 나락의 길로 가게 하는 것이다. 여기에 지혜가 참으로 중요한 역할을 한다.

☞ **고전 5:11** 이제 내가 너희에게 쓴 것은 만일 어떤 형제라 일컫는 자가 음행하거나 탐욕을 부리거나 우상 숭배를 하거나 모욕하거나 술 취하거나 속여 빼앗거든 사귀지도 말고 그런 자와는 함께 먹지도 말라 함이라

☞ **롬 13:12-13** 밤이 깊고 낮이 가까웠으니 그러므로 우리가 어둠의 일을 벗고 빛의 갑옷을 입자 낮에와 같이 단정히 행하고 방탕하거나 술 취하지 말며 음란하거나 호색하지 말며 다투거나 시기하지 말고

31일~36일

잠언 8장

지혜와 명철 찬양

1 지혜가 부르지 아니하느냐 명철이 소리를 높이지 아니하느냐 2 그가 길
가의 높은 곳과 네거리에 서며 3 성문 곁과 문 어귀와 여러 출입하는 문에
서 불러 이르되 4 사람들아 내가 너희를 부르며 내가 인자들에게 소리를
높이노라 5 어리석은 자들아 너희는 명철할지니라 미련한 자들아 너희는 마음이 밝을지니라 6 너희는 들을지어
다 내가 가장 선한 것을 말하리라 내 입술을 열어 정직을 내리라 7 내 입은 진리를 말하며 내 입술은 악을 미워하
느니라 8 내 입의 말은 다 의로운즉 그 가운데에 굽은 것과 패역한 것이 없나니 9 이는 다 총명 있는 자가 밝히 아
는 바요 지식 얻은 자가 정직하게 여기는 바니라 10 너희가 은을 받지 말고 나의 훈계를 받으며 정금보다 지식을
얻으라 11 대저 지혜는 진주보다 나으므로 원하는 모든 것을 이에 비교할 수 없음이니라 12 나 지혜는 명철로 주
소를 삼으며 지식과 근신을 찾아 얻나니 13 여호와를 경외하는 것은 악을 미워하는 것이라 나는
교만과 거만과 악한 행실과 패역한 입을 미워하느니라 14 내게는 계략과 참 지식이 있으며 나
는 명철이라 내게 능력이 있으므로 15 나로 말미암아 왕들이 치리하며 방백들이 공의를 세우
며 16 나로 말미암아 재상과 존귀한 자 곧 모든 의로운 재판관들이 다스리느니라 17 나를 사
랑하는 자들이 나의 사랑을 입으며 나를 간절히 찾는 자가 나를 만날 것이니라 18 부귀가
내게 있고 장구한 재물과 공의도 그러하니라 19 내 열매는 금이나 정금보다 나으며 내 소

❖ **잠 8장**
지혜를 의인화해서 그 중요성을 보여 주고 있다. 지혜는 만민을 공개적으로 초청하며 진실성, 고귀성, 강직성, 유용성, 신실성 등 5가지의 탁월성을 말함으로써 지혜 추구를 강조하고 있다.

득은 순은보다 나으니라 [20] 나는 정의로운 길로 행하며 공의로운 길 가운
데로 다니나니 [21] 이는 나를 사랑하는 자가 재물을 얻어서 그 곳간에 채
우게 하려 함이니라 [22] 여호와께서 그 조화의 시작 곧 태초에 일하시기 전
에 나를 가지셨으며 [23] 만세 전부터, 태초부터, 땅이 생기기 전부터 내가
세움을 받았나니 [24] 아직 바다가 생기지 아니하였고 큰 샘들이 있기 전에
내가 이미 났으며 [25] 산이 세워지기 전에, 언덕이 생기기 전에 내가 이미
났으니 [26] 하나님이 아직 땅도, 들도, 세상 진토의 근원도 짓지 아니하셨
을 때에라 [27] 그가 하늘을 지으시며 궁창을 해면에 두르실 때에 내가 거
기 있었고 [28] 그가 위로 구름 하늘을 견고하게 하시며 바다의 샘들을 힘 있게 하시며 [29] 바다의 한계를 정하여 물
이 명령을 거스르지 못하게 하시며 또 땅의 기초를 정하실 때에 [30] 내가 그 곁에 있어서 창조자가 되어 날마다 그
의 기뻐하신 바가 되었으며 항상 그 앞에서 즐거워하였으며 [31] 사람이 거처할 땅에서 즐거워하며 인자들을 기뻐
하였느니라 [32] 아들들아 이제 내게 들으라 내 도를 지키는 자가 복이 있느니라 [33] 훈계를 들어서 지혜를 얻으라
그것을 버리지 말라 [34] 누구든지 내게 들으며 날마다 내 문 곁에서 기다리며 문설주 옆에서 기다리는 자는 복이
있나니 [35] 대저 나를 얻는 자는 생명을 얻고 여호와께 은총을 얻을 것임이니라 [36] 그러나 나를 잃는 자는 자기의
영혼을 해하는 자라 나를 미워하는 자는 사망을 사랑하느니라

잠 8:22-31 예수님은 하나님과 동일 본질에 속한 하나님의 아들이시며, 그 말씀의 지혜로 자연 질서를 주관하신다.
☞ **벧전 1:25** 오직 주의 말씀은 세세토록 있도다 하였으니 너희에게 전한 복음이 곧 이 말씀이니라
☞ **요일 1:1** 태초부터 있는 생명의 말씀에 관하여는 우리가 들은 바요 눈으로 본 바요 자세히 보고 우리의 손으로 만진 바라

잠언 9장

지혜와 어리석음

[1] 지혜가 그의 집을 짓고 일곱 기둥을 다듬고 [2] 짐승을 잡으며 포도주를
혼합하여 상을 갖추고 [3] 자기의 여종을 보내어 성중 높은 곳에서 불러 이
르기를 [4] 어리석은 자는 이리로 돌이키라 또 지혜 없는 자에게 이르기를 [5]
너는 와서 내 식물을 먹으며 내 혼합한 포도주를 마시고 [6] 어리석음을 버
리고 생명을 얻으라 명철의 길을 행하라 하느니라 [7] 거만한 자를 징계하
는 자는 도리어 능욕을 받고 악인을 책망하는 자는 도리어 흠이 잡히느니
라 [8] 거만한 자를 책망하지 말라 그가 너를 미워할까 두려우니라 지혜 있
는 자를 책망하라 그가 너를 사랑하리라 [9] 지혜 있는 자에게 교훈을 더하
라 그가 더욱 지혜로워질 것이요 의로운 사람을 가르치라 그의 학식이 더
하리라 [10] 여호와를 경외하는 것이 지혜의 근본이요 거룩하신 자를 아는
것이 명철이니라 [11] 나 지혜로 말미암아 네 날이 많아질 것이요 네 생명의
해가 네게 더하리라 [12] 네가 만일 지혜로우면 그 지혜가 네게 유익할 것
이나 네가 만일 거만하면 너 홀로 해를 당하리라 [13] 미련한 여인이 떠들며
어리석어서 아무것도 알지 못하고 [14] 자기 집 문에 앉으며 성읍 높은 곳에
있는 자리에 앉아서 [15] 자기 길을 바로 가는 행인들을 불러 이르되 [16] 어리
석은 자는 이리로 돌이키라 또 지혜 없는 자에게 이르기를 [17] 도둑질한 물
이 달고 몰래 먹는 떡이 맛이 있다 하는도다 [18] 오직 그 어리석은 자는 죽은 자들이 거기 있는 것과 그의 객들이
스올 깊은 곳에 있는 것을 알지 못하느니라

❖ 잠 9장
이런 지혜의 초청에 응해야 하는 이유를 설명한다. 지혜는 다양한 인생의 경험이나 진지한 탐구의 결과로 주어지는 것이 아니라 절대 초월자요, 창조주이며 주권자이신 여호와에게서 온다는 사실을 알아야 한다. 그러므로 매사에 여호와를 의뢰하고 의지해야 한다. 지혜에 대한 바른 자세가 생사화복의 근원이 된다는 사실을 잠언은 가르쳐 주려 하는 것이다.
잠언 9:10은 1:7처럼 "여호와를 경외하는 것이 지혜의 근본이요, 거룩한 자를 아는 것이 명철이라" 여기서 아는 것은 여호와를 알자, 힘써 알자 (호세아 6:3)와 같이 체험적 앎이다.
☞ **대상 28:9** 내 아들 솔로몬아 너는 네 아버지의 하나님을 알고 온전한 마음과 기쁜 뜻으로 섬길지어다 여호와께서는 모든 마음을 감찰하사 모든 의도를 아시나니 네가 만일 그를 찾으면 만날 것이요 만일 네가 그를 버리면 그가 너를 영원히 버리시리라
☞ **시 111:10** 여호와를 경외함이 지혜의 근본이라 그의 계명을 지키는 자는 다 훌륭한 지각을 가진 자이니 여호와를 찬양함이 영원히 계속되리로다

잠언 10장

솔로몬의 잠언

❖ 잠 10~24장까지는 솔로몬의 잠언이다.

[1] 솔로몬의 잠언이라 지혜로운 아들은 아비를 기쁘게 하거니와 미련한 아들은 어미의 근심이니라 [2] 불의의 재물

은 무익하여도 공의는 죽음에서 건지
느니라 3 여호와께서 의인의 영혼은
주리지 않게 하시나 악인의 소욕은 물
리치시느니라 4 손을 게으르게 놀리는 자
는 가난하게 되고 손이 부지런한 자는
부하게 되느니라 5 여름에 거두는 자는
지혜로운 아들이나 추수 때에 자는 자는 부끄러움을 끼치는 아들이니라
6 의인의 머리에는 복이 임하나 악인의 입은 독을 머금었느니라 7 의인을
기념할 때에는 칭찬하거니와 악인의 이름은 썩게 되느니라 8 마음이 지혜
로운 자는 계명을 받거니와 입이 미련한 자는 멸망하리라 9 바른 길로 행
하는 자는 걸음이 평안하려니와 굽은 길로 행하는 자는 드러나리라 10 눈
짓하는 자는 근심을 끼치고 입이 미련한 자는 멸망하느니라 11 의인의 입
은 생명의 샘이라도 악인의 입은 독을 머금었느니라 12 미움은 다툼을 일
으켜도 사랑은 모든 허물을 가리느니라 13 명철한 자의 입술에는 지혜가
있어도 지혜 없는 자의 등을 위하여는 채찍이 있느니라 14 지혜로운 자는
지식을 간직하거니와 미련한 자의 입은 멸망에 가까우니라 15 부자의 재물은 그의 견고한 성이요 가난한 자의
궁핍은 그의 멸망이니라 16 의인의 수고는 생명에 이르고 악인의 소득은 죄에 이르느니라 17 훈계를 지키는 자
는 생명 길로 행하여도 징계를 버리는 자는 그릇 가느니라 18 미움을 감추는 자는 거짓된 입술을 가진 자요 중상
하는 자는 미련한 자이니라 19 말이 많으면 허물을 면하기 어려우나 그 입술을 제어하는 자는 지혜가 있느니라
20 의인의 혀는 순은과 같거니와 악인의 마음은 가치가 적으니라 21 의인의 입술은 여러 사람을 교육하나 미련한
자는 지식이 없어 죽느니라 22 여호와께서 주시는 복은 사람을 부하게 하고 근심을 겸하여 주지 아니하시느니라
23 미련한 자는 행악으로 낙을 삼는 것 같이 명철한 자는 지혜로 낙을 삼느니라 24 악인에게는 그의 두려워하는
것이 임하거니와 의인은 그 원하는 것이 이루어지느니라 25 회오리바람이 지나가면 악인은 없어져도 의인은 영
원한 기초 같으니라 26 게으른 자는 그 부리는 사람에게 마치 이에 식초 같고 눈에 연기 같으니라 27 여호와를 경
외하면 장수하느니라 그러나 악인의 수명은 짧아지느니라 28 의인의 소망은 즐거움을 이루어도 악인의 소망은
끊어지느니라 29 여호와의 도가 정직한 자에게는 산성이요 행악하는 자에게는 멸망이니라 30 의인은 영영히 이
동되지 아니하여도 악인은 땅에 거하지 못하게 되느니라 31 의인의 입은 지혜를 내어도 패역한 혀는 베임을 당
할 것이니라 32 의인의 입술은 기쁘게 할 것을 알거늘 악인의 입은 패역을 말하느니라

❖ **잠 10장**
각 문장의 대조법을 사용한다. 악과 선을 대조시킨다. 지혜와 의로움이 이 장의 주요 단어이다. 그리고 지혜로움은 의로움을 말한다. 지혜로운 자가 의로운 자가 된다는 말이다. 지혜로운 자가 모든 의로움을 간직하는 자이고 의로운 자는 하나님의 보호하심과 인도를 받는다.

잠 10:4 성공하는 비결.
하나님은 노력하지 않는 자라도 기도만 뜨겁게 하면 마치 도깨비방망이를 쳐 복을 주시는 자로 착각하는 자가 의외로 많다. 이 구절을 잘 묵상하라.
☞ **살후 3:10** 우리가 너희와 함께 있을 때에도 너희에게 명하기를 누구든지 일하기 싫어하거든 먹지도 말게 하라 하였더니
☞ **살전 4:11** 또 너희에게 명한 것 같이 조용히 자기 일을 하고 너희 손으로 일하기를 힘쓰라

31일~36일

잠언 11장

1 속이는 저울은 여호와께서 미워하시나 공평한 추
는 그가 기뻐하시느니라 2 교만이 오면 욕도 오거
니와 겸손한 자에게는 지혜가 있느니라 3 정직
한 자의 성실은 자기를 인도하거니와 사악한 자의 패역은 자기를 망하게 하느니라 4 재
물은 진노하시는 날에 무익하나 공의는 죽음에서 건지느니라 5 완전한 자의 공의는 자기의 길
을 곧게 하려니와 악한 자는 자기의 악으로 말미암아 넘어지리라 6 정직한 자의 공의는 자기를 건지려니와 사악
한 자는 자기의 악에 잡히리라 7 악인은 죽을 때에 그 소망이 끊어지나니 불의의 소망이 없어지느니라 8 의인은
환난에서 구원을 얻으나 악인은 자기의 길로 가느니라 9 악인은 입으로 그의 이웃을 망하게 하여도 의인은 그
의 지식으로 말미암아 구원을 얻느니라 10 의인이 형통하면 성읍이 즐거워하고 악인이 패망하면 기뻐 외치느니
라 11 성읍은 정직한 자의 축복으로 인하여 진흥하고 악한 자의 입으로 말미암아 무너지느니라 12 지혜 없는 자

❖ **잠 11장**
악인과 의인을 대조한다. 이웃과의 바른 관계에서 지혜로움을 보여 주고 있다. 의인은 어떻게 되며 악인은 어떻게 되는가를 유의하면서 읽어라.

는 그의 이웃을 멸시하나 명철한 자는 잠잠하느니라 13 두루 다니며 한담하는 자는 남의 비밀을 누설하나 마음
이 신실한 자는 그런 것을 숨기느니라 14 지략이 없으면 백성이 망하여도 지략이 많으면 평안을 누리느니라 15 타
인을 위하여 보증이 되는 자는 손해를 당하여도 보증이 되기를 싫어하는 자는 평안하니라 16 유덕한 여자는 존
영을 얻고 근면한 남자는 재물을 얻느니라 17 인자한 자는 자기의 영혼을 이롭게 하고 잔인한 자는 자기의 몸을
해롭게 하느니라 18 악인의 삯은 허무하되 공의를 뿌린 자의 상은 확실하니라 19 공의를 굳게 지키는 자는 생명
에 이르고 악을 따르는 자는 사망에 이르느니라 20 마음이 굽은 자는 여호와께 미움을 받아도 행위가 온전한 자
는 그의 기뻐하심을 받느니라 21 악인은 피차 손을 잡을지라도 벌을 면하지 못할 것이나 의인의 자손은 구원을
얻으리라 22 아름다운 여인이 삼가지 아니하는 것은 마치 돼지 코에 금 고리 같으니라 23 의인의 소원은 오직 선
하나 악인의 소망은 진노를 이루느니라 24 흩어 구제하여도 더욱 부하게 되는 일이 있나니 과도히 아껴도 가난
하게 될 뿐이니라 25 구제를 좋아하는 자는 풍족하여질 것이요 남을 윤택하게 하는 자는 자
기도 윤택하여지리라 26 곡식을 내놓지 아
니하는 자는 백성에게 저주를 받을 것이
나 파는 자는 그의 머리에 복이 임하리라 27
선을 간절히 구하는 자는 은총을 얻으려니와 악을 더듬어 찾는 자에게는
악이 임하리라 28 자기의 재물을 의지하는 자는 패망하려니와 의인은 푸
른 잎사귀 같아서 번성하리라 29 자기 집을 해롭게 하는 자의 소득은 바람
이라 미련한 자는 마음이 지혜로운 자의 종이 되리라 30 의인의 열매는 생
명 나무라 지혜로운 자는 사람을 얻느니라 31 보라 의인이라도 이 세상에
서 보응을 받겠거든 하물며 악인과 죄인이리요

잠 11:25 재물을 갖고도 나누지 않으면 그 것은 악행이다.
☞ 레 25:35 네 형제가 가난하게 되어 빈 손으로 네 곁에 있거든 너는 그를 도와 거류민이나 동거인처럼 너와 함께 생활하게 하되
☞ 신 15:10 너는 반드시 그에게 줄 것이요, 줄 때에는 아끼는 마음을 품지 말 것이니라 이로 말미암아 네 하나님 여호와께서 네가 하는 모든 일과 네 손이 닿는 모든 일에 네게 복을 주시리라

31일~36일

잠언 12장

1 훈계를 좋아하는 자는 지식을 좋아하거니와 징계를 싫어하는 자는 짐승
과 같으니라 2 선인은 여호와께 은총을 받으려니와 악을 꾀하는 자는 정
죄하심을 받으리라 3 사람이 악으로서 굳게 서지 못하거니와 의인의 뿌
리는 움직이지 아니하느니라 4 어진 여인은 그 지아비의 면류관이나 욕을
끼치는 여인은 그 지아비의 뼈가 썩음 같게 하느니라 5 의인의 생각은 정
직하여도 악인의 도모는 속임이니라 6 악인의 말은 사람을 엿보아 피를
흘리자 하는 것이거니와 정직한 자의 입은 사람을 구원하느니라 7 악인
은 엎드러져서 소멸되려니와 의인의 집은 서 있으리라 8 사람은 그 지혜
대로 칭찬을 받으려니와 마음이 굽은 자는 멸시를 받으리라 9 비천히 여
김을 받을지라도 종을 부리는 자는 스스로 높은 체하고도 음식이 핍절한
자보다 나으니라 10 의인은 자기의 가축의 생명을 돌보나 악인의 긍휼은 잔인이니
라 11 자기의 토지를 경작하는 자는 먹을 것이 많거니와 방탕한 것을 따르는 자는
지혜가 없느니라 12 악인은 불의의 이익을 탐하나 의인은 그 뿌리로 말미암아 결실
하느니라 13 악인은 입술의 허물로 말미암아 그물에 걸려도 의인은 환난에서 벗어
나느니라 14 사람은 입의 열매로 말미암아 복록에 족하며 그 손이 행하는 대로 자기
가 받느니라 15 미련한 자는 자기 행위를 바른 줄로 여기나 지혜로운 자는 권고를 듣
느니라 16 미련한 자는 당장 분노를 나타내거니와 슬기로운 자는 수욕을 참느니라 17 진
리를 말하는 자는 의를 나타내어도 거짓 증인은 속이는 말을 하느니라 18 칼로 찌름 같이 함부로 말하는 자가 있
거니와 지혜로운 자의 혀는 양약과 같으니라 19 진실한 입술은 영원히 보존되거니와 거짓 혀는 잠시 동안만 있을

❖ 잠 12장
언행의 지혜를 강조해서 훈계하고 있다. 언행은 생각을 표현하고, 생각은 언행으로 형성됨으로 이들은 매우 밀접한 관계에 있다. 악인과 의인이 계속해서 대조되고 있다.
☞ 엡 4:29 무릇 더러운 말은 너희 입 밖에도 내지 말고 오직 덕을 세우는 데 소용되는 대로 선한 말을 하여 듣는 자들에게 은혜를 끼치게 하라
☞ 약 4:11 형제들아 서로 비방하지 말라 형제를 비방하는 자나 형제를 판단하는 자는 곧 율법을 비방하고 율법을 판단하는 것이라 네가 만일 율법을 판단하면 율법의 준행자가 아니요 재판관이로다

뿐이니라 20 악을 꾀하는 자의 마음에는 속임이 있고 화평을 의논하는 자에게는 희락이 있느니라 21 의인에게는
어떤 재앙도 임하지 아니하려니와 악인에게는 앙화가 가득하리라 22 거짓 입술은 여호와께 미움을 받아도 진실
하게 행하는 자는 그의 기뻐하심을 받느니라 23 슬기로운 자는 지식을 감추어도 미련한 자의 마음은 미련한 것
을 전파하느니라 24 부지런한 자의 손은 사람을 다스리게 되어도 게으른 자는 부림을 받느니라 25 근심이 사람
의 마음에 있으면 그것으로 번뇌하게 되나 선한 말은 그것을 즐겁게 하느니라 26 의인은 그 이웃의 인도자가 되
나 악인의 소행은 자신을 미혹하느니라 27 게으른 자는 그 잡을 것도 사냥하지 아니하나니 사람의 부귀는 부지
런한 것이니라 28 공의로운 길에 생명이 있나니 그 길에는 사망이 없느니라

잠언 13장

1 지혜로운 아들은 아비의 훈계를 들으나 거만한
자는 꾸지람을 즐겨 듣지 아니하느니라 2 사람은
입의 열매로 인하여 복록을 누리거니와 마음
이 궤사한 자는 강포를 당하느니라 3 입을 지
키는 자는 자기의 생명을 보전하나 입술을
크게 벌리는 자에게는 멸망이 오느니라 4 게
으른 자는 마음으로 원하여도 얻지 못하나 부지런한 자의 마음은 풍족함을 얻느니라 5 의인은 거짓말을 미워하
나 악인은 행위가 흉악하여 부끄러운 데에 이르느니라 6 공의는 행실이 정직한 자를 보호하고 악은 죄인을 패망
하게 하느니라 7 스스로 부한 체하여도 아무 것도 없는 자가 있고 스스로 가난한 체하여도 재물이 많은 자가 있
느니라 8 사람의 재물이 자기 생명의 속전일 수 있으나 가난한 자는 협박을 받을 일이 없느니라 9 의인의 빛은 환
하게 빛나고 악인의 등불은 꺼지느니라 10 교만에서는 다툼만 일어날 뿐이라 권면을 듣는 자는 지혜가 있느니라
11 망령되이 얻은 재물은 줄어가고 손으로 모은 것은 늘어가느니라 12 소망이 더디 이루어지면 그것이 마음을 상
하게 하거니와 소원이 이루어지는 것은 곧 생명 나무니라 13 말씀을 멸시하는 자는 자기에게 패망을 이루고 계
명을 두려워하는 자는 상을 받느니라 14 지혜 있는 자의 교훈은 생명의 샘이니 사망의 그물에서 벗어나게 하느
니라 15 선한 지혜는 은혜를 베푸나 사악한 자의 길은 험하니라 16 무릇
슬기로운 자는 지식으로 행하거니와 미련한 자는 자기의 미련한 것을 나
타내느니라 17 악한 사자는 재앙에 빠져도 충성된 사신은 양약이 되느니
라 18 훈계를 저버리는 자에게는 궁핍과 수욕이 이르거니와 경계를 받는
자는 존영을 받느니라 19 소원을 성취하면 마음에 달아도 미련한 자는 악
에서 떠나기를 싫어하느니라 20 지혜로운 자와 동행하면 지혜를 얻고 미
련한 자와 사귀면 해를 받느니라 21 재앙은 죄인을 따르고 선한 보응은
의인에게 이르느니라 22 선인은 그 산업을 자자 손손에게 끼쳐도 죄인의
재물은 의인을 위하여 쌓이느니라 23 가난한 자는 밭을 경작함으로 양식
이 많아지거니와 불의로 말미암아 가산을 탕진하는 자가 있느니라 24 매
를 아끼는 자는 그의 자식을 미워함이라 자식을 사랑하는 자는 근실히 징
계하느니라 25 의인은 포식하여도 악인의 배는 주리느니라

❖ 잠 13장
이 장은 지혜롭게 되기 위한 현실적 방법을 말해 주고 있다. 첫째, 훈계와 교훈을 마음으로 듣고 받아들이는 것이다. 특히 성경을 상고하면 하나님과 동행하는 지혜로운 삶을 배운다는 것이다(13절). 참된 부자는 돈으로 살 수 있는 것을 모으는 자가 아니고 돈으로 살 수 없는 것을 모으는 자임을 말해준다(11절).

잠 13:24 자녀 교육의 매(체벌)는 매우 중요한 교육적 역할을 한다고 성경은 가르친다. - 이것이 오늘의 유대인을 만든 교육법이기도 하다.
☞ 엡 6:4 또 아비들아 너희 자녀를 노엽게 하지 말고 오직 주의 교훈과 훈계로 양육하라
☞ 히 12:6-8 주께서 그 사랑하시는 자를 징계하시고 그가 받아들이시는 아들마다 채찍질하심이라 하였으니 너희가 참음은 징계를 받기 위함이라 하나님이 아들과 같이 너희를 대우하시나니 어찌 아버지가 징계하지 않는 아들이 있으리요 징계는 다 받는 것이거늘 너희에게 없으면 사생자요 친아들이 아니니라

잠언 14장

1 지혜로운 여인은 자기 집을 세우되 미련한 여인은 자기 손으로 그것을 허느니라 2 정직하게 행하는 자는 여호
와를 경외하여도 패역하게 행하는 자는 여호와를 경멸하느니라 3 미련한 자는 교만하여 입으로 매를 자청하고
지혜로운 자의 입술은 자기를 보전하느니라 4 소가 없으면 구유는 깨끗하려니와 소의 힘으로 얻는 것이 많으니

라 5 신실한 증인은 거짓말을 아니하여도 거짓 증인은 거짓말을 뱉느니라
6 거만한 자는 지혜를 구하여도 얻지 못하거니와 명철한 자는 지식 얻기가
쉬우니라 7 너는 미련한 자의 앞을 떠나라 그 입술에 지식 있음을 보지 못
함이니라 8 슬기로운 자의 지혜는 자기의 길을 아는 것이라도 미련한 자
의 어리석음은 속이는 것이니라 9 미련한 자는 죄를 심상히 여겨도 정직한
자 중에는 은혜가 있느니라 10 마음의 고통은 자기가 알고 마음의 즐거움
은 타인이 참여하지 못하느니라 11 악한 자의 집은 망하겠고 정직한 자의
장막은 흥하리라 12 어떤 길은 사람이 보기에 바르나 필경은 사망의 길이
니라 13 웃을 때에도 마음에 슬픔이 있고 즐거움의 끝에도 근심이 있느니
라 14 마음이 굽은 자는 자기 행위로 보응이 가득하겠고 선한 사람도 자
기의 행위로 그러하리라 15 어리석은 자는 온갖 말을 믿으나 슬기로운 자
는 자기의 행동을 삼가느니라 16 지혜로운 자는 두려워하여 악을 떠나나
어리석은 자는 방자하여 스스로 믿느니라 17 노하기를 속히 하는 자는 어
리석은 일을 행하고 악한 계교를 꾀하는 자는 미움을 받느니라 18 어리석은 자는 어리석음으로 기업을 삼아도
슬기로운 자는 지식으로 면류관을 삼느니라 19 악인은 선인 앞에 엎드리고 불의한 자는 의인의 문에 엎드리느
니라 20 가난한 자는 이웃에게도 미움을 받게 되나 부요한 자는 친구가 많으니라 21 이웃을 업신여기는 자는 죄
를 범하는 자요 빈곤한 자를 불쌍히 여기는 자는 복이 있는 자니라 22 악을 도모하는 자는 잘못 가는 것이 아니
냐 선을 도모하는 자에게는 인자와 진리가 있으리라 23 모든 수고에는 이익이 있어도 입술의 말은 궁핍을 이룰
뿐이니라 24 지혜로운 자의 재물은 그의 면류관이요 미련한 자의 소유는 다만 미련한 것이니라 25 진실한 증인은
사람의 생명을 구원하여도 거짓말을 뱉는 사람은 속이느니라 26 여호와를 경외하는 자에게는 견고한 의뢰가 있
나니 그 자녀들에게 피난처가 있으리라 27 여호와를 경외하는 것은 생명의 샘이니 사망의 그물에서 벗어나게 하
느니라 28 백성이 많은 것은 왕의 영광이요 백성이 적은 것은 주권자의 패망이니라 29 노하기를 더디 하는 자는
크게 명철하여도 마음이 조급한 자는 어리석음을 나타내느니라 30 평온한 마음은 육신의 생명이나 시기는 뼈를
썩게 하느니라 31 가난한 사람을 학대하는 자는 그를 지으신 이를 멸시하는 자요 궁핍한 사람을 불쌍히 여기는
자는 주를 공경하는 자니라 32 악인은 그의 환난에 엎드러져도 의인은 그의 죽음
에도 소망이 있느니라 33 지혜는 명철한 자의 마음에 머물거니와 미련한 자의 속
에 있는 것은 나타나느니라 34 공의는 나라를 영화롭게 하고 죄는 백성을 욕되
게 하느니라 35 슬기롭게 행하는 신하는 왕에게 은총을 입고 욕을 끼치는 신하
는 그의 진노를 당하느니라

❖ 잠 14장
7절 – 미련하고 어리석은 자들을 멀리하라. 이들은 부수는 자이고 지혜는 세우는 것이다. 사람이 보기에 특히 어리석은 자들이 자기중심적 판단으로 보기에 좋아 보이는 길이 사망에 이르는 길이 될 수도 있다는 사실은 매우 중요한 교훈이다. 인위를 내려놓음이 지혜를 찾아가는 첫 발걸음이라는 사실을 기억해야 한다.
☞ **고전 5:11** 이제 내가 너희에게 쓴 것은 만일 어떤 형제라 일컫는 자가 음행하거나 탐욕을 부리거나 우상 숭배를 하거나 모욕하거나 술 취하거나 속여 빼앗거든 사귀지도 말고 그런 자와는 함께 먹지도 말라 함이라
☞ **고전 15:33** 속지 말라 악한 동무들은 선한 행실을 더럽히나니

잠언 15장

1 유순한 대답은 분노를 쉬게 하여도 과격한 말은 노를 격동하느니라 2 지
혜 있는 자의 혀는 지식을 선히 베풀고 미련한 자의 입은 미련한 것을 쏟
느니라 3 여호와의 눈은 어디서든지 악인과 선인을 감찰하시느니라 4 온
순한 혀는 곧 생명 나무이지만 패역한 혀는 마음을 상하게 하느니라 5 아
비의 훈계를 업신여기는 자는 미련한 자요 경계를 받는 자는 슬기를 얻을
자니라 6 의인의 집에는 많은 보물이 있어도 악인의 소득은 고통이 되느니라 7 지혜로운 자의 입술은 지식을 전
파하여도 미련한 자의 마음은 정함이 없느니라 8 악인의 제사는 여호와께서 미워하셔도 정직한 자의 기도는 그
가 기뻐하시느니라 9 악인의 길은 여호와께서 미워하셔도 공의를 따라가는 자는 그가 사랑하시느니라 10 도를
배반하는 자는 엄한 징계를 받을 것이요 견책을 싫어하는 자는 죽을 것이니라 11 스올과 아바돈도 여호와의 앞

❖ 잠 15장
말과 혀를 통제하는 것이 지혜로움이다. 진정한 부와 행복은 물질에 있는 것이 아니고 하나님을 경외하는 데 있다(시 73:28 하나님께 가까이함이 내게 복이라). 감정을 다스리는 것이 지혜로움이라는 것이다.

31일~36일

에 드러나거든 하물며 사람의 마음이리요 12 거만한 자는 견책 받기를 좋
아하지 아니하며 지혜 있는 자에게로 가지도 아니하느니라 13 마음의 즐
거움은 얼굴을 빛나게 하여도 마음의 근심은 심령을 상하게 하느니라 14
명철한 자의 마음은 지식을 요구하고 미련한 자의 입은 미련한 것을 즐기
느니라 15 고난 받는 자는 그 날이 다 험악하나 마음이 즐거운 자는 항상
잔치하느니라 16 가산이 적어도 여호와를 경외하는 것이 크게 부하고 번
뇌하는 것보다 나으니라 17 채소를 먹으며 서로 사랑하는 것이 살진 소를 먹으며 서로
미워하는 것보다 나으니라 18 분을 쉽게 내는 자는 다툼을 일으켜도 노하기를 더디 하
는 자는 시비를 그치게 하느니라 19 게으른 자의 길은 가시 울타리 같으나
정직한 자의 길은 대로니라 20 지혜로운 아들은 아비를 즐겁게 하여도 미
련한 자는 어미를 업신여기느니라 21 무지한 자는 미련한 것을 즐겨 하여
도 명철한 자는 그 길을 바르게 하느니라 22 의논이 없으면 경영이 무너지고 지략이 많으면 경영이 성립하느니라
23 사람은 그 입의 대답으로 말미암아 기쁨을 얻나니 때에 맞는 말이 얼마나 아름다운고 24 지혜로운 자는 위로
향한 생명 길로 말미암음으로 그 아래에 있는 스올을 떠나게 되느니라 25 여호와는 교만한 자의 집을 허시며 과
부의 지계를 정하시느니라 26 악한 꾀는 여호와께서 미워하시나 선한 말은 정결하니라 27 이익을 탐하는 자는 자
기 집을 해롭게 하나 뇌물을 싫어하는 자는 살게 되느니라 28 의인의 마음은 대답할 말을 깊이 생각하여도 악인
의 입은 악을 쏟느니라 29 여호와는 악인을 멀리 하시고 의인의 기도를 들으시느니라 30 눈이 밝은 것은 마음을
기쁘게 하고 좋은 기별은 뼈를 윤택하게 하느니라 31 생명의 경계를 듣는 귀는 지혜로운 자 가운데에 있느니라
32 훈계 받기를 싫어하는 자는 자기의 영혼을 경히 여김이라 견책을 달게 받는 자는 지식을 얻느니라 33 여호와를
경외하는 것은 지혜의 훈계라 겸손은 존귀의 길잡이니라

잠 15:16-17 진정한 사랑과 행복은 물질에 근거한 것이 아니고 여호와를 경외하는 것에 근거하는 것이다.
☞ **잠 17:1** 마른 떡 한 조각만 있고도 화목하는 것이 제육이 집에 가득하고도 다투는 것보다 나으니라

잠언 16장

1 마음의 경영은 사람에게 있어도 말의 응답은 여호와께로부터 나오느니
라 2 사람의 행위가 자기 보기에는 모두 깨끗하여도 여호와는 심령을 감
찰하시느니라 3 너의 행사를 여호와께 맡기라 그리하면 네가 경영하는 것
이 이루어지리라 4 여호와께서 온갖 것을 그 쓰임에 적당하게 지으셨나니
악인도 악한 날에 적당하게 하셨느니라 5 무릇 마음이 교만한 자를 여호
와께서 미워하시나니 피차 손을 잡을지라도 벌을 면하지 못하리라 6 인자
와 진리로 인하여 죄악이 속하게 되고 여호와를 경외함으로 말미암아 악
에서 떠나게 되느니라 7 사람의 행위가 여호와를 기쁘시게 하면 그 사람
의 원수라도 그와 더불어 화목하게 하시느니라 8 적은 소득이 공의를 겸
하면 많은 소득이 불의를 겸한 것보다 나으니라 9 사람이 마음으로 자기
의 길을 계획할지라도 그의 걸음을 인도하시는 이는 여호와시니라 10 하
나님의 말씀이 왕의 입술에 있은즉 재판할 때에 그의 입이 그르치지 아니하리라 11 공평한 저울과 접시 저울은
여호와의 것이요 주머니 속의 저울추도 다 그가 지으신 것이니라 12 악을 행하는 것은 왕들이 미워할 바니 이는
그 보좌가 공의로 말미암아 굳게 섬이니라 13 의로운 입술은 왕들이 기뻐하는 것이요 정직하게 말하는 자는 그
들의 사랑을 입느니라 14 왕의 진노는 죽음의 사자들과 같아도 지혜로운 사람은 그것을 쉬게 하리라 15 왕의 희
색은 생명을 뜻하나니 그의 은택이 늦은 비를 내리는 구름과 같으니라 16 지혜를 얻는 것이 금을 얻는 것보다 얼
마나 나은고 명철을 얻는 것이 은을 얻는 것보다 더욱 나으니라 17 악을 떠나는 것은 정직한 사람의 대로이니 자
기의 길을 지키는 자는 자기의 영혼을 보전하느니라 18 교만은 패망의 선봉이요 거만한 마음은 넘어짐의 앞잡이

❖ 잠 16장
잘 묵상해 볼 장이다.
마음은 단순한 감정의 영역이 아니다. 마음은 곧 삶의 원동력이 되고 방향타가 되며, 나침반이 되는 가치관이 형성되고 활동하는 영역이다. 그 마음의 핵심에 여호와가 있어야 한다는 말이다. 그래서 3절 여호와를 의지하라고 강하게 말한다. 왜냐하면 9절에서 사람이 마음으로 자기의 길을 계획할지라도 그의 걸음을 인도하시는 이는 여호와시라고 말하고 있다. 20절, 여호와를 의지하는 자는 복이 있느니라 라고 했고 이토록 성경은 신위를 강조하고 그것이 성경 메시지의 핵심이다. 하나님의 주권, 하나님의 통치하심 – 곧 하나님의 나라이다.

니라 19 겸손한 자와 함께 하여 마음을 낮추는 것이 교만한 자와 함께 하여 탈취물을 나누는 것보다 나으니라 20
삼가 말씀에 주의하는 자는 좋은 것을 얻나니 여호와를 의지하는 자는 복이 있느니라 21 마음이 지혜로운 자는
명철하다 일컬음을 받고 입이 선한 자는 남의 학식을 더하게 하느니라 22 명철한 자에게는 그 명철이 생명의 샘
이 되거니와 미련한 자에게는 그 미련한 것이 징계가 되느니라 23 지혜로운 자의 마음은 그의 입을 슬기롭게 하
고 또 그의 입술에 지식을 더하느니라 24 선한 말은 꿀송이 같아서 마음에 달고 뼈에 양약이 되느니라 25 어떤 길
은 사람이 보기에 바르나 필경은 사망의 길이니라 26 고되게 일하는 자는 식욕으로 말미암아 애쓰나니 이는 그
의 입이 자기를 독촉함이니라 27 불량한 자는 악을 꾀하나니 그 입술에는 맹렬한 불 같은 것이 있느니라 28 패역
한 자는 다툼을 일으키고 말쟁이는 친한 벗을 이간하느니라 29 강포한 사람은 그 이웃을 꾀어 좋지 아니한 길로
인도하느니라 30 눈짓을 하는 자는 패역한 일을 도모하며 입술을 닫는 자
는 악한 일을 이루느니라 31 백발은 영화의 면류관이라
공의로운 길에서 얻으리라 32 노하기를 더디하는 자는
용사보다 낫고 자기의 마음을 다스리는 자는 성을 빼
앗는 자보다 나으니라 33 제비는 사람이 뽑으나 모
든 일을 작정하기는 여호와께 있느니라

잠 16:31-33 100세 시대를 실감하게 한다. 노련함은 영화의 면류관이요 인내의 결정이다.
☞ 약 1:19 내 사랑하는 형제들아 너희가 알지니 사람마다 듣기는 속히 하고 말하기는 더디 하며 성내기도 더디 하라

31일~36일

31일차 읽기의 요약 (잠 1~16)

솔로몬은 잠언을 통해 여호와를 경외하는 것이 하나님과 이웃과의 올바른 관계를 통해 의로운 삶을 살 수 있는 지식의 근본이라고 말한다. 그리고 이러한 지혜를 얻기 위해서 마음을 다하여 여호와를 신뢰하고 자신의 생각이나 방법을 의지하지 말 것을 당부한다.
잠언은 특히 많은 재물이나 명예보다 지혜를 얻기를 간절히 사모하라고 말씀하신다. 지혜란 얻은 지식을 삶에 적용할 줄 아는 능력이다. 이와 반면에 음녀를 따라 사는 삶은 죽음에 이르는 길이며 지혜를 따라 사는 삶이 생명의 길임을 말씀한다.
또한 잠언에서는 하나님의 지혜를 인격화시켜 묘사한다. 이 지혜는 창세 전부터 하나님 안에 있었으며 만물이 있기 전부터 있었고 하나님께서 온 땅을 창조하실 때 하나님과 함께 있었다. 이를 통해 예수 그리스도는 창세 전부터 계셨고 하나님의 창조 사역에 함께 하신 하나님의 지혜이심을 선포하신다.

인위뚝·신위고!

31일~36일

그러면 어떻게 살 것인가?

☑ 세계관 점검 – 묵상하기 (영상 강의와 교재 내용의 이해를 바탕으로)

잠언은 통독으로 읽어 넘기기에는 너무 진지한 책이다. 모두 31장으로 된 책이라 하루에 한 장씩 묵상하며 읽으면 한 달이 걸린다. 그렇게 1년 12달을 한번 진지하게 잠언을 읽어 보라.
무슨 일이 어떻게 벌어질까? 하나님의 엄청난 역사가 있을 것이다. 그렇게 한번 읽어 보기를 결심해 보라.

잠언의 메시지로 나의 세계관(가치관) 점검하기

☑ 지혜의 근본

지혜의 책 잠언은 지혜의 근본(根本)을 여호와를 경외하는 것이라고 가르친다. 이는 여호와 경외가 인간이 갖추어야 할 지혜의 핵심 내용이라는 사실과 아울러 여호와 경외야말로 인간의 모든 지식과 경험의 옳고도 바른 결론이자 인간을 현명하고도 유능하게, 성실하고도 복되게 이끌어 주는 바른 삶의 방식과 선한 삶의 자세 즉 모든 지혜의 기초이며 출발점이라는 사실을 지적한다. 절대 초월자이신 여호와께서 창조하시고 다스리시는 세상에서 유한자로 살아가는 인생이 여호와의 존재를 깨닫고 인정하고 또 순종하지 않는다는 것은 결국 자기 존재의 기반(基盤) 또는 인생과 우주의 근본적 존재 양식(樣式) 자체에 대하여 무지하거나 부인하는 것이다. 따라서 이런 자가 아무리 총명하고 심지어 교활할 정도로 유능하며 자기 시대 최첨단의 학식을 갖추었다 하여도 그것은 지엽적, 단편적 지식이 상대적으로 우월한 것일 뿐 그는 이미 절대적 관점에서는 지혜의 본질에서 괴리된 자일뿐이다.
여호와 경외가 지혜의 근본이자 본질이라는 명제는 잠언의 가장 중요한 주제이자 메시지이다. 하지만 잠언은 이 명제를 단지 몇 구절에서만 명시적으로 제시하고 있다. 그러나 잠언 전체에서 지혜가 종말론적 구원의 기준이 된다는 점 그리고 지혜가 곧 의와 성실과 축복 등과 동질시 된다는 사실은 잠언 전체에 뿌리 깊게 내재(內在)되어 있다. 또한 잠언은 여호와 경외가 지혜의 근본이라는 사실을 장황하게 설명하거나 구구하게 논증하지 않는다. 다만 간명하고 단호하게 선언할 뿐이다. 잠언서의 모든 강화와 경구들 그리고 훈계들이 이 기본 사상 위에서 쓰여졌다. 여호와를 경외하는 것은 지혜의 근본이라는 명제는 잠언 전반의 기본 사상이며 성경적 지혜관의 요체이다.

☑ 지혜의 가치

유한한 자인 인간은 당장 현실과 눈에 보이고 만질 수 있는 외적 사물에 집착하게 마련이다. 그리하여 재물이나 권력, 지위 등을 자신의 인생을 지탱하고 담보해 줄 보장으로 믿고 누구나 예외없이 이것을 얻고자 혈안이 되어 있다. 심지어 재물이나 권력이 인생의 목적 자체로 뒤바뀌어 있는 경우도 비일비재하다. 특히 진리와 아름다움을 추구한다는 학자나 예술가, 심지어 영원한 구원을 가르치는 여러 종교의 성직자들까지도 재물과 권력을 누리기 위해 추태조차 서슴지 않는 일들이 빈번하게 일어나고 있다는 사실은 그만큼 역설적으로 재물과 권력 등에 대한 인간의 강렬한 욕망을 보여 준다.

잠언은 세상과 인생을 향하여 사실 극도의 제한적 조건 아래서만 그것도 물리적, 일시적 만족과 보장밖에 주지 못하는 이 같은 재물과 권력을 뛰어넘는 지혜의 참가치를 거듭 강조한다. 즉 지혜는 단순히 관념적 가치가 아니라 전인격적, 영원한 기쁨과 축복의 원천임을 반복, 논증하는 것이다. 왜냐하면 참 지혜의 진정한 가치와 효율성을 스스로 깨달은 자만이 진정으로 지혜를 사랑하고 또 열정적으로 추구할 수 있기 때문이다. 잠언은 거듭하여 하나님의 율법과 선한 스승들의 훈계 속에 담겨 있는 신본주의적 참 지혜가 인생의 궁극적 · 근원적 문제인 영원한 구원과 완전한 축복에 대한 확실한 보증임을 강조한다. 또한 지혜는 일상의 삶 속에서도 마음의 평안과 기쁨, 성실과 근신으로 성취된 정직한 성공과 번영, 이웃과의 선한 교제에서 우러나오는 조화와 평화, 상호 존중 등을 누리도록 인생을 이끌어 주고 있음을 직 · 간접으로 반복 시사한다. 따라서 금과 은보다 지혜를 사모하고 쾌락과 권력보다 지혜를 애써 찾으라고 권면한다. 사실 너무도 많은 이들에게 지혜의 가치에 대한 잠언의 메시지는 지금도 여전히 공허한 도덕률이나 관념적 논리로만 들릴 것이다. 그러나 이 지혜야말로 그 가치를 참으로 깨닫고 순종하는 자들에게 이 세상에서 즐겁고, 번영하고, 존경받는 삶을 살도록 언제나 곁에서 이끌어 주는 소위 수호천사(守護天使)라 할 수 있다.

☑ 마음의 중요성과 절제의 필요성

마음은 육체와 결합하여 있으면서도 육체를 초월한 우리 자아(自我)의 영원한 실체이다. 마음은 자신과 외부의 세계와 사물에 대한 경험과 지각을 체계화하여 수용하고 있는 인식의 자리일 뿐 아니라 자신과 세계에 대한 의지와 감정의 처소이기도 하다. 모든 인생이 바라 마지않는 행복도 궁극적으로는 외적 상황이나 물리적 · 감각적 자극에 대한 기계적 반응이나 수치적 쾌감이 아니라 자신이 처한 현실에 대한 마음의 총체적 자족감과 기쁨의 상태이다. 실로 마음은 각자의 인생과 삶의 방향이 결정되어 만사가 시작되는 원점인 동시에 외부와의 모든 만남과 삶의 모든 결과물에 대한 느낌과 의미가 부여되는 최종점이기도 하다. 이와 같은 마음에 대하여 잠언은 그 중요성을 직설적으로 지적하거나 모든 사람이 소중히 여기고 집착하는 성공이나 용기, 재물에 비교하여 마음이 더욱 중요함을 간접 제시하는 형식으로 강조한다. 그리고 마음의 신중과 절제의 훈련이 필요함을 역설한다.

지·정·의의 복합체인 마음은 우리의 인생과 구원에 가장 결정적 영향을 끼치는 우리 인격의 실체이면서도 사실 거의 버려두는 경우가 대부분이다. 잠언은 이런 현실에서 마음이야말로 끊임없는 관심과 수양, 절제가 필요하다는 중요한 사실을 일깨워 준다.

잠언은 포스트모더니즘으로 가치가 혼돈되고 뒤바뀐 현대인들에게 참된 지혜와 진리의 길을 보여 준다. 문제는 그 길을 보지 않으려는 자들이다. 성도라고 하는 자들 가운데도 이런 자가 너무 많다는 것이 오늘 우리가 직면한 심각한 문제이다. 오, 믿는 자여 어찌할꼬…?

잠언 1:7, 3:5-6, 16:3, 9을 신위의 관점에서 깊이 묵상하라. 인생의 답이 거기에 있다.

☑ 결단기도와 실행하기

약 2:26 영혼 없는 몸이 죽은 것 같이 행함이 없는 믿음은 죽은 것이니라
시 119:28 나의 영혼이 눌림으로 말미암아 녹사오니 주의 말씀대로 나를 세우소서

잠언 17장~22:16

잠언 17장

1 마른 떡 한 조각만 있고도 화목하는 것이 제육이 집에 가득하고도 다
투는 것보다 나으니라 2 슬기로운 종은 부끄러운 짓을 하는 주인의 아들
을 다스리겠고 또 형제들 중에서 유업을 나누어 얻으리라 3 도가니는 은
을, 풀무는 금을 연단하거니와 여호와는 마음을 연단하시느니라 4 악을
행하는 자는 사악한 입술이 하는 말을 잘 듣고 거짓말을 하는 자는 악한
혀가 하는 말에 귀를 기울이느니라 5 가난한 자를 조롱하는 자는 그를 지
으신 주를 멸시하는 자요 사람의 재앙을 기뻐하는 자는 형벌을 면하지 못
할 자니라 6 손자는 노인의 면류관이요 아
비는 자식의 영화니라 7 지나친 말을 하
는 것도 미련한 자에게 합당하지 아니
하거든 하물며 거짓말을 하는 것이 존귀
한 자에게 합당하겠느냐 8 뇌물은 그 임
자가 보기에 보석 같은즉 그가 어디로 향
하든지 형통하게 하느니라 9 허물을 덮어 주는 자는 사랑을 구하는 자요 그것을
거듭 말하는 자는 친한 벗을 이간하는 자니라 10 한 마디 말로 총명한 자에게 충고하는 것이 매 백 대로 미련한
자를 때리는 것보다 더욱 깊이 박히느니라 11 악한 자는 반역만 힘쓰나니 그러므로 그에게 잔인한 사자가 보냄
을 받으리라 12 차라리 새끼 빼앗긴 암곰을 만날지언정 미련한 일을 행하는 미련한 자를 만나지 말 것이니라 13
누구든지 악으로 선을 갚으면 악이 그 집을 떠나지 아니하리라 14 다투는 시작은 둑에서 물이 새는 것 같은즉 싸
움이 일어나기 전에 시비를 그칠 것이니라 15 악인을 의롭다 하고 의인을 악하다 하는 이 두 사람은 다 여호와께
미움을 받느니라 16 미련한 자는 무지하거늘 손에 값을 가지고 지혜를 사려 함은 어찜인고 17 친구는 사랑이 끊
어지지 아니하고 형제는 위급한 때를 위하여 났느니라 18 지혜 없는 자는 남의 손을 잡고 그의 이웃 앞에서 보증
이 되느니라 19 다툼을 좋아하는 자는 죄과를 좋아하는 자요 자기 문을 높이는 자는 파괴를 구하는 자니라 20 마
음이 굽은 자는 복을 얻지 못하고 혀가 패역한 자는 재앙에 빠지느니라 21 미련한 자를 낳는 자는 근심을 당하나
니 미련한 자의 아비는 낙이 없느니라 22 마음의 즐거움은 양약이라도 심
령의 근심은 뼈를 마르게 하느니라 23 악인은 사람의 품에서 뇌물을 받고
재판을 굽게 하느니라 24 지혜는 명철한 자 앞에 있거늘 미련한 자는 눈을
땅 끝에 두느니라 25 미련한 아들은 그 아비의 근심이 되고 그 어미의 고
통이 되느니라 26 의인을 벌하는 것과 귀인을 정직하다고 때리는 것은 선
하지 못하니라 27 말을 아끼는 자는 지식이 있고 성품이 냉철한 자는 명철
하니라 28 미련한 자라도 잠잠하면 지혜로운 자로 여겨지고 그의 입술을
닫으면 슬기로운 자로 여겨지느니라

❖ 잠 17장
참된 행복이란 과연 무엇인가를 고민해 본 적이 있는가? 이 장을 깊게 묵상해 보라. 하나님이 참된 행복의 근원이라면 그 근원에 어떻게 접근할 수 있고 그 행복을 누릴 수 있는가를 보여 주고 있다.

잠 17:5 모든 사람은 하나님의 형상대로 지음 받은 존귀한 존재이다.
☞ 습 3:12 내가 곤고하고 가난한 백성을 네 가운데에 남겨 두리니 그들이 여호와의 이름을 의탁하여 보호를 받을지라
☞ 약 2:3-4 너희가 아름다운 옷을 입은 자를 눈여겨보고 말하되 여기 좋은 자리에 앉으소서 하고 또 가난한 자에게 말하되 너는 거기 서 있든지 내 발등상 아래에 앉으라 하면 너희끼리 서로 차별하며 악한 생각으로 판단하는 자가 되는 것이 아니냐

잠 17:22 진심으로 주를 믿고 의지하는 자는 육신적으로도 건강한 삶을 사는 자이다.
☞ 느 2:2 왕이 내게 이르시되 네가 병이 없거늘 어찌하여 얼굴에 수심이 있느냐 이는 필연 네 마음에 근심이 있음이로다 하더라 그 때에 내가 크게 두려워하여
☞ 요 14:1 너희는 마음에 근심하지 말라 하나님을 믿으니 또 나를 믿으라

잠언 18장

1 무리에게서 스스로 갈라지는 자는 자기 소욕을 따르는 자라 온갖 참 지혜를 배척하느니라 2 미련한 자는 명철
을 기뻐하지 아니하고 자기의 의사를 드러내기만 기뻐하느니라 3 악한 자가 이를 때에는 멸시도 따라오고 부끄

러운 것이 이를 때에는 능욕도 함께 오느니라 4 명철한 사람의 입의 말은
깊은 물과 같고 지혜의 샘은 솟구쳐 흐르는 내와 같으니라 5 악인을 두둔
하는 것과 재판할 때에 의인을 억울하게 하는 것이 선하지 아니하니라 6
미련한 자의 입술은 다툼을 일으키고 그의 입은 매를 자청하느니라 7 미
련한 자의 입은 그의 멸망이 되고 그의 입술은 그의 영혼의 그물이 되느
니라 8 남의 말하기를 좋아하는 자의 말은 별식
과 같아서 뱃속 깊은 데로 내려가느니라
9 자기의 일을 게을리하는 자는 패가하는
자의 형제니라 10 여호와의 이름은 견고한
망대라 의인은 그리로 달려가서 안전함을 얻
느니라 11 부자의 재물은 그의 견고한 성이라 그가 높은 성벽 같이 여기느
니라 12 사람의 마음의 교만은 멸망의 선봉이요 겸손은 존귀의 길잡이니
라 13 사연을 듣기 전에 대답하는 자는 미련하여 욕을 당하느니라 14 사람
의 심령은 그의 병을 능히 이기려니와 심령이 상하면 그것을 누가 일으키
겠느냐 15 명철한 자의 마음은 지식을 얻고 지혜로운 자의 귀는 지식을 구
하느니라 16 사람의 선물은 그의 길을 넓게 하며 또 존귀한 자 앞으로 그
를 인도하느니라 17 송사에서는 먼저 온 사람의 말이 바른 것 같으나 그의
상대자가 와서 밝히느니라 18 제비 뽑는 것은 다툼을 그치게 하여 강한 자 사이에 해결하게 하느니라 19 노엽게
한 형제와 화목하기가 견고한 성을 취하기보다 어려운즉 이러한 다툼은 산성 문빗장 같으니라 20 사람은 입에서
나오는 열매로 말미암아 배부르게 되나니 곧 그의 입술에서 나는 것으로 말미암아 만족하게 되느니라 21 죽고
사는 것이 혀의 힘에 달렸나니 혀를 쓰기 좋아하는 자는 혀의 열매를 먹으리라 22 아내를 얻는 자는 복을 얻고 여
호와께 은총을 받는 자니라 23 가난한 자는 간절한 말로 구하여도 부자는 엄한 말로 대답하느니라 24 많은 친구
를 얻는 자는 해를 당하게 되거니와 어떤 친구는 형제보다 친밀하니라

❖ 잠 18장
참된 인간관계, 참된 우정을 살펴보게 해 주는 장이다. 사실 기독교는 관계의 종교이므로 관계에 대해 깊이 묵상해 보아야 한다. 이 장에서는 관계와 관련되는 훈육이 많이 언급되고 있다.
☞ **갈 5:15** 만일 서로 물고 먹으면 피차 멸망할까 조심하라
☞ **빌 2:3** 아무 일에든지 다툼이나 허영으로 하지 말고 오직 겸손한 마음으로 각각 자기보다 남을 낫게 여기고

잠 18:10-11 환난이 닥쳤을 때 진정한 피난처는 무엇일까?
☞ **시 18:2** 여호와는 나의 반석이시요 나의 요새시요 나를 건지시는 이시요 나의 하나님이시요 내가 그 안에 피할 나의 바위시요 나의 방패시요 나의 구원의 뿔이시요 나의 산성이시로다
☞ **시 61:3-4** 주는 나의 피난처시요 원수를 피하는 견고한 망대이심이니이다 내가 영원히 주의 장막에 머물며 내가 주의 날개 아래로 피하리이다

잠언 19장

1 가난하여도 성실하게 행하는 자는 입술이 패역하고 미련한 자보다 나으
니라 2 지식 없는 소원은 선하지 못하고 발이 급한 사람은 잘못 가느니라
3 사람이 미련하므로 자기 길을 굽게 하고 마음으로 여호와를 원망하느니
라 4 재물은 많은 친구를 더하게 하나 가난한즉 친구가 끊어지느니라 5 거
짓 증인은 벌을 면하지 못할 것이요 거짓말을 하는 자도 피하지 못하리라
6 너그러운 사람에게는 은혜를 구하는 자가 많고 선물 주기를 좋아하는
자에게는 사람마다 친구가 되느니라 7 가난한 자는 그의 형제들에게도
미움을 받거든 하물며 친구야 그를 멀리 하지 아니하겠느냐 따라가며 말
하려 할지라도 그들이 없어졌으리라 8 지혜를 얻는 자는 자기 영혼을 사
랑하고 명철을 지키는 자는 복을 얻느니라 9 거짓 증인은 벌을 면하지 못
할 것이요 거짓말을 뱉는 자는 망할 것이니라 10 미련한 자가 사치하는 것
이 적당하지 못하거든 하물며 종이 방백을 다스림이랴 11 노하기를 더디
하는 것이 사람의 슬기요 허물을 용서하는 것이 자기의 영광이니라 12 왕
의 노함은 사자의 부르짖음 같고 그의 은택은 풀 위의 이슬 같으니라 13
미련한 아들은 그의 아비의 재앙이요 다투는 아내는 이어 떨어지는 물방

❖ 잠 19장
잠언은 한 구절, 한 구절을 오징어 씹듯이 잘근잘근 씹어야 하는데 삽시간에 읽어 치우려니 제맛이 날 리가 없지... 그러나 전체는 신위를 강조한다는 사실을 확인해 보는 것도 필요하다. 그것이 지혜의 근본이고 지혜로운 자가 하나님의 축복권 속에 있기 때문이다(23절). 19장에서 강조되는 지혜의 품성은 "성실함"이다.

잠 19:8 지혜를 얻고 명철을 힘써 지키는 자만이 인생의 참된 행복을 누리게 된다.
☞ **전 7:19** 지혜가 지혜자를 성읍 가운데에 있는 열 명의 권력자들보다 더 능력이 있게 하느니라
☞ **엡 1:18-19** 너희 마음의 눈을 밝히사 그의 부르심의 소망이 무엇이며 성도 안에서 그 기업의 영광의 풍성함이 무엇이며 그의 힘의 위력으로 역사하심을 따라 믿는 우리에게 베푸신 능력의 지극히 크심이 어떠한 것을 너희로 알게 하시기를 구하노라

울이니라 14 집과 재물은 조상에게서 상속하거니와 슬기로운 아내는 여호와께로서 말미암느니라 15 게으름이
사람으로 깊이 잠들게 하나니 태만한 사람은 주릴 것이니라 16 계명을 지키는 자는 자기의 영혼을 지키거니와 자
기의 행실을 삼가지 아니하는 자는 죽으리라 17 가난한 자를 불쌍히 여기는 것은 여호와께 꾸어 드리는 것이니
그의 선행을 그에게 갚아 주시리라 18 네가 네 아들에게 희망이 있은즉 그를 징계하되 죽일 마음은 두지 말지니
라 19 노하기를 맹렬히 하는 자는 벌을 받을 것이라 네가 그를 건져 주면 다시 그런 일이 생기리라 20 너는 권고를
들으며 훈계를 받으라 그리하면 네가 필경은 지혜롭게 되리라 21 사람의 마음에는 많은 계획이 있어도 오직 여
호와의 뜻만이 완전히 서리라 22 사람은 자기의 인자함으로 남에게 사모함을 받느니라 가난한 자는 거짓말하는
자보다 나으니라 23 여호와를 경외하는 것은 사람으로 생명에 이르게 하는 것이라 경외하는 자는 족하게 지내
고 재앙을 당하지 아니하느니라 24 게으른 자는 자기의 손을 그릇에 넣고서도 입으로 올리기를 괴로워하느니라
25 거만한 자를 때리라 그리하면 어리석은 자도 지혜를 얻으리라 명철한 자를 견책하라
그리하면 그가 지식을 얻으리라 26 아비를 구박하고 어미를 쫓아내는 자는 부끄러움
을 끼치며 능욕을 부르는 자식이니라 27 내 아들아 지식의 말씀에서 떠나게 하는
교훈을 듣지 말지니라 28 망령된 증인은 정의를 업신여기고 악인의 입은 죄악을
삼키느니라 29 심판은 거만한 자를 위하여 예비된 것이요 채찍은 어리석은 자의
등을 위하여 예비된 것이니라

잠언 20장

❖ 잠 20장
지혜롭기를 원한다면 자기 생각과 행동의 결과가 무엇인가를 예측해 보아야 한다. 그 결과 나쁜 것이라면 애초 시작을 하지 않는 것이 지혜로운 것임을 강하게 말하고 있다.

1 포도주는 거만하게 하는 것이요 독주는 떠들게 하는 것이라 이에 미혹
되는 자마다 지혜가 없느니라 2 왕의 진노는 사자의 부르짖음 같으니 그
를 노하게 하는 것은 자기의 생명을 해하는 것이니라 3 다툼을 멀리 하는
것이 사람에게 영광이거늘 미련한 자마다 다툼을 일으키느니라 4 게으른
자는 가을에 밭 갈지 아니하나니 그러므로 거둘 때에는 구걸할지라도 얻지 못하리라 5 사람의 마음에 있는 모략
은 깊은 물 같으니라 그럴지라도 명철한 사람은 그것을 길어 내느니라 6 많은 사람이 각기 자기의 인자함을 자랑
하나니 충성된 자를 누가 만날 수 있으랴 7 온전하게 행하는 자가 의인이라 그의 후손에게 복이 있느니라 8 심판
자리에 앉은 왕은 그의 눈으로 모든 악을 흩어지게 하느니라 9 내가 내 마음을 정하게 하였다 내 죄를 깨끗하게
하였다 할 자가 누구냐 10 한결같지 않은 저울 추와 한결같지 않은 되는 다 여호와께서 미워하시느니라 11 비록
아이라도 자기의 동작으로 자기 품행이 청결한 여부와 정직한 여부를 나타내느니라 12 듣는 귀와 보는 눈은 다

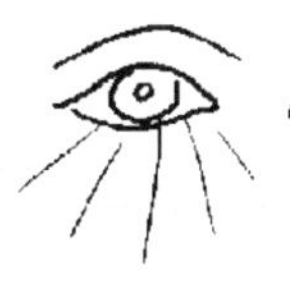

여호와께서 지으신 것이니라 13 너는 잠자기를
좋아하지 말라 네가 빈궁하게 될까 두려우니라
네 눈을 뜨라 그리하면 양식이 족하리라 14 물
건을 사는 자가 좋지 못하다 좋지 못하다 하다
가 돌아간 후에는 자랑하느니라 15 세상에 금도
있고 진주도 많거니와 지혜로운 입술이 더욱 귀한 보배니라 16 타인을 위
하여 보증 선 자의 옷을 취하라 외인들을 위하여 보증 선 자는 그의 몸을
볼모 잡을지니라 17 속이고 취한 음식물은 사람에게 맛이 좋은 듯하나 후

잠 20:13 세속적 안일함을 추구하는 패러다임을 바꾸지 않고서는 진정 축복된 삶을 추구할 수는 없다.
☞ **창 25:31-32** 야곱이 이르되 형의 장자의 명분을 오늘 내게 팔라 에서가 이르되 내가 죽게 되었으니 이 장자의 명분이 내게 무엇이 유익하리요
☞ **롬 8:8** 육신에 있는 자들은 하나님을 기쁘시게 할 수 없느니라

에는 그의 입에 모래가 가득하게 되리라 18 경영은 의논함으로 성취하나니 지략을 베풀고 전쟁할지니라 19 두루
다니며 한담하는 자는 남의 비밀을 누설하나니 입술을 벌린 자를 사귀지 말지니라 20 자기의 아비나 어미를 저
주하는 자는 그의 등불이 흑암 중에 꺼짐을 당하리라 21 처음에 속히 잡은 산업은 마침내 복이 되지 아니하느니
라 22 너는 악을 갚겠다 말하지 말고 여호와를 기다리라 그가 너를 구원하시리라 23 한결같지 않은 저울 추는 여
호와께서 미워하시는 것이요 속이는 저울은 좋지 못한 것이니라 24 사람의 걸음은 여호와로 말미암나니 사람이

어찌 자기의 길을 알 수 있으랴 [25]함부로 이 물건은 거룩하다 하여 서원
하고 그 후에 살피면 그것이 그 사람에게 덫이 되느니라 [26]지혜로운 왕은
악인들을 키질하며 타작하는 바퀴를 그들 위에 굴리느니라 [27]사람의 영
혼은 여호와의 등불이라 사람의 깊은 속을 살피느니라 [28]왕은 인자와 진
리로 스스로 보호하고 그의 왕위도 인자함으로 말미암아 견고하니라 [29]젊은 자의 영화는 그의 힘이요 늙은 자
의 아름다움은 백발이니라 [30]상하게 때리는 것이 악을 없이하나니 매는 사람 속에 깊이 들어가느니라

잠 20:24 우리 삶의 진정한 주권자이며 주관자는 하나님이시라는 세계관을 확실히 가지고 있는가?

잠언 21장

[1]왕의 마음이 여호와의 손에 있음이 마치 봇물과 같아서 그가 임의로 인
도하시느니라 [2]사람의 행위가 자기 보기에는 모두 정직하여도 여호와는
마음을 감찰하시느니라 [3]공의와 정의를 행하는 것은 제사 드리는 것보
다 여호와께서 기쁘게 여기시느니라 [4]눈이 높은 것과 마음이 교만한 것
과 악인이 형통한 것은 다 죄니라 [5]부지런한 자의 경영은 풍부함에 이를
것이나 조급한 자는 궁핍함에 이를 따름이니라 [6]속이는 말로 재물을 모
으는 것은 죽음을 구하는 것이라 곧 불려다니는 안개니라 [7]악인의 강포
는 자기를 소멸하나니 이는 정의를 행하기 싫어함이니라 [8]죄를 크게 범
한 자의 길은 심히 구부러지고 깨끗한 자의 길은 곧으니라 [9]다투는 여인
과 함께 큰 집에서 사는 것보다 움막에서 사는 것이 나으니라 [10]악인의
마음은 남의 재앙을 원하나니 그 이웃도 그 앞에서 은혜를 입지 못하느니
라 [11]거만한 자가 벌을 받으면 어리석은 자도 지혜를 얻겠고 지혜로운 자
가 교훈을 받으면 지식이 더하리라 [12]의로우신 자는 악인의 집을 감찰하
시고 악인을 환난에 던지시느니라 [13]귀를 막고 가난
한 자가 부르짖는 소리를 듣지 아니하면 자기
가 부르짖을 때에도 들을 자가 없으리라 [14]은
밀한 선물은 노를 쉬게 하고 품 안의 뇌물은 맹
렬한 분을 그치게 하느니라 [15]정의를 행하는 것이
의인에게는 즐거움이요 죄인에게는 패망이니라 [16]명철의 길을 떠난 사
람은 사망의 회중에 거하리라 [17]연락을 좋아하는 자는 가난하게 되고 술
과 기름을 좋아하는 자는 부하게 되지 못하느니라 [18]악인은 의인의 속전
이 되고 사악한 자는 정직한 자의 대신이 되느니라 [19]다투며 성내는 여인
과 함께 사는 것보다 광야에서 사는 것이 나으니라 [20]지혜 있는 자의 집
에는 귀한 보배와 기름이 있으나 미련한 자는 이것을 다 삼켜 버리느니라
[21]공의와 인자를 따라 구하는 자는 생명과 공의와 영광을 얻느니라 [22]지
혜로운 자는 용사의 성에 올라가서 그 성이 의지하는 방벽을 허느니라 [23]
입과 혀를 지키는 자는 자기의 영혼을 환난에서 보전하느니라 [24]무례하
고 교만한 자를 이름하여 망령된 자라 하나니 이는 넘치는 교만으로 행함
이니라 [25]게으른 자의 욕망이 자기를 죽이나니 이는 자기의 손으로 일하
기를 싫어함이니라 [26]어떤 자는 종일토록 탐하기만 하나 의인은 아끼지
아니하고 베푸느니라 [27]악인의 제물은 본래 가증하거든 하물며 악한 뜻
으로 드리는 것이랴 [28]거짓 증인은 패망하려니와 확실히 들은 사람의 말

31일~36일

❖ 잠 21장
잠언의 핵심이 하나님을 경외하는 것이 지식의 근본이라고 했고, 인위가 일으키는 문제 해결의 답은 신위라는 것을 말한다고 했다. 21장은 그 설명의 연장선에 있다. 1절에 왕의 마음마저도 하나님의 손에 달려 있으며 하나님의 섭리대로 행해진다는 것을 강조한다. 우리의 삶의 중심은 하나님이고 그분의 주권적 행하심에 순종하는 것만이 지혜로운 사람이 행할 일이라는 점을 보여 준다. 22:16까지가 솔로몬이 쓴 잠언이다. 계속해서 모든 재물보다 하나님이 먼저이고, 하나님 중심이고, 하나님의 주권을 깨닫고 인정하고 순종해야 한다는 것이다.

잠 21:1-3 인생뿐만 아니라 역사를 주관하시는 분도 하나님이시다.
☞ **대하 20:6** 이르되 우리 조상들의 하나님 여호와여 주는 하늘에서 하나님이 아니시니이까 이방 사람들의 모든 나라를 다스리지 아니하시나이까 주의 손에 권세와 능력이 있사오니 능히 주와 맞설 사람이 없나이다
☞ **렘 27:5** 나는 내 큰 능력과 나의 쳐든 팔로 땅과 지상에 있는 사람과 짐승들을 만들고 내가 보기에 옳은 사람에게 그것을 주었노라

잠 21:13 땅에서 떡 한 조각에도 인색한 자는 지옥에서 물 한 방울도 얻지 못할 것이다.
☞ **렘 34:17** 그러므로 여호와께서 이와 같이 말씀하시니라 너희가 나에게 순종하지 아니하고 각기 형제와 이웃에게 자유를 선포한 것을 실행하지 아니하였은즉 내가 너희를 대적하여 칼과 전염병과 기근에게 자유를 주리라 여호와의 말씀이니라 내가 너희를 세계 여러 나라 가운데에 흩어지게 할 것이며
☞ **눅 6:38** 주라 그리하면 너희에게 줄 것이니 곧 후히 되어 누르고 흔들어 넘치도록 하여 너희에게 안겨 주리라 너희가 헤아리는 그 헤아림으로 너희도 헤아림을 도로 받을 것이니라

은 힘이 있느니라 29 악인은 자기의 얼굴을 굳게 하나 정직한 자는 자기의 행위를 삼가느니라 30 지혜로도 못하
고, 명철로도 못하고 모략으로도 여호와를 당하지 못하느니라 31 싸울 날을 위하여 마병을 예비하거니와 이김은
여호와께 있느니라

잠언 22장 1-16

1 많은 재물보다 명예를 택할 것이요 은이나 금보다 은총을 더욱 택할 것이니라 2 가난한 자와 부한 자가 함께
살거니와 그 모두를 지으신 이는 여호와시니라 3 슬기로운 자는 재앙을 보면 숨어 피하여도 어리석은 자는 나가
다가 해를 받느니라 4 겸손과 여호와를 경외함의 보상은 재물과 영광과 생명이니라 5 패역한 자의 길에는 가시
와 올무가 있거니와 영혼을 지키는 자는 이를 멀리 하느니라 6 마땅히 행할 길을 아이에게 가르치라 그리하면 늙
어도 그것을 떠나지 아니하리라 7 부자는 가난한 자를 주관하고 빚진 자는 채주의 종이 되느니라 8 악을 뿌리는
자는 재앙을 거두리니 그 분노의 기세가 쇠하리라 9 선한 눈을 가진 자는 복을 받으리니 이는 양식을 가난한 자
에게 줌이니라 10 거만한 자를 쫓아내면 다툼이 쉬고 싸움과 수욕이 그치느니라 11 마음의 정결을 사모하는 자의
입술에는 덕이 있으므로 임금이 그의 친구가 되느니라 12 여호와의 눈은 지식 있는 사람을 지키시나 사악한 사람
의 말은 패하게 하시느니라 13 게으른 자는 말하기를 사자가 밖에 있은즉 내가 나가면 거리에서 찢기겠다 하느
니라 14 음녀의 입은 깊은 함정이라 여호와의 노를 당한 자는 거기 빠지리라 15 아이의 마음에는 미련한 것이 얽
혔으나 징계하는 채찍이 이를 멀리 쫓아내리라 16 이익을 얻으려고 가난한 자를 학대하는 자와 부자에게 주는
자는 가난하여질 뿐이니라

31일~36일

❖ 아가서의 개요

솔로몬의 사랑 이야기다. 아가서는 거침없는 인간 사랑의 표현이다. 그 사랑은 참으로 아름다움이다. 때로는 사랑 표현이 영화 심의의 X 또는 R 등급에 해당되는 표현을 볼 수 있지만 그런 사랑도 성령 하나님 안에서 하나님이 허용하시는 부부간에 이루어지는 사랑이면 아름다운 것이다. 성경에는 구체적으로 언급하지 않고 있지만, 아가서에서 보여 주는 사랑은 태초에 인간이 죄를 범하기 전에 서로 벗었어도 전혀 부끄럽지 않고 오히려 아름다웠던 그 사랑을 보여 주는 책이라고 여겨진다. 이런 사랑은 원초적이며 본래의 사랑이기 때문이다.

인간 원래의 사랑은 이렇게 아름다웠다. 죄가 들어옴으로 이런 아름다움이 변질하고 벗음이 부끄러움이 되었고, 성 윤리(Sex Moral)라는 개념이 생겨나고, 성적 타락이 생겨난 것이다.

아가서

학습 자료 32-1 "아가서 핵심 개요" 참조

아가서 1장~8장

아가서 1장

1 솔로몬의 아가라 2 내게 입맞추기를 원하니 네 사랑이 포도주보다 나음
이로구나 3 네 기름이 향기로워 아름답고 네 이름이 쏟은 향기름 같으므
로 처녀들이 너를 사랑하는구나 4 왕이 나를 그의 방으로 이끌어 들이시
니 너는 나를 인도하라 우리가 너를 따라 달려가리라 우리가 너로 말미암
아 기뻐하며 즐거워하니 네 사랑이 포도주보다 더 진함이라 처녀들이 너를 사랑함이 마땅하니라 5 예루살렘 딸
들아 내가 비록 검으나 아름다우니 게달의 장막 같을지라도 솔로몬의 휘장과도 같구나 6 내가 햇볕에 쬐어서 거
무스름할지라도 흘겨보지 말 것은 내 어머니의 아들들이 나에게 노하여 포도원지기로 삼았음이라 나의 포도원
을 내가 지키지 못하였구나 7 내 마음으로 사랑하는 자야 네가 양 치는 곳과 정오에 쉬게 하는 곳을 내게 말하라
내가 네 친구의 양 떼 곁에서 어찌 얼굴을 가린 자 같이 되랴 8 여인 중에 어여쁜 자야 네가 알지 못하겠거든 양

떼의 발자취를 따라 목자들의 장막 곁에서 너의 염소 새끼를 먹일지니라
9 내 사랑아 내가 너를 바로의 병거의 준마에 비하였구나 10 네 두 뺨은
땋은 머리털로, 네 목은 구슬 꿰미로 아름답구나 11 우리가 너를 위하여
금 사슬에 은을 박아 만들리라 12 왕이 침상에 앉았을 때에 나의 나도 기
름이 향기를 뿜어냈구나 13 나의 사랑하는 자는 내 품 가운데 몰약 향주
머니요 14 나의 사랑하는 자는 내게 엔게디 포도원의 고벨화 송이로구나
15 내 사랑아 너는 어여쁘고 어여쁘다 네 눈이 비둘기 같구나 16 나의 사랑
하는 자야 너는 어여쁘고 화창하다 우리의 침상은 푸르고 17 우리 집은 백
향목 들보, 잣나무 서까래로구나

아가서 2장

1 나는 사론의 수선화요 골짜기의 백합화로다 2 여자들 중에 내 사랑은
가시나무 가운데 백합화 같도다 3 남자들 중에 나의 사랑하는 자는 수풀
가운데 사과나무 같구나 내가 그 그늘에 앉아서 심히 기뻐하였고 그 열매
는 내 입에 달았도다 4 그가 나를 인도하여 잔칫집에 들어갔으니 그 사랑
은 내 위에 깃발이로구나 5 너희는 건포도로 내 힘을 돕고 사과로 나를 시
원하게 하라 내가 사랑하므로 병이 생겼음이라 6 그가 왼팔로 내 머리를
고이고 오른팔로 나를 안는구나 7 예루살렘 딸들아 내가 노루와 들사슴
을 두고 너희에게 부탁한다 내 사랑이 원하기 전에는 흔들지 말고 깨우지
말지니라 8 내 사랑하는 자의 목소리로구나 보라 그가 산에서 달리고 작
은 산을 빨리 넘어오는구나 9 내 사랑하는 자는 노루와도 같고 어린 사슴
과도 같아서 우리 벽 뒤에 서서 창으로 들여다보며 창살 틈으로 엿보는구
나 10 나의 사랑하는 자가 내게 말하여 이르기를 나의 사랑, 내 어여쁜 자
야 일어나서 함께 가자 11 겨울도 지나고 비도 그쳤고 12 지면에는 꽃이 피
고 새가 노래할 때가 이르렀는데 비둘기의 소리가 우리 땅에 들리는구나
13 무화과나무에는 푸른 열매가 익었고 포도나무는 꽃을 피워 향기를 토
하는구나 나의 사랑, 나의 어여쁜 자야 일어나서 함께 가자 14 바위 틈 낭
떠러지 은밀한 곳에 있는 나의 비둘기야 내가 네 얼굴을 보게 하라 네 소
리를 듣게 하라 네 소리는 부드럽고 네 얼굴은 아름답구나 15 우리를 위
하여 여우 곧 포도원을 허는 작은 여우를 잡으라 우리의 포도원에 꽃이
피었음이라 16 내 사랑하는 자는 내게 속하였고 나는 그에게 속하였도다
그가 백합화 가운데에서 양 떼를 먹이는구나 17 내 사랑하는 자야 날이
저물고 그림자가 사라지기 전에 돌아와서 베데르 산의 노루와 어린 사슴
같을지라

❖ 아 1장~5:1
두 연인의 순수하고도 격정적인 사랑은 구속사적 관점에서 구속사의 주체이신 하나님의 사랑을 모형적으로 제시해 주고 있다.
이미 태초에 상호 간에 세운 선악과 언약을 어기고 범죄하여 모두 다 죽게 된 사람을 성자 그리스도의 성육신과 십자가 대속 사역을 통하여 결국 하나님 자신이 희생하여 구원해 주시는 이 놀라운 은혜의 역사인 구속사(救贖史)는 이미 그 시작에 있어서 오직 사랑으로 이루어진 것이었다. 그리고 태초에서 종말에 이르는 그 장구한 과정도 오직 사랑으로 진행되어 가는 것이다. 그리하여 이처럼 인간 구원의 법과 조건 그리고 그 역사 등등이 여타 이방 종교들의 그릇된 주장들과 달리 궁극적으로는 기계적 계율이나 조건 심지어는 신적 존재와 인간의 타협이나 이해관계에 의해서가 아니라 오직 뜨거운 사랑에 의해서 수립되고 진행되고 또 반드시 이루어진다는 사실에 구속사 신앙의 순수성과 절대성이 있는 것이다.

아 2:15 **사랑의 관계성**
아가서는 또한 이런 아름답고 깨끗하고 순수한 사랑의 모습대로 하나님과 인간의 관계도 이런 사랑의 관계를 맺어야 한다는 것이다. 이런 아름다운 사랑의 관계를 이루고 유지하기 위해서 저자는 한 가지 경고성 지혜를 밝혀준다.
☞ 포도원을 허물 수 있는 작은 여우는 무엇일까?
그것은 자기중심성이다. 아가서에서도 "자기중심성"의 내려놓음을 강조하고 있음을 볼 수 있다. 당신의 관계를 허무는 당신의 작은 여우는 무엇인가?
하나님은 인간이 독처하는 것이 좋지 않아 여자를 지으시고 그를 배우자로, 사랑의 파트너로 삼아 주셨다. 이런 점에서 성적 사랑도 매우 아름다운 사랑이다. 성은 하나님께서 인생으로 하여금 즐거이 누리도록 주신 아름다운 선물이다. 하나님이 주신 경계를 넘어서 추구하는 즐거움은 허용되지 않는다.

아가서 3장

1 내가 밤에 침상에서 마음으로 사랑하는 자를 찾았노라 찾아도 찾아내지 못하였노라 2 이에 내가 일어나서 성
안을 돌아다니며 마음에 사랑하는 자를 거리에서나 큰 길에서나 찾으리라 하고 찾으나 만나지 못하였노라 3 성
안을 순찰하는 자들을 만나서 묻기를 내 마음으로 사랑하는 자를 너희가 보았느냐 하고 4 그들을 지나치자마자
마음에 사랑하는 자를 만나서 그를 붙잡고 내 어머니 집으로, 나를 잉태한 이의 방으로 가기까지 놓지 아니하였

31일~36일

노라 5 예루살렘 딸들아 내가 노루와 들사슴을 두고 너희에게 부탁한다
사랑하는 자가 원하기 전에는 흔들지 말고 깨우지 말지니라 6 몰약과 유
향과 상인의 여러 가지 향품으로 향내 풍기며 연기 기둥처럼 거친 들에서 오는 자가 누구인가 7 볼지어다 솔로몬
의 가마라 이스라엘 용사 중 육십 명이 둘러쌌는데 8 다 칼을 잡고 싸움에 익숙한 사람들이라 밤의 두려움으로
말미암아 각기 허리에 칼을 찼느니라 9 솔로몬 왕이 레바논 나무로 자기의 가마를 만들었는데 10 그 기둥은 은이
요 바닥은 금이요 자리는 자색 깔개라 그 안에는 예루살렘 딸들의 사랑이 엮어져 있구나 11 시온의 딸들아 나와
서 솔로몬 왕을 보라 혼인날 마음이 기쁠 때에 그의 어머니가 씌운 왕관이 그 머리에 있구나

아 3:7~4:16 사랑의 결실을 맺다.

아가서 4장

1 내 사랑 너는 어여쁘고도 어여쁘다 너울 속에 있는 네 눈이 비둘기 같고
네 머리털은 길르앗 산 기슭에 누운 염소 떼 같구나 2 네 이는 목욕장에서
나오는 털 깎인 암양 곧 새끼 없는 것은 하나도 없이 각각 쌍태를 낳은 양
같구나 3 네 입술은 홍색 실 같고 네 입은 어여쁘고 너울 속의 네 뺨은 석
류 한 쪽 같구나 4 네 목은 무기를 두려고 건축한 다윗의 망대 곧 방패 천
개, 용사의 모든 방패가 달린 망대 같고 5 네 두 유방은 백합화 가운데서
꼴을 먹는 쌍태 어린 사슴 같구나 6 날이 저물고 그림자가 사라지기 전에
내가 몰약 산과 유향의 작은 산으로 가리라 7 나의 사랑 너는 어여쁘고 아
무 흠이 없구나 8 내 신부야 너는 레바논에서부터 나와 함께 하고 레바논
에서부터 나와 함께 가자 아마나와 스닐과 헤르몬 꼭대기에서 사자 굴과
표범 산에서 내려오너라 9 내 누이, 내 신부야 네가 내 마음을 빼앗았구나
네 눈으로 한 번 보는 것과 네 목의 구슬 한 꿰미로 내 마음을 빼앗았구
나 10 내 누이, 내 신부야 네 사랑이 어찌 그리 아름다운지 네 사랑은 포도
주보다 진하고 네 기름의 향기는 각양 향품보다 향기롭구나 11 내 신부야
네 입술에서는 꿀 방울이 떨어지고 네 혀 밑에는 꿀과 젖이 있고 네 의복
의 향기는 레바논의 향기 같구나 12 내 누이, 내 신부는 잠근 동산이요 덮
은 우물이요 봉한 샘이로구나 13 네게서 나는 것은 석류나무와 각종 아름다운 과수와 고벨화와 나도풀과 14 나
도와 번홍화와 창포와 계수와 각종 유향목과 몰약과 침향과 모든 귀한 향품이요 15 너는 동산의 샘이요 생수의
우물이요 레바논에서부터 흐르는 시내로구나 16 북풍아 일어나라 남풍아 오라 나의 동산에 불어서 향기를 날리
라 나의 사랑하는 자가 그 동산에 들어가서 그 아름다운 열매 먹기를 원하노라

아 4:1 길르앗 산의 위치

31일~36일

아가서 5장

1 내 누이, 내 신부야 내가 내 동산에 들어와서 나의 몰약과 향 재료를 거
두고 나의 꿀송이와 꿀을 먹고 내 포도주와 내 우유를 마셨으니 나의 친
구들아 먹으라 나의 사랑하는 사람들아 많이 마시라 2 내가 잘지라도 마
음은 깨었는데 나의 사랑하는 자의 소리가 들리는구나 문을 두드려 이르
기를 나의 누이, 나의 사랑, 나의 비둘기, 나의 완전한 자야 문을 열어 다
오 내 머리에는 이슬이, 내 머리털에는 밤이슬이 가득하였다 하는구나 3
내가 옷을 벗었으니 어찌 다시 입겠으며 내가 발을 씻었으니 어찌 다시 더럽히랴마는 4 내 사랑하는 자가 문틈
으로 손을 들이밀매 내 마음이 움직여서 5 일어나 내 사랑하는 자를 위하여 문을 열 때 몰약이 내 손에서, 몰약의
즙이 내 손가락에서 문빗장에 떨어지는구나 6 내가 내 사랑하는 자를 위하여 문을 열었으나 그는 벌써 물러갔네

❖ 아 5~8장은 **부부의 금슬을 더욱 아름답게 해주는 장이다.**
부부가 이불 속에서 같이 읽어라.
하나님이 주신 아름다운 관계를 회복하게 하는 부분이다. 하나님은 아담을 만드신 후 독처하는 것이 보시기 좋지 않아 하와를 만드셨다. 이것이 최초의 사랑의 부부 관계이다. 아가서는 그것을 찬양하는 아름다운 서사시이다.

그가 말할 때에 내 혼이 나갔구나 내가 그를 찾아도 못 만났고 불러도 응
답이 없었노라 7 성 안을 순찰하는 자들이 나를 만나매 나를 쳐서 상하게
하였고 성벽을 파수하는 자들이 나의 겉옷을 벗겨 가졌도다 8 예루살렘
딸들아 너희에게 내가 부탁한다 너희가 내 사랑하는 자를 만나거든 내가
사랑하므로 병이 났다고 하려무나 9 여자들 가운데에 어여쁜 자야 너의
사랑하는 자가 남의 사랑하는 자보다 나은 것이 무엇인가 너의 사랑하는
자가 남의 사랑하는 자보다 나은 것이 무엇이기에 이같이 우리에게 부탁
하는가 10 내 사랑하는 자는 희고도 붉어 많은 사람 가운데에 뛰어나구
나 11 머리는 순금 같고 머리털은 고불고불하고 까마귀 같이 검구나 12 눈은 시냇가의 비둘기 같은데 우유로 씻
은 듯하고 아름답게도 박혔구나 13 뺨은 향기로운 꽃밭 같고 향기로운 풀언덕과도 같고 입술은 백합화 같고 몰
약의 즙이 뚝뚝 떨어지는구나 14 손은 황옥을 물린 황금 노리개 같고 몸은 아로새긴 상아에 청옥을 입힌 듯하구
나 15 다리는 순금 받침에 세운 화반석 기둥 같고 생김새는 레바논 같으며 백향목처럼 보기 좋고 16 입은 심히 달
콤하니 그 전체가 사랑스럽구나 예루살렘 딸들아 이는 내 사랑하는 자요 나의 친구로다

❖ 아가서는 순도 100%의 사랑 이야기를 기록하고 있다. 태초에, 죄를 범하여 낙원에서 추방되기 전에 아담과 하와는 "벗었으나 부끄러워하지 않았다."(창 2:25) 아가서는 이런 낙원에서의 원초적 사랑의 회복을 예시해 주고 있다.
"부끄럽다"는 것은 인위적인 불순물이 섞여 있기 때문이다. 새 하늘과 새 땅은 곧 이 낙원의 회복이기에 "부끄러움"이 한 점도 없는 순도 100%의 사랑으로 회복될 것이다.

아가서 6장

1 여자들 가운데에서 어여쁜 자야 네 사랑하는 자가 어디로 갔는가 네 사
랑하는 자가 어디로 돌아갔는가 우리가 너와 함께 찾으리라 2 내 사랑하
는 자가 자기 동산으로 내려가 향기로운 꽃밭에 이르러서 동산 가운데에
서 양 떼를 먹이며 백합화를 꺾는구나 3 나는 내 사랑하는 자에게 속하였
고 내 사랑하는 자는 내게 속하였으며 그가 백합화 가운데에서 그 양 떼
를 먹이는도다 4 내 사랑아 너는 디르사 같이 어여쁘고, 예루살렘 같이 곱
고, 깃발을 세운 군대 같이 당당하구나 5 네 눈이 나를 놀라게 하니 돌이
켜 나를 보지 말라 네 머리털은 길르앗 산 기슭에 누운 염소 떼 같고 6 네
이는 목욕하고 나오는 암양 떼 같으니 쌍태를 가졌으며 새끼 없는 것은
하나도 없구나 7 너울 속의 네 뺨은 석류 한 쪽 같구나 8 왕비가 육십 명이
요 후궁이 팔십 명이요 시녀가 무수하되 9 내 비둘기, 내 완전한 자는 하나
뿐이로구나 그는 그의 어머니의 외딸이요 그 낳은 자가 귀중하게 여기는
자로구나 여자들이 그를 보고 복된 자라 하고 왕비와 후궁들도 그를 칭
찬하는구나 10 아침 빛 같이 뚜렷하고 달 같이 아름답고 해 같이 맑고 깃
발을 세운 군대 같이 당당한 여자가 누구인가 11 골짜기의 푸른 초목을
보려고 포도나무가 순이 났는가 석류나무가 꽃이 피었는가 알려고 내가
호도 동산으로 내려갔을 때에 12 부지중에 내 마음이 나를 내 귀한 백성
의 수레 가운데에 이르게 하였구나 13 돌아오고 돌아오라 술람미 여자야
돌아오고 돌아오라 우리가 너를 보게 하라 너희가 어찌하여 마하나임에
서 춤추는 것을 보는 것처럼 술람미 여자를 보려느냐

아 6:7, 9
신랑 신부의 이미지를 나타내는 동·식물들

본서에는 신랑인 솔로몬과 신부인 술람미 여인을 다양한 대상에 비유하여 나타냄으로써 두 사람이 가지고 있는 신체적, 인격적 특성 및 아름다움을 강조하는 동시에 전체적인 극 전개에 생동감을 더하여 준다. 이러한 여러 비유 대상 중 특별히 두 연인의 특성 및 아름다움을 돋보이도록 하고 있는 동·식물들을 정리하면 다음과 같다.

	동물	식물
신랑의 이미지	· 노루, 어린 사슴(2:9, 17, 8:14) · 까마귀(머리카락, 5:11) · 비둘기(눈, 5:12)	· 고벨화(1:14) · 사과나무(2:3) · 백합화(입술,5:13) · 백향목(5:15)
신부의 이미지	· 준마(1:9) · 비둘기(1:15, 2:14, 6:9) · 무리염소(머리털, 4:1) · 암양(이, 4:2) · 노루(유방, 4:5) · 암사슴의 쌍태 새끼(유방, 7:3)	· 수선화, 백합화(2:1) · 석류(뺨, 4:3, 6:7) · 석류나무, 고벨화, 나도초, 변홍화, 창포, 계수, 유향목(4:13, 14) · 밑단(허리, 7:2) · 종려나무(7:7) · 포도송이(유방, 7:8)

아가서 7장

1 귀한 자의 딸아 신을 신은 네 발이 어찌 그리 아름다운가 네 넓적다리는 둥글어서 숙련공의 손이 만든 구슬 꿰
미 같구나 2 배꼽은 섞은 포도주를 가득히 부은 둥근 잔 같고 허리는 백합화로 두른 밀단 같구나 3 두 유방은 암
사슴의 쌍태 새끼 같고 4 목은 상아 망대 같구나 눈은 헤스본 바드랍빔 문 곁에 있는 연못 같고 코는 다메섹을

향한 레바논 망대 같구나 5 머리는 갈멜 산 같고 드리운 머리털은 자주 빛
이 있으니 왕이 그 머리카락에 매이었구나 6 사랑아 네가 어찌 그리 아름
다운지, 어찌 그리 화창한지 즐겁게 하는구나 7 네 키는 종려나무 같고 네
유방은 그 열매송이 같구나 8 내가 말하기를 종려나무에 올라가서 그 가
지를 잡으리라 하였나니 네 유방은 포도송이 같고 네 콧김은 사과 냄새
같고 9 네 입은 좋은 포도주 같을 것이니라 이 포도주는 내 사랑하는 자를
위하여 미끄럽게 흘러내려서 자는 자의 입을 움직이게 하느니라 10 나는
내 사랑하는 자에게 속하였도다 그가 나를 사모하는구나 11 내 사랑하는
자야 우리가 함께 들로 가서 동네에서 유숙하자 12 우리가 일찍이 일어나
서 포도원으로 가서 포도 움이 돋았는지, 꽃술이 퍼졌는지, 석류 꽃이 피
었는지 보자 거기에서 내가 내 사랑을 네게 주리라 13 합환채가 향기를 뿜어내고 우리의 문 앞에는 여러 가지 귀
한 열매가 새 것, 묵은 것으로 마련되었구나 내가 내 사랑하는 자 너를 위하여 쌓아 둔 것이로다

아가서에서 보는 전원적(목가적) 이미지
시가서에서 이미지는 매우 중요한 기능을 갖는다. 아가서는 전원적 이미지로 가득하다. 이 전원적(목가적) 이미지는 두 연인의 사랑의 청순함과 역동성을 강렬히 시사한다. Beethoven의 교향곡 6번 전원(Pastorale)을 들어 보라. 그 이미지를 보여주는 주요 구절은 아래와 같다. 꼭 찾아 읽고 그 풍경을 머릿속에 그려보라.
☞ 1:5-6, 1:7-8, 1:14-17, 2:1-3, 2:7-9, 2:11-14, 2:16-17, 4:1-3, 4:4-6, 4:8, 4:12, 4:15-16 5:10-13, 6:2-7, 6:10-11, 7:7-9, 7:12, 8:5, 8:13-14.

아가서 8장

1 네가 내 어머니의 젖을 먹은 오라비 같았더라면 내가 밖에서 너를 만날
때에 입을 맞추어도 나를 업신여길 자가 없었을 것이라 2 내가 너를 이끌
어 내 어머니 집에 들이고 네게서 교훈을 받았으리라 나는 향기로운 술
곧 석류즙으로 네게 마시게 하겠고 3 너는 왼팔로는 내 머리를 고이고 오
른손으로는 나를 안았으리라 4 예루살렘 딸들아 내가 너희에게 부탁한다
내 사랑하는 자가 원하기 전에는 흔들지 말며 깨우지 말지니라 5 그의 사
랑하는 자를 의지하고 거친 들에서 올라오는 여자가 누구인가 너로 말미
암아 네 어머니가 고생한 곳 너를 낳은 자가 애쓴 그 곳 사과나무 아래에
서 내가 너를 깨웠노라 6 너는 나를 도장 같이 마음에 품고 도장 같이 팔
에 두라 사랑은 죽음 같이 강하고 질투는 스올 같이 잔인하며 불길 같이
일어나니 그 기세가 여호와의 불과 같으니라 7 많은 물도 이 사랑을 끄지
못하겠고 홍수라도 삼키지 못하나니 사람이 그의 온 가산을 다 주고 사랑과 바꾸려 할지라도 오히려 멸시를 받
으리라 8 우리에게 있는 작은 누이는 아직도 유방이 없구나 그가 청혼을 받는 날에는 우리가 그를 위하여 무엇을
할까 9 그가 성벽이라면 우리는 은 망대를 그 위에 세울 것이요 그가 문이라면 우리는 백향목 판자로 두르리라
10 나는 성벽이요 내 유방은 망대 같으니 그러므로 나는 그가 보기에 화평을 얻은 자 같구나 11 솔로몬이 바알하
몬에 포도원이 있어 지키는 자들에게 맡겨 두고 그들로 각기 그 열매로 말미암아 은 천을 바치게 하였구나 12 솔
로몬 너는 천을 얻겠고 열매를 지키는 자도 이백을 얻으려니와 내게 속한 내 포도원은 내 앞에 있구나 13 너 동산
에 거주하는 자야 친구들이 네 소리에 귀를 기울이니 내가 듣게 하려무나 14 내 사랑하는 자야 너는 빨리 달리라
향기로운 산 위에 있는 노루와도 같고 어린 사슴과도 같아라

사랑을 보는 2개의 관점
헬라 사람은 사랑을 분석적으로 본다. 헬라 철학이 분석적이기 때문이다.
그래서 그들의 사랑을 4가지 종류로 분석한다.
1. Eros 2. Storge 3. Philia 4. Agape.
그러나 사랑은 이렇게 Spectrum처럼 분석되어 각각의 성격대로 나눌 수 없다. 오히려 사랑은 히브리적으로 보는 것이다. 히브리 사고는 통합적이다. 수학적으로 말하면 헬라식 사고는 미분학적이고 히브리서 사고는 적분학적이다. 따라서 사랑의 히브리식 개념은 헤세드(Hesed)에 가깝다. 바울은 고전 13장에서 사랑의 개념을 설명하는데 헬라식 분석에서 히브리식 통합을 아우르는 표현이라 생각한다.

32일차 읽기의 요약
(잠 17~22:16, 아 1~8)

솔로몬은 천 가지가 넘는 노래를 지었는데 그 많은 노래들 가운데 성경에 기록된 노래 중의 노래가 아가서이다. 아가서는 솔로몬 왕과 그가 포도원에서 왕궁으로 데리고 온 술람미 하녀 간에 있었던 사랑을 묘사한 노래이다.

이 술람미 여인은 자신에게 속한 포도원을 지키는 햇볕에 까맣게 그을린 포도원 지기였다. 솔로몬은 이런 술람미 여인을 사랑하여 자신의 신부로 맞이하는 내용을 시적인 언어로 표현한다.

아가서는 솔로몬 왕과 술람미 여인과의 사랑을 통해 결혼을 통한 부부의 순수하고 아름다운 관계를 기록한 것이다. 부부의 사랑은 둘만의 것으로 상대방에게 각자는 비밀스러운 포도원과 같다. 그런데 이 포도원 안에는 언제나 그 두 사람의 사랑의 관계를 깨뜨릴 수 있는 작은 여우의 위험이 있기에 두 사람은 그 관계가 온전히 유지되도록 오해의 소지들을 경계해야 한다.

이처럼 아가서는 솔로몬 왕과 술람미 여인과의 사랑 이야기를 역사적인 줄거리로 가지고 있지만 한 걸음 더 나아가서 여호와 하나님과 그분의 언약 백성에 대한 사랑과 그리스도와 그분의 신부된 교회에 대한 사랑을 암시해 주는 노래 중의 최고의 사랑 노래라고 볼 수 있다.

그러면 어떻게 살 것인가?

인위뚝·신위고!

☑ 세계관 점검 – 묵상하기 (영상 강의와 교재 내용의 이해를 바탕으로)

☑ 잠언의 메시지로 나의 세계관(가치관) 점검하기

- 이웃 사랑과 존중

인생은 결코 혼자 존재하는 것이 아니라 관계 안에서만 가능하다. 인생이 갖는 관계는 하나님과의 수직적 관계와 인간들과의 수평적 관계가 있다. 인간 사이의 수평적 관계의 가장 기본은 이웃과의 관계일 것이다. 잠언은 이런 이웃 문제에 대하여 먼저 이웃을 사랑할 것을 권면한다. 그리하여 그를 아끼고 서로 도우며 특히 그가 곤경에 처했을 때 구제하고 선대할 것을 가르친다. 그리고 이웃을 존중하여 자신을 낮추고 친절하고 진실할 것을 명령한다. 이는 동일한 하나님의 피조물로서 서로에 대한 마땅한 의무인 동시에 결국 모든 이들을 위한 안정된 삶을 위한 기본 조건이자 사회의 안정과 세상의 평화를 위한 첫걸음이다. 개인적으로나 국가적으로 이웃과 불화하여 평화가 짓밟히고 끊임없는 증오와 분쟁이 되풀이되고 있는 현실에서 이는 더욱 새롭게 조명해야 할 신본주의적 지혜의 주요한 교훈이자 덕목의 하나이다.

- 지혜의 현세적·종말론적 보응

잠언이 가르치는 지혜의 요체는 절대 초월자로서 창조자, 심판자이신 하나님에 대한 경외와 그분의 율법에 근거한 정확한 인식과 바르고도 현명한 삶의 자세이다. 따라서 잠언에서 지혜와 우매는 곧 선과 악, 의와 불의, 지식과 무지, 현명과 우둔, 성실과 나태 등으로 확장되며 동일시된다. 인생과 우주에 대한 정확한 인식과 하나님 앞에서의 바른 삶의 자세인 지혜와 그와 반대되는 우매에는 그와 같은 인식과 그에 따른 삶의 영위에 대한 당연한 결과가 이 땅에서 살아가는 동안 실제적으로 주어진다. 그리고 이는 단순한 자연적·기계적 인과율을 넘어선 살아계신 하나님의 약속과 축복에 의한 보응(報應)이다. 그뿐만 아니라 궁극적으로는 영원한 종말론적 구원과 복락이 그 보응으로 주어진다. 지혜에는 분명히 현세적·종말론적 보응이 따른다는 명제는 잠언 곳곳에서 직·간접으로 나타난다. 지혜가 분명 이 세상에서뿐 아니라 영원한 구원과 복락으로 보응된다는 사실은 무릇 인생들이 지혜를 추구하도록 이끄는 강력한 동인(動因)이다.

☑ 아가서의 메시지로 나의 세계관(가치관) 점검하기

- 성적인 기쁨의 향유와 그 경계선

하나님은 인간을 창조하실 때 남자를 먼저 창조하셨지만 이내 곧바로 여자도 지으셨다. 이는 남자가 독처하는 것이 좋게 보이지 않았기 때문이다. 특별히 하나님께서는 여자를 지으실 때 남자의 갈비뼈를 취하여 지으셨고, 그 여자를 남자에게로 이끌어와서 둘이 연합하여 한 몸을 이루게 하셨다(창 2:24). 그러므로 남녀는 서로를 필요하게 되어 있으며, 결국 서로 사모하고 사랑하는 것은 지극히 자연스러운 일이다. 즉 남녀는 하나님에 의해 서로에게 성적인 매력을 느끼도록 창조되었으며, 사랑하는 남녀가 상대에게 성적 욕구를 느끼는 것은 당연하다. 그리고 성(性)은 하나님께서 인생으로 하여금 즐거이 누리도록 주신 아름다운 선물이다. 그러나 이러한 성은 하나님께서 세우신 결혼이라는 제도 안에서만 누리도록 주어진 것이기도 하다. 즉 성은 남편과 아내에 대하여 배타적 순결이 요구되는 성질이 있는 것이다. 인류 문화 일각에서는 성을 이유 없이 금기시하고 심지어 추악하게 생각하거나 아니면 자손을 얻기 위한 기계적인 수단으로만 치부하는 잘못을 범하는가 하면, 반대로 성의 방종을 조장하는 사악을 범하여 왔다. 그러나 이는 모두 성에 대한 합당한 태도가 아니다. 성은 오직 하나님께서 세우신 결혼제도 안에서만 사용되어야 하며, 또한 결혼제도 안에서는 부부간의 사랑을 확인하고 서로를 통하여 기쁨을 누릴 수 있도록 즐거이 향유되어야 한다.

- 남녀의 인격적 평등

본서가 기록될 당시 이스라엘은 엄격한 가부장적 사회였다. 특히 당시 사회에서 여자는 거의 재산과도 같이 여겨졌다. 그런데 본서를 보면 그러한 가부장적 전통과 왕과 향촌 처녀라는 신분의 차이에도 불구하고 솔로몬과 술람미 여인 두 남녀의 사랑이 상호 평등한 입장에서 거침없이 토로하고 있다. 이는 성경의 사상이 근본적으로 남녀의 인격적 평등을 전제로 한다는 것을 시사하여 준다. 물론 남녀에 있어서 대표권은 남자에게 있다. 그것은 남자가 먼저 지음을 받았고, 또한 남자가 여자를 위해서가 아니라 여자가 남자를 위해서 지음을 받았기 때문이다. 그러므로 부부의 관계에 있어서 아내는 남편의 권위에 순복해야 한다. 하지만 부부는 그 대표권에 있어서만 남성이 여성에 우선하는 것이지 근본적으로 부부는 인격적인 면에서 평등한 존재이며, 상호 존중과 애정으로 결합된 공동 운명체이다. 특히 남편은 아내를 자신의 몸처럼 아끼고 사랑해야 한다(엡 5:25).

- 하나 됨에 수반된 사랑의 배타성

사랑은 서로가 서로에게 속하여 하나 됨을 이루는 것이다. 그리하여 본서에서도 보면 서로 사랑한 솔로몬과 술람미 여인 두 사람은 거듭하여 서로가 서로에게 속한 사실을 고백 내지 확인하고 있다(2:16, 6:3, 7:13). 또한 하나님도 당신은 선민의 하나님이 되고 선민은 당신께 속한 백성임을 거듭 천명하셨다. 이처럼 남편과 아내, 그리고 하나님과 성도는 서로 속하여 하나를 이루며 양자 이외의 존재들에 대해서는 배타적인 성질을 갖는다. 그렇기에 남녀 간의 사랑도 그것이 진정 순수한 것일 때에는 배타적일 수밖에 없는 것이며, 하나님과 성도와의 관계에서도 다른 존재, 곧 우상과 같은 거짓 신이 끼어들 수 없는 것이다. 하나님께서 제1계명을 통하여 '나 외에 다른 신을 두지 말라'고 하신 것이나 이스라엘이 당신 외에 우상을 섬겼을 때 그들을 징계하신 것은 바로 이러한 사랑의 배타성에 근거한 것이다. 참으로 하나님을 사랑하는 자는 하나님만 사랑하며 다른 신을 그의 마음과 삶에 두지 않는다. 참으로 아내를 사랑하는 남편, 또는 남편을 사랑하는 아내는 상대방만을 사랑한다. 이에서 나아가 다른 이를 사랑의 대상으로 두는 자는 결국 그 누구도 사랑하는 것이 아니며 오로지 그 음욕을 사랑하는 자일뿐이다.

- 영원한 과정으로서의 사랑

사랑은 순간의 정열이나 결혼이란 통과 의식만으로 완성되는 것은 아니다. 사랑은 불완전한 동시에 독립적인 인격체인 두 남녀가 만나서 생명이 다하는 순간까지 끊임없이 완전한 하나 됨을 이루어 나가는 과정이다. 이는 그리스도와 성도의 차원에서는 성화(聖化)의 과정을 상징한다. 물론 그리스도는 그 사랑에서 완전하시다. 그러나 한편 상대인 인간은 유한하며 늘 흔들리는 불완전한 존재이다. 그리하여 그리스도와 성도의 사랑의 관계는 성도의 성화의 과정을 통하여 점진적으로 더욱 깊어지고 성숙하여지게 되는 것이다. 이 과정에서 성도가 특히 주의해야 하는 것은 안일함이다. 술람미 여인은 솔로몬과 결혼한 직후 결혼 전 솔로몬을 향하였던 정열을 잠시 잃어버리고 안일함에 빠지고 말았다. 그리하여 두 사람의 사랑은 큰 위기에 봉착하게 된다. 이와 마찬가지로 성도가 영적 안일함에 빠져 그리스도에 대한 열정을 잃게 되면 큰 신앙의 위기에 봉착할 수 있다. 그러므로 성도는 그리스도와의 사랑의 관계를 유지함에 있어서 무엇보다도 영적 안일함을 경계해야 한다.

유대인들은 유월절에 하나님의 사랑을 생각하며 아가서를 읽는다.
아가서의 사랑은 깨끗하고 순수한 사랑이다. 하나님의 사랑도 그러하고 인간의 사랑도 그러해야 한다. 성경의 위대함은 이런 사랑 이야기도 있다는 데 있다. 그 순수한 사랑을 할 수 있어야 하지 않을까?

아 2:15의 의미를 깊이 묵상해 보라.
사랑의 관계를 망치는 것이 '포도원을 허는 작은 여우' 때문이라고 말한다. 우리의 관계 가운데 이런 '작은 여우'가 없는가? 사소한 오해가 작은 여우일 수 있다.

☑ 결단기도와 실행하기

약 2:26 영혼 없는 몸이 죽은 것 같이 행함이 없는 믿음은 죽은 것이니라
시 119:28 나의 영혼이 눌림으로 말미암아 녹사오니 주의 말씀대로 나를 세우소서

전도서 ECCLESIATES 傳道書

전도서 한눈에 보기

개요 참된 선 찾기

I. 경험을 통한 탐색
- ▶1:12-18 : 지혜를 추구
- ▶2:1-11 : 쾌락을 추구
- ▶2:12-23 : 지혜와 쾌락의 대조
- ▶2:24-26 : 첫 번째 잠정 결론

II. 일반적 관찰을 통한 탐색
- ▶3장 : 자연적 질서의 고정성
- ▶4장 : 인간 사회의 병폐와 수수께끼
- ▶5장 : 앞의 것들에 대한 충고
- ▶6장 : 두 번째 잠정 결론

III. 실천적 도덕에 의한 탐색
- ▶7:1-8:8 : 물질적인 것들이 영적 만족을 줄 수 없다.
- ▶8:9-14 : 이상적 변칙
- ▶8:15-17 : 세 번째 잠정 결론

IV. 반성과 결론
- ▶9:7-11:8 : 큰 악이 여전하다.
- ▶11:9-10 : 참된 선
- ▶12:1-7 : 하나님과 함께 하기
- ▶12:13-14 : 최종 결론

전도서 1장~12장

전도서 1장

모든 것이 헛되다

1 다윗의 아들 예루살렘 왕 전도자의 말씀이라 2 전도자가 이르되 헛되고
헛되며 헛되고 헛되니 모든 것이 헛되도다 3 해 아래에서 수고하는 모든
수고가 사람에게 무엇이 유익한가 4 한 세대는 가고 한 세대는 오되 땅은
영원히 있도다 5 해는 뜨고 해는 지되 그 떴던 곳으로 빨리 돌아가고 6 바
람은 남으로 불다가 북으로 돌아가며 이리 돌며 저리 돌아 바람은 그 불
던 곳으로 돌아가고 7 모든 강물은 다 바다로 흐르되 바다를 채우지 못
하며 강물은 어느 곳으로 흐르든지 그리로 연하여 흐르느니라 8 모든 만
물이 피곤하다는 것을 사람이 말로 다 말할 수는 없나니 눈은 보아도 족
함이 없고 귀는 들어도 가득 차지 아니하도다 9 이미 있던 것이 후에 다시
있겠고 이미 한 일을 후에 다시 할지라 해 아래에는 새 것이 없나니 10 무
엇을 가리켜 이르기를 보라 이것이 새 것이라 할 것이 있으랴 우리가 있기
오래 전 세대들에도 이미 있었느니라 11 이전 세대들이 기억됨이 없으니
장래 세대도 그 후 세대들과 함께 기억됨이 없으리라

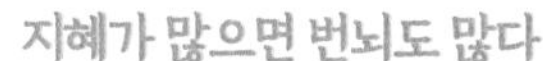

지혜가 많으면 번뇌도 많다

12 나 전도자는 예루살렘에서 이스라엘 왕이 되어 13
마음을 다하며 지혜를 써서 하늘 아래에서 행하는 모든 일을 연구하며 살핀즉 이는 괴로운
것이니 하나님이 인생들에게 주사 수고하게 하신 것이라 14 내가 해 아래에서 행하는 모든
일을 보았노라 보라 모두 다 헛되어 바람을 잡으려는 것이로다 15 구부러진 것도 곧게 할
수 없고 모자란 것도 셀 수 없도다 16 내가 내 마음 속으로 말하여 이르기를 보라 내가 크

❖ 전도서의 핵심 주제는 인간의 존재가치에는 어떤 의미가 있는가에 대한 탐색이다. 전도자로 번역된 원어 "코헬렛"은 "교사"라는 뜻이다. 이 전도자의 결론은 이것이다. 하나님이 없는 인생의 의미는 헛되다는 것이다. 시쳇말로 하면 앙꼬없는 찐빵이라는 것이다.

❖ 인간 최고의 가치 = 흙<아파르>+ 하나님의 생기<니쉬마> = 살아있는 존재 <네페쉬 하야>

☞ **창 2:7** 여호와 하나님이 땅의 흙으로 사람을 지으시고 생기를 그 코에 불어 넣으시니 사람이 생령이 되니라

☞ **전도서 1~6장**까지는 하나님이 없을 때 생기는 허망을 보여 주고 있다.
1) 인간의 지혜가 허망하고
2) 인간의 수고가 허망하고
3) 인간의 목적이 허망하고
4) 인간의 성공이 허망하고
5) 인간의 욕심이 허망하고
6) 인간의 명성이 허망하고
7) 인간의 부가 허망하다.

☞ 성경은 참된 복은 하나님과 함께하는 것이라고 했다(시 73:28). 하나님이 함께 해 주심이 곧 복(福)이다. 인간이 스스로 찾아 만들어 얻는 복은 신기루같이 잠깐 있다가 사라지는 복이다. 그렇다면 하나님과 함께하는 복을 어떻게 누릴 수가 있는가? 그 방법은 간단하다. 성경을 읽어 하나님의 뜻이 무엇인지를 알아 그 뜻에 순종함으로 그분과 함께 할 수 있어야 한다. 그런데 순종이 문제이다. 성경의 복은 순종을 조건으로 하고 있다(신 28장). 사람은 순종 없이 복을 얻고 싶어 한다. 그래서 우상을 만드는 것이다. 그 결과는 오히려 더 허망한 것일 뿐이다. 전도서는 그것을 잘 말해 준다.

☞ 전도서의 저자에 대한 이설이 많지만, 우리는 이것이 솔로몬이 기록했고, 종교다원주의의 죄를 범해 하나님의 진노를 맞게 된 그의 회개하는 참회록 같은 책이라고 믿는다.

❖ **전 1장**
"해 아래" 삶은 다 헛되다는 것이다. 유대인들에게 있어서 해 아래는 인간의 세계를 가리킨다. 하나님의 세계는 따라서 "해 위"의 세계이다. 인간의 지혜도 하나님 없이는 허망하고 헛되다는 것이다.
- **"해 아래"** - 흙의 세상
- **"해 위"** - 하나님의 생기

게 되고 지혜를 더 많이 얻었으므로 나보다 먼저 예루살렘에 있던 모든 사람들보다 낫다 하였나니 내 마음이 지
혜와 지식을 많이 만나 보았음이로다 17 내가 다시 지혜를 알고자 하며 미친 것들과 미련한 것들을 알고자 하여
마음을 썼으나 이것도 바람을 잡으려는 것인 줄을 깨달았도다 18 지혜가 많으면 번뇌도 많으니 지식을 더하는
자는 근심을 더하느니라

전도서 2장

즐거움도 헛되다

1 나는 내 마음에 이르기를 자, 내가 시험 삼아 너를 즐겁게 하리니 너는
낙을 누리라 하였으나 보라 이것도 헛되도다 2 내가 웃음에 관하여 말하
여 이르기를 그것은 미친 것이라 하였고 희락에 대하여 이르기를 이것이
무슨 소용이 있는가 하였노라 3 내가 내 마음으로 깊이 생각하기를 내가
어떻게 하여야 내 마음을 지혜로 다스리면서 술로 내 육신을 즐겁게 할까
또 내가 어떻게 하여야 천하의 인생들이 그들의 인생을 살아가는 동안 어
떤 것이 선한 일인지를 알아볼 때까지 내 어리석음을 꼭 붙잡아 둘까 하
여 4 나의 사업을 크게 하였노라 내가 나를 위하여 집들을 짓고 포도원을
일구며 5 여러 동산과 과원을 만들고 그 가운데에 각종 과목을 심었으며 6
나를 위하여 수목을 기르는 삼림에 물을 주기 위하여 못들을 팠으며 7 남
녀 노비들을 사기도 하였고 나를 위하여 집에서 종들을 낳기도 하였으며
나보다 먼저 예루살렘에 있던 모든 자들보다도 내가 소와 양 떼의 소유
를 더 많이 가졌으며 8 은 금과 왕들이 소유한 보배와 여러 지방의 보배를
나를 위하여 쌓고 또 노래하는 남녀들과 인
생들이 기뻐하는 처첩들을 많이 두었노라 9
내가 이같이 창성하여 나보다 먼저 예루
살렘에 있던 모든 자들보다 더 창성하
니 내 지혜도 내게 여전하도다 10 무
엇이든지 내 눈이 원하는 것을 내가
금하지 아니하며 무엇이든지 내 마
음이 즐거워하는 것을 내가 막지 아
니하였으니 이는 나의 모든 수고를 내
마음이 기뻐하였음이라 이것이 나의 모든 수고로 말미암아 얻은 몫이로다
11 그 후에 내가 생각해 본즉 내 손으로 한 모든 일과 내가 수고한 모든 것
이 다 헛되어 바람을 잡는 것이며 해 아래에서 무익한 것이로다

지혜자나 우매자나

12 내가 돌이켜 지혜와 망령됨과 어리석음을 보았나니 왕 뒤에 오는 자는
무슨 일을 행할까 이미 행한 지 오래 전의 일일 뿐이리라 13 내가 보니 지
혜가 우매보다 뛰어남이 빛이 어둠보다 뛰어남 같도다 14 지혜자는 그의
눈이 그의 머리 속에 있고 우매자는 어둠 속에 다니지만 그들 모두가 당
하는 일이 모두 같으리라는 것을 나도 깨달아 알았도다 15 내가 내 마음속으로 이르기를 우매자가 당한 것을
나도 당하리니 내게 지혜가 있었다 한들 내게 무슨 유익이 있으리요 하였도다 이에 내가 내 마음속으로 이르
기를 이것도 헛되도다 하였도다 16 지혜자도 우매자와 함께 영원하도록 기억함을 얻지 못하나니 후일에는 모

❖ 전2장
자기중심적 수고가 헛되고 허망하다고 말하고 있다.

하나님 없이는 "모든 것이 헛되다"

하나님 없는 배움	→	냉소 (1:16)
하나님 없는 위대함	→	슬픔 (1:7-8)
하나님 없는 쾌락	→	실망 (2:1-2)
하나님 없는 노동	→	인생에 대한 혐오 (2:17)
하나님 없는 철학	→	공허함 (3:1-9)
하나님 없는 영원	→	불만족 (3:11)
하나님 없는 삶	→	우울 (4:2-3)
하나님 없는 종교	→	공포 (5:7)
하나님 없는 부	→	재난 (5:12)
하나님 없는 존재	→	좌절 (6:12)
하나님 없는 지혜	→	절망 (11:1-8)

지혜의 출발은 하나님을 경외하는 것,
즉 하나님의 명령에 대한 깊고 진지한 태도이다.
하나님을 경외함 → 만족 (12:13, 14)

전 2:4-11 아무리 많은 재물의 축적도 인생의 참된 만족과 기쁨을 가져다주지 못한다는 전도자의 고백에 당신은 동의하는가? 그런데도 혹시 오늘 하루도 세속적인 부와 명예만을 얻기 위해 애쓰는 하루는 아니었는지...?
☞ 시 52:7 이 사람은 하나님을 자기 힘으로 삼지 아니하고 오직 자기 재물의 풍부함을 의지하며 자기의 악으로 스스로 든든하게 하던 자라 하리로다

전도서
학습 자료 31-1 "전도서의 세계관" 참조
학습 자료 31-2 "전도서가 밝혀주는 염세주의 허무주의 3가지 원인과 처방" 참조
학습 자료 31-3 "전도서가 보여 주는 2개의 삶" 참조
학습 자료 33-4 "잠언 전도서 욥기 특징 비교" 참조

전 2:7
학습 자료 33-5 "대기의 순환" 참조

전 2:12-26
학습 자료 33-6 "해 아래 허무와 역설의 교훈" 참조

두 다 잊어버린 지 오랠 것임이라 오호라 지혜자의 죽음이 우매자의 죽음과 일반이로다 17 이러므로 내가 사는
것을 미워하였노니 이는 해 아래에서 하는 일이 내게 괴로움이요 모두 다 헛되어 바람을 잡으려는 것이기 때
문이로다

수고도 헛되다

18 내가 해 아래에서 내가 한 모든 수고를 미워하였노니 이는 내 뒤를 이을 이에게 남겨 주게 됨이라 19 그 사람
이 지혜자일지, 우매자일지야 누가 알랴마는 내가 해 아래에서 내 지혜를 다하여 수고한 모든 결과를 그가 다 관
리하리니 이것도 헛되도다 20 이러므로 내가 해 아래에서 한 모든 수고에 대하여 내가 내 마음에 실망하였도다
21 어떤 사람은 그 지혜와 지식과 재주를 다하여 수고하였어도 그가 얻은 것을 수고하지 아니한 자에게 그의 몫
으로 넘겨 주리니 이것도 헛된 것이며 큰 악이로다 22 사람이 해 아래에서
행하는 모든 수고와 마음에 애쓰는 것이 무슨 소득이 있으랴 23 일평생에
근심하며 수고하는 것이 슬픔뿐이라 그의 마음이 밤에도 쉬지 못하나니
이것도 헛되도다 24 사람이 먹고 마시며 수고하는 것보다 그의 마음을 더
기쁘게 하는 것은 없나니 내가 이것도 본즉 하나님의 손에서 나오는 것이
로다 25 아, 먹고 즐기는 일을 누가 나보다 더 해 보았으랴 26 하나님은 그
가 기뻐하시는 자에게는 지혜와 지식과 희락을 주시나 죄인에게는 노고
를 주시고 그가 모아 쌓게 하사 하나님을 기뻐하는 자에게 그가 주게 하
시지만 이것도 헛되어 바람을 잡는 것이로다

전 2:22-23 당신의 마음은 혹시 삶의 수고로 인한 염려로 가득 차 있지는 않은가? 성도인 내가 그러한 헛된 수고를 하지 않고 염려를 기쁨으로 바꾸기 위해 쏟아야 할 노력은 무엇일까?

☞ **빌 4:6** 아무것도 염려하지 말고 다만 모든 일에 기도와 간구로, 너희 구할 것을 감사함으로 하나님께 아뢰라

☞ **벧전 5:7** 너희 염려를 다 주께 맡기라 이는 그가 너희를 돌보심이라

31일~
36일

전도서 3장

모든 일에 때가 있다

1 범사에 기한이 있고 천하 만사가 다 때가 있나니 2 날 때가 있고 죽을 때
가 있으며 심을 때가 있고 심은 것을 뽑을 때가 있으며 3 죽일 때가 있고
치료할 때가 있으며 헐 때가 있고 세울 때가 있으며 4 울 때가 있고 웃을
때가 있으며 슬퍼할 때가 있고 춤출 때가 있으며 5 돌을 던져 버릴 때가
있고 돌을 거둘 때가 있으며 안을 때가 있고 안는 일을 멀리 할 때가 있
으며 6 찾을 때가 있고 잃을 때가 있으며 지킬 때가 있고 버릴 때가 있으
며 7 찢을 때가 있고 꿰맬 때가 있으며 잠잠할 때가 있고 말할 때가 있으
며 8 사랑할 때가 있고 미워할 때가 있으며 전쟁할 때가 있고 평화할 때
가 있느니라 9 일하는 자가 그의 수고로 말미암아 무슨 이익이 있으랴 10
하나님이 인생들에게 노고를 주사 애쓰게 하신 것을 내가 보았노라 11 하
나님이 모든 것을 지으시되 때를 따라 아름답게 하셨고 또 사람들에게는
영원을 사모하는 마음을 주셨느니라 그러나 하나님이 하시는 일의 시종
을 사람으로 측량할 수 없게 하셨도다 12 사람들이 사는 동안에 기뻐하며
선을 행하는 것보다 더 나은 것이 없는 줄을 내가 알았고 13 사람마다 먹
고 마시는 것과 수고함으로 낙을 누리는 그것이 하나님의 선물인 줄도 또
한 알았도다 14 하나님께서 행하시는 모든 것은 영원히 있을 것이라 그 위
에 더 할 수도 없고 그것에서 덜 할 수도 없나니 하나님이 이같이 행하심
은 사람들이 그의 앞에서 경외하게 하려 하심인 줄을 내가 알았도다 15 이
제 있는 것이 옛적에 있었고 장래에 있을 것도 옛적에 있었나니 하나님은
이미 지난 것을 다시 찾으시느니라 16 또 내가 해 아래에서 보건대 재판하

❖ 전 3장
매사에 "때"가 있다는 깨달음을 언급하고 있다. 그렇다. 모든 것에는 그에 합당한 때가 있는 법이다. 성경은 2가지 종류의 때를 말한다. Kairos와 Kronos 다. 전자는 하나님의 때이고 후자는 인간의 때이다. 우리가 살아가면서 이 때를 분별하는 지혜를 갖추는 것이 매우 중요하다.
인간이 헛된 삶을 사는 것은 하나님의 때에 자기의 기회를 맞추지 못하는 우매함 때문임을 명심하면 좋겠다.

전 3:12, 13, 22
전도자가 깨달은 인생의 값진 것들

1	먹고 마시며 수고하는 가운데 심령으로 낙을 누리는 것(2:24, 4:13)
2	사는 동안에 기뻐하며 선을 행하는 것(3:12)
3	사람이 자기 일에 즐거워하는 것(3:22)
4	죽은 후 아름다운 이름을 남기도록 살아가는 것(7:1-4)
5	사랑하는 아내와 함께 즐겁게 사는 것(9:9)
6	일을 당하는 대로 힘을 다하여 하는 것(9:10)
7	하나님을 경외하고 그 명령을 지키는 것(12:13)

는 곳 거기에도 악이 있고 정의를 행하는 곳 거기에도 악이 있도다 17 내
가 내 마음속으로 이르기를 의인과 악인을 하나님이 심판하시리니 이는
모든 소망하는 일과 모든 행사에 때가 있음이라 하였으며 18 내가 내 마
음속으로 이르기를 인생들의 일에 대하여 하나님이 그들을 시험하시리니
그들이 자기가 짐승과 다름이 없는 줄을 깨닫게 하려 하심이라 하였노라
19 인생이 당하는 일을 짐승도 당하나니 그들이 당하는 일이 일반이라 다
동일한 호흡이 있어서 짐승이 죽음 같이 사람도 죽으니 사람이 짐승보다
뛰어남이 없음은 모든 것이 헛됨이로다 20 다 흙으로 말미암았으므로 다
흙으로 돌아가나니 다 한 곳으로 가거니와 21 인생들의 혼은 위로 올라가
고 짐승의 혼은 아래 곧 땅으로 내려가는 줄을 누가 알랴 22 그러므로 나
는 사람이 자기 일에 즐거워하는 것보다 더 나은 것이 없음을 보았나니 이
는 그것이 그의 몫이기 때문이라 아, 그의 뒤에 일어날 일이 무엇인지를
보게 하려고 그를 도로 데리고 올 자가 누구이랴

31일~36일

전도서 4장

학대, 수고, 동무

1 내가 다시 해 아래에서 행하는 모든 학대를 살펴 보았도다 보라 학대
받는 자들의 눈물이로다 그들에게 위로자가 없도다 그들을 학대하는 자
들의 손에는 권세가 있으나 그들에게는 위로자가 없도다 2 그러므로 나
는 아직 살아 있는 산 자들보다 죽은 지 오랜 죽은 자들을 더 복되다 하
였으며 3 이 둘보다도 아직 출생하지 아니하여 해 아래에서 행하는 악한
일을 보지 못한 자가 더 복되다 하였노라 4 내가 또 본즉 사람이 모든 수
고와 모든 재주로 말미암아 이웃에게 시기를 받으니 이것도 헛되어 바람
을 잡는 것이로다 5 우매자는 팔짱을 끼고 있으면서 자기의 몸만 축내는
도다 6 두 손에 가득하고 수고하며 바람을 잡는 것보다 한 손에만 가득하
고 평온함이 더 나으니라 7 내가 또 다시 해 아래에서 헛된 것을 보았도다
8 어떤 사람은 아들도 없고 형제도 없이 홀로 있으나 그의 모든 수고에는
끝이 없도다 또 비록 그의 눈은 부요를 족하게 여기지 아니하면서 이르기
를 내가 누구를 위하여는 이같이 수고하고 나를 위하여는 행복을 누리지
못하게 하는가 하여도 이것도 헛되어 불행한 노고로다 9 두 사람이 한 사
람보다 나음은 그들이 수고함으로 좋은 상을 얻을 것임이라 10 혹시 그들
이 넘어지면 하나가 그 동무를 붙들어 일으키려니와 홀로 있어 넘어지고
붙들어 일으킬 자가 없는 자에게는 화가 있으리라 11 또 두 사람이 함께
누우면 따뜻하거니와 한 사람이면 어찌 따뜻하랴 12 한 사람이면 패하겠거니와 두 사람이면 맞설 수 있나니 세
겹 줄은 쉽게 끊어지지 아니하느니라

가난하게 태어나서 왕이 되어도

13 가난하여도 지혜로운 젊은이가 늙고 둔하여 경고를 더 받을 줄 모르는 왕보다 나으니 14 그는 자기의 나라에
서 가난하게 태어났을지라도 감옥에서 나와 왕이 되었음이니라 15 내가 본즉 해 아래에서 다니는 인생들이 왕의
다음 자리에 있다가 왕을 대신하여 일어난 젊은이와 함께 있고 16 그의 치리를 받는 모든 백성들이 무수하였을지
라도 후에 오는 자들은 그를 기뻐하지 아니하리니 이것도 헛되어 바람을 잡는 것이로다

전 3:19 전도서에 언급된 인생의 허무를 느끼게 하는 것들

1	자신의 세대가 지나갈지라도 세상은 변함없이 유지됨(1:4)
2	자기 세대를 이후 세대가 기억해 주지 않음(1:11)
3	모든 일에 수고와 괴로움만이 연속됨(1:13, 2:17)
4	주변의 그릇된 일들 중 자신이 바르게 이룬 것이 없음(1:15)
5	스스로 아무리 행복하기를 힘써도 참 행복을 얻지 못함(2:1-11)
6	지혜자의 죽음과 우매자의 죽음이 일반임(2:16)
7	자신의 모든 수고가 후대에서 어찌 될지 알 수 없음(2:18-23)
8	죽음에 있어 짐승보다 나을 것이 없음(3:19)
9	의인과 악인이 그 행위와 다른 불합리한 보응을 받음(8:14)
10	남은 인생의 앞날에도 즐거움보다 힘든 고난이 더 많을 것임(11:8)

❖ **전 4장**
하나님 없이 이루어지는 관계의 허망함을 말해 주고 있다. 인간은 그야말로 관계의 동물이다. 독처는 하나님이 싫어하셨다(창 2:16). 그러나 하나님이 없는 자기중심적 관계는 갈등만을 조장할 뿐이다.

전 4:7-12 '우리'라는 말보다는 '나'라는 말에 더 익숙해져 있는 당신이 어려움에 빠졌을 때 당신을 도와 줄 이웃이나 동료는 누구인가?
또한 나는 누구를 도울 수 있나?
☞ **사 1:17** 선행을 배우며 정의를 구하며 학대 받는 자를 도와주며 고아를 위하여 신원하며 과부를 위하여 변호하라 하셨느니라
☞ **약 2:8** 너희가 만일 성경에 기록된 대로 네 이웃 사랑하기를 네 몸과 같이 하라 하신 최고의 법을 지키면 잘하는 것이거니와

전도서 5장

❖ 전 5장
인간의 재물도 인간에게 행복을 제공해 주지 못한다.

하나님을 경외하라

[1] 너는 하나님의 집에 들어갈 때에 네 발을 삼갈지어다 가까이 하여 말씀
을 듣는 것이 우매한 자들이 제물 드리는 것보다 나으니 그들은 악을 행하면서도 깨닫지 못함이니라 [2] 너는 하
나님 앞에서 함부로 입을 열지 말며 급한 마음으로 말을 내지 말라 하나님은 하늘에 계시고 너는 땅에 있음이니
라 그런즉 마땅히 말을 적게 할 것이라 [3] 걱정이 많으면 꿈이 생기고 말이 많으면 우매한 자의 소리가 나타나느
니라 [4] 네가 하나님께 서원하였거든 갚기를 더디게 하지 말라 하나님은 우매한 자들을 기뻐하지 아니하시나니
서원한 것을 갚으라 [5] 서원하고 갚지 아니하는 것보다 서원하지 아니하는 것이 더 나으니 [6] 네 입으로 네 육체가
범죄하게 하지 말라 천사 앞에서 내가 서원한 것이 실수라고 말하지 말라 어찌 하나님께서 네 목소리로 말미암
아 진노하사 네 손으로 한 것을 멸하시게 하랴 [7] 꿈이 많으면 헛된 일들이 많아지고 말이 많아도 그러하니 오직
너는 하나님을 경외할지니라 [8] 너는 어느 지방에서든지 빈민을 학대하는 것과 정의와 공의를 짓밟는 것을 볼지
라도 그것을 이상히 여기지 말라 높은 자는 더 높은 자가 감찰하고 또 그들보다 더 높은 자들도 있음이니라 [9] 땅
의 소산물은 모든 사람을 위하여 있나니 왕도 밭의 소산을 받느니라

재물과 부요와 존귀도 헛되다

[10] 은을 사랑하는 자는 은으로 만족하지 못하고 풍요를 사랑하는 자는 소득으로 만족하지 아니하나니 이것도
헛되도다 [11] 재산이 많아지면 먹는 자들도 많아지나니 그 소유주들은 눈으로 보는 것 외에
무엇이 유익하랴 [12] 노동자는 먹는 것이 많든지 적든지 잠을 달게 자거니
와 부자는 그 부요함 때문에 자지 못하느니라 [13] 내가 해 아래에
서 큰 폐단되는 일이 있는 것을 보았나니 곧 소유주가 재물을 자
기에게 해가 되도록 소유하는 것이라 [14] 그 재물이 재난을 당할

때 없어지나니 비록 아들은 낳았으나 그 손에 아무것도 없느니라 [15] 그가 모태에서 벌거벗고 나왔은즉 그가 나
온 대로 돌아가고 수고하여 얻은 것을 아무것도 자기 손에 가지고 가지 못하리니 [16] 이것도 큰 불행이라 어떻게
왔든지 그대로 가리니 바람을 잡는 수고가 그에게 무엇이 유익하랴 [17] 일
평생을 어두운 데에서 먹으며 많은 근심과 질병과 분노가 그에게 있느니
라 [18] 사람이 하나님께서 그에게 주신 바 그 일평생에 먹고 마시며 해 아
래에서 하는 모든 수고 중에서 낙을 보는 것이 선하고 아름다움을 내가
보았나니 그것이 그의 몫이로다 [19] 또한 어떤 사람에게든지 하나님이 재
물과 부요를 그에게 주사 능히 누리게 하시며 제 몫을 받아 수고함으로
즐거워하게 하신 것은 하나님의 선물이라 [20] 그는 자기의 생명의 날을 깊
이 생각하지 아니하리니 이는 하나님이 그의 마음에 기뻐하는 것으로 응
답하심이니라

> 전 5:15-16 빈손으로 와서 빈손으로 간다는 취지의 이야기로 볼 수 있다(空手來 空手去). 우리가 아무것도 가져올 수 없는 존재이고 아무것도 가져갈 수 없는 존재이다. 그러므로 이 땅에서 우리가 누리는 재물이 다 누구의 것이었는가를 생각하게 해 준다. 그러나 성경적 삶은 하나님으로부터 은사를 받아 이 세상에 보냄을 받아서 왔고 그 은사의 열매를 가지고 다시 하나님께로 돌아간다는 것이 성경적 생사관이다.

전도서 6장

❖ 전 6장
인간의 지혜도 그것 자체로는 헛되다는 것이다. 우리의 업적이 우리만을 위한 것이라면 그것이 무슨 소용이 있겠는가?

[1] 내가 해 아래에서 한 가지 불행한 일이 있는 것을 보았나니 이는 사람의
마음을 무겁게 하는 것이라 [2] 어떤 사람은 그의 영혼이 바라는 모든 소원
에 부족함이 없어 재물과 부요와 존귀를 하나님께 받았으나 하나님께서
그가 그것을 누리도록 허락하지 아니하셨으므로 다른 사람이 누리나니 이것도 헛되어 악한 병이로다 [3] 사람이 비
록 백 명의 자녀를 낳고 또 장수하여 사는 날이 많을지라도 그의 영혼은 그러한 행복으로 만족하지 못하고 또 그
가 안장되지 못하면 나는 이르기를 낙태된 자가 그보다는 낫다 하나니 [4] 낙태된 자는 헛되이 왔다가 어두운 중에
가매 그의 이름이 어둠에 덮이니 [5] 햇빛도 보지 못하고 또 그것을 알지도 못하나 이가 그보다 더 평안함이라 [6] 그

가 비록 천 년의 갑절을 산다 할지라도 행복을 보지 못하면 마침내 다 한
곳으로 돌아가는 것뿐이 아니냐 7 사람의 수고는 다 자기의 입을 위함이
나 그 식욕은 채울 수 없느니라 8 지혜자가 우매자보다 나은 것이 무엇이
냐 살아 있는 자들 앞에서 행할 줄을 아는 가난한 자에게는 무슨 유익이
있는가 9 눈으로 보는 것이 마음으로 공상하는 것보다 나으나 이것도 헛되
어 바람을 잡는 것이로다 10 이미 있는 것은 무엇이든지 오래 전부터 그의
이름이 이미 불린 바 되었으며 사람이 무엇인지도 이미 안 바 되었나니 자
기보다 강한 자와는 능히 다툴 수 없느니라 11 헛된 것을 더하게 하는 많은
일들이 있나니 그것들이 사람에게 무슨 유익이 있으랴 12 헛된 생명의 모
든 날을 그림자 같이 보내는 일평생에 사람에게 무엇이 낙인지를 누가 알
며 그 후에 해 아래에서 무슨 일이 있을 것을 누가 능히 그에게 고하리요

전 6:10 진흙이 토기장이에게 항변할 수 없듯이 피조물인 우리도 창조주이신 하나님께 맞설 수 없는데, 그 사실을 외면한 채 오늘 하나님과 다투고자 한 교만한 마음은 없었는가?
☞ 사 64:8 그러나 여호와여, 이제 주는 우리 아버지시니이다 우리는 진흙이요 주는 토기장이시니 우리는 다 주의 손으로 지으신 것이니이다
☞ 고후 4:7 우리가 이 보배를 질그릇에 가졌으니 이는 심히 큰 능력은 하나님께 있고 우리에게 있지 아니함을 알게 하려 함이라

전도서 7장

❖ 전 7장 지혜자와 우매자의 차이를 보여 주는 잠언 같은 장.
전 7:16-17절에 "지나친" 지혜자, 우매자의 표현에서 좌로나 우로나 치우친 상태를 말한다. 성경은 극단적으로 치우치는 것을 덕목으로 인정하지 않는다. 그렇다고 양다리 걸치라는 것도 아니다.

지혜자와 우매한 자

31일~36일

1 좋은 이름이 좋은 기름보다 낫고 죽는 날이 출생하는 날보다 나으며 2
초상집에 가는 것이 잔칫집에 가는 것보다 나으니 모든 사람의 끝이 이와
같이 됨이라 산 자는 이것을 그의 마음에 둘지어다 3 슬픔이 웃음보다 나
음은 얼굴에 근심하는 것이 마음에 유익하기 때문이니라 4 지혜자의 마음
은 초상집에 있으되 우매한 자의 마음은 혼인집에 있느니라 5 지혜로운 사
람의 책망을 듣는 것이 우매한 자들의 노래를 듣는 것보다 나으니라 6 우
매한 자들의 웃음 소리는 솥 밑에서 가시나무가 타는 소리 같으니 이것도 헛되니라 7 탐욕이 지혜자를 우매하게
하고 뇌물이 사람의 명철을 망하게 하느니라 8 일의 끝이 시작보다 낫고 참는 마음이 교만한 마음보다 나으니 9
급한 마음으로 노를 발하지 말라 노는 우매한 자들의 품에 머무름이니라 10 옛날이 오늘보다 나은 것이 어찜이
냐 하지 말라 이렇게 묻는 것은 지혜가 아니니라 11 지혜는 유산 같이 아름답고 햇빛을 보는 자에게 유익이 되도
다 12 지혜의 그늘 아래에 있음은 돈의 그늘 아래에 있음과 같으나, 지혜에 관한 지식이 더 유익함은 지혜가 그
지혜 있는 자를 살리기 때문이니라 13 하나님께서 행하시는 일을 보라 하나님께서 굽게 하신 것을 누가 능히 곧
게 하겠느냐 14 형통한 날에는 기뻐하고 곤고한 날에는 되돌아 보아라 이 두 가지를 하나님이 병행하게 하사 사
람이 그의 장래 일을 능히 헤아려 알지 못하게 하셨느니라 15 내 허무한 날
을 사는 동안 내가 그 모든 일을 살펴 보았더니 자기의 의로움에도 불구하
고 멸망하는 의인이 있고 자기의 악행에도 불구하고 장수하는 악인이 있
으니 16 지나치게 의인이 되지도 말며 지나치게 지혜자도 되지 말라 어찌
하여 스스로 패망하게 하겠느냐 17 지나치게 악인이 되지도 말며 지나치
게 우매한 자도 되지 말라 어찌하여 기한 전에 죽으려고 하느냐 18 너는
이것도 잡으며 저것에서도 네 손을 놓지 아니하는 것이 좋으니 하나님을
경외하는 자는 이 모든 일에서 벗어날 것임이니라 19 지혜가 지혜자를 성
읍 가운데에 있는 열 명의 권력자들보다 더 능력이 있게 하느니라 20 선을
행하고 전혀 죄를 범하지 아니하는 의인은 세상에 없기 때문이로다 21 또
한 사람들이 하는 모든 말에 네 마음을 두지 말라 그리하면 네 종이 너를
저주하는 것을 듣지 아니하리라 22 너도 가끔 사람을 저주하였다는 것을
네 마음도 알고 있느니라 23 내가 이 모든 것을 지혜로 시험하며 스스로

전 7:1-4
학습 자료 33-7 "초상집에서 배울 7대 지혜" 참조

전 7:15-18
학습 자료 33-8 "성경의 중용관" 참조

전 7:16-18 우리 삶의 주인은 하나님이라는 진리를 잊은 채 혹시 때때로 '자기 의' 만을 추구하며 자기중심적인 어리석은 삶을 살고 있지 않은가? 당장 오늘 하루 생활 가운데 버려야 할 '나' 중심적인 사고와 생활 방식은 없었는지....
☞ 미 6:8 사람아 주께서 선한 것이 무엇임을 네게 보이셨나니 여호와께서 네게 구하시는 것은 오직 정의를 행하며 인자를 사랑하며 겸손하게 네 하나님과 함께 행하는 것이 아니냐
☞ 요 5:44 너희가 서로 영광을 취하고 유일하신 하나님께로부터 오는 영광은 구하지 아니하니 어찌 나를 믿을 수 있느냐

이르기를 내가 지혜자가 되리라 하였으나 지혜가 나를 멀리 하였도다 24 이미 있는 것은 멀고 또
깊고 깊도다 누가 능히 통달하랴 25 내가 돌이켜 전심으로 지혜와 명철을 살피고 연구하여 악한
것이 얼마나 어리석은 것이요 어리석은 것이 얼마나 미친 것인 줄을 알고자 하였더니 26 마음은
올무와 그물 같고 손은 포승 같은 여인은 사망보다 더 쓰다는 사실을 내가 알아내었도다 그러
므로 하나님을 기쁘게 하는 자는 그 여인을 피하려니와 죄인은 그 여인에게 붙잡히리로다 27 전도
자가 이르되 보라 내가 낱낱이 살펴 그 이치를 연구하여 이것을 깨달았노라 28 내 마음이 계속 찾
아 보았으나 아직도 찾지 못한 것이 이것이라 천 사람 가운데서 한 사람을 내가 찾았으나 이 모
든 사람들 중에서 여자는 한 사람도 찾지 못하였느니라 29 내가 깨달은 것은 오직 이것이라 곧
하나님은 사람을 정직하게 지으셨으나 사람이 많은 꾀들을 낸 것이니라

전도서 8장

1 누가 지혜자와 같으며 누가 사물의 이치를 아는 자이냐 사람의 지혜는
그의 얼굴에 광채가 나게 하나니 그의 얼굴의 사나운 것이 변하느니라 2
내가 권하노라 왕의 명령을 지키라 이미 하나님을 가리켜 맹세하였음이
니라 3 왕 앞에서 물러가기를 급하게 하지 말며 악한 것을 일삼지 말라 왕
은 자기가 하고자 하는 것을 다 행함이니라 4 왕의 말은 권능이 있나니 누
가 그에게 이르기를 왕께서 무엇을 하시나이까 할 수 있으랴 5 명령을 지
키는 자는 불행을 알지 못하리라 지혜자의 마음은 때와 판단을 분변하나
니 6 무슨 일에든지 때와 판단이 있으므로 사람에게 임하는 화가 심함이
니라 7 사람이 장래 일을 알지 못하나니 장래 일을 가르칠 자가 누구이랴
8 바람을 주장하여 바람을 움직이게 할 사람도 없고 죽는 날을 주장할 사
람도 없으며 전쟁할 때를 모면할 사람도 없으니 악이 그의 주민들을 건져
낼 수는 없느니라

❖ 전 8장 -11:8까지 "해 아래"에서 헛됨을 계속 말해 가고 있다.

> 전 8:7 우리는 자신의 미래를 계획하며 저마다 꿈을 가지고 살지만 당장 내일의 삶도 예측하지 못하는 분명한 한계를 가지고 살아갈 뿐이다. 그렇다면 우리의 미래를 주관하시는 유일하신 하나님 앞에서 그분의 뜻에 합당하게 수정해야 할 나의 미래에 대한 계획들은 무엇인가?
> ☞ 롬 8:17 자녀이면 또한 상속자 곧 하나님의 상속자요 그리스도와 함께 한 상속자니 우리가 그와 함께 영광을 받기 위하여 고난도 함께 받아야 할 것이니라
> ☞ 딤후 2:10 그러므로 내가 택함 받은 자들을 위하여 모든 것을 참음은 그들도 그리스도 예수 안에 있는 구원을 영원한 영광과 함께 받게 하려 함이라

31일~36일

악인들과 의인들

9 내가 이 모든 것들을 보고 해 아래에서 행하는 모든 일을 마음에 두고 살핀즉 사람이 사람을 주장하여 해롭게
하는 때가 있도다 10 그런 후에 내가 본즉 악인들은 장사지낸 바 되어 거룩한 곳을 떠나 그들이 그렇게 행한 성
읍 안에서 잊어버린 바 되었으니 이것도 헛되도다 11 악한 일에 관한 징벌이 속히 실행되지 아니하므로 인생들이
악을 행하는 데에 마음이 담대하도다 12 죄인은 백 번이나 악을 행하고도 장수하거니와 또한 내가 아노니 하나
님을 경외하여 그를 경외하는 자들은 잘 될 것이요 13 악인은 잘 되지 못하며 장수하지 못하고 그 날이 그림자와
같으리니 이는 하나님을 경외하지 아니함이니라 14 세상에서 행해지는 헛된 일이 있나니 곧 악인들의 행위에 따
라 벌을 받는 의인들도 있고 의인들의 행위에 따라 상을 받는 악인들도 있다는 것이라 내가 이르노니 이것도 헛
되도다 15 이에 내가 희락을 찬양하노니 이는 사람이 먹고 마시고 즐거워하는 것보다 더
나은 것이 해 아래에는 없음이라 하나님이 사람을 해 아래에서 살게 하신 날 동안 수
고하는 일 중에 그러한 일이 그와 함께 있을 것이니라 16 내가 마음을 다하여 지혜를
알고자 하며 세상에서 행해지는 일을 보았는데 밤낮으로 자지 못하는 자도 있도
다 17 또 내가 하나님의 모든 행사를 살펴보니 해 아래에서 행해지는 일을 사
람이 능히 알아낼 수 없도다 사람이 아무리 애써 알아보려고 할지라도 능히
알지 못하나니 비록 지혜자가 아노라 할지라도 능히 알아내지 못하리로다

전도서 9장

모두 다 하나님의 손 안에 있다

1 이 모든 것을 내가 마음에 두고 이 모든 것을 살펴 본즉 의인들이나 지혜자들이나 그들의 행위나 모두 다 하나
님의 손 안에 있으니 사랑을 받을는지 미움을 받을는지 사람이 알지 못하는 것은 모두 그들의 미래의 일들임이
니라 2 모든 사람에게 임하는 그 모든 것이 일반이라 의인과 악인, 선한 자와 깨끗한 자와 깨끗하지 아니한 자,
제사를 드리는 자와 제사를 드리지 아니하는 자에게 일어나는 일들이 모두 일반이니 선인과 죄인, 맹세하는 자
와 맹세하기를 무서워하는 자가 일반이로다 3 모든 사람의 결국은 일반이라 이것은 해 아래에서 행해지는 모든
일 중의 악한 것이니 곧 인생의 마음에는 악이 가득하여 그들의 평생에 미친 마음을 품고 있다가 후에는 죽은
자들에게로 돌아가는 것이라 4 모든 산 자들 중에 들어 있는 자에게는 누구

나 소망이 있음은 산 개가 죽은 사자보다 낫기 때문이니라 5 산 자들은 죽
을 줄을 알되 죽은 자들은 아무것도 모르며 그들이 다시는 상을 받지 못하
는 것은 그들의 이름이 잊어버린바 됨이니라 6 그들의 사랑과 미움과 시기
도 없어진 지 오래이니 해 아래에서 행하는 모든 일 중에서 그들에게 돌아
갈 몫은 영원히 없느니라 7 너는 가서 기쁨으로 네 음식물을 먹고 즐거운 마음으로 네 포도주
를 마실지어다 이는 하나님이 네가 하는 일들을 벌써 기쁘게 받으셨음이니라 8 네 의복을 항상
희게 하며 네 머리에 향 기름을 그치지 아니하도록 할지
니라 9 네 헛된 평생의 모든 날 곧 하나님이 해 아래에서 네게 주신 모든
헛된 날에 네가 사랑하는 아내와 함께 즐겁게 살지어다 그것이 네가 평생
에 해 아래에서 수고하고 얻은 네 몫이니라 10 네 손이 일을 얻는 대로 힘
을 다하여 할지어다 네가 장차 들어갈 스올에는 일도 없고 계획도 없고
지식도 없고 지혜도 없음이니라 11 내가 다시 해 아래에서 보니 빠른 경주
자들이라고 선착하는 것이 아니며 용사들이라고 전쟁에 승리하는 것이
아니며 지혜자들이라고 음식물을 얻는 것도 아니며 명철자들이라고 재물
을 얻는 것도 아니며 지식인들이라고 은총을 입는 것이 아니니 이는 시기
와 기회는 그들 모두에게 임함이니라 12 분명히 사람은 자기의 시기도 알
지 못하나니 물고기들이 재난의 그물에 걸리고 새들이 올무에 걸림 같이
인생들도 재앙의 날이 그들에게 홀연히 임하면 거기에 걸리느니라

> 전 9:12 모든 일의 시기를 정해 놓으신 분이 계신다는 사실을 알면서도 우리는 자신의 삶을 제 것인 양 맘대로 살고 있지는 않는지, 결코 체념 주의나 회의주의가 아닌 만물의 주재 앞에서 겸손한 모습으로 좀 더 적극적으로 살기 위해서는 어떤 변화가 필요한가?
> ☞ **행 17:25** 또 무엇이 부족한 것처럼 사람의 손으로 섬김을 받으시는 것이 아니니 이는 만민에게 생명과 호흡과 만물을 친히 주시는 이심이라
> ☞ **롬 9:20** 이 사람아 네가 누구이기에 감히 하나님께 반문하느냐 지음을 받은 물건이 지은 자에게 어찌 나를 이같이 만들었느냐 말하겠느냐

지혜를 보고 크게 여긴 것

13 내가 또 해 아래에서 지혜를 보고 내가 크게 여긴 것이 이러하니 14 곧 작고 인구가 많지 아니한 어떤 성읍에
큰 왕이 와서 그것을 에워싸고 큰 흉벽을 쌓고 치고자 할 때에 15 그 성읍 가운데에 가난한 지혜자가 있어서 그
의 지혜로 그 성읍을 건진 그것이라 그러나 그 가난한 자를 기억하는 사람이 없었도다 16 그러므로 내가 이르기
를 지혜가 힘보다 나으나 가난한 자의 지혜가 멸시를 받고 그의 말들을 사람들이 듣지 아니한다 하였노라 17 조
용히 들리는 지혜자들의 말들이 우매한 자들을 다스리는 자의 호령보다 나으니라 18 지혜가 무기보다 나으니라
그러나 죄인 한 사람이 많은 선을 무너지게 하느니라

전도서 10

1 죽은 파리들이 향기름을 악취가 나게 만드는 것 같이 적은 우매가 지혜와 존귀를 난처하게 만드느니라 2 지혜
자의 마음은 오른쪽에 있고 우매자의 마음은 왼쪽에 있느니라 3 우매한 자는 길을 갈 때에도 지혜가 부족하여
각 사람에게 자기가 우매함을 말하느니라 4 주권자가 네게 분을 일으키거든 너는 네 자리를 떠나지 말라 공손
함이 큰 허물을 용서 받게 하느니라 5 내가 해 아래에서 한 가지 재난을 보았노니 곧 주권자에게서 나오는 허물

이라 6 우매한 자가 크게 높은 지위들을
얻고 부자들이 낮은 지위에 앉는도다 7
또 내가 보았노니 종들은 말을 타고
고관들은 종들처럼 땅에 걸어 다니
는도다 8 함정을 파는 자는 거기에
빠질 것이요 담을 허는 자는 뱀에
게 물리리라 9 돌들을 떠내는 자는
그로 말미암아 상할 것이요 나무들을 쪼개는 자는 그로 말미암아 위험을
당하리라 10 철 연장이 무디어졌는데도 날을 갈지 아니하면 힘이 더 드느
니라 오직 지혜는 성공하기에 유익하니라 11 주술을 베풀기 전에 뱀에게
물렸으면 술객은 소용이 없느니라 12 지혜자의 입의 말들은 은혜로우나
우매자의 입술들은 자기를 삼키나니 13 그의 입의 말들의 시작은 우매요 그의 입의 결말들은 심히 미친 것이니
라 14 우매한 자는 말을 많이 하거니와 사람은 장래 일을 알지 못하나니 나중에 일어날 일을 누가 그에게 알리리
요 15 우매한 자들의 수고는 자신을 피곤하게 할 뿐이라 그들은 성읍에 들어갈 줄도 알지 못함이니라 16 왕은 어
리고 대신들은 아침부터 잔치하는 나라여 네게 화가 있도다 17 왕은 귀족들의 아들이요 대신들은 취하지 아니하
고 기력을 보하려고 정한 때에 먹는 나라여 네게 복이 있도다 18 게으른즉 서까래가 내려앉고 손을 놓은즉 집이
새느니라 19 잔치는 희락을 위하여 베푸는 것이요 포도주는 생명을 기쁘게 하는 것이나 돈은 범사에 이용되느니
라 20 심중에라도 왕을 저주하지 말며 침실에서라도 부자를 저주하지 말라 공중의 새가 그 소리를 전하고 날짐
승이 그 일을 전파할 것임이니라

전 10:4 타락한 인간이 모인 이 사회는 수없는 사회악과 자기모순에 빠져 있음을 볼 수 있다. 권력층의 부패와 온갖 사회 부조리를 바라보는 당신은 성도로서 어떤 생각을 하며 살아가는가?
하나님의 공의가 실현되는 사회를 이루기 위해 내 가정과 직장과 활동처에서 과연 내가 먼저 할 수 있는 일은 무엇일까?
☞ **잠 21:3** 공의와 정의를 행하는 것은 제사 드리는 것보다 여호와께서 기쁘게 여기시느니라
☞ **전 3:16** 또 내가 해 아래에서 보건대 재판하는 곳 거기에도 악이 있고 정의를 행하는 곳 거기에도 악이 있도다

31일~36일

전도서 11장

지혜로운 삶

1 너는 네 떡을 물 위에 던져라 여러 날 후에 도로 찾으리라 2 일곱에게나
여덟에게 나눠 줄지어다 무슨 재앙이 땅에 임할는지 네가 알지 못함이니
라 3 구름에 비가 가득하면 땅에 쏟아지며 나무가 남으로나 북으로나 쓰러지면 그 쓰러진 곳에 그냥 있으리라 4
풍세를 살펴보는 자는 파종하지 못할 것이요 구름만 바라보는 자는 거두지 못하리라 5 바람의 길이 어떠함과 아
이 밴 자의 태에서 뼈가 어떻게 자라는지를 네가 알지 못함 같이 만사를 성취하시는 하나님의 일을 네가 알지 못
하느니라 6 너는 아침에 씨를 뿌리고 저녁에도 손을 놓지 말라 이것이 잘 될는지, 저것이 잘 될는지, 혹 둘이 다 잘
될는지 알지 못함이니라 7 빛은 실로 아름다운 것이라 눈으로 해를 보는 것이 즐거운 일이로다 8 사람이 여러 해
를 살면 항상 즐거워할지로다 그러나 캄캄한 날들이 많으리니 그 날들을 생각할지로다 다가올 일은 다 헛되도다

❖ 드디어 11:9-12:14에서 전도서의 결론이 드러난다. 즉 하나님 없는 모든 것은 다 허무할 뿐이라는 것이다. 이것은 솔로몬의 체험적 고백인 것이다.

젊은이에게 주는 교훈

9 청년이여 네 어린 때를 즐거워하며 네 청년의 날들을 마음에 기뻐하여
마음에 원하는 길들과 네 눈이 보는 대로 행하라 그러나 하나님이 이 모
든 일로 말미암아 너를 심판하실 줄 알라 10 그런즉 근심이 네 마음에서
떠나게 하며 악이 네 몸에서 물러가게 하라 어릴 때와 검은 머리의 시절
이 다 헛되니라

전 11:9 ~ 12:8 전도서의 최종 결론이 주는 메시지가 무엇인지를 깊이 묵상하고 깨달음이 있기를....

전도서 12장

1 너는 청년의 때에 너의 창조주를 기억하라 곧 곤고한 날이 이르기 전에, 나는 아무 낙이 없다고 할 해들이 가깝
기 전에 2 해와 빛과 달과 별들이 어둡기 전에, 비 뒤에 구름이 다시 일어나기 전에 그리하라 3 그런 날에는 집을

지키는 자들이 떨 것이며 힘 있는 자들이 구부러질 것이며 맷돌질 하는 자들이
적으므로 그칠 것이며 창들로 내다 보는 자가 어두워질 것이며 4 길거리 문들
이 닫혀질 것이며 맷돌 소리가 적어질 것이며 새의 소리로 말미암아 일어날 것
이며 음악하는 여자들은 다 쇠하여질 것이며 5 또한 그런 자들은 높은 곳을 두려
워할 것이며 길에서는 놀랄 것이며 살구나무가 꽃이 필 것이며 메뚜기도 짐이 될
것이며 정욕이 그치리니 이는 사람이 자기의 영원한 집으로 돌아가고 조문객들
이 거리로 왕래하게 됨이니라 6 은 줄이 풀리고 금 그릇이 깨지고 항아리가 샘 곁
에서 깨지고 바퀴가 우물 위에서 깨지고 7 흙은 여전히 땅으로 돌아가고 영은 그것을 주신
하나님께로 돌아가기 전에 기억하라 8 전도자가 이르되 헛되고 헛되도다 모든 것이 헛되도다

사람의 본분

9 전도자는 지혜자이어서 여전히 백성에게 지식을 가르쳤고 또 깊이 생각하고 연구하여 잠언을 많이 지었으며 10
전도자는 힘써 아름다운 말들을 구하였나니 진리의 말씀들을 정직하게 기록하였느니라 11 지혜자들의 말씀들
은 찌르는 채찍들 같고 회중의 스승들의 말씀들은 잘 박힌 못 같으니 다 한 목자가 주신 바이니라 12 내 아들아
또 이것들로부터 경계를 받으라 많은 책들을 짓는 것은 끝이 없고 많이
공부하는 것은 몸을 피곤하게 하느니라 13 일의 결국을 다 들었으니 하나
님을 경외하고 그의 명령들을 지킬지어다 이것이 모든 사람의 본분이니
라 14 하나님은 모든 행위와 모든 은밀한 일을 선악 간에 심판하시리라

전 12:12-14 사람의 참된 본분이 무엇이라고 말하고 있고(13절) 당신은 그것을 진정 인정하고 그렇게 살아가고 있는가?

33일차 읽기의 요약
(전 1~12)

솔로몬은 그가 왕으로 누릴 수 있는 모든 부귀영화를 경험해 본 이후 그의 인생 후반에 기록한 전도서를 통해 하나님이 없는 인생이 얼마나 허망한가 하는 철학적인 내용을 전도서를 통해 기록했다. 해 아래서 하나님이 없는 인간의 배움, 수고, 쾌락, 철학, 부귀, 지혜, 성공, 명성 등이 일시적으로 유익할 수는 있으나 영원한 하나님 나라의 관점에서 보았을 때는 그 모든 것이 궁극적 목적이 없는 헛된 것임을 말씀한다.
또한 솔로몬은 전도서를 통해 모든 만물에는 때가 있음을 알게 한다. 하나님께서 모든 것을 지으시되 때를 따라 아름답게 하셨고 또 사람들에게는 영원을 사모하는 마음을 주셨다고 기록한다. 그러나 해 아래서의 인간의 지혜는 유한하여 하나님의 시기와 때를 다 알지 못하는 존재임을 인정하고 이 땅에서 자신에게 주어진 일에 힘을 다해 수고하며 하나님께서 허락하신 분복을 정직하고 겸손히 누릴 것을 조언한다.
결국 노년의 솔로몬은 전도서를 통해 마치 한 편의 참회의 설교처럼 하나님이 없는 인생은 아무리 많은 것을 이 땅에서 소유하고 쾌락을 누린다고 할지라도 하나님 앞에서 기록할 것이 없는 무의미하고 허망한 것뿐임을 강조한다. 가장 놀라운 지혜는 하나님을 경외하고 그분의 명령을 지키는 삶에 있다고 말씀한다. "너는 청년의 때에 너의 창조주를 기억하라" (전12:1) "일의 결국을 다 들었으니 하나님을 경외하고 그의 명령들을 지킬지어다 이것이 모든 사람의 본분이니라" (전12:13).

그러면 어떻게 살 것인가?

인위뚝·신위고!

☑ 세계관 점검 - 묵상하기 (영상 강의와 교재 내용의 이해를 바탕으로)

전도서의 메시지로 점검하는 세계관

☑ 하나님과의 관계 회복을 통한 해 아래 인생의 허무 극복의 가능성

하나님과 단절된 채 살아가는 해 아래 인생은 어떠한 모습으로 인생을 살았다 할지라도 결국 누구에게나 보편적으로 찾아오는 죽음 앞에서 모든 것이 허무임을 절감할 수밖에 없다. 또한 사람이 누리는 것들, 사람에게 주어진 해 아래 속한 모든 것들 역시 상대적인 가치 차이가 인정되긴 하나 절대적인 기준 앞에서 그 모든 것은 결국 허무할 수밖에 없다. 하지만 이러한 해 아래 인생에게 허무를 극복할 가능성이 전혀 없는 것은 아니다. 그 가능성은 곧 해 위의 하나님과의 관계 회복을 통해 주어진다. 사실 그 본래적 존재를 감안하면 허무하기 그지없지만 하나님은 인간에게 영원을 사모하는 마음을 주셨다(3:11). 이는 역으로 생각하면 인간의 유한성을 반증하는 것이 된다. 따라서 인간은 영원성이 보장되지 않는 한 궁극적으로 절대 허무에서 벗어날 수 없다. 여기에 우리가 영원하신 하나님을 경외하며 그에게 의존해야 할 이유가 있다. 죽음으로 인해 유한할 수밖에 없는 존재인 인생일지라도 해 위에 계신 하나님과 바른 관계를 맺고 있는 사람은 비록 육체는 죽어 흙으로 돌아간다고 할지라도 영혼은 하나님에 의해 구원을 얻게 될 뿐만 아니라 궁극적으로는 육체도 다시 살게 되므로 인생의 허무를 극복할 수 있게 되는 것이다. 그러므로 우리는 허무만 더욱 가중시킬 뿐인 해 아래 속한 것들에 집착하고 거기에 소망을 둘 것이 아니라 절대자요 창조자로서 생명의 주이신 해 위의 하나님께 소망을 두고 하나님과 바른 관계를 맺는 삶을 살아야 한다.

☑ 자족과 희락 추구

해 아래 인생이 직면한 허무 문제의 극복 가능성을 하나님과의 관계를 통하여 발견한 자가 취할 수 있는 가장 바람직한 자세로 전도자는 '자족'과 '희락'을 가르치고 있다. 이는 곧 사라질 이 땅에서의 소유나 명예, 제한된 수명에 연연해 하지 말고 하나님으로부터 받은 것에 만족하며 그것을 최대한 즐기라는 것이다. 즉 자족하며 희락을 추구하는 삶을 살라는 것이다. 실로 이 자족과 희락 추구의 권면은 전도자의 인생관의 요체이자 본서에 나타난 교훈의 기본 패턴이라 할 수 있다(2:24-26, 3:12-15, 22, 5:18-20, 8:15, 9:7-10). 이러한 전도자의 권면은 인생은 어차피 허무한 것이므로 육체의 쾌락만을 추구하고 기분 내키는 대로 또는 자기 마음대로 살라는 것이 아니다. 전도자는 최종적으로 하나님의 심판이 있음을 말하며 '창조자를 기억하라'고 촉구함으로써 희락의 추구가 육체적 쾌락의 추구나 방종이 아니라 하나님이 허락하신 분깃과 허용하신 범위 안에서 자족하며 하나님의 뜻과 섭리에 순복하는 것임을 분명히 한다.

☑ 하나님의 절대성과 인간의 상대성 동시 인식

본서 전체를 통해 전도자는 해 아래 인생의 절대 허무와 하나님과의 관계를 통한 허무 극복 가능성을 피력한다. 이러한 내용의 본서 전체의 밑바탕에는 하나님의 절대성에 대한 인식과 그에 반하는 인간의 상대성에 대한 동시 인식이 그 전제로 깔려 있다. 전도자가 해 아래 인생이 얼마나 덧없는지를 냉소하는 것은 인간의 상대성을 전제로 한다. 반면 이처럼 허무하고 덧없는 인생이 하나님과의 관계를 통해 허무를 극복할 수 있다는 것은 하나님의 절대성을 전제로 한 것이다. 다시 말해 인생의 덧없음과 해 아래 모든 가치의 허무함에 대한 강조는 인간의 상대성에 대한 인식에 기초한 것이며 이처럼 허무한 인생 가운데 삶의 의미와 가치는 오로지 절대자 하나님에 대한 인식 및 그분과의 관계성 안에서만 발견 될 수 있는 것이라 할 수 있다.

특별히 이러한 하나님의 절대성과 인간의 상대성에 대한 동시 인식은 본서 여러 곳에서 발견되는, 표면적으로만 보면 유보적이며 타협적으로 보이는 전도자의 가르침에 대한 이해의 단초가 된다. 그 대표적인 실례는 지나치게 의인이 되지 말며 지혜자도, 악인도, 우매자도 되지 말라는 가르침이다(7:16, 17). 이러한 가르침은 철저한 의의 추구와 죄와의 단절을 가르치는 예수 그리스도의 가르침(마 5:30, 38-48, 눅 6:27-38)이나 사도들의 가르침(롬 6:11, 13, 12:21, 벧전 3:9)과 모순되는 것처럼 보인다. 왜냐하면 전도자의 가르침은 표면적으로만 보면 타협적인 삶, 중도적인 삶을 살 것을 권고하는 것처럼 보이기 때문이다. 그러나 이는 그 같은 의미의 권고가 아니다. 이는 의를 지키는 삶을 살되 절대자이신 하나님 앞에서 그 존재의 상대성으로 인해 결코 자기의 의를 주장할 수 없다는 것을 가르치는 것으로, 인간이 죄를 지을 수밖에 없는 실존적 상황이나 악한 세상을 빌미로 악에 쉽게 치우치는 것을 경계하는 가르침이다. 따라서 이는 결코 성경 내 여타의 윤리적 가르침과 모순을 형성하는 것이 아니며 상대성을 지닌 인간의 실존과 절대 의를 지니신 하나님을 동시적으로 인식한 것에 따른 가르침이라 할 수 있다.

한편 이 같은 인식은 일차적으로 한계를 지니며 허무한 삶을 사는 인간과 초월자이시며 허무를 극복하게 하시는 해 위의 하나님 사이의 간극을 인식하게 한다. 아울러 그러한 틈을 인하여 상대자이며 스스로는 허무한 삶을 살 수밖에 없는 인간이 취할 자세가 자연스럽게 도출된다. 이 면에서 하나님의 절대성과 인간의 상대성에 대한 동시 인식은 하나님과 사람의 절대적 틈을 매개해 주는 중요한 장치가 된다고 할 수 있다. 이는 해 위의 절대자 하나님과의 관계 회복을 통해 해 아래 인생의 허무 극복의 가능성을 제시하는 본서 전체의 이해의 바탕이라고도 할 수 있다.

✐ 솔로몬은 그의 부귀영화의 삶과 하나님을 등진 삶을 통해서 터득한 체험을 토대로 기록한 전도서를 통해서 하나님이 없는 삶은 허망한 삶이라는 사실을 말해 주고 있다. 시편 78:23과 대조해서 참된 행복의 삶은 무엇이라고 성경은 말하고 있는가? 나는 그런 삶을 누리고 있는가?

✐ 성경은 참된 복은 하나님과 함께하는 것이라고 했다(시 73:28). 하나님이 함께 해주심이 곧 복(福)이다. 인간이 스스로 찾아 만들어 얻는 복은 신기루같이 잠깐 있다가 사라지는 복이다. 그렇다면 하나님과 함께하는 복은 어떻게 누릴 수가 있는가? 그 방법은 간단하다. 성경을 읽어 하나님의 뜻이 무엇인지를 알아 그 뜻에 순종함으로 그분과 함께 할 수 있어야 한다. 그런데 순종이 문제이다. 성경의 복은 순종을 조건으로 하고 있다(신 28장). 사람은 순종 없이 복을 얻고 싶어 한다. 그래서 우상을 만드는 것이다. 그 결과는 오히려 더 허망한 것일 뿐이다. 전도서는 그것을 잘 말해 준다.

✐ 전 1:2 당신은 생명을 허락하신 이의 뜻을 구하는 겸손한 삶보다는 늘 자기중심적인 생활로 세상의 안일만 좇는 가운데 인생의 처절한 허무만을 탓하는 어리석은 자는 아닌지... 새벽안개처럼 헛된 삶을 살지 않기 위해 당신의 노력은 무엇으로 증거할 수 있는가? [사 55:2, 눅 9:25. 찬송 552(통 358), 338(통 364)]

✐ 전 3:1의 때는 하나님의 때를 말한다. 성경은 2개의 시간, 즉 하나님의 시간 Kairos와 사람의 시간, Kronos를 말해 준다. 우리는 이때를 분별할 수 있어야 한다. 그래서 하나님의 때, 즉 신위를 따라 살 수 있는 지혜를 터득할 수 있다.

✐ 전 3:1-8 주님은 모든 일에는 그때가 있다고 분명히 말씀하고 계시는데 나는 삶 가운데 모든 일들의 때를 스스로

정해 놓고 근심과 염려 속에 애태우며 살지는 않는지, 또한 그때를 거슬러 주님의 뜻보다는 자기의 뜻대로 목적을 달성하려 하지는 않는가? 이제 때를 기다릴 줄 아는 삶을 어떻게 증거할 수 있을까?
[시 37:7, 합 2:3. 찬송 379(통 429), 549(통 431)]

☑ 결단기도와 실행하기

약 2:26 영혼 없는 몸이 죽은 것 같이 행함이 없는 믿음은 죽은 것이니라
시 119:28 나의 영혼이 눌림으로 말미암아 녹사오니 주의 말씀대로 나를 세우소서

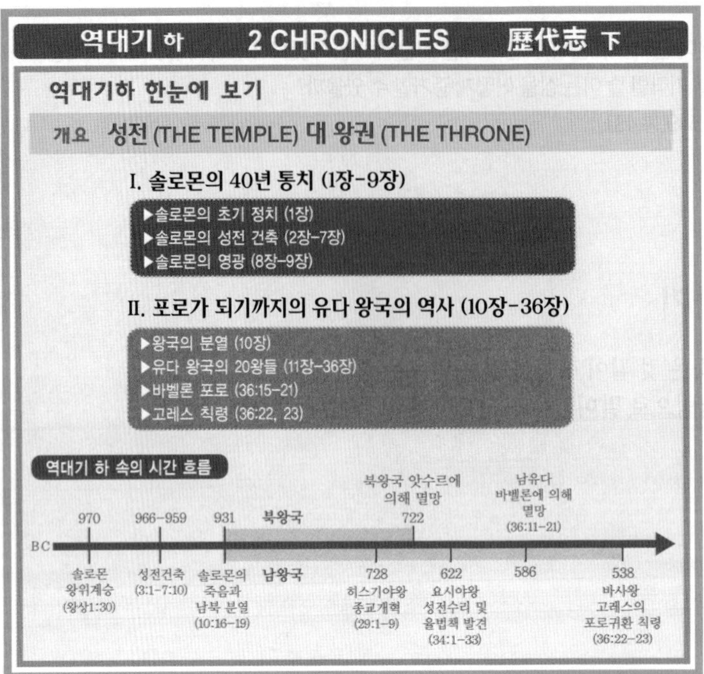

역대하 1장~9장 : 솔로몬의 생애

역대하 1장

솔로몬 왕이 지혜를 구하다(왕상 3:1-15)

1 다윗의 아들 솔로몬의 왕위가 견고하여 가며 그의 하나님 여호와께서
그와 함께 하사 심히 창대하게 하시니라 2 솔로몬이 온 이스라엘의 천부
장들과 백부장들과 재판관들과 온 이스라엘의 방백들과 족장들에게 명
령하여 3 솔로몬이 온 회중과 함께 기브온 산당으로 갔으니 하나님의 회
막 곧 여호와의 종 모세가 광야에서 지은 것이 거기에 있음이라 4 다윗이
전에 예루살렘에서 하나님의 궤를 위하여 장막을 쳐 두었으므로 그 궤
는 다윗이 이미 기럇여아림에서부터 그것을 위하여 준비한 곳으로 메어
올렸고 5 옛적에 훌의 손자 우리의 아들 브살렐이 지은 놋제단은 여호와
의 장막 앞에 있더라 솔로몬이 회중과 더불어 나아가서 6 여호와 앞 곧
회막 앞에 있는 놋 제단에 솔로몬이 이르러 그 위에 천 마리 희생으로 번
제를 드렸더라 7 그 날 밤에 하나님이 솔로몬에게 나타나 그에게 이르시
되 내가 네게 무엇을 주랴 너는 구하라 하시니 8 솔로몬이 하나님께 말

❖ 역대 하 개요

역대기는 제사장 관점에서 쓴 역사서라고 했다. 그래서 역대기는 왕권을 주심으로 한 서술이 아니고 성전을 중심으로 한 서술이다. 따라서 역대 하는 크게 두 부분으로 나누어 볼 수 있다(한눈에 보기 도표 참조).

1장에서 9장까지는 솔로몬의 생애를 크게 부각한다. 그리고 나머지 부분인 10장에서 36장까지는 남 왕국 유대의 역사만 서술한다.

사무엘서와 열왕기는 선지자 관점에서 쓴 역사서이다. 구약의 영성은 제사장적 영성과 선지자적 영성이 있다.

역대기상에서 이미 언급했듯이 역대기는 성전을 중심으로 하는 관점에서 기록한 남왕국 유다 중심의 이스라엘의 역사이다. 이 말은 남 왕국 유다의 왕들이 순전히 하나님의 관점에서 재평가되는 것을 기록하고 있다. 역대기 하는 솔로몬으로부터 시작한다. 솔로몬은 재물이나 명예보다는 지혜를 구하는 기도를 함으로써 그의 통치를 훌륭하게 시작한다. 그는 성전을 건축하며, 위대한 봉헌 기도로 여호와께 성전을 봉헌한다. 그러나 비참하게도 바로 이 순간부터 솔로몬의 지위는 저하되기 시작한다. 시바 여왕의 방문에 대한 유명한 이야기는 그가 재물과 권세를 사랑하고 과시하기를 좋아하는 전형적인 당시의 동방 군주가 되었음을 보여 준다(대하 1:1~9:31).

그가 죽은 후에 그의 아들 르호보암이 왕위에 오르자, 그 나라는 불행하게도 북 왕국과 남 왕국으로 나누어진다. 이는 르호보암의 오만한 태도에 기인하기는 하지만, 대부분 솔로몬의 사치와 그로 인해 백성들에게 과중한 세금을 부과한 것에 기인한다고 본다. 역대기 저자는 이제 하나님을 떠나 금송아지를 숭배하기로 한 북 왕국의 왕들에게는 관심이 없고, 남 왕국인 유다의 왕조에 대해 기록하며 예루살렘이 바벨론에게 멸망하고(B.C. 약 587년) 바사 왕 고레스의 칙령에 의해 예루살렘에 귀환할 때까지(B.C. 약 538년)를 기록하고 있다(대하 10:1~36:16). 이 책의 내용 중 많은 것은 열왕기 하와 유사하나 때때로 역대기 저자는 성전과 다윗 계열이 하나님의 정통계열이라는 사실을 강조하는 정보들을 수록한다.

☞ **다윗 계열**

열왕기는 히브리 역사에서 왕권을 중심으로 역사를 기록하지만, 역대기는 다윗 왕조에 훨씬 많이 집중한다. 다윗이 속한 유다 지파를 참된 이스라엘로 여기지만, 북왕국은 계속 반역하기 때문에 하나님의 목적에서 떨어져 나간 것이라고 여긴다. 포로 귀환 시기에 자라기 시작한 메시아 대망 사상은 바로 다윗 계열이 강조되는 여건을 조성하게 되었다.

하되 주께서 전에 큰 은혜를 내 아버지 다윗에게 베푸시고 내가 그를 대
신하여 왕이 되게 하셨사오니 [9] 여호와 하나님이여 원하건대 주는 내 아
버지 다윗에게 허락하신 것을 이제 굳게 하옵소서 주께서 나를 땅의 티
끌 같이 많은 백성의 왕으로 삼으셨사오니 [10] 주는 이제 내게 지혜와 지
식을 주사 이 백성 앞에서 출입하게 하옵소서 이렇게 많은 주의 백성을
누가 능히 재판하리이까 하니 [11] 하나님이 솔로몬에게 이르시되 이런 마
음이 네게 있어서 부나 재물이나 영광이나 원수의 생명 멸하기를 구하
지 아니하며 장수도 구하지 아니하고 오직 내가 네게 다스리게 한 내 백
성을 재판하기 위하여 지혜와 지식을 구하였으니 [12] 그러므로 내가 네게
지혜와 지식을 주고 부와 재물과 영광도 주리니 네 전의 왕들도 이런 일
이 없었거니와 네 후에도 이런 일이 없으리라 하시니라 [13] 이에 솔로몬이
기브온 산당 회막 앞에서부터 예루살렘으로 돌아와서 이스라엘을 다스
렸더라

솔로몬의 부귀영화(왕상 10:26-29)

[14] 솔로몬이 병거와 마병을 모으매 병거가 천사백 대요 마병이 만 이천 명
이라 병거성에도 두고 예루살렘 왕에게도 두었으며 [15] 왕이 예루살렘에
서 은금을 돌 같이 흔하게 하고 백향목을 평지의 뽕나무 같이 많게 하였
더라 [16] 솔로몬의 말들은 애굽과 구에에서 사들였으니 왕의 무역상들이
떼로 값을 정하여 산 것이며 [17] 애굽에서 사들인 병거는 한 대에 은 육백
세겔이요 말은 백오십 세겔이라 이와 같이 헷 사람들의 모든 왕들과 아
람 왕들을 위하여 그들의 손으로 되팔기도 하였더라

☞ 성전

역대기는 성전과 관련되어 이스라엘의 신앙 역사를 기록한 책이다. 역대기 저자에게는 다윗 왕조와 성전 간의 관련성이 너무나 뚜렷하기 때문에, 그는 포로 생활에서 돌아온 백성들에게 그들이 성전을 재건하는 것이 바로 그들의 나라를 회복하는 단계인 것을 알려 주려고 했다. 그래서 다윗이 원래 성전을 건축하도록 준비한 것에 대해 상당한 부분을 할애하고 있다. 그 나라의 지도자는 군사적 승리자라기보다는 하나님의 전에서 참되고 견고한 예배를 집례 하는 자로 여긴다. 성전의 예배, 제사장들, 레위 사람들, 노래하는 사람들, 예배와 관련된 모든 것들이 강조되고 있다.

- 역대기는 학사 겸 제사장인 에스라가 쓴 역사서로서 제사장 관점에서 사료를 정리하였기 때문에 하나님과의 관계를 중심으로 한 역사서이다. 그러므로 남왕국 유다만 기록한다. 따라서 역대기의 솔로몬 기록은 성전 건축에 대부분 할애한다.
- 열왕기에서 볼 수 있는 종교 다원주의적 성격을 띤 인물 묘사는 없다.
- 에스라는 다윗과 솔로몬을 매우 중요한 왕으로 여겼다. 따라서 역대기는 포로에서 돌아온 이스라엘의 파괴된 정체성을 회복하고 정립하기 위해서 부정적인 면을 밝히지 않았을 것이다.
- 왕상 3:6의 "일천 번제"는 대하 1:6에 "…천 마리 희생으로 번제를 드렸더라"고 했다.

31일~36일

역대하 2장

성전 건축을 준비하다(왕상 5:1-18)

[1] 솔로몬이 여호와의 이름을 위하여 성전을 건축하고 자기 왕위를 위하여
궁궐 건축하기를 결심하니라 [2] 솔로몬이 이에 짐꾼 칠만 명과 산에서 돌
을 떠낼 자 팔만 명과 일을 감독할 자 삼천 육백 명을 뽑고 [3] 솔로몬이 사
절을 두로 왕 후람에게 보내어 이르되 당신이 전에 내 아버지 다윗에게
백향목을 보내어 그가 거주하실 궁궐을 건축하게 한 것 같이 내게도 그리
하소서 [4] 이제 내가 나의 하나님 여호와의 이름을 위하여 성전을 건축하
여 구별하여 드리고 주 앞에서 향 재료를 사르며 항상 떡을 차려 놓으며
안식일과 초하루와 우리 하나님 여호와의 절기에 아침 저녁으로 번제를
드리려 하오니 이는 이스라엘의 영원한 규례니이다 [5] 내가 건축하고자 하
는 성전은 크니 우리 하나님은 모든 신들보다 크심이라 [6] 누가 능히 하나
님을 위하여 성전을 건축하리요 하늘과 하늘들의 하늘이라도 주를 용납하지 못하겠거든 내가 누구이기에 어찌
능히 그를 위하여 성전을 건축하리요 그 앞에 분향하려 할 따름이니이다 [7] 이제 청하건대 당신은 금, 은, 동, 철로
제조하며 자색 홍색 청색 실로 직조하며 또 아로새길 줄 아는 재주 있는 사람 하나를 내게 보내어 내 아버지 다
윗이 유다와 예루살렘에서 준비한 나의 재주 있는 사람들과 함께 일하게 하고 [8] 또 레바논에서 백향목과 잣나무
와 백단목을 내게로 보내소서 내가 알거니와 당신의 종은 레바논에서 벌목을 잘 하나니 내 종들이 당신의 종들
을 도울지라 [9] 이와 같이 나를 위하여 재목을 많이 준비하게 하소서 내가 건축하려 하는 성전은 크고 화려할 것

❖ 대하 1~9장은 열왕기상 1~11장의 솔로몬 기사의 중복이다.
열왕기상에서 공부한 솔로몬을 복습하는 마음으로 읽어라.

학습 자료 34-1
"열왕기기와 역대기 대조표" 참조

☞ 역대기의 솔로몬 생애는 성전을 중심으로 한 생애다. 그가 말년에 하나님을 떠나게 되는 것에 관해서는 기록을 생략한다. 솔로몬은 성전을 세우는 위대한 업적을 세운 왕임을 부각한다. 성전은 구약적 삶의 중심지였다. 신명기의 장소(공간, 땅)의 중요성을 반영하는 것이다.

⇒ 열왕기의 기사와 역대기의 기사내용의 차이가 무엇인지를 찾아보는 것도 좋은 공부가 될 것이다.

이니이다 10 내가 당신의 벌목하는 종들에게 찧은 밀 이만 고르와 보리 이
만 고르와 포도주 이만 밧과 기름 이만 밧을 주리이다 하였더라 11 두로
왕 후람이 솔로몬에게 답장하여 이르되 여호와께서 자기 백성을 사랑하
시므로 당신을 세워 그들의 왕을 삼으셨도다 12 후람이 또 이르되 천지를
지으신 이스라엘의 하나님 여호와는 송축을 받으실지로다 다윗 왕에게
지혜로운 아들을 주시고 명철과 총명을 주시사 능히 여호와를 위하여 성
전을 건축하고 자기 왕위를 위하여 궁궐을 건축하게 하시도다 13 내가 이
제 재주 있고 총명한 사람을 보내오니 전에 내 아버지 후람에게 속하였던
자라 14 이 사람은 단의 여자들 중 한 여인의 아들이요 그의 아버지는 두
로 사람이라 능히 금, 은, 동, 철과 돌과 나무와 자색 청색 홍색 실과 가는 베로 일을 잘하며 또 모든 아로새기는
일에 익숙하고 모든 기묘한 양식에 능한 자이니 그에게 당신의 재주 있는 사람들과 당신의 아버지 내 주 다윗의
재주 있는 사람들과 함께 일하게 하소서 15 내 주께서 말씀하신 밀과 보리와 기름과 포도주는 주의 종들에게 보
내소서 16 우리가 레바논에서 당신이 쓰실 만큼 벌목하여 떼를 엮어 바다에 띄워 욥바로 보내리니 당신은 재목
들을 예루살렘으로 올리소서 하였더라

대하 2:5-6 솔로몬의 성전관

그는 이방의 신전처럼 유형적 처소에 하나님을 가두어 두기 위해서가 아닌 다만 하나님의 임재의 상징으로서의 성전을 강조하고 있다(6절). 이는 하나님을 섬김에 있어서 하나님의 품성과 존재를 바로 알고 행했음을 보여 주는 것이다. 여기서 우리는 하나님을 섬김에 있어서 그분의 존재와 품성과 뜻을 바로 알아야만 참믿음이 될 수 있다는 구속사적 교훈을 얻는다.

31일~
36일

성전 건축 시작(왕상 6:1-38)

17 전에 솔로몬의 아버지 다윗이 이스라엘 땅에 사는 이방 사람들을 조사
하였더니 이제 솔로몬이 다시 조사하매 모두 십오만 삼천 육백 명이라 18
그 중에서 칠만 명은 짐꾼이 되게 하였고 팔만 명은 산에서 벌목하게 하
였고 삼천 육백 명은 감독으로 삼아 백성들에게 일을 시키게 하였더라

역대하 3장

1 솔로몬이 예루살렘 모리아 산에 여호와의 전 건축하기를 시작하니 그
곳은 전에 여호와께서 그의 아버지 다윗에게 나타나신 곳이요 여부스 사
람 오르난의 타작 마당에 다윗이 정한 곳이라 2 솔로몬이 왕위에 오른 지
넷째 해 둘째 달 둘째 날 건축을 시작하였더라 3 솔로몬이 하나님의 전을
위하여 놓은 지대는 이러하니 옛날에 쓰던 자로 길이가 육십 규빗이요 너
비가 이십 규빗이며 4 그 성전 앞에 있는 낭실의 길이가 성전의 너비와 같
이 이십 규빗이요 높이가 백이십 규빗이니 안에는 순금으로 입혔으며 5 그
대전 천장은 잣나무로 만들고 또 순금으로 입히고 그 위에 종려나무와
사슬 형상을 새겼고 6 또 보석으로 성전을 꾸며 화려하게 하였으니 그 금
은 바르와임 금이며 7 또 금으로 성전과 그 들보와 문지방과 벽과 문짝에
입히고 벽에 그룹들을 아로새겼더라 8 또 지성소를 지었으니 성전 넓이대
로 길이가 이십 규빗이요 너비도 이십 규빗이라 순금 육백 달란트로 입혔
으니 9 못 무게가 금 오십 세겔이요 다락들도 금으로 입혔더라 10 지성소
안에 두 그룹의 형상을 새겨 만들어 금으로 입혔으니 11 두 그룹의 날개
길이가 모두 이십 규빗이라 왼쪽 그룹의 한 날개는 다섯 규빗이니 성전 벽
에 닿았고 그 다른 날개도 다섯 규빗이니 오른쪽 그룹의 날개에 닿았으
며 12 오른쪽 그룹의 한 날개도 다섯 규빗이니 성전 벽에 닿았고 그 다른
날개도 다섯 규빗이니 왼쪽 그룹의 날개에 닿았으며 13 이 두 그룹이 편
날개가 모두 이십 규빗이라 그 얼굴을 내전으로 향하여 서 있으며 14 청색

대하 3장

학습 자료 34-2 "예루살렘 성전" 참조

❖ 대하 3장

성전의 본질은 하나님의 임재를 상징하는 처소였던 바 이의 준공은 이제 이스라엘이 세운 신정 왕국 가운데 하나님이 온전히 임재하심을 결정적으로 상징하여 이스라엘이 진정한 의미에서 신정 왕국으로 완성됨을 나타내는 획기적 사건이었다. 이는 훗날 세상 중에 거하러 오신 2위 하나님으로서 결국 성전이 예표한 실체인 그리스도의 강림과 나아가 개별 성도의 영혼에 성령이 임재하여 내주하실 것의 구속사적 예표였다.

⇒ 모리아 산은 아브라함이 이삭을 제물로 바치려 했든 산이고, 다윗이 인구 조사 때문에 징벌을 받자, 아라우나 타작마당을 구입하여 제사를 드린 곳과 동일하다고 믿는다.

☞ 아브라함이 그 아들 이삭을 바치려 했던 모리아 산은 하나님을 향한 성도의 자기희생적 헌신과 전적 신뢰, 그리고 성도를 향한 하나님의 구원 역사가 아름답게 어우러진 곳이다. 또한 '여호와 이레'의 산인(창 22:9-14) 이곳에서 다윗 역시 이스라엘에 임한 재앙을 멈추기 위해 단을 쌓았고(대상 21:18-25), 솔로몬이 여기에 성전을 건축하기에 이른 것이다. 이러한 사실은 솔로몬의 성전이 성도의 모든 길을 예비하시는 하나님의 사랑과 택한 백성에 대한 하나님의 긍휼하심이 단적으로 드러난 곳에 세워졌음을 상징한다. 아울러 이곳이 아브라함의 제사처럼 하나님께 신령과 진리로 예배드리는 곳임을 강조하고 있다(요 4:20-24).

자색 홍색 실과 고운 베로 휘장문을 짓고 그 위에 그룹의 형상을 수놓았더라

두 기둥(왕상 7:15-22)

15 성전 앞에 기둥 둘을 만들었으니 높이가 삼십오 규빗이요 각 기둥 꼭대기의 머리가 다섯 규빗이라 16 성소 같
이 사슬을 만들어 그 기둥 머리에 두르고 석류 백 개를 만들어 사슬에 달았으며 17 그 두 기둥을 성전 앞에 세웠
으니 왼쪽에 하나요 오른쪽에 하나라 오른쪽 것은 야긴이라 부르고 왼쪽 것은 보아스라 불렀더라

역대하 4장

성전 안에 있는 물건들(왕상 7:23-51)

1 솔로몬이 또 놋으로 제단을 만들었으니 길이가 이십 규빗이요 너비가
이십 규빗이요 높이가 십 규빗이며 2 또 놋을 부어 바다를 만들었으니
지름이 십 규빗이요 그 모양이 둥글며 그 높이는 다섯 규빗이요 주위는
삼십 규빗 길이의 줄을 두를 만하며 3 그 가장자리 아래에는 돌아가며
소 형상이 있는데 각 규빗에 소가 열 마리씩 있어서 바다 주위에 둘렸으
니 그 소는 바다를 부어 만들 때에 두 줄로 부어 만들었으며 4 그 바다
를 놋쇠 황소 열두 마리가 받쳤으니 세 마리는 북쪽을 향하였고 세 마
리는 서쪽을 향하였고 세 마리는 남쪽을 향하였고 세 마리는 동쪽을 향
하였으며 바다를 그 위에 놓았고 소의 엉덩이는 다 안으로 향하였으며
5 바다의 두께는 한 손 너비만 하고 그 둘레는 잔 둘레와 같이 백합화의
모양으로 만들었으니 그 바다에는 삼천 밧을 담겠으며 6 또 물두멍 열
개를 만들어 다섯 개는 오른쪽에 두고 다섯 개는 왼쪽에 두어 씻게 하되 번제에 속한 물건을 거기서 씻게 하
였으며 그 바다는 제사장들이 씻기 위한 것이더라 7 또 규례대로 금으로 등잔대 열 개를 만들어 내전 안에 두
었으니 왼쪽에 다섯 개요 오른쪽에 다섯 개이며 8 또 상 열 개를 만들어 내전 안에 두었으니 왼쪽에 다섯 개
요 오른쪽에 다섯 개이며 또 금으로 대접 백 개를 만들었고 9 또 제사장의 뜰과 큰 뜰과 뜰 문을 만들고 그 문
짝에 놋을 입혔고 10 그 바다는 성전 오른쪽 동남방에 두었더라 11 후람이 또 솥과 부삽과 대접을 만들었더라
이와 같이 후람이 솔로몬 왕을 위하여 하나님의 성전에서 할 일을 마쳤으니 12 곧 기둥 둘과 그 기둥 꼭대기의
공 같은 머리 둘과 또 기둥 꼭대기의 공 같은 기둥 머리를 가리는 그물 둘과 13 또 그 그물들을 위하여 만든 각
그물에 두 줄씩으로 기둥 위의 공 같은 두 머리를 가리는 석류 사백 개와 14 또 받침과 받침 위의 물두멍과 15
한 바다와 그 바다 아래에 소 열두 마리와 16 솥과 부삽과 고기 갈고리와 여호와의 전의 모든 그릇들이라 후
람의 아버지가 솔로몬 왕을 위하여 빛나는 놋으로 만들 때에 17 왕이 요단 평지에서 숙곳과 스레다 사이의 진
흙에 그것들을 부어 내었더라 18 이와 같이 솔로몬이 이 모든 기구를 매우 많이 만들었으므로 그 놋 무게를 능
히 측량할 수 없었더라 19 솔로몬이 또 하나님의 전의 모든 기구를 만들었으니 곧 금 제단과 진설병 상들과 20
지성소 앞에서 규례대로 불을 켤 순금 등잔대와 그 등잔이며 21 또 순수한 금으로 만든 꽃과 등잔과 부젓가락
이며 22 또 순금으로 만든 불집게와 주발과 숟가락과 불 옮기는 그릇이며 또 성전 문 곧 지성소의 문과 내전
의 문을 금으로 입혔더라

❖ 대하 4장

성전 제사의 각종 예전(禮典)에 필요한 기명 제작이 완료됨으로써 성전은 명실상부하게 완성이 되었다고 볼 수 있다. 성전에서 집행되는 제사란 결국 죄인이 자기 죄를 고백하고 희생 제물을 바치고 대신 하나님께 용서받는 구속 역할을 예표 하던 것이었다.

아무리 화려하고 완벽한 기명들이었다 해도 그것은 제사 도구에 불과한 것이지 결코 제사 자체가 아니다. 따라서 제사 드리는 자의 신령과 진리가 가미되지 않으면 아무 의미가 없는 것이다. 이것은 영적으로 신약 시대의 예배 및 교회의 각종 제도의 형식에 참으로 진정한 성도의 신령한 경배와 헌신이 가미되지 않으면 아무런 의미가 없는 외적 형식에 불과한 것과 일맥상통한다.

역대하 5장

1 솔로몬이 여호와의 전을 위하여 만드는 모든 일을 마친지라 이에 솔로몬이 그의 아버지 다윗이 드린 은과 금과
모든 기구를 가져다가 하나님의 전 곳간에 두었더라

언약궤를 성전으로 옮기다(왕상 8:1-9)

2 이에 솔로몬이 여호와의 언약궤를 다윗 성 곧 시온에서부터 메어 올리고자 하여 이스라엘 장로들과 모든 지파

의 우두머리 곧 이스라엘 자손의 족장들을 다 예루살렘으로 소집하니 3
일곱째 달 절기에 이스라엘 모든 사람이 다 왕에게로 모이고 4 이스라엘
장로들이 이르매 레위 사람들이 궤를 메니라 5 궤와 회막과 장막 안에 모
든 거룩한 기구를 메고 올라가되 레위인 제사장들이 그것들을 메고 올라
가매 6 솔로몬 왕과 그 앞에 모인 모든 이스라엘 회중이 궤 앞에서 양과
소로 제사를 드렸으니 그 수가 많아 기록할 수도 없고 셀 수도 없었더라 7
제사장들이 여호와의 언약궤를 그 처소로 메어 들였으니 곧 본전 지성소
그룹들의 날개 아래라 8 그룹들이 궤 처소 위에서 날개를 펴서 궤와 그 채
를 덮었는데 9 그 채가 길어서 궤에서 나오므로 그 끝이 본전 앞에서 보이
나 밖에서는 보이지 아니하며 그 궤가 오늘까지 그 곳에 있으며 10 궤 안
에는 두 돌판 외에 아무것도 없으니 이것은 이스라엘 자손이 애굽에서 나
온 후 여호와께서 그들과 언약을 세우실 때에 모세가 호렙에서 그 안에
넣은 것이더라

여호와의 영광

11 이 때에는 제사장들이 그 반열대로 하지 아니하고 스스로 정결하게 하
고 성소에 있다가 나오매 12 노래하는 레위 사람 아삽과 헤만과 여두둔과
그의 아들들과 형제들이 다 세마포를 입고 제단 동쪽에 서서 제금과 비
파와 수금을 잡고 또 나팔 부는 제사장 백이십 명이 함께 서 있다가 13 나
팔 부는 자와 노래하는 자들이 일제히 소리를 내어 여호와를 찬송하며 감
사하는데 나팔 불고 제금 치고 모든 악기를 울리며 소리를 높여 여호와를
찬송하여 이르되 선하시도다 그의 자비하심이 영원히 있도다 하매 그 때
에 여호와의 전에 구름이 가득한지라 14 제사장들이 그 구름으로 말미암
아 능히 서서 섬기지 못하였으니 이는 여호와의 영광이 하나님의 전에 가
득함이었더라

역대하 6장

솔로몬의 축복(왕상 8:12-21)

1 그 때에 솔로몬이 이르되 여호와께서 캄캄한 데 계시겠다 말씀하셨사
오나 2 내가 주를 위하여 거하실 성전을 건축하였사오니 주께서 영원히
계실 처소로소이다 하고 3 얼굴을 돌려 이스라엘 온 회중을 위하여 축복
하니 그 때에 이스라엘의 온 회중이 서 있더라 4 왕이 이르되 이스라엘 하
나님 여호와를 송축할지로다 여호와께서 그의 입으로 내 아버지 다윗에
게 말씀하신 것을 이제 그의 손으로 이루셨도다 이르시기를 5 내가 내 백
성을 애굽 땅에서 인도하여 낸 날부터 내 이름을 둘 만한 집을 건축하기
위하여 이스라엘 모든 지파 가운데서 아무 성읍도 택하지 아니하였으며
내 백성 이스라엘의 주권자가 될 사람을 아무도 택하지 아니하였더니 6
예루살렘을 택하여 내 이름을 거기 두고 또 다윗을 택하여 내 백성 이스
라엘을 다스리게 하였노라 하신지라 7 내 아버지 다윗이 이스라엘의 하나님 여호와의 이름을 위하여 성전을 건
축할 마음이 있었더니 8 여호와께서 내 아버지 다윗에게 이르시되 네가 내 이름을 위하여 성전을 건축할 마음이
있으니 이 마음이 네게 있는 것이 좋도다 9 그러나 너는 그 성전을 건축하지 못할 것이요 네 허리에서 나올 네 아

❖ 대하 5장
언약궤는 법궤 그리고 증거궤로 불린다. 이것은 이스라엘 백성이 시내 산에서 하나님과 언약을 맺고 하나님이 두 돌비에 기록하여 주신 십계명을 넣은 궤이다. 이는 하나님이 백성 중에 임재하시어 역사하심을 증거하는 결정적 상징으로서 여호와께 제사 드리는 처소인 성소 또 성전이 갖추어야 할 가장 필수적 요소였다. 더욱이 이 날 안치된 언약궤는 이미 출애굽 광야 시대 모세에 의하여 제작되었던 것으로서 이 솔로몬 성전의 전신이었던 모세 성막에 보관되던 것이었다. 따라서 이처럼 성전에 필수적인 법궤를 그것도 모세 시대 때부터 전승되던 법궤를 이제 새 성전에 안치하는 것은 지금 새로 지은 이 성전이 하나님과의 언약과 과거 이스라엘 조상의 신앙을 계승한다는 것을 보여 주는 즉 새 성전의 정통성을 확인하고 고백하는 행위였다.

대하 5:12, 13 레위인 찬양대

❖ 대하 6장 **솔로몬의 기도**
그는 무엇보다도 다윗 언약에 근거하여 다윗 왕가와 선민 이스라엘을 위한 축복을 계속 유지해 주시다가 이를 마침내 성취해 주실 것을 기도하고 있다. 이것은 결국 인간의 궁극적인 축복과 구원은 하나님의 언약과 그 성취로만 가능함을 보여 준다. 그리고 우리가 다른 그 무엇보다 먼저 여기 다윗 언약 등 성경의 모든 언약이 궁극적으로 지향하는 우리의 천국 구원을 위하여 기도해야 한다는 구속사적 교훈을 깨닫게 한다. 다음으로 그는 성전에서 기도드리는 자는 이제부터 누구든지 그 응답을 받게 해달라고 기도드리고 있다. 여기에는 자신의 사욕(私慾)이 아니라 이스라엘 백성들의 유익을 먼저 간구하는, 즉 백성을 사랑하는 왕으로서 면모를 볼 수 있다.

들 그가 내 이름을 위하여 성전을 건축하리라 하시더니 10 이제 여호와께서 말씀하신 대로 이루셨도다 내가 여
호와께서 말씀하신 대로 내 아버지 다윗을 대신하여 일어나 이스라엘 왕위에 앉고 이스라엘의 하나님 여호와의
이름을 위하여 성전을 건축하고 11 내가 또 그 곳에 여호와께서 이스라엘 자손과 더불어 세우신 언약을 넣은 궤
를 두었노라 하니라

솔로몬의 기도(왕상 8:22-53)

12 솔로몬이 여호와의 제단 앞에서 이스라엘의 모든 회중과 마주 서서 그의 손을 펴니라 13 솔로몬이 일찍이 놋으
로 대를 만들었으니 길이가 다섯 규빗이요 너비가 다섯 규빗이요 높이가 세 규빗이라 뜰 가운데에 두었더니 그가
그 위에 서서 이스라엘의 모든 회중 앞에서 무릎을 꿇고 하늘을 향하여 손을 펴고 14 이르되 이스라엘의 하나님
여호와여 천지에 주와 같은 신이 없나이다 주께서는 온 마음으로 주의 앞에서 행하는 주의 종들에게 언약을 지키
시고 은혜를 베푸시나이다 15 주께서 주의 종 내 아버지 다윗에게 허락하신 말씀을 지키시되 주의 입으로 말씀하
신 것을 손으로 이루심이 오늘과 같으니이다 16 이스라엘의 하나님 여호와여 주께서 주의 종 내 아버지 다윗에게
말씀하시기를 네 자손이 그들의 행위를 삼가서 네가 내 앞에서 행한 것 같이 내 율법대로 행하기만 하면 네게로
부터 나서 이스라엘 왕위에 앉을 사람이 내 앞에서 끊어지지 아니하리라 하셨사오니 이제 다윗을 위하여 그 허락
하신 말씀을 지키시옵소서 17 그런즉 이스라엘 하나님 여호와여 원하건대 주는 주의 종 다윗에게 하신 말씀이 확
실하게 하옵소서 18 하나님이 참으로 사람과 함께 땅에 계시리이까 보소서
하늘과 하늘들의 하늘이라도 주를 용납하지 못하겠거든 하물며 내가 건축
한 이 성전이오리이까 19 그러나 나의 하나님 여호와여 주의 종의 기도와
간구를 돌아보시며 주의 종이 주 앞에서 부르짖는 것과 비는 기도를 들으시옵소서 20 주께서 전에 말씀하시기를
내 이름을 거기에 두리라 하신 곳 이 성전을 향하여 주의 눈이 주야로 보시오며 종이 이 곳을 향하여 비는 기도를
들으시옵소서 21 주의 종과 주의 백성 이스라엘이 이 곳을 향하여 기도할 때에 주는 그 간구함을 들으시되 주께
서 계신 곳 하늘에서 들으시고 들으시사 사하여 주옵소서 22 만일 어떤 사람이 그의 이웃에게 범죄하므로 맹세시
킴을 받고 그가 와서 이 성전에 있는 주의 제단 앞에서 맹세하거든 23 주는 하늘에서 들으시고 행하시되 주의 종
들을 심판하사 악한 자의 죄를 정하여 그의 행위대로 그의 머리에 돌리시고 공의로운 자를 의롭다 하사 그 의로
운 대로 갚으시옵소서 24 만일 주의 백성 이스라엘이 주께 범죄하여 적국 앞에 패하게 되므로 주의 이름을 인정
하고 주께로 돌아와서 이 성전에서 주께 빌며 간구하거든 25 주는 하늘에서 들으시고 주의 백성 이스라엘의 죄를
사하시고 그들과 그들의 조상들에게 주신 땅으로 돌아오게 하옵소서 26 만일 그들이 주께 범죄함으로 말미암아
하늘이 닫히고 비가 내리지 않는 주의 벌을 받을 때에 이 곳을 향하여 빌며 주의 이름을 인정하고 그들의 죄에서
떠나거든 27 주께서는 하늘에서 들으사 주의 종들과 주의 백성 이스라엘의 죄를 사하시고 그 마땅히 행할 선한
길을 가르쳐 주시오며 주의 백성에게 기업으로 주신 주의 땅에 비를 내리시옵소서 28 만일 이 땅에 기근이나 전염
병이 있거나 곡식이 시들거나 깜부기가 나거나 메뚜기나 황충이 나거나 적국이 와서 성읍들을 에워싸거나 무슨
재앙이나 무슨 질병이 있거나를 막론하고 29 한 사람이나 혹 주의 온 백성 이스라엘이 다 각각 자기의 마음에 재
앙과 고통을 깨닫고 이 성전을 향하여 손을 펴고 무슨 기도나 무슨 간구를 하거든 30 주는 계신 곳 하늘에서 들으
시며 사유하시되 각 사람의 마음을 아시오니 그의 모든 행위대로 갚으시옵소서 주만 홀로 사람의 마음을 아심이
니이다 31 그리하시면 그들이 주께서 우리 조상들에게 주신 땅에서 사는 동안에 항상 주를 경외하며 주의 길로 걸
어가리이다 32 주의 백성 이스라엘에 속하지 않은 이방인에게 대하여도 그들이 주의 큰 이름과 능한 손과 펴신 팔
을 위하여 먼 지방에서 와서 이 성전을 향하여 기도하거든 33 주는 계신 곳 하늘에서 들으시고 모든 이방인이 주
께 부르짖는 대로 이루사 땅의 만민이 주의 이름을 알고 주의 백성 이스라엘처럼 경외하게 하시오며 또 내가 건
축한 이 성전을 주의 이름으로 일컫는 줄을 알게 하옵소서 34 주의 백성이 그 적국과 더불어 싸우고자 하여 주께
서 보내신 길로 나갈 때에 그들이 주께서 택하신 이 성과 내가 주의 이름을 위하여 건축한 성전 있는 쪽을 향하
여 주께 기도하거든 35 주는 하늘에서 그들의 기도와 간구를 들으시고 그들의 일을 돌보시옵소서 36 주께 범죄하

대하 6:18-21
학습 자료 34-3
"각 시대별 하나님 임재의 주요 양상" 참조

지 아니하는 사람이 없사오니 그들이 주께 범죄하므로 주께서 그들에게 진노하사 그들을 적국에게 넘기시매 적
국이 그들을 사로잡아 땅의 원근을 막론하고 끌고 간 후에 37 그들이 사로잡혀 간 땅에서 스스로 깨닫고 그들을
사로잡은 자들의 땅에서 돌이켜 주께 간구하기를 우리가 범죄하여 패역을 행하며 악을 행하였나이다 하며 38 자
기들을 사로잡아 간 적국의 땅에서 온 마음과 온 뜻으로 주께 돌아와서 주께서 그들의 조상들에게 주신 땅과 주
께서 택하신 성과 내가 주의 이름을 위하여 건축한 성전 있는 쪽을 향하여 기도하거든 39 주는 계신 곳 하늘에서
그들의 기도와 간구를 들으시고 그들의 일을 돌보시오며 주께 범죄한 주의 백성을 용서하옵소서 40 나의 하나님
이여 이제 이곳에서 하는 기도에 눈을 드시고 귀를 기울이소서 41 여호와 하나님이여 일어나 들어가사 주의 능력
의 궤와 함께 주의 평안한 처소에 계시옵소서 여호와 하나님이여 원하옵건대 주의 제사장들에게 구원을 입게 하
시고 또 주의 성도들에게 은혜를 기뻐하게 하옵소서 42 여호와 하나님이여 주의 기름 부음 받은 자에게서 얼굴을
돌리지 마시옵고 주의 종 다윗에게 베푸신 은총을 기억하옵소서 하였더라

역대하 7장

성전 낙성식(왕상 8:62-66)

1 솔로몬이 기도를 마치매 불이 하늘에서부터 내려와서 그 번제물과 제물
들을 사르고 여호와의 영광이 그 성전에 가득하니 2 여호와의 영광이 여
호와의 전에 가득하므로 제사장들이 여호와의 전으로 능히 들어가지 못
하였고 3 이스라엘 모든 자손은 불이 내리는 것과 여호와의 영광이 성전
위에 있는 것을 보고 돌을 깐 땅에 엎드려 경배하며 여호와께 감사하여
이르되 선하시도다 그의 인자하심이 영원하도다 하니라 4 이에 왕과 모든
백성이 여호와 앞에 제사를 드리니 5 솔로몬 왕이 드린 제물이 소가 이만
이천 마리요 양이 십이만 마리라 이와 같이 왕과 모든 백성이 하나님의 전
의 낙성식을 행하니라 6 그 때에 제사장들은 직분대로 모셔 서고 레위 사
람도 여호와의 악기를 가지고 섰으니 이 악기는 전에 다윗이 레위 사람들
에게 여호와께 감사하게 하려고 만들어서 여호와의 인자하심이 영원함
을 찬송하게 하던 것이라 제사장들은 무리 앞에서 나팔을 불고 온 이스라
엘은 서 있더라 7 솔로몬이 또 여호와의 전 앞뜰 가운데를 거룩하게 하고
거기서 번제물과 화목제의 기름을 드렸으니 이는 솔로몬이 지은 놋 제단
이 능히 그 번제물과 소제물과 기름을 용납할 수 없음이더라 8 그 때에 솔
로몬이 칠 일 동안 절기를 지켰는데 하맛 어귀에서부터 애굽 강까지의 온
이스라엘의 심히 큰 회중이 모여 그와 함께 하였더니 9 여덟째 날에 무리
가 한 성회를 여니라 제단의 낙성식을 칠 일 동안 행한 후 이 절기를 칠 일
동안 지키니라 10 일곱째 달 제이십삼일에 왕이 백성을 그들의 장막으로
돌려보내매 백성이 여호와께서 다윗과 솔로몬과 그의 백성 이스라엘에게 베푸신 은혜로 말미암아 기뻐하며 마
음에 즐거워하였더라

❖ 대하 7장 **성전 낙성의 의미**

모세 시대 광야에서 건립했던 이동용 성막이 아닌 고정된 성전까지 갖춤으로써 이스라엘이 종교적으로도 약속의 땅에 온전히 정착하게 되었음을 선포하는 것이었다. 또 사실 이스라엘이 가나안 정복 이후 약속의 땅에 정착하였지만, 여호수아, 사사시대 및 사울 시대 등을 거치면서도 완전한 약속의 땅의 정복자로서의 면모를 제대로 갖추지 못했었던바 이제 솔로몬 때에 이르러 그 면모를 완전히 갖추고 마침내 고정된 성전을 건립한 것은 이스라엘 민족의 영육 간의 완전한 정착을 의미한 것이기도 했다.

그러나 여기에 담긴 더욱 큰 뜻은 오직 이 땅에 임재(臨在)하시는 하나님과 동행할 때만이 참다운 정착과 안식을 할 수 있음을 초막절의 의미와 연결하게 해주는 데 있었다. 이것은 궁극적으로는 그 성전이 예표한 대로 우리 주 예수와 동행할 때만이 구속사의 중심인 천국에서의 영원한 정착과 안식을 할 수 있음을 보여 주는 것이기도 하였다.

여호와께서 다시 솔로몬에게 나타나시다(왕상 9:1-9)

11 솔로몬이 여호와의 전과 왕궁 건축을 마치고 솔로몬의 심중에 여호와의 전과 자기의 궁궐에 그가 이루고자
한 것을 다 형통하게 이루니라 12 밤에 여호와께서 솔로몬에게 나타나사 그에게 이르시되 내가 이미 네 기도를
듣고 이 곳을 택하여 내게 제사하는 성전을 삼았으니 13 혹 내가 하늘을 닫고 비를 내리지 아니하거나 혹 메뚜
기들에게 토산을 먹게 하거나 혹 전염병이 내 백성 가운데에 유행하게 할 때에 14 내 이름으로 일컫는 내 백성
이 그들의 악한 길에서 떠나 스스로 낮추고 기도하여 내 얼굴을 찾으면 내가 하늘에서 듣고 그들의 죄를 사하

고 그들의 땅을 고칠지라 15 이제 이 곳에서 하는 기도에 내가 눈을 들고
귀를 기울이리니 16 이는 내가 이미 이 성전을 택하고 거룩하게 하여 내
이름을 여기에 영원히 있게 하였음이라 내 눈과 내 마음이 항상 여기에
있으리라 17 네가 만일 내 앞에서 행하기를 네 아버지 다윗이 행한 것과
같이 하여 내가 네게 명령한 모든 것을 행하여 내 율례와 법규를 지키면
18 내가 네 나라 왕위를 견고하게 하되 전에 내가 네 아버지 다윗과 언약
하기를 이스라엘을 다스릴 자가 네게서 끊어지지 아니하리라 한 대로 하
리라 19 그러나 너희가 만일 돌아서서 내가 너희 앞에 둔 내 율례와 명령
을 버리고 가서 다른 신들을 섬겨 그들을 경배하면 20 내가 너희에게 준
땅에서 그 뿌리를 뽑아내고 내 이름을 위하여 거룩하게 한 이 성전을 내
앞에서 버려 모든 민족 중에 속담거리와 이야깃거리가 되게 하리니 21 이
성전이 비록 높을지라도 그리로 지나가는 자마다 놀라 이르되 여호와께서 무슨 까닭으로 이 땅과 이 성전에 이
같이 행하셨는고 하면 22 대답하기를 그들이 자기 조상들을 애굽 땅에서 인도하여 내신 자기 하나님 여호와를
버리고 다른 신들에게 붙잡혀서 그것들을 경배하여 섬기므로 여호와께서 이 모든 재앙을 그들에게 내리셨다
하리라 하셨더라

> 대하 7:17-22 분열 왕국의 각 왕들의 평가 기준을 보여 준다.
> 1. 다윗 왕 같았는가?
> 2. 우상을 숭배했는가?
> 이 두 가지가 다 충족될 때 그 왕은 선한 왕, 그렇지 않으면 악한 왕으로 분류된다. 이들은 하나님의 신정 국가의 왕으로서 하나님을 대리하는 통치자이기 때문에 정치, 경제, 사회적인 치적으로 평가하는 것이 아니고 영적 통치가 기준이 된다.

대하 7:19-22
학습 자료 34-4 "성막 및 성전의 본질 이해" 참조

31일~36일

역대하 8장

솔로몬의 업적(왕상 9:10-28)

1 솔로몬이 여호와의 전과 자기의 궁궐을 이십 년 동안에 건축하기를 마
치고 2 후람이 솔로몬에게 되돌려 준 성읍들을 솔로몬이 건축하여 이스
라엘 자손에게 거기에 거주하게 하니라 3 솔로몬이 가서 하맛소바를 쳐서
점령하고 4 또 광야에서 다드몰을 건축하고 하맛에서 모든 국고성들을 건
축하고 5 또 윗 벧호론과 아랫 벧호론을 건축하되 성벽과 문과 문빗장이
있게 하여 견고한 성읍으로 만들고 6 또 바알랏과 자기에게 있는 모든 국
고성들과 모든 병거성들과 마병의 성들을 건축하고 솔로몬이 또 예루살
렘과 레바논과 그가 다스리는 온 땅에 건축하고자 하던 것을 다 건축하
니라 7 이스라엘이 아닌 헷 족속과 아모리 족속과 브리스 족속과 히위 족
속과 여부스 족속의 남아 있는 자 8 곧 이스라엘 자손이 다 멸하지 않았으
므로 그 땅에 남아 있는 그들의 자손들을 솔로몬이 역꾼으로 삼아 오늘
에 이르렀으되 9 오직 이스라엘 자손은 솔로몬이 노예로 삼아 일을 시키
지 아니하였으니 그들은 군사와 지휘관의 우두머리들과 그의 병거와 마
병의 지휘관들이 됨이라 10 솔로몬 왕의 공장을 감독하는 자들이 이백오
십 명이라 그들이 백성을 다스렸더라 11 솔로몬이 바로의 딸을 데리고 다
윗 성에서부터 그를 위하여 건축한 왕궁에 이르러 이르되 내 아내가 이스라엘 왕 다윗의 왕궁에 살지 못하리니
이는 여호와의 궤가 이른 곳은 다 거룩함이니라 하였더라 12 솔로몬이 낭실 앞에 쌓은 여호와의 제단 위에 여호
와께 번제를 드리되 13 모세의 명령을 따라 매일의 일과대로 안식일과 초하루와 정한 절기 곧 일년의 세 절기 무
교절과 칠칠절과 초막절에 드렸더라 14 솔로몬이 또 그의 아버지 다윗의 규례를 따라 제사장들의 반열을 정하여
섬기게 하고 레위 사람들에게도 그 직분을 맡겨 매일의 일과대로 찬송하며 제사장들 앞에서 수종들게 하며 또
문지기들에게 그 반열을 따라 각 문을 지키게 하였으니 이는 하나님의 사람 다윗이 전에 이렇게 명령하였음이라
15 제사장들과 레위 사람들이 국고 일에든지 무슨 일에든지 왕이 명령한 바를 전혀 어기지 아니하였더라 16 솔로

❖ 대하 8장
역대기 저자 에스라는 솔로몬의 업적을 비록 짧은 분량이지만 다양한 측면으로 그것도 긍정적 시각으로 기술하고 있다. 특히 온 이스라엘을 종교적 타락에 물들게 한 근원이었던 바로의 딸과의 정략결혼(11절, 왕상 3:1-3) 까지도 가급적 긍정적 측면에서 언급하고 있다.
사실 솔로몬은 큰 업적에 못지않게 말년의 우상 숭배 및 훗날 자신의 사후에 왕국 분열의 원인이 될 여러 가지 실정(失政)을 자행하는 등 잘못된 점도 많이 갖고 있었다. 그러나 저자는 이를 모두 생략하고 그의 밝은 면만을 보도하고 있다.

> 대하 8:11 솔로몬이 B.C. 966-946년 동안 성진 건축(7년)과 궁전 건축(13년) 모두 20년간 건축 사역을 하였다. 이 외에 결혼한 애굽의 공주를 위한 왕궁을 지었다는 것을 역대기는 강조한다. 이는 이방 공주가 법궤가 있는 성전 가까이 사는 것은 불경스러워서 별도의 궁을 지었다는 것이다.

몬이 여호와의 전의 기초를 쌓던 날부터 준공하기까지 모든 것을 완비하였으므로 여호와의 전 공사가 결점 없이
끝나니라 17 그 때에 솔로몬이 에돔 땅의 바닷가 에시온게벨과 엘롯에 이르렀더니 18 후람이 그의 신복들에게
부탁하여 배와 바닷길을 아는 종들을 보내매 그들이 솔로몬의 종들과 함께 오빌에 이르러 거기서 금 사백오십
달란트를 얻어 솔로몬 왕에게로 가져왔더라

역대하 9장

스바 여왕이 솔로몬을 찾아오다(왕상 10:1-13)

1 스바 여왕이 솔로몬의 명성을 듣고 와서 어려운 질문으
로 솔로몬을 시험하고자 하여 예루살렘에 이르니 매우
많은 시종들을 거느리고 향품과 많은 금과 보석을 낙
타에 실었더라 그가 솔로몬에게 나아와 자기 마음에
있는 것을 다 말하매 2 솔로몬이 그가 묻는 말에 다
대답하였으니 솔로몬이 몰라서 대답하지 못한 것이 없었더라 3 스바 여
왕이 솔로몬의 지혜와 그가 건축한 궁과 4 그의 상의 음식물과 그의 신
하들의 좌석과 그의 신하들이 도열한 것과 그들의 공복과 술 관원들과
그들의 공복과 여호와의 전에 올라가는 층계를 보고 정신이 황홀하여 5
왕께 말하되 내가 내 나라에서 당신의 행위와 당신의 지혜에 대하여 들
은 소문이 진실하도다 6 내가 그 말들을 믿지 아니하였더니 이제 와서 본
즉 당신의 지혜가 크다 한 말이 그 절반도 못 되니 당신은 내가 들은 소
문보다 더하도다 7 복되도다 당신의 사람들이여, 복되도다 당신의 이 신
하들이여, 항상 당신 앞에 서서 당신의 지혜를 들음이로다 8 당신의 하나
님 여호와를 송축할지로다 하나님이 당신을 기뻐하시고 그 자리에 올리
사 당신의 하나님 여호와를 위하여 왕이 되게 하셨도다 당신의 하나님
이 이스라엘을 사랑하사 영원히 견고하게 하시려고 당신을 세워 그들의
왕으로 삼아 정의와 공의를 행하게 하셨도다 하고 9 이에 그가 금 백이
십 달란트와 매우 많은 향품과 보석을 왕께 드렸으니 스바 여왕이 솔로
몬 왕께 드린 향품 같은 것이 전에는 없었더라 10 (후람의 신하들과 솔로몬의
신하들도 오빌에서 금을 실어 올 때에 백단목과 보석을 가져온지라 11 왕이 백단목으로 여호와의 전과 왕궁의 층대를 만들고 또 노래
하는 자들을 위하여 수금과 비파를 만들었으니 이같은 것들은 유다 땅에서 전에는 보지 못하였더라) 12 솔로몬 왕이 스바 여왕이
가져온 대로 답례하고 그 외에 또 그의 소원대로 구하는 것을 모두 주니 이에 그가 그의 신하들과 더불어 본국
으로 돌아갔더라

대하 9:1-12 스바의 위치

고대 근동의 교역 중심국이었던 스바는 고대의 사비안 왕국, 즉 오늘날의 예멘일 것으로 추정된다.

솔로몬의 재산과 지혜(왕상 10:14-25)

13 솔로몬의 세입금의 무게가 금 육백육십육 달란트요 14 그 외에 또 무역상과 객상들이 가져온 것이 있고 아라
비아 왕들과 그 나라 방백들도 금과 은을 솔로몬에게 가져온지라 15 솔로몬 왕이 쳐서 늘인 금으로 큰 방패 이백
개를 만들었으니 방패 하나에 든 금이 육백 세겔이며 16 또 쳐서 늘인 금으로 작은 방패 삼백 개를 만들었으니
방패 하나에 든 금이 삼백 세겔이라 왕이 이것들을 레바논 나무 궁에 두었더라 17 왕이 또 상아로 큰 보좌를 만
들고 순금으로 입혔으니 18 그 보좌에는 여섯 층계와 금 발판이 있어 보좌와 이어졌고 앉는 자리 양쪽에는 팔걸
이가 있고 팔걸이 곁에는 사자가 하나씩 섰으며 19 또 열두 사자가 있어 그 여섯 층계 양쪽에 섰으니 어떤 나라에
도 이같이 만든 것이 없었더라 20 솔로몬 왕이 마시는 그릇은 다 금이요 레바논 나무 궁의 그릇들도 다 순금이라
솔로몬의 시대에 은을 귀하게 여기지 아니함은 21 왕의 배들이 후람의 종들과 함께 다시스로 다니며 그 배들이

삼 년에 일 차씩 다시스의 금과 은과 상아와 원숭이와 공작을 실어옴이더라 22 솔로몬 왕의 재산과 지혜가 천하
의 모든 왕들보다 큰지라 23 천하의 열왕이 하나님께서 솔로몬의 마음에 주신 지혜를 들으며 그의 얼굴을 보기
원하여 24 각기 예물을 가지고 왔으니 곧 은 그릇과 금 그릇과 의복과 갑옷과 향품과 말과 노새라 해마다 정한
수가 있었더라 25 솔로몬의 병거 메는 말의 외양간은 사천이요 마병은 만 이천 명이라 병거성에도 두고 예루살렘
왕에게도 두었으며 26 솔로몬이 유브라데 강에서부터 블레셋 땅과 애굽 지경까지의 모든 왕을 다스렸으며 27 왕
이 예루살렘에서 은을 돌 같이 흔하게 하고 백향목을 평지의 뽕나무 같이 많게 하였더라 28 솔로몬을 위하여 애
굽과 각국에서 말들을 가져왔더라

솔로몬이 죽다(왕상 11:41-43)

29 이 외에 솔로몬의 시종 행적은 선지자 나단의 글과 실로 사람 아히야의 예언과 선견자 잇도의 묵시 책 곧 잇도
가 느밧의 아들 여로보암에 대하여 쓴 책에 기록되지 아니하였느냐 30 솔로몬이 예루살렘에서 온 이스라엘을 다
스린 지 사십 년이라 31 솔로몬이 그의 조상들과 함께 자매 그의 아버지 다윗의 성에 장사되고 그의 아들 르호보
암이 대신하여 왕이 되니라

34일차 읽기의 요약

(대하 1~9)

역대기에서는 열왕기와는 달리 이스라엘 나라의 정통성을 남방 유다에게 두고 다윗왕과 그의 후손들 그리고 성전과 예배 중심의 역사를 기록하고 있다. 솔로몬의 40년의 통치 기간 중에서도 성전을 건축한 내용을 중심에 두고 기록한다.

솔로몬은 예루살렘에 성전을 건축하고 본전의 가장 안쪽 지성소 그룹들의 날개 아래에 여호와의 언약궤를 안치한다. 7년에 걸친 성전 건축 후에 솔로몬은 성전 낙성식을 거행하고 회중을 향하여 다윗 언약의 내용을 중심으로 기도했다. 이스라엘이 죄를 범해 하나님께 징계받을지라도 후에 그들이 하나님의 언약을 기억하고 성전으로 돌아와 죄를 자복하고 간구하면 용서해 주시고 회복시켜 주시길 기도한다.

혹 이방인들이라 할지라도 예루살렘 성전을 찾아와 하나님을 찾고 기도하면 그들도 이스라엘 백성들처럼 하나님을 알고 경외하게 해달라고 간구한다. 땅의 모든 족속이 아브라함의 후손들을 통해 복을 받게 되리라는 말씀이 다윗 언약을 지나 솔로몬의 성전 낙성식 기도의 내용 중심에도 계속적으로 이어지고 있다. 실제로 솔로몬이 지은 성전에는 지성소와 성소뿐만 아니라 이방인들도 와서 기도할 수 있는 이방인의 뜰이 있었다.

인위 뚝 · 신위 고!

31일~36일

그러면 어떻게 살 것인가?

☑ 세계관 점검 – 묵상하기 (영상 강의와 교재 내용의 이해를 바탕으로)

역대 하의 메시지로 점검하는 세계관

☑ 축복과 저주의 기준으로서의 신앙

역대기는 다윗 언약에 근거한 선민 역사의 영속성(永續性)을 보여 주어 포로 귀환 시대의 이스라엘 백성들에게 선민의 영광을 회복하는데 박차를 가하기 위하여 기록되었다. 그러한 이유로 저자는 다윗 왕조를 배반한 북이스라엘의 역사를 기록하고 있지 않을 뿐만 아니라 다윗 왕조 왕들의 이야기를 기록하면서도 대개는 부정적인 측면은 생략하고 긍정적인 측면을 부각하여 기록하였다. 그러나 그렇다고 부정적인 측면을 아예 다루지 않은 것은 아니다. 저자는 다윗 왕조의 왕들이 하나님을 경외하고 성전을 중심으로 하여 경건한 삶을 살았을 때는 하나님의 축복을 받아 형통하였지만, 하나님을 배반하고 우상을 섬기는 등의 악행을 저질렀을 때는 예외 없이 하나님의 심판을 받아 위기에 처하는 것은 물론 끝내는 다윗 왕국 자체가 멸망하게 되었음을 기록하고 있다. 이는 하나님께 대한 바른 신앙 여부가 축복과 저주의 기준이 됨을 보여 주어 본서의 일차 독자들인 포로 귀환 시대의 이스라엘 백성들은 물론 오고 오는 모든 세대의 성도들에게 하나님을 경외하고 그의 말씀에 순종하는 삶을 살게 하기 위한 것이다.

☑ 신본주의[신위] 삶

솔로몬의 통치 기사를 보면 모두 9장 가운데 여섯 장 반이 예루살렘 성전 건축과 관련되어 있다. 그리고 그 나머지도 성전 건축 기사를 도입하기 위한 서론이나 성전 건축의 결과로써 기록되었다. 이것이 무엇을 시사하는가? 바로 성도는 개인의 유익과 자기중심의 인본주의 삶[인위]을 버리고 하나님 중심의 신본주의 삶을 살아야 함을 의미하는 것이다. 성도는 한 인간으로서 자기의 유익을 추구하기에 앞서 하나님의 영광을 위해 살도록 지음을 받은 존재이다(사 43:7, 21). 그러므로 성도가 자신을 쳐 복종시켜 하나님께 드리는 것은 당연하며, 그리할 때 진정한 삶의 의미를 찾을 수 있다.

☑ 자기 백성과 함께하시는 하나님

솔로몬은 약 7년간에 걸쳐 성전을 건축하였다. 이러한 성전(Temple)의 본질은 하나님의 임재의 상징적 처소라는 데 있다. 즉 성전은 하나님이 자기 백성과 함께하심을 상징하는 것이다. 하나님은 자기 백성과 함께하기를 기뻐하시는 분이다. 그리하여 자기 백성이 당신의 계명에 순종하기만 하면 늘 그들과 함께하시고 그들을 도우셨다. 그리고 이러한 하나님은 신약 시대에 이르러서는 자기 백성과 늘 함께하시기 위하여 육신을 입고 이 땅에 오셨다· 그분이 바로 임마누엘의 하나님 곧 성육신하신 예수 그리스도이신 것이다. 예수 그리스도는 구속 사역을 완수하시고 승천하셔서 지금은 우리 곁에 계시지 않지만, 대신 하나님과 그리스도의 영이신 성령께서 우리의 몸을 성전으로 삼아 우리 가운데 임재하여 계신다(고전 3:16). 이렇게 하나님은 자기 백성과 함께하기를 기뻐하시는 분이다. 따라서 우리가 하나님의 말씀에 순종하기만 한다면 우리는 하나님의 인도와 보호를 받으며 형통한 삶을 살게 될 것이다.

☑ 하나님 언약의 영원성

하나님은 일찍이 다윗 언약을 통해 다윗의 위를 영원히 보존하여 주실 것을 약속하여 주셨다(대상 17: 12-14). 그리고 하나님은 다윗의 자손에게는 당신의 계명에 순종할 것을 요구하셨다. 그런데 다윗의 자손인 남 유다의 왕들은 하나님의 계명에 불순종하기를 거듭하였다. 그러므로 하나님은 그들을 심판하셨다. 하지만 하나님은 그들을 심판하시는 중에도 다윗 언약을 성실히 이행하시어 그들이 회개하고 돌이키면 그들을 회복시켜 주셨다. 물론 남유다 왕들의 극심한 타락으로 하나님의 심판을 받아 다윗 왕국이 멸망하면서 다윗의 왕권도 단절되는 위기를 맞았다. 사실 세상 나라 중 하나로서의 다윗 왕국의 멸망과 함께 세속적인 의미에서의 다윗 왕권은 이 땅에서 사라지고 말았다. 그러나 하나님은 다윗의 자손으로 영원한 하나님 나라의 영원한 왕이신 메시아(Messiah)가 나게 하심으로 궁극적으로 다윗의 위를 영원히 견고케 하셨다. 이처럼 하나님은 인간의 언약에 대한 불성실에도 불구하고 당신의 언약을 성실하게 지키신다. 바로 여기에 실패를 거듭하는 우리가 하나님의 영원한 천국 약속의 성취를 확신할 수 있는 이유가 있다.

대하 1:14-17 솔로몬의 부와 힘은 무엇보다도 지혜를 먼저 구함으로 하나님을 감동케하여 하나님이 약속으로 주신 것이었다. 그렇다면, 우리는 여호와께 무엇을 구하는가? 혹 솔로몬과는 달리 맹목적으로 부와 힘을 주실 것을 떼쓰고 있지는 않는가? 우리가 먼저 구할 것은 무엇인가? 우리의 기도가 과연 바른 기도인지 자문해 보자. [행 20:24, 골 1:9. 찬송 218(통 369), 333(통 381)]

대하 7:19-22 우상을 숭배하는 행위는 여호와를 떠난다는 행위와도 같다. 당신의 생각과 삶 속에 여호와가 아닌 다른 우선순위가 자리 잡고 있는 것이 있는가? [신 26:15, 갈 5:30. 찬송 22(통 26), 210(통 245)]

☑ 결단기도와 실행하기

약 2:26 **영혼 없는 몸이 죽은 것 같이 행함이 없는 믿음은 죽은 것이니라**
시 119:28 **나의 영혼이 눌림으로 말미암아 녹사오니 주의 말씀대로 나를 세우소서**

31일~36일

한눈에 보는 성경의 핵심 줄거리와 메시지

구약

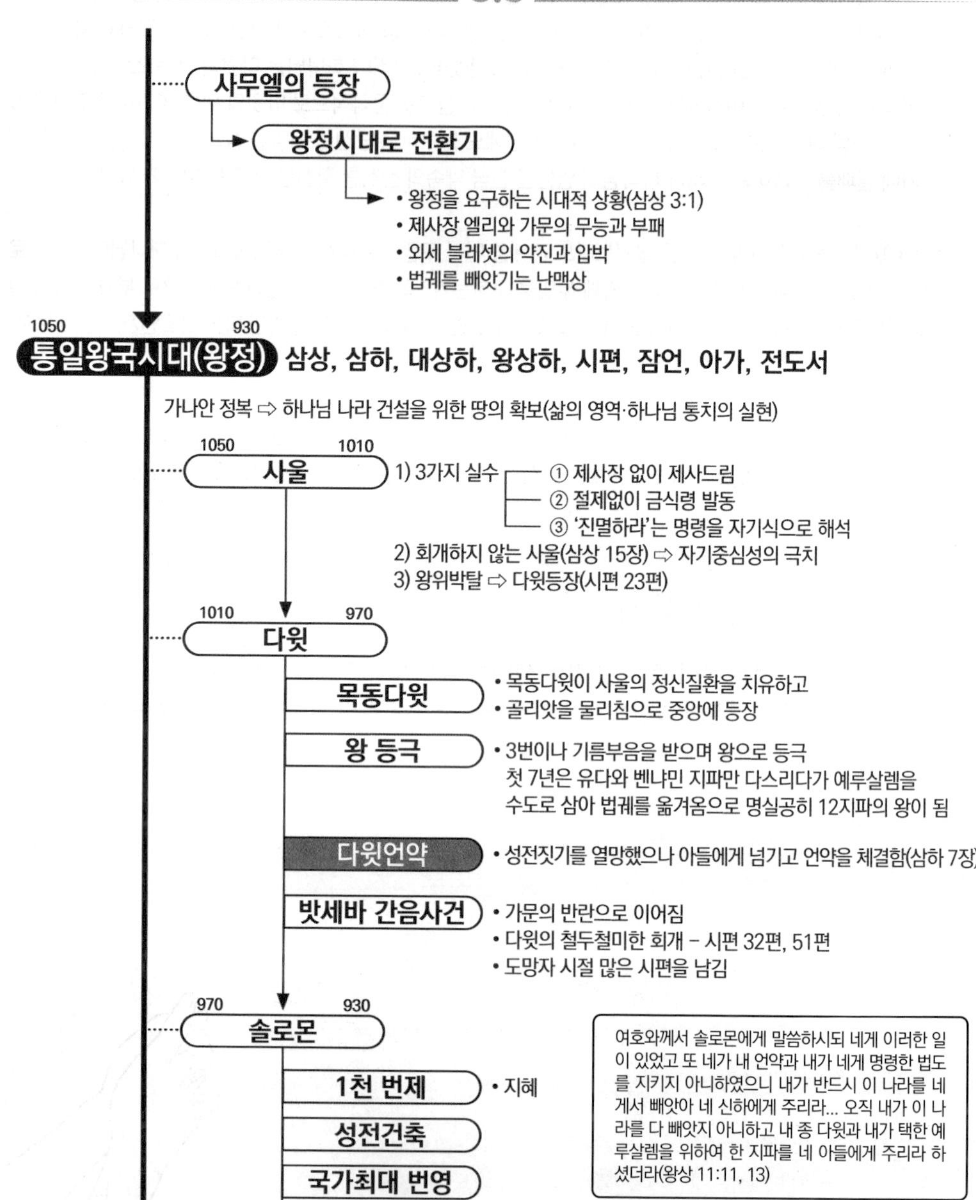

사무엘의 등장
왕정시대로 전환기
• 왕정을 요구하는 시대적 상황(삼상 3:1)
• 제사장 엘리와 가문의 무능과 부패
• 외세 블레셋의 약진과 압박
• 법궤를 빼앗기는 난맥상
1050
930
통일왕국시대(왕정) 삼상, 삼하, 대상하, 왕상하, 시편, 잠언, 아가, 전도서
가나안 정복 ⇨ 하나님 나라 건설을 위한 땅의 확보(삶의 영역·하나님 통치의 실현)
1050
1010
사울
1) 3가지 실수
① 제사장 없이 제사드림
② 절제없이 금식령 발동
③ '진멸하라'는 명령을 자기식으로 해석
2) 회개하지 않는 사울(삼상 15장) ⇨ 자기중심성의 극치
3) 왕위박탈 ⇨ 다윗등장(시편 23편)
1010
970
다윗
목동다윗
• 목동다윗이 사울의 정신질환을 치유하고
• 골리앗을 물리침으로 중앙에 등장
왕 등극
• 3번이나 기름부음을 받으며 왕으로 등극
첫 7년은 유다와 벤냐민 지파만 다스리다가 예루살렘을
수도로 삼아 법궤를 옮겨옴으로 명실공히 12지파의 왕이 됨
다윗언약
• 성전짓기를 열망했으나 아들에게 넘기고 언약을 체결함(삼하 7장)
밧세바 간음사건
• 가문의 반란으로 이어짐
• 다윗의 철두철미한 회개 – 시편 32편, 51편
• 도망자 시절 많은 시편을 남김
970
930
솔로몬
1천 번제
• 지혜
성전건축
국가최대 번영
왕국분열
• (왕상 11:1-13) 우상 숭배와 종교다원주의의 범죄
여호와께서 솔로몬에게 말씀하시되 네게 이러한 일이 있었고 또 네가 내 언약과 내가 네게 명령한 법도를 지키지 아니하였으니 내가 반드시 이 나라를 네게서 빼앗아 네 신하에게 주리라... 오직 내가 이 나라를 다 빼앗지 아니하고 내 종 다윗과 내가 택한 예루살렘을 위하여 한 지파를 네 아들에게 주리라 하셨더라(왕상 11:11, 13)

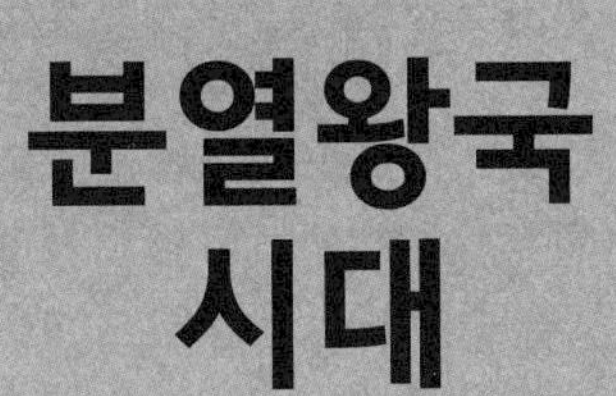

B.C.
931~605

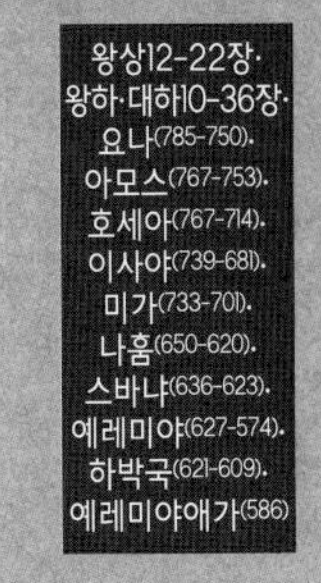

왕상12-22장·
왕하·대하10-36장·
요나(785-750)·
아모스(767-753)·
호세아(767-714)·
이사야(739-681)·
미가(733-701)·
나훔(650-620)·
스바냐(636-623)·
예레미야(627-574)·
하박국(621-609)·
예레미야애가(586)

주요인물 **북왕국 열왕** : 여로보암 / 오므리 / 아합 / 예후 / 여로보암 2세 / 호세아
남왕국 열왕 : 르호보암 / 아사 / 여호사밧 / 웃시야 / 아하스 / 히스기야 / 므낫세 / 요시야 / 여호아김 / 시드기야
선 지 자 : 엘리야 / 미가 / 엘리사
그 외 : 이세벨 / 나아만 / 아달랴 / 아마샤 / 고멜 / 이스르엘 / 로암미 / 바룩 / 그다리야 / 아스마엘 / 요하난

주요사건 이스라엘의 분열 / 북이스라엘이 앗수르에 의해 포로로 끌려감 / 예루살렘이 앗수르의 침공으로부터 구원 받음 / 선지자들의 예언활동 / 새언약을 받음 / 남유다가 바벨론에 의해 포로로 끌려감

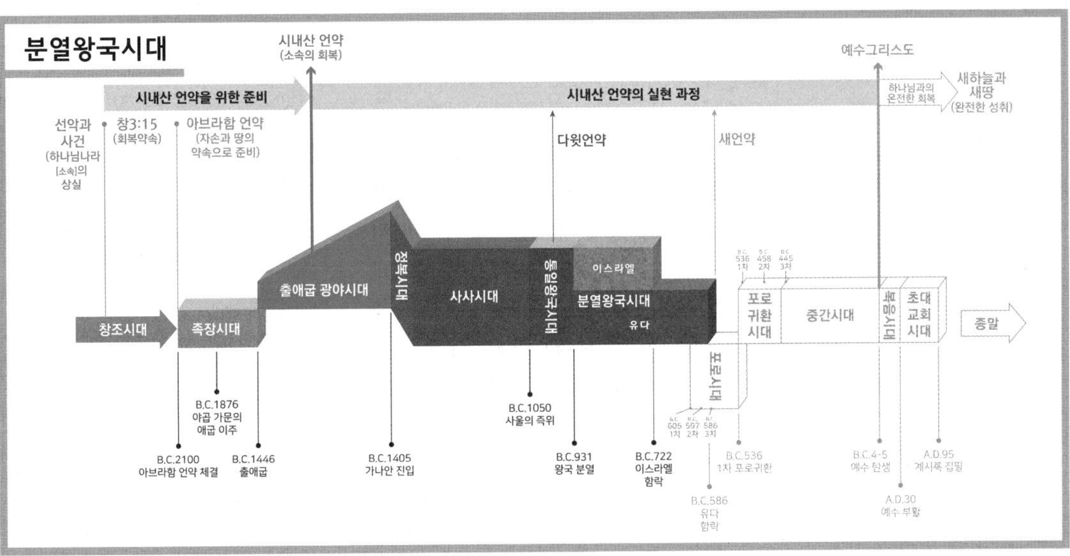

31일~
36일

시대 한눈에 보기

솔로몬은 결국 많은 이방 아내들 때문에 이방 신전이 들어서고 과중한 세금 정책으로 인해 타락하면서 국운이 기울기 시작하며 결국 B.C.931년에 남북 왕국으로 분열된다. 이런 처지를 생각하며 전도서와 아가서는 읽으며, 여로보암이 이끄는 북 왕국은 아예 사마리아에 금송아지 숭배하는 정책으로 돌변하면서 하나님에게 패역한다. 이 시점에서 엘리야와 엘리사가 활동한다.

북 왕국의 왕들은 다 하나님 앞에서 악을 행하는 자들이었다. 그들은 곧 여로보암처럼 우상을 숭배했던 자들 이었다. 이 시대의 배경은 북 왕국의 예후 왕조 하의 타락상을 중심으로 한 이야기이며 이 시대에 요나가 부름을 받고 니느웨에서 예언 활동하며 아모스, 호세아, 이사야, 미가가 북 왕국에서 활동하지만 결국 북 왕국 이스라엘은 앗수르에 의해 멸망하는 비극을 초래하고 하나님 나라의 꿈은 멀어져만 간다.

열왕기상 12장~16장 : 왕국의 분열

35일

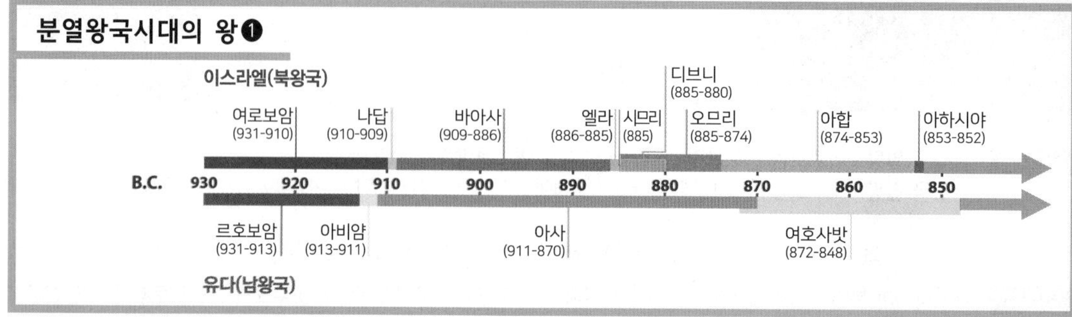

열왕기상 12장

북쪽 지파들의 배반(대하 10:1-19, 여로보암 북 초대 왕 B.C. 931-910)

1 르호보암이 세겜으로 갔으니 이는 온 이스라엘이 그를 왕으로 삼고자
하여 세겜에 이르렀음이더라 2 느밧의 아들 여로보암이 전에 솔로몬 왕
의 얼굴을 피하여 애굽으로 도망하여 있었더니 이제 그 소문을 듣고 여
전히 애굽에 있는 중에 3 무리가 사람을 보내 그를 불렀더라 여로보암과
이스라엘의 온 회중이 와서 르호보암에게 말하여 이르되 4 왕의 아버지
가 우리의 멍에를 무겁게 하였으나 왕은 이제 왕의 아버지가 우리에게
시킨 고역과 메운 무거운 멍에를 가볍게 하소서 그리하시면 우리가 왕을
섬기겠나이다 5 르호보암이 대답하되 갔다가 삼 일 후에 다시 내게로 오
라 하매 백성이 가니라 6 르호보암 왕이 그의 아버지 솔로몬의 생전에 그
앞에 모셨던 노인들과 의논하여 이르되 너희는 어떻게 충고하여 이 백성
에게 대답하게 하겠느냐 7 대답하여 이르되 왕이 만일 오늘 이 백성을 섬
기는 자가 되어 그들을 섬기고 좋은 말로 대답하여 이르시면 그들이 영
원히 왕의 종이 되리이다 하나 8 왕이 노인들이 자문하는 것을 버리고 자
기 앞에 모셔 있는 자기와 함께 자라난 어린 사람들과 의논하여 9 이르되
너희는 어떻게 자문하여 이 백성에게 대답하게 하겠느냐 백성이 내게
말하기를 왕의 아버지가 우리에게 메운 멍에를 가볍게 하라 하였느니라
10 함께 자라난 소년들이 왕께 아뢰어 이르되 이 백성들이 왕께 아뢰기
를 왕의 부친이 우리의 멍에를 무겁게 하였으나 왕은 우리를 위하여 가
볍게 하라 하였은즉 왕은 대답하기를 내 새끼 손가락이 내 아버지의 허
리보다 굵으니 11 내 아버지께서 너희에게 무거운 멍에를 메게 하였으나
이제 나는 너희의 멍에를 더욱 무겁게 할지라 내 아버지는 채찍으로 너
희를 징계하였으나 나는 전갈 채찍으로 너희를 징계하리라 하소서 12 삼
일 만에 여로보암과 모든 백성이 르호보암에게 나아왔으니 이는 왕이
명령하여 이르기를 삼 일 만에 내게로 다시 오라 하였음이라 13 왕이 포학한 말로 백성에게 대답할새 노인의 자
문을 버리고 14 어린 사람들의 자문을 따라 그들에게 말하여 이르되 내 아버지는 너희의 멍에를 무겁게 하였으

❖ B.C. 931 **왕국이 분열하다**
☞ **왕국 분열의 성경 내적 이유**
이스라엘은 야곱의 12 아들을 시조로 하는 열두 지파로 구성된 나라다. 단일 종족이지만 지파로 구성된 공동체적 신정 국가 체제라고 볼 수 있다. 하지만 이들의 결속력은 좋지 않았다. 다윗이 왕이 되었고, 사울이 죽자, 북쪽 열 지파는 다윗을 왕으로 인정하지 않았고, 사울의 장군과 아들을 중심으로 한 사울 정권이 이어지게 되었다. 다윗은 그래서 헤브론에서 첫 7년간을 남쪽 두 지파, 유다와 베냐민 지파만을 다스리는 왕 노릇을 했다.
이런 와중에 솔로몬 치하에서 북쪽 열 지파는 세금과 부역에 과중한 부담을 받았고, 솔로몬의 후계자가 된 아들 르호보암에게 그 부담을 가볍게해 줄 것을 요구했으나 단호하게 거절당한다. 이것이 남 북 왕조가 나누어지게 되는 결정적 계기가 된다. 그러나 실제적 이유는 솔로몬 말기의 영적 타락에 있다. 솔로몬이 이방 처첩들을 만족시켜 주기 위해 그들이 가지고 온 신(神) [종교]을 인정하면서 거룩한 하나님의 땅에 우상들로 가득 차게 만들었던 것은 하나님께서 진노하시기에 충분하다.
솔로몬은 종교 혼합주의자가 된 것이다.
왕상 11장에서 진노하신 하나님이 아히야(선지자)가 자기 옷을 찢어 10조각을 여로보암에게 주는 행위 예언을 하도록 하며 남, 북 왕조의 분열을 예언한다. 그 이유는 솔로몬이 우상 숭배로 돌아섰기 때문이라고 말하고 있다.
남, 북 왕조가 분열되는 것은 순전히 내부의 문제로 인함이지, 외적인 요인은 없다. 주변 국가의 정세에 영향을 받은 흔적은 없다.

나 나는 너희의 멍에를 더욱 무겁게 할지라 내 아버지는 채찍으로 너희
를 징계하였으나 나는 전갈 채찍으로 너희를 징치하리라 하니라 15 왕이
이같이 백성의 말을 듣지 아니하였으니 이 일은 여호와께로 말미암아 난
것이라 여호와께서 전에 실로 사람 아히야로 느밧의 아들 여로보암에
게 하신 말씀을 이루게 하심이더라 16 온 이스라엘이 자기들의 말을 왕
이 듣지 아니함을 보고 왕에게 대답하여 이르되 우리가 다윗과 무슨 관
계가 있느냐 이새의 아들에게서 받을 유산이 없도다 이스라엘아 너희의
장막으로 돌아가라 다윗이여 이제 너는 네 집이나 돌아보라 하고 이스
라엘이 그 장막으로 돌아가니라 17 그러나 유다 성읍들에 사는 이스라엘
자손에게는 르호보암이 그들의 왕이 되었더라 18 르호보암 왕이 역꾼의
감독 아도람을 보냈더니 온 이스라엘이 그를 돌로 쳐죽인지라 르호보암
왕이 급히 수레에 올라 예루살렘으로 도망하였더라 19 이에 이스라엘이
다윗의 집을 배반하여 오늘까지 이르렀더라 20 온 이스라엘이 여로보암
이 돌아왔다 함을 듣고 사람을 보내 그를 공회로 청하여 온 이스라엘의
왕으로 삼았으니 유다 지파 외에는 다윗의 집을 따르는 자가 없으니라

스마야가 여호와의 말씀을 전하다(대하 11:1-4)

21 르호보암이 예루살렘에 이르러 유다 온 족속과 베냐민 지파를 모으
니 택한 용사가 십팔만 명이라 이스라엘 족속과 싸워 나라를 회복하여
솔로몬의 아들 르호보암에게 돌리려 하더니 22 하나님의 말씀이 하나
님의 사람 스마야에게 임하여 이르시되 23 솔로몬의 아들 유다 왕 르호
보암과 유다와 베냐민 온 족속과 또 그 남은 백성에게 말하여 이르기를
24 여호와의 말씀이 너희는 올라가지 말라 너희 형제 이스라엘 자손과
싸우지 말고 각기 집으로 돌아가라 이 일이 나로 말미암아 난 것이라 하
셨다 하라 하신지라 그들이 여호와의 말씀을 듣고 그 말씀을 따라 돌아
갔더라

여로보암이 금송아지를 만들다

25 여로보암이 에브라임 산지에 세겜을 건축하고 거기서 살며 또 거기서
나가서 부느엘을 건축하고 26 그의 마음에 스스로 이르기를 나라가 이제
다윗의 집으로 돌아가리로다 27 만일 이 백성이 예루살렘에 있는 여호와
의 성전에 제사를 드리고자 하여 올라가면 이 백성의 마음이 유다 왕 된
그들의 주 르호보암에게로 돌아가서 나를 죽이고 유다의 왕 르호보암에
게로 돌아가리로다 하고 28 이에 계획하고 두 금송아지를 만들고 무리에
게 말하기를 너희가 다시는 예루살렘에 올라갈 것이 없도다 이스라엘아
이는 너희를 애굽 땅에서 인도하여 올린 너희의 신들이라 하고 29 **하나는
벧엘에 두고 하나는 단에 둔지라** 30 이 일이 죄가 되었으니 이는 백성들
이 단까지 가서 그 하나에게 경배함이더라 31 그가 또 산당들을 짓고 레위
자손 아닌 보통 백성으로 제사장을 삼고 32 여덟째 달 곧 그 달 열다섯째
날로 절기를 정하여 유다의 절기와 비슷하게 하고 제단에 올라가되 벧엘
에서 그와 같이 행하여 그가 만든 송아지에게 제사를 드렸으며 그가 지은
산당의 제사장을 벧엘에서 세웠더라 33 그가 자기 마음대로 정한 달 곧

해설자 주

분열 왕국의 왕들의 재임 기간 연대 표시는 일관되게 일치하는 자료는 없고 1~2년의 차이를 보이는데 그 이유는 특정 자료가 어느 월력을 따랐는가, 그리고 섭정 기간을 포함했는가에 따라 차이가 난다는 사실을 염두에 두는 것이 좋겠다. 본 해설은 다수가 사용하는 표기와 섭정 기간이 포함된 재임기단의 연도를 따랐다.

왕상 12:16-20 이스라엘 왕국의 분열

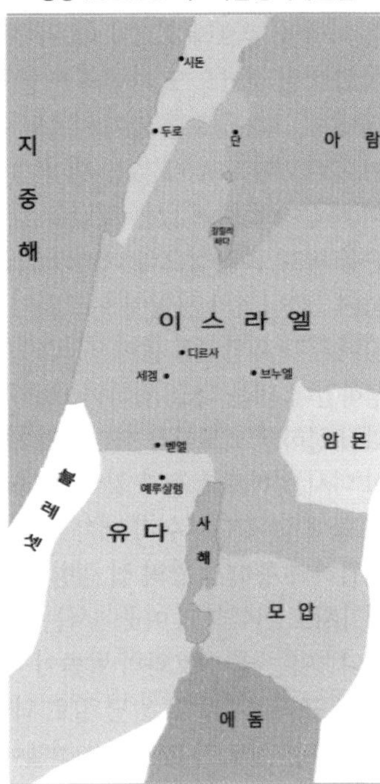

왕상 12:25-33 북 왕국의 탄생

하나님 나라 정통성을 유지하기 위해 신명기의 6가지 기본 가르침 중 공간(중앙 성소)의 중요성을 기억하라.

☞ **신 12:11** "너희 하나님 여호와께서 자기 이름을 두시려고 택하실 그곳으로 내가 명령하는 것을 모두 가지고 갈지니, 곧 너희의 번제와 너희의 희생과 너희의 십일조와 너희 손의 거제와 너희가 여호와께서 원하시는 모든 아름다운 서원물을 가져가고…"

성전이 있는 곳이 하나님의 나라, 이스라엘의 정통성이 있는 곳이라는 말이다. 여로보암이 열 지파를 규합하여 나라를 세웠으나, 성전은 유다 지파가 있는 예루살렘 남 왕국에 있고, 성전 순례자는 의무 때문에 북 왕국 백성들이 남 왕국 유다를 방문해야 하는 상황이 생기게 되었다. 그렇게

여덟째 달 열다섯째 날로 이스라엘 자손을 위하여 절기로 정하고 벧엘에
쌓은 제단에 올라가서 분향하였더라

열왕기상 13장

벧엘 제단 규탄

1 보라 그 때에 하나님의 사람이 여호와의 말씀으로 말미암아 유다에서
부터 벧엘에 이르니 마침 여로보암이 제단 곁에 서서 분향하는지라 2 하
나님의 사람이 제단을 향하여 여호와의 말씀으로 외쳐 이르되 제단아 제
단아 여호와께서 이와 같이 말씀하시기를 다윗의 집에 요시야라 이름하
는 아들을 낳으리니 그가 네 위에 분향하는 산당 제사장을 네 위에서 제
물로 바칠 것이요 또 사람의 뼈를 네 위에서 사르리라 하셨느니라 하고 3
그 날에 그가 징조를 들어 이르되 이는 여호와께서 말씀하신 징조라 제단
이 갈라지며 그 위에 있는 재가 쏟아지리라 하매 4 여로보암 왕이 하나님
의 사람이 벧엘에 있는 제단을 향하여 외쳐 말함을 들을 때에 제단에서
손을 펴며 그를 잡으라 하더라 그를 향하여 편 손이 말라 다시 거두지 못
하며 5 하나님의 사람이 여호와의 말씀으로 보인 징조대로 제단이 갈라
지며 재가 제단에서 쏟아진지라 6 왕이 하나님의 사람에게 말하여 이르되
청하건대 너는 나를 위하여 네 하나님 여호와께 은혜를 구하여 내 손이
다시 성하게 기도하라 하나님의 사람이 여호와께 은혜를 구하니 왕의 손
이 다시 성하도록 전과 같이 되니라 7 왕이 하나님의 사람에게 이르되 나
와 함께 집에 가서 쉬라 내가 네게 예물을 주리라 8 하나님의 사람이 왕께
대답하되 왕께서 왕의 집 절반을 내게 준다 할지라도 나는 왕과 함께 들
어가지도 아니하고 이곳에서는 떡도 먹지 아니하고 물도 마시지 아니하
리니 9 이는 곧 여호와의 말씀이 내게 명령하여 이르시기를 떡도 먹지 말
며 물도 마시지 말고 왔던 길로 되돌아가지 말라 하셨음이니이다 하고 10
이에 다른 길로 가고 자기가 벧엘에 오던 길로 되돌아가지도 아니하니라

벧엘의 늙은 선지자

11 벧엘에 한 늙은 선지자가 살더니 그의 아들들이 와서 이 날에 하나님의
사람이 벧엘에서 행한 모든 일을 그에게 말하고 또 그가 왕에게 하신 말
씀도 그들이 그의 아버지에게 말한지라 12 그의 아버지가 그들에게 이르
되 그가 어느 길로 가더냐 하니 그의 아들들이 유다에서부터 온 하나님의
사람의 간 길을 보았음이라 13 그가 그의 아들들에게 이르되 나를 위하여
나귀에 안장을 지우라 그들이 나귀에 안장을 지우니 그가 타고 14 하나님
의 사람을 뒤따라가서 상수리나무 아래에 앉은 것을 보고 이르되 그대가
유다에서 온 하나님의 사람이냐 대답하되 그러하다 15 그가 그 사람에게
이르되 나와 함께 집으로 가서 떡을 먹으라 16 대답하되 나는 그대와 함
께 돌아가지도 못하겠고 그대와 함께 들어가지도 못하겠으며 내가 이곳
에서 그대와 함께 떡도 먹지 아니하고 물도 마시지 아니하리니 17 이는 여
호와의 말씀이 내게 이르시기를 네가 거기서 떡도 먹지 말고 물도 마시지 말며 또 네가 오던 길로 되돌아가지도
말라 하셨음이로다 18 그가 그 사람에게 이르되 나도 그대와 같은 선지자라 천사가 여호와의 말씀으로 내게 이

되면 여로보암은 북 왕국 10지파에 대한 통치력을 잃게 된다.
그래서 여로보암은 열 지파가 성지 순례차 예루살렘 방문을 막기 위해 벧엘과 단에 그들만의 성전을 세우는데 그것이 여호와의 성전이 아니고, 금송아지를 숭배하는 성전이다. 출 32장이 생각나는가? 그리고 제사장은 반드시 레위족속에서 나와야 하는데 레위가 모두 성전에 있는 예루살렘에 있고, 또 그들이 금송아지를 섬길 수 없으니, 레위가 아닌 일반인을 제사장으로 세우는 실수를 범하게 된다. 이로서 북 왕국은 하나님에 대한 첫 단추를 잘못 끼우는 꼴이 되었고, 722년 앗수르에게 망할 때까지 20여 명의 왕들이 모두 악한 왕으로 규정된다.
성경에서 말하는 악한 왕, 선한 왕의 기준은 다윗 왕이다. 우상 숭배로 돌아서는 왕은 당연히 악한 왕으로 분류된다.

왕상 12:25-33
학습 자료 35-3 "종교의 정치적 이데올로기화" 참조

왕상 12:20-33 남왕국과 북왕국 비교

	남 왕국	북 왕국
국호	유다	이스라엘
초대 왕	르호보암	여로보암
마지막 왕	시드기야	호세아
왕의 수	20명	20명
왕조 수	1왕조	9왕조
정권 교체	네 번의 국왕 시해	대부분 음모암살
선왕여부	8왕은 선함	없음
지파 구성	두 지파	열 지파
수도	예루살렘	사마리아
특성	종교와 정치 중심지가 일치됨	종교와 정치 중심지가 분리됨
개혁여부	아사, 여호사밧, 히스기야, 요시야 왕이 개혁	예후만 부분적인 개혁 단행
멸망	B.C. 586년 바벨론에게	B.C. 722년 앗수르에게
멸망이후	바벨론에서 3차에 걸쳐 포로된 자들이 귀환함	앗수르에서 아무도 돌아오지 못함
비고	345년간 존속 (B.C. 931-586)	209년간 존속 (B.C. 931-722)

르기를 그를 네 집으로 데리고 돌아가서 그에게 떡을 먹이고 물을 마시
게 하라 하였느니라 하니 이는 그 사람을 속임이라 19 이에 그 사람이 그
와 함께 돌아가서 그의 집에서 떡을 먹으며 물을 마시니라 20 그들이 상
앞에 앉아 있을 때에 여호와의 말씀이 그 사람을 데려온 선지자에게 임하
니 21 그가 유다에서부터 온 하나님의 사람을 향하여 외쳐 이르되 여호와
의 말씀에 네가 여호와의 말씀을 어기며 네 하나님 여호와께서 네게 내리
신 명령을 지키지 아니하고 22 돌아와서 여호와가 너더러 떡도 먹지 말고
물도 마시지 말라 하신 곳에서 떡을 먹고 물을 마셨으니 네 시체가 네 조
상들의 묘실에 들어가지 못하리라 하셨느니라 하니라 23 그리고 자기가
데리고 온 선지자가 떡을 먹고 물을 마신 후에 그를 위하여 나귀에 안장
을 지우니라 24 이에 그 사람이 가더니 사자가 길에서 그를 만나 물어 죽
이매 그의 시체가 길에 버린 바 되니 나귀는 그 곁에 서 있고 사자도 그 시
체 곁에 서 있더라 25 지나가는 사람들이 길에 버린 시체와 그 시체 곁에
선 사자를 보고 그 늙은 선지자가 사는 성읍에 가서 말한지라 26 그 사람
을 길에서 데리고 돌아간 선지자가 듣고 말하되 이는 여호와의 말씀을 어
긴 하나님의 사람이로다 여호와께서 그에게 하신 말씀과 같이 여호와께
서 그를 사자에게 넘기시매 사자가 그를 찢어 죽였도다 하고 27 이에 그의
아들들에게 말하여 이르되 나를 위하여 나귀에 안장을 지우라 그들이 안
장을 지우매 28 그가 가서 본즉 그의 시체가 길에 버린 바 되었고 나귀와
사자는 그 시체 곁에 서 있는데 사자가 시체를 먹지도 아니하였고 나귀를
찢지도 아니하였더라 29 늙은 선지자가 하나님의 사람의 시체를 들어 나
귀에 실어 가지고 돌아와 자기 성읍으로 들어가서 슬피 울며 장사하되 30
곧 그의 시체를 자기의 묘실에 두고 오호라 내 형제여 하며 그를 위하여
슬피우니라 31 그 사람을 장사한 후에 그가 그 아들들에게 말하여 이르되
내가 죽거든 하나님의 사람을 장사한 묘실에 나를 장사하되 내 뼈를 그
의 뼈 곁에 두라 32 그가 여호와의 말씀으로 벧엘에 있는 제단을 향하고
또 사마리아 성읍들에 있는 모든 산당을 향하여 외쳐 말한 것이 반드시
이룰 것임이니라

여로보암의 죄

33 여로보암이 이 일 후에도 그의 악한 길에서 떠나 돌이키지 아니하고 다
시 일반 백성을 산당의 제사장으로 삼되 누구든지 자원하면 그 사람을
산당의 제사장으로 삼았으므로 34 이 일이 여로보암 집에 죄가 되어 그 집
이 땅 위에서 끊어져 멸망하게 되니라

왕상 12:25-33 제사장 직분을 침해한 세 왕

이스라엘에서 제사장은 하나님께 드리는 제사 의식을 담당하는 자들이었다. 하나님은 이런 제사장들을 특별히 구별하여 그 누구라도 이들의 직분을 침해할 수 없도록 하셨다. 그런데 이스라엘 왕으로서 주제 넘게도 이 제사장 직분을 침해한 왕들이 있었는데, 다음 도표에서 그 세 왕과 그들의 행위로 인한 하나님의 징계를 살펴보도록 하자.

	행위	결과
사울	길갈에서 사무엘 대신 번제드림 (삼상13:9-14)	사울 왕조가 지속되지 못할 것이라는 경고를 들음
여로보암	벧엘에 단을 쌓고 스스로 분향함 (왕상12:32, 33)	여로보암 왕조가 바아사의 반란으로 멸망 (왕상15:29, 30)
웃시야	여호와의 전에 들어가서 분향함 (대하26:16-21)	문둥병에 걸려 왕위에서 쫓겨나 죽음

❖ 왕상 13장

여로보암의 종교적 실책을 집중 거론한 13장의 기사는 구체적으로는 바로 다윗 언약으로 세운 바 된 예루살렘 성전 이외에 하나님이 그 백성과 만나기로 따로 정하신 성전이 결코 있을 수 없음을 보여 준다. 또한 이는 궁극적으로 예루살렘 성전이 상징하는바 그리스도로 말미암지 아니하고는 결단코 하나님께로 나아갈 수 있는 길이 있을 수 없다는 구속사적 진리를 교훈하는 것이다(요 14:6). 그리고 다윗의 후손인 요시야에 의해 이 벧엘 금송아지 제단이 훼파되리라는 것은 곧 그리스도에 의해 하나님과 그의 백성 사이에 가로막았던 죄의 담이 훼파됨으로써 다시금 하나님과의 관계가 회복될 것을 예시하는 것이다.

❖ 오늘 읽기 범위에 등장하는 왕들

☞ **북 왕국** – 여로보암, 나답, 바아사*구테타*, 엘라, 시므리*7일 천하*, 디브니, 오므리*디브니 통합 오므리 왕조 시작*, 아합*가장 악한 왕*

☞ **남 왕국** – 르호보암, 아비얌, 아사*개혁*

열왕기의 사건들

학습 자료 35-2
"열왕기상의 주요 사건들" 참조

31일~36일

열왕기상 14장

여로보암의 아들의 죽음

1 그 때에 여로보암의 아들 아비야가 병든지라 2 여로보암이 자기 아내에게 이르되 청하건대 일어나 변장하여 사
람들이 그대가 여로보암의 아내임을 알지 못하게 하고 실로로 가라 거기 선지자 아히야가 있나니 그는 이전에
내가 이 백성의 왕이 될 것을 내게 말한 사람이니라 3 그대의 손에 떡 열 개와 과자와 꿀 한 병을 가지고 그에게
로 가라 그가 그대에게 이 아이가 어떻게 될지를 알게 하리라 4 여로보암의 아내가 그대로 하여 일어나 실로로

가서 아히야의 집에 이르니 아히야는 나이가 많아 눈이 어두워 보지 못하더라 5 여호와께서 아히야에게 이르시
되 여로보암의 아내가 자기 아들이 병들었으므로 네게 물으러 오나니 너는 이러이러하게 대답하라 그가 들어올
때에 다른 사람인 체함이니라 6 그가 문으로 들어올 때에 아히야가 그 발소리를 듣고 말하되 여로보암의 아내
여 들어오라 네가 어찌하여 다른 사람인 체하느냐 내가 명령을 받아 흉한 일을 네게 전하리니 7 가서 여로보암에
게 말하라 이스라엘의 하나님 여호와의 말씀이 내가 너를 백성 중에서 들어 내 백성 이스라엘의 주권자가 되게
하고 8 나라를 다윗의 집에서 찢어내어 네게 주었거늘 너는 내 종 다윗이 내 명령을 지켜 전심으로 나를 따르며
나 보기에 정직한 일만 행하였음과 같지 아니하고 9 네 이전 사람들보다
도 더 악을 행하고 가서 너를 위하여 다른 신을 만들며 우상을 부어 만들
어 나를 노엽게 하고 나를 네 등 뒤에 버렸도다 10 그러므로 내가 여로보
암의 집에 재앙을 내려 여로보암에게 속한 사내는 이스라엘 가운데 매인
자나 놓인 자나 다 끊어 버리되 거름 더미를 쓸어버림 같이 여로보암의 집
을 말갛게 쓸어버릴지라 11 여로보암에게 속한 자가 성읍에서 죽은즉 개
가 먹고 들에서 죽은즉 공중의 새가 먹으리니 이는 여호와께서 말씀하셨
음이니라 하셨나니 12 너는 일어나 네 집으로 가라 네 발이 성읍에 들어갈
때에 그 아이가 죽을지라 13 온 이스라엘이 그를 위하여 슬퍼하며 장사하
려니와 여로보암에게 속한 자는 오직 이 아이만 묘실에 들어가리니 이는
여로보암의 집 가운데에서 그가 이스라엘의 하나님 여호와를 향하여 선
한 뜻을 품었음이니라 14 여호와께서 이스라엘 위에 한 왕을 일으키신 즉
그가 그 날에 여로보암의 집을 끊어 버리리라 언제냐 하니 곧 이제라 15
여호와께서 이스라엘을 쳐서 물에서 흔들리는 갈대 같이 되게 하시고 이
스라엘을 그의 조상들에게 주신 이 좋은 땅에서 뽑아 그들을 강 너머로 흩으시리니 그들이 아세라 상을 만들어
여호와를 진노하게 하였음이니라 16 여호와께서 여로보암의 죄로 말미암아 이스라엘을 버리시리니 이는 그도
범죄하고 이스라엘로 범죄하게 하였음이니라 하니라 17 여로보암의 아내가 일어나 디르사로 돌아가서 집 문지
방에 이를 때에 그 아이가 죽은지라 18 온 이스라엘이 그를 장사하고 그를 위하여 슬퍼하니 여호와께서 그의 종
선지자 아히야를 통하여 하신 말씀과 같이 되었더라

> **왕상 14:9-10** 여로보암의 범죄가 다윗 언약의 관점에 집중하여 문책(問責)되고 있다는 사실이다. 하나님께서 여로보암에게 북쪽 10지파에 대한 통치권을 부여하실 때 비록 북이스라엘이 국가적으로는 유다 가문과 분리되지만, 민족적으로는 계속 유다와 마찬가지로 아브라함과 야곱의 후손인 선민임으로, 분열 이전에 전 이스라엘의 대표로서 다윗이 받았던 언약(言約)이 분열 이후의 북 왕국 이스라엘에도 해당하므로 그에게 권고하셨던바 다윗 언약에 따라 여호와께 순종할 것을 명하였었다. 그리고 그 순종 여부에 따른 축복과 저주에 대해서도 말씀하셨다(왕상 11:37-39). 이에 따라 본문에서는 이 명령을 거역한 여로보암에 대해 아히야 선지자를 통하여 그 가문에 대한 왕권 박탈과 그 가문의 멸망을 선포한 사실을 기록하고 있다.

여로보암의 죽음

19 여로보암의 그 남은 행적 곧 그가 어떻게 싸웠는지 와 어떻게 다스렸는지는 이스라엘 왕 역대지략에 기록되
니라 20 여로보암이 왕이 된 지 이십이 년이라 그가 그의 조상들과 함께
자매 그의 아들 나답이 대신하여 왕이 되니라

유다 왕 르호보암(대하 11:5-12:15, B.C. 931-913) 남 초대 왕

21 솔로몬의 아들 르호보암은 유다 왕이 되었으니 르호보암이 왕위에 오
를 때에 나이가 사십일 세라 여호와께서 자기 이름을 두시려고 이스라엘
모든 지파 가운데에서 택하신 성읍 예루살렘에서 십칠 년 동안 다스리니
라 그의 어머니의 이름은 나아마요 암몬 사람이더라 22 유다가 여호와 보
시기에 악을 행하되 그의 조상들이 행한 모든 일보다 뛰어나게 하여 그
범한 죄로 여호와를 노엽게 하였으니 23 이는 그들도 산 위에와 모든 푸
른 나무 아래에 산당과 우상과 아세라 상을 세웠음이라 24 그 땅에 또 남
색하는 자가 있었고 여호와께서 이스라엘 자손 앞에서 쫓아내신 국민의
모든 가증한 일을 무리가 본받아 행하였더라 25 르호보암 왕 제오년에 애
굽의 왕 시삭이 올라와서 예루살렘을 치고 26 여호와의 성전의 보물과 왕

> **왕상 14:22-31** 르호보암의 범죄에 대한 하나님의 징계에 있어서 하나님은 애굽 왕 시삭을 통하여 솔로몬 성전과 왕궁이 모두 약탈당하도록 하셨다는 사실이다. 이는 솔로몬의 성전 봉헌 기도에 대한 응답으로 주셨던 성전에 관한 하나님의 언약을 연상시키는바(9:1-9), 하나님께 징계를 면할 수 있는 것이 전혀 아니라는 사실을 교훈한다. 이는 일차적으로는 성전은 그야말로 고대 이방 종교의 경우에서처럼 신 자체 또는 축복을 무조건 보장해 주는 미신적 도구가 아니었음을 보여 주는 것이다. 또한 궁극적으로는 육체를 가진 인간을 위하여 외양과 형식을 사용하시기는 하나 언제나 그 내면의 인간 영혼의 자세를 먼저 중요시하시는 여호와의 뜻과 구약 사상의 위대성을 새삼 보여 주고 있다.

궁의 보물을 모두 빼앗고 또 솔로몬이 만든 금 방패를 다 빼앗은지라 [27] 르호보
암 왕이 그 대신 놋으로 방패를 만들어 왕궁 문을 지키는 시위대 대장의 손에 맡
기매 [28] 왕이 여호와의 성전에 들어갈 때마다 시위하는 자가 그 방패를 들
고 갔다가 시위소로 도로 가져갔더라 [29] 르호보암의 남은 사적과 그
가 행한 모든 일은 유다 왕 역대지략에 기록되지 아니하였느냐 [30]
르호보암과 여로보암 사이에 항상 전쟁이 있으니라 [31] 르호보암이
그의 조상들과 함께 자니 그의 조상들과 함께 다윗 성에 장사되니
라 그의 어머니의 이름은 나아마요 암몬 사람이더라 그의 아들 아비
얌이 대신하여 왕이 되니라

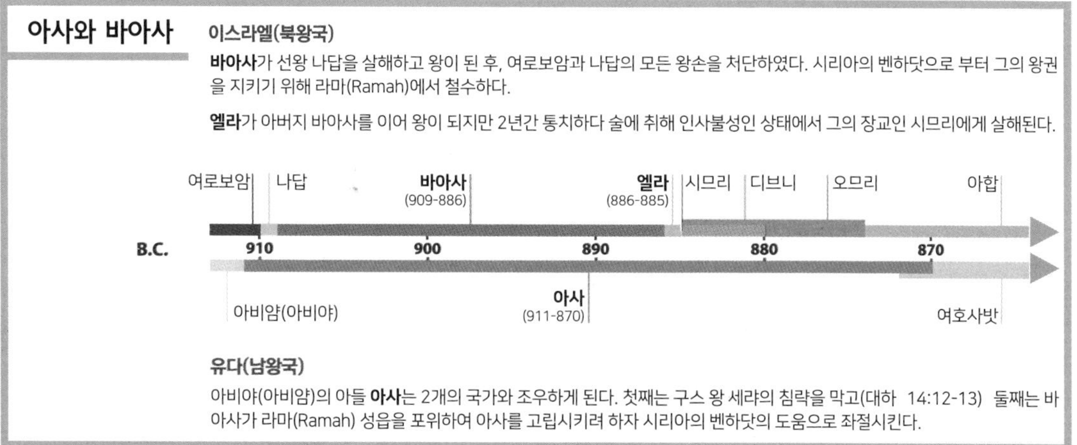

아사와 바아사
이스라엘(북왕국)
바아사가 선왕 나답을 살해하고 왕이 된 후, 여로보암과 나답의 모든 왕손을 처단하였다. 시리아의 벤하닷으로 부터 그의 왕권을 지키기 위해 라마(Ramah)에서 철수하다.
엘라가 아버지 바아사를 이어 왕이 되지만 2년간 통치하다 술에 취해 인사불성인 상태에서 그의 장교인 시므리에게 살해된다.
여로보암
나답
바아사 (909-886)
엘라 (886-885)
시므리
디브니
오므리
아합
B.C.
910
900
890
880
870
아비얌(아비야)
아사 (911-870)
여호사밧
유다(남왕국)
아비야(아비얌)의 아들 아사는 2개의 국가와 조우하게 된다. 첫째는 구스 왕 세라의 침략을 막고(대하 14:12-13) 둘째는 바아사가 라마(Ramah) 성읍을 포위하여 아사를 고립시키려 하자 시리아의 벤하닷의 도움으로 좌절시킨다.

31일~36일

열왕기상 15장

유다 왕 아비얌(대하 13:1-14:1, B.C. 913-911) 남 2대 왕

[1] 느밧의 아들 여로보암 왕 열여덟째 해에 아비얌이 유다 왕이 되고 [2] 예루살렘에서 삼 년 동안 다스리니라 그
의 어머니의 이름은 마아가요 아비살롬의 딸이더라 [3] 아비얌이 그의 아버지가 이미 행한 모든 죄를 행하고 그
의 마음이 그의 조상 다윗의 마음과 같지 아니하여 그의 하나님 여호와 앞에 온전하지 못하였으나 [4] 그의 하나
님 여호와께서 다윗을 위하여 예루살렘에서 그에게 등불을 주시되 그의 아들을 세워 뒤를 잇게 하사 예루살
렘을 견고하게 하셨으니 [5] 이는 다윗이 헷 사람 우리아의 일 외에는 평생에 여호와 보시기에 정직하게 행하고
자기에게 명령하신 모든 일을 어기지 아니하였음이라 [6] 르호보암과 여로보암 사이에 사는 날 동안 전쟁이 있었
더니 [7] 아비얌과 여로보암 사이에도 전쟁이 있으니라 아비얌의 남은 사적과 그 행한 모든 일은 유다 왕 역대지
략에 기록되지 아니하였느냐 [8] 아비얌이 그의 조상들과 함께 자니 다윗 성에 장사되고 그 아들 아사가 대신하
여 왕이 되니라

유다 왕 아사(대하 15:16-16:6, B.C. 911-870) 남 3대 왕

[9] 이스라엘의 여로보암 왕 제이십년에 아사가 유다 왕이 되어 [10] 예루살렘에서 사십일 년 동안 다스리니라 그의
어머니의 이름은 마아가라 아비살롬의 딸이더라 [11] 아사가 그의 조상 다윗 같이 여호와 보시기에 정직하게 행하
여 [12] 남색하는 자를 그 땅에서 쫓아내고 그의 조상들이 지은 모든 우상을 없애고 [13] 또 그의 어머니 마아가가 혐
오스러운 아세라 상을 만들었으므로 태후의 위를 폐하고 그 우상을 찍어 기드론 시냇가에서 불살랐으나 [14] 다
만 산당은 없애지 아니하니라 그러나 아사의 마음이 일평생 여호와 앞에 온전하였으며 [15] 그가 그의 아버지가

성별한 것과 자기가 성별한 것을 여호와의 성전에 받들어 드렸으니 곧 은
과 금과 그릇들이더라 16 아사와 이스라엘의 왕 바아사 사이에 일생 동안
전쟁이 있으니라 17 이스라엘의 왕 바아사가 유다를 치러 올라와서 라마
를 건축하여 사람을 유다 왕 아사와 왕래하지 못하게 하려 한지라 18 아
사가 여호와의 성전 곳간과 왕궁 곳간에 남은 은금을 모두 가져다가 그
신하의 손에 넘겨 다메섹에 거주하고 있는 아람의 왕 헤시온의 손자 다브
림몬의 아들 벤하닷에게 보내며 이르되 19 나와 당신 사이에 약조가 있고
내 아버지와 당신의 아버지 사이에도 있었느니라 내가 당신에게 은금 예
물을 보냈으니 와서 이스라엘의 왕 바아사와 세운 약조를 깨뜨려서 그가
나를 떠나게 하라 하매 20 벤하닷이 아사 왕의 말을 듣고 그의 군대 지휘
관들을 보내 이스라엘 성읍들을 치되 이욘과 단과 아벨벧마아가와 긴네
렛 온 땅과 납달리 온 땅을 쳤더니 21 바아사가 듣고 라마를 건축하는 일
을 중단하고 디르사에 거주하니라 22 이에 아사 왕이 온 유다에 명령을 내
려 한 사람도 모면하지 못하게 하여 바아사가 라마를 건축하던 돌과 재목
을 가져오게 하고 그것으로 베냐민의 게바와 미스바를 건축하였더라 23
아사의 남은 사적과 모든 권세와 그가 행한 모든 일과 성읍을 건축한 일
이 유다 왕 역대지략에 기록되지 아니하였느냐 그러나 그는 늘그막에 발
에 병이 들었더라 24 아사가 그의 조상들과 함께 자매 그의 조상들과 함
께 그의 조상 다윗의 성읍에 장사되고 그의 아들 여호사밧이 대신하여
왕이 되니라

이스라엘 왕 나답(B.C. 910-909) 북 2대 왕, 여로보암 왕조

25 유다의 아사 왕 둘째 해에 여로보암의 아들 나답이 이스라엘 왕이 되
어 이 년 동안 이스라엘을 다스리니라 26 그가 여호와 보시기에 악을 행
하되 그의 아버지의 길로 행하며 그가 이스라엘에게 범하게 한 그 죄 중
에 행한지라 27 이에 잇사갈 족속 아히야의 아들 바아사가 그를 모반하
여 블레셋 사람에게 속한 깁브돈에서 그를 죽였으니 이는 나답과 온 이
스라엘이 깁브돈을 에워싸고 있었음이더라 28 유다의 아사 왕 셋째 해
에 바아사가 나답을 죽이고 대신하여 왕이 되고 29 왕이 될 때에 여로보
암의 온 집을 쳐서 생명 있는 자를 한 사람도 남기지 아니하고 다 멸하였
는데 여호와께서 그의 종 실로 사람 아히야를 통하여 하신 말씀과 같이
되었으니 30 이는 여로보암이 범죄하고 또 이스라엘에게 범하게 한 죄로
말미암음이며 또 그가 이스라엘의 하나님 여호와를 노엽게 한 일 때문이었더라 31 나답의 남은 사적과 행한 모
든 일은 이스라엘 왕 역대지략에 기록되지 아니하였느냐 32 아사와 이스라엘의 바아사 왕 사이에 일생 동안 전
쟁이 있으니라

이스라엘 왕 바아사(B.C. 909-886) 북 3대 왕, 바아사 왕조

33 유다의 아사 왕 셋째 해에 아히야의 아들 바아사가 디르사에서 모든 이스라엘의 왕이 되어 이십사 년 동안 다
스리니라 34 바아사가 여호와 보시기에 악을 행하되 여로보암의 길로 행하며 그가 이스라엘에게 범하게 한 그
죄 중에 행하였더라

❖ **왕상 15장**

르호보암의 아들 아비얌도 아버지처럼 죄를 저지르고, 그의 아들 아사는 전 왕들이 장려한 종교적 혼합주의를 배척하고 모친 마아가의 섭정에서 벗어나 가나안 여신 아세라를 비롯한 모든 우상을 파괴함으로 종교 개혁을 일으켰고 그 결과 하나님의 축복으로 비교적 평화로운 통치를 하였다. 그런데 문제는 그의 통치 말기에 일어났다. 이스라엘 왕 바아사가 유다를 침공하고 라마에 성을 건축하기 시작한 것이다. 라마는 이스라엘과 유다의 국경 지대에 있는 베냐민 성읍으로 예루살렘으로 통하는 길목이었다. 바아사는 이스라엘 백성들로 하여금 유다에 속한 성전 출입을 막은 것이다. 이것을 타개하기 위해 아사는 이스라엘의 위쪽에 있는 아람으로 하여금 이스라엘을 공격하게 함으로써 군사력을 분산시켜 라마를 침공하고자 하였다. 그래서 아람(시리아) 왕 벤하닷에게 성전과 왕궁에 있는 보물을 동맹을 위한 예물로 보냈다. 결국 아사의 계략은 성공하여 라마를 비롯한 갈릴리 지방을 차지할 수 있었다(B.C. 878년경). 그 결과 이스라엘은 정치적인 혼란을 맞이하였고 암살과 자살 등으로 인해 엘라, 시므리를 거쳐 군사령관 오므리가 쿠데타를 통해 이스라엘의 왕이 되었다. 그러나 아사도 이방과의 동맹을 위해 성전과 왕궁의 금은을 갖다 바쳤다는 오명을 남기게 되었다.

왕상 15:25-16:33
유다왕 아사 재위 중 북왕국 왕들

	즉위 방법	재위 기간
여로보암	반역(12:25-33)	22년
나답	계승(15:1,2)	2년
바아사	반역(15:27-33)	24년
엘라	계승(16:8-14)	2년
시므리	반역(16:15)	7일
오므리	반역(16:21-23)	12년
디브니	반역(16:21-23)	6년

열왕기상 16장

1 여호와의 말씀이 하나니의 아들 예후에게 임하여 바아사를 꾸짖어 이르
시되 2 내가 너를 티끌에서 들어 내 백성 이스라엘 위에 주권자가 되게 하
였거늘 네가 여로보암의 길로 행하며 내 백성 이스라엘에게 범죄하게 하
여 그들의 죄로 나를 노엽게 하였은즉 3 내가 너 바아사와 네 집을 쓸어버
려 네 집이 느밧의 아들 여로보암의 집 같이 되게 하리니 4 바아사에게 속
한 자가 성읍에서 죽은즉 개가 먹고 그에게 속한 자가 들에서 죽은즉 공
중의 새가 먹으리라 하셨더라 5 바아사의 남은 사적과 행한 모든 일과 권
세는 이스라엘 왕 역대지략에 기록되지 아니하였느냐 6 바아사가 그의 조
상들과 함께 자매 디르사에 장사되고 그의 아들 엘라가 대신하여 왕이
되니라 7 여호와의 말씀이 하나니의 아들 선지자 예후에게도 임하사 바아
사와 그의 집을 꾸짖으심은 그가 여로보암의 집과 같이 여호와 보시기에
모든 악을 행하며 그의 손의 행위로 여호와를 노엽게 하였음이며 또 그의
집을 쳤음이더라

이스라엘 왕 엘라(B.C. 886-885) 북 4대 왕, 바아사 왕조

8 유다의 아사 왕 제이십육년에 바아사의 아들 엘라가 디르사에서 이스라
엘의 왕이 되어 이 년 동안 그 왕위에 있으니라 9 엘라가 디르사에 있어 왕
궁 맡은 자 아르사의 집에서 마시고 취할 때에 그 신하 곧 병거 절반을 통
솔한 지휘관 시므리가 왕을 모반하여 10 시므리가 들어가서 그를 쳐죽이고
그를 대신하여 왕이 되니 곧 유다의 아사 왕 제이십칠년이라 11 시므리가
왕이 되어 왕위에 오를 때에 바아사의 온 집안 사람들을 죽이되 남자는 그
의 친족이든지 그의 친구든지 한 사람도 남기지 아니하고 12 바아사의 온
집을 멸하였는데 선지자 예후를 통하여 바아사를 꾸짖어 하신 여호와의
말씀 같이 되었으니 13 이는 바아사의 모든 죄와 그의 아들 엘라의 죄 때문
이라 그들이 범죄하고 또 이스라엘에게 범죄하게 하여 그들의 헛된 것들
로 이스라엘의 하나님 여호와를 노하시게 하였더라 14 엘라의 남은 사적
과 행한 모든 일은 이스라엘 왕 역대지략에 기록되지 아니하였느냐

❖ 왕상 16장

북 왕국 이스라엘의 첫 다섯 왕의 왕위 찬탈이라는 난맥상을 기록하고 있다. 이 왕국의 마지막 다섯 왕도 같은 맥락의 난맥상을 보이다가 결국 B.C. 722년에 앗수르에 의해 망한다.

그 주원인은 바로 이 다섯 왕들이 하나같이 "여로보암의 집을 본받아 여호와 보시기에 모든 악을 행하였다" (2, 7, 19, 26, 31절)는 사실이다. 특별히 아합의 경우에는 "느밧의 아들 여로보암의 죄를 따라 행하는 것을 오히려 가볍게 여기며 바알을 섬겨 숭배했다" (31절)고 표현되고 있다.

여기서 '여로보암의 집' 이란 전(全) 역사적으로는 곧 '다윗의 집'과 상반된 개념으로서 이스라엘의 진정한 통치자 되시는 여호와의 공의와 주권(主權)을 무시하고 다윗 언약에서 스스로 떠나 수단과 방법을 불사하고 이기적 욕망으로 타인 위에 군림하려는 자기중심적 인본주의적 통치자 가문의 전형(典型)이다. 그리고 개인적으로는 눈에 안 보이지만 영원한 하나님의 나라에 참여하여 영생을 누리기보다는 눈에 보이는 이 세상에서의 부귀영화에만 급급한 자기중심적 세속인(世俗人)의 전형이다.

☞ 하나님의 절대 주권을 무시하고 인간적인 수단과 방법을 총동원하여 이 세상에서의 일신의 안일만을 위하여 절대 권력을 구축하고자 하는 자들의 전형이다.

이같이 인본주의적 세상 쾌락과 절대 권력을 추구하는 자들의 역사가 암살과 쿠데타 등의 유혈 사태로 점철된 것은, 궁극적으로 하나님의 주권을 무시하고 온갖 불의를 일삼는 자들에게는 결코 영속적 평화란 있을 수 없으며 그 최후는 파멸뿐이라는 구속사적 진리의 증거라 하겠다.

인위 뚝! 신위 고!

31일~36일

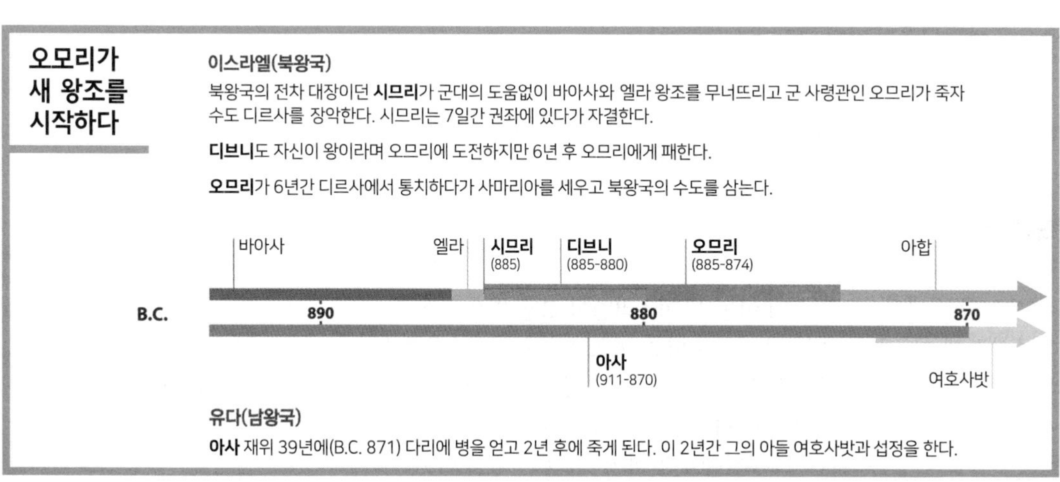

오모리가
새 왕조를
시작하다
이스라엘(북왕국)
북왕국의 전차 대장이던 시므리가 군대의 도움없이 바아사와 엘라 왕조를 무너뜨리고 군 사령관인 오므리가 죽자
수도 디르사를 장악한다. 시므리는 7일간 권좌에 있다가 자결한다.
디브니도 자신이 왕이라며 오므리에 도전하지만 6년 후 오므리에게 패한다.
오므리가 6년간 디르사에서 통치하다가 사마리아를 세우고 북왕국의 수도를 삼는다.
바아사
엘라
시므리
(885)
디브니
(885-880)
오므리
(885-874)
아합
B.C.
890
880
870
아사
(911-870)
여호사밧
유다(남왕국)
아사 재위 39년에(B.C. 871) 다리에 병을 얻고 2년 후에 죽게 된다. 이 2년간 그의 아들 여호사밧과 섭정을 한다.

이스라엘 왕 시므리(B.C. 855, 7일간) 북 5대 왕, 시므리 왕조

15 유다의 아사 왕 제이십칠년에 시므리가 디르사에서 칠 일 동안 왕이 되니라 그 때에 백성들이 블레셋 사람에
게 속한 깁브돈을 향하여 진을 치고 있더니 16 진 중 백성들이 시므리가 모반하여 왕을 죽였다는 말을 들은지라
그 날에 이스라엘의 무리가 진에서 군대 지휘관 오므리를 이스라엘의 왕으로 삼으매 17 오므리가 이에 이스라엘
의 무리를 거느리고 깁브돈에서부터 올라와서 디르사를 에워 쌌더라 18 시므리가 성읍이 함락됨을 보고 왕궁 요
새에 들어가서 왕궁에 불을 지르고 그 가운데에서 죽었으니 19 이는 그가 여호와 보시기에 악을 행하여 범죄하
였기 때문이니라 그가 여로보암의 길로 행하며 그가 이스라엘에게 죄를 범하게 한 그 죄 중에 행하였더라 20 시
므리의 남은 행위와 그가 반역한 일은 이스라엘 왕 역대지략에 기록되지 아니하였느냐

이스라엘 왕 오므리(B.C. 855-874) 북 7대왕, 오므리 왕조

21 그 때에 이스라엘 백성이 둘로 나뉘어 그 절반은 기낫의 아들 디브니를
따라 그를 왕으로 삼으려 하고 그 절반은 오므리를 따랐더니 22 오므리를
따른 백성이 기낫의 아들 디브니를 따른 백성을 이긴지라 디브니가 죽으
매 오므리가 왕이 되니라 23 유다의 아사 왕 제삼십일년에 오므리가 이스
라엘의 왕이 되어 십이 년 동안 왕위에 있으며 디르사에서 육 년 동안 다스리니라 24 그가 은 두 달란트로 세멜
에게서 사마리아 산을 사고 그 산 위에 성읍을 건축하고 그 건축한 성읍 이름을 그 산 주인이었던 세멜의 이름을
따라 사마리아라 일컬었더라 25 오므리가 여호와 보시기에 악을 행하되 그 전의 모든 사람보다 더욱 악하게 행
하여 26 느밧의 아들 여로보암의 모든 길로 행하며 그가 이스라엘에게 죄를 범하게 한 그 죄 중에 행하여 그들의
헛된 것들로 이스라엘의 하나님 여호와를 노하시게 하였더라 27 오므리가 행한 그 남은 사적과 그가 부린 권세
는 이스라엘 왕 역대지략에 기록되지 아니하였느냐 28 오므리가 그의 조상들과 함께 자매 사마리아에 장사되고
그의 아들 아합이 대신하여 왕이 되니라

왕상 16:21-23 디브니가 B.C. 855부터 왕으로 6년간 오므리와 함께 왕위를 다투었으나 죽음으로 끝났다(B.C. 880). 북 왕국 6대 왕으로 인정한다.

31일~
36일

이스라엘 왕 아합(B.C. 874-853) 북 8대왕, 오므리 왕조

29 유다의 아사 왕 제삼십팔년에 오므리의 아들 아합은 이스라엘의 왕이 되니라 오므리의 아들 아합이 사마리아
에서 이십이 년 동안 이스라엘을 다스리니라 30 오므리의 아들 아합이 그의 이전의 모든 사람보다 여호와 보시
기에 악을 더욱 행하여 31 느밧의 아들 여로보암의 죄를 따라 행하는 것을 오히려 가볍게 여기며 시돈 사람의 왕
엣바알의 딸 이세벨을 아내로 삼고 가서 바알을 섬겨 예배하고 32 사마리아에 건축한 바알의 신전 안에 바알을
위하여 제단을 쌓으며 33 또 아세라 상을 만들었으니 그는 그 이전의 이스라엘의 모든 왕보다 심히 이스라엘 하
나님 여호와를 노하시게 하였더라 34 그 시대에 벧엘 사람 히엘이 여리고를 건축하였는데 그가 그 터를 쌓을 때
에 맏아들 아비람을 잃었고 그 성문을 세울 때에 막내 아들 스굽을 잃었으니 여호와께서 눈의 아들 여호수아를
통하여 하신 말씀과 같이 되었더라

역대하 10장~16장 : 유다 왕국의 역사

역대하 10장

북쪽 지파들의 배반(왕상 12:1-20)

1 르호보암이 세겜으로 갔으니 이는 온 이스라엘이 그를 왕으로 삼고자
하여 세겜에 이르렀음이더라 2 느밧의 아들 여로보암이 전에 솔로몬 왕
의 낯을 피하여 애굽으로 도망하여 있었더니 이 일을 듣고 여로보암이
애굽에서부터 돌아오매 3 무리가 사람을 보내어 그를 불렀더라 여로보
암과 온 이스라엘이 와서 르호보암에게 말하여 이르되 4 왕의 아버지께

❖ 선지자 사관의 열왕기 역사는 남 북 왕조의 역사를 공히 기록하지만, 성전을 중심으로 하는 제사장 사관의 역대기는 남 왕국인 유다의 역사를 중심으로 기록한다는 사실을 기억하고 역대기를 읽어야 한다.
한 예로서 열왕기 상에서는 유다의 2대왕 아사의 성전 청결 사건을 기록하지 않지만, 역대기는 소상히 기록한다(대하 15장).

서 우리의 멍에를 무겁게 하였으나 왕은 이제 왕의 아버지께서 우리에게
시킨 고역과 메운 무거운 멍에를 가볍게 하소서 그리하시면 우리가 왕
을 섬기겠나이다 5 르호보암이 그들에게 대답하되 삼 일 후에 다시 내게
로 오라 하매 백성이 가니라 6 르호보암 왕이 그의 아버지 솔로몬의 생전
에 그 앞에 모셨던 원로들과 의논하여 이르되 너희는 이 백성에게 어떻
게 대답하도록 권고하겠느냐 하니 7 그들이 대답하여 이르되 왕이 만일
이 백성을 후대하여 기쁘게 하고 선한 말을 하시면 그들이 영원히 왕의
종이 되리이다 하나 8 왕은 원로들이 가르치는 것을 버리고 그 앞에 모시
고 있는 자기와 함께 자라난 젊은 신하들과 의논하여 9 이르되 너희는 이
백성에게 어떻게 대답하도록 권고하겠느냐 백성이 내게 말하기를 왕의
아버지께서 우리에게 메운 멍에를 가볍게 하라 하였느니라 하니 10 함께
자라난 젊은 신하들이 왕께 말하여 이르되 이 백성들이 왕께 아뢰기를 왕의 아버지께서 우리의 멍에를 무겁게
하였으나 왕은 우리를 위하여 가볍게 하라 하였은즉 왕은 대답하시기를 내 새끼 손가락이 내 아버지의 허리보
다 굵으니 11 내 아버지가 너희에게 무거운 멍에를 메게 하였으나 이제 나는 너희의 멍에를 더욱 무겁게 할지라
내 아버지는 가죽 채찍으로 너희를 치셨으나 나는 전갈 채찍으로 하리라 하소서 하더라 12 삼 일 만에 여로보
암과 모든 백성이 르호보암에게 나왔으니 이는 왕이 명령하여 이르기를 삼 일 만에 내게로 다시 오라 하였음이
라 13 왕이 포학한 말로 대답할새 르호보암이 원로들의 가르침을 버리고 14 젊은 신하들의 가르침을 따라 그들
에게 말하여 이르되 내 아버지는 너희의 멍에를 무겁게 하였으나 나는 더 무겁게 할지라 내 아버지는 가죽 채
찍으로 너희를 치셨으나 나는 전갈 채찍으로 치리라 하니라 15 왕이 이
같이 백성의 말을 듣지 아니하였으니 이 일은 하나님께로 말미암아 난
것이라 여호와께서 전에 실로 사람 아히야로 하여금 느밧의 아들 여로
보암에게 이르신 말씀을 응하게 하심이더라 16 온 이스라엘은 왕이 자기
들의 말을 듣지 아니함을 보고 왕에게 대답하여 이르되 우리가 다윗과
무슨 관계가 있느냐 이새의 아들에게서 받을 유산이 없도다 이스라엘아
각각 너희의 장막으로 돌아가라 다윗이여 이제 너는 네 집이나 돌보라
하고 온 이스라엘이 그들의 장막으로 돌아가니라 17 그러나 유다 성읍들
에 사는 이스라엘 자손들에게는 르호보암이 그들의 왕이 되었더라 18 르
호보암 왕이 역꾼의 감독 하도람을 보냈더니 이스라엘 자손이 저를 돌
로 쳐 죽인지라 르호보암 왕이 급히 수레에 올라 예루살렘으로 도망하
였더라 19 이에 이스라엘이 다윗의 집을 배반하여 오늘날까지 이르니라

> **대하 10:6-16** 르호보암 왕은 자문을 구하는 과정에서 원로 신하들의 의견을 버리고 민심을 파악하지 못한 채 젊은이들의 의견을 따르는 실수를 범하였다.
> 당신은 주위에서 조언을 구할 때 진정한 충고와 그렇지 못한 충고를 구별하여 들을 수 있는가?
> ☞ **딤전 2:4** 하나님은 모든 사람이 구원을 받으며 진리를 아는 데에 이르기를 원하시느니라
> ☞ **벧후 3:18** 오직 우리 주 곧 구주 예수 그리스도의 은혜와 그를 아는 지식에서 자라 가라 영광이 이제와 영원한 날까지 그에게 있을지어다

> **대하 11:16-17** 오로지 하나님을 구하는 마음으로 고향과 기업을 버리고 유다로 온 자들처럼 당신도 하나님만을 유일한 예배의 대상으로 삼고 순전하게 섬기기 위해 그 방해되는 요소를 미련 없이 버리고 있는가? 그에 대한 하나님의 위로하심은 어떤 것이었는가?
> ☞ **삼상 12:20** 사무엘이 백성에게 이르되 두려워하지 말라 너희가 과연 이 모든 악을 행하였으나 여호와를 따르는 데에서 돌아서지 말고 오직 너희의 마음을 다하여 여호와를 섬기라
> ☞ **시 119:2** 여호와의 증거들을 지키고 전심으로 여호와를 구하는 자는 복이 있도다

역대하 11장

스마야가 여호와의 말씀을 전하다(왕상 12:21-24)

1 르호보암이 예루살렘에 이르러 유다와 베냐민 족속을 모으니 택한 용사가 십팔만 명이라 이스라엘과 싸워 나
라를 회복하여 르호보암에게 돌리려 하더니 2 여호와의 말씀이 하나님의 사람 스마야에게 임하여 이르시되 3 솔
로몬의 아들 유다 왕 르호보암과 유다와 베냐민에 속한 모든 이스라엘 무리에게 말하여 이르기를 4 여호와께서
이같이 말씀하시기를 너희는 올라가지 말라 너희 형제와 싸우지 말고 각기 집으로 돌아가라 이 일이 내게로 말
미암아 난 것이라 하셨다 하라 하신지라 그들이 여호와의 말씀을 듣고 돌아가고 여로보암을 치러 가던 길에서
되돌아왔더라

31일~36일

르호보암이 방비하는 성읍들을 건축하다

5 르호보암이 예루살렘에 살면서 유다 땅에 방비하는 성읍들을 건축하였으니 6 곧 베들레헴과 에담과 드고아와
7 벧술과 소고와 아둘람과 8 가드와 마레사와 십과 9 아도라임과 라기스와 아세가와 10 소라와 아얄론과 헤브론
이니 다 유다와 베냐민 땅에 있어 견고한 성읍들이라 11 르호보암이 그 방비하는 성읍들을 더욱 견고하게 하고
지휘관들을 그 가운데에 두고 양식과 기름과 포도주를 저축하고 12 모든 성읍에 방패와 창을 두어 매우 강하게
하니라 유다와 베냐민이 르호보암에게 속하였더라

제사장들과 레위 사람들이 유다로 오다

13 온 이스라엘의 제사장들과 레위 사람들이 그들의 모든 지방에서부터 르호보암에게 돌아오되 14 레위 사람들
이 자기들의 마을들과 산업을 떠나 유다와 예루살렘에 이르렀으니 이는 여로보암과 그의 아들들이 그들을 해임
하여 여호와께 제사장의 직분을 행하지 못하게 하고 15 여로보암이 여러 산당과 숫염소 우상과 자기가 만든 송
아지 우상을 위하여 친히 제사장들을 세움이라 16 이스라엘 모든 지파 중에 마음을 굳게 하여 이스라엘의 하나
님 여호와를 찾는 자들이 레위 사람들을 따라 예루살렘에 이르러 그들의 조상들의 하나님 여호와께 제사하고
자 한지라 17 그러므로 삼 년 동안 유다 나라를 도와 솔로몬의 아들 르호보암을 강성하게 하였으니 이는 무리가
삼 년 동안을 다윗과 솔로몬의 길로 행하였음이더라

르호보암의 가족

18 르호보암이 다윗의 아들 여리못의 딸 마할랏을 아내로 삼았으니 마할
랏은 이새의 아들 엘리압의 딸 아비하일의 소생이라 19 그가 아들들 곧
여우스와 스마랴와 사함을 낳았으며 20 그 후에 압살롬의 딸 마아가에게
장가 들었더니 그가 아비야와 앗대와 시사와 슬로밋을 낳았더라 21 르호
보암은 아내 열여덟 명과 첩 예순 명을 거느려 아들 스물여덟 명과 딸 예
순 명을 낳았으나 압살롬의 딸 마아가를 모든 처첩보다 더 사랑하여 22
르호보암은 마아가의 아들 아비야를 후계자로 세웠으니 이는 그의 형제
들 가운데 지도자로 삼아 왕으로 세우고자 함이었더라 23 르호보암이 지
혜롭게 행하여 그의 모든 아들을 유다와 베냐민의 온 땅 모든 견고한 성
읍에 흩어 살게 하고 양식을 후히 주고 아내를 많이 구하여 주었더라

역대하 12장

애굽이 유다를 치다(왕상 14:25-28)

1 르호보암의 나라가 견고하고 세력이 강해지매 그가 여호와의 율법을 버
리니 온 이스라엘이 본받은지라 2 그들이 여호와께 범죄하였으므로 르호
보암 왕 제오년에 애굽 왕 시삭이 예루살렘을 치러 올라오니 3 그에게 병
거가 천이백 대요 마병이 육만 명이며 애굽에서 그와 함께 온 백성 곧 리
비아와 숙과 구스 사람이 헤아릴 수 없이 많더라 4 시삭이 유다의 견고한
성읍들을 빼앗고 예루살렘에 이르니 5 그 때에 유다 방백들이 시삭의 일
로 예루살렘에 모였는지라 선지자 스마야가 르호보암과 방백들에게 나
아와 이르되 여호와께서 이같이 말씀하시기를 너희가 나를 버렸으므로
나도 너희를 버려 시삭의 손에 넘겼노라 하셨다 한지라 6 이에 이스라엘
방백들과 왕이 스스로 겸비하여 이르되 여호와는 의로우시다 하매 7 여
호와께서 그들이 스스로 겸비함을 보신지라 여호와의 말씀이 스마야에
게 임하여 이르시되 그들이 스스로 겸비하였으니 내가 멸하지 아니하고

❖ 대하 12장 **르호보암의 죄악으로 인한 시삭의 침입**

이집트는 B.C. 1211년 메르넵타가 죽은 후 약 300년 동안의 침체에서 벗어나 정치적인 영향력을 회복하기 시작하였다. 이는 이집트의 제22왕조를 창건한 새로운 군주 시삭의 등장으로 인한 것이었다(B.C. 935-914). 시삭은 메소포타미아 지역에 대한 애굽의 지배를 회복하기 위한 전초 작업으로 다윗과 솔로몬 시대의 막강한 국력이 쇠퇴하기 시작한 팔레스타인의 내정을 간섭하기 시작하였다. 그는 솔로몬이 통치하고 있을 때 북부 이스라엘의 여로보암이나 에돔의 하닷 등 반란을 꾀한 자들에게 정치적인 망명처를 공급하였다. 그러나 솔로몬이 죽자 여로보암을 돌려보내고 반란을 일으키게 한 후 팔레스타인을 침공할 준비를 하였다. 그후 이스라엘이 남북으로 분열되자 더 이상 여로보암에게 호의를 베풀지 않았다. 이집트는 왕국 분열 후 5년 만에 에돔과 유다, 이스라엘을 모두 침공하였다(B.C. 918). 본문에서 언급되고 있는 시삭의 침입은 이집트 북부지방의 룩소르(Luxor) 교외에 남아 있는 카르낙 신전의 웅대한 벽에 새겨진 피점령지의 목록 속에서 발견되고 있다. 결국 남북으로의 분열은 이스라엘 왕국의 정치적, 군사적 쇠약을 가져왔고 이에 따라 호시탐탐 팔레스타인과 메소포타미아를 노리던 시삭에게 침공의 기회를 제공한 것이다.

저희를 조금 구원하여 나의 노를 시삭의 손을 통하여 예루살렘에 쏟지 아니하리라 8 그러나 그들이 시삭의 종
이 되어 나를 섬기는 것과 세상 나라들을 섬기는 것이 어떠한지 알게 되리라 하셨더라 9 애굽 왕 시삭이 올라와서
예루살렘을 치고 여호와의 전 보물과 왕궁의 보물을 모두 빼앗고 솔로몬이 만든 금 방패도 빼앗은지라 10 르호
보암 왕이 그 대신에 놋으로 방패를 만들어 궁문을 지키는 경호 책임자들의 손에 맡기매 11 왕이 여호와의 전에
들어갈 때마다 경호하는 자가 그 방패를 들고 갔다가 경호실로 도로 가져갔더라 12 르호보암이 스스로 겸비하였
고 유다에 선한 일도 있으므로 여호와께서 노를 돌이키사 다 멸하지 아니하셨더라

르호보암이 죽다

13 르호보암 왕은 예루살렘에서 스스로 세력을 굳게 하여 다스리니라 르호보암이 왕위에 오를 때에 나이가 사
십일 세라 예루살렘 곧 여호와께서 이스라엘의 모든 지파 중에서 택하여 그의 이름을 두신 성에서 십칠 년 동안
다스리니라 르호보암의 어머니의 이름은 나아마요 암몬 여인이더라 14 르호보암이 악을 행하였으니 이는 그가
여호와를 구하는 마음을 굳게 하지 아니함이었더라 15 르호보암의 처음부터 끝까지의 행적은 선지자 스마야와
선견자 잇도의 족보책에 기록되지 아니하였느냐 르호보암과 여로보암 사이에 항상 전쟁이 있으니라 16 르호보
암이 그의 조상들과 함께 누우매 다윗 성에 장사되고 그의 아들 아비야가 그를 대신하여 왕이 되니라

역대하 13장

아비야와 여로보암의 전쟁(왕상 15:1-8)

1 여로보암 왕 열여덟째 해에 아비야가 유다의 왕이 되고 2 예루살렘에서
삼 년 동안 다스리니라 그의 어머니의 이름은 미가야요 기브아 사람 우리
엘의 딸이더라 아비야가 여로보암과 더불어 싸울새 3 아비야는 싸움에
용감한 군사 사십만 명을 택하여 싸움을 준비하였고 여로보암은 큰 용사
팔십만 명을 택하여 그와 대진한지라 4 아비야가 에브라임 산 중 스마라
임 산 위에 서서 이르되 여로보암과 이스라엘 무리들아 다 들으라 5 이스
라엘 하나님 여호와께서 소금 언약으로 이스라엘 나라를 영원히 다윗과
그의 자손에게 주신 것을 너희가 알 것 아니냐 6 다윗의 아들 솔로몬의 신
하 느밧의 아들 여로보암이 일어나 자기의 주를 배반하고 7 난봉꾼과 잡
배가 모여 따르므로 스스로 강하게 되어 솔로몬의 아들 르호보암을 대적
하였으나 그 때에 르호보암이 어리고 마음이 연약하여 그들의 입을 능히
막지 못하였었느니라 8 이제 너희가 또 다윗 자손의 손으로 다스리는 여
호와의 나라를 대적하려 하는도다 너희는 큰 무리요 또 여로보암이 너희
를 위하여 신으로 만든 금송아지들이 너희와 함께 있도다 9 너희가 아론 자손인 여호와의 제사장들과 레위 사람
들을 쫓아내고 이방 백성들의 풍속을 따라 제사장을 삼지 아니하였느냐 누구를 막론하고 어린 수송아지 한 마
리와 숫양 일곱 마리를 끌고 와서 장립을 받고자 하는 자마다 허무한 신들의 제사장이 될 수 있도다 10 우리에게
는 여호와께서 우리 하나님이 되시니 우리가 그를 배반하지 아니하였고 여호와를 섬기는 제사장들이 있으니 아
론의 자손이요 또 레위 사람들이 수종 들어 11 매일 아침 저녁으로 여호와 앞에 번제를 드리며 분향하며 또 깨끗
한 상에 진설병을 놓고 또 금 등잔대가 있어 그 등에 저녁마다 불을 켜나니 우리는 우리 하나님 여호와의 계명을
지키나 너희는 그를 배반하였느니라 12 하나님이 우리와 함께 하사 우리의 머리가 되시고 그의 제사장들도 우리
와 함께 하여 전쟁의 나팔을 불어 너희를 공격하느니라 이스라엘 자손들아 너희 조상들의 하나님 여호와와 싸
우지 말라 너희가 형통하지 못하리라 13 여로보암이 유다의 뒤를 둘러 복병하였으므로 그 앞에는 이스라엘 사
람들이 있고 그 뒤에는 복병이 있는지라 14 유다 사람이 뒤를 돌아보고 자기 앞 뒤의 적병으로 말미암아 여호와
께 부르짖고 제사장들은 나팔을 부니라 15 유다 사람이 소리 지르매 유다 사람이 소리 지를 때에 하나님이 여로

❖ 대하 13장

르호보암의 위(位)를 계승하여 유다의 제 2 대 왕이 된 아비야(아비얌)의 3년간의 치세를 기록하면서, 그가 행한 정치·경제적 사역은 과감히 생략하고 북 왕국 여로보암과 벌인 남북 전쟁만을 집중해서 소개하고 있다. 이것은 이 전쟁에서의 승리가 그의 치세 중의 왕조의 군사적 대결이었다기보다는, 다윗 언약을 계승하고 또 여호와를 섬기는 신본주의적 왕들이 다스리는 남 유다와 다윗 언약과 상관없는 인본주의적 왕들이 다스려 전반적으로 여호와를 떠난 북이스라엘 간의 전쟁으로서, 여호와 종교 대(對) 우상 종교, 그리고 다윗 언약을 계승한 정통 왕조 대(對) 사이비 왕조의 대결이며 궁극적으로는 신위(神爲)와 인위(人爲)의 대결을 상징하는 것으로 파악하여 이를 집중적으로 강조하고자 하는 신학적 의도가 앞섰기 때문이었다.

인위 뚝! 신위 고!

보암과 온 이스라엘을 아비야와 유다 앞에서 치시니 16 이스라엘 자손이 유다 앞에서 도망하는지라 하나님이 그
들의 손에 넘기셨으므로 17 아비야와 그의 백성이 크게 무찌르니 이스라엘이 택한 병사들이 죽임을 당하고 엎드
러진 자들이 오십만 명이었더라 18 그 때에 이스라엘 자손이 항복하고 유다 자손이 이겼으니 이는 그들이 그들의
조상들의 하나님 여호와를 의지하였음이라 19 아비야가 여로보암을 쫓아가서 그의 성읍들을 빼앗았으니 곧 벧
엘과 그 동네들과 여사나와 그 동네들과 에브론과 그 동네들이라 20 아비야 때에 여로보암이 다시 강성하지 못
하고 여호와의 치심을 입어 죽었고 21 아비야는 점점 강성하며 아내 열넷을 거느려 아들 스물둘과 딸 열여섯을
낳았더라 22 아비야의 남은 사적과 그의 행위와 그의 말은 선지자 잇도의 주석 책에 기록되니라

역대하 14장

아사가 유다 왕이 되다

1 아비야가 그의 조상들과 함께 누우매 다윗 성에 장사되고 그의 아들 아
사가 대신하여 왕이 되니 그의 시대에 그의 땅이 십 년 동안 평안하니라 2
아사가 그의 하나님 여호와 보시기에 선과 정의를 행하여 3 이방 제단과
산당을 없애고 주상을 깨뜨리며 아세라 상을 찍고 4 유다 사람에게 명하
여 그 조상들의 하나님 여호와를 찾게 하며 그의 율법과 명령을 행하게
하고 5 또 유다 모든 성읍에서 산당과 태양상을 없애매 나라가 그 앞에서
평안함을 누리니라 6 여호와께서 아사에게 평안을 주셨으므로 그 땅이 평
안하여 여러 해 싸움이 없은지라 그가 견고한 성읍들을 유다에 건축하니
라 7 아사가 일찍이 유다 사람에게 이르되 우리가 우리 하나님 여호와를
찾았으므로 이 땅이 아직 우리 앞에 있나니 우리가 이 성읍들을 건축하고
그 주위에 성곽과 망대와 문과 빗장을 만들자 우리가 주를 찾았으므로
주께서 우리 사방에 평안을 주셨느니라 하고 이에 그들이 성읍을 형통하
게 건축하였더라 8 아사의 군대는 유다 중에서 큰 방패와 창을 잡는 자가
삼십만 명이요 베냐민 중에서 작은 방패를 잡으며 활을 당기는 자가 이십
팔만 명이라 그들은 다 큰 용사였더라 9 구스 사람 세라가 그들을 치려하
여 군사 백만 명과 병거 삼백 대를 거느리고 마레사에 이르매 10 아사가 마주 나가서 마레사의 스바다 골짜기에
전열을 갖추고 11 아사가 그의 하나님 여호와께 부르짖어 이르되 여호와여 힘이 강한 자와 약한 자 사이에는 주
밖에 도와 줄 이가 없사오니 우리 하나님 여호와여 우리를 도우소서 우리가 주를 의지하오며 주의 이름을 의탁
하옵고 이 많은 무리를 치러 왔나이다 여호와여 주는 우리 하나님이시오니 원하건대 사람이 주를 이기지 못하게
하옵소서 하였더니 12 여호와께서 구스 사람들을 아사와 유다 사람들 앞에서 치시니 구스 사람들이 도망하는지
라 13 아사와 그와 함께 한 백성이 구스 사람들을 추격하여 그랄까지 이르매 이에 구스 사람들이 엎드러지고 살
아남은 자가 없었으니 이는 여호와 앞에서와 그의 군대 앞에서 패망하였음이라 노략한 물건이 매우 많았더라 14
여호와께서 그랄 사면 모든 성읍 백성을 두렵게 하시니 무리가 그의 모든 성읍을 치고 그 가운데에 있는 많은 물
건을 노략하고 15 또 짐승 지키는 천막을 치고 양과 낙타를 많이 이끌고 예루살렘으로 돌아왔더라

❖ 대하 14~15장 **아사의 개혁**
아사는 재임 기간(B.C. 911-870) 엄청난 종교개혁을 이루며 평화를 누렸다. 구스의 세라가 이끈 백만 대군을 무찌르는 전공도 세운다.
그는 가나안 모든 우상을 제거하였다. 심지어 어머니 마아가(압살롬의 딸<대하 11:21>)가 아세라의 가증한 목상을 만들어 섬겼다고 그녀를 폐위시켜 버린다(대하 15:16). 그러나 그는 산당을 제거하지 못함으로 그의 개혁은 불완전한 개혁이 되어 버렸다.

> 대하 14:2 진정한 선과 정의는 인간의 눈에 인정되는 것이 아니라, 하나님 여호와 보시기에 선하고 정의로운 것이어야 한다. 그렇다면 우리가 행하는 선과 정의는 인간으로부터 인정받기 위한 것인가, 아니면 하나님으로부터 인정받기 위한 것인가?
> ☞ 눅 1:6 이 두 사람이 하나님 앞에 의인이니 주의 모든 계명과 규례대로 흠이 없이 행하더라

31일~36일

역대하 15장

아사의 개혁

1 하나님의 영이 오뎃의 아들 아사랴에게 임하시매 2 그가 나가서 아사를 맞아 이르되 아사와 및 유다와 베냐민
의 무리들아 내 말을 들으라 너희가 여호와와 함께 하면 여호와께서 너희와 함께 하실지라 너희가 만일 그를 찾
으면 그가 너희와 만나게 되시려니와 너희가 만일 그를 버리면 그도 너희를 버리시리라 3 이스라엘에는 참 신이

없고 가르치는 제사장도 없고 율법도 없은 지가 오래 되었으나 4그들이
그 환난 때에 이스라엘 하나님 여호와께로 돌아가서 찾으매 그가 그들과
만나게 되셨나니 5그 때에 온 땅의 모든 주민이 크게 요란하여 사람의 출
입이 평안하지 못하며 6이 나라와 저 나라가 서로 치고 이 성읍이 저 성읍
과 또한 그러하여 피차 상한 바 되었나니 이는 하나님이 여러 가지 고난
으로 요란하게 하셨음이라 7그런즉 너희는 강하게 하라 너희의 손이 약
하지 않게 하라 너희 행위에는 상급이 있음이라 하니라 8아사가 이 말 곧
선지자 오뎃의 예언을 듣고 마음을 강하게 하여 가증한 물건들을 유다와
베냐민 온 땅에서 없애고 또 에브라임 산지에서 빼앗은 성읍들에서도 없
애고 또 여호와의 낭실 앞에 있는 여호와의 제단을 재건하고 9또 유다와
베냐민의 무리를 모으고 에브라임과 므낫세와 시므온 가운데에서 나와
서 저희 중에 머물러 사는 자들을 모았으니 이는 이스라엘 사람들이 아사의 하나님 여호와께서 그와 함께 하심
을 보고 아사에게로 돌아오는 자가 많았음이더라 10아사 왕 제십오년 셋째 달에 그들이 예루살렘에 모이고 11
그 날에 노략하여 온 물건 중에서 소 칠백 마리와 양 칠천 마리로 여호와께 제사를 지내고 12또 마음을 다하고
목숨을 다하여 조상들의 하나님 여호와를 찾기로 언약하고 13이스라엘 하나님 여호와를 찾지 아니하는 자는 대
소 남녀를 막론하고 죽이는 것이 마땅하다 하고 14무리가 큰 소리로 외치며 피리와 나팔을 불어 여호와께 맹세
하매 15온 유다가 이 맹세를 기뻐한지라 무리가 마음을 다하여 맹세하고 뜻을 다하여 여호와를 찾았으므로 여
호와께서도 그들을 만나 주시고 그들의 사방에 평안을 주셨더라 16아사 왕의 어머니 마아가가 아세라의 가증
한 목상을 만들었으므로 아사가 그의 태후의 자리를 폐하고 그의 우상을 찍고 빻아 기드론 시냇가에서 불살랐
으니 17산당은 이스라엘 중에서 제하지 아니하였으나 아사의 마음이 일평생 온전하였더라 18그가 또 그의 아버
지가 구별한 물건과 자기가 구별한 물건 곧 은과 금과 그릇들을 하나님의 전에 드렸더니 19이 때부터 아사 왕 제
삼십오년까지 다시는 전쟁이 없으니라

> **대하 15:2** 우리가 여호와와 함께하면 그도 우리와 함께하시고, 그를 찾으면 우리를 만나 주시는바, 그를 버리면 그도 우리를 버리시리라 라는 말씀에 근거해 볼 때, 이미 우리들은 여호와 하나님을 어떻게 섬겨야 할지에 대한 해답을 얻은 것이나 다름없지 않은가?
> ☞ **신 6:5** 너는 마음을 다하고 뜻을 다하고 힘을 다하여 네 하나님 여호와를 사랑하라
> ☞ **시 29:1-2** 너희 권능 있는 자들아 영광과 능력을 여호와께 돌리고 돌릴지어다 여호와께 그의 이름에 합당한 영광을 돌리며 거룩한 옷을 입고 여호와께 예배할지어다

31일~36일

역대하 16장

이스라엘과 유다의 충돌(왕상 15:17-22)

1아사 왕 제삼십육년에 이스라엘 왕 바아사가 유다를 치러 올라와서 라
마를 건축하여 사람을 유다 왕 아사에게 왕래하지 못하게 하려 한지라 2
아사가 여호와의 전 곳간과 왕궁 곳간의 은금을 내어다가 다메섹에 사는
아람 왕 벤하닷에게 보내며 이르되 3내 아버지와 당신의 아버지 사이에
와 같이 나와 당신 사이에 약조하자 내가 당신에게 은금을 보내노니 와
서 이스라엘 왕 바아사와 세운 약조를 깨뜨려 그가 나를 떠나게 하라 하
매 4벤하닷이 아사 왕의 말을 듣고 그의 군대 지휘관들을 보내어 이스라
엘 성읍들을 치되 이욘과 단과 아벨마임과 납달리의 모든 국고성들을 쳤
더니 5바아사가 듣고 라마 건축하는 일을 포기하고 그 공사를 그친지라 6
아사 왕이 온 유다 무리를 거느리고 바아사가 라마를 건축하던 돌과 재목
을 운반하여다가 게바와 미스바를 건축하였더라

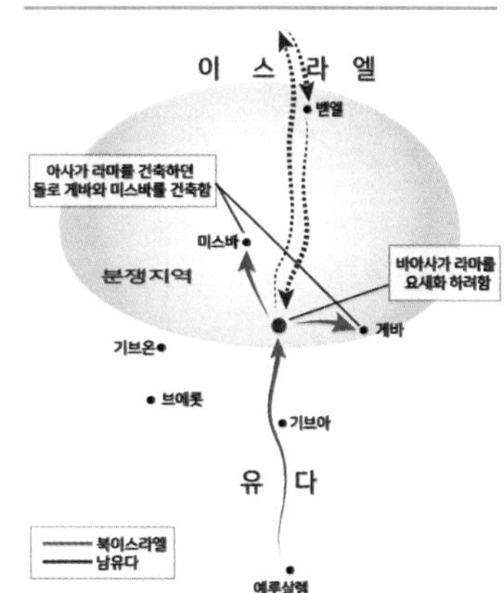

선견자 하나니

7그 때에 선견자 하나니가 유다 왕 아사에게 나와서 그에게 이르되 왕이
아람 왕을 의지하고 왕의 하나님 여호와를 의지하지 아니하였으므로 아람 왕의 군대가 왕의 손에서 벗어났나이
다 8구스 사람과 룹 사람의 군대가 크지 아니하며 말과 병거가 심히 많지 아니하더이까 그러나 왕이 여호와를

의지하였으므로 여호와께서 왕의 손에 넘기셨나이다 9 여호와의 눈은 온
땅을 두루 감찰하사 전심으로 자기에게 향하는 자들을 위하여 능력을 베
푸시나니 이 일은 왕이 망령되이 행하였은즉 이 후부터는 왕에게 전쟁이
있으리이다 하매 10 아사가 노하여 선견자를 옥에 가두었으니 이는 그의
말에 크게 노하였음이며 그 때에 아사가 또 백성 중에서 몇 사람을 학대
하였더라

아사가 죽다(왕상 15:23-24)

11 아사의 처음부터 끝까지의 행적은 유다와 이스라엘 열왕기에 기록되
니라 12 아사가 왕이 된 지 삼십구 년에 그의 발이 병들어 매우 위독했으
나 병이 있을 때에 그가 여호와께 구하지 아니하고 의원들에게 구하였더
라 13 아사가 왕위에 있은 지 사십일 년 후에 죽어 그의 조상들과 함께 누
우매 14 다윗 성에 자기를 위하여 파 두었던 묘실에 무리가 장사하되 그의
시체를 법대로 만든 각양 향 재료를 가득히 채운 상에 두고 또 그것을 위
하여 많이 분향하였더라

❖ **대하 16장**
아사가 통치 초기에는 여호와께 의뢰하는 신위에 순종하는 자세로 그 개인과 왕국의 평화와 번영을 얻었다. 그러나 후에는 왕국의 평화와 번영에 교만하게 되어 마치 그 모든 것이 자기의 능력으로만 얻어진 것인 양 착각하고 어느 순간엔가 인위적 자세를 갖게 되어 위기에 처하여도 하나님보다 사람을 더 의지하게 되었다. 그리고 이를 책망하는 선지자를 학대하고 결과는 당연히 전쟁의 소용돌이 속에서 그 재난과 왕국 전체가 질고를 당하는 것이었다.
☞ 하나님을 의뢰하되 일시적, 부분적이 아니라 영구적, 절대적으로 의지하고 의뢰해야만 영원하고도 완전한 축복을 얻을 수 있음도 깨닫는다.

인위 뚝! 신위 고!

31일~
36일

35일차 읽기의 요약

(왕상 12~16, 대하 10~16)

통일왕국 초기부터 이스라엘과 유다 지파 사이에 있었던 반목은 솔로몬 말기에 이르러 백성들의 과중한 세금에 대한 부담으로 더욱 악화된다. 솔로몬의 아들 르호보암은 원로들의 지혜를 무시하다가 이스라엘 10지파의 원성을 크게 사서 결국 이스라엘 10지파가 따로 갈라져 나가게 됨으로 통일왕국 시대는 끝나게 되고 분열 왕국 시대가 시작된다.
북이스라엘의 왕 여로보암은 이스라엘의 이십 세 이상의 남자가 예루살렘에 있는 성전으로 1년에 세 번씩 가서 예배드리는 일을 막기 위해 벧엘과 단에 금송아지 산당을 만들고 레위 지파가 아닌 보통 사람을 제사장으로 삼고 자기 마음대로 정한 달을 절기로 정한다. 이처럼 여로보암은 하나님의 말씀을 떠나고 우상을 숭배하는 악한 왕의 모델이 되어 그 이후의 북이스라엘의 모든 왕이 따라가고야 마는 여로보암의 길을 만들어 낸다.
한편으로 남 유다의 르호보암 역시 우상 숭배를 허용하는 죄를 범한다. 이로 인해 여로보암과 르호보암 사이에는 전쟁이 끊이지 않는 긴장 관계가 계속된다. 그러나 르호보암의 아들 아비야 왕과 그 뒤를 이은 아사 왕은 다윗 왕을 그들이 따라야 할 왕의 모델로 삼는다. 따라서 그들은 유다 백성들에게 그 조상들의 여호와를 찾게 했고, 율법과 명령을 행하는 구별된 삶을 살도록 하여 다윗의 길을 따라 통치한 왕으로 인정을 받는다.

그러면 어떻게 살 것인가?

인위뚝·신위고!

☑ 세계관 점검 – 묵상하기 (영상 강의와 교재 내용의 이해를 바탕으로)

해설자 주

분열 왕국의 왕들의 재임 기간 연대 표시는 일관되게 일치하는 자료는 없고 1~2년의 차이를 보이는데 그 이유는 특정 자료가 어느 월력을 따랐는가, 그리고 섭정 기간을 포함 했는가에 따라 차이가 난다는 사실을 염두에 두는 것이 좋겠다. 본 해설은 다수가 사용하는 표기와 섭정 기간이 포함된 재임기단의 연도를 따랐다.

여로보암의 반역을 묵상하라.
여로보암은 자신의 왕권을 자신의 힘으로 지키겠다는 인본주의적인 생각으로 금송아지 우상 숭배 정책을 취하였다. 그 결과 여로보암은 자신의 왕권은 지켰지만, 북이스라엘은 국가적으로 단 한 번도 바른 여호와 신앙을 가져본 적이 없다. 그리고 그것은 북이스라엘이 거듭된 반란의 소용돌이에 휩싸이다가 결국 멸망에 이르는 원인이 되었다. 이러한 사실은 바른 정통 신앙의 전승이 얼마나 중요한지를 잘 가르쳐준다. 만일 우리가 우리의 자손에게 바른 신앙을 전해준다면 우리나라와 자손들의 미래는 밝을 것이나 반대로 우리가 바른 신앙을 전해주지 못한다면 우리나라와 자손들의 미래는 보장받을 수 없다. 따라서 우리는 정통 신앙을 수호하고 그것을 우리의 다음 세대에 가르치는 일에 모든 힘을 다해야 할 것이다.

☑ 북 왕국 첫 번째 왕이 된 여로보암은 자기의 정권을 유지하기 위해 율법이 명령한 예루살렘 성전 순례를 차단하기 위해 북쪽에 금송아지 제단을 만들고, 레위인이 아닌 일반인을 제사장으로 삼는 중대한 잘못을 저지른다. 종교를 자기 목적에 합당하게 수단화하는 매우 어리석은 모습이다.
오늘 우리의 기독교는 삶이 아니라 수단으로서 종교화되지 않았는지 심각하게 반성하고 회개해야 한다. 말씀(성경)에 근거한 삶만이 진정한 길이다.

북 왕국의 모든 왕은 악한 왕으로 판정되고 있다. 그 판단 기준을 왕상 14:8-9에서 밝히고 있다. 아무리 다윗처럼 선정을 베풀어도 우상을 숭배하면 악한 왕으로 취급된다는 사실을 유의하라. 내가 아무리 착하게 살아도 하나님과 관계없는 착함은 심판의 대상이 된다는 것이다.

왕상 12:8-11. 솔로몬의 아들이고 후계자인 르호보암은 아버지의 초기 시절처럼 하나님의 지혜를 구하지 않았을 뿐만 아니라 원로들의 조언도 무시하고 오직 같은 또래의 건의를 받아들이는 매우 협소한 leadership을 가진 자였다. 진정한 지도자는 따르는 자들을 섬기고 그들의 고통을 가볍게 해줄 수 있는 자이다.
마태 11:28-30, 23:11-12과 함께 참 Leadership이 무엇인가를 배우라.

왕상 12:25-33 하나님의 말씀을 무시하고 자기의 지식과 생각대로 행한 여로보암은 큰 죄를 짓는다. 하나님의 말씀을 무시하고 가볍게 여기는 모든 것이 죄가 됨을 알고 있는가? 그러므로 말씀의 메뉴엘 대로 살아야 함을 굳게 명심하라. [전 12:13, 마 10:28. 찬송 293(통 414)]

☑ 결단기도와 실행하기

약 2:26 영혼 없는 몸이 죽은 것 같이 행함이 없는 믿음은 죽은 것이니라
시 119:28 나의 영혼이 눌림으로 말미암아 녹사오니 주의 말씀대로 나를 세우소서

열왕기상 17장~22장 : 엘리야의 사역

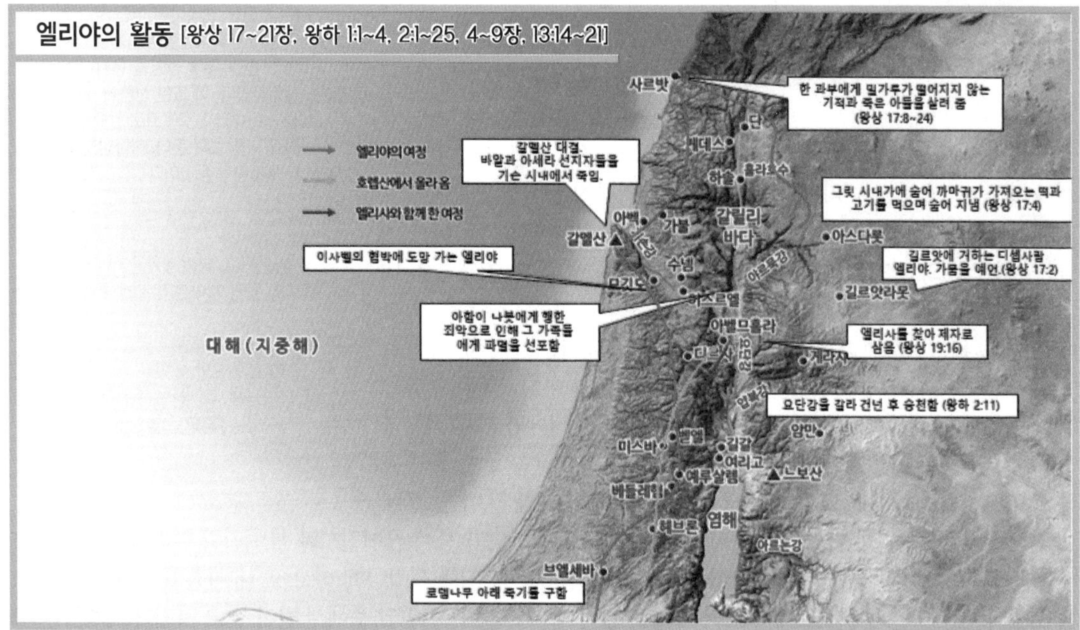

열왕기상 17장

엘리야와 가뭄

[1] 길르앗에 우거하는 자 중에 디셉 사람 엘리야가 아합에게 말하되 내가
섬기는 이스라엘의 하나님 여호와께서 살아 계심을 두고 맹세하노니 내
말이 없으면 수 년 동안 비도 이슬도 있지 아니하리라 하니라 [2] 여호와의
말씀이 엘리야에게 임하여 이르시되 [3] 너는 여기서 떠나 동쪽으로 가서
요단 앞 그릿 시냇가에 숨고 [4] 그
시냇물을 마시라 내가 까마
귀들에게 명령하여 거기서 너
를 먹이게 하리라 [5] 그가 여호와의
말씀과 같이 하여 곧 가서 요단 앞
그릿 시냇가에 머물매 [6] 까마귀들
이 아침에도 떡과 고기를, 저녁에도
떡과 고기를 가져왔고 그가 시냇물을 마셨으나 [7] 땅에 비가 내리지 아니
하므로 얼마 후에 그 시내가 마르니라

엘리야와 사르밧 과부

[8] 여호와의 말씀이 엘리야에게 임하여 이르시되 [9] 너는 일어나 시돈에 속
한 사르밧으로 가서 거기 머물라 내가 그 곳 과부에게 명령하여 네게 음
식을 주게 하였느니라 [10] 그가 일어나 사르밧으로 가서 성문에 이를 때에

❖ 왕상 17장

엘리야의 예언대로 이스라엘에 가뭄이 들자, 하나님께서 엘리야를 시돈의 사르밧으로 보내신 것은 아합의 분노에서 그를 보호하기 위해서였다. 사르밧은 이스라엘 북부에 위치한 페니키아의 해안도시 시돈과 두로 사이의 조그만 성읍으로 시돈 남쪽 9.6km에 위치한다. 이 마을은 페니키아의 유명한 유리 제품의 생산지였고 염료공업도 발달한 곳이었다. 그런데 엘리야가 도착했을 때 사르밧도 가뭄으로 인해 식량이 부족하였다. 엘리야로 인해 내린 가뭄이 인근의 페니키아까지 영향을 미친 것이다. 사실 이것은 당연하였다. 왜냐하면 재앙의 원인인 이스라엘의 우상 숭배를 부추긴 장본인이 페니키아 출신의 왕비 이세벨이었기 때문이다. 이곳에 도착한 엘리야는 기근 속에서도 한 과부의 정성으로 생명을 보장받게 되었고 과부도 자신과 아들이 먹을 양식이 떨어지지 않는 기적을 경험하게 되었다. 그런데 이 과부가 여호와를 믿고 있었는지는 분명치 않다. 단지 당시 페니키아가 이스라엘과 동맹 관계였기 때문에 여호와에 관하여서는 잘 알고 있었고 신의 대리인인 선지자를 섬기는 것은 고대인들의 일반적인 관습이었으므로 사르밧 과부도 선지자 엘리야를 대접하였을 것이다.

한 과부가 그 곳에서 나뭇가지를 줍는지라 이
에 불러 이르되 청하건대 그릇에 물을 조금
가져다가 내가 마시게 하라 11 그가 가지러 갈
때에 엘리야가 그를 불러 이르되 청하건대 네
손의 떡 한 조각을 내게로 가져오라 12
그가 이르되 당신의 하나님 여호와께서
살아 계심을 두고 맹세하노니 나는 떡
이 없고 다만 통에 가루 한 움큼과 병에 기름 조금 뿐이라
내가 나뭇가지 둘을 주어다가 나와 내 아들을 위하여 음식을 만들어 먹고
그 후에는 죽으리라 13 엘리야가 그에게 이르되 두려워하지 말고 가서 네
말대로 하려니와 먼저 그것으로 나를 위하여 작은 떡 한 개를 만들어 내
게로 가져오고 그 후에 너와 네 아들을 위하여 만들라 14 이스라엘의 하
나님 여호와의 말씀이 나 여호와가 비를 지면에 내리는 날까지 그 통의
가루가 떨어지지 아니하고 그 병의 기름이 없어지지 아니하리라 하셨느
니라 15 그가 가서 엘리야의 말대로 하였더니 그와 엘리야와 그의 식구가
여러 날 먹었으나 16 여호와께서 엘리야를 통하여 하신 말씀 같이 통의 가
루가 떨어지지 아니하고 병의 기름이 없어지지 아니하니라 17 이 일 후에
그 집 주인 되는 여인의 아들이 병들어 증세가 심히 위중하다가 숨이 끊어진지라 18 여인이 엘리야에게 이르되
하나님의 사람이여 당신이 나와 더불어 무슨 상관이 있기로 내 죄를 생각나게 하고 또 내 아들을 죽게 하려고 내
게 오셨나이까 19 엘리야가 그에게 그의 아들을 달라 하여 그를 그 여인의 품에서 받아 안고 자기가 거처하는 다
락에 올라가서 자기 침상에 누이고 20 여호와께 부르짖어 이르되 내 하나님 여호와여 주께서 또 내가 우거하는
집 과부에게 재앙을 내리사 그 아들이 죽게 하셨나이까 하고 21 그 아이 위에 몸을 세 번 펴서 엎드리고 여호와
께 부르짖어 이르되 내 하나님 여호와여 원하건대 이 아이의 혼으로 그의 몸에 돌아오게 하옵소서 하니 22 여호
와께서 엘리야의 소리를 들으시므로 그 아이의 혼이 몸으로 돌아오고 살아난지라 23 엘리야가 그 아이를 안고
다락에서 방으로 내려가서 그의 어머니에게 주며 이르되 보라 네 아들이 살아났느니라 24 여인이 엘리야에게 이
르되 내가 이제야 당신은 하나님의 사람이시요 당신의 입에 있는 여호와의 말씀이 진실한 줄 아노라 하니라

☞ 우상 숭배의 죄는 이스라엘과 페니키아 모두에게 있었고 하나님의 심판도 양자에게 동일하게 임하였다. 죄에 관해서는 믿는 자와 믿지 않는 자 모두에게 동일하게 벌하시는 하나님의 공의로운 통치를 보여 준다. 한편 엘리야를 섬긴 사르밧 과부는 비록 그가 하나님을 믿지는 않았지만 섬김의 모습을 통해 생명을 유지하는 기적을 체험하였다. 이 또한 선행에 대해 자기 백성이 아니라도 축복으로 갚으시는 하나님의 공의를 보여 준다. 하나님의 섭리는 모두에게 평등한 것이다.

왕상 17:8-24
① 믿음은 하나님의 계획을 기다리게 한다.
② 하나님의 계획은 무조건적 순종을 요구한다.
③ 무조건적 순종은 우리를 제련하는 용광로로 인도할 수 있다.
④ 하나님께서 당신의 백성을 용광로에 집어넣을 때 모든 필요를 공급하신다(마 6:33).

31일~36일

열왕기상 18장

엘리야와 바알 선지자들

1 많은 날이 지나고 제삼년에 여호와의 말씀이 엘리야에게 임하여 이르시
되 너는 가서 아합에게 보이라 내가 비를 지면에 내리리라 2 엘리야가 아
합에게 보이려고 가니 그 때에 사마리아에 기근이 심하였더라 3 아합이
왕궁 맡은 자 오바댜를 불렀으니 이 오바댜는 여호와를 지극히 경외하는
자라 4 이세벨이 여호와의 선지자들을 멸할 때에 오바댜가 선지자 백 명
을 가지고 오십 명씩 굴에 숨기고 떡과 물을 먹였더라 5 아합이 오바댜에
게 이르되 이 땅의 모든 물 근원과 모든 내로 가자 혹시 꼴을 얻으리라 그
리하면 말과 노새를 살리리니 짐승을 다 잃지 않게 되리라 하고 6 두 사람
이 두루 다닐 땅을 나누어 아합은 홀로 이 길로 가고 오바댜는 홀로 저 길
로 가니라 7 오바댜가 길에 있을 때에 엘리야가 그를 만난지라 그가 알아
보고 엎드려 말하되 내 주 엘리야여 당신이시니이까 8 그가 그에게 대답

왕상 18:5-6 하나님의 사람 오바댜의 믿음의 자세를 분석해 보라.
문제 해결을 위한 근원적, 본질적인 원인을 찾으려 하지 않고, 외형적이고 비본질적인 미봉책을 찾으려는 모습이 보이는가? 당신은 문제를 어떻게 해결하고 있는가?
· 信者 vs 神子
· 무리 vs 제자
· Churchian vs Christian
· 타협적 vs 원칙적
이 부분 설명 동영상 강의 36강 참조

하되 그러하다 가서 네 주에게 말하기를 엘리야가 여기 있다 하라 9 이르
되 내가 무슨 죄를 범하였기에 당신이 당신의 종을 아합의 손에 넘겨 죽이
게 하려 하시나이까 10 당신의 하나님 여호와께서 살아 계심을 두고 맹세
하노니 내 주께서 사람을 보내어 당신을 찾지 아니한 족속이나 나라가 없
었는데 그들이 말하기를 엘리야가 없다 하면 그 나라와 그 족속으로 당신
을 보지 못하였다는 맹세를 하게 하였거늘 11 이제 당신의 말씀이 가서 네
주에게 말하기를 엘리야가 여기 있다 하라 하시나 12 내가 당신을 떠나간
후에 여호와의 영이 내가 알지 못하는 곳으로 당신을 이끌어 가시리니 내
가 가서 아합에게 말하였다가 그가 당신을 찾지 못하면 내가 죽임을 당하
리이다 당신의 종은 어려서부터 여호와를 경외하는 자라 13 이세벨이 여
호와의 선지자들을 죽일 때에 내가 여호와의 선지자 중에 백 명을 오십 명
씩 굴에 숨기고 떡과 물로 먹인 일이 내 주에게 들리지 아니하였나이까 14
이제 당신의 말씀이 가서 네 주에게 말하기를 엘리야가 여기 있다 하라 하
시니 그리하면 그가 나를 죽이리이다 15 엘리야가 이르되 내가 섬기는 만
군의 여호와께서 살아 계심을 두고 맹세하노니 내가 오늘 아합에게 보이
리라 16 오바댜가 가서 아합을 만나 그에게 말하매 아합이 엘리야를 만나
러 가다가 17 엘리야를 볼 때에 아합이 그에게 이르되 이스라엘을 괴롭게
하는 자여 너냐 18 그가 대답하되 내가 이스라엘을 괴롭게 한 것이 아니라
당신과 당신의 아버지의 집이 괴롭게 하였으니 이는 여호와의 명령을 버
렸고 당신이 바알들을 따랐음이라 19 그런즉 사람을 보내 온 이스라엘과
이세벨의 상에서 먹는 바알의 선지자 사백오십 명과 아세라의 선지자 사
백 명을 갈멜 산으로 모아 내게로 나아오게 하소서 20 아합이 이에 이스라
엘의 모든 자손에게로 사람을 보내 선지자들을 갈멜 산으로 모으니라 21
엘리야가 모든 백성에게 가까이 나아가 이르되 너희가 어느 때까지 둘 사
이에서 머뭇머뭇 하려느냐 여호와가 만일 하나님이면 그를 따르고 바알
이 만일 하나님이면 그를 따를지니라 하니 백성이 말 한마디도 대답하지
아니하는지라 22 엘리야가 백성에게 이르되 여호와의 선지자는 나만 홀
로 남았으나 바알의 선지자는 사백오십 명이로다 23 그런즉 송아지 둘을
우리에게 가져오게 하고 그들은 송아지 한 마리를 택하여 각을 떠서 나무
위에 놓고 불은 붙이지 말며 나도 송아지 한 마리를 잡아 나무 위에 놓고
불은 붙이지 않고 24 너희는 너희 신의 이름을 부르라 나는 여호와의 이름
을 부르리니 이에 불로 응답하는 신 그가 하나님이니라 백성이 다 대답하
되 그 말이 옳도다 하니라 25 엘리야가 바알의 선지자들에게 이르되 너희
는 많으니 먼저 송아지 한 마리를 택하여 잡고 너희 신의 이름을 부르라
그러나 불을 붙이지 말라 26 그들이 받은 송아지를 가져다가 잡고 아침부
터 낮까지 바알의 이름을 불러 이르되 바알이여 우리에게 응답하소서 하
나 아무 소리도 없고 아무 응답하는 자도 없으므로 그들이 그 쌓은 제단
주위에서 뛰놀더라 27 정오에 이르러는 엘리야가 그들을 조롱하여 이르되
큰 소리로 부르라 그는 신인즉 묵상하고 있는지 혹은 그가 잠깐 나갔는지
혹은 그가 길을 행하는지 혹은 그가 잠이 들어서 깨워야 할 것인지 하매

❖ 왕상 18장

하나님께서 아합과 이세벨을 심판하시기 위해 엘리야를 보내셨다. 엘리야는 B.C. 9세기에 활동한 선지자로 북이스라엘 길르앗 디셉 출신이다. 그의 등장은 매우 극적인 것이었다. 당시 솔로몬 시대에 버금갈 만큼 번영을 누리던 사마리아에 나타난 엘리야는 털옷을 입고 가죽 띠를 맨 사막의 유목민과 같은 거친 모습이었다. 그리고 그의 첫 번째 선포가 이스라엘에 비와 이슬이 내리지 않는다는 것이었다. 비가 내리지 않는 것은 말할 것도 없고 이슬이 내리지 않는 것도 매우 심각하다. 이스라엘에서는 비가 오지 않는 4-10월은 밤에 내리는 이슬을 통해 초목들이 수분을 얻게 된다. 따라서 이슬도 내리지 않으면 모든 초목이 말라 죽게 된다. 또한 사막에서 불어오는 건조한 모래바람이 대동하는 흙과 모래 먼지를 가라앉히는 것도 이슬 때문이다. 따라서 비와 이슬이 내리지 않는 것은 아합의 통치를 위협하는 심각한 재앙이었다. 하나님께서 이러한 재앙을 내리신 것은 아합과 이세벨이 섬기는 바알 신앙에 대한 경고이기도 하다. 원래 바알은 자연현상을 다스려 곡식의 풍요를 관장하는 신이다. 그런데 하나님의 심판으로 비가 오지 않아 농사가 실패한다면 그들이 섬기는 바알이 거짓이며 하나님이 자연을 관장하신다는 것을 증명하게 된다.

☞ 아합과 엘리야의 대결은 바알과 하나님의 대결이며 곧 우주의 참된 주관자가 누구인가를 증거하는 것이었다. 결과는 엘리야와 하나님의 승리였다. 풍요를 바라는 아합의 바알 신앙은 여호와에 의해 실패로 돌아간 것이다. 하나님의 섭리는 인간의 역사만이 아니라 자연을 포함한 온 우주에 미친다. 이것이 하나님의 우주적 주권이며 인간이 하나님께 복종하여야 할 이유인 것이다.

❖ **갈멜 산의 기우제를 통해서 보는 참 예배와 잘못된 예배를 묵상하라.**

1) **21절** – 진정한 예배는 계시된 진리에 대한 응답이다. 예배의 주체가 누구인가가 매우 중요하다, 만일 알라가 하나님이면 모스크로 가고, 시바나 비시누가 하나님이면 힌두사원으로 가라는 말이다.
2) **25-29절** – 예배의 주체가 잘못되면 자기만족을 위한 예배를 드리게 된다.
3) **30-40절** – 예배의 주체가 하나님(내가 만든 하나님이 아니라 성경에 계시된 하나님)이라면 그 하나님이 원하시는 합당한 방법으로 예배를 드려야 하고 그런 예배는 하나님이 응답하신다(38절).

왕상 18:20-40
학습 자료 36-1 "바일 신" 참조

31일~36일

28이에 그들이 큰 소리로 부르고 그들의 규례를 따라 피가 흐르기까지 칼
과 창으로 그들의 몸을 상하게 하더라 29이같이 하여 정오가 지났고 그들
이 미친 듯이 떠들어 저녁 소제 드릴 때까지 이르렀으나 아무 소리도 없고
응답하는 자나 돌아보는 자가 아무도 없더라 30엘리야가 모든 백성을 향
하여 이르되 내게로 가까이 오라 백성이 다 그에게 가까이 가매 그가 무
너진 여호와의 제단을 수축하되 31야곱의 아들들의 지파의 수효를 따라
엘리야가 돌 열두 개를 취하니 이 야곱은 옛적에 여호와의 말씀이 임하여
이르시기를 네 이름을 이스라엘이라 하리라 하신 자더라 32그가 여호와
의 이름을 의지하여 그 돌로 제단을 쌓고 제단을 돌아가며 곡식 종자 두
세아를 둘 만한 도랑을 만들고 33또 나무를 벌이고 송아지의 각을 떠서
나무 위에 놓고 이르되 통 넷에 물을 채워다가 번제물과 나무 위에 부으
라 하고 34또 이르되 다시 그리하라 하여 다시 그리하니 또 이르되 세 번
째로 그리하라 하여 세 번째로 그리하니 35물이 제단으로 두루 흐르고 도
랑에도 물이 가득 찼더라 36저녁 소제 드릴 때에 이르러 선지자 엘리야가
나아가서 말하되 아브라함과 이삭과 이스라엘의 하나님 여호와여 주께서
이스라엘 중에서 하나님이신 것과 내가 주의 종인 것과 내가 주의 말씀대
로 이 모든 일을 행하는 것을 오늘 알게 하옵소서 37여호와여 내게 응답
하옵소서 내게 응답하옵소서 이 백성에게 주 여호와는 하나님이신 것과
주는 그들의 마음을 되돌이키심을 알게
하옵소서 하매 38이에 여호와의
불이 내려서 번제물과 나무와 돌
과 흙을 태우고 또 도랑의 물을
핥은지라 39모든 백성이 보고 엎
드려 말하되 여호와 그는 하나
님이시로다 여호와 그는 하나님
이시로다 하니 40엘리야가 그들에게
이르되 바알의 선지자를 잡되 그들 중 하나도 도망하지 못하게 하라 하매
곧 잡은지라 엘리야가 그들을 기손 시내로 내려다가 거기서 죽이니라

왕상 18:30-37 또 한 가지 중요한 사실은 엘리야가 이스라엘의 12지파를 상징하는 열두 돌을 취하여 여호와 제단을 수축하고, 또 이스라엘 백성들이 바알을 버리고 열조의 하나님에게로 돌아오도록 기도하였다는 사실이다. 이는 이스라엘이 하나님의 징계로 말미암아 남북 왕국으로 분단되었지만, 두 왕국은 모두 동일한 하나님의 언약 백성이라는 사실을 보여 준다. 그리고 또 이는 지금까지 여로보암의 금송아지 숭배와 아합의 바알 우상 숭배로 인하여 황폐해졌던 북 왕국의 여호와 종교를 회복함으로써 다시 북 왕국이 남 왕국과 같은 하나님의 선민으로 다시 뭉치게 될 것을 상징하는 것이다. 그러나 두 왕국은 분열된 이래로 멸망하기까지 한 번도 재통일을 이루지 못했다. 따라서 이는 구속사적으로 훗날 열두 사도를 기초로 하고 예수 그리스도를 머릿돌로 하여 건축될 영적 이스라엘 곧 교회를 통하여 분단되었던 이스라엘은 물론 전 세계가 마침내 참 신은 하나님밖에 없음을 깨달아 이스라엘 민족의 진정한 영적 재통일은 물론 신·구약의 모든 백성이 하나가 됨(고전 12:13)을 예표하는 것이라고 볼 수 있다. 이는 예수의 초림으로 이미 영적으로 성취되었으며 훗날 새 천국에서 온전히 실현될 것이다.

왕상 18:44 바다 위에 뜬 손바닥만 한 구름을 보고 비가 올 것을 확신하는 엘리야의 믿음 그것은 믿음의 민감성이다. 우리도 이런 믿음의 민감성을 키워야 할 것이다. 그것이 곧 하나님을 바르게 알고 그를 의지함으로 얻게 되는 수확이다.
☞ **눅 11:9-10** 내가 또 너희에게 이르노니 구하라 그러면 너희에게 주실 것이요 찾으라 그러면 찾아낼 것이요 문을 두드리라 그러면 너희에게 열릴 것이니 구하는 이마다 받을 것이요 찾는 이는 찾아낼 것이요 두드리는 이에게는 열릴 것이니라

가뭄이 그침

41엘리야가 아합에게 이르되 올라가서 먹고 마시소서 큰 비 소리가 있나이다 42아합이 먹고 마시러 올라가니라
엘리야가 갈멜 산 꼭대기로 올라가서 땅에 꿇어 엎드려 그의 얼굴을 무릎 사이에 넣고 43그의 사환에게 이르되
올라가 바다 쪽을 바라보라 그가 올라가 바라보고 말하되 아무것도 없나이다 이르되 일곱 번까지 다시 가라 44
일곱 번째 이르러서는 그가 말하되 바다에서 사람의 손만 한 작은 구름이 일어나나이다 이르되 올라가 아합에
게 말하기를 비에 막히지 아니하도록 마차를 갖추고 내려가소서 하라 하니라 45조금 후에 구름과 바람이 일어
나서 하늘이 캄캄해지며 큰 비가 내리는지라 아합이 마차를 타고 이스르엘로 가니 46여호와의 능력이 엘리야에
게 임하매 그가 허리를 동이고 이스르엘로 들어가는 곳까지 아합 앞에서 달려갔더라

열왕기상 19장

호렙 산의 엘리야

1아합이 엘리야가 행한 모든 일과 그가 어떻게 모든 선지자를 칼로 죽였

❖ **왕상 19장 회복시키시는 하나님**
1. 휴식을 주심(19:5-6)
2. 영적 권능을 보여 주심(19:11-12)
3. 새로운 사명을 주심(19:13-18)
   - 하사엘을 아람의 왕으로 삼아라

31일~36일

왕상 19:3, 4 엘리야의 도피 경로
엘리야의 갈멜산 대결 후 이에 격노한 아합의 아내 이세벨을 피해 도피한 엘리야의 도피 경로이다.

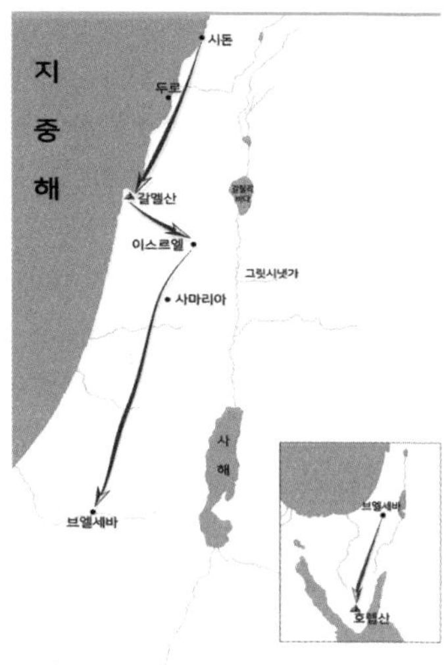

왕상 19:3-8
학습 자료 36-2 "엘리야의 절망"을 참조

는지를 이세벨에게 말하니 2 이세벨이 사신을 엘리야에게 보내어 이르되
내가 내일 이맘때에는 반드시 네 생명을 저 사람들 중 한 사람의 생명과
같게 하리라 그렇게 하지 아니하면 신들이 내게 벌 위에 벌을 내림이 마
땅하니라 한지라 3 그가 이 형편을 보고 일어나 자기의 생명을 위해 도망
하여 유다에 속한 브엘세바에 이르러 자기의 사환을 그 곳에 머물게 하
고 4 자기 자신은 광야로 들어가 하룻길쯤 가서 한 로뎀 나무 아래에 앉아
서 자기가 죽기를 원하여 이르되 여호와여 넉넉하오니 지금 내 생명을 거
두시옵소서 나는 내 조상들보다 낫지 못하니이다 하고 5 로뎀 나무 아래
에 누워 자더니 천사가 그를 어루만지며 그에게 이르되 일어나서 먹으라
하는지라 6 본즉 머리맡에 숯불에 구운 떡과 한 병 물이 있더라 이에 먹
고 마시고 다시 누웠더니 7 여호와의 천사가 또 다시 와서 어루만지며 이
르되 일어나 먹으라 네가 갈 길을 다 가지 못할까 하노라 하는지라 8 이에
일어나 먹고 마시고 그 음식물의 힘을 의지하여 사십 주 사십 야를 가서
하나님의 산 호렙에 이르니라 9 엘리야가 그 곳 굴에 들어가 거기서 머물
더니 여호와의 말씀이 그에게 임하여 이르시되 엘리야야 네가 어찌하여
여기 있느냐 10 그가 대답하되 내가 만군의 하나님 여호와께 열심이 유별
하오니 이는 이스라엘 자손이 주의 언약을 버리고 주의 제단을 헐며 칼로
주의 선지자들을 죽였음이오며 오직 나만 남았거늘 그들이 내 생명을 찾
아 빼앗으려 하나이다 11 여호와께서 이르시되 너는 나가서 여호와 앞에
서 산에 서라 하시더니 여호와께서 지나가시는데 여호와 앞에 크고 강한 바람이 산을 가르고 바위를 부수나 바
람 가운데에 여호와께서 계시지 아니하며 바람 후에 지진이 있으나 지진 가운데에도 여호와께서 계시지 아니하
며 12 또 지진 후에 불이 있으나 불 가운데에도 여호와께서 계시지 아니하더니 불 후에 세미한 소리가 있는지라
13 엘리야가 듣고 겉옷으로 얼굴을 가리고 나가 굴 어귀에 서매 소리가 그에게 임하여 이르시되 엘리야야 네가
어찌하여 여기 있느냐 14 그가 대답하되 내가 만군의 하나님 여호와께 열심이 유별하오니 이는 이스라엘 자손이
주의 언약을 버리고 주의 제단을 헐며 칼로 주의 선지자들을 죽였음이오며 오직 나만 남았거늘 그들이 내 생명
을 찾아 빼앗으려 하나이다 15 여호와께서 그에게 이르시되 너는 네 길을 돌이켜 광야를 통하여 다메섹에 가서
이르거든 하사엘에게 기름을 부어 아람의 왕이 되게 하고 16 너는 또 님시의 아들 예후에게 기름을 부어 이스라
엘의 왕이 되게 하고 또 아벨므홀라 사밧의 아들 엘리사에게 기름을 부
어 너를 대신하여 선지자가 되게 하라 17 하사엘의 칼을 피하는 자를 예후
가 죽일 것이요 예후의 칼을 피하는 자를 엘리사가 죽이리라 18 그러나 내
가 이스라엘 가운데에 칠천 명을 남기리니 다 바알에게 무릎을 꿇지 아니
하고 다 바알에게 입맞추지 아니한 자니라

엘리야가 엘리사를 부르다

19 엘리야가 거기서 떠나 사밧의 아들 엘리사를 만나니 그가 열두 겨릿소
를 앞세우고 밭을 가는데 자기는 열두째 겨릿소와 함께 있더라 엘리야가
그리로 건너가서 겉옷을 그의 위에 던졌더니 20 그가 소를 버리고 엘리야
에게로 달려가서 이르되 청하건대 나를 내 부모와 입맞추게 하소서 그리
한 후에 내가 당신을 따르리이다 엘리야가 그에게 이르되 돌아가라 내가
네게 어떻게 행하였느냐 하니라 21 엘리사가 그를 떠나 돌아가서 한 겨릿
소를 가져다가 잡고 소의 기구를 불살라 그 고기를 삶아 백성에게 주어

왕상 19:18 "남은 자"
남은 자는 관점 3의 삶을 사는 자들이다. 섞이면 안 된다는 것은 바알에 입 맞추지 않은 자들이다. 세상과 세속에 타협한 다원주의자, 혼합 주의자를 말하는 것이 아니다.
당신은 진정 하나님의 남은 자인가?
☞ "세계관 점검" 부분의 "남은 자" 참조

엘리사의 부름
소를 잡아 나누어 먹고 농기구를 불살라 버렸다는 것은 다시 이 직업으로 돌아오지 않겠다는 것이다. 퇴로는 없다.
이것이 십자가 군병들의 결의이다.
· 배와 그물을 버린 베드로와 제자들.
· 물동이를 버린 사마리아의 여인.
진정한 변화는 가치관의 변화이다.

먹게 하고 일어나 엘리야를 따르며 수종 들었더라

열왕기상 20장

아람과 이스라엘의 싸움

1 아람의 벤하닷 왕이 그의 군대를 다 모으니 왕 삼십이 명이 그와 함께
있고 또 말과 병거들이 있더라 이에 올라가서 사마리아를 에워싸고 그 곳
을 치며 2 사자들을 성 안에 있는 이스라엘의 아합 왕에게 보내 이르기를
벤하닷이 그에게 이르되 3 네 은금은 내 것이요 네 아내들과 네 자녀들의
아름다운 자도 내 것이니라 하매 4 이스라엘의 왕이 대답하여 말하기를
내 주 왕이여 왕의 말씀 같이 나와 내 것은 다 왕의 것이니이다 하였더니
5 사신들이 다시 와서 이르되 벤하닷이 이르노라 내가 이미 네게 사람을
보내어 말하기를 너는 네 은금과 아내들과 자녀들을 내게 넘기라 하였거
니와 6 내일 이맘때에 내가 내 신하들을 네게 보내리니 그들이 네 집과 네
신하들의 집을 수색하여 네 눈이 기뻐하는 것을 그들의 손으로 잡아 가져
가리라 한지라 7 이에 이스라엘 왕이 나라의 장로를 다 불러 이르되 너희
는 이 사람이 악을 도모하고 있는 줄을 자세히 알라 그가 내 아내들과 내
자녀들과 내 은금을 빼앗으려고 사람을 내게 보냈으나 내가 거절하지 못
하였노라 8 모든 장로와 백성들이 다 왕께 아뢰되 왕은 듣지도 말고 허락
하지도 마옵소서 한지라 9 그러므로 왕이 벤하닷의 사신들에게 이르되 너
희는 내 주 왕께 말하기를 왕이 처음에 보내 종에게 구하신 것은 내가 다
그대로 하려니와 이것은 내가 할 수 없나이다 하라 하니 사자들이 돌아
가서 보고하니라 10 그 때에 벤하닷이 다시 그에게 사람을 보내어 이르되
사마리아의 부스러진 것이 나를 따르는 백성의 무리의 손에 채우기에 족
할 것 같으면 신들이 내게 벌 위에 벌을 내림이 마땅하니라 하매 11 이스
라엘 왕이 대답하여 이르되 갑옷 입는 자가 갑옷 벗는 자 같이 자랑하지
못할 것이라 하라 하니라 12 그 때에 벤하닷이 왕들과 장막에서 마시다가
이 말을 듣고 그의 신하들에게 이르되 너희는 진영을 치라 하매 곧 성읍
을 향하여 진영을 치니라 13 한 선지자가 이스라엘의 아합 왕에게 나아가
서 이르되 여호와의 말씀이 네가 이 큰 무리를 보느냐 내가 오늘 그들을
네 손에 넘기리니 너는 내가 여호와인 줄을 알리라 하셨나이다 14 아합이
이르되 누구를 통하여 그렇게 하시리이까 대답하되 여호와의 말씀이 각
지방 고관의 청년들로 하리라 하셨나이다 아합이 이르되 누가 싸움을 시작하리이까 대답하되 왕이니이다 15 아
합이 이에 각 지방 고관의 청년들을 계수하니 이백삼십이 명이요 그 외에 모든 백성 곧 이스라엘의 모든 자손을
계수하니 칠천 명이더라 16 그들이 정오에 나가니 벤하닷은 장막에서 돕는 왕 삼십이 명과 더불어 마시고 취한
중이라 17 각 지방의 고관의 청년들이 먼저 나갔더라 벤하닷이 정탐꾼을 보냈더니 그들이 보고하여 이르되 사마
리아에서 사람들이 나오더이다 하매 18 그가 이르되 화친하러 나올지라도 사로잡고 싸우러 나올지라도 사로잡
으라 하니라 19 각 지방 고관의 청년들과 그들을 따르는 군대가 성읍에서 나가서 20 각각 적군을 쳐죽이매 아람
사람이 도망하는지라 이스라엘이 쫓으니 아람 왕 벤하닷이 말을 타고 마병과 더불어 도망하여 피하니라 21 이스
라엘 왕이 나가서 말과 병거를 치고 또 아람 사람을 쳐서 크게 이겼더라

❖ **왕상 20장**
B.C. 856년경 아람과 북이스라엘 간의 제 1, 2차 전쟁 기사를 중심으로 아합왕의 여호와께 대한 불순종에 대해 기록하고 있다. 이에 관한 구체적인 내용을 살펴보면, 1-12절은 아람 왕 벤하닷이 북 왕국의 수도인 사마리아를 포위하고 아합왕에게 거만하게 엄청난 공물과 여자들을 요구한 사실을, 13-15절은 한 선지자가 여호와의 이름으로 아람에 대한 아합의 승리를 예언함으로써 아합이 출전 준비를 서둔 사실을, 16-21절은 아람에 대한 아합의 1차 승리, 22-30절은 아합의 2차 승리를 기록하고 있다. 그리고 31-34절은 여호와께서 죽이기로 작정하신 아람 왕 벤하닷을 아합이 협정에 의해 살려준 사실을, 35-43절은 이러한 아합의 불순종에 대해 선지자가 최후의 심판을 선고한 사실을 기록하고 있다.
☞ 하나님이 아합의 군대를 일으켜 아람 왕 벤하닷을 치게 하신 것은 선민 이스라엘을 모독할 뿐만 아니라 전 우주의 하나님을 한갓 지역 신에 불과한 '산의 신'(28절)으로 조롱한 벤하닷에 대한 심판이었다. 그리고 이 심판을 통하여 하나님은 한갓 이스라엘의 조그만 지역에 국한된 신이 아니라, 온 우주의 주권자이심을 선포하고자 하셨다.

왕상 20:7-9 사탄은 전투의 대상일 뿐, 결코 타협의 대상은 아니다.
당신은 진정 하나님의 남은 자인가?
☞ **엡 6:12** 우리의 씨름은 혈과 육을 상대하는 것이 아니요 통치자들과 권세들과 이 어둠의 세상 주관자들과 하늘에 있는 악의 영들을 상대함이라 그러므로 하나님의 전신 갑주를 취하라 이는 악한 날에 너희가 능히 대적하고 모든 일을 행한 후에 서기 위함이라
☞ **약 4:7** 그런즉 너희는 하나님께 복종할지어다 마귀를 대적하라 그리하면 너희를 피하리라

아람 군대의 두 번째 공격

[22] 그 선지자가 이스라엘 왕에게 나아와 이르되 왕은 가서 힘을 기르고
왕께서 행할 일을 알고 준비하소서 해가 바뀌면 아람 왕이 왕을 치러 오
리이다 하니라 [23] 아람 왕의 신하들이 왕께 아뢰되 그들의 신은 산의 신
이므로 그들이 우리보다 강하였거니와 우리가 만일 평지에서 그들과 싸
우면 반드시 그들보다 강할지라 [24] 또 왕은 이 일을 행하실지니 곧 왕들
을 제하여 각각 그 곳에서 떠나게 하고 그들 대신에 총독들을 두시고 [25]
또 왕의 잃어버린 군대와 같은 군대를 왕을 위하여 보충하고 말은 말대
로, 병거는 병거대로 보충하고 우리가 평지에서 그들과 싸우면 반드시 그
들보다 강하리이다 왕이 그 말을 듣고 그리하니라 [26] 해가 바뀌니 벤하
닷이 아람 사람을 소집하고 아벡으로 올라와서 이스라엘과 싸우려 하매
[27] 이스라엘 자손도 소집되어 군량을 받고 마주 나가서 그들 앞에 진영을
치니 이스라엘 자손은 두 무리의 적은 염소 떼와 같고 아람 사람은 그 땅
에 가득하였더라 [28] 그 때에 하나님의 사람이 이스라엘 왕에게 나아와 말
하여 이르되 여호와의 말씀에 아람 사람이 말하기를 여호와는 산의 신이
요 골짜기의 신은 아니라 하는도다 그러므로 내가 이 큰 군대를 다 네 손
에 넘기리니 너희는 내가 여호와인 줄을 알리라 하셨나이다 하니라 [29] 진
영이 서로 대치한 지 칠 일이라 일곱째 날에 접전하여 이스라엘 자손이 하
루에 아람 보병 십만 명을 죽이매 [30] 그 남은 자는 아벡으로 도망하여 성
읍으로 들어갔더니 그 성벽이 그 남은 자 이만 칠천 명 위에 무너지고 벤
하닷은 도망하여 성읍에 이르러 골방으로 들어가니라 [31] 그의 신하들이
그에게 말하되 우리가 들은즉 이스라엘 집의 왕들은 인자한 왕이라 하니

만일 우리가 굵은 베로 허리를 동이고 테두
리를 머리에 쓰고 이스라엘의 왕에게로 나
아가면 그가 혹시 왕의 생명을 살리리이다
하고 [32] 그들이 굵은 베로 허리를 동이고
테두리를 머리에 쓰고 이스라엘의 왕에게
이르러 이르되 왕의 종 벤하닷이 청하기
를 내 생명을 살려 주옵소서 하더이다 아
합이 이르되 그가 아직도 살아 있느냐 그는 내 형제이니라 [33] 그 사람들이
좋은 징조로 여기고 그 말을 얼른 받아 대답하여 이르되 벤하닷은 왕의
형제니이다 왕이 이르되 너희는 가서 그를 인도하여 오라 벤하닷이 이에
왕에게 나아오니 왕이 그를 병거에 올린지라 [34] 벤하닷이 왕께 아뢰되 내
아버지께서 당신의 아버지에게서 빼앗은 모든 성읍을 내가 돌려보내리이
다 또 내 아버지께서 사마리아에서 만든 것 같이 당신도 다메섹에서 당신
을 위하여 거리를 만드소서 아합이 이르되 내가 이 조약으로 인해 당신을
놓으리라 하고 이에 더불어 조약을 맺고 그를 놓았더라

한 선지자가 아합을 규탄하다

[35] 선지자의 무리 중 한 사람이 여호와의 말씀을 그의 친구에게 이르되 너는 나를 치라 하였더니 그 사람이 치기
를 싫어하는지라 [36] 그가 그 사람에게 이르되 네가 여호와의 말씀을 듣지 아니하였으니 네가 나를 떠나갈 때에

왕상 20:1-30 북이스라엘과 아람과의 전쟁

이스라엘 왕	아람왕	내 용
바아사	벤하닷 1세	유다 왕 아사의 요구에 따른 아람의 공격 패함(왕상 15:20)
아 합	벤하닷 1세	벤하닷이 두 차례 공격 했으나 물리침(왕상 20:1-30)
		길르앗 라못 전투에서 북이스라엘이 패함(왕상 22:29-36)
여호람	벤하닷 1세	아람이 엘리사를 잡기 위해 공격했으나 실패함(왕하 6:8-23)
		아람이 사마리아 성까지 포위했으나 하나님의 이적에 의해 물러감(왕하 6:24-7:20)
	하사엘	아람에게서 길르앗 라못을 탈환하려 했으나 실패함 (왕하 8:28, 29)
예 후	하사엘	하나님의 징계로 아람에게 영토를 빼앗김(왕하 10:32, 33)
여호아하스	하사엘	하나님의 징계로 아람에게 영토를 빼앗김(왕하 13:3-7, 22)
요아스	벤하닷 2세	영토 회복을 위해 아람과 세 번 싸워 모두 이김(왕하13:25)
여로보암 2세	벤하닷 2세	아람에게 빼앗긴 북방 영토를 다시 회복함(왕하14:25-28)

왕상 20:22 성도의 삶은 요행을 바라는 삶이 아니다. 소망을 품고 그것을 이루려고 준비하고 노력하는 삶이다.
☞ **마 25:26** 그 주인이 대답하여 이르되 악하고 게으른 종아 나는 심지 않은 데서 거두고 헤치지 않은 데서 모으는 줄로 네가 알았느냐
☞ **골 1:29** 이를 위하여 나도 내 속에서 능력으로 역사하시는 이의 역사를 따라 힘을 다하여 수고하노라

왕상 20:28 "여호와는 산의 신이요 골짜기의 신이 아니다"라는 표현은 여호와를, 지역을 관장하는 제한적인 신이라는 뜻을 암시하고 있는 표현이다. 그러나 하나님은 아람과 전투에서 승리하게 하신 것을 강조함으로 "여호와인 줄 알게" 하셨다는 것이다. 즉 하나님께서는 이 전쟁을 통해 하나님께서 협소한 일개 지역의 신이 아니라 온 우주를 창조하시고 다스리시는 '만군의 여호와' 이심을 드러내심으로써 이방인들의 허탄하고 우매한 생각을 무너뜨리고, 이스라엘 백성들이 여호와가 참 하나님이심을 알게 하여 배교의 길에서 돌이키게 하고자 하신 것이다.

31일~36일

사자가 너를 죽이리라 그 사람이 그의 곁을 떠나가더니 사자가 그를 만나
죽였더라 37 그가 또 다른 사람을 만나 이르되 너는 나를 치라 하매 그 사
람이 그를 치되 상하도록 친지라 38 선지자가 가서 수건으로 자기의 눈을
가리어 변장하고 길 가에서 왕을 기다리다가 39 왕이 지나갈 때에 그가 소
리 질러 왕을 불러 이르되 종이 전장 가운데에 나갔더니 한 사람이 돌이켜
어떤 사람을 끌고 내게로 와서 말하기를 이 사람을 지키라 만일 그를 잃어 버리면 네 생명으로 그의 생명을 대신
하거나 그렇지 아니하면 네가 은 한 달란트를 내어야 하리라 하였거늘 40 종이 이리 저리 일을 볼 동안에 그가 없
어졌나이다 이스라엘 왕이 그에게 이르되 네가 스스로 결정하였으니 그대로 당하여야 하리라 41 그가 급히 자기
의 눈을 가린 수건을 벗으니 이스라엘 왕이 그는 선지자 중의 한 사람인 줄을 알아본지라 42 그가 왕께 아뢰되 여
호와의 말씀이 내가 멸하기로 작정한 사람을 네 손으로 놓았은즉 네 목숨은 그의 목숨을 대신하고 네 백성은 그
의 백성을 대신하리라 하셨나이다 43 이스라엘 왕이 근심하고 답답하여 그의 왕궁으로 돌아가려고 사마리아에
이르니라

❖ 오늘 읽기 범위에 등장하는 왕들
☞ **북 왕국** : 아합, 아하시야 *아합의 아들*
☞ **남 왕국** : 여호사밧 *개혁* – 아버지 아사처럼 정직히 행했으나 산당을 폐하지 못하고 거기서 제사를 드림. 북 왕국과 화해를 시도

31일~
36일

열왕기상 21장

나봇의 포도원

1 그 후에 이 일이 있으니라 이스르엘 사람 나봇에게 이스르엘에 포도원
이 있어 사마리아의 왕 아합의 왕궁에서 가깝더니 2 아합이 나봇에게 말
하여 이르되 네 포도원이 내 왕궁 곁에 가까이 있으니 내게 주어 채소밭
을 삼게 하라 내가 그 대신에 그보다 더 아름다운 포도원을 네게 줄 것이
요 만일 네가 좋게 여기면 그 값을 돈으로 네게 주리라 3 나봇이 아합에게
말하되 내 조상의 유산을 왕에게 주기를 여호와께서 금하실지로다 하니
4 이스르엘 사람 나봇이 아합에게 대답하여 이르기를 내 조상의 유산을
왕께 줄 수 없다 하므로 아합이 근심하고 답답하여 왕궁으로 돌아와 침
상에 누워 얼굴을 돌리고 식사를 아니하니 5 그의 아내 이세벨이 그에게
나아와 이르되 왕의 마음에 무엇을 근심하여 식사를 아니하나이까 6 왕
이 그에게 이르되 내가 이스르엘 사람 나봇에게 말하여 이르기를 네 포도
원을 내게 주되 돈으로 바꾸거나 만일 네가 좋아하면 내가 그 대신에 포
도원을 네게 주리라 한즉 그가 대답하기를 내가 내 포도원을 네게 주지
아니하겠노라 하기 때문이로다 7 그의 아내 이세벨이 그에게 이르되 왕
이 지금 이스라엘 나라를 다스리시나이까 일어나 식사를 하시고 마음을
즐겁게 하소서 내가 이스르엘 사람 나봇의 포도원을 왕께 드리리이다 하고 8 아합의 이름으로 편지들을 쓰고 그
인을 치고 봉하여 그의 성읍에서 나봇과 함께 사는 장로와 귀족들에게 보내니 9 그 편지 사연에 이르기를 금식을
선포하고 나봇을 백성 가운데에 높이 앉힌 후에 10 불량자 두 사람을 그의 앞에 마주 앉히고 그에게 대하여 증거
하기를 네가 하나님과 왕을 저주하였다 하게 하고 곧 그를 끌고 나가서 돌로 쳐죽이라 하였더라 11 그의 성읍 사
람 곧 그의 성읍에 사는 장로와 귀족들이 이세벨의 지시 곧 그가 자기들에게 보낸 편지에 쓴 대로 하여 12 금식을
선포하고 나봇을 백성 가운데 높이 앉히매 13 때에 불량자 두 사람이 들어와 그의 앞에 앉고 백성 앞에서 나봇에
게 대하여 증언을 하여 이르기를 나봇이 하나님과 왕을 저주하였다 하매 무리가 그를 성읍 밖으로 끌고 나가서
돌로 쳐죽이고 14 이세벨에게 통보하기를 나봇이 돌에 맞아 죽었나이다 하니 15 이세벨이 나봇이 돌에 맞아 죽
었다 함을 듣고 이세벨이 아합에게 이르되 일어나 그 이스르엘 사람 나봇이 돈으로 바꾸어 주기를 싫어하던 나
봇의 포도원을 차지하소서 나봇이 살아 있지 아니하고 죽었나이다 16 아합은 나봇이 죽었다 함을 듣고 곧 일어

❖ 왕상 21장
본 장은 그 내용에 따라 크게 두 부분으로 나눌 수 있다. 그 중 전반부(1-16절)는 사악한 이세벨의 교묘한 책략에 힘입어 아합이 평소에 탐을 내던 나봇의 포도원을 탈취하게 된 사실에 대하여, 그리고 후반부(17~29절)는 엘리야 선지자가 나타나 나봇의 포도원을 탈취한 아합과 이세벨에 대한 하나님의 심판을 예고하자 아합이 잘못을 뉘우친 사실에 대하여 기록하고 있다.
여기서 아합의 나봇 포도원 탈취 사건은 신정 왕국 이스라엘에 있어서 하나님의 주권을 무시하고 인본주의적인 절대 권력을 추구하는 사악한 아합 왕의 통치가 이스라엘 백성에게 미치는바 악영향이 무엇인가를 바로 보여 주는 사건이다. 즉 아합의 나봇 포도원 탈취는 왕의 사유지(私有地) 증대를 통하여 전제주의적 왕권(專制主義的 王權)을 강화하고, 또 백성들을 자영농(自營農)이 아닌 소작농의 지위로 전락시켜 왕의 사유지를 경작하게 함으로써, 마치 대지주가 소작농들을 거느리듯이 백성들에 대한 권력을 극대화하기 위한 정책의 일환이었다고 볼 수 있다.

나 이스르엘 사람 나봇의 포도원을 차지하러 그리로 내려갔더라 17 여호
와의 말씀이 디셉 사람 엘리야에게 임하여 이르시되 18 너는 일어나 내려
가서 사마리아에 있는 이스라엘의 아합 왕을 만나라 그가 나봇의 포도원
을 차지하러 그리로 내려갔나니 19 너는 그에게 말하여 이르기를 여호와
의 말씀이 네가 죽이고 또 빼앗았느냐고 하셨다 하고 또 그에게 이르기
를 여호와의 말씀이 개들이 나봇의 피를 핥은 곳에서 개들이 네 피 곧 네
몸의 피도 핥으리라 하였다 하라 20 아합이 엘리야에게 이르되 내 대적자
여 네가 나를 찾았느냐 대답하되 내가 찾았노라 네가 네 자신을 팔아 여호와 보시기에 악을 행하였으므로 21 여
호와의 말씀이 내가 재앙을 네게 내려 너를 쓸어버리되 네게 속한 남자는 이스라엘 가운데에 매인 자나 놓인 자
를 다 멸할 것이요 22 또 네 집이 느밧의 아들 여로보암의 집처럼 되게 하고 아히야의 아들 바아사의 집처럼 되게
하리니 이는 네가 나를 노하게 하고 이스라엘이 범죄하게 한 까닭이니라 하셨고 23 이세벨에게 대하여도 여호와
께서 말씀하여 이르시되 개들이 이스르엘 성읍 곁에서 이세벨을 먹을지라 24 아합에게 속한 자로서 성읍에서 죽
은 자는 개들이 먹고 들에서 죽은 자는 공중의 새가 먹으리라고 하셨느니라 하니 25 예로부터 아합과 같이 그 자
신을 팔아 여호와 앞에서 악을 행한 자가 없음은 그를 그의 아내 이세벨이 충동하였음이라 26 그가 여호와께서
이스라엘 자손 앞에서 쫓아내신 아모리 사람의 모든 행함 같이 우상에게 복종하여 심히 가증하게 행하였더라 27
아합이 이 모든 말씀을 들을 때에 그의 옷을 찢고 굵은 베로 몸을 동이고 금식하고 굵은 베에 누우며 또 풀이 죽
어 다니더라 28 여호와의 말씀이 디셉 사람 엘리야에게 임하여 이르시되 29 아합이 내 앞에서 겸비함을 네가 보
느냐 그가 내 앞에서 겸비하므로 내가 재앙을 저의 시대에는 내리지 아니하고 그 아들의 시대에야 그의 집에 재
앙을 내리리라 하셨더라

왕상 21:19 하나님은 반드시 인간의 행위에 상응하는 보응을 내리신다.
☞ 시 62:12 주여 인자함은 주께 속하오니 주께서 각 사람이 행한 대로 갚으심이니이다
☞ 마 16:27 인자가 아버지의 영광으로 그 천사들과 함께 오리니 그 때에 각 사람이 행한 대로 갚으리라

열왕기상 22장

선지자 미가야가 아합에게 경고하다(대하 18:2-27)

1 아람과 이스라엘 사이에 전쟁이 없이 삼 년을 지냈더라 2 셋째 해에 유
다의 여호사밧 왕이 이스라엘의 왕에게 내려가매 3 이스라엘의 왕이 그
의 신하들에게 이르되 길르앗 라못은 본래 우리의 것인 줄을 너희가 알지
못하느냐 우리가 어찌 아람의 왕의 손에서 도로 찾지 아니하고 잠잠히 있
으리요 하고 4 여호사밧에게 이르되 당신은 나와 함께 길르앗 라못으로
가서 싸우시겠느냐 여호사밧이 이스라엘 왕에게 이르되 나는 당신과 같
고 내 백성은 당신의 백성과 같고 내 말들도 당신의 말들과 같으니이다 5
여호사밧이 또 이스라엘의 왕에게 이르되 청하건대 먼저 여호와의 말씀
이 어떠하신지 물어 보소서 6 이스라엘의 왕이 이에 선지자 사백 명쯤 모
으고 그들에게 이르되 내가 길르앗 라못에 가서 싸우랴 말랴 그들이 이르되 올라가소서 주께서 그 성읍을 왕의
손에 넘기시리이다 7 여호사밧이 이르되 이 외에 우리가 물을 만한 여호와의 선지자가 여기 있지 아니하니이까 8
이스라엘의 왕이 여호사밧 왕에게 이르되 아직도 이믈라의 아들 미가야 한 사람이 있으니 그로 말미암아 여호
와께 물을 수 있으나 그는 내게 대하여 길한 일은 예언하지 아니하고 흉한 일만 예언하기로 내가 그를 미워하나
이다 여호사밧이 이르되 왕은 그런 말씀을 마소서 9 이스라엘의 왕이 한 내시를 불러 이르되 이믈라의 아들 미가
야를 속히 오게 하라 하니라 10 이스라엘의 왕과 유다의 여호사밧 왕이 왕복을 입고 사마리아 성문 어귀 광장에
서 각기 왕좌에 앉아 있고 모든 선지자가 그들의 앞에서 예언을 하고 있는데 11 그나아나의 아들 시드기야는 자
기를 위하여 철로 뿔들을 만들어 가지고 말하되 여호와의 말씀이 왕이 이것들로 아람 사람을 찔러 진멸하리라
하셨다 하고 12 모든 선지자도 그와 같이 예언하여 이르기를 길르앗 라못으로 올라가 승리를 얻으소서 여호와께

왕상 22:5 먼저 하나님께 묻고 그 뜻대로 행하는 것이 모든 성공의 첩경이다.
☞ 삼하 2:1 그 후에 다윗이 여호와께 여쭈어 아뢰되 내가 유다 한 성읍으로 올라가리이까 여호와께서 이르시되 올라가라 다윗이 아뢰되 어디로 가리이까 이르시되 헤브론으로 갈지니라
☞ 잠 3:5-6 너는 마음을 다하여 여호와를 신뢰하고 네 명철을 의지하지 말라 너는 범사에 그를 인정하라 그리하면 네 길을 지도하시리라

서 그 성읍을 왕의 손에 넘기시리이다 하더라 13 미가야를 부르러 간 사
신이 일러 이르되 선지자들의 말이 하나 같이 왕에게 길하게 하니 청하건
대 당신의 말도 그들 중 한 사람의 말처럼 길하게 하소서 14 미가야가 이
르되 여호와께서 살아 계심을 두고 맹세하노니 여호와께서 내게 말씀하
시는 것 곧 그것을 내가 말하리라 하고 15 이에 왕에게 이르니 왕이 그에
게 이르되 미가야야 우리가 길르앗 라못으로 싸우러 가랴 또는 말랴 그
가 왕께 이르되 올라가서 승리를 얻으소서 여호와께서 그 성읍을 왕의 손
에 넘기시리이다 16 왕이 그에게 이르되 내가 몇 번이나 네게 맹세하게 하
여야 네가 여호와의 이름으로 진실한 것으로만 내게 말하겠느냐 17 그가
이르되 내가 보니 온 이스라엘이 목자 없는 양 같이 산에 흩어졌는데 여
호와의 말씀이 이 무리에게 주인이 없으니 각각 평안히 자기의 집으로 돌
아갈 것이니라 하셨나이다 18 이스라엘의 왕이 여호사밧 왕에게 이르되
저 사람이 내게 대하여 길한 것을 예언하지 아니하고 흉한 것을 예언하겠
다고 당신에게 말씀하지 아니하였나이까 19 미가야가 이르되 그런즉 왕
은 여호와의 말씀을 들으소서 내가 보니 여호와께서 그의 보좌에 앉으셨
고 하늘의 만군이 그의 좌우편에 모시고 서 있는데 20 여호와께서 말씀하
시기를 누가 아합을 꾀어 그를 길르앗 라못에 올라가서 죽게 할꼬 하시니
하나는 이렇게 하겠다 하고 또 하나는 저렇게 하겠다 하였는데 21 한 영이
나아와 여호와 앞에 서서 말하되 내가 그를 꾀겠나이다 22 여호와께서 그
에게 이르시되 어떻게 하겠느냐 이르되 내가 나가서 거짓말하는 영이 되
어 그의 모든 선지자들의 입에 있겠나이다 여호와께서 이르시되 너는 꾀
겠고 또 이루리라 나가서 그리하라 하셨은즉 23 이제 여호와께서 거짓말
하는 영을 왕의 이 모든 선지자의 입에 넣으셨고 또 여호와께서 왕에 대
하여 화를 말씀하셨나이다 24 그나아나의 아들 시드기야가 가까이 와서
미가야의 뺨을 치며 이르되 여호와의 영이 나를 떠나 어디로 가서 네게
말씀하시더냐 25 미가야가 이르되 네가 골방에 들어가서 숨는 그 날에 보
리라 26 이스라엘의 왕이 이르되 미가야를 잡아 성주 아몬과 왕자 요아스에게로 끌고 돌아가서 27 말하기를 왕
의 말씀이 이 놈을 옥에 가두고 내가 평안히 돌아올 때까지 고생의 떡과 고생의 물을 먹이라 하였다 하라 28 미
가야가 이르되 왕이 참으로 평안히 돌아오시게 될진대 여호와께서 나를 통하여 말씀하지 아니하셨으리이다 또
이르되 너희 백성들아 다 들을지어다 하니라

아합의 죽음(대하 18:28-34)

29 이스라엘의 왕과 유다의 여호사밧 왕이 길르앗 라못으로 올라가니라
30 이스라엘의 왕이 여호사밧에게 이르되 나는 변장하고 전쟁터로 들어
가려 하노니 당신은 왕복을 입으소서 하고 이스라엘의 왕이 변장하고 전
쟁터로 들어가니라 31 아람 왕이 그의 병거의 지휘관 삼십이 명에게 명령
하여 이르기를 너희는 작은 자나 큰 자와 더불어 싸우지 말고 오직 이스
라엘 왕과 싸우라 한지라 32 병거의 지휘관들이 여호사밧을 보고 그들
이 이르되 이가 틀림없이 이스라엘의 왕이라 하고 돌이켜 그와 싸우려 한
즉 여호사밧이 소리를 지르는지라 33 병거의 지휘관들이 그가 이스라엘
의 왕이 아님을 보고 쫓기를 그치고 돌이켰더라 34 한 사람이 무심코 활

❖ **왕상 22장**

1-4절은 아람과의 제3차 전쟁을 위하여 아합이 유다 왕 여호사밧과 동맹한 사실을, 5-8절은 대(對) 아람전에 출전하기에 앞서 여호와의 신탁을 묻는 장면을, 9-12절은 아합 측근의 거짓 선지자 시드기야가 거짓 예언으로 아합의 출전을 적극 후원한 사실을, 13-23절은 참 선지자 미가야가 아합의 전사(戰死)를 거듭 예언한 사실을, 24-28절은 참 선지자 미가야가 핍박을 받은 사실을, 29~40절은 아합이 길르앗 라못에서 전사하여 사마리아에 장사된 사실을 보도한다. 한편 후반부 41-53절의 경우 먼저 41-50절은 아합왕과 동맹 관계를 맺었던 유다 왕 여호사밧의 통치와 그의 행적에 관해, 그리고 끝으로 51-53절이 아합의 아들 아하시야의 통치 전반에 관한 개요를 기록하고 있다.

☞ 여기서 특기할 사실은 아합왕이 동맹을 맺은 유다 왕 여호사밧의 요구에 따라 출전 여부에 관해 선지자들을 통해 여호와께 신탁을 묻는 장면이 매우 상세하게 소개되고 있다는 사실이다. 여기서 거짓 선지자들은 하나같이 달콤한 승리의 말만 하였으나, 유일한 참 선지자였던 미가야 선지자를 통해 아합의 죽음과 온 이스라엘이 목자 없는 양같이 흩어지게 되리라는 사실이 명백히 드러났다.

그런데도 아합은 그 완악함으로 하나님 말씀을 듣지 아니하고 출전을 고집함으로써 엘리야 선지자의 예언대로 (24:42) 비참한 죽음을 맞이하게 되었다. 여기서 우리는 다시 한번 역사를 주관하시는 분은 오직 여호와이시며 그분의 말씀만이 진실하다는 구속사적 진리를 새삼 확인한다.

☞ 참 선지자와 거짓 선지자(가짜 목사)를 구별할 수 있는 지혜를 성경 속에서 배우라.

왕상 22:34 하나님이 이 땅을 통치하시기 때문에 우연이란 없다.

☞ **창 45:7-8** 하나님이 큰 구원으로 당신들의 생명을 보존하고 당신들의 후손을 세상에 두시려고 나를 당신들보다 먼저 보내셨나니 그런즉 나를 이리로 보낸 이는 당신들이 아니요 하나님이시라 하나님이 나를 바로에게 아버지로 삼으시고 그 온 집의 주로 삼으시며 애굽 온 땅의 통치자로 삼으셨나이다

☞ **대하 25:20** 아마샤가 듣지 아니하였으니 이는 하나님께로 말미암은 것이라 그들이 에돔 신들에게 구하였으므로 그 대적의 손에 넘기려 하심이더라

31일~36일

을 당겨 이스라엘 왕의 갑옷 솔기를 맞힌지라 왕이 그 병거 모는 자에게 이르되 내가 부상하였으니 네 손을 돌려
내가 전쟁터에서 나가게 하라 하였으나 35 이 날에 전쟁이 맹렬하였으므로 왕이 병거 가운데에 붙들려 서서 아
람 사람을 막다가 저녁에 이르러 죽었는데 상처의 피가 흘러 병거 바닥에 고였더라 36 해가 질 녘에 진중에서 외
치는 소리가 있어 이르되 각기 성읍으로 또는 각기 본향으로 가라 하더라 37 왕이 이미 죽으매 그의 시체를 메어
사마리아에 이르러 왕을 사마리아에 장사하니라 38 그 병거를 사마리아 못에서 씻으매 개들이 그의 피를 핥았으
니 여호와께서 하신 말씀과 같이 되었더라 거기는 창기들이 목욕하는 곳이었더라 39 아합의 남은 행적과 그가 행
한 모든 일과 그가 건축한 상아궁과 그가 건축한 모든 성읍은 이스라엘 왕 역대지략에 기록되지 아니하였느냐
40 아합이 그의 조상들과 함께 자매 그의 아들 아하시야가 대신하여 왕이
되니라

왕상 22:40-41
학습 자료 36-3
"열왕기의 연대기 문제" 참조

유다 왕 여호사밧(대하 20:31-21:1, B.C. 872-846) 남 4대 왕

41 이스라엘의 아합 왕 제사년에 아사의 아들 여호사밧이 유다의 왕이 되니 42 여호사밧이 왕이 될 때에 나이가
삼십오 세라 예루살렘에서 이십오 년 동안 다스리니라 그의 어머니의 이름은 아수바라 실히의 딸이더라 43 여호
사밧이 그의 아버지 아사의 모든 길로 행하며 돌이키지 아니하고 여호와 앞에서 정직히 행하였으나 산당은 폐
하지 아니하였으므로 백성이 아직도 산당에서 제사를 드리며 분향하였더라 44 여호사밧이 이스라엘의 왕과 더
불어 화평하니라 45 여호사밧의 남은 사적과 그가 부린 권세와 그가 어떻게 전쟁하였는지는 다 유다 왕 역대지
략에 기록되지 아니하였느냐 46 그가 그의 아버지 아사의 시대에 남아 있
던 남색하는 자*들을 그 땅에서 쫓아내었더라 47 그 때에 에돔에는 왕이
없고 섭정 왕이 있었더라 48 여호사밧이 다시스의 선박을 제조하고 오빌로 금을 구하러 보내려 하였더니 그 배가
에시온게벨에서 파선하였으므로 가지 못하게 되매 49 아합의 아들 아하시야가 여호사밧에게 이르되 내 종으로
당신의 종과 함께 배에 가게 하라 하나 여호사밧이 허락하지 아니하였더라 50 여호사밧이 그의 조상들과 함께
자매 그의 조상 다윗 성에 그의 조상들과 함께 장사되고 그의 아들 여호람이 대신하여 왕이 되니라

* 남색 하는 자 = 동성애자

31일~36일

이스라엘 왕 아하시야(B.C. 853-852) 북 9대 왕 - 오므리 왕조

51 유다의 여호사밧 왕 제십칠년에 아합의 아들 아하시야가 사마리아에서 이스라엘의 왕이 되어 이 년 동안 이
스라엘을 다스리니라 52 그가 여호와 앞에서 악을 행하여 그의 아버지의 길과 그의 어머니의 길과 이스라엘에게
범죄하게 한 느밧의 아들 여로보암의 길로 행하며 53 바알을 섬겨 그에게 예배하여 이스라엘의 하나님 여호와를
노하시게 하기를 그의 아버지의 온갖 행위 같이 하였더라

역대하 17장~20장 : 유다 왕들의 통치

역대하 17장

여호사밧이 유다의 왕이 되다

1 아사의 아들 여호사밧이 대신하여 왕이 되어 스스로 강하게 하여 이스
라엘을 방어하되 2 유다 모든 견고한 성읍에 군대를 주둔시키고 또 유다
땅과 그의 아버지 아사가 정복한 에브라임 성읍들에 영문을 두었더라
3 여호와께서 여호사밧과 함께 하셨으니 이는 그가 그의 조상 다윗의 처
음 길로 행하여 바알들에게 구하지 아니하고 4 오직 그의 아버지의 하나
님께 구하며 그의 계명을 행하고 이스라엘의 행위를 따르지 아니하였음
이라 5 그러므로 여호와께서 나라를 그의 손에서 견고하게 하시매 유다
무리가 여호사밧에게 예물을 드렸으므로 그가 부귀와 영광을 크게 떨쳤

❖ 대하 17장

여호사밧은 자기 부친이요 선왕(先王)인 아사의 불신앙적 말년을 답습하지 않고 선조 다윗을 본받아 유다 왕국의 종교적 개혁을 일으킴으로써 영적 부흥과 물질적 번영을 함께 누린 인물이었다. 그가 즉위한 후에 여호와께 순종하여 종교개혁을 일으켰고 그에 대한 하나님의 축복으로 점차 군사적 측면에서도 크게 강성하게 되었음을 개략적으로 보도하고 있다.

☞ 여기서 중요한 것은 이 같은 여호사밧의 정치, 군사적 번영의 원동력이 종교개혁이었다는 사실이다. 여호사밧은 단순히 산당과 아세라 우상을 제거하는 등 (6절)의 외형적 종교 개혁뿐 아니라, 철저한 율법 교육(7~9절)을 통해서 총체적인 종교 개혁을 시도하였다. 이러한 종교 개혁이 먼저 성공했기 때문에 하나님의 축복과 백성들의 지지로 여호사밧은 이제 안정된 기반 위에서 국방 활동에 치중할 수 있었다.

더라 6그가 전심으로 여호와의 길을 걸어 산당들과 아세라 목상들도 유
다에서 제거하였더라 7그가 왕위에 있은 지 삼 년에 그의 방백들 벤하일
과 오바댜와 스가랴와 느다넬과 미가야를 보내어 유다 여러 성읍에 가서
가르치게 하고 8또 그들과 함께 레위 사람 스마야와 느다냐와 스바댜와
아사헬과 스미라못과 여호나단과 아도니야와 도비야와 도바도니야 등
레위 사람들을 보내고 또 저희와 함께 제사장 엘리사마와 여호람을 보내
었더니 9그들이 여호와의 율법책을 가지고 유다에서 가르치되 그 모든
유다 성읍들로 두루 다니며 백성들을 가르쳤더라

대하 17:6 마음에 선함과 거룩함을 채워야 사탄에게 틈을 주지 않는다.
☞ 신 10:12-13 이스라엘아 네 하나님 여호와께서 네게 요구하시는 것이 무엇이냐 곧 네 하나님 여호와를 경외하여 그의 모든 도를 행하고 그를 사랑하며 마음을 다하고 뜻을 다하여 네 하나님 여호와를 섬기고 내가 오늘 네 행복을 위하여 네게 명하는 여호와의 명령과 규례를 지킬 것이 아니냐
☞ 수 24:14 그러므로 이제는 여호와를 경외하며 온전함과 진실함으로 그를 섬기라 너희의 조상들이 강 저쪽과 애굽에서 섬기던 신들을 치워 버리고 여호와만 섬기라

여호사밧이 강대하여지다

10여호와께서 유다 사방의 모든 나라에 두려움을 주사 여호사밧과 싸
우지 못하게 하시매 11블레셋 사람들 중에서는 여호사밧에게 예물을 드
리며 은으로 조공을 바쳤고 아라비아 사람들도 짐승 떼 곧 숫양 칠천칠백 마리와 숫염소 칠천칠백 마리를 드렸
더라 12여호사밧이 점점 강대하여 유다에 견고한 요새와 국고성을 건축하고 13유다 여러 성에 공사를 많이 하
고 또 예루살렘에 크게 용맹스러운 군사를 두었으니 14군사의 수효가 그들의 족속대로 이러하니라 유다에 속
한 천부장 중에는 아드나가 으뜸이 되어 큰 용사 삼십만 명을 거느렸고 15그 다음은 지휘관 여호하난이니 이십
팔만 명을 거느렸고 16그 다음은 시그리의 아들 아마시야니 그는 자기를 여호와께 즐거이 드린 자라 큰 용사 이
십만 명을 거느렸고 17베냐민에 속한 자 중에 큰 용사 엘리아다는 활과 방패를 잡은 자 이십만 명을 거느렸고 18
그 다음은 여호사밧이라 싸움을 준비한 자 십팔만 명을 거느렸으니 19이는 다 왕을 모시는 자요 이 외에 또 온
유다 견고한 성읍들에 왕이 군사를 두었더라

31일~36일

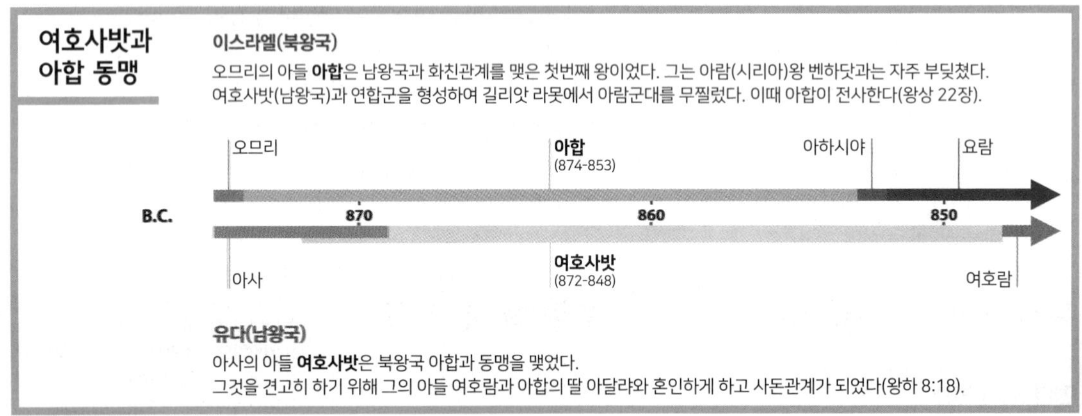

여호사밧과 아합 동맹
이스라엘(북왕국)
오므리의 아들 아합은 남왕국과 화친관계를 맺은 첫번째 왕이었다. 그는 아람(시리아)왕 벤하닷과는 자주 부딪쳤다.
여호사밧(남왕국)과 연합군을 형성하여 길리앗 라못에서 아람군대를 무찔렀다. 이때 아합이 전사한다(왕상 22장).
오므리
아합
(874-853)
아하시야
요람
B.C.
870
860
850
아사
여호사밧
(872-848)
여호람
유다(남왕국)
아사의 아들 여호사밧은 북왕국 아합과 동맹을 맺었다.
그것을 견고히 하기 위해 그의 아들 여호람과 아합의 딸 아달랴와 혼인하게 하고 사돈관계가 되었다(왕하 8:18).

역대하 18장

선지자 미가야가 아합 왕에게 경고하다(왕상 22:1-28)

1여호사밧이 부귀와 영광을 크게 떨쳤고 아합 가문과 혼인함으로 인척 관계를 맺었더라 2이 년 후에 그가 사
마리아의 아합에게 내려갔더니 아합이 그와 시종을 위하여 양과 소를 많이 잡고 함께 가서 길르앗 라못 치기
를 권하였더라 3이스라엘 왕 아합이 유다 왕 여호사밧에게 이르되 당신이 나와 함께 길르앗 라못으로 가시겠
느냐 하니 여호사밧이 대답하되 나는 당신과 다름이 없고 내 백성은 당신의 백성과 다름이 없으니 당신과 함께
싸우리이다 하는지라 4여호사밧이 또 이스라엘 왕에게 이르되 청하건대 먼저 여호와의 말씀이 어떠하신지 오
늘 물어 보소서 하더라 5이스라엘 왕이 이에 선지자 사백 명을 모으고 그들에게 이르되 우리가 길르앗 라못에

가서 싸우랴 말랴 하니 그들이 이르되 올라가소서 하나님이 그 성읍을
왕의 손에 붙이시리이다 하더라 6 여호사밧이 이르되 이 외에 우리가 물
을 만한 여호와의 선지자가 여기 있지 아니하니이까 하니 7 이스라엘 왕
이 여호사밧에게 이르되 아직도 이믈라의 아들 미가야 한 사람이 있으니
그로 말미암아 여호와께 물을 수 있으나 그는 내게 대하여 좋은 일로는
예언하지 아니하고 항상 나쁜 일로만 예언하기로 내가 그를 미워하나이
다 하더라 여호사밧이 이르되 왕은 그런 말씀을 마소서 하니 8 이스라엘
왕이 한 내시를 불러 이르되 이믈라의 아들 미가야를 속히 오게 하라 하
니라 9 이스라엘 왕과 유다 왕 여호사밧이 왕복을 입고 사마리아 성문 어
귀 광장에서 각기 보좌에 앉았고 여러 선지
자들이 그 앞에서 예언을 하는데 10 그나아
나의 아들 시드기야는 철로 뿔들을
만들어 가지고 말하되 여호와께서
이같이 말씀하시기를 왕이 이것들
로 아람 사람을 찔러 진멸하리라
하셨다 하고 11 여러 선지자들도 그
와 같이 예언하여 이르기를 길르앗
라못으로 올라가서 승리를 거두소서 여호와께서 그 성읍을 왕의 손에
넘기시리이다 하더라 12 미가야를 부르러 간 사자가 그에게 말하여 이르되 선지자들의 말이 하나 같이 왕에게
좋게 말하니 청하건대 당신의 말도 그들 중 한 사람처럼 좋게 말하소서 하니 13 미가야가 이르되 여호와께서
살아 계심을 두고 맹세하노니 내 하나님께서 말씀하시는 것 곧 그것을 내가 말하리라 하고 14 이에 왕에게 이
르니 왕이 그에게 이르되 미가야야 우리가 길르앗 라못으로 싸우러 가랴 말랴 하는지라 이르되 올라가서 승리
를 거두소서 그들이 왕의 손에 넘긴 바 되리이다 하니 15 왕이 그에게 이르되 여호와의 이름으로 진실한 것 이
외에는 아무것도 말하지 말라고 내가 몇 번이나 네게 맹세하게 하여야 하겠느냐 하니 16 그가 이르되 내가 보
니 온 이스라엘이 목자 없는 양 같이 산에 흩어졌는데 여호와의 말씀이 이 무리가 주인이 없으니 각각 평안히
자기들의 집으로 돌아갈 것이니라 하셨나이다 하는지라 17 이스라엘 왕이 여호사밧에게 이르되 저 사람이 내
게 대하여 좋은 일로 예언하지 아니하고 나쁜 일로만 예언할 것이라고 당신에게 말씀하지 아니하였나이까 하
더라 18 미가야가 이르되 그런즉 왕은 여호와의 말씀을 들으소서 내가 보니 여호와께서 그의 보좌에 앉으셨고
하늘의 만군이 그의 좌우편에 모시고 섰는데 19 여호와께서 말씀하시기를 누가 이스라엘 왕 아합을 꾀어 그에
게 길르앗 라못에 올라가서 죽게 할까 하시니 하나는 이렇게 하겠다 하고 하나는 저렇게 하겠다 하였는데 20
한 영이 나와서 여호와 앞에 서서 말하되 내가 그를 꾀겠나이다 하니 여호와께서 그에게 이르시되 어떻게 하
겠느냐 하시니 21 그가 이르되 내가 나가서 거짓말하는 영이 되어 그의 모든 선지자들의 입에 있겠나이다 하니
여호와께서 이르시되 너는 꾀겠고 또 이루리라 나가서 그리하라 하셨은즉 22 이제 보소서 여호와께서 거짓말
하는 영을 왕의 이 모든 선지자들의 입에 넣으셨고 또 여호와께서 왕에게 대하여 재앙을 말씀하셨나이다 하니
23 그나아나의 아들 시드기야가 가까이 와서 미가야의 뺨을 치며 이르되 여호와의 영이 나를 떠나 어디로 가서
네게 말씀하더냐 하는지라 24 미가야가 이르되 네가 골방에 들어가서 숨는 바로 그 날에 보리라 하더라 25 이
스라엘 왕이 이르되 미가야를 잡아 시장 아몬과 왕자 요아스에게로 끌고 돌아가서 26 왕이 이같이 말하기를 이
놈을 옥에 가두고 내가 평안히 돌아올 때까지 고난의 떡과 고난의 물을 먹게 하라 하셨나이다 하니 27 미가야
가 이르되 왕이 참으로 평안히 돌아오시게 된다면 여호와께서 내게 말씀하지 아니하셨으리이다 하고 또 이르
되 너희 백성들아 다 들을지어다 하니라

❖ 대하 18장

여호사밧과 아합이 정략결혼을 하여 상호 정치, 군사적 이익을 도모하던 중 대(對) 아람 전쟁을 위하여 공동 출전하게 되었음을 기록한다(1-3절). 다음으로 여호와께 순종치 않던 아합이 여호사밧의 요청으로 부득이 출전하기 전에 선지자들을 통하여 하나님의 뜻을 묻게 되었는바 400인의 거짓 선지자들은 이 두 사람의 승리를, 참 유일한 선지자인 미가야는 이 두 사람의 패배를 예언하여 상반되는 예언이 주어졌음을 기록한다(4-22절). 이에 두 왕은 응당 참 선지자의 말을 들어야 했으나 오히려 미가야를 핍박하고 출전하지만 참 선지자 미가야의 말대로 두 사람 중 아합은 죽고 여호사밧은 부끄러운 도주를 할 수밖에 없었음을 기록한다(23-34절).

☞ 이 동맹은 영적으로 같이 할 수 없는 동맹이다. 왜냐하면 당시의 북이스라엘 왕가는 혈연적으로 보면 다윗 왕가와 동족이었으나, 영적으로 보면 '배교자' 요 '우상 숭배자'였기 때문이다. 말하자면 여호사밧의 행위는 눈앞의 이익을 위해 불의의 세력과 손을 맞잡은 것과 같았다. 이 양자가 세속적 이해관계의 차원에서 연합하였다.

아합이 죽다(왕상 22:29-35)

28 이스라엘 왕과 유다 왕 여호사밧이 길르앗 라못으로 올라가니라 29 이
스라엘 왕이 여호사밧에게 이르되 나는 변장하고 전쟁터로 들어가려 하
노니 당신은 왕복을 입으소서 하고 이스라엘 왕이 변장하고 둘이 전쟁터
로 들어가니라 30 아람 왕이 그의 병거 지휘관들에게 이미 명령하여 이르
기를 너희는 작은 자나 큰 자나 더불어 싸우지 말고 오직 이스라엘 왕하
고만 싸우라 한지라 31 병거의 지휘관들이 여호사밧을 보고 이르되 이가
이스라엘 왕이라 하고 돌아서서 그와 싸우려 한즉 여호사밧이 소리를 지
르매 여호와께서 그를 도우시며 하나님이 그들을 감동시키사 그를 떠나
가게 하신지라 32 병거의 지휘관들이 그가 이스라엘 왕이 아님을 보고 추
격을 그치고 돌아갔더라 33 한 사람이 무심코 활을 당겨 이스라엘 왕의 갑
옷 솔기를 쏜지라 왕이 그의 병거 모는 자에게 이르되 내가 부상하였으니
네 손을 돌려 나를 진중에서 나가게 하라 하였으나 34 이 날의 전쟁이 맹
렬하였으므로 이스라엘 왕이 병거에서 겨우 지탱하며 저녁 때까지 아람
사람을 막다가 해가 질 즈음에 죽었더라

역대하 19장

선견자 예후가 여호사밧을 규탄하다

1 유다 왕 여호사밧이 평안히 예루살렘에 돌아와서 그의 궁으로 들어가니
라 2 하나니의 아들 선견자 예후가 나가서 여호사밧 왕을 맞아 이르되 왕
이 악한 자를 돕고 여호와를 미워하는 자들을 사랑하는 것이 옳으니이까
그러므로 여호와께로부터 진노하심이 왕에게 임하리이다 3 그러나 왕에
게 선한 일도 있으니 이는 왕이 아세라 목상들을 이 땅에서 없애고 마음
을 기울여 하나님을 찾음이니이다 하였더라

여호사밧의 개혁

4 여호사밧이 예루살렘에 살더니 다시 나가서 브엘세바에서부터 에브라
임 산지까지 민간에 두루 다니며 그들을 그들의 조상들의 하나님 여호와
께로 돌아오게 하고 5 또 유다 온 나라의 견고한 성읍에 재판관을 세우되
성읍마다 있게 하고 6 재판관들에게 이르되 너희가 재판하는 것이 사람
을 위하여 할 것인지 여호와를 위하여 할 것인지를 잘 살피라 너희가 재
판할 때에 여호와께서 너희와 함께 하심이니라 7 그런즉 너희는 여호와
를 두려워하는 마음으로 삼가 행하라 우리의 하나님 여호와께서는 사람
들 앞에서 불의함도 없으시고 치우침도 없으시고 뇌물을 받는 일도 없으
시니라 하니라 8 여호사밧이 또 예루살렘에서 레위 사람들과 제사장들과
이스라엘 족장들 중에서 사람을 세워 여호와께 속한 일과 예루살렘 주민
의 모든 송사를 재판하게 하고 9 그들에게 명령하여 이르되 너희는 진실
과 성심을 다하여 여호와를 경외하라 10 어떤 성읍에 사는 너희 형제가 혹
피를 흘림이나 혹 율법이나 계명이나 율례나 규례로 말미암아 너희에게
와서 송사하거든 어떤 송사든지 그들에게 경고하여 여호와께 죄를 범하
지 않게 하여 너희와 너희 형제에게 진노하심이 임하지 말게 하라 너희가

대하 18:28-33
이스라엘 연합군과 아람과의 전쟁

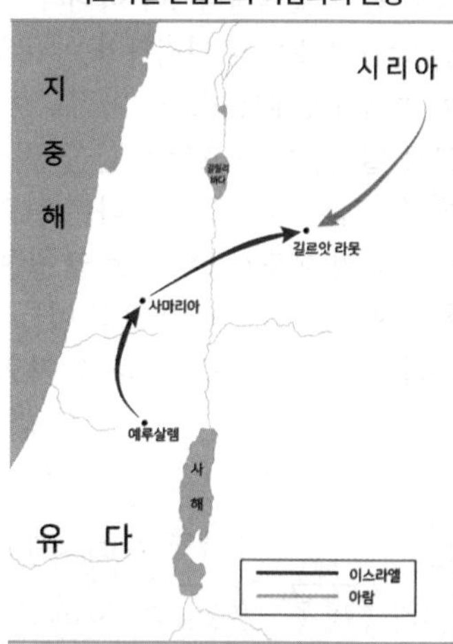

대하 19:2-3 성도는 하나님을 미워하는 자와 사귀면 안 된다.
☞ 출 34:12 너는 스스로 삼가 네가 들어가는 땅의 주민과 언약을 세우지 말라 그것이 너희에게 올무가 될까 하노라
☞ 시 1:1 복 있는 사람은 악인들의 꾀를 따르지 아니하며 죄인들의 길에 서지 아니하며 오만한 자들의 자리에 앉지 아니하고
☞ 고전 5:11 이제 내가 너희에게 쓴 것은 만일 어떤 형제라 일컫는 자가 음행하거나 탐욕을 부리거나 우상 숭배를 하거나 모욕하거나 술취하거나 속여 빼앗거든 사귀지도 말고 그런 자와는 함께 먹지도 말라 함이라

❖ 대하 19장
여호와를 믿지 않는 북 이스라엘 왕 아합과의 무분별한 연합으로 쓰라린 패배를 당한 여호사밧이 돌아오는 길에 하나님 선지자의 책망을 듣게 된다. 여호사밧이 크게 회개하였으며 여호와 신앙 부흥 및 종교개혁의 하나로 특히 하나님 율법의 철저한 준행을 위한 사법 제도의 재정비에 박차를 가하였음을 기록하고 있다(4-11절).
남유다 왕국의 역사 속에서 거듭 시도된 종교개혁 중 여호사밧의 종교 개혁 속에는 사법 개혁적인 측면이 매우 많이 포함되어 있다.
☞ 여호사밧의 사법 개혁의 목적이 궁극적으로는 여호와 종교의 회복에 있다는 사실이다. 먼저는 구약의 율법이란 그 자체가 여호와께서 직접 입법(立法)하신 것으로서 여호와 신앙을 생활화하기 위한 것이었기 때문에 선민 이스라엘이 사법 제도를 개혁한다는 것은 결국은 여호와 신앙생활을 개혁하는 것이기 때문이었다.

이렇게 행하면 죄가 없으리라 11 여호와께 속한 모든 일에는 대제사장 아마랴가 너희를 다스리고 왕에게 속한
모든 일은 유다 지파의 어른 이스마엘의 아들 스바댜가 다스리고 레위 사람들은 너희 앞에 관리가 되리라 너희
는 힘써 행하라 여호와께서 선한 자와 함께 하실지로다 하니라

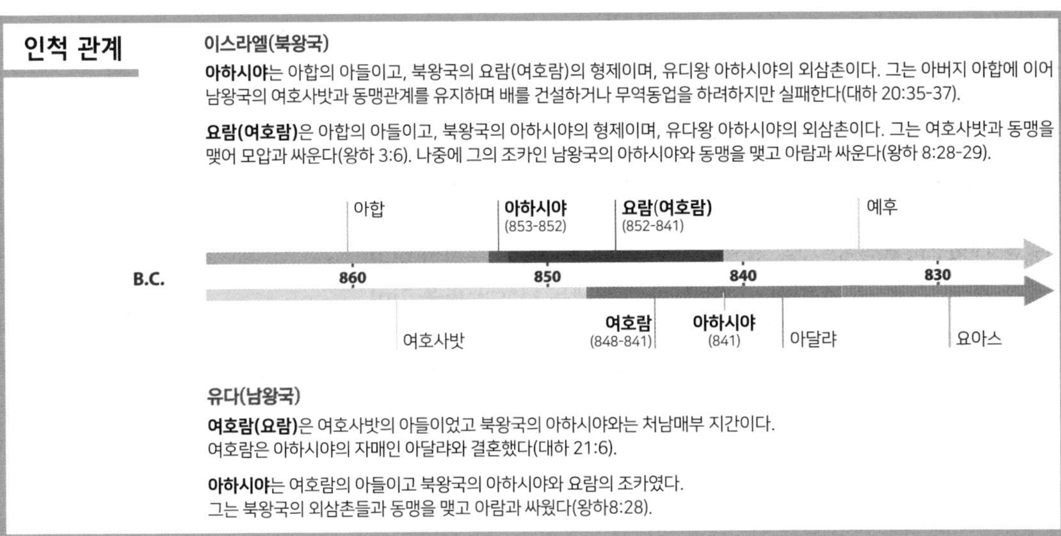

인척 관계

이스라엘(북왕국)

아하시야는 아합의 아들이고, 북왕국의 요람(여호람)의 형제이며, 유디왕 아하시야의 외삼촌이다. 그는 아버지 아합에 이어 남왕국의 여호사밧과 동맹관계를 유지하며 배를 건설하거나 무역동업을 하려하지만 실패한다(대하 20:35-37).

요람(여호람)은 아합의 아들이고, 북왕국의 아하시야의 형제이며, 유다왕 아하시야의 외삼촌이다. 그는 여호사밧과 동맹을 맺어 모압과 싸운다(왕하 3:6). 나중에 그의 조카인 남왕국의 아하시야와 동맹을 맺고 아람과 싸운다(왕하 8:28-29).

유다(남왕국)

여호람(요람)은 여호사밧의 아들이었고 북왕국의 아하시야와는 처남매부 지간이다. 여호람은 아하시야의 자매인 아달랴와 결혼했다(대하 21:6).

아하시야는 여호람의 아들이고 북왕국의 아하시야와 요람의 조카였다. 그는 북왕국의 외삼촌들과 동맹을 맺고 아람과 싸웠다(왕하8:28).

역대하 20장

여호사밧과 아람의 전쟁

1 그 후에 모압 자손과 암몬 자손들이 마온 사람들과 함께 와서 여호사
밧을 치고자 한지라 2 어떤 사람이 와서 여호사밧에게 전하여 이르되 큰
무리가 바다 저쪽 아람에서 왕을 치러 오는데 이제 하사손다말 곧 엔게
디에 있나이다 하니 3 여호사밧이 두려워하여 여호와께로 낯을 향하여
간구하고 온 유다 백성에게 금식하라 공포하매 4 유다 사람이 여호와께
도우심을 구하려 하여 유다 모든 성읍에서 모여와서 여호와께 간구하더
라 5 여호사밧이 여호와의 전 새 뜰 앞에서 유다와 예루살렘의 회중 가운
데 서서 6 이르되 우리 조상들의 하나님 여호와여 주는 하늘에서 하나님
이 아니시니이까 이방 사람들의 모든 나라를 다스리지 아니하시나이까
주의 손에 권세와 능력이 있사오니 능히 주와 맞설 사람이 없나이다 7 우
리 하나님이시여 전에 이 땅 주민을 주의 백성 이스라엘 앞에서 쫓아내
시고 그 땅을 주께서 사랑하시는 아브라함의 자손에게 영원히 주지 아니
하셨나이까 8 그들이 이 땅에 살면서 주의 이름을 위하여 한 성소를 주를
위해 건축하고 이르기를 9 만일 재앙이나 난리나 견책이나 전염병이나 기
근이 우리에게 임하면 주의 이름이 이 성전에 있으니 우리가 이 성전 앞
과 주 앞에 서서 이 환난 가운데에서 주께 부르짖은즉 들으시고 구원하
시리라 하였나이다 10 옛적에 이스라엘이 애굽 땅에서 나올 때에 암몬 자
손과 모압 자손과 세일 산 사람들을 침노하기를 주께서 용납하지 아니하시므로 이에 돌이켜 그들을 떠나고 멸
하지 아니하였거늘 11 이제 그들이 우리에게 갚는 것을 보옵소서 그들이 와서 주께서 우리에게 주신 주의 기업

❖ 대하 20장
본 장은 17~20장까지 이어지는 여호사밧 치세 기록의 종결 부분이다. 여호사밧(B.C. 872-848, 재위 25년)의 치세 말기에 일어난 모압 등 4국의 연합군의 침입이 여호사밧의 신앙을 기뻐하신 하나님의 보호로 격파된 사실 및 그의 통치 행적의 최종 요약이 보도되고있다.

대하 20:1, 2 모압 연합군의 남유다 침공
모압 연합군은 빠른 시간에 남유다의 심장부를 기습 공격하기 위해 사해 바다를 건너왔다.

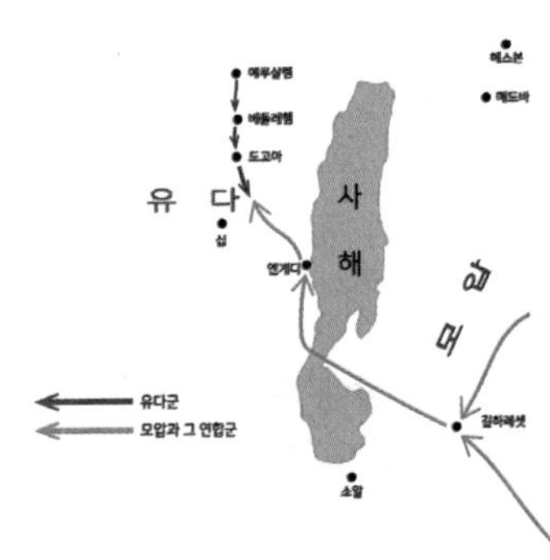

31일~
36일

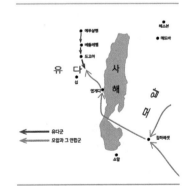

에서 우리를 쫓아내고자 하나이다 12 우리 하나님이여 그들을 징벌하지
아니하시나이까 우리를 치러 오는 이 큰 무리를 우리가 대적할 능력이 없
고 어떻게 할 줄도 알지 못하옵고 오직 주만 바라보나이다 하고 13 유다
모든 사람들이 그들의 아내와 자녀와 어린이와 더불어 여호와 앞에 섰더
라 14 여호와의 영이 회중 가운데에서 레위 사람 야하시엘에게 임하셨으
니 그는 아삽 자손 맛다냐의 현손이요 여이엘의 증손이요 브나야의 손자
요 스가랴의 아들이더라 15 야하시엘이 이르되 온 유다와 예루살렘 주민
과 여호사밧 왕이여 들을지어다 여호와께서 이같이 너희에게 말씀하시
기를 너희는 이 큰 무리로 말미암아 두려워하거나 놀라지 말라 이 전쟁은
너희에게 속한 것이 아니요 하나님께 속한 것이니라 16 내일 너희는 그들
에게로 내려가라 그들이 시스 고개로 올라올 때에 너희가 골짜기 어귀
여루엘 들 앞에서 그들을 만나려니와 17 이 전쟁에는 너희가 싸울 것이
없나니 대열을 이루고 서서 너희와 함께 한 여호와가 구원하는 것을 보
라 유다와 예루살렘아 너희는 두려워하지 말며 놀라지 말고 내일 그들을
맞서 나가라 여호와가 너희와 함께 하리라 하셨느니라 하매 18 여호사밧
이 몸을 굽혀 얼굴을 땅에 대니 온 유다와 예루살렘 주민들도 여호와 앞
에 엎드려 여호와께 경배하고 19 그핫 자손과 고라 자손에게 속한 레위
사람들은 서서 심히 큰 소리로 이스라엘 하나님 여호와를 찬송하니라 20
이에 백성들이 아침에 일찍이 일어나서 드고아 들로 나가니라 나갈 때에
여호사밧이 서서 이르되 유다와 예루살렘 주민들아 내 말을 들을지어다
너희는 너희 하나님 여호와를 신뢰하라 그리하면 견고히 서리라 그의 선
지자들을 신뢰하라 그리하면 형통하리라 하고 21 백성과 더불어 의논하
고 노래하는 자들을 택하여 거룩한 예복을 입히고 군대 앞에서 행진하며
여호와를 찬송하여 이르기를 여호와께 감사하세 그의 인자하심이 영원
하도다 하게 하였더니 22 그 노래와 찬송이 시작될 때에 여호와께서 복병
을 두어 유다를 치러 온 암몬 자손과 모압과 세일 산 주민들을 치게 하시
므로 그들이 패하였으니 23 곧 암몬과 모압 자손이 일어나 세일 산 주민
들을 쳐서 진멸하고 세일 주민들을 멸한 후에는 그들이 서로 쳐죽였더라 24 유다 사람이 들 망대에 이르러 그 무
리를 본즉 땅에 엎드러진 시체들뿐이요 한 사람도 피한 자가 없는지라 25 여호사밧과 그의 백성이 가서 적군의
물건을 탈취할새 본즉 그 가운데에 재물과

의복과 보물이 많이 있으므로 각
기 탈취하는데 그 물건이 너무 많
아 능히 가져갈 수 없을 만큼 많
으므로 사흘 동안에 거두어들이
고 26 넷째 날에 무리가 브라가 골짜기에 모여서 거기서 여호와를 송축한지라 그러므로 오늘날까지 그 곳을 브
라가 골짜기라 일컫더라 27 유다와 예루살렘 모든 사람이 다시 여호사밧을 선두로 하여 즐겁게 예루살렘으로
돌아왔으니 이는 여호와께서 그들이 그 적군을 이김으로써 즐거워하게 하셨음이라 28 그들이 비파와 수금과 나
팔을 합주하고 예루살렘에 이르러 여호와의 전에 나아가니라 29 이방 모든 나라가 여호와께서 이스라엘의 적
군을 치셨다 함을 듣고 하나님을 두려워하므로 30 여호사밧의 나라가 태평하였으니 이는 그의 하나님이 사방에
서 그들에게 평강을 주셨음이더라

대하 20:1-30
전쟁에 임한 여호사밧의 행동과 영적 교훈

	행동	영적 교훈
1	하나님께 도움을 간구(3절)	두려울 때에 오직 하나님만을 의뢰함(시 3:5, 6, 사 12:2)
2	온 백성에게 금식 선포(3절)	위기에 봉착했을 때 금식을 통한 간절한 기도가 요청됨(욜 2:12)
3	백성과 함께 기도(4절)	환난 날의 합심 기도는 문제 해결의 최우선책임(마 18:19)
4	하나님의 주권을 고백(6, 12절)	항상 하나님의 주권을 분명히 인식해야 함(마 6:33)
5	언약을 근거로 간구(7-9절)	하나님의 언약이 기도 응답에 대한 확신의 근거가 됨(히 6:13-20)
6	현 문제를 세밀히 간구(10-12절)	당면 상황을 바로 인식하고 세밀히 기도해야 함(전 5:2)
7	자신의 언약함을 인정(12절)	자신의 연약함을 고백하며 하나님께 전적으로 의뢰해야 함(시 60:11)
8	전쟁이 하나님께 속함을 인정(15절)	모든 세상의 권세는 하나님 아래 속했음을 믿음(사 8:12, 13)
9	하나님께 경배 찬양(18,19절)	환난 중에도 하나님께 대한 감사와 찬양을 잊지 않음(살전 5:18)
10	승리를 확신(20절)	참 믿음은 이미 기도 응답을 받은 줄로 확신하는 것임(막 11:24)

여호사밧의 행적(왕상 22:41-50)

31 여호사밧이 유다의 왕이 되어 왕위에 오를 때에 나이가 삼십오 세라 예루살렘에서 이십오 년 동안 다스리니
라 그의 어머니의 이름은 아수바라 실히의 딸이더라 32 여호사밧이 그의 아버지 아사의 길로 행하여 돌이켜 떠나
지 아니하고 여호와 보시기에 정직하게 행하였으나 33 산당만은 철거하지 아니하였으므로 백성이 여전히 마음을
정하여 그들의 조상들의 하나님께로 돌아오지 아니하였더라 34 이 외에 여호사밧의 시종 행적은 하나니의 아들
예후의 글에 다 기록되었고 그 글은 이스라엘 열왕기에 올랐더라 35 유다 왕 여호사밧이 나중에 이스라엘 왕 아
하시야와 교제하였는데 아하시야는 심히 악을 행하는 자였더라 36 두 왕이 서로 연합하고 배를 만들어 다시스로
보내고자 하여 에시온게벨에서 배를 만들었더니 37 마레사 사람 도다와후의 아들 엘리에셀이 여호사밧을 향하
여 예언하여 이르되 왕이 아하시야와 교제하므로 여호와께서 왕이 지은 것들을 파하시리라 하더니 이에 그 배들
이 부서져서 다시스로 가지 못하였더라

31일~
36일

36일차 읽기의 요약

(왕상 17~22, 대하 17~20)

북이스라엘은 아합왕 때에 이르자 여로보암의 길로 행할 뿐만 아니라 시돈 왕 엣바알의 딸 이세벨을 아내로 삼아 바알 종교를 국교화하는 수준에 이르게 된다. 하나님께서는 이때 선지자 엘리야를 보내신다. 엘리야는 갈멜산에서 홀로 이스라엘의 왕궁의 녹을 먹는 바알과 아세라 선지자 850명과 맞서 바알과 하나님 중 누가 과연 살아계신 참 신인가를 놓고 대결한다. 하나님께서는 불을 내려 그분이 참 신이심을 증명하셨다.

이스라엘 왕궁에 바알 우상을 들여와 바알 종교를 강화했던 아합왕은 결국 선지자의 경고를 끝내 무시하고 아람과의 전쟁에 나가 죽임을 당하게 된다.

이에 반해 동시대의 남 유다의 여호사밧 왕은 아버지 아사 왕의 종교개혁 정신을 계승하여 다윗의 길로 행한다. 여호사밧 왕은 유다 사방에 제사장과 레위인들을 보내 여호와의 율법을 백성들에게 가르치게 하고 하나님을 온전히 의지하게 한다. 따라서 여호사밧 때에는 하나님께서 유다 사방 주변국의 공격을 막아주시고 유다의 국력도 신장된다. 그러나 여호사밧은 그동안 긴장 관계에 있었던 북이스라엘과 친선 관계를 맺기 위해 영적으로 타락한 아합왕과 교류를 맺어 하나님의 책망을 받고 남 유다에도 바알 우상이 들어오는 기회의 문을 열어준다.

그러면 어떻게 살 것인가?

인위뚝·신위고!

31일~36일

☑ 세계관 점검 - 묵상하기 (영상 강의와 교재 내용의 이해를 바탕으로)

☑ 남은 자(Remnant).

하나님은 극도로 타락하여 말 그대로 종교적으로 암흑기였던 북이스라엘 아합의 치세 하에서도 오바댜를 비롯하여 하나님을 경외하는 '남은 자 7000명'을 남겨두셨다. 이러한 사실이 보여주듯이 하나님은 아무리 타락한 세상이라 할지라도 그 가운데 당신의 남은 자를 남겨두시고 그들을 위하여 일하시며 그들을 중심으로 역사를 움직여 가신다. 그러므로 우리는 세상의 타락으로 인하여 아무리 소망이 없어 보이는 순간이라 할지라도 하나님을 바라보며 소망을 잃지 말아야 할 것이다.

왕상 17에서 엘리야를 사르밧 과부집으로 옮기시고 거기에 3년을 머물게 하시고(17:8), 다시 그를 아합에게 가서 행동하게 하시는(18:1) 하나님께 순종하는 엘리야의 믿음을 묵상하라(▶ 동영상 강의를 참고)이 부분에 관해 동영상 강의(36강)를 경청할 것).

왕상 18:21상 "... 너희가 어느 때까지 둘 사이에서 머뭇머뭇 하려느냐 여호와가 만일 하나님이면 그를 따르고 바알이 만일 하나님이면 그를 따를지니라 하니"를 깊이 묵상하라. 우리의 세계관은 세상 것과 섞이면 절대로 안 된다는 것을 강하게 언급하고 있다.

- 눅 16:13 하인이 두 주인을 섬길 수 없나니 혹 이를 미워하고 저를 사랑하거나 혹 이를 중히 여기고 저를 경히 여길 것임이니라 너희는 하나님과 재물을 겸하여 섬길 수 없느니라
- 약 4:8 하나님을 가까이하라 그리하면 너희를 가까이하시리라 죄인들아 손을 깨끗이 하라 두 마음을 품은 자들아 마음을 성결하게 하라

왕상 18:21하 "...백성들이 말 한마디도 대답하지 아니하니라." 예수님은 마태 11:15-17에서 "귀있는 자들은 들을지어다. 이 세대는 무엇에 비유할까 비유하건대 아이들이 장터에 앉아 제 동무를 불러 이르되 우리가 너희를 향해 피리를 불어도 너희 가슴을 치지 아니하였다 함과 같도다." 라고 하셨고, 누가 19:40에서 "이 사람들이 침묵하면 돌들이 소리지르리라."
나의 반응은?

왕상 19장에서 Burn-out 된 엘리야를 회복시키시는 하나님을 만나라. 어떻게 회복시키시는가를 관찰하고 그런 절차가 나에게도 있었는가?
① 휴식을 주심(19:5-6) ② 영적 권능을 보여 주심(19:11-12) ③ 새로운 사명을 주심(19:13-18)

바다 위에 뜬 손바닥만 한 구름을 보고 비가 올 것을 확신하는 엘리야의 믿음, 그것은 믿음의 민감성이다. 우리도 이런 믿음의 민감성을 키워야 할 것이다. 그것이 곧 하나님을 바르게 알고 그를 의지함으로 얻게 되는 수확이다.

나는 이 시대를 위해 남겨두신 바알에 무릎을 꿇지 않은 그 '남은 자'인가?

"내가 여호와인 줄을 알리라"(왕상 20:13, 28)의 의미를 묵상하라.

대하 20:15-22을 묵상하라. 찬양대를 전투대열 앞에 세우는 것과 여호수아가 가나안 전쟁에 법궤를 앞세우는 것은 같은 맥락이다. 어떤 의미가 있는가? 신위의 개념에서 깊이 묵상해 보라.

결단기도와 실행하기

약 2:26 영혼 없는 몸이 죽은 것 같이 행함이 없는 믿음은 죽은 것이니라
시 119:28 나의 영혼이 눌림으로 말미암아 녹사오니 주의 말씀대로 나를 세우소서

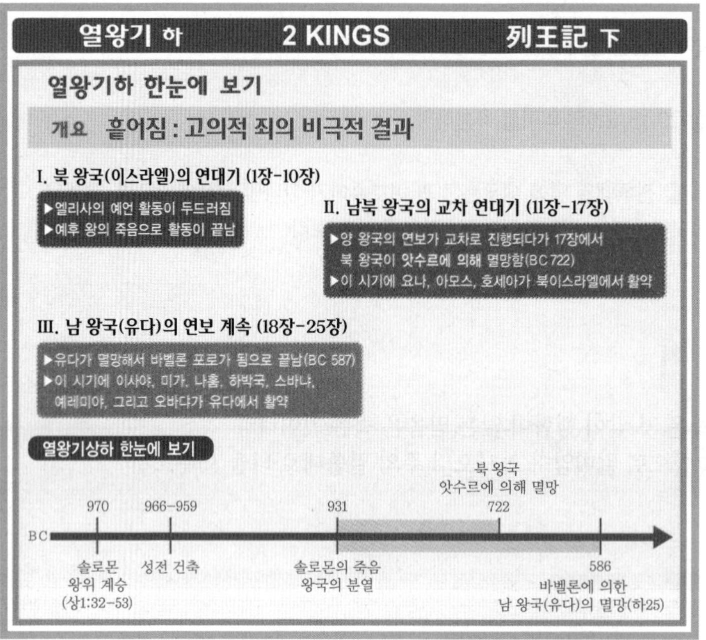

열왕기 하 2 KINGS 列王記 下
열왕기하 한눈에 보기
개요 흩어짐 : 고의적 죄의 비극적 결과
I. 북 왕국(이스라엘)의 연대기 (1장-10장)
▶엘리사의 예언 활동이 두드러짐
▶예후 왕의 죽음으로 활동이 끝남
II. 남북 왕국의 교차 연대기 (11장-17장)
▶양 왕국의 연보가 교차로 진행되다가 17장에서 북 왕국이 앗수르에 의해 멸망함(BC 722)
▶이 시기에 요나, 아모스, 호세아가 북이스라엘에서 활약
III. 남 왕국(유다)의 연보 계속 (18장-25장)
▶유다가 멸망해서 바벨론 포로가 됨으로 끝남(BC 587)
▶이 시기에 이사야, 미가, 나훔, 하박국, 스바냐, 예레미야, 그리고 오바다가 유다에서 활약
열왕기상하 한눈에 보기
BC
970
솔로몬 왕위 계승 (상1:32-53)
966-959
성전 건축
931
솔로몬의 죽음 왕국의 분열
북 왕국 앗수르에 의해 멸망
722
586
바벨론에 의한 남 왕국(유다)의 멸망(하25)

❖ 열왕기하의 역사 기록
① 열왕기하는 북 왕국의 아하시야에서 마지막 호세아까지 모두 여섯 왕조의 130년간의 역사(B.C. 853-722)
② 남 왕국 여호람부터 마지막 시드기야까지 약 280년(B.C. 848-586)의 역사를 기록

❖ 오늘 읽기 범위에 등장하는 왕들
☞ **북 왕국** – 아하시야*아합의 아들*, 여호람*아합의 아들, 아버지 아합이 만든 바알 주상을 없이 하다. 그러나 금송아지에서 벗어나지 못하다.*, 예후*오므리 왕조를 징벌하고 예후왕조를 시작하다.*
☞ **남 왕국** – 요아람*악한 왕*, 아하시야*아달랴의 아들*, 아달랴, 요아스

❖ 열왕기하 구조의 1부에 해당하는 1-10장은 범죄한 이스라엘에 대한 하나님의 심판의 일환으로, 북 왕국에 바알 종교를 퍼뜨렸던 아합 왕가(王家)의 멸망에 대한 엘리야 선지자의 예언이(왕상 19:15-18, 21:17-29) 성취되는 과정에 특별히 초점을 맞추어, 남북 두 왕국의 관련 시대 역사를 기록하고 있다. 그러나 이 부분에서도 이스라엘에 대한 하나님의 심판만이 아니라 엘리사 선지자 등의 사역을 통해 나타난 바, 택한 백성에게 거듭 회개의 기회를 주시며 오래 참으시는 하나님의 긍휼과 사랑도 함께 더욱 선명히 강조하고 있다.

열왕기하 1~7장 : 분열 왕국 이스라엘과 유다의 역사

열왕기하 1장

엘리야와 아하시야 왕

1 아합이 죽은 후에 모압이 이스라엘을 배반하였더라 2 아하시야가 사마
리아에 있는 그의 다락 난간에서 떨어져 병들매 사자를 보내며 그들에게
이르되 가서 에그론의 신 바알세붑에게 이 병이 낫겠나 물어 보라 하니
라 3 여호와의 사자가 디셉 사람 엘리야에게 이르되 너는 일어나 올라가
서 사마리아 왕의 사자를 만나 그에게 이르기를 이스라엘에 하나님이 없
어서 너희가 에그론의 신 바알세붑에게 물으러 가느냐 4 그러므로 여호와
의 말씀이 네가 올라간 침상에서 내려오지 못할지라 네가 반드시 죽으리
라 하셨다 하라 엘리야가 이에 가니라 5 사자들이 왕에게 돌아오니 왕이
그들에게 이르되 너희는 어찌하여 돌아왔느냐 하니 6 그들이 말하되 한
사람이 올라와서 우리를 만나 이르되 너희는 너희를 보낸 왕에게로 돌아
가서 그에게 고하기를 여호와의 말씀이 이스라엘에 하나님이 없어서 네

❖ 왕하 1장
아합왕이 죽은 후 왕상 22:51에서 시작된 북 왕국 제9대 왕 아하시야 통치(B.C. 853-852) 기사의 연속부분이다.
1-4절은 난간에서 낙상(落傷)하여 병을 얻은 아하시야가 이방신 바알세붑에게 병 치료를 위한 도움을 구한 사실과 엘리야 선지자가 여호와의 사자에게서 아하시야에 관한 메시지를 받는 장면을 기록하고 있다. 그리고 5-8절은 엘리야가 전한 메시지가 아하시야에게 전달된 사실을, 9-16절 아하시야가 군사들을 보내어 엘리야를 체포케 하였으나 거듭 실패한 사실을, 17-18절은 엘리야의 예언대로 아하시야가 죽은 사실을 기록하고 있다.
☞ 아하시야에 대한 하나님의 심판 기사는 하나님이 궁극적으로 원하시는 것은 죄를 범한 백성들을 심판하여 멸하시는 것이 아니라, 이 같은 경고를 통하여 회개(悔改)하고 돌아와 구원을 얻게 하는 데 있음을 보여 주는 것이다. 이는 또한 하나님께서 독생자 예수 그리스도를 이 세상에 보내신 것도 세상을 심판하려 하신 것이 아니요, 저로 말미암아 세상이 구원을 얻도록 하는 데 있다(눅 9:51-56, 요 3:17)는 사실과 일맥상통하는 것이다.

가 에그론의 신 바알세붑에게 물으려고 보내느냐 그러므로 네가 올라간
침상에서 내려오지 못할지라 네가 반드시 죽으리라 하셨다 하라 하더이
다 [7]왕이 그들에게 이르되 올라와서 너희를 만나 이 말을 너희에게 한 그
사람은 어떤 사람이더냐 [8]그들이 그에게 대답하되 그는 털이 많은 사람
인데 허리에 가죽 띠를 띠었더이다 하니 왕이 이르되 그는 디셉 사람 엘
리야로다 [9]이에 오십부장과 그의 군사 오십 명을 엘리야에게로 보내매
그가 엘리야에게로 올라가 본즉 산꼭대기에 앉아 있는지라 그가 엘리야
에게 이르되 하나님의 사람이여 왕의 말씀이 내려오라 하셨나이다 [10]엘
리야가 오십부장에게 대답하여 이르되 내가 만일 하나님의 사람이면 불
이 하늘에서 내려와 너와 너의 오십 명을 사를지로다 하매 불이 곧 하늘
에서 내려와 그와 그의 군사 오십 명을 살랐더라 [11]왕이 다시 다른 오십
부장과 그의 군사 오십 명을 엘리야에게로 보내니 그가 엘리야에게 말하
여 이르되 하나님의 사람이여 왕의 말씀이 속히 내려오라 하셨나이다 하
니 [12]엘리야가 그들에게 대답하여 이르되 내가 만일 하나님의 사람이면
불이 하늘에서 내려와 너와 너의 오십 명을 사를지로다 하매 하나님의 불
이 곧 하늘에서 내려와 그와 그의 군사 오십 명을 살랐더라 [13]왕이 세 번
째 오십부장과 그의 군사 오십 명을 보낸지라 셋째 오십부장이 올라가서
엘리야 앞에 이르러 그의 무릎을 꿇어 엎드려 간구하여 이르되 하나님의
사람이여 원하건대 나의 생명과 당신의 종인 이 오십 명의 생명을 당신은
귀히 보소서 [14]불이 하늘에서 내려와 전번의 오십부장 둘과 그의 군사 오
십 명을 살랐거니와 나의 생명을 당신은 귀히 보소서 하매 [15]여호와의 사
자가 엘리야에게 이르되 너는 그를 두려워하지 말고 함께 내려가라 하신
지라 엘리야가 곧 일어나 그와 함께 내려와 왕에게 이르러 [16]말하되 여
호와의 말씀이 네가 사자를 보내 에그론의 신 바알세붑에게 물으려 하니
이스라엘에 그의 말을 물을 만한 하나님이 안 계심이냐 그러므로 네가 그
올라간 침상에서 내려오지 못할지라 네가 반드시 죽으리라 하셨다 하니
라 [17]왕이 엘리야가 전한 여호와의 말씀대로 죽고 그가 아들이 없으므로
여호람이 그를 대신하여 왕이 되니 유다 왕 여호사밧의 아들 여호람의 둘
째 해였더라 [18]아하시야가 행한 그 남은 사적은 모두 이스라엘 왕 역대지
략에 기록되지 아니하였느냐

열왕기하 2장

엘리야가 하늘로 올라가다

[1]여호와께서 회오리 바람으로 엘리야를 하늘로 올리고자 하실 때에 엘
리야가 엘리사와 더불어 길갈에서 나가더니 [2]엘리야가 엘리사에게 이르
되 청하건대 너는 여기 머물라 여호와께서 나를 벧엘로 보내시느니라 하
니 엘리사가 이르되 여호와께서 살아 계심과 당신의 영혼이 살아 있음을
두고 맹세하노니 내가 당신을 떠나지 아니하겠나이다 하는지라 이에 두
사람이 벧엘로 내려가니 [3]벧엘에 있는 선지자의 제자들이 엘리사에게로
나아와 그에게 이르되 여호와께서 오늘 당신의 선생을 당신의 머리 위로

왕하 1:1-4 아하시야의 죄
하나님을 배신하는 자는 자신도 배신당한다는 사실을 명심하라.
☞ **신 32:15** 그런데 여수룬이 기름지매 발로 찼도다 네가 살찌고 비대하고 윤택하매 자기를 지으신 하나님을 버리고 자기를 구원하신 반석을 업신여겼도다
☞ **호 13:16** 사마리아가 그들의 하나님을 배반하였으므로 형벌을 당하여 칼에 엎드러질 것이요 그 어린 아이는 부서뜨려지며 아이 밴 여인은 배가 갈라지리라

왕하 1:8 엘리야의 복장에서 선지자의 모습을 볼 수 있다.
구약의 기름 부음을 받는 자는 왕, 제사장, 선지자이다. 이들 중 왕과 제사장은 의복이 권위를 나타내게 되어 있지만 선지자의 의상은 초라하다.
무엇을 의미한다고 보는가? 외형이 아닌 중심의 문제가 사역자의 본질이다.
주의 종에게 신위의 의미는 절대적이다.
모세의 none의 시대를 생각하라.
☞ 이 외투마저 엘리사에게 인계한다.

왕하 1:15
학습 자료 37-3 "여호와의 사자"를 참조

왕하 1:9-16 선지자를 핍박한 주요 왕들

	선지자	성구
아 합	엘리야	왕상 19:1, 2
아 합	미가야	왕상 22:27
아하시야	엘리야	왕하 1:9-16
여호야김	예레미야	렘 36:20-23
헤롯	세례요한	눅 3:19, 20

학습 자료 37-2 "엘리야와 엘리사 비교 도표" 참조

왕하 2:1-6 삶의 마지막이 온 것을 인지한 엘리야는 그러나 쉬지 않고 마지막까지 사역을 감당한다.
☞ **전 9:10** 네 손이 일을 얻는 대로 힘을 다하여 할지어다 네가 장차 들어갈 스올에는 일도 없고 계획도 없고 지식도 없고 지혜도 없음이니라
☞ **요 9:4** 때가 아직 낮이매 나를 보내신 이의 일을 우리가 하여야 하리라 밤이 오리니 그 때는 아무도 일할 수 없느니라
☞ **딤후 4:6-7** 전제와 같이 내가 벌써 부어지고 나의 떠날 시각이 가까웠도다 나는 선한 싸움을 싸우고 나의 달려갈 길을 마치고 믿음을 지켰으니

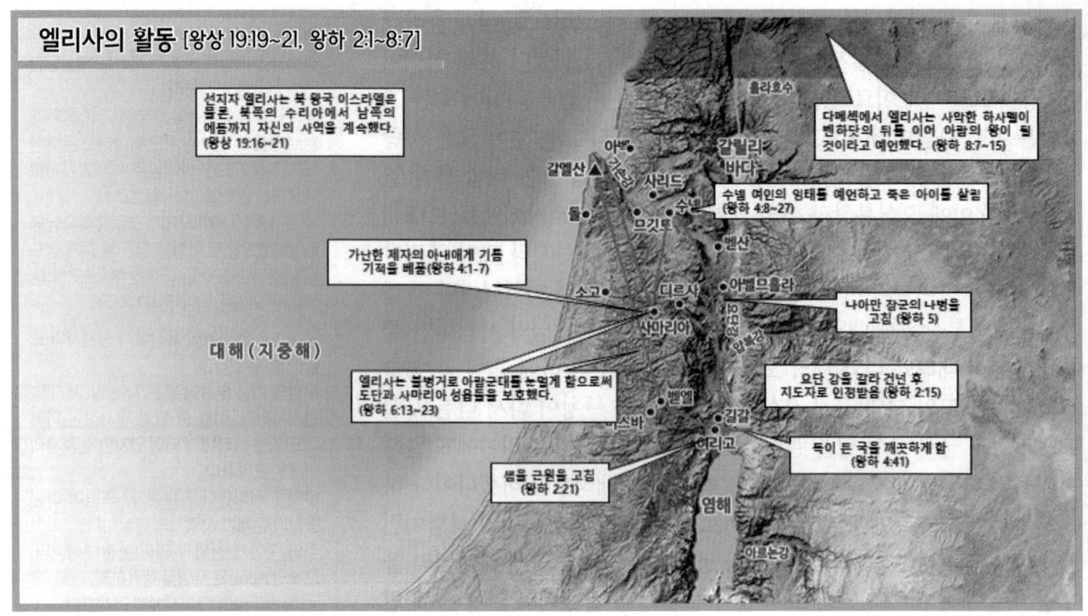
엘리사의 활동 [왕상 19:19~21, 왕하 2:1~8:7]
선지자 엘리사는 북 왕국 이스라엘은 물론, 북쪽의 수리아에서 남쪽의 에돔까지 자신의 사역을 계속했다. (왕상 19:16~21)
훌라호수
다메섹에서 엘리사는 사악한 하사엘이 벤하닷의 뒤를 이어 아람의 왕이 될 것이라고 예언했다. (왕하 8:7~15)
갈릴리 바다
갈멜산
사리드
돌
므깃도
수넴
수넴 여인의 잉태를 예언하고 죽은 아이를 살림 (왕하 4:8~27)
벧산
가난한 제자의 아내에게 기름 기적을 베풂(왕하 4:1-7)
소고
디르사
아벨므홀라
사마리아
나아만 장군의 나병을 고침 (왕하 5)
대해(지중해)
얍복강
엘리사는 불병거로 아람군대를 눈멀게 함으로써 도단과 사마리아 성읍들을 보호했다. (왕하 6:13~23)
요단 강을 갈라 건넌 후 지도자로 인정받음 (왕하 2:15)
벧엘
길갈
여리고
독이 든 국을 깨끗하게 함 (왕하 4:41)
샘을 근원을 고침 (왕하 2:21)
염해
아르논강

데려가실 줄을 아시나이까 하니 이르되 나도 또한 아노니 너희는 잠잠하
라 하니라 4 엘리야가 그에게 이르되 엘리사야 청하건대 너는 여기 머물
라 여호와께서 나를 여리고로 보내시느니라 엘리사가 이르되 여호와께
서 살아 계심과 당신의 영혼이 살아 있음을 두고 맹세하노니 내가 당신을
떠나지 아니하겠나이다 하니라 그들이 여리고에 이르매 5 여리고에 있는
선지자의 제자들이 엘리사에게 나아와 이르되 여호와께서 오늘 당신의
선생을 당신의 머리 위로 데려가실 줄을 아시나이까 하니 엘리사가 이르
되 나도 아노니 너희는 잠잠하라 6 엘리야가 또 엘리사에게 이르되 청하
건대 너는 여기 머물라 여호와께서 나를 요단으로 보내시느니라 하니 그
가 이르되 여호와께서 살아 계심과 당신의 영혼이 살아 있음을 두고 맹세
하노니 내가 당신을 떠나지 아니하겠나이다 하는지라 이에 두 사람이 가
니라 7 선지자의 제자 오십 명이 가서 멀리 서서 바라보매 그 두 사람이 요
단 가에 서 있더니 8 엘리야가 겉옷을 가지고 말아 물을 치매 물이 이리 저
리 갈라지고 두 사람이 마른 땅 위로 건너더라 9 건너매 엘리야가 엘리사
에게 이르되 나를 네게서 데려감을 당하기 전에 내가 네게 어떻게 할지를
구하라 엘리사가 이르되 당신의 성령이 하시는 역사가 갑절이나 내게 있
게 하소서 하는지라 10 이르되 네가 어려운
일을 구하는도다 그러나 나를 네게서 데
려가시는 것을 네가 보면 그 일이 네게
이루어지려니와 그렇지 아니하면 이루
어지지 아니하리라 하고 11 두 사람
이 길을 가며 말하더니 불수레
와 불말들이 두 사람을 갈라놓

❖ 왕하 2장

왕상 17장에서 계속해서 소개한바 타락으로 역사가 되풀이되던 시대에 나타나 바알 종교를 타파하고 북 왕국 백성들의 여호와 신앙 회복을 위해 사역하던 엘리야가 그의 사역을 종결짓고 승천(昇天)한 사실을 보여 준다.

엘리야의 승천 사건은 단지 엘리야 한 사람을 영웅화하는 사건이 아니다. 그것은 오히려 바알 종교와 일생 동안 투쟁했던 엘리야의 사역이 궁극적으로 여호와 신앙의 최종 구속사적 승리를 예표적(豫表的)으로 보여 주는 것이다. 엘리야의 승천 사건은 곧 온 세상의 죄와 싸워 승리하시고 부활 승천(復活昇天) 하실 예수 그리스도의 승천을 예표하는 것이다.

한편 엘리야의 후계자가 된 엘리사가 행한 초기 사역에 관한 두 기사(19-25절)는 엘리사의 사역 전반이 갖는 상반된 두 측면을 잘 보여 주고 있다. 즉 그것은 여호와의 말씀에 순종하는 자들에게 대한 축복(19-22절)과 여호와의 말씀을 경멸하는 자에 대한 저주(23-25절)가 있을 것이라는 사실이다. 하나님의 사람 엘리사를 조롱하다가 죽임을 당한 벧엘의 젊은 아이들을 보라. 이들의 죽음은 곧 여호와의 말씀을 경멸하는 자들에게 임할 심판을 예표(豫表)하는 것이다.

왕하 2:1-11

학습 자료 37-4 "선지 학교" 참조

고 엘리야가 회오리 바람으로 하늘로 올라가더라 12 엘리사가 보고 소리 지르되 내 아버지여 내 아버지여 이스
라엘의 병거와 그 마병이여 하더니 다시 보이지 아니하는지라 이에 엘리사가 자기의 옷을 잡아 둘로 찢고 13 엘
리야의 몸에서 떨어진 겉옷을 주워 가지고 돌아와 요단 언덕에 서서 14 엘리야의 몸에서 떨어진 그의 겉옷을 가
지고 물을 치며 이르되 엘리야의 하나님 여호와는 어디 계시니이까 하고 그도 물을 치매 물이 이리 저리 갈라지
고 엘리사가 건너니라 15 맞은편 여리고에 있는 선지자의 제자들이 그를 보며 말하기를 엘리야의 성령이 하시는
역사가 엘리사 위에 머물렀다 하고 가서 그에게로 나아가 땅에 엎드려 그에게 경배하고 16 그에게 이르되 당신
의 종들에게 용감한 사람 오십 명이 있으니 청하건대 그들이 가서 당신의 주인을 찾게 하소서 염려하건대 여호
와의 성령이 그를 들고 가다가 어느 산에나 어느 골짜기에 던지셨을까 하나이다 하니라 엘리사가 이르되 보내지
말라 하나 17 무리가 그로 부끄러워하도록 강청하매 보내라 한지라 그들
이 오십 명을 보냈더니 사흘 동안을 찾되 발견하지 못하고 18 엘리사가 여
리고에 머무는 중에 무리가 그에게 돌아오니 엘리사가 그들에게 이르되
내가 가지 말라고 너희에게 이르지 아니하였느냐 하였더라

엘리사의 기적

19 그 성읍 사람들이 엘리사에게 말하되 우리 주인께서 보시는 바와 같이
이 성읍의 위치는 좋으나 물이 나쁘므로 토산이 익지 못하고 떨어지나이
다 20 엘리사가 이르되 새 그릇에 소금을 담아 내게로 가져오라 하매 곧
가져온지라 21 엘리사가 물 근원으로 나아가서 소금을 그 가운데에 던지
며 이르되 여호와의 말씀이 내가 이 물을 고쳤으니 이로부터 다시는 죽음
이나 열매 맺지 못함이 없을지니라 하셨느니라 하니 22 그 물이 엘리사가
한 말과 같이 고쳐져서 오늘에 이르렀더라 23 엘리사가 거기서 벧엘로 올
라가더니 그가 길에서 올라갈 때에 작은 아이들이 성읍에서 나와 그를 조
롱하여 이르되 대머리여 올라가라 대머리여 올라가라 하는지라 24 엘리
사가 뒤로 돌이켜 그들을 보고 여호와의 이름으로 저주하매 곧 수풀에서
암곰 둘이 나와서 아이들 중의 사십이 명을 찢었더라 25 엘리사가 거기서
부터 갈멜 산으로 가고 거기서 사마리아로 돌아왔더라

열왕기하 3장

이스라엘과 모압의 전쟁 – 여호람(B.C. 852–841) 북 10대 왕 오므리 왕조

1 유다의 여호사밧 왕 열여덟째 해에 아합의 아들 여호람이 사마리아에서
이스라엘을 열두 해 동안 다스리니라 2 그가 여호와 보시기에 악을 행하
였으나 그의 부모와 같이 하지는 아니하였으니 이는 그가 그의 아버지가
만든 바알의 주상을 없이하였음이라 3 그러나 그가 느밧의 아들 여로보
암이 이스라엘에게 범하게 한 그 죄를 따라 행하고 떠나지 아니하였더라
4 모압 왕 메사는 양을 치는 자라 새끼 양 십만 마리의 털과 숫양 십만 마
리의 털을 이스라엘 왕에게 바치더니 5 아합이 죽은 후에 모압 왕이 이스
라엘 왕을 배반한지라 6 그 때에 여호람 왕이 사마리아에서 나가 온 이스
라엘을 둘러보고 7 또 가서 유다의 왕 여호사밧에게 사신을 보내 이르되
모압 왕이 나를 배반하였으니 당신은 나와 함께 가서 모압을 치시겠느냐
하니 그가 이르되 내가 올라가리이다 나는 당신과 같고 내 백성은 당신의
백성과 같고 내 말들도 당신의 말들과 같으니이다 하는지라 8 여호람이

❖ 엘리사가 엘리야의 후계자로서 공식적인 활동을 한 것은 여호람 통치 중기인 B.C. 847년부터였다.

❖ 왕하 3장
아합이 죽은 후에 그의 아들 여호람이 왕이 되었다(B.C. 852-841). 모압은 다윗에 의해 이스라엘의 속국이 된 이후 매년 막대한 조공을 바치다가 남북 분열 왕국 때에는 북이스라엘에 조공을 바쳤다. 그런데 아합이 죽은 후에 어수선한 틈을 타서 반란을 일으켰다. 그래서 아하시야에 이어 이스라엘의 왕이 된 여호람은 남 유다와 또 하나의 속국인 에돔과 동맹군을 결성해 모압을 정복하고자 한 것이다. 이들은 사해 동편 남쪽에 있는 모압을 정복하기 위해 남쪽의 광야 길로 우회하는 전법을 채택하였다. 남쪽 길은 멀고 산이 아주 험악하지만 도로가 잘 발달된 북쪽 길로 침공하리라는 모압의 허를 찌르기 위해 선택한 것이다. 이 과정에서 물이 부족하여 곤란을 겪게 되었으나 엘리사의 도움으로 물을 얻게 되었고, 동맹군의 내분으로 인해 흘린 피로 오인하여 침공하다가 패전하는 결과를 얻게 되었다. 동맹군들이 통과한 곳이 바로 우기 때는 물이 흐르고 건기 때는 물이 마르는 골짜기인 와디(Wadi)였기 때문에 모압 군사들은 이곳에 물이 있으리라고는 생각하지 못했기 때문이다. 한편 패전한 모압 왕이 장자를 제물로 바친 것은 그들이 섬기는 전쟁의 신인 그모스에게 드리는 인신 제사를 가리킨다(민 21:29).
☞ 군사적 세력으로 모압을 능히 제압할 수 있는 여호람의 동맹군이 곤란을 겪은 것은 하나님의 뜻을 묻지 않고 자기 생각대로 했기 때문이다. 하나님께 속한 자들이 세상과 벌이는 싸움의 승패는 처음부터 하나님께 달려 있다. 세상의 권력은 원래 하나님의 주권에 속해 있기 때문이다. 그래서 어떤 일이라도 하나님의 뜻을 먼저 구하고 그의 주시는 능력을 의지하는 것이 가장 중요하다. 그래서 성경은 하나님 안에서 무엇이든지 할 수 있다고 말씀하신 것이다(빌 4:13).

인위 둑! 신위 고!

37일~42일

이르되 우리가 어느 길로 올라가리이까 하니 그가 대답하되 에돔 광야 길
로니이다 하니라 9 이스라엘 왕과 유다 왕과 에돔 왕이 가더니 길을 둘러
간 지 칠 일에 군사와 따라가는 가축을 먹일 물이 없는지라 10 이스라엘
왕이 이르되 슬프다 여호와께서 이 세 왕을 불러 모아 모압의 손에 넘기
려 하시는도다 하니 11 여호사밧이 이르되 우리가 여호와께 물을 만한 여
호와의 선지자가 여기 없느냐 하는지라 이스라엘 왕의 신하들 중의 한 사
람이 대답하여 이르되 전에 엘리야의 손에 물을 붓던 사밧의 아들 엘리사
가 여기 있나이다 하니 12 여호사밧이 이르되 여호와의 말씀이 그에게 있
도다 하는지라 이에 이스라엘 왕과 여호사밧과 에돔 왕이 그에게로 내려
가니라 13 엘리사가 이스라엘 왕에게 이르되 내가 당신과 무슨 상관이 있나이까 당신의 부친의 선지자들과 당신
의 모친의 선지자들에게로 가소서 하니 이스라엘 왕이 그에게 이르되 그렇지 아니하니이다 여호와께서 이 세 왕
을 불러 모아 모압의 손에 넘기려 하시나이다 하니라 14 엘리사가 이르되 내가 섬기는 만군의 여호와께서 살아
계심을 두고 맹세하노니 내가 만일 유다의 왕 여호사밧의 얼굴을 봄이 아니면
그 앞에서 당신을 향하지도 아니하고 보지도 아니하였으리이다 15 이제 내
게로 거문고 탈 자를 불러오소서 하니라 거문고 타는 자가 거문고를 탈 때
에 여호와의 손이 엘리사 위에 있더니 16 그가 이르되 여호와의 말씀이 이
골짜기에 개천을 많이 파라 하셨나이다 17 여호와께서 이르시기를 너희가
바람도 보지 못하고 비도 보지 못하되 이 골짜기에 물이 가득하여 너희와
너희 가축과 짐승이 마시리라 하셨나이다 18 이것은 여호와께서 보시기에 작은 일이라 여호와께서 모압 사람도
당신의 손에 넘기시리니 19 당신들이 모든 견고한 성읍과 모든 아름다운 성읍을 치고 모든 좋은 나무를 베고 모
든 샘을 메우고 돌로 모든 좋은 밭을 헐리이다 하더니 20 아침이 되어 소제 드릴 때에 물이 에돔 쪽에서부터 흘
러와 그 땅에 가득하였더라 21 모압의 모든 사람은 왕들이 올라와서 자기를 치려 한다 함을 듣고 갑옷 입을 만한
자로부터 그 이상이 다 모여 그 경계에 서 있더라 22 아침에 모압 사람이 일찍이 일어나서 해가 물에 비치므로 맞
은편 물이 붉어 피와 같음을 보고 23 이르되 이는 피라 틀림없이 저 왕들이 싸워 서로 죽인 것이로다 모압 사람들
아 이제 노략하러 가자 하고 24 이스라엘 진에 이르니 이스라엘 사람이 일어나 모압 사람을 쳐서 그들 앞에서 도
망하게 하고 그 지경에 들어가며 모압 사람을 치고 25 그 성읍들을 쳐서 헐고 각기 돌을 던져 모든 좋은 밭에 가
득하게 하고 모든 샘을 메우고 모든 좋은 나무를 베고 길하레셋의 돌들은 남기고 물매꾼이 두루 다니며 치니라
26 모압 왕이 전세가 극렬하여 당하기 어려움을 보고 칼찬 군사 칠백 명을 거느리고 돌파하여 지나서 에돔 왕에
게로 가고자 하되 가지 못하고 27 이에 자기 왕위를 이어 왕이 될 맏아들을 데려와 성 위에서 번제를 드린지라 이
스라엘에게 크게 격노함이 임하매 그들이 떠나 각기 고국으로 돌아갔더라

❖ 엘리야의 후계자로 세움을 받은 엘리사는 가는 곳마다 놀라운 기적을 행함으로 참된 여호와의 선지자임을 증명하였다. 이러한 기적은 교회 시대에도 동일하게 나타나는 역사이다. 이러한 능력은 오늘날 성령의 능력으로 나타나며(행1:8), 그것은 교회를 세우기 위한 각종 은사로 주어진다. 무엇보다도 성도는 악을 훼파하는 말씀의 능력으로 나타나야 한다. 분열과 미움으로 가득 찬 세상 속에서 빛과 소금으로 악을 물리치고 말씀의 능력으로 인정받아야 한다.

열왕기하 4장

과부의 기름 그릇

1 선지자의 제자들의 아내 중의 한 여인이 엘리사에게 부르짖어 이르되
당신의 종 나의 남편이 이미 죽었는데 당신의 종이 여호와를 경외한 줄
은 당신이 아시는 바니이다 이제 빚 준 사람이 와서 나의 두 아이를 데려
가 그의 종을 삼고자 하나이다 하니 2 엘리사가 그에게 이르되 내가 너를
위하여 어떻게 하랴 네 집에 무엇이 있는지 내게 말하라 그가 이르되 계
집종의 집에 기름 한 그릇 외에는 아무것도 없나이다 하니 3 이르되 너는
밖에 나가서 모든 이웃에게 그릇을 빌리라 빈 그릇을 빌리되 조금 빌리지

❖ **왕하 4~7장 엘리사가 행한 기적**

① 과부의 기름 그릇을 채우다.
② 수넴 여인에게 아들을 낳게 하고 죽자 살려준다.
③ 국의 독소를 제거하다.
④ 적은 음식으로 많은 수를 먹이다.
⑤ 나아만의 나병을 고치다.
⑥ 사환 게하시에게 나병이 생기게 하다.
⑦ 쇠도끼를 찾다.
⑧ 아람 군사의 눈을 어둡게 하여 물리치다.

말고 4 너는 네 두 아들과 함께 들어
가서 문을 닫고 그 모든 그릇에 기름
을 부어서 차는 대로 옮겨 놓으라 하
니라 5 여인이 물러가서 그의 두 아들
과 함께 문을 닫은 후에 그들은 그릇
을 그에게로 가져오고 그는 부었더
니 6 그릇에 다 찬지라 여인이 아들에
게 이르되 또 그릇을 내게로 가져오
라 하니 아들이 이르되 다른 그릇이 없나이다 하니 기름이 곧 그쳤더라 7
그 여인이 하나님의 사람에게 나아가서 말하니 그가 이르되 너는 가서 기
름을 팔아 빚을 갚고 남은 것으로 너와 네 두 아들이 생활하라 하였더라

엘리사와 수넴 여인

8 하루는 엘리사가 수넴에 이르렀더니 거기에 한 귀한 여인이 그를 간권
하여 음식을 먹게 하였으므로 엘리사가 그 곳을 지날 때마다 음식을 먹으
러 그리로 들어갔더라 9 여인이 그의 남편에게 이르되 항상 우리를 지나
가는 이 사람은 하나님의 거룩한 사람인 줄을 내가 아노니 10 청하건대 우
리가 그를 위하여 작은 방을 담 위에 만들고 침상과 책상과 의자와 촛대
를 두사이다 그가 우리에게 이르면 거기에 머물리이다 하였더라 11 하루
는 엘리사가 거기에 이르러 그 방에 들어가 누웠더니 12 자기 사환 게하시에게 이르되 이 수넴 여인을 불러오라
하니 곧 여인을 부르매 여인이 그 앞에 선지라 13 엘리사가 자기 사환에게 이르되 너는 그에게 이르라 네가 이같
이 우리를 위하여 세심한 배려를 하는도다 내가 너를 위하여 무엇을 하랴 왕에게나 사령관에게 무슨 구할 것이
있느냐 하니 여인이 이르되 나는 내 백성 중에 거주하나이다 하니라 14 엘리사가 이르되 그러면 그를 위하여 무
엇을 하여야 할까 하니 게하시가 대답하되 참으로 이 여인은 아들이 없고 그 남편은 늙었나이다 하니 15 이르되
다시 부르라 하여 부르매 여인이 문에 서니라 16 엘리사가 이르되 한 해가 지나 이 때쯤에 네가 아들을 안으리라
하니 여인이 이르되 아니로소이다 내 주 하나님의 사람이여 당신의 계집종을 속이지 마옵소서 하니라 17 여인이
과연 잉태하여 한 해가 지나 이 때쯤에 엘리사가 여인에게 말한 대로 아들을 낳았더라 18 그 아이가 자라매 하루
는 추수꾼들에게 나가서 그의 아버지에게 이르렀더니 19 그의 아버지에게 이르되 내 머리야 내 머리야 하는지라
그의 아버지가 사환에게 말하여 그의 어머니에게로 데려가라 하매 20 곧 어머니에게로 데려갔더니 낮까지 어머
니의 무릎에 앉아 있다가 죽은지라 21 그의 어머니가 올라가서 아들을 하나님의 사람의 침상 위에 두고 문을 닫
고 나와 22 그 남편을 불러 이르되 청하건대 사환 한 명과 나귀 한 마리를 내게로 보내소서 내가 하나님의 사람
에게 달려갔다가 돌아오리이다 하니 23 그 남편이 이르되 초하루도 아니요 안식일도 아니거늘 그대가 오늘 어찌
하여 그에게 나아가고자 하느냐 하는지라 여인이 이르되 평안을 비나이다 하니라 24 이에 나귀에 안장을 지우고
자기 사환에게 이르되 몰고 가라 내가 말하지 아니하거든 나를 위하여 달려가기를 멈추지 말라 하고 25 드디어
갈멜 산으로 가서 하나님의 사람에게로 나아가니라 하나님의 사람이 멀리서 그를 보고 자기 사환 게하시에게
이르되 저기 수넴 여인이 있도다 26 너는 달려가서 그를 맞아 이르기를 너는 평안하냐 네 남편이 평안하냐 아이
가 평안하냐 하라 하였더니 여인이 대답하되 평안하다 하고 27 산에 이르러 하나님의 사람에게 나아가서 그 발
을 안은지라 게하시가 가까이 와서 그를 물리치고자 하매 하나님의 사람이 이르되 가만 두라 그의 영혼이 괴로
워하지마는 여호와께서 내게 숨기시고 이르지 아니하셨도다 하니라 28 여인이 이르되 내가 내 주께 아들을 구하
더이까 나를 속이지 말라고 내가 말하지 아니하더이까 하니 29 엘리사가 게하시에게 이르되 네 허리를 묶고 내
지팡이를 손에 들고 가라 사람을 만나거든 인사하지 말며 사람이 네게 인사할지라도 대답하지 말고 내 지팡이

✣ 왕하 4장

엘리사 기적 ①

죽은 생도의 아내가 빚으로 인해 두 아들이 팔려 가게 되자 엘리사에게 도움을 요청하였다. 이 여인에게 기름 한 병밖에 없음을 안 엘리사가 모든 이웃에게 빈 그릇을 많이 빌리고 두 아들과 함께 방 안에 들어가서 문을 닫은 후 빈 그릇에 기름을 부으라고 명하였다. 그 여인이 엘리사의 명령에 순종하자 빈 그릇에 기름이 가득 차게 되었다. 그 여인은 기름을 팔아 빚을 갚고 나머지로 아들과 함께 생활하였다.

☞ 불의한 세상을 향해 하나님의 말씀을 전하던 선지자 생도의 아내가 겪은 어려움은 하나님의 은혜로 인해 해결되고 생계를 보장받게 되었다. 하나님께서는 자신을 위해 헌신하는 자들을 절대로 버리지 않으시고 끝까지 지켜 주심을 보여 주셨다. 이처럼 현대를 살아가는 성도들의 삶도 항상 보호하시고 지키시고 요동치지 않게 붙들어 주신다. 그러나 이를 위해 성도들은 언제나 하나님의 말씀 안에 거하며 말씀을 위해 자신의 삶을 바치는 자세를 견지해야 한다.

인위 뚝! 신위 고!

를 그 아이 얼굴에 놓으라 하는지라 30 아이의 어머니가 이르되 여호와께
서 살아 계심과 당신의 영혼이 살아 계심을 두고 맹세하노니 내가 당신을
떠나지 아니하리이다 엘리사가 이에 일어나 여인을 따라가니라 31 게하
시가 그들보다 앞서 가서 지팡이를 그 아이의 얼굴에 놓았으나 소리도 없
고 듣지도 아니하는지라 돌아와서 엘리사를 맞아 그에게 말하여 아이가
깨지 아니하였나이다 하니라 32 엘리사가 집에 들어가 보니 아이가 죽었
는데 자기의 침상에 눕혔는지라 33 들어가서는 문을 닫으니 두 사람 뿐이
라 엘리사가 여호와께 기도하고 34 아이 위에 올라 엎드려 자기 입을 그의
입에, 자기 눈을 그의 눈에, 자기 손을 그의 손에 대고 그의 몸에 엎드리니
아이의 살이 차차 따뜻하더라 35 엘리사가 내려서 집 안에서 한 번 이리
저리 다니고 다시 아이 위에 올라 엎드리니 아이가 일곱 번 재채기 하고
눈을 뜨는지라 36 엘리사가 게하시를 불러 저 수넴 여인을 불러오라 하니
곧 부르매 여인이 들어가니 엘리사가 이르되 네 아들을 데리고 가라 하니
라 37 여인이 들어가서 엘리사의 발 앞에서 땅에 엎드려 절하고 아들을 안
고 나가니라

두 가지 기적

38 엘리사가 다시 길갈에 이르니 그 땅에 흉년이 들었는데 선지자의 제자
들이 엘리사의 앞에 앉은지라 엘리사가 자기 사환에게 이르되 큰 솥을 걸
고 선지자의 제자들을 위하여 국을 끓이라 하매 39 한 사람이 채소를 캐
러 들에 나가 들포도덩굴을 만나 그것에서 들호박을 따서 옷자락에 채워
가지고 돌아와 썰어 국 끓이는 솥에 넣되 그들은 무엇인지 알지 못한지라
40 이에 퍼다가 무리에게 주어 먹게 하였더니 무리가 국을 먹다가 그들이
외쳐 이르되 하나님의 사람이여 솥에 죽음의 독이 있나이다 하고 능히 먹
지 못하는지라 41 엘리사가 이르되 그러면 가루를 가져오라 하여 솥에 던
지고 이르되 퍼다가 무리에게 주어 먹게 하라 하매 이에 솥 가운데 독이
없어지니라 42 한 사람이 바알 살리사에서부터 와서 처음 만든 떡 곧 보리
떡 이십 개와 또 자루에 담은 채소를 하나님의 사람에게 드린지라 그가
이르되 무리에게 주어 먹게 하라 43 그 사환이 이르되 내가 어찌 이것을
백 명에게 주겠나이까 하나 엘리사는 또 이르되 무리에게 주어 먹게 하라
여호와의 말씀이 그들이 먹고 남으리라 하셨느니라 44 그가 그들 앞에 주
었더니 여호와께서 말씀하신 대로 먹고 남았더라

❖ 엘리사 기적 ②

수넴은 잇사갈 지파의 변경에 있는 성읍으로(수 19:18) 므깃도 평원 남쪽 약 11km에 위치하고 있으며 오늘날 이스르엘 계곡이 내려다보이는 마을 솔렘(solem)과 동일시되고 있다. 엘리사가 수넴의 한 귀한 여인과 만나게 된 것은 엘리사가 거주하고 있던 갈멜산으로부터 약 40km 떨어진 곳에 있었으며 엘리사의 주요 사역지인 북이스라엘로 향하는 주요 통로에 위치하여 자주 왕래하였기 때문일 것이다. 당시 남편은 늙어 아이를 낳을 수 없었으므로 여인이 아이를 낳은 것은 하나님의 선지자를 극진히 대접한 선행에 대한 보상의 기적이었다. 그러나 이 아이가 어느 날 죽어 버렸다. 그러자 여인은 종을 시켜 갈멜산에 있는 엘리사에게 도움을 요청하였다. 이는 엘리사에 대한 여인의 믿음이 그를 죽은 자를 살릴 수 있는 진정한 하나님의 사람으로 여겼음을 알 수 있다. 한편 이 소식을 들은 엘리사는 사환 게하시로 하여금 자신의 지팡이를 가져가게 하였는데 이는 지팡이가 족장의 권위나 신분을 나타내는 징표이며(창 38:18) 하나님께 택함을 받은 자들의 신적 권능을 상징하기 때문이다(출 4:17). 또한 엘리사가 아이를 살리기 위해 그 위에 엎드린 것은 통속적이고 주술적인 치료법이 아니라 엘리사의 진지한 치유 행위를 나타내고 있다.

☞ 엘리사에 대한 대접은 그를 보내신 하나님께 대한 헌신이다. 따라서 수넴 여인이 받은 축복은 하나님께 대한 섬김과 신실한 신앙의 결과이다. 이처럼 하나님의 일을 위해 헌신하는 것은 직접적인 헌신 외에도 헌신하는 자들을 섬기고 돌보는 것을 포함한다. 한편 죽은 아이를 살린 엘리사의 사역은 그가 전하는 하나님의 섭리와 사역이 인간의 구원과 영생으로의 인도에 있음을 암시하고 있다.

❖ 엘리사의 기적 ③, ④

③ 국의 독소를 제거
④ 적은 음식으로 많은 수를 먹임

열왕기하 5장

나아만이 고침을 받다

1 아람 왕의 군대 장관 나아만은 그의 주인 앞에서 크고 존귀한 자니 이는 여호와께서 전에 그에게 아람을 구원
하게 하셨음이라 그는 큰 용사이나 나병환자더라 2 전에 아람 사람이 떼를 지어 나가서 이스라엘 땅에서 어린
소녀 하나를 사로잡으매 그가 나아만의 아내에게 수종들더니 3 그의 여주인에게 이르되 우리 주인이 사마리아
에 계신 선지자 앞에 계셨으면 좋겠나이다 그가 그 나병을 고치리이다 하는지라 4 나아만이 들어가서 그의 주인
께 아뢰어 이르되 이스라엘 땅에서 온 소녀의 말이 이러이러하더이다 하니 5 아람 왕이 이르되 갈지어다 이제 내
가 이스라엘 왕에게 글을 보내리라 하더라 나아만이 곧 떠날새 은 십 달란트와 금 육천 개와 의복 열 벌을 가지

고 가서 6이스라엘 왕에게 그 글을 전하니 일렀으되 내가 내 신하 나아만
을 당신에게 보내오니 이 글이 당신에게 이르거든 당신은 그의 나병을 고
쳐 주소서 하였더라 7이스라엘 왕이 그 글을 읽고 자기 옷을 찢으며 이르
되 내가 사람을 죽이고 살리는 하나님이냐 그가 어찌하여 사람을 내게로
보내 그의 나병을 고치라 하느냐 너희는 깊이 생각하고 저 왕이 틈을 타
서 나와 더불어 시비하려 함인줄 알라 하니라 8하나님의 사람 엘리사가
이스라엘 왕이 자기의 옷을 찢었다 함을 듣고 왕에게 보내 이르되 왕이
어찌하여 옷을 찢었나이까 그 사람을 내게로 오게 하소서 그가 이스라엘
중에 선지자가 있는 줄을 알리이다 하니라 9나아만이 이에 말들과 병거
들을 거느리고 이르러 엘리사의 집 문에 서니 10엘리사가 사자를 그에게
보내 이르되 너는 가서 요단 강에 몸을 일곱 번 씻으라 네 살이 회복되어
깨끗하리라 하는지라 11나아만이 노하여 물러가며 이르되 내 생각에는
그가 내게로 나와 서서 그의 하나님 여호와의 이름을 부르고 그의 손을
그 부위 위에 흔들어 나병을 고칠까 하였도다 12다메섹 강 아바나와 바
르발은 이스라엘 모든 강물보다 낫지 아니하냐 내가 거기서 몸을 씻으면
깨끗하게 되지 아니하랴 하고 몸을 돌려 분노하여 떠나니 13그의 종들이
나아와서 말하여 이르되 내 아버지여 선지자가 당신에게 큰 일을 행하라
말하였더면 행하지 아니하였으리이까 하물
며 당신에게 이르기를 씻어 깨끗하게 하
라 함이리이까 하니 14나아만이 이에 내
려가서 하나님의 사람의 말대로 요단
강에 일곱 번 몸을 잠그니 그의 살이
어린 아이의 살 같이 회복되어 깨끗하
게 되었더라 15나아만이 모든 군대와 함께 하나님의 사람에게로 도로 와
서 그의 앞에 서서 이르되 내가 이제 이스라엘 외에는 온 천하에 신이 없
는 줄을 아나이다 청하건대 당신의 종에게서 예물을 받으소서 하니 16이
르되 내가 섬기는 여호와께서 살아 계심을 두고 맹세하노니 내가 그 앞에
서 받지 아니하리라 하였더라 나아만이 받으라고 강권하되 그가 거절하
니라 17나아만이 이르되 그러면 청하건대 노새 두 마리에 실을 흙을 당신
의 종에게 주소서 이제부터는 종이 번제물과 다른 희생제사를 여호와 외 다른 신에게는 드리지 아니하고 다만
여호와께 드리겠나이다 18오직 한 가지 일이 있사오니 여호와께서 당신의 종을 용서하시기를 원하나이다 곧 내
주인께서 림몬의 신당에 들어가 거기서 경배하며 그가 내 손을 의지하시매 내가 림몬의 신당에서 몸을 굽히오
니 내가 림몬의 신당에서 몸을 굽힐 때에 여호와께서 이 일에 대하여 당신의 종을 용서하시기를 원하나이다 하
니 19엘리사가 이르되 너는 평안히 가라 하니라 그가 엘리사를 떠나 조금 가니라 20하나님의 사람 엘리사의 사
환 게하시가 스스로 이르되 내 주인이 이 아람 사람 나아만에게 면하여 주고 그가 가지고 온 것을 그의 손에서
받지 아니하였도다 여호와께서 살아 계심을 두고 맹세하노니 내가 그를 쫓아가서 무엇이든지 그에게서 받으리
라 하고 21나아만의 뒤를 쫓아가니 나아만이 자기 뒤에 달려옴을 보고 수레에서 내려 맞이하여 이르되 평안이
냐 하니 22그가 이르되 평안하나이다 우리 주인께서 나를 보내시며 말씀하시기를 지금 선지자의 제자 중에 두
청년이 에브라임 산지에서부터 내게로 왔으니 청하건대 당신은 그들에게 은 한 달란트와 옷 두 벌을 주라 하시
더이다 23나아만이 이르되 바라건대 두 달란트를 받으라 하고 그를 강권하여 은 두 달란트를 두 전대에 넣어 매

❖ 왕하 5장

엘리사의 기적 ⑤

나아만의 나병을 고치다.

나아만은 아람 왕 하닷 2세가 통치하던 시대(B.C. 850년경)의 인물로 과거 뛰어난 활약으로 아람을 구한 공로로 존귀와 권세를 누렸으나 문둥병자였다. 그가 걸린 문둥병이 오늘날의 한센씨 병인지는 확실히 알 수 없다. 율법에서 규정하고 있는 문둥병의 증상은 부스럼이나 종기와 같은 일반 피부병을 포함하고 있기 때문이다(레 13장). 단지 나병을 신이 내리는 저주로 여기고 환자들을 격리하던 근동의 관습에 비춰볼 때 나아만이 따로 격리되지 않고 부하들과 같이 행동했다는 사실은 그가 아주 심하지 않은 초기 증상이거나 심한 피부질환이었을 것으로 볼 수 있다. 한편 엘리사에 의해 병이 나은 나아만은 오직 하나님만을 섬길 것이라고 약속하면서도 국가적 제례인 림몬 숭배에 참여하는 것을 허락받았다. 림몬은 아람의 신으로 다메섹에 신전이 있으며 시리아의 폭풍과 비와 천둥의 신인 하닷과 동일하다. 근동의 모든 족속은 국가의 수호신에게 중대한 일을 앞두고 또는 정기적으로 제사를 드렸으며 국가의 중요 관리들은 의무적으로 참여하여야 한다. 따라서 나아만의 림몬 제사 참가에 대한 인정은 우상 숭배의 허용이 아니라 상황에 따른 일정한 행동의 허용을 의미한다.

☞ 인간이 신을 숭배하는 이유 중의 하나는 질병의 고통으로부터 구원을 얻기 위함이다. 따라서 나아만이 림몬 신을 두고 선지자 엘리사를 찾아온 것은 림몬 신의 무용함을 증명한 것이다. 반대로 하나님께서 그를 고쳐주신 것은 질병의 치유가 하나님께 있음을 일깨우기 위함이다. 하나님은 림몬과 비교할 수 없음을 증명한 것이다. 예수님의 사역 중에서 병 치유의 사역이나 현대 교회에서 일어나는 치유의 사역도 모두 하나님의 위대하심과 구원자 되심의 표징으로 이해해야 한다.

고 옷 두 벌을 아울러 두 사환에게 지우매 그들이 게하시 앞에서 지고 가
니라 24 언덕에 이르러서는 게하시가 그 물건을 두 사환의 손에서 받아 집
에 감추고 그들을 보내 가게 한 후 25 들어가 그의 주인 앞에 서니 엘리사
가 이르되 게하시야 네가 어디서 오느냐 하니 대답하되 당신의 종이 아무
데도 가지 아니하였나이다 하니라 26 엘리사가 이르되 한 사람이 수레에
서 내려 너를 맞이할 때에 내 마음이 함께 가지 아니하였느냐 지금이 어
찌 은을 받으며 옷을 받으며 감람원이나 포도원이나 양이나 소나 남종이
나 여종을 받을 때이냐 27 그러므로 나아만의 나병이 네게 들어 네 자손
에게 미쳐 영원토록 이르리라 하니 게하시가 그 앞에서 물러나오매 나병
이 발하여 눈같이 되었더라

열왕기하 6장

쇠도끼를 찾다

1 선지자의 제자들이 엘리사에게 이르되 보소서 우리가 당신과 함께 거주
하는 이 곳이 우리에게는 좁으니 2 우리가 요단으로 가서 거기서 각각 한
재목을 가져다가 그 곳에 우리가 거주할 처소를 세우사이다 하니 엘리사
가 이르되 가라 하는지라 3 그 하나가 이르되 청하건대 당신도 종들과 함
께 하소서 하니 엘리사가 이르되 내가 가리라 하고 4 드디어 그들과 함께
가니라 무리가 요단에 이르러 나무를 베더니 5 한 사람이 나무를 벨 때에
쇠도끼가 물에 떨어진지라 이에 외쳐 이르되 아아, 내 주여 이는 빌려온
것이니이다 하니 6 하나님의 사람이 이르되 어디 빠졌느냐 하매 그 곳을
보이는지라 엘리사가 나뭇가지를 베어 물에 던져 쇠도끼를 떠오르게 하
고 7 이르되 너는 그것을 집으라 하니 그 사람이 손을 내밀어 그것을 집으
니라

아람 군대를 물리치다

8 그 때에 아람 왕이 이스라엘과 더불어 싸우며 그의 신복들과 의논하여
이르기를 우리가 아무데 아무데 진을 치리라 하였더니 9 하나님의 사람
이 이스라엘 왕에게 보내 이르되 왕은 삼가 아무 곳으로 지나가지 마소
서 아람 사람이 그 곳으로 나오나이다 하는지라 10 이스라엘 왕이 하나님
의 사람이 자기에게 말하여 경계한 곳으로 사람을 보내 방비하기가 한두
번이 아닌지라 11 이러므로 아람 왕의 마음이 불안하여 그 신복들을 불러
이르되 우리 중에 누가 이스라엘 왕과 내통하는 것을 내게 말하지 아니
하느냐 하니 12 그 신복 중의 한 사람이 이르되 우리 주 왕이여 아니로소
이다 오직 이스라엘 선지자 엘리사가 왕이 침실에서 하신 말씀을 이스라
엘의 왕에게 고하나이다 하는지라 13 왕이 이르되 너희는 가서 엘리사가
어디 있나 보라 내가 사람을 보내어 그를 잡으리라 왕에게 아뢰어 이르
되 보라 그가 도단에 있도다 하나이다 14 왕이 이에 말과 병거와 많은 군
사를 보내매 그들이 밤에 가서 그 성읍을 에워쌌더라 15 하나님의 사람의
사환이 일찍이 일어나서 나가보니 군사와 말과 병거가 성읍을 에워쌌는
지라 그의 사환이 엘리사에게 말하되 아아, 내 주여 우리가 어찌하리이까

❖ **엘리사의 기적 ⑥**
사환 게하시에게 나병이 생기게 한다.
☞ 하나님의 권능을 나타내려는 엘리사와 달리 재물에 욕심을 둔 게하시는 결국 문둥병에 걸리는 저주를 받았다. 이처럼 재물을 사랑하는 것은 결국 인간을 죄악으로 몰아가고 심판에 이르게 하는 것이다. 그래서 성경은 정함이 없는 재물에 소망을 두지 말라고 가르치며(딤전 6:17) 돈을 사랑함이 일만 악의 뿌리라고 말씀하신 것이다(딤전 6:10). 또한 베드로를 속인 아나니아와 삽비라처럼 하나님과 성령을 속이는 자는 반드시 심판받게 됨을 말씀하고 있다
☞ **딤전 6:17** 네가 이 세대에서 부한 자들을 명하여 마음을 높이지 말고 정함이 없는 재물에 소망을 두지 말고 오직 우리에게 모든 것을 후히 주사 누리게 하시는 하나님께 두며
☞ **딤전 6:10** 돈을 사랑함이 일만 악의 뿌리가 되나니 이것을 탐내는 자들은 미혹을 받아 믿음에서 떠나 많은 근심으로써 자기를 찔렀도다

❖ 왕하 6장
엘리사의 기적 ⑦
쇠도끼를 찾다.

❖ **엘리사의 기적 ⑧**
아람 군사의 눈을 어둡게 하여 물리치다.
아람과 이스라엘의 전쟁이 벌어진 시기는 자세히 알 수 없고 요세푸스에 의하면 여호람과 벤하닷 사이에 벌어진 전쟁으로 볼 수 있다. 벤하닷은 전쟁의 승리를 위해 결정적으로 여호람을 죽이고자 하였으나 엘리사가 미리 알고 방비케 함으로 번번이 실패하였다. 그래서 먼저 엘리사를 죽이고자 하여 그가 살고 있는 도단을 포위하였다. 도단은 이스라엘의 수도 사마리아 북쪽 18km에 위치한 성읍으로 사마리아를 침공하기 위해 반드시 거쳐야 하는 길목이다. 따라서 벤하닷은 많은 군대를 동원하여 도단을 포위하여 엘리사를 제거하고 곧이어 사마리아를 침공하고자 한 것이다. 그러나 이런 벤하닷의 계획은 불 말과 불 병거를 동원한 하나님의 군대에 의해 좌절되었다. 불 말과 불 병거는 성경만이 아니라 외경에서도 하나님의 초자연적인 역사의 대표적인 현상으로 나타난다. 엘리야가 불 수레와 불 말을 대동하고 회오리바람을 타고 승천하였고 스가랴는 홍자백 삼색의 말을 타고 땅 위를 순찰하는 천사 같은 기병들을 보았다(슥 1:8). 한편 외경에서는 셀류코스의 총리대신 헬리오도루스가 예루살렘 성전을 약탈하려 할 때 초자연적인 기병들에게 공격받았고(마카비하3:25) 유다가 셀류코스를 대항하여 싸울 때 다섯 명의 기병이 도왔다고 한다(마카비 하 10:29).

하니 16 대답하되 두려워하지 말라 우리와 함께 한 자가 그들과 함께 한
자보다 많으니라 하고 17 기도하여 이르되 여호와여 원하건대 그의 눈을
열어서 보게 하옵소서 하니 여호와께서 그 청년의 눈을 여시매 그가 보니
불말과 불병거가 산에 가득하여 엘리사를 둘렀더라 18 아람 사람이 엘리
사에게 내려오매 엘리사가 여호와께 기도하여 이르되 원하건대 저 무리
의 눈을 어둡게 하옵소서 하매 엘리사의 말대로 그들의 눈을 어둡게 하
신지라 19 엘리사가 그들에게 이르되 이는 그 길이 아니요 이는 그 성읍도
아니니 나를 따라 오라 내가 너희를 인도하여 너희가 찾는 사람에게로
나아가리라 하고 그들을 인도하여 사마리아에 이르니라 20 사마리아에 들어갈 때에 엘리사가 이르되 여호와여
이 무리의 눈을 열어서 보게 하옵소서 하니 여호와께서 그들의 눈을 여시매 그들이 보니 자기들이 사마리아 가
운데에 있더라 21 이스라엘 왕이 그들을 보고 엘리사에게 이르되 내 아버지여 내가 치리이까 내가 치리이까 하니
22 대답하되 치지 마소서 칼과 활로 사로잡은 자인들 어찌 치리이까 떡과 물을 그들 앞에 두어 먹고 마시게 하고
그들의 주인에게로 돌려보내소서 하는지라 23 왕이 위하여 음식을 많이 베풀고 그들이 먹고 마시매 놓아보내니
그들이 그들의 주인에게로 돌아가니라 이로부터 아람 군사의 부대가 다시는 이스라엘 땅에 들어오지 못하니라

☞ 여호람의 목숨을 지킨 것은 군사력이 아니라 엘리사를 통한 하나님의 돌보심 때문이었다. 그래서 성경은 여호와께서 지키시지 않으면 파수꾼의 경성함이 허사라고 하였다(시127:1). 특히 하나님께서는 그의 백성들을 언제나 불꽃 같은 눈으로 돌보시며 천사를 보내어 위험에서 구해주신다. 세상의 어떤 강력한 세력도 하나님의 백성을 해할 수 없다. 그래서 성도가 세상을 향하여 담대하게 살아갈 수 있는 것이다.

에워싸인 사마리아가 굶주리다

24 이 후에 아람 왕 벤하닷이 그의 온 군대를 모아 올라와서 사마리아를
에워싸니 25 아람 사람이 사마리아를 에워싸므로 성중이 크게 주려서 나
귀 머리 하나에 은 팔십 세겔이요 비둘기 똥 사분의 일 갑에 은 다섯 세겔
이라 하니 26 이스라엘 왕이 성 위로 지나갈 때에 한 여인이 외쳐 이르되
나의 주 왕이여 도우소서 27 왕이 이르되 여호와께서 너를 돕지 아니하시
면 내가 무엇으로 너를 도우랴 타작 마당으로 말미암아 하겠느냐 포도주
틀로 말미암아 하겠느냐 하니라 28 또 이르되 무슨 일이냐 하니 여인이 대
답하되 이 여인이 내게 이르기를 네 아들을 내놓아라 우리가 오늘 먹고
내일은 내 아들을 먹자 하매 29 우리가 드디어 내 아들을 삶아 먹었더니
이튿날에 내가 그 여인에게 이르되 네 아들을 내놓아라 우리가 먹으리라
하나 그가 그의 아들을 숨겼나이다 하는지라 30 왕이 그 여인의 말을 듣
고 자기 옷을 찢으니라 그가 성 위로 지나갈 때에 백성이 본즉 그의 속살
에 굵은 베를 입었더라 31 왕이 이르되 사밧의 아들 엘리사의 머리가 오늘
그 몸에 붙어 있으면 하나님이 내게 벌 위에 벌을 내리실지로다 하니라 32
그 때에 엘리사가 그의 집에 앉아 있고 장로들이 그와 함께 앉아 있는데
왕이 자기 처소에서 사람을 보냈더니 그 사자가 이르기 전에 엘리사가 장
로들에게 이르되 너희는 이 살인한 자의 아들이 내 머리를 베려고 사람을
보내는 것을 보느냐 너희는 보다가 사자가 오거든 문을 닫고 문 안에 들
이지 말라 그의 주인의 발소리가 그의 뒤에서 나지 아니하느냐 하고 33 무
리와 말을 할 때에 그 사자가 그에게 이르니라 왕이 이르되 이 재앙이 여
호와께로부터 나왔으니 어찌 더 여호와를 기다리리요

왕하 6:24-33 사마리아의 굶주림
엘리사를 죽이러 간 아람 군대가 오히려 사마리아 성에 갇히고 엘리사의 은혜로 무사히 귀환한 후에 벤하닷은 온 군대를 모아 사마리아 성을 포위하였다. 벤하닷의 이런 포위 작전은 고대인들의 전투에서 자주 사용되었던 전술이다. 보통 일반 전술이나 기습 작전이 실패하고 협상이 좌절될 경우에 일단 포위 작전을 시작하게 된다. 일단 포위가 시작되면 포위된 성읍을 향하여 진지를 구축하고(삼하11:1) 성 중으로 통하는 모든 도로를 차단하고, 성 중으로 유입하는 수로도 막아 놓고 물을 공급할 자리는 모두 점령해 버렸다. 그런 다음에는 포위된 주민들에게서 굶주림과 목마름이 효과를 발휘할 때까지 밖에서 기다렸다. 따라서 사마리아 성에 거주하는 거민들도 물자가 모자라 초기에는 물가가 상승하였고 후에는 서로 자식을 잡아먹는 일까지 발생하였다. 이때 평소에는 전혀 식용으로 사용되지 않던 나귀를 먹었다.
따라서 이는 사마리아의 기근이 얼마나 극심하였는가를 바로 보여 주고 있다.
☞ 하나님은 이스라엘의 악행 속에서도 선지자들을 통해 끝없는 은혜를 베푸셨는데 여호람은 어려움이 있을 때마다 자신의 죄를 회개치 않고 엘리사에게 책임을 전가하였다. 선악과를 먹은 죄를 서로에게 전가하던 인간의 모습을 그대로 보여주고 있다. 인간은 누구나 죄를 범할 수밖에 없는 연약한 존재이다. 문제는 죄를 범하지 않는 것만이 아니라 죄를 범했을 때 하나님께 고백하고 회개하는 자세이다. 하나님은 누구든지 그의 이름을 부르는 자에게 구원을 주시는 분이다.

열왕기하 7장

1 엘리사가 이르되 여호와의 말씀을 들을지어다 여호와께서 이르시되
내일 이맘때에 사마리아 성문에서 고운 밀가루 한 스아를 한 세겔로 매

매하고 보리 두 스아를 한 세겔로 매매하리라 하셨느니라 2 그 때에 왕
이 그의 손에 의지하는 자 곧 한 장관이 하나님의 사람에게 대답하여 이
르되 여호와께서 하늘에 창을 내신들 어찌 이런 일이 있으리요 하더라
엘리사가 이르되 네가 네 눈으로 보리라 그러나 그것을 먹지는 못하리
라 하니라

아람 군대가 도망하다

3 성문 어귀에 나병환자 네 사람이 있더니 그 친구에게 서로 말하되 우리
가 어찌하여 여기 앉아서 죽기를 기다리랴 4 만일 우리가 성읍으로 가자
고 말한다면 성읍에는 굶주림이 있으니 우리가 거기서 죽을 것이요 만일
우리가 여기서 머무르면 역시 우리가 죽을 것이라 그런즉 우리가 가서 아
람 군대에게 항복하자 그들이 우리를 살려 두면 살 것이요 우리를 죽이면
죽을 것이라 하고 5 아람 진으로 가려 하여 해 질 무렵에 일어나 아람 진영
끝에 이르러서 본즉 그 곳에 한 사람도 없으니 6 이는 주께서 아람 군대
로 병거 소리와 말 소리와 큰 군대의 소리를 듣게 하셨으므로 아람 사람
이 서로 말하기를 이스라엘 왕이 우리를 치려 하여 헷 사람의 왕들과 애
굽 왕들에게 값을 주고 그들을 우리에게 오게 하였다 하고 7 해질 무렵에
일어나서 도망하되 그 장막과 말과 나귀를 버리고 진영을 그대로 두고 목
숨을 위하여 도망하였음이라 8 그 나병환자들이 진영 끝에 이르자 한 장
막에 들어가서 먹고 마시고 거기서 은과 금과 의복을 가지고 가서 감추고 다시 와서 다른 장막에 들어가 거기서
도 가지고 가서 감추니라 9 나병환자들이 그 친구에게 서로 말하되 우리가 이렇게 해서는 아니되겠도다 오늘은
아름다운 소식이 있는 날이거늘 우리가 침묵하고 있도다 만일 밝은 아침까지 기다리면 벌이 우리에게 미칠지니
이제 떠나 왕궁에 가서 알리자 하고 10 가서 성읍 문지기를 불러 그들에게 말하여 이르되 우리가 아람 진에 이르
러서 보니 거기에 한 사람도 없고 사람의 소리도 없고 오직 말과 나귀만 매여 있고 장막들이 그대로 있더이다 하
는지라 11 그가 문지기들을 부르매 그들이 왕궁에 있는 자에게 말하니 12 왕이 밤에 일어나 그의 신복들에게 이
르되 아람 사람이 우리에게 행한 것을 내가 너희에게 알게 하노니 그들이 우리가 주린 것을 알고 있으므로 그 진
영을 떠나서 들에 매복하고 스스로 이르기를 그들이 성읍에서 나오거든 우리가 사로잡고 성읍에 들어가겠다 한
것이니라 하니 13 그의 신하 중 한 사람이 대답하여 이르되 청하건대 아직 성중에 남아 있는 말 다섯 마리를 취하
고 사람을 보내 정탐하게 하소서 그것들이 성중에 남아 있는 이스라엘 온 무리 곧 멸망한 이스라엘 온 무리와 같
으니이다 하고 14 그들이 병거 둘과 그 말들을 취한지라 왕이 아람 군대 뒤로 보내며 가서 정탐하라 하였더니 15
그들이 그들의 뒤를 따라 요단에 이른즉 아람 사람이 급히 도망하느라고 버린 의복과 병기가 길에 가득하였더
라 사자가 돌아와서 왕에게 알리니 16 백성들이 나가서 아람 사람의 진영을 노략한지라 이에 고운 밀가루 한 스
아에 한 세겔이 되고 보리 두 스아가 한 세겔이 되니 여호와의 말씀과 같이 되었고 17 왕이 그의 손에 의지하였
던 그의 장관을 세워 성문을 지키게 하였더니 백성이 성문에서 그를 밟으매 하나님의 사람의 말대로 죽었으니
곧 왕이 내려왔을 때에 그가 말한 대로라 18 하나님의 사람이 왕에게 말한 바와 같으니 이르기를 내일 이맘 때에
사마리아 성문에서 보리 두 스아를 한 세겔로 매매하고 고운 밀가루 한 스아를 한 세겔로 매매하리라 한즉 19 그
때에 이 장관이 하나님의 사람에게 대답하여 이르되 여호와께서 하늘에 창을 내신들 어찌 이 일이 있으랴 하매
대답하기를 네가 네 눈으로 보리라 그러나 그것을 먹지는 못하리라 하였더니 20 그의 장관에게 그대로 이루어졌
으니 곧 백성이 성문에서 그를 밟으매 죽었더라

❖ **왕하 7장**

엘리사는 여호람이 보낸 장관에게 물가가 떨어질 것이라는 예언을 통해 곧 아람 군이 물러갈 것임을 암시하였다. 그날에 성문 어귀에 있던 문둥이들이 굶주림을 참지 못해 아람 군대에 투항하러 갔다가 아람 군대가 무기와 식량을 버리고 도망한 것을 발견하고 왕에게 이 사실을 알렸다. 하나님께서 큰 군대 소리로 저들을 몰아내신 것이다. 정탐꾼을 보내 문둥이들의 보고가 사실임을 확인한 백성들이 아람 군대가 버리고 간 것을 노략하여 기근이 해결되었다.

☞ 이스라엘의 승리에 대한 엘리사의 예언은 상식적으로 이해할 수 없는 것이었다. 그래서 여호람이 보낸 장관은 그것을 믿지 않았다. 그러나 결국 예언은 그대로 이루어졌다. 하나님의 역사는 인간의 상식으로 이해할 수 있는 것이 아니다. 하나님은 인간의 상식을 뛰어넘어 인간이 생각할 수 없는 방식으로 자신의 계획을 이루신다. 그래서 하나님의 존재와 역사에 대한 믿음은 인간의 이성적인 판단의 결론이 아니라 무조건적인 믿음으로만 가능한 것이다.

인위 뚝! 신위 고!

열왕기하 8장~12장

열왕기하 8장

수넴 여인이 돌아오다

1 엘리사가 이전에 아들을 다시 살려 준 여인에게 이르되 너는 일어나서
네 가족과 함께 거주할 만한 곳으로 가서 거주하라 여호와께서 기근을
부르셨으니 그대로 이 땅에 칠 년 동안 임하리라 하니 2 여인이 일어나서
하나님의 사람의 말대로 행하여 그의 가족과 함께 가서 블레셋 사람들
의 땅에 칠 년을 우거하다가 3 칠 년이 다하매 여인이 블레셋 사람들의 땅
에서 돌아와 자기 집과 전토를 위하여 호소하려 하여 왕에게 나아갔더라
4 그 때에 왕이 하나님의 사람의 사환 게하시와 서로 말하며 이르되 너는
엘리사가 행한 모든 큰 일을 내게 설명하라 하니 5 게하시가 곧 엘리사가
죽은 자를 다시 살린 일을 왕에게 이야기할 때에 그 다시 살린 아이의 어
머니가 자기 집과 전토를 위하여 왕에게 호소하는지라 게하시가 이르되
내 주 왕이여 이는 그 여인이요 저는 그의 아들이니 곧 엘리사가 다시 살
린 자니이다 하니라 6 왕이 그 여인에게 물으매 여인이 설명한지라 왕이
그를 위하여 한 관리를 임명하여 이르되 이 여인에게 속한 모든 것과 이
땅에서 떠날 때부터 이제까지 그의 밭의 소출을 다 돌려 주라 하였더라

엘리사와 아람 왕 벤하닷

7 엘리사가 다메섹에 갔을 때에 아람 왕 벤하닷이 병들었더니 왕에게 들
리기를 이르되 하나님의 사람이 여기 이르렀나이다 하니 8 왕이 하사엘에
게 이르되 너는 손에 예물을 가지고 가서 하나님의 사람을 맞이하고 내
가 이 병에서 살아나겠는지 그를 통하여 여호와께 물으라 9 하사엘이 그
를 맞이하러 갈새 다메섹의 모든 좋은 물품으로 예물을 삼아 가지고 낙
타 사십 마리에 싣고 나아가서 그의 앞에 서서 이르되 당신의 아들 아람
왕 벤하닷이 나를 당신에게 보내 이르되 나의 이 병이 낫겠나이까 하더이
다 하니 10 엘리사가 이르되 너는 가서 그에게 말하기를 왕이 반드시 나으
리라 하라 그러나 여호와께서 그가 반드시 죽으리라고 내게 알게 하셨느
니라 하고 11 하나님의 사람이 그가 부끄러워하기까지 그의 얼굴을 쏘아
보다가 우니 12 하사엘이 이르되 내 주여 어찌하여 우시나이까 하는지라
대답하되 네가 이스라엘 자손에게 행할 모든 악을 내가 앎이라 네가 그
들의 성에 불을 지르며 장정을 칼로 죽이며 어린 아이를 메치며 아이 밴
부녀를 가르리라 하니 13 하사엘이 이르되 당신의 개 같은 종이 무엇이기
에 이런 큰일을 행하오리이까 하더라 엘리사가 대답하되 여호와께서 네
가 아람 왕이 될 것을 내게 알게 하셨느니라 하더라 14 그가 엘리사를 떠
나가서 그의 주인에게 나아가니 왕이 그에게 묻되 엘리사가 네게 무슨 말을 하더냐 하니 대답하되 그가 내게 이
르기를 왕이 반드시 살아나시리이다 하더이다 하더라 15 그 이튿날에 하사엘이 이불을 물에 적시어 왕의 얼굴에
덮으매 왕이 죽은지라 그가 대신하여 왕이 되니라

왕하 8:1-6 하나님께서 이스라엘에 대한 심판으로 7년 동안의 기근을 내리고자 하셨다. 이때 전에 엘리사가 아들을 살려준 수넴 여인은 엘리사의 권고로 7년 동안 블레셋에 거주하며 기근을 면하였다. 그후 이스라엘로 돌아온 여인은 자신의 집과 토지를 찾기 위해 왕에게 호소하였다. 이때 엘리사의 사환 게하시가 수넴 여인의 호소가 사실임을 증언하였고 왕은 관리에게 명하여 그 여인의 모든 소유를 돌려주도록 하였다.
☞ 이스라엘 백성에게 토지는 하나님의 축복과 구원의 표상이다. 따라서 수넴 여인이 잃었던 토지를 회복함은 구원의 회복이며 하나님 임재의 확인이었다. 이는 오늘날의 영적 이스라엘인 성도들에게도 마찬가지이다. 그것은 종말에 나타날 영원한 하나님 나라의 회복이다. 하나님께서는 마지막 때에 세상의 영적 기근을 이긴 성도들에게 하나님 나라를 기업으로 회복케 하시며 그 안에서 영원히 거주하게 하실 것이다.

왕하 8:7-15 엘리사가 다메섹에 갔을 때, 아람 왕 벤하닷이 병들었다. 왕은 신하 하사엘을 시켜 많은 예물을 가지고 가서 엘리사에게 자신의 병이 낫게 해달라고 간청하게 하였다. 그런데 하사엘을 만난 엘리사는 오히려 그가 죽을 것이라고 예언하였다. 그리고 예물을 가지고 온 하사엘에게 그가 장차 아람의 왕이 될 것임을 알려주었다. 그 말을 들은 하사엘은 다음날 벤하닷을 죽이고 대신 왕이 되었다. 이때 죽은 벤하닷은 하사엘의 아들로 왕위에 오른 벤하닷 3세가 아니고 아합과 여호사밧의 동맹군과 싸운 벤하닷 2세이다(B.C. 860-841). 한편 벤하닷을 죽이고 왕이 된 하사엘은 B.C. 841-798년까지 통치한 다메섹의 왕으로 하나님의 신탁을 받은 엘리사에게 기름 부음을 받고(왕상 19:15-16) 결국 벤하닷을 죽이고 권력을 찬탈하였다. 그러나 그는 엘리사의 예언대로 이스라엘에 심각한 재난을 가져왔다.

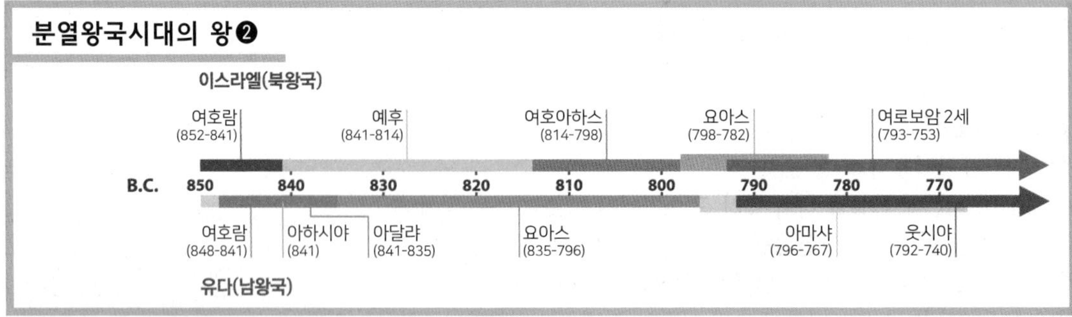

유다 왕 여호람(대하 21:1-20, B.C. 848-841) 남 5대 왕

16 이스라엘의 왕 아합의 아들 요람 제오년에 여호사밧이 유다의 왕이었
을 때에 유다의 왕 여호사밧의 아들 여호람이 왕이 되니라 17 여호람이
왕이 될 때에 나이가 삼십이 세라 예루살렘에서 팔 년 동안 통치하니라
18 그가 이스라엘 왕들의 길을 가서 아합의 집과 같이 하였으니 이는 아합
의 딸이 그의 아내가 되었음이라 그가 여호와 보시기에 악을 행하였으나
19 여호와께서 그의 종 다윗을 위하여 유다 멸하기를 즐겨하지 아니하셨
으니 이는 그와 그의 자손에게 항상 등불을 주겠다고 말씀하셨음이더라
20 여호람 때에 에돔이 유다의 손에서 배반하여 자기 위에 왕을 세운 고
로 21 여호람이 모든 병거를 거느리고 사일로 갔더니 밤에 일어나 자기를
에워싼 에돔 사람과 그 병거의 장관들을 치니 이에 백성이 도망하여 각각
그들의 장막들로 돌아갔더라 22 이와 같이 에돔이 유다의 수하에서 배반하였더니 오늘까지 그러하였으며 그 때
에 립나도 배반하였더라 23 여호람의 남은 사적과 그가 행한 모든 일은 유다 왕 역대지략에 기록되지 아니하였
느냐 24 여호람이 그의 조상들과 함께 자매 그의 조상들과 함께 다윗 성에 장사되고 그의 아들 아하시야가 대신
하여 왕이 되니라

> **왕하 8:16-25 유다의 5대 왕 여호람**
> 여호람은 여호사밧의 아들로 32세에 유다의 왕이 되어 8년을 통치하였다(B.C. 848-841). 그러나 그의 부친 여호사밧이 여호와 보시기에 정직한 길로 행한 것과는 달리(왕상 22:43) 여호람은 북이스라엘 왕들, 특히 아합과 같이 악을 행하였다. 이는 도덕적인 악과 더불어 우상을 섬기는 종교적 악행을 가리킨다. 그는 유다 여러 산에 산당을 세워 예루살렘 거민들로 하여금 우상을 섬기게 하였던 것이다.

유다 왕 아하시야(대하 22:1-6, B.C. 841) 남 6대 왕

25 이스라엘의 왕 아합의 아들 요람 제십이년에 유다 왕 여호람의 아들
아하시야가 왕이 되니 26 아하시야가 왕이 될 때에 나이가 이십이 세라 예
루살렘에서 일 년을 통치하니라 그의 어머니의 이름은 아달랴라 이스라
엘 왕 오므리의 손녀이더라 27 아하시야가 아합의 집 길로 행하여 아합의
집과 같이 여호와 보시기에 악을 행하였으니 그는 아합의 집의 사위가 되
었음이러라 28 그가 아합의 아들 요람과 함께 길르앗 라못으로 가서 아람
왕 하사엘과 더불어 싸우더니 아람 사람들이 요람에게 부상을 입힌지라
29 요람 왕이 아람 왕 하사엘과 싸울 때에 라마에서 아람 사람에게 당한
부상을 치료하려 하여 이스르엘로 돌아왔더라 유다의 왕 여호람의 아들
아하시야가 아합의 아들 요람을 보기 위하여 내려갔으니 이는 그에게 병
이 생겼음이더라

> **왕하 8:25-29 유다의 6대 왕 아하시야**
> 아하시야는 유다 왕으로 B.C. 841년에 즉위하여 일 년 동안 치리하였다. 즉위할 때 나이는 42세(대하 22:2)였으며 북 왕국 이스라엘 왕 요람 통치 12년이 되던 해였다. 그는 아합의 집과 같은 우상 숭배를 하였다. 이는 그의 모친 아달랴의 영향 때문이었다. 아달랴는 이스라엘 왕 오므리의 손녀였다(왕하 8:26). 따라서 이스라엘의 우상 숭배에 익숙해 있었고 아들인 아하시야에게 어려서부터 영향을 미쳤다.
> 한편 아하시야는 이스라엘의 요람과 함께 아람 왕 하사엘을 치기 위한 전쟁에 참가하였다. 그러나 결과는 동맹군의 패배였고 요람은 부상까지 입었다. 아하시야는 이를 문안하기 위해 이스르엘로 내려갔다. 그러나 거기서 이스라엘에서 반란을 일으킨 예후에 의해 요람과 함께 죽임을 당하고 말았다.

열왕기하 9장

예후가 이스라엘 왕이 되다(B.C. 841-814) 북 11대 왕 예후 왕조

1 선지자 엘리사가 선지자의 제자 중 하나를 불러 이르되 너는 허리를 동

37일~42일

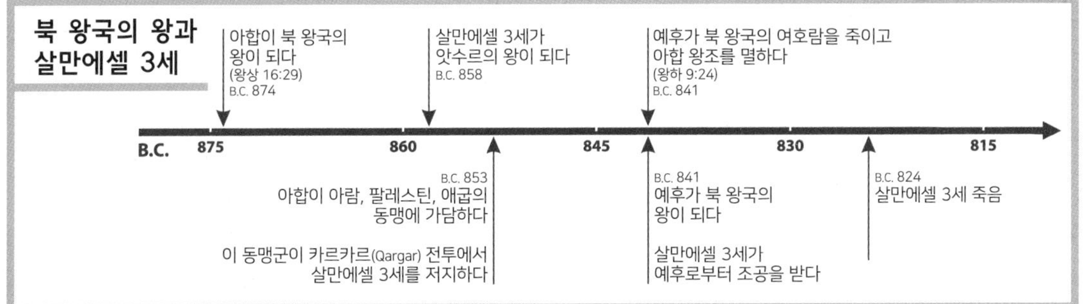
북 왕국의 왕과
살만에셀 3세
아합이 북 왕국의
왕이 되다
(왕상 16:29)
B.C. 874
살만에셀 3세가
앗수르의 왕이 되다
B.C. 858
예후가 북 왕국의 여호람을 죽이고
아합 왕조를 멸하다
(왕하 9:24)
B.C. 841
B.C.
875
860
845
830
815
B.C. 853
아합이 아람, 팔레스틴, 애굽의
동맹에 가담하다
이 동맹군이 카르카르(Qargar) 전투에서
살만에셀 3세를 저지하다
B.C. 841
예후가 북 왕국의
왕이 되다
살만에셀 3세가
예후로부터 조공을 받다
B.C. 824
살만에셀 3세 죽음

이고 이 기름병을 손에 가지고 길르앗 라못으로 가라 2 거기에 이르거든
님시의 손자 여호사밧의 아들 예후를 찾아 들어가서 그의 형제 중에서 일
어나게 하고 그를 데리고 골방으로 들어가 3 기름병을 가지고 그의 머리
에 부으며 이르기를 여호와의 말씀이 내가 네게 기름을 부어 이스라엘 왕
으로 삼노라 하셨느니라 하고 곧 문을 열고 도망하되 지체하지 말지니라
하니 4 그 청년 곧 그 선지자의 청년이 길르앗 라못으로 가니라 5 그가 이
르러 보니 군대 장관들이 앉아 있는지라 소년이 이르되 장관이여 내가 당
신에게 할 말이 있나이다 예후가 이르되 우리 모든 사람 중에 누구에게
하려느냐 하니 이르되 장관이여 당신에게니이다 하는지라 6 예후가 일어
나 집으로 들어가니 청년이 그의 머리에 기름을 부으며 그에게 이르되 이
스라엘 하나님 여호와의 말씀이 내가 네게 기름을 부어 여호와의 백성 곧
이스라엘의 왕으로 삼노니 7 너는 네 주 아합의 집을 치라 내가 나의 종
곧 선지자들의 피와 여호와의 종들의 피를 이세벨에게 갚아 주리라 8 아
합의 온 집이 멸망하리니 이스라엘 중에 매인 자나 놓인 자나 아합에게 속
한 모든 남자는 내가 다 멸절하되 9 아합의 집을 느밧의 아들 여로보암의
집과 같게 하며 또 아히야의 아들 바아사의 집과 같게 할지라 10 이스르
엘 지방에서 개들이 이세벨을 먹으리니 그를 장사할 사람이 없으리라 하
셨느니라 하고 곧 문을 열고 도망하니라 11 예후가 나와서 그의 주인의 신
복들에게 이르니 한 사람이 그에게 묻되 평안하냐 그 미친 자가 무슨 까
닭으로 그대에게 왔더냐 대답하되 그대들이 그 사람과 그가 말한 것을
알리라 하더라 12 무리가 이르되 당치 아니한 말이라 청하건대 그대는 우
리에게 이르라 하니 대답하되 그가 이리 이리 내게 말하여 이르기를 여호
와의 말씀이 내가 네게 기름을 부어 이스라엘 왕으로 삼는다 하셨다 하더
라 하는지라 13 무리가 각각 자기의 옷을 급히 가져다가 섬돌 위 곧 예후
의 밑에 깔고 나팔을 불며 이르되 예후는 왕이라 하니라

이스라엘 왕 요람이 살해되다

14 이에 님시의 손자 여호사밧의 아들 예후가 요람을 배반하였으니 곧 요
람이 온 이스라엘과 더불어 아람의 왕 하사엘과 맞서서 길르앗 라못을 지키다가 15 아람의 왕 하사엘과 더불어
싸울 때에 아람 사람에게 부상한 것을 치료하려 하여 이스르엘로 돌아왔던 때라 예후가 이르되 너희 뜻에 합당
하거든 한 사람이라도 이 성에서 도망하여 이스르엘에 알리러 가지 못하게 하라 하니라 16 예후가 병거를 타고
이스르엘로 가니 요람 왕이 거기에 누워 있었음이라 유다의 왕 아하시야는 요람을 보러 내려왔더라 17 이스르

❖ 왕하 9장 **예후가 왕이 되다**
님시의 손자요 여호사밧의 아들인 예후는 이스라엘의 왕으로 B.C. 841-814년까지 통치하였다. 그는 오므리 왕조의 마지막 왕인 요람을 죽이고 새로운 왕조를 열었다. 그의 혁명은 이미 오래 전 엘리야로부터 예고되었다. 하나님께서 엘리야에게 예후를 이스라엘의 왕으로 세우게 하셨던 것이다(왕상 19:16). 그뿐만 아니라 예후의 혁명은 필연적으로 일어날 수밖에 없었다. 당시 이스라엘은 오랜 오므리 왕조의 실정으로 인한 부의 편중 현상으로 농민들의 불만이 고조되었고 종교적으로도 우상 숭배로 인해 경건한 자들의 심각한 반발이 있었다. 이런 상황에서 아람과의 길르앗 라못 전쟁을 통해 혁명을 일으킬 적절한 기회를 맞이하게 되었다. 그 전쟁에서 요람은 부상을 당해 이스르엘로 돌아왔다. 그리고 예후는 다른 사람들로부터 신임을 얻고 있었다. 이는 엘리사가 보낸 생도의 예언을 들은 다른 신하들이 즉각 예후를 이스라엘의 왕으로 인정하고 공식적으로 선포한 것으로 알 수 있다. 이 또한 군대 내에서도 요람에 대한 전반적인 불만이 팽배해 있었음을 보여 준다. 결국 예후의 혁명은 오므리 가문의 오랜 실정의 결과였으며 자초한 멸망이었다.
☞ 이스라엘 역사상 여호와 종교에 대해 가장 극심한 탄압을 일삼고 우상 숭배를 만연시킨 주인공이 바로 오므리 왕조였다. 오므리를 비롯해 아합에서 절정에 달한 그들의 죄악은 마침내 심판을 당하고 말았다. 비록 그들이 솔로몬의 시대와 같은 정치적, 경제적인 부를 이룩하였지만 그것이 면죄부가 될 수는 없었다. 이스라엘의 삶의 근원인 여호와 신앙을 저버린 순간 그들의 평안도 끝난 것이다. 예후의 혁명은 바로 오므리 왕조에 대한 하나님의 심판이었다.

엘 망대에 파수꾼 하나가 서 있더니 예후의 무리가 오는 것을 보고 이르
되 내가 한 무리를 보나이다 하니 요람이 이르되 한 사람을 말에 태워 보
내어 맞이하여 평안하냐 묻게 하라 하는지라 18 한 사람이 말을 타고 가
서 만나 이르되 왕의 말씀이 평안하냐 하시더이다 하매 예후가 이르되
평안이 네게 상관이 있느냐 내 뒤로 물러나라 하니라 파수꾼이 전하여
이르되 사자가 그들에게 갔으나 돌아오지 아니하나이다 하는지라 19 다
시 한 사람을 말에 태워 보내었더니 그들에게 가서 이르되 왕의 말씀이
평안하냐 하시더이다 하매 예후가 이르되 평안이 네게 상관이 있느냐 내
뒤를 따르라 하더라 20 파수꾼이 또 전하여 이르되 그도 그들에게까지
갔으나 돌아오지 아니하고 그 병거 모는 것이 님시의 손자 예후가 모는
것 같이 미치게 모나이다 하니 21 요람이 이르되 메우라 하매 그의 병거
를 메운지라 이스라엘 왕 요람과 유다 왕 아하시야가 각각 그의 병거를
타고 가서 예후를 맞을새 이스르엘 사람 나봇의 토지에서 만나매 22 요
람이 예후를 보고 이르되 예후야 평안하냐 하니 대답하되 네 어머니 이
세벨의 음행과 술수가 이렇게 많으니 어찌 평안이 있으랴 하더라 23 요람
이 곧 손을 돌이켜 도망하며 아하시야에게 이르되 아하시야여 반역이로
다 하니 24 예후가 힘을 다하여 활을 당겨 요람의 두 팔 사이를 쏘니 화살
이 그의 염통을 꿰뚫고 나오매 그가 병거 가운데에 엎드러 진지라 25 예
후가 그의 장관 빗갈에게 이르되 그 시체를 가져다가 이스르엘 사람 나
봇의 밭에 던지라 네가 기억하려니와 이전에 너와 내가 함께 타고 그의
아버지 아합을 좇았을 때에 여호와께서 이같이 그의 일을 예언하셨느니
라 26 여호와께서 말씀하시기를 내가 어제 나봇의 피와 그의 아들들의 피
를 분명히 보았노라 여호와께서 또 말씀하시기를 이 토지에서 네게 갚으
리라 하셨으니 그런즉 여호와의 말씀대로 그의 시체를 가져다가 이 밭에
던질지니라 하는지라

37일~
42일

왕하 9:14~10:11 예후가 혁명을 일으킨 뒤에 벌인 숙청 작업은 무자비하였다. 아람과의 전투에서 부상을 당해 요양하던 요람을 화살로 가슴을 쏘아 죽이고 그 시체를 나봇의 땅에 내다 버리도록 하였다. 이 명령은 오므리 왕조 시대에 귀족과 상인 계층으로부터 경제적 억압을 받던 백성을 자기 편으로 끌어들이려는 조치였다. 또한 요람을 병문안 왔던 유다 왕 아하시야를 죽이고 그의 형제들까지도 학살하였다. 그리고 마지막으로 왕후의 체통을 지키기 위해 눈 화장을 하고 머리 손질까지 하고 나온 이세벨을 창문에서 떨어뜨려 형체도 알아볼 수 없을 정도로 처참하게 죽였다. 마지막으로 칠십 명이나 되는 아합의 아들들을 모두 죽여 오므리 가문의 혈통을 완전히 멸절시켰다. 그러나 이런 예후의 조치는 일반적인 쿠데타와는 성격이 달랐다. 예후 자신은 엘리야와 엘리사가 명한 하나님의 뜻을 집행한 것으로 여겼다. 비록 그가 정치적 야망 때문에 군부의 동요를 이용하여 아합 집안사람들을 학살하였지만, 그 나름대로는 종교적인 명분을 가지고 있었다. 바로 여호수아 시대에 아간의 집안을 모두 죽였듯이(수 7:24-26) 하나님께 악을 범한 자가 속한 집안을 모두 죽여 하나님의 거룩하심을 보존하는 헤렘의 법칙을 준행한 것이다.

☞ 아합과 이세벨은 하나님을 거역한 모든 악한 자들의 대명사였다. 철저하게 하나님을 거부하고 선지자들까지 죽이는 죄악을 범한 자들이었다. 이런 점에서 아합과 이세벨의 비참한 죽음과 그의 집안의 완전한 멸망은 곧 우상에 대한 여호와 종교의 승리이며 하나님의 승리였다.
하나님은 자신을 배반하는 자를 절대 용서하지 않으시며 누구도 하나님의 섭리와 심판의 법에서 벗어날 수 없었다.

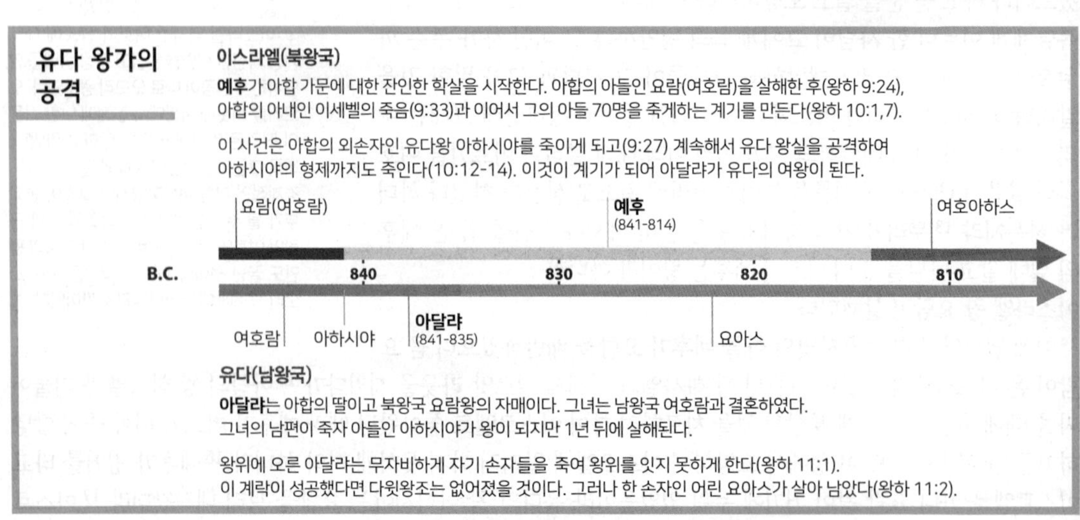

유다 왕가의 공격
이스라엘(북왕국)
예후가 아합 가문에 대한 잔인한 학살을 시작한다. 아합의 아들인 요람(여호람)을 살해한 후(왕하 9:24), 아합의 아내인 이세벨의 죽음(9:33)과 이어서 그의 아들 70명을 죽게하는 계기를 만든다(왕하 10:1,7).
이 사건은 아합의 외손자인 유다왕 아하시야를 죽이게 되고(9:27) 계속해서 유다 왕실을 공격하여 아하시야의 형제까지도 죽인다(10:12-14). 이것이 계기가 되어 아달랴가 유다의 여왕이 된다.
요람(여호람)
예후
(841-814)
여호아하스
B.C.
840
830
820
810
여호람
아하시야
아달랴
(841-835)
요아스
유다(남왕국)
아달랴는 아합의 딸이고 북왕국 요람왕의 자매이다. 그녀는 남왕국 여호람과 결혼하였다. 그녀의 남편이 죽자 아들인 아하시야가 왕이 되지만 1년 뒤에 살해된다.
왕위에 오른 아달랴는 무자비하게 자기 손자들을 죽여 왕위를 잇지 못하게 한다(왕하 11:1). 이 계략이 성공했다면 다윗왕조는 없어졌을 것이다. 그러나 한 손자인 어린 요아스가 살아 남았다(왕하 11:2).

유다 왕 아하시야가 살해되다

27 유다의 왕 아하시야가 이를 보고 정원의 정자 길로 도망하니 예후가 그 뒤를 쫓아가며 이르되 그도 병거 가운
데서 죽이라 하매 이블르암 가까운 구르 비탈에서 치니 그가 므깃도까지 도망하여 거기서 죽은지라 28 그의 신복
들이 그를 병거에 싣고 예루살렘에 이르러 다윗 성에서 그들의 조상들과 함께 그의 묘실에 장사하니라 29 아합
의 아들 요람의 제십일년에 아하시야가 유다 왕이 되었었더라

이세벨 왕후가 살해되다

30 예후가 이스르엘에 오니 이세벨이 듣고 눈을 그리고 머리를 꾸미고 창에서 바라보다가 31 예후가 문에 들어
오매 이르되 주인을 죽인 너 시므리여 평안하냐 하니 32 예후가 얼굴을 들어 창을 향하고 이르되 내 편이 될 자가
누구냐 누구냐 하니 두어 내시가 예후를 내다보는지라 33 이르되 그를 내려던지라 하니 내려던지매 그의 피가
담과 말에게 튀더라 예후가 그의 시체를 밟으니라 34 예후가 들어가서 먹고 마시고 이르되 가서 이 저주 받은 여
자를 찾아 장사하라 그는 왕의 딸이니라 하매 35 가서 장사하려 한즉 그 두골과 발과 그의 손 외에는 찾지 못한
지라 36 돌아와서 전하니 예후가 이르되 이는 여호와께서 그 종 디셉 사람 엘리야를 통하여 말씀하신 바라 이르
시기를 이스르엘 토지에서 개들이 이세벨의 살을 먹을지라 37 그 시체가 이스르엘 토지에서 거름같이 밭에 있으
리니 이것이 이세벨이라고 가리켜 말하지 못하게 되리라 하셨느니라 하였더라

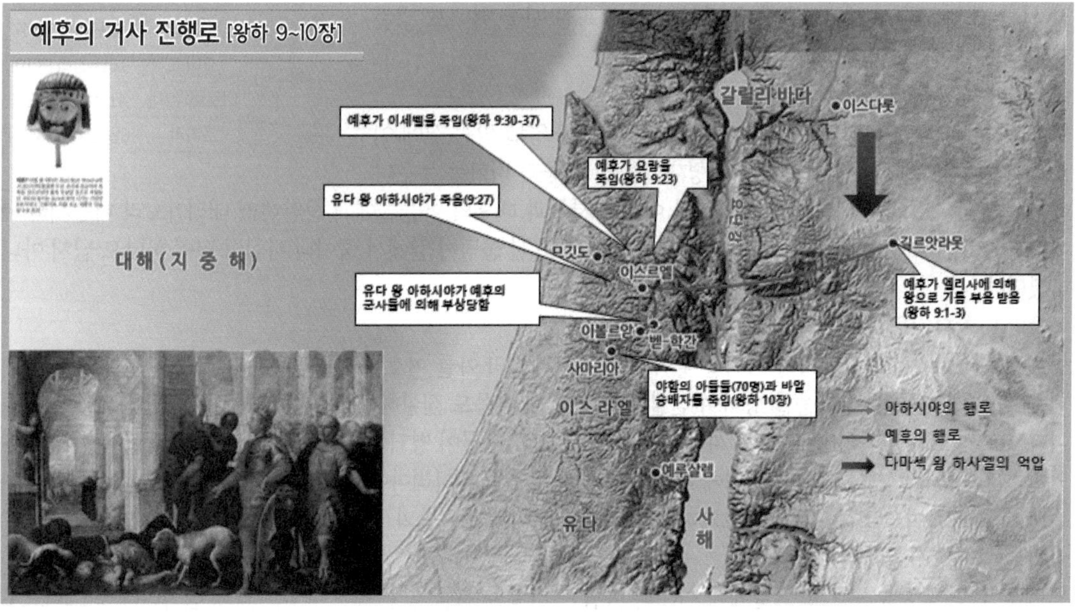

열왕기하 10장

아합의 아들들이 살해되다

1 아합의 아들 칠십 명이 사마리아에 있는지라 예후가 편지들을 써서 사마리아에 보내서 이스르엘 귀족들 곧 장
로들과 아합의 여러 아들을 교육하는 자들에게 전하니 일렀으되 2 너희 주의 아들들이 너희와 함께 있고 또 병거
와 말과 견고한 성과 무기가 너희에게 있으니 이 편지가 너희에게 이르거든 3 너희 주의 아들들 중에서 가장 어
질고 정직한 자를 택하여 그의 아버지의 왕좌에 두고 너희 주의 집을 위하여 싸우라 하였더라 4 그들이 심히 두
려워하여 이르되 두 왕이 그를 당하지 못하였거든 우리가 어찌 당하리요 하고 5 그 왕궁을 책임지는 자와 그 성
읍을 책임지는 자와 장로들과 왕자를 교육하는 자들이 예후에게 말을 전하여 이르되 우리는 당신의 종이라 당

신이 말하는 모든 것을 우리가 행하고 어떤 사람이든지 왕으로 세우지 아
니하리니 당신이 보기에 좋은 대로 행하라 한지라 6 예후가 다시 그들에
게 편지를 부치니 일렀으되 만일 너희가 내 편이 되어 내 말을 너희가 들
으려거든 너희 주의 아들된 사람들의 머리를 가지고 내일 이맘때에 이스
르엘에 이르러 내게 나아오라 하였더라 왕자 칠십 명이 그 성읍의 귀족
들, 곧 그들을 양육하는 자들과 함께 있는 중에 7 편지가 그들에게 이르매
그들이 왕자 칠십 명을 붙잡아 죽이고 그들의 머리를 광주리에 담아 이스
르엘 예후에게로 보내니라 8 사자가 와서 예후에게 전하여 이르되 그 무
리가 왕자들의 머리를 가지고 왔나이다 이르되 두 무더기로 쌓아 내일 아
침까지 문 어귀에 두라 하고 9 이튿날 아침에 그가 나가 서서 뭇 백성에게
이르되 너희는 의롭도다 나는 내 주를 배반하여 죽였거니와 이 여러 사람
을 죽인 자는 누구냐 10 그런즉 이제 너희는 알라 곧 여호와께서 아합의
집에 대하여 하신 말씀은 하나도 땅에 떨어지지 아니하리라 여호와께서
그의 종 엘리야를 통하여 하신 말씀을 이제 이루셨도다 하니라 11 예후가
아합의 집에 속한 이스르엘에 남아 있는 자를 다 죽이고 또 그의 귀족들
과 신뢰 받는 자들과 제사장들을 죽이되 그에게 속한 자를 하나도 생존
자를 남기지 아니하였더라

아하시야 왕의 형제들이 살해되다

12 예후가 일어나서 사마리아로 가더니 도중에 목자가 양털 깎는 집에 이
르러 13 예후가 유다의 왕 아하시야의 형제들을 만나 묻되 너희는 누구냐
하니 대답하되 우리는 아하시야의 형제라 이제 왕자들과 태후의 아들들에게 문안하러 내려가노라 하는지라 14
이르되 사로잡으라 하매 곧 사로잡아 목자가 양털 깎는 집 웅덩이 곁에서 죽이니 사십이 명이 하나도 남지 아니
하였더라

아합의 나머지 사람들이 살해되다

15 예후가 거기에서 떠나가다가 자기를 맞이하러 오는 레갑의 아들 여호나답을 만난지라 그의 안부를 묻고 그에
게 이르되 내 마음이 네 마음을 향하여 진실함과 같이 네 마음도 진실하냐 하니 여호나답이 대답하되 그러하니
이다 이르되 그러면 나와 손을 잡자 하니 손을 잡으니 예후가 끌어 병거에 올리며 16 이르되 나와 함께 가서 여호
와를 위한 나의 열심을 보라 하고 이에 자기 병거에 태우고 17 사마리아에 이르러 거기에 남아 있는 바 아합에게
속한 자들을 죽여 진멸하였으니 여호와께서 엘리야에게 이르신 말씀과 같이 되었더라

바알을 섬기는 자들이 살해되다

18 예후가 뭇 백성을 모으고 그들에게 이르되 아합은 바알을 조금 섬겼으나 예후는 많이 섬기리라 19 그러므로
내가 이제 큰 제사를 바알에게 드리고자 하노니 바알의 모든 선지자와 모든 섬기는 자와 모든 제사장들을 한 사
람도 빠뜨리지 말고 불러 내게로 나아오게 하라 모든 오지 아니하는 자는 살려 두지 아니하리라 하니 이는 예후
가 바알 섬기는 자를 멸하려 하여 계책을 씀이라 20 예후가 바알을 위하는 대회를 거룩히 열라 하매 드디어 공포
되었더라 21 예후가 온 이스라엘에 사람을 두루 보냈더니 바알을 섬기는 모든 사람이 하나도 빠진 자가 없이 다
이르렀고 무리가 바알의 신당에 들어가매 바알의 신당 이쪽부터 저쪽까지 가득하였더라 22 예후가 예복 맡은 자
에게 이르되 예복을 내다가 바알을 섬기는 모든 자에게 주라 하매 그들에게로 예복을 가져온지라 23 예후가 레
갑의 아들 여호나답과 더불어 바알의 신당에 들어가서 바알을 섬기는 자들에게 이르되 너희는 살펴보아 바알을
섬기는 자들만 여기 있게 하고 여호와의 종은 하나도 여기 너희 중에 있지 못하게 하라 하고 24 무리가 번제와 다
른 제사를 드리려고 들어간 때에 예후가 팔십 명을 밖에 두며 이르되 내가 너희 손에 넘겨 주는 사람을 한 사람

왕하 10:9-16 북왕국의 4대(大)왕조

B.C.930년 여로보암에 의해 창시된 이후 B.C.722년 호세아 왕을 마지막으로 앗수르에게 멸망당하기까지 북이스라엘 왕국은 총 9왕조 20명의 왕들에 의해 통치되었다. 이들 중 가장 세력 있고 오래 지속되어진 왕조로서 다음의 4개 왕조를 들 수 있다. 여기서 오므리 왕조는 북이스라엘의 최대 번성기를, 그리고 예후 왕조는 가장 오랫동안 통치한 왕조였다.

	왕	재위 기간
여로보암 왕조	여로보암1세	22년(왕상11:26)
	나답	2년(왕상15:25)
바아사 왕조	바아사	24년(왕상15:27)
	엘라	2년(왕상16:8)
오므리 왕조	오므리	12년(왕상16:16)
	아합	22년(왕상16:28)
	아하시야	2년(왕상20:40)
	요람	12년(왕하3:1)
예후 왕조	예후	28년(왕하9:14)
	여호아하스	17년(왕하13:1)
	요아스	16년(왕하13:10)
	여로보암2세	41년(왕하14:23)
	스가랴	6달(왕하15:8-12)

이라도 도망하게 하는 자는 자기의 생명으로 그 사람의 생명을 대신하리
라 하니라 25 번제 드리기를 다하매 예후가 호위병과 지휘관들에게 이르
되 들어가서 한 사람도 나가지 못하게 하고 죽이라 하매 호위병과 지휘관
들이 칼로 그들을 죽여 밖에 던지고 26 바알의 신당 있는 성으로 가서 바
알의 신당에서 목상들을 가져다가 불사르고 27 바알의 목상을 헐며 바알
의 신당을 헐어서 변소를 만들었더니 오늘까지 이르니라 28 예후가 이와
같이 이스라엘 중에서 바알을 멸하였으나 29 이스라엘에게 범죄하게 한
느밧의 아들 여로보암의 죄 곧 벧엘과 단에 있는 금송아지를 섬기는 죄에
서는 떠나지 아니하였더라 30 여호와께서 예후에게 이르시되 네가 나보
기에 정직한 일을 행하되 잘 행하여 내 마음에 있는 대로 아합 집에 다 행
하였은즉 네 자손이 이스라엘 왕위를 이어 사대를 지내리라 하시니라 31
그러나 예후가 전심으로 이스라엘 하나님 여호와의 율법을 지켜 행하지
아니하며 여로보암이 이스라엘에게 범하게 한 그 죄에서 떠나지 아니하
였더라

예후가 죽다

32 이 때에 여호와께서 이스라엘에서 땅을 잘라 내기 시작하시매 하사엘
이 이스라엘의 모든 영토에서 공격하되 33 요단 동쪽 길르앗 온 땅 곧 갓
사람과 르우벤 사람과 므낫세 사람의 땅 아르논 골짜기에 있는 아로엘에
서부터 길르앗과 바산까지 하였더라 34 예후의 남은 사적과 행한 모든 일
과 업적은 이스라엘 왕 역대지략에 기록되지 아니하였느냐 35 예후가 그
의 조상들과 함께 자매 사마리아에 장사되고 그의 아들 여호아하스가 그
를 대신하여 왕이 되니라 36 예후가 사마리아에서 이스라엘을 다스린 햇
수는 스물여덟 해이더라

열왕기하 11장

유다 여왕 아달랴(대하 22:10-23:15, B.C. 841-835) 남 7대 왕

1 아하시야의 어머니 아달랴가 그의 아들이 죽은 것을 보고 일어나 왕의
자손을 모두 멸절하였으나 2 요람 왕의 딸 아하시야의 누이 여호세바가
아하시야의 아들 요아스를 왕자들이 죽임을 당하는 중에서 빼내어 그와
그의 유모를 침실에 숨겨 아달랴를 피하여 죽임을 당하지 아니하게 한지
라 3 요아스가 그와 함께 여호와의 성전에 육 년을 숨어 있는 동안에 아달
랴가 나라를 다스렸더라 4 일곱째 해에 여호야다가 사람을 보내 가리 사
람의 백부장들과 호위병의 백부장들을 불러 데리고 여호와의 성전으로
들어가서 그들과 언약을 맺고 그들에게 여호와의 성전에서 맹세하게 한
후에 왕자를 그들에게 보이고 5 명령하여 이르되 너희가 행할 것이 이러
하니 안식일에 들어온 너희 중 삼분의 일은 왕궁을 주의하여 지키고 6 삼
분의 일은 수르 문에 있고 삼분의 일은 호위대 뒤에 있는 문에 있어서 이
와 같이 왕궁을 주의하여 지키고 7 안식일에 나가는 너희 중 두 대는 여호
와의 성전을 주의하여 지켜 왕을 호위하되 8 너희는 각각 손에 무기를 잡
고 왕을 호위하며 너희 대열을 침범하는 모든 자는 죽이고 왕이 출입할

왕하 10:18-29 예후의 혁명은 종교적인 숙청 작업으로까지 이어졌다. 이는 예언자에 의해서 왕으로 추대된 예후에게 가장 중요한 일이었다. 그래서 예후는 레갑의 아들인 여호나답과 제휴하였다(15-17절). 여호나답은 가나안 농경 문화에 반대하여 광야 시대의 순수한 여호와 신앙을 철저하게 고수하는 레갑 족속의 지도자였다. 이들은 여호나답의 가훈에 따라 술도 마시지 않았고 집을 짓거나 땅을 경작하지도 않았다. 예후는 이런 여호나답으로 하여금 바알 숭배자들을 제거하는 데 동참시켰다(16절). 예후는 이세벨이 들여온 페니키아의 신 바알멜카릇에게 성대한 제사를 드린다고 선포하고 바알 신전을 가득 메운 숭배자들을 몰살시켜 버리고 기둥을 불태우고 신전을 부수어 변소로 만들었다. 이때 그가 불태운 기둥은 아마 대지의 모신으로 바알과 함께 섬기던 아세라 목상이었을 것이다. 그러나 여로보암이 벧엘과 단에 세운 금송아지 상을 부수지 않고 남겨두었다. 이는 이것을 우상 숭배라고 생각지 않고 여호와 하나님의 형상에 대한 숭배로 생각하였기 때문이다. 그러나 이것은 하나님의 형상을 만드는 것을 금지한 십계명을 어긴 것이었다. 그들도 신을 형상화하고 자신들만의 부족 신으로 만드는 가나안 종교 문화의 영향을 받은 것이었다.
☞ 요람에 대한 예후의 혁명은 바알 숭배자들을 몰살시키는 것으로 끝을 맺었다. 이는 예후가 자기 왕권의 근거가 하나님께 있음을 깨달았기 때문이다.
이처럼 여호와께 의지한 왕국의 존재는 이스라엘 왕국의 초기부터 선포된 메시지였다. 이런 점에서 수많은 왕조의 교체는 바로 여호와께 대한 신앙과 불신앙에 대한 심판의 역사로 보아야 한다. 다윗 이후로 단일 왕조를 지닌 남유다 왕국에 비해 많은 정권 쟁탈이 일어난 북이스라엘 역사의 원인은 바로 여기서 찾아야 한다.

왕하10:32-34
학습 자료 37-5 "구약 성경 기록과 고대 근동의 문헌들" 참조

왕하 10:32 앗수르 왕 살만에셀 3세에게 조공을 바치고 절하는 예후의 모습(살만에셀의 obelisk)

때에 시위할지니라 하니 9 백부장들이 이에 제사장 여호야다의 모든 명
령대로 행하여 각기 관할하는 바 안식일에 들어오는 자와 안식일에 나가
는 자를 거느리고 제사장 여호야다에게 나아오매 10 제사장이 여호와의
성전에 있는 다윗 왕의 창과 방패를 백부장들에게 주니 11 호위병이 각각
손에 무기를 잡고 왕을 호위하되 성전 오른쪽에서부터 왼쪽까지 제단과
성전 곁에 서고 12 여호야다가 왕자를 인도하여 내어 왕관을 씌우며 율법
책을 주고 기름을 부어 왕으로 삼으매 무리가 박수하며 왕의 만세를 부
르니라 13 아달랴가 호위병과 백성의 소리를 듣고 여호와의 성전에 들어
가 백성에게 이르러 14 보매 왕이 규례대로 단 위에 섰고 장관들과 나팔
수가 왕의 곁에 모셔 섰으며 온 백성이 즐거워하여 나팔을 부는지라 아달
랴가 옷을 찢으며 외치되 반역이로다 반역이로다 하매 15 제사장 여호야
다가 군대를 거느린 백부장들에게 명령하여 이르되 그를 대열 밖으로 몰
아내라 그를 따르는 자는 모두 칼로 죽이라 하니 제사장의 이 말은 여호
와의 성전에서는 그를 죽이지 말라 함이라 16 이에 그의 길을 열어 주매
그가 왕궁의 말이 다니는 길로 가다가 거기서 죽임을 당하였더라

여호야다의 개혁(대하 23:16-21)

17 여호야다가 왕과 백성에게 여호와와 언약을 맺어 여호와의 백성이 되
게 하고 왕과 백성 사이에도 언약을 세우게 하매 18 온 백성이 바알의 신
당으로 가서 그 신당을 허물고 그 제단들과 우상들을 철저히 깨뜨리고 그
제단 앞에서 바알의 제사장 맛단을 죽이니라 제사장이 관리들을 세워 여
호와의 성전을 수직하게 하고 19 또 백부장들과 가리 사람과 호위병과 온
백성을 거느리고 왕을 인도하여 여호와의 성전에서 내려와 호위병의 문
길을 통하여 왕궁에 이르매 그가 왕의 왕좌에 앉으니 20 온 백성이 즐거워
하고 온 성이 평온하더라 아달랴를 무리가 왕궁에서 칼로 죽였더라 21 요
아스가 왕이 될 때에 나이가 칠 세였더라

열왕기하 12장

유다 왕 요아스(대하 24:1-16, B.C. 835-796) 남 8대 왕

1 예후의 제칠년에 요아스가 왕이 되어 예루살렘에서 사십 년간 통치하니
라 그의 어머니의 이름은 시비아라 브엘세바 사람이더라 2 요아스는 제
사장 여호야다가 그를 교훈하는 모든 날 동안에는 여호와 보시기에 정직
히 행하였으되 3 다만 산당들을 제거하지 아니하였으므로 백성이 여전히
산당에서 제사하며 분향하였더라 4 요아스가 제사장들에게 이르되 여호
와의 성전에 거룩하게 하여 드리는 모든 은 곧 사람이 통용하는 은이나 각 사람의 몸값으로 드리는 은이나 자원
하여 여호와의 성전에 드리는 모든 은을 5 제사장들이 각각 아는 자에게서 받아들여 성전의 어느 곳이든지 파손
된 것을 보거든 그것으로 수리하라 하였으나 6 요아스 왕 제이십삼년에 이르도록 제사장들이 성전의 파손한 데
를 수리하지 아니하였는지라 7 요아스 왕이 대제사장 여호야다와 제사장들을 불러 이르되 너희가 어찌하여 성
전의 파손한 데를 수리하지 아니하였느냐 이제부터는 너희가 아는 사람에게서 은을 받지 말고 그들이 성전의 파
손한 데를 위하여 드리게 하라 8 제사장들이 다시는 백성에게 은을 받지도 아니하고 성전 파손한 것을 수리하지
도 아니하기로 동의하니라 9 제사장 여호야다가 한 궤를 가져다가 그것의 뚜껑에 구멍을 뚫어 여호와의 전문 어

❖ 왕하 11장

유다 왕 아하시야가 예후에게 죽임을 당하자, 그의 모친 아달랴가 다윗 가문에 속한 왕자들을 죽이고 스스로 왕이 되고자 하였다. 그녀는 바로 아합과 이세벨 사이에서 난 딸이었다. 그녀는 어려서부터 어머니 이세벨의 영향으로 페니키아의 바알 숭배에 익숙하였다. 그래서 유다와의 정략결혼으로 왕비가 된 후에 이세벨과 같이 유다에 바알교를 전파하였다. 그래서 아하시야가 죽자 종교가 다른 다윗 왕가의 왕자들을 죽이고 스스로 왕이 된 것이다. 이때 한 명의 왕자가 살아남았는데 그가 바로 요아스로 제사장들이 성전에 숨겨 주어 무사할 수 있었다. 그 후 예루살렘 변방에 거주하던 지주들의 협력을 받은 성전 제사장들에 의해 아달랴에 대한 혁명이 일어났다. 여호와 신앙을 최고의 가치로 여기는 유다 왕국에서 바알 숭배를 전파한 아달랴의 학정에 대해 제사장들이 혁명의 깃발을 잡은 것은 당연하였다. 혁명을 주도한 것은 제사장 여호야다로 그는 요아스를 아달랴에게서 살려낸 아하시야의 누이 여호세바의 남편이기도 하였다(대하 22:10-12). 그의 혁명은 정치적 야욕 때문이 아니라 바알 숭배에 대한 도전이며 종교적 혁명이었다. 그 후로도 여호야다는 요아스의 종교개혁을 돕는 역할을 하였다(왕하 12:1-6).

아달랴와 여호야다 사이에 벌어진 혁명은 정권을 목적으로 한 일반적인 군사 쿠데타가 아니었다. 바알 숭배자와 여호와 신앙을 회복시키려는 세력의 싸움이었다.

이런 점에서 여호야다의 승리는 처음부터 예견된 것이었다. 그것은 하나님과 우상의 싸움이기 때문이다. 이처럼 종말을 향한 인간의 역사는 성도와 사탄과의 싸움이다. 그러므로 종말의 최종적인 승자는 성도일 수밖에 없으며 이것이 성도가 고난을 견디며 신앙을 지키는 근거이다.

❖ 아달랴의 왕족 말살 사건은 창세기3:15에서 약속한 사탄의 머리를 밟을 여인의 후손이 다윗 가문에서 온다는 것을 사탄이 알았기 때문이라는 것이다.

왕하 12:4-16

학습 자료 37-6 "성전의 숙정 운동" 참조

37일~42일

귀 오른쪽 곧 제단 옆에 두매 여호와의 성전에 가져 오는 모든 은을 다 문
을 지키는 제사장들이 그 궤에 넣더라 10 이에 그 궤 가운데 은이 많은 것
을 보면 왕의 서기와 대제사장이 올라와서 여호와의 성전에 있는 대로 그
은을 계산하여 봉하고 11 그 달아본 은을 일하는 자 곧 여호와의 성전을
맡은 자의 손에 넘기면 그들은 또 여호와의 성전을 수리하는 목수와 건축
하는 자들에게 주고 12 또 미장이와 석수에게 주고 또 여호와의
성전 파손한 데를 수리할 재목과
다듬은 돌을 사게 하며 그 성전을
수리할 모든 물건을 위하여 쓰게
하였으되 13 여호와의 성전에 드
린 그 은으로 그 성전의 은 대접
이나 불집게나 주발이나 나팔이
나 아무 금 그릇이나 은 그릇도 만들지 아니하고 14 그 은을 일하는 자에
게 주어 그것으로 여호와의 성전을 수리하게 하였으며 15 또 그 은을 받아
일꾼에게 주는 사람들과 회계하지 아니하였으니 이는 그들이 성실히 일
을 하였음이라 16 속건제의 은과 속죄제의 은은 여호와의 성전에 드리지
아니하고 제사장에게 돌렸더라 17 그 때에 아람 왕 하사엘이 올라와서 가
드를 쳐서 점령하고 예루살렘을 향하여 올라오고자 하므로 18 유다의 왕
요아스가 그의 조상들 유다 왕 여호사밧과 여호람과 아하시야가 구별하
여 드린 모든 성물과 자기가 구별하여 드린 성물과 여호와의 성전 곳간과
왕궁에 있는 금을 다 가져다가 아람 왕 하사엘에게 보냈더니 하사엘이
예루살렘에서 떠나갔더라 19 요아스의 남은 사적과 그가 행한 모든 일은
유다 왕 역대지략에 기록되지 아니하였느냐 20 요아스의 신복들이 일어나
반역하여 실라로 내려가는 길 가의 밀로 궁에서 그를 죽였고 21 그를 쳐서
죽인 신복은 시므앗의 아들 요사갈과 소멜의 아들 여호사바드였더라 그
는 다윗 성에 그의 조상들과 함께 장사되고 그의 아들 아마샤가 그를 대
신하여 왕이 되니라

❖ 왕하 12장

요아스는 7살에 왕위에 올랐다. 따라서 그가 장성하기 전까지는 제사장 여호야다가 섭정을 하였다. 이 과정에서 제사장들은 실질적인 권력층으로 부상하였다. 이런 상황은 오히려 제사장들이 성전에서 경제적인 이익을 추구하는 부작용을 낳게 되었다. 이스라엘 자손들은 생명의 속전으로 이십 세 이상 남자는 성소에 각각 반 세겔을 바쳐야 하며 이 속전은 성소를 위해 사용해야 한다(출30:11-16). 그런데 당시 제사장들은 속전을 개인적으로 착복하고 출입문에서 출입세와 뇌물을 받았다. 요아스가 이십삼 년에 성전 수리를 명한 것은 제사장 계급에 대항할 만한 실권을 장악할 때를 기다렸기 때문이었다. 그러나 초기에는 제사장들이 뇌물을 받지도 않고 성전 수리도 하지 않는 노골적인 불만을 드러냈다. 그러자 요아스는 여호야다와 더불어 직접 성전 수리를 시작하였다. 성전 문에서 왕의 관리와 대제사장이 직접 헌금을 거두었다. 다른 제사장들은 여호야다로 인해 반발하지 못하게 되었다. 이처럼 왕과 대제사장이 협력함으로써 성전 수리가 성공적으로 수행될 수 있었다. 이로써 아하시야와 아달랴의 통치 기간 버려졌던 여호와의 성전이 다시 복원되고 백성들에게 여호와 신앙 회복을 격려하게 된 것이다.

☞ 초기에 성전 보수 사역을 하는 등 종교적 치적을 이루었던 요아스가 우상을 섬기자마자 아람 왕 하사엘이 침공하였다. 성경은 이것이 요아스를 비롯해 백성들이 하나님을 버린 것에 대한 심판이라고 기록한다(대하 24:24). 하나님을 사랑하고 섬기는 자에게는 수천 대까지 은혜를 베풀지만 그를 미워하고 자에게는 삼사 대까지 벌하시는 하나님의 섭리가 그대로 드러난 것이다. 선악에 대한 하나님의 철저한 징벌은 누구도 피할 수 없는 것이다.

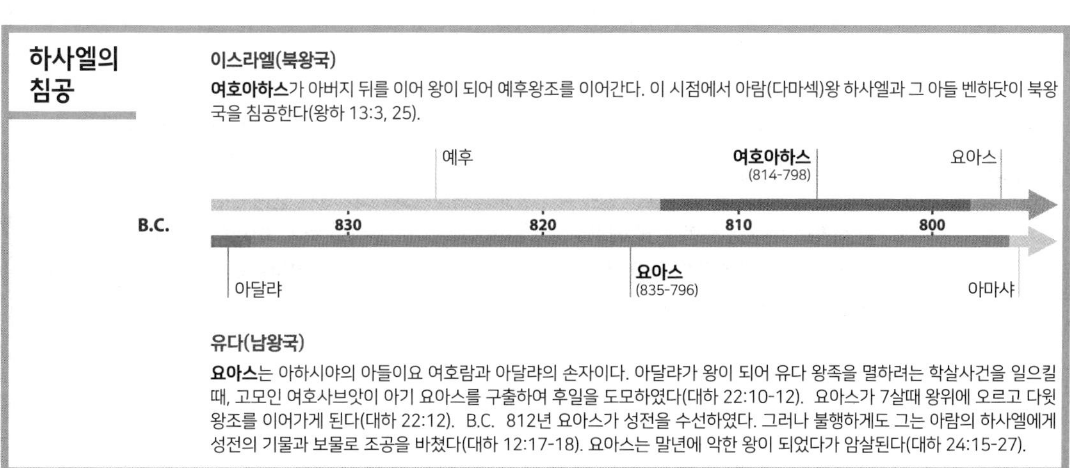

하사엘의 침공
이스라엘(북왕국)
여호아하스가 아버지 뒤를 이어 왕이 되어 예후왕조를 이어간다. 이 시점에서 아람(다마섹)왕 하사엘과 그 아들 벤하닷이 북왕국을 침공한다(왕하 13:3, 25).
예후
여호아하스
(814-798)
요아스
B.C.
830
820
810
800
아달랴
요아스
(835-796)
아마샤
유다(남왕국)
요아스는 아하시야의 아들이요 여호람과 아달랴의 손자이다. 아달랴가 왕이 되어 유다 왕족을 멸하려는 학살사건을 일으킬 때, 고모인 여호사브앗이 아기 요아스를 구출하여 후일을 도모하였다(대하 22:10-12). 요아스가 7살때 왕위에 오르고 다윗 왕조를 이어가게 된다(대하 22:12). B.C. 812년 요아스가 성전을 수선하였다. 그러나 불행하게도 그는 아람의 하사엘에게 성전의 기물과 보물로 조공을 바쳤다(대하 12:17-18). 요아스는 말년에 악한 왕이 되었다가 암살된다(대하 24:15-27).

37일차 읽기의 요약
(왕하 1~12)

하나님께서는 분열 왕국 시대에 북이스라엘의 오므리 왕조(오므리, 아합, 아하시야, 여호람)가 다스리는 동안 엘리야와 엘리사 두 행동 선지자를 통해 많은 기적을 행하게 하심으로 그들이 하나님께서 그 시대의 특별한 사명을 위해 보내신 자들임을 나타내신다. 하나님께서는 그 선지자들의 입을 통하여 이스라엘이 패역한 우상 숭배에서 떠나 시내 산 언약으로 돌아올 것을 촉구하신다. 그러나 아합과 이세벨 왕궁은 바알 숭배를 거의 국교화하는 수준에 이르고 결국 하나님께서는 엘리야에게 말씀하신 대로 예후를 일으켜 아합의 후손들과 그의 집에 속한 모든 자들을 심판하신다.

한편 남 유다의 왕들은 여호사밧 왕이 아합왕과 친선 관계로 접어들면서 여호사밧의 아들 여호람 왕 때에 가서는 급기야 북이스라엘 아합의 딸 아달랴를 아내로 맞이하여 남 유다 왕궁에도 아합 가문의 우상 숭배가 흘러 들어오게 된다. 여호람의 아들 아하시야도 연이어 자신의 어머니 아달랴의 영향을 벗어나지 못한다. 아달랴는 자기 아들 아하시야가 죽자, 자기 손자들을 다 죽이고 자신이 남 유다의 왕으로 6년을 통치하며 남 유다에 바알 종교를 심고 다윗의 후손의 씨를 멸절하려고 시도한다. 그러나 하나님께서는 이러한 상황 가운데 아하시야의 아들 요아스 왕자가 죽임을 당하지 않고 유일하게 살아남게 하셔서 아달랴 이후에 다시 남 유다에 다윗의 왕조를 극적으로 이어가게 하신다.

그러면 어떻게 살 것인가?

인위뚝 · 신위고!

☑ 세계관 점검 - 묵상하기 (영상 강의와 교재 내용의 이해를 바탕으로)

- 왕하 1:9-12 엘리야의 타협할 줄 모르는 강직함은 오직 하나님의 능력과 영광을 드러내고 입증하는 데 있었다. 당신은 매사에 하나님을 나타내는 행동을 하고 있는가?
  [행 1:8, 골 4:2. 찬송 40(통 43), 218(통 369)]

- 엘리야의 사역은 백성들을 돕기는 했지만, 거시적이고 공동체적이며 국가적이라면, 엘리사는 백성들을 돌보는 목회적인 면이 강하다. 엘리사는 과부를 도왔고, 수넴 여인의 어려움을 해결해 주었고, 나아만의 문둥병을 고치는 등등... 개인적, 목회적 면모가 강하다.

- 하나님 심판의 도구로 쓰임 받은 예후 - 요람왕의 죽음, 아하시야의 죽음, 이세벨의 죽음, 아합 자손들의 죽음, 바알 숭배자들의 죽음에 예후가 있었다. 그럼에도 그는 여로보암의 길을 걸었기 때문에 결코 하나님의 왕은 아니었다.

- 나아만 장군의 순종 과정을 묵상하라.

✐ 게하시의 탐욕을 묵상하라.

✐ 아달랴의 왕족 멸족 시도 사건은 사탄의 작전으로 보는 견해가 있다. 뱀의 머리를 밟을 여인의 후손이 오는 길목이 다윗 가문이기 때문에 그 가문을 멸족시킴으로 하나님의 계획을 무산시키려는 것이었다. 그러나 하나님은 요아스를 숨겨두신다.

✐ 왕하 12:18 요아스는 성물과 성전과 왕국의 금을 가져다가 아람왕 하사엘에게 바치고 하사엘의 침략을 막았다. 우리는 혹 나에게 닥친 문제를 요아스처럼 임기응변식으로 해결한 적은 없는가?
[시 34:14, 마 5:9. 찬송 410(통 468), 411(통 473)]

☑ 결단기도와 실행하기

약 2:26 영혼 없는 몸이 죽은 것 같이 행함이 없는 믿음은 죽은 것이니라
시 119:28 나의 영혼이 눌림으로 말미암아 녹사오니 주의 말씀대로 나를 세우소서

역대하 21장~22:9

역대하 21장

유다 왕 여호람(왕하 8:17-24, B.C. 848-841) 남 5대 왕

1 여호사밧이 그의 조상들과 함께 누우매 그의 조상들과 함께 다윗 성에
장사되고 그의 아들 여호람이 대신하여 왕이 되니라 2 여호사밧의 아들
여호람의 아우들 아사랴와 여히엘과 스가랴와 아사랴와 미가엘과 스바
댜는 다 유다 왕 여호사밧의 아들들이라 3 그의 아버지가 그들에게는 은
금과 보물과 유다 견고한 성읍들을 선물로 후히 주었고 여호람은 장자이
므로 왕위를 주었더니 4 여호람이 그의 아버지의 왕국을 다스리게 되어
세력을 얻은 후에 그의 모든 아우들과 이스라엘 방백들 중 몇 사람을 칼
로 죽였더라 5 여호람이 왕위에 오를 때에 나이가 삼십이 세라 예루살렘
에서 팔 년 동안 다스리니라 6 그가 이스라엘 왕들의 길로 행하여 아합의
집과 같이 하였으니 이는 아합의 딸이 그의 아내가 되었음이라 그가 여호
와 보시기에 악을 행하였으나 7 여호와께서 다윗의 집을 멸하기를 즐겨하
지 아니하셨음은 이전에 다윗과 더불어 언약을 세우시고 또 다윗과 그의
자손에게 항상 등불을 주겠다고 말씀하셨음이더라 8 여호람 때에 에돔
이 배반하여 유다의 지배하에서 벗어나 자기 위에 왕을 세우므로 9 여호
람이 지휘관들과 모든 병거를 거느리고 출정하였더니 밤에 일어나서 자
기를 에워싼 에돔 사람과 그 병거의 지휘관들을 쳤더라 10 이와 같이 에
돔이 배반하여 유다의 지배하에서 벗어났더니 오늘까지 그러하였으며 그
때에 립나도 배반하여 여호람의 지배 하에서 벗어났으니 이는 그가 그의
조상들의 하나님 여호와를 버렸음이더라 11 여호람이 또 유다 여러 산에
산당을 세워 예루살렘 주민으로 음행하게 하고 또 유다를 미혹하게 하였
으므로 12 선지자 엘리야가 여호람에게 글을 보내어 이르되 왕의 조상 다
윗의 하나님 여호와께서 이같이 말씀하시기를 네가 네 아비 여호사밧의
길과 유다 왕 아사의 길로 행하지 아니하고 13 오직 이스라엘 왕들의 길
로 행하여 유다와 예루살렘 주민들이 음행하게 하기를 아합의 집이 음행
하듯 하며 또 네 아비 집에서 너보다 착한 아우들을 죽였으니 14 여호와
가 네 백성과 네 자녀들과 네 아내들과 네 모든 재물을 큰 재앙으로 치시
리라 15 또 너는 창자에 중병이 들고 그 병이 날로 중하여 창자가 빠져나
오리라 하셨다 하였더라 16 여호와께서 블레셋 사람들과 구스에서 가까
운 아라비아 사람들의 마음을 격동시키사 여호람을 치게 하셨으므로 17
그들이 올라와서 유다를 침략하여 왕궁의 모든 재물과 그의 아들들과 아
내들을 탈취하였으므로 막내 아들 여호아하스 외에는 한 아들도 남지 아
니하였더라 18 이 모든 일 후에 여호와께서 여호람을 치사 능히 고치지 못
할 병이 그 창자에 들게 하셨으므로 19 여러 날 후 이 년 만에 그의 창자가
그 병으로 말미암아 빠져나오매 그가 그 심한 병으로 죽으니 백성이 그들

❖ 오늘 읽기 범위에 등장하는 왕과 선지자들
☞ **북 왕국** - 여호아하스, 요아스, 여로보암 2세
☞ **남 왕국** - 여호람, 아하시야, 아달랴, 요아스*여호야다의 개혁*, 아마샤.
☞ **선지자들** - 요나*니느웨를 향한 예언 활동*, 아모스*북왕국 여로보암 2세 시대에 활약*

❖ 역대기는 남 왕국 유다의 역사만을 기록한다는 것을 기억할 것

❖ 대하 21장
남유다 왕국의 열왕 중에서 극히 악한 왕으로서 북 왕국 이스라엘의 아합왕의 딸과 결혼하여 우상 숭배, 형제 살인 등의 악행을 자행하다가 비참한 최후를 맞아 심지어 다윗 왕조의 묘실(墓室)에도 들지 못하는 자가 된 특이한 왕인 남 유다 제5대 왕 여호람 (B.C. 848-841, 재위 8년)의 행적을 보도하고 있는 장이다.
☞ **3가지 교훈**
① 성도는 세상과 야합하지 말아야 하며 또한 우리가 죄를 범하였을 때 회개하면 죄를 지은 우리 자신은 하나님의 크신 사랑으로 용서받지만, 우리가 지은 죄의 대가는 필연코 다 갚아야 한다는 진리
② 엘리야 선지자를 통하여 하나님이 악을 행하는 여호람에게 경고했고 또 그 경고가 그대로 이루어진 사실은 악인의 최후 심판에 대한 예표일 수 있다.
③ 그토록 여호람이 악행하였지만 하나님이 그 개인은 치시면서도 한 번 주신 다윗 언약에 따라 그 가문 자체는 멸하시지는 않았던 사실이 보여 주는 진리이다.
☞ 여호람의 죄악은 그의 교만으로부터 오는 것이다. 하나님을 두려워하지 않는 교만은 인생을 파멸에 이르게 하는 것임을 명심해야 한다.
☞ **렘 11:8** 그들이 순종하지 아니하며 귀를 기울이지도 아니하고 각각 그 악한 마음의 완악한 대로 행하였으므로 내가 그들에게 행하라 명령하였어도 그들이 행하지 아니한 이 언약의 모든 규정대로 그들에게 이루게 하였느니라 하라
☞ **겔 3:10** 또 내게 이르시되 인자야 내가 네게 이를 모든 말을 너는 마음으로 받으며 귀로 듣고
☞ **단 5:20** 그가 마음이 높아지며 뜻이 완악하여 교만을 행하므로 그의 왕위가 폐한 바 되며 그의 영광을 빼앗기고

의 조상들에게 분향하던 것 같이 그에게 분향하지 아니하였으며 20 여호
람이 삼십이 세에 즉위하고 예루살렘에서 팔 년 동안 다스리다가 아끼는
자 없이 세상을 떠났으며 무리가 그를 다윗 성에 장사하였으나 열왕의 묘
실에는 두지 아니하였더라

대하 22:1-9 아하시야는 아합의 외손자이다.
다윗 왕가 출신의 남 유다의 왕임에도 불구하고 우상을 숭배하는 북 왕국 이스라엘 왕가가 자신의 외가(外家)인 점에 이끌려 계속 친 이스라엘 정책을 펴다가 반역을 당해 제위 1년 만에 피살된다.

역대하 22:1-9

유다 왕 아하시야(왕하 8:25-29, 9:21-28, B.C. 841) 남 6대 왕

1 예루살렘 주민이 여호람의 막내 아들 아하시야에게 왕위를 계승하게
하였으니 이는 전에 아라비아 사람들과 함께 와서 진을 치던 부대가 그의
모든 형들을 죽였음이라 그러므로 유다 왕 여호람의 아들 아하시야가 왕
이 되었더라 2 아하시야가 왕이 될 때에 나이가 사십이 세라 예루살렘에
서 일 년 동안 다스리니라 그의 어머니의 이름은 아달랴요 오므리의 손녀
더라 3 아하시야도 아합의 집 길로 행하였으니 이는 그의 어머니가 꾀어
악을 행하게 하였음이라 4 그의 아버지가 죽은 후에 그가 패망하게 하는
아합의 집의 가르침을 따라 여호와 보시기에 아합의 집 같이 악을 행하
였더라 5 아하시야가 아합의 집의 가르침을 따라 이스라엘 왕 아합의 아
들 요람과 함께 길르앗 라못으로 가서 아람 왕 하사엘과 더불어 싸우더
니 아람 사람들이 요람을 상하게 한지라 6 요람이 아람 왕 하사엘과 싸울
때에 라마에서 맞아 상한 것을 치료하려 하여 이스르엘로 돌아왔더라 아
합의 아들 요람이 병이 있으므로 유다 왕 여호람의 아들 아사랴가 이스르엘에 내려가서 방문하였더라 7 아하시
야가 요람에게 가므로 해를 입었으니 이는 하나님께로 말미암은 것이라 아하시야가 갔다가 요람과 함께 나가서
님시의 아들 예후를 맞았으니 그는 여호와께서 기름을 부으시고 아합의 집을 멸하게 하신 자이더라 8 예후로 하
여금 아합의 집을 심판하게 하실 때에 유다 방백들과 아하시야의 형제들의 아들들 곧 아하시야를 섬기는 자들
을 만나서 죽였고 9 아하시야는 사마리아에 숨었더니 예후가 찾으매 무리가 그를 예후에게로 잡아가서 죽이고
이르기를 그는 전심으로 여호와를 구하던 여호사밧의 아들이라 하고 장사하였더라 이에 아하시야의 집이 약하
여 왕위를 힘으로 지키지 못하게 되니라

대하 22:2-6 우리는 "어떤 길은 사람의 보기에 바르나 필경은 사망의 길이니라"(잠 14:12) 말씀처럼 아무리 인간이 보기에 그럴듯하고 확실해 보여도 그것이 말씀과 진리에서 벗어난 길이라면 반드시 실패와 파멸이 온다는 것을 분명히 알아야 할 것이다.
☞ **민 15:31** 그런 사람은 여호와의 말씀을 멸시하고 그의 명령을 파괴하였은즉 그의 죄악이 자기에게로 돌아가서 온전히 끊어지리라
☞ **잠 13:13** 말씀을 멸시하는 자는 자기에게 패망을 이루고 계명을 두려워하는 자는 상을 받느니라

37일~42일

열왕기하 13장~14장

열왕기하 13장

이스라엘 왕 여호아하스(B.C. 814-798) 북 12대 왕

1 유다의 왕 아하시야의 아들 요아스의 제이십삼 년에 예후의 아들 여호
아하스가 사마리아에서 이스라엘 왕이 되어 십칠 년간 다스리며 2 여호
와 보시기에 악을 행하여 이스라엘에게 범죄하게 한 느밧의 아들 여로보
암의 죄를 따라가고 거기서 떠나지 아니하였으므로 3 여호와께서 이스라
엘에게 노하사 늘 아람 왕 하사엘의 손과 그의 아들 벤하닷의 손에 넘기
셨더니 4 아람 왕이 이스라엘을 학대하므로 여호아하스가 여호와께 간구
하매 여호와께서 들으셨으니 이는 그들이 학대받음을 보셨음이라 5 여호
와께서 이에 구원자를 이스라엘에게 주시매 이스라엘 자손이 아람 사람

왕하 13:1-9 예후 왕조(dynasty)의 제2대 왕이자 왕국의 제11대 왕인 여호아하스의 학정(B.C. 814-798)과 그에 대한 하나님의 징계, 그리고 징계 가운데서도 하나님이 긍휼히 여기셔서 완전히 진멸치는 아니하시고 구원자를 보내셔서 여호아하스와 백성들을 구원하신 사실을 기록한다.

의 손에서 벗어나 전과 같이 자기 장막에 거하였으나 6 그들이 이스라엘에게 범죄하게 한 여로보암 집의 죄에서
떠나지 아니하고 그 안에서 따라 행하며 또 사마리아에 아세라 목상을 그냥 두었더라 7 아람 왕이 여호아하스의
백성을 멸절하여 타작 마당의 티끌 같이 되게 하고 마병 오십 명과 병거 열 대와 보병 만 명 외에는 여호아하스
에게 남겨 두지 아니하였더라 8 여호아하스의 남은 사적과 행한 모든 일과 그의 업적은 이스라엘 왕 역대지략에
기록되지 아니하였느냐 9 여호아하스가 그의 조상들과 함께 자매 사마리아에 장사되고 그 아들 요아스가 대신
하여 왕이 되니라

이스라엘 왕 요아스(B.C. 798-782) 북 13대 왕

10 유다의 왕 요아스의 제삼십칠 년에 여호아하스의 아들 요아스가 사마
리아에서 이스라엘 왕이 되어 십육 년간 다스리며 11 여호와께서 보시기
에 악을 행하여 이스라엘에게 범죄하게 한 느밧의 아들 여로보암의 모든
죄에서 떠나지 아니하고 그 가운데 행하였더라 12 요아스의 남은 사적과
행한 모든 일과 유다 왕 아마샤와 싸운 그의 업적은 이스라엘 왕 역대지
략에 기록되지 아니하였느냐 13 요아스가 그의 조상들과 함께 자매 이스
라엘 왕들과 함께 사마리아에 장사되고 여로보암이 그 자리에 앉으니라

엘리사가 죽다

14 엘리사가 죽을 병이 들매 이스라엘의 왕 요아스가 그에게로 내려와 자
기의 얼굴에 눈물을 흘리며 이르되 내 아버지여 내 아버지여 이스라엘의
병거와 마병이여 하매 15 엘리사가 그에게 이르되 활과 화살들을 가져오
소서 하는지라 활과 화살들을 그에게 가져오매 16 또 이스라엘 왕에게 이
르되 왕의 손으로 활을 잡으소서 하매 그가 손으로 잡으니 엘리사가 자
기 손을 왕의 손 위에 얹고 17 이르되 동쪽 창을 여소서 하여 곧 열매 엘리
사가 이르되 쏘소서 하는지라 곧 쏘매 엘리사가 이르되 이는 여호와를 위
한 구원의 화살 곧 아람에 대한 구원의 화살이니 왕이 아람 사람을 멸절
하도록 아벡에서 치리이다 하니라 18 또 이르되 화살들을 집으소서 곧 집
으매 엘리사가 또 이스라엘 왕에게 이르되 땅을 치소서 하는지라 이에 세
번 치고 그친지라 19 하나님의 사람이 노하여 이르되 왕이 대여섯 번을 칠
것이니이다 그리하였더면 왕이 아람을 진멸하기까지 쳤으리이다 그런즉
이제는 왕이 아람을 세 번만 치리이다 하니라 20 엘리사가 죽으니 그를 장
사하였고 해가 바뀌매 모압 도적 떼들이 그 땅에 온지라 21 마침 사람을
장사하는 자들이 그 도적 떼를 보고 그의 시체를 엘리사의 묘실에 들이던
지매 시체가 엘리사의 뼈에 닿자 곧 회생하여 일어섰더라

이스라엘과 아람의 전쟁

22 여호아하스 왕의 시대에 아람 왕 하사엘이 항상 이스라엘을 학대하였
으나 23 여호와께서 아브라함과 이삭과 야곱과 더불어 세우신 언약 때문
에 이스라엘에게 은혜를 베풀며 그들을 불쌍히 여기시며 돌보사 멸하기
를 즐겨하지 아니하시고 이 때까지 자기 앞에서 쫓아내지 아니하셨더라
24 아람의 왕 하사엘이 죽고 그의 아들 벤하닷이 대신하여 왕이 되매 25
여호아하스의 아들 요아스가 하사엘의 아들 벤하닷의 손에서 성읍을 다
시 빼앗으니 이 성읍들은 자기 부친 여호아하스가 전쟁 중에 빼앗겼던 것이라 요아스가 벤하닷을 세 번 쳐서 무
찌르고 이스라엘 성읍들을 회복하였더라

왕하 13:10-13 유다 왕 요아스 삼십칠 년에 이스라엘에서도 여호아하스의 아들 요아스가 왕이 되었다. 그런데 그도 여로보암의 죄악을 좇았다.

이스라엘은 예후의 통치 동안 앗수르의 살만에셀 3세에게 조공을 바침으로 아람의 공격을 막을 수 있었다. 그러나 앗수르가 내정 문제로 팔레스타인으로의 진출을 포기하자 아람 왕 하사엘은 이 기회를 노려 이스라엘을 침공하였다(B.C. 872년 이후). 그리하여 예후의 아들 여호아하스와 유다 왕 요아스 치하에서 팔레스틴 연안을 점령하였다. 그러나 B.C. 805년에 와서 전세가 역전되었다. 하사엘의 아들 벤하닷이 아람의 왕위에 오르자, 이스라엘의 요아스는 부왕이 아람에 빼앗겼던 성읍들을 탈환하였다. 이는 B.C. 805년 앗수르의 새 왕 아닷니라리 3세가 아람을 침공하여 다시는 이스라엘에 위협이 될 수 없을 만큼 황폐하게 만들었기 때문이었다. 이스라엘은 그 후 50년 동안 유프라테스 강 쪽으로부터의 침공 위협은 받지 않았다. 이로써 요아스 시대에 이스라엘은 역사상 유례가 없는 평화의 시기를 맞이하였다. 그뿐만 아니라 유다 왕 아마샤의 도전을 물리치고 오히려 유다 왕국을 쳐부수어 속국으로 만듦으로써 최고의 전성기를 구가한 여로보암 2세의 시대를 열었다. 이 모든 역사적 사실은 엘리사의 예언이 그대로 이루어졌음을 보여 주고 있다. 한편 성경도 이스라엘의 번성이 여호와께서 은혜를 베푸셨기 때문이라고 기록한다. (왕하 13:22-23)

☞ 요아스가 다스리던 이스라엘이 아람을 물리치고 전성기를 구가할 수 있었던 것은 하나님께서 조상들에게 베푸신 언약을 기억하시고 은혜를 베푸셨기 때문이었다. 하나님은 죄악 가운데서도 언약의 백성을 버리지 않으시고 구원하시며 지키신다. 이처럼 한번 택하신 자들을 절대 버리지 않고 마지막 구원의 순간까지 이끄시는 하나님의 견인하심이야말로 연약한 성도들이 구원에 이르는 원동력이다.

섭정, 정기집권, 번영

이스라엘(북왕국)

북왕국 요아스의 아들 **여로보암 2세**는 예후 왕조의 4번째 왕으로서 41년간 왕위에 있었다. 아버지 요아스와 같이 섭정을 한 기간이 포함된 기간이다. 아마 아버지 요아스가 남왕국 아마샤와 전쟁을 개시할 때 그에게 왕권을 주어 섭정을 한 것이다(왕하 13:12).

여로보암 2세 시대 경제적으로 군사적으로 부흥하여 국경을 다윗과 솔로몬 시대에 버금가는 것으로 확대하였다. 이런 번영은 사회적 부패를 수반하게 되고, 선지자 아모스가 이 시대에 북왕국에서 사역한다.

요아스 | **여로보암 2세** (793-753) | 스가랴 | 살룸 | 므나헴 | 브가히야 | 베가

B.C. 790 780 770 760 750 740

아마샤 | **웃시야** (792-740) | 요담

유다(남왕국)

앗사라 라고도 하는 **웃시야**는 16세때 왕위에 올라 52년간 통치했는데 이 기간은 아버지 아마샤와 섭정기간을 포함한다. 아버지 아마샤가 북왕국에 의해 체포 구금될 때 그가 섭정을 했을 것이다.

웃시야 시대는 북왕국의 여러보암 2세 처럼 나라가 번영을 구가했다. 그것이 마치 자기 공로인 것처럼 교만해져서 하나님의 징계를 받아 나병에 걸려 격리하다가 죽게 되었다.

열왕기하 14장

유다 왕 아마샤(대하 25:1-24, B.C. 796-767) 남 9대 왕

1 이스라엘의 왕 여호아하스의 아들 요아스 제이년에 유다의 왕 요아스
의 아들 아마샤가 왕이 되니 2 그가 왕이 된 때에 나이 이십오 세라 예루
살렘에서 이십구 년간 다스리니라 그의 어머니의 이름은 여호앗단이요
예루살렘 사람이더라 3 아마샤가 여호와 보시기에 정직히 행하였으나 그
의 조상 다윗과는 같지 아니하였으며 그의 아버지 요아스가 행한 대로
다 행하였어도 4 오직 산당들을 제거하지 아니하였으므로 백성이 여전히
산당에서 제사를 드리며 분향하였더라 5 나라가 그의 손에 굳게 서매 그
의 부왕을 죽인 신복들을 죽였으나 6 왕을 죽인 자의 자녀들은 죽이지 아
니하였으니 이는 모세의 율법책에 기록된 대로 함이라 곧 여호와께서 명
령하여 이르시기를 자녀로 말미암아 아버지를 죽이지 말 것이요 아버지
로 말미암아 자녀를 죽이지 말 것이라 오직 사람마다 자기의 죄로 말미암
아 죽을 것이니라 하셨더라 7 아마샤가 소금 골짜기에서 에돔 사람 만 명
을 죽이고 또 전쟁을 하여 셀라를 취하고 이름을 욕드엘이라 하였더니 오
늘까지 그러하니라 8 아마샤가 예후의 손자 여호아하스의 아들 이스라엘
의 왕 요아스에게 사자를 보내 이르되 오라 우리가 서로 대면하자 한지
라 9 이스라엘의 왕 요아스가 유다의 왕 아마샤에게 사람을 보내 이르되
레바논 가시나무가 레바논 백향목에게 전갈을 보내어 이르기를 네 딸을
내 아들에게 주어 아내로 삼게 하라 하였더니 레바논 들짐승이 지나가다
가 그 가시나무를 짓밟았느니라 10 네가 에돔을 쳐서 파하였으므로 마음
이 교만하였으니 스스로 영광을 삼아 왕궁에나 네 집으로 돌아가라 어찌
하여 화를 자취하여 너와 유다가 함께 망하고자 하느냐 하나 11 아마샤가
듣지 아니하므로 이스라엘의 왕 요아스가 올라와서 그와 유다의 왕 아마
샤가 유다의 벧세메스에서 대면하였더니 12 유다가 이스라엘 앞에서 패
하여 각기 장막으로 도망한지라 13 이스라엘 왕 요아스가 벧세메스에서

❖ 왕하 14장

아마샤는 요아스의 아들로 25세에 즉위하여(B.C. 796-767) 29년간 유다를 통치하였다. 그는 통치 초기에 부친 요아스를 죽이고 반란을 일으킨 세력이 여전히 남아 실권을 장악하고 있었기 때문에 어려움을 겪었다. 그래서 그가 왕권을 확보하였을 때 가장 먼저 부친을 살해한 자들을 죽였다. 이는 부친의 죽음에 대한 복수만이 아니라 왕권 강화를 위한 조치였다. 아마샤의 통치 중 가장 큰 업적은 50년 전에 유다로부터 독립한 에돔을 다시 정복한 것이다. 아마샤는 사해 남쪽에 있는 염곡에서 일만 명의 에돔인을 죽이고 셀라를 탈환하여 욕드엘이라고 개명하였다. 그러나 에돔 정복의 업적은 그를 타락하게 만든 원인이 되었다. 그는 에돔인들이 섬기는 우상을 가져다가 섬겼던 것이다. 이 일로 해서 하나님으로부터 버림을 받게 되었다. 또한 에돔에 대한 승리로 자만하여 당시 아람을 물리치고 전성기를 구가하던 이스라엘의 요아스에게 도전하였다. 결국 이런 무모한 전쟁은 페배를 가져왔고 유다가 이스라엘의 속국이 되었다. 이러한 실정으로 말미암아 예루살렘에서 모반이 일어났고 아마샤는 부친처럼 신하들에 의해 죽임을 당하고 말았다.

☞ 아마샤가 에돔에 대해 승리할 수 있었던 것은 하나님 보시기에 정직히 행하였기 때문이었다. 그러나 아마샤는 오히려 전쟁의 승리 후에 우상을 섬기고 교만하게 되었다. 자신의 힘으로 승리한 것으로 착각한 것이다. 이런 점에서 요아스와의 전쟁은 처음부터 패배의 결과를 안고 있었다. 다른 죄는 용서받아도 하나님을 버리는 것은 결코 용납되지 않기 때문이다. 그래서 예수께서는 성령을 훼방하는 죄는 결코 사함을 받을 수 없다고 말씀하신 것이다.(마12:31)

아하시야의 손자 요아스의 아들 유다 왕 아마샤를 사로잡고 예루살렘에
이르러 예루살렘 성벽을 에브라임 문에서부터 성 모퉁이 문까지 사백 규
빗을 헐고 14 또 여호와의 성전과 왕궁 곳간에 있는 금 은과 모든 기명을 탈취하고 또 사람을 볼모로 잡고서 사
마리아로 돌아갔더라 15 요아스의 남은 사적과 그의 업적과 또 유다의 왕 아마샤와 싸운 일은 이스라엘 왕 역대
지략에 기록되지 아니하였느냐 16 요아스가 그의 조상들과 함께 자매 이스라엘 왕들과 사마리아에 함께 장사되
고 그의 아들 여로보암이 대신하여 왕이 되니라

왕하 14:3-4
학습 자료 38-2 "산당 제사의 이해" 참조

유다 왕 아마샤가 죽다(대하 25:25-28)

17 이스라엘의 왕 여호아하스의 아들 요아스가 죽은 후에도 유다의 왕 요아스의 아들 아마샤가 십오 년간을 생
존하였더라 18 아마샤의 남은 행적은 유다 왕 역대지략에 기록되지 아니
하였느냐 19 예루살렘에서 무리가 그를 반역한 고로 그가 라기스로 도망
하였더니 반역한 무리가 사람을 라기스로 따라 보내 그를 거기서 죽이게
하고 20 그 시체를 말에 실어다가 예루살렘에서 그의 조상들과 함께 다윗
성에 장사하니라 21 유다 온 백성이 아사랴를 그의 아버지 아마샤를 대신
하여 왕으로 삼으니 그 때에 그의 나이가 십육 세라 22 아마샤가 그의 조
상들과 함께 잔 후에 아사랴가 엘랏을 건축하여 유다에 복귀시켰더라

이스라엘 왕 여로보암 2세(B.C. 793-752) 북 14대 왕

23 유다의 왕 요아스의 아들 아마샤 제십오년에 이스라엘의 왕 요아스의
아들 여로보암이 사마리아에서 왕이 되어 사십일 년간 다스렸으며 24 여
호와 보시기에 악을 행하여 이스라엘에게 범죄하게 한 느밧의 아들 여로
보암의 모든 죄에서 떠나지 아니하였더라 25 이스라엘의 하나님 여호와
께서 그의 종 가드헤벨 아밋대의 아들 선지자 요나를 통하여 하신 말씀
과 같이 여로보암이 이스라엘 영토를 회복하되 하맛 어귀에서부터 아라
바 바다까지 하였으니 26 이는 여호와께서 이스라엘의 고난이 심하여 매
인 자도 없고 놓인 자도 없고 이스라엘을 도울 자도 없음을 보셨고 27 여
호와께서 또 이스라엘의 이름을 천하에서 없이 하겠다고도 아니하셨으
므로 요아스의 아들 여로보암의 손으로 구원하심이었더라 28 여로보암의
남은 사적과 모든 행한 일과 싸운 업적과 다메섹을 회복한 일과 이전에
유다에 속하였던 하맛을 이스라엘에 돌린 일은 이스라엘 왕 역대지략에
기록되지 아니하였느냐 29 여로보암이 그의 조상 이스라엘 왕들과 함께
자고 그의 아들 스가랴가 대신하여 왕이 되니라

왕하 14:23-29 여로보암 2세의 시대
요아스의 아들 여로보암은 이스라엘 왕국의 건립자인 여로보암과 구별하여 여로보암 2세라고 불리며 이스라엘 역사상 최고의 번성기를 이룩하였다. 그는 하맛 어귀로부터 아라바 해에 이르기까지 이스라엘 영토를 되찾았다. 하맛은 다마스커스와 시돈을 잇는 지점인 레바논 산과 헤르몬산 사이의 길이며 솔로몬 왕국의 북쪽 국경이었다. 아라바 해는 요르단 계곡에서 아라바 만으로 뻗은 사해를 가리킨다. 따라서 이스라엘 왕으로서는 누구도 이같이 큰 왕국을 건설하지 못하였다. 그뿐만 아니라 사마리아 지역에 대한 고고학적 발굴의 결과는 아모스가 비난한 여로보암 시대의 화려했던 상아 궁과 화려한 여름 별장과 겨울 별장, 거대한 요새, 수많은 장터의 사실성을 증명해 주고 있다(암 3:15). 또한 여로보암 2세 때에는 페니키아와의 교역으로 이득을 취하였고 트란스요르단(암 6:14)을 정복하여 아람 쪽의 교역 도로와 아라비아 쪽의 대상 통로를 장악하였다. 그러나 번영의 한편으로는 관리나 상인 계층이 대부분의 부를 장악하여 부의 편중이 심하였고 은으로 사람을 사고 돈으로 재판관을 매수하는 불법이 성행하였다(암 5:10-13). 또한 왕과 모든 백성이 바알을 숭배하여 바알의 축제와 매춘, 산당의 제사와 송아지 형상을 숭배하는 죄를 범하였다.

37일~42일

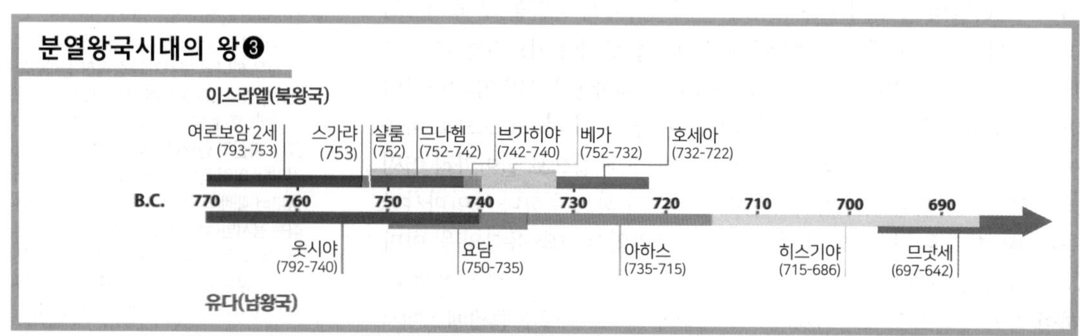

역대하 22:10~25장

역대하 22:10-12

유다 여왕 아달랴(왕하 11:1-3, B.C. 841-835) 남 7대 왕

10 아하시야의 어머니 아달랴가 자기의 아들이 죽은 것을 보고 일어나 유
다 집의 왕국의 씨를 모두 진멸하였으나 11 왕의 딸 여호사브앗이 아하시
야의 아들 요아스를 왕자들이 죽임을 당하는 중에서 몰래 빼내어 그와
그의 유모를 침실에 숨겨 아달랴를 피하게 하였으므로 아달랴가 그를 죽
이지 못하였더라 여호사브앗은 여호람 왕의 딸이요 아하시야의 누이요
제사장 여호야다의 아내이더라 12 요아스가 그들과 함께 하나님의 전에
육 년을 숨어 있는 동안에 아달랴가 나라를 다스렸더라

대하 22:10-12 아달랴의 왕족 말살 시도를 기록한다. 그러나 요아스의 고모가 어린 요아스를 숨겨 맥을 이어가게 된다. 이 사건의 영적 측면은 사탄이 자기의 머리를 밟을 여인의 후손(창 3:15)이 오는 길목을 차단하려는 계략이 숨어 있다. 그러나 사탄의 계략이 성공할 수가 없다.

역대하 23장

아달랴에 대한 반역(왕하 11:4-16)

1 제칠년에 여호야다가 용기를 내어 백부장 곧 여로함의 아들 아사랴와
여호하난의 아들 이스마엘과 오벳의 아들 아사랴와 아다야의 아들 마아
세야와 시그리의 아들 엘리사밧 등과 더불어 언약을 세우매 2 그들이 유
다를 두루 다니며 유다 모든 고을에서 레위 사람들과 이스라엘 족장들을
모아 예루살렘에 이른지라 3 온 회중이 하나님의 전에서 왕과 언약을 세
우매 여호야다가 무리에게 이르되 여호와께서 다윗의 자손에게 대하여
말씀하신 대로 왕자가 즉위하여야 할지니 4 이제 너희는 이와 같이 행하
라 너희 제사장들과 레위 사람들 곧 안식일에 당번인 자들의 삼분의 일
은 문을 지키고 5 삼분의 일은 왕궁에 있고 삼분의 일은 기초문에 있고 백
성들은 여호와의 전 뜰에 있을지라 6 제사장들과 수종 드는 레위 사람들
은 거룩한즉 여호와의 전에 들어오려니와 그 외의 다른 사람은 들어오지
못할 것이니 모든 백성은 여호와께 지켜야 할 바를 지킬지며 7 레위 사람들은 각각 손에 무기를 잡고 왕을 호위
하며 다른 사람이 성전에 들어오거든 죽이고 왕이 출입할 때에 경호할지니라 하니 8 레위 사람들과 모든 유다 사
람들이 제사장 여호야다가 명령한 모든 것을 준행하여 각기 수하에 안식일에 당번인 자와 안식일에 비번인 자들
을 거느리고 있었으니 이는 제사장 여호야다가 비번인 자들을 보내지 아니함이더라 9 제사장 여호야다가 하나
님의 전 안에 있는 다윗 왕의 창과 큰 방패와 작은 방패를 백부장들에게 주고 10 또 백성들에게 각각 손에 무기
를 잡고 왕을 호위하되 성전 오른쪽에서부터 성전 왼쪽까지 제단과 성전 곁에 서게 하고 11 무리가 왕자를 인도
해 내어 면류관을 씌우며 율법책을 주고 세워 왕으로 삼을새 여호야다와 그의 아들들이 그에게 기름을 붓고 이
르기를 왕이여 만세 수를 누리소서 하니라 12 아달랴가 백성들이 뛰며 왕을 찬송하는 소리를 듣고 여호와의 전
에 들어가서 백성에게 이르러 13 보매 왕이 성전 문 기둥 곁에 섰
고 지휘관들과 나팔수들이 왕의 곁에 모셔 서 있으며 그 땅의 모
든 백성들이 즐거워하여 나팔을 불며 노래하는 자들은 주악하
며 찬송을 인도하는지라 이에 아달랴가 그의 옷을 찢으며 외치
되 반역이로다 반역이로다 하매 14 제사장 여호야다가 군대를
거느린 백부장들을 불러내어 이르되 반열 밖으로 몰아내라 그

❖ 대하 23장
아합가문 출신인 남 유다 제7대 왕이요 유일한 여왕(女王)이었던 아달랴(B.C. 841-835, 재위 8년)가 남 유다 왕국에서 자행하고 있던 학정이 극에 달한 상황에서 대제사장 여호야다가 하나님이 주신 다윗 언약을 받은 다윗 왕가의 회복과 남 유다의 종교개혁을 위해 혁명을 시도하여 모든 타락의 원흉인 아달랴를 처형하고 남 유다 제8대 왕 요아스(B.C. 835-796, 재위 40년)를 옹립하는 장면을 기록하고 있다.
왕족 말살이란 이런 사건은 하나님을 떠난 북 왕국과의 무분별한 화해 정책이 가져온 화근이었다. 그러나 여호야다가 주도한 혁명으로 다윗 왕가는 다시금 신정 국가의 정통성을 계승한 남유다 왕국에 대하여 왕권을 회복 유지할 수 있게 되었다.

를 따르는 자는 칼로 죽이라 하니 제사장의 이 말은 여호와의 전에서는 그를 죽이지 말라 함이라 15 이에 무리가
그에게 길을 열어 주고 그가 왕궁 말문 어귀에 이를 때에 거기서 죽였더라

여호야다의 개혁(왕하 11:17-20)

16 여호야다가 자기와 모든 백성과 왕 사이에 언약을 세워 여호와의 백성이 되리라 한지라 17 온 국민이 바알의
신당으로 가서 그 신당을 부수고 그의 제단들과 형상들을 깨뜨리고 그 제단 앞에서 바알의 제사장 맛단을 죽이
니라 18 여호야다가 여호와의 전의 직원들을 세워 레위 제사장의 수하에 맡기니 이들은 다윗이 전에 그들의 반
열을 나누어서 여호와의 전에서 모세의 율법에 기록한 대로 여호와께 번제를 드리며 자기들의 정한 규례대로
즐거이 부르고 노래하게 하였던 자들이더라 19 또 문지기를 여호와의 전 여러 문에 두어 무슨 일에든지 부정한
모든 자는 들어오지 못하게 하고 20 백부장들과 존귀한 자들과 백성의 방백들과 그 땅의 모든 백성을 거느리고
왕을 인도하여 여호와의 전에서 내려와 윗문으로부터 왕궁에 이르러 왕을 나라 보좌에 앉히매 21 그 땅의 모든
백성이 즐거워하고 성중이 평온하더라 아달랴를 무리가 칼로 죽였었더라

역대하 24장

유다 왕 요아스(왕하 12:1-16, B.C. 853-796) 남 8대 왕

1 요아스가 왕위에 오를 때에 나이가 칠 세라 예루살렘에서 사십 년 동안
다스리니라 그의 어머니의 이름은 시비아요 브엘세바 사람이더라 2 제사
장 여호야다가 세상에 사는 모든 날에 요아스가 여호와 보시기에 정직하
게 행하였으며 3 여호야다가 그를 두 아내에게 장가들게 하였더니 자녀
를 낳았더라 4 그 후에 요아스가 여호와의 전을 보수할 뜻을 두고 5 제사
장들과 레위 사람들을 모으고 그들에게 이르되 너희는 유다 여러 성읍에
가서 모든 이스라엘에게 해마다 너희의 하나님의 전을 수리할 돈을 거두
되 그 일을 빨리 하라 하였으나 레위 사람이 빨리 하지 아니한지라 6 왕
이 대제사장 여호야다를 불러 이르되 네가 어찌하여 레위 사람들을 시켜
서 여호와의 종 모세와 이스라엘의 회중이 성막을 위하여 정한 세를 유다
와 예루살렘에서 거두게 하지 아니하였느냐 하니 7 이는 그 악한 여인 아
달랴의 아들들이 하나님의 전을 파괴하고 또 여호와의 전의 모든 성물들
을 바알들을 위하여 사용하였음이었더라 8 이에 왕이 말하여 한 궤를 만들어 여호와의 전 문 밖에 두게 하고 9 유
다와 예루살렘에 공포하여 하나님의 종 모세가 광야에서 이스라엘에게 정한 세를 여호와께 드리라 하였더니 10
모든 방백들과 백성들이 기뻐하여 마치기까지 돈을 가져다가 궤에 던지
니라 11 레위 사람들이 언제든지 궤를 메고 왕의 관리에게 가지고 가서
돈이 많은 것을 보이면 왕의 서기관과 대제사장에게 속한 관원이 와서
그 궤를 쏟고 다시 그 곳에 가져다 두었더라 때때로 이렇게 하여 돈을
많이 거두매 12 왕과 여호야다가 그 돈을 여호와의 전 감독자에게 주어
석수와 목수를 고용하여 여호와의 전을 보수하며 또 철공과 놋쇠공을
고용하여 여호와의 전을 수리하게 하였더니 13 기술자들이 맡아서 수리하는 공사가 점점 진척
되므로 하나님의 전을 이전 모양대로 견고하게 하니라 14 공사를 마친 후에 그 남은 돈을 왕과 여호
야다 앞으로 가져왔으므로 그것으로 여호와의 전에 쓸 그릇을 만들었으니 곧 섬겨 제사 드리는 그릇이며 또 숟
가락과 금은 그릇들이라 여호야다가 세상에 사는 모든 날에 여호와의 전에 항상 번제를 드렸더라

여호야다의 정책이 뒤집히다

15 여호야다가 나이가 많고 늙어서 죽으니 죽을 때에 백삼십 세라 16 무리가 다윗 성 여러 왕의 묘실 중에 장사

❖ 대하 24장

요아스의 40년에 걸친 통치 행적에 관해 기록하고 있다. 7세의 어린 나이에 남 왕국 유다의 제8대 왕이 된 요아스는 자신을 왕으로 추대한 제사장 여호야다의 도움으로 선정을 베풀었다. 그러나 제사장 여호야다가 죽자, 하나님을 버리고 우상을 숭배하기 시작한다. 그는 선지자들의 경고에도 불구하고 하나님을 떠난 생활을 하다가 결국 비참한 최후를 맞이하였다.

☞ 24장을 통해 우리는 한 사람의 지도자가 얼마나 중요한가를 뼈저리게 느낀다. 제사장 여호야다의 영향으로 유다 왕국에 평화와 번영, 안정이 찾아왔다. 그러던 그가 죽자, 유다는 다시 불안한 정세에 접하게 되었다. 우리는 의로운 삶을 살았던 여호야다의 삶을 본받아 죄악이 관영한 이 시대를 하나님의 말씀으로 개혁하는 선봉에 나서야 할 것이다.

37일~42일

하였으니 이는 그가 이스라엘과 하나님과 그의 성전에 대하여 선을 행하
였음이더라 [17] 여호야다가 죽은 후에 유다 방백들이 와서 왕에게 절하매
왕이 그들의 말을 듣고 [18] 그의 조상들의 하나님 여호와의 전을 버리고
아세라 목상과 우상을 섬겼으므로 그 죄로 말미암아 진노가 유다와 예
루살렘에 임하니라 [19] 그러나 여호와께서 그들에게 선지자를 보내사 다
시 여호와에게로 돌아오게 하려 하시매 선지자들이 그들에게 경고하였으
나 듣지 아니하니라 [20] 이에 하나님의 영이 제사장 여호야다의 아들 스가
랴를 감동시키시매 그가 백성 앞에 높이 서서 그들에게 이르되 하나님이
이같이 말씀하시기를 너희가 어찌하여 여호와의 명령을 거역하여 스스로
형통하지 못하게 하느냐 하셨나니 너희가 여호와를 버렸으므로 여호와
께서도 너희를 버리셨느니라 하나 [21] 무리가 함께 꾀하고 왕의 명령을 따
라 그를 여호와의 전 뜰 안에서 돌로 쳐죽였더라 [22] 요아스 왕이 이와 같
이 스가랴의 아버지 여호야다가 베푼 은혜를 기억하지 아니하고 그의 아들을 죽이니 그가 죽을 때에 이르되 여
호와는 감찰하시고 신원하여 주옵소서 하니라

요아스가 죽다

[23] 일 주년 말에 아람 군대가 요아스를 치려고 올라와서 유다와 예루살렘에 이르러 백성 중에서 모든 방백들을
다 죽이고 노략한 물건을 다메섹 왕에게로 보내니라 [24] 아람 군대가 적은 무리로 왔으나 여호와께서 심히 큰 군
대를 그들의 손에 넘기셨으니 이는 유다 사람들이 그들의 조상들의 하나님 여호와를 버렸음이라 이와 같이 아람
사람들이 요아스를 징벌하였더라 [25] 요아스가 크게 부상하매 적군이 그를 버리고 간 후에 그의 신하들이 제사장
여호야다의 아들들의 피로 말미암아 반역하여 그를 그의 침상에서 쳐죽인지라 다윗 성에 장사하였으나 왕들의
묘실에는 장사하지 아니하였더라 [26] 반역한 자들은 암몬 여인 시므앗의 아들 사밧과 모압 여인 시므릿의 아들 여
호사밧이더라 [27] 요아스의 아들들의 사적과 요아스가 중대한 경책을 받은 것과 하나님의 전을 보수한 사적은 다
열왕기 주석에 기록되니라 그의 아들 아마샤가 대신하여 왕이 되니라

대하 24:19 하나님께서 선지자를 보내신 목적은 이 백성이 다시 당신께 돌아오게 하는 데 있음을 분명히 밝히고 있다. 우리는 이런 하나님의 음성을, 말씀을 통해서 민감하게 들을 수 있어야 한다. 특히 징계 중에도 하나님 사랑의 음성을 들을 수 있는 믿음을 가져야 한다.
☞ **신 8:5** 너는 사람이 그 아들을 징계함 같이 네 하나님 여호와께서 너를 징계하시는 줄 마음에 생각하고
☞ **히 12:5** 또 아들들에게 권하는 것 같이 너희에게 권면하신 말씀도 잊었도다 일렀으되 내 아들아 주의 징계하심을 경히 여기지 말며 그에게 꾸지람을 받을 때에 낙심하지 말라

역대하 25장

유다 왕 아마샤(왕하 14:2-6, B.C. 796-767) 남 9대 왕

[1] 아마샤가 왕위에 오를 때에 나이가 이십오 세라 예루살렘에서 이십구
년 동안 다스리니라 그의 어머니의 이름은 여호앗단이요 예루살렘 사람
이더라 [2] 아마샤가 여호와께서 보시기에 정직하게 행하기는 하였으나 온
전한 마음으로 행하지 아니하였더라 [3] 그의 나라가 굳게 서매 그의 부왕
을 죽인 신하들을 죽였으나 [4] 그들의 자녀들은 죽이지 아니하였으니 이
는 모세의 율법책에 기록된 대로 함이라 곧 여호와께서 명령하여 이르시
기를 자녀로 말미암아 아버지를 죽이지 말 것이요 아버지로 말미암아 자
녀를 죽이지 말 것이라 오직 각 사람은 자기의 죄로 말미암아 죽을 것이니
라 하셨더라

아마샤와 에돔의 전쟁(왕하 14:7)

[5] 아마샤가 유다 사람들을 모으고 그 여러 족속을 따라 천부장들과 백부
장들을 세우되 유다와 베냐민을 함께 그리하고 이십 세 이상으로 계수하
여 창과 방패를 잡고 능히 전장에 나갈 만한 자 삼십만 명을 얻고 [6] 또 은
백 달란트로 이스라엘 나라에서 큰 용사 십만 명을 고용하였더니 [7] 어떤

✣ **대하 25장**
요아스를 뒤이어 남 유다 제9대 왕으로 즉위한 아마샤(B.C. 796-767) 재위 29년의 행적 전반을 기록하고 있다. 1-4절은 아마샤 즉위 초기의 사역 중 자기 부친 요아스를 살해한 자들(24:25)을 처단한 사실을, 5-13절은 에돔과의 전투에서 대승(大勝)을 거둔 사실을, 14-16절은 에돔 전투에서의 승리로 자만에 빠진 아마샤가 자신의 승리의 참 원인을 알지 못하고 우상 숭배에 빠진 사실을, 17-24절은 아마샤가 북이스라엘을 침공했다가 도리어 크게 패하여 북 왕국 요아스 왕에 의해 예루살렘 성벽이 400규빗 즉 약 182m 길이가 훼파되는 수치를 겪게 된 사실을, 25-28절은 신복들의 모반에 의해 아마샤가 시해된 사실을 기록한다.
그가 에돔 전투에서의 승리가 자신의 능력에서 비롯된 것인 양 착각하고 교만했을 뿐만 아니라 우상 숭배에 빠졌을 때 하나님의 징계를 받아 북 왕국 요아스 왕에게서 큰 수치를 당하였으며 또 자신의 신복들에게 살해되는 비참한 최후를 맞이했음이 강조된다.

북왕국이 남왕국을 이기다

이스라엘(북왕국)

북왕국의 여호아하스의 아들 **요아스**는 왕위에 올라 예후 왕조를 이어간다. 이 기간동안 아람이 앗수르 왕 아닷-니나리 3세에 의해 B.C. 796년에 망하게 되자 북왕국은 흥왕해 진다. 따라서 북왕국은 이 기회에 아버지 여호아하스 시절에 아람에 의해 빼앗긴 성읍들을 탈환할 수 있었다(왕하 13:24, 25). 또한 요아스는 남왕국 아마샤와의 전쟁에서 이긴다.

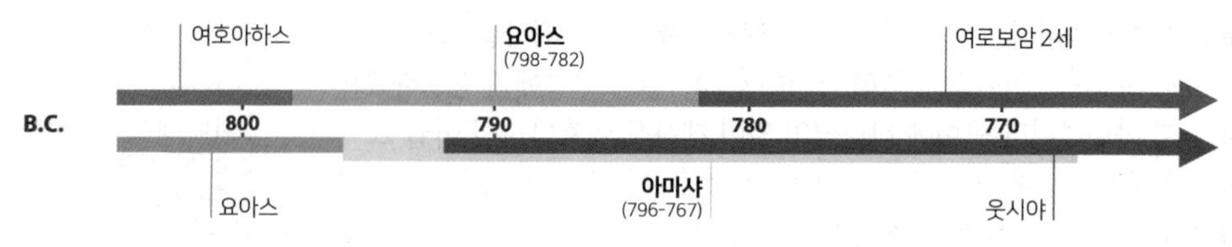

유다(남왕국)

요아스의 아들 **아마샤**는 아버지가 암살 당하자(대하 24:25) 왕위에 오른다. 그는 군사력을 키워 에돔을 무찌른다(왕하 24:5, 11). 이것을 기회로 북왕국과 전쟁을 일으키나 패전하고 만다. 유다가 벧세메스에서 이스라엘과 대치하였으나 패하여 예루살렘 일부와 성벽이 파괴되고 왕실 보물을 약탈당한다(대하 25:22-24). 이 일로 아마샤도 아버지 처럼 암살당한다(대하 25:27).

하나님의 사람이 아마샤에게 나아와서 이르되 왕이여 이스라엘 군대를
왕과 함께 가게 하지 마옵소서 여호와께서는 이스라엘 곧 온 에브라임
자손과 함께 하지 아니하시나니 8 왕이 만일 가시거든 힘써 싸우소서 하
나님이 왕을 적군 앞에 엎드러지게 하시리이다 하나님은 능히 돕기도 하
시고 능히 패하게도 하시나이다 하니 9 아마샤가 하나님의 사람에게 이
르되 내가 백 달란트를 이스라엘 군대에게 주었으니 어찌할까 하나님의
사람이 말하되 여호와께서 능히 이보다 많은 것을 왕에게 주실 수 있나이
다 하니라 10 아마샤가 이에 에브라임에서 자기에게 온 군대를 나누어 그
들의 고향으로 돌아가게 하였더니 그 무리가 유다 사람에게 심히 노하여
분연히 고향으로 돌아갔더라 11 아마샤가 담력을 내어 그의 백성을 거느
리고 소금 골짜기에 이르러 세일 자손 만 명을 죽이고 12 유다 자손이 또
만 명을 사로잡아 가지고 바위 꼭대기에 올라가서 거기서 밀쳐 내려뜨려
서 그들의 온 몸이 부서지게 하였더라 13 아마샤가 자기와 함께 전장에 나
가지 못하게 하고 돌려보낸 군사들이 사마리아에서부터 벧호론까지 유
다 성읍들을 약탈하고 사람 삼천 명을 죽이고 물건을 많이 노략하였더라
14 아마샤가 에돔 사람들을 죽이고 돌아올 때에 세일 자손의 신들을 가져
와서 자기의 신으로 세우고 그것들 앞에 경배하며 분향한지라 15 그러므
로 여호와께서 아마샤에게 진노하사 한 선지자를 그에게 보내시니 그가
이르되 저 백성의 신들이 그들의 백성을 왕의 손에서 능히 구원하지 못하
였거늘 왕은 어찌하여 그 신들에게 구하나이까 하며 16 선지자가 아직 그
에게 말할 때에 왕이 그에게 이르되 우리가 너를 왕의 모사로 삼았느냐
그치라 어찌하여 맞으려 하느냐 하니 선지자가 그치며 이르되 왕이 이 일을 행하고 나의 경고를 듣지 아니하니
하나님이 왕을 멸하시기로 작정하신 줄 아노라 하였더라

대하 25:9, 10
신앙 위인들이 하나님의 영광을 위해 버린 것들의 실례

	버린 것
아브라함	본토 친척 아비집(창 12:1)
야곱	이방 신상(창 35:2)
요셉	자기 옷(창 39:12)
모세	왕족의 신분(출 2:11-15)
룻	민족과 신(룻 1:16-22)
엘리사	열두 겨리의 소(왕상 19:19)
아마샤	은 일백 달란트(대하 25:9)
느헤미야	궁정 생활(느 1:1-3)
에스더	생명의 안전(에 4:16)
세례 요한	생명(막 6:18-29)
열두 제자	자신의 모든 것(눅 5:11, 28)
스데반	생명(행 7:58-60)
야고보	생명(행 12:1, 2)
바울	과거의 자랑거리(빌 3:4-9)
안디바	생명(계 2:13)

❖ **대하 25장**
"버림의 영성은 자기중심성 내려놓기(관점 3)와 맞물려 매우 중요한 영성이다. 여기서부터 인위 뚝! 신위 고!가 시작된다.

유다와 이스라엘의 전쟁(왕하 14:8-20)

17 유다 왕 아마샤가 상의하고 예후의 손자 여호아하스의 아들 이스라엘 왕 요아스에게 사신을 보내어 이르되
오라 서로 대면하자 한지라 18 이스라엘 왕 요아스가 유다 왕 아마샤에게 사람을 보내어 이르되 레바논 가시나

무가 레바논 백향목에게 전갈을 보내어 이르기를 네 딸을 내 아들에게 주어 아내로 삼게 하라 하였더니 레바논
들짐승이 지나가다가 그 가시나무를 짓밟았느니라 19 네가 에돔 사람들을 쳤다고 네 마음이 교만하여 자긍하는
도다 네 궁에나 있으라 어찌하여 화를 자초하여 너와 유다가 함께 망하고자 하느냐 하나 20 아마샤가 듣지 아니
하였으니 이는 하나님께로 말미암은 것이라 그들이 에돔 신들에게 구하였으므로 그 대적의 손에 넘기려 하심이
더라 21 이스라엘 왕 요아스가 올라와서 유다 왕 아마샤와 더불어 유다의 벧세메스에서 대면하였더니 22 유다가
이스라엘 앞에서 패하여 각기 장막으로 도망한지라 23 이스라엘 왕 요아스가 벧세메스에서 여호아하스의 손자
요아스의 아들 유다 왕 아마샤를 사로잡고 예루살렘에 이르러 예루살렘 성벽을 에브라임 문에서부터 성 모퉁이
문까지 사백 규빗을 헐고 24 또 하나님의 전 안에서 오벧에돔이 지키는 모든 금은과 그릇과 왕궁의 재물을 빼앗
고 또 사람들을 볼모로 잡아 가지고 사마리아로 돌아갔더라 25 이스라엘 왕 요아하스의 아들 요아스가 죽은 후
에도 유다 왕 요아스의 아들 아마샤가 십오 년 간 생존하였더라 26 아마샤의 이 외의 처음부터 끝까지의 행적은
유다와 이스라엘 열왕기에 기록되지 아니하였느냐 27 아마샤가 돌아서서 여호와를 버린 후로부터 예루살렘에서
무리가 그를 반역하였으므로 그가 라기스로 도망하였더니 반역한 무리가 사람을 라기스로 따라 보내어 그를 거
기서 죽이게 하고 28 그의 시체를 말에 실어다가 그의 조상들과 함께 유다 성읍에 장사하였더라

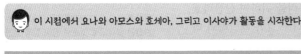

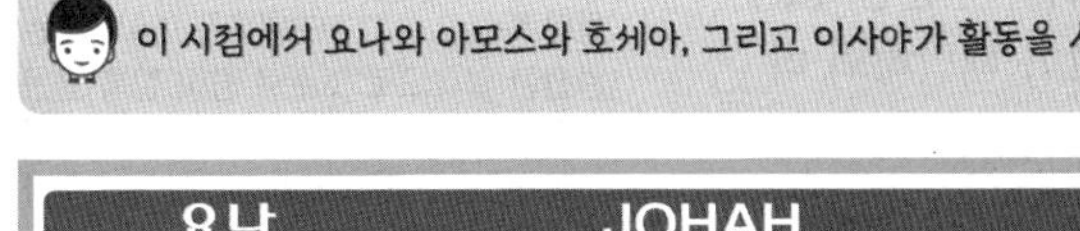

이 시점에서 요나와 아모스와 호세아, 그리고 이사야가 활동을 시작한다

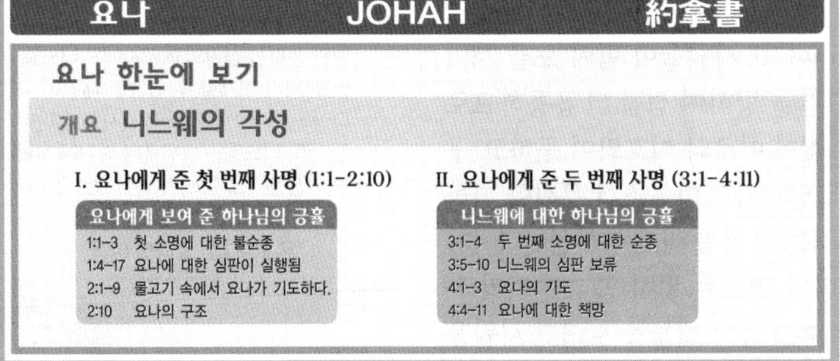

요나 JOHAH 約拿書

요나 한눈에 보기

개요 니느웨의 각성

I. 요나에게 준 첫 번째 사명 (1:1-2:10)

요나에게 보여 준 하나님의 긍휼

- 1:1-3 첫 소명에 대한 불순종
- 1:4-17 요나에 대한 심판이 실행됨
- 2:1-9 물고기 속에서 요나가 기도하다.
- 2:10 요나의 구조

II. 요나에게 준 두 번째 사명 (3:1-4:11)

니느웨에 대한 하나님의 긍휼

- 3:1-4 두 번째 소명에 대한 순종
- 3:5-10 니느웨의 심판 보류
- 4:1-3 요나의 기도
- 4:4-11 요나에 대한 책망

요나 1장~4장

요나 1장

요나가 여호와를 피하여 달아나다

1 여호와의 말씀이 아밋대의 아들 요나에게 임하니라 이르시되 2 너는 일
어나 저 큰 성읍 니느웨로 가서 그것을 향하여 외치라 그 악독이 내 앞에
상달되었음이니라 하시니라 3 그러나 요나가 여호와의 얼굴을 피하려고
일어나 다시스로 도망하려 하여 욥바로 내려갔더니 마침 다시스로 가는
배를 만난지라 여호와의 얼굴을 피하여 그들과 함께 다시스로 가려고 배
삯을 주고 배에 올랐더라 4 여호와께서 큰 바람을 바다 위에 내리시매 바
다 가운데에 큰 폭풍이 일어나 배가 거의 깨지게 된지라 5 사공들이 두려

선지서를 읽기 전에

학급 자료 38-3 "선지서 읽기 정지 작업"을

동영상 강의 38-1강과 함께 공부할 것

❖ 요나

이스라엘이 제사장 나라로 불림을 받았다는 것은(출19장) 이 세상을 구원하시는 하나님의 구원 사역에 쓰임을 받는 나라가 되었다는 것이다. 하나님은 이스라엘이 아닌 이방 나라인 니느웨를 구원하심을 통해 하나님은 이스라엘만 구원하시는 하나님이 아니라는 것을 보여 준다.

하나님께서는 바로 이 이방 구원 사역을 위해 요나(이름의 뜻은 '비둘기' 즉 평화의 상징이라는 뜻)를 부르시고, 앗수르의 사악한 수도인 니느웨에 말씀을 선포하도록 명하셨다. 그러나 요나는 이스라엘의 자존심이 발동하여, 그의 조국인 이스라엘과는 적대 관계에 있는 이방 구원 사역에 불만을 품고 여호와로부터 피하고자 니느웨로 가는 대신 다시스(지금의 스페인)로 가는 배를 탄다. 그 배는 폭풍우를 만나게 되고 미신적인 선원들은 그를 제물로 바다에 던진다. 큰 물고기 한 마리가 그를 삼킨다(1장). 그는 물고기 배 속에서 기도하며, 기도를 응답하신 하나님은 그를 해변에 밀어 올려 준다(2장). 두 번째로 하나님께서 부르신다. 니느웨는 그의 설교를 듣고 심판에서 피하게 된다(3장). 요나는 여호와께서 그의 계획을 바꾸셨기 때문에 화를 내고 우울해지며, 여호와께서는 한 식물(아마도 아주까리의 일종)이 시드는 것을 사용해서 니느웨에 있는 영혼들이 얼마나 중요한가를 보여 주신다(4장).

워하여 각각 자기의 신을 부르고 또 배를 가볍게 하려고 그 가운데 물건
들을 바다에 던지니라 그러나 요나는 배 밑층에 내려가서 누워 깊이 잠이
든지라 6 선장이 그에게 가서 이르되 자는 자여 어찌함이냐 일어나서 네
하나님께 구하라 혹시 하나님이 우리를 생각하사 망하지 아니하게 하시
리라 하니라 7 그들이 서로 이르되, 자 우리가 제비를 뽑아 이 재앙이 누구
로 말미암아 우리에게 임하였나 알아 보자 하고 곧 제비를 뽑으니 제비가
요나에게 뽑힌지라 8 무리가 그에게 이르되 청하건대 이 재앙이 누구 때
문에 우리에게 임하였는가 말하라 네 생업이 무엇이며 네가 어디서 왔으
며 네 나라가 어디며 어느 민족에 속하였느냐 하니 9 그가 대답하되 나는
히브리 사람이요 바다와 육지를 지으신 하늘의 하나님 여호와를 경외하
는 자로라 하고 10 자기가 여호와의 얼굴을 피함인 줄을 그들에게 말하였
으므로 무리가 알고 심히 두려워하여 이르되 네가 어찌하여 그렇게 행하

였느냐 하니라 11 바다가 점점 흉
용한지라 무리가 그에게 이르되
우리가 너를 어떻게 하여야 바
다가 우리를 위하여 잔잔하겠
느냐 하니 12 그가 대답하되 나
를 들어 바다에 던지라 그리하
면 바다가 너희를 위하여 잔잔하리라 너희가 이 큰 폭풍을 만난 것이 나
때문인 줄을 내가 아노라 하니라 13 그러나 그 사람들이 힘써 노를 저어
배를 육지로 돌리고자 하다가 바다가 그들을 향하여 점점 더 흉용하므로
능히 못한지라 14 무리가 여호와께 부르짖어 이르되 여호와여 구하고 구
하오니 이 사람의 생명 때문에 우리를 멸망시키지 마옵소서 무죄한 피를
우리에게 돌리지 마옵소서 주 여호와께서는 주의 뜻대로 행하심이니이다
하고 15 요나를 들어 바다에 던지매 바다가 뛰노는 것이 곧 그친지라 16
그 사람들이 여호와를 크게 두려워하여 여호와께 제물을 드리고 서원을
하였더라

요나의 기도

17 여호와께서 이미 큰 물고기를 예비하사 요나를 삼키게 하셨으므로 요
나가 밤낮 삼 일을 물고기 뱃속에 있으니라

요나 2장

1 요나가 물고기 뱃속에서 그의 하나님 여호와께 기도하여 2 이르되 내가
받는 고난으로 말미암아 여호와께 불러 아뢰었더니 주께서 내게 대답하
셨고 내가 스올의 뱃속에서 부르짖었더니 주께서 내 음성을 들으셨나이
다 3 주께서 나를 깊음 속 바다 가운데에 던지셨으므로 큰 물이 나를 둘
렀고 주의 파도와 큰 물결이 다 내 위에 넘쳤나이다 4 내가 말하기를 내가
주의 목전에서 쫓겨났을지라도 다시 주의 성전을 바라보겠다 하였나이다
5 물이 나를 영혼까지 둘렀사오며 깊음이 나를 에워싸고 바다 풀이 내 머
리를 감쌌나이다 6 내가 산의 뿌리까지 내려갔사오며 땅이 그 빗장으로

❖ **요나의 시대적 상황**
요나가 활동하던 당시의 북이스라엘은 통일 왕국 솔로몬과 다윗 시대의 번영에 비견될 만큼의 번영을 누리던 시대로 그 지계(地界)가 하맛에까지 이르렀다. 한편 당시 앗수르는 살만에셀 3세(Shalmaneser Ⅲ, B.C. 783-773) 앗술단 3세 (Assurdayan Ⅲ, B.C. 773-755년), 앗술니나리 2세 (Assurminari Ⅱ, B.C. 755-745년) 등의 왕들에 의해 통치되던 시대로서 이전의 왕의 통치 시대에 비해 국력이 다소 약화된 때였다. 이는 북방의 신흥 국가인 아라랏과의 전쟁이 장기화한 것이 가장 큰 이유지만 실상 가상으로 B.C. 765-759년경에 큰 전염병이 돌아 많은 사람이 죽었고, B.C. 763년 6월 15일경에는 완전한 일식으로 앗수르 땅이 칠흑 같은 어둠에 휩싸이는 불길한 징조로 인하여 민심이 상당히 동요되었기 때문이다. 그러나 이것은 역으로 요나 선지자가 단 하루 동안만 전파한 심판의 메시지에도 니느웨 거민 전체가 회개할 수 있었던 배경이 되었다. 즉 요나가 심판의 메시지를 전파하기 전 이미 니느웨는 소위 추수하기에 적합한 '희어진 밭' (요 4:35)이 되어 있었다.

욘 1:3-3:2 요나의 여정

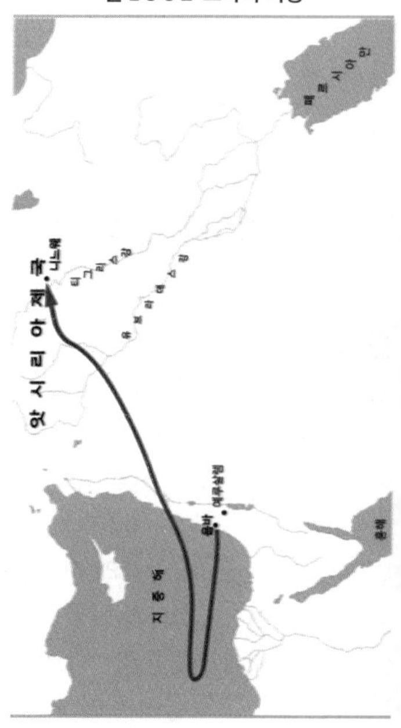

37일~
42일

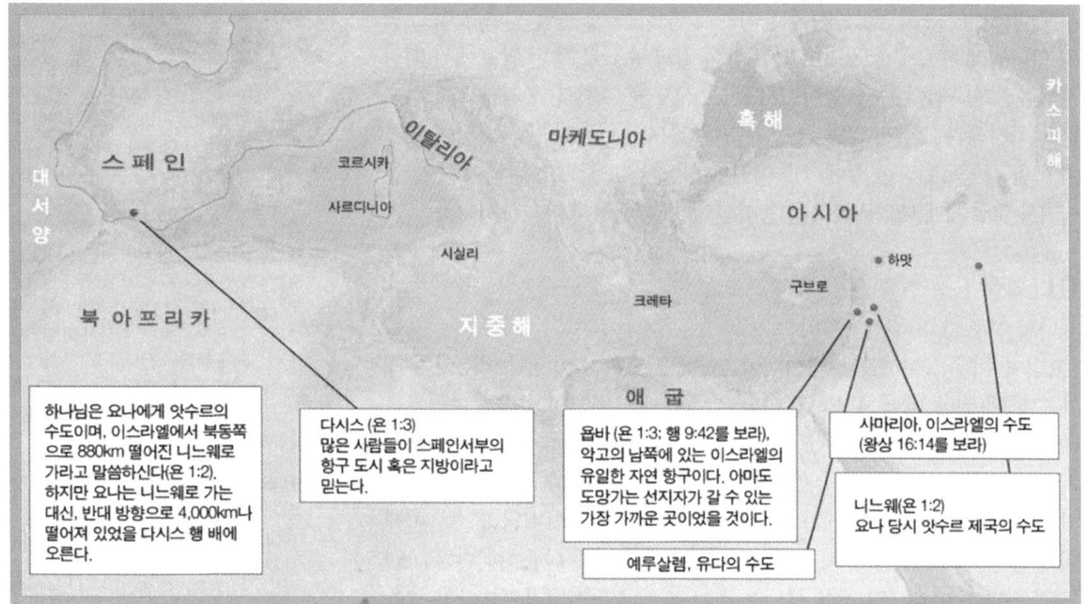

대서양
스페인
코르시카
사르디니아
이탈리아
마케도니아
흑해
카스피해
아시아
시실리
하맛
구브로
크레타
북 아프리카
지중해
애굽
하나님은 요나에게 앗수르의 수도이며, 이스라엘에서 북동쪽으로 880km 떨어진 니느웨로 가라고 말씀하신다(욘 1:2). 하지만 요나는 니느웨로 가는 대신, 반대 방향으로 4,000km나 떨어져 있었을 다시스 행 배에 오른다.
다시스 (욘 1:3) 많은 사람들이 스페인서부의 항구 도시 혹은 지방이라고 믿는다.
욥바 (욘 1:3; 행 9:42를 보라), 악고의 남쪽에 있는 이스라엘의 유일한 자연 항구이다. 아마도 도망가는 선지자가 갈 수 있는 가장 가까운 곳이었을 것이다.
예루살렘, 유다의 수도
사마리아, 이스라엘의 수도 (왕상 16:14를 보라)
니느웨(욘 1:2) 요나 당시 앗수르 제국의 수도

나를 오래도록 막았사오나 나의 하나님 여호와여 주께서 내 생명을 구덩
이에서 건지셨나이다 7 내 영혼이 내 속에서 피곤할 때에 내가 여호와를
생각하였더니 내 기도가 주께 이르렀사오며 주의 성전에 미쳤나이다 8 거
짓되고 헛된 것을 숭상하는 모든 자는 자기에게 베푸신 은혜를 버렸사오
나 9 나는 감사하는 목소리로 주께 제사를 드리며 나의 서원을 주께 갚겠
나이다 구원은 여호와께 속하였나이다 하니라 10 여호와께서 그 물고기
에게 말씀하시매 요나를 육지에 토하니라

요나 3장

니느웨 백성의 회개

1 여호와의 말씀이 두 번째로 요나에게 임하니라 이르시되 2 일어나 저 큰
성읍 니느웨로 가서 내가 네게 명한 바를 그들에게 선포하라 하신지라 3
요나가 여호와의 말씀대로 일어나서 니느웨로 가니라 니느웨는 사흘 동
안 걸을 만큼 하나님 앞에 큰 성읍이더라 4 요나가 그 성읍에 들어가서 하
루 동안 다니며 외쳐 이르되 사십 일이 지나면 니느웨가 무너지리라 하였
더니 5 니느웨 사람들이 하나님을 믿고 금식을 선포하고 높고 낮은 자를
막론하고 굵은 베 옷을 입은지라 6 그 일이 니느웨 왕에게 들리매 왕이 보
좌에서 일어나 왕복을 벗고 굵은 베 옷
을 입고 재 위에 앉으니라 7 왕과 그
의 대신들이 조서를 내려 니느웨에
선포하여 이르되 사람이나 짐승이나
소 떼나 양 떼나 아무것도 입에 대지
말지니 곧 먹지도 말 것이요 물도 마

✣ 요나서의 구속사적 메시지

우리는 태초부터 종말까지 한순간의 단절됨도 없이 연속적으로 이어지는 구속사의 원동력에 관한 구속사적 진리를 새롭게 인식할 필요가 있다.

태초에 인류의 조상 아담이 죄를 범했을 때 여호와 하나님은 아담과 맺으신 선악과 행위언약(行爲言約)의 법에 따라 마땅히 그에게 즉각적으로 죽음의 형벌을 내리셔야 했었다. 그런데도 하나님께서 아담을 비롯하여 그의 후손인 전 인류에게 다시금 영생(永生)을 얻을 기회로 은혜 언약(恩惠言約)의 법인 구속의 법(法)을 세우신 것은 아담의 그 무엇에 의해서가 아닌 오직 여호와 하나님의 무한한 은혜와 자비로 말미암은 것이다. 그리고 이 구속의 법의 성취자로서 제2위 성자(God, The Son) 예수 그리스도를 이 땅에 보내시기까지 구약 시대 동안 내내 그리스도와 그의 구속 사역에 대한 예언과 예표를 주시다가 급기야 신약 시대에 이르러 성취하심으로써 단 한 번도 구속사가 단절됨 없이 지속되어 온 것도 구속의 주체이신 여호와 하나님의 언약에 대한 성실하심과 무한한 은총 때문이었다. 그리고 무엇보다 단 하나뿐인 독생자 예수 그리스도를 태초에 세우신 선악과 행위언약의 법에 따른 전 인류의 죗값을 치르기 위한 대속물로 내어주사(막 10:45) 십자가 희생을 당하게 하신 것에서 우리는 여호와 하나님의 구속사적 은총의 극치를 발견한다(롬 8:31, 32).

☞ 이러한 중대한 구속사적 진리를 올바로 인식하지 못했던 요나 선지자를 비롯한 이

시지 말 것이며 8 사람이든지 짐승이든지 다 굵은 베 옷을 입을 것이요 힘
써 하나님께 부르짖을 것이며 각기 악한 길과 손으로 행한 강포에서 떠날
것이라 9 하나님이 뜻을 돌이키시고 그 진노를 그치사 우리가 멸망하지
않게 하시리라 그렇지 않을 줄을 누가 알겠느냐 한지라 10 하나님이 그들
이 행한 것 곧 그 악한 길에서 돌이켜 떠난 것을 보시고 하나님이 뜻을 돌
이키사 그들에게 내리리라고 말씀하신 재앙을 내리지 아니하시니라

요나 4장

요나의 분노와 하나님의 자비

1 요나가 매우 싫어하고 성내며 2 여호와께 기도하여 이르되 여호와여 내
가 고국에 있을 때에 이러하겠다고 말씀하지 아니하였나이까 그러므로
내가 빨리 다시스로 도망하였사오니 주께서는 은혜로우시며 자비로우시
며 노하기를 더디하시며 인애가 크시사 뜻을 돌이켜 재앙을 내리지 아니
하시는 하나님이신 줄을 내가 알았음이니이다 3 여호와여 원하건대 이제
내 생명을 거두어 가소서 사는 것보다 죽는 것이 내게 나음이니이다 하니
4 여호와께서 이르시되 네가 성내는 것이 옳으냐 하시니라 5 요나가 성읍
에서 나가서 그 성읍 동쪽에 앉아 거기서 자기를 위하여 초막을 짓고 그
성읍에 무슨 일이 일어나는가를 보려고 그 그늘 아래에 앉았더라 6 하나님
여호와께서 박넝쿨을 예비하사 요나를 가리
게 하셨으니 이는 그의 머리를 위하여 그늘
이 지게 하며 그의 괴로움을 면하게 하려 하심이
었더라 요나가 박넝쿨로 말미암아 크게 기뻐하였더
니 7 하나님이 벌레를 예비하사 이튿날 새벽에 그 박
넝쿨을 갉아먹게 하시매 시드니라 8 해가 뜰 때에 하
나님이 뜨거운 동풍을 예비하셨고 해는 요나의 머리에 쪼이매 요나가 혼
미하여 스스로 죽기를 구하여 이르되 사는 것보다 죽는 것이 내게 나으니
이다 하니라 9 하나님이 요나에게 이르시되 네가 이 박넝쿨로 말미암아
성내는 것이 어찌 옳으냐 하시니 그가 대답하되 내가 성내어 죽기까지 할
지라도 옳으니이다 하니라 10 여호와께서 이르시되 네가 수고도 아니하
였고 재배도 아니하였고 하룻밤에 났다가 하룻밤에 말라 버린 이 박넝쿨
을 아꼈거든 11 하물며 이 큰 성읍 니느웨에는 좌우를 분변하지 못하는 자가 십이만여 명이요 가축도 많이 있나
니 내가 어찌 아끼지 아니하겠느냐 하시니라

아모스 1장~9장

아모스 1장

1 유다 왕 웃시야의 시대 곧 이스라엘 왕 요아스의 아들 여로보암의 시대 지진 전 이년에 드고아 목자 중 아모스
가 이스라엘에 대하여 이상으로 받은 말씀이라 2 그가 이르되 여호와께서 시온에서부터 부르짖으시며 예루살렘
에서부터 소리를 내시리니 목자의 초장이 마르고 갈멜 산 꼭대기가 마르리로다

스라엘 백성들이 배타적이고 편협한 선민 의식에 빠졌던 것은 어쩌면 당연한 일인지도 모른다. 그래서 오늘날의 우리 성도들도 이 같은 구속사적 진리를 올바로 인식하지 못할 때 이스라엘 백성과 동일한 아집과 편견에 사로잡히게 될 것이며, 나아가 태초부터 종말까지 이어지는 구속사의 한 도정(道程)에서 자신에게 부여된바 구속사적 사명(使命)을 망각하기가 십상이다. 그러므로 이 시간 우리 자신을 보다 진지한 태도로 돌아보자. 그리고 무조건적인 하나님의 구속사적 은총을 받은 빚진 자로서 할 수 있는 대로 "땅끝까지 이르러 세계 만민에게 복음을 전파하라"(마 28:18-20, 행 1:8)는 주님의 지상 대명(The Great Commission)을 수행하기 위해 최선을 다하자.

❖ **요나의 문제는? = 요컨대 나의 문제인 것을...**
- 하나님의 제사장 나라의 의미를 잘못 이해한 자
- 하나님의 뜻과 나의 뜻이 상충될 때 나의 뜻을 고집하는 자기중심성

요나서
학급 자료 38-4 "요나서의 3가지 해석법" 참조

❖ 요나서는 open-ended story를 보여 주는 책이다. 사도행전도 그런 구도를 보여 준다. 복음 전파에는 예수님 재림할 때 중단 없이 이루어져야 한다는 것을 보여 준다는 것을 명심하라.

❖ 요나서는 구약에서 사탄이 가장 싫어하는 3권의 책 중의 하나이다.
1) **창 세 기** : 여자의 후손 중에 사탄을 이길 자가 온다고 한 책(창 3:15)
2) **다니엘서** : 예수님의 영광스러운 재림을 예언한 책(단 7:13-14)
3) **요 나 서** : 예수님의 죽음과 부활을 예표한 책(요나 2장과 마태 12:38-41)

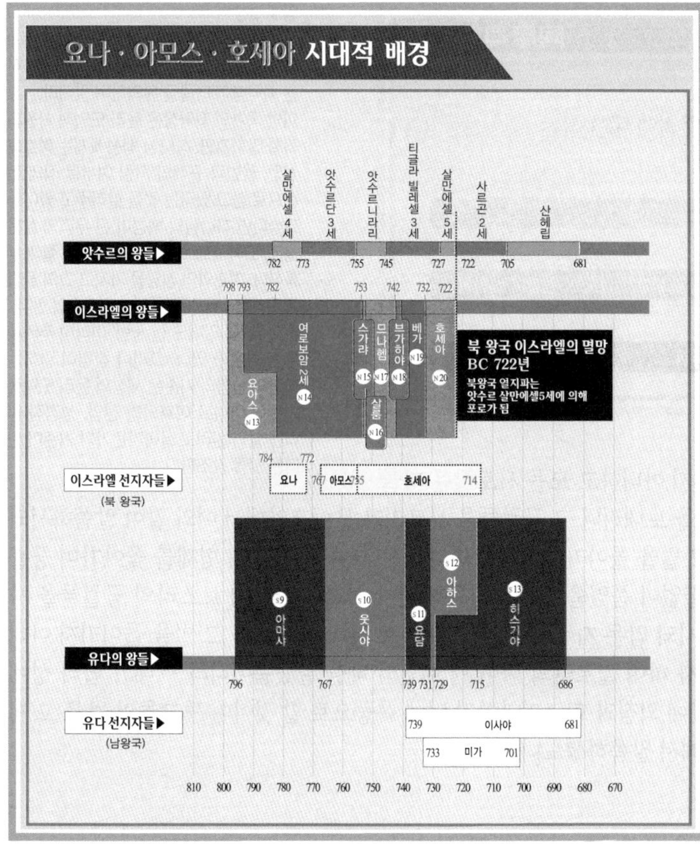

이스라엘 이웃 나라들에 내리신 벌

3 여호와께서 이와 같이 말씀하시되 다메섹의 서너 가지 죄로 말미암아
내가 그 벌을 돌이키지 아니하리니 이는 그들이 철 타작기로 타작하듯 길
르앗을 압박하였음이라 4 내
가 하사엘의 집에 불을 보내
리니 벤하닷의 궁궐들을 사
르리라 5 내가 다메섹의 빗

장을 꺾으며 아웬 골짜기에서 그
주민들을 끊으며 벧에덴에서 규
잡은 자를 끊으리니 아람 백성이 사로잡혀 기르에 이르리라 여호와께서
말씀하셨느니라 6 여호와께서 이와 같이 말씀하시되 가사의 서너 가지 죄
로 말미암아 내가 그 벌을 돌이키지 아니하리니 이는 그들이 모든 사로잡
은 자를 끌어 에돔에 넘겼음이라 7 내가 가사 성에 불을 보내리니 그 궁궐
들을 사르리라 8 내가 또 아스돗에서 그 주민들과 아스글론에서 규를 잡
은 자를 끊고 또 손을 돌이켜 에그론을 치리니 블레셋의 남아 있는 자가
멸망하리라 주 여호와께서 말씀하셨느니라 9 여호와께서 이와 같이 말씀
하시되 두로의 서너 가지 죄로 말미암아 내가 그 벌을 돌이키지 아니하리

❖ 아모스의 시대적 배경

선지자 아모스가 활동하던 때는 남유다 왕 웃시야와 북이스라엘 왕 여로보암 2세가 통치하던 때로서 양국 다 다윗과 솔로몬의 통일 왕국 이후 정치적, 경제적 최전성기를 누리고 있었다. 이러한 번영은 북왕국 이스라엘을 위협하던 아람 왕 벤하닷 3세 (Ben-Hadad III, B.C.796-776)가 신흥 제국 앗수르에 패하여 그 세력이 급격히 쇠퇴하였고 이때를 틈타 여로보암 2세가 아람을 공격하여 그 영토를 하맛까지 확장시킴으로써 이룩한 것이었다. 그러나 이러한 정치, 경제적 번영은 역으로 전례가 없을 정도의 종교적, 도덕적 부패 현상을 초래하였다(암 2:6-8, 5:11-12). 이러한 퇴폐풍조는 상류 계층의 타락과 아울러 정의의 와해(瓦解)를 포함한 사회 전반에 걸친 부패였다. 바로 이러한 때에 아모스는 남 왕국 유다 출신으로서 남 유다보다 상대적으로 타락 상황이 심각했던 북 왕국 이스라엘을 향하여 하나님의 공의의 회복을 외쳤다.

☞ 아모스는 선지자 영성을 강조한다. 하나님과의 관계(제사장 영성)는 이웃과의 아름다운 관계(선지자 영성)에서 완성된다는 사실을 명심해야 한다.

❖ 아모스서에서 보는 사회 부정의(부패)의 문제

- 가난한 자들의 억압 (빈익빈 부익부) - 4:1
- 불공정한 재판 – 5:10-13
- 초호화판 생활 – 6:4-6
- 불공정한 거래 – 8:4-6

☞ **암 5:24** "오직 정의를 물같이, 공의를 마르지 않는 강같이 흐르게 할지어다"

암 1:1 드고아 위치

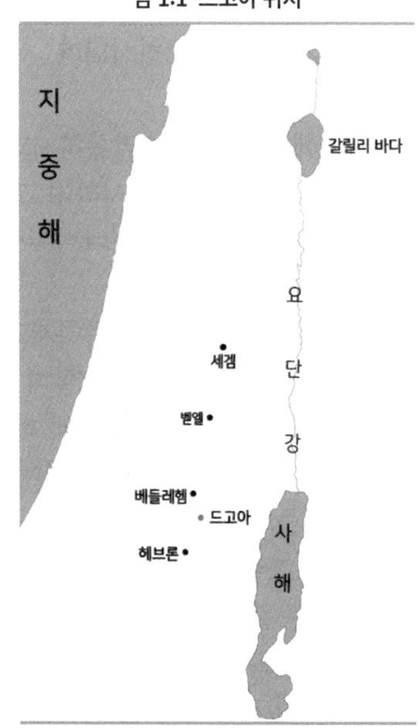

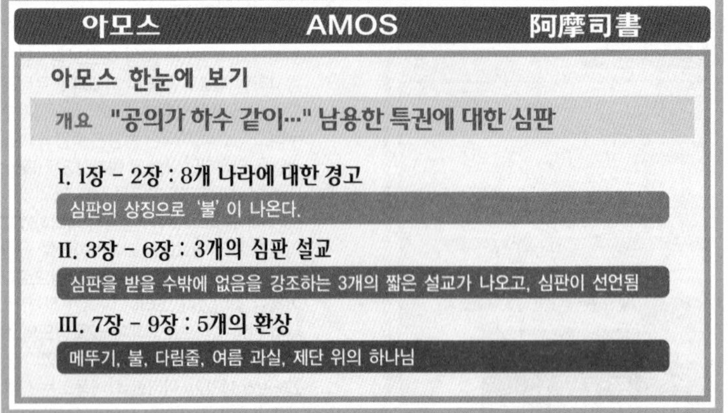
아모스 AMOS 阿摩司書

아모스 한눈에 보기

개요 "공의가 하수 같이…" 남용한 특권에 대한 심판

I. 1장 – 2장 : 8개 나라에 대한 경고

심판의 상징으로 '불'이 나온다.

II. 3장 – 6장 : 3개의 심판 설교

심판을 받을 수밖에 없음을 강조하는 3개의 짧은 설교가 나오고, 심판이 선언됨

III. 7장 – 9장 : 5개의 환상

메뚜기, 불, 다림줄, 여름 과실, 제단 위의 하나님

❖ 암 1~3장
6개국의 이방 나라와 북왕국 이스라엘과 남 왕국 유다의 하나님 백성들에게 경고하는 죄악상이 다름을 유의하며 읽어라.
이방 국가의 죄악상은 윤리 도덕적 차원의 죄를 말하지만, 하나님 백성에게는 여호와 신앙, 율법과 규례의 지킴 여부를 죄의 기준으로 삼고 있다는 것을 밝혀주고 있다.
그렇다면 하나님의 백성이 된 우리의 삶은 윤리, 도덕적으로 깨끗한 것으로는 절대 부족하다. 여호와의 신앙을 가지고 그의 율법과 규례를 "지켜 행함"이 수반되어야 한다.
흔히 "법이 없어도 살 사람"이라며 추켜세우는 경우가 있다. 그러나 성경이 말하는 착함과 선함의 기준은 세상의 윤리 도덕적 기준이 아니고 여호와의 신앙, 성경적 원리를 삶의 원리로 살아가는가가 기준이 된다는 것을 강조한다.

니 이는 그들이 그 형제의 계약을 기억하지 아니하고 모든 사로잡은 자를
에돔에 넘겼음이라 10 내가 두로 성에 불을 보내리니 그 궁궐들을 사르리라 11 여호와께서 이와 같이 말씀하시되
에돔의 서너 가지 죄로 말미암아 내가 그 벌을 돌이키지 아니하리니 이는 그가 칼로 그의 형제를 쫓아가며 긍휼
을 버리며 항상 맹렬히 화를 내며 분을 끝없이 품었음이라 12 내가 데만에 불을 보내리니 보스라의 궁궐들을 사
르리라 13 여호와께서 이와 같이 말씀하시되 암몬 자손의 서너 가지 죄로 말미암아 내가 그 벌을 돌이키지 아니
하리니 이는 그들이 자기 지경을 넓히고자 하여 길르앗의 아이 밴 여인의 배를 갈랐음이니라 14 내가 랍바 성에
불을 놓아 그 궁궐들을 사르되 전쟁의 날에 외침과 회오리바람의 날에 폭풍으로 할 것이며 15 그들의 왕은 그 지
도자들과 함께 사로잡혀 가리라 여호와께서 말씀하셨느니라

아모스 2장

1 여호와께서 이와 같이 말씀하시되 모압의 서너 가지 죄로 말미암아 내가 그 벌을 돌이키지 아니하리니 이는 그
가 에돔 왕의 뼈를 불살라 재를 만들었음이라 2 내가 모압에 불을 보내리니 그리욧 궁궐들을 사르리라 모압이
요란함과 외침과 나팔 소리 중에서 죽을 것이라 3 내가 그 중에서 재판장을 멸하며 지도자들을 그와 함께 죽이
리라 여호와께서 말씀하시니라

유다에 내리신 벌

4 여호와께서 이와 같이 말씀하시되 유다의 서너 가지 죄로 말미암아 내가 그 벌을 돌이키지 아니하리니 이는 그
들이 여호와의 율법을 멸시하며 그 율례를 지키지 아니하고 그의 조상들이 따라가던 거짓 것에 미혹되었음이라
5 내가 유다에 불을 보내리니 예루살렘의 궁궐들을 사르리라

이스라엘에 내리신 벌

6 여호와께서 이와 같이 말씀하시되 이스라엘의 서너 가지 죄로 말미암아 내가 그 벌을 돌이키지 아니하리니 이
는 그들이 은을 받고 의인을 팔며 신 한 켤레를 받고 가난한 자를 팔며 7 힘없는 자의 머리를 티끌 먼지 속에 발
로 밟고 연약한 자의 길을 굽게 하며 아버지와 아들이 한 젊은 여인에게
다녀서 내 거룩한 이름을 더럽히며 8 모든 제단 옆에서 전당 잡은 옷 위에
누우며 그들의 신전에서 벌금으로 얻은 포도주를 마심이니라 9 내가 아모
리 사람을 그들 앞에서 멸하였나니 그 키는 백향목 높이와 같고 강하기는
상수리나무 같으나 내가 그 위의 열매와 그 아래의 뿌리를 진멸하였느니
라 10 내가 너희를 애굽 땅에서 이끌어 내어 사십 년 동안 광야에서 인도
하고 아모리 사람의 땅을 너희가 차지하게 하였고 11 또 너희 아들 중에

암 2:8 "전당 잡힌 옷"은 돈을 갚지 못해도 저녁 전에는 돌려주어야 한다. 왜냐하면 그 옷은 그들의 이불이 되기 때문이다(출 22:26-27, 신 24:12-15).
그 옷을 방석 삼아 술을 마시고 있는 자들의 이웃 사랑은 무엇인가?
오늘 이 시대도 마찬가지인 듯하다.

서 선지자를, 너희 청년 중에서 나실인을 일으켰나니 이스라엘 자손들아 과연 그렇지 아니하냐 이는 여호와의 말
씀이니라 12 그러나 너희가 나실 사람으로 포도주를 마시게 하며 또 선지자에게 명령하여 예언하지 말라 하였느
니라 13 보라 곡식 단을 가득히 실은 수레가 흙을 누름 같이 내가 너희를 누르리니 14 빨리 달음박질하는 자도 도
망할 수 없으며 강한 자도 자기 힘을 낼 수 없으며 용사도 자기 목숨을 구할 수 없으며 15 활을 가진 자도 설 수 없
으며 발이 빠른 자도 피할 수 없으며 말 타는 자도 자기 목숨을 구할 수 없고 16 용사 가운데 그 마음이 굳센 자도
그 날에는 벌거벗고 도망하리라 여호와의 말씀이니라

아모스 3장

여호와의 말씀을 받은 선지자

1 이스라엘 자손들아 여호와께서 너희에 대하여 이르시는 이 말씀을 들으
라 애굽 땅에서 인도하여 올리신 모든 족속에 대하여 이르시기를 2 내가
땅의 모든 족속 가운데 너희만을 알았나니 그러므로 내가 너희 모든 죄
악을 너희에게 보응하리라 하셨나니 3 두 사람이 뜻이 같지 않은데 어찌
동행하겠으며 4 사자가 움킨 것이 없는데 어찌 수풀에서 부르짖겠으며 젊
은 사자가 잡은 것이 없는데 어찌 굴에서 소리를 내겠느냐 5 덫을 땅에 놓
지 않았는데 새가 어찌 거기 치이겠으며 잡힌 것이 없는데 덫이 어찌 땅
에서 튀겠느냐 6 성읍에서 나팔이 울리는데 백성이 어찌 두려워하지 아니
하겠으며 여호와의 행하심이 없는데 재앙이 어찌 성읍에 임하겠느냐 7 **주
여호와께서는 자기의 비밀을 그 종 선지자들에게 보이지 아니하시고는
결코 행하심이 없으시리라** 8 사자가 부르짖은즉 누가 두려워하지 아니하
겠느냐 주 여호와께서 말씀하신즉 누가 예언하지 아니하겠느냐

사마리아에 내리신 벌

9 아스돗의 궁궐들과 애굽 땅의 궁궐들에 선포하여 이르기를 너희는 사
마리아 산들에 모여 그 성 중에서 얼마나 큰 요란함과 학대함이 있나 보
라 하라 10 자기 궁궐에서 포학과 겁탈을 쌓는 자들이 바른 일 행할 줄을
모르느니라 여호와의 말씀이니라 11 그러므로 주 여호와께서 이와 같이
말씀하시되 이 땅 사면에 대적이 있어 네 힘을 쇠하게 하며 네 궁궐을 약
탈하리라 12 여호와께서 이와 같이 말씀하시되 목자가 사자 입에서 양의
두 다리나 귀 조각을 건져냄과 같이 사마리아에서 침상 모서리에나 걸상
의 방석에 앉은 이스라엘 자손도 건져냄을 입으리라 13 주 여호와 만군의
하나님의 말씀이니라 너희는 듣고 야곱의 족속에게 증언하라 14 내가 이스라엘의 모든 죄를 보응하는 날에 벧
엘의 제단들을 벌하여 그 제단의 뿔들을 꺾어 땅에 떨어뜨리고 15 겨울 궁과 여름 궁을 치리니 상아 궁들이 파괴
되며 큰 궁들이 무너지리라 여호와의 말씀이니라

> 암 3:1-10 애굽에서 인도해서 그들을 선택하셨다는 것은 불순종해도 좋다는 면죄부가 아니고 오히려 책임을 부여받았다는 뜻이다. 그 책임을 감당하지 못할 때 거기에 상응하는 대가를 받는 것은 당연하다. 하나님이 이스라엘 백성을 심판하심이 당연하다. "선택은 책임을 수반한다."라는 사실을 묵상하라.
> ☞ **요 15:16** 너희가 나를 택한 것이 아니요 내가 너희를 택하여 세웠나니 이는 너희로 가서 열매를 맺게 하고 또 너희 열매가 항상 있게 하여 내 이름으로 아버지께 무엇을 구하든지 다 받게 하려 함이라
> ☞ **엡 1:4** 곧 창세 전에 그리스도 안에서 우리를 택하사 우리로 사랑 안에서 그 앞에 거룩하고 흠이 없게 하시려고
> ☞ **벧전 2:4-5, 9** 사람에게는 버린 바가 되었으나 하나님께는 택하심을 입은 보배로운 산돌이신 예수께 나아가 너희도 산돌 같이 신령한 집으로 세워지고 예수 그리스도로 말미암아 하나님이 기쁘게 받으실 신령한 제사를 드릴 거룩한 제사장이 될지니라
> 그러나 너희는 택하신 족속이요 왕 같은 제사장들이요 거룩한 나라요 그의 소유가 된 백성이니 이는 너희를 어두운 데서 불러내어 그의 기이한 빛에 들어가게 하신 이의 아름다운 덕을 선포하게 하려 하심이라

아모스 4장

1 사마리아의 산에 있는 바산의 암소들아 이 말을 들으라 너희는 힘없는
자를 학대하며 가난한 자를 압제하며 가장에게 이르기를 술을 가져다가
우리로 마시게 하라 하는도다 2 주 여호와께서 자기의 거룩함을 두고 맹
세하시되 때가 너희에게 이를지라 사람이 갈고리로 너희를 끌어가며 낚
시로 너희의 남은 자들도 그리하리라 3 너희가 성 무너진 데를 통하여 각

> 암 4:1 나는 이 시대의 "바산의 암소"같은 삶을 살고 있지 않는지..
> ☞ **잠 1:19** 이익을 탐하는 모든 자의 길은 다 이러하여 자기의 생명을 잃게 하느니라
> ☞ **딤전 6:9** 부하려 하는 자들은 시험과 올무와 여러 가지 어리석고 해로운 욕심에 떨어지나니 곧 사람으로 파멸과 멸망에 빠지게 하는 것이라

기 앞으로 바로 나가서 하르몬에 던져지리라 여호와의 말씀이니라

돌아오지 아니하는 백성 이스라엘

4 너희는 벧엘에 가서 범죄하며 길갈에 가서 죄를 더하며 아침마다 너희
희생을, 삼일마다 너희 십일조를 드리며 5 누룩 넣은 것을 불살라 수은제
로 드리며 낙헌제를 소리내어 선포하려무나 이스라엘 자손들아 이것이
너희가 기뻐하는 바니라 주 여호와의 말씀이니라 6 또 내가 너희 모든 성
읍에서 너희 이를 깨끗하게 하며 너희의 각 처소에서 양식이 떨어지게 하
였으나 너희가 내게로 돌아오
지 아니하였느니라 여호와
의 말씀이니라 7 또 추
수하기 석 달 전에 내가
너희에게 비를 멈추게
하여 어떤 성읍에는 내리
고 어떤 성읍에는 내리지 않게
하였더니 땅 한 부분은 비를 얻고 한 부분은 비를 얻지 못하여 말랐으매
8 두 세 성읍 사람이 어떤 성읍으로 비틀거리며 물을 마시러 가서 만족하
게 마시지 못하였으나 너희가 내게로 돌아오지 아니하였느니라 여호와
의 말씀이니라 9 내가 곡식을 마르게 하는 재앙과 깜부기 재앙으로 너희
를 쳤으며 팥중이로 너희의 많은 동산과 포도원과 무화과나무와 감람나
무를 다 먹게 하였으나 너희가 내게로 돌아오지 아니하였느니라 여호와
의 말씀이니라 10 내가 너희 중에 전염병 보내기를 애굽에서 한 것처럼 하
였으며 칼로 너희 청년들을 죽였으며 너희 말들을 노략하게 하며 너희 진
영의 악취로 코를 찌르게 하였으나 너희가 내게로 돌아오지 아니하였느
니라 여호와의 말씀이니라 11 내가 너희 중의 성읍 무너뜨리기를 하나님인 내가 소돔과 고모라를 무너뜨림 같이
하였으므로 너희가 불붙는 가운데서 빼낸 나무 조각 같이 되었으나 너희가 내게로 돌아오지 아니하였느니라 여
호와의 말씀이니라 12 그러므로 이스라엘아 내가 이와 같이 네게 행하리라 내가 이것을 네게 행하리니 이스라엘
아 네 하나님 만나기를 준비하라 13 보라 산들을 지으며 바람을 창조하며 자기 뜻을 사람에게 보이며 아침을 어
둡게 하며 땅의 높은 데를 밟는 이는 그의 이름이 만군의 하나님 여호와시니라

암 4:1 갈고리로 입을 꿰인 포로

❖ 암 4장
위의 그림은 이스라엘이 망해 앗수르에 의해 끌려갈 상황을 보여 준다. 이 2절의 상황은 B.C. 722년에 일어난다.
6-11절은 회개의 기회가 주어진 이스라엘이 완악해서 회개하지 않는 경우를 지적하고 있다. 그 결과가 바로 2절의 상황인 것이다.
우리도 회개의 기회를 놓치고 있지는 않는가?

아모스
학습 자료 38-5
"아모스 묵상"을 깊이 공부할 것

아모스 5장

애가

1 이스라엘 족속아 내가 너희에게 대하여 애가로 지은 이 말을 들으라 2 처녀 이스라엘이 엎드러졌음이여 다시
일어나지 못하리로다 자기 땅에 던지움이여 일으킬 자 없으리로다 3 주 여호와께서 이와 같이 말씀하시되 이스
라엘 중에서 천 명이 행군해 나가던 성읍에는 백 명만 남고 백 명이 행군해 나가던 성읍에는 열 명만 남으리라
하셨느니라

여호와를 찾으라

4 여호와께서 이스라엘 족속에게 이와 같이 말씀하시기를 너희는 나를 찾
으라 그리하면 살리라 5 벧엘을 찾지 말며 길갈로 들어가지 말며 브엘세
바로도 나아가지 말라 길갈은 반드시 사로잡히겠고 벧엘은 비참하게 될
것임이라 하셨나니 6 너희는 여호와를 찾으라 그리하면 살리라 그렇지 않

암 5:4-7 여호와를 찾아 회개하고 그의 뜻에 순종하는 것이 참 행복에 이르는 유일한 길임을 인정하는가?

으면 그가 불같이 요셉의 집에 임하여 멸하시리니 벧엘에서 그 불들을 끌 자가 없으리라 7 정의를 쓴 쑥으로 바
꾸며 공의를 땅에 던지는 자들아 8 묘성과 삼성을 만드시며 사망의 그늘을 아침으로 바꾸시고 낮을 어두운 밤으
로 바꾸시며 바닷물을 불러 지면에 쏟으시는 이를 찾으라 그의 이름은 여호와시니라 9 그가 강한 자에게 갑자기
패망이 이르게 하신즉 그 패망이 산성에 미치느니라 10 무리가 성문에서 책망하는 자를 미워하며 정직히 말하는
자를 싫어하는도다 11 너희가 힘없는 자를 밟고 그에게서 밀의 부당한 세를 거두었은즉 너희가 비록 다듬은 돌
로 집을 건축하였으나 거기 거주하지 못할 것이요 아름다운 포도원을 가꾸었으나 그 포도주를 마시지 못하리라
12 너희의 허물이 많고 죄악이 무거움을 내가 아노라 너희는 의인을 학대하며 뇌물을 받고 성문에서 가난한 자
를 억울하게 하는 자로다 13 그러므로 이런 때에 지혜자가 잠잠하나니 이는 악한 때임이니라 14 너희는 살려면
선을 구하고 악을 구하지 말지어다 만군의 하나님 여호와께서 너희의 말과 같이 너희와 함께 하시리라 15 너희
는 악을 미워하고 선을 사랑하며 성문에서 정의를 세울지어다 만군의 하나님 여호와께서 혹시 요셉의 남은 자
를 불쌍히 여기시리라 16 그러므로 주 만군의 하나님 여호와께서 이와 같이 말씀하시기를 사람이 모든 광장에서

울겠고 모든 거리에서 슬프도다 슬프도다 하겠으며 농부를 불러다가
애곡하게 하며 울음꾼을 불러다가 울게 할 것이며 17 모든 포도원에서
도 울리니 이는 내가 너희 가운데로 지나갈 것임이라 여호와의 말씀
이니라 18 화 있을진저 여호와의 날을 사모하는 자여 너희가 어찌하
여 여호와의 날을 사모하느냐 그 날은 어둠이요 빛이 아니라 19 마치 사람
이 사자를 피하다가 곰을 만나거나 혹은 집에 들어가서 손을 벽에 대었다
가 뱀에게 물림 같도다 20 여호와의 날은 빛 없는 어둠이 아니며 빛남 없
는 캄캄함이 아니냐 21 내가 너희 절기들을 미워하여 멸시하며 너희 성회
들을 기뻐하지 아니하나니 22 너희가 내게 번제나 소제를 드릴지라도 내가 받지 아니할 것이요 너희의 살진 희
생의 화목제도 내가 돌아보지 아니하리라 23 네 노랫소리를 내 앞에서 그
칠지어다 네 비파 소리도 내가 듣지 아니하리라 24 오직 정의를 물 같이,
공의를 마르지 않는 강 같이 흐르게 할지어다 25 이스라엘 족속아 너희가
사십 년 동안 광야에서 희생과 소제물을 내게 드렸느냐 26 너희가 너희
왕 식굿과 기윤과 너희 우상들과 너희가 너희를 위하여 만든 신들의 별
형상을 지고 가리라 27 내가 너희를 다메섹 밖으로 사로잡혀 가게 하리라
그의 이름이 만군의 하나님이라 불리우는 여호와께서 말씀하셨느니라

암 5:18-24 왜 이스라엘이 "여호와의 날"을 오해 했을까? **학습 자료 38-6 "여호와의 날"의 이해**를 공부하고 우리가 그 날을 어떻게 대비해야 할지를 묵상하자.

암 5:24 하나님의 성도인 나는 정의를 물 같이, 공의를 마르지 않는 강 같이 흐르게 하는 세계관을 가지고 있는가?

아모스 6장

이스라엘의 멸망

1 화 있을진저 시온에서 교만한 자와 사마리아 산에서 마음이 든든한 자
곧 백성들의 머리인 지도자들이여 이스라엘 집이 그들을 따르는도다 2 너
희는 갈레로 건너가 보고 거기에서 큰 하맛으로 가고 또 블레셋 사람의
가드로 내려가라 너희가 이 나라들보다 나으냐 그 영토가 너희 영토보
다 넓으냐 3 너희는 흉한 날이 멀다 하여 포악한 자리로 가까워지게 하고
4 상아 상에 누우며 침상에서 기지개 켜며 양 떼에서 어린 양과 우리에서
송아지를 잡아서 먹고 5 비파 소리에 맞추어 노래를 지절거리며 다윗처럼
자기를 위하여 악기를 제조하며 6 대접으로 포도주를 마시며 귀한 기름을
몸에 바르면서 요셉의 환난에 대하여는 근심하지 아니하는 자로다 7 그러
므로 그들이 이제는 사로잡히는 자 중에 앞서 사로잡히리니 기지개 켜는

암 6장

6:4-6의 사치의 극치를 읽어 보라.
우리의 삶의 목표를 여기에 두고 이것을 이루기 위해 성공해야 하며, 출세를 해야 하고 그러기 위해서 자신을 극대화해야 한다는 것이 삶의 목표인가를 반성하라.
자기 극대화, 자기 과시 이런 것은 타락과 패망의 지름길임을 명심하라.
그런 사람은 그들의 목적을 이루기 위해 "정의를 쓸개로 바꾸며, 공의의 열매를 쓴 쑥으로 바꾸며 허무한 것을 기뻐하며 이르기를 우리는 우리의 힘으로 뿔들을 취하지 않았느냐(6:12-13)"라고 외치는 자들이다. 모든 이런 일에는 반드시 결산이 따른다 (달란트 비유 참조)

37일~
42일

자의 떠드는 소리가 그치리라 8 만군의 하나님 여호와의 말씀이니라
주 여호와가 당신을 두고 맹세하셨노라 내가 야곱의 영광을 싫어하며
그 궁궐들을 미워하므로 이 성읍과 거기에 가득한 것을 원수에게 넘기
리라 하셨느니라 9 한 집에 열 사람이 남는다 하여도 다 죽을 것이라 10
죽은 사람의 친척 곧 그 시체를 불사를 자가 그 뼈를 집 밖으로 가져갈
때에 그 집 깊숙한 곳에 있는 자에게 묻기를 아직 더 있느냐 하면 대답
하기를 없다 하리니 그가 또 말하기를 잠잠하라 우리가 여호와의 이름을 부르지 못할 것이라 하리라 11 보라 여
호와께서 명령하시므로 타격을 받아 큰 집은 갈라지고 작은 집은 터지리라 12 말들이 어찌 바위 위에서 달리겠
으며 소가 어찌 거기서 밭 갈겠느냐 그런데 너희는 정의를 쓸개로 바꾸며 공의의 열매를 쓴 쑥으로 바꾸며 13 허
무한 것을 기뻐하며 이르기를 우리는 우리의 힘으로 뿔들을 취하지 아니하였느냐 하는도다 14 만군의 하나님 여
호와의 말씀이니라 이스라엘 족속아 내가 한 나라를 일으켜 너희를 치리니 그들이 하맛 어귀에서부터 아라바 시
내까지 너희를 학대하리라 하셨느니라

환상	관련 구절	의미
메뚜기 떼	7:1-3	하나님은 이스라엘을 징벌하기로 계획하셨다. 그러나 아모스의 중보 기도로 그 뜻을 돌이키심.
불	7:4-6	하나님은 이스라엘 땅을 황폐화시키기로 계획하셨다. 그러나 아모스의 중보 기도로 그 뜻을 돌이키심.
담벽과 다림줄	7:7-9	하나님은 공의의 줄로 이스라엘을 재어 보아 만약 굽고 비뚤어졌다면, 이스라엘을 징벌하실 것이다.
여름 실과 한 광주리	8:1-3	무르익은 여름 실과가 당장 보기에는 아름답지만 조만간 썩을 수밖에 없듯, 그와 같은 처지인 이스라엘 역시 부패로 인해 하나님의 심판을 받게 될 것이다.
부서지는 기둥	9:1-4	부서지는 성전의 기둥처럼, 이스라엘도 그 죄악으로 인하여 부서지는 심판을 당할 것이다.

아모스 7장

첫째, 메뚜기 재앙

1 주 여호와께서 내게 보이신 것이 이러하니라 왕이 풀을 벤 후 풀이 다시
움돋기 시작할 때에 주께서 메뚜기를 지으시매 2 메뚜기가 땅의 풀을 다
먹은지라 내가 이르되 주 여호와여 청하건대 사하소서 야곱이 미약하오
니 어떻게 서리이까 하매 3 여호와께서 이에 대하여 뜻을 돌이키셨으므로
이것이 이루어지지 아니하리라 여호와께서 말씀하셨느니라

둘째, 불

4 주 여호와께서 또 내게 보이신 것이 이러하니라 주 여호와께서 명령하
여 불로 징벌하게 하시니 불이 큰 바다를 삼키고 육지까지 먹으려 하는지
라 5 이에 내가 이르되 주 여호와여 청하건대 그치소서 야곱이 미약하오
니 어떻게 서리이까 하매 6 주 여호와께서 이에 대하여 뜻을 돌이켜 주 여
호와께서 이르시되 이것도 이루지 아니하리라 하시니라

셋째, 다림줄

7 또 내게 보이신 것이 이러하니라 다림줄을 가지고 쌓은 담 곁에 주께서 손에 다림줄을 잡고 서셨더니 8 여호와
께서 내게 이르시되 아모스야 네가 무엇을 보느냐 내가 대답하되 다림줄이니이다 주께서 이르시되 내가 다림줄

❖ 암 7~9장
이 환상 기사에서 심판주 하나님을 만나고 그분의 공의를 깊이 묵상하라.
하나님은 사랑의 하나님이라 모든 것을 용서하시고 너그럽게 품어 주시기만 하시는 자비로운 할아버지 같으신 분으로 생각하는가?
우리는 그런 할아버지의 손자 같은 존재라고 생각하고 마냥 응석과 떼만 쓰면 만사가 형통해질 수 있다고 착각하여 응석과 떼쓰기 기도만 하고 있으면 되겠는가?
☞ 그러므로 공동체(우리)가 심판의 위기 앞에 있을 때 여러분은 무엇을 하겠는가? 이런 난국을 타개하기 위해 우리는 그분의 말씀과 역사하심에 눈과 귀가 열려 있는가?
☞ **마 13:15** 이 백성들의 마음이 완악하여져서 그 귀는 듣기에 둔하고 눈은 감았으니 이는 눈으로 보고 귀로 듣고 마음으로 깨달아 돌이켜 내게 고침을 받을까 두려워함이라 하였느니라
☞ **계 1:2-3** 요한은 하나님의 말씀과 예수 그리스도의 증거 곧 자기가 본 것을 다 증언하였느니라 이 예언의 말씀을 읽는 자와 듣는 자와 그 가운데에 기록한 것을 지키는 자는 복이 있나니 때가 가까움이라
☞ **느 1:3-4** 그들이 내게 이르되 사로잡힘을 면하고 남아 있는 자들이 그 지방 거기에서 큰 환난을 당하고 능욕을 받으며 예루살렘 성은 허물어지고 성문들은 불탔다 하는지라 내가 이 말을 듣고 앉아서 울고 수일 동안 슬퍼하며 하늘의 하나님 앞에 금식하며 기도하여

을 내 백성 이스라엘 가운데 두고 다시는 용서하지 아니하리니 9 이삭의 산당들이 황폐되며 이스라엘의 성소들
이 파괴될 것이라 내가 일어나 칼로 여로보암의 집을 치리라 하시니라

아모스와 아마샤의 대결

10 때에 벧엘의 제사장 아마샤가 이스라엘의 왕 여로보암에게 보내어 이
르되 이스라엘 족속 중에 아모스가 왕을 모반하나니 그 모든 말을 이 땅
이 견딜 수 없나이다 11 아모스가 말하기를 여로보암은 칼에 죽겠고 이스
라엘은 반드시 사로잡혀 그 땅에서 떠나겠다 하나이다 12 아마샤가 또 아
모스에게 이르되 선견자야 너는 유다 땅으로 도망하여 가서 거기에서나
떡을 먹으며 거기에서나 예언하고 13 다시는 벧엘에서 예언하지 말라 이
는 왕의 성소요 나라의 궁궐임이니라 14 아모스가 아마샤에게 대답하여
이르되 나는 선지자가 아니며 선지자의 아들도 아니라 나는 목자요 뽕나
무를 재배하는 자로서 15 양 떼를 따를 때에 여호와께서 나를 데려다가
여호와께서 내게 이르시기를 가서 내 백성 이스라엘에게 예언하라 하셨
나니 16 이제 너는 여호와의 말씀을 들을지니라 네가 이르기를 이스라엘
에 대하여 예언하지 말며 이삭의 집을 향하여 경고하지 말라 하므로 17 여
호와께서 이와 같이 말씀하시기를 네 아내는 성읍 가운데서 창녀가 될 것
이요 네 자녀들은 칼에 엎드러지며 네 땅은 측량하여 나누어질 것이며 너는 더러운 땅에서 죽을 것이요 이스라
엘은 반드시 사로잡혀 그의 땅에서 떠나리라 하셨느니라

암 7:10-17 아모스가 자기의 소명과 사명에 대해 단호한 모습을 보여 주고 있다. 실로 모든 성도도 하나님의 이 같은 부르심에 단호하게 순종해야 한다는 것을 분명히 깨닫자.
☞ **마 16:24** 이에 예수께서 제자들에게 이르시되 누구든지 나를 따라오려거든 자기를 부인하고 자기 십자가를 지고 나를 따를 것이니라
☞ **눅 5:26-28** 모든 사람이 놀라 하나님께 영광을 돌리며 심히 두려워하여 이르되 오늘 우리가 놀라운 일을 보았다 하니라 그 후에 예수께서 나가사 레위라 하는 세리가 세관에 앉아 있는 것을 보시고 나를 따르라 하시니 그가 모든 것을 버리고 일어나 따르니라

아모스 8장

넷째, 여름 과일 한 광주리

1 주 여호와께서 내게 이와 같이 보이셨느니라 보라 여름 과일 한 광주리
이니라 2 그가 말씀하시되 아모스야 네가 무엇을 보느냐 내가 이르되 여
름 과일 한 광주리니이다 하매 여호와께서 내게 이르시되 내
백성 이스라엘의 끝이 이르렀은즉 내가 다시는 그를 용서하지
아니하리니 3 그 날에 궁전의 노래가 애곡으로 변
할 것이며 곳곳에 시체가 많아서 사람이 잠잠히
그 시체들을 내어버리리라 주 여호와의 말씀
이니라 4 가난한 자를 삼키며 땅의 힘없는 자를
망하게 하려는 자들아 이 말을 들으라 5 너희가
이르기를 월삭이 언제 지나서 우리가 곡식을 팔며 안식일이 언제 지나서
우리가 밀을 내게 할꼬 에바를 작게 하고 세겔을 크게 하여 거짓 저울로
속이며 6 은으로 힘없는 자를 사며 신 한 켤레로 가난한 자를 사며 찌꺼
기 밀을 팔자 하는도다 7 여호와께서 야곱의 영광을 두고 맹세하시되 내
가 그들의 모든 행위를 절대로 잊지 아니하리라 하셨나니 8 이로 말미암
아 땅이 떨지 않겠으며 그 가운데 모든 주민이 애통하지 않겠느냐 온 땅
이 강의 넘침 같이 솟아오르며 애굽 강 같이 뛰놀다가 낮아지리라 9 주 여호와의 말씀이니라 그 날에 내가 해를
대낮에 지게 하여 백주에 땅을 캄캄하게 하며 10 너희 절기를 애통으로, 너희 모든 노래를 애곡으로 변하게 하며
모든 사람에게 굵은 베로 허리를 동이게 하며 모든 머리를 대머리가 되게 하며 독자의 죽음으로 말미암아 애통
하듯 하게 하며 결국은 곤고한 날과 같게 하리라 11 주 여호와의 말씀이니라 보라 날이 이를지라 내가 기근을 땅

암 8:1-3 하나님이 보여 주심에 우리는 무엇을 보고 있는가? 우리의 눈과 귀는 그것에 열려 있는지를 성찰하라.
우리는 하나님이 보여 주시는 것을 보아야 하고 들려주시는 것을 들어야 한다. 내가 보기를 원하는 것, 내가 듣기를 원하는 것이 아니다.
☞ **딤후 4:3-4** 때가 이르리니 사람이 바른 교훈을 받지 아니하며 귀가 가려워서 자기의 사욕을 따를 스승을 많이 두고 또 그 귀를 진리에서 돌이켜 허탄한 이야기를 따르리라
☞ **시119:33-34** 여호와여 주의 율례들의 도를 내게 가르치소서 내가 끝까지 지키리이다 나로 하여금 깨닫게 하여 주소서 내가 주의 법을 준행하며 전심으로 지키리이다
☞ **약 3:12** 내 형제들아 어찌 무화과나무가 감람 열매를, 포도나무가 무화과를 맺겠느냐 이와 같이 짠 물이 단 물을 내지 못하느니라

37일~
42일

에 보내리니 양식이 없어 주림이 아니며 물이 없어 갈함이 아니요 여호와
의 말씀을 듣지 못한 기갈이라 12 사람이 이 바다에서 저 바다까지, 북쪽
에서 동쪽까지 비틀거리며 여호와의 말씀을 구하려고 돌아다녀도 얻지
못하리니 13 그 날에 아름다운 처녀와 젊은 남자가 다 갈하여 쓰러지리라
14 사마리아의 죄된 우상을 두고 맹세하여 이르기를 단아 네 신들이 살아
있음을 두고 맹세하노라 하거나 브엘세바가 위하는 것이 살아 있음을 두
고 맹세하노라 하는 사람은 엎드러지고 다시 일어나지 못하리라

> 암 8:11 오늘 우리 시대도 동일하다. 물질의 풍요함은 넘치는데, 말씀의 빈곤함은 더욱 팍팍해지고 있다.
> ☞ **삼상 3:1** 아이 사무엘이 엘리 앞에서 여호와를 섬길 때에는 여호와의 말씀이 희귀하여 이상이 흔히 보이지 않았더라
> ☞ **겔 7:26** 환난에 환난이 더하고 소문에 소문이 더할 때에 그들이 선지자에게서 묵시를 구하나 헛될 것이며 제사장에게는 율법이 없어질 것이요 장로에게는 책략이 없어질 것이며

아모스 9장

다섯째, 범죄한 나라를 멸하리라

1 내가 보니 주께서 제단 곁에 서서 이르시되 기둥 머리를 쳐서 문지방이 움직이게 하며 그것으로 부서져서 무리
의 머리에 떨어지게 하라 내가 그 남은 자를 칼로 죽이리니 그 중에서 한 사람도 도망하지 못하며 그 중에서 한
사람도 피하지 못하리라 2 그들이 파고 스올로 들어갈지라도 내 손이 거기에서 붙잡아 낼 것이요 하늘로 올라갈
지라도 내가 거기에서 붙잡아 내릴 것이며 3 갈멜 산 꼭대기에 숨을지라도 내가 거기에서 찾아낼 것이요 내 눈
을 피하여 바다 밑에 숨을지라도 내가 거기에서 뱀을 명령하여 물게 할 것이요 4 그 원수 앞에 사로잡혀 갈지라
도 내가 거기에서 칼을 명령하여 죽이게 할 것이라 내가 그들에게 주목하여 화를 내리고 복을 내리지 아니하리
라 하시니라 5 주 만군의 여호와는 땅을 만져 녹게 하사 거기 거주하는 자가 애통하게 하시며 그 온 땅이 강의 넘
침 같이 솟아 오르며 애굽 강 같이 낮아지게 하시는 이요 6 그의 궁전을 하늘에 세우시며 그 궁창의 기초를 땅에
두시며 바닷물을 불러 지면에 쏟으시는 이니 그 이름은 여호와시니라 7 여호와의 말씀이니라 이스라엘 자손들아
너희는 내게 구스 족속 같지 아니하냐 내가 이스라엘을 애굽 땅에서, 블레셋 사람을 갑돌에서, 아람 사람을 기르
에서 올라오게 하지 아니하였느냐 8 보라 주 여호와의 눈이 범죄한 나라를 주목하노니 내가 그것을 지면에서 멸
하리라 그러나 야곱의 집은 온전히 멸하지는 아니하리라 여호와의 말씀이니라 9 보라 내가 명령하여 이스라엘
족속을 만국 중에서 체질하기를 체로 체질함 같이 하려니와 그 한 알갱이도 땅에 떨어지지 아니하리라 10 내 백

37일~42일

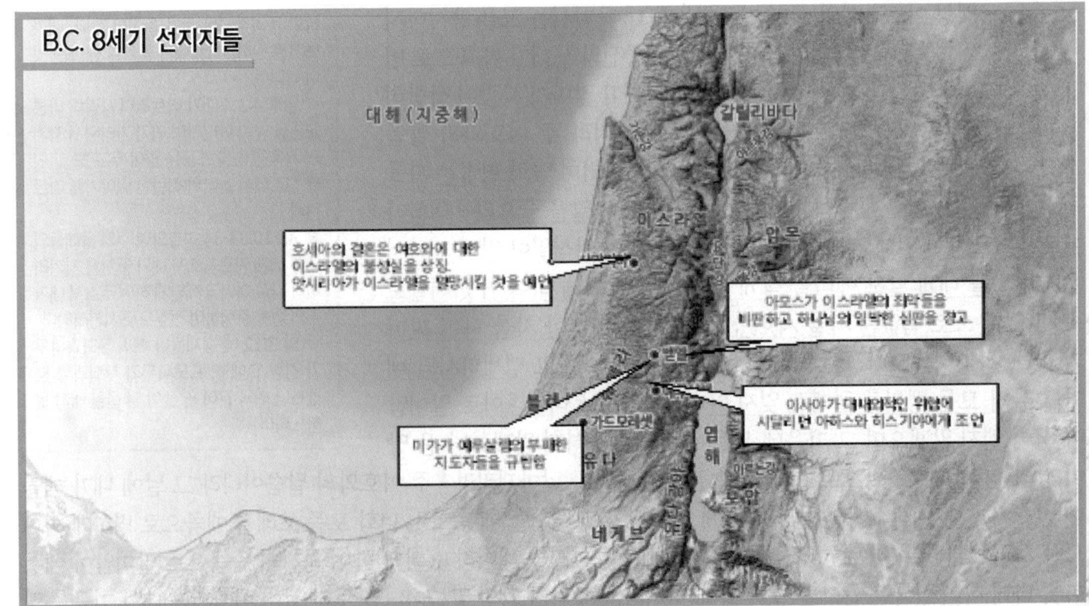
B.C. 8세기 선지자들
대해(지중해)
갈릴리바다
이스라엘
암몬
호세아의 결혼은 여호와에 대한
이스라엘의 불성실을 상징.
앗시리아가 이스라엘을 멸망시킬 것을 예언
아모스가 이스라엘의 죄악들을
비판하고 하나님의 임박한 심판을 경고
벧엘
이사야가 대내외적인 위협에
시달리던 아하스와 히스기야에게 조언
가드모레셋
미가가 예루살렘의 부패한
지도자들을 규탄함
유다
염해
모압
네게브

성 중에서 말하기를 화가 우리에게 미치지 아니하며 이르지 아니하리라
하는 모든 죄인은 칼에 죽으리라

이스라엘의 회복

11 그 날에 내가 다윗의 무너진 장막을 일으키고 그것들의 틈을 막으며
그 허물어진 것을 일으켜서 옛적과 같이 세우고 12 그들이 에돔의 남은 자
와 내 이름으로 일컫는 만국을 기업으로 얻게 하리라 이 일을 행하시는
여호와의 말씀이니라 13 여호와의 말씀이니라 보라 날이 이를지라 그 때
에 파종하는 자가 곡식 추수하는 자의 뒤를 이으며 포도를 밟는 자가 씨
뿌리는 자의 뒤를 이으며 산들은 단 포도주를 흘리며 작은 산들은 녹으
리라 14 내가 내 백성 이스라엘이 사로잡힌 것을 돌이키리니 그들이 황폐
한 성읍을 건축하여 거주하며 포도원들을 가꾸고 그 포도주를 마시며 과
원들을 만들고 그 열매를 먹으리라 15 내가 그들을 그들의 땅에 심으리니
그들이 내가 준 땅에서 다시 뽑히지 아니하리라 네 하나님 여호와의 말씀
이니라

암 9:8-10 다윗 언약으로 인해 다윗 가문을 보호하시는 하나님의 신실한 약속이 내포되어 있다. 그러면서 우리의 교회 안에도 하나님이 보호하실 알곡과 하나님의 징계 대상이 될 수도 있는 쭉정이가 함께 있다는 말이기도 하다. 서로 위해서 기도하고 말씀 읽고 그래서 알곡이 되자.

☞ **마 7:21-23** 나더러 주여 주여 하는 자마다 다 천국에 들어갈 것이 아니요 다만 하늘에 계신 내 아버지의 뜻대로 행하는 자라야 들어가리라 그 날에 많은 사람이 나더러 이르되 주여 주여 우리가 주의 이름으로 선지자 노릇 하며 주의 이름으로 귀신을 쫓아내며 주의 이름으로 많은 권능을 행하지 아니하였나이까 하리니 그 때에 내가 그들에게 밝히 말하되 내가 너희를 도무지 알지 못하니 불법을 행하는 자들아 내게서 떠나가라 하리라

☞ **롬 2:13** 하나님 앞에서는 율법을 듣는 자가 의인이 아니요 오직 율법을 행하는 자라야 의롭다 하심을 얻으리니

인위 뚝! 신위 고!
오늘 성경 읽으셨나요?

37일~42일

38일차 읽기의 요약

(대하 21~22:9, 왕하 13~14, 대하 22:10~25장, 욘 1~4, 암 1~9)

구약 성경의 16명(예레미야가 2권을 씀)의 기록 선지자는 각자의 시대적 상황을 배경으로 하나님으로부터 임한 말씀을 대언했다. 요나는 니느웨 성에 가서 하나님의 심판을 알리고 그들이 회개하도록 하라는 하나님의 명을 받았지만 불순종한다. 물고기 배 속에서의 회개를 통해 다시 기회를 얻고 니느웨에 가서 하나님의 말씀을 전하자 그 성은 회개한다. 요나는 하나님께서 이스라엘 나라를 선택하신 것이 모든 민족을 위함이라는 하나님의 넓은 심장을 왜곡하여 강팍한 마음을 품지만 결국 하나님께서는 요나에게 주신 사명을 이루는 과정을 통해 이스라엘을 제사장 나라로 부른 하나님의 궁극적 마음이 무엇인지를 알게 하신다.

하나님께서는 양치는 목자였으며 부농이었던 아모스를 선지자로 부르신다. 그 당시 이스라엘은 여로보암 2세가 경제적 번성을 이끈 때였지만 바산의 암소들로 표현되는 부유한 자들의 타락과 가난한 자들에 대한 무관심과 억압이 만연해 있었다.

아모스는 하나님께서 예언하신 다섯 가지 재난에 대해 간절한 중보기도를 통해 이스라엘에 메뚜기 재앙과 불의 심판을 돌이키도록 했다. 그러나 하나님께서는 이스라엘 백성들을 말씀의 다림줄로 측정하셔서 무르익은 여름 과일처럼 썩게 된 죄악에 대해 심판을 선언하신다.

한편 하나님께서는 그 심판 이후에 다윗의 무너진 장막을 다시 세우고 이스라엘을 옛적같이 회복시켜 주실 것을 예언하신다.

그러면 어떻게 살 것인가?

인위뚝·신위고!

☑ 세계관 점검 – 묵상하기 (영상 강의와 교재 내용의 이해를 바탕으로)

왕하 14:6을 읽고 "가문의 저주가 있는가?"를 묵상하라.
성경은 가문의 저주를 인정하지 않는다. 죄로 인한 징계는 각자의 죄 때문임을 이해하라. 출 34:7에서 "...아버지의 악행으로 삼사 대까지 보응하리라"라고 한 것은 국가가 형성되는 과정에서 집단의 결속이 중요하기 때문에 연대를 강조하려고 한 교훈이다, 겔 18:1-22, 30-32, 대하 25:4의 구절에서 가문의 저주는 없다는 것을 확실히 볼 수 있다.

대하 23:16-21(왕하 11:17-20)에서 아달랴의 폭정을 저지하고 유다 왕권(다윗 언약의 실천)을 회복하기 위한 제사장 여호야다의 거사와 개혁을 묵상하라. 제사장은 성전에만 제한된 존재가 아니라 하나님의 뜻과 다르게 나아가는 사회에 하나님의 정의를 세우기 위해 앞장서야 한다는 점도 시시하고 있다. 그런 후 아달랴와 선왕들이 저질로 놓은 바알 숭배를 없애고 산당을 철거하며 바알 제사장 맛단을 죽인다.
⇒ 오늘날 교회 지도자들의 모습과 대조되지 않는가? 여호야다처럼 여호와의 신앙을 새롭게 회복하여 하나님 나라의 문화를 세우고 번성하기 위해서 무엇을 하고 있는지 깊이 성찰하고 반성하여야 할 것이다.

요나 1장에 하나님의 사명을 거역하고 도망가는 요나를 보았다. 요나는 도망가면 하나님이 찾지 않고 포기할 것으로 생각했을까? 나도 요나처럼 도망가면 하나님이 나를 찾지 않으시리라고 생각하고 있지는 않는지?
창세기 3, 4장에서 아담을 찾으시고, 가인을 찾으시는 하나님을 생각해 보라.
나는 오늘도 하나님을 피해 도망가고 있지는 않는가?

요나가 "제사장 나라"를 배타적인 개념으로, 자기중심적으로 이해함으로 하나님의 구원계획에 차질이 생길 뻔한 사건이다. 이런 요나의 문제는 "요컨대 나의 문제"가 아닐까?

캠벨 모건은 언젠가 "사람들은 큰 물고기만 열심히 바라보다 위대하신 하나님은 보지 못했다"고 지적했다. 하나님은 요나서 곳곳에서 인자와 능력이 크신 분으로 제시되고 있다. 1장에서, 하나님은 물고기를 예비하신다. 4장에서는, 박넝쿨과 벌레와 동풍을 예비하신다. "예비하셨다."(히: 마나)로 번역된 동사를 명사화하면 출애굽기 16장에서 "만나"로 번역된 말과 같은 단어가 된다. 하나님은 여기까지 준비하시는 여호와 이레이기도 하다. 하나님은 우리의 안락(박넝쿨처럼)을 예비하신다. 우리의 손실(벌레 때문에 일어난 일처럼)도 예비하신다. 또 우리의 시련(동풍처럼)도 예비하신다.
그 하나님이 성경을 읽는 여러분에게 지금 무엇을 예비하고 계신지를 성경에서 발견하라.

스위스 로잔에서 열린 1989년 제2차 복음주의자 대회에서 이런 성명서를 채택했다.
"우리(교회)는 사회 정의에 무관심했던 것을 회개한다. 그러나 교회는 여전히 아모스를 찾고 있다." 이 성명서가 무엇이 잘못되었는가? 언제까지 찾고만 있을 것인가! 교회가 아모스가 되어야 하지 않겠는가!!!!!!!!!

37일~42일

World Vision(선명회) 세계 총재 Richard Stearns는 그의 저서 "The Holes in our Gospel"(한국어 번역 『구멍 난 복음』 홍성사)이라는 책에서 "우리가 가지고 있는 복음서에 '가난과 정의'라는 단어가 2000번 나온다. 그것을 외면하고 잘라 버린다면 우리의 복음서는 너덜거리는 누더기가 되어 버릴 것이다"라고 했다.
무엇을 말하고자 하며 당신의 생각은 어떤가? 아 ! 믿는 자여 어이할꼬?
(www.90daystongdok.com에서 동영상 강의 38강-2를 시청해 보라)

결단기도와 실행하기

약 2:26 영혼 없는 몸이 죽은 것 같이 행함이 없는 믿음은 죽은 것이니라
시 119:28 나의 영혼이 눌림으로 말미암아 녹사오니 주의 말씀대로 나를 세우소서

37일~
42일

39일

열왕기하 15장~16:9

열왕기하 15장

❖ 오늘 읽기 범위에 등장하는 왕과 선지자들
☞ **북 왕국** - 스가랴, 살룸, 므나헴, 브가히야, 베가(3번의 쿠데타가 발생)
☞ **남 왕국** - 아사랴 역대하에서는 웃시야 나병 발병, 요담, 아하스
☞ **선지자들** - 호세아

왕하 15:1-7의 아사랴 왕 이야기는 역대하 26장의 웃시야 왕 이야기와 함께 살펴보자. 두 왕은 같은 왕이다.

유다 왕 아사랴(대하 26:1-23, B.C. 792-740) 남 10대 왕("웃시야" 라고도 함)

1 이스라엘 왕 여로보암 제이십칠년에 유다 왕 아마샤의 아들 아사랴가
왕이 되니 2 그가 왕이 될 때에 나이가 십육 세라 예루살렘에서 오십이 년
간 다스리니라 그의 어머니의 이름은 여골리야라 예루살렘 사람이더라 3
아사랴가 그의 아버지 아마샤의 모든 행위대로 여호와 보시기에 정직히
행하였으나 4 오직 산당은 제거하지 아니하였으므로 백성이 여전히 그 산
당에서 제사를 드리며 분향하였고 5 여호와께서 왕을 치셨으므로 그가 죽
는 날까지 나병환자가 되어 별궁에 거하고 왕자 요담이 왕궁을 다스리며 그 땅의 백성을 치리하였더라 6 아사랴
의 남은 사적과 행한 모든 일은 유다 왕 역대지략에 기록되지 아니하였느냐 7 아사랴가 그의 조상들과 함께 자
매 다윗 성에 그의 조상들과 함께 장사되고 그의 아들 요담이 대신하여 왕이 되니라

37일~42일

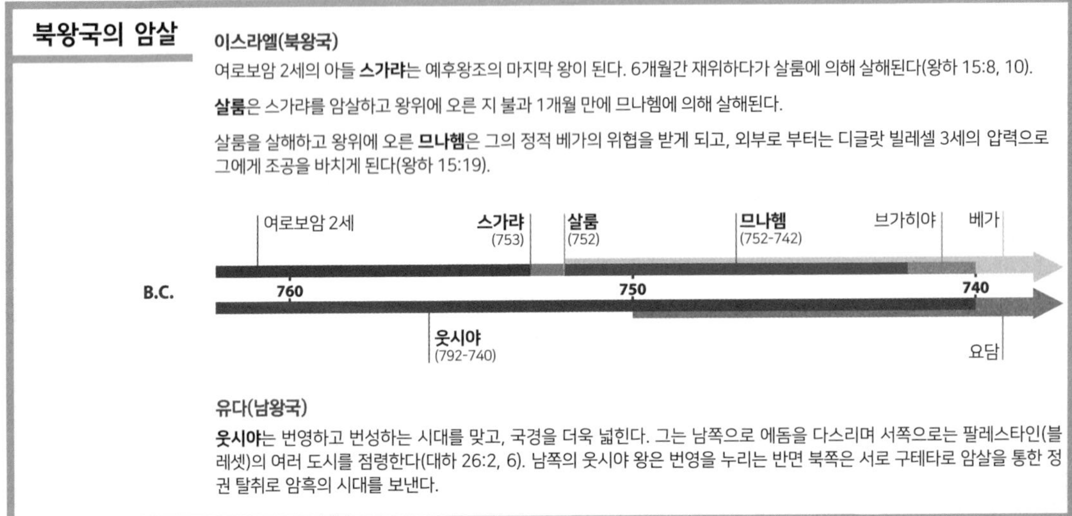

북왕국의 암살
이스라엘(북왕국)
여로보암 2세의 아들 스가랴는 예후왕조의 마지막 왕이 된다. 6개월간 재위하다가 살룸에 의해 살해된다(왕하 15:8, 10).
살룸은 스가랴를 암살하고 왕위에 오른 지 불과 1개월 만에 므나헴에 의해 살해된다.
살룸을 살해하고 왕위에 오른 므나헴은 그의 정적 베가의 위협을 받게 되고, 외부로 부터는 디글랏 빌레셀 3세의 압력으로 그에게 조공을 바치게 된다(왕하 15:19).
여로보암 2세
스가랴 (753)
살룸 (752)
므나헴 (752-742)
브가히야
베가
B.C.
760
750
740
웃시야 (792-740)
요담
유다(남왕국)
웃시야는 번영하고 번성하는 시대를 맞고, 국경을 더욱 넓힌다. 그는 남쪽으로 에돔을 다스리며 서쪽으로는 팔레스타인(블레셋)의 여러 도시를 점령한다(대하 26:2, 6). 남쪽의 웃시야 왕은 번영을 누리는 반면 북쪽은 서로 구테타로 암살을 통한 정권 탈취로 암흑의 시대를 보낸다.

이스라엘 왕 스가랴(B.C. 753) 북 15대 왕

8 유다의 왕 아사랴의 제삼십팔년에 여로보암의 아들 스가랴가 사마리아
에서 여섯 달 동안 이스라엘을 다스리며 9 그의 조상들의 행위대로 여호
와 보시기에 악을 행하여 이스라엘로 범죄하게 한 느밧의 아들 여로보암
의 죄에서 떠나지 아니한지라 10 야베스의 아들 살룸이 그를 반역하여 백
성 앞에서 쳐죽이고 대신하여 왕이 되니라 11 스가랴의 남은 사적은 이스
라엘 왕 역대지략에 기록되니라 12 여호와께서 예후에게 말씀하여 이르
시기를 네 자손이 사 대 동안 이스라엘 왕위에 있으리라 하신 그 말씀대
로 과연 그렇게 되니라

왕하 15:8-31 북 왕국의 마지막 5왕의 혼란스러운 상황을 기록하고 있다.
☞ 유다의 10대 왕 아사랴(B.C. 792-740) 38년(B.C. 753)에 북 왕국에서 스가랴가 왕이 된다. 6개월간 재위한다. 예후왕조를 몰락시킴
☞ B.C. 752년에 살룸이 반역하여 왕이 되고 1개월을 치리한다.
☞ 므나헴이 반역하여 살룸을 죽이고 왕이 되어 10년간(B.C. 752-742) 치리한다. 앗수르 왕 불(디글랏 빌라셀 3세)에게 은

이스라엘 왕 살룸(B.C. 752) 북 16대 왕

13 유다 왕 웃시야 제삼십구년에 야베스의 아들 살룸이 사마리아에서 왕
이 되어 한 달 동안 다스리니라 14 가디의 아들 므나헴이 디르사에서부터
사마리아로 올라가서 야베스의 아들 살룸을 거기에서 쳐죽이고 대신하여
왕이 되니라 15 살룸의 남은 사적과 그가 반역한 일은 이스라엘 왕 역대지
략에 기록되니라 16 그 때에 므나헴이 디르사에서 와서 딥사와 그 가운데
에 있는 모든 사람과 그 사방을 쳤으니 이는 그들이 성문을 열지 아니하
였음이라 그러므로 그들이 그 곳을 치고 그 가운데에 아이 밴 부녀를 갈
랐더라

이스라엘 왕 므나헴(B.C. 752-742) 북 17대 왕

17 유다 왕 아사랴 제삼십구년에 가디의 아들 므나헴이 이스라엘 왕이 되
어 사마리아에서 십 년간 다스리며 18 여호와 보시기에 악을 행하여 이스
라엘로 범죄하게 한 느밧의 아들 여로보암의 죄에서 평생 떠나지 아니하
였더라 19 앗수르 왕 불이 와서 그 땅을 치려 하매 므나헴이 은 천 달란트
를 불에게 주어서 그로 자기를 도와 주게 함으로 나라를 자기 손에 굳게
세우고자 하여 20 그 은을 이스라엘 모든 큰 부자에게서 강탈하여 각 사
람에게 은 오십 세겔씩 내게 하여 앗수르 왕에게 주었더니 이에 앗수르 왕이 되돌아가 그 땅에 머물지 아니하였
더라 21 므나헴의 남은 사적과 그가 행한 모든 일은 이스라엘 왕 역대지략에 기록되지 아니하였느냐 22 므나헴이
그의 조상들과 함께 자고 그의 아들 브가히야가 대신하여 왕이 되니라

> 천 달란트를 조공으로 바친다.
> 한 달란트는 6천 드라크마이고, 한 드라크마는 노동자 하루 노임에 해당된다.
> 오늘날 화폐 가치로 따지면 미국의 평균 하루 노임을 150불(2023년 기준)로 잡으면 1000달란트 X 6000드라크마 X 150불 = 9억 달러 정도가 된다.
> ☞ 므나헴이 왕위를 아들 브가히야에게 물려주어 브가히야가 2년간 다스린다. (B.C. 742-740)
> ☞ 브가히야의 군대 장관인 베가가 반역하여 브가히야를 죽이고 왕이 되어 20년(B.C. 752-732)간을 다스리며 악행을 이어간다. 이것이 북 왕국 마지막 왕들의 혼란스러운 난맥상이다.
> 결국 마지막 왕이 될 호세아에 의해 죽게 되고 북 왕궁은 B.C. 722년에 망한다.

왕하 15:17-20
학습 자료 39-1 "앗수르 디글랏 빌레셋 왕의 연대기 발견" 참조

이스라엘 왕 브가히야(B.C. 742-740) 북 18대 왕

23 유다의 왕 아사랴 제오십년에 므나헴의 아들 브가히야가 사마리아에서 이스라엘 왕이 되어 이 년간 다스리며
24 여호와께서 보시기에 악을 행하여 이스라엘로 범죄하게 한 느밧의 아들 여로보암의 죄에서 떠나지 아니한지
라 25 그 장관 르말랴의 아들 베가가 반역하여 사마리아 왕궁 호위소에서 왕과 아르곱과 아리에를 죽이되 길르
앗 사람 오십 명과 더불어 죽이고 대신하여 왕이 되었더라 26 브가히야의 남은 사적과 그가 행한 모든 일은 이스
라엘 왕 역대지략에 기록되니라

한 장교가 왕을 암살하다

이스라엘(북왕국)

왕하 15:27에 **베가**가 20년 통치를 했다고 한다. 그렇다면 므나헴과 브가히야의 재위기간과 중복된다. 아마 베가는 이 두 왕의 재임기간 왕실 장교로 있었을 것이다.

므나헴의 아들 **브가히야**는 2년간 재위하다가 베가에 의해 살해된다(왕하 15:25).

베가가 므나헴을 살해하고 단독 왕위에 오르지만 북왕국 마지막 왕 호세아에 의해 살해된다(왕하 15:30).

살룸 | 므나헴 | **브가히야** (742-740) | **베가** (752-732) | 호세아

B.C. 750 740 730

웃시야 | **요담** (750-735) | 아하스

유다(남왕국)

요담은 아버지 웃시야가 나병에 걸리면서 아버지와 섭정을 하게된다(대하 26:21). 아버지 웃시야로부터 국가의 번성을 이어받아 나라를 더욱 부강하게 한다. 도시를 재건하고 성벽을 건설한다. 그러나 북왕국 베가와 아람의 르신이 반 앗수르 동맹을 맺어 남왕국도 가담하라고 압력을 가하기 시작하면서 위기가 오고있다(왕하 15:37).

이스라엘 왕 베가(B.C. 752-732) 북 19대 왕

27 유다의 왕 아사랴 제오십이년에 르말랴의 아들 베가가 이스라엘 왕이
되어 사마리아에서 이십 년간 다스리며 28 여호와께서 보시기에 악을 행
하여 이스라엘로 범죄하게 한 느밧의 아들 여로보암의 죄에서 떠나지 아
니하였더라 29 이스라엘 왕 베가 때에 앗수르 왕 디글랏 빌레셀이 와서 이
욘과 아벨벳 마아가와 야노아와 게데스와 하솔과 길르앗과 갈릴리와 납
달리 온 땅을 점령하고 그 백성을 사로잡아 앗수르로 옮겼더라 30 웃시야
의 아들 요담 제이십년에 엘라의 아들 호세아가 반역하여 르말랴의 아들
베가를 쳐서 죽이고 대신하여 왕이 되니라 31 베가의 남은 사적과 그가 행
한 모든 일은 이스라엘 왕 역대지략에 기록되니라

유다 왕 요담(대하 27:1-9, B.C. 750-735) 남 11대 왕

32 이스라엘의 왕 르말랴의 아들 베가 제이년에 유다 왕 웃시야의 아들 요
담이 왕이 되니 33 나이가 이십오 세라 예루살렘에서 십육 년간 다스리니라
그의 어머니의 이름은 여루사라 사독의 딸이더라 34 요담이 그의 아버지 웃
시야의 모든 행위대로 여호와께서 보시기에 정직히 행하였으나 35 오직 산
당을 제거하지 아니하였으므로 백성이 여전히 그 산당에서 제사를 드리며
분향하였더라 요담이 여호와의 성전의 윗문을 건축하니라 36 요담의 남은
사적과 그가 행한 모든 일은 유다 왕 역대지략에 기록되지 아니하였느냐 37
그 때에 여호와께서 비로소 아람 왕 르신과 르말랴의 아들 베가를 보내어
유다를 치게 하셨더라 38 요담이 그의 조상들과 함께 자매 그의 조상 다윗
성에 조상들과 함께 장사되고 그 아들 아하스가 대신하여 왕이 되니라

열왕기하 16:1-9

유다 왕 아하스(대하 28:1-27, B.C. 735-715) 남 12대 왕

1 르말랴의 아들 베가 제십칠년에 유다의 왕 요담의 아들 아하스가 왕이 되
니 2 아하스가 왕이 될 때에 나이가 이십 세라 예루살렘에서 십육 년간 다스
렸으나 그의 조상 다윗과 같지 아니하여 그의 하나님 여호와께서 보시기에
정직히 행하지 아니하고 3 이스라엘의 여러 왕의 길로 행하며 또 여호와께서
이스라엘 자손 앞에서 쫓아내신 이방 사람의 가증한 일을 따라 자기 아들을
불 가운데로 지나가게 하며 4 또 산당들과 작은 산 위와 모든 푸른 나무 아
래에서 제사를 드리며 분향하였더라 5 이 때에 아람의 왕 르신과 이스라엘
의 왕 르말랴의 아들 베가가 예루살렘에 올라와서 싸우려 하여 아하스를 에
워쌌으나 능히 이기지 못하니라 6 당시에 아람의 왕 르신이 엘랏을 회복하여
아람에 돌리고 유다 사람을 엘랏에서 쫓아내었고 아람 사람이 엘랏에 이르
러 거기에 거주하여 오늘까지 이르렀더라 7 아하스가 앗수르 왕 디글랏 빌레
셀에게 사자를 보내 이르되 나는 왕의 신복이요 왕의 아들이라 이제 아람 왕
과 이스라엘 왕이 나를 치니 청하건대 올라와 그 손에서 나를 구원하소서 하
고 8 아하스가 여호와의 성전과 왕궁 곳간에 있는 은금을 내어다가 앗수르
왕에게 예물로 보냈더니 9 앗수르 왕이 그 청을 듣고 곧 올라와서 다메섹을
쳐서 점령하여 그 백성을 사로잡아 기르로 옮기고 또 르신을 죽였더라

왕하 15:27
학습 자료 39-2
"북왕국 베가 왕의 통치 햇수" 참조

왕하 15:17-31
디글랏 빌레셀의 북왕국 침입 경로
본 지도는 B.C. 734-732년까지의 세 차례에 걸친 앗수르 왕 디글랏 빌레셀 3세의 북왕국 침입 경로이다. (1)은 B.C. 734년 므나헴, (2), (3)은 각각 B.C. 733년과 732년, 브가히야와 베가 왕때의 침입 경로이다. 한편 B.C. 734년 때는 남왕국까지 침입했다.

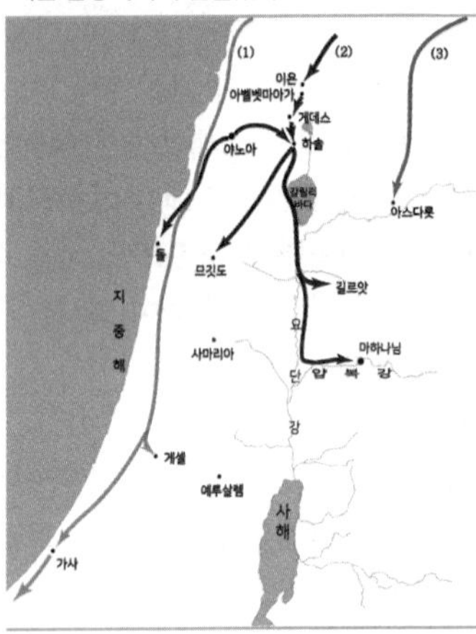

왕하 15:32-38 요담이 아사랴(웃시야)를 이어 왕이 되지만 여전히 산당을 제거하지 못하고 우상 숭배에서 벗어나지 못하는 악행을 이어간다.

왕하 16:1-9
남 유다의 12대왕 아하스는 16년간 다스렸다. 그는 북 왕국의 왕들처럼 우상 숭배자였고, 심지어 몰렉 종교의 제사인 인신 제사를 시행하며 자기 아들을 불 가운데로 지나게 한 극악한 왕이었다.
16장 전체에서 그의 악행을 살펴보자.
① 우상 숭배의 죄(3절)
② 하나님을 의지하지 않고 앗수르의 불(디글랏 빌레셀 3세)에게 도움을 청하고 그에게 복종한 죄(7절)
아람 왕 르신과 북 왕국 베가의 연합군이 그들의 반앗수르 동맹에 참가를 강요하며 침략했을 때 앗수르의 도움을 받았다.
③ 성전을 앗수르에게 제공함으로 다윗언약의 핵심인 성전의 중요성을 무시한 극악한 악을 자행한 자이다.
☞ 신위를 무시하고 인위로 행하는 아하스로 인해 남 왕국도 멸망의 길을 더욱 단축시키고 있다.

왕하 16:3
학습 자료 39-3
"몰렉 종교의 인신 제사" 참조

역대하 26장 :

유다 왕 웃시야(B.C. 792-740) 남 10대 왕("아사랴"라고도 함)

유다 왕 웃시야(왕하 14:21-22, 15:1-7)

1 유다 온 백성이 나이가 십육 세 된 웃시야를 세워 그의 아버지 아마샤를
대신하여 왕으로 삼으니 2 아마샤 왕이 그의 열조들의 묘실에 누운 후에
웃시야가 엘롯을 건축하여 유다에 돌렸더라 3 웃시야가 왕위에 오를 때
에 나이가 십육 세라 예루살렘에서 오십이 년 간 다스리니라 그의 어머니
의 이름은 여골리아요 예루살렘 사람이더라 4 웃시야가 그의 아버지 아마
샤의 모든 행위대로 여호와 보시기에 정직하게 행하며 5 하나님의 묵시를
밝히 아는 스가랴가 사는 날에 하나님을 찾았고 그가 여호와를 찾을 동
안에는 하나님이 형통하게 하셨더라 6 웃시야가 나가서 블레셋 사람들과
싸우고 가드 성벽과 야브네 성벽과 아스돗 성벽을 헐고 아스돗 땅과 블
레셋 사람들 가운데에 성읍들을 건축하매 7 하나님이 그를 도우사 블레
셋 사람들과 구르바알에 거주하는 아라비아 사람들과 마온 사람들을 치
게 하신지라 8 암몬 사람들이 웃시야에게 조공을 바치매 웃시야가 매우
강성하여 이름이 애굽 변방까지 퍼졌더라 9 웃시야가 예루살렘에서 성 모
퉁이 문과 골짜기 문과 성굽이에 망대를 세워 견고하게 하고 10 또 광야
에 망대를 세우고 물 웅덩이를 많이 파고 고원과 평지에 가축을 많이 길
렀으며 또 여러 산과 좋은 밭에 농부와 포도원을 다스리는 자들을 두었으
니 농사를 좋아함이었더라 11 웃시야에게 또 싸우는 군사가 있으니 서기
관 여이엘과 병영장 마아세야가 직접 조사한 수효대로 왕의 지휘관 하나
냐의 휘하에 속하여 떼를 지어 나가서 싸우는 자라 12 족장의 총수가 이
천육백 명이니 모두 큰 용사요 13 그의 휘하의 군대가 삼십만 칠천오백 명
이라 건장하고 싸움에 능하여 왕을 도와 적을 치는 자이며 14 웃시야가 그
의 온 군대를 위하여 방패와 창과 투구와 갑옷과 활과 물매 돌을 준비하
고 15 또 예루살렘에서 재주 있는 사람들에게 무기를 고안하게 하여 망대
와 성곽 위에 두어 화살과 큰 돌을 쏘고 던지게 하였으니 그의 이름이 멀리 퍼짐은 기이한 도우심을 얻어 강성하
여짐이었더라

❖ 대하 26장 **웃시야**

북 왕국 이스라엘 왕 여로보암 2세와 동시대의 인물이다. 이 당시는 가나안 북방의 앗수르가 아람을 공격하며 그 세력을 견제하던 시기로서 상대적으로 매우 안정된 시기였다. 이와 같은 정치적 호황기를 맞아 북왕국 여로보암 2세와 남유다 웃시야 왕은 활발한 정복 전쟁에 의해 솔로몬 때 만큼이나 영토를 확장할 수 있었다. 그리고 동시에 암몬과 모압 등을 제압함으로 국제적 지위 향상과 경제적 번영을 누릴 수 있었다.

☞ 많은 업적을 남기기도 한 웃시야는 결국 교만에 빠지게 되었다. 그와 같은 그의 삶에서 우리가 배워야 할 교훈은 신위와 인위의 개념이다.

언제나 문제의 해결을 성경적 가치관, 세계관에 따라야 한다는 것이다. 우리 표현으로 말하면 신위(神爲) 앞에 인위(人爲)의 자기중심성을 내려놓고 그분의 인도와 통제를 받아야 한다는 것이다.

교만, 참으로 인간이 스스로 결박당하게 하는 유혹이다.

이어서 읽을 호세아서의 문제도 인간이 자기 교만에 빠져 하나님을 만홀히 여기는 우매함 때문에 하나님의 축복권 밖으로 밀려난다는 것이다. 더 큰 문제는 인간이 사탄의 간계이며 유혹인 것을 분별하지 못하는 우매함이다. 오호라..

결국 웃시야는 그 교만 때문에 나병에 걸려 격리되다가 죽게 된다.

우리의 인생이 이래서는 안 된다.

성경을 더 확실하게 읽어 하나님과 바른 관계, 이웃과의 바른 관계를 회복하여 태초에 약속하신 복의 관계(창 1:28)로 회복되자.

"오늘 성경 읽으셨나요?"
인위 뚝! 신위 고!

37일~42일

웃시야에게 나병이 생기다

16 그가 강성하여지매 그의 마음이 교만하여 악을 행하여 그의 하나님 여호와께 범죄하되 곧 여호와의 성전에
들어가서 향단에 분향하려 한지라 17 제사장 아사랴가 여호와의 용맹한 제사장 팔십 명을 데리고 그의 뒤를 따
라 들어가서 18 웃시야 왕 곁에 서서 그에게 이르되 웃시야여 여호와께 분향하는 일은 왕이 할 바가 아니요 오직
분향하기 위하여 구별함을 받은 아론의 자손 제사장들이 할 바니 성소에서 나가소서 왕이 범죄하였으니 하나님
여호와에게서 영광을 얻지 못하리이다 19 웃시야가 손으로 향로를 잡고 분향하려 하다가 화를 내니 그가 제사장
에게 화를 낼 때에 여호와의 전 안 향단 곁 제사장들 앞에서 그의 이마에 나병이 생긴지라 20 대제사장 아사랴와
모든 제사장이 왕의 이마에 나병이 생겼음을 보고 성전에서 급히 쫓아내고 여호와께서 치시므로 왕도 속히 나가
니라 21 웃시야 왕이 죽는 날까지 나병환자가 되었고 나병환자가 되매 여호와의 전에서 끊어져 별궁에 살았으므
로 그의 아들 요담이 왕궁을 관리하며 백성을 다스렸더라 22 웃시야의 남은 시종 행적은 아모스의 아들 선지자
이사야가 기록하였더라 23 웃시야가 그의 조상들과 함께 누우매 그는 나병환자라 하여 왕들의 묘실에 접한 땅
곧 그의 조상들의 곁에 장사하니라 그의 아들 요담이 대신하여 왕이 되니라

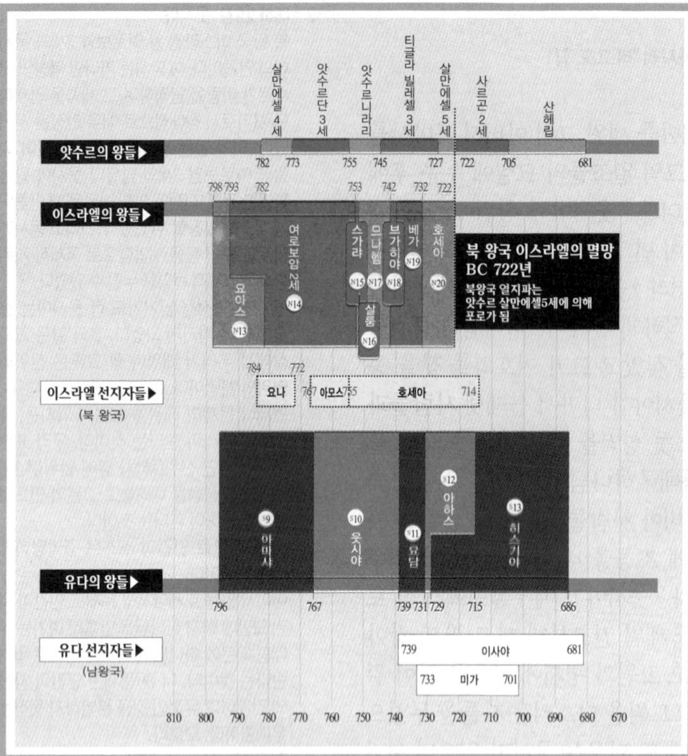

호세아 1장~14장

호세아 1장

1 웃시야와 요담과 아하스와 히스기야가 이어 유다 왕이 된 시대 곧 요아
스의 아들 여로보암이 이스라엘 왕이 된 시대에 브에리의 아들 호세아에
게 임한 여호와의 말씀이라

호세아의 아내와 자식들

2 여호와께서 처음 호세아에게 말씀하실 때 여호와께서 호세아에게 이르
시되 너는 가서 음란한 여자를 맞이하여 음란한 자식들을 낳으라 이 나라
가 여호와를 떠나 크게 음란함이니라 하시니 3 이에 그가 가서 디블라임
의 딸 고멜을 맞이하였더니 고멜이 임신하여 아들을 낳으매 4 여호와께서
호세아에게 이르시되 그의 이름을 이스르엘이라 하라 조금 후에 내가 이
스르엘의 피를 예후의 집에 갚으며 이스라엘 족속의 나라를 폐할 것임이
니라 5 그 날에 내가 이스르엘 골짜기에서 이스라엘의 활을 꺾으리라 하
시니라 6 고멜이 또 임신하여 딸을 낳으매 여호와께서 호세아에게 이르
시되 그의 이름을 로루하마라 하라 내가 다시는 이스라엘 족속을 긍휼히
여겨서 용서하지 않을 것임이니라 7 그러나 내가 유다 족속을 긍휼히 여겨

❖ 호세아의 시대적 배경

호세아는 여로보암 2세 통치 말기(B.C. 755년), 북 왕국의 종교적, 도덕적 타락이 극에 달했을 즈음부터 활동하기 시작했다. 이때는 호세아보다 조금 앞서 북 왕국에서 활동한 아모스 선지자(B.C. 760-755년)가 경고한 대로(암 5:2, 7:7-9, 8:1-3) 하나님의 심판에 의한 북 왕국 멸망의 징조가 분명하게 드러나기 시작하던 때였다. 즉 팔레스타인 북쪽 지역을 군사적으로 완전히 평정한 앗수르 제국이 팔레스타인 지역을 본격적으로 공격해 오기 시작한 것이었다. B.C. 748년에는 앗수르 왕 “불(pul)”이 제1차로(왕하 15:9), 그리고 B.C. 733년에는 디글랏 빌레셀 3세 (Tiglath-PileserIII)가 제 2 차로, B.C 724-722년까지의 3년 동안에는 살만에셀 5세(ShalmaneserV)와 사르곤 2세(Sargon II)가 제3차로 공격해 옴으로써 북 왕국은 결국 완전 멸망하기에 이른다.

당시는 북방의 앗수르가 고대 근동의 최강대국으로 서서히 부상하고 있던 때였다. 이러한 앗수르의 제일 공격 목표가 된 팔레스타인 지역의 국가는 아람 (수리아)이었다. 그래서 그동안 남 • 북이스라엘 두 왕국을 계속해서 괴롭혔던 아람이 앗수르의 공격으로 급격히 쇠약해진 틈을 타서 여로보암 2세는 아람을 공격하여 그 수도인 다메섹을 정복하고 영토를 확장함으로써 북쪽 국경이 하맛 어귀에까지 이르게 되었고 이로써 북 왕국은 통일 왕국 다윗과 솔로몬 이후 최고의 정치적, 경제적 번영을 누리게 되었다(호4:7), 그러나 늘 그렇듯이 대외적으로 평온기를 맞은 이스라엘은 내부적으로는 크게 부패하여 하나님을 떠나 쾌락을 좇아 행하며(호 4: 11), 패역한 행위를 서슴지 않았다. 이런 상황 속에서 선지자 호세아는 다가올 하나님의 심판과 포로 생활에 대한 예언(호 8:7)을 선포하면서 회개를 촉구하였다. 그러나 이스라엘은 회개는커녕 더욱 패역을 일삼아 결국 앗수르에 의해 수도 사마리아가 함락되고 백성들은 포로로 끌려가는 신세가 되었다(왕하 17:6).

이 당시 정치적인 혼돈과 더불어 북이스라엘은 극도의 종교적, 사회적 타락에 빠져 있었다. 이스라엘 백성은 바알을 섬기고 여호와 신앙을 바알 숭배와 혼합시켰다. 고멜이라는 음탕한 여자와의 결혼으로 시작하는 호세아의 메시지는 바로 이런 이스라엘의 종교적 타락에 대한 경고이다. 따라서 호세아의 예언은 이스라엘의 시내 산 언약 파기에 가장 큰 중점을 두고 있다. 또한 정치적 동맹에 의해 안정을 추구하는 이스라엘의 행동을 이스라엘의 유일한 보호자이신 하나님에 대한 배신으로 규정하고 있다.

그러나 호세아는 이런 지적과 경고에도 불구하고 음탕한 고멜과 결혼하고 구하는 행동을 통해 이스라엘을 구원하려는 하나님의 사랑을 보여 주고 있다. 바로 절망 속에서 발견하는 여호와의 사랑이라는 소망이다.

호세아 HOSEA 何西阿書

호세아 한눈에 보기

개요 **사랑으로 인내하는 선지자**

I. 서언 : 상징으로 쓴 서언 부분 (1장 - 3장)

II. 참을 수 없는 이스라엘의 범죄 : 하나님은 거룩하시다 (4장 - 7장)

다섯 가지 고발(4장 5장), 실현되지 않을 회개 (6장), 불가능할 회복(7장)

III. 이스라엘이 심판받다 : 하나님은 공의로우시다 (8장 - 10장)

심판의 나팔 (8:1), 다가올 분노를 기록하다

IV. 이스라엘의 회복 : 하나님은 사랑이시다 (11장 -14장)

하나님의 바램(11:1,4,8), 아직은 이스라엘이 고통받아야 함(12장), 사랑이 최후의 승리를 이룸(14장)

그들의 하나님 여호와로 구원하겠고 활과 칼이나 전쟁이나 말과 마병으
로 구원하지 아니하리라 하시니라 8 고멜이 로루하마를 젖뗀 후에 또 임
신하여 아들을 낳으매 9 여호와께서 이르시되 그의 이름을 로암미라 하라
너희는 내 백성이 아니요 나는 너희 하나님이 되지 아니할 것임이니라

이스라엘이 회복되리라

10 그러나 이스라엘 자손의 수가 바닷가의 모래 같이 되어서 헤아릴 수도
없고 셀 수도 없을 것이며 전에 그들에게 이르기를 너희는 내 백성이 아니
라 한 그 곳에서 그들에게 이르기를 너희는 살아 계신 하나님의 아들들이
라 할 것이라 11 이에 유다 자손과 이스라엘 자손이 함께 모여 한 우두머
리를 세우고 그 땅에서부터 올라오리니 이스르엘의 날이 클 것임이로다

호세아 2장

1 너희 형제에게는 암미라 하고 너희 자매에게는 루하마라 하라

음란을 제거할지라

2 너희 어머니와 논쟁하고 논쟁하라 그는 내 아내가 아니요 나는 그의 남
편이 아니라 그가 그의 얼굴에서 음란을 제하게 하고 그 유방 사이에서
음행을 제하게 하라 3 그렇지 아니하면 내가 그를 벌거벗겨서 그 나던 날
과 같게 할 것이요 그로 광야 같이 되게 하며 마른 땅 같이 되게 하여 목말라 죽게 할 것이며 4 내가 그의 자녀를
긍휼히 여기지 아니하리니 이는 그들이 음란한 자식들임이니라 5 그들의 어머니는 음행하였고 그들을 임신했던
자는 부끄러운 일을 행하였나니 이는 그가 이르기를 나는 나를 사랑하는 자들을 따르리니 그들이 내 떡과 내 물
과 내 양털과 내 삼과 내 기름과 내 술들을 내게 준다 하였음이라 6 그러므로 내가 가시로 그 길을 막으며 담을
쌓아 그로 그 길을 찾지 못하게 하리니 7 그가 그 사랑하는 자를 따라갈지라도 미치지 못하며 그들을 찾을지라
도 만나지 못할 것이라 그제야 그가 이르기를 내가 본 남편에게로 돌아가리니 그 때의 내 형편이 지금보다 나았
음이라 하리라 8 곡식과 새 포도주와 기름은 내가 그에게 준 것이요 그들이 바알을 위하여 쓴 은과 금도 내가 그
에게 더하여 준 것이거늘 그가 알지 못하도다 9 그러므로 내가 내 곡식을 그것이 익을 계절에 도로 찾으며 내가

❖ 호 1장

호세아 자녀 이름을 통해 주시는 메시지
☞ 2남 1녀
장남 : "이스르엘" - 하나님이 흩으신다.
장녀 : "로루하마" - 하나님께서 자비를 베풀지 않으신다.
차남 : "로암미" - 내 백성이 아니다.
(출 6:7 시내 산 언약, 레 26:12, 암 7:15 참고)

호 1:1
호세아 사역 당시의 북이스라엘의 왕들

여로보암 II세(B.C. 793-753)

- 북왕국 왕 중 최장기 통치(41년간)
- 이스라엘이 상실한 영토 중 상당 부분 회복 및 국력을 부흥시킴(왕하 14:23-29)
- 종교적으로 크게 타락함

스가랴(B.C.753)

- 예후의 4대손, 예후 왕조의 네 번째 왕
- 살룸에게 피살 - 하나님이 예후에게 내린 예언이 성취됨(왕하 10:30, 14:29, 15:8-12, 호 1:4)

살룸(B.C. 752)

- 므나헴에게 살해됨(왕하 15:10-15)

므나헴(B.C. 752-742)

- 북이스라엘의 가장 악한 독재자 중의 한 사람으로 손꼽힘(왕하 15:14-22)
- 앗수르 왕 디글랏빌레셀이 이스라엘을 침략하자 은 일천 달란트에 매수함

브가히야(B.C. 742-740)

- 므나헴의 아들(왕하 15:22-26)
- 군대 장관 베가에서 피살됨

베가(B.C. 740-732)

- 앗수르에 대항하여 연합할 것을 거절한 유다 왕 아하스에 보복하기 위해 수리아와 연합하여 남유다를 공격하였으나 실패함(왕하 15:27-31)
- 앗수르에게 이스라엘 북부와 동부의 성읍들을 빼앗김
- 호세아의 반역에 의해 피살됨

호세아(B.C. 732-722)

- 북이스라엘 최후의 왕(왕하 18:9, 10)
- 앗수르에 대항하여 애굽과 연합하였으나 실패하고 앗수르에 포로로 잡혀감

내 새 포도주를 그것이 맛 들 시기에 도로 찾으며 또 그들의 벌거벗은 몸을 가릴 내 양털과 내 삼을 빼앗으리라
10 이제 내가 그 수치를 그 사랑하는 자의 눈 앞에 드러내리니 그를 내 손에서 건져낼 사람이 없으리라 11 내가
그의 모든 희락과 절기와 월삭과 안식일과 모든 명절을 폐하겠고 12 그가 전에 이르기를 이것은 나를 사랑하는
자들이 내게 준 값이라 하던 그 포도나무와 무화과나무를 거칠게 하여 수풀이 되게 하며 들짐승들에게 먹게 하
리라 13 그가 귀고리와 패물로 장식하고 그가 사랑하는 자를 따라가서 나를 잊어버리고 향을 살라 바알들을 섬
긴 시일대로 내가 그에게 벌을 주리라 여호와의 말씀이니라

백성을 향한 여호와의 사랑

14 그러므로 보라 내가 그를 타일러 거친 들로 데리고 가서 말로 위로하고
15 거기서 비로소 그의 포도원을 그에게 주고 아골 골짜기로 소망의 문을
삼아 주리니 그가 거기서 응대하기를 어렸을 때와 애굽 땅에서 올라오던
날과 같이 하리라 16 여호와께서 이르시되 그 날에 네가 나를 내 남편이라
일컫고 다시는 내 바알이라 일컫지 아니하리라 17 내가 바알들의 이름을
그의 입에서 제거하여 다시는 그의 이
름을 기억하여 부르는 일이 없게 하
리라 18 그 날에는 내가 그들을 위하여 들짐승과 공중의 새와 땅의 곤충과
더불어 언약을 맺으며 또 이 땅에서 활과 칼을 꺾어 전쟁을 없이하고 그들
로 평안히 눕게 하리라 19 내가 네게 장가들어 영원히 살되 공의와 정의와
은총과 긍휼히 여김으로 네게 장가들며 20 진실함으로 네게 장가들리니 네
가 여호와를 알리라 21 여호와께서 이르시되 그 날에 내가 응답하리라 나
는 하늘에 응답하고 하늘은 땅에 응답하고 22 땅은 곡식과 포도주와 기름
에 응답하고 또 이것들은 이스르엘에 응답하리라 23 내가 나를 위하여 그를
이 땅에 심고 긍휼히 여김을 받지 못하였던 자를 긍휼히 여기며 내 백성 아니었던 자에게 향하여 이르기를 너는
내 백성이라 하리니 그들은 이르기를 주는 내 하나님이시라 하리라 하시니라

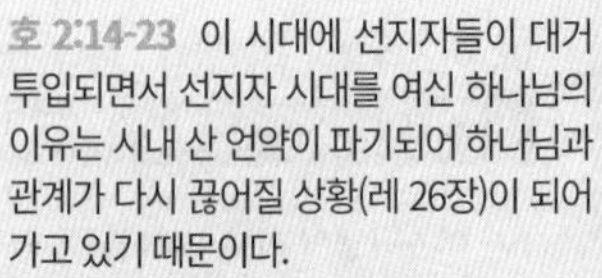
호 2:14-23 이 시대에 선지자들이 대거 투입되면서 선지자 시대를 여신 하나님의 이유는 시내 산 언약이 파기되어 하나님과 관계가 다시 끊어질 상황(레 26장)이 되어 가고 있기 때문이다.
이 문단은 그 점을 염두에 두고 시내 산 언약을 갱신하고 회복하라는 하나님의 당부를 기록하고 있다.

호세아 3장

호세아와 음녀가 된 여인

1 여호와께서 내게 이르시되 이스라엘 자손이 다른 신을 섬기고 건포도 과자를 즐길지라도 여호와
가 그들을 사랑하나니 너는 또 가서 타인의 사랑을 받아 음녀가 된 그 여자를 사랑하라
하시기로 2 내가 은 열다섯 개와 보리 한 호멜 반으로 나를 위하여 그를 사고 3 그에게 이
르기를 너는 많은 날 동안 나와 함께 지내고 음행하지 말며 다른 남
자를 따르지 말라 나도 네게 그리하리라 하였노라 4 이스라엘 자
손들이 많은 날 동안 왕도 없고 지도자도 없고 제사도 없고 주상
도 없고 에봇도 없고 드라빔도 없이 지내다가 5 그 후에 이스라엘
자손이 돌아와서 그들의 하나님 여호와와 그들의 왕 다윗을 찾고
마지막 날에는 여호와를 경외하므로 여호와와 그의 은총으로 나아가리라

호세아 4장

어머니를 멸하리라

1 이스라엘 자손들아 여호와의 말씀을 들으라 여호와께서 이 땅 주민과 논쟁하시나니 이 땅에는 진실도 없고 인
애도 없고 하나님을 아는 지식도 없고 2 오직 저주와 속임과 살인과 도둑질과 간음뿐이요 포악하여 피가 피를 뒤

이음이라 3 그러므로 이 땅이 슬퍼하며 거기 사는 자와 들짐승과 공중에
나는 새가 다 쇠잔할 것이요 바다의 고기도 없어지리라 4 그러나 어떤 사
람이든지 다투지도 말며 책망하지도 말라 네 백성들이 제사장과 다투는
자처럼 되었음이니라 5 너는 낮에 넘어지겠고 너와 함께 있는 선지자는
밤에 넘어지리라 내가 네 어머니를 멸하리라

여호와께서 백성과 제사장을 심판하시다

6 내 백성이 지식이 없으므로 망하는도다 네가 지식을 버렸으니 나도 너
를 버려 내 제사장이 되지 못하게 할 것이요 네가 네 하나님의 율법을 잊
었으니 나도 네 자녀들을 잊어버리리라 7 그들은 번성할수록 내게 범죄하
니 내가 그들의 영화를 변하여 욕이 되게 하리라 8 그들이 내 백성의 속죄
제물을 먹고 그 마음을 그들의 죄악에 두는도다 9 장차는 백성이나 제사
장이나 동일함이라 내가 그들의 행실대로 벌하며 그들의 행위대로 갚으
리라 10 그들이 먹어도 배부르지 아니하며 음행하여도 수효가 늘지 못하
니 이는 여호와를 버리고 따르지 아니하였음이니라

이교 예배를 책망하시다

11 음행과 묵은 포도주와 새 포도주가 마음을 빼앗느니라 12 내 백성이 나
무에게 묻고 그 막대기는 그들에게 고하나니 이는 그들이 음란한 마음에

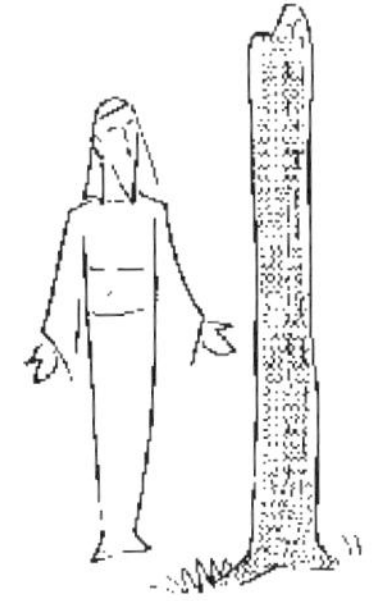

미혹되어 하나님을 버리고 음행하였음이니라 13 그
들이 산꼭대기에서 제사를 드리며 작은 산 위에서 분향하되 참나무와 버드나무와 상수리나
무 아래에서 하니 이는 그 나무 그늘이 좋음이라 이러므로 너희 딸들은 음행하며 너희 며느
리들은 간음을 행하는도다 14 너희 딸들이 음행하며 너희 며느리들이 간음하여도 내가 벌하
지 아니하리니 이는 남자들도 창기와 함께 나가며 음부와 함께 희생을 드림이니라 깨닫지
못하는 백성은 망하리라 15 이스라엘아 너는 음행하여도 유다는 죄를 범하지 못하게 할 것
이라 너희는 길갈로 가지 말며 벧아웬으로 올라가지 말며 여호와의 사심을 두고 맹세하지
말지어다 16 이스라엘은 완강한 암소처럼 완강하니 이제 여호와께서 어린 양을 넓은 들에서
먹임 같이 그들을 먹이시겠느냐 17 에브라임이 우상과 연합하였으니 버려 두라 18 그들이 마
시기를 다 하고는 이어서 음행하였으며 그들은 부끄러운 일을 좋아하느니라 19 바람이 그 날개로 그를 쌌나니
그들이 그 제물로 말미암아 부끄러운 일을 당하리라

호세아 5장

우상 숭배를 경고하다

1 제사장들아 이를 들으라 이스라엘 족속들아 깨달으라 왕족들아 귀를 기울이라 너희에게 심판이 있나니 너희
가 미스바에 대하여 올무가 되며 다볼 위에 친 그물이 됨이라 2 패역자가 살육죄에 깊이 빠졌으매 내가 그들을
다 벌하노라 3 에브라임은 내가 알고 이스라엘은 내게 숨기지 못하나니 에브라임아 이제 네가 음행하였고 이스
라엘이 더러워졌느니라 4 그들의 행위가 그들로 자기 하나님에게 돌아가지 못하게 하나니 이는 음란한 마음이
그 속에 있어 여호와를 알지 못하는 까닭이라 5 이스라엘의 교만이 그 얼굴에 드러났나니 그 죄악으로 말미암아
이스라엘과 에브라임이 넘어지고 유다도 그들과 함께 넘어지리라 6 그들이 양 떼와 소 떼를 끌고 여호와를 찾으
러 갈지라도 만나지 못할 것은 이미 그들에게서 떠나셨음이라 7 그들이 여호와께 정조를 지키지 아니하고 사생
아를 낳았으니 그러므로 새 달이 그들과 그 기업을 함께 삼키리로다

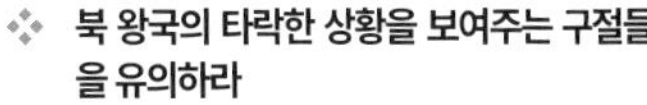

❖ **북 왕국의 타락한 상황을 보여주는 구절들을 유의하라**

☞ 호 4:1-2, 7:1-7, 8:4, 10:3에서 정치적 진공 상태, 권력을 향한 광란적 음모, 법과 질서의 붕괴 더 이상 생명의 안전이 보장되지 않는 무정부 상태를 언급하고 있다.

☞ 호 4:8-9, 5:1, 6:9-10에서는 종교적 도덕적 부패를 언급한다.

☞ 호 4:1-2, 6과

☞ 호 6:1, 3, 6은 호세아서의 핵심 구절이다. 그 뜻을 묵상하라.

호 4:1-2 진정한 성도의 신앙에는 없어야 할 것은 없어야 하고 있어야 할 것은 있어야 한다. 그런데 있어야 할 것은 없고 없어야 할 것이 있다면 이것은 치명적인 문제이다. 있어야 할 것과 없어야 할 것을 분별하는 것이 참 지혜이다.

☞ **눅 12:56-57** 외식하는 자여 너희가 천지의 기상은 분간할 줄 알면서 어찌 이 시대는 분간하지 못하느냐 또 어찌하여 옳은 것을 스스로 판단하지 아니하느냐

☞ **살전 5:21-22** 범사에 헤아려 좋은 것을 취하고 악은 어떤 모양이라도 버리라

유다와 이스라엘 사이의 전쟁

8 너희가 기브아에서 뿔나팔을 불며 라마에서 나팔을 불며 벧아웬에서 외치기를 베냐민아 네 뒤를 쫓는다 할지
어다 9 벌하는 날에 에브라임이 황폐할 것이라 내가 이스라엘 지파 중에서 반드시 있을 일을 보였노라 10 유다 지
도자들은 경계표를 옮기는 자 같으니 내가 나의 진노를 그들에게 물 같이 부으리라 11 에브라임은 사람의 명령
뒤따르기를 좋아하므로 학대를 받고 재판의 압제를 받는도다 12 그러므로 내가 에브라임에게는 좀 같으며 유다
족속에게는 썩이는 것 같도다 13 에브라임이 자기의 병을 깨달으며 유다가 자기의 상처를 깨달았고 에브라임은
앗수르로 가서 야렙 왕에게 사람을 보내었으나 그가 능히 너희를 고치지 못하겠고 너희 상처를 낫게 하지 못하
리라 14 내가 에브라임에게는 사자 같고 유다 족속에게는 젊은 사자 같으니 바로 내가 움켜갈지라 내가 탈취하
여 갈지라도 건져낼 자가 없으리라 15 그들이 그 죄를 뉘우치고 내 얼굴을 구하기까지 내가 내 곳으로 돌아가리
라 그들이 고난 받을 때에 나를 간절히 구하리라

호세아 6장

백성들의 불성실한 회개

1 오라 우리가 여호와께로 돌아가자 여호와께서 우리를 찢으셨으나 도로 낫게 하실 것이요 우리를 치셨으나 싸
매어 주실 것임이라 2 여호와께서 이틀 후에 우리를 살리시며 셋째 날에 우리를 일으키시리니 우리가 그의 앞에
서 살리라 3 그러므로 우리가 여호와를 알자 힘써 여호와를 알자 그의 나타나심은 새벽 빛 같이 어김없나니 비와
같이, 땅을 적시는 늦은 비와 같이 우리에게 임하시리라 하니라 4 에브라
임아 내가 네게 어떻게 하랴 유다야 내가 네게 어떻게 하랴 너희의 인애
가 아침 구름이나 쉬 없어지는 이슬 같도다 5 그러므로 내가 선지자들로
그들을 치고 내 입의 말로 그들을 죽였노니 내 심판은 빛처럼 나오느니라
6 나는 인애를 원하고 제사를 원하지 아니하며 번제보다 하나님을 아는
것을 원하노라 7 그들은 아담처럼 언약을 어기고 거기에서 나를 반역하였
느니라 8 길르앗은 악을 행하는 자의 고을이라 피 발자국으로 가득 찼도
다 9 강도 떼가 사람을 기다림 같이 제사장의 무리가 세겜 길에서 살인하
니 그들이 사악을 행하였느니라 10 내가 이스라엘 집에서 가증한 일을 보
았나니 거기서 에브라임은 음행하였고 이스라엘은 더럽혀졌느니라 11 또
한 유다여 내가 내 백성의 사로잡힘을 돌이킬 때에 네게도 추수할 일을
정하였느니라

호세아 7장

왕궁 안의 반란

1 내가 이스라엘을 치료하려 할 때에 에브라임의 죄와 사마리아의 악이
드러나도다 그들은 거짓을 행하며 안으로 들어가 도둑질하고 밖으로 떼
지어 노략질하며 2 내가 모든 악을 기억하였음을 그들이 마음에 생각하지
아니하거니와 이제 그들의 행위가 그들을 에워싸고 내 얼굴 앞에 있도다
3 그들이 그 악으로 왕을, 그 거짓말로 지도자들을 기쁘게 하도다 4 그들
은 다 간음하는 자라 과자 만드는 자에 의해 달궈진 화덕과 같도다 그가
반죽을 뭉침으로 발효되기까지만 불 일으키기를 그칠 뿐이니라 5 우리 왕
의 날에 지도자들은 술의 뜨거움으로 병이 나며 왕은 오만한 자들과 더불
어 악수하는도다 6 그들이 가까이 올 때에 그들의 마음은 간교하여 화덕

호 6:6 חֶסֶד(헤세드)
'인애' '인자함', 함축적으로 (하나님을 향한) '경건'; 드물게는 (반대로) '책망', 또는 (주관적으로) '아름다운' :- 은총, 선행, 친절하게, 인자한, 인애, 자비, 연민, 견책, 악한 일
☞ 호 6:6의 헤세드는 "인애"로 번역되었는데 그 문맥상의 의미는 하나님을 향한 인간의 도리(Faithfulness, 충실함)를 다하는 것으로 이해한다. 그것은 종교의 형식주의를 타파하고 하나님을 진정으로 아는 것이 진정 인간으로 해야 할 도리(道理)를 다하는 것이라는 것이다.

❖ 호 6~7장에서 보는 이스라엘의 영적 상태
- "아침 구름"(6:4) – 한순간 있다가 사라진다.
- "반쯤 구워진 전병"(7:8) – 그들의 종교가 생활 깊숙한 것이 아니라 표면적인 것이다.
- "백발"(7:9) – 그들의 힘을 잃어가고 있으나 그것을 깨닫지 못한다.
- "어리석은 비둘기"(7:11) – 안정되지 못하고 여기저기 날아다닌다.
- "속이는 활" (7:16) – 의지할 수가 없다

☞ 이런 상태가 혹 나의 상태는 아닌지…?

호 7:1-7의 모습은 오늘 이 시대의 온 세계의 모습과, 특히 한국 사회와 교회의 모습과도 너무나도 흡사하다.
회개하자!

같으니 그들의 분노는 밤새도록 자고 아침에 피우는 불꽃 같도다 7 그들이 다 화덕 같이 뜨거워져서 그 재판장
들을 삼키며 그들의 왕들을 다 엎드러지게 하며 그들 중에는 내게 부르짖는 자가 하나도 없도다

이스라엘과 여러 민족

8 에브라임이 여러 민족 가운데에 혼합되니 그는 곧 뒤집지 않은 전병이로다 9 이방인들이 그의 힘을 삼켰으나
알지 못하고 백발이 무성할지라도 알지 못하는도다 10 이스라엘의 교만은 그 얼굴에 드러났나니 그들이 이 모든
일을 당하여도 그들의 하나님 여호와께로 돌아오지 아니하며 구하지 아니하도다 11 에브라임은 어리석은 비둘
기 같이 지혜가 없어서 애굽을 향하여 부르짖으며 앗수르로 가는도다 12 그들이 갈 때에 내가 나의 그물을 그 위
에 쳐서 공중의 새처럼 떨어뜨리고 전에 그 회중에 들려 준 대로 그들을 징계하리라 13 화 있을진저 그들이 나를
떠나 그릇 갔음이니라 패망할진저 그들이 내게 범죄하였음이니라 내가 그들을 건져 주려 하나 그들이 나를 거슬
러 거짓을 말하고 14 성심으로 나를 부르지 아니하였으며 오직 침상에서 슬피 부르짖으며 곡식과 새 포도주로 말
미암아 모이며 나를 거역하는도다 15 내가 그들 팔을 연습시켜 힘 있게 하였으나 그들은 내게 대하여 악을 꾀하
는도다 16 그들은 돌아오나 높으신 자에게로 돌아오지 아니하니 속이는 활과 같으며 그들의 지도자들은 그 혀의
거친 말로 말미암아 칼에 엎드러지리니 이것이 애굽 땅에서 조롱거리가 되리라

호세아 8장

우상 숭배를 책망하시다

1 나팔을 네 입에 댈지어다 원수가 독수리처럼 여호와의 집에 덮치리니
이는 그들이 내 언약을 어기며 내 율법을 범함이로다 2 그들이 장차 내게
부르짖기를 나의 하나님이여 우리 이스라엘이 주를 아나이다 하리라 3
이스라엘이 이미 선을 버렸으니 원수가 그를 따를 것이라 4 그들이 왕들
을 세웠으나 내게서 난 것이 아니며 그들이 지도자들을 세웠으나 내가
모르는 바이며 그들이 또 그 은, 금으로 자기를 위하여 우상을 만들었나
니 결국은 파괴되고 말리라 5 사마리아여 네 송아지는 버려졌느니라 내
진노가 무리를 향하여 타오르나니 그들이 어느 때에야 무죄하겠느냐 6
이것은 이스라엘에서 나고 장인이 만든 것이라 참 신이 아니니 사마리아
의 송아지가 산산조각이 나리라 7 그들이 바람을 심고 광풍을 거둘 것이
라 심은 것이 줄기가 없으며 이삭은 열매를 맺지 못할 것이요 혹시 맺을
지라도 이방 사람이 삼키리라 8 이스라엘은 이미 삼켜졌은즉 이제 여러
나라 가운데에 있는 것이 즐겨 쓰지 아니하는 그릇 같도다 9 그들이 홀로
떨어진 들나귀처럼 앗수르로 갔고 에브라임이 값 주고 사랑하는 자들을
얻었도다 10 그들이 여러 나라에게 값을 주었을지라도 이제 내가 그들을
모으리니 그들은 지도자의 임금이 지워 준 짐으로 말미암아 쇠하기 시작
하리라 11 에브라임은 죄를 위하여 제단을 많이 만들더니 그 제단이 그
에게 범죄하게 하는 것이 되었도다 12 내가 그를 위하여 내 율법을 만 가
지로 기록하였으나 그들은 이상한 것으로 여기도다 13 그들이 내게 고기
를 제물로 드리고 먹을지라도 여호와는 그것을 기뻐하지 아니하고 이제
그들의 죄악을 기억하여 그 죄를 벌하리니 그들은 애굽으로 다시 가리라
14 이스라엘은 자기를 지으신 이를 잊어버리고 왕궁들을 세웠으며 유다
는 견고한 성읍을 많이 쌓았으나 내가 그 성읍들에 불을 보내어 그 성들
을 삼키게 하리라

❖ 호 8장 **사람들은 왜 그토록 우상을 섬기는가? - 우상 숭배 중독증**

우상 숭배자들이 하나님께 무서운 징벌을 받아 멸망하는 것을 보고서도 우상 숭배를 끊지 못하고 계속 섬겼다. 왜 사람들은 그토록 우상 숭배에 집착했을까?

1) 하나님을 떠나 자신들의 입맛과 자신들의 삶의 방식에 맞는 종교를 원했다.
2) 우상 숭배는 아무런 죄의식 없이 성적인 쾌락을 추구할 수 있도록 해주었다. 사람들은 우상들이 상징하는 관능적인 특정들을 실제 행위를 통하여 표현함으로써 쾌락의 삶을 정당화했다.
3) 높고 거룩하신 하나님을 대신한 온갖 저급한 우상들은 타락한 인간성에 더 부합되는 존재였다. 즉 우상은 인간의 세속적 문화에 더 잘 들어맞는 존재들이었다.

☞ 오늘날 우상을 숭배하는 가장 큰 이유는 위험 부담이 없다는 것이다. 우상 숭배는 자기 변화 즉 순종을 요구하지 않고 인간이 원하는 것은 다 들어준다는 매력 때문이다. 과연 그럴까? 시 115편을 함께 묵상해 보라.

⇒ 오늘날 우리에게 우상은 무엇인가?

☞ 우상 숭배는 십계명의 제1계명의 위배이면서 동시에 하나님 나라의 파괴로 이어진다. 북 왕국은 끊임없는 우상 숭배로 인해 이제 그들은 하나님을 완전히 잊어버린 상태가 되었고 결국 앗수르에 의해 망하면서 10지파 자체가 없어지는 비극이 생긴다.

☞ 호세아서를 통해서 하나님이 우리에게 원하시는 것이 무엇이라고 생각하는가? 그것이 호세아서의 핵심 메시지이다. 나는 그 하나님의 요구에 부응하는 삶을 살아가고 있는가? 아니라면 어떤 점에서 아니며 그 해결책은 무엇이라고 생각하는가?

호세아 9장

형벌의 날 보응의 날

1 이스라엘아 너는 이방 사람처럼 기뻐 뛰놀지 말라 네가 음행하여 네 하나님을 떠나고 각 타작 마당에서 음행
의 값을 좋아하였느니라 2 타작 마당이나 술틀이 그들을 기르지 못할 것이며 새 포도주도 떨어질 것이요 3 그들
은 여호와의 땅에 거주하지 못하며 에브라임은 애굽으로 다시 가고 앗수르에서 더러운 것을 먹을 것이니라 4 그
들은 여호와께 포도주를 부어 드리지 못하며 여호와께서 기뻐하시는 바도 되지 못할 것이라 그들의 제물은 애
곡하는 자의 떡과 같아서 그것을 먹는 자는 더러워지나니 그들의 떡은 자기의 먹기에만 소용될 뿐이라 여호와
의 집에 드릴 것이 아님이니라 5 너희는 명절날과 여호와의 절기의 날에 무엇을 하겠느냐 6 보라 그들이 멸망을
피하여 갈지라도 애굽은 그들을 모으고 놉은 그들을 장사하리니 그들의 은은 귀한 것이나 찔레가 덮을 것이요
그들의 장막 안에는 가시덩굴이 퍼지리라 7 형벌의 날이 이르렀고 보응의 날이 온 것을 이스라엘이 알지라 선지
자가 어리석었고 신에 감동하는 자가 미쳤나니 이는 네 죄악이 많고 네 원한이 큼이니라 8 에브라임은 나의 하나
님과 함께 한 파수꾼이며 선지자는 모든 길에 친 새 잡는 자의 그물과 같고 그의 하나님의 전에는 원한이 있도다
9 그들은 기브아의 시대와 같이 심히 부패한지라 여호와께서 그 악을 기억하시고 그 죄를 벌하시리라

이스라엘의 죄와 하나님의 심판

10 옛적에 내가 이스라엘을 만나기를 광야에서 포도를 만남 같이 하였으며 너희 조상들을 보기를 무화과나무에
서 처음 맺힌 첫 열매를 봄 같이 하였거늘 그들이 바알브올에 가서 부끄러운 우상에게 몸을 드림으로 저희가 사
랑하는 우상 같이 가증하여졌도다 11 에브라임의 영광이 새 같이 날아가리니 해산하는 것이나 아이 배는 것이나
임신하는 것이 없으리라 12 혹 그들이 자식을 기를지라도 내가 그 자식을 없이하여 한 사람도 남기지 아니할 것이
라 내가 그들을 떠나는 때에는 그들에게 화가 미치리로다 13 내가 보건대 에브라임은 아름다운 곳에 심긴 두로
와 같으나 그 자식들을 살인하는 자에게로 끌어내리로다 14 여호와여 그들에게 주소서 무엇을 주시려 하나이까
아이 배지 못하는 태와 젖 없는 유방을 주시옵소서 15 그들의 모든 악이 길갈에 있으므로 내가 거기에서 그들을
미워하였노라 그들의 행위가 악하므로 내 집에서 그들을 쫓아내고 다시는 사랑하지 아니하리라 그들의 지도자
들은 다 반역한 자니라 16 에브라임은 매를 맞아 그 뿌리가 말라 열매를 맺지 못하나니 비록 아이를 낳을지라도
내가 그 사랑하는 태의 열매를 죽이리라 17 그들이 듣지 아니하므로 내 하나님이 그들을 버리시리니 그들이 여러
나라 가운데에 떠도는 자가 되리라

호세아 10장

하나님의 심판에 대한 선지자의 경고

1 이스라엘은 열매 맺는 무성한 포도나무라 그 열매가 많을수록 제단을 많
게 하며 그 땅이 번영할수록 주상을 아름답게 하도다 2 그들이 두 마음을
품었으니 이제 벌을 받을 것이라 하나님이 그 제단을 쳐서 깨뜨리시며 그
주상을 허시리라 3 그들이 이제 이르기를 우리가 여호와를 두려워하지 아
니하므로 우리에게 왕이 없거니와 왕이 우리를 위하여 무엇을 하리요 하리
로다 4 그들이 헛된 말을 내며 거짓 맹세로 언약을 세우니 그 재판이 밭이
랑에 돋는 독초 같으리로다 5 사마리아 주민이 벧아웬의 송아지로 말미암
아 두려워할 것이라 그 백성이 슬퍼하며 그것을 기뻐하던 제사장들도 슬퍼
하리니 이는 그의 영광이 떠나감이며 6 그 송아지는 앗수르로 옮겨다가 예
물로 야렙 왕에게 드리리니 에브라임은 수치를 받을 것이요 이스라엘은 자
기들의 계책을 부끄러워할 것이며 7 사마리아 왕은 물 위에 있는 거품 같
이 멸망할 것이며 8 이스라엘의 죄 곧 아웬의 산당은 파괴되어 가시와 찔레

> **호 10:2** 두 마음은 용납되지 않는다.
> ☞ 당시의 시대상을 다음과 같은 시조로 표현할 수 있다.
> 이런들 어떠하며 저런들 어떠하리
> 만수산 드렁칡이 얽혀진들 어떠하리
> 우리도 이같이 얽혀져 백년까지 누리리라
> – 이방원의 "하여가(何如歌)"
> ☞ 호세아는 이렇게 답하는 듯하다.(호 6:3)
> 이 몸이 죽고 죽어 일백 번 고쳐 죽어
> 백골이 진토되어 넋이라도 있고 없고
> 임 향한 일편단심이야 가실 줄이 있으랴 – 정몽주 "단심가(丹心歌)"
> ⇒ 어떤 판단이 생기는가?

가 그 제단 위에 날 것이니 그 때에 그들
이 산더러 우리를 가리라 할 것이요 작은
산더러 우리 위에 무너지라 하리라

이스라엘에게 징계를 선언하시다

9 이스라엘아 네가 기브아 시대로
부터 범죄하더니 지금까지 죄를
짓는구나 그러니 범죄한 자손들에 대한 전쟁이 어찌 기브아에서 일어나지
않겠느냐 10 내가 원하는 때에 그들을 징계하리니 그들이 두 가지 죄에 걸
릴 때에 만민이 모여서 그들을 치리라 11 에브라임은 마치 길들인 암소 같
아서 곡식 밟기를 좋아하나 내가 그의 아름다운 목에 멍에를 메우고 에브
라임 위에 사람을 태우리니 유다가 밭을 갈고 야곱이 흙덩이를 깨뜨리리
라 12 너희가 자기를 위하여 공의를 심고 인애를 거두라 너희 묵은 땅을 기
경하라 지금이 곧 여호와를 찾을 때니 마침내 여호와께서 오사 공의를 비
처럼 너희에게 내리시리라 13 너희는 악을 밭 갈아 죄를 거두고 거짓 열매
를 먹었나니 이는 네가 네 길과 네 용사의 많음을 의뢰하였음이라 14 그러
므로 너희 백성 중에 요란함이 일어나며 네 산성들이 다 무너지되 살만이
전쟁의 날에 벧아벨을 무너뜨린 것 같이 될 것이라 그 때에 어머니와 자식
이 함께 부서졌도다 15 너희의 큰 악으로 말미암아 벧엘이 이같이 너희에
게 행하리니 이스라엘 왕이 새벽에 정녕 망하리로다

호세아 11장

백성을 버리지 않으시는 하나님

1 이스라엘이 어렸을 때에 내가 사랑하여 내 아들을 애굽에서 불러냈거늘
2 선지자들이 그들을 부를수록 그들은 점점 멀리하고 바알들에게 제사하
며 아로새긴 우상 앞에서 분향하였느니라 3 그러나 내가 에브라임에게 걸
음을 가르치고 내 팔로 안았음에도 내가 그들을 고치는 줄을 그들은 알지
못하였도다 4 내가 사람의 줄 곧 사랑의 줄로 그들을 이끌었고 그들에게
대하여 그 목에서 멍에를 벗기는 자 같이 되었으며 그들 앞에 먹을 것을 두
었노라 5 그들은 애굽 땅으로 되돌아 가지 못하겠거늘 내게 돌아 오기를 싫어하니 앗수르 사람이 그 임금이 될 것
이라 6 칼이 그들의 성읍들을 치며 빗장을 깨뜨려 없이하리니 이는 그들의 계책으로 말미암음이니라 7 내 백성이
끝끝내 내게서 물러가나니 비록 그들을 불러 위에 계신 이에게로 돌아오라 할지라도 일어나는 자가 하나도 없도
다 8 에브라임이여 내가 어찌 너를 놓겠느냐 이스라엘이여 내가 어찌 너를 버리겠느냐 내가 어찌 너를 아드마 같
이 놓겠느냐 어찌 너를 스보임 같이 두겠느냐 내 마음이 내 속에서 돌이키어 나의 긍휼이 온전히 불붙듯 하도다 9
내가 나의 맹렬한 진노를 나타내지 아니하며 내가 다시는 에브라임을 멸하지 아니하리니 이는 내가 하나님이요
사람이 아님이라 네 가운데 있는 거룩한 이니 진노함으로 네게 임하지 아니하리라 10 그들은 사자처럼 소리를 내
시는 여호와를 따를 것이라 여호와께서 소리를 내시면 자손들이 서쪽에서부터 떨며 오되 11 그들은 애굽에서부터
새 같이, 앗수르에서부터 비둘기 같이 떨며 오리니 내가 그들을 그들의 집에 머물게 하리라 나 여호와의 말이니라

하나님께로 돌아오라

12 에브라임은 거짓으로, 이스라엘 족속은 속임수로 나를 에워쌌고 유다는 여전히 하나님과 거룩하고 신실한 자
들에 대하여 정함이 없도다

호 10:12 **"인애"** - 호 6:6의 원어 설명을 참고하라.
"너희 묵은 땅을 기경하라"는 명령은 이 시대에 매우 시급하고 중차대한 명령이다. 다원주의적 우상에 찌들려 하나님에 대한 감각이 마취 주사를 맞고 마비된 현대 교인들은 모두 가짜 성도들이다. 우리의 원래 모습(창 1:26-28, 시 8:5)을 회복하지 않으면 모두가 가짜로 남는 불행한 인생이 된다.
"기경하라"라는 명령은 "다원주의적 잘못된 사고방식, 가치관, 세계관을 갈아엎어라."라는 명령이다. 이 명령은 군인에게 주어진 명령처럼 생명을 좌우하는 절체절명의 명령임을 명심하라.
고후 10:4-6은 이렇게 명령한다.
"우리의 싸우는 무기는 육신에 속한 것이 아니요 오직 어떤 견고한 진도 무너뜨리는 하나님의 능력이라 모든 이론을 무너뜨리며 하나님 아는 것을 대적하여 높아진 것을 다 무너뜨리고 모든 생각을 사로잡아 그리스도에게 복종하게 하니 너희의 복종이 온전하게 될 때에 모든 복종하지 않는 것을 벌하려고 준비하는 중에 있노라"
6절 하반절에 이 명령에 복종하지 않는 자는 벌한다고 했다. 어떤 벌일까? 그 벌은 생명과 관련되어 있다.
이 명령에 절대복종하라! 그래서 묵은 땅을 기경하고 살아남아 하나님과 복된 원래의 관계를 회복하라.
어떻게?

"오늘 성경 읽으셨나요?"
인위 뚝! 신위 고!

☞ **잠 21:2-3** 사람의 행위가 자기 보기에는 모두 정직하여도 여호와는 마음을 감찰하시느니라 **공의와 정의를 행하는 것은 제사드리는 것보다 여호와께서 기쁘게 여기시느니라**

호세아 12장

1에브라임은 바람을 먹으며 동풍을 따라가서 종일토록 거짓과 포학을 더
하여 앗수르와 계약을 맺고 기름을 애굽에 보내도다 2여호와께서 유다와
논쟁하시고 야곱을 그 행실대로 벌하시며 그의 행위대로 그에게 보응하시
리라 3야곱은 모태에서 그의 형의 발뒤꿈치를 잡았고 또 힘으로는 하나님
과 겨루되 4천사와 겨루어 이기고 울며 그에게 간구하였으며 하나님은 벧
엘에서 그를 만나셨고 거기에서 우리에게 말씀하셨나니 5여호와는 만군의
하나님이시라 여호와는 그를 기억하게 하는 이름이니라 6그런즉 너의 하
나님께로 돌아와서 인애와 정의를 지키며 항상 너의 하나님을 바랄지니라

거짓 저울을 쓰는 에브라임

7그는 상인이라 손에 거짓 저울을 가지고 속이기를 좋아하는도다 8에브
라임이 말하기를 나는 실로 부자라 내가 재물을 얻었는데 내가 수고한 모
든 것 중에서 죄라 할 만한 불의를 내게서 찾아 낼 자 없으리라 하거니와
9네가 애굽 땅에 있을 때부터 나는 네 하나님 여호와니라 내가 너로 다시
장막에 거주하게 하기를 명절날에 하던 것 같게 하리라 10내가 여러 선지자에게 말하였고 이상을 많이 보였으며
선지자들을 통하여 비유를 베풀었노라 11길르앗은 불의한 것이냐 과연 그러하다 그들은 거짓되도다 길갈에서
는 무리가 수송아지로 제사를 드리며 그 제단은 밭이랑에 쌓인 돌무더기 같도다 12야곱이 아람의 들로 도망하

였으며 이스라엘이 아내를 얻기 위하여 사람을 섬기며 아내를 얻기 위
하여 양을 쳤고 13여호와께서는 한 선지자로 이스라엘을 애굽에서
인도하여 내셨고 이스라엘이 한 선지자로 보호 받았거늘 14에브
라임이 격노하게 함이 극심하였으니 그의 주께서 그의 피로 그의
위에 머물러 있게 하시며 그의 수치를 그에게 돌리시리라

호 12:6 하나님께 돌아온 자들의 삶의 자세는 인애와 정의를 실천하며 하나님의 뜻대로 살아가야 한다.
☞ 사 1:16-17 너희는 스스로 씻으며 스스로 깨끗하게 하여 내 목전에서 너희 악한 행실을 버리며 행악을 그치고 선행을 배우며 정의를 구하며 학대 받는 자를 도와 주며 고아를 위하여 신원하며 과부를 위하여 변호하라 하셨느니라
☞ 눅 3:8-9 그러므로 회개에 합당한 열매를 맺고 속으로 아브라함이 우리 조상이라 말하지 말라 내가 너희에게 이르노니 하나님이 능히 이 돌들로도 아브라함의 자손이 되게 하시리라 이미 도끼가 나무뿌리에 놓였으니 좋은 열매 맺지 아니하는 나무마다 찍혀 불에 던져지리라

호세아 13장

바알로 말미암아 범죄한 에브라임

1에브라임이 말을 하면 사람들이 떨었도다 그가 이스라엘 중에서 자기를 높이더니 바알로 말미암아 범죄하므
로 망하였거늘 2이제도 그들은 더욱 범죄하여 그 은으로 자기를 위하여 우상을 부어 만들되 자기의 정교함을
따라 우상을 만들었으며 그것은 다 은장색이 만든 것이거늘 그들은 그것에 대하여 말하기를 제사를 드리는 자
는 송아지와 입을 맞출 것이라 하도다 3이러므로 그들은 아침 구름 같으며 쉬 사라지는 이슬 같으며 타작 마당
에서 광풍에 날리는 쭉정이 같으며 굴뚝에서 나가는 연기 같으리라 4그러나 애굽 땅에 있을 때부터 나는 네 하
나님 여호와라 나 밖에 네가 다른 신을 알지 말 것이라 나 외에는 구원자가 없느니라 5내가 광야 마른 땅에서
너를 알았거늘 6그들이 먹여 준 대로 배가 불렀고 배가 부르니 그들의 마음이 교만하여 이로 말미암아 나를 잊
었느니라 7그러므로 내가 그들에게 사자 같고 길 가에서 기다리는 표범 같으니라 8내
가 새끼 잃은 곰 같이 그들을 만나 그의 염통 꺼풀을 찢고 거기서 암사자 같이 저희를
삼키리라 들짐승이 그들을 찢으리라 9이스라엘아 네가 패망하였나니 이는 너를 도
와 주는 나를 대적함이니라 10전에 네가 이르기를 내게 왕과 지도자들을 주소서 하
였느니라 네 모든 성읍에서 너를 구원할 자 곧 네 왕이 이제 어디 있으며 네 재판장들이 어
디 있느냐 11내가 분노하므로 네게 왕을 주고 진노하므로 폐하였노라 12에브라임의 불의가 봉
함되었고 그 죄가 저장되었나니 13해산하는 여인의 어려움이 그에게 임하리라 그는 지혜 없는 자식이로다 해산
할 때가 되어도 그가 나오지 못하느니라 14내가 그들을 스올의 권세에서 속량하며 사망에서 구속하리니 사망

아 네 재앙이 어디 있느냐 스올아 네 멸망이 어디 있느냐 뉘우침이 내 눈 앞에서 숨으리라 15 그가 비록 형제 중
에서 결실하나 동풍이 오리니 곧 광야에서 일어나는 여호와의 바람이라 그의 근원이 마르며 그의 샘이 마르고
그 쌓아 둔 바 모든 보배의 그릇이 약탈되리로다 16 사마리아가 그들의 하나님을 배반하였으므로 형벌을 당하
여 칼에 엎드러질 것이요 그 어린 아이는 부서뜨려지며 아이 밴 여인은 배가 갈라지리라

호세아 14장

이스라엘을 향한 호세아의 호소

1 이스라엘아 네 하나님 여호와께로 돌아오라 네가 불의함으로 말미암아 엎드러졌느니라 2 너는 말씀을 가지고 여
호와께로 돌아와서 아뢰기를 모든 불의를 제거하시고 선한 바를 받으소서 우리가 수송아지를 대신하여 입술의 열
매를 주께 드리리이다 3 우리가 앗수르의 구원을 의지하지 아니하며 말을 타지 아니하며 다시는 우리의 손으로 만든
것을 향하여 너희는 우리의 신이라 하지 아니하오리니 이는 고아가 주로 말미암아 긍휼을 얻음이니이다 할지니라

여호와의 진노가 떠나다

4 내가 그들의 반역을 고치고 기쁘게 그들을 사랑하리니 나의 진노가 그에게서 떠났음이니라 5 내가 이스라엘에
게 이슬과 같으리니 그가 백합화 같이 피겠고 레바논 백향목 같이 뿌리가 박힐 것이라 6 그의 가지는 퍼지며 그
의 아름다움은 감람나무와 같고 그의 향기는 레바논 백향목 같으리니 7 그 그늘 아래에 거주하는 자가 돌아올지
라 그들은 곡식 같이 풍성할 것이며 포도나무 같이 꽃이 필 것이며 그 향기는 레바논의 포도주 같이 되리라 8 에
브라임의 말이 내가 다시 우상과 무슨 상관이 있으리요 할지라 내가 그를 돌아보아 대답하기를 나는 푸른 잣나
무 같으니 네가 나로 말미암아 열매를 얻으리라 하리라

여호와의 도

9 누가 지혜가 있어 이런 일을 깨달으며 누가 총명이 있어 이런 일을 알겠느냐 여호와의 도는 정직하니 의인은 그
길로 다니거니와 그러나 죄인은 그 길에 걸려 넘어지리라

39일차 읽기의 요약

(왕하 15~16:9, 대하 26, 호 1~14)

북이스라엘은 초대 왕 여로보암 왕 이후 210년을 존속했다. 여로보암이 벧엘과 단에서 송아지 숭배를 시작한 이래 아합 가문의 극심한 바알 숭배 그리고 그 뒤를 이은 예후 왕조의 아합 가문에 대한 대 숙청을 겪으며 이스라엘 역사의 큰 덩어리가 일단락된다. 그 이후 스가랴 왕부터 멸망 때까지 약 30년간 여러 왕들은 연이어 죽임을 당하고 므나헴 왕 때 이르러는 앗수르에게 거액의 조공을 바치는 신세로 전락한다. 마지막 호세아 왕 때에 결국 앗수르의 공격으로 결국 멸망한다(722 B.C.).

이러한 시대적 배경에서 선지자 호세아는 음란한 여인 고멜과 결혼하여 세 자녀들을 낳는다. 에브라임으로 대표되는 이스라엘 백성은 하나님과의 언약을 깨뜨리고 우상 숭배를 원했다. 하나님께서는 일찍이 애굽에서 그들을 구속하셔서 언약을 맺고 친히 남편이 되셨음에도 불구하고 그들은 앗수르와 애굽을 의지하여 영적인 간음을 범했다.

하나님께서는 하나님을 아는 지식이 없이 헛된 예배를 드리며 하나님을 떠난 이스라엘 백성에게 말씀을 가지고 여호와께로 돌아올 것을 호소하신다. 간음하는 아내를 위해 대속물을 지불하고 다시 찾아오는 호세아 선지자의 심정을 통하여 우상 숭배하는 이스라엘 백성으로 인해 상처받는 하나님의 뼈아픈 마음을 전달하신다.

그러면 어떻게 살 것인가?

인위뚝 · 신위고!

☑ 세계관 점검 – 묵상하기 (영상 강의와 교재 내용의 이해를 바탕으로)

왕하 15:1-5 하나님은 남 유다 왕 아사랴(웃시야)를 벌하시어 그를 나병환자로 만든다. 여호와 보시기에 정직했으나 산당을 제하지 않은 아사랴처럼 당신은 당신의 어떤 다른 일부분을 하나님께 드리지 않고 있는 것은 아닌가? [시 5:4, 사 43:24. 찬송 276(통 334)]

왕하 16:1-4 남 유다 왕 아하스는 가증한 이방 신을 섬기며 자기 아들을 인신 제사에 바친다. 이러한 모습에서 종교의 판단 기준은 단순히 신을 섬긴다는 것만 아니라 이웃과의 관계성을 보여 주는 윤리와 도덕적인 면도 살펴야 한다. 당신은 하나님만이 참 신임을 자인하는가?
[신 10:17, 사 45:5. 찬송 36(통 37), 80(통 101)]

37일~42일

호 1:2-9 때로는 하나님의 뜻을 위해 우리의 모든 의지와 감정을 포기해야 할 때도 있다. 호세아가 하나님의 뜻을 위해 음란한 여인과도 결혼함 같이 오늘 당신은 하나님의 일을 위해 무엇을 포기할 수 있나? [약 4:4, 요일 5:21. 찬송 197(통 178)]

우상 숭배는 십계명의 제1계명의 위배이면서 동시에 하나님 나라의 파괴로 이어진다. 북 왕국은 끊임없는 우상 숭배로 인해 이제 그들은 하나님을 완전히 잊어버린 상태가 되었고 결국 앗수르에 의해 망하면서 10지파 자체가 없어지는 비극이 생긴다.

호 10:2은 두 마음을 용납하지 않는다는 것을 강조하고 있다.
호세아서는 제사장적 영성을 강조하는 책이다. 또한 호세아서 하나님은 오직 한 마음을 원하심을 보여 준다. 정몽주와 같은 일편단심의 충성을 요구하는 것이다. 두 마음은 언제나 용납되지 않는다. 고려 말 충신 중에 우리가 잘 아는 정몽주가 있다. 반란을 일으켜 정권을 바꾼 이성계의 아들인 이방원이가 정몽주를 회유하여 포섭하려고 이런 시조를 지었다.

이런들 어떠하리 저런들 어떠하리
만수산 드렁칡이 얽혀진들 어떠하리
우리도 이같이 얽혀서 백년같이 누리리라

그러자 정몽주는 이런 시조로 응수한다.

이 몸이 죽고 죽어 일백 번 고쳐 죽어
백골이 진토 되어 넋이라도 있고 없고
님 향한 일편단심이야 가실 줄이 있으랴.

하나님은 정몽주 같은 마음을 원하시지 이방원 같은 마음을 원하시지 않는다. 더더구나 포스트모드니즘(Post-Modernism)과 혼합주의가 판을 치는 오늘날의 시대정신 속에 그리스도인은 정몽주의 일편단심을 하나님을 위해 품어야 한다. 이 한 마음을 품은 자는 신약의 8복에서는"마음이 청결한 자"를 말한다.

호세아서를 통해서 하나님이 우리에게 원하시는 것이 무엇이라고 생각하는가?
그것이 호세아서의 핵심 메시지이다. 나는 그 하나님의 요구에 부응하는 삶을 살아가고 있는가? 아니라면 어떤 점에서 아니며, 그 해결책은 무엇이라고 생각하는가?

호 10:12 왜 묵은 땅을 기경해야 하는가?
서론 강의에서 설명한 역시귀본(逆時歸本)의 의미와 함께 생각해 보리.

결단기도와 실행하기

약 2:26 영혼 없는 몸이 죽은 것 같이 행함이 없는 믿음은 죽은 것이니라
시 119:28 나의 영혼이 눌림으로 말미암아 녹사오니 주의 말씀대로 나를 세우소서

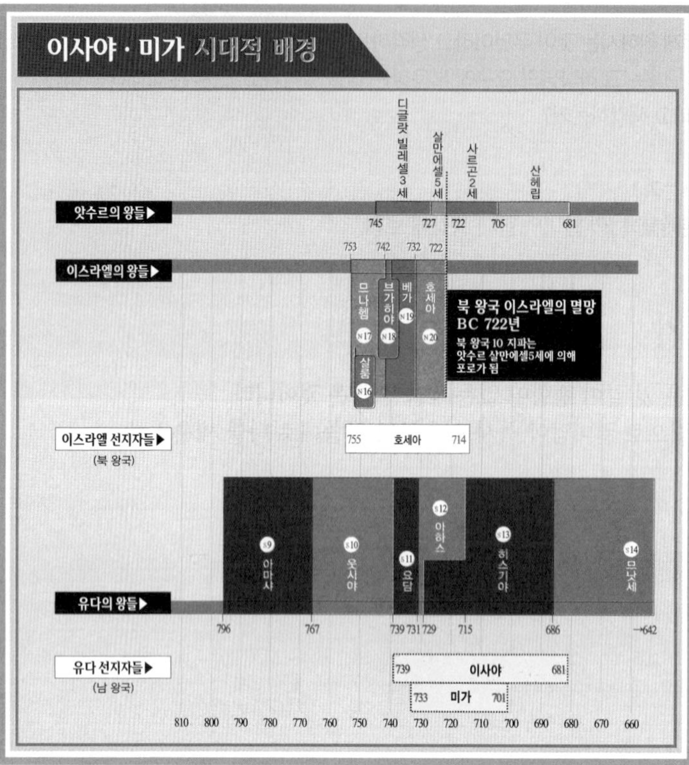

37일~
42일

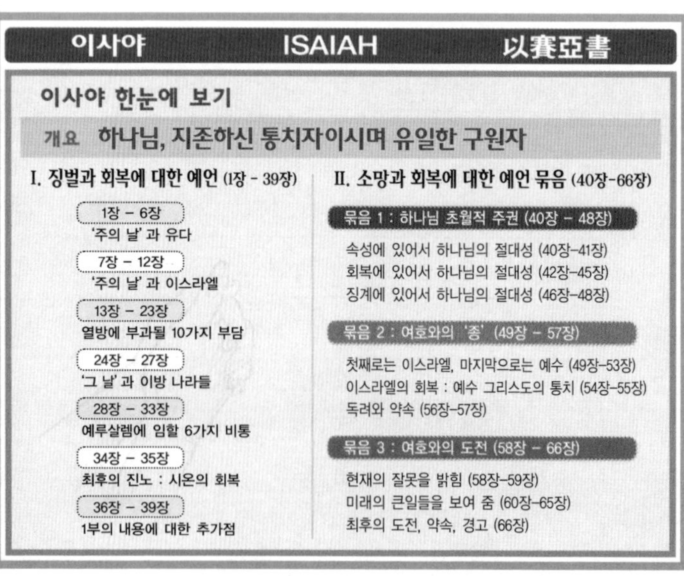
이사야 ISAIAH 以賽亞書

이사야 한눈에 보기

개요 하나님, 지존하신 통치자이시며 유일한 구원자

I. 징벌과 회복에 대한 예언 (1장 - 39장)

- 1장 – 6장: '주의 날'과 유다
- 7장 – 12장: '주의 날'과 이스라엘
- 13장 – 23장: 열방에 부과될 10가지 부담
- 24장 – 27장: '그 날'과 이방 나라들
- 28장 – 33장: 예루살렘에 임할 6가지 비통
- 34장 – 35장: 최후의 진노 : 시온의 회복
- 36장 – 39장: 1부의 내용에 대한 추가점

II. 소망과 회복에 대한 예언 묶음 (40장-66장)

묶음 1 : 하나님 초월적 주권 (40장 – 48장)
- 속성에 있어서 하나님의 절대성 (40장–41장)
- 회복에 있어서 하나님의 절대성 (42장–45장)
- 징계에 있어서 하나님의 절대성 (46장–48장)

묶음 2 : 여호와의 '종' (49장 – 57장)
- 첫째로는 이스라엘, 마지막으로는 예수 (49장–53장)
- 이스라엘의 회복 : 예수 그리스도의 통치 (54장–55장)
- 독려와 약속 (56장–57장)

묶음 3 : 여호와의 도전 (58장 – 66장)
- 현재의 잘못을 밝힘 (58장–59장)
- 미래의 큰일들을 보여 줌 (60장–65장)
- 최후의 도전, 약속, 경고 (66장)

❖ 이사야의 시대적 배경

이사야는 남왕국 유다의 제 10대 왕인 웃시야가 죽던 해인 B.C. 739년부터 제14대 왕인 므낫세(B.C. 697-642년)가 통치하던 시기인 B.C. 680년경까지 예루살렘을 중심으로 남유다에서 활동한 선지자이다. 이때 당시의 국내외 정세는 한치 앞도 알 수 없을 정도로 급변하였다. 앗수르의 디글랏빌레셀 3세는 B.C. 745년 권좌에 오른 이후 강력한 정복 전쟁을 추진하여 팔레스타인도 그 영향을 받았다.

그리하여 B.C. 732년에는 아람이 멸망하고, B.C. 722년에는 북이스라엘까지 멸망하게 된다. 그리고 남 유다는 아하스(B,C. 735-715년) 의 친앗수르 정책으로 인해 아람 · 북이스라엘 동맹군의 침공을 받으나(733년경) 앗수르의 도움으로 위기를 모면하게 된다. 그러는 동안 애굽에서는 구스의 샤바카(Shabaka)가 전 애굽을 통일하고 제25왕조를 건설한 후에 팔레스타인 주변국들을 규합하여 동맹을 맺고 반앗수르 정책을 펴나갔다. 이때 남 유다의 히스기야 왕(B.C.715-686년) 역시 이 동맹에 가입한다. 그러나 동맹국들은 앗수르의 침공을 저지하지 못하고 베니게(Penicia)와 블레셋 등이 차례로 멸망하게 된다. 또한 남 유다 역시 B.C. 701년 두 차례에 걸친 앗수르의 침공을 받아 멸망 일보 직전에 이르렀다가 하나님의 기적적인 도움으로 간신히 구원받게 된다.

한편 종교적으로 볼 때 이사야가 활동할 당시의 남 유다는 실로 암담한 시기였다. 이사야 사역 초기 남 유다를 통치했던 웃시야는 즉위 초기에는 비교적 선정을 베풀었으나 후기에는 제사장 직분을 침해하는 등의 악행을 행하여 하나님의 진노를 사 문둥병에 걸려 비참한 최후를 맞았다(대하 26:16-23). 그 뒤를 이은 요담은 대체로 선정을 베풀었으나 백성들을 하나님 앞에 바로 서게 하지는 못하였다(왕하 15. 29-36). 그리고 요담의 뒤를 이어 왕위에 오른 아하스는 통치 초기부터 말기까지 시종일관 완악하게 행하였는바 그는 성전을 폐쇄하고 유다 전역에서 우상에게 제사하고 분향하였다. 그러나 다행히 아하스의 아들 히스기야는 매우 선한 왕으로 평가되는데 그는 즉위하자마자 과단성 있게 종교개혁을 단행하여 유다 전역에 퍼져 있는 우상 숭배 제거에 온 힘을 다하였다(왕하18:1-8).

이사야 6장

이사야를 선지자로 부르시다

1 웃시야 왕이 죽던 해에 내가 본즉 주께서 높이 들린 보좌에 앉으셨는데
그의 옷자락은 성전에 가득하였고 2 스랍들이 모시고 섰는데 각기 여섯
날개가 있어 그 둘로는 자기의 얼굴을 가리었고 그 둘로는 자기의 발을
가리었고 그 둘로는 날며 3 서로 불러 이르되 거룩하다 거룩하다 거룩하
다 만군의 여호와여 그의 영광이 온 땅에 충만하도다 하더라 4 이같이 화
답하는 자의 소리로 말미암아 문지방의 터가 요동하며 성전에 연기가 충
만한지라 5 그 때에 내가 말하되 화로다 나여 망하게 되었도다 나는 입술
이 부정한 사람이요 나는 입술이 부정한 백성 중에 거주하면서 만군의 여
호와이신 왕을 뵈었음이로다 하였더라 6 그 때에 그 스랍 중의 하나가 부
젓가락으로 제단에서 집은 바 핀 숯을 손에 가지고 내게로 날아와서 7 그
것을 내 입술에 대며 이르되 보라 이것이 네 입에 닿았으니 네 악이 제하
여졌고 네 죄가 사하여졌느니라 하더라 8 내가 또 주의 목소리를 들으니
주께서 이르시되 내가 누구를 보내며 누가 우리를 위하여 갈꼬 하시니 그
때에 내가 이르되 내가 여기 있나이다 나를 보내소서 하였더니 9 여호와
께서 이르시되 가서 이 백성에게 이르기를 너희가 듣기는 들어도 깨닫지
못할 것이요 보기는 보아도 알지 못하리라 하여 10 이 백성의 마음을 둔
하게 하며 그들의 귀가 막히고 그들의 눈이 감기게 하라 염려하건대 그들
이 눈으로 보고 귀로 듣고 마음으로 깨닫고 다시 돌아와 고침을 받을까
하노라 하시기로 11 내가 이르되 주여 어느 때까지니이까 하였더니 주께
서 대답하시되 성읍들은 황폐하여 주민이 없으며 가옥들에는 사람이 없
고 이 토지는 황폐하게 되며 12 여호와께서 사람들을 멀리 옮기셔서 이 땅
가운데에 황폐한 곳이 많을 때까지니라 13 그 중에 십분의 일이 아직 남
아 있을지라도 이것도 황폐하게 될 것이나 밤나무와 상수리나무가 베임
을 당하여도 그 그루터기는 남아 있는 것 같이 거룩한 씨가 이 땅의 그루
터기니라 하시더라

이사야 1장~5장

이사야 1장

1 유다 왕 웃시야와 요담과 아하스와 히스기야 시대에 아모스의 아들 이
사야가 유다와 예루살렘에 관하여 본 계시라

여호와의 말씀

2 하늘이여 들으라 땅이여 귀를 기울이라 여호와께서 말씀하시기를 내가
자식을 양육하였거늘 그들이 나를 거역하였도다 3 소는 그 임자를 알고
나귀는 그 주인의 구유를 알건마는 이스라엘은 알지 못하고 나의 백성

이사야

학습 자료 40-1 "구속사" 도표 참조

학습 자료 40-2 "이사야서 메시지" 참조

❖ 사 6장
이 장은 이사야를 부르시고 사명을 주는 소명장이다.
한 선지자를 세우는 절차가 예배 형식의 절차를 그대로 보여 준다. 예배가 바로 하나님과의 관계를 회복하고 그 회복된 삶을 선지자적 사명 위에 세워야 하기 때문이다.
☞ 그 예배 절차가 아래와 같다.
- 오늘 우리의 예배도 이런 절차를 거친 결단이 이루어지는 예배가 되어야 한다. 그냥 내 감정만 고조시키는 감성적 예배는 성경적 예배가 아닐 수 있다.
  · 하나님의 임재 (1-3절)
  · 죄의 고백 (4-5절)
  · 용서의 선포 (6-7절)
  · 말씀을 선포 (8절 상)
  · 결단과 순종(8절 하)

이 부분은 동영상 강의 40일차의 설명을 잘 참고하면 좋을 것이다.
☞ 이사야는 웃시야 왕이 나병으로 죽는 해에 하나님의 부르심을 받고 요담, 아하스의 악명 높은 악한 왕에 이어 히스기야 시대를 주 무대로 사역하다가 므낫세에게 참수 또는 톱으로 허리를 잘려 순교하기까지 60년(B.C. 739-681) 가까이 사역한다.
☞ 1장부터 5장까지는'말일에', '그날에' 어떻게 하신다고 하는지 유의하면서 읽어야 한다. 그것은 바로 주의 날(the Day of the Lord)을 가리키는 날이다.

❖ 사 1~5장은 이사야를 선지자로 부를 수밖에 없는 유다의 타락한 영적 상태를 기소하고 있다.
학습 자료 40-1의 구속사 도표로 설명하는 동영상 강의를 통해서 복습하며 선지자가 올 수밖에 없는 상황이 어떤가를 반드시 이해해야 한다.
☞ 유다의 심판 이유 - "예배의 부족"이 아니라 "지켜 행하기"의 부족 때문이다.
☞ **잠 21:3** 공의와 정의를 행하는 것은 제사드리는 것보다 여호와께서 기쁘게 여기시느니라
☞ **롬 12:1-2** 그러므로 형제들아 내가 하나님의 모든 자비하심으로 너희를 권하노니 너희 몸을 하나님이 기뻐하시는 거룩한 산 제물로 드리라. 이는 너희가 드릴 영적 예배니라. 너희는 이 세대를 본받지 말고 오직 마음을 새롭게 함으로 변화를 받아 하나님의 선하시고 기뻐하시고 온전하신 뜻이 무엇인지 분별하도록 하라

37일~42일

은 깨닫지 못하는도다 하셨도다 [4] 슬프다 범죄한 나라요 허물 진 백성이요 행악의 종자요
행위가 부패한 자식이로다 그들이 여호와를 버리며 이스라엘의 거룩하신 이를 만홀히 여
겨 멀리하고 물러갔도다 [5] 너희가 어찌하여 매를 더 맞으려고 패역을 거듭하느냐 온 머
리는 병들었고 온 마음은 피곤하였으며 [6] 발바닥에서 머리까지 성한 곳이 없이 상한
것과 터진 것과 새로 맞은 흔적뿐이거늘 그것을 짜며 싸매며 기름으로 부드럽게 함을
받지 못하였도다 [7] 너희의 땅은 황폐하였고 너희의 성읍들은 불에 탔고 너희의 토지는
너희 목전에서 이방인에게 삼켜졌으며 이방인에게 파괴됨 같이 황폐하였고 [8] 딸 시온
은 포도원의 망대 같이, 참외밭의 원두막 같이, 에워 싸인 성읍 같이 겨우 남았도다 [9] 만군의 여호와께서 우리
를 위하여 생존자를 조금 남겨 두지 아니하셨더면 우리가 소돔 같고 고모라 같았으리로다 [10] 너희 소돔의 관원
들아 여호와의 말씀을 들을지어다 너희 고모라의 백성아 우리 하나님의
법에 귀를 기울일지어다 [11] 여호와께서 말씀하시되 너희의 무수한 제물
이 내게 무엇이 유익하뇨 나는 숫양의 번제와 살진 짐승의 기름에 배불
렀고 나는 수송아지나 어린 양이나 숫염소의 피를 기뻐하지 아니하노라
[12] 너희가 내 앞에 보이러 오니 이것을 누가 너희에게 요구하였느냐 내
마당만 밟을 뿐이니라 [13] 헛된 제물을 다시 가져오지 말라 분향은 내가
가증히 여기는 바요 월삭과 안식일과 대회로 모이는 것도 그러하니 성회
와 아울러 악을 행하는 것을 내가 견디지 못하겠노라 [14] 내 마음이 너희
의 월삭과 정한 절기를 싫어하나니 그것이 내게 무거운 짐이라 내가 지
기에 곤비하였느니라 [15] 너희가 손을 펼 때에 내가 내 눈을 너희에게서
가리고 너희가 많이 기도할지라도 내가 듣지 아니하리니 이는 너희의 손
에 피가 가득함이라 [16] 너희는 스스로 씻으며 스스로 깨끗하게 하여 내
목전에서 너희 악한 행실을 버리며 행악을 그치고 [17] 선행을 배우며 정의
를 구하며 학대 받는 자를 도와 주며 고아를 위하여 신원하며 과부를 위
하여 변호하라 하셨느니라 [18] 여호와께서 말씀하시되 오라 우리가 서로
변론하자 너희의 죄가 주홍 같을지라도 눈과 같이 희어질 것이요 진홍
같이 붉을지라도 양털 같이 희게 되리라 [19] 너희가 즐겨 순종하면 땅의
아름다운 소산을 먹을 것이요 [20] 너희가 거절하여 배반하면 칼에 삼켜지
리라 여호와의 입의 말씀이니라

사 1:10-15 예배의 형식주의를 질타한다. 12절에 "내 앞에 보이러 오니"가 예배의 진정성이 없고 형식만 남았다는 질책이다. 그들은 "내 마당만 밟는"(12절) 자들이다. 이들은 모두가 가짜 섬김을 보이는 자들이다. 가짜 교인, 회개하자.

사 1:16-17 회개의 9가지 열매를 찾아보라.
회개는 관념 속에서 단순히 죄의식을 느끼고 그것을 해소한 것이 아니고 실제적이고 현실적으로 회개의 열매를 맺어야 한다. 그것을 보여 주고 있다.(cf. 사 2:4 참조)

죄로 가득 찬 성읍

[21] 신실하던 성읍이 어찌하여 창기가 되었는고 정의가 거기에 충만하였고 공의가 그 가운데에 거하였더니 이제
는 살인자들뿐이로다 [22] 네 은은 찌꺼기가 되었고 네 포도주에는 물이 섞였도다 [23] 네 고관들은 패역하여 도둑
과 짝하며 다 뇌물을 사랑하며 예물을 구하며 고아를 위하여 신원하지 아니하며 과부의 송사를 수리하지 아니
하는도다 [24] 그러므로 주 만군의 여호와 이스라엘의 전능자가 말씀하시되 슬프다 내가 장차 내 대적에게 보응
하여 내 마음을 편하게 하겠고 내 원수에게 보복하리라 [25] 내가 또 내 손을 네게 돌려 네 찌꺼기를 잿물로 씻듯
이 녹여 청결하게 하며 네 혼잡물을 다 제하여 버리고 [26] 내가 네 재판관들을 처음과 같이, 네 모사들을 본래와
같이 회복할 것이라 그리한 후에야 네가 의의 성읍이라, 신실한 고을이라 불리리라 하셨나니 [27] 시온은 정의로
구속함을 받고 그 돌아온 자들은 공의로 구속함을 받으리라 [28] 그러나 패역한 자와 죄인은 함께 패망하고 여호
와를 버린 자도 멸망할 것이라 [29] 너희가 기뻐하던 상수리나무로 말미암아 너희가 부끄러움을 당할 것이요 너희
가 택한 동산으로 말미암아 수치를 당할 것이며 [30] 너희는 잎사귀 마른 상수리나무 같을 것이요 물 없는 동산 같
으리니 [31] 강한 자는 삼오라기 같고 그의 행위는 불티 같아서 함께 탈 것이나 끌 사람이 없으리라

37일~42일

이사야 2장

칼을 쳐서 보습을 만들고

1 아모스의 아들 이사야가 받은 바 유다와 예루살렘에 관한 말씀이라 2
말일에 여호와의 전의 산이 모든 산 꼭대기에 굳게 설 것이요 모든 작은
산 위에 뛰어나리니 만방이 그리로 모여들 것이라 3 많은 백성이 가며 이
르기를 오라 우리가 여호와의 산에 오르며 야곱의 하나님의 전에 이르자
그가 그의 길을 우리에게 가르치실 것이라 우리가 그 길로 행하리라 하리
니 이는 율법이 시온에서부터 나올 것이요 여호와의 말씀이 예루살렘에
서부터 나올 것임이니라 4 그가 열방 사이에 판단하시며 많은 백성을 판
결하시리니 무리가 그들의 칼을 쳐서 보습을 만들고 그들의 창을 쳐서 낫을 만들 것이며 이 나라와 저 나라가 다
시는 칼을 들고 서로 치지 아니하며 다시는 전쟁을 연습하지 아니하리라

사 2장
학습 자료 40-3
"성경 예언의 복합성" 참조

사 2:4 회개는 세계관을 바꾸는 데까지 나아가야 한다.
"칼"은 세속적 가치관을 말하고, "보습"은 하나님 나라의 가치관을 말한다. 따라서 진정한 회개는 가치관이 바뀌는 데까지 나아가야 한다. 사마리아 여인처럼

여호와의 날

5 야곱 족속아 오라 우리가 여호와의 빛에 행하자 6 주께서 주의 백성 야
곱 족속을 버리셨음은 그들에게 동방 풍속이 가득하며 그들이 블레셋 사
람들 같이 점을 치며 이방인과 더불어 손을 잡아 언약하였음이라
7 그 땅에는 은금이 가득하고 보화가 무한하며 그 땅에는 마필이 가득하
고 병거가 무수하며 8 그 땅에는 우상도 가득하므로 그들이 자기 손으로
짓고 자기 손가락으로 만든 것을 경배하여 9 천한 자도 절하며 귀한 자도
굴복하오니 그들을 용서하지 마옵소서 10 너희는 바위틈에 들어가며 진
토에 숨어 여호와의 위엄과 그 광대하심의 영광을 피하라 11 그 날에 눈
이 높은 자가 낮아지며 교만한 자가 굴복되고 여호와께서 홀로 높임을
받으시리라 12 대저 만군의 여호와의 날이 모든 교만한 자와 거만한 자와
자고한 자에게 임하리니 그들이 낮아지리라 13 또 레바논의 높고 높은 모
든 백향목과 바산의 모든 상수리나무와 14 모든 높은 산과 모든 솟아 오
른 작은 언덕과 15 모든 높은 망대와 모든 견고한 성벽과 16 다시스의 모든 배와 모든 아름다운 조각물에 임하리
니 17 그 날에 자고한 자는 굴복되며 교만한 자는 낮아지고 여호와께서 홀로 높임을 받으실 것이요 18 우상들은
온전히 없어질 것이며 19 사람들이 암혈과 토굴로 들어가서 여호와께서
땅을 진동시키려고 일어나실 때에 그의 위엄과 그 광대하심의 영광을
피할 것이라 20 사람이 자기를 위하여 경배하려고 만들었던 은 우상과
금 우상을 그 날에 두더지와 박쥐에게 던지고 21 암혈과 험악한 바위 틈에 들
어가서 여호와께서 땅을 진동시키려고
일어나실 때에 그의 위엄과 그 광대하심의 영광을 피하리라 22 너희는 인
생을 의지하지 말라 그의 호흡은 코에 있나니 셈할 가치가 어디 있느냐

사 2:6-9에서 배우는 교훈
형통할 때 축복해 주신 이를 기억하기
이스라엘이 하나님을 거역하고 타락한 때는 그들이 미약할 때가 아니었다. 미약할 때는 오히려 하나님을 의지했다. 예컨대 거주할 땅도 없었던 가나안 정복 때는 하나님께 전적으로 순종함으로써 승리하는 삶을 누렸다. 그러나 오히려 부해지고 난 후에 그들은 하나님을 잊어가면서 오히려 우상을 섬기는 자들로 돌아서게 된다. 모세는 이미 신명기 8:12-20에서 이 점을 경고한 바 있다. 풍요로움 속에서 하나님을 기억하고 감사하는 신앙이야말로 성숙한 신앙이다.

사 2:22 인위 뚝! 신위 고!

37일~42일

이사야 3장

예루살렘의 멸망

1 보라 주 만군의 여호와께서 예루살렘과 유다가 의뢰하며 의지하는 것을 제하여 버리시되 곧 그가 의지하는 모
든 양식과 그가 의지하는 모든 물과 2 용사와 전사와 재판관과 선지자와 복술자와 장로와 3 오십부장과 귀인과
모사와 정교한 장인과 능란한 요술자를 그리하실 것이며 4 그가 또 소년들을 그들의 고관으로 삼으시며 아이들
이 그들을 다스리게 하시리니 5 백성이 서로 학대하며 각기 이웃을 잔해하며 아이가 노인에게, 비천한 자가 존귀

한 자에게 교만할 것이며 6 혹시 사람이 자기 아버지 집에서 자기의 형제를 붙잡고 말하기를 네게는 겉옷이 있으
니 너는 우리의 통치자가 되어 이 폐허를 네 손아래에 두라 할 것이면 7 그 날에 그가 소리를 높여 이르기를 나는
고치는 자가 되지 아니하겠노라 내 집에는 양식도 없고 의복도 없으니 너희는 나를 백성의 통치자로 삼지 말라
하리라 8 예루살렘이 멸망하였고 유다가 엎드러졌음은 그들의 언어와 행위가 여호와를 거역하여 그의 영광의
눈을 범하였음이라 9 그들의 안색이 불리하게 증거하며 그들의 죄를 말해 주고 숨기지 못함이 소돔과 같으니 그
들의 영혼에 화가 있을진저 그들이 재앙을 자취하였도다 10 너희는 의인에게 복이 있으리라 말하라 그들은 그들
의 행위의 열매를 먹을 것임이요 11 악인에게는 화가 있으리니 이는 그의 손으로 행한 대로 그가 보응을 받을 것
임이니라 12 내 백성을 학대하는 자는 아이요 다스리는 자는 여자들이라 내 백성이여 네 인도자들이 너를 유혹하
여 네가 다닐 길을 어지럽히느니라

여호와께서 백성을 심판하시다

13 여호와께서 변론하러 일어나시며 백성들을 심판하려고 서시도다 14 여호와께서 자기 백성의 장로들과 고관들을
심문하러 오시리니 포도원을 삼킨 자는 너희이며 가난한 자에게서 탈취한 물건이 너희의 집에 있도다 15 어찌하여
너희가 내 백성을 짓밟으며 가난한 자의 얼굴에 맷돌질하느냐 주 만군의 여호와 내가 말하였느니라 하시도다

시온의 딸들에게 말씀하시다

16 여호와께서 또 말씀하시되 시온의 딸들이 교만하여 늘인 목, 정을 통하는 눈으로 다니며 아기작거려 걸으며
발로는 쟁쟁한 소리를 낸다 하시도다 17 그러므로 주께서 시온의 딸들의 정수리에 딱지가 생기게 하시며 여호와
께서 그들의 하체가 드러나게 하시리라 18 주께서 그 날에 그들이 장식한 발목 고리와 머리의 망사와 반달 장식
과 19 귀 고리와 팔목 고리와 얼굴 가리개와 20 화관과 발목 사슬과 띠와 향합과 호신부와 21 반지와 코 고리와 22
예복과 겉옷과 목도리와 손 주머니와 23 손 거울과 세마포 옷과 머리 수건과 너울을 제하시리니 24 그 때에 썩은
냄새가 향기를 대신하고 노끈이 띠를 대신하고 대머리가 숱한 머리털을 대신하고 굵은 베 옷이 화려한 옷을 대
신하고 수치스러운 흔적이 아름다움을 대신할 것이며 25 너희의 장정은 칼에, 너희의 용사는 전란에 망할 것이며
26 그 성문은 슬퍼하며 곡할 것이요 시온은 황폐하여 땅에 앉으리라

이사야 4장

1 그 날에 일곱 여자가 한 남자를 붙잡고 말하기를 우리가 우리 떡을 먹으
며 우리 옷을 입으리니 다만 당신의 이름으로 우리를 부르게 하여 우리가
수치를 면하게 하라 하리라

예루살렘을 청결하게 하실 때

2 그 날에 여호와의 싹이 아름답고 영화로울 것이요 그 땅의 소산은 이스
라엘의 피난한 자를 위하여 영화롭고 아름다울 것이며 3 시온에 남아 있는
자, 예루살렘에 머물러 있는 자 곧 예루살렘 안에 생존한 자 중 기록된 모
든 사람은 거룩하다 칭함을 얻으리니 4 이는 주께서 심판하는 영과 소멸하
는 영으로 시온의 딸들의 더러움을 씻기시며 예루살렘의 피를 그 중에서
청결하게 하실 때가 됨이라 5 여호와께서 거하시는 온 시온 산과 모든 집
회 위에 낮이면 구름과 연기, 밤이면 화염의 빛을 만드시고 그 모든 영광
위에 덮개를 두시며 6 또 초막이 있어서 낮에는 더위를 피하는 그늘을 지으며 또 풍우를 피하여 숨는 곳이 되리라

✣ 사 4장

하나님께서 이스라엘 민족 전체를 구약 구속사의 전개 통로로 삼으셨으나 이스라엘 백성 대부분이 죄를 범하여 그 통로의 역할을 전혀 하지 못함으로써 구속사의 단절 위기에 처한 때조차도 하나님은 그 가운데 여호와 신앙을 잃지 않은 소수의 '남은 자'(remnant)를 통하여 구속사를 일순간의 단절됨도 없이 전개시켜 나가셨다는 것이다. 이를 위해 하나님은 범죄한 이스라엘에게 심판을 경고하면서도 동시에 회복 약속을 주시기도 하시고, 또 포로 생활로 고통받게 하시는 징계 중에도 회복과 구원의 약속으로 위로하며 소망 중에 인내하도록 권면하사 주의 말씀을 경청하고 회개하는 소수의 남은 자들이 있게 하셨다.

이사야 5장

포도원 노래

1 나는 내가 사랑하는 자를 위하여 노래하되 내가 사랑하는 자의 포도원을 노래하리라 내가 사랑하는 자에게

포도원이 있음이여 심히 기름진 산에로다 2 땅을 파서 돌을 제하고 극상
품 포도나무를 심었도다 그 중에 망대를 세웠고 또 그 안에 술틀을 팠
도다 좋은 포도 맺기를 바랐더니 들포도를 맺었도다 3 예루살렘 주민과
유다 사람들아 구하노니 이제 나와 내 포도원 사이에서 사리를 판단하
라 4 내가 내 포도원을 위하여 행한 것 외에 무엇을 더할 것이 있으랴 내
가 좋은 포도 맺기를 기다렸거늘 들포도를 맺음은 어찌 됨인고 5 이제 내
가 내 포도원에 어떻게 행할지를 너희에게 이르리라 내가 그 울타리를 걷
어 먹힘을 당하게 하며 그 담을 헐어 짓밟히게 할 것이요 6 내가 그것을 황
폐하게 하리니 다시는 가지를 자름이나 북을 돋우지 못하여 찔레와 가시
가 날 것이며 내가 또 구름에게 명하여 그 위에 비를 내리지 못하게 하리
라 하셨으니 7 무릇 만군의 여호와의 포도원은 이스라엘 족속이요 그가
기뻐하시는 나무는 유다 사람이라 그들에게 정의를 바라셨더니 도리어
포학이요 그들에게 공의를 바라셨더니 도리어 부르짖음이었도다

사람이 저지르는 악한 일

8 가옥에 가옥을 이으며 전토에 전토를 더하여 빈틈이 없도록 하고 이 땅
가운데에서 홀로 거주하려 하는 자들은 화 있을진저 9 만군의 여호와께서
내 귀에 말씀하시되 정녕히 허다한 가옥이 황폐하리니 크고 아름다울지
라도 거주할 자가 없을 것이며 10 열흘 갈이 포도원에 겨우 포도주 한 바
트가 나겠고 한 호멜의 종자를 뿌려도 간신히 한 에바가 나리라 하시도
다 11 아침에 일찍이 일어나 독주를 마시며 밤이 깊도록 포도주에 취하는
자들은 화 있을진저 12 그들이 연회에는 수금과 비파와 소고와 피리와 포
도주를 갖추었어도 여호와께서 행하시는 일에 관심을 두지 아니하며 그
의 손으로 하신 일을 보지 아니하는도다 13 그러므로 내 백성이 무지함으
로 말미암아 사로잡힐 것이요 그들의 귀한 자는 굶주릴 것이요 무리는 목
마를 것이라 14 그러므로 스올이 욕심을 크게 내어 한량없이 그 입을 벌린
즉 그들의 호화로움과 그들의 많은 무리와 그들의 떠드는 것과 그 중에
서 즐거워하는 자가 거기에 빠질 것이라 15 여느 사람은 구푸리고 존귀한
자는 낮아지고 오만한 자의 눈도 낮아질 것이로되 16 오직 만군의 여호와
는 정의로우시므로 높임을 받으시며 거룩하신 하나님은 공의로우시므로
거룩하다 일컬음을 받으시리니 17 그 때에는 어린 양들이 자기 초장에 있
는 것 같이 풀을 먹을 것이요 유리하는 자들이 부자의 버려진 밭에서 먹
으리라 18 거짓으로 끈을 삼아 죄악을 끌며 수레 줄로 함 같이 죄악을 끄
는 자는 화 있을진저 19 그들이 이르기를 그는 자기의 일을 속속히 이루어
우리에게 보게 할 것이며 이스라엘의 거룩한 이는 자기의 계획을 속히 이
루어 우리가 알게 할 것이라 하는도다 20 악을 선하다 하며 선을 악하다
하며 흑암으로 광명을 삼으며 광명으로 흑암을 삼으며 쓴 것으로 단 것
을 삼으며 단 것으로 쓴 것을 삼는 자들은 화 있을진저 21 스스로 지혜롭
다 하며 스스로 명철하다 하는 자들은 화 있을진저 22 포도주를 마시기에
용감하며 독주를 잘 빚는 자들은 화 있을진저 23 그들은 뇌물로 말미암아
악인을 의롭다 하고 의인에게서 그 공의를 빼앗는도다 24 이로 말미암아

❖ 사 5장

위의 삽화처럼 5장의 포도원 노래는 하나님의 구속 의도를 간략하지만 강하게 보여 주고 있다. 이것이 창세기 1:26-28에서 본 우리의 "처음 모습"을 회복하시려는 하나님 사랑의 표현이다. 그런데 이스라엘은 그 사랑을 외면했다. 그래서 그것을 돌이키시려 이사야를 부르신 것이다.

☞ 포도원이 상징하는 3가지
1. 에덴
2. 구약 백성
3. Ekklesia로서 신약 백성

☞ 우리는 극상품 포도를 맺고 있는가? 들포도를 맺고 있는가?

☞ 눅 3:9 이미 도끼가 나무뿌리에 놓였으니 좋은 열매 맺지 아니하는 나무마다 찍혀 불에 던져지리라

☞ 빌 1:11 예수 그리스도로 말미암아 의의 열매가 가득하여 하나님의 영광과 찬송이 되기를 원하노라

사 5:1-7 포도원 노래의 의미
사랑하는 자의 포도원
하나님께서 이스라엘을 열방 중에서 특별히 택하심(1절)
기름진 산에 극상품 포도나무를 심음
기름진 가나안 땅을 이스라엘 민족에게 주심(1, 2절)
땅을 파서 돌을 제함
이스라엘을 강하게 하고 가나안 족속을 멸해 주심(2절)
망대를 세우고 술틀을 팜
이스라엘에게 모든 좋은 것을 베푸심(2절)
좋은 포도 맺기를 바람
공평과 의를 이스라엘에게서 기대하심(4절)
들포도를 맺음
이스라엘에 부정과 불의만 만연해짐(4절)
울타리를 걷어 먹힘을 당케함
하나님의 보호를 잃고 이방인에게 유린당할 것임(5절)
황무케 하고 위에 비를 내리지 않으심
하나님의 은혜를 상실하게 됨(6절)

37일~42일

불꽃이 그루터기를 삼킴 같이, 마른 풀이 불 속에 떨어짐 같이 그들의 뿌
리가 썩겠고 꽃이 티끌처럼 날리리니 그들이 만군의 여호와의 율법을 버
리며 이스라엘의 거룩하신 이의 말씀을 멸시하였음이라 25 그러므로 여호
와께서 자기 백성에게 노를 발하시고 그들 위에 손을 들어 그들을 치신지
라 산들은 진동하며 그들의 시체는 거리 가운데에 분토 같이 되었도다 그
럴지라도 그의 노가 돌아서지 아니하였고 그의 손이 여전히 펼쳐져 있느
니라 26 또 그가 기치를 세우시고 먼 나라들을 불러 땅 끝에서부터 자기에게로 오게 하실 것이라 보라 그들이 빨
리 달려올 것이로되 27 그 중에 곤핍하여 넘어지는 자도 없을 것이며 조는 자나 자는 자도 없을 것이며 그들의 허
리띠는 풀리지 아니하며 그들의 들메끈은 끊어지지 아니하며 28 그들의 화살은 날카롭고 모든 활은 당겨졌으며
그들의 말굽은 부싯돌 같고 병거 바퀴는 회오리바람 같을 것이며 29 그들의 부르짖음은 암사자 같을 것이요 그
들의 소리지름은 어린 사자들과 같을 것이라 그들이 부르짖으며 먹이를 움켜 가져가 버려도 건질 자가 없으리로
다 30 그 날에 그들이 바다 물결 소리 같이 백성을 향하여 부르짖으리니 사람이 그 땅을 바라보면 흑암과 고난이
있고 빛은 구름에 가려서 어두우리라

> 사 5:8-30 "화 있을진저"로 표현되는 이스라엘의 죄악상이 무엇인가를 살펴보라. 그것이 곧 특상품의 포도 대신 들 포도를 맺은 결과이다. 그 결과에 상응하는 하나님의 진노가 반드시 따른다.
> 나에게 해당하는 것은 없는가?

이사야 7장~10:4

이사야 7장

아하스 왕에게 삼가며 조용하라 하시다

1 웃시야의 손자요 요담의 아들인 유다의 아하스 왕 때에 아람의 르신
왕과 르말리야의 아들 이스라엘의 베가 왕이 올라와서 예루살렘을 쳤으
나 능히 이기지 못하니라 2 어떤 사람이 다윗의 집에 알려 이르되 아람이
에브라임과 동맹하였다 하였으므로 왕의 마음과 그의 백성의 마음이 숲
이 바람에 흔들림 같이 흔들렸더라 3 그 때에 여호와께서 이사야에게 이르시되 너와 네 아들 스알야숩은 윗못
수도 끝 세탁자의 밭 큰 길에 나가서 아하스를 만나 4 그에게 이르기를 너는 삼가며 조용하라 르신과 아람과
르말리야의 아들이 심히 노할지라도 이들은 연기 나는 두 부지깽이 그루터기에 불과하니 두려워하지 말며 낙
심하지 말라 5 아람과 에브라임과 르말리야의 아들이 악한 꾀로 너를 대적하여 이르기를 6 우리가 올라가 유다
를 쳐서 그것을 쓰러뜨리고 우리를 위하여 그것을 무너뜨리고 다브엘의 아들을 그 중에 세워 왕으로 삼자 하
였으나 7 주 여호와의 말씀이 그 일은 서지 못하며 이루어지지 못하리라 8 대저 아람의 머리는 다메섹이요 다메
섹의 머리는 르신이며 육십오년 내에 에브라임이 패망하여 다시는 나라를 이루지 못할 것이며 9 에브라임의 머
리는 사마리아요 사마리아의 머리는 르말리야의 아들이니라 만일 너희가 굳게 믿지 아니하면 너희는 굳게 서
지 못하리라 하시니라

> ❖ 사 7장
> 7:1의 배경 – 아람의 르신과 북이스라엘의 베가 연합군이 유다의 아하스 왕의 친 앗수르 정책을 폐기하도록 압력을 넣기 위해 B.C. 735년에 예루살렘을 포위했다.
> 이사야는 이런 난국에 하나님을 의지하라고 외치지만 아하스는 오히려 앗수르에게 도움을 요청하고 더 큰 악을 저지른다.

임마누엘의 징조

10 여호와께서 또 아하스에게 말씀하여 이르시되 11 너는 네 하나님 여호
와께 한 징조를 구하되 깊은 데에서든지 높은 데에서든지 구하라 하시니
12 아하스가 이르되 나는 구하지 아니하겠나이다 나는 여호와를 시험하
지 아니하겠나이다 한지라 13 이사야가 이르되 다윗의 집이여 원하건대
들을지어다 너희가 사람을 괴롭히고서 그것을 작은 일로 여겨 또 나의 하
나님을 괴롭히려 하느냐 14 그러므로 주께서 친히 징조를 너희에게 주실 것이라 보라 처녀가 잉태하여 아들을 낳
을 것이요 그의 이름을 임마누엘이라 하리라 15 그가 악을 버리며 선을 택할 줄 알 때가 되면 엉긴 젖과 꿀을 먹

> 사 7:10-14 남 왕국 유다는 다윗 언약의 공동체임으로 보호의 징표로 "임마누엘"을 보여 주신다. 그는 종국적으로 예수를 의미하며 그가 동정녀 탄생할 것을 예고하신다.

을 것이라 16 대저 이 아이가 악을 버리며 선을 택할 줄 알기 전에 네가 미
워하는 두 왕의 땅이 황폐하게 되리라 17 여호와께서 에브라임이 유다를
떠날 때부터 당하여 보지 못한 날을 너와 네 백성과 네 아버지 집에 임하
게 하시리니 곧 앗수르 왕이 오는 날이니라 18 그 날에는 여호와께서 애굽
하수에서 먼 곳의 파리와 앗수르 땅의 벌을 부르시리니 19 다 와서 거친
골짜기와 바위 틈과 가시나무 울타리와 모든 초장에 앉으리라 20 그 날에
는 주께서 하수 저쪽에서 세내어 온 삭도 곧 앗수르 왕으로 네 백성의 머
리털과 발 털을 미실 것이요 수염도 깎으시리라 21 그 날에는 사람이 한
어린 암소와 두 양을 기르리니 22 그것들이 내는 젖이 많으므로 엉긴 젖을
먹을 것이라 그 땅 가운데에 남아 있는 자는 엉긴 젖과 꿀을 먹으리라 23
그 날에는 천 그루에 은 천 개의 가치가 있는 포도나무가 있던 곳마다 찔
레와 가시가 날 것이라 24 온 땅에 찔레와 가시가 있으므로 화살과 활을
가지고 그리로 갈 것이요 25 보습으로 갈던 모든 산에도 찔레와 가시 때
문에 두려워서 그리로 가지 못할 것이요 그 땅은 소를 풀어 놓으며 양이
밟는 곳이 되리라

사 7:17-25 앗수르를 통한 남 유다의 징계를 예고한다. 불신앙이 초래하는 것은 하나님의 진노뿐이다.
☞ 대하 30:8 그런즉 너희 조상들 같이 목을 곧게 하지 말고 여호와께 돌아와 영원히 거룩하게 하신 전에 들어가서 너희 하나님 여호와를 섬겨 그의 진노가 너희에게서 떠나게 하라
☞ 롬 2:5 다만 네 고집과 회개하지 아니한 마음을 따라 진노의 날 곧 하나님의 의로우신 심판이 나타나는 그 날에 임할 진노를 네게 쌓는도다
그러므로 그 진노를 피할 길은 하나님뿐이다.
☞ 잠 29:25 사람을 두려워하면 올무에 걸리게 되거니와 여호와를 의지하는 자는 안전하리라
☞ 렘 17:5 여호와께서 이와 같이 말씀하시니라 무릇 사람을 믿으며 육신으로 그의 힘을 삼고 마음이 여호와에게서 떠난 그 사람은 저주를 받을 것이라

이사야 8장

이사야의 아들

1 여호와께서 내게 이르시되 너는 큰 서판을 가지고 그 위에 통용 문자로 마헬살랄하스바스라 쓰라 2 내가 진실
한 증인 제사장 우리야와 여베레기야의 아들 스가랴를 불러 증언하게 하리라 하시더니 3 내가 내 아내를 가까이
하매 그가 임신하여 아들을 낳은지라 여호와께서 내게 이르시되 그의 이름을 마헬살랄하스바스라 하라 4 이는
이 아이가 내 아빠, 내 엄마라 부를 줄 알기 전에 다메섹의 재물과 사마리아의 노략물이 앗수르 왕 앞에 옮겨질
것임이라 하시니라

앗수르 왕의 침략

5 여호와께서 다시 내게 말씀하여 이르시되 6 이 백성이 천천히 흐르는 실
로아 물을 버리고 르신과 르말리야의 아들을 기뻐하느니라 7 그러므로 주
내가 흉용하고 창일한 큰 하수 곧 앗수르 왕과 그의 모든 위력으로 그들
을 뒤덮을 것이라 그 모든 골짜기에 차고 모든 언덕에 넘쳐 8 흘러 유다에 들어와서 가득하여 목에까지 미치리라
임마누엘이여 그가 펴는 날개가 네 땅에 가득하리라 하셨느니라

사 8:5-8 앗수르를 의지하려는 남 유다에 대한 징벌과 보존(보호)에 대한 2중 경고

여호와께서 깨우치시다

9 너희 민족들아 함성을 질러 보아라 그러나 끝내 패망하리라 너희 먼 나라 백성들아 들을지니라 너희 허리를 동이
라 그러나 끝내 패망하리라 너희 허리에 띠를 띠라 그러나 끝내 패망하리라 10 너희는 함께 계획하라 그러나 끝내
이루지 못하리라 말을 해 보아라 끝내 시행되지 못하리라 이는 하나님이 우리와 함께 계심이니라 11 여호와께서
강한 손으로 내게 알려 주시며 이 백성의 길로 가지 말 것을 내게 깨우쳐 이르시되 12 이 백성이 반역자가 있다고 말
하여도 너희는 그 모든 말을 따라 반역자가 있다고 하지 말며 그들이 두려워하는 것을 너희는 두려워하지 말며 놀
라지 말고 13 만군의 여호와 그를 너희가 거룩하다 하고 그를 너희가 두려워하며 무서워 할 자로 삼으라 14 그가 성
소가 되시리라 그러나 이스라엘의 두 집에는 걸림돌과 걸려 넘어지는 반석이 되실 것이며 예루살렘 주민에게는 함
정과 올무가 되시리니 15 많은 사람들이 그로 말미암아 걸려 넘어질 것이며 부러질 것이며 덫에 걸려 잡힐 것이니라

율법과 증거의 말씀을 따르라

16 너는 증거의 말씀을 싸매며 율법을 내 제자들 가운데에서 봉함하라 17 이제 야곱의 집에 대하여 얼굴을 가리

시는 여호와를 나는 기다리며 그를 바라보리라 18 보라 나와 및 여호와께
서 내게 주신 자녀들이 이스라엘 중에 징조와 예표가 되었나니 이는 시온
산에 계신 만군의 여호와께로 말미암은 것이니라 19 어떤 사람이 너희에게
말하기를 주절거리며 속살거리는 신접한 자와 마술사에게 물으라 하거든
백성이 자기 하나님께 구할 것이 아니냐 산 자를 위하여 죽은 자에게 구하
겠느냐 하라 20 마땅히 율법과 증거의 말씀을 따를지니 그들이 말하는 바
가 이 말씀에 맞지 아니하면 그들이 정녕 아침빛을 보지 못하고 21 이 땅으
로 헤매며 곤고하며 굶주릴 것이라 그가 굶주릴 때에 격분하여 자기의 왕과 자기의 하나님을 저주할 것이며 위를
쳐다보거나 22 땅을 굽어보아도 환난과 흑암과 고통의 흑암뿐이리니 그들이 심한 흑암 가운데로 쫓겨 들어가리라

사 8:16-22 하나님을 대신하여 테크노피아를 꿈꾸고 전통 보존이라는 핑계로 미신 사상이 횡행하는 이때, 우리는 얼마나 진리의 말씀으로 무장하고 있는가?
☞ **시 119:11** 내가 주께 범죄하지 아니하려 하여 주의 말씀을 내 마음에 두었나이다
☞ **엡 6:11** 마귀의 간계를 능히 대적하기 위하여 하나님의 전신 갑주를 입으라

메시야를 암시하는 이름들

이름	의미
기묘자	인간의 한계를 초월하여 계시는 신비한 존재로서, 메시야 예수의 신성을 강조하는 표현임. 즉 그분은 비범하고 뛰어나서 비교할 데가 없으신 분이란 뜻
모사	그분은 올바른 충고와 참된 조언을 하시는 분으로, 인간을 능히 구원할 만한 지혜를 가지신 분이란 뜻
전능하신 하나님	그분은 능치 못할 일이 없는 '전능자 하나님'이심
영존하시는 하나님	그분은 시간을 초월하시는 영생의 주로서, 구원받은 자에게는 아버지 같은 사랑으로 함께하시는 분임
평강의 왕	그분은 참된 '평강(샬롬)'을 실현하시는 만왕의 왕으로, 따라서 그분이 통치하시는 나라는 화평과 기쁨과 안식이 넘쳐나는 평강의 왕국임

37일~
42일

이사야 9장

평강의 왕

1 전에 고통 받던 자들에게는 흑암이 없으리로다 옛적에는 여호와께서 스
불론 땅과 납달리 땅이 멸시를 당하게 하셨더니 후에는 해변 길과 요단
저쪽 이방의 갈릴리를 영화롭게 하셨느니라 2 흑암에 행하던 백성이 큰
빛을 보고 사망의 그늘진 땅에 거주하던 자에게 빛이 비치도다 3 주께서
이 나라를 창성하게 하시며 그 즐거움을 더하게 하셨으므로 추수하는 즐
거움과 탈취물을 나눌 때의 즐거움 같이 그들이 주 앞에서 즐거워하오니
4 이는 그들이 무겁게 멘 멍에와 그들의 어깨의 채찍과 그 압제자의 막대
기를 주께서 꺾으시되 미디안의 날과 같이 하셨음이니이다 5 어지러이 싸
우는 군인들의 신과 피 묻은 겉옷이 불에 섶 같이 살라지리니 6 이는 한 아

사 9:1-7 본문은 종말에 이루어질 하나님 나라의 영광과 특성을 말해 주고 있다. 장차 오실 메시아가 공평과 정의로 만국을 다스리시는 것은 국가적 개념을 넘어서 죄로 인해 왜곡되고 불의가 가득한 세상을 멸하실 것임을 말하고 있다. 그때는 영적으로 죄에 눌려 있던 백성들이 진리의 광명을 볼 것이며 사망에서 생명의 빛을 발견할 것이며 죄의 불의한 구조 속에서 압제 받던 자들이 해방될 것이다. 바로 메시아를 따르는 그의 백성들에게 이런 영광이 주어질 것이다.

사 9:6-7 오실 "임마누엘" 예수님의 다양한 이름을 보여 주고 있다. 그 의미를 위의 도표를 통해 정리하라.

기가 우리에게 났고 한 아들을 우리에게 주신 바 되었는데 그의 어깨에는 정사를 메었고 그의 이름은 기묘자라,
모사라, 전능하신 하나님이라, 영존하시는 아버지라, 평강의 왕이라 할 것임이라 [7] 그 정사와 평강의 더함이 무궁
하며 또 다윗의 왕좌와 그의 나라에 군림하여 그 나라를 굳게 세우고 지금 이후로 영원히 정의와 공의로 그것을
보존하실 것이라 만군의 여호와의 열심이 이를 이루시리라

주께서 이스라엘을 벌하시리라

[8] 주께서 야곱에게 말씀을 보내시며 그것을 이스라엘에게 임하게 하셨은
즉 [9] 모든 백성 곧 에브라임과 사마리아 주민이 알 것이어늘 그들이 교만
하고 완악한 마음으로 말하기를 [10] 벽돌이 무너졌으나 우리는 다듬은 돌
로 쌓고 뽕나무들이 찍혔으나 우리는 백향목으로 그것을 대신하리라 하
는도다 [11] 그러므로 여호와께서 르신의 대적들을 일으켜 그를 치게 하시
며 그의 원수들을 격동시키시리니 [12] 앞에는 아람 사람이요 뒤에는 블레
셋 사람이라 그들이 모두 입을 벌려 이스라엘을 삼키리라 그럴지라도 여
호와의 진노가 돌아서지 아니하며 그의 손이 여전히 펴져 있으리라 [13] 그
리하여도 그 백성이 자기들을 치시는 이에게로 돌아오지 아니하며 만군
의 여호와를 찾지 아니하도다 [14] 그러므로 여호와께서 하루 사이에 이스
라엘 중에서 머리와 꼬리와 종려나무 가지와 갈대를 끊으시리니 [15] 그 머
리는 곧 장로와 존귀한 자요 그 꼬리는 곧 거짓말을 가르치는 선지자라
[16] 백성을 인도하는 자가 그들을 미혹하니 인도를 받는 자들이 멸망을 당
하는도다 [17] 이 백성이 모두 경건하지 아니하며 악을 행하며 모든 입으로
망령되이 말하니 그러므로 주께서 그들의 장정들을 기뻐하지 아니하시며
그들의 고아와 과부를 긍휼히 여기지 아니하시리라 그럴지라도 여호와의 진노가 돌아서지 아니하며 그의 손이
여전히 펴져 있으리라 [18] 대저 악행은 불타오르는 것 같으니 곧 찔레와 가시를 삼키며 빽빽한 수풀을 살라 연기
가 위로 올라가게 함과 같은 것이라 [19] 만군의 여호와의 진노로 말
미암아 이 땅이 불타리니 백성은 불에 섶과 같을 것이라 사람이 자
기의 형제를 아끼지 아니하며 [20] 오른쪽으로 움킬지라도 주
리고 왼쪽으로 먹을지라도 배부르지 못하여 각각 자기 팔의
고기를 먹을 것이며 [21] 므낫세는 에브라임을, 에브라임은 므낫세를 먹을 것이요 또 그들
이 합하여 유다를 치리라 그럴지라도 여호와의 진노가 돌아서지 아니하며 그의 손이 여전히 펴져 있으리라

사 9:8-21 북 왕국의 멸망 예언
북이스라엘도 남 유다와 동일한 하나님 선민의 후손이다. 그러나 그 나라는 다윗 왕가에서 분리되어 나가면서 스스로 하나님을 배반하고 떠나 세상을 좇는 악한 나라의 전형이 되고 말았으며 결국 본문의 예언처럼 B.C. 722년에 앗수르에 의해 멸망한다. 한편 이사야는 자기 민족의 미래에만 관심을 두는 국수주의적(國粹主義的)인 편협한 시각을 철저히 배격하고 하나님께 순종치 아니하는 모든 나라를 심판의 대상으로 규정하고 있다. 따라서 본문의 예언은 이사야의 직접적 예언의 대상이며 북이스라엘과 같은 악의 전철을 밟고 있는 남 유다에게도 섬뜩한 경고가 될 것이다. 그뿐만 아니라 이는 하나님을 의뢰하지 않고 세상을 의지하며 자기 교만과 아집에 빠져 행악을 일삼는 모든 시대의 성도들에게 대한 경고이기도 하다.

이사야 10:1-4

[1] 불의한 법령을 만들며 불의한 말을 기록하며 [2] 가난한 자를 불공평하게 판결하여 가난한 내 백성의 권리를 박
탈하며 과부에게 토색하고 고아의 것을 약탈하는 자는 화 있을진저 [3] 벌하시는 날과 멀리서 오는 환난 때에 너
희가 어떻게 하려느냐 누구에게로 도망하여 도움을 구하겠으며 너희의 영화를 어느 곳에 두려느냐 [4] 포로 된 자
아래에 구푸리며 죽임을 당한 자 아래에 엎드러질 따름이니라 그럴지라도 여호와의 진노가 돌아서지 아니하며
그의 손이 여전히 펴져 있으리라

이사야 17장

여호와께서 에브라임과 다메섹을 멸하시리라

[1] 다메섹에 관한 경고라 보라 다메섹이 장차 성읍을 이루지 못하고 무너진 무더기가 될 것이라 [2] 아로엘의 성읍

들이 버림을 당하리니 양 무리를 치는 곳이 되어
양이 눕되 놀라게 할 자가 없을 것이며 3 에브라
임의 요새와 다메섹 나라와 아람의 남은 자가 멸
절하여 이스라엘 자손의 영광 같이 되리라 만군의
여호와의 말씀이니라 4 그 날에 야곱의 영광이 쇠
하고 그의 살진 몸이 파리하리니 5 마치 추수하는 자가 곡식을 거두어 가
지고 그의 손으로 이삭을 벤 것 같고 르바임 골짜기에서 이삭을 주운 것
같으리라 6 그러나 그 안에 주울 것이 남으리니 감람나무를 흔들 때에
가장 높은 가지 꼭대기에 과일 두세 개가 남음 같겠고 무성한 나무의 가
장 먼 가지에 네다섯 개가 남음 같으리라 이스라엘의 하나님 여호와의
말씀이니라 7 그 날에 사람이 자기를 지으신 이를 바라보겠으며 그의 눈
이 이스라엘의 거룩하신 이를 뵙겠고 8 자기 손으로 만든 제단을 바라보
지 아니하며 자기 손가락으로 지은 아세라나 태양상을 보지 아니할 것이
며 9 그 날에 그 견고한 성읍들이 옛적에 이스라엘 자손 앞에서 버린 바
된 수풀 속의 처소와 작은 산 꼭대기의 처소 같아서 황폐하리니 10 이는
네가 네 구원의 하나님을 잊어버리며 네 능력의 반석을 마음에 두지 아
니한 까닭이라 그러므로 네가 기뻐하는 나무를 심으며 이방의 나무 가
지도 이종하는도다 11 네가 심는 날에 울타리를 두르고 아침에 네 씨가
잘 발육하도록 하였으나 근심과 심한 슬픔의 날에 농작물이 없어지리라

주께서 열방을 꾸짖어 흩으시리라

12 슬프다 많은 민족이 소동하였으되 바다 파도가 치는 소리 같이 그들이
소동하였고 열방이 충돌하였으되 큰 물이 몰려옴 같이 그들도 충돌하였도다 13 열방이 충돌하기를 많은 물이 몰
려옴과 같이 하나 주께서 그들을 꾸짖으시리니 그들이 멀리 도망함이 산에서 겨가 바람 앞에 흩어짐 같겠고 폭

❖ 사 17장

다메섹과 이스라엘의 멸망은 7~9장에 걸쳐 나타나는 임마누엘 예언의 역사적 배경과 연결되어 있다. 반 앗수르 정책을 펴려던 다메섹의 르신과 이스라엘의 베가가 유다의 동참을 요구하며 침공하려던 것과 관련해서 오히려 다메섹과 이스라엘이 멸망할 것이라고 예언한 것이다. 실제로 유다 왕 아하스는 성전과 궁전의 보물을 바치며 앗수르의 원조를 요청하였고 이에 디글랏 빌레셀 3세가 다메섹을 점령하여 르신을 죽이고 시리아는 여러 지방으로 분할하여 앗수르의 통치 아래 편입시켰다. 그리고 이스라엘도 이스르엘 평원에서 유대 변방에 이르는 작은 지역을 제외하고 모두 앗수르에 정복당했다가 베가의 후임자인 호세아 9년(B.C. 721)에 멸망하고 말았다. 그런데 이사야는 이런 이스라엘의 멸망이 종교적 원인에 있다고 말하고 있다. 그것은 바로 우상 숭배였다. 북이스라엘은 초대 왕인 여로보암에 의해 단과 벧엘에 금송아지 제단을 만들어 여호와 신앙을 왜곡시켰고(왕상12:28-29) 아합 때에는 페니키아 출신의 왕후 이세벨에 의해 아세라 신을 본격적으로 섬기며 수백 명의 우상 사제들을 궁 안에 두었고 앗수르의 일월성신을 받아들여 태양신 제단을 세우기도 하였다. 그뿐만 아니라 대부분 이스라엘 왕들이 우상을 숭배하였다.

37일~42일

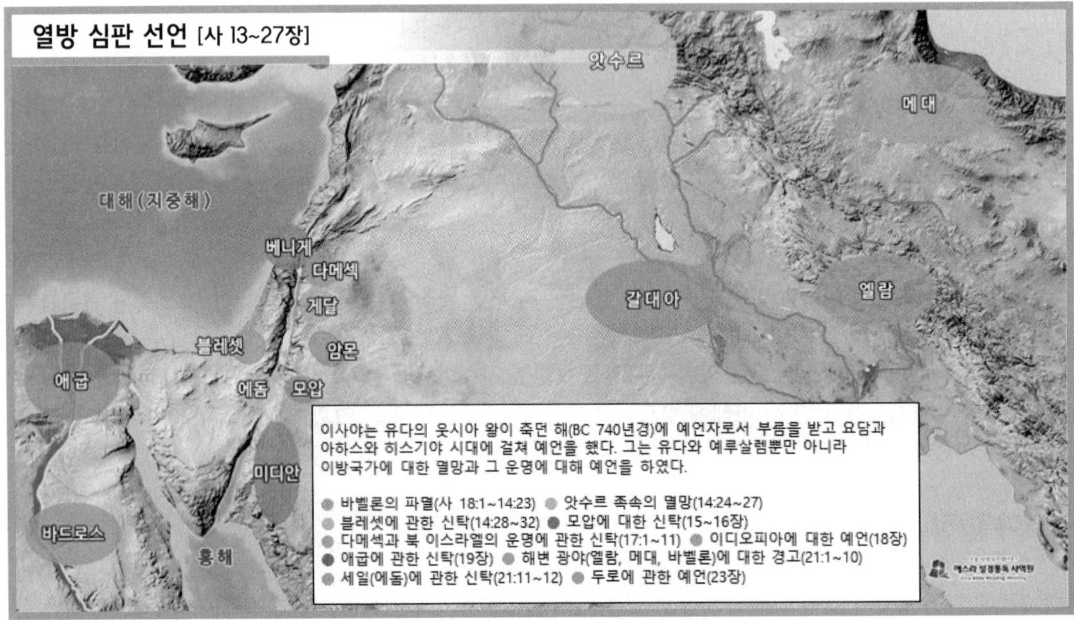
열방 심판 선언 [사 13~27장]
앗수르
메대
대해(지중해)
베니게
다메섹
게달
갈대아
엘람
블레셋
암몬
애굽
에돔
모압
미디안
바드로스
홍해
이사야는 유다의 웃시아 왕이 죽던 해(BC 740년경)에 예언자로서 부름을 받고 요담과
아하스와 히스기야 시대에 걸쳐 예언을 했다. 그는 유다와 예루살렘뿐만 아니라
이방국가에 대한 멸망과 그 운명에 대해 예언을 하였다.
● 바벨론의 파멸(사 18:1~14:23) ● 앗수르 족속의 멸망(14:24~27)
● 블레셋에 관한 신탁(14:28~32) ● 모압에 대한 신탁(15~16장)
● 다메섹과 북 이스라엘의 운명에 관한 신탁(17:1~11) ● 이디오피아에 대한 예언(18장)
● 애굽에 관한 신탁(19장) ● 해변 광야(엘람, 메대, 바벨론)에 대한 경고(21:1~10)
● 세일(에돔)에 관한 신탁(21:11~12) ● 두로에 관한 예언(23장)

풍 앞에 떠도는 티끌 같을 것이라 14 보라 저녁에 두려움을 당하고 아침이
오기 전에 그들이 없어졌나니 이는 우리를 노략한 자들의 몫이요 우리를
강탈한 자들의 보응이니라

이사야 14:24-32

여호와께서 앗수르를 파하시리라

24 만군의 여호와께서 맹세하여 이르시되 내가 생각한 것이 반드시 되며
내가 경영한 것을 반드시 이루리라 25 내가 앗수르를 나의 땅에서 파하며
나의 산에서 그것을 짓밟으리니 그 때에 그의 멍에가 이스라엘에게서 떠
나고 그의 짐이 그들의 어깨에서 벗어질 것이라 26 이것이 온 세계를 향하
여 정한 경영이며 이것이 열방을 향하여 편 손이라 하셨나니 27 만군의 여
호와께서 경영하셨은즉 누가 능히 그것을 폐하며 그의 손을 펴셨은즉 누
가 능히 그것을 돌이키랴

여호와께서 블레셋을 소멸시키시리라

28 아하스 왕이 죽던 해에 받은 이 경고가 임하니라 29 블레셋 온 땅이여
너를 치던 막대기가 부러졌다고 기뻐하지 말라 뱀의 뿌리에서는 독사가
나겠고 그의 열매는 날아다니는 불뱀이 되리라 30 가난한 자의 장자는 먹
겠고 궁핍한 자는 평안히 누우려니와 내가 네 뿌리를 기근으로 죽일 것이
요 네게 남은 자는 살륙을 당하리라 31 성문이여 슬피 울지어다 성읍이여 부르짖을지어다 너 블레셋이여 다 소멸
되리로다 대저 연기가 북방에서 오는데 그 대열에서 벗어난 자가 없느니라 32 그 나라 사신들에게 어떻게 대답
하겠느냐 여호와께서 시온을 세우셨으니 그의 백성의 곤고한 자들이 그 안에서 피난하리라 할 것이니라

❖ **열방에 대한 경고**(사 13~27장)
유다와 이스라엘 주위에 있는 나라들은 그들에게도 역시 심판이 닥칠 것이라는 경고를 받는다. 예루살렘은 멸망할 것이고, 그 성벽은 무너질 것이며, 성전은 파괴될 것이고 백성들은 당황하여 허둥댈 것이다. 실로 하나님께서는 전 세계를 심판하실 것이지만, 이것은 또한 궁극적으로 신실한 자들을 기쁨으로 이끌 것이다(13~27장). 이 부분에서 이사야는 유다와 이스라엘의 주변 국가들도 심판받을 것이라고 구체적으로 예언한다. 그 대상은(지도 참조) 바벨론, 앗수르와 블레셋, 모압, 수리아와 북쪽 이스라엘(다메섹과 에브라임), 에티오피아(구스)와 애굽, 21장에서 바벨론과 에돔, 예루살렘에 관한 예언 그리고 23장에 두로의 심판에 관해 예언한다.
이것은 위로 하늘(영계), 아래로 땅에 있는 모든 대적들(24:21-23)을 물리치고 완벽한 승리를 거두신다는 것을 말한다. 26장, 27장에 그날에 부를 찬송을 묘사하며, 이스라엘의 신앙을 견고한 성읍으로 묘사한다. "그날에"라고 시작하는 26장과 27장은 승리한 하나님의 나라를 묘사하고 있다.

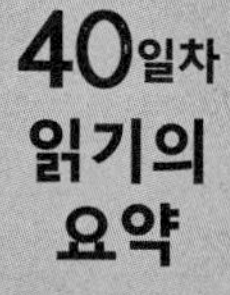

(사 6, 사 1~5, 사 7~10:4, 사 17, 사 14:24~32)

이사야 선지자는 남 유다의 히스기야 왕 때에 크게 활동했다. 그의 메시지는 북이스라엘과 남 유다뿐만 아니라 그 주변국들을 포함한 온 세계의 심판과 구원의 주권이 오직 하나님께 있음을 강조한다. 이사야는 특히 북이스라엘과 남 유다가 제사의 형식은 유지하고 있으나 그들의 여호와 신앙은 이미 마음이 떠났음을 지적하셨다. 이에 대해 하나님께서는 그 당시 큰 제국이었던 앗수르를 이스라엘의 심판을 위한 잔혹한 막대기로 사용하실 것을 예언하신다.
또한 이사야는 이렇게 임박한 심판을 예언하는 동시에 무려 700년 뒤에 일어날 예수 그리스도의 탄생을 함께 예언한다. 유다의 악한 아하스 왕 때 이사야는 장차 예수 그리스도가 동정녀의 몸에서 태어날 것을 예언한다. 또한 예수께서 다윗의 언약을 따라 이 땅에 오셔서 구약의 스불론과 납달리 땅 즉 이방의 갈릴리에서 사역하실 것까지 예언한다.
이사야서는 장차 구원자로 오실 임마누엘의 하나님 예수 그리스도를 묘사한다. 그의 이름은 기묘자, 모사, 전능하신 하나님, 영존하시는 하나님, 평강의 왕으로 장차 오실 메시아의 특성을 말씀한다.

그러면 어떻게 살 것인가?

인위뚝·신위고!

☑ 세계관 점검 – 묵상하기 (영상 강의와 교재 내용의 이해를 바탕으로)

사 6장은 예배의 전형적인 모형을 보여 주는 이사야의 사명장이다. 오늘 우리의 예배가 이런 절차를 거쳐 하나님과의 바른 관계를 회복하고 그분의 뜻에 응답하는 결단을 이루는 예배를 드리고 있는가? 아니면 사 1:10-15에서처럼 "내게 보이려고 " 하는 형식적 예배를 드리거나, 내 뜨거운 감정을 추구하는 푸닥거리씩 예배를 드리는가?
깊이 성찰하고 반성해야 한다. 성도의 생명은 이 예배로부터 나오기 때문이다.

사 6:10 요즈음 하나님의 말씀을 읽는 것과 듣는 것과 지켜 행하고자 하는 마음을 둔하게 하는 것은 없는가? 너무 분주한 일과, 경건한 생활을 방해하는 것은 무엇인가? "오늘 성경 읽으셨나요?"

- 딤전 6:11-12 오직 너 하나님의 사람아 이것들을 피하고 의와 경건과 믿음과 사랑과 인내와 온유를 따르며 믿음의 선한 싸움을 싸우라 영생을 취하라 이를 위하여 네가 부르심을 받았고 많은 증인 앞에서 선한 증언을 하였도다.
- 히 12:28 그러므로 우리가 흔들리지 않는 나라를 받았은즉 은혜를 받자 이로 말미암아 경건함과 두려움으로 하나님을 기쁘시게 섬길지니

[찬송 205(통 236), 202(통 241)]

사 1:16-17에서 회개의 9가지 열매를 찾아보라. 회개는 관념 속에서 단순히 죄의식을 느끼고 그것을 해소하는 것이 아니고 실제적이고 현실적으로 회개의 열매를 맺어야 한다. 그 열매를 사 2:4에서 설명하고 있다. 회개는 세계관을 바꾸는 데까지 나아가야 한다. "칼"은 세상적 가치관을 말하고, "보습"은 하나님 나라의 가치관을 말한다. 따라서 진정한 회개는 가치관이 바뀌는 데까지 나아가야 한다. 사마리아 여인처럼....
나의 경우는?

사 5:11-14 세상 즐거움에 빠진 자들에 대한 하나님의 심판이 선포된다. 과연 나에게는 오늘 하루 이같이 하나님의 화를 자초할 세상 즐거움에 빠진 모습은 없는가?

- 요일 2:6 그의 안에 산다고 하는 자는 그가 행하시는 대로 자기도 행할지니라
- 요삼 1:3-4 형제들이 와서 네게 있는 진리를 증언하되 네가 진리 안에서 행한다 하니 내가 심히 기뻐하노라 내가 내 자녀들이 진리 안에서 행한다 함을 듣는 것보다 더 기쁜 일이 없도다

사 10:1-2 자신의 위치를 악용하여 불법과 악행을 저지른 이스라엘 지도자들의 모습에서 나의 모습은 없는가? 하나님의 화가 선포되기 전에 이 시간 회개해야 할 나의 악행은, 또한 사회 곳곳에서 벌어지는 부정부패에 대하여 나 자신이 먼저 실천할 일은 무엇인지 살펴보라.

- 시 15:2-3 정직하게 행하며 공의를 실천하며 그의 마음에 진실을 말하며 그의 혀로 남을 허물하지 아니하고 그의 이웃에게 악을 행하지 아니하며 그의 이웃을 비방하지 아니하며
- 사 56:1 여호와께서 이와 같이 말씀하시기를 너희는 정의를 지키며 의를 행하라 이는 나의 구원이 가까이 왔고 나의 공의가 나타날 것임이라 하셨도다

☑ 결단기도와 실행하기

약 2:26　영혼 없는 몸이 죽은 것 같이 행함이 없는 믿음은 죽은 것이니라
시 119:28　나의 영혼이 눌림으로 말미암아 녹사오니 주의 말씀대로 나를 세우소서

왕하 16:10-20 : 아하스 왕과 앗수르

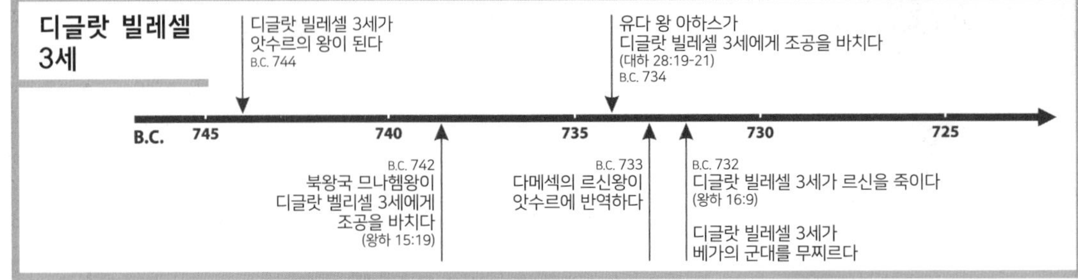
디글랏 빌레셀 3세
디글랏 빌레셀 3세가 앗수르의 왕이 된다 B.C. 744
유다 왕 아하스가 디글랏 빌레셀 3세에게 조공을 바치다 (대하 28:19-21) B.C. 734
B.C. 745 740 735 730 725
B.C. 742 북왕국 므나헴왕이 디글랏 벨리셀 3세에게 조공을 바치다 (왕하 15:19)
B.C. 733 다메섹의 르신왕이 앗수르에 반역하다
B.C. 732 디글랏 빌레셀 3세가 르신을 죽이다 (왕하 16:9)
디글랏 빌레셀 3세가 베가의 군대를 무찌르다

10 아하스 왕이 앗수르의 왕 디글랏 빌레셀을 만나러 다메섹에 갔다가
거기 있는 제단을 보고 아하스 왕이 그 제단의 모든 구조와 제도의 양식
을 그려 제사장 우리야에게 보냈더니 11 아하스 왕이 다메섹에서 돌아오
기 전에 제사장 우리야가 아하스 왕이 다메섹에서 보낸 대로 모두 행하
여 제사장 우리야가 제단을 만든지라 12 왕이 다메섹에서 돌아와 제단
을 보고 제단 앞에 나아가 그 위에 제사를 드리되 13 자기의 번제물과 소
제물을 불사르고 또 전제물을 붓고 수은제 짐승의 피를 제단에 뿌리고
14 또 여호와의 앞 곧 성전 앞에 있던 놋제단을 새 제단과 여호와의 성전
사이에서 옮겨다가 그 제단 북쪽에 그것을 두니라 15 아하스 왕이 제사
장 우리야에게 명령하여 이르되 아침 번제물과 저녁 소제물과 왕의 번
제물과 그 소제물과 모든 국민의 번제물과 그 소제물과 전제물을 다 이
큰 제단 위에 불사르고 또 번제물의 피와 다른 제물의 피를 다 그 위에
뿌리라 오직 놋제단은 내가 주께 여쭐 일에만 쓰게 하라 하매 16 제사장
우리야가 아하스 왕의 모든 명령대로 행하였더라 17 아하스 왕이 물두
멍 받침의 옆판을 떼내고 물두멍을 그 자리에서 옮기고 또 놋바다를 놋
소 위에서 내려다가 돌판 위에 그것을 두며 18 또 안식일에 쓰기 위하여
성전에 건축한 낭실과 왕이 밖에서 들어가는 낭실을 앗수르 왕을 두려워
하여 여호와의 성전에 옮겨 세웠더라 19 아하스가 행한 그 남은 사적은
유다 왕 역대지략에 기록되지 아니하였느냐 20 아하스가 그의 조상들과
함께 자매 다윗 성에 그 열조와 함께 장사되고 그의 아들 히스기야가 대
신하여 왕이 되니라

디글랏 빌레셀 3세

디글랏 빌레셀 3세(B.C.744-727년)는 성경에서 '앗수르 왕 불'로 불린다(왕하 15:19). 당시 북이스라엘 왕 므나헴은 디글랏 빌레셀 3세와의 전쟁에서 패배한 후, 은 1천 달란트를 '앗수르 왕 불'에게 주고 그를 자기 땅으로 돌려보냈다(왕하 15:19-20). 남 유다 제12대 왕 아하스 때, 아람 왕 르신과 이스라엘 왕 베가가 연합하여 예루살렘을 공격했는데(왕하 16:5), 아하스는 디글랏 빌레셀 3세에게 여호와의 전과 왕궁 곳간에 있는 은금을 취하여 예물을 보내고 구원을 요청하였다(왕하 16:7-8). 그 청을 듣고 디글랏 빌레셀 3세는 북이스라엘을 침공하여 사람들을 포로로 잡아갔으며, 아람 왕 르신을 죽였다(왕하 15:29, 16:9). 디글랏 빌레셀 3세는 아람과 북이스라엘을 공격한 후에 남 유다에 도착하였지만, 마침 에돔과 블레셋의 공격을 받아 궁지에 몰린 남 유다를 돕지 않고 도리어 박대하였다(대하 28:20). 앗수르에 나타난 공식 문서들에는 디글랏 빌레셀이 북이스라엘의 내정에 간섭하여 베가를 죽이고 호세아를 왕위에 앉힌 것으로 기록되어 있다.

왕하 16:10-20 제사장 우리야에게 우상의 신당을 짓도록 명하는 유다의 아하스 왕과 그것에 순종하는 제사장의 패역한 모습을 생각하면서 미가서를 읽는다. 하나님 나라를 이루시고자 열망하시는 하나님의 마음을 읽는 자세를 잊지 말라.

미가서 1장~7장

미가 1장

1 유다의 왕들 요담과 아하스와 히스기야 시대에 모레셋 사람 미가에게
임한 여호와의 말씀 곧 사마리아와 예루살렘에 관한 묵시라

미가 MICAH 彌迦書

미가 한눈에 보기

개요 **유다의 심판과 회복**

1-3장	4장-5장	6장-7장
임박한 심판에 대한 선언	약속된 궁극적 축복	현재의 회개 촉구

미가서
학습 자료 41-1 "미가서 메시지" 참조

미가서 개요

유다의 아하스 왕은 하나님의 성전에 이교들의 우상을 세우고, 나중에는 성전을 아예 폐쇄해 버렸다. 히스기야가 왕이 되었을 때, 유다는 회복의 길로 들어선다(이사야 미가서 시대 배경 도표 참조). 미가는 이사야와 동시대에 활약했던 선지자이었다. 이사야는 주로 왕실을 상대로 사역했고 미가는 평민들을 상대로 사역했다. 마가는 복 왕국의 마지막 선지자였고, 또한 사마리아(북 왕국의 수도)와 예루살렘(남 왕국의 수도)에서 동시에 활약했다.

미가는 사마리아의 멸망(B.C. 722년)에 대해 예언하면서 앗수르 군대가 한 성읍 한 성읍씩 덮치면서 애굽을 향한 연안 평야를 따라 예루살렘 문에까지 밀고 올라오는 환상을 본다(1장). 미가는 성안의 벼락부자들은 나라의 토지를 탐내는 등 이 세대의 바닥에 떨어진 경제 정의와 사회 정의를 외치며, 가난한 자들의 권리를 옹호한다. 바벨론 유수 후에 여호와께서는 '남은 자'들과 함께 새로이 시작하실 것이다(2장). 불의한 통치자들, 부패한 선지자들, 여호와의 임재가 그들을 보호해 줄 것이라고 믿는 탐욕스러운 제사장들은 미혹되어 있으며 심판을 자초한다(3장). 장차 열방은 하나님의 도를 배우기 위해 예루살렘으로 올 것이며, 거기에는 전 세계적인 평화가 있을 것이다. 그 이전에 포로들은 바벨론에서 돌아오고, 예루살렘은 비록 포위 공격을 당하고 있긴 하지만 승리할 것이다. 베들레헴에서 위대한 통치자(메시아)가 나올 것이며, 백성들을 재결합시킬 것이다. 그렇게 되면 남은 자들은 믿음의 집단이 될 것이다(4~5장). 여호와께서는 그의 백성들이 그와 함께 변론하도록 초청하신다. 그는 값비싼 제물이 아니라 거룩한 삶을 원하신다. 상업에서의 교활한 풍습을 그만두어야만 한다(6장). 미가는 이스라엘의 상황을 한탄한다. 그러나 여호와의 심판이 다 했을 때 이스라엘은 회복되고, 그들의 적은 정복될 것임을 깨닫는다. 그래서 여호와께서는 그의 언약에 신실하시다는 것이 입증될 것이다(7장).

야곱의 허물 이스라엘의 죄

2 백성들아 너희는 다 들을지어다 땅과 거기에 있는 모든 것들아 자세히
들을지어다 주 여호와께서 너희에게 대하여 증언하시되 곧 주께서 성전
에서 그리하실 것이니라 3 여호와께서 그의 처소에서 나오시고 강림하사
땅의 높은 곳을 밟으실 것이라 4 그 아래에서 산들이 녹고 골짜기들이 갈
라지기를 불 앞의 밀초 같고 비탈로 쏟아지는 물 같을 것이니 5 이는 다 야
곱의 허물로 말미암음이요 이스라엘 족속의 죄로 말미암음이라 야곱의
허물이 무엇이냐 사마리아가 아니냐 유다의 산당이 무엇이냐 예루살렘이
아니냐 6 이러므로 내가 사마리아를 들의 무더기 같게 하고 포도 심을 동
산 같게 하며 또 그 돌들을 골짜기에 쏟아내리고 그 기초를 드러내며 7 그
새긴 우상들은 다 부서지고 그 음행의 값은 다 불살라지며 내가 그 목상
들을 다 깨뜨리리니 그가 기생의 값으로 모았은즉 그것이 기생의 값으로
돌아가리라

상처가 유다와 예루살렘에도 미치다

8 이러므로 내가 애통하며 애곡하고 벌거벗은 몸으로 행하며 들개 같이
애곡하고 타조 같이 애통하리니 9 이는 그 상처는 고칠 수 없고 그것이 유
다까지도 이르고 내 백성의 성문 곧 예루살렘에도 미쳤음이니라 10 가드
에 알리지 말며 도무지 울지 말지어다 내가 베들레아브라에서 티끌에 굴
렀도다 11 사빌 주민아 너는 벗은 몸에 수치를 무릅쓰고 나갈지어다 사아
난 주민은 나오지 못하고 벧에셀이 애곡하여 너희에게 의지할 곳이 없게
하리라 12 마롯 주민이 근심 중에 복을 바라니 이는 재앙이 여호와께로 말
미암아 예루살렘 성문에 임함이니라 13 라기스 주민아 너는 준마에 병거
를 메울지어다 라기스는 딸 시온의 죄의 근본이니 이는 이스라엘의 허물
이 네게서 보였음이니라 14 이러므로 너는 가드모레셋에 작별하는 예물을
줄지어다 악십의 집들이 이스라엘 왕들을 속이리라 15 마레사 주민아 내
가 장차 너를 소유할 자로 네게 이르게 하리니 이스라엘의 영광이 아둘람까지 이를 것이라 16 너는 네 기뻐하는
자식으로 인하여 네 머리털을 깎아 대머리 같게 할지어다 네 머리가 크게 벗어지게 하기를 독수리 같게 할지어다
이는 그들이 사로잡혀 너를 떠났음이라

미가 2장

멸망할 자들

1 그들이 침상에서 죄를 꾀하며 악을 꾸미고 날이 밝으면 그 손에 힘이 있으므로 그것을 행하는 자는 화 있을

진저 2 밭들을 탐하여 빼앗고 집들을 탐하여 차지하니 그들이 남자와 그
의 집과 사람과 그의 산업을 강탈하도다 3 그러므로 여호와의 말씀에 내
가 이 족속에게 재앙을 계획하나니 너희의 목이 이에서 벗어나지 못할 것
이요 또한 교만하게 다니지 못할 것이라 이는 재앙의 때임이라 하셨느니
라 4 그 때에 너희를 조롱하는 시를 지으며 슬픈 노래를 불러 이르기를 우
리가 온전히 망하게 되었도다 그가 내 백성의 산업을 옮겨 내게서 떠나게
하시며 우리 밭을 나누어 패역자에게 주시는도다 하리니 5 그러므로 여호
와의 회중에서 분깃에 줄을 댈 자가 너희 중에 하나도 없으리라 6 그들이
말하기를 너희는 예언하지 말라 이것은 예언
할 것이 아니거늘 욕하는 말을 그치지 아
니한다 하는도다 7 너희 야곱의 족속아
어찌 이르기를 여호와의 영이 성급하시
다 하겠느냐 그의 행위가 이러하시다 하
겠느냐 나의 말이 정직하게 행하는 자에
게 유익하지 아니하냐 8 근래에 내 백성
이 원수 같이 일어나서 전쟁을 피하여 평안히 지나가는 자들의 의복에서
겉옷을 벗기며 9 내 백성의 부녀들을 그들의 즐거운 집에서 쫓아내고 그
들의 어린 자녀에게서 나의 영광을 영원히 빼앗는도다 10 이것은 너희가
쉴 곳이 아니니 일어나 떠날지어다 이는 그것이 이미 더러워졌음이니라
그런즉 반드시 멸하리니 그 멸망이 크리라 11 사람이 만일 허망하게 행하
며 거짓말로 이르기를 내가 포도주와 독주에 대하여 네게 예언하리라 할
것 같으면 그 사람이 이 백성의 선지자가 되리로다 12 야곱아 내가 반드시
너희 무리를 다 모으며 내가 반드시 이스라엘의 남은 자를 모으고 그들
을 한 처소에 두기를 보스라의 양 떼 같이 하며 초장의 양 떼 같이 하리니
사람들이 크게 떠들 것이며 13 길을 여는 자가 그들 앞에 올라가고 그들
은 길을 열어 성문에 이르러서는 그리로 나갈 것이며 그들의 왕이 앞서 가
며 여호와께서는 선두로 가시리라

미가 3장

미가가 이스라엘 통치자들을 고발하다

1 내가 또 이르노니 야곱의 우두머리들과 이스라엘 족속의 통치자들아
들으라 정의를 아는 것이 너희의 본분이 아니냐 2 너희가 선을 미워하고
악을 기뻐하여 내 백성의 가죽을 벗기고 그 뼈에서 살을 뜯어 3 그들의 살
을 먹으며 그 가죽을 벗기며 그 뼈를 꺾어 다지기를 냄비와 솥 가운데에
담을 고기처럼 하는도다 4 그 때에 그들이 여호와께 부르짖을지라도 응
답하지 아니하시고 그들의 행위가 악했던 만큼 그들 앞에 얼굴을 가리시
리라 5 내 백성을 유혹하는 선지자들은 이에 물 것이 있으면 평강을 외치
나 그 입에 무엇을 채워 주지 아니하는 자에게는 전쟁을 준비하는도다 이
런 선지자에 대하여 여호와께서 이르시되 6 그러므로 너희가 밤을 만나리
니 이상을 보지 못할 것이요 어둠을 만나리니 점 치지 못하리라 하셨나니

미 2:1-2 **정의로운 삶을 살아야 한다.**
힘 있는 사람들은 그 힘을 사용하려 한다. 만일 보다 약한 사람을 돕는 식으로 그 힘을 사용한다면 매우 바람직하다. 하지만 불행하게도 죄의 본성을 가진 인간들은 그 힘을 악하게 사용하려는 경향이 매우 높다. 그래서 힘 있는 자들은 남의 재산과 땅을 탐내어 그것을 불법으로 빼앗고 취한다. 그런 과정에서 불법을 자행하며 정의를 짓밟는다. 그래서 미가 선지자는 바로 이런 행위에 대한 하나님의 엄중한 경고를 전달하는 것이다.
하나님께서 옛 유다에게서 기대하셨던 정의는 오늘날 우리에게서 기대하시는 정의와 같은 것이다. 신약성경은 탐욕에 대해 경고한다.
☞ **엡 5:5** 너희도 정녕 이것을 알거니와 음행하는 자나 더러운 자나 탐하는 자 곧 우상 숭배자는 다 그리스도와 하나님의 나라에서 기업을 얻지 못하리니
더 많은 것을 갈망하는 것은 다른 이들에게 속한 것을 탐하여 그것을 움켜잡으려는 불의로 이끌기 때문이다. 참된 신앙은 자신이 가진 것에 만족하고 감사하며, 나아가 그것을 가난한 이웃과 나누어야 한다.

❖ 미 3장
사회 정의가 타락한 이스라엘에 내리는 준엄한 경고이다. 미가서는 아모스서의 성격이 강한 선지서다. 따라서 선지자 영성이 강조된다.
B.C. 722년에 북이스라엘이 하나님의 심판을 받아 멸망하고 이어 남 유다에 대한 하나님의 심판 예언이 주어진 것은 공히 선민 전반이 타락한 결과이다. 그런데 본서에는 선민 전반의 죄악에 대한 질타와 그에 따른 심판 예언도 나오지만, 무엇보다도 지도자들의 죄악에 대한 질타와 그들에 대한 심판 예언이 자주, 그리고 강하게 나타나고 있다. 지도자의 본분은 정의를 실현하는 것이다.
☞ **신 16:18-20** 네 하나님 여호와께서 네게 주시는 각 성에서 네 지파를 따라 재판장들과 지도자들을 둘 것이요 그들은 공의로 백성을 재판할 것이니라 너는 재판을 굽게 하지 말며 사람을 외모로 보지 말며 또 뇌물을 받지 말라 뇌물은 지혜자의 눈을 어둡게 하고 의인의 말을 굽게 하느니라 너는 마땅히 공의만을 따르라 그리하면 네가 살겠고 네 하나님 여호와께서 네게 주시는 땅을 차지하리라
☞ **사 1:17** 선행을 배우며 정의를 구하며 학대받는 자를 도와주며 고아를 위하여 신원하며 과부를 위하여 변호하라 하셨느니라

37일~42일

이 선지자 위에는 해가 져서 낮이 캄캄할 것이라 7 선견자가 부끄러워하
며 술객이 수치를 당하여 다 입술을 가릴 것은 하나님이 응답하지 아니하
심이거니와 8 오직 나는 여호와의 영으로 말미암아 능력과 정의와 용기로
충만해져서 야곱의 허물과 이스라엘의 죄를 그들에게 보이리라 9 야곱
족속의 우두머리들과 이스라엘 족속의 통치자들 곧 정의를 미워하고 정
직한 것을 굽게 하는 자들아 원하노니 이 말을 들을
지어다 10 시온을 피로, 예루살렘을 죄악으로 건
축하는도다 11 그들의 우두머리들은 뇌물을 위
하여 재판하며 그들의 제사장은 삯을 위하여
교훈하며 그들의 선지자는 돈을 위하여 점을
치면서도 여호와를 의뢰하여 이르기를 여호와
께서 우리 중에 계시지 아니하냐 재앙이 우리
에게 임하지 아니하리라 하는도다 12 이러므로
너희로 말미암아 시온은 갈아엎은 밭이 되고 예루살렘은 무더기가 되고
성전의 산은 수풀의 높은 곳이 되리라

☞ 교회와 사회와 국가의 지도자로 세움을 받은 자에게는 그 교회와 사회와 국가를 구성하는 구성원들과는 비교도 할 수 없는 도덕적 · 영적 자질과 의로움, 그리고 책임감이 요구된다.
이와 관련하여 야고보는 "내 형제들아 너희는 선생된 우리가 더 큰 심판을 받을 줄 알고 선생이 많이 되지 말라"(약 3:1)라고 하였다. 정녕 지도자 된 자의 타락은 사회적·국가적으로 혹은 교회적으로 심각한 위기를 초래하게 됨을 깨달아서 늘 영적 · 도덕적으로 각성하고 하나님 앞에 바로 서기 위해 힘써야 할 것이다.
고전 3:10의 모습은 우리의 삶을 어떤 기반 위에 세우며 사는가를 돌아보게 한다
☞ **고전 3:10** 내게 주신 하나님의 은혜를 따라 내가 지혜로운 건축자와 같이 터를 닦아 두매 다른 이가 그 위에 세우나 그러나 각각 어떻게 그 위에 세울까를 조심할지니라

미가 4장

여호와께서 이루실 평화

1 끝날에 이르러는 여호와의 전의 산이 산들의 꼭대기에 굳게 서며 작은
산들 위에 뛰어나고 민족들이 그리로 몰려갈 것이라 2 곧 많은 이방 사람
들이 가며 이르기를 오라 우리가 여호와의 산에 올라가서 야곱의 하나님
의 전에 이르자 그가 그의 도를 가지고 우리에게 가르치실 것이니라 우리
가 그의 길로 행하리라 하리니 이는 율법이 시온에서부터 나올 것이요 여
호와의 말씀이 예루살렘에서부터 나올 것임이라 3 그가 많은 민족들 사
이의 일을 심판하시며 먼 곳 강한 이방 사람을 판결하시리니 무리가 그 칼을 쳐서 보습을 만들고 창을 쳐서 낫을
만들 것이며 이 나라와 저 나라가 다시는 칼을 들고 서로 치지 아니하며 다시는 전쟁을 연습하지 아니하고 4 각
사람이 자기 포도나무 아래와 자기 무화과나무 아래에 앉을 것이라 그들을 두렵게 할 자가 없으리니 이는 만군
의 여호와의 입이 이같이 말씀하셨음이라 5 만민이 각각 자기의 신의 이름을 의지하여 행하되 오직 우리는 우리
하나님 여호와의 이름을 의지하여 영원히 행하리로다

❖ 미 4장
하나님 나라가 온전히 회복될 때의 모습을 연상시킨다.
선지서 읽기 정지 작업에서 선지서 내용 구조 4가지 중 "회복"을 보여 주는 대목이다. 회복이 구속사의 최종 목표이며 하나님 계획의 진수이다.
☞ **빌 1:6** 너희 안에서 착한 일을 시작하신 이가 그리스도 예수의 날까지 이루실 줄을 우리는 확신하노라

이스라엘이 포로에서 돌아오리라

6 여호와께서 말씀하시되 그 날에는 내가 저는 자를 모으며 쫓겨난 자와
내가 환난 받게 한 자를 모아 7 발을 저는 자는 남은 백성이 되게 하며 멀
리 쫓겨났던 자들이 강한 나라가 되게 하고 나 여호와가 시온 산에서 이
제부터 영원까지 그들을 다스리리라 하셨나니 8 너 양 떼의 망대요 딸 시
온의 산이여 이전 권능 곧 딸 예루살렘의 나라가 네게로 돌아오리라 9 이제 네가 어찌하여 부르짖느냐 너희 중
에 왕이 없어졌고 네 모사가 죽었으므로 네가 해산하는 여인처럼 고통함이냐 10 딸 시온이여 해산하는 여인처럼
힘들여 낳을지어다 이제 네가 성읍에서 나가서 들에 거주하며 또 바벨론까지 이르러 거기서 구원을 얻으리니 여
호와께서 거기서 너를 네 원수들의 손에서 속량하여 내시리라 11 이제 많은 이방 사람들이 모여서 너를 치며 이
르기를 시온이 더럽게 되며 그것을 우리 눈으로 바라보기를 원하노라 하거니와 12 그들이 여호와의 뜻을 알지
못하며 그의 계획을 깨닫지 못한 것이라 여호와께서 곡식 단을 타작 마당에 모음 같이 그들을 모으셨나니 13 딸

미 4:6-13 포로 생활의 고통과 그 귀환을 예고한다. 이 귀환의 예고를 통해서 영적 전쟁에서 승리하고 새 하늘과 새 땅의 회복을 그려 볼 수 있다.

시온이여 일어나서 칠지어다 내가 네 뿔을 무쇠 같게 하며 네 굽을 놋 같게 하리니 네가 여러 백성을 쳐서 깨뜨릴
것이라 네가 그들의 탈취물을 구별하여 여호와께 드리며 그들의 재물을 온 땅의 주께 돌리리라

미가 5장

1 딸 군대여 너는 떼를 모을지어다 그들이 우리를 에워쌌으니 막대기로
이스라엘 재판자의 뺨을 치리로다

베들레헴에서 다스릴 자가 나오리라

2 베들레헴 에브라다야 너는 유다 족속 중에 작을지라도 이스라엘을 다
스릴 자가 네게서 내게로 나올 것이라 그의 근본은 상고에, 영원에 있느
니라 3 그러므로 여인이 해산하기까지 그들을 붙여 두시겠고 그 후에는
그의 형제 가운데에 남은 자가 이스라엘 자손에게로 돌아오리니 4 그가
여호와의 능력과 그의 하나님 여호와의 이름의 위엄을 의지하고 서서 목
축하니 그들이 거주할 것이라 이제 그가 창대하여 땅 끝까지 미치리라 5
이 사람은 평강이 될 것이라 앗수르 사람이 우리 땅에 들어와서 우리 궁
들을 밟을 때에는 우리가 일곱 목자와 여덟 군왕을 일으켜 그를 치리니 6
그들이 칼로 앗수르 땅을 황폐하게 하며 니므롯 땅 어귀를 황폐하게 하
리라 앗수르 사람이 우리 땅에 들어와서 우리 지경을 밟을 때에는 그가
우리를 그에게서 건져내리라 7 야곱의 남은 자는 많은 백성 가운데 있으
리니 그들은 여호와께로부터 내리는 이슬 같고 풀 위에 내리는 단비 같아
서 사람을 기다리지 아니하며 인생을 기다리지 아니할 것이며 8 야곱의 남
은 자는 여러 나라 가운데와 많은 백성 가운데에 있으리니 그들은 수풀의
짐승들 중의 사자 같고 양 떼 중의 젊은 사자 같아서 만일 그가 지나간즉
밟고 찢으리니 능히 구원할 자가 없을 것이라 9 네 손이 네 대적들 위에
들려서 네 모든 원수를 진멸하기를 바라노라

심판

10 여호와께서 이르시되 그 날에 이르러는 내가 네 군마를 네 가운데에
서 멸절하며 네 병거를 부수며 11 네 땅의 성읍들을 멸하며 네 모든 견고
한 성을 무너뜨릴 것이며 12 내가 또 복술을 네 손에서 끊으리니 네게 다
시는 점쟁이가 없게 될 것이며 13 내가 네가 새긴 우상과 주상을 너희 가
운데에서 멸절하리니 네가 네 손으로 만든 것을 다시는 섬기지 아니하리
라 14 내가 또 네 아세라 목상을 너희 가운데에서 빼버리고 네 성읍들을
멸할 것이며 15 내가 또 진노와 분노로 순종하지 아니한 나라에 갚으리
라 하셨느니라

❖ 미 5장

본서는 전 12권의 소선지서 가운데 장차 도래할 메시아(Messiah)의 출생과 사역 등에 대하여 가장 직접적이면서도 풍부하게 예언하고 있다(5:2-9). 그런데 본서에서 예언하고 있는 메시아의 면모는 본서의 예언이 주어질 당시 지도자들의 면모와 매우 선명하게 대비된다. 본서에는 지도자들의 악행과 무능함에 대한 지적이 여러 번 나온다. 정의를 알고 실현하는 것이 본분인 정치 지도자들은 하나님 백성의 가죽을 벗기고 그 뼈에서 살을 먹으며 그 뼈를 꺾어 다지기를 냄비와 솥 가운데에 담을 고기처럼 하였다(미 3:1-3). 또 종교 지도자들 역시 악하기는 예외는 아니어서 하나님의 계시를 바로 선포하여야 할 선지자는 '내 백성을 유혹하는 선지자들'로 불렸고, 이에 물것이 있으면 평강을 외치나 그 입에 무엇을 채워 주지 아니하는 자에게는 전쟁을 준비한다고 정죄되었다(미 3:5). 이러한 정치 · 종교 지도자들의 악행으로 인하여 선민의 나라는 하나님의 심판을 받아 멸망에 이를 수밖에 없었다(3:9-12). 그러나 본서에 예언된 메시아의 사역은 당시 선민의 지도자들과는 완전하게 다른 것으로 예언되고 있다. 즉 장차 말일(末日)에 도래하실 메시아는 하나님의 택한 백성에게 궁극적인 구원과 승리와 영원한 평안을 주실 것을 예언하고 있다.

신약성경의 저자들은 이 메시아가 예수 그리스도이신 것을 지목하고 있다. 실로 예수 그리스도는 하나님께서 당신의 택한 백성을 구원하고 승리와 영원한 평강을 주기 위해 보내시고 세우신 의로운 목자와 왕으로서 그는 이를 실현하기 위하여 본래 죄가 없으신 분이나 스스로 하나님이 택한 백성들의 죄를 짊어지고 대신 죽기까지 하셨다. 또한 죽으신 지 사흘 만에 죽음을 이기고 부활하심으로 하나님의 택한 백성들에게 진정한 구원과 승리의 보증이 되어 주셨다. 결국 본서는 성도가 믿고 의지해야 할 대상은 악하고 무능한 세상 지도자가 아니라 의로운 통치자이신 예수 그리스도라는 사실을 분명하게 깨닫게 하여 준다.

미가 6장

여호와께서 이스라엘과 변론하시다

1 너희는 여호와의 말씀을 들을지어다 너는 일어나서 산을 향하여 변론하여 작은 산들이 네 목소리를 듣게 하라
하셨나니 2 너희 산들과 땅의 견고한 지대들아 너희는 여호와의 변론을 들으라 여호와께서 자기 백성과 변론하
시며 이스라엘과 변론하실 것이라 3 이르시기를 내 백성아 내가 무엇을 네게 행하였으며 무슨 일로 너를 괴롭게
하였느냐 너는 내게 증언하라 4 내가 너를 애굽 땅에서 인도해 내어 종 노릇 하는 집에서 속량하였고 모세와 아

론과 미리암을 네 앞에 보냈느니라 5 내 백성아 너는 모압 왕 발락이 꾀한
것과 브올의 아들 발람이 그에게 대답한 것을 기억하며 싯딤에서부터 길
갈까지의 일을 기억하라 그리하면 나 여호와가 공의롭게 행한 일을 알리
라 하실 것이니라

여호와께서 구하시는 것

6 내가 무엇을 가지고 여호와 앞에 나아가며 높으신 하나님께 경배할까
내가 번제물로 일 년 된 송아지를 가지고 그 앞에 나아갈까 7 여호와께
서 천천의 숫양이나 만만의 강물 같은 기름을 기뻐하실까 내 허물을 위
하여 내 맏아들을, 내 영혼의 죄로 말미암아 내 몸의 열매를 드릴까 8 사
람아 주께서 선한 것이 무엇임을 네게 보이셨나니 여호와께서 네게 구하
시는 것은 오직 정의를 행하며 인자를 사랑하며 겸손하게 네 하나님과 함
께 행하는 것이 아니냐 9 여호와께서 성읍을 향하여 외쳐 부르시나니 지
혜는 주의 이름을 경외함이니라 너희는 매가 예비되었나니 그것을 정하
신 이가 누구인지 들을지니라 10 악인의 집에 아직도 불의한 재물이 있느
냐 축소시킨 가증한 에바가 있느냐 11 내가 만일 부정한 저울을 썼거나
주머니에 거짓 저울추를 두었으면 깨끗하겠느냐
12 그 부자들은 강포가 가득하였고 그 주민들은
거짓을 말하니 그 혀가 입에서 거짓되도다 13 그
러므로 나도 너를 쳐서 병들게 하였으며 네
죄로 말미암아 너를 황폐하게 하였나니 14 네가 먹어도 배부르지 못하고 항상 속이
빌 것이며 네가 감추어도 보존되지 못하겠고 보존된 것은 내가 칼에 붙일 것이며
15 네가 씨를 뿌려도 추수하지 못할 것이며 감람 열매를 밟아도 기름을 네 몸에 바르지
못할 것이며 포도를 밟아도 술을 마시지 못하리라 16 너희가 오므리의 율례와 아합 집의 모든 예법을 지키고 그
들의 전통을 따르니 내가 너희를 황폐하게 하며 그의 주민을 사람의 조소 거리로 만들리라 너희가 내 백성의 수
욕을 담당하리라

미 6:3-5 하나님의 구속 역사의 중요한 과정인 출애굽과 시내 산 언약을 상기시킨다. 하나님이 선지자들을 이 시점에 투입하는 결정적인 이유는 시내 산 언약이 파괴될 수 있는 죄악상이 극에 달해 가기 때문이다. 그들이 끝내 시내 산 언약으로 주어진 십계명적 삶을 살아가지 못하면 레위기 26장에서 예언한 것처럼 그들을 다시 흩어버리는 일이 일어나게 될 것이기 때문이다. 이것은 제2의 선악과 사건에 버금갈 수 있고 제2의 낙원 추방과 같아서 하나님과 관계 회복의 구속 역사는 그 동력을 잃어버릴 수가 있다.

미 6:8 우리의 삶이 하나님의 공의를 이루는 삶이 되기를 바라시는 하나님의 마음을 가슴에 새겨라.
☞ **롬 12:1-2** 그러므로 형제들아 내가 하나님의 모든 자비하심으로 너희를 권하노니 너희 몸을 하나님이 기뻐하시는 거룩한 산 제물로 드리라 이는 너희가 드릴 영적 예배니라 너희는 이 세대를 본받지 말고 오직 마음을 새롭게 함으로 변화를 받아 하나님의 선하시고 기뻐하시고 온전하신 뜻이 무엇인지 분별하도록 하라

미 6:16 오므리의 악행(왕상 16:15-28)과 아합의 악행(왕상 21:1-16)을 가리킨다.

37일~42일

미가 7장

이스라엘의 부패

1 재앙이로다 나여 나는 여름 과일을 딴 후와 포도를 거둔 후 같아서 먹
을 포도송이가 없으며 내 마음에 사모하는 처음 익은 무화과가 없도다 2
경건한 자가 세상에서 끊어졌고 정직한 자가 사람들 가운데 없도다 무리
가 다 피를 흘리려고 매복하며 각기 그물로 형제를 잡으려 하고 3 두 손
으로 악을 부지런히 행하는도다 그 지도자와 재판관은 뇌물을 구하며
권세자는 자기 마음의 욕심을 말하며 그들이 서로 결합하니 4 그들의 가
장 선한 자라도 가시 같고 가장 정직한 자라도 찔레 울타리보다 더하도
다 그들의 파수꾼들의 날 곧 그들 가운데에 형벌의 날이 임하였으니 이
제는 그들이 요란하리로다 5 너희는 이웃을 믿지 말며 친구를 의지하지
말며 네 품에 누운 여인에게라도 네 입의 문을 지킬지어다 6 아들이 아버
지를 멸시하며 딸이 어머니를 대적하며 며느리가 시어머니를 대적하리니 사람의 원수가 곧 자기의 집안 사람
이리로다

미 7:1-6 이스라엘의 악행은 시내 산 언약의 파괴를 초래하게 될 것이고 이것을 막기 위해 하나님은 심판을 재촉할 수밖에 없을 것이다. 이것이 사랑과 공의의 하나님의 모습이다.
☞ **계 7:3** 이르되 우리가 우리 하나님의 종들의 이마에 인치기까지 땅이나 바다나 나무들을 해하지 말라 하더라
☞ **살전 5:7-8** 자는 자들은 밤에 자고 취하는 자들은 밤에 취하되 우리는 낮에 속하였으니 정신을 차리고 믿음과 사랑의 호심경을 붙이고 구원의 소망의 투구를 쓰자

구원하시는 하나님

[7] 오직 나는 여호와를 우러러보며 나를 구원하시는 하나님을 바라보나니
나의 하나님이 나에게 귀를 기울이시리로다 [8] 나의 대적이여 나로 말미암
아 기뻐하지 말지어다 나는 엎드러질지라도 일어날 것이요 어두운 데에
앉을지라도 여호와께서 나의 빛이 되실 것임이로다 [9] 내가 여호와께 범
죄하였으니 그의 진노를 당하려니와 마침내 주께서 나를 위하여 논쟁하
시고 심판하시며 주께서 나를 인도하사 광명에 이르게 하시리니 내가 그
의 공의를 보리로다 [10] 나의 대적이 이것을 보고 부끄러워하리니 그는 전
에 내게 말하기를 네 하나님 여호와가 어디 있느냐 하던 자라 그가 거리
의 진흙 같이 밟히리니 그것을 내가 보리로다 [11] 네 성벽을 건축하는 날
곧 그 날에는 지경이 넓혀질 것이라 [12] 그 날에는 앗수르에서 애굽 성읍
들에까지, 애굽에서 강까지, 이
바다에서 저 바다까지, 이 산
에서 저 산까지의 사람들이 네
게로 돌아올 것이나 [13] 그 땅은
그 주민의 행위의 열매로 말미
암아 황폐하리로다

> 미 7:1-6 **구원하시고 회복시키시는 하나님**
> 인위의 문제는 인위로 절대로 해결되지 않는다는 점을 명심해야 한다. 언제나 신위로 풀어야 한다. 7-8절이 그것을 분명히 보여 준다.
>
> 인위 뚝! 신위 고!
>
> ☞ **사 59:1-2** 여호와의 손이 짧아 구원하지 못하심도 아니요 귀가 둔하여 듣지 못하심도 아니라 오직 너희 죄악이 너희와 너희 하나님 사이를 갈라놓았고 너희 죄가 그의 얼굴을 가리어서 너희에게서 듣지 않으시게 함이니라
>
> ☞ **합 3:17-19** 비록 무화과나무가 무성하지 못하며 포도나무에 열매가 없으며 감람나무에 소출이 없으며 밭에 먹을 것이 없으며 우리에 양이 없으며 외양간에 소가 없을지라도 나는 여호와로 말미암아 즐거워하며 나의 구원의 하나님으로 말미암아 기뻐하리로다 주 여호와는 나의 힘이시라 나의 발을 사슴과 같게 하사 나를 나의 높은 곳으로 다니게 하시리로다 이 노래는 지휘하는 사람을 위하여 내 수금에 맞춘 것이니라
>
> 미 7:14-20
>
> 인위 뚝! 신위 고!
>
> ☞ **출 15:2** 여호와는 나의 힘이요 노래시며 나의 구원이시로다 그는 나의 하나님이시니 내가 그를 찬송할 것이요 내 아버지의 하나님이시니 내가 그를 높이리로다

37일~42일

기도와 찬양

[14] 원하건대 주는 주의 지팡이로 주의 백성 곧 갈멜 속 삼림에 홀로 거주
하는 주의 기업의 양 떼를 먹이시되 그들을 옛날 같이 바산과 길르앗에서
먹이시옵소서 [15] 이르시되 네가 애굽 땅에서 나오던 날과 같이 내가 그들
에게 이적을 보이리라 하셨느니라 [16] 이르되 여러 나라가 보고 자기의 세
력을 부끄러워하여 손으로 그 입을 막을 것이요 귀는 막힐 것이며 [17] 그들이 뱀처럼 티끌을 핥으며 땅에 기는 벌
레처럼 떨며 그 좁은 구멍에서 나와서 두려워하며 우리 하나님 여호와께로 돌아와서 주로 말미암아 두려워하리
이다 [18] 주와 같은 신이 어디 있으리이까 주께서는 죄악과 그 기업에 남은 자의 허물을 사유하시며 인애를 기뻐
하시므로 진노를 오래 품지 아니하시나이다 [19] 다시 우리를 불쌍히 여기셔서 우리의 죄악을 발로 밟으시고 우리
의 모든 죄를 깊은 바다에 던지시리이다 [20] 주께서 옛적에 우리 조상들에게 맹세하신 대로 야곱에게 성실을 베
푸시며 아브라함에게 인애를 더하시리이다

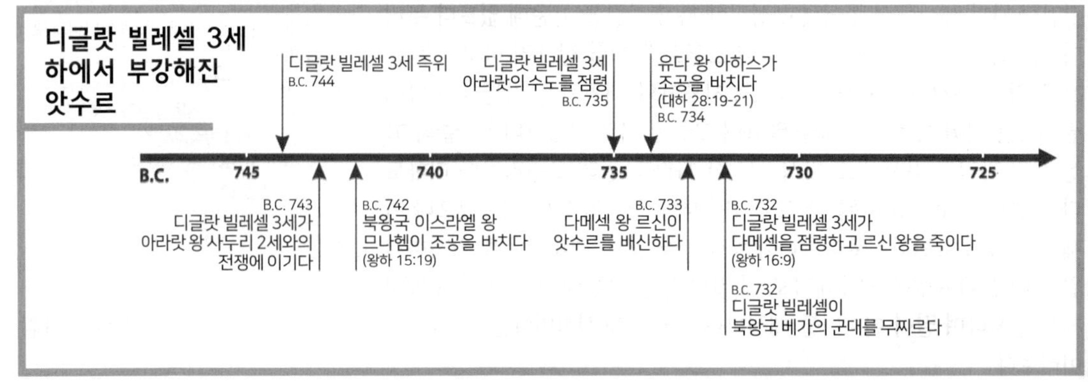
디글랏 빌레셀 3세 하에서 부강해진 앗수르
디글랏 빌레셀 3세 즉위 B.C. 744
디글랏 빌레셀 3세 아라랏의 수도를 점령 B.C. 735
유다 왕 아하스가 조공을 바치다 (대하 28:19-21) B.C. 734
B.C. 745 740 735 730 725
B.C. 743 디글랏 빌레셀 3세가 아라랏 왕 사두리 2세와의 전쟁에 이기다
B.C. 742 북왕국 이스라엘 왕 므나헴이 조공을 바치다 (왕하 15:19)
B.C. 733 다메섹 왕 르신이 앗수르를 배신하다
B.C. 732 디글랏 빌레셀 3세가 다메섹을 점령하고 르신 왕을 죽이다 (왕하 16:9)
B.C. 732 디글랏 빌레셀이 북왕국 베가의 군대를 무찌르다

역대하 27장~28장 : 요담과 아하스 왕

❖ 요담은 아버지 웃시야(아사랴)가 나병에 걸림으로 B.C. 747년에 왕위에 오르나 아버지와 섭정하다가 25세부터 단독으로 통치하였다. 선정을 베풀었으나 산당을 온전히 제거하지 못했다(왕하 15:35).

역대하 27장

유다 왕 요담(왕하 15:32-38, B.C. 750-735) 남 11대 왕

[1] 요담이 왕위에 오를 때에 나이가 이십오 세라 예루살렘에서 십육 년 동안 다스리니라 그의 어머니의 이름은 여
루사요 사독의 딸이더라 [2] 요담이 그의 아버지 웃시야의 모든 행위대로 여호와 보시기에 정직하게 행하였으나
여호와의 성전에는 들어가지 아니하였고 백성은 여전히 부패하였더라 [3] 그가 여호와의 전윗문을 건축하고 또 오
벨 성벽을 많이 증축하고 [4] 유다 산중에 성읍들을 건축하며 수풀 가운데에 견고한 진영들과 망대를 건축하고 [5]
암몬 자손의 왕과 더불어 싸워 그들을 이겼더니 그 해에 암몬 자손이 은 백 달란트와 밀 만 고르와 보리 만 고르
를 바쳤고 제이년과 제삼년에도 암몬 자손이 그와 같이 바쳤더라 [6] 요담이 그의 하나님 여호와 앞에서 바른 길을
걸었으므로 점점 강하여졌더라 [7] 요담의 남은 사적과 그의 모든 전쟁과 행위는 이스라엘과 유다 열왕기에 기록
되니라 [8] 요담이 왕위에 오를 때에 나이가 이십오 세요 예루살렘에서 다스린 지 십육 년이라 [9] 그가 그의 조상들
과 함께 누우매 다윗 성에 장사되고 그의 아들 아하스가 대신하여 왕이 되니라

역대하 28장

유다 왕 아하스(왕하 16:1-5, B.C. 735-715) 남 12대 왕

[1] 아하스가 왕위에 오를 때에 나이가 이십 세라 예루살렘에서 십육 년 동
안 다스렸으나 그의 조상 다윗과 같지 아니하여 여호와 보시기에 정직하
게 행하지 아니하고 [2] 이스라엘 왕들의 길로 행하여 바알들의 우상을 부
어 만들고 [3] 또 힌놈의 아들 골짜기에서 분향하고 여호와께서 이스라엘
자손 앞에서 쫓아내신 이방 사람들의 가증한 일을 본받아 그의 자녀들을
불사르고 [4] 또 산당과 작은 산 위와 모든 푸른 나무 아래에서 제사를 드리
며 분향하니라 [5] 그러므로 그의 하나님 여호와께서 그를 아람 왕의 손에
넘기시매 그들이 쳐서 심히 많은 무리를 사로잡아 다메섹으로 갔으며 또
이스라엘 왕의 손에 넘기시매 그가 쳐서 크게 살육하였으니 [6] 이는 그의
조상들의 하나님 여호와를 버렸음이라 르말랴의 아들 베가가 유다에서
하루 동안에 용사 십이만 명을 죽였으며 [7] 에브라임의 용사 시그리는 왕
의 아들 마아세야와 궁내대신 아스리감과 총리대신 엘가나를 죽였더라

선지자 오뎃

[8] 이스라엘 자손이 그들의 형제 중에서 그들의 아내와 자녀를 합하여 이
십만 명을 사로잡고 그들의 재물을 많이 노략하여 사마리아로 가져가니
[9] 그 곳에 여호와의 선지자가 있는데 이름은 오뎃이라 그가 사마리아로
돌아오는 군대를 영접하고 그들에게 이르되 너희 조상의 하나님 여호와
께서 유다에게 진노하셨으므로 너희 손에 넘기셨거늘 너희의 노기가 충
천하여 살육하고 [10] 이제 너희가 또 유다와 예루살렘 백성들을 압제하여
노예로 삼고자 생각하는도다 그러나 너희는 너희의 하나님 여호와께 범
죄함이 없느냐 [11] 그런즉 너희는 내 말을 듣고 너희의 형제들 중에서 사로잡아 온 포로를 놓아 돌아가게 하라 여
호와의 진노가 너희에게 임박하였느니라 한지라 [12] 에브라임 자손의 우두머리 몇 사람 곧 요하난의 아들 아사랴
와 무실레못의 아들 베레갸와 살룸의 아들 여히스기야와 하들래의 아들 아마사가 일어나서 전장에서 돌아오는

대하 28:1-7 아하스의 악행
아하스는 요담의 아들로 B.C. 735-715년까지 유다를 통치하였다. 그는 선왕들과 달리 악행을 행하고 우상을 숭배하였다. 그가 분향한 힌놈의 골짜기는 과거 바알과 몰록에게 어린아이를 제물로 바쳤던 곳이다(렘 32:35). 이때 아람과 이스라엘이 연합하여 유다를 침공하였다. 당시 디글랏 빌레셀 3세가 다스리던 앗수르가 B.C. 740년부터 아람 북부를 점령하여 식민지로 만들고 나아가 이스라엘까지 침공하여 봉신국으로 삼았다. 이에 두 나라가 연합하여 앗수르에 대항하고자 유다를 끌어들이려고 하였다. 그런데 아하스가 거부하자 유다를 침공한 것이다. 그러자 아하스는 성전과 왕궁의 보물을 바치면서 앗수르에 원군을 요청하였다. 이에 디글랏 빌레셀 3세가 군대를 이끌고 와서 다메섹을 격멸시켰다. 이에 따라 아람은 앗수르의 영토가 되었고 이스라엘도 멸망으로 향하게 되었다. 한편 아하스는 앗수르 왕을 맞이하러 다메섹으로 갔다가 그곳의 신전을 본떠서 예루살렘에 우상의 신전을 만들었다. 이 제단은 아람의 것이 아니라 승전한 앗수르가 세운 제단으로 아하스는 승전한 나라가 섬기는 신이 더 강하다고 여기는 가나안 신관을 따라 승전국 앗수르의 신을 섬기고자 한 것이었다.

자들을 막으며 13 그들에게 이르되 너희는 이 포
로를 이리로 끌어들이지 못하리라 너희가
행하는 일이 우리를 여호와께 허물
이 있게 함이니 우리의 죄와 허물을
더하게 함이로다 우리의 허물이 이
미 커서 진노하심이 이스라엘에게
임박하였느니라 하매 14 이에 무기를
가진 사람들이 포로와 노략한 물건을 방백들과 온 회중 앞에 둔지라 15
이 위에 이름이 기록된 자들이 일어나서 포로를 맞고 노략하여 온 것 중
에서 옷을 가져다가 벗은 자들에게 입히며 신을 신기며 먹이고 마시게 하
며 기름을 바르고 그 약한 자들은 모두 나귀에 태워 데리고 종려나무 성
여리고에 이르러 그의 형제에게 돌려준 후에 사마리아로 돌아갔더라

아하스가 앗수르에 도움을 구하다(왕하 16:7-9)

16 그 때에 아하스 왕이 앗수르 왕에게 사람을 보내어 도와 주기를 구하
였으니 17 이는 에돔 사람들이 다시 와서 유다를 치고 그의 백성을 사로
잡았음이며 18 블레셋 사람들도 유다의 평지와 남방 성읍들을 침노하여 벧세메스와 아얄론과 그데롯과 소고 및
그 주변 마을들과 딤나 및 그 주변 마을들과 김소 및 그 주변 마을들을 점령하고 거기에 살았으니 19 이는 이스라
엘 왕 아하스가 유다에서 망령되이 행하여 여호와께 크게 범죄하였으므로 여호와께서 유다를 낮추심이라 20 앗
수르 왕 디글랏빌레셀이 그에게 이르렀으나 돕지 아니하고 도리어 그를 공격하였더라 21 아하스가 여호와의 전
과 왕궁과 방백들의 집에서 재물을 가져다가 앗수르 왕에게 주었으나 그에게 유익이 없었더라

> **대하 28:8-15** 선지자 오뎃은 북 왕국이 사로잡아 온 남 왕국 거민을 노예로 삼으려 하자 호되게 질타한다. 그의 근거는 레위기 25:39-46에 있다. 이 구절에 의하면 동족을 노예로 삼는 것을 금하고 있다. 율법을 무시하는 북 왕국의 만행을 강하게 질타하고 있다.
> ☞ 오늘 교인 중에도 성경을 읽지 않는 자들은 이런 만행을 스스럼없이 저지르고 있다. 문제는 그들이 자신들의 행위가 만행인 것을 깨닫지 못하는 데 있다. 이들은 모두 가짜 신도들이다. 이들에게는 다음과 같은 불호령이 떨어질 것이다.
> ☞ **마 22:13-14** 임금이 사환들에게 말하되 그 손발을 묶어 바깥 어두운 데에 내던지라 거기서 슬피 울며 이를 갈게 되리라 하니라 청함을 받은 자는 많되 택함을 입은 자는 적으니라
> 오늘 성경 읽으셨나요?

아하스의 범죄

22 이 아하스 왕이 곤고할 때에 더욱 여호와께 범죄하여 23 자기를 친 다
메섹 신들에게 제사하여 이르되 아람 왕들의 신들이 그들을 도왔으니 나
도 그 신에게 제사하여 나를 돕게 하리라 하였으나 그 신이 아하스와 온
이스라엘을 망하게 하였더라 24 아하스가 하나님의 전의 기구들을 모아
하나님의 전의 기구들을 부수고 또 여호와의 전 문들을 닫고 예루살렘 구
석마다 제단을 쌓고 25 유다 각 성읍에 산당을 세워 다른 신에게 분향하
여 그의 조상들의 하나님 여호와를 진노하게 하였더라 26 아하스의 남은
시종 사적과 모든 행위는 유다와 이스라엘 열왕기에 기록되니라 27 아하스가 그의 조상들과 함께 누우매 이스
라엘 왕들의 묘실에 들이지 아니하고 예루살렘 성에 장사하였더라 그의 아들 히스기야가 대신하여 왕이 되니라

> **대하 28:24-25** 다른 신을 섬기며 악행을 저지르는 아하스가 오늘 우리 한국과 세계 교회의 모습을 아닐지 심각하게 성찰해 보자.
> 다원주의 시대를 살아가는 이 시대 최고의 유혹은 무엇일까? 지금 아하스가 당하고 있는 현상이 아닐까?

열왕기하 17:1-4 :
북 왕국의 마지막 왕 호세아

❖ 이미 기울어진 운동장 같은 북 왕국의 권세를 잡으려고 선왕을 죽이고 왕위에 오른 호세아는 균형을 잃어버리고 우왕좌왕식 외교정책(친 앗수르에서 친 애굽으로)을 펴다가 B.C. 722년에 앗수르의 살만에셀 5세와 사르곤 2세에 의해 망하고 역사의 뒤안길로 사라진다.
☞ 금송아지를 숭배하며 하나님을 배신한 북 왕국은 회복되지 못하고 하나님의 구속 사역에서 배제되어 버린 종족이 되었다.
⇒ 이것이 보여 주는 교훈이 무엇인가를 숙고하라.

이스라엘 왕 호세아(B.C. 732-722) **북 20대 왕 – 마지막 왕**

1 유다의 왕 아하스 제십이년에 엘라의 아들 호세아가 사마리아에서 이스
라엘 왕이 되어 구 년간 다스리며 2 여호와께서 보시기에 악을 행하였으나
다만 그 전 이스라엘 여러 왕들과 같이 하지는 아니하였더라 3 앗수르의

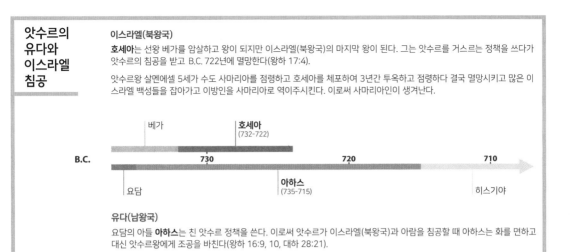

앗수르의 유다와 이스라엘 침공

이스라엘(북왕국)

호세아는 선왕 베가를 암살하고 왕이 되지만 이스라엘(북왕국)의 마지막 왕이 된다. 그는 앗수르를 거스르는 정책을 쓰다가 앗수르의 침공을 받고 B.C. 722년에 멸망한다(왕하 17:4).

앗수르왕 살멘에셀 5세가 수도 사마리아를 점령하고 호세아를 체포하여 3년간 투옥하고 점령하다 결국 멸망시키고 많은 이스라엘 백성들을 잡아가고 이방인을 사마리아로 역이주시킨다. 이로써 사마리아인이 생겨난다.

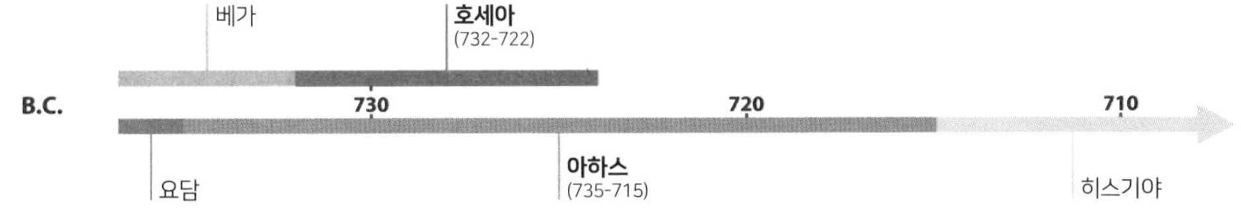

유다(남왕국)

요담의 아들 **아하스**는 친 앗수르 정책을 쓴다. 이로써 앗수르가 이스라엘(북왕국)과 아람을 침공할 때 아하스는 화를 면하고 대신 앗수르왕에게 조공을 바친다(왕하 16:9, 10, 대하 28:21).

왕 살만에셀이 올라오니 호세아가 그에게 종이 되어 조공을 드리더니 4 그가 애굽의 왕 소에게 사자들을 보내고
해마다 하던 대로 앗수르 왕에게 조공을 드리지 아니하매 앗수르 왕이 호세아가 배반함을 보고 그를 옥에 감금
하여 두고

이사야 28장~29장

❖ 호세아와 이사야는 북 왕국을 '에브라임'이라고 부르기도 한다.

❖ 사 28장
북 왕국은 B.C. 722년에 결국 망한다.
이들이 망할 수밖에 없는 결정적인 영적 요인은 무엇일까? 그것은 "교만"이다. 신위(神爲)를 무시하고 자기식으로 하려는 그 교만[인위(人爲)이 그들을 결국 망하게 만들어 버린다.
☞ 우리의 가장 큰 문제는 자기중심성을 제어하지 못하고 그것이 결국 교만으로 치닫게 될 때 우리는 위험의 불속으로 들어가는 꼴이다.

인위 뚝! 신위 고!

☞ **전 12:1-2** 너는 청년의 때에 너의 창조주를 기억하라 곧 곤고한 날이 이르기 전에, 나는 아무 낙이 없다고 할 해들이 가깝기 전에 해와 빛과 달과 별들이 어둡기 전에, 비 뒤에 구름이 다시 일어나기 전에 그리하라

이사야 28장

에브라임의 면류관이 밟히리라

1 에브라임의 술취한 자들의 교만한 면류관은 화 있을진저 술에 빠진 자
의 성 곧 영화로운 관 같이 기름진 골짜기 꼭대기에 세운 성이여 쇠잔해
가는 꽃 같으니 화 있을진저 2 보라 주께 있는 강하고 힘 있는 자가 쏟아
지는 우박 같이, 파괴하는 광풍같이, 큰물이 넘침같이 손으로 그 면류관
을 땅에 던지리니 3 에브라임의 술 취한 자들의 교만한 면류관이 발에 밟
힐 것이라 4 그 기름진 골짜기 꼭대기에 있는 그의 영화가 쇠잔해 가는 꽃
이 여름 전에 처음 익은 무화과와 같으리니 보는 자가 그것을 보고 얼른
따서 먹으리로다 5 그 날에 만군의 여호와께서 자기 백성의 남은 자에게
영화로운 면류관이 되시며 아름다운 화관이 되실 것이라 6 재판석에 앉은
자에게는 판결하는 영이 되시며 성문에서 싸움을 물리치는 자에게는 힘
이 되시리로다 7 그리하여도 이들은 포도주로 말미암아 옆 걸음 치며 독주로 말미암아 비틀거리며 제사장과 선
지자도 독주로 말미암아 옆 걸음 치며 포도주에 빠지며 독주로 말미암아 비틀거리며 환상을 잘못 풀며 재판할
때에 실수하나니 8 모든 상에는 토한 것, 더러운 것이 가득하고 깨끗한 곳이 없도다

여호와께서 그들이 붙잡히게 하시리라

9 그들이 이르기를 그가 누구에게 지식을 가르치며 누구에게 도를 전하여 깨닫게 하려는가 젖 떨어져 품을 떠난
자들에게 하려는가 10 대저 경계에 경계를 더하며 경계에 경계를 더하며 교훈에 교훈을 더하며 교훈에 교훈을 더
하되 여기서도 조금, 저기서도 조금 하는구나 하는도다 11 그러므로 더듬는 입술과 다른 방언으로 그가 이 백성

에게 말씀하시리라 12 전에 그들에게 이르시기를 이것이 너희 안식이요
이것이 너희 상쾌함이니 너희는 곤비한 자에게 안식을 주라 하셨으나 그
들이 듣지 아니하였으므로 13 여호와께서 그들에게 말씀하시되 경계에
경계를 더하며 경계에 경계를 더하며 교훈에 교훈을 더하며 교훈에 교훈
을 더하고 여기서도 조금, 저기서도 조금 하사 그들이 가다가 뒤로 넘어져
부러지며 걸리며 붙잡히게 하시리라

시온의 기초 돌

14 이러므로 예루살렘에서 이 백성을 다스리는 너희 오만한 자여 여호와
의 말씀을 들을지어다 15 너희가 말하기를 우리는 사망과 언약하였고 스
올과 맹약하였은즉 넘치는 재앙이 밀려올지라도 우리에게 미치지 못하
리니 우리는 거짓을 우리의 피난처로 삼았고 허위 아래에 우리를 숨겼음
이라 하는도다 16 그러므로 주 여호와께서 이같이 이르시되 보라 내가 한
돌을 시온에 두어 기초를 삼았노니 곧 시험한 돌이요 귀하고 견고한 기촛
돌이라 그것을 믿는 이는 다급하게 되지 아니하리로다 17 나는 정의를 측
량줄로 삼고 공의를 저울추로 삼으니 우박이 거짓의 피난처를 소탕하며
물이 그 숨는 곳에 넘칠 것인즉 18 너희가 사망과 더불어 세운 언약이 폐
하며 스올과 더불어 맺은 맹약이 서지 못하여 넘치는 재앙이 밀려올 때에
너희가 그것에게 밟힘을 당할 것이라 19 그것이 지나갈 때마다 너희를 잡
을 것이니 아침마다 지나가며 주야로 지나가리니 소식을 깨닫는 것이 오
직 두려움이라 20 침상이 짧아서 능히 몸을 펴지 못하며 이불이 좁아서 능
히 몸을 싸지 못함 같으리라 하셨느니라 21 대저 여호와께서 브라심 산에서와 같이 일어나시며 기브온 골짜기에
서와 같이 진노하사 자기의 일을 행하시리니 그의 일이 비상할 것이며 자기의 사역을 이루시리니 그의 사역이 기
이할 것임이라 22 그러므로 너희는 오만한 자가 되지 말라 너희 결박이 단단해질까 하노라 대저 온 땅을 멸망시
키기로 작정하신 것을 내가 만군의 주 여호와께로부터 들었느니라

사 28:13-22 원리도, 원칙도 없이 "좋은 게 좋다"는 식으로 두루뭉술하게 살아가는 자세를 신랄하게 비판하는 뜻이다. 특히 한국 사람들이 "우리가 남이가" 하면서 집단 배타주의를 정당화하는 것과 "좋은 게 좋다"는 식의 무원칙적 삶이 포용력 있고 도량이 높은 삶이라는 착각 속에 살아가는 자들에 대한 일침이다.
특히 교회는 이런 무원칙적 자세에서 성경적 가치와 원리에 입각하는 자세로 시급히 돌아와야 한다.

사 28:16 예수는 구약과 신약 모두에서 핵심적으로 언급되고 있다. 구약에서는 예수를 히브리어로 메시아라고 불렀고, 신약에서는 헬라어로 그리스도라고 불렀는데 모두 '기름 부음을 받은 자'라는 뜻이다. 구약과 신약 모두에서 예수는 하나님의 아들로서 이 세상에 평화와 구원을 가져다주시는 분이시다. 그래서 이사야를 비롯한 구약의 여러 선지자들은 예언을 통해서 예수가 다스릴 영광스러운 메시아 왕국을 묘사했다. 그 때에, 즉 메시아가 통치하실 때에 악의 세력은 산산이 부서지고 온 땅에 평화가 임할 것이다. 그러므로 예수님을 우리의 삶의 모퉁잇돌로 모시는 삶을 살아야 한다.

여호와의 모략과 지혜

23 너희는 귀를 기울여 내 목소리를 들으라 자세히 내 말을 들으라 24 파종
하려고 가는 자가 어찌 쉬지 않고 갈기만 하겠느냐 자기 땅을 개간하며 고
르게만 하겠느냐 25 지면을 이미 평평히 하였으면 소회향을 뿌리며 대회
향을 뿌리며 소맥을 줄줄이 심으며 대맥을 정한 곳에 심으며 귀리를 그 가
에 심지 아니하겠느냐 26 이는 그의 하나님이 그에게 적당한 방법을 보이
사 가르치셨음이며 27 소회향은 도리깨로 떨지 아니하며 대회향에는 수레
바퀴를 굴리지 아니하고 소회향은 작대기로 떨고 대회향은 막대기로 떨며
28 곡식은 부수는가, 아니라 늘 떨기만 하지 아니하고 그것에 수레바퀴를
굴리고 그것을 말굽으로 밟게 할지라도 부수지는 아니하나니 29 이도 만군
의 여호와께로부터 난 것이라 그의 경영은 기묘하며 지혜는 광대하니라

사 28:23-29 양육과 징계를 파종과 수확의 비유로 언급하고 있다.
☞ 나의 인생에서 고난의 쟁기질이 있었는가? 아무리 큰 징계가 닥쳐와도 하나님과 함께하는 자는 그의 보호 가운데 있게 된다.
☞ **히 12:10** 그들은 잠시 자기의 뜻대로 우리를 징계하였거니와 오직 하나님은 우리의 유익을 위하여 그의 거룩하심에 참여하게 하시느니라
☞ **약 1:12** 시험을 참는 자는 복이 있나니 이는 시련을 견디어 낸 자가 주께서 자기를 사랑하는 자들에게 약속하신 생명의 면류관을 얻을 것이기 때문이라

이사야 29장

아리엘을 괴롭게 하리라

1 슬프다 아리엘이여 아리엘이여 다윗이 진 친 성읍이여 해마다 절기가 돌
아오려니와 2 내가 아리엘을 괴롭게 하리니 그가 슬퍼하고 애곡하며 내게

사 29:1 아리엘(אֲרִיאֵל)은 예루살렘에 대한 상징적 이름이다. 아리엘은 하나님의 사자라는 뜻이 있다. 예루살렘의 상징적 이름이기도 하다.

아리엘과 같이 되리라 3 내가 너를 사면으로 둘러 진을 치며 너를 에워 대를 쌓아 너를 치리니 4 네가 낮아져서 땅에
서 말하며 네 말소리가 나직이 티끌에서 날 것이라 네 목소리가 신접한 자의 목소리 같이 땅에서 나며 네 말소리가
티끌에서 지껄이리라 5 그럴지라도 네 대적의 무리는 세미한 티끌 같겠고 강포한 자의 무리는 날려 가는 겨 같으리
니 그 일이 순식간에 갑자기 일어날 것이라 6 만군의 여호와께서 우레와 지진과 큰 소리와 회오리바람과 폭풍과 맹
렬한 불꽃으로 그들을 징벌하실 것인즉 7 아리엘을 치는 열방의 무리 곧 아리엘과 그 요새를 쳐서 그를 곤고하게
하는 모든 자는 꿈 같이, 밤의 환상 같이 되리니 8 주린 자가 꿈에 먹었을지라도 깨면 그 속은 여전히 비고 목마른
자가 꿈에 마셨을지라도 깨면 곤비하며 그 속에 갈증이 있는 것 같이 시온 산을 치는 열방의 무리가 그와 같으리라

입술로는 공경하나 마음은 떠났다

9 너희는 놀라고 놀라라 너희는 맹인이 되고 맹인이 되라 그들의 취함이
포도주로 말미암음이 아니며 그들의 비틀거림이 독주로 말미암음이 아니
니라 10 대저 여호와께서 깊이 잠들게 하는 영을 너희에게 부어 주사 너희
의 눈을 감기셨음이니 그가 선지자들과 너희의 지도자인 선견자들을 덮
으셨음이라 11 그러므로 모든 계시가 너희에게는 봉한 책의 말처럼 되었
으니 그것을 글 아는 자에게 주며 이르기를 그대에게 청하노니 이를 읽으
라 하면 그가 대답하기를 그것이 봉해졌으니 나는 못 읽겠노라 할 것이요
12 또 그 책을 글 모르는 자에게 주며 이르기를 그대에게 청하노니 이를
읽으라 하면 그가 대답하기를 나는 글을 모른다 할 것이니라 13 주께서 이
르시되 이 백성이 입으로는 나를 가까이 하며 입술로는 나를 공경하나 그
들의 마음은 내게서 멀리 떠났나니 그들이 나를 경외함은 사람의 계명으
로 가르침을 받았을 뿐이라 14 그러므로 내가 이 백성 중에 기이한 일 곧
기이하고 가장 기이한 일을 다시 행하리니 그들 중에서 지혜자의 지혜가
없어지고 명철자의 총명이 가려지리라

이제부터는 교훈을 받으리라

15 자기의 계획을 여호와께 깊이 숨기려 하는 자들은 화 있을진저 그들의
일을 어두운 데에서 행하며 이르기를 누가 우리를 보랴 누가 우리를 알
랴 하니 16 너희의 패역함이 심하도다 토기장이를 어찌 진흙 같이 여기겠
느냐 지음을 받은 물건이 어찌 자기를 지은 이에게 대하여 이르기를 그가
나를 짓지 아니하였다 하겠으며 빚음을 받은 물건이 자기를 빚은 이에게
대하여 이르기를 그가 총명이 없다 하겠느냐 17 오래지 아니하여 레바논
이 기름진 밭으로 변하지 아니하겠으며 기름진 밭이 숲으로 여겨지지 아
니하겠느냐 18 그 날에 못 듣는 사람이 책의 말을 들을 것이며 어둡고 캄
캄한 데에서 맹인의 눈이 볼 것이며 19 겸손한 자에게 여호와로 말미암아
기쁨이 더하겠고 사람 중 가난한 자가 이스라엘의 거룩하신 이로 말미암
아 즐거워하리니 20 이는 강포한 자가 소멸되었으며 오만한 자가 그쳤으
며 죄악의 기회를 엿보던 자가 다 끊어졌음이라 21 그들은 송사로 사람에
게 죄를 씌우며 성문에서 판단하는 자를 올무로 잡듯 하며 헛된 일로 의
인을 억울하게 하느니라 22 그러므로 아브라함을 구속하신 여호와께서 야곱 족속에 대하여 이같이 말씀하시되
야곱이 이제는 부끄러워하지 아니하겠고 그의 얼굴이 이제는 창백해지지 아니할 것이며 23 그의 자손은 내 손이
그 가운데에서 행한 것을 볼 때에 내 이름을 거룩하다 하며 야곱의 거룩한 이를 거룩하다 하며 이스라엘의 하나
님을 경외할 것이며 24 마음이 혼미하던 자들도 총명하게 되며 원망하던 자들도 교훈을 받으리라 하셨느니라

사 29:9-24 자기중심성이 극에 달하는 지도층에 대한 하나님의 경고이다. 그들의 종교적 자세는 자기가 하고 싶은 대로 하는 형식주의가 극에 달해 있고, 하나님을 향한 경외심은 바닥에 이르렀다.
본질을 외면하고 비본질에 목숨을 거는 우둔한 자의 전형적인 모습이다.
오늘 우리의 주변에서 쉽게 발견할 수 있는 우리들의 종교 지도자들의 모습이기도 하다.
자기 뜻을 이루기 위해 하나님의 뜻을 왜곡하고서라도 자기에게 유리하게 끌어드리는 모습이 오늘 우리의 교회 지도자들과도 너무나 흡사하다.
☞ **마 15:8-9** 이 백성이 입술로는 나를 공경하되 마음은 내게서 멀도다 사람의 계명으로 교훈을 삼아 가르치니 나를 헛되이 경배하는도다 하였느니라 하시고
☞ **막 7:6-7** 이르시되 이사야가 너희 외식하는 자에 대하여 잘 예언하였도다 기록하였으되 이 백성이 입술로는 나를 공경하되 마음은 내게서 멀도다 사람의 계명으로 교훈을 삼아 가르치니 나를 헛되이 경배하는도다 하였느니라
사 29:16절에서 토기가 토기장이를 나무라는 어처구니없는 상황을 언급하고 있다. 오늘날 다원주의 시대 우리 성도들이 쉽게 범할 수 있는 불경죄이다. 우리는 토기일 뿐 결코 토기장이가 아님을 깊이 명심하라.
예레미야, 바울도 이 토기 비유를 언급하고 있다(렘 18장).
☞ **롬 9:20-21** 이 사람아 네가 누구이기에 감히 하나님께 반문하느냐 지음을 받은 물건이 지은 자에게 어찌 나를 이같이 만들었느냐 말하겠느냐 토기장이가 진흙 한 덩이로 하나는 귀히 쓸 그릇을, 하나는 천히 쓸 그릇을 만들 권한이 없느냐

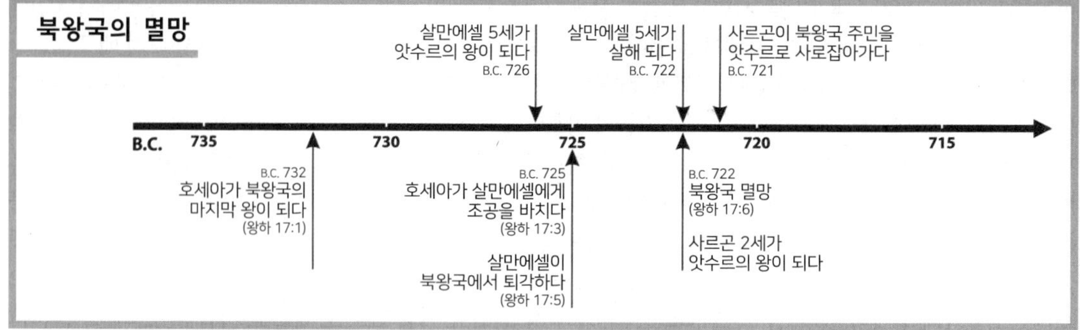

열왕기하 17:5-41

5 앗수르 왕이 올라와 그 온 땅에 두루다니고 사마리아로 올라와 그 곳을
삼 년간 에워쌌더라 6 호세아 제구년에 앗수르 왕이 사마리아를 점령하
고 이스라엘 사람을 사로잡아 앗수르로 끌어다가 고산 강 가에 있는 할
라와 하볼과 메대 사람의 여러 고을에 두었더라

37일~42일

앗수르 왕이 사마리아를 차지하다

7 이 일은 이스라엘 자손이 자기를
애굽 땅에서 인도하여 내사 애굽
의 왕 바로의 손에서 벗어나
게 하신 그 하나님 여호와께
죄를 범하고 또 다른 신들을
경외하며 8 여호와께서 이스라엘 자손 앞에서 쫓아내신 이방 사람의 규례
와 이스라엘 여러 왕이 세운 율례를 행하였음이라 9 이스라엘의 자손이
점차로 불의를 행하여 그 하나님 여호와를 배역하여 모든 성읍에 망대로
부터 견고한 성에 이르도록 산당을 세우고 10 모든 산 위에와 모든 푸른
나무 아래에 목상과 아세라 상을 세우고 11 또 여호와께서 그들 앞에서
물리치신 이방 사람 같이 그 곳 모든 산당에서 분향하며 또 악을 행하여
여호와를 격노하게 하였으며 12 또 우상을 섬겼으니 이는 여호와께서 그
들에게 행하지 말라고 말씀하신 일이라 13 여호와께서 각 선지자와 각 선
견자를 통하여 이스라엘과 유다에게 지정하여 이르시기를 너희는 돌이켜
너희 악한 길에서 떠나 나의 명령과 율례를 지키되 내가 너희 조상들에게 명령하고 또 내 종 선지자들을 통하여
너희에게 전한 모든 율법대로 행하라 하셨으나 14 그들이 듣지 아니하고 그들의 목을 곧게 하기를 그들의 하나
님 여호와를 믿지 아니하던 그들 조상들의 목 같이 하여 15 여호와의 율례와 여호와께서 그들의 조상들과 더불
어 세우신 언약과 경계하신 말씀을 버리고 허무한 것을 뒤따라 허망하며 또 여호와께서 명령하사 따르지 말라
하신 사방 이방 사람을 따라 16 그들의 하나님 여호와의 모든 명령을 버리고 자기들을 위하여 두 송아지 형상을
부어 만들고 또 아세라 목상을 만들고 하늘의 일월성신을 경배하며 또 바알을 섬기고 17 또 자기 자녀를 불 가운
데로 지나가게 하며 복술과 사술을 행하고 스스로 팔려 여호와 보시기에 악을 행하여 그를 격노하게 하였으므
로 18 여호와께서 이스라엘에게 심히 노하사 그들을 그의 앞에서 제거하시니 오직 유다 지파 외에는 남은 자가

왕하 17:5-41 북 왕국의 멸망

호세아는 이스라엘의 마지막 왕으로 B.C. 732-722년까지 통치하였다. 여로보암 2세가 죽은 후 이스라엘은 극심한 정변에 처했다. 여로보암의 아들 스가랴는 겨우 몇 달 동안 통치하다 살해되었다. 그를 살해한 살룸도 몇 달 후에 므나헴에 의해 살해당하였고(왕하15장), 므나헴의 아들 브가히야도 베가에게 죽임을 당하였고 결국 마지막으로 호세아가 베가를 죽이고 왕이 된 것이다. 당시 팔레스타인은 앗수르의 지배권에 속해 있었다. 그래서 호세아는 앗수르에 계속 조공을 바쳤다. 그러나 B.C. 727년에 디글랏 빌레셀 3세가 죽고 그의 아들 살만에셀 5세가 왕위에 오르자, 이때를 이용하여 호세아는 앗수르와 적대 관계에 있는 애굽에 조공을 바치고 그 세력을 힘입어 앗수르에 저항하였다. 그러나 살만에셀 5세는 즉시 호세아를 사로잡고 사마리아를 포위하여 3년 동안이나 공격하였다. 그 후 살만에셀의 후임인 사르곤 2세에 의해 사마리아가 함락되고 27,290명의 포로가 앗수르로 잡혀갔다. 이들은 사마리아 지방의 지도층 인사들로 결국 이스라엘은 회복할 수 없는 멸망을 하게 된 것이었다. 이로써 B.C. 931년에 여로보암에 의해 시작된 이스라엘은 B.C. 722년에 멸망하고 말았다.

왕하 17장
학습 자료 41-2 "사마리아의 역사" 참조

없으니라 19 유다도 그들의 하나님 여호와의 명령을 지키지 아니하고 이
스라엘 사람들이 만든 관습을 행하였으므로 20 여호와께서 이스라엘의
온 족속을 버리사 괴롭게 하시며 노략꾼의 손에 넘기시고 마침내 그의 앞
에서 쫓아내시니라 21 이스라엘을 다윗의 집에서 찢어 나누시매 그들이
느밧의 아들 여로보암을 왕으로 삼았더니 여로보암이 이스라엘을 몰아
여호와를 떠나고 큰 죄를 범하게 하매 22 이스라엘 자손이 여로보암이 행
한 모든 죄를 따라 행하여 거기서 떠나지 아니하므로 23 여호와께서 그의
종 모든 선지자를 통하여 하신 말씀대로 드디어 이스라엘을 그 앞에서 내
쫓으신지라 이스라엘이 고향에서 앗수르에 사로잡혀 가서 오늘까지 이
르렀더라

❖ 북 왕국의 멸망으로 여호수아의 인도로 가나안에 들어온 언약 백성은 이제 반대로 하나님이 주신 "젖과 꿀이 흐르는 땅"에서 누려야 할 하나님의 축복을 누리지 못하고 앗수르의 포로로 잡혀갈 뿐만 아니라 이들 열 지파는 영원히 흩어져 살게 되어 그 흔적이 성경에서 사라지게 된다. 성경에 '돌아오는 자'는 남 유다의 백성들이 바벨론에 포로로 잡혀갔던 자들이다.
북 왕궁의 시작은 여로보암이고 그는 금송아지를 만들어 단과 벧엘에 신당을 짓고 하나님을 배반하고, 그 후로 북 왕국은 단 한 명의 선한 왕을 배출하지 못했다. 왕의 선과 악의 판단 기준은 다윗이라고 했고 또한 우상 숭배 유무이다.

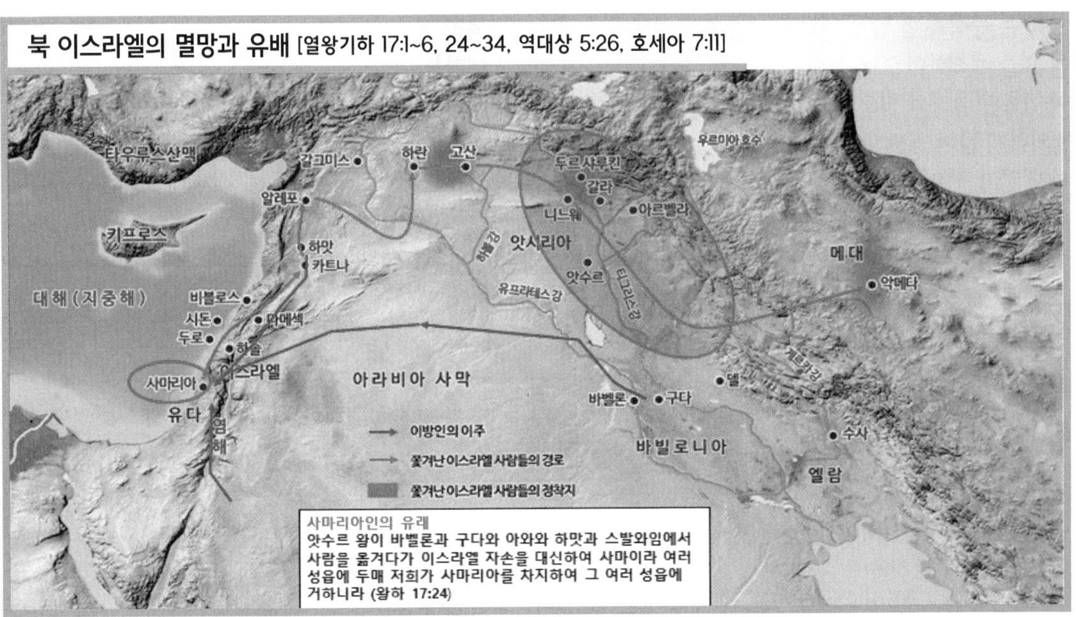

앗수르 사람들이 사마리아에 거주하다

왕하 17:24-41
학습 자료 41-3
"사마리아인의 유래에 대한 자료" 참조

24 앗수르 왕이 바벨론과 구다와 아와와 하맛과 스발와임에서 사람을 옮
겨다가 이스라엘 자손을 대신하여 사마리아 여러 성읍에 두매 그들이 사
마리아를 차지하고 그 여러 성읍에 거주하니라 25 그들이 처음으로 거기
거주할 때에 여호와를 경외하지 아니하므로 여호와께서 사자들을 그들
가운데에 보내시매 몇 사람을 죽인지라 26 그러므로 어떤 사람이 앗수르
왕에게 말하여 이르되 왕께서 사마리아 여러 성읍에 옮겨 거주하게 하신
민족들이 그 땅 신의 법을 알지 못하므로 그들의 신이 사자들을 그들 가
운데에 보내매 그들을 죽였사오니 이는 그들이 그 땅 신의 법을 알지 못
함이니이다 하니라 27 앗수르 왕이 명령하여 이르되 너희는 그 곳에서 사
로잡아 온 제사장 한 사람을 그 곳으로 데려가되 그가 그 곳에 가서 거주
하며 그 땅 신의 법을 무리에게 가르치게 하라 하니 28 이에 사마리아에

서 사로잡혀 간 제사장 중 한 사람이 와서 벧엘에 살며 백성에게 어떻게 여호와 경외할지를 가르쳤더라 29 그러
나 각 민족이 각기 자기의 신상들을 만들어 사마리아 사람이 지은 여러 산당들에 두되 각 민족이 자기들이 거주한
성읍에서 그렇게 하여 30 바벨론 사람들은 숙곳브놋을 만들었고 굿 사람들은 네르갈을 만들었고 하맛 사람들은
아시마를 만들었고 31 아와 사람들은 닙하스와 다르닥을 만들었고 스발와임 사람들은 그 자녀를 불살라 그들의
신 아드람멜렉과 아남멜렉에게 드렸으며 32 그들이 또 여호와를 경외하여 자기 중에서 사람을 산당의 제사장으
로 택하여 그 산당들에서 자기를 위하여 제사를 드리게 하니라 33 이와 같이 그들이 여호와도 경외하고 또한 어디
서부터 옮겨왔든지 그 민족의 풍속대로 자기의 신들도 섬겼더라 34 그들이 오늘까지 이전 풍속대로 행하여 여호
와를 경외하지 아니하며 또 여호와께서 이스라엘이라 이름을 주신 야곱의 자손에게 명령하신 율례와 법도와 율
법과 계명을 준행하지 아니하는도다 35 옛적에 여호와께서 야곱의 자손에
게 언약을 세우시고 그들에게 명령하여 이르시되 너희는 다른 신을 경외
하지 말며 그를 경배하지 말며 그를 섬기지 말며 그에게 제사하지 말고 36
오직 큰 능력과 편 팔로 너희를 애굽에서 인도하여 내신 여호와만 경외하
여 그를 예배하며 그에게 제사를 드릴 것이며 37 또 여호와가 너희를 위하
여 기록한 율례와 법도와 율법과 계명을 지켜 영원히 행하고 다른 신들을
경외하지 말며 38 또 내가 너희와 세운 언약을 잊지 말며 다른 신들을 경외
하지 말고 39 오직 너희 하나님 여호와만을 경외하라 그가 너희를 모든 원
수의 손에서 건져내리라 하셨으나 40 그러나 그들이 듣지 아니하고 오히
려 이전 풍속대로 행하였느니라 41 이 여러 민족이 여호와를 경외하고 또
그 아로새긴 우상을 섬기니 그들의 자자 손손이 그들의 조상들이 행하던
대로 그들도 오늘까지 행하니라

왕하 17:35-41 종교 혼합주의가 얼마나 성행했는지 상상해 보라.
오늘날 교회는 이 심각한 혼합주의에 빠져 있다. 소위 대형교회 목사들의 설교에서 교인들이 무당과 점쟁이를 찾아다니고 있다며 염려하는 설교를 들은 적이 있다. 실제로 필자도 그런 경우를 여러 번 보고 들은 적이 있다. 북 왕국의 이런 모습을 결국 멸망으로 벌하신 하나님이 이런 한국 교회에 어떻게 반응하실지 두려움을 피할 수 없다.

인위 뚝! 신위 고!
오늘 성경 읽으셨나요?

37일~42일

이사야 10:5~12장

이사야 10 : 5-34

하나님의 도구인 앗수르

5 앗수르 사람은 화 있을진저 그는 내 진노의 막대기요 그 손의 몽둥이는
내 분노라 6 내가 그를 보내어 경건하지 아니한 나라를 치게 하며 내가 그
에게 명령하여 나를 노하게 한 백성을 쳐서 탈취하며 노략하게 하며 또
그들을 길거리의 진흙 같이 짓밟게 하려 하거니와 7 그의 뜻은 이같지 아
니하며 그의 마음의 생각도 이같지 아니하고 다만 그의 마음은 허다한 나
라를 파괴하며 멸절하려 하는도다 8 그가 이르기를 내 고관들은 다 왕들
이 아니냐 9 갈로는 갈그미스와 같지 아니하며 하맛은 아르밧과 같지 아
니하며 사마리아는 다메섹과 같지 아니하냐 10 내 손이 이미 우상을 섬기
는 나라들에 미쳤나니 그들이 조각한 신상들이 예루살렘과 사마리아의
신상들보다 뛰어났느니라 11 내가 사마리아와 그의 우상들에게 행함 같
이 예루살렘과 그의 우상들에게 행하지 못하겠느냐 하는도다 12 그러므
로 주께서 주의 일을 시온 산과 예루살렘에 다 행하신 후에 앗수르 왕의
완악한 마음의 열매와 높은 눈의 자랑을 벌하시리라 13 그의 말에 나는
내 손의 힘과 내 지혜로 이 일을 행하였나니 나는 총명한 자라 열국의 경

사 10:5-34 **하나님의 심판의 도구로 쓰인 앗수르**
하나님은 타락한 이스라엘에게 경고한 심판을 내리기 위해 이스라엘보다 더 사악한 앗수르를 이용하신다. 즉 하나님은 앗수르를 진노의 막대기와 손의 몽둥이로 삼아 타락한 이스라엘을 치셨다. 이처럼 이스라엘보다 더욱 사악한 나라가 이스라엘을 치는 것을 보며 남쪽 유다 백성들은 큰 충격을 받았을 것이다. 하나님은 왜 타락한 이스라엘을 징벌하시기 위해 그보다 더 악한 나라를 사용했을까?
쉽게 이해할 수는 없지만, 분명한 것은 하나님은 세상 모든 것에 대해 주권을 가지신 분임은 틀림이 없다. 그래서 하나님은 어떤 것도 도구로 삼으실 수 있다. 그렇다고 해서 앗수르는 이 침공에 대해 책임이 없다는 말은 아니다. 이사야 10장은 하나님은 때가 되면 앗수르에게도 죄의 책임을 엄중히 묻겠다고 하셨다.

계선을 걷어치웠고 그들의 재물을 약탈하였으며 또 용감한 자처럼 위에 거주한 자들을 낮추었으며 14 내 손으로
열국의 재물을 얻은 것은 새의 보금자리를 얻음 같고 온 세계를 얻은 것은 내버린 알을 주움 같았으나 날개를 치
거나 입을 벌리거나 지저귀는 것이 하나도 없었다 하는도다 15 도끼가 어찌 찍는 자에게 스스로 자랑하겠으며
톱이 어찌 켜는 자에게 스스로 큰 체하겠느냐 이는 막대기가 자기를 드는 자를 움직이려 하며 몽둥이가 나무 아
닌 사람을 들려 함과 같음이로다 16 그러므로 주 만군의 여호와께서 살진 자를 파리하게 하시며 그의 영화 아래
에 불이 붙는 것 같이 맹렬히 타게 하실 것이라 17 이스라엘의 빛은 불이 되고 그의 거룩하신 이는 불꽃이 되실 것
이니라 하루 사이에 그의 가시와 찔레가 소멸되며 18 그의 숲과 기름진 밭의 영광이 전부 소멸되리니 병자가 점
점 쇠약하여 감 같을 것이라 19 그의 숲에 남은 나무의 수가 희소하여 아이라도 능히 계수할 수 있으리라

남은 자만 돌아오리라

20 그 날에 이스라엘의 남은 자와 야곱 족속의 피난한 자들이 다시는 자
기를 친 자를 의지하지 아니하고 이스라엘의 거룩하신 이 여호와를 진실
하게 의지하리니 21 남은 자 곧 야곱의 남은 자가 능하신 하나님께로 돌
아올 것이라 22 이스라엘이여 네 백성이 바다의 모래 같을지라도 남은 자
만 돌아오리니 넘치는 공의로 파멸이 작정되었음이라 23 이미 작정된 파
멸을 주 만군의 여호와께서 온 세계 중에 끝까지 행하시리라

주께서 앗수르를 멸하시리라

24 그러므로 주 만군의 여호와께서 이르시되 시온에 거주하는 내 백성들
아 앗수르가 애굽이 한 것처럼 막대기로 너를 때리며 몽둥이를 들어 너를
칠지라도 그를 두려워하지 말라 25 내가 오래지 아니하여 네게는 분을 그
치고 그들은 내 진노로 멸하리라 하시도다 26 만군의 여호와께서 채찍을
들어 그를 치시되 오렙 바위에서 미디안을 쳐죽이신 것 같이 하실 것이며
막대기를 드시되 바다를 향하여 애굽에서 하신 것 같이 하실 것이라 27 그
날에 그의 무거운 짐이 네 어깨에서 떠나고 그의 멍에가 네 목에서 벗어
지되 기름진 까닭에 멍에가 부러지리라

침략자들의 공격

28 그가 아얏에 이르러 미그론을 지나 믹마스에 그의 장비를 두고 29 산을
넘어 게바에서 유숙하매 라마는 떨고 사울의 기브아는 도망하도다 30 딸
갈림아 큰 소리로 외칠지어다 라이사야 자세히 들을지어다 가련하다 너
아나돗이여 31 맛메나는 피난하며 게빔 주민은 도망하도다 32 아직 이 날
에 그가 놉에서 쉬고 딸 시온 산 곧 예루살렘 산을 향하여 그 손을 흔들리
로다 33 보라 주 만군의 여호와께서 혁혁한 위력으로 그 가지를 꺾으시리
니 그 장대한 자가 찍힐 것이요 그 높은 자가 낮아질 것이며 34 쇠로 그 빽
빽한 숲을 베시리니 레바논이 권능 있는 자에게 베임을 당하리라

사 10:20-23 '남은 자'를 통해 역사 하시는 하나님
11장에서 메시아와 그의 평화로운 왕국이 세워질 것임을 언급하고 12장에서는 그 구원을 받은 자들의 감사하는 찬송을 올려드린다. 그들은 "남은 자"들이다. 그들은 본 『통큰통독』의 관점 3이 말하는 '섞이지 아니한 자'들이다.
남은 자의 신약적 의미.
☞ 롬 11:4-5 그에게 하신 대답이 무엇이냐 내가 나를 위하여 바알에게 무릎을 꿇지 아니 한 사람 칠천 명을 남겨두었다 하셨으니 그런즉 이와 같이 지금도 은혜로 택하심을 따라 남은 자가 있느니라
즉 구원받은 성도를 말한다. 이들을 통해 하나님은 하나님 나라를 이룩하시는 역사를 계속하신다는 사실을 명심하라.

남은 자의 보존

사람 혹은 무리	관련 구절
■ 홍수 때에 노아와 가족	창 7:1
■ 애굽에 기근이 닥쳤을 때 요셉	창 45:7
■ 자기들의 고향으로 돌아올 이스라엘	신 4:27-31
■ 바알에게 무릎 꿇지 않은 7천명	왕상 19:18
■ 포로기 이후에 유다의 일부	사 10:20-23
■ 시온을 위해 남은 자	미 2:12-13
■ 유대인과 이방인 모두를 부르신 교회	롬 9:22-27

사 10장
학습 자료 41-4 "남은 자를 통한 구속사의 연속" 참조
학습 자료 41-5 "남은 자의 이해" 참조

37일~42일

이사야 11장

평화의 나라

1 이새의 줄기에서 한 싹이 나며 그 뿌리에서 한 가지가 나서 결실할 것이요 2 그의 위에 여호와의 영 곧 지혜와
총명의 영이요 모략과 재능의 영이요 지식과 여호와를 경외하는 영이 강림하시리니 3 그가 여호와를 경외함으로
즐거움을 삼을 것이며 그의 눈에 보이는 대로 심판하지 아니하며 그의 귀에 들리는 대로 판단하지 아니하며 4 공
의로 가난한 자를 심판하며 정직으로 세상의 겸손한 자를 판단할 것이며 그의 입의 막대기로 세상을 치며 그의

입술의 기운으로 악인을 죽일 것이며 5 공의로 그의 허리띠를 삼으며 성
실로 그의 몸의 띠를 삼으리라 6 그 때에 이리가 어린 양과 함께 살며 표
범이 어린 염소와 함께 누우며 송아지와 어린 사자와 살진 짐승이 함께
있어 어린 아이에게 끌리며 7 암소와 곰이 함께 먹으며 그것들의 새끼가
함께 엎드리며 사자가 소처럼 풀을 먹을 것이며 8 젖 먹는 아이가 독사의
구멍에서 장난하며 젖 뗀 어린 아이가 독사의 굴에 손을 넣을 것이라 9 내
거룩한 산 모든 곳에서 해 됨도 없고 상함도 없을 것이니 이는 물이 바다
를 덮음 같이 여호와를 아는 지식이 세상에 충만할 것임이니라

남은 백성이 돌아오리라

10 그 날에 이새의 뿌리에서 한 싹이 나서 만민의 기치로 설 것이요 열방
이 그에게로 돌아오리니 그가 거한 곳이 영화로우리라 11 그 날에 주께서
다시 그의 손을 펴사 그의 남은 백성을 앗수르와 애굽과 바드로스와 구
스와 엘람과 시날과 하맛과 바다 섬들에서 돌아오게 하실 것이라 12 여호
와께서 열방을 향하여 기치를 세우시고 이스라엘의 쫓긴 자들을 모으시
며 땅 사방에서 유다의 흩어진 자들을 모으시리니 13 에브라임의 질투는
없어지고 유다를 괴롭게 하던 자들은 끊어지며 에브라임은 유다를 질투
하지 아니하며 유다는 에브라임을 괴롭게 하지 아니할 것이요 14 그들이
서쪽으로 블레셋 사람들의 어깨에 날아 앉고 함께 동방 백성을 노략하며
에돔과 모압에 손을 대며 암몬 자손을 자기에게 복종시키리라 15 여호와
께서 애굽 해만을 말리시고 그의 손을 유브라데 하수 위에 흔들어 뜨거
운 바람을 일으켜 그 하수를 쳐 일곱 갈래로 나누어 신을 신고 건너가게
하실 것이라 16 그의 남아 있는 백성 곧 앗수르에서 남은 자들을 위하여
큰 길이 있게 하시되 이스라엘이 애굽 땅에서 나오던 날과 같게 하시리라

이사야 12장

감사 찬송

1 그 날에 네가 말하기를 여호와여 주께서 전에는 내게 노하셨사오나 이
제는 주의 진노가 돌아섰고 또 주께서 나를 안위하시오니 내가 주께 감
사하겠나이다 할 것이니라 2 보라 하나님은 나의 구원이시라 내가 신뢰하
고 두려움이 없으리니 주 여호와는 나의 힘이시며
나의 노래시며 나의 구원이심이라 3 그러므로 너
희가 기쁨으로 구원의 우물들에서 물을 길으리로
다 4 그 날에 너희가 또 말하기를 여호와께 감사하
라 그의 이름을 부르며 그의 행하심을 만국
중에 선포하며 그의 이름이 높다 하라 5 여
호와를 찬송할 것은 극히 아름다운 일을 하
셨음이니 이를 온 땅에 알게 할지어다 6 시
온의 주민아 소리 높여 부르라 이스라엘의 거룩하신 이가 너희 중에서 크심이니라
할 것이니라

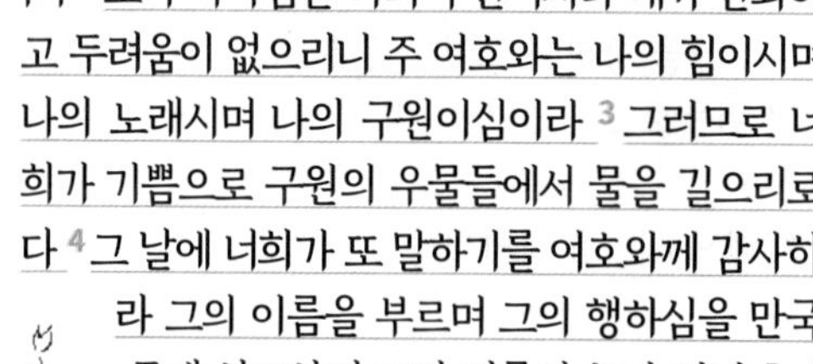

❖ 사 11장
하나님 나라의 참모습을 보여 주고 있다. 이새의 아들은 다윗이고, 다윗 언약을 통해 메시아가 오고, 그분이 하나님 나라를 온전히 선포하실 것이다.
그 나라는 약육강식이나 천적 관계나 해 되고 상한 모습이 없는 온전한 평화, 곧 에덴의 복된 모습이고 구속사의 좌종 목적지이다.
☞ **계 11:15** 일곱째 천사가 나팔을 불매 하늘에 큰 음성들이 나서 이르되 세상 나라가 우리 주와 그의 그리스도의 나라가 되어 그가 세세토록 왕 노릇 하시리로다 하니
☞ **계 21:1-4** 또 내가 새 하늘과 새 땅을 보니 처음 하늘과 처음 땅이 없어졌고 바다도 다시 있지 않더라 또 내가 보매 거룩한 성 새 예루살렘이 하나님께로부터 하늘에서 내려오니 그 준비한 것이 신부가 남편을 위하여 단장한 것 같더라 내가 들으니 보좌에서 큰 음성이 나서 이르되 보라 하나님의 장막이 사람들과 함께 있으매 하나님이 그들과 함께 계시리니 그들은 하나님의 백성이 되고 하나님은 친히 그들과 함께 계셔서 모든 눈물을 그 눈에서 닦아 주시니 다시는 사망이 없고 애통하는 것이나 곡하는 것이나 아픈 것이 다시 있지 아니하리니 처음 것들이 다 지나갔음이러라

사 11:10-16 열방의 구원이 하나님 구속사의 최종 목표이다. 온 백성이 구원받고 하나님과 에덴에서의 복된 관계를 회복하는 것이다.
☞ **말 1:11** 만군의 여호와가 이르노라 해 뜨는 곳에서부터 해 지는 곳까지의 이방 민족 중에서 내 이름이 크게 될 것이라 각처에서 내 이름을 위하여 분향하며 깨끗한 제물을 드리리니 이는 내 이름이 이방 민족 중에서 크게 될 것임이니라
☞ **요 6:39** 나를 보내신 이의 뜻은 내게 주신 자 중에 내가 하나도 잃어버리지 아니하고 마지막 날에 다시 살리는 이것이니라
☞ **요 17:12** 내가 그들과 함께 있을 때에 내게 주신 아버지의 이름으로 그들을 보전하고 지키었나이다 그 중의 하나도 멸망하지 않고 다만 멸망의 자식뿐이오니 이는 성경을 응하게 함이니이다

❖ 사 12장
신위에 순종하라. 여호와를 신뢰하라. 구원이 그에게서 나오고 그분이 나의 주(主)이시다.
☞ 시편 36편, 90편, 100편을 같이 묵상하라.

41일차 읽기의 요약

(왕하 16:10~20, 미 1~7, 대하 27~28, 왕하 17:1~4, 사 28~29, 왕하 17:5, 사 10:5~12)

미가는 이사야와 동시대의 선지자이다. 미가는 북이스라엘이 앗수르에 의해 망해가는 과정을 바라보며 북이스라엘을 향한 마지막 선지자로 또한 동시에 남 유다를 향해서도 예언했다.

특별히 미가는 이스라엘과 유다의 지도자들과 삯꾼 제사장들과 거짓 선지자들의 불법에 대해 고발한다. 권력과 부를 잘못 사용하여 결국 그 땅에 심판이 임박했음을 알린다.

그러나 그는 임박한 심판과 함께 또한 회복의 메시지도 선포한다. 심판으로 인해 포로로 잡혀갔던 자 중에 남은 자들이 예루살렘으로 다시 돌아오게 될 것이다. 또한 베들레헴에서 영원 전부터 계셨던 참 왕이 이스라엘을 다스리기 위해 나오실 것이다.

미가 선지자는 결론적으로 진실한 마음 없이 종교의식에만 머물러 있는 이스라엘을 향해 권력과 부를 가난한 자와 약자들을 위해 사용하는 정의로운 삶을 회복하라고 경고한다. 하나님의 백성들이 공의를 행하며 인자를 사랑하며 겸손히 하나님과 동행하는 삶을 회복할 것을 요구하신다. 그리고 미가 선지자는 다시 여호와 하나님의 구원을 간절히 기도한다. 이스라엘을 불쌍히 여기시고 우리의 모든 죄악에 대한 진노를 당하게 하시지만 끝내 우리의 불의를 깊은 바다에 던져주시고 광명에 이르게 하실 여호와 하나님의 인애를 바라본다.

그러면 어떻게 살 것인가?

☑ 세계관 점검 – 묵상하기 (영상 강의와 교재 내용의 이해를 바탕으로)

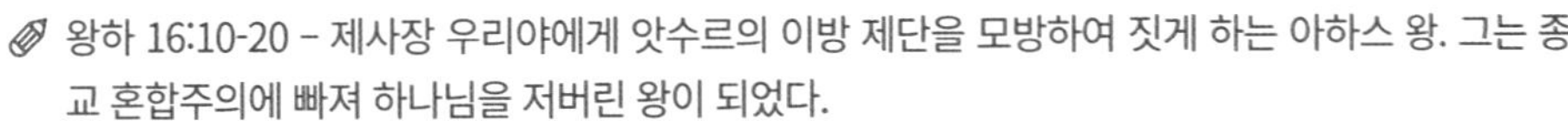

왕하 16:10-20 – 제사장 우리야에게 앗수르의 이방 제단을 모방하여 짓게 하는 아하스 왕. 그는 종교 혼합주의에 빠져 하나님을 저버린 왕이 되었다.

이 시대의 혼합주의로부터 우리는 개인적으로나 교회적으로 자유로운가?

하나님은 왜 우리에게 구별된 삶(관점 3)을 강조하시는가를 묵상하라.

우상 숭배는 하나님의 극렬한 진노를 쌓는 일이다. 시내 산 언약이 파괴되기 때문이다. 그럼에도 이스라엘 백성은 왜 우상 숭배에 빠지는 것일까?

⇒ 우리는 어떤가?

왕하 17:19-41 북 왕국 멸망 묵상

- 본문은 이스라엘의 멸망이 종교적인 타락에 있음을 지적하며 이러한 종교적 타락의 원인을 역사적으로 회상하고 있다. 그것은 바로 하나님에 의해 세움을 받은 이스라엘의 초대 왕 여로보암의 우상 숭배로 인한 것이었다. 그 결과 이스라엘 백성들은 이방의 포로가 되어 버린 것이다. 한편 앗수르 왕이 사마리아에 이주시킨 여러 민족들은 자신들의 신을 섬기는 방식으로 여호와를 섬겼다. 이에 따라 사마리아 지방의 여호와 숭배는 이교적인 풍습으로 변질되게 되었다.

- 이스라엘 왕국의 역사는 정권 쟁탈과 종교적 타락이라는 말로 설명할 수 있다. 그중에서도 종교적 타락은 모든 불행의 근원이 되었다. 이런 점에서 본문에 나타난 저자의 지적은 정확한 것이다. 이러한 이스라엘의 종교적 타락은 초대 왕인 여로보암으로부터 시작되었다. 여로보암은 분열 왕국 이후 백성들이 예루살렘 성소에서 예배를 드림으로 유다 왕국으로 편입되는 것을 방지하기 위해 벧엘과 단에 금송아지를 만들어 놓고 제사드리게 하였다. 물론 여로보암의 의도는 여호와에 대한 배교가 아니라 예루살렘 성소를 벧엘과 단으로 대체하기 위한 상징으로 금송아지를 만든 것이다. 그러나 이것은 이미 금송아지를 가나안 최고의 신인 엘(EL)이나 바알 신과 동일하게 여기는 가나안의 우상 문화에 오염되었음을 말해 준다. 즉 겉으로는 여호와를 섬기면서도 내용으로는 이미 우상 숭배를 좇고 있었다. 그런데 여로보암 후의 모든 왕이 때로는 바알과 아세라를 파괴하면서도 벧엘과 단의 금송아지는 없애지 않았다. 이것은 최소한 여호와 숭배라는 명목을 지니고 있었기 때문이었다. 그러나 변질된 여호와 숭배는 왕만이 아니라 모든 백성에게 걸림돌이 되어 종교적 타락의 원인이 되었다.
- 이스라엘의 종교적 타락은 결국 여호와 신앙을 자신의 정권을 유지하려는 도구로 사용하려 한 여로보암의 실정에서 비롯되었다. 또한 내용은 변질되었으면서도 겉으로만 여호와 숭배를 표방한 거짓된 종교 정책의 결과이기도 하였다. 여호와를 섬김은 오직 여호와의 영광을 드러내려는 목적에서 비롯되어야 하며 그 섬김의 방법 또한 그의 뜻대로 이루어져야 한다. 어떤 경우도 인간의 생각은 배제되어야 한다. 구속사의 주인은 바로 하나님이시기 때문이다.

✐ 우상 숭배는 하나님의 극렬한 진노를 쌓는 일이다. 시내 산 언약이 파괴되기 때문이다. 그럼에도 이스라엘 백성은 왜 우상 숭배에 빠지는 것일까?
⇒ 우리는 어떤가?

✐ 사 29장에서 종교의 형식주의에 빠진 이스라엘 백성의 기록을 읽고 왜 그렇게 될 수 있는가를 묵상해 보라. 순종을 하나님이 원하시는 방법이 아니라 내가 원하는 방법으로 하게 되면 형식주의로 빠져 버린다. 16절을 깊이 생각해 보라. 모든 주권이 하나님께 있는데 우리가 할 수 있는 것이 무엇인가? 하나님과 연합하여 그 속에서 우리가 마음대로 할 수 있다는 패러다임을 바꾸는 것이 필요하다(빌 4:13).

✐ 미가서 묵상
❶ 지도층들의 타락에 대한 심판(2:1-2, 3:12)
❷ 제의보다는 정의와 인자의 하나님과 함께하는 삶(6:6-8)
❸ 남은 자에 대한 희망(2:12-13)
❹ 이상적인 지도자(5:2-4)
❺ 여호와 유일성(7:18-20)

☑ 결단기도와 실행하기

약 2:26 영혼 없는 몸이 죽은 것 같이 행함이 없는 믿음은 죽은 것이니라
시 119:28 나의 영혼이 눌림으로 말미암아 녹사오니 주의 말씀대로 나를 세우소서

열왕기하 18 : 1-12

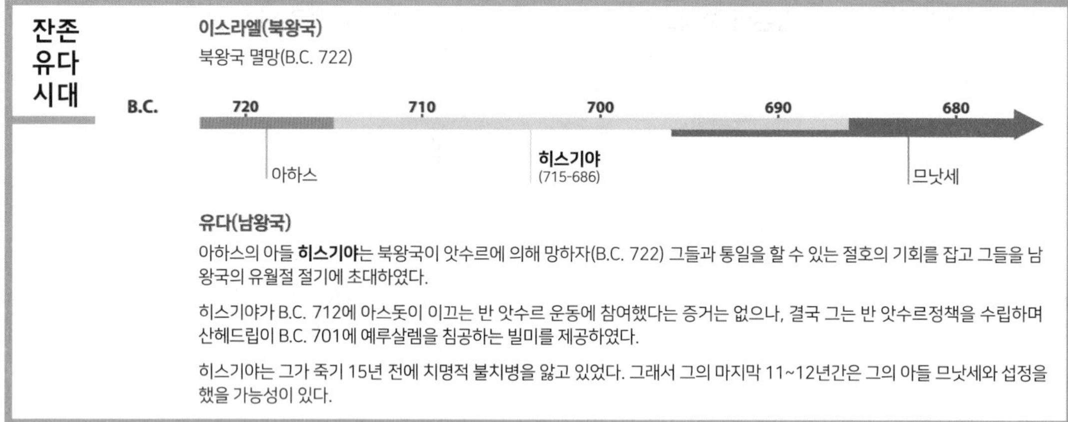

아하스의 아들 **히스기야**는 북왕국이 앗수르에 의해 망하자(B.C. 722) 그들과 통일을 할 수 있는 절호의 기회를 잡고 그들을 남왕국의 유월절 절기에 초대하였다.

히스기야가 B.C. 712에 아스돗이 이끄는 반 앗수르 운동에 참여했다는 증거는 없으나, 결국 그는 반 앗수르정책을 수립하며 산헤드립이 B.C. 701에 예루살렘을 침공하는 빌미를 제공하였다.

히스기야는 그가 죽기 15년 전에 치명적 불치병을 앓고 있었다. 그래서 그의 마지막 11~12년간은 그의 아들 므낫세와 섭정을 했을 가능성이 있다.

유다 왕 히스기야(대하 29:1-2; 31:1, B.C. 715-686) 남 13대 왕

1 이스라엘의 왕 엘라의 아들 호세아 제삼년에 유다 왕 아하스의 아들
히스기야가 왕이 되니 2 그가 왕이 될 때에 나이가 이십오 세라 예루살
렘에서 이십구 년간 다스리니라 그의 어머니의 이름은 아비요 스가리야
의 딸이더라 3 히스기야가 그의 조상 다윗의 모든 행위와 같이 여호와
께서 보시기에 정직하게 행하여 4 그가 여러 산당들을 제거하며 주상을
깨뜨리며 아세라 목상을 찍으며 모세가 만들었던 놋뱀을 이스라엘 자
손이 이때까지 향하여 분향하므로 그것을 부수고 느후스단이라 일컬었
더라 5 히스기야가 이스라엘 하나님 여호와를 의지하였는데 그의 전후
유다 여러 왕 중에 그러한 자가 없었으니 6 곧 그가 여호와께 연합하여
그에게서 떠나지 아니하고 여호와께서 모세에게 명령하신 계명을 지켰
더라 7 여호와께서 그와 함께 하시매 그가 어디로 가든지 형통하였더라
저가 앗수르 왕을 배반하고 섬기지 아니하였고 8 그가 블레셋 사람들을
쳐서 가사와 그 사방에 이르고 망대에서부터 견고한 성까지 이르렀더
라 9 히스기야 왕 제사년 곧 이스라엘의 왕 엘라의 아들 호세아 제칠년
에 앗수르의 왕 살만에셀이 사마리아로 올라와서 에워쌌더라 10 삼 년
후에 그 성읍이 함락되니 곧 히스기야 왕의 제육년이요 이스라엘 왕 호
세아의 제구년에 사마리아가 함락되매 11 앗수르 왕이 이스라엘을 사
로잡아 앗수르에 이르러 고산 강가에 있는 할라와 하볼과 메대 사람의
여러 성읍에 두었으니 12 이는 그들이 하나님 여호와의 말씀을 듣지 아
니하고 그의 언약과 여호와의 종 모세가 명령한 모든 것을 따르지 아니
하였음이더라

❖ 히스기야 왕

히스기야는 아하스의 아들로 B.C. 715-687년까지 유다를 통치하였다. 히스기야가 왕위에 오른 때는 이스라엘이 사르곤 2세에 의해 멸망당한 후였다. 이런 불안한 정세 속에서 왕위에 오른 히스기야가 가장 먼저 행한 것은 바로 종교 개혁이었다. 그는 가나안 종교의 중심지로서 처음부터 이스라엘 신앙을 위협해 왔던 산당들을 제거하였다. 그리고 산당에 있던 제단과 돌기둥, 그리고 아세라 목상을 부수었다. 그뿐만 아니라 예루살렘 성전에까지 개혁을 단행하였다. 바로 여러 세기 동안 백성들이 숭배해 오던 구리 뱀을 부수고 놋 조각이라는 의미의 경멸의 뜻으로 느후스탄(Nehushtan)이라 불렀다. 전승에 의하면 이 뱀은 광야에서 모세가 직접 만든 뱀이라고 한다(민21:4-9). 백성들이 우상으로 섬기던 모세의 놋 뱀을 제거하였다. 또한 히스기야는 성전 청결 운동을 일으키고 제사 제도를 개혁하고 절기를 새롭게 부활시켰다. 또한 보발꾼을 보내 이스라엘과 유다 전 지역에서 종교 개혁을 단행하였다. 히스기야는 유대인들의 신앙을 정화하며 예루살렘 성전을 유다 신앙의 중심지로 만들려고 하였다. 한편 당시 근동의 최강국으로 이스라엘과 유다가 의존해 왔던 앗수에 대한 의존 정책도 버렸고 여호와를 의존하는 유다의 건국이념에 충실하였다.
아하스의 우상 숭배로 인해 꺼져가던 유다의 생명은 하나님을 극진히 섬기는 히스기야의 출현으로 다시 회복되었다. 택함을 받은 자들 속에 있는 우상의 모든 것을 제거함으로 유다는 다시 한 번 구원의 기회

잠언 25장~29장

를 얻게 된 것이다. 지금까지의 우상 숭배를 버리고 하나님을 선택한 순간 하나님의 구원의 은혜가 주어지는 것이다. 과거의 어떤 죄에 대해서도 묻지 않고 믿음의 순간에 구원을 베푸시는 하나님의 은혜, 죄악 속에 출생한 인간의 구원에 대한 유일한 의지처인 것이다.

❖ 히스기야 시대 발견한 솔로몬의 잠언을 읽는다.
(☞ 잠언은 성찰하고 반성하며 묵상하며 읽어야 하는 책이다. 제의한 대로 하루에 1장 1달에 책 전체를 읽는다. 그래서 1년에 모두 12번을 한번 읽어보라. 어떤 영성의 변화가 있는지를 기대하면서...)
☞ 앞서 잠언 개요에서 배운 것처럼 잠언은 신위만이 인위의 문제에 대한 해답인 것을 명심하라.

잠언 25장

솔로몬의 잠언

1 이것도 솔로몬의 잠언이요 유다 왕 히스기야의 신하들이 편집한 것이니
라 2 일을 숨기는 것은 하나님의 영화요 일을 살피는 것은 왕의 영화니라
3 하늘의 높음과 땅의 깊음 같이 왕의 마음은 헤아릴 수 없느니라 4 은에
서 찌꺼기를 제하라 그리하면 장색의 쓸 만한 그릇이 나올 것이요 5 왕 앞
에서 악한 자를 제하라 그리하면 그의 왕위가 의로 말미암아 견고히 서리
라 6 왕 앞에서 스스로 높은 체하지 말며 대인들의 자리에 서지 말라 7 이
는 사람이 네게 이리로 올라오라고 말하는 것이 네 눈에 보이는 귀인 앞
에서 저리로 내려가라고 말하는 것보다 나음이니라 8 너는 서둘러 나가

서 다투지 말라 마침내 네가 이웃에게서 욕을 보게 될 때에 네가 어찌할 줄을 알지 못할까
두려우니라 9 너는 이웃과 다투거든 변론만 하고 남의 은밀한 일은 누설하지 말라 10 듣는
자가 너를 꾸짖을 터이요 또 네게 대한 악평이 네게서 떠나지 아니할까 두려우니라 11 경
우에 합당한 말은 아로새긴 은 쟁반에 금 사과니라 12 슬기로운 자의 책망은 청종하는
귀에 금 고리와 정금 장식이니라 13 충성된 사자는 그를 보낸 이에게 마치 추수하는 날에 얼음 냉수 같아서 능
히 그 주인의 마음을 시원하게 하느니라 14 선물한다고 거짓 자랑하는 자는 비 없는 구름과 바람 같으니라 15 오
래 참으면 관원도 설득할 수 있나니 부드러운 혀는 뼈를 꺾느니라 16 너
는 꿀을 보거든 족하리만큼 먹으라 과식함으로 토할까 두려우니라 17 너
는 이웃집에 자주 다니지 말라 그가 너를 싫어하며 미워할까 두려우니라
18 자기의 이웃을 쳐서 거짓 증거하는 사람은 방망이요 칼이요 뾰족한 화
살이니라 19 환난 날에 진실하지 못한 자를 의뢰하는
것은 부러진 이와 위골된 발 같으니라 20 마음이 상
한 자에게 노래하는 것은 추운 날에 옷을 벗음 같
고 소다 위에 식초를 부음 같으니라 21 네 원수가 배고파
하거든 음식을 먹이고 목말라하거든 물을 마시게 하라 22 그리 하는 것은
핀 숯을 그의 머리에 놓는 것과 일반이요 여호와께서 네게 갚아 주시리라
23 북풍이 비를 일으킴 같이 참소하는 혀는 사람의 얼굴에 분을 일으키느
니라 24 다투는 여인과 함께 큰 집에서 사는 것보다 움막에서 혼자 사는
것이 나으니라 25 먼 땅에서 오는 좋은 기별은 목마른 사람에게 냉수와 같
으니라 26 의인이 악인 앞에 굴복하는 것은 우물이 흐려짐과 샘이 더러워
짐과 같으니라 27 꿀을 많이 먹는 것이 좋지 못하고 자기의 영예를 구하는
것이 헛되니라 28 자기의 마음을 제어하지 아니하는 자는 성읍이 무너지
고 성벽이 없는 것과 같으니라

잠 25:14 실천이 따르지 않는 사람의 말은 불신과 환멸을 낳을 뿐이다.
☞ 약 2:16-17 너희 중에 누구든지 그에게 이르되 평안히 가라, 덥게 하라, 배부르게 하라 하며 그 몸에 쓸 것을 주지 아니하면 무슨 유익이 있으리요 이와 같이 행함이 없는 믿음은 그 자체가 죽은 것이라
잠 25:20 좋은 말씀도 상황에 맞아야 가치를 발휘할 수 있다.
☞ 잠 15:23 사람은 그 입의 대답으로 말미암아 기쁨을 얻나니 때에 맞는 말이 얼마나 아름다운고

잠언 26장

1 미련한 자에게는 영예가 적당하지 아니하니 마치 여름에 눈 오는 것과
추수 때에 비 오는 것 같으니라 2 까닭 없는 저주는 참새가 떠도는 것과

잠 26:1 미련한 자에게 영예가 주어지는 것은 불합리와 무질서의 극치라는 것이다. 그래도 이런 일은 인간사에 비일비재할 수 있다. 그렇더라도 성도들은 그것 때문에 원칙과 원리에서 벗어나 부화뇌동해서는 안 된다는 것을 명심하는 것이 참 지혜인 것이다.
☞ 말 4:1 만군의 여호와가 이르노라 보라 용광로 불같은 날이 이르리니 교만한 자와 악을 행하는 자는 다 지푸라기 같을 것이라 그 이르는 날에 그들을 살라 그 뿌리와 가지를 남기지 아니할 것이로되
☞ 마 3:12 손에 키를 들고 자기의 타작 마당을 정하게 하사 알곡은 모아 곳간에 들이고 쭉정이는 꺼지지 않는 불에 태우시리라

제비가 날아가는 것 같이 이루어지지 아니하느니라 3 말에게는 채찍이요 나귀에게는 재갈이요 미련한 자의 등
에는 막대기니라 4 미련한 자의 어리석은 것을 따라 대답하지 말라 두렵건대 너도 그와 같을까 하노라 5 미련한
자에게는 그의 어리석음을 따라 대답하라 두렵건대 그가 스스로 지혜롭게 여길까 하노라 6 미련한 자 편에 기별
하는 것은 자기의 발을 베어 버림과 해를 받음과 같으니라 7 저는 자의 다리는 힘 없이 달렸나니 미련한 자의 입
의 잠언도 그러하니라 8 미련한 자에게 영예를 주는 것은 돌을 물매에 매는 것과 같으니라 9 미련한 자의 입의 잠
언은 술 취한 자가 손에 든 가시나무 같으니라 10 장인이 온갖 것을 만들지라도 미련한 자를 고용하는 것은 지나
가는 행인을 고용함과 같으니라 11 개가 그 토한 것을 도로 먹는 것 같이 미련한 자는 그 미련한 것을 거듭 행하
느니라 12 네가 스스로 지혜롭게 여기는 자를 보느냐 그보다 미련한 자에게 오히려 희망이 있느니라 13 게으른
자는 길에 사자가 있다 거리에 사자가 있다 하느니라 14 문짝이 돌쩌귀를 따라서 도는 것 같이 게으른 자는 침상
에서 도느니라 15 게으른 자는 그 손을 그릇에 넣고도 입으로 올리기를 괴로워하느니라 16 게으른 자는 사리에
맞게 대답하는 사람 일곱보다 자기를 지혜롭게 여기느니라 17 길로 지나가다가 자기와 상관 없는 다툼을 간섭하
는 자는 개의 귀를 잡는 자와 같으니라 18 횃불을 던지며 화살을 쏘아서 사람을 죽이는 미친 사람이 있나니 19 자
기의 이웃을 속이고 말하기를 내가 희롱하였노라 하는 자도 그러하니라 20 나무가 다하면 불이 꺼지고 말쟁이가
없어지면 다툼이 쉬느니라 21 숯불 위에 숯을 더하는 것과 타는 불에 나무를 더하는 것 같이 다툼을 좋아하는 자
는 시비를 일으키느니라 22 남의 말하기를 좋아하는 자의 말은 별식과 같
아서 뱃속 깊은 데로 내려가느니라 23 온유한 입술에 악한 마음은 낮은
은을 입힌 토기니라 24 원수는 입술로는 꾸미고 속으로는 속임을 품나니
25 그 말이 좋을지라도 믿지 말 것은 그 마음에 일곱 가지 가증한 것이 있
음이니라 26 속임으로 그 미움을 감출지라도 그의 악이 회
중 앞에 드러나리라 27 함정을 파는 자는 그것에 빠질 것
이요 돌을 굴리는 자는 도리어 그것에 치이리라
28 거짓말 하는 자는 자기가 해한 자를 미워하고
아첨하는 입은 패망을 일으키느니라

37일~42일

잠 26:24 사탄의 전략이다. 인간의 중심을 보는 지혜가 있어야 사탄의 궤계를 막을 수 있다.
☞ **시 55:21** 그의 입은 우유 기름보다 미끄러우나 그의 마음은 전쟁이요 그의 말은 기름보다 유하나 실상은 뽑힌 칼이로다
☞ **마 24:4-5** 예수께서 대답하여 이르시되 너희가 사람의 미혹을 받지 않도록 주의하라 많은 사람이 내 이름으로 와서 이르되 나는 그리스도라 하여 많은 사람을 미혹하리라

잠언 27장

1 너는 내일 일을 자랑하지 말라 하루 동안에 무슨 일이 일어날는지 네
가 알 수 없음이니라 2 타인이 너를 칭찬하게 하고 네 입으로는 하지 말
며 외인이 너를 칭찬하게 하고 네 입술로는 하지 말지니라 3 돌은 무겁고
모래도 가볍지 아니하거니와 미련한 자의 분노는 이 둘보다 무거우니라
4 분은 잔인하고 노는 창수 같거니와 투기 앞에야 누가 서리요 5 면책은
숨은 사랑보다 나으니라 6 친구의 아픈 책망은 충직으로 말미암는 것이
나 원수의 잦은 입맞춤은 거짓에서 난 것이니라 7 배부른 자는 꿀이라도
싫어하고 주린 자에게는 쓴 것이라도 다니라 8 고향을 떠나 유리하는 사람은 보금자리를 떠나 떠도는 새와 같

으니라 9 기름과 향이 사람의 마음을 즐겁게 하나니 친구의 충성된 권고가 이와 같이 아름
다우니라 10 네 친구와 네 아비의 친구를 버리지 말며 네 환난 날에 형제의 집에 들어가지
말지어다 가까운 이웃이 먼 형제보다 나으니라 11 내 아들아 지혜를 얻고 내 마음을 기쁘
게 하라 그리하면 나를 비방하는 자에게 내가 대답할 수 있으리라 12 슬기로운 자는 재앙
을 보면 숨어 피하여도 어리석은 자들은 나가다가 해를 받느니라 13 타인을 위하여 보증
선 자의 옷을 취하라 외인들을 위하여 보증 선 자는 그의 몸을 볼모 잡을지니라 14 이른 아침에 큰 소리로 자
기 이웃을 축복하면 도리어 저주 같이 여기게 되리라 15 다투는 여자는 비 오는 날에 이어 떨어지는 물방울이라

잠 27:17 아름다운 이웃 관계로 선의의 경쟁은 더 좋은 전진을 만들어 낸다. 성도의 교제는 이러해야 한다.
☞ **히 10:24-25** 서로 돌아보아 사랑과 선행을 격려하며 모이기를 폐하는 어떤 사람들의 습관과 같이 하지 말고 오직 권하여 그날이 가까움을 볼수록 더욱 그리하자

16 그를 제어하기가 바람을 제어하는 것 같고 오른손으로 기름을 움키는 것 같으니라 17 철이 철을 날카롭게 하
는 것 같이 사람이 그의 친구의 얼굴을 빛나게 하느니라 18 무화과나무를 지키는 자는 그 과실을 먹고 자기 주
인에게 시중드는 자는 영화를 얻느니라 19 물에 비치면 얼굴이 서로 같은 것 같이 사람의 마음도 서로 비치느니
라 20 스올과 아바돈은 만족함이 없고 사람의 눈도 만족함이 없느니라 21 도가니로 은을, 풀무로 금을, 칭찬으
로 사람을 단련하느니라 22 미련한 자를 곡물과 함께 절구에 넣고 공이로 찧을지라도 그의 미련은 벗겨지지 아
니하느니라 23 네 양 떼의 형편을 부지런히 살피며 네 소 떼에게 마음을 두라 24 대저 재물은 영원히 있지 못하
나니 면류관이 어찌 대대에 있으랴 25 풀을 벤 후에는 새로 움이 돋나니 산에서 꼴을 거둘 것이니라 26 어린 양
의 털은 네 옷이 되며 염소는 밭을 사는 값이 되며 27 염소의 젖은 넉넉하여 너와 네 집의 음식이 되며 네 여종
의 먹을 것이 되느니라

잠언 28장

1 악인은 쫓아오는 자가 없어도 도망하나 의인은 사자 같이 담대하니라
2 나라는 죄가 있으면 주관자가 많아져도 명철과 지식 있는 사람으로 말
미암아 장구하게 되느니라 3 가난한 자를 학대하는 가난한 자는 곡식을
남기지 아니하는 폭우 같으니라 4 율법을 버린 자는 악인을 칭찬하나 율
법을 지키는 자는 악인을 대적하느니라 5 악인은 정의를 깨닫지 못하나
여호와를 찾는 자는 모든 것을 깨닫느니라 6 가난하여도 성실하게 행하
는 자는 부유하면서 굽게 행하는 자보다 나으니라 7 율법을 지키는 자는
지혜로운 아들이요 음식을 탐하는 자와 사귀는 자는 아비를 욕되게 하는
자니라 8 중한 변리로 자기 재산을 늘이는 것은 가난한 사람을 불쌍히 여
기는 자를 위해 그 재산을 저축하는 것이니라 9 사람이 귀를 돌려 율법을
듣지 아니하면 그의 기도도 가증하니라 10 정직한 자를 악한 길로 유인하
는 자는 스스로 자기 함정에 빠져도 성실한 자는 복을 받느니라 11 부자는 자기를 지혜롭게 여기나 가난해도 명
철한 자는 자기를 살펴 아느니라 12 의인이 득의하면 큰 영화가 있고 악인이 일어나면 사람이 숨느니라 13 자기
의 죄를 숨기는 자는 형통하지 못하나 죄를 자복하고 버리는 자는 불쌍히 여김을 받으리라 14 항상 경외하는 자
는 복되거니와 마음을 완악하게 하는 자는 재앙에 빠지리라 15 가난한 백성을 압제하는 악한 관원은 부르짖는
사자와 주린 곰 같으니라 16 무지한 치리자는 포학을 크게 행하거니와 탐욕을 미워하는 자는 장수하리라 17 사
람의 피를 흘린 자는 함정으로 달려갈 것이니 그를 막지 말지니라 18 성실하게 행하는 자는 구원을 받을 것이나
굽은 길로 행하는 자는 곧 넘어지리라 19 자기의 토지를 경작하는 자는 먹을 것이 많으려니와 방탕을 따르는 자
는 궁핍함이 많으리라 20 충성된 자는 복이 많아도 속히 부하고자 하는 자는 형벌을 면하지 못하리라 21 사람의
낯을 보아 주는 것이 좋지 못하고 한 조각 떡으로 말미암아 사람이 범법하는 것도 그러하니라 22 악한 눈이 있
는 자는 재물을 얻기에만 급하고 빈궁이 자기에게로 임할 줄은 알지 못하느니라 23 사람을 경책하는 자는 혀로
아첨하는 자보다 나중에 더욱 사랑을 받느니라 24 부모의 물건을 도둑질
하고서도 죄가 아니라 하는 자는 멸망 받게 하는 자의 동류니라 25 욕심
이 많은 자는 다툼을 일으키나 여호와를 의지하는 자는 풍족하게 되느니
라 26 자기의 마음을 믿는 자는 미련한 자요 지혜
롭게 행하는 자는 구원을 얻을 자니라 27 가난한
자를 구제하는 자는 궁핍하지 아니하려니와 못
본 체하는 자에게는 저주가 크리라 28 악인이
일어나면 사람이 숨고 그가 멸망하면 의인이 많아지느니라

잠언 28:4-7 참된 성도는 세속적 가치를 추구하며 그들의 풍속을 쫓는 자가 아니고, 성경적 가치를 추구하며 하나님의 뜻을 실행하는 자들이다.
☞ 스 9:14 우리가 어찌 다시 주의 계명을 거역하고 이 가증한 백성들과 통혼하오리이까 그리하면 주께서 어찌 우리를 멸하시고 남아 피할 자가 없도록 진노하시지 아니하시리이까
☞ 약 4:8 하나님을 가까이하라 그리하면 너희를 가까이하시리라 죄인들아 손을 깨끗이 하라 두 마음을 품은 자들아 마음을 성결하게 하라

잠 28:24 네 부모를 공경하라.
☞ 신 27:16 그의 부모를 경홀히 여기는 자는 저주를 받을 것이라 할 것이요 모든 백성은 아멘 할지니라
☞ 잠 30:17 아비를 조롱하며 어미 순종하기를 싫어하는 자의 눈은 골짜기의 까마귀에게 쪼이고 독수리 새끼에게 먹히리라

잠언 29장

1 자주 책망을 받으면서도 목이 곧은 사람은 갑자기 패망을 당하고 피하지 못하리라 2 의인이 많아지면 백성이
즐거워하고 악인이 권세를 잡으면 백성이 탄식하느니라 3 지혜를 사모하는 자는 아비를 즐겁게 하여도 창기와
사귀는 자는 재물을 잃느니라 4 왕은 정의로 나라를 견고하게 하나 뇌물을 억지로 내게 하는 자는 나라를 멸망
시키느니라 5 이웃에게 아첨하는 것은 그의 발 앞에 그물을 치는 것이니라 6 악인이 범죄하는 것은 스스로 올무
가 되게 하는 것이나 의인은 노래하고 기뻐하느니라 7 의인은 가난한 자의 사정을 알아 주나 악인은 알아 줄 지
식이 없느니라 8 거만한 자는 성읍을 요란하게 하여도 슬기로운 자는 노를 그치게 하느니라 9 지혜로운 자와 미
련한 자가 다투면 지혜로운 자가 노하든지 웃든지 그 다툼은 그침이 없느니라 10 피 흘리기를 좋아하는 자는 온
전한 자를 미워하고 정직한 자의 생명을 찾느니라 11 어리석은 자는 자기의 노를 다 드러내어도 지혜로운 자는
그것을 억제하느니라 12 관원이 거짓말을 들으면 그의 하인들은 다 악하게 되느니라 13 가난한 자와 포학한 자
가 섞여 살거니와 여호와께서는 그 모두의 눈에 빛을 주시느니라 14 왕이 가난한 자를 성실히 신원하면 그의 왕
위가 영원히 견고하리라 15 채찍과 꾸지람이 지혜를 주거늘 임의로 행하게 버려 둔 자식은 어미를
욕되게 하느니라 16 악인이 많아지면 죄도 많아지나니 의
인은 그들의 망함을 보리라 17 네 자식을 징계하라 그
리하면 그가 너를 평안하게 하겠고 또 네 마음에 기쁨
을 주리라 18 묵시가 없으면 백성이 방자히 행하거니
와 율법을 지키는 자는 복이 있느니라 19 종은 말로만 하면 고치지 아니하
나니 이는 그가 알고도 따르지 아니함이니라 20 네가 말이 조급한 사람을
보느냐 그보다 미련한 자에게 오히려 희망이 있느니라 21 종을 어렸을 때
부터 곱게 양육하면 그가 나중에는 자식인 체하리라 22 노하는 자는 다툼
을 일으키고 성내는 자는 범죄함이 많으니라 23 사람이 교만하면 낮아지
게 되겠고 마음이 겸손하면 영예를 얻으리라 24 도둑과 짝하는 자는 자기
의 영혼을 미워하는 자라 그는 저주를 들어도 진술하지 아니하느니라 25
사람을 두려워하면 올무에 걸리게 되거니와 여호와를 의지하는 자는 안
전하리라 26 주권자에게 은혜를 구하는 자가 많으나 사람의 일의 작정은
여호와께로 말미암느니라 27 불의한 자는 의인에게 미움을 받고 바르게
행하는 자는 악인에게 미움을 받느니라

잠 29:15-18 자녀의 형통한 내일을 기대한다면 눈물의 매를 아끼지 말아야 한다는 것을 깨우쳐 준다. 부모는 이 점을 깊이 명심하고 실천해야 할 것이다. 이것은 지금까지 유대인 가정교육의 바탕을 이루고 있다.
☞ **잠 13:24** 매를 아끼는 자는 그의 자식을 미워함이라 자식을 사랑하는 자는 근실히 징계하느니라
☞ **히 12:6** 주께서 그 사랑하시는 자를 징계하시고 그가 받아들이시는 아들마다 채찍질하심이라 하였으니

잠 29:25 사람보다 하나님을 두려워하는 것이 가장 안전하다. 그럴 때 2절처럼 의인이 많아지기 때문이다.
☞ **마 10:28** 몸은 죽여도 영혼은 능히 죽이지 못하는 자들을 두려워하지 말고 오직 몸과 영혼을 능히 지옥에 멸하실 수 있는 이를 두려워하라

37일~42일

이사야 15장~16장

❖ 주변 국가에 대한 경고의 연속 (40일차 본문 p696의 지도 참고)

❖ **사 15~16장은 모압에 대한 경고**
13장~27장의 일련 기사들의 경우는 각 예언의 대상과 심판 전개의 세부 양상만 다소 다를 뿐 절대 초월자요 창조주로서 전 역사에 대하여 주권을 가지신 우리 주 여호와 하나님이 당신이 세우신 구속사의 법을 기준으로 하여 선민 이스라엘을 대표로 한 온 세상 열방을 심판 통치하시는 사실을 보여 준다는 점에서 일관성을 갖고 있다.
☞ 모압의 문제는 교만이었다. 자기중심성을 내려놓지 못하면서 하나님과의 관계를 바르게 할 수 있다는 것은 착각임을 깨달아야 한다.

이사야 15장

여호와께서 모압을 황폐하게 하시리라

1 모압에 관한 경고라 하룻밤에 모압 알이 망하여 황폐할 것이며 하룻밤
에 모압 기르가 망하여 황폐할 것이라 2 그들은 바잇과 디본 산당에 올라
가서 울며 모압은 느보와 메드바를 위하여 통곡하는도다 그들이 각각 머
리카락을 밀고 각각 수염을 깎았으며 3 거리에서는 굵은 베로 몸을 동였
으며 지붕과 넓은 곳에서는 각기 애통하여 심히 울며 4 헤스본과 엘르알
레는 부르짖으며 그들의 소리는 야하스까지 들리니 그러므로 모압의 군
사들이 크게 부르짖으며 그들의 혼이 속에서 떠는도다 5 내 마음이 모압

을 위하여 부르짖는도다 그 피난민들은 소알과 에글랏 슬리시야까지 이
르고 울며 루힛 비탈길로 올라가며 호로나임 길에서 패망을 울부짖으니 6
니므림 물이 마르고 풀이 시들었으며 연한 풀이 말라 청청한 것이 없음이
로다 7 그러므로 그들이 얻은 재물과 쌓았던 것을 가지고 버드나무 시내
를 건너리니 8 이는 곡성이 모압 사방에 둘렸고 슬피 부르짖음이 에글라
임에 이르며 부르짖음이 브엘엘림에 미치며 9 디몬 물에는 피가 가득함이
로다 그럴지라도 내가 디몬에 재앙을 더 내리되 모압에 도피한 자와 그
땅에 남은 자에게 사자를 보내리라

❖ 모압은 암몬과 더불어 롯의 두 딸이 그의 아버지와 관계하고 태어난 자들의 후손이다(창 19:30-38). 이스라엘과는 매우 가까운 사이였지만, 출애굽 과정에서 이스라엘의 길을 방해하면서 서로 대적 관계가 되었고 정치적 종교적으로 나쁜 영향을 끼쳤다. 이사야 초기에는 북 왕국과 아람이 맺은 반 앗수르 동맹에 가담하지 않았지만, 앗수르의 계속되는 남하 정책 때문에 결국 침공을 받게 된다.
15:2의 산당은 그들의 신 그모스를 안치하는 산당이다. 그모스는 그들의 환난에서 구하지 못하는 우상일 뿐이다.
☞ 모압을 포함해서 구원받지 못하는 인생들은 하나님의 자비가 부족해서가 아니라, 그들의 교만을 깨닫지 못함에 있다. 교만은 자기중심성의 극치이다.
☞ **잠 16:18** 교만은 패망의 선봉이요 거만한 마음은 넘어짐의 앞잡이니라

이사야 16장

모압이 통곡하고 근심하리라

1 너희는 이 땅 통치자에게 어린 양들을 드리되 셀라에서부터 광야를 지
나 딸 시온 산으로 보낼지니라 2 모압의 딸들은 아르논 나루에서 떠다니
는 새 같고 보금자리에서 흩어진 새 새끼 같을 것이라 3 너는 방도를 베풀
며 공의로 판결하며 대낮에 밤 같이 그늘을 지으며 쫓겨난 자들을 숨기며 도망한 자들을 발각되게 하지 말며 4
나의 쫓겨난 자들이 너와 함께 있게 하되 너 모압은 멸절하는 자 앞에서 그들에게 피할 곳이 되라 대저 토색하는
자가 망하였고 멸절하는 자가 그쳤고 압제하는 자가 이 땅에서 멸절하였으며 5 다윗의 장막에 인자함으로 왕위
가 굳게 설 것이요 그 위에 앉을 자는 충실함으로 판결하며 정의를 구하며 공의를 신속히 행하리라 6 우리가 모
압의 교만을 들었나니 심히 교만하도다 그가 거만하며 교만하며 분노함도 들었거니와 그의 자랑이 헛되도다 7
그러므로 모압이 모압을 위하여 통곡하되 다 통곡하며 길하레셋 건포도 떡을 위하여 그들이 슬퍼하며 심히 근
심하리니 8 이는 헤스본의 밭과 십마의 포도나무가 말랐음이라 전에는 그 가지가 야셀에 미쳐 광야에 이르고 그
싹이 자라서 바다를 건넜더니 이제 열국의 주권자들이 그 좋은 가지를 꺾었도다 9 그러므로 내가 야셀의 울음처
럼 십마의 포도나무를 위하여 울리라 헤스본이여, 엘르알레여, 내 눈물로 너를 적시리니 너의 여름 실과, 네 농작
물에 즐거운 소리가 그쳤음이라 10 즐거움과 기쁨이 기름진 밭에서 떠났고 포도원에는 노래와 즐거운 소리가 없
어지겠고 틀에는 포도를 밟을 사람이 없으리니 이는 내가 즐거운 소리를
그치게 하였음이라 11 이러므로 내 마음이 모압을 위하여 수금 같이 소리
를 발하며 내 창자가 길하레셋을 위하여 그러하도다 12 모압이 그 산당에
서 피곤하도록 봉사하며 자기 성소에 나아가서 기도할지라도 소용없으리
로다 13 이는 여호와께서 오래 전부터 모압을 들어 하신 말씀이거니와 14
이제 여호와께서 말씀하여 이르시되 품꾼의 정한 해와 같이 삼 년 내에
모압의 영화와 그 큰 무리가 능욕을 당할지라 그 남은 수가 심히 적어 보
잘것없이 되리라 하시도다

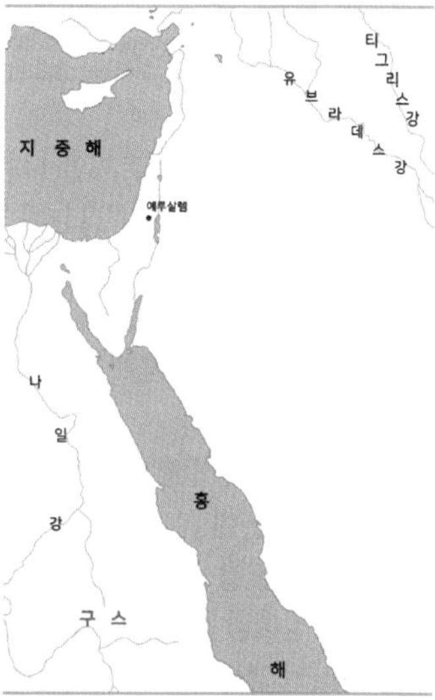

이사야 18장~20장

이사야 18장

여호와께서 구스를 두고 하신 말씀

1 슬프다 구스의 강 건너편 날개 치는 소리 나는 땅이여 2 갈대 배를 물에
띄우고 그 사자를 수로로 보내며 이르기를 민첩한 사절들아 너희는 강들

사 18:1 구스 위치

37일~42일

이 흘러 나누인 나라로 가되 장대하고 준수한 백성 곧 시초부터 두려움이
되며 강성하여 대적을 밟는 백성에게로 가라 하는도다 3 세상의 모든 거
민, 지상에 사는 너희여 산들 위에 기치를 세우거든 너희는 보고 나팔을
불거든 너희는 들을지니라 4 여호와께서 내게 이르시되 내가 나의 처소에
서 조용히 감찰함이 쬐이는 일광 같고 가을 더위에 운무 같도다 5 추수하
기 전에 꽃이 떨어지고 포도가 맺혀 익어갈 때에 내가 낫으로 그 연한 가
지를 베며 퍼진 가지를 찍어 버려서 6 산의 독수리들과 땅의 들짐승들에게 던져 주리니 산의 독수리들이 그것으
로 여름을 지내며 땅의 들짐승들이 다 그것으로 겨울을 지내리라 하셨음이라 7 그 때에 강들이 흘러 나누인 나
라의 장대하고 준수한 백성 곧 시초부터 두려움이 되며 강성하여 대적을 밟는 백성이 만군의 여호와께 드릴 예
물을 가지고 만군의 여호와의 이름을 두신 곳 시온 산에 이르리라

❖ 사 18장
구스는 지금의 '에티오피아'이다. 이사야 당시 구스는 세력이 왕성해서 애굽도 관할하고 있었고 주변 국가와 반 앗수르 동맹을 맺어 앗수르를 압박하기도 했다. 구스와 애굽을 동일시하기도 한다.
"경고"가 없음을 보아 보호한다는 의미가 있는 듯하다.

이사야 19장

여호와께서 애굽에 임하시리라

1 애굽에 관한 경고라 보라 여호와께서 빠른 구름을 타고 애굽에 임하시
리니 애굽의 우상들이 그 앞에서 떨겠고 애굽인의 마음이 그 속에서 녹
으리로다 2 내가 애굽인을 격동하여 애굽인을 치리니 그들이 각기 형제
를 치며 각기 이웃을 칠 것이요 성읍이 성읍을 치며 나라가 나라를 칠 것
이며 3 애굽인의 정신이 그 속에서 쇠약할 것이요 그의 계획을 내가 깨뜨
리리니 그들이 우상과 마술사와 신접한 자와 요술객에게 물으리로다 4
그가 애굽인을 잔인한 주인의 손에 붙이리니 포학한 왕이 그들을 다스
리리라 주 만군의 여호와의 말씀이니라 5 바닷물이 없어지겠고 강이 잦
아서 마르겠고 6 강들에서는 악취가 나겠고 애굽의 강물은 줄어들고 마
르므로 갈대와 부들이 시들겠으며 7 나일 가까운 곳 나일 언덕의 초장과
나일 강 가까운 곡식 밭이 다 말라서 날려
가 없어질 것이며 8 어부들은 탄식하며 
나일 강에 낚시를 던지는 자마다 슬퍼하며 물 위에 그물을 치는 자는 피곤할
것이며 9 세마포를 만드는 자와 베 짜는 자들이 수치를 당할 것이며 10
그의 기둥이 부숴지고 품꾼들이 다 마음에 근심하리라 11 소안의 방백은
어리석었고 바로의 가장 지혜로운 모사의 책략은 우둔하여졌으니 너희
가 어떻게 바로에게 이르기를 나는 지혜로운 자들의 자손이라 나는 옛 왕들의 후예라 할 수 있으랴 12 너의 지
혜로운 자가 어디 있느냐 그들이 만군의 여호와께서 애굽에 대하여 정하신 뜻을 알 것이요 곧 네게 말할 것이
니라 13 소안의 방백들은 어리석었고 놉의 방백들은 미혹되었도다 그들은 애굽 종족들의 모퉁잇돌이거늘 애
굽을 그릇 가게 하였도다 14 여호와께서 그 가운데 어지러운 마음을 섞으셨으므로 그들이 애굽을 매사에 잘못
가게 함이 취한 자가 토하면서 비틀거림 같게 하였으니 15 애굽에서 머리나 꼬리며 종려나무 가지나 갈대가 아
무 할 일이 없으리라

애굽 사람이 여호와께 경배하리라

16 그 날에 애굽이 부녀와 같을 것이라 그들이 만군의 여호와께서 흔드시는 손이 그들 위에 흔들림으로 말미암
아 떨며 두려워할 것이며 17 유다의 땅은 애굽의 두려움이 되리니 이는 만군의 여호와께서 애굽에 대하여 정하신
계획으로 말미암음이라 그 소문을 듣는 자마다 떨리라 18 그 날에 애굽 땅에 가나안 방언을 말하며 만군의 여호
와를 가리켜 맹세하는 다섯 성읍이 있을 것이며 그 중 하나를 멸망의 성읍이라 칭하리라 19 그 날에 애굽 땅 중앙

❖ 사 19장 **애굽에 대한 경고**
지금의 시대의 상황은 친 앗수르 정책을 버리고 친애굽 정책으로 돌아서려는 경향이 있다.
- 주권 국가에 대해 경고하시는 하나님은 우주의 창조주이신 전능의 하나님이심을 보여 주는 대목이다. 바로 이 하나님을 의지해야지 인간 국가를 의지하는 것은 참으로 어리석은 짓이다. 그러나 이것이 이 무렵의 이스라엘의 문제였다.
- 2-3절 내란을 통한 쇠퇴
- 5-10절 강의 마름(가뭄)을 통해 경제적 피폐함을 말한다.
- 11-15절 관료들과 모사들의 무능과 타락으로 인한 국가의 와해

사 19:1-25
이 경고는 애굽의 25왕조와 연관되어 있다.
학습 자료 42-3 "애굽의 제 25, 26왕조" 참조

37일~42일

에는 여호와를 위하여 제단이 있겠고 그 변경에는 여호와를 위하여 기둥
이 있을 것이요 [20] 이것이 애굽 땅에서 만군의 여호와를 위하여 징조와 증
거가 되리니 이는 그들이 그 압박하는 자들로 말미암아 여호와께 부르짖
겠고 여호와께서는 그들에게 한 구원자이자 보호자를 보내사 그들을 건
지실 것임이라 [21] 여호와께서 자기를 애굽에 알게 하시리니 그 날에 애굽
이 여호와를 알고 제물과 예물을 그에게 드리고 경배할 것이요 여호와께
서원하고 그대로 행하리라 [22] 여호와께서 애굽을 치실지라도 치시고는 고
치실 것이므로 그들이 여호와께로 돌아올 것이라 여호와께서 그들의 간
구함을 들으시고 그들을 고쳐 주시리라 [23] 그 날에 애굽에서 앗수르로 통
하는 대로가 있어 앗수르 사람은 애굽으로 가겠고 애굽 사람은 앗수르로
갈 것이며 애굽 사람이 앗수르 사람과 함께 경배하리라 [24] 그 날에 이스라
엘이 애굽 및 앗수르와 더불어 셋이 세계 중에 복이 되리니 [25] 이는 만군의
여호와께서 복 주시며 이르시되 내 백성 애굽이여, 내 손으로 지은 앗수르
여, 나의 기업 이스라엘이여, 복이 있을지어다 하실 것임이라

사 20:16-25 애굽은 의지할 세력이 아니고 오직 하나님만 의지할 세력이다.
세계의 역사는 절대 주권자이신 하나님의 섭리로 운행되며 궁극적으로 완전한 공의와 평화의 하나님 나라 건설을 위한 하나님의 역사가 진행되고 있다는 것을 말하고 있다.
☞ 하나님의 애굽에 대한 심판을 경고함은 그들의 타락상도 원인이지만 유다가 의지하는 애굽을 심판함으로 하나님 대신 다른 것을 의지하는 것이 얼마나 어리석은 것인가를 보여 주기 위함이다.
신위에 굳게 서 있는가?
☞ **렘 17:5** 여호와께서 이와 같이 말씀하시니라 무릇 사람을 믿으며 육신으로 그의 힘을 삼고 마음이 여호와에게서 떠난 그 사람은 저주를 받을 것이라
☞ **시 119:8-9** 내가 주의 율례들을 지키오리니 나를 아주 버리지 마옵소서 청년이 무엇으로 그의 행실을 깨끗하게 하리이까 주의 말씀만 지킬 따름이니이다

이사야 20장

벗은 선지자의 예표

[1] 앗수르의 사르곤 왕이 다르단을 아스돗으로 보내매 그가 와서 아스돗
을 쳐서 취하던 해니라 [2] 그 때에 여호와께서 아모스의 아들 이사야에게
말씀하여 이르시되 갈지어다 네 허리에서 베를 끄르고 네 발에서 신을 벗
을지니라 하시매 그가 그대로 하여 벗은 몸과 벗은 발로 다니니라 [3] 여호
와께서 이르시되 나의 종 이사야가 삼 년 동안 벗은 몸과 벗은 발로 다니
며 애굽과 구스에 대하여 징조와 예표가 되었느니라 [4] 이와 같이 애굽의
포로와 구스의 사로잡힌 자가 앗수르 왕에게 끌려갈 때에 젊은 자나 늙
은 자가 다 벗은 몸과 벗은 발로 볼기까지 드러내어 애굽의 수치를 보이
리니 [5] 그들이 바라던 구스와 자랑하던 애굽으로 말미암아 그들이 놀라고
부끄러워할 것이라 [6] 그 날에 이 해변 주민이 말하기를 우리가 믿던 나라
곧 우리가 앗수르 왕에게서 벗어나기를 바라고 달려가서 도움을 구하던
나라가 이같이 되었은즉 우리가 어찌 능히 피하리요 하리라

사 20:1 사르곤 2세의 아스돗 침공

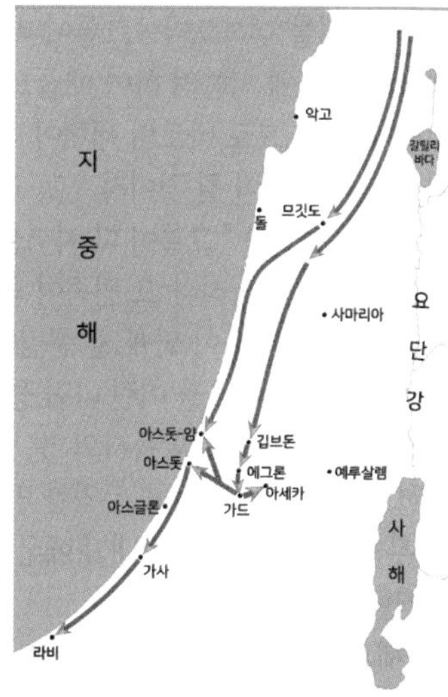

☞ 앗수르 사르곤 왕 (B.C. 713-711)

사 20:1-9 애굽에 의지하지 말라는 경고를 거듭하고 있다.
☞ **시 44:6-7** 나는 내 활을 의지하지 아니할 것이라 내 칼이 나를 구원하지 못하리이다 오직 주께서 우리를 우리 원수들에게서 구원하시고 우리를 미워하는 자로 수치를 당하게 하셨나이다

37일~42일

이사야 22:15-25

셉나에게 경고하시다

[15] 주 만군의 여호와께서 이르시되 너는 가서 그 국고를 맡고 왕궁 맡은
자 셉나를 보고 이르기를 [16] 네가 여기와 무슨 관계가 있느냐 여기에 누
가 있기에 여기서 너를 위하여 묘실을 팠느냐 높은 곳에 자기를 위하여
묘실을 팠고 반석에 자기를 위하여 처소를 쪼아내었도다 [17] 나 여호와
가 너를 단단히 결박하고 장사 같이 세게 던지되 [18] 반드시 너를 모질게 감싸서 공 같이 광막한 곳에 던질 것이
라 주인의 집에 수치를 끼치는 너여 네가 그 곳에서 죽겠고 네 영광의 수레도 거기에 있으리라 [19] 내가 너를 네

관직에서 쫓아내며 네 지위에서 낮추리니 [20] 그 날에 내가 힐기야의 아
들 내 종 엘리아김을 불러 [21] 네 옷을 그에게 입히며 네 띠를 그에게 띠
워 힘 있게 하고 네 정권을 그의 손에 맡기리니 그가 예루살렘 주민과 유
다의 집의 아버지가 될 것이며 [22] 내가 또 다윗의 집의 열쇠를 그의 어깨
에 두리니 그가 열면 닫을 자가 없겠고 닫으면 열 자가 없으리라 [23] 못이
단단한 곳에 박힘 같이 그를 견고하게 하리니 그가 그의 아버지 집에 영광의 보좌가 될 것이요 [24] 그의 아버지
집의 모든 영광이 그 위에 걸리리니 그 후손과 족속 되는 각 작은 그릇 곧 종지로부터 모든 항아리까지니라 [25]
만군의 여호와께서 이르시되 그 날에는 단단한 곳에 박혔던 못이 삭으리니 그 못이 부러져 떨어지므로 그 위에
걸린 물건이 부서지리라 하셨다 하라 나 여호와의 말이니라

❖ 사 22:15-25
셉나는 히스기야 왕의 궁내 대신이다. 2:14-15과 30:1-5에 의하면 그는 앗수르의 위협 앞에 친애굽 정책을 주장하다가 B.C. 701년경에 그의 자리를 엘리아김에게 내어주고 강등당한다.

이사야 30장~32장

이사야 30장

애굽과 맺은 맹약이 헛되다

[1] 여호와께서 이르시되 패역한 자식들은 화 있을진저 그들이 계교를 베푸
나 나로 말미암지 아니하며 맹약을 맺으나 나의 영으로 말미암지 아니하
고 죄에 죄를 더하도다 [2] 그들이 바로의 세력 안에서 스스로 강하려 하며
애굽의 그늘에 피하려 하여 애굽으로 내려갔으되 나의 입에 묻지 아니하
였도다 [3] 그러므로 바로의 세력이 너희의 수치가 되며 애굽의 그늘에 피함
이 너희의 수욕이 될 것이라 [4] 그 고관들이 소안에 있고 그 사신들이 하네
스에 이르렀으나 [5] 그들이 다 자기를 유익하게 하지 못하는 민족으로 말미
암아 수치를 당하리니 그 민족이 돕지도 못하며 유익하게도 못하고 수치
가 되게 하며 수욕이 되게 할 뿐임이니라 [6] 네겝 짐승들에 관한 경고라 사
신들이 그들의 재물을 어린 나귀 등에 싣고 그들의 보물을 낙타 안장에 얹
고 암사자와 수사자와 독사와 및 날아다니는 불뱀이 나오는 위험하고 곤
고한 땅을 지나 자기에게 무익한 민족에게로 갔으나 [7] 애굽의 도움은 헛되
고 무익하니라 그러므로 내가 애굽을 가만히 앉은 라합이라 일컬었느니라

패역한 백성

[8] 이제 가서 백성 앞에서 서판에 기록하며 책에 써서 후세에 영원히 있게
하라 [9] 대저 이는 패역한 백성이요 거짓말 하는 자식들이요 여호와의 법
을 듣기 싫어하는 자식들이라 [10] 그들이 선견자들에게 이르기를 선견하지
말라 선지자들에게 이르기를 우리에게 바른 것을 보이지 말라 우리에게
부드러운 말을 하라 거짓된 것을 보이라 [11] 너희는 바른 길을 버리며 첩경
에서 돌이키라 이스라엘의 거룩하신 이를 우리 앞에서 떠나시게 하라 하
는도다 [12] 이러므로 이스라엘의 거룩하신 이가 이같이 말씀하시되 너희
가 이 말을 업신여기고 압박과 허망을 믿어 그것을 의지하니 [13] 이 죄악
이 너희에게 마치 무너지려고 터진 담이 불쑥 나와 순식간에 무너짐 같게 되리라 하셨은즉 [14] 그가 이 나라를 무
너뜨리시되 토기장이가 그릇을 깨뜨림 같이 아낌이 없이 부수시리니 그 조각 중에서, 아궁이에서 불을 붙이거나
물 웅덩이에서 물을 뜰 것도 얻지 못하리라 [15] 주 여호와 이스라엘의 거룩하신 이가 이같이 말씀하시되 너희가

37일~42일

❖ 사 30장은 **친애굽 정책에 대한 경고이다.**
히스기야는 부왕 아하스는 친 앗수르 정책을 버리고 서진하는 앗수르를 막기 위해 애굽과 동맹을 맺는다. 지금까지 유다는 주변 국가와는 달리 친 앗수르 정책으로 살아남았는데 이제 친애굽 정책으로 돌아선다. 히스기야는 애굽과 동맹을 맺고 이를 빌미로 B.C. 701년에 앗수르의 산헤립이 대군을 이끌고 유다를 공격한다(1차 공격). 애굽은 이런 상황에서 아무런 도움을 주지 못했다.
☞ 하나님은 그 앗수르를 치실 것을 약속하신다.
☞ **사 30:18** 여호와는 정의의 하나님이심이라 그를 기다리는 자마다 복이 있도다.
☞ **사 30:21** 너희가 오른쪽으로 치우치든지 왼쪽으로 치우치든지 네 뒤에서 말소리가 네 귀에 들려 이르기를 이것이 바른 길이니 너희는 이리로 가라 할 것이며

❖ 사 30장 애굽을 의지해서 앗수르의 공격을 피해 보려는 자세는 가나안 땅을 기업으로 주신 하나님의 능력과 보호에 대한 불신이기 때문에 이것은 죄이다. 이것은 믿음의 문제이다. 신위에 의지하는 것은 믿음의 문제이다.

사 30:1-7 히스기야 왕은 부왕인 아하스의 친 앗수르 정책을 버리고 팽창하는 앗수르를 저지하기 위해 애굽과 동맹을 맺는다. 유다는 그전까지 주변 약소국가들의 반 앗수르 동맹에 가담하지 않고 친 앗수르 정책으로 살아남았다. 앗수르는 이런 유다에 대해 우호적일 수가 없다. 그래서 B.C. 701년에 산헤립이 대군을 이끌고 유다를 공격한다. 그러나 애굽은 아무런 도움을 주지 못한다.

돌이켜 조용히 있어야 구원을 얻을 것이요 잠잠하고 신뢰하여야 힘을 얻
을 것이거늘 너희가 원하지 아니하고 [16] 이르기를 아니라 우리가 말 타고
도망하리라 하였으므로 너희가 도망할 것이요 또 이르기를 우리가 빠른
짐승을 타리라 하였으므로 너희를 쫓는 자들이 빠르리니 [17] 한 사람이 꾸
짖은즉 천 사람이 도망하겠고 다섯이 꾸짖은즉 너희가 다 도망하고 너희
남은 자는 겨우 산 꼭대기의 깃대 같겠고 산마루 위의 기치 같으리라 하
셨느니라

하나님을 기다리는 자는 복이 있도다

[18] 그러나 여호와께서 기다리시나니 이는 너희에게 은혜를 베풀려 하심이
요 일어나시리니 이는 너희를 긍휼히 여기려 하심이라 대저 여호와는 정
의의 하나님이심이라 그를 기다리는 자마다 복이 있도다 [19] 시온에 거주
하며 예루살렘에 거주하는 백성아 너는 다시 통곡하지 아니할 것이라 그
가 네 부르짖는 소리로 말미암아 네게 은혜를 베푸시되 그가 들으실 때
에 네게 응답하시리라 [20] 주께서 너희에게 환난의 떡과 고생의 물을 주시나 네 스승은 다시 숨기지 아니하시리니
네 눈이 네 스승을 볼 것이며 [21] 너희가 오른쪽으로 치우치든지 왼쪽으로 치우치든지 네 뒤에서 말소리가 네 귀
에 들려 이르기를 이것이 바른 길이니 너희는 이리로 가라 할 것이며 [22] 또 너희가 너희 조각한 우상에 입힌 은과
부어 만든 우상에 올린 금을 더럽게 하여 불결한 물건을 던짐 같이 던지며 이르기를 나가라 하리라 [23] 네가 땅에

뿌린 종자에 주께서 비를 주사 땅이 먹을 것을 내며 곡식이 풍성하고 기름
지게 하실 것이며 그 날에 네 가축이 광활한 목장에서 먹을 것이요 [24] 밭가
는 소와 어린 나귀도 키와 쇠스랑으로 까부르고 맛있게 한 먹이를 먹을 것
이며 [25] 크게 살육하는 날 망대가 무너질 때에 고산마다 준령마다 그 뒤에
개울과 시냇물이 흐를 것이며 [26] 여호와께서 자기 백성의 상처를 싸매시며
그들의 맞은 자리를 고치시는 날에는 달빛은 햇빛 같겠고 햇빛은 일곱 배
가 되어 일곱 날의 빛과 같으리라

> 사 30:9-11의 말씀을 딤후 4:3-4과 함께 묵상하라. 오늘 우리의 문제이다.
> 성경을 읽지 않고 자기중심성을 충족시켜 주는 감언이설의 설교를 쫓아 여기저기 기웃거리는 교인들, 이들은 모두 가짜이다.
> ☞ **딤후 4:3-4** 때가 이르리니 사람이 바른 교훈을 받지 아니하며 귀가 가려워서 자기의 사욕을 따를 스승을 많이 두고 또 그 귀를 진리에서 돌이켜 허탄한 이야기를 따르리라
>
> 사 30:18 환난의 때는 인내가 가장 좋은 처방이고 약이다. 그 인내는 곧 하나님을 기다리는 것이다. 하나님은 우리를 복 주시기 위해 만드셨고(창 1:28), 그분은 "신실하신" 분이기 때문에 그 약속을 반드시 이루신다는 믿음으로 인내하는 것이다.

여호와께서 앗수르를 치시리라

[27] 보라 여호와의 이름이 원방에서부터 오되 그의 진노가 불 붙듯 하며
빽빽한 연기가 일어나듯 하며 그의 입술에는 분노가 찼으며 그의 혀는 맹
렬한 불같으며 [28] 그의 호흡은 마치 창일하여 목에까지 미치는 하수 같은
즉 그가 멸하는 키로 열방을 까부르며 여러 민족의 입에 미혹하는 재갈을
물리시리니 [29] 너희가 거룩한 절기를 지키는 밤에 하듯이 노래할 것이며
피리를 불며 여호와의 산으로 가서 이스라엘의 반석에게로 나아가는 자 같이 마음에 즐거워할 것이라 [30] 여호
와께서 그의 장엄한 목소리를 듣게 하시며 혁혁한 진노로 그의 팔의 치심을 보이시되 맹렬한 화염과 폭풍과 폭
우와 우박으로 하시리니 [31] 여호와의 목소리에 앗수르가 낙담할 것이며 주께서는 막대기로 치실 것이라 [32] 여호
와께서 예정하신 몽둥이를 앗수르 위에 더하실 때마다 소고를 치며 수금을 탈 것이며 그는 전쟁 때에 팔을 들어
그들을 치시리라 [33] 대저 도벳은 이미 세워졌고 또 왕을 위하여 예비된 것이라 깊고 넓게 하였고 거기에 불과 많
은 나무가 있은즉 여호와의 호흡이 유황 개천 같아서 이를 사르시리라

> 사 30:27-33 이 예언은 가깝게는 히스기야 왕 때 유다를 침공한 앗수르 군대에 대한 심판의 예언이며, 멀게는 B.C. 612년에 바벨론에 의해 앗수르가 멸망하는 것을 예고하는 것이다.

이사야 31장

❖ 사 31장 – 애굽은 '세상', '세속'을 상징한다. 때로는 사탄의 세력을 의미하기도 한다.

[1] 도움을 구하러 애굽으로 내려가는 자들은 화 있을진저 그들은 말을 의
지하며 병거의 많음과 마병의 심히 강함을 의지하고 이스라엘의 거룩하신 이를 앙모하지 아니하며 여호와를 구

하지 아니하나니 2 여호와께서도 지혜로우신즉 재앙을 내리실 것이라 그
의 말씀들을 변하게 하지 아니하시고 일어나사 악행하는 자들의 집을 치
시며 행악을 돕는 자들을 치시리니 3 애굽은 사람이요 신이 아니며 그들
의 말들은 육체요 영이 아니라 여호와께서 그의 손을 펴시면 돕는 자도
넘어지며 도움을 받는 자도 엎드러져서 다 함께 멸망하리라 4 여호와께서
이같이 내게 이르시되 큰 사자나 젊은 사자가 자기의 먹이를 움키고 으르
렁거릴 때에 그것을 치려고 여러 목자를 불러 왔다 할지라도 그것이 그들
의 소리로 말미암아 놀라지 아니할 것이요 그들의 떠듦으로 말미암아 굴
복하지 아니할 것이라 이와 같이 나 만군의 여호와가 강림하여 시온 산과
그 언덕에서 싸울 것이라 5 새가 날개 치며 그 새끼를 보호함 같이 나 만
군의 여호와가 예루살렘을 보호할 것이라 그것을 호위하며 건지며 뛰어
넘어 구원하리라 하셨느니라 6 이스라엘 자손들아 너희는 심히 거역하던
자에게로 돌아오라 7 너희가 자기 손으로 만들어 범죄한 은 우상, 금 우상
을 그 날에는 각 사람이 던져 버릴 것이며 8 앗수르는 칼에 엎드러질 것이
나 사람의 칼로 말미암음이 아니겠고 칼에 삼켜질 것이나 사람의 칼로 말
미암음이 아닐 것이며 그는 칼 앞에서 도망할 것이요 그의 장정들은 복역
하는 자가 될 것이라 9 그의 반석은 두려움으로 말미암아 물러가겠고 그
의 고관들은 기치로 말미암아 놀라리라 이는 여호와의 말씀이라 여호와
의 불은 시온에 있고 여호와의 풀무는 예루살렘에 있느니라

사 31:1-4 신앙은 가시적인 것에 의한 것이 아니다. 신앙은 보이지 않는 하나님의 능력을 믿는 것이다. 믿음은 하나님의 능력 행하심을 따르는 것이다.
⇒ 나는 오늘도 하나님이 아닌 다른 것에서 도움을 찾고 있지는 않은가? 인위를 신위 앞에 내려놓아야 한다. - 잠 16:3, 9
☞ 인위(人爲)의 문제를 인위(人爲)로 풀려는 인간의 어리석음은 계속되고 있다. 신위(神爲)로 돌아가기가 그렇게 어려운 것인지! 그 재앙은 유다 왕 히스기야의 앗수르에 대한 반역과 B.C. 701년에 있었던 앗수르의 즉각적인 보복에서 절정에 이른다. 종교 지도자와 세속적 지도자들은 백성들을 잘못 인도했다. 예루살렘은 포위 공격을 당할 것이지만 점령을 당하지는 않을 것이다. 애굽도 앗수르도 믿어서는 안 되지만, 여호와께서는 그의 백성을 구원하실 것이다. 먼 미래에 평화와 정의와 의의 시대가 올 것이다. 그 이전에 하나님을 믿는 자들만이 살아남을 때가 있을 것이다. 이 부분의 줄거리는 에브라임(이스라엘의 다른 이름)과 유다 지도자들에 대한 하나님의 경고이다.

37일~42일

이사야 32장

의로 통치할 왕

1 보라 장차 한 왕이 공의로 통치할 것이요 방백들이 정의로 다스릴 것이
며 2 또 그 사람은 광풍을 피하는 곳, 폭우를 가리는 곳 같을 것이며 마른
땅에 냇물 같을 것이며 곤비한 땅에 큰 바위 그늘 같으리니 3 보는 자의
눈이 감기지 아니할 것이요 듣는 자가 귀를 기울일 것이며 4 조급한 자의
마음이 지식을 깨닫고 어눌한 자의 혀가 민첩하여 말을 분명히 할 것이라
5 어리석은 자를 다시 존귀하다 부르지 아니하겠고 우둔한 자를 다시 존
귀한 자라 말하지 아니하리니 6 이는 어리석은 자는 어리석은 것을 말하며
그 마음에 불의를 품어 간사를 행하며 패역한 말로 여호와를 거스르며 주
린 자의 속을 비게 하며 목마른 자에게서 마실 것을 없어지게 함이며 7 악
한 자는 그 그릇이 악하여 악한 계획을 세워 거짓말로 가련한 자를 멸하
며 가난한 자가 말을 바르게 할지라도 그리함이거니와 8 존귀한 자는 존
귀한 일을 계획하나니 그는 항상 존귀한 일에 서리라

심판과 회복

9 너희 안일한 여인들아 일어나 내 목소리를 들을지어다 너희 염려 없는
딸들아 내 말에 귀를 기울일지어다 10 너희 염려 없는 여자들아 일 년 남
짓 지나면 너희가 당황하리니 포도 수확이 없으며 열매 거두는 일이 이르지 않을 것임이라 11 너희 안일한 여자
들아 떨지어다 너희 염려 없는 자들아 당황할지어다 옷을 벗어 몸을 드러내고 베로 허리를 동일지어다 12 그들은
좋은 밭으로 인하여 열매 많은 포도나무로 인하여 가슴을 치게 될 것이니라 13 내 백성의 땅에 가시와 찔레가 나

사 32장에서 보는 그리스도인의 영향력과 사회적 책임

32장은 그리스도인들이 나라의 법에 끼칠 수 있는 영향과 관련하여 두 가지를 이야기한다.
첫째, 평화 곧 사회적 건강함과 조화로움은 정의가 성장하여 맺는 결실이다. 사악함이 만연하도록 내버려 두는 사회는 결국 불의와 분쟁으로 분열될 수밖에 없다. 인간의 죄악된 본성이 표출되는 것을 통제하는 법을 갖지 못한 국가는 시민들을 안전하게 보호하지 못한다. 따라서 그리스도인의 '종교적 정의'는 국가의 법이 성경에서 말하는 윤리관을 반영하도록 해야 한다.
둘째, 진정 정의로운 사회는 "성령이 하늘로부터 우리에게 부어지는" 날이 오기를 고대한다. 사회가 바뀌려면 개인이 바뀌어야 한다. 성령께서 바꾸는 것은 개인들이다. 그리고 이 일은 내면에서 일어난다. 성령을 받은 그리스도인들은 의로운 법들을 만들어 내는 일에 주저해서는 안 된다. 동시에 인간에게 가장 시급한 것은 "영혼 구원"이라는 사실도 기억해야 한다.

며 희락의 성읍, 기뻐하는 모든 집에 나리니 14 대저 궁전이 폐한 바 되며 인구 많던 성읍이 적막하며 오벨과 망대
가 영원히 굴혈이 되며 들나귀가 즐기는 곳과 양 떼의 초장이 되려니와 15 마침내 위에서부터 영을 우리에게 부
어 주시리니 광야가 아름다운 밭이 되며 아름다운 밭을 숲으로 여기게 되리라 16 그 때에 정의가 광야에 거하며
공의가 아름다운 밭에 거하리니 17 공의의 열매는 화평이요 공의의 결과는 영원한 평안과 안전이라 18 내 백성이
화평한 집과 안전한 거처와 조용히 쉬는 곳에 있으려니와 19 그 숲은 우박에 상하고 성읍은 파괴되리라 20 모든
물 가에 씨를 뿌리고 소와 나귀를 그리로 모는 너희는 복이 있느니라

열왕기하 20:1-19 :
히스기야의 병과 나음, 바벨론 문안 사절단

❖ 히스기야 왕의 발병과 생명 연장 사건은 19장의 산헤립 침공이 이전의 일이다. 따라서 현 상황의 발생순서는 다음과 같다. 히스기야의 발병 → 히스기야 왕궁 공개 사건 → 앗수르의 1차 침공 → 2차 침공

왕하 20:1-11, 사 38장 병들어 연약한 인간의 모습과는 상대적으로 태양의 그림자를 뒤로 10도 물러가게 하심으로 히스기야의 병을 치유하신 하나님은, 우주를 주관하시는 능력의 하나님으로서 언제든지 당신의 백성들이 요청하기만 하면 어떠한 상황 속에서도 그 백성들을 구원하실 수 있는 분으로 소개된다.

히스기야의 발병과 회복(대하 32:24-26, 사 38:1-8, 21-22)

1 그 때에 히스기야가 병들어 죽게 되매 아모스의 아들 선지자 이사야가
그에게 나아와서 그에게 이르되 여호와의 말씀이 너는 집을 정리하라 네
가 죽고 살지 못하리라 하셨나이다 2 히스기야가 낯을 벽으로 향하고 여호
와께 기도하여 이르되 3 여호와여 구하오니 내가 진실과 전심으로 주 앞에
행하며 주께서 보시기에 선하게 행한 것을 기억하옵소서 하고 히스기야
가 심히 통곡하더라 4 이사야가 성읍 가운데까지도 이르기 전에 여호와의
말씀이 그에게 임하여 이르시되 5 너는 돌아가서 내 백성의 주권자 히스기야에게 이르기를 왕의 조상 다윗의 하
나님 여호와의 말씀이 내가 네 기도를 들었고 네 눈물을 보았노라 내가 너를 낫게 하리니 네가 삼 일 만에 여호와
의 성전에 올라가겠고 6 내가 네 날에 십오 년을 더할 것이며 내가 너와 이 성을 앗수르 왕의 손에서 구원하고 내
가 나를 위하고 또 내 종 다윗을 위하므로 이 성을 보호하리라 하셨다 하라 하셨더라 7 이사야가 이르되 무화과
반죽을 가져오라 하매 무리가 가져다가 그 상처에 놓으니 나으니라 8 히스기야가 이사야에게 이르되 여호와께서
나를 낫게 하시고 삼 일 만에 여호와의 성전에 올라가게 하실 무슨 징표가 있나이까 하니 9 이사야가 이르되 여호
와께서 하신 말씀을 응하게 하실 일에 대하여 여호와께로부터 왕에게 한 징표가 임하리이다 해 그림자가 십도를
나아갈 것이니이까 혹 십도를 물러갈 것이니이까 하니 10 히스기야가 대답하되 그림자가 십도를 나아가기는 쉬
우니 그리할 것이 아니라 십도가 뒤로 물러갈 것이니이다 하니라 11 선지자 이사야가 여호와께 간구하매 아하스
의 해시계 위에 나아갔던 해 그림자를 십도 뒤로 물러가게 하셨더라

바벨론에서 온 사자들(사 39:1-8)

왕하 20:12-15, 사 39장 반면 여호와의 은총으로 말미암아 병 치유함을 받고 15년간의 생명 연장을 받은 히스기야는 그 생명이 여호와로부터 말미암았다는 사실을 망각하고 바벨론 사절단에게 자신의 부귀영화만을 자랑하는 교만된 행위를 저지르고 말았다. 이는 아마샤(14:1-22)와 웃시야(15:1-7)가 동일하게 저질렀던 것과 같이 교만은 곧 하나님의 은혜를 헛되게 만들고 오직 자기 영광만을 나타내려 하는 것으로 하나님께 대한 대적행위(對敵行爲)와 동일한 것이다(잠 16:18, 약 4:6).

12 그 때에 발라단의 아들 바벨론의 왕 브로닥발라단이 히스기야가 병 들
었다 함을 듣고 편지와 예물을 그에게 보낸지라 13 히스기야가 사자들의
말을 듣고 자기 보물고의 금은과 향품과 보배로운 기름과 그의 군기고와
창고의 모든 것을 다 사자들에게 보였는데 왕궁과 그의 나라 안에 있는
모든 것 중에서 히스기야가 그에게 보이지 아니한 것이 없더라 14 선지자
이사야가 히스기야 왕에게 나아와 그에게 이르되 이 사람들이 무슨 말을
하였으며 어디서부터 왕에게 왔나이까 히스기야가 이르되 먼 지방 바벨
론에서 왔나이다 하니 15 이사야가 이르되 그들이 왕궁에서 무엇을 보았
나이까 하니 히스기야가 대답하되 내 궁에 있는 것을 그들이 다 보았나니
나의 창고에서 하나도 보이지 아니한 것이 없나이다 하더라

히스기야가 죽다(대하 32:32-33)

16 이사야가 히스기야에게 이르되 여호와의 말씀을 들으소서 17 여호와의 말씀이 날이 이르리니 왕궁의 모든 것
과 왕의 조상들이 오늘까지 쌓아 두었던 것이 바벨론으로 옮긴 바 되고 하나도 남지 아니할 것이요 18 또 왕의
몸에서 날 아들 중에서 사로잡혀 바벨론 왕궁의 환관이 되리라 하셨나이다 하니 19 히스기야가 이사야에게 이르
되 당신이 전한 바 여호와의 말씀이 선하니이다 하고 또 이르되 만일 내가 사는 날에 태평과 진실이 있을진대 어
찌 선하지 아니하리요 하니라

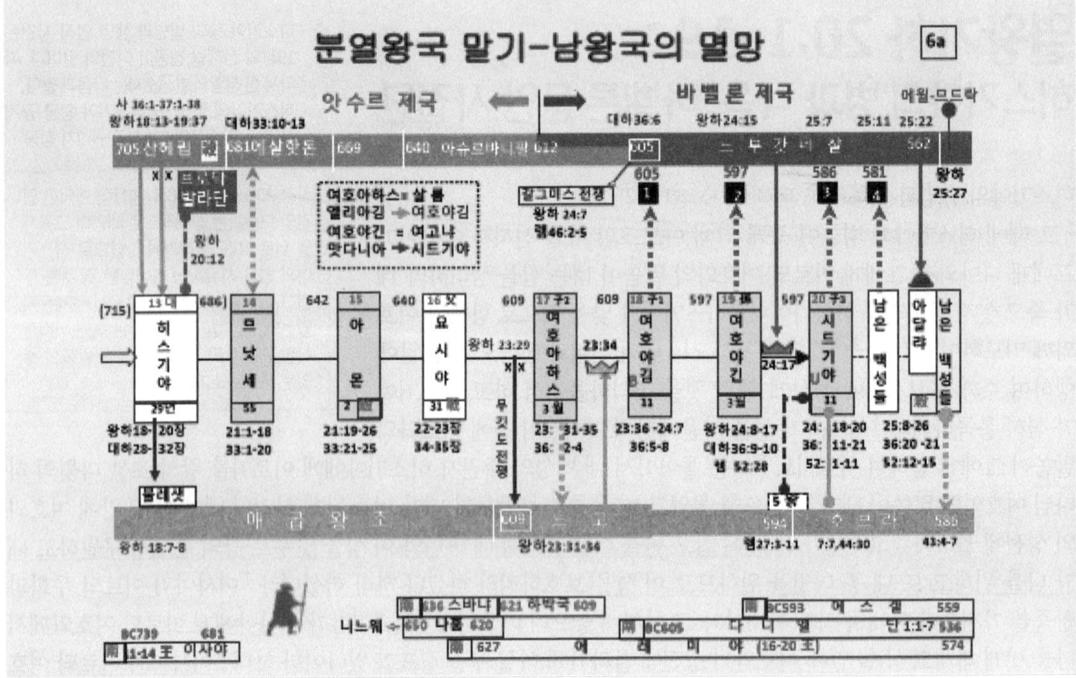

이사야 38장~39장

이사야 38장

히스기야 왕의 발병과 회복(왕하 20:1-11, 대하 32:24-26)

1 그 때에 히스기야가 병들어 죽게 되니 아모스의 아들 선지자 이사야가 나아가 그에게 이르되 여호와께서 이같
이 말씀하시기를 너는 네 집에 유언하라 네가 죽고 살지 못하리라 하셨나이다 하니 2 히스기야가 얼굴을 벽으로
향하고 여호와께 기도하여 3 이르되 여호와여 구하오니 내가 주 앞에서 진실과 전심으로 행하며 주의 목전에서 선
하게 행한 것을 기억하옵소서 하고 히스기야가 심히 통곡하니 4 이에 여호와의 말씀이 이사야에게 임하여 이르시
되 5 너는 가서 히스기야에게 이르기를 네 조상 다윗의 하나님 여호와께서 이같이 말씀하시
기를 내가 네 기도를 들었고 네 눈물을 보았노라 내가 네 수한에 십오 년을 더하고 6 너와
이 성을 앗수르 왕의 손에서 건져내겠고 내가 또 이 성을 보호하리라 7 이는 여호와께로
말미암는 너를 위한 징조이니 곧 여호와께서 하신 말씀을 그가 이루신다는 증거이니라
8 보라 아하스의 해시계에 나아갔던 해 그림자를 뒤로 십도를 물러가게 하리라 하셨다

하라 하시더니 이에 해시계에 나아갔던 해의 그림자가 십도를 물러가니라 9 유다 왕 히스기야가 병들었다가 그의
병이 나은 때에 기록한 글이 이러하니라 10 내가 말하기를 나의 중년에 스올의 문에 들어가고 나의 여생을 빼앗기
게 되리라 하였도다 11 내가 또 말하기를 내가 다시는 여호와를 뵈옵지 못하리니 산 자의 땅에서 다시는 여호와를
뵈옵지 못하겠고 내가 세상의 거민 중에서 한 사람도 다시는 보지 못하리라 하였도다 12 나의 거처는 목자의 장막
을 걷음 같이 나를 떠나 옮겨졌고 직공이 베를 걷어 말음 같이 내가 내 생명을 말았도다 주께서 나를 틀에서 끊으
시리니 조석간에 나를 끝내시리라 13 내가 아침까지 견디었사오나 주께서 사자 같이 나의 모든 뼈를 꺾으시오니
조석간에 나를 끝내시리라 14 나는 제비 같이, 학 같이 지저귀며 비둘기 같이 슬피 울며 내 눈이 쇠하도록 앙망하나
이다 여호와여 내가 압제를 받사오니 나의 중보가 되옵소서 15 주께서 내게 말씀하시고 또 친히 이루셨사오니 내
가 무슨 말씀을 하오리이까 내 영혼의 고통으로 말미암아 내가 종신토록 방황하리이다 16 주여 사람이 사는 것이
이에 있고 내 심령의 생명도 온전히 거기에 있사오니 원하건대 나를 치료하시며 나를 살려 주옵소서 17 보옵소서
내게 큰 고통을 더하신 것은 내게 평안을 주려 하심이라 주께서 내 영혼을 사랑하사 멸망의 구덩이에서 건지셨고
내 모든 죄를 주의 등 뒤에 던지셨나이다 18 스올이 주께 감사하지 못하며 사망이 주를 찬양하지 못하며 구덩이에
들어간 자가 주의 신실을 바라지 못하되 19 오직 산 자 곧 산 자는 오늘 내가 하는 것과 같이 주께 감사하며 주의
신실을 아버지가 그의 자녀에게 알게 하리이다 20 여호와께서 나를 구원하시리니 우리가 종신토록 여호와의 전에
서 수금으로 나의 노래를 노래하리로다 21 이사야가 이르기를 한 뭉치 무화과를 가져다가 종처에 붙이면 왕이 나
으리라 하였고 22 히스기야도 말하기를 내가 여호와의 전에 올라갈 징조가 무엇이냐 하였더라

이사야 39장

바벨론에서 온 사자들(왕하 20:12-19)

1 그 때에 발라단의 아들 바벨론 왕 므로닥발라단이 히스기야가 병 들었
다가 나았다 함을 듣고 히스기야에게 글과 예물을 보낸지라 2 히스기야
가 사자들로 말미암아 기뻐하여 그들에게 보물 창고 곧 은금과 향료와
보배로운 기름과 모든 무기고에 있는 것을 다 보여 주었으니 히스기야가
궁중의 소유와 전 국내의 소유를 보이지 아니한 것이 없는지라 3 이에 선
지자 이사야가 히스기야 왕에게 나아와 묻되 그 사람들이 무슨 말을 하였
으며 어디서 왕에게 왔나이까 하니 히스기야가 이르되 그들이 원방 곧 바벨론에서 내게 왔나이다 하니라 4 이사
야가 이르되 그들이 왕의 궁전에서 무엇을 보았나이까 하니 히스기야가 대답하되 그들이 내 궁전에 있는 것을
다 보았나이다 내 창고에 있는 것으로 보이지 아니한 보물이 하나도 없나이다 하니라 5 이사야가 히스기야에게
이르되 왕은 만군의 여호와의 말씀을 들으소서 6 보라 날이 이르리니 네 집에 있는 모든 소유와 네 조상들이 오
늘까지 쌓아 둔 것이 모두 바벨론으로 옮긴 바 되고 남을 것이 없으리라 여호와의 말이니라 7 또 네게서 태어날
자손 중에서 몇이 사로잡혀 바벨론 왕궁의 환관이 되리라 하셨나이다 하니 8 히스기야가 이사야에게 이르되 당
신이 이른 바 여호와의 말씀이 좋소이다 하고 또 이르되 내 생전에는 평안과 견고함이 있으리로다 하니라

❖ 사 39장
반 앗수르 정책을 쓰는 히스기야에게 바벨론 사자는 반가운 손님일 수 있다. 그러나 이 바벨론이 유다 문제의 해결사가 될 수 없다.
이사야는 히스기야에게 만군의 여호와의 말씀을 들으라고 권면한다. 하나님은 역사의 주권자요 섭리의 하나님이시라는 사실을 명심해야 한다.
여러분들도 "오늘 성경 읽으셨나요?"

열왕기하 18:13~19장 : 산헤립의 침공과 히스기야 왕

열왕기하 18:13-37

앗수르 사람들이 예루살렘을 위협하다(대하 32:1-19, 사 36:1-22)

13 히스기야 왕 제십사년에 앗수르의 왕 산헤립이 올라와서 유다 모든 견고한 성읍들을 쳐서 점령하매 14 유다의
왕 히스기야가 라기스로 사람을 보내어 앗수르 왕에게 이르되 내가 범죄하였나이다 나를 떠나 돌아가소서 왕

이 내게 지우시는 것을 내가 당하리이다 하였더니 앗수르 왕이 곧 은 삼
백 달란트와 금 삼십 달란트를 정하여 유다 왕 히스기야에게 내게 한지라
15 히스기야가 이에 여호와의 성전과 왕궁 곳간에 있는 은을 다 주었고 16
또 그 때에 유다 왕 히스기야가 여호와의 성전 문의 금과 자기가 모든 기
둥에 입힌 금을 벗겨 모두 앗수르 왕에게 주었더라 17 앗수르 왕이 다르단
과 랍사리스와 랍사게로 하여금 대군을 거느리고 라기스에서부터 예루
살렘으로 가서 히스기야 왕을 치게 하매 그들이 예루살렘으로 올라가니
라 그들이 올라가서 윗못 수도 곁 곧 세탁자의 밭에 있는 큰 길에 이르러
서니라 18 그들이 왕을 부르매 힐기야의 아들로서 왕궁의 책임자인 엘리
야김과 서기관 셉나와 아삽의 아들 사관 요아가 그에게 나가니 19 랍사게
가 그들에게 이르되 너희는 히스기야에게 말하라 대왕 앗수르 왕의 말씀
이 네가 의뢰하는 이 의뢰가 무엇이냐 20 네가 싸울 만한 계교와 용력이
있다고 한다마는 이는 입에 붙은 말 뿐이라 네가 이제 누구를 의뢰하고
나를 반역하였느냐 21 이제 네가 너를 위하여 저 상한 갈대 지팡이 애굽을
의뢰하도다 사람이 그것을 의지하면 그의 손에 찔려 들어갈지라 애굽의
왕 바로는 그에게 의뢰하는 모든 자에게 이와 같으니라 22 너희가 내게
이르기를 우리는 우리 하나님 여호와를 의뢰하노라 하리라마는 히스기
야가 그들의 산당들과 제단을 제거하고 유다와 예루살렘 사람에게 명령
하기를 예루살렘 이 제단 앞에서만 예배하라 하지 아니하였느냐 하셨나
니 23 청하건대 이제 너는 내 주 앗수르 왕과 내기하라 네가 만일 말을 탈

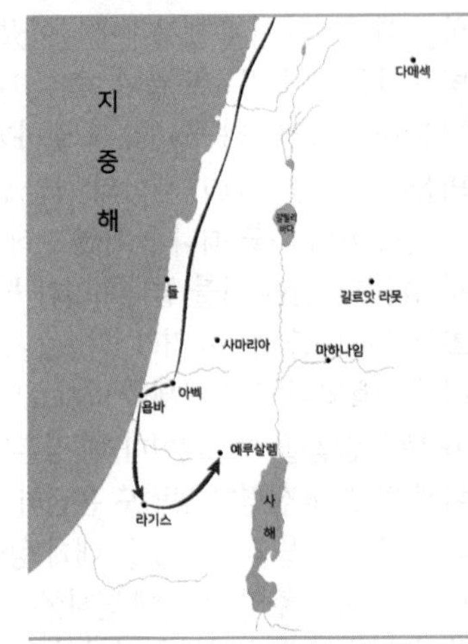

❖ 왕하 18:13-37~19장

앗수르 사람이 예루살렘을 위협하다. – 1차 침공과 2차 침공

B.C. 701년에 앗수르가 46개의 성읍을 점령하고 200,150명의 유다 사람을 잡아가는 1차 침공, 히스기야가 금 30달란트, 은 300달란트의 배상금을 물고 위기를 넘긴다. 랍사게와 산헤립으로부터 조롱당한다. 유다는 이미 앗수르의 속국이 되어 버린다.

사람을 낼 수 있다면 나는 네게 말 이천 마리를 주리라 24 네가 어찌 내 주의 신하 중 지극히 작은 지휘관 한 사
람인들 물리치며 애굽을 의뢰하고 그 병거와 기병을 얻을 듯하냐 25 내가 어찌 여호와의 뜻이 아니고야 이제 이
곳을 멸하러 올라왔겠느냐 여호와께서 전에 내게 이르시기를 이 땅으로 올라와서 쳐서 멸하라 하셨느니라 하는
지라 26 힐기야의 아들 엘리야김과 셉나와 요아가 랍사게에게 이르되 우리가 알아듣겠사오니 청하건대 아람 말
로 당신의 종들에게 말씀하시고 성 위에 있는 백성이 듣는 데서 유다 말로 우리에게 말씀하지 마옵소서 27 랍사
게가 그에게 이르되 내 주께서 네 주와 네게만 이 말을 하라고 나를 보내신 것이냐 성 위에 앉은 사람들도 너희
와 함께 자기의 대변을 먹게 하고 자기의 소변을 마시게 하신 것이 아니냐 하고 28 랍사게가 드디어 일어서서 유

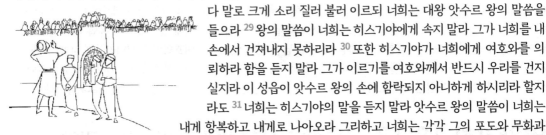

다 말로 크게 소리 질러 불러 이르되 너희는 대왕 앗수르 왕의 말씀을
들으라 29 왕의 말씀이 너희는 히스기야에게 속지 말라 그가 너희를 내
손에서 건져내지 못하리라 30 또한 히스기야가 너희에게 여호와를 의
뢰하라 함을 듣지 말라 그가 이르기를 여호와께서 반드시 우리를 건지
실지라 이 성읍이 앗수르 왕의 손에 함락되지 아니하게 하시리라 할지
라도 31 너희는 히스기야의 말을 듣지 말라 앗수르 왕의 말씀이 너희는
내게 항복하고 내게로 나아오라 그리하고 너희는 각각 그의 포도와 무화과
를 먹고 또한 각각 자기의 우물의 물을 마시라 32 내가 장차 와서 너희를 한 지방으로 옮기리니 그 곳은 너희 본
토와 같은 지방 곧 곡식과 포도주가 있는 지방이요 떡과 포도원이 있는 지방이요 기름 나는 감람과 꿀이 있는 지
방이라 너희가 살고 죽지 아니하리라 히스기야가 너희를 설득하여 이르기를 여호와께서 우리를 건지시리라 하
여도 히스기야에게 듣지 말라 33 민족의 신들 중에 어느 한 신이 그의 땅을 앗수르 왕의 손에서 건진 자가 있느냐
34 하맛과 아르밧의 신들이 어디 있으며 스발와임과 헤나와 아와의 신들이 어디 있느냐 그들이 사마리아를 내
손에서 건졌느냐 35 민족의 모든 신들 중에 누가 그의 땅을 내 손에서 건졌기에 여호와가 예루살렘을 내 손에서

걷지겠느냐 하셨느니라 36 그러나 백성이 잠잠하고 한 마디도 그에게 대답하지 아니하니 이는 왕이 명령하여 대
답하지 말라 하였음이라 37 이에 힐기야의 아들로서 왕궁 내의 책임자인 엘리야김과 서기관 셉나와 아삽의 아들
사관 요아가 옷을 찢고 히스기야에게 나아가서 랍사게의 말을 전하니라

열왕기하 19장

왕이 이사야의 충고를 듣고자 하다(사 37:1-7)

1 히스기야 왕이 듣고 그 옷을 찢고 굵은 베를 두르고 여호와의 전에 들어
가서 2 왕궁의 책임자인 엘리야김과 서기관 셉나와 제사장 중 장로들에
게 굵은 베를 둘려서 아모스의 아들 선지자 이사야에게로 보내매 3 그들
이 이사야에게 이르되 히스기야의 말씀이 오늘은 환난과 징벌과 모욕의
날이라 아이를 낳을 때가 되었으나 해산할 힘이 없도다 4 랍사게가 그의
주 앗수르 왕의 보냄을 받고 와서 살아 계신 하나님을 비방하였으니 당신
의 하나님 여호와께서 혹시 그의 말을 들으셨을지라 당신의 하나님 여호
와께서 그 들으신 말 때문에 꾸짖으실 듯하니 당신은 이 남아 있는 자들
을 위하여 기도하소서 하더이다 하니라 5 이와 같이 히스기야 왕의 신복이
이사야에게 나아가니 6 이사야가 그들에게 이르되 너희는 너희 주에게 이
렇게 말하라 여호와의 말씀이 너는 앗수르 왕의 신복에게 들은 바 나를
모욕하는 말 때문에 두려워하지 말라 7 내가 한 영을 그의 속에 두어 그로
소문을 듣고 그의 본국으로 돌아가게 하고 또 그의 본국에서 그에게 칼
에 죽게 하리라 하셨느니라 하더라

앗수르가 또 위협하다(사 37:8-20)

8 랍사게가 돌아가다가 앗수르 왕이 이미 라기스에서 떠났다 함을 듣고
립나로 가서 앗수르 왕을 만났으니 왕이 거기서 립나와 싸우는 중이더라
9 앗수르 왕은 구스 왕 디르하가가 당신과 싸우고자 나왔다 함을 듣고 다
시 히스기야에게 사자를 보내며 이르되 10 너희는 유다의 왕 히스기야에
게 이같이 말하여 이르기를 네가 믿는 네 하나님이 예루살렘을 앗수르 왕의 손에 넘기지 아니하겠다 하는 말에
속지 말라 11 앗수르의 여러 왕이 여러 나라에 행한 바 진멸한 일을 네가 들었나니 네가 어찌 구원을 얻겠느냐 12
내 조상들이 멸하신 여러 민족 곧 고산과 하란과 레셉과 들라살에 있는 에덴 족속을 그 나라들의 신들이 건졌느
냐 13 하맛 왕과 아르밧 왕과 스발와임 성의 왕과 헤나와 아와의 왕들이 다 어디 있느냐 하라 하니라 14 히스기야
가 사자의 손에서 편지를 받아보고 여호와의 성전에 올라가서 히스기야가 그 편지를 여호와 앞에 펴 놓고 15 그
앞에서 히스기야가 기도하여 이르되 그룹들 위에 계신 이스라엘의 하나님 여호와여 주는 천하 만국에 홀로 하나
님이시라 주께서 천지를 만드셨나이다 16 여호와여 귀를 기울여 들으소서 여호와여 눈을 떠서 보시옵소서 산헤
립이 살아 계신 하나님을 비방하러 보낸 말을 들으시옵소서 17 여호와여 앗수르 여러 왕이 과연 여러 민족과 그
들의 땅을 황폐하게 하고 18 또 그들의 신들을 불에 던졌사오니 이는 그들이 신이 아니요 사람의 손으로 만든 것
곧 나무와 돌 뿐이므로 멸하였나이다 19 우리 하나님 여호와여 원하건대 이제 우리를 그의 손에서 구원하옵소서
그리하시면 천하 만국이 주 여호와가 홀로 하나님이신 줄 알리이다 하니라

이사야가 왕에게 보낸 여호와의 말씀(사 37:21-38)

20 아모스의 아들 이사야가 히스기야에게 보내 이르되 이스라엘 하나님
여호와의 말씀이 네가 앗수르 왕 산헤립 때문에 내게 기도하는 것을 내가 들었노라 하셨나이다 21 여호와께서 앗
수르 왕에게 대하여 이같이 말씀하시기를 처녀 딸 시온이 너를 멸시하며 너를 비웃었으며 딸 예루살렘이 너를 향

❖ 이사야의 충고를 들은 히스기야가 기도의 사람으로 변모한다.
☞ 왕하 19:15-19의 히스기야의 기도를 묵상하라.

❖ 하나님을 의뢰하는 것 역시 하나님 방법대로 해야 한다.
☞ **신 10:12** 이스라엘아 네 하나님 여호와께서 네게 요구하시는 것이 무엇이냐 곧 네 하나님 여호와를 경외하여 그의 모든 도를 행하고 그를 사랑하며 마음을 다하고 뜻을 다하여 네 하나님 여호와를 섬기고
☞ **호 6:6** 나는 인애를 원하고 제사를 원하지 아니하며 번제보다 하나님을 아는 것을 원하노라
☞ **막 12:33** 또 마음을 다하고 지혜를 다하고 힘을 다하여 하나님을 사랑하는 것과 또 이웃을 자기 자신과 같이 사랑하는 것이 전체로 드리는 모든 번제물과 기타 제물보다 나으니이다

왕하 19:8-13
학습 자료 42-2 "이스라엘에 영향을 준 앗수르 왕들" 참조

가나안 지역의 지정학적 의의
학습 자료 42-4 참조

37일~42일

하여 머리를 흔들었느니라 22 네가 누구를 꾸짖었으며 비방하였느냐 누구를 향하여 소리를 높였으며 눈을 높이
떴느냐 이스라엘의 거룩한 자에게 그리하였도다 23 네가 사자들을 통하여 주를 비방하여 이르기를 내가 많은 병
거를 거느리고 여러 산 꼭대기에 올라가며 레바논 깊은 곳에 이르러 높은 백향목과 아름다운 잣나무를 베고 내
가 그 가장 먼 곳에 들어가며 그의 동산의 무성한 수풀에 이르리라 24 내가 땅을 파서 이방의 물을 마셨고 나의
발바닥으로 애굽의 모든 강들을 말렸노라 하였도다 25 네가 듣지 못하였느냐 이 일은 내가 태초부터 행하였고 옛
날부터 정한 바라 이제 내가 이루어 너로 견고한 성들을 멸하여 무너진 돌무더기가 되게 함이니라 26 그러므로 거
기에 거주하는 백성의 힘이 약하여 두려워하며 놀랐나니 그들은 들의 채소와 푸른 풀과 지붕의 잡초와 자라기 전
에 시든 곡초 같이 되었느니라 27 네 거처와 네 출입과 네가 내게 향한 분노를 내가 다 아노니 28 네가 내게 향한
분노와 네 교만한 말이 내 귀에 들렸도다 그러므로 내가 갈고리를 네 코에 꿰고 재갈을 네 입에 물려 너를 오던
길로 끌어 돌이키리라 하셨나이다 29 또 네게 보일 징조가 이러하니 너희가 금년에는 스스로 자라난 것을 먹고 내
년에는 그것에서 난 것을 먹되 제삼년에는 심고 거두며 포도원을 심고 그 열매를 먹으리라 30 유다 족속 중에서
피하고 남은 자는 다시 아래로 뿌리를 내리고 위로 열매를 맺을지라 31 남은 자는 예루살렘에서부터 나올 것이요
피하는 자는 시온 산에서부터 나오리니 여호와의 열심이 이 일을 이루리라 하셨나이다 하니라 32 그러므로 여호
와께서 앗수르 왕을 가리켜 이르시기를 그가 이 성에 이르지 못하며 이리로 화살을 쏘지 못하며 방패를 성을 향
하여 세우지 못하며 치려고 토성을 쌓지도 못하고 33 오던 길로 돌아가고 이 성에 이르지 못하리라 하셨으니 이는
여호와의 말씀이시라 34 내가 나와 나의 종 다윗을 위하여 이 성을 보호하여 구원하리라 하셨나이다 하였더라

산헤립이 죽다

35 이 밤에 여호와의 사자가 나와서 앗수르 진영에서 군사 십팔만 오천 명
을 친지라 아침에 일찍이 일어나 보니 다 송장이 되었더라 36 앗수르 왕
산헤립이 떠나 돌아가서 니느웨에 거주하더니 37 그가 그의 신 니스록의
신전에서 경배할 때에 아드람멜렉과 사레셀이 그를 칼로 쳐죽이고 아라
랏 땅으로 그들이 도망하매 그 아들 에살핫돈이 대신하여 왕이 되니라

왕하 19:35 하나님께 간곡히 기도한 응답이다.
하룻밤 사이에 앗수르의 군사 185,000명이 죽는 기적이 일어나고, 퇴각한 산헤립은 B.C. 681년에 그의 신전에서 살해된다. 에살핫돈이 왕이 된다.

42일차 읽기의 요약

(왕하 18:1~12, 잠 25~29, 사 15~16, 사 18~20, 사 22:15~25, 사 30~32, 왕하 20:1~19, 사 38~39, 왕하 18:13~19장)

이스라엘은 호세아 왕을 마지막으로 앗수르에 의해 멸망했다. 앗수르의 세력이 점점 강성해지자 유다는 애굽의 도움을 의지했다. 이사야 선지자는 애굽을 신뢰하는 것은 여호와를 반역하는 일이며 무익하고 헛된 일임을 말씀했다.

이렇게 북이스라엘의 국경선이 무너지자 유다의 히스기야 왕은 풍전등화의 상황에 놓이게 되었다. 위기에 처한 히스기야 왕은 애굽을 비롯한 주변국들과 동맹을 맺어 앗수르를 대적했다. 그러나 앗수르의 산헤립이 유다를 공격하고 유다 백성들 앞에서 공개적으로 하나님을 모독했을 때 히스기야는 하나님께 간절히 간구하고 이사야 선지자에게 도움을 요청했다. 하나님의 극적인 도우심으로 유다는 앗수르에 의한 멸망의 위기에서 구원받게 된다.

이 일 후에 히스기야 왕은 죽을병에 걸렸다가 간절한 기도로 15년의 생명을 연장받는다. 그러나 그 연장된 생명을 사는 동안 바벨론 왕 므로닥 발라단이 보낸 사신들의 예루살렘 방문을 받게 된다. 히스기야는 이들에게 왕궁의 모든 보물을 보여 주며 자신의 치세를 자랑했다. 이 일에 대해 이사야는 히스기야 왕을 심하게 경책하며 장차 앗수르의 뒤를 이을 바벨론이 유다를 공격하고 그 모든 보물을 바벨론으로 옮겨갈 것을 예언했다.

그러면 어떻게 살 것인가?

인위 뚝 · 신위 고!

☑ 세계관 점검 – 묵상하기 (영상 강의와 교재 내용의 이해를 바탕으로)

- 영상 강의를 통해서 가나안 땅이 위치한 지정학적 의의를 이해하며 하나님의 섭리적 계획을 이해하라.

- 잠언을 Lectio Divina(거룩한 독서)의 치원에서 읽고 있는가? 즉, 하루 1장, 1달 전체 31장, 1년 12달에 12번 읽기를 실천해 보라. 내 삶에 어떤 지혜로움이 형성될까?

- 사 13~27장에 걸쳐 14개의 주변국에 심판을 경고하는 내용을 이사야가 전한다. 왜? 이스라엘이 의지하고 싶은 주변 국가들도 모두 창조주 하나님의 통제와 섭리 가운데 있다는 사실을 깨닫고, 도움은 오직 여호와 하나님께로만 온다는 사실을 명심하라는 뜻이다. 시편 121편을 같이 읽고 묵상하라.

- 사 30:9-11의 말씀을 딤후 4:3-4과 함께 묵상하라. 이것은 오늘 우리의 문제이다.
성경을 읽지 않고 자기중심성을 충족시켜 주는 감언이설의 설교를 쫓아 여기저기 기웃거리는 교인들, 이들은 모두 가짜이다. 이들은 성경을 읽지 않고 또 성경 읽기가 싫으니 대충 자기가 원하는 신을 만들어 그것이 하나님이라고 착각하며 섬기는 자들이다. 이들은 출 32장에 금송아지를 만들어 자기의 요구를 충족시켜 주는 하나님이라고 섬기는 자들과도 같다. 이들은 마지막 때 "내가 너를 알지 못한다."라는 판정을 받고 마 22:13처럼 쫓겨나 이를 가는 상황에 부딪힐 자들이다.
  - 딤후 4:3-4 때가 이르리니 사람이 바른 교훈을 받지 아니하며 귀가 가려워서 자기의 사욕을 따를 스승을 많이 두고 또 그 귀를 진리에서 돌이켜 허탄한 이야기를 따르리라
  - 마 22:13 임금이 사환들에게 말하되 그 손발을 묶어 바깥 어두운 데에 내던지라 거기서 슬피 울며 이를 갈게 되리라 하니라

  "오늘 성경 읽으셨나요?" 인위 뚝! 신위 고!

- 사 30장. 애굽을 의지해서 앗수르의 공격을 피해 보려는 자세는 가나안 땅을 기업으로 하나님의 능력과 보호에 대한 불신이기 문에 이것은 죄이다. 이것은 믿음의 문제이다. 신위에 의지하는 것은 믿음의 문제이다.

- 사 31:1-3. 신앙은 가시적인 것에 의한 것이 아니다. 신앙은 보이지 않는 하나님의 능력을 믿는 것이다. 믿음은 하나님의 능력 행하심을 따르는 것이다.
나는 오늘도 하나님이 아닌 다른 것에서 도움을 찾고 있지는 않는가? 인위를 신위 앞에 내려놓아야 한다.
  - 잠 16:3 너의 행사를 여호와께 맡기라 그리하면 네가 경영하는 것이 이루어지리라
  - 잠 16:9 사람이 마음으로 자기의 길을 계획할지라도 그의 걸음을 인도하시는 이는 여호와시니라

- 주권 국가에 대해 경고하시는 하나님은 우주의 창조주이신 전능의 하나님이심을 보여 주는 대목이다. 이 하나님을 의지해야지 인간 국가를 의지하는 것은 참으로 어리석은 짓이다. 그러나 이것이 이 무렵의 이스라엘의 문제였다. 시편 121편과 함께 깊이 묵상하라.

☑ 결단기도와 실행하기

약 2:26 영혼 없는 몸이 죽은 것 같이 행함이 없는 믿음은 죽은 것이니라
시 119:28 나의 영혼이 눌림으로 말미암아 녹사오니 주의 말씀대로 나를 세우소서

이사야 36장~37장

이사야 36장

앗수르가 예루살렘을 협박하다(왕하 18:13-27, 대하 32:1-19)

1 히스기야 왕 십사년에 앗수르 왕 산헤립이 올라와서 유다의 모든 견고
한 성을 쳐서 취하니라 2 앗수르 왕이 라기스에서부터 랍사게를 예루살
렘으로 보내되 대군을 거느리고 히스기야 왕에게로 가게 하매 그가 윗못
수도 곁 세탁자의 밭 큰 길에 서매 3 힐기야의 아들 왕궁 맡은 자 엘리아
김과 서기관 셉나와 아삽의 아들 사관 요아가 그에게 나아가니라 4 랍사
게가 그들에게 이르되 이제 히스기야에게 말하라 대왕 앗수르 왕이 이같
이 말씀하시기를 네가 믿는 바 그 믿는 것이 무엇이냐 5 내가 말하노니 네
가 족히 싸울 계략과 용맹이 있노라 함은 입술에 붙은 말뿐이니라 네가
이제 누구를 믿고 나를 반역하느냐 6 보라 네가 애굽을 믿는도다 그것은
상한 갈대 지팡이와 같은 것이라 사람이 그것을 의지하면 손이 찔리리니
애굽 왕 바로는 그를 믿는 모든 자에게 이와 같으니라 7 혹시 네가 내게
이르기를 우리는 우리 하나님 여호와를 신뢰하노라 하리라마는 그는 그
의 산당과 제단을 히스기야가 제하여 버리고 유다와 예루살렘에 명령하
기를 너희는 이 제단 앞에서만 예배하라 하던 그 신이 아니냐 하셨느니라
8 그러므로 이제 청하노니 내 주 앗수르 왕과 내기하라 내가 네게 말 이천
필을 주어도 너는 그 탈 자를 능히 내지 못하리라 9 그런즉 네가 어찌 내
주의 종 가운데 극히 작은 총독 한 사람인들 물리칠 수 있으랴 어찌 애굽
을 믿고 병거와 기병을 얻으려 하느냐 10 내가 이제 올라와서 이 땅을 멸
하는 것이 여호와의 뜻이 없음이겠느냐 여호와께서 내게 이르시기를 올
라가 그 땅을 쳐서 멸하라 하셨느니라 하니라 11 이에 엘리아김과 셉나와
요아가 랍사게에게 이르되 우리가 아람 방언을 아오니 청하건대 그 방언
으로 당신의 종들에게 말하고 성 위에 있는 백성이 듣는 데에서 우리에게
유다 방언으로 말하지 마소서 하니 12 랍사게가 이르되 내 주께서 이 일을
네 주와 네게만 말하라고 나를 보내신 것이냐 너희와 함께 자기의 대변을
먹으며 자기의 소변을 마실 성 위에 앉은 사람들에게도 하라고 보내신 것
이 아니냐 하더라 13 이에 랍사게가 일어서서 유다 방언으로 크게 외쳐 이
르되 너희는 대왕 앗수르 왕의 말씀을 들으라 14 왕의 말씀에 너희는 히
스기야에게 미혹되지 말라 그가 능히 너희를 건지지 못할 것이니라 15 히
스기야가 너희에게 여호와를 신뢰하게 하려는 것을 따르지 말라 그가 말
하기를 여호와께서 반드시 우리를 건지시리니 이 성이 앗수르 왕의 손에
넘어가지 아니하리라 할지라도 16 히스기야의 말을 듣지 말라 앗수르 왕
이 또 이같이 말씀하시기를 너희는 내게 항복하고 내게로 나아오라 그리
하면 너희가 각각 자기의 포도와 자기의 무화과를 먹을 것이며 각각 자기
의 우물 물을 마실 것이요 17 내가 와서 너희를 너희 본토와 같이 곡식과

사 36:1 앗수르의 남유다 침공 경로

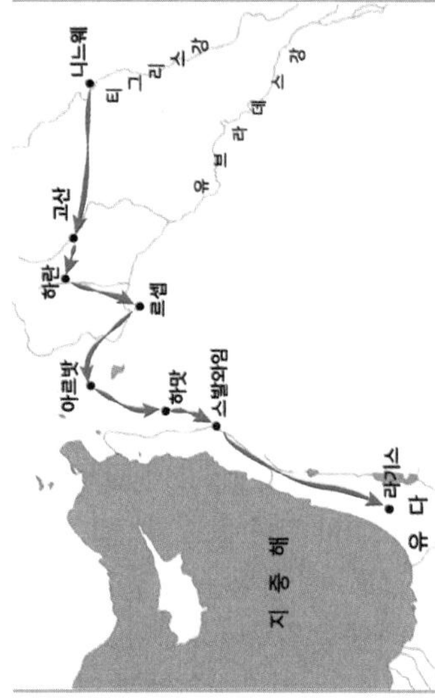

43일~48일

사 36:5 말뿐인 신앙은 의미가 없다는 것이다.
☞ **약 2:17** 이와 같이 행함이 없는 믿음은 그 자체가 죽은 것이라
☞ **요일 3:18** 자녀들아 우리가 말과 혀로만 사랑하지 말고 행함과 진실함으로 하자
☞ **마 7:21-24** 나더러 주여 주여 하는 자마다 다 천국에 들어갈 것이 아니요 다만 하늘에 계신 내 아버지의 뜻대로 행하는 자라야 들어가리라 그 날에 많은 사람이 나더러 이르되 주여 주여 우리가 주의 이름으로 선지자 노릇 하며 주의 이름으로 귀신을 쫓아내며 주의 이름으로 많은 권능을 행하지 아니하였나이까 하리니 그 때에 내가 그들에게 밝히 말하되 내가 너희를 도무지 알지 못하니 불법을 행하는 자들아 내게서 떠나가라 하리라 그러므로 누구든지 나의 이 말을 듣고 행하는 자는 그 집을 반석 위에 지은 지혜로운 사람 같으리니

사 36장
학습 자료 43-1 "산헤립의 명각" 참조

❖ 사 36장
이 사건은 앗수르의 2차 침공을 말한다. 1차는 B.C. 701년에 있었고, 2차는 B.C. 699에 있는데 이사야는 이것을 구별하지 않는 듯하다. (왕하 18:13-37 참조)

포도주와 떡과 포도원이 있는 땅에 옮기기까지 하리라 18 혹시 히스기야
가 너희에게 이르기를 여호와께서 우리를 건지시리라 할지라도 속지 말
라 열국의 신들 중에 자기의 땅을 앗수르 왕의 손에서 건진 자가 있느냐
19 하맛과 아르밧의 신들이 어디 있느냐 스발와임의 신들이 어디 있느냐

그들이 사마리아를 내 손에서 건
졌느냐 20 이 열방의 신들 중에
어떤 신이 자기의 나라를 내 손
에서 건져냈기에 여호와가 능
히 예루살렘을 내 손에서 건지겠느냐 하셨느니라 하니라 21 그러나 그들
이 잠잠하여 한 말도 대답하지 아니하였으니 이는 왕이 그들에게 명령하
여 대답하지 말라 하였음이었더라 22 그 때에 힐기야의 아들 왕궁 맡은 자
엘리아김과 서기관 셉나와 아삽의 아들 사관 요아가 자기의 옷을 찢고 히
스기야에게 나아가서 랍사게의 말을 그에게 전하니라

사 36:16-17 육체의 소욕을 따라 살라는 사탄의 간계한 유혹이다. 성령의 인도하심대로 살아가는 것인 신위에 순종하는 삶이다. 그것이 복된 관계를 회복하는 삶이다. 우리의 삶은 하나님을 영화롭게 하는 데 있다.
☞ **고전 10:31** 그런즉 너희가 먹든지 마시든지 무엇을 하든지 다 하나님의 영광을 위하여 하라
☞ **갈 5:16-17** 내가 이르노니 너희는 성령을 따라 행하라 그리하면 육체의 욕심을 이루지 아니하리라 육체의 소욕은 성령을 거스르고 성령은 육체를 거스르나니 이 둘이 서로 대적함으로 너희가 원하는 것을 하지 못하게 하려 함이라
⇒ 하나님은 의인이 악인의 꾀에 빠져 멸망하도록 방치하지 않으신다. 구원의 서정에서 "견인"을 생각해 보라.
☞ **롬 8:38-39** 내가 확신하노니 사망이나 생명이나 천사들이나 권세자들이나 현재 일이나 장래 일이나 능력이나 높음이나 깊음이나 다른 어떤 피조물이라도 우리를 우리 주 그리스도 예수 안에 있는 하나님의 사랑에서 끊을 수 없으리라

이사야 37장

왕이 이사야의 말을 듣고자 하다(왕하 19:1-7)

1 히스기야 왕이 듣고 자기의 옷을 찢고 굵은 베 옷을 입고 여호와의 전으
로 갔고 2 왕궁 맡은 자 엘리아김과 서기관 셉나와 제사장 중 어른들도 굵
은 베 옷을 입으니라 왕이 그들을 아모스의 아들 선지자 이사야에게로 보
내매 3 그들이 이사야에게 이르되 히스기야의 말씀에 오늘은 환난과 책
벌과 능욕의 날이라 아이를 낳으려 하나 해산할 힘이 없음 같도다 4 당신
의 하나님 여호와께서 랍사게의 말을 들으셨을 것이라 그가 그의 상전 앗
수르 왕의 보냄을 받고 살아 계시는 하나님을 훼방하였은즉 당신의 하나
님 여호와께서 혹시 그 말로 말미암아 견책하실까 하노라 그런즉 바라건
대 당신은 이 남아 있는 자를 위하여 기도하라 하시더이다 하니라 5 그리
하여 히스기야 왕의 신하들이 이사야에게 나아가매 6 이사야가 그들에게
이르되 너희는 너희 주에게 이렇게 말하라 여호와께서 이같이 말씀하시
되 너희가 들은 바 앗수르 왕의 종들이 나를 능욕한 말로 말미암아 두려
워하지 말라 7 보라 내가 영을 그의 속에 두리니 그가 소문을 듣고 그의
고국으로 돌아갈 것이며 또 내가 그를 그의 고국에서 칼에 죽게 하리라
하셨느니라 하니라

43일~
48일

사 36~37장

- 히스기야 왕 40년에 앗수르 왕 산헤립이 유다를 공격하여 엄청난 피해를 준다. 히스기야 왕의 현명하지 못한 자기중심성의 오작동을 통하여 생긴 일이다. 히스기야는 자신의 지혜로 앗수르의 침공을 막아 보려 했으나 부질없는 짓이었다. (왕하 20:20, 대하 32:30).
- 이런 상황에서 구스(애굽)의 다르하가가 도우려 하지만 이마저 앗수르에 의해 막힌다. 결국 히스기야는 조공을 바치고, 하나님이 개입하셔서 185,000명의 앗수르 군사를 멸하고 위기에서 벗어나게 한다.
- 아버지 아하스가 더럽혀 놓은 성전을 정화하고 개혁하는 히스기야는 오랜만에 유월절을 지킨다. 유월절의 지킴과 시내산 언약의 연관성을 생각하라.

사 37장
학습 자료 43-2 "앗수르 제국의 이해" 참조

앗수르가 또 다른 협박을 하다(왕하 19:8-19)

8 앗수르 왕이 라기스를 떠났다 함을 듣고 랍사게가 돌아가다가 그 왕을 만나니 립나를 치고 있더라 9 그 때에
앗수르 왕이 구스 왕 디르하가의 일에 관하여 들은즉 사람들이 이르기를 그가 나와서 왕과 싸우려 한다 하는지
라 이 말을 듣고 사자들을 히스기야에게 보내며 이르되 10 너희는 유다의 히스기야 왕에게 이같이 말하여 이르
기를 너는 네가 신뢰하는 하나님이 예루살렘이 앗수르 왕의 손에 넘어가지 아니하리라 하는 말에 속지 말라 11
앗수르 왕들이 모든 나라에 어떤 일을 행하였으며 그것을 어떻게 멸절시켰는지 네가 들었으리니 네가 구원을
받겠느냐 12 나의 조상들이 멸하신 열방 고산과 하란과 레셉과 및 들라살에 있는 에덴 자손을 그 나라들의 신들
이 건졌더냐 13 하맛 왕과 아르밧 왕과 스발와임 성의 왕과 헤나 왕과 이와 왕이 어디 있느냐 하라 하였더라 14
히스기야가 그 사자들의 손에서 글을 받아 보고 여호와의 전에 올라가서 그 글을 여호와 앞에 펴 놓고 15 여호와

께 기도하여 이르되 16 그룹 사이에 계신 이스라엘 하나님 만군의 여호와
여 주는 천하 만국에 유일하신 하나님이시라 주께서 천지를 만드셨나이
다 17 여호와여 귀를 기울여 들으시옵소서 여호와여 눈을 뜨고 보시옵소
서 산헤립이 사람을 보내어 살아 계시는 하나님을 훼방한 모든 말을 들으
시옵소서 18 여호와여 앗수르 왕들이 과연 열국과 그들의 땅을 황폐하게
하였고 19 그들의 신들을 불에 던졌사오나 그들은 신이 아니라 사람의 손
으로 만든 것일 뿐이요 나무와 돌이라 그러므로 멸망을 당하였나이다 20
우리 하나님 여호와여 이제 우리를 그의 손에서 구원하사 천하 만국이 주
만이 여호와이신 줄을 알게 하옵소서 하니라

이사야가 왕에게 전한 말(왕하 19:20-37)

21 아모스의 아들 이사야가 사람을 보내어 히스기야에게 이르되 이스라
엘의 하나님 여호와께서 말씀하시되 네가 앗수르의 산헤립 왕의 일로 내
게 기도하였도다 하시고 22 여호와께서 그에 대하여 이같이 이르시되 처
녀 딸 시온이 너를 멸시하며 조소하였고 딸 예루살렘이 너를 향하여 머리
를 흔들었느니라 23 네가 훼방하며 능욕한 것은 누구에게냐 네가 소리를
높이며 눈을 높이 들어 향한 것은 누구에게냐 곧 이스라엘의 거룩하신 이
에게니라 24 네가 네 종을 통해서 내 주를 훼방하여 이르기를 내가 나의
허다한 병거를 거느리고 산들의 꼭대기에 올라가며 레바논의 깊은 곳에
이르렀으니 높은 백향목과 아름다운 향나무를 베고 또 그 제일 높은 곳
에 들어가 살진 땅의 수풀에 이를 것이며 25 내가 우물을 파서 물을 마셨
으니 내 발바닥으로 애굽의 모든 하수를 말리리라 하였도다 26 네가 어찌
하여 듣지 못하였느냐 이 일들은 내가 태초부터 행한 바요 상고부터 정한
바로서 이제 내가 이루어 네가 견고한 성읍들을 헐어 돌무더기가 되게 하
였노라 27 그러므로 그 주민들이 힘이 약하여 놀라며 수치를 당하여 들의
풀 같이, 푸른나물 같이, 지붕의 풀 같이, 자라지 못한 곡초 같이 되었느니
라 28 네 거처와 네 출입과 네가 나를 거슬러 분노함을 내가 아노라 29 네
가 나를 거슬러 분노함과 네 오만함이 내 귀에 들렸으므로 내가 갈고리
로 네 코를 꿰며 재갈을 네 입에 물려 너를 오던 길로 돌아가게 하리라 하
셨나이다 30 왕이여 이것이 왕에게 징조가 되리니 올해는 스스로 난 것을
먹을 것이요 둘째 해에는 또 거기에서 난 것을 먹을 것이요 셋째 해에는
심고 거두며 포도나무를 심고 그 열매를 먹을 것이니이다 31 유다 족속 중
에 피하여 남은 자는 다시 아래로 뿌리를 박고 위로 열매를 맺으리니 32
이는 남은 자가 예루살렘에서 나오며 피하는 자가 시온 산에서 나올 것임
이라 만군의 여호와의 열심이 이를 이루시리이다 33 그러므로 여호와께서
앗수르 왕에 대하여 이같이 이르시되 그가 이 성에 이르지 못하며 화살
하나도 이리로 쏘지 못하며 방패를 가지고 성에 가까이 오지도 못하며 흉
벽을 쌓고 치지도 못할 것이요 34 그가 오던 길 곧 그 길
로 돌아가고 이 성에 이르지 못
하리라 나 여호와의 말이니라 35 대저 내가 나를 위하며 내 종 다윗을
위하여 이 성을 보호하며 구원하리라 하셨나이다 하니라 36 여호와의

❖ **사 37장** (왕하 19장과 같음)
성도의 삶은 하나님을 의지하는 삶이다. 히스기야는 자신의 지혜로 앗수르를 막아 보려 했으나 부질없는 짓이었다. 히스기야는 이사야의 권면을 받고 다시 하나님을 의지한다. 모든 주권은 하나님께 있으므로 그에게 순종하는 것만이 대책이다.
☞ **대하 16:8** 구스 사람과 룹 사람의 군대가 크지 아니하며 말과 병거가 심히 많지 아니하더이까 그러나 왕이 여호와를 의지하였으므로 여호와께서 왕의 손에 넘기셨나이다
☞ **출 14:13-14** 모세가 백성에게 이르되 너희는 두려워하지 말고 가만히 서서 여호와께서 오늘 너희를 위하여 행하시는 구원을 보라 너희가 오늘 본 애굽 사람을 영원히 다시 보지 아니하리라 여호와께서 너희를 위하여 싸우시리니 너희는 가만히 있을지니라

사 37:30-32 여호와의 구원은 일시적이 아니고 지속적으로 계속된다.
☞ **요 14:16** 내가 아버지께 구하겠으니 그가 또 다른 보혜사를 너희에게 주사 영원토록 너희와 함께 있게 하리니
☞ **느 9:20-21** 또 주의 선한 영을 주사 그들을 가르치시며 주의 만나가 그들의 입에서 끊어지지 않게 하시고 그들의 목마름을 인하여 그들에게 물을 주어 사십 년 동안 들에서 기르시되 부족함이 없게 하시므로 그 옷이 해어지지 아니하였고 발이 부르트지 아니하였사오며

사 37:38 니스록 신상

사자가 나가서 앗수르 진중에서 십팔만 오천인을 쳤으므로 아침에 일찍이 일어나 본즉 시체뿐이라 37 이에 앗수
르의 산헤립 왕이 떠나 돌아가서 니느웨에 거주하더니 38 자기 신 니스록의 신전에서 경배할 때에 그의 아들 아
드람멜렉과 사레셀이 그를 칼로 죽이고 아라랏 땅으로 도망하였으므로 그의 아들 에살핫돈이 이어 왕이 되니라

열왕기하 20:20, 21

히스기야의 죽음

20 히스기야의 남은 사적과 그의 모든 업적과 저수지와 수도를 만들어 물을 성 안으로 끌어들인 일은 유다 왕 역대
지략에 기록되지 아니하였느냐 21 히스기야가 그의 조상들과 함께 자고 그의 아들 므낫세가 대신하여 왕이 되니라

이사야 22:1-14

환상의 골짜기에 관한 경고

1 환상의 골짜기에 관한 경고라 네가 지붕에 올라감은 어찌함인고 2 소란
하며 떠들던 성, 즐거워하던 고을이여 너의 죽임을 당한 자들은 칼에 죽
은 것도 아니요 전쟁에 사망한 것도 아니라 3 너의 관원들도 다 함께 도망
하였다가 활을 버리고 결박을 당하였고 너의 멀리 도망한 자들도 발견되
어 다 함께 결박을 당하였도다 4 그러므로 내가 말하노니 돌이켜 나를 보
지 말지어다 나는 슬피 통곡하겠노라 내 딸 백성이 패망하였음으로 말미
암아 나를 위로하려고 힘쓰지 말지니라 5 환상의 골짜기에 주 만군의 여
호와께로부터 이르는 소란과 밟힘과 혼란의 날이여 성벽의 무너뜨림과
산악에 사무쳐 부르짖는 소리로다 6 엘람 사람은 화살통을 메었고 병거
탄 자와 마병이 함께 하였고 기르 사람은 방패를 드러냈으니 7 병거는 네
아름다운 골짜기에 가득하였고 마병은 성문에 정렬되었도다 8 그가 유다
에게 덮였던 것을 벗기매 그 날에야 네가 수풀 곳간의 병기를 바라보았고
9 너희가 다윗 성의 무너진 곳이 많은 것도 보며 너희가 아랫못의 물도 모
으며 10 또 예루살렘의 가옥을 계수하며 그 가옥을 헐어 성벽을 견고하게
도 하며 11 너희가 또 옛 못의 물을 위하여 두 성벽 사이에 저수지를 만들
었느니라 그러나 너희가 이를 행하신 이를 앙망하지 아니하였고 이 일을
옛적부터 경영하신 이를 공경하지 아니하였느니라 12 그 날에 주 만군의
여호와께서 명령하사 통곡하며 애곡하며 머리털을 뜯으며 굵은 베를 띠
라 하셨거늘 13 너희가 기뻐하며 즐거워하여 소를 죽이고 양을 잡아 고기
를 먹고 포도주를 마시면서 내일 죽으리니 먹고 마시자 하는도다 14 만군
의 여호와께서 친히 내 귀에 들려 이르시되 진실로 이 죄악은 너희가 죽기
까지 용서하지 못하리라 하셨느니라 주 만군의 여호와의 말씀이니라

> 이사야 22:12-14 **때를 분별 못한 예루살렘의 백성**
> 사람이 때와 시기를 잘 분별하는 것은 참으로 지혜로운 일이다. 그래서 전도서를 쓴 지혜자는 "울 때가 있고 웃을 때가 있으며, 슬퍼할 때가 있고 춤출 때가 있다"(전도서 3:4)라고 충고했다. 그런데 이 같은 '때'의 분별에 있어서 예루살렘 백성들은 참으로 어리석었다. 가득 찬 죄악으로 심판의 날이 가까이 임했다. 예루살렘은 결코 소나 양을 잡고 포도주로 축제를 벌일 기쁨의 때가 아니었다. 그래서 하나님은 이사야 선지자를 통해 굵은 베옷을 입고 죄를 통곡하며 다가올 재난을 슬퍼하라고 예루살렘 백성들에게 명하셨다. 하지만 그들은 선지자의 경고에 귀를 기울이지 않았다. 북방에서 일어난 하나님 심판의 도구인 바벨론 군대는 점점 예루살렘을 향하여 내려오고 있는데도, 그들은 먹고 마시며 즐길 뿐이었다. 마치 대홍수를 앞둔 노아 시대의 어리석은 사람들과 똑같았다.
> 큰 심판과 재난의 날을 앞두고서도 백성들은 하나님을 전혀 개의치 않고 자신의 세속적인 쾌락과 욕망의 삶을 계속했다. 그때에 그들은 마땅히 굵은 베옷을 입고 죄악을 회개하면서 주의 긍휼을 바랐어야 옳았는데도 말이다.
> 이처럼 이사야 시대의 예루살렘 백성들은 하나님의 길을 떠나 있었기 때문에, 인생에 대해서 "될 대로 돼라."라는 식의 방종한 태도를 가졌다. 그래서 그들은 "내일 죽더라도 오늘은 실컷 먹고 마시자"라고 떠들어댔다. 그 결과 그들은 정말 뼈저린 고통과 재앙의 날을 맞고야 말았다. (주전 586년)
> ☞ 지금 여러분은 무슨 '때'를 맞고 있는가? 죄로 인해 깊이 슬퍼해야 할 때 혹시 즐거워하고 있지는 않는가? 여러분이 소속되어 있는 사회와 교회 공동체는 어떤가? 그 죄악상에 진정 가슴 아파하면서 밤을 새우는 기도의 시간을 가져 보았는가? 여러분이 때를 잘 분별하여 그 적절하게 반응하고 있다면, 여러분은 진정 지혜로운 자임이 틀림없다.

43일~
48일

이사야 23장~27장

이사야 23장

두로와 시돈에 대한 경고

1 두로에 관한 경고라 다시스의 배들아 너희는 슬피 부르짖을지어다 두

로가 황무하여 집이 없고 들어갈 곳도 없음이요 이 소식이 깃딤 땅에서부
터 그들에게 전파되었음이라 2 바다에 왕래하는 시돈 상인들로 말미암아
부요하게 된 너희 해변 주민들아 잠잠하라 3 시홀의 곡식 곧 나일의 추수
를 큰 물로 수송하여 들였으니 열국의 시장이 되었도다 4 시돈이여 너는
부끄러워할지어다 대저 바다 곧 바다의 요새가 말하기를 나는 산고를 겪
지 못하였으며 출산하지 못하였으며 청년들을 양육하지도 못하였으며 처
녀들을 생육하지도 못하였다 하였음이라 5 그 소식이 애굽에 이르면 그들
이 두로의 소식으로 말미암아 고통 받으리로다 6 너희는 다시스로 건너갈
지어다 해변 주민아 너희는 슬피 부르짖을지어다 7 이것이 옛날에 건설된
너희 희락의 성 곧 그 백성이 자기 발로 먼 지방까지 가서 머물던 성읍이
냐 8 면류관을 씌우던 자요 그 상인들은 고관들이요 그 무역상들은 세상
에 존귀한 자들이었던 두로에 대하여 누가 이 일을 정하였느냐 9 만군의
여호와께서 그것을 정하신 것이라 모든 누리던 영화를 욕되게 하시며 세
상의 모든 교만하던 자가 멸시를 받게 하려 하심이라 10 딸 다시스여 나일
같이 너희 땅에 넘칠지어다 너를 속박함이 다시는 없으리라 11 여호와께
서 바다 위에 그의 손을 펴사 열방을 흔드시며 여호와께서 가나안에 대하
여 명령을 내려 그 견고한 성들을 무너뜨리게 하시고 12 이르시되 너 학대
받은 처녀 딸 시돈아 네게 다시는 희락이 없으리니 일어나 깃딤으로 건너
가라 거기에서도 네가 평안을 얻지 못하리라 하셨느니라 13 갈대아 사람
의 땅을 보라 그 백성이 없어졌나니 곧 앗수르 사람이 그 곳을 들짐승이
사는 곳이 되게 하였으되 그들이 망대를 세우고 궁전을 헐어 황무하게 하
였느니라 14 다시스의 배들아 너희는 슬피 부르짖으라 너희의 견고한 성
이 파괴되었느니라 15 그 날부터 두로가 한 왕의 연한 같이 칠십 년 동안
잊어버린 바 되었다가 칠십 년이 찬 후에 두로는 기생의 노래 같이 될 것
이라 16 잊어버린 바 되었던 너 음녀여 수금을 가지고 성읍에 두루 다니며
기묘한 곡조로 많은 노래를 불러서 너를 다시 기억하게 하라 하였느니라
17 칠십 년이 찬 후에 여호와께서 두로를 돌보시리니 그가 다시 값을 받고
지면에 있는 열방과 음란을 행할 것이며 18 그 무역한 것과 이익을 거룩히
여호와께 돌리고 간직하거나 쌓아 두지 아니하리니 그 무역한 것이 여호
와 앞에 사는 자가 배불리 먹을 양식, 잘 입을 옷감이 되리라

이사야 24장

여호와께서 땅을 벌하시리라

1 보라 여호와께서 땅을 공허하게 하시며 황폐하게 하시며 지면을 뒤집어
엎으시고 그 주민을 흩으시리니 2 백성과 제사장이 같을 것이며 종과 상
전이 같을 것이며 여종과 여주인이 같을 것이며 사는 자와 파는 자가 같
을 것이며 빌려 주는 자와 빌리는 자가 같을 것이며 이자를 받는 자와 이
자를 내는 자가 같을 것이라 3 땅이 온전히 공허하게 되고 온전히 황무하
게 되리라 여호와께서 이 말씀을 하셨느니라 4 땅이 슬퍼하고 쇠잔하며
세계가 쇠약하고 쇠잔하며 세상 백성 중에 높은 자가 쇠약하며 5 땅이 또

사 23:1-2 두로와 시돈의 위치

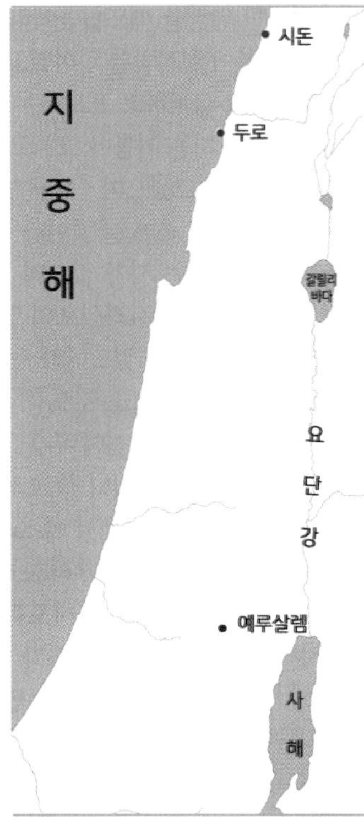

43일~48일

❖ 사 23장
사 13~27장에 걸쳐 기록하고 있는 열방에 대한 심판 경고의 연장선에서 시돈과 두로에 대한 심판 경고이다.
두로는 다윗 시대 히람 왕 1세와 성전 건축 자재를 공급할 것을 약속하고 백양목을 공급한다.
두로는 무역이 중심이 되어 많은 부가 축적되자 영적으로 자만하게 된다. 두로의 교만과 자만심은 사탄의 속성과 비유되고, 겔 28장에서 두로 왕의 교만이 사탄의 기원에 비유된다고 추정한다.
이 예언은 B.C. 664년에 앗수르에 의해 성취된다.

❖ 사 25~27장은 이사야서의 종말론적인 성격을 띤 부분으로써 우주적 경고를 모여 준다.

❖ 사 24장은 말세에 하나님은 온 땅에 대격변을 일으키고, 신분의 귀천을 막론하고 땅의 모든 거민을 흩으시고 소수의 적은 수만 남는다고 경고한다(남은 자). 그 이유를 사 24:5이 말한다. 율법을 어기고 언약을 파기했기 때문이다. 이 언약은 시내 산 언약을 말한다. 하나님의 백성은 이 언약을 절대로 지켜야 한다. (레 26장, 신 28장) 이것이 곧 구별된 삶이다 → 관점 3

한 그 주민 아래서 더럽게 되었으니 이는 그들이 율법을 범하며 율례를 어
기며 영원한 언약을 깨뜨렸음이라 6 그러므로 저주가 땅을 삼켰고 그 중
에 사는 자들이 정죄함을 당하였고 땅의 주민이 불타서 남은 자가 적도다
7 새 포도즙이 슬퍼하고 포도나무가 쇠잔하며 마음이 즐겁던 자가 다 탄
식하며 8 소고 치는 기쁨이 그치고 즐거워하는 자의 소리가 끊어지고 수
금 타는 기쁨이 그쳤으며 9 노래하면서 포도주를 마시지 못하고 독주는
그 마시는 자에게 쓰게 될 것이라 10 약탈을 당한 성읍이 허물어지고 집마
다 닫혀서 들어가는 자가 없으며 11 포도주가 없으므로 거리에서 부르짖
으며 모든 즐거움이 사라졌으며 땅의 기쁨이 소멸되었도다 12 성읍이 황
무하고 성문이 파괴되었느니라 13 세계 민족 중에 이러한 일이 있으리니
곧 감람나무를 흔듦 같고 포도를 거둔 후에 그 남은 것을 주움 같을 것이
니라 14 무리가 소리를 높여 부를 것이며 여호와의 위엄으로 말미암아 바
다에서부터 크게 외치리니 15 그러므로 너희가 동방에서 여호와를 영화
롭게 하며 바다 모든 섬에서 이스라엘의 하나님 여호와의 이름을 영화롭
게 할 것이라 16 땅 끝에서부터 노래하는 소리가 우리에게 들리기를 의로
우신 이에게 영광을 돌리세 하도다 그러나 나는 이르기를 나는 쇠잔하였
고 나는 쇠잔하였으니 내게 화가 있도다 배신자들은 배신하고 배신자들
이 크게 배신하였도다 17 땅의 주민아 두려움과 함정과 올무가 네게 이르
렀나니 18 두려운 소리로 말미암아 도망하는 자는 함정에 빠지겠고 함정
속에서 올라오는 자는 올무에 걸리리니 이는 위에 있는 문이 열리고 땅의
기초가 진동함이라 19 땅이 깨지고 깨지며 땅이 갈라지고 갈라지며 땅이 흔들리고
흔들리며 20 땅이 취한 자 같이 비틀비틀하며 원두막 같이 흔들리며 그 위의 죄악
이 중하므로 떨어져서 다시는 일어나지 못하리라 21 그 날에 여호와께서 높은 데
에서 높은 군대를 벌하시며 땅에서 땅의 왕들을 벌하시리니 22 그들이 죄수가 깊
은 옥에 모임 같이 모이게 되고 옥에 갇혔다가 여러 날 후에 형벌을 받을 것이라
23 그 때에 달이 수치를 당하고 해가 부끄러워하리니 이는 만군의 여호와께서 시
온 산과 예루살렘에서 왕이 되시고 그 장로들 앞에서 영광을 나타내실 것임이라

사 24:1-23 이사야서에 묘사된 세상 끝날에 임할 환난의 모습

땅
· 무섭게 흔들릴 것임(2:21) · 그 자리에서 떠나게 될 것임(13:13) · 황폐하여 뒤엎어질 것임(24:1) · 불에 탈 것임(24:6) · 취한 자 같이 비틀거릴 것임(24:20) · 살해당한 자를 가리우지 못함(26:21)
하늘
· 해와 달과 별이 어두워질 것임(13:10) · 하늘의 만상이 사라지고 하늘들이 두루마리 같이 말릴 것임(34:4, 51:6) · 흔들릴 때 나무에서 떨어지는 무화과처럼 하늘의 별이 떨어질 것임(34:4)
죄 많은 인생들
· 암혈과 토굴로 숨을 것임(2:19) · 두려움으로 창백해질 것이며 마음이 녹을 것임(13:7, 24:17) · 해산하는 것과 같은 고통을 당할 것임(13:8) · 어떤 일에서든지 기쁨을 누릴 수 없을 것임(24:8-10) · 시체가 산을 덮을 것임(34:3) · 시체의 악취가 골짜기에 넘칠 것임(34:3) · 술틀에 으깨어지는 포도처럼 진노하시는 하나님께 짓밟힐 것임(63:3) · 벌레조차 죽지 않는 꺼지지 않는 불 속에서 고통 받을 것임(66:24)

이사야 25장

찬송

1 여호와여 주는 나의 하나님이시라 내가 주를 높이고 주의 이름을 찬송하오리니 주는 기사를 옛적에 정하신 뜻
대로 성실함과 진실함으로 행하셨음이라 2 주께서 성읍을 돌무더기로 만드시며 견고한 성읍을 황폐하게 하시며
외인의 궁성을 성읍이 되지 못하게 하사 영원히 건설되지 못하게 하셨으므로 3 강한 민족이 주를 영화롭게 하며
포학한 나라들의 성읍이 주를 경외하리이다 4 주는 포학자의 기세가 성벽을 치는 폭풍과 같을 때에 빈궁한 자의
요새이시며 환난 당한 가난한 자의 요새이시며 폭풍 중의 피난처시며 폭양을 피하는 그늘이 되셨사오니 5 마른
땅에 폭양을 제함 같이 주께서 이방인의 소란을 그치게 하시며 폭양을 구름으로 가림 같이 포학한 자의 노래를
낮추시리이다

여호와께서 연회를 베푸시리라

6 만군의 여호와께서 이 산에서 만민을 위하여 기름진 것과 오래 저장하였던 포도주로 연회를 베푸시리니 곧 골
수가 가득한 기름진 것과 오래 저장하였던 맑은 포도주로 하실 것이며 7 또 이 산에서 모든 민족의 얼굴을 가린

가리개와 열방 위에 덮인 덮개를 제하시며 8 사망을 영원히 멸하실 것이
라 주 여호와께서 모든 얼굴에서 눈물을 씻기시며 자기 백성의 수치를 온
천하에서 제하시리라 여호와께서 이같이 말씀하셨느니라

여호와께서 모압을 벌하시리라

9 그 날에 말하기를 이는 우리의 하나님이시라 우리가 그를 기다렸으니
그가 우리를 구원하시리로다 이는 여호와시라 우리가 그를 기다렸으니
우리는 그의 구원을 기뻐하며 즐거워하리라 할 것이며 10 여호와의 손이
이 산에 나타나시리니 모압이 거름물 속에서 초개가 밟힘 같이 자기 처소
에서 밟힐 것인즉 11 그가 헤엄치는 자가 헤엄치려고 손을 폄 같이 그 속
에서 그의 손을 펼 것이나 여호와께서 그의 교만으로 인하여 그 손이 능
숙함에도 불구하고 그를 누르실 것이라 12 네 성벽의 높은 요새를 헐어
땅에 내리시되 진토에 미치게 하시리라

사 25:6-8 우리의 눈물을 씻겨 주시는 하나님

이 부분의 이사야서는 계속되는 타락으로 인해 세계의 심판을 예언한다. 그러나 이사야는 재난과 고통 이후에 임할 하나님의 은총을 선포한다. 회복의 그날에, 하나님은 하나님의 백성들에게 모든 눈물을 씻기시며 사망을 영원히 제거하실 것이라고 약속하셨다. 이 약속은 계시록 21장에서 온전히 이루어짐을 볼 수 있다. 분명 하나님은 독생자 예수 그리스도를 통해 사망을 멸하셨다. 이제 우리는 사망을 극복하고 천국에서 영원히 살게 될 것임을 확신할 수 있다. 그곳에서 우리는 슬픈 일로 더 이상 눈물을 흘리지 않을 것이다.
26:3에 "평강"이라는 단어가 나온다. 히브리어로 "샬롬"이다.
이것은 삶의 모든 영역에 모난 데가 없이 마음과 생활이 평안을 누리는 것을 말한다.
☞ 어떻게 이런 상태를 얻을 수 있을까? 하나님을 마음의 중심에 모시고, 그의 약속을 믿는 데서부터 얻을 수 있을 것이다.

이사야 26장

여호와께서 백성에게 승리를 주시리라

1 그 날에 유다 땅에서 이 노래를 부르리라 우리에게 견고한 성읍이 있음
이여 여호와께서 구원을 성벽과 외벽으로 삼으시리로다 2 너희는 문들을
열고 신의를 지키는 의로운 나라가 들어오게 할지어다 3 주께서 심지가 견고한 자를 평강하고 평강하도록 지키
시리니 이는 그가 주를 신뢰함이니이다 4 너희는 여호와를 영원히 신뢰하라 주 여호와는 영원한 반석이심이로다
5 높은 데에 거주하는 자를 낮추시며 솟은 성을 헐어 땅에 엎으시되 진토에 미치게 하셨도다 6 발이 그것을 밟으
리니 곧 빈궁한 자의 발과 곤핍한 자의 걸음이리로다 7 의인의 길은 정직함이여 정직하신 주께서 의인의 첩경을
평탄하게 하시도다 8 여호와여 주께서 심판하시는 길에서 우리가 주를 기다렸사오며 주의 이름을 위하여 또 주
를 기억하려고 우리 영혼이 사모하나이다 9 밤에 내 영혼이 주를 사모하였사온즉 내 중심이 주를 간절히 구하오
리니 이는 주께서 땅에서 심판하시는 때에 세계의 거민이 의를 배움이니이다 10 악인은 은총을 입을지라도 의를
배우지 아니하며 정직한 자의 땅에서 불의를 행하고 여호와의 위엄을 돌아보지 아니하는도다 11 여호와여 주의
손이 높이 들릴지라도 그들이 보지 아니하오나 백성을 위하시는 주의 열성을 보면 부끄러워할 것이라 불이 주의
대적들을 사르리이다 12 여호와여 주께서 우리를 위하여 평강을 베푸시오리니 주께서 우리의 모든 일도 우리를
위하여 이루심이니이다 13 여호와 우리 하나님이시여 주 외에 다른 주들이 우리를 관할하였사오나 우리는 주만
의지하고 주의 이름을 부르리이다 14 그들은 죽었은즉 다시 살지 못하겠고 사망하였은즉 일어나지 못할 것이니
이는 주께서 벌하여 그들을 멸하사 그들의 모든 기억을 없이하셨음이니이다 15 여호와여 주께서 이 나라를 더 크
게 하셨고 이 나라를 더 크게 하셨나이다 스스로 영광을 얻으시고 이 땅의 모든 경계를 확장하셨나이다 16 여호
와여 그들이 환난 중에 주를 앙모하였사오며 주의 징벌이 그들에게 임할 때에 그들이 간절히 주께 기도하였나이
다 17 여호와여 잉태한 여인이 산기가 임박하여 산고를 겪으며 부르짖음 같이 우리가 주 앞에서 그와 같으니이다
18 우리가 잉태하고 산고를 당하였을지라도 바람을 낳은 것 같아서 땅에 구원을 베풀지 못하였고 세계의 거민을
출산하지 못하였나이다 19 주의 죽은 자들은 살아나고 그들의 시체들은 일어나리이다 티끌에 누운 자들아 너희
는 깨어 노래하라 주의 이슬은 빛난 이슬이니 땅이 죽은 자들을 내놓으리로다

심판과 회복

20 내 백성아 갈지어다 네 밀실에 들어가서 네 문을 닫고 분노가 지나기까지 잠깐 숨을지어다 21 보라 여호와께
서 그의 처소에서 나오사 땅의 거민의 죄악을 벌하실 것이라 땅이 그 위에 잦았던 피를 드러내고 그 살해 당한
자를 다시는 덮지 아니하리라

이사야 27장

[1]그 날에 여호와께서 그의 견고하고 크고 강한 칼로 날랜 뱀 리워야단 곧 꼬불꼬불한 뱀 리워야단을 벌하시며 바
다에 있는 용을 죽이시리라 [2]그 날에 너희는 아름다운 포도원을 두고 노래를 부를지어다 [3]나 여호와는 포도원지
기가 됨이여 때때로 물을 주며 밤낮으로 간수하여 아무든지 이를 해치지 못하게 하리로다 [4]나는 포도원에 대하
여 노함이 없나니 찔레와 가시가 나를 대적하여 싸운다 하자 내가 그것을 밟고 모아 불사르리라 [5]그리하지 아니
하면 내 힘을 의지하고 나와 화친하며 나와 화친할 것이니라 [6]후일에는 야곱의 뿌리가 박히며 이스라엘의 움이
돋고 꽃이 필 것이라 그들이 그 결실로 지면을 채우리로다 [7]주께서 그 백성을 치셨던들 그 백성을 친 자들을 치심
과 같았겠으며 백성이 죽임을 당하였던들 백성을 죽인 자가 죽임을 당함과 같았겠느냐 [8]주께서 백성을 적당하게
견책하사 쫓아내실 때에 동풍 부는 날에 폭풍으로 그들을 옮기셨느니라 [9]야곱의 불의가 속함을 얻으며 그의 죄
없이함을 받을 결과는 이로 말미암나니 곧 그가 제단의 모든 돌을 부서진 횟돌 같게 하며 아세라와 태양상이 다

시 서지 못하게 함에 있는 것이라 [10]대저 견고한 성읍은 적막하고 거처
가 황무하며 버림 받아 광야와 같은즉 송아지가 거기에서 먹고 거기에
누우며 그 나무 가지를 먹어 없이하리라 [11]가지가 마르면 꺾이나니 여
인들이 와서 그것을 불사를 것이라 백성이 지각이 없으므로 그들을 지
으신 이가 불쌍히 여기지 아니하시며 그들을 조성하신 이가 은혜를 베
풀지 아니하시리라 [12]너희 이스라엘 자손들아 그 날에 여호와께서 창일하는 하수
에서부터 애굽 시내에까지 과실을 떠는 것 같이 너희를 하나하나 모으시리라 [13]그 날에 큰 나팔을 불리니 앗수르
땅에서 멸망하는 자들과 애굽 땅으로 쫓겨난 자들이 돌아와서 예루살렘 성산에서 여호와께 예배하리라

43일~48일

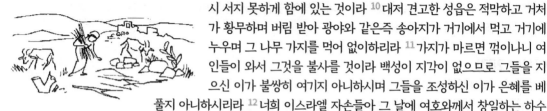

역대하 29장~32장

❖ 대하 29~32장 **역대기판 히스기야 이야기**
하나님을 의지하는 히스기야의 신앙적 모습을 그리고 있다. 특별히 솔로몬 이후 처음으로 유월절을 지키는 것을 강조한다. 유월절 지킴은 시내 산 언약으로 돌아간다는 의미가 있다.

역대하 29장

유다 왕 히스기야의 성전 정화(왕하 18:1-3)

[1]히스기야가 왕위에 오를 때에 나이가 이십오 세라 예루살렘에서 이십구 년 동안 다스리니라 그의 어머니의 이
름은 아비야요 스가랴의 딸이더라 [2]히스기야가 그의 조상 다윗의 모든 행실과 같이 여호와 보시기에 정직하게
행하여 [3]첫째 해 첫째 달에 여호와의 전 문들을 열고 수리하고 [4]제사장들과 레위 사람들을 동쪽 광장에 모으고
[5]그들에게 이르되 레위 사람들아 내 말을 들으라 이제 너희는 성결하게 하고 또 너희 조상들의 하나님 여호와
의 전을 성결하게 하여 그 더러운 것을 성소에서 없애라 [6]우리 조상들이 범죄하여 우리 하나님 여호와 보시기에
악을 행하여 하나님을 버리고 얼굴을 돌려 여호와의 성소를 등지고 [7]또 낭실 문을 닫으며 등불을 끄고 성소에
서 분향하지 아니하며 이스라엘의 하나님께 번제를 드리지 아니하므로 [8]여호와께서 유다와 예루살렘에 진노하
시고 내버리사 두려움과 놀람과 비웃음거리가 되게 하신 것을 너희가 똑똑히 보는 바라 [9]이로 말미암아 우리의
조상들이 칼에 엎드러지며 우리의 자녀와 아내들이 사로잡혔느니라 [10]이
제 이스라엘의 하나님 여호와와 더불어 언약을 세워 그 맹렬한 노를 우
리에게서 떠나게 할 마음이 내게 있노니 [11]내 아들들아 이제는 게으르지
말라 여호와께서 이미 너희를 택하사 그 앞에 서서 수종들어 그를 섬기며
분향하게 하셨느니라 [12]이에 레위 사람들이 일어나니 곧 그핫의 자손 중
아마새의 아들 마핫과 아사랴의 아들 요엘과 므라리의 자손 중 압디의
아들 기스와 여할렐렐의 아들 아사랴와 게르손 사람 중 심마의 아들 요
아와 요아의 아들 에덴과 [13]엘리사반의 자손 중 시므리와 여우엘과 아삽

대하 29:8 하나님의 백성과 교회가 하나님을 무시하고 인위로 자기 멋대로 하면 교회가 세상의 조롱거리가 된다는 사실을 심도 있게 생각해 본 적이 있는가?
☞ 구약 백성의 성전 청결은 언약 갱신의 영적 부흥을 의미하는 것이다. 신약적 의미로는 성도 개개인이 성령을 모시는 성전이므로 개인의 영적 갱신을 위해 필요한 것이다.

의 자손 중 스가랴와 맛다냐와 14 헤만의 자손 중 여후엘과 시므이와 여두둔의 자손 중 스마야와 웃시엘이라 15
그들이 그들의 형제들을 모아 성결하게 하고 들어가서 왕이 여호와의 말씀대로 명령한 것을 따라 여호와의 전
을 깨끗하게 할새 16 제사장들도 여호와의 전 안에 들어가서 깨끗하게 하여 여호와의 전에 있는 모든 더러운 것
을 끌어내어 여호와의 전 뜰에 이르매 레위 사람들이 받아 바깥 기드론 시내로 가져갔더라 17 첫째 달 초하루에
성결하게 하기를 시작하여 그 달 초팔일에 여호와의 낭실에 이르고 또 팔 일 동안 여호와의 전을 성결하게 하여
첫째 달 십육 일에 이르러 마치고 18 안으로 들어가서 히스기야 왕을 보고 이르되 우리가 여호와의 온 전과 번제
단과 그 모든 그릇들과 떡을 진설하는 상과 그 모든 그릇들을 깨끗하게 하였고 19 또 아하스 왕이 왕위에 있어
범죄할 때에 버린 모든 그릇들도 우리가 정돈하고 성결하게 하여 여호와의 제단 앞에 두었나이다 하니라

성전의 일이 갖추어지다

20 히스기야 왕이 일찍이 일어나 성읍의 귀인들을 모아 여호와의 전에 올라가서 21 수송아지 일곱 마리와 숫양 일
곱 마리와 어린 양 일곱 마리와 숫염소 일곱 마리를 끌어다가 나라와 성소와 유다를 위하여 속죄제물로 삼고 아
론의 자손 제사장들을 명령하여 여호와의 제단에 드리게 하니 22 이에 수소를 잡으매 제사장들이 그 피를 받아
제단에 뿌리고 또 숫양들을 잡으매 그 피를 제단에 뿌리고 또 어린 양들을 잡으매 그 피를 제단에 뿌리고 23 이
에 속죄 제물로 드릴 숫염소들을 왕과 회중 앞으로 끌어오매 그들이 그 위에 안수하고 24 제사장들이 잡아 그 피
를 속죄제로 삼아 제단에 드려 온 이스라엘을 위하여 속죄하니 이는 왕이 명령하여 온 이스라엘을 위하여 번제
와 속죄제를 드리게 하였음이더라 25 왕이 레위 사람들을 여호와의 전에 두어서 다윗과 왕의 선견자 갓과 선지
자 나단이 명령한 대로 제금과 비파와 수금을 잡게 하니 이는 여호와께서 그의 선지자들로 이렇게 명령하셨음이
라 26 레위 사람은 다윗의 악기를 잡고 제사장은 나팔을 잡고 서매 27 히스기야가 명령하여 번제를 제단에 드릴
새 번제 드리기를 시작하는 동시에 여호와의 시로 노래하고 나팔을 불며 이스라엘 왕 다윗의 악기를 울리고 28
온 회중이 경배하며 노래하는 자들은 노래하고 나팔 부는 자들은 나팔을 불어 번제를 마치기까지 이르니라 29
제사 드리기를 마치매 왕과 그와 함께 있는 자들이 다 엎드려 경배하니라 30 히스기야 왕이 귀인들과 더불어 레
위 사람을 명령하여 다윗과 선견자 아삽의 시로 여호와를 찬송하게 하매
그들이 즐거움으로 찬송하고 몸을 굽혀 예배하니라 31 이에 히스기야가
말하여 이르되 너희가 이제 스스로 몸을 깨끗하게 하여 여호와께 드렸으
니 마땅히 나아와 제물과 감사제물을 여호와의 전으로 가져오라 하니 회
중이 제물과 감사제물을 가져오되 무릇 마음에 원하는 자는 또한 번제물도 가져오니 32 회중이 가져온 번제물의
수효는 수소가 칠십 마리요 숫양이 백 마리요 어린 양이 이백 마리이니 이는 다 여호와께 번제물로 드리는 것이
며 33 또 구별하여 드린 소가 육백 마리요 양이 삼천 마리라 34 그런데 제사장이 부족하여 그 모든 번제 짐승들의
가죽을 능히 벗기지 못하는 고로 그의 형제 레위 사람들이 그 일을 마치기까지 돕고 다른 제사장들이 성결하게
하기까지 기다렸으니 이는 레위 사람들의 성결하게 함이 제사장들보다 성심이 있었음이라 35 번제와 화목제의
기름과 각 번제에 속한 전제들이 많더라 이와 같이 여호와의 전에서 섬기는 일이 순서대로 갖추어지니라 36 이 일
이 갑자기 되었으나 하나님께서 백성을 위하여 예비하셨으므로 히스기야가 백성과 더불어 기뻐하였더라

> 대하 29:30 히스기야의 성전 제사 제도의 회복을 보고 오늘 우리의 예배 회복의 필요성을 심각하게 반성해 보라.

43일~48일

역대하 30장

유월절 준비

1 히스기야가 온 이스라엘과 유다에 사람을 보내고 또 에브라임과 므낫세에 편지를 보내어 예루살렘 여호와의 전
에 와서 이스라엘 하나님 여호와를 위하여 유월절을 지키라 하니라 2 왕이 방백들과 예루살렘 온 회중과 더불어
의논하고 둘째 달에 유월절을 지키려 하였으니 3 이는 성결하게 한 제사장들이 부족하고 백성도 예루살렘에 모이
지 못하였으므로 그 정한 때에 지킬수 없었음이라 4 왕과 온 회중이 이 일을 좋게 여기고 5 드디어 왕이 명령을 내
려 브엘세바에서부터 단까지 온 이스라엘에 공포하여 일제히 예루살렘으로 와서 이스라엘 하나님 여호와의 유월

절을 지키라 하니 이는 기록한 규례대로 오랫동안 지키지 못하였음이더라
[6] 보발꾼들이 왕과 방백들의 편지를 받아 가지고 왕의 명령을 따라 온 이
스라엘과 유다에 두루 다니며 전하니 일렀으되 이스라엘 자손들아 너희는
아브라함과 이삭과 이스라엘의 하나님 여호와께로 돌아오라 그리하면 그
가 너희 남은 자 곧 앗수르 왕의 손에서 벗어
난 자에게로 돌아오시리라 [7] 너희 조상들과 너
희 형제 같이 하지 말라 그들은 그의 조상들의
하나님 여호와께 범죄하였으므로 여호와께서
멸망하도록 버려두신 것을 너희가 똑똑히 보
는 바니라 [8] 그런즉 너희 조상들 같이 목을 곧
게 하지 말고 여호와께 돌아와 영원히 거룩하게 하신 전에 들어가서 너희
하나님 여호와를 섬겨 그의 진노가 너희에게서 떠나게 하라 [9] 너희가 만일
여호와께 돌아오면 너희 형제들과 너희 자녀가 사로잡은 자들에게서 자
비를 입어 다시 이 땅으로 돌아오리라 너희 하나님 여호와는 은혜로우시고 자비하신지라 너희가 그에게로 돌아
오면 그의 얼굴을 너희에게서 돌이키지 아니하시리라 하였더라 [10] 보발꾼이 에브라임과 므낫세 지방 각 성읍으로
두루 다녀서 스불론까지 이르렀으나 사람들이 그들을 조롱하며 비웃었더라 [11] 그러나 아셀과 므낫세와 스불론
중에서 몇 사람이 스스로 겸손한 마음으로 예루살렘에 이르렀고 [12] 하나님의 손이 또한 유다 사람들을 감동시키
사 그들에게 왕과 방백들이 여호와의 말씀대로 전한 명령을 한 마음으로 준행하게 하셨더라

❖ 대하 30장

유월절은 이스라엘의 출애굽 사건을 기념하는 절기였다. 이는 애굽의 10가지 재앙이라는 하나님의 놀라운 구원 행동으로 이스라엘이 애굽의 노예 신분에서 해방되고 나아가 선민(選民)으로서 약속의 땅을 정복하기 위하여 새 출발을 하게 된 날이었다. 따라서 이스라엘 백성들에게 있어서 유월절 준수는 단순히 애굽의 압제에서 벗어나 독립하게 된 것을 기념하는 날이 아니었다. 그것은 영적으로 그들이 하나님의 은총에 의해 조건 없이 선민으로 선택되고 기적을 동원하는 하나님의 능력과 사랑으로 구원되어 하나님의 백성이 된 것을 감사하고 또 선민으로서 마땅히 지켜야 할 본분(本分)을 다시 한번 되새겨 보는 일종의 선민 탄생 기념일이었다.

유월절을 성대히 지키다

43일~48일

[13] 둘째 달에 백성이 무교절을 지키려 하여 예루살렘에 많이 모이니 매우 큰 모임이라 [14] 무리가 일어나 예루살
렘에 있는 제단과 향단들을 모두 제거하여 기드론 시내에 던지고 [15] 둘째 달 열넷째 날에 유월절 양을 잡으니 제
사장과 레위 사람이 부끄러워하여 성결하게 하고 번제물을 가지고 여호
와의 전에 이르러 [16] 규례대로 각각 자기들의 처소에 서고 하나님의 사람
모세의 율법을 따라 제사장들이 레위 사람의 손에서 피를 받아 뿌리니라 [17] 회중 가운데 많은 사람이 자신들을
성결하게 하지 못하였으므로 레위 사람들이 모든 부정한 사람을 위하여 유월절 양을 잡아 그들로 여호와 앞에
서 성결하게 하였으나 [18] 에브라임과 므낫세와 잇사갈과 스불론의 많은 무리는 자기들을 깨끗하게 하지 아니하
고 유월절 양을 먹어 기록한 규례를 어긴지라 히스기야가 그들을 위하여 기도하여 이르되 선하신 여호와여 사하
옵소서 [19] 결심하고 하나님 곧 그의 조상들의 하나님 여호와를 구하는 사람은 누구든지 비록 성소의 결례대로
스스로 깨끗하게 못하였을지라도 사하옵소서 하였더니 [20] 여호와께서 히스기야의 기도를 들으시고 백성을 고치
셨더라 [21] 예루살렘에 모인 이스라엘 자손이 크게 즐거워하며 칠 일 동안 무교절을 지켰고 레위 사람들과 제사
장들은 날마다 여호와를 칭송하며 큰 소리 나는 악기를 울려 여호와를 찬양하였으며 [22] 히스기야는 여호와를 섬
기는 일에 능숙한 모든 레위 사람들을 위로하였더라 이와 같이 절기 칠 일 동안에 무리가 먹으며 화목제를 드리
고 그의 조상들의 하나님 여호와께 감사하였더라

대하 30:13-17
학습 자료 43-3 "유월절과 무교절" 참조

두 번째 절기

[23] 온 회중이 다시 칠 일을 지키기로 결의하고 이에 또 칠 일을 즐겁게 지켰더라 [24] 유다 왕 히스기야가 수송아지 천
마리와 양 칠천 마리를 회중에게 주었고 방백들은 수송아지 천 마리와 양 만 마리를 회중에게 주었으며 자신들을 성
결하게 한 제사장들도 많았더라 [25] 유다 온 회중과 제사장들과 레위 사람들과 이스라엘에서 온 모든 회중과 이스라
엘 땅에서 나온 나그네들과 유다에 사는 나그네들이 다 즐거워하였으므로 [26] 예루살렘에 큰 기쁨이 있었으니 이스
라엘 왕 다윗의 아들 솔로몬 때로부터 이러한 기쁨이 예루살렘에 없었더라 [27] 그 때에 제사장들과 레위 사람들이 일
어나서 백성을 위하여 축복하였으니 그 소리가 하늘에 들리고 그 기도가 여호와의 거룩한 처소 하늘에 이르렀더라

역대하 31장

히스기야의 개혁

1 이 모든 일이 끝나매 거기에 있는 이스라엘 무리가 나가서 유다 여러 성
읍에 이르러 주상들을 깨뜨리며 아세라 목상들을 찍으며 유다와 베냐민
과 에브라임과 므낫세 온 땅에서 산당들과 제단들을 제거하여 없애고 이
스라엘 모든 자손이 각각 자기들의 본성 기업으로 돌아갔더라 2 히스기야
가 제사장들과 레위 사람들의 반열을 정하고 그들의 반열에 따라 각각
그들의 직임을 행하게 하되 곧 제사장들과 레위 사람들에게 번제와 화목
제를 드리며 여호와의 휘장 문에서 섬기며 감사하며 찬송하게 하고 3 또
왕의 재산 중에서 얼마를 정하여 여호와의 율법에 기록된 대로 번제 곧
아침과 저녁의 번제와 안식일과 초하루와 절기의 번제에 쓰게 하고 4 또
예루살렘에 사는 백성을 명령하여 제사장들과 레위 사람들 몫의 음식을
주어 그들에게 여호와의 율법을 힘쓰게 하라 하니라 5 왕의 명령이 내리
자 곧 이스라엘 자손이 곡식과 포도주와 기름과 꿀과 밭의 모든 소산의
첫 열매들을 풍성히 드렸고 또 모든 것의 십일조를 많이 가져왔으며 6 유
다 여러 성읍에 사는 이스라엘과 유다 자손들도 소와 양의 십일조를 가져
왔고 또 그들의 하나님 여호와께 구별하여 드릴 성물의 십일조를 가져왔
으며 그것을 쌓아 여러 더미를 이루었는데 7 셋째 달에 그 더미들을 쌓기
시작하여 일곱째 달에 마친지라 8 히스기야와 방백들이 와서 쌓인 더미들
을 보고 여호와를 송축하고 그의 백성 이스라엘을 위하여 축복하니라 9 히스기야가 그 더미들에 대하여 제사장
들과 레위 사람들에게 물으니 10 사독의 족속 대제사장 아사랴가 그에게 대답하여 이르되 백성이 예물을 여호
와의 전에 드리기 시작함으로부터 우리가 만족하게 먹었으나 남은 것이 많으니 이는 여호와께서 그의 백성에게
복을 주셨음이라 그 남은 것이 이렇게 많이 쌓였나이다 11 그 때에 히스기야가 명령하여 여호와의 전 안에 방들
을 준비하라 하므로 그렇게 준비하고 12 성심으로 그 예물과 십일조와 구별한 물건들을 갖다 두고 레위 사람 고
나냐가 그 일의 책임자가 되고 그의 아우 시므이는 부책임자가 되며 13 여히엘과 아사시야와 나핫과 아사헬과
여리못과 요사밧과 엘리엘과 이스마갸와 마핫과 브나야는 고나냐와 그의 아우 시므이의 수하에서 보살피는 자
가 되니 이는 히스기야 왕과 하나님의 전을 관리하는 아사랴가 명령한 바이며 14 동문지기 레위 사람 임나의 아
들 고레는 즐거이 하나님께 드리는 예물을 맡아 여호와께 드리는 것과 모든 지성물을 나눠 주며 15 그의 수하
의 에덴과 미냐민과 예수아와 스마야와 아마랴와 스가냐는 제사장들의 성읍들에 있어서 직임을 맡아 그의 형
제들에게 반열대로 대소를 막론하고 나눠 주되 16 삼 세 이상으로 족보에 기록된 남자 외에 날마다 여호와의 전
에 들어가서 그 반열대로 직무에 수종드는 자들에게 다 나눠 주며 17 또 그들의 족속대로 족보에 기록된 제사장
들에게 나눠 주며 이십세 이상에서 그 반열대로 직무를 맡은 레
위 사람들에게 나눠 주며 18 또 그 족보에 기록된 온 회중의
어린 아이들 아내들 자녀들에게 나눠 주었으니 이 회중은 성
결하고 충실히 그 직분을 다하는 자며 19 각 성읍에서 등록된
사람이 있어 성읍 가까운 들에 사는 아론 자손 제사장들에게
도 나눠 주되 제사장들의 모든 남자와 족보에 기록된 레위 사

람들에게 나눠 주었더라 20 히스기야가 온 유다에 이같이 행하되 그의 하나님 여호와 보시기에 선과 정의와 진
실함으로 행하였으니 21 그가 행하는 모든 일 곧 하나님의 전에 수종드는 일에나 율법에나 계명에나 그의 하나
님을 찾고 한 마음으로 행하여 형통하였더라

❖ 대하 31장

본 장은 앞서 29장에서는 성전 중건, 30장에서 유월절 준수 재개 등을 시도한 히스기야가 이제 여호와 신앙을 이제 근본적으로 정립시키기 위한 레위인 및 제사장들의 반차 제도 및 십일조 제도를 재정비하는 내용을 담고 있다. 사실 제사장들과 레위인들의 성직 반차는 다윗이 제정하고(대상 23:6) 솔로몬이 재확립(8:14)한 것이었으나 왕국 분열 이후로 유명무실해졌다. 이것을 다시 회복시킴으로써 히스기야는 성전 제사의 정신뿐 아니라 그 형식까지도 완벽하게 갖추고자 했다. 요컨대 기독교 신앙은 예배자의 신실한 종교심뿐 아니라 올바른 예배 의식과 제도도 필요함을 그는 직시했다.

또한 십일조 제도의 재정비 기사를 주목할 필요가 있다. 사실 유한한 인간에게 있어서 재물이란 이 세상에서 힘과 편의를 보장해 주는 것으로서 인간은 목숨 다음으로 이것을 중시하는 경향도 있다. 그리하여 구약 역사를 보면 사실 이 제도가 자기 재물을 아까워하는 인간들의 회피로 제대로 실시된 적이 거의 없었다.

오늘 이 시대도 헌금에서 십일조 정신은 매우 희박하다.

이스라엘 역사 속에서 보는 신앙 부흥기

지도자	백성들의 반응은 어떠했나?
모세	하나님의 율법을 받아들이고, 하나님의 말씀에 따라 모두 힘을 합쳐 성막을 건축했다. **(출 32–33장)**
사무엘	모든 우상을 파괴함으로써 하나님을 최우선 순위에 두기로 했다. **(삼상 7:1–13)**
다윗	언약궤를 예루살렘으로 가져왔고, 다 함께 노래와 악기를 가지고 하나님을 찬양했다. **(삼하 6장)**
여호사밧	하나님만 의뢰하기로 결정했다. **(대하 20장)**
히스기야	성전을 정화했고, 우상을 제거했으며, 성전에 십일조를 가져왔다. **(대하 29–31장)**
요시아	하나님의 말씀에 순종하기로 결정했고, 각 자의 삶 속에서 죄악된 요소들을 모두 제거했다. **(대하 34–35장)**
에스라	신앙을 위협하는 사람들과의 관계를 청산했고, 하나님의 말씀에 대한 순종의 결의를 새롭게 다짐했다. **(에스라 9–10장, 학개 1장)**
느헤미야	금식했고, 죄를 고백했으며, 하나님의 말씀을 공개적으로 낭독했다. 그리고 앞으로는 전적으로 하나님만 섬기기로 약속하고 서명함 **(느헤미야 8–10장)**

역대하 32장

앗수르 군대가 예루살렘을 위협하다(왕하 18:13-37, 19:14-19, 35-37, 사 36:1-22, 37:8-38)

1 이 모든 충성된 일을 한 후에 앗수르 왕 산헤립이 유다에 들어와서 견고
한 성읍들을 향하여 진을 치고 쳐서 점령하고자 한지라 2 히스기야가 산
헤립이 예루살렘을 치러 온 것을 보고 3 그의 방백들과 용사들과 더불어
의논하고 성 밖의 모든 물 근원을 막고자 하매 그들이 돕더라 4 이에 백
성이 많이 모여 모든 물 근원과 땅으로 흘러가는 시내를 막고 이르되 어
찌 앗수르 왕들이 와서 많은 물을 얻게 하리요 하고 5 히스기야가 힘을 내
어 무너진 모든 성벽을 보수하되 망대까지 높이 쌓고 또 외성을 쌓고 다
윗 성의 밀로를 견고하게 하고 무기와 방패를 많이 만들고 6 군대 지휘관
들을 세워 백성을 거느리게 하고 성문 광장에서 자기 앞에 무리를 모으고
말로 위로하여 이르되 7 너희는 마음을 강하게 하며 담대히 하고 앗수르
왕과 그를 따르는 온 무리로 말미암아 두려워하지 말며 놀라지 말라 우리
와 함께 하시는 이가 그와 함께 하는 자보다 크니 8 그와 함께 하는 자는
육신의 팔이요 우리와 함께 하시는 이는 우리의 하나님 여호와시라 반드
시 우리를 도우시고 우리를 대신하여 싸우시리라 하매 백성이 유다 왕 히
스기야의 말로 말미암아 안심하니라 9 그 후에 앗수르 왕 산헤립이 그의 온 군대를 거느리고 라기스를 치며 그의
신하들을 예루살렘에 보내어 유다 왕 히스기야와 예루살렘에 있는 유다 무리에게 말하여 이르기를 10 앗수르 왕
산헤립은 이같이 말하노라 너희가 예루살렘에 에워싸여 있으면서 무엇을 의뢰하느냐 11 히스기야가 너희를 꾀
어 이르기를 우리 하나님 여호와께서 우리를 앗수르 왕의 손에서 건져내시리라 하거니와 이 어찌 너희를 주림과
목마름으로 죽게 함이 아니냐 12 이 히스기야가 여호와의 산당들과 제단들을 제거하여 버리고 유다와 예루살렘
에 명령하여 이르기를 너희는 다만 한 제단 앞에서 예배하고 그 위에 분향하라 하지 아니하였느냐 13 나와 내 조
상들이 이방 모든 백성들에게 행한 것을 너희가 알지 못하느냐 모든 나라의 신들이 능히 그들의 땅을 내 손에서
건져낼 수 있었느냐 14 내 조상들이 진멸한 모든 나라의 그 모든 신들 중에 누가 능히 그의 백성을 내 손에서 건

❖ 대하 32장
본 장은 히스기야의 정치, 군사적 업적을 중심으로 다루고 있다. 즉 본 장은 앗수르 왕 산헤립의 침입에 직면한 히스기야가 여호와 신앙을 의지함으로써 그것을 격퇴한 것과 그의 통치 기간에 일어난 몇 가지 에피소드(episode)를 소개하고 있다.
☞ 히스기야와 같은 위대한 신앙인도 어쩔 수 없는 연약한 성정(性情)을 가진 인간이기에 종종 죄에 빠졌지만, 대신 그는 자신의 죄를 곧 회개하고 여호와께 전적 의뢰함으로 다시 하나님과의 교제와 그분의 은총과 축복을 회복하였음을 보여 준다. 여기서 우리는 늘 죄에 빠지기 쉬운 연약함을 가졌지만 날마다 하나님 앞에서 진실하게 회개하고 그분을 의뢰함으로 은총을 입어 그 연약함을 극복할 수 있다는 교훈을 배운다.
☞ **요일 1:9** 만일 우리가 우리 죄를 자백하면 그는 미쁘시고 의로우사 우리 죄를 사하시며 우리를 모든 불의에서 깨끗하게 하실 것이요

져내었기에 너희 하나님이 능히 너희를 내 손에서 건지겠느냐 15 그런즉 이와 같이 너희는 히스기야에게 속지 말
라 꾀임을 받지 말라 그를 믿지도 말라 어떤 백성이나 어떤 나라의 신도 능히 자기의 백성을 나의 손과 나의 조
상들의 손에서 건져내지 못하였나니 하물며 너희 하나님이 너희를 내 손에서 건져내겠느냐 하였더라 16 산헤립
의 신하들도 더욱 여호와 하나님과 그의 종 히스기야를 비방하였으며 17 산헤립이 또 편지를 써 보내어 이스라엘
하나님 여호와를 욕하고 비방하여 이르기를 모든 나라의 신들이 그들의 백성을 내 손에서 구원하여 내지 못한
것 같이 히스기야의 신들도 그의 백성을 내 손에서 구원하여 내지 못하리라 하고 18 산헤립의 신하가 유다 방언
으로 크게 소리 질러 예루살렘 성 위에 있는 백성을 놀라게 하고 괴롭게 하여 그 성을 점령하려 하였는데 19 그들
이 예루살렘의 하나님을 비방하기를 사람의 손으로 지은 세상 사람의 신들을 비방하듯 하였더라 20 이러므로 히
스기야 왕이 아모스의 아들 선지자 이사야와 더불어 하늘을 향하여 부르짖어 기도하였더니 21 여호와께서 한 천
사를 보내어 앗수르 왕의 진영에서 모든 큰 용사와 대장과 지휘관들을 멸하신지라 앗수르 왕이 낯이 뜨거워 그
의 고국으로 돌아갔더니 그의 신의 전에 들어갔을 때에 그의 몸에서 난 자들이 거기서 칼로 죽였더라 22 이와 같
이 여호와께서 히스기야와 예루살렘 주민을 앗수르 왕 산헤립의 손과 모든 적국의 손에서 구원하여 내사 사면
으로 보호하시매 23 여러 사람이 예물을 가지고 예루살렘에 와서 여호와께 드리고 또 보물을 유다 왕 히스기야
에게 드린지라 이 후부터 히스기야가 모든 나라의 눈에 존귀하게 되었더라

히스기야의 병과 교만(왕하 20:1-3, 12-19, 사 38:1-3, 39:1-8)

24 그 때에 히스기야가 병들어 죽게 되었으므로 여호와께 기도하매 여호와께서 그에게 대답하시고 또 이적을 보
이셨으나 25 히스기야가 마음이 교만하여 그 받은 은혜를 보답하지 아니하므로 진노가 그와 유다와 예루살렘에
내리게 되었더니 26 히스기야가 마음의 교만함을 뉘우치고 예루살렘 주민들도 그와 같이 하였으므로 여호와의
진노가 히스기야의 생전에는 그들에게 내리지 아니하니라

히스기야의 부와 영광

27 히스기야가 부와 영광이 지극한지라 이에 은금과 보석과 향품과 방패와 온갖 보배로운 그릇들을 위하여 창고
를 세우며 28 곡식과 새 포도주와 기름의 산물을 위하여 창고를 세우며 온갖 짐승의 외양간을 세우며 양 떼의 우
리를 갖추며 29 양 떼와 많은 소 떼를 위하여 성읍들을 세웠으니 이는 하나님이 그에게 재산을 심히 많이 주셨음
이며 30 이 히스기야가 또 기혼의 윗샘물을 막아 그 아래로부터 다윗 성 서쪽으로 곧게 끌어들였으니 히스기야가
그의 모든 일에 형통하였더라 31 그러나 바벨론 방백들이 히스기야에게 사신을 보내어 그 땅에서 나타난 이적을
물을 때에 하나님이 히스기야를 떠나시고 그의 심중에 있는 것을 다 알고자 하사 시험하셨더라

히스기야가 죽다(왕하 20:20-21)

32 히스기야의 남은 행적과 그의 모든 선한 일은 아모스의 아들 선지자 이사야의 묵시 책과 유다와 이스라엘 열
왕기에 기록되니라 33 히스기야가 그의 조상들과 함께 누우매 온 유다와 예루살렘 주민이 그를 다윗 자손의 묘
실 중 높은 곳에 장사하여 그의 죽음에 그에게 경의를 표하였더라 그의 아들 므낫세가 대신하여 왕이 되니라

열왕기하 21장 : 유다 왕국의 악한 왕 므낫세와 아몬

유다 왕 므낫세(대하 33:1-20, B.C. 687-642) 남 14대 왕

1 므낫세가 왕이 될 때에 나이가 십이 세라 예루살렘에서 오십오 년간 다
스리니라 그의 어머니의 이름은 헵시바더라 2 므낫세가 여호와 보시기에
악을 행하여 여호와께서 이스라엘 자손 앞에서 쫓아내신 이방 사람의 가
증한 일을 따라서 3 그의 아버지 히스기야가 헐어 버린 산당들을 다시 세
우며 이스라엘의 왕 아합의 행위를 따라 바알을 위하여 제단을 쌓으며
아세라 목상을 만들며 하늘의 일월 성신을 경배하여 섬기며 4 여호와께서
전에 이르시기를 내가 내 이름을 예루살렘에 두리라 하신 여호와의 성전

므낫세 왕

므낫세는 유다 왕 중에서 가장 사악한 왕이었다. 55년이라는 그의 긴 통치 기간은 종교적인 암흑기였다. 그는 부친 히스기야가 없앴던 산당을 다시 세웠으며 여호와 신앙과 가나안의 우상 숭배를 혼합시키고자 하였다. 므낫세는 바알의 제단에서 여호와께 예배하였고 아세라 신상을 세우고 성전에서 매음을 제의적으로 행했다. 그뿐만 아니라 하늘의 별들을 섬기는 제단을 세웠는데 이는 메소포타미아의 성신 숭배를 도입한 것이다. 또한 점성술과 마술, 점을 인정하였고 자기 아들까지 인신 제물로 드렸다.

에 제단들을 쌓고 5 또 여호와의 성전 두 마당에 하늘의 일월 성신을 위하
여 제단들을 쌓고 6 또 자기의 아들을 불 가운데로 지나게 하며 점치며 사
술을 행하며 신접한 자와 박수를 신임하여 여호와께서 보시기에 악을 많
이 행하여 그 진노를 일으켰으며 7 또 자기가 만든 아로새긴 아세라 목상
을 성전에 세웠더라 옛적에 여호와께서 이 성전에 대하여 다윗과 그의 아
들 솔로몬에게 이르시기를 내가 이스라엘의 모든 지파 중에서 택한 이 성
전과 예루살렘에 내 이름을 영원히 둘지라 8 만일 이스라엘이 나의 모든
명령과 나의 종 모세가 명령한 모든 율법을 지켜 행하면 내가 그들의 발
로 다시는 그의 조상들에게 준 땅에서 떠나 유리하지 아니하게 하리라
하셨으나 9 이 백성이 듣지 아니하였고 므낫세의 꾐을 받고 악을 행한 것
이 여호와께서 이스라엘 자손 앞에서 멸하신 여러 민족보다 더 심하였더
라 10 여호와께서 그의 종 모든 선지자들을 통하여 말씀하여 이르시되 11
유다 왕 므낫세가 이 가증한 일과 악을 행함이 그 전에 있던 아모리 사람
들의 행위보다 더욱 심하였고 또 그들의 우상으로 유다를 범죄하게 하였
도다 12 그러므로 이스라엘의 하나님 여호와가 말하노니 내가 이제 예루
살렘과 유다에 재앙을 내리리니 듣는 자마다 두 귀가 울리리라 13 내가
사마리아를 잰 줄과 아합의 집을 다림 보던 추를 예루살렘에 베풀고 또
사람이 그릇을 씻어 엎음 같이 예루살렘을 씻어 버릴지라 14 내가 나의 기
업에서 남은 자들을 버려 그들의 원수의 손에 넘긴즉 그들이 모든 원수에
게 노략거리와 겁탈거리가 되리니 15 이는 애굽에서 나온 그의 조상 때부
터 오늘까지 내가 보기에 악을 행하여 나의 진노를 일으켰음이니라 하셨
더라 16 므낫세가 유다에게 범죄하게 하여 여호와께서 보시기에 악을 행
한 것 외에도 또 무죄한 자의 피를 심히 많이 흘려 예루살렘 이 끝에서 저
끝까지 가득하게 하였더라 17 므낫세의 남은 사적과 그가 행한 모든 일과 범한 죄는 유다 왕 역대지략에 기록되
지 아니하였느냐 18 므낫세가 그의 조상들과 함께 자매 그의 궁궐 동산 곧 웃사의 동산에 장사되고 그의 아들
아몬이 대신하여 왕이 되니라

이러한 므낫세의 종교 정책은 당시의 정치적인 상황과 맞물려 있었다. 당시 앗수르는 산헤립에 이어 왕이 된 에살핫돈(B.C. 680-669)과 다음 왕 아슈르바나팔(B.C. 668-627)이 애굽까지 정복하고 최전성기를 구사하였다. 따라서 유다는 앗수르의 세력권에 놓이게 되었고 므낫세는 정치적인 평화를 위해 앗수르에 굴복하였으며 그들에게 호의를 얻기 위해 앗수르의 종교 문화를 도입하였다. 그가 무죄한 자의 피를 흘렸다는 기록도 전통적인 여호와 숭배자들에 대한 박해를 가리키는 것으로 해석할 수 있다. 그래서 역사가들은 유다의 심판 원인이 므낫세에게 있다고 말하였다(왕하 23:26-27; 렘15:4). 그 후 예언대로 므낫세는 바벨론에 의해 포로가 되었다가 기도하여 다시 예루살렘으로 돌아올 수 있었다. 그리고 여생은 하나님을 믿는 신앙 안에서 보냈다.

☞ 므낫세는 정치적인 안정을 위해 여호와 숭배를 포기하였다. 그러나 그 결과는 오히려 자신이 의지하였던 바벨론에 의해 포로가 되는 심판을 받게 되었다. 하나님이 선택한 백성의 구원과 안전은 하나님 자신에 의해 보장된다는 것을 몰랐다. 이처럼 성도들이 현실 속에서 받는 고난을 면하기 위해 세상의 악과 타협하고 신뢰하는 것은 오히려 자신을 멸망으로 인도한다는 것을 깨달아야 한다.

왕하 21:10-15
학습 자료 43-4 "구속사와 세속사의 상관관계" 참조

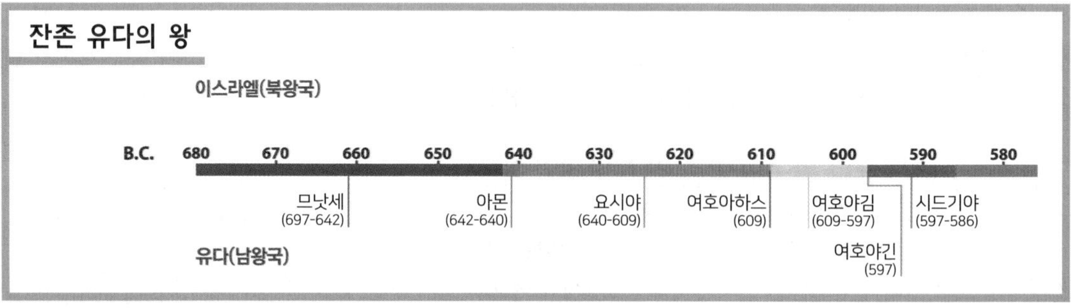

유다 왕 아몬(대하 33:21-25, B.C. 642-640) 남 15대 왕

19 아몬이 왕이 될 때에 나이가 이십이 세라 예루살렘에서 이 년간 다스리
니라 그의 어머니의 이름은 므술레멧이요 욧바 하루스의 딸이더라 20 아
몬이 그의 아버지 므낫세의 행함 같이 여호와 보시기에 악을 행하되 21 그

아몬 왕
아버지와 대를 이어 2년간 악행을 저지르다가 신하에 의해 살해된다.

의 아버지가 행한 모든 길로 행하여 그의 아버지가 섬기던 우상을 섬겨 그것들에게 경배하고 22 그의 조상들의
하나님 여호와를 버리고 그 길로 행하지 아니하더니 23 그의 신복들이 그에게 반역하여 왕을 궁중에서 죽이매 24
그 국민이 아몬 왕을 반역한 사람들을 다 죽이고 그의 아들 요시야를 대신하게 하여 왕을 삼았더라 25 아몬이 행
한 바 남은 사적은 유다 왕 역대지략에 기록되지 아니하였느냐 26 아몬이 웃사의 동산 자기 묘실에 장사되고 그
의 아들 요시야가 대신하여 왕이 되니라

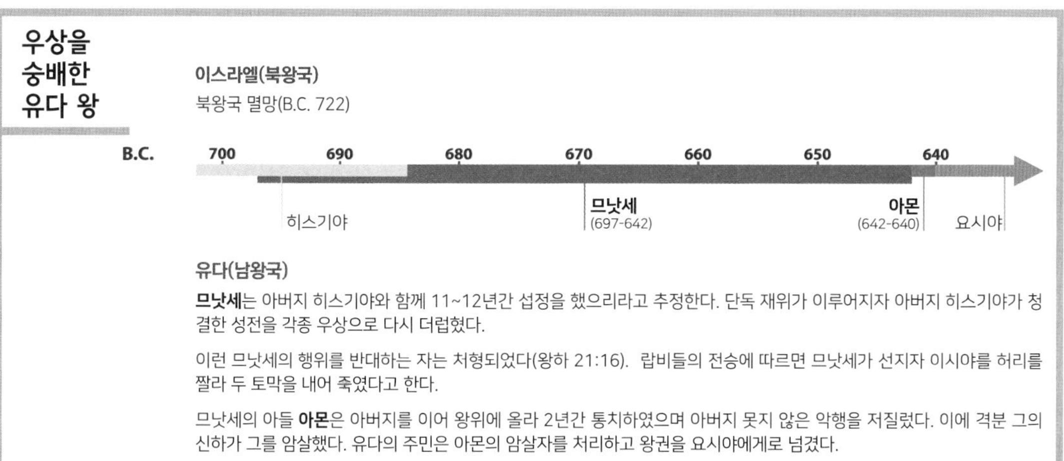

우상을 숭배한 유다 왕
이스라엘(북왕국)
북왕국 멸망(B.C. 722)
B.C.
700
690
680
670
660
650
640
히스기야
므낫세
(697-642)
아몬
(642-640)
요시야
유다(남왕국)
므낫세는 아버지 히스기야와 함께 11~12년간 섭정을 했으리라고 추정한다. 단독 재위가 이루어지자 아버지 히스기야가 청결한 성전을 각종 우상으로 다시 더럽혔다.
이런 므낫세의 행위를 반대하는 자는 처형되었다(왕하 21:16). 랍비들의 전승에 따르면 므낫세가 선지자 이시야를 허리를 짤라 두 토막을 내어 죽였다고 한다.
므낫세의 아들 아몬은 아버지를 이어 왕위에 올라 2년간 통치하였으며 아버지 못지 않은 악행을 저질렀다. 이에 격분 그의 신하가 그를 암살했다. 유다의 주민은 아몬의 암살자를 처리하고 왕권을 요시야에게로 넘겼다.

스바냐 1장~3장

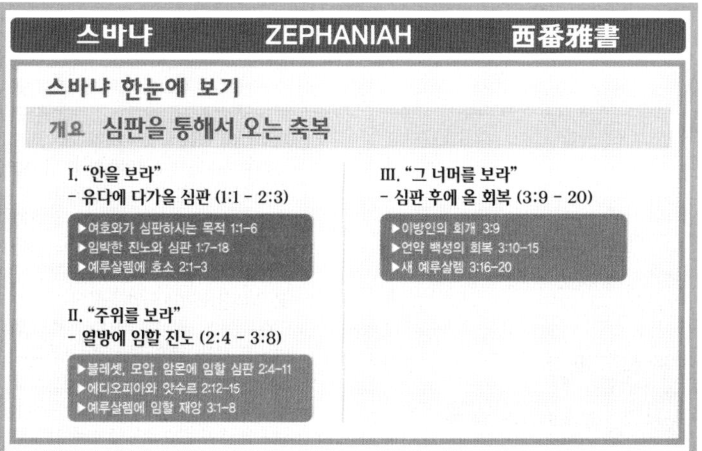

스바냐 ZEPHANIAH 西番雅書
스바냐 한눈에 보기
개요 심판을 통해서 오는 축복
I. "안을 보라"
- 유다에 다가올 심판 (1:1 - 2:3)
▶여호와가 심판하시는 목적 1:1-6
▶임박한 진노와 심판 1:7-18
▶예루살렘에 호소 2:1-3
II. "주위를 보라"
- 열방에 임할 진노 (2:4 - 3:8)
▶블레셋, 모압, 암몬에 임할 심판 2:4-11
▶에디오피아와 앗수르 2:12-15
▶예루살렘에 임할 재앙 3:1-8
III. "그 너머를 보라"
- 심판 후에 올 회복 (3:9 - 20)
▶이방인의 회개 3:9
▶언약 백성의 회복 3:10-15
▶새 예루살렘 3:16-20

스바냐 1장

1 아몬의 아들 유다 왕 요시야의 시대에 스바냐에게 임한 여호와의 말씀
이라 스바냐는 히스기야의 현손이요 아마랴의 증손이요 그다랴의 손자
요 구시의 아들이었더라

❖ 스바냐서의 개요

스바냐서는 남 유다 제16대 왕 요시야(B.C. 640-609년)가 종교 개혁을 개시하기 직전, 곧 므낫세 왕(B.C. 697-642년)과 아몬 왕(B.C. 642-640년) 시대로부터 만연됐던 남 유다의 우상 숭배로 인한 심각한 종교적, 도덕적 타락 상황을 그 배경으로 하고 있다. 이러한 때에 스바냐 선지자는 이 같은 모든 죄악과 불의를 척결하실 종말론적인 심판, 곧 여호와의 날의 심판이 반드시 도래할 것을 선포함으로써 남 유다 백성들의 회개를 촉구하는 한편, 온갖 불의와 죄악 속에서 고통받는 의로운 남은 자들에게 구원의 소망을 주는 메시지를 선포한다.

- 스바냐의 본격적인 예언 활동 개시는 요시야 왕이 종교 개혁 운동을 본격적으로 개시한 B.C. 622년 이전이었다.
- 스바냐서는 바로 이 요시야의 종교 개혁의 운동을 북돋우고 격려하기 위하여 여호와 하나님께서 스바냐를 통하여 주신 예언 계시의 기록이다.
- 스바냐서는 선민 대중의 범죄와 타락에 대하여 크고 두려운 하나님의 심판을 예언한다. 이것이 '여호와의 날'의 개념이기도 하다. 동시에 여호와 하나님께서 소수의 남은 자(the Remnants)를 중심으로 회복을 예언한다. 나아가 선민은 물론 이

여호와의 날

현실적	종말론적
• 유다가 바벨론에게 멸망하는 날 • 임박성 • 심판	• 그리스도가 오시어 통치하는 날 • 미래성 • 구원

방 만민도 동참할 최종적이고 영원한 여호와 경배와 축복의 종말론적 비전을 제시한다. 따라서 참 여호와의 백성들은 요시야 왕이 이끄는 종교 개혁 각성 운동에 동참하도록 촉구하고 있다.
· '여호와의 날'의 궁극적 의미는 영적 전쟁이 승리하는 날이다.

스바냐
학습 자료 43-5
"스바냐의 경고를 받은 부류들" 참조

2 여호와께서 이르시되 내가 땅 위에서 모든 것을 진멸하리라 3 내가 사람
과 짐승을 진멸하고 공중의 새와 바다의 고기와 거치게 하는 것과 악인들
을 아울러 진멸할 것이라 내가 사람을 땅 위에서 멸절하리라 나 여호와의 말이니라 4 내가 유다와 예루살렘의 모
든 주민들 위에 손을 펴서 남아 있는 바알을 그 곳에서 멸절하며 그마림이란 이름과 및 그 제사장들을 아울러 멸
절하며 5 또 지붕에서 하늘의 뭇 별에게 경배하는 자들과 경배하며 여호와께 맹세하면서 말감을 가리켜 맹세하
는 자들과 6 여호와를 배반하고 따르지 아니한 자들과 여호와를 찾지도 아니하며 구하지도 아니한 자들을 멸절
하리라 7 주 여호와 앞에서 잠잠할지어다 이는 여호와의 날이 가까웠으므로 여호와께서 희생을 준비하고 그가
청할 자들을 구별하셨음이니라 8 여호와의 희생의 날에 내가 방백들과 왕자들과 이방인의 옷을 입은 자들을 벌
할 것이며 9 그 날에 문턱을 뛰어넘어서 포악과 거짓을 자기 주인의 집에 채운 자들을 내가 벌하리라 10 나 여호와
가 말하노라 그 날에 어문에서는 부르짖는 소리가, 제 이 구역에서는 울음 소리가, 작은 산들에서는 무너지는 소
리가 일어나리라 11 막데스 주민들아 너희는 슬피 울라 가나안 백성이 다 패망하고 은을 거래하는 자들이 끊어졌
음이라 12 그 때에 내가 예루살렘에서 찌꺼기 같이 가라앉아서 마음속에 스스로 이르기를 여호와께서는 복도 내
리지 아니하시며 화도 내리지 아니하시리라 하는 자를 등불로 두루 찾아 벌하리니 13 그들의 재물이 노략되며 그
들의 집이 황폐할 것이라 그들이 집을 건축하나 거기에 살지 못하며 포도원을 가꾸나 그 포도주를 마시지 못하리
라 14 여호와의 큰 날이 가깝도다 가깝고도 빠르도다 여호와의 날의 소리로다 용사가 거기서 심히 슬피 우는도다
15 그날은 분노의 날이요 환난과 고통의 날이요 황폐와 패망의 날이요 캄캄하고 어두운 날이요 구름과 흑암의
날이요 16 나팔을 불어 경고하며 견고한 성읍들을 치며 높은 망대를 치는 날이로다 17 내가 사람들에게 고난을 내

43일~48일

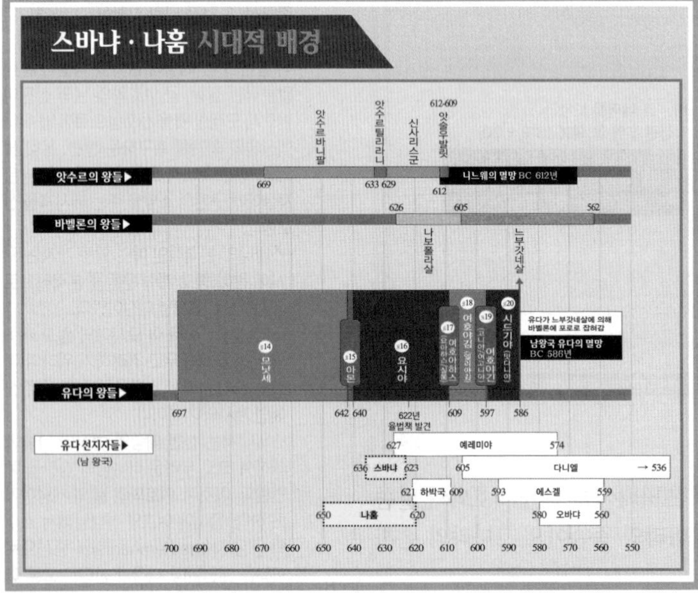

❖ 스바냐의 시대적 상황

당시 남 유다는 정치적으로 앗수르 제국의 속국이었으며 요시야 즉위 초기까지 앗수르 제국에 조공을 바치는 것은 물론 므낫세 시대에, 극에 달했던 바알 숭배 풍조에 더하여 새로이 앗수르인들이 섬기던 일월성신을 형상화한 여러 우상들까지 대거 들여와 숭배하는 등 정치적, 종교적 암흑기를 맞게 되었다. 요시야가 16세의 나이에 즉위한 후 앗수르 제국 주변 속국들의 반란으로 큰 혼란을 겪게 되었다. 특히 이 시기에 앗수르 북방, 곧 남부 러시아에서 발흥하여 근동 지역으로 이주해 오던 스키타이인들(Scythians)의 공격으로 인하여 고심하던 앗수르 제국은 팔레스틴 지역에 거의 신경을 쓸 수가 없었고 유다 왕국에 대한 내정 간섭도 자연스럽게 약화 되었다. 이때를 틈타 요시야 왕은 앗수르로부터 완전한 정치적 독립을 선언하고 선민 이스라엘의 자긍심과 여호와의 신앙을 회복하고자 예루살렘을 중심으로 하여 남 유다 전역은 물론 이미 멸망한 북이스라엘의 땅에까지 미치는 거국적인 차원에서 대대적인 종교 개혁을 B.C. 622년 단행하였다(대하 34:8).

려 맹인 같이 행하게 하리니 이는 그들이 나 여호와께 범죄하였음이라 또 그들의 피는 쏟아져서 티끌 같이 되며
그들의 살은 분토 같이 될지라 18 그들의 은과 금이 여호와의 분노의 날에 능히 그들을 건지지 못할 것이며 이 온
땅이 여호와의 질투의 불에 삼켜지리니 이는 여호와가 이 땅 모든 주민을 멸절하되 놀랍게 멸절할 것임이라

스바냐 2장

공의와 겸손을 구하라

1 수치를 모르는 백성아 모일지어다 모일지어다 2 명령이 시행되어 날이
겨 같이 지나가기 전, 여호와의 진노가 너희에게 내리기 전, 여호와의 분
노의 날이 너희에게 이르기 전에 그리할지어다 3 여호와의 규례를 지키는
세상의 모든 겸손한 자들아 너희는 여호와를 찾으며 공의와 겸손을 구하
라 너희가 혹시 여호와의 분노의 날에 숨김을 얻으리라

이스라엘 이웃 나라들이 받을 벌

4 가사는 버림을 당하며 아스글론은 폐허가 되며 아스돗은 대낮에 쫓겨
나며 에그론은 뽑히리라 5 해변 주민 그렛 족속에게 화 있을진저 블레셋
사람의 땅 가나안아 여호와의 말씀이 너희를 치나니 내가 너를 멸하여 주
민이 없게 하리라 6 해변은 풀밭이 되어 목자의 움막과 양 떼의 우리가 거
기에 있을 것이며 7 그 지경은 유다 족속의 남은 자에게로 돌아갈지라 그
들이 거기에서 양 떼를 먹이고 저녁에는 아스글론 집들에 누우리니 이는
그들의 하나님 여호와가 그들을 보살피사 그들이 사로잡힘을 돌이킬 것
임이라 8 내가 모압의 비방과 암몬 자손이 조롱하는 말을 들었나니 그들
이 내 백성을 비방하고 자기들의 경계에 대하여 교만하였느니라 9 그러
므로 만군의 여호와 이스라엘의 하나님이 말하노라 내가 나의 삶을 두고
맹세하노니 장차 모압은 소돔 같으며 암몬 자손은 고모라 같을 것이라
찔레가 나며 소금 구덩이가 되어 영원히 황폐하리니 내 백성의 남은 자들
이 그들을 노략하며 나의 남은 백성이 그것을 기업으로 얻을 것이라 10 그들이 이런 일을 당할 것은 그들이 만군
의 여호와의 백성에 대하여 교만하여졌음이라 11 여호와가 그들에게 두렵게 되어서 세상의 모든 신을 쇠약하게
하리니 이방의 모든 해변 사람들이 각각 자기 처소에서 여호와께 경배하리라 12 구스 사람들아 너희도 내 칼에
죽임을 당하리라 13 여호와가 북쪽을 향하여 손을 펴서 앗수르를 멸하며 니느웨를 황폐하게 하여 사막 같이 메
마르게 하리니 14 각종 짐승이 그 가운데에 떼로 누울 것이며 당아와 고슴도치가 그 기둥 꼭대기에 깃들이고 그
것들이 창에서 울 것이며 문턱이 적막하리니 백향목으로 지은 것이
벗겨졌음이라 15 이는 기쁜 성이라 염려 없이 거주하며 마음속에
이르기를 오직 나만 있고 나 외에는 다른 이가 없다 하더니 어찌
이와 같이 황폐하여 들짐승이 엎드릴 곳이 되었는고 지나가는 자
마다 비웃으며 손을 흔들리로다

❖ 습 2장

회개를 촉구한다. 회개는 한자 그대로 "悔 = 뉘우칠 회, 改 = 고칠 개", 즉 뉘우치고 고친다는 것이다. 사울과 다윗을 공부할 때 회개가 무엇인가를 배웠다. 헬라어로는 생각을 바꾼다는 말이다, 히브리어로는 가던 길을 돌아간다는 뜻이라고 했다, 자기 뜻대로 가던 길에서 생각을, 가치관, 세계관을 바꾸고 하나님께로 돌아간다(호 6:6)는 뜻이다.

하나님께로 돌아간다는 것은 자기중심적 삶을 바꾸어 하나님 뜻을 이루며 산다는 것을 말한다. 그야말로 인위 뚝! 신위 고!의 삶이다.

☞ '개혁 교회는 영원히 개혁되어야 한다'라는 15세기 종교 개혁 시대 선구자들의 위대한 명제(命題)는 21세기 초엽의 세계 교회 앞에서 더욱 요청되고 있다.

⇒ 오늘날 우리의 일상적 삶과 교회에는 이런 개혁이 필요 없을 정도로 정화되어 있는가를 반성해 보라.

스바냐 3장

예루살렘이 받을 형벌과 보호

1 패역하고 더러운 곳, 포학한 그 성읍이 화 있을진저 2 그가 명령을 듣지 아니하며 교훈을 받지 아니하며 여호와
를 의뢰하지 아니하며 자기 하나님에게 가까이 나아가지 아니하였도다 3 그 가운데 방백들은 부르짖는 사자요
그의 재판장들은 이튿날까지 남겨 두는 것이 없는 저녁 이리요 4 그의 선지자들은 경솔하고 간사한 사람들이요

심판	남은 자 회복
• 다가올 유다의 심판 • 열방에 임할 진노	• 섞이지 않고 구별된 삶을 산 사람들은 남음 • 아낌없는 자비 베푸심

그의 제사장들은 성소를 더럽히고 율법을 범하였도다 5 그 가운데에 계시는 여호와는 의로우사 불의를 행하지
아니하시고 아침마다 빠짐없이 자기의 공의를 비추시거늘 불의한 자는 수치를 알지 못하는도다 6 내가 여러 나
라를 끊어 버렸으므로 그들의 망대가 파괴되었고 내가 그들의 거리를 비게 하여 지나는 자가 없게 하였으므로
그들의 모든 성읍이 황폐하며 사람이 없으며 거주할 자가 없게 되었느니라 7 내가 이르기를 너는 오직 나를 경외
하고 교훈을 받으라 그리하면 내가 형벌을 내리기로 정하기는 하였지만 너의 거처가 끊어지지 아니하리라 하였
으나 그들이 부지런히 그들의 모든 행위를 더럽게 하였느니라 8 나 여호와가 말하노라 그러므로 내가 일어나 벌
할 날까지 너희는 나를 기다리라 내가 뜻을 정하고 나의 분노와 모든 진노를 쏟으려고 여러 나라를 소집하며 왕
국들을 모으리라 온 땅이 나의 질투의 불에 소멸되리라 9 그 때에 내가 여러 백성의 입술을 깨끗하게 하여 그들
이 다 여호와의 이름을 부르며 한 가지로 나를 섬기게 하리니 10 내게 구하는 백성들 곧 내가 흩은 자의 딸이 구
스 강 건너편에서부터 예물을 가지고 와서 내게 바칠지라 11 그 날에 네가 내게 범죄한 모든 행위로 말미암아 수
치를 당하지 아니할 것은 그 때에 내가 네 가운데서 교만하여 자랑하는
자들을 제거하여 네가 나의 성산에서 다시는 교만하지 않게 할 것임이라
12 내가 곤고하고 가난한 백성을 네 가운데에 남겨 두리니 그들이 여호와
의 이름을 의탁하여 보호를 받을지라 13 이스라엘의 남은 자는 악을 행하
지 아니하며 거짓을 말하지 아니하며 입에 거짓된 혀가 없으며 먹고 누울
지라도 그들을 두렵게 할 자가 없으리라

기뻐하며 부를 노래

14 시온의 딸아 노래할지어다 이스라엘아 기쁘게 부를지어다 예루살렘
딸아 전심으로 기뻐하며 즐거워할지어다 15 여호와가 네 형벌을 제거하였
고 네 원수를 쫓아냈으며 이스라엘 왕 여호와가 네 가운데 계시니 네가
다시는 화를 당할까 두려워하지 아니할 것이라 16 그 날에 사람이 예루살
렘에 이르기를 두려워하지 말라 시온아 네 손을 늘어뜨리지 말라 17 너의
하나님 여호와가 너의 가운데에 계시니 그는 구원을 베푸실 전능자이시
라 그가 너로 말미암아 기쁨을 이기지 못하시며 너를 잠잠히 사랑하시며
너로 말미암아 즐거이 부르며 기뻐하시리라 하리라 18 내가 절기로 말미
암아 근심하는 자들을 모으리니 그들은 네게 속한 자라 그들에게 지워진
짐이 치욕이 되었느니라 19 그 때에 내가 너를 괴롭게 하는 자를 다 벌하
고 저는 자를 구원하며 쫓겨난 자를 모으며 온 세상에서 수욕 받는 자에
게 칭찬과 명성을 얻게 하리라 20 내가 그 때에 너희를 이끌고 그 때에 너
희를 모을지라 내가 너희 목전에서 너희의 사로잡힘을 돌이킬 때에 너희
에게 천하 만민 가운데서 명성과 칭찬을 얻게 하리라 여호와의 말이니라

습 3:14-17 회복을 약속하신다
기독교는 관계의 종교이다. 하나님과의 관계, 이웃과의 관계가 전부이다. 하나님의 구속 역사는 이 관계가 선악과 사건을 통해서 끊어진 것을 다시 회복하는 것이다. 왜냐하면 하나님은 창 1:28에서 우리를 창조하시기 전에 이미 복을 주시기로 약속하셨는데 관계가 끊어져 그 복을 받을 통로가 막혀 버렸다. 그 통로를 다시 열어 복을 흐르게 하시는 것이 구속의 역사이다. 이 구절은 그 기쁨을 노래한다.

43일~
48일

43일차 읽기의 요약

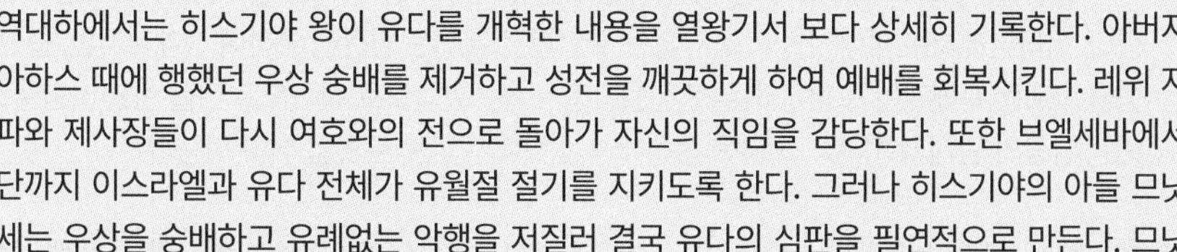

(사 36~37, 왕하 20:20, 21, 사 22:1~14, 사 23~27, 대하29~32, 왕하 21, 습 1~3)

역대하에서는 히스기야 왕이 유다를 개혁한 내용을 열왕기서 보다 상세히 기록한다. 아버지 아하스 때에 행했던 우상 숭배를 제거하고 성전을 깨끗하게 하여 예배를 회복시킨다. 레위 지파와 제사장들이 다시 여호와의 전으로 돌아가 자신의 직임을 감당한다. 또한 브엘세바에서 단까지 이스라엘과 유다 전체가 유월절 절기를 지키도록 한다. 그러나 히스기야의 아들 므낫세는 우상을 숭배하고 유례없는 악행을 저질러 결국 유다의 심판을 필연적으로 만든다. 므낫세의 아들 아몬 역시 아버지의 악행을 답습한다.

스바냐는 아몬의 뒤를 이은 유다 왕 요시야 시대에 활약한 선지자이다. 스바냐서에는 '주의 날'이 강조되어 있다. 여호와의 날은 임박한 심판의 날을 의미하는 동시에 세상 종말에 구원이 완성되는 때를 말하기도 한다. 여호와의 분노의 날에 하나님께서는 여호와를 배반하고 거짓과 포악을 일삼는 자들을 진멸하리라고 말씀하신다. 그러나 여호와의 규례를 지키는 세상의 모든 자는 여호와의 날에 숨김을 얻게 될 것이다. 비록 그들이 흩어진 자 중에 있을지라도 하나님께서 다시 그들을 모으실 것이고 회복시키실 것을 약속하신다.

그러면 어떻게 살 것인가?

인위뚝·신위고!

☑ 세계관 점검 – 묵상하기 (영상 강의와 교재 내용의 이해를 바탕으로)

- 산헤립의 대군 185,000명을 하룻밤 사이에 전멸시킨 하나님을 묵상하라.
히스기야 기도의 응답인가? 아니면 역사가 요세푸스의 추정대로 흑사병이 도져 전멸한 것인가?
전능하신 하나님을 정말 믿는가? 그렇다면 나의 삶을 어떠해야 하는가?

- (중요) 동영상 강의(43일차)에서 구속사 한눈에 보기 부분의 설명을 잘 이해했는가?

- 사 22:1-4 우리는 이 시대가 주는 상황의 의미를 깨닫고 있는가?
시대를 분별하는 영적 민감성과 분별력을 가지고 있는가?

- 스바냐는 예레미야의 사역이 시작될 무렵인 유다 왕 요시야 시대에 활약한 선지자이다. 이 시대는 바알, 일월성신, 말감 등의 우상들을 섬기고, 여호와를 배반하고 따르지 아니하고 여호와를 찾지도 않고 구하지도 아니했다(습 1:4~6). 그뿐만 아니라 여호와에게도 맹세하고 말감에게도 맹세하는 기회주의자(습 1:5), 여호와를 배반하고 따르지 않는 배교자(습 1:6) 그리고 여호와를 찾지도 구하지도 않는 불신자들이 왕성했다. 오늘 우리 시대의 우상 문제는 무엇인가를 점검해 보아야 한다. 이 시대의 우상 문제는 곧 가치관의 문제다. 내 삶에서 내가 최우선으로 추구하는 가치가 성경적인 것보다 앞서면 그것이 곧 우상이다.

하나님께서 스바냐를 선지자로 보내어 그들에게 패역하고 더러운 곳, 포악한 성읍 예루살렘을 쓸어버릴 것이라는 심판을 예고하지만, 또 다른 한편 남은 자를 통하여 하나님의 구원 역사가 이어질 것이라는 희망을 제시한다. 하나님께서는 하나님을 따르지 않는 교만한 자에게는 심판을 통하여 징계하지만, 습 3:17은 하나님의 말씀을 따르는 자에게는 구원을 베푸실 전능자이시라는 말씀으로 여전히 우리를 향한 사랑을 표현하고 계신다. 이런 사랑의 관계가 지속되고 더욱 풍성해지기 위해서 나는 무엇을 해야 하는가?

이 시대의 계속되는 문제는 바로 우상 숭배와 종교의 형식주의이다. 이런 상황은 십계명을 송두리째 무시하는 꼴이다. 선지자가 올 수밖에 없다. 이런 상황이 개혁되지 않으면 제2의 선악과 사건이 생길 수밖에 없다 실제로 그런 상황이 발생한다. 포로로 흩어짐을 당한다(레 26장).
이런 상황에서 히스기야는 개혁의 큰 틀을 이룬다. 그것은 바로 제사 제도의 회복이었다. 이는 하나님께서 이스라엘을 택하시고 구원하신 이유가 그들이 하나님을 찬양하게 하기 위함이었기 때문이다(사43:21). 이처럼 그리스도 안에서 택함받은 성도들도 하나님께 대한 신약적 제사인 예배를 올바르게 회복하고 드리는 것이 최고의 목표가 되어야 한다. 교회에서와 가정에서 항상 찬양과 감사의 예배가 드려질 때 하나님 나라가 이루어지기 때문이다
이런 점에서 오늘 우리는 우리의 예배를 심각하고 심도 있게 점검하고 반성해야 한다. 하나님과 바른 관계를 회복하여 그것을 이웃 사랑으로 표현하는 롬 12:1-2의 예배가 과연 이루어지고 있는가? 아니면 내 감정의 뜨거운 고조만을 추구하며, 기복을 기원하는 무당 푸닥거리씩 예배를 추구하고 있는가?

결단기도와 실행하기

약 2:26 **영혼 없는 몸이 죽은 것 같이 행함이 없는 믿음은 죽은 것이니라**
시 119:28 **나의 영혼이 눌림으로 말미암아 녹사오니 주의 말씀대로 나를 세우소서**

열왕기하 22장~23:25 :
유다의 요시야 왕과 종교 개혁

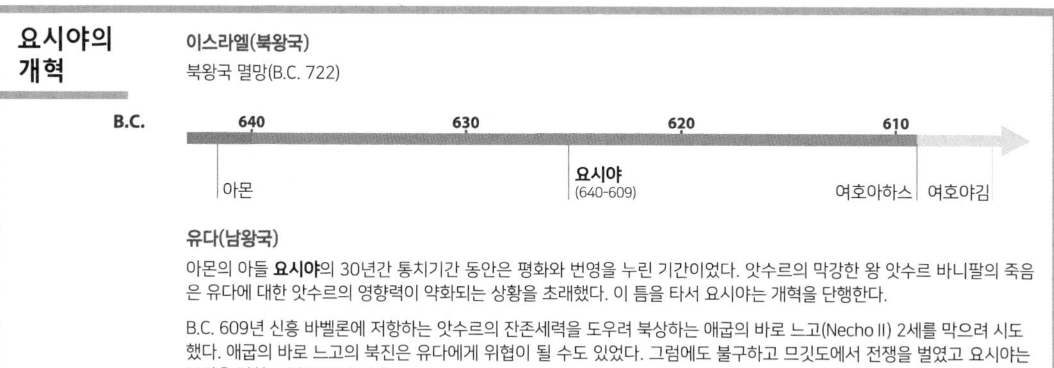

요시야의 개혁
이스라엘(북왕국)
북왕국 멸망(B.C. 722)
B.C.
640
630
620
610
아몬
요시야
(640-609)
여호아하스
여호야김
유다(남왕국)
아몬의 아들 요시야의 30년간 통치기간 동안은 평화와 번영을 누린 기간이었다. 앗수르의 막강한 왕 앗수르 바니팔의 죽음은 유다에 대한 앗수르의 영향력이 약화되는 상황을 초래했다. 이 틈을 타서 요시야는 개혁을 단행한다.
B.C. 609년 신흥 바벨론에 저항하는 앗수르의 잔존세력을 도우려 북상하는 애굽의 바로 느고(Necho II) 2세를 막으려 시도했다. 애굽의 바로 느고의 북진은 유다에게 위협이 될 수도 있었다. 그럼에도 불구하고 므깃도에서 전쟁을 벌였고 요시야는 부상을 당하고 결국 죽게 된다.

열왕기하 22장

유다 왕 요시야(대하 34:1-2, B.C. 640-609) 남 16대 왕

1 요시야가 왕위에 오를 때에 나이가 팔 세라 예루살렘에서 삼십일 년간
다스리니라 그의 어머니의 이름은 여디다요 보스갓 아다야의 딸이더라 2
요시야가 여호와 보시기에 정직히 행하여 그의 조상 다윗의 모든 길로 행
하고 좌우로 치우치지 아니하였더라

율법책을 발견하다(대하 34:8-28)

3 요시야 왕 열여덟째 해에 왕이 므술람의 손자 아살리야의 아들 서기관
사반을 여호와의 성전에 보내며 이르되 4 너는 대제사장 힐기야에게 올라
가서 백성이 여호와의 성전에 드린 은 곧 문 지킨 자가 수납한 은을 계산
하여 5 여호와의 성전을 맡은 감독자의 손에 넘겨 그들이 여호와의 성전에
있는 작업자에게 주어 성전에 부숴진 것을 수리하게 하되 6 곧 목수와 건
축자와 미장이에게 주게 하고 또 재목과 다듬은 돌을 사서 그 성전을 수
리하게 하라 7 그러나 그들의 손에 맡긴 은을 회계하지 말지니 이는 그들
이 진실하게 행함이니라 8 대제사장 힐기야가 서기관 사반에게 이르되 내
가 여호와의 성전에서 율법책을 발견하였노라 하고 힐기야가 그 책을 사
반에게 주니 사반이 읽으니라 9 서기관 사반이 왕에게 돌아가서 보고하여
이르되 왕의 신복들이 성전에서 찾아낸 돈을 쏟아 여호와의 성전을 맡은
감독자의 손에 맡겼나이다 하고 10 또 서기관 사반이 왕에게 말하여 이르
되 제사장 힐기야가 내게 책을 주더이다 하고 사반이 왕의 앞에서 읽으매
11 왕이 율법책의 말을 듣자 곧 그의 옷을 찢으니라 12 왕이 제사장 힐기야
와 사반의 아들 아히감과 미가야의 아들 악볼과 서기관 사반과 왕의 시종
아사야에게 명령하여 이르되 13 너희는 가서 나와 백성과 온 유다를 위하

요시야 왕

요시야는 남 유다의 제16대 왕으로 31년간(B.C. 640-609년) 다스렸는데, 그는 남 유다의 왕들 가운데 히스기야 왕과 더불어 가장 선한 왕으로 평가를 받는다(왕하 22:1-2). 어떤 의미에서 요시야는 신앙적인 삶을 통해서 볼 때 유다 어느 열 왕과도 비교할 수 없을 만큼 놀라운 경건을 소유한 인물이었다. 이는 요시야에 비견될 만한 인물로 여겨지는 다윗이나 히스기야 역시도 생전에 몇몇 실수와 잘못, 죄악들을 범한 것으로 나오지만 요시야는 하나님의 뜻에 어긋나는 잘못이나 악을 범한 사실이 전혀 나오지 않기 때문이다. 이처럼 경건한 삶을 살았던 그는 신앙적인 측면에서도 놀라운 업적들을 이루었다. 그의 업적을 보면 다음과 같다. 먼저 그는 성전을 보수하는 도중에 발견한 율법책에 근거하여 남 유다 역사상 가장 대대적으로 종교 개혁을 단행하는 것은 물론 므낫세와 아몬의 학정으로 더럽혀진 성전을 깨끗하게 정화하였다(22:3-23:14). 그리고 그는 개혁의 범위를 남 유다에만 국한시키지 않고 당시 앗수르와 바벨론이 근동의 패권을 놓고 다투던 관계로 북이스라엘 지역에 통치 공백이 생긴 틈을 이용하여 북이스라엘 지역까지 그 범위를 확대하여 우상 숭배에 관련된 북이스라엘의 모든 요소를 파괴하고 제거함으로써 약 300년 전에 선포된 한 익명의 유다 선지자의 벧엘 제단과 관련한 예언(왕상 13:1-2)을 성취하였다(23:15-20). 또 그는 재위 제18년째에 유월절을 준수하였는데, 이는 사사 시대 이후로 가장 철저하게 율법에 따라

여 이 발견한 책의 말씀에 대하여 여호와께 물으라 우리 조상들이 이 책의
말씀을 듣지 아니하며 이 책에 우리를 위하여 기록된 모든 것을 행하지 아
니하였으므로 여호와께서 우리에게 내리신 진노가 크도다 14 이에 제사장
힐기야와 또 아히감과 악볼과 사반과 아사야가 여선지 훌다에게로 나아
가니 그는 할하스의 손자 디과의 아들로서 예복을 주관하는 살룸의 아내
라 예루살렘 둘째 구역에 거주하였더라 그들이 그와 더불어 말하매 15 훌
다가 그들에게 이르되 이스라엘 하나님 여호와의 말씀이 너희는 너희를
내게 보낸 사람에게 말하기를 16 여호와의 말씀이 내가 이 곳과 그 주민에
게 재앙을 내리되 곧 유다 왕이 읽은 책의 모든 말대로 하리니 17 이는 이
백성이 나를 버리고 다른 신에게 분향하며 그들의 손의 모든 행위로 나
를 격노하게 하였음이라 그러므로 내가 이 곳을 향하여 내린 진노가 꺼지
지 아니하리라 하라 하셨느니라 18 너희를 보내 여호와께 묻게 한 유다 왕
에게는 너희가 이렇게 말하라 이스라엘의 하나님 여호와가 이같이 말씀
하셨느니라 네가 들은 말들에 대하여는 19 내가 이 곳과 그 주민에게 대하여 빈 터가 되고 저주가 되리라 한 말을
네가 듣고 마음이 부드러워져서 여호와 앞 곧 내 앞에서 겸비하여 옷을 찢고 통곡하였으므로 나도 네 말을 들었
노라 여호와가 말하였느니라 20 그러므로 보라 내가 너로 너의 조상들에게 돌아가서 평안히 묘실로 들어가게 하
리니 내가 이 곳에 내리는 모든 재앙을 네 눈이 보지 못하리라 하셨느니라 하니 사자들이 왕에게 보고하니라

준수한 것이었다(23:21-23). 이러한 사실들은 요시야가 얼마나 하나님 보시기에 합당한 인물이었는가를 잘 보여 준다.
하지만 요시야의 이러한 열심도 남 유다가 멸망으로 가는 것을 막지는 못하였다. 요시야는 므깃도에서 애굽의 바로 느고와 싸우다가 전사하게 되는데(23:24-30), 이때부터 남 유다는 급전직하 멸망의 길로 치닫게 된다. 므깃도 전쟁은 B.C. 612년경 바벨론에 의해 수도 니느웨를 함락당하고 겨우 그 명맥을 유지하던 앗수르의 남은 세력을 도와 근동의 신흥 강대국으로 급부상한 바벨론의 세력을 꺾기 위하여 유프라테스로 북상하던 애굽 왕 느고와 앗수르의 재기를 두려워하여 애굽의 북상을 저지하려 하였던 요시야의 충돌로 B.C. 609년에 발발한 전쟁이다.

열왕기하 23:1-25

요시야가 이방 예배를 없애다(대하 34:3-7, 29-33)

1 왕이 보내 유다와 예루살렘의 모든 장로를 자기에게로 모으고 2 이에
왕이 여호와의 성전에 올라가매 유다 모든 사람과 예루살렘 주민과 제사
장들과 선지자들과 모든 백성이 노소를 막론하고 다 왕과 함께 한지라
왕이 여호와의 성전 안에서 발견한 언약책의 모든 말씀을 읽어 무리의 귀
에 들리고 3 왕이 단 위에 서서 여호와 앞에서 언약을 세우되 마음을 다하
고 뜻을 다하여 여호와께 순종하고 그의 계명과 법도와 율례를 지켜 이
책에 기록된 이 언약의 말씀을 이루게 하리라 하매 백성이 다 그 언약을
따르기로 하니라 4 왕이 대제사장 힐기야와 모든 부제사장들과 문을 지
킨 자들에게 명령하여 바알과 아세라와 하늘의 일월성신을 위하여 만든
모든 그릇들을 여호와의 성전에서 내다가 예루살렘 바깥 기드론 밭에서
불사르고 그것들의 재를 벧엘로 가져가게 하고 5 옛적에 유다 왕들이 세
워서 유다 모든 성읍과 예루살렘 주위의 산당들에서 분향하며 우상을 섬
기게 한 제사장들을 폐하며 또 바알과 해와 달
과 별 떼와 하늘의 모든 별에게 분향하는 자들을 폐하고 6 또 여호와의 성전에서 아
세라 상을 내다가 예루살렘 바깥 기드론 시내로 가져다 거기에서 불사르고 빻아서
가루를 만들어 그것들의 가루를 평민의 묘지에 뿌리고 7 또 여호와의 성전 가운데
남창의 집을 헐었으니 그 곳은 여인이 아세라를 위하여 휘장을 짜는 처소였더라
8 또 유다 각 성읍에서 모든 제사장을 불러오고 또 제사장이 분향하던 산당을 게
바에서부터 브엘세바까지 더럽게 하고 또 성문의 산당들을 헐어 버렸으니 이 산
당들은 그 성읍의 지도자 여호수아의 대문 어귀 곧 성문 왼쪽에 있었더라 9 산당

왕하 23:1-3 왕이 발견한 율법책을 낭독한 후 백성들은 마음을 다하고 성품을 다하여 여호와를 순종하고 그 계명과 법도와 율례를 지키자고 결단한다.
우리도 말씀을 읽고 이런 결단을 하여야 할 것이다.
☞ **겔 18:9** 내 율례를 따르며 내 규례를 지켜 진실하게 행할진대 그는 의인이니 반드시 살리라 주 여호와의 말씀이니라
☞ **롬 14:23** 의심하고 먹는 자는 정죄되었나니 이는 믿음을 따라 하지 아니하였기 때문이라 믿음을 따라 하지 아니하는 것은 다 죄니라

왕하 23:4-25
학습 자료 44-1 "우상 척결의 의의" 참조

들의 제사장들은 예루살렘 여호와의 제단에 올라가지 못하고 다만 그의
형제 중에서 무교병을 먹을 뿐이었더라 10 왕이 또 힌놈의 아들 골짜기의
도벳을 더럽게 하여 어떤 사람도 몰록에게 드리기 위하여 자기의 자녀를
불로 지나가지 못하게 하고 11 또 유다 여러 왕이 태양을 위하여 드린 말
들을 제하여 버렸으니 이 말들은 여호와의 성전으로 들어가는 곳의 근처
내시 나단멜렉의 집 곁에 있던 것이며 또 태양 수레를 불사르고 12 유다
여러 왕이 아하스의 다락 지붕에 세운 제단들과 므낫세가 여호와의 성전
두 마당에 세운 제단들을 왕이 다 헐고 거기서 빻아내려서 그것들의 가루
를 기드론 시내에 쏟아 버리고 13 또 예루살렘 앞 멸망의 산 오른쪽에 세
운 산당들을 왕이 더럽게 하였으니 이는 옛적에 이스라엘 왕 솔로몬이 시
돈 사람의 가증한 아스다롯과 모압 사람의 가증한 그모스와 암몬 자손
의 가증한 밀곰을 위하여 세웠던 것이며 14 왕이 또 석상들을 깨뜨리며 아
세라 목상들을 찍고 사람의 해골로 그 곳에 채웠더라 15 또한 이스라엘
에게 범죄하게 한 느밧의 아들 여로보암이 벧엘에 세운 제단과 산당들을
왕이 헐고 또 그 산당을 불사르고 빻아서 가루를 만들며 또 아세라 목상
을 불살랐더라 16 요시야가 몸을 돌이켜 산에 있는 무덤들을 보고 보내어
그 무덤에서 해골을 가져다가 제단 위에서 불살라 그 제단을 더럽게 하니
라 이 일을 하나님의 사람이 전하였더니 그 전한 여호와의 말씀대로 되었
더라 17 요시야가 이르되 내게 보이는 저것은 무슨 비석이냐 하니 성읍 사
람들이 그에게 말하되 왕께서 벧엘의 제단에 대하여 행하신 이 일을 전하
러 유다에서 왔던 하나님의 사람의 묘실이니이다 하니라 18 이르되 그대로 두고 그의 뼈를 옮기지 말라 하매 무
리가 그의 뼈와 사마리아에서 온 선지자의 뼈는 그대로 두었더라 19 전에 이스라엘 여러 왕이 사마리아 각 성읍
에 지어서 여호와를 격노하게 한 산당을 요시야가 다 제거하되 벧엘에서 행한 모든 일대로 행하고 20 또 거기 있
는 산당의 제사장들을 다 제단 위에서 죽이고 사람의 해골을 제단 위에서 불사르고 예루살렘으로 돌아왔더라

요시야 왕이 유월절을 지키다(대하 35:1-19)

21 왕이 뭇 백성에게 명령하여 이르되 이 언약책에 기록된 대로 너희의 하나님 여호와를 위하여 유월절을 지키라
하매 22 사사가 이스라엘을 다스리던 시대부터 이스라엘 여러 왕의 시대와 유다 여러 왕의 시대에 이렇게 유월절
을 지킨 일이 없었더니 23 요시야 왕 열여덟째 해에 예루살렘에서 여호와 앞에 이 유월절을 지켰더라

요시야의 나머지 개혁

24 요시야가 또 유다 땅과 예루살렘에 보이는 신접한 자와 점쟁이 드라빔과 우상과 모든 가증한 것을 다 제거하
였으니 이는 대제사장 힐기야가 여호와의 성전에서 발견한 책에 기록된 율법의 말씀을 이루려 함이라 25 요시야
와 같이 마음을 다하며 뜻을 다하며 힘을 다하여 모세의 모든 율법을 따라 여호와께로 돌이킨 왕은 요시야 전에
도 없었고 후에도 그와 같은 자가 없었더라

❖ 왕하 22~23장
대제사장 힐기야와 서기관 사반이 성전에서 율법책(모세 5경)을 발견하여 읽자, 요시야 왕이 듣고 크게 회개하며, 개혁을 단행한다.
모든 개혁의 진정성은 말씀에 근거하게 된다는 사실을 볼 수 있다.
☞ 성경에 비추어 보지 않는 회개는 진정한 회개일 수 없다. 이 말은 회개의 궁극적 변화의 목적과 목표는 성경적 세계관을 세우는 데 있다는 것이다.
요시야가 율법책을 발견하게 되므로 개혁이 시작된 것이다.
오늘 그 율법책(성경)이 바로 옆에 있는데 왜 개혁이 일어나지 않을까? 성경을 읽지 않기 때문이다. 그러나 요시야는 그 율법책을 읽었다.
☞ **롬 5:13** 죄가 율법 있기 전에도 세상에 있었으나 율법이 없었을 때에는 죄를 죄로 여기지 아니하였느니라

"오늘 성경 읽으셨나요?"

그 개혁의 핵심은 시내 산 언약의 갱신이다(왕하 23:2-3). 정확한 개혁 방향이다. 선지자가 오게 된 이유가 시내 산 언약이 파기될 상황이 전개되고 있기 때문이다.
그리고 그 개혁의 지역적 범위를 사마리아 지역까지 확대하고 있다.

역대하 33장~35:19

❖ 대하 33장~35:19
에스라 판 므낫세와 아몬의 이야기, 그리고 요시야의 개혁 이야기이다.
열왕기의 내용을 참고하며 읽어라.

역대하 33장

유다 왕 므낫세(왕하 21:1-9, B.C. 687-642) 남 14대 왕

1 므낫세가 왕위에 오를 때에 나이가 십이 세라 예루살렘에서 오십오 년 동안 다스리며 2 여호와 보시기에 악을

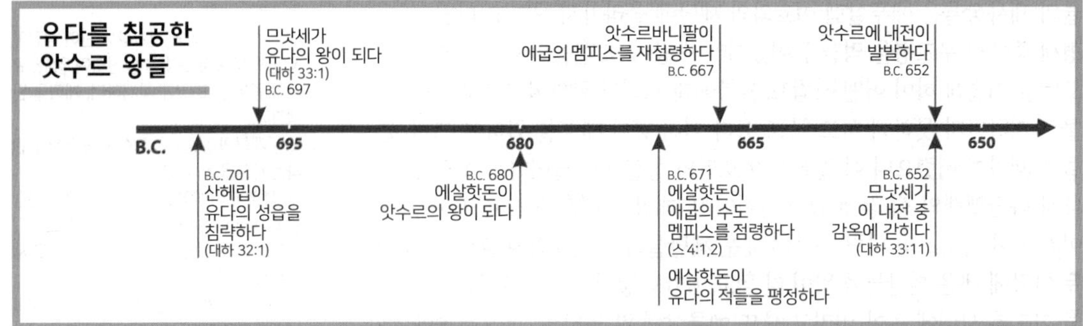
유다를 침공한
앗수르 왕들
므낫세가
유다의 왕이 되다
(대하 33:1)
B.C. 697
앗수르바니팔이
애굽의 멤피스를 재점령하다
B.C. 667
앗수르에 내전이
발발하다
B.C. 652
B.C.
695
680
665
650
B.C. 701
산헤립이
유다의 성읍을
침략하다
(대하 32:1)
B.C. 680
에살핫돈이
앗수르의 왕이 되다
B.C. 671
에살핫돈이
애굽의 수도
멤피스를 점령하다
(스 4:1,2)
에살핫돈이
유다의 적들을 평정하다
B.C. 652
므낫세가
이 내전 중
감옥에 갇히다
(대하 33:11)

행하여 여호와께서 이스라엘 자손 앞에서 쫓아내신 이방 사람들의 가증
한 일을 본받아 3 그의 아버지 히스기야가 헐어 버린 산당을 다시 세우며
바알들을 위하여 제단을 쌓으며 아세라 목상을 만들며 하늘의 모든 일
월성신을 경배하여 섬기며 4 여호와께서 전에 이르시기를 내가 내 이름
을 예루살렘에 영원히 두리라 하신 여호와의 전에 제단들을 쌓고 5 또
여호와의 전 두 마당에 하늘의 일월성신을 위하여 제단들을 쌓고 6 또
힌놈의 아들 골짜기에서 그의 아들들을 불 가운데로 지나가게 하며
또 점치며 사술과 요술을 행하며 신접한 자와 박수를 신임하여 여호와
보시기에 악을 많이 행하여 여호와를 진노하게 하였으며 7 또 자기가 만든 아로새긴 목상을 하
나님의 전에 세웠더라 옛적에 하나님이 이 성전에 대하여 다윗과 그의 아들 솔로몬에게 이르시기를 내가 이스
라엘 모든 지파 중에서 택한 이 성전과 예루살렘에 내 이름을 영원히 둘지라 8 만일 이스라엘 사람이 내가 명령
한 일들 곧 모세를 통하여 전한 모든 율법과 율례와 규례를 지켜 행하면 내가 그들의 발로 다시는 그의 조상들
에게 정하여 준 땅에서 옮기지 않게 하리라 하셨으나 9 유다와 예루살렘 주민이 므낫세의 꾀임을 받고 악을 행
한 것이 여호와께서 이스라엘 자손 앞에서 멸하신 모든 나라보다 더욱 심하였더라

므낫세가 기도하다

10 여호와께서 므낫세와 그의 백성에게 이르셨으나 그들이 듣지 아니하므로 11 여호와께서 앗수르 왕의 군대 지
휘관들이 와서 치게 하시매 그들이 므낫세를 사로잡고 쇠사슬로 결박하여 바벨론으로 끌고 간지라 12 그가 환
난을 당하여 그의 하나님 여호와께 간구하고 그의 조상들의 하나님 앞에 크게 겸손하여 13 기도하였으므로 하
나님이 그의 기도를 받으시며 그의 간구를 들으시사 그가 예루살렘에 돌아와서 다시 왕위에 앉게 하시매 므낫
세가 그제서야 여호와께서 하나님이신 줄을 알았더라

므낫세가 죽다(왕하 21:17-18)

14 그 후에 다윗 성 밖 기혼 서쪽 골짜기 안에 외성을 쌓되 어문 어귀까지 이르러 오벨을 둘러 매우 높이 쌓고 또
유다 모든 견고한 성읍에 군대 지휘관을 두며 15 이방 신들과 여호와의 전의 우상을 제거하며 여호와의 전을 건
축한 산에와 예루살렘에 쌓은 모든 제단들을 다 성 밖에 던지고 16 여호와의 제단을 보수하고 화목제와 감사제
를 그 제단 위에 드리고 유다를 명령하여 이스라엘 하나님 여호와를 섬기라 하매 17 백성이 그의 하나님 여호와
께만 제사를 드렸으나 아직도 산당에서 제사를 드렸더라 18 므낫세의 남은 사적과 그가 하나님께 한 기도와 선
견자가 이스라엘 하나님 여호와의 이름으로 권한 말씀은 모두 이스라엘 왕들의 행장에 기록되었고 19 또 그의
기도와 그의 기도를 들으신 것과 그의 모든 죄와 허물과 겸손하기 전에 산당을 세운 곳과 아세라 목상과 우상을
세운 곳들이 다 호새의 사기에 기록되니라 20 므낫세가 그의 열조와 함께 누우매 그의 궁에 장사되고 그의 아들
아몬이 대신하여 왕이 되니라

유다 왕 아몬(왕하 21:19-26, B.C. 642-640) 남 15대 왕

21 아몬이 왕위에 오를 때에 나이가 이십이 세라 예루살렘에서 이 년 동안 다스리며 22 그의 아버지 므낫세의 행
함 같이 여호와 보시기에 악을 행하여 아몬이 그의 아버지 므낫세가 만든 아로새긴 모든 우상에게 제사하여 섬
겼으며 23 이 아몬이 그의 아버지 므낫세가 스스로 겸손함 같이 여호와 앞에서 스스로 겸손하지 아니하고 더욱
범죄하더니 24 그의 신하가 반역하여 왕을 궁중에서 죽이매 25 백성들이 아몬 왕을 반역한 사람들을 다 죽이고
그의 아들 요시야를 대신하여 왕으로 삼으니라

역대하 34장

유다 왕 요시야의 개혁(왕하 22:1-2, B.C. 640 - 609) 남 16대 왕

대하 34:3-34
학습 자료 44-2
"요시야의 종교 개혁 시기" 참조

1 요시야가 왕위에 오를 때에 나이가 팔 세라 예루살렘에서 삼십일 년 동
안 다스리며 2 여호와 보시기에 정직하게 행하여 그의 조상 다윗의 길로
걸으며 좌우로 치우치지 아니하고 3 아직도 어렸을 때 곧 왕위에 있은 지 팔 년에 그의 조상 다윗의 하나님을 비
로소 찾고 제십이년에 유다와 예루살렘을 비로소 정결하게 하여 그 산당들과 아세라 목상들과 아로새긴 우상들
과 부어 만든 우상들을 제거하여 버리매 4 무리가 왕 앞에서 바알의 제단들을 헐었으며 왕이 또 그 제단 위에 높
이 달린 태양상들을 찍고 또 아세라 목상들과 아로새긴 우상들과 부어 만든 우상들을 빻아 가루를 만들어 제사
하던 자들의 무덤에 뿌리고 5 제사장들의 뼈를 제단 위에서 불살라 유다와 예루살렘을 정결하게 하였으며 6 또
므낫세와 에브라임과 시므온과 납달리까지 사면 황폐한 성읍들에도 그렇게 행하여 7 제단들을 허물며 아세라
목상들과 아로새긴 우상들을 빻아 가루를 만들며 온 이스라엘 땅에 있는 모든 태양상을 찍고 예루살렘으로 돌
아왔더라

율법책의 발견(왕하 22:3-20)

8 요시야가 왕위에 있은 지 열여덟째 해에 그 땅과 성전을 정결하게 하기를 마치고 그의 하나님 여호와의 전을
수리하려 하여 아살랴의 아들 사반과 시장 마아세야와 서기관 요아하스의 아들 요아를 보낸지라 9 그들이 대
제사장 힐기야에게 나아가 전에 하나님의 전에 헌금한 돈을 그에게 주니 이 돈은 문을 지키는 레위 사람들이
므낫세와 에브라임과 남아 있는 모든 이스라엘 사람과 온 유다와 베냐민과 예루살렘 주민들에게서 거둔 것이
라 10 그 돈을 여호와의 전 공사를 감독하는 자들의 손에 넘기니 그들이 여호와의 전에 있는 일꾼들에게 주어
그 전을 수리하게 하되 11 곧 목수들과 건축하는 자들에게 주어 다듬은 돌과 연접하는 나무를 사며 유다 왕들
이 헐어버린 성전들을 위하여 들보를 만들게 하매 12 그 사람들이 성실하게 그 일을 하니라 그의 감독들은 레위
사람들 곧 므라리 자손 중 야핫과 오바댜요 그핫 자손들 중 스가랴와 무술람이라 다 그 일을 감독하고 또 악기
에 익숙한 레위 사람들이 함께 하였으며 13 그들은 또 목도꾼을 감독하며 모든 공사 담당자를 감독하고 어떤
레위 사람은 서기와 관리와 문지기가 되었더라 14 무리가 여호와의 전에 헌금한 돈을 꺼낼 때에 제사장 힐기야
가 모세가 전한 여호와의 율법책을 발견하고 15 힐기야가 서기관 사반에게 말하여 이르되 내가 여호와의 전에
서 율법책을 발견하였노라 하고 힐기야가 그 책을 사반에게 주매 16 사반이 책을 가지고 왕에게 나아가서 복명
하여 이르되 왕께서 종들에게 명령하신 것을 종들이 다 준행하였나이다 17 또 여호와의 전에서 발견한 돈을 쏟
아서 감독자들과 일꾼들에게 주었나이다 하고 18 서기관 사반이 또 왕에게 아뢰어 이르되 제사장 힐기야가 내
게 책을 주더이다 하고 사반이 왕 앞에서 그것을 읽으매 19 왕이 율법의 말씀을 듣자 곧 자기 옷을 찢더라 20 왕
이 힐기야와 사반의 아들 아히감과 미가의 아들 압돈과 서기관 사반과 왕의 시종 아사야에게 명령하여 이르되
21 너희는 가서 나와 및 이스라엘과 유다의 남은 자들을 위하여 이 발견한 책의 말씀에 대하여 여호와께 물으
라 우리 조상들이 여호와의 말씀을 지키지 아니하고 이 책에 기록된 모든 것을 준행하지 아니하였으므로 여호
와께서 우리에게 쏟으신 진노가 크도다 하니라 22 이에 힐기야와 왕이 보낸 사람들이 여선지자 훌다에게로 나
아가니 그는 하스라의 손자 독핫의 아들로서 예복을 관리하는 살룸의 아내라 예루살렘 둘째 구역에 살았더

라 그들이 그에게 이 뜻을 전하매 23 훌다가 그들에게 이르되 이스라엘의 하나님 여호와께서 이같이 말씀하시
기를 너희는 너희를 내게 보낸 사람에게 말하라 하시니라 24 여호와께서 이같이 말씀하시기를 내가 이 곳과 그
주민에게 재앙을 내리되 곧 유다 왕 앞에서 읽은 책에 기록된 모든 저주대로 하리니 25 이는 이 백성들이 나를
버리고 다른 신들에게 분향하며 그의 손의 모든 행위로 나의 노여움을 샀음이라 그러므로 나의 노여움을 이곳
에 쏟으매 꺼지지 아니하리라 하라 하셨느니라 26 너희를 보내어 여호와께 묻게 한 유다 왕에게는 너희가 이렇
게 전하라 이스라엘의 하나님 여호와께서 이같이 말씀하시기를 네가 들은 말을 의논하건대 27 내가 이 곳과 그
주민을 가리켜 말한 것을 네가 듣고 마음이 연약하여 하나님 앞 곧 내 앞에서 겸손하여 옷을 찢고 통곡하였으
므로 나도 네 말을 들었노라 여호와가 말하였느니라 28 그러므로 내가 네게 너의 조상들에게 돌아가서 평안히
묘실로 들어가게 하리니 내가 이 곳과 그 주민에게 내리는 모든 재앙을 네가 눈으로 보지 못하리라 하셨느니
라 이에 사신들이 왕에게 복명하니라

여호와께 순종하기로 하다(왕하 23:1-20)

29 왕이 사람을 보내어 유다와 예루살렘의 모든 장로를 불러 모으고 30 여호와의 전에 올라가매 유다 모든 사람
과 예루살렘 주민들과 제사장들과 레위 사람들과 모든 백성이 노소를 막론하고 다 함께 한지라 왕이 여호와의
전 안에서 발견한 언약책의 모든 말씀을 읽어 무리의 귀에 들려주고 31 왕이 자기 처소에 서서 여호와 앞에서 언
약을 세우되 마음을 다하고 목숨을 다하여 여호와를 순종하고 그의 계명과 법도와 율례를 지켜 이 책에 기록
된 언약의 말씀을 이루리라 하고 32 예루살렘과 베냐민에 있는 자들이 다 여기에 참여하게 하매 예루살렘 주민
이 하나님 곧 그의 조상들의 하나님의 언약을 따르니라 33 이와 같이 요시야가 이스라엘 자손에게 속한 모든 땅
에서 가증한 것들을 다 제거하여 버리고 이스라엘의 모든 사람으로 그들의 하나님 여호와를 섬기게 하였으므로
요시야가 사는 날에 백성이 그들의 조상들의 하나님 여호와께 복종하고 떠나지 아니하였더라

역대하 35:1-19

요시야가 유월절을 지키다(왕하 23:21-23)

1 요시야가 예루살렘에서 여호와께 유월절을 지켜 첫째 달 열넷째 날에 유월절 어린 양을 잡으니라 2 왕이 제사
장들에게 그들의 직분을 맡기고 격려하여 여호와의 전에서 직무를 수행하게 하고 3 또 여호와 앞에 구별되어서
온 이스라엘을 가르치는 레위 사람에게 이르되 거룩한 궤를 이스라엘 왕 다윗의 아들 솔로몬이 건축한 전 가운
데 두고 다시는 너희 어깨에 메지 말고 마땅히 너희의 하나님 여호와와 그의 백성 이스라엘을 섬길 것이라 4 너
희는 이스라엘 왕 다윗의 글과 다윗의 아들 솔로몬의 글을 준행하여 너희 족속대로 반열을 따라 스스로 준비하
고 5 너희 형제 모든 백성의 족속의 서열대로 또는 레위 족속의 서열대로 성소에 서서 6 스스로 성결하게 하고 유
월절 어린 양을 잡아 너희 형제들을 위하여 준비하되 여호와께서 모세를 통하여 전하신 말씀을 따라 행할지니
라 7 요시야가 그 모인 모든 이를 위하여 백성들에게 자기의 소유 양 떼 중에서 어린 양과 어린 염소 삼만 마리와
수소 삼천 마리를 내어 유월절 제물로 주매 8 방백들도 즐거이 희생을 드려 백성과 제사장들과 레위 사람들에게
주었고 하나님의 전을 주장하는 자 힐기야와 스가랴와 여히엘은 제사장들에게 양 이천육백 마리와 수소 삼백
마리를 유월절 제물로 주었고 9 또 레위 사람들의 우두머리들 곧 고나냐와 그의 형제 스마야와 느다넬과 또 하
사뱌와 여이엘과 요사밧은 양 오천 마리와 수소 오백 마리를 레위 사람들에게 유월절 제물로 주었더라 10 이와
같이 섬길 일이 구비되매 왕의 명령을 따라 제사장들은 그들의 처소에 서고 레위 사람들은 그들의 반열대로 서
고 11 유월절 양을 잡으니 제사장들은 그들의 손에서 피를 받아 뿌리고 또 레위 사람들은 잡은 짐승의 가죽을 벗
기고 12 그 번제물을 옮겨 족속의 서열대로 모든 백성에게 나누어 모세의 책에 기록된 대로 여호와께 드리게 하
고 소도 그와 같이 하고 13 이에 규례대로 유월절 양을 불에 굽고 그 나머지 성물은 솥과 가마와 냄비에 삶아 모
든 백성들에게 속히 분배하고 14 그 후에 자기와 제사장들을 위하여 준비하니 이는 아론의 자손 제사장들이 번
제와 기름을 저녁까지 드리므로 레위 사람들이 자기와 아론의 자손 제사장들을 위하여 준비함이더라 15 아삽의

자손 노래하는 자들은 다윗과 아삽과 헤만과 왕의 선견자 여두둔이 명령한 대로 자기 처소에 있고 문지기들은
각 문에 있고 그 직무에서 떠날 것이 없었으니 이는 그의 형제 레위 사람들이 그들을 위하여 준비하였음이더라
16 이와 같이 당일에 여호와를 섬길 일이 다 준비되매 요시야 왕의 명령대로 유월절을 지키며 번제를 여호와의
제단에 드렸으며 17 그 때에 모인 이스라엘 자손이 유월절을 지키고 이어서 무교절을 칠 일 동안 지켰으니 18 선
지자 사무엘 이후로 이스라엘 가운데서 유월절을 이같이 지키지 못하였고 이스라엘 모든 왕들도 요시야가 제사
장들과 레위 사람들과 모인 온 유다와 이스라엘 무리와 예루살렘 주민과 함께 지킨 것처럼은 유월절을 지키지
못하였더라 19 요시야가 왕위에 있은 지 열여덟째 해에 이 유월절을 지켰더라

시편 33

❖ 시 33편
습 3:14-20을 배경으로 읽어야 한다.

시 33:10-12 이 세상의 역사는 인간이 아닌 하나님의 주권에 의해 주도되고 있다.
☞ **대상 29:11-12** 여호와여 위대하심과 권능과 영광과 승리와 위엄이 다 주께 속하였사오니 천지에 있는 것이 다 주의 것이로소이다 여호와여 주권도 주께 속하였사오니 주는 높으사 만물의 머리이심이니이다 부와 귀가 주께로 말미암고 또 주는 만물의 주재가 되사 손에 권세와 능력이 있사오니 모든 사람을 크게 하심과 강하게 하심이 주의 손에 있나이다
☞ **단 4:35** 땅의 모든 사람들을 없는 것 같이 여기시며 하늘의 군대에게든지 땅의 사람에게든지 그는 자기 뜻대로 행하시나니 그의 손을 금하든지 혹시 이르기를 네가 무엇을 하느냐고 할 자가 아무도 없도다

1 너희 의인들아 여호와를 즐거워하라 찬송은 정직한 자들이 마땅히 할
바로다 2 수금으로 여호와께 감사하고 열 줄 비파로 찬송할지어다 3 새
노래로 그를 노래하며 즐거운 소리로 아름답게 연주할지어다 4 여호와의
말씀은 정직하며 그가 행하시는 일은 다 진실하시도다 5 그는 공의와 정
의를 사랑하심이여 세상에는 여호와의 인자하심이 충만하도다 6 여호와
의 말씀으로 하늘이 지음이 되었으며 그 만상을 그의 입 기운으로 이루었
도다 7 그가 바닷물을 모아 무더기 같이 쌓으시며 깊은 물을 곳간에 두시
도다 8 온 땅은 여호와를 두려워하며 세상의 모든 거민들은 그를 경외할
지어다 9 그가 말씀하시매 이루어졌으며 명령하시매 견고히 섰도다 10 여
호와께서 나라들의 계획을 폐하시며 민족들의 사상을 무효하게 하시도
다 11 여호와의 계획은 영원히 서고 그의 생각은 대대에 이르리로다 12 여
호와를 자기 하나님으로 삼은 나라 곧 하나님의 기업으로 선택된 백성은
복이 있도다 13 여호와께서 하늘에서 굽어보사 모든 인생을 살피심이여 14 곧 그가 거하시는 곳에서 세상의 모든
거민들을 굽어살피시는도다 15 그는 그들 모두의 마음을 지으시며 그들이 하는 일을 굽어살피시는 이로다 16 많
은 군대로 구원 얻은 왕이 없으며 용사가 힘이 세어도 스스로 구원하지 못하는도다 17 구원하는 데에 군마는 헛
되며 군대가 많다 하여도 능히 구하지 못하는도다 18 여호와는 그를 경외하는 자 곧 그의 인자하심을 바라는 자
를 살피사 19 그들의 영혼을 사망에서 건지시며 그들이 굶주릴 때에 그들을 살리시는도다 20 우리 영혼이 여호와
를 바람이여 그는 우리의 도움과 방패시로다 21 우리 마음이 그를 즐거워함이여 우리가 그의 성호를 의지하였기
때문이로다 22 여호와여 우리가 주께 바라는 대로 주의 인자하심을 우리에게 베푸소서

시편 66

❖ 시 66편
우리를 위해 행하신 하나님의 놀라운 구원의 역사를 찬양한다.

시, 인도자를 따라 부르는 노래
1 온 땅이여 하나님께 즐거운 소리를 낼지어다 2 그의 이름의 영광을 찬양하고 영화롭게 찬송할지어다 3 하나님께
아뢰기를 주의 일이 어찌 그리 엄위하신지요 주의 큰 권능으로 말미암아 주의 원수가 주께 복종할 것이며 4 온 땅
이 주께 경배하고 주를 노래하며 주의 이름을 노래하리이다 할지어다 (셀라) 5 와서 하나님께서 행하신 것을 보라
사람의 아들들에게 행하심이 엄위하시도다 6 하나님이 바다를 변하여 육지가 되게 하셨으므로 무리가 걸어서 강
을 건너고 우리가 거기서 주로 말미암아 기뻐하였도다 7 그가 그의 능력으로 영원히 다스리시며 그의 눈으로 나라

43일~48일

들을 살피시나니 거역하는 자들은 교만하지 말지어다 (셀라) 8 만민들아 우
리 하나님을 송축하며 그의 찬양 소리를 들리게 할지어다 9 그는 우리 영혼
을 살려 두시고 우리의 실족함을 허락하지 아니하시는 주시로다 10 하나님
이여 주께서 우리를 시험하시되 우리를 단련하시기를 은을 단련함 같이 하
셨으며 11 우리를 끌어 그물에 걸리게 하시며 어려운 짐을 우리 허리에 매어
두셨으며 12 사람들이 우리 머리를 타고 가게 하셨나이다 우리가 불과 물을
통과하였더니 주께서 우리를 끌어내사 풍부한 곳에 들이셨나이다 13 내가
번제물을 가지고 주의 집에 들어가서 나의 서원을 주께 갚으리니 14 이는
내 입술이 낸 것이요 내 환난 때에 내 입이 말한 것이니이다 15 내가 숫양의
향기와 함께 살진 것으로 주께 번제를 드리며 수소와 염소를 드리리이다
(셀라) 16 하나님을 두려워하는 너희들아 다 와서 들으라 하나님이 나의 영혼을 위하여 행하신 일을 내가 선포하리
로다 17 내가 나의 입으로 그에게 부르짖으며 나의 혀로 높이 찬송하였도다 18 내가 나의 마음에 죄악을 품었더라
면 주께서 듣지 아니하시리라 19 그러나 하나님이 실로 들으셨음이여 내 기도 소리에 귀를 기울이셨도다 20 하나님
을 찬송하리로다 그가 내 기도를 물리치지 아니하시고 그의 인자하심을 내게서 거두지도 아니 하셨도다

시 66:8-12 성도들에게 시련은 있을 수 있으나, 실족함은 없다. 하나님은 당신의 백성을 보호하고 견인하고 계신다.
☞ **롬 8:38-39** 내가 확신하노니 사망이나 생명이나 천사들이나 권세자들이나 현재 일이나 장래 일이나 능력이나 높음이나 깊음이나 다른 어떤 피조물이라도 우리를 우리 주 그리스도 예수 안에 있는 하나님의 사랑에서 끊을 수 없으리라
☞ **벧전 5:9** 너희는 믿음을 굳건하게 하여 그를 대적하라 이는 세상에 있는 너희 형제들도 동일한 고난을 당하는 줄을 앎이라

시편 67

시 곧 노래, 인도자를 따라 현악에 맞춘 것

1 하나님은 우리에게 은혜를 베푸사 복을 주시고 그의 얼굴빛을 우리에
게 비추사 (셀라) 2 주의 도를 땅 위에, 주의 구원을 모든 나라에게 알리소
서 3 하나님이여 민족들이 주를 찬송하게 하시며 모든 민족들이 주를 찬
송하게 하소서 4 온 백성은 기쁘고 즐겁게 노래할지니 주는 민족들을 공
평히 심판하시며 땅 위의 나라들을 다스리실 것임이니이다 (셀라) 5 하나님
이여 민족들이 주를 찬송하게 하시며 모든 민족으로 주를 찬송하게 하소서 6 땅이 그의 소산을 내어 주었으니 하
나님 곧 우리 하나님이 우리에게 복을 주시리로다 7 하나님이 우리에게 복을 주시리니 땅의 모든 끝이 하나님을
경외하리로다

❖ 시 67편
구원의 하나님을 송축하며 광야를 유랑하던 시절 하나님이 베풀어 주신 큰 복을 되새김
☞ **행 10:34-35** 베드로가 입을 열어 말하되 내가 참으로 하나님은 사람의 외모를 보지 아니하시고 각 나라 중 하나님을 경외하며 의를 행하는 사람은 다 받으시는 줄 깨달았도다
☞ **딤전 2:4** 하나님은 모든 사람이 구원을 받으며 진리를 아는 데에 이르기를 원하시느니라

43일~48일

시편 100

감사의 시

1 온 땅이여 여호와께 즐거운 찬송을 부를지어다 2 기쁨으로 여호와를 섬
기며 노래하면서 그의 앞에 나아갈지어다 3 여호와가 우리 하나님이신 줄
너희는 알지어다 그는 우리를 지으신 이요 우리는 그의 것이니 그의 백성
이요 그의 기르시는 양이로다 4 감사함으로 그의 문에 들어가며 찬송함으
로 그의 궁정에 들어가서 그에게 감사하며 그의 이름을 송축할지어다 5
여호와는 선하시니 그의 인자하심이 영원하고 그의 성실하심이 대대에 이르리로다

❖ 시 100편
예배하는 성도의 기쁨과 감사는 넘쳐흘러 믿지 않는 세상으로 흘러가야 한다.
☞ **시 118:24** 이 날은 여호와께서 정하신 것이라 이 날에 우리가 즐거워하고 기뻐하리로다
☞ **요 4:23** 아버지께 참되게 예배하는 자들은 영과 진리로 예배할 때가 오나니 곧 이 때라 아버지께서는 자기에게 이렇게 예배하는 자들을 찾으시느니라

열왕기하 23:26, 27 : 계속되는 하나님의 격노

26 그러나 여호와께서 유다를 향하여 내리신 그 크게 타오르는 진노를 돌이키지 아니하셨으니 이는 므낫세가 여
호와를 격노하게 한 그 모든 격노 때문이라 27 여호와께서 이르시되 내가 이스라엘을 물리친 것 같이 유다도 내
앞에서 물리치며 내가 택한 이 성 예루살렘과 내 이름을 거기에 두리라 한 이 성전을 버리리라 하셨더라

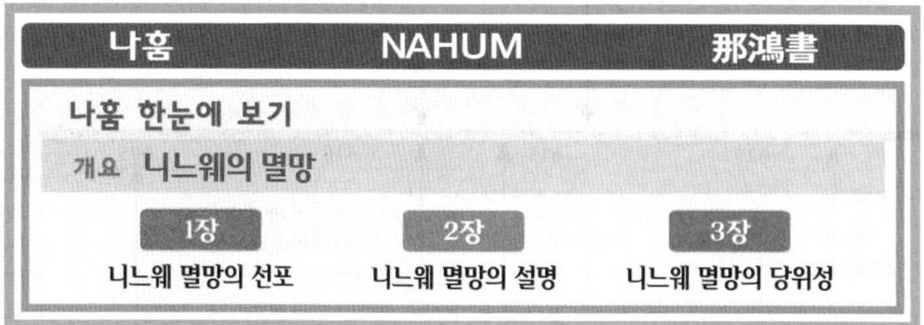

나훔
NAHUM
那鴻書
나훔 한눈에 보기
개요 니느웨의 멸망
1장
2장
3장
니느웨 멸망의 선포
니느웨 멸망의 설명
니느웨 멸망의 당위성

❖ 나훔의 시대적 배경

나훔은 B.C. 650-620년경에 주로 활동했는데, 당시는 팔레스타인은 물론 애굽의 옛 수도 중 하나인 테베(노아몬)까지 정복하며 그 위세를 떨쳤던 앗수르 제국이 서서히 쇠퇴하고, 대신 나보폴라살 (B.C. 625-605)이 창건한 신바벨론 제국이 서서히 근동 지역의 강국으로 부상하던 때였다. 그리고 나훔 선지자의 예언대로 앗수르의 수도 니느웨는 신바벨론 제국과 메대 연합군의 공격으로 B.C. 612년에 함락되기 직전 그 말기적 현상으로 정치·사회적으로 크게 부패하고 혼란한 상황에 부닥쳐 있었다. 이런 시기에 나훔은 니느웨 멸망을 선포함으로써 세계 역사는 하나님의 절대 주권 하에 있다는 사실을 선민 이스라엘에게 일깨워 주고 또 더욱 이 하나님을 신뢰토록 암시적으로 교훈하였다.

· 이 책은 요나서와 함께 니느웨(앗수르)에 대한 예언서이다. 요나는 앗수르의 구원에 관한 책이고, 나훔은 멸망에 관한 책이다. 이 두 책은 100년의 기간을 두고 예언한 책이다.

· 2장과 3장에서 니느웨가 멸망할 수밖에 없는 이유를 밝히고 있다.

나 1:6-10 요즈음 내가 심취하고 즐기는 것은 무엇인가? 그것은 풀 수 없을 정도로 죄악으로 엉클어졌던 니느웨 백성들처럼 나를 죄악으로 옭아맬 위험은 없는가?

☞ **롬 14:17** 하나님의 나라는 먹는 것과 마시는 것이 아니요 오직 성령 안에 있는 의와 평강과 희락이라

☞ **엡 5:18** 술 취하지 말라 이는 방탕한 것이니 오직 성령으로 충만함을 받으라

나훔 1장~3장

나훔 1장

1 니느웨에 대한 경고 곧 엘고스 사람 나훔의 묵시의 글이라

니느웨에 대한 여호와의 진노

2 여호와는 질투하시며 보복하시는 하나님이시니라 여호와는 보복하시
며 진노하시되 자기를 거스르는 자에게 여호와는 보복하시며 자기를 대
적하는 자에게 진노를 품으시며 3 여호와는 노하기를 더디하시며 권능이
크시며 벌 받을 자를 결코 내버려두지 아니하시느니라 여호와의 길은 회
오리바람과 광풍에 있고 구름은 그의 발의 티끌이로다 4 그는 바다를 꾸
짖어 그것을 말리시며 모든 강을 말리시나니 바산과 갈멜이 쇠하며 레바
논의 꽃이 시드는도다 5 그로 말미암아 산들이 진동하며 작은 산들이 녹
고 그 앞에서는 땅 곧 세계와 그 가운데에 있는 모든 것들이 솟아오르
는도다 6 누가 능히 그의 분노 앞에 서며 누가 능히 그의 진노를 감당하
랴 그의 진노가 불처럼 쏟아지니 그로 말미암아 바위들이 깨지는도다 7
여호와는 선하시며 환난 날에 산성이시라 그는 자기에게 피하는 자들을
아시느니라 8 그가 범람하는 물로 그 곳을 진멸하시고 자기 대적들을 흑
암으로 쫓아내시리라 9 너희는 여호와께 대하여 무엇을 꾀하느냐 그가 온전히 멸하시리니 재난이 다시 일어나
지 아니하리라 10 가시덤불 같이 엉크러졌고 술을 마신 것 같이 취한 그들은 마른 지푸라기 같이 모두 탈 것이
거늘 11 여호와께 악을 꾀하는 한 사람이 너희 중에서 나와서 사악한 것을 권하는도다 12 여호와께서 이같이 말
씀하시기를 그들이 비록 강하고 많을지라도 반드시 멸절을 당하리니 그가 없어지리라 내가 전에는 너를 괴롭
혔으나 다시는 너를 괴롭히지 아니할 것이라 13 이제 네게 지운 그의 멍에를 내가 깨뜨리고 네 결박을 끊으리라
14 나 여호와가 네게 대하여 명령하였나니 네 이름이 다시는 전파되지 않을 것이라 내가 네 신들의 집에서 새긴

우상과 부은 우상을 멸절하며 네 무덤을 준비하리니 이는 네가 쓸모 없게 되었음이라 15 볼지
어다 아름다운 소식을 알리고 화평을 전하는 자의 발이 산 위에 있도다 유다야 네 절기를 지
키고 네 서원을 갚을지어다 악인이 진멸되었으니 그가 다시는 네 가운데로 통행하지 아니하
리로다 하시니라

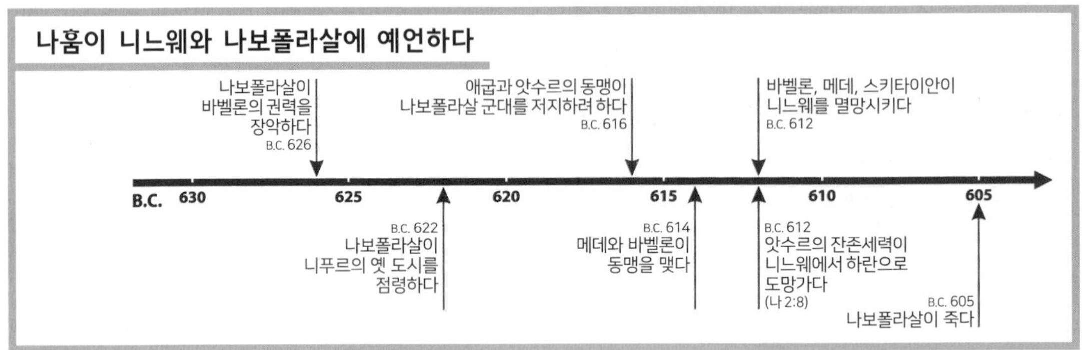

나훔이 니느웨와 나보폴라살에 예언하다
나보폴라살이 바벨론의 권력을 장악하다 B.C. 626
애굽과 앗수르의 동맹이 나보폴라살 군대를 저지하려 하다 B.C. 616
바벨론, 메데, 스키타이안이 니느웨를 멸망시키다 B.C. 612
B.C. 630 625 620 615 610 605
B.C. 622 나보폴라살이 니푸르의 옛 도시를 점령하다
B.C. 614 메데와 바벨론이 동맹을 맺다
B.C. 612 앗수르의 잔존세력이 니느웨에서 하란으로 도망가다 (나 2:8)
B.C. 605 나보폴라살이 죽다

나훔 2장

니느웨의 멸망

1 파괴하는 자가 너를 치러 올라왔나니 너는 산성을 지키며 길을 파수하
며 네 허리를 견고히 묶고 네 힘을 크게 굳게 할지어다 2 여호와께서 야
곱의 영광을 회복하시되 이스라엘의 영광 같게 하시나니 이는 약탈자들
이 약탈하였고 또 그들의 포도나무 가지를 없이 하였음이라 3 그의 용사
들의 방패는 붉고 그의 무사들의 옷도 붉으며 그 항오를 벌이는 날에 병
거의 쇠가 번쩍이고 노송나무 창이
요동하는도다 4 그 병거는 미
친 듯이 거리를 달리며 대로
에서 이리저리 빨리 달리니
그 모양이 횃불 같고 빠르기가 번개 같도다 5 그가 그의 존귀한 자
들을 생각해 내니 그들이 엎드러질 듯이 달려서 급히 성에 이르러 막을 것을 준비하도다 6 강들
의 수문이 열리고 왕궁이 소멸되며 7 정한 대로 왕후가 벌거벗은 몸으로 끌려가니 그 모든 시녀들이 가슴을 치며
비둘기 같이 슬피 우는도다 8 니느웨는 예로부터 물이 모인 못 같더니 이제 모두 도망하니 서라 서라 하나 돌아
보는 자가 없도다 9 은을 노략하라 금을 노략하라 그 저축한 것이 무한하고 아름다운 기구가 풍부함이니라 10 니
느웨가 공허하였고 황폐하였도다 주민이 낙담하여 그 무릎이 서로 부딪히며 모든 허리가 아프게 되며 모든 낯이
빛을 잃도다 11 이제 사자의 굴이 어디냐 젊은 사자가 먹을 곳이 어디냐 전에는 수사자 암사자가 그 새끼 사자와
함께 거기서 다니되 그것들을 두렵게 할 자가 없었으며 12 수사자가 그 새끼를 위하여 먹이를 충분히 찢고 그의
암사자들을 위하여 움켜 사냥한 것으로 그 굴을 채웠고 찢은 것으로 그 구멍을 채웠었도다 13 만군의 여호와의
말씀에 내가 네 대적이 되어 네 병거들을 불살라 연기가 되게 하고 네 젊
은 사자들을 칼로 멸할 것이며 내가 또 네 노략한 것을 땅에서 끊으리니
네 파견자의 목소리가 다시는 들리지 아니하리라 하셨느니라

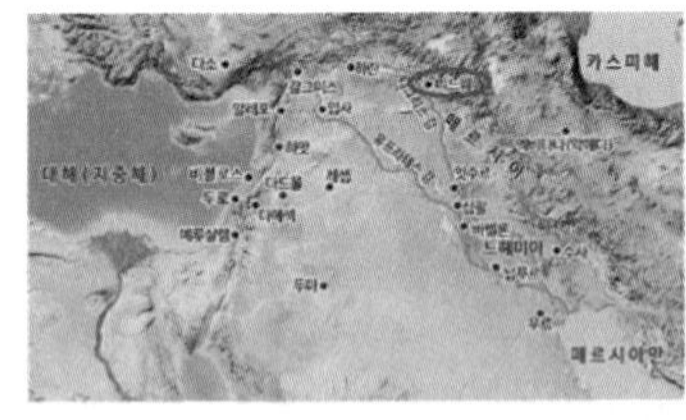

니느웨가 실제로 B.C. 612년에 멸망한다. 이 예언은 그전에 기록된 것인데 인데 마치 현장을 보고 기록하는 것 같이 생생하다.

나훔 3장

[1] 화 있을진저 피의 성이여 그 안에는 거짓이 가득하고 포악이 가득하며
탈취가 떠나지 아니하는도다 [2] 휙휙 하는 채찍 소리, 윙윙 하는 병거 바퀴
소리, 뛰는 말, 달리는 병거, [3] 충돌하는 기병, 번쩍이는 칼, 번개 같은 창,
죽임 당한 자의 떼, 주검의 큰 무더기, 무수한 시체여 사람이 그 시체에 걸
려 넘어지니 [4] 이는 마술에 능숙한 미모의 음녀가 많은 음행을 함이라 그
가 그의 음행으로 여러 나라를 미혹하고 그의 마술로 여러 족속을 미혹하
느니라 [5] 보라 내가 네게 말하노니 만군의 여호와의 말씀에 네 치마를 걷
어 올려 네 얼굴에 이르게 하고 네 벌거벗은 것을 나라들에게 보이며 네
부끄러운 곳을 뭇 민족에게 보일 것이요 [6] 내가 또 가증하고 더러운 것들
을 네 위에 던져 능욕하여 너를 구경 거리가 되게 하리니 [7] 그 때에 너를
보는 자가 다 네게서 도망하며 이르기를 니느웨가 황폐하였도다 누가 그
것을 위하여 애곡하며 내가 어디서 너를 위로할 자를 구하리요 하리라 [8]
네가 어찌 노아몬보다 낫겠느냐 그는 강들 사이에 있으므로 물이 둘렸으
니 바다가 성루가 되었고 바다가 방어벽이 되었으며 [9] 구스와 애굽은 그
의 힘이 강하여 끝이 없었고 붓과 루빔이 그를 돕는 자가 되었으나 [10] 그
가 포로가 되어 사로잡혀 갔고 그의 어린 아이들은 길 모퉁이 모퉁이에
메어침을 당하여 부서졌으며 그의 존귀한 자들은 제비 뽑혀 나뉘었고 그의 모든 권세자들은 사슬에 결박되었나
니 [11] 너도 술에 취하여 숨으리라 너도 원수들 때문에 피난처를 찾으리라 [12] 네 모든 산성은 무화과나무의 처음
익은 열매가 흔들기만 하면 먹는 자의 입에 떨어짐과 같으리라 [13] 네 가운데 장정들은 여인 같고 네 땅의 성문들
은 네 원수 앞에 넓게 열리고 빗장들은 불에 타도다 [14] 너는 물을 길어 에워싸일 것을 대비하며 너의 산성들을 견
고하게 하며 진흙에 들어가서 흙을 밟아 벽돌 가마를 수리하라 [15] 거기서 불이 너를 삼키며 칼이 너를 베기를 느
치가 먹는 것 같이 하리라 네가 느치 같이 스스로 많게 할지어다 네가 메뚜기 같이 스스로 많게 할지어다 [16] 네가
네 상인을 하늘의 별보다 많게 하였으나 느치가 날개를 펴서 날아감과 같고 [17] 네 방백은 메뚜기 같고 너의 장수
들은 큰 메뚜기 떼가 추운 날에는 울타리에 깃들였다가 해가 뜨면 날아감과 같으니 그 있는 곳을 알 수 없도다
[18] 앗수르 왕이여 네 목자가 자고 네 귀족은 누워 쉬며 네 백성은 산들에 흩어지나 그들을 모을 사람이 없도다 [19]
네 상처는 고칠 수 없고 네 부상은 중하도다 네 소식을 듣는 자가 다 너를 보고 손뼉을 치나니 이는 그들이 항상
네게 행패를 당하였음이 아니더냐 하시니라

나 3:1-19
학습 자료 44-3 "니느웨" 참조

> 나 3:8-19 니느웨가 아무리 부유하고 강성하다 할지라도 그들의 죄악 때문에 멸망할 수밖에 없음을 노아몬의 멸망에 비유하여 선포한다. 즉 과거 니느웨 못지않은 철의 요새지로 알려졌던 막강한 애굽의 제18왕조인 힉소스 왕조 이후 수도로 사용된 노아몬의 멸망(B.C. 663년)을 예로 들어 과거의 역사적 사실에서 니느웨는 범죄한 자들의 최후가 어떤 것임을 깨닫고 회개했어야 함에도 불구하고 더욱더 교만하여 죄악을 저질렀기 때문에 그들의 파멸은 당연한 결과라는 것을 강조하는 것이다.
> ☞ 그들은 무자비한 살육을 통한 공포의 제국이었다. 앗수르인은 전쟁을 통해서 적국의 토지를 초토화했고, 그들의 문명을 파괴했으며, 반란을 사전에 방지한다는 명분으로 잔인한 행동을 일삼고, 인간의 신체 부위에 대한 끔찍한 폭행과 사체 모독을 놀이 삼아 저질렀다.

예레미야 1장~6장

예레미야 1장

[1] 베냐민 땅 아나돗의 제사장들 중 힐기야의 아들 예레미야의 말이라 [2] 아
몬의 아들 유다 왕 요시야가 다스린 지 십삼 년에 여호와의 말씀이 예레
미야에게 임하였고 [3] 요시야의 아들 유다의 왕 여호야김 시대부터 요시야
의 아들 유다의 왕 시드기야의 십일년 말까지 곧 오월에 예루살렘이 사로
잡혀 가기까지 임하니라

여호와의 말씀이 예레미야에게 임하다

[4] 여호와의 말씀이 내게 임하니라 이르시되 [5] 내가 너를 모태에 짓기 전에

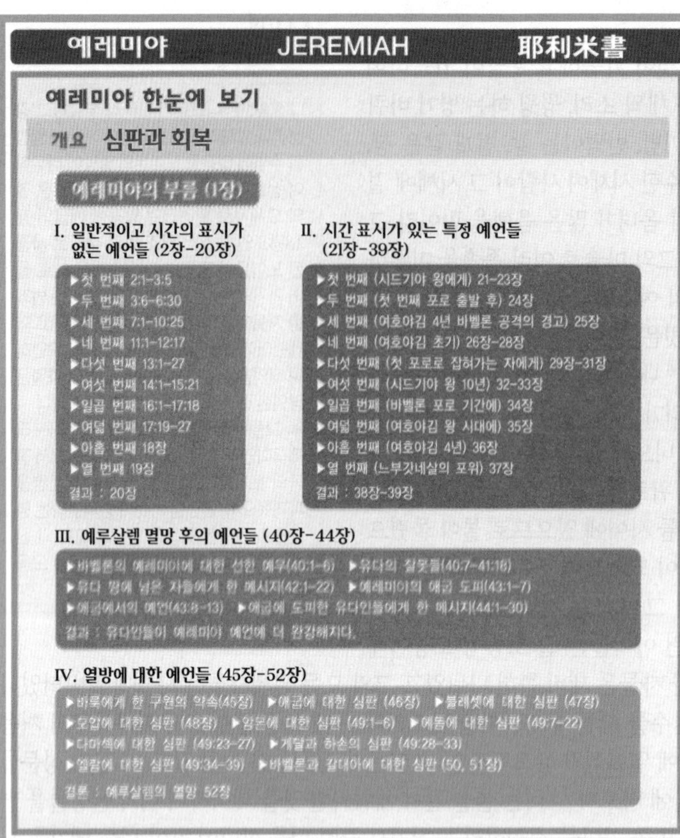

예레미야 JEREMIAH 耶利米書

예레미야 한눈에 보기

개요 **심판과 회복**

예레미야의 부름 (1장)

I. 일반적이고 시간의 표시가 없는 예언들 (2장-20장)

- ▶첫 번째 2:1-3:5
- ▶두 번째 3:6-6:30
- ▶세 번째 7:1-10:25
- ▶네 번째 11:1-12:17
- ▶다섯 번째 13:1-27
- ▶여섯 번째 14:1-15:21
- ▶일곱 번째 16:1-17:18
- ▶여덟 번째 17:19-27
- ▶아홉 번째 18장
- ▶열 번째 19장

결과 : 20장

II. 시간 표시가 있는 특정 예언들 (21장-39장)

- ▶첫 번째 (시드기야 왕에게) 21-23장
- ▶두 번째 (첫 번째 포로 출발 후) 24장
- ▶세 번째 (여호야김 4년 바벨론 공격의 경고) 25장
- ▶네 번째 (여호야김 초기) 26장-28장
- ▶다섯 번째 (첫 포로로 잡혀가는 자에게) 29장-31장
- ▶여섯 번째 (시드기야 왕 10년) 32-33장
- ▶일곱 번째 (바벨론 포로 기간에) 34장
- ▶여덟 번째 (여호야김 왕 시대에) 35장
- ▶아홉 번째 (여호야김 4년) 36장
- ▶열 번째 (느부갓네살의 포위) 37장

결과 : 38장-39장

III. 예루살렘 멸망 후의 예언들 (40장-44장)

▶바벨론의 예레미야에 대한 선한 예우(40:1-6) ▶유다의 잘못들(40:7-41:18)
▶유다 땅에 남은 자들에게 한 메시지(42:1-22) ▶예레미야의 애굽 도피(43:1-7)
▶애굽에서의 예언(43:8-13) ▶애굽에 도피한 유다인들에게 한 메시지(44:1-30)
결과 : 유다인들이 예레미야 예언에 더 완강해지다.

IV. 열방에 대한 예언들 (45장-52장)

▶바룩에게 한 구원의 약속(45장) ▶애굽에 대한 심판 (46장) ▶블레셋에 대한 심판 (47장)
▶모압에 대한 심판 (48장) ▶암몬에 대한 심판 (49:1-6) ▶에돔에 대한 심판 (49:7-22)
▶다마섹에 대한 심판 (49:23-27) ▶게달과 하솔의 심판 (49:28-33)
▶엘람에 대한 심판 (49:34-39) ▶바벨론과 갈대아에 대한 심판 (50, 51장)
결론 : 예루살렘의 멸망 52장

❖ 예레미야의 사역 초기의 당시 국제 정세는 갈대아와 앗수르가 세력 다툼을 하느라고 남 유다에 관해 관심이 없었기 때문에 유다로서는 다소 평화로운 상태였다. 또한 내적으로는 선왕(善王) 시기였다. 그러나 B.C. 609년 요시야가 므깃도(Megiddo)에서 애굽 왕 느고(Neco, B.C .610-595)와 싸우다가 전사(대하 35:20-24)한 뒤로 하나님이 아닌 애굽을 의지 대상으로 삼은 이후 왕들의 악행과 실정(失政)이 계속됨에 따라 유다는 급속히 쇠퇴의 길로 치달았다. 그리하여 유다는 B.C. 605년 바벨론에 의해 첫 침공을 당하여 복속된 이래 B.C. 597년과 B.C. 586년 거듭해서 침공당함으로써 마침내 멸망하고 만다. 이렇게 볼 때 예레미야가 활동하던 이 시기는 이스라엘 민족이 가장 참혹하고도 광범위하게 시련을 겪은 비운의 시기였음을 알 수 있다.

❖ 예레미야 1~6장

- 눈물의 선지자, 고독의 선지자라는 별명을 가진 자
- 제사장 힐기야의 아들로서 B.C. 627 ~ 574년 동안 활약
- 바룩이라는 기록관을 대동하고 예언을 기록하게 했으나 예레미야는 많은 시간 말보다는 행위로 예언한다.
- 예언의 핵심 내용은 B.C. 588~586, 특히 B.C. 586년 4월 9일 예루살렘 함락에 맞추어져 있다.
- 선지서 내용 구조 : 기소, 심판, 교훈, 회복을 이해하고 읽어라.

43일~48일

너를 알았고 네가 배에서 나오기 전에 너를 성별하였고 너를 여러 나라의
선지자로 세웠노라 하시기로 6 내가 이르되 슬프도소이다 주 여호와여 보
소서 나는 아이라 말할 줄을 알지 못하나이다 하니 7 여호와께서 내게 이
르시되 너는 아이라 말하지 말고 내가 너를 누구에게 보내든지 너는 가며
내가 네게 무엇을 명령하든지 너는 말할지니라 8 너는 그들 때문에 두려
워하지 말라 내가 너와 함께 하여 너를 구원하리라 나 여
호와의 말이니라 하시고 9 여호와께서 그의 손을 내밀
어 내 입에 대시며 여호와께서 내게 이르시되 보라 내가 내 말을 네 입에 두었노라 10 보라 내
가 오늘 너를 여러 나라와 여러 왕국 위에 세워 네가 그것들을 뽑고 파괴하며 파멸하고 넘어
뜨리며 건설하고 심게 하였느니라 하시니라

살구나무 가지와 끓는 가마 환상

11 여호와의 말씀이 또 내게 임하니라 이르시되 예레미야야 네가 무엇을 보느냐 하시매 내가
대답하되 내가 살구나무 가지를 보나이다 12 여호와께서 내게 이르시되 네가 잘 보았도다 이는 내가 내 말을 지
켜 그대로 이루려 함이라 하시니라 13 여호와의 말씀이 다시 내게 임하니라 이르시되 네가 무엇을 보느냐 대답
하되 끓는 가마를 보나이다 그 윗면이 북에서부터 기울어졌나이다 하니 14 여호와께서 내게 이르시되 재앙이 북
방에서 일어나 이 땅의 모든 주민들에게 부어지리라 15 내가 북방 왕국들의 모든 족속들을 부를 것인즉 그들이
와서 예루살렘 성문 어귀에 각기 자리를 정하고 그 사방 모든 성벽과 유다 모든 성읍들을 치리라 여호와의 말이

렘 1:4-8 **선지자 소명 방법의 2 가지**

- 차출식 소명(직접적) - 강압적 방법 - 예레미야의 소명
  하나님의 부르심 - 거절 - 설득 - 동행 약속
- 자발적 소명(간접적) - 이사야의 소명
  하나님이 먼저 가라고 명령하신 적이 없다. 이사야가 먼저 간다고 했다.

니라 [16] 무리가 나를 버리고 다른 신들에게 분향하며 자기 손으로 만든 것
들에 절하였은즉 내가 나의 심판을 그들에게 선고하여 그들의 모든 죄악
을 징계하리라 [17] 그러므로 너는 네 허리를 동이고 일어나 내가 네게 명령
한 바를 다 그들에게 말하라 그들 때문에 두려워하지 말라 네가 그들 앞에서 두려움을 당하지 않게 하리라 [18] 보
라 내가 오늘 너를 그 온 땅과 유다 왕들과 그 지도자들과 그 제사장들과 그 땅 백성 앞에 견고한 성읍, 쇠기둥,
놋성벽이 되게 하였은즉 [19] 그들이 너를 치나 너를 이기지 못 하리니 이는 내가 너와 함께 하여 너를 구원할 것임
이니라 여호와의 말이니라

❖ 1장과 2장에서 심판을 받을 수밖에 없는 두 가지 귀책 사유가 나온다.
· 귀책 사유 ① 1:16, 2:11

상징	의미	해당구절
살구나무 가지	하나님께서 타락한 유다를 멸하실 것임	1:11~12
한 쪽이 북으로 기울어진 끓는 가마	하나님은 북방 민족(갈대아 민족), 곧 바벨론을 일으켜 유다를 징벌하실 것임	1:13~15
썩은 베띠	교만한 유다는 썩은 베띠처럼 쓸모가 없음	13:1~11
토기장이와 진흙	하나님은 유다와 열방에 대하여 절대 주권을 가짐 따라서 유다가 계속 하나님을 거역한다면, 토기장이에 의해 깨뜨려지는 진흙 그릇과 같은 운명이 될 것임	18:1~12
깨뜨려진 오지병	힌놈 골짜기에서 이방 우상을 섬긴 유다는 대적의 칼 앞에서 산산히 깨뜨려질 것임	19:1~12
무화과 두 광주리	좋은 무화과 광주리는 경건한 백성을, 나쁜 무화과 광주리는 완악한 백성을 말함	24:1~10
멍에	멍에를 메듯 바벨론 왕을 섬겨야 함	27:1~11
큰 돌	장차 바벨론 왕이 애굽을 정복할 것임	43:8~13
유브라데 강 속에 던져진 두루마리 책	바벨론에 대해 기록한 책이 물에 가라앉듯, 장차 바벨론도 멸망하고 말 것임	51:59~64

❖ 예레미야서에는 9가지 상징이 나온다. 그 상징의 의미를 도표로 정리했으니 참고하라.
1장에서는 ① 살구나무 환상, ② 끓는 가마 환상이 나온다.

예레미야 2장

여호와께서 기억하시다

[1] 여호와의 말씀이 내게 임하니라 이르시되 [2] 가서 예루살렘의 귀에 외칠
지니라 여호와께서 이와 같이 말씀하시기를 내가 너를 위하여 네 청년 때
의 인애와 네 신혼 때의 사랑을 기억하노니 곧 씨 뿌리지 못하는 땅, 그
광야에서 나를 따랐음이니라 [3] 이스라엘은 여호와를 위한 성물 곧 그의
소산 중 첫 열매이니 그를 삼키는 자면 모두 벌을 받아 재앙이 그들에게
닥치리라 여호와의 말씀이니라

조상들이 여호와를 멀리하였다

[4] 야곱의 집과 이스라엘의 집 모든 족속들아 여호와의 말씀을 들으라 [5]
나 여호와가 이와 같이 말하노라 너희 조상들이 내게서 무슨 불의함을 보았기에 나를 멀리 하고 가서 헛된 것을
따라 헛되이 행하였느냐 [6] 그들이 우리를 애굽 땅에서 인도하여 내시고 광야 곧 사막과 구덩이 땅, 건조하고 사
망의 그늘진 땅, 사람이 그 곳으로 다니지 아니하고 그 곳에 사람이 거주하지 아니하는 땅을 우리가 통과하게 하
시던 여호와께서 어디 계시냐 하고 말하지 아니하였도다 [7] 내가 너희를 기름진 땅에 인도하여 그것의 열매와 그

❖ 렘 2장
유다의 악행을 더욱 선명히 드러내기 위하여 그들의 과거에 어떻게 하나님의 사랑을 받았는가를 보여 준다.
시내 산 언약은 태초에 약속한 복(창 1:28)의 관계를 회복하려는 언약이다. 이스라엘 백성은 이제 그 언약을 헌신짝처럼 버리고 있다.
하나님은 허물보다도 아름다움을 보시기를 원하신다. 은혜에 감사하는 자에게 복 주시기를 좋아하시는 분이시다.
그런데 이 모든 것도 시내 산 언약이 파기되어 그 관계가 다시 끊어지면 불가능해진다.

것의 아름다운 것을 먹게 하였거늘 너희가 이리로 들어와서는 내 땅을 더럽히고 내 기업을 역겨운 것으로 만들
었으며 [8] 제사장들은 여호와께서 어디 계시냐 말하지 아니하였으며 율법을 다루는 자들은 나를 알지 못하며 관
리들도 나에게 반역하며 선지자들은 바알의 이름으로 예언하고 무익한 것들을 따랐느니라

백성이 행한 악

[9] 그러므로 내가 다시 싸우고 너희 자손들과도 싸우리라 여호와의 말씀
이니라 [10] 너희는 깃딤 섬들에 건너가 보며 게달에도 사람을 보내 이같은
일이 있었는지를 자세히 살펴보라 [11] 어느 나라가 그들의 신들을 신 아닌
것과 바꾼 일이 있느냐 그러나 나의 백성은 그의 영광을 무익한 것과 바
꾸었도다 [12] 너 하늘아 이 일로 말미암아 놀랄지어다 심히 떨지어다 두려워할지어다 여호와의 말씀이니라 [13] 내
백성이 두 가지 악을 행하였나니 곧 그들이 생수의 근원되는 나를 버린 것과 스스로 웅덩이를 판 것인데 그것은
그 물을 가두지 못할 터진 웅덩이들이니라

❖ 인간이 저지르는 가장 큰 악행은 하나님을 저버리고 자기중심적으로 행하는 것임을 명심하라.

❖ 13절 심판 귀책사유 ②

이스라엘의 악과 반역

[14] 이스라엘이 종이냐 씨종이냐 어찌하여 포로가 되었느냐 [15] 어린 사자
들이 그를 향하여 부르짖으며 소리를 질러 그의 땅을 황폐하게 하였으며
그의 성읍들은 불타서 주민이 없게 되었으며 [16] 놉과 다바네스의 자손도
네 정수리를 상하였으니 [17] 네 하나님 여호와가 너를 길로 인도할 때에 네
가 그를 떠남으로 이를 자취함이 아니냐 [18] 네가 시홀의 물을 마시려고
애굽으로 가는 길에 있음은 어찌 됨이며 또 네가 그 강물을 마시려고 앗
수르로 가는 길에 있음은 어찌 됨이냐 [19] 네 악이 너를 징계하겠고 네 반
역이 너를 책망할 것이라 그런즉 네 하나님 여호와를 버림과 네 속에 나
를 경외함이 없는 것이 악이요 고통인 줄 알라 주 만군의 여호와의 말씀
이니라

이방 신을 따라 가는 이스라엘

[20] 네가 옛적부터 네 멍에를 꺾고 네 결박을 끊으며 말하기를 나는 순종
하지 아니하리라 하고 모든 높은 산 위에서와 모든 푸른 나무 아래에서
너는 몸을 굽혀 행음하도다 [21] 내가 너를 순전한 참 종자 곧 귀한 포도나
무로 심었거늘 내게 대하여 이방 포도나무의 악한 가지가 됨은 어찌 됨이
냐 [22] 주 여호와의 말씀이니라 네가 잿물로 스스로 씻으며 네가 많은 비
누를 쓸지라도 네 죄악이 내 앞에 그대로 있으리니 [23] 네가 어찌 말하기를
나는 더럽혀지지 아니하였다 바알들의 뒤를 따르지 아니하였다 하겠느냐
골짜기 속에 있는 네 길을 보라 네 행한 바를 알 것이니라 발이 빠른 암낙
타가 그의 길을 어지러이 달리는 것과 같았으며 [24] 너는 광야에 익숙한 들
암나귀들이 그들의 성욕이 일어나므로 헐떡거림 같았도다 그 발정기에
누가 그것을 막으리요 그것을 찾는 것들이 수고하지 아니하고 그 발정기
에 만나리라 [25] 내가 또 말하기를 네 발을 제어하여 벗은 발이 되게 하지
말며 목을 갈하게 하지 말라 하였으나 오직 너는 말하기를 아니라 이는
헛된 말이라 내가 이방 신들을 사랑하였은즉 그를 따라 가겠노라 하도다

유다를 심판하리라

[26] 도둑이 붙들리면 수치를 당함 같이 이스라엘 집 곧 그들의 왕들과 지도
자들과 제사장들과 선지자들이 수치를 당하였느니라 [27] 그들이 나무를 향

렘 2:14 누구에게 속하였는가의 정체성은 매우 중요하다. 유대 백성은 그들의 신을 버리고(11절) 스스로 정체성을 바꾸는 악행을 저질렀다.
☞ 사 31:1 도움을 구하러 애굽으로 내려가는 자들은 화 있을진저 그들은 말을 의지하며 병거의 많음과 마병의 심히 강함을 의지하고 이스라엘의 거룩하신 이를 앙모하지 아니하며 여호와를 구하지 아니하나니
☞ 호 9:6 보라 그들이 멸망을 피하여 갈지라도 애굽은 그들을 모으고 놉은 그들을 장사하리니 그들의 은은 귀한 것이나 찔레가 덮을 것이요 그들의 장막 안에는 가시덩굴이 퍼지리라

렘 2:18 유다가 어느 줄에 서야 살아남는지를 우왕좌왕하는 모습을 보여 준다.

렘 2:20-25 어떤 가치를 추구하느냐가 곧 그 인생의 가치관이다. 따라서 그 가치 추구에 대한 책임 또한 인생들에 있다.
우상을 따르며, 편리함, 안락함을 추구하면서 자기 편한 대로 하나님을 믿는다는 것은 믿음이 아니라 신성 모독죄에 해당한다.
☞ 욥 2:9-10 그의 아내가 그에게 이르되 당신이 그래도 자기의 온전함을 굳게 지키느냐 하나님을 욕하고 죽으라 그가 이르되 그대의 말이 한 어리석은 여자의 말 같도다 우리가 하나님께 복을 받았은즉 화도 받지 아니하겠느냐 하고 이 모든 일에 욥이 입술로 범죄하지 아니하니라
☞ 잠 1:28-30 그 때에 너희가 나를 부르리라 그래도 내가 대답하지 아니하겠고 부지런히 나를 찾으리라 그래도 나를 만나지 못하리니 대저 너희가 지식을 미워하며 여호와 경외하기를 즐거워하지 아니하며 나의 교훈을 받지 아니하고 나의 모든 책망을 업신여겼음이니라

하여 너는 나의 아버지라 하며 돌을 향하여 너는 나를 낳았다 하고 그들의
등을 내게로 돌리고 그들의 얼굴은 내게로 향하지 아니하다가 그들이 환
난을 당할 때에는 이르기를 일어나 우리를 구원하소서 하리라 28 너를 위
하여 네가 만든 네 신들이 어디 있느냐 그들이 네가 환난을 당할 때에 구
원할 수 있으면 일어날 것이니라 유다여 너의 신들이 너의 성읍 수와 같도
다 29 너희가 나에게 대항함은 어찌 됨이냐 너희가 다 내게 잘못하였느니라 여호와의 말씀이니라 30 내가 너희 자
녀들을 때린 것이 무익함은 그들이 징계를 받아들이지 아니함이라 너희 칼이 사나운 사자 같이 너희 선지자들을
삼켰느니라 31 너희 이 세대여 여호와의 말을 들어 보라 내가 이스라엘에게 광야가 되었었느냐 캄캄한 땅이 되
었었느냐 무슨 이유로 내 백성이 말하기를 우리는 놓였으니 다시 주께로 가지 아니하겠다 하느냐 32 처녀가 어찌
그의 패물을 잊겠느냐 신부가 어찌 그의 예복을 잊겠느냐 오직 내 백성은 나를 잊었나니 그 날 수는 셀 수 없거
늘 33 네가 어찌 사랑을 얻으려고 네 행위를 아름답게 꾸미느냐 그러므로 네 행위를 악한 여자들에게까지 가르쳤
으며 34 또 네 옷단에는 죄 없는 가난한 자를 죽인 피가 묻었나니 그들이 담 구멍을 뚫었기 때문이 아니라 오직 이
모든 일 때문이니라 35 그러나 너는 말하기를 나는 무죄하니 그의 진노가 참으로 내게서 떠났다 하거니와 보라
네 말이 나는 죄를 범하지 아니하였다 하였으므로 내가 너를 심판하리라 36 네가 어찌하여 네 길을 바꾸어 부지런
히 돌아다니느냐 네가 앗수르로 말미암아 수치를 당함 같이 또한 애굽으로 말미암아 수치를 당할 것이라 37 네가
두 손으로 네 머리를 싸고 거기서도 나가리니 이는 네가 의지하는 자들을
나 여호와가 버렸으므로 네가 그들로 말미암아 형통하지 못할 것임이라

렘 2:26-37 유다가 하나님을 버리고 스스로 생존하기 위해 애굽과 앗수르 사이를 왔다 갔다가 하면서 하나님의 진노를 쌓았다. 자신의 편의를 위해 스스로 만든 신이 자기를 구원하지 못한다(시 115편).

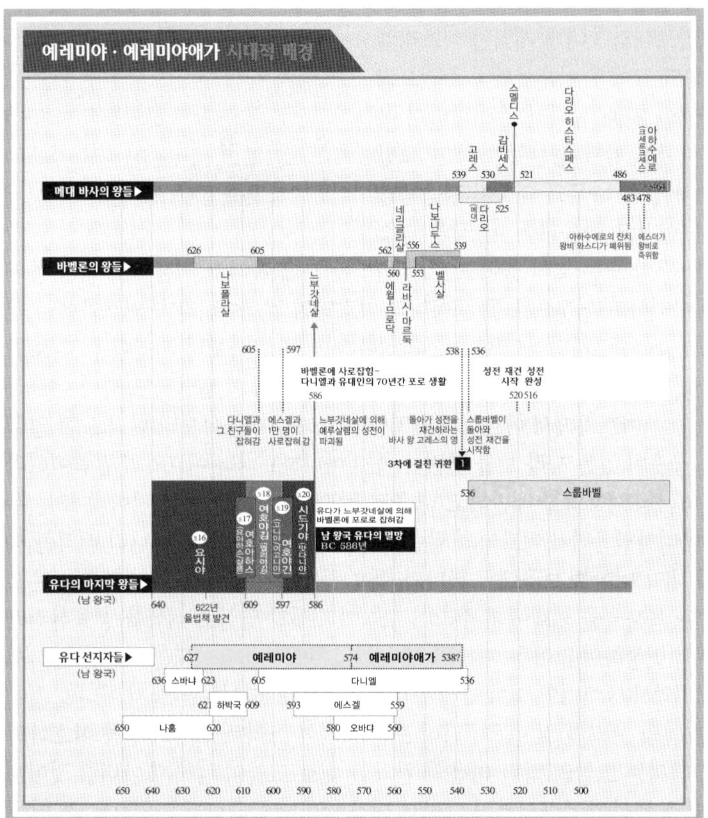

❖ 예레미야의 시대적 상황
예레미야가 선지자로 사명을 받을 당시(B.C. 627년)는 유다는 요시야의 종교 개혁이 한창 진행 중일 때였다. B.C. 722년 북이스라엘이 하나님 심판의 도구로 사용된 앗수르에 의해 멸망당한 이래 유일하게 선민(選民)의 명맥을 유지하던 남 왕국 유다는 북 왕국 이스라엘의 멸망이 주는 역사적 교훈에도 불구하고 히스기야(Hezekiah, B.C. 715-687년) 이후 므낫세(Manasseh, B.C. 687-642년)와 아몬(Amon, B.C. 642-640년)의 긴 통치기를 지나면서 극심한 우상 숭배를 비롯한 종교적·도덕적 죄에 빠지게 되는데 이에 따라 유다는 하나님으로부터 멸망의 심판 경고를 듣게 된다. 그러던 차에 유다의 마지막 선왕이자 분열 왕국 이후 가장 의로운 왕이라 할 수 있는 요시야가 즉위하여 B.C. 628년경 종교 개혁을 단행하고 B.C. 622년에는 성전에서 율법책을 발견함으로써 개혁에 한층 더 박차를 가하게 된다(왕하 23:3-28). 그러나 요시야의 개혁 운동도 유다 백성들의 누적된 악행과 습관화된 우상 숭배를 돌이키게 하는 데는 역부족이었으며 그나마 요시야가 므깃도 전투에서 전사함으로써 유다의 종교 개혁은 원점으로 돌아가게 되었다. 실제로 요시야를 이어 왕위에 올랐다가 3개월 만에 느고에 의해 폐위된 여호아하스를 이은 여호야김은 요시야가 금지한 므낫세와 아몬 당시의 모든 우상 숭배를 부활시켰으며, 심지어는 하나님의 심판을 경고한 참 선지자를 박해하고 하나님의 예언이 기록된 두루마리를 불태우는 만행을 저지르기도 했다. 그리고 그를 이은 여호야긴과 시드기야 왕도 결코 그에게 뒤지지 않을 정도로 악했다.

예레미야 3장

유다의 음란과 행악

1 그들이 말하기를 가령 사람이 그의 아내를 버리므로 그가 그에게서 떠
나 타인의 아내가 된다 하자 남편이 그를 다시 받겠느냐 그리하면 그 땅
이 크게 더러워지지 아니하겠느냐 하느니라 네가 많은 무리와 행음하고
서도 내게로 돌아오려느냐 여호와의 말씀이니라 2 네 눈을 들어 헐벗은
산을 보라 네가 행음하지 아니한 곳이 어디 있느냐 네가 길 가에 앉아 사
람들을 기다린 것이 광야에 있는 아라바 사람 같아서 음란과 행악으로 이
땅을 더럽혔도다 3 그러므로 단비가 그쳤고 늦은 비가 없어졌느니라 그럴
지라도 네가 창녀의 낯을 가졌으므로 수치를 알지 못하느니라 4 네가 이
제부터는 내게 부르짖기를 나의 아버지여 아버지는 나의 청년 시절의 보
호자이시오니 5 노여움을 한없이 계속하시겠으며 끝까지 품으시겠나이
까 하지 아니하겠느냐 보라 네가 이같이 말하여도 악을 행하여 네 욕심을
이루었느니라 하시니라

배역한 이스라엘과 반역한 유다

6 요시야 왕 때에 여호와께서 또 내게 이르시되 너는 배역한 이스라엘이
행한 바를 보았느냐 그가 모든 높은 산에 오르며 모든 푸른 나무 아래로
가서 거기서 행음하였도다 7 그가 이 모든 일들을 행한 후에 내가 말하기
를 그가 내게로 돌아오리라 하였으나 아직도 내게로 돌아오지 아니하였
고 그의 반역한 자매 유다는 그것을 보았느니라 8 내게 배역한 이스라엘
이 간음을 행하였으므로 내가 그를 내쫓고 그에게 이혼서까지 주었으되
그의 반역한 자매 유다가 두려워하지 아
니하고 자기도 가서 행음함을 내가 보았
노라 9 그가 돌과 나무와 더불어 행음함을
가볍게 여기고 행음하여 이 땅을 더럽
혔거늘 10 이 모든 일이 있어도 그의 반역한 자매 유다가 진심으로 내게 돌아
오지 아니하고 거짓으로 할 뿐이니라 여호와의 말씀이니라 11 여호와께서 내
게 이르시되 배역한 이스라엘은 반역한 유다보다 자신이 더 의로움
이 나타났나니 12 너는 가서 북을 향하여 이 말을 선포하여 이르라
여호와께서 이르시되 배역한 이스라엘아 돌아오라 나의 노한 얼굴
을 너희에게로 향하지 아니하리라 나는 긍휼이 있는 자라 노를 한없이 품지 아니하느니라 여호와의 말씀이니라
13 너는 오직 네 죄를 자복하라 이는 네 하나님 여호와를 배반하고 네 길로 달려 이방인들에게로 나아가 모든 푸
른 나무 아래로 가서 내 목소리를 듣지 아니하였음이라 여호와의 말씀이니라 14 여호와의 말씀이니라 배역한 자
식들아 돌아오라 나는 너희 남편임이라 내가 너희를 성읍에서 하나와 족속 중에서 둘을 택하여 너희를 시온으
로 데려오겠고 15 내가 또 내 마음에 합한 목자들을 너희에게 주리니 그들이 지식과 명철로 너희를 양육하리라
16 여호와의 말씀이니라 너희가 이 땅에서 번성하여 많아질 때에는 사람들이 여호와의 언약궤를 다시는 말하지
아니할 것이요 생각하지 아니할 것이요 기억하지 아니할 것이요 찾지 아니할 것이요 다시는 만들지 아니할 것이
며 17 그 때에 예루살렘이 그들에게 여호와의 보좌라 일컬음이 되며 모든 백성이 그리로 모이리니 곧 여호와의
이름으로 말미암아 예루살렘에 모이고 다시는 그들의 악한 마음의 완악한 대로 그들이 행하지 아니할 것이며
18 그 때에 유다 족속이 이스라엘 족속과 동행하여 북에서부터 나와서 내가 너희 조상들에게 기업으로 준 땅에

 렘 3장

유다의 음란 행위는 마치 신 24:1-4에서처럼 본래 남편을 버리고 재혼한 여인이 다시 그 남편에게로 돌아올 수 없는 것처럼, 하나님을 배반하고 우상 숭배에 빠진 자들이 하나님께로 돌아 감이 불가능함을 말하는 것 같다. 그러면서 회개의 여운을 남긴다.

예레미야서는 선지서 내용 구조 중 기소와 심판이 강렬하게 제시되고 있다.

6-18절에서는 남 왕국 유다도 북 왕국처럼 우상 숭배에 빠짐에 대해 언급하고 있다. 북 왕국은 처음부터 금송아지를 숭배함으로 우상 숭배를 시작했고 한 번도 그 우상 숭배를 회개한 적이 없다. 그래서 B.C. 722년에 하나님이 앗수르를 도구로 삼아 그들을 멸망시켰다.

유다도 북 왕국이 멸망할 시점에 급격히 우상 숭배로 빠져든다.

☞ 잘못된 길로 가고 있다면 빨리 돌이켜야 한다. 히브리어로 회개는 "슈브" 즉 "가는 길을 돌아간다"라는 뜻이다. 회개는 돌이키는 것이다. 생각과 행동을 바꾸는 것이다. 하나님 나라 백성의 자격은 회개에 있다.

☞ **마 4:17** 이때부터 예수께서 비로소 전파하여 이르시되 회개하라 천국이 가까이 왔느니라 하시더라

☞ **행 3:19** 그러므로 너희가 회개하고 돌이켜 너희 죄 없이 함을 받으라 이같이 하면 새롭게 되는 날이 주 앞으로부터 이를 것이요

렘 3:1-3, 31-33
학습 자료 44-4
"하나님의 징계의 의의" 참조.

그들이 함께 이르리라

이스라엘의 배역

[19] 내가 말하기를 내가 어떻게 하든지 너를 자녀들 중에 두며 허다한 나라들 중에 아름다운 기업인 이 귀한 땅을
네게 주리라 하였고 내가 다시 말하기를 너희가 나를 나의 아버지라 하고 나를 떠나지 말 것이니라 하였노라 [20]
그런데 이스라엘 족속아 마치 아내가 그의 남편을 속이고 떠나감 같이 너희가 확실히 나를 속였느니라 여호와
의 말씀이니라 [21] 소리가 헐벗은 산 위에서 들리니 곧 이스라엘 자손이 애곡하며 간구하는 것이라 그들이 그들의
길을 굽게 하며 자기 하나님 여호와를 잊어버렸음이로다 [22] 배역한 자식들아 돌아오라 내가 너희의 배역함을 고
치리라 하시니라

진실한 회개

보소서 우리가 주께 왔사오니 주는 우리 하나님 여호와이심이니이다 [23] 작은 산들과 큰 산 위에서 떠드는 것은
참으로 헛된 일이라 이스라엘의 구원은 진실로 우리 하나님 여호와께 있나이다 [24] 부끄러운 그것이 우리가 청년
의 때로부터 우리 조상들의 산업인 양 떼와 소 떼와 아들들과 딸들을 삼켰사온즉 [25] 우리는 수치 중에 눕겠고
우리의 치욕이 우리를 덮을 것이니 이는 우리와 우리 조상들이 청년의 때로부터 오늘까지 우리 하나님 여호와께
범죄하여 우리 하나님 여호와의 목소리에 순종하지 아니하였음이니이다

예레미야 4장

돌아오라고 하시다

[1] 여호와께서 이르시되 이스라엘아 네가 돌아오려거든 내게로 돌아오라 네
가 만일 나의 목전에서 가증한 것을 버리고 네가 흔들리지 아니하며 [2] 진실
과 정의와 공의로 여호와의 삶을 두고 맹세하면 나라들이 나로 말미암아
스스로 복을 빌며 나로 말미암아 자랑하리라 [3] 여호와께서 유다와 예루살
렘 사람에게 이와 같이 이르노라 너희 묵은 땅을 갈고 가시덤불에 파종하
지 말라 [4] 유다인과 예루살렘 주민들아 너희는 스스로 할례를 행하여 너희
마음 가죽을 베고 나 여호와께 속하라 그리하지 아니하면 너희 악행으로
말미암아 나의 분노가 불 같이 일어나 사르리니 그것을 끌 자가 없으리라

나라들을 멸하는 자가 나아오다

[5] 너희는 유다에 선포하며 예루살렘에 공포하여 이르기를 이 땅에서 나팔
을 불라 하며 또 크게 외쳐 이르기를 너희는 모이라 우리가 견고한 성으
로 들어가자 하고 [6] 시온을 향하여 깃발을 세우라, 도피하라, 지체하지 말
라, 내가 북방에서 재난과 큰 멸망을 가져오리라 [7] 사자가 그 수풀에서 올
라왔으며 나라들을 멸하는 자가 나아 왔으되 네 땅을 황폐하게 하려고
이미 그의 처소를 떠났은즉 네 성읍들이 황폐하여 주민이 없게 되리니 [8]
이로 말미암아 너희는 굵은 베를 두르고 애곡하라 이는 여호와의 맹렬한
노가 아직 너희에게서 돌이키지 아니하였음이라 [9] 여호와의 말씀이니라
그 날에 왕과 지도자들은 낙심할 것이며 제사장들은 놀랄 것이며 선지자
들은 깜짝 놀라리라 [10] 내가 이르되 슬프도소이다 주 여호와여 주께서 진
실로 이 백성과 예루살렘을 크게 속이셨나이다 이르시기를 너희에게 평
강이 있으리라 하시더니 칼이 생명에 이르렀나이다

렘 4:1-4 "탈피하지 못하는 뱀은 죽는다" 라고 괴테가 "파우스트"에서 갈파한 적이 있다. 참된 가치관으로 변화하지 못하면 참된 생명을 누릴 수 없다.

☞ **잠 2:11-12** 근신이 너를 지키며 명철이 너를 보호하여 악한 자의 길과 패역을 말하는 자에게서 건져 내리라

☞ **살전 5:6-8** 그러므로 우리는 다른 이들과 같이 자지 말고 오직 깨어 정신을 차릴지라 자는 자들은 밤에 자고 취하는 자들은 밤에 취하되 우리는 낮에 속하였으니 정신을 차리고 믿음과 사랑의 호심경을 붙이고 구원의 소망의 투구를 쓰자

43일~48일

백성에게 심판을 행하리라

[11] 그 때에 이 백성과 예루살렘에 전할 자가 있어서 뜨거운 바람이 광야에 있는 헐벗은 산에서 내 딸 백성에게 불

어온다 하리라 이는 키질하기 위함도 아니요 정결하게 하려 함도 아니며
[12]이보다 더 강한 바람이 나를 위하여 오리니 이제 내가 그들에게 심판을
행할 것이라 [13]보라 그가 구름
같이 올라오나니 그
의 병거는 회오리
바람 같고 그의 말들은 독수리보다 빠르도다 우리에게 화 있도다 우리는
멸망하도다 하리라 [14]예루살렘아 네 마음의 악을 씻어 버리라 그리하면
구원을 얻으리라 네 악한 생각이 네 속에 얼마나 오래 머물겠느냐 [15]단
에서 소리를 선포하며 에브라임 산에서 재앙을 공포하는도다 [16]너희는 여러 나라에 전하며 또 예루살렘에 알리
기를 에워싸고 치는 자들이 먼 땅에서부터 와서 유다 성읍들을 향하여 소리를 지른다 하라 [17]그들이 밭을 지키
는 자 같이 예루살렘을 에워싸나니 이는 그가 나를 거역했기 때문이니라 여호와의 말씀이니라 [18]네 길과 행위
가 이 일들을 부르게 하였나니 이는 네가 악함이라 그 고통이 네 마음에까지 미치느니라

렘 4:14 회개는 다윗처럼 철두철미하게 해야 한다. 사울처럼 시늉으로 하는 회개는 안 된다.
☞ 렘 4:2-3 진실과 정의와 공의로 여호와의 삶을 두고 맹세하면 나라들이 나로 말미암아 스스로 복을 빌며 나로 말미암아 자랑하리라 여호와께서 유다와 예루살렘 사람에게 이와 같이 이르노라 너희 묵은 땅을 갈고 가시덤불에 파종하지 말라

선지자의 탄식

[19]슬프고 아프다 내 마음속이 아프고 내 마음이 답답하여 잠잠할 수 없으니 이는 나의 심령이 나팔 소리와 전쟁
의 경보를 들음이로다 [20]패망에 패망이 연속하여 온 땅이 탈취를 당하니 나의 장막과 휘장은 갑자기 파멸되도
다 [21]내가 저 깃발을 보며 나팔 소리 듣기를 어느 때까지 할꼬 [22]내 백성은 나를 알지 못하는 어리석은 자요 지
각이 없는 미련한 자식이라 악을 행하기에는 지각이 있으나 선을 행하기에는 무지하도다

혼돈의 환상

[23]보라 내가 땅을 본즉 혼돈하고 공허하며 하늘에는 빛이 없으며 [24]내가
산들을 본즉 다 진동하며 작은 산들도 요동하며 [25]내가 본즉 사람이 없
으며 공중의 새가 다 날아갔으며 [26]보라 내가 본즉 좋은 땅이 황무지가
되었으며 그 모든 성읍이 여호와의 앞 그의 맹렬한 진노 앞에 무너졌으니
[27]여호와께서 이와 같이 말씀하시길 이 온 땅이 황폐할 것이나 내가 진멸
하지는 아니할 것이며 [28]이로 말미암아 땅이 슬퍼할 것이며 위의 하늘이
어두울 것이라 내가 이미 말하였으며 작정하였고 후회하지 아니하였은즉
또한 거기서 돌이키지 아니하리라 하셨음이로다 [29]기병과 활 쏘는 자의
함성으로 말미암아 모든 성읍 사람들이 도망하여 수풀에 들어가고 바위
에 기어오르며 각 성읍이 버림을 당하여 거기 사는 사람이 없나니 [30]멸망
을 당한 자여 네가 어떻게 하려느냐 네가 붉은 옷을 입고 금장식으로 단
장하고 눈을 그려 꾸밀지라도 네가 화장한 것이 헛된 일이라 연인들이 너
를 멸시하여 네 생명을 찾느니라 [31]내가 소리를 들은즉 여인의 해산하는
소리 같고 초산하는 자의 고통하는 소리 같으니 이는 시온의 딸의 소리라 그가 헐떡이며 그의 손을 펴고 이르기
를 내게 화가 있도다 죽이는 자로 말미암아 나의 심령이 피곤하도다 하는도다

렘 4:23-31 심판의 혼돈을 보고 참 하나님의 사람이 된다는 것은 하나님의 뜻에 순종하여 그분의 임재 가운데 있다는 것이다.
☞ 출 19:5-6 세계가 다 내게 속하였나니 너희가 내 말을 잘 듣고 내 언약을 지키면 너희는 모든 민족 중에서 내 소유가 되겠고 너희가 내게 대하여 제사장 나라가 되며 거룩한 백성이 되리라 너는 이 말을 이스라엘 자손에게 전할지니라
☞ 삼상 2:30 그러므로 이스라엘의 하나님 나 여호와가 말하노라 내가 전에 네 집과 네 조상의 집이 내 앞에 영원히 행하리라 하였으나 이제 나 여호와가 말하노니 결단코 그렇게 하지 아니하리라 나를 존중히 여기는 자를 내가 존중히 여기고 나를 멸시하는 자를 내가 경멸하리라

예레미야 5장

예루살렘의 허물과 반역

[1]너희는 예루살렘 거리로 빨리 다니며 그 넓은 거리에서 찾아보고 알라 너희가 만일 정의를 행하며 진리를 구
하는 자를 한 사람이라도 찾으면 내가 이 성읍을 용서하리라 [2]그들이 여호와께서 살아 계심을 두고 맹세할지라
도 실상은 거짓 맹세니라 [3]여호와여 주의 눈이 진리를 찾지 아니하시나이까 주께서 그들을 치셨을지라도 그들
이 아픈 줄을 알지 못하며 그들을 멸하셨을지라도 그들이 징계를 받지 아니하고 그들의 얼굴을 바위보다 굳게

하여 돌아오기를 싫어하므로 4 내가 말하기를 이 무리는 비천하고 어리석
은 것뿐이라 여호와의 길, 자기 하나님의 법을 알지 못하니 5 내가 지도자
들에게 가서 그들에게 말하리라 그들은 여호와의 길, 자기 하나님의 법
을 안다 하였더니 그들도 일제히 멍에를 꺾고 결박을 끊은지라 6 그러므
로 수풀에서 나오는 사자가 그들을 죽이며 사막의 이리가 그들을 멸하며
표범이 성읍들을 엿본즉 그리로 나오는 자마다 찢기리니 이는 그들의 허
물이 많고 반역이 심함이니이다 7 내가 어찌 너를 용서하겠느냐 네 자녀
가 나를 버리고 신이 아닌 것들로 맹세하였으며 내가 그들을 배불리 먹인
즉 그들이 간음하며 창기의 집에 허다히 모이며 8 그들은 두루 다니는 살
진 수말 같이 각기 이웃의 아내를 따르며 소리지르는도다 9 여호와의 말씀이니라 내가 어찌 이 일들에 대하여 벌
하지 아니하겠으며 내 마음이 이런 나라에 보복하지 않겠느냐

렘 5:1-9 의인 10명이 없어 망했던 소돔과 고모라처럼 의인 한 명이 없는 예루살렘이 어찌 망하지 않겠는가?
우리는 이 시대의 의인인가? 신위에 순종하며 신실하게 빛과 소금의 역할을 감당하고 있는 의인인가?
☞ 빌 2:15 이는 너희가 흠이 없고 순전하여 어그러지고 거스르는 세대 가운데서 하나님의 흠 없는 자녀로 세상에서 그들 가운데 빛들로 나타내며

여호와께서 백성을 버리시다

10 너희는 그 성벽에 올라가 무너뜨리되 다 무너뜨리지 말고 그 가지만 꺾
어 버리라 여호와의 것이 아님이니라 11 여호와의 말씀이니라 이스라엘
의 집과 유다의 집이 내게 심히 반역하였느니라 12 그들이 여호와를 인정
하지 아니하며 말하기를 여호와께서는 계시지 아니하니 재앙이 우리에게
임하지 아니할 것이요 우리가 칼과 기근을 보지 아니할 것이며 13 선지자
들은 바람이라 말씀이 그들의 속에 있지 아니한즉 그같이 그들이 당하리
라 하느니라 14 그러므로 만군의 하나님 여호와께서 이와 같이 말씀하시
니라 너희가 이 말을 하였은즉 볼지어다 내가 네 입에 있는 나의 말을 불
이 되게 하고 이 백성을 나무가 되게 하여 불사르리라 15 여호와의 말씀
이니라 이스라엘 집이여 보라 내가 한 나라를 먼 곳에서 너희에게로 오게
하리니 곧 강하고 오랜 민족이라 그 나라 말을 네가 알지 못하며 그 말을
네가 깨닫지 못하느니라 16 그 화살통은 열린 무덤이요 그 사람들은 다
용사라 17 그들이 네 자녀들이 먹을 추수 곡물과 양식을 먹으며 네 양 떼
와 소 떼를 먹으며 네 포도나무와 무화과나무 열매를 먹으며 네가 믿는
견고한 성들을 칼로 파멸하리라 18 여호와의 말씀이니라 그 때에도 내가
너희를 진멸하지는 아니하리라 19 그들이 만일 이르기를 우리 하나님 여
호와께서 어찌하여 이 모든 일을 우리에게 행하셨느냐 하거든 너는 그들
에게 이르기를 너희가 여호와를 버리고 너희 땅에서 이방 신들을 섬겼은
즉 이와 같이 너희 것이 아닌 땅에서 이방인들을 섬기리라 하라

렘 5:12-13 전형적인 인위의 삶을 살기를 갈망하는 자들의 삶 속에는 하나님 두기를 원하지 않는다. 그러므로 하나님의 말씀이 불이 되고 그들이 나무가 되어 그들을 태워 버린다.
여기에 내가 반성할 부분은 없는가!

렘 5:16 전통을 멘 용사

여호와께서 백성에게 이르시다

20 너는 이를 야곱 집에 선포하며 유다에 공포하여 이르기를 21 어리석고
지각이 없으며 눈이 있어도 보지 못하며 귀가 있어도 듣지 못하는 백성이
여 이를 들을지어다 22 여호와의 말씀이니라 너희가 나를 두려워하지 아
니하느냐 내 앞에서 떨지 아니하겠느냐 내가 모래를 두어 바다의 한계를 삼되 그것으로 영원한 한계를 삼고 지
나치지 못하게 하였으므로 파도가 거세게 이나 그것을 이기지 못하며 뛰노나 그것을 넘지 못하느니라 23 그러나
너희 백성은 배반하며 반역하는 마음이 있어서 이미 배반하고 갔으며 24 또 너희 마음으로 우리에게 이른 비와
늦은 비를 때를 따라 주시며 우리를 위하여 추수 기한을 정하시는 우리 하나님 여호와를 경외하자 말하지도 아
니하니 25 너희 허물이 이러한 일들을 물리쳤고 너희 죄가 너희로부터 좋은 것을 막았느니라 26 내 백성 가운데

43일~48일

악인이 있어서 새 사냥꾼이 매복함 같이 지키며 덫을 놓아 사람을 잡으며
27 새장에 새들이 가득함 같이 너희 집들에 속임이 가득하도다 그러므로
너희가 번창하고 거부가 되어 28 살지고 윤택하며 또 행위가 심히 악하여
자기 이익을 얻으려고 송사 곧 고아의 송사를 공정하게 하지 아니하며 빈
민의 재판을 공정하게 판결하지 아니하니 29 내가 이 일들에 대하여 벌하
지 아니하겠으며 내 마음이 이같은 나라에 보복하지 아니하겠느냐 여호
와의 말씀이니라 30 이 땅에 무섭고 놀라운 일이 있도다 31 선지자들은 거
짓을 예언하며 제사장들은 자기 권력으로 다스리며 내 백성은 그것을 좋
게 여기니 마지막에는 너희가 어찌하려느냐

> 렘 5:20-31 이 부분은 딤후 4:3-4의 바울의 경고를 염두에 두고 읽고 깊이 성찰하고 반성하는 마음으로 읽어라.
> ☞ **딤후 4:3-4** 때가 이르리니 사람이 바른 교훈을 받지 아니하며 귀가 가려워서 자기의 사욕을 따를 스승을 많이 두고 또 그 귀를 진리에서 돌이켜 허탄한 이야기를 따르리라
> ☞ 우리가 이런 형식주의적 신앙의 자세에서 벗어나지 않는 한 우리는 직면할 하나님의 심판을 절대로 피할 수 없을 것이다.

예레미야 6장

벌 받을 성 예루살렘

1 베냐민 자손들아 예루살렘 가운데로부터 피난하라 드고아에서 나팔을
불고 벧학게렘에서 깃발을 들라 재앙과 큰 파멸이 북방에서 엿보아 옴이
니라 2 아름답고 우아한 시온의 딸을 내가 멸절하리니 3 목자들이 그 양
떼를 몰고 와서 주위에 자기 장막을 치고 각기 그 처소에서 먹이리로다 4
너희는 그를 칠 준비를 하라 일어나라 우리가 정오에 올라가자 아하 아깝
다 날이 기울어 저녁 그늘이 길었구나 5 일어나라 우리가 밤에 올라가서
그 요새들을 헐자 하도다 6 만군의 여호와께서 이와 같이 말하노라 너희
는 나무를 베어서 예루살렘을 향하여 목책을 만들라 이는 벌 받을 성이라
그 중에는 오직 포학한 것뿐이니라 7 샘이 그 물을 솟구쳐냄 같이 그가 그
악을 드러내니 폭력과 탈취가 거기에서 들리며 질병과 살상이 내 앞에 계
속하느니라 8 예루살렘아 너는 훈계를 받으라 그리하지 아니하면 내 마
음이 너를 싫어하고 너를 황폐하게 하여 주민이 없는 땅으로 만들리라

벌 받을 백성

9 만군의 여호와께서 이와 같이 말씀하시되 포도를 따듯이 그들이 이스라엘
의 남은 자를 말갛게 주우리라 너는 포도 따는 자처럼 네 손을 광주리에 자
주자주 놀리라 하시나니 10 내가 누구에게 말하며 누구에게 경책하여 듣게
할꼬 보라 그 귀가 할례를 받지 못하였으므로 듣지 못하는도다 보라 여호와
의 말씀을 그들이 자신들에게 욕으로 여기고 이를 즐겨 하지 아니하니 11 그
러므로 여호와의 분노가 내게 가득하여 참기 어렵도다 그것을 거리에 있는
아이들과 모인 청년들에게 부으리니 남편과 아내와 나이 든 사람과 늙은이
가 다 잡히리로다 12 내가 그 땅 주민에게 내 손을 펼 것인즉 그들의 집과 밭
과 아내가 타인의 소유로 이전되리라 여호와의 말씀이니라 13 이는 그들이
가장 작은 자로부터 큰 자까지 다 탐욕을 부리며 선지자로부터 제사장까지
다 거짓을 행함이라 14 그들이 내 백성의 상처를 가볍게 여기면서 말하기를
평강하다 평강하다 하나 평강이 없도다 15 그들이 가증한 일을 행할 때에 부
끄러워하였느냐 아니라 조금도 부끄러워 하지 않을 뿐 아니라 얼굴도 붉어
지지 않았느니라 그러므로 그들이 엎드러지는 자와 함께 엎드러질 것이라
내가 그들을 벌하리니 그 때에 그들이 거꾸러지리라 여호와의 말씀이니라

❖ 렘 6장
베냐민 자손을 지칭해서 예루살렘의 심판을 언급하는 것은 예루살렘 성읍이 베냐민 지파에 분배된 땅이기 때문이다.
그러나 유다 백성은 예루살렘은 하나님의 성전이 있는 곳이고 하나님이 임재한 곳이기 때문에 망하지 않는다고 믿었다. 그래서 거짓 선지자들이 "평강하다"(13-14절)라고 외칠 때 그것을 믿었다. 그들은 결코 하나님의 말씀을 듣지 않았고, 하나님의 율법을 거절하면서도 자기들의 귀를 즐겁게 해주는 거짓 선지자들의 달콤한 말을 믿었다.
☞ 오늘 날도 이런 교인들이 온 교회에 너무나도 많다는 것이 문제다. 이들은 모두가 가짜라고 하나님은 예레미야를 통해서 분명히 말한다. 가짜들이 판치는 곳에 하나님의 심판을 피할 길은 없다.

> 렘 6:13-14 예레미야는 예루살렘 성과 성전의 파괴를 예언하면서 순종의 회개를 갈파한다. 그러나 당시의 왕실 선지자(거짓 선지자)들은 하나님이 예루살렘 성전에 계시기 때문에 예루살렘 성과 성전은 파괴되지 않는다고 거짓 주장한다. 이런 거짓 선지자에게 놀아나는 예루살렘 백성의 생각은 무엇일까?
> ☞ **딤후 4:3-4** 때가 이르리니 사람이 바른 교훈을 받지 아니하며 귀가 가려워서 자기의 사욕을 따를 스승을 많이 두고 또 그 귀를 진리에서 돌이켜 허탄한 이야기를 따르리라
> 하나님의 말씀에 대한 우리의 자세는?
> ☞ 순종이 제사보다 낫다는 말은 자기중심성을 하나님 앞에 내려놓고 하나님의 뜻을 따르는 것을 말한다.

선한 길로 가지 아니하다

16 여호와께서 이와 같이 말씀하시되 너희는 길에 서서 보며 옛적 길 곧 선한 길이 어디인지 알아보고 그리로 가
라 너희 심령이 평강을 얻으리라 하나 그들의 대답이 우리는 그리로 가지 않겠노라 하였으며 17 내가 또 너희 위
에 파수꾼을 세웠으니 나팔 소리를 들으라 하나 그들의 대답이 우리는 듣지 않겠노라 하였도다 18 그러므로 너
희 나라들아 들으라 무리들아 그들이 당할 일을 알라 19 땅이여 들으라 내가 이 백성에게 재앙을 내리리니 이것
이 그들의 생각의 결과라 그들이 내 말을 듣지 아니하며 내 율법을 거절하였음이니라 20 시바에서 유향과 먼 곳
에서 향품을 내게로 가져옴은 어찌함이냐 나는 그들의 번제를 받지 아니하며 그들의 희생제물을 달게 여기지
않노라 21 그러므로 여호와께서 이와 같이 말씀하시니라 보라 내가 이 백성 앞에 장애물을 두리니 아버지와 아
들들이 함께 거기에 걸려 넘어지며 이웃과 그의 친구가 함께 멸망하리라

북방에서 쳐들어오는 민족

22 여호와께서 이와 같이 말씀하시되 보라 한 민족이 북방에서 오며 큰 나라
가 땅 끝에서부터 떨쳐 일어나나니 23 그들은 활과 창을 잡았고 잔인하여 사
랑이 없으며 그 목소리는 바다처럼 포효하는 소리라 그들이 말을 타고 전사
같이 다 대열을 벌이고 시온의 딸인 너를 치려 하느니라 하시도다 24 우리가
그 소문을 들었으므로 손이 약하여졌고 고통이 우리를 잡았으므로 그 아픔이 해산하는 여인 같도다 25 너희는 밭에
도 나가지 말라 길로도 다니지 말라 원수의 칼이 있고 사방에 두려움이 있음이라 26 딸 내
백성이 굵은 베를 두르고 재에서 구르며 독자를 잃음 같이 슬퍼하며 통곡할지어다 멸망
시킬 자가 갑자기 우리에게 올 것임이라 27 내가 이미 너를 내 백성 중에 망대와 요새로
삼아 그들의 길을 알고 살피게 하였노라 28 그들은 다 심히 반역한 자며 비방하며 돌아
다니는 자며 그들은 놋과 철이며 다 사악한 자라 29 풀무불을 맹렬히 불면 그 불에 납이
살라져서 단련하는 자의 일이 헛되게 되느니라 이와 같이 악한 자가 제거되지 아니하나
니 30 사람들이 그들을 내버린 은이라 부르게 될 것은 여호와께서 그들을 버렸음이라

> 렘 6:21-30 예레미야는 요시야 왕의 개혁을 찬성하고 칭찬하였다. 그러나 요시야는 므깃도 전투에서 전사함으로 그의 개혁은 용두사미로 끝난다. 예레미야는 이것을 나무라는 것이다.

43일~48일

44일차 읽기의 요약

(왕하 22~23:25, 대하 33~35:19, 시 33, 66, 67, 100, 왕하 23:26,27, 나 1~3, 렘 1~6)

아몬의 뒤를 이은 요시야 왕은 다윗의 길을 따라 우상의 제단을 제거하고 여호와 신앙을 크게 회복시킨다. 성전을 수리하다가 율법책을 발견했을 때 요시야는 옷을 찢고 회개한다. 또한 유대 백성들을 모이게 하여 하나님의 말씀을 모든 백성들의 귀에 읽혀주고 유월절을 회복시켰다.

나훔 선지자는 요나가 앗수르의 수도 니느웨에 회개의 말씀을 전한 후 약 150년이 지난 후에 동일하게 니느웨를 향한 심판을 예언했다. 니느웨는 하나님을 대적하고 각양 우상을 섬기고 무죄한 자의 피를 흘린 피의 성이라고 책망한다. 하나님께서는 범람하는 물로 니느웨를 심판하실 것을 예언했다. 거대한 제국이었던 앗수르는 다른 나라들에게 행패를 부린 것처럼 결국 자신도 바벨론 군대에 의해 신속히 패망으로 추락한다.

예레미야는 남 유다 말기 요시야로부터 마지막 왕 시드기야 왕 시대에 걸쳐 남 유다의 백성들이 신흥 바벨론에 포로로 잡혀가기까지 예루살렘에서 예언했다. 모세의 예언대로 하나님께서는 하나님의 법을 떠난 유대 백성들을 이제 곧 포로로 흩으실 것이다. 비록 예루살렘에 성전이 있음에도 불구하고 유대 백성들은 그들의 죄악으로 인해 곧 망하게 될 것을 선포했다.

그는 온몸으로 망국의 비참한 과정을 겪으며 유대 백성들이 그 마음의 악을 씻어 버리고 여호와께로 돌아오길 눈물로 호소했다.

그러면 어떻게 살 것인가?

인위뚝·신위고!

☑ 세계관 점검 – 묵상하기 (영상 강의와 교재 내용의 이해를 바탕으로)

왕하 22:2 요시야는 정직히 행하고 좌로나, 우로나 치우치지 않는 믿음을 가졌다. 당신은 좌로나 우로나 치우친 적은 없는가? 그 순간 그리스도인의 정체성을 상실한다는 사실을 명심해야 한다.
[빌 4:13-14, 벧후 3:18. 찬송 321(통 351)]

나 2:12 사회가 전문화, 분업화되어 가면서 '우리'를 명분으로 자신들의 이익 챙기기에만 급급한 집단 이기주의가 문제시되고 있는데 혹 내가 가족을 위해 교회를 위해 계획하고 실천하려는 그 일 역시 다른 사람을 배려하지 않은 채 '나'와 '우리'만을 생각하는 일은 아닌가?
[잠 11:26, 마 25:43. 찬송 559(통 305)]

렘 2:11 "어느 나라가 그들의 신들을 신 아닌 것과 바꾼 일이 있느냐 그러나 나의 백성은 그의 영광을 무익한 것과 바꾸었도다."
영원할 생명을 주실 하나님의 자리에 사망과 멸망을 가져다줄 우상을 앉히는 이스라엘의 어리석음을 비웃으면서 혹 지금 나는 말씀보다는 세상의 지식을, 찬양보다는 가요나 팝송을, 기도보다는 오락이나 잡담을 즐겨 선택하고 있지는 않는가? 이것이 오늘 우리의 우상이다.

43일~48일

렘 5:4-6 누구보다 여호와의 규례에 대해 해박했으나 타락한 귀인들, 곧 왕이나 선지자들은 여호와의 규례를 끊어버렸다. 이처럼 오늘날 우리 사회의 지도자들 또한 더 가진 학식과 권세로써 말씀의 멍에를 벗어던짐으로 나라 전체를 타락하게 하고 생명의 줄을 끊어버리는 어리석은 자들이 너무나도 많지 않은가? 나도 그 중에 하나...?

- 고후 2:16-17 이 사람에게는 사망으로부터 사망에 이르는 냄새요 저 사람에게는 생명으로부터 생명에 이르는 냄새라 누가 이 일을 감당하리요 우리는 수많은 사람들처럼 하나님의 말씀을 혼잡하게 하지 아니하고 곧 순전함으로 하나님께 받은 것 같이 하나님 앞에서와 그리스도 안에서 말하노라

렘 3:10 이런 예화는 어떤가?
어느 교회에서 여선교회 헌신 예배를 드리게 되어 그 교회 장로가 특별히 설교하게 되었다.
그 장로는 "사랑" 이란 제목으로 가정 화목과 이웃 사랑에 대하여 아주 은혜스러운 설교를 하였다.
그런데 설교를 듣던 한 여자 신도가 슬그머니 나가더니 얼마 후 이불 보따리를 이고 들어왔다. 그러고는 설교자가 서 있는 강단 위로 올라가더니
"우리 집에 가지 말고 오늘부터 이 강단 위에서 삽시다."라고 말하는 것이었다.
이 여인은 바로 설교하는 장로의 부인이었다. 설교하는 그 장로는 집에서는 항상 불평하고, 싸우고, 부인을 구타하는 괴팍한 성격이 가진 사람이었다. 그런데 그날 설교 시간만은 아주 인자하고 사랑스러웠다. 그래서 이 부인은 자기 남편인 장로가 마음이 변하기 전에 그 강단 위에서 그날 그가 성도들에게 들려주었던 설교 내용처럼 살 것을 제안했던 것이다.
행위가 따르지 않는 회개와 믿음은 이같이 부끄러운 결과만을 낳을 뿐인데 혹시 거짓으로 하나님을 찾는 이스라엘 백성과 같은 위선적인 믿음이 내게는 없는지….

☑ 결단기도와 실행하기

약 2:26 영혼 없는 몸이 죽은 것 같이 행함이 없는 믿음은 죽은 것이니라
시 119:28 나의 영혼이 눌림으로 말미암아 녹사오니 주의 말씀대로 나를 세우소서

열왕기하 23:28-34 : 유다왕 여호아하스

요시야가 죽다(대하 35:20-36:1, B.C. 640 – 609) 남 16대 왕

28 요시야의 남은 사적과 행한 모든 일은 유다 왕 역대지략에 기록되지 아
니하였느냐 29 요시야 당시에 애굽의 왕 바로 느고가 앗수르 왕을 치고자
하여 유브라데 강으로 올라가므로 요시야 왕이 맞서 나갔더니 애굽 왕이
요시야를 므깃도에서 만났을 때에 죽인지라 30 신복들이 그의 시체를 병
거에 싣고 므깃도에서 예루살렘으로 돌아와 그의 무덤에 장사하니 백성
들이 요시야의 아들 여호아하스를 데려다가 그에게 기름을 붓고 그의 아
버지를 대신하여 왕으로 삼았더라

유다 왕 여호아하스(대하 36:2-4, B.C. 609) 남 17대 왕(살룸이라고도 함)

31 여호아하스가 왕이 될 때에 나이가 이십삼 세라 예루살렘에서 석 달간
다스리니라 그의 어머니의 이름은 하무달이라 립나 예레미야의 딸이더라
32 여호아하스가 그의 조상들의 모든 행위대로 여호와 보시기에 악을 행
하였더니 33 바로 느고가 그를 하맛 땅 립나에 가두어 예루살렘에서 왕이
되지 못하게 하고 또 그 나라로 은 백 달란트와 금 한 달란트를 벌금으로
내게 하고 34 바로 느고가 요시야의 아들 엘리아김을 그의 아버지 요시야
를 대신하여 왕으로 삼고 그의 이름을 고쳐 여호야김이라 하고 여호아하
스는 애굽으로 잡아갔더니 그가 거기서 죽으니라

❖ 왕하 23:28-37
애굽 왕 바로 느고에 의한 남 유다 제17대 왕 여호아하스의 폐위와 남 유다 제18대 왕 여호야김의 즉위에 대하여 다룬다. 유다는 요시야가 므깃도 전투에서 갑자기 전사하자(B.C. 609) 그의 아들 중 넷째 아들인 여호아하스를 유다 제17대 왕으로 세웠다(31절). 그러나 요시야와의 므깃도 전쟁에서 승리한 애굽 왕 느고는 여호아하스 즉위 3개월 만에 그를 폐위하고 대신에 요시야의 둘째 아들인 여호야김을 유다 제18대 왕으로 옹립한다(33-35절). 여호야김은 11년 간(B. C. 609-598년) 다스렸는데(36절), 저자는 여호아하스나 여호야김에 대하여 다 같이 열조의 행위대로 여호와 보시기에 악을 행하였다고 평가함으로써(32.37절) 연이은 왕들의 학정으로 멸망당한 북이스라엘과 마찬가지로 유다의 멸망도 점차 임박하여 오고 있음을 시사해 주고 있다. 특별히 예레미야서에는 여호야김의 악행이 적나라하게 나타나고 있다(렘 36장).

43일~48일

요시야	여호아하스	여호야김	여호야긴	시드기야
8세 즉위 31년 통치	3달 통치	11년 통치	3달 10일 통치	11년 통치
• 선한 왕 • 종교 개혁 • 므깃도 전투 전사 (왕하 23:29)	• 살룸 (렘 22:11) • 느고에 의해 애굽에 포로로 잡혀가서 죽음 (왕하 23:31-34)	• 엘리야김 • 느고가 세움 • 애굽속국, 조공바침 예레미야에게 적대적 • 바벨론에 포로	• 여고냐, 고니야 • 바벨론 왕이 세움 • 포악 • 멸망 예언 들음 (렘 22:24-25) • 바벨론에 잡혀감 (왕하 25:27-30)	• 맛다디야 (요시야 막내) • 여호야긴 삼촌 예레미야의 예언 무시 (친애굽 정책) • 눈뽑힌 채로 많은 백성들과 포로로 잡혀감 (렘 39:4-7)
		1차 포로, 다니엘	2차 포로, 에스겔	3차 포로

❖ 옆의 도표는 남 유다 왕국의 마지막 5왕의 일람표이다. 요시야 집안의 아들과 손자들이다. 여호아하스(살룸이라고도 한다)와 여호야김, 그리고 마지막 왕인 시드기야는 요시야 왕의 아들들이고, 여호야긴은 요시야의 손자이면서 여호야김의 아들이다. 이 기간 포로가 일어나고 남 왕국의 바벨론에 의해 망한다.
예레미야가 활약하던 시대이다.
☞ 렘 22:10-17, 대하 35:20~36:4 읽기에 참고할 것

예레미야 22:10-17

살룸 왕에 대하여 말하다(남 왕국 유다 왕 여호아하스의 다른 이름)
10 너희는 죽은 자를 위하여 울지 말며 그를 위하여 애통하지 말고 잡혀 간 자를 위하여 슬피 울라 그는 다시 돌
아와 그 고국을 보지 못할 것임이라 11 여호와께서 유다 왕 요시야의 아들 곧 그의 아버지 요시야를 이어 왕이 되
었다가 이곳에서 나간 살룸에 대하여 이와 같이 말씀하시니라 그가 이곳으로 다시 돌아오지 못하고 12 잡혀 간
곳에서 그가 거기서 죽으리니 이 땅을 다시 보지 못하리라
여호야김 왕에 대하여 말하다(609-597) 남 18대 왕
13 불의로 그 집을 세우며 부정하게 그 다락방을 지으며 자기의 이웃을 고용하고 그의 품삯을 주지 아니하는 자
에게 화 있을진저 14 그가 이르기를 내가 나를 위하여 큰 집과 넓은 다락방을 지으리라 하고 자기를 위하여 창문
을 만들고 그것에 백향목으로 입히고 붉은 빛으로 칠하도다 15 네가 백향목을 많이 사용하여 왕이 될 수 있겠느
냐 네 아버지가 먹거나 마시지 아니하였으며 정의와 공의를 행하지 아니하였느냐 그 때에 그가 형통하였었느니
라 16 그는 가난한 자와 궁핍한 자를 변호하고 형통하였나니 이것이 나를 앎이 아니냐 여호와의 말씀이니라 17
그러나 네 두 눈과 마음은 탐욕과 무죄한 피를 흘림과 압박과 포악을 행하려 할 뿐이니라

역대하 35:20~36:4 :
요시야가 바로 느고와 싸우다 전사, 여호아하스, 여호야김, 여호야긴, 유다 왕국의 종말

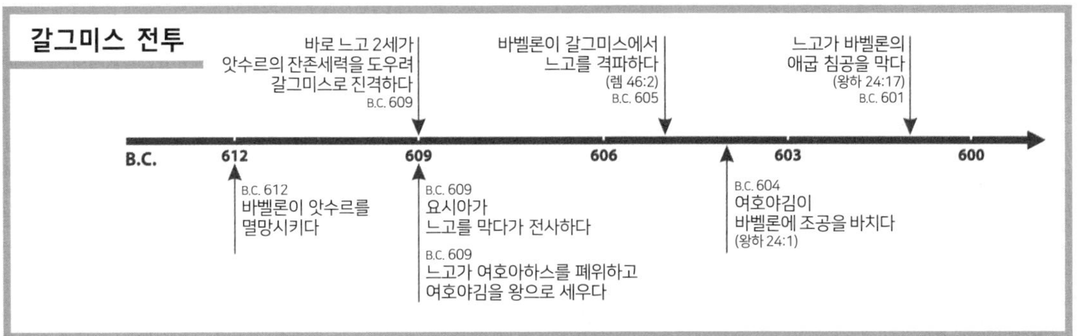

갈그미스 전투
바로 느고 2세가 앗수르의 잔존세력을 도우려 갈그미스로 진격하다 B.C. 609
바벨론이 갈그미스에서 느고를 격파하다 (렘 46:2) B.C. 605
느고가 바벨론의 애굽 침공을 막다 (왕하 24:17) B.C. 601
B.C.
612
609
606
603
600
B.C. 612 바벨론이 앗수르를 멸망시키다
B.C. 609 요시아가 느고를 막다가 전사하다
B.C. 609 느고가 여호아하스를 폐위하고 여호야김을 왕으로 세우다
B.C. 604 여호야김이 바벨론에 조공을 바치다 (왕하 24:1)

역대하 35:20-27

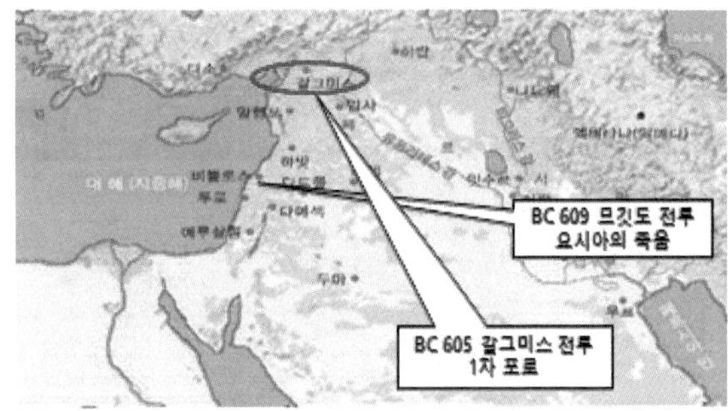

갈그미스
BC 609 므깃도 전투
요시아의 죽음
BC 605 갈그미스 전투
1차 포로

요시야가 죽다(왕하 23:28-30, B.C. 640 - 609) 남 16대 왕
20 이 모든 일 후 곧 요시야가 성전을 정돈하기를 마
친 후에 애굽 왕 느고가 유브라데 강가의 갈그미스를
치러 올라왔으므로 요시야가 나가서 방비하였더니 21
느고가 요시야에게 사신을 보내어 이르되 유다 왕이
여 내가 그대와 무슨 관계가 있느냐 내가 오늘 그대
를 치려는 것이 아니요 나와 더불어 싸우는 족속을 치

려는 것이라 하나님이 나에게 명령하사 속히 하라 하셨은즉 하나님이 나와
함께 계시니 그대는 하나님을 거스르지 말라 그대를 멸하실까 하노라 하나

대하 35:20-27
학습 자료 45-2 "갈그미스 전투" 참조

22 요시야가 몸을 돌이켜 떠나기를 싫어하고 오히려 변장하고 그와 싸우고자 하여 하나님의 입에서 나온 느고의 말
을 듣지 아니하고 므깃도 골짜기에 이르러 싸울 때에 23 활 쏘는 자가 요시야 왕을 쏜지라 왕이 그의 신하들에게 이
르되 내가 중상을 입었으니 나를 도와 나가게 하라 24 그 부하들이 그를 병거에서 내리게 하고 그의 버금 병거에 태
워 예루살렘에 이른 후에 그가 죽으니 그의 조상들의 묘실에 장사되니라 온 유다와 예루살렘 사람들이 요시야를 슬
퍼하고 25 예레미야는 그를 위하여 애가를 지었으며 모든 노래하는 남자들과 여자들은 요시야를 슬피 노래하니 이
스라엘에 규례가 되어 오늘까지 이르렀으며 그 가사는 애가 중에 기록되었더라 26 요시야의 남은 사적과 여호와의
율법에 기록된 대로 행한 모든 선한 일과 27 그의 처음부터 끝까지의 행적은 이스라엘과 유다 열왕기에 기록되니라

역대하 36:1-4

유다 왕 여호아하스(왕하 23:30-35, B.C. 609) 남 17대 왕

1 그 땅의 백성이 요시야의 아들 여호아하스를 세워 그의 아버지를 대신하여 예루살렘에서 왕으로 삼으니 2 여
호아하스가 왕위에 오를 때에 나이가 이십삼 세더라 그가 예루살렘에서 다스린 지 석 달에 3 애굽 왕이 예루살
렘에서 그의 왕위를 폐하고 또 그 나라에 은 백 달란트와 금 한 달란트를 벌금으로 내게 하며 4 애굽 왕 느고가
또 그의 형제 엘리아김을 세워 유다와 예루살렘 왕으로 삼고 그의 이름을 고쳐 여호야김이라 하고 그의 형제 여
호아하스를 애굽으로 잡아갔더라

하박국 HABAKKUK 哈巴谷書

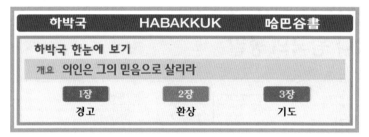

하박국 한눈에 보기

개요 의인은 그의 믿음으로 살리라

1장	2장	3장
경고	환상	기도

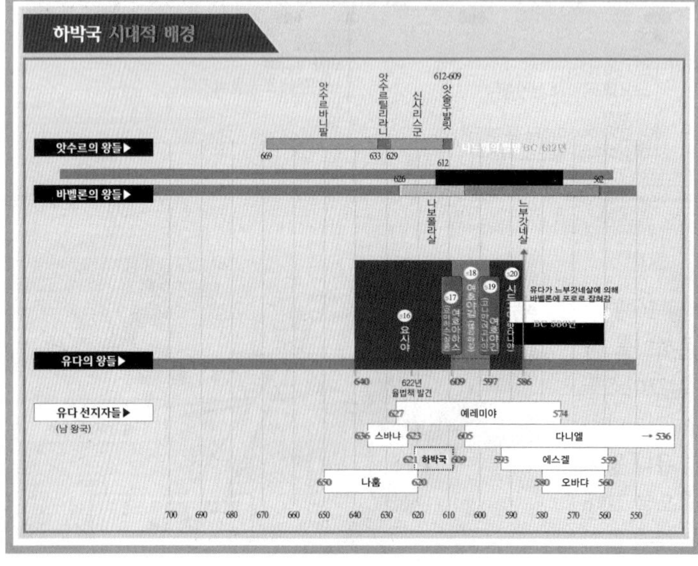

❖ 하박국서 개요

1) 하박국은 그 이름이 의미하는 것처럼 '하나님이 왜 악을 허용하는가?'에 대한 회의가 끊임없이 일어날 때 혼자 고민하며 절망하지 않고 하나님께로 해답을 얻고자 하였고 하나님께 끈질기게 매달렸다(합 1:2-4, 12-17, 2:1).

2) 하박국은 오직 믿음으로 말미암아 의롭게 된다는 진리를 증거한다(합 2:4). 이는 단지 습관적으로 입술로만 외치는 교리적 선언이 전혀 아니다. 구체적인 삶의 현장 속에서 경험하게 되는 여러 가지 인생의 고통과 문제를 실제로 체험하고 깊이 상고해 본 결과 가슴 깊은 곳에서 말하는 신앙 고백이다.
우리도 각자의 삶 속에서 이 같은 신앙 고백이 항상 있어야 할 것이다.

❖ 하박국서의 시대적 배경

하박국은 앗수르 제국의 수도 니느웨가 신바벨론 제국의 창건자 나보폴라살(B.C. 625~605년)과 메대의 시악사레스 2세(B.C. 625~585년)의 연합군에 의해 함락된 B.C. 612년부터 남 왕국 유다가 바벨론에 의해 제1차 침입을 당했던 B.C. 605년 사이에 주로 활동한 선지자이다. 이 시기에 남 유다는 요시야(B.C. 640-609년), 여호아하스(B.C. 609년), 여호야김(B.C. 609-597년)의 통치 시대로서 B.C. 586년 바벨론 제국에 의한 예루살렘 함락을 얼마 앞두지 않은 때였다.

하박국 1장~3장

하박국 1장

1선지자 하박국이 묵시로 받은 경고라
하박국의 호소
2여호와여 내가 부르짖어도 주께서 듣지 아니하시니 어느 때까지리이까
내가 강포로 말미암아 외쳐도 주께서 구원하지 아니하시나이다 3어찌하
여 내게 죄악을 보게 하시며 패역을 눈으로 보게 하시나이까 겁탈과 강포
가 내 앞에 있고 변론과 분쟁이 일어났나이다 4이러므로 율법이 해이하
고 정의가 전혀 시행되지 못하오니 이는 악인이 의인을 에워쌌으므로 정
의가 굽게 행하여짐이니이다
여호와의 응답
5여호와께서 이르시되 너희는 여러 나라를 보고 또 보고 놀라고 또 놀랄
지어다 너희의 생전에 내가 한 가지 일을 행할 것이라 누가 너희에게 말
할지라도 너희가 믿지 아니하리라 6보라 내가 사납고 성급한 백성 곧 땅
이 넓은 곳으로 다니며 자기의 소유가 아닌 거처들을 점령하는 갈대아 사
람을 일으켰나니 7그들은 두렵고 무서우며 당당함과 위엄이 자기들에게
서 나오며 8그들의 군마는 표범보다 빠르고 저녁 이리보다 사나우며 그
들의 마병은 먼 곳에서부터 빨리 달려오는 마병이라 마치 먹이를 움키려
하는 독수리의 날음과 같으니라 9그들은 다 강포를 행하러 오는데 앞을
향하여 나아가며 사람을 사로잡아 모으기를 모래 같이 많이 할 것이요 10
왕들을 멸시하며 방백을 조소하며 모든 견고한 성들을 비웃고 흉벽을 쌓
아 그것을 점령할 것이라 11그들은 자기들의 힘을 자기들의 신으로 삼는 자들이라 이에 바람 같이 급히 몰아 지
나치게 행하여 범죄하리라
하박국이 다시 호소하다
12선지자가 이르되 여호와 나의 하나님, 나의 거룩한 이시여 주께서는 만세 전부터 계시지 아니하시니이까 우리
가 사망에 이르지 아니하리이다 여호와여 주께서 심판하기 위하여 그들을 두셨나이다 반석이
시여 주께서 경계하기 위하여 그들을 세우셨나이다 13주께서는 눈이 정결하시므로
악을 차마 보지 못하시며 패역을 차마 보지 못하시거늘 어찌하여 거짓된
자들을 방관하시며 악인이 자기보다 의로운 사람을 삼키는데도 잠잠하
시나이까 14주께서 어찌하여 사람을 바다의 고기 같게 하시며 다스리는
자 없는 벌레 같게 하시나이까 15그가 낚시로 모두 낚으며 그물로 잡으며 투망
으로 모으고 그리고는 기뻐하고 즐거워하여 16그물에 제사하며 투망 앞에 분향하오니 이는 그것을 힘입어 소득
이 풍부하고 먹을 것이 풍성하게 됨이니이다 17그가 그물을 떨고는 계속하여 여러 나라를 무자비하게 멸망시키
는 것이 옳으니이까

❖ 합 1장
하박국서는 하나님과 대화하는 형식의 글이다. 하박국은 이스라엘이 당하는 고통에 대해 하나님께 항의성 질문을 던진다. 일종의 신정론적 질문이다. 선하신 하나님이 왜 악을 이용하며, 하나님을 믿는 백성이 하나님을 믿지 않는 자들보다 덜 형통한가 하는 식의 질문을 던진다.(1:2-4, 13-17)
(cf. 렘 12:1-2)

하박국 2장

여호와의 응답
1내가 내 파수하는 곳에 서며 성루에 서리라 그가 내게 무엇이라 말씀하실는지 기다리고 바라보며 나의 질문에

43일~48일

대하여 어떻게 대답하실는지 보리라 하였더니 2 여호와께서 내게 대답하
여 이르시되 너는 이 묵시를 기록하여 판에 명백히 새기되 달려가면서도
읽을 수 있게 하라 3 이 묵시는 정한 때가 있나니 그 종말이 속히 이르겠
고 결코 거짓되지 아니하리라 비록 더딜지라도 기다리라 지체되지 않고
반드시 응하리라 4 보라 그의 마음은 교만하며 그 속에서 정직하지 못하
나 의인은 그의 믿음으로 말미암아 살리라 5 그는 술을 즐기며 거짓되고
교만하여 가만히 있지 아니하고 스올처럼 자기의 욕심을 넓히며 또 그는
사망 같아서 족한 줄을 모르고 자기에게로 여러 나라를 모으며 여러 백성
을 모으나니 6 그 무리가 다 속담으로 그를 평론하며 조롱하는 시로 그를
풍자하지 않겠느냐 곧 이르기를 화 있을진저 자기 소유 아닌 것을 모으는
자여 언제까지 이르겠느냐 볼모 잡은 것으로 무겁게 짐진 자여 7 너를 억
누를 자들이 갑자기 일어나지 않겠느냐 너를 괴롭힐 자들이 깨어나지 않
겠느냐 네가 그들에게 노략을 당하지 않겠느냐 8 네가 여러 나라를 노략
하였으므로 그 모든 민족의 남은 자가 너를 노략하리니 이는 네가 사람
의 피를 흘렸음이요 또 땅과 성읍과 그 안의 모든 주민에게 강포를 행하
였음이니라 9 재앙을 피하기 위하여 높은 데 깃들이려 하며 자기 집을 위
하여 부당한 이익을 취하는 자에게 화 있을진저 10 네가 많은 민족을 멸한
것이 네 집에 욕을 부르며 네 영혼에게 죄를 범하게 하는 것이 되었도다
11 담에서 돌이 부르짖고 집에서 들보가 응답하리라 12 피로 성읍을 건설
하며 불의로 성을 건축하는 자에게 화 있을진저 13 민족들이 불탈 것으로
수고하는 것과 나라들이 헛된 일로 피곤하게 되는 것이 만군의 여호와께
로 말미암음이 아니냐 14 이는 물이 바다를 덮음 같이 여호와의 영광을 인
정하는 것이 세상에 가득함이니라 15 이웃에게 술을 마시게 하되 자기의
분노를 더하여 그에게 취하게 하고 그 하체를 드러내려 하는 자에게 화
있을진저 16 네게 영광이 아니요 수치가 가득한즉 너도 마시고 너의 할례
받지 아니한 것을 드러내라 여호와의 오른손의 잔이 네게로 돌아올 것이
라 더러운 욕이 네 영광을 가리리라 17 이는 네가 레바논에 강포를 행한 것과 짐승을 죽인 것 곧 사람의 피를 흘
리며 땅과 성읍과 그 안의 모든 주민에게 강포를 행한 것이 네게로 돌아오리라 18 새긴 우상은 그 새겨 만든 자
에게 무엇이 유익하겠느냐 부어 만든 우상은 거짓 스승이라 만든 자가 이 말하지 못하는 우상을 의지하니 무엇
이 유익하겠느냐 19 나무에게 깨라 하며 말하지 못하는 돌에게 일어나라 하는 자에게 화 있을진저 그것이 교훈
을 베풀겠느냐 보라 이는 금과 은으로 입힌 것인즉 그 속에는 생기가 도무지 없느니라 20 오직 여호와는 그 성전
에 계시니 온 땅은 그 앞에서 잠잠할지니라 하시니라

❖ **합 2장**
1장의 하박국의 질문에 대한 하나님의 답이다. 세상일은 원인과 결과로 접근한다. 인과응보(因果應報), 권선징악(勸善懲惡)이 세상사를 보는 보편적 세계관이다. 그러나 하나님의 관점은 하나가 더 추가된다. 종말론적인 관점이다. 인과응보, 권선징악의 관점으로 이해가 되지 않는 것들이 세상사에는 많은 것도 사실이다. 하나님은 이 모든 모순 같은 세상사에도 직접 관여하시고 마지막 때에 시시비비를 가려서 합당한 조처를 하신다는 것이다.
그 관점에 대한 하나님의 대답이 2:4이다.

합 2:2-4 이신칭의(以信稱義)의 바탕
의인은 믿음으로 말미암아 살게 된다. 의인은 비록 위태하고 곤혹스러운 상황에 부닥친다고 할지라도 끝내는 그 믿음으로 승리하는 삶을 살게 된다. 물론 엄밀한 의미에서 태초에 아담의 타락과 범죄 이래 그 후손인 인간들 가운데서는 도덕적 차원의 의인이 나올 수 없다. 따라서 여기서 의인이란 의로우신 하나님을 믿고 의지하는 자를 의롭다 칭하시고 당신의 심판 날에 구원해 주시는 것이다. 이처럼 믿음으로 의인의 신분을 얻음으로써 하나님의 정죄와 심판에서 구원을 얻게 되는 것을 말한다.
의인의 삶은 자기중심성을 내려놓는 삶이다. 그래서 바른 관계 가운데 있어야 한다.
☞ **히 10:38** 나의 의인은 믿음으로 말미암아 살리라 또한 뒤로 물러가면 내 마음이 그를 기뻐하지 아니하리라 하셨느니라
☞ **마 6:33** 그런즉 너희는 먼저 그의 나라와 그의 의를 구하라 그리하면 이 모든 것을 너희에게 더하시리라

43일~48일

하박국 3장

하박국의 기도

1 시기오놋에 맞춘 선지자 하박국의 기도라 2 여호와여 내가 주께 대한 소문을 듣고 놀랐나이다 여호와여 주는
주의 일을 이 수년 내에 부흥하게 하옵소서 이 수년 내에 나타내시옵소서 진노 중에라도 긍휼을 잊지 마옵소서 3
하나님이 데만에서부터 오시며 거룩한 자가 바란 산에서부터 오시는도다 (셀라) 그의 영광이 하늘을 덮었고 그의
찬송이 세계에 가득하도다 4 그의 광명이 햇빛 같고 광선이 그의 손에서 나오니 그의 권능이 그 속에 감추어졌도
다 5 역병이 그 앞에서 행하며 불덩이가 그의 발밑에서 나오는도다 6 그가 서신즉 땅이 진동하며 그가 보신즉 여

러 나라가 전율하며 영원한 산이 무너지며 무궁한 작은 산이 엎드러지나
니 그의 행하심이 예로부터 그러하시도다 7 내가 본즉 구산의 장막이 환
난을 당하고 미디안 땅의 휘장이 흔들리는도다 8 여호와여 주께서 말을
타시며 구원의 병거를 모시오니 강들을 분히 여기심이니이까 강들을 노여
워하심이니이까 바다를 향하여 성내심이니이까 9 주께서 활을 꺼내시고
화살을 바로 쏘셨나이다 (셀라) 주께서 강들로 땅을 쪼개셨나이다 10 산들
이 주를 보고 흔들리며 창수가 넘치고 바다가 소리를 지르며 손을 높이 들
었나이다 11 날아가는 주의 화살의 빛과 번쩍이는 주의 창의 광채로 말미
암아 해와 달이 그 처소에 멈추었나이다 12 주께서 노를 발하사 땅을 두르
셨으며 분을 내사 여러 나라를 밟으셨나이다 13 주께서 주의 백성을 구원
하시려고, 기름 부음 받은 자를 구원하시려고 나오사 악인의 집의 머리를
치시며 그 기초를 바닥까지 드러내셨나이다 (셀라) 14 그들이 회오리바람처
럼 이르러 나를 흩으려 하며 가만히 가난한 자 삼키기를 즐거워하나 오직
주께서 그들의 전사의 머리를 그들의 창으로 찌르셨나이다 15 주께서 말을 타시고 바다 곧 큰 물의 파도를 밟으
셨나이다 16 내가 들었으므로 내 창자가 흔들렸고 그 목소리로 말미암아 내 입술이 떨렸도다 무리가 우리를 치러
올라오는 환난 날을 내가 기다리므로 썩이는 것이 내 뼈에 들어왔으며 내 몸은 내 처소에서 떨리는도다 17 비록
무화과나무가 무성하지 못하며 포도나무에 열매가 없으며 감람나무에 소출이 없으며 밭에 먹을 것이 없으며 우
리에 양이 없으며 외양간에 소가
없을지라도 18 나는 여호와로 말미
암아 즐거워하며 나의 구원의 하
나님으로 말미암아 기뻐하리로다
19 주 여호와는 나의 힘이시라 나
의 발을 사슴과 같게 하사 나를 나
의 높은 곳으로 다니게 하시리로
다 이 노래는 지휘하는 사람을 위
하여 내 수금에 맞춘 것이니라

❖ 합 3장
하나님의 대답에 대한 하박국의 깨달음과 결단을 보여 준다.
3:17-19의 하박국의 노래는 믿음의 가장 아름다운 점을 보여 준다. 그는 성전 찬양대 출신이었다.
☞ 하나님은 하나님의 때에 하나님의 공의를 세우신다. 유다를 심판하기 위해 도구로 사용된 바벨론에 대한 하나님의 심판 계획을 접하고 오히려 하나님께 찬양을 드리는 대목이다.
하박국은 세상을 심판하기 위해 오실 하나님의 영광과 권능의 임재 및 하나님의 심판과 구원 사역을 상징적 언어를 통해 매우 장엄하게 묘사하고 있다. 이처럼 미래에 일어날 일을 현재에 일어날 일처럼 묘사하는 문학 기법을 “사실적 현재(graphic present)”라고 한다.

상황	신앙고백	이런 반응을 가능케 한 원인
• 무화과나무가 무성하지 못하며 • 포도나무에 열매가 없으며 • 감람나무에 소출이 없으며 • 밭에 먹을 것이 없으며 • 우리에 양이 없으며 • 외양간에 소가 없을지라도	• 여호와로 말미암아 즐거워하며 • 기뻐하리로다	• 구원자 하나님 믿음 • 힘 되신 하나님 믿음 • 결국 승리케 하시는 하나님

왕하 23:35-37

35 여호야김이 은과 금을 바로에게 주니라 그가 바로 느고의 명령대로 그
에게 그 돈을 주기 위하여 나라에 부과하되 백성들 각 사람의 힘대로 액
수를 정하고 은금을 징수하였더라

유다 왕 여호야김(대하 36:5-8, B.C. 609-597) 남 18대 왕

36 여호야김이 왕이 될 때에 나이가 이십오 세라 예루살렘에서 십일 년간 다스리니라 그의 어머니의 이름은 스비
다라 루마 브다야의 딸이더라 37 여호야김이 그의 조상들이 행한 모든 일을 따라서 여호와 보시기에 악을 행하
였더라

❖ 왕하 23:35-37
친애굽 정책을 사용하는 여호야김. 그는 바벨론 느부갓네살에 의해 폐위되어 1차 포로로 바벨론으로 끌려간다.

예레미야 26:1-6

여호와의 성전 뜰에서 말씀을 전하다

1 유다의 왕 요시야의 아들 여호야김이 다스리기 시작한 때에 여호와께로부터 이 말씀이 임하여 이르시되 2 여호
와께서 이와 같이 말씀하시니라 너는 여호와의 성전 뜰에 서서 유다 모든 성읍에서 여호와의 성전에 와서 예배

하는 자에게 내가 네게 명령하여 이르게 한 모든 말을 전하되 한 마디도 감하지 말라 3 그들이 듣고 혹시 각각 그
악한 길에서 돌아오리라 그리하면 내가 그들의 악행으로 말미암아 그들에게 재앙을 내리려 하던 뜻을 돌이키리
라 4 너는 그들에게 이와 같이 이르라 여호와의 말씀에 너희가 나를 순종하지 아니하며 내가 너희 앞에 둔 내 율
법을 행하지 아니하며 5 내가 너희에게 나의 종 선지자들을 꾸준히 보내 그들의 말을 순종하라고 하였으나 너희
는 순종하지 아니하였느니라 6 내가 이 성전을 실로 같이 되게 하고 이 성을 세계 모든 민족의 저줏거리가 되게
하리라 하셨느니라

예레미야 7장~8:3

❖ 렘 7장~8:3 **성전 설교**
유다 백성들은 성전 예배 등을 통해 겉으로는 하나님을 경외하는 듯했지만 실제로는 여전히 우상을 숭배하며 하나님의 율법을 거슬러 온갖 죄악을 다 저질렀다. 특히 이러한 행태는 요시야 사후 여호아하스와 여호야김이 등극하면서 더욱 현저하게 나타났다. 이와 함께 백성들은 성전(temple)에 관해 잘못 이해하고 있었다. 즉 그들은 온갖 죄악을 다 저지르면서도 성전에서 제사만 드리면 하나님께 용서받고 구원을 얻게 된다고 생각하는 등 성전을 행악자의 도피처와 행악의 온상으로 만들어 버림은 물론 성전에서조차 우상을 숭배하는 등 지극히 위선적인 성전 예배로써 하나님의 신성(神聖)을 모독하는 죄를 범한 것이다. 그리고 그들은 거짓 선지자의 선동적 가르침에 미혹되어 예루살렘에는 하나님이 임재해 계시는 성전이 있으므로 예루살렘은 절대 망하지 않는다고 믿었다. 이에 예레미야는 유다 백성들에게 진실로 마음을 찢는 회개를 하고 하나님의 말씀에 청종할 것을 촉구하고 그렇지 않을 때 하나님께서 성전과 예루살렘 성을 파괴하여 그들을 열방의 조롱거리가 되도록 하실 것이라는 심판 경고를 함으로써 근본적인 심령의 개혁을 촉구한 것이다.

예레미야 7장

여호와의 말씀을 들으라

1 여호와께로부터 예레미야에게 말씀이 임하니라 이르시되 2 너는 여호와
의 집 문에 서서 이 말을 선포하여 이르기를 여호와께 예배하러 이 문으
로 들어가는 유다 사람들아 여호와의 말씀을 들으라 3 만군의 여호와 이
스라엘의 하나님께서 이와 같이 말씀하시되 너희 길과 행위를 바르게 하
라 그리하면 내가 너희로 이 곳에 살게 하리라 4 너희는 이것이 여호와의
성전이라, 여호와의 성전이라, 여호와의 성전이라 하는 거짓말을 믿지 말
라 5 너희가 만일 길과 행위를 참으로 바르게 하여 이웃들 사이에 정의를
행하며 6 이방인과 고아와 과부를 압제하지 아니하며 무죄한 자의 피를
이 곳에서 흘리지 아니하며 다른 신들 뒤를 따라 화를 자초하지 아니하면
7 내가 너희를 이 곳에 살게 하리니 곧 너희 조상에게 영원무궁토록 준 땅
에니라 8 보라 너희가 무익한 거짓말을 의존하는도다 9 너희가 도둑질하
며 살인하며 간음하며 거짓 맹세하며 바알에게 분향하며 너희가 알지 못
하는 다른 신들을 따르면서 10 내 이름으로 일컬음을 받는 이 집에 들어와
서 내 앞에 서서 말하기를 우리가 구원을 얻었나이다 하느냐 이는 이 모
든 가증한 일을 행하려 함이로다 11 내 이름으로 일컬음을 받는 이 집이
너희 눈에는 도둑의 소굴로 보이느냐 보라 나 곧 내가 그것을 보았노라 여호와의 말씀이니라 12 너희는 내가 처
음으로 내 이름을 둔 처소 실로에 가서 내 백성 이스라엘의 악에 대하여 내가 어떻게 행하였는지를 보라 13 여호
와의 말씀이니라 이제 너희가 그 모든 일을 행하였으며 내가 너희에게 말하되 새벽부터 부지런히 말하여도 듣지
아니하였고 너희를 불러도 대답하지 아니하였느니라 14 그러므로 내가 실로에 행함 같이 너희가 신뢰하는 바 내
이름으로 일컬음을 받는 이 집 곧 너희와 너희 조상들에게 준 이 곳에 행하겠고 15 내가 너희 모든 형제 곧 에브
라임 온 자손을 쫓아낸 것 같이 내 앞에서 너희를 쫓아내리라 하셨다 할지니라

여호와를 순종하지 아니하는 백성

16 그런즉 너는 이 백성을 위하여 기도하지 말라 그들을 위하여 부르짖어 구하지 말라 내게 간구하지 말라 내가
네게서 듣지 아니하리라 17 너는 그들이 유다 성읍들과 예루살렘 거리에서 행하는 일을 보지 못하느냐 18 자식들
은 나무를 줍고 아버지들은 불을 피우며 부녀들은 가루를 반죽하여 하늘의 여왕을 위하여 과자를 만들며 그들
이 또 다른 신들에게 전제를 부음으로 나의 노를 일으키느니라 19 여호와의 말씀이니라 그들이 나를 격노하게
함이냐 자기 얼굴에 부끄러움을 자취함이 아니냐 20 그러므로 주 여호와께서 이와 같이 말씀하시니라 보라 나의
진노와 분노를 이곳과 사람과 짐승과 들나무와 땅의 소산에 부으리니 불 같이 살라지고 꺼지지 아니하리라 하

43일~48일

시니라 21 만군의 여호와 이스라엘의 하나님께서 이와 같이 말씀하시되
너희 희생제물과 번제물의 고기를 아울러 먹으라 22 사실은 내가 너희 조
상들을 애굽 땅에서 인도하여 낸 날에 번제나 희생에 대하여 말하지 아
니하며 명령하지 아니하고 23 오직 내가 이것을 그들에게 명령하여 이르
기를 너희는 내 목소리를 들으라 그리하면 나는 너희 하나님이 되겠고 너
희는 내 백성이 되리라 너희는 내가 명령한 모든 길로 걸어가라 그리하면
복을 받으리라 하였으나 24 그들이 순종하지 아니하며 귀를 기울이지도
아니하고 자신들의 악한 마음의 꾀와 완악한 대로 행하여 그 등을 내게로 돌리고 그 얼굴을 향하지 아니하였으
며 25 너희 조상들이 애굽 땅에서 나온 날부터 오늘까지 내가 내 종 선지자들을 너희에게 보내되 끊임없이 보내
었으나 26 너희가 나에게 순종하지 아니하며 귀를 기울이지 아니하고 목을 굳게 하여 너희 조상들보다 악을 더
행하였느니라 27 네가 그들에게 이 모든 말을 할지라도 그들이 너에게 순종하지 아니할 것이요 네가 그들을 불
러도 그들이 네게 대답하지 아니하리니 28 너는 그들에게 말하기를 너희는 너희 하나님 여호와의 목소리를 순종
하지 아니하며 교훈을 받지 아니하는 민족이라 진실이 없어져 너희 입에서 끊어졌다 할지니라

렘 7:23 예배는 이런 관계를 회복하고 확인하는 것이다. 그리고 그 관계를 삶으로 나타내기 위해 삶 속으로 흩어져야 한다. 이 관계가 곧 에덴에서의 관계이고, 시내산에서 회복된 관계이고, 구속사를 통해서 이루어 가는 관계이며, 계 21~22장에서 온전히 이루어지는 관계이다. 선지자가 온 이유가 바로 이 관계 회복에 있다.

도벳 사당을 건축

29 너의 머리털을 베어 버리고 벗은 산 위에서 통곡할지어다 여호와께서
그 노하신 바 이 세대를 끊어 버리셨음이라 30 여호와께서 말씀하시되 유
다 자손이 나의 눈 앞에 악을 행하여 내 이름으로 일컬음을 받는 집에 그들의 가증한 것을 두어 집을 더럽혔으며
31 힌놈의 아들 골짜기에 도벳 사당을 건축하고 그들의 자녀들을 불에 살랐나니 내가 명령하지 아니하였고 내
마음에 생각하지도 아니한 일이니라 32 그러므로 여호와께서 말씀하시니라 날이 이르면 이 곳을 도벳이라 하거
나 힌놈의 아들의 골짜기라 말하지 아니하고 죽임의 골짜기라 말하리니 이는 도벳에 자리가 없을 만큼 매장했
기 때문이니라 33 이 백성의 시체가 공중의 새와 땅의 짐승의 밥이 될 것이나 그것을 쫓을 자가 없을 것이라 34 그
때에 내가 유다 성읍들과 예루살렘 거리에 기뻐하는 소리, 즐거워하는 소리, 신랑의 소리, 신부의 소리가 끊어지
게 하리니 땅이 황폐하리라

렘 7:31-32
학습 자료 45-3 "힌놈의 아들 골짜기" 참조

43일~
48일

예레미야 8 : 1-3

1 여호와의 말씀이니라 그 때에 사람들이 유다 왕들의 뼈와 그의 지도자들의 뼈와 제사장들의 뼈와 선지자들의
뼈와 예루살렘 주민의 뼈를 그 무덤에서 끌어내어 2 그들이 사랑하며 섬기며 뒤따르며 구하며 경배하던 해와 달
과 하늘의 뭇 별 아래에서 펼쳐지게 하리니 그 뼈가 거두이거나 묻히지 못하여 지면에서 분토 같을 것이며 3 이
악한 민족의 남아 있는 자, 무릇 내게 쫓겨나서 각처에 남아 있는 자들이 사는 것보다 죽는 것을 원하리라 만군
의 여호와의 말씀이니라

예레미야 26:7-24

7 예레미야가 여호와의 성전에서 이 말을 하매 제사장들과 선지자들과 모
든 백성이 듣더라 8 예레미야가 여호와께서 명령하신 말씀을 모든 백성에
게 전하기를 마치매 제사장들과 선지자들과 모든 백성이 그를 붙잡고 이
르되 네가 반드시 죽어야 하리라 9 어찌하여 네가 여호와의 이름을 의지
하고 예언하여 이르기를 이 성전이 실로 같이 되겠고 이 성이 황폐하여 주
민이 없으리라 하느냐 하며 그 모든 백성이 여호와의 성전에서 예레미야
를 향하여 모여드니라 10 유다의 고관들이 이 말을 듣고 왕궁에서 여호와
의 성전으로 올라가 여호와의 성전 새 대문의 입구에 앉으매 11 제사장들

렘 26:7-24
7장의 성전 설교를 들은 거짓 선지자들이 예레미야를 죽이려 한다.
예레미야는 단순히 성전이 망하여 없어진다는 것만 설교한 것이 아니라, 그것을 막을 대안까지 제시한다는 점을 유의하라. 따라서 이것은 교회가 교회다워지고 성도가 성도다워지는 방법이기도 하다.
1) 성경적 가치관에 따른 나눔과 섬김의 가치관으로 살아가는 것이다.
2) 그러나 예루살렘은 거짓 선지자 하나냐의 거짓을 극복하지 못한다.
(그래서 성전에서 하나님의 영광이 떠나는 것을 에스겔 10장이 보여 준다)

과 선지자들이 고관들과 모든 백성에게 말하여 이르되 이 사람은 죽는 것이 합당하니 너희 귀로 들음 같이 이 성
에 관하여 예언하였음이라 12 예레미야가 모든 고관과 백성에게 말하여 이르되 여호와께서 나를 보내사 너희가
들은 바 모든 말로 이 성전과 이 성을 향하여 예언하게 하셨느니라 13 그런즉 너희는 너희 길과 행위를 고치고 너
희 하나님 여호와의 목소리를 청종하라 그리하면 여호와께서 너희에게 선언하신 재앙에 대하여 뜻을 돌이키시
리라 14 보라 나는 너희 손에 있으니 너희 의견에 좋은 대로, 옳은 대로 하려니와 15 너희는 분명히 알아라 너희가
나를 죽이면 반드시 무죄한 피를 너희 몸과 이 성과 이 성 주민에게 돌리는 것이니라 이는 여호와께서 진실로 나
를 보내사 이 모든 말을 너희 귀에 말하게 하셨음이라 16 고관들과 모든 백성이 제사장들과 선지자들에게 이르
되 이 사람이 우리 하나님 여호와의 이름으로 우리에게 말하였으니 죽일 만한 이유가 없느니라 17 그러자 그 지
방의 장로 중 몇 사람이 일어나 백성의 온 회중에게 말하여 이르기를 18 유다의 왕 히스기야 시대에 모레셋 사람
미가가 유다의 모든 백성에게 예언하여 이르되 만군의 여호와께서 이와 같이 말씀하셨느니라 시온은 밭 같이 경
작지가 될 것이며 예루살렘은 돌무더기가 되며 이 성전의 산은 산당의 숲과 같이 되리라 하였으나 19 유다의 왕
히스기야와 모든 유다가 그를 죽였느냐 히스기야가 여호와를 두려워하여 여호와께 간구하매 여호와께서 그들
에게 선언한 재앙에 대하여 뜻을 돌이키지 아니하셨느냐 우리가 이같이 하면 우리의 생명을 스스로 심히 해롭게
하는 것이니라 20 또 여호와의 이름으로 예언한 사람이 있었는데 곧 기럇여아림 스마야의 아들 우리야라 그가
예레미야의 모든 말과 같이 이 성과 이 땅에 경고하여 예언하매 21 여호야김 왕과 그의 모든 용사와 모든 고관이
그의 말을 듣고서 왕이 그를 죽이려 하매 우리야가 그 말을 듣고 두려워 애굽으로 도망하여 간지라 22 여호야김
왕이 사람을 애굽으로 보내되 곧 악볼의 아들 엘라단과 몇 사람을 함께 애굽으로 보냈더니 23 그들이 우리야를
애굽에서 연행하여 여호야김 왕에게로 그를 데려오매 왕이 칼로 그를 죽이고 그의 시체를 평민의 묘지에 던지게
하니라 24 사반의 아들 아히감의 손이 예레미야를 도와주어 그를 백성의 손에 내어 주지 아니하여 죽이지 못하
게 하니라

예레미야 11장~12장

예레미야 11장

여호와께서 이르신 언약의 말

❖ 렘 11장
시내 산 언약을 회복하라고 경고한다.
선민 이스라엘과 맺은 언약 관계(言的關係)는 언약의 주체이신 여호와 하나님에 의해 한 번도 파기되지 않았으며, 오히려 더욱 발전되어 크게 볼 때 모세 율법을 근간으로 신약(約)으로 발전되게 된 것이다. 따라서 구속사는 하나님과 선민 이스라엘 간의 이러한 언약 관계의 전개와 발전의 역사라 할 수 있다. 그리고 그것은 바로 구속의 대상인 죄인들을 향해 끊임없이 자비와 긍휼을 베푸심으로써 그 언약 관계를 유지 발전시켜 오신 구속사의 주체이신 여호와 하나님 은총의 역사(歷史)이다.

1 여호와께로부터 예레미야에게 임한 말씀이라 이르시되 2 너희는 이 언
약의 말을 듣고 유다인과 예루살렘 주민에게 말하라 3 그들에게 이르기
를 이스라엘의 하나님 여호와께서 이와 같이 말씀하시되 이 언약의 말
을 따르지 않는 자는 저주를 받을 것이니라 4 이 언약은 내가 너희 조상
들을 쇠풀무 애굽 땅에서 이끌어내던 날에 그들에게 명령한 것이라 곧
내가 이르기를 너희는 내 목소리를 순종하고 나의 모든 명령을 따라 행
하라 그리하면 너희는 내 백성이 되겠고 나는 너희의 하나님이 되리라 5
내가 또 너희 조상들에게 한 맹세는 그들에게 젖과 꿀이 흐르는 땅을 주
리라 한 언약을 이루리라 한 것인데 오늘이 그것을 증언하느니라 하라
하시기로 내가 대답하여 이르되 아멘 여호와여 하였노라 6 여호와께서 내게 이르시되 너는 이 모든 말로 유다
성읍들과 예루살렘 거리에서 선포하여 이르기를 너희는 이 언약의 말을 듣고 지키라 7 내가 너희 조상들을 애
굽 땅에서 인도하여 낸 날부터 오늘까지 간절히 경계하며 끊임없이 경계하기를 너희는 내 목소리를 순종하라
하였으나 8 그들이 순종하지 아니하며 귀를 기울이지도 아니하고 각각 그 악한 마음의 완악한 대로 행하였으
므로 내가 그들에게 행하라 명령하였어도 그들이 행하지 아니한 이 언약의 모든 규정대로 그들에게 이루게 하

였느니라 하라 9 여호와께서 또 내게 이르시되 유다인과 예루살렘 주민 중에 반역이 있도다 10 그들이 내 말 듣
기를 거절한 자기들의 선조의 죄악으로 돌아가서 다른 신들을 따라 섬겼은즉 이스라엘 집과 유다 집이 내가 그
들의 조상들과 맺은 언약을 깨뜨렸도다 11 그러므로 나 여호와가 이와 같이 말하노라 보라 내가 재앙을 그들
에게 내리리니 그들이 피할 수 없을 것이라 그들이 내게 부르짖을지라도 내가 듣지 아니할 것인즉 12 유다 성읍
들과 예루살렘 주민이 그 분향하는 신들에게 가서 부르짖을지라도 그 신들이 그 고난 가운데에서 절대로 그들
을 구원하지 못하리라 13 유다야 네 신들이 네 성읍의 수와 같도다 너희가 예루살렘 거리의 수대로 그 수치스
러운 물건의 제단 곧 바알에게 분향하는 제단을 쌓았도다 14 그러므로 너는 이 백성을 위하여 기도하지 말라
그들을 위하여 부르짖거나 구하지 말라 그들이 그 고난으로 말미암아 내게 부르짖
을 때에 내가 그들에게서 듣지 아니하리라 15 나의 사랑하는 자가 많은 악한 음모
를 꾸미더니 나의 집에서 무엇을 하려느냐 거룩한 제물 고기로 네 재난을 피할 수
있겠느냐 그 때에 네가 기뻐하겠느냐 16 여호와께서는 그의 이름을 일컬어 좋은
열매 맺는 아름다운 푸른 감람나무라 하였었으나 큰 소동 중에 그 위에 불을 피
웠고 그 가지는 꺾였도다 17 바알에게 분향함으로 나의 노여움을 일으킨 이
스라엘 집과 유다 집의 악으로 말미암아 그를 심은 만군의 여호와께서 그에
게 재앙을 선언하셨느니라

아나돗 사람들이 예레미야를 죽이려고 꾀하다

❖ 아나돗은 예레미야의 고향이다.

18 여호와께서 내게 알게 하셨으므로 내가 그것을 알았나이다 그 때에 주께서 그들의 행위를 내게 보이셨나이
다 19 나는 끌려서 도살당하러 가는 순한 어린 양과 같으므로 그들이 나를 해하려고 꾀하기를 우리가 그 나무
와 열매를 함께 박멸하자 그를 살아 있는 자의 땅에서 끊어서 그의 이름
이 다시 기억되지 못하게 하자 함을 내가 알지 못하였나이다 20 공의로 판
단하시며 사람의 마음을 감찰하시는 만군의 여호와여 나의 원통함을 주
께 아뢰었사오니 그들에게 대한 주의 보복을 내가 보리이다 하였더니 21
여호와께서 아나돗 사람들에 대하여 이와 같이 말씀하시되 그들이 네 생
명을 빼앗으려고 찾아 이르기를 너는 여호와의 이름으로 예언하지 말라
두렵건대 우리 손에 죽을까 하노라 하도다 22 그러므로 만군의 여호와께
서 이와 같이 말씀하시니라 보라 내가 그들을 벌하리니 청년들은 칼에 죽
으며 자녀들은 기근에 죽고 23 남는 자가 없으리라 내가 아나돗 사람에게
재앙을 내리리니 곧 그들을 벌할 해에니라

예레미야 12장

예레미야의 질문

1 여호와여 내가 주와 변론할 때에는 주께서 의로우시니이다 그러나 내
가 주께 질문하옵나니 악한 자의 길이 형통하며 반역한 자가 다 평안함은
무슨 까닭이니이까 2 주께서 그들을 심으시므로 그들이 뿌리가 박히고 장
성하여 열매를 맺었거늘 그들의 입은 주께 가까우나 그들의 마음은 머니
이다 3 여호와여 주께서 나를 아시고 나를 보시며 내 마음이 주를 향하여
어떠함을 감찰하시오니 양을 잡으려고 끌어냄과 같이 그들을 끌어내시
되 죽일 날을 위하여 그들을 구별하옵소서 4 언제까지 이 땅이 슬퍼하며
온 지방의 채소가 마르리이까 짐승과 새들도 멸절하게 되었사오니 이는
이 땅 주민이 악하여 스스로 말하기를 그가 우리의 나중 일을 보지 못하

렘 12:1-2 현 세상은 태초에 개시되어 종말로 직선적으로 이어진 구속사의 도정(道程)에서 자유 의지(意志)를 가진 인간 스스로가 예수 구속의 법(法)에 근거해 회개함으로써 구원을 얻게 하려고 하나님께 선과 악에 대한 절대적 구분과 심판을 한시적으로 유보하시고 오직 일반 은총적 수준에서 그 기본 질서를 유지하고 계시는 바 선과 악이 혼재해 있다. 따라서 이 세상에서는 하나님을 경외하는 신위(神爲)에 순종하는 사람들은 사탄(Satan)의 사주로 인해 인위(人爲)의 죄성에 오염된 악한 자들에 의해 핍박당하기 일쑤이다. 그러나 구속사의 절정에서 현 세상이 종결되고 새 세상이 도래되는 대종말에 이르러 마침내 하나님의 절대공의(絶對公義)가 반드시 실현될 것이 성경 전체에 걸쳐 거듭 약속되어 있다.

인위 뚝! 신위 고!

☞ 시 92:6-7 어리석은 자도 알지 못하며 무지한 자도 이를 깨닫지 못하나이다 악인들은 풀 같이 자라고 악을 행하는 자들은 다 흥왕할지라도 영원히 멸망하리이다
☞ 눅 12:19-20 또 내가 내 영혼에게 이르되 영혼아 여러 해 쓸 물건을 많이 쌓아 두었으니 평안히 쉬고 먹고 마시고 즐거워하자 하리라 하되 하나님은 이르시되 어리석은 자여 오늘 밤에 네 영혼을 도로 찾으리니 그러면 네 준비한 것이 누구의 것이 되겠느냐 하셨으니

리라 함이니이다 5 만일 네가 보행자와 함께 달려도 피곤하면 어찌 능히 말과 경주하겠느냐 네가 평안한 땅에서
는 무사하려니와 요단 강 물이 넘칠 때에는 어찌하겠느냐 6 네 형제와 아버지의 집이라도 너를 속이며 네 뒤에서
크게 외치나니 그들이 네게 좋은 말을 할지라도 너는 믿지 말지니라

황무지의 슬픔과 여호와의 분노

7 내가 내 집을 버리며 내 소유를 내던져 내 마음으로 사랑하는 것을 그 원수의 손에 넘겼나니 8 내 소유가 숲속
의 사자 같이 되어서 나를 향하여 그 소리를 내므로 내가 그를 미워하였음이로라 9 내 소유가 내게 대하여는 무
늬 있는 매가 아니냐 매들이 그것을 에워싸지 아니하느냐 너희는 가서 들짐승들을 모아다가 그것을 삼키게 하
라 10 많은 목자가 내 포도원을 헐며 내 몫을 짓밟아서 내가 기뻐하는 땅을 황무지로 만들었도다 11 그들이 이를
황폐하게 하였으므로 그 황무지가 나를 향하여 슬퍼하는도다 온 땅이 황폐함은 이를 마음에 두는 자가 없음이
로다 12 파괴하는 자들이 광야의 모든 벗은 산 위에 이르렀고 여호와의 칼이 땅 이 끝에서 저 끝까지 삼키니 모든
육체가 평안하지 못하도다 13 무리가 밀을 심어도 가시를 거두며 수고하여도 소득이 없은즉 그 소산으로 말미암
아 스스로 수치를 당하리니 이는 여호와의 분노로 말미암음이니라

여호와의 악한 이웃에 대하여

14 내가 내 백성 이스라엘에게 기업으로 준 소유에 손을 대는 나의 모든 악한 이웃에 대하여 여호와께서 이와 같
이 말씀하시니라 보라 내가 그들을 그 땅에서 뽑아 버리겠고 유다 집을 그들 가운데서 뽑아 내리라 15 내가 그들
을 뽑아 낸 후에 내가 돌이켜 그들을 불쌍히 여겨서 각 사람을 그들의 기업으로, 각 사람을 그 땅으로 다시 인도
하리니 16 그들이 내 백성의 도를 부지런히 배우며 살아 있는 여호와라는 내 이름으로 맹세하기를 자기들이 내
백성을 가리켜 바알로 맹세하게 한 것 같이 하면 그들이 내 백성 가운데에 세움을 입으려니와 17 그들이 순종하
지 아니하면 내가 반드시 그 나라를 뽑으리라 뽑아 멸하리라 여호와의 말씀이니라

45일차 읽기의 요약

(왕하 23:28~34, 렘 22:10~17, 대하 35:20~36:4, 합 1~3, 왕하 23:35~37, 렘 26:1~6, 렘 7~8:3, 렘 26:7~24, 렘 11~12)

유다의 영적 개혁을 일으킨 요시야 왕은 애굽과 바벨론이 서로 패권을 놓고 대결하는 상황에서 애굽을 방해하다가 므깃도에서 전사한다. 요시야의 아들 여호아하스(살룸)는 겨우 3개월 왕위에 있다가 애굽에 잡혀가 죽었고 요시야의 다른 아들 여호야김(엘리야김)이 왕으로 즉위해 유다는 애굽의 영향력 아래 들어간다.

이런 유다 말기의 상황 속에서 하박국 선지자는 선한 자가 고난을 겪고 악인이 형통하는 부조리한 현실에 대해 하나님께 질문한다. 이에 대해 하나님께서는 하나님의 정하신 때에 하나님의 주권으로 악을 심판하실 것을 말씀하신다. 머지않아 유다는 그들보다 더 잔인한 바벨론에 의해 심판을 받을 것이다. 또한 유다보다도 더 악한 바벨론도 결국 하나님의 심판을 받게 될 것이다. 하나님께서는 하박국 선지자를 통하여 물이 바다를 덮음 같이 만민이 여호와의 영광을 인정하는 때가 올 것이며, 오직 의인은 하나님을 믿는 믿음으로 살게 될 것을 말씀하셨다.

예레미야는 여호야김 왕 때 성전 뜰에 서서 유다가 하나님께로 마음을 돌이킬 것을 설득한다. 악한 길과 행위를 버리고 여호와께로 돌아오라고 호소한다. 이제 곧 여호와께서 예루살렘과 성전을 실로 같이 황폐하게 하시고 유다 백성들을 흩어버리실 것이라고 예언한다. 그러나 예레미야의 고향 아나돗 사람들마저 그를 멸시하여 더 이상 여호와의 이름으로 예루살렘과 성전을 향하여 예언하면 죽게 될 것이라고 예레미야를 협박한다.

그러면 어떻게 살 것인가?

인위 뚝 · 신위 고!

☑ 세계관 점검 – 묵상하기 (영상 강의와 교재 내용의 이해를 바탕으로)

- 오늘 읽을 부분의 시대적 배경 이해를 위해 동영상 강의를 통해서 복습하라.(45강 01:05~07:14)

- 하박국서를 읽고 세상의 윤리와 도덕이 언제나 권선징악, 인과응보로만 이해할 수 없는 부조리에 대한 하나님의 답변의 의미를 이해했는가? "의인은 믿음으로 산다"라는 말의 의미는 그분의 섭리적 주권을 인정하고 순종한다는 것이다.

- 합 3:17에서 읽는 하박국의 신앙을 묵상하면서 앞에서 배운 신앙의 3가지 유형을 복습하라.
지금의 나의 유형은 어디에 속하나? (동영상 강의를 참고)

신앙의 3가지 유형

1. **If의 신앙** : 야곱의 신앙(창 28:20~22)
2. **As If의 신앙** : 아브라함의 신앙
3. **Even If의 신앙** : 다니엘 친구(단 3:17), 하박국의 신앙(합 3:17)

(동영상 강의 45강 17:33~19:10)

- 렘 11장. 예레미야를 포함해서 모든 선지자의 경고의 핵심은 시내 산에서 맺은 언약을 지키지 않았다는 것이다. 하나님은 왜 시내 산에서 언약을 맺었고, 그 핵심 내용이 무엇인지를 명확하게 이해하고 그것을 바탕으로 성경의 영성을 이해해야 한다. 그것이 곧 삶의 근원이요 지침이며 세계관이기 때문이다.
성경을 영어로 BIBLE 이라고 할 때 Basic Information Before Leaving Earth라고 풀 수 있다고 서론 강의에서 언급했다. 이 말은 곧 성경은 하나님의 백성으로서 이 땅에서 살아가는 삶의 기본을 제공하는 책이라는 말이다. 지침서요. 매뉴얼이다. 성도의 삶은 오직 한 가지, 이 매뉴얼대로 사는 것이다. 자기 의도대로 살려고 하나님의 매뉴얼을 무시할 때 인간의 비극은 시작된다. 선악과 사건부터 한번 검토해 보라. 하나님이 주신 매뉴얼(성경)대로 살지 않고 자기식으로 살아가려 할 때 우리는 하나님의 진노에 예외 없이 직면하게 된다.
이런 각도에서 자기 현재의 삶을 심도 있게 분석하고 성찰해 보라.
"오늘 성경 읽으셨나요?"

- 렘 12:1-2 나의 세상관은 어떤가? 하박국, 시 13편, 시 37편, 렘 12:1, 욥기 등에서 언급하고 있는 신정론적 질문에 대한 답변이 곧 나의 세상관인지를 스스로 확인해 보라. 내 삶과 세상의 모든 역사의 주인은 하나님이시라는 확고한 세계관을 가지고 있는가?

- 45일차 동영상 강의 끝부분에 저자 강사는 "여호와 한 분만이 모든 문제의 해결이다"라고 선포한 말에 전적으로 동의하는가? 그래서 내 삶을 전적으로 그분께 의지하기를 결단하는가?

☑ 결단기도와 실행하기

약 2:26 영혼 없는 몸이 죽은 것 같이 행함이 없는 믿음은 죽은 것이니라
시 119:28 나의 영혼이 눌림으로 말미암아 녹사오니 주의 말씀대로 나를 세우소서

예레미야 47장

블레셋 사람을 유린하시는 날

1 바로가 가사를 치기 전에 블레셋 사람에 대하여 선지자 예레미야에게
임한 여호와의 말씀이라 2 여호와께서 이와 같이 말씀하시되 보라 물이
북쪽에서 일어나 물결치는 시내를 이루어 그 땅과 그 중에 있는 모든 것
과 그 성읍과 거기에 사는 자들을 휩쓸리니 사람들이 부르짖으며 그 땅
모든 주민이 울부짖으리라 3 군마의 발굽 소리와 달리는 병거 바퀴가 진
동하는 소리 때문에 아버지의 손맥이 풀려서 자기의 자녀를 돌보지 못하
리니 4 이는 블레셋 사람을 유린하시며 두로와 시돈에 남아 있는 바 도와
줄 자를 다 끊어 버리시는 날이 올 것임이라 여호와께서 갑돌 섬에 남아
있는 블레셋 사람을 유린하시리라 5 가사는 대머리가 되었고 아스글론과
그들에게 남아 있는 평지가 잠잠하게 되었나니 네가 네 몸 베기를 어느
때까지 하겠느냐 6 오호라 여호와의 칼이여 네가 언제까지 쉬지 않겠느
냐 네 칼집에 들어가서 가만히 쉴지어다 7 여호와께서 이를 명령하셨은즉
어떻게 잠잠하며 쉬겠느냐 아스글론과 해변을 치려 하여 그가 정하셨느
니라 하니라

예레미야 46:1-12

애굽에 관한 여호와의 말씀

1 이방 나라들에 대하여 선지자 예레미야에게 임한 여호와의 말씀이라 2
애굽에 관한 것이라 곧 유다의 요시야 왕의 아들 여호야김 넷째 해에 유
브라데 강 가 갈그미스에서 바벨론의 느부갓네살 왕에게 패한 애굽의 왕
바로느고의 군대에 대한 말씀이라 3 너희는 작은 방패와 큰 방패를 예비
하고 나가서 싸우라 4 너희 기병이여 말에 안장을 지워 타며 투구를 쓰고
나서며 창을 갈며 갑옷을 입으라 5 여호와의 말씀이니라 내가 본즉 그들
이 놀라 물러가며 그들의 용사는 패하여 황급히 도망하며 뒤를 돌아보지
아니함은 어찌이냐 두려움이 그들의 사방에 있음이로다 6 발이 빠른 자
도 도망하지 못하며 용사도 피하지 못하고 그들이 다 북쪽에서 유브라데
강 가에 넘어지며 엎드러지는도다 7 강의 물이 출렁임 같고 나일 강이 불
어남 같은 자가 누구냐 8 애굽은 나일 강이 불어남 같고 강물이 출렁임 같
도다 그가 이르되 내가 일어나 땅을 덮어 성읍들과 그 주민을 멸할 것이
라 9 말들아 달려라 병거들아 정신없이 달려라 용사여 나오라 방패 잡은
구스 사람과 붓 사람과 활을 당기는 루딤 사람이
여 나올지니라 하거니와 10 그
날은 주 만군의 여호와께서

❖ 렘 46~51장은 주변 국가에 대한 심판을 예언하는 부분이다. 하나님은 모든 피조 세계의 주권자이시고, 특히 유다가 의지하고 싶어 하는 주변 국가도 하나님의 장중에서 통제받는 국가임을 알게 하려는 의도이다.
⇒ 46일차 읽기 분량의 배경은 유다의 18대 왕 여호야김 시대가 배경이다.

❖ 렘 47장
'가사'는 블레셋의 5 성읍 중 하나이다. 블레셋은 애굽의 바로 느고가 므깃도 전투를 위해 북상할 때 해안 도로를 택하여 이 지역의 블레셋을 쳤고, 결국 나중에 바벨론의 침공을 받는다. 이 모든 것은 역사의 주권자이신 하나님의 섭리가운데 이루어지는 것이다.
☞ **대상 29:11** 여호와여 위대하심과 권능과 영광과 승리와 위엄이 다 주께 속하였사오니 천지에 있는 것이 다 주의 것이로소이다 여호와여 주권도 주께 속하였사오니 주는 높으사 만물의 머리이심이니이다
☞ **시 89:11** 하늘이 주의 것이요 땅도 주의 것이라 세계와 그 중에 충만한 것을 주께서 건설하셨나이다

렘 47:1 느고의 제1차 출정

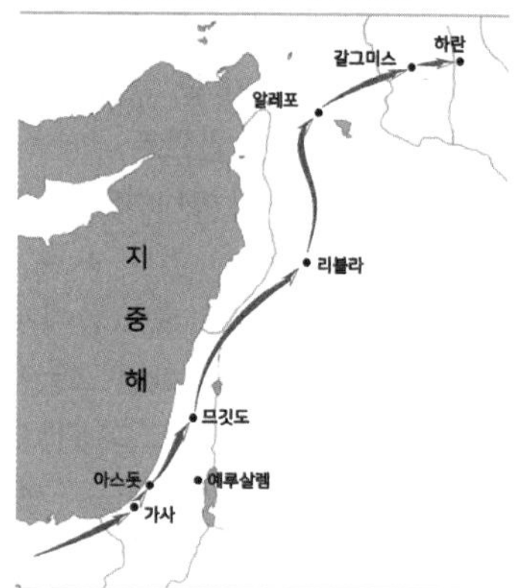

❖ 렘 46:1-12
갈그미스 전투는 B.C. 605년에 바벨론과 애굽 사이에 치러진 전쟁이다. 이 전쟁에서 애굽이 패한다는 예언이다. 이후 애굽은 몇 차례 더 공격받다가 결국 B.C. 567년에 망한다. 이 예언은 적어도 B.C. 609년에 행했다.
☞ 하나님은 유다가 의지하는 애굽을 심판하시는 하나님임을 보여 준다. 하나님 아닌 것을 의지하려는 어리석음을 깨우치려는 것이다. 우리의 삶도 같은 맥락이다. 나는 이 시간 하나님이 아닌 그 분의 피조물에 의존하려고 하지는 않는가?

그의 대적에게 원수 갚는 보복일이라 칼이 배부르게 삼키며 그들의 피를
넘치도록 마시리니 주 만군의 여호와께서 북쪽 유브라데 강 가에서 희생
제물을 받으실 것임이로다 11 처녀 딸 애굽이여 길르앗으로 올라가서 유
향을 취하라 네가 치료를 많이 받아도 효력이 없어 낫지 못하리라 12 네
수치가 나라들에 들렸고 네 부르짖음은 땅에 가득하였나니 용사가 용사
에게 걸려 넘어져 둘이 함께 엎드러졌음이라

예레미야 13:1-14

허리 띠

1 여호와께서 이와 같이 내게 이르시되 너는 가서 베 띠를 사서 네 허리에
띠고 물에 적시지 말라 하시기로 2 내가 여호와의 말씀대로 띠를 사서 내
허리에 띠니라 3 여호와의 말씀이 다시 내게 임하여 이르시되 4 너는 사서
네 허리에 띤 띠를 가지고 일어나 유브라데로 가서 거기서 그것을 바위
틈에 감추라 하시기로 5 내가 여호와께서 내게 명령하신 대로 가서 그것
을 유브라데 물 가에 감추니라 6 여러 날 후에 여호와께서 내게 이르시되
일어나 유브라데로 가서 내가 네게 명령하여 거기 감추게 한 띠를 가져오
라 하시기로 7 내가 유브라데로 가서 그 감추었던 곳을 파고 띠를 가져오
니 띠가 썩어서 쓸 수 없게 되었더라 8 여호와의 말씀이 내게 임하니라 이
르시되 9 여호와께서 이와 같이 말씀하시니라 내가 유다의 교만과 예루살렘의 큰 교만을 이같이 썩게 하리라 10
이 악한 백성이 내 말 듣기를 거절하고 그 마음의 완악한 대로 행하며 다른 신들을 따라 그를 섬기며 그에게 절
하니 그들이 이 띠가 쓸 수 없음 같이 되리라 11 여호와의 말씀이니라 띠가 사람의 허리에 속함 같이 내가 이스라
엘 온 집과 유다 온 집으로 내게 속하게 하여 그들로 내 백성이 되게 하며 내 이름과 명예와 영광이 되게 하려 하
였으나 그들이 듣지 아니하였느니라

포도주 가죽부대

12 그러므로 너는 이 말로 그들에게 이르기를 이스라엘의 하나님 여호와의 말씀에 모든 가죽부대가 포도주로 차
리라 하셨다 하라 그리하면 그들이 네게 이르기를 모든 가죽부대가 포도주로 찰 줄을 우리가 어찌 알지 못하리
요 하리니 13 너는 다시 그들에게 이르기를 여호와의 말씀에 보라 내가 이 땅의 모든 주민과 다윗의 왕위에 앉은
왕들과 제사장들과 선지자들과 예루살렘 모든 주민으로 잔뜩 취하게 하고 14 또 그들에게 각 사람이 충돌하여
상하게 하되 부자 사이에도 그러하게 할 것이라 내가 그들을 불쌍히 여기지 아니하며 사랑하지 아니하며 아끼지
아니하고 멸하리라 하셨다 하라 여호와의 말씀이니라

렘 46:2-12 예레미야 사역 시기의 근동 지역 패권 변화를 일으킨 사건들
니느웨 멸망(B.C.612년)
바벨론, 메대 연합군에 의해 앗수르의 수도 니느웨가 함락되어 앗수르가 한 지역 세력으로 몰락하고 바벨론 제국이 성립됨(43:7)
므깃도 전쟁(B.C.609년)
유다 왕 요시야와 애굽 왕 느고의 전쟁, 애굽이 승리했으나 앗수르를 구원할 시기를 놓쳐 바벨론의 패권을 굳혀줌(대하 35:20)
갈그미스 전쟁(B.C.605년)
애굽 및 앗수르 잔존 세력이 연합, 바벨론에 대항, 바벨론이 대승하여 수리아·팔레스타인 지역의 지배권을 장악함(렘 46:2-12)

❖ 렘 13장은 예레미야서 나오는 상징 중 썩은 베 띠와 가죽 부대의 상징을 통해서 유다에 대한 심판을 예고한다.
유다를 열방 가운데서 구별하여 제사장 나라로 삼았으나 오히려 교만하고, 부패하고, 타락하여 주어진 구속사적 사명을 수행하지 못하였고, 우상 숭배에 빠져 하나님의 이름을 더럽힌 것에 대한 회개의 촉구도 듣지 않음으로 하나님의 진노가 임하게 된다는 것이다.
(⇒ 44일차에 수록된 상징 도표를 참고할 것)

43일~48일

예레미야 18:1-17

토기장이의 비유

1 여호와께로부터 예레미야에게 임한 말씀에 이르시되 2 너는 일어나 토기장이의 집으로 내려가라 내가 거기에
서 내 말을 네게 들려 주리라 하시기로 3 내가 토기장이의 집으로 내려가서 본즉 그가 녹로로 일을 하는데 4 진흙
으로 만든 그릇이 토기장이의 손에서 터지매 그가 그것으로 자기 의견에 좋은 대로 다른 그릇을 만들더라 5 그

하나님의 경고	백성들의 반응
• 악에서 돌이키면 ➡ 내리기로 생각했던 재앙에 대하여 뜻을 돌이키심(8) • 악한 것을 행하면 ➡ 유익하게 하리라 한 복에 대하여 뜻을 돌이키심(10) • 그러니 악한 길에서 돌이키라(11)	• 우리는 우리의 계획대로 행하며 • 우리는 각기 악한 마음이 완악한 대로 행하리라(12) • 하나님 잊고 허무한 것에게 분향(15)

때에 여호와의 말씀이 내게 임하니라 이르시되 6 여호와의 말씀이니라
이스라엘 족속아 이 토기장이가 하는 것 같이 내가 능히 너희에게 행하
지 못하겠느냐 이스라엘 족속아 진흙이 토기장이의 손에 있음 같이 너희
가 내 손에 있느니라 7 내가 어느 민족이나 국가를 뽑거나 부수거나 멸하
려 할 때에 8 만일 내가 말한 그 민족이 그의 악에서 돌이키면 내가 그에
게 내리기로 생각하였던 재앙에 대하여 뜻을 돌이키겠고 9 내가 어느 민
족이나 국가를 건설하거나 심으려 할 때에 10 만일 그들이 나 보기에 악한
것을 행하여 내 목소리를 청종하지 아니하면 내가 그에게 유익하게 하리
라고 한 복에 대하여 뜻을 돌이키리라 11 그러므로 이제 너는 유다 사람들
과 예루살렘 주민들에게 말하여 이르기를 여호와의 말씀에 보라 내가 너
희에게 재앙을 내리며 계책을 세워 너희를 치려 하노니 너희는 각기 악한
길에서 돌이키며 너희의 길과 행위를 아름답게 하라 하셨다 하라 12 그러
나 그들이 말하기를 이는 헛되니 우리는 우리의 계획대로 행하며 우리는
각기 악한 마음이 완악한 대로 행하리라 하느니라

이스라엘이 가증한 일을 행하다

13 그러므로 여호와께서 이와 같이 말씀하시니라 너희는 누가 이러한 일을 들었는지 여러 나라 가운데 물어보
라 처녀 이스라엘이 심히 가증한 일을 행하였도다 14 레바논의 눈이 어찌 들의 바위를 떠나겠으며 먼 곳에서 흘
러내리는 찬물이 어찌 마르겠느냐 15 무릇 내 백성은 나를 잊고 허무한 것에게 분향하거니와 이러한 것들은 그
들로 그들의 길 곧 그 옛길에서 넘어지게 하며 곁길 곧 닦지 아니한 길로 행하게 하여 16 그들의 땅으로 두려움과
영원한 웃음 거리가 되게 하리니 그리로 지나는 자마다 놀라서 그의 머리를 흔들리라 17 내가 그들을 그들의 원
수 앞에서 흩어 버리기를 동풍으로 함 같이 할 것이며 그들의 재난의 날
에는 내가 그들에게 등을 보이고 얼굴을 보이지 아니하리라

✣ 렘 18:1-17
하나님이 토기장이인 것은 그분은 모든 것에서 주권자라는 말이다.
우리는 그분이 만드신 토기임을 인정하는 것이 순종의 출발점이다. 하나님은 그분의 선하신 뜻에 따라 빚으셨지만, 우리는 우리의 뜻에 따라 그것을 바꾸려는 사탄의 조종에 놀아나는 경향이 매우 강하다는 것이 문제이다. 그런 변화는 있을 수도 없지만, 설사 그렇게 된다 해도 그것은 저주와 심판을 불러들이는 화근이 될 뿐이다.
성경은 신위, 즉 하나님 뜻대로 되어야 하는 것을 매우 강조한다. 왜냐하면 그분은 토기장이이기 때문이다. 절대 주권자에게 자기중심성을 내어 드려야 한다.
☞ **롬 9:21-24** 토기장이가 진흙 한 덩이로 하나는 귀히 쓸 그릇을, 하나는 천히 쓸 그릇을 만들 권한이 없느냐 만일 하나님이 그의 진노를 보이시고 그의 능력을 알게 하고자 하사 멸하기로 준비된 진노의 그릇을 오래 참으심으로 관용하시고 또한 영광 받기로 예비하신 바 긍휼의 그릇에 대하여 그 영광의 풍성함을 알게 하고자 하셨을지라도 무슨 말을 하리요 이 그릇은 우리니 곧 유대인 중에서뿐 아니라 이방인 중에서도 부르신 자니라
☞ **사 64:8** 그러나 여호와여, 이제 주는 우리 아버지시니이다 우리는 진흙이요 주는 토기장이시니 우리는 다 주의 손으로 지으신 것이니이다

43일~48일

예레미야 45장

여호와께서 바룩에게 구원을 약속하시다

1 유다의 요시야 왕의 아들 여호야김 넷째 해에 네리야의 아들 바룩이 예
레미야가 불러 주는 대로 이 모든 말을 책에 기록하니라 그 때에 선지자
예레미야가 그에게 말하여 이르되 2 바룩아 이스라엘의 하나님 여호와께
서 네게 이같이 말씀하셨느니라 3 네가 일찍이 말하기를 화로다 여호와께

✣ 45장, 36장에서 여호야김 왕과 예레미야가 적대 관계에 있음을 보여 준다.
예레미야가 감옥에 갇히자, 하나님의 말씀이 예레미야의 기록원인 바룩을 통하여 예언 활동을 계속하게 하신다. 여호야김은 예언의 두루마리를 불태우고 예레미야는 복원하고...
⇒ 하나님의 말씀을 불태우는 행위는 최악이다. 소돔과 고모라에서 하나님의 말씀을 농담으로 여기는 롯의 사위보다 더 사악하다.

렘 45장
학습 자료 46-1
"여호야김과 그 시대"를 참조

서 나의 고통에 슬픔을 더하셨으니 나는 나의 탄식으로 피곤하여 평안을 찾지 못하도다 4 너는 그에게 이르라 여
호와께서 이와 같이 말씀하시기를 보라 나는 내가 세운 것을 헐기도 하며 내가 심은 것을 뽑기도 하나니 온 땅에
그리하겠거늘 5 네가 너를 위하여 큰일을 찾느냐 그것을 찾지 말라 보라 내가 모든 육체에 재난을 내리리라 그
러나 네가 가는 모든 곳에서는 내가 너에게 네 생명을 노략물 주듯 하리라 여호와의 말씀이니라

예레미야 36장

렘 36장
학습 자료 46-2 "여호야김의 부패상" 참조

바룩이 여호와의 성전에서 두루마리를 낭독하다

1 유다의 요시야 왕의 아들 여호야김 제사년에 여호와께로부터 예레미야에게 말씀이 임하니라 이르시되 2 너는
두루마리 책을 가져다가 내가 네게 말하던 날 곧 요시야의 날부터 오늘까지 이스라엘과 유다와 모든 나라에 대
하여 내가 네게 일러 준 모든 말을 거기에 기록하라 3 유다 가문이 내가 그들에게 내리려 한 모든 재난을 듣고 각

기 악한 길에서 돌이키리니 그리하면 내가 그 악과 죄를 용서하리라
하시니라 4 이에 예레미야가 네리야의 아들 바룩을 부르매 바룩
이 예레미야가 불러 주는 대로 여호와께서 그에게 이르신 모든
말씀을 두루마리 책에 기록하니라 5 예레미야가 바룩에게 명령
하여 이르되 나는 붙잡혔으므로 여호와의 집에 들어갈 수 없으
니 6 너는 들어가서 내가 말한 대로 두루마리에 기록한 여호와의 말씀을 금식일에 여호와의 성전에 있는 백성의
귀에 낭독하고 유다 모든 성읍에서 온 자들의 귀에도 낭독하라 7 그들이 여호와 앞에 기도를 드리며 각기 악한
길을 떠나리라 여호와께서 이 백성에 대하여 선포하신 노여움과 분이 크니라 8 네리야의 아들 바룩이 선지자 예
레미야가 자기에게 명령한 대로 하여 여호와의 성전에서 책에 있는 여호와의 모든 말씀을 낭독하니라 9 유다의
요시야 왕의 아들 여호야김의 제오년 구월에 예루살렘 모든 백성과 유다 성읍들에서 예루살렘에 이른 모든 백
성이 여호와 앞에서 금식을 선포한지라 10 바룩이 여호와의 성전 위뜰 곧 여호와의 성전에 있는 새 문 어귀 곁에
있는 사반의 아들 서기관 그마랴의 방에서 그 책에 기록된 예레미야의 말을 모든 백성에게 낭독하니라

바룩이 고관 앞에서 두루마리를 낭독하다

11 사반의 손자요 그마랴의 아들인 미가야가 그 책에 기록된 여호와의 말씀을 다 듣고 12 왕궁에 내려가서 서기
관의 방에 들어가니 모든 고관 곧 서기관 엘리사마와 스마야의 아들 들라야와 악볼의 아들 엘라단과 사반의 아
들 그마랴와 하나냐의 아들 시드기야와 모든 고관이 거기에 앉아 있는지라 13 미가야가 바룩이 백성의 귀에 책
을 낭독할 때에 들은 모든 말을 그들에게 전하매 14 이에 모든 고관이 구시의 증손 셀레먀의 손자 느다냐의 아
들 여후디를 바룩에게 보내 이르되 너는 백성의 귀에 낭독한 두루마리를 손에 가지고 오라 네리야의 아들 바룩
이 두루마리를 손에 가지고 그들에게로 오니 15 그들이 바룩에게 이르되 앉아서 이를 우리 귀에 낭독하라 바룩
이 그들의 귀에 낭독하매 16 그들이 그 모든 말씀을 듣고 놀라 서로 보며 바룩에게 이르되 우리가 이 모든 말을
왕에게 아뢰리라 17 그들이 또 바룩에게 물어 이르되 너는 그가 불러 주는 이 모든 말을 어떻게 기록하였느냐 청
하노니 우리에게 알리라 18 바룩이 대답하되 그가 그의 입으로 이 모든 말을 내게 불러 주기로 내가 먹으로 책에
기록하였노라 19 이에 고관들이 바룩에게 이르되 너는 가서 예레미야와 함께 숨고 너희가 있는 곳을 사람에게
알리지 말라 하니라

왕이 두루마리를 태우다

20 그들이 두루마리를 서기관 엘리사마의 방에 두고 뜰에 들어가 왕께 나아가서 이 모든 말을 왕의 귀에 아뢰니
21 왕이 여후디를 보내어 두루마리를 가져오게 하매 여후디가 서기관 엘리사마의 방에서 가져다가 왕과 왕의 곁
에 선 모든 고관의 귀에 낭독하니 22 그 때는 아홉째 달이라 왕이 겨울 궁전에 앉았고 그 앞에는 불 피운 화로가

있더라 23 여후디가 서너 쪽을 낭독하면 왕이 면도칼로 그것을 연하여 베
어 화로 불에 던져서 두루마리를 모두 태웠더라 24 왕과 그의 신하들이 이
모든 말을 듣고도 두려워하거나 자기들의 옷을 찢지 아니하였고 25 엘라
단과 들라야와 그마랴가 왕께 두루마리를 불사르지 말도록 아뢰어도 왕
이 듣지 아니하였으며 26 왕이 왕의 아들 여라므엘과 아스리엘의 아들 스
라야와 압디엘의 아들 셀레먀에게 명령하여 서기관 바룩과 선지자 예레
미야를 잡으라 하였으나 여호와께서 그들을 숨기셨더라

렘 36:20-26
학습 자료 46-3
"고대 중근동의 필사 자료" 참조

예레미야가 말씀을 다시 쓰다

27 왕이 두루마리와 바룩이 예레미야의 입을 통해 기록한 말씀을 불사른
후에 여호와의 말씀이 예레미야에게 임하니라 이르시되 28 너는 다시 다
른 두루마리를 가지고 유다의 여호야김 왕이 불사른 첫 두루마리의 모든
말을 기록하고 29 또 유다의 여호야김 왕에 대하여 이와 같이 말하기를 여
호와의 말씀에 네가 이 두루마리를 불사르며 말하기를 네가 어찌하여 바
벨론의 왕이 반드시 와서 이 땅을 멸하고 사람과 짐승을 이 땅에서 없어지게 하리라 하는 말을 이 두루마리에 기
록하였느냐 하도다 30 그러므로 여호와께서 유다의 왕 여호야김에 대하여 이와 같이 말씀하시니라 그에게 다윗
의 왕위에 앉을 자가 없게 될 것이요 그의 시체는 버림을 당하여 낮에는 더위, 밤에는 추위를 당하리라 31 또 내
가 그와 그의 자손과 신하들을 그들의 죄악으로 말미암아 벌할 것이라 내가 일찍이 그들과 예루살렘 주민과 유
다 사람에게 그 모든 재난을 내리리라 선포하였으나 그들이 듣지 아니하였느니라 32 이에 예레미야가 다른 두루
마리를 가져다가 네리야의 아들 서기관 바룩에게 주매 그가 유다의 여호야김 왕이 불사른 책의 모든 말을 예레
미야가 전하는 대로 기록하고 그 외에도 그 같은 말을 많이 더 하였더라

43일~
48일

예레미야 25:1-14

칠십 년 동안 바벨론 왕을 섬기리라

1 유다의 왕 요시야의 아들 여호야김 넷째 해 곧 바벨론의 왕 느부갓네살
원년에 유다의 모든 백성에 관한 말씀이 예레미야에게 임하니라 2 선지자
예레미야가 유다의 모든 백성과 예루살렘의 모든 주민에게 말하여 이르
되 3 유다의 왕 아몬의 아들 요시야 왕 열셋째 해부터 오늘까지 이십삼 년
동안 여호와의 말씀이 내게 임하기로 내가 너희에게 꾸준히 일렀으나 너
희가 순종하지 아니하였느니라 4 그러므로 여호와께서 그의 모든 종 선지
자를 너희에게 끊임없이 보내셨으나 너희가 순종하지 아니하였으며 귀를 기울여 듣지도 아니하였도다 5 그가 이
르시기를 너희는 각자의 악한 길과 악행을 버리고 돌아오라 그리하면 나 여호와가 너희와 너희 조상들에게 영
원부터 영원까지 준 그 땅에 살리라 6 너희는 다른 신을 따라다니며 섬기거나 경배하지 말며 너희 손으로 만든
것으로써 나의 노여움을 일으키지 말라 그리하면 내가 너희를 해하지 아니하리라 하였으나 7 너희가 내 말을 순
종하지 아니하고 너희 손으로 만든 것으로써 나의 노여움을 일으켜 스스로 해하였느니라 여호와의 말씀이니라
8 그러므로 만군의 여호와께서 이와 같이 말씀하시니라 너희가 내 말을 듣지 아니하였느니라 9 보라 내가 북쪽
모든 종족과 내 종 바벨론의 왕 느부갓네살을 불러다가 이 땅과 그 주민과 사방 모든 나라를 쳐서 진멸하여 그
들을 놀램과 비웃음 거리가 되게 하며 땅으로 영원한 폐허가 되게 할 것이라 여호와의 말씀이니라 10 내가 그들
중에서 기뻐하는 소리와 즐거워하는 소리와 신랑의 소리와 신부의 소리와 맷돌 소리와 등불 빛이 끊어지게 하리

❖ 렘 25:1-14
유다가 바벨론에 의해 B.C. 605년 제1차 침공을 당하여 유다 백성들이 포로로 끌려가서 제1차 포로 귀환이 이루어진 B.C. 537년까지 약 70년간 포로 생활을 하였을 뿐만 아니라 바벨론이 B.C. 539년 메대·바사 연합군에 의해 멸망한 사실은 이 예언을 주신 주체이신 하나님의 시공(時空)을 초월하는 초월성과 절대성을 입증해 준다.
☞ 하나님은 과거나 현재나 미래나 태초부터 종말에 이르기까지 시공에 구애받지 않고 전 역사에 임재하시고 이를 홀로 주관하시는 분이심을 보여 주는 것이다.

니 11 이 모든 땅이 폐허가 되어 놀랄 일이 될 것이며 이 민족들은 칠십 년 동안 바벨론의 왕을 섬기리라 12 여호
와의 말씀이니라 칠십 년이 끝나면 내가 바벨론의 왕과 그의 나라와 갈대아인의 땅을 그 죄악으로 말미암아 벌
하여 영원히 폐허가 되게 하되 13 내가 그 땅을 향하여 선언한 바 곧 예레미야가 모든 민족을 향하여 예언하고
이 책에 기록한 나의 모든 말을 그 땅에 임하게 하리라 14 그리하여 여러 민족과 큰 왕들이 그들로 자기들을 섬기
게 할 것이나 나는 그들의 행위와 그들의 손이 행한 대로 갚으리라

예레미야 14장~17장

예레미야 14장

칼과 기근

1 가뭄에 대하여 예레미야에게 임한 여호와의 말씀이라 2 유다가 슬퍼하
며 성문의 무리가 피곤하여 땅 위에서 애통하니 예루살렘의 부르짖음이
위로 오르도다 3 귀인들은 자기 사환들을 보내어 물
을 얻으려 하였으나 그들이 우물에 갔어도 물을 얻
지 못하여 빈 그릇으로 돌아오니 부끄럽고
근심하여 그들의 머리를 가리며 4 땅에 비
가 없어 지면이 갈라지니 밭가는 자가 부
끄러워서 그의 머리를 가리는도다 5 들의
암사슴은 새끼를 낳아도 풀이 없으므로 내버리며 6 들 나귀들은
벗은 산 위에 서서 승냥이 같이 헐떡이며 풀이 없으므로 눈이 흐려지는도
다 7 여호와여 우리의 죄악이 우리에게 대하여 증언할지라도 주는 주의
이름을 위하여 일하소서 우리의 타락함이 많으니이다 우리가 주께 범죄
하였나이다 8 이스라엘의 소망이시요 고난 당한 때의 구원자시여 어찌하
여 이 땅에서 거류하는 자 같이, 하룻밤을 유숙하는 나그네 같이 하시나이까 9 어찌하여 놀란 자 같으시며 구원
하지 못하는 용사 같으시니이까 여호와여 주는 그래도 우리 가운데 계시고 우리는 주의 이름으로 일컬음을 받
는 자이오니 우리를 버리지 마옵소서 10 여호와께서 이 백성에 대하여 이
와 같이 말씀하시되 그들이 어그러진 길을 사랑하여 그들의 발을 멈추지
아니하므로 여호와께서 그들을 받지 아니하고 이제 그들의 죄를 기억하
시고 그 죄를 벌하시리라 하시고 11 여호와께서 또 내게 이르시되 너는 이
백성을 위하여 복을 구하지 말라 12 그들이 금식할지라도 내가 그 부르짖
음을 듣지 아니하겠고 번제와 소제를 드릴지라도 내가 그것을 받지 아니
할 뿐 아니라 칼과 기근과 전염병으로 내가 그들을 멸하리라 13 이에 내가
말하되 슬프도소이다 주 여호와여 보시옵소서 선지자들이 그들에게 이
르기를 너희가 칼을 보지 아니하겠고 기근은 너희에게 이르지 아니할 것
이라 내가 이곳에서 너희에게 확실한 평강을 주리라 하나이다 14 여호와
께서 내게 이르시되 선지자들이 내 이름으로 거짓 예언을 하도다 나는 그
들을 보내지 아니하였고 그들에게 명령하거나 이르지 아니하였거늘 그들
이 거짓 계시와 점술과 헛된 것과 자기 마음의 거짓으로 너희에게 예언하
는도다 15 그러므로 내가 보내지 아니하였어도 내 이름으로 예언하여 이

❖ **렘 14장**
여기의 가뭄은 자연 현상으로 나타나는 것이 아니고 유다에 나타나는 하나님의 심판 수단이다. 그 죄악은 곧 우상 숭배이다.
☞ **신 11:16-17** 너희는 스스로 삼가라 두렵건대 마음에 미혹하여 돌이켜 다른 신을 섬기며 그것에게 절하므로 여호와께서 너희에게 진노하사 하늘을 닫아 비를 내리지 아니하여 땅이 소산을 내지 않게 하시므로 너희가 여호와께서 주신 아름다운 땅에서 속히 멸망할까 하노라
가뭄은 농경사회에서는 매우 심각한 재앙이고, 농경사회가 섬기는 풍요의 신 바알에 대한 일격이기도 하다. 이 가뭄의 재앙을 통해 바알[우상]은 헛것이며 이를 섬기는 것은 수치와 파멸임을 보여 준다.
☞ **시 16:4** 다른 신에게 예물을 드리는 자는 괴로움이 더할 것이라 나는 그들이 드리는 피의 전제를 드리지 아니하며 내 입술로 그 이름도 부르지 아니하리로다

렘 14:13-18 거짓 선지자는 언제나 귀에 듣기 좋은 달콤한 말만 한다. 오늘 우리 주위에 이런 종류의 거짓 선지자 같은 자들이 너무 많다는 것이다.
☞ **살전 2:3-4** 우리의 권면은 간사함이나 부정에서 난 것이 아니요 속임수로 하는 것도 아니라 오직 하나님께 옳게 여기심을 입어 복음을 위탁 받았으니 우리가 이와 같이 말함은 사람을 기쁘게 하려 함이 아니요 오직 우리 마음을 감찰하시는 하나님을 기쁘시게 하려 함이라
☞ **갈 1:10-11** 이제 내가 사람들에게 좋게 하랴 하나님께 좋게 하랴 사람들에게 기쁨을 구하랴 내가 지금까지 사람들의 기쁨을 구하였다면 그리스도의 종이 아니니라 형제들아 내가 너희에게 알게 하노니 내가 전한 복음은 사람의 뜻을 따라 된 것이 아니니라

43일~48일

르기를 칼과 기근이 이 땅에 이르지 아니하리라 하는 선지자들에 대하여 여호와께서 이와 같이 말씀하셨노라 그
선지자들은 칼과 기근에 멸망할 것이요 16 그들의 예언을 받은 백성은 기근과 칼로 말미암아 예루살렘 거리에 던
짐을 당할 것인즉 그들을 장사할 자가 없을 것이요 그들의 아내와 아들과 딸이 그렇게 되리니 이는 내가 그들의
악을 그 위에 부음이니라 17 너는 이 말로 그들에게 이르라 내 눈이 밤낮으로 그치지 아니하고 눈물을 흘리리니
이는 처녀 딸 내 백성이 큰 파멸, 중한 상처로 말미암아 망함이라 18 내가 들에 나간즉 칼에 죽은 자요 내가 성읍
에 들어간즉 기근으로 병든 자며 선지자나 제사장이나 알지 못하는 땅으로 두루 다니도다

백성이 주께 간구하다

19 주께서 유다를 온전히 버리시나이까 주의 심령이 시온을 싫어하시나이까 어찌하여 우리를 치시고 치료하지
아니하시나이까 우리가 평강을 바라도 좋은 것이 없고 치료 받기를 기다리나 두려움만 보나이다 20 여호와여 우
리의 악과 우리 조상의 죄악을 인정하나이다 우리가 주께 범죄하였나이다 21 주의 이름을 위하여 우리를 미워하
지 마옵소서 주의 영광의 보좌를 욕되게 마옵소서 주께서 우리와 세우신 언약을 기억하시고 폐하지 마옵소서 22
이방인의 우상 가운데 능히 비를 내리게 할 자가 있나이까 하늘이 능히 소나기를 내릴 수 있으리이까 우리 하나
님 여호와여 그리하는 자는 주가 아니시니이까 그러므로 우리가 주를 앙망하옵는 것은 주께서 이 모든 것을 만
드셨음이니이다 하니라

예레미야 15장

❖ 렘 15장
14:19-22에서 예레미야는 언약 관계에 의지하여 중보기도를 하지만 하나님의 진노는 단기간으로 바뀌지는 않지만, 종래에는 이스라엘을 구원하신다.
15:3-4에서 4가지 유형의 형벌을 언급하고, 5-7에서 유다의 유기 상태의 강조와 심판의 이유를 제시하고, 8-9절에서 여인들의 재앙을 소재로 한 냉엄한 심판 집행을 보여 준다.

43일~48일

네 가지로 백성을 벌하리라

1 여호와께서 내게 이르시되 모세와 사무엘이 내 앞에 섰다 할지라도 내
마음은 이 백성을 향할 수 없나니 그들을 내 앞에서 쫓아 내보내라 2 그들
이 만일 네게 말하기를 우리가 어디로 나아가리요 하거든 너는 그들에게
이르기를 여호와께서 이와 같이 말씀하시니라 죽을 자는 죽음으로 나아
가고 칼을 받을 자는 칼로 나아가고 기근을 당할 자는 기근으로 나아가
고 포로 될 자는 포로 됨으로 나아갈지니라 하셨다 하라 3 여호와의 말씀
이니라 내가 그들을 네 가지로 벌하리니 곧 죽이는 칼과 찢는 개와 삼켜 멸하는 공중의 새와 땅의 짐승으로 할
것이며 4 유다 왕 히스기야의 아들 므낫세가 예루살렘에 행한 것으로 말미암아 내가 그들을 세계 여러 민족 가
운데에 흩으리라 5 예루살렘아 너를 불쌍히 여길 자 누구며 너를 위해 울 자 누구며 돌이켜 네 평안을 물을 자 누
구냐 6 여호와께서 이르시되 네가 나를 버렸고 내게서 물러갔으므로 네게로 내 손을 펴서 너를 멸하였노니 이는
내가 뜻을 돌이키기에 지쳤음이로다 7 내가 그들을 그 땅의 여러 성문에서 키로 까불러 그 자식을 끊어서 내 백
성을 멸하였나니 이는 그들이 자기들의 길에서 돌이키지 아니하였음이라 8 그들의 과부가 내 앞에 바다 모래보
다 더 많아졌느니라 내가 대낮에 파멸시킬 자를 그들에게로 데려다가 그들과 청년들의 어미를 쳐서 놀람과 두려
움을 그들에게 갑자기 닥치게 하였으며 9 일곱을 낳은 여인에게는 쇠약하여 기절하게 하며 아직도 대낮에 그의
해가 떨어져서 그에게 수치와 근심을 당하게 하였느니라 그 남은 자는 그들의 대적의 칼에 붙이리라 여호와의
말씀이니라

예레미야의 기도와 여호와의 말씀

10 내게 재앙이로다 나의 어머니여 어머니께서 나를 온 세계에 다투는 자와 싸우는 자를 만날 자로 낳으셨도다
내가 꾸어 주지도 아니하였고 사람이 내게 꾸이지도 아니하였건마는 다 나를 저주하는도다 11 여호와께서 이르
시되 내가 진실로 너를 강하게 할 것이요 너에게 복을 받게 할 것이며 내가 진실로 네 원수로 재앙과 환난의 때
에 네게 간구하게 하리라 12 누가 능히 철 곧 북방의 철과 놋을 꺾으리요 13 그러나 네 모든 죄로 말미암아 네 국
경 안의 모든 재산과 보물로 값없이 탈취를 당하게 할 것이며 14 네 원수와 함께 네가 알지 못하는 땅에 이르게
하리니 이는 나의 진노의 맹렬한 불이 너희를 사르려 함이라 15 여호와여 주께서 아시오니 원하건대 주는 나를

기억하시며 돌보시사 나를 박해하는 자에게 보복하시고 주의 오래 참으
심으로 말미암아 나로 멸망하지 아니하게 하옵시며 주를 위하여 내가 부
끄러움 당하는 줄을 아시옵소서 16 만군의 하나님 여호와시여 나는 주의
이름으로 일컬음을 받는 자라 내가 주의 말씀을 얻어 먹었사오니 주의 말
씀은 내게 기쁨과 내 마음의 즐거움이오나 17 내가 기뻐하는 자의 모임
가운데 앉지 아니하며 즐거워하지도 아니하고 주의 손에 붙들려 홀로 앉
았사오니 이는 주께서 분노로 내게 채우셨음이니이다 18 나의 고통이 계
속하며 상처가 중하여 낫지 아니함은 어찌 됨이니이까 주께서는 내게 대
하여 물이 말라서 속이는 시내 같으시리이까 19 여호와께서 이와 같이 말
씀하시되 네가 만일 돌아오면 내가 너를 다시 이끌어 내 앞에 세울 것이
며 네가 만일 헛된 것을 버리고 귀한 것을 말한다면 너는 나의 입이 될 것
이라 그들은 네게로 돌아오려니와 너는 그들에게로 돌아가지 말지니라
20 내가 너로 이 백성 앞에 견고한 놋 성벽이 되게 하리니 그들이 너를 칠
지라도 이기지 못할 것은 내가 너와 함께 하여 너를 구하여 건짐이라 여호
와의 말씀이니라 21 내가 너를 악한 자의 손에서 건지며 무서운 자의 손에
서 구원하리라

렘 15:10-21 바른 외침, 하나님의 가르침을 선포하는 예레미야가 당하는 핍박과 그에 대한 하나님의 격려와 구원을 약속한다.
☞ 불의한 세상에서 참 하나님의 백성으로서 살려면 핍박이 따를 수밖에 없다. 그것은 영적 싸움이고, 곧 세계관 싸움이다.
☞ **마 5:10-11** 의를 위하여 박해를 받은 자는 복이 있나니 천국이 그들의 것임이라 나로 말미암아 너희를 욕하고 박해하고 거짓으로 너희를 거슬러 모든 악한 말을 할 때에는 너희에게 복이 있나니
☞ 16절에서 말씀이 주는 기쁨을 누리는 비결은 그 말씀의 원리를 터득하고 그것을 삶에 적용하며 세상과 구별되는 삶으로부터 시작한다.
☞ **시 119:104-105** 주의 법도들로 말미암아 내가 명철하게 되었으므로 모든 거짓 행위를 미워하나이다 주의 말씀은 내 발에 등이요 내 길에 빛이니이다
☞ **고후 7:1** 그런즉 사랑하는 자들아 이 약속을 가진 우리는 하나님을 두려워하는 가운데서 거룩함을 온전히 이루어 육과 영의 온갖 더러운 것에서 자신을 깨끗하게 하자

예레미야 16장

백성에게 할 말

1 여호와의 말씀이 또 내게 임하여 이르시되 2 너는 이 땅에서 아내를 맞
이하지 말며 자녀를 두지 말지니라 3 이 곳에서 낳은 자녀와 이 땅에서 그
들을 해산한 어머니와 그들을 낳은 아버지에 대하여 여호와께서 이와 같
이 말씀하시오니 4 그들은 독한 병으로 죽어도 아무도 슬퍼하지 않을 것
이며 묻어 주지 않아 지면의 분토와 같을 것이며 칼과 기근에 망하고 그
시체는 공중의 새와 땅의 짐승의 밥이 되리라 5 여호와께서 이와 같이 말
씀하시되 초상집에 들어가지 말라 가서 통곡하지 말며 그들을 위하여 애
곡하지 말라 내가 이 백성에게서 나의 평강을 빼앗으며 인자와 사랑을 제
함이라 여호와의 말씀이니라 6 큰 자든지 작은 자든지 이 땅에서 죽으리
니 그들이 매장되지 못할 것이며 그들을 위하여 애곡하는 자도 없겠고 자
기 몸을 베거나 머리털을 미는 자도 없을 것이며 7 그 죽은 자로 말미암아
슬퍼하는 자와 떡을 떼며 위로하는 자가 없을 것이며 그들의 아버지나 어
머니의 상사를 위하여 위로의 잔을 그들에게 마시게 할 자가 없으리라 8
너는 잔칫집에 들어가서 그들과 함께 앉아 먹거나 마시지 말라 9 만군의 여호와 이스라엘의 하나님께서 이와 같
이 말씀하시니라 보라 기뻐하는 소리와 즐거워하는 소리와 신랑의 소리와 신부의 소리를 내가 네 목전, 네 시대
에 이곳에서 끊어지게 하리라 10 네가 이 모든 말로 백성에게 말할 때에 그들이 네게 묻기를 여호와께서 우리에
게 이 모든 큰 재앙을 선포하심은 어찌 됨이며 우리의 죄악은 무엇이며 우리가 우리 하나님 여호와께 범한 죄는
무엇이냐 하거든 11 너는 그들에게 대답하기를 여호와께서 말씀하시되 너희 조상들이 나를 버리고 다른 신들을
따라서 그들을 섬기며 그들에게 절하고 나를 버려 내 율법을 지키지 아니하였음이라 12 너희가 너희 조상들보다
더욱 악을 행하였도다 보라 너희가 각기 악한 마음의 완악함을 따라 행하고 나에게 순종하지 아니하였으므로
13 내가 너희를 이 땅에서 쫓아내어 너희와 너희 조상들이 알지 못하던 땅에 이르게 할 것이라 너희가 거기서 주

❖ 렘 16장

여호야김 시대에 행한 유다 멸망에 대한 예언

하나님은 예레미야에게 3가지 금지명령을 내린다.

① 결혼 금지(1-4절)
② 초상집 출입 금지(5-7절)
③ 혼인집 출입 금지(8-9절)

이 3가지 금지령은 예레미야 개인에게 주어진 것이지만, 유다의 파멸과 관련이 있다. 인륜대사가 사라질 정도의 큰일이 임할 것이라는 예언이다.(마 24:27-39)
☞ 하나님의 진노를 쌓는 가장 큰 일은 우상 숭배이다. 그것은 곧 하나님을 부정하는 짓이기 때문이다. 오늘 내 삶 속에 우상은 없는가?
☞ **출 23:33** 그들이 네 땅에 머무르지 못할 것은 그들이 너를 내게 범죄하게 할까 두려움이라 네가 그 신들을 섬기면 그것이 너의 올무가 되리라

야로 다른 신들을 섬기리니 이는 내가 너희에게 은혜를 베풀지 아니함이라 하셨다 하라

포로의 귀환

14 여호와의 말씀이니라 그러나 보라 날이 이르리니 다시는 이스라엘 자손을 애굽 땅에서 인도하여 내신 여호와께
서 살아 계심을 두고 맹세하지 아니하고 15 이스라엘 자손을 북방 땅과 그 쫓겨났던 모든 나라에서 인도하여 내신
여호와께서 살아 계심을 두고 맹세하리라 내가 그들을 그들의 조상들에게 준 그들의 땅으로 인도하여 들이리라

악과 죄를 배나 갚을 것이라

16 여호와의 말씀이니라 보라 내가 많은 어부를 불러다가 그들을 낚게 하며 그 후에 많은 포수를 불러다가 그들
을 모든 산과 모든 언덕과 바위 틈에서 사냥하게 하리니 17 이는 내 눈이 그들의 행위를 살펴보므로 그들이 내 얼
굴 앞에서 숨기지 못하며 그들의 죄악이 내 목전에서 숨겨지지 못함이라 18 내가 우선 그들의 악과 죄를 배나 갚
을 것은 그들이 그 미운 물건의 시체로 내 땅을 더럽히며 그들의 가증한 것으로 내 기업에 가득하게 하였음이라

예레미야의 기도

19 여호와 나의 힘, 나의 요새, 환난 날의 피난처시여 민족들이 땅 끝에서 주께 이르러 말하기를 우리 조상들의 계승
한 바는 허망하고 거짓되고 무익한 것뿐이라 20 사람이 어찌 신 아닌 것을 자기의 신으로 삼겠나이까 하리이다 21 여
호와께서 이르시되 보라 이번에 그들에게 내 손과 내 능력을 알려서 그들로 내 이름이 여호와인 줄 알게 하리라

예레미야 17장

유다의 죄와 벌

1 유다의 죄는 금강석 끝 철필로 기록되되 그들의 마음 판과 그들의 제단
뿔에 새겨졌거늘 2 그들의 자녀가 높은 언덕 위 푸른 나무 곁에 있는 그
제단들과 아세라들을 생각하도다 3 들에 있는 나의 산아 네 온 영토의 죄
로 말미암아 내가 네 재산과 네 모든 보물과 산당들로 노략을 당하게 하
리니 4 내가 네게 준 네 기업에서 네 손을 뗄 것이며 또 내가 너로 하여금
너의 알지 못하는 땅에서 네 원수를 섬기게 하리니 이는 너희가 내 노를
맹렬하게 하여 영원히 타는 불을 일으켰음이라 5 여호와께서 이와 같이
말씀하시니라 무릇 사람을 믿으며 육신으로 그의 힘을 삼고 마음이 여호
와에게서 떠난 그 사람은 저주를 받을 것이라 6 그는 사막의 떨기나무 같
아서 좋은 일이 오는 것을 보지 못하고 광야 간조한 곳, 건건한 땅, 사람
이 살지 않는 땅에 살리라 7 그러나 무릇 여호와를 의지하며 여호와를 의
뢰하는 그 사람은 복을 받을 것이라 8 그는 물가에 심어진 나무가 그 뿌리
를 강변에 뻗치고 더위가 올지라도 두려워하지 아니하며 그 잎이 청청하
며 가무는 해에도 걱정이 없고 결실이 그치지 아니함 같으리라 9 만물보

육신 의뢰하고 여호와에게서 떠난 사람(5-6)	여호와 의지하며 의뢰하는 사람(7-8)
• 저주 받을 것 • 사막의 떨기나무 같음 • 좋은 일 오는 것 보지 못함 • 광야 간조한 곳, 사람이 살지 않는 땅에 살게 됨	• 복을 받을 것 • 물가에 심어진 나무 같음 잎이 청청해서 더위가 와도 두렵지 않음 • 가무는 해에도 걱정 없고 결실이 그치지 않음

❖ 렘 17장

하나님이 심판을 내리시는 가장 큰 이유는 우상 숭배이다. 이는 하나님 명령[십계명] 제1호를 정면으로 무시해 버리는 것이기 때문이다. 곧 하나님의 존재를 부인하는 엄청난 죄악이다.

성경 특히 "예레미야"와 "에스겔"에서 "저들이 내가 여호와임을 알리라"라는 구절과 "저들은 내 백성이 되고 나는 저들의 하나님이 되리라"라는 구절에서 하나님의 존재를 알고, 관계를 맺는 것이 하나님이 주신 성경 메시지의 전부인 것을 알게 된다. 이것이 핵심이다. 이것이 성경적 세계관의 핵이다.

그러나 17:9에서 인간은 심히 부패해서 자기중심성으로 가득 차 있고 자기가 원하는 삶을 살기를 원하는 죄성 때문에 자기가 원하는 신을 만들거나 찾아다닌다. 성경에서 하나님이 스스로 "나는 질투하는 하나님"이라고 하실 때 이는 우상 숭배와 연관되어 있다.

17:5-11에서 우상 숭배자와 여호와를 섬기는 자의 확연한 구별을 도표로 정리하고, 나는 어느 쪽인지 진지하게 성찰하라.

하나님은 우리가 원래의 모습(창 1:26-28, 시 8:5)을 회복하고 에덴의 복된 삶을 살게 하시기를 원하신다.

☞ **신 32:21-23** 그들이 하나님이 아닌 것으로 내 질투를 일으키며 허무한 것으로 내 진노를 일으켰으니 나도 백성이 아닌 자로 그들에게 시기가 나게 하며 어리석은 민족으로 그들의 분노를 일으키리로다 그러므로 내 분노의 불이 일어나서 스올의 깊은 곳까지 불사르며 땅과 그 소산을 삼키며 산들의 터도 불타게 하는도다 내가 재앙을 그들 위에 쌓으며 내 화살이 다할 때까지 그들을 쏘리로다

다 거짓되고 심히 부패한 것은 마음이라 누가 능히 이를 알리요마는 10 나
여호와는 심장을 살피며 폐부를 시험하고 각각 그의 행위와 그의 행실대
로 보응하나니 11 불의로 치부하는 자는 자고새가 낳지 아니한 알을 품음
같아서 그의 중년에 그것이 떠나겠고 마침내 어리석은 자가 되리라

예레미야의 간구

12 영화로우신 보좌여 시작부터 높이 계시며 우리의 성소이시며 13 이스
라엘의 소망이신 여호와여 무릇 주를 버리는 자는 다 수치를 당할 것이라
무릇 여호와를 떠나는 자는 흙에 기록이 되오리니 이는 생수의 근원이신 여호와를 버림이니이다 14 여호와여 주
는 나의 찬송이시오니 나를 고치소서 그리하시면 내가 낫겠나이다 나를 구원하소서 그리하시면 내가 구원을 얻
으리이다 15 보라 그들이 내게 이르기를 여호와의 말씀이 어디 있느냐 이제 임하게 할지어다 하나이다 16 나는 목
자의 직분에서 물러가지 아니하고 주를 따랐사오며 재앙의 날도 내가 원하지 아니하였음을 주께서 아시는 바라
내 입술에서 나온 것이 주의 목전에 있나이다 17 주는 내게 두려움이 되지 마옵소서 재앙의 날에 주는 나의 피난
처시니이다 18 나를 박해하는 자로 치욕을 당하게 하시고 나로 치욕을 당하게 마옵소서 그들은 놀라게 하시고
나는 놀라게 하지 마시옵소서 재앙의 날을 그들에게 임하게 하시며 배나 되는 멸망으로 그들을 멸하소서

> **렘 17:9-27 안식일을 지켜야 할 이유**
> ① 안식일은 창조 사역과 직접 관련이 있다.(창 2:1, 출 20:8-11) 안식일을 지킴은 창조의 정신을 기억한다.
> ② 안식일을 지킴은 애굽으로부터 구원과 관계가 있다.(신 5:15-16)
> ③ 안식일을 지킴은 언약 백성의 외적 표적으로 삼는다.(출 31:13)

안식일을 거룩하게 하라

19 여호와께서 내게 이와 같이 말씀하시되 너는 가서 유다 왕들이 출입하는 평민의 문과 예루살렘 모든 문에 서
서 20 무리에게 이르기를 이 문으로 들어오는 유다 왕들과 유다 모든 백성과 예루살렘 모든 주민인 너희는 여호
와의 말씀을 들을지어다 21 여호와께서 이와 같이 말씀하시되 너희는 스스로 삼가서 안식일에 짐을 지고 예루
살렘 문으로 들어오지 말며 22 안식일에 너희 집에서 짐을 내지 말며 어떤 일이라도 하지 말고 내가 너희 조상들
에게 명령함 같이 안식일을 거룩히 할지어다 23 그들은 순종하지 아니하며 귀를 기울이지 아니하며 그 목을 곧
게 하여 듣지 아니하며 교훈을 받지 아니하였느니라 24 여호와의 말씀이니라 너희가 만일 삼가 나를 순종하여 안
식일에 짐을 지고 이 성문으로 들어오지 아니하며 안식일을 거룩히 하여 어떤 일이라도 하지 아니하면 25 다윗의
왕위에 앉아 있는 왕들과 고관들이 병거와 말을 타고 이 성문으로 들어오되 그들과 유다 모든 백성과 예루살렘
주민들이 함께 그리할 것이요 이 성은 영원히 있을 것이며 26 사람들이 유다 성읍들과 예루살렘에 둘린 곳들과
베냐민 땅과 평지와 산지와 네겝으로부터 와서 번제와 희생과 소제와 유향과 감사제물을 여호와의 성전에 가져
오려니와 27 그러나 만일 너희가 나를 순종하지 아니하고 안식일을 거룩되게 아니하여 안식일에 짐을 지고 예루
살렘 문으로 들어오면 내가 성문에 불을 놓아 예루살렘 궁전을 삼키게 하리니 그 불이 꺼지지 아니하리라 하셨
다 할지니라 하시니라

예레미야 8:4~10:16 :
유다의 종말에 대한 예언의 말씀들

예레미야 8:4-22

죄와 벌

4 너는 또 그들에게 말하기를 여호와의 말씀에 사람이 엎드러지면 어찌
일어나지 아니하겠으며 사람이 떠나갔으면 어찌 돌아오지 아니하겠느
냐 5 이 예루살렘 백성이 항상 나를 떠나 물러감은 어찌함이냐 그들이 거
짓을 고집하고 돌아오기를 거절하도다 6 내가 귀를 기울여 들은즉 그들이

> ❖ **렘 8:4**
> 빗다가 망쳐진 토기일지라도 절대 포기하지 않으시고 자기 뜻대로 다시 만드시는 토기장이이신 주님의 뜻에 나는 순복하고 있는가? 오늘 그분이 빚는 대로 아름다운 토기로 태어나기 위해 버려야 할 아집이나 교만은 없는지...
> ☞ **잠 16:18** 교만은 패망의 선봉이요 거만한 마음은 넘어짐의 앞잡이니라
> ☞ **사 64:8** 그러나 여호와여, 이제 주는 우리 아버지시니이다 우리는 진흙이요 주는 토기장이시니 우리는 다 주의 손으로 지으신 것이니이다

정직을 말하지 아니하며 그들의 악을 뉘우쳐서 내가 행한 것이 무엇인고
말하는 자가 없고 전쟁터로 향하여 달리는 말 같이 각각 그 길로 행하도
다 [7] 공중의 학은 그 정한 시기를 알고 산비둘기와 제비와 두루미는 그들
이 올 때를 지키거늘 내 백성은 여호와의 규례를 알지 못하도다 [8] 너희가
어찌 우리는 지혜가 있고 우리에게는 여호와의 율법이 있다 말하겠느냐
참으로 서기관의 거짓의 붓이 거짓되게 하였나니 [9] 지혜롭다 하는 자들
은 부끄러움을 당하며 두려워 떨다가 잡히리라 보라 그들이 여호와의 말
을 버렸으니 그들에게 무슨 지혜가 있으랴 [10] 그러므로 내가 그들의 아내
를 타인에게 주겠고 그들의 밭을 그 차지할 자들에게 주리니 그들은 가
장 작은 자로부터 큰 자까지 다 욕심내며 선지자로부터 제사장까지 다 거
짓을 행함이라 [11] 그들이 딸 내 백성의 상처를 가볍게 여기면서 말하기를 평강하다, 평강하다 하나 평강이 없도
다 [12] 그들이 가증한 일을 행할 때에 부끄러워하였느냐 아니라 조금도 부끄러워 하지 않을 뿐 아니라 얼굴도 붉
어지지 아니하였느니라 그러므로 그들이 엎드러질 자와 함께 엎드러질 것이라 내가 그들을 벌할 때에 그들이 거
꾸러지리라 여호와의 말씀이니라 [13] 여호와의 말씀이니라 내가 그들을 진멸하리니 포도나무에 포도가 없을 것
이며 무화과나무에 무화과가 없을 것이며 그 잎사귀가 마를 것이라 내가 그들에게 준 것이 없어지리라 하셨나니
[14] 우리가 어찌 가만히 앉았으랴 모일지어다 우리가 견고한 성읍들로 들어가서 거기에서 멸망하자 우리가 여호
와께 범죄하였으므로 우리 하나님 여호와께서 우리를 멸하시며 우리에게 독한 물을 마시게 하심이니라 [15] 우리
가 평강을 바라나 좋은 것이 없으며 고침을 입을 때를 바라나 놀라움뿐이로다 [16] 그 말의 부르짖음이 단에서부
터 들리고 그 준마들이 우는 소리에 온 땅이 진동하며 그들이 이르러 이 땅과 그 소유와 성읍과 그 중의 주민을
삼켰도다 [17] 여호와의 말씀이니라 내가 술법으로도 제어할 수 없는 뱀과 독사를 너희 가운데 보내리니 그것들이
너희를 물리라 하시도다

렘 8:4-17 유다 백성은 여전히 행악하고 거짓을 고집하며 회개를 거부함을 언급하고 그래서 심판이 임할 것을 거듭 경고한다. 이런 거짓은 먼저 거짓 선지자에게서 왔다. 11절은 거짓 선지자들이 예루살렘에는 평강이 임한다는 가짜 뉴스를 퍼뜨리고 있음을 보여 준다.
☞ 진정한 평강은 하나님과 바른 관계 위에 이루어지고 하나님과 바른 관계는 말씀을 실천하는 구별된 삶을 통해서 이루어지는 것이다.

선지자의 번뇌

[18] 슬프다 나의 근심이여 어떻게 위로를 받을 수 있을까 내 마음이 병들
었도다 [19] 딸 내 백성의 심히 먼 땅에서 부르짖는 소리로다 여호와께서 시
온에 계시지 아니한가, 그의 왕이 그 가운데 계시지 아니한가 그
들이 어찌하여 그 조각한 신상과 이방의 헛된 것들로 나를 격노
하게 하였는고 하시니 [20] 추수할 때가 지나고 여름이 다하
였으나 우리는 구원을 얻지 못한다 하는도다 [21] 딸 내 백
성이 상하였으므로 나도 상하여 슬퍼하며 놀라움에 잡혔도다 [22] 길르앗에는 유향이 있지 아니한
가 그 곳에는 의사가 있지 아니한가 딸 내 백성이 치료를 받지 못함은 어찌 됨인고

렘 8:20 추수할 기회를 놓칠까, 걱정하는 예레미야 마음을 읽자.
☞ **고후 6:2** 이르시되 내가 은혜 베풀 때에 너에게 듣고 구원의 날에 너를 도왔다 하셨으니 보라 지금은 은혜 받을 만한 때요 보라 지금은 구원의 날이로다

예레미야 9장

[1] 어찌하면 내 머리는 물이 되고 내 눈은 눈물 근원이 될꼬 죽임을 당한
딸 내 백성을 위하여 주야로 울리로다 [2] 내가 광야에서 나그네가 머무를
곳을 얻는다면 내 백성을 떠나가리니 그들은 다 간음하는 자요 반역한
자의 무리가 됨이로다 [3] 여호와의 말씀이니라 그들이 활을 당김 같이 그
들의 혀를 놀려 거짓을 말하며 그들이 이 땅에서 강성하나 진실하지 아니
하고 악에서 악으로 진행하며 또 나를 알지 못하느니라 [4] 너희는 각기 이
웃을 조심하며 어떤 형제든지 믿지 말라 형제마다 완전히 속이며 이웃마
다 다니며 비방함이라 [5] 그들은 각기 이웃을 속이며 진실을 말하지 아니

❖ 렘 9장
진실하고 참됨은 하나님의 속성이지만 거짓은 사탄의 속성이다. 이제 유다가 사탄의 속성을 닮아가며 한탄한다. 그것은 그들의 이기적 탐심 때문이다. 이런 거짓은 이웃뿐만 아니라 자신도 속인다. 벗어나는 길은 자기중심성을 내려놓고 하나님의 법으로 돌아가는 길뿐이다.
그렇지 않으면 16절에서 언급한 대로 흩어짐을 당할 것이다.

하며 그들의 혀로 거짓말하기를 가르치며 악을 행하기에 지치거늘 6 네가 사는 곳이 속이는 일 가운데 있도다 그
들은 속이는 일로 말미암아 나를 알기를 싫어하느니라 여호와의 말씀이니라 7 그러므로 만군의 여호와께서 이
와 같이 말씀하시되 보라 내가 내 딸 백성을 어떻게 처치할꼬 그들을 녹이고 연단하리라 8 그들의 혀는 죽이는
화살이라 거짓을 말하며 입으로는 그 이웃에게 평화를 말하나 마음으로는 해를 꾸미는도다 9 내가 이 일들로 말
미암아 그들에게 벌하지 아니하겠으며 내 마음이 이런 나라에 보복하지 않겠느냐 여호와의 말씀이니라 10 내가
산들을 위하여 울며 부르짖으며 광야 목장을 위하여 슬퍼하나니 이는 그것들이 불에 탔으므로 지나는 자가 없
으며 거기서 가축의 소리가 들리지 아니하며 공중의 새도 짐승도 다 도망하여 없어졌음이라 11 내가 예루살렘을
무더기로 만들며 승냥이 굴이 되게 하겠고 유다의 성읍들을 황폐하게 하여 주민이 없게 하리라 12 지혜가 있어서
이 일을 깨달을 만한 자가 누구며 여호와의 입의 말씀을 받아서 선포할 자가 누구인고 이 땅이 어찌하여 멸망하
여 광야 같이 불타서 지나가는 자가 없게 되었느냐 13 여호와께서 말씀하시되 이는 그들이 내가 그들의 앞에 세
운 나의 율법을 버리고 내 목소리를 순종하지 아니하며 그대로 행하지 아니하고 14 그 마음의 완악함을 따라 그
조상들이 자기에게 가르친 바알들을 따랐음이라 15 그러므로 만군의 여호와 이스라엘의 하나님께서 이와 같이
말씀하시니라 보라 내가 그들 곧 이 백성에게 쑥을 먹이며 독한 물을 마시게 하고 16 그들과 그들의 조상이 알지
못하던 여러 나라 가운데에 그들을 흩어 버리고 진멸되기까지 그 뒤로 칼을 보내리라 하셨느니라

사랑과 정의와 공의를 행하시는 여호와

17 만군의 여호와께서 이와 같이 말씀하시되 너희는 잘 생각해 보고 곡하
는 부녀를 불러오며 또 사람을 보내 지혜로운 부녀를 불러오되 18 그들로
빨리 와서 우리를 위하여 애곡하여 우리의 눈에서 눈물이 떨어지게 하며
우리 눈꺼풀에서 물이 쏟아지게 하라 19 이는 시온에서 통곡하는 소리가
들리기를 우리가 아주 망하였구나 우리가 크게 부끄러움을 당하였구나
우리가 그 땅을 떠난 것은 그들이 우리 거처를 헐었음이로다 함이로다 20
부녀들이여 여호와의 말씀을 들으라 너희 귀에 그 입의 말씀을 받으라 너
희 딸들에게 애곡하게 하고 각기 이웃에게 슬픈 노래를 가르치라 21 무릇
사망이 우리 창문을 통하여 넘어 들어오며 우리 궁실에 들어오며 밖에서
는 자녀들을 거리에서는 청년들을 멸절하려 하느니라 22 너는 이같이 말
하라 여호와의 말씀에 사람의 시체가 분토 같이 들에 떨어질 것이며 추수
하는 자의 뒤에 버려져 거두지 못한 곡식단 같이 되리라 하셨느니라 23 여
호와께서 이와 같이 말씀하시되 지혜로운 자는 그의 지혜를 자랑하지 말
라 용사는 그의 용맹을 자랑하지 말라 부자는 그의 부함을 자랑하지 말
라 24 자랑하는 자는 이것으로 자랑할지니 곧 명철하여 나를 아는 것과 나
여호와는 사랑과 정의와 공의를 땅에 행하는 자인 줄 깨닫는 것이라 나
는 이 일을 기뻐하노라 여호와의 말씀이니라 25 여호와의 말씀이니라 보
라 날이 이르면 할례 받은 자와 할례 받지 못한 자를 내가 다 벌하리니 26
곧 애굽과 유다와 에돔과 암몬 자손과 모압과 및 광야에 살면서 살쩍을
깎은 자들에게라 무릇 모든 민족은 할례를 받지 못하였고 이스라엘은 마
음에 할례를 받지 못하였느니라 하셨느니라

43일~
48일

렘 9:17-26 호곡하는 여인을 빗대어 유다에 임할 하나님 심판의 아픔을 묘사하고 있다.
회개의 눈물이 없으면 고통의 눈물이 따를 수밖에 없다. 그것은 하나님의 사랑과 공의 실현이다.
☞ **마 11:16-17** 이 세대를 무엇으로 비유할까 비유하건대 아이들이 장터에 앉아 제 동무를 불러 이르되 우리가 너희를 향하여 피리를 불어도 너희가 춤추지 않고 우리가 슬피 울어도 너희가 가슴을 치지 아니하였다 함과 같도다

렘 9:24
본문에 나타난 하나님의 3대 행동의 특징

	특징
인애	· 주를 사랑하고 계명을 지키는 자에게 인애를 베푸심(신7:9) · 맹세하신 언약대로 인애를 베푸심(신7:12) · 제사보다 인애를 원하심(호6:6) · 인애가 크심(욜2:13;욘4:2) · 인애를 기뻐하심으로 노를 항상 품지 아니하심(미7:18)
공평	· 공평으로 그 백성을 판단하심(시98:9) · 주께서 공평을 견고히 세우심(시99:4) · 시온은 공평으로 구속이 됨(사1:27) · 그 백성에게 공평을 바라심(사5:7) · 한 의로운 가지가 이 땅에 공평을 실행할 것임(렘33:15)
정직	· 정직으로 만민에게 판단을 행하심(시9:8) · 그 교훈과 말씀이 정직하심(시19:8, 33:4) · 성실과 정직으로 성도를 보호하심(시25:21) · 정직으로 세상의 겸손한 자를 판단하실 것임(사11:4) · 정직을 땅에 행하심(렘9:24) · 여호와의 도는 정직하심(호14:9)

예레미야 10:1-16

우상의 가르침과 참 하나님 여호와

1 이스라엘 집이여 여호와께서 너희에게 이르시는 말씀을 들을지어다 2 여

호와께서 이와 같이 말씀하시되 여러 나라의 길을 배우지 말라 이방 사람
들은 하늘의 징조를 두려워하거니와 너희는 그것을 두려워하지 말라 3 여
러 나라의 풍습은 헛된 것이니 삼림에서 벤 나무요 기술공의 두 손이 도
끼로 만든 것이라 4 그들이 은과 금으로 그것에 꾸미고 못과 장도리로 그
것을 든든히 하여 흔들리지 않게 하나니 5 그것
이 둥근 기둥 같아서 말도 못하며 걸어다니지도
못하므로 사람이 메어야 하느니라 그것이 그들
에게 화를 주거나 복을 주지 못하나니 너희는
두려워하지 말라 하셨느니라 6 여호와여 주와
같은 이 없나이다 주는 크시니 주의 이름이 그
권능으로 말미암아 크시니이다 7 이방 사람들의 왕이시여 주를 경외하지
아니할 자가 누구리이까 이는 주께 당연한 일이라 여러 나라와 여러 왕국
들의 지혜로운 자들 가운데 주와 같은 이가 없음이니이다 8 그들은 다 무
지하고 어리석은 것이니 우상의 가르침은 나무뿐이라 9 다시스에서 가져
온 은박과 우바스에서 가져온 금으로 꾸미되 기술공과 은장색의 손으로
만들었고 청색 자색 옷을 입었나니 이는 정교한 솜씨로 만든 것이거니와
10 오직 여호와는 참 하나님이시요 살아 계신 하나님이시요 영원한 왕이
시라 그 진노하심에 땅이 진동하며 그 분노하심을 이방이 능히 당하지 못
하느니라 11 너희는 이같이 그들에게 이르기를 천지를 짓지 아니한 신들
은 땅 위에서, 이 하늘 아래에서 망하리라 하라

❖ 렘 10장
사람의 잘못된 자기중심성은 자기가 원하는 신을 만들어 내는 속성이 있다. 그것이 그의 우상이 된다. 하지만 그런 우상은 생명력이 없어 인간이 원하는 것은 아무것도 줄 수가 없다. - 시 115편

☞ **사 44:15** 이 나무는 사람이 땔감을 삼는 것이거늘 그가 그것을 가지고 자기 몸을 덥게도 하고 불을 피워 떡을 굽기도 하고 신상을 만들어 경배하며 우상을 만들고 그 앞에 엎드리기도 하는구나

10:3-16을 분석한 도표를 참고해서 이 부분을 잘 이해하고 우상에 대한 명확한 세계관을 확실히 해 두라.

☞ 우리 삶의 주권자는 오직 여호와 한 분이시다.

☞ **시 86:8-9** 주여 신들 중에 주와 같은 자 없사오며 주의 행하심과 같은 일도 없나이다 주여 주께서 지으신 모든 민족이 와서 주의 앞에 경배하며 주의 이름에 영광을 돌리리이다

☞ **사 37:19-20** 그들의 신들을 불에 던졌사오나 그들은 신이 아니라 사람의 손으로 만든 것일 뿐이요 나무와 돌이라 그러므로 멸망을 당하였나이다 우리 하나님 여호와여 이제 우리를 그의 손에서 구원하사 천하 만국이 주만이 여호와이신 줄을 알게 하옵소서 하니라

우상(10:3~5, 9)	하나님(10:6~7, 10)
• 헛된 것(3)	• 권능자(7)
• 나무를 가지고 기술공이 두 손으로 만든 것(3)	• 참 하나님(10)
• 사람이 은금으로 꾸미고 못과 장도리로 흔들리지 않게 함(4)	• 살아계신 하나님(10)
• 말도 못하고 걸어 다니지도 못하고 오직 사람에 의해서만 이동(5)	• 영원한 왕(10)
• 사람에게 화를 주거나 복을 주지 못함(5)	• 심판주(10)
• 거짓 것이고 그 속에 생기 없음(14)	• 창조주(11-13)
• 망령되이 만든 것인즉 징벌하실 때 멸망(15)	• 만물의 조성자(16)
	• 만물의 여호와(16)

만물의 조성자 만군의 여호와

12 여호와께서 그의 권능으로 땅을 지으셨고 그의 지혜로 세계를 세우셨고 그의 명철로 하늘을 펴셨으며 13 그
가 목소리를 내신즉 하늘에 많은 물이 생기나니 그는 땅 끝에서 구름이 오르게 하시며 비를 위하여 번개치게 하
시며 그 곳간에서 바람을 내시거늘 14 사람마다 어리석고 무식하도다 은장이마다 자기의 조각한 신상으로 말미
암아 수치를 당하나니 이는 그가 부어 만든 우상은 거짓 것이요 그 속에 생기가 없음이라 15 그것들은 헛 것이요
망령되이 만든 것인즉 징벌하실 때에 멸망할 것이나 16 야곱의 분깃은 이같지 아니하시니 그는 만물의 조성자요
이스라엘은 그의 기업의 지파라 그 이름은 만군의 여호와시니라

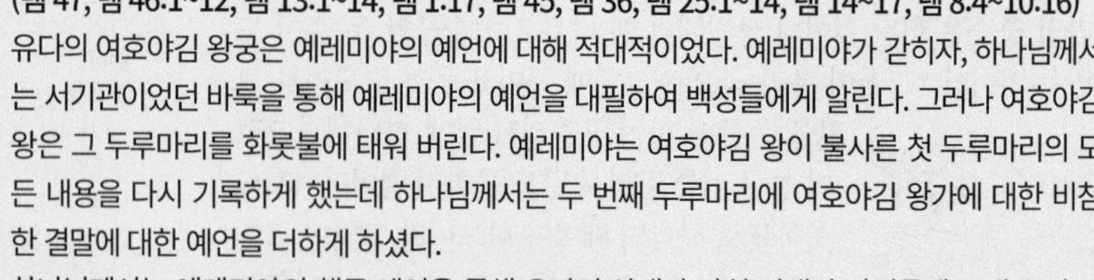

46일차 읽기의 요약

(렘 47, 렘 46:1~12, 렘 13:1~14, 렘 1:17, 렘 45, 렘 36, 렘 25:1~14, 렘 14~17, 렘 8:4~10:16)

유다의 여호야김 왕궁은 예레미야의 예언에 대해 적대적이었다. 예레미야가 갇히자, 하나님께서는 서기관이었던 바룩을 통해 예레미야의 예언을 대필하여 백성들에게 알린다. 그러나 여호야김 왕은 그 두루마리를 화롯불에 태워 버린다. 예레미야는 여호야김 왕이 불사른 첫 두루마리의 모든 내용을 다시 기록하게 했는데 하나님께서는 두 번째 두루마리에 여호야김 왕가에 대한 비참한 결말에 대한 예언을 더하게 하셨다.

하나님께서는 예레미야의 행동 예언을 통해 유다의 상태가 마치 시냇가 바위틈에 오래 두어 썩고 못 쓰게 된 베띠와 같다고 말씀하신다. 또한 하나님께서는 모든 역사의 절대주권을 가지고 계심으로 유다가 계속 거역하면 토기장이 되신 하나님에 의해 결국 깨지는 진흙과 같게 될 것을 말씀하신다.

하나님께서는 요시야 왕 시대로부터 이십 년 이상 예레미야를 통해 꾸준히 유다가 악행을 버리고 여호와께 돌아오기를 눈물로 설득했다. 그러나 끝까지 하나님의 말씀을 듣지 않는 유다를 향해 하나님께서는 바벨론 왕 느부갓네살을 보내 예루살렘을 멸망시키고 포로 생활 70년 동안 바벨론 왕을 섬기게 될 것을 말씀하신다. 하지만 예레미야의 예언은 거기서 끝나지 않고 70년 이후 유다의 회복을 향하고 있다.

여호와 하나님께서 애굽 땅에서 이스라엘 백성들을 구원하신 것처럼 유다를 징계하는 70년이 끝나면 하나님께서 다시 그들을 긍휼히 여기사 바벨론 북방 땅과 그 모든 쫓겨났던 나라에서 남은 자들을 인도하여 회복시키실 것이다.

그러면 어떻게 살 것인가?

인위뚝 · 신위고!

☑ 세계관 점검 – 묵상하기 (영상 강의와 교재 내용의 이해를 바탕으로)

- 렘 46:11 육신의 병을 위한 약들은 영적인 병을 치료할 수 없을진대 우리의 관심은 오직 육신의 치료에만 있지 않는가? 나는 영적으로 늘 건강하기 위하여 어떤 노력을 기울이나? [사 55:1-2, 말 4:2. 찬송 456(509), 472(530)]

- 렘 13:1-11 하나님 앞에 강퍅해진 마음으로 세속적인 안락만을 추구하기에 급급하여 버림받은 유다처럼 또한 썩은 베 띠 신세가 되고 있지는 않은가? 하나님께 꼭 필요한 베 띠가 "되기 위해서 회개하고 돌이켜야 할" 습관화된 죄는 어떤 것들인가? [사 64:5, 요일 1:8. 찬송 275(333)]

- 렘 18:1-12 토기장이와 진흙의 비유와 선악과 사건을 비교하면서 강의한 내용을 잘 이해하고 숙지하여 내 삶 가운데 역사하시는 하나님의 절대 주권에 대해 깊이 묵상하라. 내 삶이 그분의 절대 주권을

인정하고 순종하는 삶인가를 성찰하라. 이 점에서 세계관의 내면화가 절대로 있어야 한다. 그것이 진정한 변화이다.

· 롬 9:21-24 토기장이가 진흙 한 덩이로 하나는 귀히 쓸 그릇을, 하나는 천히 쓸 그릇을 만들 권한이 없느냐 만일 하나님이 그의 진노를 보이시고 그의 능력을 알게 하고자 하사 멸하기로 준비된 진노의 그릇을 오래 참으심으로 관용하시고 또한 영광 받기로 예비하신 바 긍휼의 그릇에 대하여 그 영광의 풍성함을 알게 하고자 하셨을지라도 무슨 말을 하리요 이 그릇은 우리니 곧 유대인 중에서뿐 아니라 이방인 중에서도 부르신 자니라
· 사 64:8 그러나 여호와여, 이제 주는 우리 아버지시니이다 우리는 진흙이요 주는 토기장이시니 우리는 다 주의 손으로 지으신 것이니이다

렘 45장, 36장에서 예레미야와 여호야김의 적대 관계를 읽고 하나님의 말씀에 대한 여호야김의 자세를 관찰해 보라. 오늘날 말씀이 넘치는 이 시대에, 말씀에 오히려 무관심하고, 혹은 농담으로 여기며, 자기식으로 살아가는 성도들에게 심판의 경종과도 같이 들리지 않는가? 다음의 로마서 1:18-23과 함께 이 상황을 묵상하라. 이런 자들을 우리는 가짜 교인이라고 한다. 혹 내가?….

· 롬 1:18-23 하나님의 진노가 불의로 진리를 막는 사람들의 모든 경건하지 않음과 불의에 대하여 하늘로부터 나타나나니 이는 하나님을 알 만한 것이 그들 속에 보임이라 하나님께서 이를 그들에게 보이셨느니라 창세로부터 그의 보이지 아니하는 것들 곧 그의 영원하신 능력과 신성이 그가 만드신 만물에 분명히 보여 알려졌나니 그러므로 그들이 핑계하지 못할지니라
하나님을 알되 하나님을 영화롭게도 아니하며 감사하지도 아니하고 오히려 그 생각이 허망하여지며 미련한 마음이 어두워졌나니 스스로 지혜 있다 하나 어리석게 되어 썩어지지 아니하는 하나님의 영광을 썩어질 사람과 새와 짐승과 기어 다니는 동물 모양의 우상으로 바꾸었느니라
· 삼상 3:1 아이 사무엘이 엘리 앞에서 여호와를 섬길 때에는 여호와의 말씀이 희귀하여 이상이 흔히 보이지 않았더라

렘 10장 우리가 가야 할 길이 성경에 분명히 있는데도 오늘날 우리는 우리가 가야 할 길을 새삼 고민한다. 예레미야는 이런 모습을 안타깝게 생각한다, 10장은 우상의 길과 하나님의 길을 보여 주고 우리에게 선택하게 한다. 시편 1편에서 여호와의 율법을 주야로 묵상하는 자와 그렇지 못한 자의 길이다. 우리에게는 선택의 여지가 없다. 우리는 성경의 매뉴얼대로 사는 길만이 앞에 있을 뿐이다.

결단기도와 실행하기

약 2:26 영혼 없는 몸이 죽은 것 같이 행함이 없는 믿음은 죽은 것이니라
시 119:28 나의 영혼이 눌림으로 말미암아 녹사오니 주의 말씀대로 나를 세우소서

포로시대 B.C. 605~538

주요인물 다니엘 / 느부갓네살 / 사드락 / 메삭 / 아벳느고 / 벨사살 / 다리오

주요사건 다니엘과 그의 세 친구가 구원받음 / 성전의 파괴 / 장차 올 천년 왕국의 성전에 대한 묘사 / 이방 세력에 대한 묘사 / 이스라엘의 미래에 대한 예언 / 바벨론의 멸망

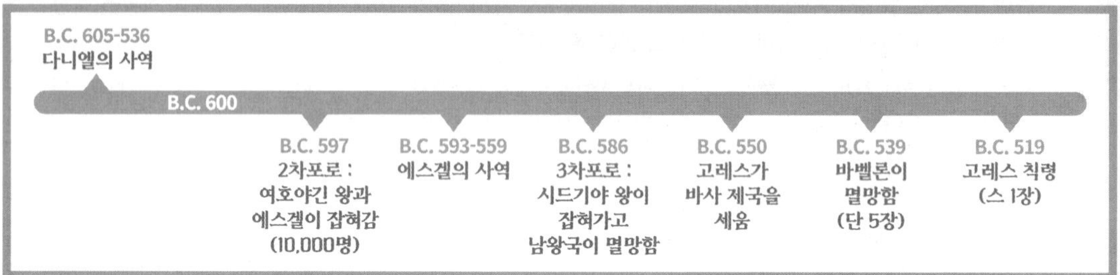

B.C. 605-536
다니엘의 사역

B.C. 600

B.C. 597
2차포로 :
여호야긴 왕과
에스겔이 잡혀감
(10,000명)

B.C. 593-559
에스겔의 사역

B.C. 586
3차포로 :
시드기야 왕이
잡혀가고
남왕국이 멸망함

B.C. 550
고레스가
바사 제국을
세움

B.C. 539
바벨론이
멸망함
(단 5장)

B.C. 519
고레스 칙령
(스 1장)

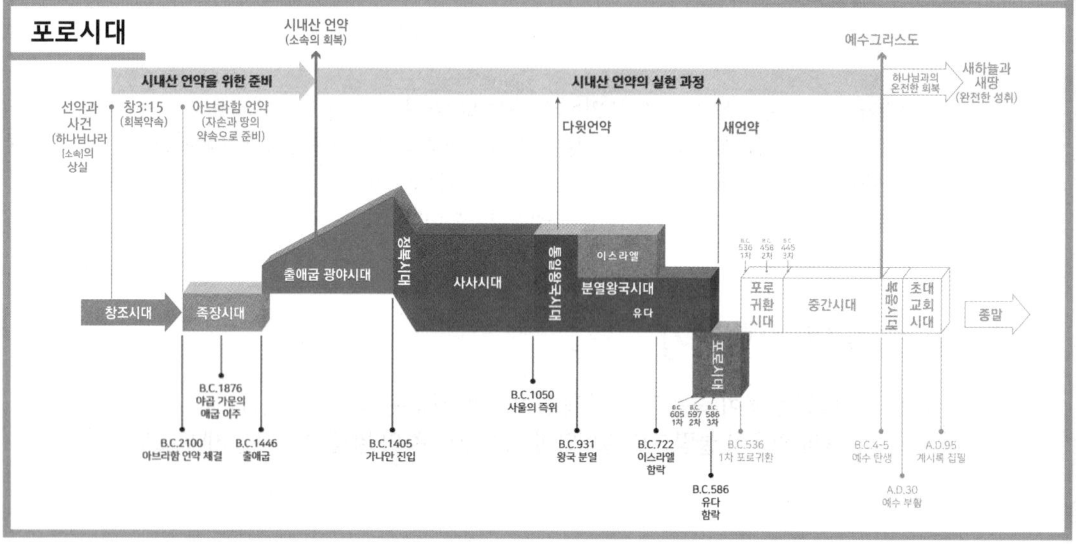

포로시대

시내산 언약
(소속의 회복)

예수그리스도

시내산 언약을 위한 준비

시내산 언약의 실현 과정

하나님과의
온전한 회복

새하늘과
새땅
(완전한 성취)

선악과
사건
(하나님나라
[소속]의
상실

창3:15
(회복약속)

아브라함 언약
(자손과 땅의
약속으로 준비)

다윗언약

새언약

창조시대
족장시대
출애굽 광야시대
정복시대
사사시대
통일왕국시대
이스라엘
분열왕국시대
유다
포로시대
B.C. 536 1차
B.C. 458 2차
B.C. 445 3차
포로
귀환
시대
중간시대
복음시대
초대
교회
시대
종말

B.C.1876
야곱 가문의
애굽 이주

B.C.2100
아브라함 언약 체결

B.C.1446
출애굽

B.C.1405
가나안 진입

B.C.1050
사울의 즉위

B.C.931
왕국 분열

B.C.722
이스라엘
함락

B.C. 605 1차
B.C. 597 2차
B.C. 586 3차

B.C.586
유다
함락

B.C.536
1차 포로귀환

B.C.4-5
예수 탄생

A.D.30
예수 부활

A.D.95
계시록 집필

43일~
48일

시대 한눈에 보기

이 포로 시대는 다음과 같이 4단계로 진행된다.

1) B.C. 605년 남 왕국이 멸망하기 전, 신흥 바벨론과 애굽과의 전투인 갈그미스 전투에서 승리한 바벨론이 다니엘과 그 친구를 포함한 1차 포로로 잡혀가는 B.C. 605년부터 시작한다(대하 36:6-7, 단 1:1-3).

2) B.C. 597년에 느브갓네살이 침입하여 많은 성전 기물을 약탈하고, 여호야긴 왕과 에스겔 등 왕실 관리들을 포함한 약 10,000명이 2차 포로로 잡아간다(왕하 2:14-16).

3) B.C. 586년에 바벨론의 느부갓네살이 다시 침입하여 이번에는 성전을 불태우고, 성벽을 모두 허물어 버리고 시드기야 왕의 눈을 뽑아 그를 다른 832명과 함께 바벨론으로 끌고 간다. 이것은 3차 포로이고 남 왕국 유다가 멸망한다. 예루살렘에는 오직 가난한 자들만 남게 된다(왕하 25:8-12, 렘 52:28-30).

4) B.C. 581년 예루살렘이 망하고 5년이 지난 후 느부갓네살은 다시 예루살렘에 들어와 745명의 포로를 잡아간다(렘 52:30). 이때 이곳에 남아서 사역하던 예레미야 등 몇 사람들은 애굽으로 도망을 간다(렘 43장).

이 포로 세대에 활약한 선지자는 예레미야, 다니엘, 에스겔이다.

유다의 멸망과 포로는 100년 전 이사야와 미가에 의해 예언되었던 사건이다(사 39:6, 미 4:10). 또한 예레미야는 이들의 포로 기간이 70년이 될 것이라고 예언한다(렘 25:11-12, 29:10). 그 기간이 70년이 된 이유를 레위기 25:1-7, 26:27-35, 40-43을 찾아서 읽어 보라.

하나님은 이들을 흩으셨지만, 이들을 잃어버리지는 않으셨다. B.C. 539년 바벨론 왕국의 마지막 왕 벨사살이 죽음으로 멸망한다, 그리고 같은 해 고레스가 바사 제국을 세우고 귀환 칙령을 내린다.

하나님은 이런 역경의 시간 속에서도 선지자를 통해 이제는 희망의 메시지를 보내고 계심을 볼 수 있다. 하나님의 하나님 나라 건설은 유다 왕국마저 멸망함으로 물거품이 되는 듯하지만, 하나님은 절대로 포기하지 않으시는 분이심을 보여 준다.

47일

열왕기하 24:1-4

여호야김 시대에 바벨론의 침공

1 여호야김 시대에 바벨론의 왕 느부갓네살이 올라오매 여호야김이 삼
년간 섬기다가 돌아서 그를 배반하였더니 2 여호와께서 그의 종 선지자들
을 통하여 하신 말씀과 같이 갈대아의 부대와 아람의 부대와 모압의 부
대와 암몬 자손의 부대를 여호야김에게로 보내 유다를 쳐 멸하려 하시니
3 이 일이 유다에 임함은 곧 여호와의 말씀대로 그들을 자기 앞에서 물리
치고자 하심이니 이는 므낫세의 지은 모든 죄 때문이며 4 또 그가 무죄한
자의 피를 흘려 그의 피가 예루살렘에 가득하게 하였음이라 여호와께서
사하시기를 즐겨하지 아니하시니라

❖ B.C. 609년 므깃도 전투에서 요시야의 죽음으로 인해 애굽의 바로 느고에 의해 세워진 친애굽 성향의 여호야김은 B.C. 605년의 느부갓네살의 침공으로 재빨리 친바벨론 정책으로 돌아선다.

❖ B.C. 605년 갈그미스 전투에서 승리한 바벨론은 나포폴라살 왕의 아들 느부갓네살이 왕이 되어 갈그미스 전투의 승리 여세를 몰아 남 왕국 유다를 압박한다. 이때 다니엘과 그 친구 3명 등을 포로로 잡아간다. 이것이 제1차 포로이다.
☞ 24:3은 유다의 멸망 요인을 언급한다. 이제 하나님이 결심하신 이상 유다는 멸망을 피할 길이 없어 보인다.

예레미야 35장

예레미야와 레갑 사람들

1 유다의 요시야 왕의 아들 여호야김 때에 여호와께로부터 말씀이 예레
미야에게 임하여 이르시되 2 너는 레갑 사람들의 집에 가서 그들에게 말
하고 그들을 여호와의 집 한 방으로 데려다가 포도주를 마시게 하라 하시니라 3 이에 내가 하바시냐의 손자요
예레미야의 아들인 야아사냐와 그의 형제와 그의 모든 아들과 모든 레갑 사람들을 데리고 4 여호와의 집에 이
르러 익다랴의 아들 하나님의 사람 하난의 아들들의 방에 들였는데 그 방은 고관들의 방 곁이요 문을 지키는 살
룸의 아들 마아세야의 방 위더라 5 내가 레갑 사람들의 후손들 앞에 포도주가 가득한 종지와 술잔을 놓고 마시

렘 35:1-19
학습 자료 47-1 "레갑 족속" 참조

라 권하매 6 그들이 이르되 우리는 포도주를 마시지 아니하겠노라 레갑
의 아들 우리 선조 요나답이 우리에게 명령하여 이르기를 너희와 너희 자
손은 영원히 포도주를 마시지 말며 7 너희가 집도 짓지 말며 파종도 하지
말며 포도원을 소유하지도 말고 너희는 평생 동안 장막에 살아라 그리하
면 너희가 머물러 사는 땅에서 너희 생명이 길리라 하였으므로 8 우리가
레갑의 아들 우리 선조 요나답이 우리에게 명령한 모든 말을 순종하여 우
리와 우리 아내와 자녀가 평생 동안 포도주를 마시지 아니하며 9 살 집도
짓지 아니하며 포도원이나 밭이나 종자도 가지지 아니하고 10 장막에 살
면서 우리 선조 요나답이 우리에게 명령한 대로 다 지켜 행하였노라 11 그
러나 바벨론의 느부갓네살 왕이 이 땅에 올라왔을 때에 우리가 말하기를
갈대아인의 군대와 수리아인의 군대를 피하여 예루살렘으로 가자 하고
우리가 예루살렘에 살았노라 12 그 때에 여호와의 말씀이 예레미야에게
임하여 이르시되 13 만군의 여호와 이스라엘의 하나님께서 이와 같이 말
씀하시니라 너는 가서 유다 사람들과 예루살렘 주민에게 이르기를 너희
가 내 말을 들으며 교훈을 받지 아니하겠느냐 여호와의 말씀이니라 14 레
갑의 아들 요나답이 그의 자손에게 포도주를 마시지 말라 한 그 명령은 실행되도다 그들은 그 선조의 명령을 순
종하여 오늘까지 마시지 아니하거늘 내가 너희에게 말하고 끊임없이 말하여도 너희는 내게 순종하지 아니하도
다 15 내가 내 종 모든 선지자를 너희에게 보내고 끊임없이 보내며 이르기를 너희는 이제 각기 악한 길에서 돌이
켜 행위를 고치고 다른 신을 따라 그를 섬기지 말라 그리하면 너희는 내가 너희와 너희 선조에게 준 이 땅에 살
리라 하여도 너희가 귀를 기울이지 아니하며 내게 순종하지 아니하였느니라 16 레갑의 아들 요나답의 자손은 그
의 선조가 그들에게 명령한 그 명령을 지켜 행하나 이 백성은 내게 순종하지 아니하도다 17 그러므로 만군의 여
호와 이스라엘의 하나님께서 이와 같이 말씀하시니라 보라 내가 유다와 예루살렘의 모든 주민에게 내가 그들에
게 대하여 선포한 모든 재앙을 내리리니 이는 내가 그들에게 말하여도 듣지 아니하며 불러도 대답하지 아니함이
니라 하셨다 하라 18 예레미야가 레갑 사람의 가문에게 이르되 만군의 여호와 이스라엘의 하나님께서 이와 같이
말씀하시기를 너희가 너희 선조 요나답의 명령을 순종하여 그의 모든 규율을 지키며 그가 너희에게 명령한 것을
행하였도다 19 그러므로 만군의 여호와 이스라엘의 하나님께서 이와 같
이 말씀하시니라 레갑의 아들 요나답에게서 내 앞에 설 사람이 영원히 끊
어지지 아니하리라 하시니라

❖ **렘 35장**
예레미야는 본래 이방인이었던 레갑인이 신실하게 하나님을 섬긴 모범을 보여 주며 유다, 특히 여호야김의 오만 불순함을 고발한다. 레갑 사람들이 그들의 선조인 요나답의 유훈을 철저하게 순종한 사실을 하나님의 백성들이 하나님의 말씀에 순종해야 한다는 모범으로 보여 준다. 레갑 사람들은 포도주를 마시지 말라는 작은 유훈도 철저히 잘 지켰다.
☞ 레갑 사람들은 사소한 일에도 그들의 규칙을 잘 따랐다. 사소한 일이라고 소홀히 하지 않는 것이 중요하다. 우리 속담에 바늘 도둑이 소도둑이 되고, 가랑비에 옷 젖는다는 것처럼 작은 일을 소홀히 하다가 낭패를 볼 수 있다.
☞ **마 25:21** 그 주인이 이르되 잘하였도다 착하고 충성된 종아 네가 적은 일에 충성하였으매 내가 많은 것을 네게 맡기리니 네 주인의 즐거움에 참여할지어다 하고

예레미야 23:9-40

선지자들에 대한 말씀

9 선지자들에 대한 말씀이라 내 마음이 상하며 내 모든 뼈가 떨리며 내가
취한 사람 같으며 포도주에 잡힌 사람 같으니 이는 여호와와 그 거룩한
말씀 때문이라 10 이 땅에 간음하는 자가 가득하도다 저주로 말미암아 땅
이 슬퍼하며 광야의 초장들이 마르나니 그들의 행위가 악하고 힘쓰는 것
이 정직하지 못함이로다 11 여호와의 말씀이니라 선지자와 제사장이 다
사악한지라 내가 내 집에서도 그들의 악을 발견하였노라 12 그러므로 그
들의 길이 그들에게 어두운 가운데 미끄러운 곳과 같이 되고 그들이 밀어

❖ **렘 23:9-40**
거짓 예언으로 백성들을 타락으로 이끌었을 뿐만 아니라 회개할 기회조차도 막은 거짓 선지자들에 대한 하나님의 진노와 심판을 언급하고 있다.
☞ 말씀 사역자는 결코 듣는 자의 만족을 위해 하나님의 말씀을 왜곡해서 전하면 그것은 죄악이다. 오늘날같이 상대주의, 다원주의가 대세를 이루는 시대일수록 원칙과 원리에 절대적으로 충실해야 한다.
☞ **딤후 4:1-4** 하나님 앞과 살아 있는 자와 죽은 자를 심판하실 그리스도 예수 앞에서 그가 나타나실 것과 그의 나라를 두고 엄히 명하노니 너는 말씀을 전파하라 때를 얻든지 못 얻든지 항상 힘쓰라 범사에 오래 참음과 가르침으로 경책하며 경계하며 권하라 때가 이르리니 사람이 바른 교훈을 받지 아니하며 귀가 가려워서 자기의 사욕을 따를 스승을 많이 두고 또 그 귀를 진리에서 돌이켜 허탄한 이야기를 따르리라

냄을 당하여 그 길에 엎드러질 것이라 그들을 벌하는 해에 내가 그들에게 재앙을 내리리라 여호와의 말씀이니라
13 내가 사마리아 선지자들 가운데 우매함을 보았나니 그들은 바알을 의지하고 예언하여 내 백성 이스라엘을 그
릇되게 하였고 14 내가 예루살렘 선지자들 가운데도 가증한 일을 보았나니 그들은 간음을 행하며 거짓을 말하며
악을 행하는 자의 손을 강하게 하여 사람으로 그 악에서 돌이킴이 없게 하였은즉 그들은 다 내 앞에서 소돔과
다름이 없고 그 주민은 고모라와 다름이 없느니라 15 그러므로 만군의 여호와께서 선지자에 대하여 이와 같이
말씀하시니라 보라 내가 그들에게 쑥을 먹이며 독한 물을 마시게 하리니 이는 사악이 예루살렘 선지자들로부터
나와서 온 땅에 퍼짐이라 하시니라 16 만군의 여호와께서 이와 같이 말씀하시되 너희에게 예언하는 선지자들의
말을 듣지 말라 그들은 너희에게 헛된 것을 가르치나니 그들이 말한 묵시는 자기 마음으로 말미암은 것이요 여
호와의 입에서 나온 것이 아니니라 17 항상 그들이 나를 멸시하는 자에게 이르기를 너희가 평안하리라 여호와의
말씀이니라 하며 또 자기 마음이 완악한 대로 행하는 모든 사람에게 이르기를 재앙이 너희에게 임하지 아니하리
라 하였느니라 18 누가 여호와의 회의에 참여하여 그 말을 알아들었으며 누가 귀를 기울여 그 말을 들었느냐 19
보라 여호와의 노여움이 일어나 폭풍과 회오리바람처럼 악인의 머리를 칠 것이라 20 여호와의 진노가 내 마음의
뜻하는 바를 행하여 이루기까지는 그치지 아니하나니 너희가 끝날에 그것을 완전히 깨달으리라 21 이 선지자들
은 내가 보내지 아니하였어도 달음질하며 내가 그들에게 이르지 아니하였어도 예언하였은즉 22 그들이 만일 나
의 회의에 참여하였더라면 내 백성에게 내 말을 들려서 그들을 악한 길과 악한 행위에서 돌이키게 하였으리라
23 여호와의 말씀이니라 나는 가까운 데에 있는 하나님이요 먼 데에 있는 하나님은 아니냐 24 여호와의 말씀이니
라 사람이 내게 보이지 아니하려고 누가 자신을 은밀한 곳에 숨길 수 있겠느냐 여호와가 말하노라 나는 천지에
충만하지 아니하냐 25 내 이름으로 거짓을 예언하는 선지자들의 말에 내
가 꿈을 꾸었다 꿈을 꾸었다고 말하는 것을 내가 들었노라 26 거짓을 예
언하는 선지자들이 언제까지 이 마음을 품겠느냐 그들은 그 마음의 간교
한 것을 예언하느니라 27 그들이 서로 꿈 꾼 것을 말하니 그 생각인즉 그
들의 조상들이 바알로 말미암아 내 이름을 잊어버린 것 같이 내 백성으로
내 이름을 잊게 하려 함이로다 28 여호와의 말씀이니라 꿈을 꾼 선지자는
꿈을 말할 것이요 내 말을 받은 자는 성실함으로 내 말을 말할 것이라 겨
가 어찌 알곡과 같겠느냐 29 여호와의 말씀이니라 내 말이 불같지 아니하
냐 바위를 쳐서 부스러뜨리는 방망이 같지 아니하냐 30 여호와의 말씀이
라 그러므로 보라 서로 내 말을 도둑질하는 선지자들을 내가 치리라 31 여
호와의 말씀이니라 보라 그들이 혀를 놀려 여호와가 말씀하셨다 하는 선
지자들을 내가 치리라 32 여호와의 말씀이니라 보라 거짓 꿈을 예언하여
이르며 거짓과 헛된 자만으로 내 백성을 미혹하게 하는 자를 내가 치리라
내가 그들을 보내지 아니하였으며 명령하지 아니하였나니 그들은 이 백
성에게 아무 유익이 없느니라 여호와의 말씀이니라

렘 23:20 20절 "끝날"은 B.C. 586년 예루살렘이 망하는 날, 또는 A.D. 70년 유다가 망하는 날, 또는 계시록 20장의 그날일 수도 있다.

렘 23:23-32 23-24절은 하나님의 속성 중 내재성, 초월성을 표현하고 있다.
이런 하나님의 속성을 통해서 거짓 선지자들의 어리석음을 지적하고 있다.
거짓 선지자들은 자기 예언의 권위를 위해 꿈을 통한 계시를 강조한다. 오늘날에도 이런 유의 설교를 하는 자들이 많이 있다.
거짓 설교를 하는 자는 물론이고, 이에 현혹되는 자들도 심판을 면할 수 없다는 것을 언급한다.
☞ **고후 11:4** 만일 누가 가서 우리가 전파하지 아니한 다른 예수를 전파하거나 혹은 너희가 받지 아니한 다른 영을 받게 하거나 혹은 너희가 받지 아니한 다른 복음을 받게 할 때에는 너희가 잘 용납하는구나

43일~48일

여호와의 엄중한 말씀

33 이 백성이나 선지자나 제사장이 네게 물어 이르기를 여호와의 엄중한 말씀이 무엇인가 묻거든 너는 그들에게
대답하기를 엄중한 말씀이 무엇이냐 묻느냐 여호와의 말씀에 내가 너희를 버리리라 하셨고 34 또 여호와의 엄중
한 말씀이라 하는 선지자에게나 제사장에게나 백성에게는 내가 그 사람과 그 집안을 벌하리라 하셨다 하고 35
너희는 서로 이웃과 형제에게 묻기를 여호와께서 무엇이라 응답하셨으며 여호와께서 무엇이라 말씀하셨느냐
하고 36 다시는 여호와의 엄중한 말씀이라 말하지 말라 각 사람의 말이 자기에게 중벌이 되리니 이는 너희가 살
아 계신 하나님, 만군의 여호와 우리 하나님의 말씀을 망령되이 사용함이니라 하고 37 너는 또 선지자에게 말하
기를 여호와께서 네게 무엇이라 대답하셨으며 여호와께서 무엇이라 말씀하셨느냐 38 너희는 여호와의 엄중한

말씀이라 말하도다 그러므로 여호와께서 이와 같이 말씀하시되 내가 너희에게 사람을 보내어 이 말씀은 여호와의 엄중한 말씀이니 너희는 말하지 말라 하였으나 너희가 여호와의 엄중한 말씀이라 하였은즉 39 내가 너희를 온전히 잊어버리며 내가 너희와 너희 조상들에게 준 이 성읍을 내 앞에서 내버려 40 너희는 영원한 치욕과 잊지 못할 영구한 수치를 당하게 하리라 하셨느니라

예레미야 18:18~20장

예레미야 18:18-23

예레미야를 죽이려 하다

18 그들이 말하기를 오라 우리가 꾀를 내어 예레미야를 치자 제사장에게서 율법이, 지혜로운 자에게서 책략이, 선지자에게서 말씀이 끊어지지 아니할 것이니 오라 우리가 혀로 그를 치고 그의 어떤 말에도 주의하지 말자 하나이다 19 여호와여 나를 돌아보사 나와 더불어 다투는 그들의 목소리를 들어 보옵소서 20 어찌 악으로 선을 갚으리이까마는 그들이 나의 생명을 해하려고 구덩이를 팠나이다 내가 주의 분노를 그들에게서 돌이키려 하고 주의 앞에 서서 그들을 위하여 유익한 말을 한 것을 기억하옵소서 21 그러하온즉 그들의 자녀를 기근에 내어 주시며 그들을 칼의 세력에 넘기시며 그들의 아내들은 자녀를 잃고 과부가 되며 그 장정은 죽음을 당하며 그 청년은 전장에서 칼을 맞게 하시며 22 주께서 군대로 갑자기 그들에게 이르게 하사 그들의 집에서 부르짖음이 들리게 하옵소서 이는 그들이 나를 잡으려고 구덩이를 팠고 내 발을 빠뜨리려고 올무를 놓았음이니이다 23 여호와여 그들이 나를 죽이려 하는 계략을 주께서 다 아시오니 그 악을 사하지 마옵시며 그들의 죄를 주의 목전에서 지우지 마시고 그들을 주 앞에 넘어지게 하시되 주께서 노하시는 때에 이같이 그들에게 행하옵소서 하니라

❖ 렘 18:18-23
심판의 위기가 다가오고 있는 상황에서 오히려 평강하다고 외치는 거짓 선지자를 몰아치는 예레미야를 죽이려는 음모가 있다.
☞ 진리를 증거하는 자에게는 이런 핍박이 없을 수 없다.
☞ **행 14:22** 제자들의 마음을 굳게 하여 이 믿음에 머물러 있으라 권하고 또 우리가 하나님의 나라에 들어가려면 많은 환난을 겪어야 할 것이라 하고
☞ **딤후 3:12** 무릇 그리스도 예수 안에서 경건하게 살고자 하는 자는 박해를 받으리라

43일~48일

예레미야 19장

깨진 옹기

1 여호와께서 이와 같이 말씀하시되 가서 토기장이의 옹기를 사고 백성의 어른들과 제사장의 어른 몇 사람과 2 하시드 문 어귀 곁에 있는 힌놈의 아들의 골짜기로 가서 거기에서 내가 네게 이른 말을 선포하여 3 말하기를 너희 유다 왕들과 예루살렘 주민아 여호와의 말씀을 들으라 만군의 여호와 이스라엘의 하나님이 이같이 말씀하시되 보라 내가 이 곳에 재앙을 내릴 것이라 그것을 듣는 모든 자의 귀가 떨리니 4 이는 그들이 나를 버리고 이 곳을 불결하게 하며 이 곳에서 자기와 자기 조상들과 유다 왕들이 알지 못하던 다른 신들에게 분향하며 무죄한 자의 피로 이 곳에 채웠음이며 5 또 그들이 바알을 위하여 산당을 건축하고 자기 아들들을 바알에게 번제로 불살라 드렸나니 이는 내가 명령하거나 말하거나 뜻한 바가 아니니라 6 그러므로 보라 다시는 이 곳을 도벳이나 힌놈의 아들의 골짜기라 부르지 아니하고 오직 죽임의 골짜기라 부르는 날이 이를 것이라 여호와의 말이니라 7 내가 이 곳에서 유다와 예루살렘의 계획을 무너뜨려 그들로 그 대적 앞과 생명을 찾는 자의 손의 칼에 엎드러지게 하고 그 시체를 공중의 새와 땅의 짐승의 밥이 되게 하며 8 이 성읍으로 놀람과 조롱 거리가 되게 하리니 그 모든 재앙으로 말미암아 지나는 자마다 놀라며 조롱할 것이며 9 그들이 그들의 원수와 그들의 생명을 찾는 자에게 둘러싸여 곤경에 빠질 때에 내가 그들이 그들의 아들의 살, 딸의 살을 먹게 하고 또 각기 친구의 살을 먹게 하리라 하셨다 하고 10 너는 함께 가는 자의 목전에서 그 옹기를 깨

❖ 렘 19장
힌놈의 골짜기는 인신 희생 제사를 한 곳이고 이 인신 제사는 우상 숭배의 악행 중 가장 나쁜 것이다. 이것을 심판하는 것을 옹기를 깨뜨리는 상징적 행동으로 보여 준다. 이것은 회복할 수 없다는 것을 함께 보여 주는 것이다. 돌이킬 수 없는 끔찍한 심판이다.

뜨리고 [11] 그들에게 이르기를 만군의 여호와께서 이와 같이 말씀하시되 사람이 토기
장이의 그릇을 한 번 깨뜨리면 다시 완전하게 할 수 없나니 이와 같이 내가 이 백성과
이 성읍을 무너뜨리리니 도벳에 매장할 자리가 없을 만큼 매장하리라 [12] 여호와의 말
씀이니라 내가 이 곳과 그 가운데 주민에게 이같이 행하여 이 성읍으로 도벳 같게 할
것이라 [13] 예루살렘 집들과 유다 왕들의 집들
이 그 집 위에서 하늘의 만상에 분향하고 다른 신들에게 전제를 부
음으로 더러워졌은즉 도벳 땅처럼 되리라 하셨다 하라 하시니 [14] 예레미
야가 여호와께서 자기를 보내사 예언하게 하신 도벳에서 돌아와 여호와의 집 뜰에 서서 모든 백성에게 말하되
[15] 만군의 여호와 이스라엘의 하나님께서 이와 같이 말씀하시되 보라 내가 이 성읍에 대하여 선언한 모든 재앙
을 이 성읍과 그 모든 촌락에 내리리니 이는 그들의 목을 곧게 하여 내 말을 듣지 아니함이라 하시니라

렘 19:13
학습 자료 47-2
"고대 근동 지역의 천체 숭배" 참조

예레미야 20장

예레미야와 바스훌

[1] 임멜의 아들 제사장 바스훌은 여호와의 성전의 총감독이라 그가 예레
미야의 이 일 예언함을 들은지라 [2] 이에 바스훌이 선지자 예레미야를 때
리고 여호와의 성전에 있는 베냐민 문 위층에 목에 씌우는 나무 고랑으
로 채워 두었더니 [3] 다음날 바스훌이 예레미야를 목에 씌우는 나무 고랑
에서 풀어 주매 예레미야가 그에게 이르되 여호와께서 네 이름을 바스훌
이라 아니하시고 마골밋사빕이라 하시느니라 [4] 여호와께서 이와 같이 말
씀하시되 보라 내가 너로 너와 네 모든 친구에게 두려움이 되게 하리니
그들이 그들의 원수들의 칼에 엎드러질 것이요 네 눈은 그것을 볼 것이며
내가 온 유다를 바벨론 왕의 손에 넘기리니 그가 그들을 사로잡아 바벨
론으로 옮겨 칼로 죽이리라 [5] 내가 또 이 성읍의 모든 부와 그 모든 소득
과 그 모든 귀중품과 유다 왕들의 모든 보물을 그 원수의 손에 넘기리니
그들이 그것을 탈취하여 바벨론으로 가져가리라 [6] 바스훌아 너와 네 집에
사는 모든 사람이 포로 되어 옮겨지리니 네가 바벨론에 이르러 거기서 죽
어 거기 묻힐 것이라 너와 너의 거짓 예언을 들은 네 모든 친구도 그와 같
으리라 하셨느니라

예레미야가 여호와께 사정을 아뢰다

[7] 여호와여 주께서 나를 권유하시므로 내가 그 권유를 받았사오며 주께
서 나보다 강하사 이기셨으므로 내가 조롱 거리가 되니 사람마다 종일
토록 나를 조롱하나이다 [8] 내가 말할 때마다 외치며 파멸과 멸망을 선포
하므로 여호와의 말씀으로 말미암아 내가 종일토록 치욕과 모욕 거리
가 됨이니이다 [9] 내가 다시는 여호와를 선포하지 아니하며 그의 이름으
로 말하지 아니하리라 하면 나의 마음이 불붙는 것 같아서 골수에 사무
치니 답답하여 견딜 수 없나이다 [10] 나는 무리의 비방과 사방이 두려워함
을 들었나이다 그들이 이르기를 고소하라 우리도 고소하리라 하오며 내
친한 벗도 다 내가 실족하기를 기다리며 그가 혹시 유혹을 받게 되면 우
리가 그를 이기어 우리 원수를 갚자 하나이다 [11] 그러하오나 여호와는 두려운 용사 같으시며 나와 함께 하시므
로 나를 박해하는 자들이 넘어지고 이기지 못할 것이오며 그들은 지혜롭게 행하지 못하므로 큰 치욕을 당하오

렘 20:1-6 성전의 총 감독 바스훌은 자신이 선포하는 거짓 예언, 즉 예루살렘은 성전이 있는 곳이기 때문에 안전하다는 가르침에 반대하여 하나님의 진노와 심판을 선포하는 예레미야를 잡아 구타한다.
☞ 이렇듯 다원주의적 세상에서 절대 진리인 하나님께 충실하면 이런 핍박을 면하지 못할 수 있다.
☞ 마 5:11-12 나로 말미암아 너희를 욕하고 박해하고 거짓으로 너희를 거슬러 모든 악한 말을 할 때에는 너희에게 복이 있나니 기뻐하고 즐거워하라 하늘에서 너희의 상이 큼이라 너희 전에 있던 선지자들도 이같이 박해하였느니라
☞ 딤후 1:8 그러므로 너는 내가 우리 주를 증언함과 또는 주를 위하여 갇힌 자 된 나를 부끄러워하지 말고 오직 하나님의 능력을 따라 복음과 함께 고난을 받으라

렘 20:7-18 하나님 말씀의 진리를 향한 열정이 넘치는 예레미야의 기도문이다.
특히 9절 말씀은 모든 성도들의 말씀을 향한 마음이어야 한다. 사역자에게는 너무나도 당연하고...
하나님의 말씀에 대해 가슴이 뜨거워져야 한다는 말이다.
거짓 선지자 바스훌처럼 자기 말에 스스로 가슴이 뜨거워 예레미야를 핍박하는 것에는 반드시 심판이 따른다는 것이다.
☞ 시 119:131 내가 주의 계명들을 사모하므로 내가 입을 열고 헐떡였나이다
☞ 요 6:67-68 예수께서 열두 제자에게 이르시되 너희도 가려느냐 시몬 베드로가 대답하되 주여 영생의 말씀이 주께 있사오니 우리가 누구에게로 가오리이까

43일~
48일

리니 그 치욕은 길이 잊지 못할 것이니이다 12 의인을 시험하사 그 폐부와 심장을 보시는 만군의 여호와여 나의
사정을 주께 아뢰었사온즉 주께서 그들에게 보복하심을 나에게 보게 하옵소서 13 여호와께 노래하라 너희는
여호와를 찬양하라 가난한 자의 생명을 행악자의 손에서 구원하셨음이니라 14 내 생일이 저주를 받았더면, 나
의 어머니가 나를 낳던 날이 복이 없었더면, 15 나의 아버지에게 소식을 전하여 이르기를 당신이 득남하였다 하
여 아버지를 즐겁게 하던 자가 저주를 받았더면, 16 그 사람은 여호와께서 무너뜨리시고 후회하지 아니하신 성
읍 같이 되었더면, 그가 아침에는 부르짖는 소리, 낮에는 떠드는 소리를 듣게 하였더면, 좋을 뻔하였나니 17 이
는 그가 나를 태에서 죽이지 아니하셨으며 나의 어머니를 내 무덤이 되지 않게 하셨으며 그의 배가 부른 채로
항상 있지 않게 하신 까닭이로다 18 어찌하여 내가 태에서 나와서 고생과 슬픔을 보며 나의 날을 부끄러움으로
보내는고 하니라

열왕기하 24:5-9

❖ 여호야김은 B.C. 597년 바벨론 2차 침공 때 폐위되어 바벨론으로 끌려갔다가 풀려나서 죽는다. 그의 아들인 여호야긴이 왕이 되지만 3개월 만에 바벨론의 느부갓네살에 의해 폐위된다.

여호야김의 포로

5 여호야김의 남은 사적과 행한 모든 일은 유다 왕 역대지략에 기록되지
아니하였느냐 6 여호야김이 그의 조상들과 함께 자매 그의 아들 여호야긴이 대신하여 왕이 되니라 7 애굽 왕이
다시는 그 나라에서 나오지 못하였으니 이는 바벨론 왕이 애굽 강에서부터 유브라데 강까지 애굽 왕에게 속한
땅을 다 점령하였음이더라

유다 왕 여호야긴(대하 36:9-10, B.C. 597) 남 19대 왕

43일~48일

8 여호야긴이 왕이 될 때에 나이가 십팔 세라 예루살렘에서 석 달간 다스리니라 그의 어머니의 이름은 느후스다
요 예루살렘 엘라단의 딸이더라 9 여호야긴이 그의 아버지의 모든 행위를 따라서 여호와께서 보시기에 악을 행
하였더라

예레미야 22:18-30

18 그러므로 여호와께서 유다의 왕 요시야의 아들 여호야김에게 대하여
이와 같이 말씀하시니라 무리가 그를 위하여 슬프다 내 형제여, 슬프다
내 자매여 하며 통곡하지 아니할 것이며 그를 위하여 슬프다 주여 슬프다
그 영광이여 하며 통곡하지도 아니할 것이라 19 그가 끌려 예루살렘 문 밖
에 던져지고 나귀 같이 매장함을 당하리라

예루살렘에 대한 탄식

20 너는 레바논에 올라 외치며 바산에서 네 소리를 높이며 아바림에서 외
치라 이는 너를 사랑하는 자가 다 멸망하였음이라 21 네가 평안할 때에
내가 네게 말하였으나 네 말이 나는 듣지 아니하리라 하였나니 네가 어려
서부터 내 목소리를 청종하지 아니함이 네 습관이라 22 네 목자들은 다 바
람에 삼켜질 것이요 너를 사랑하는 자들은 사로잡혀 가리니 그 때에 네가
반드시 네 모든 악 때문에 수치와 욕을 당하리라 23 레바논에 살면서 백
향목에 깃들이는 자여 여인이 해산하는 고통 같은 고통이 네게 임할 때에
너의 가련함이 얼마나 심하랴

렘 22:18-19 하나님은 여호야김이 역사에서 기억되지 않는 왕이 되기를 원하셨다.
☞ 단 12:2-3 땅의 티끌 가운데에서 자는 자 중에서 많은 사람이 깨어나 영생을 받는 자도 있겠고 수치를 당하여서 영원히 부끄러움을 당할 자도 있을 것이며 지혜 있는 자는 궁창의 빛과 같이 빛날 것이요 많은 사람을 옳은 데로 돌아오게 한 자는 별과 같이 영원토록 빛나리라

렘 22:20-23 유다 지도자들이 그들의 악행 때문에 포로로 잡혀간다는 예언인데 이는 2차, 3차의 포로로 실현된다.
☞ 겔 18:30-31 주 여호와의 말씀이니라 이스라엘 족속아 내가 너희 각 사람이 행한 대로 심판할지라 너희는 돌이켜 회개하고 모든 죄에서 떠날지어다 그리한즉 그것이 너희에게 죄악의 걸림돌이 되지 아니하리라 너희는 너희가 범한 모든 죄악을 버리고 마음과 영을 새롭게 할지어다 이스라엘 족속아 너희가 어찌하여 죽고자 하느냐

여호와께서 고니야 왕을 심판하시다

✣ 고니야는 여호야긴의 다른 이름이다.

[24] 여호와의 말씀이니라 나의 삶으로 맹세하노니 유다 왕 여호야김의
아들 고니야가 나의 오른손의 인장반지라 할지라도 내가 빼어 [25] 네 생명을 찾는 자의 손과 네가 두려워하는
자의 손 곧 바벨론의 왕 느부갓네살의 손과 갈대아인의 손에 줄 것이라 [26] 내가 너와 너를 낳은 어머니를 너희
가 나지 아니한 다른 지방으로 쫓아내리니 너희가 거기에서 죽으리라 [27] 그들이 그들의 마음에 돌아오기를 사
모하는 땅에 돌아오지 못하리라 [28] 이 사람 고니야는 천하고 깨진 그릇이냐 좋아하지 아니하는 그릇이냐 어찌
하여 그와 그의 자손이 쫓겨나서 알지 못하는 땅에 들어갔는고 [29] 땅이여, 땅이여, 땅이여, 여호와의 말을 들을
지니라 [30] 여호와께서 이와 같이 말씀하시니라 너희는 이 사람이 자식이 없겠고 그의 평생 동안 형통하지 못할
자라 기록하라 이는 그의 자손 중 형통하여 다윗의 왕위에 앉아 유다를 다스릴 사람이 다시는 없을 것임이라
하시니라

예레미야 13:15-27

✣ 렘 13:15-29
유다는 거듭되는 하나님의 심판 경고에도 불구하고 죄를 회개하기는커녕 계속해서 악행을 저지르고 있으며 거짓 선지자들을 따라가고 있다.
교만은 만 가지 악의 근원이다. 교만은 사람이 순종하지 못하게 한다. 교만은 자기중심성을 말한다.

교만에 대한 경고

[15] 너희는 들을지어다, 귀를 기울일지어다, 교만하지 말지어다, 여호와께
서 말씀하셨음이라 [16] 그가 어둠을 일으키시기 전, 너희 발이 어두운 산에
거치기 전, 너희 바라는 빛이 사망의 그늘로 변하여 침침한 어둠이 되게
하시기 전에 너희 하나님 여호와께 영광을 돌리라 [17] 너희가 이를 듣지 아니하면 나의 심령이 너희 교만으로 말
미암아 은밀한 곳에서 울 것이며 여호와의 양 떼가 사로잡힘으로 말미암아 눈물을 흘려 통곡하리라 [18] 너는 왕
과 왕후에게 전하기를 스스로 낮추어 앉으라 관 곧 영광의 면류관이 내려졌다 하라 [19] 네겝의 성읍들이 봉쇄되
어 열 자가 없고 유다가 다 잡혀가되 온전히 잡혀가도다 [20] 너는 눈을 들어 북방에서 오는 자들을 보라 네게 맡
겼던 양 떼, 네 아름다운 양 떼는 어디 있느냐 [21] 너의 친구 삼았던 자를 그가 네 위에 우두머리로 세우실 때에 네
가 무슨 말을 하겠느냐 네가 고통에 사로잡힘이 산고를 겪는 여인 같지 않겠느냐 [22] 네가 마음으로 이르기를 어
찌하여 이런 일이 내게 닥쳤는고 하겠으나 네 죄악이 크므로 네 치마가 들리고 네 발뒤꿈치가 상함이니라 [23] 구
스인이 그의 피부를, 표범이 그의 반점을 변하게 할 수 있느냐 할 수 있을진대 악에 익숙한 너희도 선을 행할 수
있으리라 [24] 그러므로 내가 그들을 사막 바람에 불려가는 검불 같이 흩으리로다 [25] 여호와의 말씀이니라 이는 네
몫이요 내가 헤아려 정하여 네게 준 분깃이니 네가 나를 잊어버리고 거짓을 신뢰하는 까닭이라 [26] 그러므로 내가
네 치마를 네 얼굴에까지 들춰서 네 수치를 드러내리라 [27] 내가 너의 간음과 사악한 소리와 들의 작은 산 위에서
네가 행한 음란과 음행과 가증한 것을 보았노라 화 있을진저 예루살렘이여 네가 얼마나 오랜 후에야 정결하게
되겠느냐 하시니라

열왕기하 24:10-17

바벨론의 성전 약탈과 1차 포로

[10] 그 때에 바벨론의 왕 느부갓네살의 신복들이 예루살렘에 올라와서 그 성을 에워싸니라 [11] 그의 신복들이 에
워쌀 때에 바벨론의 왕 느부갓네살도 그 성에 이르니 [12] 유다의 왕 여호야긴이 그의 어머니와 신복과 지도자들
과 내시들과 함께 바벨론 왕에게 나아가매 왕이 잡으니 때는 바벨론의 왕 여덟째 해이라 [13] 그가 여호와의 성전
의 모든 보물과 왕궁 보물을 집어내고 또 이스라엘의 왕 솔로몬이 만든 것 곧 여호와의 성전의 금 그릇을 다 파

남유다의 멸망과 바벨론 유배

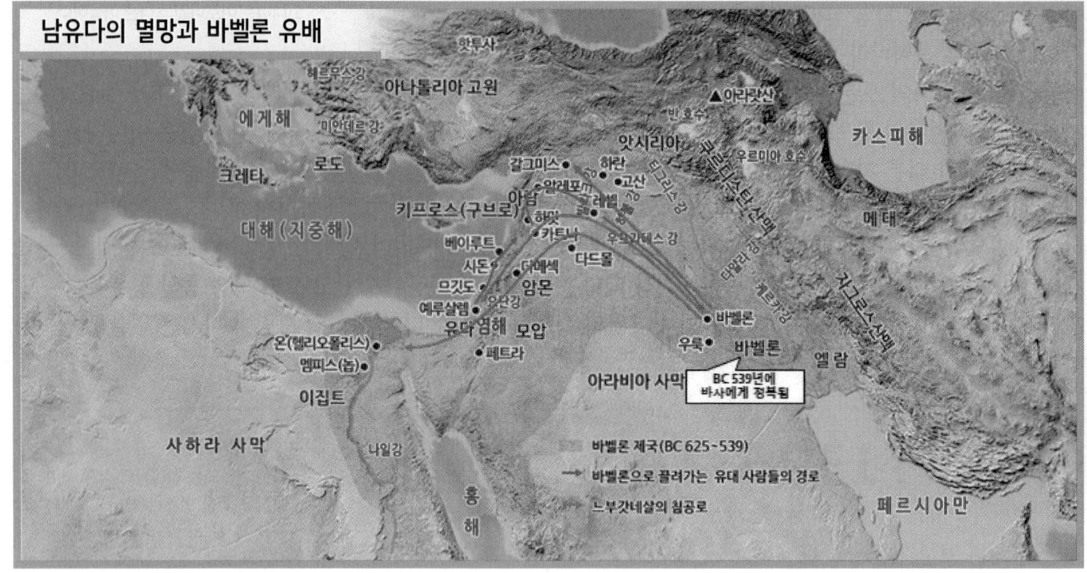

괴하였으니 여호와의 말씀과 같이 되었더라 14 그가 또 예루살렘의 모든 백성과 모든 지도자와 모든 용사 만 명
과 모든 장인과 대장장이를 사로잡아 가매 비천한 자 외에는 그 땅에 남은 자가 없었더라 15 그가 여호야긴을 바
벨론으로 사로잡아 가고 왕의 어머니와 왕의 아내들과 내시들과 나라에 권세 있는 자도 예루살렘에서 바벨론
으로 사로잡아 가고 16 또 용사 칠천 명과 장인과 대장장이 천 명 곧 용감하여 싸움을 할 만한 모든 자들을 바벨
론 왕이 바벨론으로 사로잡아 가고 17 바벨론 왕이 또 여호야긴의 숙부 맛다니야를 대신하여 왕으로 삼고 그의
이름을 고쳐 시드기야라 하였더라

역대하 36:5-10 : 여호야김의 포로

유다 왕 여호야김(왕하 23:36-24:7)

5 여호야김이 왕위에 오를 때에 나이가 이십오 세라 예루살렘에서 십일 년 동안 다스리며 그의 하나님 여호와 보
시기에 악을 행하였더라 6 바벨론 왕 느부갓네살이 올라와서 그를 치고 그를 쇠사슬로 결박하여 바벨론으로 잡
아가고 7 느부갓네살이 또 여호와의 전 기구들을 바벨론으로 가져다가 바벨론에 있는 자기 신당에 두었더라 8 여
호야김의 남은 사적과 그가 행한 모든 가증한 일들과 그에게 발견된 악행이 이스라엘과 유다 열왕기에 기록되
니라 그의 아들 여호야긴이 대신하여 왕이 되니라

유다 왕 여호야긴(왕하 24:8-17, B.C. 597) 남 19대 왕

9 여호야긴이 왕위에 오를 때에 나이가 팔 세라 예루살렘에서 석달 열흘
동안 다스리며 여호와 보시기에 악을 행하였더라 10 그 해에 느부갓네살
왕이 사람을 보내어 여호야긴을 바벨론으로 잡아가고 여호와의 전의 귀
한 그릇들도 함께 가져가고 그의 숙부 시드기야를 세워 유다와 예루살렘
왕으로 삼았더라

❖ B.C. 597년 바벨론의 2차 침공의 상황이다. 이때 여호야긴이 3개월 만에 폐위되고 그의 삼촌인 시드기야가 왕이 된다. 그는 결국 유다의 마지막 왕이 되었다.
이때 에스겔을 포함한 지도자급 만여 명이 포로로 잡혀간다. 이것이 2차 포로다.

요시야의 아들들

이스라엘(북왕국)
북왕국 멸망(B.C. 722)

B.C. 620 610 600

요시야 | 여호아하스 (609) | 여호야김 (609-598) | 여호야긴

유다(남왕국)
요시야의 아들 **여호아하스**는 오직 3개월만 통치를 했다(대하 36:2). 앗수르의 잔존세력을 도우려 북진하는 애굽의 바로 느고 2세는 그를 막으려는 요시야를 무찌르고 여파를 몰아 여호아하스를 폐위시키고 샬룸이라고도하는 여호야김을 왕으로 세운다.

여호야김 또한 여호아하스와 같이 요시야의 아들이다. 그의 이름은 엘리야김이라고도 한다. 애굽의 바로는 그를 왕으로 세우고 여호야김으로 개명한다(대하 36:4). 여호야김은 애굽에 조공바치기를 강요당하지만, 말년에는 느부갓네살의 바벨론의 속국이 된다.

예레미야 24장

❖ 렘 24장
이 두 광주리의 환상은 유다의 마지막 왕인 시드기야(B.C. 597~586) 말기에 주어진 환상이다. 좋은 무화과는 하나님의 구속 역사를 이어갈 "남은 자"를 가리킨다. 그들과 더불어 하나님 나라 회복의 역사를 이어갈 것을 언급하고 있다.

좋은 무화과 나쁜 무화과

1 바벨론의 느부갓네살 왕이 유다 왕 여호야김의 아들 여고냐와 유다 고
관들과 목공들과 철공들을 예루살렘에서 바벨론으로 옮긴 후에 여호와
께서 여호와의 성전 앞에 놓인 무화과 두 광주리를 내게 보이셨는데 2 한 광주리에는 처음 익은 듯한 극히 좋은
무화과가 있고 한 광주리에는 나빠서 먹을 수 없는 극히 나쁜 무화과가 있더라 3 여호와께서 내게 이르시되 예
레미야야 네가 무엇을 보느냐 하시매 내가 대답하되 무화과이온데 그 좋은 무화과는 극히 좋고 그 나쁜 것은 아
주 나빠서 먹을 수 없게 나쁘니이다 하니 4 여호와의 말씀이 또 내게 임하니라 이르시되 5 이스라엘의 하나님 여
호와께서 이와 같이 말씀하시니라 내가 이 곳에서 옮겨 갈대아인의 땅에 이르게 한 유다 포로를 이 좋은 무화과
같이 잘 돌볼 것이라 6 내가 그들을 돌아보아 좋게 하여 다시 이 땅으로 인도하여 세우고 헐지 아니하며 심고 뽑
지 아니하겠고 7 내가 여호와인 줄 아는 마음을 그들에게 주어서 그들이 전심으로 내게 돌아오게 하리니 그들은
내 백성이 되겠고 나는 그들의 하나님이 되리라 8 여호와께서 이와 같이 말씀하시니라 내가 유다의 왕 시드기야
와 그 고관들과 예루살렘의 남은 자로서 이 땅에 남아 있는 자와 애굽 땅에 사는 자들을 나빠서 먹을 수 없는 이
나쁜 무화과 같이 버리되 9 세상 모든 나라 가운데 흩어서 그들에게 환난을 당하게 할 것이며 또 그들에게 내가
쫓아 보낼 모든 곳에서 부끄러움을 당하게 하며 말 거리가 되게 하며 조롱과 저주를 받게 할 것이며 10 내가 칼
과 기근과 전염병을 그들 가운데 보내 그들이 내가 그들과 그들의 조상들에게 준 땅에서 멸절하기까지 이르게
하리라 하시니라

다니엘 1장~4장

다니엘 1장

느부갓네살 왕궁의 소년들

1 유다 왕 여호야김이 다스린 지 삼 년이 되는 해에 바벨론 왕 느부갓네살이 예루살렘에 이르러 성을 에워쌌더니
2 주께서 유다 왕 여호야김과 하나님의 전 그릇 얼마를 그의 손에 넘기시매 그가 그것을 가지고 시날 땅 자기 신
들의 신전에 가져다가 그 신들의 보물 창고에 두었더라 3 왕이 환관장 아스부나스에게 말하여 이스라엘 자손 중

다니엘 DANIEL 但以理書

다니엘 한눈에 보기

개요 **"모든 생명이 가장 높은 이의 통치를 알리라"**

I. 역사에 대한 기록 (1장-6장) 느부갓네살 왕의 꿈을 통한 앞으로의 역사를 예견함

II. 예언적 기록 (7장-12장) '이레'의 용어로 풀어 보는 앞으로 될 일들

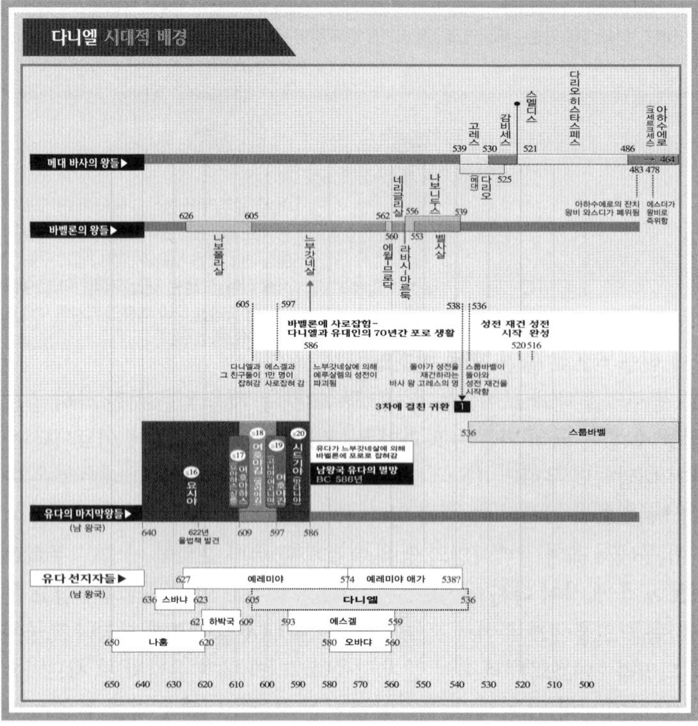

에서 왕족과 귀족 몇 사람 4 곧 흠이 없고 용모가 아름다우며 모든 지혜를
통찰하며 지식에 통달하며 학문에 익숙하여 왕궁에 설 만한 소년을 데려
오게 하였고 그들에게 갈대아 사람의 학문과 언어를 가르치게 하였고 5
또 왕이 지정하여 그들에게 왕의 음식과 그가 마시는 포도주에서 날마다
쓸 것을 주어 삼 년을 기르게 하였으니 그 후에 그들은 왕 앞에 서게 될 것
이더라 6 그들 가운데는 유다 자손 곧 다니엘과 하나냐와 미사엘과 아사
랴가 있었더니 7 환관장이 그들의 이름을 고쳐 다니엘은 벨드사살이라 하
고 하나냐는 사드락이라 하고 미사엘은 메삭이라 하고 아사랴는 아벳느
고라 하였더라 8 다니엘은 뜻을 정하여 왕의 음식과 그가 마시는 포도주
로 자기를 더럽히지 아니하리라 하고 자기를 더럽히지 아니하도록 환관
장에게 구하니 9 하나님이 다니엘로 하여금 환관장에게 은혜와 긍휼을
얻게 하신지라 10 환관장이 다니엘에게 이르되 내가 내 주 왕을 두려워하

❖ **다니엘**

① 바벨론의 1차 침략 때(B.C. 605) 포로로 잡혀감(단 1:1-7)
② 다니엘은 '하나님은 나의 심판자'라는 뜻
③ 이스라엘 12지파 중 유다 지파에 속한 왕족 출신

❖ **시대적 배경**

다니엘은 남유다 왕국 멸망의 서곡인 B.C. 605년 제1차 바벨론 포로 때로부터 바벨론 제국을 정복했던 바사왕 고레스의 통치 원년인 B.C. 538년까지 바벨론에서 공식적으로 활동한 선지자이다. 다니엘이 바벨론에 포로로 잡혀 가던 해는 B.C. 605년으로 이해에 그 유명한 애굽과 바벨론간의 갈그미스(Carchemish) 전투가 벌어졌다. 이는 바벨론이 앗수르와 애굽을 차례로 격파하고 고대 근동의 패권을 차지하게 된 결정적인 사건이었다. 그리고 당시 남 왕국 유다는 애굽의 바로 느고(Necho)에 의해 즉위하게 된 제18대 왕 여호야김(B.C. 609-598)이 통치하고 있었는데 애굽이 갈그미스 전투에서 패배함에 따라 남 유다도 바벨론 왕 느부갓네살의 진노를 사게 되어 유다의 왕족과 귀족들이 포로로 끌려가게 되었다. 다니엘이 바로 이 무리에 속해 있었다. 다니엘이 바벨론에 있는 동안 교체된 바벨론 왕들의 계보를 살펴보면, 느부갓네살 2세(B.C. 605-560)에 이어 에윌 므로닥(B.C. 562-562), 네리글리살(B.C. 560-556), 라바시 마르둑(B.C. 556), 나보니두스(B.C. 556-539) 벨사살(B.C. 550-539)이 차례로 등극하였으며, 나보니두스와 벨사살은 상당 기간 공동 통치를 하였다. 그리고 바사 왕 고레스(B.C. 559-529)가 B.C. 539년에 바벨론 제국을 멸망시킴으로써 바사 제국이 근동 지역의 패권국으로 등장하게 되었다.

❖ **단 1장**

다니엘과 그 세 친구는 그야말로 "바벨론에서 그리스도인으로 살아가기"의 본을 보여준 사람들이다. 절대 진리가 없는 다원주의 세상에서 하나님 말씀의 원리를 절대 진리로 삼고, 하나님 백성의 정체성을 보이며 살아간다는 것은 결코 쉬운 일이 아니다. 그들의 삶은 바로 롬 12:1-2의 삶이었다.

☞ **롬 12:1-2** 그러므로 형제들아 내가 하나님의 모든 자비하심으로 너희를 권하노니 너희 몸을 하나님이 기뻐하시는 거룩한 산 제물로 드리라 이는 너희가 드릴 영적 예배니라 너희는 이 세대를 본받지 말고 오직 마음을 새롭게 함으로 변화를 받아 하나님의 선하시고 기뻐하시고 온전하신 뜻이 무엇인지 분별하도록 하라

☞ 이것이 우리 『통큰통독』 관점 3에서 말하는 "구별된 삶"의 표본적인 삶이고,

노라 그가 너희 먹을 것과 너희 마실 것을 지정하셨거늘 너희의 얼굴이 초
췌하여 같은 또래의 소년들만 못한 것을 그가 보게 할 것이 무엇이냐 그
렇게 되면 너희 때문에 내 머리가 왕 앞에서 위태롭게 되리라 하니라 11
환관장이 다니엘과 하나냐와 미사엘과 아사랴를 감독하게 한 자에게 다
니엘이 말하되 12 청하오니 당신의 종들을 열흘 동안 시험하여 채식을 주
어 먹게 하고 물을 주어 마시게 한 후에 13 당신 앞에서 우리의 얼굴과 왕
의 음식을 먹는 소년들의 얼굴을 비교하여 보아서 당신이 보는 대로 종들
에게 행하소서 하매 14 그가 그들의 말을 따라 열흘 동안 시험하더니 15
열흘 후에 그들의 얼굴이 더욱 아름답고 살이 더욱 윤택하여 왕의 음식을
먹는 다른 소년들보다 더 좋아 보인지라 16 그리하여 감독하는 자가 그들
에게 지정된 음식과 마실 포도주를 제하고 채식을 주니라 17 하나님이 이 네 소년에게 학문을 주시고 모든 서적
을 깨닫게 하시고 지혜를 주셨으니 다니엘은 또 모든 환상과 꿈을 깨달아 알더라 18 왕이 말한 대로 그들을 불러
들일 기한이 찼으므로 환관장이 그들을 느부갓네살 앞으로 데리고 가니 19 왕이 그들과 말하여 보매 무리 중에
다니엘과 하나냐와 미사엘과 아사랴와 같은 자가 없으므로 그들을 왕 앞에 서게 하고 20 왕이 그들에게 모든 일
을 묻는 중에 그 지혜와 총명이 온 나라 박수와 술객보다 십 배나 나은 줄을 아니라 21 다니엘은 고레스 왕 원년
까지 있으니라

"지켜 행하라"라는 하나님의 명령을 순도 100%로 순종하는 모습이다.
☞ **고후 10:4-6** 우리의 싸우는 무기는 육신에 속한 것이 아니요 오직 어떤 견고한 진도 무너뜨리는 하나님의 능력이라 모든 이론을 무너뜨리며 하나님 아는 것을 대적하여 높아진 것을 다 무너뜨리고 모든 생각을 사로잡아 그리스도에게 복종하게 하니 너희의 복종이 온전하게 될 때에 모든 복종하지 않는 것을 벌하려고 준비하는 중에 있노라

다니엘서
학습 자료 47-3 "묵시 문학의 이해" 참조

다니엘 2장

느부갓네살의 꿈

1 느부갓네살이 다스린 지 이 년이 되는 해에 느부갓네살이 꿈을 꾸고 그
로 말미암아 마음이 번민하여 잠을 이루지 못한지라 2 왕이 그의 꿈을 자

기에게 알려 주도록 박수와 술객과
점쟁이와 갈대아 술사를 부르라 말
하매 그들이 들어가서 왕의 앞에
선지라 3 왕이 그들에게 이르되 내
가 꿈을 꾸고 그 꿈을 알고자 하여
마음이 번민하도다 하니 4 갈대아
술사들이 아람 말로 왕에게 말하
되 왕이여 만수무강 하옵소서 왕께
서 그 꿈을 종들에게 이르시면 우
리가 해석하여 드리겠나이다 하는
지라 5 왕이 갈대아인들에게 대답
하여 이르되 내가 명령을 내렸나니
너희가 만일 꿈과 그 해석을 내게
알게 하지 아니하면 너희 몸을 쪼갤 것이며 너희의 집을 거름더미로 만들
것이요 6 너희가 만일 꿈과 그 해석을 보이면 너희가 선물과 상과 큰 영광
을 내게서 얻으리라 그런즉 꿈과 그 해석을 내게 보이라 하니 7 그들이 다
시 대답하여 이르되 원하건대 왕은 꿈을 종들에게 이르소서 그리하시면
우리가 해석하여 드리겠나이다 하니 8 왕이 대답하여 이르되 내가 분명
히 아노라 너희가 나의 명령이 내렸음을 보았으므로 시간을 지연하려 함

단 2장
학습 자료 47-4 "느부갓네살 즉위 2년"을 참조

단 2:1-13 이 시점이 B.C. 603년경으로 추정한다.
느부갓네살왕의 꿈을 묵시 형태로 기록하고 있다. 이 기이한 꿈을 풀자는 하나님의 은혜를 입은 다니엘뿐이고, 그가 그 꿈을 해석한다.
구약 시대의 꿈은 하나님의 계시를 보여 주는 한 방편이다. 그러나 신약은 예수 그리스도의 구속 사역 완성으로 계시가 완성되어 성경 66권만이 유일한 공적 계시이다.
☞ **요일 4:1** 사랑하는 자들아 영을 다 믿지 말고 오직 영들이 하나님께 속하였나 분별하라 많은 거짓 선지자가 세상에 나왔음이라

43일~48일

이로다 9 너희가 만일 이 꿈을 내게 알게 하지 아니하면 너희를 처치할 법이 오직 하나이니 이는 너희가 거짓말과
망령된 말을 내 앞에서 꾸며 말하여 때가 변하기를 기다리려 함이라 이제 그 꿈을 내게 알게 하라 그리하면 너희
가 그 해석도 보일 줄을 내가 알리라 하더라 10 갈대아인들이 왕 앞에 대답하여 이르되 세상에는 왕의 그 일을
보일 자가 한 사람도 없으므로 어떤 크고 권력 있는 왕이라도 이런 것으로 박수에게나 술객에게나 갈대아인들
에게 물은 자가 없었나이다 11 왕께서 물으신 것은 어려운 일이라 육체와 함께 살지 아니하는 신들 외에는 왕 앞
에 그것을 보일 자가 없나이다 한지라 12 왕이 이로 말미암아 진노하고 통분하여 바벨론의 모든 지혜자들을 다
죽이라 명령하니라 13 왕의 명령이 내리매 지혜자들은 죽게 되었고 다니엘과 그의 친구들도 죽이려고 찾았더라

다니엘에게 은밀한 것을 보이시다

14 그 때에 왕의 근위대장 아리옥이 바벨론 지혜자들을 죽이러 나가매 다
니엘이 명철하고 슬기로운 말로 15 왕의 근위대장 아리옥에게 물어 이르
되 왕의 명령이 어찌 그리 급하냐 하니 아리옥이 그 일을 다니엘에게 알
리매 16 다니엘이 들어가서 왕께 구하기를 시간을 주시면 왕에게 그 해석
을 알려 드리리이다 하니라 17 이에 다니엘이 자기 집으로 돌아가서 그 친
구 하나냐와 미사엘과 아사랴에게 그 일을 알리고 18 하늘에 계신 하나님
이 이 은밀한 일에 대하여 불쌍히 여기사 다니엘과 친구들이 바벨론의 다
른 지혜자들과 함께 죽임을 당하지 않게 하시기를 그들로 하여금 구하게
하니라 19 이에 이 은밀한 것이 밤에 환상으로 다니엘에게 나타나 보이매
다니엘이 하늘에 계신 하나님을 찬송하니라 20 다니엘이 말하여 이르되
영원부터 영원까지 하나님의 이름을 찬송할 것은 지혜와 능력이 그에게
있음이로다 21 그는 때와 계절을 바꾸시며 왕들을 폐하시고 왕들을 세우
시며 지혜자에게 지혜를 주시고 총명한 자에게 지식을 주시는도다 22 그
는 깊고 은밀한 일을 나타내시고 어두운 데에 있는 것을 아시며 또 빛이
그와 함께 있도다 23 나의 조상들의 하나님이여 주께서 이제 내게 지혜와
능력을 주시고 우리가 주께 구한 것을 내게 알게 하셨사오니 내가 주께
감사하고 주를 찬양하나이다 곧 주께서 왕의 그 일을 내게 보이셨나이다 하니라 24 이에 다니엘은 왕이 바벨론
지혜자들을 죽이라 명령한 아리옥에게로 가서 그에게 이같이 이르되 바벨론 지혜자들을 죽이지 말고 나를 왕의
앞으로 인도하라 그리하면 내가 그 해석을 왕께 알려 드리리라 하니

단 2:14-24 문제에 직면했을 때 자기의 지혜로 풀려 하지 않고 하나님을 찾고 그분께 의뢰하는 다니엘의 믿음을 보라. 다니엘은 과연 기도의 용사이었다.
기도의 첫 시작은 그분의 긍휼하심에 의지하는 것이다.
그리고 기도 응답의 목적은 내 뜻을 이루는 것이 아니고, 하나님의 영광을 여러 사람이 찬양하게 하는 것이다. 다니엘의 이런 기도의 자세를 배워야 한다.
☞ 느 1:5 이르되 하늘의 하나님 여호와 크고 두려우신 하나님이여 주를 사랑하고 주의 계명을 지키는 자에게 언약을 지키시며 긍휼을 베푸시는 주여 간구하나이다
☞ 시 28:6-7 여호와를 찬송함이여 내 간구하는 소리를 들으심이로다 여호와는 나의 힘과 나의 방패이시니 내 마음이 그를 의지하여 도움을 얻었도다 그러므로 내 마음이 크게 기뻐하며 내 노래로 그를 찬송하리로다

다니엘이 꿈을 해석하다

25 이에 아리옥이 다니엘을 데리고 급히 왕 앞에 들어가서 아뢰되 내가 사로잡혀 온 유다 자손 중에서 한 사람을
찾아내었나이다 그가 그 해석을 왕께 알려 드리리이다 하니라 26 왕이 대답하여 벨드사살이라 이름한 다니엘에
게 이르되 내가 꾼 꿈과 그 해석을 네가 능히 내게 알게 하겠느냐 하니 27 다니엘이 왕 앞에 대답하여 이르되 왕
이 물으신 바 은밀한 것은 지혜자나 술객이나 박수나 점쟁이가 능히 왕께 보일 수 없으되 28 오직 은밀한 것을 나
타내실 이는 하늘에 계신 하나님이시라 그가 느부갓네살 왕에게 후일에 될 일을 알게 하셨나이다 왕의 꿈 곧 왕
이 침상에서 머리 속으로 받은 환상은 이러하니이다 29 왕이여 왕이 침상에서 장래 일을 생각하실 때에 은밀한 것
을 나타내시는 이가 장래 일을 왕에게 알게 하셨사오며 30 내게 이 은밀한 것을 나타내심은 내 지혜가 모든 사람
보다 낫기 때문이 아니라 오직 그 해석을 왕에게 알려서 왕이 마음으로 생각하던 것을 왕에게 알려 주려 하심이
니이다 31 왕이여 왕이 한 큰 신상을 보셨나이다 그 신상이 왕의 앞에 섰는데 크고 광채가 매우 찬란하며 그 모양
이 심히 두려우니 32 그 우상의 머리는 순금이요 가슴과 두 팔은 은이요 배와 넓적다리는 놋이요 33 그 종아리는
쇠요 그 발은 얼마는 쇠요 얼마는 진흙이었나이다 34 또 왕이 보신즉 손대지 아니한 돌이 나와서 신상의 쇠와 진
흙의 발을 쳐서 부서뜨리매 35 그 때에 쇠와 진흙과 놋과 은과 금이 다 부서져 여름 타작마당의 겨 같이 되어 바람

에 불려 간 곳이 없었고 우상을 친 돌은 태산을 이루어 온 세계에 가득하
였나이다 36 그 꿈이 이러한즉 내가 이제 그 해석을 왕 앞에 아뢰리이다 37
왕이여 왕은 여러 왕들 중의 왕이시라 하늘의 하나님이 나라와 권세와 능
력과 영광을 왕에게 주셨고 38 사람들과 들짐승과 공중의 새들, 어느 곳에
있는 것을 막론하고 그것들을 왕의 손에 넘기사 다 다스리게 하셨으니 왕
은 곧 그 금 머리니이다 39 왕을 뒤이어 왕보다 못한 다른 나라가 일어날
것이요 셋째로 또 놋 같은 나라가 일어나서 온 세계를 다스릴 것이며 40 넷
째 나라는 강하기가 쇠 같으리니 쇠는 모든 물건을 부서뜨리고 이기는 것
이라 쇠가 모든 것을 부수는 것 같이 그 나라가 뭇 나라를 부서뜨리고 찧
을 것이며 41 왕께서 그 발과 발가락이 얼마는 토기장이의 진흙이요 얼마
는 쇠인 것을 보셨은즉 그 나라가 나누일 것이며 왕께서 쇠와 진흙이 섞인
것을 보셨은즉 그 나라가 쇠 같은 든든함이 있을 것이나 42 그 발가락이 얼
마는 쇠요 얼마는 진흙인즉 그 나라가 얼마는 든든하고 얼마는 부서질 만
할 것이며 43 왕께서 쇠와 진흙이 섞인 것을 보셨은즉 그들이 다른 민족과
서로 섞일 것이나 그들이 피차에 합하지 아니함이 쇠와 진흙이 합하지 않
음과 같으리이다 44 이 여러 왕들의 시대에 하늘의 하나님이 한 나라를 세
우시리니 이것은 영원히 망하지도 아니할 것이요 그 국권이 다른 백성에
게로 돌아가지도 아니할 것이요 도리어 이 모든 나라를 쳐서 멸망시키고
영원히 설 것이라 45 손대지 아니한 돌이 산에서 나와서 쇠와 놋과 진흙과
은과 금을 부서뜨린 것을 왕께서 보신 것은 크신 하나님이 장래 일을 왕께
알게 하신 것이라 이 꿈은 참되고 이 해석은 확실하니이다하니

왕이 다니엘을 높이다

46 이에 느부갓네살 왕이 엎드려 다니엘에게 절하고 명하여 예물과 향품을
그에게 주게 하니라 47 왕이 대답하여 다니엘에게 이르되 너희 하나님은
참으로 모든 신들의 신이시요 모든 왕의 주재시로다 네가 능히 이 은밀한
것을 나타내었으니 네 하나님은 또 은밀한 것을 나타내시는 이시로다 48 왕이 이에 다니엘을 높여 귀한 선물을 많
이 주며 그를 세워 바벨론 온 지방을 다스리게 하며 또 바벨론 모든 지혜자의 어른을 삼았으며 49 왕이 또 다니엘
의 요구대로 사드락과 메삭과 아벳느고를 세워 바벨론 지방의 일을 다스리게 하였고 다니엘은 왕궁에 있었더라

단 2:25-45 느부갓네살의 꿈은 종말에 대한 계시이기도 하다. 다니엘은 꿈의 신상의 각 부위를 다음과 같이 해석한다.
① 순금의 머리는 바벨론
② 은의 가슴과 팔은 바사(페르샤) 제국
③ 놋으로 된 배와 넓적다리는 헬라 제국
④ 쇠로 된 종아리는 로마 제국
그리고 쇠로 진흙에 포함된 발은 그 후에 나타날 국가를 의미한다는 것이다.
그런데 한 뜨인 돌이 신상을 부순다는 것인데 이는 메시아에 의해 각 국가가 부서지고 하나님 나라가 영원히 서게 된다는 것을 뜻한다.
☞ 다니엘서의 주제는 하나님 나라가 세상 나라를 이기고 영원히 선다는 것을 보여 준다.
오직 하나님만이 세상 역사 전개의 주체이시며 주권자이심을 명확히 보여 준다.
☞ **대상 29:11-12** 여호와여 위대하심과 권능과 영광과 승리와 위엄이 다 주께 속하였사오니 천지에 있는 것이 다 주의 것이로소이다 여호와여 주권도 주께 속하였사오니 주는 높으사 만물의 머리이심이니이다 부와 귀가 주께로 말미암고 또 주는 만물의 주재가 되사 손에 권세와 능력이 있사오니 모든 사람을 크게 하심과 강하게 하심이 주의 손에 있나이다
☞ **시 24:1** 땅과 거기에 충만한 것과 세계와 그 가운데에 사는 자들은 다 여호와의 것이로다

단 2장
학습 자료 47-5 "세상 나라의 유한성과 그리스도 나라의 영원성" 참조

다니엘 3장

금 신상 숭배

1 느부갓네살 왕이 금으로 신상을 만들었으니 높이는 육십 규빗이요 너비는 여섯 규빗이라 그것을 바벨론 지방의
두라 평지에 세웠더라 2 느부갓네살 왕이 사람을 보내어 총독과 수령과 행정관과 모사와 재무관과 재판관과 법
률사와 각 지방 모든 관원을 느부갓네살 왕이 세운 신상의 낙성식에 참석하게 하매 3 이에 총독과 수령과 행정관
과 모사와 재무관과 재판관과 법률사와 각 지방 모든 관원이 느부갓네살 왕이 세운 신상의 낙성식에 참석하여
느부갓네살 왕이 세운 신상 앞에 서니라 4 선포하는 자가 크게 외쳐 이르되 백성들과 나라들과 각 언어로 말하는
자들아 왕이 너희 무리에게 명하시나니 5 너희는 나팔과 피리와 수금과 삼현금과 양금과 생황과 및 모든 악기 소
리를 들을 때에 엎드리어 느부갓네살 왕이 세운 금 신상에게 절하라 6 누구든지 엎드려 절하지 아니하는 자는 즉
시 맹렬히 타는 풀무불에 던져 넣으리라 하였더라 7 모든 백성과 나라들과 각 언어를 말하는 자들이 나팔과 피리
와 수금과 삼현금과 양금과 및 모든 악기 소리를 듣자 곧 느부갓네살 왕이 세운 금 신상에게 엎드려 절하니라

다니엘서의 예언 개관

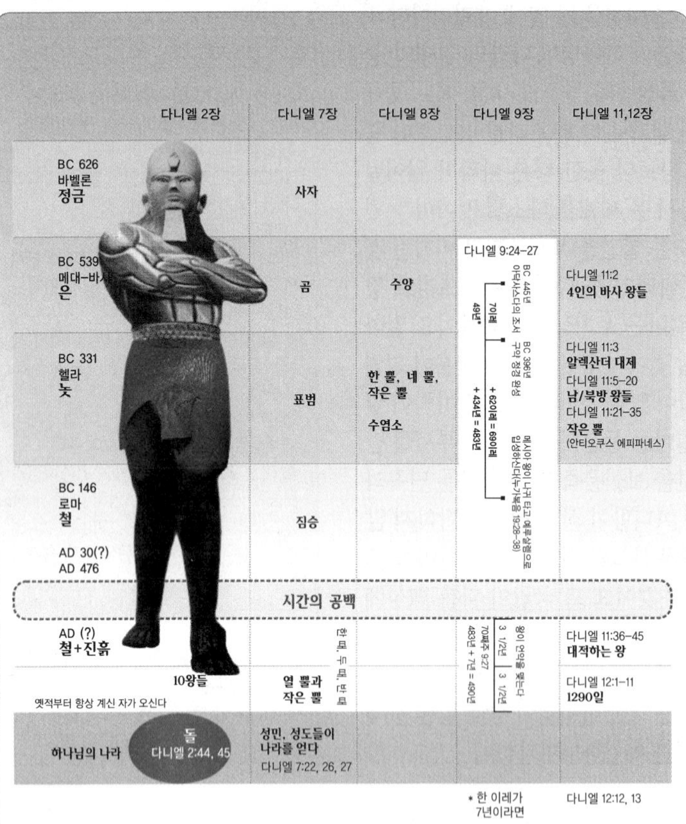

다니엘 2장
다니엘 7장
다니엘 8장
다니엘 9장
다니엘 11,12장
BC 626
바벨론
정금
사자
BC 539
메대-바사
은
곰
수양
다니엘 9:24-27
BC 445년
아닥사스다의 조서
BC 396년
구약 정경 완성
메시아 왕이 나귀 타고 예루살렘으로 입성하신다(누가복음 19:28-38)
70이레
49년*
+ 620이레 = 690이레
+ 434년 = 483년
다니엘 11:2
4인의 바사 왕들
BC 331
헬라
놋
한 뿔, 네 뿔,
작은 뿔
수염소
표범
다니엘 11:3
알렉산더 대제
다니엘 11:5-20
남/북방 왕들
다니엘 11:21-35
작은 뿔
(안티오쿠스 에피파네스)
BC 146
로마
철
짐승
AD 30(?)
AD 476
시간의 공백
AD (?)
철+진흙
한 때, 두 때, 반 때
왕이 언약을 맺는다
3 1/2년
3 1/2년
70째주 9:27
483년 + 7년 = 490년
다니엘 11:36-45
대적하는 왕
10왕들
열 뿔과
작은 뿔
다니엘 12:1-11
1290일
옛적부터 항상 계신 자가 오신다
하나님의 나라
돌
다니엘 2:44, 45
성민, 성도들이
나라를 얻다
다니엘 7:22, 26, 27
* 한 이레가
7년이라면
다니엘 12:12, 13

❖ 단 3장

이 풀무불 사건은 다음과 같은 3가지 중요한 신학적 의미가 있다.

① 여호와 하나님 한 분만이 참 신이시다. 금 신상에게 절하기를 거절한 다니엘의 3 친구에게 느부갓네살 왕은 그들이 믿는 신이 그들을 능히 구원하겠느냐고 조롱했으나(15절) 그들은 머리털 하나 타지 않고 구원받았다.

② 이 무사 구출 사실은 하나님은 무한한 권능을 가지신 전능하신 하나님이라는 사실을 입증했다.

③ 위기의 순간에도 하나님에 대한 신뢰를 버리지 않고 그를 의지하면 일시적 고통은 따르나 궁극적으로 구원을 받는다는 사실을 보여 준다.

이와 같은 사실은 포로 상태에 있는 유다 백성에게는 엄청난 소망을 주는 이야기이다.

다니엘의 세 친구

8 그 때에 어떤 갈대아 사람들이 나아와 유다 사람들을 참소하니라 9 그
들이 느부갓네살 왕에게 이르되 왕이여 만수무강 하옵소서 10 왕이여 왕
이 명령을 내리사 모든 사람이 나팔과 피리와 수금과 삼현금과 양금과 생
황과 및 모든 악기 소리를 듣거든 엎드려 금 신상에게 절할 것이라 11 누
구든지 엎드려 절하지 아니하는 자는 맹렬히 타는 풀무불 가운데에 던져
넣음을 당하리라 하지 아니하셨나이까 12 이제 몇 유다 사람 사드락과 메
삭과 아벳느고는 왕이 세워 바벨론 지방을 다스리게 하신 자이거늘 왕이여 이 사람들이 왕을 높이지 아니하며
왕의 신들을 섬기지 아니하며 왕이 세우신 금 신상에게 절하지 아니하나이다 13 느부갓네살 왕이 노하고 분하여
사드락과 메삭과 아벳느고를 끌어오라 말하매 드디어 그 사람들을 왕의 앞으로 끌어온지라 14 느부갓네살이 그
들에게 물어 이르되 사드락, 메삭, 아벳느고야 너희가 내 신을 섬기지 아니하며 내가 세운 금 신상에게 절하지
아니한다 하니 사실이냐 15 이제라도 너희가 준비하였다가 나팔과 피리와 수금과 삼현금과 양금과 생황과 및 모
든 악기 소리를 들을 때 내가 만든 신상 앞에 엎드려 절하면 좋거니와 너희가 만일 절하지 아니하면 즉시 너희를
맹렬히 타는 풀무불 가운데에 던져 넣을 것이니 능히 너희를 내 손에서 건져낼 신이 누구이겠느냐 하니 16 사드
락과 메삭과 아벳느고가 왕에게 대답하여 이르되 느부갓네살이여 우리가 이 일에 대하여 왕에게 대답할 필요가
없나이다 17 왕이여 우리가 섬기는 하나님이 계시다면 우리를 맹렬히 타는 풀무불 가운데에서 능히 건져내시겠

단 3:8-17 "~아니할지라도"의 신앙은 가장 아름다운 신앙이다. 하박국도 그러하다.

단 3:8-23
학습 자료 47-6
"고대 근동의 풀무불과 사자굴 형벌" 참조

고 왕의 손에서도 건져내시리이다 18 그렇게 하지 아니하실지라도 왕이여 우리가 왕의 신들을 섬기지도 아니하
고 왕이 세우신 금 신상에게 절하지도 아니할 줄을 아옵소서

세 친구를 풀무불에 던지다

19 느부갓네살이 분이 가득하여 사드락과 메삭과 아벳느고를 향하여 얼
굴빛을 바꾸고 명령하여 이르되 그 풀무불을 뜨겁게 하기를 평소보다 칠
배나 뜨겁게 하라 하고 20 군대 중 용사 몇 사람에게 명령하여 사드락과
메삭과 아벳느고를 결박하여 극렬히 타는 풀무불 가운데에 던지라 하니
라 21 그러자 그 사람들을 겉옷과 속옷과 모자와 다른 옷을 입은 채 결박
하여 맹렬히 타는 풀무불 가운데에 던졌더라 22 왕의 명령이 엄하고 풀무
불이 심히 뜨거우므로 불꽃이 사드락과 메삭과 아벳느고를 붙든 사람을
태워 죽였고 23 이 세 사람 사드락과 메삭과 아벳느고는 결박된 채 맹렬
히 타는 풀무불 가운데에 떨어졌더라

> 단 3:19-23 이 일은 불신자 이방인인 느부갓네살 왕의 입에서조차 구원을 행할 이는 오직 여호와 하나님이라는 고백을 보게 된다. 또 25절은 분명 세 친구가 불에 던졌는데 구조를 받았을 때는 4명이 보였다고 한다. 그들을 구하기 위해 그 속에 함께한 예수님을 말하는 것이다.
> ☞ 이 세 친구의 "~지라도"의 신앙적 자세는 다원주의가 대세를 이루는 이 시대에 더욱 절실히 필요하다.
> 일제 강점기의 신사참배, 오늘 한국뿐만 아니고 온 세계 교회가 동성애를 부추기는 모습에 이 세 친구의 신앙적 자세가 더욱 그리워진다.
> 하나님은 섞이는 삶을 절대로 용납하지 않는다는 진리를 지금까지 읽은 성경 부분에서도 충분히 알았다.

단 3:19-23
학습 자료 47-7 "세상 가운데 살지만 세상과 구별하여야 할 성도의 삶" 참조

왕이 세 친구를 높이다

24 그 때에 느부갓네살 왕이 놀라 급히 일어나
서 모사들에게 물어 이르되 우리가 결박하여
불 가운데에 던진 자는 세 사람이 아니었느
냐 하니 그들이 왕에게 대답하여 이르되 왕
이여 옳소이다 하더라 25 왕이 또 말하여 이
르되 내가 보니 결박되지 아니한 네 사람이
불 가운데로 다니는데 상하지도 아니하였고 그 넷째의 모양은 신들의 아들과 같도다
하고 26 느부갓네살이 맹렬히 타는 풀무불 아귀 가까이 가서 불러 이르되 지극히 높으신 하나님의 종 사드락, 메
삭, 아벳느고야 나와서 이리로 오라 하매 사드락과 메삭과 아벳느고가 불 가운데에서 나온지라 27 총독과 지사
와 행정관과 왕의 모사들이 모여 이 사람들을 본즉 불이 능히 그들의 몸을 해하지 못하였고 머리털도 그을리지
아니하였고 겉옷 빛도 변하지 아니하였고 불 탄 냄새도 없었더라 28 느부갓네살이 말하여 이르되 사드락과 메삭
과 아벳느고의 하나님을 찬송할지로다 그가 그의 천사를 보내사 자기를 의뢰하고 그들의 몸을 바쳐 왕의 명령
을 거역하고 그 하나님 밖에는 다른 신을 섬기지 아니하며 그에게 절하지 아니한 종들을 구원하셨도다 29 그러
므로 내가 이제 조서를 내리노니 각 백성과 각 나라와 각 언어를 말하는 자가 모두 사드락과 메삭과 아벳느고의
하나님께 경솔히 말하거든 그 몸을 쪼개고 그 집을 거름터로 삼을지니 이는 이같이 사람을 구원할 다른 신이 없
음이니라 하더라 30 왕이 드디어 사드락과 메삭과 아벳느고를 바벨론 지방에서 더욱 높이니라

다니엘 4장

느부갓네살 왕의 두 번째 꿈

1 느부갓네살 왕은 천하에 거주하는 모든 백성들과 나라들과 각 언어를 말하는 자들에게 조서를 내리노라 원하
노니 너희에게 큰 평강이 있을지어다 2 지극히 높으신 하나님이 내게 행하신 이적과 놀라운 일을 내가 알게 하기
를 즐겨 하노라 3 참으로 크도다 그의 이적이여, 참으로 능하도다 그의 놀라운 일이여, 그의 나라는 영원한 나라
요 그의 통치는 대대에 이르리로다 4 나 느부갓네살이 내 집에 편히 있으며 내 궁에서 평강할 때에 5 한 꿈을 꾸
고 그로 말미암아 두려워하였으니 곧 내 침상에서 생각하는 것과 머릿속으로 받은 환상으로 말미암아 번민하였
었노라 6 이러므로 내가 명령을 내려 바벨론의 모든 지혜자들을 내 앞으로 불러다가 그 꿈의 해석을 내게 알게
하라 하였더라 7 그 때에 박수와 술객과 갈대아 술사와 점쟁이가 들어왔으므로 내가 그 꿈을 그들에게 말하였
으나 그들이 그 해석을 내게 알려 주지 못하였느니라 8 그 후에 다니엘이 내 앞에 들어왔으니 그는 내 신의 이름

43일~48일

을 따라 벨드사살이라 이름한 자요 그의 안에는 거룩한 신들의 영이 있는
자라 내가 그에게 꿈을 말하여 이르되 9 박수장 벨드사살아 네 안에는 거
룩한 신들의 영이 있은즉 어떤 은밀한 것이라도 네게는 어려울 것이 없는
줄을 내가 아노니 내 꿈에 본 환상의 해석을 내게 말하라 10 내가 침상에
서 나의 머리 속으로 받은 환상이 이러하니라 내가 본즉 땅의 중앙에 한
나무가 있는 것을 보았는데 높이가 높더니 11 그 나무가 자라서 견고하여
지고 그 높이는 하늘에 닿았으니 그 모양이 땅 끝에서도 보이겠고 12 그
잎사귀는 아름답고 그 열매는 많아서 만민의 먹을 것이 될 만하고 들짐
승이 그 그늘에 있으며 공중에 나는 새는 그 가지에 깃들이고 육체를 가
진 모든 것이 거기에서 먹을 것을 얻더라 13 내가 침상에서 머리 속으로 받
은 환상 가운데에 또 본즉 한 순찰자, 한 거룩한 자가 하늘에서 내려왔는
데 14 그가 소리 질러 이처럼 이르기를 그 나무를 베고 그 가지를 자르고
그 잎사귀를 떨고 그 열매를 헤치고 짐승들을 그 아래에서 떠나게 하고
새들을 그 가지에서 쫓아내라 15 그러나 그 뿌리의 그루터기를 땅에 남겨
두고 쇠와 놋줄로 동이고 그것을 들 풀 가운데에 두어라 그것이 하늘 이
슬에 젖고 땅의 풀 가운데에서 짐승과 더불어 제 몫을 얻으리라 16 또 그
마음은 변하여 사람의 마음 같지 아니하고 짐승의 마음을 받아 일곱 때
를 지내리라 17 이는 순찰자들의 명령대로요 거룩한 자들의 말대로이니
지극히 높으신 이가 사람의 나라를 다스리시며 자기의 뜻대로 그것을 누구에게든지 주시며 또 지극히 천한 자를
그 위에 세우시는 줄을 사람들이 알게 하려 함이라 하였느니라 18 나 느부갓네살 왕이 이 꿈을 꾸었나니 너 벨드
사살아 그 해석을 밝히 말하라 내 나라 모든 지혜자가 능히 내게 그 해석을 알게 하지 못하였으나 오직 너는 능
히 하리니 이는 거룩한 신들의 영이 네 안에 있음이라

다니엘의 꿈 해석

19 벨드사살이라 이름한 다니엘이 한동안 놀라며 마음으로 번민하는지라 왕이 그에게 말하여 이르기를 벨드사
살아 너는 이 꿈과 그 해석으로 말미암아 번민할 것이 아니니라 벨드사살이 대답하여 이르되 내 주여 그 꿈은 왕
을 미워하는 자에게 응하며 그 해석은 왕의 대적에게 응하기를 원하나이다 20 왕께서 보신 그 나무가 자라서 견
고하여지고 그 높이는 하늘에 닿았으니 땅 끝에서도 보이겠고 21 그 잎사귀는 아름답고 그 열매는 많아서 만민
의 먹을 것이 될 만하고 들짐승은 그 아래에 살며 공중에 나는 새는 그 가지에 깃들었나이다 22 왕이여 이 나무
는 곧 왕이시라 이는 왕이 자라서 견고하여지고 창대하사 하늘에 닿으시며 권세는 땅 끝까지 미치심이니이다 23
왕이 보신즉 한 순찰자, 한 거룩한 자가 하늘에서 내려와서 이르기를 그 나무를 베어
없애라 그러나 그 뿌리의 그루터기는 땅에 남겨 두고 쇠와 놋줄로 동이고 그것
을 들 풀 가운데에 두라 그것이 하늘 이슬에 젖고 또 들짐승들과 더불어
제 몫을 얻으며 일곱 때를 지내리라 하였나이다 24 왕이여 그 해석은 이러
하니이다 곧 지극히 높으신 이가 명령하신 것이 내 주 왕에게 미칠 것이라 25 왕이 사람에게서 쫓겨나서 들짐승
과 함께 살며 소처럼 풀을 먹으며 하늘 이슬에 젖을 것이요 이와 같이 일곱 때를 지낼 것이라 그 때에 지극히 높
으신 이가 사람의 나라를 다스리시며 자기의 뜻대로 그것을 누구에게든지 주시는 줄을 아시리이다 26 또 그들이
그 나무뿌리의 그루터기를 남겨 두라 하였은즉 하나님이 다스리시는 줄을 왕이 깨달은 후에야 왕의 나라가 견
고하리이다 27 그런즉 왕이여 내가 아뢰는 것을 받으시고 공의를 행함으로 죄를 사하고 가난한 자를 긍휼히 여
김으로 죄악을 사하소서 그리하시면 왕의 평안함이 혹시 장구하리이다 하니라 28 이 모든 일이 다 나 느부갓네
살 왕에게 임하였느니라 29 열두 달이 지난 후에 내가 바벨론 왕궁 지붕에서 거닐새 30 나 왕이 말하여 이르되 이

❖ 단 4장

느부갓네살 왕의 두 번째 꿈 이야기이다. 이 꿈은 국가적 꿈이 아니고 개인적 상황에 관한 꿈이다.

느부갓네살은 다니엘의 3 친구가 풀무 불 가운데서 죽지 않고 살아나는 기적과 그 가운데 있는 예수님까지 보았기에 하나님이 어떤 분인가 알게 되었고, 그분이 진정 놀라운 능력으로 온 세상을 주관하시는 주권자이심을 인정하지 않을 수가 없을 것이다. 3절의 느부갓네살의 찬양은 그런 맥락이다.

느부갓네살의 이번 꿈은 그가 위대해서 번성하는 나라를 이루었다고 자만하다가 왕조에서 쫓겨나 정신병자가 되어 짐승처럼 지내게 될 것이라는 경고의 내용이었다. 그래서 다니엘은 담대히 그의 회개를 촉구하지만 끝내 거절하고 7년간 짐승처럼 정신병자로 지내게 된다.

그 후 하나님의 절대주권을 인정하고 하나님을 경배한 후에 회복된다. 이 모든 것은 그의 교만 때문이다.

이사야 14장에서 이 교만을 언급한다. 이것을 사탄의 교만에 빗대어 사탄의 기원을 추정하는 구절로 인용한다.

큰 바벨론은 내가 능력과 권세로 건설하여 나의 도성으로 삼고 이것으로 내 위엄의 영광을 나타낸 것이 아니냐
하였더니 31 이 말이 아직도 나 왕의 입에 있을 때에 하늘에서 소리가 내려 이르되 느부갓네살 왕아 네게 말하노
니 나라의 왕위가 네게서 떠났느니라 32 네가 사람에게서 쫓겨나서 들짐승과 함께 살면서 소처럼 풀을 먹을 것
이요 이와 같이 일곱 때를 지내서 지극히 높으신 이가 사람의 나라를 다스리시며 자기의 뜻대로 그것을 누구에
게든지 주시는 줄을 알기까지 이르리라 하더라 33 바로 그 때에 이 일이 나 느부갓네살에게 응하므로 내가 사람
에게 쫓겨나서 소처럼 풀을 먹으며 몸이 하늘 이슬에 젖고 머리털이 독수리 털과 같이 자랐고 손톱은 새 발톱과
같이 되었더라

느부갓네살 왕의 하나님 찬양

34 그 기한이 차매 나 느부갓네살이 하늘을 우러러 보았더니 내 총명이 다시 내게로 돌아온지라 이에 내가 지극
히 높으신 이에게 감사하며 영생하시는 이를 찬양하고 경배하였나니 그 권세는 영원한 권세요 그 나라는 대대
에 이르리로다 35 땅의 모든 사람들을 없는 것 같이 여기시며 하늘의 군대에게든지 땅의 사람에게든지 그는 자
기 뜻대로 행하시나니 그의 손을 금하든지 혹시 이르기를 네가 무엇을 하느냐고 할 자가 아무도 없도다 36 그 때
에 내 총명이 내게로 돌아왔고 또 내 나라의 영광에 대하여도 내 위엄과 광명이 내게로 돌아왔고 또 나의 모사
들과 관원들이 내게 찾아오니 내가 내 나라에서 다시 세움을 받고 또 지극한 위세가 내게 더하였느니라 37 그러
므로 지금 나 느부갓네살은 하늘의 왕을 찬양하며 칭송하며 경배하노니 그의 일이 다 진실하고 그의 행하심이
의로우시므로 교만하게 행하는 자를 그가 능히 낮추심이라

47일차 읽기의 요약

(왕하 24:1~4, 렘 35, 렘 23:9~40, 렘 18:18~20장, 왕하 24:5~9, 렘 22:18~30, 렘 13:15~27, 왕하 24:10~17, 대하 36:5~10, 렘 24, 단 1~4)

여호야김 왕 4년(B.C. 605)에 애굽과 바벨론의 싸움에서 애굽은 바벨론에게 패한다. 이제 여호야김 왕궁은 애굽 대신 바벨론의 지배하에 들어가게 되고 바벨론은 이 해부터 세 차례에 걸쳐 유다의 백성들을 포로로 잡아가기 시작한다.

B.C. 605년 다니엘과 그의 세 친구들도 1차 포로로 바벨론으로 잡혀간다. 하나님께서는 다니엘을 바벨론에서 하나님의 대언자로 세워 앞으로 다가올 세상 나라의 역사를 예언하게 하신다. 바벨론을 비롯한 세상 나라는 유한한 나라며 결국 멸망할 나라이다. 결국 하나님의 나라가 세상 나라를 이기고 영원히 설 것임을 다니엘이 느부갓네살 왕이 꾼 꿈을 해석함으로 보여 주신다.

B.C. 597년에 느부갓네살은 유다를 다시 침입하여 많은 성전 기물을 약탈하고 여호야긴 왕과 모든 지도자들과 용사들을 2차 포로로 다 사로잡혀 간다. 이때 거짓 선지자들은 자기 말로 백성들을 미혹하지만, 예레미야는 하나님의 말씀을 전하지 않고는 견딜 수 없는 불붙는 마음으로 예루살렘의 멸망을 선포하며 치욕을 당한다. 하나님께서는 예레미야를 통해 바벨론에 항복하고 포로로 붙잡혀 가는 것이 하나님의 뜻임을 알리신다.

그러면 어떻게 살 것인가?

인위뚝 · 신위고!

☑ 세계관 점검 - 묵상하기 (영상 강의와 교재 내용의 이해를 바탕으로)

- 렘 35장에서 예레미야는 레갑 족속의 경우를 사례로 들면서 유다의 말씀 무시 불순종을 질타한다. 레갑족속이 본 것은 무엇이며 그것이 왜 그리 중요한지를 묵상하고, 나와 우리 주변의 경유와 대조해서 성찰하라. 참고로 아가서 2:15 "우리를 위하여 여우 곧 포도원을 허는 작은 여우를 잡으라. 우리의 포도원에 꽃이 피었음이라"의 의미를 함께 적용해 보라 특히 왜 "작은" 것을 강조할까?

- 이 시대 예레미야는 거짓 선지자들의 "가짜 뉴스"와 힘겨운 대결을 펼치고 있다. 이것이 세계관의 싸움임을 인지하고 인정하는가? 그렇다면 당신은 하나님의 택함을 받은 성도로서 이 시대의 교회 안밖의 "가짜 뉴스"를 어떻게 구별하고 대처할 것인가?

"오늘 성경 읽으셨나요?"

- 예레미야 시대에 유다가 망하는 가장 큰 이유는 우상 숭배이다. 이 우상 숭배를 통해서 유다가 얻은 유익은 무엇이고 무엇을 잃었는가? 우상 숭배는 하나님이 가장 싫어하는 것이고, 그것은 곧 관계의 파괴를 초래하고, 관계의 끊어짐은 복의 통로가 막힌다는 점을 늘 염두에 두어야 한다. 오늘 이 시대의 우상은 무엇인가? 나의 세계관은 성경 위에 확고히 세워져 있는지를 스스로 늘 분석하라. (▶ 동영상 강의 경청)

43일~48일

- 오늘 읽은 부분의 시대적 배경을 다음과 같이 정리하라.
  ① 애굽과의 전투인 갈그미스 전투에서 승리한 바벨론이 다니엘과 그 친구를 포로로 잡아가는 B.C. 605년부터 시작한다. 이 바벨론으로 잡혀간 자들을 1차 포로라고 한다.
  ② B.C. 597년에 느부갓네살이 다시 예루살렘을 침공하여 많은 성전 기물을 약탈하고 여호야긴 왕과 에스겔 등 왕실 관리들을 포함하여 약 10,000명을 2차 포로로 잡아간다. 이때부터 에스겔의 사역이 시작된다.
  ③ B.C. 586년 바벨론의 느부갓네살이 다시 예루살렘을 침공하여 성전을 불태우고 성벽을 모두 허물어 버리고 시드기야 왕의 눈을 뽑아 그를 다른 832명과 함께 바벨론으로 끌고 간다. 이것은 3차 포로이고 이 침공으로 B.C. 586년 남 유다는 멸망하고 남 유다에는 가난한 자만 남게 된다.
  ④ B.C. 581년 남 유다가 망하고 5년이 지난 후 느부갓네살은 다시 예루살렘에 와 745명의 포로를 잡아간다.

- 단 1:12-16 신위의 원칙에 충실하고 성실히 산 다니엘과 3명의 다니엘의 세 친구의 신앙을 깊이 묵상하라. 이들의 삶의 자세는 견고한 성경적 세계관 위에 확고히 세워져 있음을 알 수 있다. 그러하기에 바벨론의 이방 세계에서도 하나님의 백성으로서 굳건하고 담대히 살아갈 수 있었다. 오늘 이시대에 바벨론 같은 세속 문화 속에서 당신의 신앙적 삶의 자세는 어떠한지 이들과 비교해서 성찰하고 결단하라.

- 단 2장 느부갓네살 왕이 꾼 첫 번째 꿈의 내용을 정리하고 그 메시지를 묵상하라.
  느부갓네살 왕이 꾼 꿈에서 본 순금으로 된 머리, 은으로 된 가슴과 두 팔, 놋으로 된 배와 넓적다리, 쇠와 진흙으로 된 종아리는 각각 바벨론, 메대-바사, 헬라, 로마로 해석되는 세상 나라를 보여 준다. 그러나 이 화려하고 막강해 보이는 세상 나라들도 손으로 대지 아니한 돌 하나에 의해 가루처럼 바스러져 사라지고 이 돌은 태산을 이루었다고 했다. 다니엘은 이 돌은 영원한 하나님의 나라라고 해석했다. 사람들 보기엔 고운 모양도 없는 돌멩이와 같은 하나님의 나라가 세상 나라를 제압하고 영원히 선다는 것을 보여 준 것이다.

✐ 단 4장 느부갓네살 왕이 꾼 두 번째 꿈의 해석과 이 꿈을 통하여 하나님께서 보여 주시고자 하는 것은 무엇인가?
큰 나무는 느부갓네살 왕 자신을 나타내는데 왕이 7년 동안 짐승처럼 들판에서 풀을 먹고 지내게 된다고 다니엘이 해몽을 했다. 다니엘의 꿈 해석과 같이 실제로 느부갓네살 왕은 제정신이 아닌 상태에서 들짐승과 같이 지냈고(단 4:28), 7년이 지난 후에 정신이 돌아왔다(단 4:34). 그 일을 경험한 느부갓네살 왕은 또 한 번 이스라엘의 하나님의 주권과 의로우심을 인정하고 찬양하게 된다(단 4:37).

✐ 이 환상을 통하여 하나님께서 주시는 메시지가 무엇인가요?
⇒ 세상 나라는 짐승 같은 나라이지만, 이 세상 나라들을 물리치는 하나님 나라는 인자같은 이가 다스리는 영원한 나라임을 보여 주는 것이다. 이러한 계시로 포로로 잡혀간 이스라엘 백성들에게 영원한 하나님 나라의 영광으로 위로하며 소망을 갖게 하셨다.

☑ 결단기도와 실행하기

약 2:26 영혼 없는 몸이 죽은 것 같이 행함이 없는 믿음은 죽은 것이니라
시 119:28 나의 영혼이 눌림으로 말미암아 녹사오니 주의 말씀대로 나를 세우소서

48일

열왕기하 24:18, 19

유다 왕 시드기야(대하 36:11-12, 렘 52:1-3, B.C. 597-586) 남 20대 왕

18 시드기야가 왕이 될 때에 나이가 이십일 세라 예루살렘에서 십일 년간
다스리니라 그의 어머니의 이름은 하무달이요 립나인 예레미야의 딸이더
라 19 그가 여호야김의 모든 행위를 따라 여호와 보시기에 악을 행한지라

역대하 36:11, 12 : 시드기야와 바벨론 유수

유다 왕 시드기야(왕하 24:18-20, 25:1-21, 렘 52:1-11)

11 시드기야가 왕위에 오를 때에 나이가 이십일 세라 예루살렘에서 십일
년 동안 다스리며 12 그의 하나님 여호와 보시기에 악을 행하고 선지자 예
레미야가 여호와의 말씀으로 일러도 그 앞에서 겸손하지 아니하였으며

예레미야 52:1, 2

시드기야의 배반과 죽음(왕하 24:18-25:7)

1 시드기야가 왕위에 오를 때에 나이가 이십일 세라 예루살렘에서 십일
년 동안 다스리니라 그의 어머니의 이름은 하무달이라 립나인 예레미야
의 딸이더라 2 그가 여호야김의 모든 행위를 본받아 여호와 보시기에 악
을 행한지라

예레미야 27장~29장

예레미야 27장

거짓 선지자들과 싸우는 예레미야

1 유다의 왕 요시야의 아들 여호야김이 다스리기 시작할 때에 여호와께
서 말씀으로 예레미야에게 임하시니라 2 여호와께서 이와 같이 내게 말
씀하시되 너는 줄과 멍에를 만들어 네 목에 걸고 3 유다의 왕 시드기야
를 보러 예루살렘에 온 사신들의 손에도 그것을 주어 에돔의 왕과 모압
의 왕과 암몬 자손의 왕과 두로의 왕과 시돈의 왕에게 보내며 4 그들에
게 명령하여 그들의 주께 말하게 하기를 만군의 여호와 이스라엘의 하나
님께서 이와 같이 말씀하시되 너희는 너희의 주께 이같이 전하라 5 나는

❖ B.C. 586년 느부갓네살의 예루살렘 3차 침공이 개시되고 성전이 약탈당하고 파괴되며 유다 왕국도 멸망하게 된다.

☞ 마지막 왕 시드기야가 도망을 가지만 결국 잡혀서 아들의 죽임당함을 목격하고 자신은 눈이 뽑힌 채로 다른 포로들과 함께 바벨론으로 잡혀간다.

이것이 제3차 포로이며 유다 왕국의 멸망이다.

시드기야는 맛다니야라고도 하며 요시야 왕의 막내아들이고, 전 왕인 19대 여호야긴의 숙부이기도 하다.

학습 자료 48-1의 도표 자료로 분열 왕국 시대와 포로 시대의 내용을 정리해 보라

❖ 렘 27~29장

때는 2차 포로(B.C. 597년 : 에스겔 등 10,000여 명의 지도자들이 잡혀간 사건) 이후 유다는 여전히 반바벨론 정책을 고수한다. 유다의 주변 국가들, 즉 에돔, 모압, 암몬, 페니키아... 등 역시 반 바벨론 정책에 동참한다. 그러나 예레미야는 바벨론에게 복종할 것을(27장) 주장하면서 멍에를 매고 예루살렘 거리를 헤매며 시위를 벌이면서 예언한다. 바벨론에 복종하는 것은 하나님이 주시는 멍에를 메는 것이라는 의미이다. 그러면서 이 멍에를 벗겨 주시기로 약속하셨다고 전했다(렘 30:8-11). 바벨론이 유다를 심판할 하나님의 도구라는 것을 예레미야는 알고 있었기 때문이다.

이런 예레미야를 유다 지도층은 매우 싫어했고, 궁정 선지자(삯꾼 선지자, 거짓 선지자)들에 의해 질투와 멸시를 받으면서 많은 고난을 겪는다.

거짓 선지자들은 1차, 2차 포로 상황이 금방 풀린다는 가짜 뉴스를 퍼뜨리지만, 예레미야는 70년간 포로로 잡혀 있다고 경고한다.

☞ **신 18:20** 만일 어떤 선지자가 내가 전하라고 명령하지 아니한 말을 제 마음대로 내 이름으로 전하든지 다른 신들의 이름으로 말하면 그 선지자는 죽임을 당하리라 하셨느니라

☞ 이런 배경으로 렘 27~29장을 읽는다.

내 큰 능력과 나의 쳐든 팔로 땅과 지상에 있는 사람과 짐승들을 만들고
내가 보기에 옳은 사람에게 그것을 주었노라 6 이제 내가 이 모든 땅을
내 종 바벨론의 왕 느부갓네살의 손에 주고 또 들짐승들을 그에게 주어
서 섬기게 하였나니 7 모든 나라가 그와 그의 아들과 손자를 그 땅의 기
한이 이르기까지 섬기리라 또한 많은 나라들과 큰 왕들이 그 자신을 섬기
리라 8 여호와의 말씀이니라 바벨론의 왕 느부갓네살을 섬기지 아니하며
그 목으로 바벨론의 왕의 멍에를 메지 아니하는 백성과 나라는 내가 그
들이 멸망하기까지 칼과 기근과 전염병으로 그 민족을 벌하리라 9 너희는
너희 선지자나 복술가나 꿈꾸는 자나 술사나 요술자가 이르기를 너희가
바벨론의 왕을 섬기게 되지 아니하리라 하여도 너희는 듣지 말라 10 그들
은 너희에게 거짓을 예언하여 너희가 너희 땅에서 멀리 떠나게 하며 또
내가 너희를 몰아내게 하며 너희를 멸망하게 하느니라 11 그러나 그 목으
로 바벨론의 왕의 멍에를 메고 그를 섬기는 나라는 내가 그들을 그 땅에
머물러 밭을 갈며 거기서 살게 하리라 하셨다 하라 여호와의 말씀이니라
하시니라 12 내가 이 모든 말씀대로 유다의 왕 시드기야에게 전하여 이르
되 왕과 백성은 바벨론 왕의 멍에를 목에 메고 그와 그의 백성을 섬기소
서 그리하면 사시리라 13 어찌하여 당신과 당신의 백성이 여호와께서 바
벨론의 왕을 섬기지 아니하는 나라에 대하여 하신 말씀과 같이 칼과 기
근과 전염병에 죽으려 하나이까 14 그러므로 당신들은 바벨론의 왕을 섬
기게 되지 아니하리라 하는 선지자의 말을 듣지 마소서 그들은 거짓을 예
언함이니이다 15 이는 여호와의 말씀이니라 내가 그들을 보내지 아니하
였거늘 그들이 내 이름으로 거짓을 예언하니 내가 너희를 몰아내리니 너
희와 너희에게 예언하는 선지자들이 멸망하리라 16 내가 또 제사장들과
그 모든 백성에게 전하여 이르되 여호와께서 이와 같이 말씀하시기를 보
라 여호와의 성전의 기구를 이제 바벨론에서 속히 돌려오리라고 너희에
게 예언하는 선지자들의 말을 듣지 말라 이는 그들이 거짓을 예언함이니
라 하셨나니 17 너희는 그들의 말을 듣지 말고 바벨론의 왕을 섬기라 그
리하면 살리라 어찌하여 이 성을 황무지가 되게 하려느냐 18 만일 그들이
선지자이고 여호와의 말씀을 가지고 있다면 그들이 여호와의 성전에와
유다의 왕의 궁전에와 예루살렘에 남아 있는 기구를 바벨론으로 옮겨가
지 못하도록 만군의 여호와께 구하여야 할 것이니라 19 만군의 여호와께
서 기둥들과 큰 대야와 받침들과 이 성에 남아 있는 기구에 대하여 이같
이 말씀하시나니 20 이것은 바벨론의 왕 느부갓네살이 유다의 왕 여호야
김의 아들 여고니야와 유다와 예루살렘 모든 귀인을 예루살렘에서 바벨
론으로 사로잡아 옮길 때에 가져가지 아니하였던 것이라 21 만군의 여호
와 이스라엘의 하나님께서 여호와의 성전과 유다의 왕의 궁전과 예루살
렘에 남아 있는 그 기구에 대하여 이와 같이 말씀하셨느니라 22 그것들이
바벨론으로 옮겨지고 내가 이것을 돌보는 날까지 거기에 있을 것이니라
그 후에 내가 그것을 올려 와 이 곳에 그것들을 되돌려 두리라 여호와의
말씀이니라

❖ 렘 27장은 예레미야가 유다와 그 주변 열방들의 멸망과 포로 생활을 상징하는 줄과 멍에를 목에 걸고 유다 및 유다와 반바벨론 동맹을 맺은 국가들이 거짓 예언자들의 거짓 예언에 따라 역사의 주권자 되시는 하나님의 뜻을 거슬러 무모하게 바벨론에 항거하면 멸망하는 운명에 처하게 될 것을 경고한 사실을 보도하고 있다.

렘 27:3
유다와 반바벨론 동맹을 맺은 5개국의 위치

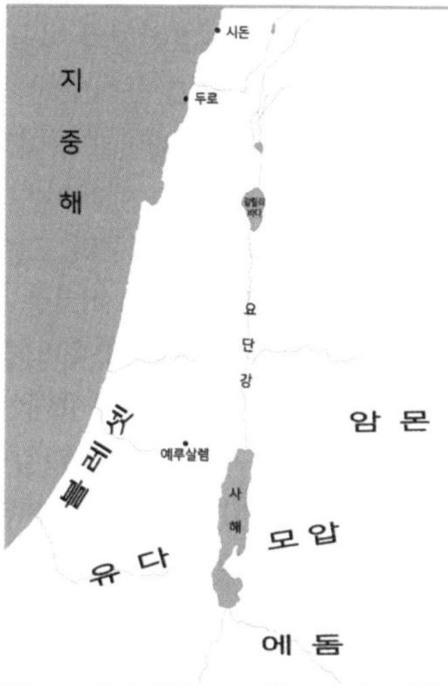

렘 27:19-22 느부갓네살의 침입에 의해 바벨론으로 옮겨진 사람 및 물건들

	사람	물건
1차 B.C. 605	· 다니엘,사드락,메삭,아벳느고를 비롯한 유다 왕족과 귀족들(단 1:3-7)	· 성전의 기구 일부 (단 1:2)
2차 B.C. 597	· 여호야긴 왕과 그 모친 느후스다 (왕하 24:12) · 왕의 신복과 방백들과 내시들 (왕하 24:12) · 일반 백성들 (왕하 24:14) · 용사 일만과 공장들과 대장장이들 (왕하 24:14) · 왕의 아내들 (왕하 24:15)	· 성전의 모든 보물 및 금기명 (왕하 24:13, 대하 36:10) · 왕궁의 보물들 (왕하 24:13)
3차 B.C. 586	· 시드기야 왕과 그의 아들들 (왕하 25:7) · 2차 침입 때 끌려가지 않았던 모든 백성과 바벨론에 항복한 자들 (왕하 25:11)	· 놋으로 만든 성전 기구들 (왕하 25:13-17) · 왕과 방백들이 소유하였던 모든 보물들(대하 36:18)

예레미야 28장

❖ 렘 28장은 유다 백성들의 바벨론 포로 기간이 70년 동안 계속될 것이라는 예레미야의 예언과 달리 유다 백성들의 바벨론 포로 기간이 길지 않을 것이며 곧 회복될 것이라는 거짓 예언을 전파함으로써 시드기야를 비롯한 유다 백성으로 하여금 하나님의 주권적인 뜻을 거슬러 바벨론에 항거하도록 선동한 거짓 선지자들의 대표 격인 하나냐의 예레미야에 대한 대적과 그에 대한 예레미야의 대응 및 하나냐의 비극적 최후에 대한 예언과 그 성취를 보도하고 있다.

예레미야와 하나냐

1 그 해 곧 유다 왕 시드기야가 다스리기 시작한 지 사 년 다섯째 달 기브
온 앗술의 아들 선지자 하나냐가 여호와의 성전에서 제사장들과 모든 백
성이 보는 앞에서 내게 말하여 이르되 2 만군의 여호와 이스라엘의 하나
님이 이같이 일러 말씀하시기를 내가 바벨론의 왕의 멍에를 꺾었느니라
3 내가 바벨론의 왕 느부갓네살이 이 곳에서 빼앗아 바벨론으로 옮겨 간
여호와의 성전 모든 기구를 이 년 안에 다시 이곳으로 되돌려 오리라 4 내
가 또 유다의 왕 여호야김의 아들 여고니야와 바벨론으로 간 유다 모든
포로를 다시 이곳으로 돌아오게 하리니 이는 내가 바벨론의 왕의 멍에를 꺾을 것임이라 여호와의 말씀이니라
하시니라 5 선지자 예레미야가 여호와의 성전에 서 있는 제사장들과 모든 백성들이 보는 앞에서 선지자 하나냐
에게 말하니라 6 선지자 예레미야가 말하니라 아멘, 여호와는 이같이 하옵소서 여호와께서 네가 예언한 말대로
이루사 여호와의 성전 기구와 모든 포로를 바벨론에서 이 곳으로 되돌려 오시기를 원하노라 7 그러나 너는 내가
네 귀와 모든 백성의 귀에 이르는 이 말을 잘 들으라 8 나와 너 이전의 선지자들이 예로부터 많은 땅들과 큰 나라
들에 대하여 전쟁과 재앙과 전염병을 예언하였느니라 9 평화를 예언하는 선지자는 그 예언자의 말이 응한 후에
야 그가 진실로 여호와께서 보내신 선지자로 인정받게 되리라 10 선지자 하나냐가 선지자 예레미야의 목에서 멍
에를 빼앗아 꺾고 11 모든 백성 앞에서 하나냐가 말하여 이르되 여호와께서 이와 같이 말씀하시니라 내가 이 년
안에 모든 민족의 목에서 바벨론의 왕 느부갓네살의 멍에를 이와 같이 꺾어 버리리라 하셨느니라 하매 선지자
예레미야가 자기의 길을 가니라 12 선지자 하나냐가 선지자 예레미야의 목에서 멍에를 꺾어 버린 후에 여호와의
말씀이 예레미야에게 임하니라 이르시기를 13 너는 가서 하나냐에게 말하여 이르기를 여호와의 말씀에 네가 나
무 멍에들을 꺾었으나 그 대신 쇠 멍에들을 만들었느니라 14 만군의 여호와 이스라엘의 하나님께서 이와 같이
말씀하시니라 내가 쇠 멍에로 이 모든 나라의 목에 메워 바벨론의 왕 느부갓네살을 섬기게 하였으니 그들이 그
를 섬기리라 내가 들짐승도 그에게 주었느니라 하라 15 선지자 예레미야가 선지자 하나냐에게 이르되 하나냐여
들으라 여호와께서 너를 보내지 아니하셨거늘 네가 이 백성에게 거짓을 믿게 하는도다 16 그러므로 여호와께서
이와 같이 말씀하시되 내가 너를 지면에서 제하리니 네가 여호와께 패역한 말을 하였음이라 네가 금년에 죽으리
라 하였더니 17 선지자 하나냐가 그 해 일곱째 달에 죽었더라

43일~
48일

예레미야 29장

포로에게 보낸 예레미야의 편지

1 선지자 예레미야가 예루살렘에서 이같은 편지를 느부갓네살이 예루살렘에서 바벨론으로 끌고 간 포로 중 남
아 있는 장로들과 제사장들과 선지자들과 모든 백성에게 보냈는데 2 그 때는 여고니야 왕과 왕후와 궁중 내시들
과 유다와 예루살렘의 고관들과 기능공과 토공들이 예루살렘에서 떠난 후라 3 유다의 왕 시드기야가 바벨론으
로 보내어 바벨론의 왕 느부갓네살에게로 가게 한 사반의 아들 엘라사와 힐기야의 아들 그마랴 편으로 말하되
4 만군의 여호와 이스라엘의 하나님께서 예루살렘에서 바벨론으로 사로잡혀 가게 한 모든 포로에게 이와 같이
말씀하시니라 5 너희는 집을 짓고 거기에 살며 텃밭을 만들고 그 열매를 먹으라 6 아내를 맞이하여 자녀를 낳으
며 너희 아들이 아내를 맞이하며 너희 딸이 남편을 맞아 그들로 자녀를 낳게 하여 너희가 거기에서 번성하고 줄
어들지 아니하게 하라 7 너희는 내가 사로잡혀 가게 한 그 성읍의 평안을 구하고 그를 위하여 여호와께 기도하
라 이는 그 성읍이 평안함으로 너희도 평안할 것임이라 8 만군의 여호와 이스라엘의 하나님께서 이와 같이 말하
노라 너희 중에 있는 선지자들에게와 점쟁이에게 미혹되지 말며 너희가 꾼 꿈도 곧이 듣고 믿지 말라 9 내가 그
들을 보내지 아니하였어도 그들이 내 이름으로 거짓을 예언함이라 여호와의 말씀이니라 10 여호와께서 이와 같

이 말씀하시니라 바벨론에서 칠십 년이 차면 내가 너희를 돌보고 나의 선
한 말을 너희에게 성취하여 너희를 이 곳으로 돌아오게 하리라 11 여호와
의 말씀이니라 너희를 향한 나의 생각을 내가 아나니 평안이요 재앙이 아
니니라 너희에게 미래와 희망을 주는 것이니라 12 너희가 내게 부르짖으
며 내게 와서 기도하면 내가 너희들의 기도를 들을 것이요 13 너희가 온
마음으로 나를 구하면 나를 찾을 것이요 나를 만나리라 14 이것은 여호와
의 말씀이니라 나는 너희들을 만날 것이며 너희를 포로된 중에서 다시 돌
아오게 하되 내가 쫓아 보내었던 나라들과 모든 곳에서 모아 사로잡혀
떠났던 그 곳으로 돌아오게 하리라 이것은 여호와의 말씀이니라 15 너희
가 말하기를 여호와께서 우리를 위하여 바벨론에서 선지자를 일으키셨
느니라 16 다윗의 왕좌에 앉은 왕과 이 성에 사는 모든 백성 곧 너희와 함
께 포로 되어 가지 아니한 너희 형제에게 여호와께서 이와 같이 말씀하셨
느니라 17 만군의 여호와께서 이와 같이 말씀하시되 보라 내가 칼과 기근
과 전염병을 그들에게 보내어 그들에게 상하여 먹을 수 없는 몹쓸 무화과
같게 하겠고 18 내가 칼과 기근과 전염병으로 그들을 뒤따르게 하며 그들
을 세계 여러 나라 가운데에 흩어 학대를 당하게 할 것이며 내가 그들을
쫓아낸 나라들 가운데에서 저주와 경악과 조소와 수모의 대상이 되게 하
리라 19 여호와의 말씀이니라 너희들이 내 말을 듣지 않았기 때문이니라
내가 내 종 선지자들을 너희들에게 꾸준히 보냈으나 너희는 그들의 말을
듣지 않았느니라 여호와의 말씀이니라 20 그런즉 내가 예루살렘에서 바
벨론으로 보낸 너희 모든 포로여 여호와의 말씀을 들을지니라 21 만군의 여호와 이스라엘의 하나님께서 골라야
의 아들 아합과 마아세야의 아들 시드기야에 대하여 이와 같이 말씀하시니라 그들은 내 이름으로 너희에게 거
짓을 예언한 자라 보라 내가 그들을 바벨론의 왕 느부갓네살의 손에 넘기리니 그가 너희 눈 앞에서 그들을 죽일
것이라 22 바벨론에 있는 유다의 모든 포로가 그들을 저줏거리로 삼아서 이르기를 여호와께서 너를 바벨론 왕이
불살라 죽인 시드기야와 아합 같게 하시기를 원하노라 하리니 23 이는 그들이 이스라엘 중에서 어리석게 행하여
그 이웃의 아내와 간음하며 내가 그들에게 명령하지 아니한 거짓을 내 이름으로 말함이라 나는 알고 있는 자로
서 증인이니라 여호와의 말씀이니라 하시니라

스마야에게 보낸 편지와 여호와의 말씀

24 너는 느헬람 사람 스마야에게 이같이 말하여 이르라 25 만군의 여호와 이스라엘의 하나님께서 이와 같이 말씀
하여 이르시되 네가 네 이름으로 예루살렘에 있는 모든 백성과 제사장 마아세야의 아들 스바냐와 모든 제사장
에게 글을 보내 이르기를 26 여호와께서 너를 제사장 여호야다를 대신하여 제사장을 삼아 여호와의 성전 감독자
로 세우심은 모든 미친 자와 선지자 노릇을 하는 자들을 목에 씌우는 나무 고랑과 목에 씌우는 쇠고랑을 채우게
하심이어늘 27 이제 네가 어찌하여 너희 중에 선지자 노릇을 하는 아나돗 사람 예레미야를 책망하지 아니하느냐
28 그가 바벨론에 있는 우리에게 편지하기를 오래 지내야 하리니 너희는 집을 짓고 살며 밭을 일구고 그 열매를
먹으라 하셨다 하니라 29 제사장 스바냐가 스마야의 글을 선지자 예레미야에게 읽어서 들려 줄 때에 30 여호와의
말씀이 예레미야에게 임하여 이르시되 31 너는 모든 포로에게 전언하여 이르기를 여호와께서 느헬람 사람 스마
야를 두고 이같이 말씀하셨느니라 내가 그를 보내지 아니하였거늘 스마야가 너희에게 예언하고 너희에게 거짓
을 믿게 하였도다 32 그러므로 여호와께서 이와 같이 말씀하시니라 보라 내가 느헬람 사람 스마야와 그의 자손
을 벌하리니 그가 나 여호와께 패역한 말을 하였기 때문에 이 백성 중에 살아 남을 그의 자손이 하나도 없을 것
이라 내가 내 백성에게 행하려 하는 복된 일을 그가 보지 못하리라 하셨느니라 이것은 여호와의 말씀이니라

렘 29:10-14
학습 자료 48-2 "평안(Shalom)"을 참조

❖ 렘 29장은 바벨론으로 끌려 간 포로를 향한 회복의 소망을 주는 권고와 거짓 선지자 스마야에 대한 경고를 보도하고 있다. 이를 좀 더 상술하면 1~23절은 이미 B.C. 605년과 B.C. 597년 두 차례에 걸쳐 바벨론에 포로로 끌려간 유다인들을 향한 권고이다. 여기서 예레미야는 포로 귀환이 속히 이루어질 것이라는 바벨론 거주 거짓 선지자들의 거짓 예언에 현혹되어 자신들에게 포로 생활이라는 징계를 내리신 하나님의 뜻을 망각함은 물론 귀환의 들뜬 소망으로 인하여 포로 생활에 적응하지 못하고 정상적인 일상생활조차 포기한 채 부유초(浮游草)와 같이 삶을 사는 유다 백성들을 향하여 70년의 포로 기간이 하나님의 정하신 뜻임을 재천명하고 그들로 하여금 정상적인 삶을 살면서 지난날의 잘못을 회개하고 하나님을 전적으로 의지하도록 구함은 물론 거짓 예언으로 백성들을 미혹한 거짓 선지자에게 준엄한 심판을 경고하고 있다. 다음으로 24~32절은 바벨론 포로 가운데 섞여 살면서 백성들을 거짓 예언으로 현혹하며 예레미야를 대적한 바벨론 거주 거짓 선지자의 대표격인 스마야의 비극적 종말에 그에 대한 예언을 언급하고 있다.

예레미야 25:15-38

❖ 렘 25:15-38은 렘 48~51장에 나오는 열방에 대한 심판의 전주곡이다.

학습 자료 54-5 "바벨론 제국의 이해" 참조 (54일차)

모든 나라에 내리는 진노의 술잔

15 이스라엘의 하나님 여호와께서 이같이 내게 이르시되 너는 내 손에서
이 진노의 술잔을 받아가지고 내가 너를 보내는 바 그 모든 나라로 하여
금 마시게 하라 16 그들이 마시고 비틀거리며 미친 듯이 행동하리니 이는
내가 그들 중에 칼을 보냈기 때문이니라 하시기로 17 내가 여호와의 손에
서 그 잔을 받아서 여호와께서 나를 보내신 바 그 모든 나라로 마시게 하
되 18 예루살렘과 유다 성읍들과 그 왕들과 그 고관들로 마시게 하였더니
그들이 멸망과 놀램과 비웃음과 저주를 당함이 오늘과 같으니라 19 또 애
굽의 왕 바로와 그의 신하들과 그의 고관들과 그의 모든 백성과 20 모든
섞여 사는 민족들과 우스 땅의 모든 왕과 블레셋 사람의 땅 모든 왕과 아
스글론과 가사와 에그론과 아스돗의 나머지 사람들과 21 에돔과 모압과
암몬 자손과 22 두로의 모든 왕과 시돈의 모든 왕과 바다 건너쪽 섬의 왕
들과 23 드단과 데마와 부스와 살쩍을 깎은 모든 자와 24 아라비아의 모
든 왕과 광야에서 섞여 사는 민족들의 모든 왕과 25 시므리의 모든 왕과
엘람의 모든 왕과 메대의 모든 왕과 26 북쪽 원근의 모든 왕과 지면에 있
는 세상의 모든 나라로 마시게 하니라 세삭 왕은 그 후에 마시리라 27 너
는 그들에게 이르기를 만군의 여호와 이스라엘의 하나님의 말씀에 너희
는 내가 너희 가운데 보내는 칼 앞에서 마시며 취하여 토하고 엎드러져
다시는 일어나지 말아라 하셨느니라 28 그들이 만일 네 손에서 잔을 받아
마시기를 거절하거든 너는 그들에게 이르기를 만군의 여호와께서 말씀하
시기를 너희가 반드시 마셔야 하리라 29 보라 내가 내 이름으로 일컬음을 받는 성에서부터 재앙 내리기를 시작하
였은즉 너희가 어찌 능히 형벌을 면할 수 있느냐 면하지 못하리니 이는 내가 칼을 불러 세상의 모든 주민을 칠 것
임이라 하셨다 하라 만군의 여호와의 말씀이니라 30 그러므로 너는 그들에게 이 모든 말로 예언하여 이르기를 여
호와께서 높은 데서 포효하시고 그의 거룩한 처소에서 소리를 내시며 그의 초장을 향하여 크게 부르시고 세상
모든 주민에 대하여 포도 밟는 자 같이 흥겹게 노래하시리라 31 요란한 소리가 땅 끝까지 이름은 여호와께서 뭇
민족과 다투시며 모든 육체를 심판하시며 악인을 칼에 내어 주셨음이라 여호와의 말씀이니라 32 만군의 여호와
께서 이와 같이 말씀하시니라 보라 재앙이 나서 나라에서 나라에 미칠 것이며 큰 바람이 땅 끝에서 일어날 것이
라 33 그 날에 여호와에게 죽임을 당한 자가 땅 이 끝에서 땅 저 끝에 미칠 것이나 그들을 위하여 애곡하는 자도
없고 시신을 거두어 주는 자도 없고 매장하여 주는 자도 없으리니 그들은 지면에서 분토가 되리로다 34 너희 목
자들아 외쳐 애곡하라 너희 양 떼의 인도자들아 잿더미에서 뒹굴라 이는 너희가 도살당할 날과 흩음을 당할 기
한이 찼음인즉 너희가 귀한 그릇이 떨어짐 같이 될 것이라 35 목자들은 도망할 수 없겠고 양 떼의 인도자들은 도
주할 수 없으리로다 36 목자들이 부르짖는 소리와 양 떼의 인도자들이 애곡하는 소리여 여호와가 그들의 초장을
황폐하게 함이로다 37 평화로운 목장들이 여호와의 진노하시는 열기 앞에서 적막하게 되리라 38 그가 젊은 사자
같이 그 굴에서 나오셨으니 그 호통 치시는 분의 분노와 그의 극렬한 진노로 말미암아 그들의 땅이 폐허가 되리
로다 하시니라

렘 25:15-38 세계 열방에 대한 심판 예언이 주어지고 또한 그것이 역사적으로 그대로 성취된 사실은 주 여호와 하나님은 구약 선민 이스라엘만의 하나님이 아니라 우주와 역사를 주관하시는 절대 주권자(主權者)이시며 세계 만민을 당신의 절대 공의에 따라 심판할 권세를 가지고 계신 절대적인 심판주(審判主)이심을 보여준다. 즉 구속사의 주체이신 여호와 하나님은 또한 세계 만민에 대한 절대 심판자이시다. 이는 구속사가 종결되는 세상 끝 날에 하나님이 분명 예수 그리스도를 통하여 주신 구속의 복음을 믿는 자들에게는 영복을, 불신자들에게는 영벌을 주심을 확증하는 것이다. 또한 이는 여호와 하나님에 의해 운행되는 구속사의 절대성에 대한 보장이 되는 것이며 우리 성도들이 예수 그리스도의 구속의 복(福)을 통하여 확신하는 바 천국 구원에 대한 절대 보장이 되기도 한다. 그러므로 우리는 성경을 통하여 이러한 엄위한 심판주 하나님을 만날 때, 한편으로는 범죄에 대한 경계의 각성을 일깨우고 다른 한편으로는 구속사적 확신을 더욱 견고히 다지는 계기로 삼아야 할 것이다.

예레미야 48장~51장

❖ 렘 48~51장의 열방에 대한 심판은 모압, 에돔, 다메섹, 게랄, 엘람, 바벨론의 멸망을 예언한다.
이들 나라에 대한 예언은 예루살렘이 함락되기 6년 전 시드기야 왕 4년(B.C. 592년) 바벨론에 있는 포로들에게 전달되어 읽혀지고, 유브라데 강에 버려 진다.
바벨론은 실제로 B.C. 539년에 메대의 고레스에 의해 망한다.

렘 48:7, 13 예레미야서에 나타난 이방신들
바 알(2:8)
· 가나안 신들 중에서 최고의 신으로 인정되던 신임 · 농경의 신으로 숭배됨 · 이스라엘 백성이 가장 많이 섬겼던 신임 (삿 10:6, 왕상 19:18)
하늘 황후(7:18)
· 앗수르, 바벨론의 여신 '아스다롯'을 가리킴 (렘 44:17) · 사랑과 쾌락 또는 풍요의 여신으로 간주됨 · 므낫세 왕 때 성행함(왕하 21:5)
아세라(17:2)
· 가나안 신들의 모신(母神)임 · 베니게인과 가나안인들에 의해 풍요의 신으로 숭배됨 · 제사 의식에 성적인 문란 행위가 따름
그모스(48:7, 13)
· 모압의 국가 신(민 21:29, 삿 11:24) · 몰록 숭배와 같이 인신 제사가 드려짐 (왕하 3:27) · 솔로몬이 자신의 모압인 왕비를 위해 그모스를 위한 산당을 세움(왕상 11:7)
벨(51:44)
· 일명 '마르둑'(므로닥, 렘 50:2)으로 불리운 바벨론의 최고 신(사 46:1) · 공중과 땅을 지배하는 신, 태양의 신, · 후에 메소포타미아의 지배적인 신이 됨

예레미야 48장

모압의 멸망

1 모압에 관한 것이라 만군의 여호와 이스라엘의 하나님께서 이와 같이
말씀하시되 오호라 느보여 그가 유린당하였도다 기랴다임이 수치를 당
하여 점령되었고 미스갑이 수치를 당하여 파괴되었으니 2 모압의 찬송 소
리가 없어졌도다 헤스본에서 무리가 그를 해하려고 악을 도모하고 이르
기를 와서 그를 끊어서 나라를 이루지 못하게 하자 하는도다 맛멘이여 너
도 조용하게 되리니 칼이 너를 뒤쫓아 가리라 3 호로나임에서 부르짖는
소리여 황폐와 큰 파멸이로다 4 모압이 멸망을 당하여 그 어린이들의 부
르짖음이 들리는도다 5 그들이 루힛 언덕으로 올라가면서 울고 호로나임
내리막 길에서 파멸의 고통스런 울부짖음을 듣는도다 6 도망하여 네 생
명을 구원하여 광야의 노간주나무 같이 될지어다 7 네가 네 업적과 보물
을 의뢰하므로 너도 정복을 당할 것이요 그모스는 그의 제사장들과 고관
들과 함께 포로되어 갈 것이라 8 파멸하는 자가 각 성읍에 이를 것인즉 한
성읍도 면하지 못할 것이며 골짜기가 멸망하였으며 평지는 파멸되어 여
호와의 말씀과 같으리로다 9 모압에 날개를 주어 날아 피하게 하라 그 성
읍들이 황폐하여 거기에 사는 자가 없으리로다 10 여호와의 일을 게을리
하는 자는 저주를 받을 것이요 자기 칼을 금하여 피를 흘리지 아니하는
자도 저주를 받을 것이로다

모압이 황폐하였다

11 모압은 젊은 시절부터 평안하고 포로도 되지 아니하였으므로 마치 술
이 그 찌끼 위에 있고 이 그릇에서 저 그릇으로 옮기지 않음 같아서 그 맛
이 남아 있고 냄새가 변하지 아니하였도다 12 그러므로 여호와께서 말씀
하시니라 날이 이르리니 내가 술을 옮겨 담는 사람을 보낼 것이라 그들이
기울여서 그 그릇을 비게 하고 그 병들을 부수리니 13 이스라엘 집이 벧엘
을 의뢰하므로 수치를 당한 것 같이 모압이 그모스로 말미암아 수치를 당하리로다 14 너희가 어찌하여 말하기를
우리는 용사요 능란한 전사라 하느냐 15 만군의 여호와라 일컫는 왕께서 이와 같이 말하노라 모압이 황폐하였도
다 그 성읍들은 사라졌고 그 선택 받은 장정들은 내려가서 죽임을 당하니 16 모압의 재난이 가까웠고 그 고난이
속히 닥치리로다 17 그의 사면에 있는 모든 자여, 그의 이름을 아는 모든 자여, 그를 위로하며 말하기를 어찌하여
강한 막대기, 아름다운 지팡이가 부러졌는고 할지니라 18 디본에 사는 딸아 네 영화에서 내려와 메마른 데 앉으
라 모압을 파멸하는 자가 올라와서 너를 쳐서 네 요새를 깨뜨렸음이로다 19 아로엘에 사는 여인이여 길 곁에 서
서 지키며 도망하는 자와 피하는 자에게 무슨 일이 생겼는지 물을지어다 20 모압이 패하여 수치를 받나니 너희는
울면서 부르짖으며 아르논 가에서 이르기를 모압이 황폐하였다 할지어다 21 심판이 평지에 이르렀나니 곧 홀론
과 야사와 메바앗과 22 디본과 느보와 벧디불라다임과 23 기랴다임과 벧가물과 벧므온과 24 그리욧과 보스라와
모압 땅 원근 모든 성읍에로다 25 모압의 뿔이 잘렸고 그 팔이 부러졌도다 여호와의 말씀이니라

모압이 조롱 거리가 되리라

26 모압으로 취하게 할지어다 이는 그가 여호와에 대하여 교만함이라 그가 그 토한 것에서 뒹굴므로 조롱 거리

가 되리로다 27 네가 이스라엘을 조롱하지 아니하였느냐 그가 도둑 가운데에서 발견되었느냐 네가 그를 말할
때마다 네 머리를 흔드는도다 28 모압 주민들아 너희는 성읍을 떠나 바위 사이에 살지어다 출입문 어귀 가장자
리에 깃들이는 비둘기 같이 할지어다 29 우리가 모압의 교만을 들었나니 심한 교만 곧 그의 자고와 오만과 자
랑과 그 마음의 거만이로다 30 여호와의 말씀이니라 내가 그의 노여워함의 허탄함을 아노니 그가 자랑하여도
아무 것도 성취하지 못하였도다 31 그러므로 내가 모압을 위하여 울며 온 모압을 위하여 부르짖으리니 무리가
길헤레스 사람을 위하여 신음하리로다 32 십마의 포도나무여 너의 가지가 바다를 넘어 야셀 바다까지 뻗었더
니 너의 여름 과일과 포도 수확을 탈취하는 자가 나타났으니 내가 너를 위하여 울기를 야셀이 우는 것보다 더
하리로다 33 기쁨과 환희가 옥토와 모압 땅에서 빼앗겼도다 내가 포도주 틀에 포도주가 끊어지게 하리니 외치
며 밟는 자가 없을 것이라 그 외침은 즐거운 외침이 되지 못하리로다 34 헤스본에서 엘르알레를 지나 야하스까
지와 소알에서 호로나임을 지나 에글랏 셀리시야에 이르는 지역에 사는 사람들이 소리를 내어 부르짖음은 니
므림의 물도 황폐하였음이로다 35 여호와의 말씀이라 모압 산당에서 제사하며 그 신들에게 분향하는 자를 내
가 끊어버리리라

모압이 벌 받을 해

36 그러므로 나의 마음이 모압을 위하여 피리 같이 소리 내며 나의 마음이 길헤레스 사람들을 위하여 피리 같이
소리 내나니 이는 그가 모은 재물이 없어졌음이라 37 모든 사람이 대머리가 되었고 모든 사람이 수염을 밀었으며
손에 칼자국이 있고 허리에 굵은 베가 둘렸고 38 모압의 모든 지붕과 거리 각처에서 슬피 우는 소리가 들리니 내
가 모압을 마음에 들지 않는 그릇 같이 깨뜨렸음이라 여호와의 말씀이니라 39 어찌하여 모압이 파괴되었으며 어
찌하여 그들이 애곡하는가 모압이 부끄러워서 등을 돌렸도다 그런즉 모압이 그 사방 모든 사람의 조롱 거리와
공포의 대상이 되리로다 40 이는 여호와의 말씀이니라 보라 그가 독수리 같이 날아와서 모압 위에 그의 날개를
펴리라 41 성읍들이 점령을 당하며 요새가 함락되는 날에 모압 용사의 마음이 산고를 당하는 여인 같을 것이라
42 모압이 여호와를 거슬러 자만하였으므로 멸망하고 다시 나라를 이루지 못하리로다 43 여호와의 말씀이니라
모압 주민아 두려움과 함정과 올무가 네게 닥치나니 44 두려움에서 도망하는 자는 함정에 떨어지겠고 함정에서
나오는 자는 올무에 걸리리니 이는 내가 모압이 벌 받을 해가 임하게 할 것임이라 여호와의 말씀이니라 45 도망
하는 자들이 기진하여 헤스본 그늘 아래에 서니 이는 불이 헤스본에서 나며 불길이 시혼 가운데 나서 모압의 살
쩍과 떠드는 자들의 정수리를 사름이로다 46 모압이여 네게 화가 있도다 그모스의 백성이 망하였도다 네 아들
들은 사로잡혀 갔고 네 딸들은 포로가 되었도다 47 그러나 내가 마지막 날에 모압의 포로를 돌려보내리라 여호
와의 말씀이니라 모압의 심판이 여기까지니라

43일~
48일

예레미야 49장

암몬이 받을 심판

1 암몬 자손에 대한 말씀이라 여호와께서 이와 같이 말씀하시되 이스라엘이 자식이 없느냐 상속자가 없느냐 말
감이 갓을 점령하며 그 백성이 그 성읍들에 사는 것은 어찌 됨이냐 2 여호와의 말씀이니라 그러므로 보라 날이
이르리니 내가 전쟁 소리로 암몬 자손의 랍바에 들리게 할 것이라 랍바는 폐허더미 언덕이 되겠고 그 마을들은
불에 탈 것이며 그 때에 이스라엘은 자기를 점령하였던 자를 점령하리라 여호와의 말씀이니라 3 헤스본아 슬피
울지어다 아이가 황폐하였도다 너희 랍바의 딸들아 부르짖을지어다 굵은 베를 감고 애통하며 울타리 가운데에
서 허둥지둥할지어다 말감과 그 제사장들과 그 고관들이 다 사로잡혀 가리로다 4 패역한 딸아 어찌하여 골짜기
곧 네 흐르는 골짜기를 자랑하느냐 네가 어찌하여 재물을 의뢰하여 말하기를 누가 내게 대적하여 오리요 하느
냐 5 주 만군의 여호와의 말씀이니라 보라 내가 두려움을 네 사방에서 네게 오게 하리니 너희 각 사람이 앞으로
쫓겨 나갈 것이요 도망하는 자들을 모을 자가 없으리라 6 그러나 그 후에 내가 암몬 자손의 포로를 돌아가게 하
리라 여호와의 말씀이니라

에돔이 받을 심판

7 에돔에 대한 말씀이라 만군의 여호와께서 이와 같이 말씀하시되 데만에 다시는 지혜가 없게 되었느냐 명철한

자에게 책략이 끊어졌느냐 그들의 지혜가 없어졌느냐 8 드단 주민아 돌이켜 도
망할지어다 깊은 곳에 숨을지어다 내가 에서의 재난을 그에게 닥치게 하여
그를 벌할 때가 이르게 하리로다 9 포도를 거두는 자들이 네게 이르면 약간
의 열매도 남기지 아니하겠고 밤에 도둑이 오면 그 욕심이 차기까지 멸하느
니라 10 그러나 내가 에서의 옷을 벗겨 그 숨은 곳이 드러나게 하였나니 그가 그 몸을 숨길
수 없을 것이라 그 자손과 형제와 이웃이 멸망하였은즉 그가 없어졌느니라 11 네 고아들을 버려도 내가 그들을
살리리라 네 과부들은 나를 의지할 것이니라 12 여호와께서 이와 같이 말씀하시니라 보라 술잔을 마시는 습관이
없는 자도 반드시 마시겠거든 네가 형벌을 온전히 면하겠느냐 면하지 못하리니 너는 반드시 마시리라 13 여호와
의 말씀이니라 내가 나를 두고 맹세하노니 보스라가 놀램과 치욕 거리와 황폐함과 저줏거리가 될 것이요 그 모
든 성읍이 영원히 황폐하리라 하시니라 14 내가 여호와에게서부터 오는 소식을 들었노라 사절을 여러 나라 가운
데 보내어 이르시되 너희는 모여와서 그를 치며 일어나서 싸우라 15 보라 내가 너를 여러 나라 가운데에서 작아
지게 하였고 사람들 가운데에서 멸시를 받게 하였느니라 16 바위 틈에 살며 산꼭대기를 점령한 자여 스스로 두
려운 자인 줄로 여김과 네 마음의 교만이 너를 속였도다 네가 독수리 같이 보금자리를 높은 데에 지었을지라도
내가 그리로부터 너를 끌어내리리라 이는 여호와의 말씀이니라 17 에돔이 공포의 대상이 되리니 그리로 지나는
자마다 놀라며 그 모든 재앙으로 말미암아 탄식하리로다 18 여호와께서 말씀하시니라 소돔과 고모라와 그 이웃
성읍들이 멸망한 것 같이 거기에 사는 사람이 없으며 그 가운데에 머물러 살 사람이 아무도 없으리라 19 보라 사
자가 요단 강의 깊은 숲에서 나타나듯이 그가 와서 견고한 처소를 칠 것이라 내가 즉시 그들을 거기에서 쫓아내
고 택한 자를 내가 그 위에 세우리니 나와 같은 자 누구며 나와 더불어 다툴 자 누구며 내 앞에 설 목자가 누구
냐 20 그런즉 에돔에 대한 여호와의 의도와 데만 주민에 대하여 결심하신 여호와의 계획을 들으라 양 떼의 어린
것들을 그들이 반드시 끌고 다니며 괴롭히고 그 처소로 황폐하게 하지 않으랴 21 그들이 넘어지는 소리에 땅이
진동하며 그가 부르짖는 소리는 홍해에 들리리라 22 보라 원수가 독수리 같이 날아와서 그의 날개를 보스라 위
에 펴는 그 날에 에돔 용사의 마음이 진통하는 여인 같이 되리라 하시니라

다메섹이 받을 심판

23 다메섹에 대한 말씀이라 하맛과 아르밧이 수치를 당하리니 이는 흉한 소문을 듣고 낙담함이니라 바닷가에서
비틀거리며 평안이 없도다 24 다메섹이 피곤하여 몸을 돌이켜 달아나려 하니 떨림이 그를 움켜잡고 해산하는 여
인 같이 고통과 슬픔이 그를 사로잡았도다 25 어찌하여 찬송의 성읍, 나의 즐거운 성읍이 버린 것이 되었느냐 26
이는 만군의 여호와의 말씀이니라 그런즉 그 날에 그의 장정들은 그 거리에 엎드러지겠고 모든 군사는 멸절될
것이며 27 내가 다메섹의 성벽에 불을 지르리니 벤하닷의 궁전이 불타리라

게달과 하솔이 받을 심판

28 바벨론의 느부갓네살 왕에게 공격을 받은 게달과 하솔 나라들에 대한 말씀이라 여호와께서 이와 같이 말씀
하시되 너희는 일어나 게달로 올라가서 동방 자손들을 황폐하게 하라 29 너희는 그들의 장막과 양 떼를 빼앗으
며 휘장과 모든 기구와 낙타를 빼앗아다가 소유로 삼고 그들을 향하여 외치기를 두려움이 사방에 있다 할지니
라 30 여호와의 말씀이니라 하솔 주민아 도망하라 멀리 가서 깊은 곳에 살라 이는 바벨론의 느부갓네살 왕이 너
를 칠 모략과 너를 칠 계책을 세웠음이라 31 여호와의 말씀이니라 너는 일어나 고요하고도 평안히 사는 백성 곧
성문이나 문빗장이 없이 홀로 사는 국민을 치라 32 그들의 낙타들은 노략물이 되겠고 그들의 많은 가축은 탈취
를 당할 것이라 내가 그 살쩍을 깎는 자들을 사면에 흩고 그 재난을 여러 곳에서 오게 하리라 여호와의 말씀이
니라 33 하솔은 큰 뱀의 거처가 되어 영원히 황폐하리니 거기 사는 사람이나 그 가운데에 머물러 사는 사람이 아
무도 없게 되리라 하시니라

엘람이 받을 심판

34 유다 왕 시드기야가 즉위한 지 오래지 아니하여서 엘람에 대한 여호와의 말씀이 선지자 예레미야에게 임하여
이르시되 35 만군의 여호와가 이같이 말하노라 보라 내가 엘람의 힘의 으뜸가는 활을 꺾을 것이요 36 하늘의 사
방에서부터 사방 바람을 엘람에 오게 하여 그들을 사방으로 흩으리니 엘람에서 쫓겨난 자가 가지 않는 나라가
없으리라 37 여호와의 말씀이니라 내가 엘람으로 그의 원수의 앞, 그의 생명을 노리는 자의 앞에서 놀라게 할 것
이며 내가 재앙 곧 나의 진노를 그들 위에 내릴 것이며 내가 또 그 뒤로 칼을 보내어 그들을 멸망시키리라 38 내
가 나의 보좌를 엘람에 주고 왕과 고관들을 그 곳에서 멸하리라 여호와의 말씀이니라 39 그러나 말일에 이르러
내가 엘람의 포로를 돌아가게 하리라 여호와의 말씀이니라

예레미야 50장

렘 50장
학습 자료 48-3 "바사 제국의 이해" 참조

바벨론이 받을 심판

1 여호와께서 선지자 예레미야에게 바벨론과 갈대아 사람의 땅에 대하여
하신 말씀이라 2 너희는 나라들 가운데에 전파하라 공포하라 깃발을 세우라 숨김이 없이 공포하여 이르라 바벨
론이 함락되고 벨이 수치를 당하며 므로닥이 부스러지며 그 신상들은 수치를 당하며 우상들은 부스러진다 하라
3 이는 한 나라가 북쪽에서 나와서 그를 쳐서 그 땅으로 황폐하게 하여 그 가운데에 사는 자가 없게 할 것임이라
사람이나 짐승이 다 도망할 것임이니라 4 여호와의 말씀이니라 그 날 그 때에 이스라엘 자손이 돌아오며 유다 자
손도 함께 돌아오되 그들이 울면서 그 길을 가며 그의 하나님 여호와께 구할 것이며 5 그들이 그 얼굴을 시온으
로 향하여 그 길을 물으며 말하기를 너희는 오라 잊을 수 없는 영원한 언약으로 여호와와 연합하라 하리라

바벨론에서 도망하라 갈대아 땅에서 나오라

43일~48일

6 내 백성은 잃어 버린 양 떼로다 그 목자들이 그들을 곁길로 가게 하여 산으로 돌이키게 하였으므로 그들이 산
에서 언덕으로 돌아다니며 쉴 곳을 잊었도다 7 그들을 만나는 자들은 그들을 삼키며 그의 대적은 말하기를 그들
이 여호와 곧 의로운 처소시며 그의 조상들의 소망이신 여호와께 범죄하였음인즉 우리는 무죄하다 하였느니라
8 너희는 바벨론 가운데에서 도망하라 갈대아 사람의 땅에서 나오라 양 떼에 앞서가는 숫염소 같이 하라 9 보라
내가 큰 민족의 무리를 북쪽에서 올라오게 하여 바벨론을 대항하게 하리니 그들이 대열을 벌이고 쳐서 정복할
것이라 그들의 화살은 노련한 용사의 화살 같아서 허공을 치지 아니하리라 10 갈대아가 약탈을 당할 것이라 그
를 약탈하는 자마다 만족하리라 여호와의 말씀이니라

바벨론의 멸망

❖ 바벨론은 B.C. 539년에 바사 메대 연합군을 이끄는 고레스에 의해 망한다.

단 5장의
학습 자료 54-4 "벨사살" 참조
(54일차 자료)

11 나의 소유를 노략하는 자여 너희가 즐거워하며 기뻐하고 타작하는 송
아지 같이 발굽을 구르며 군마 같이 우는도다 12 그러므로 너희의 어머니
가 큰 수치를 당하리라 너희를 낳은 자가 치욕을 당하리라 보라 그가 나
라들 가운데의 마지막과 광야와 마른 땅과 거친 계곡이 될 것이며 13 여
호와의 진노로 말미암아 주민이 없어 완전히 황무지가 될 것이라 바벨론을 지나가는 자마다 그 모든 재난에 놀
라며 탄식하리로다 14 바벨론을 둘러 대열을 벌이고 활을 당기는 모든 자여 화살을 아끼지 말고 쏘라 그가 여호
와께 범죄하였음이라 15 그 주위에서 고함을 지르리로다 그가 항복하였고 그 요새는 무너졌고 그 성벽은 허물어
졌으니 이는 여호와께서 그가 행한 대로 그에게 내리시는 보복이라 그가 행한 대로 그에게 갚으시는도다 16 파
종하는 자와 추수 때에 낫을 잡은 자를 바벨론에서 끊어 버리라 사람들이 그 압박하는 칼을 두려워하여 각기 동
족에게로 돌아가며 고향으로 도망하리라

이스라엘을 돌아오게 하리라

17 이스라엘은 흩어진 양이라 사자들이 그를 따르도다 처음에는 앗수르 왕이 먹었고 다음에는 바벨론의 느부갓
네살 왕이 그의 뼈를 꺾도다 18 그러므로 만군의 여호와 이스라엘의 하나님이 이와 같이 말하노라 보라 내가 앗

수르의 왕을 벌한 것 같이 바벨론의 왕과 그 땅을 벌하고 19 이스라엘
을 다시 그의 목장으로 돌아가게 하리니 그가 갈멜과 바산에서 양
을 기를 것이며 그의 마음이 에브라임과 길르앗 산에서 만족하리라
20 여호와의 말씀이니라 그 날 그 때에는 이스라엘의 죄악을 찾을지
라도 없겠고 유다의 죄를 찾을지라도 찾아내지 못하리니 이는 내가
남긴 자를 용서할 것임이라

여호와께서 바벨론을 심판하시다

21 이는 여호와의 말씀이니라 너희는 올라가서 므라다임의 땅을 치며 브곳의 주민을 쳐서 진멸하되 내가 너희에
게 명령한 대로 다하라 22 그 땅에 싸움의 소리와 큰 파멸이 있으리라 23 온 세계의 망치가 어찌 그리 꺾여 부서
졌는고 바벨론이 어찌 그리 나라들 가운데에 황무지가 되었는고 24 바벨론아 내가 너를 잡으려고 올무를 놓았
더니 네가 깨닫지 못하여 걸렸고 네가 여호와와 싸웠으므로 발각되어 잡혔도다 25 여호와께서 그의 병기창을 열
고 분노의 무기를 꺼냄은 주 만군의 여호와께서 갈대아 사람의 땅에 행할 일이 있음이라 26 먼 곳에 있는 너희는
와서 그를 치고 그의 곳간을 열고 그것을 곡식더미처럼 쌓아 올려라 그를 진멸하고 남기지 말라 27 그의 황소를
다 죽이라 그를 도살하려 내려 보내라 그들에게 화 있도다 그들의 날, 그 벌 받는 때가 이르렀음이로다 28 바벨
론 땅에서 도피한 자의 소리여 시온에서 우리 하나님 여호와의 보복하시는 것, 그의 성전의 보복하시는 것을 선
포하는 소리로다 29 활 쏘는 자를 바벨론에 소집하라 활을 당기는 자여 그 사면으로 진을 쳐서 피하는 자가 없게
하라 그가 일한 대로 갚고 그가 행한 대로 그에게 갚으라 그가 이스라엘의 거룩한 자 여호와를 향하여 교만하였
음이라 30 그러므로 그 날에 장정들이 그 거리에 엎드러지겠고 군사들이 멸절되리라 여호와의 말씀이니라 31 주
만군의 여호와의 말씀이니라 교만한 자여 보라 내가 너를 대적하나니 너의 날 곧 내가 너를 벌할 때가 이르렀음
이라 32 교만한 자가 걸려 넘어지겠고 그를 일으킬 자가 없을 것이며 내가 그의 성읍들에 불을 지르리니 그의 주
위에 있는 것을 다 삼키리라 33 만군의 여호와께서 이와 같이 말씀하시니라 이스라엘 자손과 유다 자손이 함께
학대를 받는도다 그들을 사로잡은 자는 다 그들을 붙들고 놓아 주지 아니하리라 34 그들의 구원자는 강하니 그
의 이름은 만군의 여호와라 반드시 그들 때문에 싸우시리니 그 땅에 평안함을 주고 바벨론 주민은 불안하게 하
리라 35 여호와의 말씀이니라 칼이 갈대아인의 위에와 바벨론 주민의 위에와 그 고관들과 지혜로운 자의 위에
떨어지리라 36 칼이 자랑하는 자의 위에 떨어지리니 그들이 어리석게 될 것이며 칼이 용사의 위에 떨어지리니 그
들이 놀랄 것이며 37 칼이 그들의 말들과 병거들과 그들 중에 있는 여러 민족의 위에 떨어지리니 그들이 여인들
같이 될 것이며 칼이 보물 위에 떨어지리니 그것이 약탈되리라 38 가뭄이 물 위에 내리어 그것을 말리리니 이는
그 땅이 조각한 신상의 땅이요 그들은 무서운 것을 보고 실성하였음이니라 39 그러므로 사막의 들짐승이 승냥이
와 함께 거기에 살겠고 타조도 그 가운데에 살 것이요 영원히 주민이 없으며 대대에 살 자가 없으리라 40 여호와
의 말씀이니라 하나님께서 소돔과 고모라와 그 이웃 성읍들을 뒤엎었듯이 거기에 사는 사람이 없게 하며 그 가
운데에 머물러 사는 사람이 아무도 없게 하시리라 41 보라 한 민족이 북쪽에서 오고 큰 나라와 여러 왕이 충동을
받아 땅 끝에서 일어나리니 42 그들은 활과 투창을 가진 자라 잔인하여 불쌍히 여기지 아니하며 그들의 목소리
는 바다가 설레임 같도다 딸 바벨론아 그들이 말을 타고 무사 같이 각기 네 앞에서 대열을 갖추었도다 43 바벨론
의 왕이 그 소문을 듣고 손이 약하여지며 고통에 사로잡혀 해산하는 여인처럼 진통하는도다 44 보라 사자가 요
단의 깊은 숲에서 나타나듯이 그가 와서 견고한 처소를 칠 것이라 내가 즉시 그들을 거기에서 쫓아내고 택한 자
를 내가 그 자리에 세우리니 나와 같은 자 누구며 출두하라고 나에게 명령할 자가 누구며 내 앞에 설 목자가 누
구냐 45 그런즉 바벨론에 대한 여호와의 계획과 갈대아 사람의 땅에 대하여 품은 여호와의 생각을 들으라 양 떼
의 어린 것들을 그들이 반드시 끌어 가고 그들의 초장을 황폐하게 하리니 46 바벨론이 약탈 당하는 소리에 땅이
진동하며 그 부르짖음이 나라들 가운데에 들리리라 하시도다

예레미야 51장

바벨론을 멸하시는 여호와

1 여호와께서 이와 같이 말씀하시되 보라 내가 멸망시키는 자의 심령을 부추겨 바벨론을 치고 또 나를 대적하
는 자 중에 있는 자를 치되 2 내가 타국인을 바벨론에 보내어 키질하여 그의 땅을 비게 하리니 재난의 날에 그를
에워싸고 치리로다 3 활을 당기는 자를 향하며 갑옷을 입고 일어선 자를 향하여 쏘는 자는 그의 활을 당길 것이
라 그의 장정들을 불쌍히 여기지 말며 그의 군대를 전멸시켜라 4 무리가 갈대아 사람의 땅에서 죽임을 당하여 엎
드러질 것이요 관통상을 당한 자가 거리에 있으리라 5 이스라엘과 유다가 이스라엘의 거룩하신 이를 거역하므
로 죄과가 땅에 가득하나 그의 하나님 만군의 여호와에게 버림 받은 홀아비는 아니니라 6 바벨론 가운데서 도망
하여 나와서 각기 생명을 구원하고 그의 죄악으로 말미암아 끊어짐을 보지 말지어다 이는 여호와의 보복의 때
니 그에게 보복하시리라 7 바벨론은 여호와의 손에 잡혀 있어 온 세계가 취하게 하는 금잔이라 뭇 민족이 그 포
도주를 마심으로 미쳤도다 8 바벨론이 갑자기 넘어져 파멸되니 이로 말미암아 울라 그 상처를 위하여 유향을 구
하라 혹 나으리로다 9 우리가 바벨론을 치료하려 하여도 낫지 아니한즉 버리고 각기 고향으로 돌아가자 그 화가
하늘에 미쳤고 궁창에 달하였음이로다 10 여호와께서 우리 공의를 드러내셨으니 오라 시온에서 우리 하나님 여
호와의 일을 선포하자 11 화살을 갈며 둥근 방패를 준비하라 여호와께서 메대 왕들의 마음을 부추기사 바벨론
을 멸하기로 뜻하시나니 이는 여호와께서 보복하시는 것 곧 그의 성전을 위하여 보복하시는 것
이라 12 바벨론 성벽을 향하여 깃발을 세우고 튼튼히 지키며 파수꾼을 세우며 복병을 매복시켜
방비하라 이는 여호와께서 바벨론 주민에 대하여 말씀하신 대로
계획하시고 행하심이로다 13 많은 물가에 살면서 재물이 많은 자
여 네 재물의 한계 곧 네 끝이 왔도다 14 만군의 여호와께서 자기의
목숨을 두고 맹세하시되 내가 진실로 사람을 메뚜기 같이 네게 가득하게 하
리니 그들이 너를 향하여 환성을 높이리라 하시도다

여호와를 찬양하다

15 여호와께서 그의 능력으로 땅을 지으셨고 그의 지혜로 세계를 세우셨고 그의 명철로 하늘들을 펴셨으며 16
그가 목소리를 내신즉 하늘에 많은 물이 생기나니 그는 땅 끝에서 구름이 오르게 하시며 비를 위하여 번개를 치
게 하시며 그의 곳간에서 바람을 내시거늘 17 사람마다 어리석고 무식하도다 금장색마다 자기가 만든 신상으로
말미암아 수치를 당하나니 이는 그 부어 만든 우상은 거짓이요 그 속에 생기가 없음이라 18 그것들은 헛된 것이
요 조롱 거리이니 징벌하시는 때에 멸망할 것이나 19 야곱의 분깃은 그와 같지 아니하시니 그는 만물을 지으신
분이요 이스라엘은 그의 소유인 지파라 그의 이름은 만군의 여호와시니라

바벨론은 여호와의 철퇴

20 여호와께서 이르시되 너는 나의 철퇴 곧 무기라 나는 네가 나라들을 분쇄하며 네가 국가들을 멸하며 21 네가
말과 기마병을 분쇄하며 네가 병거와 병거대를 부수며 22 네가 남자와 여자를 분쇄하며 네가 노년과 유년을 분
쇄하며 네가 청년과 처녀를 분쇄하며 23 네가 목자와 그 양 떼를 분쇄하며 네가 농부와 그 멍엣소를 분쇄하며 네
가 도백과 태수들을 분쇄하도록 하리로다 24 너희 눈 앞에서 그들이 시온에서 모든 악을 행한 대로 내가 바벨론
과 갈대아 모든 주민에게 갚으리라 여호와의 말씀이니라

바벨론이 황무지가 되리라

25 여호와의 말씀이니라 온 세계를 멸하는 멸망의 산아 보라 나는 네 원수라 나의 손을 네 위에 펴서 너를 바위
에서 굴리고 너로 불 탄 산이 되게 할 것이니 26 사람이 네게서 집 모퉁잇돌이나 기촛돌을 취하지 아니할 것이요
너는 영원히 황무지가 될 것이니라 여호와의 말씀이니라 27 땅에 깃발을 세우며 나라들 가운데에 나팔을 불어서
나라들을 동원시켜 그를 치며 아라랏과 민니와 아스그나스 나라를 불러 모아 그를 치며 사무관을 세우고 그를
치되 극성스런 메뚜기 같이 그 말들을 몰아오게 하라 28 뭇 백성 곧 메대 사람의 왕들과 그 도백들과 그 모든 태

수와 그 관할하는 모든 땅을 준비시켜 그를 치게 하라 29 땅이 진동하며 소용돌이치나니 이는 여호와께서 바벨
론을 쳐서 그 땅으로 황폐하여 주민이 없게 할 계획이 섰음이라 30 바벨론의 용사는 싸움을 그치고 그들의 요새
에 머무르나 기력이 쇠하여 여인 같이 되며 그들의 거처는 불타고 그 문빗장은 부러졌으며 31 보발꾼은 보발꾼을
맞으려고 달리며 전령은 전령을 맞으려고 달려가 바벨론의 왕에게 전하기를 그 성읍 사방이 함락되었으며 32 모
든 나루는 빼앗겼으며 갈대밭이 불탔으며 군사들이 겁에 질렸더이다 하리라

여호와께서 이스라엘을 위하여 보복하시다

33 만군의 여호와 이스라엘의 하나님께서 이와 같이 말씀하시되 딸 바벨론은 때가 이른 타작 마당과 같은지라
멀지 않아 추수 때가 이르리라 하시도다 34 바벨론의 느부갓네살 왕이 나를 먹으며 나를 멸하며 나를 빈 그릇이
되게 하며 큰 뱀 같이 나를 삼키며 나의 좋은 음식으로 그 배를 채우고 나를 쫓아내었으니 35 내가 받은 폭행과
내 육체에 대한 학대가 바벨론에 돌아가기를 원한다고 시온 주민이 말할 것이요 내 피 흘린 죄가 갈대아 주민에
게로 돌아가기를 원한다고 예루살렘이 말하리라 36 그러므로 여호와께서 이와 같이 말씀하시되 보라 내가 네 송
사를 듣고 너를 위하여 보복하여 그의 바다를 말리며 그의 샘을 말리리니 37 바벨론이 돌무더기가 되어서 승냥
이의 거처와 혐오의 대상과 탄식 거리가 되고 주민이 없으리라 38 그들이 다 젊은 사자 같이 소리지르며 새끼 사
자 같이 으르렁거리며 39 열정이 일어날 때에 내가 연회를 베풀고 그들이 취하여 기뻐하다가 영원히 잠들어 깨지
못하게 하리라 여호와의 말씀이니라 40 내가 그들을 끌어내려서 어린 양과 숫양과 숫염소가 도살장으로 가는 것
같게 하리라

바벨론의 파멸을 노래하다

41 슬프다 세삭이 함락되었도다 온 세상의 칭찬 받는 성읍이 빼앗겼도다 슬프다 바벨론이 나라들 가운데에 황
폐하였도다 42 바다가 바벨론에 넘침이여 그 노도 소리가 그 땅을 뒤덮었도다 43 그 성읍들은 황폐하여 마른 땅
과 사막과 사람이 살지 않는 땅이 되었으니 그리로 지나가는 사람이 없도다 44 내가 벨을 바벨론에서 벌하고
그가 삼킨 것을 그의 입에서 끌어내리니 민족들이 다시는 그에게로 몰려가지 아니하겠고 바벨론 성벽은 무너
졌도다 45 나의 백성아 너희는 그 중에서 나와 각기 여호와의 진노를 피하라 46 너희 마음을 나약하게 말며 이
땅에서 들리는 소문으로 말미암아 두려워하지 말라 소문은 이 해에도 있겠고 저 해에도 있으리라 그 땅에는
강포함이 있어 다스리는 자가 다스리는 자를 서로 치리라 47 그러므로 보라 날이 이르리니 내가 바벨론의 우상
들을 벌할 것이라 그 온 땅이 치욕을 당하겠고 그 죽임 당할 자가 모두 그 가운데에 엎드러질 것이며 48 하늘과
땅과 그 안에 있는 모든 것이 바벨론으로 말미암아 기뻐 노래하리니 이는 파멸시키는 자가 북쪽에서 그에게
옴이라 여호와의 말씀이니라 49 바벨론이 이스라엘을 죽여 엎드러뜨림 같이 온 세상이 바벨론에서 죽임을 당
하여 엎드러지리라

여호와께서 바벨론에 보복하시다

50 칼을 피한 자들이여 멈추지 말고 걸어가라 먼 곳에서 여호와를 생각하며 예루살렘을 너희 마음에 두라 51 외
국인이 여호와의 거룩한 성전에 들어가므로 우리가 책망을 들으며 수치를 당하여 모욕이 우리 얼굴을 덮었느니
라 52 보라 날이 이르리니 내가 그 우상들을 벌할 것이라 부상자들이 그 땅에서 한숨을 지으리라 여호와의 말씀
이니라 53 가령 바벨론이 하늘까지 솟아오른다 하자 높은 곳에 있는 피난처를 요새로 삼더라도 멸망시킬 자가
내게로부터 그들에게 임하리라 여호와의 말씀이니라

바벨론이 황폐하리라

54 바벨론으로부터 부르짖는 소리가 들리도다 갈대아 사람의 땅에 큰 파멸의 소리가 들리도다 55 이는 여호와께
서 바벨론을 황폐하게 하사 그 큰 소리를 끊으심이로다 원수는 많은 물 같이 그 파도가 사나우며 그 물결은 요
란한 소리를 내는도다 56 곧 멸망시키는 자가 바벨론에 이르렀음이라 그 용사들이 사로잡히고 그들의 활이 꺾이
도다 여호와는 보복의 하나님이시니 반드시 보응하시리로다 57 만군의 여호와라 일컫는 왕이 이와 같이 말씀하
시되 내가 그 고관들과 지혜 있는 자들과 도백들과 태수들과 용사들을 취하게 하리니 그들이 영원히 잠들어 깨

어나지 못하리라 58만군의 여호와께서 이와 같이 말씀하시니라 바벨론의 성벽은 훼파되겠고 그 높은 문들은 불
에 탈 것이며 백성들의 수고는 헛될 것이요 민족들의 수고는 불탈 것인즉 그들이 쇠잔하리라

예레미야가 바벨론에 예언을 전하다

59유다의 시드기야 왕 제사년에 마세야의 손자 네리야의 아들 스라야가 그 왕과 함께 바벨론으로 갈 때에 선지
자 예레미야가 그에게 말씀을 명령하니 스라야는 병참감이더라 60예레미야가 바벨론에 닥칠 모든 재난 곧 바벨
론에 대하여 기록한 이 모든 말씀을 한 책에 기록하고 61스라야에게 말하기를 너는 바벨론에 이르거든 삼가 이
모든 말씀을 읽고 62말하기를 여호와여 주께서 이 곳에 대하여 말씀하시기를 이 땅을 멸하여 사람이나 짐승이
거기에 살지 못하게 하고 영원한 폐허가 되리라 하셨나이다 하라 하니라 63너는 이 책 읽기를 다한 후에 책에 돌
을 매어 유브라데 강 속에 던지며 64말하기를 바벨론이 나의 재난 때문에 이같이 몰락하여 다시 일어서지 못하
리니 그들이 피폐하리라 하라 하니라 예레미야의 말이 이에 끝나니라

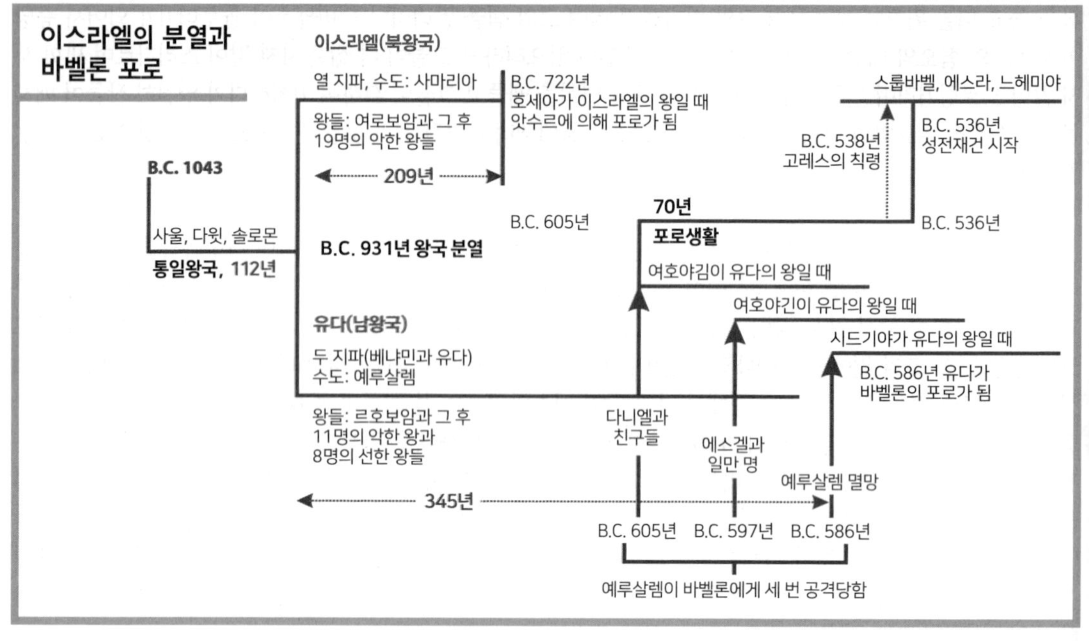

43일~48일

48일차 읽기의 요약

(왕하 24:18~19, 대하 36:11~12, 렘 52:1~2, 렘 27~29, 렘 25:15~38, 렘 48~51)

B.C. 605년 바벨론에 의해 유다 백성들이 1차 포로로 잡혀감으로 포로 시대가 시작된다. 그 후 B.C. 597년에 바벨론의 느브갓네살 왕이 여호야긴을 비롯한 만 명 이상의 사람들을 2차 포로로 잡아간다. 고작 3개월 왕위에 있었던 여호야김의 아들 여호야긴 대신 여호야긴의 숙부 시드기야가 유다의 마지막 왕이 된다. 그러나 시드기야왕은 예레미야가 부단히 말씀을 전했음에도 불구하고 바벨론 왕을 배반하게 된다.

이런 상황에서 예레미야는 유다와 주변국들이 바벨론의 멍에를 매지 아니하면 칼과 기근과 전염병에 의해 벌을 받는다는 것을 자신이 직접 목에 멍에와 줄을 걸고 시위하며 보여 주었다. 그러나 바로 이때 예루살렘의 거짓 선지자 하나냐는 예레미야의 목에 있는 멍에를 빼앗아 꺾고 하나님께서 2년 안에 바벨론의 지배에서 벗어나게 하실 것이라고 거짓 예언으로 맞서다가 그해에 죽임을 당한다.

예레미야는 포로로 잡혀가 바벨론 땅에 살고 있는 유다 백성들에게 편지를 보낸다. 그들을 향한 하나님의 간절한 마음은 평안과 미래와 희망이며 70년이 지나면 다시 돌아오게 될 것임을 확신시킨다. 또한 예레미야는 유다뿐만 아니라 모압, 에돔, 암몬등 주변국들의 멸망을 예언했다. 특히 하나님께서 장차 메대 왕들을 일으켜 바벨론이 여러 나라에 행한 악행대로 친히 보복하실 것을 선포했다.

그러나 하나님께서 유다 백성들을 회복시키시는 그날이 오면 유다 포로들은 바벨론의 멍에를 풀고 뛰어나와 그 얼굴을 시온으로 향하며 여호와의 영원한 언약 안으로 돌아와 여호와와 연합하게 될 것이다.

그러면 어떻게 살 것인가?

인위뚝·신위곡

☑ 세계관 점검 – 묵상하기 (영상 강의와 교재 내용의 이해를 바탕으로)

우리는 거짓 선지자를 구별할 수 있는가? 나는 딤후 4:3-4의 말씀처럼 내 귀를 즐겁게 하는 것을 찾아다니느라고 참된 진리를 내팽개치는 신앙생활을 하고 있지는 않는가?

· 딤후 4:3-4 때가 이르리니 사람이 바른 교훈을 받지 아니하며 귀가 가려워서 자기의 사욕을 따를 스승을 많이 두고 또 그 귀를 진리에서 돌이켜 허탄한 이야기를 따르리라

동영상 강의(48일차)에서 저자 강사는 성경의 특수성을 강조해서 설명하고 있다. 즉, 성경은 단순히 과거에 어느 한 민족을 통해 하나님이 역사하셨던 어떤 사건의 기록을 단순히 나열하는 것이 아니고, 그 사건들을 통해서 오늘 이 시간도 동일한 역사를 하고 계신다는 것을 보여 주는 책이라고 강조한다. 이 사실에 여러분도 동의하고 이것이 여러분의 성경을 보는 관점이어야 한다. 그래야 성경의

모든 사건과 그 교훈을 오늘 우리도 적용해야 한다는 것을 받아들이게 된다. 성경은 우리에게 반면교사(反面教師) 역할을 하는 책이기도 하다. 성경의 핵심은 하나님의 뜻을 우리 삶 가운데 표현하면서 이루어야 한다는 데 있다. 그래야 하나님 나라가 나와 우리의 공동체 가운데 이루어지기 때문이다. 바른 성경관을 세워라!

렘 29:10-14에서 말하는 평안(샬롬 Shalom)의 의미를 묵상하라.(학습 자료(48일차) 48-1을 참조)
내 삶 속에 이런 평안이 있는가? 없다면 어떻게 평안을 얻을 수 있을까를 깊이 생각해 보라.
"오늘 성경 읽으셨나요?"

이스라엘이 결국 멸망했다. 왜 멸망했는가를 묵상하라. 그들은 선지자의 외침을 듣지 않았을 뿐만 아니라 오히려 그들을 핍박하고 죽였다. 선지자들의 외침의 핵심은 무엇이었으며 이스라엘 백성이 왜 그것을 듣기 싫어했을까? 오늘 우리는 왜 하나님 말씀을 듣기 싫어할까?
다음 구절을 함께 묵상하라.

· 딤후 4:3-4 때가 이르리니 사람이 바른 교훈을 받지 아니하며 귀가 가려워서 자기의 사욕을 따를 스승을 많이 두고 또 그 귀를 진리에서 돌이켜 허탄한 이야기를 따르리라

결단기도와 실행하기

약 2:26 영혼 없는 몸이 죽은 것 같이 행함이 없는 믿음은 죽은 것이니라
시 119:28 나의 영혼이 눌림으로 말미암아 녹사오니 주의 말씀대로 나를 세우소서

에스겔 1:1~3:21 : 에스겔의 부름

에스겔	EZEKIEL	以西結書

에스겔서 한눈에 보기

개요 **"그들이 내가 여호와임을 알리라"**

첫 환상과 에스겔의 부름 (1장-3장)

I. 예루살렘의 현재의 심판 (4장 -24장)

- ▶긴박한 심판에 대한 직설적 예언 (4장-7장)
- ▶하나님의 영광이 성전을 떠나는 환상 (8장-11장)
- ▶심판의 형태와 메시지들 (12장-24장)

II. 열방들의 미래의 운명 (25장-39장)

- ▶열방들에 대한 하나님의 심판 (25장-32장)
- ▶예루살렘의 심판 후에 오는 회복 (33장-37장)
- ▶곡과 마곡의 멸망, 예루살렘의 회복 (38장-39장)

III. 최후의 성전, 예배 그리고 도성의 회복 (40장-48장)

- ▶새 성전 재건과 새 영광 (40:1-43:12)
- ▶새롭게 된 예배와 거룩한 성 (43:13-47:12)
- ▶새롭게 된 땅과 하나님의 도성 (47:13-48장)

에스겔 1장

여호와의 보좌

1 서른째 해 넷째 달 초닷새에 내가 그발 강 가 사로잡힌 자 중에 있을 때
에 하늘이 열리며 하나님의 모습이 내게 보이니 2 여호야긴 왕이 사로잡
힌 지 오 년 그 달 초닷새라 3 갈대아 땅 그발 강가에서 여호와의 말씀이
부시의 아들 제사장 나 에스겔에게 특별히 임하고 여호와의 권능이 내 위
에 있으니라 4 내가 보니 북쪽에서부터 폭풍과 큰 구름이 오는데 그 속에
서 불이 번쩍번쩍하여 빛이 그 사방에 비치며 그 불 가운데 단 쇠 같은 것
이 나타나 보이고 5 그 속에서 네 생물의 형상이 나타나는데 그들의 모양
이 이러하니 그들에게 사람의 형상이 있더라 6 그들에게 각각 네 얼굴과
네 날개가 있고 7 그들의 다리는 곧은 다리요 그들의 발바닥은 송아지 발
바닥 같고 광낸 구리 같이 빛나며 8 그 사방 날개 밑에는 각각 사람의 손
이 있더라 그 네 생물의 얼굴과 날개가 이러하니 9 날개는 다 서로 연하였
으며 갈 때에는 돌이키지 아니하고 일제히 앞으로 곧게 행하며 10 그 얼
굴들의 모양은 넷의 앞은 사람의 얼굴이요 넷의 오른쪽은 사자의 얼굴이

에스겔의 환상과 계시록의 환상
학습 자료 49-1을 참조

❖ 에스겔 - 환상과 소망의 선지자

1. B.C. 597년 바벨론 2차 침입시 포로로 끌려가 그발 강가의 델아빕을 중심으로 하여 약 22년 사역(겔 1:1-2, 29:17)
2. 에스겔은 '하나님께서 강하게 하신다' 혹은 '하나님은 강하시다'라는 뜻.
3. 사독 계열의 제사장 부시의 아들(겔 1:3)
4. 환상을 많이 보았으며 이스라엘의 회복을 예언함으로 '환상과 소망의 선지자'로 불림

· 다니엘이 왕실에서 행정가로 활동했다면 에스겔은 포로 된 백성 사이에서 활동한 선지자이다.

· 이제는 하나님은 에스겔을 통하여 하나님의 회복 메시지를 전한다. 그러나 무조건적 회복이 아니라 이스라엘 백성들이 회개하고 시내 산 언약을 회복하면 하나님은 이스라엘을 회복시켜 주실 것이다. 하나님은 마른 뼈에 생기를 불어넣어 주시는 환상을 통하여 바벨론에 포로로 잡혀 와서 소망 없이 살아가는 이스라엘 백성들에게 회복의 메시지를 준다. 그뿐만 아니라 하나님은 에스겔에게 성전 환상을 보여 주심으로 하나님 백성의 회복을 확인시켜 주고 있다.

겔 1:1-4 바벨론 내의 포로 거주지

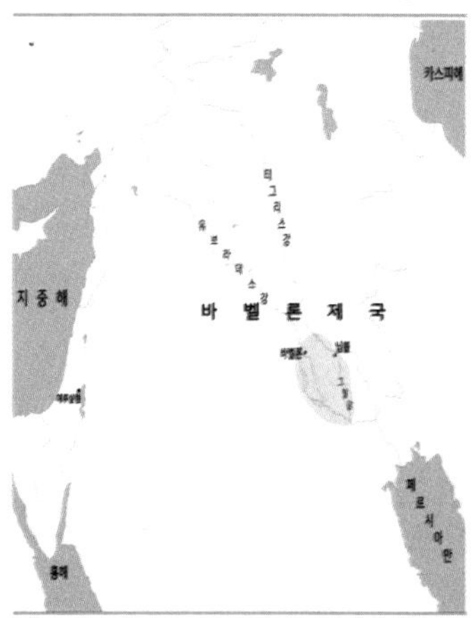

요 넷의 왼쪽은 소의 얼굴이요 넷의 뒤는 독수리의 얼굴이니 11 그 얼굴은
그러하며 그 날개는 들어 펴서 각기 둘씩 서로 연하였고 또 둘은 몸을 가
렸으며 12 영이 어떤 쪽으로 가면 그 생물들도 그대로 가되 돌이키지 아니
하고 일제히 앞으로 곧게 행하며 13 또 생물들의 모양은 타는 숯불과 횃
불 모양 같은데 그 불이 그 생물 사이에서 오르락내
리락 하며 그 불은 광채가 있고 그 가운데에서는 번
개가 나며 14 그 생물들은 번개 모양 같이 왕래하더
라 15 내가 그 생물들을 보니 그 생물들 곁에 있
는 땅 위에는 바퀴가 있는데 그 네 얼굴을 따라
하나씩 있고 16 그 바퀴의 모양과 그 구조는 황
옥 같이 보이는데 그 넷은 똑같은 모양을 가지고
있으며 그들의 모양과 구조는 바퀴 안에 바퀴가
있는 것 같으며 17 그들이 갈 때에는 사방으로 향한 대로 돌이키지 아니
하고 가며 18 그 둘레는 높고 무서우며 그 네 둘레로 돌아가면서 눈이 가
득하며 19 그 생물들이 갈 때에 바퀴들도 그 곁에서 가고 그 생물들이 땅
에서 들릴 때에 바퀴들도 들려서 20 영이 어떤 쪽으로 가면 생물들도 영이
가려 하는 곳으로 가고 바퀴들도 그 곁에서 들리니 이는 생물의 영이 그
바퀴들 가운데에 있음이니라 21 그들이 가면 이들도 가고 그들이 서면 이
들도 서고 그들이 땅에서 들릴 때에는 이들도 그 곁에서 들리니 이는 생
물의 영이 그 바퀴들 가운데에 있음이더라 22 그 생물의 머리 위에는 수정
같은 궁창의 형상이 있어 보기에 두려운데 그들의 머리 위에 펼쳐져 있고
23 그 궁창 밑에 생물들의 날개가 서로 향하여 펴 있는데 이 생물은 두 날
개로 몸을 가렸고 저 생물도 두 날개로 몸을 가렸더라 24 생물들이 갈 때
에 내가 그 날개 소리를 들으니 많은 물소리와도 같으며 전능자의 음성과
도 같으며 떠드는 소리 곧 군대의 소리와도 같더니 그 생물이 설 때에 그
날개를 내렸더라 25 그 머리 위에 있는 궁창 위에서부터 음성이 나더라 그
생물이 설 때에 그 날개를 내렸더라 26 그 머리 위에 있는 궁창 위에 보좌
의 형상이 있는데 그 모양이 남보석 같고 그 보좌의 형상 위에 한 형상이
있어 사람의 모양 같더라 27 내가 보니 그 허리 위의 모양은 단 쇠 같아서
그 속과 주위가 불같고 내가 보니 그 허리 아래의 모양도 불같아서 사방
으로 광채가 나며 28 그 사방 광채의 모양은 비 오는 날 구름에 있는 무지
개 같으니 이는 여호와의 영광의 형상의 모양이라 내가 보고 엎드려 말씀
하시는 이의 음성을 들으니라

에스겔 2장

에스겔을 선지자로 부르시다

1 그가 내게 이르시되 인자야 네 발로 일어서라 내가 네게 말하리라 하시
며 2 그가 내게 말씀하실 때에 그 영이 내게 임하사 나를 일으켜 내 발로
세우시기로 내가 그 말씀하시는 자의 소리를 들으니 3 내게 이르시되 인자
야 내가 너를 이스라엘 자손 곧 패역한 백성, 나를 배반하는 자에게 보내

❖ 에스겔은 바벨론의 포로가 된 하나님의 백성들을 향해 그 모든 일이 죄악에 대한 하나님의 심판임을 일깨워 준다. 그런 후에 선지자는 이제라도 회개하고 돌이키면 하나님의 은혜로 다시금 회복될 수 있다고 격려했다. 이때가 주전 565년경이다.

겔 1:15-21 하나님은 특히 '바퀴' 환상을 통해서 에스겔을 부르심으로 하나님의 백성인 이스라엘이 바벨론 포로로 잡혀간 후, 하나님은 수수방관하지 않으신다는 것을 보여 준다. '하나님이 이스라엘과 함께하신다'라는 하나님의 약속의 구약적인 표시는 바로 성전의 언약궤에 임한 하나님의 영광이다. 언약궤의 영광이 이스라엘 중에 있다는 것은 하나님이 그들과 함께하신다는 표시가 되는 것이다. 그래서 광야 시대의 이동 중에는 언약궤를 채에 꿰어 제사장들이 지도록 한 것은, 이동하는 하나님 백성과 더불어 하나님도 이동하신다는 표시가 되었던 것이다. 이스라엘이 광야에서 가나안에 정착한 뒤 언약궤도 성전에 안치한 것은, 정착한 하나님 백성과 더불어 하나님도 정착하신다는 표시가 되었다. 이스라엘 백성들이 포로로 끌려가게 되자 네 생명(사람, 사자, 소, 독수리)의 모습으로 상징되는 하나님의 언약궤 위의 영광이 바퀴를 달고 그 백성에게 다가오는 에스겔 환상의 모습으로 언급된다(겔 1:15-21). 이스라엘이 바벨론에 포로로 잡혀 오자 하나님은 그들을 방치하지 않으시고 그들과 함께해 주셨다. 이는 이스라엘만 바벨론에 간 것이 아니고 하나님도 그들과 함께 가 주셨다는 표시이다. 언약궤의 바퀴 달린 모습에서 하나님께서 이스라엘을 찾으시는 열심, 이스라엘을 사랑하시는 열심을 볼 수 있다.
하나님은 이스라엘의 바벨론 포로 생활에서도 임마누엘이 되어주셨다.

겔 1:4-28 에스겔이 본 네 생물과 사도 요한이 본 네 생물 비교

	겔 1:4-28	계 4:6-11
전체적인 형태	사람, 사자, 소, 독수리 등 네 얼굴을 가진 사람의 형상을 한 동일한 네 생물	각각 사자, 송아지, 사람, 독수리 같은 네 생물
날개의 수	각각 4개	각각 6개
눈	바퀴 둘레에 가득함	앞, 뒤, 여섯 날개의 안과 주위에 가득함
그 외의 특징들	본장 도표 1:4-14 참조	거문고를 들고 쉼없이 하나님을 찬양함
역할	거룩하신 하나님을 호위하여 섬기며 그 분의 명령을 집행함	전 피조물을 대표하여 하나님을 경배, 찬양함

노라 그들과 그 조상들이 내게 범죄하여 오늘까지 이르렀나니 4 이 자손
은 얼굴이 뻔뻔하고 마음이 굳은 자니라 내가 너를 그들에게 보내노니 너
는 그들에게 이르기를 주 여호와의 말씀이 이러하시다 하라 5 그들은 패역
한 족속이라 그들이 듣든지 아니 듣든지 그들 가운
데에 선지자가 있음을 알지니라 6 인자야 너는 비
록 가시와 찔레와 함께 있으며 전갈 가운데에 거
주할지라도 그들을 두려워하지 말고 그들의 말
을 두려워하지 말지어다 그들은 패역한 족속이
라도 그 말을 두려워하지 말며 그 얼굴을 무서워
하지 말지어다 7 그들은 심히 패역한 자라 그들이
듣든지 아니 듣든지 너는 내 말로 고할지어다 8 너 인자야 내가 네게 이르
는 말을 듣고 그 패역한 족속 같이 패역하지 말고 네 입을 벌리고 내가 네
게 주는 것을 먹으라 하시기로 9 내가 보니 보라 한 손이 나를 향하여 펴지
고 보라 그 안에 두루마리 책이 있더라 10 그가 그것을 내 앞에 펴시니 그
안팎에 글이 있는데 그 위에 애가와 애곡과 재앙의 말이 기록되었더라

에스겔 3:1-21

1 또 그가 내게 이르시되 인자야 너는 발견한 것을 먹으라 너는 이 두루마
리를 먹고 가서 이스라엘 족속에게 말하라 하시기로 2 내가 입을 벌리니
그가 그 두루마리를 내게 먹이시며 3 내게 이르시되 인자야 내가 네게 주
는 이 두루마리를 네 배에 넣으며 네 창자에 채우라 하시기에 내가 먹으
니 그것이 내 입에서 달기가 꿀 같더라 4 그가 또 내게 이르시되 인자야 이
스라엘 족속에게 가서 내 말로 그들에게 고하라 5 너를 언어가 다르거나
말이 어려운 백성에게 보내는 것이 아니요 이스라엘 족속에게 보내는 것
이라 6 너를 언어가 다르거나 말이 어려워 네가 그들의 말을 알아 듣지 못
할 나라들에게 보내는 것이 아니니라 내가 너를 그들에게 보냈다면 그들
은 정녕 네 말을 들었으리라 7 그러나 이스라엘 족속은 이마가 굳고 마음
이 굳어 네 말을 듣고자 아니하리니 이는 내 말을 듣고자 아니함이니라 8
보라 내가 그들의 얼굴을 마주보도록 네 얼굴을 굳게 하였고 그들의 이마를 마주보도록 네 이마를 굳게 하였으
되 9 네 이마를 화석보다 굳은 금강석 같이 하였으니 그들이 비록 반역하는 족속이라도 두려워하지 말며 그들의
얼굴을 무서워하지 말라 하시니라 10 또 내게 이르시되 인자야 내가 네게 이를 모든 말을 너는 마음으로 받으며
귀로 듣고 11 사로잡힌 네 민족에게로 가서 그들이 듣든지 아니 듣든지 그들에게 고하여 이르기를 주 여호와의
말씀이 이러하시다 하라 12 때에 주의 영이 나를 들어 올리시는데 내가 내 뒤에서 크게 울리는 소리를 들으니 찬
송할지어다 여호와의 영광이 그의 처소로부터 나오는도다 하니 13 이는 생물들의 날개가 서로 부딪치는 소리와
생물 곁의 바퀴 소리라 크게 울리는 소리더라 14 주의 영이 나를 들어 올려 데리고 가시는데 내가 근심하고 분한
마음으로 가니 여호와의 권능이 힘 있게 나를 감동시키시더라 15 이에 내가 델아빕에 이르러 그 사로잡힌 백성
곧 그발 강 가에 거주하는 자들에게 나아가 그 중에서 두려워 떨며 칠 일을 지내니라

파수꾼 에스겔(겔 33:1-9)

16 칠 일 후에 여호와의 말씀이 내게 임하여 이르시되 17 인자야 내가 너를 이스라엘 족속의 파수꾼으로 세웠으
니 너는 내 입의 말을 듣고 나를 대신하여 그들을 깨우치라 18 가령 내가 악인에게 말하기를 너는 꼭 죽으리라

겔 1:4-14 네 생물의 모습과 그 의미

	모습	의미
전체	네 얼굴, 네 날개, 네 손, 다리를 가진 사람 모양	하나님의 무소부재와 전지
	숯불과 횃불 모양	죄악을 소멸시키는 하나님의 거룩
	불이 생물 사이에서 오르락 내리락함	하나님에 대한 열심
	광채있고 번개가 남	하나님의 영광
얼굴	앞면 : 사람의 얼굴	지혜, 인격적인 하나님
	오른쪽 면 : 사자의 얼굴	용맹, 하나님의 주권
	왼쪽 면: 소의 얼굴	성실, 창조적 힘의 상징
	뒷면 : 독수리의 얼굴	민첩함, 왕의 힘
날개	네 개가 서로 연결됨	일사불란함과 협력
	두 날개를 공중으로 펴서 서로 맞대고 감	하나님의 권능
	둘은 몸을 가리고 앞으로 곧장 날아감	하나님께 대한 경외
손	사면 날개 밑에 각각 있음	일을 수행할 준비가 됨, 힘과 봉사
다리	곧음	움직임이 다양하고 기민함
발바닥	송아지 발바닥 같음	단단하고 강인함, 원만한 순종

❖ 겔 2~3장
B.C. 593년경 30세(제사장 임명 적령기)에 하나님이 에스겔을 선지자로 세운다.(겔 2:8~3:3, cf. 계10:9-10)
☞ **계 10:9-10** 내가 천사에게 나아가 작은 두루마리를 달라 한즉 천사가 이르되 갖다 먹어 버리라 네 배에는 쓰나 네 입에는 꿀 같이 달리라 하거늘 내가 천사의 손에서 작은 두루마리를 갖다 먹어 버리니 내 입에는 꿀 같이 다나 먹은 후에 내 배에서는 쓰게 되더라

할 때에 네가 깨우치지 아니하거나 말로 악인에게 일러서 그의 악한 길을 떠나 생명을 구원하게 하지 아니하면
그 악인은 그의 죄악 중에서 죽으려니와 내가 그의 피 값을 네 손에서 찾을 것이고 [19] 네가 악인을 깨우치되 그
가 그의 악한 마음과 악한 행위에서 돌이키지 아니하면 그는 그의 죄악 중에서 죽으려니와 너는 네 생명을 보존
하리라 [20] 또 의인이 그의 공의에서 돌이켜 악을 행할 때에는 이미 행한 그의 공의는 기억할 바 아니라 내가 그
앞에 거치는 것을 두면 그가 죽을지니 이는 네가 그를 깨우치지 않음이니라 그는 그의 죄 중에서 죽으려니와 그
의 피 값은 내가 네 손에서 찾으리라 [21] 그러나 네가 그 의인을 깨우쳐 범죄하지 아니하게 함으로 그가 범죄하지
아니하면 정녕 살리니 이는 깨우침을 받음이며 너도 네 영혼을 보존하리라

열왕기하 24:20~25:3
시드기야의 포로

❖ 왕하 24:20~25:3, 렘 52:3-6
바벨론이 국내 문제로 유다에 대한 간섭이 소홀해지자 시드기야 왕이 반 바벨론 정책을 취하면서 바벨론을 배반하자 시드기야 왕 9년(B.C. 586)에 바벨론이 다시 침공하여 예루살렘을 포위하자 기근이 심해 고통 중에 빠지게 된다.

열왕기하 24:20

[20] 여호와께서 예루살렘과 유다를 진노하심이 그들을 그 앞에서 쫓아내
실 때까지 이르렀더라 시드기야가 바벨론 왕을 배반하니라

열왕기하 25:1-3

예루살렘의 멸망(대하 36:13-21, 렘 52:3하-11)

[1] 시드기야 제구년 열째 달 십일에 바벨론의 왕 느부갓네살이 그의 모든 군대를 거느리고 예루살렘을 치러 올라
와서 그 성에 대하여 진을 치고 주위에 토성을 쌓으매 [2] 그 성이 시드기야 왕 제십일년까지 포위되었더라 [3] 그 해
넷째 달 구일에 성 중에 기근이 심하여 그 땅 백성의 양식이 떨어졌더라

유다의 멸망

B.C. 610 — 595 — 590 — 585 — 580

- 느부갓네살왕이 유다왕 여호야긴을 폐위시키다 (왕하 24:10-15) B.C. 597
- B.C. 593 시드기야왕이 바벨론으로 끌려가다 (렘 51:59)
- B.C. 588 시드기야왕이 바벨론을 거역하다 (왕하 24:20) / 느부갓네살왕이 예루살렘을 다시 침공하다
- 바로의 군대가 동원됨으로 갈대아 사람이 예루살렘을 떠나다 (렘 37:5) B.C. 587
- B.C. 586 느부갓네살왕이 예루살렘을 침공하여 성전을 불태우다 (왕하 25:4, 9) / 유다인들이 바벨론으로 잡혀가다 (왕하 25:11)
- 느부갓네살왕이 유다인을 더 많이 잡아가다 (렘 52:30) B.C. 581

예레미야 52:3-6

렘 52:3-6
학습 자료 49-2 "바벨론의 느부갓네살왕에 의한 유다의 멸망 과정"을 참조

[3] 여호와께서 예루살렘과 유다에게 진노하심이 그들을 자기 앞에서 쫓아내시기까지 이르렀더라 시드기야가 바
벨론 왕을 배반하니라 [4] 시드기야 제구년 열째 달 열째 날에 바벨론 왕 느부갓네살이 그의 모든 군대를 거느리
고 예루살렘을 치러 올라와서 그 성에 대하여 진을 치고 주위에 토성을 쌓으매 [5] 그 성이 시드기야 왕 제십일년
까지 포위되었더라 [6] 그 해 넷째 달 구일에 성중에 기근이 심하여 그 땅 백성의 양식이 떨어졌더라

예레미야 10:17-25

❖ 렘 10:17-25, 렘 21장~22:9, 렘 34장
예레미야가 시드기야 왕에 대한 하나님의 말씀과 예루살렘의 멸망에 관해 예언한다. 시드기야는 선지자를 통하여 위로의 말을 듣기를 원한다. 기적적으로 예루살렘이 멸망을 피하기를 원하지만, 멸망은 불가피하다고 예레미야는 말한다.
렘 34장 하나님의 메시지를 받은 후에 그는 선한 일을 하려고 모든 유대인 노비를 풀어주라고 지시한다. 하나님의 은총을 받기를 원해서 그러했을 것이다. 신명기 15:12 이하에 보면 모든 유대인 노비는 6년 후에는 자유롭게 되리라는 규정이 있다. 그러나 실제로 그 규정이 잘 지켜지지 않았다. 주인은 일단 풀어주었다가 다시 노비로 삼곤 했다.

백성의 탄식

17 에워싸인 가운데에 앉은 자여 네 짐 꾸러미를 이 땅에서 꾸리라 18 여
호와께서 이와 같이 말씀하시되 보라 내가 이 땅에 사는 자를 이번에는
내던질 것이라 그들을 괴롭게 하여 깨닫게 하리라 하셨느니라 19 슬프다
내 상처여 내가 중상을 당하였도다 그러나 내가 말하노라 이는 참으로
고난이라 내가 참아야 하리로다 20 내 장막이 무너지고 나의 모든 줄이
끊어졌으며 내 자녀가 나를 떠나가고 있지 아니하니 내 장막을 세울 자와
내 휘장을 칠 자가 다시 없도다 21 목자들은 어리석어 여호와를 찾지 아니
하므로 형통하지 못하며 그 모든 양 떼는 흩어졌도다 22 들을지어다 북방
에서부터 크게 떠드는 소리가 들리니 유다 성읍들을 황폐하게 하여 승냥이의 거처가 되게 하리로다 23 여호와여
내가 알거니와 사람의 길이 자신에게 있지 아니하니 걸음을 지도함이 걷는 자에게 있지 아니하니이다 24 여호와
여 나를 징계하옵시되 너그러이 하시고 진노로 하지 마옵소서 주께서 내가 없어지게 하실까 두려워하나이다 25
주를 알지 못하는 이방 사람들과 주의 이름으로 기도하지 아니하는 족속들에게 주의 분노를 부으소서 그들은
야곱을 씹어 삼켜 멸하고 그의 거처를 황폐하게 하였나이다 하니라

예레미야 21장~22:9

❖ 렘 21장~22:9
유다 왕국 말기에 유다 왕가 전체를 향하여 공평과 정의를 행할 것을 권하고 이를 듣지 않으면 하나님께서 유다 왕가와 예루살렘을 멸하실 것을 경고한 사실을 보도하고 있다. 여기서 예레미야는 특별히 '그리하지 아니하면'(21:2), '준행하면'(22:4), '듣지 아니하면'(22:5)이라는 가언적(假言的) 용법 사용하여 하나님의 말씀에 대해 순종할 때와 불순종할 때의 결과를 극명하게 대조함으로써 유다 왕가를 향해 하나님의 말씀에 순종을 촉구하고 있다.
이는 시내 산 언약에서 주어진 하나님의 율법과 규례, 즉 십계명을 삶의 원리로 삼아 하나님의 뜻을 이루는 "지켜 행함"의 삶이 하나님의 지상명령이라는 사실을 다시 한 번 명심하고 결단해야 한다. 이것이 성경 메시지의 근원적 핵심이고 하나님의 절체절명의 명령이다.
"순종"과 "불순종", 이것은 생명과 사망에 이르는 길이다.

예레미야 21장

여호와께서 두신 생명의 길과 사망의 길

1 여호와께로부터 예레미야에게 말씀이 임하니라 시드기야 왕이 말기야의
아들 바스훌과 제사장 마아세야의 아들 스바냐를 예레미야에게 보내니라
2 바벨론의 느부갓네살 왕이 우리를 치니 청컨대 너는 우리를 위하여 여호
와께 간구하라 여호와께서 혹시 그의 모든 기적으로 우리를 도와 행하시
면 그가 우리를 떠나리라 하니 3 예레미야가 그들에게 대답하되 너희는 시
드기야에게 이같이 말하라 4 이스라엘의 하나님 여호와께서 이와 같이 말
씀하시되 보라 너희가 성 밖에서 바벨론의 왕과 또 너희를 에워싼 갈대아
인과 싸우는 데 쓰는 너희 손의 무기를 내가 뒤로 돌릴 것이요 그것들을
이 성 가운데 모아들이리라 5 내가 든 손과 강한 팔 곧 진노와 분노와 대노
로 친히 너희를 칠 것이며 6 내가 또 사람이나 짐승이나 이 성에 있는 것을
다 치리니 그들이 큰 전염병에 죽으리라 하셨다 하라 7 여호와의 말씀이니
라 그 후에 내가 유다의 왕 시드기야와 그의 신하들과 백성과 및 이 성읍에서 전염병과 칼과 기근에서 남은 자를
바벨론의 느부갓네살 왕의 손과 그들의 원수의 손과 그들의 생명을 찾는 자들의 손에 넘기리니 그가 칼날로 그들
을 치되 측은히 여기지 아니하며 긍휼히 여기지 아니하며 불쌍히 여기지 아니하리라 하셨느니라 8 여호와께서 말
씀하시기를 보라 내가 너희 앞에 생명의 길과 사망의 길을 두었노라 너는 이 백성에게 전하라 하셨느니라 9 이 성
읍에 사는 자는 칼과 기근과 전염병에 죽으려니와 너희를 에워싼 갈대아인에게 나가서 항복하는 자는 살 것이나
그의 목숨은 전리품 같이 되리라 10 여호와의 말씀이니라 내가 나의 얼굴을 이 성읍으로 향함은 복을 내리기 위함

이 아니요 화를 내리기 위함이라 이 성읍이 바벨론 왕의 손에 넘김이 될 것이요 그는 그것을 불사르리라

유다 왕의 집에 내린 벌

11 유다 왕의 집에 대한 여호와의 말을 들으라 12 여호와께서 이와 같이 말씀하시니라 다윗의 집이여 너는 아침마
다 정의롭게 판결하여 탈취 당한 자를 압박자의 손에서 건지라 그리하지 아니하면 너희의 악행 때문에 내 분노
가 불 같이 일어나서 사르리니 능히 끌 자가 없으리라 13 여호와의 말씀이니라 골짜기와 평원 바위의 주민아 보라
너희가 말하기를 누가 내려와서 우리를 치리요 누가 우리의 거처에 들어오리요 하거니와 나는 네 대적이라 14 내
가 너희 행위대로 너희를 벌할 것이요 내가 또 수풀에 불을 놓아 그 모든 주위를 사르리라 여호와의 말씀이니라

예레미야 22:1-9

유다 왕의 집에 선언하다

1 여호와께서 이와 같이 말씀하시되 너는 유다 왕의 집에 내려가서 거기에서 이 말을 선언하여 2 이르기를 다윗의
왕위에 앉은 유다 왕이여 너와 네 신하와 이 문들로 들어오는 네 백성은 여호와의 말씀을 들을지니라 3 여호와
께서 이와 같이 말씀하시되 너희가 정의와 공의를 행하여 탈취 당한 자를 압박하는 자의 손에서 건지고 이방인
과 고아와 과부를 압제하거나 학대하지 말며 이 곳에서 무죄한 피를 흘리지 말라 4 너희가 참으로 이 말을 준행
하면 다윗의 왕위에 앉을 왕들과 신하들과 백성이 병거와 말을 타고 이 집 문으로 들어오게 되리라 5 그러나 너
희가 이 말을 듣지 아니하면 내가 나를 두고 맹세하노니 이 집이 황폐하리라 여호와의 말씀이니라 6 여호와께서
유다 왕의 집에 대하여 이와 같이 말씀하시니라 네가 내게 길르앗 같고 레바논의 머리이나 내가 반드시 너로 광
야와 주민이 없는 성읍을 만들 것이라 7 내가 너를 파멸할 자를 준비하리니 그들이 각기 손에 무기를 가지고 네
아름다운 백향목을 찍어 불에 던지리라 8 여러 민족들이 이 성읍으로 지나가며 서로 말하기를 여호와가 이 큰 성
읍에 이같이 행함은 어찌 됨인고 하겠고 9 그들이 대답하기는 이는 그들
이 자기 하나님 여호와의 언약을 버리고 다른 신들에게 절하고 그를 섬긴
까닭이라 하셨다 할지니라

렘 22:8-9 이스라엘 멸망의 원인

49일~54일

예레미야 34장

시드기야 왕에 대한 말씀

1 바벨론의 느부갓네살 왕과 그의 모든 군대와 그의 통치하에 있는 땅의 모든 나라와 모든 백성이 예루살렘과
그 모든 성읍을 칠 때에 말씀이 여호와께로부터 예레미야에게 임하여 이르시되 2 이스라엘의 하나님 여호와께
서 이와 같이 말씀하시니라 너는 가서 유다의 시드기야 왕에게 아뢰어 이르기를 여호와의 말씀에 보라 내가 이
성을 바벨론 왕의 손에 넘기리니 그가 이 성을 불사를 것이라 3 네가 그의 손에서 벗어나지 못하고 반드시 사로
잡혀 그의 손에 넘겨져서 네 눈은 바벨론 왕의 눈을 볼 것이며 그의 입은 네 입을 마주 대하여 말할 것이요 너는
바벨론으로 가리라 4 그러나 유다의 시드기야 왕이여 여호와의 말씀을 들으라 여호와께서 네게 대하여 이와 같
이 말씀하시니라 네가 칼에 죽지 아니하고 5 평안히 죽을 것이며 사람이 너보다 먼저 있은 네 조상들 곧 선왕들
에게 분향하던 것 같이 네게 분향하며 너를 위하여 애통하기를 슬프다 주여 하리니 이는 내가 말하였음이라 여
호와의 말씀이니라 하시니라 6 선지자 예레미야가 이 모든 말씀을 예루살렘에서 유다의 시드기야 왕에게 아뢰
니라 7 그 때에 바벨론의 왕의 군대가 예루살렘과 유다의 남은 모든 성읍
들을 쳤으니 곧 라기스와 아세가라 유다의 견고한 성읍 중에 이것들만 남
았음이더라

렘 34:7
학습 자료 49-3 "라기스 서간" 참조

여호와 앞에서 맺은 계약을 어기다

8 시드기야 왕이 예루살렘에 있는 모든 백성과 한 가지로 하나님 앞에서 계약을 맺고 자유를 선포한 후에 여호

와께로부터 말씀이 예레미야에게 임하니라 9 그 계약은 사람마다 각기 히
브리 남녀 노비를 놓아 자유롭게 하고 그의 동족 유다인을 종으로 삼지
못하게 한 것이라 10 이 계약에 가담한 고관들과 모든 백성이 각기 노비를
자유롭게 하고 다시는 종을 삼지 말라 함을 듣고 순복하여 놓았더니 11
후에 그들의 뜻이 변하여 자유를 주었던 노비를 끌어다가 복종시켜 다시
노비로 삼았더라 12 그러므로 여호와의 말씀이 여호와께로부터 예레미야
에게 임하니라 이르시되 13 이스라엘 하나님 여호와께서 이와 같이 말씀
하시니라 내가 너희 선조를 애굽 땅 종의 집에서 인도하여 낼 때에 그들
과 언약을 맺으며 이르기를 14 너희 형제 히브리 사람이 네게 팔려 왔거든
너희는 칠 년 되는 해에 그를 놓아 줄 것이니라 그가 육 년 동안 너를 섬
겼은즉 그를 놓아 자유롭게 할지니라 하였으나 너희 선조가 내게 순종하
지 아니하며 귀를 기울이지도 아니하였느니라 15 그러나 너희는 이제 돌
이켜 내 눈 앞에 바른 일을 행하여 각기 이웃에게 자유를 선포하되 내 이
름으로 일컬음을 받는 집에서 내 앞에서 계약을 맺었거늘 16 너희가 돌이
켜 내 이름을 더럽히고 각기 놓아 그들의 마음대로 자유롭게 하였던 노비
를 끌어다가 다시 너희에게 복종시켜 너희의 노비로 삼았도다 17 그러므
로 여호와께서 이와 같이 말씀하시니라 너희가 나에게 순종하지 아니하
고 각기 형제와 이웃에게 자유를 선포한 것을 실행하지 아니하였은즉 내
가 너희를 대적하여 칼과 전염병과 기근에게 자유를 주리라 여호와의 말
씀이니라 내가 너희를 세계 여러 나라 가운데에 흩어지게 할 것이며 18 송
아지를 둘로 쪼개고 그 두 조각 사이로 지나매 내 앞에 언약을 맺었으나
그 말을 실행하지 아니하여 내 계약을 어긴 그들을 19 곧 송아지 두 조각
사이로 지난 유다 고관들과 예루살렘 고관들과 내시들과 제사장들과 이
땅 모든 백성을 20 내가 그들의 원수의 손과 그들의 생명을 찾는 자의 손
에 넘기리니 그들의 시체가 공중의 새와 땅의 짐승의 먹이가 될 것이며 21
또 내가 유다의 시드기야 왕과 그의 고관들을 그의 원수의 손과 그의 생
명을 찾는 자의 손과 너희에게서 떠나간 바벨론 왕의 군대의 손에 넘기리
라 22 여호와의 말씀이니라 보라 내가 그들에게 명령하여 이 성읍에 다시 오게 하리니 그들이 이 성을 쳐서 빼앗
아 불사를 것이라 내가 유다의 성읍들을 주민이 없어 처참한 황무지가 되게 하리라

렘 34:7-22 바벨론의 남유다 침입 경로

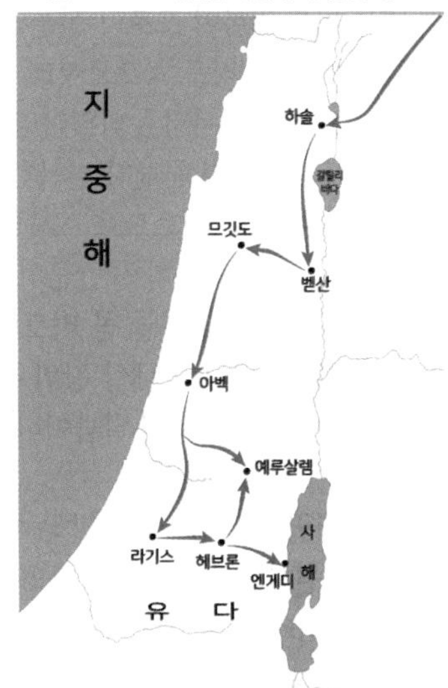

렘 34:18 왜 송아지를 둘로 쪼개고 그 사이를 지나갔나?
고대 중근동 지역에서 언약을 체결할 때의 관습을 이해할 필요가 있다. 고대 사회에서 언약을 맺을 때는 동물을 희생 제물로 삼아 그것의 척추를 중심으로 하여 반으로 나누었다. 그다음에 언약의 당사자들이 둘로 쪼개진 희생 고기 사이를 걸어 가운데서 서로 만나 엄숙한 맹세를 했다.
이러한 관습의 의미는, 한 쪽 당사자가 언약을 어길 경우, 그 당사자는 희생 제물의 운명처럼 반드시 죽임을 당하게 될 것임을 암시하고 있다고 학자들은 생각한다. 그만큼 언약은 목숨을 걸고서라도 반드시 지켜야 할 신성한 의무로 간주된 것이다.

49일~54일

예레미야 46:13-28

❖ 렘 46:13-28, 렘 37장
예레미야가 느부갓네살이 B.C. 586년에 있을 애굽 침공을 예언한다. 37장에서는 예레미야가 바른 예언을 하다가 곤경에 처해 감옥에 갇힌다.

느부갓네살이 애굽을 치리라

13 바벨론의 느부갓네살 왕이 와서 애굽 땅을 칠 일에 대하여 선지자 예
레미야에게 이르신 여호와의 말씀이라 14 너희는 애굽에 선포하며 믹돌과 놉과 다바네스에 선포하여 말하기를
너희는 굳건히 서서 준비하라 네 사방이 칼에 삼키웠느니라 15 너희 장사들이 쓰러짐은 어찌함이냐 그들이 서지
못함은 여호와께서 그들을 몰아내신 까닭이니라 16 그가 많은 사람을 넘어지게 하시매 사람이 사람 위에 엎드러
지며 이르되 일어나라 우리가 포악한 칼을 피하여 우리 민족에게로, 우리 고향으로 돌아가자 하도다 17 그들이
그 곳에서 부르짖기를 애굽의 바로 왕이 망하였도다 그가 기회를 놓쳤도다 18 만군의 여호와라 일컫는 왕이 이

르시되 나의 삶으로 맹세하노니 그가 과연 산들 중의 다볼 같이, 해변의 갈멜 같이 오리라 [19]애굽에 사는 딸이
여 너는 너를 위하여 포로의 짐을 꾸리라 놉이 황무하며 불에 타서 주민이 없을 것임이라 [20]애굽은 심히 아름다
운 암송아지일지라도 북으로부터 쇠파리 떼가 줄곧 오리라 [21]또 그 중의 고용꾼은 살진 수송아지 같아서 돌이
켜 함께 도망하고 서지 못하였나니 재난의 날이 이르렀고 벌 받는 때가 왔음이라 [22]애굽의 소리가 뱀의 소리 같
으리니 이는 그들의 군대가 벌목하는 자 같이 도끼를 가지고 올 것임이라 [23]여호와의 말씀이니라 그들이 황충
보다 많아서 셀 수 없으므로 조사할 수 없는 그의 수풀을 찍을 것이라 [24]딸 애굽이 수치를 당하여 북쪽 백성의
손에 붙임을 당하리로다 [25]만군의 여호와 이스라엘의 하나님께서 말씀하시니라 보라 내가 노의 아몬과 바로와
애굽과 애굽 신들과 왕들 곧 바로와 및 그를 의지하는 자들을 벌할 것이라 [26]내가 그들의 생명을 노리는 자의
손 곧 바벨론의 느부갓네살 왕의 손과 그 종들의 손에 넘기리라 그럴지라도 그 후에는 그 땅이 이전 같이 사람
살 곳이 되리라 여호와의 말씀이니라

이스라엘을 구원하리라

[27]내 종 야곱아 두려워하지 말라 이스라엘아 놀라지 말라 보라 내가 너를 먼 곳에서 구원하며 네 자손을 포로된
땅에서 구원하리니 야곱이 돌아와서 평안하며 걱정 없이 살게 될 것이라 그를 두렵게 할 자 없으리라 [28]여호와
의 말씀이니라 내 종 야곱아 내가 너와 함께 있나니 두려워하지 말라 내가 너를 흩었던 그 나라들은 다 멸할지라
도 너는 사라지지 아니하리라 내가 너를 법도대로 징계할 것이요 결코 무죄한 자로 여기지 아니하리라 하시니라

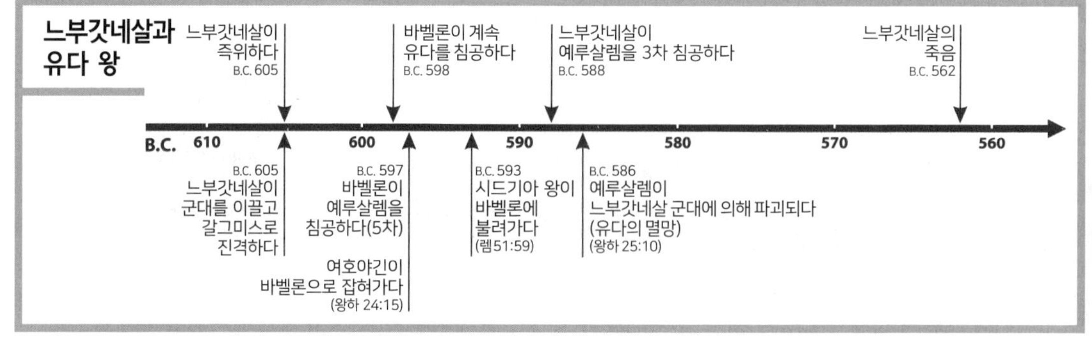

예레미야 37장

느부갓네살이 시드기야를 유다 왕으로 삼다

[1]요시야의 아들 시드기야가 여호야김의 아들 고니야의 뒤를 이어 왕이 되었으니 이는 바벨론의 느부갓네살 왕
이 그를 유다 땅의 왕으로 삼음이었더라 [2]그와 그의 신하와 그의 땅 백성이 여호와께서 선지자 예레미야에게
하신 말씀을 듣지 아니하니라 [3]시드기야 왕이 셀레먀의 아들 여후갈과 마아세야의 아들 제사장 스바냐를 선지
자 예레미야에게 보내 청하되 너는 우리를 위하여 우리 하나님 여호와께 기도하라 하였으니 [4]그 때에 예레미야
가 갇히지 아니하였으므로 백성 가운데 출입하는 중이었더라 [5]바로의 군대가 애굽에서 나오매 예루살렘을 에
워쌌던 갈대아인이 그 소문을 듣고 예루살렘에서 떠났더라 [6]여호와의 말씀이 선지자 예레미야에게 임하여 이
르시되 [7]이스라엘의 하나님 여호와께서 이와 같이 말씀하시니라 너희를 보내어 내게 구하게 한 유다의 왕에게
아뢰라 너희를 도우려고 나왔던 바로의 군대는 자기 땅 애굽으로 돌아가겠고 [8]갈대아인이 다시 와서 이 성을 쳐
서 빼앗아 불사르리라 [9]여호와께서 이와 같이 말씀하시니라 너희는 스스로 속여 말하기를 갈대아인이 반드시
우리를 떠나리라 하지 말라 그들이 떠나지 아니하리라 [10]가령 너희가 너희를 치는 갈대아인의 온 군대를 쳐서

그 중에 부상자만 남긴다 할지라도 그들이 각기 장막에서 일어나 이 성을 불사르리라

예레미야를 붙잡아 가두다

11 갈대아인의 군대가 바로의 군대를 두려워하여 예루살렘에서 떠나매
12 예레미야가 베냐민 땅에서 백성 가운데 분깃을 받으려고 예루살렘을
떠나 그리로 가려 하여 13 베냐민 문에 이른즉 하나냐의 손자요 셀레먀의
아들인 이리야라 이름하는 문지기의 우두머리가 선지자 예레미야를 붙잡아 이르되 네가 갈대아인에게 항복하
려 하는도다 14 예레미야가 이르되 거짓이다 나는 갈대아인에게 항복하려 하지 아니하노라 이리야가 듣지 아니
하고 예레미야를 잡아 고관들에게로 끌어 가매 15 고관들이 노여워하여 예레미야를 때려서 서기관 요나단의 집
에 가두었으니 이는 그들이 이 집을 옥으로 삼았음이더라 16 예레미야가 뚜껑 씌운 웅덩이에 들어간 지 여러 날
만에 17 시드기야 왕이 사람을 보내어 그를 이끌어내고 왕궁에서 그에게 비밀히 물어 이르되 여호와께로부터 받
은 말씀이 있느냐 예레미야가 대답하되 있나이다 또 이르되 왕이 바벨론의 왕의 손에 넘겨지리이다 18 예레미야
가 다시 시드기야 왕에게 이르되 내가 왕에게나 왕의 신하에게나 이 백성에게 무슨 죄를 범하였기에 나를 옥에
가두었나이까 19 바벨론의 왕이 와서 왕과 이 땅을 치지 아니하리라고 예언한 왕의 선지자들이 이제 어디 있나이
까 20 내 주 왕이여 이제 청하건대 내게 들으시며 나의 탄원을 받으사 나를 서기관 요나단의 집으로 돌려보내지
마옵소서 내가 거기에서 죽을까 두려워하나이다 21 이에 시드기야 왕이 명령하여 예레미야를 감옥 뜰에 두고 떡
만드는 자의 거리에서 매일 떡 한 개씩 그에게 주게 하매 성중에 떡이 떨어질 때까지 이르니라 예레미야가 감옥
뜰에 머무니라

렘 37:11-21
학습 자료 49-4
"포로기 이전 이스라엘의 구금 제도" 참조

예레미야 30장~33장

✣ 렘 30~33장
포로로 잡혀간 그리고 잡혀갈 유다 백성들에게 하나님은 회복을 약속한다. 선지서 내용 구조 4가지를 기억하라.
① 기소 ② 심판 ③교훈 ④ 회복
포로기 전에는 심판이 강조되었으나, 포로가 발생한 후 (심판이 이미 임했으므로) 회복이 강조된다.

49일~54일

예레미야 30장

포로를 돌아오게 할 것이라

1 여호와께로부터 말씀이 예레미야에게 임하여 이르시니라 2 이스라엘의
하나님 여호와께서 이와 같이 말씀하여 이르시기를 내가 네게 일러 준 모
든 말을 책에 기록하라 3 여호와의 말씀이니라 보라 내가 내 백성 이스라엘과 유다의 포로를 돌아가게 할 날이
오리니 내가 그들을 그 조상들에게 준 땅으로 돌아오게 할 것이니 그들이 그 땅을 차지하리라 여호와께서 말씀
하시니라 4 여호와께서 이스라엘과 유다에 대하여 하신 말씀이 이러하니라 5 여호와께서 이와 같이 말씀하시되
우리가 무서워 떠는 자의 소리를 들으니 두려움이요 평안함이 아니로다 6 너희는 자식을 해산하는 남자가 있는
가 물어보라 어찌하여 모든 남자가 해산하는 여자 같이 손을 자기 허리에
대고 모든 얼굴이 겁에 질려 새파래졌는가 7 슬프다 그 날이여 그와 같이
엄청난 날이 없으리라 그 날은 야곱의 환난의 때가 됨이로다 그러나 그가
환난에서 구하여 냄을 얻으리로다 8 만군의 여호와의 말씀이라 그 날에
내가 네 목에서 그 멍에를 꺾어 버리며 네 포박을 끊으리니 다시는 이방
인을 섬기지 않으리라 9 그들은 그들의 하나님 여호와를 섬기며 내가 그
들을 위하여 세울 그들의 왕 다윗을 섬기리라 10 여호와의 말씀이니라 그
러므로 나의 종 야곱아 너는 두려워하지 말라 이스라엘아 놀라지 말라 내
가 너를 먼 곳으로부터 구원하고 네 자손을 잡혀가 있는 땅에서 구원하리
니 야곱이 돌아와서 태평과 안락을 누릴 것이며 두렵게 할 자가 없으리라
11 이는 여호와의 말씀이라 내가 너와 함께 있어 너를 구원할 것이라 너를

렘 30:11 **하나님은 공의의 하나님이시다.** 이 말은 하나님은 죄악을 결코 그냥 넘기시지 않는 분임을 의미한다. 이런 의미에서 하나님은 자기 백성이 죄악에 빠질 때, 먼저 강력하게 회개를 요구하신다. 한두 번이 아니라 거듭 회개를 촉구하신다. 그래도 회개하지 않으면 징계하신다. 우리는 성경 전체를 통해서 공의에 입각한 하나님의 징계를 발견할 수 있다. 믿지 않는 자들에 대한 하나님의 징벌은 그들을 파멸시킨다. 하지만 자기 백성에 대한 하나님의 징계는 그들을 죄에서 돌이켜 회개에 이르게 하고 상실했던 믿음을 회복시켜 준다.

흩었던 그 모든 이방을 내가 멸망시키리라 그럴지라도 너만은 멸망시키지 아니하리라 그러나 내가 법에 따라 너
를 징계할 것이요 결코 무죄한 자로만 여기지는 아니하리라 12 여호와께서 이와 같이 말씀하시니라 네 상처는 고
칠 수 없고 네 부상은 중하도다 13 네 송사를 처리할 재판관이 없고 네 상처에는 약도 없고 처방도 없도다 14 너
를 사랑하던 자가 다 너를 잊고 찾지 아니하니 이는 네 악행이 많고 네 죄가 많기 때문에 나는 네 원수가 당할 고
난을 네가 받게 하며 잔인한 징계를 내렸도다 15 너는 어찌하여 네 상처 때문에 부르짖느냐 네 고통이 심하도다
네 악행이 많고 네 죄가 허다하므로 내가 이 일을 너에게 행하였느니라 16 그러므로 너를 먹는 모든 자는 잡아먹
힐 것이며 네 모든 대적은 사로잡혀 갈 것이고 너에게서 탈취해 간 자는 탈취를 당할 것이며 너에게서 노략질한
모든 자는 노략물이 되리라 17 여호와의 말씀이니라 그들이 쫓겨난 자라 하매 시온을 찾는 자가 없은즉 내가 너
의 상처로부터 새 살이 돋아나게 하여 너를 고쳐 주리라 18 여호와께서 말씀하시니라 보라 내가 야곱 장막의 포
로들을 돌아오게 할 것이고 그 거처들에 사랑을 베풀 것이라 성읍은 그 폐허가 된 언덕 위에 건축될 것이요 그
보루는 규정에 따라 사람이 살게 되리라 19 그들에게서 감사하는 소리가 나오고 즐거워하는 자들의 소리가 나
오리라 내가 그들을 번성하게 하리니 그들의 수가 줄어들지 아니하겠고 내가 그들을 존귀하게 하리니 그들은
비천하여지지 아니하리라 20 그의 자손은 예전과 같겠고 그 회중은 내 앞에 굳게 설 것이며 그를 압박하는 모든
사람은 내가 다 벌하리라 21 그 영도자는 그들 중에서 나올 것이요 그 통치자도 그들 중에서 나오리라 내가 그를
가까이 오게 하리니 그가 내게 가까이 오리라 참으로 담대한 마음으로 내게 가까이 올 자가 누구냐 여호와의 말
씀이니라 22 너희는 내 백성이 되겠고 나는 너희들의 하나님이 되리라 23 보라 여호와의 노여움이 일어나 폭풍과
회오리바람처럼 악인의 머리 위에서 회오리칠 것이라 24 여호와의 진노는 그의 마음의 뜻한 바를 행하여 이루기
까지는 돌이키지 아니하나니 너희가 끝날에 그것을 깨달으리라

예레미야 31장

이스라엘을 다시 세우고 지키시리라

1 여호와의 말씀이니라 그 때에 내가 이스라엘 모든 종족의 하나님이 되
고 그들은 내 백성이 되리라 2 여호와께서 이같이 말씀하시니라 칼에서
벗어난 백성이 광야에서 은혜를 입었나니 곧 내가 이스라엘로 안식을 얻
게 하러 갈 때에라 3 옛적에 여호와께서 나에게 나타나사 내가 영원한 사
랑으로 너를 사랑하기에 인자함으로 너를 이끌었다 하였노라 4 처녀 이스
라엘아 내가 다시 너를 세우리니 네가 세움을 입을 것이요 네가 다시 소
고를 들고 즐거워하는 자들과 함께 춤추며 나오리라 5 네가 다시 사마리
아 산들에 포도나무들을 심되 심는 자가 그 열매를 따기 시작하리라 6 에
브라임 산 위에서 파수꾼이 외치는 날이 있을 것이라 이르기를 너희는 일
어나라 우리가 시온에 올라가서 우리 하나님 여호와께로 나아가자 하리
라 7 여호와께서 이와 같이 말씀하시니라 너희는 여러 민족의 앞에 서서
야곱을 위하여 기뻐 외치라 너희는 전파하며 찬양하며 말하라 여호와여
주의 백성 이스라엘의 남은 자를 구원하소서 하라 8 보라 나는 그들을 북
쪽 땅에서 인도하며 땅 끝에서부터 모으리라 그들 중에는 맹인과 다리 저
는 사람과 잉태한 여인과 해산하는 여인이 함께 있으며 큰 무리를 이루어 이곳으로 돌아오리라 9 그들이 울며 돌
아오리니 나의 인도함을 받고 간구할 때에 내가 그들을 넘어지지 아니하고 물 있는 계곡의 곧은 길로 가게 하리
라 나는 이스라엘의 아버지요 에브라임은 나의 장자니라 10 이방들이여 너희는 여호와의 말씀을 듣고 먼 섬에
전파하여 이르기를 이스라엘을 흩으신 자가 그를 모으시고 목자가 그 양 떼에게 행함 같이 그를 지키시리로다
11 여호와께서 야곱을 구원하시되 그들보다 강한 자의 손에서 속량하셨으니 12 그들이 와서 시온의 높은 곳에서

렘 31장

'위로의 책'(the Book of Consolation)으로 불리는 30~33장까지 이어지는 일련의 기사의 경우는 예언이 주어진 시대적 배경만 약간 다를 뿐 모두 선민(選民) 이스라엘의 회복에 대한 소망과 위로의 내용을 기록하고 있다.

31장은 선민 이스라엘을 북왕국 이스라엘(1~7절)과 남왕국 유다(23~26절)로 나누어 보다 구체적으로 선민의 회복에 대한 예언을 보도 하고 있다. 31:27-40은 다시금 선민이 이스라엘의 온전한 회복을 반복적으로 예언한 사실(27-30절)과 하나님께서 과거 선민 이스라엘과 맺으신 옛 언약과는 차원이 다른 전혀 새로운 영원히 폐하여지지 않는 '새 언약'으로 장차 회복된 이스라엘과 맺을 것을 약속하신 사실(31-34절) 및 그 성취를 여호와의 변치 않으시는 신실성으로 보증하신 사실(35-37절), 그리고 예루살렘 성의 재건과 그 안전 보장을 약속하신 사실(38-40절)을 보도하고 있다.

찬송하며 여호와의 복 곧 곡식과 새 포도주와 기름과 어린 양의 떼와 소의 떼를 얻
고 크게 기뻐하리라 그 심령은 물 댄 동산 같겠고 다시는 근심이 없으리로
다 할지어다 13 그 때에 처녀는 춤추며 즐거워하겠고 청년과 노인은 함께
즐거워하리니 내가 그들의 슬픔을 돌려서 즐겁게 하며 그들을 위로하여
그들의 근심으로부터 기쁨을 얻게 할 것임이라 14 내가 기름으로 제사장들
의 마음을 흡족하게 하며 내 복으로 내 백성을 만족하게 하리라 여호와의
말씀이니라

라헬의 애곡과 여호와의 위로

15 여호와께서 이와 같이 말씀하시니라 라마에서 슬퍼하며 통곡하는 소리가 들리니 라헬이 그 자식 때문에 애곡
하는 것이라 그가 자식이 없어져서 위로 받기를 거절하는도다 16 여호와께서 이와 같이 말씀하시니라 네 울음 소
리와 네 눈물을 멈추어라 네 일에 삯을 받을 것인즉 그들이 그의 대적의 땅에서 돌아오리라 여호와의 말씀이니
라 17 너의 장래에 소망이 있을 것이라 너의 자녀가 자기들의 지경으로 돌아오리라 여호와의 말씀이니라 18 에브
라임이 스스로 탄식함을 내가 분명히 들었노니 주께서 나를 징벌하시매 멍에에 익숙하지 못한 송아지 같은 내
가 징벌을 받았나이다 주는 나의 하나님 여호와이시니 나를 이끌어 돌이키소서 그리하시면 내가 돌아오겠나이
다 19 내가 돌이킨 후에 뉘우쳤고 내가 교훈을 받은 후에 내 볼기를 쳤사오니 이는 어렸을 때의 치욕을 지므로
부끄럽고 욕됨이니이다 하도다 20 에브라임은 나의 사랑하는 아들 기뻐하는 자식이 아니냐 내가 그를 책망하여
말할 때마다 깊이 생각하노라 그러므로 그를 위하여 내 창자가 들끓으니 내가 반드시 그를 불쌍히 여기리라 여
호와의 말씀이니라 21 처녀 이스라엘아 너의 이정표를 세우며 너의 푯말을 만들고 큰 길 곧 네가 전에 가던 길을
마음에 두라 돌아오라 네 성읍들로 돌아오라 22 반역한 딸아 네가 어느 때까지 방황하겠느냐 여호와가 새 일을
세상에 창조하였나니 곧 여자가 남자를 둘러 싸리라

사로잡힌 자를 돌아오게 할 때

23 만군의 여호와 이스라엘의 하나님께서 이와 같이 말씀하시니라 내가 그 사로잡힌 자를 돌아오게 할 때에 그
들이 유다 땅과 그 성읍들에서 다시 이 말을 쓰리니 곧 의로운 처소여, 거룩한 산이여, 여호와께서 네게 복 주시
기를 원하노라 할 것이며 24 유다와 그 모든 성읍의 농부와 양 떼를 인도하는 자가 거기에 함께 살리니 25 이는
내가 그 피곤한 심령을 상쾌하게 하며 모든 연약한 심령을 만족하게 하였음이라 하시기로 26 내가 깨어 보니 내
잠이 달았더라 27 여호와의 말씀이니라 보라 내가 사람의 씨와 짐승의 씨를 이스라엘 집과 유다 집에 뿌릴 날이
이르리니 28 깨어서 그들을 뿌리 뽑으며 무너뜨리며 전복하며 멸망시키며 괴롭게 하던 것과 같이 내가 깨어서 그
들을 세우며 심으리라 여호와의 말씀이니라 29 그 때에 그들이 말하기를 다시는 아버지가 신 포도를 먹었으므로
아들들의 이가 시다 하지 아니하겠고 30 신 포도를 먹는 자마다 그의 이가 신 것 같이 누구나 자기의 죄악으로
말미암아 죽으리라

회복 약속 (렘 31장)	유다의 미래 준비 (렘 32장)	메시아 언급 (렘 23:1~9)
•날이 이르리니 새 언약 맺을 것 •나의 법을 그들 속에 두며 그들의 마음에 기록 ➡ 나는 그들의 하나님이 되고 그들은 내 백성 될 것	•바벨론에 의해 예루살렘 포위된 상황 ➡ 예레미야가 아나돗 땅 구입	•악한 목자 질책 •그가 택한 왕(메시아) 세울 것임 "그가 왕이 되어 지혜롭게 다스리며 세상에서 정의와 공의 행함"(5)

❖ 렘 31장
예레미야서 31장에서는 성경의 4대 주요 언약 중 하나를 기록하고 있다.
1) **아브라함의 언약** : 하나님 나라의 땅과 백성과 관계가 있음(창 12:1-3)
2) **다윗 언약** : 그 땅과 백성을 다스릴 왕(예수의 오심)과 관련이 있음(삼하 7:4-16, 대하 17:3-5)
3) **시내 산 언약** : 하나님과 백성과의 창조적 관계가 회복된다.(출 19:4-6)
4)) **새 언약(New Covenant)** : 새롭게 회개하는 자는 그 왕의 다스림을 받게 된다는 것

49일~54일

새 언약

[31] 여호와의 말씀이니라 보라 날이 이르리니 내가 이스라엘 집과 유다 집
에 새 언약을 맺으리라 [32] 이 언약은 내가 그들의 조상들의 손을 잡고 애
굽 땅에서 인도하여 내던 날에 맺은 것과 같지 아니할 것은 내가 그들의
남편이 되었어도 그들이 내 언약을 깨뜨렸음이라 여호와의 말씀이니라
[33] 그러나 그 날 후에 내가 이스라엘 집과 맺을 언약은 이러하니 곧 내가
나의 법을 그들의 속에 두며 그들의 마음에 기록하여 나는 그들의 하나님
이 되고 그들은 내 백성이 될 것이라 여호와의 말씀이니라 [34] 그들이 다시
는 각기 이웃과 형제를 가리켜 이르기를 너는 여호와를 알라 하지 아니하
리니 이는 작은 자로부터 큰 자까지 다 나를 알기 때문이라 내가 그들의
악행을 사하고 다시는 그 죄를 기억하지 아니하리라 여호와의 말씀이니
라 [35] 여호와께서 이와 같이 말씀하셨느니라 그는 해를 낮의 빛으로 주셨고 달과 별들을 밤의 빛으로 정하였고
바다를 뒤흔들어 그 파도로 소리치게 하나니 그의 이름은 만군의 여호와니라 [36] 이 법도가 내 앞에서 폐할진대
이스라엘 자손도 내 앞에서 끊어져 영원히 나라가 되지 못하리라 여호와의 말씀이니라 [37] 여호와께서 이와 같이
말씀하시니라 위에 있는 하늘을 측량할 수 있으며 밑에 있는 땅의 기초를 탐지할 수 있다면 내가 이스라엘 자손
이 행한 모든 일로 말미암아 그들을 다 버리리라 여호와의 말씀이니라 [38] 보라, 날이 이르리니 이 성은 하나넬 망
대로부터 모퉁이에 이르기까지 여호와를 위하여 건축될 것이라 여호와의 말씀이니라 [39] 측량줄이 곧게 가렙 언
덕 밑에 이르고 고아로 돌아 [40] 시체와 재의 모든 골짜기와 기드론 시내에 이르는 모든 고지 곧 동쪽 마문의 모
퉁이에 이르기까지 여호와의 거룩한 곳이니라 영원히 다시는 뽑거나 전복하지 못할 것이니라

렘 31:31-35
학습 자료 49-5
"언약 지킴의 필연성과 중요성" 참조

> **렘 31:33** 에스겔서에서 "내가 여호와인 줄을 그들이 알리라"라는 구절에 유의하고, 관점 2를 연관해서 생각해 보라.
> 에스겔서 전체에서 무려 70번이나 나온다.
> ① 29번은 예루살렘 멸망과 관련해서
> ② 24번은 열방의 심판과 관련해서
> ③ 17번은 회복과 관련해서

렘 10:10-14
학습 자료 49-6 "땅의 기초"를 참조

예레미야 32장

여호와의 말씀대로 아나돗의 밭을 사다

[1] 유다의 시드기야 왕 열째 해 곧 느부갓네살 열여덟째 해에 여호와의 말
씀이 예레미야에게 임하니라 [2] 그 때에 바벨론 군대는 예루살렘을 에워
싸고 선지자 예레미야는 유다의 왕의 궁중에 있는 시위대 뜰에 갇혔으니
[3-5] 이는 그가 예언하기를 여호와의 말씀에 보라 내가 이 성을 바벨론 왕
의 손에 넘기리니 그가 차지할 것이며 유다 왕 시드기야는 갈대아인의 손
에서 벗어나지 못하고 반드시 바벨론 왕의 손에 넘겨진 바 되리니 입이 입
을 대하여 말하고 눈이 서로 볼 것이며 그가 시드기야를 바벨론으로 끌어
가리니 시드기야는 내가 돌볼 때까지 거기에 있으리라 여호와께서 이와
같이 말씀하시니라 너희가 갈대아인과 싸울지라도 승리하지 못하리라
하셨다 하였더니 유다 왕 시드기야가 이르되 네가 어찌하여 이같이 예언하였느냐 하고 그를 가두었음이었더라 [6]
예레미야가 이르되 여호와의 말씀이 내게 임하였느니라 이르시기를 [7] 보라 네 숙부 살룸의 아들 하나멜이 네게
와서 말하기를 너는 아나돗에 있는 내 밭을 사라 이 기업을 무를 권리가 네게 있느니라 하리라 하시더니 [8] 여호
와의 말씀과 같이 나의 숙부의 아들 하나멜이 시위대 뜰 안 나에게 와서 이르되 청하노니 너는 베냐민 땅 아나
돗에 있는 나의 밭을 사라 기업의 상속권이 네게 있고 무를 권리가 네게 있으니 너를 위하여 사라 하는지라 내가
이것이 여호와의 말씀인 줄 알았으므로 [9] 내 숙부의 아들 하나멜의 아나돗에 있는 밭을 사는데 은 십칠 세겔을
달아 주되 [10] 증서를 써서 봉인하고 증인을 세우고 은을 저울에 달아 주고 [11] 법과 규례대로 봉인하고 봉인하지
아니한 매매 증서를 내가 가지고 [12] 나의 숙부의 아들 하나멜과 매매 증서에 인 친 증인 앞과 시위대 뜰에 앉아
있는 유다 모든 사람 앞에서 그 매매 증서를 마세야의 손자 네리야의 아들 바룩에게 부치며 [13] 그들의 앞에서 바

49일~54일

❖ **렘 32장**
예루살렘 함락 직전인 B.C. 587년을 배경으로 주어진 예언으로, 예레미야가 그의 숙부의 밭을 매입하는 상징적 행동을 통해 유다가 비록 그 범죄에 대한 하나님의 징계로 멸망할 것이나 다시 회복될 것을 예언한 사실을 보도하고 있다. 32:16-44은 예레미야가 기도를 통해 유다의 멸망이 임박한 상황에서 숙부의 아들 하나멜의 밭을 매입하게 하신 하나님의 뜻을 물은 사실(16-25절)과, 그에 대한 하나님의 답변으로 유다가 그들의 고질적인 죄악으로 멸망 당하게 될 것이나 하나님께서 다시 그들을 회복시키심으로 토지를 다시 자유롭게 매매하는 때가 이를 것임을 예언한 사실을 보도하고 있다.

룩에게 명령하여 이르되 14 만군의 여호와 이스라엘의 하나님께서 이와 같이 말씀하시기를 너는 이 증서 곧 봉인
하고 봉인하지 않은 매매 증서를 가지고 토기에 담아 오랫동안 보존하게 하라 15 만군의 여호와 이스라엘의 하
나님께서 이와 같이 말씀하시니라 사람이 이 땅에서 집과 밭과 포도원을 다시 사게 되리라 하셨다 하니라

예레미야의 기도

16 내가 매매 증서를 네리야의 아들 바룩에게 넘겨 준 뒤에 여호와께 기도하여 이르되 17 슬프도소이다 주 여호
와여 주께서 큰 능력과 펴신 팔로 천지를 지으셨사오니 주에게는 할 수 없는 일이 없으시니이다 18 주는 은혜를
천만인에게 베푸시며 아버지의 죄악을 그 후손의 품에 갚으시오니 크고 능력 있으신 하나님이시요 이름은 만군
의 여호와시니이다 19 주는 책략에 크시며 하시는 일에 능하시며 인류의 모든 길을 주목하시며 그의 길과 그의
행위의 열매대로 보응하시나이다 20 주께서 애굽 땅에서 표적과 기사를 행하셨고 오늘까지도 이스라엘과 인류
가운데 그와 같이 행하사 주의 이름을 오늘과 같이 되게 하셨나이다 21 주께서 표적과 기사와 강한 손과 펴신 팔
과 큰 두려움으로 주의 백성 이스라엘을 애굽 땅에서 인도하여 내시고 22 그들에게 주시기로 그 조상들에게 맹
세하신 바 젖과 꿀이 흐르는 땅을 그들에게 주셨으므로 23 그들이 들어가서 이를 차지하였거늘 주의 목소리를
순종하지 아니하며 주의 율법에서 행하지 아니하며 무릇 주께서 행하라 명령하신 일을 행하지 아니하였으므로
주께서 이 모든 재앙을 그들에게 내리셨나이다 24 보옵소서 이 성을 빼앗
으려고 만든 참호가 이 성에 이르렀고 칼과 기근과 전염병으로 말미암아
이 성이 이를 치는 갈대아인의 손에 넘긴 바 되었으니 주의 말씀대로 되

렘 32:24
학습 자료 49-7
"포위 경사로와 반격 경사로"를 참조

었음을 주께서 보시나이다 25 주 여호와여 주께서 내게 은으로 밭을 사며 증인을 세우라 하셨으나 이 성은 갈대
아인의 손에 넘기신 바 되었나이다 26 그 때에 여호와의 말씀이 예레미야에게 임하여 이르시되 27 나는 여호와요
모든 육체의 하나님이라 내게 할 수 없는 일이 있겠느냐 28 그러므로 여호와께서 이와 같이 말씀하시니라 보라
내가 이 성을 갈대아인의 손과 바벨론의 느부갓네살 왕의 손에 넘길 것인즉 그가 차지할 것이라 29 이 성을 치는
갈대아인이 와서 이 성읍에 불을 놓아 성과 집 곧 그 지붕에서 바알에게 분향하며 다른 신들에게 전제를 드려 나
를 격노하게 한 집들을 사르리니 30 이는 이스라엘 자손과 유다 자손이 예로부터 내 눈 앞에 악을 행하였을 뿐이
라 이스라엘 자손은 그의 손으로 만든 것을 가지고 나를 격노하게 한 것뿐이니라 여호와의 말씀이니라 31 이 성
이 건설된 날부터 오늘까지 나의 노여움과 분을 일으키므로 내가 내 앞에서 그것을 옮기려 하노니 32 이는 이스
라엘 자손과 유다 자손이 모든 악을 행하여 내 노여움을 일으켰음이라 그들과 그들의 왕들과 그의 고관들과 그
의 제사장들과 그의 선지자들과 유다 사람들과 예루살렘 주민들이 다 그러하였느니라 33 그들이 등을 내게로
돌리고 얼굴을 내게로 향하지 아니하며 내가 그들을 가르치되 끊임없이 가르쳤는데도 그들이 교훈을 듣지 아니
하며 받지 아니하고 34 내 이름으로 일컫는 집에 자기들의 가증한 물건들을 세워서 그 집을 더럽게 하며 35 힌놈
의 아들의 골짜기에 바알의 산당을 건축하였으며 자기들의 아들들과 딸들을 몰렉 앞으로 지나가게 하였느니라
그들이 이런 가증한 일을 행하여 유다로 범죄하게 한 것은 내가 명령한 것도 아니요 내 마음에 둔 것도 아니니라

영원한 언약

36 그러나 이스라엘의 하나님 여호와께서 너희가 말하는 바 칼과 기근과 전염병으로 말미암아 바벨론 왕의 손에
넘긴 바 되었다 하는 이 성에 대하여 이와 같이 말씀하시니라 37 보라 내가 노여움과 분함과 큰 분노로 그들을 쫓
아 보내었던 모든 지방에서 그들을 모아들여 이 곳으로 돌아오게 하여 안전히 살게 할 것이라 38 그들은 내 백성
이 되겠고 나는 그들의 하나님이 될 것이며 39 내가 그들에게 한 마음과 한 길을 주어 자기들과 자기 후손의 복을
위하여 항상 나를 경외하게 하고 40 내가 그들에게 복을 주기 위하여 그들을 떠나지 아니하리라 하는 영원한 언
약을 그들에게 세우고 나를 경외함을 그들의 마음에 두어 나를 떠나지 않게 하고 41 내가 기쁨으로 그들에게 복
을 주되 분명히 나의 마음과 정성을 다하여 그들을 이 땅에 심으리라 42 여호와께서 이와 같이 말씀하시니라 내
가 이 백성에게 이 큰 재앙을 내린 것 같이 허락한 모든 복을 그들에게 내리리라 43 너희가 말하기를 황폐하여 사
람이나 짐승이 없으며 갈대아인의 손에 넘긴 바 되었다 하는 이 땅에서 사람들이 밭을 사되 44 베냐민 땅과 예루

살렘 사방과 유다 성읍들과 산지의 성읍들과 저지대의 성읍들과 네겝의 성읍들에 있는 밭을 은으로 사고 증서를 기록하여 봉인하고 증인을 세우리니 이는 내가 그들의 포로를 돌아오게 함이니라 여호와의 말씀이니라

예레미야 33장

❖ **렘 33장**
다시금 유다와 예루살렘이 그 범죄로 인하여 하나님의 심판을 받아 멸망할 것이나 하나님의 은총으로 회복될 것을 반복적으로 예언한 사실을 보도하고 있다. 그리고 마지막으로 33:14-26은 다윗의 자손 가운데서 공평과 정의로 그 백성을 다스릴 한 의로운 왕이 나심으로 그를 통해 선민 이스라엘이 구원을 얻고 다윗 왕권과 하나님께 제사를 드릴 제사장직이 영원히 회복될 것을 예언한 사실(14-18절)과 그 언약이 반드시 성취될 것을 하나님께서 당신의 신실성으로 보증하신 사실을 보도함으로써 선민 회복 예언의 최종 결론을 맺고 있다.

렘 33:2-3 『통큰통독』이 표현하는 하나님의 주권적 개념인 신위(神爲)의 근거 구절이다. 이 신위라는 개념으로 하나님의 주권을 깊이 묵상하고 그것이 나의 진정한 세계관이 되어야 한다는 사실을 기억하라.

이스라엘과 유다의 회복에 대한 언약

1 예레미야가 아직 시위대 뜰에 갇혀 있을 때에 여호와의 말씀이 그에게
두 번째로 임하니라 이르시되 2 일을 행하시는 여호와, 그것을 만들며 성취
하시는 여호와, 그의 이름을 여호와라 하는 이가 이와 같이 이르시도다 3
너는 내게 부르짖으라 내가 네게 응답하겠고 네가 알지 못하는 크고 은밀
한 일을 네게 보이리라 4 이스라엘의 하나님 여호와께서 말씀하시니라 무
리가 이 성읍의 가옥과 유다 왕궁을 헐어서 갈대아인의 참호와 칼을 대항
하여 5 싸우려 하였으나 내가 나의 노여움과 분함으로 그들을 죽이고 그들
의 시체로 이 성을 채우게 하였나니 이는 그들의 모든 악행으로 말미암아
나의 얼굴을 가리어 이 성을 돌아보지 아니하였음이라 6 그러나 보라 내가
이 성읍을 치료하며 고쳐 낫게 하고 평안과 진실이 풍성함을 그들에게 나
타낼 것이며 7 내가 유다의 포로와 이스라엘의 포로를 돌아오게 하여 그들
을 처음과 같이 세울 것이며 8 내가 그들을 내게 범한 그 모든 죄악에서 정
하게 하며 그들이 내게 범하며 행한 모든 죄악을 사할 것이라 9 이 성읍이
세계 열방 앞에서 나의 기쁜 이름이 될 것이며 찬송과 영광이 될 것이요 그들은 내가 이 백성에게 베푼 모든 복을
들을 것이요 내가 이 성읍에 베푼 모든 복과 모든 평안으로 말미암아 두려워하며 떨리라 10-11 여호와께서 이와 같
이 말씀하시니라 너희가 가리켜 말하기를 황폐하여 사람도 없고 짐승도 없다 하던 여기 곧 황폐하여 사람도 없고
주민도 없고 짐승도 없던 유다 성읍들과 예루살렘 거리에서 즐거워하는 소리, 기뻐하는 소리, 신랑의 소리, 신부의
소리와 및 만군의 여호와께 감사하라, 여호와는 선하시니 그 인자하심이 영원하다 하는 소리와 여호와의 성전에
감사제를 드리는 자들의 소리가 다시 들리리니 이는 내가 이 땅의 포로를 돌려보내어 지난 날처럼 되게 할 것임이
라 여호와의 말씀이니라 12 만군의 여호와께서 이와 같이 말씀하시니라 황폐하여 사람도 없고 짐승도 없던 이 곳
과 그 모든 성읍에 다시 목자가 살 곳이 있으리니 그의 양 떼를 눕게 할 것이라 13 산지 성읍들과 평지 성읍들과 네
겝의 성읍들과 베냐민 땅과 예루살렘 사면과 유다 성읍들에서 양 떼가 다시 계수하는 자의 손 아래로 지나리라
여호와께서 말씀하시니라 14 여호와의 말씀이니라 보라 내가 이스라엘 집과 유다 집에 대하여 일러 준 선한 말을
성취할 날이 이르리라 15 그 날 그 때에 내가 다윗에게서 한 공의로운 가지가 나게 하리니 그가 이 땅에 정의와 공
의를 실행할 것이라 16 그 날에 유다가 구원을 받겠고 예루살렘이 안전히 살 것이며 이 성은 여호와는 우리의 의라
는 이름을 얻으리라 17 여호와께서 이와 같이 말씀하시니라 이스라엘 집의 왕위에 앉을 사람이 다윗에게 영원히
끊어지지 아니할 것이며 18 내 앞에서 번제를 드리며 소제를 사르며 다른 제사를 항상 드릴 레위 사람 제사장들도
끊어지지 아니하리라 하시니라 19 여호와의 말씀이 예레미야에게 임하니라 이르시되 20 여호와께서 이와 같이 말
씀하시니라 너희가 능히 낮에 대한 나의 언약과 밤에 대한 나의 언약을 깨뜨려 주야로 그 때를 잃게 할 수 있을진
대 21 내 종 다윗에게 세운 나의 언약도 깨뜨려 그에게 그의 자리에 앉아 다스릴 아들이 없게 할 수 있겠으며 내가
나를 섬기는 레위인 제사장에게 세운 언약도 파할 수 있으리라 22 하늘의 만상은 셀 수 없으며 바다의 모래는 측
량할 수 없나니 내가 그와 같이 내 종 다윗의 자손과 나를 섬기는 레위인을 번성하게 하리라 하시니라 23 여호와의
말씀이 예레미야에게 임하니라 이르시되 24 이 백성이 말하기를 여호와께서 자기가 택하신 그들 중에 두 가계를
버리셨다 한 것을 네가 생각하지 아니하느냐 그들이 내 백성을 멸시하여 자기들 앞에서 나라로 인정하지 아니하
도다 25 여호와께서 이와 같이 말씀하시니라 내가 주야와 맺은 언약이 없다든지 천지의 법칙을 내가 정하지 아니

49일~54일

하였다면 [26]야곱과 내 종 다윗의 자손을 버리고 다시는 다윗의 자손 중에서 아브라함과 이삭과 야곱의 자손을 다
스릴 자를 택하지 아니하리라 내가 그 포로된 자를 돌아오게 하고 그를 불쌍히 여기리라

예레미야 23:1-8

❖ 렘 23:1-8
악한 목자(잘못된 왕실과 종교 지도자)에 대한 질책이다. 그들은 반드시 징계받으리라는 것이다. 하나님은 언젠가 그가 택한 왕(메시아)을 세울 것임을 밝힌다. 이는 남은 양 무리를 위한 새 목자 즉, 메시아 사상으로 발전한다.

미래의 왕 메시아

[1]여호와의 말씀이니라 내 목장의 양 떼를 멸하며 흩어지게 하는 목자에
게 화 있으리라 [2]그러므로 이스라엘의 하나님 여호와께서 내 백성을 기
르는 목자에게 이와 같이 말씀하시니라 너희가 내 양 떼를 흩으며 그것을 몰아내고 돌보지 아니하였도다 보라
내가 너희의 악행 때문에 너희에게 보응하리라 여호와의 말씀이니라 [3]내가 내 양 떼의 남은 것을 그 몰려 갔던
모든 지방에서 모아 다시 그 우리로 돌아오게 하리니 그들의 생육이 번성할 것이며 [4]내가 그들을 기르는 목자들
을 그들 위에 세우리니 그들이 다시는 두려워하거나 놀라거나 잃어 버리지 아니하리라 여호와의 말씀이니라 [5]
여호와의 말씀이니라 보라 때가 이르리니 내가 다윗에게 한 의로운 가지를 일으킬 것이라 그가 왕이 되어 지혜
롭게 다스리며 세상에서 정의와 공의를 행할 것이며 [6]그의 날에 유다는 구원을 받겠고 이스라엘은 평안히 살 것
이며 그의 이름은 여호와 우리의 공의라 일컬음을 받으리라 [7]그러므로 여호와의 말씀이니라 보라 날이 이르리
니 그들이 다시는 이스라엘 자손을 애굽 땅에서 인도하여 내신 여호와의 사심으로 맹세하지 아니하고 [8]이스라
엘 집 자손을 북쪽 땅, 그 모든 쫓겨났던 나라에서 인도하여 내신 여호와의 사심으로 맹세할 것이며 그들이 자기
땅에 살리라 하시니라

예레미야 38장

❖ 렘 38장
반바벨론 정책을 쓰는 시드기야 왕은 결국 친애굽 정책을 택한다. 예레미야는 그런 친애굽 정책을 비난하고 대국에 예속하라고 권면하자 친애굽파들의 반감을 사고 물웅덩이에 던져진다. 이 물웅덩이는 빗물을 받아쓰기 위해 파 놓은 깊은 구멍 같은 웅덩이를 말한다.

49일~54일

예레미야가 구덩이에 갇히다

[1]맛단의 아들 스바댜와 바스훌의 아들 그다랴와 셀레먀의 아들 유갈과
말기야의 아들 바스훌이 예레미야가 모든 백성에게 이르는 말을 들은즉
이르기를 [2]여호와께서 이와 같이 말씀하시되 이 성에 머무는 자는 칼과 기
근과 전염병에 죽으리라 그러나 갈대아인에게 항복하는 자는 살리니 그는 노략물을 얻음 같이 자기의 목숨을 건
지리라 [3]여호와께서 이와 같이 말씀하시니라 이 성이 반드시 바벨론의 왕의 군대의 손에 넘어가리니 그가 차지하
리라 하셨다 하는지라 [4]이에 그 고관들이 왕께 아뢰되 이 사람이 백성의 평안을 구하지 아니하고 재난을 구하오
니 청하건대 이 사람을 죽이소서 그가 이같이 말하여 이 성에 남은 군사의 손과 모든 백성의 손을 약하게 하나이

다 [5]시드기야 왕이 이르되 보라 그가 너희 손 안에 있느니라 왕은 조금도 너희를 거스를 수
없느니라 하는지라 [6]그들이 예레미야를 끌어다가 감옥 뜰에 있는 왕의 아들 말기야의 구덩
이에 던져 넣을 때에 예레미야를 줄로 달아내렸는데 그 구덩이에는 물이 없고 진창뿐이므로
예레미야가 진창 속에 빠졌더라 [7]왕궁 내시 구스인 에벳멜렉이 그들이 예레미야를 구덩이에
던져 넣었음을 들으니라 그 때에 왕이 베냐민 문에 앉았더니 [8]에벳멜렉이 왕궁에서 나와 왕
께 아뢰어 이르되 [9]내 주 왕이여 저 사람들이 선지자 예레미야에게 행한 모든 일은 악하니
이다 성 중에 떡이 떨어졌거늘 그들이 그를 구덩이에 던져 넣었으니 그가 거기에서 굶어 죽
으리이다 하니 [10]왕이 구스 사람 에벳멜렉에게 명령하여 이르되 너는 여기서 삼십 명을 데
리고 가서 선지자 예레미야가 죽기 전에 그를 구덩이에서 끌어내라 [11]에벳멜렉이 사람들을

데리고 왕궁 곳간 밑 방에 들어가서 거기에서 헝겊과 낡은 옷을 가져다가
그것을 구덩이에 있는 예레미야에게 밧줄로 내리며 12 구스인 에벳멜렉이
예레미야에게 이르되 당신은 이 헝겊과 낡은 옷을 당신의 겨드랑이에 대
고 줄을 그 아래에 대시오 예레미야가 그대로 하매 13 그들이 줄로 예레미
야를 구덩이에서 끌어낸지라 예레미야가 시위대 뜰에 머무니라

시드기야가 예레미야에게 묻다

14 시드기야 왕이 사람을 보내어 선지자 예레미야를 여호와의 성전 셋째
문으로 데려오게 하고 왕이 예레미야에게 이르되 내가 네게 한 가지 일을
물으리니 한 마디도 내게 숨기지 말라 15 예레미야가 시드기야에게 이르
되 내가 이 일을 왕에게 아시게 하여도 왕이 결코 나를 죽이지 아니하시
리이까 가령 내가 왕을 권한다 할지라도 왕이 듣지 아니하시리이다 16 시
드기야 왕이 비밀히 예레미야에게 맹세하여 이르되 우리에게 이 영혼을
지으신 여호와께서 살아 계심을 두고 맹세하노니 내가 너를 죽이지도 아
니하겠으며 네 생명을 찾는 그 사람들의 손에 넘기지도 아니하리라 하는
지라 17 예레미야가 시드기야에게 이르되 만군의 하나님이신 이스라엘의
하나님 여호와께서 이와 같이 말씀하시되 네가 만일 바벨론의 왕의 고관
들에게 항복하면 네 생명이 살겠고 이 성이 불사름을 당하지 아니하겠고
너와 네 가족이 살려니와 18 네가 만일 나가서 바벨론의 왕의 고관들에게
항복하지 아니하면 이 성이 갈대아인의 손에 넘어가리니 그들이 이 성을
불사를 것이며 너는 그들의 손을 벗어나지 못하리라 하셨나이다 19 시드
기야 왕이 예레미야에게 이르되 나는 갈대아인에게 항복한 유다인을 두
려워하노라 염려하건대 갈대아인이 나를 그들의 손에 넘기면 그들이 나
를 조롱할까 하노라 하는지라 20 예레미야가 이르되 그 무리가 왕을 그들
에게 넘기지 아니하리이다 원하옵나니 내가 왕에게 아뢴 바 여호와의 목
소리에 순종하소서 그리하면 왕이 복을 받아 생명을 보전하시리이다 21
그러나 만일 항복하기를 거절하시면 여호와께서 내게 보이신 말씀대로
되리이다 22 보라 곧 유다 왕궁에 남아 있는 모든 여자가 바벨론 왕의 고
관들에게로 끌려갈 것이요 그 여자들은 네게 말하기를 네 친구들이 너를
꾀어 이기고 네 발이 진흙에 빠짐을 보고 물러갔도다 하리라 23 네 아내들
과 자녀는 갈대아인에게로 끌려가겠고 너는 그들의 손에서 벗어나지 못
하고 바벨론 왕의 손에 잡히리라 또 네가 이 성읍으로 불사름을 당하게
하리라 하셨나이다 24 시드기야가 예레미야에게 이르되 너는 이 말을 어
느 사람에게도 알리지 말라 그리하면 네가 죽지 아니하리라 25 만일 고관
들이 내가 너와 말하였다 함을 듣고 와서 네게 말하기를 네가 왕에게 말
씀한 것을 우리에게 전하라 우리에게 숨기지 말라 그리하면 우리가 너를
죽이지 아니하리라 또 왕이 네게 말씀한 것을 전하라 하거든 26 그들에게
대답하되 내가 왕 앞에 간구하기를 나를 요나단의 집으로 되돌려 보내지 마소서 그리하여 거기서 죽지 않게 하
옵소서 하였다 하라 하니라 27 모든 고관이 예레미야에게 와서 물으매 그가 왕이 명령한 모든 말대로 대답하였
으므로 일이 탄로되지 아니하였고 그들은 그와 더불어 말하기를 그쳤더라 28 예레미야가 예루살렘이 함락되는
날까지 감옥 뜰에 머물렀더라

렘 38:1-28
예레미야 사역 당시의 주요 국가 지도자들

요시야
· 유다의 마지막 선한 왕(B.C. 640-609년) · 그의 재위 13년(B.C. 627년)에 예레미야가 하나님의 부르심을 받음(렘 1:2)
여호아하스
· 요시야의 맏아들인 유다 왕 (B.C. 609년, 3개월) · 악행 끝에 애굽의 바로 느고에게 사로잡혀 감(왕하 23:31-34)
여호야김
· 요시야의 둘째 아들로 악한 왕(B.C. 609-598년) · 예레미야의 의해 바벨론으로 잡혀갈 것이 예언됨(렘 22:24-30)
여호야긴
· 여호야김의 아들(B.C. 598-597년) · 예레미야에 의해 바벨론으로 잡혀갈 것이 예언됨(렘 22:24-30)
시드기야
· 요시야의 막내 아들로 유다의 마지막 왕 (B.C. 597-586년) · 예레미야를 진흙 구덩이에 던지는 등 박해함(렘 38:1-6)
느부갓네살
· 바벨론의 위대한 정복자 (사 45:1, B.C. 605-562년) · 예레미야를 존경하여 그의 생명의 안전을 보장함(렘 39:11-14)
바로 느고
· 므깃도에서 요시야를 죽인 애굽 왕 (B.C. 610-595년) · 갈그미스에서 느부갓네살에게 패하여 팔레스틴 지배권을 상실함(렘 46:1-12)
바로 호브라
· 바벨론 예루살렘 포위 당시 군대를 파견한 애굽 왕(렘 37:5, B.C. 589-570년) · 예레미야에 의해 죽음이 예언됨(렘 44:30)
그다랴
· 사반의 손자이며 아히감의 아들 · 예루살렘 함락 후 느부갓네살에 의해 유다의 총독이 되나 두 달 만에 피살됨(렘 39:14)
요하난
· 그다랴의 피살 후 남 유다의 지도자가 됨 · 예레미야와 유다의 남은 자들을 이끌고 애굽으로 이주함(렘 43:1-7)

49일~54일

49일차 읽기의 요약

(겔 1~3:21, 왕하 24:20~25:3, 렘 52:3~6, 렘 10:17~25, 렘21~22:9, 렘 34, 렘 46:13~28, 렘 37, 렘 30~33, 렘 23:1~8, 렘 38)

에스겔 선지자는 B.C. 597년 유다의 2차 포로로 여호야긴 왕과 함께 바벨론 땅으로 끌려간다. 예레미야가 예루살렘에서 사역할 때 에스겔은 바벨론 땅에서 부르심을 받고 묵시로 받은 많은 환상을 보고 하나님의 말씀을 대언했다.

예루살렘의 시드기야 왕은 비밀리에 예레미야를 불러 유다를 향한 하나님의 예언을 반복해서 듣지만, 바벨론에 항복하라는 예레미야의 말을 끝내 순종하지 않았다. 시드기야 9년에 결국 예루살렘 성은 포위되고 삼 년 만에 바벨론에 의해 훼파되고 시드기야를 비롯한 백성들이 3차 포로로 잡혀간다.

하나님께서는 이 상황에서 예레미야에게 아나돗에 있는 그의 친척의 밭을 사게 하심으로 예루살렘 땅이 다시 회복될 것을 상징적으로 보여 주신다. 시내 산 언약을 깨뜨리고 우상 숭배한 유다의 죄에 대한 징계와 형벌로 유다 백성이 그 땅에서 쫓겨나지만 하나님께서는 자기 백성을 향하신 창자가 들끓는 긍휼과 사랑으로 유다를 다시 회복시키리라는 새 언약을 말씀해주신다. 그뿐만 아니라 하나님께서는 유다 백성들의 마음에 하나님의 법을 새겨주시고 한 마음과 한 길을 주셔서 그들이 하나님의 백성이 되고 자신이 그들의 하나님이 되리라고 말씀하신다. 폐허가 된 성읍을 다시 세우고 그곳에 하나님을 예배하는 감사와 기쁨의 소리를 회복시키실 것이며 그곳에서 다윗의 의로운 가지를 일으켜 하나님의 통치를 회복시켜 주실 것을 약속하신다.

그러면 어떻게 살 것인가?

인위뚝·신위고!

☑ 세계관 점검 – 묵상하기 (영상 강의와 교재 내용의 이해를 바탕으로)

겔 1장 마음속에 소망의 성전을 그려보자.
절망의 계곡에서 신음하고 있는가? 하나님은 너무 멀리 떨어져 있다는 생각이 드는가?
에스겔은 예루살렘이 파괴되기 전에 다른 유대인 포로들과 함께 바벨론에 이미 잡혀 와 있었다. 거기서 그는 환상을 통해 하나님께서 예루살렘을 떠나가시는 장면을 보았다. 이제 그 죄 많은 도시에 남은 것은 하나님의 심판뿐이었다. 하지만 예루살렘이 파괴된 후 에스겔은 다시 힘차게 하나님의 메시지를 전하기 시작했다. 이제 하나님은 그 백성을 치유하실 것이며 또한 새로운 성전을 세울 수 있는 고국을 허락해 주실 것이었다. 하나님은 환상을 통해 이 사실을 보여 주셨다. 당신이 품고 있는 소망은 무엇인가?

렘 46:17 나는 세속적인 쾌락에의 유혹과 환경들에 연연해함으로 하나님 중심적[神爲]인 새사람이 될 시기를 잃어버리고 있지는 않는가? 패망의 고통을 맞고서야 후회했던 애굽인과 같이 되지 않기 위해 내가 꼭 놓치지

말아야 할 기회는 무엇일까? [시 32:6, 마 25:10. 찬송(370, 381)

✐ 렘 33:1-3에서 신위의 개념을 찾고 묵상하라.
"일을 행하시는 여호와, 그것을 만들며 성취하시는 여호와, 그의 이름을 여호와라 하는 이가 이와 같이 이르시도다 너는 내게 부르짖으라 내가 네게 응답하겠고 네가 알지 못하는 크고 은밀한 일을 네게 보이리라"

✐ 렘 30:22 "너희는 내 백성이 되겠고 나는 너희들의 하나님이 되리라", 그리고 렘 31:33 "나는 그들의 하나님이 되고 그들은 내 백성이 될 것이라"라는 구절이 시사하는 바를 구속사적 관점에서 깊이 묵상하라. 이것이 하나님의 구속 역사의 목적이고 목표이다. 이 시작은 어디서 시작했고(창 17:7), 지금까지 어떻게 이루어져 왔는지를 생각해 보라. 이것이 곧 성경의 줄거리이고 메시지다.

✐ 위의 구절 등에서 하나님은 우주의 하나님이시고 역사의 주인이신 분이시냐? 아니면 한 종교의 창설자에 불과한 존재인가? 아니면 이스라엘의 토속신인가? 우리는 분명한 이해를 해야 한다. 이것이 세계관의 출발이기 때문이다.

✐ 렘 21:8의 "생명의 길"과 "사망의 길"의 의미를 묵상하고 나는 어느 길에 있는지 성찰하라.

✐ "새 언약"을 보여 주는 예레미야의 구절(렘 31:31-33)과 에스겔서의 구절(겔 36:26-28)을 비교 설명하는 동영상 강의 내용을 잘 이해하고, 하나님의 구속사의 흐름을 아래 도표로 정리하라. 이것이 통전적 이해의 핵심이다.

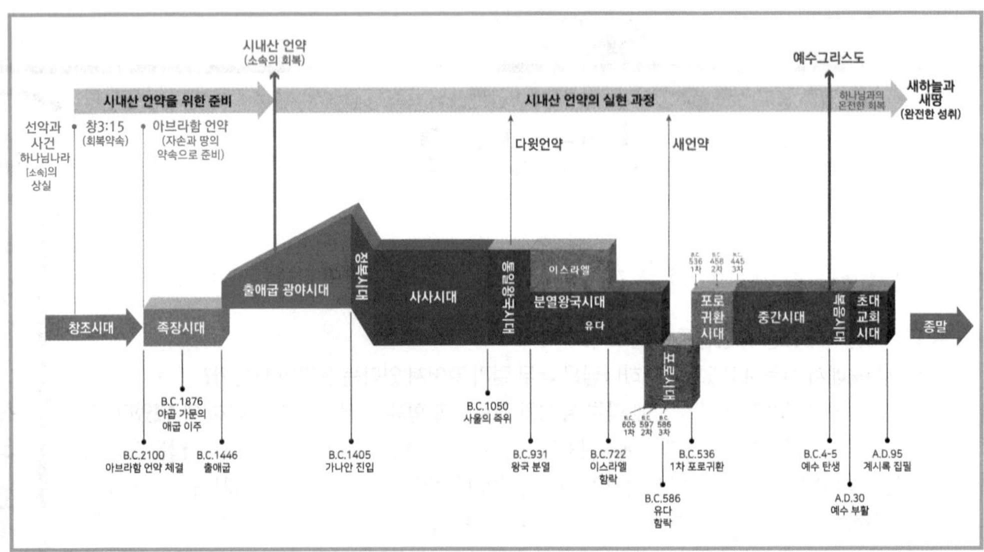

☑ 결단기도와 실행하기

약 2:26 영혼 없는 몸이 죽은 것 같이 행함이 없는 믿음은 죽은 것이니라
시 119:28 나의 영혼이 눌림으로 말미암아 녹사오니 주의 말씀대로 나를 세우소서

역대하 36:13-16 : 하나님의 진노

13 또한 느부갓네살 왕이 그를 그의 하나님을 가리켜 맹세하게 하였으나
그가 왕을 배반하고 목을 곧게 하며 마음을 완악하게 하여 이스라엘 하
나님 여호와께로 돌아오지 아니하였고 14 모든 제사장들의 우두머리들과
백성도 크게 범죄하여 이방 모든 가증한 일을 따라서 여호와께서 예루살
렘에 거룩하게 두신 그의 전을 더럽게 하였으며 15 그 조상들의 하나님 여
호와께서 그의 백성과 그 거하시는 곳을 아끼사 부지런히 그의 사신들을 그 백성에게 보내어 이르셨으나 16 그
의 백성이 하나님의 사신들을 비웃고 그의 말씀을 멸시하며 그의 선지자를 욕하여 여호와의 진노를 그의 백성에
게 미치게 하여 회복할 수 없게 하였으므로

❖ 유다의 마지막 왕 시드기야 왕의 배신으로 바벨론이 예루살렘을 함락함

렘 32:24

학습 자료 50-1 "4대 대 선지서 비교 도표"를 참조

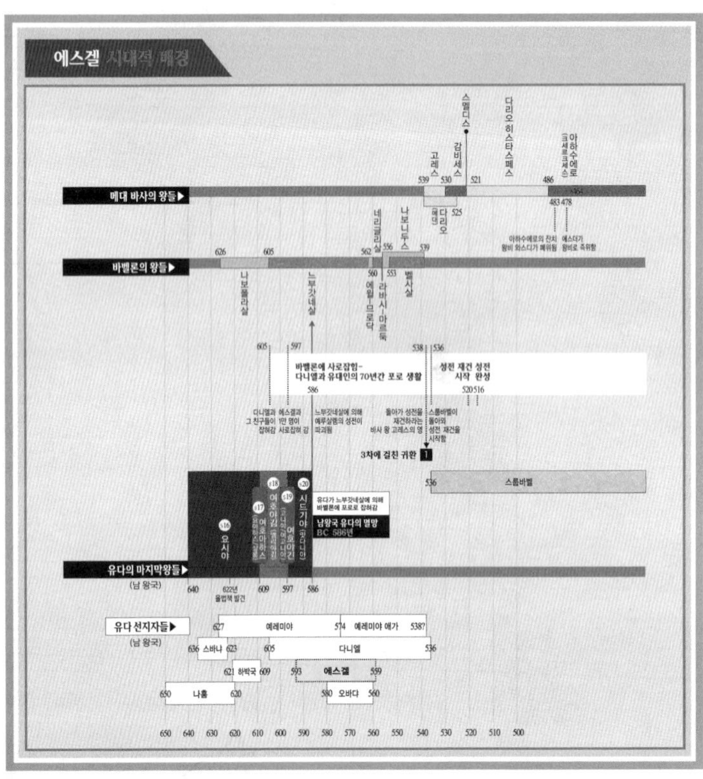

❖ **에스겔의 시대적 배경**

B.C. 612년 중근동의 최대 강국이었던 앗수르의 수도 니느웨가 바벨론의 나보폴라살(Nabopolassar B.C. 625~605년)에 의해 멸망하고, 애굽도 몰락의 길을 걷고 있었으며 신흥 세력인 바벨론이 나보폴라살과 그의 아들 느부갓네살(Nebuchadnezzar, B.C. 605-562년)에 의해 급부상하고 있었다. 이 무렵 애굽의 도움으로 왕위에 오른 유대 왕 여호야김(Jehoiakim, B.C. 609-597년)은 B.C. 605년 애굽의 바로 느고(Pharaoh Neco, B.C. 610-595년)를 유브라데 유역에서 쳐부순 느부갓네살에 의해 바벨론의 속국 왕이 되었다.

그는 이후 3년 동안 바벨론 왕 느부갓네살을 섬기다가 배반하였으며(왕하 23:34-37, 24:1), 그 후 그의 아들 여호야긴(Jehoiachin)이 3개월간 왕좌에 있다가 B.C. 597년 유다의 배반을 괘씸히 여겨 제2차 출동한 느부갓네살의 군대에 의해 예루살렘이 함락되면서 바벨론으로 끌려갔다(왕하 24:14-16). 에스겔도 이때 바벨론으로 끌려간 것으로 추측된다. 그 후 유다의 마지막 왕 시드기야(Zedekiah, B.C. 597-586년)가 바벨론에 반란을 일으켰다가 이를 계기로 B.C. 586년 유다는 느부갓네살에 의해 완전히 패망하였다(왕하 25:8-21).

에스겔이 활동하던 시대는 이처럼 이스라엘이 역사 속에서 그 국가적 형태를 잃어버리는 비운의 시기로, 이러한 상황 가운데에서 에스겔은 이스라엘이 곧 회복되어 옛 영광을 재현한다는 소망을 백성들에게 전했다.

49일~54일

에스겔 8장~11장

에스겔 8장

예루살렘의 우상 숭배

1 여섯째 해 여섯째 달 초닷새에 나는 집에 앉았고 유다의 장로들은 내 앞에 앉아 있는데 주 여호와의 권능이 거기

에서 내게 내리기로 2 내가 보니 불 같은 형상이 있더라 그 허리 아래의 모
양은 불 같고 허리 위에는 광채가 나서 단 쇠 같은데 3 그가 손 같은 것을
펴서 내 머리털 한 모숨을 잡으며 주의 영이 나를 들어 천지 사이로 올리시
고 하나님의 환상 가운데에 나를 이끌어 예루살렘으로 가서 안뜰로 들어
가는 북향한 문에 이르시니 거기에는 질투의 우상 곧 질투를 일어나게 하
는 우상의 자리가 있는 곳이라 4 이스라엘 하나님의 영광이 거기에 있는데
내가 들에서 본 모습과 같더라 5 그가 내게 이르시되 인자야 이제 너는 눈
을 들어 북쪽을 바라보라 하시기로 내가 눈을 들어 북쪽을 바라보니 제단
문 어귀 북쪽에 그 질투의 우상이 있더라 6 그가 또 내게 이르시되 인자야
이스라엘 족속이 행하는 일을 보느냐 그들이 여기에서 크게 가증한 일을
행하여 나로 내 성소를 멀리 떠나게 하느니라 너는 다시 다른 큰 가증한 일을 보리라 하시더라 7 그가 나를 이끌고
뜰 문에 이르시기로 내가 본즉 담에 구멍이 있더라 8 그가 내게 이르시되 인자야 너는 이 담을 헐라 하시기로 내가
그 담을 허니 한 문이 있더라 9 또 내게 이르시되 들어가서 그들이 거기에
서 행하는 가증하고 악한 일을 보라 하시기로 10 내가 들어가 보니 각양 곤
충과 가증한 짐승과 이스라엘 족속의 모든 우상을 그 사방 벽에 그렸고 11
이스라엘 족속의 장로 중 칠십 명이 그 앞에 섰으며 사반의 아들 야아사냐
도 그 가운데에 섰고 각기 손에 향로를 들었는데 향연이 구름 같이 오르더
라 12 또 내게 이르시되 인자야 이스라엘 족속의 장로들이 각각 그 우상의
방안 어두운 가운데에서 행하는 것을 네가 보았느냐 그들이 이르기를 여
호와께서 우리를 보지 아니하시며 여호와께서 이 땅을 버리셨다 하느니라
13 또 내게 이르시되 너는 다시 그들이 행하는 바 다른 큰 가증한 일을 보
리라 하시더라 14 그가 또 나를 데리고 여호와의 전으로 들어가는 북문에
이르시기로 보니 거기에 여인들이 앉아 담무스를 위하여 애곡하더라 15 그
가 또 내게 이르시되 인자야 네가 그것을 보았느냐 너는 또 이보다 더 큰
가증한 일을 보리라 하시더라 16 그가 또 나를 데리고 여호와의 성전 안뜰
에 들어가시니라 보라 여호와의 성전 문 곧 현관과 제단 사이에서 약 스물
다섯 명이 여호와의 성전을 등지고 낯을 동쪽으로 향하여 동쪽 태양에게
예배하더라 17 또 내게 이르시되 인자야 네가 보았느냐 유다 족속이 여기
에서 행한 가증한 일을 적다 하겠느냐 그들이 그 땅을 폭행으로 채우고 또
다시 내 노여움을 일으키며 심지어 나뭇가지를 그 코에 두었느니라 18 그
러므로 나도 분노로 갚아 불쌍히 여기지 아니하며 긍휼을 베풀지도 아니
하리니 그들이 큰 소리로 내 귀에 부르짖을지라도 내가 듣지 아니하리라

에스겔 9장

예루살렘을 향하여 분노를 쏟으시다

1 또 그가 큰 소리로 내 귀에 외쳐 이르시되 이 성읍을 관할하는 자들이
각기 죽이는 무기를 손에 들고 나아오게 하라 하시더라 2 내가 보니 여섯
사람이 북향한 윗문 길로부터 오는데 각 사람의 손에 죽이는 무기를 잡았
고 그 중의 한 사람은 가는 베 옷을 입고 허리에 서기관의 먹 그릇을 찼더
라 그들이 들어와서 놋 제단 곁에 서더라 3 그룹에 머물러 있던 이스라엘

❖ 겔 8장 **에스겔의 환상에 나타난 예루살렘의 죄악상**
예루살렘 백성들은 하나님의 성전에서 각종 이방의 거짓 신들을 숭배하고 있었고 이스라엘 족속의 장로 70인이 각양 곤충과 가증한 짐승과 이스라엘 족속의 모든 우상을 사방 벽에 그려 놓고 그것들을 숭배하고 있었고, 여인들은 성전 북문에서 풍요의 신인 이방신 담무스를 위해 애곡하고 있었다. 더 나아가서 약 25명이 여호와의 성전 문 곧 현관과 제단 사이에서 여호와의 성전을 등지고 낯을 동쪽으로 향하여 동쪽 태양에게 예배하고 있었다.

❖ 겔 9장
하나님께서는 환상을 통하여 예루살렘이 멸망할 때 거민들이 학살당하게 될 것을 예고하셨다. 실제로 예루살렘이 멸망할 때 시드기야는 두 눈이 뽑혀 포로로 잡혀갔고 그의 아들들은 그가 보는 앞에서 죽임을 당하였고, 성전과 왕궁은 불태워졌으며 수많은 백성이 죽임을 당하거나 포로로 끌려갔고, 대제사장 스라야와 부 제사장 스바냐를 비롯한 내시와 시종, 장관 등 지도층 인사들이 죽임을 당했다(왕하25:7-21). 하나님의 예언이 그대로 이루어진 것이다. 한편 하나님께서는 죽은 자들의 시체를 성전 뜰에 채워 성전을 더럽히라고 말씀하였다. 그런데 이것은 율법에서 금지하고 있다. 즉 하나님의 성전은 거룩한 곳이므로 시체를 비롯한 부정한 것은 일절 들어오지 못하며 심지어 부정한 것을 만짐으로 부정하게 된 제사장을 비롯한 백성들까지 일절 접근하지 못하도록 하였다(레 21장). 따라서 죽은 시체로 성전의 뜰을 채우라는 것은 이미 예루살렘 성전이 하나님의 거룩한 전의 기능을 상실하였음을 의미하며 또한 하나님의 임재의 영원한 표상인 성전이 더렵혀졌다는 것은 하나님께서 이미 이스라엘 백성을 떠나셨다는 것을 의미한다. 그러므로 에스겔의 환상은 가장 철저하고도 비참한 멸망의 예고였다.
☞ 예루살렘 거민들의 살육당함에 대한 에스겔의 환상은 마지막 심판 때에 이루어질 심판에 대한 예고이기도 하다. 인류 최후의 전쟁에서 하나님의 천사들이 세상의 왕들을 죽이고 짐승과 거짓 선지자들, 짐승의 표를 받고 우상에게 경배하던 자들은 모두 유황불 못에 던져짐으로 나머지는 말 탄 자의 입에서 나오는 검으로 죽일 것이라는 성경의 예언과(계 19:17-21) 일치하고 있다. 이런 예고를 통해 선지자는 죄에 속한 자들에게 하나님께 돌아올 것을 권고하고 있다.

하나님의 영광이 성전 문지방에 이르더니 여호와께서 그 가는 베 옷을 입고 서기관의 먹 그릇을 찬 사람을 불러
4 여호와께서 이르시되 너는 예루살렘 성읍 중에 순행하여 그 가운데에서 행하는 모든 가증한 일로 말미암아 탄
식하며 우는 자의 이마에 표를 그리라 5 그들에 대하여 내 귀에 이르시되 너희는 그를 따라 성읍 중에 다니며 불
쌍히 여기지 말며 긍휼을 베풀지 말고 쳐서 6 늙은 자와 젊은 자와 처녀와 어린이와 여자를 다 죽이되 이마에 표
있는 자에게는 가까이 하지 말라 내 성소에서 시작할지니라 하시매 그들이 성전 앞에 있는 늙은 자들로부터 시
작하더라 7 그가 또 그들에게 이르시되 너희는 성전을 더럽혀 시체로 모든 뜰에 채우라 너희는 나가라 하시매 그
들이 나가서 성읍 중에서 치더라 8 그들이 칠 때에 내가 홀로 있었는지라 엎드려 부르짖어 이르되 아하 주 여호
와여 예루살렘을 향하여 분노를 쏟으시오니 이스라엘의 남은 자를 모두 멸하려 하시나이까 9 그가 내게 이르시
되 이스라엘과 유다 족속의 죄악이 심히 중하여 그 땅에 피가 가득하며 그 성읍에 불법이 찼나니 이는 그들이 이
르기를 여호와께서 이 땅을 버리셨으며 여호와께서 보지 아니하신다 함이라 10 그러므로 내가 그들을 불쌍히 여
기지 아니하며 긍휼을 베풀지 아니하고 그들의 행위대로 그들의 머리에 갚으리라 하시더라 11 보라 가는 베 옷
을 입고 허리에 먹 그릇을 찬 사람이 복명하여 이르되 주께서 내게 명령하신 대로 내가 준행하였나이다 하더라

에스겔 10장

여호와의 영광이 성전을 떠나시다

1 이에 내가 보니 그룹들 머리 위 궁창에 남보석 같은 것이 나타나는데 그
들 위에 보좌의 형상이 있는 것 같더라 2 하나님이 가는 베 옷을 입은 사람
에게 말씀하여 이르시되 너는 그룹 밑에 있는 바퀴 사이로 들어가 그 속에
서 숯불을 두 손에 가득히 움켜 가지고 성읍 위에 흩으라 하시매 그가 내
목전에서 들어가더라 3 그 사람이 들어갈 때에 그룹들은 성전 오른쪽에 서
있고 구름은 안뜰에 가득하며 4 여호와의 영광이 그룹에서 올라와 성전 문
지방에 이르니 구름이 성전에 가득하며 여호와의 영화로운 광채가 뜰에
가득하였고 5 그룹들의 날개 소리는 바깥뜰까지 들리는데 전능하신 하나
님이 말씀하시는 음성 같더라 6 하나님이 가는 베 옷을 입은 자에게 명령하
시기를 바퀴 사이 곧 그룹들 사이에서 불을 가져가라 하셨으므로 그가 들
어가 바퀴 옆에 서매 7 그 그룹이 그룹들 사이에서 손을 내밀어 그 그룹들
사이에 있는 불을 집어 가는 베 옷을 입은 자의 손에 주매 그가 받아 가지
고 나가는데 8 그룹들의 날개 밑에 사람의 손 같은 것이 나타나더라 9 내가
보니 그룹들 곁에 네 바퀴가 있는데 이 그룹 곁에도 한 바퀴가 있고 저 그
룹 곁에도 한 바퀴가 있으며 그 바퀴 모양은 황옥 같으며 10 그 모양은 넷
이 꼭 같은데 마치 바퀴 안에 바퀴가 있는 것 같으며 11 그룹들이 나아갈
때에는 사방으로 몸을 돌리지 아니하고 나아가되 몸을 돌리지 아니하고
그 머리 향한 곳으로 나아가며 12 그 온 몸과 등과 손과 날개와 바퀴 곧 네
그룹의 바퀴의 둘레에 다 눈이 가득하더라 13 내가 들으니 그 바퀴들을 도는 것이라 부르며 14 그룹들에게는 각기
네 면이 있는데 첫째 면은 그룹의 얼굴이요 둘째 면은 사람의 얼굴이요 셋째는 사자의 얼굴이요 넷째는 독수리의
얼굴이더라 15 그룹들이 올라가니 그들은 내가 그발 강가에서 보던 생물이라 16 그룹들이 나아갈 때에는 바퀴도
그 곁에서 나아가고 그룹들이 날개를 들고 땅에서 올라가려 할 때에도 바퀴가 그 곁을 떠나지 아니하며 17 그들
이 서면 이들도 서고 그들이 올라가면 이들도 함께 올라가니 이는 생물의 영이 바퀴 가운데에 있음이더라 18 여호
와의 영광이 성전 문지방을 떠나서 그룹들 위에 머무르니 19 그룹들이 날개를 들고 내 눈 앞의 땅에서 올라가는데
그들이 나갈 때에 바퀴도 그 곁에서 함께 하더라 그들이 여호와의 전으로 들어가는 동문에 머물고 이스라엘 하나

❖ 겔 10장 **하나님의 영광이 성전을 떠나시다**
– 이미 1장에서 예고된 현상이다.
겔 8장 우상이 가득한 성전의 환상과 10장, 성전에서 하나님의 영광이 떠나는 환상 부분을 매우 심각하게 깊이 묵상하라.
성전에 왜 우상이 가득했나?
성전이 더럽혀진 사건들을 기억하라.
더럽혀진 성전에서 하나님이 더 이상 계실 수 없다. 하나님은 거룩하신 분이시기 때문이다. 그렇게 떠난 하나님의 영광은 누구에게로 갔으며 언제, 어떤 모습으로 다시 돌아오시는가? 나의 삶 가운데서 하나님의 임재하심이 함께하고 있다고 확신하는가?
(cf. 겔 11:22-25)
☞ 성막(전)과 하나님의 임재(임마누엘)
❶ 에덴 (창3:8)
❷ 성막 (출25:8)
❸ 성전 (왕상8)
❹ 임마누엘 (사7:8)
❺ 하나님의 영광이 성전을 떠남 (겔10:18)
❻ 육신이 되어 우리 가운데 거함 (요1:14)
❼ 우리가 성령이 거하는 전이다 (고전 3:16)
❽ 하나님이 그 백성과 영원히 거함 (계21:3)
동영상 강의(50일차)를 통해 학습하라.

겔 10:1-22
학습 자료 50-2
"그룹(Cherubim)에 대한 이해"를 참조

님의 영광이 그 위에 덮였더라 20 그것은 내가 그발 강가에서 보던 이스라엘의 하나님 아래에 있던 생물이라 그들
이 그룹인 줄을 내가 아니라 21 각기 네 얼굴과 네 날개가 있으며 날개 밑에는 사람의 손 형상이 있으니 22 그 얼굴
의 형상은 내가 그발 강가에서 보던 얼굴이며 그 모양과 그 몸도 그러하며 각기 곧게 앞으로 가더라

에스겔 11장

예루살렘이 심판을 받다

1 그 때에 주의 영이 나를 들어 올려서 여호와의 전 동문 곧 동향한 문에
이르시기로 보니 그 문에 사람이 스물다섯 명이 있는데 내가 그 중에서 앗
술의 아들 야아사냐와 브나야의 아들 블라댜를 보았으니 그들은 백성의
고관이라 2 그가 내게 이르시되 인자야 이 사람들은 불의를 품고 이 성 중
에서 악한 꾀를 꾸미는 자니라 3 그들의 말이 집 건축할 때가 가깝지 아니
한즉 이 성읍은 가마가 되고 우리는 고기가 된다 하나니 4 그러므로 인자
야 너는 그들을 쳐서 예언하고 예언할지니라 5 여호와의 영이 내게 임하여
이르시되 너는 말하기를 여호와의 말씀에 이스라엘 족속아 너희가 이렇
게 말하였도다 너희 마음에서 일어나는 것을 내가 다 아노라 6 너희가 이
성읍에서 많이 죽여 그 거리를 시체로 채웠도다 7 그러므로 주 여호와께서
이같이 말씀하셨느니라 이 성읍 중에서 너희가 죽인 시체는 그 고기요 이
성읍은 그 가마인데 너희는 그 가운데에서 끌려 나오리라 8 나 주 여호와
가 말하노라 너희가 칼을 두려워하니 내가 칼로 너희에게 이르게 하고 9
너희를 그 성읍 가운데에서 끌어내어 타국인의 손에 넘겨 너희에게 벌을 내리리니 10 너희가 칼에 엎드러질 것이
라 내가 이스라엘 변경에서 너희를 심판하리니 너희는 내가 여호와인 줄을 알리라 11 이 성읍은 너희 가마가 되지
아니하고 너희는 그 가운데에 고기가 되지 아니할지라 내가 너희를 이스라엘 변경에서 심판하리니 12 너희는 내
가 여호와인 줄을 알리라 너희가 내 율례를 행하지 아니하며 규례를 지키지 아니하고 너희 사방에 있는 이방인의
규례대로 행하였느니라 하셨다 하라 13 이에 내가 예언할 때에 브나야의 아들 블라댜가 죽기로 내가 엎드려 큰
소리로 부르짖어 이르되 오호라 주 여호와여 이스라엘의 남은 자를 다 멸절하고자 하시나이까 하니라

❖ 겔 11장 **심판으로부터의 회복**
유다 백성들이 가증한 것들을 제함으로써 우상 숭배에서 돌이켜 하나님께로 향하면, 하나님은 그들에게 '일치한 마음', '새 신', '부드러운 마음'을 줄 것이라고 약속하셨다(겔 11:19). 여기에 언급된 말들은 에스겔과 예레미야 선지자가 제기하고 있는 중요한 주제 가운데 하나이다. 즉, 죄의 길에서 돌이켜 하나님의 말씀에 성실히 순종하도록 이끄는 뜨거운 영적인 변화를 가리키는 말이다.
유다 백성들이 자신들의 가증한 죄악을 깨닫고 우상 숭배와 관련된 모든 죄악된 요소들을 제거해 나간다면 하나님께서는 그들에게 변화된 새로운 마음, 곧 성령님의 사역으로 인해 뜨겁고도 놀라운 영적 변화를 주실 것이다. 유다 백성들이 외부의 문제들을 제거한다면 하나님은 기꺼이 그들의 내부 문제들을 제거해 주실 것이다.
인위 뚝! 신위 고!

이스라엘의 회복을 이르시다

14 여호와의 말씀이 내게 임하여 이르시되 15 인자야 예루살렘 주민이 네 형제 곧 네 형제와 친척과 온 이스라엘
족속을 향하여 이르기를 너희는 여호와에게서 멀리 떠나라 이 땅은 우리에게 주어 기업이 되게 하신 것이라 하
셨나니 16 그런즉 너는 말하기를 주 여호와의 말씀에 내가 비록 그들을 멀리 이방인 가운데로 쫓아내어 여러 나
라에 흩었으나 그들이 도달한 나라들에서 내가 잠깐 그들에게 성소가 되리라 하셨다 하고 17 너는 또 말하기를
주 여호와의 말씀에 내가 너희를 만민 가운데에서 모으며 너희를 흩은 여러 나라 가운데에서 모아 내고 이스라
엘 땅을 너희에게 주리라 하셨다 하라 18 그들이 그리로 가서 그 가운데의 모든 미운 물건
과 모든 가증한 것을 제거하여 버릴지라 19 내가 그들에게 한 마음을 주고 그 속에 새 영
을 주며 그 몸에서 돌 같은 마음을 제거하고 살처럼 부드러운 마음을 주어 20 내 율례를
따르며 내 규례를 지켜 행하게 하리니 그들은 내 백성이 되고 나는 그들의 하나님이 되리
라 21 그러나 미운 것과 가증한 것을 마음으로 따르는 자는 내가 그 행위대로 그 머리
에 갚으리라 나 주 여호와의 말이니라

여호와의 영광이 떠나시다

22 그 때에 그룹들이 날개를 드는데 바퀴도 그 곁에 있고 이스라엘 하나님의 영광도
그 위에 덮였더니 23 여호와의 영광이 성읍 가운데에서부터 올라가 성읍 동쪽 산에 머

무르고 24 주의 영이 나를 들어 하나님의 영의 환상 중에 데리고 갈대아에 있는 사로잡힌 자 중에 이르시더니 내
가 본 환상이 나를 떠나 올라간지라 25 내가 사로잡힌 자에게 여호와께서 내게 보이신 모든 일을 말하니라

에스겔 13장~18장

에스겔 13장

거짓 선지자의 종말

1 여호와의 말씀이 내게 임하여 이르시되 2 인자야 너는 이스라엘의 예언
하는 선지자들에게 경고하여 예언하되 자기 마음대로 예언하는 자에게
말하기를 너희는 여호와의 말씀을 들으라 3 주 여호와의 말씀에 본 것이
없이 자기 심령을 따라 예언하는 어리석은 선지자에게 화가 있을진저 4 이
스라엘아 너의 선지자들은 황무지에 있는 여우 같으니라 5 너희 선지자들
이 성 무너진 곳에 올라가지도 아니하였으며 이스라엘 족속을 위하여 여
호와의 날에 전쟁에서 견디게 하려고 성벽을 수축하지도 아니하였느니라
6 여호와께서 말씀하셨다고 하는 자들이 허탄한 것과 거짓된 점괘를 보며
사람들에게 그 말이 확실히 이루어지기를 바라게 하거니와 그들은 여호
와가 보낸 자가 아니라 7 너희가 말하기는 여호와의 말씀이라 하여도 내
가 말한 것이 아닌즉 어찌 허탄한 묵시를 보며 거짓된 점괘를 말한 것이
아니냐 8 그러므로 주 여호와께서 이같이 말씀하셨느니라 너희가 허탄한
것을 말하며 거짓된 것을 보았은즉 내가 너희를 치리라 주 여호와의 말씀
이니라 9 그 선지자들이 허탄한 묵시를 보며 거짓 것을 점쳤으니 내 손이
그들을 쳐서 내 백성의 공회에 들어오지 못하게 하며 이스라엘 족속의 호
적에도 기록되지 못하게 하며 이스라엘 땅에도 들어가지 못하게 하리니
너희가 나를 여호와인 줄 알리라 10 이렇게 칠 것은 그들이 내 백성을 유
혹하여 평강이 없으나 평강이 있다 함이라 어떤 사람이 담을 쌓을 때에
그들이 회칠을 하는도다 11 그러므로 너는 회칠하는 자에게 이르기를 그
것이 무너지리라 폭우가 내리며 큰 우박덩이가 떨어지며 폭풍이 몰아치
리니 12 그 담이 무너진즉 어떤 사
람이 너희에게 말하기를 그것에
칠한 회가 어디 있느냐 하지 아니
하겠느냐 13 그러므로 나 주 여호와가 말하노라 내가 분노하여 폭풍을 퍼
붓고 내가 진노하여 폭우를 내리고 분노하여 큰 우박덩어리로 무너뜨리
리라 14 회칠한 담을 내가 이렇게 허물어서 땅에 넘어뜨리고 그 기초를 드
러낼 것이라 담이 무너진즉 너희가 그 가운데에서 망하리니 나를 여호와인 줄 알리라 15 이와 같이 내가 내 노를
담과 회칠한 자에게 모두 이루고 또 너희에게 말하기를 담도 없어지고 칠한 자들도 없어졌다 하리니 16 이들은
예루살렘에 대하여 예언하기를 평강이 있으나 평강의 묵시를 보았다고 하는 이스라엘의 선지자들이니라 주 여
호와의 말씀이니라

거짓말로 예언하는 여자들

17 너 인자야 너의 백성 중 자기 마음대로 예언하는 여자들에게 경고하며 예언하여 18 이르기를 주 여호와의 말

❖ 겔 13장

여기의 거짓 선지자는 사탄의 앞잡이 노릇을 하는 어리석고 패망한 자들이다.

왜냐하면 사탄의 주특기는 거짓으로 선한 사람을 미혹하여 혼란에 빠뜨려 범죄하게 하는 것이다.

본 장에 나오는 거짓 선지자 역시 여호와께서 보낸 자가 아님에도 불구하고 여호와께서 말씀하셨다는 거짓된 선포로서 사람들을 미혹하고 있다. 실로 하나님에 대한 신앙이 있다고 하는 자들도 하나님 말씀을 위장하여 다가오는 이러한 미혹에 넘어가기 쉽다. 사탄은 인간을 속이고 말씀을 왜곡시킬 수 있을 만큼 지력(知力)을 가진 이지적인 존재이기 때문이다.

그러나 무엇보다 분명한 사실은 바로 이러한 사탄의 사주를 받는 거짓 선지자들은 하나님의 공의로운 심판으로부터 결코 벗어날 수 없다는 것이다.

하나님께서는 죄를 범한 자를 절대 용납지 않으시며 특히 많은 특권을 준 자가 죄를 범하였을 때는 더욱 엄하게 심판하시기 때문이다.

이에 오늘날 하나님의 말씀을 선포할 사명이 주어져 있는 성도들은 자성(自省)의 시간을 가져야 할 것이다. 그리스도의 재림의 때가 가까워질수록 사탄은 더욱 극성스럽게 영적 혼란을 조장하는 바 말세에는 거짓 그리스도와 거짓 선지자가 득세할 것이다. 따라서 그들 세력에 부화뇌동하여 자신뿐 아니라 다른 사람들조차 멸망으로 이끄는 사탄의 하수인이 되지 않기 위해서는 영적 각성과 철저한 말씀의 무장이 필요한 것이다.

화 있을진저 거짓 예언을 전하는 자여!

씀에 사람의 영혼을 사냥하려고 손목마다 부적을 꿰어 매고 키가 큰 자나 작은 자의 머리를 위하여 수건을 만드
는 여자들에게 화 있을진저 너희가 어찌하여 내 백성의 영혼은 사냥하면서 자기를 위하여는 영혼을 살리려 하느
냐 19 너희가 두어 움큼 보리와 두어 조각 떡을 위하여 나를 내 백성 가운데에서 욕되게 하여 거짓말을 곧이 듣
는 내 백성에게 너희가 거짓말을 지어내어 죽지 아니할 영혼을 죽이고 살지 못할 영혼을 살리는도다 20 그러므
로 나 주 여호와가 이같이 말하노라 너희가 새를 사냥하듯 영혼들을 사냥하는 그 부적을 내가 너희 팔에서 떼어
버리고 너희가 새처럼 사냥한 그 영혼들을 놓아 주며 21 또 너희 수건을 찢고 내 백성을 너희 손에서 건지고 다시
는 너희 손에 사냥물이 되지 아니하게 하리니 내가 여호와인 줄을 너희가 알리라 22 내가 슬프게 하지 아니한 의
인의 마음을 너희가 거짓말로 근심하게 하며 너희가 또 악인의 손을 굳게 하여 그 악한 길에서 돌이켜 떠나 삶을
얻지 못하게 하였은즉 23 너희가 다시는 허탄한 묵시를 보지 못하고 점복도 못할지라 내가 내 백성을 너희 손에
서 건져내리니 내가 여호와인 줄을 너희가 알리라 하라

에스겔 14장

여호와께서 우상 숭배를 심판하시다

1 이스라엘 장로 두어 사람이 나아와 내 앞에 앉으니 2 여호와의 말씀이
내게 임하여 이르시되 3 인자야 이 사람들이 자기 우상을 마음에 들이며
죄악의 걸림돌을 자기 앞에 두었으니 그들이 내게 묻기를 내가 조금인
들 용납하랴 4 그런즉 너는 그들에게 말하여 이르라 나 주 여호와가 말하
노라 이스라엘 족속 중에 그 우상을 마음에 들이며 죄악의 걸림돌을 자
기 앞에 두고 선지자에게로 가는 모든 자에게 나 여호와가 그 우상의 수
효대로 보응하리니 5 이는 이스라엘 족속이 다 그 우상으로 말미암아 나
를 배반하였으므로 내가 그들이 마음먹은 대로 그들을 잡으려 함이라 6
그런즉 너는 이스라엘 족속에게 이르기를 주 여호와의 말씀에 너희는 마
음을 돌이켜 우상을 떠나고 얼굴을 돌려 모든 가증한 것을 떠나라 7 이스
라엘 족속과 이스라엘 가운데에 거류하는 외국인 중에 누구든지 나를 떠
나고 자기 우상을 마음에 들이며 죄악의 걸림돌을 자기 앞에 두고 자기를
위하여 내게 묻고자 하여 선지자에게 가는 모든 자에게는 나 여호와가 친
히 응답하여 8 그 사람을 대적하여 그들을 놀라움과 표징과 속담 거리가
되게 하여 내 백성 가운데에서 끊으리니 내가 여호와인 줄을 너희가 알리
라 9 만일 선지자가 유혹을 받고 말을 하면 나 여호와가 그 선지자를 유혹
을 받게 하였음이거니와 내가 손을 펴서 내 백성 이스라엘 가운데에서 그
를 멸할 것이라 10 선지자의 죄악과 그에게 묻는 자의 죄악이 같은즉 각
각 자기의 죄악을 담당하리니 11 이는 이스라엘 족속이 다시는 미혹되어
나를 떠나지 아니하게 하며 다시는 모든 죄로 스스로 더럽히지 아니하게
하여 그들을 내 백성으로 삼고 나는 그들의 하나님이 되려 함이라 주 여
호와의 말씀이니라

의인도 자기의 생명만 건지리라

12 여호와의 말씀이 또 내게 임하여 이르시되 13 인자야 가령 어떤 나라
가 불법을 행하여 내게 범죄하므로 내가 손을 그 위에 펴서 그 의지하는
양식을 끊어 기근을 내려 사람과 짐승을 그 나라에서 끊는다 하자 14 비
록 노아, 다니엘, 욥, 이 세 사람이 거기에 있을지라도 그들은 자기의 공

❖ 겔 14장

태초부터 종말에 이르기까지 구속사의 전개 과정 중에는 실로 다른 사람의 모범이 될 만한 신앙의 사람들이 많이 있었다. 그 가운데 여기에 등장하는 노아, 다니엘, 욥은 실로 의로운 자의 대표적 인물이라 할 만하다. 노아는 의인이요 당세에 완전한 자며 그의 삶은 하나님과 동행한 것으로 요약할 수 있다(창 6:9). 그러나 이처럼 의로운 노아조차도 당대 사람들을 홍수의 심판으로부터 구해낼 수 없었다. 또한 다니엘도 이방의 포로된 가운데 있었으나 하나님의 백성으로서의 성결함을 지키며 목숨을 잃을 위험조차 무릅쓰고 하나님께 기도하는 생활을 하였다(단 1:8, 6:10). 그럼에도 불구하고 자신에게 사랑을 베풀었던 느부갓네살을 구원치 못했다. 그리고 순전하고 정직하여 하나님을 경외하며 악에서 떠난 욥의 의(義)도 그의 자녀들이 갑자기 죽는 것을 막지 못하였다(욥 1:1, 19). 이처럼 어떤 사람의 의로움은 그 사람 개인의 구원을 이루게 할 뿐 주위 사람의 구원에는 어떠한 영향도 미칠 수 없는 것이다. 즉 인간의 구원은 구원의 주체로서 구원의 계획을 세우신 성부 하나님께서 구원의 객체인 인간 구원을 위하여 성자 그리스도를 이 땅에 보내셨고, 성자 그리스도께서 스스로를 희생하여 이루셨던 구속 사역의 효과를 성령이 각 개인에게 적용시킬 때 일어나는 것이다. 즉 성령께서는 초자연적인 역사로 그리스도와 성령이 각 개인에게 적용시킬 때 일어나는 것이다. 즉 성령께서는 초자연적인 역사로 그리스도와 인간을 연합하게 하여 택한 자를 구원의 대열로 이끄시는데 이때 연합은 엄밀하게 각 사람 개인이 그리스도와 연합하는 것이다(요 14:20, 고후 5:17). 이처럼 구원은 오직 성령의 도우심에 의해 그리스도와 연합하는 자에게만 개인적으로 임하는 것이지 결코 다른 사람의 공력(功力)에 의해 이루어질 수 없는 것이다. 그러므로 당시 멸망 직전 예루살렘에 노아와 다니엘과 욥과 같은 의인이 있다 할지라도 그 자신만 구원을 받지 결코 다른 사람을 구원케 할 수는 없는 것이다.

의로 자기의 생명만 건지리라 나 주 여호와의 말이니라 15 가령 내가 사
나운 짐승을 그 땅에 다니게 하여 그 땅을 황폐하게 하여 사람이 그 짐승
때문에 능히 다니지 못하게 한다 하자 16 비록 이 세 사람이 거기에 있을
지라도 나의 삶을 두고 맹세하노니 그들도 자녀는 건지지 못하고 자기만
건지겠고 그 땅은 황폐하리라 주 여호와의 말씀이니라 17 가령 내가 칼이
그 땅에 임하게 하고 명령하기를 칼아 그 땅에 돌아다니라 하고 내가 사
람과 짐승을 거기에서 끊는다 하자 18 비록 이 세 사람이 거기에 있을지라
도 나의 삶을 두고 맹세하노니 그들도 자녀는 건지지 못하고 자기만 건
지리라 나 주 여호와의 말이니라 19 가령 내가 그 땅에 전염병을 내려 죽
임으로 내 분노를 그 위에 쏟아 사람과 짐승을 거기에서 끊는다 하자 20
비록 노아, 다니엘, 욥이 거기에 있을지라도 나의 삶을 두고 맹세하노니
그들도 자녀는 건지지 못하고 자기의 공의로 자기의 생명만 건지리라 주
여호와의 말씀이니라 21 주 여호와께서 이같이 이르시되 내가 나의 네 가
지 중한 벌 곧 칼과 기근과 사나운 짐승과 전염병을 예루살렘에 함께 내
려 사람과 짐승을 그 중에서 끊으리니 그 해가 더욱 심하지 아니하겠느
냐 22 그러나 그 가운데에 피하는 자가 남아 있어 끌려 나오리니 곧 자녀들이라 그들이 너희에게로 나아오리니
너희가 그 행동과 소행을 보면 내가 예루살렘에 내린 재앙 곧 그 내린 모든 일에 대하여 너희가 위로를 받을 것
이라 23 너희가 그 행동과 소행을 볼 때에 그들에 의해 위로를 받고 내가
예루살렘에서 행한 모든 일이 이유 없이 한 것이 아닌 줄을 알리라 주 여
호와의 말씀이니라

겔 14:13-20
노아·욥·다니엘의 의

노아
· 의인이요 당대에 완전한 자임(창 6:9) · 하나님의 말씀에 순종하여 120년 동안 방주를 만드는 신앙을 소유함(창 6:3, 14-22) · 믿음으로 그 집을 구원하였음(히 11:7)
욥
· 하나님을 경외하며 악에서 떠난 삶을 살았음(욥 1:1) · 모든 소유와 가족과 건강을 잃는 환난 중에도 하나님을 찬양하는 신앙을 소유함(욥 1:21) · 끝까지 하나님께 범죄치 않음(욥 27:6)
다니엘
· 모든 일에 허물과 그릇됨이 없이 충성됨(단 6:4) · 사자굴에 던져질 것을 알면서도 기도를 쉬지 않는 신앙을 소유함(단 6:10) · 이방인들에게 하나님의 권능을 증거함(단 5:22, 23)

49일~54일

에스겔 15장

불에 던질 땔감 같은 예루살렘 주민

1 여호와의 말씀이 내게 임하여 이르시되 2 인자야 포도나무가 모든 나무
보다 나은 것이 무엇이랴 숲속의 여러 나무 가운데에 있는 그 포도나무
가지가 나은 것이 무엇이랴 3 그 나무를 가지고 무엇을 제조할 수 있겠느
냐 그것으로 무슨 그릇을 걸 못을 만들 수 있겠느냐 4 불에 던질 땔감이
될 뿐이라 불이 그 두 끝을 사르고 그 가
운데도 태웠으면 제조에 무슨 소용이 있
겠느냐 5 그것이 온전할 때에도 아무 제
조에 합당하지 아니하였거든 하물며 불에
살라지고 탄 후에 어찌 제조에 합당하겠느냐 6 그
러므로 주 여호와께서 이같이 말씀하셨느니라 내가 수풀 가운데에 있는
포도나무를 불에 던질 땔감이 되게 한 것 같이 내가 예루살렘 주민도 그
같이 할지라 7 내가 그들을 대적한즉 그들이 그 불에서 나와도 불이 그들
을 사르리니 내가 그들을 대적할 때에 내가 여호와인 줄 너희가 알리라 8
내가 그 땅을 황폐하게 하리니 이는 그들이 범법함이니라 나 주 여호와의
말이니라 하시니라

❖ **겔 15장**
포도나무가 그 열매를 맺을 때만 포도나무로서 가치를 지니는 것처럼 이스라엘도 하나님의 백성으로서 열매를 맺어야만 이 그 가치를 지니게 되며 하나님 구원의 은혜를 입을 수 있었을 것이다. 그럼에도 당시 이스라엘은 오히려 우상을 섬기며 하나님에게서 멀리 떠나 있었으므로 무익한 포도나무와 같이 그 멸망은 필연적일 수밖에 없었다. 오늘날 하나님의 백성으로 부름을 받은 영적 이스라엘인 성도에게도 동일한 원칙이 적용된다. 우리 성도들의 인간적인 모습으로는 다른 사람 앞에 내세울 것이 아무것도 없다. 다만 성도가 하나님이 원하시는 삶을 살아 좋은 열매를 맺게 될 때 하나님의 자녀로서의 참 가치를 다니게 된다. 마치 포도나무가 재질로써가 아니라 그 열매로 평가받듯이 성도들도 하나님의 자녀로서 얼마나 하나님 말씀에 잘 순종하며 성령의 열매를 맺는가에 따라 평가받을 수 있는 것이다. 이러한 열매 맺는 삶을 살지 못할 때 하나님께서는 그 옛날 패역한 이스라엘을 멸망케 하듯이 동일한 공의로 멸망의 징계를 내리시는 것이다.
그러면 우리 각자의 삶은 어떠한가? 과연 하나님께서 원하시는 열매를 맺는 삶을 사는가?
☞ **눅 13:8-9** 대답하여 이르되 주인이여 금년에도 그대로 두소서 내가 두루 파고 거름을 주리니 이 후에 만일 열매가 열면 좋거니와 그렇지 않으면 찍어버리소서 하였다 하시니라

비유	구절	의미
포도나무	15:1-8	유다는 하나님께 쓸모가 없어졌으며, 지금은 단지 심판 때에 불에 태우는 것밖에는 대접을 받을 만한 이유가 없음을 상징
어린아이	16장	하나님의 사랑과 동정을 배신한 이스라엘을 상징
독수리와 백향목	17장	시드기야 왕의 어리석음을 묘사하는데, 그의 반역은 느부갓네살의 군대를 불러 예루살렘을 파괴하는 결과를 낳는다.
용광로	22:17-22	하나님이 예루살렘의 포위라는 불로 정화시킬 것이라고 말함
두 명의 매춘부	23장	이스라엘과 유다의 영적 간음을 말한다.
솥	24:1-14	하나님이 예루살렘의 불순물을 제거하기 위하여 '뜨거운 불을 일으키실' 것임을 상징
파선	27장	두로에 임할 심판을 묘사
무책임한 목자들	34장	예루살렘의 잘못된 지도자들과 하나님이 그들을 어떻게 다루실지를 의미
마른 뼈	37장	이스라엘 민족의 영적 재생을 말함

에스겔 16장

가증한 예루살렘

1 또 여호와의 말씀이 내게 임하여 이르시되 2 인자야 예루살렘으로 그 가
증한 일을 알게 하여 3 이르기를 주 여호와께서 예루살렘에 관하여 이같
이 말씀하시되 네 근본과 난 땅은 가나안이요 네 아버지는 아모리 사람이
요 네 어머니는 헷 사람이라 4 네가 난 것을 말하건대 네가 날 때에 네 배
꼽 줄을 자르지 아니하였고 너를 물로 씻어 정결하게 하지 아니하였고 네
게 소금을 뿌리지 아니하였고 너를 강보로 싸지도 아니하였나니 5 아무
도 너를 돌보아 이 중에 한 가지라도 네게 행하여 너를 불쌍히 여긴 자가
없었으므로 네가 나던 날에 네 몸이 천하게 여겨져 네가 들에 버려졌느니
라 6 내가 네 곁으로 지나갈 때에 네가 피투성이가 되어 발짓하는 것을 보
고 네게 이르기를 너는 피투성이라도 살아 있으라 다시 이르기를 너는 피투성이라도 살아 있으라 하고 7 내가 너
를 들의 풀 같이 많게 하였더니 네가 크게 자라고 심히 아름다우며 유방이 뚜렷하고 네 머리털이 자랐으나 네가
여전히 벌거벗은 알몸이더라 8 내가 네 곁으로 지나며 보니 네 때가 사랑을 할 만한 때라 내 옷으로 너를 덮어 벌
거벗은 것을 가리고 네게 맹세하고 언약하여 너를 내게 속하게 하였느니라 나 주 여호와의 말이니라 9 내가 물로
네 피를 씻어 없애고 네게 기름을 바르고 10 수 놓은 옷을 입히고 물돼지 가죽신을 신기고 가는 베로 두르고 모시
로 덧입히고 11 패물을 채우고 팔고리를 손목에 끼우고 목걸이를 목에 걸고 12 코고리를 코에 달고 귀고리를 귀
에 달고 화려한 왕관을 머리에 씌웠나니 13 이와 같이 네가 금, 은으로 장식하고 가는 베와 모시와 수 놓은 것을
입으며 또 고운 밀가루와 꿀과 기름을 먹음으로 극히 곱고 형통하여 왕후의 지위에 올랐느니라 14 네 화려함으
로 말미암아 네 명성이 이방인 중에 퍼졌음은 내가 네게 입힌 영화로 네 화려함이 온전함이라 나 주 여호와의 말
이니라 15 그러나 네가 네 화려함을 믿고 네 명성을 가지고 행음하되 지나가는 모든 자와 더불어 음란을 많이 행

❖ 겔 16장
남 왕국 유다가 이방 민족 바벨론에 의해 멸망하되 그 시기가 아주 임박하며 그 심판의 결과가 매우 처참할 것이라는 사실이 행동, 이상(異像), 설교, 비유 등을 통하여 중복적으로 예언되고 있다.
15장과 마찬가지로 비유를 사용하여 미래 있을 일을 예언하고 있으나 15장이 예루살렘 멸망의 필연성을 중점적으로 보여준다면, 본 장은 과거 이스라엘에 내려진 하나님의 긍휼과 그럼에도 이스라엘이 심판당하는 이유와 심판의 방법 및 그 후에 있을 회복에 이르기까지의 일련 내용을 음란한 여인의 비유를 통하여 보다 상세히 예언하고 있다.

하므로 네 몸이 그들의 것이 되도다 16 네가 네 의복을 가지고 너를 위하여 각색으로 산당을 꾸미고 거기에서 행
음하였나니 이런 일은 전무후무하니라 17 네가 또 내가 준 금, 은 장식품으로 너를 위하여 남자 우상을 만들어 행
음하며 18 또 네 수 놓은 옷을 그 우상에게 입히고 나의 기름과 향을 그 앞에 베풀며 19 또 내가 네게 주어 먹게
한 내 음식물 곧 고운 밀가루와 기름과 꿀을 네가 그 앞에 베풀어 향기를 삼았나니 과연 그렇게 하였느니라 주
여호와의 말씀이니라 20 또 네가 나를 위하여 낳은 네 자녀를 그들에게 데리고 가서 드려 제물로 삼아 불살랐느
니라 네가 네 음행을 작은 일로 여겨서 21 나의 자녀들을 죽여 우상에게 넘겨 불 가운데로 지나가게 하였느냐 22
네가 어렸을 때에 벌거벗은 몸이었으며 피투성이가 되어서 발짓하던 것을 기억하지 아니하고 네가 모든 가증한
일과 음란을 행하였느니라

방자한 음녀 예루살렘

23 주 여호와의 말씀이니라 너는 화 있을진저 화 있을진저 네가 모든 악을 행한 후에 24 너를 위하여 누각을 건축
하며 모든 거리에 높은 대를 쌓았도다 25 네가 높은 대를 모든 길 어귀에 쌓고 네 아름다움을 가증하게 하여 모
든 지나가는 자에게 다리를 벌려 심히 음행하고 26 하체가 큰 네 이웃 나라 애굽 사람과도 음행하되 심히 음란히
하여 내 진노를 샀도다 27 그러므로 내가 내 손을 네 위에 펴서 네 일용할 양식을 감하고 너를 미워하는 블레셋
여자 곧 네 더러운 행실을 부끄러워하는 자에게 너를 넘겨 임의로 하게 하였거늘 28 네가 음욕이 차지 아니하여
또 앗수르 사람과 행음하고 그들과 행음하고도 아직도 부족하게 여겨 29 장사하는 땅 갈대아에까지 심히 행음
하되 아직도 족한 줄을 알지 못하였느니라 30 주 여호와의 말씀이니라 네가 이 모든 일을 행하니 이는 방자한 음
녀의 행위라 네 마음이 어찌 그리 약한지 31 네가 누각을 모든 길 어귀에 건축하며 높은 대를 모든 거리에 쌓고
도 값을 싫어하니 창기 같지도 아니하도다 32 그 남편 대신에 다른 남자들과 내통하여 간음하는 아내로다 33 사
람들은 모든 창기에게 선물을 주거늘 오직 너는 네 모든 정든 자에게 선물을 주며 값을 주어서 사방에서 와서 너
와 행음하게 하니 34 네 음란함이 다른 여인과 같지 아니함은 행음하려고 너를 따르는 자가 없음이며 또 네가 값
을 받지 아니하고 도리어 값을 줌이라 그런즉 다른 여인과 같지 아니하니라

예루살렘을 벌하시다

35 그러므로 너 음녀야 여호와의 말씀을 들을지어다 36 주 여호와께서 이같이 말씀하셨느니라 네가 네 누추한 것
을 쏟으며 네 정든 자와 행음함으로 벗은 몸을 드러내며 또 가증한 우상을 위하며 네 자녀의 피를 그 우상에게
드렸은즉 37 내가 너의 즐거워하는 정든 자와 사랑하던 모든 자와 미워하던 모든 자를 모으되 사방에서 모아 너
를 대적하게 할 것이요 또 네 벗은 몸을 그 앞에 드러내 그들이 그것을 다 보게 할 것이며 38 내가 또 간음하고 사
람의 피를 흘리는 여인을 심판함 같이 너를 심판하여 진노의 피와 질투의 피를 네게 돌리고 39 내가 또 너를 그들
의 손에 넘기리니 그들이 네 누각을 헐며 네 높은 대를 부수며 네 의복을 벗기고 네 장식품을 빼앗고 네 몸을 벌
거벗겨 버려두며 40 무리를 데리고 와서 너를 돌로 치며 칼로 찌르며 41 불로 네 집들을 사르고 여러 여인의 목전
에서 너를 벌할지라 내가 너에게 곧 음행을 그치게 하리니 네가 다시는 값을 주지 아니하리라 42 그리한즉 나는
네게 대한 내 분노가 그치며 내 질투가 네게서 떠나고 마음이 평안하여 다시는 노하지 아니하리라 43 네가 어렸
을 때를 기억하지 아니하고 이 모든 일로 나를 분노하게 하였은즉 내가 네 행위대로 네 머리에 보응하리니 네가
이 음란과 네 모든 가증한 일을 다시는 행하지 아니하리라 주 여호와의 말씀이니라

그 어머니에 그 딸

44 속담을 말하는 자마다 네게 대하여 속담을 말하기를 어머니가 그러하면 딸도 그러하다 하리라 45 너는 그 남
편과 자녀를 싫어한 어머니의 딸이요 너는 그 남편과 자녀를 싫어한 형의 동생이로다 네 어머니는 헷 사람이요
네 아버지는 아모리 사람이며 46 네 형은 그 딸들과 함께 네 왼쪽에 거주하는 사마리아요 네 아우는 그 딸들과
함께 네 오른쪽에 거주하는 소돔이라 47 네가 그들의 행위대로만 행하지 아니하며 그 가증한 대로만 행하지 아
니하고 그것을 적게 여겨서 네 모든 행위가 그보다 더욱 부패하였도다 48 주 여호와의 말씀이니라 내가 나의 삶
을 두고 맹세하노니 네 아우 소돔 곧 그와 그의 딸들은 너와 네 딸들의 행위 같이 행하지 아니하였느니라 49 네

아우 소돔의 죄악은 이러하니 그와 그의 딸들에게 교만함과 음식물의 풍
족함과 태평함이 있음이며 또 그가 가난하고 궁핍한 자를 도와주지 아니
하며 50 거만하여 가증한 일을 내 앞에서 행하였음이라 그러므로 내가 보
고 곧 그들을 없이 하였느니라 51 사마리아는 네 죄의 절반도 범하지 아니
하였느니라 네가 그들보다 가증한 일을 심히 행하였으므로 네 모든 가증
한 행위로 네 형과 아우를 의롭게 하였느니라 52 네가 네 형과 아우를 유
리하게 판단하였은즉 너도 네 수치를 담당할지니라 네가 그들보다 더욱
가증한 죄를 범하므로 그들이 너보다 의롭게 되었나니 네가 네 형과 아우
를 의롭게 하였은즉 너는 놀라며 네 수치를 담당할지니라

소돔과 사마리아도 회복되리라

53 내가 그들의 사로잡힘 곧 소돔과 그의 딸들의 사로잡힘과 사마리아와
그의 딸들의 사로잡힘과 그들 중에 너의 사로잡힌 자의 사로잡힘을 풀어
주어 54 네가 네 수욕을 담당하고 네가 행한 모든 일로 말미암아 부끄럽
게 하리니 이는 네가 그들에게 위로가 됨이라 55 네 아우 소돔과 그의 딸
들이 옛 지위를 회복할 것이요 사마리아와 그의 딸들도 그의 옛 지위를
회복할 것이며 너와 네 딸들도 너희 옛 지위를 회복할 것이니라 56 네가
교만하던 때에 네 아우 소돔을 네 입으로 말하지도 아니하였나니 57 곧 네 악이 드러나기 전이며 아람의 딸들이
너를 능욕하기 전이며 너의 사방에 둘러 있는 블레셋의 딸들이 너를 멸시
하기 전이니라 58 네 음란과 네 가증한 일을 네가 담당하였느니라 나 여호
와의 말이니라 59 나 주 여호와가 이같이 말하노라 네가 맹세를 멸시하여
언약을 배반하였은즉 내가 네 행한 대로 네게 행하리라

영원한 언약

60 그러나 내가 너의 어렸을 때에 너와 세운 언약을 기억하고 너와 영원한
언약을 세우리라 61 네가 네 형과 아우를 접대할 때에 네 행위를 기억하
고 부끄러워할 것이라 내가 그들을 네게 딸로 주려니와 네 언약으로 말미
암음이 아니니라 62 내가 네게 내 언약을 세워 내가 여호와인 줄 네가 알
게 하리니 63 이는 내가 네 모든 행한 일을 용서한 후에 네가 기억하고 놀
라고 부끄러워서 다시는 입을 열지 못하게 하려 함이니라 주 여호와의 말
씀이니라

에스겔 17장

독수리와 포도나무의 비유

1 여호와의 말씀이 내게 임하여 이르시되 2 인자야 너는 이스라엘 족속에
게 수수께끼와 비유를 말하라 3 여호와께서 이같이 말씀하여 이르시되 색
깔이 화려하고 날개가 크고 깃이 길고 털이 숱한 큰 독수리가 레바논에 이
르러 백향목 높은 가지를 꺾되 4 그 연한 가지 끝을 꺾어 가지고 장사하는
땅에 이르러 상인의 성읍에 두고 5 또 그 땅의 종자를 꺾어 옥토에 심되 수
양버들 가지처럼 큰 물 가에 심더니 6 그것이 자라며 퍼져서 높지 아니한
포도나무 곧 굵은 가지와 가는 가지가 난 포도나무가 되어 그 가지는 독
수리를 향하였고 그 뿌리는 독수리 아래에 있었더라 7 또 날개가 크고 털

겔 16:49-50 모든 양식과 물질의 풍요에도 불구하고 가난하고 궁핍한 이웃을 돌아보지 않고 오히려 교만하기만 했던 소돔의 죄악이 바로 우리의 죄악된 모습은 아닌지, 우리의 거만한 모습을 제하고 겸손한 마음으로 주님이 허락하신 물질을 함께 나눌 이웃을 찾는 관심과 사랑이 우리에게 필요하지 않던가?
☞ **요 13:35** 너희가 서로 사랑하면 이로써 모든 사람이 너희가 내 제자인 줄 알리라
☞ **마 22:37-39** 예수께서 이르시되 네 마음을 다하고 목숨을 다하고 뜻을 다하여 주 너의 하나님을 사랑하라 하셨으니 이것이 크고 첫째 되는 계명이요 둘째도 그와 같으니 네 이웃을 네 자신 같이 사랑하라 하셨으니

겔 16:48-53
학습 자료 50-3 "성경에서 소돔과 고모라가 인용된 경우"를 참조

❖ **겔 17장**
본 장은 앞부분에서 계속되어 온 바와 같이 불순종한 유다와 예루살렘 패망을 다시 한번 비유로써 예언하고 있는데 특히 그 후에 있을 회복을 암시하고 있다는 특징을 지닌다.

겔 17:3-10
독수리와 포도나무 비유의 상징적 의미

채색이 구비하고 날개가 크고 깃이 길고 털이 숱한 큰 독수리(3절)
대제국 바벨론 왕 느부갓네살
연한 가지 끝(4절)
남유다의 가장 무력한 왕 여호야긴
장사하는 땅에 이르러 상고의 성읍에 둠(4절)
바벨론에 포로되어 끌려감
그 땅의 종자를 취하여 큰 물가에 심음(5절)
느부갓네살이 시드기야를 남유다 왕으로 세움
굵은 가지와 가는 가지가 난 포도나무(6절)
바벨론에 속국이 된 남유다
날개가 크고 털이 많은 큰 독수리(7절)
바벨론에 버금가는 세력을 가진 애굽
포도나무가 이 독수리에게 물을 받으려 함(7절)
남유다가 애굽과 군사 동맹을 맺음
독수리에게 포도나무가 그 뿌리를 뽑힘(9절)
남유다가 바벨론에게 멸망함

이 많은 큰 독수리 하나가 있었는데 그 포도나무가 이 독수리에게 물을 받으려고 그 심어진 두둑에서 그를 향하
여 뿌리가 뻗고 가지가 퍼졌도다 8 그 포도나무를 큰 물 가 옥토에 심은 것은 가지를 내고 열매를 맺어서 아름다
운 포도나무를 이루게 하려 하였음이라 9 너는 이르기를 주 여호와의 말씀에 그 나무가 능히 번성하겠느냐 이 독
수리가 어찌 그 뿌리를 빼고 열매를 따며 그 나무가 시들게 하지 아니하겠으며 그 연한 잎사귀가 마르게 하지 아
니하겠느냐 많은 백성이나 강한 팔이 아니라도 그 뿌리를 뽑으리라 10 볼지어다 그것이 심어졌으나 번성하겠느냐
동풍에 부딪힐 때에 아주 마르지 아니하겠느냐 그 자라던 두둑에서 마르리라 하셨다 하라

비유의 해석

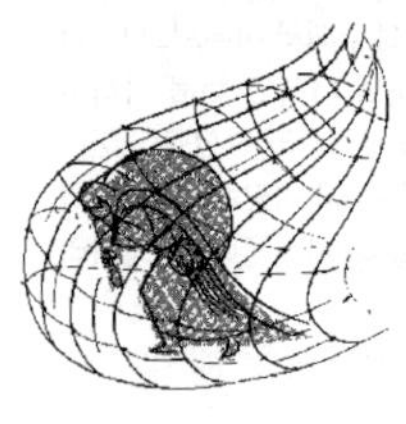

11 여호와의 말씀이 또 내게 임하여 이르시되 12 너는 반역하는 족속에게 묻기를 너희가
이 비유를 깨닫지 못하겠느냐 하고 그들에게 말하기를 바벨론 왕이 예루살렘에 이르러
왕과 고관을 사로잡아 바벨론 자기에게로 끌어 가고 13 그 왕족 중에서 하나를 택하여 언
약을 세우고 그에게 맹세하게 하고 또 그 땅의 능한 자들을 옮겨 갔나니 14 이는 나라를 낮
추어 스스로 서지 못하고 그 언약을 지켜야 능히 서게 하려 하였음이거늘 15 그가 사절을
애굽에 보내 말과 군대를 구함으로 바벨론 왕을 배반하였으니 형통하겠느냐 이런 일을 행
한 자가 피하겠느냐 언약을 배반하고야 피하겠느냐 16 주 여호와의 말씀
이니라 내가 나의 삶을 두고 맹세하노니 바벨론 왕이 그를 왕으로 세웠
거늘 그가 맹세를 저버리고 언약을 배반하였은즉 그 왕이 거주하는 곳 바
벨론에서 왕과 함께 있다가 죽을 것이라 17 대적이 토성을 쌓고 사다리
를 세우고 많은 사람을 멸절하려 할 때에 바로가 그 큰 군대와 많은 무리
로도 그 전쟁에 그를 도와 주지 못하리라 18 그가 이미 손을 내밀어 언약
하였거늘 맹세를 업신여겨 언약을 배반하고 이 모든 일을 행하였으니 피
하지 못하리라 19 그러므로 주 여호와의 말씀이니라 내가 나의 삶을 두고
맹세하노니 그가 내 맹세를 업신여기고 내 언약을 배반하였은즉 내가 그
죄를 그 머리에 돌리되 20 그 위에 내 그물을 치며 내 올무에 걸리게 하여
끌고 바벨론으로 가서 나를 반역한 그 반역을 거기에서 심판할지며 21 그
모든 군대에서 도망한 자들은 다 칼에 엎드러질 것이요 그 남은 자는 사
방으로 흩어지리니 나 여호와가 이것을 말한 줄을 너희가 알리라

높은 나무를 낮추고

22 주 여호와께서 이같이 말씀하시되 내가 백향목 꼭대기에서 높은 가지
를 꺾어다가 심으리라 내가 그 높은 새 가지 끝에서 연한 가지를 꺾어 높
고 우뚝 솟은 산에 심되 23 이스라엘 높은 산에 심으리니 그 가지가 무성
하고 열매를 맺어서 아름다운 백향목이 될 것이요 각종 새가 그 아래에
깃들이며 그 가지 그늘에 살리라 24 들의 모든 나무가 나 여호와는 높은
나무를 낮추고 낮은 나무를 높이며 푸른 나무를 말리고 마른 나무를 무
성하게 하는 줄 알리라 나 여호와는 말하고 이루느니라 하라

에스겔 18장

아버지의 죄악과 아들의 의

1 또 여호와의 말씀이 내게 임하여 이르시되 2 너희가 이스라엘 땅에 관한
속담에 이르기를 아버지가 신 포도를 먹었으므로 그의 아들의 이가 시다
고 함은 어찌 됨이냐 3 주 여호와의 말씀이니라 내가 나의 삶을 두고 맹세

49일~
54일

❖ 겔 18장

제17장이 하나님의 뜻을 저버린 유다 멸망의 필연성을 강조하며 그 회복을 예언한 반면 본장은 유다 백성에게 임하는 심판이 각 개인의 범죄에 대한 하나님의 징계임을 강조함으로써 각 개인의 회개와 의의 실천을 촉구한다.

18장은 당시 사람들이 가지고 있었던 왜곡된 심판관을 시정하며 의와 악은 개인적이며 실존적임을 교훈하고 있다.

한편 과거 바벨론에 사로잡힌 유다 백성에게 주어진 이러한 교훈을 통해서 오늘날 죄악된 세상 가운데 살고 있는 우리들은 큰 자성(自省)과 더불어 위안을 얻을 수 있다. 에덴동산에서 선악과를 따먹는 범죄를 저지른 아담은 자신의 죄를 인정하기보다는 하와에게 그 죄를 전가(轉嫁)하였다(창 3:12). 그리고 하와 역시 뱀에게 죄를 미루었다. 이처럼 인간에게는 자신의 죄를 인정하고 회개하기보다는 변명하는 나쁜 습관이 있다. 그러나 이러한 변명은 이미 지은 죄를 경감시키는 효과는 전혀 없으며 단지 자신의 죄를 겸손히 인정치 않는 또 다른 범죄를 저지르는 결과를 낳을 뿐이다. 따라서 성도는 죄를 범하였을 때 하나님 앞에 나아가 자신을 스스로 쳐서 회개하는 자가 되어야 한다. 그러할 때 무한히 자비로우신 하나님께서는 그 죄를 용서하시며 하나님의 자녀로 다시 받아주시는 것이다.

☞ 우리는 과연 지금 죄악으로 점철된 과거를 청산하고 하나님께 나아와 마치 아버지를 찾아온 탕자처럼 이 순간 '아버지여 내가 하늘과 아버지께 죄를 지었사오니...'라는 진솔하고도 겸허한 고백을 할 수 있겠는가? 그러면 자비로우신 하나님은 죽었다가 다시 살아난 아들을 맞이하는 심정으로 기쁨으로 받아주시며 과거의 모든 죄를 불문에 부치실 것이다(눅 15:11-32).

하노니 너희가 이스라엘 가운데에서 다시는 이 속담을 쓰지 못하게 되리
라 4 모든 영혼이 다 내게 속한지라 아버지의 영혼이 내게 속함 같이 그의
아들의 영혼도 내게 속하였나니 범죄하는 그 영혼은 죽으리라 5 사람이
만일 의로워서 정의와 공의를 따라 행하며 6 산 위에서 제물을 먹지 아니
하며 이스라엘 족속의 우상에게 눈을 들지 아니하며 이웃의 아내를 더럽
히지 아니하며 월경 중에 있는 여인을 가까이 하지 아니하며 7 사람을 학
대하지 아니하며 빚진 자의 저당물을 돌려 주며 강탈하지 아니하며 주린
자에게 음식물을 주며 벗은 자에게 옷을 입히며 8 변리를 위하여 꾸어 주
지 아니하며 이자를 받지 아니하며 스스로 손을 금하여 죄를 짓지 아니하
며 사람과 사람 사이에 진실하게 판단하며 9 내 율례를 따르며 내 규례를
지켜 진실하게 행할진대 그는 의인이니 반드시 살리라 주 여호와의 말씀
이니라 10 가령 그가 아들을 낳았다 하자 그 아들이 이 모든 선은 하나도
행하지 아니하고 이 죄악 중 하나를 범하여 강포하거나 살인하거나 11 산
위에서 제물을 먹거나 이웃의 아내를 더럽히거나 12 가난하고 궁핍한 자
를 학대하거나 강탈하거나 빚진 자의 저당물을 돌려 주지 아니하거나 우
상에게 눈을 들거나 가증한 일을 행하거나 13 변리를 위하여 꾸어 주거나
이자를 받거나 할진대 그가 살겠느냐 결코 살지 못 하리니 이 모든 가증
한 일을 행하였은즉 반드시 죽을지라 자기의 피가 자기에게로 돌아가리
라 14 또 가령 그가 아들을 낳았다 하자 그 아들이 그 아버지가 행한 모든
죄를 보고 두려워하여 그대로 행하지 아니하고 15 산 위에서 제물을 먹지
도 아니하며 이스라엘 족속의 우상에게 눈을 들지도 아니하며 이웃의 아
내를 더럽히지도 아니하며 16 사람을 학대하지도 아니하며 저당을 잡지
도 아니하며 강탈하지도 아니하고 주린 자에게 음식물을 주며 벗은 자에
게 옷을 입히며 17 손을 금하여 가난한 자를 압제하지 아니하며 변리나 이
자를 받지 아니하여 내 규례를 지키며 내 율례를 행할진대 이 사람은 그
의 아버지의 죄악으로 죽지 아니하고 반드시 살겠고 18 그의 아버지는 심
히 포학하여 그 동족을 강탈하고 백성들 중에서 선을 행하지 아니하였으
므로 그는 그의 죄악으로 죽으리라 19 그런데 너희는 이르기를 아들이 어
찌 아버지의 죄를 담당하지 아니하겠느냐 하는도다 아들이 정의와 공의
를 행하며 내 모든 율례를 지켜 행하였으면 그는 반드시 살려니와 20 범죄
하는 그 영혼은 죽을지라 아들은 아버지의 죄악을 담당하지 아니할 것이
요 아버지는 아들의 죄악을 담당하지 아니하리니 의인의 공의도 자기에
게로 돌아가고 악인의 악도 자기에게로 돌아가리라 21 그러나 악인이 만
일 그가 행한 모든 죄에서 돌이켜 떠나 내 모든 율례를 지키고 정의와 공
의를 행하면 반드시 살고 죽지 아니할 것이라 22 그 범죄한 것이 하나도
기억함이 되지 아니하리니 그가 행한 공의로 살리라 23 주 여호와의 말씀
이니라 내가 어찌 악인이 죽는 것을 조금인들 기뻐하랴 그가 돌이켜 그
길에서 떠나 사는 것을 어찌 기뻐하지 아니하겠느냐 24 만일 의인이 돌이
켜 그 공의에서 떠나 범죄하고 악인이 행하는 모든 가증한 일대로 행하면
살겠느냐 그가 행한 공의로운 일은 하나도 기억함이 되지 아니하리니 그

겔 18:19-20 저마다 자기 죄로 죽는다. "가문의 저주를 끊어라"라는 말은 참된 말인가?(19-20절)

하나님이 사람들에게 벌을 주실 때는 그들 각자의 죄 때문에 주시는 것이다. 출 20:5에는 아비의 죄에 대한 벌이 자손 삼사 대까지 미친다고 했다. 얼핏 보면 모순인 것처럼 보이지만 이 경우는 그 자녀가 아비의 죄짓는 것을 본받아 죄를 짓게 될 가능성이 크고 그렇게 되면 그 같은 죄의 벌이 계속해서 이어진다는 것을 말한다.
하나님은 의롭게 행하는 아들은 비록 죄짓는 부모를 두었다 해도, 그 부모의 죄로 죽지 않을 것이라고 분명히 말한다(겔 18:14-20). 모세 율법도 그 사실을 강조했다(신 24:16). 하지만 그렇다고 해서 부모로 인한 고통이 없다는 말은 아니다. 죄 짓는 부모는 자녀에게 고통을 남길 수 있다. 예를 들어 알코올 중독이나 성적 학대나 폭력의 환경은 자녀들에게 일생 동안 상처를 안고 살아 갈 수 있다. 하지만 아이들은 부모의 삶이 아닌, 자신의 삶을 통해 하나님께 응답 받을 것이다. 자녀가 그러한 죄의 행동 유형을 깨뜨릴 때 그 자녀는 하나님께 축복받을 수 있다.

겔 18:1-32
본장에 나타난 심판과 구원의 개별성

1	모든 영혼은 하나님 앞에서 같은 기준에 의해 심판을 받을 것임(4절)
2	죄를 범한 자는 누구든 죽을 수밖에 없음(4-20절)
3	사람이 만일 의로워서 법과 의를 따라 행하면 살 것임(5-9절)
4	의로운 아비라도 자신의 의로 악한 아들을 사망에서 구하지 못함(10-13절)
5	아버지의 범죄 때문에 아들이 죄값을 받는 일은 결코 없음(13-17절)
6	의로운 자나 악한 자나 자신의 행위에 대한 대가를 받을 것음(20절)
7	악인이 그 행한 죄에서 돌이켜 하나님께 돌아오면 살 것임(21, 27, 28절)
8	악인이 죄에서 떠나 의를 행하면 그의 모든 죄악이 기억되지 않을 것임(22절)
9	하나님은 악인의 죽음을 조금도 기뻐하지 않으심(23절)
10	의인이라도 그 의에서 떠나 범죄한다면 그 죄로 인해 죽을 것임(24-28절)
11	과거의 의가 죄악의 길로 돌이킬 자를 죽음으로부터 구원할 수 없음(26절)
12	하나님의 길은 항상 공평하시며 의로우심(25, 29, 30절)
13	모든 사람들은 그들이 행한 대로 심판 받을 것임(30절)
14	하나님께서는 모든 사람을 부르시고 의를 요구하심(30-32절)

가 그 범한 허물과 그 지은 죄로 죽으리라 25 그런데 너희는 이르기를 주의 길이 공평하지 아니하다 하는도다 이
스라엘 족속아 들을지어다 내 길이 어찌 공평하지 아니하냐 너희 길이 공평하지 아니한 것이 아니냐 26 만일 의
인이 그 공의를 떠나 죄악을 행하고 그로 말미암아 죽으면 그 행한 죄악으로 말미암아 죽는 것이요 27 만일 악인
이 그 행한 악을 떠나 정의와 공의를 행하면 그 영혼을 보전하리라 28 그가 스스로 헤아리고 그 행한 모든 죄악
에서 돌이켜 떠났으니 반드시 살고 죽지 아니하리라 29 그런데 이스라엘 족속은 이르기를 주의 길이 공평하지 아
니하다 하는도다 이스라엘 족속아 나의 길이 어찌 공평하지 아니하냐 너희 길이 공평하지 아니한 것 아니냐 30
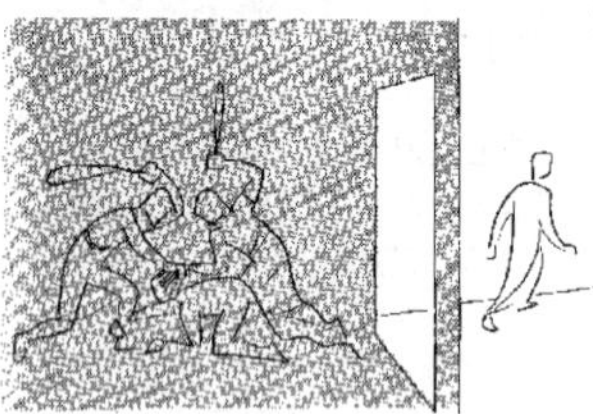
주 여호와의 말씀이니라 이스라엘 족속아 내가 너희 각 사람이 행한 대로 심판할
지라 너희는 돌이켜 회개하고 모든 죄에서 떠날지어다 그리한즉 그것이 너
희에게 죄악의 걸림돌이 되지 아니하리라 31 너희는 너희가 범한 모든 죄악
을 버리고 마음과 영을 새롭게 할지어다 이스라엘 족속아 너희가 어찌하여
죽고자 하느냐 32 주 여호와의 말씀이니라 죽을 자가 죽는 것도 내가 기뻐
하지 아니하노니 너희는 스스로 돌이키고 살지니라

에스겔 20장~21:17

에스겔 20장

하나님의 뜻, 이스라엘의 반역

❖ 겔 20장
겔 20장을 하나님이 이스라엘 백성에게 역사적으로 어떻게 행하였음을 정리하시는가를 관찰하며 읽어라. 이 부분은 구속사의 줄거리이다. 그리고 가나안 땅에 들어가면서 모세와 여호수아가 당부한 "지켜 행하라", "진멸하라"라는 명령을 기억하고 이스라엘이 이 명령에 어떻게 반응해 왔는가를 파악해 보라.

1 일곱째 해 다섯째 달 열째 날에 이스라엘 장로 여러 사람이 여호와께 물
으려고 와서 내 앞에 앉으니 2 여호와의 말씀이 내게 임하여 이르시되 3 인
자야 이스라엘 장로들에게 말하여 이르라 주 여호와께서 이렇게 말씀하
셨느니라 너희가 내게 물으려고 왔느냐 내가 나의 목숨을 걸고 맹세하거
니와 너희가 내게 묻기를 내가 용납하지 아니하리라 주 여호와의 말씀이
니라 4 인자야 네가 그들을 심판하려느냐 네가 그들을 심판하려느냐 너는 그들에게 그들의 조상들의 가증한 일
을 알게 하여 5 이르라 주 여호와께서 이같이 말씀하셨느니라 옛날에 내가 이스라엘을 택하고 야곱 집의 후예를
향하여 내 손을 들어 맹세하고 애굽 땅에서 그들에게 나타나 맹세하여 이르기를 나는 여호와 너희 하나님이라
하였노라 6 그 날에 내가 내 손을 들어 그들에게 맹세하기를 애굽 땅에서 인도하여 내어 그들을 위하여 찾아 두
었던 땅 곧 젖과 꿀이 흐르는 땅이요 모든 땅 중의 아름다운 곳에 이르게 하리라 하고 7 또 그들에게 이르기를 너
희는 눈을 끄는 바 가증한 것을 각기 버리고 애굽의 우상들로 말미암아 스스로 더럽히지 말라 나는 여호와 너희
하나님이니라 하였으나 8 그들이 내게 반역하여 내 말을 즐겨 듣지 아니하고 그들의 눈을 끄는 바 가증한 것을
각기 버리지 아니하며 애굽의 우상들을 떠나지 아니하므로 내가 말하기를 내가 애굽 땅에서 그들에게 나의 분노
를 쏟으며 그들에게 진노를 이루리라 하였노라 9 그러나 내가 그들이 거주하는 이방인의 눈앞에서 그들에게 나
타나 그들을 애굽 땅에서 인도하여 내었나니 이는 내 이름을 위함이라 내 이름을 그 이방인의 눈앞에서 더럽히지
아니하려고 행하였음이라 10 그러므로 내가 그들을 애굽 땅에서 나와서 광야에 이르게 하고 11 사
람이 준행하면 그로 말미암아 삶을 얻을 내 율례를 주며 내 규례를 알게 하였고 12 또 내가 그들을
거룩하게 하는 여호와인 줄 알게 하려고 내 안식일을 주어 그들과 나 사이에 표징을 삼았노라 13 그
러나 이스라엘 족속이 광야에서 내게 반역하여 사람이 준행하면 그로 말미암아 삶을 얻을 나의 율
례를 준행하지 아니하며 나의 규례를 멸시하였고 나의 안식일을 크게 더럽혔으므로 내가 이르기를 내
가 내 분노를 광야에서 그들에게 쏟아 멸하리라 하였으나 14 내가 내 이름을 위하여 달리 행하였었나
니 내가 그들을 인도하여 내는 것을 본 나라들 앞에서 내 이름을 더럽히지 아니하려 하였음이로라 15 또

내가 내 손을 들어 광야에서 그들에게 맹세하기를 내가 그들에게 허락한
땅 곧 젖과 꿀이 흐르는 땅이요 모든 땅 중의 아름다운 곳으로 그들을 인
도하여 들이지 아니하리라 한 것은 16 그들이 마음으로 우상을 따라 나의
규례를 업신여기며 나의 율례를 행하지 아니하며 나의 안식일을 더럽혔음
이라 17 그러나 내가 그들을 아껴서 광야에서 멸하여 아주 없이하지 아니
하였었노라 18 내가 광야에서 그들의 자손에게 이르기를 너희 조상들의
율례를 따르지 말며 그 규례를 지키지 말며 그 우상들로 말미암아 스스
로 더럽히지 말라 19 나는 여호와 너희 하나님이라 너희는 나의 율례를 따
르며 나의 규례를 지켜 행하고 20 또 나의 안식일을 거룩하게 할지어다 이
것이 나와 너희 사이에 표징이 되어 내가 여호와 너희 하나님인 줄을 너희
가 알게 하리라 하였노라 21 그러나 그들의 자손이 내게 반역하여 사람이
지켜 행하면 그로 말미암아 삶을 얻을 나의 율례를 따르지 아니하며 나의
규례를 지켜 행하지 아니하였고 나의 안식일을 더럽힌지라 이에 내가 이
르기를 내가 광야에서 그들에게 내 분노를 쏟으며 그들에게 내 진노를 이
루리라 하였으나 22 내가 내 이름을 위하여 내 손을 막아 달리 행하였나니
내가 그들을 인도하여 내는 것을 본 여러 나라 앞에서 내 이름을 더럽히지
아니하려 하였음이로라 23 또 내가 내 손을 들어 광야에서 그들에게 맹세
하기를 내가 그들을 이방인 중에 흩으며 여러 민족 가운데에 헤치리라 하
였나니 24 이는 그들이 나의 규례를 행하지 아니하며 나의 율례를 멸시하
며 내 안식일을 더럽히고 눈으로 그들의 조상들의 우상들을 사모함이며
25 또 내가 그들에게 선하지 못한 율례와 능히 지키지 못할 규례를 주었
고 26 그들이 장자를 다 화제로 드리는 그 예물로 내가 그들을 더럽혔음은
그들을 멸망하게 하여 나를 여호와인 줄 알게 하려 하였음이라 27 그런즉
인자야 이스라엘 족속에게 말하여 이르라 주 여호와께서 이같이 말씀하
셨느니라 너희 조상들이 또 내게 범죄하여 나를 욕되게 하였느니라 28 내
가 내 손을 들어 그들에게 주기로 맹세한 땅으로 그들을 인도하여 들였더
니 그들이 모든 높은 산과 모든 무성한 나무를 보고 거기에서 제사를 드리
고 분노하게 하는 제물을 올리며 거기서 또 분향하고 전제물을 부어 드린
지라 29 이에 내가 그들에게 이르기를 너희가 다니는 산당이 무엇이냐 하
였노라 (그것을 오늘날까지 바마라 일컫느니라) 30 그러므로 너는 이스라엘 족속
에게 이르라 주 여호와께서 이같이 말씀하셨느니라 너희가 조상들의 풍
속을 따라 너희 자신을 더럽히며 그 모든 가증한 것을 따라 행음하느냐 31
너희가 또 너희 아들을 화제로 삼아 불 가운데로 지나게 하며 오늘까지
너희 자신을 우상들로 말미암아 더럽히느냐 이스라엘 족속아 너희가 내
게 묻기를 내가 용납하겠느냐 주 여호와의 말씀이니라 내가 나의 삶을 두고 맹세하노니 너희가 내게 묻기를 내
가 용납하지 아니하리라 32 너희가 스스로 이르기를 우리가 이방인 곧 여러 나라 족속 같이 되어서 목석을 경배하
리라 하거니와 너희 마음에 품은 것을 결코 이루지 못하리라

맹세한 땅으로 이스라엘을 인도하리라

33 주 여호와의 말씀이니라 내가 나의 삶을 두고 맹세하노니 내가 능한 손과 편 팔로 분노를 쏟아 너희를 반드시
다스릴지라 34 능한 손과 편 팔로 분노를 쏟아 너희를 여러 나라에서 나오게 하며 너희의 흩어진 여러 지방에서

겔 20:18-32
학습 자료 50-4
"고대 중근동의 인신 제사"를 참조

겔 20:1-49 연대별로 본 에스겔의 예언
여호아긴 왕이 포로된 이후 제 5년, B.C. 593년 4월 5일
그발 강에서 하늘이 열리며 하나님의 이상이 나타남을 봄(1-7장)
제6년, B.C. 592년 6월 5일
예루살렘 성전에서 벌어지는 가증한 죄악에 대한 환상(8-19장)
제7년, B.C. 591년 5월 10일
이스라엘의 죄를 알게 하라는 지시를 받음 (20-23장)
제9년, B.C. 589년 10월 10일
끓는 가마로 비유된 예루살렘의 멸망을 봄 (24, 25장)
제10년, B.C. 588년 10월 12일
애굽에 대한 심판 예언(29:1-16, 20:1-9)
제11년, B.C. 587년 모월1일
예루살렘을 업신여긴 두로에 대한 심판 예언 (26-28장)
제11년, B.C. 587년 1월 7일
바벨론 왕에 의한 바로 왕의 패배 예언 (30:20-26)
제11년, B.C. 587년 3월 1일
애굽 왕 바로에 대한 심판 예언(31:1-18)
제12년, B.C. 586년 10월 5일
예루살렘 함락 소식 전달(33-39장)
제12년, B.C. 586년 12월 1일
멸망할 바로 왕에 대한 애가(32:1-16)
제12년, B.C. 586년 모월 15일
애굽 파멸에 대한 애가(32:17-32)
제25년, B.C. 573년 1월 10일
새 성전에 대한 환상(40-48장)
제27년, B.C. 571년 1월 1일
바벨론 왕 느부갓네살에 의한 애굽의 몰락 예언(29:17-21)

49일~54일

모아내고 35 너희를 인도하여 여러 나라 광야에 이르러 거기에서 너희를 대면하여 심판하되 36 내가 애굽 땅 광야
에서 너희 조상들을 심판한 것 같이 너희를 심판하리라 주 여호와의 말씀이니라 37 내가 너희를 막대기 아래로 지
나가게 하며 언약의 줄로 매려니와 38 너희 가운데에서 반역하는 자와 내게 범죄하는 자를 모두 제하여 버릴지라
그들을 그 머물러 살던 땅에서는 나오게 하여도 이스라엘 땅에는 들어가지 못하게 하리니 너희가 나는 여호와인
줄을 알리라 39 주 여호와께서 이같이 말씀하셨느니라 이스라엘 족속아 너희가 내 말을 듣지 아니하려거든 가서
각각 그 우상을 섬기라 그렇게 하려거든 이 후에 다시는 너희 예물과 너희 우상들로 내 거룩한 이름을 더럽히지
말지니라 40 주 여호와의 말씀이니라 이스라엘 온 족속이 그 땅에 있어서 내 거룩한 산 곧 이스라엘의 높은 산에
서 다 나를 섬기리니 거기에서 내가 그들을 기쁘게 받을지라 거기에서 너희 예물과 너희가 드리는 첫 열매와 너희
모든 성물을 요구하리라 41 내가 너희를 인도하여 여러 나라 가운데에서 나오게 하고 너희가 흩어진 여러 민족 가
운데에서 모아 낼 때에 내가 너희를 향기로 받고 내가 또 너희로 말미암아 내 거룩함을 여러 나라의 목전에서 나
타낼 것이며 42 내가 내 손을 들어 너희 조상들에게 주기로 맹세한 땅 곧 이스라엘 땅으로 너희를 인도하여 들일
때에 너희는 **내가 여호와인 줄 알고** 43 거기에서 너희의 길과 스스로 더럽힌 모든 행위를 기억하고 이미 행한 모
든 악으로 말미암아 스스로 미워하리라 44 이스라엘 족속아 내가 너희의 악한 길과 더러운 행위대로 하지 아니하
고 내 이름을 위하여 행한 후에야 **내가 여호와인 줄 너희가 알리라 주 여호와의 말씀이니라**

불타는 숲의 비유

45 여호와의 말씀이 또 내게 임하여 이르시되 46 인자야 너는 얼굴을 남으로 향하라 남으로 향하여 소리내어 남
쪽의 숲을 쳐서 예언하라 47 남쪽의 숲에게 이르기를 여호와의 말씀을 들을지어다 주 여호와께서 이같이 말씀하
셨느니라 내가 너의 가운데에 불을 일으켜 모든 푸른 나무와 모든 마른 나무를 없애리니 맹렬한 불꽃이 꺼지지
아니하고 남에서 북까지 모든 얼굴이 그슬릴지라 48 혈기 있는 모든 자는
나 여호와가 그 불을 일으킨 줄을 알리니 그것이 꺼지지 아니하리라 하셨
다 하라 하시기로 49 내가 이르되 아하 주 여호와여 그들이 나를 가리켜
말하기를 그는 비유로 말하는 자가 아니냐 하나이다 하니라

에스겔 21:1-17

여호와의 칼

1 또 여호와의 말씀이 내게 임하여 이르시되 2 인자야 너는 얼굴을 예루살
렘으로 향하며 성소를 향하여 소리 내어 이스라엘 땅에게 예언하라 3 이
스라엘 땅에게 이르기를 여호와의 말씀에 내가 너를 대적하여 내 칼을 칼
집에서 빼어 의인과 악인을 네게서 끊을지라 4 내가 의인과 악인을 네게
서 끊을 터이므로 내 칼을 칼집에서 빼어 모든 육체를 남에서 북까지 치
리니 5 모든 육체는 나 여호와가 내 칼을 칼집에서 빼낸 줄을 알지라 칼
이 다시 꽂히지 아니하리라 하셨다 하라 6 인자야 탄식하되 너는 허리가
끊어지듯 탄식하라 그들의 목전에서 슬피 탄식하라 7 그들이 네게 묻기
를 네가 어찌하여 탄식하느냐 하거든 대답하기를 재앙이 다가온다는 소
문 때문이니 각 마음이 녹으며 모든 손이 약하여지며 각 영이 쇠하며 모
든 무릎이 물과 같이 약해지리라 보라 재앙이 오나니 반드시 이루어지리
라 주 여호와의 말씀이니라 하라 8 여호와의 말씀이 또 내게 임하여 이르
시되 9 인자야 너는 예언하여 여호와의 말씀을 이같이 말하라 칼이여 칼
이여 날카롭고도 빛나도다 10 그 칼이 날카로움은 죽임을 위함이요 빛남
은 번개 같이 되기 위함이니 우리가 즐거워하겠느냐 내 아들의 규가 모

겔 21:1-23
에스겔의 예언을 위한 상징적 행동 16가지

1	박석 위에 예루살렘의 지도를 그림(4:1-3)
2	390일 동안 좌편으로 누움 (4:4, 5)
3	40일 동안 우편으로 누움(4:6)
4	부정한 떡을 먹음(4:9-17)
5	머리털과 수염을 깎아 불사르고 칼로 치며 바람에 흩음(5:1-4)
6	손뼉을 치고 발을 구름(6:11)
7	쇠사슬을 만듦(7:23)
8	성벽을 뚫고 행구를 옮김(12:1-16)
9	떨면서 식물을 먹고, 놀라고 근심하면서 물을 마심(12:17-20)
10	허리가 끊어지는 듯이 슬피 탄식함 (21:6, 7)
11	슬피 울며 넓적다리를 침 (21:12, 13)
12	손뼉을 치며 칼로 세 번 거듭 씌움 (21:14, 17)
13	지시표를 그려 바벨론 왕이 올 두 길을 표시함(21:18-22)
14	가마에 물을 붓고 뼈를 삶음(24:1-14)
15	아내의 죽음에도 불구하고 애곡하지 않음(24:15-18)
16	이스라엘 온 족속의 이름을 나무 위에 새김(37:15-23)

든 나무를 업신여기는도다 11 그 칼을 손에 잡아 쓸 만하도록 빛나게 하되 죽이는 자의 손에 넘기기 위하여 날카
롭고도 빛나게 하였도다 하셨다 하라 12 인자야 너는 부르짖어 슬피 울지어다 이것이 내 백성에게 임하며 이스라
엘 모든 고관에게 임함이로다 그들과 내 백성이 함께 칼에 넘긴 바 되었으니 너는 네 넓적다리를 칠지어다 13 이
것이 시험이라 만일 업신여기는 규가 없어지면 어찌할까 주 여호와의 말씀이니라 14 그러므로 인자야 너는 예언
하며 손뼉을 쳐서 칼로 두세 번 거듭 쓰이게 하라 이 칼은 죽이는 칼이라 사람들을 둘러싸고 죽이는 큰 칼이로다
15 내가 그들이 낙담하여 많이 엎드러지게 하려고 그 모든 성문을 향하여 번쩍번쩍하는 칼을 세워 놓았도다 오
호라 그 칼이 번개 같고 죽이기 위하여 날카로웠도다 16 칼아 모이라 오른쪽을 치라 대열을 맞추라 왼쪽을 치라
향한 대로 가라 17 나도 내 손뼉을 치며 내 분노를 다 풀리로다 나 여호와가 말하였노라

에스겔 22:1-22, 23장

에스겔 22:1-22

벌 받을 예루살렘

1 또 여호와의 말씀이 내게 임하여 이르시되 2 인자야 네가 심판하려느
냐 이 피흘린 성읍을 심판하려느냐 그리하려거든 자기의 모든 가증한 일
을 그들이 알게 하라 3 너는 말하라 주 여호와께서 이같이 말씀하셨느니
라 자기 가운데에 피를 흘려 벌 받을 때가 이르게 하며 우상을 만들어 스
스로 더럽히는 성아 4 네가 흘린 피로 말미암아 죄가 있고 네가 만든 우상
으로 말미암아 스스로 더럽혔으니 네 날이 가까웠고 네 연한이 찼도다 그
러므로 내가 너로 이방의 능욕을 받으며 만국의 조롱 거리가 되게 하였노
라 5 너 이름이 더럽고 어지러움이 많은 자여 가까운 자나 먼 자나 다 너를
조롱하리라 6 이스라엘 모든 고관은 각기 권세대로 피를 흘리려고 네 가
운데에 있었도다 7 그들이 네 가운데에서 부모를 업신여겼으며 네 가운데
에서 나그네를 학대하였으며 네 가운데에서 고아와 과부를 해하였도다 8
너는 나의 성물들을 업신여겼으며 나의 안식일을 더럽혔으며 9 네 가운데
에 피를 흘리려고 이간을 붙이는 자도 있었으며 네 가운데에 산 위에서 제
물을 먹는 자도 있었으며 네 가운데에 음행하는 자도 있었으며 10 네 가운
데에 자기 아버지의 하체를 드러내는 자도 있었으며 네 가운데에 월경하
는 부정한 여인과 관계하는 자도 있었으며 11 어떤 사람은 그 이웃의 아내
와 가증한 일을 행하였으며 어떤 사람은 그의 며느리를 더럽혀 음행하였
으며 네 가운데에 어떤 사람은 그 자매 곧 아버지의 딸과 관계하였으며 12
네 가운데에 피를 흘리려고 뇌물을 받는 자도 있었으며 네가 변돈과 이자
를 받았으며 이익을 탐하여 이웃을 속여 빼앗았으며 나를 잊어버렸도다
주 여호와의 말씀이니라 13 네가 불의를 행하여 이익을 얻은 일과 네 가운
데에 피 흘린 일로 말미암아 내가 손뼉을 쳤나니 14 내가 네게 보응하는
날에 네 마음이 견디겠느냐 네 손이 힘이 있겠느냐 나 여호와가 말하였으
니 내가 이루리라 15 내가 너를 뭇 나라 가운데에 흩으며 각 나라에 헤치
고 너의 더러운 것을 네 가운데에서 멸하리라 16 네가 자신 때문에 나라들
의 목전에서 수치를 당하리니 **내가 여호와인 줄 알리라** 하셨다 하라

겔 22:1-16
본문에 나타난 예루살렘의 죄악상

종교적 타락상
· 우상을 만들어 스스로 더럽힘(3절) · 하나님의 성물을 업신여김(8절) · 안식일을 더럽힘(8절) · 산 위에서 음란한 제사를 드림(9절) · 하나님을 잊음(12절)
도덕적 타락상
· 부모를 업신여김(7절) · 나그네를 학대함(7절) · 고아와 과부를 해함(7절) · 근친상간을 자행함(10, 11절) · 무절제히 성행위를 함(10, 11절) · 가정의 윤리 질서를 파괴함(10, 11절)
사회적 타락상
· 무죄한 자의 피를 흘림(4, 9, 12, 13절) · 지도자들이 권력을 남용함(6절) · 중상모략으로 이간질함(9절) · 뇌물을 받고 불의한 일을 함(12절) · 변돈과 이익을 취함(12절) · 이익을 탐하여 이웃에게 토색함(12절)

겔 22:18
풀무불 속의 찌꺼기 비유의 상징적 의미
여기서 하나님은 이스라엘 족속을 풀무불 가운데 있는 놋이나 상납이나 철이나 납 등의 은의 찌꺼기를 비유하고 있는데, 이는 패역한 이스라엘 족속의 상황을 매우 잘 반영하고 있다. 이에 찌꺼기들이 이스라엘 족속의 어떤 면을 비유하고 있는지 살펴보면 다음과 같다.

놋
악을 행하면서도 부끄러움을 모르는 철면피의 모습(2:4)
상납
진실한 신앙은 없이 경건의 모양만 있는 외식적인 모습(13:10)
철
타인에 대해 잔인하고 호전적인 모습(22:4)
납
매우 어리석고 진리에 대하여 둔감한 모습(3:7)

풀무 불에 들어간 이스라엘

17 여호와의 말씀이 내게 임하여 이르시되 18 인자야 이스라엘 족속이 내게 찌꺼기가 되었나니 곧 풀무 불 가운데
에 있는 놋이나 주석이나 쇠나 납이며 은의 찌꺼기로다 19 그러므로 주 여호와께서 이와 같이 말씀하셨느니라 너
희가 다 찌꺼기가 되었은즉 내가 너희를 예루살렘 가운데로 모으고 20 사람이 은이나 놋이나 쇠나 납이나 주석이
나 모아서 풀무 불 속에 넣고 불을 불어 녹이는 것 같이 내가 노여움과 분으로 너희를 모아 거기에 두고 녹이리라
21 내가 너희를 모으고 내 분노의 불을 너희에게 불면 너희가 그 가운데에서 녹되 22 은이 풀무 불 가운데에서 녹
는 것 같이 너희가 그 가운데에서 녹으리니 나 여호와가 분노를 너희 위에 쏟은 줄을 너희가 알리라

에스겔 23장

오홀라와 오홀리바의 행음

1 또 여호와의 말씀이 내게 임하여 이르시되 2 인자야 두 여인이 있었으니
한 어머니의 딸이라 3 그들이 애굽에서 행음하되 어렸을 때에 행음하여
그들의 유방이 눌리며 그 처녀의 가슴이 어루만져졌나니 4 그 이름이 형은
오홀라요 아우는 오홀리바라 그들이 내게 속하여 자녀를 낳았나니 그 이
름으로 말하면 오홀라는 사마리아요 오홀리바는 예루살렘이니라 5 오홀
라가 내게 속하였을 때에 행음하여 그가 연애하는 자 곧 그의 이웃 앗수
르 사람을 사모하였나니 6 그들은 다 자색 옷을 입은 고관과 감독이요 준
수한 청년이요 말 타는 자들이라 7 그가 앗수르 사람들 가운데에 잘 생긴
그 모든 자들과 행음하고 누구를 연애하든지 그들의 모든 우상으로 자신
을 더럽혔으며 8 그가 젊을 때에 애굽 사람과 동침하매 그 처녀의 가슴이
어루만져졌으며 그의 몸에 음란을 쏟음을 당한 바 되었더니 그가 그 때부터 행음함을 마지아니하였느니라 9 그
러므로 내가 그를 그의 정든 자 곧 그가 연애하는 앗수르 사람의 손에 넘겼더니 10 그들이 그의 하체를 드러내고
그의 자녀를 빼앗으며 칼로 그를 죽여 여인들에게 이야깃거리가 되게 하였나니 이는 그들이 그에게 심판을 행함
이니라 11 그 아우 오홀리바가 이것을 보고도 그의 형보다 음욕을 더하며 그의 형의 간음함보다 그 간음이 더 심
하므로 그의 형보다 더 부패하여졌느니라 12 그가 그의 이웃 앗수르 사람을 연애하였나니 그들은 화려한 의복
을 입은 고관과 감독이요 말 타는 자들과 준수한 청년이었느니라 13 그 두 여인이 한 길로 행하므로 그도 더러워
졌음을 내가 보았노라 14 그가 음행을 더하였음은 붉은 색으로 벽에 그린 사람의 형상 곧 갈대아 사람의 형상을
보았음이니 15 그 형상은 허리를 띠로 동이고 머리를 긴 수건으로 쌌으며 그의 용모는 다 준수한 자 곧 그의 고
향 갈대아 바벨론 사람 같은 것이라 16 그가 보고 곧 사랑하게 되어 사절을 갈대아 그들에게로 보내매 17 바벨론
사람이 나아와 연애하는 침상에 올라 음행으로 그를 더럽히매 그가 더럽힘을 입은 후에 그들을 싫어하는 마음이
생겼느니라 18 그가 이같이 그의 음행을 나타내며 그가 하체를 드러내므로 내 마음이 그의 형을 싫어한 것 같이
그를 싫어하였으나 19 그가 그의 음행을 더하여 젊었을 때 곧 애굽 땅에서 행음하던 때를 생각하고 20 그의 하체
는 나귀 같고 그의 정수는 말 같은 음란한 간부를 사랑하였도다 21 네가 젊었을 때에 행음하여 애굽 사람에게 네
가슴과 유방이 어루만져졌던 것을 아직도 생각하도다

오홀리바가 받은 재판

22 그러므로 오홀리바야 주 여호와께서 이같이 말씀하셨느니라 나는 네가 사랑하다가 싫어하던 자들을 충동하
여 그들이 사방에서 와서 너를 치게 하리니 23 그들은 바벨론 사람과 갈대아 모든 무리 브곳과 소아와 고아 사람
과 또 그와 함께 한 모든 앗수르 사람 곧 준수한 청년이며 다 고관과 감독이며 귀인과 유명한 자요 다 말 타는 자
들이라 24 그들이 무기와 병거와 수레와 크고 작은 방패를 이끌고 투구 쓴 군대를 거느리고 치러 와서 너를 에워
싸리라 내가 재판을 그들에게 맡긴즉 그들이 그들의 법대로 너를 재판하리라 25 내가 너를 향하여 질투하리니

❖ 겔 23장

겔 22장이 예루살렘의 범죄가 어느 한 부류에 국한된 것이 아니라 총체적이란 사실과 더불어 이로 인한 심판의 불가피함을 밝힌 데 이어 본 장은 사마리아와 예루살렘으로 비유되는 두 자매의 음란함을 소재로 그들이 행한 범죄의 추악함을 지적하며 이에 따라 임할 필연적인 심판을 다시 한 번 강조하고 있다 이러한 본 장은 그 내용 면에서나 문체 면에서 제16장에 나오는 음란한 여인의 비유와 비슷하나 제16장이 이스라엘의 우상 숭배를 중점적으로 지적한 것인 반면, 본 장은 하나님보다 애굽과 앗수르와 바벨론을 의지한 이스라엘의 정치적 선택 잘못에 초점을 맞춘다는 특징을 지닌다.

그들이 분내어 네 코와 귀를 깎아 버리고 남은 자를 칼로 엎드러뜨리며
네 자녀를 빼앗고 그 남은 자를 불에 사르며 26 또 네 옷을 벗기며 네 장식
품을 빼앗을지라 27 이와 같이 내가 네 음란과 애굽 땅에서부터 행음하던
것을 그치게 하여 너로 그들을 향하여 눈을 들지도 못하게 하며 다시는
애굽을 기억하지도 못하게 하리라 28 주 여호와께서 이같이 말씀하셨느
니라 나는 네가 미워하는 자와 네 마음에 싫어하는 자의 손에 너를 붙이
리니 29 그들이 미워하는 마음으로 네게 행하여 네 모든 수고한 것을 빼
앗고 너를 벌거벗은 몸으로 두어서 네 음행의 벗은 몸 곧 네 음란하며 행
음하던 것을 드러낼 것이라 30 네가 이같이 당할 것은 네가 음란하게 이
방을 따르고 그 우상들로 더럽혔기 때문이로다 31 네가 네 형의 길로 행
하였은즉 내가 그의 잔을 네 손에 주리라 32 주 여호와께서 이같이 말씀
하셨느니라 깊고 크고 가득히 담긴 네 형의 잔을 네가 마시고 코웃음과
조롱을 당하리라 33 네가 네 형 사마리아의 잔 곧 놀람과 패망의 잔에 넘
치게 취하고 근심할지라 34 네가 그 잔을 다 기울여 마시고 그 깨어진 조
각을 씹으며 네 유방을 꼬집을 것은 내가 이렇게 말하였음이라 주 여호와
의 말씀이니라 35 그러므로 주 여호와께서 이같이 말씀하셨느니라 네가
나를 잊었고 또 나를 네 등 뒤에 버렸은즉 너는 네 음란과 네 음행의 죄를
담당할지니라 하시니라

오홀라와 오홀리바가 받은 재판

36 여호와께서 또 내게 이르시되 인자야 네가 오홀라와 오홀리바를 심판
하려느냐 그러면 그 가증한 일을 그들에게 말하라 37 그들이 행음하였으
며 피를 손에 묻혔으며 또 그 우상과 행음하며 내게 낳아 준 자식들을 우
상을 위하여 화제로 살랐으며 38 이 외에도 그들이 내게 행한 것이 있나니
당일에 내 성소를 더럽히며 내 안식일을 범하였도다 39 그들이 자녀를 죽
여 그 우상에게 드린 그 날에 내 성소에 들어와서 더럽혔으되 그들이 내
성전 가운데에서 그렇게 행하였으며 40 또 사절을 먼 곳에 보내 사람을 불
러오게 하고 그들이 오매 그들을 위하여 목욕하며 눈썹을 그리며 스스로
단장하고 41 화려한 자리에 앉아 앞에 상을 차리고 내 향과 기름을 그 위
에 놓고 42 그 무리와 편히 지껄이고 즐겼으며 또 광야에서 잡류와 술 취
한 사람을 청하여 오매 그들이 팔찌를 그 손목에 끼우고 아름다운 관을 그 머리에 씌웠도다 43 내가 음행으로
쇠한 여인을 가리켜 말하노라 그가 그래도 그들과 피차 행음하는도다 44 그들이 그에게 나오기를 기생에게 나옴
같이 음란한 여인 오홀라와 오홀리바에게 나왔은즉 45 의인이 간통한 여자들을 재판함 같이 재판하며 피를 흘린
여인을 재판함 같이 재판하리니 그들은 간통한 여자들이요 또 피가 그 손에 묻었음이라 46 주 여호와께서 이같
이 말씀하셨느니라 그가 그들에게 무리를 올려 보내 그들이 공포와 약탈을 당하게 하리니 47 무리가 그들을 돌
로 치며 칼로 죽이고 그 자녀도 죽이며 그 집들을 불사르리라 48 이같이 내가 이 땅에서 음란을 그치게 한즉 모든
여인이 정신이 깨어 너희 음행을 본받지 아니하리라 49 그들이 너희 음란으로 너희에게 보응한즉 너희가 모든 우
상을 위하던 죄를 담당할지라 내가 주 여호와인 줄을 너희가 알리라 하시니라

❖ 겔 23장 묵상

B.C. 591년에 기록된 23장의 예언은 오홀라와 오홀리바라는 가상의 두 여인을 통해 사마리아의 몰락을 회고함으로 유다의 회개를 촉구하고 있다. 사마리아의 멸망 원인은 앗수르를 의지한 것이다. 당시 북이스라엘은 신흥 세력인 아람으로 인해 위협을 받고 있었다. 그래서 아람의 위협을 막기 위해 앗수르의 힘을 빌었다. 실제로 앗수르 살만에셀 3세의 기념비에는 B.C. 841년에 예후가 시리아의 진격을 막기 위해 조공을 바치고 그를 섬겼다는 기록이 나온다. 또한 므나헴은 앗수르 왕이 침공하자 은 일천 달란트와 북부 갈릴리 지방까지 내어주며 왕위를 유지하였다. 이에 대해 호세아 선지자는 앗수르와의 결탁을 음행으로 비유하며 경고하였고, 아모스도 심각한 질책을 하였다. 그러나 아무도 귀 기울이지 않았고 결국 마지막 왕 호세아가 B.C. 727년에 앗수르의 디글랏 빌레셀이 죽자 친애굽 정책으로 돌아서서 화를 자초하였다. 새로 등극한 살만에셀 5세가 즉시 사마리아를 침공하였고 그의 후계자 사르곤 2세가 B.C. 721년에 사마리아를 완전히 함락시키고, 27,290명의 이스라엘인을 페르시아 지방으로 유배시키고 사마리아 땅에는 바벨론, 엘람, 시리아 사람들을 이주시켰다(왕하 17:6). 사마리아는 자신들이 그토록 믿었던 앗수르에 의해 멸망당하고 만 것이다.

☞ 하나님을 따르지 않고 앗수르를 의지하다가 오히려 그들에게 멸망한 이스라엘을 바로 옆에서 지켜본 유다는 그래도 자신들의 죄를 깨닫지 못하고 하나님께 돌아오지 않았다. 어리석은 인간은 바로 앞의 일도 알지 못하고 조금 전의 잘못도 기억 못하는 존재이다. 그래서 인간의 힘 속에는 희망적인 미래란 존재하지 않는 것이다. 단지 희망의 근거이신 하나님 안에 거함으로 미래를 발견할 수 있게 된다.

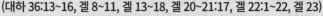

50일차 읽기의 요약

(대하 36:13~16, 겔 8~11, 겔 13~18, 겔 20~21:17, 겔 22:1~22, 겔 23)

하나님께서는 바벨론 땅에 있는 에스겔에게 고국 예루살렘의 타락상을 보여주셨다. 바벨론에 있는 에스겔을 환상 중에 순간적으로 예루살렘 성전으로 이동시키셔서 이방 우상들의 박람회 장소처럼 변해버린 성전 안에서 백성들이 우상들을 숭배하는 모습을 보여주셨다. 그리고 급기야 하나님의 영이 그 성전 문을 떠나는 모습을 그룹들의 바퀴 환상을 통해 보게 하셨다.

하나님께서는 유다 백성들을 먼 나라로 흩으셔서 징계하신 후에 그들에게 다시 새 영을 부어 주시고 부드러운 마음을 주셔서 그들이 여호와 하나님께 돌아오게 하시겠다고 약속하셨다. 그러나 거짓 선지자들은 예루살렘의 임박한 심판을 앞에 두고도 여전히 예루살렘의 심판과 멸망을 선포하지 않고 거짓 평강으로 백성들을 미혹한다.

하나님께서는 바벨론 땅에 있는 에스겔을 통하여 이스라엘과 유다는 마치 두 명의 매춘부에 비유될 만큼 영적인 간음에 빠졌고 심판을 당할 수밖에 없는 상황에 놓여 있음을 선포하셨다. 결국 유다 백성은 예루살렘 성과 성전의 멸망으로 죄에 대한 하나님의 징계를 받은 후에야 하나님께서 하나님이 여호와인 줄 알게 되리라고 말씀하신다.

그러면 어떻게 살 것인가?

인위뚝 · 신위고!

☑ 세계관 점검 – 묵상하기 (영상 강의와 교재 내용의 이해를 바탕으로)

겔 8장 묵상

환상 가운데서 에스겔은 예루살렘 백성들이 하나님의 성전 안에서 하나님이 아니라 각종 이방의 거짓 신들을 숭배하는 가증스러운 장면을 보았다. 장로들은 성전 벽에 각양 우상들을 그려 놓고 그것을 숭배했고 여인들은 성전 북문에서 풍요의 신인 이방신 담무스를 위해 애곡하고 있었다. 또한 성전 안뜰에서는 일단의 남자들이 동방의 태양을 향해 경배하고 있었다. 하나님의 성전에 하나님은 없었고 이방의 우상들만 가득했다.

☑ 오늘날 우리 자신과 교회는 어떤가를 생각해 보자. 오직 하나님을 중심으로 경건하고 신령한 예배가 드려지고 있는가? 아니면 세상의 각종 우상, 예컨대 돈이나 명예나 지식이나 권세 같은 것들이 교회 속으로 파고들어 와 교회를 어지럽히고 있지는 않는가? 또한 영적으로 하나님의 거룩한 성전이 된 여러분은 어떤가? 우리의 삶의 중심에 하나님이 계시는가? 내 삶의 우선순위는 무엇인가를 성찰하라.

겔 10장 묵상

하나님의 영광이 왜 성전을 떠나시는가?

유다 백성들의 죄악 때문이다. 에스겔 당시에 하나님의 성전은 더 이상 하나님을 섬기는 거룩한 예배 장소가 아니었다. 그런데도 유다 백성들은 하나님의 성전이 예루살렘에 있으므로 자신들은 안전하다고 생각했다. 하지만 하나님은 환상을 통해 에스겔 선지자에게'하나님의 영광'이 예루살렘 성전을 떠나가는 모습을 보여 주셨다. 하나님이 떠나가신다면 그 성전은 아름답게 장식한 돌덩어리 건축물에 불과할 뿐이었다. 이제 예루살렘 성전은 아무도 보호해 주는 이가 없다. 그 결과, 바벨론 군대는 조그마한 남 왕국 유다를 휩쓸어 버렸다. 바벨론 군대는 이스라엘의 마지막 방어막을 무너뜨리고 예루살렘을 점령한 후에 하나님의 성전을 파괴하였다.

☑ 이런 해석은 어떨까?
임마누엘의 하나님은 언제나 백성과 함께하시기를 원하신다. 그런데 그 백성이 심판받아 바벨론으로 포로가 되어 바벨론으로 가게 되었고, 당신의 백성과 함께하시기를 원하시는 하나님은 이사야 40~45장의 모습대로 또한 에스겔서 1장의 '바퀴 환상'을 비추어 보아 하나님은 성전에 계시지 않으시고 백성과 더불어 있기를 원하셔서 예루살렘의 성전을 떠나셨다는 것이다(렘 11:24).

🖇 에스겔 11장에는 예루살렘이 왜 심판받았는지 그리고 어떻게 회복해야 하는지 말씀하고 있다. 그 내용을 묵상하라.

☑ 11장 12절에 "너희가 내 율례를 행하지 아니하며 규례를 지키지 아니하고 너희 사방에 있는 이방인의 규례대로 행하였다"라고 하셨다. 결국 유다 백성은 시내 산 언약을 지키지 않고 이방 나라들의 규례를 따랐기 때문에 심판을 받게 되었다고 분명하게 말씀하고 있다. 그래서 회복하는 방법도 20절에 "내 율례를 따르며 내 규례를 지켜 행하게 하리니 그들은 내 백성이 되고 나는 그들의 하나님이 되리라"라고 말씀하신다.

🖇 하나님은 에스겔서 11장 22~25절에서 환상을 통하여 하나님의 영광이 예루살렘 성전을 떠나가는 모습을 보여 주셨다. 이것이 던지는 메시지가 무엇인가?

☑ 유다 백성의 이와 같은 죄악상으로 말미암아 성전 예루살렘은 더 이상 하나님을 섬기는 예배 장소가 될 수 없었다. 그래서 하나님은 환상을 통해 에스겔 선지자에게 하나님의 영광이 예루살렘 성전을 떠나가는 모습을 보여 주셨다. 하나님의 영광이 떠난 성전은 돌덩어리에 불과했다. 이제 예루살렘 성전은 아무도 보호해 주는 이가 없었다. 그 결과 바벨론 군대는 남 왕국 유다를 침공하여 예루살렘을 점령한 후에 하나님의 성전이 파괴되었다.

🖇 겔 20장을 읽고 하나님이 이스라엘 백성에게 역사적으로 어떻게 행하였음을 정리해 보라. 이 부분은 구속사의 줄거리이다. 그리고 가나안 땅에 들어가면서 모세와 여호수아가 당부한 "지켜 행하라", "진멸하라"라는 명령을 기억하고 이스라엘이 이 명령에 어떻게 반응해 왔는가를 파악해 보라.

🖇 겔 18장은 가문을 통한 저주는 없다는 것을 분명히 밝혀 주고 있다. 출 34:7 하반 절에는 가문의 저주가 있는 듯 언급하고 있지만 이것은 이제 생겨난 신생 여호와 신앙 공동체의 결속을 위해 강조된 것이라고 이해하면 된다.

☑ 결단기도와 실행하기

약 2:26 영혼 없는 몸이 죽은 것 같이 행함이 없는 믿음은 죽은 것이니라
시 119:28 나의 영혼이 눌림으로 말미암아 녹사오니 주의 말씀대로 나를 세우소서

49일~
54일

에스겔 21:18-32

18 여호와의 말씀이 내게 임하여 이르시되 19 인자야 너는 바벨론 왕의 칼
이 올 두 길을 한 땅에서 나오도록 그리되 곧 성으로 들어가는 길 어귀에
다가 길이 나뉘는 지시표를 하여 20 칼이 암몬 족속의 랍바에 이르는 길과
유다의 견고한 성 예루살렘에 이르는 길을 그리라 21 바벨론 왕이 갈랫길
곧 두 길 어귀에 서서 점을 치되 화살들을 흔들어 우상에게 묻고 희생제
물의 간을 살펴서 22 오른손에 예루살렘으로 갈 점괘를 얻었으므로 공성
퇴를 설치하며 입을 벌리고 죽이며 소리를 높여 외치며 성문을 향하여 공
성퇴를 설치하고 토성을 쌓고 사다리를 세우게 되었나니 23 전에 그들에
게 맹약한 자들은 그것을 거짓 점괘로 여길 것이나 바벨론 왕은 그 죄악
을 기억하고 그 무리를 잡으리라 24 그러므로 주 여호와께서 이같이 말씀
하셨느니라 너희의 악이 기억을 되살리며 너희의 허물이 드러나며 너희
모든 행위의 죄가 나타났도다 너희가 기억한 바 되었은즉 그 손에 잡히리
라 25 너 극악하여 중상을 당할 이스라엘 왕아 네 날이 이르렀나니 곧 죄
악의 마지막 때이니라 26 주 여호와께서 이같이 말씀하셨느니라 관을 제
거하며 왕관을 벗길지라 그대로 두지 못하리니 낮은 자를 높이고 높은 자
를 낮출 것이니라 27 내가 엎드러뜨리고 엎드러뜨리고 엎드러뜨리려니와
이것도 다시 있지 못하리라 마땅히 얻을 자가 이르면 그에게 주리라 28 인
자야 너는 주 여호와께서 암몬 족속과 그의 능욕에 대하여 이같이 말씀하셨다고 예언하라 너는 이르기를 칼이
뽑히도다 칼이 뽑히도다 죽이며 멸절하며 번개 같이 되기 위하여 빛났도다 29 네게 대하여 허무한 것을 보며 네
게 대하여 거짓 복술을 하는 자가 너를 중상 당한 악인의 목 위에 두리니 이는 그의 날 곧 죄악의 마지막 때가 이
름이로다 30 그러나 칼을 그 칼집에 꽂을지어다 네가 지음을 받은 곳에서, 네가 출생한 땅에서 내가 너를 심판하
리로다 31 내가 내 분노를 네게 쏟으며 내 진노의 불을 네게 내뿜고 너를 짐승 같은 자 곧 멸하기에 익숙한 자의
손에 넘기리로다 32 네가 불에 섶과 같이 될 것이며 네 피가 나라 가운데에 있을 것이며 네가 다시 기억되지 못할
것이니 나 여호와가 말하였음이라 하라

겔 21:22 공성퇴 공격과 살육당한 백성

겔 21:22 "공성퇴", "토성", "사다리" 등은 고대 성을 공격하는 데 사용하였던 각종 무기의 이름을 나열함으로써 바벨론군이 모든 방법을 총동원하여 무섭게 공격해 올 것을 나타내고 있다.

49일~54일

에스겔 24장

녹슨 가마 예루살렘

1 아홉째 해 열째 달 열째 날에 여호와의
말씀이 내게 임하여 이르시되 2 인자야
너는 날짜 곧 오늘의 이름을 기록하
라 바벨론 왕이 오늘 예루살렘에 가까
이 왔느니라 3 너는 이 반역하는 족속
에게 비유를 베풀어 이르기를 주 여호와께서 이같이 말씀하시기를 가마 하
나를 걸라 4-5 건 후에 물을 붓고 양 떼에서 한 마리를 골라 각을 뜨고 그 넓적다리

❖ 겔 24장
1. 가마에 물을 부은 후 양고기의 좋은 부분을 넣고 오래 불을 땐다는 이 상징은 하나님이 불같은 맹렬한 심판으로 유다의 부정을 제거한다는 것이다(도표 참조).
   · 가마 = 유다 성읍
   · 양고기 = 유다 백성
   · 찌든 녹 = 유다의 죄악상
   · 불 = 바벨론 군대
2. 아내가 죽어도 울지 못함 – 울음조차도 마를 철저한 멸망

와 어깨 고기의 모든 좋은 덩이를 그 가운데에 모아 넣으며 고른 뼈를 가
득히 담고 그 뼈를 위하여 가마 밑에 나무를 쌓아 넣고 잘 삶되 가마 속의
뼈가 무르도록 삶을지어다 6 그러므로 주 여호와께서 이같이 말씀하셨느
니라 피를 흘린 성읍, 녹슨 가마 곧 그 속의 녹을 없이하지 아니한 가마여
화 있을진저 제비 뽑을 것도 없이 그 덩이를 하나하나 꺼낼지어다 7 그 피
가 그 가운데에 있음이여 피를 땅에 쏟아 티끌이 덮이게 하지 않고 맨 바
위 위에 두었도다 8 내가 그 피를 맨 바위 위에 두고 덮이지 아니하게 함은
분노를 나타내어 보응하려 함이로라 9 그러므로 주 여호와께서 이같이 말
씀하셨느니라 화 있을진저 피를 흘린 성읍이여 내가 또 나무 무더기를 크
게 하리라 10 나무를 많이 쌓고 불을 피워 그 고기를 삶아 녹이고 국물을
졸이고 그 뼈를 태우고 11 가마가 빈 후에는 숯불 위에 놓아 뜨겁게 하며
그 가마의 놋을 달궈서 그 속에 더러운 것을 녹게 하며 녹이 소멸되게 하
라 12 이 성읍이 수고하므로 스스로 피곤하나 많은 녹이 그 속에서 벗겨지
지 아니하며 불에서도 없어지지 아니하는도다 13 너의 더러운 것들 중에
음란이 그 하나이니라 내가 너를 깨끗하게 하나 네가 깨끗하여지지 아니
하니 내가 네게 향한 분노를 풀기 전에는 네 더러움이 다시 깨끗하여지지
아니하리라 14 나 여호와가 말하였은즉 그 일이 이루어질지라 내가 돌이키
지도 아니하고 아끼지도 아니하며 뉘우치지도 아니하고 행하리니 그들이
네 모든 행위대로 너를 재판하리라 주 여호와의 말씀이니라

겔 24:1-14 끓는 가마 비유의 상징적 의미
본문은 예루살렘을 끓는 가마 속의 고기에 비유하여 하나님의 심판의 도구로 사용된 바벨론에 의해 예루살렘이 멸망하는 과정과 하나님의 심판으로 인한 예루살렘 비극적 참상을 예언적으로 보여준다. 이 예언은 바벨론이 예루살렘을 포위하기 시작한 B.C. 588년 10월 10일에 있었던 것으로(1절), 이로부터 약 18개월 후인 B.C. 586년 4월 9일에 예루살렘이 함락됨으로 성취된다(왕하 25:1, 2). 이제 예루살렘 함락과 관련한 본 비유가 의미하는 바를 살펴보자.

한 가마를 걺(3절)
유다를 향한 바벨론군의 공격이 시작됨
좋은 덩이, 고른 뼈(4, 5절)
유다의 왕, 귀족, 부유한 자들
나무(4, 5절)
예루살렘을 공격한 바벨론군의 사용 무기
뼈가 무르도록 삶음(4, 5절)
유다의 지도자들이 처참하게 죽고 바벨론으로 포로되어 감
녹슨 가마(6절)
우상 숭배 등 각종 범죄로 더러워진 예루살렘
녹을 없이 하지 아니한 가마(6절)
회개 권고에도 회개하지 아니한 예루살렘
고기덩이를 일일이 꺼냄(6절)
바벨론군의 공격으로 백성들이 죽거나 포로로 끌려감
피를 말간 반석 위에 둠(7절)
유다가 저지른 살인죄를 백일하에 드러냄
나무 무더기를 크게 함(9절)
바벨론의 군대를 더 보강시킴
고기를 삶아 녹이고 국물을 졸이고 뼈를 태움(10절)
바벨론군의 침략으로 인해 유다 백성들이 받을 참상
빈 가마(11절)
백성들이 포로로 잡혀가거나 흩어진 후의 황폐화된 예루살렘

에스겔의 상징적 행위와 그 의미

행동	의미
예리한 칼을 공중에 휘두르며 슬피 울면서 자기 넓적다리를 침 (21:8-17)	예루살렘이 대적의 칼에 철저하게 죽임을 당할 것임
땅에다 갈라지는 두 길을 그린 후에 각각 지시표를 만듦 (21:18-23)	장차 바벨론 왕이 지시된 길을 따라 예루살렘 성을 공격할 것임
가마에 물을 부은 후, 양고기의 좋은 부분을 넣고 오래 불을 땜 (24:3-14)	하나님께서 불 같은 맹렬한 심판으로 유다의 부정을 제거하실 것임
아내의 죽음에도 울지 못함 (24:15-27)	울음조차도 마를 철저한 멸망
커다란 돌 위에 예루살렘 지도를 그리고 주위를 에워 쌈 (4:1-3)	예루살렘 성이 바벨론 군대에 의해 포위 공격을 당할 것임
예리한 칼로 머리털과 수염을 벤 후 1/3은 불사르고, 1/3은 칼로 치고, 1/3은 바람에 흩음 (5:1-4)	유다에 임할 하나님의 심판으로, 더러는 불에 타 죽고, 더러는 칼에 죽고, 더러는 산산이 흩어짐
가재도구를 급히 챙긴 후, 밤에 몰래 성을 빠져나감 (12:1-6)	장차 예루살렘 백성들이 초라하게 바벨론 땅으로 끌려갈 것임
두 막대기를 하나로 연합 (37:15-23)	장차 이스라엘의 두 왕국의 연합

에스겔의 아내가 죽다

15 여호와의 말씀이 또 내게 임하여 이르시되 16 인자야 내가 네 눈에 기뻐하는 것을 한 번 쳐서 빼앗으리니 너는
슬퍼하거나 울거나 눈물을 흘리거나 하지 말며 17 죽은 자들을 위하여 슬퍼하지 말고 조용히 탄식하며 수건으로
머리를 동이고 발에 신을 신고 입술을 가리지 말고 사람이 초상집에서 먹는 음식물을 먹지 말라 하신지라 18 내
가 아침에 백성에게 말하였더니 저녁에 내 아내가 죽었으므로 아침에 내가 받은 명령대로 행하매 19 백성이 내게

이르되 네가 행하는 이 일이 우리와 무슨 상관이 있는지 너는 우리에게 말하지 아니하겠느냐 하므로 20 내가 그
들에게 대답하기를 여호와의 말씀이 내게 임하여 이르시되 21 너는 이스라엘 족속에게 이르기를 주 여호와의 말
씀에 내 성소는 너희 세력의 영광이요 너희 눈의 기쁨이요 너희 마음에 아낌이 되거니와 내가 더럽힐 것이며 너
희의 버려 둔 자녀를 칼에 엎드러지게 할지라 22 너희가 에스겔이 행한 바와 같이 행하여 입술을 가리지 아니하
며 사람의 음식물을 먹지 아니하며 23 수건으로 머리를 동인 채, 발에 신을 신은 채로 두고 슬퍼하지도 아니하며
울지도 아니하되 죄악 중에 패망하여 피차 바라보고 탄식하리라 24 이같이 에스겔이 너희에게 표징이 되리니 그
가 행한 대로 너희가 다 행할지라 이 일이 이루어지면 내가 주 여호와인 줄을 너희가 알리라 하라 하셨느니라 25
인자야 내가 그 힘과 그 즐거워하는 영광과 그 눈이 기뻐하는 것과 그 마음이 간절하게 생각하는 자녀를 데려가
는 날 26 곧 그 날에 도피한 자가 네게 나와서 네 귀에 그 일을 들려 주지 아니하겠느냐 27 그 날에 네 입이 열려서
도피한 자에게 말하고 다시는 잠잠하지 아니하리라 이같이 너는 그들에게 표징이 되고 그들은 내가 여호와인 줄
알리라

에스겔 3:22~7장

❖ 겔 3:22~7장은 유다의 마지막 상황을 기록하고 있다. 마치 환자의 임종 직전의 상황을 보여 주는 것과도 같다.
그들이 심판을 피할 수 없는 것은 하나님의 말씀을 외면하고 우상 숭배로부터 돌아서지 않았기 때문이라는 사실을 우리는 분명히 알았다. 7장까지 이런 배경으로 읽어라.

에스겔 3:22-27

에스겔이 말 못하는 자가 되다

22 여호와께서 권능으로 거기서 내게 임하시고 또 내게 이르시되 일어나 들로 나아가라 내가 거기서 너와 말하리
라 하시기로 23 내가 일어나 들로 나아가니 여호와의 영광이 거기에 머물렀는데 내가 전에 그발
강 가에서 보던 영광과 같은지라 내가 곧 엎드리니 24 주의 영이 내게 임하사 나를 일으켜 내 발
로 세우시고 내게 말씀하여 이르시되 너는 가서 네 집에 들어가 문을 닫으라 25 너 인자야 보라 무
리가 네 위에 줄을 놓아 너를 동여매리니 네가 그들 가운데에서 나오지 못할 것이라 26 내가 네
혀를 네 입천장에 붙게 하여 네가 말 못하는 자가 되어 그들을 꾸짖는 자가 되지 못하게 하리니 그
들은 패역한 족속임이니라 27 그러나 내가 너와 말할 때에 네 입을 열리니 너는 그들에게 이르기를 주 여호와의
말씀이 이러하시다 하라 들을 자는 들을 것이요 듣기 싫은 자는 듣지 아니하리니 그들은 반역하는 족속임이니라

49일~54일

에스겔 4장

예루살렘을 그리고 에워싸라

1 너 인자야 토판을 가져다가 그것을 네 앞에 놓고 한 성읍 곧 예루살렘
을 그 위에 그리고 2 그 성읍을 에워싸되 그것을 향하여 사다리를 세우고
그것을 향하여 흙으로 언덕을 쌓고 그것을 향하여 진을 치고 그것을 향
하여 공성퇴를 둘러 세우고 3 또 철판을 가져다가 너와 성읍 사이에 두어
철벽을 삼고 성을 포위하는 것처럼 에워싸라 이것이 이스라엘 족속에게
징조가 되리라 4 너는 또 왼쪽으로 누워 이스라엘 족속의 죄악을 짊어지
되 네가 눕는 날수대로 그 죄악을 담당할지니라 5 내가 그들의 범죄한 햇
수대로 네게 날수를 정하였나니 곧 삼백구십 일이니라 너는 이렇게 이스
라엘 족속의 죄악을 담당하고 6 그 수가 차거든 너는 오른쪽으로 누워 유
다 족속의 죄악을 담당하라 내가 네게 사십 일로 정하였나니 하루가 일
년이니라 7 너는 또 네 얼굴을 에워싸인 예루살렘 쪽으로 향하고 팔을 걷
어 올리고 예언하라 8 내가 줄로 너를 동이리니 네가 에워싸는 날이 끝나

겔 4:2 운제와 공성퇴 공격

기까지 몸을 이리 저리 돌리지 못하리라 9 너는 밀과 보리와 콩과 팥과 조
와 귀리를 가져다가 한 그릇에 담고 너를 위하여 떡을 만들어 네가 옆으
로 눕는 날수 곧 삼백구십 일 동안 먹되 10 너는 음식물을 달아서 하루 이
십 세겔씩 때를 따라 먹고 11 물도 육분의 일 힌씩 되어서 때를 따라 마
시라 12 너는 그것을 보리떡처럼 만들어 먹되 그들의 목전에서 인분 불을
피워 구울지니라 13 또 여호와께서 이르시되 내가 여러 나라들로 쫓아내
어 흩어 버릴 이스라엘 자손이 거기서 이같이 부정한 떡을 먹으리라 하시
기로 14 내가 말하되 아하 주 여호와여 나는 영혼을 더럽힌 일이 없었나이
다 어려서부터 지금까지 스스로 죽은 것이나 짐승에게 찢긴 것을 먹지 아
니하였고 가증한 고기를 입에 넣지 아니하였나이다 15 여호와께서 내게
이르시되 보라 쇠똥으로 인분을 대신하기를 허락하노니 너는 그것으로
떡을 구울지니라 16 또 내게 이르시되 인자야 내가 예루살렘에서 의뢰하
는 양식을 끊으리니 백성이 근심 중에 떡을 달아 먹고 두려워 떨며 물을
되어 마시다가 17 떡과 물이 부족하여 피차에 두려워 하여 떨며 그 죄악
중에서 쇠패하리라

겔 4:1-17 에스겔의 예언 양식

에스겔의 예언은 그 표현 양식에 따라 다음과 같은 몇 가지로 구분해 볼 수 있다. 물론 본서는 처음부터 끝까지 완벽한 예언의 형태를 갖추고 있지는 않으며, 또한 한 장 내에서도 아래와 같이 구분한 것들 중 몇 가지가 복합적으로 나타나는 경우가 있기 때문에 이러한 구분이 세부적인 구절구절마다 한치의 오차도 없이 정확하게 적용될 수 있다고 말하기는 어렵다. 그러나 이러한 점을 인정하고서라도 본 도표는 에스겔서의 전체적인 흐름을 개괄적으로 이해하는데 큰 도움을 준다고 볼 수 있다.

환상 전달
1-3, 8-11, 37, 40-48장
상징적 행동
4, 5, 12, 24장
직접적 선포
6, 7, 13, 14, 18, 20-22, 25-33, 35, 36, 38, 39장
비 유
15-17, 19, 23, 34장

에스겔 5장

머리털과 수염을 깎는 상징

1 너 인자야 너는 날카로운 칼을 가져다가 삭도로 삼아 네 머리털과 수염
을 깎아서 저울로 달아 나누어 두라 2 그 성읍을 에워싸는 날이 차거든 너
는 터럭 삼분의 일은 성읍 안에서 불사르고 삼분의 일은 성읍 사방에서
칼로 치고 또 삼분의 일은 바람에 흩으라 내가 그 뒤를 따라 칼을 빼리라
3 너는 터럭 중에서 조금을 네 옷자락에 싸고 4 또 그 가운데에서 얼마를
불에 던져 사르라 그 속에서 불이 이스라엘 온 족속에게로 나오리라 5 주
여호와께서 이와 같이 이르시되 이것이 곧 예루살렘이라 내가 그를 이방
인 가운데에 두어 나라들이 둘러 있게 하였거늘 6 그가 내 규례를 거슬러
서 이방인보다 악을 더 행하며 내 율례도 그리함이 그를 둘러 있는 나라
들보다 더하니 이는 그들이 내 규례를 버리고 내 율례를 행하지 아니하였
음이니라 7 그러므로 나 주 여호와가 말하노라 너희 요란함이 너희를 둘
러싸고 있는 이방인들보다 더하여 내 율례를 행하지 아니하며 내 규례를
지키지 아니하고 너희를 둘러 있는 이방인들의 규례대로도 행하지 아니
하였느니라 8 그러므로 나 주 여호와가 말하노라 나 곧 내가 너를 치며 이
방인의 목전에서 너에게 벌을 내리되 9 네 모든 가증한 일로 말미암아 내가 전무후무하게 네게 내릴지라 10 그리
한즉 네 가운데에서 아버지가 아들을 잡아먹고 아들이 그 아버지를 잡아먹으리라 내가 벌을 네게 내리고 너희
중에 남은 자를 다 사방에 흩으리라 11 그러므로 나 주 여호와가 말하노라 내가 나의 삶을 두고 맹세하노니 네
가 모든 미운 물건과 모든 가증한 일로 내 성소를 더럽혔은즉 나도 너를 아끼지 아니하며 긍휼을 베풀지 아니하
고 미약하게 하리니 12 너희 가운데에서 삼분의 일은 전염병으로 죽으며 기근으로 멸망할 것이요 삼분의 일은 너
의 사방에서 칼에 엎드러질 것이며 삼분의 일은 내가 사방에 흩어 버리고 또 그 뒤를 따라 가며 칼을 빼리라 13
이와 같이 내 노가 다한즉 그들을 향한 분이 풀려서 내 마음이 가라앉으리라 내 분이 그들에게 다한즉 나 여호
와가 열심으로 말한 줄을 그들이 알리라 14 내가 이르되 또 너를 황무하게 하고 너를 둘러싸고 있는 이방인들 중

겔 5:1-4
본문에 나타난 하나님의 심판의 특징

날카로운 칼로 깎으심(1절)
범죄한 자를 단호하게 심판하심 (사 1:24, 25, 암 9:1-4)
저울을 다심(1절)
누구나 공정하게 심판하심 (욥 34:11, 12, 계 16:7)
불사르고, 칼로 치고, 흩으심(2절)
각자의 행위대로 철저하게 심판하심(마 23:33)
터럭 중 조금을 옷에 싸심(3절)
회개하는 자를 보호하심(대하 7:14, 겔 33:19)
불에 던져 사르심(4절)
끝까지 회개치 않는 자는 영벌에 처하심 (눅 13:6-9)

에서 모든 지나가는 자의 목전에 모욕 거리가 되게 하리니 15 내 노와 분과 중한 책망으로 네게 벌을 내린즉 너
를 둘러싸고 있는 이방인들에게 네가 수치와 조롱거리가 되고 두려움과 경고가 되리라 나 여호와의 말이니라 16
내가 멸망하게 하는 기근의 독한 화살을 너희에게 보내되 기근을 더하여 너희가 의뢰하는 양식을 끊을 것이라
17 내가 기근과 사나운 짐승을 너희에게 보내 외롭게 하고 너희 가운데에 전염병과 살륙이 일어나게 하고 또 칼
이 너희에게 임하게 하리라 나 여호와의 말이니라

에스겔 6장

여호와께서 우상 숭배를 심판하시다

1 여호와의 말씀이 내게 임하여 이르시되 2 인자야 너는 이스라엘 산을 향
하여 그들에게 예언하여 3 이르기를 이스라엘 산들아 주 여호와의 말씀
을 들으라 주 여호와께서 산과 언덕과 시내와 골짜기를 향하여 이같이 말
씀하시기를 나 곧 내가 칼이 너희에게 임하게 하여 너희 산당을 멸하리니
4 너희 제단들이 황폐하고 분향제단들이 깨뜨려질 것이며 너희가 죽임을
당하여 너희 우상 앞에 엎드러지게 할 것이라 5 이스라엘 자손의 시체를
그 우상 앞에 두며 너희 해골을 너희 제단 사방에 흩으리라 6 내가 너희가
거주하는 모든 성읍이 사막이 되게 하며 산당을 황폐하게 하리니 이는 너
희 제단이 깨어지고 황폐하며 너희 우상들이 깨어져 없어지며 너희 분향
제단들이 찍히며 너희가 만든 것이 폐하여지며 7 또 너희가 죽임을 당하
여 엎드러지게 하여 내가 여호와인 줄을 너희가 알게 하려 함이라 8 그러
나 너희가 여러 나라에 흩어질 때에 내가 너희 중에서 칼을 피하여 이방
인들 중에 살아 남은 자가 있게 할지라 9 너희 중에서 살아 남은 자가 사
로잡혀 이방인들 중에 있어서 나를 기억하되 그들이 음란한 마음으로 나
를 떠나고 음란한 눈으로 우상을 섬겨 나를 근심하게 한 것을 기억하고
스스로 한탄하리니 이는 그 모든 가증한 일로 악을 행하였음이라 10 그
때에야 그들이 나를 여호와인 줄 알리라 내가 이런 재앙을 그들에게 내리
겠다 한 말이 헛되지 아니하니라 11 주 여호와께서 이같이 이르시되 너는
손뼉을 치고 발을 구르며 말할지어다 오호라 이스라엘 족속이 모든 가증
한 악을 행하므로 마침내 칼과 기근과 전염병에 망하되 12 먼 데 있는 자는 전염병에 죽고 가까운 데 있는 자는
칼에 엎드러지고 남아 있어 에워싸인 자는 기근에 죽으리라 이같이 내 진노를 그들에게 이룬즉 13 그 죽임 당한
시체들이 그 우상들 사이에, 제단 사방에, 각 높은 고개 위에, 모든 산
꼭대기에, 모든 푸른 나무 아래에, 무성한 상수리나무 아래 곧 그
우상에게 분향하던 곳에 있으리니 내가 여호와인 줄을 너희가 알리
라 14 내가 내 손을 그들의 위에 펴서 그가 사는 온 땅 곧 광야에서
부터 디블라까지 황량하고 황폐하게 하리니 내가 여호와인 줄을 그
들이 알리라

❖ 겔 6장과 7장은 유다 백성에 대한 심판 원인으로서의 우상 숭배, 심판 시기가 임박함, 심판의 결과로써 주어질 처참한 멸망과 이방의 모습, 그리고 하나님께서 보호하시는 남은 자(remnant)의 구원에 이르기까지 남 왕국 유다에 임할 하나님의 심판 원인과 과정과 결과를 일련의 설교 형태로 기록하고 있다.
본문에는 하나님께서 죄를 범한 인간을 심판하시되 철저히 심판하신다는 사실이 중복되어 예언됨으로써 하나님의 공의로우심과 전능하심이 강조되고 있다.
실로 인류의 역사는 인류의 조상 아담이 타락하여 죄를 범한 이후부터 계속되는 인간의 범죄와 이에 대한 하나님의 공의로우신 심판이 반복되는 양상을 보인다. 이 세상에 찬란한 문명을 꽃피운 많은 나라들이 결국에는 죄악이 쌓여 하나님의 심판하심에 의해 멸망하고 만 것을 우리는 역사 가운데서 부지기수로 찾아볼 수 있지 않은가. 택한 백성 유다조차 엄정히 심판하시는 하나님의 이러한 공의는 오늘 이 순간에도 여전히 인류 역사를 이끌어 가시는 하나님의 통치 원리이다. 그뿐만 아니라 그리스도 재림 이후 있을 대심판 때의 영생과 영벌의 기준이기도 하다. 따라서 성도가 영원한 멸망에서 구원받기 위해서는 범죄의 자리에서 벗어나 하나님의 공의를 충족시키는 삶을 살아야 한다.

49일~54일

에스겔 7장

이스라엘의 끝이 다가오다

1 또 여호와의 말씀이 내게 임하여 이르시되 2 너 인자야 주 여호와께서 이스라엘 땅에 관하여 이같이 말씀하셨느
니라 끝났도다 이 땅 사방의 일이 끝났도다 3 이제는 네게 끝이 이르렀나니 내가 내 진노를 네게 나타내어 네 행위

를 심판하고 네 모든 가증한 일을 보응하리라 4 내가 너를 불쌍히 여기지
아니하며 긍휼히 여기지도 아니하고 네 행위대로 너를 벌하여 네 가증한
일이 너희 중에 나타나게 하리니 내가 여호와인 줄을 너희가 알리라 5 주
여호와께서 이같이 이르시되 재앙이로다, 비상한 재앙이로다 볼지어다 그
것이 왔도다 6 끝이 왔도다, 끝이 왔도다 끝이 너에게 왔도다 볼지어다 그
것이 왔도다 7 이 땅 주민아 정한 재앙이 네게 임하도다 때가 이르렀고 날
이 가까웠으니 요란한 날이요 산에서 즐거이 부르는 날이 아니로다 8 이제
내가 속히 분을 네게 쏟고 내 진노를 네게 이루어서 네 행위대로 너를 심
판하여 네 모든 가증한 일을 네게 보응하되 9 내가 너를 불쌍히 여기지 아
니하며 긍휼히 여기지도 아니하고 네 행위대로 너를 벌하여 너의 가증한
일이 너희 중에 나타나게 하리니 나 여호와가 때리는 이임을 네가 알리라
10 볼지어다 그 날이로다 볼지어다 임박하도다 정한 재앙이 이르렀으니 몽
둥이가 꽃이 피며 교만이 싹이 났도다 11 포학이 일어나서 죄악의 몽둥이
가 되었은즉 그들도, 그 무리도, 그 재물도 하나도 남지 아니하며 그 중의
아름다운 것도 없어지리로다 12 때가 이르렀고 날이 가까웠으니 사는 자
도 기뻐하지 말고 파는 자도 근심하지 말 것은 진노가 그 모든 무리에게 임
함이로다 13 파는 자가 살아 있다 할지라도 다시 돌아가서 그 판 것을 얻지
못하리니 이는 묵시가 그 모든 무리에게 돌아오지 아니하고, 사람이 그 죄
악으로 말미암아 자기의 목숨을 유지할 수 없으리라 하였음이로다

이스라엘이 받는 벌

14 그들이 나팔을 불어 온갖 것을 준비하였을지라도 전쟁에 나갈 사람이
없나니 이는 내 진노가 그 모든 무리에게 이르렀음이라 15 밖에는 칼이 있
고 안에는 전염병과 기근이 있어서 밭에 있는 자는 칼에 죽을 것이요 성

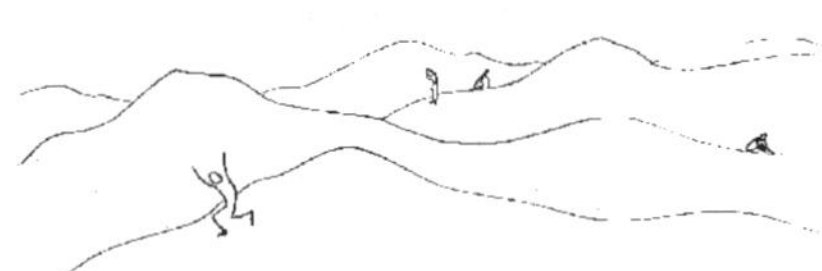

읍에 있는 자는 기근과 전염병에 망할 것이며 16 도망하는 자는 산
위로 피하여 다 각기 자기 죄악 때문에 골짜기의 비둘기들처럼 슬
피 울 것이며 17 모든 손은 피곤하고 모든 무릎은 물과 같이 약할 것
이라 18 그들이 굵은 베로 허리를 묶을 것이요 두려움이 그들을 덮
을 것이요 모든 얼굴에는 수치가 있고 모든 머리는 대머리가 될 것이며 19 그들이 그 은을 거리에 던지며 그 금을
오물 같이 여기리니 이는 여호와 내가 진노를 내리는 날에 그들의 은과 금이 능히 그들을 건지지 못하며 능히 그
심령을 족하게 하거나 그 창자를 채우지 못하고 오직 죄악의 걸림돌이 됨이로다 20 그들이 그
화려한 장식으로 말미암아 교만을 품었고 또 그것으로 가증한 우상과 미운 물건을 만들었은
즉 내가 그것을 그들에게 오물이 되게 하여 21 타국인의 손에 넘겨 노략하게 하며 세상 악인
에게 넘겨 그들이 약탈하여 더럽히게 하고 22 내가 또 내 얼굴을 그들에게서 돌이키리니 그들
이 내 은밀한 처소를 더럽히고 포악한 자도 거기 들어와서 더럽히리라 23 너는 쇠사슬을 만들
라 이는 피 흘리는 죄가 그 땅에 가득하고 포악이 그 성읍에 찼음이라 24 내가 극히 악한 이방
인들을 데려와서 그들이 그 집들을 점령하게 하고 강한 자의 교만을 그치게 하리니 그들의 성

소가 더럽힘을 당하리라 25 패망이 이르리니 그들이 평강을 구하여도 없을 것이라 26 환난에 환난이 더하고 소문
에 소문이 더할 때에 그들이 선지자에게서 묵시를 구하나 헛될 것이며 제사장에게는 율법이 없어질 것이요 장로
에게는 책략이 없어질 것이며 27 왕은 애통하고 고관은 놀람을 옷 입듯 하며 주민의 손은 떨리리라 내가 그 행위
대로 그들에게 갚고 그 죄악대로 그들을 심판하리니 내가 여호와인 줄을 그들이 알리라

❖ **겔 7장**

7:1-13은 하나님의 심판 시기가 아주 임박했음을 강조하는 부분으로 끝까지 회개하지 않는 자에게는 하나님의 징계가 부지불식간에 닥칠 것을 예언하고 있다.

7:14-22는 인간의 힘으로는 하나님의 심판에서 벗어날 수 없으며, 하나님의 심판으로 인하여 지금까지 유다 백성들의 마음을 지배했던 잘못된 교만이 꺾이게 될 것을 예언하고 있다.

7:23-27은 심판의 날에 유다 백성의 땅이 이방인에게 점령당하며 성전조차 훼손되고 그 땅의 지도자들이 무기력해질 것을 예언하고 있다.

본문에는 하나님의 철저한 심판이 강조되고 있으나 이러한 공의로우신 심판 가운데서도 일부를 남겨 하나님의 공의에 대한 증거자로 삼으신다는 사실이 언급되어 있다. 즉 하나님께서는 일부 택한 자들을 구속사를 이어 나갈 남은 자가 되게 하심으로 하나님의 구속사는 하나님의 철저한 간섭 하심으로 절대 단절되지 않는다는 사실을 보여 준다. 이것은 성경 곳곳에서 증명되는 사실이기도 하다. 곧 홍수 심판 직전 온 세상이 모두 부패했으나 하나님 보시기에 의로운 노아가 있어 홍수 심판에서 생존할 수 있었던 것 (창 8:18-19), 엘리야 시대에 온 이스라엘이 우상을 숭배했으나 바알을 섬기지 않았던 7천 명의 사람들이 남아 있었던 사실(왕상 19:17-18) 등이 하나님께서 남은 자를 보존하시는 사실을 잘 보여 주고 있다.

에스겔 29:1-16

❖ 겔 29:1-16
이 부분은 암몬·모압·에돔·블레셋·두로·시돈에 이어 이방 열국의 심판 예언 가운데 마지막으로 유다의 남서쪽에 위치한 대국(大國) 애굽에 대한 심판이 예언된 29~32장의 개시 부분이다. 애굽에 임할 심판이 장장 네 장에 걸쳐 길게 예언되는 것은 하나님의 백성 유다가 애굽과 밀접한 연관이 있기 때문이다. 즉 유구한 역사와 풍부한 재물을 가진 애굽은 당시 근동 지역의 강자로서 군림하였으며, 그러한 애굽을 다스리던 통치자인 바로는 신격화되어 숭배되었다. 심지어 하나님으로부터 택함 받은 유다 백성조차 하나님을 의지하기보다는 애굽 왕을 더 의지할 정도였다(17:15). 따라서 전능하신 하나님께서는 하나님의 영광을 가로채는 이러한 애굽 왕에 대한 심판을 예언하심으로써 하나님 앞에서 인간이 얼마나 무력한 존재인가를 분명히 보여 주시며 인간이 인간을 의지한다는 것이 얼마나 어리석은가를 깨닫게 하신 것이다.

애굽이 받을 심판

1 열째 해 열째 달 열두째 날에 여호와의 말씀이 내게 임하여 이르시되 2
인자야 너는 애굽의 바로 왕과 온 애굽으로 얼굴을 향하고 예언하라 3 너
는 말하여 이르기를 주 여호와께서 이같이 말씀하시되 애굽의 바로 왕이
여 내가 너를 대적하노라 너는 자기의 강들 가운데에 누운 큰 악어라 스
스로 이르기를 나의 이 강은 내 것이라 내가 나를 위하여 만들었다 하는
도다 4 내가 갈고리로 네 아가미를 꿰고 너의 강의 고기가 네 비늘에 붙
게 하고 네 비늘에 붙은 강의 모든 고기와 함께 너를 너의 강들 가운데에
서 끌어내고 5 너와 너의 강의 모든 고기를 들에 던지리니 네가 지면에 떨
어지고 다시는 거두거나 모으지 못할 것은 내가 너를 들짐승과 공중의 새
의 먹이로 주었음이라 6 애굽의 모든 주민이 내가 여호와인 줄을 알리라
애굽은 본래 이스라엘 족속에게 갈대 지팡이라 7 그들이 너를 손으로 잡
은즉 네가 부러져서 그들의 모든 어깨를 찢었고 그들이 너를 의지한즉 네가 부러져서 그들의 모든 허리가 흔들
리게 하였느니라 8 그러므로 주 여호와께서 이같이 말씀하셨느니라 내가 칼이 네게 임하게 하여 네게서 사람과
짐승을 끊은즉 9 애굽 땅이 사막과 황무지가 되리니 내가 여호와인 줄을 그들이 알리라 네가 스스로 이르기를 이
강은 내 것이라 내가 만들었다 하도다 10 그러므로 내가 너와 네 강들을 쳐서 애굽 땅 믹돌에서부터 수에네 곧
구스 지경까지 황폐한 황무지 곧 사막이 되게 하리니 11 그 가운데로 사람의 발도 지나가지 아니하며 짐승의 발
도 지나가지 아니하고 거주하는 사람이 없이 사십 년이 지날지라 12 내가 애굽 땅을 황폐한 나라들 같이 황폐하
게 하며 애굽 성읍도 사막이 된 나라들의 성읍 같이 사십 년 동안 황폐하게 하고 애굽 사람들은 각국 가운데로
흩으며 여러 민족 가운데로 헤치리라 13 주 여호와께서 이같이 말씀하셨느니라 사십 년 끝에 내가 만민 중에 흩
은 애굽 사람을 다시 모아 내되 14 애굽의 사로잡힌 자들을 돌이켜 바드로스 땅 곧 그 고국 땅으로 돌아가게 할
것이라 그들이 거기에서 미약한 나라가 되되 15 나라 가운데에 지극히 미약한 나라가 되어 다시는 나라들 위에
스스로 높이지 못하리니 내가 그들을 감하여 다시는 나라들을 다스리지 못하게 할 것임이라 16 그들이 다시는 이
스라엘 족속의 의지가 되지 못할 것이요 이스라엘 족속은 돌이켜 그들을 바라보지 아니하므로 그 죄악이 기억되
지 아니하리니 내가 여호와인 줄을 그들이 알리라 하셨다 하라

49일~54일

에스겔 30:20~31장

에스겔 30:20-26

❖ 겔 30:20-26
그 애굽이 바벨론에 의해 패배한다는 것을 예언한다. 그러므로 유다는 "내가 여호와인 줄을 그들이 알리라"(25, 26절)의 의미를 깨달았어야 했다.
☞ 오늘 우리는 과연 여호와가 누구인지 분명히 알며 확신하고 있는가?

애굽 왕의 꺾인 팔

20 열한째 해 첫째 달 일곱째 날에 여호와의 말씀이 내게 임하여 이르시
되 21 인자야 내가 애굽의 바로 왕의 팔을 꺾었더니 칼을 잡을 힘이 있도
록 그것을 아주 싸매지도 못하였고 약을 붙여 싸매지도 못하였느니라 22
그러므로 주 여호와께서 이같이 말씀하셨느니라 내가 애굽의 바로 왕을
대적하여 그 두 팔 곧 성한 팔과 이미 꺾인 팔을 꺾어서 칼이 그 손에서 떨어지게 하고 23 애굽 사람을 뭇 나라 가
운데로 흩으며 뭇 백성 가운데로 헤칠지라 24 내가 바벨론 왕의 팔을 견고하게 하고 내 칼을 그 손에 넘겨 주려

니와 내가 바로의 팔을 꺾으리니 그가 바벨론 왕 앞에서 고통하기를 죽게 상한 자의 고통하듯 하리라 25 내가
바벨론 왕의 팔은 들어 주고 바로의 팔은 내려뜨릴 것이라 내가 내 칼을 바벨론 왕의 손에 넘기고 그를 들어 애
굽 땅을 치게 하리니 내가 여호와인 줄을 그들이 알리라 26 내가 애굽 사람을 나라들 가운데로 흩으며 백성들 가
운데로 헤치리니 내가 여호와인 줄을 그들이 알리라

에스겔 31장

한때 백향목 같았던 애굽

1 열한째 해 셋째 달 초하루에 여호와의 말씀이 내게 임하여 이르시되 2
인자야 너는 애굽의 바로 왕과 그 무리에게 이르기를 네 큰 위엄을 누구
에게 비하랴 3 볼지어다 앗수르 사람은 가지가 아름답고 그늘은 숲의 그
늘 같으며 키가 크고 꼭대기가 구름에 닿은 레바논 백향목이었느니라 4
물들이 그것을 기르며 깊은 물이 그것을 자라게 하며 강들이 그 심어진 곳
을 둘러 흐르며 둑의 물이 들의 모든 나무에까지 미치매 5 그 나무가 물이
많으므로 키가 들의 모든 나무보다 크며 굵은 가지가 번성하며 가는 가지
가 길게 뻗어 나갔고 6 공중의 모든 새가 그 큰 가지에 깃들이며 들의 모
든 짐승이 그 가는 가지 밑에 새끼를 낳으며 모든 큰 나라가 그 그늘 아래
에 거주하였느니라 7 그 뿌리가 큰 물 가에 있으므로 그 나무가 크고 가지
가 길어 모양이 아름다우매 8 하나님의 동산의 백향목이 능히 그를 가리
지 못하며 잣나무가 그 굵은 가지만 못하며 단풍나무가 그 가는 가지만 못하며 하나님의 동산의 어떤 나무도 그
아름다운 모양과 같지 못하였도다 9 내가 그 가지를 많게 하여 모양이 아름답게 하였더니 하나님의 동산 에덴에
있는 모든 나무가 다 시기하였느니라 10 그러므로 주 여호와께서 이같이 말씀하셨느니라 그의 키가 크고 꼭대기
가 구름에 닿아서 높이 솟아났으므로 마음이 교만하였은즉 11 내가 여러 나라의 능한 자의 손에 넘겨 줄지라 그
가 임의로 대우할 것은 내가 그의 악으로 말미암아 쫓아내었음이라 12 여러 나라의 포악한 다른 민족이 그를 찍
어 버렸으므로 그 가는 가지가 산과 모든 골짜기에 떨어졌고 그 굵은 가지가 그 땅 모든 물 가에 꺾어졌으며 세
상 모든 백성이 그를 버리고 그 그늘 아래에서 떠나매 13 공중의
모든 새가 그 넘어진 나무에 거주하며 들의 모든 짐승이 그 가
지에 있으리니 14 이는 물가에 있는 모든 나무는 키가 크다고
교만하지 못하게 하며 그 꼭대기가 구름에 닿지 못하게 하며
또 물을 마시는 모든 나무가 스스로 높아 서지 못하게 함이니

그들을 다 죽음에 넘겨 주어 사람들 가운데에서 구덩이로 내려가는 자와 함께 지하로 내려가게 하였음이라 15
주 여호와께서 이같이 말씀하셨느니라 그가 스올에 내려가던 날에 내가 그를 위하여 슬프게 울게 하며 깊은 바
다를 덮으며 모든 강을 쉬게 하며 큰 물을 그치게 하고 레바논이 그를 위하여 슬프게 울게 하며 들의 모든 나무
를 그로 말미암아 쇠잔하게 하였느니라 16 내가 그를 구덩이에 내려가는 자와 함께 스올에 떨어뜨리던 때에 백
성들이 그 떨어지는 소리로 말미암아 진동하게 하였고 물을 마시는 에덴의 모든 나무 곧 레바논의 뛰어나고 아
름다운 나무들이 지하에서 위로를 받게 하였느니라 17 그러나 그들도 그와 함께 스올에 내려 칼에 죽임을 당한
자에게 이르렀나니 그들은 옛적에 그의 팔이 된 자요 나라들 가운데에서 그 그늘 아래에 거주하던 자니라 18 너
의 영광과 위대함이 에덴의 나무들 중에서 어떤 것과 같은고 그러나 네가 에덴의 나무들과 함께 지하에 내려갈
것이요 거기에서 할례를 받지 못하고 칼에 죽임을 당한 자 가운데에 누우리라 이들은 바로와 그의 모든 군대니
라 주 여호와의 말씀이니라 하라

❖ 겔 31장
애굽에 대한 경고로서 이미 바벨론에 의해 멸망을 한 앗수르의 과거 영광과 몰락을 통한 멸망의 경고를 하고 있다.
☞ 이처럼 본문은 반복하여 애굽의 멸망을 다양한 관점을 통해 예언함으로써 역사의 궁극적인 주관자가 이 세상을 당신의 기쁘신 뜻대로 창조하신 하나님이시란 사실과 더불어 하나님께서 역사를 주관하시되 철저한 신적 공의로써 하나님을 적대하는 자를 징계하심을 보여준다. 따라서 하나님의 백성은 가시적으로 능력 있어 보이는 인간의 힘을 의존하는 것이 아니라 구원의 산성(山城)이신 하나님만을 의지하고 인간을 자기의 형상대로 창조하신 하나님의 뜻에 따라서 살아갈 때 삶의 궁극적인 승리자가 됨을 알 수 있다.

열왕기하 25:4-21

성벽 파괴와 시드기야의 눈이 뽑힘, 성전 약탈과 바벨론 군사의 만행

4 그 성벽이 파괴되매 모든 군사가 밤중에 두 성벽 사이 왕의 동산 곁문
길로 도망하여 갈대아인들이 그 성읍을 에워쌌으므로 그가 아라바 길로
가더니 5 갈대아 군대가 그 왕을 뒤쫓아가서 여리고 평지에서 그를 따라
잡으매 왕의 모든 군대가 그를 떠나 흩어진지라 6 그들이 왕을 사로잡아
그를 립나에 있는 바벨론 왕에게로 끌고 가매 그들이 그를 심문하니라 7
그들이 시드기야의 아들들을 그의 눈앞에서 죽이고 시드기야의 두 눈을
빼고 놋 사슬로 그를 결박하여 바벨론으로 끌고 갔더라

누가	어떻게 했나	관련구절
시삭 (애굽 왕)	성전을 약탈하고 성전 보물을 가지고 감.	왕상 14:25-26
아사 (유다 왕)	성전에서 돈과 보물을 가져가, 그것으로 수리아 왕 벤하닷과 동맹을 맺음.	왕상 15:18-19
아달랴 (유다 여왕)	성전을 파괴하였다가 후에 권좌에서 쫓겨나 성전으로 도망쳐 왔으나 자신의 사악한 지배가 끝났다는 사실을 알았을 뿐이다.	왕하 11:13-15
요아스 (유다 왕)	수리아 왕 하사엘을 막으려고 성전에서 금과 신성한 물건들을 가져갔다.	왕하 12:18
요아스 (이스라엘 왕)	유다 왕 아마샤를 사로잡고, 하나님의 전에 들어가 금과 은 등을 약탈했다.	왕하 14:14
아하스 (유다 왕)	성전에서 은금과 다양한 물건을 취해 앗수르 왕을 달래기 위해 공물로 보냈다.	왕하 16:8-18
히스기야 (유다 왕)	성전에서 모든 은을 취하고 성전의 모든 문의 황금을 벗겨내 앗수르 왕 산헤립의 침공을 취소하도록 사용함	왕하 18:13-18
므낫세 (유다 왕)	하나님의 전에 이교도의 제단을 놓았다.	왕하 21:1-8
느부갓네살 (바벨론)	1차, 2차 침략 때 성전에 쳐들어갔다. 3차 때 성전을 파괴하였고, 그 안의 모든 보물을 가져갔다.	왕하 24:13-17

성전 붕괴(렘 52:12-33)

8 바벨론 왕 느부갓네살의 열아홉째 해 오월 칠일에 바벨론 왕의 신복 시
위대장 느부사라단이 예루살렘에 이르러 9 여호와의 성전과 왕궁을 불사
르고 예루살렘의 모든 집을 귀인의 집까지 불살랐으며 10 시위대장에게
속한 갈대아 온 군대가 예루살렘 주위의 성벽을 헐었으며 11 성 중에 남
아 있는 백성과 바벨론 왕에게 항복한 자들과 무리 중 남은 자는 시위대
장 느부사라단이 모두 사로잡아 가고 12 시위대장이 그 땅의 비천한 자를
남겨 두어 포도원을 다스리는 자와 농부가 되게 하였더라 13 갈대아 사람
이 또 여호와의 성전의 두 놋 기둥과 받침들과 여호와의 성전의 놋 바다
를 깨뜨려 그 놋을 바벨론으로 가져가고 14 또 가마들과 부삽들과 부집게
들과 숟가락들과 섬길 때에 쓰는 모든 놋그릇을 다 가져갔으며 15 시위대장이 또 불 옮기는 그릇들과 주발들 곧
금으로 만든 것이나 은으로 만든 것이나 모두 가져갔으며 16 또 솔로몬이 여호와의 성전을 위하여 만든 두 기둥
과 한 바다와 받침들을 가져갔는데 이 모든 기구의 놋 무게를 헤아릴 수 없었으니 17 그 한 기둥은 높이가 열여덟

왕하 25:1-7 눈을 뽑히는 패전국의 왕
고대 근동에서는 전쟁에서 패한 패전국의 왕이나 신하들의 눈을 빼는 일이 많이 있었다. 이처럼 눈을 빼는 것은 죄인임을 나타내고자 하는 것이었고, 본문의 시드기야 역시 바벨론 왕 느부갓네살에 의해 두 눈을 뽑혔다(B.C. 586년).

왕하 25:1-12
느부갓네살의 남유다 침입 경로
본 지도는 B.C. 605-586년까지 계속된 바벨론 왕 느부갓네살의 남유다 침입 경로이다. 한편 B.C. 586년 느부갓네살이 예루살렘까지 침공해 옴으로써 남유다는 멸망하게 된다.

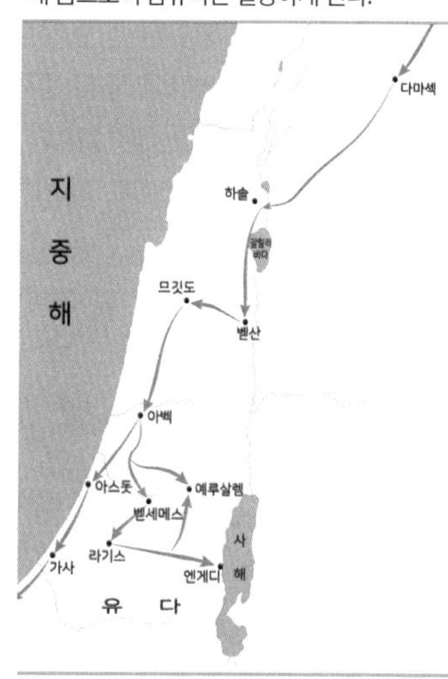

왕하 25:9
학습 자료 51-1 "성전(聖殿) 파괴의 의의" 참조

규빗이요 그 꼭대기에 놋 머리가 있어 높이가 세 규빗이요 그 머리에 둘린
그물과 석류가 다 놋이라 다른 기둥의 장식과 그물도 이와 같았더라

유다 백성이 바벨론으로 사로잡혀 가다(렘 52:24-27)

18 시위대장이 대제사장 스라야와 부제사장 스바냐와 성전 문지기 세 사
람을 사로잡고 19 또 성 중에서 사람을 사로잡았으니 곧 군사를 거느린
내시 한 사람과 또 성 중에서 만난 바 왕
의 시종 다섯 사람과 백성을 징집
하는 장관의 서기관 한 사람과 성
중에서 만난 바 백성 육십 명이라
20 시위대장 느부사라단이 그들을 사로잡아 가지고
립나 바벨론 왕에게 나아가매 21 바벨론 왕이 하맛 땅 립나에서 다 쳐죽
였더라 이와 같이 유다가 사로잡혀 본토에서 떠났더라

> **왕하 25:8-16 성전 파괴가 주는 영적 교훈**
> 솔로몬 성전이 건축된 이래 성전은 이스라엘의 신앙을 한 곳으로 묶는 구심점 역할을 해왔다. 그러나 이 성전은 신앙의 수단으로서가 아니라 성전 자체가 절대성을 갖는 것으로 점차 그 본래의 성격이 변질되어 갔다. 심지어 유다 백성들은 이 성전이 있는 한 자신들은 절대 멸망하지 않는다는 미신적 사고방식까지 갖게 되었다. 이러한 상황에서 성전 파괴는 유다 백성들에게 큰 충격이 아닐 수 없었을 것이다. 한편 그 당시의 이스라엘 백성뿐만 아니라 오늘날의 성도들에게도 성전 파괴가 주는 영적 의미는 실로 크다고 하겠다.

예레미야 52:7-11

7 그 성벽이 파괴되매 모든 군사가 밤중에 그 성에서 나가 두 성벽 사이
왕의 동산 곁문 길로 도망하여 갈대아인들이 그 성읍을 에워쌌으므로 그
들이 아라바 길로 가더니 8 갈대아 군대가 그 왕을 뒤쫓아 가서 여리고 평
지에서 시드기야를 따라 잡으매 왕의 모든 군대가 그를 떠나 흩어진지라
9 그들이 왕을 사로잡아 그를 하맛 땅 리블라에 있는 바벨론 왕에게로 끌
고 가매 그가 시드기야를 심문하니라 10 바벨론 왕이 시드기야의 아들들
을 그의 눈앞에서 죽이고 또 리블라에서 유다의 모든 고관을 죽이며 11 시
드기야의 두 눈을 빼고 놋사슬로 그를 결박하여 바벨론 왕이 그를 바벨
론으로 끌고 가서 그가 죽는 날까지 옥에 가두었더라

렘 25:1-30 열왕기상·하의 시작과 종결 비교

	열왕기상의 시작	열왕기하의 종결
1	솔로몬의 승리	느부갓네살의 침략
2	솔로몬의 영광	시드기야의 수치
3	순종	불순종
4	성전 건축	성전의 파괴
5	퇴보의 시작	패배의 절정
6	하나님을 저버리는 왕들	왕들을 징계하는 하나님
7	하나님의 참으심이 뚜렷함	포로에서의 회복이 뚜렷이 암시됨

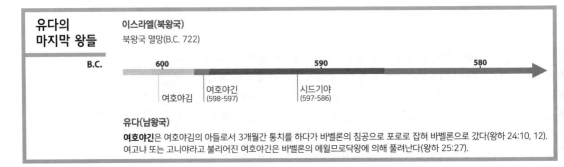

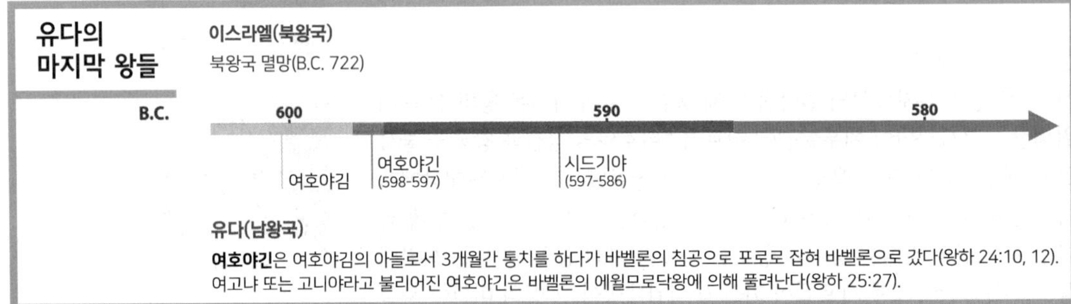
유다의 마지막 왕들
이스라엘(북왕국)
북왕국 멸망(B.C. 722)
B.C.
600
590
580
여호야김
여호야긴 (598-597)
시드기야 (597-586)
유다(남왕국)
여호야긴은 여호야김의 아들로서 3개월간 통치를 하다가 바벨론의 침공으로 포로로 잡혀 바벨론으로 갔다(왕하 24:10, 12).
여고냐 또는 고니야라고 불리어진 여호야긴은 바벨론의 에윌므로닥왕에 의해 풀려난다(왕하 25:27).

예레미야 39:1-7

예루살렘이 함락되다(왕하 25:1-12, 렘 52:4-16)

1 유다의 시드기야 왕의 제구년 열째 달에 바벨론의 느부갓네살 왕과 그의 모든 군대가 와서 예루살렘을 에워싸

고 치더니 2 시드기야의 제십일년 넷째 달 아홉째 날에 성이 함락되니라 예루살렘이 함락되매 3 바벨론의 왕의 모
든 고관이 나타나 중문에 앉으니 곧 네르갈사레셀과 삼갈네부와 내시장 살스김이니 네르갈사레셀은 궁중 장관
이며 바벨론의 왕의 나머지 고관들도 있더라 4 유다의 시드기야 왕과 모든 군사가 그들을 보고 도망하되 밤에 왕
의 동산 길을 따라 두 담 샛문을 통하여 성읍을 벗어나서 아라바로 갔더니 5 갈대아인의 군대가 그들을 따라 여리
고 평원에서 시드기야에게 미쳐 그를 잡아서 데리고 하맛 땅 립나에 있는 바벨론의 느부갓네살 왕에게로 올라가
매 왕이 그를 심문하였더라 6 바벨론의 왕이 립나에서 시드기야의 눈 앞에서 그의 아들들을 죽였고 왕이 또 유다
의 모든 귀족을 죽였으며 7 왕이 또 시드기야의 눈을 빼게 하고 바벨론으로 옮기려고 사슬로 결박하였더라

역대하 36:17-21

❖ 이하의 부분에서 유다의 멸망과 예루살렘의 함락이 보여 주는 비참한 상황을 관찰하며 읽어라.

바벨론 군사의 만행

17 하나님이 갈대아 왕의 손에 그들을 다 넘기시매 그가 와서 그들의 성전에서 칼로 청년들을 죽이며 청년 남녀와
노인과 병약한 사람을 긍휼히 여기지 아니하였으며 18 또 하나님의 전의 대소 그릇들과 여호와의 전의 보물과 왕
과 방백들의 보물을 다 바벨론으로 가져가고 19 또 하나님의 전을 불사르며 예루살렘 성벽을 헐며 그들의 모든 궁
실을 불사르며 그들의 모든 귀한 그릇들을 부수고 20 칼에서 살아 남은 자를 그가 바벨론으로 사로잡아 가매 무
리가 거기서 갈대아 왕과 그의 자손의 노예가 되어 바사국이 통치할 때까지 이르니라 21 이에 토지가 황폐하여 땅
이 안식년을 누림 같이 안식하여 칠십 년을 지냈으니 여호와께서 예레미야의 입으로 하신 말씀이 이루어졌더라

에스겔 12장

포로가 될 것을 나타내는 상징행위

1 또 여호와의 말씀이 내게 임하여 이르시되 2 인자야 네가 반역하는 족속 중에 거주하는도다 그들은 볼 눈이 있
어도 보지 아니하고 들을 귀가 있어도 듣지 아니하나니 그들은 반역하는 족속임이라 3 인자야 너는 포로의 행장
을 꾸리고 낮에 그들의 목전에서 끌려가라 네가 네 처소를 다른 곳으로 옮기는 것을 그들이 보면 비록 반역하는
족속이라도 혹 생각이 있으리라 4 너는 낮에 그들의 목전에서 네 포로의 행장을 밖에 내놓기를 끌려가는 포로의
행장 같이 하고 저물 때에 너는 그들의 목전에서 밖으로 나가기를 포로되어 가는 자 같이 하라 5 너는 그들의 목
전에서 성벽을 뚫고 그리로 따라 옮기되 6 캄캄할 때에 그들의 목전에서 어깨에 메고 나가며 얼굴을 가리고 땅을
보지 말지어다 이는 내가 너를 세워 이스라엘 족속에게 징조가 되게 함이라 하시기로 7 내가 그 명령대로 행하여
낮에 나의 행장을 끌려가는 포로의 행장 같이 내놓고 저물 때에 내 손으로 성벽을 뚫고 캄캄할 때에 행장을 내다
가 그들의 목전에서 어깨에 메고 나가니라 8 이튿날 아침에 여호와의 말씀이 또 내게 임하여 이르시되 9 인자야
이스라엘 족속 곧 그 반역하는 족속이 네게 묻기를 무엇을 하느냐 하지 아니하더냐 10 너는 그들에게 말하기를
주 여호와의 말씀에 이것은 예루살렘 왕과 그 가운데에 있는 이스라엘 온 족속에 대한 묵시라 하셨다 하고 11 또
말하기를 나는 너희 징조라 내가 행한 대로 그들도 포로로 사로잡혀 가리라 12 무리가 성벽을 뚫고 행장을 그리
로 가지고 나가고 그 중에 왕은 어두울 때에 어깨에 행장을 메고 나가며 눈으로 땅을 보지 아니하려고 자기 얼굴
을 가리리라 하라 13 내가 또 내 그물을 그의 위에 치고 내 올무에 걸리게 하여 그를 끌고 갈대아 땅 바벨론에 이
르리니 그가 거기에서 죽으려니와 그 땅을 보지 못하리라 14 내가 그 호위하는 자와 부대들을 다 사방으로 흩고
또 그 뒤를 따라 칼을 빼리라 15 내가 그들을 이방인 가운데로 흩으며 여러 나라 가운데에 헤친 후에야 내가 여호
와인 줄을 그들이 알리라 16 그러나 내가 그 중 몇 사람을 남겨 칼과 기근과 전염병에서 벗어나게 하여 그들이 이

49일~54일

르는 이방인 가운데에서 자기의 모든 가증한 일을 자백하게 하리니 내가 여호와인 줄을 그들이 알리라

떨면서 먹고 마시며 보이는 징조

17 여호와의 말씀이 또 내게 임하여 이르시되 18 인자야 너는 떨면서 네 음식을 먹고 놀라고 근심하면서 네 물을
마시며 19 이 땅 백성에게 말하되 주 여호와께서 예루살렘 주민과 이스라엘 땅에 대하여 이르시기를 그들이 근
심하면서 그 음식을 먹으며 놀라면서 그 물을 마실 것은 이 땅 모든 주민의 포악으로 말미암아 땅에 가득한 것이
황폐하게 됨이라 20 사람이 거주하는 성읍들이 황폐하며 땅이 적막하리니 내가 여호와인 줄을 너희가 알리라 하
셨다 하라

속담과 묵시

21 여호와의 말씀이 또 내게 임하여 이르시되 22 인자야 이스라엘 땅에서 이르기를 날이 더디고 모든 묵시가 사
라지리라 하는 너희의 이 속담이 어찌 됨이냐 23 그러므로 너는 그들에게 이르기를 주 여호와께서 이같이 말씀하
시기를 내가 이 속담을 그치게 하리니 사람이 다시는 이스라엘 가운데에서 이 속담을 사용하지 못하리라 하셨다
하고 또 그들에게 이르기를 날과 모든 묵시의 응함이 가까우니 24 이스라엘 족속 중에 허탄한 묵시나 아첨하는
복술이 다시 있지 못하리라 하라 25 나는 여호와라 내가 말하리니 내가 하는 말이 다시는 더디지 아니하고 응하
리라 반역하는 족속이여 내가 너희 생전에 말하고 이루리라 나 주 여호와의 말이니라 하셨다 하라 26 여호와의
말씀이 또 내게 임하여 이르시되 27 인자야 이스라엘 족속의 말이 그가 보는 묵시는 여러 날 후의 일이라 그가 멀
리 있는 때에 대하여 예언하였다 하느니라 28 그러므로 너는 그들에게 이르기를 주 여호와의 말씀에 나의 말이
하나도 다시 더디지 아니할지니 내가 한 말이 이루어지리라 나 주 여호와의 말이니라 하라

예레미야 52:12-27

49일~
54일

여호와의 성전이 헐리다(왕하 25:8-17)

12 바벨론의 느부갓네살 왕의 열아홉째 해 다섯째 달 열째 날에 바벨론
왕의 어전 사령관 느부사라단이 예루살렘에 이르러 13 여호와의 성전과
왕궁을 불사르고 예루살렘의 모든 집과 고관들의 집까지 불살랐으며 14
사령관을 따르는 갈대아 사람의 모든 군대가 예루살렘 사면 성벽을 헐었
더라 15 사령관 느부사라단이 백성 중 가난한 자와 성중에 남아 있는 백
성과 바벨론 왕에게 항복한 자와 무리의 남은 자를 사로잡아 갔고 16 가
난한 백성은 남겨 두어 포도원을 관리하는 자와 농부가 되게 하였더라 17
갈대아 사람은 또 여호와의 성전의 두 놋기둥과 받침들과 여호와의 성전
의 놋대야를 깨뜨려 그 놋을 바벨론으로 가져갔고 18 가마들과 부삽들과
부집게들과 주발들과 숟가락들과 섬길 때에 쓰는 모든 놋그릇을 다 가져갔고 19 사령관은 잔들과 화로들과 주
발들과 솥들과 촛대들과 숟가락들과 바리들 곧 금으로 만든 물건의 금과 은으로 만든 물건의 은을 가져갔더라
20 솔로몬 왕이 여호와의 성전을 위하여 만든 두 기둥과 한 바다와 그 받침 아래에 있는 열두 놋 소 곧 이 모든 기
구의 놋 무게는 헤아릴 수 없었더라 21 그 기둥은 한 기둥의 높이가 십팔 규빗이요 그 둘레는 십이 규빗이며 그 속
이 비었고 그 두께는 네 손가락 두께이며 22 기둥 위에 놋머리가 있어 그 높이가 다섯 규빗이요 머리 사면으로 돌
아가며 꾸민 망사와 석류가 다 놋이며 또 다른 기둥에도 이런 모든 것과 석류가 있었더라 23 그 사면에 있는 석류
는 아흔여섯 개요 그 기둥에 둘린 그물 위에 있는 석류는 도합이 백 개이었더라

✣ 왕하 25장 성전 파괴 부분 참조

✣ **법궤의 행방은?**
이 성전 파괴로 인해 법궤의 행방에 대해 관심이 많다. 많은 사람이 이 파괴 때 부서졌다고 믿지만 유대교 전승에 의하면 예레미야가 법궤를 느보산 어느 동굴에 숨겼다고 하고, 또는 요시야 왕이 예루살렘의 어느 동굴에 감췄다고 한다. 에티오피아의 전설은 솔로몬 왕의 아들과 시바의 여왕이 언약궤를 에티오피아로 가져갔으며 그것이 액섬(Aksum)의 한 교회에 보관되었다고 한다. 에티오피아의 그리스도인들은 십계명이 새겨진 돌판을 담은 상자를 들고서 줄을 서 행진하는 관습을 만들었다는 것이다. 그러나 이런 관습은 고대부터 있었던 것은 아닌 것 같다.

유다 백성이 바벨론으로 사로잡혀 가다(왕하 25:18-21, 27-30)

24 사령관이 대제사장 스라야와 부제사장 스바냐와 성전 문지기 세 사람을 사로잡고 25 또 성 안에서 사람을 사

로잡았으니 곧 군사를 거느린 지휘관 한 사람과 또 성중에서 만난 왕의 내시 칠 명과 군인을 감독하는 군 지휘관
의 서기관 하나와 성 안에서 만난 평민 육십 명이라 26 사령관 느부사라단은 그들을 사로잡아 립나에 있는 바벨
론의 왕에게 나아가매 27 바벨론의 왕이 하맛 땅 립나에서 다 쳐 죽였더라 이와 같이 유다가 사로잡혀 본국에서
떠났더라

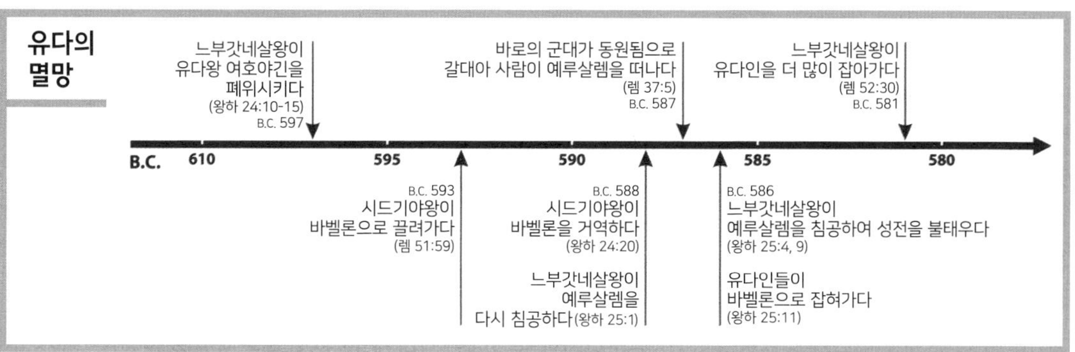

예레미야 39:8-10

8 갈대아인들이 왕궁과 백성의 집을 불사르며 예루살렘 성벽을 헐었고 9 사령관 느부사라단이 성중에 남아 있는
백성과 자기에게 항복한 자와 그 외의 남은 백성을 잡아 바벨론으로 옮겼으며 10 사령관 느부사라단이 아무 소
유가 없는 빈민을 유다 땅에 남겨 두고 그 날에 포도원과 밭을 그들에게 주었더라

시편 89 편

에스라인 에단의 마스길

1 내가 여호와의 인자하심을 영원히 노래하며 주의 성실하심을 내 입으로
대대에 알게 하리이다 2 내가 말하기를 인자하심을 영원히 세우시며 주의
성실하심을 하늘에서 견고히 하시리라 하였나이다 3 주께서 이르시되 나
는 내가 택한 자와 언약을 맺으며 내 종 다윗에게 맹세하기를 4 내가 네
자손을 영원히 견고히 하며 네 왕위를 대대에 세우리라 하셨나이다 (셀라)
5 여호와여 주의 기이한 일을 하늘이 찬양할 것이요 주의 성실도 거룩한
자들의 모임 가운데에서 찬양하리이다 6 무릇 구름 위에서 능히 여호와
와 비교할 자 누구며 신들 중에서 여호와와 같은 자 누구리이까 7 하나님
은 거룩한 자의 모임 가운데에서 매우 무서워할 이시오며 둘러 있는 모든
자 위에 더욱 두려워할 이시니이다 8 여호와 만군의 하나님이여 주와 같
이 능력 있는 이가 누구리이까 여호와여 주의 성실하심이 주를 둘렀나이
다 9 주께서 바다의 파도를 다스리시며 그 파도가 일어날 때에 잔잔하게
하시나이다 10 주께서 라합을 죽임 당한 자 같이 깨뜨리시고 주의 원수를
주의 능력의 팔로 흩으셨나이다 11 하늘이 주의 것이요 땅도 주의 것이라

❖ 시편 89편
다윗 언약(Davidic Covenant, 삼하 7:8-16) 대로 주께서 이스라엘의 영원한 보호자와 통치자가 되어주시기를 노래한 것이다. 본 시는 다윗 언약이 파기된 듯한 상황 곧 다윗 왕국이 심각한 위기에 처한 상황에서 시인이 하나님께 다윗 언약을 기억하여 다윗 왕국을 보호하여 주실 것을 호소하고 있다.
본 시는 '다윗 언약의 헌장'이라고 불리울 정도로 다윗 언약을 직접적으로 인용한 내용이 많이 나온다.

시 89:2 불변의 우주는 하나님의 인자와 성실하심의 확실한 증거이다.
☞ 느 9:6 오직 주는 여호와시라 하늘과 하늘들의 하늘과 일월 성신과 땅과 땅 위의 만물과 바다와 그 가운데 모든 것을 지으시고 다 보존하시오니 모든 천군이 주께 경배하나이다
☞ 사 40:26 너희는 눈을 높이 들어 누가 이 모든 것을 창조하였나 보라 주께서는 수효대로 만상을 이끌어 내시고 그들의 모든 이름을 부르시나니 그의 권세가 크고 그의 능력이 강하므로 하나도 빠짐이 없느니라

세계와 그 중에 충만한 것을 주께서 건설하셨나이다 12 남북을 주께서 창
조하셨으니 다볼과 헤르몬이 주의 이름으로 말미암아 즐거워하나이다 13
주의 팔에 능력이 있사오며 주의 손은 강하고 주의 오른손은 높이 들리
우셨나이다 14 의와 공의가 주의 보좌의 기초라 인자함과 진실함이 주 앞
에 있나이다 15 즐겁게 소리칠 줄 아는 백성은 복이 있나니 여호와여 그들
이 주의 얼굴 빛 안에서 다니리로다 16 그들은 종일 주의 이름 때문에 기
뻐하며 주의 공의로 말미암아 높아지오니 17 주는 그들의 힘의 영광이심
이라 우리의 뿔이 주의 은총으로 높아지오리니 18 우리의 방패는 여호와
께 속하였고 우리의 왕은 이스라엘의 거룩한 이에게 속하였기 때문이니
이다 19 그 때에 주께서 환상 중에 주의 성도들에게 말씀하여 이르시기를
내가 능력 있는 용사에게는 돕는 힘을 더하며 백성 중에서 택함 받은 자
를 높였으되 20 내가 내 종 다윗을 찾아내어 나의 거룩한 기름을 그에게
부었도다 21 내 손이 그와 함께 하여 견고하게 하고 내 팔이 그를 힘이 있
게 하리로다 22 원수가 그에게서 강탈하지 못하며 악한 자가 그를 곤고하
게 못하리로다 23 내가 그의 앞에서 그 대적들을 박멸하며 그를 미워하는
자들을 치려니와 24 나의 성실함과 인자함이 그와 함께 하리니 내 이름으
로 말미암아 그의 뿔이 높아지리로다 25 내가 또 그의 손을 바다 위에 놓
으며 오른손을 강들 위에 놓으리니 26 그가 내게 부르기를 주는 나의 아
버지시요 나의 하나님이시요 나의 구원의 바위시라 하리로다 27 내가 또
그를 장자로 삼고 세상 왕들에게 지존자가 되게 하며 28 그를 위하여 나의 인자함을 영원히 지키고 그와 맺은 나
의 언약을 굳게 세우며 29 또 그의 후손을 영구하게 하여 그의 왕위를 하늘의 날과 같게 하리로다 30 만일 그의
자손이 내 법을 버리며 내 규례대로 행하지 아니하며 31 내 율례를 깨뜨리며 내 계명을 지키지 아니하면 32 내가
회초리로 그들의 죄를 다스리며 채찍으로 그들의 죄악을 벌하리로다 33 그러나 나의 인자함을 그에게서 다 거두
지는 아니하며 나의 성실함도 폐하지 아니하며 34 내 언약을 깨뜨리지 아니하고 내 입술에서 낸 것은 변하지 아
니하리로다 35 내가 나의 거룩함으로 한 번 맹세하였은즉 다윗에게 거짓말을 하지 아니할 것이라 36 그의 후손이
장구하고 그의 왕위는 해 같이 내 앞에 항상 있으며 37 또 궁창의 확실한 증인인 달 같이 영원히 견고하게 되리라
하셨도다 (셀라) 38 그러나 주께서 주의 기름 부음 받은 자에게 노하사 물리치셔서 버리셨으며 39 주의 종의 언약
을 미워하사 그의 관을 땅에 던져 욕되게 하셨으며 40 그의 모든 울타리를 파괴하시며 그 요새를 무너뜨리셨으
므로 41 길로 지나가는 자들에게 다 탈취를 당하며 그의 이웃에게 욕을 당하나이다 42 주께서 그의 대적들의 오
른손을 높이시고 그들의 모든 원수들은 기쁘게 하셨으나 43 그의 칼날은 둔하게 하사 그가 전장에서 더 이상 버
티지 못하게 하셨으며 44 그의 영광을 그치게 하시고 그의 왕위를 땅에 엎으셨으며 45 그의 젊은 날들을 짧게 하
시고 그를 수치로 덮으셨나이다 (셀라) 46 여호와여 언제까지니이까 스스로 영원히 숨기시리이까 주의 노가 언제
까지 불붙듯 하시겠나이까 47 나의 때가 얼마나 짧은지 기억하소서 주께서 모든 사람을 어찌 그리 허무하게 창
조하셨는지요 48 누가 살아서 죽음을 보지 아니하고 자기의 영혼을 스올의 권세에서 건지리이까 (셀라) 49 주여 주
의 성실하심으로 다윗에게 맹세하신 그 전의 인자하심이 어디 있나이까 50 주는 주의 종들이 받은 비방을 기억하
소서 많은 민족의 비방이 내 품에 있사오니 51 여호와여 이 비방은 주의 원수들이 주의 기름 부음 받은 자의 행동
을 비방한 것이로소이다 52 여호와를 영원히 찬송할지어다 아멘 아멘

시 89:15-17 주님을 자기 삶의 기반(원리)으로 삼는 자는 유복한 사람이다.
☞ **시 73:28** 하나님께 가까이 함이 내게 복이라 내가 주 여호와를 나의 피난처로 삼아 주의 모든 행적을 전파하리이다
☞ **요 15:5** 나는 포도나무요 너희는 가지라 그가 내 안에, 내가 그 안에 거하면 사람이 열매를 많이 맺나니 나를 떠나서는 너희가 아무 것도 할 수 없음이라

시 89:30-32 하나님의 징계는 언약을 이루려는 방편이다.
☞ **롬 5:3-4** 다만 이뿐 아니라 우리가 환난 중에도 즐거워하나니 이는 환난은 인내를, 인내는 연단을, 연단은 소망을 이루는 줄 앎이로다
☞ **사 48:10** 보라 내가 너를 연단하였으나 은처럼 하지 아니하고 너를 고난의 풀무불에서 택하였노라
☞ **벧전 1:6-7** 그러므로 너희가 이제 여러 가지 시험으로 말미암아 잠깐 근심하게 되지 않을 수 없으나 오히려 크게 기뻐하는도다 너희 믿음의 확실함은 불로 연단하여도 없어질 금보다 더 귀하여 예수 그리스도께서 나타나실 때에 칭찬과 영광과 존귀를 얻게 할 것이니라

51일차 읽기의 요약

(겔 21:18~32, 겔 24, 겔 3:22~7장, 겔 29:1~16, 겔 30:20~31장, 왕하 25:4~21, 렘 52:7~11, 렘 39:1~7, 대하 36:17~21, 겔 12, 렘 52:12~27, 렘 39:8~10, 시 89)

바벨론 땅에 가 있는 에스겔은 이제 예루살렘의 끝이 왔음을 여러 가지 상징적 행위들을 통해 알리지만 백성들은 그 행위가 의미하는 임박한 심판을 멀리 있는 여러 날 후의 일처럼 여기며 그날에 대한 묵시를 믿지 않는다. 하나님은 심지어 에스겔의 아내가 하루아침에 갑자기 죽게 하심으로 유다가 아끼던 성전의 무너짐이 얼마나 가까이 왔으며 또한 맘 놓고 애도할 수조차 없는 비참한 일인지를 알려 주셨다.

예레미야와 에스겔의 예언대로 결국 예루살렘은 B.C. 586년에 망하여 유다의 시드기야 왕은 두 눈이 뽑히고 바벨론으로 사로잡혀 간다. 바벨론 군대는 예루살렘 성전을 허물고 솔로몬 왕이 만든 각종 기구를 헐어 막대한 양의 금과 은과 놋을 바벨론으로 가져갔다. 그러나 예레미야는 가난한 자들과 비천한 자들만 남은 폐허가 된 예루살렘에 남겨진다.

이렇게 유다가 망하고 백성들이 포로로 다 끌려간 상황에서 이제 그들에게는 하나님께서 다윗에게 그의 후손과 왕위에 대해 맺으신 언약을 기억하고 비록 그들의 불신앙으로 그 언약이 깨어졌을지라도 하나님의 영원하신 인자와 성실에 의지하여 그 언약의 회복을 바라보는 것 밖에는 아무 소망이 없는 상황에 이르게 된다.

그러면 어떻게 살 것인가?

인위뚝 · 신위고!

☑ 세계관 점검 – 묵상하기 (영상 강의와 교재 내용의 이해를 바탕으로)

- 51일차 ⓥ 동영상 강의 시작 부분을 잘 듣고 성경 읽기에 대한 우리의 각오를 다시 한번 새롭게 강화해서 남은 부분도 은혜롭게 읽기를 다짐하자! (51일차 강의 1:30~6:22까지)

- 오늘 읽은 본문에서 특히 에스겔서에서 "...그들이 나를 여호와임을 알리라..."가 몇 번이나 나오는지를 유의하고 그 말을 통해서 하나님의 간절한 마음이 무엇인가를 깊이 묵상하라.
  하나님을 바르게 알지 못하고 자기 멋대로 판단하고 행동하며 살아간 유대 백성들에게 임하는 하나님의 진노의 심판이 예루살렘의 멸망으로 나타난다. – (cf. 딤후 4:3-4)

  오늘 나와 우리는 이런 상황과 다른가?
  나는 정말 여호와가 누구이신가를 잘 알고 있는가?
  성경에서 나타내 주신 그 하나님을 알고 그 분에게 내 순종의 예배를 드리는 삶을 살고 있는가?

- 렘 29:1-16의 부분을 읽고 절체절명의 위기 속에서 인간이 의지하고 싶어 하는 것이 그들의 세계관이다. 인간의 삶은 판단의 연속으로 이루어져 있는 바 이러한 판단은 하나님 중심으로 되어져야 한다(시 37:5). 인

간은 보통 자신의 감정이나 이성 그리고 대중들의 가치 기준에 따라 어떤 일을 결정하기 쉽다. 그러나 이러한 결정이 역사의 주관자이시며 모든 인간의 삶의 주관자이신 하나님의 뜻에 어긋나는 것이라면 잘못된 결정을 한 그 사람의 삶은 실패할 수밖에 없다. 본문에서 볼 수 있듯이, 스스로 교만한 애굽은 물론 그 애굽을 의지하는 자들 또한 하나님의 심판을 받아 결국 멸절할 것을 거듭 강조하여 예언하고 있는 것도 이러한 사실을 명확히 보여주는 것이라 하겠다. 이러한 예언은 과거 한 시대에만 적용되는 특별한 것이 아니라 그리스도의 재림으로 구속사가 완성되는 그날에 이르기까지 적용되는 만고불변의 진리인 바 인간은 오직 절대자 하나님을 기준으로 생각하고 행동해야 함을 교훈하는 것이다.

· 고전 3:9-10 우리는 하나님의 동역자들이요 너희는 하나님의 밭이요 하나님의 집이니라 내게 주신 하나님의 은혜를 따라 내가 지혜로운 건축자와 같이 터를 닦아 두매 다른 이가 그 위에 세우나 그러나 각각 어떻게 그 위에 세울까를 조심할지니라

성전 수난사 강의의 내용(51일차 동영상 강의 17:37~19:53)을 상기하면서 성전(성막)의 의미를 되새겨 보고, 오늘 이 시대의 성전은 무엇이고 그 성전은 과연 하나님의 진노가 임하지 않을 만큼 깨끗한가를 성찰하고 반성하자.

예루살렘의 멸망함으로 인한 처절한 참상을 묵상하고 그것에서 내가 깨닫고 배워야 할 점은 무엇인가?

시편 89편은 우리의 찬양을 받기에 합당하신 여호와가 어떤 분인가를 노래하고 있다. 이것이 진정 나의 이해이며 그분에 대한 찬양인가를 묵상하라. 에스겔서에 "저들이 내가 여호와임을 알리라"라는 구절이 무려 70번이나 나오고, 호세아 6장에서도 "우리가 여호와를 알자 힘써 여호와를 알자"라고 호소한다.
여호와를 안다는 것이 무엇인지 알고 과연 나는 그렇게 여호와를 알고 있는지 반성하고 회개해야 한다. 그것이 진정 하나님과 바른 관계를 회복할 수 있는 길이다.

결단기도와 실행하기

약 2:26 영혼 없는 몸이 죽은 것 같이 행함이 없는 믿음은 죽은 것이니라
시 119:28 나의 영혼이 눌림으로 말미암아 녹사오니 주의 말씀대로 나를 세우소서

예레미야애가	LAMENTATIONS	耶利米哀歌

예레미야애가 한눈에 보기

개요 슬픔의 시 (Elegy)

다섯 편의 시가 다섯 겹으로 구성

애가 1 - 1장	■ 예루살렘의 재앙	선지자가 탄식하다 (1–11절) 도성이 애곡하다 (12–22절)
애가 2 - 2장	■ 여호와의 진노	진노의 성격 (1–12절) 권면받는 도성 (13–22절)
애가 3 - 3장	■ 예레미야의 슬픔	고통, 그러나 희망 (1–39절) 국가와 개인에게 호소 (40–66절)
애가 4 - 4장	■ 여호와의 진노	대조와 이유 (1–11절) 방관자 – 에돔 왕(12–22절)
애가 5 - 5장	■ 예레미야의 기도	호소 – 시온이 무너지다. (1–18절) 호소 – 여호와가 구원하시다. (19–22절)

예레미야 애가 1장~5장

❖ 예레미야 애가 개요

조선이 1905년 을사늑약에 의해 일본에 합병되자 1905년 11월 20일 황성신문에 장지연 논설위원이 시일야방성대곡(是日也放聲大哭), 즉 "오늘 하루 목 놓아 우노라."라는 제목의 사설을 실었다. 예레미야 애가는 바로 그와 같은 맥락의 시(詩)이다. 이 책은 다섯 개의 시(詩)로 구성되어 있는데, 각 시(詩)는 B.C. 586년에 있었던 예루살렘 멸망으로 인해 야기된 대 파괴와 비탄에 대한 마음을 찢는 외로운 부르짖음이다. 절망과 함께 각 시는 고백과 회개의 기도를 담고 있으며, 또한 소망과 믿음에 대한 암시, 그리고 회복을 위한 기도를 포함한다. 히브리 성경에서 이것은 성문서의 일부이며, 룻기와 전도서 사이에 놓여 있다. 유대인들은 예루살렘에 있는 통곡의 벽에서, 그리고 해마다 압월(7월) 9일. 곧 느부갓네살이 성전을 멸망시킨 날에 이 다섯 개의 시를 낭송한다.

또한 이 애가는 요한계시록 18장과 다음과 같이 대조된다. 애가서는 하나님의 도성인 예루살렘의 함락을 보고 하나님의 선지자가 우는 것을 읽게 된다. 계시록 18장에서는 땅의 상인들이 물질과 탐욕의 도성 바벨론이 함락됨을 보고 우는 모습이 나온다.

❖ "에카", 1, 2, 4장 첫머리에 "슬프다"(אֵיכָה 에카)로 시작. 3, 5장에는 없음.

예레미야애가 1장

예루살렘의 슬픔

[1] 슬프다 이 성이여 전에는 사람들이 많더니
이제는 어찌 그리 적막하게 앉았는고 전에
는 열국 중에 크던 자가 이제는 과부 같이 되
었고 전에는 열방 중에 공주였던 자가 이제
는 강제 노동을 하는 자가 되었도다 [2] 밤에
는 슬피 우니 눈물이 뺨에 흐름이여 사랑
하던 자들 중에 그에게 위로하는 자가 없
고 친구들도 다 배반하여 원수들이 되었도다 [3] 유다는 환난과 많은 고난
가운데에 사로잡혀 갔도다 그가 열국 가운데에 거주하면서 쉴 곳을 얻지
못함이여 그를 핍박하는 모든 자들이 궁지에서 그를 뒤따라 잡았도다 [4]
시온의 도로들이 슬퍼함이여 절기를 지키려 나아가는 사람이 없음이로다
모든 성문들이 적막하며 제사장들이 탄식하며 처녀들이 근심하며 시온도
곤고를 받았도다 [5] 그의 대적들이 머리가 되고 그의 원수들이 형통함은
그의 죄가 많으므로 여호와께서 그를 곤고하게 하셨음이라 어린 자녀들
이 대적에게 사로잡혔도다 [6] 딸 시온의 모든 영광이 떠나감이여 그의 모
든 지도자들은 꼴을 찾지 못한 사슴들처럼 뒤쫓는 자 앞에서 힘없이 달아
났도다 [7] 예루살렘이 환난과 유리하는 고통을 당하는 날에 옛날의 모든

애 1:1 "적막하게 된 도성"의 의미는 하나님과의 관계가 온전히 끊어졌다는 것을 말한다. 하나님과의 바른 관계 여부가 인간의 운명과 직결되어 있다는 사실을 잠시도 잊어서는 안 된다.
⇒ "흙 + 하나님의 생기"의 원리를 다시 한번 깊이 생각해 보라.
나의 삶은 하나님이 떠난 황폐한 삶인가? 아니면 하나님이 함께하심으로 "에덴의 상황"을 누리는 삶을 살아가고 있는가?
☞ 선지자를 배격하고 하나님의 말씀을 무시한 결과 - 성전 파괴
☞ 예수님을 무시하고 죽인 결과 - 성전 파괴
⇒ 성전 파괴는 임마누엘(하나님이 함께 하심)의 파괴
☞ **창 2:7** 여호와 하나님이 땅의 흙으로 사람을 지으시고 생기를 그 코에 불어넣으시니 사람이 생령이 되니라
☞ **삼상 2:6-7** 여호와는 죽이기도 하시고 살리기도 하시며 스올에 내리게도 하시고 거기에서 올리기도 하시는도다 여호와는 가난하게도 하시고 부하게도 하시며 낮추기도 하시고 높이기도 하시는도다
☞ **시 75:7** 오직 재판장이신 하나님이 이를 낮추시고 저를 높이시느니라

즐거움을 기억하였음이여 그의 백성이 대적의 손에 넘어졌으나 그를 돕는 자가 없었고 대적들은 그의 멸망을 비
웃는도다 [8] 예루살렘이 크게 범죄함으로 조소거리가 되었으니 전에 그에게 영광을 돌리던 모든 사람이 그의 벗
었음을 보고 업신여김이여 그는 탄식하며 물러가는도다 [9] 그의 더러운 것이 그의 옷깃에 묻어 있으나 그의 나중
을 생각하지 아니함이여 그러므로 놀랍도록 낮아져도 그를 위로할 자가 없도다 여호와여 원수가 스스로 큰 체
하오니 나의 환난을 감찰하소서 [10] 대적이 손을 펴서 그의 모든 보물들을 빼앗았나이다 주께서 이미 이방인들을
막아 주의 성회에 들어오지 못하도록 명령하신 그 성소에 그들이 들어간 것을 예루살렘이 보았나이다 [11] 그 모
든 백성이 생명을 이으려고 보물로 먹을 것들을 바꾸었더니 지금도 탄식하며 양식을 구하나이다 나는 비천하오
니 여호와여 나를 돌보시옵소서 [12] 지나가는 모든 사람들이여 너희에게는 관계가 없는가 나의 고통과 같은 고
통이 있는가 볼지어다 여호와께서 그의 진노하신 날에 나를 괴롭게 하신 것이로다 [13] 높은 곳에서 나의 골수에
불을 보내어 이기게 하시고 내 발 앞에 그물을 치사 나로 물러가게 하셨음이여 종일토록 나를 피곤하게 하여 황
폐하게 하셨도다 [14] 내 죄악의 멍에를 그의 손으로 묶고 얽어 내 목에 올리사 내 힘을 피곤하게 하셨음이여 내
가 감당할 수 없는 자의 손에 주께서 나를 넘기셨도다 [15] 주께서 내 영토
안 나의 모든 용사들을 없는 것 같이 여기시고 성회를 모아 내 청년들을
부수심이여 처녀 딸 유다를 내 주께서 술틀에 밟으셨도다 [16] 이로 말미암
아 내가 우니 내 눈에 눈물이 물 같이 흘러내림이여 나를 위로하여 내 생
명을 회복시켜 줄 자가 멀리 떠났음이로다 원수들이 이기매 내 자녀들이
외롭도다 [17] 시온이 두 손을 폈으나 그를 위로할 자가 없도다 여호와께
서 야곱의 사방에 있는 자들에게 명령하여 야곱의 대적들이 되게 하셨으
니 예루살렘은 그들 가운데에 있는 불결한 자가 되었도다 [18] 여호와는 의
로우시도다 그러나 내가 그의 명령을 거역하였도다 너희 모든 백성들아
내 말을 듣고 내 고통을 볼지어다 나의 처녀들과 나의 청년들이 사로잡혀
갔도다 [19] 내가 내 사랑하는 자들을 불렀으나 그들은 나를 속였으며 나의
제사장들과 장로들은 그들의 목숨을 회복시킬 그들의 양식을 구하다가
성 가운데에서 기절하였도다 [20] 여호와여 보시옵소서 내가 환난을 당하여
나의 애를 다 태우고 나의 마음이 상하오니 나의 반역이 심히 큼이니이다
밖에서는 칼이 내 아들을 빼앗아 가고 집 안에서는 죽음 같은 것이 있나
이다 [21] 그들이 내가 탄식하는 것을 들었으나 나를 위로하는 자가 없으며
나의 모든 원수들은 내가 재난 당하는 것을 듣고 주께서 이렇게 행하신
것을 기뻐하나이다 그러나 주께서 그 선포하신 날을 이르게 하셔서 그들
이 나와 같이 되게 하소서 [22] 그들의 모든 악을 주 앞에 가지고 오게 하시
고 나의 모든 죄악들로 말미암아 내게 행하신 것 같이 그들에게 행하옵
소서 나의 탄식이 많고 나의 마음이 병들었나이다

예레미야애가 2장

예루살렘에 대한 여호와의 진노

[1] 슬프다 주께서 어찌 그리 진노하사 딸 시온을 구름으로 덮으셨는가 이
스라엘의 아름다움을 하늘에서 땅에 던지셨음이여 그의 진노의 날에 그
의 발판을 기억하지 아니하셨도다 [2] 주께서 야곱의 모든 거처들을 삼키시
고 긍휼히 여기지 아니하셨음이여 노하사 딸 유다의 견고한 성채들을 허
물어 땅에 엎으시고 나라와 그 지도자들을 욕되게 하셨도다 [3] 맹렬한 진

애 1:17 살기 위해 필사적으로 "두 손을 폈으나" 모든 것을 잃은 상태이다.
하나님을 얻으면 모든 것을 얻게 되고 하나님을 잃으면 모든 것을 잃는다.
☞ **왕상 14:9-10** 네 이전 사람들보다도 더 악을 행하고 가서 너를 위하여 다른 신을 만들며 우상을 부어 만들어 나를 노엽게 하고 나를 네 등 뒤에 버렸도다 그러므로 내가 여로보암의 집에 재앙을 내려 여로보암에게 속한 사내는 이스라엘 가운데 매인 자나 놓인 자나 다 끊어 버리되 거름 더미를 쓸어 버림 같이 여로보암의 집을 말갛게 쓸어 버릴지라
☞ **롬 8:32** 자기 아들을 아끼지 아니하시고 우리 모든 사람을 위하여 내주신 이가 어찌 그 아들과 함께 모든 것을 우리에게 주시지 아니하겠느냐

애 2:1
본서에 나타난 예루살렘 멸망 전·후 상태 비교

	멸망 이전	멸망 이후
1:1	거민이 많음	적막함
1:1	열국 중에 크던 자	과부
1:1	열방 중에 공주 되었던 자	조공 드리는 자
2:1	처녀 시온	구름으로 덮힌 상태
4:1	금	빛을 잃음
4:1	정금	변함
4:1	성소의 돌	거리 어귀에 쏟아짐
4:2	보배·정금	토기장이의 질항아리
4:5	진수를 먹던 자	거리의 외로움
4:5	붉은 옷을 입던 자	거름더미를 안고 있음
4:7, 8	존귀함 몸, 마광의 청옥	얼굴이 숯보다 검고 막대기 같이 됨

노로 이스라엘의 모든 뿔을 자르셨음이여 원수 앞에서 그의 오른손을 뒤
로 거두어들이시고 맹렬한 불이 사방으로 불사름 같이 야곱을 불사르셨도
다 4 원수 같이 그의 활을 당기고 대적처럼 그의 오른손을 들고 서서 눈에
드는 아름다운 모든 사람을 죽이셨음이여 딸 시온의 장막에 그의 노를
불처럼 쏟으셨도다 5 주께서 원수 같이 되어 이스라엘을 삼키셨음이여 그
모든 궁궐들을 삼키셨고 견고한 성들을 무너뜨리사 딸 유다에 근심과 애
통을 더하셨도다 6 주께서 그의 초막을 동산처럼 헐어 버리시며 그의 절기
를 폐하셨도다 여호와께서 시온에서 절기와 안식일을 잊어버리게 하시며
그가 진노하사 왕과 제사장을 멸시하셨도다 7 여호와께서 또 자기 제단을 버리시며 자기 성소를 미워하시며 궁
전의 성벽들을 원수의 손에 넘기셨으매 그들이 여호와의 전에서 떠들기를 절기의 날과 같이 하였도다 8 여호와
께서 딸 시온의 성벽을 헐기로 결심하시고 줄을 띠고 무너뜨리는 일에서 손을 거두지 아니하사 성벽과 성곽으로
통곡하게 하셨으매 그들이 함께 쇠하였도다 9 성문이 땅에 묻히며 빗장이 부서져 파괴되고 왕과 지도자들이 율
법 없는 이방인들 가운데에 있으며 그 성의 선지자들은 여호와의 묵시를 받지 못하는도다 10 딸 시온의 장로들
이 땅에 앉아 잠잠하고 티끌을 머리에 덮어쓰고 굵은 베를 허리에 둘렀음이여 예루살렘 처녀들은 머리를 땅에
숙였도다 11 내 눈이 눈물에 상하며 내 창자가 끊어지며 내 간이 땅에 쏟아졌으니 이는 딸 내 백성이 패망하여 어
린 자녀와 젖 먹는 아이들이 성읍 길거리에 기절함이로다 12 그들이 성읍 길거리에서 상한 자처럼 기절하여 그의
어머니들의 품에서 혼이 떠날 때에 어머니들에게 이르기를 곡식과 포도주가 어디 있느냐 하도다 13 딸 예루살
렘이여 내가 무엇으로 네게 증거하며 무엇으로 네게 비유할까 처녀 딸 시온이여 내가 무
엇으로 네게 비교하여 너를 위로할까 너의 파괴
됨이 바다 같이 크니 누가 너를 고쳐 줄소냐
14 네 선지자들이 네게 대하여 헛되고 어리
석은 묵시를 보았으므로 네 죄악을 드
러내어서 네가 사로잡힌 것을 돌이키지
못하였도다 그들이 거짓 경고와 미혹하게 할 것만 보았도다 15 모든 지나
가는 자들이 다 너를 향하여 박수치며 딸 예루살렘을 향하여 비웃고 머리
를 흔들며 말하기를 온전한 영광이라, 모든 세상 사람들의 기쁨이라 일컫
던 성이 이 성이냐 하며 16 네 모든 원수들은 너를 향하여 그들의 입을 벌
리며 비웃고 이를 갈며 말하기를 우리가 그를 삼켰도다 우리가 바라던 날
이 과연 이 날이라 우리가 얻기도 하고 보기도 하였다 하도다 17 여호와께
서 이미 정하신 일을 행하시고 옛날에 명령하신 말씀을 다 이루셨음이여
긍휼히 여기지 아니하시고 무너뜨리사 원수가 너로 말미암아 즐거워하게
하며 네 대적자들의 뿔로 높이 들리게 하셨도다 18 그들의 마음이 주를
향하여 부르짖기를 딸 시온의 성벽아 너는 밤낮으로 눈물을 강처럼 흘릴
지어다 스스로 쉬지 말고 네 눈동자를 쉬게 하지 말지어다 19 초저녁에 일
어나 부르짖을지어다 네 마음을 주의 얼굴 앞에 물 쏟듯 할지어다 각 길
어귀에서 주려 기진한 네 어린 자녀들의 생명을 위하여 주를 향하여 손을
들지어다 하였도다 20 여호와여 보시옵소서 주께서 누구에게 이같이 행
하셨는지요 여인들이 어찌 자기 열매 곧 그들이 낳은 아이들을 먹으오며
제사장들과 선지자들이 어찌 주의 성소에서 죽임을 당하오리이까 21 늙
은이와 젊은이가 다 길바닥에 엎드러졌사오며 내 처녀들과 내 청년들이

예레미야 애가

학습 자료 52-1 "예레미야 애가의 개요와 핵심 메시지"를 참조

애 2:6-7 이미 하나님이 부재한 가운데 의식과 제도만 남아 있는 성소에까지 하나님의 진노는 미칠 텐데 과연 우리 교회는 세속적인 것들로부터 구별된 거룩한 예배를 드리고 있는가?

애 2:13-17 오늘 교회와 하나님의 거룩한 택함을 받은 성도(聖徒)들이 이처럼 세상 사람들의 손가락질을 받고 조롱거리로 전락하고 있다면 우리의 대책은 무엇인가?
☞ **잠 1:25-26** 도리어 나의 모든 교훈을 멸시하며 나의 책망을 받지 아니하였은즉 너희가 재앙을 만날 때에 내가 웃을 것이며 너희에게 두려움이 임할 때에 내가 비웃으리라
☞ **렘 24:9** 세상 모든 나라 가운데 흩어서 그들에게 환난을 당하게 할 것이며 또 그들에게 내가 쫓아 보낼 모든 곳에서 부끄러움을 당하게 하며 말거리가 되게 하며 조롱과 저주를 받게 할 것이며

49일~54일

칼에 쓰러졌나이다 주께서 주의 진노의 날에 죽이시되 긍휼히 여기지 아니하시고 도륙하셨나이다 22 주께서 내
두려운 일들을 사방에서 부르시기를 절기 때 무리를 부름 같이 하셨나이다 여호와께서 진노하시는 날에는 피하
거나 남은 자가 없나이다 내가 낳아 기르는 아이들을 내 원수가 다 멸하였나이다

예레미야애가 3장

진노, 회개, 소망

1 여호와의 분노의 매로 말미암아 고난당한 자는 나로다 2 나를 이끌어 어
둠 안에서 걸어가게 하시고 빛 안에서 걸어가지 못하게 하셨으며 3 종일
토록 손을 들어 자주자주 나를 치시는도다 4 나의 살과
가죽을 쇠하게 하시며 나의 뼈들을 꺾으셨고 5 고
통과 수고를 쌓아 나를 에우셨으며 6 나를 어
둠 속에 살게 하시기를 죽은 지 오랜 자 같게
하셨도다 7 나를 둘러싸서 나가지 못하게 하
시고 내 사슬을 무겁게 하셨으며 8 내가 부르짖
어 도움을 구하나 내 기도를 물리치시며 9 다듬은 돌을 쌓
아 내 길들을 막으사 내 길들을 굽게 하셨도다 10 그는 내게
대하여 엎드려 기다리는 곰과 은밀한 곳에 있는 사자 같으사 11 나의 길들
로 치우치게 하시며 내 몸을 찢으시며 나를 적막하게 하셨도다 12 활을 당
겨 나를 화살의 과녁으로 삼으심이여 13 화살통의 화살들로 내 허리를 맞
추셨도다 14 나는 내 모든 백성에게 조롱거리 곧 종일토록 그들의 노랫거리가 되었도다 15 나를 쓴 것들로 배불
리시고 쑥으로 취하게 하셨으며 16 조약돌로 내 이들을 꺾으시고 재로 나를 덮으셨도다 17 주께서 내 심령이 평
강에서 멀리 떠나게 하시니 내가 복을 내어버렸음이여 18 스스로 이르기를 나의 힘과 여호와께 대한 내 소망이
끊어졌다 하였도다 19 내 고초와 재난 곧 쑥과 담즙을 기억하소서 20 내 마음이 그것을 기억하고 내가 낙심이 되
오나 21 이것을 내가 내 마음에 담아 두었더니 그것이 오히려 나의 소망이 되었사옴은 22 여호와의 인자와 긍휼
이 무궁하시므로 우리가 진멸되지 아니함이니이다 23 이것들이 아침마다 새로우니 주의 성실하심이 크시도소이
다 24 내 심령에 이르기를 여호와는 나의 기업이시니 그러므로 내가 그를 바라리라 하도다 25 기다리는 자들에게
나 구하는 영혼들에게 여호와는 선하시도다 26 사람이 여호와의 구원을 바라고 잠잠히 기다림이 좋도다 27 사람
은 젊었을 때에 멍에를 메는 것이 좋으니 28 혼자 앉아서 잠잠할 것은 주께서 그것을 그에게 메우셨음이라 29 그
대의 입을 땅의 티끌에 댈지어다 혹시 소망이 있을지로다 30 자기를 치는
자에게 뺨을 돌려대어 치욕으로 배불릴지어다 31 이는 주께서 영원하도
록 버리지 아니하실 것임이며 32 그가 비록 근심하게 하시나 그의 풍부한
인자하심에 따라 긍휼히 여기실 것임이라 33 주께서 인생으로 고생하게
하시며 근심하게 하심은 본심이 아니시로다 34 세상에 있는 모든 갇힌 자
들을 발로 밟는 것과 35 지존자의 얼굴 앞에서 사람의 재판을 굽게 하는
것과 36 사람의 송사를 억울하게 하는 것은 다 주께서 기쁘게 보시는 것이
아니로다 37 주의 명령이 아니면 누가 이것을 능히 말하여 이루게 할 수
있으랴 38 화와 복이 지존자의 입으로부터 나오지 아니하느냐 39 살아 있
는 사람은 자기 죄들 때문에 벌을 받나니 어찌 원망하랴 40 우리가 스스
로 우리의 행위들을 조사하고 여호와께로 돌아가자 41 우리의 마음과 손
을 아울러 하늘에 계신 하나님께 들자 42 우리의 범죄함과 우리의 반역함

애 3:5-7 이 얽매인 모습은 우상을 좇으며 하나님께 반역하던 유다 백성이 심판받아 자유를 잃어버리고 죽어가는 모습을 묘사하고 있다.
진정한 자유는 하나님께 순종하면서 그 분께 속박되는 것이다.
☞ **요 8:32** 진리를 알지니 진리가 너희를 자유롭게 하리라
☞ **롬 6:20-22** 너희가 죄의 종이 되었을 때에는 의에 대하여 자유로웠느니라 너희가 그 때에 무슨 열매를 얻었느냐 이제는 너희가 그 일을 부끄러워하나니 이는 그 마지막이 사망임이라 그러나 이제는 너희가 죄로부터 해방되고 하나님께 종이 되어 거룩함에 이르는 열매를 맺었으니 그 마지막은 영생이라

애 3:22-41 인간의 생사화복은 오로지 말씀에 대한 순종에 의해 결정된다.
☞ **신 30:15-16** 보라 내가 오늘 생명과 복과 사망과 화를 네 앞에 두었나니 곧 내가 오늘 네게 명령하여 네 하나님 여호와를 사랑하고 그 모든 길로 행하며 그의 명령과 규례와 법도를 지키라 하는 것이라 그리하면 네가 생존하며 번성할 것이요 또 네 하나님 여호와께서 네가 가서 차지할 땅에서 네게 복을 주실 것임이니라
☞ **약 1:16-17** 내 사랑하는 형제들아 속지 말라 온갖 좋은 은사와 온전한 선물이 다 위로부터 빛들의 아버지께로부터 내려오나니 그는 변함도 없으시고 회전하는 그림자도 없으시니라

을 주께서 사하지 아니하시고 43 진노로 자신을 가리시고 우리를 추격하시며 죽이시고 긍휼을 베풀지 아니하셨
나이다 44 주께서 구름으로 자신을 가리사 기도가 상달되지 못하게 하시고 45 우리를 뭇 나라 가운데에서 쓰레기
와 폐물로 삼으셨으므로 46 우리의 모든 원수들이 우리를 향하여 그들의 입을 크게 벌렸나이다 47 두려움과 함정
과 파멸과 멸망이 우리에게 임하였도다 48 딸 내 백성의 파멸로 말미암아 내 눈에는 눈물이 시내처럼 흐르도다
49 내 눈에 흐르는 눈물이 그치지 아니하고 쉬지 아니함이여 50 여호와께서 하늘에서 살피시고 돌아보실 때까지
니라 51 나의 성읍의 모든 여자들을 내 눈으로 보니 내 심령이 상하는도다 52 나의 원수들이 이유없이 나를 새처
럼 사냥하는도다 53 그들이 내 생명을 끊으려고 나를 구덩이에 넣고 그 위에 돌을 던짐이여 54 물이 내 머리 위로
넘치니 내가 스스로 이르기를 이제는 멸절되었다 하도다 55 여호와여 내가 심히 깊은 구덩이에서 주의 이름을 불
렀나이다 56 주께서 이미 나의 음성을 들으셨사오니 이제 나의 탄식과 부르짖음에 주의 귀를 가리지 마옵소서 57
내가 주께 아뢴 날에 주께서 내게 가까이 하여 이르시되 두려워하지 말라 하셨나이다 58 주여 주께서 내 심령의
원통함을 풀어 주셨고 내 생명을 속량하셨나이다 59 여호와여 나의 억울함을 보셨사오니 나를 위하여 원통함을
풀어주옵소서 60 그들이 내게 보복하며 나를 모해함을 주께서 다 보셨나이다 61 여호와여 그들이 나를 비방하며
나를 모해하는 모든 것 62 곧 일어나 나를 치는 자들의 입술에서 나오는 것들과 종일 나를 모해하는 것들을 들으
셨나이다 63 그들이 앉으나 서나 나를 조롱하여 노래하는 것을 주목하여 보옵소서 64 여호와여 주께서 그들의 손
이 행한 대로 그들에게 보응하사 65 그들에게 거만한 마음을 주시고 그들에게 저주를 내리소서 66 주께서 진노
로 그들을 뒤쫓으사 여호와의 하늘 아래에서 멸하소서

예레미야애가 4장

멸망 후의 예루살렘

1 슬프다 어찌 그리 금이 빛을 잃고 순금이 변질하였으며 성소의 돌들이 거리 어귀마다 쏟아졌는고 2 순금에 비
할 만큼 보배로운 시온의 아들들이 어찌 그리 토기장이가 만든 질항아리 같이 여김이 되었는고 3 들개들도 젖을
주어 그들의 새끼를 먹이나 딸 내 백성은 잔인하여 마치 광야의 타조 같도다 4 젖먹이가 목말라서 혀가 입천장에
붙음이여 어린 아이들이 떡을 구하나 떼어 줄 사람이 없도다 5 맛있는 음
식을 먹던 자들이 외롭게 거리 거리에 있으며 이전에는 붉은 옷을 입고 자
라난 자들이 이제는 거름더미를 안았도다 6 전에 소돔이 사람의 손을 대
지 아니하였는데도 순식간에 무너지더니 이제는 딸 내 백성의 죄가 소돔
의 죄악보다 무겁도다 7 전에는 존귀한 자들의 몸이 눈보다 깨끗하고 젖
보다 희며 산호들보다 붉어 그들의 윤택함이 갈아서 빛낸 청옥 같더니 8
이제는 그들의 얼굴이 숯보다 검고 그들의 가죽이 뼈들에 붙어 막대기 같
이 말랐으니 어느 거리에서든지 알아볼 사람이 없도다 9 칼에 죽은 자들
이 주려 죽은 자들보다 나음은 토지 소산이 끊어지므로 그들은 찔림 받은
자들처럼 점점 쇠약하여 감이로다 10 딸 내 백성이 멸망할 때에 자비로운
부녀들이 자기들의 손으로 자기들의 자녀들을 삶아 먹었도다 11 여호와
께서 그의 분을 내시며 그의 맹렬한 진노를 쏟으심이여 시온에 불을 지르
사 그 터를 사르셨도다 12 대적과 원수가 예루살렘 성문으로 들어갈 줄은
세상의 모든 왕들과 천하 모든 백성이 믿지 못하였었도다 13 그의 선지자
들의 죄들과 제사장들의 죄악들 때문이니 그들이 성읍 안에서 의인들의
피를 흘렸도다 14 그들이 거리 거리에서 맹인 같이 방황함이여 그들의 옷
들이 피에 더러워졌으므로 그들이 만질 수 없도다 15 사람들이 그들에게
외쳐 이르기를 저리 가라 부정하다, 저리 가라, 저리 가라, 만지지 말라 하

애 4:13 예루살렘 멸망의 이유 중 하나로 제사장, 즉 종교인의 타락을 지적하고 있다. 사회의 소금과 빛이 된 자들이 그 맛을 잃어버리면 그 사회도 암흑이 드리워진다는 사실을 명심하라.
☞ 마 5:16 이같이 너희 빛이 사람 앞에 비치게 하여 그들로 너희 착한 행실을 보고 하늘에 계신 너희 아버지께 영광을 돌리게 하라
☞ 벧전 2:9 그러나 너희는 택하신 족속이요 왕 같은 제사장들이요 거룩한 나라요 그의 소유가 된 백성이니 이는 너희를 어두운 데서 불러내어 그의 기이한 빛에 들어가게 하신 이의 아름다운 덕을 선포하게 하려 하심이라

였음이여 그들이 도망하여 방황할 때에 이방인들이 말하기를 그들이 다시는 여기서 살지 못하리라 하였도다 16
여호와께서 노하여 그들을 흩으시고 다시는 돌보지 아니하시리니 그들이 제사장들을 높이지 아니하였으며 장
로들을 대접하지 아니하였음이로다 17 우리가 헛되이 도움을 바라므로 우리의 눈이 상함이여 우리를 구원하지
못할 나라를 바라보고 바라보았도다 18 그들이 우리의 걸음을 엿보니 우리가 거리마다 다 다닐 수 없음이여 우
리의 끝이 가깝고 우리의 날들이 다하였으며 우리의 종말이 이르렀도다 19 우리를 뒤쫓는 자들이 하늘의 독수리
들보다 빠름이여 산 꼭대기까지도 뒤쫓으며 광야에서도 우리를 잡으려고 매복하였도다 20 우리의 콧김 곧 여호
와께서 기름 부으신 자가 그들의 함정에 빠졌음이여 우리가 그를 가리키며 전에 이르기를 우리가 그의 그늘 아
래에서 이방인들 중에 살겠다 하던 자로다 21 우스 땅에 사는 딸 에돔아 즐거워하며 기뻐하라 잔이 네게도 이를
지니 네가 취하여 벌거벗으리라 22 딸 시온아 네 죄악의 형벌이 다하였으니 주께서 다시는 너로 사로잡혀 가지
아니하게 하시리로다 딸 에돔아 주께서 네 죄악을 벌하시며 네 허물을 드러내시리로다

예레미야애가 5장

긍휼을 위한 기도

1 여호와여 우리가 당한 것을 기억하시고 우리가 받은 치욕을 살펴보옵소
서 2 우리의 기업이 외인들에게, 우리의 집들도 이방인들에게 돌아갔나이
다 3 우리는 아버지 없는 고아들이오며 우리의 어머니는 과부들 같으니 4
우리가 은을 주고 물을 마시며 값을 주고 나무들을 가져오며 5 우리를 뒤
쫓는 자들이 우리의 목을 눌렀사오니 우리가 기진하여 쉴 수 없나이다 6
우리가 애굽 사람과 앗수르 사람과 악수하고 양식을 얻어 배불리고자 하
였나이다 7 우리의 조상들은 범죄하고 없어졌으며 우리는 그들의 죄악을
담당하였나이다 8 종들이 우리를 지배함이여 그들의 손에서 건져낼 자가
없나이다 9 광야에는 칼이 있으므로 죽기를 무릅써야 양식을 얻사오니 10
굶주림의 열기로 말미암아 우리의 피부가 아궁이처럼 검으니이다 11 대적
들이 시온에서 부녀들을, 유다 각 성읍에서 처녀들을 욕보였나이다 12 지
도자들은 그들의 손에 매달리고 장로들의 얼굴도 존경을 받지 못하나이
다 13 청년들이 맷돌을 지며 아이들이 나무를 지다가 엎드러지오며 14 노인
들은 다시 성문에 앉지 못하며 청년들은 다시 노래하지 못하나이다 15 우
리의 마음에는 기쁨이 그쳤고 우리의 춤은 변하여 슬픔이 되었사오며 16
우리의 머리에서는 면류관이 떨어졌사오니 오호라 우리의 범죄 때문이니이다 17 이러므로 우리의 마음이 피곤하
고 이러므로 우리 눈들이 어두우며 18 시온 산이 황폐하여 여우가 그 안에서 노나이다 19 여호와여 주는 영원히 계
시오며 주의 보좌는 대대에 이르나이다 20 주께서 어찌하여 우리를 영원히 잊으시오며 우리를 이같이 오래 버리
시나이까 21 여호와여 우리를 주께로 돌이키소서 그리하시면 우리가 주께로 돌아가겠사오니 우리의 날들을 다시
새롭게 하사 옛적 같게 하옵소서 22 주께서 우리를 아주 버리셨사오며 우리에게 진노하심이 참으로 크시니이다

❖ 애 5장
이 부분을 집필하고 있을 즈음에 이스라엘이 가자지구의 하마스(Hamas)로부터 공격을 받아 전쟁이 벌어지고 있다. 바벨론에 의해 예루살렘이 함락된 그 참사의 상황과 흡사하다.
주의 자비가 이런 상황을 용서하시기를 기원한다.(2023년 10월 10일 이날은 필자가 목사 안수 받은 지 19년째 되는 날이다. 오! 하나님이시여 자비를 베푸소서...)

주의 자비가 내려와

열왕기하 25:22-26

유다 지도자 그달리야(렘 40:7-9, 41:1-3)

22 유다 땅에 머물러 있는 백성은 곧 바벨론 왕 느부갓네살이 남긴 자라 왕이 사반의 손자 아히감의 아들 그달리야
가 관할하게 하였더라 23 모든 군대 지휘관과 그를 따르는 자가 바벨론 왕이 그달리야를 지도자로 삼았다 함을 듣

고 이에 느다니야의 아들 이스마엘과 가레아의 아들 요하난과 느도바 사람
단후멧의 아들 스라야와 마아가 사람의 아들 야아사니야와 그를 따르는 사
람이 모두 미스바로 가서 그달리야에게 나아가매 24 그달리야가 그들과 그
를 따르는 군사들에게 맹세하여 이르되 너희는 갈대아 인을 섬기기를 두려
워하지 말고 이 땅에 살며 바벨론 왕을 섬기라 그리하면 너희가 평안하리라
하니라 25 칠월에 왕족 엘리사마의 손자 느다니야의 아들 이스마엘이 부하
열 명을 거느리고 와서 그달리야를 쳐서 죽이고 또 그와 함께 미스바에 있는
유다 사람과 갈대아 사람을 죽인지라 26 노소를 막론하고 백성과 군대 장관
들이 다 일어나서 애굽으로 갔으니 이는 갈대아 사람을 두려워함이었더라

❖ 왕하 25:22-26, 렘 39:11~44장
바벨론은 시드기야 왕의 눈을 빼서 바벨론으로 데려가고 그 자리에 그달리야를 총독으로 세운다. 그는 나중에 암몬 왕의 사주를 받은 자에 의해 암살당한다. 렘 40~44장은 예루살렘에 남아 있는 자들의 삶을 보여 준다.
B.C. 581년, 예루살렘이 망하고 5년이 지난 후 느부갓네살은 다시 예루살렘에 들어와 745명의 포로를 잡아간다. 이때 이곳에 남아서 사역하던 예레미야 등 몇 사람들은 애굽으로 도망을 간 그곳에서도 예언 사역을 계속한다(렘 43장).

예레미야 39:11~44장

예레미야 39:11-18

예레미야가 석방되다

11 바벨론의 느부갓네살 왕이 예레미야에 대하여 사령관 느부사라단에게 명령하여 이르되 12 그를 데려다가 선
대하고 해하지 말며 그가 네게 말하는 대로 행하라 13 이에 사령관 느부사라단과 내시장 느부사스반과 궁중 장
관 네르갈사레셀과 바벨론 왕의 모든 장관이 14 사람을 보내어 예레미야를 감옥 뜰에서 데리고 사반의 손자 아
히감의 아들 그다랴에게 넘겨서 그를 집으로 데려가게 하매 그가 백성 가운데에 사니라

여호와께서 에벳멜렉에게 구원을 약속하시다

15 예레미야가 감옥 뜰에 갇혔을 때에 여호와의 말씀이 그에게 임하니라 이르시되 16 너는 가서 구스인 에벳멜렉
에게 말하기를 만군의 여호와 이스라엘의 하나님의 말씀에 내가 이 성에 재난을 내리고 복을 내리지 아니하리
라 한 나의 말이 그 날에 네 눈 앞에 이루리라 17 여호와의 말씀이니라 내가 그 날에 너를 구원하리니 네가 그 두
려워하는 사람들의 손에 넘겨지지 아니하리라 18 내가 반드시 너를 구원할 것인즉 네가 칼에 죽지 아니하고 네
가 노략물 같이 네 목숨을 얻을 것이니 이는 네가 나를 믿었음이라 여호와의 말씀이니라 하시더라

예레미야 40장

1 사령관 느부사라단이 예루살렘과 유다의 포로를 바벨론으로 옮기는 중에 예레미야도 잡혀 사슬로 결박되어
가다가 라마에서 풀려난 후에 말씀이 여호와께로부터 예레미야에게 임하니라 2 사령관이 예레미야를 불러다가
이르되 네 하나님 여호와께서 이 곳에 이 재난을 선포하시더니 3 여호와께서 그가 말씀하신 대로 행하셨으니 이
는 너희가 여호와께 범죄하고 그의 목소리에 순종하지 아니하였으므로 이제 이루어졌도다 이 일이 너희에게 임
한 것이니라 4 보라 내가 오늘 네 손의 사슬을 풀어 너를 풀어 주노니 만일 네가 나와 함께 바벨론으로 가는 것을
좋게 여기거든 가자 내가 너를 선대하리라 만일 나와 함께 바벨론으로 가는 것을 좋지 않게 여기거든 그만 두라
보라 온 땅이 네 앞에 있나니 네가 좋게 여기는 대로 옳게 여기는 곳으로 갈지니라 하니라 5 예레미야가 아직 돌
이키기 전에 그가 다시 이르되 너는 바벨론의 왕이 유다 성읍들을 맡도록 세운 사반의 손자 아히감의 아들 그다
랴에게로 돌아가서 그와 함께 백성 가운데 살거나 네가 옳게 여기는 곳으로 가거나 할지니라 하고 그 사령관이
그에게 양식과 선물을 주어 보내매 6 예레미야가 미스바로 가서 아히감의 아들 그다랴에게로 나아가서 그 땅에
남아 있는 백성 가운데 그와 함께 사니라

유다 총독 그다랴(왕하 25:22-24)

7 들에 있는 모든 지휘관과 그 부하들이 바벨론의 왕이 아히감의 아들 그다랴에게 그 땅을 맡기고 남녀와 유아

와 바벨론으로 잡혀가지 아니한 빈민을 그에게 위임하였다 함을 듣고 8
그들 곧 느다냐의 아들 이스마엘과 가레아의 두 아들 요하난과 요나단과
단후멧의 아들 스라야와 느도바 사람 에배의 아들들과 마아가 사람의 아
들 여사냐와 그들의 사람들이 미스바로 가서 그다랴에게 이르니 9 사반
의 손자 아히감의 아들 그다랴가 그들과 그들의 사람들에게 맹세하며 이
르되 너희는 갈대아 사람을 섬기기를 두려워하지 말고 이 땅에 살면서 바
벨론의 왕을 섬기라 그리하면 너희에게 유익하리라 10 보라 나는 미스바
에 살면서 우리에게로 오는 갈대아 사람을 섬기리니 너희는 포도주와 여
름 과일과 기름을 모아 그릇에 저장하고 너희가 얻은 성읍들에 살라 하니
라 11 모압과 암몬 자손 중과 에돔과 모든 지방에 있는 유다 사람도 바벨
론의 왕이 유다에 사람을 남겨 둔 것과 사반의 손자 아히감의 아들 그다
랴를 그들을 위하여 세웠다 함을 듣고 12 그 모든 유다 사람이 쫓겨났던
각처에서 돌아와 유다 땅 미스바에 사는 그다랴에게 이르러 포도주와 여
름 과일을 심히 많이 모으니라

그다랴 총독을 죽이다(왕하 25:25-26)

13 가레아의 아들 요하난과 들에 있던 모든 군 지휘관들이 미스바에 사는
그다랴에게 이르러 14 그에게 이르되 암몬 자손의 왕 바알리스가 네 생명
을 빼앗으려 하여 느다냐의 아들 이스마엘을 보낸 줄 네가 아느냐 하되
아히감의 아들 그다랴가 믿지 아니한지라 15 가레아의 아들 요하난이 미
스바에서 그다랴에게 비밀히 말하여 이르되 청하노니 내가 가서 사람이
모르게 느다냐의 아들 이스마엘을 죽이게 하라 어찌하여 그가 네 생명을
빼앗게 하여 네게 모인 모든 유다 사람을 흩어지게 하며 유다의 남은 자
로 멸망을 당하게 하랴 하니라 16 그러나 아히감의 아들 그다랴가 가레아
의 아들 요하난에게 이르되 네가 이 일을 행하지 말 것이니라 네가 이스
마엘에 대하여 한 말은 진정이 아니니라 하니라

렘 40:7-16 총독 그다랴의 지혜로운 행동과 어리석은 행동 및 교훈

구분	내용
지혜로운 행동 및 교훈	·하나님의 메시지를 전하는 선지자에게 순종함(9절) ·성도는 계시된 하나님의 말씀을 삶의 제일 규범으로 삼아야 함(딤후 3:16)
	·하나님의 유다를 향한 계획을 깨닫고 친바벨론 정책을 취함(9절) ·성공적인 삶을 사는 최선의 길은 하나님의 뜻을 깨달아 아는 것임
	·유다의 경제적 안정과 부흥을 도모함(10절) ·어떠한 경우에도 흔들리지 않을 안정된 신앙을 가지는 것이 매우 중요함(벧후 1:10)
	·바벨론의 공격을 받아 흩어졌던 백성을 모으는 데 최선을 다함(12절) ·성도는 환난 당한 이웃의 아픔을 자신의 고통처럼 여겨야 함(눅 10:36, 37)
어리석은 행동 및 교훈	·모여드는 사람을 분별하지 않고 받아들임(14절) ·성도는 자신을 해하려는 사탄의 흉계를 항상 경계해야 함(벧전 5:8,9)
	·충정어린 충고에 귀를 기울이지 않음(14절) ·성도는 다른 사람의 선한 충고에 항상 귀를 기울여야 함(출 18:13-26)
	·중대한 사실을 직접 확인하지 않고 경솔히 처리함(16절) ·범사를 성실하게 그리고 규모있게 행하여야 함(살후 6:11)
	·선민 이스라엘의 구심점이 된 자신의 가치를 옳게 깨닫지 못함(16절) ·성도는 자신이 그리스도께서 값을 치르고 사신 고귀한 존재임을 알고 자신을 정결히 보존해야 함(갈 1:4-6)

예레미야 41장

1 일곱째 달에 왕의 종친 엘리사마의 손자요 느다냐의 아들로서 왕의 장
관인 이스마엘이 열 사람과 함께 미스바로 가서 아히감의 아들 그다랴에
게 이르러 미스바에서 함께 떡을 먹다가 2 느다냐의 아들 이스마엘과 그
와 함께 있던 열 사람이 일어나서 바벨론의 왕의 그 땅을 위임했던 사반
의 손자 아히감의 아들 그다랴를 칼로 쳐죽였고 3 이스마엘이 또 미스바
에서 그다랴와 함께 있던 모든 유다 사람과 거기에 있는 갈대아 군사를 죽였더라 4 그가 그다랴를 죽인 지 이틀
이 되었어도 이를 아는 사람이 없었더라 5 그 때에 사람 팔십 명이 자기들의 수염을 깎고 옷을 찢고 몸에 상처를
내고 손에 소제물과 유향을 가지고 세겜과 실로와 사마리아로부터 와서 여호와의 성전으로 나아가려 한지라 6
느다냐의 아들 이스마엘이 그들을 영접하러 미스바에서 나와 울면서 가다가 그들을 만나 아히감의 아들 그다랴
에게로 가자 하더라 7 그들이 성읍 중앙에 이를 때에 느다냐의 아들 이스마엘이 자기와 함께 있던 사람들과 더
불어 그들을 죽여 구덩이 가운데에 던지니라 8 그 중의 열 사람은 이스마엘에게 이르기를 우리가 밀과 보리와 기
름과 꿀을 밭에 감추었으니 우리를 죽이지 말라 하니 그가 그치고 그들을 그의 형제와 마찬가지로 죽이지 아니
하였더라 9 이스마엘이 그다랴에게 속한 사람들을 죽이고 그 시체를 던진 구덩이는 아사 왕이 이스라엘의 바아

❖ **렘 41장**
이스라엘의 유다 총독 그달리야 및 70인의 순례자 살해는 악인 곧 하나님과의 관계가 완전히 단절된 채 자신의 이기적 욕망을 채우기에 급급하여 수단과 방법을 가리지 않는 악한 인본주의자(人本主義者)들의 실체를 적나라하게 보여 준다.

사 왕을 두려워하여 팠던 것이라 느다냐의 아들 이스마엘이 그가 쳐죽인 사람들의 시체를 거기에 채우고 10 미스
바에 남아 있는 왕의 딸들과 모든 백성 곧 사령관 느부사라단이 아히감의 아들 그다랴에게 위임하였던 바 미스
바에 남아 있는 모든 백성을 이스마엘이 사로잡되 곧 느다냐의 아들 이스마엘이 그들을 사로잡고 암몬 자손에
게로 가려고 떠나니라 11 가레아의 아들 요하난과 그와 함께 있는 모든 군 지휘관이 느다냐의 아들 이스마엘이
행한 모든 악을 듣고 12 모든 사람을 데리고 느다냐의 아들 이스마엘과 싸우러 가다가 기브온 큰 물 가에서 그를
만나매 13 이스마엘과 함께 있던 모든 백성이 가레아의 아들 요하난과 그와 함께 있던 모든 군 지휘관을 보고 기
뻐한지라 14 이에 미스바에서 이스마엘이 사로잡은 그 모든 백성이 돌이켜 가레아의 아들 요하난에게로 돌아가
니 15 느다냐의 아들 이스마엘이 여덟 사람과 함께 요하난을 피하여 암몬 자손에게로 가니라 16 가레아의 아들
요하난과 그와 함께 있던 모든 군 지휘관이 느다냐의 아들 이스마엘이 아히감의 아들 그다랴를 죽이고 미스바
에서 잡아간 모든 남은 백성 곧 군사와 여자와 유아와 내시를 기브온에서 빼앗아 가지고 돌아와서 17 애굽으로
가려고 떠나 베들레헴 근처에 있는 게롯김함에 머물렀으니 18 이는 느다냐의 아들 이스마엘이 바벨론의 왕이 그
땅을 위임한 아히감의 아들 그다랴를 죽였으므로 그들이 갈대아 사람을 두려워함이었더라

예레미야 42장

백성이 예레미야에게 기도를 간구하다

1 이에 모든 군대의 지휘관과 가레아의 아들 요하난과 호사야의 아들 여
사냐와 백성의 낮은 자로부터 높은 자까지 다 나아와 2 선지자 예레미야
에게 이르되 당신은 우리의 탄원을 듣고 이 남아 있는 모든 자를 위하여
당신의 하나님 여호와께 기도해 주소서 당신이 보는 바와 같이 우리는 많
은 사람 중에서 남은 적은 무리이니 3 당신의 하나님 여호와께서 우리가
마땅히 갈 길과 할 일을 보이시기를 원하나이다 4 선지자 예레미야가 그
들에게 이르되 내가 너희 말을 들었은즉 너희 말대로 너희 하나님 여호와
께 기도하고 무릇 여호와께서 너희에게 응답하시는 것을 숨김이 없이 너
희에게 말하리라 5 그들이 예레미야에게 이르되 우리가 당신의 하나님 여
호와께서 당신을 보내사 우리에게 이르시는 모든 말씀대로 행하리이다
여호와께서는 우리 가운데에 진실하고 성실한 증인이 되시옵소서 6 우리
가 당신을 우리 하나님 여호와께 보냄은 그의 목소리가 우리에게 좋든지
좋지 않든지를 막론하고 순종하려 함이라 우리가 우리 하나님 여호와의
목소리를 순종하면 우리에게 복이 있으리이다 하니라

여호와의 말씀

7 십일 후에 여호와의 말씀이 예레미야에게 임하니 8 그가 가레아의 아들
요하난과 그와 함께 있는 모든 군 지휘관과 백성의 낮은 자로부터 높은
자까지 다 부르고 9 그들에게 이르되 너희가 나를 보내어 너희의 간구를
이스라엘의 하나님 여호와께 드리게 하지 아니하였느냐 그가 이렇게 이
르니라 10 너희가 이 땅에 눌러 앉아 산다면 내가 너희를 세우고 헐지 아
니하며 너희를 심고 뽑지 아니하리니 이는 내가 너희에게 내린 재난에 대하여 뜻을 돌이킴이라 11 여호와의 말씀
이니라 너희는 너희가 두려워하는 바벨론의 왕을 겁내지 말라 내가 너희와 함께 있어 너희를 구원하며 그의 손
에서 너희를 건지리니 두려워하지 말라 12 내가 너희를 불쌍히 여기리니 그도 너희를 불쌍히 여겨 너희를 너희
본향으로 돌려보내리라 하셨느니라 13 그러나 만일 너희가 너희 하나님 여호와의 말씀을 복종하지 아니하고 말
하기를 우리는 이 땅에 살지 아니하리라 하며 14 또 너희가 말하기를 아니라 우리는 전쟁도 보이지 아니하며 나

❖ 렘 42장

유다 백성들의 예레미야를 향한 중보기도 요청이 갖는 성격에 대한 것이다. 이러한 중보기도 요청은 일면 하나님 중심적인 것으로 매우 신앙적인 행동으로 보인다. 그러나 유다 남은 백성들은 이미 애굽 이주를 내심으로 결정한 상태에 있었다(41:17, 18). 따라서 여기서 유다 백성들의 중보기도 요청은 순수한 동기에서 나온 것으로 볼 수 없다. 즉 유다 남은 백성들의 중보기도 요청은 하나님께서 그들의 결정에 동의해 주시기를 바란다는 의미를 지닌 지극히 교만한 인본주의적 사고(人本主義的 思考)의 발상이었다. 이는 마치 이스라엘을 저주해 달라는 모압 왕의 요청을 수락한 후 하나님의 뜻을 사후에 알아내려 한 발람의 태도(민 22:15-20)와 같다 하겠다. 이는 그들이 하나님의 경고에도 불구하고 애굽으로 이주한 사실로 입증된다(43:1-7).

☞ 유다 백성들의 중보기도 요청에 대한 예레미야의 답변 내용은 전 우주의 창조자시요 역사의 절대 주권자(主權者)로서 필연적으로 우리 인생의 전 존재를 결정하시는 하나님에 대한 바른 자세 여부가 선·악의 기준이며 이러한 하나님이 세우신 선·악의 기준을 범한 자는 그 누구를 막론하고 하나님의 공의의 심판을 받을 수밖에 없다는 사실과 그러한 하나님의 공의의 심판은 결국 전인격의 차원에서 생명과 축복의 단절 및 저주를 야기한다는 실로 원초적인 구속사적 진리를 각성시켜 준다.

팔 소리도 들리지 아니하며 양식의 궁핍도 당하지 아니하는 애굽 땅으로 들어가 살리라 하는도다 15 그러므로
너희 유다의 남은 자여 이제 여호와의 말씀을 들으라 만군의 여호와 이스라엘의 하나님께서 이와 같이 말씀하
시되 너희가 만일 애굽에 들어가서 거기에 살기로 고집하면 16 너희가 두려워하는 칼이 애굽 땅으로 따라가서 너
희에게 미칠 것이요 너희가 두려워하는 기근이 애굽으로 급히 따라가서 너희에게 임하리니 너희가 거기에서 죽
을 것이라 17 무릇 애굽으로 들어가서 거기에 머물러 살기로 고집하는 모든 사람은 이와 같이 되리니 곧 칼과 기
근과 전염병에 죽을 것인즉 내가 그들에게 내리는 재난을 벗어나서 남을 자 없으리라 18 만군의 여호와 이스라
엘의 하나님께서 이와 같이 말씀하시되 나의 노여움과 분을 예루살렘 주민에게 부은 것 같이 너희가 애굽에 이
를 때에 나의 분을 너희에게 부으리니 너희가 가증함과 놀램과 저주와 치욕 거리가 될 것이라 너희가 다시는 이
땅을 보지 못하리라 하시도다 19 유다의 남은 자들아 여호와께서 너희를 두고 하신 말씀에 너희는 애굽으로 가
지 말라 하셨고 나도 오늘 너희에게 경고한 것을 너희는 분명히 알라 20 너희가 나를 너희 하나님 여호와께 보내
며 이르기를 우리를 위하여 우리 하나님 여호와께 기도하고 우리 하나님 여호와께서 말씀하신 대로 우리에게 전
하라 우리가 그대로 행하리라 하여 너희 마음을 속였느니라 21 너희 하나님 여호와께서 나를 보내사 너희에게
명하신 말씀을 내가 오늘 너희에게 전하였어도 너희가 너희 하나님 여호와의 목소리를 도무지 순종하지 아니하
였은즉 22 너희가 가서 머물려고 하는 곳에서 칼과 기근과 전염병에 죽을 줄 분명히 알지니라

예레미야 43장

예레미야가 애굽으로 가다

1 예레미야가 모든 백성에게 그들의 하나님 여호와의 말씀 곧 그들의 하
나님 여호와께서 자기를 보내사 그들에게 이르신 이 모든 말씀을 말하기
를 마치니 2 호사야의 아들 아사랴와 가레아의 아들 요하난과 모든 오만
한 자가 예레미야에게 말하기를 네가 거짓을 말하는도다 우리 하나님 여
호와께서 너희는 애굽에 살려고 그리로 가지 말라고 너를 보내어 말하게
하지 아니하셨느니라 3 이는 네리야의 아들 바룩이 너를 부추겨서 우리
를 대적하여 갈대아 사람의 손에 넘겨 죽이며 바벨론으로 붙잡아가게 하
려 함이라 4 이에 가레아의 아들 요하난과 모든 군 지휘관과 모든 백성이
유다 땅에 살라 하시는 여호와의 목소리를 순종하지 아니하고 5 가레아
의 아들 요하난과 모든 군 지휘관이 유다의 남은 자 곧 쫓겨났던 여러 나
라 가운데에서 유다 땅에 살려 하여 돌아온 자 6 곧 남자와 여자와 유아
와 왕의 딸들과 사령관 느부사라단이 사반의 손자 아히감의 아들 그다랴
에게 맡겨 둔 모든 사람과 선지자 예레미야와 네리야의 아들 바룩을 거느
리고 7 애굽 땅에 들어가 다바네스에 이르렀으니 그들이 여호와의 목소리
를 순종하지 아니함이러라 8 다바네스에서 여호와의 말씀이 예레미야에
게 임하여 이르시되 9 너는 유다 사람의 눈 앞에서 네 손으로 큰 돌 여러
개를 가져다가 다바네스에 있는 바로의 궁전 대문의 벽돌로 쌓은 축대에
진흙으로 감추라 10 그리고 너는 그들에게 말하기를 만군의 여호와 이스
라엘의 하나님께서 이와 같이 말씀하시되 보라 내가 내 종 바벨론의 느
부갓네살 왕을 불러오리니 그가 그의 왕좌를 내가 감추게 한 이 돌들 위
에 놓고 또 그 화려한 큰 장막을 그 위에 치리라 11 그가 와서 애굽 땅을
치고 죽일 자는 죽이고 사로잡을 자는 사로잡고 칼로 칠 자는 칼로 칠 것
이라 12 내가 애굽 신들의 신당들을 불지르리라 느부갓네살이 그들을 불

49일~
54일

❖ 렘 43장
유다 백성들이 하나님께 대한 불순종의 결과 유다 왕국의 멸망과 일부 백성들의 바벨론 포로라는 준엄한 심판을 받았음에도 불구하고 또다시 하나님의 간곡한 권고와 경고를 무시하고 그들의 생각대로 애굽 이주를 단행한 사실은 태초 아담의 범죄 이래 전 인류가 단 한 사람의 예외도 없이 전적 타락과 전적 무지의 상태에 놓여 있어서 우리 주 하나님의 주권적인 섭리(providence)와 계시에 대한 조명(illumination)이 없이는 하나님과 그의 뜻을 바로 알지 못하고 죄악 가운데 헤매다가 결국 영원한 멸망에 이를 수밖에 없는 비참한 구속사적 현실을 각성케 해준다. 그럼에도 불구하고 오늘날 우리가 하나님과 그의 뜻을 바로 알고 거기에 순종함으로써 구원의 반열에 들어가게 될 것은 구속의 주체이신 하나님의 무한하신 구속사적 은총의 결과임을 깨닫게 된다.

☞ 유다 남은 백성들이 그들의 구원자로 의지한 애굽에 대한 하나님의 심판 예언은 인생의 구원은 오직 하나님께로만 말미암는다는 사실과 구원(救援)이 마치 인간의 이성이나 노력으로 가능한 줄로 믿는 인본주의자(人本主義者)들이 궁극적으로 맞이할 운명이 무엇인지 잘 보여 준다.

또한 이는 주 여호와 하나님은 구약 선민 이스라엘만의 하나님이 아니라 우주와 역사를 주관하시는 절대 주권자이시며 세계 만민을 당신의 절대 공의에 따라 심판할 권세를 가지고 계신 절대적인 심판주(審判主)임을 보여 준다.

사르며 그들을 사로잡을 것이요 목자가 그의 몸에 옷을 두름 같이 애굽 땅을 자기 몸에 두르고 평안히 그 곳을
떠날 것이며 13 그가 또 애굽 땅 벧세메스의 석상들을 깨뜨리고 애굽 신들의 신당들을 불사르리라 하셨다 할지
니라 하니라

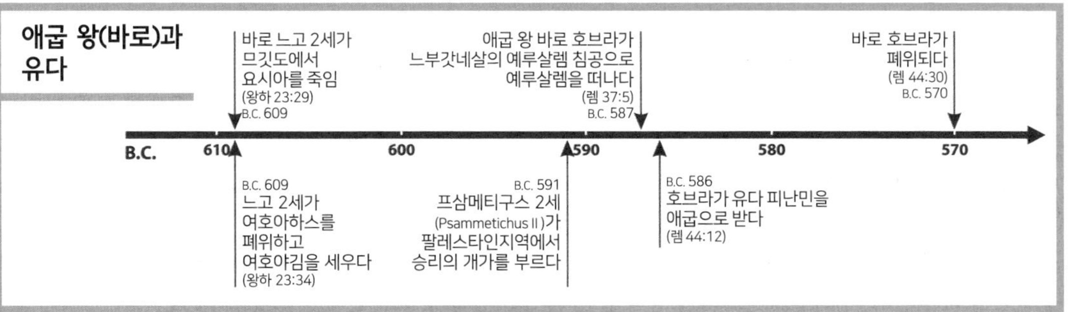

예레미야 44장

애굽의 유다 사람에게 하신 말씀

1 애굽 땅에 사는 모든 유다 사람 곧 믹돌과 다바네스와 놉과 바드로스
지방에 사는 자에 대하여 말씀이 예레미야에게 임하니라 이르시되 2 만군
의 여호와 이스라엘의 하나님께서 이와 같이 말씀하시니라 너희가 예루
살렘과 유다 모든 성읍에 내린 나의 모든 재난을 보았느니라 보라 오늘
그것들이 황무지가 되었고 사는 사람이 없나니 3 이는 그들이 자기나 너
희나 너희 조상들이 알지 못하는 다른 신들에게 나아가 분향하여 섬겨서
나의 노여움을 일으킨 악행으로 말미암음이라 4 내가 나의 모든 종 선지
자들을 너희에게 보내되 끊임없이 보내어 이르기를 너희는 내가 미워하
는 이 가증한 일을 행하지 말라 하였으나 5 그들이 듣지 아니하며 귀를 기
울이지 아니하고 다른 신들에게 여전히 분향하여 그들의 악에서 돌이키
지 아니하였으므로 6 나의 분과 나의 노여움을 쏟아서 유다 성읍들과 예
루살렘 거리를 불살랐더니 그것들이 오늘과 같이 폐허와 황무지가 되었
느니라 7 만군의 하나님 이스라엘의 하나님 여호와께서 이와 같이 말씀
하셨느니라 너희가 어찌하여 큰 악을 행하여 자기 영혼을 해하며 유다 가
운데에서 너희의 남자와 여자와 아이와 젖 먹는 자를 멸절하여 남은 자가
없게 하려느냐 8 어찌하여 너희가 너희 손이 만든 것으로 나의 노여움을
일으켜 너희가 가서 머물러 사는 애굽 땅에서 다른 신들에게 분향함으로
끊어 버림을 당하여 세계 여러 나라 가운데에서 저주와 수치 거리가 되고
자 하느냐 9 너희가 유다 땅과 예루살렘 거리에서 행한 너희 조상들의 악
행과 유다 왕들의 악행과 왕비들의 악행과 너희의 악행과 너희 아내들의
악행을 잊었느냐 10 그들이 오늘까지 겸손하지 아니하며 두려워하지도
아니하고 내가 너희와 너희 조상들 앞에 세운 나의 율법과 나의 법규를
지켜 행하지 아니하느니라 11 그러므로 만군의 여호와 이스라엘의 하나
님께서 이와 같이 말씀하시니라 보라 내가 얼굴을 너희에게로 향하여 환난을 내리고 온 유다를 끊어 버릴 것이
며 12 내가 또 애굽 땅에 머물러 살기로 고집하고 그리로 들어간 유다의 남은 자들을 처단하리니 그들이 다 멸망

❖ **렘 44장**
예레미야서를 비롯하여 구약 선지서 대부분이 가지는 공통적 특징인 우상 숭배(偶像崇拜)에 대한 엄중한 책망과 경고에 주목할 필요가 있다. 즉 우상 숭배를 제외한 여타의 죄는 대개 하나님 말씀의 일부에 대한 불순종을 의미한다. 그러나 우상 숭배는 여호와가 유일 절대한 구원자(救援者)라는 사실을 거부하는 죄인 동시에 우주와 역사에 대해 가지신 하나님의 절대주권을 거부하는 죄이다. 따라서 우상 숭배는 소극적인 측면에서 단지 하나님의 계명에 불순종하는 차원을 넘어서 적극적으로 여호와 하나님의 존재 자체를 인정하지 않는 것으로 모든 죄의 가장 근원적인 죄인 것이다. 때문에 예레미야 선지자를 비롯하여 구약 시대 대부분의 선지자들은 그 어떠한 죄보다도 우상 숭배를 거듭해서 경계하며 우상 숭배에서 떠나기를 강력하게 촉구한 것이다. 그러므로 이 시간 우리는 비록 양상은 다르지만 절대 유일한 주권자로서 우리 인생의 전 존재를 결정하실 수 있는 하나님 이외에 우리 자신이 더 신뢰하고 의지하는 대상은 없는가를 돌아보며 그런 우상 숭배 행위에도 구약 선민 이스라엘에 주어졌던 것과 동일한 책망과 심판 경고가 주어질 수밖에 없다는 사실을 직시하고 이를 철저히 경계하지 않으면 안 될 것이다.
☞ **신 7:25** 너는 그들이 조각한 신상들을 불사르고 그것에 입힌 은이나 금을 탐내지 말며 취하지 말라 네가 그것으로 말미암아 올무에 걸릴까 하노니 이는 네 하나님 여호와께서 가증히 여기시는 것임이니라
☞ **요일 5:21** 자녀들아 너희 자신을 지켜 우상에게서 멀리하라

하여 애굽 땅에서 엎드러질 것이라 그들이 칼과 기근에 망하되 낮은 자로부터 높은 자까지 칼과 기근에 죽어서
저주와 놀램과 조롱과 수치의 대상이 되리라 13 내가 예루살렘을 벌한 것 같이 애굽 땅에 사는 자들을 칼과 기
근과 전염병으로 벌하리니 14 애굽 땅에 들어가서 거기에 머물러 살려는 유다의 남은 자 중에 피하거나 살아 남
아 소원대로 돌아와서 살고자 하여 유다 땅에 돌아올 자가 없을 것이라 도망치는 자들 외에는 돌아올 자가 없으
리라 하셨느니라 15 그리하여 자기 아내들이 다른 신들에게 분향하는 줄을 아는 모든 남자와 곁에 섰던 모든 여
인 곧 애굽 땅 바드로스에 사는 모든 백성의 큰 무리가 예레미야에게 대답하여 이르되 16 네가 여호와의 이름으
로 우리에게 하는 말을 우리가 듣지 아니하고 17 우리 입에서 낸 모든 말을 반드시 실행하여 우리가 본래 하던 것
곧 우리와 우리 선조와 우리 왕들과 우리 고관들이 유다 성읍들과 예루살렘 거리에서 하던 대로 하늘의 여왕에
게 분향하고 그 앞에 전제를 드리리라 그 때에는 우리가 먹을 것이 풍부하며 복을 받고 재난을 당하지 아니하였
더니 18 우리가 하늘의 여왕에게 분향하고 그 앞에 전제 드리던 것을 폐한 후부터는 모든 것이 궁핍하고 칼과 기
근에 멸망을 당하였느니라 하며 19 여인들은 이르되 우리가 하늘의 여왕에게 분향하고 그 앞에 전제를 드릴 때
에 어찌 우리 남편의 허락이 없이 그의 형상과 같은 과자를 만들어 놓고 전제를 드렸느냐 하는지라 20 예레미야
가 남녀 모든 무리 곧 이 말로 대답하는 모든 백성에게 일러 이르되 21 너희가 너희 선조와 너희 왕들과 고관들과
유다 땅 백성이 유다 성읍들과 예루살렘 거리에서 분향한 일을 여호와께서 기억하셨고 그의 마음에 떠오른 것
이 아닌가 22 여호와께서 너희 악행과 가증한 행위를 더 참을 수 없으셨으므로 너희 땅이 오늘과 같이 황폐하며
놀램과 저줏거리가 되어 주민이 없게 되었나니 23 너희가 분향하여 여호와께 범죄하였으며 여호와의 목소리를
순종하지 아니하고 여호와의 율법과 법규와 여러 증거대로 행하지 아니하였으므로 이 재난이 오늘과 같이 너희
에게 일어났느니라 24 예레미야가 다시 모든 백성과 모든 여인에게 말하되 애굽 땅에서 사는 모든 유다 사람이
여 여호와의 말씀을 들으라 25 만군의 여호와 이스라엘의 하나님께서 이와 같이 말씀하시되 너희와 너희 아내들
이 입으로 말하고 손으로 이루려 하여 이르기를 우리가 서원한 대로 반드시 이행하여 하늘의 여왕에게 분향하고
전제를 드리리라 하였은즉 너희 서원을 성취하며 너희 서원을 이행하라 하시느니라 26 그러므로 애굽 땅에서 사
는 모든 유다 사람이여 여호와의 말씀을 들으라 여호와께서 말씀하시되 보라 내가 나의 큰 이름으로 맹세하였
은즉 애굽 온 땅에 사는 유다 사람들의 입에서 다시는 내 이름을 부르며 주 여호와의 살아 계심을 두고 맹세하
노라 하는 자가 없으리라 27 보라 내가 깨어 있어 그들에게 재난을 내리고 복을 내리지 아니하리니 애굽 땅에 있
는 유다 모든 사람이 칼과 기근에 망하여 멸절되리라 28 그런즉 칼을 피한 소수의 사람이 애굽 땅에서 나와 유다
땅으로 돌아오리니 애굽 땅에 들어가서 거기에 머물러 사는 유다의 모든 남은 자가 내 말과 그들의 말 가운데서
누구의 말이 진리인지 알리라 29 여호와의 말씀이니라 내가 이 곳에서 너희를 벌할 표징이 이것이라 내가 너희에
게 재난을 내리리라 한 말이 반드시 이루어질 것을 그것으로 알게 하리라 30 보라 내가 유다의 시드기야 왕을 그
의 원수 곧 그의 생명을 찾는 바벨론의 느부갓네살 왕의 손에 넘긴 것 같이 애굽의 바로 호브라 왕을 그의 원수
들 곧 그의 생명을 찾는 자들의 손에 넘겨 주리라 여호와께서 이와 같이 말씀하셨느니라

에스겔 33:21-33

예루살렘의 함락 소식

21 우리가 사로잡힌 지 열두째 해 열째 달 다섯째 날에 예루살렘에서부터
도망하여 온 자가 내게 나아와 말하기를 그 성이 함락되었다 하였는데 22
그 도망한 자가 내게 나아오기 전날 저녁에 여호와의 손이 내게 임하여
내 입을 여시더니 다음 아침 그 사람이 내게 나아올 그 때에 내 입이 열리
기로 내가 다시는 잠잠하지 아니하였노라

백성의 죄와 여호와의 맹세

23 여호와의 말씀이 내게 임하여 이르시되 24 인자야 이 이스라엘의 이 황폐한 땅에 거주하는 자들이 말하여 이
르기를 아브라함은 오직 한 사람이라도 이 땅을 기업으로 얻었나니 우리가 많은즉 더욱 이 땅을 우리에게 기업
으로 주신 것이 되느니라 하는도다 25 그러므로 너는 그들에게 이르기를 주 여호와께서 이같이 말씀하시되 너
희가 고기를 피째 먹으며 너희 우상들에게 눈을 들며 피를 흘리니 그 땅이 너희의 기업이 될까보냐 26 너희가 칼
을 믿어 가증한 일을 행하며 각기 이웃의 아내를 더럽히니 그 땅이 너희의 기업이 될까보냐 하고 27 너는 그들에
게 이르기를 주 여호와께서 이같이 말씀하시되 내가 나의 삶을 두고 맹세하노니 황무지에 있는 자는 칼에 엎드
러뜨리고 들에 있는 자는 들짐승에게 넘겨 먹히게 하고 산성과 굴에 있는 자는 전염병에 죽게 하리라 28 내가 그
땅이 황무지와 공포의 대상이 되게 하고 그 권능의 교만을 그치게 하리니 이스라엘의 산들이 황폐하여 지나갈
사람이 없으리라 29 내가 그들이 행한 모든 가증한 일로 말미암아 그 땅을 황무지와 공포의 대상이 되게 하면 그
때에 내가 여호와인 줄을 그들이 알리라 하라

선지자의 말과 백성

30 인자야 네 민족이 담 곁에서와 집 문에서 너에 대하여 말하며 각각 그 형제와 더불어 말하여 이르기를 자, 가서
여호와께로부터 무슨 말씀이 나오는가 들어 보자 하고 31 백성이 모이는 것 같이 네게 나아오며 내 백성처럼 네
앞에 앉아서 네 말을 들으나 그대로 행하지 아니하니 이는 그 입으로는 사랑을 나타내어도 마음으로는 이익을
따름이라 32 그들은 네가 고운 음성으로 사랑의 노래를 하며 음악을 잘하
는 자 같이 여겼나니 네 말을 듣고도 행하지 아니하거니와 33 그 말이 응
하리니 응할 때에는 그들이 한 선지자가 자기 가운데에 있었음을 알리라

에스겔 19장

애가

1 너는 이스라엘 고관들을 위하여 애가를 지어 2 부르라 네 어머니는 무엇
이냐 암사자라 그가 사자들 가운데에 엎드려 젊은 사자 중에서 그 새끼
를 기르는데 3 그 새끼 하나를 키우매 젊은 사자가 되어 먹이 물어뜯기를
배워 사람을 삼키매 4 이방이 듣고 함정으로 그를 잡아 갈고리로 꿰어 끌
고 애굽 땅으로 간지라 5 암사자가 기다리다가 소망이 끊어진 줄을 알고
그 새끼 하나를 또 골라 젊은 사자로 키웠더니 6 젊은 사자가 되매 여러
사자 가운데에 왕래하며 먹이 물어뜯기를 배워 사람을 삼키며 7 그의 궁
궐들을 헐고 성읍들을 부수니 그 우는 소리로 말미암아 땅과 그 안에 가
득한 것이 황폐한지라 8 이방이 포위하고 있는 지방에서 그를 치러 와서
그의 위에 그물을 치고 함정에 잡아 9 우리에 넣고 갈고리를 꿰어 끌고 바
벨론 왕에게 이르렀나니 그를 옥에 가두어 그 소리가 다시 이스라엘 산에
들리지 아니하게 하려 함이라 10 네 피의 어머니는 물 가에 심겨진 포도나
무 같아서 물이 많으므로 열매가 많고 가지가 무성하며 11 그 가지들은 강
하여 권세 잡은 자의 규가 될 만한데 그 하나의 키가 굵은 가지 가운데에
서 높았으며 많은 가지 가운데에서 뛰어나 보이다가 12 분노 중에 뽑혀서
땅에 던짐을 당하매 그 열매는 동풍에 마르고 그 강한 가지들은 꺾이고
말라 불에 탔더니 13 이제는 광야, 메마르고 가물이 든 땅에 심어진 바 되

❖ 겔 19장, 겔 22:23-31 **유다 왕의 패역과 멸망에 대한 애가 및 고관들의 죄**

인간의 교만함은 결국 하나님의 엄정한 심판을 초래한다. 본 장 가운데서 보이는 바와 같이 젊은 두 사자는 모두 용맹하나 오히려 지나쳐 사람들을 괴롭혔다. 또한 포도나무 역시 처음에는 물가에 심어져 실과가 많고 가지가 무성했다. 그러나 결국 이 모든 것은 과거의 영광을 잃어버리고 최후에는 초라하게 멸망하게 된다. 이는 이스라엘이 하나님으로부터 부름을 받아 선민(選民)으로서 특권을 누렸으나 그 역할을 잘 감당하지 못하고 범죄하였을 때는 비참한 결과를 맞이하고 만다는 사실을 보여 준다. 그 가운데에서도 이 장은 특히 이스라엘 지도자들의 범죄를 신랄하게 고발하며 결국 그에게 임하는 멸망을 보여 준다. 이는 모든 범죄는 그 당사자가 책임져야 하나 공동체를 하나님 뜻에 맞게 이끌 의무가 있는 지도자에게 보다 큰 책임이 주어짐을 보여 준다(약 3:1).

☞ 오늘날 성도는 하나님으로부터 영적 이스라엘로 부름을 받은 선민으로 하나님의 뜻을 선포해야 할 선지자로서의 사명이 주어져 있으며 하나님께 직접 나아갈 수 있는 제사장의 자격도 주어져 있다. 이러한 성도에게는 하나님 나라(The Kingdom of God)를 확장해야 하며 하나님의 영광을 드러내고 하나님을 기쁘시게 해야 할 사명이 주어져 있다. 만약 이러한 사명을 잘 수행치 못한다면 본 장에 나오는 유다의 왕들과 같이 비참한 멸망에 처할 수밖에 없다. 그러나 더욱 명심해야 할 것은 이 세상에 그 어떠한 사람도 하나님의 뜻을 온전히 실행할 수는 없다는 것이다.

고 [14]불이 그 가지 중 하나에서부터 나와 그 열매를 태우니 권세 잡은 자의 규가 될 만한 강한 가지가 없도다 하
라 이것이 애가라 후에도 애가가 되리라

에스겔 22:23-31

선지자 제사장 고관들의 죄

[23]여호와의 말씀이 내게 임하여 이르시되 [24]인자야 너는 그에게 이르기를 너는 정결함을 얻지 못한 땅이요 진노
의 날에 비를 얻지 못한 땅이로다 하라 [25]그 가운데에서 선지자들의 반역함이 우는 사자가 음식물을 움킴 같았
도다 그들이 사람의 영혼을 삼켰으며 재산과 보물을 탈취하며 과부를 그 가운데에 많게 하였으며 [26]그 제사장
들은 내 율법을 범하였으며 나의 성물을 더럽혔으며 거룩함과 속된 것을 구별하지 아니하였으며 부정함과 정한
것을 사람이 구별하게 하지 아니하였으며 그의 눈을 가리어 나의 안식일을 보지 아니하였으므로 내가 그들 가운
데에서 더럽힘을 받았느니라 [27]그 가운데에 그 고관들은 음식물을 삼키
는 이리 같아서 불의한 이익을 얻으려고 피를 흘려 영혼을 멸하거늘 [28]그
선지자들이 그들을 위하여 회를 칠하고 스스로 허탄한 이상을 보며 거짓
복술을 행하며 여호와가 말하지 아니하였어도 주 여호와께서 이같이 말
씀하셨느니라 하였으며 [29]이 땅 백성은 포악하고 강탈을 일삼고 가난하
고 궁핍한 자를 압제하고 나그네를 부당하게 학대하였으므로 [30]이 땅을
위하여 성을 쌓으며 성 무너진 데를 막아서서 나로 하여금 멸하지 못하게
할 사람을 내가 그 가운데에서 찾다가 찾지 못하였으므로 [31]내가 내 분
노를 그들 위에 쏟으며 내 진노의 불로 멸하여 그들 행위대로 그들 머리
에 보응하였느니라 주 여호와의 말씀이니라

에스겔 25장~28장

에스겔 25장

암몬이 받을 심판

[1]여호와의 말씀이 또 내게 임하여 이르시되 [2]인자야 네 얼굴을 암몬 족
속에게 돌리고 그들에게 예언하라 [3]너는 암몬 족속에게 이르기를 너희는
주 여호와의 말씀을 들을지어다 주 여호와께서 이같이 말씀하셨느니라
내 성소가 더럽힘을 받을 때에 네가 그것에 관하여, 이스라엘 땅이 황폐
할 때에 네가 그것에 관하여, 유다 족속이 사로잡힐 때에 네가 그들에 대
하여 이르기를 아하 좋다 하였도다 [4]그러므로 내가 너를 동방 사람에게
기업으로 넘겨 주리니 그들이 네 가운데에 진을 치며 네 가운데에 그 거처
를 베풀며 네 열매를 먹으며 네 젖을 마실지라 [5]내가 랍바를 낙타의 우리
로 만들며 암몬 족속의 땅을 양 떼가 눕는 곳으로 삼은즉 내가 주 여호와
인 줄을 너희가 알리라 [6]주 여호와께서 이같이 말씀하셨느니라 네가 이
스라엘 땅에 대하여 손뼉을 치며 발을 구르며 마음을 다하여 멸시하며 즐
거워하였나니 [7]그런즉 내가 손을 네 위에 펴서 너를 다른 민족에게 넘겨

겔 25:1-17 에스겔에 심판이 선포된 열방들의 이스라엘에 대한 주요 죄악상
암몬
· 미디안과 함께 이스라엘을 저주함(민 22:4) · 출애굽한 이스라엘의 모압 땅 통과를 거절함(삿 11:17, 18) · 이스라엘을 유혹하여 음행과 우상 숭배에 빠지게 함(왕상 11:7, 계 2:14) · 남유다의 멸망을 조롱함(겔 25:8-11)
에돔
· 출애굽한 이스라엘의 에돔 땅 통과를 거절함(민 20:18-21, 21:4) · 복수심을 갖고 남유다를 침략함(겔 25:12-14) · 피 흘리는 일을 즐거워함(겔 35:5, 6) · 예루살렘 함락을 조소하고 교만함(겔 35:12-15)
블레셋
· 이스라엘에 적개심을 가지고 자주 침략함(삿 10:6, 7, 삼상 4:1-11) · 하나님의 궤를 모욕함(삼상 5:1, 2) · 선민을 멸시함(겔 25:5-17)
두로
· 이스라엘과 맺은 형제의 계약을 파기함(삼하 5:11, 암 1:9, 10) · 예루살렘 함락을 기뻐함(겔 26:1-6) · 온갖 도덕적, 종교적 타락의 온상이 됨
시돈
· 이스라엘을 유혹하여 우상을 숭배하게 함(삿 10:6, 왕상 11:5) · 이스라엘을 압제함(삿 10:12) · 남유다의 은·금 등을 약탈함(욜 3:4, 5) · 뛰어난 지혜로써 부정한 무역 거래를 함(슥 9:2-4) · 남유다를 멸시함(겔 28:24)
애굽
· 이스라엘을 학대함(출 1:11, 22) · 우상 숭배를 전함(겔 20:7, 8) · 남유다로 자국을 의지하게 하여 죄를 짓게 함(겔 29:16)

주어 노략을 당하게 하며 너를 만민 중에서 끊어 버리며 너를 여러 나라
가운데에서 패망하게 하여 멸하리니 내가 주 여호와인 줄을 너희가 알리
라 하셨다 하라

모압과 세일이 받을 심판

8 주 여호와께서 이같이 말씀하셨느니라 모압과 세일이 이르기를 유다 족
속은 모든 이방과 다름이 없다 하도다 9 그러므로 내가 모압의 한편 곧 그
나라 국경에 있는 영화로운 성읍들 벧여시못과 바알므온과 기랴다임을
열고 10 암몬 족속과 더불어 동방 사람에게 넘겨 주어 기업을 삼게 할 것
이라 암몬 족속이 다시는 이방 가운데에서 기억되지 아니하게 하려니와
11 내가 모압에 벌을 내리리니 내가 주 여호와인 줄을 너희가 알리라

에돔과 블레셋이 받을 심판

12 주 여호와께서 이같이 말씀하셨느니라 에돔이 유다 족속을 쳐서 원수를 갚았고 원수를 갚음으로 심히 범죄하
였도다 13 그러므로 주 여호와께서 이같이 말씀하셨느니라 내가 내 손을 에돔 위에 펴서 사람과 짐승을 그 가운
데에서 끊어 데만에서부터 황폐하게 하리니 드단까지 칼에 엎드러지리라 14 내가 내 백성 이스라엘의 손으로 내
원수를 에돔에게 갚으리니 그들이 내 진노와 분노를 따라 에돔에 행한즉 내가 원수를 갚음인 줄을 에돔이 알리
라 주 여호와의 말씀이니라 15 주 여호와께서 이같이 말씀하셨느니라 블
레셋 사람이 옛날부터 미워하여 멸시하는 마음으로 원수를 갚아 진멸하
고자 하였도다 16 그러므로 주 여호와께서 이같이 말씀하셨느니라 내가
블레셋 사람 위에 손을 펴서 그렛 사람을 끊으며 해변에 남은 자를 진멸
하되 17 분노의 책벌로 내 원수를 그들에게 크게 갚으리라 내가 그들에게
원수를 갚은즉 내가 여호와인 줄을 그들이 알리라 하시니라

에스겔 26장

두로가 받을 심판

1 열한째 해 어느 달 초하루에 여호와의 말씀이 내게 임하여 이르시되 2
인자야 두로가 예루살렘에 관하여 이르기를 아하 만민의 문이 깨져서 내
게로 돌아왔도다 그가 황폐하였으니 내가 충만함을 얻으리라 하였도다 3
그러므로 주 여호와께서 이같이 말씀하셨느니라 두로야 내가 너를 대적
하여 바다가 그 파도를 굽이치게 함 같이 여러 민족들이 와서 너를 치게
하리니 4 그들이 두로의 성벽을 무너뜨리며 그 망대를 헐 것이요 나도 티
끌을 그 위에서 쓸어 버려 맨 바위가 되게 하며 5 바다 가운데에 그물 치
는 곳이 되게 하리니 내가 말하였음이라 주 여호와의 말씀이니라 그가 이
방의 노략 거리가 될 것이요 6 들에 있는 그의 딸들은 칼에 죽으리니 그
들이 나를 여호와인 줄을 알리라 7 주 여호와께서 이같이 말씀하셨느니
라 내가 왕들 중의 왕 곧 바벨론의 느부갓네살 왕으로 하여금 북쪽에서
말과 병거와 기병과 군대와 백성의 큰 무리를 거느리고 와서 두로를 치게
할 때에 8 그가 들에 있는 너의 딸들을 칼로 죽이고 너를 치려고 사다리를
세우며 토성을 쌓으며 방패를 갖출 것이며 9 공성퇴를 가지고 네 성을 치
며 도끼로 망대를 찍을 것이며 10 말이 많으므로 그 티끌이 너를 가릴 것
이며 사람이 무너진 성 구멍으로 들어가는 것 같이 그가 네 성문으로 들어

❖ 겔 25장~28장 **암몬, 모압, 에돔, 블레셋, 두로에 임한 말씀**
암몬, 모압, 에돔 블레셋에 임하는 심판에 대한 언급이다. 이들은 이스라엘의 가까운 이웃이면서 오래된 대적들이다. 이들은 모두 이스라엘이 망할 때 기뻐한 나라들이다. 블레셋을 제외한 국가들은 나바티아 부족의 침임을 받음으로 하나님의 심판이 실현되며 블레셋은 예수님 오시기 1세기 전에 멸망하여 역사에서 사라진다.

❖ 에스겔 28:11-19은 이사야 14:12-15과 더불어 몰락한 천사, 즉 사탄에 대한 묘사로 풀이하기도 한다.(cf. 누가 10:18)

❖ 겔 26~28장 **두로에 대한 심판**
26장은 두로에 대한 하나님의 엄정한 심판 선포와 두로의 참혹한 멸망에 대한 이웃 나라들의 반응을 묘사하며, 27장은 두로의 찬란했던 영광과 왕성했던 무역에 대한 회상 및 그렇게 강성했던 두로의 갑작스러운 몰락에 대한 열국의 두려움을 기록하고 있고, 제28장은 특별히 통치자 두로 왕의 멸망과 그 원인 및 인근 도시인 시돈의 멸망과 이와 대조되는 이스라엘의 회복을 예언하고 있다.
이처럼 본문은 인간이 쌓아 올린 부귀와 명성은 실로 허무한 것으로서 하나님의 심판이 임한다면 일거에 무너질 수밖에 없음을 교훈하고 있다.
☞ 오늘날 자본주의 사회에서는 재물의 많고 적음을 척도로 사람의 가치를 판단하는 잘못된 경향이 점점 늘고 있음을 부인하지 못할 것이다. 이러한 왜곡된 가치관을 가진 사람들은 재물을 모으기 위해 수단과 방법을 가리지 않고 악한 범죄조차 서슴없이 감행하기도 한다. 하나님의 자녀로 부르심을 받은 성도들도 때로는 이러한 사회 풍조에 길들기 쉽다. 그러나 세상의 재물과 명예만을 추구하는 자의 비참한 종말을 본문은 너무나 명확하게 보여 주지 않는가? 따라서 하나님의 백성인 성도가 추구할 바는 이 세상의 물질이나 헛된 지식이 아닌 오직 하나님의 의(義)임을 명심할 때 우리는 성공적인 인생을 살 수 있는 것이다(마 6:33).
☞ 결국 두로 왕이 교만하므로 멸망할 수밖에 없게 된 사실은 과거 에덴동산에서 살았던 인류의 조상 아담과 하와가 하나님의 명령을 어기고 하나님과 같이 되려다 저주를 받은 것과 유사하다.

갈 때에 그 기병과 수레와 병거의 소리로 말미암아 네 성곽이 진동할 것이며 11 그가 그 말굽으로 네 모든 거리를
밟을 것이며 칼로 네 백성을 죽일 것이며 네 견고한 석상을 땅에 엎드러뜨릴 것이며 12 네 재물을 빼앗을 것이며
네가 무역한 것을 노략할 것이며 네 성을 헐 것이며 네가 기뻐하는 집을 무너뜨릴 것이며 또 네 돌들과 네 재목
과 네 흙을 다 물 가운데에 던질 것이라 13 내가 네 노래 소리를 그치게 하며 네 수금 소리를 다시 들리지 않게 하
고 14 너를 맨 바위가 되게 한즉 네가 그물 말리는 곳이 되고 다시는 건축되지 못하리니 나 여호와가 말하였음이
니라 주 여호와의 말씀이니라 15 주 여호와께서 이같이 두로에 대하여 말씀하시되 네가 엎드러지는 소리에 모든
섬이 진동하지 아니하겠느냐 곧 너희 가운데에 상한 자가 부르짖으며 죽임을 당할 때에라 16 그 때에 바다의 모
든 왕이 그 보좌에서 내려 조복을 벗으며 수놓은 옷을 버리고 떨림을 입듯 하고 땅에 앉아서 너로 말미암아 무
시로 떨며 놀랄 것이며 17 그들이 너를 위하여 슬픈 노래를 불러 이르기를 항해자가 살았던 유명한 성읍이여 너
와 너의 주민이 바다 가운데에 있어 견고하였도다 해변의 모든 주민을 두렵게 하였더니 어찌 그리 멸망하였는고
18 네가 무너지는 그날에 섬들이 진동할 것임이여 바다 가운데의 섬들이 네 결국을 보고 놀라리로다 하리라 19
주 여호와께서 이같이 말씀하셨느니라 내가 너를 주민이 없는 성읍과 같이 황폐한 성읍이 되게 하고 깊은 바다
가 네 위에 오르게 하며 큰 물이 너를 덮게 할 때에 20 내가 너를 구덩이에 내려가는 자와 함께 내려가서 옛적 사
람에게로 나아가게 하고 너를 그 구덩이에 내려간 자와 함께 땅 깊은 곳 예로부터 황폐한 곳에 살게 하리라 네
가 다시는 사람이 거주하는 곳이 되지 못하리니 살아 있는 자의 땅에서 영광을 얻지 못하리라 21 내가 너를 패망
하게 하여 다시 있지 못하게 하리니 사람이 비록 너를 찾으나 다시는 영원히 만나지 못하리라 주 여호와의 말씀
이니라

에스겔 27장

두로에 대한 애가

1 여호와의 말씀이 내게 임하여 이르시되 2 인자야 너는 두로를 위하여 슬
픈 노래를 지으라 3 너는 두로를 향하여 이르기를 바다 어귀에 거주하면
서 여러 섬 백성과 거래하는 자여 주 여호와께서 이같이 말씀하시되 두로
야 네가 말하기를 나는 온전히 아름답다 하였도다 4 네 땅이 바다 가운데
에 있음이여 너를 지은 자가 네 아름다움을 온전하게 하였도다 5 스닐의
잣나무로 네 판자를 만들었음이여 너를 위하여 레바논의 백향목을 가져
다 돛대를 만들었도다 6 바산의 상수리나무로 네 노를 만들었음이여 깃딤
섬 황양목에 상아로 꾸며 갑판을 만들었도다 7 애굽의 수 놓은 가는 베로
돛을 만들어 깃발을 삼았음이여 엘리사 섬의 청색 자색 베로 차일을 만들
었도다 8 시돈과 아르왓 주민들이 네 사공이 되었음이여 두로야 네 가운
데에 있는 지혜자들이 네 선장이 되었도다 9 그발의 노인들과 지혜자들
이 네 가운데에서 배의 틈을 막는 자가 되었음이여 바다의 모든 배와 그
사공들은 네 가운데에서 무역하였도다 10 바사와 룻과 붓이 네 군대 가
운데에서 병정이 되었음이여
네 가운데에서 방패와 투구
를 달아 네 영광을 나타냈도
다 11 아르왓 사람과 네 군대
는 네 사방 성 위에 있었고 용사들은 네 여러 망대에 있었음이여 네
사방 성 위에 방패를 달아 네 아름다움을 온전하게 하였도다 12 다시
스는 각종 보화가 풍부하므로 너와 거래하였음이여 은과 철과 주석

겔 27:2, 8 두로와 시돈의 위치

과 납을 네 물품과 바꾸어 갔도다 13 야완과 두발과 메섹은 네 상인이 되었음이여 사람과 놋그릇을 가지고 네 상
품을 바꾸어 갔도다 14 도갈마 족속은 말과 군마와 노새를 네 물품과 바꾸었으며 15 드단 사람은 네 상인이 되었
음이여 여러 섬이 너와 거래하여 상아와 박달나무를 네 물품과 바꾸어 갔도다 16 너의 제품이 풍부하므로 아람
은 너와 거래하였음이여 남보석과 자색 베와 수 놓은 것과 가는 베와 산호와 홍보석을 네 물품과 바꾸어 갔도다
17 유다와 이스라엘 땅 사람이 네 상인이 되었음이여 민닛 밀과 과자와 꿀과 기름과 유향을 네 물품과 바꾸어 갔
도다 18 너의 제품이 많고 각종 보화가 풍부하므로 다메섹이 너와 거래하였음이여 헬본 포도주와 흰 양털을 너
와 거래하였도다 19 워단과 야완은 길쌈하는 실로 네 물품을 거래하였음이여 가공한 쇠와 계피와 대나무 제품
이 네 상품 중에 있었도다 20 드단은 네 상인이 되었음이여 말을 탈 때 까는 천을 너와 거래하였도다 21 아라비아
와 게달의 모든 고관은 네 손아래 상인이 되어 어린 양과 숫양과 염소들, 그것으로 너와 거래하였도다 22 스바와
라아마의 상인들도 너의 상인들이 됨이여 각종 극상품 향 재료와 각종 보석과 황금으로 네 물품을 바꾸어 갔도
다 23 하란과 간네와 에덴과 스바와 앗수르와 길맛의 장사꾼들도 너의 상인들이라 24 이들이 아름다운 물품 곧
청색 옷과 수 놓은 물품과 빛난 옷을 백향목 상자에 담고 노끈으로 묶어 가지고 너와 거래하여 네 물품을 바꾸
어 갔도다 25 다시스의 배는 떼를 지어 네 화물을 나르니 네가 바다 중심에서 풍부하여 영화가 매우 크도다 26 네
사공이 너를 인도하여 큰 물에 이르게 함이여 동풍이 바다 한가운데에서 너를 무찔렀도다 27 네 재물과 상품과
바꾼 물건과 네 사공과 선장과 네 배의 틈을 막는 자와 네 상인과 네 가운데에 있는 모든 용사와 네 가운데에 있
는 모든 무리가 네가 패망하는 날에 다 바다 한가운데에 빠질 것임이여 28 네 선장이 부르짖는 소리에 물결이 흔
들리리로다 29 노를 잡은 모든 자와 사공과 바다의 선장들이 다 배에서 내려 언덕에 서서 30 너를 위하여 크게 소
리 질러 통곡하고 티끌을 머리에 덮어쓰며 재 가운데에 뒹굴며 31 그들이 다 너를 위하여 머리털을 밀고 굵은 베
로 띠를 띠고 마음이 아프게 슬피 통곡하리로다 32 그들이 통곡할 때에 너를 위하여 슬픈 노래를 불러 애도하여
말하기를 두로와 같이 바다 가운데에서 적막한 자 누구인고 33 네 물품을 바다로 실어 낼 때에 네가 여러 백성을
풍족하게 하였음이여 네 재물과 무역품이 많으므로 세상 왕들을 풍부하게 하였었도다 34 네가 바다 깊은 데에서
파선한 때에 네 무역품과 네 승객이 다 빠졌음이여 35 섬의 주민들이 너로 말미암아 놀라고 왕들이 심히 두려워
하여 얼굴에 근심이 가득하도다 36 많은 민족의 상인들이 다 너를 비웃음이여 네가 공포의 대상이 되고 네가 영
원히 다시 있지 못하리라 하셨느니라

에스겔 28장

두로 왕이 받을 심판

겔 28장 두로 왕의 교만을 언급한 12-19절은 이사야 14:11-17과 더불어 사탄의 기원을 추정하는 근거 구절로 삼는다.
학습 자료 52-2 "사탄의 기원"을 참고

1 또 여호와의 말씀이 내게 임하여 이르시되 2 인자야 너는 두로 왕에게 이
르기를 주 여호와께서 이같이 말씀하시되 네 마음이 교만하여 말하기를 나
는 신이라 내가 하나님의 자리 곧 바다 가운데에 앉아 있다 하도다 네 마음이 하나님의 마음 같은 체할지라도 너
는 사람이요 신이 아니거늘 3 네가 다니엘보다 지혜로워서 은밀한 것을 깨닫지 못할 것이 없다 하고 4 네 지혜와
총명으로 재물을 얻었으며 금과 은을 곳간에 저축하였으며 5 네 큰 지혜와 네 무역으로 재물을 더하고 그 재물로
말미암아 네 마음이 교만하였도다 6 그러므로 주 여호와께서 이같이 말씀하셨느니라 네 마음이 하나님의 마음
같은 체하였으니 7 그런즉 내가 이방인 곧 여러 나라의 강포한 자를 거느리고 와서 너를 치리니 그들이 칼을 빼어
네 지혜의 아름다운 것을 치며 네 영화를 더럽히며 8 또 너를 구덩이에 빠뜨려서 너를 바다 가운데에서 죽임을 당
한 자의 죽음 같이 바다 가운데에서 죽게 할지라 9 네가 너를 죽이는 자 앞에서도 내가 하나님이라고 말하겠느냐
너를 치는 자들 앞에서 사람일 뿐이요 신이 아니라 10 네가 이방인의 손에서 죽기를 할례 받지 않은 자의 죽음 같
이 하리니 내가 말하였음이니라 주 여호와의 말씀이니라 하셨다 하라 11 여호와께서 이같이 말씀하시되 또 내게
임하여 이르시되 12 인자야 두로 왕을 위하여 슬픈 노래를 지어 그에게 이르기를 주 여호와의 말씀에 너는 완전한
도장이었고 지혜가 충족하며 온전히 아름다웠도다 13 네가 옛적에 하나님의 동산 에덴에 있어서 각종 보석 곧 홍

보석과 황보석과 금강석과 황옥과 홍마노와 창옥과 청보석과 남보석과
홍옥과 황금으로 단장하였음이여 네가 지음을 받던 날에 너를 위하여 소
고와 비파가 준비되었도다 [14] 너는 기름 부음을 받고 지키는 그룹임이여
내가 너를 세우매 네가 하나님의 성산에 있어서 불타는 돌들 사이에 왕래
하였도다 [15] 네가 지음을 받던 날로부터 네 모든 길에 완전하더니 마침내 네게서 불의가 드러났도다 [16] 네 무역이
많으므로 네 가운데에 강포가 가득하여 네가 범죄하였도다 너 지키는 그룹아 그러므로 내가 너를 더럽게 여겨 하
나님의 산에서 쫓아냈고 불타는 돌들 사이에서 멸하였도다 [17] 네가 아름다우므로 마음이 교만하였으며 네가 영
화로우므로 네 지혜를 더럽혔음이여 내가 너를 땅에 던져 왕들 앞에 두어 그들의 구경 거리가 되게 하였도다 [18]
네가 죄악이 많고 무역이 불의하므로 네 모든 성소를 더럽혔음이여 내가 네 가운데에서 불을 내어 너를 사르게
하고 너를 보고 있는 모든 자 앞에서 너를 땅 위에 재가 되게 하였도다 [19] 만민 중에 너를 아는 자가 너로 말미암
아 다 놀랄 것임이여 네가 공포의 대상이 되고 네가 영원히 다시 있지 못하리로다 하셨다 하라

> ☞ 눅 10:18 예수께서 이르시되 사탄이 하늘로부터 번개같이 떨어지는 것을 내가 보았노라

시돈이 받을 심판

[20] 여호와의 말씀이 또 내게 임하여 이르시되 [21] 인자야 너는 얼굴을 시돈으로 향하고 그에게 예언하라 [22] 너는
이르기를 주 여호와께서 이같이 말씀하시되 시돈아 내가 너를 대적하나니 네 가운데에서 내 영광이 나타나리라
하셨다 하라 내가 그 가운데에서 심판을 행하여 내 거룩함을 나타낼 때에 무리가 나를 여호와인 줄을 알지라 [23]
내가 그에게 전염병을 보내며 그의 거리에 피가 흐르게 하리니 사방에서 오는 칼에 상한 자가 그 가운데에 엎드
러질 것인즉 무리가 나를 여호와인 줄을 알겠고 [24] 이스라엘 족속에게는 그 사방에서 그들을 멸시하는 자 중에
찌르는 가시와 아프게 하는 가시가 다시는 없으리니 내가 주 여호와인 줄을 그들이 알리라

이스라엘이 복을 받으리라

[25] 주 여호와께서 이같이 말씀하셨느니라 내가 여러 민족 가운데에 흩어져 있는 이스라엘 족속을 모으고 그들로
말미암아 여러 나라의 눈앞에서 내 거룩함을 나타낼 때에 그들이 고국 땅 곧 내 종 야곱에게 준 땅에 거주할지
라 [26] 그들이 그 가운데에 평안히 살면서 집을 건축하며 포도원을 만들고 그들의 사방에서 멸시하던 모든 자를
내가 심판할 때에 그들이 평안히 살며 내가 그 하나님 여호와인 줄을 그들이 알리라

에스겔 32장

큰 악어 애굽 왕

[1] 열두째 해 열두째 달 초하루에 여호와의 말씀이 내게 임하여 이르시되
[2] 인자야 너는 애굽의 바로 왕에 대하여 슬픈 노래를 불러 그에게 이르라
너를 여러 나라에서 사자로 생각하였더니 실상은 바다 가운데의 큰 악어
라 강에서 튀어 일어나 발로 물을 휘저어 그 강을 더럽혔도다 [3] 주 여호와
께서 이같이 말씀하셨느니라 내가 많은 백성의 무리를 거느리고 내 그물
을 네 위에 치고 그 그물로 너를 끌어오리로다 [4] 내가 너를 뭍에 버리며
들에 던져 공중의 새들이 네 위에 앉게 할 것임이여 온 땅의 짐승이 너를
먹어 배부르게 하리로다 [5] 내가 네 살점을 여러 산에 두며 네 시체를 여러
골짜기에 채울 것임이여 [6] 네 피로 네 헤엄치는 땅에 물 대듯 하여 산에 미
치게 하며 그 모든 개천을 채우리로다 [7] 내가 너를 불 끄듯 할 때에 하늘을
가리어 별을 어둡게 하며 해를 구름으로 가리며 달이 빛을 내지 못하게 할 것임이여 [8] 하늘의 모든 밝은 빛을 내
가 네 위에서 어둡게 하여 어둠을 네 땅에 베풀리로다 주 여호와의 말씀이니라 [9] 내가 네 패망의 소문이 여러 나
라 곧 네가 알지 못하는 나라들에 이르게 할 때에 많은 백성의 마음을 번뇌하게 할 것임이여 [10] 내가 그 많은 백
성을 너로 말미암아 놀라게 할 것이며 내가 내 칼이 그들의 왕 앞에서 춤추게 할 때에 그 왕이 너로 말미암아 심

❖ 겔 32장 **애굽의 멸망에 대한 예언**
애굽의 멸망을 다양한 관점을 통해 예언함으로써 역사의 궁극적인 주관자가 이 세상을 당신의 기쁘신 뜻대로 창조하신 하나님이시란 사실과 더불어 하나님께서 역사를 주관하시되 철저한 신적 공의로써 하나님을 적대하는 자를 징계하심을 보여 준다. 따라서 하나님의 백성은 가시적으로 능력 있어 보이는 인간의 힘을 의존하는 것이 아니라 구원의 산성(山城)이신 하나님만을 의지하고 인간을 자기의 형상대로 창조하신 하나님의 뜻에 따라서 살아갈 때 삶의 궁극적인 승리자가 됨을 알 수 있다.

겔 32장
학습 자료 52-3 "이스라엘에 영향을 준 애굽의 바로들"을 참조

히 두려워할 것이며 네가 엎드러지는 날에 그들이 각각 자기 생명을 위하여 무시로 떨리로다 11 주 여호와께서
이같이 말씀하셨느니라 바벨론 왕의 칼이 네게 오리로다 12 나는 네 무리가 용사 곧 모든 나라의 무서운 자들의
칼에 엎드러지게 할 것임이여 그들이 애굽의 교만을 폐하며 그 모든 무리를 멸하리로다 13 내가 또 그 모든 짐승
을 큰 물 가에서 멸하리니 사람의 발이나 짐승의 굽이 다시는 그 물을 흐리지 못할 것임이여 14 그 때에 내가 그
물을 맑게 하여 그 강이 기름 같이 흐르게 하리로다 주 여호와의 말씀이니라 15 내가 애굽 땅이 황폐하여 사막이
되게 하여 거기에 풍성한 것이 없게 할 것임이여 그 가운데의 모든 주민을 치리니 내가 여호와인 줄을 그들이 알
리라 16 이는 슬피 부를 노래이니 여러 나라 여자들이 이것을 슬피 부름이여 애굽과 그 모든 무리를 위하여 이것
을 슬피 부르리로다 주 여호와의 말씀이니라

죽은 자들의 세계

17 열두째 해 어느 달 열다섯째 날에 여호와의 말씀이 내게 임하여 이르시되 18 인자야 애굽의 무리를 위하여 슬
피 울고 그와 유명한 나라의 여자들을 구덩이에 내려가는 자와 함께 지하에 던지며 19 이르라 너의 아름다움이
어떤 사람들보다도 뛰어나도다 너는 내려가서 할례를 받지 아니한 자와 함께 누울지어다 20 그들이 죽임을 당
한 자 가운데에 엎드러질 것임이여 그는 칼에 넘겨진 바 되었은즉 그와 그 모든 무리를 끌지어다 21 용사 가운데
에 강한 자가 그를 돕는 자와 함께 스올 가운데에서 그에게 말함이여 할례를 받지 아니한 자 곧 칼에 죽임을 당
한 자들이 내려와서 가만히 누웠다 하리로다 22 거기에 앗수르와 그 온 무리가 있음이여 다 죽임을 당하여 칼에
엎드러진 자라 그 무덤이 그 사방에 있도다 23 그 무덤이 구덩이 깊은 곳에 만들어졌고 그 무리가 그 무덤 사방에
있음이여 그들은 다 죽임을 당하여 칼에 엎드러진 자 곧 생존하는 사람들의 세상에서 사람을 두렵게 하던 자로
다 24 거기에 엘람이 있고 그 모든 무리가 그 무덤 사방에 있음이여 그들은 다 할례를 받지 못하고 죽임을 당하여
칼에 엎드러져 지하에 내려간 자로다 그들이 생존하는 사람들의 세상에서 두렵게 하였으나 이제는 구덩이에 내
려가는 자와 함께 수치를 당하였도다 25 그와 그 모든 무리를 위하여 죽임을 당한 자 가운데에 침상을 놓았고 그
여러 무덤은 사방에 있음이여 그들은 다 할례를 받지 못하고 칼에 죽임을 당한 자로다 그들이 생존하는 사람들
의 세상에서 두렵게 하였으나 이제는 구덩이에 내려가는 자와 함께 수치를 당하고 죽임을 당한 자 가운데에 뉘
었도다 26 거기에 메섹과 두발과 그 모든 무리가 있고 그 여러 무덤은 사방에 있음이여 그들은 다 할례를 받지 못
하고 칼에 죽임을 당한 자로다 그들이 생존하는 사람들의 세상에서 두렵게 하였으나 27 그들이 할례를 받지 못
한 자 가운데에 이미 엎드러진 용사와 함께 누운 것이 마땅하지 아니하냐 이 용사들은 다 무기를 가지고 스올에
내려가서 자기의 칼을 베개로 삼았으니 그 백골이 자기 죄악을 졌음이여
생존하는 사람들의 세상에서 용사의 두려움이 있던 자로다 28 오직 너는
할례를 받지 못한 자와 함께 패망할 것임이여 칼에 죽임을 당한 자와 함
께 누우리로다 29 거기에 에돔 곧 그 왕들과 그 모든 고관이 있음이여 그
들이 강성하였었으나 칼에 죽임을 당한 자와 함께 있겠고 할례를 받지 못
하고 구덩이에 내려간 자와 함께 누우리로다 30 거기에 죽임을 당한 자와
함께 내려간 북쪽 모든 방백과 모든 시돈 사람이 있음이여 그들이 본래
는 강성하였으므로 두렵게 하였으나 이제는 부끄러움을 품고 할례를 받
지 못하고 칼에 죽임을 당한 자와 함께 누웠고 구덩이에 내려가는 자와
함께 수치를 당하였도다 31 바로가 그들을 보고 그 모든 무리로 말미암아
위로를 받을 것임이여 칼에 죽임을 당한 바로와 그 온 군대가 그러하리로
다 주 여호와의 말씀이니라 32 내가 바로로 하여금 생존하는 사람들의 세
상에서 사람을 두렵게 하게 하였으나 이제는 그가 그 모든 무리와 더불어
할례를 받지 못한 자 곧 칼에 죽임을 당한 자와 함께 누이리로다 주 여호
와의 말씀이니라

겔 32:22-30 바로와 함께 음부에 누운 악한 통치자들의 상태 및 교훈
할례를 받지 못함(24, 27절)
모든 악인은 종국적으로 하나님께 철저하게 버림받게 됨(마 7:21-23, 계 18:1-24)
살육을 당함(25, 28절)
모든 악인은 자신의 모든 악한 행위에 대하여 하나님의 판결에 따라 합당한 보응을 받게 됨(시 109:17-19, 사 65:6, 7, 롬 2:6)
구덩이에 내려가는 자와 함께 함(29절)
모든 악인은 종국적으로 도저히 회복할 수 없는 완전한 멸망 가운데 처하게 됨(살전 5:3, 살후 2:8-12, 계 20:7-10)
수치를 당함(30절)
현세에서 악인이 얻는 모든 명예와 영광은 결코 영원히 지속될 수 없으며 오직 하나님께서 인정하시는 영광만이 성도의 영원한 명예가 됨(빌 3:7-9, 계 6:15-17, 20:4-6)

52일차 읽기의 요약

(애 1~5, 왕하 25:22~26, 렘 39:11~44장, 겔 33:21~33, 겔 19, 겔 22:23~31, 겔 25~28, 겔 32)

예레미야는 예루살렘의 멸망과 성전의 파괴를 바라보며 자신의 머리는 물이 되고 그의 눈은 눈물 근원이 되어 울고 또 목 놓아 울며 자신의 깊은 슬픔을, 애가를 지어 표현했다. 예레미야 애가는 시의 형식으로 쓰여져 후손들이 암송하고 기억할 수 있도록 했다. 예레미야는 애가를 통해 죄를 애통해하는 동시에 유다 백성들의 마음이 하나님께로 돌아와 하나님과의 관계가 옛적과 같이 회복되길 간절히 간구한다.

한편 예루살렘의 멸망 후에 바벨론 왕이 예루살렘에 세운 바벨론 총독 그달랴가 암살당하자 그 일로 인한 바벨론의 복수가 두려워 예루살렘 백성들은 예레미야에게 기도를 부탁하고 하나님의 뜻을 묻는다. 그러나 유다 백성들은 애굽으로 도망가지 말고 예루살렘에 그대로 남아 있으라는 하나님의 말씀을 예레미야를 통해 듣고도 끝내 예레미야를 데리고 애굽으로 도망을 가고 만다. 그러나 그들이 안전하다고 생각했던 애굽 땅에 하나님께서는 바벨론 군대를 보내셔서 애굽을 치게 하신다.

하나님께서는 또한 바벨론에 있는 에스겔을 통해 유다뿐만 아니라 주변국들에 대해 예언하게 하셨는데 그 가운데 세계의 모든 진귀한 물품들이 교역되는 명품관과 같이 화려하고 부유했던 두로도 한순간에 멸망할 것을 예언했다. 그의 멸망의 이유는 두로 왕의 교만 때문이었다. 특히 두로 왕에 대한 예언은 하나님의 영광을 가로챈 사탄에 대한 묘사로 풀이되기도 한다.

인위뚝·신위고!

그러면 어떻게 살 것인가?

☑ 세계관 점검 – 묵상하기 (영상 강의와 교재 내용의 이해를 바탕으로)

- 예레미야애가를 읽으며 전쟁의 참상을 한번 상상해 보라. 필자가 동영상 강의에서 언급한 것 같이 러시아의 우크라이나 침공으로 인한 도시 파괴의 참상, 그리고 지금 이 시점(2023년 10월 10일)에 하마스와 이스라엘의 전쟁을 통한 참상을 언론 매체를 통해 간접적으로 접하면서 참담한 마음을 금할 길이 없다.
  하나님의 도성, 하나님이 임재하셨던 성전이 바벨론 군대의 침략으로 처절하고 처참하게 파괴된 현장을 본 예레미야의 심정은 어떠할까? 그 보고서가 애가이다.
  왜 이런 참상을 당해야 하는가를 지금까지 성경의 구속사의 흐름을 통해 정리하며 묵상해 보라.

- 선지서 읽기 정지 작업 공부할 때 선지서 내용 구조 4가지를 기억하는가?
  기소, 심판, 교훈, 회복. 포로기를 전후로 해서 그 전은 심판의 상황(포로)을 막으려고 심판을 강조하지만, 심판(포로)이 발생한 후는 회복이 강조된다는 사실을 염두에 두고 선지서 메시지를 이해해야 한다.

통곡하는 예레미야의 심정을 묵상하라.(동영상 강의(52일차) 내용을 참조)

통곡하는 예레미야	• 눈이 내 눈물에 상하여 내 창자가 끊어지며(2:11) • 내 눈에 눈물이 시내처럼 흐르도다(3:48)
통곡 이유	• 어머니 품에서 젖먹이들이 죽음(2:12) ➡ 자비로운 부녀들이 자기 손으로 자녀 삶아 먹음(4:10) • 늙은이, 젊은이, 처녀, 청년들이 칼에 쓰러짐(2:21) • 성소의 돌들이 거리 어귀마다 쏟아짐(4:1) • 젖먹이가 목 말라서 혀가 입천장에 붙음(4:4) • 붉은 옷 입고 자라난 자들이 거름더미에 앉음(4:5) • 칼에 죽은 자가 주려 죽은 자보다 나음(4:9) • 굶주림의 열기로 피부가 아궁이처럼 검음(5:10) • 내가 부르짖어 도움을 구하나 내 기도를 물리치심(3:18)

애 1:1을 묵상하라.
"적막하게 된 도성"의 의미는 하나님과의 관계가 온전히 끊어졌다는 것을 말한다. 하나님과의 바른 관계여부가 인간의 운명과 직결되어 있다는 사실을 잠시도 잊어서는 안 된다.

☑ "흙 + 하나님의 생기"의 원리를 다시 한번 깊이 생각해 보라.
나의 삶은 하나님이 떠난 황폐한 삶인가? 아니면 하나님이 함께하심으로 "에덴의 상황"을 누리는 삶을 살아가고 있는가?
⇒ 선지자를 배격하고 하나님의 말씀을 무시한 결과 – 성전 파괴
⇒ 예수님을 무시하고 죽인 결과 - 성전 파괴

☑ 성전 파괴는 임마누엘(하나님이 함께하심)의 파괴

· 창 2:7 여호와 하나님이 땅의 흙으로 사람을 지으시고 생기를 그 코에 불어넣으시니 사람이 생령이 되니라

겔 33:30-33을 깊이 묵상하라. 오늘 우리에게 그대로 적용되는 말씀이다.
신앙의 연륜이 쌓이는 만큼, 또 주님을 향한 사랑의 고백이 깊어져 가는 만큼, 또 우리의 찬양이 높아지는 만큼 우리는 주님의 말씀을 준행하여 삶으로 표현되고 있는가? 아니면 이런 고백과 찬양이 교회 안에서만 머물러 있는 것들인가?[마 24:45, 요일 3:14. 찬송 515(통 256), 503(통 373)]

☑ 결단기도와 실행하기

약 2:26　영혼 없는 몸이 죽은 것 같이 행함이 없는 믿음은 죽은 것이니라
시 119:28　나의 영혼이 눌림으로 말미암아 녹사오니 주의 말씀대로 나를 세우소서

49일~
54일

오바댜 1장

오바댜	OBADIAH	俄巴底亞書

오바댜 한눈에 보기

개요 **에돔의 멸망에 대한 예언**

오바댜는 1장으로 되어 있어서 그야말로 한눈에 보입니다.
그것은 에돔의 멸망에 대한 예언입니다.

❖ 오바댜의 개요

자기 친척들이 절망적인 어려움에 빠져 있을 때 에돔이 교만하고, 득의양양하며 중립을 지킨 것과, 심지어 고소하게 여기고, 공격하며, 만행을 저지른 것에 대해 극심한 분노를 보여 주고 있다(1-14절). 만일 하나님이 정의로우시다면, 에돔은 반드시 언젠가 똑같은 운명에 처하게 될 것이다(15-16절). 그날이 올 때, 이스라엘은 구원받고 승리를 거둘 것이며, 여호와의 날에 전 세계에 퍼져 있는 이스라엘 남 왕국과 북 왕국의 포로들은 그 땅으로 돌아올 것이며, 여호와께서 왕으로 다스리실 것이다(17-21절).

1 오바댜의 묵시라

여호와께서 에돔을 심판하시다

여호와께서 에돔에 대하여 이와 같이 말씀하시니라 우리가 여호와께로 말미암아 소식을 들었나니 곧 사자가 나
라들 가운데에 보내심을 받고 이르기를 너희는 일어날지어다 우리가 일어나서 그와 싸우자 하는 것이니라 2 보
라 내가 너를 나라들 가운데에 매우 작게 하였으므로 네가 크게 멸시를 받느니라 3 너의 마음의 교만이 너를 속
였도다 바위 틈에 거주하며 높은 곳에 사는 자여 네가 마음에 이르기를 누가 능히 나를 땅에 끌어내리겠느냐 하
니 4 네가 독수리처럼 높이 오르며 별 사이에 깃들일지라도 내가 거기에서 너를 끌어내리리라 여호와의 말씀이
니라 5 혹시 도둑이 네게 이르렀으며 강도가 밤중에 네게 이르렀을지라도 만족할 만큼 훔치면 그치지 아니하였
겠느냐 혹시 포도를 따는 자가 네게 이르렀을지라도 그것을 얼마쯤 남기지 아니하였겠느냐 네가 어찌 그리 망
하였는고 6 에서가 어찌 그리 수탈되었으며 그 감춘 보물이 어찌 그리 빼앗겼는고 7 너와 약조한 모든 자들이 다
너를 쫓아 변경에 이르게 하며 너와 화목하던 자들이 너를 속여 이기며 네 먹을 것을 먹는 자들이 네 아래에 함정
을 파니 네 마음에 지각이 없음이로다 8 여호와의 말씀이니라 그 날에 내가 에돔에서 지혜 있는 자를 멸하며 에
서의 산에서 지각 있는 자를 멸하지 아니하겠느냐 9 드만아 네 용사들이 놀랄 것이라 이로 말미암아 에서의 산에
있는 사람은 다 죽임을 당하여 멸절되리라

에돔의 죄

10 네가 네 형제 야곱에게 행한 포학으로 말미암아 부끄러움을 당하고 영원히 멸절
되리라 11 네가 멀리 섰던 날 곧 이방인이 그의 재물을 빼앗아 가며 외국인
이 그의 성문에 들어가서 예루살렘을 얻기 위하여 제비 뽑던 날에 너도 그
들 중 한 사람 같았느니라 12 네가 형제의 날 곧 그 재앙의 날에 방관할 것
이 아니며 유다 자손이 패망하는 날에 기뻐할 것이 아니며 그 고난의 날에 네가 입
을 크게 벌릴 것이 아니며 13 내 백성이 환난을 당하는 날에 네가 그 성문에 들어가지 않을 것이며
환난을 당하는 날에 네가 그 고난을 방관하지 않을 것이며 환난을 당하는 날에 네가 그 재물에 손을 대지
않을 것이며 14 네거리에 서서 그 도망하는 자를 막지 않을 것이며 고난의 날에 그 남은 자를 원수에게 넘기지
않을 것이니라

여호와께서 만국을 벌하실 날

15 여호와께서 만국을 벌할 날이 가까웠나니 네가 행한 대로 너도 받을 것인즉 네가 행한 것이 네 머리로 돌아갈
것이라 16 너희가 내 성산에서 마신 것 같이 만국인이 항상 마시리니 곧 마시고 삼켜서 본래 없던 것 같이 되리라

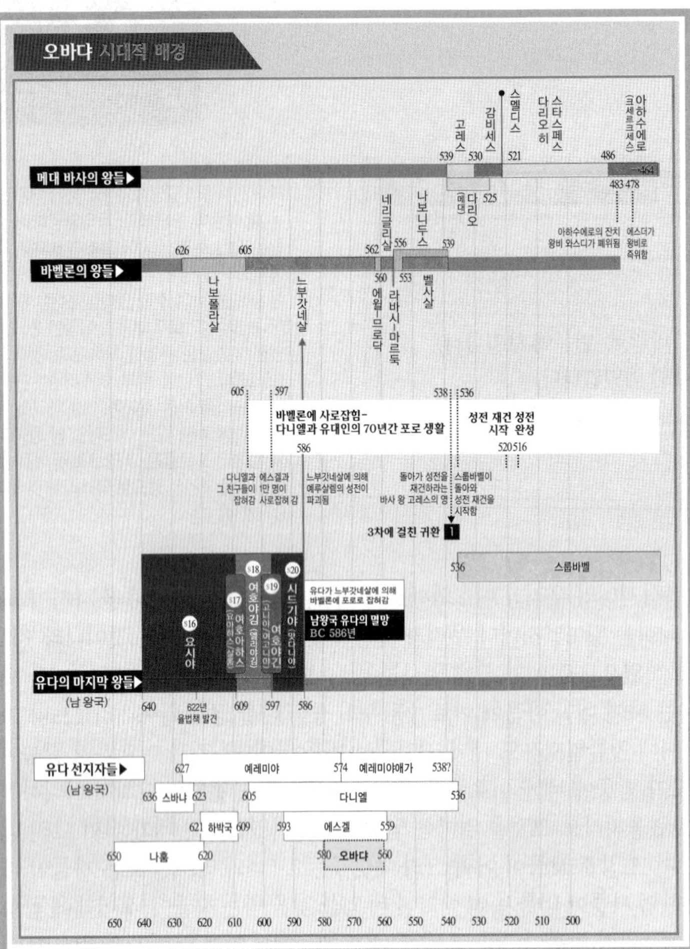

❖ 오바댜의 시대적 배경

오바댜는 B.C. 586년경 바벨론 왕 느부갓네살에 의한 예루살렘 성 함락 당시를 배경으로 하여 주로 활동한 선지자이다. 즉 그는 국가의 멸망이라는 엄청난 시련과 좌절에 직면해 있는 남 유다 백성들에게 위로와 회복의 소망을 주어 포로 생활 중에도 결코 여호와 신앙을 버리지 않게 하려고 남 유다의 멸망을 직·간접적으로 도운 에돔의 멸망에 대한 예언과 선민 이스라엘의 회복 예언을 선포하였다.

여호와께 속할 나라

> **옵 1:17-21** 선민 이스라엘의 회복과 메시아 왕국 도래 예언

17 오직 시온 산에서 피할 자가 있으리니 그 산이 거룩할 것이요 야곱 족
속은 자기 기업을 누릴 것이며 18 야곱 족속은 불이 될 것이며 요셉 족속
은 불꽃이 될 것이요 에서 족속은 지푸라기가 될 것이라 그들이 그들 위
에 붙어서 그들을 불사를 것인즉 에서 족속에 남은 자가 없으리니 여호와께서 말씀하셨음이라 19 그들이 네겝
과 에서의 산과 평지와 블레셋을 얻을 것이요 또 그들이 에브라임의 들과 사마리아의 들을 얻을 것이며 베냐민
은 길르앗을 얻을 것이며 20 사로잡혔던 이스라엘의 많은 자손은 가나안 사람에게 속한 이 땅을 사르밧까지 얻
을 것이며 예루살렘에서 사로잡혔던 자들 곧 스바랏에 있는 자들은 네겝의 성읍들을 얻을 것이니라 21 구원 받
은 자들이 시온 산에 올라와서 에서의 산을 심판하리니 나라가 여호와께 속하리라

시편 137

1 우리가 바벨론의 여러 강변 거기에 앉아서 시온을 기억하며 울었도다 2 그 중의 버드나무에 우리가 우리의

수금을 걸었나니 [3] 이는 우리를 사로잡은 자가 거기서 우리에게 노래를
청하며 우리를 황폐하게 한 자가 기쁨을 청하고 자기들을 위하여 시온
의 노래 중 하나를 노래하라 함이로다 [4] 우리가 이방 땅에서 어찌 여호
와의 노래를 부를까 [5] 예루살렘아 내가 너를 잊을진대 내 오른손이 그
의 재주를 잊을지로다 [6] 내가 예루살렘을 기억하지 아니하거나 내가 가
장 즐거워하는 것보다 더 즐거워하지 아니할진대 내 혀가 내 입천장에
붙을지로다 [7] 여호와여 예루살렘이 멸망하던 날을 기억하시고 에돔 자
손을 치소서 그들의 말이 헐어 버리라 헐어 버리라 그 기초까지 헐어 버
리라 하였나이다 [8] 멸망할 딸 바벨론아 네가 우리에게 행한 대로 네게
갚는 자가 복이 있으리로다 [9] 네 어린 것들을 바위에 메어치는 자는 복
이 있으리로다

❖ 시 137편
이 포로로 잡혀간 이스라엘 백성에게 이방 신을 위한 노래를 부를 것을 강요당한다(3절). 여호와를 송축하는 노래를 그들의 유흥용으로 부르라는 강요에 억울하고 두고 온 고향 생각이 나서 읊은 시이다.
우리 선배들도 일제에 나라를 빼앗기고 그 고통과 슬픔을 많은 노래로 불렀다. 그중 하나는 이은상 씨가 시를 쓰고 김동진 씨가 곡을 붙인 <가고파>가 있다. 그 가사를 이 시편과 비교하면서 음미해 보라. 또 일제에 저항한 시인 이상화의 "지금은 남의 땅 — 빼앗긴 들에도 봄은 오는가? "라는 시도 이 시편의 맛을 담은 시이다. 이탈리아의 작곡가 베르디는 오페라 "나부코"의 Part 33 '히브리 노예들의 합창'은 이 시편을 배경으로 하고 있다.

예레미야 52:28-30

[28] 느부갓네살이 사로잡아 간 백성은 이러하니라 제칠년에 유다인이 삼
천이십삼 명이요 [29] 느부갓네살의 열여덟째 해에 예루살렘에서 사로잡아
간 자가 팔백삼십이 명이요 [30] 느부갓네살의 제이십삼년에 사령관 느부
사라단이 사로잡아 간 유다 사람이 칠백사십오 명이니 그 총수가 사천육
백 명이더라

❖ 렘 52:28-30 **4차 포로**
바벨론으로 잡혀간 포로의 전체 인원은 아마 지배자 계급만 계수했을 것이다. 그 숫자를 다음과 같이 계수한다. 느부갓네살 7년(B.C. 597)에 3023명, 느부갓네살 18년(B.C. 586)에 832명, 느부갓네살 24년(B.C. 582)에 715명.

에스겔 33:1-20

여호와께서 에스겔을 파수꾼으로 삼으시다(겔 3:16-21)

[1] 여호와의 말씀이 내게 임하여 이르시되 [2] 인자야 너는 네 민족에게 말하
여 이르라 가령 내가 칼을 한 땅에 임하게 한다 하자 그 땅 백성이 자기들
가운데의 하나를 택하여 파수꾼을 삼은 [3] 그 사람이 그 땅에 칼이 임함을
보고 나팔을 불어 백성에게 경고하되 [4] 그들이 나팔 소리를 듣고도 정신
차리지 아니하므로 그 임하는 칼에 제거함을 당하면 그 피가 자기의 머리
로 돌아갈 것이라 [5] 그가 경고를 받았던들 자기 생명을 보전하였을 것이
나 나팔 소리를 듣고도 경고를 받지 아니하였으니 그 피가 자기에게로 돌
아가리라 [6] 그러나 칼이 임함을 파수꾼이 보고도 나팔을 불지 아니하여
백성에게 경고하지 아니하므로 그 중의 한 사람이 그 임하는 칼에 제거 당하면 그는 자기 죄악으로 말미암아 제
거되려니와 그 죄는 내가 파수꾼의 손에서 찾으리라 [7] 인자야 내가 너를 이스라엘 족속의 파수꾼으로 삼음이 이
와 같으니라 그런즉 너는 내 입의 말을 듣고 나를 대신하여 그들에게 경고할지어다 [8] 가령 내가 악인에게 이르기
를 악인아 너는 반드시 죽으리라 하였다 하자 네가 그 악인에게 말로 경고하여 그의 길에서 떠나게 하지 아니하
면 그 악인은 자기 죄악으로 말미암아 죽으려니와 내가 그의 피를 네 손에서 찾으리라 [9] 그러나 너는 악인에게
경고하여 돌이켜 그의 길에서 떠나라고 하되 그가 돌이켜 그의 길에서 떠나지 아니하면 그는 자기 죄악으로 말
미암아 죽으려니와 너는 네 생명을 보전하리라

❖ 겔 33:1-20
선지자의 임무는 파수꾼과 같은 것이다. 적들이 침입해 오면 파수꾼은 백성들에게 경고를 발해야 하는 임무를 갖는다, 오늘날 크리스천들은 이 시대의 복음 파수꾼(여호와의 증인이 아니라)이 되어야 한다는 사실을 염두에 두고 읽는다.
하나님은 이제 그들이 회복을 받은 것이라는 위로와 함께 회복을 약속해 주신다. 그들은 다 양 같은 존재들이고 그 양을 이끄는 참 목자는 하나님이시라는 것을 알려 주신다(11-16절).

49일~54일

의인의 범죄와 악인의 회개

10 그런즉 인자야 너는 이스라엘 족속에게 이르기를 너희가 말하여 이르되 우리의 허물과 죄가 이미 우리에게 있
어 우리로 그 가운데에서 쇠퇴하게 하니 어찌 능히 살리요 하라 11 너는 그들에게 말하라 주 여호와의 말씀이니
라 나의 삶을 두고 맹세하노니 나는 악인이 죽는 것을 기뻐하지 아니하고 악인이 그의 길에서 돌이켜 떠나 사는
것을 기뻐하노라 이스라엘 족속아 돌이키고 돌이키라 너희 악한 길에서 떠나라 어찌 죽고자 하느냐 하셨다 하
라 12 인자야 너는 네 민족에게 이르기를 의인이 범죄하는 날에는 그 공의가 구원하지 못할 것이요 악인이 돌이
켜 그 악에서 떠나는 날에는 그 악이 그를 엎드러뜨리지 못할 것인즉 의인이 범죄하는 날에는 그 의로 말미암아
살지 못하리라 13 가령 내가 의인에게 말하기를 너는 살리라 하였다 하자 그가 그 공의를 스스로 믿고 죄악을 행
하면 그 모든 의로운 행위가 하나도 기억되지 아니하리니 그가 그 지은 죄악으로 말미암아 곧 그 안에서 죽으리
라 14 가령 내가 악인에게 말하기를 너는 죽으리라 하였다 하자 그가 돌이켜 자기의 죄에서 떠나서 정의와 공의
로 행하여 15 저당물을 도로 주며 강탈한 물건을 돌려 보내고 생명의 율례를 지켜 행하여 죄악을 범하지 아니하
면 그가 반드시 살고 죽지 아니할지라 16 그가 본래 범한 모든 죄가 기억되지 아니하리니 그가 반드시 살리라 이
는 정의와 공의를 행하였음이라 하라 17 그래도 네 민족은 말하기를 주의 길이 바르지 아니하다 하는도다 그러
나 실상은 그들의 길이 바르지 아니하니라 18 만일 의인이 돌이켜 그 공의에서 떠나 죄악을 범하면 그가 그 가운
데에서 죽을 것이고 19 만일 악인이 돌이켜 그 악에서 떠나 정의와 공의대로 행하면 그가 그로 말미암아 살리라
20 그러나 너희가 이르기를 주의 길이 바르지 아니하다 하는도다 이스라엘 족속아 나는 너희가 각기 행한 대로
심판하리라 하시니라

에스겔 34장~39장

에스겔 34장

49일~
54일

자기만 먹는 이스라엘 목자들

1 여호와의 말씀이 내게 임하여 이르시되 2 인자야 너는 이스라엘 목자들에
게 예언하라 그들 곧 목자들에게 예언하여 이르기를 주 여호와께서 이같이
말씀하시되 자기만 먹는 이스라엘 목자들은 화 있을진저 목자들이 양 떼를
먹이는 것이 마땅하지 아니하냐 3 너희가 살진 양을 잡아 그 기름을 먹으며
그 털을 입되 양 떼는 먹이지 아니하는도다 4 너희가 그 연약한 자를 강하
게 아니하며 병든 자를 고치지 아니하며 상한 자를 싸매 주지 아니하며 쫓
기는 자를 돌아오게 하지 아니하며 잃어버린 자를 찾지 아니하고 다만 포

악한 목자는...	선한 목자는...
자기 배만 채움	양을 먹이고 살찌움
약하고 병들어도 돌보지 않음	약하고 병든 양을 정성껏 돌보고, 잃어버린 양을 끝까지 찾음
포악으로 다스림	사랑으로 다스림
모으지 않고, 방치하여 들짐승의 밥이 되게 함	양을 모으고 보호함
관심사는 오직 자기 뿐임	최대 관심사는 양임 : 양에게 가장 좋은 것을 제공함

❖ 겔 34~39장 **회복의 메시지**

❖ 겔 34장
본 장은 이스라엘이 다시 회복됨으로 누릴 풍요롭고 평화로운 모습을 예언하고 있다. 즉 장차 이스라엘은 악한 짐승이 없고 땅의 소산이 풍부하며 이방의 노략을 당하지 않고 참 목자이신 하나님과 함께 거하는 축복을 받을 것이 예언된 것이다. 이러한 축복은 일차적으로는 이스라엘이 이방의 포로 생활에서 벗어나서 다시 고국에 돌아가서 성전을 재건하며, 하나님의 택한 백성이며 구속사의 주역으로서의 사명을 감당케 됨으로써 성취된다. 그러나 이는 더욱 근원적으로는 메시아께서 이 땅에 오셔서 악한 사탄의 세력을 꺾으심으로 새로운 구속의 역사가 시작될 것임을 보여 준다. 즉 본문은 구속의 성취자이시며, 평화의 왕이신 그리스도의 활동으로 신약의 선민들이 누릴 축복을 예언하고 있다. 그러나 메시아 왕국(The Kingdom of Messiah)의 완전한 성취는 그리스도의 재림으로 사탄의 세력이 완전히 소멸하는 그리스도 재림의 날에 이루어질 것이다(계 20:12). 따라서 성도는 비록 마귀가 왕 노릇을 한 현 세상에서 어려움을 겪는다고 할지라도 좌절치 말고 장차 이루어질 하나님 나라의 영광을 바라보며 인내해야 한다.
☞ **롬 5:2-4** 또한 그로 말미암아 우리가 믿음으로 서 있는 이 은혜에 들어감을 얻었으며 하나님의 영광을 바라고 즐거워하느니라 다만 이뿐 아니라 우리가 환난 중에도 즐거워하나니 이는 환난은 인내를, 인내는 연단을, 연단은 소망을 이루는 줄 앎이로다

악으로 그것들을 다스렸도다 5 목자가 없으므로 그것들이 흩어지고 흩어져서 모든 들짐승의 밥이 되었도다 6 내
양 떼가 모든 산과 높은 멧부리에마다 유리되었고 내 양 떼가 온 지면에 흩어졌으되 찾고 찾는 자가 없었도다

여호와께서 양 떼를 구원하시리라

7 그러므로 목자들아 여호와의 말씀을 들을지어다 8 주 여호와의 말씀에 내가 나의 삶을 두고 맹세하노라 내 양
떼가 노략 거리가 되고 모든 들짐승의 밥이 된 것은 목자가 없기 때문이라 내 목자들이 내 양을 찾지 아니하고
자기만 먹이고 내 양 떼를 먹이지 아니하였도다 9 그러므로 너희 목자들아 여호와의 말씀을 들을지어다 10 주 여
호와께서 이같이 말씀하시되 내가 목자들을 대적하여 내 양 떼를 그들의 손에서 찾으리니 목자들이 양을 먹이
지 못할 뿐 아니라 그들이 다시는 자기도 먹이지 못할지라 내가 내 양을 그들의 입에서 건져내어서 다시는 그 먹
이가 되지 아니하게 하리라 11 주 여호와께서 이같이 말씀하셨느니라 나 곧 내가 내 양을 찾고 찾되 12 목자가 양
가운데에 있는 날에 양이 흩어졌으면 그 떼를 찾는 것 같이 내가 내 양을 찾아서 흐리고 캄캄한 날에 그 흩어진
모든 곳에서 그것들을 건져낼지라 13 내가 그것들을 만민 가운데에서 끌어내며 여러 백성 가운데에서 모아 그
본토로 데리고 가서 이스라엘 산 위에와 시냇가에와 그 땅 모든 거주지에서

먹이되 14 좋은 꼴을 먹이고 그 우리를 이스라엘 높은 산에 두리니 그것들
이 그 곳에 있는 좋은 우리에 누워 있으며 이스라엘 산에서 살진 꼴을 먹으
리라 15 내가 친히 내 양의 목자가 되어 그것들을 누워 있게 할지라 주 여호
와의 말씀이니라 16 그 잃어버린 자를 내가 찾으며 쫓기는 자를 내가 돌아
오게 하며 상한 자를 내가 싸매 주며 병든 자를 내가 강하게 하려니와 살진
자와 강한 자는 내가 없애고 정의대로 그것들을 먹이리라 17 주 여호와께서 이같이 말씀하셨느니라 나의 양 떼
너희여 내가 양과 양 사이와 숫양과 숫염소 사이에서 심판하노라 18 너희가 좋은 꼴을 먹는 것을 작은 일로 여기
느냐 어찌하여 남은 꼴을 발로 밟았느냐 너희가 맑은 물을 마시는 것을 작은 일로 여기느냐 어찌하여 남은 물을
발로 더럽혔느냐 19 나의 양은 너희 발로 밟은 것을 먹으며 너희 발로 더럽힌 것을 마시는도다 하셨느니라 20 그
러므로 주 여호와께서 그들에게 이같이 말씀하시되 나 곧 내가 살진 양과 파리한 양 사이에서 심판하리라 21 너
희가 옆구리와 어깨로 밀어뜨리고 모든 병든 자를 뿔로 받아 무리를 밖으로 흩어지게 하는도다 22 그러므로 내
가 내 양 떼를 구원하여 그들로 다시는 노략 거리가 되지 아니하게 하고 양과 양 사이에 심판하리라 23 내가 한
목자를 그들 위에 세워 먹이게 하리니 그는 내 종 다윗이라 그가 그들을 먹이고 그들의 목자가 될지라 24 나 여
호와는 그들의 하나님이 되고 내 종 다윗은 그들 중에 왕이 되리라 나 여호와의 말이니라 25 내가 또 그들과 화
평의 언약을 맺고 악한 짐승을 그 땅에서 그치게 하리니 그들이 빈 들에 평안히 거하며 수풀 가운데에서 잘지라
26 내가 그들에게 복을 내리고 내 산 사방에 복을 내리며 때를 따라 소낙비를 내리되 복된 소낙비를 내리리라 27
그리한즉 밭에 나무가 열매를 맺으며 땅이 그 소산을 내리니 그들이 그 땅에서 평안할지라 내가 그들의 멍에의
나무를 꺾고 그들을 종으로 삼은 자의 손에서 그들을 건져낸 후에 내가 여호와인 줄을 그들이 알겠고 28 그들
이 다시는 이방의 노략 거리가 되지 아니하며 땅의 짐승들에게 잡아먹히지도 아니하고 평안히 거주하리니 놀랠
사람이 없으리라 29 내가 그들을 위하여 파종할 좋은 땅을 일으키리니 그들이 다시는 그 땅에서 기근으로 멸망
하지 아니할지며 다시는 여러 나라의 수치를 받지 아니할지라 30 그들이 내가 여호와 그들의 하나님이며 그들과
함께 있는 줄을 알고 그들 곧 이스라엘 족속이 내 백성인 줄 알리라 주 여호와의 말씀이라 31 내 양 곧 내 초장의
양 너희는 사람이요 나는 너희 하나님이라 주 여호와의 말씀이니라

에스겔 35장

세일 산과 에돔이 황무하리라

1 또 여호와의 말씀이 내게 임하여 이르시되 2 인자야 네 얼굴을 세일 산으로 향하고 그에게 예언하여 3 이르기
를 주 여호와께서 이같이 말씀하시되 세일 산아 내가 너를 대적하여 내 손을 네 위에 펴서 네가 황무지와 공포

의 대상이 되게 할지라 4 내가 네 성읍들을 무너뜨리며 네가 황폐하게 되
리니 네가 나를 여호와인 줄을 알리라 5 네가 옛날부터 한을 품고 이스라
엘 족속의 환난 때 곧 죄악의 마지막 때에 칼의 위력에 그들을 넘겼도다
6 그러므로 주 여호와의 말씀이니라 내가 나의 삶을 두고 맹세하노니 내
가 너에게 피를 만나게 한즉 피가 너를 따르리라 네가 피를 미워하지 아
니하였은즉 피가 너를 따르리라 7 내가 세일 산이 황무지와 폐허가 되게
하여 그 위에 왕래하는 자를 다 끊을지라 8 내가 그 죽임 당한 자를 그 여
러 산에 채우되 칼에 죽임 당한 자를 네 여러 멧부리와, 골짜기와, 모든 시
내에 엎드러지게 하고 9 너를 영원히 황폐하게 하여 네 성읍들에 다시는
거주하는 자가 없게 하리니 내가 여호와인 줄을 너희가 알리라 10 네가 말
하기를 이 두 민족과 두 땅은 다 내 것이며 내 기업이 되리라 하였도다 그
러나 여호와께서 거기에 계셨느니라 11 그러므로 주 여호와의 말씀이니라
내가 나의 삶을 두고 맹세하노니 네가 그들을 미워하여 노하며 질투한
대로 내가 네게 행하여 너를 심판할 때에 그들이 나를 알게 하리라 12 네
가 이스라엘 산들을 가리켜 말하기를 저 산들이 황폐하였으므로 우리에
게 넘겨 주어서 삼키게 되었다 하여 욕하는 모든 말을 나 여호와가 들은
줄을 네가 알리로다 13 너희가 나를 대적하여 입으로 자랑하며 나를 대적
하여 여러 가지로 말한 것을 내가 들었노라 14 주 여호와께서 이같이 말씀
하셨느니라 온 땅이 즐거워 할 때에 내가 너를 황폐하게 하되 15 이스라
엘 족속의 기업이 황폐하므로 네가 즐거워한 것 같이 내가 너를 황폐하게
하리라 세일 산아 너와 에돔 온 땅이 황폐하리니 내가 여호와인 줄을 무
리가 알리라 하셨다 하라

49일~
54일

에스겔 36장

이스라엘이 받을 복

1 인자야 너는 이스라엘 산들에게 예언하여 이르기를 이스라엘 산들아 여
호와의 말씀을 들으라 2 주 여호와께서 이같이 말씀하시기를 원수들이
네게 대하여 말하기를 아하 옛적 높은 곳이 우리의 기업이 되었도다 하였
느니라 3 그러므로 너는 예언하여 이르기를 주 여호와께서 이같이 말씀하
시기를 그들이 너희를 황폐하게 하고 너희 사방을 삼켜 너희가 남은 이방
인의 기업이 되게 하여 사람의 말 거리와 백성의 비방 거리가 되게 하였도
다 4 그러므로 이스라엘 산들아 주 여호와의 말씀을 들을지어다 산들과 멧부리들과 시내들과 골짜기들과 황폐
한 사막들과 사방에 남아 있는 이방인의 노략 거리와 조롱 거리가 된 성읍들에게 주 여호와께서 이같이 말씀하
셨느니라 5 주 여호와께서 이같이 말씀하시기를 내가 진실로 내 맹렬한 질투로 남아 있는 이방인과 에돔 온 땅을
쳐서 말하였노니 이는 그들이 심히 즐거워하는 마음과 멸시하는 심령으로 내 땅을 빼앗아 노략하여 자기 소유를
삼았음이라 6 그러므로 너는 이스라엘 땅에 대하여 예언하되 그 산들과 멧부리들과 시내들과 골짜기들에 관하
여 이르기를 주 여호와께서 이같이 말씀하시기를 내가 내 질투와 내 분노로 말하였나니 이는 너희가 이방의 수
치를 당하였음이라 7 그러므로 주 여호와께서 이같이 말씀하시기를 내가 맹세하였은즉 너희 사방에 있는 이방
인이 자신들의 수치를 반드시 당하리라 8 그러나 너희 이스라엘 산들아 너희는 가지를 내고 내 백성 이스라엘을
위하여 열매를 맺으리니 그들이 올 때가 가까이 이르렀음이라 9 내가 돌이켜 너희와 함께 하리니 사람이 너희를

겔 35:2, 7, 15 세일산의 위치

❖ 겔 35장
본 장은 본격적인 이스라엘의 회복을 예언하기에 앞서 야곱과 에서의 갈등(창 25:22-34) 이후 역사적으로 택한 백성 이스라엘에 대해 계속 적대 행위를 해 온(민 20:14-21, 14-21, 왕상 11:14-22, 대하 28:17) 에돔의 범죄 행위를 들어 그들에게 공의로우신 하나님의 엄정한 심판이 임할 것을 예언하고 있다. 이처럼 에돔의 죄악을 들추어내며 멸망을 예언하는 내용은 범죄한 열방에 대한 하나님의 공의로운 심판의 선언에서 이미 언급된 바 있다(25:12-14). 그러나 이에 대해 본 장에서 보다 자세히 예언하는 것은 에돔이 혈연적으로 이스라엘과 가까운 형제 나라임에도 불구하고 하나님의 택한 백성이었던 이스라엘을 적대하는 대표적인 세력이었기 때문이며 더 나아가서는 하나님의 은혜로 인한 이스라엘 회복을 예언하기에 앞서 하나님의 구속사를 거역하는 세력의 멸망을 선언할 필요가 있었기 때문이다.

겔 36:1-38
학습 자료 53-1 "하나님을 증거하는 유다에 임할 심판과 회복의 모습들"을 참조

갈고 심을 것이며 10 내가 또 사람을 너희 위에 많게 하리니 이들은 이스
라엘 온 족속이라 그들을 성읍들에 거주하게 하며 빈 땅에 건축하게 하
리라 11 내가 너희 위에 사람과 짐승을 많게 하되 그들의 수가 많고 번성
하게 할 것이라 너희 전 지위대로 사람이 거주하게 하여 너희를 처음보다
낫게 대우하리니 내가 여호와인 줄을 너희가 알리라 12 내가 사람을 너희
위에 다니게 하리니 그들은 내 백성 이스라엘이라 그들은 너를 얻고 너는
그 기업이 되어 다시는 그들이 자식들을 잃어버리지 않게 하리라 13 주 여
호와께서 이같이 말씀하셨느니라 그들이 너희에게 이르기를 너는 사람을
삼키는 자요 네 나라 백성을 제거한 자라 하거니와 14 네가 다시는 사람
을 삼키지 아니하며 다시는 네 나라 백성을 제거하지 아니하리라 주 여호
와의 말씀이니라 15 내가 또 너를 여러 나라의 수치를 듣지 아니하게 하며
만민의 비방을 다시 받지 아니하게 하며 네 나라 백성을 다시 넘어뜨리지
아니하게 하리라 주 여호와의 말씀이니라 하셨다 하라

이스라엘을 정결하게 하시다

16 여호와의 말씀이 또 내게 임하여 이르시되 17 인자야 이스라엘 족속이
그들의 고국 땅에 거주할 때에 그들의 행위로 그 땅을 더럽혔나니 나 보
기에 그 행위가 월경 중에 있는 여인의 부정함과 같았느니라 18 그들이 땅 위에 피를 쏟았으며 그 우상들로 말미
암아 자신들을 더럽혔으므로 내가 분노를 그들 위에 쏟아 19 그들을 그 행위대로 심판하여 각국에 흩으며 여러
나라에 헤쳤더니 20 그들이 이른바 그 여러 나라에서 내 거룩한 이름이 그들로 말미암아 더러워졌나니 곧 사람들
이 그들을 가리켜 이르기를 이들은 여호와의 백성이라도 여호와의 땅에서 떠난 자라 하였음이라 21 그러나 이스
라엘 족속이 들어간 그 여러 나라에서 더럽힌 내 거룩한 이름을 내가 아꼈노라 22 그러므로 너는 이스라엘 족속
에게 이르기를 주 여호와께서 이같이 말씀하시기를 이스라엘 족속아 내가 이렇게 행함은 너희를 위함이 아니요
너희가 들어간 그 여러 나라에서 더럽힌 나의 거룩한 이름을 위함이라 23 여러 나라 가운데에서 더럽혀진 이름
곧 너희가 그들 가운데에서 더럽힌 나의 큰 이름을 내가 거룩하게 할지라 내가 그들의 눈 앞에서 너희로 말미암
아 나의 거룩함을 나타내리니 내가 여호와인 줄을 여러 나라 사람이 알리라 주 여호와의 말씀이니라 24 내가 너
희를 여러 나라 가운데에서 인도하여 내고 여러 민족 가운데에서 모아 데리고 고국 땅에 들어가서 25 맑은 물을
너희에게 뿌려서 너희로 정결하게 하되 곧 너희 모든 더러운 것에서와 모든 우상 숭배에서 너희를 정결하게 할
것이며 26 또 새 영을 너희 속에 두고 새 마음을 너희에게 주되 너희 육신에서 굳은 마음을 제거하고 부드러운 마
음을 줄 것이며 27 또 내 영을 너희 속에 두어 너희로 내 율례를 행하게 하리니 너희가 내 규례를 지켜 행할지라
28 내가 너희 조상들에게 준 땅에서 너희가 거주하면서 내 백성이 되고 나는 너희 하나님이 되리라 29 내가 너희
를 모든 더러운 데에서 구원하고 곡식이 풍성하게 하여 기근이 너희에게 닥치지 아니하게 할 것이며 30 또 나무
의 열매와 밭의 소산을 풍성하게 하여 너희가 다시는 기근의 욕을 여러 나라에게 당하지 아니하게 하리니 31 그
때에 너희가 너희 악한 길과 너희 좋지 못한 행위를 기억하고 너희 모든 죄악과 가증한 일로 말미암아 스스로 밉
게 보리라 32 주 여호와의 말씀이니라 내가 이렇게 행함은 너희를 위함이 아닌 줄을 너희가 알리라 이스라엘 족
속아 너희 행위로 말미암아 부끄러워하고 한탄할지어다 33 주 여호와께서 이같이 말씀하셨느니라 내가 너희를
모든 죄악에서 정결하게 하는 날에 성읍들에 사람이 거주하게 하며 황폐한 것이 건축되게 할 것인즉 34 전에는
지나가는 자의 눈에 황폐하게 보이던 그 황폐한 땅이 장차 경작이 될지라 35 사람이 이르기를 이 땅이 황폐하더
니 이제는 에덴동산 같이 되었고 황량하고 적막하고 무너진 성읍들에 성벽과 주민이 있다 하리니 36 너희 사방에
남은 이방 사람이 나 여호와가 무너진 곳을 건축하며 황폐한 자리에 심은 줄을 알리라 나 여호와가 말하였으니
이루리라 37 주 여호와께서 이같이 말씀하셨느니라 그래도 이스라엘 족속이 이같이 자기들에게 이루어 주기를

❖ 겔 36장
본 장과 제37장은 제34장에 나오는 이상적인 참 목자인 새로운 지도자의 출현으로 인한 이스라엘의 회복에 대한 예언에 이어 바벨론의 침략으로 인해 황폐해진 이스라엘 땅이 다시 회복되어 풍요를 이루며 이스라엘 백성들도 다시 회복될 것을 다시 한번 예언하고 있다. 그러므로 연속되는 내용을 담은 본 장과 제37장은 같이 묶어 살펴볼 수 있다. 이처럼 이스라엘 땅과 백성의 회복이 예언되는 가운데 특히 제37장에 나오는 마른 뼈가 소생하는 이상(異像)은 가히 이스라엘 회복 예언의 절정이라 말할 수 있다. 이는 지금까지 초점을 맞추어 온 이스라엘의 외형적 회복에서 한 걸음 더 나아가 이스라엘의 영적 회복을 상징하는 것이란 가치를 지닌다. 또한 이어 나오는 두 막대기의 연합을 통한 예언은 유다와 이스라엘이 분리되기 이전의 상태로 회복될 것을 보여 주는 것으로 이스라엘의 가장 이상적인 상태라 할 수 있는 다윗 왕권의 완전한 회복을 상징하는 것이다.

옛 언약은...	새 언약은...
돌 위에 쓰여짐	마음 속에 쓰여짐
법 위에 기초함	사랑 위에 기초함
모두에게 가르쳐야 함	모두에게 알려져야 함
하나님과 법적인 관계를 이룸	하나님과 개인적인 관계를 이룸

포로된 백성들의 신학적 갈등

① 하나님께서 택하신 백성이 어찌하여 이방 민족에 의해 멸망하게 되었는가? (겔 36:6)

② 더 이상 우리에게 소망이 있는가? (겔 37:11)

③ 하나님께서 과연 우리와 함께 하시는가? (겔 37:11)

내게 구하여야 할지라 내가 그들의 수효를 양 떼 같이 많아지게 하되 38 제사 드릴 양 떼 곧 예루살렘이 정한 절
기의 양 무리 같이 황폐한 성읍을 사람의 떼로 채우리라 그리한즉 그들이 나를 여호와인 줄 알리라 하셨느니라

에스겔 37장

마른 뼈들이 살아나다

1 여호와께서 권능으로 내게 임재하시고 그의 영으로 나를 데리고 가서 골
짜기 가운데 두셨는데 거기 뼈가 가득하더라 2 나를 그 뼈 사방으로 지나가
게 하시기로 본즉 그 골짜기 지면에 뼈가 심히 많고 아주 말랐더라 3 그가
내게 이르시되 인자야 이 뼈들이 능히 살 수 있겠느냐 하시기로 내가 대답
하되 주 여호와여 주께서 아시나이다 4 또 내게 이르시되 너는 이 모든 뼈에

게 대언하여 이르기를 너희 마른
뼈들아 여호와의 말씀을 들을지
어다 5 주 여호와께서 이 뼈들에
게 이같이 말씀하시기를 내가 생
기를 너희에게 들어가게 하리니 너
희가 살아나리라 6 너희 위에 힘줄을 두고 살을 입히고 가죽으로 덮고 너희
속에 생기를 넣으리니 너희가 살아나리라 또 내가 여호와인 줄 너희가 알리
라 하셨다 하라 7 이에 내가 명령을 따라 대언하니 대언할 때에 소리가 나고
움직이며 이 뼈, 저 뼈가 들어 맞아 뼈들이 서로 연결되더라 8 내가 또 보니
그 뼈에 힘줄이 생기고 살이 오르며 그 위에 가죽이 덮이나 그 속에 생기는
없더라 9 또 내게 이르시되 인자야 너는 생기를 향하여 대언하라 생기에게
대언하여 이르기를 주 여호와께서 이같이 말씀하시기를 생기야 사방에서
부터 와서 이 죽음을 당한 자에게 불어서 살아나게 하라 하셨다 하라 10 이
에 내가 그 명령대로 대언하였더니 생기가 그들에게 들어가매 그들이 곧 살
아나서 일어나 서는데 극히 큰 군대더라 11 또 내게 이르시되 인자야 이 뼈
들은 이스라엘 온 족속이라 그들이 이르기를 우리의 뼈들이 말랐고 우리의
소망이 없어졌으니 우리는 다 멸절되었다 하느니라 12 그러므로 너는 대언
하여 그들에게 이르기를 주 여호와께서 이같이 말씀하시기를 내 백성들아
내가 너희 무덤을 열고 너희로 거기에서 나오게 하고 이스라엘 땅으로 들어
가게 하리라 13 내 백성들아 내가 너희 무덤을 열고 너희로 거기에서 나오게
한즉 너희는 내가 여호와인 줄을 알리라 14 내가 또 내 영을 너희 속에 두어
너희가 살아나게 하고 내가 또 너희를 너희 고국 땅에 두리니 나 여호와가
이 일을 말하고 이룬 줄을 너희가 알리라 여호와의 말씀이니라

겔 37장 마른 뼈를 살리시는 하나님

"생기를 불어넣으니.."(창 2:7) 흙으로 인간을 창조해서 생기를 넣어 생령이 되게 하시는 하나님을 생각하라. 이 회복은 예수님을 통해서 완성되는 회복이다.

☞ **창 2:7** 여호와 하나님이 땅의 흙으로 사람을 지으시고 생기를 그 코에 불어 넣으시니 사람이 생령이 되니라

인간의 최고 가치 = 흙<아파르> + 하나님의 생기<니쉬마> = 살아있는 존재 <네페쉬 하아>

☞ 본문 가운데 계시된 모든 일들은 단순히 가시적인 역사 가운데 이루어진 이스라엘의 회복으로 끝나지 않는다. 이러한 하나님의 계시 안에는 너무나 놀라운 구원의 비전(Vision)이 담겨 있다. 즉 이는 궁극적으로 장차 사탄의 세력이 지배하는 이 세상의 모든 부정하고도 굴곡된 역사를 바로잡고 하나님의 구원을 완전히 성취하실 메시아의 도래와 메시아의 구원 사역으로 인한 하나님 나라의 완전한 회복이라는 실로 영광스러운 종말론적 미래를 예언한 것이기도 하다. 즉 이 세상이 아무리 혼란스러울지라도 하나님께서는 여전히 이 세상의 역사를 주관하시며 성도들의 앞길을 인도하시고 궁극적인 승리를 보장하시고 구원으로 이끄시는 분임을 믿을 때 용기를 잃지 않고 담대한 삶을 살 수 있는 것이다.

회복 전	회복 후
• 뼈들이 가득(1) • 뼈들이 심히 마름(2) • 뼈들이 소망 없고, 멸절(11) • 뼈들이 능히 살 수 있을지 모름(3)	• 살아남(10) • 큰 군대(10) • 이스라엘 땅에 들어가게(12) • 하나님이 어떤 분인지 알게 됨(6, 14)

유다와 이스라엘의 통일

15 여호와의 말씀이 또 내게 임하여 이르시되 16 인자야 너는 막대기 하나를 가져다가 그 위에 유다와 그 짝 이스
라엘 자손이라 쓰고 또 다른 막대기 하나를 가지고 그 위에 에브라임의 막대기 곧 요셉과 그 짝 이스라엘 온 족
속이라 쓰고 17 그 막대기들을 서로 합하여 하나가 되게 하라 네 손에서 둘이 하나가 되리라 18 네 민족이 네게
말하여 이르기를 이것이 무슨 뜻인지 우리에게 말하지 아니하겠느냐 하거든 19 너는 곧 이르기를 주 여호와께서
이같이 말씀하시기를 내가 에브라임의 손에 있는 바 요셉과 그 짝 이스라엘 지파들의 막대기를 가져다가 유다
의 막대기에 붙여서 한 막대기가 되게 한즉 내 손에서 하나가 되리라 하셨다 하고 20 너는 그 글 쓴 막대기들을
무리의 눈 앞에서 손에 잡고 21 그들에게 이르기를 주 여호와께서 이같이 말씀하시기를 내가 이스라엘 자손을
잡혀 간 여러 나라에서 인도하며 그 사방에서 모아서 그 고국 땅으로 돌아가게 하고 22 그 땅 이스라엘 모든 산
에서 그들이 한 나라를 이루어서 한 임금이 모두 다스리게 하리니 그들이 다시는 두 민족이 되지 아니하며 두 나
라로 나누이지 아니할지라 23 그들이 그 우상들과 가증한 물건과 그 모든 죄악으로 더 이상 자신들을 더럽히지
아니하리라 내가 그들을 그 범죄한 모든 처소에서 구원하여 정결하게 한즉 그들은 내 백성이 되고 나는 그들의
하나님이 되리라 24 내 종 다윗이 그들의 왕이 되리니 그들 모두에게 한 목자가 있을 것이라 그들이 내 규례를 준
수하고 내 율례를 지켜 행하며 25 내가 내 종 야곱에게 준 땅 곧 그의 조상들이 거주하던 땅에 그들이 거주하되
그들과 그들의 자자 손손이 영원히 거기에 거주할 것이요 내 종 다윗이 영원히 그들의 왕이 되리라 26 내가 그들
과 화평의 언약을 세워서 영원한 언약이 되게 하고 또 그들을 견고하고 번성하게 하며 내 성소를 그 가운데에 세
워서 영원히 이르게 하리니 27 내 처소가 그들 가운데에 있을 것이며 나는 그들의 하나님이 되고 그들은 내 백성
이 되리라 28 내 성소가 영원토록 그들 가운데에 있으리니 내가 이스라엘을 거룩하게 하는 여호와인 줄을 열국
이 알리라 하셨다 하라

에스겔 38장

하나님의 도구 곡

1 여호와의 말씀이 내게 임하여 이르시되 2 인자야 너는 마곡 땅에 있는
로스와 메섹과 두발 왕 곧 곡에게로 얼굴을 향하고 그에게 예언하여 3 이
르기를 주 여호와께서 이같이 말씀하시기를 로스와 메섹과 두발 왕 곡아
내가 너를 대적하여 4 너를 돌이켜 갈고리로 네 아가리를 꿰고 너와 말과
기마병 곧 네 온 군대를 끌어내되 완전한 갑옷을 입고 큰 방패와 작은 방
패를 가지며 칼을 잡은 큰 무리와 5 그들과 함께 한 방패와 투구를 갖춘
바사와 구스와 붓과 6 고멜과 그 모든 떼와 북쪽 끝의 도갈마 족속과 그
모든 떼 곧 많은 백성의 무리를 너와 함께 끌어내리라 7 너는 스스로 예비
하되 너와 네게 모인 무리들이 다 스스로 예비하고 너는 그들의 우두머리
가 될지어다 8 여러 날 후 곧 말년에 네가 명령을 받고 그 땅 곧 오래 황폐
하였던 이스라엘 산에 이르리니 그 땅 백성은 칼을 벗어나서 여러 나라에
서 모여 들어오며 이방에서 나와 다 평안히 거주하는 중이라 9 네가 올라

겔 38:1-7
학습 자료 53-2
"곡"의 연합군에 가담한 족속들"을 참조

겔 38~39장 **에스겔의 묵시적 예언**
에스겔은 북쪽으로부터 닥칠 야만 만족의 공격에 대해 말하고 있다. 이들은 마곡, 메섹, 두발 그리고 고멜 등이다. 이들의 이름은 당시 세계의 북쪽 경계로 여겼던 흑해/코카스 지역에 거주하는 인도-유럽어족의 민족들을 말한다. 이들은 신원 미상의 인물인 곡의 지휘를 받는다. 곡은 우주적인 악의 세력을 의인화한 명칭일 수도 있다(요한계시록에도 나옴).
원근 각처의 군대들과 동맹한 그는 여호와의 백성과 전쟁을 일으킬 것이다. 하나님은 그 모든 악의 세력을 한 손으로 단번에 영원히 멸하심으로 만인 앞에서 당신의 권능을 나타내실 것이다. 곡이 모든 계획을 꾸미지만, 늘 그것을 통제하는 분은 하나님이시다.
☞ **잠언 16:9** 사람이 마음으로 자기의 길을 계획할지라도 그의 걸음을 인도하시는 이는 여호와시니라

오되 너와 네 모든 떼와 너와 함께 한 많은 백성이 광풍 같이 이르고 구름
같이 땅을 덮으리라 10 주 여호와께서 이같이 말씀하셨느니라 그 날에 네
마음에서 여러 가지 생각이 나서 악한 꾀를 내어 11 말하기를 내가 평원의
고을들로 올라 가리라 성벽도 없고 문이나 빗장이 없어도 염려 없이 다 평
안히 거주하는 백성에게 나아가서 12 물건을 겁탈하며 노략하리라 하고
네 손을 들어서 황폐하였다가 지금 사람이 거주하는 땅과 여러 나라에서
모여서 짐승과 재물을 얻고 세상 중앙에 거주하는 백성을 치고자 할 때에
13 스바와 드단과 다시스의 상인과 그 부자들이 네게 이르기를 네가 탈취
하러 왔느냐 네가 네 무리를 모아 노략하고자 하느냐 은과 금을 빼앗으
며 짐승과 재물을 빼앗으며 물건을 크게 약탈하여 가고자 하느냐 하리라
14 인자야 너는 또 예언하여 곡에게 이르기를 주 여호와께서 이같이 말씀
하시기를 내 백성 이스라엘이 평안히 거주하는 날에 네가 어찌 그것을 알
지 못하겠느냐 15 네가 네 고국 땅 북쪽 끝에서 많은 백성 곧 다 말을 탄
큰 무리와 능한 군대와 함께 오되 16 구름이 땅을 덮음 같이 내 백성 이스
라엘을 치러 오리라 곡아 끝 날에 내가 너를 이끌어다가 내 땅을 치게 하
리니 이는 내가 너로 말미암아 이방 사람의 눈 앞에서 내 거룩함을 나타
내어 그들이 다 나를 알게 하려 함이라

곡의 심판

17 주 여호와께서 이같이 말씀하셨느니라 내가 옛적에 내 종 이스라엘 선
지자들을 통하여 말한 사람이 네가 아니냐 그들이 그 때에 여러 해 동안
예언하기를 내가 너를 이끌어다가 그들을 치게 하리라 18 그 날에 곡이 이스라엘 땅을 치러 오면 내 노여움이 내
얼굴에 나타나리라 주 여호와의 말씀이니라 19 내가 질투와 맹렬한 노여움으로 말하였거니와 그 날에 큰 지진이
이스라엘 땅에 일어나서 20 바다의 고기들과 공중의 새들과 들의 짐승들과 땅에 기는 모든 벌레와 지면에 있는
모든 사람이 내 앞에서 떨 것이며 모든 산이 무너지며 절벽이 떨어지며 모든 성벽이 땅에 무너지리라 21 주 여호
와의 말씀이니라 내가 내 모든 산 중에서 그를 칠 칼을 부르리니 각 사람이 칼로 그 형제를 칠 것이며 22 내가 또
전염병과 피로 그를 심판하며 쏟아지는 폭우와 큰 우박덩이와 불과 유황으로 그와 그 모든 무리와 그와 함께 있
는 많은 백성에게 비를 내리듯 하리라 23 이같이 내가 여러 나라의 눈에 내 위대함과 내 거룩함을 나타내어 나를
알게 하리니 내가 여호와인 줄을 그들이 알리라

겔 38:1-6 '곡' 연합군에 가담한 족속들
본문에서는 로스와 메섹과 두발의 통치자인 곡 왕이 여러 지역의 군대로 구성된 연합군을 이끌고 선민 이스라엘을 공격하리라는 것이 예언되고 있다. 이러한 곡의 공격은 당시로서는 전 세계 모든 나라라고 해도 손색이 없을 만큼 다양한 민족과 지역의 군대를 동원하여 이루어지고 있는 바, 곡이 상징하는 성도에 대한 사탄의 최후 공격이 얼마나 치열하게 전개될 것인지를 가늠하게 해준다. 한편 곡이 이끄는 이스라엘 침략군에 가담한 각 나라와 면모를 살펴보면 다음과 같다.

로스,메섹,두발	당시 극북(極北)으로 인식되었던 흑해 인근과 그 북쪽 지역에 거주하였던 족속들(겔 27:13)
바사	이스라엘의 동쪽 지역에 위치하였던 페르시아를 가리킴(스 1:1)
구스	북아프리카 지역의 에디오피아를 뜻함(대상 1:8-10)
붓	북아프리카의 푼트(Punt)를 지칭함(겔 30:5)
도갈마	이스라엘의 북부에 해당하는 현재의 터키 지역에 거주하였던 족속,야벳 족속에 속하는 아르마니아인으로 추정(겔 27:14)
고멜	흑해 북쪽에서 이주해 온 앗수르 계열의 기미라이 족속을 가리킴

49일~54일

에스겔 39장

침략자 곡의 멸망

1 그러므로 인자야 너는 곡에게 예언하여 이르기를 주 여호와께서 이같이 말씀하시되 로스와 메섹과 두발 왕 곡
아 내가 너를 대적하여 2 너를 돌이켜서 이끌고 북쪽 끝에서부터 나와서 이스라엘 산 위에 이르러 3 네 활을 쳐서
네 왼손에서 떨어뜨리고 네 화살을 네 오른손에서 떨어뜨리리니 4 너와 네 모든 무리와 너와 함께 있는 백성이
다 이스라엘 산 위에 엎드러지리라 내가 너를 각종 사나운 새와 들짐승에게 넘겨 먹게 하리니 5 네가 빈 들에 엎
드러지리라 이는 내가 말하였음이니라 주 여호와의 말씀이니라 6 내가 또 불을 마곡과 및 섬에 평안히 거주하는
자에게 내리리니 내가 여호와인 줄을 그들이 알리라 7 내가 내 거룩한 이름을 내 백성 이스라엘 가운데에 알게
하여 다시는 내 거룩한 이름을 더럽히지 아니하게 하리니 내가 여호와 곧 이스라엘의 거룩한 자인 줄을 민족들
이 알리라 하라 8 주 여호와의 말씀이니라 볼지어다 그 날이 와서 이루어지리니 내가 말한 그 날이 이 날이라 9 이
스라엘 성읍들에 거주하는 자가 나가서 그들의 무기를 불태워 사르되 큰 방패와 작은 방패와 활과 화살과 몽둥

이와 창을 가지고 일곱 해 동안 불태우리라 10 이같이 그 무기로 불을 피
울 것이므로 그들이 들에서 나무를 주워 오지 아니하며 숲에서 벌목하지
아니하겠고 전에 자기에게서 약탈하던 자의 것을 약탈하며 전에 자기에
게서 늑탈하던 자의 것을 늑탈하리라 주 여호와의 말씀이니라 11 그 날에
내가 곡을 위하여 이스라엘 땅 곧 바다 동쪽 사람이 통행하는 골짜기를
매장지로 주리니 통행하던 길이 막힐 것이라 사람이 거기에서 곡과 그 모
든 무리를 매장하고 그 이름을 하몬곡의 골짜기라 일컬으리라 12 이스라
엘 족속이 일곱 달 동안에 그들을 매장하여 그 땅을 정결하게 할 것이라
13 그 땅 모든 백성이 그들을 매장하고 그로 말미암아 이름을 얻으리니 이
는 나의 영광이 나타나는 날이니라 주 여호와의 말씀이니라 14 그들이 사
람을 택하여 그 땅에 늘 순행하며 매장할 사람과 더불어 지면에 남아 있
는 시체를 매장하여 그 땅을 정결하게 할 것이라 일곱 달 후에 그들이 살
펴 보되 15 지나가는 사람들이 그 땅으로 지나가다가 사람의 뼈를 보면
그 곁에 푯말을 세워 매장하는 사람에게 가서 하몬곡 골짜기에 매장하게
할 것이요 16 성읍의 이름도 하모나라 하리라 그들이 이같이 그 땅을 정결
하게 하리라 17 주 여호와께서 이같이 말씀하셨느니라 너 인자야 너는 각
종 새와 들의 각종 짐승에게 이르기를 너희는 모여 오라 내가 너희를 위
한 잔치 곧 이스라엘 산 위에 예비한 큰 잔치로 너희는 사방에서 모여 살
을 먹으며 피를 마실지어다 18 너희가 용사의 살을 먹으며 세상 왕들의 피
를 마시기를 바산의 살진 짐승 곧 숫양이나 어린 양이나 염소나 수송아지
를 먹듯 할지라 19 내가 너희를 위하여 예비한 잔치의 기름을 너희가 배불
리 먹으며 그 피를 취하도록 마시되 20 내 상에서 말과 기병과 용사와 모
든 군사를 배부르게 먹일지니라 하라 주 여호와의 말씀이니라

이스라엘의 회복

21 내가 내 영광을 여러 민족 가운데에 나타내어 모든 민족이 내가 행한
심판과 내가 그 위에 나타낸 권능을 보게 하리니 22 그 날 이후에 이스라
엘 족속은 내가 여호와 자기들의 하나님인 줄을 알겠고 23 여러 민족은 이
스라엘 족속이 그 죄악으로 말미암아 사로잡혀 갔던 줄을 알지라 그들이
내게 범죄하였으므로 내 얼굴을 그들에게 가리고 그들을 그 원수의 손에
넘겨 다 칼에 엎드러지게 하였으되 24 내가 그들의 더러움과 그들의 범죄
한 대로 행하여 그들에게 내 얼굴을 가리었었느니라 25 그러므로 주 여호
와께서 이같이 말씀하셨느니라 내가 이제 내 거룩한 이름을 위하여 열심
을 내어 야곱의 사로잡힌 자를 돌아오게 하며 이스라엘 온 족속에게 사
랑을 베풀지라 26 그들이 그 땅에 평안히 거주하고 두렵게 할 자가 없게
될 때에 부끄러움을 품고 내게 범한 죄를 뉘우치리니 27 내가 그들을 만
민 중에서 돌아오게 하고 적국 중에서 모아 내어 많은 민족이 보는 데에
서 그들로 말미암아 나의 거룩함을 나타낼 때라 28 전에는 내가 그들이 사로잡혀 여러 나라에 이르게 하였거니
와 후에는 내가 그들을 모아 고국 땅으로 돌아오게 하고 그 한 사람도 이방에 남기지 아니하리니 그들이 내가
여호와 자기들의 하나님인 줄을 알리라 29 내가 다시는 내 얼굴을 그들에게 가리지 아니하리니 이는 내가 내 영
을 이스라엘 족속에게 쏟았음이라 주 여호와의 말씀이니라

❖ 북방 세력인 곡과 그 동조국들(앞 페이지 도표 참조)의 공격으로 시작되는 일련의 사건을 기록한 이러한 본문의 내용은 앞서 여러 번 언급된 이스라엘과 열국의 멸망 및 이스라엘의 회복 예언과는 달리 과거 역사에 있어서는 이루어진 적이 없었다. 따라서 이는 현재 시점까지도 이루어지지 않은 미래에 성취될 예언으로 보아야 할 것이다. 그러면 과연 이 예언은 언제 어떻게 성취될 것인가? 이러한 의문은 본문과 대응되는 예언을 담고 있는 요한계시록을 살펴볼 때 그 해답을 찾을 수 있다. 즉 본문의 내용은 이 세상 마지막 날에 사탄이 일어나 곡의 세력을 동원하여 하나님을 대적하다가 결국 유황불 못에 던짐을 받는 내용, 즉 하나님을 대적하는 세력들에 대한 하나님의 최종적인 심판이 예언된 계 20:7-10과 대응되는 것이다. 이처럼 본문의 내용은 에스겔서의 다른 부분이 일차적으로 이 땅에서 한번 성취되고 이차적으로는 사탄의 세력을 완전히 징계할 종말의 때를 예시하는 것과 달리 순수하게 구속사의 중점에 이루어질 일들을 예언한 요한계시록의 내용과 일맥상통하며 그 일의 배경을 이루고 있다.
이처럼 B.C. 6세기에 주어진 본문의 예언이 A.D. 1세기에 쓰인 요한계시록에서 또다시 반복되며 완전히 조화를 이룬다는 사실은 구속사를 주관하시는 하나님께서는 당신의 기쁘신 뜻에 따라 이 세상의 역사를 면밀히 계획하시고 끌어 나가심과 더불어 성경이 궁극적으로는 한 분 하나님에 의해 쓰였다는 사실을 보여 준다(롬 3:2). 그리고 본문을 통해서 우리는 다시 한번 구속사의 비밀을 밝히 보여 주는 성경은 성경을 통하여 해석되어야 함을 알 수 있다.
그러므로 성도는 항상 영적으로 깨어있어 사탄과의 싸움에 대비해야 한다. 그러나 인간의 영적 싸움에서 성도를 승리케 할 유일한 분이신 그리스도의 권능을 힘입어야 하는 것이다(히 2:14). 그럴 때만이 강력한 곡의 침입에도 불구하고 악한 곡과 그 연합군의 세력을 철저히 심판하시며 이스라엘을 회복하게 하신 하나님께서 성도들을 사탄의 세력으로부터 지켜 주실 것이다. 이처럼 우리가 살고 있는 이 세상은 택한 자를 구원하려는 하나님의 구원 사역과 믿는 자라도 미혹하려는 사탄의 궤계가 충돌하는 현장인바 성도들은 하나님만을 의지함으로써 사탄의 계략을 이겨내야 한다(요일 3:8).

53일차 읽기의 요약

(옵 1, 시 137, 렘 52:28~30, 겔 33:1~20, 겔 34~39)

오바댜 선지자는 에서의 후손들, 즉 에돔 족속이 유다 자손의 환난과 패망을 기뻐한 것에 대해 하나님께서 그 나라를 영원히 멸절시킬 것을 예언했다.

유다의 선지자들은 단지 이스라엘과 유다의 심판을 넘어서서 유다와 관련된 여러 주변국 즉 에돔, 모압, 블레셋, 두로, 시돈과 애굽, 앗수르, 바벨론등 그 당시 세계 열국이 어떤 심판을 받게 될지를 말씀하신다. 그들이 하나님을 인정하지 않고 자국의 부와 군사력을 의지하고 우상들을 섬긴 죄악에 대한 하나님의 심판을 통해 모든 족속이 하나님을 알게 하실 것이다.

그러나 하나님께서는 이스라엘과 유다에 관하여서는 주변 여러 민족을 통해 더럽혀진 하나님의 이름을 위하여 이스라엘을 회복시키시되 그들 속에 새 영을 부으셔서 그들의 마음이 진심으로 여호와께 돌아오도록 하실 것이다. 황폐한 이스라엘 땅을 에덴동산 같게 하실 것이고 마른 뼈와 같은 이스라엘을 지극히 큰 하나님의 군대로 회복시키실 것이다. 장차 이스라엘에 다윗의 후손으로 오는 한 목자를 세워 그 목자가 다스리는 영원히 변함없는 한 나라를 세우고 화평의 언약을 맺으실 것이다.

에스겔 선지자는 또한 신원 미상의 인물인 곡에 대해 묵시적인 예언을 한다. 그는 여러 군대와 동맹을 맺고 여호와의 백성들과 전쟁을 일으킬 것이다. 그러나 하나님께서 악의 세력을 단번에 멸하시고 만민 앞에서 하나님의 권능을 나타내실 것이다.

그러면 어떻게 살 것인가?

인위뚝 · 신위고!

☑ 세계관 점검 – 묵상하기 (영상 강의와 교재 내용의 이해를 바탕으로)

- 자기 친척들이 절망적인 어려움에 빠져 있을 때 에돔이 교만하고 득의양양하며 중립을 지킨 것과 심지어 고소하게 여기고 공격하며 만행을 저지른 것에 대해 극심한 분노를 보여 주고 있다(1-14절). 만일 하나님이 정의로우시다면, 에돔은 반드시 언젠가 똑같은 운명에 처하게 될것이라는 것이다(15-16절). (참고, 민 20:14-21, 겔 36장)
  ⇒ 미국의 대통령 John F. Kennedy는 그의 저서 "용기 있는 사람들(Man of Courage)"에서 지옥의 가장 뜨거운 자리는 방관하는 비겁한 자들을 위해 마련되어 있다고 했다.

  ☑ 나는 이웃과의 관계에서 "방관"의 위치에 있는 자인가?

- 이스라엘이 다시 종교적으로 회복되며 새 성전에서 새 예배가 드려지는 영광을 선포하기에 앞서 이를 선포할 하나님의 사람 에스겔의 영적 파수꾼으로서의 사명을 강조함과 더불어 이러한 예언을 받아야 할 대상인 유다 본토에 남은 자와 포로로 잡혀 온 바벨론 거주자들 영적 각성을 촉구하고 있다. 그런데 이러한 예언이

하나님 임재의 상징이며 유다 백성이 자신을 하나님의 택함 받은 백성으로 확신케 했던 예루살렘 성전이 무너진 시점에 바로 뒤이어 주어졌다는 사실은 큰 의미를 지닌다. 실로 하나님께서는 하나님의 형상(The Image of God)대로 창조하신 인간이 하나님을 바로 알며 자신만을 섬기게 하려고 선지자를 통해 말씀을 주시며 성전 제사를 통해 하나님과 교통케 하셨다. 그러나 패역한 인간은 하나님의 말씀을 저버리고 하나님을 섬기기보다는 하나님이 싫어하시는 우상을 섬겼다. 따라서 하나님은 패역한 인간을 심판하시되, 인간이 하나님 임재의 상징인 성전을 기복신앙(祈福信仰)적인 이방 종교의 우상 가운데 하나와 같이 생각하여 성전이 있는 예루살렘을 하나님께서 보호해 주실 것이라고 맹목적으로 생각하였던바 이러한 잘못된 생각과 더불어 이러한 생각을 가능케 했던 성전을 무너뜨리셨다.

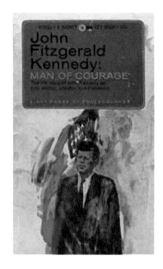

이러한 사실들을 통해 오늘날 성도들은 자신이 교회에 출석하는 자라는 것만으로는 하나님의 자녀가 될 수 없으며 구원의 대열에 들어갈 수 없다는 사실을 깊이 인식해야 한다. 더불어 우리도 본문의 에스겔처럼 하나님의 부름을 받은 영적 파수꾼으로서 역사 가운데 하나님의 공의로운 심판과 자비로우신 회복을 선포해야 하는 사명이 맡겨졌음을 명심해야 할 것이다.

· 히 11:26 그리스도를 위하여 받는 수모를 애굽의 모든 보화보다 더 큰 재물로 여겼으니 이는 상 주심을 바라봄이라

✐ 겔 34장은 진정한 성경적 목회자(지도자) 상을 말해준다. 오늘의 우리 교회의 지도자들과 비교해 보라. 진정 교회가 이런 지도력으로 교회와 더 나아가 세상을 이끌고 있는가? "그러므로 너희 목자들아 여호와의 말씀을 들을지어다"(9절)

⇒ 행 1:8의 성령의 권능을 받아라!

⇒ 계시록 2, 3장 "귀있는 자는 성령이 교회에게 하시는 말씀을 들어라"

⇒ 목자 없는 양 같은 무리를 보시고 측은지심(스프링크나죠마이)을 보이시는 예수님 – 마 9:35-36

⇒ 생명을 주시되 풍성히 주시는 예수님 – 요 10:10

✐ 겔 36장 37장을 깊이 묵상하라.

마른 뼈 같은 인생들이 하나님의 생기를 받아 소생하게 된다. 그 생기가 36장에서 말하는 "새 영"이다. 오늘 나의 삶은 마른 뼈 같은 삶인가? 그렇다면 이 하나님의 "새 영을" 받아 소생해야 한다. 그것이 성경을 읽어야 하는 이유이다. "오늘 성경 읽으셨나요?"의 질문에 늘 대답하는 삶을 살아 소생하기를 축복한다.

☑ 이제 에스겔을 통해 보여 주신 이와 같은 영광스러운 미래를 바라보며 우리는 모두 다시 한번 자신의 현재 상태를 돌아보자. 혹시 나 자신은 생명력을 잃어버린 말라빠진 뼈와 같은 무기력한 상태에 머물러 있는 것은 아닌가?(엡 2:1) 그러나 하나님께서는 이러한 마른 뼈라도 다시 소생시켜 강한 군대로 만드시며 구속사의 주역 사명을 맡기시는 전능하신 분이시다. 그리고 이는 오직 생명의 주이신 그리스도를 믿을 때 주어지는 전능하신 하나님의 회복하게 하시는 역사로서만 가능하다(롬 11:17). 진정 구원받은 자로서 하나님과 동행하기를 원하는가? 그렇다면 마른 뼈라도 능히 살리시는 그리스도의 말씀 앞에 자신을 맡기고 구속사의 주관자이신 하나님의 통치를 겸허히 받아들이며 그 말씀에 순종하는 자들이 되자 (시 143:10). '불가능이 없으신 하나님의 권능 아래 감히 그 누가 무릎 꿇지 않을 수 있겠는가!'

☑ 결단기도와 실행하기

약 2:26 영혼 없는 몸이 죽은 것 같이 행함이 없는 믿음은 죽은 것이니라
시 119:28 나의 영혼이 눌림으로 말미암아 녹사오니 주의 말씀대로 나를 세우소서

49일~
54일

에스겔 40장~48장

에스겔 40장

이상 중에 본 성읍

1 우리가 사로잡힌 지 스물다섯째 해, 성이 함락된 후 열넷째 해 첫째 달
열째 날에 곧 그 날에 여호와의 권능이 내게 임하여 나를 데리고 이스라
엘 땅으로 가시되 2 하나님의 이상 중에 나를 데리고 이스라엘 땅에 이르
러 나를 매우 높은 산 위에 내려놓으시는
데 거기에서 남으로 향하여 성읍 형상 같은
것이 있더라 3 나를 데리시고 거기에 이르
시니 모양이 놋 같이 빛난 사람 하나가 손
에 삼줄과 측량하는 장대를 가지고 문에
서 있더니 4 그 사람이 내게 이르되 인자
야 내가 네게 보이는 그것을 눈으로
보고 귀로 들으며 네 마음으로 생각
할지어다 내가 이것을 네게 보이려고 이리로 데리고 왔나니 너는 본 것을
다 이스라엘 족속에게 전할지어다 하더라

동쪽을 향한 문

5 내가 본즉 집 바깥 사방으로 담이 있더라 그 사람의 손에 측량하는 장대
를 잡았는데 그 길이가 팔꿈치에서 손가락에 이르고 한 손바닥 너비가 더
한 자로 여섯 척이라 그 담을 측량하니 두께가 한 장대요 높이도 한 장대
며 6 그가 동쪽을 향한 문에 이르러 층계에 올라 그 문의 통로를 측량하니
길이가 한 장대요 그 문 안쪽 통로의 길이도 한 장대며 7 그 문간에 문지
기 방들이 있는데 각기 길이가 한 장대요 너비가 한 장대요 각방 사이 벽
이 다섯 척이며 안쪽 문 통로의 길이가 한 장대요 그 앞에 현관이 있고 그
앞에 안 문이 있으며 8 그가 또 안 문의 현관을 측량하니 한 장대며 9 안
문의 현관을 또 측량하니 여덟 척이요 그 문 벽은 두 척이라 그 문의 현관
이 안으로 향하였으며 10 그 동문간의 문지기 방은 왼쪽에 셋이 있고 오른
쪽에 셋이 있으니 그 셋이 각각 같은 크기요 그 좌우편 벽도 다 같은 크기
며 11 또 그 문 통로를 측량하니 너비가 열 척이요 길이가 열세 척이며 12
방 앞에 간막이 벽이 있는데 이쪽 간막이 벽도 한 척이요 저쪽 간막이 벽
도 한 척이며 그 방은 이쪽도 여섯 척이요 저쪽도 여섯 척이며 13 그가 그
문간을 측량하니 이 방 지붕 가에서 저 방 지붕 가까지 너비가 스물다섯
척인데 방문은 서로 반대되었으며 14 그가 또 현관을 측량하니 너비가 스
무 척이요 현관 사방에 뜰이 있으며 15 바깥 문 통로에서부터 안 문 현관
앞까지 쉰 척이며 16 문지기 방에는 각각 닫힌 창이 있고 문 안 좌우편에
있는 벽 사이에도 창이 있고 그 현관도 그러하고 그 창은 안 좌우편으로
벌여 있으며 각 문 벽 위에는 종려나무를 새겼더라

❖ 겔 40~42장

하나님은 에스겔에게 성전의 이상을 보여 주시면서 하나님 백성의 회복을 확인시켜 주고 있다. 성전은 법궤와 더불어 하나님의 백성에게는 하나님의 임재이요, 하나님이 우리와 함께하시는 축복의 상징이기 때문에 이 성전의 환상은 회복의 희망과 중요한 연관이 있다.
에스겔이 이상 중에 본 것은 새 예루살렘의 성전 건축 설계도이다. 솔로몬이 지었던 예루살렘 성전이 느부갓네살에 의해 파괴되었으나 여기 40~48장에 에스겔을 통해 새로 보여 주시는 성전은 마치 신약의 사도 요한이 기록한 요한계시록의 새 하늘과 새 땅의 새 예루살렘 성전을 환상 중에 보고 기록한 것과 같은 장면으로 대칭을 이루고 있다고 본다.
뒤에 읽을 다니엘서 중 특히 10~12장에 나타나는 계시는 마지막 때를 보여주는 묵시인데 이 장면 역시 요한계시록에서 요한이 본 마지막 때의 환상과 짝을 이루는 놀라운 묵시이다. 사도 요한은 로마 압제 때 밧모라는 섬에 유배된다. 채석장에서 일하다가 종말에 관한 계시를 받았는데 이도 에스겔, 다니엘과 비슷한 환경에서 주어진 것이라고 볼 수 있다.
에스겔서와 다니엘서에 새로 등장하는 어떤 사람이 있는데 그 용어가 '인자'라고 했다(에스겔 37:16, 38:2, 다니엘 7:13, 계시록 1:7을 비교). 이 인자라는 이는 온 세계 역사의 종말과 관련되어 왕으로 나타날 것임을 보이고 있는데 바로 이 용어는 예수님께서 자신을 지칭할 때 꼭 사용하셨다. "인자의 온 것은 ..."등 이처럼 구약은 오실 메시아를 확실히 예언하고 있다.
다니엘과 에스겔은 따로따로 말씀을 받았다. 그러나 그 내용이 하나라는 점이 놀랍다. 그뿐만 아니라, 앞으로 400년 후 사도 요한이 다니엘, 에스겔과 짝이 맞는 환상을 볼 것이라고는 꿈에도 상상 못 했을 것이다. 그러나 하나님은 섭리 가운데 앞으로 예수 그리스도를 통한 구원 사역이 온 세계를 향해 나타날 것이며, 그 일은 이처럼 구약에 깊이 뿌리를 내린 분명한 사실이라고 계시로 보여 주신다.
에스겔서와 다니엘서에서 인자로 지칭하고 있는 예수님. 그는 누구인가? 이 쟁점은 간단한 이슈가 아니다. 그분이 바로 성전이며, 그가 "하나님이시며, 목숨을 지불하고 백성들을 찾으시는 진정한 왕"이심을 길고 긴 성경의 역사를 흘러오면서 빈틈없이 증명하고 계신다. 성경은 진정 하나님의 말씀이다. 읽기 전에는 도저히 깨달을 수 없는 하나님의 말씀이다. 읽는 데도 무슨 말인지 모르고 읽기에는 너무 아까운 하나님의 말씀이다.

바깥뜰

[17] 그가 나를 데리고 바깥뜰에 들어가니 뜰 삼면에 박석 깔린 땅이 있고 그 박석 깔린 땅 위에 여러 방이 있는데 모
두 서른이며 [18] 그 박석 깔린 땅의 위치는 각 문간의 좌우편인데 그 너비가 문간 길이와 같으니 이는 아래 박석 땅
이며 [19] 그가 아래 문간 앞에서부터 안뜰 바깥 문간 앞까지 측량하니 그 너비가 백 척이며 동쪽과 북쪽이 같더라

북쪽을 향한 문

[20] 그가 바깥뜰 북쪽을 향한 문간의 길이와 너비를 측량하니 [21] 길이는 쉰 척이요 너비는 스물다섯 척이며 문지기
방이 이쪽에도 셋이요 저쪽에도 셋이요 그 벽과 그 현관도 먼저 측량한 문간과 같으며 [22] 그 창과 현관의 길이와
너비와 종려나무가 다 동쪽을 향한 문간과 같으며 그 문간으로 올라가는 일곱 층계가 있고 그 안에 현관이 있으
며 [23] 안뜰에도 북쪽 문간과 동쪽 문간과 마주 대한 문간들이 있는데 그가 이 문간에서 맞은쪽 문간까지 측량하
니 백 척이더라

남쪽을 향한 문

[24] 그가 또 나를 이끌고 남으로 간즉 남쪽을 향한 문간이 있는데 그 벽과 현관을 측량하니 먼저 측량한 것과 같고
[25] 그 문간과 현관 좌우에 있는 창도 먼저 말한 창과 같더라 그 문간의 길이는 쉰 척이요 너비는 스물다섯 척이며
[26] 또 그리로 올라가는 일곱 층계가 있고 그 안에 현관이 있으며 또 이쪽 저쪽 문 벽 위에 종려나무를 새겼으며 [27]
안뜰에도 남쪽을 향한 문간이 있는데 그가 남쪽을 향한 그 문간에서 맞은쪽 문간까지 측량하니 백 척이더라

안뜰 남쪽 문

[28] 그가 나를 데리고 그 남문을 통하여 안뜰에 들어가서 그 남문의 너비를 측량하니 크기는 [29] 길이가 쉰 척이요
너비가 스물다섯 척이며 그 문지기 방과 벽과 현관도 먼저 측량한 것과 같고 그 문간과 그 현관 좌우에도 창이 있
으며 [30] 그 사방 현관의 길이는 스물다섯 척이요 너비는 다섯 척이며 [31] 현관이 바깥뜰로 향하였고 그 문 벽 위에
도 종려나무를 새겼으며 그 문간으로 올라가는 여덟 층계가 있더라

안뜰 동쪽 문

[32] 그가 나를 데리고 안뜰 동쪽으로 가서 그 문간을 측량하니 크기는 [33] 길이가 쉰 척이요 너비가 스물다섯 척이
며 그 문지기 방과 벽과 현관이 먼저 측량한 것과 같고 그 문간과 그 현관 좌우에도 창이 있으며 [34] 그 현관이 바
깥뜰로 향하였고 그 이쪽, 저쪽 문 벽 위에도 종려나무를 새겼으며 그 문간으로 올라가는 여덟 층계가 있더라

49일~
54일

안뜰 북쪽 문

[35] 그가 또 나를 데리고 북문에 이르러 측량하니 크기는 [36] 길이가 쉰 척이요 너비가 스물다섯 척이며 그 문지기
방과 벽과 현관이 다 그러하여 그 좌우에도 창이 있으며 [37] 그 현관이 바깥뜰로 향하였고 그 이쪽, 저쪽 문 벽 위
에도 종려나무를 새겼으며 그 문간으로 올라가는 여덟 층계가 있더라

안뜰 북쪽 문의 부속 건물들

[38] 그 문 벽 곁에 문이 있는 방이 있는데 그것은 번제물을 씻는 방이며 [39] 그 문의 현관 이쪽에 상 둘이 있고 저
쪽에 상 둘이 있으니 그 위에서 번제와 속죄제와 속건제의 희생제물을 잡게 한 것이며 [40] 그 북문 바깥 곧 입구
로 올라가는 곳 이쪽에 상 둘이 있고 문의 현관 저쪽에 상 둘이 있으니 [41] 문 곁 이쪽에 상이 넷이 있고 저쪽에 상
이 넷이 있어 상이 모두 여덟 개라 그 위에서 희생제물을 잡았더라 [42] 또 다듬은 돌로 만들어 번제에 쓰는 상 넷
이 있는데 그 길이는 한 척 반이요 너비는 한 척 반이요 높이는 한 척이라 번제의 희생제물을 잡을 때에 쓰는 기
구가 그 위에 놓였으며 [43] 현관 안에는 길이가 손바닥 넓이만한 갈고리가 사방에 박혔으며 상들에는 희생제물의
고기가 있더라 [44] 안문 밖에 있는 안뜰에는 노래하는 자의 방 둘이 있는데 북문 곁에 있는 방은 남쪽으로 향하였
고 남문 곁에 있는 방은 북쪽으로 향하였더라 [45] 그가 내게 이르되 남쪽을 향한 이 방은 성전을 지키는 제사장들
이 쓸 것이요 [46] 북쪽을 향한 방은 제단을 지키는 제사장들이 쓸 것이라 이들은 레위의 후손 중 사독의 자손으로
서 여호와께 가까이 나아가 수종드는 자니라 하고 [47] 그가 또 그 뜰을 측량하니 길이는 백 척이요 너비는 백 척이
라 네모 반듯하며 제단은 성전 앞에 있더라

성전 문 현관

48 그가 나를 데리고 성전 문 현관에 이르러 그 문의 좌우 벽을 측량하니 너비는 이쪽도 다섯 척이요 저쪽도 다섯
척이며 두께는 문 이쪽도 세 척이요 문 저쪽도 세 척이며 49 그 현관의 너비는 스무 척이요 길이는 열한 척이며 문
간으로 올라가는 층계가 있고 문 벽 곁에는 기둥이 있는데 하나는 이쪽에 있고 다른 하나는 저쪽에 있더라

솔로몬 성전	에스겔 성전	에스겔 성전의 영적 의미
휘장이 있음	휘장이 없음	하나님과 인간 사이의 죄와 율법의 장막이 사라짐 (마 27:51)
진설병상이 있음	진설병상이 없음	예수님이 산 떡으로 오셔서 완전한 제물로 하나님께 드려짐
등대가 있음	등대가 없음	예수님이 세상의 빛으로 오사 어두움을 밝힘
언약궤가 있음	언약궤가 없음	예수님이 성육신으로 완성했기 때문에 필요 없음
	동문이 닫힘	영원히 주의 영광이 떠나지 않음

에스겔 41장

성소와 지성소와 골방들

1 그가 나를 데리고 성전에 이르러 그 문 벽을 측량하니 이쪽 두께도 여섯
척이요 저쪽 두께도 여섯 척이라 두께가 그와 같으며 2 그 문 통로의 너비
는 열 척이요 문 통로 이쪽 벽의 너비는 다섯 척이요 저쪽 벽의 너비는 다
섯 척이며 그가 성소를 측량하니 그 길이는 마흔 척이요 그 너비는 스무
척이며 3 그가 안으로 들어가서 내전 문 통로의 벽을 측량하니 두께는 두
척이요 문 통로가 여섯 척이요 문 통로의 벽의 너비는 각기 일곱 척이며 4
그가 내전을 측량하니 길이는 스무 척이요 너비는 스무 척이라 그가 내게
이르되 이는 지성소니라 하고 5 성전의 벽을 측량하니 두께가 여섯 척이며
성전 삼면에 골방이 있는데 너비는 각기 네 척이며 6 골방은 삼 층인데 골
방 위에 골방이 있어 모두 서른이라 그 삼면 골방이 성전 벽 밖으로 그 벽
에 붙어 있는 성전 벽 속을 뚫지는 아니하였으며 7 이 두루 있는 골방은 그
층이 높아질수록 넓으므로 성전에 둘린 이 골방이 높아질수록 성전에 가
까워졌으나 성전의 넓이는 아래 위가 같으며 골방은 아래층에서 중층으
로 위층에 올라가게 되었더라 8 내가 보니 성전 삼면의 지대 곧 모든 골방
밑 지대의 높이는 한 장대 곧 큰 자로 여섯 척인데 9 성전에 붙어 있는 그
골방 바깥 벽 두께는 다섯 척이요 그 외에 빈 터가 남았으며 10 성전 골방
삼면에 너비가 스무 척 되는 뜰이 둘려 있으며 11 그 골방 문은 다 빈 터로
향하였는데 한 문은 북쪽으로 향하였고 한 문은 남쪽으로 향하였으며 그
둘려 있는 빈 터의 너비는 다섯 척이더라

서쪽 건물과 성전의 넓이

12 서쪽 뜰 뒤에 건물이 있는데 너비는 일흔 척이요 길이는 아흔 척이며
그 사방 벽의 두께는 다섯 척이더라 13 그가 성전을 측량하니 길이는 백
척이요 또 서쪽 뜰과 그 건물과 그 벽을 합하여 길이는 백 척이요 14 성전
앞면의 너비는 백 척이요 그 앞 동쪽을 향한 뜰의 너비도 그러하며 15 그
가 뒤뜰 너머 있는 건물을 측량하니 그 좌우편 회랑까지 백 척이더라 내
전과 외전과 그 뜰의 현관과 16 문 통로 벽과 닫힌 창과 삼면에 둘려 있
는 회랑은 문 통로 안쪽에서부터 땅에서 창까지 널판자로 가렸고 (창은

겔 41:1-4
에스겔 성전의 묘사에서 언급이 없는 것들

본서 제40-48장에서 에스겔이 환상 중에 본 '새 성전'은 이전의 실재했던 모세의 성막이나 솔로몬에 의해 건립된 예루살렘 성전 및 후에 재건된 스룹바벨 성전이나 헤롯 성전과는 그 구조나 크기에 있어 다소 다른 점이 있다. 특별히 모세의 성막이나 다른 성전에 있었으나 에스겔 성전의 묘사에는 언급이 없는 것들이 몇 가지 나타난다. 에스겔 성전이 보다 직접적으로는 메시아 왕국을 상징한다는 점에서, 이는 메시아 왕국의 주인이신 그리스도의 성품 및 사역을 반영한다고 볼 수 있을 것이다.

휘장이 없음
예수 그리스도의 구속 사역을 힘입어 모든 성도들이 하나님을 직접 뵙게 되었으므로 (히 6:19)
진설병 상이 없음
예수님 자신이 '살아있는 떡'으로 현존하실 것이므로(요 6:35)
망대를 세우고 술틀을 팜
이스라엘에게 모든 좋은 것을 베푸심(2절)
등대가 없음
예수님 자신이 '세상의 빛'으로서 생명의 빛을 비추게 될 것이므로(요 1:9, 8:12)
언약궤가 없음
언약을 완성하신 예수님 자신이 영광으로 온 세상을 덮을 것이므로(요 3:6, 17:24)

겔 41:1-26 에스겔이 본 환상

1	네 생물의 환상(1:4-14)
2	네 바퀴의 환상(1:15-21)
3	궁창과 여호와의 영광의 환상(1:22-28)
4	두루마리를 먹이시는 환상(2:8-3:3)
5	불 곧 하나님의 영광의 환상(8:1-4)
6	성전 내에서 자행되는 우상숭배환상(8:5-18)
7	우상 숭배자들에 대한 살육 환상(9:1-11)
8	그룹들과 네 바퀴의 환상(10:1-22)
9	악한 방백들에 대한 환상(11:1-13)
10	마른 뼈의 소생 환상(37:1-14)
11	새 성전 및 새 예배 환상(40-46장)
12	거룩한 새 땅 및 그 분배 환상(47, 48장)

이미 닫혔더라) 17 문 통로 위와 내전과 외전의 사방 벽도 다 그러하니 곧
측량한 크기대로며 18 널판자에는 그룹들과 종려나무를 새겼는데 두 그
룹 사이에 종려나무 한 그루가 있으며 각 그룹에 두 얼굴이 있으니 19 하
나는 사람의 얼굴이라 이쪽 종려나무를 향하였고 하나는 어린 사자의
얼굴이라 저쪽 종려나무를 향하였으며 온 성전 사방이 다 그러하여 20 땅
에서부터 문 통로 위에까지 그룹들과 종려나무들을 새겼으니 성전 벽이
다 그러하더라

나무 제단과 성전의 문들

21 외전 문설주는 네모졌고 내전 전면에 있는 양식은 이러하니 22 곧 나무
제단의 높이는 세 척이요 길이는 두 척이며 그 모퉁이와 옆과 면을 다 나
무로 만들었더라 그가 내게 이르되 이는 여호와의 앞의 상이라 하더라 23
내전과 외전에 각기 문이 있는데 24 문마다 각기 두 문짝 곧 접는 두 문짝
이 있어 이 문에 두 짝이요 저 문에 두 짝이며 25 이 성전 문에 그룹과 종려
나무를 새겼는데 벽에 있는 것과 같고 현관 앞에는 나무 디딤판이 있으며
26 현관 좌우편에는 닫힌 창도 있고 종려나무도 새겨져 있고 성전의 골방
과 디딤판도 그러하더라

겔 40~48장
학습 자료 54-1
"에스겔 성전 상상도"를 참조

겔 40장
학습 자료 54-2 "성전의 꿈과 이상" 참조

겔 40~48장
학습 자료 54-3
"이스라엘의 성전들"을 참조

에스겔 42장

제사장 방

1 그가 나를 데리고 밖으로 나가 북쪽 뜰로 가서 두 방에 이르니 그 두 방의 하나는 골방 앞 뜰을 향하였고 다른
하나는 북쪽 건물을 향하였는데 2 그 방들의 자리의 길이는 백 척이요 너비는 쉰 척이며 그 문은 북쪽을 향하였
고 3 그 방 삼층에 회랑들이 있는데 한 방의 회랑은 스무 척 되는 안뜰과 마주 대하였고 다른 한 방의 회랑은 바
깥뜰 박석 깔린 곳과 마주 대하였으며 4 그 두 방 사이에 통한 길이 있어 너비는 열 척이요 길이는 백 척이며 그
문들은 북쪽을 향하였으며 5 그 위층의 방은 가장 좁으니 이는 회랑들로 말미암아 아래층과 가운데 층보다 위층
이 더 줄어짐이라 6 그 방은 삼층인데도 뜰의 기둥 같은 기둥이 없으므로 그 위층이 아래층과 가운데 층보다 더
욱 좁아짐이더라 7 그 한 방의 바깥 담 곧 뜰의 담과 마주 대한 담의 길이
는 쉰 척이니 8 바깥뜰로 향한 방의 길이는 쉰 척이며 성전 앞을 향한 방
은 백 척이며 9 이 방들 아래에 동쪽에서 들어가는 통행구가 있으니 곧 바
깥뜰에서 들어가는 통행구더라 10 남쪽 골방 뜰 맞은쪽과 남쪽 건물 맞은
쪽에도 방 둘이 있는데 11 그 두 방 사이에 길이 있고 그 방들의 모양은 북
쪽 방 같고 그 길이와 너비도 같으며 그 출입구와 문도 그와 같으며 12 이
남쪽 방에 출입하는 문이 있는데 담 동쪽 길 어귀에 있더라 13 그가 내게
이르되 좌우 골방 뜰 앞 곧 북쪽과 남쪽에 있는 방들은 거룩한 방이라 여
호와를 가까이 하는 제사장들이 지성물을 거기에서 먹을 것이며 지성물
곧 소제와 속죄제와 속건제의 제물을 거기 둘 것이니 이는 거룩한 곳이라
14 제사장의 의복은 거룩하므로 제사장이 성소에 들어갔다가 나올 때에
바로 바깥뜰로 가지 못하고 수종드는 그 의복을 그 방에 두고 다른 옷을
입고 백성의 뜰로 나갈 것이니라 하더라

성전의 사면 담을 측량하다

15 그가 안에 있는 성전 측량하기를 마친 후에 나를 데리고 동쪽을 향한

49일~
54일

겔 42:15-20
성전 측량을 통해서 본 교회의 속성

교회의 보편성
· 성전이 동서남북 사방으로 측량됨(15절) · 온 세상 만민에게 복음으로의 초청이 있음(마 28:19, 20, 행 1:8)
교회의 견고성
· 성전이 정방형으로 견고히 측량됨(16-20절) · 진리의 반석 위에 세워진 교회를 아무 권세도 이기지 못함(마 16:18)
교회의 통일성
· 성전의 규모가 전체적으로 짜임새 있음(16-20절) · 모든 성도가 한 소망과 한 믿음과 한 세례를 통하여 유기적으로 결속됨(엡 4:1-16)
교회의 거룩성
· 거룩한 것과 속된 것을 구별함(20절) · 하나님의 교회는 세상으로부터 거룩히 구별된 자들의 모임임(고전 1:2, 벧전 2:9)

문의 길로 나가서 사방 담을 측량하는데 16 그가 측량하는 장대 곧 그 장대로 동쪽을 측량하니 오백 척이요 17
그 장대로 북쪽을 측량하니 오백 척이요 18 그 장대로 남쪽을 측량하니 오백 척이요 19 서쪽으로 돌이켜 그 장대
로 측량하니 오백 척이라 20 그가 이같이 그 사방을 측량하니 그 사방 담 안 마당의 길이가 오백 척이며 너비가
오백 척이라 그 담은 거룩한 것과 속된 것을 구별하는 것이더라

에스겔 43장

여호와께서 성전에 들어가시다

1 그 후에 그가 나를 데리고 문에 이르니 곧 동쪽을 향한 문이라 2 이스라
엘 하나님의 영광이 동쪽에서부터 오는데 하나님의

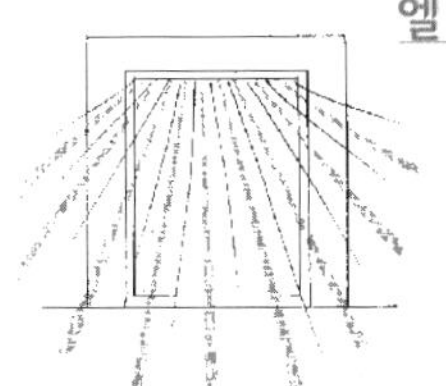

음성이 많은 물 소리 같고 땅은 그 영광으로 말미
암아 빛나니 3 그 모양이 내가 본 환상 곧 전에 성
읍을 멸하러 올 때에 보던 환상 같고 그발 강 가
에서 보던 환상과도 같기로 내가 곧 얼굴을 땅에
대고 엎드렸더니 4 여호와의 영광이 동문을 통하
여 성전으로 들어가고 5 영이 나를 들어 데리고 안뜰에 들어가시기로 내
가 보니 여호와의 영광이 성전에 가득하더라 6 성전에서 내게 하는 말을
내가 듣고 있을 때에 어떤 사람이 내 곁에 서 있더라 7 그가 내게 이르시
되 인자야 이는 내 보좌의 처소, 내 발을 두는 처소, 내가 이스라엘 족속
가운데에 영원히 있을 곳이라 이스라엘 족속 곧 그들과 그들의 왕들이 음
행하며 그 죽은 왕들의 시체로 다시는 내 거룩한 이름을 더럽히지 아니
하리라 8 그들이 그 문지방을 내 문지방 곁에 두며 그 문설주를 내 문설주
곁에 두어서 그들과 나 사이에 겨우 한 담이 막히게 하였고 또 그 행하는
가증한 일로 내 거룩한 이름을 더럽혔으므로 내가 노하여 멸망시켰거니
와 9 이제는 그들이 그 음란과 그 왕들의 시체를 내게서 멀리 제거하여 버
려야 할 것이라 그리하면 내가 그들 가운데에 영원히 살리라 10 인자야 너
는 이 성전을 이스라엘 족속에게 보여서 그들이 자기의 죄악을 부끄러워
하고 그 형상을 측량하게 하라 11 만일 그들이 자기들이 행한 모든 일을
부끄러워하거든 너는 이 성전의 제도와 구조와 그 출입하는 곳과 그 모든
형상을 보이며 또 그 모든 규례와 그 모든 법도와 그 모든 율례를 알게 하
고 그 목전에 그것을 써서 그들로 그 모든 법도와 그 모든 규례를 지켜 행
하게 하라 12 성전의 법은 이러하니라 산 꼭대기 지점의 주위는 지극히 거
룩하리라 성전의 법은 이러하니라

번제단의 모양과 크기

13 제단의 크기는 이러하니라 한 자는 팔꿈치에서부터 손가락에 이르고 한
손바닥 넓이가 더한 것이라 제단 밑받침의 높이는 한 척이요 그 사방 가장
자리의 너비는 한 척이며 그 가로 둘린 턱의 너비는 한 뼘이니 이는 제단
밑받침이요 14 이 땅에 닿은 밑받침 면에서 아래층의 높이는 두 척이요 그
가장자리의 너비는 한 척이며 이 아래층 면에서 이 층의 높이는 네 척이요
그 가장자리의 너비는 한 척이며 15 그 번제단 위층의 높이는 네 척이며 그
번제하는 바닥에서 솟은 뿔이 넷이며 16 그 번제하는 바닥의 길이는 열두

겔 43장

이스라엘이 구속사를 주관하시는 하나님의 택한 백성으로 부름을 받은 증거 가운데 하나로서 하나님 임재의 상징인 성전이 그들 중에 있다는 것이 이스라엘에게는 큰 자랑거리였다. 그러나 그들이 패역하여 하나님의 자녀로서의 모습을 잃어버렸을 때 하나님은 그들 곁을 떠나셨고 성전은 무너졌으며 이스라엘 역시 패망하고 말았다. 그러한 공의로운 심판 이후 하나님은 이제 다시 에스겔을 통하여 성전의 회복을 보여 주심으로 하나님께서 이스라엘 가운데 다시 오시며 그들에게 하나님의 자녀로서의 위상을 회복시켜 주실 것을 분명히 예언하고 계신다.

바벨론에 포로로 잡혀갔던 이스라엘이 본토로 귀환한 후 선지자 학개와 총독 스룹바벨과 학사 에스라의 노력으로 제2성전이 과거 솔로몬 성전이 무너진 그곳에 실제로 세워졌으나 이것은 에스겔이 환상으로 본 성전과는 다른 것이었다. 따라서 본문에 나오는 성전은 역사상 이 땅 위에 실제로 세워진 성전으로 보기 어렵다.

이는 그리스도 재림과 관련하여 구속사의 종점에 있을 새 하늘과 새 땅 그리고 새 예루살렘의 영광을 예언하는 계 21, 22장의 내용과도 상응하고 있다. 따라서 이 부분에 등장하는 성전은 상징적으로 해석하여 신약 시대 사탄의 세력을 완전히 물리치시고 택한 자를 위해 속죄의 피 흘리신 그리스도에 의해 세워진 구원받은 자의 영적 공동체인 교회로 보는 것이 합당하다(고전 12:27, 골 1:18).

따라서 본문의 찬란한 여호와의 영광이 임한 성전은(43:1-12) 교회의 기초이신 그리스도에 의해 세워진 신약의 교회로 볼 수밖에 없다(딤전 3:15). 즉 본문에 등장하는 하나님 임재의 상징인 성전은 하나님과 인간을 가로막는 모든 담을 허물고(엡 2:14), 더불어 성도와 하나님과의 관계를 회복하신 그리스도께서 세우신 교회를 통하여 택함을 받은 모든 자들은 하나님의 영광에 참여할 수 있게 됨을 너무나 명확히 보여 준다. 또한 이에 한 걸음 더 나아가 본문의 성전은 그리스도의 재림으로 완성될 새 하늘과 새 땅 (New Heaven and New Earth)을 보여 주는데 이를 통해 우리 성도는 너무나 큰 소망을 가질 수 있다. 이처럼 하나님에 의해 택함을 받은 자를 위해 준비된 그 나라에서 하나님의 거룩한 뜻을 이 땅에 실현하게 해 온 성도들은 온전히 하나님의 영광에 참여케 되는 것이다.

척이요 너비도 열두 척이니 네모 반듯하고 17 그 아래층의 길이는 열네 척이요 너비는 열네 척이니 네모 반듯하고
그 밑받침에 둘린 턱의 너비는 반 척이며 그 가장자리의 너비는 한 척이니라 그 층계는 동쪽을 향하게 할지니라

번제단의 봉헌

18 그가 내게 이르시되 인자야 주 여호와께서 이같이 말씀하셨느니라 이 제단을 만드는 날에 그 위에 번제를 드
리며 피를 뿌리는 규례는 이러하니라 19 주 여호와의 말씀이니라 나를 가까이 하여 내게 수종드는 사독의 자손
레위 사람 제사장에게 너는 어린 수송아지 한 마리를 주어 속죄제물을 삼되 20 네가 그 피를 가져다가 제단의 네
뿔과 아래층 네 모퉁이와 사방 가장자리에 발라 속죄하여 제단을 정결하게 하고 21 그 속죄제물의 수송아지를
가져다가 성전의 정한 처소 곧 성소 밖에서 불사를지며 22 다음 날에는 흠 없는 숫염소 한 마리를 속죄제물로 삼
아 드려서 그 제단을 정결하게 하기를 수송아지로 정결하게 함과 같이 하고 23 정결하게 하기를 마친 후에는 흠
없는 수송아지 한 마리와 떼 가운데에서 흠 없는 숫양 한 마리를 드리되 24 나 여호와 앞에 받들어다가 제사장은
그 위에 소금을 쳐서 나 여호와께 번제로 드릴 것이며 25 칠 일 동안은 매일 염소 한 마리를 갖추어 속죄제물을 삼
고 또 어린 수송아지 한 마리와 떼 가운데에서 숫양 한 마리를 흠 없는 것으로 갖출 것이며 26 이같이 칠 일 동안
제단을 위하여 속죄제를 드려 정결하게 하며 드릴 것이요 27 이 모든 날이 찬 후 제팔일과 그 다음에는 제사장이
제단 위에서 너희 번제와 감사제를 드릴 것이라 그리하면 내가 너희를 즐겁게 받으리라 주 여호와의 말씀이니라

에스겔 44장

성전 동쪽 문은 닫아 두라

1 그가 나를 데리고 성소의 동쪽을 향한 바깥 문에 돌아오시니 그 문이 닫혔더라 2 여호와께서 내게 이르시되 이
문은 닫고 다시 열지 못할지니 아무도 그리로 들어오지 못할 것은 이스라엘 하나님 나 여호와가 그리로 들어왔
음이라 그러므로 닫아 둘지니라 3 왕은 왕인 까닭에 안 길로 이 문 현관으로 들어와서 거기에 앉아서 나 여호와
앞에서 음식을 먹고 그 길로 나갈 것이니라

여호와의 영광이 성전에 가득하다

4 그가 또 나를 데리고 북문을 통하여 성전 앞에 이르시기로 내가 보니 여호와의 영광이 여호와의 성전에 가득한
지라 내가 얼굴을 땅에 대고 엎드리니 5 여호와께서 내게 이르시되 인자야 너는 전심으로 주목하여 내가 네게 말
하는 바 여호와의 성전의 모든 규례와 모든 율례를 귀로 듣고 또 성전의 입구와 성소의 출구를 전심으로 주목하
고 6 너는 반역하는 자 곧 이스라엘 족속에게 이르기를 주 여호와께서 이같이 말씀하시기를 이스라엘 족속아 너
희의 모든 가증한 일이 족하니라 7 너희가 마음과 몸에 할례 받지 아니한 이방인을 데려오고 내 떡과 기름과 피
를 드릴 때에 그들로 내 성소 안에 있게 하여 내 성전을 더럽히므로 너희의 모든 가증한 일 외에 그들이 내 언약
을 위반하게 하는 것이 되었으며 8 너희가 내 성물의 직분을 지키지 아니하고 내 성소에 사람을 두어 너희 직분
을 대신 지키게 하였느니라

레위 사람들의 제사장 직분을 박탈하다

9 주 여호와께서 이같이 말씀하셨느니라 이스라엘 족속 중에 있는 이방인 중에 마음과 몸에 할례를 받지 아니한
이방인은 내 성소에 들어오지 못하리라 10 이스라엘 족속이 그릇 행하여 나를 떠날 때에 레위 사람도 그릇 행하
여 그 우상을 따라 나를 멀리 떠났으니 그 죄악을 담당하리라 11 그러나 그들이 내 성소에서 수종들어 성전 문을
맡을 것이며 성전에서 수종들어 백성의 번제의 희생물과 다른 희생물을 잡아 백성 앞에 서서 수종들게 되리라
12 그들이 전에 백성을 위하여 그 우상 앞에서 수종들어 이스라엘 족속이 죄악에 걸려 넘어지게 하였으므로 내
가 내 손을 들어 쳐서 그들이 그 죄악을 담당하였느니라 주 여호와의 말씀이니라 13 그들이 내게 가까이 나아와
제사장의 직분을 행하지 못하며 또 내 성물 곧 지성물에 가까이 오지 못하리니 그들이 자기의 수치와 그 행한 바
가증한 일을 담당하리라 14 그러나 내가 그들을 세워 성전을 지키게 하고 성전에 모든 수종드는 일과 그 가운데
에서 행하는 모든 일을 맡기리라

제사장들

[15]이스라엘 족속이 그릇 행하여 나를 떠날 때에 사독의 자손 레위 사람
제사장들은 내 성소의 직분을 지켰은즉 그들은 내게 가까이 나아와 수종
을 들되 내 앞에 서서 기름과 피를 내게 드릴지니라 주 여호와의 말씀이
니라 [16]그들이 내 성소에 들어오며 또 내 상에 가까이 나아와 내게 수종
들어 내가 맡긴 직분을 지키되 [17]그들이 안뜰 문에 들어올 때에나 안뜰
문과 성전 안에서 수종들 때에는 양털 옷을 입지 말고 가는 베 옷을 입을
것이니 [18]가는 베 관을 머리에 쓰며 가는 베 바지를 입고 땀이 나게 하는
것으로 허리를 동이지 말 것이며 [19]그들이 바깥뜰 백성에게로 나갈 때에
는 수종드는 옷을 벗어 거룩한 방에 두고 다른 옷을 입을지니 이는 그 옷
으로 백성을 거룩하게 할까 함이라 [20]그들은 또 머리털을 밀지도 말며 머
리털을 길게 자라게도 말고 그 머리털을 깎기만 할 것이며 [21]아무 제사장
이든지 안뜰에 들어갈 때에는 포도주를 마시지 말 것이며 [22]과부나 이혼
한 여인에게 장가 들지 말고 오직 이스라엘 족속의 처녀나 혹시 제사장
의 과부에게 장가 들 것이며 [23]내 백성에게 거룩한 것과 속된 것의 구별
을 가르치며 부정한 것과 정한 것을 분별하게 할 것이며 [24]송사하는 일을
재판하되 내 규례대로 재판할 것이며 내 모든 정한 절기에는 내 법도와
율례를 지킬 것이며 또 내 안식일을 거룩하게 하며 [25]시체를 가까이 하여
스스로 더럽히지 못할 것이로되 부모나 자녀나 형제나 시집 가지 아니한
자매를 위하여는 더럽힐 수 있으며 [26]이런 자는 스스로 정결하게 한 후에
칠 일을 더 지낼 것이요 [27]성소에서 수종들기 위해 안뜰과 성소에 들어갈
때에는 속죄제를 드릴지니라 주 여호와의 말씀이니라 [28]그들에게는 기
업이 있으리니 내가 곧 그 기업이라 너희는 이스라엘 가운데에서 그들에
게 산업을 주지 말라 내가 그 산업이 됨이라 [29]그들은 소제와 속죄제와
속건제의 제물을 먹을지니 이스라엘 중에서 구별하여 드리는 물건을 다
그들에게 돌리며 [30]또 각종 처음 익은 열매와 너희 모든 예물 중에 각종
거제 제물을 다 제사장에게 돌리고 너희가 또 첫 밀가루를 제사장에게
주어 그들에게 네 집에 복이 내리도록 하게 하라 [31]새나 가축이 저절로
죽은 것이나 찢겨서 죽은 것은 다 제사장이 먹지 말 것이니라

겔 44:16-31
에스겔 새성전에서의 제사장직 관련 규정

시행 규정
· 사독의 자손들만 제사장직을 맡을 것(15절)
· 제사시에는 가는 베로 만든 옷, 관, 바지를 착용할 것(17, 18절)
· 머리털을 단정히 깎을 것(20절)
· 이스라엘 족속의 처녀나 제사장의 과부에게만 장가들 것(22절)
· 백성에게 거룩한 것과 속된 것을 구별하도록 가르칠 것(23절)
· 하나님의 규례대로 재판할 것(24절)
· 정한 절기의 법도와 율례를 지킬 것(24절)
· 안식일을 거룩히 지킬 것(24절)
· 시체로 인해 더럽혀진 자는 스스로 정결하게 한 후 칠일을 더 지낼 것(25, 26절)
· 부정해진 자는 성소에 들어가기 전 반드시 속죄제를 드릴 것(27절)
· 하나님을 기업으로 삼을 것(28절)
· 백성들을 축복할 것(30절)

금지 규정
· 전 안에서는 양털 옷을 입지 말 것(17절)
· 땀나게 하는 것으로 허리를 동이지 말 것(18절)
· 수종 들때 입는 옷을 입고 바깥뜰 백성에게 나가지 말 것(19절)
· 머리털을 밀거나 길게 자라게 말 것(20절)
· 포도주를 마시고 안뜰에 들어가지 말 것(21절)
· 과부나 이혼한 여인이나 이방 여인에게 장가들지 말 것(22절)
· 가족 이외의 시체에 가까이 하지 말 것(25절)
· 이스라엘 가운데에서 기업을 받지 말 것(28절)
· 스스로 죽거나 찢긴 짐승을 먹지 말 것(31절)

에스겔 45장

거룩한 구역

[1]너희는 제비 뽑아 땅을 나누어 기업으로 삼을 때에 한 구역을 거룩한 땅으로 삼아 여호와께 예물로 드릴지니
그 길이는 이만 오천 척이요 너비는 만 척이라 그 구역 안 전부가 거룩하리라 [2]그 중에서 성소에 속할 땅은 길이
가 오백 척이요 너비가 오백 척이니 네모가 반듯하며 그 외에 사방 쉰 척으로 전원이 되게 하되 [3]이 측량한 가운
데에서 길이는 이만 오천 척을 너비는 만 척을 측량하고 그 안에 성소를 둘지니 지극히 거룩한 곳이요 [4]그 곳은
성소에서 수종드는 제사장들 곧 하나님께 가까이 나아가서 수종드는 자들에게 주는 거룩한 땅이니 그들이 집을
지을 땅이며 성소를 위한 거룩한 곳이라 [5]또 길이는 이만 오천 척을 너비는 만 척을 측량하여 성전에서 수종드
는 레위 사람에게 돌려 그들의 거주지를 삼아 마을 스물을 세우게 하고 [6]구별한 거룩한 구역 옆에 너비는 오천
척을 길이는 이만 오천 척을 측량하여 성읍의 기지로 삼아 이스라엘 온 족속에게 돌리고 [7]드린 거룩한 구역과

성읍의 기지 된 땅의 좌우편 곧 드린 거룩한 구역의 옆과 성읍의 기지 옆
의 땅을 왕에게 돌리되 서쪽으로 향하여 서쪽 국경까지와 동쪽으로 향하
여 동쪽 국경까지니 그 길이가 구역 하나와 서로 같을지니라 8 이 땅을 왕
에게 돌려 이스라엘 가운데에 기업으로 삼게 하면 나의 왕들이 다시는 내
백성을 압제하지 아니하리라 그 나머지 땅은 이스라엘 족속에게 그 지파
대로 줄지니라

통치자들의 통치 법칙

9 주 여호와께서 이같이 말씀하셨느니라 이스라엘의 통치자들아 너희에
게 만족하니라 너희는 포악과 겁탈을 제거하여 버리고 정의와 공의를 행
하여 내 백성에게 속여 빼앗는 것을 그칠지니라 주 여호와의 말씀이니라
10 너희는 공정한 저울과 공정한 에바와 공정한 밧을 쓸지니 11 에바와 밧
은 그 용량을 동일하게 하되 호멜의 용량을 따라 밧은 십분의 일 호멜을
담게 하고 에바도 십분의 일 호멜을 담게 할 것이며 12 세겔은 이십 게라
니 이십 세겔과 이십오 세겔과 십오 세겔로 너희 마네가 되게 하라 13 너
희가 마땅히 드릴 예물은 이러하니 밀 한 호멜에서는 육분의 일 에바를
드리고 보리 한 호멜에서도 육분의 일 에바를 드리며 14 기름은 정한 규례
대로 한 고르에서 십분의 일 밧을 드릴지니 기름의 밧으로 말하면 한 고
르는 십 밧 곧 한 호멜이며 (십 밧은 한 호멜이라) 15 또 이스라엘의 윤택한 초
장의 가축 떼 이백 마리에서는 어린 양 한 마리를 드릴 것이라 백성을 속
죄하기 위하여 이것들을 소제와 번제와 감사 제물로 삼을지니라 주 여호
와의 말씀이니라 16 이 땅 모든 백성은 이 예물을 이스라엘의 군주에게
드리고 17 군주의 본분은 번제와 소제와 전제를 명절과 초하루와 안식일
과 이스라엘 족속의 모든 정한 명절에 갖추는 것이니 이스라엘 족속을 속
죄하기 위하여 이 속죄제와 소제와 번제와 감사 제물을 갖출지니라

유월절과 일곱째 달 열다섯째 날(출 12:1-20, 레 23:33-43)

18 여호와께서 이같이 말씀하셨느니라 첫째 달 초하룻날에 흠 없는 수송
아지 한 마리를 가져다가 성소를 정결하게 하되 19 제사장이 그 속죄제 희
생제물의 피를 가져다가 성전 문설주와 제단 아래층 네 모퉁이와 안뜰 문
설주에 바를 것이요 20 그 달 칠일에도 모든 과실범과 모르고 범죄한 자를 위하여 역시 그렇게 하여 성전을 속죄
할지니라 21 첫째 달 열나흗날에는 유월절을 칠 일 동안 명절로 지키며 누룩 없는 떡을 먹을 것이라 22 그 날에 왕
은 자기와 이 땅 모든 백성을 위하여 송아지 한 마리를 갖추어 속죄제를 드릴 것이요 23 또 명절 칠 일 동안에는
그가 나 여호와를 위하여 번제를 준비하되 곧 이레 동안에 매일 흠 없는 수송아지 일곱 마리와 숫양 일곱 마리이
며 또 매일 숫염소 한 마리를 갖추어 속죄제를 드릴 것이며 24 또 소제를 갖추되 수송아지 한 마리에는 밀가루 한
에바요 숫양 한 마리에도 한 에바며 밀가루 한 에바에는 기름 한 힌 씩이며 25 일곱째 달 열다섯째 날에 칠 일 동
안 명절을 지켜 속죄제와 번제며 그 밀가루와 기름을 드릴지니라

❖ 겔 45~46장
본문은 이스라엘을 향해 그들이 구원의 역사를 당신의 기쁘신 뜻대로 끌어 나가시는 구속사의 주체이신 하나님을 바르게 섬기고 하나님의 뜻을 이 땅에 실현해 나가야 할 구속사의 주역으로 부름을 받았음에도 불구하고 하나님과 바른 관계를 맺지 못해 올바른 제사를 드리지 못했던 과거의 패역함에서 벗어나서 인간이 하나님께 드릴 수 있는 가장 이상적인 예배 의식을 제시하고 있다. 그런데 본문에 나와 있는 율법을 담고 있는 레위기의 규정과 일맥상통한다. 즉 레위기에는 죄를 범한 인간이 하나님께 나아가 죄를 용서받기 위해서 시행해야 할 제사 규례와 하나님과 동행하는 하나님의 자녀들이 생활 가운데 실천해야 할 성결에 대한 율법이 수록되어 있다.
신실하신 하나님께서는 한번 정하신 구속의 법을 인간에게 계시하여 구원의 길로 초대하시되 완악한 인간이 회개하고 하나님께 나아올 때까지 오래 참으시며 거듭 말씀하시는 자비로우신 분이시다(롬 3:25).
또한 본문의 내용 가운데는 성전의 세부적인 구조와 내부 장식이 주로 언급된 제 40-43장과 달리 성전 외부 땅의 분할에 관한 내용들도 담고 있음을 볼 수 있다(45:1-8, 46:16-18). 이러한 사실은 하나님의 관심이 성전에만 머무는 것이 아니라 성전을 포함한 모든 영역에 골고루 미친다는 것을 알 수 있게 한다. 실로 하나님은 천지 만물을 당신의 기쁘신 뜻에 따라 창조하시되 이를 그냥 버려두시는 것이 아니라 세밀히 돌보시는 전능하신 분이시다. 따라서 성도는 하나님을 기쁘시게 하는 일이 단순히 교회 안에서만 이루어지는 것으로 생각해서는 안 된다. 실로 성도는 자신이 처한 모든 곳에서 하나님의 뜻을 실현하기 위해 힘씀으로써 만물의 창조주이시며 역사의 섭리주이신 하나님의 통치 영역을 인정해야 한다.

49일~
54일

에스겔 46장

안식일과 초하루

1 주 여호와께서 이같이 말씀하셨느니라 안뜰 동쪽을 향한 문은 일하는 엿새 동안에는 닫되 안식일에는 열며 초
하루에도 열고 2 군주는 바깥 문 현관을 통하여 들어와서 문 벽 곁에 서고 제사장은 그를 위하여 번제와 감사제

를 드릴 것이요 군주는 문 통로에서 예배한 후에 밖으로 나가고 그 문은 저녁까지 닫지 말 것이며 3 이 땅 백성도
안식일과 초하루에 이 문 입구에서 나 여호와 앞에 예배할 것이며 4 안식일에 군주가 여호와께 드릴 번제는 흠
없는 어린 양 여섯 마리와 흠 없는 숫양 한 마리라 5 그 소제는 숫양 하나에는 밀가루 한 에바요 모든 어린 양에
는 그 힘대로 할 것이며 밀가루 한 에바에는 기름 한 힌 씩이니라 6 초하루에는 흠 없는 수송아지 한 마리와 어린
양 여섯 마리와 숫양 한 마리를 드리되 모두 흠 없는 것으로 할 것이며 7 또 소제를 준비하되 수송아지에는 밀가
루 한 에바요 숫양에도 밀가루 한 에바며 모든 어린 양에는 그 힘대로 할 것이요 밀가루 한 에바에는 기름 한 힌
씩이며 8 군주가 올 때에는 이 문 현관을 통하여 들어오고 나갈 때에도 그리할지니라 9 그러나 모든 정한 절기에
이 땅 백성이 나 여호와 앞에 나아올 때에는 북문으로 들어와서 경배하는 자는 남문으로 나가고 남문으로 들어
오는 자는 북문으로 나갈지라 들어온 문으로 도로 나가지 말고 그 몸이 앞으로 향한 대로 나갈지며 10 군주가 무
리 가운데에 있어서 그들이 들어올 때에 들어오고 그들이 나갈 때에 나갈지니라 11 명절과 성회 때에 그 소제는
수송아지 한 마리에 밀가루 한 에바요 숫양 한 마리에도 한 에바요 모든 어린 양에는 그 힘대로 할 것이며 밀가
루 한 에바에는 기름 한 힌씩이며 12 만일 군주가 자원하여 번제를 준비하거나 혹은 자원하여 감사제를 준비하
여 나 여호와께 드릴 때에는 그를 위하여 동쪽을 향한 문을 열고 그가 번제와 감사제를 안식일에 드림 같이 드
리고 밖으로 나갈지며 나간 후에 문을 닫을지니라

매일 드리는 제사

13 아침마다 일년 되고 흠 없는 어린 양 한 마리를 번제를 갖추어 나 여호와께 드리고 14 또 아침마다 그것과 함
께 드릴 소제를 갖추되 곧 밀가루 육분의 일 에바와 기름 삼분의 일 힌을 섞을 것이니 이는 영원한 규례로 삼아
항상 나 여호와께 드릴 소제라 15 이같이 아침마다 그 어린 양과 밀가루와 기름을 준비하여 항상 드리는 번제물
로 삼을지니라

군주와 그의 기업

16 주 여호와께서 이같이 말씀하셨느니라 군주가 만일 한 아들에게 선물을 준즉 그의 기업이 되어 그 자손에게
속하나니 이는 그 기업을 이어 받음이어니와 17 군주가 만일 그 기업을 한 종에게 선물로 준즉 그 종에게 속하여
희년까지 이르고 그 후에는 군주에게로 돌아갈 것이니 군주의 기업은 그 아들이 이어 받을 것임이라 18 군주는
백성의 기업을 빼앗아 그 산업에서 쫓아내지 못할지니 군주가 자기 아들에게 기업으로 줄 것은 자기 산업으로만
할 것임이라 백성이 각각 그 산업을 떠나 흩어지지 않게 할 것이니라

성전 부엌

19 그 후에 그가 나를 데리고 문 곁 통행구를 통하여 북쪽을 향한 제사장의 거룩한 방에 들어가시니 그 방 뒤 서
쪽에 한 처소가 있더라 20 그가 내게 이르시되 이는 제사장이 속건제와 속죄제 희생제물을 삶으며 소제 제물을
구울 처소니 그들이 이 성물을 가지고 바깥뜰에 나가면 백성을 거룩하게 할까 함이니라 하시고 21 나를 데리고
바깥뜰로 나가서 나를 뜰 네 구석을 지나가게 하시는데 본즉 그 뜰 매 구석에 또 뜰이 있는데 22 뜰의 네 구석 안
에는 집이 있으니 길이는 마흔 척이요 너비는 서른 척이라 구석의 네 뜰이 같은 크기며 23 그 작은 네 뜰 사방으로
돌아가며 부엌이 있고 그 사방 부엌에 삶는 기구가 설비되었는데 24 그가 내게 이르시되 이는 삶는 부엌이니 성
전에서 수종드는 자가 백성의 제물을 여기서 삶을 것이니라 하시더라

에스겔 47장

성전에서 나오는 물

1 그가 나를 데리고 성전 문에 이르시니 성전의 앞면이 동쪽을 향하였는데 그
문지방 밑에서 물이 나와 동쪽으로 흐르다가 성전 오른쪽 제단 남쪽으로 흘러
내리더라 2 그가 또 나를 데리고 북문으로 나가서 바깥 길로 꺾여 동
쪽을 향한 바깥 문에 이르시기로 본즉 물이 그 오른쪽에서 스며 나오

49일~54일

더라 3 그 사람이 손에 줄을 잡고 동쪽으로 나아가며 천 척을 측량한 후
에 내게 그 물을 건너게 하시니 물이 발목에 오르더니 4 다시 천 척을 측량
하고 내게 물을 건너게 하시니 물이 무릎에 오르고 다시 천 척을 측량하
고 내게 물을 건너게 하시니 물이 허리에 오르고 5 다시 천 척을 측량하시
니 물이 내가 건너지 못할 강이 된지라 그 물이 가득하여 헤엄칠 만한 물
이요 사람이 능히 건너지 못할 강이더라 6 그가 내게 이르시되 인자야 네
가 이것을 보았느냐 하시고 나를 인도하여 강 가로 돌아가게 하시기로 7
내가 돌아가니 강 좌우편에 나무가 심히 많더라 8 그가 내게 이르시되 이
물이 동쪽으로 향하여 흘러 아라바로 내려가서 바다에 이르리니 이 흘러
내리는 물로 그 바다의 물이 되살아나리라 9 이 강물이 이르는 곳마다 번
성하는 모든 생물이 살고 또 고기가 심히 많으리니 이 물이 흘러 들어가므
로 바닷물이 되살아나겠고 이 강이 이르는 각처에 모든 것이 살 것이며 10
또 이 강 가에 어부가 설 것이니 엔게디에서부터 에네글라임까지 그물 치
는 곳이 될 것이라 그 고기가 각기 종류를 따라 큰 바다의 고기 같이 심히
많으려니와 11 그 진펄과 개펄은 되살아나지 못하고 소금 땅이 될 것이며
12 강 좌우 가에는 각종 먹을 과실나무가 자라서 그 잎이 시들지 아니하며
열매가 끊이지 아니하고 달마다 새 열매를 맺으리니 그 물이 성소를 통하
여 나옴이라 그 열매는 먹을 만하고 그 잎사귀는 약 재료가 되리라

겔 47:1-12 성전에서 흐르는 생명수 환상을 통해 본 복음의 특징

하나님께서는 에스겔에게 성전 문지방 밑에서 물이 나와 아라바 바다로 흘러가며 물이 이르는 곳마다 그 물에 닿는 것들이 소성하게 되는 환상을 보여주셨다. 이 환상은 궁극적으로 생명을 풍성하게 하시는 그리스도의 복음을 상징하는 바(요 10:10) 본문이 보여주는 복음의 특징을 살펴보면 다음과 같다.

1	복음의 근원은 하나님으로부터 말미암음(1, 12절)
2	복음은 온 세상에 널리 신속하게 확장되어 나감(1-5절)
3	복음은 풍부한 은혜를 끊임없이 공급함(3-5, 12절)
4	복음은 모든 것을 소성하게 함(8-10절)
5	복음이 닿는 곳마다 변화가 일어남(8-10절)
6	복음을 거절하는 자에게는 생명이 없음(11절)
7	복음에는 열매를 맺게 하는 풍성한 생명력이 있음(12절)

땅의 경계선과 분배

13 주 여호와께서 이같이 말씀하셨느니라 너희는 이 경계선대로 이스라엘 열두 지파에게 이 땅을 나누어 기업이
되게 하되 요셉에게는 두 몫이니라 14 내가 옛적에 내 손을 들어 맹세하여 이 땅을 너희 조상들에게 주겠다고 하
였나니 너희는 공평하게 나누어 기업을 삼으라 이 땅이 너희의 기업이 되리라 15 이 땅 경계선은 이러하니라 북쪽
은 대해에서 헤들론 길을 거쳐 스닷 어귀까지니 16 곧 하맛과 브로다며 다메섹 경계선과 하맛 경계선 사이에 있
는 시브라임과 하우란 경계선 곁에 있는 하셀핫디곤이라 17 그 경계선이 바닷가에서부터 다메섹 경계선에 있는
하살에논까지요 그 경계선이 또 북쪽 끝에 있는 하맛 경계선에 이르렀나니 이는 그 북쪽이요 18 동쪽은 하우란
과 다메섹과 및 길르앗과 이스라엘 땅 사이에 있는 요단 강이니 북쪽 경계선에서부터 동쪽 바다까지 측량하라
이는 그 동쪽이요 19 남쪽은 다말에서부터 므리봇 가데스 물에 이르고 애굽 시내를 따라 대해에 이르나니 이는
그 남쪽이요 20 서쪽은 대해라 남쪽 경계선에서부터 맞은쪽 하맛 어귀까지 이르나니 이는 그 서쪽이니라 21 그런
즉 너희가 이스라엘 모든 지파대로 이 땅을 나누어 차지하라 22 너희는 이 땅을 나누되 제비 뽑아 너희와 너희
가운데에 머물러 사는 타국인 곧 너희 가운데에서 자녀를 낳은 자의 기업이 되게 할지니 너희는 그 타국인을 본
토에서 난 이스라엘 족속 같이 여기고 그들도 이스라엘 지파 중에서 너희와 함께 기업을 얻게 하되 23 타국인이
머물러 사는 그 지파에서 그 기업을 줄지니라 주 여호와의 말씀이니라

49일~54일

에스겔 48장

각 지파의 몫과 거룩한 땅

1 모든 지파의 이름은 이와 같으니라 북쪽 끝에서부터 헤들론 길을 거쳐 하맛 어귀를 지나서 다메섹 경계선에 있
는 하살에논까지 곧 북쪽으로 하맛 경계선에 미치는 땅 동쪽에서 서쪽까지는 단의 몫이요 2 단 경계선 다음으로
동쪽에서 서쪽까지는 아셀의 몫이요 3 아셀 경계선 다음으로 동쪽에서 서쪽까지는 납달리의 몫이요 4 납달리 경
계선 다음으로 동쪽에서 서쪽까지는 므낫세의 몫이요 5 므낫세 경계선 다음으로 동쪽에서 서쪽까지는 에브라임
의 몫이요 6 에브라임 경계선 다음으로 동쪽에서 서쪽까지는 르우벤의 몫이요 7 르우벤 경계선 다음으로 동쪽에

서 서쪽까지는 유다의 몫이요 8 유다 경계선 다음으로 동쪽에서 서쪽까지
는 너희가 예물로 드릴 땅이라 너비는 이만 오천 척이요 길이는 다른 몫
의 동쪽에서 서쪽까지와 같고 성소는 그 중앙에 있을지니 9 곧 너희가 여
호와께 드려 예물로 삼을 땅의 길이는 이만 오천 척이요 너비는 만 척이
라 10 이 드리는 거룩한 땅은 제사장에게 돌릴지니 북쪽으로 길이가 이만
오천 척이요 서쪽으로 너비는 만 척이요 동쪽으로 너비가 만 척이요 남쪽
으로 길이가 이만 오천 척이라 그 중앙에 여호와의 성소가 있게 하고 11
이 땅을 사독의 자손 중에서 거룩하게 구별한 제사장에게 돌릴지어다 그
들은 직분을 지키고 이스라엘 족속이 그릇될 때에 레위 사람이 그릇된 것
처럼 그릇되지 아니하였느니라 12 땅의 예물 중에서 그들이 예물을 받을
지니 레위인의 접경지에 관한 가장 거룩한 예물이니라 13 제사장의 경계
선을 따라 레위 사람의 몫을 주되 길이는 이만 오천 척이요 너비는 만 척
으로 할지니 이 구역의 길이가 이만 오천 척이요 너비가 각기 만 척이라 14
그들이 그 땅을 팔지도 못하며 바꾸지도 못하며 그 땅의 처음 익은 열매
를 남에게 주지도 못하리니 이는 여호와께 거룩히 구별한 것임이라 15 이
이만 오천 척 다음으로 너비 오천 척은 속된 땅으로 구분하여 성읍을 세
우며 거주하는 곳과 전원을 삼되 성읍이 그 중앙에 있게 할지니 16 그 크
기는 북쪽도 사천오백 척이요 남쪽도 사천오백 척이요 동쪽도 사천오백
척이요 서쪽도 사천오백 척이며 17 그 성읍의 들은 북쪽으로 이백오십 척
이요 남쪽으로 이백오십 척이요 동쪽으로 이백오십 척이요 서쪽으로 이
백오십 척이며 18 예물을 삼아 거룩히 구별할 땅과 연접하여 남아 있는 땅
의 길이는 동쪽으로 만 척이요 서쪽으로 만 척이라 곧 예물을 삼아 거룩
하게 구별할 땅과 연접하였으며 그 땅의 소산을 성읍에서 일하는 자의 양
식을 삼을지라 19 이스라엘 모든 지파 가운데에 그 성읍에서 일하는 자는
그 땅을 경작할지니라 20 그런즉 예물로 드리는 땅의 합계는 길이도 이만
오천 척이요 너비도 이만 오천 척이라 너희가 거룩히 구별하여 드릴 땅은
성읍의 기지와 합하여 네모 반듯할 것이니라 21 거룩하게 구별할 땅과 성
읍의 기지 좌우편에 남은 땅은 군주에게 돌릴지니 곧 거룩하게 구별할 땅
의 동쪽을 향한 그 경계선 앞 이만 오천 척과 서쪽을 향한 그 경계선 앞 이
만 오천 척이라 다른 몫들과 연접한 땅이니 이것을 군주에게 돌릴 것이며
거룩하게 구별할 땅과 성전의 성소가 그 중앙에 있으리라 22 그런즉 군주
에게 돌려 그에게 속할 땅은 레위 사람의 기업 좌우편과 성읍의 기지 좌
우편이며 유다 지경과 베냐민 지경 사이에 있을지니라

나머지 지파들의 몫

23 그 나머지 모든 지파는 동쪽에서 서쪽까지는 베냐민의 몫이요 24 베냐
민 경계선 다음으로 동쪽에서 서쪽까지는 시므온의 몫이요 25 시므온 경
계선 다음으로 동쪽에서 서쪽까지는 잇사갈의 몫이요 26 잇사갈 경계선
다음으로 동쪽에서 서쪽까지는 스불론의 몫이요 27 스불론 경계선 다음
으로 동쪽에서 서쪽까지는 갓의 몫이며 28 갓 경계선 다음으로 남쪽 경계
선은 다말에서부터 므리바가데스 샘에 이르고 애굽 시내를 따라 대해에

겔 48:1-29
에스겔서에 나타난 12지파 지계의 특징

1	모든 지파가 요단 서쪽 땅에 위치함(48:1-29)
2	모든 지파가 지중해를 서쪽 국경으로 하여 북에서 남으로 나란히 영토를 분배받음(48:1-29)
3	성소가 있는 거룩한 땅을 경계로 하여 북쪽에 일곱 지파, 남쪽에 다섯 지파가 위치함(48:1-29)
4	이스라엘 전 영토의 1/5에 해당하는 지역이 성소와 왕의 소유지로 구별됨(45:1-8)
5	레위 지파의 분깃은 제사장의 땅과 인접해 있음(48:13, 14)
6	왕은 거룩히 구별된 땅과 성읍의 기지 좌우편 땅을 차지하게 됨(48:21, 22)
7	경건하고 의로운 유다와 베냐민 지파가 거룩한 땅과 접한 지역에 땅을 분배받음(48:22)

❖ 겔 48:30-35 **여호와 삼마**

에스겔서는 거룩한 땅에 세워질 거룩한 성읍의 열두 문에 대한 설명과 함께, 영원한 하늘 도성에 대한 비전을 제시하면서 그 막을 내린다. 후일에 사도 요한이 환상 중에서 새 예루살렘이 하늘로부터 내려오는 것을 본 것처럼 (계시록 21장), 오래전에 에스겔 선지자 역시 완전한 형태를 갖춘 하나님의 도성을 환상 가운데서 보았다.
두 선지자 모두 땅의 사방을 향하여 늘 열려 있는 열 두문을 보았는데 (에스겔 48:31-35, 요한계시록 21:12-13), 이것은 새 예루살렘 도성의 백성들은 누구든지 쉽게 그 도성 안으로 들어가 하나님께 예배드릴 수 있음을 암시한다.
주목할 것은, 이 도성에 붙여진 이름이다. 그 이름은 '여호와 삼마'인데, 그 뜻은 "주님께서 거기 계신다(The LORD is there)"이다. 요컨대 그 도성은 바로 하나님께서 거주하시는 곳으로 거기서 하나님은 자기 백성들과 영구적으로 교제를 나눌 것이다(요한계시록 21:3).
이 사실은 우리에게 큰 소망을 준다. 이 땅에서 우리는 하나님께서 어디 계실까 하고 종종 궁금해한다. 그러나 성경은, 언젠가 더 이상 하나님을 찾을 필요가 없다고 보증한다. '여호와 삼마'라는 이름이 붙여진 진 하늘 도성에서는 하나님께서 우리와 항상 함께 계시고, 우리 또한 그분과 늘 함께 있을 것이기 때문이다.

☞ **계 21:3** 내가 들으니 보좌에서 큰 음성이 나서 이르되 보라 하나님의 장막이 사람들과 함께 있으매 하나님이 그들과 함께 계시리니 그들은 하나님의 백성이 되고 하나님은 친히 그들과 함께 계셔서

이르나니 29 이것은 너희가 제비 뽑아 이스라엘 지파에게 나누어 주어 기
업이 되게 할 땅이요 또 이것들은 그들의 몫이니라 주 여호와의 말씀이니
라

예루살렘 성읍의 문들

30 그 성읍의 출입구는 이러하니라 북쪽의 너비가 사천오백 척이라 31 그
성읍의 문들은 이스라엘 지파들의 이름을 따를 것인데 북쪽으로 문이 셋
이라 하나는 르우벤 문이요 하나는 유다 문이요 하나는 레위 문이며 32
동쪽의 너비는 사천오백 척이니 또한 문이 셋이라 하나는 요셉 문이요 하
나는 베냐민 문이요 하나는 단 문이며 33 남쪽의 너비는 사천오백 척이니
또한 문이 셋이라 하나는 시므온 문이요 하나는 잇사갈 문이요 하나는 스
불론 문이며 34 서쪽도 사천오백 척이니 또한 문이 셋이라 하나는 갓 문이
요 하나는 아셀 문이요 하나는 납달리 문이며 35 그 사방의 합계는 만 팔
천 척이라 그 날 후로는 그 성읍의 이름을 여호와삼마라 하리라

에스겔 29:17-21

느부갓네살이 애굽을 정복하리라

17 스물일곱째 해 첫째 달 초하루에 여호와의 말씀이 내게 임하여 이르시
되 18 인자야 바벨론의 느부갓네살 왕이 그의 군대로 두로를 치게 할 때에
크게 수고하여 모든 머리털이 무지러졌고 모든 어깨가 벗어졌으나 그와
군대가 그 수고한 대가를 두로에서 얻지 못하였느니라 19 그러므로 주 여
호와께서 이같이 말씀하셨느니라 내가 애굽 땅을 바벨론의 느부갓네살
왕에게 넘기리니 그가 그 무리를 잡아가며 물건을 노략하며 빼앗아 갈 것
이라 이것이 그 군대의 보상이 되리라 20 그들의 수고는 나를 위하여 함인
즉 그 대가로 내가 애굽 땅을 그에게 주었느니라 주 여호와의 말씀이니라
21 그 날에 나는 이스라엘 족속에게 한 뿔이 돋아나게 하고 나는 또 네가
그들 가운데에서 입을 열게 하리니 내가 여호와인 줄을 그들이 알리라

에스겔 30:1-19

여호와께서 애굽을 심판하시다

1 또 여호와의 말씀이 내게 임하여 이르시되 2 인자야 너는 예언하여 이르라 주 여호와께서 이와 같이 말씀하시
되 너희는 통곡하며 이르기를 슬프다 이 날이여 하라 3 그 날이 가깝도다 여호와의 날이 가깝도다 구름의 날일
것이요 여러 나라들의 때이리로다 4 애굽에 칼이 임할 것이라 애굽에서 죽임 당한 자들이 엎드러질 때에 구스에
심한 근심이 있을 것이며 애굽의 무리가 잡혀 가며 그 터가 헐릴 것이요 5 구스와 붓과 룻과 모든 섞인 백성과 굽
과 및 동맹한 땅의 백성들이 그들과 함께 칼에 엎드러지리라 6 여호와께서 이같이 말씀하셨느니라 애굽을 붙들
어 주는 자도 엎드러질 것이요 애굽의 교만한 권세도 낮아질 것이라 믹돌에서부터 수에네까지 무리가 그 가운데
에서 칼에 엎드러지리라 주 여호와의 말씀이니라 7 황폐한 나라들 같이 그들도 황폐할 것이며 사막이 된 성읍들

겔 48:35 '여호와 삼마'의 사상

'여호와 삼마'란 '여호와께서 거기 계신다'라는 뜻이다. 에스겔이 이스라엘의 회복을 예언하면서 마지막으로 언급한 이 말은 에스겔서의 총주제라 할 수 있는 말이다. 이 말은 에스겔 당시의 선민 이스라엘 백성뿐 아니라 영적 이스라엘인 현대의 성도들에게도 하나님의 동행과 보호를 깊이 인식하게 해주는 중요한 의미를 지니고 있다. 이러한 '여호와 삼마'란 말이 담고 있는 사상을 살펴보면 다음과 같다.

1	하나님이 자기 백성 가운데서 영원히 거하심(마 1:23)
2	세상의 모든 것은 유한하지만 하나님은 영원히 계심(시 90:1)
3	하나님이 계심으로 하나님 백성인 이스라엘이 다시 회복됨(슥 10:6-10)
4	제2위 하나님이신 예수 그리스도의 재림이 실현됨(살전 4:16, 17)
5	하나님께서 완전한 통치권을 행사하시는 나라가 곧 도래할 것임(눅 17:21)
6	성도가 하나님의 영원한 백성이 됨(계 21:3)

❖ 겔 29:17-21은 심판의 방법으로서 하나님의 심판이 바벨론의 느부갓네살을 통해 이루어질 것을 예언한다. 또 30:1-19는 심판의 대상으로서 단순히 애굽뿐 아니라 애굽에 대해 우호적인 태도를 보였던 동맹국조차 느부갓네살을 통해 징계받을 것을 예언한다.

☞ 본문은 반복하여 애굽의 멸망을 다양한 관점을 통해 예언함으로써 역사의 궁극적인 주관자가 이 세상을 당신의 기쁘신 뜻대로 창조하신 하나님이시란 사실과 더불어 하나님께서 역사를 주관하시되 철저한 신적 공의로써 하나님을 적대하는 자를 징계하심을 보여준다. 따라서 하나님의 백성은 가시적으로 능력 있어 보이는 인간의 힘을 의존하는 것이 아니라 구원의 산성(山城)이신 하나님만을 의지하고 인간을 자기의 형상대로 창조하신 하나님의 뜻에 따라서 살아갈 때 삶의 궁극적인 승리자가 됨을 알 수 있다.

같이 그 성읍들도 사막이 될 것이라 8 내가 애굽에 불을 일으키며 그 모든 돕는 자를 멸할 때에 그들이 나를 여
호와인 줄 알리라 9 그 날에 사절들이 내 앞에서 배로 나아가서 염려 없는 구스 사람을 두렵게 하리니 애굽의 재
앙의 날과 같이 그들에게도 심한 근심이 있으리라 이것이 오리로다 10 주 여호와께서 이같이 말씀하셨느니라 내
가 또 바벨론의 느부갓네살 왕의 손으로 애굽의 무리들을 끊으리니 11 그가 여러 나라 가운데에 강포한 자기 군
대를 거느리고 와서 그 땅을 멸망시킬 때에 칼을 빼어 애굽을 쳐서 죽임 당한 자로 땅에 가득하게 하리라 12 내
가 그 모든 강을 마르게 하고 그 땅을 악인의 손에 팔겠으며 타국 사람의 손으로 그 땅과 그 가운데에 있는 모든
것을 황폐하게 하리라 나 여호와의 말이니라 13 주 여호와께서 이같이 말씀하셨느니라 내가 그 우상들을 없애며
신상들을 놉 가운데에서 부수며 애굽 땅에서 왕이 다시 나지 못하게 하고 그 땅에 두려움이 있게 하리라 14 내가
바드로스를 황폐하게 하며 소안에 불을 지르며 노 나라를 심판하며 15 내 분노를 애굽의 견고한 성읍 신에 쏟고
또 노 나라의 무리를 끊을 것이라 16 내가 애굽에 불을 일으키리니 신 나라가 심히 근심할 것이며 노 나라는 찢겨
나누일 것이며 놉 나라가 날로 대적이 있을 것이며 17 아웬과 비베셋의 장정들은 칼에 엎드러질 것이며 그 성읍
주민들은 포로가 될 것이라 18 내가 애굽의 멍에를 꺾으며 그 교만한 권세를 그 가운데에서 그치게 할 때에 드합
느헤스에서는 날이 어둡겠고 그 성읍에는 구름이 덮일 것이며 그 딸들은 포로가 될 것이라 19 이같이 내가 애굽
을 심판하리니 내가 여호와인 줄을 그들이 알리라 하셨다 하라

열왕기하 25:27-30

여호야긴이 석방되다(렘 52:31-34)

27 유다의 왕 여호야긴이 사로잡혀 간 지 삼십칠 년 곧 바벨론의 왕 에윌므로닥이 즉위한 원년 십이월 그 달 이십
칠일에 유다의 왕 여호야긴을 옥에서 내놓아 그 머리를 들게 하고 28 그에게 좋게 말하고 그의 지위를 바벨론에
그와 함께 있는 모든 왕의 지위보다 높이고 29 그 죄수의 의복을 벗게 하고 그의 일평생에 항상 왕의 앞에서 양
식을 먹게 하였고 30 그가 쓸 것은 날마다 왕에게서 받는 양이 있어서 종신토록 끊이지 아니하였더라

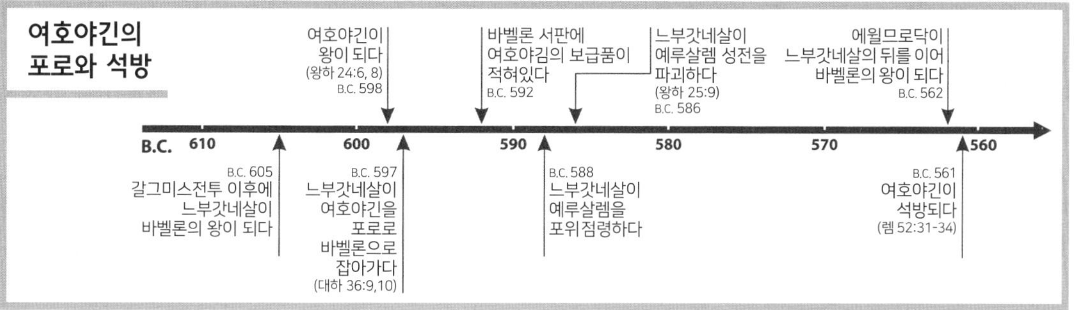

예레미야 52:31-34

렘 52:24-34
학습 자료 54-4 "예루살렘 함락후
여호야긴까지 주요 사건"을 참조

31 유다 왕 여호야긴이 사로잡혀 간 지 삼십칠 년 곧 바벨론의 에윌므로닥 왕의 즉위 원년 열두째 달 스물다섯째 날
그가 유다의 여호야긴 왕의 머리를 들어 주었고 감옥에서 풀어 주었더라 32 그에게 친절하게 말하고 그의 자리를 그
와 함께 바벨론에 있는 왕들의 자리보다 높이고 33 그 죄수의 의복을 갈아 입혔고 그의 평생 동안 항상 왕의 앞에서
먹게 하였으며 34 그가 날마다 쓸 것을 바벨론의 왕에게서 받는 정량이 있었고 죽는 날까지 곧 종신토록 받았더라

이사야 13장~14:23

이사야 13장

바벨론에 대한 경고

1 아모스의 아들 이사야가 바벨론에 대하여 받은 경고라 2 너희는 민둥산
위에 기치를 세우고 소리를 높여 그들을 부르며 손을 흔들어 그들을 존귀
한 자의 문에 들어가게 하라 3 내가 거룩하게 구별한 자들에게 명령하고
나의 위엄을 기뻐하는 용사들을 불러 나의 노여움을 전하게 하였느니라
4 산에서 무리의 소리가 남이여 많은 백성의 소리 같으니 곧 열국 민족이
함께 모여 떠드는 소리라 만군의 여호와께서 싸움을 위하여 군대를 검열
하심이로다 5 무리가 먼 나라에서, 하늘 끝에서 왔음이여 곧 여호와와 그
의 진노의 병기라 온 땅을 멸하려 함이로다 6 너희는 애곡할지어다 여호
와의 날이 가까웠으니 전능자에게서 멸망이 임할 것임이로다 7 그러므로
모든 손의 힘이 풀리고 각 사람의 마음이 녹을 것이라 8 그들이 놀라며 괴
로움과 슬픔에 사로잡혀 해산이 임박한 여자 같이 고통하며 서로 보고 놀
라며 얼굴이 불꽃 같으리로다 9 보라 여호와의 날 곧 잔혹히 분냄과 맹렬
히 노하는 날이 이르러 땅을 황폐하게 하며 그 중에서 죄인들을 멸하리
니 10 하늘의 별들과 별 무리가 그 빛을 내지 아니하며 해가 돋아도 어두우며 달이 그 빛을 비추지 아니할 것이로
다 11 내가 세상의 악과 악인의 죄를 벌하며 교만한 자의 오만을 끊으며 강포한 자의 거만을 낮출 것이며 12 내가
사람을 순금보다 희소하게 하며 인생을 오빌의 금보다 희귀하게 하리로다 13 그러므로 나 만군의 여호와가 분
하여 맹렬히 노하는 날에 하늘을 진동시키며 땅을 흔들어 그 자리에서 떠나게 하리니 14 그들이 쫓긴 노루나 모
으는 자 없는 양 같이 각기 자기 동족에게로 돌아가며 각기 본향으로 도망할 것이나 15 만나는 자마다 창에 찔리
겠고 잡히는 자마다 칼에 엎드러지겠고 16 그들의 어린 아이들은 그들의 목전에서 메어침을 당하겠고 그들의 집
은 노략을 당하겠고 그들의 아내는 욕을 당하리라 17 보라 은을 돌아보지 아니하며 금을 기뻐하지 아니하는 메
대 사람을 내가 충동하여 그들을 치게 하리니 18 메대 사람이 활로 청년을 쏘아 죽이며 태의 열매를 긍휼히 여기
지 아니하며 아이를 애석하게 보지 아니하리라 19 열국의 영광이요 갈대아 사람의 자랑하는 노리개가 된 바벨론
이 하나님께 멸망 당한 소돔과 고모라 같이 되리니 20 그 곳에 거주할 자가 없겠고 거처할 사람이 대대에 없을 것
이며 아라비아 사람도 거기에 장막을 치지 아니하며 목자들도 그 곳에 그들의 양 떼를 쉬게 하지 아니할 것이요
21 오직 들짐승들이 거기에 엎드리고 부르짖는 짐승이 그들의 가옥에 가득하며 타조가 거기에 깃들이며 들양이
거기에서 뛸 것이요 22 그의 궁성에는 승냥이가 부르짖을 것이요 화려하던 궁전에는 들개가 울 것이라 그의 때가
가까우며 그의 날이 오래지 아니하리라

❖ 사 13:1-14:23
열방 10개국 가운데 그 첫 번째 국가인 바벨론 제국(Babylonia)에 대한 제1차 심판 예언을 기록하고 있는 부분이다. 이를 좀 더 구체적으로 상술하면, 13:1-22은 메대를 통한 바벨론의 심판 예언과 멸망한 이후의 바벨론의 비극적 참상을, 14:1-3은 바벨론의 멸망 선포(13:1-22)와 멸망한 바벨론에 대한 이스라엘 백성들의 조롱 섞인 만가(14:1-23) 사이에 삽입된 일종의 삽입 문단으로, 바벨론의 멸망으로 인해 포로 되었던 이스라엘 백성이 본토로 귀환할 것이라는 예언을, 14:4-23은 바벨론에 대한 하나님의 심판으로 바벨론 포로에서 귀환하게 될 이스라엘 백성들이 부를 바벨론 멸망에 대한 만가(挽歌)를 기록하고 있다.

사 13장~14:23
학습 자료 54-5 "바벨론 제국의 이해" 참조

사 13:9
학습 자료 54-6 "여호와 날의 심판과 구원의 결정적 실현" 참조

49일~54일

이사야 14:1-23

포로에서 돌아오다

1 여호와께서 야곱을 긍휼히 여기시며 이스라엘을 다시 택하여 그들의 땅
에 두시리니 나그네 된 자가 야곱 족속과 연합하여 그들에게 예속될 것이
며 2 민족들이 그들을 데리고 그들의 본토에 돌아오리니 이스라엘 족속이
여호와의 땅에서 그들을 얻어 노비로 삼겠고 전에 자기를 사로잡던 자들
을 사로잡고 자기를 압제하던 자들을 주관하리라

❖ 이사야가 활약하던 당시 바벨론은 앗수르로부터 해방되기 위해 애를 쓰고 있었다. 그러나 그는 이사야서 46, 47장을 통해 100년 후에 다가올 바벨론의 멸망을 예고하고 있었다.
B.C. 539년 바벨론은 메대의 고레스 왕에 의해 멸망하고, 고레스는 이스라엘 백성의 귀환을 허락하는 칙령을 내린다. 하나님은 이사야에게 이 일이 있기 100여 년 전에 이미 이 사실을 예고하게 하신다.

스올로 내려간 바벨론 왕

3 여호와께서 너를 슬픔과 곤고와 및 네가 수고하는 고역에서 놓으시고 안식을 주시는 날에 4 너는 바벨론 왕에
대하여 이 노래를 지어 이르기를 압제하던 자가 어찌 그리 그쳤으며 강포한 성이 어찌 그리 폐하였는고 5 여호와
께서 악인의 몽둥이와 통치자의 규를 꺾으셨도다 6 그들이 분내어 여러 민족을 치되 치기를 마지아니하였고 노
하여 열방을 억압하여도 그 억압을 막을 자 없었더니 7 이제는 온 땅이 조용하고 평온하니 무리가 소리 높여 노
래하는도다 8 향나무와 레바논의 백향목도 너로 말미암아 기뻐하여 이르기를 네가 넘어져 있은즉 올라와서 우
리를 베어 버릴 자 없다 하는도다 9 아래의 스올이 너로 말미암아 소동하여 네가 오는 것을 영접하되 그것이 세
상의 모든 영웅을 너로 말미암아 움직이게 하며 열방의 모든 왕을 그들의 왕좌에서 일어서게 하므로 10 그들은
다 네게 말하여 이르기를 너도 우리 같이 연약하게 되었느냐 너도 우리 같이 되었느냐 하리로다 11 네 영화가 스
올에 떨어졌음이여 네 비파 소리까지로다 구더기가 네 아래에 깔림이여
지렁이가 너를 덮었도다 12 너 아침의 아들 계명성이여 어찌 그리 하늘에
서 떨어졌으며 너 열국을 엎은 자여 어찌 그리 땅에 찍혔는고 13 네가 네
마음에 이르기를 내가 하늘에 올라 하나님의 뭇 별 위에 내 자리를 높이
리라 내가 북극 집회의 산 위에 앉으리라 14 가장 높은 구름에 올라가 지극히 높은 이와 같아지리라 하는도다 15
그러나 이제 네가 스올 곧 구덩이 맨 밑에 떨어짐을 당하리로다 16 너를 보는 이가 주목하여 너를 자세히 살펴 보
며 말하기를 이 사람이 땅을 진동시키며 열국을 놀라게 하며 17 세계를 황무하게 하며 성읍을 파괴하며 그에게
사로잡힌 자들을 집으로 놓아 보내지 아니하던 자가 아니냐 하리로다 18 열방의 모든 왕들은 모두 각각 자기 집
에서 영광 중에 자건마는 19 오직 너는 자기 무덤에서 내쫓겼으니 가증한 나무 가지 같고 칼에 찔려 돌구덩이에
떨어진 주검들에 둘려싸였으니 밟힌 시체와 같도다 20 네가 네 땅을 망하게 하였고 네 백성을 죽였으므로 그들
과 함께 안장되지 못하나니 악을 행하는 자들의 후손은 영원히 이름이 불려지지 아니하리로다 할지니라

> 사 14:12-20 바벨론의 느부갓네살 왕의 교만을 보여 주는 구절이지만, 사탄의 기원을 추정하는 근거 구절이 되기도 한다.

여호와께서 바벨론을 멸하시리라

21 너희는 그들의 조상들의 죄악으로 말미암아 그의 자손 도륙하기를 준비하여 그들이 일어나 땅을 차지하여 성
읍들로 세상을 가득하게 하지 못하게 하라 22 만군의 여호와께서 말씀하시되 내가 일어나 그들을 쳐서 이름과
남은 자와 아들과 후손을 바벨론에서 끊으리라 나 여호와의 말이니라 23 내가 또 그것이 고슴도치의 굴혈과 물
웅덩이가 되게 하고 또 멸망의 빗자루로 청소하리라 나 만군의 여호와의 말이니라 하시니라

49일~54일

이사야 21장

바벨론 멸망에 관한 묵시

1 해변 광야에 관한 경고라 적병이 광야에서, 두려운 땅에서 네겝 회오리
바람 같이 몰려왔도다 2 혹독한 묵시가 내게 보였도다 속이는 자는 속이
고 약탈하는 자는 약탈하도다 엘람이여 올라가고 메대여 에워싸라 그의
모든 탄식을 내가 그치게 하였노라 하시도다 3 이러므로 나의 요통이 심
하여 해산이 임박한 여인의 고통 같은 고통이 나를 엄습하였으므로 내가
괴로워서 듣지 못하며 놀라서 보지 못하도다 4 내 마음이 어지럽고 두려
움이 나를 놀라게 하며 희망의 서광이 변하여 내게 떨림이 되도다 5 그들
이 식탁을 베풀고 파수꾼을 세우고 먹고 마시도다 너희 고관들아 일어나
방패에 기름을 바를지어다 6 주께서 내게 이르시되 가서 파수꾼을 세우고
그가 보는 것을 보고하게 하되 7 마병대가 쌍쌍이 오는 것과 나귀 떼와

❖ 사 21장
본 장은 제13-23장 사이의 소위 그 열방을 향한 예언 모음 기사의 연속 부분이다. 13~23장의 일련 기사들의 경우는 각 예언의 대상과 심판 전개의 세부 양상만 다소 다를 뿐 절대 초월자요 창조주로서 전 역사에 대하여 주권을 가지신 우리 주 여호와 하나님이 당신이 세우신 구속사의 법을 기준으로 하여 선민 이스라엘을 대표로 한 온 세상 열방을 심판 통치하시는 사실을 보여 준다는 점에서 일관성을 갖고 있다.
☞ 이것은 이 일이 일어나기 100여 년 전의 예언이고 11절의 두마는 에돔을 말하며. 에돔과 아라비아 족속들의 파멸도 예언되는데 이는 B.C. 715년 사르곤이 아라비아를 공격함으로 실현된다.

낙타 떼를 보거든 귀 기울여 자세히 들으라 하셨더니 8 파수꾼이 사자 같이 부르짖기를 주여 내가 낮에 늘 망대
에 서 있었고 밤이 새도록 파수하는 곳에 있었더니 9 보소서 마병대가 쌍쌍이 오나이다 하니 그가 대답하여 이르
시되 함락되었도다 함락되었도다 바벨론이여 그들이 조각한 신상들이 다 부서져 땅에 떨어졌도다 하시도다 10
내가 짓밟은 너여, 내가 타작한 너여, 내가 이스라엘의 하나님 만군의 여호와께 들은 대로 너희에게 전하였노라

두마에 관한 경고

11 두마에 관한 경고라 사람이 세일에서 나를 부르되 파수꾼이여 밤이 어떻게 되었느냐 파수꾼이여 밤이 어떻게
되었느냐 12 파수꾼이 이르되 아침이 오나니 밤도 오리라 네가 물으려거든 물으라 너희는 돌아올지니라 하더라

아라비아에 관한 경고

13 아라비아에 관한 경고라 드단 대상들이여 너희가 아라비아 수풀에서 유숙하리라 14 데마 땅의 주민들아 물을
가져다가 목마른 자에게 주고 떡을 가지고 도피하는 자를 영접하라 15 그들이 칼날을 피하며 뺀 칼과 당긴 활과
전쟁의 어려움에서 도망하였음이니라 16 주께서 이같이 내게 이르시되 품꾼의 정한 기한 같이 일 년 내에 게달의
영광이 다 쇠멸하리니 17 게달 자손 중 활 가진 용사의 남은 수가 적으리라 하시니라 이스라엘의 하나님 여호와
의 말씀이니라

이사야 33장~35장

❖ 사 33~35장 회복의 소망을 주시다.

❖ 사 33장
본 장은 B.C. 701년 앗수르 왕 산헤립(Sennacherib, B.C. 705~ 681)의 예루살렘 침공 직전 시기를 배경으로 하여 선민(選民)의 대적의 멸망과 선민의 영광스러운 회복을 예언하고 있다. 구체적으로 상술하면, 1-6절은 이사야 선지자의 선민의 대적에 대한 저주와 선민 구원 간구를, 7-16절은 선민의 대적의 멸망과 의로운 자들의 구원을 예언한 사실을 17-24절은 구원받은 선민의 영광스러운 미래의 모습을 예언한 사실을 기록하고 있다. 이러한 장의 예언은 일차적으로는 앗수르의 예루살렘 함락 위협과 그로부터의 회복을 예언한 것이다. 그러나 궁극적으로는 만세대의 택함 받은 성도들이 이 땅에서 우리 주 예수 그리스도의 의를 힘입어 앗수르가 상징하는 사탄(Satan)의 권세로부터 최종적으로 승리 거두고 영광된 하나님 나라에 들어가게 될 것을 예언한 것이다.

이사야 33장

은혜를 구하는 기도

1 너 학대를 당하지 아니하고도 학대하며 속이고도 속임을 당하지 아니
하는 자여 화 있을진저 네가 학대하기를 그치면 네가 학대를 당할 것이며
네가 속이기를 그치면 사람이 너를 속이리라 2 여호와여 우리에게 은혜를
베푸소서 우리가 주를 앙망하오니 주는 아침마다 우리의 팔이 되시며 환
난 때에 우리의 구원이 되소서 3 요란한 소리로 말미암아 민족들이 도망
하며 주께서 일어나심으로 말미암아 나라들이 흩어졌나이다 4 황충의 떼
같이 사람이 너희의 노략물을 모을 것이며 메뚜기가 뛰어오름 같이 그들
이 그 위로 뛰어오르리라 5 여호와께서는 지극히 존귀하시니 그는 높은
곳에 거하심이요 정의와 공의를 시온에 충만하게 하심이라 6 네 시대에
평안함이 있으며 구원과 지혜와 지식이 풍성할 것이니 여호와를 경외함
이 네 보배니라

높은 곳에 거할 자

7 보라 그들의 용사가 밖에서 부르짖으며 평화의 사신들이 슬피 곡하며 8 대로가 황폐하여 행인이 끊어지며 대적
이 조약을 파하고 성읍들을 멸시하며 사람을 생각하지 아니하며 9 땅이 슬퍼하고 쇠잔하며 레바논은 부끄러워
하고 마르며 사론은 사막과 같고 바산과 갈멜은 나뭇잎을 떨어뜨리는도다 10 여호와께서 이르시되 내가 이제 일
어나며 내가 이제 나를 높이며 내가 이제 지극히 높아지리니 11 너희가 겨를 잉태하고 짚을 해산할 것이며 너희
의 호흡은 불이 되어 너희를 삼킬 것이며 12 민족들은 불에 굽는 횟돌 같겠고 잘라서 불에 사르는 가시나무 같으
리로다 13 너희 먼 데에 있는 자들아 내가 행한 것을 들으라 너희 가까이에 있는 자들아 나의 권능을 알라 14 시
온의 죄인들이 두려워하며 경건하지 아니한 자들이 떨며 이르기를 우리 중에 누가 삼키는 불과 함께 거하겠으며
우리 중에 누가 영영히 타는 것과 함께 거하리요 하도다 15 오직 공의롭게 행하는 자, 정직히 말하는 자, 토색한
재물을 가증히 여기는 자, 손을 흔들어 뇌물을 받지 아니하는 자, 귀를 막아 피 흘리려는 꾀를 듣지 아니하는 자,

눈을 감아 악을 보지 아니하는 자, 16 그는 높은 곳에 거하리니 견고한 바위가 그의 요새가 되며 그의 양식은 공
급되고 그의 물은 끊어지지 아니하리라

시온 성을 보라

17 네 눈은 왕을 그의 아름다운 가운데에서 보며 광활한 땅을 눈으로 보겠고 18 네 마음은 두려워하던 것을 생각
해 내리라 계산하던 자가 어디 있느냐 공세를 계량하던 자가 어디 있느냐 망대를 계수하던 자가 어디 있느냐 19
네가 강포한 백성을 보지 아니하리라 그 백성은 방언이 어려워 네가 알아듣지 못하며 말이 이상하여 네가 깨닫
지 못하는 자니라 20 우리 절기의 시온 성을 보라 네 눈이 안정된 처소인 예루살렘을 보리니 그것은 옮겨지지 아
니할 장막이라 그 말뚝이 영영히 뽑히지 아니할 것이요 그 줄이 하나도 끊어지지 아니할 것이며 21 여호와는 거기
에 위엄 중에 우리와 함께 계시리니 그 곳에는 여러 강과 큰 호수가 있으나 노 젓는 배나 큰 배가 통행하지 못하
리라 22 대저 여호와는 우리 재판장이시요 여호와는 우리에게 율법을 세우신 이요 여호와는 우리의 왕이시니 그
가 우리를 구원하실 것임이라 23 네 돛대 줄이 풀렸으니 돛대의 밑을 튼튼히 하지 못하였고 돛을 달지 못하였느
니라 때가 되면 많은 재물을 탈취하여 나누리니 저는 자도 그 재물을 취할 것이며 24 그 거주민은 내가 병들었노
라 하지 아니할 것이라 거기에 사는 백성이 사죄함을 받으리라

이사야 34장

여호와께서 원수들을 벌하시리라

1 열국이여 너희는 나아와 들을지어다 민족들이여 귀를 기울일지어다 땅과
땅에 충만한 것, 세계와 세계에서 나는 모든 것이여 들을지어다 2 대저 여
호와께서 열방을 향하여 진노하시며 그들의 만군을 향하여 분내사 그들을
진멸하시며 살륙 당하게 하셨은즉 3 그 살륙 당한 자는 내던진 바 되며 그
사체의 악취가 솟아오르고 그 피에 산들이 녹을 것이며 4 하늘의 만상이 사
라지고 하늘들이 두루마리 같이 말리되 그 만상의 쇠잔함이 포도나무 잎
이 마름 같고 무화과나무 잎이 마름 같으리라 5 여호와의 칼이 하늘에서 족
하게 마셨은즉 보라 이것이 에돔 위에 내리며 진멸하시기로 한 백성 위에
내려 그를 심판할 것이라 6 여호와의 칼이 피 곧 어린 양과 염소의 피에 만
족하고 기름 곧 숫양의 콩팥 기름으로 윤택하니 이는 여호와를 위한 희생
이 보스라에 있고 큰 살륙이 에돔 땅에 있음이라 7 들소와 송아지와 수소
가 함께 도살장에 내려가니 그들의 땅이 피에 취하며 흙이 기름으로 윤택
하리라 8 이것은 여호와께서 보복하시는 날이요 시온의 송사를 위하여 신원하시는 해라 9 에돔의 시내들은 변하여
역청이 되고 그 티끌은 유황이 되고 그 땅은 불 붙는 역청이 되며 10 낮에나 밤에나 꺼지지 아니하고 그 연기가 끊
임없이 떠오를 것이며 세세에 황무하여 그리로 지날 자가 영영히 없겠고 11 당아새와
고슴도치가 그 땅을 차지하며 부엉이와 까마귀가 거기에 살 것이라 여호와께서 그
위에 혼란의 줄과 공허의 추를 드리우실 것인즉 12 그들이 국가를 이으려 하여 귀
인들을 부르되 아무도 없겠고 그 모든 방백도 없게 될 것이요 13 그 궁궐에는 가시나
무가 나며 그 견고한 성에는 엉겅퀴와 새품이 자라서 승냥이의 굴과 타조의 처소가 될 것이
니 14 들짐승이 이리와 만나며 숫염소가 그 동류를 부르며 올빼미가 거기에 살면서 쉬는 처소로 삼으며 15 부엉이가
거기에 깃들이고 알을 낳아 까서 그 그늘에 모으며 솔개들도 각각 제 짝과 함께 거기에 모이리라 16 너희는 여호와
의 책에서 찾아 읽어보라 이것들 가운데서 빠진 것이 하나도 없고 제 짝이 없는 것이 없으리니 이는 여호와의 입이
이를 명령하셨고 그의 영이 이것들을 모으셨음이라 17 여호와께서 그것들을 위하여 제비를 뽑으시며 그의 손으로
줄을 띠어 그 땅을 그것들에게 나누어 주셨으니 그들이 영원히 차지하며 대대로 거기에 살리라

❖ 사 34장

본 장은 악한 세상에 대한 하나님의 심판 경고와 남은 자의 회복 약속을 주 내용을 기록하고 있다. 즉, 하나님께서 공의와 평화가 넘치는 메시아 왕국을 이루시기 위해 이 세상의 모든 악한 세력 들을 멸하시고 오직 여호와께 대한 믿음을 굳게 지킨 경건한 남은 자들을 구원의 성으로 모으실 것이라는 주제를 더욱 심화시켜 나타내 보이는 소위 '화와 복의 노래'라 불리는 23~35장까지 계속되는 기사의 연속 부분이다.

본 장은 '에돔'이라는 대표 단수를 통해, 이 땅에 존재하고 있는 하나님에 대해 반역적인 사탄(Satan)의 수하에 속해 있는 모든 세상 악한 세력에게 하나님의 무서운 진노의 심판이 이 세상 마지막 날에 행해질 것과 그 심판 후의 비참한 결과에 대해 예언한 사실 및 이 예언 성취의 확실성에 대해 강조한 사실을 기록하고 있다.

이사야 35장

거룩한 길

[1] 광야와 메마른 땅이 기뻐하며 사막이 백합화 같이 피어 즐거워하며 [2]
무성하게 피어 기쁜 노래로 즐거워하며 레바논의 영광과 갈멜과 사론의
아름다움을 얻을 것이라 그것들이 여호와의 영광 곧 우리 하나님의 아름
다움을 보리로다 [3] 너희는 약한 손을 강하게 하며 떨리는 무릎을 굳게 하
며 [4] 겁내는 자들에게 이르기를 굳세어라, 두려워하지 말라, 보라 너희 하
나님이 오사 보복하시며 갚아 주실 것이라 하나님이 오사 너희를 구하시
리라 하라 [5] 그 때에 맹인의 눈이 밝을 것이며 못 듣는 사람의 귀가 열릴
것이며 [6] 그 때에 저는 자는 사슴 같이 뛸 것이며 말 못하는 자의 혀는 노
래하리니 이는 광야에서 물이 솟겠고 사막에서 시내가 흐를 것임이라 [7]
뜨거운 사막이 변하여 못이 될 것이며 메마른 땅이 변하여 원천이 될 것
이며 승냥이의 눕던 곳에 풀과 갈대와 부들이 날 것이며 [8] 거기에 대로가
있어 그 길을 거룩한 길이라 일컫는 바 되리니 깨끗하지 못한 자는 지나
가지 못하겠고 오직 구속함을 입은 자들을 위하여 있게 될 것이라 우매한 행인은 그 길로 다니지 못할 것이며 [9]
거기에는 사자가 없고 사나운 짐승이 그리로 올라가지 아니하므로 그것을 만나지 못하겠고 오직 구속함을 받
은 자만 그리로 행할 것이며 [10] 여호와의 속량함을 받은 자들이 돌아오되 노래하며 시온에 이르러 그들의 머리
위에 영영한 희락을 띠고 기쁨과 즐거움을 얻으리니 슬픔과 탄식이 사라지리로다

❖ 사 35장
본 장은 직접적으로는 선민 이스라엘이 이방의 압제에서 해방되어 영광스럽게 회복될 것을 예언한 것이다. 그러나 궁극적으로 볼 때 본 장은 일차적으로는 예수 그리스도의 구속 사역(救贖事役)을 통해 성도들이 죄의 올무에서 해방되어 영적으로 영광스럽게 회복될 것과, 더 나아가서는 그리스도의 재림으로 하나님 나라(The Kingdom of God)가 도래한다는 예언 안에 두 가지 이상의 각기 다른 사실 또는 사건이 함축된 것을 '성경 예언의 복합성'이라 한다. 이와 관련해서는 이사야 2장 학습 자료 40-3에서 상세히 다루었으니 반드시 참조하라.

사 35:1-10은 곧 에덴의 회복을 말하고 있다.

다니엘 5장

49일~54일

벨사살 왕이 잔치를 베풀다

[1] 벨사살 왕이 그의 귀족 천 명을 위하여 큰 잔치를 베풀고 그 천 명 앞에서 술을 마시니라 [2] 벨사살이 술을 마실
때에 명하여 그의 부친 느부갓네살이 예루살렘 성전에서 탈취하여 온 금,
은 그릇을 가져오라고 명하였으니 이는 왕과 귀족들과 왕후들과 후궁들
이 다 그것으로 마시려 함이었더라 [3] 이에 예루살렘 하나님의 전 성소 중
에서 탈취하여 온 금 그릇을 가져오매 왕이 그 귀족들과 왕후들과 후궁
들과 더불어 그것으로 마시더라 [4] 그들이 술을 마시고는 그 금, 은, 구리,
쇠, 나무, 돌로 만든 신들을 찬양하니라 [5] 그 때에 사람의 손가락들이 나
타나서 왕궁 촛대 맞은편 석회벽에 글자를 쓰는데 왕이 그 글자 쓰는 손
가락을 본지라 [6] 이에 왕의 즐기던 얼굴 빛이 변하고 그 생각이 번민하여
넓적다리 마디가 녹는 듯하고 그의 무릎이 서로 부딪친지라 [7] 왕이 크게
소리 질러 술객과 갈대아 술사와 점쟁이를 불러오게 하고 바벨론의 지혜
자들에게 말하되 누구를 막론하고 이 글자를 읽고 그 해석을 내게 보이
면 자주색 옷을 입히고 금사슬을 그의 목에 걸어 주리니 그를 나라의 셋
째 통치자로 삼으리라 하니라 [8] 그 때에 왕의 지혜자가 다 들어왔으나 능
히 그 글자를 읽지 못하며 그 해석을 왕께 알려 주지 못하는지라 [9] 그러므
로 벨사살 왕이 크게 번민하여 그의 얼굴빛이 변하였고 귀족들도 다 놀라
니라 [10] 왕비가 왕과 그 귀족들의 말로 말미암아 잔치하는 궁에 들어왔더

❖ 단 5장
본 장은 바벨론 제국의 마지막 왕 벨사살(Belshazzar, B.C. 552-539)의 여호와 성전 기명 모독 사건 관련 기사를 보도하면서, 이것이 마침내 바벨론 제국이 몰락하고 바벨론 제국과 바사 제국 사이의 과도 제국이었던 메대 – 바사 제국이 등장하게 된 결정적 계기가 되었음을 보여 준다.
☞ 구속사적 관점에서 고찰할 때 무엇보다 먼저 이 벨사살 사건은, 좁게는 일세를 풍미하던 한 왕이 그리고 넓게는 한 대제국이 여호와의 성전 기명을 모욕하다가 멸망한 사건으로서 오직 여호와만이 전 역사의 주권자이시라는 구속사적 진리(眞理)와 이 진리에 근거한바 여호와 앞에서 교만한 자는 멸절될 수밖에 없다는 구속사적 경고(警告)를, 죄성에 오염되어 자명한 구속사적 진리를 밝히 보지 못하고 있는 이 교만하고 죄악된 세상을 향하여 제시하는 한 극적 실례였다고 할 것이다.

단 5:1-7
학습 자료 54-7 "벨사살 왕의 역사성" 참조

니 이에 말하여 이르되 왕이여 만수무강 하옵소서 왕의 생각을 번민하게 하지 말며 얼굴빛을 변할 것도 아니니
이다 11 왕의 나라에 거룩한 신들의 영이 있는 사람이 있으니 곧 왕의 부친 때에 있던 자로서 명철과 총명과 지혜
가 신들의 지혜와 같은 자니이다 왕의 부친 느부갓네살 왕이 그를 세워 박수와 술객과 갈대아 술사와 점쟁이의
어른을 삼으셨으니 12 왕이 벨드사살이라 이름하는 이 다니엘은 마음이 민첩하고 지식과 총명이 있어 능히 꿈을
해석하며 은밀한 말을 밝히며 의문을 풀 수 있었나이다 이제 다니엘을 부르소서 그리하시면 그가 그 해석을 알
려 드리리이다 하니라

다니엘이 글을 해석하다

13 이에 다니엘이 부름을 받아 왕의 앞에 나오매 왕이 다니엘에게 말하되 네가 나의 부왕이 유다에서 사로잡아
온 유다 자손 중의 그 다니엘이냐 14 내가 네게 대하여 들은즉 네 안에는 신들의 영이 있으므로 네가 명철과 총
명과 비상한 지혜가 있다 하도다 15 지금 여러 지혜자와 술객을 내 앞에 불러다가 그들에게 이 글을 읽고 그 해
석을 내게 알게 하라 하였으나 그들이 다 그 해석을 내게 보이지 못하였느니라 16 내가 네게 대하여 들은즉 너
는 해석을 잘하고 의문을 푼다 하도다 그런즉 이제 네가 이 글을 읽고 그 해석을 내게 알려 주면 네게 자주색 옷
을 입히고 금 사슬을 네 목에 걸어 주어 너를 나라의 셋째 통치자로 삼으리라 하니 17 다니엘이 왕에게 대답하여
이르되 왕의 예물은 왕이 친히 가지시며 왕의 상급은 다른 사람에게 주옵소서 그럴지라도 내가 왕을 위하여 이
글을 읽으며 그 해석을 아뢰리이다 18 왕이여 지극히 높으신 하나님이 왕의 부친 느부갓네살에게 나라와 큰 권
세와 영광과 위엄을 주셨고 19 그에게 큰 권세를 주셨으므로 백성들과 나라들과 언어가 다른 모든 사람들이 그
의 앞에서 떨며 두려워하였으며 그는 임의로 죽이며 임의로 살리며 임의
로 높이며 임의로 낮추었더니 20 그가 마음이 높아지며 뜻이 완악하여 교
만을 행하므로 그의 왕위가 폐한 바 되며 그의 영광을 빼앗기고 21 사람
중에서 쫓겨나서 그의 마음이 들짐승의 마음과 같았고 또 들나귀와 함께
살며 또 소처럼 풀을 먹으며 그의 몸이 하늘 이슬에 젖었으며 지극히 높으
신 하나님이 사람 나라를 다스리시며 자기의 뜻대로 누구든지 그 자리에
세우시는 줄을 알기에 이르렀나이다 22 벨사살이여 왕은 그의 아들이 되
어서 이것을 다 알고도 아직도 마음을 낮추지 아니하고 23 도리어 자신을
하늘의 주재보다 높이며 그의 성전 그릇을 왕 앞으로 가져다가 왕과 귀
족들과 왕후들과 후궁들이 다 그것으로 술을 마시고 왕이 또 보지도 듣지
도 알지도 못하는 금, 은, 구리, 쇠와 나무, 돌로 만든 신상들을 찬양하고
도리어 왕의 호흡을 주장하시고 왕의 모든 길을 작정하시는 하나님께는
영광을 돌리지 아니한지라 24 이러므로 그의 앞에서 이 손가락이 나와서
이 글을 기록하였나이다 25 기록된 글자는 이것이니 곧 메네 메네 데겔 우
바르신이라 26 그 글을 해석하건대 메네는 하나님이 이미 왕의 나라의 시대를 세어서 그것을 끝나게 하셨다 함이
요 27 데겔은 왕을 저울에 달아 보니 부족함이 보였
다 함이요 28 베레스는 왕의 나라가 나뉘어서 메대
와 바사 사람에게 준 바 되었다 함이니이다 하니 29
이에 벨사살이 명하여 그들이 다니엘에게 자주색
옷을 입히게 하며 금 사슬을 그의 목에 걸어 주고
그를 위하여 조서를 내려 나라의 셋째 통치자로 삼
으니라 30 그 날 밤에 갈대아 왕 벨사살이 죽임을 당
하였고 31 메대 사람 다리오가 나라를 얻었는데 그
때에 다리오는 육십이 세였더라

단 5:25-30 B.C. 539년, 벨사살 왕의 잔치에 한 손이 나타나 벽에 "메네 메네 데겔 우바르신"이라는 글을 쓰는 일이 벌어진다. 이 말은 '한 므나, 한 므나, 한 세겔과 반 세겔'이라는 말로서 '메네(세다)', '데겔(달다)', '베레스(나누다)'라는 뜻으로 측정하는 의미의 단어들의 나열이다. 그 뜻은 '하나님이 벨사살의 시대를 세었고 그의 능력을 저울에 달아보니 부족하여 그 나라를 메대와 바사에 나누어 준다'는 뜻이었다. 다니엘은 그 글의 의미가 "메대 사람과 바사 사람에 의해 벨사살이 죽임을 당할 것이다"라는 것이라고 풀어준다. 그날 저녁 '메대 사람 다리오(고레스의 바벨론 이름)가 벨사살을 사살하고 왕이 되는 역사상 가장 희귀한 정권 교체이다.

메네 메네 데겔
우바르신
역사상 가장 희귀한 사건,
전쟁도 없이 막강한 나라 바벨론이
바사에 의해 무너진 사건.
고레스 칙령을 발하게
하시려는 하나님의 계획.

49일~54일

54일차 읽기의 요약

(겔 40~48, 겔 29:17~21, 겔 30:1~19, 왕하 25:27~30, 렘 52:31~34, 사 13:14~23, 사 21, 33~35, 단 5)

하나님께서는 바벨론에 포로로 잡혀간 다니엘이 느부갓네살 왕의 꿈을 두 번이나 해석하게 하시는 사건을 통해 하나님께서 세계 역사의 주관자이시고 만왕의 왕이심을 나타내셨다. 그로부터 수십 년이 지난 후 바벨론의 마지막 왕 벨사살이 베푼 거창한 잔치 자리에서 벽에 나타난 글씨를 다니엘이 해석한 바로 그날 밤에 벨사살 왕이 죽음으로 바벨론 제국은 멸망했다.

그리고 새로운 제국 페르시아의 고레스 왕이 그 자리를 대신 한다. 얼핏 보기에는 이스라엘 나라가 멸망하여 다 포로로 잡혀가고 망한 것 같이 보이지만 하나님께서는 단지 이스라엘 땅에 국한되는 지역적인 나라가 아니라 장차 하나님께서 세우실 영원한 하나님의 나라와 타국인들을 포함한 거룩한 하나님의 백성들이 남아있음을 다니엘과 에스겔을 통해 말씀해 주셨다.

특히 하나님께서는 에스겔에게 새 예루살렘의 성전 건축 설계도를 환상으로 보여 주셨다. 이 성전은 장차 하나님께서 완성하실 영원한 성전으로 하나님께서는 그곳으로 돌아오셔서 다시는 떠나지 않으실 것이다. 하나님께서는 에스겔에게 마치 요한계시록을 쓴 사도 요한이 보았던 하늘로부터 내려오는 새 예루살렘의 모습과도 같은 하나님의 성전 환상을 보게 하셨다.

인위뚝·신위고!

그러면 어떻게 살 것인가?

☑ 세계관 점검 – 묵상하기 (영상 강의와 교재 내용의 이해를 바탕으로)

- 에스겔의 마지막 부분인 40~48장은 성전의 환상을 통해서 포로가 된 하나님의 백성이 그와의 끊어진 관계가 다시 회복된다는 소망의 메시지를 전한다. 우리의 '처음 모습(창 1:26-28)'의 회복은 하나님이 우리와 함께하실 때만 가능하고, 그 하나님의 임재는 성전(성막)을 통해서만 가능하다는 사실을 우리는 깨달았다. 성전이 파괴된 이 시점에 성전의 환상을 보여 준다는 것은 엄청난 은혜의 축복이다. 신약에서 예수님은 그 성전 역할을 해 주셨다.(요 1:14 말씀이 육신이 되어 우리 가운데 거하시매 우리가 그의 영광을 보니 아버지의 독생자의 영광이요 은혜와 진리가 충만하더라) "거하시매"는 우리 가운데 장막(성막)을 치셨다는 말이고, 이것은 우리와 함께하신다는 말이다. 이제 우리는 성령이 우리 속에 거하시는 성전이 되었다. 과연 나는 성령을 모신 성전의 모습을 가지고 살아가는지를 성찰해야 한다. (동영상 강의 54일차 01:00~04:40)

- 겔 48:30-35 "여호와 삼마". 우리가 성령을 모시는 성전이라고 했다(고전 6:19). 그 분이 여호와 삼마이시다. 그렇다면 내 삶의 주인은 성령 하나님이신가? 이것이 성화적 구원의 과정이다.

- 사 13:9, 34:8의 "여호와의 날"을 **학습 자료 54-7**의 내용으로 숙지하고 그 의미를 오늘 나의 삶에 주는 의미가 무엇인지를 성찰하고 묵상하라.

✐ 단 5장에서 벨사살 왕의 잔치에서 일어난 사건의 묵상.

벨사살 왕이 그의 부친 느부갓네살 왕이 예루살렘에서 탈취하여 온 금, 은그릇들을 가져오라고 하여 귀족들과 왕후들과 후궁들과 마시는 중에 왕이 벽에 손이 나타나서 글을 쓰는 손가락을 보았다. 왕의 온갖 지혜자들이 그 글을 읽지 못하였지만, 다니엘이 해석하였다. 그 글은 "메네 메네 데겔 우바르신"이라는 글인데 그 글의 뜻은 하나님이 왕의 나라의 시대를 세어서 그것이 끝나게 하였다는 뜻이고 앞으로 왕의 나라가 나뉘어서 메대와 바사 사람에게 준 바 되었다고 왕에게 해석하였다. 그날 벨사살 왕이 죽임을 당하였다.

☑ 우리는 다신교적 오류와 자신이 당장 누리고 있는 세속적 권세에 눈이 멀어 기고만장하던 벨사살에게 나타난 신비한 손가락이 쓴 경고의 계시를 포로 시대의 선민 이스라엘의 신앙 영웅인 다니엘이, 그리고 선민의 후예로서 여호와 절대 신앙을 사수하던 다니엘만이, 여호와의 계시에 의존한 지혜로 해석하였고 또한 그로 인해 대제국의 황제였던 벨사살은 그 스스로는 몰락하면서도 하나님의 사람 다니엘은 높일 수밖에 없었다는 실로 기묘하고도 역설적인 사실에도 주목하게 된다. 왜냐하면 이는 구속사의 주체이신 여호와께서는 전 역사를, 선민(選民)을 중심으로, 선민의 구원을 위하여, 진행해 나가신다는 사실 곧 구속사(救續史)의 목적과 대상을 상징적으로 입증하고 있기 때문이다.

☑ 결단기도와 실행하기

약 2:26 영혼 없는 몸이 죽은 것 같이 행함이 없는 믿음은 죽은 것이니라
시 119:28 나의 영혼이 눌림으로 말미암아 녹사오니 주의 말씀대로 나를 세우소서

49일~
54일

이사야 40장~55장

이사야 40장

희망의 말씀

1 너희의 하나님이 이르시되 너희는 위로하라 내 백성을 위로하라 2 너
희는 예루살렘의 마음에 닿도록 말하며 그것에게 외치라 그 노역의 때
가 끝났고 그 죄악이 사함을 받았느니라 그의 모든 죄로 말미암아 여호
와의 손에서 벌을 배나 받았느니라 할지니라 하시니라 3 외치는 자의 소
리여 이르되 너희는 광야에서 여호와의 길을 예비하라 사막에서 우리 하
나님의 대로를 평탄하게 하라 4 골짜기마다 돋우어지며 산마다, 언덕마
다 낮아지며 고르지 아니한 곳이 평탄하게 되며 험한 곳이 평지가 될 것이
요 5 여호와의 영광이 나타나고 모든 육체가 그것을 함께 보리라 이는 여
호와의 입이 말씀하셨느니라 6 말하는 자의 소리여 이르되 외치라 대답
하되 내가 무엇이라 외치리이까 하니 이르되 모든 육체는 풀이요 그의 모
든 아름다움은 들의 꽃과 같으니 7 풀은 마르고 꽃이 시듦은 여호와의 기
운이 그 위에 붊이라 이 백성은 실로 풀이로다 8 풀은 마르고 꽃은 시드나
우리 하나님의 말씀은 영원히 서리라 하라 9 아름다운
소식을 시온에 전하는 자여 너는 높은 산에 오르라 아
름다운 소식을 예루살렘에 전하는 자여 너는 힘써 소리를
높이라 두려워하지 말고 소리를 높여 유다의 성읍들에게
이르기를 너희의 하나님을 보라 하라 10 보라 주 여호와
께서 장차 강한 자로 임하실 것이요 친히 그의 팔로 다
스리실 것이라 보라 상급이 그에게 있고 보응이 그의 앞에 있으며 11 그는
목자 같이 양 떼를 먹이시며 어린 양을 그 팔로 모아 품에 안으시며 젖먹
이는 암컷들을 온순히 인도하시리로다

비교할 수 없는 하나님

12 누가 손바닥으로 바닷물을 헤아렸으며 뼘으로 하늘을 쟀으며 땅의 티
끌을 되에 담아 보았으며 접시 저울로 산들을, 막대 저울로 언덕들을 달
아 보았으랴 13 누가 여호와의 영을 지도하였으며 그의 모사가 되어 그
를 가르쳤으랴 14 그가 누구와 더불어 의논하셨으며 누가 그를 교훈하였
으며 그에게 정의의 길로 가르쳤으며 지식을 가르쳤으며 통달의 도를 보
여 주었느냐 15 보라 그에게는 열방이 통의 한 방울 물과 같고 저울의 작
은 티끌 같으며 섬들은 떠오르는 먼지 같으리니 16 레바논은 땔감에도 부
족하겠고 그 짐승들은 번제에도 부족할 것이라 17 그의 앞에는 모든 열방
이 아무것도 아니라 그는 그들을 없는 것 같이, 빈 것 같이 여기시느니라
18 그런즉 너희가 하나님을 누구와 같다 하겠으며 무슨 형상을 그에게 비
기겠느냐 19 우상은 장인이 부어 만들었고 장색이 금으로 입혔고 또 은 사
슬을 만든 것이니라 20 궁핍한 자는 거제를 드릴 때에 썩지 아니하는 나

❖ 이사야서의 특징

- 이사야서는 예수님이 동정녀에서 태어나신다는 것을 최초이면서 유일하게 예언한다(이사야 7:14과 마태 1:21-23).
- 이사야서는 역사 이전의 사건을 기록하면서(사탄의 타락 14:12-17) 또한 역사 이후의 사건(새 하늘과 새 땅 66:2)에 대해서도 기록하고 있다.
- 구약에서 삼위일체의 개념을 가장 명확하게 언급하고 있다(48:16).
- 한 개인에 대한 가장 정확한 예언을 수록하고 있는데 그것은 바사(페르시아) 왕 고레스(Cyrus)에 관한 것이다. 고레스가 태어나기 백 수십 년 전에 이사야는 고레스가 칙령을 내릴 것을 예언한다(44:28~45:1).

❖ 사 40~55장의 개요

39장의 장면과 40장의 장면 간에는 100년 이상의 시간이 지난다. 70년 이상 동안 포로들은 바벨론에서 기다렸으며, 어떤 사람들은 바벨론 신들이 여호와보다 강하다고 생각했을 것이다(이 부분은 대부분 시로 되어 있다. 예레미야애가에 나오는 시와 이 예언들 중 일부는 바벨론에서의 후기 시대에 예배 시에 사용되었을 것이다.). 그래서 이사야는 그들에게 하나님 한 분만이 이 세계의 주권자(主權者)이심을 보여 준다. 그는 자연계에서, 그리고 이방 왕들을 통해 그의 뜻을 행사하실 것이다. 이 예언은 이스라엘이 바벨론에서 해방되어(B.C. 약 539년), 남은 자들이 고국에 돌아올 것을 기대한다. 그리고 그 귀환은 하나님의 백성들에게 자유 이상을 의미할 것이다. 그것은 그들을 통해 세상이 복을 받으리라는 하나님의 원래 계획이 성취되는 것을 의미한다(창 22:18). 위대한 해방자는 바사의 새 왕 고레스가 될 것이다. 그의 격려로 예루살렘과 그 성전은 재건될 것이다(40~48장).
49장~55장의 주제는 비록 이스라엘이 이방의 지배에서 해방되기는 했지만, 그들은 여전히 자기 죄에 지배받고 있다는 것이다. 그래서 이 부분은 어떻게 이스라엘이 여호와 종의 고난을 통해서 그들의 죄로부터 역시 자유로움을 누릴 수 있는가를 보여 준다. 하나님께서는 자신의 신실한 종이 성취할 영광스러운 세계적 계획을 갖고 계시는 분이심을 보여 준다.

사 40~48장
학습 자료 55-1
"여호와의 종을 통한 택한 구속" 참조

무를 택하고 지혜로운 장인을 구하여 우상을 만들어 흔들리지 아니하도
록 세우느니라 21 너희가 알지 못하였느냐 너희가 듣지 못하였느냐 태초
부터 너희에게 전하지 아니하였느냐 땅의 기초가 창조될 때부터 너희가
깨닫지 못하였느냐 22 그는 둥근 땅 위에 앉으시나니 땅에 사는 사람들은
메뚜기 같으니라 그가 하늘을 차일 같이 펴셨으며 거주할 천막 같이 치셨
고 23 귀인들을 폐하시며 세상의 사사들을 헛되게 하시나니 24 그들은 겨
우 심기고 겨우 뿌려졌으며 그 줄기가 겨우 땅에 뿌리를 박자 곧 하나님
이 입김을 부시니 그들은 말라 회오리바람에 불려 가는 초개 같도다 25 거
룩하신 이가 이르시되 그런즉 너희가 나를 누구에게 비교하여 나를 그와
동등하게 하겠느냐 하시니라 26 너희는 눈을 높이 들어 누가 이 모든 것을
창조하였나 보라 주께서는 수효대로 만상을 이끌어 내시고 그들의 모든
이름을 부르시나니 그의 권세가 크고 그의 능력이 강하므로 하나도 빠짐
이 없느니라 27 야곱아 어찌하여 네가 말하며 이스라엘아 네가 이르기를
내 길은 여호와께 숨겨졌으며 내 송사는 내 하나님에게서 벗어난다 하느
냐 28 너는 알지 못하였느냐 듣지 못하였느냐 영원하신 하나님 여호와, 땅
끝까지 창조하신 이는 피곤하지 않으시며 곤비하지 않으시며 명철이 한
이 없으시며 29 피곤한 자에게는 능력을 주시며 무능한 자에게는 힘을 더
하시나니 30 소년이라도 피곤하며 곤비하며 장정이라도 넘어지며 쓰러지
되 31 오직 여호와를 앙망하는 자는 새 힘을 얻으리니 독수리가 날개치며
올라감 같을 것이요 달음박질하여도 곤비하지 아니하겠고 걸어가도 피곤
하지 아니하리로다

❖ 사 40장
일제 강점기 시대 저항 시인이었던 이상화 시인의 "빼앗긴 들에도 봄은 오는가?"에도 드디어 광복의 기쁜 소식이 온 것처럼, 유대 포로들에게도 광복의 기쁜 소식이 전해진다. 그것은 하나님 나라의 회복이다. 곤경에 처한 포로인 이스라엘 백성에게 임하는 하나님의 위로이다. 유한한 인생들은 풀처럼 덧없는 존재들이지만 한 분 하나님은 창조주이시며 영원하신 분이시다. 바로 그런 분이 양들을 목자처럼 돌보는 자상하고 부드러우신 분이시라는 사실을 보여 준다. 오늘 우리의 삶에도 이런 기쁜 소식(복음 Gospel)으로 넘치는 복된 삶이 되기를 축복한다.

사 40:12-20 에스겔서에서 왜 "내가 여호와임을 저들이 알리라"라고 강조했는가를 염두에 두고 읽어라. 또한 십계명 제1계명을 강조한다. 이스라엘이 우상을 섬기다가 이 모양이 되었기 때문이다, 오늘 우리도 반면교사로 삼아야 할 것이다.
이 부분은 욥기 38~41장의 하나님의 속성과도 같다.

사 40:12
학습 자료 55-2 "지각 형평" 참조

사 40:21-31 여호와 신앙의 차별성과 위대성을 보여 준다.

이사야 41장

나 여호와가 응답하리라

1 섬들아 내 앞에 잠잠하라 민족들아 힘을 새롭게 하라 가까이 나아오라 그리고 말하라 우리가 서로 재판 자리
에 가까이 나아가자 2 누가 동방에서 사람을 일깨워서 공의로 그를 불러 자기 발 앞에 이르게 하였느냐 열국을
그의 앞에 넘겨 주며 그가 왕들을 다스리게 하되 그들이 그의 칼에 티끌 같게, 그의 활에 불리는 초개 같게 하매
3 그가 그들을 쫓아가서 그의 발로 가 보지 못한 길을 안전히 지났나니 4 이 일을 누가 행하였느냐 누가 이루었느
냐 누가 처음부터 만대를 불러내었느냐 나 여호와라 처음에도 나요 나중 있을 자에게도 내가 곧 그니라 5 섬들
이 보고 두려워하며 땅 끝이 무서워 떨며 함께 모여 와서 6 각기 이웃을 도우며 그 형제에게 이르기를 너는 힘을
내라 하고 7 목공은 금장색을 격려하며 망치로 고르게 하는 자는 메질꾼을 격려하며 이르되 땜질이 잘 된다 하니
그가 못을 단단히 박아 우상을 흔들리지 아니하게 하는도다 8 그러나 나의 종 너 이스라엘아 내가 택한 야곱아
나의 벗 아브라함의 자손아 9 내가 땅 끝에서부터 너를 붙들며 땅 모퉁이
에서부터 너를 부르고 네게 이르기를 너는 나의 종이라 내가 너를 택하고
싫어하여 버리지 아니하였다 하였노라 10 두려워하지 말라 내가 너와 함
께 함이라 놀라지 말라 나는 네 하나님이 됨이라 내가 너를 굳세게 하리
라 참으로 너를 도와 주리라 참으로 나의 의로운 오른손으로 너를 붙들
리라 11 보라 네게 노하던 자들이 수치와 욕을 당할 것이요 너와 다투는
자들이 아무것도 아닌 것 같이 될 것이며 멸망할 것이라 12 네가 찾아도
너와 싸우던 자들을 만나지 못할 것이요 너를 치는 자들은 아무것도 아닌

사 41:8-10 창 28:15의 야곱에게 하신 약속을 기억하며 읽어라. 바로 지금 당신에게 하시고 있는 위로의 약속이다.
사 41:8-10, 13 묵상 기도
이 은혜가 넘치는 능력의 말씀으로 오늘 곤경에 처했을 수 있는 여러분, 당신에게 하나님의 놀라운 치유의 역사가 있을지어다! 아멘.

것 같고 허무한 것 같이 되리니 13 이는 나 여호와 너의 하나님이 네 오른손을 붙들고 네게 이르기를 두려워하지
말라 내가 너를 도우리라 하실 것임이니라 14 버러지 같은 너 야곱아, 너희 이스라엘 사람들아 두려워하지 말라
나 여호와가 말하노니 내가 너를 도울 것이라 네 구속자는 이스라엘의 거룩한 이이니라 15 보라 내가 너를 이가
날카로운 새 타작기로 삼으리니 네가 산들을 쳐서 부스러기를 만들 것이며 작은 산들을 겨 같이 만들 것이라 16

네가 그들을 까부른즉 바람이 그들을 날리겠고 회오리바람이 그들을 흩
어 버릴 것이로되 너는 여호와로 말미암아 즐거워하겠고 이스라엘의 거
룩한 이로 말미암아 자랑하리라 17 가련하고 가난한 자가 물을 구하되
물이 없어서 갈증으로 그들의 혀가 마를 때에 나 여호와가 그들에게 응
답하겠고 나 이스라엘의 하나님이 그들을 버리지 아니할 것이라 18 내가 헐
벗은 산에 강을 내며 골짜기 가운데에 샘이 나게 하며 광야가 못이 되게 하며 마른 땅이 샘 근원이 되게 할 것이
며 19 내가 광야에는 백향목과 싯딤 나무와 화석류와 들감람나무를 심고 사막에는 잣나무와 소나무와 황양목을
함께 두리니 20 무리가 보고 여호와의 손이 지으신 바요 이스라엘의 거룩한 이가 이것을 창조하신 바인 줄 알며
함께 헤아리며 깨달으리라

여호와께서 거짓 신들에게 말씀하시다

21 나 여호와가 말하노니 너희 우상들은 소송하라 야곱의 왕이 말하노니 너희는 확실한 증거를 보이라 22 장차
당할 일을 우리에게 진술하라 또 이전 일이 어떠한 것도 알게 하라 우리가 마음에 두고 그 결말을 알아보리라
혹 앞으로 올 일을 듣게 하며 23 뒤에 올 일을 알게 하라 그리하면 너희가 신들인 줄 우리가 알리라 또 복을 내리
든지 재난을 내리든지 하라 우리가 함께 보고 놀라리라 24 보라 너희는 아무것도 아니며 너희 일은 허망하며 너
희를 택한 자는 가증하니라 25 내가 한 사람을 일으켜 북방에서 오게 하며 내 이름을 부르는 자를 해 돋는 곳에
서 오게 하였나니 그가 이르러 고관들을 석회 같이, 토기장이가 진흙을 밟음 같이 하리니 26 누가 처음부터 이 일
을 알게 하여 우리가 알았느냐 누가 이전부터 알게 하여 우리가 옳다고 말하게 하였느냐 알게 하는 자도 없고
들려 주는 자도 없고 너희 말을 듣는 자도 없도다 27 내가 비로소 시온에게 너희는 이제 그들을 보라 하였노라
내가 기쁜 소식을 전할 자를 예루살렘에 주리라 28 내가 본즉 한 사람도 없으며 내가 물어도 그들 가운데에 한
말도 대답할 조언자가 없도다 29 보라 그들은 다 헛되며 그들의 행사는 허무하며 그들이 부어 만든 우상들은 바
람이요 공허한 것뿐이니라

이사야 42장

주의 종

1 내가 붙드는 나의 종, 내 마음에 기뻐하는 자 곧 내가 택한 사람을 보라
내가 나의 영을 그에게 주었은즉 그가 이방에 정의를 베풀리라 2 그는 외
치지 아니하며 목소리를 높이지 아니하며 그 소리를 거리에 들리게 하지
아니하며 3 상한 갈대를 꺾지 아니하며 꺼져가는 등불을 끄지 아니하고
진실로 정의를 시행할 것이며 4 그는 쇠하지 아니하며 낙담하지 아니하고
세상에 정의를 세우기에 이르리니 섬들이 그 교훈을 앙망하리라 5 하늘을
창조하여 펴시고 땅과 그 소산을 내시며 땅 위의 백성에게 호흡을 주시며
땅에 행하는 자에게 영을 주시는 하나님 여호와께서 이같이 말씀하시되
6 나 여호와가 의로 너를 불렀은즉 내가 네 손을 잡아 너를 보호하며 너를
세워 백성의 언약과 이방의 빛이 되게 하리니 7 네가 눈먼 자들의 눈을 밝
히며 갇힌 자를 감옥에서 이끌어 내며 흑암에 앉은 자를 감방에서 나오게
하리라 8 나는 여호와이니 이는 내 이름이라 나는 내 영광을 다른 자에게,

사 42:1-9 제 1종의 노래에 소개된 메시아
하나님의 종 메시아(1절)
· 하나님이 붙드심 · 하나님이 기뻐하심 · 하나님의 영을 그에게 주심
겸손의 종 메시아(2절)
· 분노의 목소리를 외치지 않으심 · 거리에 그 소리가 들리지 않게 하심
사랑의 종 메시아(3절)
· 상한 갈대를 꺾지 않으심 · 꺼져가는 등불을 끄지 않으심
공의의 종 메시아(3, 4절)
· 진리로 공의를 베푸심 · 교훈으로 세상에 공의를 세우심
구원의 종 메시아(7절)
· 소경의 눈을 밝히심 · 갇힌 자를 옥에서 이끌어 내심 · 흑암에 처한 자를 빛 가운데로 나오게 하심

내 찬송을 우상에게 주지 아니하리라 9 보라 전에 예언한 일이 이미 이루어졌느니라 이제 내가 새 일을 알리노라
그 일이 시작되기 전에라도 너희에게 이르노라

새 노래로 찬송하라

10 항해하는 자들과 바다 가운데의 만물과 섬들과 거기에 사는 사람들아 여호와께 새 노래로 노래하며 땅 끝에
서부터 찬송하라 11 광야와 거기에 있는 성읍들과 게달 사람이 사는 마을들은 소리를 높이라 셀라의 주민들은
노래하며 산 꼭대기에서 즐거이 부르라 12 여호와께 영광을 돌리며 섬들 중에서 그의 찬송을 전할지어다 13 여호
와께서 용사 같이 나가시며 전사 같이 분발하여 외쳐 크게 부르시며 그 대적을 크게 치시리로다

구원의 약속

14 내가 오랫동안 조용하며 잠잠하고 참았으나 내가 해산하는 여인 같이 부르짖으리니 숨이 차서 심히 헐떡일 것
이라 15 내가 산들과 언덕들을 황폐하게 하며 그 모든 초목들을 마르게 하며 강들이 섬이 되게 하며 못들을 마르
게 할 것이며 16 내가 맹인들을 그들이 알지 못하는 길로 이끌며 그들이 알지 못하는 지름길로 인도하며 암흑이 그
앞에서 광명이 되게 하며 굽은 데를 곧게 할 것이라 내가 이 일을 행하여 그들을 버리지 아니하리니 17 조각한 우
상을 의지하며 부어 만든 우상을 향하여 너희는 우리의 신이라 하는 자는 물리침을 받아 크게 수치를 당하리라

백성들이 깨닫지 못하다

18 너희 못 듣는 자들아 들으라 너희 맹인들아 밝히 보라 19 맹인이 누구
냐 내 종이 아니냐 누가 내가 보내는 내 사자 같이 못 듣는 자겠느냐 누가
내게 충성된 자 같이 맹인이겠느냐 누가 여호와의 종 같이 맹인이겠느냐
20 네가 많은 것을 볼지라도 유의하지 아니하며 귀가 열려 있을지라도 듣
지 아니하는도다 21 여호와께서 그의 의로 말미암아 기쁨으로 교훈을 크
게 하며 존귀하게 하려 하셨으나 22 이 백성이 도둑 맞으며 탈취를 당하며
다 굴 속에 잡히며 옥에 갇히도다 노략을 당하되 구할 자가 없고 탈취를
당하되 되돌려 주라 말할 자가 없도다 23 너희 중에 누가 이 일에 귀를 기
울이겠느냐 누가 뒤에 올 일을 삼가 듣겠느냐 24 야곱이 탈취를 당하게 하신 자가 누구냐 이스라엘을 약탈자들
에게 넘기신 자가 누구냐 여호와가 아니시냐 우리가 그에게 범죄하였도다 그들이 그의 길로 다니기를 원하지 아
니하며 그의 교훈을 순종하지 아니하였도다 25 그러므로 여호와께서 맹렬한 진노와 전쟁의 위력을 이스라엘에
게 쏟아 부으시매 그 사방에서 불타오르나 깨닫지 못하며 몸이 타나 마음에 두지 아니하는도다

> 사 42:18-26 "사 6:9 여호와께서 이르시되 가서 이 백성에게 이르기를 너희가 듣기는 들어도 깨닫지 못할 것이요 보기는 보아도 알지 못하리라 하여"를 상기하라. 성경을 읽되 소위 "덮어놓고 읽는 식"으로 읽으니 깨닫지 못한다. 『통큰통독』식으로 읽어 하나님의 경륜을 깊이 깨달아 복된 삶을 회복하라. 이것은 하나님의 명령이다.

그리스도(메시아)에 관한 예언	살펴보기
■ 그리스도의 신성, 영원성, 전능성, 전지성 등	이사야 9:6-7; 40:12-17
■ 그리스도의 성육신(成肉身)과 인성(人性)	이사야 7:14-15; 9:6
■ 나사렛에서의 유년기와 비천한 출신	이사야 9:1-2; 11:1-2; 53:2
■ 이방 족속에 대한 그리스도의 사역	이사야 9:1-2; 42:1
■ 성령을 충만하게 받으실 그리스도	이사야 11:2; 42:1
■ 그리스도의 이적, 그리스도의 지혜	이사야 35:5-6; 50:4
■ 그리스도의 온유와 긍휼, 복음 전파의 사역	이사야 42:2-3; 61:1-3
■ 그리스도의 수난과 죽음과 장사	이사야 50:5; 52:14; 53:1-12
■ 그리스도의 부활과 승천과 존귀	이사야 52:13
■ 그리스도의 재림과 천년 통치	이사야 9:7; 11:2-9; 60:1-3

이사야 43장

구원의 약속

1 야곱아 너를 창조하신 여호와께서 지금 말씀하시느니라 이스라엘아 너를 지으신 이가 말씀하시느니라 너는 두
려워하지 말라 내가 너를 구속하였고 내가 너를 지명하여 불렀나니 너는 내 것이라 2 네가 물 가운데로 지날 때

에 내가 너와 함께 할 것이라 강을 건널 때에 물이 너를 침몰하지 못할 것
이며 네가 불 가운데로 지날 때에 타지도 아니할 것이요 불꽃이 너를 사르
지도 못하리니 3 대저 나는 여호와 네 하나님이요 이스라엘의 거룩한 이요
네 구원자임이라 내가 애굽을 너의 속량물로, 구스와 스바를 너를 대신
하여 주었노라 4 네가 내 눈에 보배롭고 존귀하며 내가 너를 사랑하였은
즉 내가 네 대신 사람들을 내어 주며 백성들이 네 생명을 대신하리니 5 두
려워하지 말라 내가 너와 함께 하여 네 자손을
동쪽에서부터 오게 하며 서쪽에서부터 너를
모을 것이며 6 내가 북쪽에게 이르기를 내놓
으라 남쪽에게 이르기를 가두어 두지 말
라 내 아들들을 먼 곳에서 이끌며 내 딸들을 땅 끝에서 오게 하며 7 내 이름으로
불려지는 모든 자 곧 내가 내 영광을 위하여 창조한 자를 오게 하라 그를 내가
지었고 그를 내가 만들었느니라

43:1-6, 18-21 **묵상 기도.**
하나님은 고난 겪는 당신의 백성 곁에 늘 계시는 분이시다. 바로 임마누엘의 하나님이시다. 그분의 가장 큰 사랑은 바로 우리와 함께해 주시는 것이다. 그럼으로 하나님의 백성은 두려울 필요가 없다.
이렇게 나와 동행하시며 함께하시는 임마누엘 하나님 능력의 말씀으로 오늘 곤경에 처했을 수 있는 여러분, 당신에게 하나님의 놀라운 치유의 역사가 있을지어다! 아멘.

이스라엘은 여호와의 증인

8 눈이 있어도 보지 못하고 귀가 있어도 듣지 못하는 백성을 이끌어 내라 9 열방은 모였으며 민족들이 회집하였는
데 그들 중에 누가 이 일을 알려 주며 이전 일들을 우리에게 들려 주겠느냐 그들이 그들의 증인을 세워서 자기들
의 옳음을 나타내고 듣는 자들이 옳다고 말하게 하여 보라 10 나 여호와가 말하노라 너희는 나의 증인, 나의 종으
로 택함을 입었나니 이는 너희가 나를 알고 믿으며 내가 그인 줄 깨닫게 하려 함이라 나의 전에 지음을 받은 신이
없었느니라 나의 후에도 없으리라 11 나 곧 나는 여호와라 나 외에 구원자
가 없느니라 12 내가 알려 주었으며 구원하였으며 보였고 너희 중에 다른
신이 없었나니 그러므로 너희는 나의 증인이요 나는 하나님이니라 여호와
의 말씀이니라 13 과연 태초로부터 나는 그이니 내 손에서 건질 자가 없도
다 내가 행하리니 누가 막으리요

사 43:11
☞ **행 4:12** 다른 이로써는 구원을 받을 수 없나니 천하 사람 중에 구원을 받을 만한 다른 이름을 우리에게 주신 일이 없음이라

바벨론으로부터 빠져 나오다

14 너희의 구속자요 이스라엘의 거룩한 이 여호와가 말하노라 너희를 위
하여 내가 바벨론에 사람을 보내어 모든 갈대아 사람에게 자기들이 연락
하던 배를 타고 도망하여 내려가게 하리라 15 나는 여호와 너희의 거룩한
이요 이스라엘의 창조자요 너희의 왕이니라 16 나 여호와가 이같이 말하
노라 바다 가운데에 길을, 큰 물 가운데에 지름길을 내고 17 병거와 말과
군대의 용사를 이끌어 내어 그들이 일시에 엎드러져 일어
나지 못하고 소멸하기를 꺼져가는 등불 같게 하였느니라
18 너희는 이전 일을 기억하지 말며 옛날 일을 생각하지
말라 19 보라 내가 새 일을 행하리니 이제 나타날 것이
라 너희가 그것을 알지 못하겠느냐 반드시 내가 광야에
길을 사막에 강을 내리니 20 장차 들짐승 곧 승냥이와 타
조도 나를 존경할 것은 내가 광야에 물을, 사막에 강들을 내어 내 백성, 내가 택한 자에게 마시
게 할 것임이라 21 이 백성은 내가 나를 위하여 지었나니 나를 찬송하게 하려 함이니라

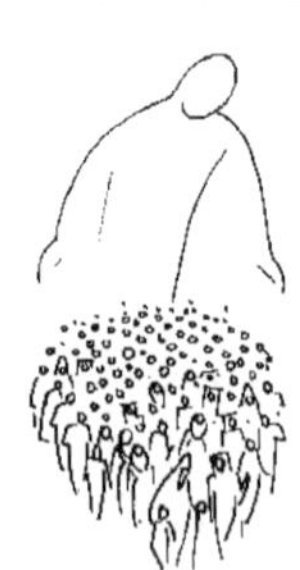

사 43:14-21
학습 자료 55-3 "재창조" 참조

사 43:18-21 옛 생각을 버리고 새로운 발상의 전환 (Paradigm shift)이 이루어졌는가?
☞ **렘 33:2-3** 일을 행하시는 여호와, 그것을 만들며 성취하시는 여호와, 그의 이름을 여호와라 하는 이가 이와 같이 이르시도다 너는 내게 부르짖으라 내가 네게 응답하겠고 네가 알지 못하는 크고 은밀한 일을 네게 보이리라
사 43:21은 곧 창조 의도와 목적을 언급한다.

이스라엘의 죄

22 그러나 야곱아 너는 나를 부르지 아니하였고 이스라엘아 너는 나를 괴롭게 여겼으며 23 네 번제의 양을 내게
로 가져오지 아니하였고 네 제물로 나를 공경하지 아니하였느니라 나는 제물로 말미암아 너를 수고롭게 하지

아니하였고 유향으로 말미암아 너를 괴롭게 하지 아니하였거늘 24 너는 나를 위하여 돈으로 향품을 사지 아니하
며 희생의 기름으로 나를 흡족하게 하지 아니하고 네 죄짐으로 나를 수고롭게 하며 네 죄악으로 나를 괴롭게 하
였느니라 25 나 곧 나는 나를 위하여 네 허물을 도말하는 자니 네 죄를 기억하지 아니하리라 26 너는 나에게 기억
이 나게 하라 우리가 함께 변론하자 너는 말하여 네가 의로움을 나타내라 27 네 시조가 범죄하였고 너의 교사들
이 나를 배반하였나니 28 그러므로 내가 성소의 어른들에게 욕되게 하며 야곱이 진멸 당하도록 내어 주며 이스
라엘이 비방 거리가 되게 하리라

이사야 44장

나 외에 다른 신이 없다

1 나의 종 야곱, 내가 택한 이스라엘아 이제 들으라 2 너를 만들고 너를 모
태에서부터 지어 낸 너를 도와 줄 여호와가 이같이 말하노라 나의 종 야
곱, 내가 택한 여수룬아 두려워하지 말라 3 나는 목마른 자에게 물을 주며
마른 땅에 시내가 흐르게 하며 나의 영을 네 자손에게, 나의 복을 네 후손
에게 부어 주리니 4 그들이 풀 가운데에서 솟아나기를 시냇가의 버들 같이
할 것이라 5 한 사람은 이르기를 나는 여호와께 속하였다 할 것이며 또 한
사람은 야곱의 이름으로 자기를 부를 것이며 또 다른 사람은 자기가 여호
와께 속하였음을 그의 손으로 기록하고 이스라엘의 이름으로 존귀히 여
김을 받으리라 6 이스라엘의 왕인 여호와, 이스라엘의 구원자인 만군의 여
호와가 이같이 말하노라 나는 처음이요 나는 마지막이라 나 외에 다른 신
이 없느니라 7 내가 영원한 백성을 세운 이후로 나처럼 외치며 알리며 나
에게 설명할 자가 누구냐 있거든 될 일과 장차 올 일을 그들에게 알릴지어
다 8 너희는 두려워하지 말며 겁내지 말라 내가 예로부터 너희에게 듣게
하지 아니하였느냐 알리지 아니하였느냐 너희는 나의 증인이라 나 외에
신이 있겠느냐 과연 반석은 없나니 다른 신이 있음을 내가 알지 못하노라

우상은 무익한 것

9 우상을 만드는 자는 다 허망하도다 그들이 원하는 것들은 무익한 것이
거늘 그것들의 증인들은 보지도 못하며 알지도 못하니 그러므로 수치를
당하리라 10 신상을 만들며 무익한 우상을 부어 만든 자가 누구냐 11 보라
그와 같은 무리들이 다 수치를 당할 것이라 그 대장장이들은 사람일 뿐이라 그들이 다 모여 서서 두려워하며 함
께 수치를 당할 것이니라 12 철공은 철로 연장을 만들고 숯불로 일하며 망치를 가지고 그것을 만들며 그의 힘센
팔로 그 일을 하나 배가 고프면 기운이 없고 물을 마시지 아니하면 피로하니라 13 목공은 줄을 늘여 재고 붓으로
긋고 대패로 밀고 곡선자로 그어 사람의 아름다움을 따라 사람의 모양을 만들어 집에 두게 하며 14 그는 자기를
위하여 백향목을 베며 디르사 나무와 상수리나무를 취하며 숲의 나무들 가운데에서 자기를 위하여 한 나무를
정하며 나무를 심고 비를 맞고 자라게도 하느니라 15 이 나무는 사람이 땔감을 삼는 것이거늘 그가 그것을 가지
고 자기 몸을 덥게도 하고 불을 피워 떡을 굽기도 하고 신상을 만들어 경배하며 우상을
만들고 그 앞에 엎드리기도 하는구나 16 그 중의 절반은 불에 사르고 그 절반으로는 고
기를 구워 먹고 배불리며 또 몸을 덥게 하여 이르기를 아하 따뜻하다 내가 불을 보았구
나 하면서 17 그 나머지로 신상 곧 자기의 우상을 만들고 그 앞에 엎드려 경배하며 그
것에게 기도하여 이르기를 너는 나의 신이니 나를 구원하라 하는도다 18 그들이 알지
도 못하고 깨닫지도 못함은 그들의 눈이 가려서 보지 못하며 그들의 마음이 어두워

❖ 사 44장 **묵상**
진정 하나님 한 분만이 나의 참 하나님이신가를 철저히 성찰하라. 우상은 우리에게 무용지물이다(시 115편). 하나님 한 분만이 창조주, 섭리주, 구속주 하나님이시다. 이것을 모든 성도는 안다. 그러나 안다는 것과 그것을 근거로 사유하고 행동한다는 것은 다를 수 있다. 나의 세계관은 한 분 유일하신 하나님에게 근거하고 있는가?

❖ 시편 115편을 함께 묵상하라.

사 44:1, 2 이스라엘의 세 가지 호칭과 의미
하나님의 종 야곱
·'야곱'의 문자적 의미는 '발꿈치를 잡다'임(창 25:26) ·이스라엘이 하나님의 무조건적 은총에 의해 택함받은 선민임을 나타냄
하나님의 택한 이스라엘
·'이스라엘'의 문자적 의미는 '하나님과 더불어 겨룬 자'임(창 32:22-32) ·이스라엘은 하나님의 언약을 받은 선민의 공동체를 나타냄
하나님의 택한 여수룬
·'여수룬'의 문자적 의미는 '의로운 자', '경건한 자'임(신 32:15, 33:5, 26) ·이스라엘에게는 불의한 세상에서 하나님의 거룩하심을 드러냄으로써 그분의 영광을 나타내야 할 의무가 있음을 보여줌

져서 깨닫지 못함이니라 [19] 마음에 생각도 없고 지식도 없고 총명도 없으므로 내가 그것의 절반을 불사르고 또
한 그 숯불 위에서 떡도 굽고 고기도 구워 먹었거늘 내가 어찌 그 나머지로 가증한 물건을 만들겠으며 내가 어찌
그 나무 토막 앞에 굴복하리요 말하지 아니하니 [20] 그는 재를 먹고 허탄한 마음에 미혹되어 자기의 영혼을 구원
하지 못하며 나의 오른손에 거짓 것이 있지 아니하냐 하지도 못하느니라

창조자요 구속자이신 여호와

[21] 야곱아 이스라엘아 이 일을 기억하라 너는 내 종이니라 내가 너를 지었으니 너는 내 종이니라 이스라엘아 너
는 나에게 잊혀지지 아니하리라 [22] 내가 네 허물을 빽빽한 구름 같이, 네 죄를 안개 같이 없이하였으니 너는 내
게로 돌아오라 내가 너를 구속하였음이니라 [23] 여호와께서 이 일을 행하셨으니 하늘아 노래할지어다 땅의 깊은
곳들아 높이 부를지어다 산들아 숲과 그 가운데의 모든 나무들아 소리내어 노래할지어다 여호와께서 야곱을
구속하셨으니 이스라엘 중에 자기의 영광을 나타내실 것임이로다 [24] 네 구속자요 모태에서 너를 지은 나 여호
와가 이같이 말하노라 나는 만물을 지은 여호와라 홀로 하늘을 폈으며 나와 함께 한 자 없이 땅을 펼쳤고 [25] 헛
된 말을 하는 자들의 징표를 폐하며 점 치는 자들을 미치게 하며 지혜로운 자들을 물리쳐 그들의 지식을 어리석
게 하며 [26] 그의 종의 말을 세워 주며 그의 사자들의 계획을 성취하게 하
며 예루살렘에 대하여는 이르기를 거기에 사람이 살리라 하며 유다 성읍
들에 대하여는 중건될 것이라 내가 그 황폐한 곳들을 복구시키리라 하며
[27] 깊음에 대하여는 이르기를 마르라 내가 네 강물들을 마르게 하리라 하
며 [28] 고레스에 대하여는 이르기를 내 목자라 그가 나의 모든 기쁨을 성취
하리라 하며 예루살렘에 대하여는 이르기를 중건되리라 하며 성전에 대
하여는 네 기초가 놓여지리라 하는 자니라

> 사 44:28 고레스가 칙령을 발표해서 유대 포로가 돌아온다는 예언이다. 이 예언이 이루어지기까지의 기간은 학자마다 다양해서 100년 ~ 175년의 기간을 추정한다. 저명한 성경 역사학자 에드윈 야마우치(Edwin M Yamauchi)는 150년 설을 주장하는데 가장 신빙성이 있다고 판단된다.

이사야 45장

여호와께서 고레스를 도구로 쓰시다

[1] 여호와께서 그의 기름 부음을 받은 고레스에게 이같이 말씀하시되 내
가 그의 오른손을 붙들고 그 앞에 열국을 항복하게 하며 내가 왕들의 허

> 사 45:1-5
> 학습 자료 55-4 "고레스의 이해" 참조

리를 풀어 그 앞에 문들을 열고 성문들이 닫히지 못하게 하리라 [2] 내가 너보다 앞서 가서 험한 곳을 평탄하게 하
며 놋문을 쳐서 부수며 쇠빗장을 꺾고 [3] 네게 흑암 중의 보화와 은밀한 곳에 숨은 재물을 주어 네 이름을 부르는
자가 나 여호와 이스라엘의 하나님인 줄을 네가 알게 하리라 [4] 내가 나의 종 야곱, 내가 택한 자 이스라엘 곧 너
를 위하여 네 이름을 불러 너는 나를 알지 못하였을지라도 네게 칭호를 주었노라 [5] 나는 여호와라 나 외에 다른
이가 없나니 나 밖에 신이 없느니라 너는 나를 알지 못하였을지라도 나는 네 띠를 동일 것이요 [6] 해 뜨는 곳에서
든지 지는 곳에서든지 나 밖에 다른 이가 없는 줄을 알게 하리라 나는 여호와라 다른 이가 없느니라 [7] 나는 빛도
짓고 어둠도 창조하며 나는 평안도 짓고 환난도 창조하나니 나는 여호와라 이 모든 일들을 행하는 자니라 하였
노라 [8] 하늘이여 위로부터 공의를 뿌리며 구름이여 의를 부을지어다 땅이여 열려서 구원을 싹트게 하고 공의도
함께 움돋게 할지어다 나 여호와가 이 일을 창조하였느니라

창조의 주, 역사의 주

[9] 질그릇 조각 중 한 조각 같은 자가 자기를 지으신 이와 더불어 다툴진
대 화 있을진저 진흙이 토기장이에게 너는 무엇을 만드느냐 또는 네가 만
든 것이 그는 손이 없다 말할 수 있겠느냐 [10] 아버지에게는 무엇을 낳았소
하고 묻고 어머니에게는 무엇을 낳으려고 해산의 수고를 하였소 하고 묻
는 자는 화 있을진저 [11] 이스라엘의 거룩하신 이 곧 이스라엘을 지으신 여
호와께서 이같이 이르시되 너희가 장래 일을 내게 물으며 또 내 아들들과

> 사 45:9-10 나는 진흙과 같은 존재인데, 토기장이의 호흡이 함께하게 하지 않으면 나는 흙과 같은 존재라는 사실을 잠시도 잊으면 안 된다.
> ☞ 창 2:7 여호와 하나님이 땅의 흙으로 사람을 지으시고 생기를 그 코에 불어넣으시니 사람이 생령이 되니라

55일~60일

내 손으로 한 일에 관하여 내게 명령하려느냐 12 내가 땅을 만들고 그 위에 사람을 창조하였으며 내가 내 손으로
하늘을 펴고 하늘의 모든 군대에게 명령하였노라 13 내가 공의로 그를 일으킨지라 그의 모든 길을 곧게 하리니
그가 나의 성읍을 건축할 것이며 사로잡힌 내 백성을 값이나 갚음이 없이 놓으리라 만군의 여호와의 말이니라
하셨느니라 14 여호와께서 이같이 말씀하시되 애굽의 소득과 구스가 무역한 것과 스바의 장대한 남자들이 네게
로 건너와서 네게 속할 것이요 그들이 너를 따를 것이라 사슬에 매여 건너와서 네게 굴복하고 간구하기를 하나
님이 과연 네게 계시고 그 외에는 다른 하나님이 없다 하리라 하시니라 15 구원자 이스라엘의 하나님이여 진실
로 주는 스스로 숨어 계시는 하나님이시니이다 16 우상을 만드는 자는 부끄러움을 당하며 욕을 받아 다 함께 수
욕 중에 들어갈 것이로되 17 이스라엘은 여호와께 구원을 받아 영원한 구원을 얻으리니 너희가 영원히 부끄러움
을 당하거나 욕을 받지 아니하리로다 18 대저 여호와께서 이같이 말씀하시되 하늘을 창조하신 이 그는 하나님이
시니 그가 땅을 지으시고 그것을 만드셨으며 그것을 견고하게 하시되 혼돈하게 창조하지 아니하시고 사람이 거
주하게 그것을 지으셨으니 나는 여호와라 나 외에 다른 이가 없느니라 하시니라 19 나는 감추어진 곳과 캄캄한
땅에서 말하지 아니하였으며 야곱 자손에게 너희가 나를 혼돈 중에서 찾으라고 이르지 아니하였노라 나 여호와
는 의를 말하고 정직한 것을 알리느니라

구원을 베푸시는 분은 하나님

20 열방 중에서 피난한 자들아 너희는 모여 오라 함께 가까이 나아오라 나무 우상을 가지고 다니며 구원하지 못
하는 신에게 기도하는 자들은 무지한 자들이니라 21 너희는 알리며 진술하고 또 함께 의논하여 보라 이 일을 옛
부터 듣게 한 자가 누구냐 이전부터 그것을 알게 한 자가 누구냐 나 여호와가 아니냐 나 외에 다른 신이 없나니
나는 공의를 행하며 구원을 베푸는 하나님이라 나 외에 다른 이가 없느니라 22 땅의 모든 끝이여 내게로 돌이켜
구원을 받으라 나는 하나님이라 다른 이가 없느니라 23 내가 나를 두고 맹세하기를 내 입에서 공의로운 말이 나
갔은즉 돌아오지 아니하나니 내게 모든 무릎이 꿇겠고 모든 혀가 맹세하리라 하였노라 24 내게 대한 어떤 자의
말에 공의와 힘은 여호와께만 있나니 사람들이 그에게로 나아갈 것이라 무릇 그에게 노하는 자는 부끄러움을
당하리라 그러나 25 이스라엘 자손은 다 여호와로 말미암아 의롭다 함을 얻고 자랑하리라 하느니라

이사야 46장

1 벨은 엎드러졌고 느보는 구부러졌도다 그들의 우상들은 짐승과
가축에게 실렸으니 너희가 떠메고 다니
던 그것들이 피곤한 짐승의 무거운 짐이
되었도다 2 그들은 구부러졌고 그들은
일제히 엎드러졌으므로 그 짐을 구하여
내지 못하고 자기들도 잡혀 갔느니라 3 야곱의 집이여 이스라엘 집에 남
은 모든 자여 내게 들을지어다 배에서 태어남으로부터 내게 안겼고 태에
서 남으로부터 내게 업힌 너희여 4 너희가 노년에 이르기까지 내가 그리하
겠고 백발이 되기까지 내가 너희를 품을 것이라 내가 지었은즉 내가 업을
것이요 내가 품고 구하여 내리라 5 너희가 나를 누구에게 비기며 누구와
짝하며 누구와 비교하여 서로 같다 하겠느냐 6 사람들이 주머니에서 금을
쏟아 내며 은을 저울에 달아 도금장이에게 주고 그것으로 신을 만들게 하
고 그것에게 엎드려 경배하며 7 그것을 들어 어깨에 메어다가 그의 처소에
두면 그것이 서 있고 거기에서 능히 움직이지 못하며 그에게 부르짖어도
능히 응답하지 못하며 고난에서 구하여 내지도 못하느니라 8 너희 패역한
자들아 이 일을 기억하고 장부가 되라 이 일을 마음에 두라 9 너희는 옛적

사 46:1 벨은 바벨론 신이고, 느보는 애굽 신을 말한다.

사 46:1 느보신상

일을 기억하라 나는 하나님이라 나 외에 다른 이가 없느니라 나는 하나님이라 나 같은 이가 없느니라 10 내가 시
초부터 종말을 알리며 아직 이루지 아니한 일을 옛적부터 보이고 이르기를 나의 뜻이 설 것이니 내가 나의 모든
기뻐하는 것을 이루리라 하였노라 11 내가 동쪽에서 사나운 날짐승을 부르며 먼 나라에서 나의 뜻을 이룰 사람
을 부를 것이라 내가 말하였은즉 반드시 이룰 것이요 계획하였은즉 반드시 시행하리라 12 마음이 완악하여 공의
에서 멀리 떠난 너희여 내게 들으라 13 내가 나의 공의를 가깝게 할 것인즉 그것이 멀지 아니하나니 나의 구원이
지체하지 아니할 것이라 내가 나의 영광인 이스라엘을 위하여 구원을 시온에 베풀리라

이사야 47장

바벨론 심판

1 처녀 딸 바벨론이여 내려와서 티끌에 앉으라 딸 갈대아여 보좌가 없어졌으니 땅에 앉으라 네가 다시는 곱고
아리땁다 일컬음을 받지 못할 것임이라 2 맷돌을 가지고 가루를 갈고 너울을 벗으며 치마를 걷어 다리를 드러내
고 강을 건너라 3 네 속살이 드러나고 네 부끄러운 것이 보일 것이라 내가
보복하되 사람을 아끼지 아니하리라 4 우리의 구원자는 그의 이름이 만
군의 여호와 이스라엘의 거룩한 이시니라 5 딸 갈대아여 잠잠히 앉으라 흑암으로 들어가라 네가 다시는 여러 왕
국의 여주인이라 일컬음을 받지 못하리라 6 전에 내가 내 백성에게 노하여 내 기업을 욕되게 하여 그들을 네 손
에 넘겨 주었거늘 네가 그들을 긍휼히 여기지 아니하고 늙은이에게 네 멍에를 심히 무겁게 메우며 7 말하기를 내
가 영영히 여주인이 되리라 하고 이 일을 네 마음에 두지도 아니하며 그들의 종말도 생각하지 아니하였도다 8 그
러므로 사치하고 평안히 지내며 마음에 이르기를 나뿐이라 나 외에 다른 이가 없도다 나는 과부로 지내지도 아
니하며 자녀를 잃어버리는 일도 모르리라 하는 자여 너는 이제 들을지어다 9 한 날에 갑자기 자녀를 잃으며 과부
가 되는 이 두 가지 일이 네게 임할 것이라 네가 무수한 주술과 많은 주문을 빌릴지라도 이 일이 온전히 네게 임
하리라 10 네가 네 악을 의지하고 스스로 이르기를 나를 보는 자가 없다 하나니 네 지혜와 네 지식이 너를 유혹
하였음이라 네 마음에 이르기를 나뿐이라 나 외에 다른 이가 없다 하였으므로 11 재앙이 네게 임하리라 그러나
네가 그 근원을 알지 못할 것이며 손해가 네게 이르리라 그러나 이를 물리칠 능력이 없을 것이며 파멸이 홀연히
네게 임하리라 그러나 네가 알지 못할 것이니라 12 이제 너는 젊어서부터 힘쓰던 주문과
많은 주술을 가지고 맞서 보라 혹시 유익을 얻을 수 있을는지, 혹시 놀라게 할 수 있을는
지, 13 네가 많은 계략으로 말미암아 피곤하게 되었도다 하늘을 살피는 자와 별을 보는
자와 초하룻날에 예고하는 자들에게 일어나 네게 임할 그 일에서 너를 구원하게 하여 보
라 14 보라 그들은 초개 같아서 불에 타리니 그 불꽃의 세력에서 스스로 구원하지 못할
것이라 이 불은 덥게 할 숯불이 아니요 그 앞에 앉을 만한 불도 아니니라 15 네가 같이
힘쓰던 자들이 네게 이같이 되리니 어려서부터 너와 함께 장사하던 자들이 각기 제 길로
흩어지고 너를 구원할 자가 없으리라

❖ 이 부분은 렘 50~52장과 요한계시록 18장에서도 언급한다.

55일~60일

이사야 48장

하나님께서 새 일을 약속하시다

1 야곱의 집이여 이를 들을지어다 너희는 이스라엘의 이름으로 일컬음을
받으며 유다의 허리에서 나왔으며 여호와의 이름으로 맹세하며 이스라
엘의 하나님을 기념하면서도 진실이 없고 공의가 없도다 2 그들은 거룩
한 성 출신이라고 스스로 부르며 이스라엘의 하나님을 의지한다 하며 그
의 이름이 만군의 여호와라고 하나 3 내가 예로부터 처음 일들을 알게 하
였고 내 입에서 그것들이 나갔으며 또 내가 그것들을 듣게 하였고 내가

홀연히 행하여 그 일들이 이루어졌느니라 4 내가 알거니와 너는 완고하며 네 목은 쇠의 힘줄이요 네 이마는 놋이
라 5 그러므로 내가 이 일을 예로부터 네게 알게 하였고 일이 이루어지기 전에 그것을 네게 듣게 하였느니라 그것
을 네가 듣게 하여 네가 이것을 내 신이 행한 바요 내가 새긴 신상과 부어 만든 신상이 명령한 바라 말하지 못하
게 하였느니라 6 네가 들었으니 이 모든 것을 보라 너희가 선전하지 아니하겠느냐 이제부터 내가 새 일 곧 네가
알지 못하던 은비한 일을 네게 듣게 하노니 7 이 일들은 지금 창조된 것이요 옛 것이 아니라 오늘 이전에는 네가
듣지 못하였으니 이는 네가 말하기를 내가 이미 알았노라 하지 못하게 하려 함이라 8 네가 과연 듣지도 못하였고
알지도 못하였으며 네 귀가 옛적부터 열리지 못하였나니 이는 네가 정녕 배신하여 모태에서부터 네가 배역한 자
라 불린 줄을 내가 알았음이라 9 내 이름을 위하여 내가 노하기를 더디 할 것이며 내 영광을 위하여 내가 참고 너
를 멸절하지 아니하리라 10 보라 내가 너를 연단하였으나 은처럼 하지 아니하고 너를 고난의 풀무 불에서 택하였
노라 11 나는 나를 위하며 나를 위하여 이를 이룰 것이라 어찌 내 이름을 욕되게 하리요 내 영광을 다른 자에게
주지 아니하리라

처음이요 마지막이신 분

12 야곱아 내가 부른 이스라엘아 내게 들으라 나는 그니 나는 처음이요 또 나는 마지막이라 13 과연 내 손이 땅의
기초를 정하였고 내 오른손이 하늘을 폈나니 내가 그들을 부르면 그것들이 일제히 서느니라 14 너희는 다 모여
들으라 나 여호와가 사랑하는 자는 나의 기뻐하는 뜻을 바벨론에 행하리니 그의 팔이 갈대아인에게 임할 것이
라 그들 중에 누가 이 일들을 알게 하였느냐 15 나 곧 내가 말하였고 또 내가 그를 부르며 그를 인도하였나니 그
길이 형통하리라 16 너희는 내게 가까이 나아와 이것을 들으라 내가 처음부터 비밀히 말하지 아니하였나니 그것
이 있을 때부터 내가 거기에 있었노라 하셨느니라 이제는 주 여호와께서 나와 그의 영을 보내셨느니라 17 <백성
을 인도하시는 하나님> 너희의 구속자시요 이스라엘의 거룩하신 이이신 여호와께서 이르시되 나는 네게 유익하
도록 가르치고 너를 마땅히 행할 길로 인도하는 네 하나님 여호와라 18 네가 나의 명령에 주의하였더라면 네 평
강이 강과 같았겠고 네 공의가 바다 물결 같았을 것이며 19 네 자손이 모래 같았겠고 네 몸의 소생이 모래 알 같
아서 그의 이름이 내 앞에서 끊어지지 아니하였겠고 없어지지 아니하였으리라 하셨느니라 20 너희는 바벨론에서
나와서 갈대아인을 피하고 즐거운 소리로 이를 알게 하여 들려 주며 땅 끝까지 반포하여 이르기를 여호와께서
그의 종 야곱을 구속하셨다 하라 21 여호와께서 그들을 사막으로 통과하게 하시던 때에 그들이 목마르지 아니
하게 하시되 그들을 위하여 바위에서 물이 흘러나게 하시며 바위를 쪼개사 물이 솟아나게 하셨느니라 22 여호와
께서 말씀하시되 악인에게는 평강이 없다 하셨느니라

55일~60일

이사야 49장

이방의 빛 이스라엘

1 섬들아 내게 들으라 먼 곳 백성들아 귀를 기울이라 여호와께서 태에서
부터 나를 부르셨고 내 어머니의 복중에서부터 내 이름을 기억하셨으며
2 내 입을 날카로운 칼 같이 만드시고 나를 그의 손 그늘에 숨기시며 나
를 갈고 닦은 화살로 만드사 그의 화살통에 감추시고 3 내게 이르시되 너
는 나의 종이요 내 영광을 네 속에 나타낼 이스라엘이라 하셨느니라 4 그
러나 나는 말하기를 내가 헛되이 수고하였으며 무익하게 공연히 내 힘을
다하였다 하였도다 참으로 나에 대한 판단이 여호와께 있고 나의 보응이
나의 하나님께 있느니라 5 이제 여호와께서 말씀하시나니 그는 태에서부
터 나를 그의 종으로 지으신 이시요 야곱을 그에게로 돌아오게 하시는 이
시니 이스라엘이 그에게로 모이는도다 그러므로 내가 여호와 보시기에
영화롭게 되었으며 나의 하나님은 나의 힘이 되셨도다 6 그가 이르시되

사 49:1-7
제 2의 종의 노래에 소개된 메시아

1	이미 복중에서 하나님의 부르심을 받은 자(1절)
2	그 입이 날카로운 칼 같은 자(2절)
3	갈고 닦은 화살을 화살통에 감춘 자(2절)
4	하나님의 영광을 나타낼 자(3절)
5	하나님 앞에 겸손한 자(4절)
6	여호와 보시기에 존귀한 자(5절)
7	선민을 여호와께로 돌아오게 할 자(5, 6절)
8	이방의 빛된 자(6절)
9	땅 끝까지 구원을 베풀 자(6절)
10	사람에게 멸시를 당하는 자(7절)
11	백성에게 미움을 받는 자(7절)
12	관원들에게 종이 된 자(7절)
13	열왕과 방백들의 경배를 받을 자(7절)

네가 나의 종이 되어 야곱의 지파들을 일으키며 이스라엘 중에 보전된 자
를 돌아오게 할 것은 매우 쉬운 일이라 내가 또 너를 이방의 빛으로 삼아
나의 구원을 베풀어서 땅 끝까지 이르게 하리라 7 이스라엘의 구속자 이
스라엘의 거룩한 이이신 여호와께서 사람에게 멸시를 당하는 자, 백성에
게 미움을 받는 자, 관원들에게 종이 된 자에게 이같이 이르시되 왕들이
보고 일어서며 고관들이 경배하리니 이는 이스라엘의 거룩하신 이 신실하
신 여호와 그가 너를 택하였음이니라

예루살렘의 회복

8 여호와께서 이같이 이르시되 은혜의 때에 내가 네게 응답하였고 구원
의 날에 내가 너를 도왔도다 내가 장차 너를 보호하여 너를 백성의 언약
으로 삼으며 나라를 일으켜 그들에게 그 황무하였던 땅을 기업으로 상속
하게 하리라 9 내가 잡혀 있는 자에게 이르기를 나오라 하며 흑암에 있는
자에게 나타나라 하리라 그들이 길에서 먹겠고 모든 헐벗은 산에도 그들
의 풀밭이 있을 것인즉 10 그들이 주리거나 목마르지 아니할 것이며 더위
와 볕이 그들을 상하지 아니하리니 이는 그들을 긍휼히 여기는 이가 그들
을 이끌되 샘물 근원으로 인도할 것임이라 11 내가 나의 모든 산을 길로
삼고 나의 대로를 돋우리니 12 어떤 사람은 먼 곳에서, 어떤 사람은 북쪽
과 서쪽에서, 어떤 사람은 시님 땅에서 오리라 13 하늘이여 노래하라 땅이
여 기뻐하라 산들이여 즐거이 노래하라 여호와께서 그의 백성을 위로하
셨은즉 그의 고난 당한 자를 긍휼히 여기실 것임이라 14 오직 시온이 이르
기를 여호와께서 나를 버리시며 주께서 나를 잊으셨다 하였거니와 15 여
인이 어찌 그 젖 먹는 자식을 잊겠으며 자기 태에서 난 아들을 긍휼히 여
기지 않겠느냐 그들은 혹시 잊을지라도 나는 너를 잊지 아니할 것이라 16
내가 너를 내 손바닥에 새겼고 너의 성벽이 항상 내 앞에 있나니 17 네 자
녀들은 빨리 걸으며 너를 헐며 너를 황폐하게 하던 자들은 너를 떠나가리
라 18 네 눈을 들어 사방을 보라 그들이 다 모여 네게로 오느니라 나 여호
와가 이르노라 내가 나의 삶으로 맹세하노니 네가 반드시 그 모든 무리
를 장식처럼 몸에 차며 그것을 띠기를 신부처럼 할 것이라 19 이는 네 황
폐하고 적막한 곳들과 네 파멸을 당하였던 땅이 이제는 주민이 많아 좁게
될 것이며 너를 삼켰던 자들이 멀리 떠날 것이니라 20 자식을 잃었을 때에
낳은 자녀가 후일에 네 귀에 말하기를 이곳이 내게 좁으니 넓혀서 내가
거주하게 하라 하리니 21 그 때에 네가 네 마음에 이르기를 누가 나를 위
하여 이들을 낳았는고 나는 자녀를 잃고 외로워졌으며 사로잡혀 유리하
였거늘 이들을 누가 양육하였는고 나는 홀로 남았거늘 이들은 어디서 생
겼는고 하리라 22 주 여호와가 이같이 이르노라 내가 뭇 나라를 향하여 나
의 손을 들고 민족들을 향하여 나의 기치를 세울 것이라 그들이 네 아들
들을 품에 안고 네 딸들을 어깨에 메고 올 것이며 23 왕들은 네 양부가 되며 왕비들은 네 유모가 될 것이며 그들
이 얼굴을 땅에 대고 네게 절하고 네 발의 티끌을 핥을 것이니 네가 나를 여호와인 줄을 알리라 나를 바라는 자
는 수치를 당하지 아니하리라 24 용사가 빼앗은 것을 어떻게 도로 빼앗으며 승리자에게 사로잡힌 자를 어떻게
건져낼 수 있으랴 25 여호와가 이같이 말하노라 용사의 포로도 빼앗을 것이요 두려운 자의 빼앗은 것도 건져낼

사 49~55장 "여호와의 종"의 노래

이 49장~55장의 부분은 하나님의 종의 개념을 보여 주고 있다.

성경에 여호와 종의 개념은 3가지로 볼 수 있다. 이 부분에서 말하는 이스라엘 나라는 여호와의 종이다. 출애굽기 19장의 시내 산 언약에서 '제사장 나라'라는 것은 하나님 나라를 이루는 사역을 감당하는 종이라는 말이다. 구약에서의 여호와의 종은 바로 이스라엘을 가리킨다. 그들은 고난 가운데서도 하나님의 뜻을 이루는 자들로 선택된 자들이다.

☞ 사 48:10 보라 내가 너를 연단하였으나 은처럼 하지 아니하고 너를 고난의 풀무불에서 택하였노라

그 종의 사명과 신분이 신약에 와서는 예수 그리스도에게로 이전됨을 알 수 있다. 예수님은 몸소 당하신 고난을 통하여 우리가 그 고난을 이길 길을 열어 주셨다.

☞ 히 2:18 그가 시험을 받아 고난을 당하셨은즉 시험 받는 자들을 능히 도우실 수 있느니라

그리고 그 고난의 종의 개념은 예수님의 제자인 우리에게로 이전된다. 장래에 누릴 영광을 위하여 오늘 하나님의 나라를 우리의 삶 가운데 이루는 고난을 이기는 것이다.

☞ 롬 8:17-18 자녀이면 또한 상속자 곧 하나님의 상속자요 그리스도와 함께 한 상속자니 우리가 그와 함께 영광을 받기 위하여 고난도 함께 받아야 할 것이니라 생각하건대 현재의 고난은 장차 우리에게 나타날 영광과 비교할 수 없도다

이사야서의 고난의 종은 그리스도에 대한 예언을 미리 보여 주는 것이다. 이사야서에는 장차 오실 메시아를 '여호와의 종'으로 묘사하여 노래한 영감 어린 4개의 시가 있다.

- 제1노래는 이사야 42:1-9
- 제2노래는 이사야 49:1-7
- 제3노래는 이사야 50:4-11
- 제4노래는 이사야 52:13~53:12

하나님의 종 '이스라엘'이 임무에 실패하자, 하나님은 또 다른 종 '메시아(Messiah)'를 보내 주기로 약속하셨다. 그 메시아이신 예수님은 종의 삶을 통해 우리를 구원하셨다.

"종의 노래"는 메시아의 사역과 아름다움을 드러내는 노래이지만, 또한 우리가 어떠해야 하는지를 보여 주는 노래이기도 하다. 우리 또한 오늘날 하나님의 종으로서 지친 이들에게 힘을 주고 구원을 전하는 자들이 되어야 한다.

것이니 이는 내가 너를 대적하는 자를 대적하고 네 자녀를 내가 구원할
것임이라 [26] 내가 너를 억압하는 자들에게 자기의 살을 먹게 하며 새 술에
취함 같이 자기의 피에 취하게 하리니 모든 육체가 나 여호와는 네 구원
자요 네 구속자요 야곱의 전능자인 줄 알리라

이사야 50장

[1] 나 여호와가 이같이 말하노라 내가 너희의 어미를 내보낸 이혼 증서가
어디 있느냐 내가 어느 채주에게 너희를 팔았느냐 보라 너희는 너희의 죄
악으로 말미암아 팔렸고 너희의 어미는 너희의 배역함으로 말미암아 내
보냄을 받았느니라 [2] 내가 왔어도 사람이 없었으며 내가 불러도 대답하는
자가 없었음은 어찌 됨이냐 내 손이 어찌 짧아 구속하지 못하겠느냐 내
게 어찌 건질 능력이 없겠느냐 보라 내가 꾸짖어 바다를 마르게 하며 강
들을 사막이 되게 하며 물이 없어졌으므로 그 물고기들이 악취를 내며 갈
하여 죽으리라 [3] 내가 흑암으로 하늘을 입히며 굵은 베로 덮느니라

주를 거역하지 아니하다

[4] 주 여호와께서 학자들의 혀를 내게 주사 나로 곤고한 자를 말로 어떻게
도와 줄 줄을 알게 하시고 아침마다 깨우치시되 나의 귀를 깨우치사 학
자들 같이 알아듣게 하시도다 [5] 주 여호와께서 나의 귀를 여셨으므로 내
가 거역하지도 아니하며 뒤로 물러가지도 아니하며 [6] 나를 때리는 자들에
게 내 등을 맡기며 나의 수염을 뽑는 자들에게 나의 뺨을 맡기며 모욕과
침 뱉음을 당하여도 내 얼굴을 가리지 아니하였느니라 [7] 주 여호와께서
나를 도우시므로 내가 부끄러워하지 아니하고 내 얼굴을 부싯돌 같이 굳
게 하였으므로 내가 수치를 당하지 아니할 줄 아노라 [8] 나를 의롭다 하시
는 이가 가까이 계시니 나와 다툴 자가 누구냐 나와 함께 설지어다 나의
대적이 누구냐 내게 가까이 나아올지어다 [9] 보라 주 여호와께서 나를 도
우시리니 나를 정죄할 자 누구냐 보라 그들은 다 옷과 같이 해어지며 좀
이 그들을 먹으리라 [10] 너희 중에 여호와를 경외하며 그의 종의 목소리를
청종하는 자가 누구냐 흑암 중에 행하여 빛이 없는 자라도 여호와의 이름
을 의뢰하며 자기 하나님께 의지할지어다 [11] 보라 불을 피우고 횃불을 둘
러 띤 자여 너희가 다 너희의 불꽃 가운데로 걸어가며 너희가 피운 횃불
가운데로 걸어갈지어다 너희가 내 손에서 얻을 것이 이것이라 너희가 고통이 있는 곳에 누우리라

사 49:13-16 결코 우리를 잊지 않으시는 하나님

하나님께서 우리를 절대 잊지 않고 사랑으로 보살펴 주실 것이라는 많은 성경의 약속들 가운데서 이보다 더 가슴에 파고드는 강렬한 비유는 없을 것이다. 그것이 바로 임마누엘의 신앙이다. 여기 비유처럼 "여인이 어찌 그 젖 먹는 자식을 잊겠으며 자기 태에서 난 아들을 긍휼히 여기지 않겠느냐? 그들은 혹시 잊을지라도 나는 너를 잊지 아니할 것이라."

비록 우리가 하나님을 자주 잊어버린다고 할지라도, 죄악의 길에 빠져 허우적댄다 할지라도 하나님은 결코 우리를 잊지 않으신다. 심지어 잊지 않기 위해 우리의 이름을 손바닥에 기록하실 정도이다! 사실 하나님께서 우리와 더욱 가까이 계시는 때는 우리가 곤고한 날을 살아갈 때이다. 기억하시라! 예루살렘의 허물어진 성벽에 관해 알고 계시는 것처럼, 하나님은 우리를 기억하고 우리가 필요로 하는 모든 것을 아신다는 사실을...

사 50:4-9
제 3의 종의 노래 - 그 고난의 예언과 성취

1	곤핍한 자를 도와 그 짐을 대신 짐 (4절, 마 11:28)
2	하나님의 뜻을 거역하지 않고 순복함 (5절, 마 26:39)
3	자신을 때리는 자들에게 잠잠함 (6절, 막 14:65)
4	갖은 수욕과 침 뱉음을 당함 (6절, 마 26:67)
5	고난 중에도 주어진 임무를 끝내 완수함 (7절, 요 19:30)
6	고난을 받으셨으되 죄는 전혀 짓지 않으심(8절, 히 4:15)
7	하나님의 도우심으로 최후 승리를 획득하심(9절, 빌 2:8-11)

이사야 51장

위로의 말씀

[1] 의를 따르며 여호와를 찾아 구하는 너희는 내게 들을지어다 너희를 떠
낸 반석과 너희를 파낸 우묵한 구덩이를 생각하여 보라 [2] 너희의 조상
아브라함과 너희를 낳은 사라를 생각하여 보라 아브라함이 혼자 있을
때에 내가 그를 부르고 그에게 복을 주어 창성하게 하였느니라 [3] 나 여호와가 시온의 모든 황폐한 곳들을 위로
하여 그 사막을 에덴 같게, 그 광야를 여호와의 동산 같게 하였나니 그 가운데에 기뻐함과 즐거워함과 감사함
과 창화하는 소리가 있으리라 [4] 내 백성이여 내게 주의하라 내 나라여 내게 귀를 기울이라 이는 율법이 내게서

사 51:1, 7
학습 자료 55-5 "의와 불의에 대한 성경의 여러 관점" 참조

부터 나갈 것임이라 내가 내 공의를 만민의 빛으로 세우리라 5 내 공의가 가깝고 내 구원이 나갔은즉 내 팔이
만민을 심판하리니 섬들이 나를 앙망하여 내 팔에 의지하리라 6 너희는 하늘로 눈을 들며 그 아래의 땅을 살피
라 하늘이 연기 같이 사라지고 땅이 옷 같이 해어지며 거기에 사는 자들이 하루살이 같이 죽으려니와 나의 구
원은 영원히 있고 나의 공의는 폐하여지지 아니하리라 7 의를 아는 자들아, 마음에 내 율법이 있는 백성들아,
너희는 내게 듣고 그들의 비방을 두려워하지 말라 그들의 비방에 놀라지 말라 8 옷 같이 좀이 그들을 먹을 것이
며 양털 같이 좀벌레가 그들을 먹을 것이나 나의 공의는 영원히 있겠고 나의 구원은 세세에 미치리라 9 여호와
의 팔이여 깨소서 깨소서 능력을 베푸소서 옛날 옛시대에 깨신 것 같이 하소서 라합을 저미시고 용을 찌르신
이가 어찌 주가 아니시며 10 바다를, 넓고 깊은 물을 말리시고 바다 깊은 곳에 길을 내어 구속 받은 자들을 건너
게 하신 이가 어찌 주가 아니시니이까 11 여호와께 구속 받은 자들이 돌아와 노래하며 시온으로 돌아오니 영원
한 기쁨이 그들의 머리 위에 있고 슬픔과 탄식이 달아나리이다 12 이르시되 너희를 위로하는 자는 나 곧 나이니
라 너는 어떠한 자이기에 죽을 사람을 두려워하며 풀 같이 될 사람의 아들을 두려워하느냐 13 하늘을 펴고 땅
의 기초를 정하고 너를 지은 자 여호와를 어찌하여 잊어버렸느냐 너를 멸하려고 준비하는 저 학대자의 분노를
어찌하여 항상 종일 두려워하느냐 학대자의 분노가 어디 있느냐 14 결박된 포로가 속히 놓일 것이니 죽지도 아
니할 것이요 구덩이로 내려가지도 아니할 것이며 그의 양식이 부족하지도 아니하리라 15 나는 네 하나님 여호
와라 바다를 휘저어서 그 물결을 뒤흔들게 하는 자이니 그의 이름은 만군의 여호와니라 16 내가 내 말을 네 입
에 두고 내 손 그늘로 너를 덮었나니 이는 내가 하늘을 펴며 땅의 기초를 정하며 시온에게 이르기를 너는 내 백
성이라 말하기 위함이니라

비틀걸음 치게 하는 잔을 거두리라

17 여호와의 손에서 그의 분노의 잔을 마신 예루살렘이여 깰지어다 깰지어다 일어설지어다 네가 이미 비틀걸음
치게 하는 큰 잔을 마셔 다 비웠도다 18 네가 낳은 모든 아들 중에 너를 인도할 자가 없고 네가 양육한 모든 아들
중에 그 손으로 너를 이끌 자도 없도다 19 이 두 가지 일이 네게 닥쳤으니 누가 너를 위하여 슬퍼하랴 곧 황폐와
멸망이요 기근과 칼이라 누가 너를 위로하랴 20 네 아들들이 곤비하여 그물에 걸린 영양 같이 온 거리 모퉁이에
누웠으니 그들에게 여호와의 분노와 네 하나님의 견책이 가득하도다 21 그러므로 너 곤고하며 포도주가 아니라
도 취한 자여 이 말을 들으라 22 네 주 여호와, 그의 백성의 억울함을 풀어 주시는 네 하나님이 이같이 말씀하시
되 보라 내가 비틀걸음 치게 하는 잔 곧 나의 분노의 큰 잔을 네 손에서 거두어서 네가 다시는 마시지 못하게 하
고 23 그 잔을 너를 괴롭게 하던 자들의 손에 두리라 그들은 일찍이 네게 이르기를 엎드리라 우리가 넘어가리라
하던 자들이라 너를 넘어가려는 그들에게 네가 네 허리를 땅과 같게, 길거리와 같게 하였느니라 하시니라

이사야 52장

여호와께서 예루살렘을 구속하시다

1 시온이여 깰지어다 깰지어다 네 힘을 낼지어다 거룩한 성 예루살렘이여
네 아름다운 옷을 입을지어다 이제부터 할례 받지 아니한 자와 부정한 자
가 다시는 네게로 들어옴이 없을 것임이라 2 너는 티끌을 털어 버릴지어다
예루살렘이여 일어나 앉을지어다 사로잡힌 딸 시온이여 네 목의 줄을 스
스로 풀지어다 3 여호와께서 이와 같이 말씀하시되 너희가 값 없이 팔렸
으니 돈 없이 속량되리라 4 주 여호와께서 이와 같이 말씀하시되 내 백성
이 전에 애굽에 내려가서 거기에 거류하였고 앗수르인은 공연히 그들을
압박하였도다 5 그러므로 이제 여호와께서 말씀하시되 내 백성이 까닭 없
이 잡혀갔으니 내가 여기서 어떻게 하랴 여호와께서 말씀하시되 그들을 관할하는 자들이 떠들며 내 이름을 항
상 종일토록 더럽히도다 6 그러므로 내 백성은 내 이름을 알리라 그러므로 그 날에는 그들이 이 말을 하는 자가

회개와 감사의 마음으로 이사야 52~ 55장을 읽자!

이사야 53장은 가장 감동적인 장이며 가장 많이 읽히는 장이다. 우리의 죄를 위하여 고난받으시는 예수님의 모습이 가장 현장감 있게 묘사되어 있다. 52장, 53장에서 고난받는 여호와의 종 예수님의 모습은 이사야가 마치 십자가 밑에서 목격한 것처럼 생생하게 그리고 있다. 이 본문은 그래서 예수님의 발아래 엎드려 그분의 고난에 동참하는 마음으로 회개와 감사로 읽어야 한다. 또한 54장, 55장에서 하나님의 백성을 회복하시는 하나님 나라의 개념을 읽을 수 있다.

나인 줄을 알리라 내가 여기 있느니라 7 좋은 소식을 전하며 평화를 공포하며 복된
좋은 소식을 가져오며 구원을 공포하며 시온을 향하여 이르기를 네 하나님이 통치
하신다 하는 자의 산을 넘는 발이 어찌 그리 아름다운가 8 네 파수꾼들의 소리로다 그
들이 소리를 높여 일제히 노래하니 이는 여호와께서 시온으로 돌아오실 때에 그들의 눈
이 마주 보리로다 9 너 예루살렘의 황폐한 곳들아 기쁜 소리를 내어 함께 노래할지어다 이는 여
호와께서 그의 백성을 위로하셨고 예루살렘을 구속하셨음이라 10 여호와께서 열방의 목전에서 그의
거룩한 팔을 나타내셨으므로 땅 끝까지도 모두 우리 하나님의 구원을 보았도다 11 너희는 떠날지어다 떠날지어
다 거기서 나오고 부정한 것을 만지지 말지어다 그 가운데에서 나올지어다 여호와의 기구를 메는 자들이여 스스
로 정결하게 할지어다 12 여호와께서 너희 앞에서 행하시며 이스라엘의 하나님이 너희 뒤에서 호위하시리니 너
희가 황급히 나오지 아니하며 도망하듯 다니지 아니하리라

고난 받는 종

13 보라 내 종이 형통하리니 받들어 높이 들려서 지극히 존귀하게 되리라 14 전에는 그의 모양이 타인보다 상하
였고 그의 모습이 사람들보다 상하였으므로 많은 사람이 그에 대하여 놀랐거니와 15 그가 나라들을 놀라게 할
것이며 왕들은 그로 말미암아 그들의 입을 봉하리니 이는 그들이 아직 그들에게 전파되지 아니한 것을 볼 것이
요 아직 듣지 못한 것을 깨달을 것임이라

이사야 53장

사 53장
학습 자료 55-6 "여호와의 종의 노래" 참조

1 우리가 전한 것을 누가 믿었느냐 여호와의 팔이 누구에게 나타났느냐 2
그는 주 앞에서 자라나기를 연한 순 같고 마른 땅에서 나온 뿌리 같아서 고운 모양도 없고 풍채도 없은즉 우리
가 보기에 흠모할 만한 아름다운 것이 없도다 3 그는 멸시를 받아 사람들에게 버림 받았으며 간고를 많이 겪었
으며 질고를 아는 자라 마치 사람들이 그에게서 얼굴을 가리는 것 같이 멸시를 당하였고 우리도 그를 귀히 여기
지 아니하였도다 4 그는 실로 우리의 질고를 지고 우리의 슬픔을 당하였거늘 우리는 생각하기를 그는 징벌을 받
아 하나님께 맞으며 고난을 당한다 하였노라 5 그가 찔림은 우리의 허물 때문이요 그가 상함은 우리의 죄악 때
문이라 그가 징계를 받으므로 우리는 평화를 누리고 그가 채찍에 맞으므로 우리는 나음을 받았도다 6 우리는
다 양 같아서 그릇 행하여 각기 제 길로 갔거늘 여호와께서는 우리 모두의 죄악을 그에게 담당시키셨도다 7 그
가 곤욕을 당하여 괴로울 때에도 그의 입을 열지 아니하였음이여 마치 도수장으로 끌려 가는 어린 양과 털 깎는
자 앞에서 잠잠한 양 같이 그의 입을 열지 아니하였도다 8 그는 곤욕과 심문

을 당하고 끌려 갔으나 그 세대 중에 누가 생각하기를 그가 살아 있는
자들의 땅에서 끊어짐은 마땅히 형벌 받을 내 백성의 허물 때문이라 하
였으리요 9 그는 강포를 행하지 아니하였고 그의 입에 거짓이 없었으나
그의 무덤이 악인들과 함께 있었으며 그가 죽은 후에 부자와 함께 있었
도다 10 여호와께서 그에게 상함을 받게 하시기를 원하사 질고를 당하게
하셨은즉 그의 영혼을 속건제물로 드리기에 이르면 그가 씨를 보게 되며 그의 날은 길 것이요 또 그의 손으로 여
호와께서 기뻐하시는 뜻을 성취하리로다 11 그가 자기 영혼의 수고한 것을 보고 만족하게 여길 것이라 나의 의
로운 종이 자기 지식으로 많은 사람을 의롭게 하며 또 그들의 죄악을 친히 담당하리로다 12 그러므로 내가 그에
게 존귀한 자와 함께 몫을 받게 하며 강한 자와 함께 탈취한 것을 나누게 하리니 이는 그가 자기 영혼을 버려 사
망에 이르게 하며 범죄자 중 하나로 헤아림을 받았음이니라 그러나 그가 많은 사람의 죄를 담당하며 범죄자를
위하여 기도하였느니라

그리스도(메시아)에 관한 예언	살펴보기
■ 그리스도의 신성, 영원성, 전능성, 전지성 등	이사야 9:6-7; 40:12-17
■ 그리스도의 성육신(成肉身)과 인성(人性)	이사야 7:14-15; 9:6
■ 나사렛에서의 유년기와 비천한 출신	이사야 9:1-2; 11:1-2; 53:2
■ 이방 족속에 대한 그리스도의 사역	이사야 9:1-2; 42:1
■ 성령을 충만하게 받으실 그리스도	이사야 11:2; 42:1
■ 그리스도의 이적, 그리스도의 지혜	이사야 35:5-6; 50:4
■ 그리스도의 온유와 긍휼, 복음 전파의 사역	이사야 42:2-3; 61:1-3
■ 그리스도의 수난과 죽음과 장사	이사야 50:5; 52:14; 53:1-12
■ 그리스도의 부활과 승천과 존귀	이사야 52:13
■ 그리스도의 재림과 천년 통치	이사야 9:7; 11:2-9; 60:1-3

이사야 54장

하나님의 영원한 자비

1 잉태하지 못하며 출산하지 못한 너는 노래할지어다 산고를 겪지 못한
너는 외쳐 노래할지어다 이는 홀로 된 여인의 자식이 남편 있는 자의 자식
보다 많음이라 여호와께서 말씀하셨느니라 2 네 장막터를 넓히며 네 처소
의 휘장을 아끼지 말고 널리 펴되 너의 줄을 길게 하며 너의 말뚝을 견고
히 할지어다 3 이는 네가 좌우로 퍼지며 네 자손은 열방을 얻으며 황폐한
성읍들을 사람 살 곳이 되게 할 것임이라 4 두려워하지 말라 네가 수치를
당하지 아니하리라 놀라지 말라 네가 부끄러움을 보지 아니하리라 네가
네 젊었을 때의 수치를 잊겠고 과부 때의 치욕을 다시 기억함이 없으리니
5 이는 너를 지으신 이가 네 남편이시라 그의 이름은 만군의 여호와이시
며 네 구속자는 이스라엘의 거룩한 이시라 그는 온 땅의 하나님이라 일컬
음을 받으실 것이라 6 여호와께서 너를 부르시되 마치 버림을 받아 마음
에 근심하는 아내 곧 어릴 때에 아내가 되었다가 버림을 받은 자에게 함
과 같이 하실 것임이라 네 하나님께서 말씀하셨느니라 7 내가 잠시 너를
버렸으나 큰 긍휼로 너를 모을 것이요 8 내가 넘치는 진노로 내 얼굴을 네
게서 잠시 가렸으나 영원한 자비로 너를 긍휼히 여기리라 네 구속자 여호
와께서 말씀하셨느니라 9 이는 내게 노아의 홍수와 같도다 내가 다시는
노아의 홍수로 땅 위에 범람하지 못하게 하리라 맹세한 것 같이 내가 네
게 노하지 아니하며 너를 책망하지 아니하기로 맹세하였노니 10 산들이
떠나며 언덕들은 옮겨질지라도 나의 자비는 네게서 떠나지 아니하며 나의 화평의 언약은 흔들리지 아니하리라
너를 긍휼히 여기시는 여호와께서 말씀하셨느니라

사 54:1-8
본문에 나타난 이스라엘 회복에 대한 예언
본문에서는 간음함으로 인하여 남편의 분노를 사고 버림받게 되지만 그후 남편이 다시 불러 맞아 들임으로 수치를 씻게 된 여인에 대해 언급하고 있다. 여기서 여인은 이스라엘 민족을, 남편은 이스라엘과 맺은 언약을 성실히 지키시는 여호와 하나님을 가리킨다. 그리고 이 기사는 궁극적으로 신약 교회와도 깊은 관련이 있는 것인 바 이를 도표화 해보면 다음과 같다.

홀로 된 여인이 더 많은 자녀를 갖게 됨
회복되어 돌아온 이스라엘 백성들을 통하여 예루살렘이 더욱 번성하게 될 것임(1절)
그 자손들이 열방을 얻게 됨
영적 이스라엘 곧 교회가 복음 전파와 함께 전 세계로 확장될 것임(3절)
청년 때의 수치, 과부의 치욕이 다시 없음
애굽에서의 포로 생활, 바벨론 포로기와 같은 수치가 다시 없을 것임(4절)
근심 중에 남편이 다시 부름
하나님께서 자신을 배반한 그 백성을 조건없이 완전히 용서하실 것임(6절)

미래의 예루살렘

11 너 곤고하며 광풍에 요동하여 안위를 받지 못한 자여 보라 내가 화려한 채색으로 네 돌 사이에 더하며 청옥으로
네 기초를 쌓으며 12 홍보석으로 네 성벽을 지으며 석류석으로 네 성문을 만들고 네 지경을 다 보석으로 꾸밀 것이
며 13 네 모든 자녀는 여호와의 교훈을 받을 것이니 네 자녀에게는 큰 평안이 있을 것이며 14 너는 공의로 설 것이며
학대가 네게서 멀어질 것인즉 네가 두려워하지 아니할 것이며 공포도 네게 가까이하지 못할 것이라 15 보라 그들이
분쟁을 일으킬지라도 나로 말미암지 아니한 것이니 누구든지 너와 분쟁을 일으키는 자는 너로 말미암아 패망하리
라 16 보라 숯불을 불어서 자기가 쓸 만한 연장을 제조하는 장인도 내가 창조하였고 파괴하며 진멸하는 자도 내가
창조하였은즉 17 너를 치려고 제조된 모든 연장이 쓸모가 없을 것이라 일어나 너를 대적하여 송사하는 모든 혀는
네게 정죄를 당하리니 이는 여호와의 종들의 기업이요 이는 그들이 내게서 얻은 공의니라 여호와의 말씀이니라

55일~60일

이사야 55장

하나님의 긍휼

1 오호라 너희 모든 목마른 자들아 물로 나아오라 돈 없는 자도 오라 너희는 와서 사 먹되 돈 없이, 값 없이 와서
포도주와 젖을 사라 2 너희가 어찌하여 양식이 아닌 것을 위하여 은을 달아 주며 배부르게 하지 못할 것을 위하여
수고하느냐 내게 듣고 들을지어다 그리하면 너희가 좋은 것을 먹을 것이며 너희 자신들이 기름진 것으로 즐거움
을 얻으리라 3 너희는 귀를 기울이고 내게로 나아와 들으라 그리하면 너희의 영혼이 살리라 내가 너희를 위하여
영원한 언약을 맺으리니 곧 다윗에게 허락한 확실한 은혜이니라 4 보라 내가 그를 만민에게 증인으로 세웠고 만
민의 인도자와 명령자로 삼았나니 5 보라 네가 알지 못하는 나라를 네가 부를 것이며 너를 알지 못하는 나라가 네
게로 달려올 것은 여호와 네 하나님 곧 이스라엘의 거룩하신 이로 말미암
음이니라 이는 그가 너를 영화롭게 하였느니라 6 너희는 여호와를 만날 만
한 때에 찾으라 가까이 계실 때에 그를 부르라 7 악인은 그의 길을, 불의
한 자는 그의 생각을 버리고 여호와께로 돌아오라 그리하면 그가 긍휼히
여기시리라 우리 하나님께로 돌아오라 그가 너그럽게 용서하시리라 8 이
는 내 생각이 너희의 생각과 다르며 내 길은 너희의 길과 다름이니라 여호
와의 말씀이니라 9 이는 하늘이 땅보다 높음 같이 내 길은 너희의 길보다
높으며 내 생각은 너희의 생각보다 높으니라 10 이는 비와 눈이 하늘로부
터 내려서 그리로 되돌아가지 아니하고 땅을 적셔서 소출이 나게 하며 싹
이 나게 하여 파종하는 자에게는 종자를 주며 먹는 자에게는 양식을 줌과
같이 11 내 입에서 나가는 말도 이와 같이 헛되이 내게로 되돌아오지 아니
하고 나의 기뻐하는 뜻을 이루며 내가 보낸 일에 형통하리라 12 너희는 기
쁨으로 나아가며 평안히 인도함을 받을 것이요 산들과 언덕들이 너희 앞
에서 노래를 발하고 들의 모든 나무가 손뼉을 칠 것이며 13 잣나무는 가시나무를 대신하여 나며 화석류는 찔레를
대신하여 날 것이라 이것이 여호와의 기념이 되며 영영한 표징이 되어 끊어지지 아니하리라

> 사 55:6-10 세계관의 전환이 궁극적인 변화임을 분명히 밝히고 있다.
> 사 43:18-21에서 묵상한 대로 우리는 옛 생각을 버리고 새로운 발상의 전환 (Paradigm shift)를 이루어야 한다.
> 이것은 주님의 지상명령이다.
> 고후 10:4-6을 함께 곰곰이 묵상하라.
> ☞ **고후 10:4-6** 우리의 싸우는 무기는 육신에 속한 것이 아니요 오직 어떤 견고한 진도 무너뜨리는 하나님의 능력이라 모든 이론을 무너뜨리며 하나님 아는 것을 대적하여 높아진 것을 다 무너뜨리고 모든 생각을 사로잡아 그리스도에게 복종하게 하니 너희의 복종이 온전하게 될 때에 모든 복종하지 않는 것을 벌하려고 준비하는 중에 있노라

55일차 읽기의 요약
(사 40~55장)

이사야 후반부는 회복의 내용을 예언한다. 이스라엘 백성들은 바벨론 포로에서 해방되어 남은 자들이 다시 고국으로 돌아올 것이다. 세계 역사를 주관하시는 하나님께서 이방 왕 고레스를 통해서 그 뜻을 행하실 것이다. 고레스는 하나님의 뜻에 따라 유다 포로들을 고국으로 돌아가게 칙령을 내리게 될 것이다. 장차 귀환한 유다 포로들은 예루살렘 성을 중건할 것이고 성전의 기초가 다시 놓이게 될 것이다.

하나님은 야곱으로 대표되는 이스라엘뿐만 아니라 땅의 모든 끝과 먼 섬에 사는 이방에게까지 구원의 역사를 이루셔서 여호와가 처음과 마지막이요, 하나님 외에는 다른 구속자가 없음을 온 열방이 알게 하실 것이고 그 분의 영광을 회복하실 것이다.

하나님께서는 예수 그리스도를 통해 그분의 구속 역사를 완성하실 것이다. 이사야서의 '종의 노래'는 장차 오실 메시아의 사역이 어떤 내용인지를 보여 주신다. 하나님의 뜻을 이루기 위해 선택된 이스라엘이 하나님의 사명을 이루는 일에 실패했지만, 하나님은 다른 종 예수 그리스도를 보내실 것이다. 그분은 고난받는 종의 삶을 통해 하나님의 구원 역사를 이루실 것이다. 이사야는 고난받는 '종의 노래'를 통해 예수 그리스도의 사역이 무엇인지 보여 주시고 또한 오늘날 하나님의 종인 우리의 사명이 무엇인지도 알게 하신다.

그러면 어떻게 살 것인가?

인위뚝·신위고!

☑ 세계관 점검 – 묵상하기 (영상 강의와 교재 내용의 이해를 바탕으로)

✎ 사 41:9-10, 사 43:1-7, 사 49:13-16을 깊이 묵상하라. 이 구절에서 우리를 성령으로 인을 치시고 견인하시는 하나님을 만났는가? 하나님은 어떤 모습으로 우리에게 와 계시고, 우리를 어떻게 돕고 계시는가를 살펴보라. 그 하나님이 당신의 하나님인가? 그렇다면 당신의 삶에 대한 염려와 두려움이 왜 있는가?

✎ 사 44:9-20까지는 우상 섬김이 얼마나 허망하고 무익한 것인가를 보여 준다. 그럼에도 이스라엘 백성은 우상을 하나님보다 더 열심히 섬겼다. 왜 그렇다고 생각하는가? 당신은 어떤가?

✎ 사 49:15-16 묵상 - 결코 우리를 잊지 않으시는 하나님

하나님께서 우리를 절대 잊지 않고 사랑으로 보살펴 주실 것이라는 많은 성경의 약속들 가운데서 이보다 더 가슴에 파고드는 강렬한 비유는 없을 것이다. 그것이 바로 임마누엘의 신앙이다. 여기 비유처럼 "여인이 어찌 그 젖 먹는 자식을 잊겠으며 자기 태에서 난 아들을 긍휼히 여기지 않겠느냐? 그들은 혹시 잊을지라도 나는 너를 잊지 아니할 것이라(사 49:15)."

비록 우리가 하나님을 자주 잊어버린다고 할지라도, 죄악의 길에 빠져 허우적댄다고 할지라도 하나님은 결코 우리를 잊지 않으신다. 심지어 잊지 않기 위해 우리의 이름을 손바닥에 기록하실 정도이다!(16절). 요한 계시록에서는 우리의 이마에 성령이 인 치신다는 표현과 같은 맥락이다. 바울은 이것을 성령의 내주라고 표현한다.

내 이름이 하나님의 손바닥에 새겨지고, 하늘의 생명책과 행위 책에 기록되며, 성령이 내주하고 있다는 것을 의식하며 살아가는가?

⇒ 다음 복음송과 시로 하나님의 따스한 등의 체온을 느꼈으면 좋겠다.

55일~60일

일어나 걸어라 최용덕 작사 / 작곡

1) 나의 등 뒤에서 나를 도우시는 주
나의 인생길에서 지치고 곤하여
매일 처럼 주저앉고 싶을 때 나를 밀어주시네!

2) 나의 등 뒤에서 나를 도우시는 주
평안히 길을 갈 때 보이지 않아도
지치고 곤하여 넘어질 때면 다가와 손 내미시네!

3) 나의 등 뒤에서 나를 도우시는 주
때때로 뒤돌아보면 여전히 계신 주
잔잔한 미소로 바라보시며 나를 재촉하시네!

후렴) 일어나 걸어라 내가 새 힘을 주리니
일어나 너 걸어라 내 너를 도우리

해변의 발자국(Footprint)

어느 날 밤 어떤 사람이 꿈을 꾸었습니다.
주님과 함께 해변을 걷고 있는 꿈이었습니다.

하늘 저편에 자기 인생의 장면들이 번쩍이며 비쳤습니다.
한 장면씩 지나갈 때마다 그는 모래 위에 난
두 쌍의 발자국을 보았습니다.

하나는 그의 것이고 다른 하나는 주님의 것이었습니다.

해변의 매우 어지러운 지점에서
그는 모래 위의 발자국을 돌아보았습니다.

그는 자기가 걸어 온 길에 발자국이
한 쌍만 남아 있었음을 알아차렸습니다.

그때가 바로 그의 인생에서는
가장 어렵고 슬픈 시기들이었다는 것도 알게 되었습니다.

그것이 몹시 마음에 걸려 그는 주님께 물었습니다.
"주님, 주님께서는 제가 당신을 따르기로 결심하고 나면
항상 저와 동행하시겠다고 하셨습니다.

그런데 지금 보니 제 삶의 가장 어려운 시기에는
한 쌍의 발자국밖에 없습니다.

제가 주님을 가장 필요로 했던 시기에
주님께서 왜 저를 버리셨는지 모르겠습니다."

주님께서 대답하셨습니다.

"나의 소중하고 소중한 아들아, 딸아,
나는 너를 사랑하기 때문에 너를 버리지 않는다.

네 시련과 고난의 시절에 한쌍의 발자국만 보이는 것은
내가 너를 업고 간 때이기 때문이니라............"

55일~
60일

사 53장은 고난받는 메시아의 모습을 보여 준다. 그것은 우리가 받아야 할 고난을 대신 받으신 것이다. 그 예수님을 깊이 생각하라(Fix your thought on Jesus 히 3:1).

사 55:6-10 묵상
세계관의 전환이 궁극적인 변화임을 분명히 밝히고 있다. 사 43:18-21에서 묵상한 대로 우리는 옛 생각을 버리고 새로운 발상의 전환(Paradigm shift)을 이루어야 한다. 이것은 주님의 지상명령이다.
고후 10:4-6을 함께 곰곰이 묵상하라.

고후 10:4-6 우리의 싸우는 무기는 육신에 속한 것이 아니요 오직 어떤 견고한 진도 무너뜨리는 하나님의 능력이라 모든 이론을 무너뜨리며 하나님 아는 것을 대적하여 높아진 것을 다 무너뜨리고 모든 생각을 사로잡아 그리스도에게 복종하게 하니 너희의 복종이 온전하게 될 때에 모든 복종하지 않는 것을 벌하려고 준비하는 중에 있노라

☑ 6절에 그렇지 못하면 벌한다고 했다. 성경적 세계관을 세우는 것은 절체절명의 지상명령이라는 사실을 다시 한번 가슴에 깊이 새겨라. 그래서 벌이 아닌 복을 넘치도록 누려라!

☑ 결단기도와 실행하기

약 2:26 영혼 없는 몸이 죽은 것 같이 행함이 없는 믿음은 죽은 것이니라
시 119:28 나의 영혼이 눌림으로 말미암아 녹사오니 주의 말씀대로 나를 세우소서

잠언 22:17~24장

잠언 22:17-29

17 너는 귀를 기울여 지혜 있는 자의 말씀을 들으며 내 지식에 마음을 둘
지어다 18 이것을 네 속에 보존하며 네 입술 위에 함께 있게 함이 아름다
우니라 19 내가 네게 여호와를 의뢰하게 하려 하여 이것을 오늘 특별히 네
게 알게 하였노니 20 내가 모략과 지식의 아름다운 것을 너를 위해 기록하
여 21 네가 진리의 확실한 말씀을 깨닫게 하며 또 너를 보내는 자에게 진
리의 말씀으로 회답하게 하려 함이 아니냐 22 약한 자를 그가 약하다고
탈취하지 말며 곤고한 자를 성문에서 압제하지 말라 23 대저 여호와께서
신원하여 주시고 또 그를 노략하는 자의 생명을 빼앗으시리라 24 노를 품
는 자와 사귀지 말며 울분한 자와 동행하지 말지니 25 그의 행위를 본받
아 네 영혼을 올무에 빠뜨릴까 두려움이니라 26 너는 사람과 더불어 손을
잡지 말며 남의 빚에 보증을 서지 말라 27 만일 갚을 것이 네게 없으면 네
누운 침상도 빼앗길 것이라 네가 어찌 그리하겠느냐 28 네 선조가 세운
옛 지계석을 옮기지 말지니라 29 네가 자기의 일에 능숙한 사람을 보았느
냐 이러한 사람은 왕 앞에 설 것이요 천한 자 앞에 서지 아니하리라

잠언 23장

1 네가 관원과 함께 앉아 음식을 먹게 되거든 삼가 네 앞에 있는 자가 누
구인지를 생각하며 2 네가 만일 음식을 탐하는 자이거든 네 목에 칼을 둘
것이니라 3 그의 맛있는 음식을 탐하지 말라 그것은 속이는 음식이니라 4
부자 되기에 애쓰지 말고 네 사사로운 지혜를 버릴지어다 5 네가 어찌 허
무한 것에 주목하겠느냐 정녕히 재물은 스스로 날개를 내어 하늘을 나는
독수리처럼 날아가리라 6 악한 눈이 있는 자의 음식을 먹지 말며 그의 맛
있는 음식을 탐하지 말지어다 7 대저 그 마음의 생각이 어떠하면 그 위인
도 그러한즉 그가 네게 먹고 마시라 할지라도 그의 마음은 너와 함께 하
지 아니함이라 8 네가 조금 먹은 것도 토하겠고 네 아름다운 말도 헛된 데
로 돌아가리라 9 미련한 자의 귀에 말하지 말지니 이는 그가 네 지혜로운
말을 업신여길 것임이니라 10 옛 지계석을 옮기지 말며 고아들의 밭을 침
범하지 말지어다 11 대저 그들의 구속자는 강하시니 그가 너를 대적하여
그들의 원한을 풀어 주시리라 12 훈계에 착심하며 지식의 말씀에 귀를 기
울이라 13 아이를 훈계하지 아니하려고 하지 말라 채찍으로 그를 때릴지
라도 그가 죽지 아니하리라 14 네가 그를 채찍으로 때리면 그의 영혼을
스올에서 구원하리라 15 내 아들아 만일 네 마음이 지혜로우면 나 곧 내
마음이 즐겁겠고 16 만일 네 입술이 정직을 말하면 내 속이 유쾌하리라 17
네 마음으로 죄인의 형통을 부러워하지 말고 항상 여호와를 경외하라 18
정녕히 네 장래가 있겠고 네 소망이 끊어지지 아니하리라 19 내 아들아 너

잠 22:28 하나님이 세우신 것을 허무는 자는 큰 화를 당할 것이다.

☞ **롬 1:22-23** 스스로 지혜 있다 하나 어리석게 되어 썩어지지 아니하는 하나님의 영광을 썩어질 사람과 새와 짐승과 기어다니는 동물 모양의 우상으로 바꾸었느니라

☞ **계 22:18-19** 내가 이 두루마리의 예언의 말씀을 듣는 모든 사람에게 증언하노니 만일 누구든지 이것들 외에 더하면 하나님이 이 두루마리에 기록된 재앙들을 그에게 더하실 것이요 만일 누구든지 이 두루마리의 예언의 말씀에서 제하여 버리면 하나님이 이 두루마리에 기록된 생명나무와 및 거룩한 성에 참여함을 제하여 버리시리라

잠 22:29 자기 일이 아무리 사소하고 보잘것없다고 생각하더라도 전문성을 가지고 달인이 되는 것이 무엇보다 중요하다. 그렇게 지혜와 성실로 임하는 자는 땅에서나 하늘에서 귀하게 높임을 받을 것이다.

☞ **마 24:45-47** 충성되고 지혜 있는 종이 되어 주인에게 그 집 사람들을 맡아 때를 따라 양식을 나눠 줄 자가 누구냐 주인이 올 때에 그 종이 이렇게 하는 것을 보면 그 종이 복이 있으리로다 내가 진실로 너희에게 이르노니 주인이 그의 모든 소유를 그에게 맡기리라

☞ **롬 12:11** 부지런하여 게으르지 말고 열심을 품고 주를 섬기라

잠 23:13-14 진정성 있는 자녀 교육은 필요에 따라 채찍으로 훈육하는 것이 매우 중요하다는 것을 말하고 있다. 특히 한국 사회에서 "하나 낳아 잘 키운다."는 것이 아이를 서포일(spoil)시켜 잘못 키워서 본인과 가정과 사회에 잘못하는 사람으로 성장하게 되는 경우가 너무 많다. 오늘날 한국 사회의 혼란의 여러 이유 중 이 문제가 가장 큰 이유일 것이다. 이 체벌의 권면은 오늘날 유대인의 자녀 양육법의 일부가 되어 있다. 한국 크리스천 부부들은 반드시 귀담아들어야 할 구절이다.

☞ **잠 13:24** 매를 아끼는 자는 그의 자식을 미워함이라 자식을 사랑하는 자는 근실히 징계하느니라

☞ **막 1:12-13** 성령이 곧 예수를 광야로 몰아내신지라 광야에서 사십 일을 계시면서 사탄에게 시험을 받으시며 들짐승과 함께 계시니 천사들이 수종들더라

는 듣고 지혜를 얻어 네 마음을 바른 길로 인도할지니라 20술을 즐겨 하는 자들과 고기를 탐하는 자들과도 더불
어 사귀지 말라 21술 취하고 음식을 탐하는 자는 가난하여질 것이요 잠 자기를 즐겨 하는 자는 해어진 옷을 입
을 것임이니라 22너를 낳은 아비에게 청종하고 네 늙은 어미를 경히 여기지 말지니라 23진리를 사되 팔지는 말
며 지혜와 훈계와 명철도 그리할지니라 24의인의 아비는 크게 즐거울 것이요 지혜로운 자식을 낳은 자는 그로
말미암아 즐거울 것이니라 25네 부모를 즐겁게 하며 너를 낳은 어미를 기쁘게 하라 26내 아들아 네 마음을 내게
주며 네 눈으로 내 길을 즐거워할지어다 27대저 음녀는 깊은 구덩이요 이방 여인은 좁은 함정이라 28참으로 그
는 강도 같이 매복하며 사람들 중에 사악한 자가 많아지게 하느니라 29재앙이 뉘게 있느뇨 근심이 뉘게 있느뇨
분쟁이 뉘게 있느뇨 원망이 뉘게 있느뇨 까닭 없는 상처가 뉘게 있느뇨 붉은 눈이 뉘게 있느뇨 30술에 잠긴 자
에게 있고 혼합한 술을 구하러 다니는 자에게 있느니라 31포도주는 붉고 잔에서 번쩍이며 순하게 내려가나니
너는 그것을 보지도 말지어다 32그것이 마침내 뱀 같이 물 것이요 독사 같이 쏠 것이며 33또 네 눈에는
괴이한 것이 보일 것이요 네 마음은 구부러진 말을 할 것이며 34너는 바다 가운데에 누
운 자 같을 것이요 돛대 위에 누운 자 같을 것이며 35네가 스스로 말하기를 사람이 나
를 때려도 나는 아프지 아니하고 나를 상하게 하여도 내게 감각이 없도다 내가 언
제나 깰까 다시 술을 찾겠다 하리라

잠언 24장

1너는 악인의 형통함을 부러워하지 말며 그와 함께 있으려고 하지도 말
지어다 2그들의 마음은 강포를 품고 그들의 입술은 재앙을 말함이니라 3
집은 지혜로 말미암아 건축되고 명철로 말미암아 견고하게 되며 4또 방
들은 지식으로 말미암아 각종 귀하고 아름다운 보배로 채우게 되느니라
5지혜 있는 자는 강하고 지식 있는 자는 힘을 더하나니 6너는 전략으로
싸우라 승리는 지략이 많음에 있느니라 7지혜는 너무 높아서 미련한 자
가 미치지 못할 것이므로 그는 성문에서 입을 열지 못하느니라 8악행하
기를 꾀하는 자를 일컬어 사악한 자라 하느니라 9미련한 자의 생각은 죄
요 거만한 자는 사람에게 미움을 받느니라 10네가 만일 환난 날에 낙담
하면 네 힘이 미약함을 보임이니라 11너는 사망으로 끌려가는 자를 건져
주며 살육을 당하게 된 자를 구원하지 아니하려고 하지 말라 12네가 말하기를 나는 그것을 알지 못하였노라 할
지라도 마음을 저울질 하시는 이가 어찌 통찰하지 못하시겠으며 네 영혼을 지키시는 이가 어찌 알지 못하시겠
느냐 그가 각 사람의 행위대로 보응하시리라 13내 아들아 꿀을 먹으라 이것이 좋으니라 송이꿀을 먹으라 이것
이 네 입에 다니라 14지혜가 네 영혼에게 이와 같은 줄을 알라 이것을 얻으면 정녕히 네 장래가 있겠고 네 소망
이 끊어지지 아니하리라 15악한 자여 의인의 집을 엿보지 말며 그가 쉬는 처소를 헐지 말지니라 16대저 의인은
일곱 번 넘어질지라도 다시 일어나려니와 악인은 재앙으로 말미암아 엎
드러지느니라 17네 원수가 넘어질 때에 즐거워하지 말며 그가 엎드러질
때에 마음에 기뻐하지 말라 18여호와께서 이것을 보시고 기뻐하지 아니하사 그의 진노를 그에게서 옮기실까 두
려우니라 19너는 행악자들로 말미암아 분을 품지 말며 악인의 형통함을 부러워하지 말라 20대저 행악자는 장
래가 없겠고 악인의 등불은 꺼지리라 21내 아들아 여호와와 왕을 경외하고 반역자와 더불어 사귀지 말라 22대
저 그들의 재앙은 속히 임하리니 그 둘의 멸망을 누가 알랴 23이것도 지혜로운 자들의 말씀이라 재판할 때에 낯
을 보아 주는 것이 옳지 못하니라 24악인에게 네가 옳다 하는 자는 백성에게 저주를 받을 것이요 국민에게 미움
을 받으려니와 25오직 그를 견책하는 자는 기쁨을 얻을 것이요 또 좋은 복을 받으리라 26적당한 말로 대답함은
입맞춤과 같으니라 27네 일을 밖에서 다스리며 너를 위하여 밭에서 준비하고 그 후에 네 집을 세울지니라 28너

잠 24:1 다원주의 시대를 살아가는 모든 성도는 깊이 새겨야 할 명언이다.
☞ 욥 20:5 악인이 이긴다는 자랑도 잠시요 경건하지 못한 자의 즐거움도 잠깐이니라
☞ 시 37:7-9 여호와 앞에 잠잠하고 참고 기다리라 자기 길이 형통하며 악한 꾀를 이루는 자 때문에 불평하지 말지어다 분을 그치고 노를 버리며 불평하지 말라 오히려 악을 만들 뿐이라 진실로 악을 행하는 자들은 끊어질 것이나 여호와를 소망하는 자들은 땅을 차지하리로다

❖ 잠 22:26과 같이 묵상하라.

55일~60일

는 까닭 없이 네 이웃을 쳐서 증인이 되지 말며 네 입술로 속이지 말지니라 [29] 너는 그가 내게 행함 같이 나도 그
에게 행하여 그가 행한 대로 그 사람에게 갚겠다 말하지 말지니라 [30] 내가 게으른 자의 밭과 지혜 없는 자의 포
도원을 지나며 본즉 [31] 가시덤불이 그 전부에 퍼졌으며 그 지면이 거친 풀로 덮였고 돌담이 무너져 있기로 [32] 내
가 보고 생각이 깊었고 내가 보고 훈계를 받았노라 [33] 네가 좀더 자자, 좀
더 졸자, 손을 모으고 좀더 누워 있자 하니 [34] 네 빈궁이 강도 같이 오며
네 곤핍이 군사 같이 이르리라

잠 24:33-34 부자가 되는 비결

잠언 30장~31장

잠언 30장

아굴의 잠언

[1] 이 말씀은 야게의 아들 아굴의 잠언이니 그가 이디엘 곧 이디엘과 우갈에게 이른 것이니라 [2] 나는 다른 사람
에게 비하면 짐승이라 내게는 사람의 총명이 있지 아니하니라 [3] 나는 지혜를 배우지 못하였고 또 거룩하신 자
를 아는 지식이 없거니와 [4] 하늘에 올라갔다가 내려온 자가 누구인지, 바람을 그 장중에 모은 자가 누구인지,
물을 옷에 싼 자가 누구인지, 땅의 모든 끝을 정한 자가 누구인지, 그의 이름이 무엇인지, 그의 아들의 이름이
무엇인지 너는 아느냐 [5] 하나님의 말씀은 다 순전하며 하나님은 그를 의지하는 자의 방패시니라 [6] 너는 그의
말씀에 더하지 말라 그가 너를 책망하시겠고 너는 거짓말하는 자가 될까 두려우니라 [7] 내가 두 가지 일을 주
께 구하였사오니 내가 죽기 전에 내게 거절하지 마시옵소서 [8] 곧 헛된 것
과 거짓말을 내게서 멀리 하옵시며 나를 가난하게도 마옵시고 부하게
도 마옵시고 오직 필요한 양식으로 나를 먹이시옵소서 [9] 혹 내가 배불러
서 하나님을 모른다 여호와가 누구냐 할까 하오며 혹 내가 가난하여 도
둑질하고 내 하나님의 이름을 욕되게 할까 두려워함이니이다 [10] 너는 종
을 그의 상전에게 비방하지 말라 그가 너를 저주하겠고 너는 죄책을 당
할까 두려우니라 [11] 아비를 저주하며 어미를 축복하지 아니하는 무리가
있느니라 [12] 스스로 깨끗한 자로 여기면서도 자기의 더러운 것을 씻지 아
니하는 무리가 있느니라 [13] 눈이 심히 높으며 눈꺼풀이 높이 들린 무리가
있느니라 [14] 앞니는 장검 같고 어금니는 군도 같아서 가난한 자를 땅에
서 삼키며 궁핍한 자를 사람 중에서 삼키는 무리가 있느니라 [15] 거머리에
게는 두 딸이 있어 다오 다오 하느니라 족한 줄을 알지 못하여 족하다 하지 아니하는 것 서넛이 있나니 [16] 곧 스
올과 아이 배지 못하는 태와 물로 채울 수 없는 땅과 족하다 하지 아니하는 불이니라 [17] 아비를 조롱하며 어미
순종하기를 싫어하는 자의 눈은 골짜기의 까마귀에게 쪼이고 독수리 새끼에게 먹히리라 [18] 내가 심히 기이히
여기고도 깨닫지 못하는 것 서넛이 있나니 [19] 곧 공중에 날아다니는 독수리의 자취
와 반석 위로 기어 다니는 뱀의 자취와 바다로 지나다니는 배의 자취와 남자가 여
자와 함께 한 자취며 [20] 음녀의 자취도 그러하니라 그가 먹고 그의 입을 씻음 같
이 말하기를 내가 악을 행하지 아니하였다 하느니라 [21] 세상을 진동시키며 세
상이 견딜 수 없게 하는 것 서넛이 있나니 [22] 곧 종이 임금된 것과 미련한 자
가 음식으로 배부른 것과 [23] 미움 받는 여자가 시집 간 것과 여종이 주모를 이은 것이니라 [24] 땅에 작고도 가장
지혜로운 것 넷이 있나니 [25] 곧 힘이 없는 종류로되 먹을 것을 여름에 준비하는 개미와 [26] 약한 종류로되 집을
바위 사이에 짓는 사반과 [27] 임금이 없으되 다 떼를 지어 나아가는 메뚜기와 [28] 손에 잡힐 만하여도 왕궁에 있

잠 30:8-9 신명기 8장, 주기도문 중 "일용할 양식을 주옵시고" 부분, 그리고 아래 빌립보서를 참고하여 묵상하라.
탐심은 만 악의 뿌리가 된다. 분수를 아는 삶이 지혜로운 삶이다.
☞ **빌 4:11-13** 내가 궁핍하므로 말하는 것이 아니니라 어떠한 형편에든지 나는 자족하기를 배웠노니 나는 비천에 처할 줄도 알고 풍부에 처할 줄도 알아 모든 일 곧 배부름과 배고픔과 풍부와 궁핍에도 처할 줄 아는 일체의 비결을 배웠노라 내게 능력 주시는 자 안에서 내가 모든 것을 할 수 있느니라

55일~60일

는 도마뱀이니라 29 잘 걸으며 위풍 있게 다니는 것 서넛이 있나니 30 곧 짐승 중에 가장 강하여 아무 짐승 앞에
서도 물러가지 아니하는 사자와 31 사냥개와 숫염소와 및 당할 수 없는 왕이니라 32 만일 네가 미련하여 스스로
높은 체하였거나 혹 악한 일을 도모하였거든 네 손으로 입을 막으라 33 대저 젖을 저으면 엉긴 젖이 되고 코를
비틀면 피가 나는 것 같이 노를 격동하면 다툼이 남이니라

잠언 31장

르무엘 왕을 훈계한 잠언

1 르무엘 왕이 말씀한 바 곧 그의 어머니가 그를 훈계한 잠언이라 2 내 아들아 내가 무엇을 말하랴 내 태에서 난
아들아 내가 무엇을 말하랴 서원대로 얻은 아들아 내가 무엇을 말하랴 3 네 힘을 여자들에게 쓰지 말며 왕들을
멸망시키는 일을 행하지 말지어다 4 르무엘아 포도주를 마시는 것이 왕들에게 마땅하지 아니하고 왕들에게 마

땅하지 아니하며 독주를 찾는 것이 주권자들에게 마땅하지 않도다 5 술을 마시다가 법을
잊어버리고 모든 곤고한 자들의 송사를 굽게 할까 두려우니라 6 독주는 죽게 된 자에게,
포도주는 마음에 근심하는 자에게 줄지어다 7 그는 마시고 자기의 빈궁한 것을 잊어버
리겠고 다시 자기의 고통을 기억하지 아니하리라 8 너는 말 못하는 자와 모든 고독한
자의 송사를 위하여 입을 열지니라 9 너는 입을 열어 공의로 재판하여 곤고한 자와
궁핍한 자를 신원할지니라

현숙한 아내

10 누가 현숙한 여인을 찾아 얻겠느냐 그의 값은 진주보다 더 하니라 11
그런 자의 남편의 마음은 그를 믿나니 산업이 핍절하지 아니하겠으며 12
그런 자는 살아 있는 동안에 그의 남편에게 선을 행하고 악을 행하지 아
니하느니라 13 그는 양털과 삼을 구하여 부지런히 손으로 일하며 14 상인
의 배와 같아서 먼 데서 양식을 가져 오며 15 밤이 새기 전에 일어나서 자
기 집안 사람들에게 음식을 나누어 주며 여종들에게 일을 정하여 맡기며
16 밭을 살펴 보고 사며 자기의 손으로 번 것을 가지고 포도원을 일구며
17 힘 있게 허리를 묶으며 자기의 팔을 강하게 하며 18 자기의 장사가 잘
되는 줄을 깨닫고 밤에 등불을 끄지 아니하며 19 손으로 솜뭉치를 들고
손가락으로 가락을 잡으며 20 그는 곤고한 자에게 손을 펴며 궁핍한 자를
위하여 손을 내밀며 21 자기 집 사람들은 다 홍색 옷을 입었으므로 눈이
와도 그는 자기 집 사람들을 위하여 염려하지 아니하며 22 그는 자기를 위

> **잠 31:10-31** 하나님이 가르쳐 주시는 현모양처 상이 다원주의 시대에 우리는 이런 원리와 원칙을 지켜내야 한다는 사실을 명심하자.
> ☞ **삼상 16:7** 여호와께서 사무엘에게 이르시되 그의 용모와 키를 보지 말라 내가 이미 그를 버렸노라 내가 보는 것은 사람과 같지 아니하니 사람은 외모를 보거니와 나 여호와는 중심을 보느니라 하시더라
> ☞ **딤전 2:9-10** 또 이와 같이 여자들도 단정하게 옷을 입으며 소박함과 정절로써 자기를 단장하고 땋은 머리와 금이나 진주나 값진 옷으로 하지 말고 오직 선행으로 하기를 원하노라 이것이 하나님을 경외한다 하는 자들에게 마땅한 것이니라

하여 아름다운 이불을 지으며 세마포와 자색 옷을 입으며 23 그의 남편은 그 땅의 장로들
과 함께 성문에 앉으며 사람들의 인정을 받으며 24 그는 베로 옷을 지어 팔며 띠를 만들
어 상인들에게 맡기며 25 능력과 존귀로 옷을 삼고 후일을 웃으며 26 입을 열어 지혜를
베풀며 그의 혀로 인애의 법을 말하며 27 자기의 집안 일을 보살피고 게을리 얻은 양
식을 먹지 아니하나니 28 그의 자식들은 일어나 감사하며 그의 남편은 칭찬하기를 29 덕
행 있는 여자가 많으나 그대는 모든 여자보다 뛰어나다 하느니라 30 고운 것도 거짓되
고 아름다운 것도 헛되나 오직 여호와를 경외하는 여자는 칭찬을 받을 것이라 31 그 손의 열매가 그에게로 돌아
갈 것이요 그 행한 일로 말미암아 성문에서 칭찬을 받으리라

욥 1장~11장

욥기 1장

사탄이 욥을 시험하다

1 우스 땅에 욥이라 불리는 사람이 있었는데 그 사람은 온전하고 정직하
여 하나님을 경외하며 악에서 떠난 자더라 2 그에게 아들 일곱과 딸 셋이
태어나니라 3 그의 소유물은 양이 칠천 마리요 낙타가 삼천 마리요 소가
오백 겨리요 암나귀가 오백 마리이며 종도 많이 있었으니 이 사람은 동방
사람 중에 가장 훌륭한 자라 4 그의 아들들이 자기 생일에 각각 자기의 집
에서 잔치를 베풀고 그의 누이 세 명도 청하여 함께 먹고 마시더라 5 그들
이 차례대로 잔치를 끝내면 욥이 그들을 불러다가 성결하게 하되 아침에
일어나서 그들의 명수대로 번제를 드렸으니 이는 욥이 말하기를 혹시 내
아들들이 죄를 범하여 마음으로 하나님을 욕되게 하였을까 함이라 욥의
행위가 항상 이러하였더라 6 하루는 하나님의 아들들이 와서 여호와 앞에
섰고 사탄도 그들 가운데에 온지라 7 여호와께서 사탄에게 이르시되 네
가 어디서 왔느냐 사탄이 여호와께 대답하여 이르되 땅을 두루 돌아 여기
저기 다녀왔나이다 8 여호와께서 사탄에게 이르시되 네가 내 종 욥을 주
의하여 보았느냐 그와 같이 온전하고 정직하여 하나님을 경외하며 악에
서 떠난 자는 세상에 없느니라 9 사탄이 여호와께 대답하여 이르되 욥이
어찌 까닭 없이 하나님을 경외하리이까 10 주께서 그와 그의 집과 그의
모든 소유물을 울타리로 두르심 때문이 아니니이까 주께서 그의 손으로
하는 바를 복되게 하사 그의 소유물이 땅에 넘치게 하셨음이니이다 11 이

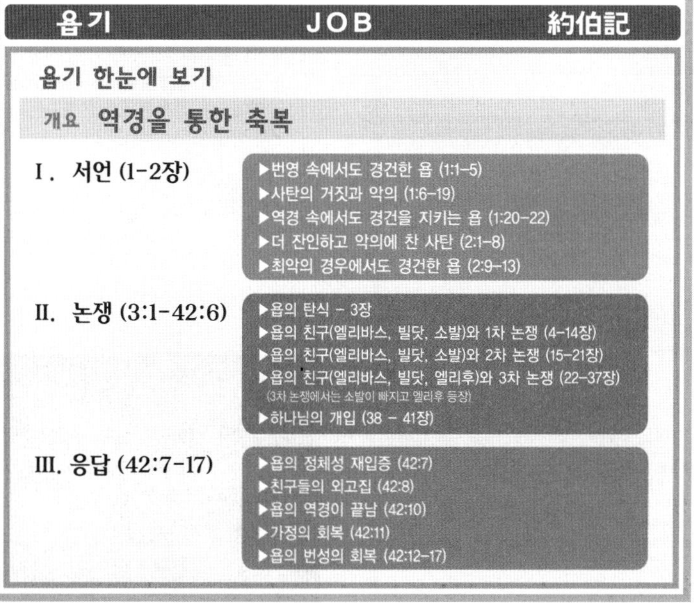

욥기	JOB	約伯記

욥기 한눈에 보기

개요 역경을 통한 축복

구분	내용
I. 서언 (1-2장)	▶번영 속에서도 경건한 욥 (1:1-5) ▶사탄의 거짓과 악의 (1:6-19) ▶역경 속에서도 경건을 지키는 욥 (1:20-22) ▶더 잔인하고 악의에 찬 사탄 (2:1-8) ▶최악의 경우에서도 경건한 욥 (2:9-13)
II. 논쟁 (3:1-42:6)	▶욥의 탄식 - 3장 ▶욥의 친구(엘리바스, 빌닷, 소발)와 1차 논쟁 (4-14장) ▶욥의 친구(엘리바스, 빌닷, 소발)와 2차 논쟁 (15-21장) ▶욥의 친구(엘리바스, 빌닷, 엘리후)와 3차 논쟁 (22-37장) (3차 논쟁에서는 소발이 빠지고 엘리후 등장) ▶하나님의 개입 (38 - 41장)
III. 응답 (42:7-17)	▶욥의 정체성 재입증 (42:7) ▶친구들의 외고집 (42:8) ▶욥의 역경이 끝남 (42:10) ▶가정의 회복 (42:11) ▶욥의 번성의 회복 (42:12-17)

간추린 사탄론

이사야 14:12-20의 계명성은 사탄의 타락 과정을 설명하고 있다고 추정한다. 에스겔서 28장의 두로 왕 이야기도 사탄의 타락을 보여 준다고 본다.

이스라엘은 모든 선과 악은 하나님으로부터 유래한다고 믿는다. 그러나 욥의 고난은 사탄의 잘못된 참소로부터 시작됨을 본다(1:12, 2:6). 사탄은 여기서 그저 하늘의 것으로 나타나지만, 그의 실체는 그 이름 그대로 '참소하는 자'(히브리 발음으로 '하사탄')이다. 또한 사탄은 광명한 천사를 가장하여 믿는 자를 현혹하여 하나님의 영광을 가로채는 것을 목적으로 삼는 영적 존재이다.

출 12:37 우스 땅의 위치

욥 1:6-19 시험의 이해
2일차 학습 자료 2-2 "시험"을 참조

시대적 배경

욥의 생존 시대에 관해 성경은 정확한 정보를 제공하지 않는다. 다만 다음과 같은 두 가지 이유로 인해 그가 아브라함과 동시대를 살았다고 추정할 수 있을 뿐이다.

첫째로 욥의 생애에 대한 정보를 주는 욥기에 모세의 율법이나 율법에 준하는 종교 의식에 관한 기사가 없는 것으로 보아 욥은 모세 이전의 사람이었을 것이다. 둘째로 욥은 시련을 통과한 후 140년을 더 살았다고 하는데 (욥 42:16) 결국 그가 산 연수는 약 100년 안팎이었을 것인바, 사람이 이렇게 장수하던 때는 초기 족장 시대인 것으로 미루어 보아 욥은 아브라함과 동시대 인물이었을 것이다.

그러나 이 책을 포로 시대에 읽는 이유는 욥기의 주제가 고난이고, 포로 시대에 이스라엘 백성이 고난을 받는 의미와 하나님 뜻을 살피기 위해 이 욥의 이야기를 읽었다고 추정한다.

욥기 개요 추가 자료
학습 자료 56-1 참조

제 주의 손을 펴서 그의 모든 소유물을 치소서 그리하시면 틀림없이 주를
향하여 욕하지 않겠나이까 12 여호와께서 사탄에게 이르시되 내가 그의
소유물을 다 네 손에 맡기노라 다만 그의 몸에는 네 손을 대지 말지니라
사탄이 곧 여호와 앞에서 물러가니라

욥이 자녀와 재산을 잃다

13 하루는 욥의 자녀들이 그 맏아들의 집에서 음식을 먹으며 포도주를 마
실 때에 14 사환이 욥에게 와서 아뢰되 소는 밭을 갈고 나귀는 그 곁에서
풀을 먹는데 15 스바 사람이 갑자기 이르러 그것들을 빼앗고 칼로 종들을
죽였나이다 나만 홀로 피하였으므로 주인께 아뢰러 왔나이다 16 그가 아
직 말하는 동안에 또 한 사람이 와서 아뢰되 하나님의 불이 하늘에서 떨
어져서 양과 종들을 살라 버렸나이다 나만 홀로 피하였으므로 주인께 아
뢰러 왔나이다 17 그가 아직 말하는 동안에 또 한 사람이 와서 아뢰되 갈
대아 사람이 세 무리를 지어 갑자기 낙타에게 달려들어 그것을 빼앗으며
칼로 종들을 죽였나이다 나만 홀로 피하였으므로 주인께 아뢰
러 왔나이다 18 그가 아직 말하는 동안에 또 한 사람이 와서
아뢰되 주인의 자녀들이 그들의 맏아들의 집에서 음식을
먹으며 포도주를 마시는데 19 거친 들에서 큰 바람이 와서
집 네 모퉁이를 치매 그 청년들 위에 무너지므로 그들이 죽었
나이다 나만 홀로 피하였으므로 주인께 아뢰러 왔나이다 한지라 20 욥이

단계		내용	욥의 반응
제1단계 재물		전 재산을 잃음 (1:13–17)	모든 소유권을 하나님께 돌리고 도리어 찬송을 드림
		의미 '하나님과 재물을 동시에 섬기지 못한다'는 말씀이 있듯이(마6:24) 대체로 재물에 대한 인간의 욕구는 매우 강렬하지만, 평소 하나님을 경외하던 청지기로서의 삶을 지향했던 욥에게 있어서는 재물의 상실이 치명적인 고통이 될 수 없었다.	
제2단계 육신(정신)	자녀들의 횡사	열 자녀를 모두 잃음 (1:19)	큰 충격에도 불구하고 여호와께 경배함
		의미 자식의 죽음은 곧 자신의 죽음만큼 참혹하게 느껴지는 것이 인지상정이다. 그러나 욥은 이삭을 제물로 바치고자 했던 아브라함의 심정으로 탄식과 원망에 앞서 먼저 하나님 전에 엎드렸다.(창22:10)	
	육체의 질병	온 몸에 악창이 발병함 (2:7)	결코 하나님을 저주하는 죄를 범치 않음
		의미 견디기 힘든 고통이 계속되자, 욥은 평소의 신앙이 적용되지 않는 현실에 대해 격심한 혼란을 경험하고 번민 가운데 빠져들어갔다.	
제3단계 영혼	아내의 저주	'하나님을 욕하고 죽으라'고 종용함 (2:9)	어리석은 여인의 말로 일축함
		의미 일심동체라 일컫는 아내마저 격렬한 비난을 서슴치 않는 것으로 보아 욥에게 닥친 사태의 심각성이 더욱 부각된다. 그러나 욥에게 있어서는 아내보다는 하나님을 주요시하는 신앙이 습관화되어 있었다.(눅14:26)	
	친구들의 참소	욥에게 닥친 재난이 범죄의 결과라고 몰아붙임 (4,5,8,11,15,18,20,22,25장)	상대적 자기 의를 변호함
		의미 위로를 기대하였던 친구에게서 매정한 훈계를 듣게 되자 욥은 상대적 반발감에 사로잡혔으며 더욱 뼈저린 고독을 맛보게 되었다. 한편, 욥은 친구들과의 변론을 통해 흑백 논리와 현실 기복적인 신앙을 극복하는 계기를 마련하게 된다.	
	하나님의 침묵	당장 고통에 처한 욥이 이해할 수 없게도 당신의 때가 이르기까지 기다리심	고통에 겨워 원망하였으나 그것은 호소였지 결코 배신과 저주가 아니었음
		의미 사면초가의 궁지에 몰린 욥은 결국 '신 앞에 선 단독자'로서 하나님께 도움의 손길을 구했으나 번번이 좌절과 탄식 가운데 빠질 수 밖에 없었다. 그러나 '모든 것을 합력하여 선을 이루시는' 하나님의 오묘하신 섭리는(롬8:28) 결국 욥으로 하여금 더욱 위대한 축복을 경험케 하셨다.	

욥 1~2장 욥기의 서언

욥기는 유한한 피조물 가운데 드러난 하나님의 속성과 그분의 방식에 대한 문제를 이해하려는 의도가 담겨 있다. 사랑과 은혜의 하나님께서 어떻게 그의 백성들의 삶에 고난과 고통을 주시고, 경험하게 하실 수 있는가? 하나님께서 하시는 일들이 그 분이 주장하시는 자신의 성품과 상반되어 보일 때 어떻게 그 분의 성품이 인정받을 수 있단 말인가? 이것은 신정론의 문제이다. 이런 중요한 논제들과 함께 인간 지식의 한계와 인간이 만든 신학의 부적절함을 드러내고, 어떤 환경에서도 하나님을 절대적으로 신뢰할 수 있다는 사실을 보여 주려는 의도를 가지고 있다.

욥 1:7-12 욥기의 핵심 메시지
- 인생에 대한 하나님의 감찰
- 의인의 고난의 원인의 한 측면이 되는 사탄의 참소
- 하나님의 주권 아래 있는 사탄
- 하나님의 계획과 섭리에 따라 진행되는 세상사
- 조건 없는 신앙이 가능한가? - 기복 신앙의 위험성

동영상 강의 설명 참조

욥 1:21 공수래공수거(空手來空手去)를 말하는 것이 아니다.

동영상 강의 설명 참조

욥의 상태 변화(도표 참조)

고난을 겪는 욥은 처음에는 하나님을 향한 변함없는 믿음으로 입술로 조차 죄를 범하지 않았다. 그러나 고통이 계속되자 감정이 격해지며, 세상에서 공의가 없어짐은 하나님 탓이라고 불만을 토로한다. 마침내 우주 만물을 창조하신 하나님을 직접 대면한 그는 하나님의 능력과 지혜와 절대 주권 앞에 무릎 꿇게 된다. 관련 도표는 욥의 변화의 발전을 요약해 준다.

일어나 겉옷을 찢고 머리털을 밀고 땅에 엎드려 예배하며 21 이르되 내가 모태에서 알몸으로 나왔사온즉 또한
알몸이 그리로 돌아가올지라 주신 이도 여호와시요 거두신 이도 여호와시오니 여호와의 이름이 찬송을 받으실
지니이다 하고 22 이 모든 일에 욥이 범죄하지 아니하고 하나님을 향하여 원망하지 아니하니라

욥기 2장

사탄이 다시 욥을 시험하다

1 또 하루는 하나님의 아들들이 와서 여호와 앞에 서고 사탄도 그들 가운
데에 와서 여호와 앞에 서니 2 여호와께서 사탄에게 이르시되 네가 어디
서 왔느냐 사탄이 여호와께 대답하여 이르되 땅을 두루 돌아 여기 저기
다녀 왔나이다 3 여호와께서 사탄에게 이르시되 네가 내 종 욥을 주의하
여 보았느냐 그와 같이 온전하고 정직하여 하나님을 경외하며 악에서 떠
난 자가 세상에 없느니라 네가 나를 충동하여 까닭 없이 그를 치게 하였
어도 그가 여전히 자기의 온전함을 굳게 지켰느니라 4 사탄이 여호와께
대답하여 이르되 가죽으로 가죽을 바꾸오니 사람이 그의 모든 소유물로
자기의 생명을 바꾸올지라 5 이제 주의 손을 펴서 그의 뼈와 살을 치소서
그리하시면 틀림없이 주를 향하여 욕하지 않겠나이까 6 여호와께서 사탄에게 이르시되 내가 그를 네 손에 맡기
노라 다만 그의 생명은 해하지 말지니라 7 사탄이 이에 여호와 앞에서 물러가서 욥을 쳐서
그의 발바닥에서 정수리까지 종기가 나게 한지라 8 욥이 재 가운데 앉아서 질그릇 조각을
가져다가 몸을 긁고 있더니 9 그의 아내가 그에게 이르되 당신이 그래도 자기의 온전함을
굳게 지키느냐 하나님을 욕하고 죽으라 10 그가 이르되 그대의 말이 한 어리석은 여자의
말 같도다 우리가 하나님께 복을 받았은즉 화도 받지 아니하겠느냐 하고 이 모든 일에
욥이 입술로 범죄하지 아니하니라

> 욥 2:2 사탄은 인간의 영혼을 노략질하기 위해 쉼 없이 배회하고 있다는 사실을 잠시도 잊어버리면 안 된다. 성도는 이 사실에 깨어 있어야 한다.
> ☞ **신 25:18** 곧 그들이 너를 길에서 만나 네가 피곤할 때에 네 뒤에 떨어진 약한 자들을 쳤고 하나님을 두려워하지 아니하였느니라
> ☞ **벧전 5:8** 근신하라 깨어라 너희 대적 마귀가 우는 사자 같이 두루 다니며 삼킬 자를 찾나니

친구들이 욥을 위로하러 오다

11 그 때에 욥의 친구 세 사람이 이 모든 재앙이 그에게 내렸다 함을 듣고 각각 자기 지역에서부터 이르렀으니 곧
데만 사람 엘리바스와 수아 사람 빌닷과 나아마 사람 소발이라 그들이 욥을 위문하고 위로하려 하여 서로 약속
하고 오더니 12 눈을 들어 멀리 보매 그가 욥인 줄 알기 어렵게 되었으므로 그들이 일제히 소리 질러 울며 각각
자기의 겉옷을 찢고 하늘을 향하여 티끌을 날려 자기 머리에 뿌리고 13 밤낮 칠 일 동안 그와 함께 땅에 앉았으
나 욥의 고통이 심함을 보므로 그에게 한마디도 말하는 자가 없었더라

55일~60일

인물	고난의 관점
사탄의 관점	사람들은 고난 없이 잘 살고 축복받을 때에만 하나님을 믿는다. ➡ 이것은 전적으로 틀린 생각이다.
욥의 세 친구의 관점	고난은 하나님께서 죄를 심판하는 것이다. ➡ 때로는 그런 경우도 있지만 항상 그렇지는 않다.
엘리후의 관점	고난은 하나님이 우리를 가르치시고 단련시키시는 방법이다. ➡ 이것은 사실이긴 하지만 완전한 설명은 아니다.
하나님의 관점	고난은 우리들로 하여금 하나님께서 하시는 일의 이해를 통해서 그분을 믿도록 하는 것이 아니라 비록 이해 할 수 없을지라도 하나님 그 분 자체를 전적으로 믿도록 해 주는 것이다.

욥 2장
학습 자료 56-2 "성경이 말하는 고난" 참조

욥기 3장

욥이 자기 생일을 저주하다

1 그 후에 욥이 입을 열어 자기의 생일을 저주하니라 2 욥이 입을 열어 이
르되 3 내가 난 날이 멸망하였더라면, 사내 아이를 배었다 하던 그 밤도
그러하였더라면, 4 그 날이 캄캄하였더라면, 하나님이 위에서 돌아보지 않
으셨더라면, 빛도 그 날을 비추지 않았더라면, 5 어둠과 죽음의 그늘이 그
날을 자기의 것이라 주장하였더라면, 구름이 그 위에 덮였더라면, 흑암이
그 날을 덮었더라면, 6 그 밤이 캄캄한 어둠에 잡혔더라면, 해의 날 수와
달의 수에 들지 않았더라면, 7 그 밤에 자식을 배지 못하였더라면, 그 밤
에 즐거운 소리가 나지 않았더라면, 8 날을 저주하는 자들 곧 리워야단을
격동시키기에 익숙한 자들이 그 밤을 저주하였더라면, 9 그 밤에 새벽 별
들이 어두웠더라면, 그 밤이 광명을 바랄지라도 얻지 못하며 동틈을 보지
못하였더라면 좋았을 것을, 10 이는 내 모태의 문을 닫지 아니하여 내 눈으로 환난을 보게 하였음이로구나 11 어
찌하여 내가 태에서 죽어 나오지 아니하였던가 어찌하여 내 어머니가 해산할 때에 내가 숨지지 아니하였던가 12
어찌하여 무릎이 나를 받았던가 어찌하여 내가 젖을 빨았던가 13 그렇지 아니하였던들 이제는 내가 평안히 누워
서 자고 쉬었을 것이니 14 자기를 위하여 폐허를 일으킨 세상 임금들과 모사들과 함께 있었을 것이요 15 혹시 금
을 가지며 은으로 집을 채운 고관들과 함께 있었을 것이며 16 또는 낙태되어 땅에 묻힌 아이처럼 나는 존재하지
않았겠고 빛을 보지 못한 아이들 같았을 것이라 17 거기서는 악한 자가 소요를 그치며 거기서는 피곤한 자가 쉼
을 얻으며 18 거기서는 갇힌 자가 다 함께 평안히 있어 감독자의 호통 소리를 듣지 아니하며 19 거기서는 작은 자
와 큰 자가 함께 있고 종이 상전에게서 놓이느니라 20 어찌하여 고난당하는 자에게 빛을 주셨으며 마음이 아픈
자에게 생명을 주셨는고 21 이러한 자는 죽기를 바라도 오지 아니하니 땅을 파고 숨긴 보배를 찾음보다 죽음을
구하는 것을 더하다가 22 무덤을 찾아 얻으면 심히 기뻐하고 즐거워하나니 23 하나님에게 둘러 싸여 길이 아득한
사람에게 어찌하여 빛을 주셨는고 24 나는 음식 앞에서도 탄식이 나며 내가 앓는 소리는 물이 쏟아지는 소리 같
구나 25 내가 두려워하는 그것이 내게 임하고 내가 무서워하는 그것이 내 몸에 미쳤구나 26 나에게는 평온도 없
고 안일도 없고 휴식도 없고 다만 불안만이 있구나

	엘리바스	빌닷	소발	엘리후
특징	신학자, 실용주의자	역사가, 율법주의자	도덕가, 독단론자	신학자, 지성인
의존 대상	경험	전통	가정	교육
인격	사려깊음	논쟁적임	노골적(직선적)	예리함
무슨 소리	철학	역사	정통	논리
논고	"죄를 범하면 고난 당한다"	"네가 죄짓고 있음이 틀림없다"	"네가 죄를 범하고 있다"	"하나님은 순결케 하시고 가르쳐 주신다"
욥에게 준 충고	악한 자만이 고난당한다	악한 자는 언제나 고난당한다.	악인은 장수하지 못한다	하나님 앞에서 스스로 낮추라
열쇠가 되는 구절	4:8, 5:17	8:8	20:5	37:23
하나님께 대한 관념	의로우심, 악인을 벌하시고 선인을 축복함	심판관, 움직일 수 없는 입법자	굽힐 수 없는 무자비한 분	훈련자, 교사
이름의 의미	하나님은 금 하나님은 집행자	'다툼의 아들'	'털이 많은'	'그는 나의 하나님'

욥기 4장

엘리바스의 첫번째 말

1 데만 사람 엘리바스가 대답하여 이르되 2 누가 네게 말하면 네가 싫증을
내겠느냐, 누가 참고 말하지 아니하겠느냐 3 보라 전에 네가 여러 사람을
훈계하였고 손이 늘어진 자를 강하게 하였고 4 넘어지는 자를 말로 붙들
어 주었고 무릎이 약한 자를 강하게 하였거늘 5 이제 이 일이 네게 이르매
네가 힘들어 하고 이 일이 네게 닥치매 네가 놀라는구나 6 네 경외함이 네
자랑이 아니냐 네 소망이 네 온전한 길이 아니냐 7 생각하여 보라 죄 없이
망한 자가 누구인가 정직한 자의 끊어짐이 어디 있는가 8 내가 보건대 악
을 밭 갈고 독을 뿌리는 자는 그대로 거두나니 9 다 하나님의 입 기운에
멸망하고 그의 콧김에 사라지느니라 10 사자의 우는 소리와 젊은 사자의
소리가 그치고 어린 사자의 이가 부러지며 11 사자는 사냥한 것이 없어 죽
어 가고 암사자의 새끼는 흩어지느니라 12 어떤 말씀이 내게 가만히 이르
고 그 가느다란 소리가 내 귀에 들렸었나니 13 사람이 깊이 잠들 즈음 내
가 그 밤에 본 환상으로 말미암아 생각이 번거로울 때에 14 두려움과 떨
림이 내게 이르러서 모든 뼈마디가 흔들렸느니라 15 그 때에 영이 내 앞으
로 지나매 내 몸에 털이 주뼛하였느니라 16 그 영이 서 있는데 나는 그 형
상을 알아보지는 못하여도 오직 한 형상이 내 눈 앞에 있었느니라 그 때
에 내가 조용한 중에 한 목소리를 들으니 17 사람이 어찌 하나님보다 의
롭겠느냐 사람이 어찌 그 창조하신 이보다 깨끗하겠느냐 18 하나님은 그
의 종이라도 그대로 믿지 아니하시며 그의 천사라도 미련하다 하시나니
19 하물며 흙집에 살며 티끌로 터를 삼고 하루살이 앞에서라도 무너질 자
이겠느냐 20 아침과 저녁 사이에 부스러져 가루가 되며 영원히 사라지되
기억하는 자가 없으리라 21 장막 줄이 그들에게서 뽑히지 아니하겠느냐
그들은 지혜가 없이 죽느니라

욥기 5장

1 너는 부르짖어 보라 네게 응답할 자가 있겠느냐 거룩한 자 중에 네가 누
구에게로 향하겠느냐 2 분노가 미련한 자를 죽이고 시기가 어리석은 자를
멸하느니라 3 내가 미련한 자가 뿌리 내리는 것을 보고 그의 집을 당장에
저주하였노라 4 그의 자식들은 구원에서 멀고 성문에서 억눌리나 구하는
자가 없으며 5 그가 추수한 것은 주린 자가 먹되 덫에 걸린 것도 빼앗으
며 올무가 그의 재산을 향하여 입을 벌리느니라 6 재난은 티끌에서 일어
나는 것이 아니며 고생은 흙에서 나는 것이 아니니라 7 사람은 고생을 위
하여 났으니 불꽃이 위로 날아가는 것 같으니라 8 나라면 하나님을 찾겠
고 내 일을 하나님께 의탁하리라 9 하나님은 헤아릴 수 없이 큰 일을 행하
시며 기이한 일을 셀 수 없이 행하시나니 10 비를 땅에 내리시고 물을 밭
에 보내시며 11 낮은 자를 높이 드시고 애곡하는 자를 일으키사 구원에 이
르게 하시느니라 12 하나님은 교활한 자의 계교를 꺾으사 그들의 손이 성
공하지 못하게 하시며 13 지혜로운 자가 자기의 계략에 빠지게 하시며 간

❖ 욥 4-27장은 욥과 친구들 간의 세 차례에 걸친 논쟁 – 삽입한 도표로 그 내용을 정리하며 익히라.

❖ 욥의 세 친구와 엘리후가 논쟁에 임하는 그들의 근거
· 엘리바스 → 경험
☞ **욥 4:8** 내가 보건대 악을 밭 갈고 독을 뿌리는 자는 그대로 거두나니
☞ **욥 5:17** 볼지어다 하나님께 징계받는 자에게는 복이 있나니 그런즉 너는 전능자의 징계를 업신여기지 말지니라
· 빌닷 → 전통
☞ **욥 8:8** 청하건대 너는 옛 시대 사람에게 물으며 조상들이 터득한 일을 배울지어다
· 소발 → 가정(假定)
☞ **욥 20:5** 악인이 이긴다는 자랑도 잠시요 경건하지 못한 자의 즐거움도 잠깐이니라
· 엘리후 → 교육
☞ **욥 37:23-24** 전능자를 우리가 찾을 수 없나니 그는 권능이 지극히 크사 정의나 무한한 공의를 굽히지 아니하심이니라 그러므로 사람들은 그를 경외하고 그는 스스로 지혜롭다 하는 모든 자를 무시하느니라

엘리바스의 변론 → 경험

1	고난의 원인이 죄에만 있다고 봄(4:7-9)
2	근본이 불투명한 환상과 같은 주관적인 체험을 근거로 변론함(4:12-21)
3	주관적 체험인 환상을 하나님의 계시와 같은 권위를 갖는 것으로 말함(4:12)
4	자신이 경험한 바가 곧 진리의 전체인양 과장하여 말함(5:1-7)
5	하나님의 깊은 섭리를 세속 인과응보론으로만 설명함(5:9-16)
6	전통적인 도덕률에 근거하여 변론함(15:17-19)
7	욥의 고난의 진정한 원인을 깨닫지 못한 채 거듭 회개만 촉구함(5:7-27)

욥 5:5 인과응보는 궁극적 법칙이요 현세적 법칙은 아니다. 아래 구절들도 함께 묵상해 보라.
☞ **빌 1:29** 그리스도를 위하여 너희에게 은혜를 주신 것은 다만 그를 믿을 뿐 아니라 또한 그를 위하여 고난도 받게 하려 하심이라
☞ **마 25:30-31** 이 무익한 종을 바깥 어두운 데로 내쫓으라 거기서 슬피 울며 이를 갈리라 하니라 인자가 자기 영광으로 모든 천사와 함께 올 때에 자기 영광의 보좌에 앉으리니
☞ **고후 5:10** 이는 우리가 다 반드시 그리스도의 심판대 앞에 나타나게 되어 각각 선악간에 그 몸으로 행한 것을 따라 받으려 함이라

교한 자의 계략을 무너뜨리시므로 14 그들은 낮에도 어두움을 만나고 대낮에도 더듬기를 밤과 같이 하느니라 15
하나님은 가난한 자를 강한 자의 칼과 그 입에서, 또한 그들의 손에서 구출하여 주시나니 16 그러므로 가난한 자
가 희망이 있고 악행이 스스로 입을 다무느니라 17 볼지어다 하나님께 징계 받는 자에게는 복이 있나니 그런즉
너는 전능자의 징계를 업신여기지 말지니라 18 하나님은 아프게 하시다가 싸매시며 상하게 하시다가 그의 손으
로 고치시나니 19 여섯 가지 환난에서 너를 구원하시며 일곱 가지 환난이라도 그 재앙이 네게 미치지 않게 하시
며 20 기근 때에 죽음에서, 전쟁 때에 칼의 위협에서 너를 구원하실 터인즉 21 네가 혀의 채찍을 피하여 숨을 수
가 있고 멸망이 올 때에도 두려워하지 아니할 것이라 22 너는 멸망과 기근을 비웃으며 들짐승을 두려워하지 말라
23 들에 있는 돌이 너와 언약을 맺겠고 들짐승이 너와 화목하게 살 것이니라 24 네가 네 장막의 평안함을 알고 네
우리를 살펴도 잃은 것이 없을 것이며 25 네 자손이 많아지며 네 후손이 땅의 풀과 같이 될 줄을 네가 알 것이라
26 네가 장수하다가 무덤에 이르리니 마치 곡식단을 제 때에 들어올림 같으니라 27 볼지어다 우리가 연구한 바가
이와 같으니 너는 들어 보라 그러면 네가 알리라

	첫 번째 논쟁	두 번째 논쟁	세 번째 논쟁
엘리바스	죄 없이 망한 자가 없다. 하나님께 징계 받는 자는 복이 있다. (4~5장)	하나님을 대적하며 교만한 자는 환난을 당한다.(15장)	네 악이 크다. 네가 하나님께 돌아가면 다시 흥하리라.(22장)
욥	나를 불쌍히 여기라. 나는 살기를 원치 않는다.(6~7장)	너희는 나를 번뇌케 한다. 나는 소망이 없다.(16~17장)	나의 가는 길은 오직 하나님이 아신다.(23~24장)
빌닷	자녀들이 죽은 것은 죄 때문이다.(8장)	불의한 자는 대가 끊어지고 재앙을 받는다.(18장)	벌레 같은 사람이 어찌 하나님 앞에 의로우랴.(25장)
욥	하나님은 순전한 자나 악한 자나 다 멸망 시키신다.(9~10장)	나의 고난은 하나님으로부터 온 것이다.(19장)	하나님의 뜻과 능력을 누가 측량하랴.(26장)
소발	죄악을 버리면 고난이 끝날 것이다. (11장)	악인의 자랑은 잠깐이요. 반드시 망한다.(20장)	연설 없음
욥	너희는 잠잠하라. 하나님이여, 내게 답하소서.(12~14장)	악인이 세상에서 형통하게 지내는 것은 불공평하다.(21장)	죽기 전에는 나의 순전함을 버리지 않으리라.(27~31장)

욥기 6장

욥의 대답

1 욥이 대답하여 이르되 2 나의 괴로움을 달아 보며 나의 파멸을 저울 위
에 모두 놓을 수 있다면 3 바다의 모래보다도 무거울 것이라 그러므로 나
의 말이 경솔하였구나 4 전능자의 화살이 내게 박히매 나의 영이 그 독을
마셨나니 하나님의 두려움이 나를 엄습하여 치는구나 5 들나귀가 풀이 있
으면 어찌 울겠으며 소가 꼴이 있으면 어찌 울겠느냐 6 싱거운 것이 소금
없이 먹히겠느냐 닭의 알 흰자위가 맛이 있겠느냐 7 내 마음이 이런 것을
만지기도 싫어하나니 꺼리는 음식물 같이 여김이니라 8 나의 간구를 누가
들어 줄 것이며 나의 소원을 하나님이 허락하시랴 9 이는 곧 나를 멸하시
기를 기뻐하사 하나님이 그의 손을 들어 나를 끊어 버리실 것이라 10 그러

❖ 욥은 때때로 여호와께 대한 그의 원한이 폭발하여 강력하게 자신의 감정을 표현하기도 한다.

☞ 7:11 그런즉 내가 내 입을 금하지 아니하고 내 영혼의 아픔 때문에 말하며 내 마음의 괴로움 때문에 불평하리이다

☞ 9:20 가령 내가 의로울지라도 내 입이 나를 정죄하리니

☞ 9:24 세상이 악인의 손에 넘어갔고 재판관의 얼굴도 가려졌나니 그렇게 되게 한 이가 그가 아니시면 누구냐

☞ 10:16 내가 머리를 높이 들면 주께서 젊은 사자처럼 나를 사냥하시며

☞ 결국 위의 구절들은 욥의 자기 의를 강하게 나타내는 구절들이다.

할지라도 내가 오히려 위로를 받고 그칠 줄 모르는 고통 가운데서도 기
뻐하는 것은 내가 거룩하신 이의 말씀을 거역하지 아니하였음이라 11 내
가 무슨 기력이 있기에 기다리겠느냐 내 마지막이 어떠하겠기에 그저 참
겠느냐 12 나의 기력이 어찌 돌의 기력이겠느냐 나의 살이 어찌 놋쇠겠느
냐 13 나의 도움이 내 속에 없지 아니 하냐 나의 능력이 내게서 쫓겨나지
아니하였느냐 14 낙심한 자가 비록 전능자를 경외하기를 저버릴지라도 그
의 친구로부터 동정을 받느니라 15 내 형제들은 개울과 같이 변덕스럽고
그들은 개울의 물살 같이 지나가누나 16 얼음이 녹으면 물이 검어지며 눈
이 그 속에 감추어질지라도 17 따뜻하면 마르고 더우면 그 자리에서 아주
없어지나니 18 대상들은 그들의 길을 벗어나서 삭막한 들에 들어가 멸망
하느니라 19 데마의 떼들이 그것을 바라보고 스바의 행인들도 그것을 사
모하다가 20 거기 와서는 바라던 것을 부끄러워하고 낙심하느니라 21 이
제 너희는 아무것도 아니로구나 너희가 두려운 일을 본즉 겁내는구나 22
내가 언제 너희에게 무엇을 달라고 말했더냐 나를 위하여 너희 재물을 선
물로 달라고 하더냐 23 내가 언제 말하기를 원수의 손에서 나를 구원하라
하더냐 폭군의 손에서 나를 구원하라 하더냐 24 내게 가르쳐서 나의 허물
된 것을 깨닫게 하라 내가 잠잠하리라 25 옳은 말이 어찌 그리 고통스러
운고, 너희의 책망은 무엇을 책망함이냐 26 너희가 남의 말을 꾸짖을 생
각을 하나 실망한 자의 말은 바람에 날아가느니라 27 너희는 고아를 제비
뽑으며 너희 친구를 팔아 넘기는구나 28 이제 원하건대 너희
는 내게로 얼굴을 돌리라 내가 너희를 대면하여 결코 거짓
말하지 아니하리라 29 너희는 돌이켜 행악자가 되지 말
라 아직도 나의 의가 건재하니 돌아오라 30 내 혀에
어찌 불의한 것이 있으랴 내 미각이 어찌 속임을
분간하지 못하랴

욥기 7장

1 이 땅에 사는 인생에게 힘든 노동이 있지 아니하겠느냐 그의 날이 품꾼
의 날과 같지 아니하겠느냐 2 종은 저녁 그늘을 몹시 바라고 품꾼은 그
의 삯을 기다리나니 3 이와 같이 내가 여러 달째 고통을 받으니 고달픈 밤
이 내게 작정되었구나 4 내가 누울 때면 말하기를 언제나 일어날까, 언제
나 밤이 갈까 하며 새벽까지 이리 뒤척, 저리 뒤척 하는구나 5 내 살에는 구더기와 흙 덩이가 의복처럼 입혀졌고
내 피부는 굳어졌다가 터지는구나 6 나의 날은 베틀의 북보다 빠르니 희망 없이 보내는구나 7 내 생명이 한낱 바
람 같음을 생각하옵소서 나의 눈이 다시는 행복을 보지 못하리이다 8 나를 본 자의 눈이 다
시는 나를 보지 못할 것이고 주의 눈이 나를 향하실지라도 내가 있지 아니하리이다 9 구름
이 사라져 없어짐 같이 스올로 내려가는 자는 다시 올라오지 못할 것이오니 10 그는 다시 자
기 집으로 돌아가지 못하겠고 자기 처소도 다시 그를 알지 못하리이다 11 그런즉 내가
내 입을 금하지 아니하고 내 영혼의 아픔 때문에 말하며 내 마음의 괴로움 때문에 불
평하리이다 12 내가 바다니이까 바다 괴물이니이까 주께서 어찌하여 나를 지키시나
이까 13 혹시 내가 말하기를 내 잠자리가 나를 위로하고 내 침상이 내 수심을 풀리라

신정론

신정론(神正論.Theodicy)에 해당하는 헬라어 '데오스디케'는 '신'을 의미하는 헬라어 '데오스'와 '정의'를 나타내는 '디케'의 합성어이며 문자적으로는 '하나님의 정의'라는 의미이다.

'신정론'이란 간단히 말해 '역사와 우주의 절대 주권자이신 초월적 존재가 과연 존재하는 것이며 그 하나님은 실로 정의로운가?'라는 의문에 대한 모든 논의를 가리킨다. 물론 이런 논의는 하나님이 계시는데도 악이 존재하고 악인이 세상에서 득세하는 데 따른 의구심에서 출발한다. 즉 '절대 의롭고 선하신 하나님이 이 세계를 통치하신다면 어떻게 이토록 선과 악이 뒤섞여 있으며 심지어 악인이 득세하고 형통하며 의인이 고통받는 모순된 현실이 존재할 수 있는가?'라는 의문이 제기되는 것이다.

이에 대해 사람들은

① 하나님이 계시지 않는 것이 아닌가?

② 하나님이 계시더라도 공의로우신 분이 아닌 것은 아닌가?

③ 하나님이 공의로우시더라도 전능하시지 않으므로 선의 절대 승리를 보장하시지 못하는 것은 아닌가? 등의 의문을 제기할 수 있을 것이다. 이에 절대 초월자로서의 하나님의 존재는 물론 역사에 대한 분명한 하나님의 주권과 개입, 하나님의 절대 공의와 전능하심 등에 대해 변호하는 것이 바로 신정론(神正論), 즉 변신론(辯神論)이다.

욥기의 신정론

- 욥이 왜 고통을 받아야 하는가? = 왜 인간이 고통을 받아야 하는가?
  - ⇒ 이런 고통은 체벌적, 응징적, 보복적인 것이 아니고, 치유적인 것이다.
- 자기중심성(自己義) 내려놓게 하기 위함.
  - ⇒ 神正論은 因果應報로만 풀 수 없다.
  - ⇒ 하나님의 절대 주권에 대한 인간의 절대 순종
  - ⇒ 인과응보론의 현실적 한계와 궁극적 실현
- 성경의 고난은 종말론적으로 풀어야 한다.

할 때에 14 주께서 꿈으로 나를 놀라게 하시고 환상으로 나를 두렵게 하시나이다 15 이러므로 내 마음이 뼈를 깎
는 고통을 겪느니 차라리 숨이 막히는 것과 죽는 것을 택하리이다 16 내가 생명을 싫어하고 영원히 살기를 원하
지 아니하오니 나를 놓으소서 내 날은 헛 것이니이다 17 사람이 무엇이기에 주께서 그를 크게 만드사 그에게 마
음을 두시고 18 아침마다 권징하시며 순간마다 단련하시나이까 19 주께서 내게서 눈을 돌이키지 아니하시며 내
가 침을 삼킬 동안도 나를 놓지 아니하시기를 어느 때까지 하시리이까 20 사람을 감찰하시는 이여 내가 범죄하였
던들 주께 무슨 해가 되오리이까 어찌하여 나를 당신의 과녁으로 삼으셔서 내게 무거운 짐이 되게 하셨나이까
21 주께서 어찌하여 내 허물을 사하여 주지 아니하시며 내 죄악을 제거하여 버리지 아니하시나이까 내가 이제 흙
에 누우리니 주께서 나를 애써 찾으실지라도 내가 남아 있지 아니하리이다

욥기 8장

빌닷의 첫번째 말

1 수아 사람 빌닷이 대답하여 이르되 2 네가 어느 때까지 이런 말을 하겠
으며 어느 때까지 네 입의 말이 거센 바람과 같겠는가 3 하나님이 어찌 정
의를 굽게 하시겠으며 전능하신 이가 어찌 공의를 굽게 하시겠는가 4 네
자녀들이 주께 죄를 지었으므로 주께서 그들을 그 죄에 버려두셨나니 5
네가 만일 하나님을 찾으며 전능하신 이에게 간구하고 6 또 청결하고 정
직하면 반드시 너를 돌보시고 네 의로운 처소를 평안하게 하실 것이라 7
네 시작은 미약하였으나 네 나중은 심히 창대하리라 8 청하건대 너는 옛
시대 사람에게 물으며 조상들이 터득한 일을 배울지어다 9 (우리는 어제부터
있었을 뿐이라 우리는 아는 것이 없으며 세상에 있는 날이 그림자와 같으니라) 10 그들
이 네게 가르쳐 이르지 아니하겠느냐 그 마음에서 나오는 말을 하지 아니
하겠느냐 11 왕골이 진펄 아닌 데서 크게 자라겠으며 갈대가 물 없는 데서
크게 자라겠느냐 12 이런 것은 새 순이 돋아 아직 뜯을 때가 되기 전에 다
른 풀보다 일찍이 마르느니라 13 하나님을 잊어버리는 자의 길은 다 이와
같고 저속한 자의 희망은 무너지리니 14 그가 믿는 것이 끊어지고 그가 의
지하는 것이 거미줄 같은즉 15 그 집을 의지할지라도 집이 서지 못하고 굳
게 붙잡아 주어도 집이 보존되지 못하리라 16 그는 햇빛을 받고 물이 올라
그 가지가 동산에 뻗으며 17 그 뿌리가 돌무더기에 서리어서 돌 가운데로
들어갔을지라도 18 그 곳에서 뽑히면 그 자리도 모르는 체하고 이르기를
내가 너를 보지 못하였다 하리니 19 그 길의 기쁨은 이와 같고 그 후에 다
른 것이 흙에서 나리라 20 하나님은 순전한 사람을 버리지 아니하시고 악
한 자를 붙들어 주지 아니하시므로 21 웃음을 네 입에, 즐거운 소리를 네
입술에 채우시리니 22 너를 미워하는 자는 부끄러움을 당할 것이라 악인
의 장막은 없어지리라

욥 8:7 얼핏 보면 굉장히 은혜로운 구절이지만, 빌닷의 의도를 알고 이해하여야 하고 그 사용도 조심해야 한다. 빌닷은 욥이 죄를 범하여 초라해진 꼬락서니를 측은히 여겨 회개를 촉구하여 그 죄의 대가로 인한 미약함을 면하라는 취지의 말이란 사실을 알고 이해해야 한다.
이 말 자체는 진리이다. 성도들의 장래는 하나님의 은혜로 창대해지는 것이다.
☞ 신 5:29 다만 그들이 항상 이같은 마음을 품어 나를 경외하며 내 모든 명령을 지켜서 그들과 그 자손이 영원히 복 받기를 원하노라
☞ 시 34:9 너희 성도들아 여호와를 경외하라 그를 경외하는 자에게는 부족함이 없도다

빌닷의 변론 → 전통	
1	하나님의 공의를 인과응보론으로만 설명함(8:1-7)
2	악인은 벌을, 의인은 복을 받는다는 철저한 흑백 논리를 내세움(8:13, 20)
3	하나님의 말씀보다 전승에 의거하여 변론함(8:8-10)
4	자연 현상에 의거하여 하나님의 공의를 설명함(8:11-19)
5	자신의 감정에 치우쳐 욥을 비난함(18:1-4)
6	욥에게 독설로 저주함(18:7-10)
7	하나님과 인간을 창조주와 피조물과의 관계로만 파악하고 인격적 관계에 있음을 알지 못함(25:1-6)

55일~60일

욥기 9장

욥의 대답

1 욥이 대답하여 이르되 2 진실로 내가 이 일이 그런 줄을 알거니와 인생이 어찌 하나님 앞에 의로우랴 3 사람이
하나님께 변론하기를 좋아할지라도 천 마디에 한 마디도 대답하지 못하리라 4 그는 마음이 지혜로우시고 힘이
강하시니 그를 거슬러 스스로 완악하게 행하고도 형통할 자가 누구이랴 5 그가 진노하심으로 산을 무너뜨리시

며 옮기실지라도 산이 깨닫지 못하며 6 그가 땅을 그 자리에서 움직이시니 그 기둥들이 흔들리도다 7 그가 해를
명령하여 뜨지 못하게 하시며 별들을 가두시도다 8 그가 홀로 하늘을 펴시며 바다 물결을 밟으시며 9 북두성과
삼성과 묘성과 남방의 밀실을 만드셨으며 10 측량할 수 없는 큰 일을, 셀 수 없는 기이한 일을 행하시느니라 11 그
가 내 앞으로 지나시나 내가 보지 못하며 그가 내 앞에서 움직이시나 내가 깨닫지 못하느니라 12 하나님이 빼앗
으시면 누가 막을 수 있으며 무엇을 하시나이까 하고 누가 물을 수 있으랴 13 하나님이 진노를 돌이키지 아니하
시나니 라합을 돕는 자들이 그 밑에 굴복하겠거든 14 하물며 내가 감히 대답하겠으며 그 앞에서 무슨 말을 택하
랴 15 가령 내가 의로울지라도 대답하지 못하겠고 나를 심판하실 그에게 간구할 뿐이며 16 가령 내가 그를 부르
므로 그가 내게 대답하셨을지라도 내 음성을 들으셨다고는 내가 믿지 아니하리라 17 그가 폭풍으로 나를 치시고
까닭 없이 내 상처를 깊게 하시며 18 나를 숨 쉬지 못하게 하시며 괴로움을 내게 채우시는구나 19 힘으로 말하면
그가 강하시고 심판으로 말하면 누가 그를 소환하겠느냐 20 가령 내가 의로울지라도 내 입이 나를 정죄하리니
가령 내가 온전할지라도 나를 정죄하시리라 21 나는 온전하다마는 내가
나를 돌아보지 아니하고 내 생명을 천히 여기는구나 22 일이 다 같은 것이
라 그러므로 나는 말하기를 하나님이 온전한 자나 악한 자나 멸망시키신
다 하나니 23 갑자기 재난이 닥쳐 죽을지라도 무죄한 자의 절망도 그가 비
웃으시리라 24 세상이 악인의 손에 넘어갔고 재판관의 얼굴도 가려졌나
니 그렇게 되게 한 이가 그가 아니시면 누구냐 25 나의 날이 경주자보다
빨리 사라져 버리니 복을 볼 수 없구나 26 그 지나가는 것이 빠른 배 같고
먹이에 날아 내리는 독수리와도 같구나 27 가령 내가 말하기를 내 불평을
잊고 얼굴 빛을 고쳐 즐거운 모양을 하자 할지라도 28 내 모든 고통을 두

려워하오니 주께서 나를 죄 없다고 여기지 않으실 줄을 아나이다 29 내가 정죄하심을 당할진대 어찌 헛되이 수고
하리이까 30 내가 눈 녹은 물로 몸을 씻고 잿물로 손을 깨끗하게 할지라도 31 주께서 나를 개천에 빠지게 하시리
니 내 옷이라도 나를 싫어하리이다 32 하나님은 나처럼 사람이 아니신즉 내가 그에게 대답할 수 없으며 함께 들
어가 재판을 할 수도 없고 33 우리 사이에 손을 얹을 판결자도 없구나 34 주께서 그의 막대기를 내게서 떠나게 하
시고 그의 위엄이 나를 두렵게 하지 아니하시기를 원하노라 35 그리하시면 내가 두려움 없이 말하리라 나는 본래
그렇게 할 수 있는 자가 아니니라

욥기 10장

1 내 영혼이 살기에 곤비하니 내 불평을 토로하고 내 마음이 괴로운 대로
말하리라 2 내가 하나님께 아뢰오리니 나를 정죄하지 마시옵고 무슨 까
닭으로 나와 더불어 변론하시는지 내게 알게 하옵소서 3 주께서 주의 손
으로 지으신 것을 학대하시며 멸시하시고 악인의 꾀에 빛을 비추시기를
선히 여기시나이까 4 주께도 육신의 눈이 있나이까 주께서 사람처럼 보시
나이까 5 주의 날이 어찌 사람의 날과 같으며 주의 해가 어찌 인생의 해
와 같기로 6 나의 허물을 찾으시며 나의 죄를 들추어내시나이까 7 주께서
는 내가 악하지 않은 줄을 아시나이다 주의 손에서 나를 벗어나게 할 자도 없나이다 8 주의 손으로 나를 빚으셨
으며 만드셨는데 이제 나를 멸하시나이다 9 기억하옵소서 주께서 내 몸 지으시기를 흙을 뭉치듯 하셨거늘 다시
나를 티끌로 돌려보내려 하시나이까 10 주께서 나를 젖과 같이 쏟으셨으며 엉긴 젖처럼 엉기게 하지 아니하셨나
이까 11 피부와 살을 내게 입히시며 뼈와 힘줄로 나를 엮으시고 12 생명과 은혜를 내게 주시고 나를 보살피심으
로 내 영을 지키셨나이다 13 그러한데 주께서 이것들을 마음에 품으셨나이다 이 뜻이 주께 있는 줄을 내가 아나
이다 14 내가 범죄하면 주께서 나를 죄인으로 인정하시고 내 죄악을 사하지 아니하시나이다 15 내가 악하면 화가

❖ 욥 10장
욥의 답변에서 자신의 의로운 모습과 정당함을 강하게 주장한다. 이것은 그리스도인의 진정한 덕목과 품성이 되어야 하는 부분이기도 하다. 그러나 이것이 윤리 도덕적이거나, 자기중심적이거나, 자기 과시를 위한 것이라면 그것이 자기 의(自己 義)이다.

욥 10:4은 생육신의 필연성을 보여 주는 구절이라고도 생각할 수 있다.

있을 것이오며 내가 의로울지라도 머리를 들지 못하는 것은 내 속에 부끄러움이 가득하고 내 환난을 내 눈이 보
기 때문이니이다 16 내가 머리를 높이 들면 주께서 젊은 사자처럼 나를 사냥하시며 내게 주의 놀라움을 다시 나
타내시나이다 17 주께서 자주자주 증거하는 자를 바꾸어 나를 치시며 나를 향하여 진노를 더하시니 군대가 번갈
아서 치는 것 같으니이다 18 주께서 나를 태에서 나오게 하셨음은 어찌함이니이까 그렇지 아니하셨더라면 내가
기운이 끊어져 아무 눈에도 보이지 아니하였을 것이라 19 있어도 없던 것 같이 되어서 태에서 바로 무덤으로 옮겨
졌으리이다 20 내 날은 적지 아니하니이까 그런즉 그치시고 나를 버려두사 잠시나마 평안하게 하시되 21 내가 돌
아오지 못할 땅 곧 어둡고 죽음의 그늘진 땅으로 가기 전에 그리하옵소서
22 땅은 어두워서 흑암 같고 죽음의 그늘이 져서 아무 구별이 없고 광명도
흑암 같으니이다

욥 10:21-22
학습 자료 56-3
"구약의 음부 개념의 이해" 참조

욥기 11장

소발의 첫번째 말

1 나아마 사람 소발이 대답하여 이르되 2 말이 많으니 어찌 대답이 없으
랴 말이 많은 사람이 어찌 의롭다 함을 얻겠느냐 3 네 자랑하는 말이 어
떻게 사람으로 잠잠하게 하겠으며 네가 비웃으면 어찌 너를 부끄럽게
할 사람이 없겠느냐 4 네 말에 의하면 내 도는 정결하고 나는 주께서 보
시기에 깨끗하다 하는구나 5 하나님은 말씀을 내시며 너를 향하여 입을
여시고 6 지혜의 오묘함으로 네게 보이시기를 원하노니 이는 그의 지식
이 광대하심이라 하나님께서 너로 하여금 너의 죄를 잊게 하여 주셨음을
알라 7 네가 하나님의 오묘함을 어찌 능히 측량하며 전능자를 어찌 능히
완전히 알겠느냐 8 하늘보다 높으시니 네가 무엇을 하겠으며 스올보다
깊으시니 네가 어찌 알겠느냐 9 그의 크심은 땅보다 길고 바다보다 넓으
니라 10 하나님이 두루 다니시며 사람을 잡아 가두시고 재판을 여시면 누
가 능히 막을소냐 11 하나님은 허망한 사람을 아시나니 악한 일은 상관
하지 않으시는 듯하나 다 보시느니라 12 허망한 사람은 지각이 없나니
그의 출생함이 들나귀 새끼 같으니라 13 만일 네가 마음을 바로 정하고
주를 향하여 손을 들 때에 14 네 손에 죄악이 있거든 멀리 버리라 불의가 네 장막에 있지 못하게 하라 15 그리하
면 네가 반드시 흠 없는 얼굴을 들게 되고 굳게 서서 두려움이 없으리니 16 곧 네 환난을 잊을 것이라 네가 기억
할지라도 물이 흘러감 같을 것이며 17 네 생명의 날이 대낮보다 밝으리니 어둠이 있다 할지라도 아침과 같이 될
것이요 18 네가 희망이 있으므로 안전할 것이며 두루 살펴보고 평안히 쉬리라 19 네가 누워도 두렵게 할 자가 없
겠고 많은 사람이 네게 은혜를 구하리라 20 그러나 악한 자들은 눈이 어두워서 도망할 곳을 찾지 못하리니 그
들의 희망은 숨을 거두는 것이니라

소발의 변론 → 가정(假定)	
1	욥의 고난은 하나님께 대한 불경에서 비롯된 것이라 주장함(11:4-6)
2	하나님의 오묘한 섭리를 교리적으로만 설명함(11:7-11)
3	욥에게 직접적으로 회개를 촉구함(11:12-20)
4	모든 고난은 죄의 결과라는 전통적인 가치관에 의거, 변론함(20:2-4)
5	하나님의 공의만을 강조하고 사랑은 도외시함(20:27-29)

욥 11:4 성도는 다른 사람의 말을 왜곡하거나 곡해하지 않도록 조심해야 한다.
☞ **시 34:13** 네 혀를 악에서 금하며 네 입술을 거짓말에서 금할지어다
☞ **잠 17:4** 악을 행하는 자는 사악한 입술이 하는 말을 잘 듣고 거짓말을 하는 자는 악한 혀가 하는 말에 귀를 기울이느니라

56일차 읽기의 요약
(잠 22:17~24장, 잠 30~31, 욥 1~11)

족장시대에 살았다고 추정되는 욥은 하나님을 경외하고 온전하여 악에서 떠난 부자였다, 욥의 온전한 믿음에 대해 사탄은 어느 날 하나님께 그의 믿음의 근거가 그가 누리는 축복 때문이라고 욥을 참소한다, 하나님께서는 그의 생명을 제외하고 그 나머지 모든 소유와 그의 자녀들 그리고 그의 육체의 건강까지도 빼앗아 욥의 믿음에 대한 사탄의 참소에 대응하여 욥의 고난을 허락하신다.

욥에게 극심한 고난이 닥치자, 그의 아내까지도 그의 믿음을 경멸했다. 마침내 그의 세 친구가 욥을 위로하러 온다. 세 친구는 욥의 고난에 대해 권선징악적 인과 응보적인 관점으로 욥의 고난을 해석하고 욥이 자신과 자신의 가정의 죄를 인정할 것을 종용한다. 그러나 이러한 세 친구의 의견에 대해 욥은 처음에는 믿음의 자세를 유지하나 견디기 극심한 고난이 더해오자, 자신의 상황을 탄식하며 차라리 자신이 태어나지 않았으면 더 좋았으리라고 한탄한다.

욥기는 믿음의 사람이 이 세상에서 감당할 수 없는 고난을 당할 때 성도가 취해야 할 궁극적인 믿음의 태도가 어떠해야 하는지를 다룬다. 욥기는 의인이 어찌하여 이해할 수 없는 고난을 당하는가 하는 물음보다 의인에게 고난을 허락하시는 하나님의 절대주권에 대한 인정이 얼마나 더 중요한가 하는 것을 보여 준다. 인간의 하나님에 대한 지식의 한계와 자신의 의의 불완전함을 인정하고 어떤 환경에서도 하나님의 절대주권 앞에 무릎을 꿇을 수밖에 없는 것이 인간 존재인 것을 깨닫게 하신다.

그러면 어떻게 살 것인가?

인위뚝·신위고!

55일~60일

☑ 세계관 점검 – 묵상하기 (영상 강의와 교재 내용의 이해를 바탕으로)

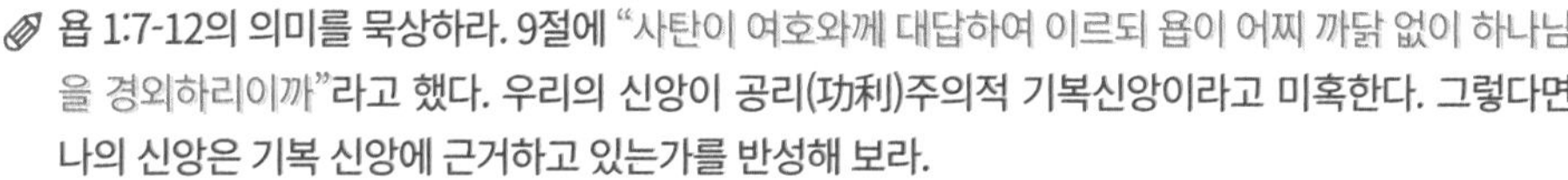

- 욥 1:7-12의 의미를 묵상하라. 9절에 "사탄이 여호와께 대답하여 이르되 욥이 어찌 까닭 없이 하나님을 경외하리이까"라고 했다. 우리의 신앙이 공리(功利)주의적 기복신앙이라고 미혹한다. 그렇다면 나의 신앙은 기복 신앙에 근거하고 있는가를 반성해 보라.

- 욥 1:21은 공수래공수거(空手來空手去)를 의미하는가? 우리의 생사관이 공수래공수거인가? 아래 두 구절을 함께 묵상하라. 성도들의 생사관(生死觀)은 빈손으로 왔다가 빈손으로 가는 것이 아니고, 하나님의 사명(은사)를 가지고 왔다가 그 열매를 가지고 사명을 다 이루고 하나님께로 돌아가는 것이다.
  - 창 28:15 내가 너와 함께 있어 네가 어디로 가든지 너를 지키며 너를 이끌어 이 땅으로 돌아오게 할지라 내가 네게 허락한 것을 다 이루기까지 너를 떠나지 아니하리라 하신지라
  - 마 25:14-30 달란트 비유 중 19절 "오랜 후에 그 종들의 주인이 돌아와 그들과 결산할새..."

- 욥 6:9-10의 욥의 고백을 이런 예화로 고난의 의미를 묵상해 보자 찬송가 413장(통 470장) "내 평생에 가는

길"의 작시자 스패포드(H. G. Spafford, 1828-1888)는 성공한 사업가요, 변호사요, 교수였으나 욥과 같이 많은 환난과 시험을 받은 성도였다. 그는 시카고의 대화재로 자신의 모든 소유를 불 가운데 잃었으며, 여행하고 있던 아내와 네 아이가 해상에서 사고를 당하여 부인은 기적적으로 살아났으나 사랑하는 네 아이를 모두 잃는 고난을 감수해야만 했다. 이러한 일을 당하자, 그는 몹시 괴로워하며 고통스럽게 소리쳤다.

"하나님, 나는 하나님을 사랑하는데 어찌하여 나의 아이들을 데려가셨습니까? 이제 나를 버리시겠나이까?"

그러나 그의 신실하고 확고한 신앙은 그 의심과 불안과 공포, 그리 가슴이 터질듯한 고통을 모두 정복했다. 결국 그는 낙심하지 않고, "어떤 희생과 역경 속에서도 내게 평안을 주시는 주님으로 인해 나는 기쁘다. 나는 주님을 배반치 않고 더욱 그를 의지하리라" 라는 고백을 했다.

그리하여 그 극한 고통 중에도 스패포드는 하나님이 주시는 평안을 노래했는데 그 시가 바로 413장(통 470장) "내 영혼이 편하다"라는 찬송이다.

실로 극한 고통 중에서 욥도 이렇게 고백하고 있다. "이 많은 고난 중에서도 내가 하나님의 말씀을 거역하지 않고 있으니, 이것이 나의 기쁨이며 위로이다." 이 얼마나 놀라운 신앙 고백인가! 우리 역시 고난 속에서도 욥과 스패포드같이 믿음을 지키며 오히려 하나님께 감사할 수 있어야 하지 않겠는가?

✎ 조건 없는 신앙이 가능한가?

하나님이 욥의 순전한 신앙을 칭찬하셨을 때 사탄은 욥이 하나님을 경외하는 것은 하나님께서 그에게 복을 주셨기 때문이라고 반박하였다. 말하자면 욥의 신앙은 기복적인 것에 지나지 않는다는 것이다. 이로 인해 하나님은 사탄의 제안에 따라 욥에게 고난을 허락하심으로 욥의 믿음을 시험하시게 된다. 여기서 우리는 과연 조건 없는 신앙이 가능한가를 깊이 생각하지 않을 수 없다. 감사의 조건이 없는 상황에서도 과연 하나님께 감사하고 찬양할 수 있을까? 욥은 그것이 가능하다는 것을 우리에게 보여 주었다. 그리고 조건 없는 신앙만이 진실한 신앙이라는 것도 보여 주었다. 이에 비해 오늘 우리는 얼마나 조건적인 신앙생활을 하고 있는가? 우리는 얼마나 범사에 감사하라는 바울의 권면으로부터 멀리 떨어져 나와 있는가? 만일 사탄이 욥을 참소하듯 우리를 참소하여 우리에게 고난이 임한다면 우리 중에 얼마나 되는 사람들이 순전한 신앙의 사람으로 남을 것인가? 우리는 늘 이 문제를 생각하며 조건 없이 하나님을 경외하는 진실한 성도로 남기 위하여 힘써야 할 것이다.

☑ 결단기도와 실행하기

약 2:26 영혼 없는 몸이 죽은 것 같이 행함이 없는 믿음은 죽은 것이니라
시 119:28 나의 영혼이 눌림으로 말미암아 녹사오니 주의 말씀대로 나를 세우소서

욥 12장~24장

욥기 12장

욥의 대답

1 욥이 대답하여 이르되 2 너희만 참으로 백성이로구나 너희가 죽으면 지
혜도 죽겠구나 3 나도 너희 같이 생각이 있어 너희만 못하지 아니하니 그
같은 일을 누가 알지 못하겠느냐 4 하나님께 불러 아뢰어 들으심을 입은
내가 이웃에게 웃음거리가 되었으니 의롭고 온전한 자가 조롱거리가 되
었구나 5 평안한 자의 마음은 재앙을 멸시하나 재앙이 실족하는 자를 기
다리는구나 6 강도의 장막은 형통하고 하나님을 진노하게 하는 자는 평
안하니 하나님이 그의 손에 후히 주심이니라 7 이제 모든 짐승에게 물어
보라 그것들이 네게 가르치리라 공중의 새에게 물어 보라 그것들이 또한
네게 말하리라 8 땅에게 말하라 네게 가르치리라 바다의 고기도 네게 설
명하리라 9 이것들 중에 어느 것이 여호와의 손이 이를 행하신 줄을 알지 못하랴 10 모든 생물의 생명과 모든 사
람의 육신의 목숨이 다 그의 손에 있느니라 11 입이 음식의 맛을 구별함 같이 귀가 말을 분간하지 아니하느냐 12
늙은 자에게는 지혜가 있고 장수하는 자에게는 명철이 있느니라 13 지혜와 권능이 하나님께 있고 계략과 명철도
그에게 속하였나니 14 그가 헐으신즉 다시 세울 수 없고 사람을 가두신즉 놓아주지 못하느니라 15 그가 물을 막
으신즉 곧 마르고 물을 보내신즉 곧 땅을 뒤집나니 16 능력과 지혜가 그에게 있고 속은 자와 속이는 자가 다 그
에게 속하였으므로 17 모사를 벌거벗겨 끌어 가시며 재판장을 어리석은 자가 되게 하시며 18 왕들이 맨 것을 풀어
그들의 허리를 동이시며 19 제사장들을 벌거벗겨 끌어가시고 권력이 있는 자를 넘어뜨리시며 20 충성된 사람들의
말을 물리치시며 늙은 자들의 판단을 빼앗으시며 21 귀인들에게 멸시를 쏟으시며 강한 자의 띠를 푸시며 22 어두
운 가운데에서 은밀한 것을 드러내시며 죽음의 그늘을 광명한 데로 나오게 하시며 23 민족들을 커지게도 하시고
다시 멸하기도 하시며 민족들을 널리 퍼지게도 하시고 다시 끌려가게도 하시며 24 만민의 우두머리들의 총명을
빼앗으시고 그들을 길 없는 거친 들에서 방황하게 하시며 25 빛 없이 캄캄한 데를 더듬게 하시며 취한 사람 같이
비틀거리게 하시느니라

> 욥 12:2 욥의 냉소적 반응을 보아 충고하는 사람이 절대로 피해야 할 것은 상대를 무시하는 태도임을 배우자.
> ☞ **잠 3:34** 진실로 그는 거만한 자를 비웃으시며 겸손한 자에게 은혜를 베푸시나니
> ☞ **롬 12:16** 서로 마음을 같이하며 높은 데 마음을 두지 말고 도리어 낮은 데 처하며 스스로 지혜 있는 체 하지 말라
> ☞ **고전 8:2** 만일 누구든지 무엇을 아는 줄로 생각하면 아직도 마땅히 알 것을 알지 못하는 것이요

욥기 13장

1 나의 눈이 이것을 다 보았고 나의 귀가 이것을 듣고 깨달았느니라 2 너희 아는 것을 나도 아노니 너희만 못하지
않으니라 3 참으로 나는 전능자에게 말씀하려 하며 하나님과 변론하려 하노라 4 너희는 거짓말을 지어내는 자요
다 쓸모없는 의원이니라 5 너희가 참으로 잠잠하면 그것이 너희의 지혜일 것이니라 6 너희는 나의 변론을 들으며
내 입술의 변명을 들어 보라 7 너희가 하나님을 위하여 불의를 말하려느냐
그를 위하여 속임을 말하려느냐 8 너희가 하나님의 낯을 따르려
느냐 그를 위하여 변론하려느냐 9 하나님이 너희를 감찰하시
면 좋겠느냐 너희가 사람을 속임 같이 그를 속이려느냐 10
만일 너희가 몰래 낯을 따를진대 그가 반드시 책망하시리
니 11 그의 존귀가 너희를 두렵게 하지 않겠으며 그의 두려움이
너희 위에 임하지 않겠느냐 12 너희의 격언은 재 같은 속담이요
너희가 방어하는 것은 토성이니라 13 너희는 잠잠하고 나를 버려

> 욥 13:7 하나님을 위한다는 명목으로 불의한 수단을 정당화해서는 안 된다.
> ☞ **마 26:52** 이에 예수께서 이르시되 네 칼을 도로 칼집에 꽂으라 칼을 가지는 자는 다 칼로 망하느니라
> ☞ **롬 15:20** 또 내가 그리스도의 이름을 부르는 곳에는 복음을 전하지 않기를 힘썼노니 이는 남의 터 위에 건축하지 아니하려 함이라

55일~60일

두어 말하게 하라 무슨 일이 닥치든지 내가 당하리라 14 내가 어찌하여 내
살을 내 이로 물고 내 생명을 내 손에 두겠느냐 15 그가 나를 죽이시리니
내가 희망이 없노라 그러나 그의 앞에서 내 행위를 아뢰리라 16 경건하지
않은 자는 그 앞에 이르지 못하나니 이것이 나의 구원이 되리라 17 너희들
은 내 말을 분명히 들으라 내가 너희 귀에 알려 줄 것이 있느니라 18 보라
내가 내 사정을 진술하였거니와 내가 정의롭다 함을 얻을 줄 아노라 19 나
와 변론할 자가 누구이랴 그러면 내가 잠잠하고 기운이 끊어지리라

욥의 기도

20 오직 내게 이 두 가지 일을 행하지 마옵소서 그리하시면 내가 주의 얼
굴을 피하여 숨지 아니하오리니 21 곧 주의 손을 내게 대지 마시오며 주
의 위엄으로 나를 두렵게 하지 마실 것이니이다 22 그리하시고 주는 나를
부르소서 내가 대답하리이다 혹 내가 말씀하게 하옵시고 주는 내게 대답
하옵소서 23 나의 죄악이 얼마나 많으니이까 나의 허물과 죄를 내게 알게
하옵소서 24 주께서 어찌하여 얼굴을 가리시고 나를 주의 원수로 여기시
나이까 25 주께서 어찌하여 날리는 낙엽을 놀라게 하시며 마른 검불을 뒤
쫓으시나이까 26 주께서 나를 대적하사 괴로운 일들을 기록하시며 내가
젊었을 때에 지은 죄를 내가 받게 하시오며 27 내 발을 차꼬에 채우시며
나의 모든 길을 살피사 내 발자취를 점검하시나이다 28 나는 썩은 물건의
낡아짐 같으며 좀 먹은 의복 같으니이다

욥기 14장

1 여인에게서 태어난 사람은 생애가 짧고 걱정이 가득하며 2 그는 꽃과 같
이 자라나서 시들며 그림자 같이 지나가며 머물지 아니하거늘 3 이와 같은
자를 주께서 눈여겨 보시나이까 나를 주 앞으로 이끌어서 재판하시나이까
4 누가 깨끗한 것을 더러운 것 가운데에서 낼 수 있으리이까 하나도 없나
이다 5 그의 날을 정하셨고 그의 달 수도 주께 있으므로 그의 규례를 정하
여 넘어가지 못하게 하셨사온즉 6 그에게서 눈을 돌이켜 그가 품꾼 같이 그
의 날을 마칠 때까지 그를 홀로 있게 하옵소서 7 나무는 희망이 있나니 찍
힐지라도 다시 움이 나서 연한 가지가 끊이지 아니하며 8 그 뿌리가 땅에서
늙고 줄기가 흙에서 죽을지라도 9 물 기운에 움이 돋고 가지가 뻗어서 새로
심은 것과 같거니와 10 장정이라도 죽으면 소멸되나니 인생이 숨을 거두면
그가 어디 있느냐 11 물이 바다에서 줄어들고 강물이 잦아서 마름 같이 12
사람이 누우면 다시 일어나지 못하고 하늘이 없어지기까지 눈을 뜨지 못하
며 잠을 깨지 못하느니라 13 주는 나를 스올에 감추시며 주의 진노를 돌이
키실 때까지 나를 숨기시고 나를 위하여 규례를 정하시고 나를 기억하옵소
서 14 장정이라도 죽으면 어찌 다시 살리이까 나는 나의 모든 고난의 날 동
안을 참으면서 풀려나기를 기다리겠나이다 15 주께서는 나를 부르시겠고
나는 대답하겠나이다 주께서는 주의 손으로 지으신 것을 기다리시겠나이
다 16 그러하온데 이제 주께서 나의 걸음을 세시오니 나의 죄를 감찰하지
아니하시나이까 17 주는 내 허물을 주머니에 봉하시고 내 죄악을 싸매시나

55일~60일

❖ 욥의 세 친구와의 논쟁 부분은 앞의 도표(p986)를 참고하면서 읽어라.

☞ 욥의 세 친구의 논쟁의 기본적인 근거는 "나", 즉 자기중심성에 근거하고 있다. 사사기에서 본 것처럼 "왕이 없으므로 각기 자기 소견대로 행하는" 그런 혼란스러운 시대처럼 논쟁의 근거는 퍽 혼란스러울 수밖에 없다.
이런 상황에서는 "오류 추리"를 범할 수 있어 더욱 문제를 꼬이게 할 수 있다.

☞ **오류 추리**

오류(誤謬, 영어 fallacy)는 논리학에서 일반적으로는 옳지 않은 추리를 가리키나, 특히 옳은 듯이 겉으로만 보이려는 옳지 않은 추론(推論)을 말한다. 논점 차이의 허위, 선결문제 요구의 허위 등 외에 언어가 애매한 허위(같은 글자나 뜻이 다른 말로 속이는 것), 애매한 문장의 허위(문장 구조를 불완전하고 명확하지 못한 뜻으로 하여 추론을 속이는 것) 등 많이 있다.
그리고 위와 같은 의미를 지닌 팰러시(fallacy)를 오류(誤謬)로 번역하는 수도 있다. 즉, 오류(誤謬)의 일반적인 의미는 "틀린 것(error)"이지만, 허위(fallacy) 즉 논리적 오류와 같은 뜻으로 쓰이기도 한다.

· **거짓**

오류와 거짓은 언뜻 보면 같은 단어로 보이나 엄연히 다른 단어이다. 둘 다 잘못된 사실을 뜻하지만 '오류'는 어떤 사실을 내놓은 사람이 잘못된 사실임을 모르고 내놓은 것이고 '거짓'은 해당 사실이 잘못된 사실임을 알고도 내놓아진 사실을 뜻한다.

· **오류론**

오류론(誤謬論)은 논리학에서 사유의 혼란, 감정적인 동기 때문에 논리적 규칙을 소홀히 함으로써 저지르게 되는 바르지 못한 추리에 관한 이론들이다. 오류는 논리학에서 형식적 오류와 비형식적 오류로 크게 나뉜다. 이러한 오류론은 다양한 형태의 명제에서 참과 거짓을 변별하기에 앞서 다루어져야 하는 중요한 오류들을 분류하고 또한 일상생활에서도 수많은 혼동을 초래함으로 논리학에서도 학문적 연구가 깊이 있게 진행되고 있다(위키 백과사전).

☞ 언제나 상담의 해결책의 근거는 성경적 세계관이어야 한다는 것을 다시 명심하자. 그렇지 않고, 철학, 심리학 등 세상 인문학에 근거한 상담 기술은 하나님의 뜻을 거역하는 역기능을 초래하고 있다. 이것은 오늘날 현대 신학에서의 치유신학의 오작동적 역기능을 초래하여 오늘 성도들의 신앙의 연단을 나약하게 할 수 있다는 사실을 반성해야 한다.

욥 14:1
학습 자료 57-1 "원어"의 의미로 보는 "인간"의 의미 참조

이다 18 무너지는 산은 반드시 흩어지고 바위는 그 자리에서 옮겨가고 19 물은 돌을 닳게 하고 넘치는 물은 땅의 티
끌을 씻어버리나이다 이와 같이 주께서는 사람의 희망을 끊으시나이다 20 주께서 사람을 영원히 이기셔서 떠나게
하시며 그의 얼굴빛을 변하게 하시고 쫓아보내시오니 21 그의 아들들이 존귀하게 되어도 그가 알지 못하며 그들이
비천하게 되어도 그가 깨닫지 못하나이다 22 다만 그의 살이 아프고 그의 영혼이 애곡할 뿐이니이다

욥기 15장

엘리바스의 두 번째 말

1 데만 사람 엘리바스가 대답하여 이르되 2 지혜로운 자가 어찌 헛된 지식으로 대답하겠느냐 어찌 동풍을 그의
복부에 채우겠느냐 3 어찌 도움이 되지 아니하는 이야기, 무익한 말로 변론하겠느냐 4 참으로 네가 하나님 경외
하는 일을 그만두어 하나님 앞에 묵도하기를 그치게 하는구나 5 네 죄악이 네 입을 가르치나니 네가 간사한 자
의 혀를 좋아하는구나 6 너를 정죄한 것은 내가 아니요 네 입이라 네 입술이 네게 불리하게 증언하느니라 7 네가
제일 먼저 난 사람이냐 산들이 있기 전에 네가 출생하였느냐 8 하나님의 오묘하심을 네가 들었느냐 지혜를 홀로
가졌느냐 9 네가 아는 것을 우리가 알지 못하는 것이 무엇이냐 네가 깨달은 것을 우리가 소유하지 못한 것이 무
엇이냐 10 우리 중에는 머리가 흰 사람도 있고 연로한 사람도 있고 네 아버지보다 나이가 많은 사람도 있느니라
11 하나님의 위로와 은밀하게 하시는 말씀이 네게 작은 것이냐 12 어찌하여 네 마음에 불만스러워하며 네 눈을
번뜩거리며 13 네 영이 하나님께 분노를 터뜨리며 네 입을 놀리느냐 14 사람이 어찌 깨끗하겠느냐 여인에게서 난
자가 어찌 의롭겠느냐 15 하나님은 거룩한 자들을 믿지 아니하시나니 하늘이라도 그가 보시기에 부정하거든 16
하물며 악을 저지르기를 물 마심 같이 하는 가증하고 부패한 사람을 용납하시겠느냐 17 내가 네게 보이리니 내
게서 들으라 내가 본 것을 설명하리라 18 이는 곧 지혜로운 자들이 전하
여 준 것이니 그들의 조상에게서 숨기지 아니하였느니라 19 이 땅은 그들
에게만 주셨으므로 외인은 그들 중에 왕래하지 못하였느니라 20 그 말에
이르기를 악인은 그의 일평생에 고통을 당하며 포악자의 햇수는 정해졌
으므로 21 그의 귀에는 무서운 소리가 들리고 그가 평안할 때에 멸망시키
는 자가 그에게 이르리니 22 그가 어두운 데서 나오기를 바라지 못하고 칼
날이 숨어서 기다리느니라 23 그는 헤매며 음식을 구하여 이르기를 어디
있느냐 하며 흑암의 날이 가까운 줄을 스스로 아느니라 24 환난과 역경이
그를 두렵게 하며 싸움을 준비한 왕처럼 그를 쳐서 이기리라 25 이는 그의
손을 들어 하나님을 대적하며 교만하여 전능자에게 힘을 과시하였음이니
라 26 그는 목을 세우고 방패를 들고 하나님께 달려드니 27 그의 얼굴에는
살이 찌고 허리에는 기름이 엉기었고 28 그는 황폐한 성읍, 사람이 살지 아니하는 집, 돌무더기가 될 곳에 거주하
였음이니라 29 그는 부요하지 못하고 재산이 보존되지 못하고 그의 소유가 땅에서 증식되지 못할 것이라 30 어두
운 곳을 떠나지 못하리니 불꽃이 그의 가지를 말릴 것이라 하나님의 입김으로 그가 불려가리라 31 그가 스스로
속아 허무한 것을 믿지 아니할 것은 허무한 것이 그의 보응이 될 것임이라 32 그의 날이 이르기 전에 그 일이 이루
어질 것인즉 그의 가지가 푸르지 못하리니 33 포도 열매가 익기 전에 떨어짐 같고 감람 꽃이 곧 떨어짐 같으리라
34 경건하지 못한 무리는 자식을 낳지 못할 것이며 뇌물을 받는 자의 장막은 불탈 것이라 35 그들은 재난을 잉태
하고 죄악을 낳으며 그들의 뱃속에 속임을 준비하느니라

욥 15:17-35
학습 자료 57-2 "성경적 인과응보" 참조
학습 자료 57-3 "욥기의 신정론" 참조

욥 15:20-24 엘리바스는 2차 변론에서 지혜의 전승을 빌려, 욥을 악인으로 몰고 있다.
우리는 나타난 현상과 세상의 기준으로 사람을 판단하는 오류를 범해서는 안 된다.
☞ **렘 12:1** 여호와여 내가 주와 변론할 때에는 주께서 의로우시니이다 그러나 내가 주께 질문하옵나니 악한 자의 길이 형통하며 반역한 자가 다 평안함은 무슨 까닭이니이까

욥기 16장

욥의 대답

1 욥이 대답하여 이르되 2 이런 말은 내가 많이 들었나니 너희는 다 재난을 주는 위로자들이로구나 3 헛된 말이

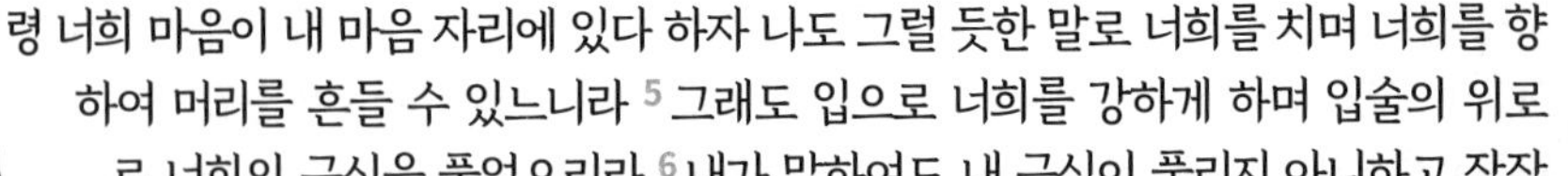

어찌 끝이 있으랴 네가 무엇에 자극을 받아 이같이 대답하는가 4 나도 너희처럼 말할 수 있나니 가
령 너희 마음이 내 마음 자리에 있다 하자 나도 그럴 듯한 말로 너희를 치며 너희를 향
하여 머리를 흔들 수 있느니라 5 그래도 입으로 너희를 강하게 하며 입술의 위로
로 너희의 근심을 풀었으리라 6 내가 말하여도 내 근심이 풀리지 아니하고 잠잠
하여도 내 아픔이 줄어들지 않으리라 7 이제 주께서 나를 피로하게 하시고 나의
온 집안을 패망하게 하셨나이다 8 주께
서 나를 시들게 하셨으니 이는 나를 향하
여 증거를 삼으심이라 나의 파리한 모습
이 일어나서 대면하여 내 앞에서 증언하리이다 9 그는 진노하사 나를 찢
고 적대시 하시며 나를 향하여 이를 갈고 원수가 되어 날카로운 눈초리로
나를 보시고 10 무리들은 나를 향하여 입을 크게 벌리며 나를 모욕하여 뺨
을 치며 함께 모여 나를 대적하는구나 11 하나님이 나를 악인에게 넘기시
며 행악자의 손에 던지셨구나 12 내가 평안하더니 그가 나를 꺾으시며 내
목을 잡아 나를 부숴뜨리시며 나를 세워 과녁을 삼으시고 13 그의 화살들
이 사방에서 날아와 사정 없이 나를 쏨으로 그는 내 콩팥들을 꿰뚫고 그
는 내 쓸개가 땅에 흘러나오게 하시는구나 14 그가 나를 치고 다시 치며
용사 같이 내게 달려드시니 15 내가 굵은 베를 꿰매어 내 피부에 덮고 내
뿔을 티끌에 더럽혔구나 16 내 얼굴은 울음으로 붉었고 내 눈꺼풀에는 죽
음의 그늘이 있구나 17 그러나 내 손에는 포학이 없고 나의 기도는 정결하
니라 18 땅아 내 피를 가리지 말라 나의 부르짖음이 쉴 자리를 잡지 못하
게 하라 19 지금 나의 증인이 하늘에 계시고 나의 중보자가 높은 데 계시
니라 20 나의 친구는 나를 조롱하고 내 눈은 하나님을 향하여 눈물을 흘
리니 21 사람과 하나님 사이에와 인자와 그 이웃 사이에 중재하시기를 원
하노니 22 수년이 지나면 나는 돌아오지 못할 길로 갈 것임이니라

욥기 17장

1 나의 기운이 쇠하였으며 나의 날이 다하였고 무덤이 나를 위하여 준비
되었구나 2 나를 조롱하는 자들이 나와 함께 있으므로 내 눈이 그들의 충
동함을 항상 보는구나 3 청하건대 나에게 담보물을 주소서 나의 손을 잡
아 줄 자가 누구리이까 4 주께서 그들의 마음을 가리어 깨닫지 못하게 하
셨사오니 그들을 높이지 마소서 5 보상을 얻으려고 친구를 비난하는 자는
그의 자손들의 눈이 멀게 되리라 6 하나님이 나를 백성의 속담거리가 되
게 하시니 그들이 내 얼굴에 침을 뱉는구나 7 내 눈은 근심 때문에 어두워
지고 나의 온 지체는 그림자 같구나 8 정직한 자는 이로 말미암아 놀라고
죄 없는 자는 경건하지 못한 자 때문에 분을 내나니 9 그러므로 의인은 그
길을 꾸준히 가고 손이 깨끗한 자는 점점 힘을 얻느니라 10 너희는 모두
다시 올지니라 내가 너희 중에서 지혜자를 찾을 수 없느니라 11 나의 날
이 지나갔고 내 계획, 내 마음의 소원이 다 끊어졌구나 12 그들은 밤으로
낮을 삼고 빛 앞에서 어둠이 가깝다 하는구나 13 내가 스올이 내 집이 되
기를 희망하여 내 침상을 흑암에 펴놓으매 14 무덤에게 너는 내 아버지라,

욥 16:8 이 구절은 마치 욥이 자신이 당하는 고난이 자신의 죄 때문인 것을 인정하는 듯한 말처럼 보인다. 그러나 욥의 이 말은 자신에게 임한 재앙으로 말미암아 병들어 쇠약해진 자신의 모습이 친구들로 하여금 자신을 죄인으로 취급하는 데 결정적인 역할을 하였다는 말이다. 그러니 이제 하나님이 나서서 자신의 무죄함을 신원해 주셔야 한다는 탄원이다. 잘못되면 죄를 지었기 때문이고 형통하면 의로운 삶을 살았기 때문이라고 생각한다. 이것이 인과응보식 세계관이다.
인생의 모든 고난이 죄 때문만이 아니다.
☞ **마 10:22** 또 너희가 내 이름으로 말미암아 모든 사람에게 미움을 받을 것이나 끝까지 견디는 자는 구원을 얻으리라
☞ **롬 8:17** 자녀이면 또한 상속자 곧 하나님의 상속자요 그리스도와 함께 한 상속자니 우리가 그와 함께 영광을 받기 위하여 고난도 함께 받아야 할 것이니라

욥 17:5 욥은 의인으로서 그 인격이 아주 고매한 자였다고 표현하지만, 친구들의 거듭되는 모함과 비방을 견디지 못하고 친구들을 향해 저주의 말을 쏟아 내는 것이다. 여기서 우리는 욥의 인간적 한계를 분명하게 확인할 수 있다. 그리고 인간의 의라는 것이 얼마나 보잘것없는지도 확인할 수 있다. 또한 욥의 거듭되는 답변에서 그의 의(義)는 결국 하나님으로부터 회개를 촉구받는 자기 의(自己 義)라 판정한다. 이것이 인간의 한계임을 깊이 깨닫고 참 하나님의 의로 거듭날 수 있어야 한다. 그 길은 성경 읽기로부터 이루어진다.
인생의 모든 고난이 죄 때문만이 아니다.

오늘 성경 읽으셨나요?

☞ **롬 3:20** 그러므로 율법의 행위로 그의 앞에 의롭다 하심을 얻을 육체가 없나니 율법으로는 죄를 깨달음이니라
☞ **갈 5:4-6** 율법 안에서 의롭다 함을 얻으려 하는 너희는 그리스도에게서 끊어지고 은혜에서 떨어진 자로다 우리가 성령으로 믿음을 따라 의의 소망을 기다리노니 그리스도 예수 안에서는 할례나 무할례나 효력이 없으되 사랑으로써 역사하는 믿음뿐이니라

인위 뚝! 신위 고!

구더기에게 너는 내 어머니, 내 자매라 할지라도 15 나의 희망이 어디 있으며 나의 희망을 누가 보겠느냐 16 우리
가 흙 속에서 쉴 때에는 희망이 스올의 문으로 내려갈 뿐이니라

욥기 18장

빌닷의 두 번째 말

1 수아 사람 빌닷이 대답하여 이르되 2 너희가 어느 때에 가서 말의 끝을 맺겠느냐 깨달으라 그 후에야 우리가
말하리라 3 어찌하여 우리를 짐승으로 여기며 부정하게 보느냐 4 울분을 터뜨리며 자기 자신을 찢는 사람아 너
때문에 땅이 버림을 받겠느냐 바위가 그 자리에서 옮겨지겠느냐 5 악인의 빛은 꺼지고 그의 불꽃은 빛나지 않
을 것이요 6 그의 장막 안의 빛은 어두워지고 그 위의 등불은 꺼질 것이요 7 그의 활기찬 걸음이 피곤하여지고 그
가 마련한 꾀에 스스로 빠질 것이니 8 이는 그의 발이 그물에 빠지고 올가
미에 걸려들며 9 그의 발뒤꿈치는 덫에 치이고 그의 몸은 올무에 얽힐 것이
며 10 그를 잡을 덫이 땅에 숨겨져 있고 그를 빠뜨릴 함정이 길목에 있으며
11 무서운 것이 사방에서 그를 놀라게 하고 그 뒤를 쫓아갈 것이며 12 그의
힘은 기근으로 말미암아 쇠하고 그 곁에는 재앙이 기다릴 것이며 13 질병이
그의 피부를 삼키리니 곧 사망의 장자가 그의 지체를 먹을 것이며 14 그가
의지하던 것들이 장막에서 뽑히며 그는 공포의 왕에게로 잡혀가고 15 그에
게 속하지 않은 자가 그의 장막에 거하리니 유황이 그의 처소에 뿌려질 것
이며 16 밑으로 그의 뿌리가 마르고 위로는 그의 가지가 시들 것이며 17 그
를 기념함이 땅에서 사라지고 거리에서는 그의 이름이 전해지지 않을 것이
며 18 그는 광명으로부터 흑암으로 쫓겨 들어가며 세상에서 쫓겨날 것이며
19 그는 그의 백성 가운데 후손도 없고 후예도 없을 것이며 그가 거하던 곳
에는 남은 자가 한 사람도 없을 것이라 20 그의 운명에 서쪽에서 오는 자와
동쪽에서 오는 자가 깜짝 놀라리라 21 참으로 불의한 자의 집이 이러하고
하나님을 알지 못하는 자의 처소도 이러하니라

> 욥 18:17-21 인과응보의 잣대로 욥의 문제에 접근하는 세 친구는 욥의 죄로 인한 것이라는 대전제를 깔고 욥의 상황에 엄청난 오류를 범하면서 죄인 취급하는 모습을 볼 수 있다. 빌닷의 말이 죄인일 경우에는 맞는 말이긴 하지만 그렇지 않는 경우에 말씀을 빙자하여 고통을 합법적으로 주는 행위는 성찰하고 반성해야 할 끔찍한 오류이다.
> ☞ **말 3:16** 그 때에 여호와를 경외하는 자들이 피차에 말하매 여호와께서 그것을 분명히 들으시고 여호와를 경외하는 자와 그 이름을 존중히 여기는 자를 위하여 여호와 앞에 있는 기념책에 기록하셨느니라
> ☞ **빌 4:3** 또 참으로 나와 멍에를 같이한 네게 구하노니 복음에 나와 함께 힘쓰던 저 여인들을 돕고 또한 글레멘드와 그 외에 나의 동역자들을 도우라 그 이름들이 생명책에 있느니라

55일~60일

욥기 19장

욥의 대답

1 욥이 대답하여 이르되 2 너희가 내 마음을 괴롭히며 말로 나를 짓부수기를 어느 때까지 하겠느냐 3 너희가 열
번이나 나를 학대하고도 부끄러워 아니하는구나 4 비록 내게 허물이 있다 할지라도 그 허물이 내게만 있느냐 5
너희가 참으로 나를 향하여 자만하며 내게 수치스러운 행위가 있다고 증언하려면 하려니와 6 하나님이 나를 억
울하게 하시고 자기 그물로 나를 에워싸신 줄을 알아야 할지니라 7 내가 폭행을 당한다고 부르짖으나 응답이 없
고 도움을 간구하였으나 정의가 없구나 8 그가 내 길을 막아 지나가지 못하게 하시고 내 앞길에 어둠을 두셨으
며 9 나의 영광을 거두어가시며 나의 관모를 머리에서 벗기시고 10 사면으로 나를 헐으시니 나는 죽었구나 내 희
망을 나무 뽑듯 뽑으시고 11 나를 향하여 진노하시고 원수 같이 보시는구나 12 그 군대가 일제히 나아와서 길을
돋우고 나를 치며 내 장막을 둘러 진을 쳤구나 13 나의 형제들이 나를 멀리 떠나게 하시니 나를 아는 모든 사람
이 내게 낯선 사람이 되었구나 14 내 친척은 나를 버렸으며 가까운 친지들은 나를 잊었구나 15 내 집에 머물러 사
는 자와 내 여종들은 나를 낯선 사람으로 여기니 내가 그들 앞에서 타국 사람이 되었구나 16 내가 내 종을 불러
도 대답하지 아니하니 내 입으로 그에게 간청하여야 하겠구나 17 내 아내도 내 숨결을 싫어하며 내 허리의 자식
들도 나를 가련하게 여기는구나 18 어린 아이들까지도 나를 업신여기고 내가 일어나면 나를 조롱하는구나 19 나
의 가까운 친구들이 나를 미워하며 내가 사랑하는 사람들이 돌이켜 나의 원수가 되었구나 20 내 피부와 살이 뼈

에 붙었고 남은 것은 겨우 잇몸 뿐이로구나 21 나의 친구야 너희는 나를 불쌍히 여겨다오 나를 불쌍
히 여겨다오 하나님의 손이 나를 치셨구나 22 너희가 어찌하여 하나님처럼 나를 박해하느냐 내 살
로도 부족하냐 23 나의 말이 곧 기록되었으면, 책에 씌어졌으면, 24 철필과 납으로 영원히 돌에
새겨졌으면 좋겠노라 25 내가 알기에는 나의 대속자가 살아 계시니 마침내 그가 땅 위에 서실
것이라 26 내 가죽이 벗김을 당한 뒤에도 내가 육체 밖에서 하나님을 보리라 27 내가 그를 보
리니 내 눈으로 그를 보기를 낯선 사람처럼 하지 않을 것이라 내 마음이 초조하구나 28 너희
가 만일 이르기를 우리가 그를 어떻게 칠까 하며 또 이르기를 일의 뿌리가 그에게 있다 할진대 29 너희는 칼을 두
려워 할지니라 분노는 칼의 형벌을 부르나니 너희가 심판장이 있는 줄을 알게 되리라

욥기 20장

소발의 두 번째 말

1 나아마 사람 소발이 대답하여 이르되 2 그러므로 내 초조한 마음이 나로
하여금 대답하게 하나니 이는 내 중심이 조급함이니라 3 내가 나를 부끄
럽게 하는 책망을 들었으므로 나의 슬기로운 마음이 나로 하여금 대답하
게 하는구나 4 네가 알지 못하느냐 예로부터 사람이 이 세상에 생긴 때로
부터 5 악인이 이긴다는 자랑도 잠시요 경건하지 못한 자의 즐거움도 잠
깐이니라 6 그 존귀함이 하늘에 닿고 그 머리가 구름에 미칠지라도 7 자기
의 똥처럼 영원히 망할 것이라 그를 본 자가 이르기를 그가 어디 있느냐
하리라 8 그는 꿈 같이 지나가니 다시 찾을 수 없을 것이요 밤에 보이는
환상처럼 사라지리라 9 그를 본 눈이 다시 그를 보지 못할 것이요 그의 처
소도 다시 그를 보지 못할 것이며 10 그의 아들들은 가난한 자에게 은혜
를 구하겠고 그도 얻은 재물을 자기 손으로 도로 줄 것이며 11 그의 기골
이 청년 같이 강장하나 그 기세가 그와 함께 흙에 누우리라 12 그는 비록
악을 달게 여겨 혀 밑에 감추며 13 아껴서 버리지 아니하고 입천장에 물고 있을지라도 14 그의 음식이 창자 속에
서 변하며 뱃속에서 독사의 쓸개가 되느니라 15 그가 재물을 삼켰을지라도 토할 것은 하나님이 그의 배에서 도
로 나오게 하심이니 16 그는 독사의 독을 빨며 뱀의 혀에 죽을 것이라 17 그는 강 곧 꿀과 엉긴 젖이 흐르는 강을
보지 못할 것이요 18 수고하여 얻은 것을 삼키지 못하고 돌려주며 매매하여 얻은 재물로 즐거움을 삼지 못하리
니 19 이는 그가 가난한 자를 학대하고 버렸음이요 자기가 세우지 않은 집을 빼앗음이니라 20 그는 마음에 평안
을 알지 못하니 그가 기뻐하는 것을 하나도 보존하지 못하겠고 21 남기는 것이 없이 모두 먹으니 그런즉 그 행복
이 오래 가지 못할 것이라 22 풍족할 때에도 괴로움이 이르리니 모든 재난을 주는 자의 손이 그에게 임하리라 23
그가 배를 불리려 할 때에 하나님이 맹렬한 진노를 내리시리니 음식을 먹을 때에 그의 위에 비 같이 쏟으시리라
24 그가 철 병기를 피할 때에는 놋화살을 쏘아 꿰뚫을 것이요 25 몸에서 그의 화살을 빼낸즉 번쩍번쩍하는 촉이
그의 쓸개에서 나오고 큰 두려움이 그에게 닥치느니라 26 큰 어둠이 그를 위하여 예비되어 있고 사람이 피우지
않은 불이 그를 멸하며 그 장막에 남은 것을 해치리라 27 하늘이 그의 죄악을 드러낼 것이요 땅이 그를 대항하여
일어날 것인즉 28 그의 가산이 떠나가며 하나님의 진노의 날에 끌려가리라 29 이는 악인이 하나님께 받을 분깃이
요 하나님이 그에게 정하신 기업이니라

> **욥 20:3** 당시 지혜 전승에 의한 인간 문제의 전통적 접근법은 인과응보, 권선징악이었다(지금도 같지만). 욥은 이것을 전면 거부하는 자세였고, 소발은 자기의 확신에 찬 지혜 전승이 욥에게 무시당한다고 화풀이를 해 대는듯한 대화를 한다. 우리가 인간의 지혜에 근거한 신학 이론이나 주장을 절대화해서는 안 된다는 교훈을 보여 주는 대목이다.
> ☞ **마 15:9** 사람의 계명으로 교훈을 삼아 가르치니 나를 헛되이 경배하는도다 하였느니라 하시고
> ☞ **골 2:20** 너희가 세상의 초등학문에서 그리스도와 함께 죽었거든 어찌하여 세상에 사는 것과 같이 규례에 순종하느냐

욥기 21장

욥의 대답

1 욥이 대답하여 이르되 2 너희는 내 말을 자세히 들으라 이것이 너희의 위로가 될 것이니라 3 나를 용납하여 말

55일~60일

하게 하라 내가 말한 후에 너희가 조롱할지니라 4 나의 원망이 사람을 향
하여 하는 것이냐 내 마음이 어찌 조급하지 아니하겠느냐 5 너희가 나를
보면 놀라리라 손으로 입을 가리리라 6 내가 기억하기만 하여도 불안하고
두려움이 내 몸을 잡는구나 7 어찌하여 악인이 생존하고 장수하며 세력이
강하냐 8 그들의 후손이 앞에서 그들과 함께 굳게 서고 자손이 그들의 목
전에서 그러하구나 9 그들의 집이 평안하여 두려움이 없고 하나님의 매가
그들 위에 임하지 아니하며 10 그들의 수소는 새끼를 배고 그들의 암소는
낙태하는 일이 없이 새끼를 낳는구나 11 그들은 아이들을 양 떼 같이 내
보내고 그들의 자녀들은 춤추는구나 12 그들은 소고와 수금으로 노래하
고 피리 불어 즐기며 13 그들의 날을 행복하게 지내다가 잠깐 사이에 스올
에 내려가느니라 14 그러할지라도 그들은 하나님께 말하기를 우리를 떠
나소서 우리가 주의 도리 알기를 바라지 아니하나이다 15 전능자가 누구
이기에 우리가 섬기며 우리가 그에게 기도한들 무슨 소용이 있으랴 하는
구나 16 그러나 그들의 행복이 그들의 손 안에 있지 아니하니 악인의 계획
은 나에게서 멀구나 17 악인의 등불이 꺼짐과 재앙이 그들에게 닥침과 하
나님이 진노하사 그들을 곤고하게 하심이 몇 번인가 18 그들이 바람 앞에
검불 같이, 폭풍에 날려가는 겨 같이 되었도다 19 하나님은 그의 죄악을
그의 자손들을 위하여 쌓아 두시며 그에게 갚으실 것을 알게 하시기를 원
하노라 20 자기의 멸망을 자기의 눈으로 보게 하며 전능자의 진노를 마시
게 할 것이니라 21 그의 달수가 다하면 자기 집에 대하여 무슨 관계가 있
겠느냐 22 그러나 하나님께서는 높은 자들을 심판하시나니 누가 능히 하
나님께 지식을 가르치겠느냐 23 어떤 사람은 죽도록 기운이 충실하여 안
전하며 평안하고 24 그의 그릇에는 젖이 가득하며 그의 골수는 윤택하고
25 어떤 사람은 마음에 고통을 품고 죽으므로 행복을 맛보지 못하는도다
26 이 둘이 매 한 가지로 흙 속에 눕고 그들 위에 구더기가 덮이는구나 27
내가 너희의 생각을 알고 너희가 나를 해하려는 속셈도 아노라 28 너희의
말이 귀인의 집이 어디 있으며 악인이 살던 장막이 어디 있느냐 하는구나
29 너희가 길 가는 사람들에게 묻지 아니하였느냐 그들의 증거를 알지 못
하느냐 30 악인은 재난의 날을 위하여 남겨둔 바 되었고 진노의 날을 향
하여 끌려가느니라 31 누가 능히 그의 면전에서 그의 길을 알려 주며 누가
그의 소행을 보응하랴 32 그를 무덤으로 메어 가고 사람이 그 무덤을 지
키리라 33 그는 골짜기의 흙덩이를 달게 여기리니 많은 사람들이 그보다
앞서 갔으며 모든 사람이 그의 뒤에 줄지었느니라 34 그런데도 너희는 나
를 헛되이 위로하려느냐 너희 대답은 거짓일 뿐이니라

욥 21:1-34 전 8차에 걸친 욥의 항변에 나타난 주요 주제들

본서는 욥이 자신의 세 친구와 변론하는 중 전 8차에 걸쳐 항변한 사실을 기록하고 있다(6-7장, 9-10장, 12-14장, 16-17장, 19징, 21장, 23, 24장, 26장). 이 항변 가운데 욥은 세속 인과응보론의 입장에서 자신의 고난이 자신의 죄 때문이라고 주장하며 회개를 독촉하는 세 친구들의 변론에 대해 자신의 무죄함을 주장하는 한편 무죄한 자신에게 극심한 고난이 임하는 모순된 상황에 대하여 하나님께 항변하는 것으로 일관된 주장을 펴고 있다. 이에 욥의 항변들에 나타난 주요 주제들을 정리해 보면 다음과 같다.

1	자기 고난의 원인은 하나님께 있음(6:4)
2	의로운 자신의 기도에 하나님은 반드시 응답하실 것임(6:8-10)
3	친구들의 불성실에 대한 원망(6:14-30)
4	인생의 덧없음과 허무함(7:1-10, 14:1-12)
5	자신의 존재에 대한 회의(7:11-21)
6	하나님 앞에서 완전한 의인은 없음(9:2, 3)
7	하나님의 주권은 아무도 거역할 수 없음(9:4-12)
8	의인이 악인처럼 고난받는 것은 불의한 것임(9:22-35)
9	하나님은 자비하심(10:8-13)
10	하나님의 지혜와 권능은 무궁하심(12:13-25)
11	친구들의 변론의 어리석음에 대한 지적(13:1-19)
12	부활과 구속자에 대한 소망(14:13-14, 19:25-27)
13	절망 중에 의뢰할 자이신 하나님(16:18, 17:5)
14	현실의 고난에 대한 탄식(17:6-16)
15	악인이 형통하는 모순된 현실(21:7-33)
16	고난을 통한 연단과 신앙 성숙(22:10, 14)
17	악인에 대한 하나님의 최후 심판(24:17-25)
18	창조 사역에 나타난 하나님의 권능과 위엄(26:5-14)

55일~
60일

욥기 22장

엘리바스의 세 번째 말

욥 22장

학습 자료 57-5 "이신론 비판" 참조

1 데만 사람 엘리바스가 대답하여 이르되 2 사람이 어찌 하나님께 유익하게 하겠느냐 지혜로운 자도 자기에게
유익할 따름이니라 3 네가 의로운들 전능자에게 무슨 기쁨이 있겠으며 네 행위가 온전한들 그에게 무슨 이익
이 되겠느냐 4 하나님이 너를 책망하시며 너를 심문하심이 너의 경건함 때문이냐 5 네 악이 크지 아니하냐 네 죄

악이 끝이 없느니라 6 까닭 없이 형제를 볼모로 잡으며 헐벗은 자의 의복
을 벗기며 7 목마른 자에게 물을 마시게 하지 아니하며 주린 자에게 음식
을 주지 아니하였구나 8 권세 있는 자는 토지를 얻고 존귀한 자는 거기에
서 사는구나 9 너는 과부를 빈손으로 돌려보내며 고아의 팔을 꺾는구나
10 그러므로 올무들이 너를 둘러 있고 두려움이 갑자기 너를 엄습하며 11
어둠이 너로 하여금 보지 못하게 하고 홍수가 너를 덮느니라 12 하나님
은 높은 하늘에 계시지 아니하냐 보라 우두머리 별이 얼마나 높은가 13
그러나 네 말은 하나님이 무엇을 아시며 흑암 중에서 어찌 심판하실 수
있으랴 14 빽빽한 구름이 그를 가린즉 그가 보지 못하시고 둥근 하늘을
거니실 뿐이라 하는구나 15 네가 악인이 밟던 옛적 길을 지키려느냐 16 그
들은 때가 이르기 전에 끊겨 버렸고 그들의 터는 강물로 말미암아 함몰
되었느니라 17 그들이 하나님께 말하기를 우리를 떠나소서 하며 또 말하
기를 전능자가 우리를 위하여 무엇을 하실 수 있으랴 하였으나 18 하나
님이 좋은 것으로 그들의 집에 채우셨느니라 악인의 계획은 나에게서 머
니라 19 의인은 보고 기뻐하고 죄 없는 자는 그들을 비웃기를 20 우리의
원수가 망하였고 그들의 남은 것을 불이 삼켰느니라 하리라 21 너는 하
나님과 화목하고 평안하라 그리하면 복이 네게 임하리라 22 청하건대 너
는 하나님의 입에서 교훈을 받고 하나님의 말씀을 네 마음에 두라 23 네가 만일 전능자에게로 돌아가면 네가
지음을 받을 것이며 또 네 장막에서 불의를 멀리 하리라 24 네 보화를 티끌로 여기고 오빌의 금을 계곡의 돌로
여기라 25 그리하면 전능자가 네 보화가 되시며 네게 고귀한 은이 되시리니 26 이에 네가 전능자를 기뻐하여 하
나님께로 얼굴을 들 것이라 27 너는 그에게 기도하겠고 그는 들으실 것이며 너의 서원을 네가 갚으리라 28 네가
무엇을 결정하면 이루어질 것이요 네 길에 빛이 비치리라 29 사람들이 너를 낮추거든 너는 교만했노라고 말하
라 하나님은 겸손한 자를 구원하시리라 30 죄 없는 자가 아니라도 건지시리니 네 손이 깨끗함으로 말미암아 건
지심을 받으리라

욥 22장

욥의 세 친구가 다 그렇지만, 특히 이 장에서 엘리바스의 말 속에는 자기에게는 매우 관대하고 타인에게는 매우 엄격한 잣대를 들이대는 이중성이 있음을 볼 수 있다. 성도들이 반드시 버려야 할 위선이며 이중성이다. 이것이 오늘 교회를 멍들게 하는 이중 잣대이다. 회개가 있어야 한다.

☞ **마 7:3-4** 어찌하여 형제의 눈 속에 있는 티는 보고 네 눈 속에 있는 들보는 깨닫지 못하느냐 보라 네 눈 속에 들보가 있는데 어찌하여 형제에게 말하기를 나로 네 눈 속에 있는 티를 빼게 하라 하겠느냐

☞ **눅 6:37** 비판하지 말라 그리하면 너희가 비판을 받지 않을 것이요 정죄하지 말라 그리하면 너희가 정죄를 받지 않을 것이요 용서하라 그리하면 너희가 용서를 받을 것이요

☞ **골 3:13** 누가 누구에게 불만이 있거든 서로 용납하여 피차 용서하되 주께서 너희를 용서하신 것 같이 너희도 그리하고

욥 22:12
학습 자료 57-4 "별의 높이" 참조

욥기 23장

욥의 대답

1 욥이 대답하여 이르되 2 오늘도 내게 반항하는 마음과 근심이 있나니 내가 받는 재앙이 탄식보다 무거움이라
3 내가 어찌하면 하나님을 발견하고 그의 처소에 나아가랴 4 어찌하면 그 앞에서 내가 호소하며 변론할 말을 내
입에 채우고 5 내게 대답하시는 말씀을 내가 알며 내게 이르시는 것을 내
가 깨달으랴 6 그가 큰 권능을 가지시고 나와 더불어 다투시겠느냐 아니
로다 도리어 내 말을 들으시리라 7 거기서는 정직한 자가 그와 변론할 수
있은즉 내가 심판자에게서 영원히 벗어나리라 8 그런데 내가 앞으로 가
도 그가 아니 계시고 뒤로 가도 보이지 아니하며 9 그가 왼쪽에서 일하시
나 내가 만날 수 없고 그가 오른쪽으로 돌이키시나 뵈올 수 없구나 10 그
러나 내가 가는 길을 그가 아시나니 그가 나를 단련하신 후에는 내가 순
금 같이 되어 나오리라 11 내 발이 그의 걸음을 바로 따랐으며 내가 그의
길을 지켜 치우치지 아니하였고 12 내가 그의 입술의 명령을 어기지 아니
하고 정한 음식보다 그의 입의 말씀을 귀히 여겼도다 13 그는 뜻이 일정하
시니 누가 능히 돌이키랴 그의 마음에 하고자 하시는 것이면 그것을 행하

욥 23:10 하나님의 모든 연단은 우리의 신앙을 담금질하시는 것이고, 나아가 우리가 받을 복의 그릇을 크게 하시는 과정이라는 사실을 말하고 있다.

☞ **시 119:71** 고난 당한 것이 내게 유익이라 이로 말미암아 내가 주의 율례들을 배우게 되었나이다

☞ **고후 4:17** 우리가 잠시 받는 환난의 경한 것이 지극히 크고 영원한 영광의 중한 것을 우리에게 이루게 함이니

☞ **히 12:11** 무릇 징계가 당시에는 즐거워 보이지 않고 슬퍼 보이나 후에 그로 말미암아 연단 받은 자들은 의와 평강의 열매를 맺느니라

시나니 14 그런즉 내게 작정하신 것을 이루실 것이라 이런 일이 그에게 많이 있느니라 15 그
러므로 내가 그 앞에서 떨며 지각을 얻어 그를 두려워하리라 16 하나님이 나의 마음을 약하
게 하시며 전능자가 나를 두렵게 하셨나니 17 이는 내가 두려워하는 것이 어둠 때문이나 흑암
이 내 얼굴을 가렸기 때문이 아니로다

욥기 24장

1 어찌하여 전능자는 때를 정해 놓지 아니하셨는고 그를 아는 자들이 그의 날을 보지 못하는고 2 어떤 사람은
땅의 경계표를 옮기며 양 떼를 빼앗아 기르며 3 고아의 나귀를 몰아 가며 과부의 소를 볼모 잡으며 4 가난한 자
를 길에서 몰아내나니 세상에서 학대 받는 자가 다 스스로 숨는구나 5 그들은 거친 광야의 들나귀 같아서 나가
서 일하며 먹을 것을 부지런히 구하니 빈 들이 그들의 자식을 위하여 그에게 음식을 내는구나 6 밭에서 남의 꼴
을 베며 악인이 남겨 둔 포도를 따며 7 의복이 없어 벗은 몸으로 밤을 지내며 추워도 덮을 것이 없으며 8 산중에
서 만난 소나기에 젖으며 가릴 것이 없어 바위를 안고 있느니라 9 어떤 사람은 고아를 어머니의 품에서 빼앗으
며 가난한 자의 옷을 볼모 잡으므로 10 그들이 옷이 없어 벌거벗고 다니며 곡식 이삭을 나르나 굶주리고 11 그 사
람들의 담 사이에서 기름을 짜며 목말라 하면서 술틀을 밟느니라 12 성 중에서 죽어가는 사람들이 신음하며 상
한 자가 부르짖으나 하나님이 그들의 참상을 보지 아니하시느니라 13 또
광명을 배반하는 사람들은 이러하니 그들은 그 도리를 알지 못하며 그 길
에 머물지 아니하는 자라 14 사람을 죽이는 자는 밝을 때에 일어나서 학
대 받는 자나 가난한 자를 죽이고 밤에는 도둑 같이 되며 15 간음하는 자
의 눈은 저물기를 바라며 아무 눈도 나를 보지 못하리라 하고 얼굴을 가
리며 16 어둠을 틈타 집을 뚫는 자는 낮에는 잠그고 있으므로 광명을 알지
못하나니 17 그들은 아침을 죽음의 그늘 같이 여기니 죽음의 그늘의 두려
움을 앎이니라 18 그들은 물 위에 빨리 흘러가고 그들의 소유는 세상에서
저주를 받나니 그들이 다시는 포도원 길로 다니지 못할 것이라 19 가뭄과
더위가 눈 녹은 물을 곧 빼앗나니 스올이 범죄자에게도 그와 같이 하느
니라 20 모태가 그를 잊어버리고 구더기가 그를 달게 먹을 것이라 그는 다
시 기억되지 않을 것이니 불의가 나무처럼 꺾이리라 21 그는 임신하지 못
하는 여자를 박대하며 과부를 선대하지 아니하는도다 22 그러나 하나님
이 그의 능력으로 강포한 자들을 끌어내시나니 일어나는 자는 있어도 살
아남을 확신은 없으리라 23 하나님은 그에게 평안을 주시며 지탱해 주시
나 그들의 길을 살피시도다 24 그들은 잠깐 동안 높아졌다가 천대를 받을
것이며 잘려 모아진 곡식 이삭처럼 되리라 25 가령 그렇지 않을지라도 능
히 내 말을 거짓되다고 지적하거나 내 말을 헛되게 만들 자 누구랴

욥 24:24-25
고통받는 성도들에 대한 하나님의 위로

본문에서 욥은 악인들은 잠시 형통을 누리기는 하나 결국 하나님의 심판을 받아 졸지에 멸망하리라는 사실을 강하게 주장하고 있다. 이처럼 악인의 궁극적 멸망은 악인에게 고난받는 자들에게 큰 위로가 된다. 한편 성경에 기록된 고통 중에 있는 성도들에게 주시는 하나님의 위로들을 모아보면 다음과 같다.

	원인	약속
1	의심으로 인해	악인은 높아져도 잠시간에 없어지고 낮아짐(욥 24:24, 25)
2	낙망으로 인해	성도를 돌보시고 그의 부르짖음을 들으심(시 34:1-22)
3	핍박으로 인해	하늘에서 상이 큼(마 5:11, 12)
4	시험으로 인해	감당치 못할 시험을 주지 않으며 피할 길로 주심(고전 10:13)
5	약함으로 인해	약할 때에 강하게 하심(고후 12:7-10)
6	염려로 인해	감사함으로 간구할 때 주의 평강으로 지켜 주심(빌 4:6, 7)
7	징계로 인해	징계로 연단되면 의의 평강한 열매를 맺게 하심(히 12:3-13)

57일차 읽기의 요약

(욥 12~24)

욥의 세 친구 엘리바스와 발닷과 소발은 각자 하나님께서 욥에게 고난을 허락하시는 이유에 대해 자신의 입장을 차례로 반복하여 이야기한다. 그러나 그 세 친구 중 어느 한 사람도 욥이 당하는 고난을 온전히 해석하지 못하고 오히려 욥에게 심적인 고통을 가중한다. 욥의 세 친구는 그의 고난의 근거가 하나님의 주권으로 하늘의 영계에서 시작되었다는 것을 인식하지 못하고 단지 욥과 그의 가정이 지은 죄악만을 그가 당하는 고난의 원인의 전부로 보고 있기 때문이다.

그 세 친구들은 모두 욥이 고난 당하는 것은 그가 지은 죄악에 대한 결과라고 믿고 욥이 자신의 죄를 인정하지 않고 의로운 체하는 것에 대해 신랄하게 비난한다. 이에 대해 욥은 그 세 친구들이 아는 하나님에 대한 지식은 자신도 이미 알고 있으며 그 세 친구는 모두 그의 고난의 무게를 가중시키고 욥의 슬픔을 한층 더 짓누르는 헛된 위로자들이라고 말한다.

그리고 욥은 그 어떤 사람의 말로도 자신의 고난의 문제를 파악할 수도, 해결할 수도 없음을 깨닫고 최종적으로 하나님만이 자신의 가는 길을 알고 계신 분인 것을 인정한다. 설령 장차 자신이 죽게 되더라도 자신은 육체 밖에서 하나님을 볼 것이고 그분을 뵐 때 결코 낯선 분을 대하듯 뵙지 않을 것을 고백한다.

그러면 어떻게 살 것인가?

인위 뚝 · 신위 고!

☑ 세계관 점검 – 묵상하기 (영상 강의와 교재 내용의 이해를 바탕으로)

- 상담의 역기능이란 말이 있다. 피상담자를 지나치게 위로하고 지나치게 자존감을 앞세우다 보면 하나님의 징계와 연단이라는 말은 무색해질 수 있다. 성경적 가치관에 의한 지혜가 필요함을 욥기에서 배우라.

- 욥의 세 친구가 보는 고난의 관점을 묵상하라. 그들은 무엇이 부족한가?
  우리의 고난에 대한 관점은 어떤가?

- 신정론은 인간의 고통의 이유를 찾는 철학적 탐구로 시작되었다. 성경의 신정론은 시편 37편, 예레미야 12:1, 하박국서, 욥기에서 주로 다룬다. 이 탐구의 답은 신위, 종말론적이다.
  예수님의 알곡과 가라지의 비유를 묵상하라. 나의 이 질문도 종말론적 구속사적 관점에서 다루어야 한다.

- 인과응보론의 현실적 한계와 궁극적 실현
  욥의 친구들의 변론 내용의 핵심은 인과응보이다. 즉 하나님은 의인에게는 상을 베풀고 악인에게는 벌을 내리신다는 것이다. 그리하여 욥이 고난을 당하는 것은 그가 악하기 때문이라는 것이다. 이러한 인과응보 사상은 오늘날에도 사람들에게 널리 받아들여지고 있다. 상선벌악이니, 권선징악이니 하는 말은 모두 인과응보 사상에 근거하여 나온 말이다. 그러나 인과응보 사상은 현실적으로 완전하게 적용될 수 없다. 욥이 말한 것처럼 현실에서는 의인이 고난을 당하고 악인이 형통한 부조리한 현상이 수없이 나타난다. 이러한 부조리한 현상은 하나님께서 악에 대한 궁극적 심판을 세상 종말의 때로 유보하여 두신 까닭이다. 즉 하나님은 악에 대해 현 세상에서도 심판하시지만, 그 궁극적 심판을 종말의 때로 미루어 두신 까닭에 이 세상에서는 악인이 득세하고 의인이 고통을 당하는 일이 얼마든지 일어날 수 있는 것이다. 그러므로 우리는 누가 고난을 당하는 것을 보거나 형통한 것을 볼 때 그것으로 인하여 그를 죄인이나 의인으로 함부로 단정하는 잘못을 범하지 말아야 한다. 아울러 우리는 이 땅에서는 인과응보의 원리가 완전하게 적용되지 않지만, 세상 마지막에 이르러 하나님이 세상을 심판하실 때 하나님께서 의인과 악인을 그 행위대로 보응하심으로 인과응보가 완전하게 실현되게 하실 것임도 믿어야 한다(롬 2:6-8).

인간의 경험과 지혜의 한계

당대 최고의 현자들이었던 욥의 세 친구는 욥이 당하는 고난의 원인을 규명하기 위하여 긴 변론을 하였다. 그러나 이러한 변론은 인간의 관심을 유도하는 화려한 수사법과 치밀한 논리 구사로 이루어졌음에도 불구하고 진리에는 이르지 못하였다. 즉 그들은 비록 상대적인 지혜로움은 갖고 있었을지라도 궁극적으로는 불완전한 인간의 지혜와 전통적인 교리와 인간의 경험이란 틀에서 벗어나지 못하였던 것이다. 특히 욥의 친구들은 자신들의 상대적인 지혜와 전통의 틀에서 욥의 고난을 지나치게 현세적이고도 기계적인 인과응보론에 입각해 해석함으로써 고난으로 인하여 고통을 당하는 욥을 더욱 고통에 침잠하게 하는 잘못을 범하고 말았다. 이러한 사실이 보여주듯이 시간의 제한 속에서 살아가는 인간의 지혜에는 한계가 있으며, 하나님의 절대 주권 하에 있는 현 세상에서는 인간의 제한된 경험으로써는 파악되지 않는 많은 신비가 있다. 따라서 우리는 자신의 지혜를 절대화하는 어리석음을 버려야 한다.

고난 당하는 이웃에 대한 이해와 사랑의 요청

고난을 당하여 도움을 필요로 하는 이웃에 대해서는 다른 무엇보다도 진정한 이해와 사랑의 마음으로 위로하는 자세가 요청된다. 욥의 친구들은 고난 당하는 욥을 위로한다며 오긴 왔으나 자신의 경험과 지식이란 잣대를 가지고 고난 가운데 부르짖는 욥을 일방적으로 정죄하기에만 급급함으로써 욥에게 아무런 도움도 주지 못하고 오히려 육체적으로 고통당하는 욥에게 영적·정신적 고통을 얹어주는 무정한 자들이 되고 말았다. 마찬가지로 오늘 교회 내에서도 고난 당하는 이유에 대한 진정한 이해와 사랑의 결핍으로 인하여 그들을 위로하고 다시 세워 주는 대신 도리어 실족하게 하는 일이 흔하게 일어나고 있다. 우리 주님은 언제나 고난 당하는 자들과 함께 하셨고 그들에 대한 깊은 이해와 사랑으로 그들을 위로하셨으며, 심지어 죄인에 대해서까지도 정죄 대신에 용서와 치유의 은총을 베푸셨다. 오늘 우리에게도 바로 이러한 주님이 모습이 절실하게 요청된다.

☑ 결단기도와 실행하기

약 2:26 영혼 없는 몸이 죽은 것 같이 행함이 없는 믿음은 죽은 것이니라
시 119:28 나의 영혼이 눌림으로 말미암아 녹사오니 주의 말씀대로 나를 세우소서

55일~
60일

욥 25장~42장

욥기 25장

빌닷의 세 번째 말

1 수아 사람 빌닷이 대답하여 이르되 2 하나님은 주권과 위엄을 가지셨고
높은 곳에서 화평을 베푸시느니라 3 그의 군대를 어찌 계수할 수 있으랴
그가 비추는 광명을 받지 않은 자가 누구냐 4 그런즉 하나님 앞에서 사람
이 어찌 의롭다 하며 여자에게서 난 자가 어찌 깨끗하다 하랴 5 보라 그의
눈에는 달이라도 빛을 발하지 못하고 별도 빛나지 못하거든 6 하물며 구
더기 같은 사람, 벌레 같은 인생이랴

✣ 욥 4장에서 31장까지 세 친구와 세 차례에 걸친 긴 논쟁이 이제 종결된다. 위로하려고 왔다가 자기의 세계관에 근거한 징계 수준의 위로가 논쟁을 불러일으키는 모습을 읽었다. 하나님의 진리에 근거하지 않은 인위의 지혜가 얼마나 어리석은가를 깨닫게 해 준다. 이런 류의 인위는 "오류 추리"에 근거하게 되고, 그것이 오류를 일으킨다는 사실조차 모르고 자기 의(自己 義)에 충실하게 만든다는 것이다.

☞ 32장부터 등장하는 최연소자 엘리후의 논쟁을 귀담아 들어 보라. 하나님의 견해에 매우 접근해 있다. 앞에서 도표로 보여 준 고난에 대한 관점들을 참고하라. 그리고 고난에 대한 하나님의 개념이 곧 나의 관점이 되도록 성찰하자.

욥기 26장

욥의 대답

1 욥이 대답하여 이르되 2 네가 힘 없는 자를 참 잘도 도와주는구나 기력
없는 팔을 참 잘도 구원하여 주는구나 3 지혜 없는 자를 참 잘도 가르치는
구나 큰 지식을 참 잘도 자랑하는구나 4 네가 누구를 향하여 말하느냐 누
구의 정신이 네게서 나왔느냐 5 죽은 자의 영들이 물 밑에서 떨며 물에서
사는 것들도 그러하도다 6 하나님 앞에서는 스올도 벗은 몸으로 드러나며
멸망도 가림이 없음이라 7 그는 북쪽을 허공에 펴시며 땅을 아무것도 없
는 곳에 매다시며 8 물을 빽빽한 구름에 싸시나 그 밑의 구름이 찢어지지
아니하느니라 9 그는 보름달을 가리시고 자기의 구름을 그 위에 펴시며
10 수면에 경계를 그으시니 빛과 어둠이 함께 끝나는 곳이니라 11 그가 꾸
짖으신즉 하늘 기둥이 흔들리며 놀라느니라 12 그는 능력으로 바다를 잔
잔하게 하시며 지혜로 라합을 깨뜨리시며 13 그의 입김으로 하늘을 맑게
하시고 손으로 날렵한 뱀을 무찌르시나니 14 보라 이런 것들은 그의 행사
의 단편일 뿐이요 우리가 그에게서 들은 것도 속삭이는 소리일 뿐이니 그
의 큰 능력의 우렛소리를 누가 능히 헤아리랴

욥 25:2 빌닷은 입으로는 하나님의 주권을 인정하지만, 그의 생각은 그와 다르다는 것을 볼 수 있다. 그는 하나님의 섭리로 말미암은 욥의 이해 할 수 없는 현실을 스스로 판단해 버리고, 자신의 생각 속에 하나님의 주권을 한정시키려는 잘못된 모습을 보이는 것이다.

☞ 사 55:8-9 이는 내 생각이 너희의 생각과 다르며 내 길은 너희의 길과 다름이니라 여호와의 말씀이니라 이는 하늘이 땅보다 높음같이 내 길은 너희의 길보다 높으며 내 생각은 너희의 생각보다 높음이니라

☞ 롬 1:21-23 하나님을 알되 하나님을 영화롭게도 아니하며 감사하지도 아니하고 오히려 그 생각이 허망하여지며 미련한 마음이 어두워졌나니 스스로 지혜 있다 하나 어리석게 되어 썩어지지 아니하는 하나님의 영광을 썩어질 사람과 새와 짐승과 기어다니는 동물 모양의 우상으로 바꾸었느니라

욥기 27장

세 친구에 대한 욥의 말

1 욥이 또 풍자하여 이르되 2 나의 정당함을 물리치신 하나님, 나의 영혼을 괴롭게 하신 전능자의 사심을 두고 맹
세하노니 3 (나의 호흡이 아직 내 속에 완전히 있고 하나님의 숨결이 아직도 내 코에 있느니라) 4 결코 내 입술이 불의를 말하지
아니하며 내 혀가 거짓을 말하지 아니하리라 5 나는 결코 너희를 옳다 하지 아니하겠고 내가 죽기 전에는 나의
온전함을 버리지 아니할 것이라 6 내가 내 공의를 굳게 잡고 놓지 아니하리니 내 마음이 나의 생애를 비웃지 아
니하리라 7 나의 원수는 악인 같이 되고 일어나 나를 치는 자는 불의한 자 같이 되기를 원하노라 8 불경건한 자가
이익을 얻었으나 하나님이 그의 영혼을 거두실 때에는 무슨 희망이 있으랴 9 환난이 그에게 닥칠 때에 하나님이
어찌 그의 부르짖음을 들으시랴 10 그가 어찌 전능자를 기뻐하겠느냐 항상 하나님께 부르짖겠느냐 11 하나님의
솜씨를 내가 너희에게 가르칠 것이요 전능자에게 있는 것을 내가 숨기지 아니하리라 12 너희가 다 이것을 보았거

늘 어찌하여 그토록 무익한 사람이 되었는고 13 악인이 하나님께 얻을 분
깃, 포악자가 전능자에게서 받을 산업은 이것이라 14 그의 자손은 번성하
여도 칼을 위함이요 그의 후손은 음식물로 배부르지 못할 것이며 15 그 남
은 자들은 죽음의 병이 돌 때에 묻히리니 그들의 과부들이 울지 못할 것
이며 16 그가 비록 은을 티끌 같이 쌓고 의복을 진흙 같이 준비할지라도
17 그가 준비한 것을 의인이 입을 것이요 그의 은은 죄 없는 자가 차지할
것이며 18 그가 지은 집은 좀의 집 같고 파수꾼의 초막 같을 것이며 19 부
자로 누우려니와 다시는 그렇지 못할 것이요 눈을 뜬즉 아무것도 없으리
라 20 두려움이 물 같이 그에게 닥칠 것이요 폭풍이 밤에 그를 앗아갈 것
이며 21 동풍이 그를 들어올리리니 그는 사라질 것이며 그의 처소에서 그
를 몰아내리라 22 하나님은 그를 아끼지 아니하시고 던져 버릴 것이니 그
의 손에서 도망치려고 힘쓰리라 23 사람들은 그를 바라보며 손뼉치고 그
의 처소에서 그를 비웃으리라

욥 27:12 성경을 공부하되 제대로 해야 한다는 말이다. 성경을 성경의 관점으로 이해해야 한다. 세속적 잣대로 이해하는 오류를 범하면 안 된다는 것을 보여 준다. 이단이 왜 이단인지 아는가? 하나님의 계시의 말씀을 사람의 생각으로 왜곡하여 하나님이 말씀하지 않은 다른 진리를 전하기 때문이다. 우리가 하나님의 말씀을 그대로 받지 아니하고 자기의 생각에 따라 가감한다면 이단자와 다를 것이 전혀 없다.
☞ **계 22:18-19** 내가 이 두루마리의 예언의 말씀을 듣는 모든 사람에게 증언하노니 만일 누구든지 이것들 외에 더하면 하나님이 이 두루마리에 기록된 재앙들을 그에게 더하실 것이요 만일 누구든지 이 두루마리의 예언의 말씀에서 제하여 버리면 하나님이 이 두루마리에 기록된 생명나무와 및 거룩한 성에 참여함을 제하여 버리시리라
☞ **잠 30:6** 너는 그의 말씀에 더하지 말라 그가 너를 책망하시겠고 너는 거짓말하는 자가 될까 두려워하니라

욥기 28장

지혜와 명철

1 은이 나는 곳이 있고 금을 제련하는 곳이 있으며 2 철은 흙에서 캐내고
동은 돌에서 녹여 얻느니라 3 사람은 어둠을 뚫고 모든 것을 끝까지 탐지
하여 어둠과 죽음의 그늘에 있는 광석도 탐지하되 4 그는 사람이 사는 곳
에서 멀리 떠나 갱도를 깊이 뚫고 발길이 닿지 않는 곳 사람이 없는 곳에
매달려 흔들리느니라 5 음식은 땅으로부터 나오나 그 밑은 불처럼 변하였
도다 6 그 돌에는 청옥이 있고 사금도 있으며 7 그 길은 솔개도 알지 못하
고 매의 눈도 보지 못하며 8 용맹스러운 짐승도 밟지 못하였고 사나운 사
자도 그리로 지나가지 못하였느니라 9 사람이 굳은 바위에 손을 대고 산
을 뿌리까지 뒤엎으며 10 반석에 수로를 터서 각종 보물을 눈으로 발견하
고 11 누수를 막아 스며 나가지 않게 하고 감추어져 있던 것을 밝은 데로 끌어내느니라 12 그러나 지혜는 어디서
얻으며 명철이 있는 곳은 어디인고 13 그 길을 사람이 알지 못하나니 사람 사는 땅에서는 찾을 수 없구나 14 깊은
물이 이르기를 내 속에 있지 아니하다 하며 바다가 이르기를 나와 함께 있지 아니하다 하느니라 15 순금으로도
바꿀 수 없고 은을 달아도 그 값을 당하지 못하리니 16 오빌의 금이나 귀한 청옥수나 남보석으로도 그 값을 당하
지 못하겠고 17 황금이나 수정이라도 비교할 수 없고 정금 장식품으로도 바꿀 수 없으며 18 진주와 벽옥으로도
비길 수 없나니 지혜의 값은 산호보다 귀하구나 19 구스의 황옥으로도 비교할 수 없고 순금으로도 그 값을 헤아
리지 못하리라 20 그런즉 지혜는 어디서 오며 명철이 머무는 곳은 어디인고 21 모든 생물의 눈에 숨겨졌고 공중의
새에게 가려졌으며 22 멸망과 사망도 이르기를 우리가 귀로 그 소문은 들
었다 하느니라 23 하나님이 그 길을 아시며 있는 곳을 아시나니 24 이는 그
가 땅 끝까지 감찰하시며 온 천하를 살피시며 25 바람의 무게를 정하시며
물의 분량을 정하시며 26 비 내리는 법칙을 정하시고 비구름의 길과 우레
의 법칙을 만드셨음이라 27 그 때에 그가 보시고 선포하시며 굳게 세우시
며 탐구하셨고 28 또 사람에게 말씀하셨도다 보라 주를 경외함이 지혜요
악을 떠남이 명철이니라

❖ 욥 28장
성숙한 성도는 제한적인 인간 스스로의 힘으로 인간 현존의 모든 문제를 해결하려고 하다가 실망하고 좌절할 것이 아니라 하나님께서 말씀을 통해 가르쳐 주시는 지혜를 따라 그 섭리에 순종하는 마음가짐으로 살아감으로써 끝내 모든 문제를 해결 받고 승리하는 삶을 살아야 하며, 성도를 의로운 길로 이끌어 주시는 하나님의 지혜로우심에 대해 항상 찬양하는 생활을 지속시켜 나감으로써 약속된 축복 받아 누리는 자들이 되어야 한다는 사실을 깨닫자.

욥 28:25-26 모든 역사는 하나님이 섭리 아래 한 치의 오차도 없이 이루어져 가고 있다.
☞ **마 10:29-30** 참새 두 마리가 한 앗사리온에 팔리지 않느냐 그러나 너희 아버지께서 허락하지 아니하시면 그 하나도 땅에 떨어지지 아니하리라 너희에게는 머리털까지 다 세신 바 되었나니

55일~60일

욥기 29장

욥의 마지막 말

1 욥이 풍자하여 이르되 2 나는 지난 세월과 하나님이 나를 보호하시던 때가 다시 오기를 원하노라 3 그 때에는 그
의 등불이 내 머리에 비치었고 내가 그의 빛을 힘입어 암흑에서도 걸어다녔느니라 4 내가 원기 왕성하던 날과 같
이 지내기를 원하노라 그 때에는 하나님이 내 장막에 기름을 발라 주셨도다 5 그 때에는 전능자가 아직도 나와
함께 계셨으며 나의 젊은이들이 나를 둘러 있었으며 6 젖으로 내 발자취를 씻으며 바위가 나를 위하여 기름 시내
를 쏟아냈으며 7 그 때에는 내가 나가서 성문에 이르기도 하며 내 자리를 거리에 마련하기도 하였느니라 8 나를
보고 젊은이들은 숨으며 노인들은 일어나서 서며 9 유지들은 말을 삼가고 손으로 입을 가리며 10 지도자들은 말소
리를 낮추었으니 그들의 혀가 입천장에 붙었느니라 11 귀가 들은즉 나를 축복하고 눈이 본즉 나를 증언하였나니
12 이는 부르짖는 빈민과 도와 줄 자 없는 고아를 내가 건졌음이라 13 망하게 된 자도 나를 위하여 복을 빌었으며
과부의 마음이 나로 말미암아 기뻐 노래하였느니라 14 내가 의를 옷으로 삼아 입었으며 나의 정의는 겉옷과 모
자 같았느니라 15 나는 맹인의 눈도 되고 다리 저는 사람의 발도 되고 16 빈궁한 자의 아버지도 되며 내가 모르는
사람의 송사를 돌보아 주었으며 17 불의한 자의 턱뼈를 부수고 노획한 물건을 그 잇새에서 빼내었느니라 18 내
가 스스로 말하기를 나는 내 보금자리에서 숨을 거두며 나의 날은 모래알 같이 많으리라 하였느니라 19 내 뿌리
는 물로 뻗어나가고 이슬이 내 가지에서 밤을 지내고 갈 것이며 20 내 영광은 내게 새로워지고 내 손에서 내 화살
이 끊이지 않았노라 21 무리는 내 말을 듣고 희망을 걸었으며 내가 가르칠
때에 잠잠하였노라 22 내가 말한 후에는 그들이 말을 거듭하지 못하였나
니 나의 말이 그들에게 스며들었음이라 23 그들은 비를 기다리듯 나를 기
다렸으며 봄비를 맞이하듯 입을 벌렸느니라 24 그들이 의지 없을 때에 내
가 미소하면 그들이 나의 얼굴 빛을 무색하게 아니하였느니라 25 내가 그
들의 길을 택하여 주고 으뜸되는 자리에 앉았나니 왕이 군대 중에 있는 것
과도 같았고 애곡하는 자를 위로하는 사람과도 같았느니라

욥기 30장

1 그러나 이제는 나보다 젊은 자들이 나를 비웃는구나 그들의 아비들은 내가 보기에 내 양 떼를 지키는 개 중에
도 둘 만하지 못한 자들이니라 2 그들의 기력이 쇠잔하였으니 그들의 손의 힘이 내게 무슨 소용이 있으랴 3 그들
은 곧 궁핍과 기근으로 인하여 파리하며 캄캄하고 메마른 땅에서 마른 흙을 씹으며 4 떨기나무 가운데에서 짠 나
물을 꺾으며 대싸리 뿌리로 먹을거리를 삼느니라 5 무리가 그들에게 소리를 지름으로 도둑 같이 사람들 가운데
에서 쫓겨나서 6 침침한 골짜기와 흙구덩이와 바위 굴에서 살며 7 떨기나무 가운데에서 부르짖으며 가시나무 아
래에 모여 있느니라 8 그들은 본래 미련한 자의 자식이요 이름 없는 자들의 자식으로서 고토에서 쫓겨난 자들이
니라 9 이제는 그들이 나를 노래로 조롱하며 내가 그들의 놀림거리가 되었으며 10 그들이 나를 미워하여 멀리 하
고 서슴지 않고 내 얼굴에 침을 뱉는도다 11 이는 하나님이 내 활시위를 늘어지게 하시고 나를 곤고하게 하심으
로 무리가 내 앞에서 굴레를 벗었음이니라 12 그들이 내 오른쪽에서 일어나 내 발에 덫을 놓으며 나를 대적하여
길을 에워싸며 13 그들이 내 길을 헐고 내 재앙을 재촉하는데도 도울 자가 없구나 14 그들은 성을 파괴하고 그 파
괴한 가운데로 몰려드는 것 같이 내게로 달려드니 15 순식간에 공포가 나를 에워싸고 그들이 내 품위를 바람 같
이 날려 버리니 나의 구원은 구름 같이 지나가 버렸구나 16 이제는 내 생명이 내 속에서 녹으
니 환난 날이 나를 사로잡음이라 17 밤이 되면 내 뼈가 쑤시니 나의 아픔이 쉬지 아니하는구
나 18 그가 큰 능력으로 나의 옷을 떨쳐 버리시며 나의 옷깃처럼 나를 휘어잡으시는구나 19
하나님이 나를 진흙 가운데 던지셨고 나를 티끌과 재 같게 하셨구나 20 내가 주께 부르짖으
나 주께서 대답하지 아니하시오며 내가 섰사오나 주께서 나를 돌아보지 아니하시나이다 21

55일~
60일

주께서 돌이켜 내게 잔혹하게 하시고 힘 있는 손으로 나를 대적하시나이다 22 나를 바람 위에 들어 불려가게 하
시며 무서운 힘으로 나를 던져 버리시나이다 23 내가 아나이다 주께서 나를 죽게 하사 모든 생물을 위하여 정한
집으로 돌려보내시리이다 24 그러나 사람이 넘어질 때에 어찌 손을 펴지 아니하며 재앙을 당할 때에 어찌 도움을
부르짖지 아니하리이까 25 고생의 날을 보내는 자를 위하여 내가 울지 아니하였는가 빈궁한 자를 위하여 내 마음
에 근심하지 아니하였는가 26 내가 복을 바랐더니 화가 왔고 광명을 기다렸더니 흑암이 왔구나 27 내 마음이 들끓
어 고요함이 없구나 환난 날이 내게 임하였구나 28 나는 햇볕에 쬐지 않고도 검어진 피부를 가지고 걸으며 회중
가운데 서서 도움을 부르짖고 있느니라 29 나는 이리의 형제요 타조의 벗이로구나 30 나를 덮고 있는 피부는 검어
졌고 내 뼈는 열기로 말미암아 탔구나 31 내 수금은 통곡이 되었고 내 피리는 애곡이 되었구나

욥기 31장

욥 31장
학습 자료 58-1 "계시의 점진성" 참조

1 내가 내 눈과 약속하였나니 어찌 처녀에게 주목하랴 2 그리하면 위에 계
신 하나님께서 내리시는 분깃이 무엇이겠으며 높은 곳의 전능자께서 주시는 기업이 무엇이겠느냐 3 불의한 자에
게는 환난이 아니겠느냐 행악자에게는 불행이 아니겠느냐 4 그가 내 길을 살피지 아니하시느냐 내 걸음을 다 세
지 아니하시느냐 5 만일 내가 허위와 함께 동행하고 내 발이 속임수에 빨랐다면 6 하나님께서 나를 공평한 저울
에 달아보시고 그가 나의 온전함을 아시기를 바라노라 7 만일 내 걸음이 길에서 떠났거나 내 마음이 내 눈을 따
랐거나 내 손에 더러운 것이 묻었다면 8 내가 심은 것을 타인이 먹으며 나의 소출이 뿌리째 뽑히기를 바라노라 9
만일 내 마음이 여인에게 유혹되어 이웃의 문을 엿보아 문에서 숨어 기다렸다면 10 내 아내가 타인의 맷돌을 돌
리며 타인과 더불어 동침하기를 바라노라 11 그것은 참으로 음란한 일이니 재판에 회부할 죄악이요 12 멸망하도
록 사르는 불이니 나의 모든 소출을 뿌리째 뽑기를 바라노라 13 만일 남종이나 여종이 나와 더불어 쟁론할 때에
내가 그의 권리를 저버렸다면 14 하나님이 일어나실 때에 내가 어떻게 하겠느냐 하나님이 심판하실 때에 내가
무엇이라 대답하겠느냐 15 나를 태 속에 만드신 이가 그도 만들지 아니하셨느냐 우리를 뱃속에 지으신 이가 한
분이 아니시냐 16 내가 언제 가난한 자의 소원을 막았거나 과부의 눈으로 하여금 실망하게 하였던가 17 나만 혼
자 내 떡덩이를 먹고 고아에게 그 조각을 먹이지 아니하였던가 18 실상은 내가 젊었을 때부터 고아 기르기를 그
의 아비처럼 하였으며 내가 어렸을 때부터 과부를 인도하였노라 19 만일 내가 사람이 의복이 없이 죽어가는 것이
나 가난한 자가 덮을 것이 없는 것을 못본 체 했다면 20 만일 나의 양털로 그의 몸을 따뜻하게 입혀서 그의 허리
가 나를 위하여 복을 빌게 하지 아니하였다면 21 만일 나를 도와 주는 자가 성문에 있음을 보고 내가 주먹을 들어
고아를 향해 휘둘렀다면 22 내 팔이 어깨 뼈에서 떨어지고 내 팔 뼈가 그 자리에서 부스러지기를 바라노라 23 나
는 하나님의 재앙을 심히 두려워하고 그의 위엄으로 말미암아 그런 일을 할 수 없느니라 24 만일 내가 내 소망을
금에다 두고 순금에게 너는 내 의뢰하는 바라 하였다면 25 만일 재물의 풍부함과 손으로 얻은 것이 많음으로 기
뻐하였다면 26 만일 해가 빛남과 달이 밝게 뜬 것을 보고 27 내 마음이 슬며시 유혹되어 내 손에 입맞추었다면 28
그것도 재판에 회부할 죄악이니 내가 그리하였으면 위에 계신 하나님을 속이는 것이리라 29 내가 언제 나를 미워
하는 자의 멸망을 기뻐하고 그가 재난을 당함으로 즐거워하였던가 30 실상은 나는 그가 죽기를 구하는 말로 그
의 생명을 저주하여 내 입이 범죄하게 하지 아니하였노라 31 내 장막 사람들은 주인의 고기에 배부르지 않은 자
가 어디 있느뇨 하지 아니하였는가 32 실상은 나그네가 거리에서 자지 아니하도록 나는 행인에게 내 문을 열어
주었노라 33 내가 언제 다른 사람처럼 내 악행을 숨긴 일이 있거나 나의 죄악을 나의 품에 감추었으며 34 내가 언
제 큰 무리와 여러 종족의 수모가 두려워서 대문 밖으로 나가지 못하고 잠잠하였던가 35 누구든지 나의 변명을
들어다오 나의 서명이 여기 있으니 전능자가 내게 대답하시기를 바라노라 나를 고발하는 자가 있다면 그에게 고
소장을 쓰게 하라 36 내가 그것을 어깨에 메기도 하고 왕관처럼 머리에 쓰기도 하리라 37 내 걸음의 수효를 그에
게 알리고 왕족처럼 그를 가까이 하였으리라 38 만일 내 밭이 나를 향하여 부르짖고 밭이랑이 함께 울었다면 39
만일 내가 값을 내지 않고 그 소출을 먹고 그 소유주가 생명을 잃게 하였다면 40 밀 대신에 가시나무가 나고 보리

55일~
60일

대신에 독보리가 나는 것이 마땅하니라 하고 욥의 말이 그치니라

욥기 32장

엘리후가 화를 내다(32:1-37:24)

1 욥이 자신을 의인으로 여기므로 그 세 사람이 말을 그치니 2 람 종족 부
스 사람 바라겔의 아들 엘리후가 화를 내니 그가 욥에게 화를 냄은 욥이
하나님보다 자기가 의롭다 함이요 3 또 세 친구에게 화를 냄은 그들이 능
히 대답하지 못하면서도 욥을 정죄함이라 4 엘리후는 그들의 나이가 자기
보다 여러 해 위이므로 욥에게 말하기를 참고 있다가 5 세 사람의 입에 대
답이 없음을 보고 화를 내니라

엘리후의 말

6 부스 사람 바라겔의 아들 엘리후가 대답하여 이르되 나는 연소하고 당
신들은 연로하므로 뒷전에서 나의 의견을 감히 내놓지 못하였노라 7 내가
말하기를 나이가 많은 자가 말할 것이요 연륜이 많은 자가 지혜를 가르칠
것이라 하였노라 8 그러나 사람의 속에는 영이 있고 전능자의 숨결이 사
람에게 깨달음을 주시나니 9 어른이라고 지혜롭거나 노인이라고 정의를
깨닫는 것이 아니니라 10 그러므로 내가 말하노니 내 말을 들으라 나도
내 의견을 말하리라 11 보라 나는 당신들의 말을 기다렸노라 당신들의 슬
기와 당신들의 말에 귀 기울이고 있었노라 12 내가 자세히 들은즉 당신들
가운데 욥을 꺾어 그의 말에 대답하는 자가 없도다 13 당신들이 말하기를
우리가 진상을 파악했으나 그를 추궁할 자는 하나님이시요 사람이 아니
라 하지 말지니라 14 그가 내게 자기 이론을 제기하지 아니하였으니 나도
당신들의 이론으로 그에게 대답하지 아니하리라 15 그들이 놀라서 다시
대답하지 못하니 할 말이 없음이었더라 16 당신들이 말 없이 가만히 서서
다시 대답하지 아니한즉 내가 어찌 더 기다리랴 17 나는 내 본분대로 대
답하고 나도 내 의견을 보이리라 18 내 속에는 말이 가득하니 내 영이 나
를 압박함이니라 19 보라 내 배는 봉한 포도주통 같고 터지게 된 새 가죽
부대 같구나 20 내가 말을 하여야 시원할 것이라 내 입을 열어 대답하리라
21 나는 결코 사람의 낯을 보지 아니하며 사람에게 영광을 돌리지 아니하
리니 22 이는 아첨할 줄을 알지 못함이라 만일 그리하면 나를 지으신 이가
속히 나를 데려가시리로다

욥기 33장

엘리후가 욥에게 하는 말

1 그런즉 욥이여 내 말을 들으며 내 모든 말에 귀를 기울이기를 원하노라
2 내가 입을 여니 내 혀가 입에서 말하는구나 3 내 마음의 정직함이 곧 내
말이며 내 입술이 아는 바가 진실을 말하느니라 4 하나님의 영이 나를 지
으셨고 전능자의 기운이 나를 살리시느니라 5 그대가 할 수 있거든 일어
서서 내게 대답하고 내 앞에 진술하라 6 나와 그대가 하나님 앞에서 동일
하니 나도 흙으로 지으심을 입었은즉 7 내 위엄으로는 그대를 두렵게 하

❖ 엘리후의 견해

세 친구의 순환 논쟁이 끝난 뒤 32장부터 부스 사람 엘리후가 등장한다. 그는 세 친구와 함께 오지 않는 게 분명하다(2:11). 하지만 처음부터 대화를 묵묵히 듣고 있었을 가능성도 없지 않다. 나이를 지혜와 동일시했던 당시 사회에서는 연장자가 먼저 말하는 것이 관례였다. 따라서 연소자였던 엘리후는 자신이 대화에 끼어든 것을 정당화할 필요가 있었다(32:1-22). 욥의 세 친구는 고난을 죄의 대가라고 여겼으나, 엘리후는 의인도 고난을 받을 수 있다고 주장했다. 하나님은 고난을 통해 하나님의 사람을 훈련하신다는 견해를 밝혔던 엘리후는, 세 친구와 달리 하나님께 특별한 책망을 받지 않았다(42:7). 엘리후는 사람과 하나님 사이에 중재할 이가 필요하다고 보았고, 자신을 중재자로 내세웠다. 엘리후의 견해를 정리하면 다음과 같다.

- 사람보다 크신 하나님은 자신이 하는 일을 다 말씀하시지 않는다. - 33:12-13
- 하나님이 고난을 주시는 것은 그 영혼을 구덩이에서 끌어내어 돌이키고 생명의 빛으로 나아가게 하시기 위함이다. - 33:29-30
- 하나님은 불의를 행치 않으시며 사람의 일에 따라 보응하신다. - 34:10-12
- 하나님은 악인을 징계하시고 의인과 고난받는 자를 도우신다. - 36:6-7
- 하나님은 환난을 통해 허물과 교만한 행위를 알게 하시고, 교훈을 듣게 하셔서 죄악에서 돌아오게 하신다. - 36:8-10

욥 32:18-22
욥의 세 친구들과 엘리후의 변론 비교

	욥의 세 친구들	엘리후
발단	욥을 위로하려고 (2:11)	선지자적 사명으로 진리 수호 위함(32:18-22)
방법	자신들의 독단적 인과응보식 논리로 욥을 정죄함	욥 스스로 자신을 살피도록 유도함 (33:5-7)
태도	자신들의 주장이 받아들여지지 않은데 대해 노함 (18:7-10)	욥이 반박할 수 있도록 포용하는 태도를 보임 (33:32)
근거	환상(4:12-21), 전승(8:8-10)	하나님께서 자기 백성을 연단하심 (33:19-30)
고난관	죄의 결과 (4:7-11)	하나님께서 자기 백성을 연단하심 (33:19-30)
한계	하나님의 섭리에 대해 무지하고 감정에 치우침	자기의 주관대로 욥을 판단하고 정죄함(34:7-9,33)
고난의 해결책	회개 촉구 (22:21-30)	회개 촉구 (34:31, 32)

지 못하고 내 손으로는 그대를 누르지 못하느니라 8 그대는 실로 내가 듣
는 데서 말하였고 나는 그대의 말소리를 들었느니라 9 이르기를 나는 깨
끗하여 악인이 아니며 순전하고 불의도 없거늘 10 참으로 하나님이 나에
게서 잘못을 찾으시며 나를 자기의 원수로 여기사 11 내 발을 차꼬에 채우
시고 나의 모든 길을 감시하신다 하였느니라 12 내가 그대에게 대답하리
라 이 말에 그대가 의롭지 못하니 하나님은 사람보다 크심이니라 13 하나
님께서 사람의 말에 대답하지 않으신다 하여 어찌 하나님과 논쟁하겠느
냐 14 하나님은 한 번 말씀하시고 다시 말씀하시되 사람은 관심이 없도다
15 사람이 침상에서 졸며 깊이 잠들 때에나 꿈에나 밤에 환상을 볼 때에
16 그가 사람의 귀를 여시고 경고로써 두렵게 하시니 17 이는 사람에게 그
의 행실을 버리게 하려 하심이며 사람의 교만을 막으려 하심이라 18 그는
사람의 혼을 구덩이에 빠지지 않게 하시며 그 생명을 칼에 맞아 멸망하지
않게 하시느니라 19 혹은 사람이 병상의 고통과 뼈가 늘 쑤심의 징계를
받나니 20 그의 생명은 음식을 싫어하고 그의 마음은 별미를 싫어하며 21
그의 살은 파리하여 보이지 아니하고 보이지 않던 뼈가 드러나서 22 그의 마음은 구덩이에, 그의 생명은 멸하는
자에게 가까워지느니라 23 만일 일천 천사 가운데 하나가 그 사람의 중보자로 함께 있어서 그의 정당함을 보일
진대 24 하나님이 그 사람을 불쌍히 여기사 그를 건져서 구덩이에 내려가지 않게 하라 내가 대속물을 얻었다 하
시리라 25 그런즉 그의 살이 청년보다 부드러워지며 젊음을 회복하리라 26 그는 하나님께 기도하므로 하나님이
은혜를 베푸사 그로 말미암아 기뻐 외치며 하나님의 얼굴을 보게 하시고 사람에게 그의 공의를 회복시키시느니
라 27 그가 사람 앞에서 노래하여 이르기를 내가 범죄하여 옳은 것을 그르쳤으나 내게 무익하였구나 28 하나님이
내 영혼을 건지사 구덩이에 내려가지 않게 하셨으니 내 생명이 빛을 보겠구나 하리라 29 실로 하나님이 사람에게
이 모든 일을 재삼 행하심은 30 그들의 영혼을 구덩이에서 이끌어 생명의 빛을 그들에게 비추려 하심이니라 31 욥
이여 내 말을 귀담아 들으라 잠잠하라 내가 말하리라 32 만일 할 말이 있거든 대답하라 내가 기쁜 마음으로 그대
를 의롭다 하리니 그대는 말하라 33 만일 없으면 내 말을 들으라 잠잠하라 내가 지혜로 그대를 가르치리라

❖ **욥 33장**
엘리후는 욥이 자기 의를 주장하였던 것을 공박한다. 욥은 인간들 가운데서는 상대적인 의인으로 불릴 수 있을 만큼 흠이 적은 자였으나 인간으로서 절대 공의를 가지신 하나님 앞에서 자기 의를 주장할 수 있는 자는 아무도 없다는 사실에 비추어 볼 때 욥의 자기 의에 대한 계속적인 주장은 분명 바르지 못한 것이었다. 왜냐하면 인류의 조상 아담이 선악과를 따먹은 범죄 이후 모든 인간은 원죄(原罪)를 전가(轉嫁) 받았을 뿐 아니라 스스로도 크고 작은 자범죄(自犯罪)를 범하는 원천적인 죄인이기 때문이다. 따라서 인간은 절대 공의로우신 하나님 앞에 스스로를 죄인으로 고백하며 하나님의 긍휼을 간구해야 하는 것이다.

욥 33:19-33
학습 자료 58-2
"구약에 나타난 사망관" 참조

욥기 34장

1 엘리후가 말하여 이르되 2 지혜 있는 자들아 내 말을 들으며 지식 있는
자들아 내게 귀를 기울이라 3 입이 음식물의 맛을 분별함 같이 귀가 말을
분별하나니 4 우리가 정의를 가려내고 무엇이 선한가 우리끼리 알아보자
5 욥이 말하기를 내가 의로우나 하나님이 내 의를 부인하셨고 6 내가 정당
함에도 거짓말쟁이라 하였고 나는 허물이 없으나 화살로 상처를 입었노
라 하니 7 어떤 사람이 욥과 같으랴 욥이 비방하기를 물마시듯 하며 8 악
한 일을 하는 자들과 한패가 되어 악인과 함께 다니면서 9 이르기를 사람
이 하나님을 기뻐하나 무익하다 하는구나 10 그러므로 너희 총명한 자들
아 내 말을 들으라 하나님은 악을 행하지 아니하시며 전능자는 결코 불의
를 행하지 아니하시고 11 사람의 행위를 따라 갚으사 각각 그의 행위대로
받게 하시나니 12 진실로 하나님은 악을 행하지 아니하시며 전능자는 공
의를 굽히지 아니하시느니라 13 누가 땅을 그에게 맡겼느냐 누가 온 세상
을 그에게 맡겼느냐 14 그가 만일 뜻을 정하시고 그의 영과 목숨을 거두
실진대 15 모든 육체가 다 함께 죽으며 사람은 흙으로 돌아가리라 16 만일

욥 34장 엘리후 변론의 특징 → 교육
엘리후의 변론의 장점
· 하나님의 섭리는 오묘하므로 인간이 하나님과 변론하려 해서는 안 됨을 강조함(33:13-18) · 인간의 구원은 선행이 아닌 하나님의 긍휼하심에 달려 있음을 강조함(33:24-30) · 성도의 고난은 하나님이 연단을 위해 주신 것임을 강조함(33:29, 30) · 하나님이 우주와 역사를 절대적인 공의에 의해 섭리하심을 강조함(34:11-15) · 인간의 행위가 하나님 자신에게는 아무런 영향을 주지 않음을 강조함(35:1-8) · 자연 현상 속에 나타난 하나님의 섭리를 강조함(36:1-37:18)
엘리후 변론의 단점
· 고난 중에 있는 욥에 대한 이해와 사랑이 없음(35:8) · 욥이 고난 중에도 신앙을 잃지 않았음에도 신앙을 버린양 정죄함(36:17-23) · 고난을 하나님의 연단으로 이해하긴 했으나 욥의 고난 자체에 대해서는 명쾌한 답을 주지 못함

네가 총명이 있거든 이것을 들으며 내 말소리에 귀를 기울이라 17 정의를
미워하시는 이시라면 어찌 그대를 다스리시겠느냐 의롭고 전능하신 이를
그대가 정죄하겠느냐 18 그는 왕에게라도 무용지물이라 하시며 지도자들
에게라도 악하다 하시며 19 고관을 외모로 대하지 아니하시며 가난한 자
들 앞에서 부자의 낯을 세워주지 아니하시나니 이는 그들이 다 그의 손
으로 지으신 바가 됨이라 20 그들은 한밤중에 순식간에 죽나니 백성은 떨
며 사라지고 세력 있는 자도 사람의 손을 빌리지 않고 제거함을 당하느니
라 21 그는 사람의 길을 주목하시며 사람의 모든 걸음을 감찰하시나니 22
행악자는 숨을 만한 흑암이나 사망의 그늘이 없느니라 23 하나님은 사람
을 심판하시기에 오래 생각하실 것이 없으시니 24 세력 있는 자를 조사할
것 없이 꺾으시고 다른 사람을 세워 그를 대신하게 하시느니라 25 그러므
로 그는 그들의 행위를 아시고 그들을 밤 사이에 뒤집어엎어 흩으시는도다 26 그들을 악한 자로 여겨 사람의 눈
앞에서 치심은 27 그들이 그를 떠나고 그의 모든 길을 깨달아 알지 못함이라 28 그들이 이와 같이 하여 가난한 자
의 부르짖음이 그에게 상달하게 하며 빈궁한 사람의 부르짖음이 그에게 들리게 하느니라 29 주께서 침묵하신다
고 누가 그를 정죄하며 그가 얼굴을 가리신다면 누가 그를 뵈올 수 있으랴 그는 민족에게나 인류에게나 동일하
시니 30 이는 경건하지 못한 자가 권세를 잡아 백성을 옭아매지 못하게 하려 하심이니라 31 그대가 하나님께 아
뢰기를 내가 죄를 지었사오니 다시는 범죄하지 아니하겠나이다 32 내가 깨닫지 못하는 것을 내게 가르치소서 내
가 악을 행하였으나 다시는 아니하겠나이다 하였는가 33 하나님께서 그대가 거절한다고 하여 그대의 뜻대로 속
전을 치르시겠느냐 그러면 그대가 스스로 택할 것이요 내가 할 것이 아니니 그대는 아는 대로 말하라 34 슬기로
운 자와 내 말을 듣는 지혜 있는 사람은 반드시 내게 말하기를 35 욥이 무식하게 말하니 그의 말이 지혜롭지 못하
도다 하리라 36 나는 욥이 끝까지 시험 받기를 원하노니 이는 그 대답이 악인과 같음이라 37 그가 그의 죄에 반역
을 더하며 우리와 어울려 손뼉을 치며 하나님을 거역하는 말을 많이 하는구나

❖ 엘리후가 전지전능하신 하나님께서 사람의 길을 주목하시고 결국 그에 대해 최종적 공의의 심판을 내리시며 긍휼로써 구원을 베푸신다고 밝힌 사실 자체는 부인할 수 없는 진리로서, 이는 결국 우리 성도들이 사람의 일시적인 판단이 아니라 궁극적으로 하나님의 감찰하심과 심판을 두려워하며 그분의 긍휼하심만을 의지하고 행동해야 함을 보여 준다. 이처럼 성숙한 신앙을 지닌 성도는 하나님을 구속사의 주체로 인정하며 구속사의 주관자이신 하나님 앞에서 자신의 모든 것이 노출됨을 깨달아 절대 의이신 하나님의 뜻에 맞추어 살려는 신전 의식(神前意識)을 (Coram Deo) 가지게 되는 것이다.

욥기 35장

1 엘리후가 말을 이어 이르되 2 그대는 이것을 합당하게 여기느냐 그대는
그대의 의가 하나님께로부터 왔다는 말이냐 3 그대는 그것이 내게 무슨
소용이 있으며 범죄하지 않는 것이 내게 무슨 유익이 있겠느냐고 묻지마
는 4 내가 그대와 및 그대와 함께 있는 그대의 친구들에게 대답하리라 5
그대는 하늘을 우러러보라 그대보다 높이 뜬 구름을 바라보라 6 그대가
범죄한들 하나님께 무슨 영향이 있겠으며 그대의 악행이 가득한들 하나
님께 무슨 상관이 있겠으며 7 그대가 의로운들 하나님께 무엇을 드리겠
으며 그가 그대의 손에서 무엇을 받으시겠느냐 8 그대의 악은 그대와 같
은 사람에게나 있는 것이요 그대의 공의는 어떤 인생에게도 있느니라 9
사람은 학대가 많으므로 부르짖으며 군주들의 힘에 눌려 소리치나 10 나
를 지으신 하나님은 어디 계시냐고 하며 밤에 노래를 주시는 자가 어디
계시냐고 말하는 자가 없구나 11 땅의 짐승들보다도 우리를 더욱 가르치
시고 하늘의 새들보다도 우리를 더욱 지혜롭게 하시는 이가 어디 계시냐
고 말하는 이도 없구나 12 그들이 악인의 교만으로 말미암아 거기에서 부
르짖으나 대답하는 자가 없음은 13 헛된 것은 하나님이 결코 듣지 아니하
시며 전능자가 돌아보지 아니하심이라 14 하물며 말하기를 하나님은 뵈올

❖ 욥 35장 **욥의 자기 의(自己 義)**
욥의 답변에서 자신의 의로운 모습, 정당함을 강하게 주장한다. 그것은 그리스도인의 진정한 덕목과 품성이 되어야 하는 부분이기도 하다. 그러나 그것이 윤리 도덕적이며, 자기중심적이거나, 자기 과시를 위한 것이라면 그것이 자기 의(自己 義 Self-righteousness)이다
☞ **욥 35:1-2** 엘리후가 말을 이어 이르되 그대는 이것을 합당하게 여기느냐 그대는 그대의 의가 하나님께로 부터왔다는 말이냐
☞ **욥 35:7-8** 그대가 의로운들 하나님께 무엇을 드리겠으며 그가 그대의 손에서 무엇을 받으시겠느냐 그대의 악은 그대와 같은 사람에게나 있는 것이요 그대의 공의는 어떤 인생에게도 있느니라
☞ **욥 40:8** 네가 내 공의를 부인하려느냐 네 의를 세우려고 나를 악하다 하겠느냐

욥 35장
학습 자료 58-3 "2 가지의 의" 참조

❖ 하나님의 의(義)
義 = 羊 + 我(手 + 戈)

이 부분 이해를 위해 57일차 영상 강의를 참고할 것

수 없고 일의 판단하심은 그 앞에 있으니 나는 그를 기다릴 뿐이라 말하는 그대일까보냐 15 그러나 지금은 그가
진노하심으로 벌을 주지 아니하셨고 악행을 끝까지 살피지 아니하셨으므로 16 욥이 헛되이 입을 열어 지식 없는
말을 많이 하는구나

욥기 36장

1 엘리후가 말을 이어 이르되 2 나를 잠깐 용납하라 내가 그대에게 보이리
니 이는 내가 하나님을 위하여 아직도 할 말이 있음이라 3 내가 먼 데서 지
식을 얻고 나를 지으신 이에게 의를 돌려보내리라 4 진실로 내 말은 거짓
이 아니라 온전한 지식을 가진 이가 그대와 함께 있느니라 5 하나님은 능
하시나 아무도 멸시하지 아니하시며 그의 지혜가 무궁하사 6 악인을 살려
두지 아니하시며 고난 받는 자에게 공의를 베푸시며 7 그의 눈을 의인에
게서 떼지 아니하시고 그를 왕들과 함께 왕좌에 앉히사 영원토록 존귀하
게 하시며 8 혹시 그들이 족쇄에 매이거나 환난의 줄에 얽혔으면 9 그들의
소행과 악행과 자신들의 교만한 행위를 알게 하시고 10 그들의 귀를 열어
교훈을 듣게 하시며 명하여 죄악에서 돌이키게 하시나니 11 만일 그들이
순종하여 섬기면 형통한 날을 보내며 즐거운 해를 지낼 것이요 12 만일 그
들이 순종하지 아니하면 칼에 망하며 지식 없이 죽을 것이니라 13 마음이
경건하지 아니한 자들은 분노를 쌓으며 하나님이 속박할지라도 도움을
구하지 아니하나니 14 그들의 몸은 젊어서 죽으며 그들의 생명은 남창과 함께 있도다 15 하나님은 곤고한 자를
그 곤고에서 구원하시며 학대 당할 즈음에 그의 귀를 여시나니 16 그러므로 하나님이 그대를 환난에서 이끌어
내사 좁지 않고 넉넉한 곳으로 옮기려 하셨은즉 무릇 그대의 상에는 기름진 것이 놓이리라 17 이제는 악인의 받
을 벌이 그대에게 가득하였고 심판과 정의가 그대를 잡았나니 18 그대는 분노하지 않도록 조심하며 많은 뇌물
이 그대를 그릇된 길로 가게 할까 조심하라 19 그대의 부르짖음이나 그대의 능력이 어찌 능히 그대가 곤고한 가
운데에서 그대를 유익하게 하겠느냐 20 그대는 밤을 사모하지 말라 인생들이 밤에 그들이 있는 곳에서 끌려 가
리라 21 삼가 악으로 치우치지 말라 그대가 환난보다 이것을 택하였느니라 22 하나님은 그의 권능으로 높이 계시
나니 누가 그같이 교훈을 베풀겠느냐 23 누가 그를 위하여 그의 길을 정하였느냐 누가 말하기를 주께서 불의를
행하셨나이다 할 수 있으랴 24 그대는 하나님께서 하신 일을 기억하고 높이라 잊
지 말지니라 인생이 그의 일을 찬송하였느니라 25 그의 일을 모든 사람이 우러
러보나니 먼 데서도 보느니라 26 하나님은 높으시니 우리가 그를 알 수 없고 그
의 햇수를 헤아릴 수 없느니라 27 그가 물방울을 가늘게 하시며 빗방울이 증발하
여 안개가 되게 하시도다 28 그것이 구름에서 내려 많은 사람에게 쏟아지느니라
29 겹겹이 쌓인 구름과 그의 장막의 우렛소리를 누가 능히 깨달으랴 30 보라 그
가 번갯불을 자기의 사면에 펼치시며 바다 밑까지 비치시고 31 이런 것들로 만
민을 심판하시며 음식을 풍성하게 주시느니라 32 그가 번갯불을 손바닥 안에 넣으시고 그가 번갯불을 명령하사
과녁을 치시도다 33 그의 우레가 다가오는 풍우를 알려 주니 가축들도 그 다가옴을 아느니라

❖ 욥 36~37장
엘리후의 마지막 변론은 욥에 대한 강한 질책이라기보다는 창조주이시며 역사의 주관자 되시는 하나님의 공의와 주권을 근거로, 하나님의 의로우신 주권적 섭리에 따라 당하게 된 고난 속에서 의문과 불평을 발하며 자신의 무죄함을 주장하는 욥으로 하여금 회개하고 하나님께 복종할 것을 요구하는 원론적인 충고의 성격이 강하다.
☞ 창조주이시며 역사의 의로운 섭리주이신 하나님께서는 모든 자연 현상과 인간사의 배후에서 초월적인 능력으로 개입하고 계신다. 따라서 우리는 자신이 한계를 갖는 인간으로서 미처 이해할 수 없는 일을 만나더라도 하나님의 오묘하시고 외로운 섭리가 배후에 있다는 것을 깨닫고 무한히 선하시며 지혜로우신 하나님의 섭리에 순종하며 마땅히 하나님을 경외하는 삶을 살아야 한다.

욥기 37장

1 이로 말미암아 내 마음이 떨며 그 자리에서 흔들렸도다 2 하나님의 음성
곧 그의 입에서 나오는 소리를 똑똑히 들으라 3 그 소리를 천하에 펼치시며 번갯불을 땅 끝까지 이르게 하시고 4
그 후에 음성을 발하시며 그의 위엄 찬 소리로 천둥을 치시며 그 음성이 들릴 때에 번개를 멈추게 아니하시느니

욥 37:16
학습 자료 58-4 "구름의 평형" 참조

55일~60일

라 5 하나님은 놀라운 음성을 내시며 우리가 헤아릴 수 없는 큰 일을 행하시느니라 6 눈을 명하여 땅에 내리라 하
시며 적은 비와 큰 비도 내리게 명하시느니라 7 그가 모든 사람의 손에 표를 주시어 모든 사람이 그가 지으신 것
을 알게 하려 하심이라 8 그러나 짐승들은 땅 속에 들어가 그 처소에 머무느니라 9 폭풍우는 그 밀실에서 나오고
추위는 북풍을 타고 오느니라 10 하나님의 입김이 얼음을 얼게 하고 물의 너비를 줄어들게 하느니라 11 또한 그
는 구름에 습기를 실으시고 그의 번개로 구름을 흩어지게 하시느니라 12 그는 감싸고 도시며 그들의 할 일을 조
종하시느니라 그는 땅과 육지 표면에 있는 모든 자들에게 명령하시느니라 13 혹은 징계를 위하여 혹은 땅을 위
하여 혹은 긍휼을 위하여 그가 이런 일을 생기게 하시느니라 14 욥이여 이것을 듣고 가만히 서서 하나님의 오묘
한 일을 깨달으라 15 하나님이 이런 것들에게 명령하셔서 그 구름의 번개로 번쩍거리게 하시는 것을 그대가 아느
냐 16 그대는 겹겹이 쌓인 구름과 완전한 지식의 경이로움을 아느냐 17 땅이 고요할 때에 남풍으로 말미암아 그
대의 의복이 따뜻한 까닭을 그대가 아느냐 18 그대는 그를 도와 구름장들을 두들겨 넓게 만들어 녹여 부어 만든
거울 같이 단단하게 할 수 있겠느냐 19 우리가 그에게 할 말을 그대는 우리에게 가르치라 우리는 아둔하여 아뢰
지 못하겠노라 20 내가 말하고 싶은 것을 어찌 그에게 고할 수 있으랴 삼켜지기를 바랄 자가 어디 있으랴 21 그런
즉 바람이 불어 하늘이 말끔하게 되었을 때 그 밝은 빛을 아무도 볼 수 없느니라 22 북쪽에서는 황금 같은 빛이
나오고 하나님께는 두려운 위엄이 있느니라 23 전능자를 우리가 찾을 수 없나니 그는 권능이 지극히 크사 정의
나 무한한 공의를 굽히지 아니하심이니라 24 그러므로 사람들은 그를 경외하고 그는 스스로 지혜롭다 하는 모든
자를 무시하시느니라

하나님의 도전	욥의 응답
첫째, 욥의 무지(38:1~40:2) ➡ 그는 창조의 순간에 없었다. ➡ 그는 자연의 힘을 설명할 수 없다.	욥은 자신의 무지를 인정하고 조용해 짐(40:3~5)
둘째, 욥이 연약함(40:6~41:34) ➡ 그는 하나님의 방식을 파기할 수 없다. ➡ 그는 자연의 힘을 다스릴 수 없다.	욥은 자신의 건방짐을 인정하고 회개함(42:2~6)

욥기 38장

여호와께서 욥에게 말씀하시다

1 그 때에 여호와께서 폭풍우 가운데에서 욥에게 말씀하여 이르시되 2 무
지한 말로 생각을 어둡게 하는 자가 누구냐 3 너는 대장부처럼 허리를 묶
고 내가 네게 묻는 것을 대답할지니라 4 내가 땅의 기초를 놓을 때에 네가
어디 있었느냐 네가 깨달아 알았거든 말할지니라 5 누가 그것의 도량법을
정하였는지, 누가 그 줄을 그것의 위에 띄웠는지 네가 아느냐 6 그것의 주
추는 무엇 위에 세웠으며 그 모퉁잇돌을 누가 놓았느냐 7 그 때에 새벽 별
들이 기뻐 노래하며 하나님의 아들들이 다 기뻐 소리를 질렀느니라 8 바
다가 그 모태에서 터져 나올 때에 문으로 그것을 가둔 자가 누구냐 9 그
때에 내가 구름으로 그 옷을 만들고 흑암으로 그 강보를 만들고 10 한계
를 정하여 문빗장을 지르고 11 이르기를 네가 여기까지 오고 더 넘어가지
못하리니 네 높은 파도가 여기서 그칠지니라 하였노라 12 네가 너의 날에
아침에게 명령하였느냐 새벽에게 그 자리를 일러 주었느냐 13 그것으로
땅 끝을 붙잡고 악한 자들을 그 땅에서 떨쳐 버린 일이 있었느냐 14 땅이

드디어 하나님이 개입하시다!

38~41장에서 하나님은 욥의 문제를 직접 해결하시기 위해 욥에게 70가지의 질문으로 도전하시다.

인간의 고통과 하나님의 주권에 대한 문제의 진정한 답변은 욥기의 후반부인 하나님의 말씀(38~41장)에서 발견된다. 이 말씀은 이따금 마치 하나님께서 답변은 하지 않으시고 단순히 욥에게 순종하라고 위협하시는 것처럼 잘못 해석된다. 욥의 회개는 하나님의 무한하신 위대함과 인간의 유한함을 깨달았기 때문이다. 하나님의 주권과 선하심을 인간이 겪는 고통과 조화시킬 수 있는 인간의 완전한 설명은 있을 수 없는데, 그 이유는 피조물을 다스리는 하나님의 권능의 범위와 참된 본질은 물론 인간의 지식에 한계가 있기 때문이다. 그렇다고 해서 하나님의 주권과 선하심을 인간이 겪는 고통과 조화시킬 수 없다고 증명되는 것도 아니다. 욥은 하나님의 방식은 때로 이해할 수 없지만 항상 신뢰할 수 있는 분이라는 깨달음 속에서 마침내 안식을 발견한다.

욥은 자신 의가 "자기 의"임을 깨달았다.

☞ 하나님은 욥이 자신을 깨닫게 하시려고 70가지의 질문을 퍼붓는다. 그 질문은 욥이, 인간의 한계를 갖고 있는 모든 인간이 결코 답을 할 수 없는 질문들이다. 그 질문이 어떤 것인가를 살펴보고 답을 할 수 있는지를 시도해 보라. 그리고 나 자신을 돌아보자.

욥 38장

학습 자료 58-5
"본 장에 나타난 과학성" 참조

변하여 진흙에 인친 것 같이 되었고 그들은 옷 같이 나타나되 15 악인에게
는 그 빛이 차단되고 그들의 높이 든 팔이 꺾이느니라 16 네가 바다의 샘
에 들어갔었느냐 깊은 물 밑으로 걸어 다녀 보았느냐 17 사망의 문이 네게
나타났느냐 사망의 그늘진 문을 네가 보았느냐 18 땅의 너비를 네가 측량
할 수 있느냐 네가 그 모든 것들을 다 알거든 말할지니라 19 어느 것이 광
명이 있는 곳으로 가는 길이냐 어느 것이 흑암이 있는 곳으로 가는 길이냐
20 너는 그의 지경으로 그를 데려갈 수 있느냐 그의 집으로 가는 길을 알
고 있느냐 21 네가 아마도 알리라 네가 그 때에 태어났으리니 너의 햇수
가 많음이니라 22 네가 눈 곳간에 들어갔었느냐 우박 창고를 보았느냐 23
내가 환난 때와 교전과 전쟁의 날을 위하여 이것을 남겨 두었노라 24 광명
이 어느 길로 뻗치며 동풍이 어느 길로 땅에 흩어지느냐 25 누가 홍수를 위하여 물길을 터 주었으며 우레와 번개
길을 내어 주었느냐 26 누가 사람 없는 땅에, 사람 없는 광야에 비를 내리며 27 황무하고 황폐한 토지를 흡족하게
하여 연한 풀이 돋아나게 하였느냐 28 비에게 아비가 있느냐 이슬방울은 누가 낳았느냐 29 얼음은 누구의 태에서
났느냐 공중의 서리는 누가 낳았느냐 30 물은 돌 같이 굳어지고 깊은 바다의 수면은 얼어붙느니라 31 네가 묘성
을 매어 묶을 수 있으며 삼성의 띠를 풀 수 있겠느냐 32 너는 별자리들을 각각 제 때에 이끌어 낼 수 있으며 북두
성을 다른 별들에게로 이끌어 갈 수 있겠느냐 33 네가 하늘의 궤도를 아
느냐 하늘로 하여금 그 법칙을 땅에 베풀게 하겠느냐 34 네가 목소리를
구름에까지 높여 넘치는 물이 네게 덮이게 하겠느냐 35 네가 번개를 보내
어 가게 하되 번개가 네게 우리가 여기 있나이다 하게 하겠느냐 36 가슴 속의 지혜는 누가 준 것이냐 수탉에게 슬
기를 준 자가 누구냐 37 누가 지혜로 구름의 수를 세겠느냐 누가 하늘의 물주머니를 기울이겠느냐 38 티끌이 덩
어리를 이루며 흙덩이가 서로 붙게 하겠느냐 39 네가 사자를 위하여 먹이를 사냥하겠느냐 젊은 사자의 식욕을
채우겠느냐 40 그것들이 굴에 엎드리며 숲에 앉아 숨어 기다리느니라 41 까마귀 새끼가 하나님을 향하여 부르짖
으며 먹을 것이 없어서 허우적거릴 때에 그것을 위하여 먹이를 마련하는 이가 누구냐

✣ 하나님의 절대 주권이라는 관점에서 38~41장을 읽어라.
☞ **마 10:29-31** 참새 두 마리가 한 앗사리온에 팔리지 않느냐 그러나 너희 아버지께서 허락하지 아니하시면 그 하나도 땅에 떨어지지 아니하리라 너희에게는 머리털까지 다 세신 바 되었나니 두려워하지 말라 너희는 많은 참새보다 귀하니라
당신은 분명 참새보다 귀한 존재이다. 그러나 흙 + 생기의 상태에 있을 때 그렇다. 우리가 그런 상태에 있기 위해 우리는 하나님의 절대 주권을 인정하는 세계관 위에 삶을 세울 때 그러하다.

욥 38:32
학습 자료 58-6 "열두 궁성" 참조
학습 자료 58-7 "히브리인의 우주관" 참조

욥기 39장

55일~60일

1 산 염소가 새끼 치는 때를 네가 아느냐 암사슴이 새끼 낳는 것을 네가 본 적이 있느냐 2 그것이 몇 달 만에 만삭
되는지 아느냐 그 낳을 때를 아느냐 3 그것들은 몸을 구푸리고 새끼를 낳으니 그 괴로움이 지나가고 4 그 새끼는
강하여져서 빈 들에서 크다가 나간 후에는 다시 돌아오지 아니하느니라 5 누가 들나귀를 놓아 자유롭게 하였느
냐 누가 빠른 나귀의 매인 것을 풀었느냐 6 내가 들을 그것의 집으로, 소금 땅을 그것이 사는 처소로 삼았느니라
7 들나귀는 성읍에서 지껄이는 소리를 비웃나니 나귀 치는 사람이 지르는 소리는 그것에게 들리지 아니하며 8 초
장 언덕으로 두루 다니며 여러 가지 푸른 풀을 찾느니라 9 들소가 어찌 기꺼이 너를 위하여 일하겠으며 네 외양
간에 머물겠느냐 10 네가 능히 줄로 매어 들소가 이랑을 갈게 하겠느냐 그것이 어찌 골짜기에서 너를 따라 써레
를 끌겠느냐 11 그것이 힘이 세다고 네가 그것을 의지하겠느냐 네 수고를 그것에게 맡기겠느냐 12 그것이 네 곡
식을 집으로 실어 오며 네 타작 마당에 곡식 모으기를 그것에게 의탁하겠느냐 13 타조는 즐거이 날개를 치나 학
의 깃털과 날개 같겠느냐 14 그것이 알을 땅에 버려두어 흙에서 더워지게 하고 15 발에 깨어질 것이나 들짐승에
게 밟힐 것을 생각하지 아니하고 16 그 새끼에게 모질게 대함이 제 새끼가 아닌 것처럼 하며 그 고생한 것이 헛되
게 될지라도 두려워하지 아니하나니 17 이는 하나님이 지혜를 베풀지 아니하셨고 총명을 주지 아니함이라 18 그
러나 그것이 몸을 떨쳐 뛰어갈 때에는 말과 그 위에 탄 자를 우습게 여기느니라 19 말의 힘을 네가 주었느냐 그
목에 흩날리는 갈기를 네가 입혔느냐 20 네가 그것으로 메뚜기처럼 뛰게 하였느냐 그 위엄스러운 콧소리가 두려
우니라 21 그것이 골짜기에서 발굽질하고 힘 있음을 기뻐하며 앞으로 나아가서 군사들을 맞되 22 두려움을 모르

고 겁내지 아니하며 칼을 대할지라도 물러나지 아니하니 23 그의 머리 위
에서는 화살통과 빛나는 창과 투창이 번쩍이며 24 땅을 삼킬 듯이 맹렬히
성내며 나팔 소리에 머물러 서지 아니하고 25 나팔 소리가 날 때마다 힝힝
울며 멀리서 싸움 냄새를 맡고 지휘관들의 호령과 외치는 소리를 듣느니
라 26 매가 떠올라서 날개를 펼쳐 남쪽으로 향하는 것이 어찌 네 지혜로
말미암음이냐 27 독수리가 공중에 떠서 높은 곳에 보금자리를 만드는 것
이 어찌 네 명령을 따름이냐 28 그것이 낭떠러지에 집을 지으며 뾰족한 바
위 끝이나 험준한 데 살며 29 거기서 먹이를 살피나니 그 눈이 멀리 봄이며
30 그 새끼들도 피를 빠나니 시체가 있는 곳에는 독수리가 있느니라

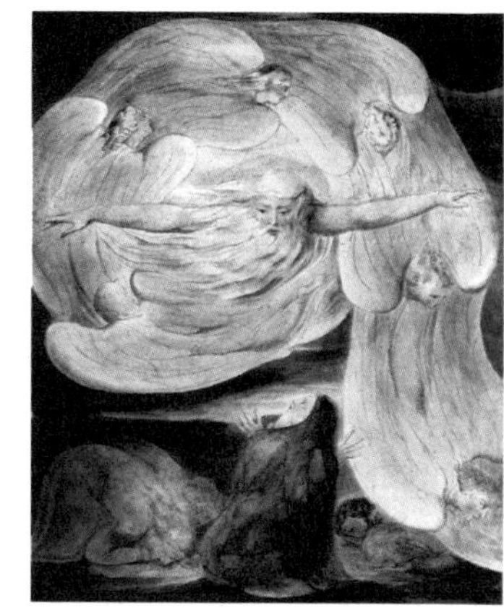

욥기 40장

1 여호와께서 또 욥에게 일러 말씀하시되 2 트집 잡는 자가 전능자와 다투
겠느냐 하나님을 탓하는 자는 대답할지니라 3 욥이 여호와께 대답하여 이르되 4 보소서 나는 비천하오니 무엇이
라 주께 대답하리이까 손으로 내 입을 가릴 뿐이로소이다 5 내가 한 번 말하였사온즉 다시는 더 대답하지 아니하
겠나이다 6 그 때에 여호와께서 폭풍우 가운데에서 욥에게 일러 말씀하시되 7 너는 대장부처럼 허리를 묶고 내
가 네게 묻겠으니 내게 대답할지니라 8 네가 내 공의를 부인하려느냐 네 의를 세우려고 나를 악하다 하겠느냐 9
네가 하나님처럼 능력이 있느냐 하나님처럼 천둥소리를 내겠느냐 10 너는 위엄과 존귀로 단장하며 영광과 영화
를 입을지니라 11 너의 넘치는 노를 비우고 교만한 자를 발견하여 모두 낮추되 12 모든 교만한 자를 발견하여 낮
아지게 하며 악인을 그들의 처소에서 짓밟을지니라 13 그들을 함께 진토에 묻고 그들의 얼굴을 싸서 은밀한 곳
에 둘지니라 14 그리하면 네 오른손이 너를 구원할 수 있다고 내가 인정하리라 15 이제 소 같이 풀을 먹는 베헤못
을 볼지어다 내가 너를 지은 것 같이 그것도 지었느니라 16 그것의 힘은 허리에 있고 그 뚝심은 배의 힘줄에 있고
17 그것이 꼬리 치는 것은 백향목이 흔들리는 것 같고 그 넓적다리 힘줄은 서로 얽혀 있으며 18 그 뼈는 놋관 같고
그 뼈대는 쇠막대기 같으니 19 그것은 하나님이 만드신 것 중에 으뜸이라 그것을 지으신 이가 자기의 칼을 가져
오기를 바라노라 20 모든 들짐승들이 뛰노는 산은 그것을 위하여 먹이를 내느니라 21 그것이 연 잎 아래에나 갈
대 그늘에서나 늪 속에 엎드리니 22 연 잎 그늘이 덮으며 시내 버들이 그를 감싸는도다 23 강물이 소용돌이칠지라
도 그것이 놀라지 않고 요단 강 물이 쏟아져 그 입으로 들어가도 태연하니 24 그것이 눈을 뜨고 있을 때 누가 능
히 잡을 수 있겠으며 갈고리로 그것의 코를 꿸 수 있겠느냐

55일~
60일

		대화 내용	해당 구절
하나님과 욥의 첫 번째 대화	하나님	• 땅, 바다, 하늘의 창조에 관해 질문하심	38:1~38
		• 동물계에 관해 질문하심	38:39~39:30
		• 욥에게 대답을 요구하심	40:1~2
	욥	• 자신의 미천함을 인정하며 대답할 말이 없음을 고백함	40:3~5
하나님과 욥의 두 번째 대화	하나님	• 욥에게 스스로를 구원해 보라고 도전하심	40:6~14
		• 욥과 하마의 능력을 비교하심	40:15~24
		• 욥과 악어의능력을 비교하삼	42:1~34
	욥	• 자신의 생각과 이해가 부족함을 고백함	42:1~3
		• 귀로 듣기만 한 하나님을 눈으로 보며 회개함	42:2~6
욥과 친구들의 구원		• 하나님이 욥이 세 친구를 책망하시며 번제를 요구하심	42:7~9
		• 친구를 보기 위해 중보기도를 하는 욥, 회복된 욥의부귀영화	42:10~17

욥기 41장

1 네가 낚시로 리워야단을 끌어낼 수 있겠느냐 노끈으로 그 혀를 맬 수 있
겠느냐 2 너는 밧줄로 그 코를 꿸 수 있겠느냐 갈고리로 그 아가미를 꿸
수 있겠느냐 3 그것이 어찌 네게 계속하여 간청하겠느냐 부드럽게 네게
말하겠느냐 4 어찌 그것이 너와 계약을 맺고 너는 그를 영원히 종으로 삼
겠느냐 5 네가 어찌 그것을 새를 가지고 놀 듯 하겠으며 네 여종들을 위하
여 그것을 매어두겠느냐 6 어찌 장사꾼들이 그것을 놓고 거래하겠으며 상
인들이 그것을 나누어 가지겠느냐 7 네가 능히 많은 창으로 그 가죽을 찌
르거나 작살을 그 머리에 꽂을 수 있겠느냐 8 네 손을 그것에게 얹어 보
라 다시는 싸울 생각을 못하리라 9 참으로 잡으려는 그의 희망은 헛된 것
이니라 그것의 모습을 보기만 해도 그는 기가 꺾이리라 10 아무도 그것을
격동시킬 만큼 담대하지 못하거든 누가 내게 감히 대항할 수 있겠느냐 11
누가 먼저 내게 주고 나로 하여금 갚게 하겠느냐 온 천하에 있는 것이 다
내 것이니라 12 내가 그것의 지체와 그것의 큰 용맹과 늠름한 체구에 대
하여 잠잠하지 아니하리라 13 누가 그것의 겉가죽을 벗기겠으며 그것에게 겹재갈을 물릴 수 있겠느냐 14 누가 그
것의 턱을 벌릴 수 있겠느냐 그의 둥근 이틀은 심히 두렵구나 15 그의 즐비한 비늘은 그의 자랑이로다 튼튼하게
봉인하듯이 닫혀 있구나 16 그것들이 서로 달라붙어 있어 바람이 그 사이로 지나가지 못하는구나 17 서로 이어져
붙었으니 능히 나눌 수도 없구나 18 그것이 재채기를 한즉 빛을 발하고 그것의 눈은 새벽의 눈꺼풀 빛 같으며 19
그것의 입에서는 횃불이 나오고 불꽃이 튀어 나오며 20 그것의 콧구멍에서는 연기가 나오니 마치 갈대를 태울 때
에 솥이 끓는 것과 같구나 21 그의 입김은 숯불을 지피며 그의 입은 불길을 뿜는구나 22 그것의 힘은 그의 목덜미
에 있으니 그 앞에서는 절망만 감돌 뿐이구나 23 그것의 살껍질은 서로 밀착되어 탄탄하며 움직이지 않는구나 24
그것의 가슴은 돌처럼 튼튼하며 맷돌 아래짝 같이 튼튼하구나 25 그것이 일어나면 용사라도 두려워하며 달아나
리라 26 칼이 그에게 꽂혀도 소용이 없고 창이나 투창이나 화살촉도 꽂히지 못하는구나 27 그것이 쇠를 지푸라기
같이, 놋을 썩은 나무 같이 여기니 28 화살이라도 그것을 물리치지 못하겠고 물맷돌도 그것에게는 겨 같이 되는
구나 29 그것은 몽둥이도 지푸라기 같이 여기고 창이 날아오는 소리를 우습게 여기며 30 그것의 아래쪽에는 날카
로운 토기 조각 같은 것이 달려 있고 그것이 지나갈 때는 진흙 바닥에 도리깨로 친 자국을 남기는구나 31 깊은 물
을 솥의 물이 끓음 같게 하며 바다를 기름병 같이 다루는도다 32 그것의 뒤에서 빛나는 물줄기가 나오니 그는 깊
은 바다를 백발로 만드는구나 33 세상에는 그것과 비할 것이 없으니 그것은 두려움이 없는 것으로 지음 받았구
나 34 그것은 모든 높은 자를 내려다보며 모든 교만한 자들에게 군림하는 왕이니라

욥 41:1-11 하나님은 순한 하마도 짓지만, 사나운 악어도 지으신 분이다.
☞ **신 32:39** 이제는 나 곧 내가 그인 줄 알라 나 외에는 신이 없도다 나는 죽이기도 하며 살리기도 하며 상하게도 하며 낫게도 하나니 내 손에서 능히 빼앗을 자가 없도다
☞ **삼상 2:6** 여호와는 죽이기도 하시고 살리기도 하시며 스올에 내리게도 하시고 거기에서 올리기도 하시는도다

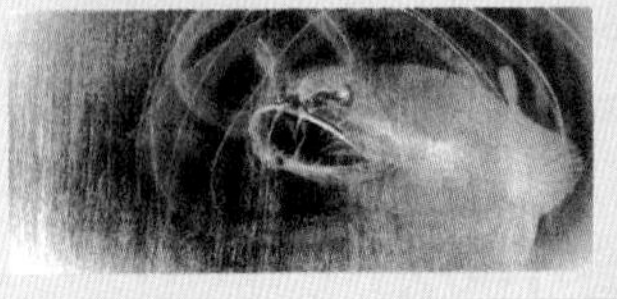

욥 41:1
학습 자료 58-8 "리워야단의 이해" 참조

55일~60일

욥기 42장

욥의 회개

1 욥이 여호와께 대답하여 이르되 2 주께서는 못 하실 일이 없사오며 무슨 계획이든지 못 이루실 것이 없는 줄 아
오니 3 무지한 말로 이치를 가리는 자가 누구니이까 나는 깨닫지도 못한 일을 말하였고 스스로 알 수도 없고 헤
아리기도 어려운 일을 말하였나이다 4 내가 말하겠사오니 주는 들으시고 내가 주께 묻겠사오니 주여 내게 알게
하옵소서 5 내가 주께 대하여 귀로 듣기만 하였사오나 이제는 눈으로 주를 뵈옵나이다 6 그러므로 내가 스스로
거두어들이고 티끌과 재 가운데에서 회개하나이다

결론

7 여호와께서 욥에게 이 말씀을 하신 후에 여호와께서 데만 사람 엘리바스에게 이르시되 내가 너와 네 두 친구
에게 노하나니 이는 너희가 나를 가리켜 말한 것이 내 종 욥의 말 같이 옳지 못함이니라 8 그런즉 너희는 수소 일

곱과 숫양 일곱을 가지고 내 종 욥에게 가서 너희를 위하여 번제를 드리
라 내 종 욥이 너희를 위하여 기도할 것인즉 내가 그를 기쁘게 받으리니
너희가 우매한 만큼 너희에게 갚지 아니하리라 이는 너희가 나를 가리켜
말한 것이 내 종 욥의 말 같이 옳지 못함이라 9 이에 데만 사람 엘리바스
와 수아 사람 빌닷과 나아마 사람 소발이 가서 여호와께서 자기들에게 명
령하신 대로 행하니라 여호와께서 욥을 기쁘게 받으셨더라

여호와께서 욥에게 복을 주시다

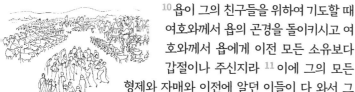

10 욥이 그의 친구들을 위하여 기도할 때
여호와께서 욥의 곤경을 돌이키시고 여
호와께서 욥에게 이전 모든 소유보다
갑절이나 주신지라 11 이에 그의 모든
형제와 자매와 이전에 알던 이들이 다 와서 그
의 집에서 그와 함께 음식을 먹고 여호와께서 그에
게 내리신 모든 재앙에 관하여 그를 위하여 슬퍼하며 위로하고 각각 케쉬
타 하나씩과 금 고리 하나씩을 주었더라 12 여호와께서 욥의 말년에 욥에
게 처음보다 더 복을 주시니 그가 양 만 사천과 낙타 육천과 소 천 겨리와
암나귀 천을 두었고 13 또 아들 일곱과 딸 셋을 두었으며 14 그가 첫째 딸
은 여미마라 이름하였고 둘째 딸은 긋시아라 이름하였고 셋째 딸은 게렌
합북이라 이름하였으니 15 모든 땅에서 욥의 딸들처럼 아리따운 여자가
없었더라 그들의 아버지가 그들에게 그들의 오라비들처럼 기업을 주었더
라 16 그 후에 욥이 백사십 년을 살며 아들과 손자 사 대를 보았고 17 욥이
늙어 나이가 차서 죽었더라

욥의 회개

☞ 하나님의 질문 세례에 욥은 유구무언(有口無言)일 뿐이다. 이 질문에 어느 한 가지도 답변할 수 없다. 지금까지 그리고 앞으로 오고 오는 모든 인간 중에 이 하나님의 질문에 한 가지라도 답할 수 있는 자는 절대로 없다. 그것이 유한한 인간과 절대자 하나님의 근원적 차원의 차이인 것이다.

⇒ 욥은 자기 의를 회개한다.

- 귀(히:오젠) 간접적이고 명료하지 못한 체험이나 참된 의미를 깨닫지 못한 상태를 의미한다.
- 눈(히:아인) 직접적인 은혜의 체험이나 하나님의 실존에 대한 명쾌한 확신과 깨달음을 의미한다.

6절 하나님의 생기를 잃어버린 인간의 의는 "티끌과 재"와 같은 존재일 뿐이라는 진리를 깨달았다는 것이다.

이제는 자기중심적 이해와 판단으로 하나님을 간접적으로 아는 것에서 분명히 벗어나 직접 말씀(성경)을 통해서 기도로 하나님을 알고 체험하며 삶 속에서 섬기는 삶을 살겠다는 결단의 회개이다. 세계관을 바꾼다는 것이다. 생각이 바뀌면 행동이 바뀐다. 자기 의는 당연히 하나님의 의로 대치되는 것이다.

"오늘 성경 읽으셨나요?"
인위 뚝! 신위 고!

성문서 순서를 통해서 본 영성의 성숙

욥 기: 자기중심적인 삶의 종식. 욥은 순전한 사람이지만, 욥기 전체에 흐른 욥의 자세는 자기중심적인 모습이 숨겨져 있다. 그래서 42:6 "내가 스스로 거두어 드리고 티끌과 재 가운데 회개하나이다"라고 고백한다.

시 편: 하나님 안에서의 새로운 삶을 노래한다.

잠 언: 하나님의 학교에서 하늘의 지혜를 배우고 삶속에서 실천하는 영성을 가진다.

전도서: 우리의 마음과 생각은 해 아래에 두지 말고 하늘의 높은 곳에 두라고 배운다.

아가서: 순전한 사랑으로 그리스도와 연합하는 법을 배운다.

58일차 읽기의 요약

(욥 25~42)

욥과 세 친구들이 서로 열심히 자기주장을 마치자, 이들의 대화를 듣고 있던 엘리후가 드디어 말을 시작한다. 비록 그는 그들보다 연소했지만, 하나님의 절대주권과 의인의 고난에 대한 그의 주장에 대해 하나님께 책망받지 않았다.

마침내 하나님께서는 욥의 문제를 해결하시기 위해 수십 가지의 질문을 욥에게 던지신다. 만물을 창조하시고 운행하시는 하나님의 능력과 지혜에 관련된 수많은 질문에 대해 욥이 하나도 대답할 수 없음을 깨닫게 하신다.

하나님께서 욥에게 물으신 창조의 능력과 지혜와 관련된 많은 질문들을 통해 욥은 마침내 자신의 지식과 능력의 한계와 인간의 자기 의의 불완전함을 깨닫게 된다. 욥은 결국 자신이 당한 고난 속에서 창조주 하나님의 주권적 섭리와 통치를 인정하지 못했던 연약한 모습을 회개하게 된다.

마지막으로 하나님께서는 욥을 정죄한 세 친구를 책망하시며 하나님께서 지정하신 번제물을 욥에게 가져가 번제를 드리게 하신다. 욥에게는 또한 그 제사와 함께 그들을 위한 중보기도를 하게 하심으로 그들과의 관계를 회복시켜 주셨다. 욥 또한 다시 자녀와 물질이 회복되고 늙어 나이가 찰 때까지 생명을 누리는 은혜를 입게 하셨다.

그러면 어떻게 살 것인가?

인위뚝 · 신위고!

세계관 점검 - 묵상하기 (영상 강의와 교재 내용의 이해를 바탕으로)

55일~60일

하나님의 절대 주권에 대한 인간의 절대 순종

욥기는 욥이 예기치 못한 채 당하는 고난의 원인 규명을 위한 욥과 그의 세 친구 곧 엘리바스, 빌닷, 소발 및 엘리후와의 논쟁을 길게 다루고 있다. 이러한 논쟁 가운데에는 의인의 형통과 악인의 고난이 현 세상에서 완성된다는 친구들의 현세적 인과응보론에 입각한 사고와 이와는 반대로 의인의 고난과 악인의 형통이란 부조리한 현실에 대한 욥의 인식 및 하나님의 공의로운 심판과 관련된 여러 주요 주제들이 등장한다. 그러나 이러한 모든 논쟁은 결국 하나님의 절대 주권 인정과 인간의 절대 순종으로 귀결된다. 즉 사탄이 공중 권세를 잡고 있는 현 세상(엡 2:2)에는 유한한 인간의 지혜로 다 이해할 수 없는 부조리한 측면이 있는데 이러한 문제들에 대한 가장 좋은 해결은 궁극적으로 절대 공의와 절대 선으로 이 세상을 통치하시는 하나님의 절대 주권을 인정하고 그분께 절대 순종하는 삶을 사는 것일 것이다. 이처럼 욥기는 욥의 고난의 원인 규명이란 제한된 주제로 시작하였으나 결국 인류의 역사나 생사화복은 물론 우주의 운행이나 동물의 생태에 이르기까지 모든 것이 선하신 하나님의 지혜로우신 주권적 섭리에 의해 움직여진다는 실로 심오한 진리를 보여 준다. 그러므로 우리 성도들은 현 세상에서 일어나는 일들 가운데 비록 자신의 이성으로는 이해되지 않는 측면이 있다고 할지라도 오묘하신 하나님의 주권적 섭리를 인정하며 이에 절대적으로 순종하는 삶을 사는 성숙한 신앙의 소유자가 되어야 할 것이다.

38~39장 하나님의 절대 주권을 나는 인정하고 있는가? 그렇다면 나의 세계관은 어떠해야 하겠는가?
피조물의 하나하나에 이르기까지 세밀하게 돌보시는 하나님께서는 하나님의 가장 소중한 창조물인 인간의 구원을 위해서 구속주로 오신 그리스도를 믿는 길을 우리에게 주신 대로, 성도는 이렇듯 믿음의 도리에 충실해야 하지 않겠는가? 결국 이러한 그리스도에 대한 믿음을 통해 성도는 비로소 죽어 있는 영혼의 구원이란 하나님의 재창조의 역사에 참여할 수 있음을 명심하자.

하나님의 계획과 섭리에 따라 진행되는 세상사
욥의 고난은 우연히 임한 것이 아니라 천상 회의의 결과로 임한 것이었다. 이렇게 천상 회의 결과 이 땅에서 어떤 일이 이루어진 실례를 우리는 아합이 거짓 선지자들의 말을 믿고 길르앗 라못 전쟁에서 패하여 죽은 사실에서도 찾을 수 있다(왕상 22:19-23). 그리고 이러한 사실은 우리에게 중요한 사실 한 가지를 가르쳐준다. 그것은 바로 이 세상에서 일어나는 모든 일은 하나님의 계획과 섭리 가운데 일어난다는 것이다. 즉 이 지상에서 일어나는 일은 그 어떤 사소한 일도 천상 회의와 관계없이 우연히 일어나는 법이 없다. 인간은 영적 세계를 볼 수 없고 천상에서 무슨 일이 일어나는지 알 수 없기 때문에 많은 사람이 이 지상에서 일어나는 일을 우연한 일로 본다. 하지만 지상에서 일어나는 일은 다 하나님의 보좌에서 결정된 일의 실행이다. 그러므로 우리는 지상에서 일어나는 모든 일은 그것이 선한 일이든 악한 일이든 하나님의 주권과 섭리로 이루어지고 있다는 것을 알아야 한다. 그리하여 이 세상에서 일어나는 모든 일을 통하여 하나님의 뜻을 찾기에 힘써야 한다. 그리고 자기에게 악한 것으로 여겨지는 일이 일어난다고 해도 하나님을 원망하기보다는 그것을 통하여 이루고자 하시는 하나님의 원대한 작정이 있음을 기억하고 하나님의 주권적 섭리에 순종해야 할 것이다.

자기 의(義)에 의한 인간의 본질적 죄성
욥은 자신의 고난과 관련하여 친구들과 논쟁하는 중에 자기의 의로움과 고난의 부당성을 거듭 주장하였다. 심지어는 자신의 의로움을 강변하는 과정에서 하나님의 공의를 의심하는 말까지 하였다. 물론 욥이 죄로 인하여 고난을 당한 것은 아니었다. 하나님이 인정하신 것처럼 그는 순전하고 정직하여 악에서 떠난 자였다. 하지만 인간은 누구도 자기의 완전한 의를 주장할 수는 없다. 인간은 날 때부터 죄의 본성을 가지고 태어난다. 즉 인간은 나면서부터 죄인인 것이다. 인간이 의인으로 불릴 수 있는 것은 오직 하나님이 의롭다고 여겨주심으로만 가능하다. 이를 위하여 우리 주 예수 그리스도께서 이 땅에 인간의 육신을 입으시고 오셔서 인류의 죄를 십자가에서 대속하신 것이다. 욥도 결국 절대 거룩하신 하나님을 뵈었을 때 자신의 죄인 됨을 인정하고 회개하지 않을 수 없었다. 그러므로 우리는 예수 그리스도를 떠나 자신의 의로움을 자랑하는 교만함을 범해서는 안 된다. 아울러 우리는 자신이 죄성에 오염되어 있어서 언제든 죄를 범할 가능성을 지니고 있음을 알고 더욱 죄를 경계하는 삶을 살아야 할 것이다.

욥 42:1-6에서 욥의 변화를 묵상하라. 23:10에서 연단 받고 정금같이 나온 욥의 모습이다. 그 핵심은 신위 앞에 인위가 내려지고 자기중심성이 변화된 모습이다.
나의 변화도 이런 변화가 되어야 하지 않을까?

☑ 결단기도와 실행하기

약 2:26 영혼 없는 몸이 죽은 것 같이 행함이 없는 믿음은 죽은 것이니라

시 119:28 나의 영혼이 눌림으로 말미암아 녹사오니 주의 말씀대로 나를 세우소서

55일~
60일

한눈에 보는 성경의 핵심 줄거리와 메시지

구약

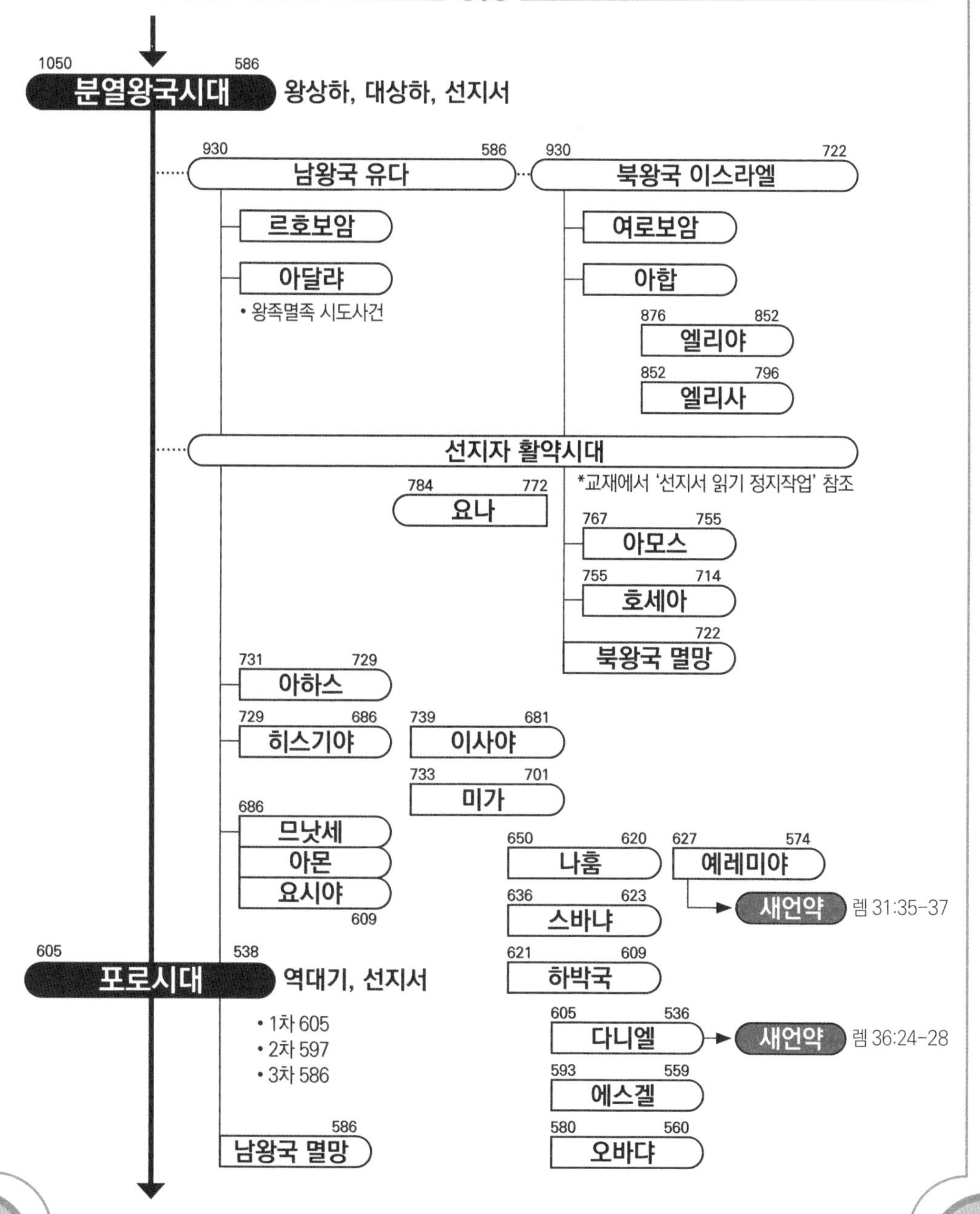

포로귀환 시대

B.C.
538~400

에스라(458-440)·
에스더(478-463)·
느헤미야(444-415)·
학개(520-505)·
스가랴(520-489)·
요엘(440-430)·
말라기(435-415)

주요인물 고레스 / 여호수아 / 스룹바벨 / 에스라 / 아하수에로 / 에스더 / 모르드개 / 하만 / 느헤미야 / 아닥사스다 / 산발랏

주요사건 고레스의 조서 / 제 2성전의 건축 / 성벽의 재건 / 바사의 유다인들이 구출 됨

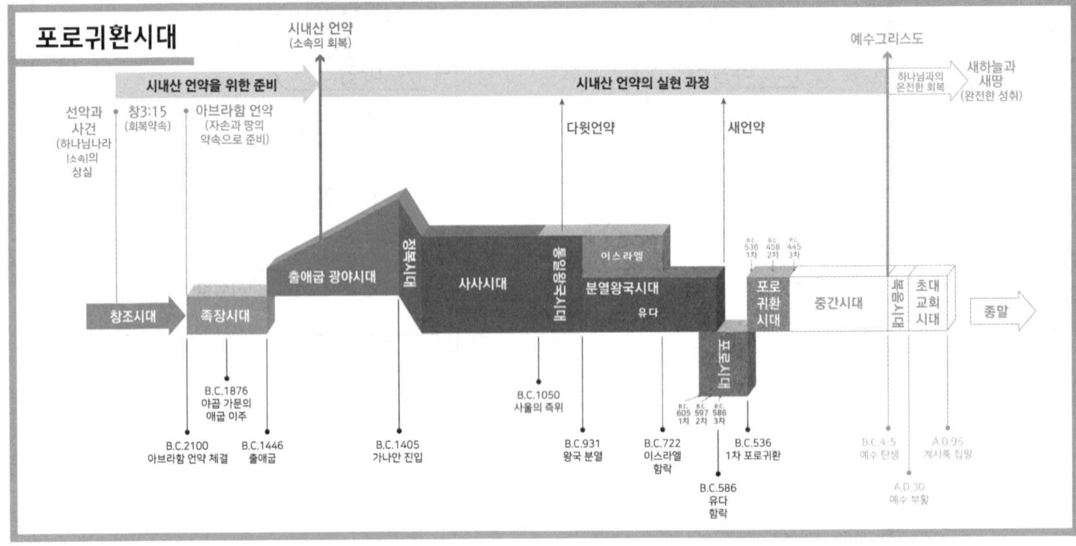

55일~
60일

시대 한눈에 보기

포로 귀환 시대는 고레스의 귀환 칙령(B.C. 539년)에 의해 성전 재건을 위해 스룹바벨이 1차 귀환단을 인솔해서 돌아오는 것부터 시작한다. 이때 선지자는 학개와 스가랴가 활약한다. 에스라서는 이 시기보다 나중에 쓰여졌지만 1장~6장까지는 이 시기를 커버한다.

이 기간에 있었던 바사(포로지)에 남은 유대인 대 학살 음모를 파헤친 에스더(B.C. 473년 경)의 부림절의 사건이 있었으며, 2차로 에스라가 귀환하며(B.C. 458) 그리고 마지막으로 느헤미야가 귀국하여(B.C.444년) 예루살렘의 성벽을 재건하고, 율법을 재발견하며 영적 부흥을 이루려고 시도한다.

역대하 36:22, 23 : 고레스 칙령

고레스의 귀국 명령(스 1:1-4)

22 바사의 고레스 왕 원년에 여호와께서 예레미야의 입으로 하신 말씀을
이루시려고 여호와께서 바사의 고레스 왕의 마음을 감동시키시매 그가
온 나라에 공포도 하고 조서도 내려 이르되 23 바사 왕 고레스가 이같이
말하노니 하늘의 신 여호와께서 세상 만국을 내게 주셨고 나에게 명령하
여 유다 예루살렘에 성전을 건축하라 하셨나니 너희 중에 그의 백성된 자
는 다 올라갈지어다 너희 하나님 여호와께서 함께 하시기를 원하노라 하였더라

❖ B.C. 538년 이스라엘 백성을 예루살렘으로 귀환시켜 하나님의 성전을 건축하도록 명하는 고레스의 조서를 소개함으로써 역대기를 마감한다.

대하 36:22-23
학습 자료 59-2
"고레스의 원통 비문" 참조

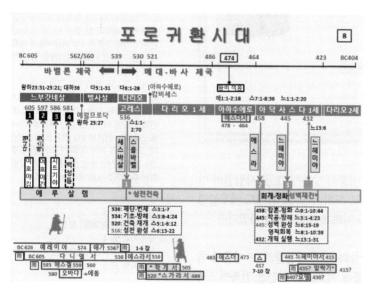

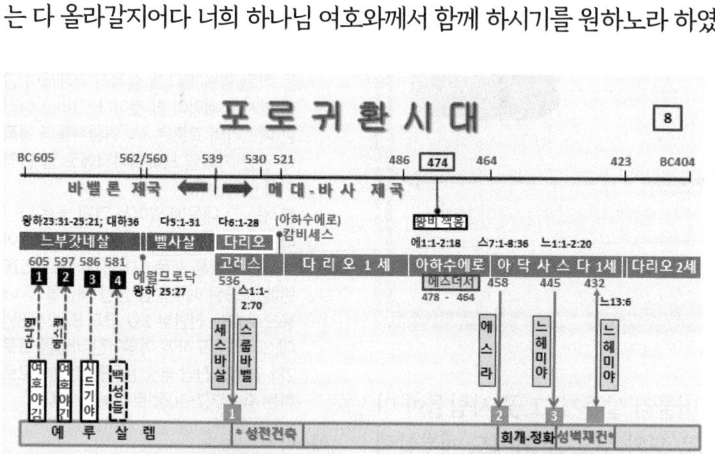

❖ 에스라 개요

역대하는 제사장적 관점(祭祀長的 觀點)에서 이스라엘 역사를 기술한 뒤, 그 뒤에 계속된 이스라엘 백성들의 범죄에도 불구하고 하나님의 무조건적 은총으로 이스라엘이 회복되게 되었다는 증거로서 고레스의 포로 귀환 허가 칙령을 기록하였다. 에스라서는 바로 이 역대하와 직접적으로 연결되는 고레스의 귀환 조서에서 시작된다. 그리고 B.C. 537년 제1차 포로 귀환에서 B.C. 458년 제2차 포로 귀환까지 약 80년간의 포로 귀환 시대의 역사를 기록하고 있다. 그러나 실상은 B.C. 516년 스룹바벨 성전 완공 이후부터 B.C. 458년 제2차 포로 귀환 사이 약 58년간의 역사에 대한 기록은 없으며, 주로 B.C. 537-516년까지 성전 재건의 역사와 B.C. 458년 에스라의 개혁 운동의 역사만을 집중적으로 기록하고 있다.

히브리 성경에는 에스라와 느헤미야가 한 권의 책으로 되어 있다. 탈무드에 의하면 제사장 겸 학사 에스라가 역대기, 에스라서, 느헤미야서의 저자라고 한다. 에스라는 포로 기간 상실한 이스라엘 백성의 정체성이 하나님의 백성인 것을 찾아 주어야 했다. 그래서 에스라는 역대기와 에스라서 느헤미야서를 쓰고, 구약 성경의 집대성을 추구하고 시편 119편을 썼다고 본다.

고레스 칙령으로 인해 이스라엘 사람들은 세스바살의 지도하에 스룹바벨의 일행이 유다에 도착하여, 예루살렘에 제단을 쌓고, 예배를 다시 드렸으며, 성전의 토대를 놓았다. 사마리아인들의 반대로 인해서 성전 공사와 성읍 공사는 중단되었다(1:1~4:24).

16년 후에 선지자 학개와 스가랴가 새로 그 일을 시작하도록 격려하고 자극했으며(B.C. 520년), 그 역사는 4년 후 아달월 삼일(B.C. 516년 3월 10일)에 완성되었다. 이 두 번째 성전이 봉헌되고 유월절이 다시 회복된다(5~6장).

에스라 1장~4:5

에스라 1장

여호와께서 고레스의 마음을 감동시키다

1 바사 왕 고레스 원년에 여호와께서 예레미야의 입을 통하여 하신 말씀
을 이루게 하시려고 바사 왕 고레스의 마음을 감동시키시매 그가 온 나라
에 공포도 하고 조서도 내려 이르되 2 바사 왕 고레스는 말하노니 하늘의
하나님 여호와께서 세상 모든 나라를 내게 주셨고 나에게 명령하사 유다
예루살렘에 성전을 건축하라 하셨나니 3 이스라엘의 하나님은 참 신이시
라 너희 중에 그의 백성 된 자는 다 유다 예루살렘으로 올라가서 이스라
엘의 하나님 여호와의 성전을 건축하라 그는 예루살렘에 계신 하나님이

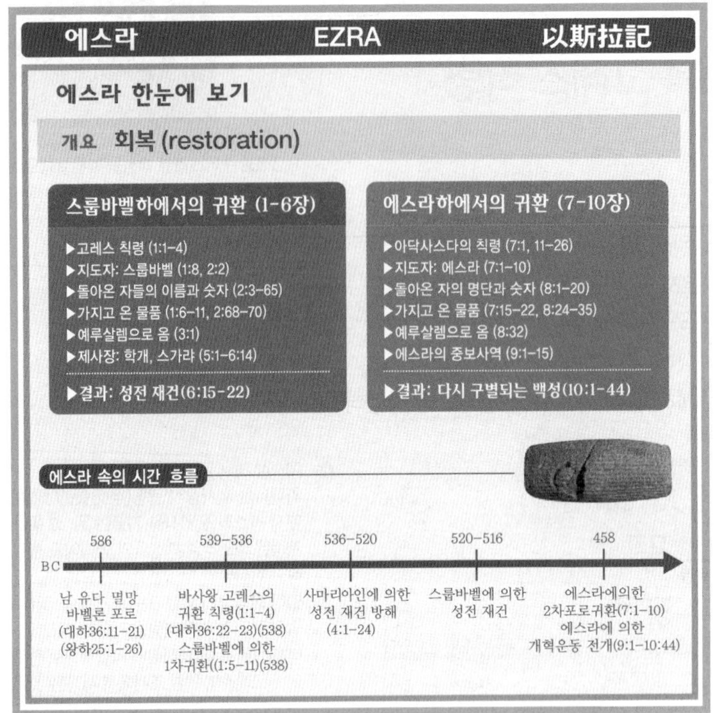

에스라 EZRA 以斯拉記
에스라 한눈에 보기
개요 회복 (restoration)
스룹바벨하에서의 귀환 (1-6장)
▶고레스 칙령 (1:1–4)
▶지도자: 스룹바벨 (1:8, 2:2)
▶돌아온 자들의 이름과 숫자 (2:3–65)
▶가지고 온 물품 (1:6–11, 2:68–70)
▶예루살렘으로 옴 (3:1)
▶제사장: 학개, 스가랴 (5:1–6:14)
▶결과: 성전 재건(6:15–22)
에스라하에서의 귀환 (7–10장)
▶아닥사스다의 칙령 (7:1, 11–26)
▶지도자: 에스라 (7:1–10)
▶돌아온 자의 명단과 숫자 (8:1–20)
▶가지고 온 물품 (7:15–22, 8:24–35)
▶예루살렘으로 옴 (8:32)
▶에스라의 중보사역 (9:1–15)
▶결과: 다시 구별되는 백성(10:1–44)
에스라 속의 시간 흐름
BC
586
남 유다 멸망 바벨론 포로 (대하36:11–21) (왕하25:1–26)
539–536
바사왕 고레스의 귀환 칙령(1:1–4) (대하36:22–23)(538) 스룹바벨에 의한 1차귀환((1:5–11)(538)
536–520
사마리아인에 의한 성전 재건 방해 (4:1–24)
520–516
스룹바벨에 의한 성전 재건
458
에스라에의한 2차포로귀환(7:1–10) 에스라에 의한 개혁운동 전개(9:1–10:44)

학사 겸 제사장 에스라는 B.C. 458년에 두 번째로 포로들을 이끌고 귀환하는데, 이는 첫 번째 포로 귀환 후 79년이 지난 때였다. 바사 왕 아닥사스다 1세(B.C. 464-423년)는 종교적·도덕적 상황들을 정리하라는 명령과 함께 그를 보낸다. 주된 문제는 일부 유대인들이 이방 여인들과 결혼했으며, 따라서 그 나라의 종교적·도덕적 생활의 순수성을 위험에 빠뜨렸다는 것이다. 백성들이 회개하며 개혁이 이루어진다(7~10장). 본서의 일차적인 독자는 귀환자들과 그 당시의 예루살렘과 유대 거민들이다. 그들은 에스라가 지적한바, 예배 생활과 기타 선민 생활의 기본 지침이 되는 율법 준수에 더욱 힘을 써야 했다. 또한 이방인과 섞임으로 인하여 우상 숭배에 물들거나 선민으로서의 성결된 삶에 방해 되는 모든 죄된 행위에 대해 철저히 경계해야 함을 본서로 배워야 할 것이다. 그리고 이러한 에스라의 교훈은 3차 귀환자들의 행적에 관한 기록인 느헤미야서에도 잘 반영되어 나타난다.

본서는 그 내용에 있어서 크게 둘로 나뉜다. 즉 B.C. 538년 스룹바벨의 인도하에 이루어진 바벨론 포로 1차 귀환과 B.C. 516년에 완공된 예루살렘 성전 재건을 주 내용으로 하는 전반부 1-6 장과 B.C.. 458년 에스라의 인도하에 이루어진 바벨론 포로 2차 귀환과 신앙 부흥 운동을 주 내용으로 하는 후반부(7~10장)로 나뉠 수 있다.

시라 4 그 남아 있는 백성이 어느 곳에 머물러 살든지 그 곳 사람들이 마
땅히 은과 금과 그 밖의 물건과 짐승으로 도와 주고 그 외에도 예루살렘
에 세울 하나님의 성전을 위하여 예물을 기쁘게 드릴지니라 하였더라

에스라
학습 자료 59-3 "바벨론 포로의 이해" 참조
학습 자료 59-4 "포로로 심판받을 수밖에 없는 이유" 참조
학습 자료 59-5 "전(殿)" 참조

사로잡혀 간 백성이 돌아오다

5 이에 유다와 베냐민 족장들과 제사장들과 레위 사람들과 그 마음이 하
나님께 감동을 받고 올라가서 예루살렘에 여호와의 성전을 건축하고자
하는 자가 다 일어나니 6 그 사면 사람들이 은그릇과 금과 물품들과 짐승과 보물로 돕고 그 외에도 예물을 기쁘게
드렸더라 7 고레스 왕이 또 여호와의 성전 그릇을 꺼내니 옛적에 느부갓네살이 예루살렘에서 옮겨다가 자기 신들
의 신당에 두었던 것이라 8 바사 왕 고레스가 창고지기 미드르닷에게 명령하여 그 그릇들을 꺼내어 세어서 유다
총독 세스바살에게 넘겨주니 9 그 수는 금 접시가 서른 개요 은 접시가 천 개요 칼이 스물아홉 개요 10 금 대접이
서른 개요 그보다 못한 은 대접이 사백열 개요 그밖의 그릇이 천 개이니 11 금, 은 그릇이 모두 오천사백 개라 사로
잡힌 자를 바벨론에서 예루살렘으로 데리고 갈 때에 세스바살이 그 그릇들을 다 가지고 갔더라

에스라 2장

돌아온 사람들(느 7:4-73)

1 옛적에 바벨론 왕 느부갓네살에게 사로잡혀 바벨론으로 갔던 자들의
자손들 중에서 놓임을 받고 예루살렘과 유다 도로 돌아와 각기 각자의
성읍으로 돌아간 자 2 곧 스룹바벨과 예수아와 느헤미야와 스라야와 르
엘라야와 모르드개와 빌산과 미스발과 비그왜와 르훔과 바아나 등과
함께 나온 이스라엘 백성의 명수가 이러하니 3 바로스 자손이 이천백칠

약속의 땅을 향한 2번의 민족 대이동

민족 이동에 관해	1차 이동 - 출애굽	2차 이동 - 포로귀환
어디에서 얼마나 있었나	애굽–430년간	바벨론–70년간
이동한 수	약 200만 명	약 6만
여행 기간	40년–2차에 걸친 가나안 입성	100년–3차에 걸친 귀환
인도자	모세, 아론, 여호수아	스룹바벨, 에스라, 느헤미야
목적	가나안 땅 차지	예루살렘 성전과 성읍 재건
현실적으로 부딪힌 문제	홍해, 사막, 대적들	폐허지, 자원 부족, 주변의 방해
어떤 실패를 했나	불평과 불순종–그 결과 몇 주면 끝날 수 있는 여행이 40년이나 걸림	두려움과 낙심–그 결과 몇 달이면 완료될 건축 공사가 약 100년이나 걸림
어떤 성공을 했나	마침내 약속의 땅을 차지함	마침내 예루살렘 성전과 성벽을 중건함
교훈	하나님은 자기 백성을 기억하시고, 당신의 나라를 세우신다.	하나님은 자기의 백성을 기억하시고, 자신의 나라를 보존함

메대(Media-Persian Empire)는 어떤 나라인가?

메대라는 나라는 바벨론이 앗수르(Assyrian Empire)로부터 독립할 무렵 함께 독립한 나라이다. 이 메대는 바벨론과 동맹관계를 유지하다가 느부갓네살이 죽은 후에 그 관계가 깨어지고, 바벨론의 벨사살을 죽이고 바벨론을 이어받고 나중에 페르시아(바사)와 통합하여 바사 제국이 된다. 바사 제국은 B.C. 536에 시작하여 B.C. 330년 그리스의 알렉산더 대왕에 의해 멸망한다.

십이 명이요 4 스바댜 자손이 삼백칠십이 명이요 5 아라 자손이 칠백칠십
오 명이요 6 바핫모압 자손 곧 예수아와 요압 자손이 이천팔백십이 명이요
7 엘람 자손이 천이백오십사 명이요 8 삿두 자손이 구백사십오 명이요 9 삭
개 자손이 칠백육십 명이요 10 바니 자손이 육백사십이 명이요 11 브배 자
손이 육백이십삼 명이요 12 아스갓 자손이 천이백이십이 명이요 13 아도니
감 자손이 육백육십육 명이요 14 비그왜 자손이 이천오십육 명이요 15 아
딘 자손이 사백오십사 명이요 16 아델 자손 곧 히스기야 자손이 구십팔 명
이요 17 베새 자손이 삼백이십삼 명이요 18 요라 자손이 백십이 명이요 19
하숨 자손이 이백이십삼 명이요 20 깁발 자손이 구십오 명이요 21 베들레
헴 사람이 백이십삼 명이요 22 느도바 사람이 오십육 명이요 23 아나돗 사
람이 백이십팔 명이요 24 아스마웻 자손이 사십이 명이요 25 기랴다림과
그비라와 브에롯 자손이 칠백사십삼 명이요 26 라마와 게바 자손이 육백
이십일 명이요 27 믹마스 사람이 백이십이 명이요 28 벧엘과 아이 사람이
이백이십삼 명이요 29 느보 자손이 오십이 명이요 30 막비스 자손이 백오십
육 명이요 31 다른 엘람 자손이 천이백오십사 명이요 32 하림 자손이 삼백
이십 명이요 33 로드와 하딧과 오노 자손이 칠백이십오 명이요 34 여리고
자손이 삼백사십오 명이요 35 스나아 자손이 삼천육백삼십 명이었더라 36 제사장들은 예수아의 집 여다야 자손이
구백칠십삼 명이요 37 임멜 자손이 천오십이 명이요 38 바스훌 자손이 천이백사십칠 명이요 39 하림 자손이 천십칠
명이었더라 40 레위 사람은 호다위야 자손 곧 예수아와 갓미엘 자손이 칠십사 명이요 41 노래하는 자들은 아삽 자
손이 백이십팔 명이요 42 문지기의 자손들은 살룸과 아델과 달문과 악굽과 하디다와 소배 자손이 모두 백삼십구
명이었더라 43 느디님 사람들은 시하 자손과 하수바 자손과 답바옷 자손과 44 게로스 자손과 시아하 자손과 바돈
자손과 45 르바나 자손과 하가바 자손과 악굽 자손과 46 하갑 자손과 사믈래 자손과 하난 자손과 47 깃델 자손과
가할 자손과 르아야 자손과 48 르신 자손과 느고다 자손과 갓삼 자손과 49 웃사 자손과 바세아 자손과 베새 자손
과 50 아스나 자손과 므우님 자손과 느부심 자손과 51 박북 자손과 하그바 자손과 할훌 자손과 52 바슬룻 자손과
므히다 자손과 하르사 자손과 53 바르고스 자손과 시스라 자손과 데마 자손과 54 느시야 자손과 하디바 자손이었
더라 55 솔로몬의 신하의 자손은 소대 자손과 하소베렛 자손과 브루다 자손과 56 야알라 자손과 다르곤 자손과
깃델 자손과 57 스바댜 자손과 하딜 자손과 보게렛하스바임 자손과 아미 자손이니 58 모든 느디님 사람과 솔로몬

스 2:1-70 제 1 차 포로 귀환자들의 분류

구분	분류기준	인원수
지도자		11
평민들	가계별	8,635
	지역별	15,509
제사장들	가계별	4,289
레위인	가계별	341
노비		7,337
노래하는 남녀		200
기타	느디님 사람들 솔로몬의 신복 자손	392
	종족과 계보가 불명확한 자들	652
	계수에 포함되지 않은 자들	12,531
합계		49,897

의 신하의 자손이 삼백구십이 명이었더라 59 델멜라와 델하르사와 그룹과 앗단과 임멜에서 올라온 자가 있으나
그들의 조상의 가문과 선조가 이스라엘에 속하였는지 밝힐 수 없었더라 60 그들은 들라야 자손과 도비야 자손과
느고다 자손이라 모두 육백오십이 명이요 61 제사장 중에는 하바야 자손과 학고스 자손과 바르실래 자손이니 바
르실래는 길르앗 사람 바르실래의 딸 중의 한 사람을 아내로 삼고 바르실래의 이름을 따른 자라 62 이 사람들은
계보 중에서 자기 이름을 찾아도 얻지 못하므로 그들을 부정하게 여겨 제사장의 직분을 행하지 못하게 하고 63
방백이 그들에게 명령하여 우림과 둠밈을 가진 제사장이 일어나기 전에는 지성물을 먹지 말라 하였느니라 64 온
회중의 합계가 사만 이천삼백육십 명이요 65 그 외에 남종과 여종이 칠천삼백삼십칠 명이요 노래하는 남녀가 이
백 명이요 66 말이 칠백삼십육이요 노새가 이백사십오요 67 낙타가 사백삼십오요 나귀가 육천칠백이십이었더라
68 어떤 족장들이 예루살렘에 있는 여호와의 성전 터에 이르러 하나님의 전을 그 곳에 다시 건축하려고 예물을 기
쁘게 드리되 69 힘 자라는 대로 공사하는 금고에 들이니 금이 육만 천 다릭이요 은이 오천 마네요 제사장의 옷이
백 벌이었더라 70 이에 제사장들과 레위 사람들과 백성 몇과 노래하는 자
들과 문지기들과 느디님 사람들이 각자의 성읍에 살았고 이스라엘 무리
도 각자의 성읍에 살았더라

스 2:69
학습 자료 59-6
"구약 시대 화폐 사용" 참조

에스라 3장

비로소 여호와께 번제를 드리다

1 이스라엘 자손이 각자의 성읍에 살았더니 일곱째 달에 이르러 일제히
예루살렘에 모인지라 2 요사닥의 아들 예수아와 그의 형제 제사장들과
스알디엘의 아들 스룹바벨과 그의 형제들이 다 일어나 이스라엘 하나님
의 제단을 만들고 하나님의 사람 모세의 율법에 기록한 대로 번제를 그
위에서 드리려 할새 3 무리가 모든 나라 백성을 두려워하여 제단을 그 터
에 세우고 그 위에서 아침 저녁으로 여호와께 번제를 드리며 4 기록된 규
례대로 초막절을 지켜 번제를 매일 정수대로 날마다 드리고 5 그 후에는 항상 드리는 번제와 초하루와 여호와의
모든 거룩한 절기의 번제와 사람이 여호와께 기쁘게 드리는 예물을 드리되 6 일곱째 달 초하루부터 비로소 여호
와께 번제를 드렸으나 그 때에 여호와의 성전 지대는 미처 놓지 못한지라 7 이에 석수와 목수에게 돈을 주고 또
시돈 사람과 두로 사람에게 먹을 것과 마실 것과 기름을 주고 바사 왕 고레스의 명령대로 백향목을 레바논에서
욥바 해변까지 운송하게 하였더라

스 3장
예루살렘의 귀환은 약속의 땅에서의 새로운 출발을 의미했다. 귀환민들은 과거의 죄악을 회개하고 하나님과 새로운 관계를 맺고 싶어 했다. 이 일을 위해 교제와 화목의 장소인 성전 건축이 무엇보다 시급했다. 성전이 이스라엘 백성의 신앙생활에 차지하는 비중과 의미를 생각해 보라. 이 성전은 스룹바벨 성전이라고 일컫는다. 헤롯이 크게 증축하지만, A.D. 70년에 로마군에 의해 철저히 파괴된다.

55일~60일

성전 건축을 시작하다

8 예루살렘에 있는 하나님의 성전에 이른 지 이 년 둘째 달에 스알디엘의 아들 스룹바벨과 요사닥의 아들 예수아
와 다른 형제 제사장들과 레위 사람들과 무릇 사로잡혔다가 예루살렘에 돌아온 자들이 공사를 시작하고 이십 세
이상의 레위 사람들을 세워 여호와의 성전 공사를 감독하게 하매 9 이에 예수아와 그의 아들들과 그의 형제들과
갓미엘과 그의 아들들과 유다 자손과 헤나닷 자손과 그의 형제 레위 사람
들이 일제히 일어나 하나님의 성전 일꾼들을 감독하니라 10 건축자가 여호
와의 성전의 기초를 놓을 때에 제사장들은 예복을 입고 나팔을 들고 아삽
자손 레위 사람들은 제금을 들고 서서 이스라엘 왕 다윗의 규례대로 여호
와를 찬송하되 11 찬양으로 화답하며 여호와께 감사하여 이르되 주는 지극히
선하시므로 그의 인자하심이 이스라엘에게 영원하시도다 하니 모든 백성이 여호와의 성전 기초가 놓임을 보고 여
호와를 찬송하며 큰 소리로 즐거이 부르며 12 제사장들과 레위 사람들과 나이 많은 족장들은 첫 성전을 보았으므
로 이제 이 성전의 기초가 놓임을 보고 대성통곡하였으나 여러 사람은 기쁨으로 크게 함성을 지르니 13 백성이 크
게 외치는 소리가 멀리 들리므로 즐거이 부르는 소리와 통곡하는 소리를 백성들이 분간하지 못하였더라

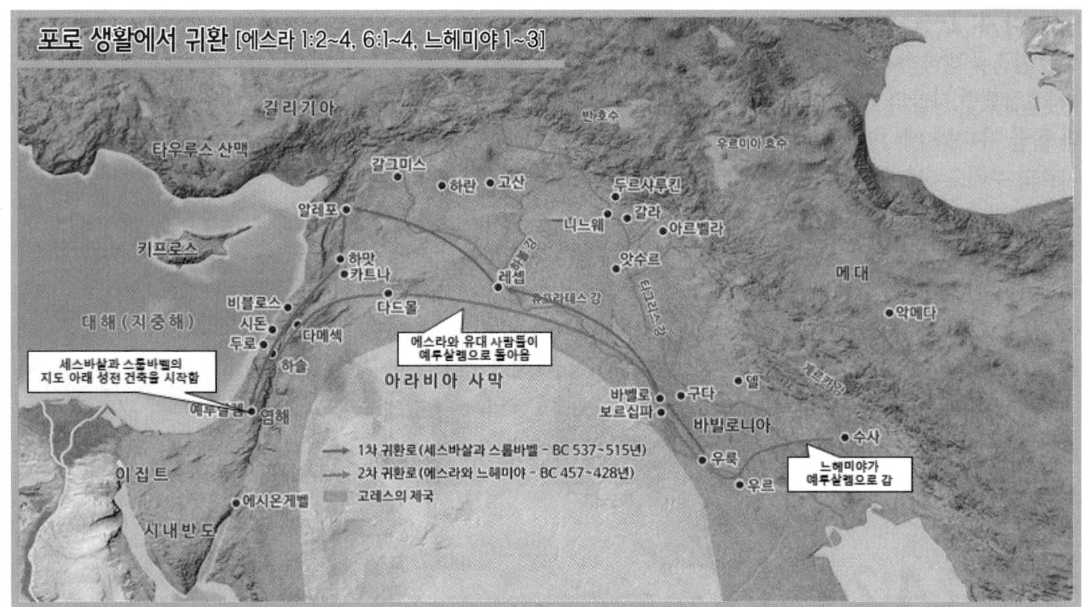

	제1차 포로 귀환	제2차 포로 귀환	제3차 포로 귀환
귀환 연대	BC 538년	BC 458년	BC 445년
인솔자	스룹바벨	에스라	느헤미야
바사 왕	고레스	아닥사스다 1세	아닥사스다 1세
조서 내용	· 포로민의 귀환 허가 · 성전 건축의 허가 · 성전 기물의 반환과 건축 재료의 지원	· 포로민의 귀향 허가와 그에 따른 국고 지원 · 성직자 세금 면제 · 관리 조직의 허용	· 예루살렘 성벽 중건 허락 · 예루살렘 성벽 중건시 건축 재료의 지원
귀환자 수	대략 5만 명	대략 2천 세대	적은 일단의 그룹
관련 사건	· 성전 건축 공사의 시작 · 초막절 준수	· 에스라의 종교 개혁 · 이방인 아내와의 이혼	· 예루살렘 성벽 중건 · 에스라의 율법 교육
살펴보기	에스라 1-6장	에스라 7-10장	느헤미야 1-13장

바벨론 포로 기간

렘 29:10과 역하 36:21에 의하면 바벨론 포로 기간은 70년을 본다. 다니엘이 잡혀간 1차 포로가 B.C. 605년에 있었고 고레스 칙령에 따라 1차 귀환이 B.C. 536에 있었으므로 이 기간은 70년간이다. 왜 70년인가 하면 가나안 땅에서 490년간 안식년을 지키지 않았기 때문이다. 다음 성경 본문이 그것을 밝혀 준다. 꼭 찾아서 읽을 것

☞ 레 25:1-7, 26:27-35, 40-43, 대하 36:20-21

3차에 걸친 귀환 사역의 영적 의미

1차 귀환 : 성전 재건	하나님의 임재
2차 귀환 : 에스라의 신앙 개혁 운동	하나님과 관계 재설정
3차 귀환 : 성벽 재건	관계적 삶의 영위

에스라 4: 1-5

성전 건축을 방해하는 사람들

1 사로잡혔던 자들의 자손이 이스라엘의 하나님 여호와의 성전을 건축한
다 함을 유다와 베냐민의 대적이 듣고 2 스룹바벨과 족장들에게 나아와
이르되 우리도 너희와 함께 건축하게 하라 우리도 너희 같이 너희 하나님
을 찾노라 앗수르 왕 에살핫돈이 우리를 이리로 오게 한 날부터 우리가
하나님께 제사를 드리노라 하니 3 스룹바벨과 예수아와 기타 이스라엘
족장들이 이르되 우리 하나님의 성전을 건축하는 데 너희는 우리와 상관
이 없느니라 바사 왕 고레스가 우리에게 명령하신 대로 우리가 이스라엘
의 하나님 여호와를 위하여 홀로 건축하리라 하였더니 4 이로부터 그 땅
백성이 유다 백성의 손을 약하게 하여 그 건축을 방해하되 5 바사 왕 고레
스의 시대부터 바사 왕 다리오가 즉위할 때까지 관리들에게 뇌물을 주어
그 계획을 막았으며

스 4:1-5 성전 재건이 B.C. 538에 시작했으나 사마리아인의 방해로 다리오 1세 2년 B.C. 520년까지 중단되었다가 B.C. 516년에 완성한다.

· 사마리아인의 기원

☞ **왕하 17:24** 앗수르왕이 바벨론과 구다와 아와와 하맛과 스발와임에서 사람을 옮겨다가 이스라엘 자손을 대신하여 사마리아 여러 성읍에 두매그들이 사마리아를 차지하고 그 여러 성읍에 거주하니라

스 4:3-5 이스라엘 지도자들이 사마리아인들의 예루살렘 성전 재건 동참 요구를 단호하게 거절하는 내용이다. 이스라엘 지도 자들은 "우리 하나님의 전을 건축하는 데 너희는 우리와 상관이 없느니라"고 하였고, 또한 "우리가 이스라엘 하나님 여호와를 위하여 홀로 건축하리라"고 선언한다. 당당한 선언이 아닐 수 없다.

성도는 세상과 타협하거나 협력해서는 안 된다.

☞ **시 1:1** 복 있는 사람은 악인들의 꾀를 따르지 아니하며 죄인들의 길에 서지 아니하며 오만한 자들의 자리에 앉지 아니하고

☞ **고후 6:14** 너희는 믿지 않는 자와 멍에를 함께 메지 말라 의와 불법이 어찌 함께 하며 빛과 어둠이 어찌 사귀며

☞ **딤후 3:5** 경건의 모양은 있으나 경건의 능력은 부인하니 이 같은 자들에게서 네가 돌아서라

에스라 4:24-5:1

에스라 4:24

24 이에 예루살렘에서 하나님의 성전 공사가 바사 왕 다리오 제이년까지
중단되니라

에스라 5:1

성전 건축을 다시 시작하다

1 선지자들 곧 선지자 학개와 잇도의 손자 스가랴가 이스라엘의 하나님의
이름으로 유다와 예루살렘에 거주하는 유다 사람들에게 예언하였더니

55일~60일

학개 HAGGAI 哈該書

학개 한눈에 보기

개요 "오늘부터는 내가 너희에게 복을 주리라"

첫째 메시지 : "일어나라" (1:1-15)	둘째 메시지 : "지원하리라" (2:1-9)
▶시기 : 여섯째 달 첫날 ▶주요점 : "집을 지어라"(성전 건축 독려) – 1:8	▶시기 : 일곱 번째 달 21째 날 ▶주요점 : "내가 너와 함께 하리라" – 2:4
셋째 메시지 : "확인하라" (2:10-19)	**넷째 메시지 : "확신하라" (2:20-23)**
▶시기 : 아홉 번째 달 24째 날 ▶주요점 : "그러나 오늘 부터는 내가 너희에게 복을 주리라" 2:19하 (이절은 성경의 중요한 전환점이 된다)	▶시기 : 아홉 번째 달 24째 날 ▶주요점 : "…그러나 내가 너를 취하고 너로 인을 삼으리니…" 2:23

❖ 학개의 개요

다리오 왕 2년에 하나님의 말씀이 학개에게 임하였다고 했다. 이때가 B.C. 520년이다. 학개서는 학개의 4개의 설교가 기록되어 있다. 그 설교가 행해진 날짜가 정확하게 적혀 있다.

① B.C. 520년 8월 29일 : 그들은 성전을 건축하기보다는 자기들이 살 집에 마음을 쓰고 있다(1장). 그는 일어나 성전을 지으라는 독려이다.

② B.C. 520년 10월 17일 : '좋았던 지난 날'을 되돌아볼 필요가 없다. 두 번째 성의 영광은 첫 번째 성의 영광보다 큰 것이라는 것이다(2:1-9).

③ B.C. 520년 12월 18일 : 제사장에게 두 가지 질문을 주는데, 그들의 대답은 죄가 만연되어 있음을 보여 준다. 성전이 지어지지 않고 있는 한 모든 것에 오염되어 있다(2:10-19).

④ B.C. 520년 12월 18일 : 네 번째 연설은 보다 짧다. 스룹바벨은 그의 할아버지 여호야긴에게 내려졌던 선고(렘 22:24)가 철회되고, 그는 하나님의 개인적인 대표자라는 약속을 받는다(2:20-23).

학개 1장~2장

학개 1장

성전을 건축하라는 여호와의 말씀

1 다리오 왕 제이년 여섯째 달 곧 그 달 초하루에 여호와의 말씀이 선지자
학개로 말미암아 스알디엘의 아들 유다 총독 스룹바벨과 여호사닥의 아
들 대제사장 여호수아에게 임하니라 이르시되 2 만군의 여호와가 이같이
말하여 이르노라 이 백성이 말하기를 여호

와의 전을 건축할 시기가 이르지 아니
하였다 하느니라 3 여호와의 말씀이
선지자 학개에게 임하여 이르시되 4
이 성전이 황폐하였거늘 너희가 이
때에 판벽한 집에 거주하는 것이 옳
으냐 5 그러므로 이제 만군의 여호와가 이같이 말하노니 너희는 너희의 행위
를 살필지니라 6 너희가 많이 뿌릴지라도 수확이 적으며 먹을지라도 배부르지 못하며 마실지라도 흡족하지 못하
며 입어도 따뜻하지 못하며 일꾼이 삯을 받아도 그것을 구멍 뚫어진 전대에 넣음이 되느니라 7 만군의 여호와가
말하노니 너희는 자기의 행위를 살필지니라 8 너희는 산에 올라가서 나무를 가져다가 성전을 건축하라 그리하
면 내가 그것으로 말미암아 기뻐하고 또 영광을 얻으리라 여호와가 말하였느니라 9 너희가 많은 것을 바랐으나
도리어 적었고 너희가 그것을 집으로 가져갔으나 내가 불어 버렸느니라 나 만군의 여호와가 말하노라 이것이 무
슨 까닭이냐 내 집은 황폐하였으되 너희는 각각 자기의 집을 짓기 위하여 빨랐음이라 10 그러므로 너희로 말미
암아 하늘은 이슬을 그쳤고 땅은 산물을 그쳤으며 11 내가 이 땅과 산과 곡물과 새 포도주와 기름과 땅의 모든
소산과 사람과 가축과 손으로 수고하는 모든 일에 한재를 들게 하였느니라

성전 건축을 격려하다

12 스알디엘의 아들 스룹바벨과 여호사닥의 아들 대제사장 여호수아와 남은 모든 백성이 그들의 하나님 여호와
의 목소리와 선지자 학개의 말을 들었으니 이는 그들의 하나님 여호와께서 그를 보내셨음이라 백성이 다 여호
와를 경외하매 13 그 때에 여호와의 사자 학개가 여호와의 위임을 받아 백성에게 말하여 이르되 여호와가 말하
노니 내가 너희와 함께 하노라 하니라 14 여호와께서 스알디엘의 아들 유다 총독 스룹바벨의 마음과 여호사닥
의 아들 대제사장 여호수아의 마음과 남은 모든 백성의 마음을 감동시키시매 그들이 와서 만군의 여호와 그들
의 하나님의 전 공사를 하였으니 15 그 때는 다리오 왕 제이년 여섯째 달 이십사일이었더라

학개 2장

1 일곱째 달 곧 그 달 이십일일에 여호와의 말씀이 선지자 학개에게 임하니라 이르시되 2 너는 스알디엘의 아들
유다 총독 스룹바벨과 여호사닥의 아들 대제사장 여호수아와 남은 백성에게 말하여 이르라 3 너희 가운데에 남
아 있는 자 중에서 이 성전의 이전 영광을 본 자가 누구냐 이제 이것이 너희에게 어떻게 보이느냐 이것이 너희 눈
에 보잘것없지 아니하냐 4 그러나 여호와가 이르노라 스룹바벨아 스스로 굳세게 할지어다 여호사닥의 아들 대
제사장 여호수아야 스스로 굳세게 할지어다 여호와의 말이니라 이 땅 모든 백성아 스스로 굳세게 하여 일할지
어다 내가 너희와 함께 하노라 만군의 여호와의 말이니라 5 너희가 애굽에서 나올 때에 내가 너희와 언약한 말
과 나의 영이 계속하여 너희 가운데에 머물러 있나니 너희는 두려워하지 말지어다 6 만군의 여호와가 이같이 말
하노라 조금 있으면 내가 하늘과 땅과 바다와 육지를 진동시킬 것이요 7 또한 모든 나라를 진동시킬 것이며 모

❖ 학 1~2장
이 책은 '성전 재건'을 주제로 하여 선지자 학개가 받은 4편의 계시로 구성되어 있다. 바벨론에서 귀환한 유다 백성들은 하나님의 성전을 재건하는 일에 착수했다. 그러나 주변 대적들의 심한 반대에 부딪히자 그만 낙심하고 세상일에 몰두했다. 바로 이러한 때에 학개는 미래의 비전을 제시하면서 성전 재건을 힘차게 독려했다. 학개서는 심판에서 희망으로 전환하는 중요한 전환점을 보여 주고 있다.
☞ 학개 1장에서 돌아온 귀향민의 우선순위가 바뀐 것을 볼 수 있다. 성전 재건을 포기하고 자기 집을 짓고 있는 것을 질타한다(1:3).
오늘 당신의 우선순위를 성경의 통전적 원리에 의해 점검해 보라. 무엇이 잘못되었고 왜 그렇게 되었으며, 어떻게 조정할 수 있을까?

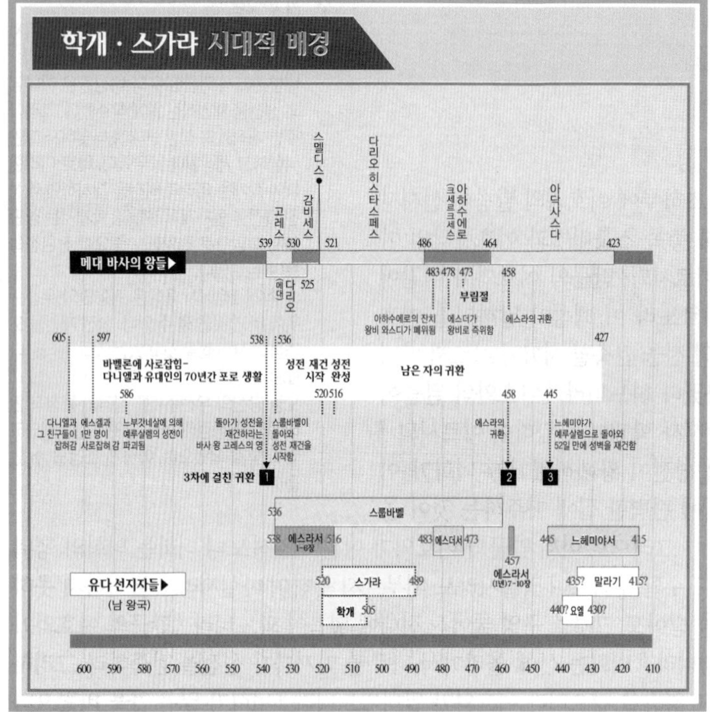

❖ 학개와 스가랴 시대적 배경
페르시아의 고레스 왕이 B.C. 539년에 바벨론을 함락하였다. 그 후 B.C. 538년에 칙령을 내려서 유대인으로 하여금 예루살렘으로 돌아가 성전을 재건하도록 하였는데(스 1:1), 이듬해 바벨론 포로의 제1차 귀환이 이루어져 스룹바벨을 중심으로 일반 회중 42,360명, 총 7,337명, 노래하는 남녀 200명이 귀환하였다(스 2:1-67). 물론 이 가운데에는 학개도 끼어 있었다. 그리하여 성전 재건은 B.C. 536년 유대인들의 귀환 후 바로 착공되었다. 그러나 고레스 왕이 죽은 후 귀환한 유대인들이 성전을 건축하여 페르시아를 배반하려 한다는 사마리아인들의 모함으로 인하여(스 4: 11-12) 성전 건축은 곧 중단되어 B.C. 520년까지 그대로 방치되었다. 그 후 다리오 왕 2년(B.C. 520년)에 학개 스룹바벨, 여호수아를 중심으로 성전 재건을 다시 시작하려는 노력이 있었다. 때를 같이 하여 사마리아 거주자들의 방해 공작이 다시 시작되었으며 심지어 백성들 가운데에서도 성전 재건에 대한 찬반이 분분하였다. 이러한 상황 속에서 선지자 학개는 아직 성전을 재건할 때가 이르지 아니하였다고 핑계하면서 성전을 황폐한 채로 내버려 두고 있는 백성들을 책망하며 다시금 재건 사업을 재개토록 촉구하였다. 이렇게 해서 재건하기 시작한 스룹바벨 성전은 비록 솔로몬 성전에 비해 초라하기 짝이 없었으나 B.C. 516년 드디어 완공되었다.

든 나라의 보배가 이르리니 내가 이 성전에 영광이 충만하게 하리라 만군
의 여호와의 말이니라 8 은도 내 것이요 금도 내 것이니라 만군의 여호와
의 말이니라 9 이 성전의 나중 영광이 이전 영광보다 크리라 만군의 여호
와의 말이니라 내가 이 곳에 평강을 주리라 만군의 여호와의 말이니라 10
다리오 왕 제이년 아홉째 달 이십사일에 여호와의 말씀이 선지자 학개에
게 임하니라 이르시되 11 만군의 여호와가 말하노니 너는 제사장에게 율
법에 대하여 물어 이르기를 12 사람이 옷자락에 거룩한 고기를 쌌는데 그
옷자락이 만일 떡에나 국에나 포도주에나 기름에나 다른 음식물에 닿았
으면 그것이 성물이 되겠느냐 하라 학개가 물으매 제사장들이 대답하여
이르되 아니니라 하는지라 13 학개가 이르되 시체를 만져서 부정하여진
자가 만일 그것들 가운데 하나를 만지면 그것이 부정하겠느냐 하니 제사
장들이 대답하여 이르되 부정하리라 하더라 14 이에 학개가 대답하여 이
르되 여호와의 말씀에 내 앞에서 이 백성이 그러하고 이 나라가 그러하고
그들의 손의 모든 일도 그러하고 그들이 거기에서 드리는 것도 부정하니
라 15 이제 원하건대 너희는 오늘부터 이전 곧 여호와의 전에 돌이 돌 위
에 놓이지 아니하였던 때를 기억하라 16 그 때에는 이십 고르 곡식 더미에
이른즉 십 고르뿐이었고 포도즙 틀에 오십 고르를 길으러 이른즉 이십 고
르뿐이었었느니라 17 만군의 여호와가 말하노라 내가 너희 손으로 지은 모든 일에 곡식을 마르게 하는 재앙과
깜부기 재앙과 우박으로 쳤으나 너희가 내게로 돌이키지 아니하였느니라 18 너희는 오늘 이전을 기억하라 아홉
째 달 이십사일 곧 여호와의 성전 지대를 쌓던 날부터 기억하여 보라 19 곡식 종자가 아직도 창고에 있느냐 포도

55일~60일

학 2:4-9 하나님이 우리를 구속하는 으뜸가는 이유는 "우리와 함께하심"에 있음을 말한다. 그것이 성막, 성전의 존재 이유이고, 오늘 우리가 성령을 모시는 성전이 된 이유이기도 하다.
하나님과 함께하는 삶, 즉 성령이 충만한 삶을 살아가는가?
☞ **벧전 2:4-5** 사람에게는 버린 바가 되었으나 하나님께는 택하심을 입은 보배로운 산돌이신 예수께 나아가 너희도 산 돌 같이 신령한 집으로 세워지고 예수 그리스도로 말미암아 하나님이 기뻐게 받으실 신령한 제사를 드릴 거룩한 제사장이 될지니라
☞ **고전 6:19-20** 너희 몸은 너희가 하나님께로부터 받은바 너희 가운데 계신 성령의 전인 줄을 알지 못하느냐 너희는 너희 자신의 것이 아니라 값으로 산 것이 되었으니 그런즉 너희 몸으로 하나님께 영광을 돌리라

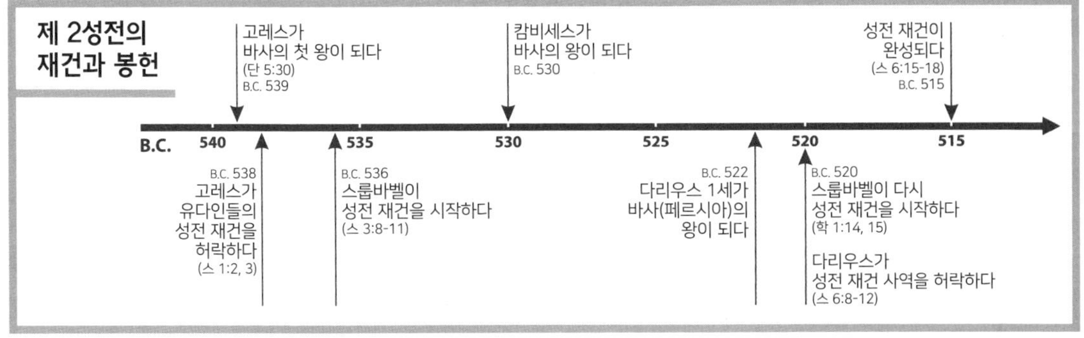
제 2성전의
재건과 봉헌
고레스가
바사의 첫 왕이 되다
(단 5:30)
B.C. 539
캄비세스가
바사의 왕이 되다
B.C. 530
성전 재건이
완성되다
(스 6:15-18)
B.C. 515
B.C.
540
535
530
525
520
515
B.C. 538
고레스가
유다인들의
성전 재건을
허락하다
(스 1:2, 3)
B.C. 536
스룹바벨이
성전 재건을 시작하다
(스 3:8-11)
B.C. 522
다리우스 1세가
바사(페르시아)의
왕이 되다
B.C. 520
스룹바벨이 다시
성전 재건을 시작하다
(학 1:14, 15)
다리우스가
성전 재건 사역을 허락하다
(스 6:8-12)

나무, 무화과나무, 석류나무, 감람나무에 열매가 맺지 못하였느니라 그러
나 오늘부터는 내가 너희에게 복을 주리라 20 그 달 이십사일에 여호와의
말씀이 다시 학개에게 임하니라 이르시되 21 너는 유다 총독 스룹바벨에
게 말하여 이르라 내가 하늘과 땅을 진동시킬 것이요 22 여러 왕국들의 보
좌를 엎을 것이요 여러 나라의 세력을 멸할 것이요 그 병거들과 그 탄 자
를 엎드러뜨리리니 말과 그 탄 자가 각각 그의 동료의 칼에 엎드러지리라
23 만군의 여호와가 말하노라 스알디엘의 아들 내 종 스룹바벨아 여호와
가 말하노라 그 날에 내가 너를 세우고 너를 인장으로 삼으리니 이는 내
가 너를 택하였음이니라 만군의 여호와의 말이니라 하니라

59일차 읽기의 요약

(대하 36:22, 23, 스 1~4:5, 4:24~5:1, 학 1~2)

하나님께서는 선지자들의 예언대로 B.C. 539년에 바사 왕 고레스를 통해서 유다의 포로들이 다시 예루살렘으로 귀환할 수 있게 하셨다. 바벨론에서 정착해서 살고 있던 유다인 중에 제사장과 레위인들 포함한 약 오만 명의 백성들이 스룹바벨의 인도로 유다 땅으로 1차 귀환했다. 그들은 예루살렘으로 돌아와 무너진 성전의 토대를 다시 놓았다. 그러나 북쪽의 사마리아인들의 방해에 부딪혀 성전 공사가 16년 동안이나 중단되자 하나님께서는 학개와 스가랴 선지자를 통해서 성전 건축의 완공을 격려하셨다.

학개 선지자는 성전 건축 보다 자신들의 살 집에 먼저 마음을 쓰고 있는 유다 백성들에게 삶의 우선순위를 회복하여 성전을 속히 완공할 것을 말씀하신다. 마음을 강하고 굳세게 하여 성전 완공을 통해 하나님 중심의 삶을 회복하라고 말씀하신다.

학개 선지자는 지금 포로 귀환 백성들이 재건하는 스룹바벨 성전뿐만 아니라 장차 메시아를 통해 열방 가운데 회복하실 영광스러운 하나님 나라를 바라본다. 포로에서 돌아와 성전을 재건하는 일을 하는 포로 귀환 백성들의 사명이 장차 온 세상을 향하신 하나님의 구원 계획의 관점에서 볼 때 얼마나 중요한 일인지를 말씀한다. 학개 선지자를 통한 하나님의 격려에 힘입어 유다 포로들은 중단된 성전 건축을 완공했다.

그러면 어떻게 살 것인가?

인위뚝·신위고!

☑ 세계관 점검 - 묵상하기 (영상 강의와 교재 내용의 이해를 바탕으로)

하나님의 약속 성취의 확실성

하나님은 죄를 범한 당신의 백성들을 심판하사 그들을 이방 땅에 포로로 잡혀가게 하면서도 예레미야 선지자를 통하여 70년 후에 다시 그들을 회복시키실 것을 말씀하셨다(렘 25:11-14). 이 말씀대로 하나님은 당신의 백성에 대한 징계의 기간이 차자 고레스를 통하여 이스라엘을 해방하심으로 당신의 백성을 회복시켜 주셨다. 이 사실이 우리에게 시사하는 것이 무엇인가? 하나님의 약속 성취의 확실성이다. 하나님의 입에서 나오는 말씀은 결코 헛되이 사라지는 법이 없다. 그것은 반드시 하나님의 뜻을 이룬다(사 55:11). 그러므로 우리는 하나님께서 우리에게 주신 천국 구원 역시 확신할 수 있다.

역사의 주관자 하나님

고레스의 포로 귀환 칙령은 표면적으로 보면 그의 유화적인 식민 정책에서 비롯된 것이었다. 사실 포로 귀환과 성전 재건을 허락하는 칙령을 내린 것은 이스라엘 민족에게만 국한된 조치가 아니었다. 그의 칙령은 제국내 모든 식민 국가를 대상으로 한 것이었다. 그러나 그의 이러한 정책은 철저하게 역사의 주관자 되시는 하나님의 강권적인 섭리에서 비롯된 것이었다. 하나님은 일찍이 고레스를 통하여 이스라엘을 해방하실 것임을 예언하셨다(사 1:28-45:3). 이는 고레스가 역사의 무대에 등장하기 무려 150여 년 전에 있었던 일이다. 이는 결국 하나님께서 이 세상 모든 역사의 진정한 주관자가 되심을 증거하는 것이다. 실로 역사상 그 어떤 일도 하나님의 뜻과 허락 없이는 일어나지 않는다.

학개 1장에서 돌아온 귀향민의 우선순위가 바뀐 것을 볼 수 있다. 성전 재건을 포기하고 자기 집을 짓고 있는 것을 질타한다(1:3).
오늘 당신의 우선순위를 성경의 통전적 원리에 의해 점검해 보라. 무엇이 잘못되었고 왜 그렇게 되었으며, 어떻게 조정할 수 있을까?

55일~60일

학개 2:4-5 하나님이 우리를 구속하는 으뜸가는 이유는 "우리와 함께하심"에 있음을 말한다.
그것이 성막, 성전의 존재 이유이고, 오늘 우리가 성령을 모시는 성전(벧전 2:4-5, 고전 6:19-20)이 된 이유이기도 하다. 하나님과 함께하는 삶, 즉 성령이 충만한 삶을 살아가는가?

학개 2:6-9 살아 있는 돌로 지어질 성전

하나님은 학개 선지자를 통해 솔로몬 성전을 대신해서 새롭게 지어질 두 번째 성전(스룹바벨 성전)에 대해 참으로 영광스런 약속을 주셨다. 그것은 나중 영광이 이전 영광보다 크리라는 말씀인데, 이 말은 성전을 짓고 있는 주의 백성들에게 큰 위로가 되었다.
오늘날 우리는 더 위대하고 더 영광스러운 성전에 관한 약속을 한다. 그것은 손으로 짓지 아니한 성전으로서 예수 그리스도의 터 위에 살아 있는 돌들로 지어진 성전이다. 그 전은 성령을 모시고 있는 바로 우리들이다(고전 6:19-20, 벧전 2:5). 주님의 자녀가 된 우리는 사람의 손으로 지어진 어떤 건물보다 더 영광스러운 주님의 독생자 예수 그리스도의 십자가 희생의 피로 값 주고 사신 바 되었기 때문이다. 하나님은 이 성전에 오셔서 평강을 주시고, 항상 경배와 찬양을 받기를 원하신다.

☑ 결단기도와 실행하기

약 2:26 영혼 없는 몸이 죽은 것 같이 행함이 없는 믿음은 죽은 것이니라
시 119:28 나의 영혼이 눌림으로 말미암아 녹사오니 주의 말씀대로 나를 세우소서

스가랴 ZECHARIAH 撒迦利亞書

스가랴 한눈에 보기

개요 **시온을 위한 열정**

I. 초기 예언 : 성전 건축 기간 (1-8장)	II. 후기 예언 : 성전 건축 후 (9-14장)
▶일곱 환상 : ① 네 마리의 말 (1:8-17) ② 네 뿔과 네 대장장이 (1:18-21) ③ 측량줄 (2장) ④ 여호수아의 옷을 새로 입힘 (3장) ⑤ 금촛대 (4장) ⑥ 두루마리 / 여인 (5장) ⑦ 넉 대의 전차 (6장) ▶4가지의 메시지 : ① 7:1-7 ② 7:7-14 ③ 8:1-17 ④ 8:18-23	① 새 목자가 왕으로 오심과 그로 인한 시온의 축복 (9-11장) ② 시온의 최종적 진통과 승리 (12-14장)

❖ 스가랴서 개요

스가랴서는 학개·요엘서, 말라기와 더불어 바벨론 포로 귀환 이후 시대의 이스라엘 백성들의 영적 상태를 보여 주고 회개를 촉구하며 하나님 백성으로서의 자질을 회복하라는 권면의 내용을 담고 있다. 그러나 더 나아가 본서는 신·구약 성경 전체의 주인공이신 메시아의 초림(初臨)과 재림(再臨) 및 이로 인해 도래할 하나님 나라의 성격에 대해 많은 예언을 함으로써 앞으로의 역사 전개와 관련된 풍부한 정보를 제공하고 있다는 점에서 더 큰 중요성을 지닌다. 즉 본서는 일차적으로 포로 귀환한 이스라엘의 당면 과제인 성전 재건을 촉구하는 것이나 더 나아가서 메시아의 초림과 재림의 과정과 그 결과로 일어날 일에 관한 내용을 묵시 문학(默示文學)이라는 신비하고도 심오한 양식으로 기록함으로써 동일하게 묵시 문학으로 분류되는 에스겔서와 더불어 이 세상의 마지막 날에 될 일을 기록하고 있는 성경의 마지막 책인 요한계시록에 많은 영향을 미친 책이기도 하다. 이처럼 본서는 좁게는 포로에서 돌아와 성전을 재건하여 신정왕국(神政王國)의 명예를 회복해야 할 이스라엘의 역사적 사명과 이를 이루고 난 후 전개될 추후의 역사를 보여 준다. 그러나 본서는 넓게는 구약 이스라엘이 상징하고 신약의 성도와 성전이 상징하는바 하나님 나라(The Kingdom of God)의 시작과 완성과 관련된 인류의 구원사를 보여 주는 실로 장대하며 심오한 영적 진리를 담고 있는 책이다.

☞ 전반부 1~6장은 8개의 환상을 보여 주면서 성전 재건의 중요성과 필연성을 독려한다. (도표에서 6번째 상징인 두루마리/여인의 환상을 두 개의 별개의 환상으로 보면 환상이 모두 8개가 된다) 삽입한 도표에서 환상의 의미를 파악하라.

☞ 후반부 7~14장까지는 미래의 예언을 보여 준다.

60일

스가랴 1장~8장

스가랴 1장

악한 길에서 돌아오라고 명령하시다

[1] 다리오 왕 제이년 여덟째 달에 여호와의 말씀이 잇도의 손자 베레갸의
아들 선지자 스가랴에게 임하니라 이르시되 [2] 여호와가 너희의 조상들에
게 심히 진노하였느니라 [3] 그러므로 너는 그들에게 말하기를 만군의 여호
와께서 이처럼 이르시되 너희는 내게로 돌아오라 만군의 여호와의 말이
니라 그리하면 내가 너희에게로 돌아가리라 만군의 여호와의 말이니라 [4]
너희 조상들을 본받지 말라 옛적 선지자들이 그들에게 외쳐 이르되 만군
의 여호와께서 이같이 말씀하시기를 너희가 악한 길, 악한 행위를 떠나
서 돌아오라 하셨으나 그들이 듣지 아니하고 내게 귀를 기울이지 아니하
였느니라 여호와의 말이니라 [5] 너희 조상들이 어디 있느냐 또 선지자들이
영원히 살겠느냐 [6] 내가 나의 종 선지자들에게 명령한 내 말과 내 법도들이 어찌 너희 조상들에게 임하지 아니하
였느냐 그러므로 그들이 돌이켜 이르기를 만군의 여호와께서 우리 길대로, 우리 행위대로 우리에게 행하시려고
뜻하신 것을 우리에게 행하셨도다 하였느니라

화석류나무 사이에 선 자

[7] 다리오 왕 제이년 열한째 달 곧 스밧월 이십사일에 잇도의 손자 베레갸의 아들 선지자 스가랴에게 여호와의
말씀이 임하니라 [8] 내가 밤에 보니 사람들이 붉은 말을 타고 골짜기 속 화석류나무 사이에 섰고 그 뒤에는 붉은
말과 자줏빛 말과 백마가 있기로 [9] 내가 말하되 내 주여 이들이 무엇이니이까 하니 내게 말하는 천사가 내게 이
르되 이들이 무엇인지 내가 네게 보이리라 하니 [10] 화석류나무 사이에 선 자가 대답하여 이르되 이는 여호와께서
땅에 두루 다니라고 보내신 자들이니라 [11] 그들이 화석류나무 사이에 선 여호와의 천사에게 말하되 우리가 땅에
두루 다녀 보니 온 땅이 평안하고 조용하더이다 하더라 [12] 여호와의 천사가 대답하여 이르되 만군의 여호와여
여호와께서 언제까지 예루살렘과 유다 성읍들을 불쌍히 여기지 아니하시려 하나이까 이를 노하신 지 칠십 년이

되었나이다 하매 13 여호와께서 내게 말하는 천사에게 선한 말씀, 위로하
는 말씀으로 대답하시더라 14 내게 말하는 천사가 내게 이르되 너는 외쳐
이르기를 만군의 여호와의 말씀에 내가 예루살렘을 위하며 시온을 위하
여 크게 질투하며 15 안일한 여러 나라들 때문에 심히 진노하나니 나는 조
금 노하였거늘 그들은 힘을 내어 고난을 더하였음이라 16 그러므로 여호
와가 이처럼 말하노라 내가 불쌍히 여기므로 예루살렘에 돌아왔은즉 내
집이 그 가운데에 건축되리니 예루살렘 위에 먹줄이 쳐지리라 만군의 여
호와의 말이니라 17 그가 다시 외쳐 이르기를 만군의 여호와의 말씀에 나
의 성읍들이 넘치도록 다시 풍부할 것이라 여호와가 다시 시온을 위로하
며 다시 예루살렘을 택하리라 하라 하니라

네 뿔과 대장장이 네 명

18 내가 눈을 들어 본즉 네 개의 뿔이 보이기로 19 이에 내게 말하는 천사
에게 묻되 이들이 무엇이니이까 하니 내게 대답하되 이들은 유다와 이
스라엘과 예루살렘을 흩뜨린 뿔이니라 20 그 때에 여호와께서 대장장이
네 명을 내게 보이시기로 21 내가 말하되 그들이 무엇하러 왔나이까 하
니 대답하여 이르시되 그 뿔들이 유다를 흩뜨려서 사람들이 능히 머리를
들지 못하게 하니 이 대장장이들이 와서 그것들을 두렵게 하고 이전의
뿔들을 들어 유다 땅을 흩뜨린 여러 나라의 뿔들을 떨어뜨리려 하느니
라 하시더라

환상들	의미
네 마리의 말 (1:8~17)	그는 그리스도를 가리킨다. 이 환상은 열방에 대한 심판과 이스라엘의 재건을 의미한다.
네 뿔과 네 대장장이 (1:8~21)	'네 뿔'은 세상의 4대 세력을, '네 공장(工匠)'은 그 뿔들을 심판할 하나님의 사자를 가리킨다.
측량줄(2장)	장차 하나님께서 예루살렘을 재건하고 영화롭게 일으켜 세울 것임을 의미한다.
여호수아의 옷을 새로 입힘(3장)	하나님의 백성이 하나님의 의롭다 하시는 칭의의 옷으로 거룩하게 될 것임을 의미한다.
금촛대(4장)	성령이 유다 백성의 지도자인 스룹바벨과 여호수아에게 능력을 공급할 것 임을 의미한다.
두루마리(5장)	각 사람이 지은 죄에 대한 하나님의 심판과 저주를 의미한다.
여인(5장)	이 '여인'은 죄와 반역을 상징한다. 그것이 이스라엘을 떠나 바벨론으로 옮겨질 것이다.
넉 대의 전차(6장)	온 땅위에 임할 하나님의 심판을 의미한다.

❖ 슥 1장
스가랴서의 이상이나 예언은 일차적으로 대적들의 방해로 중단되었던 성전 재건을 다시 시작하는 이스라엘 백성들로 하여금 눈에 보이는 대적들의 강함으로 인해 용기를 잃지 말고 전능하신 하나님의 역사하심으로 인해 도래할 영광된 미래를 소망하며 하나님의 일에 열심히 할 것을 교훈하고 있다. 그러나 더 중요한 것은 이러한 내용이 단순히 가시적인 성전 재건의 사건에만 국한되는 것이 아니라는 사실이다.
즉 이는 이스라엘 백성이 상징하는바 성도가 성전이 상징하는바 신약의 교회와 하나님 나라 건설에 있어 온갖 어려움이 있을 것이나 이러한 역경 가운데서도 소망을 잃지 말고 매진하여야 하며 그 결과 승리가 보장되어 있음을 보여 준다. 이처럼 스가랴서의 내용은 일차적으로는 그 시대의 성전 재건과 관련되나 나아가서는 그리스도 초림과 재림과 관련을 갖는바 이와 같은 예언의 이중적 구조에 대해서는 사 2장 학습 자료 40-3 '예언의 복합성'을 참조하라.
☞ "다리오 왕 2년" = B.C. 520년
3절 관계 회복이 구속사의 핵심이다. 이것을 위해 성전 재건이 절대 필요하다. 성전은 하나님의 임재의 상징이라는 사실을 기억하라.

❖ 스가랴 시대적 배경
스가랴는 B.C. 537년 제1차 바벨론 포로 귀환 때부터 이스라엘 제 2 성전인 스룹바벨 성전이 완공된 이후, 그리고 B.C. 458년 제 2차 바벨론 포로 귀환이 있기 이전인 B.C. 470년경까지 주로 활동한 선지자이다. 이 시기는 신바벨론 제국을 멸망시킨 바사(페르시아) 제국이 근동의 패권을 장악하고 있던 때이다.

스가랴 2장

척량줄을 잡은 사람

1 내가 또 눈을 들어 본즉 한 사람이 측량줄을 그의 손에 잡았기로 2 네가 어디로 가느냐 물은즉 그가 내게 대답

하되 예루살렘을 측량하여 그 너비와 길이를 보고자 하노라 하고 말할
때에 3 내게 말하는 천사가 나가고 다른 천사가 나와서 그를 맞으며 4 이
르되 너는 달려가서 그 소년에게 말하여 이르기를 예루살렘은 그 가운데
사람과 가축이 많으므로 성곽 없는 성읍이 될 것이라 하라 5 여호와의 말
씀에 내가 불로 둘러싼 성곽이 되며 그 가운데에서 영광이 되리라 6 오호
라 너희는 북방 땅에서 도피할지어다 여호와의 말씀이니라 이는 내가 너
희를 하늘 사방에 바람 같이 흩어지게 하였음이니라 여호와의 말씀이니
라 7 바벨론 성에 거주하는 시온아 이제 너는 피할지니라 8 만군의 여호와
께서 이같이 말씀하시되 영광을 위하여 나를 너희를 노략한 여러 나라로
보내셨나니 너희를 범하는 자는 그의 눈동자를 범하는 것이라 9 내가 손
을 그들 위에 움직인즉 그들이 자기를 섬기던 자들에게 노략거리가 되리
라 하셨나니 너희가 만군의 여호와께서 나를 보내신 줄 알리라 10 여호와의 말씀에 시온의 딸아 노래하고 기뻐
하라 이는 내가 와서 네 가운데에 머물 것임이라 11 그 날에 많은 나라가 여호와께 속하여 내 백성이 될 것이요
나는 네 가운데에 머물리라 네가 만군의 여호와께서 나를 네게 보내신 줄 알리라 12 여호와께서 장차 유다를 거
룩한 땅에서 자기 소유를 삼으시고 다시 예루살렘을 택하시리니 13 모든 육체가 여호와 앞에서 잠잠할 것은 여
호와께서 그의 거룩한 처소에서 일어나심이니라 하라 하더라

❖ 슥 2장
본장의 환상(측량줄)은 1장의 두 환상과 더불어 좁게는 구약 구속사의 주체인 선민 이스라엘 백성이 성전 재건이란 사명을 감당할 수 있음과 그 이후에 하나님의 축복으로 전개될 영광된 미래를 보여 주는 것이며, 넓게는 신약 구속사의 주체인 성도들의 공동체인 교회(敎會)의 확장과 하나님 나라의 완성을 보여 준다고 할 수 있다. 이처럼 스가랴가 본 세 번째 환상(측량줄)이 기록된 본 장은 하나님께서 택한 자를 구원하시기 위해 전 역사 가운데 역동적으로 참여하고 계신다는 사실을 밝힘으로써 실로 믿음을 가진 자에게 큰 소망과 확신을 주고 있다(10-13절).

스가랴 3장

여호와의 천사 앞에 선 여호수아

1 대제사장 여호수아는 여호와의 천사 앞에 섰고 사탄은 그의 오른쪽에
서서 그를 대적하는 것을 여호와께서 내게 보이시니라 2 여호와께서 사탄
에게 이르시되 사탄아 여호와께서 너를 책망하노라 예루살렘을 택한 여
호와께서 너를 책망하노라 이는 불에서 꺼낸 그슬린 나무가 아니냐 하실
때에 3 여호수아가 더러운 옷을 입고 천사 앞에 서 있는지라 4 여호와께서
자기 앞에 선 자들에게 명령하사 그 더러운 옷을 벗기라 하시고 또 여호
수아에게 이르시되 내가 네 죄악을 제거하여 버렸으니 네게 아름다운 옷
을 입히리라 하시기로 5 내가 말하되 정결한 관을 그의 머리에 씌우소서
하매 곧 정결한 관을 그 머리에 씌우며 옷을 입히고 여호와의 천사는 곁
에 섰더라 6 여호와의 천사가 여호수아에게 증언하여 이르되 7 만군의 여
호와의 말씀에 네가 만일 내 도를 행하며 내 규례를 지키면 네가 내 집을
다스릴 것이요 내 뜰을 지킬 것이며 내가 또 너로 여기 섰는 자들 가운데
에 왕래하게 하리라 8 대제사장 여호수아야 너와 네 앞에 앉은 네 동료들
은 내 말을 들을 것이니라 이들은 예표의 사람들이라 내가 내 종 싹을 나
게 하리라 9 만군의 여호와가 말하노라 내가 너 여호수아 앞에 세운 돌을
보라 한 돌에 일곱 눈이 있느니라 내가 거기에 새길 것을 새기며 이 땅의 죄악을 하루에 제거하리라 10 만군의 여
호와가 말하노라 그 날에 너희가 각각 포도나무와 무화과나무 아래로 서로 초대하리라 하셨느니라

❖ 슥 3장
3장은 하나님의 백성들이 악한 세력과의 영적 전쟁에서 승리할 것과 역사의 주관자이신 전능하신 하나님의 축복으로 성전이 재건되며 마침내 도래하게 될 메시아 왕국의 영광을 밝히기 위해 주어진 신비스러운 8가지 환상 가운데 하나님의 대적들이 하나님의 공의로운 심판으로 패배당할 것을 보여 주심으로 현실적으로 대적들이 흥왕(興旺)하는 것을 보고 낙심하는 자들에게 영적 용기를 불어넣어 주는 내용을 담은 처음 등장하는 세 환상(1:7-2:13)에 이어지는 내용이다. 여기서 하나님께서는 자신의 더러운 죄로 인해 사탄의 고발을 당하여 낙심하는 자에게 하나님의 신적 권능으로 다시 깨끗하게 됨을 보여 주심으로 거듭하여 소망을 주고 있다(3-5). 여기서도 "지켜 행함"이 수반된다는 것을 유의하라(6-7절).
그뿐만 아니라 이런 영적 정결함은 인간의 죄를 들추어내어 자멸하게 만드는 사탄의 고발에도 불구하고 그 긍휼하심과 인자하심으로 인하여 구속사의 역행자인 사탄을 꾸짖고 택한 자로 하여금 거룩함을 회복시켜 주시는 여호와에게 거함을 보여 준다.

스가랴 4장

순금 등잔대와 두 감람나무

1 내게 말하던 천사가 다시 와서 나를 깨우니 마치 자는 사람이 잠에서 깨어난 것 같더라 2 그가 내게 묻되 네가

무엇을 보느냐 내가 대답하되 내가 보니 순금 등잔대가 있는데 그 위에
는 기름 그릇이 있고 또 그 기름 그릇 위에 일곱 등잔이 있으며 그 기름
그릇 위에 있는 등잔을 위해서 일곱 관이 있고 3 그 등잔대 곁에 두 감람
나무가 있는데 하나는 그 기름 그릇 오른쪽에 있고 하나는 그 왼쪽에 있
나이다 하고 4 내게 말하는 천사에게 물어 이르되 내 주여 이것들이 무엇
이니이까 하니 5 내게 말하는 천사가 대답하여 이르되 네가 이것들이 무
엇인지 알지 못하느냐 하므로 내가 대답하되 내 주여 내가 알지 못하나
이다 하니 6 그가 내게 대답하여 이르되 여호와께서 스룹바벨에게 하신
말씀이 이러하니라 만군의 여호와께서 말씀하시되 이는 힘으로 되지 아
니하며 능력으로 되지 아니하고 오직 나의 영으로 되느니라 7 큰 산아 네
가 무엇이냐 네가 스룹바벨 앞에서 평지가 되리라 그가 머릿돌을 내놓
을 때에 무리가 외치기를 은총, 은총이 그에게 있을지어다 하리라 하셨
고 8 여호와의 말씀이 또 내게 임하여 이르시되 9 스룹바벨의 손이 이 성
전의 기초를 놓았은즉 그의 손이 또한 그 일을 마치리라 하셨나니 만군
의 여호와께서 나를 너희에게 보내신 줄을 네가 알리라 하셨느니라 10
작은 일의 날이라고 멸시하는 자가 누구냐 사람들이 스룹바벨의 손에
다림줄이 있음을 보고 기뻐하리라 이 일곱은 온 세상에 두루 다니는 여
호와의 눈이라 하니라 11 내가 그에게 물어 이르되 등잔대 좌우의 두 감
람나무는 무슨 뜻이니이까 하고 12 다시 그에게 물어 이르되 금 기름을 흘리는 두 금관 옆에 있는 이 감람나무
두 가지는 무슨 뜻이니이까 하니 13 그가 내게 대답하여 이르되 네가 이것이 무엇인지 알지 못하느냐 하는지라
내가 대답하되 내 주여 알지 못하나이다 하니 14 이르되 이는 기름 부음 받은 자 둘이니 온 세상의 주 앞에 서
있는 자니라 하더라

❖ 슥 4장
처음 세 가지 환상은 좁게는 구약 구속사의 주체로 부름을 받은 선민(選民) 이스라엘 백성이 성전 재건이란 사명을 감당할 수 있음과 그 이후에 하나님의 축복으로 전개될 영광된 미래 보여 주며, 넓게는 신약 구속사의 주체로 부름 받은 성도의 모임인 교회(教會)의 확장과 하나님 나라(The Kingdom of God)의 완성을 보여 준다. 그리고 네 번째 환상은 좁게는 선민 이스라엘 공동체와 넓게는 신약 교회와 하나님 나라의 일원이 될 자격으로서 영적 정결함이 필수적이라는 사실이 나타나 있다. 반면 본 장에 기록된 다섯 번째 환상(금 촛대)은 성전의 재건이나 하나님 나라의 확장이 무력한 인간의 힘으로는 될 수 없으며 오직 성령의 능력에 힘입을 때에만이 비로소 가능함이 보다 강조되어 나타나 있다(6절).
☞ 신위(神爲)의 개념을 기억하라. 하나님의 주권이 우리의 삶을 주관해야 한다는 것이다.
☞ 행 1:8 오직 성령이 너희에게 임하시면 너희가 권능을 받고 예루살렘과 온 유대와 사마리아와 땅 끝까지 이르러 내 증인이 되리라 하시니라

스가랴 5장

날아가는 두루마리

1 내가 다시 눈을 들어 본즉 날아가는 두루마리가 있더라 2 그가 내게 묻
되 네가 무엇을 보느냐 하기로 내가 대답하되 날아가는 두루마리를 보나
이다 그 길이가 이십 규빗이요 너비가 십 규빗이니이다 3 그가 내게 이르
되 이는 온 땅 위에 내리는 저주라 도둑질하는 자는 그 이쪽 글대로 끊어
지고 맹세하는 자는 그 저쪽 글대로 끊어지리라 하니 4 만군의 여호와께
서 이르시되 내가 이것을 보냈나니 도둑의 집에도 들어가며 내 이름을 가
리켜 망령되이 맹세하는 자의 집에도 들어가서 그의 집에 머무르며 그 집
을 나무와 돌과 아울러 사르리라 하셨느니라 하니라

에바 속의 여인

5 내게 말하던 천사가 나아와서 내게 이르되 너는 눈을 들어 나오는 이것
이 무엇인가 보라 하기로 6 내가 묻되 이것이 무엇이니이까 하니 그가 이
르되 나오는 이것이 에바이니라 하시고 또 이르되 온 땅에서 그들의 모양이 이러하니라 7 이 에바 가운데에는 한
여인이 앉았느니라 하니 그 때에 둥근 납 한 조각이 들리더라 8 그가 이르되 이는 악이라 하고 그 여인을 에바 속
으로 던져 넣고 납 조각을 에바 아귀 위에 던져 덮더라 9 내가 또 눈을 들어 본즉 두 여인이 나오는데 학의 날개
같은 날개가 있고 그 날개에 바람이 있더라 그들이 그 에바를 천지 사이에 들었기로 10 내가 내게 말하는 천사에

❖ 슥 5장
본 장의 첫 번째 환상인 1-4절에는 이스라엘이 비록 하나님의 택한 바 되었으나 하나님께서 그들을 통하여 이루시려는 바를 망각하고 계속 "범죄 한다면 하나님의 구약 계시인 율법(두루마리)에 기록된 대로 저주를 받게 되리라는 사실 기록되어 있으며, 두 번째 환상인 5-11절에는 더 나아가 이스라엘 열조들이 하나님의 선민이며 신정 국가의 백성으로서 사명을 다하지 못하고 죄를 범하며 그릇된 신앙을 가질 때 징계를 받아 바벨론에서 포로가 된 것과 같이 앞으로 죄를 범하게 될 때도 동일하게 이방 땅으로 쫓겨 갈 것이 예언되었다.
☞ 하나님은 우주를 창조하셨을 뿐 아니라 계속 다스리고 계시는 통치자란 사실과 그 통치의 원리가 절대적 공의에 근거한다는 엄숙한 구속사적 진리를 보여 준다.

게 묻되 그들이 에바를 어디로 옮겨 가나이까 하니 11 그가 내게 이르되 그들이 시날 땅으로 가서 그것을 위하여
집을 지으려 함이니라 준공되면 그것이 제 처소에 머물게 되리라 하더라

스가랴 6장

네 병거

1 내가 또 눈을 들어 본즉 네 병거가 두 산 사이에서 나오는데 그 산은 구
리 산이더라 2 첫째 병거는 붉은 말들이, 둘째 병거는 검은 말들이, 3 셋째
병거는 흰 말들이, 넷째 병거는 어룽지고 건장한 말들이 메었는지라 4 내
가 내게 말하는 천사에게 물어 이르되 내 주여 이것들이 무엇이니이까 하
니 5 천사가 대답하여 이르되 이는 하늘의 네 바람인데 온 세상의 주 앞에
서 있다가 나가는 것이라 하더라 6 검은 말은 북쪽 땅으로 나가고 흰 말은
그 뒤를 따르고 어룽진 말은 남쪽 땅으로 나가고 7 건장한 말은 나가서
땅에 두루 다니고자 하니 그가 이르되 너희는 여기서 나가서 땅에 두루
다니라 하매 곧 땅에 두루 다니더라 8 그가 내게 외쳐 말하여 이르되 북쪽
으로 나간 자들이 북쪽에서 내 영을 쉬게 하였느니라 하더라

면류관을 여호수아의 머리에 씌우다

9 여호와의 말씀이 내게 임하여 이르시되 10 사로잡힌 자 가운데 바벨론
에서부터 돌아온 헬대와 도비야와 여다야가 스바냐의 아들 요시야의 집
에 들어갔나니 너는 이 날에 그 집에 들어가서 그들에게서 받되 11 은과
금을 받아 면류관을 만들어 여호사닥의 아들 대제사장 여호수아의 머리
에 씌우고 12 말하여 이르기를 만군의 여호와께서 이같이 말씀하시되 보
라 싹이라 이름하는 사람이 자기 곳에서 돋아나서 여호와의 전을 건축하
리라 13 그가 여호와의 전을 건축하고 영광도 얻고 그 자리에 앉아서 다스
릴 것이요 또 제사장이 자기 자리에 있으리니 이 둘 사이에 평화의 의논이
있으리라 하셨다 하고 14 그 면류관은 헬렘과 도비야와 여다야와 스바냐
의 아들 헨을 기념하기 위하여 여호와의 전 안에 두라 하시니라 15 먼 데
사람들이 와서 여호와의 전을 건축하리니 만군의 여호와께서 나를 너희
에게 보내신 줄을 너희가 알리라 너희가 만일 너희의 하나님 여호와의 말
씀을 들을진대 이같이 되리라

스가랴 7장

여호와께서는 금식보다 청종을 원하신다

1 다리오 왕 제사년 아홉째 달 곧 기슬래월 사일에 여호와의 말씀이 스가
랴에게 임하니라 2 그 때에 벧엘 사람이 사레셀과 레겜멜렉과 그의 부하
들을 보내어 여호와께 은혜를 구하고 3 만군의 여호와의 전에 있는 제사
장들과 선지자들에게 물어 이르되 내가 여러 해 동안 행한 대로 오월 중
에 울며 근신하리이까 하매 4 만군의 여호와의 말씀이 내게 임하여 이르
시되 5 온 땅의 백성과 제사장들에게 이르라 너희가 칠십 년 동안 다섯째
달과 일곱째 달에 금식하고 애통하였거니와 그 금식이 나를 위하여, 나를
위하여 한 것이냐 6 너희가 먹고 마실 때에 그것은 너희를 위하여 먹고 너

55일~60일

❖ 슥 6장
여덟 번째 환상(네 병거)은 앞선 환상들에서 보는 바처럼 단순한 권고와 경고를 넘어서 하나님께서 원수의 세력들을 멸절할 것을 기정사실로 하여 기록하고 있다. 즉 앞선 환상들에서는 하나님의 일을 하는 자들이 하나님 구속의 역사에 대적하는 악한 세력의 흥왕(興旺)으로 현실적인 어려움을 겪는 가운데 좌절하는 상태를 전제하고 이를 극복하라는 권고의 내용을 담고 있으나 본 장에 나오는 마지막 환상은 하나님의 원수들이 심판받음으로 인하여 하나님의 마음을 시원케 하는 결과적 사실을 보도하는 것이다. 그런 의미에서 이 내용은 공의로우신 하나님이 통치하시는 인류 역사에 있어서 하나님을 대항하는 무리들을 척결하여 나가는 역사 전개의 패턴(pattern)을 보여 주는 것이며 더 나아가서는 그리스도 재림 이후에 있을 최후의 심판으로 악의 세력이 완전히 멸절되고 의로운 하나님 나라가 완성되는 것을 예시한다.
12절 "싹이라 이름하는 사람"은 스룹바벨을 가리킨다. 스룹바벨의 악카이드어로 "바벨론의 순/가지"라는 뜻이다.
13절은 렘 33:17-18의 성취이다.

스 2:69
학습 자료 59-6
"구약 시대 화폐 사용" 참조

❖ 다리오 왕 4년 = B.C. 518년

❖ 슥 7장
본 장에는 하나님께서 스가랴 선지자를 통해 주신 이러한 4가지 답변 가운데 2가지 답변이 기록된 바 7:4-7은 하나님을 섬기는 자들이 흔히 범하기 쉬운 위선적인 의식주의(儀式主義), 또는 형식주의에 대한 경고이며, 7:8-14는 하나님의 말씀을 실생활 가운데서 실천할 것에 대한 권고로서의 성격을 지닌다. 하나님께서 금식을 계속할 것인지 아닌지를 묻는 벧엘 사람들의 질문에 대해 직접적인 답변을 주지 않고 이처럼 주제를 바꾸어 이스라엘 백성들을 대상으로 이같이 대답한 것은 선조들의 잘못과 이로 인한 하나님의 징계를 회고케 하여 과거에 대해 깊은 반성을 함으로써 회개하고 돌이키며 진정 하나님께서 기뻐하시는바 실생활 가운데서 하나님의 말씀을 순종케 하기 위함이다.
5-6절 종교의 형식주의에 빠진 상황을 질타한다. 종교의 형식주의가 어떤 것인가를 성찰하고 반성해야 한다. 말씀의 원리에서 벗어나 인간의 판단으로 진행하는 모든 종교의 제의나 행사는 형식주의임을 알고 있는가? 그러므로 성경을 제대로 읽어야 한다. (통큰통독 서론 강의를 숙지하라)

희를 위하여 마시는 것이 아니냐 7 예루살렘과 사면 성읍에 백성이 평온히 거주하며 남방과 평원에 사람이 거주
할 때에 여호와가 옛 선지자들을 통하여 외친 말씀이 있지 않으냐 하시니라

사로잡혀 가는 까닭

8 여호와의 말씀이 스가랴에게 임하여 이르시되 9 만군의 여호와가 이같이 말하여 이르시기를 너희는 진실한 재
판을 행하며 서로 인애와 긍휼을 베풀며 10 과부와 고아와 나그네와 궁핍한 자를 압제하지 말며 서로 해하려고
마음에 도모하지 말라 하였으나 11 그들이 듣기를 싫어하여 등을 돌리며 듣지 아니하려고 귀를 막으며 12 그 마음
을 금강석 같게 하여 율법과 만군의 여호와가 그의 영으로 옛 선지자들을 통하여 전한 말을 듣지 아니하므로 큰
진노가 만군의 여호와께로부터 나왔도다 13 내가 불러도 그들이 듣지 아니한 것처럼 그들이 불러도 내가 듣지 아
니하리라 만군의 여호와가 말하였느니라 14 내가 그들을 바람으로 불어 알지 못하던 여러 나라에 흩었느니라 그
후에 이 땅이 황폐하여 오고 가는 사람이 없었나니 이는 그들이 아름다운 땅을 황폐하게 하였음이니라 하시니라

스가랴 8장

예루살렘 회복에 대한 약속

1 만군의 여호와의 말씀이 임하여 이르시되 2 만군의 여호와가 이같이 말
하노라 내가 시온을 위하여 크게 질투하며 그를 위하여 크게 분노함으
로 질투하노라 3 여호와가 이같이 말하노라 내가 시온에 돌아와 예루살
렘 가운데에 거하리니 예루살렘은 진리의 성읍이라 일컫겠고 만군의 여
호와의 산은 성산이라 일컫게 되리라 4 만군의 여호와가 이같이 말하노
라 예루살렘 길거리에 늙은 남자들과 늙은 여자들이 다시 앉을 것이라
다 나이가 많으므로 저마다 손에 지팡이를 잡을 것이요 5 그 성읍 거리에
소년과 소녀들이 가득하여 거기에서 뛰놀리라 6 만군의 여호와가 이같
이 말하노라 이 일이 그 날에 남은 백성의 눈에는 기이하려니와 내 눈에
야 어찌 기이하겠느냐 만군의 여호와의 말이니라 7 만군의 여호와가 이
같이 말하노라 보라, 내가 내 백성을 해가 뜨는 땅과 해가 지는 땅에서
부터 구원하여 내고 8 인도하여다가 예루살렘 가운데에 거주하게 하리
니 그들은 내 백성이 되고 나는 진리와 공의로 그들의 하나님이 되리라
9 만군의 여호와가 이같이 말하노라 만군의 여호와의 집 곧 성전을 건축
하려고 그 지대를 쌓던 날에 있었던 선지자들의 입의 말을 이 날에 듣는
너희는 손을 견고히 할지어다 10 이 날 전에는 사람도 삯을 얻지 못하였
고 짐승도 삯을 받지 못하였으며 사람이 원수로 말미암아 평안히 출입하
지 못하였으나 내가 모든 사람을 서로 풀어 주게 하였느니라 11 만군의
여호와의 말씀이니라 이제는 내가 이 남은 백성을 대하기를 옛날과 같이 아니할 것인즉 12 곧 평강의 씨앗을 얻
을 것이라 포도나무가 열매를 맺으며 땅이 산물을 내며 하늘은 이슬을 내리리니 내가 이 남은 백성으로 이 모
든 것을 누리게 하리라 13 유다 족속아, 이스라엘 족속아, 너희가 이방인 가운데에서 저주가 되었었으나 이제는
내가 너희를 구원하여 너희가 복이 되게 하리니 두려워하지 말지니라 손을 견고히 할지니라 14 만군의 여호와
가 이같이 말하노라 너희 조상들이 나를 격노하게 하였을 때에 내가 그들에게 재앙을 내리기로 뜻하고 뉘우치
지 아니하였으나 15 이제 내가 다시 예루살렘과 유다 족속에게 은혜를 베풀기로 뜻하였나니 너희는 두려워하
지 말지니라 16 너희가 행할 일은 이러하니라 너희는 이웃과 더불어 진리를 말하며 너희 성문에서 진실하고 화
평한 재판을 베풀고 17 마음에 서로 해하기를 도모하지 말며 거짓 맹세를 좋아하지 말라 이 모든 일은 내가 미
워하는 것이니라 여호와의 말이니라

❖ 슥 8장

7장은 과거 이스라엘 백성이 하나님의 말씀을 어김으로 인해 이방 바벨론의 포로 생활을 하게 되었다는 사실을 통해 신앙의 반성을 끌어내는 내용으로써 과거적 성격이 강 하다면, 8장은 하나님의 말씀을 순종한다면 미래에 큰 영화가 있으리라는 사실과 장차 이루어질 메시아 왕국에서 얻을 영원한 구원과 승리의 영광에 대한 소망을 보여 주며 격려한다는 점에서 미래적 성격이 강하다는 특징을 지닌다.

이와 같이 본장은 스가랴 당시의 하나님 임재의 상징적 처소이며 신정왕국(神政王國)의 표상인 성전 재건과 이를 통하여 신앙 공동체로서 이스라엘이 선민(選民)으로서의 위상이 회복되며 마침내 이들이 받게 된 축복을 제시하는 것을 일차적인 내용으로 하나 단순히 여기에서 멈추지 않고 장차 구속사의 주관자이신 그리스도의 재림으로 구속사가 끝나는 종말의 날이 이를 때 이루어질 영원한 새 예루살렘(New Jerusalem)의 건설과 그곳의 거민이 될 성도들의 생활이 근심이 없는 기쁨의 삶이 될 것을 보여 준다는 점에서 큰 의의를 갖는다.

7-8절, 15-17절 하나님의 구속 역사의 핵심은 우리를 처음 창조하셨던 의도대로 "함께 하심"의 회복이다. 그것이 관계 회복이다.(통큰통독 서론 강의를 숙지하라)

금식에 관하여 말씀하시다

18 만군의 여호와의 말씀이 내게 임하여 이르시되 19 만군의 여호와가 이
같이 말하노라 넷째 달의 금식과 다섯째 달의 금식과 일곱째 달의 금식과 열째 달의 금식이 변하여 유다 족속에
게 기쁨과 즐거움과 희락의 절기들이 되리니 오직 너희는 진리와 화평을 사랑할지니라 20 만군의 여호와가 이와
같이 말하노라 다시 여러 백성과 많은 성읍의 주민이 올 것이라 21 이 성읍 주민이 저 성읍에 가서 이르기를 우리
가 속히 가서 만군의 여호와를 찾고 여호와께 은혜를 구하자 하면 나도 가겠노라 하겠으며 22 많은 백성과 강대
한 나라들이 예루살렘으로 와서 만군의 여호와를 찾고 여호와께 은혜를 구하리라 23 만군의 여호와가 이와 같
이 말하노라 그 날에는 말이 다른 이방 백성 열 명이 유다 사람 하나의 옷자락을 잡을 것이라 곧 잡고 말하기를
하나님이 너희와 함께 하심을 들었나니 우리가 너희와 함께 가려 하노라 하리라 하시니라

❖ 종교의 형식과 행사가 중요한 것이 아니고 순종이 핵심이다.

	학개	스가랴
사역시작	포로귀환(B.C. 536) 후 성전재건 장해로 16년째 멈춘 상태	학개가 말씀 받은 지 두 달 후
기름부음	스룹바벨, 다윗언약 회복("인장")	여호수아 대제사장의 대표("여호와의 순")
성령	마음 움직여서 일하게 하심. 스룹바벨, 여호수아, 나음 백성의 마음(1:14)	하나님의 영만이 하나님 나라를 건설하시는 주체 (오직 나의 신으로, 4:6)
메시아 통치	"조금 있으면"	"장기적인 메시아 통치"
종말론	현재적 하나님 나라 건설	먼 미래에 대한 하나님 나라 회복
균형	백성의 책임(성전 건축 자체가 자동적으로 삶을 정결하게 만들어 주는 것 아님)	종국적인 메시아 왕국 건설은 하나님의 역사

에스라 5:2~6장

55일~60일

에스라 5:2-17

2 이에 스알디엘의 아들 스룹바벨과 요사닥의 아들 예수아가 일어나 예
루살렘에 있던 하나님의 성전을 다시 건축하기 시작하매 하나님의 선지
자들이 함께 있어 그들을 돕더니 3 그 때에 유브라데 강 건너편 총독 닷드
내와 스달보스내와 그들의 동관들이 다 나아와 그들에게 이르되 누가 너희에게 명령하여 이 성전을 건축하고
이 성곽을 마치게 하였느냐 하기로 4 우리가 이 건축하는 자의 이름을 아뢰었으나 5 하나님이 유다 장로들을 돌
보셨으므로 그들이 능히 공사를 막지 못하고 이 일을 다리오에게 아뢰고 그 답장이 오기를 기다렸더라 6 유브라
데 강 건너편 총독 닷드내와 스달보스내와 그들의 동관인 유브라데 강 건너편 아바삭 사람이 다리오 왕에게 올
린 글의 초본은 이러하니라 7 그 글에 일렀으되 다리오 왕은 평안하옵소서 8 왕께 아뢰옵나이다 우리가 유다 도
에 가서 지극히 크신 하나님의 성전에 나아가 본즉 성전을 큰 돌로 세우며 벽에 나무를 얹고 부지런히 일하므로
공사가 그 손에서 형통하옵기에 9 우리가 그 장로들에게 물어보기를 누가 너희에게 명령하여 이 성전을 건축하
고 이 성곽을 마치라고 하였느냐 하고 10 우리가 또 그 우두머리들의 이름을 적어 왕에게 아뢰고자 하여 그들의
이름을 물은즉 11 그들이 우리에게 대답하여 이르기를 우리는 천지의 하나님의 종이라 예전에 건축되었던 성전
을 우리가 다시 건축하노라 이는 본래 이스라엘의 큰 왕이 건축하여 완공한 것이었으나 12 우리 조상들이 하늘
에 계신 하나님을 노엽게 하였으므로 하나님이 그들을 갈대아 사람 바벨론 왕 느부갓네살의 손에 넘기시매 그
가 이 성전을 헐며 이 백성을 사로잡아 바벨론으로 옮겼더니 13 바벨론 왕 고레스 원년에 고레스 왕이 조서를 내

❖ 다리우스 2년 = B.C. 520

❖ 성전의 재건이 왜 중요한가에 대한 구속사적 이해는 성경의 하나님의 경륜을 이해하는 첩경이라는 사실을 명심해야 한다.

려 하나님의 이 성전을 다시 건축하게 하고 14 또 느부갓네살이 예루살렘 하나님의 성전 안에서 금, 은 그릇을 옮
겨다가 바벨론 신당에 두었던 것을 고레스 왕이 그 신당에서 꺼내어 그가 세운 총독 세스바살이라고 부르는 자
에게 내주고 15 일러 말하되 너는 이 그릇들을 가지고 가서 예루살렘 성전에 두고 하나님의 전을 제자리에 건축
하라 하매 16 이에 이 세스바살이 이르러 예루살렘 하나님의 성전 지대를
놓았고 그 때로부터 지금까지 건축하여 오나 아직도 마치지 못하였다 하
였사오니 17 이제 왕께서 좋게 여기시거든 바벨론에서 왕의 보물전각에서 조사하사 과연 고레스 왕이 조서를 내
려 하나님의 이 성전을 예루살렘에 다시 건축하라 하셨는지 보시고 왕은 이 일에 대하여 왕의 기쁘신 뜻을 우리
에게 보이소서 하였더라

❖ 세스바살 = 스룹바벨

에스라 6장

스 6장
학습 자료 60-2 "베히스툰 비문" 참조

고레스의 조서와 다리오 왕의 명령

1 이에 다리오 왕이 조서를 내려 문서창고 곧 바벨론의 보물을 쌓아둔 보
물전각에서 조사하게 하여 2 메대도 악메다 궁성에서 한 두루마리를 찾
았으니 거기에 기록하였으되 3 고레스 왕 원년에 조서를 내려 이르기를
예루살렘에 있는 하나님의 성전에 대하여 이르노니 이 성전 곧 제사 드리
는 처소를 건축하되 지대를 견고히 쌓고 그 성전의 높이는 육십 규빗으
로, 너비도 육십 규빗으로 하고 4 큰 돌 세 켜에 새 나무 한 켜를 놓으라 그
경비는 다 왕실에서 내리라 5 또 느부갓네살이 예루살렘 성전에서 탈취하
여 바벨론으로 옮겼던 하나님의 성전 금, 은 그릇들을 돌려보내어 예루살
렘 성전에 가져다가 하나님의 성전 안 각기 제자리에 둘지니라 하였더라
6 이제 유브라데 강 건너편 총독 닷드내와 스달보스내와 너희 동관 유브
라데 강 건너편 아바삭 사람들은 그 곳을 멀리하여 7 하나님의 성전 공사
를 막지 말고 유다 총독과 장로들이 하나님의 이 성전을 제자리에 건축하
게 하라 8 내가 또 조서를 내려서 하나님의 이 성전을 건축함에 대하여 너
희가 유다 사람의 장로들에게 행할 것을 알리노니 왕의 재산 곧 유브라
데 강 건너편에서 거둔 세금 중에서 그 경비를 이 사람들에게 끊임없이 주
어 그들로 멈추지 않게 하라 9 또 그들이 필요로 하는 것 곧 하늘의 하나
님께 드릴 번제의 수송아지와 숫양과 어린 양과 또 밀과 소금과 포도주
와 기름을 예루살렘 제사장의 요구대로 어김없이 날마다 주어 10 그들이
하늘의 하나님께 향기로운 제물을 드려 왕과 왕자들의 생명을 위하여 기
도하게 하라 11 내가 또 명령을 내리노니 누구를 막론하고 이 명령을 변조
하면 그의 집에서 들보를 빼내고 그를 그 위에 매어달게 하고 그의 집은 이로 말미암아 거름더미가 되게 하라 12
만일 왕들이나 백성이 이 명령을 변조하고 손을 들어 예루살렘 하나님의 성전을 헐진대 그 곳에 이름을 두신 하
나님이 그들을 멸하시기를 원하노라 나 다리오가 조서를 내렸노니 신속히 행할지어다 하였더라

스 6:8-15 성전 재건과 관련된 주요 인물들	
	관련 사항
고레스	그랄(가데스와 술 사이)로 내려감
유대 지도자들	재건을 위한 예물 헌납자(1:5, 6)
세스바살	바벨론에 있던 성전 기명들 회수자(1:11)
스룹바벨	성전 재건 과정의 총 지도자(3:8, 9)
사마리아의 거민들	성전 재건의 방해자(4:1-24)
아닥사스다	성전 재건 중단 조서 반포자(4:23, 24)
학개, 스가랴	성전 재건을 촉구한 선지자(5:1)
예수아	성전 재건 과정을 인도한 대제사장(5:2)
닷드내, 스달보스내	성전 재건 상황을 다리오 왕에게 보고한 자(5:3-6)
다리오	성전 재건 재개 허락자(6:8-15)

❖ 다리우스 6년 = B.C. 516년
(B.C. 586년에 파괴된 솔로몬의 성전이 재건 봉헌되다 → 포로 기간 70년 입증)

성전 봉헌

13 다리오 왕의 조서가 내리매 유브라데 강 건너편 총독 닷드내와 스달보
스내와 그들의 동관들이 신속히 준행하니라 14 유다 사람의 장로들
이 선지자 학개와 잇도의 손자 스가랴의 권면을 따랐으므로 성전 건
축하는 일이 형통한지라 이스라엘 하나님의 명령과 바사 왕 고레스
와 다리오와 아닥사스다의 조서를 따라 성전을 건축하며 일을 끝내되

55일~60일

15 다리오 왕 제육년 아달월 삼일에 성전 일을 끝내니라 16 이스라엘 자손
과 제사장들과 레위 사람들과 기타 사로잡혔던 자의 자손이 즐거이 하나
님의 성전 봉헌식을 행하니 17 하나님의 성전 봉헌식을 행할 때에 수소 백
마리와 숫양 이백 마리와 어린 양 사백 마리를 드리고 또 이스라엘 지파
의 수를 따라 숫염소 열두 마리로 이스라엘 전체를 위하여 속죄제를 드리
고 18 제사장을 그 분반대로, 레위 사람을 그 순차대로 세워 예루살렘에
서 하나님을 섬기게 하되 모세의 책에 기록된 대로 하게 하니라

유월절

19 사로잡혔던 자의 자손이 첫째 달 십사일에 유월절을 지키되 20 제사장
들과 레위 사람들이 일제히 몸을 정결하게 하여 다 정결하매 사로잡혔던
자들의 모든 자손과 자기 형제 제사장들과 자기를 위하여 유월절 양을 잡
으니 21 사로잡혔다가 돌아온 이스라엘 자손과 자기 땅에 사는 이방 사람의 더러운 것으로부터 스스로를 구별한
모든 이스라엘 사람들에게 속하여 이스라엘의 하나님 여호와를 찾는 자들이 다 먹고 22 즐거움으로 이레 동안
무교절을 지켰으니 이는 여호와께서 그들을 즐겁게 하시고 또 앗수르 왕의 마음을 그들에게로 돌려 이스라엘의
하나님이신 하나님의 성전 건축하는 손을 힘 있게 하도록 하셨음이었더라

스 6:13-22 성전 완공 이후에 거행된 성전 봉헌식과 유월절 행사는 성전 완공을 감사하는 행사임과 아울러 출애굽의 의의와 포로 귀환의 의의를 되돌아 보며 하나님께 헌신을 다짐하는 의식이었다. 즉 이제 그들은 성전에서의 희생 제사를 드릴 수 있게 되었으며, 성전과 희생 제물의 완성으로서 이 땅에 그리스도가 임함을 대망할 수 있게 된 것이다. 그러므로 이는 시내 산 언약의 의미가 있으며, 따라서 포로로 인해 끊어진 하나님과의 관계가 다시 회복되었다는 것을 의미한다.(본문 도표에서 3차에 걸쳐 돌아온 귀환의 영적 의미를 잘 새겨라)

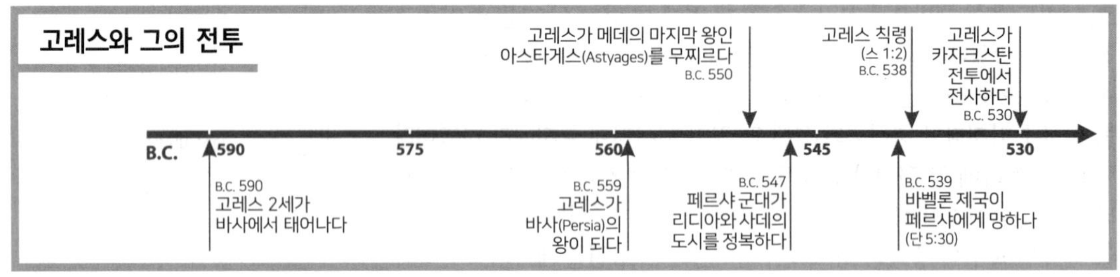

고레스와 그의 전투
고레스가 메데의 마지막 왕인
아스타게스(Astyages)를 무찌르다
B.C. 550
고레스 칙령
(스 1:2)
B.C. 538
고레스가
카자크스탄
전투에서
전사하다
B.C. 530
B.C.
590
575
560
545
530
B.C. 590
고레스 2세가
바사에서 태어나다
B.C. 559
고레스가
바사(Persia)의
왕이 되다
B.C. 547
페르샤 군대가
리디아와 사데의
도시를 정복하다
B.C. 539
바벨론 제국이
페르샤에게 망하다
(단 5:30)

55일~
60일

다니엘 6장

사자 굴속의 다니엘

1 다리오가 자기의 뜻대로 고관 백이십 명을 세워 전국을 통치하게 하고
2 또 그들 위에 총리 셋을 두었으니 다니엘이 그 중의 하나이라 이는 고
관들로 총리에게 자기의 직무를 보고하게 하여 왕에게 손해가 없게 하려
함이었더라 3 다니엘은 마음이 민첩하여 총리들과 고관들 위에 뛰어나므
로 왕이 그를 세워 전국을 다스리게 하고자 한지라 4 이에 총리들과 고관
들이 국사에 대하여 다니엘을 고발할 근거를 찾고자 하였으나 아무 근거,
아무 허물도 찾지 못하였으니 이는 그가 충성되어 아무 그릇됨도 없고 아
무 허물도 없음이었더라 5 그들이 이르되 이 다니엘은 그 하나님의 율법
에서 근거를 찾지 못하면 그를 고발할 수 없으리라 하고 6 이에 총리들과 고관들이 모여 왕에게 나아가서 그에게
말하되 다리오 왕이여 만수무강 하옵소서 7 나라의 모든 총리와 지사와 총독과 법관과 관원이 의논하고 왕에게
한 법률을 세우며 한 금령을 정하실 것을 구하나이다 왕이여 그것은 곧 이제부터 삼십일 동안에 누구든지 왕 외
의 어떤 신에게나 사람에게 무엇을 구하면 사자 굴에 던져 넣기로 한 것이니이다 8 그런즉 왕이여 원하건대 금령

❖ 단 6장
사자 굴의 다니엘에게서 우리는 변화하는 세상에서 변함없는 신앙의 삶을 사는 모습을 배워야 한다. 이 세상은 다원사회에서 섞일 수밖에 없고, 타협하지 않으면 살아가기 어려운 여건 가운데 있지만, 다니엘의 바벨론도 그러했지만 그는 성경의 원리에서 한 치의 타협도 없이 섞이지 않았다.
☞ 성경의 원리를 위배하도록 분위기가 잡힐 때 나는 그것을 거절할 수 있는 신앙 능력이 있는가? 없다면 왜 없는가? 그런 능력을 갖기 위해서 나는 무엇을 하여야 하는가? ☞ 행 1:8
나의 능력은 경건의 능력인가? 모양의 능력인가? 이것은 생사의 문제이다.

다리오 왕

을 세우시고 그 조서에 왕의 도장을 찍어 메대와 바사의 고치지 아니하는 규례를 따라 그것
을 다시 고치지 못하게 하옵소서 하매 9 이에 다리오 왕이 조서에 왕의 도장을 찍어 금령을
내니라 10 다니엘이 이 조서에 왕의 도장이 찍힌 것을 알고도 자기 집에 돌아가서는 윗방에
올라가 예루살렘으로 향한 창문을 열고 전에 하던 대로 하루 세 번씩 무릎을 꿇고 기도하
며 그의 하나님께 감사하였더라 11 그 무리들이 모여서 다니엘이 자기 하나님 앞에 기도하
며 간구하는 것을 발견하고 12 이에 그들이 나아가서 왕의 금령에 관하여 왕께 아뢰되 왕
이여 왕이 이미 금령에 왕의 도장을 찍어서 이제부터 삼십 일 동안에는 누구든지 왕 외
의 어떤 신에게나 사람에게 구하면 사자 굴에 던져 넣기로 하지 아니하였나이까 하니 왕
이 대답하여 이르되 이 일이 확실하니 메대와 바사의 고치지 못하는 규례니라 하는지라 13 그들이 왕 앞에서 말
하여 이르되 왕이여 사로잡혀 온 유다 자손 중에 다니엘이 왕과 왕의 도장이 찍힌 금령을 존중하지 아니하고 하
루 세 번씩 기도하나이다 하니 14 왕이 이 말을 듣고 그로 말미암아 심히 근심하여 다니엘을 구원하려고 마음을
쓰며 그를 건져내려고 힘을 다하다가 해가 질 때에 이르렀더라 15 그 무리들이 또 모여 왕에게로 나아와서 왕께
말하되 왕이여 메대와 바사의 규례를 아시거니와 왕께서 세우신 금령과 법도는 고치지 못할 것이니이다 하니 16
이에 왕이 명령하매 다니엘을 끌어다가 사자 굴에 던져 넣는지라 왕이 다니엘에게 이르되 네가 항상 섬기는 너
의 하나님이 너를 구원하시리라 하니라 17 이에 돌을 굴려다가 굴 어귀를
막으매 왕이 그의 도장과 귀족들의 도장으로 봉하였으니 이는 다니엘에
대한 조치를 고치지 못하게 하려 함이었더라 18 왕이 궁에 돌아가서는 밤
이 새도록 금식하고 그 앞에 오락을 그치고 잠자기를 마다하니라 19 이튿
날에 왕이 새벽에 일어나 급히 사자 굴로 가서 20 다니엘이 든 굴에 가까이 이르러서 슬피 소리 질러 다니엘에게
묻되 살아 계시는 하나님의 종 다니엘아 네가 항상 섬기는 네 하나님이 사자들에게서 능히 너를 구원하셨느냐
하니라 21 다니엘이 왕에게 아뢰되 왕이여 원하건대 왕은 만수무강 하옵소서 22 나의 하나님이 이미 그의 천사를
보내어 사자들의 입을 봉하셨으므로 사자들이 나를 상해하지 못하였사오니 이는 나의 무죄함이 그 앞에 명백함
이오며 또 왕이여 나는 왕에게도 해를 끼치지 아니하였나이다 하니라 23 왕이 심히 기뻐서 명하여 다니엘을 굴에
서 올리라 하매 그들이 다니엘을 굴에서 올린즉 그의 몸이 조금도 상하지 아니하였으니 이는 그가 자기의 하나
님을 믿음이었더라 24 왕이 말하여 다니엘을 참소한 사람들을 끌어오게 하고 그들을 그들의 처자들과 함께 사
자 굴에 던져 넣게 하였더니 그들이 굴 바닥에 닿기도 전에 사자들이 곧 그들을 움켜서 그 뼈까지도 부서뜨렸더
라 25 이에 다리오 왕이 온 땅에 있는 모든 백성과 나라들과 언어가 다른 모든 사람들에게 조서를 내려 이르되
원하건대 너희에게 큰 평강이 있을지어다 26 내가
이제 조서를 내리노라 내 나라 관할 아래에 있는 사
람들은 다 다니엘의 하나님 앞에서 떨며 두려워할
지니 그는 살아 계시는 하나님이시요 영원히 변하
지 않으실 이시며 그의 나라는 멸망하지 아니할 것
이요 그의 권세는 무궁할 것이며 27 그는 구원도 하
시며 건져내기도 하시며 하늘에서든지 땅에서든지
이적과 기사를 행하시는 이로서 다니엘을 구원하여
사자의 입에서 벗어나게 하셨음이라 하였더라 28 이
다니엘이 다리오 왕의 시대와 바사 사람 고레스 왕
의 시대에 형통하였더라

단 6:8, 14-15
학습 자료 60-3
"변개치 않는 메대와 바사의 법" 참조

❖ 단 6:17-22 = 시 91:9-16

55일~60일

60일차 읽기의 요약 (슥 1~8, 스 5:2~6, 단 6)

포로 귀환 백성들이 예루살렘에 돌아온 이후의 역사는 에스라에 의해 기록되었다. 에스라는 귀환 백성들이 예루살렘에 성전을 재건하는 일을 착수하고 중도에 방해를 받았지만, 학개와 스가랴 선지자의 격려를 통해 성전 재건을 완공한 상세한 내용을 에스라서 전반부에서 기록하고 있다.

스가랴 선지자는 학개와 같은 시기에 그와 동일한 성전 재건에 대한 격려의 메시지를 전한다. 스룹바벨과 여호수아로 대표되는 포로 귀환 백성들이 성전을 재건하게 하심으로 하나님께서는 그곳에 하나님의 임재와 영광을 다시 회복시켜 주실 것이다. 황폐했던 예루살렘은 다시 사람들이 많아지고 예루살렘은 하나님의 임재를 나타내는 불로 둘러싼 성곽이 될 것이다.

포로 귀환 백성들의 성전 재건과 하나님의 임재의 회복은 장차 하나님께서 일으키실 예수 그리스도를 통한 하나님 나라를 완성하기 위한 기초를 다시 세우는 일이므로 귀환 백성들은 선지자들의 격려를 통해 성전 재건의 진정한 의의를 깨닫고 다시 중단된 일을 계속하게 된다. 또한 하나님께서는 성전 재건의 정치적 방해 공작에 대해 바사의 고레스 왕 이후 바사의 다리오 왕의 공식적인 도움을 입게 도우심으로 성전을 건축하여 예루살렘에 귀환한 유다 백성들과 하나님과의 관계가 다시 회복되도록 하셨다.

그러면 어떻게 살 것인가?

인위뚝·신위고!

☑ 세계관 점검 – 묵상하기 (영상 강의와 교재 내용의 이해를 바탕으로)

- 슥4:6을 묵상하라. 힘이나 능력으로 되지 않고 하나님의 영으로 된다고 했다.
  사도행전 1:8에서 성령의 권능을 받으라는 말씀과 함께 깊이 묵상하라. 신위(神爲)의 개념을 기억하라. 하나님의 주권이 우리의 삶을 주관해야 한다는 것이다.
  · 행 1:8 오직 성령이 너희에게 임하시면 너희가 권능을 받고 예루살렘과 온 유대와 사마리아와 땅 끝까지 이르러 내 증인이 되리라 하시니라

- 슥 7:5-10 형식보다 삶을 통한 순종이 중요하다. 종교가 형식에 빠지면 타락하게 되어 있다.

- 단 6장 묵상
  사자 굴의 다니엘에게서 우리는 변화하는 세상에서 변함없는 신앙의 삶을 사는 모습을 배워야 한다. 이 세상은 다원사회에서 섞일 수밖에 없고, 타협하지 않으면 살아가기 어려운 여건 가운데 있었지만, 다니엘의 바벨론도 그러했지만 그는 성경의 원리에서 한 치의 타협도 없이 섞이지 않았다.

☑ 성경의 원리를 위배하도록 분위기가 잡힐 때 나는 그것을 거절할 수 있는 신앙 능력이 있는가? 없다면 왜 없는가? 그런 능력을 갖기 위해서 나는 무엇을 하여야 하는가? ⇒ 행 1:8
나의 능력은 경건의 능력인가? 모양의 능력인가? 이것은 생사의 문제이다.

하나님의 백성에게 요구되는 성결한 삶

스가랴서에는 선민의 조상들이 하나님의 명령을 어기고 죄를 지음으로 말미암아 징계를 받았던 과거의 사실과 더불어 여호와를 거부하는 열방이 장차 멸망하게 된다는 미래의 일들이 여러 차례 지적 또는 예고된다. 이는 일차적으로 본서 기록 당시의 선민들로 하여금 과거 범죄함으로 심판받은 조상들의 불신앙적인 삶의 선례를 따르지 않도록 하기 위해서이고, 더 나아가는 주변 이방 나라들의 불신앙적인 행태에서 벗어나 여호와께서 원하시는 경건하고 성결한 삶을 살도록 하기 위해서이다. 이러한 신앙적인 삶을 살 때만 여호와의 축복이 회복될 수 있다. 하나님은 이를 '너희는 내게 돌아오라 그리하면 내가 너희에게로 돌아가리라'란 약속의 말씀으로 보증하신다(1:3). 그리고 본서는 궁극적이고 항구적인 성화(聖化)가 이 세상 마지막 날에 완결된다는 예언으로 마감된다(14:20, 21). 이러한 종말론적 거룩함에 참여할 수 있는 자는 바로 하나님께서 요구하시는 성결한 삶을 사는 자들이다. 그리고 이러한 궁극적인 축복을 바라보는 자는 현재 자신의 주변에서 범람하고 있는 죄악의 조류에 쓸리지 않으며 선을 행하는 데서 오는 고난을 극복하는 데 힘쓴다. 또한 거룩한 삶에 대한 하나님의 축복이 더디 이루어지는 것처럼 보이는 데 대해서도 초조해하지 않고 꾸준하게 하나님이 요구하시는 거룩한 삶을 살아 간다.

형식적인 신앙을 넘어서는 참된 신앙의 추구

스가랴서 제7장과 제8장에는 벧엘 사람들이 스가랴에게 나와서 예루살렘 성전 파괴와 관련하여 전통적으로 지켜오던 금식일을 성전이 재건되는 이 시점에도 계속 지켜야 하는지에 대한 질문과 이에 대한 여호와의 답변이 나온다. 그러나 여호와의 답변은 금식일 준수 여부에 대한 직설적인 대답이 아니었다. 하나님은 벧엘 사람들의 질문을 계기로 하여 오히려 선민 사회에 깊게 뿌리 내리고 있는 형식주의적이고 인본주의적인 행태 등과 같은 여호와에 대한 불순종의 악습을 지적하셨다. 그리고 그 선민의 조상들이 멸망한 것이 바로 이러한 왜곡된 신앙 행태 때문임을 밝히고 이러한 전철을 밟지 않도록 촉구하셨다. 또한 선민을 위한 충분한 신앙 규범으로서 이스라엘 멸망 이전에 주신 말씀을 제시하였다(7:7). 그뿐만 아니라 이 말씀에 근거한 참된 신앙을 추구할 때 주어지게 될 여호와의 임재와 '선민의 재번성'도 약속하고 있다(8:4-8). 즉 여호와께서는 이웃과 더불어 진리를 말하며, 성문에서 진실하고 화평한 재판을 베풀고 마음에 서로 해하기를 도모하지 말며, 거짓 맹세와 같이 미워하는 것을 좋아하지 않는 여호와 절대 신앙에 근거한 공의와 사랑을 실생활 가운데 행동으로 옮기기를 촉구하시며 독려하시는 것이다(9:16-17). 또한 이러한 실천적 신앙을 가질 때 선민이 망한 기념일이 축제일로 변화된다는 비전도 제시하셨다(8:18, 19). 이는 하나님께서 실제 삶 가운데는 악을 행하면서도 형식적으로 신앙생활을 하는 것을 얼마나 혐오하시는지와 더불어 이와 대비되는 진리와 화평을 사랑하며 실현하는 역동적 신앙이 얼마나 고귀한 가치를 지니는지를 알게 하며 바른 행동이 뒤따르는 참된 신앙을 가질 것을 다짐하게 한다.

☑ 결단기도와 실행하기

약 2:26 영혼 없는 몸이 죽은 것 같이 행함이 없는 믿음은 죽은 것이니라
시 119:28 나의 영혼이 눌림으로 말미암아 녹사오니 주의 말씀대로 나를 세우소서

55일~
60일

역대상 1:1~9:34

저자	에스라
기록 목적	하나님 나라 백성으로서의 정체성 회복
족보 언급 이유	하나님 나라 백성 혈통, 언약 백성, 기업의 상속자임을 상기
	남은 자들 통해 영광스런 상태로 돌아갈 수 있음 격려(343쪽)
이름 나열 이유	역사상 중요한 역할을 맡은 민족으로 이스라엘을 어떻게 선택하셨는지 보여 주기 위함
성경의 족보	열조들에게 주신 약속들을 세대를 통해 신실하게 지키신 하나님의 사역 보게 해줌(344쪽)
	자신의 뿌리 보게 함 ➡ 감사와 찬양의 이유 발견
	한 조상, 한 하나님을 볼 수 있는 관점 제공
	과거 관찰 통해 믿음 얻고 그 믿음으로 앞을 보게 해 줌
	하나님의 신실하심을 현재와 미래에도 여전히 기대하게 해줌

역대상 1장

아담에서 아브라함까지(창 5:1-32, 10:1-32, 11:10-26)

1 아담, 셋, 에노스, 2 게난, 마할랄렐, 야렛 3 에녹, 므두셀라, 라멕, 4 노아,
셈, 함과 야벳은 조상들이라 5 야벳의 자손은 고멜과 마곡과 마대와 야완
과 두발과 메섹과 디라스요 6 고멜의 자손은 아스그나스와 디밧과 도갈
마요 7 야완의 자손은 엘리사와 다시스와 깃딤과 도다님이더라 8 함의 자
손은 구스와 미스라임과 붓과 가나안이요 9 구스의 자손은 스바와 하윌
라와 삽다와 라아마와 삽드가요 라아마의 자손은 스바와 드단이요 10 구
스가 또 니므롯을 낳았으니 세상에서 첫 영걸이며 11 미스라임은 루딤과
아나밈과 르하빔과 납두힘과 12 바드루심과 가슬루힘과 갑도림을 낳았
으니 블레셋 종족은 가슬루힘에게서 나왔으며 13 가나안은 맏아들 시돈
과 헷을 낳고 14 또 여부스 종족과 아모리 종족과 기르가스 종족과 15 히
위 종족과 알가 종족과 신 종족과 16 아르왓 종족과 스말 종족과 하맛 종
족을 낳았더라 17 셈의 자손은 엘람과 앗수르와 아르박삿과 룻과 아람과
우스와 훌과 게델과 메섹이라 18 아르박삿은 셀라를 낳고 셀라는 에벨을
낳고 19 에벨은 두 아들을 낳아 하나의 이름을 벨렉이라 하였으니 이는
그 때에 땅이 나뉘었음이요 그의 아우의 이름은 욕단이며 20 욕단이 알모
닷과 셀렙과 하살마웻과 예라와 21 하도람과 우살과 디글라와 22 에발과
아비마엘과 스바와 23 오빌과 하윌라와 요밥을 낳았으니 욕단의 자손은
이상과 같으니라 24 셈, 아르박삿, 셀라, 25 에벨, 벨렉, 르우, 26 스룩, 나홀,
데라, 27 아브람 곧 아브라함은 조상들이요

이스마엘의 세계(창 25:12-16)

28 아브라함의 자손은 이삭과 이스마엘이라 29 이스마엘의 족보는 이러하

❖ 역대 상 복습

- 역대기는 에스라가 제사장 사관에 의해 기록한 역사서이다. 따라서 성전이 중심이 된 남 왕국 역사만 기록하고 있다. 1장에서 9:34까지는 창조부터 사울 왕 전까지의 역사를 족보 형식으로 기록하고 있다.
- 역대기는 B.C. 400년대에 쓰였고, 아담에서부터 고레스 칙령까지 시대를 망라한다. 역대기의 저자는 두 가지를 강조한다.
  1) 다윗 가문에 메시아가 오는 것과
  2) 성전을 중심으로 하는 바른 예배
- 사무엘과 열왕기는 과거 지향적이라면 역대기는 미래 지향적이다. - "Let's move on."을 외친다.
- 헬라어 70인 역의 역대기 명칭은 헬라어로 "Paraleipomena" 즉 '남은 것을 보충하다'라는 뜻으로 열왕기 역사를 보충하는 책이라는 뜻으로 해석했다.
- 역대기는 제사장 사관에 의한 역사서이다. 성전을 중심으로 한 남 유다 왕국 중심의 역사를 기록하고 있다.

❖ 역대기 족보의 의미

1. 성경의 역사, 구속의 역사가 현실에 근거하고 있다.
2. 하나님의 역사는 구별되어 선택된 사람들(남은 자)에 의해 이루어지고 있다.
3. 역사의 주권자는 하나님이시다.

대상 1장
학습 자료 61-1
"역대기가 족보로 시작하는 이유" 참조

대상 1:1
학습 자료 61-2
"성경 족보 기록과 지구 연대기 문제" 참조

대상 1:26-34
아브라함의 계보
본 도표는 이삭과 이스마엘 이외에 아브라함의 다른 여섯 아들들에 대해 소개하고 있다.

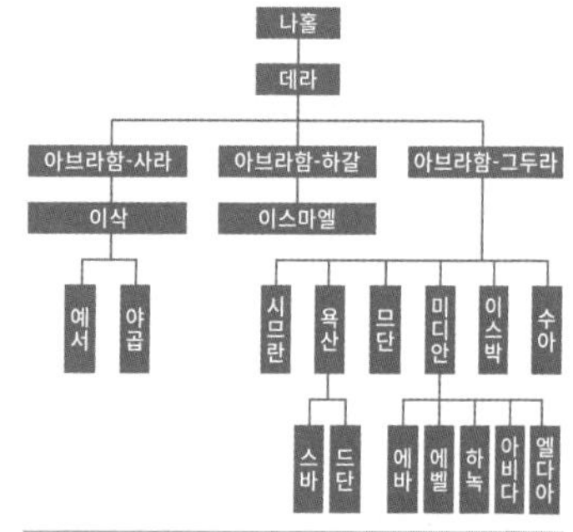

니 그의 맏아들은 느바욧이요 다음은 게달과 앗브엘과 밉삼과 30 미스마와 두마와 맛사와 하닷과 데마와 31 여
둘과 나비스와 게드마라 이들은 이스마엘의 자손들이라 32 아브라함의 소실 그두라가 낳은 자손은 시므란과 욕
산과 므단과 미디안과 이스박과 수아요 욕산의 자손은 스바와 드단이요 33 미디안의 자손은 에바와 에벨과 하
녹과 아비다와 엘다아니 이들은 모두 그두라의 자손들이라

에서의 자손(창 36:1-19, 20-30)

34 아브라함이 이삭을 낳았으니 이삭의 아들은 에서와 이스라엘이더라 35 에서의 아들은 엘리바스와 르우엘과
여우스와 얄람과 고라요 36 엘리바스의 아들은 데만과 오말과 스비와 37 르우엘의 아들은 나핫과 세라와 삼마
와 밋사요 38 세일의 아들은 로단과 소발과 시브온과 아나와 디손과 에셀과 디산이요 39 로단의 아들은 호리와
호맘이요 로단의 누이는 딤나요 40 소발의 아들은 알랸과 마나핫과 에발과 스비와 오남이요 시브온의 아들은
아야와 아나요 41 아나의 아들은 디손이요 디손의 아들은 하므란과 에스반과 이드란과 그란이요 42 에셀의 아들
은 빌한과 사아완과 야아간이요 디산의 아들은 우스와 아란이더라

에돔 땅을 다스린 왕들(창 36:31-43)

43 이스라엘 자손을 다스리는 왕이 있기 전에 에돔 땅을 다스린 왕은 이러 하니라 브올의 아들 벨라니 그의 도성
이름은 딘하바이며 44 벨라가 죽으매 보스라 세라의 아들 요밥이 대신하여 왕이 되고 45 요밥이 죽으매 데만 종
족의 땅의 사람 후삼이 대신하여 왕이 되고 46 후삼이 죽으매 브닷의 아들 하닷이 대신하여 왕이 되었으니 하닷
은 모압 들에서 미디안을 친 자요 그 도성 이름은 아윗이며 47 하닷이 죽으매 마스레가의 사믈라가 대신하여 왕
이 되고 48 사믈라가 죽으매 강 가의 르호봇 사울이 대신하여 왕이 되 49 사울이 죽으매 악볼의 아들 바알하난이
대신하여 왕이 되고 50 바알하난이 죽으매 하닷이 대신하여 왕이 되었으니 그의 도성 이름은 바이요 그의 아내
의 이름은 므헤다벨이라 메사합의 손녀요 마드렛의 딸이더라 51 하닷이 죽으니라 그리고 에돔의 족장은 이러하
니 딤나 족장과 알랴 족장과 여뎃 족장과 52 오홀리바마 족장과 엘라 족장과 비논 족장과 53 그나스 족장과 데만
족장과 밉살 족장과 54 막디엘 족장과 이람 족장이라 에돔의 족장이 이러하였더라

역대상 2장

대상 2:1-17
학습 자료 61-3 "족보기록의 목적" 참조

1 이스라엘의 아들은 이러하니 르우벤과 시므온과 레위와 유다와 잇사갈
과 스불론과 2 단과 요셉과 베냐민과 납달리와 갓과 아셀이더라

유다의 자손

3 유다의 아들은 에르와 오난과 셀라니 이 세 사람은 가나안 사람 수아의 딸이 유다에게 낳아 준 자요 유다의 맏
아들 에르는 여호와 보시기에 악하였으므로 여호와께서 죽이셨고 4 유다의 며느리 다말이 유다에게 베레스와
세라를 낳아 주었으니 유다의 아들이 모두 다섯이더라 5 베레스의 아들은 헤스론과 하물이요 6 세라의 아들은
시므리와 에단과 헤만과 갈골과 다라니 모두 다섯 사람이요 7 갈미의 아들은 아갈이니 그는 진멸시킬 물건을 범
하여 이스라엘을 괴롭힌 자이며 8 에단의 아들은 아사랴더라

61일~
66일

다윗의 가계

9 헤스론이 낳은 아들은 여라므엘과 람과 글루배라 10 람은 암미나답을 낳고 암미나답은 나손을 낳았으니 나손
은 유다 자손의 방백이며 11 나손은 살마를 낳고 살마는 보아스를 낳고 12 보아스는 오벳을 낳고 오벳은 이새를
낳고 13 이새는 맏아들 엘리압과 둘째로 아비나답과 셋째로 시므아와 14 넷째로 느다넬과 다섯째로 랏대와 15
여섯째로 오셈과 일곱째로 다윗을 낳았으며 16 그들의 자매는 스루야와 아비가일이라 스루야의 아들은 아비새
와 요압과 아사헬 삼형제요 17 아비가일은 아마사를 낳았으니 아마사의 아버지는 이스마엘 사람 예델이었더라

헤스론의 자손

18 헤스론의 아들 갈렙이 그의 아내 아수바와 여리옷에게서 아들을 낳았으니 그가 낳은 아들들은 예셀과 소밥
과 아르돈이며 19 아수바가 죽은 후에 갈렙이 또 에브랏에게 장가 들었더니 에브랏이 그에게 훌을 낳아 주었고

20 훌은 우리를 낳고 우리는 브살렐을 낳았더라 21 그 후에 헤스론이 육십
세에 길르앗의 아버지 마길의 딸에게 장가 들어 동침하였더니 그가 스굽
을 헤스론에게 낳아 주었으며 22 스굽은 야일을 낳았고 야일은 길르앗 땅
에서 스물세 성읍을 가졌더니 23 그술과 아람이 야일의 성읍들과 그낫과
그에 딸린 성읍들 모두 육십을 그들에게서 빼앗았으며 이들은 다 길르앗
의 아버지 마길의 자손이었더라 24 헤스론이 갈렙 에브라다에서 죽은 후
에 그의 아내 아비야가 그로 말미암아 아스훌을 낳았으니 아스훌은 드고
아의 아버지더라 25 <여라므엘의 자손> 헤스론의 맏아들 여라므엘의 아
들은 맏아들 람과 그 다음 브나와 오렌과 오셈과 아히야이며 26 여라므엘
이 다른 아내가 있었으니 이름은 아다라라 그는 오남의 어머니더라 27 여
라므엘의 맏아들 람의 아들은 마아스와 야민과 에겔이요 28 오남의 아들
들은 삼매와 야다요 삼매의 아들은 나답과 아비술이며 29 아비술의 아내
의 이름은 아비하일이라 아비하일이 아반과 몰릿을 그에게 낳아 주었으
며 30 나답의 아들들은 셀렛과 압바임이라 셀렛은 아들이 없이 죽었고 31
압바임의 아들은 이시요 이시의 아들은 세산이요 세산의 아들은 알래요
32 삼매의 아우 야다의 아들들은 예델과 요나단이라 예델은 아들이 없이
죽었고 33 요나단의 아들들은 벨렛과 사사라 여라므엘의 자손은 이러하
며 34 세산은 아들이 없고 딸뿐이라 그에게 야르하라 하는 애굽 종이 있
으므로 35 세산이 딸을 그 종 야르하에게 주어 아내를 삼게 하였더니 그
가 그로 말미암아 앗대를 낳고 36 앗대는 나단을 낳고 나단은 사밧을 낳
고 37 사밧은 에블랄을 낳고 에블랄은 오벳을 낳고 38 오벳은 예후를 낳
고 예후는 아사랴를 낳고 39 아사랴는 헬레스를 낳고 헬레스는 엘르아사를 낳고 40 엘르아사는 시스매를 낳고
시스매는 살룸을 낳고 41 살룸은 여가먀를 낳고 여가먀는 엘리사마를 낳았더라

❖ 역대기 족보 개요

B.C. 586년 예루살렘 성전이 멸망한 이래 바벨론 및 페르시아 제국의 포로로 온 사방에 흩어졌던 이스라엘 백성은 수십 년이 지난 후인 B.C. 537년부터 시작하여 전 3회에 걸쳐 본토로 귀환하게 되었다. 그리하여 그토록 엄청난 제국주의 발길에 짓밟혔으면서도 민족의 맥을 이어오다가 이제 다시금 선민 국가(選民國家)의 재건을 시도할 수 있게 되었다.

포로라는 심판으로 다시 선악과 언약의 파괴로 인한 하나님과의 단절 상황이 재현되었지만(레 26장), "신실하신" 하나님은 그 상태를 영구히 내버려 두실 수 없으신 분이시기에, 그들을 다시 귀환시키고 관계를 회복하고 그들의 정체성을 다시 발견하게 하신다.

대상 1~9장의 족보는 무엇보다 먼저 선민 역사의 전개에 나타난 연속성과 정통성을 가장 직접적으로 보여 주고자 태초의 아담에서부터 시작하여 자신들 포로 귀환 세대에 이르기까지의 계보(geneology) 를 먼저 제시하고 있다.

이 족보는 크게 2부로 구성되어 있다. 제1부는 무엇보다 먼저 다윗 계보 정리(1:1-3:24). 제2부는 이스라엘 직계 조상이 된 야곱의 12 아들에서부터 바벨론 일반 지파 및 제사장 등이 포함된 레위 지파의 지파별 계보와 계수(9:1 34).

갈렙의 자손

42 여라므엘의 아우 갈렙의 아들 곧 맏아들은 메사이니 십의 아버지요 그 아들은 마레사니 헤브론의 아버지이며
43 헤브론의 아들들은 고라와 답부아와 레겜과 세마라 44 세마는 라함을 낳았으니 라함은 요르그암의 아버지이
며 레겜은 삼매를 낳았고 45 삼매의 아들은 마온이라 마온은 벧술의 아버지이며 46 갈렙의 소실 에바는 하란과
모사와 가세스를 낳고 하란은 가세스를 낳았으며 47 야대의 아들은 레겜과 요단과 게산과 벨렛과 에바와 사압
이며 48 갈렙의 소실 마아가는 세벨과 디르하나를 낳았고 49 또 맛만나의 아버지 사압을 낳았고 또 막베나와 기
브아의 아버지 스와를 낳았으며 갈렙의 딸은 악사더라 50 갈렙의 자손 곧 에브라다의 맏아들 훌의 아들은 이러
하니 기럇여아림의 아버지 소발과 51 베들레헴의 아버지 살마와 벧가델의 아버지 하렙이라 52 기럇여아림의 아
버지 소발의 자손은 하로에와 므누훗 사람의 절반이니 53 기럇여아림 족속들은 이델 종족과 붓 종족과 수맛 종
족과 미스라 종족이라 이로 말미암아 소라와 에스다올 두 종족이 나왔으며 54 살마의 자손들은 베들레헴과 느
도바 종족과 아다롯벳요압과 마나핫 종족의 절반과 소라 종족과 55 야베스에 살던 서기관 종족 곧 디랏 종족과
시므앗 종족과 수갓 종족이니 이는 다 레갑 가문의 조상 함맛에게서 나온 겐 종족이더라

역대상 3장

다윗 왕의 아들과 딸

1 다윗이 헤브론에서 낳은 아들들은 이러하니 맏아들은 암논이라 이스르엘 여인 아히노암의 소생이요 둘째는
다니엘이라 갈멜 여인 아비가일의 소생이요 2 셋째는 압살롬이라 그술 왕 달매의 딸 마아가의 아들이요 넷째는

아도니야라 학깃의 아들이요 3 다섯째는 스바댜라 아비달의 소생이요 여
섯째는 이드르암이라 다윗의 아내 에글라의 소생이니 4 이 여섯은 헤브
론에서 낳았더라 다윗이 거기서 칠 년 육 개월 다스렸고 또 예루살렘에서
삼십삼 년 다스렸으며 5 예루살렘에서 그가 낳은 아들들은 이러하니 시므
아와 소밥과 나단과 솔로몬 네 사람은 다 암미엘의 딸 밧수아의 소생이
요 6 또 입할과 엘리사마와 엘리벨렛과 7 노가와 네벡과 야비아와 8 엘리
사마와 엘랴다와 엘리벨렛 아홉 사람은 9 다 다윗의 아들이요 그들의 누
이는 다말이며 이 외에 또 소실의 아들이 있었더라

솔로몬 왕의 자손

10 솔로몬의 아들은 르호보암이요 그의 아들은 아비야요 그의 아들은 아
사요 그의 아들은 여호사밧이요 11 그의 아들은 요람이요 그의 아들은 아
하시야요 그의 아들은 요아스요 12 그의 아들은 아마샤요 그의 아들은 아
사랴요 그의 아들은 요담이요 13 그의 아들은 아하스요 그의 아들은 히스
기야요 그의 아들은 므낫세요 14 그의 아들은 아몬이요 그의 아들은 요시
야이며 15 요시야의 아들들은 맏아들 요하난과 둘째 여호야김과 셋째 시
드기야와 넷째 살룸이요 16 여호야김의 아들들은 그의 아들 여고냐, 그의
아들 시드기야요 17 사로잡혀 간 여고냐의 아들들은 그의 아들 스알디엘
과 18 말기람과 브다야와 세낫살과 여가먀와 호사마와 느다뱌요 19 브다
야의 아들들은 스룹바벨과 시므이요 스룹바벨의 아들은 므술람과 하나
냐와 그의 매제 슬로밋과 20 또 하수바와 오헬과 베레갸와 하사댜와 유
삽헤셋 다섯 사람이요 21 하나냐의 아들은 블라댜와 여사야요 또 르바야
의 아들 아르난의 아들들, 오바댜의 아들들, 스가냐의 아들들이니 22 스
가냐의 아들은 스마야요 스마야의 아들들은 핫두스와 이갈과 바리야와
느아랴와 사밧 여섯 사람이요 23 느아랴의 아들은 에료에내와 히스기야
와 아스리감 세 사람이요 24 에료에내의 아들들은 호다위야와 엘리아십
과 블라야와 악굽과 요하난과 들라야와 아나니 일곱 사람이더라

역대상 4장

61일~
66일

유다의 자손

1 유다의 아들들은 베레스와 헤스론과 갈미와 훌과 소발이라 2 소발의 아
들 르아야는 야핫을 낳고 야핫은 아후매와 라핫을 낳았으니 이는 소라
사람의 종족이며 3 에담 조상의 자손들은 이스르엘과 이스마와 잇바스와
그들의 매제 하술렐보니와 4 그돌의 아버지 브누엘과 후사의 아버지 에
셀이니 이는 다 베들레헴의 아버지 에브라다의 맏아들 훌의 소생이며 5
드고아의 아버지 아스훌의 두 아내는 헬라와 나아라라 6 나아라는 그에
게 아훗삼과 헤벨과 데므니와 하아하스다리를 낳아 주었으니 이는 나아
라의 소생이요 7 헬라의 아들들은 세렛과 이소할과 에드난이며 8 고스는
아눕과 소베바와 하룸의 아들 아하헬 종족들을 낳았으며 9 야베스는 그
의 형제보다 귀중한 자라 그의 어머니가 이름하여 이르되 야베스라 하였
으니 이는 내가 수고로이 낳았다 함이었더라 10 야베스가 이스라엘 하나

대상 3:1-9 다윗의 악한 자녀들

다윗은 이스라엘의 위대한 성군이었지만 그의 자녀들을 살펴보면 솔로몬을 제외하고는 하나같이 하나님 말씀에서 어긋나 범죄한 인물들이었다. 이는 분명 대외적인 일들로 인하여 가정을 돌아보지 못한 다윗의 가정 교육의 실패였다고 볼 수 있다. 그리고 여기서 그의 가정 교육의 실패로 인해 패역한 아들들이 이스라엘 사회에 미친 영향이 얼마나 컸던가를 생각할 때, 가정 교육의 중요성을 새삼 절감할 수 있다.

	특징
암논	근친상간 후 압살롬에게 죽임당함 (삼하 13장)
압살롬	반역을 꾀했으나 실패함 (삼하 13-19장)
다말	암논에 의해 강간당함 (삼하 13:14)
아도니아	스스로 왕이 되려다가 실패함 (왕상 1, 2장)

❖ 역대기 족보 묵상

영국의 극작가 죠지 버나드 쇼(G.B. Shaw)가 이런 말을 했다. "위대한 사람처럼 참으로 귀한 것은 없다. 그런데 그들의 위대함의 99%의 가능성을 당신도 가지고 있다."

대상 1장~9:34까지의 족보를 읽었다. 발음하기도 힘든 수많은 사람의 이름을 읽었다. 그들은 이제 역사의 뒤안길로 사라졌다. 그러나 그들의 이름은 이 성경에 기록되고 있다. 그들은 하나님 나라의 구속의 역사 사역에 쓰임 받으며 역할을 했던 사람들이다.

성경에는 하나님의 3권의 책이 나온다. "생명책", "행위책", "기념책"이다.

지금 당신의 이름은 어디에 기록되고 있다고 생각하는가? 99%의 가능성의 발휘를 위해 자기중심성 내려놓는 순종하는 삶을 사는 자의 이름은 어디에 기록될까?

그 기록됨을 위한 삶을 살아야 할 것이다.

대상 4:10 이 구절은 한때 베스트셀러가 된 "야베스의 기도"의 근거가 된 구절이다. 성경에는 이런 식의 구절이 많이 나온다. 그러나 그것들을 기복신앙을 합리화하는 근거 구절로 삼아버리면, 우리는 하나님을 복만 주시는 복주머니로 삼아버리는 꼴이 된다. "내게 복을 주시려거든 내 지경을 넓혀 주시고..."에서 나의 '지경'을 복의 지경이 아니고, 순종의 지경이 넓혀지도록 기도하는 것이 마땅하다.

당신 기도의 핵심은 무엇인가?

순종의 지경이 넓혀져 하나님의 뜻과 나라가 나를 통하여 확대되기를 기도하는가?

님께 아뢰어 이르되 주께서 내게 복을 주시려거든 나의 지역을 넓히시고
주의 손으로 나를 도우사 나로 환난을 벗어나 내게 근심이 없게 하옵소서
하였더니 하나님이 그가 구하는 것을 허락하셨더라

다른 족보

11 수하의 형 글룹이 므힐을 낳았으니 므힐은 에스돈의 아버지요 12 에스
돈은 베드라바와 바세아와 이르나하스의 아버지 드힌나를 낳았으니 이
는 다 레가 사람이며 13 그나스의 아들들은 옷니엘과 스라야요 옷니엘의
아들은 하닷이며 14 므오노대는 오브라를 낳고 스라야는 요압을 낳았으
니 요압은 게하라심의 조상이라 그들은 공장이었더라 15 여분네의 아들
갈렙의 자손은 이루와 엘라와 나암과 엘라의 자손과 그나스요 16 여할렐
렐의 아들은 십과 시바와 디리아와 아사렐이요 17 에스라의 아들들은 예
델과 메렛과 에벨과 얄론이며 메렛은 미리암과 삼매와 에스드모아의 조
상 이스바를 낳았으니 18 이는 메렛이 아내로 맞은 바로의 딸 비디아의
아들들이며 또 그의 아내 여후디야는 그돌의 조상 예렛과 소고의 조상
헤벨과 사노아의 조상 여구디엘을 낳았으며 19 나함의 누이인 호디야의
아내의 아들들은 가미 사람 그일라의 아버지와 마아가 사람 에스드모아
며 20 시몬의 아들들은 암논과 린나와 벤하난과 딜론이요 이시의 아들들
은 소헷과 벤소헷이더라 21 유다의 아들 셀라의 자손은 레가의 아버지 에
르와 마레사의 아버지 라아다와 세마포 짜는 자의 집 곧 아스베야의 집
종족과 22 또 요김과 고세바 사람들과 요아스와 모압을 다스리던 사랍과

야수비네헴이니 이는 다 옛 기록에
의존한 것이라 23 이 모든 사람은 토
기장이가 되어 수풀과 산울 가운데에
거주하는 자로서 거기서 왕과 함께
거주하면서 왕의 일을 하였더라

시므온의 자손

24 시므온의 아들들은 느무엘과 야민과 야립과 세라와 사울이요 25 사울
의 아들은 살룸이요 그의 아들은 밉삼이요 그의 아들은 미스마요 26 미스
마의 아들은 함무엘이요 그의 아들은 삭굴이요 그의 아들은 시므이라 27 시므이에게는 아들 열여섯과 딸 여섯
이 있으나 그의 형제에게는 자녀가 몇이 못되니 그들의 온 종족이 유다 자손처럼 번성하지 못하였더라 28 시므온
자손이 거주한 곳은 브엘세바와 몰라다와 하살수알과 29 빌하와 에셈과 돌랏과 30 브두엘과 호르마와 시글락과
31 벧말가봇과 하살수심과 벧비리와 사아라임이니 다윗 왕 때까지 이 모든 성읍이 그들에게 속하였으며 32 그들
이 사는 곳은 에담과 아인과 림몬과 도겐과 아산 다섯 성읍이요 33 또 모든 성읍 주위에 살던 주민들의 경계가
바알까지 다다랐으니 시므온 자손의 거주지가 이러하고 각기 계보가 있더라 34 또 메소밥과 야믈렉과 아마시야
의 아들 요사와 35 요엘과 아시엘의 증손 스라야의 손자 요시비야의 아들 예후와 36 또 엘료에내
와 야아고바와 여소하야와 아사야와 아디엘과 여시미엘과 브나야와 37 또 스마야의 오대 손 시
므리의 현손 여다야의 증손 알론의 손자 시비의 아들은 시사이니 38 여
기 기록된 것들은 그들의 종족과 그들의 가문의 지도자들의 이름이라
그들이 매우 번성한지라 39 그들이 그들의 양 떼를 위하여 목장을 구하
고자 하여 골짜기 동쪽 그돌 지경에 이르러 40 기름지고 아름다운 목장

대상 4:1-23 유다 지파의 주요 역사	
1	야곱으로부터 다른 형제들의 찬송 받을 것의 축복이 예언됨(창 49:8, 10)
2	시내 광야에서의 첫 번째 인구 조사에서 74,600명이 계수됨(민 1:26, 27)
3	광야에서 제일 선두로 행진함(민 2:3, 9, 10:14)
4	모압 평지에서의 두 번째 인구 조사에서 76,500명이 계수됨(민 26:22)
5	가나안 입성 전 언약 확증 당시 그리심산(축복의 산)에 섬(신 27:12)
6	모세로부터 하나님의 도우심으로 항상 승리할 것의 축복 받음(신 33:7)
7	유다 지파의 아간 때문에 이스라엘이 아이 성에서 패전함(수 7:1-12)
8	기업 분배시 가장 좋고 넓은 땅을 분배 받음(수 15:1-63)
9	예루살렘을 정복하고 스밧의 가나안 거민을 전멸시킴(삿 1:8-17)
10	사울이 암몬 족속을 치려고 출정할 때 30,000명이 자원함(삼상 11:8)
11	다윗에게 기름을 부어 그를 왕으로 삼음(삼하 2:4)
12	다른 지파들과 다윗 왕의 문제로 분쟁함(삼하 19:41-43)
13	세바의 반란 때 다윗 왕을 도움(삼하 20:1, 2)
14	왕국 분열 때 다윗의 집을 쫓음(왕상 12:20)
15	바벨론의 침략을 받아 포로로 잡혀감(왕하 24:1-20)
16	바벨론 포로 생활에서 유대 땅으로 귀환함(대하 36:22, 23)
17	오직 성소에서 하나님이 지정하신 방식대로만 진행됨(레 1:1-6:7)

61일~66일

을 발견하였는데 그 땅이 넓고 안정 되고 평안하니 이는 옛적부터 거기에 거주해 온 사람은 함의 자손인 까닭이
라 41 이 명단에 기록된 사람들이 유다 왕 히스기야 때에 가서 그들의 장막을 쳐서 무찌르고 거기에 있는 모우님
사람을 쳐서 진멸하고 대신하여 오늘까지 거기에 살고 있으니 이는 그들의 양 떼를 먹일 목장이 거기에 있음이며
42 또 시므온 자손 중에 오백 명이 이시의 아들 블라댜와 느아랴와 르바야와 웃시엘을 두목으로 삼고 세일 산으
로 가서 43 피신하여 살아남은 아말렉 사람을 치고 오늘까지 거기에 거주하고 있더라

역대상 5장

르우벤의 자손

1 이스라엘의 장자 르우벤의 아들들은 이러하니라 (르우벤은 장자라도 그의 아버지의 침상을 더럽혔으므로 장자의 명분이 이스
라엘의 아들 요셉의 자손에게로 돌아가서 족보에 장자의 명분대로 기록되지 못하였느니라 2 유다는 형제보다 뛰어나고 주권자가 유다에
게서 났으나 장자의 명분은 요셉에게 있으니라) 3 이스라엘의 장자 르우벤의 아들들은 하녹과 발루와 헤스론과 갈미요 4
요엘의 아들은 스마야요 그의 아들은 곡이요 그의 아들은 시므이요 5 그의 아들은 미가요 그의 아들은 르아야요
그의 아들은 바알이요 6 그의 아들은 브에라이니 그는 르우벤 자손의 지도자로서 앗수르 왕 디글랏빌레셀에게 사
로잡힌 자라 7 그의 형제가 종족과 계보대로 우두머리 된 자는 여이엘과 스가랴와 8 벨라니 벨라는 아사스의 아들
이요 세마의 손자요 요엘의 증손이라 그가 아로엘에 살면서 느보와 바알므온까지 다다랐고 9 또 동으로 가서 거
주하면서 유브라데 강에서부터 광야 지경까지 다다랐으니 이는 길르앗 땅에서 그 가축이 번식함이라 10 사울 왕
때에 그들이 하갈 사람과 더불어 싸워 손으로 쳐죽이고 길르앗 동쪽 온 땅에서 장막에 거주하였더라 11 <갓의 자
손> 갓 자손은 르우벤 사람을 마주 대하여 바산 땅에 거주하면서 살르가까지 다다랐으니 12 우두머리는 요엘이요
다음은 사밤이요 또 야내와 바산에 산 사밧이요 13 그 조상의 가문의 형제들은 미가엘과 므술람과 세바와 요래와
야간과 시아와 에벨 일곱 명이니 14 이는 다 아비하일의 아들들이라 아비하일은 후리의 아들이요 야로아의 손자
요 길르앗의 증손이요 미가엘의 현손이요 여시새의 오대 손이요 야도의 육대 손이요 부스의 칠대 손이며 15 또 구
니의 손자 압디엘의 아들 아히가 우두머리가 되었고 16 그들이 바산길르앗과 그 마을과 사론의 모든 들에 거주하
여 그 사방 변두리에 다다랐더라 17 이상은 유다 왕 요담 때와 이스라엘 왕 여로보암 때에 족보에 기록되었더라

므낫세 반 지파의 용사

18 르우벤 자손과 갓 사람과 므낫세 반 지파에서 나가 싸울 만한 용사 곧 능히 방패와 칼을 들며 활을 당겨 싸움
에 익숙한 자는 사만 사천칠백육십 명이라 19 그들이 하갈 사람과 여두르와 나비스와 노답과 싸우는 중에 20 도
우심을 입었으므로 하갈 사람과 그들과 함께 있는 자들이 다 그들의 손
에 패하였으니 이는 그들이 싸울 때에 하나님께 의뢰하고 부르짖으므로
하나님이 그들에게 응답하셨음이라 21 그들이 대적의 짐승 곧 낙타 오만
마리와 양 이십오만 마리와 나귀 이천 마리를 빼앗으며 사람 십만 명을
사로잡았고 22 죽임을 당한 자가 많았으니 이 싸움이 하나님께로 말미암
았음이라 그들이 그들의 땅에 거주하여 사로잡힐 때까지 이르렀더라

므낫세 반 지파의 자손들

23 므낫세 반 지파 자손들이 그 땅에 거주하면서 그들이 번성하여 바산에
서부터 바알헤 르몬과 스닐과 헤르몬 산까지 다다랐으며 24 그들의 족장
은 에벨과 이시와 엘리엘과 아스리엘과 예레미야와 호다위야와 야디엘
이며 다 용감하고 유명한 족장이었더라

므낫세 반 지파의 추방

25 그들이 그들의 조상들의 하나님께 범죄하여 하나님이 그들 앞에서 멸
하신 그 땅 백성의 신들을 간음하듯 섬긴지라 26 그러므로 이스라엘 하나

대상 5:25, 26 북이스라엘 세 지파의 유배지

님이 앗수르 왕 불의 마음을 일으키시며 앗수르 왕 디글랏 빌레셀의 마음을 일으키시매 곧 르우벤과 갓과 므낫
세 반 지파를 사로잡아 할라와 하볼과 하라와 고산 강 가에 옮긴지라 그들이 오늘까지 거기에 있으니라

역대상 6장

레위의 가계

1 레위의 아들들은 게르손과 그핫과 므라리요 2 그핫의 아들들은 아므람과 이스할과 헤브론과 웃시엘이요 3 아
므람의 자녀는 아론과 모세와 미리암이요 아론의 자녀는 나답과 아비후와 엘르아살과 이다말이며 4 엘르아살은
비느하스를 낳고 비느하스는 아비수아를 낳고 5 아비수아는 북기를 낳고 북기는 웃시를 낳고 6 웃시는 스라히야
를 낳고 스라히야는 므라욧을 낳고 7 므라욧은 아마랴를 낳고 아마랴는 아히둡을 낳고 8 아히둡은 사독을 낳고
사독은 아히마아스를 낳고 9 아히마아스는 아사랴를 낳고 아사랴는 요하난을 낳고 10 요하난은 아사랴를 낳았
으니 이 아사랴는 솔로몬이 예루살렘에 세운 성전에서 제사장의 직분을 행한 자이며 11 아사랴는 아마랴를 낳고
아마랴는 아히둡을 낳고 12 아히둡은 사독을 낳고 사독은 살룸을 낳고 13 살룸은 힐기야를 낳고 힐기야는 아사
랴를 낳고 14 아사랴는 스라야를 낳고 스라야는 여호사닥을 낳았으며 15 여호와께서 느부갓네살의 손으로 유다
와 예루살렘 백성을 옮기실 때에 여호사닥도 가니라

레위의 자손

16 레위의 아들들은 게르손과 그핫과 므라리이며 17 게르손의 아들들의 이름은 이러하니 립니와 시므이요 18 그
핫의 아들들은 아므람과 이스할과 헤브론과 웃시엘이요 19 므라리의 아들들은 말리와 무시라 그 조상에 따라
레위의 종족은 이러하니 20 게르손에게서 난 자는 곧 그의 아들 립니요 그의 아들은 야핫이요 그의 아들은 심마
요 21 그의 아들은 요아요 그의 아들은 잇도요 그의 아들은 세라요 그의 아들은 여아드래이며 22 그핫에게서 난
자는 곧 그 아들은 암미나답이요 그의 아들은 고라요 그의 아들은 앗실이요 23 그의 아들은 엘가나요 그의 아들
은 에비아삽이요 그의 아들은 앗실이요 24 그의 아들은 다핫이요 그의 아들은 우리엘이요 그의 아들은 웃시야요
그의 아들은 사울이라 25 엘가나의 아들들은 아마새와 아히못이라 26 엘가나로 말하면 그의 자손은 이러하니 그
의 아들은 소배요 그의 아들은 나핫이요 27 그의 아들은 엘리압이요 그의 아들은 여로함이요 그의 아들은 엘가
나라 28 사무엘의 아들들은 맏아들 요엘이요 다음은 아비야라 29 므라리에게서 난 자는 말리요 그의 아들은 립
니요 그의 아들은 시므이요 그의 아들은 웃사요 30 그의 아들은 시므아요
그의 아들은 학기야요 그의 아들은 아사야더라

회막 앞에서 찬송하는 사람들

31 언약궤가 평안을 얻었을 때에 다윗이 여호와의 성전에서 찬송하는 직
분을 맡긴 자들은 아래와 같았더라 32 솔로몬이 예루살렘에서 여호와의
성전을 세울 때까지 그들이 회막 앞에서 찬송하는 일을 행하되 그 계열대
로 직무를 행하였더라 33 직무를 행하는 자와 그의 아들들은 이러하니 그
핫의 자손 중에 헤만은 찬송하는 자라 그는 요엘의 아들이요 요엘은 사
무엘의 아들이요 34 사무엘은 엘가나의 아들이요 엘가나는 여로함의 아
들이요 여로함은 엘리엘의 아들이요 엘리엘은 도아의 아들이요 35 도아
는 숩의 아들이요 숩은 엘가나의 아들이요 엘가나는 마핫의 아들이요 마
핫은 아마새의 아들이요 36 아마새는 엘가나의 아들이요 엘가나는 요엘
의 아들이요 요엘은 아사랴의 아들이요 아사랴는 스바냐의 아들이요 37
스바냐는 다핫의 아들이요 다핫은 앗실의 아들이요 앗실은 에비아삽의
아들이요 에비아삽은 고라의 아들이요 38 고라는 이스할의 아들이요 이
스할은 그핫의 아들이요 그핫은 레위의 아들이요 레위는 이스라엘의 아

대상 6:27-28
학습 자료 61-4
"사무엘의 출신 지파" 참조

대상 6:31-48 찬송의 7대 능력	
1	마음을 치료하고 평안을 줌 (삼상 16:23, 시 22:16)
2	하나님의 도움을 얻게 함 (대하 20:22, 행 16:25, 26)
3	고난을 이길 힘을 줌(욥 35:10, 벧전 1:3,7)
4	회개하고 주를 의지하게 함(시 40:3)
5	두려움이 사라지게 함(시 56:4, 행 16:25)
6	마음이 즐거워지게 함(시 105:2, 3)
7	영원히 수치를 당하지 않게 함(욜 2:26)

대상 6:31-48
학습 자료 61-5
"찬양대(성가대)의 역사" 참조

들이라 39 헤만의 형제 아삽은 헤만의 오른쪽에서 직무를 행하였으니 그는 베레갸의 아들이요 베레갸는 시므아
의 아들이요 40 시므아는 미가엘의 아들이요 미가엘은 바아세야의 아들이요 바아세야는 말기야의 아들이요 41
말기야는 에드니의 아들이요 에드니는 세라의 아들이요 세라는 아다야의 아들이요 42 아다야는 에단의 아들이
요 에단은 심마의 아들이요 심마는 시므이의 아들이요 43 시므이는 야핫의 아들이요 야핫은 게르손의 아들이요
게르손은 레위의 아들이며 44 그들의 형제 므라리의 자손 중 그의 왼쪽에서 직무를 행하는 자는 에단이라 에단
은 기시의 아들이요 기시는 압디의 아들이요 압디는 말룩의 아들이요 45 말룩은 하사뱌의 아들이요 하사뱌는 아
마시야의 아들이요 아마시야는 힐기야의 아들이요 46 힐기야는 암시의 아들이요 암시는 바니의 아들이요 바니
는 세멜의 아들이요 47 세멜은 말리의 아들이요 말리는 무시의 아들이요 무시는 므라리의 아들이요 므라리는 레
위의 아들이며 48 그들의 형제 레위 사람들은 하나님의 집 장막의 모든 일을 맡았더라

아론의 자손

49 아론과 그의 자손들은 번제단과 향단 위에 분향하며 제사를 드리며 지성소의 모든 일을 하여 하나님의 종 모
세의 모든 명령대로 이스라엘을 위하여 속죄하니 50 아론의 자손들은 이러하니라 그의 아들은 엘르아살이요 그
의 아들은 비느하스요 그의 아들은 아비수아요 51 그의 아들은 북기요 그의 아들은 웃시요 그의 아들은 스라히
야요 52 그의 아들은 므라욧이요 그의 아들은 아마랴요 그의 아들은 아히둡이요 53 그의 아들은 사독이요 그의
아들은 아히마아스이더라

레위 사람의 정착지

54 그들의 거주한 곳은 사방 지계 안에 있으니 그들의 마을은 아래와 같
으니라 아론 자손 곧 그핫 종족이 먼저 제비 뽑았으므로 55 그들에게 유
다 땅의 헤브론과 그 사방 초원을 주었고 56 그러나 그 성의 밭과 마을은
여분네의 아들 갈렙에게 주었으며 57 아론 자손에게 도피성을 주었으니
헤브론과 립나와 그 초원과 얏딜과 에스드모아와 그 초원과 58 힐렌과 그
초원과 드빌과 그 초원과 59 아산과 그 초원과 벧세메스와 그 초원이며
60 또 베냐민 지파 중에서는 게바와 그 초원과 알레멧과 그 초원과 아나
돗과 그 초원을 주었으니 그들의 종족이 얻은 성이 모두 열셋이었더라 61
그핫 자손의 남은 자에게는 절반 지파 즉 므낫세 반 지파 종족 중에서 제
비 뽑아 열 성읍을 주었고 62 게르손 자손에게는 그들의 종족대로 잇사갈
지파와 아셀 지파와 납달리 지파와 바산에 있는 므낫세 지파 중에서 열세
성읍을 주었고 63 므라리 자손에게는 그 종족대로 르우벤 지파와 갓 지파
와 스불론 지파 중에서 제비 뽑아 열두 성읍을 주었더라 64 이스라엘 자
손이 이 모든 성읍과 그 목초지를 레위 자손에게 주되 65 유다 자손의 지
파와 시므온 자손의 지파와 베냐민 자손의 지파 중에서 이 위에 기록한
여러 성읍을 제비 뽑아 주었더라 66 그핫 자손의 몇 종족은 에브라임 지
파 중에서 성읍을 얻어 영토를 삼았으며 67 또 그들에게 도피성을 주었으
니 에브라임 산중 세겜과 그 초원과 게셀과 그 초원과 68 욕므암과 그 초
원과 벧호론과 그 초원과 69 아얄론과 그 초원과 가드림몬과 그 초원이며
70 또 그핫 자손의 남은 종족에게는 므낫세 반 지파 중에서 아넬과 그 초원과 빌르암과 그 초원을 주었더라 71
게르손 자손에게는 므낫세 반 지파 종족 중에서 바산의 골란과 그 초원과 아스다롯과 그 초원을 주고 72 또 잇
사갈 지파 중에서 게데스와 그 초원과 다브랏과 그 초원과 73 라못과 그 초원과 아넴과 그 초원을 주고 74 아셀
지파 중에서 마살과 그 초원과 압돈과 그 초원과 75 후곡과 그 초원과 르홉과 그 초원을 주고 76 납달리 지파 중
에서 갈릴리의 게데스와 그 초원과 함몬과 그 초원과 기랴다임과 그 초원을 주니라 77 므라리 자손의 남은 자에

대상 6:54-81 레위인의 분깃

본문에는 가나안 기업을 분배할 때 레위인들이 각 가문별로 이스라엘 각 지파에게서 기업을 분배받은 사실이 기록되고 있다. 이같이 레위인들이 다른 지파들과 동일하게 가나안 땅의 한 곳을 기업으로 분배받지 못하고 각 지파의 기업 가운데 분산하여 거주하게 된 것은 그들의 독특한 종교적 직무들을 수행하기 위해서이다. 한편 가나안 땅의 한 곳을 기업으로 분배받지 않은 대신에 레위인들의 생계 유지를 위하여 또 종교적 직무에 전념하도록 레위인에게 다음의 분깃이 주어졌다.

1	레위인들에게는 따로 기업이 분배되지 않음(신 10:9, 수 13:14, 33)
2	각 지파에게서 성읍과 들을 배당 받음(민 35:2, 8, 대상 6:54-81)
3	가족별로 성읍들을 배당받음(수 21:4-40)
4	레위인의 가옥과 들은 상속에 의해 물려받음(레 25:32-34)
5	백성들의 십일조와 그 외의 제물들을 받음(민 18:26-32, 신 12:17-19)
6	백성들의 소산의 첫 열매들을 받음(느 12:44, 47)
7	전쟁 노획물과 포로들 중 절반을 받음(민 31:30, 42-47)

게는 스불론 지파 중에서 림모노와 그 초원과 다볼과 그 초원을 주었고 78 또 요단 건너 동쪽 곧 여리고 맞은편
르우벤 지파 중에서 광야의 베셀과 그 초원과 야사와 그 초원과 79 그데못과 그 초원과 메바앗과 그 초원을 주
었고 80 또 갓 지파 중에서 길르앗의 라못과 그 초원과 마하나임과 그 초원과 81 헤스본과 그 초원과 야셀과 그
초원을 주었더라

역대상 7장

잇사갈의 자손

1 잇사갈의 아들들은 돌라와 부아와 야숩과 시므론 네 사람이며 2 돌라의 아들들은 웃시와 르바야와 여리엘과
야매와 입삼과 스므엘이니 다 그의 아버지 돌라의 집 우두머리라 대대로 용사이더니 다윗 때에 이르러는 그 수
효가 이만 이천육백 명이었더라 3 웃시의 아들은 이스라히야요 이스라히야의 아들들은 미가엘과 오바댜와 요엘
과 잇시야 다섯 사람이 모두 우두머리며 4 그들과 함께 있는 자는 그 계보와 종족대로 능히 출전할 만한 군대가
삼만 육천 명이니 이는 그 처자가 많기 때문이며 5 그의 형제 잇사갈의 모든 종족은 다 용감한 장사라 그 전체를
계수하면 팔만 칠천 명이었더라

베냐민의 자손

6 베냐민의 아들들은 벨라와 베겔과 여디아엘 세 사람이며 7 벨라의 아들들은 에스본과 우시와 웃시엘과 여리못
과 이리 다섯 사람이니 다 그 집의 우두머리요 큰 용사라 그 계보대로 계수하면 이만 이천삼십사 명이며 8 베겔
의 아들들은 스미라와 요아스와 엘리에셀과 엘료에내와 오므리와 여레못과 아비야와 아나돗과 알레멧이니 베
겔의 아들들은 모두 이러하며 9 그들은 다 그 집의 우두머리요 용감한 장사라 그 자손을 계보에 의해 계수하면
이만 이백 명이며 10 여디아엘의 아들은 빌한이요 빌한의 아들들은 여우스와 베냐민과 에훗과 그나아나와 세단
과 다시스와 아히사할이니 11 이 여디아엘의 아들들은 모두 그 집의 우두머리요 큰 용사라 그들의 자손 중에 능
히 출전할 만한 자가 만 칠천이백 명이며 12 일의 아들은 숩빔과 훕빔이요 아헬의 아들은 후심이더라

납달리의 자손

13 납달리의 아들들은 야시엘과 구니와 예셀과 살룸이니 이는 빌하의 손자더라

므낫세의 자손

14 므낫세의 아들들은 그의 아내가 낳아 준 아스리엘과 그의 소실 아람 여인이 낳아 준 길르앗의 아버지 마길이
니 15 마길은 훕빔과 숩빔의 누이 마아가라 하는 이에게 장가 들었더라 므낫세의 둘째 아들의 이름은 슬로브핫
이니 슬로브핫은 딸들만 낳았으며 16 마길의 아내 마아가는 아들을 낳아 그의 이름을 베레스라 하였으며 그의
아우의 이름은 세레스이며 세레스의 아들들은 울람과 라겜이요 17 울람의 아들들은 브단이니 이는 다 길르앗의
자손이라 길르앗은 마길의 아들이요 므낫세의 손자이며 18 그의 누이 함몰레겟은 이스훗과 아비에셀과 말라를
낳았고 19 스미다의 아들들은 아히안과 세겜과 릭히와 아니암이더라

에브라임의 자손

20 에브라임의 아들은 수델라요 그의 아들은 베렛이요 그의 아들은 다핫이요 그의 아들은 엘르아다요 그의 아
들은 다핫이요 21 그의 아들은 사밧이요 그의 아들은 수델라며 그가 또 에셀과 엘르앗을 낳았으나 그들이 가드
원주민에게 죽임을 당하였으니 이는 그들이 내려가서 가드 사람의 짐승을 빼앗고자 하였음이라 22 그의 아버지
에브라임이 여러 날 슬퍼하므로 그의 형제가 가서 위로하였더라 23 그리고 에브라임이 그의 아내와 동침하매 임
신하여 아들을 낳으니 그 집이 재앙을 받았으므로 그의 이름을 브리아라 하였더라 24 에브라임의 딸은 세에라이
니 그가 아래 윗 성 벧호론과 우센세에라를 건설하였더라 25 브리아의 아들들은 레바와 레셉이요 레셉의 아들은
델라요 그의 아들은 다한이요 26 그의 아들은 라단이요 그의 아들은 암미훗이요 그의 아들은 엘리사마요 27 그
의 아들은 눈이요 그의 아들은 여호수아더라 28 에브라임 자손의 토지와 거주지는 벧엘과 그 주변 마을이요 동
쪽으로는 나아란이요 서쪽에는 게셀과 그 주변 마을이며 또 세겜과 그 주변 마을이니 아사와 그 주변 마을까지

이며 29 또 므낫세 자손의 지계에 가까운 벧스안과 그 주변 마을과 다아낙과 그 주변 마을과 므깃도와 그 주변
마을과 돌과 그 주변 마을이라 이스라엘의 아들 요셉의 자손이 이 여러 곳에 거하였더라

아셀의 자손

30 아셀의 아들들은 임나와 이스와와 이스위와 브리아요 그들의 매제는 세라이며 31 브리아의 아들들은 헤벨
과 말기엘이니 말기엘은 비르사잇의 아버지이며 32 헤벨은 야블렛과 소멜과 호담과 그들의 매제 수아를 낳았
으며 33 야블렛의 아들들은 바삭과 빔할과 아스왓이니 야블렛의 아들은 이러하며 34 소멜의 아들들은 아히와
로가와 호바와 아람이요 35 그의 아우 헬렘의 아들들은 소바와 임나와 셀레스와 아말이요 36 소바의 아들들은
수아와 하르네벨과 수알과 베리와 이므라와 37 베셀과 홋과 사마와 실사와 이드란과 브에라요 38 예델의 아들
들은 여분네와 비스바와 아라요 39 울라의 아들들은 아라와 한니엘과 리시아이니 40 이는 다 아셀의 자손으로
우두머리요 정선된 용감한 장사요 방백의 우두머리라 출전할 만한 자를 그들의 계보대로 계수하면 이만 육천
명이었더라

역대상 8장

베냐민의 자손

1 베냐민이 낳은 자는 맏아들 벨라와 둘째 아스벨과 셋째 아하라와 2 넷째 노하와 다섯째 라바이며 3 벨라에게
아들들이 있으니 곧 앗달과 게라와 아비훗과 4 아비수아와 나아만과 아호아와 5 게라와 스부반과 후람이라 6 에
훗의 아들들은 이러하니라 그들은 게바 주민의 우두머리로서, 사로잡혀 마나핫으로 갔으니 7 곧 나아만과 아히
야와 게라이며 게라는 또 웃사와 아히훗을 낳았으며 8 사하라임은 두 아내 후심과 바아라를 내 보낸 후에 모압
땅에서 자녀를 낳았으니 9 그의 아내 호데스에게서 낳은 자는 요밥과 시비야와 메사와 말감과 10 여우스와 사갸
와 미르마이니 이 아들들은 우두머리이며 11 또 그의 아내 후심에게서 아비둡과 엘바알을 낳았으며 12 엘바알의
아들들은 에벨과 미삼과 세멧이니 그는 오노와 롯과 그 주변 마을들을 세웠고 13 또 브리아와 세마이니 그들은
아얄론 주민의 우두머리가 되어 그들이 가드 주민을 쫓아냈더라 14 아히요와 사삭과 여레못과 15 스바댜와 아랏
과 에델과 16 미가엘과 이스바와 요하는 다 브리아의 아들들이요 17 스바댜와 므술람과 히스기와 헤벨과 18 이스
므래와 이슬리아와 요밥은 다 엘바알의 아들들이요 19 야김과 시그리와 삽디와 20 엘리에내와 실르대와 엘리엘
과 21 아다야와 브라야와 시므랏은 다 시므이의 아들들이요 22 이스반과 에벨과 엘리엘과 23 압돈과 시그리와 하
난과 24 하나냐와 엘람과 안도디야와 25 이브드야와 브누엘은 다 사삭의 아들들이요 26 삼스래와 스하랴와 아달
랴와 27 야아레시야와 엘리야와 시그리는 다 여로함의 아들들이니 28 그들은 다 가문의 우두머리이며 그들의 족
보의 우두머리로서 예루살렘에 거주하였더라

기브온과 예루살렘의 베냐민 사람들

29 기브온의 조상 여이엘은 기브온에 거주하였으니 그 아내의 이름은 마아가며 30 장자는 압돈이요 다음은 술과
기스와 바알과 나답과 31 그돌과 아히오와 세겔이며 32 미글롯은 시므아를 낳았으며 그들은 친족들과 더불어 마
주하고 예루살렘에 거주하였더라 33 넬은 기스를 낳고 기스는 사울을 낳고 사울은 요나단과 말기수아와 아비나
답과 에스바알을 낳았으며 34 요나단의 아들은 므립바알이라 므립바알은 미가를 낳았고 35 미가의 아들들은 비
돈과 멜렉과 다레아와 아하스이며 36 아하스는 여호앗다를 낳고 여호앗다는 알레멧과 아스마웻과 시므리를
낳고 시므리는 모사를 낳고 37 모사는 비느아를 낳았으며 비느아의 아들은 라바요 그의 아들은 엘르아사요 그
의 아들은 아셀이며 38 아셀에게 여섯 아들이 있어 그들의 이름은 이러하니 아스리감과 보그루와 이스마엘과 스
아랴와 오바댜와 하난이라 아셀의 모든 아들이 이러하며 39 그의 아우 에섹의 아들들은 이러하니 그의 맏아들은
울람이요 둘째는 여우스요 셋째는 엘리벨렛이며 40 울람의 아들들은 다 용감한 장사요 활을 잘 쏘는 자라 아들과
손자가 많아 모두 백오십 명이었더라 베냐민의 자손들은 이러하였더라

역대상 9:1-34

포로 생활에서 돌아온 백성

1 온 이스라엘이 그 계보대로 계수되어 그들은 이스라엘 왕조실록에 기록
되니라 유다가 범죄함으로 말미암아 바벨론으로 사로잡혀 갔더니 2 그들
의 땅 안에 있는 성읍에 처음으로 거주한 이스라엘 사람들은 제사장들과
레위 사람들과 느디님 사람들이라 3 유다 자손과 베냐민 자손과 에브라
임과 므낫세 자손 중에서 예루살렘에 거주한 자는 4 유다의 아들 베레스
자손 중에 우대이니 그는 암미훗의 아들이요 오므리의 손자요 이므리의
증손이요 바니의 현손이며 5 실로 사람 중에서는 맏아들 아사야와 그의
아들들이요 6 세라 자손 중에서는 여우엘과 그 형제 육백구십 명이요 7 베
냐민 자손 중에서는 핫스누아의 증손 호다위아의 손자 므술람의 아들 살
루요 8 여로함의 아들 이브느야와 미그리의 손자 웃시의 아들 엘라요 이
브니야의 증손 르우엘의 손자 스바댜의 아들 무술람이요 9 또 그의 형제
들이라 그들의 계보대로 계수하면 구백오십육 명이니 다 종족의 가문의
우두머리들이더라

예루살렘에 정착한 제사장들

10 제사장 중에서는 여다야와 여호야립과 야긴과 11 하나님의 성전을 맡
은 자 아사랴이니 그는 힐기야의 아들이요 므술람의 손자요 사독의 증손
이요 므라욧의 현손이요 아히둡의 오대손이며 12 또 아다야이니 그는 여로함의 아들이요 바스훌의 손자요 말기
야의 증손이며 또 마아새니 그는 아디엘의 아들이요 야세라의 손자요 므술람의 증손이요 므실레밋의 현손이요
임멜의 오대손이며 13 또 그의 형제들이니 종족의 가문의 우두머리라 하나님의 성전의 임무를 수행할 힘있는 자
는 모두 천칠백육십 명이더라

예루살렘에 정착한 레위 사람들

14 레위 사람 중에서는 므라리 자손 스마야이니 그는 핫숩의 아들이요 아스리감의 손자요 하사뱌의 증손이며 15
또 박박갈과 헤레스와 갈랄과 맛다냐이니 그는 미가의 아들이요 시그리의 손자요 아삽의 증손이며 16 또 오바
댜이니 그는 스마야의 아들이요 갈랄의 손자요 여두둔의 증손이며 또 베레갸이니 그는 아사의 아들이요 엘가나
의 손자라 느도바 사람의 마을에 거주하였더라

예루살렘에 정착한 회막 문지기

17 문지기는 살룸과 악굽과 달몬과 아히만과 그의 형제들이니 살룸은 그 우두머리라 18 이 사람들은 전에 왕의
문 동쪽 곧 레위 자손의 진영의 문지기이며 19 고라의 증손 에비아삽의 손자 고레의 아들 살룸과 그의 종족 형제
곧 고라의 자손이 수종 드는 일을 맡아 성막 문들을 지켰으니 그들의 조상들도 여호와의 진영을 맡고 출입문을
지켰으며 20 여호와께서 함께 하신 엘르아살의 아들 비느하스가 옛적에 그의 무리를 거느렸고 21 므셀레먀의 아
들 스가랴는 회막 문지기가 되었더라 22 택함을 입어 문지기 된 자가 모두 이백열두 명이니 이는 그들의 마을에
서 그들의 계보대로 계수된 자요 다윗과 선견자 사무엘이 전에 세워서 이 직분을 맡긴 자라 23 그들과 그들의 자
손이 그 순차를 좇아 여호와의 성전 곧 성막 문을 지켰는데 24 이 문지기가 동, 서, 남, 북 사방에 섰고 25 그들의
마을에 있는 형제들은 이레마다 와서 그들과 함께 있으니 26 이는 문지기의 우두머리 된 레위 사람 넷이 중요한
직분을 맡아 하나님의 성전 모든 방과 곳간을 지켰음이라 27 그들은 하나님의 성전을 맡은 직분이 있으므로 성전
주위에서 밤을 지내며 아침마다 문을 여는 책임이 그들에게 있었더라

나머지 레위 사람들

28 그 중에 어떤 자는 섬기는 데 쓰는 기구를 맡아서 그 수효대로 들여가고 수효대로 내오며 29 또 어떤 자는 성

대상 9:1-44 족보를 통한 교훈

인간이 한 집단을 이루고 사는 곳이면 어디나 족보가 있기 마련이다. 인간이 이렇게 족보를 기록하는 것은 현실적인 의미에서는 자기 가문의 위세와 영광을 나타냄으로써 사회적인 지위의 발판을 삼고자 하는 것이지만 보다 궁극적인 의미에서는 자신의 뿌리에 대한 관심, 또는 자신의 후손을 번성코자 하는 본능적 소망, 또 자신의 존재를 역사 속에 영구히 남기고자 하는 욕망 등의 표출이라고 볼 수 있다. 이에 족보가 우리에게 주는 의미가 실로 큰 바 족보를 통한 교훈을 살펴보면 다음과 같다.

1	자기 뿌리에 대한 관심을 갖게 함
2	가족의 일체감을 느끼게 함
3	선조의 훌륭한 성품, 생애를 본받게 함
4	자신도 언젠가 죽을 것임을 자각하게 함
5	일시적 세상 부귀의 헛됨을 깨닫게 함
6	인생을 겸허히 살아야 함을 자각하게 함
7	인류의 조상은 하나임을 알게 함
8	인간의 유한성을 깨닫게 함
9	무한하신 하나님을 의지하게 함
10	역사에 대한 주님의 주권을 인정하게 함

소의 기구와 모든 그릇과 고운 가루와 포도주와 기름과 유향과 향품을 맡았으며 [30] 또 제사장의 아들 중의 어떤
자는 향품으로 향기름을 만들었으며 [31] 고라 자손 살룸의 맏아들 맛디댜라 하는 레위 사람은 전병을 굽는 일을
맡았으며 [32] 또 그의 형제 그핫 자손 중에 어떤 자는 진설하는 떡을 맡아 안식일마다 준비하였더라 [33] 또 찬송하
는 자가 있으니 곧 레위 우두머리라 그들은 골방에 거주하면서 주야로 자기 직분에 전념하므로 다른 일은 하지
아니하였더라 [34] 그들은 다 레위 가문의 우두머리이며 그들의 족보의 우두머리로서 예루살렘에 거주하였더라

에스더 1장~2장

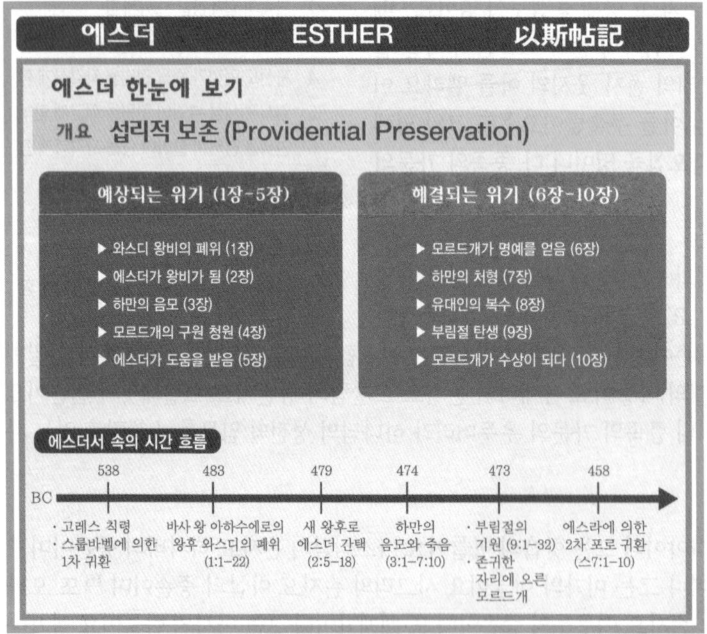

❖ **귀환 시대 역사서의 특징**
에스라 : 회복의 책(Restoration)
느헤미야 : 재건의 책(Reconstruction)
에스더 : 보존의 책(Preservation)

❖ **에스더서 개요**
에스더는 바사 왕 아하수에로(Xerxes, 485-464년) 당시 왕후로 있었던 인물이다. 이 당시는 B.C. 586년 바벨론 왕 느부갓네살에 의해 예루살렘이 함락된 지 약 100여 년이 지난 때이며 B.C. 538년 스룹바벨에 의한 제1차 바벨론 포로 귀환이 있은 지 약 60여년이 지난 때이다. 바사 제국은 아하수에로의 통치하에 지중해 지역에서 경제적, 정치적으로 극도의 번영을 누리고 있었다. 이러한 번영된 바사 제국 아래에서 많은 이스라엘 포로는 고국으로 돌아갈 것을 희망하기는커녕, 하나님의 선민으로서의 의식도 거의 상실한 채 일신(一身)의 안일만을 도모하며 안주하고 있었다. 이러한 때에 뜻밖에 하만에 의해 온 유대 백성들이 멸절 위기에 직면하게 되었고, 이에 왕후로 있던 에스더의 활약으로 그 위기에서 구출되는 위대한 구원 사건을 체험하게 된다. 이를 계기로 유대 백성들은 자신들이 하나님의 선민임을 새삼 인식하게 되었고, 또 하나님이 이방 지역에서도 당신의 백성들을 보호 인도하고 계심을 체험하게 되었다.

에스더 1장

와스디 왕후가 폐위되다

에 1:3-8
학습 자료 61-6
"아하수에로 왕 연회의 역사적 배경" 참조

[1] 이 일은 아하수에로 왕 때에 있었던 일이니 아하수에로는 인도로부터 구
스까지 백이십칠 지방을 다스리는 왕이라 [2] 당시에 아하수에로 왕이 수산
궁에서 즉위하고 [3] 왕위에 있은 지 제삼년에 그의 모든 지방관과 신하들
을 위하여 잔치를 베푸니 바사와 메대의 장수와 각 지방의 귀족과 지방관들이 다 왕 앞에 있는지라 [4] 왕이 여러 날
곧 백팔십 일 동안에 그의 영화로운 나라의 부함과 위엄의 혁혁함을 나타내니라 [5] 이 날이 지나매 왕이 또 도성 수
산에 있는 귀천간의 백성을 위하여 왕궁 후원 뜰에서 칠 일 동안 잔치를 베풀새 [6] 백색, 녹색, 청색 휘장을 자색 가
는 베 줄로 대리석 기둥 은고리에 매고 금과 은으로 만든 걸상을 화반석, 백석, 운모석, 흑석을 깐 땅에 진설하고 [7]
금잔으로 마시게 하니 잔의 모양이 각기 다르고 왕이 풍부하였으므로 어주가 한이 없으며 [8] 마시는 것도 법도가
있어 사람으로 억지로 하지 않게 하니 이는 왕이 모든 궁내 관리에게 명령하여 각 사람이 마음대로 하게 함이더
라 [9] 왕후 와스디도 아하수에로 왕궁에서 여인들을 위하여 잔치를 베푸니라 [10] 제칠일에 왕이 주흥이 일어나서 어
전 내시 므후만과 비스다와 하르보나와 빅다와 아박다와 세달과 가르가스 일곱 사람을 명령하여 [11] 왕후 와스디

를 청하여 왕후의 관을 정제하고 왕 앞으로 나아오게 하여 그의 아리따움
을 뭇 백성과 지방관들에게 보이게 하라 하니 이는 왕후의 용모가 보기에
좋음이라 12 그러나 왕후 와스디는 내시가 전하는 왕명을 따르기를 싫어하
니 왕이 진노하여 마음속이 불 붙는 듯하더라 13 왕이 사례를 아는 현자들
에게 묻되 (왕이 규례와 법률을 아는 자에게 묻는 전례가 있는데 14 그 때에 왕에게 가까
이 하여 왕의 기색을 살피며 나라 첫 자리에 앉은 자는 바사와 메대의 일곱 지방관 곧 가르
스나와 세달과 아드마다와 다시스와 메레스와 마르스나와 므무간이라) 15 왕후 와스디
가 내시가 전하는 아하수에로 왕의 명령을 따르지 아니하니 규례대로 하
면 어떻게 처치할까 16 므무간이 왕과 지방관 앞에서 대답하여 이르되 왕
후 와스디가 왕에게만 잘못했을 뿐 아니라 아하수에로 왕의 각 지방의 관
리들과 뭇 백성에게도 잘못하였나이다 17 아하수에로 왕이 명령하여 왕후
와스디를 청하여도 오지 아니하였다 하는 왕후의 행위의 소문이 모든 여
인들에게 전파되면 그들도 그들의 남편을 멸시할 것인즉 18 오늘이라도 바
사와 메대의 귀부인들이 왕후의 행위를 듣고 왕의 모든 지방관들에게 그
렇게 말하리니 멸시와 분노가 많이 일어나리이다 19 왕이 만일 좋게 여기실
진대 와스디가 다시는 왕 앞에 오지 못하게 하는 조서를 내리되 바사와 메
대의 법률에 기록하여 변개함이 없게 하고 그 왕후의 자리를 그보다 나은
사람에게 주소서 20 왕의 조서가 이 광대한 전국에 반포되면 귀천을 막론
하고 모든 여인들이 그들의 남편을 존경하리이다 하니라 21 왕과 지방관들
이 그 말을 옳게 여긴지라 왕이 므무간의 말대로 행하여 22 각 지방 각 백

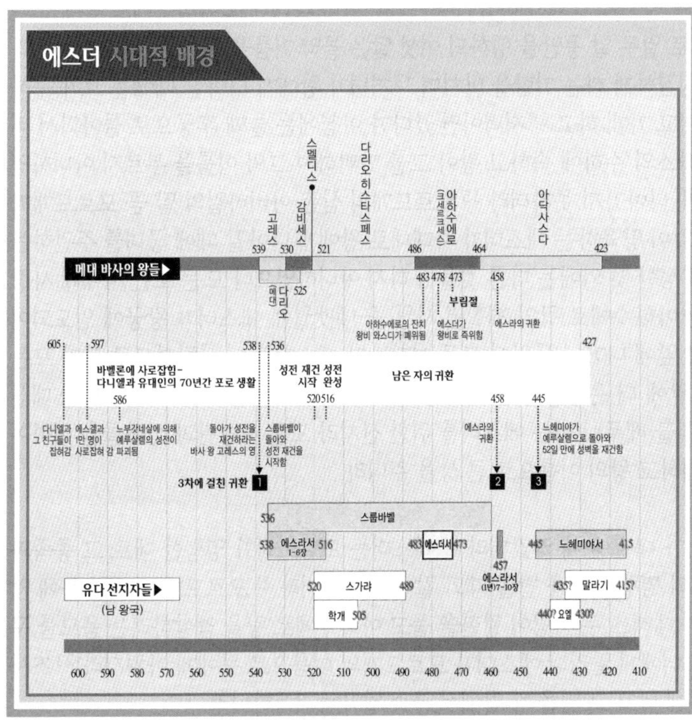

❖ 에스더(Esther)의 이름은 페르시아어로 스타(star)리는 뜻이다. 히브리어로 그녀의 이름은 '하다사'이다. 에스더서는 룻기와 더불어 성경에 나오는 여자 이름으로 된 두 권의 책 중에 하나이다. 이 두 여인이 살던 시대는 정치적, 경제적으로 암담하던 시대였다. 그 시대에 하나님은 이 두 여인을 통해서 한 가닥 희망을 보여 주시기를 원하시는 것이다. 인간이 어렵고 참담하고 힘들 때 하나님은 멀리서 외면하시는 분이 아니라는 것을 보여 주신다.

이 두 여인의 책을 통해서 성경은 남성 우월주의 지지하고 있지 않다는 것을 보여 주기도 한다. 물론 여권주의(女權主義)를 강조하는 것도 아니지만.

에스라서와 느헤미야서는 포로 후 귀환한 남은 자에 대한 하나님의 마음을 기록한 책이고, 에스더서는 귀환하지 않은 자들에 대한 하나님의 마음을 기록한 책이다. 에스더서는 위기에서 하나님이 자기 백성을 보존하시는 그의 섭리적 보존(providential preservation)을 보여 주는 책이다.

룻은 이방 여인으로 유대인과 결혼하였고, 에스더는 유대 여인으로서 이방인인 바사 왕 아하수에로(고고학의 발굴에 의하면 아하수에로 왕은 B.C. 485-465 동안 바사를 통치한 크세르크세스(Xesxer)로 밝혀졌다)와 결혼한다. 그 내력은 이러하다. 그의 왕비인 와스디는 왕의 향연에 자신의 모습을 보이기를 거부했다는 이유로 왕후 자리에서 폐위된다. 그녀 대신에 에스더가 왕후로 뽑힌다. 내시가 왕을 암살하려 음모를 꾸미지만, 에스더의 사촌이며, 그녀를 양녀로 키운 모르드개가 그것을 알아채고 그 음모를 에스더에게 알려 준다. 최고 고관이 된 하만은 모르드개가 그에게 무릎 꿇어 절하지 않는다는 이유로 격분하여 그 땅 안에 있는 유대인을 모두 학살하라는 잔인한 명령을 내린다(1-3장). 모르드개는 에스더에게 그녀의 특권적 위치를 이용해서 행동을 취할 것을 당부한다. 당시 법은 왕의 허가 없이 왕 앞에 나타나는 자는 지위고하를 막론하고 무조건 죽이게 되어 있었다. 그래서 그녀는 '죽으면 죽으리라'라는 결단으로 자신의 생명을 내걸고 왕께로 나아간다(4장).

☞ **에 4:14** 이때에 네가 만일 잠잠하여 말이 없으면 유다인은 다른 데로 말미암아 놓임과 구원을 얻으려니와 너와 네 아비 집은 멸망하리라. 네가 왕후의 위를 얻은 것이 이때를 위함이 아닌지 누가 아느냐

하만은 모르드개를 나무에 달려고 음모를 꾸미지만, 오히려 하만이 그 나무에 달린다(5-7장). 유대인들은 자기 적들을 복수하고 부림(제비뽑기)절을 정하여 기념한다(8-9장).

이 책이 커버하는 시간은 B.C. 483- 473이다.

61일~66일

성의 문자와 언어로 모든 지방에 조서를 내려 이르기를 남편이 자기의 집
을 주관하게 하고 자기 민족의 언어로 말하게 하라 하였더라

에스더 2장

에스더가 왕후가 되다

1 그 후에 아하수에로 왕의 노가 그치매 와스디와 그가 행한 일과 그에
대하여 내린 조서를 생각하거늘 2 왕의 측근 신하들이 아뢰되 왕은 왕을
위하여 아리따운 처녀들을 구하게 하시되 3 전국 각 지방에 관리를 명령
하여 아리따운 처녀를 다 도성 수산으로 모아 후궁으로 들여 궁녀를 주관
하는 내시 헤개의 손에 맡겨 그 몸을 정결하게 하는 물품을 주게 하시고
4 왕의 눈에 아름다운 처녀를 와스디 대신 왕후로 삼으소서 하니 왕이 그
말을 좋게 여겨 그대로 행하니라 5 도성 수산에 한 유다인이 있으니 이름
은 모르드개라 그는 베냐민 자손이니 기스의 증손이요 시므이의 손자요
야일의 아들이라 6 전에 바벨론 왕 느부갓네살이 예루살렘에서 유다 왕
여고냐와 백성을 사로잡아 갈 때에 모르드개도 함께 사로잡혔더라 7 그
의 삼촌의 딸 하닷사 곧 에스더는 부모가 없었으나 용모가 곱고 아리따
운 처녀라 그의 부모가 죽은 후에 모르드개가 자기 딸 같이 양육하더라 8 왕의 조서와 명령이 반포되매 처녀들
이 도성 수산에 많이 모여 헤개의 수하에 나아갈 때에 에스더도 왕궁으로 이끌려 가서 궁녀를 주관하는 헤개의
수하에 속하니 9 헤개가 이 처녀를 좋게 보고 은혜를 베풀어 몸을 정결하게 할 물품과 일용품을 곧 주며 또 왕궁
에서 으레 주는 일곱 궁녀를 주고 에스더와 그 궁녀들을 후궁 아름다운 처소로 옮기더라 10 에스더가 자기의 민
족과 종족을 말하지 아니하니 이는 모르드개가 명령하여 말하지 말라 하였음이라 11 모르드개가 날마다 후궁 뜰
앞으로 왕래하며 에스더의 안부와 어떻게 될지를 알고자 하였더라 12 처녀마다 차례대로 아하수에로 왕에게 나
아가기 전에 여자에 대하여 정한 규례대로 열두 달 동안을 행하되 여섯 달은 몰약 기름을 쓰고 여섯 달은 향품과
여자에게 쓰는 다른 물품을 써서 몸을 정결하게 하는 기한을 마치며 13 처녀가 왕에게 나아갈 때에는 그가 구하
는 것을 다 주어 후궁에서 왕궁으로 가지고 가게 하고 14 저녁이면 갔다가 아침에는 둘째 후궁으로 돌아와서 비
빈을 주관하는 내시 사아스가스의 수하에 속하고 왕이 그를 기뻐하여 그의 이름을 부르지 아니하면

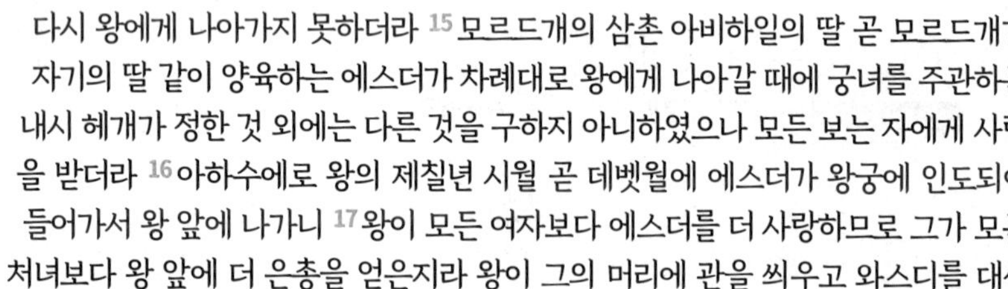

다시 왕에게 나아가지 못하더라 15 모르드개의 삼촌 아비하일의 딸 곧 모르드개가
자기의 딸 같이 양육하는 에스더가 차례대로 왕에게 나아갈 때에 궁녀를 주관하는
내시 헤개가 정한 것 외에는 다른 것을 구하지 아니하였으나 모든 보는 자에게 사랑
을 받더라 16 아하수에로 왕의 제칠년 시월 곧 데벳월에 에스더가 왕궁에 인도되어
들어가서 왕 앞에 나가니 17 왕이 모든 여자보다 에스더를 더 사랑하므로 그가 모든
처녀보다 왕 앞에 더 은총을 얻은지라 왕이 그의 머리에 관을 씌우고 와스디를 대신
하여 왕후로 삼은 후에 18 왕이 크게 잔치를 베푸니 이는 에스더를 위한 잔치라 모든 지방관과 신하들을 위하여
잔치를 베풀고 또 각 지방의 세금을 면제하고 왕의 이름으로 큰 상을 주니라

모르드개가 왕의 목숨을 구하다

19 처녀들을 다시 모을 때에는 모르드개가 대궐 문에 앉았더라 20 에스더는 모르드개가 명령한 대로 그 종족과
민족을 말하지 아니하니 그가 모르드개의 명령을 양육 받을 때와 같이 따름이더라 21 모르드개가 대궐 문에 앉
았을 때에 문을 지키던 왕의 내시 빅단과 데레스 두 사람이 원한을 품고 아하수에로 왕을 암살하려는 음모를 꾸
미는 것을 22 모르드개가 알고 왕후 에스더에게 알리니 에스더가 모르드개의 이름으로 왕에게 아뢴지라 23 조사
하여 실증을 얻었으므로 두 사람을 나무에 달고 그 일을 왕 앞에서 궁중 일기에 기록하니라

에스더서의 모형론적 이해
바사(페르샤)에 사는 유대인들은 세상 속에 있는 하나님의 세속적 백성, 즉 육신적 그리스도의 모형이라고 볼 수 있다. 모두 고향으로 돌아가도록 하나님 고레스의 마음을 움직여(스 1:1) 조치해 주셨는데 황폐한 예루살렘으로 돌아가 고생하면서 성전을 재건하고 성벽을 쌓는 것 보다 이곳 바사에서 그동안 닦아 놓은 기반을 즐기면서 이곳에 영주하는 자들이 바로 바사의 유대인 들이다. 이들은 롯과 같은 자들이다. 눈에 보이는 것으로 판단하고 만족하는 세속적인 그리스도인들의 모형이다.
하나님은 이들도 그의 섭리 속에서 보호하시고 인도하시지만, 그의 이름이 그들과 깊이 관련되기를 허용하시지는 않는다.
☞ 참 성도는 '바벨론'에서 나와야 하고, '애굽'에서 나아와야 한다.

에 2:5
학습 자료 61-7 "바사의 겨울 수도 수산 궁" 참조

61일차 읽기의 요약
(대상 1~9:34, 에 1~2)

에스라는 포로로 끌려갔던 유다 백성들의 후손으로 예루살렘에 1차로 귀환한 백성들이 성전을 완공하고 나서 약 60년 후에 2차로 유다 백성들과 함께 예루살렘으로 돌아온다. 그는 포로 시대를 지나는 동안 잊혀진 자기 민족의 정체성의 뿌리를 다시 찾기 위해 열왕기와는 다른 관점으로 역사를 다시 기록하는데 그 책이 역대기 상하이다.
에스라는 자기 민족의 길고 긴 역사를 짧게 요약하고 그 역사를 포로 시대의 역사서인 에스라서와 느헤미야서와 연결하기 위해 아담으로부터 시작되는 창조 시대로부터 포로 귀환 시대까지를 역대상 1장부터 9장까지 이어지는 족보를 통해 정리했다. 따라서 역대상의 족보를 통한 역사 기록은 자연히 그 이후의 에스라 느헤미야의 역사로 연결된다.
역대상의 족보는 아담, 셋, 노아, 셈, 아브라함, 이삭, 야곱, 유다를 거쳐 다윗에게 이르고 단순히 이스라엘의 왕사를 요약하기보다는 다윗의 계보와 다윗의 성전 중심의 예배문화에 중점을 둠으로 장차 다윗의 후손으로 오실 예수 그리스도를 향하고 있다. 이렇게 역대기의 족보는 아브라함과 다윗의 후손으로 오실 신약의 예수 그리스도의 족보와 연결되는 다리의 역할을 해 준다.

그러면 어떻게 살 것인가?

인위뚝 · 신위고!

☑ 세계관 점검 – 묵상하기 (영상 강의와 교재 내용의 이해를 바탕으로)

역대기 족보 묵상

영국의 극작가 죠지 버나드 쇼(G. B. Shaw)가 이런 말을 했다. "위대한 사람처럼 참으로 귀한 것은 없다. 그런데 그들의 위대함의 99%의 가능성을 당신도 가지고 있다."

대상 1장~9:34까지의 족보를 읽었다. 발음하기도 힘든 수많은 사람의 이름을 읽었다. 그들은 이제 역사의 뒤안길로 사라졌다. 그러나 그들의 이름은 이 성경에 기록되고 있다. 그들은 하나님 나라 구속의 역사 사역에 쓰임 받으며 역할을 했던 사람들이다.
성경에는 하나님의 3권의 책이 나온다. "생명책", "행위책", "기념책"이다.
지금 당신의 이름은 어디에 기록되고 있다고 생각하는가? 99%의 가능성의 발휘를 위해자기중심성 내려놓는 순종하는 삶을 사는 자의 이름은 어디에 기록될까? 그 기록됨을 위한 삶을 살아야 할 것이다.

에스더서의 구속사적 의미

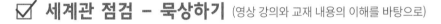

에스더서는 하만의 흉계에 의해 이스라엘 백성들이 몰살당할 뻔한 위기에서 에스더에게 하나님이 베풀어 주신 은혜로 구출 받게 된 '부림절'의 유래를 들려준다. 여기서 우리는 에스더의 용기를 칭찬할 수도 있을 것

이다. 그러나 더 깊은 면, 즉 구속사(救贖史)의 측면을 들여다볼 필요가 있다.

지금까지 구약을 공부해 오면서 살펴보았듯이, 구약 시대 사탄의 주된 관심사가 무엇이었던가? 이 땅에 '여자의 후손'(창 3:15), 곧 메시아가 오는 것을 방해하는 것이다. 메시아가 아브라함의 자손에게서 나올 것이 예언되었음으로(창 22:18, 행 3:20, 25) 사탄은 어떻게 해서든지 이스라엘 백성들을 멸망시키려 획책한다. 애굽의 바로가 이스라엘의 모든 사내 아이를 죽이려 했던 것, 이스라엘 주변 나라들이 이스라엘을 멸하려고 침략한 것들도 이런 측면에서 볼 필요가 있다.

지금 에스더 시대에는 사탄이 하만에게 들어가 이 땅에 메시아를 오게 하는 이스라엘 자손들을 진멸하려 했다는 차원에서 이해할 필요가 있다. 하만의 히브리 이름 알파벳(הָמָן)의 숫자를 합치면 666이 된다고 한다. 이것은 계시록에 나오는 짐승의 숫자이다(계 8:18). 이런 엄청난 사탄의 방해를 뚫고 메시아는 예언대로 이 땅에 오신 것이다.

주전 5세기 말엽, 바사의 수산 궁을 배경으로 하는 본서는 에스더(Esther)라는 한 유대인 소녀가 어떻게 해서 바사 제국의 왕후가 되었고 또 어떻게 해서 자기 민족을 파멸로부터 구출해 냈는지를 보여 주고 있는 놀라운 구원의 이야기이다. 본서에는 '하나님'이란 말이 직접 등장하고 있지는 않지만, 곳곳에서 하나님의 손길을 느낄 수 있다.(다음의 도표 참조)

하나님의 섭리	관련 구절
포로민에 불과한 유대인 소녀 에스더가 바사 제국의 왕후가 된 일	2:15-18
대궐문에 앉았던 모르드개가 때마침 왕의 살해 음모를 엿듣게 된 일	2:21-23
한 달 동안 에스더를 찾지 않던 왕이 에스더의 등장을 기꺼이 반긴 일	5:2
잠들지 못하고 있던 아하수에로 왕에게 궁중 신하가 때마침 읽어 준 궁중 일기의 부분이 모르드개가 왕을 위해 공을 세운 부분과 관련된 일	6:1-2
궁지에 처한 하만이 에스더에게 살려 달라고 매달릴 때, 때마침 왕이 되돌아와 그 장면을 목격하고, 그것을 강간으로 판단한 일	7:5-8
모르드개를 매달아 죽이고자 세운 하만의 장대에 그 자신이 매달린 일	7:9-10

☑ 결단기도와 실행하기

약 2:26 영혼 없는 몸이 죽은 것 같이 행함이 없는 믿음은 죽은 것이니라
시 119:28 나의 영혼이 눌림으로 말미암아 녹사오니 주의 말씀대로 나를 세우소서

61일~
66일

에스더 3장~10장

62일

에스더 3장

하만이 유다 사람을 멸하고자 하다

[1] 그 후에 아하수에로 왕이 아각 사람 함므다다의 아들 하만의 지위를 높
이 올려 함께 있는 모든 대신 위에 두니 [2] 대궐 문에 있는 왕의 모든 신하
들이 다 왕의 명령대로 하만에게 꿇어 절하되 모르드개는 꿇지도 아니하
고 절하지도 아니하니 [3] 대궐 문에 있는 왕의 신하들이 모르드개에게 이
르되 너는 어찌하여 왕의 명령을 거역하느냐 하고 [4] 날마다 권하되 모르
드개가 듣지 아니하고 자기는 유다인임을 알렸더니 그들이 모르드개의
일이 어찌 되나 보고자 하여 하만에게 전하였더라 [5] 하만이 모르드개가
무릎을 꿇지도 아니하고 절하지도 아니함을 보고 매우 노하더니 [6] 그들이
모르드개의 민족을 하만에게 알리므로 하만이 모르드개만 죽이는 것이
부족하다고 생각하고 아하수에로의 온 나라에 있는 유다인 곧 모르드개
의 민족을 다 멸하고자 하더라 [7] 아하수에로 왕 제십이년 첫째 달 곧 니산
월에 무리가 하만 앞에서 날과 달에 대하여 부르 곧 제비를 뽑아 열두째
달 곧 아달월을 얻은지라 [8] 하만이 아하수에로 왕에게 아뢰되 한 민족이
왕의 나라 각 지방 백성 중에 흩어져 거하는데 그 법률이 만민의 것과 달
라서 왕의 법률을 지키지 아니하오니 용납하는 것이 왕에게 무익하니이
다 [9] 왕이 옳게 여기시거든 조서를 내려 그들을 진멸하소서 내가 은 일만
달란트를 왕의 일을 맡은 자의 손에 맡겨 왕의 금고에 드리리이다 하니
[10] 왕이 반지를 손에서 빼어 유다인의 대적 곧 아각 사람 함므다다의 아들 하만에게 주며 [11] 이르되 그 은을 네게
주고 그 백성도 그리하노니 너의 소견에 좋을 대로 행하라 하더라 [12] 첫째 달 십삼일에 왕의 서기관이 소집되어
하만의 명령을 따라 왕의 대신과 각 지방의 관리와 각 민족의 관원에게 아하수에로 왕의 이름으로 조서를 쓰되
곧 각 지방의 문자와 각 민족의 언어로 쓰고 왕의 반지로 인치니라 [13] 이에 그 조서를 역졸에게 맡겨 왕의 각 지
방에 보내니 열두째 달 곧 아달월 십삼일 하루 동안에 모든 유다인을 젊은이 늙은이 어린이 여인들을 막론하고
죽이고 도륙하고 진멸하고 또 그 재산을 탈취하라 하였고 [14] 이 명령을 각 지방에 전하기 위하여 조서의 초본을
모든 민족에게 선포하여 그 날을 위하여 준비하게 하라 하였더라 [15] 역졸이 왕의 명령을 받들어 급히 나가매 그
조서가 도성 수산에도 반포되니 왕은 하만과 함께 앉아 마시되 수산 성은 어지럽더라

❖ 에 3~10장의 개요
하만의 교만으로 인해 바사 지역에 남은 유대인들에게 엄청난 비극이 생기게 되었다. 지위가 높아진 하만은 모든 사람에게 자기에게 절할 것을 명하였지만 에스더의 사촌 오빠인 모르드개는 하만에게 절하지 않았다. 하만은 이에 격분하여 모르드개가 유대인임을 알고 모든 유대인까지 모두를 다 죽이려는 계획을 세운다. 이 음모를 알아차린 모르드개는 이 사실을 왕비 에스더에게 알리고, 왕비 에스더는 왕의 허락 없이 왕에게 접근하는 자는 죽임을 당한다는 당시의 법을 어기고 '죽으면 죽으리라'는 각오로 왕께 나아가 하만의 모든 계획이 탄로 나게 한다. 아하수에로 왕은 왕비 에스더를 사랑한 나머지 하만을 모르드개를 달아 죽이려고 세운 나무에 자신이 처형하고, 당시 온 바사 제국에 잘 발달된 통신 수단을 이용하여 풍전등화(風前燈火)같은 위기에 처한 전국 각지의 유대인들은 살려낸다. 이를 기념하는 절기가 부림절이다. 부림(Purim)은 "제비뽑다"라는 말로서 하만이 유대인을 학살할 달과 날을 제비뽑아 결정한 것을 말한다. 이 부림절은 아달월 14일에서 15일 양일간에 지키는데 요즈음 태양력으로는 대개 3월 중순이다.

에스더 4장

에스더가 백성을 구원하겠다고 하다

[1] 모르드개가 이 모든 일을 알고 자기의 옷을 찢고 굵은 베 옷을 입고 재를 뒤집어쓰고 성중에 나가서 대성 통곡
하며 [2] 대궐 문 앞까지 이르렀으니 굵은 베 옷을 입은 자는 대궐 문에 들어가지 못함이라 [3] 왕의 명령과 조서가

각 지방에 이르매 유다인이 크게 애통하여 금식하며 울며 부르짖고 굵은
베 옷을 입고 재에 누운 자가 무수하더라 [4] 에스더의 시녀와 내시가 나아
와 전하니 왕후가 매우 근심하여 입을 의복을 모르드개에게 보내어 그 굵
은 베 옷을 벗기고자 하나 모르드개가 받지 아니하는지라 [5] 에스더가 왕의

61일~66일

어명으로 자기에게 가까이 있는 내시 하닥을 불러 명령하여 모르드개에
게 가서 이것이 무슨 일이며 무엇 때문인가 알아보라 하매 6 하닥이 대궐
문 앞 성 중 광장에 있는 모르드개에게 이르니 7 모르드개가 자기가 당한
모든 일과 하만이 유다인을 멸하려고 왕의 금고에 바치기로 한 은의 정확
한 액수를 하닥에게 말하고 8 또 유다인을 진멸하라고 수산 궁에서 내린
조서 초본을 하닥에게 주어 에스더에게 보여 알게 하고 또 그에게 부탁
하여 왕에게 나아가서 그 앞에서 자기 민족을 위하여 간절히 구하라 하니
9 하닥이 돌아와 모르드개의 말을 에스더에게 알리매 10 에스더가 하닥
에게 이르되 너는 모르드개에게 전하기를 11 왕의 신하들과 왕의 각 지방
백성이 다 알거니와 남녀를 막론하고 부름을 받지 아니하고 안뜰에 들어
가서 왕에게 나가면 오직 죽이는 법이요 왕이 그 자에게 금 규를 내밀어
야 살 것이라 이제 내가 부름을 입어 왕에게 나가지 못한 지가 이미 삼십
일이라 하라 하니라 12 그가 에스더의 말을 모르드개에게 전하매 13 모르
드개가 그를 시켜 에스더에게 회답하되 너는 왕궁에 있으니 모든 유다인
중에 홀로 목숨을 건지리라 생각하지 말라 14 이 때에 네가 만일 잠잠하
여 말이 없으면 유다인은 다른 데로 말미암아 놓임과 구원을 얻으려니와
너와 네 아버지 집은 멸망하리라 네가 왕후의 자리를 얻은 것이 이 때를
위함이 아닌지 누가 알겠느냐 하
니 15 에스더가 모르드개에게 회
답하여 이르되 16 당신은 가서 수
산에 있는 유다인을 다 모으고 나
를 위하여 금식하되 밤낮 삼 일을
먹지도 말고 마시지도 마소서 나
도 나의 시녀와 더불어 이렇게 금
식한 후에 규례를 어기고 왕에게 나아가리니 죽으면 죽으리이다 하니라
17 모르드개가 가서 에스더가 명령한 대로 다 행하니라

에 4장

모르드개를 통해서 동족이 일대의 위기를 맞고 있다는 사실을 알게 된 에스더는 작금의 사태를 왕에게 탄원하여 달라는 모르드개의 요청을 거절하였다. 이는 당시 페르시아 왕궁의 법칙 때문이었다. 역사학자 헤로도토스에 의하면 왕이 부르지 않은 자가 왕궁 안 뜰, 즉 왕이 거처하는 곳으로 들어오면 죽임을 당하게 되었다. 이는 메대의 디오세스 왕에 의해 제정된 것으로 당시 바벨론과의 전쟁과 내전 등 혼란한 정치적 상황 속에서 적들의 암살을 피하기 위해서 취해진 조치였다. 또한 에스더가 탄원을 거절한 것은 탄원하게 되면 지금까지 모르드개의 명에 의해 숨겨왔던 자신이 유대인이라는 사실이 드러나 자신까지 위험에 놓이게 될지도 모르기 때문이었을 것이다. 특히 당시에 에스더가 이미 왕을 만난 지 삼십 일이나 되었다는 사실로 미루어 초기의 왕의 총애가 어느 정도 식은 상태였을 것이다. 단 명령 없이 왕에게 나아간 자에게 왕이 금 홀을 내밀면 생명을 구할 수 있었다. 금 홀은 이집트나 바벨론을 비롯해서 고대 근동의 왕들이 손에 쥐고 있는 작은 지팡이로 왕권을 상징한다. 금 홀을 내미는 것은 왕의 은총을 내린다는 의사 표시였고 어떤 죄도 사면받을 수 있었다.

왕에게 탄원하기를 거부하는 에스더를 향해 유대인은 다른 데서도 구원을 얻고 에스더의 집안은 멸망하리라고 말한 모르드개의 행위는, 그가 역사를 주관하시며 자기 백성을 반드시 구원하시는 하나님께 대한 확신을 보여 준다. 또한 왕후의 위를 얻음이 이때를 위한 것이라는 말도 역사가 모두 구원을 향한 하나님의 철저한 계획 속에 진행된다는 것을 인식하고 있음을 말해준다. 이런 구원과 역사의 진행에 대한 확신이 세상의 고난 속에서 신앙을 지키는 성도의 힘의 원동력이 된다.

61일~66일

에스더 5장

에스더가 왕과 하만을 잔치에 청하다

1 제삼일에 에스더가 왕후의 예복을 입고 왕궁 안 뜰 곧 어전 맞은편에 서
니 왕이 어전에서 전 문을 대하여 왕좌에 앉았다가 2 왕후 에스더가 뜰에
선 것을 본즉 매우 사랑스러우므로 손에 잡았던 금규를 그에게 내미니 에
스더가 가까이 가서 금 규 끝을 만진지라 3 왕이 이르되 왕후 에스더여 그
대의 소원이 무엇이며 요구가 무엇이냐 나라의 절반이라도 그대에게 주겠노라 하니 4 에스더가 이르되 오늘 내
가 왕을 위하여 잔치를 베풀었사오니 왕이 좋게 여기시거든 하만과 함께 오소서 하니 5 왕이 이르되 에스더가 말
한 대로 하도록 하만을 급히 부르라 하고 이에 왕이 하만과 함께 에스더가 베푼 잔치에 가니라 6 잔치의 술을 마
실 때에 왕이 에스더에게 이르되 그대의 소청이 무엇이뇨 곧 허락하겠노라 그대의 요구가 무엇이뇨 나라의 절
반이라 할지라도 시행하겠노라 하니 7 에스더가 대답하여 이르되 나의 소청, 나의 요구가 이러하니이다 8 내가
만일 왕의 목전에서 은혜를 입었고 왕이 내 소청을 허락하시며 내 요구를 시행하시기를 좋게 여기시면 내가 왕
과 하만을 위하여 베푸는 잔치에 또 오소서 내일은 왕의 말씀대로 하리이다 하니라

하만의 음모

[9] 그 날 하만이 마음이 기뻐 즐거이 나오더니 모르드개가 대궐 문에 있어 일어나지도 아니하고 몸을 움직이지도
아니하는 것을 보고 매우 노하나 [10] 참고 집에 돌아와서 사람을 보내어 그의 친구들과 그의 아내 세레스를 청하
여 [11] 자기의 큰 영광과 자녀가 많은 것과 왕이 자기를 들어 왕의 모든 지방관이나 신하들보다 높인 것을 다 말하
고 [12] 또 하만이 이르되 왕후 에스더가 그 베푼 잔치에 왕과 함께 오기를 허락 받은 자는 나밖에 없었고 내일도
왕과 함께 청함을 받았느니라 [13] 그러나 유다 사람 모르드개가 대궐 문에 앉은 것을 보는 동안에는 이 모든 일이
만족하지 아니하도다 하니 [14] 그의 아내 세레스와 모든 친구들이 이르되 높이가 오십 규빗 되는 나무를 세우고
내일 왕에게 모르드개를 그 나무에 매달기를 구하고 왕과 함께 즐거이 잔치에 가소서 하니 하만이 그 말을 좋게
여기고 명령하여 나무를 세우니라

에스더 6장

왕이 모르드개를 존귀하게 하다

[1] 그 날 밤에 왕이 잠이 오지 아니하므로 명령하여 역대 일기를 가져다가 자기 앞에서 읽히더니 [2] 그 속에 기록하
기를 문을 지키던 왕의 두 내시 빅다나와 데레스가 아하수에로 왕을 암살하려는 음모를 모르드개가 고발하였
다 하였는지라 [3] 왕이 이르되 이 일에 대하여 무슨 존귀와 관작을 모르드개에게 베풀었느냐 하니 측근 신하들이
대답하되 아무것도 베풀지 아니하였나이다 하니라 [4] 왕이 이르되 누가 뜰에 있느냐 하매 마침 하만이 자기가 세
운 나무에 모르드개 달기를 왕께 구하고자 하여 왕궁 바깥뜰에 이른지라 [5] 측근 신하들이 아뢰되 하만이 뜰에
섰나이다 하니 왕이 이르되 들어오게 하라 하니 [6] 하만이 들어오거늘 왕이 묻되 왕이 존귀하게 하기를 원하는 사
람에게 어떻게 하여야 하겠느냐 하만이 심중에 이르되 왕이 존귀하게 하기를 원하시는 자는 나 외에 누구리요
하고 [7] 왕께 아뢰되 왕께서 사람을 존귀하게 하시려면 [8] 왕께서 입으시는 왕복과 왕께서 타시는 말과 머리에 쓰
시는 왕관을 가져다가 [9] 그 왕복과 말을 왕의 신하 중 가장 존귀한 자의 손에 맡겨서 왕이 존귀하게 하시기를 원
하시는 사람에게 옷을 입히고 말을 태워서 성 중 거리로 다니며 그 앞에서 반포하여 이르기를 왕이 존귀하게 하
기를 원하시는 사람에게는 이같이 할 것이라 하게 하소서 하니라 [10] 이에 왕이 하만에게 이르되 너는 네 말대로
속히 왕복과 말을 가져다가 대궐 문에 앉은 유다 사람 모르드개에게 행하되 무릇 네
가 말한 것에서 조금도 빠짐이 없이 하라 [11] 하만이 왕복과 말을 가져다가 모르드
개에게 옷을 입히고 말을 태워 성 중 거리로 다니며 그 앞에서 반포하되 왕이 존
귀하게 하시기를 원하시는 사람에게는 이같이 할 것이라 하니라 [12] 모르드개
는 다시 대궐 문으로 돌아오고 하만은 번뇌하여 머리를 싸고 급히 집으로 돌
아가서 [13] 자기가 당한 모든 일을 그의 아내 세레스와 모든 친구에게 말하매
그 중 지혜로운 자와 그의 아내 세레스가 이르되 모르드개가 과연 유다 사람의 후손이면 당신이 그 앞에서 굴욕
을 당하기 시작하였으니 능히 그를 이기지 못하고 분명히 그 앞에 엎드러지리이다 [14] 아직 말이 그치지 아니하여
서 왕의 내시들이 이르러 하만을 데리고 에스더가 베푼 잔치에 빨리 나아가니라

에스더 7장

하만의 몰락

[1] 왕이 하만과 함께 또 왕후 에스더의 잔치에 가니라 [2] 왕이 이 둘째 날 잔치에 술을 마실 때에 다시 에스더에게
물어 이르되 왕후 에스더여 그대의 소청이 무엇이냐 곧 허락하겠노라 그대의 요구가 무엇이냐 곧 나라의 절반
이라 할지라도 시행하겠노라 [3] 왕후 에스더가 대답하여 이르되 왕이여 내가 만일 왕의 목전에서 은혜를 입었으
며 왕이 좋게 여기시면 내 소청대로 내 생명을 내게 주시고 내 요구대로 내 민족을 내게 주소서 [4] 나와 내 민족
이 팔려서 죽임과 도륙함과 진멸함을 당하게 되었나이다 만일 우리가 노비로 팔렸더라면 내가 잠잠하였으리이

하나님의 섭리	관련 구절
포로민에 불과한 유대인 소녀 에스더가 바사 제국의 왕후가 된 일	2:15~18
대궐문에 앉았던 모르드개가 때마침 왕의 살해 음모를 엿듣게 된 일	2:21~23
한 달 동안 에스더를 찾지 않던 왕이 에스더의 등장을 기꺼이 반긴 일	5:2
잠들지 못하고 있던 아하수에로 왕에게 궁중 신하가 때마침 읽어 준 궁중 일기 부분이 모르드개가 왕을 위해 공을 세운 부분과 관련된 일	6:1~2
궁지에 처한 하만이 에스더에게 살려 달라고 매달릴 때, 때마침 왕이 되돌아와 그 장면을 목격하고, 그것을 강간으로 판단한 일	7:5~8
모르드개를 매달아 죽이고자 세운 하만의 장대에 그 자신이 매달린 일	7:9~10

다 그래도 대적이 왕의 손해를 보충하지 못하였으리이다 하니 5 아하수에
로 왕이 왕후 에스더에게 말하여 이르되 감히 이런 일을 심중에 품은 자
가 누구며 그가 어디 있느냐 하니 6 에스더가 이르되 대적과 원수는 이 악
한 하만이니이다 하니 하만이 왕과 왕후 앞에서 두려워하거늘 7 왕이 노
하여 일어나서 잔치 자리를 떠나 왕궁 후원으로 들어가니라 하만이 일어
서서 왕후 에스더에게 생명을 구하니 이는 왕이 자기에게 벌을 내리기로
결심한 줄 앎이더라 8 왕이 후원으로부터 잔치 자리에 돌아오니 하만이
에스더가 앉은 걸상 위에 엎드렸거늘 왕이 이르되 저가 궁중 내 앞에서
왕후를 강간까지 하고자 하는가 하니 이 말이 왕의 입에서 나오매 무리가
하만의 얼굴을 싸더라 9 왕을 모신 내시 중에 하르보나가 왕에게 아뢰되
왕을 위하여 충성된 말로 고발한 모르드개를 달고자 하여 하만이 높이가
오십 규빗 되는 나무를 준비하였는데 이제 그 나무가 하만의 집에 섰나이
다 왕이 이르되 하만을 그 나무에 달라 하매 10 모르드개를 매달려고 한
나무에 하만을 다니 왕의 노가 그치니라

에스더 8장

유다 사람에게 살 길이 열리다

1 그 날 아하수에로 왕이 유다인의 대적 하만의 집을 왕후 에스더에게 주
니라 에스더가 모르드개는 자기에게 어떻게 관계됨을 왕께 아뢰었으므
로 모르드개가 왕 앞에 나오니 2 왕이 하만에게서 거둔 반지를 빼어 모르
드개에게 준지라 에스더가 모르드개에게 하만의 집을 관리하게 하니라
3 에스더가 다시 왕 앞에서 말씀하며 왕의 발아래 엎드려 아각 사람 하만
이 유다인을 해하려 한 악한 꾀를 제거하기를 울며 구하니 4 왕이 에스더
를 향하여 금규를 내미는지라 에스더가 일어나 왕 앞에 서서 5 이르되 왕
이 만일 즐거워하시며 내가 왕의 목전에 은혜를 입었고 또 왕이 이 일을
좋게 여기시며 나를 좋게 보실진대 조서를 내리사 아각 사람 함므다다의
아들 하만이 왕의 각 지방에 있는 유다인을 진멸하려고 꾀하고 쓴 조서를
철회하소서 6 내가 어찌 내 민족이 화 당함을 차마 보며 내 친척의 멸망
함을 차마 보리이까 하니 7 아하수에로 왕이 왕후 에스더와 유다인 모르
드개에게 이르되 하만이 유다인을 살해하려 하므로 나무에 매달렸고 내

에스더서에 나타나는 바사(Persia)의 풍습

에스더서는 B.C. 5세기, 바사 제국의 행정 수도인 수산(수사)에서 아하수에로(크세르크세스) 왕의 재위 기간에 있었던 사건을 기록하고 있다. 다리오 1세(고국으로 돌아가고 싶은 유대인은 누구나 그렇게 하도록 허락한 바사의 왕)가 사망하자 그의 아들 아하수에로가 왕이 되었다. 아하수에로는 자신의 왕비 와스디에게 불만족하게 되자 그녀를 쫓아내고 에스더와 결혼한 왕이다.

바사 왕궁의 축제는 그들의 화려함과 부귀를 보여 준다. 에스더서는 침대나 긴 의자에 기대어 음식을 먹는 바사의 관습을 보여 주고 있다. 모든 식기는 금으로 만들어졌고, 잔의 모양이 저마다 달랐다고 했다(1:7).

바사의 왕은 특별법으로 보호를 받았다. 에스더 1:14은 '왕을 대변하는' 일곱 대신을 언급하고 있다. 이들은 왕의 조언자인 가장 높은 귀족이었다.

오직 왕이 부른 사람만이 왕을 방문할 수 있었는데, 이 관습은 암살로부터 왕을 보호하기 위함은 물론, 왕의 권위를 의미하는 것이다. 에스더는 아하수에로 왕이 부르지도 않는 상태에서 왕에게 나가기를 두려워했는데, 그런 식으로 왕을 방문하면 즉시 죽음에 처해지기 때문이다(4:11).

바사 제국은 잘 정비된 우편 제도를 자랑했다(3:13).

왕의 반지(8:8)는 공문서로 승인을 받았다는 인장이었다. 고대 바사의 문서는 두 가지 방식으로 봉인했다. 만약 문서가 파피루스에 쓴 것이면 인장 반지로, 점토판에 쓴 것이면 원통형 돌 도장으로 인봉한다. 왕궁이 있던 도시 페르세폴리스에서 발굴된 물건 중에는 크세르크세스 왕 소유의 원통형 돌 도장이 발굴되었다.

에스더서는 또 '바사와 메대의 법'을 언급하고 있다(1:19). 이 구절은 바사 제국을 다스렸던 법률이 엄했음을 설명한다. 한 번 공포된 법은 왕 자신이라 할지라도 바꾸거나 비난할 수 없었다. 이 때문에 에스더는 '죽으면 죽으리라'라는 각오로 왕께 나아가는 것이다.

가 그 집을 에스더에게 주었으니 8 너희는 왕의 명의로 유다인에게 조서
를 뜻대로 쓰고 왕의 반지로 인을 칠지어다 왕의 이름을 쓰고 왕의 반지
로 인친 조서는 누구든지 철회할 수 없음이니라 하니라 9 그 때 시완월 곧
삼월 이십삼일에 왕의 서기관이 소집되고 모르드개가 시키는 대로 조서를 써서 인도로부터 구스까지의 백이십
칠 지방 유다인과 대신과 지방관과 관원에게 전할 새 각 지방의 문자와 각 민족의 언어와 유다인의 문자와 언어
로 쓰되 10 아하수에로 왕의 명의로 쓰고 왕의 반지로 인을 치고 그 조서를 역졸들에게 부쳐 전하게 하니 그들은
왕궁에서 길러서 왕의 일에 쓰는 준마를 타는 자들이라 11 조서에는 왕이 여러 고을에 있는 유다인에게 허락하
여 그들이 함께 모여 스스로 생명을 보호하여 각 지방의 백성 중 세력을 가지고 그들을 치려하는 자들과 그들의
처자를 죽이고 도륙하고 진멸하고 그 재산을 탈취하게 하되 12 아하수에로 왕의 각 지방에서 아달월 곧 십이월
십삼일 하루 동안에 하게 하였고 13 이 조서 초본을 각 지방에 전하고 각 민족에게 반포하고 유다인들에게 준비
하였다가 그 날에 대적에게 원수를 갚게 한지라 14 왕의 어명이 매우 급하매 역졸이 왕의 일에 쓰는 준마를 타고
빨리 나가고 그 조서가 도성 수산에도 반포되니라 15 모르드개가 푸르고 흰 조복을 입고 큰 금관을 쓰고 자색 가
는 베 겉옷을 입고 왕 앞에서 나오니 수산 성이 즐거이 부르며 기뻐하고 16 유다인에게는 영광과 즐거움과 기쁨
과 존귀함이 있는지라 17 왕의 어명이 이르는 각 지방, 각 읍에서 유다인들이 즐기고 기뻐하여 잔치를 베풀고 그
날을 명절로 삼으니 본토 백성이 유다인을 두려워하여 유다인 되는 자가 많더라

에 8:8
학습 자료 62-1 "에스더서를 통해 본 페르시아의 풍습" 참조

에스더 9장

유다 사람이 대적들을 진멸하다

1 아달월 곧 열두째 달 십삼일은 왕의 어명을 시행하게 된 날이라 유다인의 대적들이 그들을 제거하기를 바랐더니
유다인이 도리어 자기들을 미워하는 자들을 제거하게 된 그 날에 2 유다인들이 아하수에로 왕의 각 지방, 각 읍에
모여 자기들을 해하고자 한 자를 죽이려 하니 모든 민족이 그들을 두려워하여 능히 막을 자가 없고 3 각 지방 모든
지방관과 대신들과 총독들과 왕의 사무를 보는 자들이 모르드개를 두려워하므로 다 유다인을 도우니 4 모르드개
가 왕궁에서 존귀하여 점점 창대하매 이 사람 모르드개의 명성이 각 지방에 퍼지더라 5 유다인이 칼로 그 모든 대
적들을 쳐서 도륙하고 진멸하고 자기를 미워하는 자에게 마음대로 행하고 6 유다인이 또 도성 수산에서 오백 명을
죽이고 진멸하고 7 또 바산다다와 달본과 아스바다와 8 보라다와 아달리야와 아리다다와 9 바마스다와 아리새와
아리대와 왜사다 10 곧 함므다다의 손자요 유다인의 대적 하만의 열 아들을 죽였으나 그들의 재산에는 손을 대지
아니하였더라 11 그 날에 도성 수산에서 도륙한 자의 수효를 왕께 아뢰니 12 왕이 왕후 에스더에게 이르되 유다인
이 도성 수산에서 이미 오백 명을 죽이고 멸하고 또 하만의 열 아들을 죽였으니 왕의 다른 지방에서는 어떠하였겠
느냐 이제 그대의 소청이 무엇이냐 곧 허락하겠노라 그대의 요구가 무엇이냐 또한 시행하겠노라 하니 13 에스더
가 이르되 왕이 만일 좋게 여기시면 수산에 사는 유다인들이 내일도 오늘 조서대로 행하게 하시고 하만의 열 아들
의 시체를 나무에 매달게 하소서 하니 14 왕이 그대로 행하기를 허락하고 조서를 수산에 내리니 하만의 열 아들의
시체가 매달리니라 15 아달월 십사일에도 수산에 있는 유다인이 모여 또 삼백 명을 수산에서 도륙하되 그들의 재
산에는 손을 대지 아니하였고 16 왕의 각 지방에 있는 다른 유다인들이 모여 스스로 생명을 보호하여 대적들에게
서 벗어나며 자기들을 미워하는 자 칠만 오천 명을 도륙하되 그들의 재산에는 손을 대지 아니하였더라 17 아달월
십삼일에 그 일을 행하였고 십사일에 쉬며 그 날에 잔치를 베풀어 즐겼고 18 수산에 사는 유다인들은 십삼일과 십
사일에 모였고 십오일에 쉬며 이 날에 잔치를 베풀어 즐긴지라 19 그러므로 시골의 유다인 곧 성이 없는 고을고을
에 사는 자들이 아달월 십사일을 명절로 삼아 잔치를 베풀고 즐기며 서로 예물을 주더라

부림일

20 모르드개가 이 일을 기록하고 아하수에로 왕의 각 지방에 있는 모든 유다인에게 원근을 막론하고 글을 보내
어 이르기를 21 한 규례를 세워 해마다 아달월 십사일과 십오일을 지키라 22 이 달 이 날에 유다인들이 대적에게

서 벗어나서 평안함을 얻어 슬픔이 변하여 기쁨이 되고 애통이 변하여 길
한 날이 되었으니 이 두 날을 지켜 잔치를 베풀고 즐기며 서로 예물을 주
며 가난한 자를 구제하라 하매 23 유다인이 자기들이 이미 시작한 대로 또
한 모르드개가 보낸 글대로 계속하여 행하였으니 24 곧 아각 사람 함므다
다의 아들 모든 유다인의 대적 하만이 유다인을 진멸하기를 꾀하고 부르
곧 제비를 뽑아 그들을 죽이고 멸하려 하였으나 25 에스더가 왕 앞에 나
아감으로 말미암아 왕이 조서를 내려 하만이 유다인을 해하려던 악한 꾀
를 그의 머리에 돌려보내어 하만과 그의 여러 아들을 나무에 달게 하였
으므로 26 무리가 부르의 이름을 따라 이 두 날을 부림이라 하고 유다인
이 이 글의 모든 말과 이 일에 보고 당한 것으로 말미암아 27 뜻을 정하고
자기들과 자손과 자기들과 화합한 자들이 해마다 그 기록하고 정해 놓은
때 이 두 날을 이어서 지켜 폐하지 아니하기로 작정하고 28 각 지방, 각 읍,
각 집에서 대대로 이 두 날을 기념하여 지키되 이 부림일을 유다인 중에서
폐하지 않게 하고 그들의 후손들이 계속해서 기념하게 하였더라 29 아비
하일의 딸 왕후 에스더와 유다인 모르드개가 전권으로 글을 쓰고 부림에
대한 이 둘째 편지를 굳게 지키게 하되 30 화평하고 진실한 말로 편지를
써서 아하수에로의 나라 백이십칠 지방에 있는 유다 모든 사람에게 보내
어 31 정한 기간에 이 부림일을 지키게 하였으니 이는 유다인 모르드개와
왕후 에스더가 명령한 바와 유다인이 금식하며 부르짖은 것으로 말미암
아 자기와 자기 자손을 위하여 정한 바가 있음이더라 32 에스더의 명령이
이 부림에 대한 일을 견고하게 하였고 그 일이 책에 기록되었더라

> **에 9:20 부림절의 기원**
> 어떤 학자들은 바벨론 신화를 근거로 모르드개와 에스더는 마르둑와 이쉬타르 신의 부부이며 하만과 와스디는 엘람 족속이 섬기던 우만과 마쉬티 신의 부부이며, 이 신화는 빛의 신이 어둠의 신을 이긴 전승을 알리는 데에 있었다고 설명한다. 그러나 바벨론에는 부림절과 유사한 축제가 없다는 점에서 이런 주장은 설득력이 없다. 부림절에 관한 역사적 자료는 요세푸스의 기록이다. 그는 아달월 14-15일 이틀 동안 유대인들이 부림절을 지켰는데 이는 페르시아의 유대인들이 그들의 원수들에게 복수한 것을 기념하는 절기라고 기록하고 있다. 유대 랍비들의 문서에 따르면 이 절기는 먼저 13일에 금식을 시작하는 것으로 준비되었다. 그리고 13일 저녁부터 절기가 시작되었다. 13일 저녁에 집집마다 등불을 켜 놓고 회당에 모였다. 14-15일은 즐거운 잔칫날이었다. 그들은 다시 회당으로 가서 에스더서를 낭독하였다. 그리고 낭독이 끝나면 모르드개와 에스더와 이스라엘 자손들에게 축복하고 끝마쳤다. 그리고 선물과 구호금을 나누어 주었다. 이 외에는 즐거운 오락과 잔치를 베풀고 여러 가지 자유가 허용되었다. 특히 랍비들은 음주의 자유를 허용하여 '하만은 저주를 받아라'와 '모르드개는 축복을 받으라'는 구호를 구별하지 못하기 전까지는 술을 마셔도 된다고 허용하였다. 이것이 후기에는 가장행렬의 풍습이 추가되어 유대인들의 대표적인 카니발이 되었다.
> ☞ 유대인의 구원을 기념하는 부림절이 축제의 잔치가 되었다는 것은, 구속사의 최종 목표인 하나님의 심판을 통해서 이루어질 성도의 구원은 곧 성도에게 기쁨의 잔치가 될 것을 말해준다. 즉 악에 대한 심판만이 아니라 그 심판은 성도에게 영원한 생명과 고통이 없는 영원한 희락의 때로 다가올 것임을 예고하고 있다.

에 9:26
학습 자료 62-2 "부림절" 참조
학습 자료 62-3 "디아스포라의 이해" 참조

에스더 10장

왕과 모르드개가 높임을 받다

1 아하수에로 왕이 그의 본토와 바다 섬들로 하여금 조공을 바치게 하였
더라 2 왕의 능력 있는 모든 행적과 모르드개를 높여 존귀하게 한 사적이
메대와 바사 왕들의 일기에 기록되지 아니하였느냐 3 유다인 모르드개가
아하수에로 왕의 다음이 되고 유다인 중에 크게 존경받고 그의 허다한 형
제에게 사랑을 받고 그의 백성의 이익을 도모하며 그의 모든 종족을 안
위하였더라

에스라 4:6-23

스 4:7-23
학습 자료 62-4
"르훔과 심새의 성벽 재건 방해 시기" 참조

6 또 아하수에로가 즉위할 때에 그들이 글을 올려 유다와 예루살렘 주민
을 고발하니라 7 아닥사스다 때에 비슬람과 미드르닷과 다브엘과 그의
동료들이 바사 왕 아닥사스다에게 글을 올렸으니 그 글은 아람 문자와
아람 방언으로 써서 진술하였더라 8 방백 르훔과 서기관 심새가 아닥사스다 왕에게 올려 예루살렘 백성을 고발
한 그 글에 9 방백 르훔과 서기관 심새와 그의 동료 디나 사람과 아바삿 사람과 다블래 사람과 아바새 사람과 아
렉 사람과 바벨론 사람과 수산 사람과 데해 사람과 엘람 사람과 10 그 밖에 백성 곧 존귀한 오스납발이 사마리

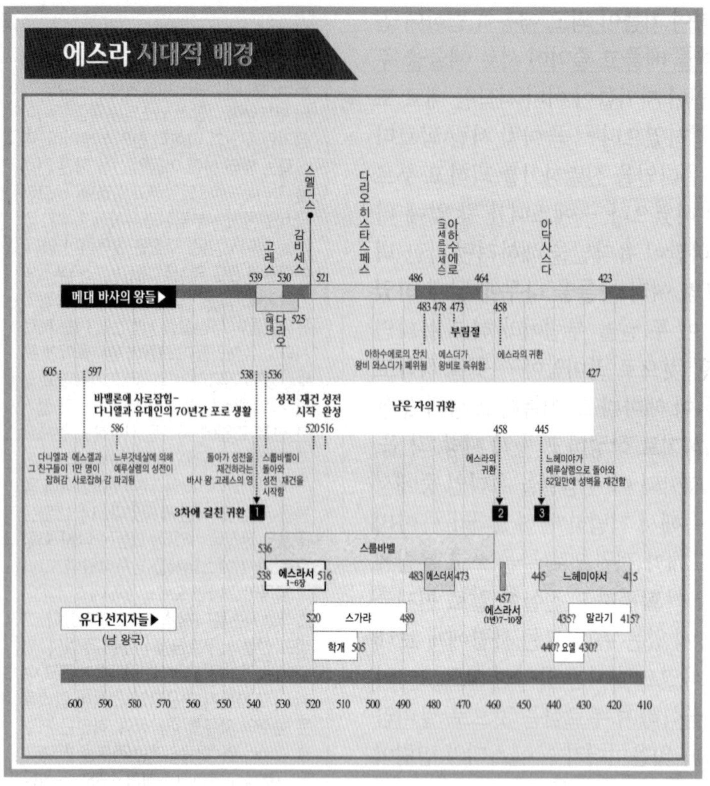

아 성과 유브라데 강 건너편 다른 땅에 옮겨 둔 자들과 함께 고발한다 하
였더라 11 아닥사스다 왕에게 올린 그 글의 초본은 이러하니 강 건너편에
있는 신하들은 12 왕에게 아뢰나이다 당신에게서 우리에게로 올라온 유
다 사람들이 예루살렘에 이르러 이 패역하고 악한 성읍을 건축하는데 이
미 그 기초를 수축하고 성곽을 건축하오니 13 이제 왕은 아시옵소서 만일
이 성읍을 건축하고 그 성곽을 완공하면 저 무리가 다시는 조공과 관세
와 통행세를 바치지 아니하리니 결국 왕들에게 손해가 되리이다 14 우리
가 이제 왕궁의 소금을 먹으므로 왕이 수치 당함을 차마 보지 못하여 사
람을 보내어 왕에게 아뢰오니 15 왕은 조상들의 사기를 살펴보시면 그 사
기에서 이 성읍은 패역한 성읍이라 예로부터 그 중에서 항상 반역하는 일
을 행하여 왕들과 각 도에 손해가 된 것을 보시고 아실지라 이 성읍이 무
너짐도 이 때문이니이다 16 이제 감히 왕에게 아뢰오니 이 성읍이 중건되
어 성곽이 준공되면 이로 말미암아 왕의 강 건너편 영지가 없어지리이다
하였더라 17 왕이 방백 르훔과 서기관 심새와 사마리아에 거주하는 그들
동관들과 강 건너편 다른 땅 백성에게 조서를 내리니 일렀으되 너희는 평
안할지어다 18 너희가 올린 글을 내 앞에서 낭독시키고 19 명령하여 살펴
보니 과연 이 성읍이 예로부터 왕들을 거역하며 그 중에서 항상 패역하고
반역하는 일을 행하였으며 20 옛적에는 예루살렘을 다스리는 큰 군왕들
이 있어서 강 건너편 모든 땅이 그들에게 조공과 관세와 통행세를 다 바

61일-66일

스 4:6-23 왜 성읍 건축을 방해했는가?
본문은 성전 재건에 관한 것이 아니라 70년 뒤에 있을 성벽 재건에 관한 것이다(12-13절). 이 사건들은 성전 재건에도 방해가 된 정치적 상황을 묘사하기 위해 여기에 언급하게 된 것이다. 본문에는 3개의 고발장이 언급되는데 첫째 고발장은 바로 아하수에로 왕에게 이고, 둘째는 아닥사스다에게 이고, 셋째 고발장은 그 내용만 언급한다(9절). 유다 백성들이 포로가 되어 바벨론 땅에 잡혀가 있는 동안, 유다 땅에 주인 노릇을 하며 살아가던 자들은 사마리아 사람들과 그 주변 나라 사람들이다. 이들이 주로 성전 건축을 방해하였다.
그들은 그 땅의 옛 주인인 유다 백성이 돌아와 성전을 짓고 다시 공동체를 형성하여 이전의 힘을 회복하면, 자신들의 세력이 약해지거나 쫓겨날 것으로 생각했고, 이것이 두려워 성전과 성읍 건축을 방해했다. 그들은 바사 왕에게 충성하는 것처럼 위장하여 유다 백성들을 거짓으로 고소했고, 그 결과 오랫동안 성전 건축을 할 수 없게 만들었다. 하지만 그들의 거짓은 끝내 들통이 나게 되었고, 유다 백성들은 바사 왕의 허락을 다시 받아 마침내 성읍 건축을 완성할 수 있었다.

쳤도다 21 이제 너희는 명령을 전하여 그 사람들에게 공사를 그치게 하여 그 성을 건축하지 못하게 하고 내가 다
시 조서 내리기를 기다리라 22 너희는 삼가서 이 일에 게으르지 말라 어찌하여 화를 더하여 왕들에게 손해가 되
게 하랴 하였더라 23 아닥사스다 왕의 조서 초본이 르훔과 서기관 심새와 그의 동료 앞에서 낭독되매 그들이 예
루살렘으로 급히 가서 유다 사람들을 보고 권력으로 억제하여 그 공사를 그치게 하니

에스라 7장~10장

에스라 7장

에스라가 예루살렘에 이르다

1 이 일 후에 바사 왕 아닥사스다가 왕위에 있을 때에 에스라라 하는 자
가 있으니라 그는 스라야의 아들이요 아사랴의 손자요 힐기야의 증손이
요 2 살룸의 현손이요 사독의 오대 손이요 아히둡의 육대 손이요 3 아마랴
의 칠대 손이요 아사랴의 팔대 손이요 므라욧의 구대 손이요 4 스라히야
의 십대 손이요 웃시엘의 십일대 손이요 북기의 십이대 손이요 5 아비수
아의 십삼대 손이요 비느하스의 십사대 손이요 엘르아살의 십오대 손이
요 대제사장 아론의 십육대 손이라 6 이 에스라가 바벨론에서 올라왔으
니 그는 이스라엘의 하나님 여호와께서 주신 모세의 율법에 익숙한 학자
로서 그의 하나님 여호와의 도우심을 입음으로 왕에게 구하는 것은 다 받
는 자이더니 7 아닥사스다 왕 제칠년에 이스라엘 자손과 제사장들과 레
위 사람들과 노래하는 자들과 문지기들과 느디님 사람들 중에 몇 사람이
예루살렘으로 올라올 때에 8 이 에스라가 올라왔으니 왕의 제칠년 다섯
째 달이라 9 첫째 달 초하루에 바
벨론에서 길을 떠났고 하나님의
선한 손의 도우심을 입어 다섯째
달 초하루에 예루살렘에 이르니
라 10 에스라가 여호와의 율법을
연구하여 준행하며 율례와 규례를
이스라엘에게 가르치기로 결심하
였었더라

아닥사스다 왕이 내린 조서

11 여호와의 계명의 말씀과 이스
라엘에게 주신 율례 학자요 학자
겸 제사장인 에스라에게 아닥사
스다 왕이 내린 조서의 초본은 아
래와 같으니라 12 모든 왕의 왕 아닥사스다는 하늘의 하나님의 율법에 완
전한 학자 겸 제사장 에스라에게 13 조서를 내리노니 우리 나라에 있는 이
스라엘 백성과 그들 제사장들과 레위 사람들 중에 예루살렘으로 올라갈
뜻이 있는 자는 누구든지 너와 함께 갈지어다 14 너는 네 손에 있는 네 하
나님의 율법을 따라 유다와 예루살렘의 형편을 살피기 위하여 왕과 일곱

❖ 스 7장 **제2차 포로 귀환**(B.C. 458)
바벨론에서의 제2차 포로 귀환을 주도한 사람은 바로 에스라란 인물이었다. 그는 스라야의 아들이며 아론 계열의 제사장이었다. 포로 귀환 이전의 활동에 대해서 알려진 바는 없고 단지 당시 바사 왕이었던 아닥사스다의 총애를 받았음을 알 수 있다. 에스라가 바벨론에 거주하던 유대인들을 이끌고 예루살렘으로 귀환한 것은 아닥사스다 1세 7년인 B.C. 458년이었다. 당시 아닥사스다 왕은 하나님의 율법에 완전한 학사겸 제사장인 에스라를 예루살렘에 보내면서, 그에게 성전의 각종 기명을 갖추는 일에 왕의 창고에 있는 재물을 무제한으로 사용할 수 있는 권한을 주었고, 유대인 성직자들에게 세금을 면제시켜 주었다(20-24절). 이런 상황으로 볼 때 에스라는 누구보다도 아닥사스다의 총애를 받고 있었음이 틀림없다. 그러나 그는 자신의 모든 영화를 버리고 고국인 예루살렘으로 돌아오고자 하였다. 그것은 유대 백성에게 하나님의 율법을 연구하여 가르치고 지키도록 하기 위해서였다. 실제로 예루살렘에 돌아온 에스라는 이방 여인들과 결혼하는 모습을 보고 일대의 개혁 운동을 일으켰으며 율법 준수를 강조하였다. 그래서 유대 역사가들은 에스라를 제2의 모세라고 평한다.
눈에 보이는 세상의 안락함보다 미래의 영원한 평안을 바라는 것이 성도의 올바른 태도임을 보여 주고 있다. 하나님의 온전한 학사 겸 제사장인 에스라를 통한 2차 귀환은 변치 않는 하나님의 구원 역사와 언약의 성취 및 끝없는 사랑을 보여 주고 있다.

스 7:10 에스라의 위대함은 "준행하며"에 있다. 율법을 삶에 적용하는 것과는 상관없이 가르칠 요량으로 공부하는 성경 교사와는 달리 그는 스스로 먼저 그것을 "준행하며"라고 하며 친히 지켜 행했다는 것이다. 그것이 삶으로 본을 보이는 사역자의 진정한 자세이다.
☞ "고백은 있는데 삶이 없는" 그런 성도가 되면 안 된다.

스 7:16
학습 자료 62-5
"디아스포라 유대안의 예물 헌납" 참조

자문관의 보냄을 받았으니 15 왕과 자문관들이 예루살렘에 거하시는 이스라엘 하나님께 성심으로 드리는 은금
을 가져가고 16 또 네가 바벨론 온 도에서 얻을 모든 은금과 및 백성과 제사장들이 예루살렘에 있는 그들의 하나
님의 성전을 위하여 기쁘게 드릴 예물을 가져다가 17 그들의 돈으로 수송아지와 숫양과 어린 양과 그 소제와 그
전제의 물품을 신속히 사서 예루살렘 네 하나님의 성전 제단 위에 드리고 18 그 나머지 은금은 너와 너의 형제가
좋게 여기는 일에 너희 하나님의 뜻을 따라 쓸지며 19 네 하나님의 성전에서 섬기는 일을 위하여 네게 준 그릇은
예루살렘 하나님 앞에 드리고 20 그 외에도 네 하나님의 성전에 쓰일 것이 있어서 네가 드리고자 하거든 무엇이
든지 궁중창고에서 내다가 드릴지니라 21 나 곧 아닥사스다 왕이 유브라데 강 건너편 모든 창고지기에게 조서를
내려 이르기를 하늘의 하나님의 율법 학자 겸 제사장 에스라가 무릇 너희에게 구하는 것을 신속히 시행하되 22
은은 백 달란트까지, 밀은 백 고르까지, 포도주는 백 밧까지, 기름도 백 밧까지 하고 소금은 정량 없이 하라 23 무
릇 하늘의 하나님의 전을 위하여 하늘의 하나님이 명령하신 것은 삼가 행하라 어찌하여 진노가 왕과 왕자의 나
라에 임하게 하랴 24 내가 너희에게 이르노니 제사장들이나 레위 사람들이나 노래하는 자들이나 문지기들이나
느디님 사람들이나 혹 하나님의 성전에서 일하는 자들에게 조공과 관세와 통행세를 받는 것이 옳지 않으니라
하였노라 25 에스라여 너는 네 손에 있는 네 하나님의 지혜를 따라 네 하나님의 율법을 아는 자를 법관과 재판관
을 삼아 강 건너편 모든 백성을 재판하게 하고 그 중 알지 못하는 자는 너희가 가르치라 26 무릇 네 하나님의 명
령과 왕의 명령을 준행하지 아니하는 자는 속히 그 죄를 정하여 혹 죽이거나 귀양 보내거나 가산을 몰수하거나
옥에 가둘지니라 하였더라

에스라가 여호와를 송축하다

27 우리 조상들의 하나님 여호와를 송축할지로다 그가 왕의 마음에 예루살렘 여
호와의 성전을 아름답게 할 뜻을 두시고 28 또 나로 왕과 그의 보좌관들 앞과
왕의 권세 있는 모든 방백의 앞에서 은혜를 얻게 하셨도다 내 하나님 여호
와의 손이 내 위에 있으므로 내가 힘을 얻어 이스라엘 중에 우두머리들을
모아 나와 함께 올라오게 하였노라

에스라 8장

에스라와 함께 돌아온 백성들

1 아닥사스다 왕이 왕위에 있을 때에 나와 함께 바벨론에서 올라온 족장들과 그들의 계보는 이러하니라 2 비느
하스 자손 중에서는 게르솜이요 이다말 자손 중에서는 다니엘이요 다윗 자손 중에서는 핫두스요 3 스가냐 자손
곧 바로스 자손 중에서는 스가랴니 그와 함께 족보에 기록된 남자가 백오십 명이요 4 바핫모압 자손 중에서는
스라히야의 아들 엘여호에내니 그와 함께 있는 남자가 이백 명이요 5 스가냐 자손 중에서는 야하시엘의 아들이
니 그와 함께 있는 남자가 삼백 명이요 6 아딘 자손 중에서는 요나단의 아들 에벳이니 그와 함께 있는 남자가 오
십 명이요 7 엘람 자손 중에서는 아달리야의 아들 여사야니 그와 함께 있는 남자가 칠십 명이요 8 스바댜 자손 중
에서는 미가엘의 아들 스바댜니 그와 함께 있는 남자가 팔십 명이요 9 요압 자손 중에서는 여히엘의 아들 오바
댜니 그와 함께 있는 남자가 이백십팔 명이요 10 슬로밋 자손 중에서는 요시뱌의 아들이니 그와 함께 있는 남자
가 백육십 명이요 11 베배 자손 중에서는 베배의 아들 스가랴니 그와 함께 있는 남자가 이십팔 명이요 12 아스갓
자손 중에서는 학가단의 아들 요하난이니 그와 함께 있는 남자가 백십 명이요 13 아도니감 자손 중에 나중된 자
의 이름은 엘리벨렛과 여우엘과 스마야니 그와 함께 있는 남자가 육십 명이요 14 비그왜 자손 중에서는 우대와
사붓이니 그와 함께 있는 남자가 칠십 명이었느니라

에스라가 레위 사람을 찾다

15 내가 무리를 아하와로 흐르는 강가에 모으고 거기서 삼 일 동안 장막에 머물며 백성과 제사장들을 살핀즉 그
중에 레위 자손이 한 사람도 없는지라 16 이에 모든 족장 곧 엘리에셀과 아리엘과 스마야와 엘라단과 야립과 엘

라단과 나단과 스가랴와 므술람을 부르고 또 명철한 사람 요야립과 엘라
단을 불러 17 가시뱌 지방으로 보내어 그 곳 족장 잇도에게 나아가게 하
고 잇도와 그의 형제 곧 가시뱌 지방에 사는 느디님 사람들에게 할 말을
일러 주고 우리 하나님의 성전을 위하여 섬길 자를 데리고 오라 하였더니
18 우리 하나님의 선한 손의 도우심을 입고 그들이 이스라엘의 손자 레위
의 아들 말리의 자손 중에서 한 명철한 사람을 데려오고 또 세레뱌와 그
의 아들들과 형제 십팔 명과 19 하사뱌와 므라리 자손 중 여사야와 그의
형제와 그의 아들들 이십 명을 데려오고 20 다윗과 방백들이 레위 사람들
을 섬기라고 준 느디님 사람 중 성전 일꾼은 이백이십 명이었는데 그들은
모두 지명 받은 이들이었더라

에스라가 금식하며 간구하다

21 그 때에 내가 아하와 강 가에서 금식을 선포하고 우리 하나님 앞에서
스스로 겸비하여 우리와 우리 어린 아이와 모든 소유를 위하여 평탄한 길
을 그에게 간구하였으니 22 이는 우리가 전에 왕에게 아뢰기를 우리 하나
님의 손은 자기를 찾는 모든 자에게 선을 베푸시고 자기를 배반하는 모든
자에게는 권능과 진노를 내리신다 하였으므로 길에서 적군을 막고 우리
를 도울 보병과 마병을 왕에게 구하기를 부끄러워 하였음이라 23 그러므
로 우리가 이를 위하여 금식하며 우리 하나님께 간구하였더니 그의 응낙
하심을 입었느니라

성전에 바친 예물

24 그 때에 내가 제사장의 우두머리들 중 열두 명 곧 세레뱌와 하사뱌
와 그의 형제 열 명을 따로 세우고 25 그들에게 왕과 모사들과 방백들과
또 그 곳에 있는 이스라엘 무리가 우리 하나님의 성전을 위하여 드린 은
과 금과 그릇들을 달아서 주었으니 26 내가 달아서 그들 손에 준 것은 은
이 육백오십 달란트요 은 그릇이 백 달란트요 금이 백 달란트며 27 또 금
잔이 스무 개라 그 무게는 천 다릭이요 또 아름답고 빛나 금 같이 보배로
운 놋 그릇이 두 개라 28 내가 그들에게 이르되 너희는 여호와께 거룩한
자요 이 그릇들도 거룩하고 그 은과 금은 너희 조상들의 하나님 여호와께 즐거이 드린 예물이니 29 너희는 예루
살렘 여호와의 성전 골방에 이르러 제사장들과 레위 사람의 우두머리들과 이스라엘의 족장들 앞에서 이 그릇을
달기까지 삼가 지키라 30 이에 제사장들과 레위 사람들이 은과 금과 그릇을 예루살렘 우리 하나님의 성전으로
가져가려 하여 그 무게대로 받으니라

에스라가 예루살렘으로 돌아오다

31 첫째 달 십이 일에 우리가 아하와 강을 떠나 예루살렘으로 갈새 우리 하나님의 손이 우리를 도우사 대적과 길
에 매복한 자의 손에서 건지신지라 32 이에 예루살렘에 이르러 거기서 삼 일 간 머물고 33 제사일에 우리 하나님
의 성전에서 은과 금과 그릇을 달아서 제사장 우리아의 아들 므레못의 손에 넘기니 비느하스의 아들 엘르아살
과 레위 사람 예수아의 아들 요사밧과 빈누이의 아들 노아댜가 함께 있어 34 모든 것을 다 세고 달아 보고 그 무
게의 총량을 그 때에 기록하였느니라 35 사로잡혔던 자의 자손 곧 이방에서 돌아온 자들이 이스라엘의 하나님께
번제를 드렸는데 이스라엘 전체를 위한 수송아지가 열두 마리요 또 숫양이 아흔여섯 마리요 어린 양이 일흔일곱
마리요 또 속죄제의 숫염소가 열두 마리니 모두 여호와께 드린 번제물이라 36 무리가 또 왕의 조서를 왕의 총독
들과 유브라데 강 건너편 총독들에게 넘겨 주매 그들이 백성과 하나님의 성전을 도왔느니라

❖ 스 8장

B.C. 536년 고레스 왕 때 스룹바벨을 중심으로 한 제1차 포로 귀환이 있은 지 79년 후인 B.C. 457년 아닥사스다 왕때 비로소 제2차 포로 귀환이 시행되었다. 이처럼 오랜 간격이 생긴 것은 바사의 정치적 상황 때문이었다. 고레스의 후계자들은 대제국 건설을 위해 여전히 이집트를 비롯해 아테네 등을 침공하며 피정복국을 무력으로 통치하였다. 그러다가 아하수에로 1세의 후계자 아닥사스다 1세(B.C. 464-423) 때에 조심스럽게 유화정책을 펼치기 시작하였다. 이집트에서는 왕을 다시 바로라고 부를 수 있게 하였고 바벨론에서는 마르둑 제사장들을 복직시키고 몰수한 토지 일부를 돌려주었다. 아닥사스다가 에스라의 요청으로 유대인들의 귀환을 허락하고 이에 따른 재정을 제공하고 제사장들의 세금을 면제시켜 준 것도 이런 정책의 일부였다. 한편 2차 귀환에 동참한 사람은 레위인 38명을 포함해 총 1,754명이었다. 에스라는 이들을 아하와 강가에 모이게 하고 금식을 선포하였는데 이는 언약 공동체에 닥친 재난이나 위기를 면하기 위해 하나님의 은총을 구하는 수단으로 사용되었다. 특히 포로기 이후에 유대인들은 공식적인 금식일을 제정하고 규례로 지키도록 하였다(슥8:19).

☞ 예루살렘으로의 귀환은 결코 쉬운 일이 아니다. 그들을 방해하는 많은 적이 있었다. 그러나 에스라는 이런 장애를 벗어나기 위해 이방인인 아닥사스다의 군사력을 빌리지 않았다. 먼저 하나님께 금식하며 기도하였다. 선택받은 백성의 안위는 하나님께 달려있음을 알았던 것이다. 처음부터 바벨론으로 잡혀가게 하신 분도, 다시금 돌아오게 하신 분도 하나님이셨다. 어떤 고난에서도 하나님께 나아가는 자만이 구원을 얻을 수가 있는 것이다.

에스라 9장

에스라의 회개기도

1이 일 후에 방백들이 내게 나아와 이르되 이스라엘 백성과 제사장들과
레위 사람들이 이 땅 백성들에게서 떠나지 아니하고 가나안 사람들과 헷
사람들과 브리스 사람들과 여부스 사람들과 암몬 사람들과 모압 사람들
과 애굽 사람들과 아모리 사람들의 가증한 일을 행하여 2그들의 딸을 맞
이하여 아내와 며느리로 삼아 거룩한 자손이 그 지방 사람들과 서로 섞이
게 하는데 방백들과 고관들이 이 죄에 더욱 으뜸이 되었다 하는지라 3내
가 이 일을 듣고 속옷과 겉옷을 찢고 머리털과 수염을 뜯으며 기가 막혀
앉으니 4이에 이스라엘의 하나님의 말씀으로 말미암아 떠는 자가 사로
잡혔던 이 사람들의 죄 때문에 다 내게로 모여오더라 내가 저녁 제사 드
릴 때까지 기가 막혀 앉았더니 5저녁 제사를 드릴 때에 내가 근심 중에 일
어나서 속옷과 겉옷을 찢은 채 무릎을 꿇고 나의 하나님 여호와를 향하
여 손을 들고 6말하기를 나의 하나님이여 내가 부끄럽고 낯이 뜨거워서
감히 나의 하나님을 향하여 얼굴을 들지 못하오니 이는 우리 죄악이 많아
정수리에 넘치고 우리 허물이 커서 하늘에 미침이니이다 7우리 조상들의
때로부터 오늘까지 우리의 죄가 심하매 우리의 죄악으로 말미암아 우리
와 우리 왕들과 우리 제사장들을 여러 나라 왕들의 손에 넘기사 칼에 죽
으며 사로잡히며 노략을 당하며 얼굴을 부끄럽게 하심이 오늘날과 같으
니이다 8이제 우리 하나님 여호와께서 우리에게 잠시 동안 은혜를 베푸
사 얼마를 남겨 두어 피하게 하신 우리를 그 거룩한 처소에 박힌 못과 같
게 하시고 우리 하나님이 우리 눈을 밝히사 우리가 종노릇 하는 중에서
조금 소생하게 하셨나이다 9우리가 비록 노예가 되었사오나 우리 하나님
이 우리를 그 종살이하는 중에 버려두지 아니하시고 바사 왕들 앞에서 우
리가 불쌍히 여김을 입고 소생하여 우리 하나님의 성전을 세우게 하시며
그 무너진 것을 수리하게 하시며 유다와 예루살렘에서 우리에게 울타리
를 주셨나이다 10우리 하나님이여 이렇게 하신 후에도 우리가 주의 계명
을 저버렸사오니 이제 무슨 말씀을 하오리이까 11전에 주께서 주의 종 선
지자들에게 명령하여 이르시되 너희가 가서 얻으려 하는 땅은 더러운 땅
이니 이는 이방 백성들이 더럽고 가증한 일을 행하여 이 끝에서 저 끝까지
그 더러움으로 채웠음이라 12그런즉 너희 여자들을 그들의 아들들에게
주지 말고 그들의 딸들을 너희 아들들을 위하여 데려오지 말며 그들을
위하여 평화와 행복을 영원히 구하지 말라 그리하면 너희가 왕성하여 그 땅의 아름다운 것을 먹으며 그 땅을 자
손에게 물려 주어 영원한 유산으로 물려주게 되리라 하셨나이다 13우리의 악한 행실과 큰 죄로 말미암아 이 모
든 일을 당하였사오나 우리 하나님이 우리 죄악보다 형벌을 가볍게 하시고 이만큼 백성을 남겨 주셨사오니 14우
리가 어찌 다시 주의 계명을 거역하고 이 가증한 백성들과 통혼하오리이까 그리하면 주께서 어찌 우리를 멸하시
고 남아 피할 자가 없도록 진노하시지 아니하시리이까 15이스라엘의 하나님 여호와여 주는 의로우시니 우리가
남아 피한 것이 오늘날과 같사옵거늘 도리어 주께 범죄하였사오니 이로 말미암아 주 앞에 한 사람도 감히 서지
못하겠나이다 하니라

스 9:6
학습 자료 62-6 "부끄러움(수치)" 참조

스 9장
성경에 나타난 히브리인들의 결혼은 매우 다양한 대상을 상대로 이루어졌다. 이삭과 야곱은 친척 중에서 배우자를 선택하였고 요셉과 모세는 이방 여인과 결혼하였다. 그러나 이때도 이방 여인과의 결혼은 대체로 부정적으로 묘사되고 있다(창36:2). 그러다가 모세에 의해 율법이 선포되면서 이방인과의 결혼이 공식적으로 금지되었다(출 34:16). 이는 이스라엘 백성이 가나안 정복 이후 원주민들과 결혼하므로 우상 숭배의 관습에 물드는 것을 방지하기 위해서였다. 그러나 가나안에 정착한 이후로 잘 지켜지지 않았고(왕상 16:31) 이로 인해 바알을 비롯한 우상 숭배가 만연하게 되었고 결국 하나님의 심판까지 초래하였던 것이다. 유대인들이 사마리아인들을 개처럼 취급하는 것도 그들이 이방인과 통혼하여 신앙의 순수성을 상실하였기 때문이다. 따라서 포로 생활을 청산하고 귀환한 백성들이 곧 이방 여인들과 통혼하게 되었다는 것은 에스라에게 충격적인 일이었다. 특히 이러한 통혼은 방백을 비롯한 지도층에서 더욱 심하게 이루어졌다. 과거 솔로몬의 정략결혼이 이스라엘 땅에 우상 숭배의 불씨를 일으킨 것과 같이 이는 심각한 영향을 가져왔다. 그래서 에스라는 유대인들의 관습에 따라 가장 큰 슬픔과 회개의 표시로 옷을 찢고 자기 머리털과 수염을 뜯은 것이다.

☞ 하나님께 거역하다가 오랜 세월 동안 포로 생활을 한 백성들이 예루살렘에 돌아온 후 금방 과거의 일을 잊어버리고 이방인들과 통혼하며 율법을 어기기 시작하였다. 회개하고 돌아서서 또다시 죄를 짓는 인간의 나약하고 죄악 된 본성을 그대로 보여 주고 있다. 자신을 곤고한 자며 누가 사망의 몸에서 나를 구원하리요라고 나약한 본성을 토로한 바울의 고백(롬7:24)은 존재하는 모든 인간의 모습임을 알 수 있다. 관점 3에서 말한 것처럼 "섞이면" 하나님 나라는 온전히 이루어질 수 없다.

에스라 10장

이방 아내와 그 소생을 내쫓기로 하다

1 에스라가 하나님의 성전 앞에 엎드려 울며 기도하여 죄를 자복할 때에
많은 백성이 크게 통곡하매 이스라엘 중에서 백성의 남녀와 어린 아이의
큰 무리가 그 앞에 모인지라 2 엘람 자손 중 여히엘의 아들 스가냐가 에스
라에게 이르되 우리가 우리 하나님께 범죄하여 이 땅 이방 여자를 맞이하
여 아내로 삼았으나 이스라엘에게 아직도 소망이 있나니 3 곧 내 주의 교
훈을 따르며 우리 하나님의 명령을 떨며 준행하는 자의 가르침을 따라 이
모든 아내와 그들의 소생을 다 내보내기로 우리 하나님과 언약을 세우고
율법대로 행할 것이라 4 이는 당신이 주장할 일이니 일어나소서 우리가 도
우리니 힘써 행하소서 하니라 5 이에 에스라가 일어나 제사장들과 레위
사람들과 온 이스라엘에게 이 말대로 행하기를 맹세하게 하매 무리가 맹
세하는지라 6 이에 에스라가 하나님의 성전 앞에서 일어나 엘리아십의 아
들 여호하난의 방으로 들어가니라 그가 들어가서 사로잡혔던 자들의 죄
를 근심하여 음식도 먹지 아니하며 물도 마시지 아니하더니 7 유다와 예
루살렘에 사로잡혔던 자들의 자손들에게 공포하기를 너희는 예루살렘으
로 모이라 8 누구든지 방백들과 장로들의 훈시를 따라 삼일 내에 오지 아
니하면 그의 재산을 적몰하고 사로잡혔던 자의 모임에서 쫓아내리라 하
매 9 유다와 베냐민 모든 사람들이 삼 일 내에 예루살렘에 모이니 때는 아
홉째 달 이십일이라 무리가 하나님의 성전 앞 광장에 앉아서 이 일과 큰
비 때문에 떨고 있더니 10 제사장 에스라가 일어나 그들에게 이르되 너희
가 범죄하여 이방 여자를 아내로 삼아 이스라엘의 죄를 더하게 하였으니
11 이제 너희 조상들의 하나님 앞에서 죄를 자복하고 그의 뜻대로 행하여
그 지방 사람들과 이방 여인을 끊어 버리라 하니 12 모든 회중이 큰 소리
로 대답하여 이르되 당신의 말씀대로 우
리가 마땅히 행할 것이니이다 13 그러나
백성이 많고 또 큰 비가 내리는 때니 능
히 밖에 서지 못할 것이요 우리가 이 일
로 크게 범죄하였은즉 하루 이틀에 할
일이 아니오니 14 이제 온 회중을 위하
여 우리의 방백들을 세우고 우리 모든 성읍에 이방 여자에게 장가든 자
는 다 기한에 각 고을의 장로들과 재판장과 함께 오게 하여 이 일로 인한
우리 하나님의 진노가 우리에게서 떠나게 하소서 하나 15 오직 아사헬의
아들 요나단과 디과의 아들 야스야가 일어나 그 일을 반대하고 므술람과
레위 사람 삽브대가 그들을 돕더라 16 사로잡혔던 자들의 자손이 그대로 한지라 제사장 에스라가 그 종족을 따
라 각각 지명된 족장들 몇 사람을 선임하고 열째 달 초하루에 앉아 그 일을 조사하여 17 첫째 달 초하루에 이르
러 이방 여인을 아내로 맞이한 자의 일 조사하기를 마치니라

이방 여자와 결혼한 남자들

18 제사장의 무리 중에 이방 여인을 아내로 맞이한 자는 예수아 자손 중 요사닥의 아들과 그의 형제 마아세야와
엘리에셀과 야립과 그달랴라 19 그들이 다 손을 잡아 맹세하여 그들의 아내를 내보내기로 하고 또 그 죄로 말미

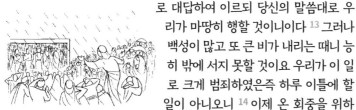

스 10:1-4
학습 자료 62-7 "포로 귀환시대의 이방안과 통혼 문제" 참조
학습 자료 62-8 "에스라 부흥 운동의 의의" 참조
학습 자료 62-9 "귀환 시대의 바사의 왕들" 참조

❖ 스 10장
이스라엘 백성이 이방 여인들과 통혼함으로 지은 죄에 대해 지도자 에스라가 회개한 것은 지도자로서 책임감 때문이었을 것이다. 그러나 에스라의 행동은 율법적으로도 당연한 것이었다. 율법에 의하면, 제사장이 백성들이 범한 죄에 대하여 그를 위해 속죄함으로 사함을 받을 수 있기 때문이다(레 4:26). 에스라는 학사 겸 제사장이기도 하였다. 한편 이런 에스라의 솔선수범에 백성들이 스스로 이방 여인과 그 자식들을 내보내겠다고 맹세한 것은 하나님의 심판을 막는 데 필요한 요소였다. 성경에는 죄에 대한 용서를 위한 몇 가지 필수적인 요소를 말하고 있다. 그 첫 번째가 죄의 고백과 참회이다(시 32:5). 유대인들이 죄로 인해 자기 옷을 찢고, 재를 뿌리며 금식하는 것은 철저한 죄의 고백과 회개의 표식이다. 두 번째로는 내면적인 속죄와 더불어 반드시 외적인 변화가 수반되어야 한다는 것이다. 지금까지의 악한 행동을 중지하고(사 33:15) 죄악 된 행동에서 즉시 벗어나는 것이다. 그뿐만 아니라 앞으로 하나님의 말씀을 준행하고 규례에 따라 선을 행하는 적극적인 자세로 바뀌어야 한다(렘 26:13). 백성들이 이방 여인을 내보내고 하나님의 말씀을 준행할 것을 맹세함으로 회개의 요건을 갖추고 하나님의 용서를 받게 된 것이다.
☞ 백성들의 죄를 자신의 죄로 여기는 에스라의 모습은 하나님 나라의 백성으로 존재하는 모든 성도의 모습이어야 한다. 하나님 안에서 성도는 한 공동체 구성원이며 서로의 삶에 대해 책임을 져야 하는 존재이다. 그러므로 성도는 다른 성도의 신앙적 삶에 대해 충고하고 올바른 방향으로 인도할 의무와 권리를 가지는 것이다. 한편 에스라의 모범에 행동으로 회개한 백성들과 같이 진정한 회개란 선언이 아니라 즉각적으로 행함임을 말해주고 있다.

암아 숫양 한 마리를 속건제로 드렸으며 20 또 임멜 자손 중에서는 하나니
와 스바댜요 21 하림 자손 중에서는 마아세야와 엘리야와 스마야와 여히
엘과 웃시야요 22 바스훌 자손 중에서는 엘료에내와 마아세야와 이스마
엘과 느다넬과 요사밧과 엘라사였더라 23 레위 사람 중에서는 요사밧과
시므이와 글라야라 하는 글리다와 브다히야와 유다와 엘리에셀이었더라
24 노래하는 자 중에서는 엘리아십이요 문지기 중에서는 살룸과 델렘과
우리였더라 25 이스라엘 중에서는 바로스 자손 중에서는 라먀와 잇시야
와 말기야와 미야민과 엘르아살과 말기야와 브나야요 26 엘람 자손 중에
서는 맛다냐와 스가랴와 여히엘과 압디와 여레못과 엘리야요 27 삿두 자
손 중에서는 엘료에내와 엘리아십과 맛다냐와 여레못과 사밧과 아시사
요 28 베배 자손 중에서는 여호하난과 하나냐와 삽배와 아들래요 29 바니
자손 중에서는 므술람과 말룩과 아다야와 야숩과 스알과 여레못이요 30
바핫모압 자손 중에서는 앗나와 글랄과 브나야와 마아세야와 맛다냐와 브살렐과 빈누이와 므낫세요 31 하림 자
손 중에서는 엘리에셀과 잇시야와 말기야와 스마야와 시므온과 32 베냐민과 말룩과 스마랴요 33 하숨 자손 중에
서는 맛드내와 맛닷다와 사밧과 엘리벨렛과 여레매와 므낫세와 시므이요 34 바니 자손 중에서는 마아대와 아므
람과 우엘과 35 브나야와 베드야와 글루히와 36 와냐와 므레못과 에랴십과 37 맛다냐와 맛드내와 야아수와 38 바
니와 빈누이와 시므이와 39 셀레먀와 나단과 아다야와 40 막나드배와 사새와 사래와 41 아사렐과 셀레먀와 스마
랴와 42 살룸과 아마랴와 요셉이요 43 느보 자손 중에서는 여이엘과 맛디디야와 사밧과 스비내와 잇도와 요엘과
브나야더라 44 이상은 모두 이방 여인을 아내로 맞이한 자라 그 중에는 자녀를 낳은 여인도 있었더라

귀환 사역의 영적 의미

3차에 걸친 귀환을 통해 이룬 사역의 성격이 준 의미를 살펴보자. 그들이 먼저 한 일은 성전의 재건이었다. 성전은 하나님의 임재를 상징하는 것이다. 하나님과의 관계 회복은 언제나 하나님이 주도권을 쥐고 먼저 임재하심으로 시작하는 것이다.
둘째 그렇게 임재하신 하나님과 관계를 회복하기 위해서는 인간이 죄 씻음을 받는 영적 회개와 언약 갱신이 있어야 한다. 그것을 위해 에스라가 2차 귀환단을 이끌고 돌아와 영적 부흥 운동을 일으킨다.
셋째 그런 후 이제 삶으로 그 관계 회복을 표현하는 삶을 살아야 하고, 그런 삶은 하나님의 보호를 받는다. 그래서 느헤미야가 돌아와 성벽을 재건하는 것이다.

62일차 읽기의 요약

(에 3~10, 스 4:6~23, 스 7~10)

하나님께서는 바벨론 땅에 잡혀간 유대인들의 후손 중 예루살렘으로 귀환하지 않고 바사 제국의 통치 아래서 계속 흩어져 사는 유대인들 또한 어떻게 그분의 섭리 가운데 구원하시고 보호하시는지 에스더서를 통해 보여 주신다.
하나님께서는 에스더가 자신이 마침 그때 바사의 왕비라는 특별한 지위를 얻게 하신 하나님의 구체적인 뜻을 사촌 모르드개를 통해 깨닫게 하셔서 자기 민족을 멸절당할 위기에서 구원하는 통로로 쓰임 받게 하셨다. 비록 포로의 신분이지만 하나님의 백성으로서의 정체성을 유지하고 있었던 모르드개와 에스더를 통해 하나님께서는 흩어진 유대민족 전체가 그들을 멸절시키려는 음모에서 구원을 얻게 하셨다.
한편 예루살렘 땅에서는 에스라가 페르시아에서 백성들과 함께 두 번째로 귀환하게 된다. 에스라는 이미 성전을 짓고 예루살렘에 살고 있지만 하나님의 율법을 제대로 알지 못하고 또다시 여러 세상 문화와 섞여서 사는 유대인들에게 하나님의 율법을 연구하고 준행하며 가르치기로 결단한다. 에스라는 예루살렘에서 백성들을 모아 하나님의 말씀을 통한 부흥을 주도했을 뿐만 아니라 심지어 이방 여인을 아내로 맞아 그 아내들의 종교를 따라 섞여서 구별된 삶을 살지 못하는 지도자들과 제사장들의 가정에서 이방 여인들을 다시 돌려보내기까지 그들의 삶의 현장을 하나님의 말씀으로 개혁한다.

그러면 어떻게 살 것인가?

인위뚝·신위고!

☑ 세계관 점검 - 묵상하기 (영상 강의와 교재 내용의 이해를 바탕으로)

에 4:14-16 에스더서에는 하나님에 관한 언급이 전혀 없다. 그러므로 에스더서가 과연 우리의 신앙과 무슨 관계가 있느냐고 반문할 수 있다. 하지만 에스더서 전반에는 하나의 오묘한 섭리가 강하게 암시되어 있다. 와스디 왕후가 왕명에 불응함으로써 폐위된 것이나 유대인인 에스더가 그 자리를 대신한 것, 모르드개가 왕을 시해하려는 자들의 음모를 고변하게 된 것은 우연으로 보이지만 사실은 당신의 백성을 악한 자의 궤계로부터 구원하기 위한 하나님의 오묘한 섭리의 결과이다. 우리는 하나님의 오묘한 섭리를 깨닫는 일이 쉽지 않다. 그래서 위기에 처할 때 절망하기 쉽고, 그러한 위기에서 벗어나면 그것을 우연한 결과로 생각하기 쉽다. 그러나 이 세상의 모든 일 가운데 하나님의 주권과 섭리를 벗어나서 발생하는 것은 아무것도 없다. 모든 것이 하나님에게서 나오고 하나님에게로 돌아간다(롬 11:36 "이는 만물이 주에게서 나오고 주로 말미암고 주에게로 돌아감이라 그에게 영광이 세세에 있을지어다 아멘"). 그러므로 우리는 매사에 하나님의 주권과 섭리를 인정하는 삶을 살아야 한다. 그리고 특별히 우리는 자기 백성에 대한 하나님의 보존 섭리를 확신해야 한다. 우리가 이에 대한 확신을 가질 때 우리는 어떠한 위기에서도 하나님을 바라보며 절망하지 않을 수 있다.
⇒ 오늘도 나는 그 섭리주 하나님과 동행하는 삶을 살고 있는가?

에 4:16 유대인들이 하만의 진멸 음모에서 구원을 얻은 데에는 에스더라는 여인의 헌신이 결정적인 힘이 되었다. 그녀는 민족이 멸절의 위기에 처하였을 때 왕후의 자리에 연연하지 않고 '죽으면 죽으리라'라는 일사 각오(一死覺悟)의 정신으로 헌신함으로써 민족 구원의 길을 열었다. 물론 이스라엘 민족을 위기에서 구원하신 궁극적 주체는 하나님이시지만 에스더가 민족을 위해 헌신함으로써 하나님의 구원 사역의 도구가 된 것이다. 하나님은 오늘날에도 당신의 나라를 위하여 이와 같이 자기를 바쳐 헌신하는 자를 찾으신다. 하나님은 그처럼 헌신하는 자를 통하여 당신의 나라를 위한 놀라운 역사를 일으키시며, 그를 영화롭게 하여 주신다.

에스더에서 발견해야 할 대답 (▶ 동영상 강의 시청)
① 하나님은 과연 약속의 땅을 떠나 사는 이름없는 유대 민족에게 아직도 관심을 가지시는가?
② 하나님은 디아스포라에도 먼 옛날에 하신 언약을 지키실 것인가?
③ 디아스포라 유대인들은 위기 상황에서 무엇을 할 수 있었는가?
④ 이스라엘의 하나님이 여전히 그 백성을 기억하신다면 에스더서 어디에서 그분을 발견할 수 있는가?

☑ 세 부류의 사람

❶

❷

❸

61일~66일

❶ 불신자(不信者)

❷ 신자(信者)

· 고전 2:14-15 육에 속한 사람은 하나님의 성령의 일들을 받지 아니하나니 이는 그것들이 그에게는 어리석게 보임이요, 또 그는 그것들을 알 수도 없나니 그러한 일은 영적으로 분별되기 때문이라 신령한 자는 모든 것을 판단하나 자기는 아무에게도 판단을 받지 아니하느니라

❸ 신자(神子)

· 고전 3:1-3 형제들아 내가 신령한 자들을 대함과 같이 너희에게 말할 수 없어서 육신에 속한 자 곧 그리스도 안에서 어린 아이들을 대함과 같이 하노라 내가 너희를 젖으로 먹이고 밥으로 아니하였노니 이는 너희가 감당하지 못하였음이거니와 지금도 못하리라 너희는 아직도 육신에 속한 자로다 너희 가운데 시기와 분쟁이 있으니 어찌 육신에 속하여 사람을 따라 행함이 아니리요

· 고전 3:16 너희는 너희가 하나님의 성전인 것과 하나님의 성령이 너희 안에 계시는 것을 알지 못하느냐

⇒ 바사(페르시아)에 사는 유대인들은 세상 속에 있는 하나님의 세속적 백성, 즉 육신적 그리스도의 모형이라고 볼 수 있다. 모두 고향으로 돌아가도록 하나님께서 마음을 움직여(스 1:1) 조치해 주셨는데 황폐한 예루살렘으로 돌아가 고생하면서 성전을 재건하고 성벽을 쌓는 것 보다 이곳 바사에서 그동안 닦아 놓은 기반을 즐기면서 이곳에 영주하는 자들이 바로 바사의 유대인 들이다. 이들은 창세기의 롯과 같은 자들이다. 눈에 보이는 것으로 판단하고 만족하는 세속적인 그리스도인들의 모형이다.

하나님은 이들도 그의 섭리 속에서 보호하시고 인도하시지만, 그의 이름이 그들과 깊이 관련되기를 허용하시지는 않다.

참 성도는 '바벨론'에서 나와야 하고, '애굽'에서 나아와야 한다.

고레스의 포로 귀환 칙령은 표면적으로 보면 그의 유화적인 식민 정책에서 비롯된 것이었다. 사실 포로 귀환과 성전 재건을 허락하는 칙령을 내린 것은 이스라엘 민족에게만 국한된 조치가 아니었다. 그의 칙령은 제국 내 모든 식민 국가를 대상으로 한 것이었다. 그러나 그의 이러한 정책은 철저하게 역사의 주관자 되시는 하나님의 강권적인 섭리에서 비롯된 것이었다. 하나님은 일찍이 고레스를 통하여 이스라엘을 해방하실 것임을 예언하셨다(사 44:28-45:3). 이는 고레스가 역사의 무대에 등장하기 무려 100수 십여 년 전에 있었던 일이다. 이는 결국 하나님께서 이 세상 모든 역사의 진정한 주관자가 되심을 증거하는 것이다. 실로 역사상 그 어떤 일도 하나님의 뜻과 허락 없이는 일어나지 않는다.

61일~
66일

유다 귀환민들이 성전을 재건하려 할 때 사마리아인들의 훼방을 받았다. 이는 훗날 예루살렘 성곽을 재건하려 할 때도 마찬가지였다. 결국 이에 따라 성전 재건 사업도, 성곽 재건 사업도 차질을 빚을 수밖에 없었다. 이러한 사마리아인의 훼방 배후에는 하나님의 일을 방해하려는 사탄의 간계가 있었다. 실로 하나님의 나라를 위해 하는 일에는 언제나 사탄의 세력이 개입하여 방해하게 마련이다. 이는 하나님과 사탄은 원수 관계에 있기 때문이다. 그러므로 하나님의 나라 건설을 위해 일하는 성도는 늘 사탄의 훼방을 염두에 두고 일해야 한다. 그리고 사탄의 궤계를 물리치기 위해 늘 하나님의 전신 갑주로 무장하는 것은 물론(엡 6:10-17) 사탄의 극심한 공격으로 절망적인 상황에 처한다 해도 전능하신 하나님을 의지하는 믿음으로 극복해 나가야 한다.

포로에서 귀환한 이스라엘 자손들은 성전을 재건하고 제사를 회복함으로써 외형적으로 선민의 정체성과 지위를 회복하였다. 그러나 그들은 이방인들처럼 이방 여인을 아내로 취함으로써 실제적으로는 선민의 위상을 찾지 못하였다. 그러므로 그들이 진정 선민 본래의 모습을 되찾으려면 이방인과의 통혼 문제를 해결해야만 하였다. 이와 마찬가지로 성도가 하나님의 택한 백성으로서의 위상을 지니려면 세속적인 삶 및 불의와 단절하고 거룩한 을 살지 않으면 안 된다.

✐ 에스라 9장의 회개의 기도를 읽고 모세와 여호수아의 당부(진멸하라. 가나안 땅의 문화와 섞이지 말고 정복하라)를 함께 기억하라(출 23:20-33, 신 7:1-11, 16, 수 23:5-13).
오늘 이 회개의 기도가 우리 교회에서 나와야 하지 않을까?

✐ 에스라서를 통해 본 영적 회복의 6단계 묵상

☑ 1) 고향으로 돌아가다(Back to the Land)
이스라엘에게 가나안은 특별한 의미가 있는 땅이다. 언약 상속의 땅이다. 아브라함 언약의 축복의 땅이다. 먼저 이 축복의 땅으로 돌아가야 한다.
범죄한 자들은, 첫사랑을 잃은 자들은, 먼저 하나님이 축복하시는 장(場, place)으로 돌아가야 한다. 이 세상의 바벨론으로부터 등을 돌려야 한다는 말이다. 우리가 가야 할 축복의 장소는 "복음의 약속"이다.
요일 1:9 "만일 우리가 우리의 죄를 자백하면 그는 미쁘시고 의로우사 우리 죄를 사하시며 우리를 모든 불의에서 깨끗하게 하실 것이요"

☑ 2) 제단 재건축(the Altar rebuilt)
귀환해서 한 첫 번째 일은 제단을 다시 쌓는 일이였다. 제단의 의미는 하나님께로 구별되는 것(consecration to God)의 의미를 갖는다. -관점 3을 생각하라.

☑ 3) 새 성전의 시작(the New Temple commenced)
귀환의 목적은 성전을 재건하는 데 있었다. 새 제단을 쌓고 예배가 회복되었으면 새 성전이 시작되도록 해야 한다. 우리는 하나님을 찬양하고 증거하는 영적 집을 짓도록 부름 받은 자임을 알아야 한다. 바울은 우리가 하나님의 성전이라고 했다는 사실을 명심하라.

☑ 4) 역경을 만남("Adversaries" encounter)
하나님의 사역을 하며 영적인 삶을 사는 한, 대적은 언제나 만난다는 사실을 명심하고 언제나 하나님을 의지하고 있어야 한다. 그래서 그 대적과 타협하면 안 된다.
약 4:7 "그런즉 너희는 하나님께 복종할지어다 마귀를 대적하라 그리하면 너희를 피하리라"

☑ 5) 예언의 소리(Prophets raised up)
역경의 순간에는 언제나 희망의 소리가 있다는 사실을 기억하라. 이들의 역경에는 학개와 스가랴가 희망의 예언의 소리를 들려주었다. 우리의 역경 속에는 언제나 하나님의 말씀인 성경이 떠나지 않아야 한다.

☑ 6) 사명의 완성(the Work completed)
믿음과 사역은 하나님의 이름으로 승리하게 되어 있음을 명심하시라.

☑ 결단기도와 실행하기

약 2:26 영혼 없는 몸이 죽은 것 같이 행함이 없는 믿음은 죽은 것이니라
시 119:28 나의 영혼이 눌림으로 말미암아 녹사오니 주의 말씀대로 나를 세우소서

61일~
66일

느헤미야 1장~10장

느헤미야 1장

느헤미야가 예루살렘을 두고 기도하다

1 하가랴의 아들 느헤미야의 말이라 아닥사스다 왕 제이십년 기슬르월에
내가 수산 궁에 있는데 2 내 형제들 가운데 하나인 하나니가 두어 사람과
함께 유다에서 내게 이르렀기로 내가 그 사로잡힘을 면하고 남아 있는 유
다와 예루살렘 사람들의 형편을 물은즉 3 그들이 내게 이르되 사로잡힘
을 면하고 남아 있는 자들이 그 지방 거기에서 큰 환난을 당하고 능욕을
받으며 예루살렘 성은 허물어지고 성문들은 불탔다 하는지라 4 내가 이
말을 듣고 앉아서 울고 수일 동안 슬퍼하며 하늘의 하나님 앞에 금식하며

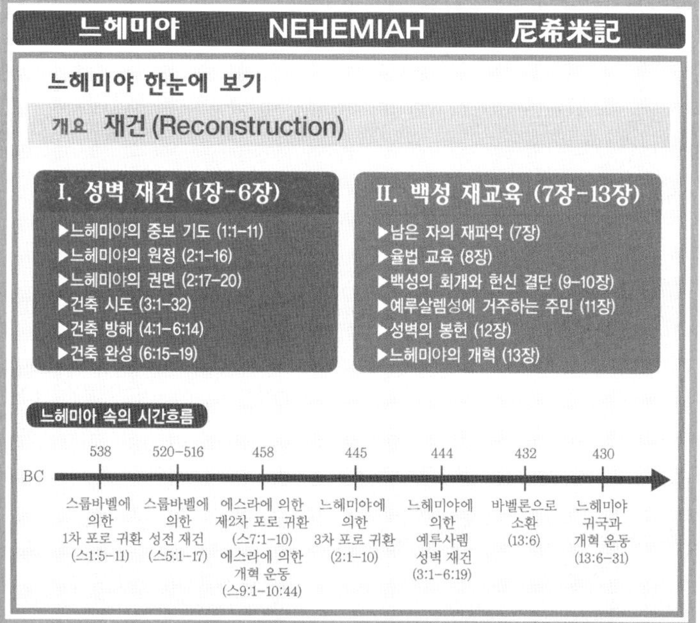

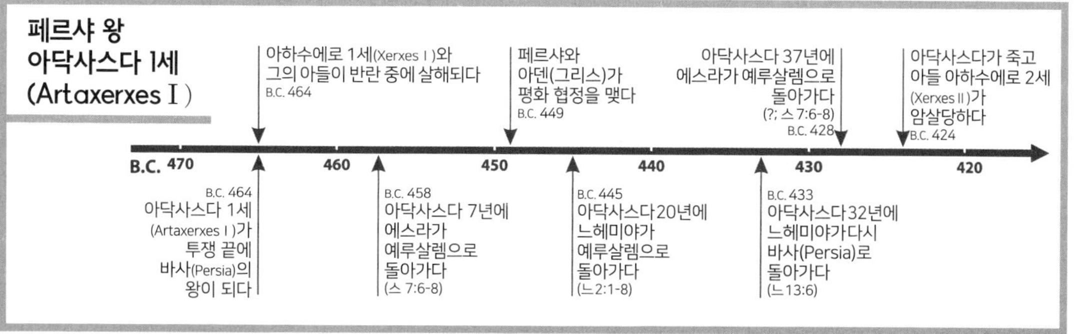

❖ 느헤미야 개요

- 이 책이 커버하는 시간은 B.C. 445~415년이다.
- 느헤미야는 행동하는 믿음의 사람, 즉 믿는 대로 실천한 사람이다.
- 느헤미야는 바사의 아닥사스다 1세를 위한 중요한 술을 맡은 관원이었다. 느헤미야는 에스라가 예루살렘에 돌아간 지 약 12년, 그리고 스룹바벨이 예루살렘으로 돌아간 지 90년이 지난 후에 예루살렘의 황폐한 상태에 대한 소식을 듣고 그의 마음이 초조하고 근심에 쌓이게 되었고, 그래서 기도하면서 왕에게 접근하여 예루살렘에 갈 수 있도록 허락을 받아낸다.
- 건축하는 사람들은 사방으로부터 맹렬한 반대를 만나게 되나, 느헤미야는 기도와 행동으로써 흔들림 없이 저항하며 진행한다.
- 그는 여러 가지 사회적 개혁을 실행하며, 성벽 건축을 완성한다(4~6장).
- 에스라가 율법을 공개적으로 낭독하고, 초막절을 지키며, 회개의 금식을 행하고 율법에 순종하겠다는 언약에 서명한다(7~10장).
- 예루살렘에 백성이 살도록 배치되고, 성벽을 봉헌하며 큰 기쁨과 감사의 제사를 드린다(11~12장). 느헤미야는 바사의 아닥사스다 왕에게 돌아오고(B.C. 약 433년), 그다음에 두 번째로 다시 예루살렘을 방문하고 좀 더 많은 개혁을 수행한다(13장).

❖ 느 1장

느헤미야는 유대인으로 페르시아의 아닥사스다 1세(B.C. 464-424)의 술 관원의 직책을 맡고 있었다. 술 관원은 왕의 측근에서 보필하는 자로서, 왕을 죽이는 혁명이 난무하던 당시 상황에서 볼 때, 왕의 절대적인 신임을 받는 자임을 알 수 있다. 아닥사스다

기도하여 5 이르되 하늘의 하나님 여호와 크고 두려우신 하나님이여 주를
사랑하고 주의 계명을 지키는 자에게 언약을 지키시며 긍휼을 베푸시는
주여 간구하나이다 6 이제 종이 주의 종들인 이스라엘 자손을 위하여 주
야로 기도하오며 우리 이스라엘 자손이 주께 범죄한 죄들을 자복하오니
주는 귀를 기울이시며 눈을 여시사 종의 기도를 들으시옵소서 나와 내 아
버지의 집이 범죄하여 7 주를 향하여 크게 악을 행하여 주께서 주의 종 모
세에게 명령하신 계명과 율례와 규례를 지키지 아니하였나이다 8 옛적에
주께서 주의 종 모세에게 명령하여 이르시되 만일 너희가 범죄하면 내가
너희를 여러 나라 가운데에 흩을 것이요 9 만일 내게로 돌아와 내 계명을
지켜 행하면 너희 쫓긴 자가 하늘 끝에 있을지라도 내가 거기서부터 그들
을 모아 내 이름을 두려고 택한 곳에 돌아오게 하리라 하신 말씀을 이제
청하건대 기억하옵소서 10 이들은 주께서 일찍이 큰 권능과 강한 손으로
구속하신 주의 종들이요 주의 백성이니이다 11 주여 구하오니 귀를 기울
이사 종의 기도와 주의 이름을 경외하기를 기뻐하는 종들의 기도를 들으
시고 오늘 종이 형통하여 이 사람들 앞에서 은혜를 입게 하옵소서 하였나
니 그 때에 내가 왕의 술 관원이 되었느니라

느헤미야 2장

느헤미야가 예루살렘으로 가다

1 아닥사스다 왕 제이십년 니산월에 왕 앞에 포도주가 있기로 내가 그 포

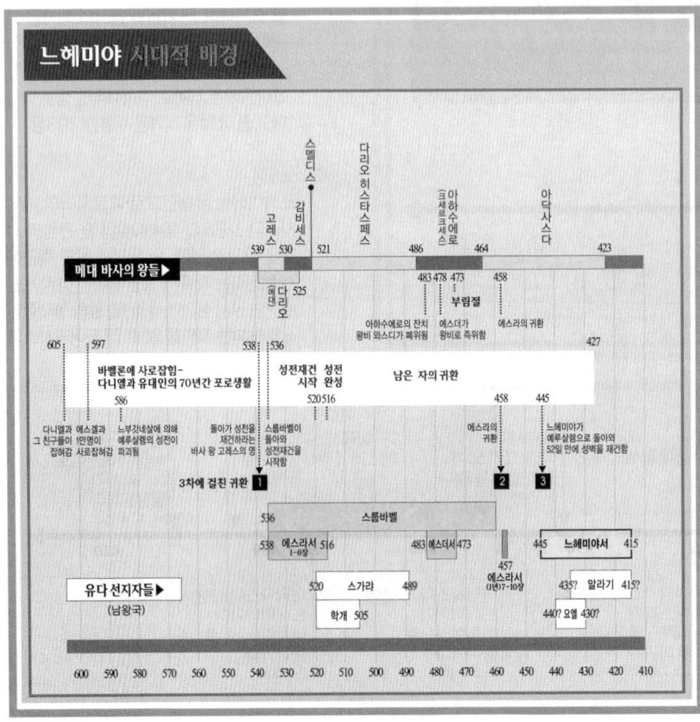

자신도 왕실 혁명을 일으켜 왕위에 올랐었다. 또한 느헤미야의 형제 하나니가 페르시아의 사절단으로 왔고(느 1:2) 예루살렘의 총독이 되었다는 사실로 미루어(느 7:2) 느헤미야가 유대의 유력한 집안 출신임을 알 수 있다. 그러나 그는 바벨론 포로 생활 중에 태어나고 거기서 교육받았기 때문에 예루살렘의 형편에 대해서는 잘 모르고 있었다. 그러다가 B.C. 444년에 예루살렘에서 사절단으로 온 동생 하나니에게서 예루살렘 성이 훼파된 채로 있다는 소식을 듣게 되었다. 그러고는 예루살렘 성을 재건하겠다는 결심을 하게 되고 결국 아닥사스다의 승낙을 받고 실행하게 되었다. 이는 느헤미야가 매우 신실한 여호와 신앙의 소유자임을 말해 준다. 그에 필요한 권한과 자재를 미리 확보한 것이나(느 2:7-8) 예루살렘에 도착하자마자 성곽의 상태를 살핀 것으로 봐서 매우 치밀한 성격과 판단력, 그리고 행동력을 갖춘 인물이었던 것으로 보인다.

☞ 스룹바벨을 통한 제1차 포로 귀환과 성전 재건, 에스라를 통한 제2차 포로 귀환과 신앙 개혁 운동, 느헤미야를 통한 제3차 포로 귀환과 성벽 재건으로 이어지는 멸망한 이스라엘의 회복은 자기 백성을 끝까지 버리시지 않고 약속대로 구원하시는 하나님의 신실하심을 보여 주고 있다. 비록 인간의 생각에는 더디고 요원한 것 같지만 하나님은 자신의 계획에 따라 정해진 때에 구원과 심판을 반드시 이루실 것이다.

학습 자료 63-1 "포로 귀환 시대의 팔레스타인의 정치적 배경" 참조

3차 귀환의 성벽 쌓기의 의미

제3차 포로 귀환단을 이끌고 예루살렘으로 돌아가 하나님의 도성인 예루살렘의 거주민인 백성을 보호하는 성벽 건축을 격심한 방해를 무릅쓰고 이룬다.

귀환 사역의 영적 의미의 3번째 단계는 하나님의 백성으로서 정체성을 회복한 하나님의 백성은 그 삶을 보호하신다는 것이다. 신약의 구원론에서 "견인"이라는 과정이다. 성경 전체의 핵심이 곧 신적 보호(Divine Protection)인 것처럼 이는 하나님의 창조 약속이다. 성령의 인치심, 하나님 손바닥에 이름을 새기기, 지명하여 불러 하나님의 소유로 삼기 등등의 표현은 곧 신적 보호인 것이다. 그러므로 느헤미야의 성벽은 하나님의 신적 보호의 은혜의 상징이다. 이를 방해하는 세력은 곧 사탄이고, 이것은 영적 전쟁을 말한다. 신약 백성은 이 사실을 엄연히 이해하고 대처해야 한다. 그 대처 방안은 성경 속에 매우 확실하게 있다.

"오늘 성경 읽으셨나요?"

도주를 왕에게 드렸는데 이전에는 내가 왕 앞
에서 수심이 없었더니 2 왕이 내게 이르시
되 네가 병이 없거늘 어찌하여 얼굴에
수심이 있느냐 이는 필연 네 마음에
근심이 있음이로다 하더라 그 때에 내
가 크게 두려워하여 3 왕께 대답하되 왕은 만세수를 하옵소서 내 조상들
의 묘실이 있는 성읍이 이제까지 황폐하고 성문이 불탔사오니 내가 어찌
얼굴에 수심이 없사오리이까 하니 4 왕이 내게 이르시되 그러면 네가 무
엇을 원하느냐 하시기로 내가 곧 하늘의 하나님께 묵도하고 5 왕에게 아
뢰되 왕이 만일 좋게 여기시고 종이 왕의 목전에서 은혜를 얻었사오면 나
를 유다 땅 나의 조상들의 묘실이 있는 성읍에 보내어 그 성을 건축하게
하옵소서 하였는데 6 그 때에 왕후도 왕 곁에 앉아 있었더라 왕이 내게 이
르시되 네가 몇 날에 다녀올 길이며 어느 때에 돌아오겠느냐 하고 왕이
나를 보내기를 좋게 여기시기로 내가 기한을 정하고 7 내가 또 왕에게 아
뢰되 왕이 만일 좋게 여기시거든 강 서쪽 총독들에게 내리시는 조서를 내
게 주사 그들에게 나를 용납하여 유다에 들어가기까지 통과하게 하시고
8 또 왕의 삼림 감독 아삽에게 조서를 내리사 그가 성전에 속한 영문의 문
과 성곽과 내가 들어갈 집을 위하여 들보로 쓸 재목을 내게 주게 하옵소
서 하매 내 하나님의 선한 손이 나를 도우시므로 왕이 허락하고 9 군대 장
관과 마병을 보내어 나와 함께 하게 하시기로 내가 강 서쪽에 있는 총독
들에게 이르러 왕의 조서를 전하였더니 10 호론 사람 산발랏과 종이었던
암몬 사람 도비야가 이스라엘 자손을 흥왕하게 하려는 사람이 왔다 함을
듣고 심히 근심하더라 11 내가 예루살렘에 이르러 머무른 지 사흘 만에 12
내 하나님께서 예루살렘을 위해 무엇을 할 것인지 내 마음에 주신 것을
내가 아무에게도 말하지 아니하고 밤에 일어나 몇몇 사람과 함께 나갈새
내가 탄 짐승 외에는 다른 짐승이 없더라 13 그 밤에 골짜기 문으로 나가
서 용정으로 분문에 이르는 동안에 보니 예루살렘 성벽이 다 무너졌고 성
문은 불탔더라 14 앞으로 나아가 샘문과 왕의 못에 이르러서는 탄 짐승이

지나갈 곳이 없는지라 15 그 밤에
시내를 따라 올라가서 성벽을 살
펴본 후에 돌아서 골짜기 문으로
들어와 돌아왔으나 16 방백들은
내가 어디 갔었으며 무엇을 하였
는지 알지 못하였고 나도 그 일을 유다 사람들에게나 제사장들에게나 귀
족들에게나 방백들에게나 그 외에 일하는 자들에게 알리지 아니하다가
17 후에 그들에게 이르기를 우리가 당한 곤경은 너희도 보고 있는 바라 예
루살렘이 황폐하고 성문이 불탔으니 자, 예루살렘 성을 건축하여 다시 수
치를 당하지 말자 하고 18 또 그들에게 하나님의 선한 손이 나를 도우신
일과 왕이 내게 이른 말씀을 전하였더니 그들의 말이 일어나 건축하자 하
고 모두 힘을 내어 이 선한 일을 하려 하매 19 호론 사람 산발랏과 종이었

느 2:1-3
학습 자료 63-2 "고대의 술관원" 참조

느 2:11 제3차 포로 귀환 경로

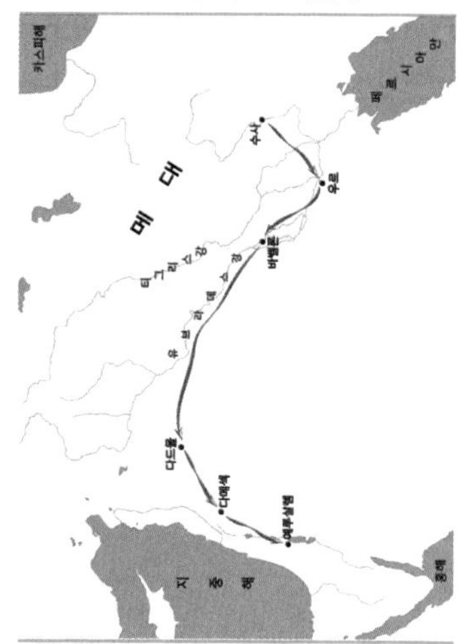

❖ 느 2장
느헤미야가 아닥사스다 왕 이십년에 예루살렘 성벽 재건을 위해 사람들을 이끌고 귀환한 것이 마지막 포로 귀환이었다. 느헤미야의 시대에 대해 여러 가지 학설이 있지만 B.C. 408년에 작성된 엘레판틴 파피루스에서 아닥사스다 1세 시대에 사마리아의 총독이었던 산발랏의 이름이 등장하고 있는 것으로 봐서 포로 귀환의 때를 B.C. 445년으로 볼 수 있다. 성벽 재건 공사는 B.C. 432년까지 12년 동안 계속되었고(느 5:14), 이 기간 느헤미야가 유다 총독의 직책을 맡고 있었다. 느헤미야는 성벽 재건을 통해서 종교적인 회복을 이루고 동시에 군사적인 안보를 강화하고 뒤에서 언급될 이방 여인들과의 결혼을 비롯해 이방 족속들과의 접촉을 금지함으로 유대 민족의 순수성을 유지하고자 하였다. 느헤미야의 이러한 작업은 시대적인 상황과 매우 밀접한 연관이 있다. 느헤미야의 시대는 최초의 포로 귀환과 성전 재건이 이루어졌던 B.C. 520년 경과 흡사하였다. 이집트가 페르시아에 대해 폭동을 일으키고 페르시아는 살라미스 전투에서 아테네에게 패배하였다. 이로 인해 유대인들 사이에서는 종말론적인 희망이 다시 일어나기 시작한 것이다. 거룩한 성 예루살렘의 성벽 재건은 바로 구원의 시대를 맞이하기 위한 신앙적 열망의 표시였다.
☞ 예루살렘 성벽 재건은 유대인들의 터전이 아니라 하나님의 영광을 회복하는 것이다. 유대인들의 죄로 인해 쇠락된 예루살렘이 하나님의 섭리로 예전의 영광을 되찾게 된 것이다. 이는 유대인들을 향한 하나님의 구원 표시이며 이방을 향하여 하나님의 능력을 확인하고 선포하시는 사건이다. 나아

61일~66일

던 암몬 사람 도비야와 아라비아 사람 게셈이 이 말을 듣고 우리를 업신
여기고 우리를 비웃어 이르되 너희가 하는 일이 무엇이냐 너희가 왕을 배
반하고자 하느냐 하기로 20 내가 그들에게 대답하여 이르되 하늘의 하나
님이 우리를 형통하게 하시리니 그의 종들인 우리가 일어나 건축하려니와 오직 너희에게는 예루살렘에서 아무
기업도 없고 권리도 없고 기억되는 바도 없다 하였느니라

가 종말에 하나님께서 영원한 예루살렘을 세우시고 택한 자들을 영광의 성으로 부르실 것을 증거해 주고 있다.

느헤미야 3장

예루살렘 성벽 중수

1 그 때에 대제사장 엘리아십이 그의 형제 제사장들과 함께 일어나 양문
을 건축하여 성별하고 문짝을 달고 또 성벽을 건축하여 함메아 망대에서
부터 하나넬 망대까지 성별하였고

2 그 다음은 여리고 사람들이 건축
하였고 또 그 다음은 이므리의 아
들 삭굴이 건축하였으며 3 어문은
하스나아의 자손들이 건축하여 그 들
보를 얹고 문짝을 달고 자물쇠와 빗장을 갖추었고 4 그 다음은 학고스의
손자 우리아의 아들 므레못이 중수하였고 그 다음은 므세사벨의 손자 베
레갸의 아들 므술람이 중수하였고 그 다음은 바아나의 아들 사독이 중
수하였고 5 그 다음은 드고아 사람들이 중수하였으나 그 귀족들은 그들
의 주인들의 공사를 분담하지 아니하였으며 6 옛 문은 바세아의 아들 요
야다와 브소드야의 아들 므술람이 중수하여 그 들보를 얹고 문짝을 달고
자물쇠와 빗장을 갖추었고 7 그 다음은 기브온 사람 믈라댜와 메로놋 사
람 야돈이 강 서쪽 총독의 관할에 속한 기브온 사람들 및 미스바 사람들과 더불어 중수하였고 8 그 다음은 금장
색 할해야의 아들 웃시엘 등이 중수하였고 그 다음은 향품 장사 하나냐 등이 중수하되 그들이 예루살렘의 넓은
성벽까지 하였고 9 그 다음은 예루살렘 지방의 절반을 다스리는 후르의 아들 르바야가 중수하였고 10 그 다음은
하루맙의 아들 여다야가 자기 집과 마주 대한 곳을 중수하였고 그 다음
은 하삽느야의 아들 핫두스가 중수하였고 11 하림의 아들 말기야와 바핫
모압의 아들 핫숩이 한 부분과 화덕 망대를 중수하였고 12 그 다음은 예
루살렘 지방 절반을 다스리는 할로헤스의 아들 살룸과 그의 딸들이 중
수하였고 13 골짜기 문은 하눈과 사노아 주민이 중수하여 문을 세우며 문
짝을 달고 자물쇠와 빗장을 갖추고 또 분문까지 성벽 천 규빗을 중수하였고 14 분문은 벧학게렘 지방을 다스리
는 레갑의 아들 말기야가 중수하여 문을 세우며 문짝을 달고 자물쇠와 빗장을 갖추었고 15 샘문은 미스바 지방
을 다스리는 골호세의 아들 살룬이 중수하여 문을 세우고 덮었으며 문짝을 달고 자물쇠와 빗장을 갖추고 또 왕
의 동산 근처 셀라 못 가의 성벽을 중수하여 다윗 성에서 내려오는 층계까지 이르렀고 16 그 다음은 벧술 지방
절반을 다스리는 아스북의 아들 느헤미야가 중수하여 다윗의 묘실과 마주 대한 곳에 이르고 또 파서 만든 못을
지나 용사의 집까지 이르렀고 17 그 다음은 레위 사람 바니의 아들 르훔이 중수하였고 그 다음은 그일라 지방 절
반을 다스리는 하사뱌가 그 지방을 대표하여 중수하였고 18 그 다음은 그들의 형제들 가운데 그일라 지방 절반
을 다스리는 헤나닷의 아들 바왜가 중수하였고 19 그 다음은 미스바를 다스리는 예수아의 아들 에셀이 한 부분
을 중수하여 성 굽이에 있는 군기고 맞은편까지 이르렀고 20 그 다음은 삽배의 아들 바룩이 한 부분을 힘써 중수
하여 성 굽이에서부터 대제사장 엘리아십의 집 문에 이르렀고 21 그 다음은 학고스의 손자 우리야의 아들 므레

느 3:1
학습 자료 63-3 "포로 귀환 시대의 대제사장의 사회적 역할" 참조

61일~66일

못이 한 부분을 중수하여 엘리아십의 집 문에서부터 엘리아십의 집 모퉁
이에 이르렀고 22 그 다음은 평지에 사는 제사장들이 중수하였고 23 그 다
음은 베냐민과 핫숩이 자기 집 맞은편 부분을 중수하였고 그 다음은 아
나냐의 손자 마아세야의 아들 아사랴가 자기 집에서 가까운 부분을 중수
하였고 24 그 다음은 헤나닷의 아들 빈누이가 한 부분을 중수하되 아사랴
의 집에서부터 성 굽이를 지나 성 모퉁이에 이르렀고 25 우새의 아들 발랄
은 성 굽이 맞은편과 왕의 윗 궁에서 내민 망대 맞은편 곧 시위청에서 가
까운 부분을 중수하였고 그 다음은 바로스의 아들 브다야가 중수하였고
26 (그 때에 느디님 사람은 오벨에 거주하여 동쪽 수문과 마주 대한 곳에서부터 내민 망
대까지 이르렀느니라) 27 그 다음은 드고아 사람들이 한 부분을 중수하여 내
민 큰 망대와 마주 대한 곳에서부터 오벨 성벽까지 이르렀느니라 28 마문
위로부터는 제사장들이 각각 자기 집과 마주 대한 부분을 중수하였고 29
그 다음은 임멜의 아들 사독이 자기 집과 마주 대한 부분을 중수하였고
그 다음은 동문지기 스가냐의 아들 스마야가 중수하였고 30 그 다음은 셀
레먀의 아들 하나냐와 살랍의 여섯째 아들 하눈이 한 부분을 중수하였고
그 다음은 베레갸의 아들 므술람이 자기의 방과 마주 대한 부분을 중수
하였고 31 그 다음은 금장색 말기야가 함밉갓 문과 마주 대한 부분을 중
수하여 느디님 사람과 상인들의 집에서부터 성 모퉁이 성루에 이르렀고
32 성 모퉁이 성루에서 양문까지는 금장색과 상인들이 중수하였느니라

느헤미야 4장

방해를 물리치다

1 산발랏이 우리가 성을 건축한다 함을 듣고 크게 분노하여 유다 사람들
을 비웃으며 2 자기 형제들과 사마리아 군대 앞에서 일러 말하되 이 미약
한 유다 사람들이 하는 일이 무엇인가, 스스로 견고하게 하려는가, 제사
를 드리려는가, 하루에 일을 마치려는가 불탄 돌을 흙 무더기에서 다시 일
으키려는가 하고 3 암몬 사람 도비야는 곁에 있다가 이르되 그들이 건축
하는 돌 성벽은 여우가 올라가도 곧 무너지리라 하더라 4 우리 하나님이
여 들으시옵소서 우리가 업신여김을 당하나이다 원하건대 그들이 욕하
는 것을 자기들의 머리에 돌리사 노략거리가 되어 이방에 사로잡히게 하
시고 5 주 앞에서 그들의 악을 덮어 두지 마시며 그들의 죄를 도말하지 마
옵소서 그들이 건축하는 자 앞에서 주를 노하시게 하였음이니이다 하고
6 이에 우리가 성을 건축하여 전부가 연결되고 높이가 절반에 이르렀으니
이는 백성이 마음 들여 일을 하였음이니라 7 산발랏과 도비야와 아라비아
사람들과 암몬 사람들과 아스돗 사람들이 예루살렘 성이 중수되어 그 허
물어진 틈이 메꾸어져 간다 함을 듣고 심히 분노하여 8 다 함께 꾀하기를
예루살렘으로 가서 치고 그 곳을 요란하게 하자 하기로 9 우리가 우리 하
나님께 기도하며 그들로 말미암아 파수꾼을 두어 주야로 방비하는데 10
유다 사람들은 이르기를 흙 무더기가 아직도 많거늘 짐을 나르는 자의 힘
이 다 빠졌으니 우리가 성을 건축하지 못하리라 하고 11 우리의 원수들은

❖ **느헤미야의 지도력(느 4장)**

☞ **일을 시작하기 전에**:
- 성취할 수 있는 목표를 세움
- 목표 달성을 위해 우선 무엇부터 해야 할 지를 정리함
- 언제나 특히 일이 어렵고 시급할수록 먼저 하나님께 기도함
- 일을 해나가는 데 필요한 사항들을 구체적으로 준비함
- 문제가 무엇인지 자신이 직접 살펴보는 습관이 있음
- 계획을 정리한 후에, 그것을 다른 사람에게 설명하고 협조를 구함

☞ **일을 시작했을 때**:
- 일에 몰두하여 전심전력을 다함
- 현재 하고 있는 일이 옳다는 것을 확신시켜 줌
- 대적들과 타협하지 않고 단호한 자세를 보여 줌
- 난관이 닥쳐도 낙심하지 않고 하나님을 의뢰함
- 하나님께서 역사하시는 때까지 참고 기다림(하나님의 때(Kairos)과 사람의 때(Kronos)를 기억하라)

* Donald K Campbell "Nehemiah : Man in Charge"에서 발췌

☞ 이 원리를 우리의 삶, 특히 Business 경영에 적용하면 100% 성공할 것이다!!!

느 4:1-3

학습 자료 63-4 "산발랏과 도비야에 관한 두 고고학 자료" 참조

❖ 느 4장

산발랏을 비롯한 적대자들의 침공에 대해 느헤미야는 자체적인 방어력을 확보하였다. 백성의 절반이 공사를 하고 나머지 절반은 무장하여 침공에 대비하는 것이다. 또한 나팔수를 동원해 신호체계를 확립하고 비상시에 여러 공사장에 흩어져 있는 백성들이 신속하게 모이도록 한 것이다. 그러나 이 모든 조치에 앞서 느헤미야가 의지한 것은 하나님이었다. 실제로 산발랏의 최초의 공격 의지는 하나님에 의해 좌절되었다(15절). 이와 같이 이스라엘과 대적들 사이에 벌어지는 전투에서 하나님이 자기 백성들을 대신해서 싸우시는 것은, 이스라엘 역사 전체에 걸쳐 나타나는 거룩한 전쟁의 전형적인 모습이다. 이스라엘의 적군은 모두 여호와의 적군이며(삿 5:31) 이스라엘의 전쟁은 여호와의 전쟁이다(삼상 25:28). 그래서 전쟁의 개시 여부도 하나님께 문의하여 결정하였고 여호와께서 직접 군대의 선두에 서서 출전하신다(삼하 5:24). 이스라엘 백성에게 요구되는 것은 하나님께 대한 믿음을 견고히 하고 스스로를 거룩하게 보존하는 것이다(욜 4:9). 그래야만 거룩하신 하나님께서 이스라엘과 함께 거할 수 있기 때문이다. 따라서 승리의 영광과 전리품도 하나님

이르기를 그들이 알지 못하고 보지 못하는 사이에 우리가 그들 가운데 달
려 들어가서 살륙하여 역사를 그치게 하리라 하고 12 그 원수들의 근처에
거주하는 유다 사람들도 그 각처에서 와서 열
번이나 우리에게 말하기를 너희가 우
리에게로 와야 하리라 하기로 13 내가
성벽 뒤의 낮고 넓은 곳에 백성이 그들
의 종족을 따라 칼과 창과 활을 가지고
서 있게 하고 14 내가 돌아본 후에 일어나서 귀족들
과 민장들과 남은 백성에게 말하기를 너희는 그들을 두려워하지 말고 지
극히 크시고 두려우신 주를 기억하고 너희 형제와 자녀와 아내와 집을 위하여 싸우라 하였느니라 15 우리의 대
적이 우리가 그들의 의도를 눈치챘다 함을 들으니라 하나님이 그들의 꾀를 폐하셨으므로 우리가 다 성에 돌아
와서 각각 일하였는데 16 그 때로부터 내 수하 사람들의 절반은 일하고 절반은 갑옷을 입고 창과 방패와 활을 가
졌고 민장은 유다 온 족속의 뒤에 있었으며 17 성을 건축하는 자와 짐을 나르는 자는 다 각각 한 손으로 일을 하
며 한 손에는 병기를 잡았는데 18 건축하는 자는 각각 허리에 칼을 차고
건축하며 나팔 부는 자는 내 곁에 섰었느니라 19 내가 귀족들과 민장들과
남은 백성에게 이르기를 이 공사는 크고 넓으므로 우리가 성에서 떨어져
거리가 먼즉 20 너희는 어디서든지 나팔 소리를 듣거든 그리로 모여서 우
리에게로 나아오라 우리 하나님이 우리를 위하여 싸우시리라 하였느니라
21 우리가 이같이 공사하는데 무리의 절반은 동틀 때부터 별이 나기까지
창을 잡았으며 22 그 때에 내가 또 백성에게 말하기를 사람마다 그 종자
와 함께 예루살렘 안에서 잘지니 밤에는 우리를 위하여 파수하겠고 낮에
는 일하리라 하고 23 나나 내 형제들이나 종자들이나 나를 따라 파수하는
사람들이나 우리가 다 우리의 옷을 벗지 아니하였으며 물을 길으러 갈 때
에도 각각 병기를 잡았느니라

의 것으로 돌려야 한다.

☞ 여호와께서는 전쟁의 용사시며(출 15:3) 전쟁의 주인이시다(삼상 17:47). 그러므로 여호와를 대적해서 이길 수 있는 자는 아무도 없다. 그런데 여호와께서는 자기 백성을 위하여 싸우실 수밖에 없으신 분이시다. 그래서 수많은 원수들 속에서 이스라엘은 최후의 승리자가 될 수 있었다. 이런 하나님께서 오늘날 그리스도 안에서 구원받은 성도를 위해 싸우고 계신다. 그러므로 세상의 권세는 결코 성도를 해할 수 없다. 최후의 승리는 성도의 것이다.

느헤미야 5장

가난한 백성이 부르짖다

61일~66일

1 그 때에 백성들이 그들의 아내와 함께 크게 부르짖어 그들의 형제인 유
다 사람들을 원망하는데 2 어떤 사람은 말하기를 우리와 우리 자녀가 많
으니 양식을 얻어 먹고 살아야 하겠다 하고 3 어떤 사람은 말하기를 우리
가 밭과 포도원과 집이라도 저당 잡히고 이 흉년에 곡식을 얻자 하고 4 어
떤 사람은 말하기를 우리는 밭과 포도원으로 돈을 빚내서 왕에게 세금을
바쳤도다 5 우리 육체도 우리 형제의 육체와 같고 우리 자녀도 그들의 자
녀와 같거늘 이제 우리 자녀를 종으로 파는도다 우리 딸 중에 벌써 종된
자가 있고 우리의 밭과 포도원이 이미 남의 것이 되었으나 우리에게는 아
무런 힘이 없도다 하더라 6 내가 백성의 부르짖음과 이런 말을 듣고 크게
노하였으나 7 깊이 생각하고 귀족들과 민장들을 꾸짖어 그들에게 이르기
를 너희가 각기 형제에게 높은 이자를 취하는도다 하고 대회를 열고 그들
을 쳐서 8 그들에게 이르기를 우리는 이방인의 손에 팔린 우리 형제 유다
사람들을 우리의 힘을 다하여 도로 찾았거늘 너희는 너희 형제를 팔고자

❖ 느 5장

성벽 재건 공사가 계속되고 있는 상황에서 새로운 문제가 발생하였다. 그것은 외부로부터의 위협이 아니라 이스라엘 백성 사이에 발생한 내부적인 문제였다. 바로 빈부의 격차로 인한 일반 백성들의 원망이었다. B.C. 536년부터 시작된 포로 귀환으로 이미 유다 지역에는 많은 유대인이 거주하고 있었고, 성벽 재건이 진행되고 있을 때는 먼저 온 귀환자들과 원 거주자가 완전히 정착하였다. 따라서 나중에 와서 자리를 잡지 못한 사람이나 원래 재산이 없는 백성들은 여전히 경제적인 어려움에 놓여 있었다. 거기다가 오랜 세월 동안 성전 건축과 성벽 재건 공사가 계속되자 노역에까지 동원된 백성들은 생활고에 시달리게 되었다. 또한 팔레스타인에 찾아온 흉년으로 인해 식량이 부족하였고 설상가상으로 민장과 귀인을 비롯한 지도층 인사들은 과중한 세금을 부과하여 백성들의 생활고를 가중시켰다. 그래서 백성들은 전답을 팔 수밖에 없었고 심지어 자녀들을 종으로 팔기까지 하였다. 그런데도 드고아의 귀족들과 같이 상류층 사람들은 부역조차 거부하였던 것이다(느 3:5). 그뿐만 아니라 각종 세금을 내는 일에서도 귀족들은 특권을 이용하여 면제되었다. 이런 상황으로 인해 유대 사회는 빈부 간에 심각한 갈등이 발생한 것이다.

세상의 권력과 재물은 모두 하나님 것이며 하나님의 뜻에 따라 사람에게 주어진다. 따라서 개인이 소유한 권력과 재물은 하나님의 뜻을 위해 사용되어야 한다. 그것으로 자신의 안락을 추구하는 것은 하나님 것을 횡령하고 남용하는 죄를 범하는 것이다. 그러므로 세상에서 성도는 영적 구원과 더불어 가지지 못한 자들을 구제하고 분배의 정의가 사회 속에 실현되도록 힘써야 하는 사명을 지니고 있다.

하느냐 더구나 우리의 손에 팔리게 하겠느냐 하매 그들이 잠잠하여 말이 없기로 [9] 내가 또 이르기를 너희의 소행
이 좋지 못하도다 우리의 대적 이방 사람의 비방을 생각하고 우리 하나님을 경외하는 가운데 행할 것이 아니냐
[10] 나와 내 형제와 종자들도 역시 돈과 양식을 백성에게 꾸어 주었거니와 우리가 그 이자 받기를 그치자 [11] 그런
즉 너희는 그들에게 오늘이라도 그들의 밭과 포도원과 감람원과 집이며 너희가 꾸어 준 돈이나 양식이나 새 포
도주나 기름의 백분의 일을 돌려보내라 하였더니 [12] 그들이 말하기를 우리가 당신의 말씀대로 행하여 돌려보내
고 그들에게서 아무것도 요구하지 아니하리이다 하기로 내가 제사장들
을 불러 그들에게 그 말대로 행하겠다고 맹세하게 하고 [13] 내가 옷자락을
털며 이르기를 이 말대로 행하지 아니하는 자는 모두 하나님이 또한 이와
같이 그 집과 산업에서 털어 버리실지니 그는 곧 이렇게 털려서 빈손이 될
지로다 하매 회중이 다 아멘 하고 여호와를 찬송하고 백성들이 그 말한
대로 행하였느니라

느헤미야가 총독의 녹을 받지 아니하다

[14] 또한 유다 땅 총독으로 세움을 받은 때 곧 아닥사스다 왕 제이십년부
터 제삼십이년까지 십이 년 동안은 나와 내 형제들이 총독의 녹을 먹지
아니하였느니라 [15] 나보다 먼저 있었던 총독들은 백성에게서, 양식과 포
도주와 또 은 사십 세겔을 그들에게서 빼앗았고 또한 그들의 종자들도
백성을 압제하였으나 나는 하나님을 경외하므로 이같이 행하지 아니하
고 [16] 도리어 이 성벽 공사에 힘을 다하며 땅을 사지 아니하였고 내 모든
종자들도 모여서 일을 하였으며 [17] 또 내 상에는 유다 사람들과 민장들
백오십 명이 있고 그 외에도 우리 주위에 있는 이방 족속들 중에서 우리
에게 나아온 자들이 있었는데 [18] 매일 나를 위하여 소 한 마리와 살진 양
여섯 마리를 준비하며 닭도 많이 준비하고 열흘에 한 번씩은 각종 포도주
를 갖추었나니 비록 이같이 하였을지라도 내가 총독의 녹을 요구하지 아
니하였음은 이 백성의 부역이 중함이었더라 [19] 내 하나님이여 내가 이 백
성을 위하여 행한 모든 일을 기억하사 내게 은혜를 베푸시옵소서

느헤미야 6장

느헤미야에 대한 음모

[1] 산발랏과 도비야와 아라비아 사람 게셈과 그 나머지 우리의 원수들이
내가 성벽을 건축하여 허물어진 틈을 남기지 아니하였다 함을 들었는데
그 때는 내가 아직 성문에 문짝을 달지 못한 때였더라 [2] 산발랏과 게셈이
내게 사람을 보내어 이르기를 오라 우리가 오노 평지 한 촌에서 서로 만
나자 하니 실상은 나를 해하고자 함이었더라 [3] 내가 곧 그들에게 사자들
을 보내어 이르기를 내가 이제 큰 역사를 하니 내려가지 못하겠노라 어찌
하여 역사를 중지하게 하고 너희에게로 내려가겠느냐 하매 [4] 그들이 네
번이나 이같이 내게 사람을 보내되 나는 꼭 같이 대답하였더니 [5] 산발랏
이 다섯 번째는 그 종자의 손에 봉하지 않은 편지를 들려 내게 보냈는데 [6]
그 글에 이르기를 이방 중에도 소문이 있고 가스무도 말하기를 너와 유다
사람들이 모반하려 하여 성벽을 건축한다 하나니 네가 그 말과 같이 왕이
되려 하는도다 [7] 또 네가 선지자를 세워 예루살렘에서 너를 들어 선전하

❖ 느 6장

산발랏과 도비야는 마지막으로 들라야의 아들 스마야를 이용해 느헤미야를 성전 밖으로 유인해 죽이려고 하였다. 성전 출입이 가능한 것으로 미루어 스마야는 제사장이나 선지자였을 것이다. 그가 느헤미야를 밖으로 유인한 것은 제사장만이 출입할 수 있는 곳에 항상 암살의 위협을 받는 느헤미야를 들어가게 함으로 신성 모독죄를 범해 백성들과 하나님 앞에서 배척당하도록 하고자 함이었다. 이처럼 오히려 하나님의 뜻에 거슬리는 행동을 하는 거짓 선지자들은 이스라엘 역사상 언제나 참된 선지자들과 종교적 주도권을 놓고 갈등을 빚어 왔다. 분열 왕국 시대에는 거짓 선지자들이 왕궁 전속 선지자로 활동하기까지 하였다. 아합 왕 때 800명의 선지자는 공공연히 바알과 아세라 숭배를 지지하였고(왕상 18:20) 아합이 길르앗 라못 전투를 벌이고자 하였을 때는 400명의 거짓 선지자가 거짓 예언을 하였다(왕상 22:6-23). 이들의 대부분은 하나님의 뜻이 아니라 지배자인 왕이 듣기 원하는 말로 예언을 하였다(렘 5:31). 그래서 이들은 예레미야를 비롯한 참된 선지자들의 맹렬한 비난을 받았다(렘 27:9). 이와 같은 거짓 선지자들의 악영향 때문에 모세는 거짓 선지자들을 모두 죽이라고 명하였다(신 13:1-4).

☞ 하나님의 백성을 해하려는 대적은 밖에만 있는 것이 아니라 성도의 공동체 안에도 있다. 사탄은 광명한 천사의 모습으로 찾아와서 성도를 유혹하기도 한다(고후 11:24). 따라서 세상의 불완전한 구속 공동체인 교회 안에 있는 성도들은 항상 교회를 파괴하려는 사탄의 세력을 경계해야 한다. 그리고 이런 거짓 선지자들은 오직 하나님과의 영적 교제인 기도와 바른 말씀에 근거하여 판단할 수 있다.

⇒ 공의로운 통치자 느헤미야의 모습은 공동체 안에서 지도자가 하나님 앞에 바로 선다는 것이 얼마나 중요한지를 말해주고 있다. 공의로운 모세가 있었기에 출애굽이 가능하였고 믿음의 용사 다윗이 있었기에 이스라엘 왕국의 영광이 있을 수 있었다. 하나님은 의로운 자와 함께하시기 때문이다. 이처럼 이 세상의 번영은 세상의 영적 지도자인 성도에게 달려 있다. 성도들이 세상에서 빛과 소금으로 행동할 때 세상은 구원의 소망을 가질 수 있는 것이다.

기를 유다에 왕이 있다 하게 하였으니 지금 이 말이 왕에게 들릴지라 그런즉 너는 이제 오라 함께 의논하자 하였
기로 8 내가 사람을 보내어 그에게 이르기를 네가 말한 바 이런 일은 없는 일이요 네 마음에서 지어낸 것이라 하
였나니 9 이는 그들이 다 우리를 두렵게 하고자 하여 말하기를 그들의 손이 피곤하여 역사를 중지하고 이루지 못
하리라 함이라 이제 내 손을 힘있게 하옵소서 하였노라 10 이 후에 므헤다벨의 손자 들라야의 아들 스마야가 두
문불출 하기로 내가 그 집에 가니 그가 이르기를 그들이 너를 죽이러 올 터이니 우리가 하나님의 전으로 가서 외
소 안에 머물고 그 문을 닫자 저들이 반드시 밤에 와서 너를 죽이리라 하기로 11 내가 이르기를 나 같은 자가 어
찌 도망하며 나 같은 몸이면 누가 외소에 들어가서 생명을 보존하겠느냐 나는 들어가지 않겠노라 하고 12 깨달
은즉 그는 하나님께서 보내신 바가 아니라 도비야와 산발랏에게 뇌물을 받고 내게 이런 예언을 함이라 13 그들
이 뇌물을 준 까닭은 나를 두렵게 하고 이렇게 함으로 범죄하게 하고 악한 말을 지어 나를 비방하려 함이었느니
라 14 내 하나님이여 도비야와 산발랏과 여선지 노아댜와 그 남은 선지자들 곧 나를 두렵게 하고자 한 자들의 소
행을 기억하옵소서 하였노라

성벽 공사가 끝나다

15 성벽 역사가 오십이 일 만인 엘룰월 이십오일에 끝나매 16 우리의 모든
대적과 주위에 있는 이방 족속들이 이를 듣고 다 두려워하여 크게 낙담하
였으니 그들이 우리 하나님께서 이 역사를 이루신 것을 앎이니라 17 또한
그 때에 유다의 귀족들이 여러 번 도비야에게 편지하였고 도비야의 편지
도 그들에게 이르렀으니 18 도비야는 아라의 아들 스가냐의 사위가 되었고 도비야의 아들 여호하난도 베레갸의
아들 므술람의 딸을 아내로 맞이하였으므로 유다에서 그와 동맹한 자가 많음이라 19 그들이 도비야의 선행을
내 앞에 말하고 또 내 말도 그에게 전하매 도비야가 내게 편지하여 나를 두렵게 하고자 하였느니라

> 느 6:15
> 학습 자료 63-5
> "단 52일 만에 성벽 재건" 참조
> 학습 자료 63-6
> "예루살렘 성벽의 역사" 참조

느헤미야 7장

느헤미야가 지도자들을 세우다

1 성벽이 건축되매 문짝을 달고 문지기와 노래하는 자들과 레위 사람들을 세운 후에 2 내 아우 하나니와 영문의
관원 하나냐가 함께 예루살렘을 다스리게 하였는데 하나냐는 충성스러운 사람이요 하나님을 경외함이 무리 중
에서 뛰어난 자라 3 내가 그들에게 이르기를 해가 높이 뜨기 전에는 예루살렘 성문을 열지 말고 아직 파수할 때
에 곧 문을 닫고 빗장을 지르며 또 예루살렘 주민이 각각 자기가 지키는 곳에서 파수하되 자기 집 맞은편을 지키
게 하라 하였노니 4 그 성읍은 광대하고 그 주민은 적으며 가옥은 미처 건축하지 못하였음이니라

61일~66일

포로에서 돌아온 사람들(스 2:1-70)

5 내 하나님이 내 마음을 감동하사 귀족들과 민장들과 백성을 모아 그 계보대로 등록하게 하시므로 내가 처음
으로 돌아온 자의 계보를 얻었는데 거기에 기록된 것을 보면 6 옛적에 바벨론 왕 느부갓네살에게 사로잡혀 갔
던 자들 중에서 놓임을 받고 예루살렘과 유다에 돌아와 각기 자기들의 성읍에 이른 자들 곧 7 스룹바벨과 예수
아와 느헤미야와 아사랴와 라아먀와 나하마니와 모르드개와 빌산과 미스베렛과 비그왜와 느훔과 바아나와 함
께 나온 이스라엘 백성의 명수가 이러하니라 8 바로스 자손이 이천 백칠십이 명이요 9 스바댜 자손이 삼백칠십이
명이요 10 아라 자손이 육백오십이 명이요 11 바핫모압 자손 곧 예수아와 요압 자손이 이천팔백십팔 명이요 12 엘
람 자손이 천이백오십사 명이요 13 삿두 자손이 팔백사십오 명이요 14 삭개 자손이 칠백육십 명이요 15 빈누이 자
손이 육백사십팔 명이요 16 브배 자손이 육백이십팔 명이요 17 아스갓 자손이 이천삼백이십이 명이요 18 아도니
감 자손이 육백육십칠 명이요 19 비그왜 자손이 이천육십칠 명이요 20 아딘 자손이 육백오십오 명이요 21 아델 자
손 곧 히스기야 자손이 구십팔 명이요 22 하숨 자손이 삼백이십팔 명이요 23 베새 자손이 삼백이십사 명이요 24 하
립 자손이 백십이 명이요 25 기브온 사람이 구십오 명이요 26 베들레헴과 느도바 사람이 백팔십팔 명이요 27 아나
돗 사람이 백이십팔 명이요 28 벧아스마웻 사람이 사십이 명이요 29 기랴여아림과 그비라와 브에롯 사람이 칠백

사십삼 명이요 30 라마와 게바 사람이 육백이십일 명이요 31 믹마스 사람이 백이십이 명이요 32 벧엘과 아이 사람
이 백이십삼 명이요 33 기타 느보 사람이 오십이 명이요 34 기타 엘람 자손이 천이백오십사 명이요 35 하림 자손이
삼백이십 명이요 36 여리고 자손이 삼백사십오 명이요 37 로드와 하딧과 오노 자손이 칠백이십일 명이요 38 스나
아 자손이 삼천 구백삼십 명이었느니라 39 제사장들은 예수아의 집 여다야 자손이 구백칠십삼 명이요 40 임멜 자
손이 천오십이 명이요 41 바스훌 자손이 천이백사십칠 명이요 42 하림 자손이 천십칠 명이었느니라 43 레위 사람
들은 호드야 자손 곧 예수아와 갓미엘 자손이 칠십사 명이요 44 노래하는 자들은 아삽 자손이 백사십팔 명이요
45 문지기들은 살룸 자손과 아델 자손과 달문 자손과 악굽 자손과 하디다 자손과 소배 자손이 모두 백삼십팔 명
이었느니라 46 느디님 사람들은 시하 자손과 하수바 자손과 답바옷 자손과 47 게로스 자손과 시아 자손과 바돈
자손과 48 르바나 자손과 하가바 자손과 살매 자손과 49 하난 자손과 깃델 자손과 가할 자손과 50 르아야 자손
과 르신 자손과 느고다 자손과 51 갓삼 자손과 웃사 자손과 바세아 자손과 52 베새 자손과 므우님 자손과 느비스
심 자손과 53 박북 자손과 하그바 자손과 할훌 자손과 54 바슬릿 자손과 므히다 자손과 하르사 자손과 55 바르고
스 자손과 시스라 자손과 데마 자손과 56 느시야 자손과 하디바 자손이었느니라 57 솔로몬의 신하의 자손은 소
대 자손과 소베렛 자손과 브리다 자손과 58 야알라 자손과 다르곤 자손과 깃델 자손과 59 스바댜 자손과 핫딜 자
손과 보게렛하스바임 자손과 아몬 자손이니 60 모든 느디님 사람과 솔로몬의 신하의 자손이 삼백구십이 명이었
느니라 61 델멜라와 델하르사와 그룹과 앗돈과 임멜로부터 올라온 자가 있으나 그들의 종족이나 계보가 이스라
엘에 속하였는지는 증거할 수 없으니 62 그들은 들라야 자손과 도비야 자손과 느고다 자손이라 모두가 육백사십
이 명이요 63 제사장 중에는 호바야 자손과 학고스 자손과 바르실래 자손이니 바르실래는 길르앗 사람 바르실래
의 딸 중의 하나로 아내를 삼고 바르실래의 이름으로 불린 자라 64 이 사람들은 계보 중에서 자기 이름을 찾아도
찾지 못하였으므로 그들을 부정하게 여겨 제사장의 직분을 행하지 못하게 하고 65 총독이 그들에게 명령하여 우
림과 둠밈을 가진 제사장이 일어나기 전에는 지성물을 먹지 말라 하였느니라 66 온 회중의 합계는 사만 이천삼백
육십 명이요 67 그 외에 노비가 칠천삼백삼십칠 명이요 그들에게 노래하는 남녀가 이백사십오 명이 있었고 68 말
이 칠백삼십육 마리요 노새가 이백사십오 마리요 69 낙타가 사백삼십오 마리요 나귀가 육천칠백이십 마리였느
니라 70 어떤 족장들은 역사를 위하여 보조하였고 총독은 금 천 드라크마와 대접 오십과 제사장의 의복 오백삼
십 벌을 보물 곳간에 드렸고 71 또 어떤 족장들은 금 이만 드라크마와 은 이천이백 마네를 역사 곳간에 드렸고 72
그 나머지 백성은 금 이만 드라크마와 은 이천 마네와 제사장의 의복 육십칠 벌을 드렸느니라

백성 앞에서 율법 책을 읽다

73 이와 같이 제사장들과 레위 사람들과 문지기들과 노래하는 자들과 백성 몇 명과 느디님 사람들과 온 이스라
엘 자손이 다 자기들의 성읍에 거주하였느니라

느헤미야 8장

1 이스라엘 자손이 자기들의 성읍에 거주하였더니 일곱째 달에 이르러 모
든 백성이 일제히 수문 앞 광장에 모여 학사 에스라에게 여호와께서 이스
라엘에게 명령하신 모세의 율법책을 가져오기를 청하매 2 일곱째 달 초
하루에 제사장 에스라가 율법책을 가지고 회중 앞 곧 남자나 여자나 알
아들을 만한 모든 사람 앞에 이르러 3 수문 앞 광장에서 새벽부터 정오까
지 남자나 여자나 알아들을 만한 모든 사람 앞에서 읽으매 뭇 백성이 그
율법책에 귀를 기울였는데 4 그 때에 학사 에스라가 특별히 지은 나무 강
단에 서고 그의 곁 오른쪽에 선 자는 맛디댜와 스마와 아나야와 우리야
와 힐기야와 마아세야요 그의 왼쪽에 선 자는 브다야와 미사엘과 말기야
와 하숨과 하스밧다나와 스가랴와 므술람이라 5 에스라가 모든 백성 위

느 8:16
학습 자료 63-7 "아멘. 아멘" 참조

에 서서 그들 목전에 책을 펴니 책을 펼 때에 모든 백성이 일어서니라 6 에
스라가 위대하신 하나님 여호와를 송축하매 모든 백성이 손을 들고 아멘
아멘 하고 응답하고 몸을 굽혀 얼굴을 땅에 대고 여호와께 경배하니라 7
예수아와 바니와 세레뱌와 야민과 악굽과 사브대와 호디야와 마아세야
와 그리다와 아사랴와 요사밧과 하난과 블라야와 레위 사람들은 백성이
제자리에 서 있는 동안 그들에게 율법을 깨닫게 하였는데 8 하나님의 율
법책을 낭독하고 그 뜻을 해석하여 백성에게 그 낭독하는 것을 다 깨닫
게 하니 9 백성이 율법의 말씀을 듣고 다 우는지라 총독 느헤미야와 제사
장 겸 학사 에스라와 백성을 가르치는 레위 사람들이 모든 백성에게 이르
기를 오늘은 너희 하나님 여호와의 성일이니 슬퍼하지 말며 울지 말라 하
고 10 느헤미야가 또 그들에게 이르기를 너희는 가서 살진 것을 먹고 단
것을 마시되 준비하지 못한 자에게는 나누어 주라 이 날은 우리 주의 성
일이니 근심하지 말라 여호와로 인하여 기뻐하는 것이 너희의 힘이니라
하고 11 레위 사람들도 모든 백성을 정숙하게 하여 이르기를 오늘은 성일
이니 마땅히 조용하고 근심하지 말라 하니 12 모든 백성이 곧 가서 먹고
마시며 나누어 주고 크게 즐거워하니 이는 그들이 그 읽어 들려 준 말을
밝히 앎이라 13 그 이튿날 뭇 백성의 족장들과 제사장들과 레위 사람들이
율법의 말씀을 밝히 알고자 하여 학사 에스라에게 모여서 14 율법에 기록
된 바를 본즉 여호와께서 모세를 통하여 명령하시기를 이스라엘 자손은
일곱째 달 절기에 초막에서 거할지니라 하였고 15 또 일렀으되 모든 성읍
과 예루살렘에 공포하여 이르기를 너희는 산에 가서 감람나무 가지와 들
감람나무 가지와 화석류나무 가지와 종려나무 가지와 기타 무성한 나무
가지를 가져다가 기록한 바를 따라 초막을 지으라 하라 한지라 16 백성이
이에 나가서 나뭇가지를 가져다가 혹은 지붕 위에, 혹은 뜰 안에, 혹은 하
나님의 전 뜰에, 혹은 수문 광장에, 혹은 에브라임 문 광장에 초막을 짓되
17 사로잡혔다가 돌아온 회중이 다 초막을 짓고 그 안에서 거하니 눈의
아들 여호수아 때로부터 그 날까지 이스라엘 자손이 이같이 행한 일이 없
었으므로 이에 크게 기뻐하며 18 에스라는 첫날부터 끝날까지 날마다 하
나님의 율법책을 낭독하고 무리가 이레 동안 절기를 지키고 여덟째 날에
규례를 따라 성회를 열었느니라

느헤미야 9장

백성들이 죄를 자복하다

1 그 달 스무나흗 날에 이스라엘 자손이 다 모여 금식하며 굵은 베 옷을
입고 티끌을 무릅쓰며 2 모든 이방 사람들과 절교하고 서서 자기의 죄와
조상들의 허물을 자복하고 3 이 날에 낮 사분의 일은 그 제자리에 서서 그
들의 하나님 여호와의 율법책을 낭독하고 낮 사분의 일은 죄를 자복하
며 그들의 하나님 여호와께 경배하는데 4 레위 사람 예수아와 바니와 갓
미엘과 스바냐와 분니와 세레뱌와 바니와 그나니는 단에 올라서서 큰 소
리로 그들의 하나님 여호와께 부르짖고 5 또 레위 사람 예수아와 갓미엘

느 8:13
학습 자료 63-8 "초막절" 참조

❖ 느 8~13장
지금까지 우리는 본서 전반부(1~7장)에서 느헤미야에 의한 제3차 포로 귀환과 그의 주도하에 이루어진 예루살렘 성벽 재건의 역사에 대해 살펴본바, 실로 그것들은 정치적, 행정적 측면에서 이스라엘 회복의 가시적(可視的)인 증거들이었다. 비록 바사 제국의 속국으로서의 위치에는 변함이 없었으나 바사 제국의 관대한 정책에 따라 성벽 재건을 통하여 예루살렘을 명실상부한 선민 국가의 구심점으로 만들게 됨으로써 이스라엘은 어느 정도 자치권(自治權)을 가진 국가로 회복된 것이다.
본서 후반부(8-13장)에서 신앙적 회복에 역사 전면에 부각된 에스라를 통해 이루어진 이스라엘의 내면적, 신앙적 회복에 관해서 기술하고 있다. 즉 성전 재건과 성벽 재건 그 자체가 아닌 이런 신앙 회복이, 이스라엘로 하여금 실제로 구속사의 주역을 담당하는 민족이 되게 하는 방편이었다는 점에서 이 신앙 회복이 갖는 중요성은 참으로 크다 하겠다.
에스라의 율법 교육에는 두 가지 목적이 있었다. 첫째로는 신앙 지도자의 부재로 인해 인근 이방인의 풍습에 젖어 있었던 백성들을 하나님의 말씀으로 재교육하여 선민으로서의 본연의 모습을 되찾도록 하는 것이었다. 이러한 율법 교육은 본 장 이후에서 언급되고 있는바 하나님 말씀에 대한 바른 교육은 종교 개혁과 신앙 부흥 운동의 밑거름이 됨을 보여 준다. 둘째, 에스라의 율법 강독은, 마치 출애굽 후 시내 산에서 하나님이 모세를 통하여 율법을 선포하시고 하나님의 주도하에 이스라엘 백성들과 언약을 체결하심으로써 언약 백성을 삼으신 것과 같이(출 19~23장), '제2의 출애굽'이라 할 수 있는 바벨론 포로 귀환 후 하나님이 에스라를 통하여 그 백성들과 새롭게 언약을 체결하는 의미가 있다. 이 본 장과 이어지는 9장에서도 백성들의 통회 사건 후 언약 체결식의 한 과정인 인(印)을 친 사건과 율법 규례 준수에 대한 백성들의 맹세를 통해 잘 나타난다. 이처럼 하나님은 과거 모세를 통해 역사하신 것 같이 지금은 에스라를 통해 이스라엘로 하여금 다시 구속사의 주역임을 확인시키신 것이다.
한편 이러한 에스라의 율법 교육에 이어 백성들의 초막절 준수는 출애굽 후 광야 생활 중 하나님이 이스라엘 열조들을 인도 보호하셨듯이 바벨론 포로 생활 중에도 그들을 지켜 보호하사 고국으로 무사 귀환케 하신 하나님의 은혜에 대한 감사의 뜻을 내포하고 있다. 그리고 이와 더불어 그들 역시 언약을 철저히 준수하므로 선민으로서 역할을 다하겠다는 의미도 지닌다.

과 바니와 하삽느야와 세레뱌와 호디야와 스바냐와 브다히야는 이르기
를 너희 무리는 마땅히 일어나 영원부터 영원까지 계신 너희 하나님 여호
와를 송축할지어다 주여 주의 영화로운 이름을 송축하올 것은 주의 이름
이 존귀하여 모든 송축이나 찬양에서 뛰어남이니이다 6 오직 주는 여호와
시라 하늘과 하늘들의 하늘과 일월 성신과 땅과 땅 위의 만물과 바다와
그 가운데 모든 것을 지으시고 다 보존하시오니 모든 천군이 주께 경배하
나이다 7 주는 하나님 여호와시라 옛적에 아브람을 택하시고 갈대아 우
르에서 인도하여 내시고 아브라함이라는 이름을 주시고 8 그의 마음이 주
앞에서 충성됨을 보시고 그와 더불어 언약을 세우사 가나안 족속과 헷 족
속과 아모리 족속과 브리스 족속과 여부스 족속과 기르가스 족속의 땅을
그의 씨에게 주리라 하시더니 그 말씀대로 이루셨사오매 주는 의로우심이로소이다 9 주께서 우리 조상들이 애
굽에서 고난 받는 것을 감찰하시며 홍해에서 그들의 부르짖음을 들으시고 10 이적과 기사를 베푸사 바로와 그의
모든 신하와 그의 나라 온 백성을 치셨사오니 이는 그들이 우리의 조상들에게 교만하게 행함을 아셨음이라 주
께서 오늘과 같이 명예를 얻으셨나이다 11 또 주께서 우리 조상들 앞에서 바다를 갈라지게 하사 그들이 바다 가
운데를 육지 같이 통과하게 하시고 쫓아오는 자들을 돌을 큰물에 던짐 같이 깊은 물에 던지시고 12 낮에는 구름
기둥으로 인도하시고 밤에는 불기둥으로 그들이 행할 길을 그들에게 비추셨사오며 13 또 시내 산에 강림하시고
하늘에서부터 그들과 말씀하사 정직한 규례와 진정한 율법과 선한 율례와 계명을 그들에게 주시고 14 거룩한 안
식일을 그들에게 알리시며 주의 종 모세를 통하여 계명과 율례와 율법을 그들에게 명령하시고 15 그들의 굶주림
때문에 그들에게 양식을 주시며 그들의 목마름 때문에 그들에게 반석에서 물을 내시고 또 주께서 옛적에 손을
들어 맹세하시고 주겠다고 하신 땅을 들어가서 차지하라 말씀하셨사오나 16 그들과 우리 조상들이 교만하고 목
을 굳게 하여 주의 명령을 듣지 아니하고 17 거역하며 주께서 그들 가운데에서 행하신 기사를 기억하지 아니하고
목을 굳게 하며 패역하여 스스로 한 우두머리를 세우고 종 되었던 땅으로 돌아가고자 하였나이다 그러나 주께
서는 용서하시는 하나님이시라 은혜로우시며 긍휼히 여기시며 더디 노하시며 인자가 풍부하시므로 그들을 버리
지 아니하셨나이다 18 또 그들이 자기들을 위하여 송아지를 부어 만들고 이르기를 이는 곧 너희를 인도하여 애굽
에서 나오게 한 신이라 하여 하나님을 크게 모독하였사오나 19 주께서는 주의 크신 긍휼로 그들을 광야에 버리
지 아니하시고 낮에는 구름 기둥이 그들에게서 떠나지 아니하고 길을 인도하며 밤에는 불 기둥이 그들이 갈 길
을 비추게 하셨사오며 20 또 주의 선한 영을 주사 그들을 가르치시며 주의 만나가 그들의 입에서 끊어지지 않게
하시고 그들의 목마름을 인하여 그들에게 물을 주어 21 사십 년 동안 들
에서 기르시되 부족함이 없게 하시므로 그 옷이 해어지지 아니하였고 발
이 부르트지 아니하였사오며 22 또 나라들과 족속들을 그들에게 각각 나
누어 주시매 그들이 시혼의 땅 곧 헤스본 왕의 땅과 바산 왕 옥의 땅을 차지하였나이다 23 주께서 그들의 자손을
하늘의 별같이 많게 하시고 전에 그들의 열조에게 들어가서 차지하라고 말씀하신 땅으로 인도하여 이르게 하셨
으므로 24 그 자손이 들어가서 땅을 차지하되 주께서 그 땅 가나안 주민들이 그들 앞에 복종하게 하실 때에 가나
안 사람들과 그들의 왕들과 본토 여러 족속들을 그들의 손에 넘겨 임의로 행하게 하시매 25 그들이 견고한 성읍
들과 기름진 땅을 점령하고 모든 아름다운 물건이 가득한 집과 판 우물과 포도원과 감람원과 허다한 과목을 차
지하여 배불리 먹어 살찌고 주의 큰 복을 즐겼사오나 26 그들은 순종하지 아니하고 주를 거역하며 주의 율법을
등지고 주께로 돌아오기를 권면하는 선지자들을 죽여 주를 심히 모독하였나이다 27 그러므로 주께서 그들을 대
적의 손에 넘기사 그들이 곤고를 당하게 하시매 그들이 환난을 당하여 주께 부르짖을 때에 주께서 하늘에서 들
으시고 주의 크신 긍휼로 그들에게 구원자들을 주어 그들을 대적의 손에 구원하셨거늘 28 그들이 평강을 얻은
후에 다시 주 앞에서 악을 행하므로 주께서 그들을 원수들의 손에 버려 두사 원수들에게 지배를 당하게 하시다

❖ 느 9장은 지금까지 시내 산 언약을 중심으로 하는 구속사의 줄거리와 메시지 라인을 요약하고 있다.
☞ 이처럼 이스라엘 전 역사를 통해 나타난 하나님의 구속 사역의 손길을 회고하면서 포로에서 귀환한 이스라엘 백성들이 자신들의 죄를 자복하고 통회했듯이, 우리 성도들도 하나님의 전 구속사에 대한 회고를 통하여 다시 한 번 우리의 전적으로 부패한 죄성을 깨닫고 하나님의 무조건적 은혜에 대한 감사의 마음을 항상 간직해야 한다. 그래야만 구원의 완성이신 그리스도의 재림 때까지 계속 전개될 구속사의 주역이 될 수 있음을 명심하자.

느 9:21~10:31
학습 자료 63-9 "언약의 형식과 종류" 참조

61일~66일

가 그들이 돌이켜 주께 부르짖으매 주께서 하늘에서 들으시고 여러 번 주의 긍휼로 건져내시고 29 다시 주의 율
법을 복종하게 하시려고 그들에게 경계하셨으나 그들이 교만하여 사람이 준행하면 그 가운데에서 삶을 얻는 주
의 계명을 듣지 아니하며 주의 규례를 범하여 고집하는 어깨를 내밀며 목을 굳게 하여 듣지 아니하였나이다 30
그러나 주께서 그들을 여러 해 동안 참으시고 또 주의 선지자들을 통하여 주의 영으로 그들을 경계하시되 그들
이 듣지 아니하므로 열방 사람들의 손에 넘기시고도 31 주의 크신 긍휼로 그들을 아주 멸하지 아니하시며 버리지
도 아니하셨사오니 주는 은혜로우시고 불쌍히 여기시는 하나님이심이니이다 32 우리 하나님이여 광대하시고 능
하시고 두려우시며 언약과 인자하심을 지키시는 하나님이여 우리와 우리 왕들과 방백들과 제사장들과 선지자
들과 조상들과 주의 모든 백성이 앗수르 왕들의 때로부터 오늘까지 당한 모든 환난을 이제 작게 여기지 마옵소
서 33 그러나 우리가 당한 모든 일에 주는 공의로우시니 우리는 악을 행하였사오나 주께서는 진실하게 행하셨음
이니이다 34 우리 왕들과 방백들과 제사장들과 조상들이 주의 율법을 지키지 아니하며 주의 명령과 주께서 그들
에게 경계하신 말씀을 순종하지 아니하고 35 그들이 그 나라와 주께서 그들에게 베푸신 큰 복과 자기 앞에 주신
넓고 기름진 땅을 누리면서도 주를 섬기지 아니하며 악행을 그치지 아니하였으므로 36 우리가 오늘날 종이 되었
는데 곧 주께서 우리 조상들에게 주사 그것의 열매를 먹고 그것의 아름다운 소산을 누리게 하신 땅에서 우리가
종이 되었나이다 37 우리의 죄로 말미암아 주께서 우리 위에 세우신 이방 왕들이 이 땅의 많은 소산을 얻고 그들
이 우리의 몸과 가축을 임의로 관할하오니 우리의 곤란이 심하오며 38 우리가 이 모든 일로 말미암아 이제 견고
한 언약을 세워 기록하고 우리의 방백들과 레위 사람들과 제사장들이 다 인봉하나이다 하였느니라

느헤미야 10장

언약에 인봉한 사람들

1 그 인봉한 자는 하가랴의 아들 총독 느헤미야와 시드기야, 2 스라야, 아
사랴, 예레미야, 3 바스훌, 아마랴, 말기야, 4 핫두스, 스바냐, 말룩, 5 하림,
므레못, 오바댜, 6 다니엘, 긴느돈, 바룩, 7 므술람, 아비야, 미야민, 8 마아
시야, 빌개, 스마야이니 이는 제사장들이요 9 또 레위 사람 곧 아사냐의
아들 예수아, 헤나닷의 자손 중 빈누이, 갓미엘과 10 그의 형제 스바냐, 호
디야, 그리다, 블라야, 하난, 11 미가, 르홉, 하사뱌, 12 삭굴, 세레뱌, 스바
냐, 13 호디야, 바니, 브니누요 14 또 백성의 우두머리들 곧 바로스, 바핫모
압, 엘람, 삿두, 바니, 15 분니, 아스갓, 베배, 16 아도니야, 비그왜, 아딘, 17
아델, 히스기야, 앗술, 18 호디야, 하숨, 베새, 19 하립, 아나돗, 노배, 20 막비
아스, 므술람, 헤실, 21 므세사벨, 사독, 얏두아, 22 블라댜, 하난, 아나야, 23
호세아, 하나냐, 핫숩, 24 할르헤스, 빌하, 소벡, 25 르훔, 하삽나, 마아세야, 26 아히야, 하난, 아난, 27 말룩, 하림, 바
아나이니라 28 그 남은 백성과 제사장들과 레위 사람들과 문지기들과 노래하는 자들과 느디님 사람들과 및 이방
사람과 절교하고 하나님의 율법을 준행하는 모든 자와 그들의 아내와 그들의 자녀들 곧 지식과 총명이 있는 자
들은 29 다 그들의 형제 귀족들을 따라 저주로 맹세하기를 우리가 하나님의 종 모세를 통하여 주신 하나님의 율
법을 따라 우리 주 여호와의 모든 계명과 규례와 율례를 지켜 행하여 30 우리의 딸들을 이 땅 백성에게 주지 아
니하고 우리의 아들들을 위하여 그들의 딸들을 데려오지 아니하며 31 혹시 이 땅 백성이 안식일에 물품이나 온
갖 곡물을 가져다가 팔려고 할지라도 우리가 안식일이나 성일에는 그들에게서 사지 않겠고 일곱째 해마다 땅을
쉬게 하고 모든 빚을 탕감하리라 하였고 32 우리가 또 스스로 규례를 정하기를 해마다 각기 세겔의 삼분의 일을
수납하여 하나님의 전을 위하여 쓰게 하되 33 곧 진설병과 항상 드리는 소제와 항상 드리는 번제와 안식일과 초
하루와 정한 절기에 쓸 것과 성물과 이스라엘을 위하는 속죄제와 우리 하나님의 전의 모든 일을 위하여 쓰게 하
였고 34 또 우리 제사장들과 레위 사람들과 백성들이 제비 뽑아 각기 종족대로 해마다 정한 시기에 나무를 우리

❖ 느 10장은 시내 산 언약의 갱신을 말한다. 이처럼 언약 갱신을 통한 하나님과의 관계 회복은 출애굽 시 시내 산 언약을(출 19:4-6, 24:1-11) 맺은 사건의 재현이라 볼 수 있다. 즉 귀환한 유대인의 언약 갱신은 이스라엘이 하나의 독자적인 국가 조직으로 탄생한 출애굽 사건과 비견되는 새로운 구속사 주역으로의 회복이다. 그런 점에서 '제2의 출애굽'이라 불릴 만한 포로 귀환 사건의 근본 의미를 규정해 준다. 포로 귀환민에게 있어서 언약 갱신은 선민으로 사는 삶을 새롭게 시작하는 국면에서 최우선으로 선결되어야 할 근본적인 문제였다.

느 10:3
학습 자료 63-10 "성경에 나타난 여러 결혼 형태" 참조

하나님의 전에 바쳐 율법에 기록한 대로 우리 하나님 여호와의 제단에 사르게 하였고 35 해마다 우리 토지 소산
의 맏물과 각종 과목의 첫 열매를 여호와의 전에 드리기로 하였고 36 또 우리의 맏아들들과 가축의 처음 난 것과
소와 양의 처음 난 것을 율법에 기록된 대로 우리 하나님의 전으로 가져다가 우리 하나님의 전에서 섬기는 제사
장들에게 주고 37 또 처음 익은 밀의 가루와 거제물과 각종 과목의 열매와 새 포도주와 기름을 제사장들에게로
가져다가 우리 하나님의 전의 여러 방에 두고 또 우리 산물의 십일조를 레위 사람들에게 주리라 하였나니 이 레
위 사람들은 우리의 모든 성읍에서 산물의 십일조를 받는 자임이며 38 레위 사람들이 십일조를 받을 때에는 아
론의 자손 제사장 한 사람이 함께 있을 것이요 레위 사람들은 그 십일조의 십분의 일을 가져다가 우리 하나님의
전 곳간의 여러 방에 두되 39 곧 이스라엘 자손과 레위 자손이 거제로 드린 곡식과 새 포도주와 기름을 가져다가
성소의 그릇들을 두는 골방 곧 섬기는 제사장들과 문지기들과 노래하는 자들이 있는 골방에 둘 것이라 그리하
여 우리가 우리 하나님의 전을 버려 두지 아니하리라

요엘 JOEL 約珥書

요엘 한눈에 보기

개요 여호와 날이 임한다

경고	호소	부록
재앙의 침범 (1:1-2:11)	마지막 순간의 희망 (2:12-27)	나중의 일들 (2:28 - 3:21)
▶현재의 황폐한 상태 (1:1-20)	▶호소 : "돌아서라" (2:12-17)	▶종말의 시대 (2:28 - 3:16)
▶미래의 위협 (2:1-11)	▶약속 : "너를 회복시키시리" (2:18-27)	▶시온의 궁극적 영광 (3:17-3:21)

요엘 1장~3장

요엘 1장

1 브두엘의 아들 요엘에게 임한 여호와의 말씀이라

농사를 망친 농부들의 애곡

2 늙은 자들아 너희는 이것을 들을지어다 땅의 모든 주민들아 너희는 귀
를 기울일지다 너희의 날에나 너희 조상들의 날에 이런 일이 있었느냐 3
너희는 이 일을 너희 자녀에게 말하고 너희 자녀는 자기 자녀에게 말하
고 그 자녀는 후세에 말할 것이니라 4 팥중이가 남긴 것을 메뚜기가 먹고
메뚜기가 남긴 것을 느치가 먹고 느치가 남긴 것을 황충이 먹었도다 5 취
하는 자들아 너희는 깨어 울지어다 포도주를 마시는 자들아 너희는 울지
어다 이는 단 포도주가 너희 입에서 끊어졌음이니 6 다른 한 민족이 내 땅
에 올라왔음이로다 그들은 강하고 수가 많으며 그 이빨은 사자의 이빨
같고 그 어금니는 암사자의 어금니 같도다 7 그들이 내 포도나무를 멸하
며 내 무화과나무를 긁어 말갛게 벗겨서 버리니 그 모든 가지가 하얗게
되었도다 8 너희는 처녀가 어렸을 때에 약혼한 남자로 말미암아 굵은 베
로 동이고 애곡함 같이 할지어다 9 소제와 전제가 여호와의 성전에서 끊
어졌고 여호와께 수종드는 제사장은 슬퍼하도다 10 밭이 황무하고 토지
가 마르니 곡식이 떨어지며 새 포도주가 말랐고 기름이 다하였도다 11 농

❖ 요엘서 개요

요엘(이름의 뜻은 '여호와는 하나님이시다')에 대해서는 그의 부친의 이름(1:1)이외에는 아무것도 알려 져 있지 않았다. 그가 활약한 시대도 정확하게 측정할 수 없다. 요엘이 커버하는 시대에 대해서는 학자 간의 의견이 분분하다. 우리는 요엘이 말라기와 동시대에 활약하며 여호와의 날에 관한 예언을 하고 있다고 생각한다.
그 내용은 1. 재앙의 침범, 2. 마지막 순간의 희망, 3 나중의 일들로 요약된다(한눈에 보기 도표 참조). 침략해 들어오는 군대처럼 메뚜기 떼의 재앙은 성읍과 나라를 황폐케 한다. 요엘은 그것을 심판에 대한 경고로 보고, 전국적인 기도의 날을 요구한다. 백성들이 회개한다면, 하나님께서 완전한 회복을 해 주실 것이 라고 약속한다(1:1-2:27).
미래를 바라보면 하나님의 영과 하나님의 심판이 모두 이스라엘과 모든 나라에 임할 것이다. 마침내 회복된 이스라엘은 하나님의 축복을 나눌 것이다(2:28-3:21).

❖ '요엘'의 뜻은 "여호와는 하나님이시다"라는 뜻이며, 이 뜻처럼은 요엘서는 역사 속에서 하나님의 주권적 사역을 강조하는 책이다. 자연재해를 통해 장차 임할 하나님의 무서운 심판을 경고해 준다. 그 심판의 날은 바로 '여호와의 날'이다. 그날에 하나님을 거역한 악인들은 멸망할 것이고 하나님의 신실한 자녀들은 구원받게 될 것이다.

61일~66일

부들아 너희는 부끄러워할지어다 포도원을 가꾸는 자들아 곡할지어다 이
는 밀과 보리 때문이라 밭의 소산이 다 없어졌음이로다 12 포도나무가
시들었고 무화과나무가 말랐으며 석류나무와 대추나무와 사과나무와
밭의 모든 나무가 다 시들었으니 이러므로 사람의 즐거움이 말랐도
다 13 제사장들아 너희는 굵은 베로 동이고 슬피 울지어다 제단에 수
종드는 자들아 너희는 울지어다 내 하나님께 수종드는 자들아 너희는 와서 굵은 베 옷을 입고 밤이 새도록 누
울지어다 이는 소제와 전제를 너희 하나님의 성전에 드리지 못함이로다 14 너희는 금식일을 정하고 성회를 소
집하여 장로들과 이 땅의 모든 주민들을 너희 하나님 여호와의 성전으로 모으고 여호와께 부르짖을지어다 15
슬프다 그 날이여 여호와의 날이 가까웠나니 곧 멸망 같이 전능자에게로부터 이르리로다 16 먹을 것이 우리 눈
앞에 끊어지지 아니하였느냐 기쁨과 즐거움이 우리 하나님의 성전에서 끊어지지 아니하였느냐 17 씨가 흙덩이
아래에서 썩어졌고 창고가 비었고 곳간이 무너졌으니 이는 곡식이 시들었음이로다 18 가축이 울부짖고 소 떼가
소란하니 이는 꼴이 없음이라 양 떼도 피곤하도다 19 여호와여 내가 주께 부르짖으오니 불이 목장의 풀을 살랐
고 불꽃이 들의 모든 나무를 살랐음이니이다 20 들짐승도 주를 향하여 헐떡거리오니 시내가 다 말랐고 들의 풀
이 불에 탔음이니이다.

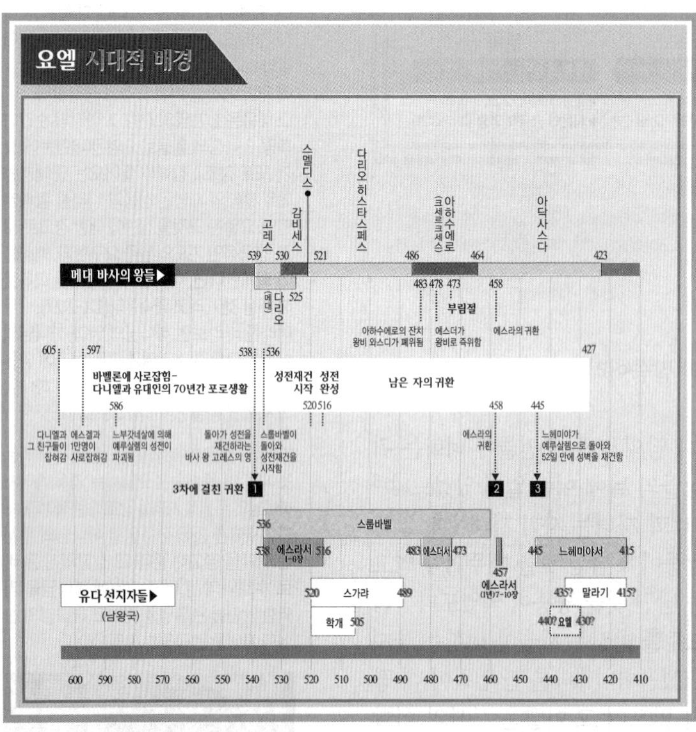

✣ 요엘서의 시대적 배경은 정확하게 구분할 수 없다. 황충의 이야기를 앗수르 군대를 상징하는 것이라고 본다면 앗수르가 패권을 차지하고 있던 어느 시절이었다고 판단할 수 있지만, 본 『통큰통독』은 황충의 이야기가 계시록의 황충 이야기로 판단하고, 성령 강림을 예언한다는 것을 비추어 볼 때 성령은 종말을 주관하시는 하나님이라고 판단할 때 마지막에 임한다고 판단되어 말라기 바로 전 시대 또는 동시대로 분류하였다.(혹자는 이런 분류가 자유주의 신학자들의 분류라고 하여 『통큰통독』이 자유주의 신학을 근거로 하는가 하는 의문을 말하는 자가 있는데 절대로, 전혀 그렇지 않음을 확실히 밝혀 둔다)
참고로 John Calvin은 선지서는 반드시 그 선지자의 시대 배경을 이해하고 읽어야 한다고 강조하면서 요엘서는 예외로 두었다. 그 시대를 정확하게 파악할 수 없기 때문이다.

61일~66일

요엘 2장

여호와의 날을 경고하는 메뚜기 떼

1 시온에서 나팔을 불며 나의 거룩한 산에서 경고의 소리를 질러 이 땅 주민들로 다 떨게 할
지니 이는 여호와의 날이 이르게 됨이니라 이제 임박하였으니 2 곧 어둡고 캄캄한 날이요 짙
은 구름이 덮인 날이라 새벽 빛이 산 꼭대기에 덮인 것과 같으니 이는 많고 강한 백성이 이르

렀음이라 이와 같은 것이 옛날에도 없었고 이후에도 대대에 없으리로다
3 불이 그들의 앞을 사르며 불꽃이 그들의 뒤를 태우니 그들의 예전의 땅
은 에덴 동산 같았으나 그들의 나중의 땅은 황폐한 들 같으니 그것을 피
한 자가 없도다 4 그의 모양은 말 같고 그 달리는 것은 기병 같으며 5 그들
이 산 꼭대기에서 뛰는 소리는 병거 소리와도 같고 불꽃이 검불을 사르
는 소리와도 같으며 강한 군사가 줄을 벌이고 싸우는 것 같으니 6 그 앞에
서 백성들이 질리고, 무리의 낯빛이 하얘졌도다 7 그들이 용사 같이 달리며
무사 같이 성을 기어 오르며 각기 자기의 길로 나아가되 그 줄을 이탈하지
아니하며 8 피차에 부딪치지 아니하고 각기 자기의 길로 나아가며 무기를
돌파하고 나아가나 상하지 아니하며 9 성중에 뛰어 들어가며 성 위에 달리
며 집에 기어 오르며 도둑 같이 창으로 들어가니 10 그 앞에서 땅이 진동하
며 하늘이 떨며 해와 달이 캄캄하며 별들이 빛을 거두도다 11 여호와께서
그의 군대 앞에서 소리를 지르시고 그의 진영은 심히 크고 그의 명령을 행
하는 자는 강하니 여호와의 날이 크고 심히 두렵도다 당할 자가 누구이랴

여호와의 날

이 말은 또한 '그날'이라는 말로 종종 예언자의 글에서 나타나곤 한다. 대부분의 경우 그날이라는 말은 하나님의 심판의 때를 의미한다. 즉 하나님께서 자신의 계획의 어떤 일면을 이루시기 위해 직·간접적으로 인류 역사에 개입하시는 때를 가리킨다. 이 말과 관련된 성경의 사건들을 살펴보면, 이날은 무섭고 두려운 심판의 시기로 이스라엘이 적국의 침입을 당하고 고통스러운 심판을 겪는 시기를 말한다. 스바냐 선지자는 "그날은 분노의 날이요, 환난과 고통의 날이요 캄캄하고 어두운 날이요. 구름과 흑암의 날이니라"(스바냐 1:15)라고 표현하기도 하였다. 그러나 '그날'이 오직 심판과 고통만 있는 시기는 아니다. 하나님의 심판이 지나가고 나면, 새롭고 변화된 하나님의 백성들에게 용서와 구원을 베푸시기 때문이다. 그래서 '그날'은 은혜의 시기이기도 하다(2:1-17).

여호와께로 돌아올지어다

12 여호와의 말씀에 너희는 이제라도 금식하고 울며 애통하고 마음을 다하여 내게로 돌아오라 하셨나니 13 너희
는 옷을 찢지 말고 마음을 찢고 너희 하나님 여호와께로 돌아올지어다 그는 은혜로우시며 자비로우시며 노하기
를 더디하시며 인애가 크시사 뜻을 돌이켜 재앙을 내리지 아니하시나니 14
주께서 혹시 마음과 뜻을 돌이키시고 그 뒤에 복을 내리사 너희 하나님 여
호와께 소제와 전제를 드리게 하지 아니하실는지 누가 알겠느냐 15 너희는
시온에서 나팔을 불어 거룩한 금식일을 정하고 성회를 소집하라 16 백성을 모
아 그 모임을 거룩하게 하고 장로들을 모으며 어린이와 젖 먹는 자를 모으며
신랑을 그 방에서 나오게 하며 신부도 그 신방에서 나오게 하고 17 여호와를
섬기는 제사장들은 낭실과 제단 사이에서 울며 이르기를 여호와여 주의 백성을 불쌍히 여기소서 주의 기업을 욕
되게 하여 나라들로 그들을 관할하지 못하게 하옵소서 어찌하여 이방인으로 그들의 하나님이 어디 있느냐 말하
게 하겠나이까 할지어다

이른 비와 늦은 비를 적당하게 주시다

18 그 때에 여호와께서 자기의 땅을 극진히 사랑하시어 그의 백성을 불쌍히 여기실 것이라 19 여호와께서 그들
에게 응답하여 이르시기를 내가 너희에게 곡식과 새 포도주와 기름을 주리니 너희가 이로 말미암아 흡족하리라
내가 다시는 너희가 나라들 가운데에서 욕을 당하지 않게 할 것이며 20 내가 북쪽 군대를 너희에게서 멀리 떠나
게 하여 메마르고 적막한 땅으로 쫓아내리니 그 앞의 부대는 동해로, 그 뒤의 부대는 서해로 들어갈 것이라 상
한 냄새가 일어나고 악취가 오르리니 이는 큰 일을 행하였음이니라 하시리라 21 땅이여 두려워하지 말고 기뻐하
며 즐거워할지어다 여호와께서 큰 일을 행하셨음이로다 22 들짐승들아 두려워하지 말지어다 들의 풀이 싹이 나
며 나무가 열매를 맺으며 무화과나무와 포도나무가 다 힘을 내는도다 23 시온의 자녀들아 너희는 너희 하나님
여호와로 말미암아 기뻐하며 즐거워할지어다 그가 너희를 위하여 비를 내리시되 이른 비를 너희에게 적당하게
주시리니 이른 비와 늦은 비가 예전과 같을 것이라 24 마당에는 밀이 가득하고 독에는 새 포도주와 기름이 넘치
리로다 25 내가 전에 너희에게 보낸 큰 군대 곧 메뚜기와 느치와 황충과 팥중이가 먹은 햇수대로 너희에게 갚아
주리니 26 너희는 먹되 풍족히 먹고 너희에게 놀라운 일을 행하신 너희 하나님 여호와의 이름을 찬송할 것이라
내 백성이 영원히 수치를 당하지 아니하리로다 27 그런즉 내가 이스라엘 가운데에 있어 너희 하나님 여호와가
되고 다른 이가 없는 줄을 너희가 알 것이라 내 백성이 영원히 수치를 당하지 아니하리로다

내 영을 만민에게 부어 주리니

[28] 그 후에 내가 내 영을 만민에게 부어 주리니 너희 자녀들이 장래 일을
말할 것이며 너희 늙은이는 꿈을 꾸며 너희 젊은이는 이상을 볼 것이며 [29]
그 때에 내가 또 내 영을 남종과 여종에게 부어 줄 것이며 [30] 내가 이적을 하늘과 땅에 베풀리니 곧 피와 불과 연
기 기둥이라 [31] 여호와의 크고 두려운 날이 이르기 전에 해가 어두워지고 달이 핏빛 같이 변하려니와 [32] 누구든지
여호와의 이름을 부르는 자는 구원을 얻으리니 이는 나 여호와의 말대로 시온 산과 예루살렘에서 피할 자가 있
을 것임이요 남은 자 중에 나 여호와의 부름을 받을 자가 있을 것임이니라

욜 2:28-32 사도행전에서 성령이 강림하여 교회가 시작함으로 성취된다.

요엘 3장

여호와께서 민족들을 심판하시다

[1] 보라 그 날 곧 내가 유다와 예루살렘 가운데에서 사로잡힌 자를 돌아오게 할 그 때에 [2] 내가 만국을 모아 데리
고 여호사밧 골짜기에 내려가서 내 백성 곧 내 기업인 이스라엘을 위하여 거기에서 그들을 심문하리니 이는 그
들이 이스라엘을 나라들 가운데에 흩어 버리고 나의 땅을 나누었음이며 [3] 또 제비 뽑아 내 백성을 끌어 가서 소
년을 기생과 바꾸며 소녀를 술과 바꾸어 마셨음이니라 [4] 두로와 시돈과 블레셋 사방아 너희가 나와 무슨 상관이
있느냐 너희가 내게 보복하겠느냐 만일 내게 보복하면 너희가 보복하는 것을 내가 신속히 너희 머리에 돌리리니
[5] 곧 너희가 내 은과 금을 빼앗고 나의 진기한 보물을 너희 신전으로 가져갔으며 [6] 또 유다 자손과 예루살렘 자
손들을 헬라 족속에게 팔아서 그들의 영토에서 멀리 떠나게 하였음이니라 [7] 보라 내가 그들을 너희가 팔아 이르
게 한 곳에서 일으켜 나오게 하고 너희가 행한 것을 너희 머리에 돌려서 [8] 너희 자녀를 유다 자손의 손에 팔리니
그들은 다시 먼 나라 스바 사람에게 팔리라 여호와께서 말씀하셨느니라 [9] 너희는 모든 민족에게 이렇게 널리 선
포할지어다 너희는 전쟁을 준비하고 용사를 격려하고 병사로 다 가까이
나아와서 올라오게 할지어다 [10] 너희는 보습을 쳐서 칼을 만들지어다 낫
을 쳐서 창을 만들지어다 약한 자도 이르기를 나는 강하다 할지어다 [11] 사
면의 민족들아 너희는 속히 와서 모일지어다 여호와여 주의 용사들로 그
리로 내려오게 하옵소서 [12] 민족들은 일어나서 여호사밧 골짜기로 올라
올지어다 내가 거기에 앉아서 사면의 민족들을 다 심판하리로다 [13] 너희
는 낫을 쓰라 곡식이 익었도다 와서 밟을지어다 포도주 틀이 가득히 차고
포도주 독이 넘치니 그들의 악이 큼이로다

욜 3:10 여기서 '보습'은 평화의 상징이며 '칼'은 전쟁의 상징이다. 이처럼 농기구까지 전쟁을 위한 무기로 바꿀 것을 명령하고 있는 것은 예고된 심판의 임박성을 한층 강조하고 있는 것이다. 한편 이사야와 미가가 예언하는 메시아 왕국의 완전한 평화를 상징하는'표현'(사 2:4, 미 4:3)과 반대의 형태를 취하고 있다.

여호와께서 백성들에게 복을 주시다

61일~66일

[14] 사람이 많음이여, 심판의 골짜기에 사람이 많음이여, 심판의 골짜기에 여호와의 날이 가까움이로다 [15] 해와
달이 캄캄하며 별들이 그 빛을 거두도다 [16] 여호와께서 시온에서 부르짖고 예루살렘에서 목소리를 내시리니 하
늘과 땅이 진동하리로다 그러나 여호와께서 그의 백성의 피난처, 이스라엘 자손의 산성이 되시리로다 [17] 그런즉
너희가 나는 내 성산 시온에 사는 너희 하나님 여호와인 줄 알 것이라 예루살렘이 거룩하리니 다시는 이방 사람
이 그 가운데로 통행하지 못하리로다 [18] 그 날에 산들이 단 포도주를 떨어뜨릴 것이며 작은 산들이 젖을 흘릴 것
이며 유다 모든 시내가 물을 흘릴 것이며 여호와의 성전에서 샘이 흘러 나와서 싯딤 골짜기에 대리라 [19] 그러나
애굽은 황무지가 되겠고 에돔은 황무한 들이 되리니 이는 그들이 유다 자손에게 포악을 행하여 무죄한 피를 그
땅에서 흘렸음이니라 [20] 유다는 영원히 있겠고 예루살렘은 대대로 있으리라 [21] 내가 전에는 그들의 피흘림 당한
것을 갚아 주지 아니하였거니와 이제는 갚아 주리니 이는 여호와께서 시온에 거하심이니라

63일차 읽기의 요약

(느 1~10, 욜 1~3)

느헤미야는 에스라가 예루살렘에 돌아온 후 약 12년 뒤에 예루살렘 성의 황폐한 상태에 대한 소식을 듣고 수일 동안 금식하며 기도하는 가운데 바사의 아닥사스다 왕의 허락을 받고 3차로 예루살렘에 돌아온다. 느헤미야는 안밖의 극심한 반대와 가난에도 불구하고 탁월한 리더십을 통하여 모든 백성이 협력하여 약 52일만에 성벽재건을 완성하게 된다.

성벽 재건을 통해 하나님과의 바른 관계를 통한 삶이 유지되고 보호받도록 한 후에 에스라와 총독 느헤미야는 함께 연합하여 나팔절에 수문 앞 광장에서 8일 동안 집회를 열었다. 하나님의 말씀을 낭독하고 백성들이 그 말씀을 깨닫도록 도우며 자신의 조상들이 하나님의 언약을 지키지 못한 것을 회개하고 다시 언약을 회복하고 갱신한다.

요엘서는 곧 다가올 여호와의 날에 있을 심판에 대해 경고하여 전국적인 금식과 기도의 날을 정하고 마음을 찢고 회개하며 여호와께로 돌이킬 것을 요구다. 요엘 선지자는 비록 심판이 임박했지만, 이제라도 금식하며 애통해하며 회개하는 자들에게 있을 풍성한 삶의 회복을 하신다. 또한 장차 하나님의 백성들에게 성령을 부어주셔서 하나님의 통치가 그들 가운데 회복되게 하실 것을 약속했다.

그러면 어떻게 살 것인가?

☑ 세계관 점검 - 묵상하기 (영상 강의와 교재 내용의 이해를 바탕으로)

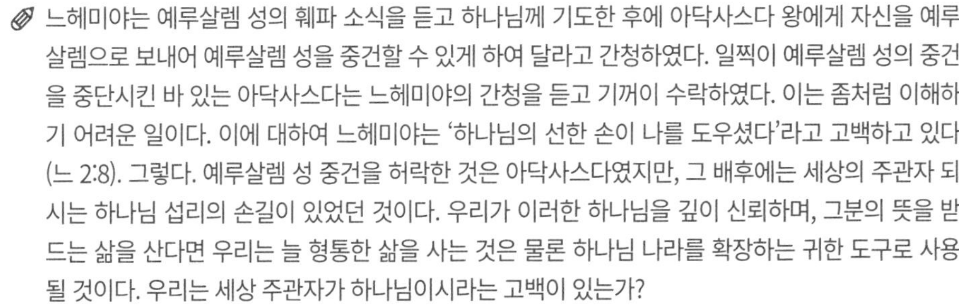

✎ 느헤미야는 예루살렘 성의 훼파 소식을 듣고 하나님께 기도한 후에 아닥사스다 왕에게 자신을 예루살렘으로 보내어 예루살렘 성을 중건할 수 있게 하여 달라고 간청하였다. 일찍이 예루살렘 성의 중건을 중단시킨 바 있는 아닥사스다는 느헤미야의 간청을 듣고 기꺼이 수락하였다. 이는 좀처럼 이해하기 어려운 일이다. 이에 대하여 느헤미야는 '하나님의 선한 손이 나를 도우셨다'라고 고백하고 있다(느 2:8). 그렇다. 예루살렘 성 중건을 허락한 것은 아닥사스다였지만, 그 배후에는 세상의 주관자 되시는 하나님 섭리의 손길이 있었던 것이다. 우리가 이러한 하나님을 깊이 신뢰하며, 그분의 뜻을 받드는 삶을 산다면 우리는 늘 형통한 삶을 사는 것은 물론 하나님 나라를 확장하는 귀한 도구로 사용될 것이다. 우리는 세상 주관자가 하나님이시라는 고백이 있는가?

✎ 느헤미야의 리더십을 묵상해 보라. 대적들의 방해 공작에도 불구하고 느헤미야의 주도하에 포로 귀환민들은 52일 만에 예루살렘 성벽 재건 작업을 모두 끝낸다. 이 놀라운 일이 어떻게 가능할 수 있었을까?

✎ 하나님과 함께 불가능을 가능으로 만들자
느헤미야의 리더십을 묵상해 보라, 대적들의 방해 공작에도 불구하고 느헤미야의 주도하에 포로 귀환민들은 52일 만에 예루살렘 성벽 재건 작업을 모두 끝낸다. 이 놀라운 일이 어떻게 가능할 수 있었을까?

언젠가 테레사 수녀가 인도 캘커타에 큰 고아원을 짓겠다고 발표했다. 그때 기자들이 물었다. "건축 기금은 얼마나 준비되어 있습니까?", "지금 준비된 기금은 3실링뿐입니다" 그러면서 테레사 수녀는 책상 위에 실제로 동전 세 닢을 꺼내 놓았다. 기자들은 웃었다. 이 수녀가 농담하는 줄 알았기 때문이다. 그러나 테레사 수녀의 표정과 말은 진지했다. "이 3실링과 저로서는 할 수 없습니다. 그러나 이 3실링과 하나님으로서는 충분히 가능합니다."
느헤미야와 포로 귀환민들 만으로는 결코 예루살렘 성벽 건축을 할 수 없었을 것이다. 그러나 하나님이 그들과 함께하셨기 때문에, 모든 역경을 극복하고 마침내 목표를 달성할 수 있었다(느 6:25-26). 결국 인간이 행하는 것이 아니고 하나님이 행하신다는 사실에서 초점이 떠나지 않도록 하라(잠 16:3, 9 참고). 인위가 아니고 신위이다. 무엇을 느끼는가?

✐ 스룹바벨이 예루살렘 성전을 재건할 때와 마찬가지로 느헤미야가 예루살렘 성벽을 중건하려 할 때도 대적들의 집요한 방해 공작이 있었다. 이것은 모두가 팔레스타인에서 자신들의 기득권을 상실할 것을 대적들이 염려한 까닭이다. 결국 이스라엘 자손은 무장한 성벽 재건 공사에 임해야만 하였다. 그런데 이러한 대적들의 방해는 오늘 신약 시대에도 동일하게 나타난다. 오늘 우리가 살아가는 이 땅은 하나님과 하나님 백성의 원수인 사탄이 공중 권세를 잡고있는 곳이다. 그리고 우리 성도들은 그러한 세상에서 하나님 나라의 확장과 완전한 도래를 위해 일하는 사람들이다. 그러므로 우리는 필연적으로 사탄의 방해에 직면할 수밖에 없다. 사탄은 때로 우리의 사기를 저하시킴으로, 때로 강력한 핍박으로 하나님을 위한 우리의 일을 방해하려 한다. 따라서 우리 성도들과 교회는 싸우는 교회가 되어야 한다. 하나님의 전신 갑주를 입고 사탄과 대적해야 하며, 비록 피를 흘리는 일이 있을지라도 하나님 나라의 건설과 확장을 위한 사업을 쉬지 말아야 한다. 과연 나와 우리 교회 공동체는 이런 전투태세에 있는가?

✐ 예루살렘 성벽을 재건한 이스라엘 공동체는 곧 하나님과 언약을 갱신하였다. 그런데 백성들은 언약을 갱신하면서 이방인과의 통혼 금지, 성일과 안식일에의 매매 금지, 안식년 준수, 성전 제사 제도 유지를 위한 규례 준수, 첫 소산과 초태생 규례 준수, 십일조 규례 준수 등 율법을 준수하기로 맹세하였다. 이러한 사실에서 보듯이 언약 갱신의 삶은 하나님 말씀의 실천을 동반한다. 따라서 우리가 하나님의 언약 백성으로 살아가기를 원한다면 하나님의 계명을 준수하지 않으면 안 된다. 개혁교회는 끊임없이 개혁해야 한다고 종교개혁자들이 외쳤다. 그 개혁은 곧 성경 언약의 갱신으로 이루어져야 한다는 사실을 명심해야 한다.
"오늘 성경 읽으셨나요?"

☑ 결단기도와 실행하기

약 2:26 영혼 없는 몸이 죽은 것 같이 행함이 없는 믿음은 죽은 것이니라
시 119:28 나의 영혼이 눌림으로 말미암아 녹사오니 주의 말씀대로 나를 세우소서

시편 1

1복 있는 사람은 악인들의 꾀를 따르지 아니하며 죄인들의 길에 서지 아
니하며 오만한 자들의 자리에 앉지 아니하고 2오직 여호와의 율법을 즐
거워하여 그의 율법을 주야로 묵상하는도다 3그는 시냇가에 심은 나무
가 철을 따라 열매를 맺으며 그 잎사귀가 마르지 아니함 같으니 그가 하
는 모든 일이 다 형통하리로다 4악인들은 그렇지 아니함이여 오직 바람
에 나는 겨와 같도다 5그러므로 악인들은 심판을 견디지 못하며 죄인들
이 의인들의 모임에 들지 못하리로다 6무릇 의인들의 길은 여호와께서
인정하시나 악인들의 길은 망하리로다

시편 91

1지존자의 은밀한 곳에 거주하며 전능자의 그늘 아래에 사는 자여, 2나
는 여호와를 향하여 말하기를 그는 나의 피난처요 나의 요새요 내가 의
뢰하는 하나님이라 하리니 3이는 그가 너를 새 사냥꾼의 올무에서와 심
한 전염병에서 건지실 것임이로다 4그가 너를 그의 깃으로 덮으시리니 네
가 그의 날개 아래에 피하리로다 그의 진실함은 방패와 손 방패가 되시
나니 5너는 밤에 찾아오는 공포와 낮에 날아드는 화살과 6어두울 때 퍼
지는 전염병과 밝을 때 닥쳐오는 재앙을 두려워하지 아니하리로다 7천
명이 네 왼쪽에서, 만 명이 네 오른쪽에서 엎드러지나 이 재앙이 네게 가
까이 하지 못하리로다 8오직 너는 똑똑히 보리니 악인들의 보응을 네가
보리로다 9네가 말하기를 여호와는 나의 피난처시라 하고 지존자를 너의 거처로 삼았으므로 10화가 네게 미치
지 못하며 재앙이 네 장막에 가까이 오지 못하리니 11그가 너를 위하여 그의 천사들을 명령하사 네 모든 길에서
너를 지키게 하심이라 12그들이 그들의 손으로 너를 붙들어 발이 돌에 부딪히지 아니하게 하리로다 13네가 사
자와 독사를 밟으며 젊은 사자와 뱀을 발로 누르리로다 14하나님이 이르시되 그가 나를 사랑한즉 내가 그를 건
지리라 그가 내 이름을 안즉 내가 그를 높이리라 15그가 내게 간구하리니 내가 그에게 응답하리라 그들이 환난
당할 때에 내가 그와 함께 하여 그를 건지고 영화롭게 하리라 16내가 그를 장수하게 함으로 그를 만족하게 하며
나의 구원을 그에게 보이리라 하시도다

❖ **시편 1편의 중요성 – 포로 귀환 후의 찬송가 편찬이 필요했다.**
시편은 언약 백성 이스라엘의 찬송가라고 볼 수 있다. 시편이 지금의 150편 체제로 편집된 것은 바벨론 포로 이후로 추정된다. 왜냐하면 시편에 바벨론 포로 때의 형편(시편 137편)과 바벨론 포로 귀환 때의 정서(시편 126편)를 노래한 시가 있기 때문이다.
포로 생활에서 귀환한 뒤에 이스라엘의 찬송가 편찬자들은 의도를 가지고 시편 1편을 첫 번째 찬송가로 배치했을 것이다. 이스라엘이 하나님의 징계로 바벨론 포로 생활을 했다는 것을 너무나 아프게 추억하면서, 이스라엘의 여호와 찬양자는 어떤 마음가짐을 가지고 있어야 하는지를 시편 1편에서 보여 주고자 했던 것으로 생각된다.

❖ 시 1편
시편 전체의 서론 격인 대표 시
☞ 복 있는 사람은 악인의 꾀를 따르지 않는 자라고 한다. 이 말은 중요하다. 즉, 세속적 세계관을 추구하지 않는 자라는 말이다.

❖ 시 91편
하나님의 보호하심(Divine Protection)을 언급하면서 하나님이 어떠신 분인가를 알게 하려는 의도로 쓴 시
시 121편과 같이 묵상하라.
시 73:28의 구체적인 답변과도 같다. 진정한 복은 하나님의 보호하심으로부터 오는 것이고, 그것은 그분이 어떠신 분인가를 알고 순종하며 의지함으로 온다는 것을 보여 준다.

시편 119

1행위가 온전하여 여호와의 율법을 따라 행하는 자들은 복이 있음이여 2여호와의 증거들을 지키고 전심으로 여

호와를 구하는 자는 복이 있도다 3 참으로 그들은 불의를 행하지 아니하
고 주의 도를 행하는도다 4 주께서 명령하사 주의 법도를 잘 지키게 하셨
나이다 5 내 길을 굳게 정하사 주의 율례를 지키게 하소서 6 내가 주의 모
든 계명에 주의할 때에는 부끄럽지 아니하리이다 7 내가 주의 의로운 판
단을 배울 때에는 정직한 마음으로 주께 감사하리이다 8 내가 주의 율례
들을 지키오리니 나를 아주 버리지 마옵소서 9 청년이 무엇으로 그의 행실
을 깨끗하게 하리이까 주의 말씀만 지킬 따름이니이다 10 내가 전심으로
주를 찾았사오니 주의 계명에서 떠나지 말게 하소서 11 내가 주께 범죄하
지 아니하려 하여 주의 말씀을 내 마음에 두었나이다 12 찬송을 받으실 주 여호와여 주의 율례들을 내게 가르치
소서 13 주의 입의 모든 규례들을 나의 입술로 선포하였으며 14 내가 모든 재물을 즐거워함 같이 주의 증거들의
도를 즐거워하였나이다 15 내가 주의 법도들을 작은 소리로 읊조리며 주의 길들에 주의하며 16 주의 율례들을 즐
거워하며 주의 말씀을 잊지 아니하리이다 17 주의 종을 후대하여 살게 하소서 그리하시면 주의 말씀을 지키리이
다 18 내 눈을 열어서 주의 율법에서 놀라운 것을 보게 하소서 19 나는 땅에서 나그네가 되었사오니 주의 계명들
을 내게 숨기지 마소서 20 주의 규례들을 항상 사모함으로 내 마음이 상하나이다 21 교만하여 저주를 받으며 주
의 계명들에서 떠나는 자들을 주께서 꾸짖으셨나이다 22 내가 주의 교훈들을 지켰사오니 비방과 멸시를 내게서
떠나게 하소서 23 고관들도 앉아서 나를 비방하였사오나 주의 종은 주의 율례들을 작은 소리로 읊조렸나이다 24
주의 증거들은 나의 즐거움이요 나의 충고자니이다 25 내 영혼이 진토에 붙었사오니 주의 말씀대로 나를 살아나
게 하소서 26 내가 나의 행위를 아뢰매 주께서 내게 응답하셨사오니 주의 율례들을 내게 가르치소서 27 나에게
주의 법도들의 길을 깨닫게 하여 주소서 그리하시면 내가 주의 기이한 일들을 작은 소리로 읊조리리이다 28 나
의 영혼이 눌림으로 말미암아 녹사오니 주의 말씀대로 나를 세우소서 29 거짓 행위를 내게서 떠나게 하시고 주
의 법을 내게 은혜로이 베푸소서 30 내가 성실한 길을 택하고 주의 규례들을 내 앞에 두었나이다 31 내가 주의 증
거들에 매달렸사오니 여호와여 내가 수치를 당하지 말게 하소서 32 주께서 내 마음을 넓히시면 내가 주의 계명
들의 길로 달려가리이다 33 여호와여 주의 율례들의 도를 내게 가르치소서 내가 끝까지 지키리이다 34 나로 하여
금 깨닫게 하여 주소서 내가 주의 법을 준행하며 전심으로 지키리이다 35 나로 하여금 주의 계명들의 길로 행하
게 하소서 내가 이를 즐거워함이니이다 36 내 마음을 주의 증거들에게 향하게 하시고 탐욕으로 향하지 말게 하
소서 37 내 눈을 돌이켜 허탄한 것을 보지 말게 하시고 주의 길에서 나를 살아나게 하소서 38 주를 경외하게 하는
주의 말씀을 주의 종에게 세우소서 39 내가 두려워하는 비방을 내게서 떠나게 하소서 주의 규례들은 선하심이니
이다 40 내가 주의 법도들을 사모하였사오니 주의 의로 나를 살아나게 하소서 41 여호와여 주의 말씀대로 주의
인자하심과 주의 구원을 내게 임하게 하소서 42 그리하시면 내가 나를 비방하는 자들에게 대답할 말이 있사오
리니 내가 주의 말씀을 의지함이니이다 43 진리의 말씀이 내 입에서 조금도 떠나지 말게 하소서 내가 주의 규례
를 바랐음이니이다 44 내가 주의 율법을 항상 지키리이다 영원히 지키리이다 45 내가 주의 법도들을 구하였사오
니 자유롭게 걸어갈 것이오며 46 또 왕들 앞에서 주의 교훈들을 말할 때에 수치를 당하지 아니하겠사오며 47 내
가 사랑하는 주의 계명들을 스스로 즐거워하며 48 또 내가 사랑하는 주의 계명들을 향하여 내 손을 들고 주의 율
례들을 작은 소리로 읊조리리이다 49 주의 종에게 하신 말씀을 기억하소서 주께서 내게 소망을 가지게 하셨나이
다 50 이 말씀은 나의 고난 중의 위로라 주의 말씀이 나를 살리셨기 때문이니이다 51 교만한 자들이 나를 심히 조
롱하였어도 나는 주의 법을 떠나지 아니하였나이다 52 여호와여 주의 옛 규례들을 내가 기억하고 스스로 위로하
였나이다 53 주의 율법을 버린 악인들로 말미암아 내가 맹렬한 분노에 사로잡혔나이다 54 내가 나그네 된 집에
서 주의 율례들이 나의 노래가 되었나이다 55 여호와여 내가 밤에 주의 이름을 기억하고 주의 법을 지켰나이다
56 내 소유는 이것이니 곧 주의 법도들을 지킨 것이니이다 57 여호와는 나의 분깃이시니 나는 주의 말씀을 지키리
라 하였나이다 58 내가 전심으로 주께 간구하였사오니 주의 말씀대로 내게 은혜를 베푸소서 59 내가 내 행위를

❖ 시 119편
성경에서 가장 많은 절수를 가진 시
하나님과 관계가 회복된 백성은 그 관계의 복을 누리기 위해 율법을 준수하는 것이 전부이다. 율법을 지켜 행하기 전에 먼저 율법이 무엇인가를 공부해야 한다는 것이다. 그래서 시 1편처럼 여호와의 율법을 주야로 묵상하는 자가 되어야 한다는 것이다.

"오늘 성경 읽으셨나요?"
⇒ 밑줄 친 부분을 묵상하면서 읽으라.

생각하고 주의 증거들을 향하여 내 발길을 돌이켰사오며 60 주의 계명들을 지키기에 신속히 하고 지체하지 아니
하였나이다 61 악인들의 줄이 내게 두루 얽혔을지라도 나는 주의 법을 잊지 아니하였나이다 62 내가 주의 의로운
규례들로 말미암아 밤중에 일어나 주께 감사하리이다 63 나는 주를 경외하는 모든 자들과 주의 법도들을 지키
는 자들의 친구라 64 여호와여 주의 인자하심이 땅에 충만하였사오니 주의 율례들로 나를 가르치소서 65 여호와
여 주의 말씀대로 주의 종을 선대하셨나이다 66 내가 주의 계명들을 믿었사오니 좋은 명철과 지식을 내게 가르
치소서 67 고난 당하기 전에는 내가 그릇 행하였더니 이제는 주의 말씀을 지키나이다 68 주는 선하사 선을 행하
시오니 주의 율례들로 나를 가르치소서 69 교만한 자들이 거짓을 지어 나를 치려 하였사오나 나는 전심으로 주의
법도들을 지키리이다 70 그들의 마음은 살져서 기름덩이 같으나 나는 주의 법을 즐거워하나이다 71 고난 당한 것
이 내게 유익이라 이로 말미암아 내가 주의 율례들을 배우게 되었나이다 72 주의 입의 법이 내게는 천천 금은보
다 좋으니이다 73 주의 손이 나를 만들고 세우셨사오니 내가 깨달아 주의 계명들을 배우게 하소서 74 주를 경외
하는 자들이 나를 보고 기뻐하는 것은 내가 주의 말씀을 바라는 까닭이니이다 75 여호와여 내가 알거니와 주의
심판은 의로우시고 주께서 나를 괴롭게 하심은 성실하심 때문이니이다 76 구하오니 주의 종에게 하신 말씀대로
주의 인자하심이 나의 위안이 되게 하시며 77 주의 긍휼히 여기심이 내게 임하사 내가 살게 하소서 주의 법은 나
의 즐거움이니이다 78 교만한 자들이 거짓으로 나를 엎드러뜨렸으니 그들이 수치를 당하게 하소서 나는 주의 법
도들을 작은 소리로 읊조리리이다 79 주를 경외하는 자들이 내게 돌아오게 하소서 그리하시면 그들이 주의 증거
들을 알리이다 80 내 마음으로 주의 율례들에 완전하게 하사 내가 수치를 당하지 아니하게 하소서 81 나의 영혼
이 주의 구원을 사모하기에 피곤하오나 나는 주의 말씀을 바라나이다 82 나의 말이 주께서 언제나 나를 안위하
실까 하면서 내 눈이 주의 말씀을 바라기에 피곤하니이다 83 내가 연기 속의 가죽 부대 같이 되었으나 주의 율례
들을 잊지 아니하나이다 84 주의 종의 날이 얼마나 되나이까 나를 핍박하는 자들을 주께서 언제나 심판하시리이
까 85 주의 법을 따르지 아니하는 교만한 자들이 나를 해하려고 웅덩이를 팠나이다 86 주의 모든 계명들은 신실
하니이다 그들이 이유 없이 나를 핍박하오니 나를 도우소서 87 그들이 나를 세상에서 거의 멸하였으나 나는 주의
법도들을 버리지 아니하였사오니 88 주의 인자하심을 따라 나를 살아나게 하소서 그리하시면 주의 입의 교훈들
을 내가 지키리이다 89 여호와여 주의 말씀은 영원히 하늘에 굳게 섰사오며 90 주의 성실하심은 대대에 이르나이
다 주께서 땅을 세우셨으므로 땅이 항상 있사오니 91 천지가 주의 규례들대로 오늘까지 있음은 만물이 주의 종
이 된 까닭이니이다 92 주의 법이 나의 즐거움이 되지 아니하였더면 내가 내 고난 중에 멸망하였으리이다 93 내가
주의 법도들을 영원히 잊지 아니하오니 주께서 이것들 때문에 나를 살게 하심이니이다 94 나는 주의 것이오니 나
를 구원하소서 내가 주의 법도들만을 찾았나이다 95 악인들이 나를 멸하려고 엿보오나 나는 주의 증거들만을 생
각하겠나이다 96 내가 보니 모든 완전한 것이 다 끝이 있어도 주의 계명들은 심히 넓으니이다 97 내가 주의 법을
어찌 그리 사랑하는지요 내가 그것을 종일 작은 소리로 읊조리나이다 98 주의 계명들이 항상 나와 함께 하므로
그것들이 나를 원수보다 지혜롭게 하나이다 99 내가 주의 증거들을 늘 읊조리므로 나의 명철함이 나의 모든 스
승보다 나으며 100 주의 법도들을 지키므로 나의 명철함이 노인보다 나으니이다 101 내가 주의 말씀을 지키려고
발을 금하여 모든 악한 길로 가지 아니하였사오며 102 주께서 나를 가르치셨으므로 내가 주의 규례들에서 떠나
지 아니하였나이다 103 주의 말씀의 맛이 내게 어찌 그리 단지요 내 입에 꿀보다 더 다니이다 104 주의 법도들로
말미암아 내가 명철하게 되었으므로 모든 거짓 행위를 미워하나이다 105 주의 말씀은 내 발에 등이요 내 길에 빛
이니이다 106 주의 의로운 규례들을 지키기로 맹세하고 굳게 정하였나이다 107 나의 고난이 매우 심하오니 여호
와여 주의 말씀대로 나를 살아나게 하소서 108 여호와여 구하오니 내 입이 드리는 자원제물을 받으시고 주의 공
의를 내게 가르치소서 109 나의 생명이 항상 위기에 있사오나 나는 주의 법을 잊지 아니하나이다 110 악인들이 나
를 해하려고 올무를 놓았사오나 나는 주의 법도들에서 떠나지 아니하였나이다 111 주의 증거들로 내가 영원히
나의 기업을 삼았사오니 이는 내 마음의 즐거움이 됨이니이다 112 내가 주의 율례들을 영원히 행하려고 내 마음
을 기울였나이다 113 내가 두 마음 품는 자들을 미워하고 주의 법을 사랑하나이다 114 주는 나의 은신처요 방패

시라 내가 주의 말씀을 바라나이다 115 너희 행악자들이여 나를 떠날지어다 나는 내 하나님의 계명들을 지키리
로다 116 주의 말씀대로 나를 붙들어 살게 하시고 내 소망이 부끄럽지 않게 하소서 117 나를 붙드소서 그리하시
면 내가 구원을 얻고 주의 율례들에 항상 주의하리이다 118 주의 율례들에서 떠나는 자는 주께서 다 멸시하셨으
니 그들의 속임수는 허무함이니이다 119 주께서 세상의 모든 악인들을 찌꺼기 같이 버리시니 그러므로 내가 주
의 증거들을 사랑하나이다 120 내 육체가 주를 두려워함으로 떨며 내가 또 주의 심판을 두려워하나이다 121 내가
정의와 공의를 행하였사오니 나를 박해하는 자들에게 나를 넘기지 마옵소서 122 주의 종을 보증하사 복을 얻게
하시고 교만한 자들이 나를 박해하지 못하게 하소서 123 내 눈이 주의 구원과 주의 의로운 말씀을 사모하기에
피곤하니이다 124 주의 인자하심대로 주의 종에게 행하사 내게 주의 율례들을 가르치소서 125 나는 주의 종이오
니 나를 깨닫게 하사 주의 증거들을 알게 하소서 126 그들이 주의 법을 폐하였사오니 지금은 여호와께서 일하실
때니이다 127 그러므로 내가 주의 계명들을 금 곧 순금보다 더 사랑하나이다 128 그러므로 내가 범사에 모든 주
의 법도들을 바르게 여기고 모든 거짓 행위를 미워하나이다 129 주의 증거들은 놀라우므로 내 영혼이 이를 지키
나이다 130 주의 말씀을 열면 빛이 비치어 우둔한 사람들을 깨닫게 하나이다 131 내가 주의 계명들을 사모하므로
내가 입을 열고 헐떡였나이다 132 주의 이름을 사랑하는 자들에게 베푸시던 대로 내게 돌이키사 내게 은혜를 베
푸소서 133 나의 발걸음을 주의 말씀에 굳게 세우시고 어떤 죄악도 나를 주관하지 못하게 하소서 134 사람의 박
해에서 나를 구원하소서 그리하시면 내가 주의 법도들을 지키리이다 135 주의 얼굴을 주의 종에게 비추시고 주
의 율례로 나를 가르치소서 136 그들이 주의 법을 지키지 아니하므로 내 눈물이 시냇물 같이 흐르나이다 137 여호
와여 주는 의로우시고 주의 판단은 옳으니이다 138 주께서 명령하신 증거들은 의롭고 지극히 성실하니이다 139
내 대적들이 주의 말씀을 잊어버렸으므로 내 열정이 나를 삼켰나이다 140 주의 말씀이 심히 순수하므로 주의 종
이 이를 사랑하나이다 141 내가 미천하여 멸시를 당하나 주의 법도를 잊지 아니하였나이다 142 주의 공의는 영원
한 공의요 주의 율법은 진리로소이다 143 환난과 우환이 내게 미쳤으나 주의 계명은 나의 즐거움이니이다 144 주
의 증거들은 영원히 의로우시니 나로 하여금 깨닫게 하사 살게 하소서 145 여호와여 내가 전심으로 부르짖었사
오니 내게 응답하소서 내가 주의 교훈들을 지키리이다 146 내가 주께 부르짖었사오니 나를 구원하소서 내가 주
의 증거들을 지키리이다 147 내가 날이 밝기 전에 부르짖으며 주의 말씀을 바랐사오며 148 주의 말씀을 조용히 읊
조리려고 내가 새벽녘에 눈을 떴나이다 149 주의 인자하심을 따라 내 소리를 들으소서 여호와여 주의 규례들을
따라 나를 살리소서 150 악을 따르는 자들이 가까이 왔사오니 그들은 주의 법에서 머니이다 151 여호와여 주께서
가까이 계시오니 주의 모든 계명들은 진리니이다 152 내가 전부터 주의 증거들을 알고 있었으므로 주께서 영원
히 세우신 것인 줄을 알았나이다 153 나의 고난을 보시고 나를 건지소서 내가 주의 율법을 잊지 아니함이니이다
154 주께서 나를 변호하시고 나를 구하사 주의 말씀대로 나를 살리소서 155 구원이 악인들에게서 멀어짐은 그들
이 주의 율례들을 구하지 아니함이니이다 156 여호와여 주의 긍휼이 많으오니 주의 규례들에 따라 나를 살리소
서 157 나를 핍박하는 자들과 나의 대적들이 많으나 나는 주의 증거들에서 떠나지 아니하였나이다 158 주의 말씀
을 지키지 아니하는 거짓된 자들을 내가 보고 슬퍼하였나이다 159 내가 주의 법도들을 사랑함을 보옵소서 여호
와여 주의 인자하심을 따라 나를 살리소서 160 주의 말씀의 강령은 진리이오니 주의 의로운 모든 규례들은 영원
하리이다 161 고관들이 거짓으로 나를 핍박하오나 나의 마음은 주의 말씀만 경외하나이다 162 사람이 많은 탈취
물을 얻은 것처럼 나는 주의 말씀을 즐거워하나이다 163 나는 거짓을 미워하며 싫어하고 주의 율법을 사랑하나
이다 164 주의 의로운 규례들로 말미암아 내가 하루 일곱 번씩 주를 찬양하나이다 165 주의 법을 사랑하는 자에
게는 큰 평안이 있으니 그들에게 장애물이 없으리이다 166 여호와여 내가 주의 구원을 바라며 주의 계명들을 행
하였나이다 167 내 영혼이 주의 증거들을 지켰사오며 내가 이를 지극히 사랑하나이다 168 내가 주의 법도들과 증
거들을 지켰사오니 나의 모든 행위가 주 앞에 있음이니이다 169 여호와여 나의 부르짖음이 주의 앞에 이르게 하
시고 주의 말씀대로 나를 깨닫게 하소서 170 나의 간구가 주의 앞에 이르게 하시고 주의 말씀대로 나를 건지소
서 171 주께서 율례를 내게 가르치시므로 내 입술이 주를 찬양하리이다 172 주의 모든 계명들이 의로우므로 내

혀가 주의 말씀을 노래하리이다 173 내가 주의 법도들을 택하였사오니 주의 손이 항상 나의 도움이 되게 하소서
174 여호와여 내가 주의 구원을 사모하였사오며 주의 율법을 즐거워하나이다 175 내 영혼을 살게 하소서 그리하
시면 주를 찬송하리이다 주의 규례들이 나를 돕게 하소서 176 잃은 양 같이 내가 방황하오니 주의 종을 찾으소서
내가 주의 계명들을 잊지 아니함이니이다

느헤미야 11장~12:30

느헤미야 11장

예루살렘에 거주하는 백성들

1 백성의 지도자들은 예루살렘에 거주하였고 그 남은 백성은 제비 뽑아
십분의 일은 거룩한 성 예루살렘에서 거주하게 하고 그 십분의 구는 다
른 성읍에 거주하게 하였으며 2 예루살렘에 거주하기를 자원하는 모든
자를 위하여 백성들이 복을 빌었느니라 3 제사장들과 레위 사람들과 느
디님 사람들과 솔로몬의 신하들의 자손은 유다 여러 성읍에서 각각 자
기 성읍 자기 기업에 거주하였느니라 예루살렘에 거주한 그 지방의 지도
자들은 이러하니 4 예루살렘에 거주한 자는 유다 자손과 베냐민 자손 몇 명이라 유다 자손 중에는 베레스 자손
아다야이니 그는 웃시야의 아들이요 스가랴의 손자요 아마랴의 증손이요 스바댜의 현손이요 마할랄렐의 오
대 손이며 5 또 마아세야니 그는 바룩의 아들이요 골호세의 손자요 하사야의 증손이요 아다야의 현손이요 요
야립의 오대 손이요 스가랴의 육대 손이요 실로 사람의 칠대 손이라 6 예루살렘에 거주한 베레스 자손은 모두
사백육십팔 명이니 다 용사였느니라 7 베냐민 자손은 살루이니 그는 므술람의 아들이요 요엣의 손자요 브다
야의 증손이요 골라야의 현손이요 마아세야의 오대 손이요 이디엘의 육대 손이요 여사야의 칠대 손이며 8 그
다음은 갑배와 살래 등이니 모두 구백이십팔 명이라 9 시그리의 아들 요엘이 그들의 감독이 되었고 핫스누아
의 아들 유다는 버금이 되어 성읍을 다스렸느니라 10 제사장 중에는 요야립의 아들 여다야와 야긴이며 11 또 하
나님의 전을 맡은 자 스라야이니 그는 힐기야의 아들이요 므술람의 손자요 사독의 증손이요 므라욧의 현손이
요 아히둡의 오대 손이며 12 또 전에서 일하는 그들의 형제니 모두 팔백이십이 명이요 또 아다야이니 그는 여로
함의 아들이요 블라야의 손자요 암시의 증손이요 스가랴의 현손이요 바스훌의 오대 손이요 말기야의 육대 손
이며 13 또 그 형제의 족장된 자이니 모두 이백사십이 명이요 또 아맛새이니 그는 아사렐의 아들이요 아흐새의
손자요 므실레못의 증손이요 임멜의 현손이며 14 또 그들의 형제의 큰 용사들이니 모두 백이십팔 명이라 하그
돌림의 아들 삽디엘이 그들의 감독이 되었느니라 15 레위 사람 중에는 스마야이니 그는 핫숩의 아들이요 아스
리감의 손자요 하사뱌의 증손이요 분니의 현손이며 16 또 레위 사람의 족장 삽브대와 요사밧이니 그들은 하나
님의 전 바깥 일을 맡았고 17 또 아삽의 증손 삽디의 손자 미가의 아들 맛다냐이니 그는 기도할 때에 감사하는
말씀을 인도하는 자가 되었고 형제 중에 박부갸가 버금이 되었으며 또 여두둔의 증손 갈랄의 손자 삼무아의
아들 압다니 18 거룩한 성에 레위 사람은 모두 이백팔십사 명이었느니라 19 성 문지기는 악굽과 달몬과 그 형제
이니 모두 백칠십이 명이며 20 그 나머지 이스라엘 백성과 제사장과 레위 사람은 유다 모든 성읍에 흩어져 각각
자기 기업에 살았고 21 느디님 사람은 오벨에 거주하니 시하와 기스바가 그들의 책임자가 되었느니라 22 노래
하는 자들인 아삽 자손 중 미가의 현손 맛다냐의 증손 하사뱌의 손자 바니의 아들 웃시는 예루살렘에 거주하
는 레위 사람의 감독이 되어 하나님의 전 일을 맡아 다스렸으니 23 이는 왕의 명령대로 노래하는 자들에게 날
마다 할 일을 정해 주었기 때문이며 24 유다의 아들 세라의 자손 곧 므세사벨의 아들 브다히야는 왕의 수하에
서 백성의 일을 다스렸느니라

> 느 11:1~12:30 귀향 민들이 정착하기 시작하며. 거주자들의 명단이 나오고 성전을 봉헌한다.

느 11:1-36
학습 자료 64-1 "에스라와 느헤미야 활동의 연대적 순서" 참조

61일~66일

마을과 주변 동네들에 거주하는 백성들

25 마을과 들로 말하면 유다 자손의 일부는 기럇 아르바와 그 주변 동네들과 디본과 그 주변 동네들과 여갑스엘
과 그 마을들에 거주하며 26 또 예수아와 몰라다와 벧벨렛과 27 하살수알과 브엘세바와 그 주변 동네들에 거주
하며 28 또 시글락과 므고나와 그 주변 동네들에 거주하며 29 또 에느림몬과 소라와 야르뭇에 거주하며 30 또 사
노아와 아둘람과 그 마을들과 라기스와 그 들판과 아세가와 그 주변 동네들에 살았으니 그들은 브엘세바에서
부터 힌놈의 골짜기까지 장막을 쳤으며 31 또 베냐민 자손은 게바에서부터 믹마스와 아야와 벧엘과 그 주변 동
네들에 거주하며 32 아나돗과 놉과 아나냐와 33 하솔과 라마와 깃다임과 34 하딧과 스보임과 느발랏과 35 로드와
오노와 장인들의 골짜기에 거주하였으며 36 유다에 있던 레위 사람의 일부는 베냐민과 합하였느니라

느헤미야 12:1-30

제사장과 레위 사람들

1 스알디엘의 아들 스룹바벨과 예수아와 함께 돌아온 제사장들과 레위
사람들은 이러하니라 제사장들은 스라야와 예레미야와 에스라와 2 아마
랴와 말룩과 핫두스와 3 스가냐와 르훔과 므레못과 4 잇도와 긴느도이와
아비야와 5 미야민과 마아댜와 빌가와 6 스마야와 요야립과 여다야와 7 살
루와 아목과 힐기야와 여다야니 이상은 예수아 때에 제사장들과 그들의 형제의 지도자들이었느니라

느 12:1
학습 자료 64-2
"세스바살과 스룹바벨의 관계" 참조

느 12:7
학습 자료 64-3 "형제" 참조

대제사장 예수아의 자손들

8 레위 사람들은 예수아와 빈누이와 갓미엘과 세레뱌와 유다와 맛다냐니 이 맛다냐는 그의 형제와 함께 찬송하는
일을 맡았고 9 또 그들의 형제 박부갸와 운노는 직무를 따라 그들의 맞은편에 있으며 10 예수아는 요야김을 낳고
요야김은 엘리아십을 낳고 엘리아십은 요야다를 낳고 11 요야다는 요나단을 낳고 요나단은 얏두아를 낳았느니라

제사장의 족장들

12 요야김 때에 제사장, 족장 된 자는 스라야 족속에는 므라야요 예레미야 족속에는 하나냐요 13 에스라 족속에
는 므술람이요 아마랴 족속에는 여호하난이요 14 말루기 족속에는 요나단이요 스바냐 족속에는 요셉이요 15 하
림 족속에는 아드나요 므라욧 족속에는 헬개요 16 잇도 족속에는 스가랴요 긴느돈 족속에는 므술람이요 17 아비
야 족속에는 시그리요 미냐민 곧 모아댜 족속에는 빌대요 18 빌가 족속에는 삼무아요 스마야 족속에는 여호나
단이요 19 요야립 족속에는 맛드내요 여다야 족속에는 웃시오 20 살래 족속에는 갈래요 아목 족속에는 에벨이요
21 힐기야 족속에는 하사뱌요 여다야 족속에는 느다넬이었느니라

제사장과 레위 사람들에 관한 기록

22 엘리아십과 요야다와 요하난과 얏두아 때에 레위 사람의 족장이 모두 책에 기록되었고 바사 왕 다리오 때에
제사장도 책에 기록되었고 23 레위 자손의 족장들은 엘리아십의 아들 요하난 때까지 역대지략에 기록되었으며
24 레위 족속의 지도자들은 하사뱌와 세레뱌와 갓미엘의 아들 예수아라 그들은 그들의 형제의 맞은편에 있어
하나님의 사람 다윗의 명령대로 순서를 따라 주를 찬양하며 감사하고 25 맛다냐와 박부갸와 오바댜와 므술람과
달몬과 악굽은 다 문지기로서 순서대로 문안의 곳간을 파수하였나니 26 이상의 모든 사람들은 요사닥의 손자 예
수아의 아들 요야김과 총독 느헤미야와 제사장 겸 학사 에스라 때에 있었느니라

느헤미야가 성벽을 봉헌하다

27 예루살렘 성벽을 봉헌하게 되니 각처에서 레위 사람들을 찾아 예루살렘으로 데려다가 감사하며 노래하며 제
금을 치며 비파와 수금을 타며 즐거이 봉헌식을 행하려 하매 28 이에 노래하는 자들이 예루살렘 사방 들과 느도
바 사람의 마을에서 모여들고 29 또 벧길갈과 게바와 아스마웻 들에서 모여들었으니 이 노래하는 자들은 자기들
을 위하여 예루살렘 사방에 마을들을 이루었음이라 30 제사장들과 레위 사람들이 몸을 정결하게 하고 또 백성과
성문과 성벽을 정결하게 하니라

61일~
66일

시편 120

❖ 시 120~127편은 성전에 올라가는 기쁨을 노래하는 시들이다. 성전을 재건하고 영적 부흥을 통해 하나님과 관계가 회복되고, 성벽이 완성된 가운데의 삶은 곧 하나님과 동행하는 삶일 것이다. 그것은 곧 성전에서 하나님을 만나는 기쁨과 같은 것이다. 그런 심정을 감정이입 하면서 묵상하며 읽으라.

성전에 올라가는 노래

1 내가 환난 중에 여호와께 부르짖었더니 내게 응답하셨도다 2 여호와여
거짓된 입술과 속이는 혀에서 내 생명을 건져 주소서 3 너 속이는 혀여 무
엇을 네게 주며 무엇을 네게 더할꼬 4 장사의 날카로운 화살과 로뎀 나무 숯불이리로다 5 메섹에 머물며 게달의
장막 중에 머무는 것이 내게 화로다 6 내가 화평을 미워하는 자들과 함께 오래 거주하였도다 7 나는 화평을 원할
지라도 내가 말할 때에 그들은 싸우려 하는도다

시편 121

❖ 시 121편
시 91편과 같은 맥락이다.
시 23편의 목자 같은 하나님이 양 떼를 보호하시듯 우리를 지키신다.
(작곡가 Felix Mendelssohn의 Oratorio "St. Paul" 의 곡 중 유명한 여성 Trio의 가사이기도 하다.)

성전에 올라가는 노래

1 내가 산을 향하여 눈을 들리라 나의 도움이 어디서 올까 2 나의 도움은
천지를 지으신 여호와에게서로다 3 여호와께서 너를 실족하지 아니하게
하시며 너를 지키시는 이가 졸지 아니하시리로다 4 이스라엘을 지키시는 이는 졸지도 아니하시고 주무시지도 아
니하시리로다 5 여호와는 너를 지키시는 이시라 여호와께서 네 오른쪽에서 네 그늘이 되시나니 6 낮의 해가 너를
상하게 하지 아니하며 밤의 달도 너를 해치지 아니하리로다 7 여호와께서 너를 지켜 모든 환난을 면하게 하시며
또 네 영혼을 지키시리로다 8 여호와께서 너의 출입을 지금부터 영원까지 지키시리로다

시편 122

다윗의 시 곧 성전에 올라가는 노래

1 사람이 내게 말하기를 여호와의 집에 올라가자 할 때에 내가 기뻐하였도다 2 예루살렘아 우리
발이 네 성문 안에 섰도다 3 예루살렘아 너는 잘 짜여진 성읍과 같이 건설되었도다 4 지파들 곧
여호와의 지파들이 여호와의 이름에 감사하려고 이스라엘의 전례대로 그리로 올라가는도다
5 거기에 심판의 보좌를 두셨으니 곧 다윗의 집의 보좌로다 6 예루살렘을 위하여 평안을 구하
라 예루살렘을 사랑하는 자는 형통하리로다 7 네 성 안에는 평안이 있고 네 궁중에는 형통
함이 있을지어다 8 내가 내 형제와 친구를 위하여 이제 말하리니 네 가운데에 평안이 있을
지어다 9 여호와 우리 하나님의 집을 위하여 내가 너를 위하여 복을 구하리로다

61일~
66일

시편 123

성전에 올라가는 노래

1 하늘에 계시는 주여 내가 눈을 들어 주께 향하나이다 2 상전의 손을 바라보는 종들의 눈 같이, 여주인의 손을
바라보는 여종의 눈 같이 우리의 눈이 여호와 우리 하나님을 바라보며 우리에게 은혜 베풀어 주시기를 기다리나
이다 3 여호와여 우리에게 은혜를 베푸시고 또 은혜를 베푸소서 심한 멸시가 우리에게 넘치나이다 4 안일한 자

의 조소와 교만한 자의 멸시가 우리 영혼에 넘치나이다

시편 124

다윗의 시 곧 성전에 올라가는 노래

1 이스라엘은 이제 말하기를 여호와께서 우리 편에 계시지 아니하셨더라면 우리가 어떻게 하였으랴 2 사람들이
우리를 치러 일어날 때에 여호와께서 우리 편에 계시지 아니하셨더라면 3 그 때에 그들의 노여움이 우리에게 맹
렬하여 우리를 산채로 삼켰을 것이며 4 그 때에 물이 우리를 휩쓸며 시내가 우리 영혼을 삼켰을 것이며 5 그 때에
넘치는 물이 우리 영혼을 삼켰을 것이라 할 것이로다 6 우리를 내주어 그들의 이에 씹히지 아니하게 하신 여호와
를 찬송할지로다 7 우리의 영혼이 사냥꾼의 올무에서 벗어난 새 같이 되
었나니 올무가 끊어지므로 우리가 벗어났도다 8 우리의 도움은 천지를 지
으신 여호와의 이름에 있도다

> 시 124:7 시편 91편의 신적 보호

시편 125

성전에 올라가는 노래

1 여호와를 의지하는 자는 시온 산이 흔들리지 아니하고 영원히 있음 같도다 2 산들이 예루살렘을 두름과 같이
여호와께서 그의 백성을 지금부터 영원까지 두르시리로다 3 악인의 규가 의인들의 땅에서는 그 권세를 누리지
못하리니 이는 의인들로 하여금 죄악에 손을 대지 아니하게 함이로다 4 여호와여 선한 자들과 마음이 정직한 자
들에게 선대하소서 5 자기의 굽은 길로 치우치는 자들은 여호와께서 죄를 범하는 자들과 함께 다니게 하시리로
다 이스라엘에게는 평강이 있을지어다

시편 126

성전에 올라가는 노래

1 여호와께서 시온의 포로를 돌려 보내실 때에 우리는 꿈꾸는 것 같았도
다 2 그 때에 우리 입에는 웃음이 가득하고 우리 혀에는 찬양이 찼었도다
그 때에 뭇 나라 가운데에서 말하기를 여호와께서 그
들을 위하여 큰일을 행하셨다 하였도다 3 여호와
께서 우리를 위하여 큰 일을 행하셨으니 우
리는 기쁘도다 4 여호와여 우리의 포로를
남방 시내들 같이 돌려 보내소서 5 눈물을 흘리며 씨를 뿌리는 자는 기쁨으로 거
두리로다 6 울며 씨를 뿌리러 나가는 자는 반드시 기쁨으로 그 곡식 단을 가지고
돌아오리로다

> 시 126:5-6
> ☞ 롬 8:1-2 그러므로 이제 그리스도 예수 안에 있는 자에게는 결코 정죄함이 없나니 이는 그리스도 예수 안에 있는 생명의 성령의 법이 죄와 사망의 법에서 너를 해방하였음이라

시편 127

솔로몬의 시 곧 성전에 올라가는 노래
1 여호와께서 집을 세우지 아니하시면 세우는 자의 수고가 헛되며 여호와께서 성을 지키지 아니하시면 파수꾼의
깨어 있음이 헛되도다 2 너희가 일찍이 일어나고 늦게 누우며 수고의 떡을 먹음이 헛되도다 그러므로 여호와께
서 그의 사랑하시는 자에게는 잠을 주시는도다 3 보라 자식들은 여호와의 기업이요 태의 열매는 그의 상급이로
다 4 젊은 자의 자식은 장사의 수중의 화살 같으니 5 이것이 그의 화살통에 가득한 자는 복되도다 그들이 성문에
서 그들의 원수와 담판할 때에 수치를 당하지 아니하리로다

64일차 읽기의 요약

(시 1, 91, 119, 느 11~12:30, 시 120~127)

시편 1편은 인생의 두 갈래 길을 보여준다. 복 있는 자는 여호와의 율법을 즐거워하여 그 율법을 주야로 묵상하며 지켜 행하는 자들이다. 반면에 악인들은 하나님의 말씀과는 상관없는 삶을 살아 결국 심판을 견디지 못하고 망하게 된다.

시편 119편도 성경 모든 장들 중 가장 긴 구절과 독특한 구성을 통해 하나님의 말씀의 특성을 노래한다. 각 절마다 율법, 도, 증거, 계명, 법도, 판단, 의, 율례, 진리, 교훈, 규례 등으로 하나님의 말씀을 다각도로 묘사한다. 이를 통해 시편 기자는 자신이 하나님의 말씀을 얼마나 크게 즐거워하며 지켜 행해야 할 삶의 기준으로 삼고 있는지를 보여준다.

또한 시편 120~134편은 모두 성전에 올라가는 노래들이다. 이 시편들은 이스라엘 백성들이 정한 절기에 성전에 올라갈 때 불린 시편들이다. 하나님의 임재의 상징인 성전에 올라갈 때 하나님께서 이스라엘을 위해 행하신 큰일들을 기억하고 하나님의 긍휼하심과 인자와 도우심을 바라보며 이 시편들을 노래했다. 특히 여호와께서 이스라엘 백성들을 포로에서 다시 예루살렘으로 돌려보내실 때 그들의 감격스러운 마음을 놓치지 않고 '여호와께서 시온의 포로를 돌려보내실 때 우리는 꿈꾸는 것 같았도다'라고 고백한다.

그러면 어떻게 살 것인가?

인위 뚝 · 신위 고!

세계관 점검 - 묵상하기 (영상 강의와 교재 내용의 이해를 바탕으로)

시편 1편 강의를 동영상 강의를 통해서 아래 자료를 활용하여 시청하고 묵상하라.

구약의 3가지 복의 표현

1. "내가 너로 큰 민족을 이루고 네게 복을 주어 네 이름을 창대하게 하리니 너는 복이 될지라"(창 12:2) '바라크'(ברך) - '무릎을 꿇다, 굴복하다, 축복하다, 복을 주다' 곧 하나님께 무릎을 꿇는것이 복이라는 것이다.
2. "오늘 내가 네게 명령하는 여호와의 규례와 명령을 지키라 너와 네 후손이 복을 받아 네 하나님 여호와께서 네게 주시는 땅에서 한 없이 오래 살리라"(신 4:40)
   '야타브' 또는 '토후'(יטב). - '좋다(to be good, well), 기쁘다(to be glad), 즐겁다(pleasing, joyful).'
   하나님께서 주신 모든 만물을 누리는 복을 말한다.
3. "복 있는 사람은 악인들의 꾀를 따르지 아니하며 죄인들의 길에 서지 아니하며 오만한 자의 자리에 앉지 아니하고"(시 1:1). '아쉐르'(אשר) - '똑바르다, 똑바로 걸어가다, 트랙을 따라가다, 경계선을 넘지 않다.'
   하나님의 말씀을 따라올바른 길을 가는 사람이 복이 있는 사람이라는 것이다.

신위의 인생관

하지 않는 것	하는 것	결과
•악 •죄 •오만	•율법 즐거워 •율법 묵상	•철 따라 열매 •잎사귀 싱싱 •하는 일 형통

선택의 중요성

	복 있는 사람(신위)	악인들(인위)
선택	•여호와의 율법 즐거워 함 •그 율법을 주야로 묵상 •(실천하여 신위 이룸)	•악인들의 꾀(따름) •죄인의 길(섬) •오만한 자리(앉음)
결과	•철 따라 열매 맺음 •하는 모든 일이 다 형통	•바람에 나는 겨 •의인들의 모임에 들지 못함
결말	•의인들 : 여호와께서 인정	•악인들 : 심판, 망함

시편 1편은 이스라엘의 찬송자, 즉 하나님 백성의 자격을 규정하고 있다. 하나님의 백성은 '복 있는 자'이여야 하는데, 복 있는 자란 '악인의 꾀를 쫓지 아니하고 여호와의 율법을 사랑하여 그것을 주야로 묵상하는 자'라는 것이다. 이스라엘이 왜 포로 생활의 징계를 당했는가? 이스라엘이 주변 나라들의 우상숭배를 쫓고 여호와의 율법을 헌신짝같이 버렸기 때문이다. 여호와의 율법을 사랑치 않고 그 율법을 배신했기 때문이다. 포로 귀환 후에 이스라엘의 찬송가 편찬자들은 이러한 뼈저린 각성 가운데 여호와의 율법 사랑을 강조하는 시편 1편을 찬송가의 서두에 배치했을 것이다. 여호와 찬양자는 진정 여호와의 말씀을 생명으로 사랑하는 자이여야 한다는 것이다. 우리는 과연 얼마나 하나님 말씀을 사랑하는 자로 주님을 찬양하고 있는가?

⇒ 어떤 부류가 복 받는 삶을 사는 자라고 했나? 왜 그 사람은 복을 받나?
오늘날에도 이에 준하는 두 가지 부류의 사람이 있다. 당신은 어느 부류에 속한 자인가?
그래서 지금 당신의 삶은 어떤 상태인가?

☑ 결단기도와 실행하기

약 2:26 영혼 없는 몸이 죽은 것 같이 행함이 없는 믿음은 죽은 것이니라
시 119:28 나의 영혼이 눌림으로 말미암아 녹사오니 주의 말씀대로 나를 세우소서

61일~66일

시편 128

성전에 올라가는 노래

1 여호와를 경외하며 그의 길을 걷는 자마다 복이 있도다 2 네가 네 손이
수고한 대로 먹을 것이라 네가 복되고 형통하리로다 3 네 집 안방에 있는
네 아내는 결실한 포도나무 같으며 네 식탁에 둘러 앉은 자식들은 어린
감람나무 같으리로다 4 여호와를 경외하는 자는 이같이 복을 얻으리로다
5 여호와께서 시온에서 네게 복을 주실지어다 너는 평생에 예루살렘의 번
영을 보며 6 네 자식의 자식을 볼지어다 이스라엘에게 평강이 있을지로다

❖ 시편 128, 129, 130 131, 132, 133, 134
시편 120~134편은 모두가 성전에 나아가는 것과 관련된 시편들이다. 성전과 성벽을 완성한 귀향민들은 성전에서 하나님을 예배하는 삶을 살아야 함을 뜻하면서 이 문맥에서 이 시편들을 읽는다.

❖ 시 128편에서 복을 어떻게 노래하고 있는가?
진정 나는 이런 복됨을 추구하는 믿음 생활을 하고 있는가? 어떻게 하면 이런 복을 누리며 살아갈 수 있는가? 성경을 읽어야 하는 이유를 깊이 묵상하고 그대로 실천하라.

시편 129

성전에 올라가는 노래

1 이스라엘은 이제 말하기를 그들이 내가 어릴 때부터 여러 번 나를 괴롭혔도다 2 그들이 내가 어릴 때부터 여러
번 나를 괴롭혔으나 나를 이기지 못하였도다 3 밭 가는 자들이 내 등을 갈아 그 고랑을 길게 지었도다 4 여호와
께서는 의로우사 악인들의 줄을 끊으셨도다 5 무릇 시온을 미워하는 자들은 수치를 당하여 물러갈지어다 6 그들
은 지붕의 풀과 같을지어다 그것은 자라기 전에 마르는 것이라 7 이런 것은 베는 자의 손과 묶는 자의 품에 차지
아니하나니 8 지나가는 자들도 여호와의 복이 너희에게 있을지어다 하거나 우리가 여호와의 이름으로 너희에게
축복한다 하지 아니하느니라

시편 130

성전에 올라가는 노래

1 여호와여 내가 깊은 곳에서 주께 부르짖었나이다 2 주여 내 소리를 들으시며 나의 부르짖는 소리에 귀를 기울
이소서 3 여호와여 주께서 죄악을 지켜보실진대 주여 누가 서리이까 4 그러나 사유하심
이 주께 있음은 주를 경외하게 하심이니이다 5 나 곧 내 영혼은 여호와를 기다리며 나는
주의 말씀을 바라는도다 6 파수꾼이 아침을 기다림보다 내 영혼이 주를 더 기다리나
니 참으로 파수꾼이 아침을 기다림보다 더하도다 7 이스라엘아 여호와를 바랄지
어다 여호와께서는 인자하심과 풍성한 속량이 있음이라 8 그가 이스라엘을 그의
모든 죄악에서 속량하시리로다

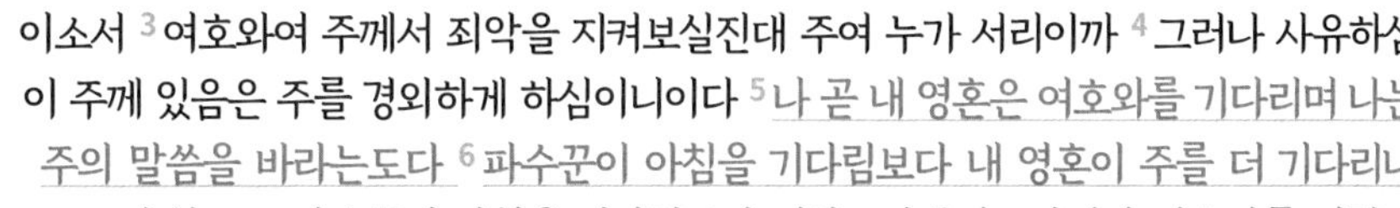

시편 131

다윗의 시 곧 성전에 올라가는 노래

1 여호와여 내 마음이 교만하지 아니하고 내 눈이 오만하지 아니하오며 내가 큰 일과 감당하지 못할 놀라운 일

을 하려고 힘쓰지 아니하나이다 2 실로 내가 내 영혼으로 고요하고 평온하게 하기를 젖 뗀 아이가 그의 어머니
품에 있음 같게 하였나니 내 영혼이 젖 뗀 아이와 같도다 3 이스라엘아 지금부터 영원까지 여호와를 바랄지어다

시편 132

성전에 올라가는 노래

1 여호와여 다윗을 위하여 그의 모든 겸손을 기억하소서 2 그가 여호와께 맹세하며 야곱의 전능자에게 서원하기
를 3 내가 내 장막 집에 들어가지 아니하며 내 침상에 오르지 아니하고 4 내 눈으로 잠들게 하지 아니하며 내 눈
꺼풀로 졸게 하지 아니하기를 5 여호와의 처소 곧 야곱의 전능자의 성막을 발견하기까지 하리라 하였나이다 6
우리가 그것이 에브라다에 있다 함을 들었더니 나무 밭에서 찾았도다 7 우리가 그의 계신 곳으로 들어가서 그의
발등상 앞에서 엎드려 예배하리로다 8 여호와여 일어나사 주의 권능의 궤와 함께 평안한 곳으로 들어가소서 9
주의 제사장들은 의를 옷 입고 주의 성도들은 즐거이 외칠지어다 10 주의 종 다윗을 위하여 주의 기름 부음 받은
자의 얼굴을 외면하지 마옵소서 11 여호와께서 다윗에게 성실히 맹세하셨으니 변하지 아니하실지라 이르시기를
네 몸의 소생을 네 왕위에 둘지라 12 네 자손이 내 언약과 그들에게 교훈하는 내 증거를 지킬진대 그들의 후손도
영원히 네 왕위에 앉으리라 하셨도다 13 여호와께서 시온을 택하시고 자기 거처를 삼고자 하여 이르시기를 14 이
는 내가 영원히 쉴 곳이라 내가 여기 거주할 것은 이를 원하였음이로다 15 내가 이 성의 식료품에 풍족히 복을 주
고 떡으로 그 빈민을 만족하게 하리로다 16 내가 그 제사장들에게 구원을 옷 입히리니 그 성도들은 즐거이 외치
리로다 17 내가 거기서 다윗에게 뿔이 나게 할 것이라 내가 내 기름 부음 받은 자를 위하여 등을 준비하였도다 18
내가 그의 원수에게는 수치를 옷 입히고 그에게는 왕관이 빛나게 하리라 하셨도다

시편 133

다윗의 시 곧 성전에 올라가는 노래

1 보라 형제가 연합하여 동거함이 어찌 그리 선하고 아름다운고 2 머리에 있
는 보배로운 기름이 수염 곧 아론의 수염에 흘러서 그의 옷깃까지 내림 같고
3 헐몬의 이슬이 시온의 산들에 내림 같도다 거기서 여호와께서 복을 명령하
셨나니 곧 영생이로다

시편 134

성전에 올라가는 노래

1 보라 밤에 여호와의 성전에 서 있는 여호와의 모든 종들아 여호와를 송축하라 2 성소를 향하여 너희 손을 들고
여호와를 송축하라 3 천지를 지으신 여호와께서 시온에서 네게 복을 주실지어다

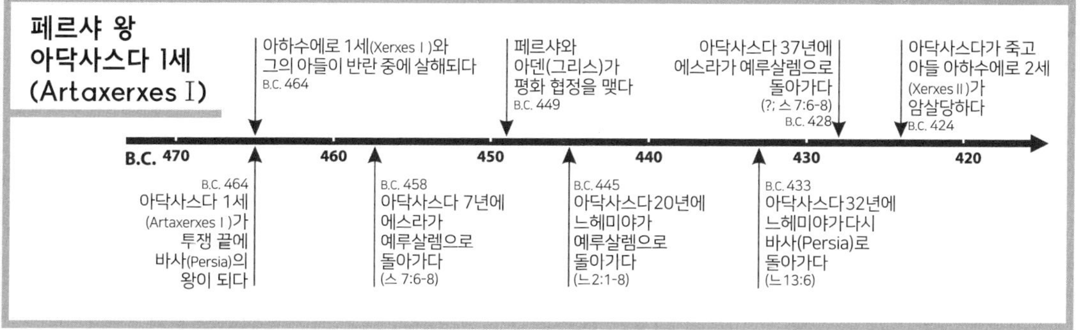

페르샤 왕
아닥사스다 1세
(Artaxerxes Ⅰ)
아하수에로 1세(Xerxes Ⅰ)와
그의 아들이 반란 중에 살해되다
B.C. 464
페르샤와
아덴(그리스)가
평화 협정을 맺다
B.C. 449
아닥사스다 37년에
에스라가 예루살렘으로
돌아가다
(?; 스 7:6-8)
B.C. 428
아닥사스다가 죽고
아들 아하수에로 2세
(Xerxes Ⅱ)가
암살당하다
B.C. 424
B.C. 470
460
450
440
430
420
B.C. 464
아닥사스다 1세
(Artaxerxes Ⅰ)가
투쟁 끝에
바사(Persia)의
왕이 되다
B.C. 458
아닥사스다 7년에
에스라가
예루살렘으로
돌아가다
(스 7:6-8)
B.C. 445
아닥사스다20년에
느헤미야가
예루살렘으로
돌아가다
(느2:1-8)
B.C. 433
아닥사스다32년에
느헤미야가다시
바사(Persia)로
돌아가다
(느13:6)

느헤미야 12:31-47

느 12:31-47 성벽 완성하고 봉헌하며 감사 예배를 드리다. 각기 찬양대가 이끄는 두 행렬의 반대 방향으로 성벽 위를 걸어서 성전 지대에서 만나서 감사와 제사로 끝을 맺는다. 즐거운 축제 소리가 멀리까지 들린다. 그런 감격으로 다음의 시편으로 여호와를 송축하자.

31 이에 내가 유다의 방백들을 성벽 위에 오르게 하고 또 감사 찬송하는
자의 큰 무리를 둘로 나누어 성벽 위로 대오를 지어 가게 하였는데 한 무
리는 오른쪽으로 분문을 향하여 가게 하니 32 그들의 뒤를 따르는 자는
호세야와 유다 지도자의 절반이요 33 또 아사랴와 에스라와 므술람과 34
유다와 베냐민과 스마야와 예레미야이며 35 또 제사장들의 자손 몇 사람
이 나팔을 잡았으니 요나단의 아들 스마야의 손자 맛다냐의 증손 미가야
의 현손 삭굴의 오대 손 아삽의 육대 손 스가랴와 36 그의 형제들인 스마
야와 아사렐과 밀랄래와 길랄래와 마애와 느다넬과 유다와 하나니라 다 하나님의 사람 다윗의 악기를 잡았고
학사 에스라가 앞서서 37 샘문으로 전진하여 성벽으로 올라가는 곳에 이르러 다윗 성의 층계로 올라가서 다윗의
궁 윗 길에서 동쪽으로 향하여 수문에 이르렀고 38 감사 찬송하는 다른 무리는 왼쪽으로 행진하는데 내가 백성
의 절반과 더불어 그 뒤를 따라 성벽 위로 가서 화덕 망대 윗 길로 성벽 넓은 곳에 이르고 39 에브라임 문 위로 옛
문과 어문과 하나넬 망대와 함메아 망대를 지나 양문에 이르러 감옥 문에 멈추매 40 이에 감사 찬송하는 두 무리
가 하나님의 전에 섰고 또 나와 민장의 절반도 함께 하였고 41 제사장 엘리아김과 마아세야와 미냐민과 미가야
와 엘료에내와 스가랴와 하나냐는 다 나팔을 잡았고 42 또 마아세야와 스마야와 엘르아살과 웃시와 여호하난
과 말기야와 엘람과 에셀이 함께 있으며 노래하는 자는 크게 찬송하였는데 그 감독은 예스라히야라 43 이 날에
무리가 큰 제사를 드리고 심히 즐거워하였으니 이는 하나님이 크게 즐거워하게 하셨음이라 부녀와 어린 아이도
즐거워하였으므로 예루살렘이 즐거워하는 소리가 멀리 들렸느니라

제사장과 레위 사람에게 준 몫

44 그 날에 사람을 세워 곳간을 맡기고 제사장들과 레위 사람들에게 돌릴 것 곧 율법에 정한 대로 거제물과 처음
익은 것과 십일조를 모든 성읍 밭에서 거두어 이 곳간에 쌓게 하였노니 이는 유다 사람이 섬기는 제사장들과 레
위 사람들로 말미암아 즐거워하기 때문이라 45 그들은 하나님을 섬기는 일과 결례의 일을 힘썼으며 노래하는 자
들과 문지기들도 그러하여 모두 다윗과 그의 아들 솔로몬의 명령을 따라 행하였으니 46 옛적 다윗과 아삽의 때
에는 노래하는 자의 지도자가 있어서 하나님께 찬송하는 노래와 감사하는 노래를 하였음이며 47 스룹바벨 때와
느헤미야 때에는 온 이스라엘이 노래하는 자들과 문지기들에게 날마다 쓸 몫을 주되 그들이 성별한 것을 레위
사람들에게 주고 레위 사람들은 그것을 또 성별하여 아론 자손에게 주었느니라

61일~
66일

시편 104

❖ **시편 104, 107, 111, 112, 113**
위의 시편들은 여호와를 송축하고 감사를
올려 드리는 영광송(doxology)의 시편들
이다. 하나님께 영광을 돌리자.

1 내 영혼아 여호와를 송축하라 여호와 나의 하나님이여 주는 심히 위대
하시며 존귀와 권위로 옷 입으셨나이다 2 주께서 옷을 입음 같이 빛을 입으시며 하늘을 휘장 같이 치시며 3 물에
자기 누각의 들보를 얹으시며 구름으로 자기 수레를 삼으시고 바람 날개로 다니시며 4 바람을 자기 사신으로 삼
으시고 불꽃으로 자기 사역자를 삼으시며 5 땅에 기초를 놓으사 영원히 흔들리지 아니하게 하셨나이다 6 옷으로
덮음 같이 주께서 땅을 깊은 바다로 덮으시매 물이 산들 위로 솟아올랐으나 7 주께서 꾸짖으시니 물은 도망하며
주의 우렛소리로 말미암아 빨리 가며 8 주께서 그들을 위하여 정하여 주신 곳으로 흘러갔고 산은 오르고 골짜기
는 내려갔나이다 9 주께서 물의 경계를 정하여 넘치지 못하게 하시며 다시 돌아와 땅을 덮지 못하게 하셨나이다
10 여호와께서 샘을 골짜기에서 솟아나게 하시고 산 사이에 흐르게 하사 11 각종 들짐승에게 마시게 하시니 들나
귀들도 해갈하며 12 공중의 새들도 그 가에서 깃들이며 나뭇가지 사이에서 지저귀는도다 13 그가 그의 누각에서
부터 산에 물을 부어 주시니 주께서 하시는 일의 결실이 땅을 만족시켜 주는도다 14 그가 가축을 위한 풀과 사람
을 위한 채소를 자라게 하시며 땅에서 먹을 것이 나게 하셔서 15 사람의 마음을 기쁘게 하는 포도주와 사람의 얼
굴을 윤택하게 하는 기름과 사람의 마음을 힘있게 하는 양식을 주셨도다 16 여호와의 나무에는 물이 흡족함이여
곧 그가 심으신 레바논 백향목들이로다 17 새들이 그 속에 깃들임이여 학은 잣나무로 집을 삼는도다 18 높은 산
들은 산양을 위함이여 바위는 너구리의 피난처로다 19 여호와께서 달로 절기를 정하심이여 해는 그 지는 때를 알
도다 20 주께서 흑암을 지어 밤이 되게 하시니 삼림의 모든 짐승이 기어나오나이다 21 젊은 사자들은 그들의 먹이
를 쫓아 부르짖으며 그들의 먹이를 하나님께 구하다가 22 해가 돋으면 물러가서 그들의 굴 속에 눕고 23 사람은
나와서 일하며 저녁까지 수고하는도다 24 여호와여 주께서 하신 일이 어찌 그리 많은지요 주께서 지혜로 그들을
다 지으셨으니 주께서 지으신 것들이 땅에 가득하니이다 25 거기에는 크고 넓은 바다가 있고 그 속에는 생물 곧
크고 작은 동물들이 무수하니이다 26 그 곳에는 배들이 다니며 주께서 지으신 리워야단이 그 속에서 노나이다 27
이것들은 다 주께서 때를 따라 먹을 것을 주시기를 바라나이다 28 주께서 주신즉 그들이 받으며 주께서 손을 펴
신즉 그들이 좋은 것으로 만족하다가 29 주께서 낯을 숨기신즉 그들이 떨고 주께서 그들의 호흡을 거두신즉 그
들은 죽어 먼지로 돌아가나이다 30 주의 영을 보내어 그들을 창조하사 지면을 새롭게 하시나이다 31 여호와의 영
광이 영원히 계속할지며 여호와는 자신께서 행하시는 일들로 말미암아 즐거워하시리로다 32 그가 땅을 보신즉
땅이 진동하며 산들을 만지신즉 연기가 나는도다 33 내가 평생토록 여호와께 노래하며 내가 살아 있는 동안 내
61일~66일 하나님을 찬양하리로다 34 나의 기도를 기쁘게 여기시기를 바라나니 나는 여호와로 말미암아 즐거워하리로다 35
죄인들을 땅에서 소멸하시며 악인들을 다시 있지 못하게 하시리로다 내 영혼아 여호와를 송축하라 할렐루야

시편 107

1 여호와께 감사하라 그는 선하시며 그 인자하심이 영원함이로다 2 여호와의 속량을 받은 자들은 이같이 말할지어
다 여호와께서 대적의 손에서 그들을 속량하사 3 동서 남북 각 지방에서부터 모으셨도다 4 그들이 광야 사막 길에
서 방황하며 거주할 성읍을 찾지 못하고 5 주리고 목이 말라 그들의 영혼이 그들 안에서 피곤하였도다 6 이에 그들
이 근심 중에 여호와께 부르짖으매 그들의 고통에서 건지시고 7 또 바른 길로 인도하사 거주할 성읍에 이르게 하셨
도다 8 여호와의 인자하심과 인생에게 행하신 기적으로 말미암아 그를 찬송할지로다 9 그가 사모하는 영혼에게 만
족을 주시며 주린 영혼에게 좋은 것으로 채워주심이로다 10 사람이 흑암과 사망의 그늘에 앉으며 곤고와 쇠사슬에
매임은 11 하나님의 말씀을 거역하며 지존자의 뜻을 멸시함이라 12 그러므로 그가 고통을 주어 그들의 마음을 겸손

하게 하셨으니 그들이 엎드러져도 돕는 자가 없었도다 13 이에 그들이 그 환난 중에 여호와께 부르짖으매 그들의
고통에서 구원하시되 14 흑암과 사망의 그늘에서 인도하여 내시고 그들의 얽어 맨 줄을 끊으셨도다 15 여호와의 인
자하심과 인생에게 행하신 기적으로 말미암아 그를 찬송할지로다 16 그가 놋문을 깨뜨리시며 쇠빗장을 꺾으셨음
이로다 17 미련한 자들은 그들의 죄악의 길을 따르고 그들의 악을 범하기 때문에 고난을 받아 18 그들은 그들의 모
든 음식물을 싫어하게 되어 사망의 문에 이르렀도다 19 이에 그들이 그들의 고통 때문에 여호와께 부르짖으매 그가
그들의 고통에서 그들을 구원하시되 20 그가 그의 말씀을 보내어 그들을 고치시고 위험한 지경에서 건지시는도다
21 여호와의 인자하심과 인생에게 행하신 기적으로 말미암아 그를 찬송할지로다 22 감사제를 드리며 노래하여 그
가 행하신 일을 선포할지로다 23 배들을 바다에 띄우며 큰 물에서 일을 하는 자는 24 여호와께서 행하신 일들과 그
의 기이한 일들을 깊은 바다에서 보나니 25 여호와께서 명령하신즉 광풍이 일어나 바다 물결을 일으키는도다 26 그
들이 하늘로 솟구쳤다가 깊은 곳으로 내려가나니 그 위험 때문에 그들의 영혼이 녹는도다 27 그들이 이리저리 구르
며 취한 자 같이 비틀거리니 그들의 모든 지각이 혼돈 속에 빠지는도다 28 이에 그들이 그들의 고통 때문에 여호와
께 부르짖으매 그가 그들의 고통에서 그들을 인도하여 내시고 29 광풍을 고요하게 하사 물결도 잔잔하게 하시는도
다 30 그들이 평온함으로 말미암아 기뻐하는 중에 여호와께서 그들이 바라는 항구로 인도하시는도다 31 여호와의
인자하심과 인생에게 행하신 기적으로 말미암아 그를 찬송할지로다 32 백성의 모임에서 그를 높이며 장로들의 자
리에서 그를 찬송할지로다 33 여호와께서는 강이 변하여 광야가 되게 하시며 샘이 변하여 마른 땅이 되게 하시며 34
그 주민의 악으로 말미암아 옥토가 변하여 염전이 되게 하시며 35 또 광야가 변하여 못이 되게 하시며 마른 땅이 변
하여 샘물이 되게 하시고 36 주린 자들로 말미암아 거기에 살게 하사 그들이 거주할 성읍을 준비하게 하시고 37 밭에
파종하며 포도원을 재배하여 풍성한 소출을 거두게 하시며 38 또 복을 주사 그들이 크게 번성하게 하시고 그의 가
축이 감소하지 아니하게 하실지라도 39 다시 압박과 재난과 우환을 통하여 그들의 수를 줄이시며 낮추시는도다 40
여호와께서 고관들에게는 능욕을 쏟아 부으시고 길 없는 황야에서 유리하게 하시나 41 궁핍한 자는 그의 고통으로
부터 건져 주시고 그의 가족을 양 떼 같이 지켜 주시나니 42 정직한 자는 보고 기뻐하며 모든 사악한 자는 자기 입을
봉하리로다 43 지혜 있는 자들은 이러한 일들을 지켜 보고 여호와의 인자하심을 깨달으리로다

시편 111

1 할렐루야, 내가 정직한 자들의 모임과 회중 가운데에서 전심으로 여호와께 감사하리로다 2 여호와께서 행하시
는 일들이 크시오니 이를 즐거워하는 자들이 다 기리는도다 3 그의 행하시는 일이 존귀하고 엄위하며 그의 공의
가 영원히 서 있도다 4 그의 기적을 사람이 기억하게 하셨으니 여호와는 은혜로우시고 자비로우시도다 5 여호와
께서 자기를 경외하는 자들에게 양식을 주시며 그의 언약을 영원히 기억하시리로다 6 그가 그들에게 뭇 나라의
기업을 주사 그가 행하시는 일의 능력을 그들에게 알리셨도다 7 그의 손이 하는 일은 진실과 정의이며 그의 법도
는 다 확실하니 8 영원무궁토록 정하신 바요 진실과 정의로 행하신 바로다 9 여호와께서 그의 백성을 속량하시며
그의 언약을 영원히 세우셨으니 그의 이름이 거룩하고 지존하시도다 10 여호와를 경외함이 지혜의 근본이라 그
의 계명을 지키는 자는 다 훌륭한 지각을 가진 자이니 여호와를 찬양함이 영원히 계속되리로다

61일~
66일

시편 112

1 할렐루야, 여호와를 경외하며 그의 계명을 크게 즐거워하는 자는 복이 있도다 2 그의 후손이 땅에서 강성함이
여 정직한 자들의 후손에게 복이 있으리로다 3 부와 재물이 그의 집에 있음이여 그의 공의가 영구히 서 있으리로

다 4 정직한 자들에게는 흑암 중에 빛이 일어나나니 그는 자비롭고 긍휼이 많으며 의로운 이로다 5 은혜를 베풀
며 꾸어 주는 자는 잘 되나니 그 일을 정의로 행하리로다 6 그는 영원히 흔들리지 아니함이여 의인은 영원히 기
억되리로다 7 그는 흉한 소문을 두려워하지 아니함이여 여호와를 의뢰하고 그의 마음을 굳게 정하였도다 8 그의
마음이 견고하여 두려워하지 아니할 것이라 그의 대적들이 받는 보응을 마침내 보리로다 9 그가 재물을 흩어 빈
궁한 자들에게 주었으니 그의 의가 영구히 있고 그의 뿔이 영광 중에 들리리로다 10 악인은 이를 보고 한탄하여
이를 갈면서 소멸되리니 악인들의 욕망은 사라지리로다

시편 113

1 할렐루야, 여호와의 종들아 찬양하라 여호와의 이름을 찬양하라 2 이제부터 영원까지 여호와의 이름을 찬송할
지로다 3 해 돋는 데에서부터 해 지는 데에까지 여호와의 이름이 찬양을 받으시리로다 4 여호와는 모든 나라보
다 높으시며 그의 영광은 하늘보다 높으시도다 5 여호와 우리 하나님과 같은 이가 누구리요 높은 곳에 앉으셨으
나 6 스스로 낮추사 천지를 살피시고 7 가난한 자를 먼지 더미에서 일으키시며 궁핍한 자를 거름 더미에서 들어
세워 8 지도자들 곧 그의 백성의 지도자들과 함께 세우시며 9 또 임신하지 못하던 여자를 집에 살게 하사 자녀들
을 즐겁게 하는 어머니가 되게 하시는도다 할렐루야

61일~
66일

65일차 읽기의 요약

(시 128~134, 느 12:31~47, 시 104, 107, 111~113)

시편 기자는 하나님께서 어떤 분이시고 무슨 일을 행하셨는지를 이야기하며 하나님의 선하심과 인자하심과 인생에게 행하신 기적으로 인해 하나님께 끊임없이 감사하고 찬양한다. 하나님은 그분의 말씀을 떠나고 거역한 백성들에게 고난을 통해 징계하시나 그들이 환난 중에 죄를 깨닫고 돌이켜 하나님을 찾으면 그들을 흑암과 사망의 그늘에서 구원하시되 그의 말씀을 보내셔서 위험한 지경에서 구원해 주신다. 또한 하나님과의 관계가 회복된 백성들을 평온한 가운데 그들이 바라는 소원의 항구에 이르도록 함께해 주실 것이다.

시편 기자는 인생에게 복을 주사 번성하게도 하시고 압박과 재난을 허락하사 그들을 낮추시기도 하시는 주권이 오직 하나님께 있음을 인정하고 창조 세계와 인생에서 겪는 모든 일들을 통해 하나님을 경외하는 지혜를 얻기를 설득한다.

다윗을 기억하시고 시온을 택하신 언약의 하나님, 그의 백성들을 포로에게서 다시 돌아오게 하신 하나님은 자신을 바라는 그의 백성들을 속량하시고 영원히 함께하실 것이다. 그러나 하나님과 그분의 말씀을 무시하는 자들이 일시적으로 흥왕함은 끝내 수치를 당하고 그 존재도 찾아볼 수 없게 하실 것이다.

그러면 어떻게 살 것인가?

인위뚝 · 신위고!

☑ 세계관 점검 - 묵상하기 (영상 강의와 교재 내용의 이해를 바탕으로)

시 128편에서 복을 어떻게 노래하고 있는가? 진정 나는 이런 복됨을 추구하는 믿음 생활을 하고 있는가? 어떻게 하면 이런 복을 누리며 살아갈 수 있는가? 성경을 읽어야 하는 이유를 깊이 묵상하고 그대로 실천하라.

시 112:1에서 왜 "여호와를 경외하며 그의 계명을 크게 즐거워하는 자는 복이 있도다"라고 했을까?

☑ 결단기도와 실행하기

약 2:26 영혼 없는 몸이 죽은 것 같이 행함이 없는 믿음은 죽은 것이니라
시 119:28 나의 영혼이 눌림으로 말미암아 녹사오니 주의 말씀대로 나를 세우소서

61일~66일

시편 114

성전에 올라가는 노래

[1]이스라엘이 애굽에서 나오며 야곱의 집안이 언어가 다른 민족에게서 나
올 때에 [2]유다는 여호와의 성소가 되고 이스라엘은 그의 영토가 되었도
다 [3]바다가 보고 도망하며 요단은 물러갔으니 [4]산들은 숫양들 같이 뛰
놀며 작은 산들은 어린 양들 같이 뛰었도다 [5]바다야 네가 도망함은 어찌
함이며 요단아 네가 물러감은 어찌함인가 [6]너희 산들아 숫양들 같이 뛰
놀며 작은 산들아 어린 양들 같이 뛰놂은 어찌함인가 [7]땅이여 너는 주 앞
곧 야곱의 하나님 앞에서 떨지어다 [8]그가 반석을 쳐서 못물이 되게 하시
며 차돌로 샘물이 되게 하셨도다

❖ 시편 114, 115, 116, 117 118, 135, 136, 145, 146, 147, 148, 149, 150
오늘은 시편의 남은 부분(92편은 제외)을 읽는다. 위의 시편들은 여호와를 송축하고 감사를 올려 드리는 영광송(doxology)의 시편들이다. 성벽 재건을 완성한 것은 돌아온 포로들이 황폐한 땅을 다시 일으켰다는 것을 뜻한다. 그런 역사를 이루어 주신 여호와를 감사하며 송축한다.

시편 115

❖ 시 115편
우상의 무용성을 말하고 있다.
그럼에도 이스라엘은 구약 내내 이 우상 숭배가 하나님의 진노를 쌓게 한 것이다.
오늘 우리에게는 이런 우상 문제는 없는지 성찰해 보라. 우상은 그야말로 무용지물이다.

[1]여호와여 영광을 우리에게 돌리지 마옵소서 우리에게 돌리지 마옵소
서 오직 주는 인자하시고 진실하시므로 주의 이름에만 영광을 돌리소서
[2]어찌하여 뭇 나라가 그들의 하나님이 이제 어디 있느냐 말하게 하리이
까 [3]오직 우리 하나님은 하늘에 계셔서 원하시는 모든 것을 행하셨나이다 [4]그들의 우상들은 은과 금이요 사람
이 손으로 만든 것이라 [5]입이 있어도 말하지 못하며 눈이 있어도 보지 못하며 [6]귀가 있어도 듣지 못하며 코가 있
어도 냄새 맡지 못하며 [7]손이 있어도 만지지 못하며 발이 있어도 걷지 못하며 목구멍이 있어도 작은 소리조차 내
지 못하느니라 [8]우상들을 만드는 자들과 그것을 의지하는 자들이 다 그와 같으리로다 [9]이스라엘아 여호와를
의지하라 그는 너희의 도움이시요 너희의 방패시로다 [10]아론의 집이여 여호와를 의지하라 그는 너희의 도움이
시요 너희의 방패시로다 [11]여호와를 경외하는 자들아 너희는 여호와를 의지하여라 그는 너희의 도움이시요 너
희의 방패시로다 [12]여호와께서 우리를 생각하사 복을 주시되 이스라엘 집에도 복을 주시고 아론의 집에도 복을
주시며 [13]높은 사람이나 낮은 사람을 막론하고 여호와를 경외하는 자들에게 복을 주시리로다 [14]여호와께서 너
희를 곧 너희와 너희의 자손을 더욱 번창하게 하시기를 원하노라 [15]너희는 천지를 지으신 여호와께 복을 받는
자로다 [16]하늘은 여호와의 하늘이라도 땅은 사람에게 주셨도다 [17]죽은 자들은 여호와를 찬양하지 못하나니 적
막한 데로 내려가는 자들은 아무도 찬양하지 못하리로다 [18]우리는 이제부터 영원까지 여호와를 송축하리로다
할렐루야

우상 이름	섬긴 곳	신의 성격	섬긴 방법
벨(마르둑)	바벨론	기후, 전쟁, 태양의 신	매음, 유아 인신 제사
느보(마르둑의 아들)	바벨론	학문, 천문학, 과학의 신	
아스다롯(아세라)	가나안	사랑, 출산, 풍작의 여신	매음
그모스	모압	국가의 수호신	유아 인신 제사
몰렉(몰록)	암몬	국가의 수호신	유아 인신 제사
바알	가나안	기후, 수확, 농경의 신	매음
다곤	블레셋	수확, 곡물의 신	유아 인신 제사

시편 116

1 여호와께서 내 음성과 내 간구를 들으시므로 내가 그를 사랑하는도다 2 그의 귀를 내게 기울이셨으므로 내가
평생에 기도하리로다 3 사망의 줄이 나를 두르고 스올의 고통이 내게 이르므로 내가 환난과 슬픔을 만났을 때에
4 내가 여호와의 이름으로 기도하기를 여호와여 주께 구하오니 내 영혼을 건지소서 하였도다 5 여호와는 은혜로
우시며 의로우시며 우리 하나님은 긍휼이 많으시도다 6 여호와께서는 순진한 자를 지키시나니 내가 어려울 때에
나를 구원하셨도다 7 내 영혼아 네 평안함으로 돌아갈지어다 여호와께서 너를 후대하심이로다 8 주께서 내 영혼
을 사망에서, 내 눈을 눈물에서, 내 발을 넘어짐에서 건지셨나이다 9 내가 생명이 있는 땅에서 여호와 앞에 행하
리로다 10 내가 크게 고통을 당하였다고 말할 때에도 나는 믿었도다 11 내가 놀라서 이르기를 모든 사람이 거짓
말쟁이라 하였도다 12 내게 주신 모든 은혜를 내가 여호와께 무엇으로 보답할까 13 내가 구원의 잔을 들고 여호
와의 이름을 부르며 14 여호와의 모든 백성 앞에서 나는 나의 서원을 여호와께 갚으리로다 15 그의 경건한 자들
의 죽음은 여호와께서 보시기에 귀중한 것이로다 16 여호와여 나는 진실로 주의 종이요 주의 여종의 아들 곧 주
의 종이라 주께서 나의 결박을 푸셨나이다 17 내가 주께 감사제를 드리고 여호와의 이름을 부르리이다 18 내가
여호와께 서원한 것을 그의 모든 백성이 보는 앞에서 내가 지키리로다 19 예루살렘아, 네 한가운데에서 곧 여호
와의 성전 뜰에서 지키리로다 할렐루야

시편 117

❖ 성경에서 가장 짧은 장

1 너희 모든 나라들아 여호와를 찬양하며 너희 모든 백성들아 그를 찬송할지어다 2 우리에게 향하신 여호와의
인자하심이 크시고 여호와의 진실하심이 영원함이로다 할렐루야

시편 118

1 여호와께 감사하라 그는 선하시며 그의 인자하심이 영원함이로다 2 이제 이스라엘은 말하기를 그의 인자하심
이 영원하다 할지로다 3 이제 아론의 집은 말하기를 그의 인자하심이 영원하다 할지로다 4 이제 여호와를 경외하
는 자는 말하기를 그의 인자하심이 영원하다 할지로다 5 내가 고통 중에 여호와께 부르짖었더니 여호와께서 응
답하시고 나를 넓은 곳에 세우셨도다 6 여호와는 내 편이시라 내가 두려워하지 아니하리니 사람이 내게 어찌할
까 7 여호와께서 내 편이 되사 나를 돕는 자들 중에 계시니 그러므로 나를 미워하는 자들에게 보응하시는 것을
내가 보리로다 8 여호와께 피하는 것이 사람을 신뢰하는 것보다 나으며 9 여호와께 피하는 것이 고관들을 신뢰
하는 것보다 낫도다 10 뭇 나라가 나를 에워쌌으니 내가 여호와의 이름으로 그들을 끊으리로다 11 그들이 나를
에워싸고 에워쌌으니 내가 여호와의 이름으로 그들을 끊으리로다 12 그들이 벌들처럼 나를 에워쌌으나 가시덤
불의 불 같이 타 없어졌나니 내가 여호와의 이름으로 그들을 끊으리로다 13 너는 나를 밀쳐 넘어뜨리려 하였으나
여호와께서는 나를 도우셨도다 14 여호와는 나의 능력과 찬송이시요 또 나의 구원이 되셨도다 15 의인들의 장막
에는 기쁜 소리, 구원의 소리가 있음이여 여호와의 오른손이 권능을 베푸시며 16 여호와의 오른손이 높이 들렸
으며 여호와의 오른손이 권능을 베푸시는도다 17 내가 죽지 않고 살아서 여호와께서 하시는 일을 선포하리로다
18 여호와께서 나를 심히 경책하셨어도 죽음에는 넘기지 아니하셨도다 19 내게 의의 문들을 열지어다 내가 그리
로 들어가서 여호와께 감사하리로다 20 이는 여호와의 문이라 의인들이 그리로 들어가리로다 21 주께서 내게 응

답하시고 나의 구원이 되셨으니 내가 주께 감사하리이다 22 건축자가 버린 돌이 집 모퉁이의 머릿돌이 되었나니
23 이는 여호와께서 행하신 것이요 우리 눈에 기이한 바로다 24 이 날은 여호와께서 정하신 것이라 이 날에 우리
가 즐거워하고 기뻐하리로다 25 여호와여 구하옵나니 이제 구원하소서 여호와여 우리가 구하옵나니 이제 형통
하게 하소서 26 여호와의 이름으로 오는 자가 복이 있음이여 우리가 여호와의 집에서 너희를 축복하였도다 27 여
호와는 하나님이시라 그가 우리에게 빛을 비추셨으니 밧줄로 절기 제물을 제단 뿔에 맬지어다 28 주는 나의 하
나님이시라 내가 주께 감사하리이다 주는 나의 하나님이시라 내가 주를 높이리이다 29 여호와께 감사하라 그는
선하시며 그의 인자하심이 영원함이로다

시편 135

❖ 시 135편도 시 115편과 같은 맥락의 시이다.

1 할렐루야 여호와의 이름을 찬송하라 여호와의 종들아 찬송하라 2 여호와의 집 우리 여호와의 성전 곧 우리 하
나님의 성전 뜰에 서 있는 너희여 3 여호와를 찬송하라 여호와는 선하시며 그의 이름이 아름다우니 그의 이름을
찬양하라 4 여호와께서 자기를 위하여 야곱 곧 이스라엘을 자기의 특별한 소유로 택하셨음이로다 5 내가 알거니
와 여호와께서는 위대하시며 우리 주는 모든 신들보다 위대하시도다 6 여호와께서 그가 기뻐하시는 모든 일을
천지와 바다와 모든 깊은 데서 다 행하셨도다 7 안개를 땅 끝에서 일으키시며 비를 위하여 번개를 만드시며 바람
을 그 곳간에서 내시는도다 8 그가 애굽의 처음 난 자를 사람부터 짐승까지 치셨도다 9 애굽이여 여호와께서 네
게 행한 표적들과 징조들을 바로와 그의 모든 신하들에게 보내셨도다 10 그가 많은 나라를 치시고 강한 왕들을
죽이셨나니 11 곧 아모리인의 왕 시혼과 바산 왕 옥과 가나안의 모든 국왕이로다 12 그들의 땅을 기업으로 주시
되 자기 백성 이스라엘에게 기업으로 주셨도다 13 여호와여 주의 이름이 영원하시니이다 여호와여 주를 기념함
이 대대에 이르리이다 14 여호와께서 자기 백성을 판단하시며 그의 종들로 말미암아 위로를 받으시리로다 15 열
국의 우상은 은금이요 사람의 손으로 만든 것이라 16 입이 있어도 말하지
못하며 눈이 있어도 보지 못하며 17 귀가 있어도 듣지 못하며 그들의 입에
는 아무 호흡도 없나니 18 그것을 만든 자와 그것을 의지하는 자가 다 그
것과 같으리로다 19 이스라엘 족속아 여호와를 송축하라 아론의 족속아
여호와를 송축하라 20 레위 족속아 여호와를 송축하라 여호와를 경외하
는 너희들아 여호와를 송축하라 21 예루살렘에 계시는 여호와는 시온에
서 찬송을 받으실지어다 할렐루야

❖ 시 136편
본 시는 주로 이스라엘인의 3대 절기인 유월절, 칠칠절, 장막절 예배 시에 사용되었던 시로서 총 26절로 되어 있으며 각 절 끝에 '그 인자하심이 영원함이로다'라는 후렴구가 첨가된 매우 독특한 형식을 가지고 있다.
본 시가 전형적인 감사 예배시인 점과 관련하여, 실로 영원무궁하신 하나님의 인자(히, 헤세드)로 인하여 그분과 구속사적 관계를 맺게 된 택함 받은 성도들은 예배와 찬양으로 창조자요 구속자이신 그분과의 교제 관계를 더욱 발전시켜 나가지 않으면 안 된다는 것이다.
예배(Worship)와 찬양(Praise)은 태초부터 종말까지 이어지는 구속사의 도정(道程)에서 결코 단절될 수 없는 하나님을 향한 인간의 당연한 의무임과 동시에 하나님과의 교제를 더욱 발전시켜 나가며 그분의 은총과 축복을 경험하게 되는 최대의 통로이다. 따라서 예배를 통하여 구속자이신 하나님과 인간인 성도가 함께 만나고 찬양으로 그 교제를 역동적으로 나누게 될 때 이는 실로 구속받은 성도의 가장 큰 축복과 환희가 아닐 수 없다.
"여호와께 감사하라 그는 선하시며 그 인자하심이 영원함이로다. 할렐루야!"

시편 136

1 여호와께 감사하라 그는 선하시며 그 인자하심이 영원함이로다 2 신들
중에 뛰어난 하나님께 감사하라 그 인자하심이 영원함이로다 3 주들 중
에 뛰어난 주께 감사하라 그 인자하심이 영원함이로다 4 홀로 큰 기이한
일들을 행하시는 이에게 감사하라 그 인자하심이 영원함이로다 5 지혜로
하늘을 지으신 이에게 감사하라 그 인자하심이 영원함이로다 6 땅을 물
위에 펴신 이에게 감사하라 그 인자하심이 영원함이로다 7 큰 빛들을 지
으신 이에게 감사하라 그 인자하심이 영원함이로다 8 해로 낮을 주관하
게 하신 이에게 감사하라 그 인자하심이 영원함이로다 9 달과 별들로 밤

을 주관하게 하신 이에게 감사하라 그 인자하심이 영원함이로다 10 애굽의 장자를 치신 이에게 감사하라 그 인
자하심이 영원함이로다 11 이스라엘을 그들 중에서 인도하여 내신 이에게 감사하라 그 인자하심이 영원함이로
다 12 강한 손과 펴신 팔로 인도하여 내신 이에게 감사하라 그 인자하심이 영원함이로다 13 홍해를 가르신 이에
게 감사하라 그 인자하심이 영원함이로다 14 이스라엘을 그 가운데로 통과하게 하신 이에게 감사하라 그 인자하
심이 영원함이로다 15 바로와 그의 군대를 홍해에 엎드러뜨리신 이에게 감사하라 그 인자하심이 영원함이로다
16 그의 백성을 인도하여 광야를 통과하게 하신 이에게 감사하라 그 인자하심이 영원함이로다 17 큰 왕들을 치신
이에게 감사하라 그 인자하심이 영원함이로다 18 유명한 왕들을 죽이신 이에게 감사하라 그 인자하심이 영원함
이로다 19 아모리인의 왕 시혼을 죽이신 이에게 감사하라 그 인자하심이 영원함이로다 20 바산 왕 옥을 죽이신 이
에게 감사하라 그 인자하심이 영원함이로다 21 그들의 땅을 기업으로 주신 이에게 감사하라 그 인자하심이 영원
함이로다 22 곧 그 종 이스라엘에게 기업으로 주신 이에게 감사하라 그 인자하심이 영원함이로다 23 우리를 비천
한 가운데에서도 기억해 주신 이에게 감사하라 그 인자하심이 영원함이로다 24 우리를 우리의 대적에게서 건지
신 이에게 감사하라 그 인자하심이 영원함이로다 25 모든 육체에게 먹을 것을 주신 이에게 감사하라 그 인자하
심이 영원함이로다 26 하늘의 하나님께 감사하라 그 인자하심이 영원함이로다

시편 146

1 할렐루야 내 영혼아 여호와를 찬양하라 2 나의 생전에 여호와를 찬양하
며 나의 평생에 내 하나님을 찬송하리로다 3 귀인들을 의지하지 말며 도
울 힘이 없는 인생도 의지하지 말지니 4 그의 호흡이 끊어지면 흙으로 돌
아가서 그 날에 그의 생각이 소멸하리로다 5 야곱의 하나님을 자기의 도
움으로 삼으며 여호와 자기 하나님에게 자기의 소망을 두는 자는 복이 있
도다 6 여호와는 천지와 바다와 그 중의 만물을 지으시며 영원히 진실함
을 지키시며 7 억눌린 사람들을 위해 정의로 심판하시며 주린 자들에게
먹을 것을 주시는 이시로다 여호와께서는 갇힌 자들에게 자유를 주시는
도다 8 여호와께서 맹인들의 눈을 여시며 여호와께서 비굴한 자들을 일으
키시며 여호와께서 의인들을 사랑하시며 9 여호와께서 나그네들을 보호
하시며 고아와 과부를 붙드시고 악인들의 길은 굽게 하시는도다 10 시온
아 여호와는 영원히 다스리시고 네 하나님은 대대로 통치하시리로다 할
렐루야

❖ 시 146-150편
이 5편의 시들은 유대 전승으로는 제3 할렐시 모음집으로, 후대의 기독교식 분류법상으로는 할렐루야 시편집 또는 할렐루야 송영 시편 집으로 각각 분류된다. 그 분류 방식이야 어쨌든지 간에 이들 5편의 시들은 각각 그 1차적 주제와 내용 전개 구조에 있어서는 서로 다르지만, 결과적으로는 모두가 다 찬양시로서 함께 모여 전 5권으로 되어 있는 시편 전체를 다섯 부분으로 총마감하는 송영(doxology) 모음집의 기능을 수행하도록 함께 편집되었다.
☞ 실로 구속사의 주체이신 여호와 하나님은 우리 만물을 창조한 위대한 창조자이시고 역사의 절대 주권자이시며 또 우리 연약한 인생을 향하여 깊은 애정을 가지사 영원한 죄와 사망의 권세에서 구속하시고 자녀로 삼아주신 아비요 인도자이시다. 그러므로 땅과 하늘과 그 가운데 있는 모든 피조물이 다 그분을 찬양할지라도 그분의 위대한 성품에 비할 때 오히려 부족할 따름이다. 실로 여호와 하나님으로 인하여 전 우주 만물과 함께 만세 대의 모든 인생은 참으로 복되다고 아니할 수 없는 것이다.
호흡이 있는 자마다 여호와를 찬양할지어다. 할렐루야!

시편 147

1 할렐루야 우리 하나님을 찬양하는 일이 선함이여 찬송하는 일이 아름답고 마땅하도다 2 여호와께서 예루살렘
을 세우시며 이스라엘의 흩어진 자들을 모으시며 3 상심한 자들을 고치시며 그들의 상처를 싸매시는도다 4 그가
별들의 수효를 세시고 그것들을 다 이름대로 부르시는도다 5 우리 주는 위대하시며 능력이 많으시며 그의 지혜
가 무궁하시도다 6 여호와께서 겸손한 자들은 붙드시고 악인들은 땅에 엎드러뜨리시는도다 7 감사함으로 여호
와께 노래하며 수금으로 하나님께 찬양할지어다 8 그가 구름으로 하늘을 덮으시며 땅을 위하여 비를 준비하시
며 산에 풀이 자라게 하시며 9 들짐승과 우는 까마귀 새끼에게 먹을 것을 주시는도다 10 여호와는 말의 힘이 세

다 하여 기뻐하지 아니하시며 사람의 다리가 억세다 하여 기뻐하지 아니하시고 11 여호와는 자기를 경외하는 자
들과 그의 인자하심을 바라는 자들을 기뻐하시는도다 12 예루살렘아 여호와를 찬송할지어다 시온아 네 하나님
을 찬양할지어다 13 그가 네 문빗장을 견고히 하시고 네 가운데에 있는 너의 자녀들에게 복을 주셨으며 14 네 경
내를 평안하게 하시고 아름다운 밀로 너를 배불리시며 15 그의 명령을 땅에 보내시니 그의 말씀이 속히 달리는
도다 16 눈을 양털 같이 내리시며 서리를 재 같이 흩으시며 17 우박을 떡 부스러기 같이 뿌리시나니 누가 능히 그
의 추위를 감당하리요 18 그의 말씀을 보내사 그것들을 녹이시고 바람을 불게 하신즉 물이 흐르는도다 19 그가
그의 말씀을 야곱에게 보이시며 그의 율례와 규례를 이스라엘에게 보이시는도다 20 그는 어느 민족에게도 이와
같이 행하지 아니하셨나니 그들은 그의 법도를 알지 못하였도다 할렐루야

시편 148

1 할렐루야 하늘에서 여호와를 찬양하며 높은 데서 그를 찬양할지어다 2 그의 모든 천사여 찬양하며 모든 군대
여 그를 찬양할지어다 3 해와 달아 그를 찬양하며 밝은 별들아 다 그를 찬양할지어다 4 하늘의 하늘도 그를 찬양
하며 하늘 위에 있는 물들도 그를 찬양할지어다 5 그것들이 여호와의 이름을 찬양함은 그가 명령하시므로 지음
을 받았음이로다 6 그가 또 그것들을 영원히 세우시고 폐하지 못할 명령을 정하셨도다 7 너희 용들과 바다여 땅
에서 여호와를 찬양하라 8 불과 우박과 눈과 안개와 그의 말씀을 따르는 광풍이며 9 산들과 모든 작은 산과 과
수와 모든 백향목이며 10 짐승과 모든 가축과 기는 것과 나는 새며 11 세상의 왕들과 모든 백성들과 고관들과 땅
의 모든 재판관들이며 12 총각과 처녀와 노인과 아이들아 13 여호와의 이름을 찬양할지어다 그의 이름이 홀로 높
으시며 그의 영광이 땅과 하늘 위에 뛰어나심이로다 14 그가 그의 백성의 뿔을 높이셨으니 그는 모든 성도 곧 그
를 가까이 하는 백성 이스라엘 자손의 찬양 받을 이시로다 할렐루야

시편 149

1 할렐루야 새 노래로 여호와께 노래하며 성도의 모임 가운데에서 찬양할지어다 2 이스라엘은 자기를 지으신 이
로 말미암아 즐거워하며 시온의 주민은 그들의 왕으로 말미암아 즐거워할지어다 3 춤 추며 그의 이름을 찬양하
며 소고와 수금으로 그를 찬양할지어다 4 여호와께서는 자기 백성을 기뻐하시며 겸손한 자를 구원으로 아름답
게 하심이로다 5 성도들은 영광 중에 즐거워하며 그들의 침상에서 기쁨으로 노래할지어다 6 그들의 입에는 하나
님에 대한 찬양이 있고 그들의 손에는 두 날 가진 칼이 있도다 7 이것으로 뭇 나라에 보수하며 민족들을 벌하며
8 그들의 왕들은 사슬로, 그들의 귀인은 철고랑으로 결박하고 9 기록한 판결대로 그들에게 시행할지로다 이런 영
광은 그의 모든 성도에게 있도다 할렐루야

시편 150

1 할렐루야 그의 성소에서 하나님을 찬양하며 그의 권능의 궁창에서 그를 찬양할지어다 2 그의 능하신 행동을
찬양하며 그의 지극히 위대하심을 따라 찬양할지어다 3 나팔 소리로 찬양하며 비파와 수금으로 찬양할지어다
4 소고 치며 춤 추어 찬양하며 현악과 퉁소로 찬양할지어다 5 큰 소리 나는 제금으로 찬양하며 높은 소리 나는 제
금으로 찬양할지어다 6 호흡이 있는 자마다 여호와를 찬양할지어다 할렐루야

66일차 읽기의 요약
(시 114~118, 135, 136, 146~150)

시편 기자는 여호와의 인자하심이 크시고 그 진실하심이 영원함을 여러 시편에서 강조하여 반복한다. 특히 이스라엘 백성들이 애굽의 노예에서 해방되어 하나님의 방법으로 구원을 얻고 홍해를 기적으로 건너 광야를 통과하여 땅을 기업으로 얻기까지 하나님께서 행하신 과거의 역사들을 생생하게 회고하며 찬양한다.
또한 이스라엘 백성들을 포로로 흩으셨다가 70년 만에 다시 예루살렘으로 귀환하게 하여 성전과 성벽을 재건하게 하시고 다시 그들을 말씀으로 개혁하게 하신 하나님을 찬양한다.
그뿐 아니라 지금도 여전히 억눌린 자들과 주린 자들, 갇힌 자들, 맹인들과 나그네, 고아와 과부들을 구원하시고 장차 악인들을 심판하실 하나님을 찬양한다. 이에 반해 열방이 섬기고 있는 우상들은 아무런 능력이 없으며 도울 힘이 없으므로 감사와 찬양의 대상이 될 수 없다.
시편기자는 목소리뿐만 아니라 춤추며 나팔과 비파와 수금과 여러 악기를 동원하여 성소에서 그리고 그가 지으신 온 우주 만물 가운데서 하나님을 찬양하는 일이 하나님의 백성에게 마땅한 일임을 깨닫게 한다.

그러면 어떻게 살 것인가?

인위 뚝 · 신위 고!

☑ 세계관 점검 – 묵상하기 (영상 강의와 교재 내용의 이해를 바탕으로)

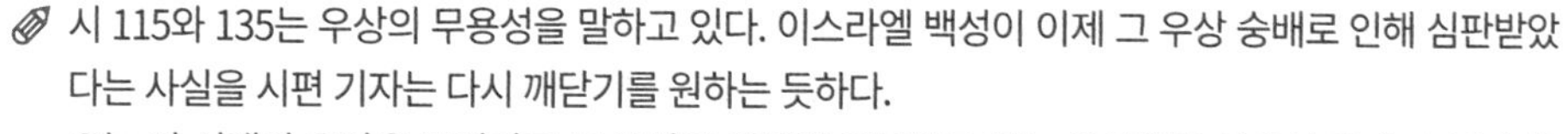

- 시 115와 135는 우상의 무용성을 말하고 있다. 이스라엘 백성이 이제 그 우상 숭배로 인해 심판받았다는 사실을 시편 기자는 다시 깨닫기를 원하는 듯하다.
  오늘 이 시대의 우상은 무엇이고 그 우상은 여기에 언급하고 있는 우상처럼 무용한 존재가 아닐까? 그런데도 왜 그것을 버리지 못할까?

- 시 118, 146:3-6은 오직 여호와 한 분만이 의지할 분이고 또 그렇게 의지하면 복된 삶을 살아갈 수 있다고 말하고 있다. 바로 그 여호와를 의지하기 위해 당신은 "오늘 성경 읽으셨나요?"

- 3차의 포로 귀환이 갖는 영적 의미를 묵상하라.

묵상

1차	성 전	하나님의 임재
2차	사경회	하나님과 관계 회복
3차	성 벽	삶을 보호 – 관계 맺은 대로 살아가기

61일~66일

☑ 결단기도와 실행하기

약 2:26 영혼 없는 몸이 죽은 것 같이 행함이 없는 믿음은 죽은 것이니라
시 119:28 나의 영혼이 눌림으로 말미암아 녹사오니 주의 말씀대로 나를 세우소서

61일~
66일

67일

느헤미야 13:1-22

느헤미야의 개혁

1 그 날 모세의 책을 낭독하여 백성에게 들렸는데 그 책에 기록하기를 암
몬 사람과 모압 사람은 영원히 하나님의 총회에 들어오지 못하리니 2 이
는 그들이 양식과 물로 이스라엘 자손을 영접하지 아니하고 도리어 발람
에게 뇌물을 주어 저주하게 하였음이라 그러나 우리 하나님이 그 저주를
돌이켜 복이 되게 하셨다 하였는지라 3 백성이 이 율법을 듣고 곧 섞인 무
리를 이스라엘 가운데에서 모두 분리하였느니라 4 이전에 우리 하나님의
전의 방을 맡은 제사장 엘리아십이 도비야와 연락이 있었으므로 5 도비야
를 위하여 한 큰 방을 만들었으니 그 방은 원래 소제물과 유향과 그릇과
또 레위 사람들과 노래하는 자들과 문지기들에게 십일조로 주는 곡물과
새 포도주와 기름과 또 제사장들에게 주는 거제물을 두는 곳이라 6 그 때
에는 내가 예루살렘에 있지 아니하였느니라 바벨론 왕 아닥사스다 삼십
이년에 내가 왕에게 나아갔다가 며칠 후에 왕에게 말미를 청하고 7 예루
살렘에 이르러서야 엘리아십이 도비야를 위하여 하나님의 전 뜰에 방을
만든 악한 일을 안지라 8 내가 심히 근심하여 도비야의 세간을 그 방 밖으
로 다 내어 던지고 9 명령하여 그 방을 정결하게 하고 하나님의 전의 그릇
과 소제물과 유향을 다시 그리로 들여놓았느니라 10 내가 또 알아본즉 레
위 사람들이 받을 몫을 주지 아니하였으므로 그 직무를 행하는 레위 사
람들과 노래하는 자들이 각각 자기 밭으로 도망하였기로 11 내가 모든 민
장들을 꾸짖어 이르기를 하나님의 전이 어찌하여 버린 바 되었느냐 하고
곧 레위 사람을 불러 모아 다시 제자리에 세웠더니 12 이에 온 유다가 곡
식과 새 포도주와 기름의 십일조를 가져다가 곳간에 들이므로 13 내가 제
사장 셀레먀와 서기관 사독과 레위 사람 브다야를 창고지기로 삼고 맛
다냐의 손자 삭굴의 아들 하난을 버금으로 삼았나니 이는 그들이 충직한
자로 인정됨이라 그 직분은 형제들에게 분배하는 일이었느니라 14 내 하
나님이여 이 일로 말미암아 나를 기억하옵소서 내 하나님의 전과 그 모든
직무를 위하여 내가 행한 선한 일을 도말하지 마옵소서 15 그 때에 내가
본즉 유다에서 어떤 사람이 안식일에 술틀을 밟고 곡식단을 나귀에 실어
운반하며 포도주와 포도와 무화과와 여러 가지 짐을 지고 안식일에 예루
살렘에 들어와서 음식물을 팔기로 그 날에 내가 경계하였고 16 또 두로 사
람이 예루살렘에 살며 물고기와 각양 물건을 가져다가 안식일에 예루살
렘에서도 유다 자손에게 팔기로 17 내가 유다의 모든 귀인들을 꾸짖어 그
들에게 이르기를 너희가 어찌 이 악을 행하여 안식일을 범하느냐 18 너희
조상들이 이같이 행하지 아니하였느냐 그래서 우리 하나님이 이 모든 재
앙을 우리와 이 성읍에 내리신 것이 아니냐 그럼에도 불구하고 너희가 안
식일을 범하여 진노가 이스라엘에게 더욱 심하게 임하도록 하는도다 하

느 13:1-22 돌아온 느헤미야
예루살렘으로 돌아온 느헤미야는 자신이 세운 규정들이 조롱거리로 전락하였음을 알게 된다. 그는 이전에 창고 하나를 따로 마련하여 십일조와 성전에 바친 예물들을 안전하게 지키도록 조치한 적이 있었다. 그런데 이제 그 방은 도비야 개인이 사용하는 공간으로 바뀌어 있었다. 느헤미야는 도비야가 그런 특권을 얻게 된 경위를 알고 분노하여 즉시 그 일을 질책한다(13:4-9). 그러나 이것은 빙산의 일각에 불과하였다. 느헤미야는 성전이 원활하게 운영될 수 있도록 여러 가지 조치를 마련해 놓았으나, 이제는 그 조치들이 무용지물이 되어 있었다. 결국 그 때문에 레위인들은 호구지책을 세우고자 자신들의 밭으로 돌아가 일을 하고 있었다. 느헤미야는 자신이 정해 놓았던 규정들을 회복시킨다. 그 결과, 그가 처음 의도했던 그대로 성전 제사가 이루어질 수 있게 되었다(13:10-14). 그러나 얼마 되지 않아 다른 악행이 나타난다. 사람들이 안식일 규례를 대놓고 모욕한다(13:15-22).
☞ 이 부분이 말라기의 배경이 된다.

느 13:15-22
학습 자료 67-1
"포로 귀환 시대의 안식일 문제" 참조

느 13:6, 7 에스라·느헤미야의 약사(略史)

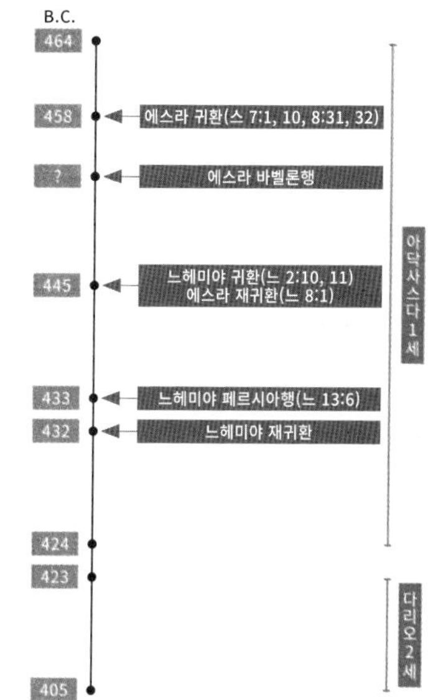

고 [19]안식일 전 예루살렘 성문이 어두워갈 때에 내가 성문을 닫고 안식일이 지나기 전에는 열지 말라 하고 나를
따르는 종자 몇을 성문마다 세워 안식일에는 아무 짐도 들어오지 못하게 하였으므로 [20]장사꾼들과 각양 물건
파는 자들이 한두 번 예루살렘 성 밖에서 자므로 [21]내가 그들에게 경계하여 이르기를 너희가 어찌하여 성 밑에
서 자느냐 다시 이같이 하면 내가 잡으리라 하였더니 그후부터는 안식일에 그들이 다시 오지 아니하였느니라 [22]
내가 또 레위 사람들에게 몸을 정결하게 하고 와서 성문을 지켜서 안식일을 거룩하게 하라 하였느니라 내 하나
님이여 나를 위하여 이 일도 기억하시옵고 주의 크신 은혜대로 나를 아끼시옵소서

시편 92

안식일의 찬송 시

1-3 지존자여 십현금과 비파와 수금으로 여호와께 감사하며 주의 이름을
찬양하고 아침마다 주의 인자하심을 알리며 밤마다 주의 성실하심을 베
풂이 좋으니이다 [4]여호와여 주께서 행하신 일로 나를 기쁘게 하셨으니 주
의 손이 행하신 일로 말미암아 내가 높이 외치리이다 [5]여호와여 주께서
행하신 일이 어찌 그리 크신지요 주의 생각이 매우 깊으시니이다 [6]어리석
은 자도 알지 못하며 무지한 자도 이를 깨닫지 못하나이다 [7]악인들은 풀
같이 자라고 악을 행하는 자들은 다 흥왕할지라도 영원히 멸망하리이다
[8]여호와여 주는 영원토록 지존하시니이다 [9]여호와여 주의 원수들은 패
망하리이다 정녕 주의 원수들은 패망하리니 죄악을 행하는 자들은 다 흩
어지리이다 [10]그러나 주께서 내 뿔을 들소의 뿔 같이 높이셨으며 내게 신
선한 기름을 부으셨나이다 [11]내 원수들이 보응 받는 것을 내 눈으로 보며
일어나 나를 치는 행악자들이 보응 받는 것을 내 귀로 들었도다 [12]의인은
종려나무 같이 번성하며 레바논의 백향목 같이 성장하리로다 [13]이는 여
호와의 집에 심겼음이여 우리 하나님의 뜰 안에서 번성하리로다 [14]그는
늙어도 여전히 결실하며 진액이 풍족하고 빛이 청청하니 [15]여호와의 정직
하심과 나의 바위 되심과 그에게는 불의가 없음이 선포되리로다

❖ 시 92편
저자와 연대 미상의 감사 예배시로, 바벨론 포로기(B.C. 586-538년) 이후 안식일의 성전 예배 때에 사용된 시이다. 본 시는 근본 감사 예배시이면서도 그 내용상 지혜시적 성격이 강한 시인데 악인의 궁극적 멸망과 의인의 궁극적 흥왕을 주제로 삼고, 본 시에는 조금의 동요도 없이 악인의 궁극적 멸망을 바라보는 시인의 의연한 자세가 두드러지게 나타난다는 점에서 본시 는 악인의 길과 의인의 길을 객관적으로 차분히 대비시키고 있는 제1편의 내용에 더 근접하다. 본 시는 선과 악이 혼재되어 있고 다만 일반 은총의 수준에서 기본적 질서만 유지되는 현 세상에서 하나님의 종말론적 공의 실현과 심판이 유보됨으로써 당장 눈앞의 사물에만 집착하기 쉬운 유한자인 인간들이 흔히 빠지기 쉬운 인본주의적 또는 무신론적 착각과 유혹에 대하여 강력한 경고를 전해주며 우리에게 현실과 하나님 앞에서의 자기 자신의 참모습에 대한 구속사적 각성을 촉구해 주고 있다.

시 92:12-15 여호와의 뜰에 심긴 나무 같은 자의 노년은 어떠하다고 했는가?
나는 지금 여호와의 뜰에 심긴 나무 같은 삶을 살고 있는가?
☞ 이로서 시편을 다 읽었다.

느헤미야 13:23-31

67일~72일

[23]그 때에 내가 또 본즉 유다 사람이 아스돗과 암몬과 모압 여인을 맞아
아내로 삼았는데 [24]그들의 자녀가 아스돗 방언을 절반쯤은 하여도 유다
방언은 못하니 그 하는 말이 각 족속의 방언이므로 [25]내가 그들을 책망하고 저주하며 그들 중 몇 사람을 때리고
그들의 머리털을 뽑고 이르되 너희는 너희 딸들을 그들의 아들들에게 주지 말고 너희 아들들이나 너희를 위하
여 그들의 딸을 데려오지 아니하겠다고 하나님을 가리켜 맹세하라 하고 [26]또 이르기를 옛적에 이스라엘 왕 솔
로몬이 이 일로 범죄하지 아니하였느냐 그는 많은 나라 중에 비길 왕이 없이 하나님의 사랑을 입은 자라 하나님
이 그를 왕으로 삼아 온 이스라엘을 다스리게 하셨으나 이방 여인이 그를 범죄하게 하였나니 [27]너희가 이방 여
인을 아내로 맞아 이 모든 큰 악을 행하여 우리 하나님께 범죄하는 것을 우리가 어찌 용납하겠느냐 [28]대제사장
엘리아십의 손자 요야다의 아들 하나가 호론 사람 산발랏의 사위가 되었으므로 내가 쫓아내어 나를 떠나게 하

❖ 느 13:15-22 **예수님의 성전 청결**
이스라엘 백성에게 있어서 성전은 대단히 중요한 장소이다. 그곳은 하나님의 임재가 있기 때문이다. 성전의 모독은 곧 신성모독이다. 그런 성전을 청소하신 예수님을 오히려 신성 모독죄로 처형한다.

였느니라 29 내 하나님이여 그들이 제사장의 직분을 더럽히고 제사장의 직분과 레위 사람에 대한 언약을 어겼사
오니 그들을 기억하옵소서 30 내가 이와 같이 그들에게 이방 사람을 떠나게 하여 그들을 깨끗하게 하고 또 제사
장과 레위 사람의 반열을 세워 각각 자기의 일을 맡게 하고 31 또 정한 기한에 나무와 처음 익은 것을 드리게 하
였사오니 내 하나님이여 나를 기억하사 복을 주옵소서

말라기 1장~4장

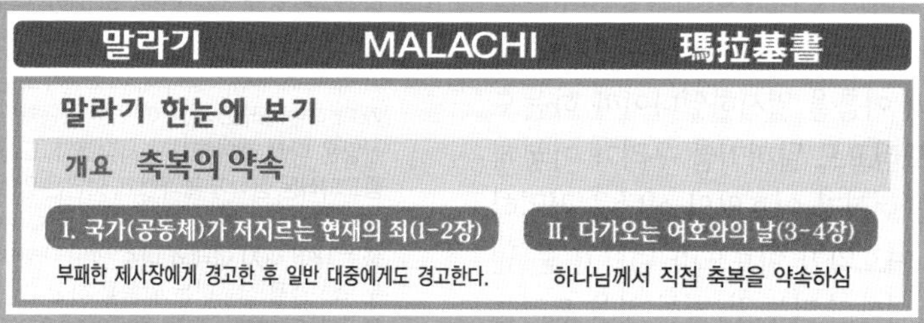

말라기 MALACHI 瑪拉基書
말라기 한눈에 보기
개요 축복의 약속
I. 국가(공동체)가 저지르는 현재의 죄(1-2장)
부패한 제사장에게 경고한 후 일반 대중에게도 경고한다.
II. 다가오는 여호와의 날(3-4장)
하나님께서 직접 축복을 약속하심

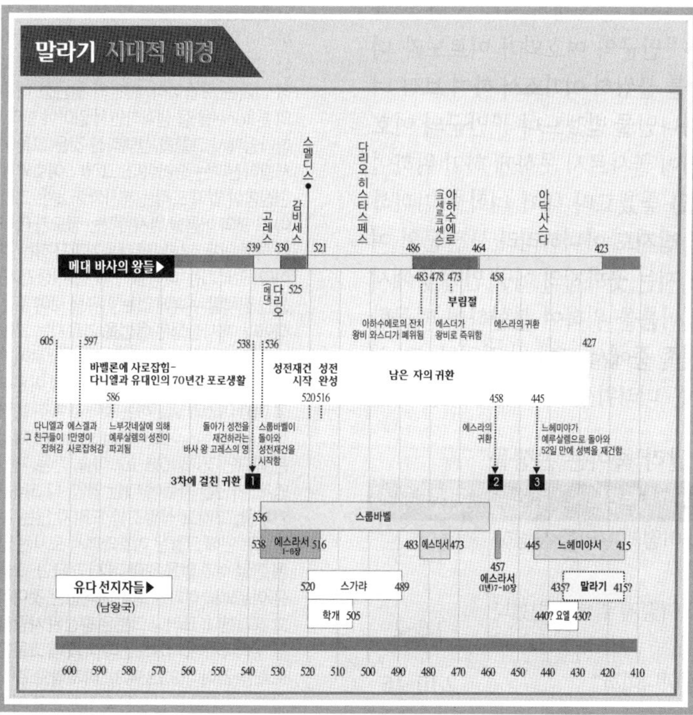

❖ 말라기 시대적 배경
말라기는 B.C. 445년 제3차 바벨론 포로 귀환 때로부터 자신의 예언서를 기록한 연대로 추정되는 B.C. 430년까지 주로 활동한 선지자이다. 제3차 포로 귀환을 주도한 유대 총독 느헤미야가 예루살렘에 돌아온 후 첫 번째 사명으로 생각한 것은 먼저 예루살렘 성벽 재건을 통해 제1차 포로 귀환(B.C 537년) 이후로 재건되기 시작한 신정 국가의 정치적 위상을 드높이고 또 종교 개혁을 통해 선민(選民)의 면모를 쇄신하는 것이었다. 이러한 때에 말라기 선지자는 특별히 종교 지도자들인 제사장들의 부패와 십일조와 헌물 규례의 정비, 이방 여인들과의 통혼 문제 등을 집중적으로 거론하여 책망함으로써 종교적 부흥 운동에 박차를 가하였다.

말라기 1장

1 여호와께서 말라기를 통하여 이스라엘에게 말씀하신 경고라

여호와께서 이스라엘을 사랑하시다

2 여호와께서 이르시되 내가 너희를 사랑하였노라 하나 너희는 이르기를 주께서 어떻게 우리를 사랑하셨나이까
하는도다 나 여호와가 말하노라 에서는 야곱의 형이 아니냐 그러나 내가 야곱을 사랑하였고 3 에서는 미워하였

67일~72일

으며 그의 산들을 황폐하게 하였고 그의 산업을 광야의 이리들에게 넘겼
느니라 4 에돔은 말하기를 우리가 무너뜨림을 당하였으나 황폐된 곳을 다
시 쌓으리라 하거니와 나 만군의 여호와는 이르노라 그들은 쌓을지라도
나는 헐리라 사람들이 그들을 일컬어 악한 지역이라 할 것이요 여호와의
영원한 진노를 받은 백성이라 할 것이며 5 너희는 눈으로 보고 이르기를
여호와께서는 이스라엘 지역 밖에서도 크시다 하리라

제사장과 백성들의 죄

6 내 이름을 멸시하는 제사장들아 나 만군의 여호와가 너희에게 이르기를
아들은 그 아버지를, 종은 그 주인을 공경하나니 내가 아버지일진대 나를
공경함이 어디 있느냐 내가 주인일진대 나를 두려워함이 어디 있느냐 하
나 너희는 이르기를 우리가 어떻게 주의 이름을 멸시하였나이까 하는도
다 7 너희가 더러운 떡을 나의 제단에 드리고도 말하기를 우리가 어떻게
주를 더럽게 하였나이까 하는도다 이는 너희가 여호와의 식탁은 경멸히
여길 것이라 말하기 때문이라 8 만군의 여호와가 이르노라 너희가 눈 먼
희생제물을 바치는 것이 어찌 악하지 아니하며 저는 것, 병든 것을 드리는
것이 어찌 악하지 아니하냐 이제 그것을 너희 총독에게 드려 보라 그가
너를 기뻐하겠으며 너를 받아 주겠느냐 9 만군의 여호와가 이르노라 너
희는 나 하나님께 은혜를 구하면서 우리를 불쌍히 여기소서 하여 보라 너
희가 이같이 행하였으니 내가 너희 중 하나인들 받겠느냐 10 만군의 여호
와가 이르노라 너희가 내 제단 위에 헛되이 불사르지 못하게 하기 위하여
너희 중에 성전 문을 닫을 자가 있었으면 좋겠도다 내가 너희를 기뻐하
지 아니하며 너희가 손으로 드리는 것을 받지도 아니하리라 11 만군의 여
호와가 이르노라 해 뜨는 곳에서부터 해 지는 곳까지의 이방 민족 중에서
내 이름이 크게 될 것이라 각처에서 내 이름을 위하여 분향하며 깨끗한
제물을 드리리니 이는 내 이름이 이방 민족 중에서 크게 될 것임이니라 12
그러나 너희는 말하기를 여호와의 식탁은 더러워졌고 그 위에 있는 과일

말라기에 나오는 6개의 "말라"죽이는 논쟁들

	논점	관련 구절
하나님의 사랑에 대해서(1:2~5)	"주께서 어떻게 우리를 사랑하셨나이까"	1:2~5
제사장의 부패와 관련해서	"우리가 어떻게 주를 더럽혔나이까?"	1:6~2
거짓 행함과 이방인과 혼인, 이혼	"어찌 됨이니이까"	2:10~16
하나님의 정의에 대해서	"우리가 어떻게 여호와를 괴롭혔나이까?" "하나님의 정의가 어디 있느냐"	2:17~3:5
하나님의 것을 도적질함에 대해서	"우리가 어떻게 하여 주의 것을 도적질 하였나이까?"	3:6~12
의인을 구하고 악인을 벌 함에 있어서	"우리가 무슨 말로 주를 대적하였나이까?"	3:13~4:3

67일~72일

❖ 말라기 개요

말라기(이름의 뜻은 '나의 사자')이다. 말라기는 느헤미야와 동시대의 인물이지만(B.C. 433) 활약은 느헤미야가 죽고 난 뒤일 것으로 추정한다. 말라기 하면 3:10에 십일조 하면 복 받는다는 구절의 설교를 하도 많이 들어서 이것이 말라기의 주제인 줄로 아는 사람이 많다. 그렇지 않다. 아브라함으로부터 시작한 하나님 나라를 회복하기 위한 하나님의 선민 선택 및 양육은 1500년이란 시간이 흘렀다. 포로에서 귀환하여 에스라와 느헤미야의 지도로 그들의 영성이 회복 되는 듯했지만 시간은 덧없이 흘렀고 에스라와 느헤미야뿐만 아니라 학개, 스가랴, 스룹바벨, 여호수아 모두가 다 하늘나라로 가고, 이 귀환 공동체의 신앙은 다시 해이해지기 시작했다. 모든 종교의식은 형식에 불과했고, 모양은 있었으나 정신은 없었다. 이때 하나님은 사자를 보내어 마치 아내와 마주 앉아 대화하듯 백성들을 설득하는 말씀을 하고 있는 것이다. 이 책에는 많은 질문이 나오는데 그 질문들은 하나님을 힐난하거나 말대꾸하거나 악처가 바가지 긁는 식의 질문들이다. 그들은 하나님과 절연의 단계를 향하여 나가는 모습이다. 인간의 힐난성 대꾸의 톤(tone)을 잘 생각하면서 읽어야 한다. 하나님께서 그들을 선택하신 것은 그들을 사랑하신다는 증거이다. 그러나 여호와께 헌신함이 없이 드리는 제사와 제물은 그들이 그 분의 이름을 멸시한다는 정도가 아니라 아예 이제 하나님께 대들기까지 하는 것이다. 말라기는 하나님이 왜 잠시(중간기) 동안 침묵할 수밖에 없는 이유를 보여 주는 책이다. 제사장들은 율법을 가르치는 그들의 의무를 소홀히 했고, 백성들은 서로에게 신실하지 못하다. 이는 자기 아내와 이혼하고 이방 여인과 결혼하는 것에서 특히 분명하게 나타난다. 여호와께서 보시기에 이것은 배교인 것이다(2:1-16). 마술, 간음, 거짓 맹세, 가난한 자들에 대한 억압, 나그네를 거부함, 그리고 십일조를 드리지 않는 것 등으로 인해 그들은 여호와께서 오시는 날에 견딜 수가 없을 것이다(2:17-3:12). 그들은 여호와를 섬기는 일이 쓸데없는 것이라고 생각한다. 그러나 그분은 충성된 사람들을 주목하시며, 다가오는데 파괴 때 그들은 보호할 것이다(3:13~4:3). 마지막으로 그 나라는 언약을 주신 것을 회고해 보고 여호와의 날을 기다리라는 권고를 받는다(4:4-6). 그리고 구원의 복음이 이제 이방으로 나아간다는 것을 알린다(1:11).

☞ 옆의 도표는 하나님의 마지막 설득을 언쟁으로 되갚는 이스라엘 백성의 논쟁을 열거한 것이다. 이런 상황을 염두에 두고 말 3:14-15의 하나님의 심정을 헤아려야 한다.

곧 먹을 것은 경멸히 여길 것이라 하여 내 이름을 더럽히는도다 13 만군의
여호와가 이르노라 너희가 또 말하기를 이 일이 얼마나 번거로운고 하며
코웃음치고 훔친 물건과 저는 것, 병든 것을 가져왔느니라 너희가 이같이
봉헌물을 가져오니 내가 그것을 너희 손에서 받겠느냐 이는 여호와의 말이니라 14 짐승 떼 가운데에 수컷이 있거
늘 그 서원하는 일에 흠 있는 것으로 속여 내게 드리는 자는 저주를 받으리니 나는 큰 임금이요 내 이름은 이방
민족 중에서 두려워하는 것이 됨이니라 만군의 여호와의 말이니라

❖ **말라기가 말하는 2가지 악(惡)**
1) 형식주의 - 신약에서 바리새인이 계승
2) 회의주의 - 신약에서 사두개인이 계승

말라기 2장

제사장들에 대한 명령

1 너희 제사장들아 이제 너희에게 이같이 명령하노라 2 만군의 여호와가 이르노라 너희가 만일 듣지 아니하며
마음에 두지 아니하여 내 이름을 영화롭게 하지 아니하면 내가 너희에게 저주를 내려 너희의 복을 저주하리라
내가 이미 저주하였나니 이는 너희가 그것을 마음에 두지 아니하였음이라 3 보라 내가 너희의 자손을 꾸짖을
것이요 똥 곧 너희 절기의 희생의 똥을 너희 얼굴에 바를 것이라 너희가 그것과 함께 제하여 버림을 당하리라
4 만군의 여호와가 이르노라 내가 이 명령을 너희에게 내린 것은 레위와 세운 나의 언약이 항상 있게 하려 함인
줄을 너희가 알리라 5 레위와 세운 나의 언약은 생명과 평강의 언약이라 내가 이것을 그에게 준 것은 그로 경외
하게 하려 함이라 그가 나를 경외하고 내 이름을 두려워하였으며 6 그의 입에는 진리의 법이 있었고 그의 입술
에는 불의함이 없었으며 그가 화평함과 정직함으로 나와 동행하며 많은 사람을 돌이켜 죄악에서 떠나게 하였
느니라 7 제사장의 입술은 지식을 지켜야 하겠고 사람들은 그의 입에서 율법을 구하게 되어야 할 것이니 제사
장은 만군의 여호와의 사자가 됨이거늘 8 너희는 옳은 길에서 떠나 많은 사람을 율법에 거스르게 하는도다 나
만군의 여호와가 이르노니 너희가 레위의 언약을 깨뜨렸느니라 9 너희가 내 길을 지키지 아니하고 율법을 행할
때에 사람에게 치우치게 하였으므로 나도 너희로 하여금 모든 백성 앞에서 멸시와 천대를 당하게 하였느니라
하시니라

거짓을 행하는 유다

10 우리는 한 아버지를 가지지 아니하였느냐 한 하나님께서 지으신 바가 아니냐 어찌하여 우리 각 사람이 자
기 형제에게 거짓을 행하여 우리 조상들의 언약을 욕되게 하느냐 11 유다는 거짓을 행하였고 이스라엘과 예루
살렘 중에서는 가증한 일을 행하였으며 유다는 여호와께서 사랑하시는 그 성결을 욕되게 하여 이방 신의 딸과
결혼하였으니 12 이 일을 행하는 사람에게 속한 자는 깨는 자나 응답하는 자는 물론이요 만군의 여호와께 제
사를 드리는 자도 여호와께서 야곱의 장막 가운데에서 끊어 버리시리라 13 너희가 이런 일도 행하나니 곧 눈물
과 울음과 탄식으로 여호와의 제단을 가리게 하는도다 그러므로 여호와께서 다시는 너희의 봉헌물을 돌아보
지도 아니하시며 그것을 너희 손에서 기꺼이 받지도 아니하시거늘 14 너희는 이르기를 어찌 됨이니이까 하는도
다 이는 너와 네가 어려서 맞이한 아내 사이에 여호와께서 증인이 되시기 때문이라 그는 네 짝이요 너와 서약
한 아내로되 네가 그에게 거짓을 행하였도다 15 그에게는 영이 충만하였으나 오직 하나를 만들지 아니하셨느
냐 어찌하여 하나만 만드셨느냐 이는 경건한 자손을 얻고자 하심이라 그러므로 네 심령을 삼가 지켜 어려서 맞
이한 아내에게 거짓을 행하지 말지니라 16 이스라엘의 하나님 여호와가 이르노니 나는 이혼하는 것과 옷으로
학대를 가리는 자를 미워하노라 만군의 여호와의 말이니라 그러므로 너희 심령을 삼가 지켜 거짓을 행하지 말
지니라

주께서 임하시는 날

17 너희가 말로 여호와를 괴롭게 하고도 이르기를 우리가 어떻게 여호와를 괴롭혀 드렸나이까 하는도다 이는 너
희가 말하기를 모든 악을 행하는 자는 여호와의 눈에 좋게 보이며 그에게 기쁨이 된다 하며 또 말하기를 정의의
하나님이 어디 계시냐 함이니라

말라기 3장

[1]만군의 여호와가 이르노라 보라 내가 내 사자를 보내리니 그가 내 앞에서 길을 준비할 것이요 또 너희가 구하
는 바 주가 갑자기 그의 성전에 임하시리니 곧 너희가 사모하는 바 언약의 사자가 임하실 것이라 [2]그가 임하시
는 날을 누가 능히 당하며 그가 나타나는 때에 누가 능히 서리요 그는 금을 연단하는 자의 불과 표백하는 자의
잿물과 같을 것이라 [3]그가 은을 연단하여 깨끗하게 하는 자 같이 앉아서 레위 자손을 깨끗하게 하되 금, 은 같
이 그들을 연단하리니 그들이 공의로운 제물을 나 여호와께 바칠 것이라 [4]그 때에 유다와 예루살렘의 봉헌물
이 옛날과 고대와 같이 나 여호와께 기쁨이 되려니와 [5]내가 심판하러 너희에게 임할 것이라 점치는 자에게와 간
음하는 자에게와 거짓 맹세하는 자에게와 품꾼의 삯에 대하여 억울하게 하며 과부와 고아를 압제하며 나그네
를 억울하게 하며 나를 경외하지 아니하는 자들에게 속히 증언하리라 만군의 여호와가 말하였느니라 [6]나 여호
와는 변하지 아니하나니 그러므로 야곱의 자손들아 너희가 소멸되지 아
니하느니라 [7]만군의 여호와가 이르노라 너희 조상들의 날로부터 너희
가 나의 규례를 떠나 지키지 아니하였도다 그런즉 내게로 돌아오라 그리
하면 나도 너희에게로 돌아가리라 하였더니 너희가 이르기를 우리가 어
떻게 하여야 돌아가리이까 하는도다 [8]사람이 어찌 하나님의 것을 도둑
질하겠느냐 그러나 너희는 나의 것을 도둑질하고도 말하기를 우리가 어
떻게 주의 것을 도둑질하였나이까 하는도다 이는 곧 십일조와 봉헌물이
라 [9]너희 곧 온 나라가 나의 것을 도둑질하였으므로 너희가 저주를 받았
느니라 [10]만군의 여호와가 이르노라 너희의 온전한 십일조를 창고에 들
여 나의 집에 양식이 있게 하고 그것으로 나를 시험하여 내가 하늘 문을
열고 너희에게 복을 쌓을 곳이 없도록 붓지 아니하나 보라 [11]만군의 여
호와가 이르노라 내가 너희를 위하여 메뚜기를 금하여 너희 토지 소산을
먹어 없애지 못하게 하며 너희 밭의 포도나무 열매가 기한 전에 떨어지지
않게 하리니 [12]너희 땅이 아름다워지므로 모든 이방인들이 너희를 복되
다 하리라 만군의 여호와의 말이니라

여호와를 경외하는 자들

[13]여호와가 이르노라 너희가 완악한 말로 나를 대적하고도 이르기를 우
리가 무슨 말로 주를 대적하였나이까 하는도다 [14]이는 너희가 말하기를
하나님을 섬기는 것이 헛되니 만군의 여호와 앞에서 그 명령을 지키며 슬
프게 행하는 것이 무엇이 유익하리요 [15]지금 우리는 교만한 자가 복되다
하며 악을 행하는 자가 번성하며 하나님을 시험하는 자가 화를 면한다 하
노라 함이라 [16]그 때에 여호와를 경외하는 자들이 피차에 말하매 여호와
께서 그것을 분명히 들으시고 여호와를 경외하는 자와 그 이름을 존중히
여기는 자를 위하여 여호와 앞에 있는 기념책에 기록하셨느니라 [17]만군
의 여호와가 이르노라 나는 내가 정한 날에 그들을 나의 특별한 소유로
삼을 것이요 또 사람이 자기를 섬기는 아들을 아낌 같이 내가 그들을 아
끼리니 [18]그 때에 너희가 돌아와서 의인과 악인을 분별하고 하나님을 섬
기는 자와 섬기지 아니하는 자를 분별하리라

말 3:10
하나님의 명령과 그에 따른 축복 약속 7가지

	명령	약속
1	하나님을 기뻐하라 (시 37:4)	마음의 소원을 이루어 주시리라
2	범사에 하나님을 인정하라(잠 3:6)	길을 지도하여 주시리라
3	즐겨 하나님께 순종하라(사 1:19)	땅의 아름다운 소산을 먹으리라
4	하나님의 규례를 지켜 행하라 (겔 11:20)	하나님의 백성이 되리라
5	온전한 십일조를 드리라(말 3:10)	하늘 문을 열고 복을 주리라
6	먼저 주의 나라와 의를 구하라 (마 6:33)	모든 것을 너희에게 더하시리라
7	주의 멍에를 메고 주께 배우라 (마 11:29)	마음이 쉼을 얻으리라

말 3:14-15 이스라엘과 하나님의 선민 관계가 온전히 끊어지는 결정타 같은 구절이다. 이 구절은 하나님께 넉 아웃 펀치를 날리는 것과 같다. 하나님은 충격에 빠지고, 놀라서 턱이 떨어질 지경이다. 이래서 하나님의 입(선지자)은 세례 요한까지 400여 년간 오지 않는다. 이를 침묵기라고 한다. 그러나 하나님의 구속의 구약적 역사는 여기서 종결하게 되지만 말 1:11에서 약속하신 것처럼 신약으로 이어지게 되며 그 준비기간으로 400여 년간 침묵기(중간기)를 가진다.
말 4:2은 신약을 약속하는 구절이다.
그리고 말 4:5-6은 신약 누가복음 1:17로 연결된다.

말라기 4장

여호와께서 정하신 날

1 만군의 여호와가 이르노라 보라 용광로 불 같은 날이 이르리니 교만한 자와 악을 행하는
자는 다 지푸라기 같을 것이라 그 이르는 날에 그들을 살라 그 뿌리와 가지를 남기지 아니할
것이로되 2 내 이름을 경외하는 너희에게는 공의로운 해가 떠올라서 치료하는 광선을 비추
리니 너희가 나가서 외양간에서 나온 송아지 같이 뛰리라 3 또 너희가 악인을 밟을 것이니
그들이 내가 정한 날에 너희 발바닥 밑에 재와 같으리라 만군의 여호와의 말이니라 4 너
희는 내가 호렙에서 온 이스라엘을 위하여 내 종 모세에게 명령한 법 곧 율례와 법도를
기억하라 5 보라 여호와의 크고 두려운 날이 이르기 전에 내가 선지자 엘리야를 너희에게 보내리니 6 그가 아버
지의 마음을 자녀에게로 돌이키게 하고 자녀들의 마음을 그들의 아버지에게로 돌이키게 하리라 돌이키지 아니
하면 두렵건대 내가 와서 저주로 그 땅을 칠까 하노라 하시니라

말라기의 예언	신약의 성취
언약의 사자로서 그리스도는 자신의 성전에 오신다(3:1). 그리고 자신의 백성을 깨끗케 하신다(3:3)	그리스도는 성전을 깨끗케 하신다.(요 2:14-17) 그리고 자신의 백성을 깨끗케 하신다.(히 13:12)
그가 오시면 심판이 일어난다(4:1)	생명책에 이름이 기록되지 않은 자는 불못에 던져진다.(계 20:11-15)
의의 태양으로서 그리스도는 자신의 백성을 치유하신다(4:2)	그리스도는 대중들을 치유하신다. 궁극적으로 모든 병자가 나을 것이다.(마 12:15; 계 21:4)
앞서 온 사람은 주님의 오심을 예비한다(3:1; 4:5)	세례 요한이 그리스도를 전한다.(마 11:10-14)

이스라엘의 분열과 바벨론 포로

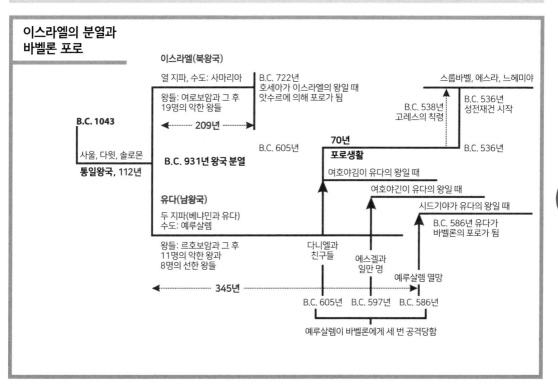

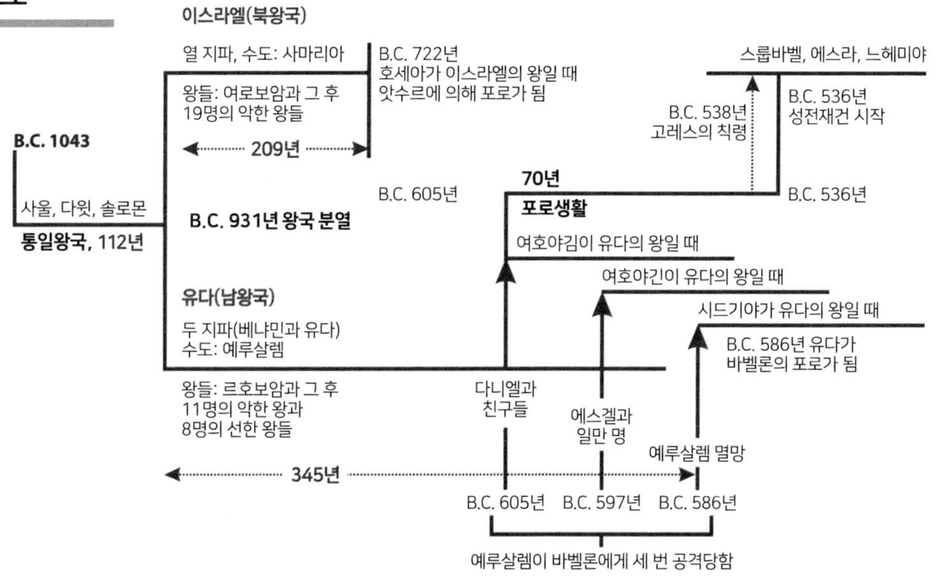

B.C. 1043
사울, 다윗, 솔로몬
통일왕국, 112년

B.C. 931년 왕국 분열

이스라엘(북왕국)
열 지파, 수도: 사마리아
왕들: 여로보암과 그 후 19명의 악한 왕들
209년
B.C. 722년 호세아가 이스라엘의 왕일 때 앗수르에 의해 포로가 됨

유다(남왕국)
두 지파(베냐민과 유다)
수도: 예루살렘
왕들: 르호보암과 그 후 11명의 악한 왕과 8명의 선한 왕들
345년

B.C. 605년
70년 포로생활
여호야김이 유다의 왕일 때
여호야긴이 유다의 왕일 때
시드기야가 유다의 왕일 때
B.C. 586년 유다가 바벨론의 포로가 됨

다니엘과 친구들
에스겔과 일만 명
예루살렘 멸망
B.C. 605년 B.C. 597년 B.C. 586년
예루살렘이 바벨론에게 세 번 공격당함

B.C. 538년 고레스의 칙령
B.C. 536년
B.C. 536년 성전재건 시작
스룹바벨, 에스라, 느헤미야

신구약 중간시대

B.C. 400~5

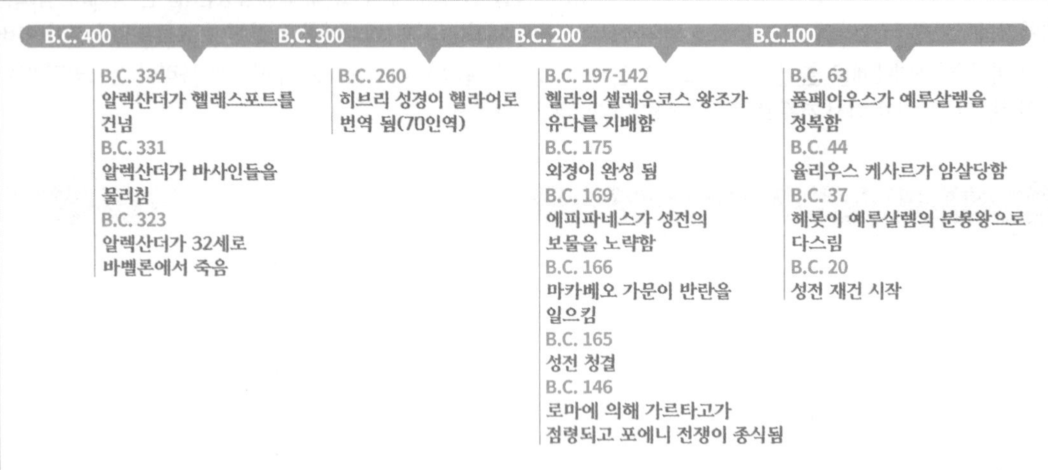

중간시대

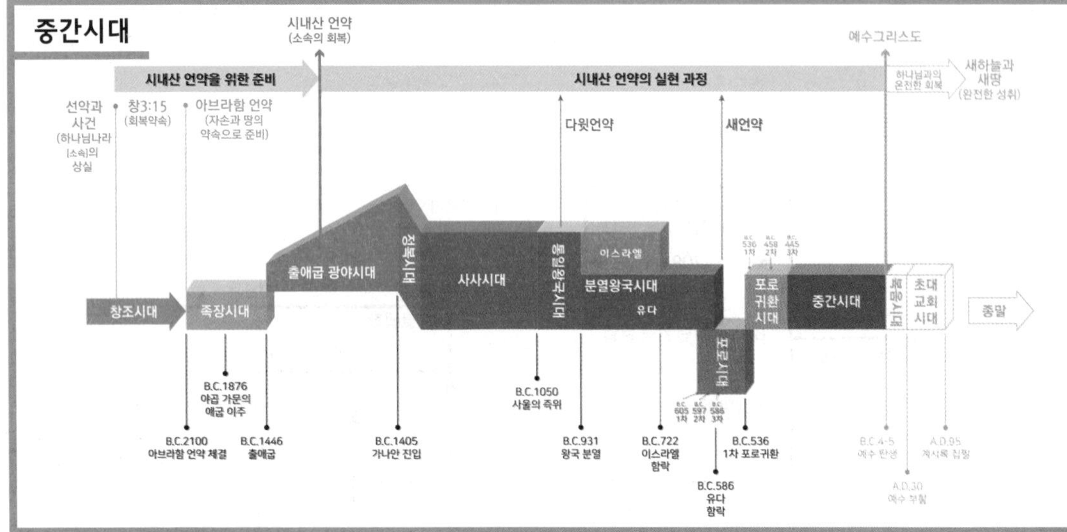

이사야 56장~66장

이사야 56장

여호와께 연합한 사람

1 여호와께서 이와 같이 말씀하시기를 너희는 정의를 지키며 의를 행하라
이는 나의 구원이 가까이 왔고 나의 공의가 나타날 것임이라 하셨도다 2
안식일을 지켜 더럽히지 아니하며 그의 손을 금하여 모든 악을 행하지 아
니하여야 하나니 이와 같이 하는 사람, 이와 같이 굳게 잡는 사람은 복이
있느니라 3 여호와께 연합한 이방인은 말하기를 여호와께서 나를 그의 백
성 중에서 반드시 갈라내시리라 말하지 말며 고자도 말하기를 나는 마른
나무라 하지 말라 4 여호와께서 이와 같이 말씀하시기를 나의 안식일을
지키며 내가 기뻐하는 일을 선택하며 나의 언약을 굳게 잡는 고자들에게
는 5 내가 내 집에서, 내 성 안에서 아들이나 딸보다 나은 기념물과 이름
을 그들에게 주며 영원한 이름을 주어 끊어지지 아니하게 할 것이며 6 또
여호와와 연합하여 그를 섬기며 여호와의 이름을 사랑하며 그의 종이 되
며 안식일을 지켜 더럽히지 아니하며 나의 언약을 굳게 지키는 이방인마
다 7 내가 곧 그들을 나의 성산으로 인도하여 기도하는 내 집에서 그들을
기쁘게 할 것이며 그들의 번제와 희생을 나의 제단에서 기꺼이 받게 되리
니 이는 내 집은 만민이 기도하는 집이라 일컬음이 될 것임이라 8 이스라
엘의 쫓겨난 자를 모으시는 주 여호와가 말하노니 내가 이미 모은 백성
외에 또 모아 그에게 속하게 하리라 하셨느니라

몰지각한 목자들

9 들의 모든 짐승들아 숲 가운데의 모든 짐승들아 와서 먹으라 10 이스라
엘의 파수꾼들은 맹인이요 다 무지하며 벙어리 개들이라 짖지 못하며 다
꿈꾸는 자들이요 누워 있는 자
들이요 잠자기를 좋아하는 자들
이니 11 이 개들은 탐욕이 심하여

족한 줄을 알지 못하는 자들이요 그들은 몰지
각한 목자들이라 다 제 길로 돌아가며 사람마다 자기 이익만 추구하며 12
오라 내가 포도주를 가져오리라 우리가 독주를 잔뜩 마시자 내일도 오늘
같이 크게 넘치리라 하느니라

❖ 사 56~59장 개요

본 장은 이사야 시대로부터 약 100-150 년 후인 선민 이스라엘의 바벨론 포로 및 귀환 시대를 배경으로 하여 택한 백성에 대한 하나님의 구원 사역과 장차 도래할 메시아 왕국의 영광 등에 대한 예언을 주 내용으로 하며 소위 '구약 속의 신약'(New Testament book in the Old Testament)이라 불리는 본서 제2부 40~66장 가운데서도 하나님께서 구속자요 대속자인 메시아를 통해 택한 백성의 구원을 위한 구속 사역을 이루실 것을 예언한 사실을 언급하고 있는 제49-57장까지 계속되는 일련의 기사의 연속 부분이다.

☞ 이제는 메시아가 오셔서 회복하는 길만이 남아 있음을 감지하게 된다. 이제부터 나오는 말씀의 본문은 하나님 나라의 회복을 위해 오실 메시아와 관점 2를 염두에 두고 읽어야 한다.

그날에는 이방인들도 함께 예배할 수 있다. 하나님의 사랑은 배타적이 아니고 만민을 위한 것이다. 하나님의 성전은 '만민이 기도하는 집'이다(예수님 시대에는 '도적의 소굴'로 변했지만). 이것이야말로 복음이다. 이것은 예수님에 의해 성취된다.

회복을 위해 이들은 우상 숭배로부터 돌아서야 한다(57장). 각종 신앙 규례를 무시한 그들은 하나님과 이웃 사랑으로 돌아가야 한다(58장). 또한 속속들이 썩고 거짓과 불공평과 악의와 폭력으로 가득한 삶을 청산해야 한다.

이 본문에서는 시편 1편과도 같이 두 갈래 길을 보여 준다. (인간은 에덴의 죄 때문에 언제나 선택의 기로에 선 삶을 산다는 것을 명심하라. - 관점 2) 하나는 하나님께 응답하는 자들을 위한 축복으로 인도하는 안전한 길, 그리고 다른 하나는 하나님을 거역하는 자들을 위한 파멸로 인도하는 위험한 길을 보여 준다.

사 56:7 "만민이 기도하는 집"의 의미는 이제 구원의 복음이 말 1:11에서 언급한 것처럼 전 우주적이라는 것을 말한다. 사 55:1-5의 복음의 초청 대상이 "만민"이라는 사실을 염두에 두라. 이제 하나님 구속의 역사는 신약의 예수 그리스도를 통해서 완성되고 선포된다는 것이다.

이사야 57장

우상 숭배를 규탄하시다

1 의인이 죽을지라도 마음에 두는 자가 없고 진실한 이들이 거두어 감을 당할지라도 깨닫는 자가 없도다 2 의인
들은 악한 자들 앞에서 불리어가도다 그들은 평안에 들어갔나니 바른 길로 가는 자들은 그들의 침상에서 편히
쉬리라 3 무당의 자식, 간음자와 음녀의 자식들아 너희는 가까이 오라 4 너희가 누구를 희롱하느냐 누구를 향하
여 입을 크게 벌리며 혀를 내미느냐 너희는 패역의 자식, 거짓의 후손이 아니냐 5 너희가 상수리나무 사이, 모든
푸른 나무 아래에서 음욕을 피우며 골짜기 가운데 바위틈에서 자녀를 도살하는도다 6 골짜기 가운데 매끄러운

돌들 중에 네 몫이 있으니 그것들이 곧 네가 제비 뽑아 얻은 것이라 또한 네가 전제와 예물을 그것들에게 드리니
내가 어찌 위로를 받겠느냐 7 네가 높고 높은 산 위에 네 침상을 베풀었고 네가 또 거기에 올라가서 제사를 드렸
으며 8 네가 또 네 기념표를 문과 문설주 뒤에 두었으며 네가 나를 떠나 벗고 올라가서 네 침상을 넓히고 그들과
언약하며 또 네가 그들의 침상을 사랑하여 그 벌거벗은 것을 보았으며 9 네가 기름을 가지고 몰렉에게 나아가되
향품을 더하였으며 네가 또 사신을 먼 곳에 보내고 스올에까지 내려가게 하였으며 10 네가 길이 멀어서 피곤할지
라도 헛되다 말하지 아니함은 네 힘이 살아났으므로 쇠약하여지지 아니함이라 11 네가 누구를 두려워하며 누구
로 말미암아 놀랐기에 거짓을 말하며 나를 생각하지 아니하며 이를 마음에 두지 아니하였느냐 네가 나를 경외하
지 아니함은 내가 오랫동안 잠잠했기 때문이 아니냐 12 네 공의를 내가 보이리라 네가 행한 일이 네게 무익하니
라 13 네가 부르짖을 때에 네가 모은 우상들에게 너를 구원하게 하라 그것들은 다 바람에 날려 가겠고 기운에 불
려갈 것이로되 나를 의뢰하는 자는 땅을 차지하겠고 나의 거룩한 산을 기업으로 얻으리라

인도하고 고치겠다고 하신 약속

14 그가 말하기를 돋우고 돋우어 길을 수축하여 내 백성의 길에서 거치는 것을 제하여 버리라 하리라 15 지극히
존귀하며 영원히 거하시며 거룩하다 이름하는 이가 이와 같이 말씀하시되 내가 높고 거룩한 곳에 있으며 또한
통회하고 마음이 겸손한 자와 함께 있나니 이는 겸손한 자의 영을 소생시키며 통회하는 자의 마음을 소생시키
려 함이라 16 내가 영원히 다투지 아니하며 내가 끊임없이 노하지 아니할 것은 내가 지은 그의 영과 혼이 내 앞에
서 피곤할까 함이라 17 그의 탐심의 죄악으로 말미암아 내가 노하여 그를 쳤으며 또 내 얼굴을 가리고 노하였으
나 그가 아직도 패역하여 자기 마음의 길로 걸어가도다 18 내가 그의 길을 보았은즉 그를 고쳐 줄 것이라 그를 인
도하며 그와 그를 슬퍼하는 자들에게 위로를 다시 얻게 하리라 19 입술의 열매를 창조하는 자 여호와가 말하노
라 먼 데 있는 자에게든지 가까운 데 있는 자에게든지 평강이 있을지어다 평강이 있을지어다 내가 그를 고치리
라 하셨느니라 20 그러나 악인은 평온함을 얻지 못하고 그 물이 진흙과 더러운 것을 늘 솟구쳐 내는 요동하는 바
다와 같으니라 21 내 하나님의 말씀에 악인에게는 평강이 없다 하셨느니라

이사야 58장

여호와께서 기뻐하시는 금식

1 크게 외치라 목소리를 아끼지 말라 네 목소리를 나팔 같이 높여 내 백성
에게 그들의 허물을, 야곱의 집에 그들의 죄를 알리라 2 그들이 날마다 나
를 찾아 나의 길 알기를 즐거워함이 마치 공의를 행하여 그의 하나님의
규례를 저버리지 아니하는 나라 같아서 의로운 판단을 내게 구하며 하나
님과 가까이 하기를 즐거워하는도다 3 우리가 금식하되 어찌하여 주께서
보지 아니하시오며 우리가 마음을 괴롭게 하되 어찌하여 주께서 알아 주
지 아니하시나이까 보라 너희가 금식하는 날에 오락을 구하며 온갖 일을
시키는도다 4 보라 너희가 금식하면서 논쟁하며 다투며 악한 주먹으로 치
는도다 너희가 오늘 금식하는 것은 너희의 목소리를 상달하게 하려는 것
이 아니니라 5 이것이 어찌 내가 기뻐하는 금식이 되겠으며 이것이 어찌
사람이 자기의 마음을 괴롭게 하는 날이 되겠느냐 그의 머리를 갈대 같이
숙이고 굵은 베와 재를 펴는 것을 어찌 금식이라 하겠으며 여호와께 열납
될 날이라 하겠느냐 6 내가 기뻐하는 금식은 흉악의 결박을 풀어 주며 멍
에의 줄을 끌러 주며 압제 당하는 자를 자유하게 하며 모든 멍에를 꺾는 것이 아니겠느냐 7 또 주린 자에게 네 양
식을 나누어 주며 유리하는 빈민을 집에 들이며 헐벗은 자를 보면 입히며 또 네 골육을 피하여 스스로 숨지 아니
하는 것이 아니겠느냐 8 그리하면 네 빛이 새벽 같이 비칠 것이며 네 치유가 급속할 것이며 네 공의가 네 앞에 행

사 58:5
성경에 나타난 '베옷'과 '재'의 상징적 의미

베옷
· 비애(창 37:34, 삼하 3:31) · 굵복(왕상 20:31, 32) · 재난(왕하 6:30) · 항거(에 4:1-4) · 엄중한 심판(사 50:3) · 금식(사 58:5)

재
· 보잘 것없는 인간(창 18:27, 욥 30:19) · 무가치함(욥 13:12) · 거짓됨(사 44:20) · 낙담(렘 6:26) · 고통(시 102:9, 애 3:16) · 멸망(겔 28:8, 벧후 2:6) · 죄악(말 4:3)

67일~72일

하고 여호와의 영광이 네 뒤에 호위하리니 9 네가 부를 때에는 나 여호와
가 응답하겠고 네가 부르짖을 때에는 내가 여기 있다 하리라 만일 네가
너희 중에서 멍에와 손가락질과 허망한 말을 제하여 버리고 10 주린 자에
게 네 심정이 동하여 괴로워하는 자의 심정을 만족하게 하면 네 빛이 흑
암 중에서 떠올라 네 어둠이 낮과 같이 될 것이며 11 여호와가 너를 항상
인도하여 메마른 곳에서도 네 영혼을 만족하게 하며 네 뼈를 견고하게
하리니 너는 물 댄 동산 같겠고 물이 끊어지지 아니하는 샘 같을 것이라
12 네게서 날 자들이 오래 황폐된 곳들을 다시 세울 것이며 너는 역대의
파괴된 기초를 쌓으리니 너를 일컬어 무너진 데를 보수하는 자라 할 것이
며 길을 수축하여 거할 곳이 되게 하는 자라 하리라

사 58:6-13 교회의 역할
오늘 날 예수를 구주로 고백하는 믿음의 공동체로서 교회는 단순히 하나님을 예배하는 예배 공동체일 뿐만 아니라 이 세상의 이웃을 향하여 '물 댄 동산' 같아야 하고, 그 세상에 공급할 '물이 끊이지 않는 샘'과 같아야 한다. 교회는 예배를 위해 모이는 구심성을 갖지만 그것으로 끝나면 그것은 신비주의 종교가 될 수 있다. 하나님으로, 사랑으로, 이웃과 세상을 사랑하고 개혁하는 원심성을 가져야 하며 세상을 향해 흩어지는 교회가 되어야 한다.

안식일을 지키면

13 만일 안식일에 네 발을 금하여 내 성일에 오락을 행하지 아니하고 안식일을 일컬어 즐거운 날이라, 여호와의
성일을 존귀한 날이라 하여 이를 존귀하게 여기고 네 길로 행하지 아니하며 네 오락을 구하지 아니하며 사사로
운 말을 하지 아니하면 14 네가 여호와 안에서 즐거움을 얻을 것이라 내가 너를 땅의 높은 곳에 올리고 네 조상
야곱의 기업으로 기르리라 여호와의 입의 말씀이니라

이사야 59장

❖ 사 59장
선민의 죄악상과 그 비참한 결과 및 중보자를 통한 하나님 구원의 약속을 언급한다.

선지자가 백성의 죄악을 규탄하다

1 여호와의 손이 짧아 구원하지 못하심도 아니요 귀가 둔하여 듣지 못하
심도 아니라 2 오직 너희 죄악이 너희와 너희 하나님 사이를 갈라놓았고 너희 죄가 그의 얼굴을 가리어서 너희에
게서 듣지 않으시게 함이니라 3 이는 너희 손이 피에, 너희 손가락이 죄악에 더러워졌으며 너희 입술은 거짓을 말
하며 너희 혀는 악독을 냄이라 4 공의대로 소송하는 자도 없고 진실하게 판결하는 자도 없으며 허망한 것을 의뢰
하며 거짓을 말하며 악행을 잉태하여 죄악을 낳으며 5 독사의 알을 품으며 거미줄을 짜나니 그 알을 먹는 자는
죽을 것이요 그 알이 밟힌즉 터져서 독사가 나올 것이니라 6 그 짠 것으로는 옷을 이룰 수 없을 것이요 그 행위로
는 자기를 가릴 수 없을 것이며 그 행위는 죄악의 행위라 그 손에는 포악한 행동이 있으며 7 그 발은 행악하기에
빠르고 무죄한 피를 흘리기에 신속하며 그 생각은 악한 생각이라 황폐와 파멸이 그 길에 있으며 8 그들은 평강의
길을 알지 못하며 그들이 행하는 곳에는 정의가 없으며 굽은 길을 스스로 만드나니 무릇 이 길을 밟는 자는 평강
을 알지 못하느니라

백성이 죄악을 자백하다

9 그러므로 정의가 우리에게서 멀고 공의가 우리에게 미치지 못한즉 우리가 빛을 바라나 어둠뿐이요 밝은 것을
바라나 캄캄한 가운데에 행하므로 10 우리가 맹인 같이 담을 더듬으며 눈 없는 자 같이 두루 더듬으며 낮에도 황
혼 때 같이 넘어지니 우리는 강장한 자 중에서도 죽은 자 같은지라 11 우리가 곰 같이 부르짖으며 비둘기 같이 슬
피 울며 정의를 바라나 없고 구원을 바라나 우리에게서 멀도다 12 이는 우리의 허물이 주의 앞에 심히 많으며 우
리의 죄가 우리를 쳐서 증언하오니 이는 우리의 허물이 우리와 함께 있음이니라 우리의 죄악을 우리가 아나이다
13 우리가 여호와를 배반하고 속였으며 우리 하나님을 따르는 데에서 돌이켜 포학과 패역을 말하며 거짓말을 마
음에 잉태하여 낳으니 14 정의가 뒤로 물리침이 되고 공의가 멀리 섰으며 성실이 거리에 엎드러지고 정직이 나타
나지 못하는도다

여호와께서 백성을 구원하려고 하시다

15 성실이 없어지므로 악을 떠나는 자가 탈취를 당하는도다 여호와께서 이를 살피시고 그 정의가 없는 것을 기뻐
하지 아니하시고 16 사람이 없음을 보시며 중재자가 없음을 이상히 여기셨으므로 자기 팔로 스스로 구원을 베푸시

며 자기의 공의를 스스로 의지하사 17 공의를 갑옷으로 삼으시며 구원을 자기의 머리에 써서 투구로 삼으시며 보
복을 속옷으로 삼으시며 열심을 입어 겉옷으로 삼으시고 18 그들의 행위대로 갚으시되 그 원수에게 분노하시며
그 원수에게 보응하시며 섬들에게 보복하실 것이라 19 서쪽에서 여호와의 이름을 두려워하겠고 해 돋는 쪽에서
그의 영광을 두려워할 것은 여호와께서 그 기운에 몰려 급히 흐르는 강물 같이 오실 것임이로다 20 여호와의 말씀
이니라 구속자가 시온에 임하며 야곱의 자손 가운데에서 죄과를 떠나는 자에게 임하리라 21 여호와께서 이르시되
내가 그들과 세운 나의 언약이 이러하니 곧 네 위에 있는 나의 영과 네 입에 둔 나의 말이 이제부터 영원하도록 네
입에서와 네 후손의 입에서와 네 후손의 후손의 입에서 떠나지 아니하리라 하시니라 여호와의 말씀이니라

이사야 60장

예루살렘이 받을 영광

1 일어나라 빛을 발하라 이는 네 빛이 이르렀고 여호와의 영광이 네 위에
임하였음이니라 2 보라 어둠이 땅을 덮을 것이며 캄캄함이 만민을 가리려
니와 오직 여호와께서 네 위에 임하실 것이며 그의 영광이 네 위에 나타
나리니 3 나라들은 네 빛으로, 왕들은 비치는 네 광명으로 나아오리라 4
네 눈을 들어 사방을 보라 무리가 다 모여 네게로 오느니라 네 아들들은
먼 곳에서 오겠고 네 딸들은 안기어 올 것이라 5 그 때에 네가 보고 기쁜
빛을 내며 네 마음이 놀라고 또 화창하리니 이는 바다의 부가 네게로 돌
아오며 이방 나라들의 재물이
네게로 옴이라 6 허다한 낙타,
미디안과 에바의 어린 낙타가 네 가운데에
가득할 것이며 스바 사람들은 다 금과 유향을 가지
고 와서 여호와의 찬송을 전파할 것이며 7 게달의 양 무리는 다 네게로 모
일 것이요 느바욧의 숫양은 네게 공급되고 내 제단에 올라 기꺼이 받음
이 되리니 내가 내 영광의 집을 영화롭게 하리라 8 저 구름 같이, 비둘기들
이 그 보금자리로 날아가는 것 같이 날아오는 자들이 누구냐 9 곧 섬들이
나를 앙망하고 다시스의 배들이 먼저 이르되 먼 곳에서 네 자손과 그들의
은금을 아울러 싣고 와서 네 하나님 여호와의 이름에 드리려 하며 이스라
엘의 거룩한 이에게 드리려 하는 자들이라 이는 내가 너를 영화롭게 하였
음이라 10 내가 노하여 너를 쳤으나 이제는 나의 은혜로 너를 불쌍히 여겼
은즉 이방인들이 네 성벽을 쌓을 것이요 그들의 왕들이 너를 섬길 것이며
11 네 성문이 항상 열려 주야로 닫히지 아니하리니 이는 사람들이 네게로
이방 나라들의 재물을 가져오며 그들의 왕들을 포로로 이끌어 옴이라 12
너를 섬기지 아니하는 백성과 나라는 파멸하리니 그 백성들은 반드시 진
멸되리라 13 레바논의 영광 곧 잣나무와 소나무와 황양목이 함께 네게 이
르러 내 거룩한 곳을 아름답게 할 것이며 내가 나의 발 둘 곳을 영화롭게
할 것이라 14 너를 괴롭히던 자의 자손이 몸을 굽혀 네게 나아오며 너를
멸시하던 모든 자가 네 발 아래에 엎드려 너를 일컬어 여호와의 성읍이라,
이스라엘의 거룩한 이의 시온이라 하리라 15 전에는 네가 버림을 당하며
미움을 당하였으므로 네게로 가는 자가 없었으나 이제는 내가 너를 영원한 아름다움과 대대의 기쁨이 되게 하
리니 16 네가 이방 나라들의 젖을 빨며 뭇 왕의 젖을 빨고 나 여호와는 네 구원자, 네 구속자, 야곱의 전능자인 줄

❖ 사 60~66장 **이사야서의 종말론**
시온의 영광스러운 회복을 예언한다.

사 60:1-22
바벨론 멸망의 애가와 시온 회복의 찬가 비교
이사야 예언의 주된 특징 중의 하나는 심판의 경고와 회복의 약속을 거듭 반복해서 서로 대조시켜 보여주고 있다는 것이다. 그 중에서 제47장의 바벨론 멸망의 애가와 본장의 시온 회복의 찬가는 내용상 절묘한 대칭 구조를 이루고 있는 바 이를 도표화해 보면 다음과 같다.

바벨론 멸망의 애가 (사 47장)	시온 회복의 찬가 (사 60장)
내려와서 티끌에 앉으라(1절)	일어나라 빛을 발하라 (1절)
흑암로 들어가라 (5절)	나라들은 네 광명으로 나아오리라(3절)
교만한 과부가 갑자기 자식을 잃으리라(7-9절)	모든 자식들이 멀리서 돌아오리라(4절)
손해와 파멸이 홀연히 임하리라 (11절)	바다의 부와 이방 나라 제물이 네게로 옴이라(5-9절)
하나님의 보복을 받으리라(5절)	너를 쳤으나 이제는 나의 은혜로 너를 불쌍히 여기리라 (10절)
부끄러움을 당하리라 (3절)	발 둘 곳을 영화롭게 할 것이라(13절)
하나님의 백성을 학대하였도다(7-9절)	너를 괴롭히고 멸시하던 자가 굴복하리라(14절)
다시는 곱고 아리땁다 일컬음을 받지 못할 것임이라(1절)	영원한 아름다움과 대대의 기쁨이 되게 하리니(15절)
믿었던 우상이 구원하지 못하고 함께 멸망하리라(14, 15절)	전능자 여호와께서 그 백성을 구하신 줄 알리라(16절)
무수한 주술과 많은 주문과 악을 의지하였느니라(10절)	하나님의 백성들이 그의 영광을 나타내리라(21절)

알리라 17 내가 금을 가지고 놋을 대신하며 은을 가지고 철을 대신하며 놋으로 나무를 대신하며 철로 돌을 대신
하며 화평을 세워 관원으로 삼으며 공의를 세워 감독으로 삼으리니 18 다시는 강포한 일이 네 땅에 들리지 않을
것이요 황폐와 파멸이 네 국경 안에 다시 없을 것이며 네가 네 성벽을 구원이라, 네 성문을 찬송이라 부를 것이라
19 다시는 낮에 해가 네 빛이 되지 아니하며 달도 네게 빛을 비추지 않을 것이요 오직 여호와가 네게 영원한 빛이
되며 네 하나님이 네 영광이 되리니 20 다시는 네 해가 지지 아니하며 네 달이 물러가지 아니할 것은 여호와가 네
영원한 빛이 되고 네 슬픔의 날이 끝날 것임이라 21 네 백성이 다 의롭게 되어 영원히 땅을 차지하리니 그들은 내
가 심은 가지요 내가 손으로 만든 것으로서 나의 영광을 나타낼 것인즉 22 그 작은 자가 천 명을 이루겠고 그 약
한 자가 강국을 이룰 것이라 때가 되면 나 여호와가 속히 이루리라

이사야 61장

구원의 아름다운 소식

1 주 여호와의 영이 내게 내리셨으니 이는 여호와께서 내게 기름을 부으
사 가난한 자에게 아름다운 소식을 전하게 하려 하심이라 나를 보내사
마음이 상한 자를 고치며 포로된 자에게 자유를, 갇힌 자에게 놓임을 선
포하며 2 여호와의 은혜의 해와 우리 하나님의 보복의 날을 선포하여 모
든 슬픈 자를 위로하되 3 무릇 시온에서 슬퍼하는 자에게 화관을 주어 그
재를 대신하며 기쁨의 기름으로 그 슬픔을 대신하며 찬송의 옷으로 그 근
심을 대신하시고 그들이 의의 나무 곧 여호와께서 심으신 그 영광을 나타
낼 자라 일컬음을 받게 하려 하심이라 4 그들은 오래 황폐하였던 곳을 다
시 쌓을 것이며 옛부터 무너진 곳을 다시 일으킬 것이며 황폐한 성읍 곧
대대로 무너져 있던 것들을 중수할 것이며 5 외인은 서서 너희 양 떼를 칠
것이요 이방 사람은 너희 농부와 포도원지기가 될 것이나 6 오직 너희는
여호와의 제사장이라 일컬음을 받을 것이라 사람들이 너희를 우리 하나
님의 봉사자라 할 것이며 너희가 이방 나라들의 재물을 먹으며 그들의 영
광을 얻어 자랑할 것이니라 7 너희가 수치 대신에 보상을 배나 얻으며 능
욕 대신에 몫으로 말미암아 즐거워할 것이라 그리하여 그들의 땅에서 갑
절이나 얻고 영원한 기쁨이 있으리라 8 무릇 나 여호와는 정의를 사랑하
며 불의의 강탈을 미워하여 성실히 그들에게 갚아 주고 그들과 영원한 언
약을 맺을 것이라 9 그들의 자손을 뭇 나라 가운데에, 그들의 후손을 만
민 가운데에 알리리니 무릇 이를 보는 자가 그들은 여호와께 복 받은 자손이라 인정하리라 10 내가 여호와로 말
미암아 크게 기뻐하며 내 영혼이 나의 하나님으로 말미암아 즐거워하리니 이는 그가 구원의 옷을 내게 입히시며
공의의 겉옷을 내게 더하심이 신랑이 사모를 쓰며 신부가 자기 보석으로 단장함 같게 하셨음이라 11 땅이 싹을
내며 동산이 거기 뿌린 것을 움돋게 함 같이 주 여호와께서 공의와 찬송을 모든 나라 앞에 솟아나게 하시리라

사 61:1-11 본장에서의 하나님의 7가지 모습
의 사
미음이 상한 자를 고치심(1절)
해 방 자
포로된 자에게 자유를,갇힌 자에게 놓임을 전파하심(1절)
의로운 재판장
보복의 날을 선포하심(2절)
위 로 자
재를 대신하여 희락의 기쁨을, 슬픔을 대신하여 찬송의 옷을 주심(2, 3절)
재 건 자
황폐하였던 곳을 다시 쌓고 무너져 있던 곳을 중수하심(4절)
아 버 지
이스라엘 백성이 여호와께 복받은 자손이라 인정 받음(9절)
구 원 자
구원의 옷을 입히심(10절)

67일~72일

이사야 62장

1 나는 시온의 의가 빛 같이, 예루살렘의 구원이 횃불 같이 나타나도록 시온을 위하여 잠잠하지 아니하며 예루
살렘을 위하여 쉬지 아니할 것인즉 2 이방 나라들이 네 공의를, 뭇 왕이 다 네 영광을 볼 것이요 너는 여호와의 입
으로 정하실 새 이름으로 일컬음이 될 것이며 3 너는 또 여호와의 손의 아름다운 관, 네 하나님의 손의 왕관이 될
것이라 4 다시는 너를 버림 받은 자라 부르지 아니하며 다시는 네 땅을 황무지라 부르지 아니하고 오직 너를 헵
시바라 하며 네 땅을 쁄라라 하리니 이는 여호와께서 너를 기뻐하실 것이며 네 땅이 결혼한 것처럼 될 것임이라

5 마치 청년이 처녀와 결혼함 같이 네 아들들이 너를 취하겠고 신랑이 신부를 기뻐함 같이 네 하나님이 너를 기
뻐하시리라 6 예루살렘이여 내가 너의 성벽 위에 파수꾼을 세우고 그들로 하여금 주야로 계속 잠잠하지 않게 하
였느니라 너희 여호와를 기억하시게 하는 자들아 너희는 쉬지 말며 7 또 여호와께서 예루살렘을 세워 세상에서
찬송을 받게 하시기까지 그로 쉬지 못하시게 하라 8 여호와께서 그 오른손, 그 능력의 팔로 맹세하시되 내가 다
시는 네 곡식을 네 원수들에게 양식으로 주지 아니하겠고 네가 수고하여 얻은 포도주를 이방인이 마시지 못하 
게 할 것인즉 9 오직 추수한 자가 그것을 먹고 나 여호와를 찬송할
것이요 거둔 자가 그것을 나의 성소 뜰에서 마시리라 하셨느니라 10
성문으로 나아가라 나아가라 백성이 올 길을 닦으라 큰 길을 수축하고 수
축하라 돌을 제하라 만민을 위하여 기치를 들라 11 여호와께서 땅 끝까지 선포하
시되 너희는 딸 시온에게 이르라 보라 네 구원이 이르렀느니라 보라 상급이 그에게
있고 보응이 그 앞에 있느니라 하셨느니라 12 사람들이 너를 일컬어 거룩한 백성이라 여호와
께서 구속하신 자라 하겠고 또 너를 일컬어 찾은 바 된 자요 버림 받지 아니한 성읍이라 하리라

이사야 63장

여호와의 승리

1 에돔에서 오는 이 누구며 붉은 옷을 입고 보스라에서 오는 이 누구냐 그의 화려한 의복 큰 능력으로 걷는 이가
누구냐 그는 나이니 공의를 말하는 이요 구원하는 능력을 가진 이니라 2 어찌하여 네 의복이 붉으며 네 옷이 포
도즙틀을 밟는 자 같으냐 3 만민 가운데 나와 함께 한 자가 없이 내가 홀로 포도즙틀을 밟았는데 내가 노함으로
말미암아 무리를 밟았고 분함으로 말미암아 짓밟았으므로 그들의 선혈이 내 옷에 튀어 내 의복을 다 더럽혔음
이니 4 이는 내 원수 갚는 날이 내 마음에 있고 내가 구속할 해가 왔으나 5 내가 본즉 도와 주는 자도 없고 붙들
어 주는 자도 없으므로 이상하게 여겨 내 팔이 나를 구원하며 내 분이 나를 붙들었음이라 6 내가 노함으로 말미
암아 만민을 밟았으며 내가 분함으로 말미암아 그들을 취하게 하고 그들의 선혈이 땅에 쏟아지게 하였느니라

이스라엘에게 베푸신 은총

7 내가 여호와께서 우리에게 베푸신 모든 자비와 그의 찬송을 말하며 그의 사랑을 따라, 그의 많은 자비를 따라
이스라엘 집에 베푸신 큰 은총을 말하리라 8 그가 말씀하시되 그들은 실로 나의 백성이요 거짓을 행하지 아니하
는 자녀라 하시고 그들의 구원자가 되사 9 그들의 모든 환난에 동참하사 자기 앞의 사자로 하여금 그들을 구원
하시며 그의 사랑과 그의 자비로 그들을 구원하시고 옛적 모든 날에 그들을 드시며 안으셨으나 10 그들이 반역
하여 주의 성령을 근심하게 하였으므로 그가 돌이켜 그들의 대적이 되사 친히 그들을 치셨더니 11 백성이 옛적
모세의 때를 기억하여 이르되 백성과 양 떼의 목자를 바다에서 올라오게 하신 이가 이제 어디 계시냐 그들 가운
데에 성령을 두신 이가 이제 어디 계시냐 12 그의 영광의 팔이 모세의 오른손을 이끄시며 그의 이름을 영원하게
하려 하사 그들 앞에서 물을 갈라지게 하시고 13 그들을 깊음으로 인도하시되 광야에 있는 말 같이 넘어지지 않
게 하신 이가 이제 어디 계시냐 14 여호와의 영이 그들을 골짜기로 내려가는 가축 같이 편히 쉬게 하셨도다 주께
서 이와 같이 주의 백성을 인도하사 이름을 영화롭게 하셨나이다 하였느니라

자비와 사랑을 구하는 기도

15 주여 하늘에서 굽어 살피시며 주의 거룩하고 영화로운 처소에서 보옵소서 주의 열성과 주의 능하신 행동이
이제 어디 있나이까 주께서 베푸시던 간곡한 자비와 사랑이 내게 그쳤나이다 16 주는 우리 아버지시라 아브라함
은 우리를 모르고 이스라엘은 우리를 인정하지 아니할지라도 여호와여, 주는 우리의 아버지시라 옛날부터 주의
이름을 우리의 구속자라 하셨거늘 17 여호와여 어찌하여 우리로 주의 길에서 떠나게 하시며 우리의 마음을 완고
하게 하사 주를 경외하지 않게 하시나이까 원하건대 주의 종들 곧 주의 기업인 지파들을 위하사 돌아오시옵소
서 18 주의 거룩한 백성이 땅을 차지한 지 오래지 아니하여서 우리의 원수가 주의 성소를 유린하였사오니 19 우

리는 주의 다스림을 받지 못하는 자 같으며 주의 이름으로 일컬음을 받지 못하는 자 같이 되었나이다

이사야 64장

1 원하건대 주는 하늘을 가르고 강림하시고 주 앞에서 산들이 진동하기를 2 불이 섶을 사르며 불이 물을 끓임 같
게 하사 주의 원수들이 주의 이름을 알게 하시며 이방 나라들로 주 앞에서 떨게 하옵소서 3 주께서 강림하사 우
리가 생각하지 못한 두려운 일을 행하시던 그 때에 산들이 주 앞에서 진동하였사오니 4 주 외에는 자기를 앙망
하는 자를 위하여 이런 일을 행한 신을 옛부터 들은 자도 없고 귀로 들은 자도 없고 눈으로 본 자도 없었나이다 5
주께서 기쁘게 공의를 행하는 자와 주의 길에서 주를 기억하는 자를 선대하시거늘 우리가 범죄하므로 주께서 진
노하셨사오며 이 현상이 이미 오래 되었사오니 우리가 어찌 구원을 얻을 수 있으리이까 6 무릇 우리는 다 부정한
자 같아서 우리의 의는 다 더러운 옷 같으며 우리는 다 잎사귀 같이 시들므로 우리의 죄악이 바람 같이 우리를
몰아가나이다 7 주의 이름을 부르는 자가 없으며 스스로 분발하여 주를 붙잡는 자가 없사오니 이는 주께서 우리
에게 얼굴을 숨기시며 우리의 죄악으로 말미암아 우리가 소멸되게 하셨음이니이다 8 그러나 여호와여, 이제 주
는 우리 아버지시니이다 우리는 진흙이요 주는 토기장이시니 우리는 다 주의 손으로 지으신 것이니이다 9 여호와
여, 너무 분노하지 마시오며 죄악을 영원히 기억하지 마시옵소서 구하오니 보시옵소서 보시옵소서 우리는 다 주
의 백성이니이다 10 주의 거룩한 성읍들이 광야가 되었으며 시온이 광야가 되었으며 예루살렘이 황폐하였나이
다 11 우리 조상들이 주를 찬송하던 우리의 거룩하고 아름다운 성전이 불에 탔으며 우리가 즐거워하던 곳이 다
황폐하였나이다 12 여호와여 일이 이러하거늘 주께서 아직도 가만히 계시려 하시나이까 주께서 아직도 잠잠하
시고 우리에게 심한 괴로움을 받게 하시려나이까

이사야 65장

하나님께서 패역한 백성을 벌하시다

1 나는 나를 구하지 아니하던 자에게 물음을 받았으며 나를 찾지 아니하던 자에게 찾아냄이 되었으며 내 이름
을 부르지 아니하던 나라에 내가 여기 있노라 내가 여기 있노라 하였노라 2 내가 종일 손을 펴서 자기 생각을 따
라 옳지 않은 길을 걸어가는 패역한 백성들을 불렀나니 3 곧 동산에서 제사하며 벽돌 위에서 분향하여 내 앞에
서 항상 내 노를 일으키는 백성이라 4 그들이 무덤 사이에 앉으며 은밀한 처소에서 밤을 지내며 돼지고기를 먹으
며 가증한 것들의 국을 그릇에 담으면서 5 사람에게 이르기를 너는 네 자리에 서 있고 내게 가까이 하지 말라 나
는 너보다 거룩함이라 하나니 이런 자들은 내 코의 연기요 종일 타는 불이로다 6 보라 이것이 내 앞에 기록되었
으니 내가 잠잠하지 아니하고 반드시 보응하되 그들의 품에 보응하리라 7 너희의 죄악과 너희 조상들의 죄악은
한 가지니 그들이 산 위에서 분향하며 작은 산 위에서 나를 능욕하였음이라 그러므로 내가 먼저 그들의 행위를
헤아리고 그들의 품에 보응하리라 여호와가 말하였느니라 8 여호와께서 이와 같이 말씀하시되 포도송이에는 즙
이 있으므로 사람들이 말하기를 그것을 상하지 말라 거기 복이 있느니라 하나니 나도 내 종들을 위하여 그와 같
이 행하여 다 멸하지 아니하고 9 내가 야곱에게서 씨를 내며 유다에게서 나의 산들을 기업으로 얻을 자를 내리니
내가 택한 자가 이를 기업으로 얻을 것이요 나의 종들이 거기에 살 것이라 10 사론은 양 떼의 우리가 되겠고 아골
골짜기는 소 떼가 눕는 곳이 되어 나를 찾은 내 백성의 소유가 되려니와 11 오직 나 여호와를 버리며 나의 성산을
잊고 갓에게 상을 베풀며 므니에게 섞은 술을 가득히 붓는 너희여 12 내가 너희를 칼에 붙일 것인즉 다 구푸리고
죽임을 당하리니 이는 내가 불러도 너희가 대답하지 아니하며 내가 말하여도 듣지 아니하고 나의 눈에 악을 행
하였으며 내가 즐겨하지 아니하는 일을 택하였음이니라 13 이러므로 주 여호와께서 이와 같이 말씀하시니라 보
라 나의 종들은 먹을 것이로되 너희는 주릴 것이니라 보라 나의 종들은 마실 것이로되 너희는 갈할 것이니라 보
라 나의 종들은 기뻐할 것이로되 너희는 수치를 당할 것이니라 14 보라 나의 종들은 마음이 즐거우므로 노래할
것이로되 너희는 마음이 슬프므로 울며 심령이 상하므로 통곡할 것이며 15 또 너희가 남겨 놓은 이름은 내가 택

한 자의 저줏거리가 될 것이니라 주 여호와 내가 너를 죽이고 내 종들은 다른 이름으로 부르리라 16 이러므로 땅
에서 자기를 위하여 복을 구하는 자는 진리의 하나님을 향하여 복을 구할 것이요 땅에서 맹세하는 자는 진리의
하나님으로 맹세하리니 이는 이전 환난이 잊어졌고 내 눈 앞에 숨겨졌음이라

새 하늘과 새 땅 창조

17 보라 내가 새 하늘과 새 땅을 창조하나니 이전 것은 기억되거나 마음
에 생각나지 아니할 것이라 18 너희는 내가 창조하는 것으로 말미암아 영
원히 기뻐하며 즐거워할지니라 보라 내가 예루살렘을 즐거운 성으로 창
조하며 그 백성을 기쁨으로 삼고 19 내가 예루살렘을 즐거워하며 나의 백
성을 기뻐하리니 우는 소리와 부르짖는 소리가 그 가운데에서 다시는 들
리지 아니할 것이며 20 거기는 날 수가 많지 못하여 죽는 어린이와 수한이
차지 못한 노인이 다시는 없을 것이라 곧 백 세에 죽는 자를 젊은이라 하
겠고 백 세가 못되어 죽는 자는 저주 받은 자이리라 21 그들이 가옥을 건
축하고 그 안에 살겠고 포도나무를 심고 열매를 먹을 것이며 22 그들이 건
축한 데에 타인이 살지 아니할 것이며 그들이 심은 것을 타인이 먹지 아니
하리니 이는 내 백성의 수한이 나무의 수한과 같겠고 내가 택한 자가 그
손으로 일한 것을 길이 누릴 것이며 23 그들의 수고가 헛되지 않겠고 그들
이 생산한 것이 재난을 당하지 아니하리니 그들은 여호와의 복된 자의 자
손이요 그들의 후손도 그들과 같을 것임이라 24 그들이 부르기 전에 내가
응답하겠고 그들이 말을 마치기 전에 내가 들을 것이며 25 이리와 어린 양
이 함께 먹을 것이며 사자가 소처럼 짚을 먹을 것이며 뱀은 흙을 양식으로
삼을 것이니 나의 성산에서는 해함도 없겠고 상함도 없으리라 여호와께
서 말씀하시니라

사 65:17-25 본문에 나타난 새 하늘과 새 땅의 7가지 사실	
1	이전 것을 기억하지 않게 됨(17절)
2	우는 소리와 부르짖는 소리가 없어짐(19절)
3	수명이 크게 길어짐(20절)
4	손으로 일하여 얻은 것을 길이 누림(22절)
5	자녀가 번성함(23절)
6	기도가 즉각적으로 응답됨(24절)
7	해함도 상함도 없이 평화로움(25절)

사 65:25 하나님 나라의 본질

이사야서
학습 자료 67-2 "종말론적 평강과 복락" 참조

사 65:17-25
학습 자료 67-3 "구약에 나타난 주요 종말론 관련 구절" 참조

이사야 66장

여호와께서 민족들을 심판하시다

1 여호와께서 이와 같이 말씀하시되 하늘은 나의 보좌요 땅은 나의 발판
이니 너희가 나를 위하여 무슨 집을 지으랴 내가 안식할 처소가 어디랴 2
나 여호와가 말하노라 내 손이 이 모든 것을 지었으므로 그들이 생겼느니
라 무릇 마음이 가난하고 심령에 통회하며 내 말을 듣고 떠는 자 그 사람
은 내가 돌보려니와 3 소를 잡아 드리는 것은 살인함과 다름이 없이 하고
어린 양으로 제사드리는 것은 개의 목을 꺾음과 다름이 없이 하며 드리는
예물은 돼지의 피와 다름이 없이 하고 분향하는 것은 우상을 찬송함과 다
름이 없이 행하는 그들은 자기의 길을 택하며 그들의 마음은 가증한 것을
기뻐한즉 4 나 또한 유혹을 그들에게 택하여 주며 그들이 무서워하는 것을 그들에게 임하게 하리니 이는 내가
불러도 대답하는 자가 없으며 내가 말하여도 그들이 듣지 않고 오직 나의 목전에서 악을 행하며 내가 기뻐하지
아니하는 것을 택하였음이라 하시니라 5 여호와의 말씀으로 말미암아 떠는 자들아 그의 말씀을 들을지어다 이
르시되 너희 형제가 너희를 미워하며 내 이름으로 말미암아 너희를 쫓아내며 이르기를 여호와께서는 영광을 나
타내사 너희 기쁨을 우리에게 보이시기를 원하노라 하였으나 그들은 수치를 당하리라 하셨느니라 6 떠드는 소
리가 성읍에서부터 들려 오며 목소리가 성전에서부터 들리니 이는 여호와께서 그의 원수에게 보응하시는 목소
리로다 7 시온은 진통을 하기 전에 해산하며 고통을 당하기 전에 남아를 낳았으니 8 이러한 일을 들은 자가 누구

사 66:2, 5 "내 말을 듣고 떠는 자", "여호와의 말씀으로 말미암아 떠는 자들아"의 구절과 빌 2:12 "두렵고 떨리는 마음으로 너희 구원을 오늘 이루라."는 바울의 권면을 함께 묵상하라.
하나님의 말씀은 우리의 영과 혼과 관절과 골수를 찔러 쪼개는 능력의 말씀이다. 당신은 그 말씀 앞에서 두렵고 떨리는 마음이 있는가?

이며 이러한 일을 본 자가 누구이냐 나라가 어찌 하루에 생기겠으며 민족
이 어찌 한 순간에 태어나겠느냐 그러나 시온은 진통하는 즉시 그 아들을
순산하였도다 9 여호와께서 이르시되 내가 아이를 갖도록 하였은즉 해산
하게 하지 아니하겠느냐 네 하나님이 이르시되 나는 해산하게 하는 이인
즉 어찌 태를 닫겠느냐 하시니라 10 예루살렘을 사랑하는 자들이여 다 그
성읍과 함께 기뻐하라 다 그 성읍과 함께 즐거워하라 그 성을 위하여 슬
퍼하는 자들이여 다 그 성의 기쁨으로 말미암아 그 성과 함께 기뻐하라
11 너희가 젖을 빠는 것 같이 그 위로하는 품에서 만족하겠고 젖을 넉넉히
빤 것 같이 그 영광의 풍성함으로 말미암아 즐거워하리라 12 여호와께서
이와 같이 말씀하시되 보라 내가 그에게 평강을 강 같이, 그에게 뭇 나라
의 영광을 넘치는 시내 같이 주리니 너희가 그 성읍의 젖을 빨 것이며 너
희가 옆에 안기며 그 무릎에서 놀 것이라 13 어머니가 자식을 위로함 같이
내가 너희를 위로할 것인즉 너희가 예루살렘에서 위로를 받으리니 14 너
희가 이를 보고 마음이 기뻐서 너희 뼈가 연한 풀의 무성함 같으리라 여
호와의 손은 그의 종들에게 나타나겠고 그의 진노는 그의 원수에게 더하
리라 15 보라 여호와께서 불에 둘러싸여 강림하시리니 그의 수레들은 회
오리바람 같으리로다 그가 혁혁한 위세로 노여움을 나타내시며 맹렬한
화염으로 책망하실 것이라 16 여호와께서 불과 칼로 모든 혈육에게 심판
을 베푸신즉 여호와께 죽임 당할 자가 많으리니 17 스스로 거룩하게 구별
하며 스스로 정결하게 하고 동산에 들어가서 그 가운데에 있는 자를 따
라 돼지 고기와 가증한 물건과 쥐를 먹는 자가 다 함께 망하리라 여호와의 말씀이니라 18 내가 그들의 행위와 사
상을 아노라 때가 이르면 뭇 나라와 언어가 다른 민족들을 모으리니 그들이 와서 나의 영광을 볼 것이며 19 내가
그들 가운데에서 징조를 세워서 그들 가운데에서 도피한 자를 여러 나라 곧 다시스와 뿔과 활을 당기는 룻과 및
두발과 야완과 또 나의 명성을 듣지도 못하고 나의 영광을 보지도 못한 먼 섬들로 보내리니 그들이 나의 영광을
뭇 나라에 전파하리라 20 나 여호와가 말하노라 이스라엘 자손이 예물을 깨끗한 그릇에 담아 여호와의 집에 드
림 같이 그들이 너희 모든 형제를 뭇 나라에서 나의 성산 예루살렘으로 말과 수레와 교자와 노새와 낙타에 태워
다가 여호와께 예물로 드릴 것이요 21 나는 그 가운데에서 택하여 제사장과 레위인을 삼으리라 여호와의 말이니
라 22 내가 지을 새 하늘과 새 땅이 내 앞에 항상 있는 것 같이 너희 자손과 너희 이름이 항상 있으리라 여호와의
말이니라 23 여호와가 말하노라 매월 초하루와 매 안식일에 모든 혈육이 내 앞에 나아와 예배하리라 24 그들이
나가서 내게 패역한 자들의 시체들을 볼 것이라 그 벌레가 죽지 아니하며 그 불이 꺼지지 아니하여 모든 혈육에
게 가증함이 되리라

사 66:7-9
학습 자료 67-4
"이사야서와 계시록 병행 구절 도표" 참조

사 66:15 하나님이 강림하신 이유	
1	인생들이 쌓은 바벨탑을 보시기 위해 (창 11:5)
2	시험하시기 위해(출 20:20)
3	경외하여 범죄하지 않게 하시기 위해 (출 20:20)
4	복을 주시기 위해(출 20:24)
5	여호와의 이름을 선포하시기 위해 (출 34:5-7)
6	성령을 주어 사명을 감당하게 하기 위해 (민 11:17)
7	말씀하시기 위해(민 11:25)
8	책망하고 징계하시기 위해 (민 12:5-10, 사 66:15)
9	율법을 전하시기 위해 (신 33:2, 3, 느 9:13)
10	적국의 용사를 치시기 위해(삿 5:13)
11	싸우시기 위해(사 31:4)
12	인간이 생각하지 못한 두려운 일을 행하시기 위해(사 64:3)

67일~72일

67일차 읽기의 요약

(느 13:1~22, 시 92, 느 13:23~31, 말 1~4, 사 56~66)
포로 귀환 백성들은 에스라와 느헤미야를 통해 하나님과의 관계를 개혁했지만, 시간이 지나자 하나님과 그들의 관계는 다시 악화하였다. 모든 종교의식은 형식적으로 되었고 제사장들은 타락했고 백성들은 성전과 레위인에 대한 의무를 무시하고 약자들에게 불의를 행했다. 이러한 때 하나님께서는 말라기 선지자를 통해 백성들의 죄악을 꾸짖지만, 그들은 완악한 태도로 오히려 하나님께 반항한다.
그러자 이제 하나님께서는 유대인들과 더 이상 말씀하지 않으신다. 말라기 선지자 이후 무려 400년 동안 하나님께서는 하나님의 입을 대신하여 말씀을 전할 선지자를 보내지 않으셨다. 그 대신 그분의 구속 역사의 방향을 바꾸시고 그 범위를 이방인으로 확대하신다.
말라기 선지자를 통해 장차 떠오를 공의로운 해, 즉 예수 그리스도와 그분의 길을 예비할 선지자 엘리야 곧 세례 요한을 보내실 것을 말씀하신다. 세례 요한을 통해 주의 길을 준비하게 하실 것이고 그리스도가 갑자기 성전에 임하게 하실 것이다. 이제 하나님의 구원 역사의 방향은 유대를 넘어, 해 뜨는 곳에서부터 해 지는 곳까지 각처로 그 범위가 확대될 것이다. 이방인들 가운데 그리스도의 말씀을 듣고 하나님께로 마음을 돌이키고 순종하는 자들을 통해 하나님께서는 하나님의 나라를 회복시키실 것이다.

그러면 어떻게 살 것인가?

인위뚝·신위고!

☑ 세계관 점검 – 묵상하기 (영상 강의와 교재 내용의 이해를 바탕으로)

말 2:6 말라기 선지자를 통해 참 제사장의 모델을 보여 주시는 하나님, 그렇다면 오늘날 '왕 같은 제사장'(벧전 2:9)으로 부름을 받은 우리에게도 하나님의 제사장으로서의 참된 모습이 나타나고 있는지 돌이켜 보자. [레 21:6, 사 52:11. 찬송 289(통 208), 321(통 351)]

말 3:8-12 나의 헌금 생활은 하나님 보시기에 온전한가? 혹시 교회에서의 내 위치와 체면에 따라 계산되고, 드려지는 가증한 헌금은 아닌지 한번쯤 성찰 반성해 보자.
[레 27:30, 고후 8:2. 찬송 50(통 71), 590(통 309)]

말라기는 왜 십일조를 강조했을까?
이스라엘 백성들이 포로 생활에서 귀환하여 학개와 스가랴의 지도로 성전을 재건하였으나 수십 년이 지나도록 영광보다는 고달픈 생활이 지속되자 그들의 신앙은 형식적인 모습으로 악화되었다. 이때 말라기가 일어나 고난의 원인이 그들 자신에게 있음을 지적한다. 특별히 말라기는 이스라엘 백성들이 십일조 의무를 등한히 한 것을 책망한다(말 3:7-15). 그들이 십일조 의무를 등한히 여겼다는 사실은 구약 전체를 통해서 볼 수 있는 십일조 정신과 관련된 그들의 영적 상태를 진단해 볼 수 있다.

☑ 십일조는 주로 다음 3가지 용도로 쓰여졌다 .(이때 십일조는 일종의 성전세로서 세금적 특성이 강했음을 알 필요가 있음)

1. 제사장 지파인 레위인을 위한 생활비(민 18:21)

이 시대에 십일조를 제대로 드리지 않았다면 레위인의 성전봉사를 지원하는 일에 소홀히 했다는 뜻이다. 그렇다면 레위인은 성전 봉사나 율법 연구를 제대로 못 하고 돈벌이를 찾아서 헤맸을 수도 있다. 이것은 이스라엘 종교의 근간을 뒤흔드는 일이다

민 18:21 "21 내가 이스라엘의 십일조를 레위 자손에게 기업으로 다 주어서 그들이 하는 일 곧 회막에서 하는 일을 갚나니"

2. 절기 때마다 성전에 올라가는 경비(신 14:22-27)

이스라엘은 년 중 3대 절기마다(무교절 또는 유월절, 오순절, 장막절) 성전에 올라가서 하나님 말씀을 배울 뿐만 아니라 언약 백성들끼리 성도의 교제를 누려야 하나님의 백성으로 유지될 수 있었다. 말라기 때에 이스라엘이 십일조를 등한히 했다는 것은 성전에 올라가 하나님을 예배하는 일과 말씀을 배우는 일과 성도의 교제를 등한히 여겼다는 뜻이 된다.

3. 구제비의 경비(신 14:28, 29)

매 3년마다 돌아오는 구제년에 레위인과 객과 고아와 과부를 돕는 경비로 십일조를 사용했다. 따라서 말라기 때에 이스라엘이 십일조를 등한히 여겼다는 것은 하나님 백성들의 일체감이 깨어지고 각자 자기만 돌보며 살아가는 이기적인 사회가 되었다는 뜻이다.

신 14:22-29 "22 너는 마땅히 매 년 토지 소산의 십일조를 드릴 것이며 23 네 하나님 여호와 앞 곧 여호와께서 그의 이름을 두시려고 택하신 곳에서 네 곡식과 포도주와 기름의 십일조를 먹으며 또 네 소와 양의 처음 난 것을 먹고 네 하나님 여호와 경외하기를 항상 배울 것이니라 24 그러나 네 하나님 여호와께서 자기의 이름을 두시려고 택하신 곳이 네게서 너무 멀고 행로가 어려워서 네 하나님 여호와께서 그 풍부히 주신 것을 가지고 갈 수 없거든 25 그것을 돈으로 바꾸어 그 돈을 싸 가지고 네 하나님 여호와께서 택하신 곳으로 가서 26 네 마음에 원하는 모든 것을 그 돈으로 사되 소나 양이나 포도주나 독주 등 네 마음에 원하는 모든 것을 구하고 거기 네 하나님 여호와 앞에서 너와 네 권속이 함께 먹고 즐거워할 것이며 27 네 성읍에 거주하는 레위인은 너희 중에 분깃이나 기업이 없는 자이니 또한 저버리지 말지니라 28 매 삼 년 끝에 그 해 소산의 십분의 일을 다 내어 네 성읍에 저축하여 29 너희 중에 분깃이나 기업이 없는 레위인과 네 성중에 거류하는 객과 및 고아와 과부들이 와서 먹고 배부르게 하라 그리하면 네 하나님 여호와께서 네 손으로 하는 범사에 네게 복을 주시리라"

✎ 이사야 58장 10-13절에서 본 교회의 역할.

오늘날 예수를 구주로 고백하는 믿음의 공동체로서 교회는 단순히 하나님을 예배하는 예배 공동체일 뿐만 아니라 이 세상의 이웃을 향하여 '물댄동산'같아야 하고, 그 세상에 공급할 '물이 끊기지 않는 샘'과 같아야 한다. 교회는 예배를 위해 모이는 구심성을 갖지만, 그것으로 끝나면 그것은 신비주의 종교가 될 수 있다. 하나님으로, 사랑으로, 이웃과 세상을 사랑하고 개혁하는 원심성을 가져야 하며 세상을 향해 흩어지는 교회가 되어야 한다.

☑ 결단기도와 실행하기

약 2:26　영혼 없는 몸이 죽은 것 같이 행함이 없는 믿음은 죽은 것이니라
시 119:28　나의 영혼이 눌림으로 말미암아 녹사오니 주의 말씀대로 나를 세우소서

67일~
72일

한눈에 보는 성경의 핵심 줄거리와 메시지

구약

539 400

포로귀환시대 에스라, 에스더, 느헤미야 선지서

- **에스라**
  - 1차 귀환(538) : 성전재건
  - 2차 귀환(458) : 신앙부흥운동

520 505 **학개**

- **에스더** ⇨ 돌아오지 않는 자도 보호하시는 하나님

- **느헤미야**
  - 3차 귀환(444) : 성벽재건

4407 4307 **요엘**

4357 4157 **말라기**

침묵기(중간기)

신약

스가랴 9장~14장

스가랴 9장

이스라엘 이웃 나라들에 대한 하나님의 말씀

1 여호와의 말씀이 하드락 땅에 내리며 다메섹에 머물리니 사람들과 이
스라엘 모든 지파의 눈이 여호와를 우러러봄이니라 2 그 접경한 하맛에도
임하겠고 두로와 시돈에도 임하리니 그들이 매우 지혜로움이니라 3 두로
는 자기를 위하여 요새를 건축하며 은을 티끌 같이, 금을 거리의 진흙 같
이 쌓았도다 4 주께서 그를 정복하시며 그의 권세를 바다에 쳐넣으시리니
그가 불에 삼켜질지라 5 아스글론이 보고 무서워하며 가사도 심히 아파
할 것이며 에그론은 그 소망이 수치가 되므로 역시 그러하리라 가사에는
임금이 끊어질 것이며 아스글론에는 주민이 없을 것이며 6 아스돗에는 잡
족이 거주하리라 내가 블레셋 사람의 교만을 끊고 7 그의 입에서 그의 피
를, 그의 잇사이에서 그 가증한 것을 제거하리니 그들도 남아서 우리 하
나님께로 돌아와서 유다의 한 지도자 같이 되겠고 에그론은 여부스 사람
같이 되리라 8 내가 내 집을 둘러 진을 쳐서 적군을 막아 거기 왕래하지 못
하게 할 것이라 포학한 자가 다시는 그 지경으로 지나가지 못하리니 이는
내가 눈으로 친히 봄이니라

구원을 베풀 왕

9 시온의 딸아 크게 기뻐할지어다 예루살렘의 딸아
즐거이 부를지어다 보라 네 왕이 네게 임하시나니
그는 공의로우시며 구원을 베푸시며 겸손하여서 나
귀를 타시나니 나귀의 작은 것 곧 나귀 새끼니라 10
내가 에브라임의 병거와 예루살렘의 말을 끊겠고
전쟁하는 활도 끊으리니 그가 이방 사람에게 화평
을 전할 것이요 그의 통치는 바다에서 바다까지 이
르고 유브라데 강에서 땅 끝까지 이르리라 11 또 너로 말할진대 네 언약
의 피로 말미암아 내가 네 갇힌 자들을 물 없는 구덩이에서 놓았나니 12
갇혀 있으나 소망을 품은 자들아 너희는 요새로 돌아올지니라 내가 오늘
도 이르노라 내가 네게 갑절이나 갚을 것이라 13 내가 유다를 당긴 활로
삼고 에브라임을 끼운 화살로 삼았으니 시온아 내가 네 자식들을 일으
켜 헬라 자식들을 치게 하며 너를 용사의 칼과 같게 하리라 14 여호와께서
그들 위에 나타나서 그들의 화살을 번개 같이 쏘아내실 것이며 주 여호와
께서 나팔을 불게 하시며 남방 회오리바람을 타고 가실 것이라 15 만군의
여호와께서 그들을 호위하시리니 그들이 원수를 삼키며 물맷돌을 밟을
것이며 그들이 피를 마시고 즐거이 부르기를 술취한 것 같이 할 것인즉 피가 가득한 동이와도 같고 피 묻은 제단
모퉁이와도 같을 것이라 16 이 날에 그들의 하나님 여호와께서 그들을 자기 백성의 양 떼 같이 구원하시리니 그
들이 왕관의 보석 같이 여호와의 땅에 빛나리로다 17 그의 형통함과 그의 아름다움이 어찌 그리 큰지 곡식은 청

학습 자료 68-1 "신약의 배경으로서 중간사 약사 도표" 참조

스가랴 후반부 개요

9~14장은 스가랴서의 후반부이다. 이 부분은 주로 메시아에 관한 예언이다. 이는 장차 오실 메시아 예수는 예루살렘 성으로 입성하실 때 나귀를 타셨다는 의미를 내포한다(마 21:1-7). 구약 시대의 왕들은 전쟁 시에 말을 타고 다녔다. 정복자들은 말을 타고 성으로 들어간다. 예수님은 왜 나귀를 타셨을까? 그것도 나귀 새끼를... 메시아가 이 땅에 오신 것은 정복자로 오신 것이 아니다. 평강과 구원의 사신으로서 오셨다. 용서와 은혜의 메시지를 전달하기 위해 오신 것이다. 이 평화의 사신을 맞아들어야 한다. 그렇지 않으면 전쟁의 표시로 흰 말을 타고 오실 것이다(계 19:11).
오실 그분은 우리의 좋은 목자이시다. 슥 11:15-17은 나쁜 목자의 모습을 보임으로 좋은 목자를 강하게 부각하고자 한다. 예수님은 이와는 반대로 좋은 목자가 되심을 감사하면서 이 부분을 묵상해 보라.

슥 9~11장 개요

슥 9-11장의 예언 역시 두 부분 으로 나누어지는데 9, 10장은 왕으로 오실 그리스도께서 하나님을 대적하며 택한 백성을 괴롭히는 원수들과 거짓 목자들을 심판하심으로 주의 백성에게 궁극적인 승리와 축복을 보장하는 소망과 기쁨의 내용을 담고 있지만, 11장은 선한 목자로 오신 그리스도께서 인간들의 패역함으로 인해 모진 수난을 당하는 암울한 내용을 담고 있다. 하나님의 인간 구원의 섭리와 역사의 주관자이신 하나님이 이끌어 가시는 구속사의 전개 과정에서 이것이 점진적으로 성취되어 감을 기록하는 신·구약 성경 전체는 내용 면에서 인간을 위해 대속의 죽음을 죽으심으로 인간 구원을 이루신 그리스도에게 초점이 맞추어져 있다. 그 가운데서 본서는 그리스도의 초림과 재림과 관련된 전반적인 내용을 예언의 형식으로 포괄하고 있다는 점에서 실로 구약 메시아 예언의 정수(精髓)라 할 수 있으며 특히 9-11장 가운데는 그리스도의 구속 사역에 대한 보다 구체적인 예언이 잘 나타나고 있다.

67일~72일

년을, 새 포도주는 처녀를 강건하게 하리라

스가랴 10장

여호와께서 구원을 약속하시다

1 봄비가 올 때에 여호와 곧 구름을 일게 하시는 여호와께 비를 구하라 무
리에게 소낙비를 내려서 밭의 채소를 각 사람에게 주시리라 2 드라빔들은
허탄한 것을 말하며 복술자는 진실하지 않은 것을 보고 거짓 꿈을 말한즉
그 위로가 헛되므로 백성들이 양 같이 유리하며 목자가 없으므로 곤고를
당하나니 3 내가 목자들에게 노를 발하며 내가 숫염소들을 벌하리라 만군
의 여호와가 그 무리 곧 유다 족속을 돌보아 그들을 전쟁의 준마와 같게
하리니 4 모퉁잇돌이 그에게서, 말뚝이 그에게서, 싸우는 활이 그에게서,
권세 잡은 자가 다 일제히 그에게서 나와서 5 싸울 때에 용사 같이 거리의
진흙 중에 원수를 밟을 것이라 여호와가 그들과 함께 한즉 그들이 싸워
말 탄 자들을 부끄럽게 하리라 6 내가 유다 족속을 견고하게 하며 요셉 족
속을 구원할지라 내가 그들을 긍휼히 여김으로 그들이 돌아오게 하리니
그들은 내가 내버린 일이 없었음 같이 되리라 나는 그들의 하나님 여호와
라 내가 그들에게 들으리라 7 에브라임이 용사 같아서 포도주를 마심 같
이 마음이 즐거울 것이요 그들의 자손은 보고 기뻐하며 여호와로 말미암
아 마음에 즐거워하리라 8 내가 그들을 향하여 휘파람을 불어 그들을 모
을 것은 내가 그들을 구속하였음이라 그들이 전에 번성하던 것 같이 번성하리라 9 내가 그들을 여러 백성들 가운
데 흩으려니와 그들이 먼 곳에서 나를 기억하고 그들이 살아서 그들의 자녀들과 함께 돌아올지라 10 내가 그들을
애굽 땅에서 돌아오게 하며 그들을 앗수르에서부터 모으며 길르앗 땅과 레바논으로 그들을 이끌어 가리니 그들
이 거할 곳이 부족하리라 11 내가 그들이 고난의 바다를 지나갈 때에 바다
물결을 치리니 나일의 깊은 곳이 다 마르겠고 앗수르의 교만이 낮아지겠
고 애굽의 규가 없어지리라 12 내가 그들에게 나 여호와를 의지하여 견고
하게 하리니 그들이 내 이름으로 행하리라 나 여호와의 말이니라

❖ 슥 10장
본 장은 메시아 왕국의 지상적 형태인 교회(敎會)는 그리스도의 보혈의 공로를 통한 구원이란 구속의 원리에서 떠나 허탄한 것을 가르치는 거짓 목자로부터 택한 자를 불러내는 참 목자이신 그리스도에게 기초 둔다는 고귀한 구속사적 진리를 제공하고 있다. 그뿐만 아니라 이와 같은 참 목자는 양들의 필요를 공급하고 안전하게 영원한 구원으로 이끄시기 위해 대적들과 싸워 이기시는 분이심을 보여 줌으로써 성도가 이 세상을 살아갈 때 누구를 의지해야 하는지를 분명히 하고 있다. 즉 성도들은 만왕의 왕이시며 전능하신 그리스도 안에 거하며 그리스도만을 의지할 때 믿는 자라도 미혹하려는 마귀의 세력으로부터 영적 안전을 보장받으며 마침내 구원에 이를 수 있으므로 오직 그리스도만을 의지해야 하는 것이다. 또한 본 장의 예언도 그대로 성취되어 팔레스타인 한 모퉁이인 유대 나사렛 출신이었던 예수를 통해 형성된 교회가 놀랍게도 전 세계로 확장되었으며 과거 이방인으로서 하나님을 알지 못했던 우리도 하나님의 자녀가 되는 영적 축복을 누리고 있다.

스가랴 11장

요단이 쓰러지다

1 레바논아 네 문을 열고 불이 네 백향목을 사르게 하라 2 너 잣나무여 곡
할지어다 백향목이 넘어졌고 아름다운 나무들이 쓰러졌음이로다 바산의
상수리나무들아 곡할지어다 무성한 숲이 엎드러졌도다 3 목자들의 곡하
는 소리가 남이여 그들의 영화로운 것이 쓰러졌음이로다 어린 사자의 부
르짖는 소리가 남이여 이는 요단의 자랑이 쓰러졌음이로다

두 목자

4 여호와 나의 하나님이 이르시되 너는 잡혀 죽을 양 떼를 먹이라 5 사들인
자들은 그들을 잡아도 죄가 없다 하고 판 자들은 말하기를 내가 부요하게
되었은즉 여호와께 찬송하리라 하고 그들의 목자들은 그들을 불쌍히 여
기지 아니하는도다 6 여호와가 말하노라 내가 다시는 이 땅 주민을 불쌍
히 여기지 아니하고 그 사람들을 각각 그 이웃의 손과 임금의 손에 넘기리

❖ 슥 11장
본 장은 본질상 하나님이시나 인간의 구원을 이루기 위해 스스로 하늘의 영광을 버리시고 참 목자로서 이 땅에 오실 메시아가 인간들의 배신으로 팔리고, 십자가의 수난을 당하실 것을 예언함으로써 구속사 최대의 사건인 그리스도의 성육신(incarnation)과 대속(redemption)의 죽음을 다루고 있다. 본 장이 이처럼 메시아의 강림뿐 아니라 은 30에 팔리며 백성들의 배척을 받는다는 사실에 이르기까지 약 500년 이후에 발생할 일을 이처럼 상세히 묘사한다는 점에서 우리는 구속사의 주관자이신 하나님께서 인간을 구원하시기 위해 섬세하신 계획을 세워놓으셨다는 사실을 알 수 있으며 이 이루기 위해 독생자까지 희생하신 고귀한 사랑에 감격할 수밖에 없다.
☞ 본 장에는 양을 위하여 목숨까지 버리는 참 목자와 대비되는 "우매한 목자" 즉 도덕적으로 악하여 양으로 하여금 멸망의 길을 가게 하는 거짓 목자가 등장하며 그가 행할 악행이 나열되는바 이는 말세에 나타나 하나님 나라의 확장을 방해하며 성도를 미혹하는 적그리스도(Anti-Christ) 세력을 상징한다고 볼 수 있다(15-17절).

니 그들이 이 땅을 칠지라도 내가 그들의 손에서 건져내지 아니하리라 하시기로 7 내가 잡혀 죽을 양 떼를 먹이니
참으로 가련한 양들이라 내가 막대기 둘을 취하여 하나는 은총이라 하며 하나는 연합이라 하고 양 떼를 먹일새
8 한 달 동안에 내가 그 세 목자를 제거하였으니 이는 내 마음에 그들을 싫어하였고 그들의 마음에도 나를 미워
하였음이라 9 내가 이르되 내가 너희를 먹이지 아니하리라 죽는 자는 죽는 대로, 망하는 자는 망하는 대로, 나머
지는 서로 살을 먹는 대로 두리라 하고 10 이에 은총이라 하는 막대기를 취하여 꺾었으니 이는 모든 백성들과 세
운 언약을 폐하려 하였음이라 11 당일에 곧 폐하매 내 말을 지키던 가련한 양들은 이것이 여호와의 말씀이었던 줄
안지라 12 내가 그들에게 이르되 너희가 좋게 여기거든 내 품삯을 내게 주고 그렇지 아니하거든 그만두라 그들이
곧 은 삼십 개를 달아서 내 품삯을 삼은지라 13 여호와께서 내게 이르시되 그들이 나를 헤아린 바 그 삯을 토기장
이에게 던지라 하시기로 내가 곧 그 은 삼십 개를 여호와의 전에서 토기장이에게 던지고 14 내가 또 연합이라 하
는 둘째 막대기를 꺾었으니 이는 유다와 이스라엘 형제의 의리를 끊으려 함이었느니라 15 여호와께서 내게 이르
시되 너는 또 어리석은 목자의 기구들을 빼앗을지니라 16 보라 내가 한 목자를 이 땅에 일으키리니 그가 없어진
자를 마음에 두지 아니하며 흩어진 자를 찾지 아니하며 상한 자를 고치지 아니하며 강건한 자를 먹이
지 아니하고 오히려 살진 자의 고기를 먹으며 또 그 굽을 찢으리라 17 화 있
을진저 양 떼를 버린 못된 목자여 칼이 그의 팔과 오른쪽 눈에 내리리니 그
의 팔이 아주 마르고 그의 오른쪽 눈이 아주 멀어 버릴 것이라 하시니라

스가랴 12장

예루살렘의 구원

1 이스라엘에 관한 여호와의 경고의 말씀이라 여호와 곧 하늘을 펴시며
땅의 터를 세우시며 사람 안에 심령을 지으신 이가 이르시되 2 보라 내가
예루살렘으로 그 사면 모든 민족에게 취하게 하는 잔이 되게 할 것이라
예루살렘이 에워싸일 때에 유다에까지 이르리라 3 그 날에는 내가 예루
살렘에게 모든 민족에게 무거운 돌이 되게 하리니 그것을 드는 모든 자
는 크게 상할 것이라 천하 만국이 그것을 치려고 모이리라 4 여호와가 말
하노라 그 날에 내가 모든 말을 쳐서 놀라게 하며 그 탄 자를 쳐서 미치게
하되 유다 족속은 내가 돌보고 모든 민족의 말을 쳐서 눈이 멀게 하리니
5 유다의 우두머리들이 마음속에 이르기를 예루살렘 주민이 그들의 하나
님 만군의 여호와로 말미암아 힘을 얻었다 할지라 6 그 날에 내가 유다 지
도자들을 나무 가운데에 화로 같게 하며 곡식단 사이에 횃불 같게 하리
니 그들이 그 좌우에 에워싼 모든 민족들을 불사를 것이요 예루살렘 사람들은 다시 그 본 곳 예루살렘에 살게
되리라 7 여호와가 먼저 유다 장막을 구원하리니 이는 다윗의 집의 영광과 예루살렘 주민의 영광이 유다보다 더
하지 못하게 하려 함이니라 8 그 날에 여호와가 예루살렘 주민을 보호하리니 그 중에 약한 자가 그 날에는 다윗
같겠고 다윗의 족속은 하나님 같고 무리 앞에 있는 여호와의 사자 같을 것이라 9 예루살렘을 치러 오는 이방 나
라들을 그 날에 내가 멸하기를 힘쓰리라 10 내가 다윗의 집과 예루살렘 주민에게 은총과 간구하는 심령을 부어
주리니 그들이 그 찌른 바 그를 바라보고 그를 위하여 애통하기를 독자를 위하여 애통하듯 하며 그를 위하여 통
곡하기를 장자를 위하여 통곡하듯 하리로다 11 그 날에 예루살렘에 큰 애통이 있으리니 므깃도 골짜기 하다드림
몬에 있던 애통과 같을 것이라 12 온 땅 각 족속이 따로 애통하되 다윗의 족속이 따로 하고 그들의 아내들이 따
로 하며 나단의 족속이 따로 하고 그들의 아내들이 따로 하며 13 레위의 족속이 따로 하고 그들의 아내들이 따
로 하며 시므이의 족속이 따로 하고 그들의 아내들이 따로 하며 14 모든 남은 족속도 각기 따로 하고 그들의 아
내들이 따로 하리라

❖ 슥12~14장 개요

12~14장은 하나님의 보호하심으로 하나님의 백성이 영적으로 승리할 것과 성령 강림을 통하여 대 회개 운동이 전개되며 영적으로 정화(淨化)되고 연단(鍊鍛)된 하나님의 백성들이 그리스도를 영접함으로 영원한 메시아 나라의 영광스러운 일원이 될 것이라는 실로 장대한 구속사의 대 종말에 이루어질 그리스도 재림을 통한 하나님 나라의 완성에 대한 예언을 언급하고 있다.

☞ 본 장은 앞으로 전개될 구속사의 과정에서 주춧돌이 될 하나님 나라의 지상적 형태인 교회의 성립과 교회의 궁극적 승리 및 이러한 교회의 구성원의 자질에 대해 큰 시사를 준다. 또한 이는 궁극적으로 그리스도의 재림으로 완성될 하나님 나라가 죄의 원흉인 지극히 거룩한 나라일 것을 예시한다.

67일~72일

스가랴 13장

1 그 날에 죄와 더러움을 씻는 샘이 다윗의 족속과 예루살렘 주민을 위하
여 열리리라 2 만군의 여호와가 말하노라 그 날에 내가 우상의 이름을 이
땅에서 끊어서 기억도 되지 못하게 할 것이며 거짓 선지자와 더러운 귀신을 이 땅에서 떠나게 할 것이라 3 사람이
아직도 예언할 것 같으면 그 낳은 부모가 그에게 이르기를 네가 여호와의 이름을 빙자하여 거짓말을 하니 살지
못하리라 하고 낳은 부모가 그가 예언할 때에 칼로 그를 찌르리라 4 그 날에 선지자들이 예언할 때에 그 환상을
각기 부끄러워할 것이며 사람을 속이려고 털옷도 입지 아니할 것이며 5 말하기를 나는 선지자가 아니요 나는 농
부라 내가 어려서부터 사람의 종이 되었노라 할 것이요 6 어떤 사람이 그에게 묻기를 네 두 팔 사이에 있는 상처
는 어찌 됨이냐 하면 대답하기를 이는 나의 친구의 집에서 받은 상처라 하리라

❖ 슥 13장
하나님 백성들의 영적 정결과 연단을 통해 이루어질 구원을 언급하고 있다.

목자를 치라는 명령

7 만군의 여호와가 말하노라 칼아 깨어서 내 목자, 내 짝 된 자를 치라 목자를 치면 양이 흩어지려니와 작은 자들
위에는 내가 내 손을 드리우리라 8 여호와가 말하노라 이 온 땅에서 삼분의 이는 멸망하고 삼분의 일은 거기 남으
리니 9 내가 그 삼분의 일을 불 가운데에 던져 은 같이 연단하며 금 같이 시험할 것이라 그들이 내 이름을 부르리니
내가 들을 것이며 나는 말하기를 이는 내 백성이라 할 것이요 그들은 말하기를 여호와는 내 하나님이시라 하리라

스가랴 14장

예루살렘과 이방 나라들

1 여호와의 날이 이르리라 그 날에 네 재물이 약탈되어 네 가운데에서 나누
이리라 2 내가 이방 나라들을 모아 예루살렘과 싸우게 하리니 성읍이 함락
되며 가옥이 약탈되며 부녀가 욕을 당하며 성읍 백성이 절반이나 사로잡혀
가려니와 남은 백성은 성읍에서 끊어지지 아니하리라 3 그 때에 여호와께서
나가사 그 이방 나라들을 치시되 이왕의 전쟁 날에 싸운 것 같이 하시리라 4
그 날에 그의 발이 예루살렘 앞 곧 동쪽 감람 산에 서실 것이요 감람 산은 그
한 가운데가 동서로 갈라져 매우 큰 골짜기가 되어서 산 절반은 북으로, 절
반은 남으로 옮기고 5 그 산 골짜기는 아셀까지 이를지라 너희가 그 산 골짜
기로 도망하되 유다 왕 웃시야 때에 지진을 피하여 도망하던 것 같이 하리라
나의 하나님 여호와께서 임하실 것이요 모든 거룩한 자들이 주와 함께 하리
라 6 그 날에는 빛이 없겠고 광명한 것들이 떠날 것이라 7 여호와께서 아시는
한 날이 있으리니 낮도 아니요 밤도 아니라 어두워 갈 때에 빛이 있으리로다
8 그 날에 생수가 예루살렘에서 솟아나서 절반은 동해로, 절반은 서해로 흐
를 것이라 여름에도 겨울에도 그러하리라 9 여호와께서 천하의 왕이 되시리
니 그 날에는 여호와께서 홀로 한 분이실 것이요 그의 이름이 홀로 하나이실
것이라 10 온 땅이 아라바 같이 되되 게바에서 예루살렘 남쪽 림몬까지 이를
것이며 예루살렘이 높이 들려 그 본처에 있으리니 베냐민 문에서부터 첫 문
자리와 성 모퉁이 문까지 또 하나넬 망대에서부터 왕의 포도주 짜는 곳까지
라 11 사람이 그 가운데에 살며 다시는 저주가 있지 아니하리니 예루살렘이
평안히 서리로다 12 예루살렘을 친 모든 백성에게 여호와께서 내리실 재앙
은 이러하니 곧 섰을 때에 그들의 살이 썩으며 그들의 눈동자가 눈구멍 속
에서 썩으며 그들의 혀가 입 속에서 썩을 것이요 13 그 날에 여호와께서 그
들을 크게 요란하게 하시리니 피차 손으로 붙잡으며 피차 손을 들어 칠 것이

슥 14:1-21 메시아의 재림 목적 10가지
본장에 기록된 예언들은 거의 대부분 세상 끝날 메시아 예수의 재림 직전 또는 직후에 있을 일들에 관한 것이다. 그중에서도 특별히 메시아의 택한 백성들의 구원과 주를 대적하는 열방에 대한 최후 심판과 관련된 예언들이 많다. 이에 본 장을 중심으로 하여 성경 전체에 언급된 메시아 예수의 재림 목적에 대해 살펴보면 다음과 같다.

1	택한 백성을 모으시기 위해 (10:6, 마 24:31)
2	사탄을 심판하기 위해 (11:16, 17, 막 1:23, 24, 유 1:6)
3	세상을 심판하기 위해 (14:4, 요 5:22, 딤후 4:1)
4	택한 백성을 구원하기 위해 (14:5, 롬 11:26)
5	택한 백성에게 영생을 주시기 위해 (14:8, 마 25:46, 유 1:21)
6	열국에 대한 통치권을 행사하기 위해 (14:9, 사 24:23, 계 11:15)
7	택한 백성을 천국으로 들어가게 하기 위해(14:11, 살전 4:16, 17)
8	택한 백성에게 상주시기 위해 (14:14, 마 16:27, 계 22:12)
9	성도가 완전 성화하도록 하기 위해 (14:20, 히 9:28, 벧전 1:5)
10	성경에 예언된 모든 것을 완전 성취하기 위해(마 5:17, 벧후 3:8-10)

며 14 유다도 예루살렘에서 싸우리니 이 때에 사방에 있는 이방 나라들의 보
화 곧 금 은과 의복이 심히 많이 모여질 것이요 15 또 말과 노새와 낙타와 나
귀와 그 진에 있는 모든 가축에게 미칠 재앙도 그 재앙과 같으리라 16 예루
살렘을 치러 왔던 이방 나라들 중에 남은 자가 해마다 올라와서 그 왕 만군
의 여호와께 경배하며 초막절을 지킬 것이라 17 땅에 있는 족속들 중에 그
왕 만군의 여호와께 경배하러 예루살렘에 올라오지 아니하는 자들에게는
비를 내리지 아니하실 것인즉 18 만일 애굽 족속이 올라오지 아니할 때에는
비 내림이 있지 아니하리니 여호와께서 초막절을 지키러 올라오지 아니하
는 이방 나라들의 사람을 치시는 재앙을 그에게 내리실 것이라 19 애굽 사람
이나 이방 나라 사람이나 초막절을 지키러 올라오지 아니하는 자가 받을 벌
이 그러하니라 20 그 날에는 말 방울에까지 여호와께 성결이라 기록될 것이
라 여호와의 전에 있는 모든 솥이 제단 앞 주발과 다름이 없을 것이니 21 예
루살렘과 유다의 모든 솥이 만군의 여호와의 성물이 될 것인즉 제사 드리는
자가 와서 이 솥을 가져다가 그것으로 고기를 삶으리라 그 날에는 만군의
여호와의 전에 가나안 사람이 다시 있지 아니하리라 하시니라

다니엘 7장~12장

다니엘 7장

네 짐승 환상

1 바벨론 벨사살 왕 원년에 다니엘이 그의 침상에서 꿈을 꾸며 머릿속으
로 환상을 받고 그 꿈을 기록하며 그 일의 대략을 진술하니라 2 다니엘
이 진술하여 이르되 내가 밤에 환상을 보았는데 하늘의 네 바람이 큰 바
다로 몰려 불더니 3 큰 짐승 넷이 바다에서 나왔는데 그 모양이 각각 다
르더라 4 첫째는 사자와 같은데 독수리의 날개가 있더니 내가 보는 중에
그 날개가 뽑혔고 또 땅에서 들려서 사람처럼 두 발로 서게 함을 받았으
며 또 사람의 마음을 받았더라 또 보니 5 다른 짐승 곧 둘째는 곰과 같은
데 그것이 몸 한쪽을 들었고 그 입의 잇사이에는 세 갈빗대가 물렸는데
그것에게 말하는 자들이 있어 이르기를 일어나서 많은 고기를 먹으라 하
였더라 6 그 후에 내가 또 본즉 다른 짐승 곧 표범과 같은 것이 있는데 그
등에는 새의 날개 넷이 있고 그 짐승에게 또 머리 넷이 있으며 권세를 받
았더라 7 내가 밤 환상 가운데에 그 다음에 본 넷째 짐승은 무섭고 놀라
우며 또 매우 강하며 또 쇠로 된 큰 이가 있어서 먹고 부서뜨리고 그 나
머지를 발로 밟았으며 이 짐승은 전의 모든 짐승과 다르고 또 열 뿔이 있
더라 8 내가 그 뿔을 유심히 보는 중에 다른 작은 뿔이 그 사이에서 나더
니 첫 번째 뿔 중의 셋이 그 앞에서 뿌리까지 뽑혔으며 이 작은 뿔에는
사람의 눈 같은 눈들이 있고 또 입이 있어 큰 말을 하였더라

옛적부터 항상 계신 자

9 내가 보니 왕좌가 놓이고 옛적부터 항상 계신 이가 좌정하셨는데 그의 옷은 희기가 눈 같고 그의 머리털은 깨끗한

❖ 슥 14장
본서 전체의 클라이맥스(climax)라고도 할 수 있는 본 장은 구속사의 대단원인 그리스도 재림 시에 있을 이스라엘의 회복과 열방에 대한 심판과 역사의 주관자이신 하나님께 대적하는 자들의 영원한 멸망 및 하나님 나라(The Kingdom of God)의 시민으로서 이방인 남은 자의 돌아옴과 그 나라의 찬란한 영광을 기록하고 있다.
현 세상은 천지창조로써 시작되었던 것과 마찬가지로 반드시 끝이 있으며 그리스도 재림으로 이루어지는 이러한 종말의 때에는 엄정한 심판이 있다. 그 심판의 주체는 한때는 모든 자들에게 하나님께로 나오라고 자비로운 초청을 하신 그리스도이시나 이러한 모든 기회가 지나간 마지막 날에 그리스도께서는 엄정한 신적 공의로써 악한 자를 멸절시키며 구원받은 자만을 영화롭게 하여 하나님 나라의 백성으로 삼으실 것이다. 따라서 성도는 반드시 있게 될 최후의 심판에서 구원받는 자의 편에 속함으로써 장차 이룩될 영광스러운 새 하늘과 새 땅(New Heaven and New Earth)의 시민이 될 것에 대한 소망을 가져야 한다. 이러한 구속사적 역사관과 종말적 신앙을 가진 자만이 마귀와 영적인 전쟁을 벌여야 하는 이 세상에서 당하는 일시적 고난 때문에 좌절치 않고 전진하는 진취적 신앙을 가질 수 있다. "보라 내가 속히 오리니 내가 줄 상이 내게 있어 각 사람에게 그의 일한 대로 갚아 주리라"(계 12장).

❖ 단 7~8장
단 7장과 8장은 신·구약 중간 시대에 대한 예언이다(다음 페이지 도표 참조).
묘사가 비슷하기는 해도 7:8과 8:9의 뿔은 다른 것이다. 7:8의 뿔은 네 번째 왕국(로마)에 대한 문맥에서 등장하지만, 8:9의 작은 뿔은 세 번째 왕국(그리스)에 대한 문맥에서 나옴을 유의하라(47일차 본문 다니엘의 예언 개관 p824 도표를 참조). 두 번째 작은 뿔은 B.C. 175-163년간 수리아를 다스렸으며, 예루살렘을 공격하여 성전을 더럽힌 안티오쿠스 4세 에피파네스를 가리킨다.
7:8의 작은 뿔의 정체에 대해서는 다소 논쟁의 여지가 있지만, 많은 해석자는 이것을 미래에 다시 일어 살아날 로마 제국을 다스리는 적그리스도에 대한 언급이라고 본다. 다른 해석은 이것을 고대 로마 황제 중 하나라고 말한다.

단 7:2-14
학습 자료 68-2
"큰 신상과 네 짐승의 이상 비교" 참조

67일~72일

양의 털 같고 그의 보좌는 불꽃이요 그의 바퀴는 타오르는 불이며 10 불이 강처럼 흘러 그의 앞에서 나오며 그를 섬
기는 자는 천천이요 그 앞에서 모셔 선 자는 만만이며 심판을 베푸는데 책들이 펴 놓였더라 11 그 때에 내가 작은 뿔
이 말하는 큰 목소리로 말미암아 주목하여 보는 사이에 짐승이 죽임을 당하고 그의 시체가 상한 바 되어 타오르는
불에 던져졌으며 12 그 남은 짐승들은 그의 권세를 빼앗겼으나 그 생명은 보존되어 정한 시기가 이르기를 기다리게
되었더라 13 내가 또 밤 환상 중에 보니 인자 같은 이가 하늘 구름을 타고 와서 옛적부터 항상 계신 이에게 나아가
그 앞으로 인도되매 14 그에게 권세와 영광과 나라를 주고 모든 백성과 나라들과 다른 언어를 말하는 모든 자들이
그를 섬기게 하였으니 그의 권세는 소멸되지 아니하는 영원한 권세요 그의 나라는 멸망하지 아니할 것이니라

환상 해석

15 나 다니엘이 중심에 근심하며 내 머리 속의 환상이 나를 번민하게 한지라 16 내가 그 곁에 모셔 선 자들 중 하
나에게 나아가서 이 모든 일의 진상을 물으매 그가 내게 말하여 그 일의 해석을 알려 주며 이르되 17 그 네 큰 짐
승은 세상에 일어날 네 왕이라 18 지극히 높으신 이의 성도들이 나라를 얻으리니 그 누림이 영원하고 영원하고
영원하리라 19 이에 내가 넷째 짐승에 관하여 확실히 알고자 하였으니 곧 그것은 모든 짐승과 달라서 심히 무섭
더라 그 이는 쇠요 그 발톱은 놋이니 먹고 부서뜨리고 나머지는 발로 밟았으며 20 또 그것의 머리에는 열 뿔이 있
고 그 외에 또 다른 뿔이 나오매 세 뿔이 그 앞에서 빠졌으며 그 뿔에는 눈도 있고 큰 말을 하는 입도 있고 그 모
양이 그의 동류보다 커 보이더라 21 내가 본즉 이 뿔이 성도들과 더불어 싸워 그들에게 이겼더니 22 옛적부터 항
상 계신 이가 와서 지극히 높으신 이의 성도들을 위하여 원한을 풀어 주셨고 때가 이르매 성도들이 나라를 얻었
더라 23 모신 자가 이처럼 이르되 넷째 짐승은 곧 땅의 넷째 나라인데 이는 다른 나라들과는 달라서 온 천하를
삼키고 밟아 부서뜨릴 것이며 24 그 열 뿔은 그 나라에서 일어날 열 왕이요 그 후에 또 하나가 일어나리니 그는 먼
저 있던 자들과 다르고 또 세 왕을 복종시킬 것이며 25 그가 장차 지극히 높으신 이를 말로 대적하며 또 지극히
높으신 이의 성도를 괴롭게 할 것이며 그가 또 때와 법을 고치고자 할 것이며 성도들은 그의 손에 붙인 바 되어
한 때와 두 때와 반 때를 지내리라 26 그러나 심판이 시작되면 그는 권세를 빼앗기고 완전히 멸망할 것이요 27 나
라와 권세와 온 천하 나라들의 위세가 지극히 높으신 이의 거룩한 백성에게 붙인 바 되리니 그의 나라는 영원한
나라이라 모든 권세 있는 자들이 다 그를 섬기며 복종하리라 28 그 말이 이에 그친지라 나 다니엘은 중심에 번민
하였으며 내 얼굴빛이 변하였으나 내가 이 일을 마음에 간직하였느니라

7장의 작은 뿔	8장의 작은 뿔
■ 로마에서 일어날 것이다(네 번째 왕국).	■ 그리스에서 일어날 것이다(세 번째 왕국).
■ 열 한 뿔이 있고, 열 개 중 세 개가 뿌리뽑힐 것이다.	■ 다섯 뿔이 있고, 네 뿔 사이에서 한 뿔이 나올 것이다.
■ 하나님의 백성을 42개월 또는 3.5년 동안 박해할 것이다.	■ 하나님의 백성을 2,300일 또는 6년이 넘도록 박해할 것이다.

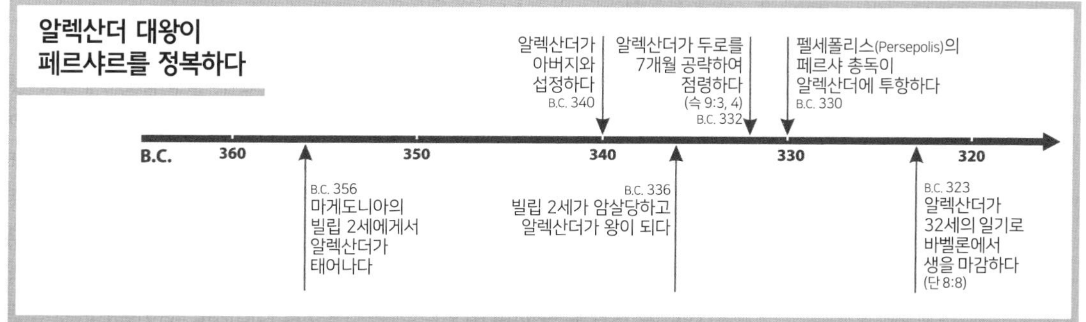

알렉산더 대왕이 페르샤르를 정복하다
알렉산더가 아버지와 섭정하다 B.C. 340
알렉산더가 두로를 7개월 공략하여 점령하다 (슥 9:3, 4) B.C. 332
펠세폴리스(Persepolis)의 페르샤 총독이 알렉산더에 투항하다 B.C. 330
B.C. 360 350 340 330 320
B.C. 356 마게도니아의 빌립 2세에게서 알렉산더가 태어나다
B.C. 336 빌립 2세가 암살당하고 알렉산더가 왕이 되다
B.C. 323 알렉산더가 32세의 일기로 바벨론에서 생을 마감하다 (단 8:8)

다니엘 8장

숫양과 숫염소의 환상

1 나 다니엘에게 처음에 나타난 환상 후 벨사살 왕 제삼년에 다시 한 환상
이 나타나니라 2 내가 환상을 보았는데 내가 그것을 볼 때에 내 몸은 엘
람 지방 수산 성에 있었고 내가 환상을 보기는 을래 강변에서이니라 3 내
가 눈을 들어 본즉 강 가에 두 뿔 가진 숫양이 섰는데 그 두 뿔이 다 길었
으며 그 중 한 뿔은 다른 뿔보다 길었고 그 긴 것은 나중에 난 것이더라 4
내가 본즉 그 숫양이 서쪽과 북쪽과 남쪽을 향하여 받으나 그것을 당할
짐승이 하나도 없고 그 손에서 구할 자가 없으므로 그것이 원하는 대로
행하고 강하여졌더라 5 내가 생각할 때에 한 숫염소가 서쪽에서부터 와서
온 지면에 두루 다니되 땅에 닿지 아니하며 그 염소의 두 눈 사이에는 현
저한 뿔이 있더라 6 그것이 두 뿔 가진 숫양 곧 내가 본 바 강 가에 섰던 양
에게로 나아가되 분노한 힘으로 그것에게로 달려가더니 7 내가 본즉 그
것이 숫양에게로 가까이 나아가서는 더욱 성내어 그 숫양을 쳐서 그 두
뿔을 꺾으나 숫양에게는 그것을 대적할 힘이 없으므로 그것이 숫양을 땅
에 엎드러뜨리고 짓밟았으나 숫양을 그 손에서 벗어나게 할 자가 없었더
라 8 숫염소가 스스로 심히 강대하여 가더니 강성할 때에 그 큰 뿔이 꺾이
고 그 대신에 현저한 뿔 넷이 하늘 사방을 향하여 났더라 9 그 중 한 뿔에
서 또 작은 뿔 하나가 나서 남쪽과 동쪽과 또 영화로운 땅을 향하여 심히
커지더니 10 그것이 하늘 군대에 미칠 만큼 커져서 그 군대와 별들 중의
몇을 땅에 떨어뜨리고 그것들을 짓밟고 11 또 스스로 높아져서 군대의 주재를 대적하며 그에게 매일 드리는 제
사를 없애 버렸고 그의 성소를 헐었으며 12 그의 악으로 말미암아 백성이 매일 드리는 제사가 넘긴 바 되었고 그
것이 또 진리를 땅에 던지며 자의로 행하여 형통하였더라 13 내가 들은즉 한 거룩한 이가 말하더니 다른 거룩한
이가 그 말하는 이에게 묻되 환상에 나타난 바 매일 드리는 제사와 망하게 하는 죄악에 대한 일과 성소와 백성
이 내준 바 되며 짓밟힐 일이 어느 때까지 이를꼬 하매 14 그가 내게 이르되 이천삼백 주야까지니 그 때에 성소가
정결하게 되리라 하였느니라

가브리엘 천사가 환상을 깨닫게 하다

15 나 다니엘이 이 환상을 보고 그 뜻을 알고자 할 때에 사람 모양 같은 것이 내 앞에 섰고 16 내가 들은즉 을래
강 두 언덕 사이에서 사람의 목소리가 있어 외쳐 이르되 가브리엘아 이 환상을 이 사람에게 깨닫게 하라 하더니
17 그가 내가 선 곳으로 나왔는데 그가 나올 때에 내가 두려워서 얼굴을 땅에 대고 엎드리매 그가 내게 이르되
인자야 깨달아 알라 이 환상은 정한 때 끝에 관한 것이니라 18 그가 내게 말할 때에 내가 얼굴을 땅에 대고 엎드
리어 깊이 잠들매 그가 나를 어루만져서 일으켜 세우며 19 이르되 진노하시는 때가 마친 후에 될 일을 내가 네게
알게 하리니 이 환상은 정한 때 끝에 관한 것임이라 20 네가 본 바 두 뿔 가진 숫양은 곧 메대와 바사 왕들이요 21
털이 많은 숫염소는 곧 헬라 왕이요 그의 두 눈 사이에 있는 큰 뿔은 곧 그 첫째 왕이요 22 이 뿔이 꺾이고 그 대
신에 네 뿔이 났은즉 그 나라 가운데에서 네 나라가 일어나되 그의 권세만 못하리라 23 이 네 나라 마지막 때에
반역자들이 가득할 즈음에 한 왕이 일어나리니 그 얼굴은 뻔뻔하며 속임수에 능하며 24 그 권세가 강할 것이나
자기의 힘으로 말미암은 것이 아니며 그가 장차 놀랍게 파괴 행위를 하고 자의로 행하여 형통하며 강한 자들과
거룩한 백성을 멸하리라 25 그가 꾀를 베풀어 제 손으로 속임수를 행하고 마음에 스스로 큰 체하며 또 평화로운
때에 많은 무리를 멸하며 또 스스로 서서 만왕의 왕을 대적할 것이나 그가 사람의 손으로 말미암지 아니하고 깨
지리라 26 이미 말한 바 주야에 대한 환상은 확실하니 너는 그 환상을 간직하라 이는 여러 날 후의 일임이라 하더

알렉산더 대왕의 모자이크 :
바사 제국을 무너뜨리고 헬라제국을 무너뜨리고
헬라제국을 세운 자로서 다니엘 등도
이를 예언하였다(단 11: 3).

단 8장
학습 자료 68-3 "다니엘 시대의 세계사 전개에 대한 다중적 묵시들(도표)" 참조

단 8:8-9
학습 자료 68-4 "단 7장과 8장의 뿔 비교" 참조

라 [27] 이에 나 다니엘이 지쳐서 여러 날 앓다가 일어나서 왕의 일을 보았느니라 내가 그 환상으로 말미암아 놀랐
고 그 뜻을 깨닫는 사람도 없었느니라

다니엘 9장

다니엘의 기도

[1] 메대 족속 아하수에로의 아들 다리오가 갈대아 나라 왕으로 세움을 받
던 첫 해 [2] 곧 그 통치 원년에 나 다니엘이 책을 통해 여호와께서 말씀으
로 선지자 예레미야에게 알려 주신 그 연수를 깨달았나니 곧 예루살렘의
황폐함이 칠십 년만에 그치리라 하신 것이니라 [3] 내가 금식하며 베옷을 입
고 재를 덮어쓰고 주 하나님께 기도하며 간구하기를 결심하고 [4] 내 하나
님 여호와께 기도하며 자복하여 이르기를 크시고 두려워할 주 하나님, 주
를 사랑하고 주의 계명을 지키는 자를 위하여 언약을 지키시고 그에게 인
자를 베푸시는 이시여 [5] 우리는 이미 범죄하여 패역하며 행악하며 반역하
여 주의 법도와 규례를 떠났사오며 [6] 우리가 또 주의 종 선지자들이 주의
이름으로 우리의 왕들과 우리의 고관과 조상들과 온 국민에게 말씀한 것
을 듣지 아니하였나이다 [7] 주여 공의는 주께로 돌아가고 수치는 우리 얼
굴로 돌아옴이 오늘과 같아서 유다 사람들과 예루살렘 거민들과 이스라
엘이 가까운 곳에 있는 자들이나 먼 곳에 있는 자들이 다 주께서 쫓아내
신 각국에서 수치를 당하였사오니 이는 그들이 주께 죄를 범하였음이니
이다 [8] 주여 수치가 우리에게 돌아오고 우리의 왕들과 우리의 고관과 조
상들에게 돌아온 것은 우리가 주께 범죄하였음이니이다 마는 [9] 주 우리
하나님께는 긍휼과 용서하심이 있사오니 이는 우리가 주께 패역하였음이
오며 [10] 우리 하나님 여호와의 목소리를 듣지 아니하며 여호와께서 그의
종 선지자들에게 부탁하여 우리 앞에 세우신 율법을 행하지 아니하였음
이니이다 [11] 온 이스라엘이 주의 율법을 범하고 치우쳐 가서 주
의 목소리를 듣지 아니하였으므로 이 저주가 우리에게 내렸
으되 곧 하나님의 종 모세의 율법에 기록된 맹세대로 되었사오니 이는 우리가 주께 범죄하였음이
니이다 [12] 주께서 큰 재앙을 우리에게 내리사 우리와 및 우리를 재판하던 재판관을 쳐서 하신 말
씀을 이루셨사오니 온 천하에 예루살렘에서 일어난 일 같은 것이 없나이다 [13] 모세의 율법에 기록된
대로 이 모든 재앙이 이미 우리에게 내렸사오나 우리는 우리의 죄악을 떠나고 주의 진리를 깨달아
우리 하나님 여호와의 얼굴을 기쁘게 하지 아니하였나이다 [14] 그러므로 여호와께서 이 재앙을 간직하여 두셨다
가 우리에게 내리게 하셨사오니 우리의 하나님 여호와께서 행하시는 모든 일이 공의로우시나 우리가 그 목소리
를 듣지 아니하였음이니이다 [15] 강한 손으로 주의 백성을 애굽 땅에서 인도하여 내시고 오늘과 같이 명성을 얻
으신 우리 주 하나님이여 우리는 범죄하였고 악을 행하였나이다 [16] 주여 구하옵나니 주는 주의 공의를 따라 주
의 분노를 주의 성 예루살렘, 주의 거룩한 산에서 떠나게 하옵소서 이는 우리의 죄와 우리 조상들의 죄악으로
말미암아 예루살렘과 주의 백성이 사면에 있는 자들에게 수치를 당함이니이다 [17] 그러하온즉 우리 하나님이여
지금 주의 종의 기도와 간구를 들으시고 주를 위하여 주의 얼굴 빛을 주의 황폐한 성소에 비추시옵소서 [18] 나의
하나님이여 귀를 기울여 들으시며 눈을 떠서 우리의 황폐한 상황과 주의 이름으로 일컫는 성을 보옵소서 우리
가 주 앞에 간구하옵는 것은 우리의 공의를 의지하여 하는 것이 아니요 주의 큰 긍휼을 의지하여 함이니이다 [19]
주여 들으소서 주여 용서하소서 주여 귀를 기울이시고 행하소서 지체하지 마옵소서 나의 하나님이여 주 자신을

단 9:1
학습 자료 68-6 "메대 - 바사 제국" 참조

단 9:3-19 본문에 나타난 회개 기도의 요소들
본문의 다니엘의 중보기도는 선민이 죄로 말미암아 징계를 받고 하나님과의 단절된 영적 관계를 회복할 수 있도록 사죄를 간구한 회개 기도로서 다음과 같은 요소들이 포함되어 있다.

1	징계 중에 새롭게 터득한 하나님의 속성과 성품에 관한 고백(4절)
2	하나님의 징계의 정당성과 자기 죄에 대한 인정과 고백(5-8절)
3	구체적인 자기 죄목에 대한 고백(9, 10절)
4	하나님의 징계의 중함과 위엄에 대한 고백(11, 12절)
5	징계 중에도 속히 회개하지 않은 사실에 대한 회개(13, 14절)
6	자신의 죄가 하나님의 영광을 가리웠다는 사실에 대한 회개(16절)
7	주의 의와 긍휼을 의지한 사죄와 회복의 요청(17-19절)

단 9~12장
단 9장과 12장은 주로 중간기 세대의 일들에 대한 예언이 주축을 이룬다. 47일차 본문 부분에 삽입된 "다니엘서 예언 개관" 도표(p824)를 참고하고 읽으면 도움이 될 것이다.

위하여 하시옵소서 이는 주의 성과 주의 백성이 주의 이름으로 일컫는 바 됨이니이다

가브리엘이 환상을 설명하다

20 내가 이같이 말하여 기도하며 내 죄와 내 백성 이스라엘의 죄를 자복하
고 내 하나님의 거룩한 산을 위하여 내 하나님 여호와 앞에 간구할 때 21
곧 내가 기도할 때에 이전에 환상 중에 본 그 사람 가브리엘이 빨리 날아서 저녁 제사를 드릴 때 즈음에 내게 이
르더니 22 내게 가르치며 내게 말하여 이르되 다니엘아 내가 이제 네게 지혜와 총명을 주려고 왔느니라 하니라
23 곧 네가 기도를 시작할 즈음에 명령이 내렸으므로 이제 네게 알리러 왔느니라 너는 크게 은총을 입은 자라 그
런즉 너는 이 일을 생각하고 그 환상을 깨달을지니라 24 네 백성과 네 거룩한 성을 위하여 일흔 이레를 기한으로
정하였나니 허물이 그치며 죄가 끝나며 죄악이 용서되며 영원한 의가 드러나며 환상과 예언이 응하며 또 지극히
거룩한 이가 기름 부음을 받으리라 25 그러므로 너는 깨달아 알지니라 예루살렘을 중건하라는 영이 날 때부터
기름 부음을 받은 자 곧 왕이 일어나기까지 일곱 이레와 예순두 이레가 지날 것이요 그 곤란한 동안에 성이 중건
되어 광장과 거리가 세워질 것이며 26 예순두 이레 후에 기름 부음을 받은 자가 끊어져 없어질 것이며 장차 한 왕
의 백성이 와서 그 성읍과 성소를 무너뜨리려니와 그의 마지막은 홍수에 휩쓸림 같을 것이며 또 끝까지 전쟁이
있으리니 황폐할 것이 작정되었느니라 27 그가 장차 많은 사람들과 더불어 한 이레 동안의 언약을 굳게 맺고 그
가 그 이레의 절반에 제사와 예물을 금지할 것이며 또 포악하여 가증한 것이 날개를 의지하여 설 것이며 또 이미
정한 종말까지 진노가 황폐하게 하는 자에게 쏟아지리라 하였느니라 하니라

단 9:20-27
학습 자료 68-7 "70 이레 풀이" 도표 참고

다니엘 10장

힛데겔 강가에서 본 환상

1 바사 왕 고레스 제삼년에 한 일이 벨드사살이라 이름한 다니엘에게 나
타났는데 그 일이 참되니 곧 큰 전쟁에 관한 것이라 다니엘이 그 일을 분
명히 알았고 그 환상을 깨달으니라 2 그 때에 나 다니엘이 세 이레 동안을
슬퍼하며 3 세 이레가 차기까지 좋은 떡을 먹지 아니하며 고기와 포도주
를 입에 대지 아니하며 또 기름을 바르지 아니하니라 4 첫째 달 이십사일
에 내가 힛데겔이라 하는 큰 강 가에 있었는데 5 그 때에 내가 눈을 들어
바라본즉 한 사람이 세마포 옷을 입었고 허리에는 우바스 순금 띠를 띠
었더라 6 또 그의 몸은 황옥 같고 그의 얼굴은 번갯빛 같고 그의 눈은 횃
불 같고 그의 팔과 발은 빛난 놋과 같고 그의 말소리는 무리의 소리와 같
더라 7 이 환상을 나 다니엘이 홀로 보았고 나와 함께 한 사람들은 이 환
상은 보지 못하였어도 그들이 크게 떨며 도망하여 숨었느니라 8 그러므로
나만 홀로 있어서 이 큰 환상을 볼 때에 내 몸에 힘이 빠졌고 나의 아름다
운 빛이 변하여 썩은 듯하였고 나의 힘이 다 없어졌으나 9 내가 그의 음성
을 들었는데 그의 음성을 들을 때에 내가 얼굴을 땅에 대고 깊이 잠들었
느니라 10 한 손이 있어 나를 어루만지기로 내가 떨었더니 그가 내 무릎과
손바닥이 땅에 닿게 일으키고 11 내게 이르되 큰 은총을 받은 사람 다니
엘아 내가 네게 이르는 말을 깨닫고 일어서라 내가 네게 보내심을 받았느니라 하더라 그가 내게 이 말을 한 후
에 내가 떨며 일어서니 12 그가 내게 이르되 다니엘아 두려워하지 말라 네가 깨달으려 하여 네 하나님 앞에 스스
로 겸비하게 하기로 결심하던 첫날부터 네 말이 응답 받았으므로 내가 네 말로 말미암아 왔느니라 13 그런데 바
사 왕국의 군주가 이십일 일 동안 나를 막았으므로 내가 거기 바사 왕국의 왕들과 함께 머물러 있더니 가장 높
은 군주 중 하나인 미가엘이 와서 나를 도와주므로 14 이제 내가 마지막 날에 네 백성이 당할 일을 네게 깨닫게

단 10:5, 6 다니엘과 요한계시록에 나타난 메시아에 대한 묘사 비교

다니엘(10:5, 6)	계시록(1:13-16)
옷은 세마포임(10:5)	발에 끌리는 옷을 입음(1:13)
허리에는 정금 띠를 두름(10:5)	가슴에 금 띠를 두름(1:13)
몸은 황옥 같음(10:6)	인자(人子)같음(1:13)
얼굴은 번갯빛 같음(10:6)	얼굴은 해가 비취는 것 같음(1:16)
눈은 횃불 같음(10:6)	눈은 불꽃 같음(1:14)
팔은 빛난 놋 같음(10:6)	발은 풀무에 단련한 빛난 주석 같음(1:14)
말소리는 무리의 소리 같음(10:6)	음성은 많은 물소리 같음(1:14)
	머리와 털이 흰양털과 눈 같음(1:14)
	입에서 좌우에 날선 검이 나옴(1:16)

67일~72일

하러 왔노라 이는 이 환상이 오랜 후의 일임이라 하더라 15 그가 이런 말
로 내게 이를 때에 내가 곧 얼굴을 땅에 향하고 말문이 막혔더니 16 인자
와 같은 이가 있어 내 입술을 만진지라 내가 곧 입을 열어 내 앞에 서 있는
자에게 말하여 이르되 내 주여 이 환상으로 말미암아 근심이 내게 더하므
로 내가 힘이 없어졌나이다 17 내 몸에 힘이 없어졌고 호흡이 남지 아니하
였사오니 내 주의 이 종이 어찌 능히 내 주와 더불어 말씀할 수 있으리이
까 하니 18 또 사람의 모양 같은 것 하나가 나를 만지며 나를 강건하게 하
여 19 이르되 큰 은총을 받은 사람이여 두려워하지 말라 평안하라 강건하
라 강건하라 그가 이같이 내게 말하매 내가 곧 힘이 나서 이르되 내 주께
서 나를 강건하게 하셨사오니 말씀하옵소서 20 그가 이르되 내가 어찌하
여 네게 왔는지 네가 아느냐 이제 내가 돌아가서 바사 군주와 싸우려니
와 내가 나간 후에는 헬라의 군주가 이를 것이라 21 오직 내가 먼저 진리
의 글에 기록된 것으로 네게 보이리라 나를 도와서 그들을 대항할 자는
너희의 군주 미가엘뿐이니라

❖ 단 10장 **영적 전투**
다니엘서 10장은 인류 역사의 배후인 영적인 영역에서 싸우고 있는 선한 천사들과 악한 천사들 간의 전쟁에 대해서 얼핏 보여 준다. 다니엘이 기도할 때 한 명의 천사가 하나님의 응답을 가지고 지상의 다니엘에게 보내졌다. 그러자 사탄의 진영에서 그 천사보다 더 센 악한 천사가 끼어들어 그를 가로 막았다. 하지만 하나님의 군대 장관인 미가엘이 그를 도와 악한 천사의 방해를 뚫고 길을 열어 주었다.
우리는 영적인 전쟁의 실제 장면들을 구체적으로 알 수 없지만, 분명한 것은 인간 역사의 배후에는 선한 영들과 악한 영들 간의 전투가 매일 벌어지고 있다는 사실이다. 그리고 다니엘처럼 우리의 기도는 영적인 영역에서 엄청난 영향력을 갖고 있다는 사실이다. 그것은 그리스도의 지상 군사로서 우리가 영적인 전쟁에서 우리의 "무릎으로"(단 10:10) 싸울 수 있음을 의미한다.

다니엘 11장

1 내가 또 메대 사람 다리오 원년에 일어나 그를 도와서 그를 강하게 한 일이 있었느니라

남방 왕과 북방 왕이 싸우리라

2 이제 내가 참된 것을 네게 보이리라 보라 바사에서 또 세 왕들이 일어날
것이요 그 후의 넷째는 그들보다 심히 부요할 것이며 그가 그 부요함으로
강하여진 후에는 모든 사람을 충동하여 헬라 왕국을 칠 것이며 3 장차 한 능력 있는 왕이 일어나서 큰 권세로 다
스리며 자기 마음대로 행하리라 4 그러나 그가 강성할 때에 그의 나라가 갈라져 천하 사방에 나누일 것이나 그
의 자손에게로 돌아가지도 아니할 것이요 또 자기가 주장하던 권세대로도 되지 아니하리니 이는 그 나라가 뽑
혀서 그 외의 다른 사람들에게로 돌아갈 것임이라 5 남방의 왕들은 강할 것이나 그 군주들 중 하나는 그보다 강
하여 권세를 떨치리니 그의 권세가 심히 클 것이요 6 몇 해 후에 그들이 서로 단합하리니 곧 남방 왕의 딸이 북방
왕에게 가서 화친하리라 그러나 그 공주의 힘이 쇠하고 그 왕은 서지도 못하며 권세가 없어질 뿐 아니라 그 공주
와 그를 데리고 온 자와 그를 낳은 자와 그 때에 도와 주던 자가 다 버림을 당하리라 7 그러나 그 공주의 본 족속
에게서 난 자 중의 한 사람이 왕위를 이어 권세를 받아 북방 왕의 군대를 치러 와서 그의 성에 들어가서 그들을
쳐서 이기고 8 그 신들과 부어 만든 우상들과 은과 금의 아름다운 그릇들은 다 노략하여 애굽으로 가져갈 것이
요 몇 해 동안은 그가 북방 왕을 치지 아니하리라 9 북방 왕이 남방 왕의 왕국으로 쳐들어갈 것이나 자기 본국으
로 물러가리라 10 그러나 그의 아들들이 전쟁을 준비하고 심히 많은 군대를 모아서 물이 넘침 같이 나아올 것이
며 그가 또 와서 남방 왕의 견고한 성까지 칠 것이요 11 남방 왕은 크게 노하여 나와서 북방 왕과 싸울 것이라 북
방 왕이 큰 무리를 일으킬 것이나 그 무리는 그의 손에 넘겨 준 바 되리라 12 그가 큰 무리를 사로잡은 후에 그의
마음이 스스로 높아져서 수만 명을 엎드러뜨릴 것이나 그 세력은 더하지 못할 것이요 13 북방 왕은 돌아가서 다
시 군대를 전보다 더 많이 준비하였다가 몇 때 곧 몇 해 후에 대군과 많은 물건을 거느리고 오리라 14 그 때에 여
러 사람이 일어나서 남방 왕을 칠 것이요 네 백성 중에서도 포악한 자가 스스로 높아져서 환상을 이루려 할 것이
나 그들이 도리어 걸려 넘어지리라 15 이에 북방 왕은 와서 토성을 쌓고 견고한 성읍을 점령할 것이요 남방 군대
는 그를 당할 수 없으며 또 그가 택한 군대라도 그를 당할 힘이 없을 것이므로 16 오직 와서 치는 자가 자기 마음
대로 행하리니 그를 당할 사람이 없겠고 그는 영화로운 땅에 설 것이요 그의 손에는 멸망이 있으리라 17 그가 결
심하고 전국의 힘을 다하여 이르렀다가 그와 화친할 것이요 또 여자의 딸을 그에게 주어 그의 나라를 망하게 하

단 11:3 알렉산더 대왕을 가리킨다.

려 할 것이나 이루지 못하리니 그에게 무익하리라 18 그 후에 그가 그의
얼굴을 바닷가로 돌려 많이 점령할 것이나 한 장군이 나타나 그의 정복을
그치게 하고 그 수치를 그에게로 돌릴 것이므로 19 그가 드디어 그 얼굴을
돌려 자기 땅 산성들로 향할 것이나 거쳐 넘어지고 다시는 보이지 아니하
리라

비천한 북방 왕

20 그 왕위를 이을 자가 압제자를 그 나라의 아름다운 곳으로 두루 다니
게 할 것이나 그는 분노함이나 싸움이 없이 몇 날이 못 되어 망할 것이요
21 또 그의 왕위를 이을 자는 한 비천한 사람이라 나라의 영광을 그에게
주지 아니할 것이나 그가 평안한 때를 타서 속임수로 그 나라를 얻을 것
이며 22 넘치는 물 같은 군대가 그에게 넘침으로 말미암아 패할 것이요 동
맹한 왕도 그렇게 될 것이며 23 그와 약조한 후에 그는 거짓을 행하여 올
라올 것이요 소수의 백성을 가지고 세력을 얻을 것이며 24 그가 평안한 때
에 그 지방의 가장 기름진 곳에 들어와서 그의 조상들과 조상들의 조상
이 행하지 못하던 것을 행할 것이요 그는 노략하고 탈취한 재물을 무리에
게 흩어 주며 계략을 세워 얼마 동안 산성들을 칠 것인데 때가 이르기까
지 그리하리라 25 그가 그의 힘을 떨치며 용기를 다하여 큰 군대를 거느리
고 남방 왕을 칠 것이요 남방 왕도 심히 크고 강한 군대를 거느리고 맞아
싸울 것이나 능히 당하지 못하리니 이는 그들이 계략을 세워 그를 침이니
라 26 그의 음식을 먹는 자들이 그를 멸하리니 그의 군대가 흩어질 것이요
많은 사람이 엎드러져 죽으리라 27 이 두 왕이 마음에 서로 해하고자 하여
한 밥상에 앉았을 때에 거짓말을 할 것이라 일이 형통하지 못하리니 이는
아직 때가 이르지 아니하였으므로 그 일이 이루어지지 아니할 것임이니라
28 북방 왕은 많은 재물을 가지고 본국으로 돌아가리니 그는 마음으로 언
약을 거스르며 자기 마음대로 행하고 본토로 돌아갈 것이며 29 작정된 기
한에 그가 다시 나와서 남방에 이를 것이나 이번이 그 전번만 못하리니 30
이는 깃딤의 배들이 이르러 그를 칠 것임이라 그가 낙심하고 돌아가면서
맺은 언약에 분노하였고 자기 땅에 돌아가서는 맺은 언약을 배반하는 자
들을 살필 것이며 31 군대는 그의 편에 서서 성소 곧 견고한 곳을 더럽히며
매일 드리는 제사를 폐하며 멸망하게 하는 가증한 것을 세울 것이며 32 그
가 또 언약을 배반하고 악행하는 자를 속임수로 타락시킬 것이나 오직 자
기의 하나님을 아는 백성은 강하여 용맹을 떨치리라 33 백성 중에 지혜로
운 자들이 많은 사람을 가르칠 것이나 그들이 칼날과 불꽃과 사로잡힘과
약탈을 당하여 여러 날 동안 몰락하리라 34 그들이 몰락할 때에 도움을 조
금 얻을 것이나 많은 사람들이 속임수로 그들과 결합할 것이며 35 또 그들 중 지혜로운 자 몇 사람이 몰락하여 무
리 중에서 연단을 받아 정결하게 되며 희게 되어 마지막 때까지 이르게 하리니 이는 아직 정한 기한이 남았음이
라 36 그 왕은 자기 마음대로 행하며 스스로 높여 모든 신보다 크다 하며 비상한 말로 신들의 신을 대적하며 형통
하기를 분노하심이 그칠 때까지 하리니 이는 그 작정된 일을 반드시 이룰 것임이라 37 그가 모든 것보다 스스로
크다 하고 그의 조상들의 신들과 여자들이 흠모하는 것을 돌아보지 아니하며 어떤 신도 돌아보지 아니하고 38
그 대신에 강한 신을 공경할 것이요 또 그의 조상들이 알지 못하던 신에게 금 은 보석과 보물을 드려 공경할 것

단 11장 중간기 역사를 예언함

바사 제국의 창건자 고레스의 뒤를 이어 즉위한 세 명의 바사 왕들(캄비세스, 스멜디스, 다리오 1세)이 통치한 후에, "아하수에로" 왕으로 알려진 '크세르크세스(Xerxes)'가 보좌에 올랐다. 그는 주전 479년경에 헬라(그리스) 정복을 시도했지만 실패했고(살라미스 전쟁), 이후 바사 제국은 약화되고 패망했다.

그리하여 이제 다니엘은 헬라의 알렉산더 대왕의 통치와(11:3), 그리고 그의 죽음 이후에 일어날 그의 네 명의 장군들의 분쟁을 예언했다(11:4). 알렉산더의 죽음 이후, 헬라 제국을 분할 통치할 4명의 장군들은 톨레미와 셀레우코스와 카산더와 리시마쿠스이었다.

이 중 애굽과 팔레스타인 지역을 통치한 톨레미 왕조(Ptolemy)와 시리아와 바벨론 지역을 통치한 셀레우코스(Seleucus) 왕조가 이스라엘 역사와 밀접하게 관련되었기 때문에, 성경은 그들에게 초점을 맞추고 있다.

다니엘서 11장에 언급된 "남방의 왕들"(11:5)은 당시 애굽의 통치자인 톨레미 왕조의 왕들을 가리키고, "북방의 왕들"(11:6)은 시리아의 통치자들인 셀레우코스 왕조의 왕들을 가리킨다. 여기에는 여섯 명의 톨레미 왕조의 왕들과 일곱 명의 셀레우코스 왕조의 왕들이 등장하고 있다. 그들의 동맹, 전쟁, 결혼, 그리고 음모는 현실화되었다.

다니엘서 11:21-45 부분은 비천한 북방 왕에 의해 자행된 유대교 박해 사건에 관한 언급이 있다. 여기서 "비천한 북방의 왕"은 유대교 박해자로 악명 높은 '안티오쿠스 4세 에피파네스'(주전 175-163)를 가리키는데, 그의 출세와 득세, 그가 자행한 극심한 유대교 박해 사건, 그의 교만과 우상숭배, 그리고 그의 최후 등의 내용이 다루어지고 있다.

이런 내용들은 하나님께 대적하는 부패한 권력자의 횡포가 그 얼마나 파괴적 인지, 그리고 세상 권세자들의 권력이 얼마나 덧없는지를 잘 보여 준다.

단 11:31

학습 자료 68-8 "안티오쿠스 4세 아피파네스의 예루살렘 성전 모독 사건" 참조

이며 39 그는 이방신을 힘입어 크게 견고한 산성들을 점령할 것이요 무릇 그를 안다 하는 자에게는 영광을 더하
여 여러 백성을 다스리게도 하며 그에게서 뇌물을 받고 땅을 나눠 주기도 하리라 40 마지막 때에 남방 왕이 그와
힘을 겨룰 것이나 북방 왕이 병거와 마병과 많은 배로 회오리바람처럼 그에게로 마주 와서 그 여러 나라에 침공
하여 물이 넘침 같이 지나갈 것이요 41 그가 또 영화로운 땅에 들어갈 것이요 많은 나라를 패망하게 할 것이나 오
직 에돔과 모압과 암몬 자손의 지도자들은 그의 손에서 벗어나리라 42 그가 여러 나라들에 그의 손을 펴리니 애
굽 땅도 면하지 못할 것이니 43 그가 권세로 애굽의 금 은과 모든 보물을 차지할 것이요 리비아 사람과 구스 사
람이 그의 시종이 되리라 44 그러나 동북에서부터 소문이 이르러 그를 번민하게 하므로 그가 분노하여 나가서
많은 무리를 다 죽이며 멸망시키고자 할 것이요 45 그가 장막 궁전을 바다와 영화롭고 거룩한 산 사이에 세울 것
이나 그의 종말이 이르리니 도와 줄 자가 없으리라

다니엘 12장

✣ 단 12장
말세의 환난과 대종말에 대한 가브리엘의 예언 및 전 묵시를 마감하는 두 천사의 선언을 언급하고 있다.

학습 자료 68-9 "구약과 신약의 연속성과 점진성" 참조

끝날

1 그 때에 네 민족을 호위하는 큰 군주 미가엘이 일어날 것이요 또 환난
이 있으리니 이는 개국 이래로 그 때까지 없던 환난일 것이며 그 때에 네
백성 중 책에 기록된 모든 자가 구원을 받을 것이라 2 땅의 티끌 가운데
에서 자는 자 중에서 많은 사람이 깨어나 영생을 받는 자도 있겠고 수치를 당하여서 영원히 부끄러움을 당할 자
도 있을 것이며 3 지혜 있는 자는 궁창의 빛과 같이 빛날 것이요 많은 사람을 옳은 데로 돌아오게
한 자는 별과 같이 영원토록 빛나리라 4 다니엘아 마지막 때까지 이 말을 간수하고 이 글을 봉함
하라 많은 사람이 빨리 왕래하며 지식이 더하리라 5 나 다니엘이 본즉 다른 두 사람이 있어 하
나는 강 이쪽 언덕에 섰고 하나는 강 저쪽 언덕에 섰더니 6 그 중에 하나가 세마포 옷을 입은
자 곧 강물 위쪽에 있는 자에게 이르되 이 놀라운 일의 끝이 어느 때까지냐 하더라 7 내가 들
은즉 그 세마포 옷을 입고 강물 위쪽에 있는 자가 자기의 좌우 손을 들어 하늘을 향하여 영원
히 살아 계시는 이를 가리켜 맹세하여 이르되 반드시 한 때 두 때 반 때를 지나서 성도의 권세가 다 깨지기까지
이니 그렇게 되면 이 모든 일이 다 끝나리라 하더라 8 내가 듣고도 깨닫지 못한지라 내가 이르되 내 주여 이 모든
일의 결국이 어떠하겠나이까 하니 9 그가 이르되 다니엘아 갈지어다 이 말은 마지막 때까지 간수하고 봉함할 것
임이니라 10 많은 사람이 연단을 받아 스스로 정결하게 하며 희게 할 것이나 악한 사람은 악을 행하리니 악한 자
는 아무것도 깨닫지 못하되 오직 지혜 있는 자는 깨달으리라 11 매일 드리는 제사를 폐하며 멸망하게 할 가증한
것을 세울 때부터 천이백구십 일을 지낼 것이요 12 기다려서 천삼백삼십오 일까지 이르는 그 사람은 복이 있으리
라 13 너는 가서 마지막을 기다리라 이는 네가 평안히 쉬다가 끝날에는 네 몫을 누릴 것임이라

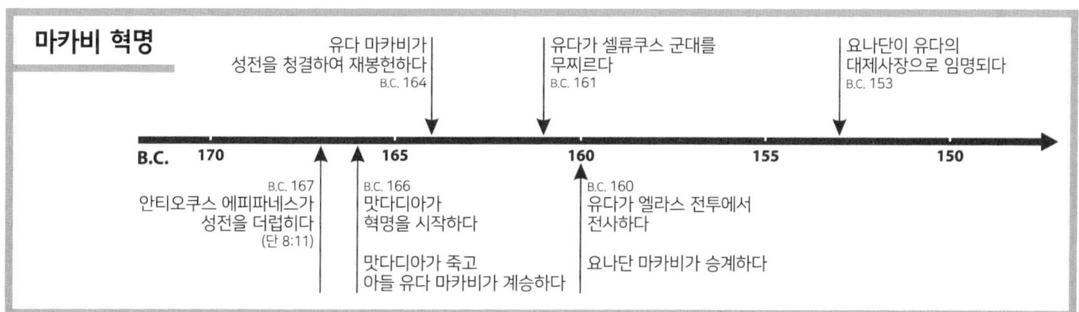
마카비 혁명
유다 마카비가 성전을 청결하여 재봉헌하다
B.C. 164
유다가 셀류쿠스 군대를 무찌르다
B.C. 161
요나단이 유다의 대제사장으로 임명되다
B.C. 153
B.C.
170
165
160
155
150
B.C. 167
안티오쿠스 에피파네스가 성전을 더럽히다
(단 8:11)
B.C. 166
맛다디아가 혁명을 시작하다
맛다디아가 죽고 아들 유다 마카비가 계승하다
B.C. 160
유다가 엘라스 전투에서 전사하다
요나단 마카비가 승계하다

67일~72일

68일차 읽기의 요약

(슥 9~14, 단 7~12)

포로귀환 백성들에게 중단된 성전 재건을 계속할 것을 명령하는 메시지로 시작된 스가랴서는 후반부에서 장차 메시아가 오실 것과 그분이 하실 구체적인 사역에 관한 내용들로 진전된다. 나귀를 타고 오실 평강의 왕 메시아의 고난으로 하나님께서는 그분의 구속 역사를 온 민족들 가운데 이루실 것이다. 심판과 구원의 날인 여호와의 날에 믿지 않는 유대인들은 버림을 받을 것이나 메시아의 사역을 통해 그분께 모여오는 큰 무리를 하나님께서 정결하게 하시고 새로운 하나님의 백성들로 삼으실 것이다.

하나님께서는 앞으로 되어질 세계 역사의 큰 흐름을 다니엘이 본 환상을 통해 예언하신다. 예루살렘 성전 재건에 대한 명령이 내릴 때부터 시작하여 예수께서 예루살렘에 나귀를 타고 입성하실 때까지의 긴 시간 동안 바벨론, 메대, 바사, 헬라, 로마로 세계사가 흘러갈 것이다. 특히 그 가운데 헬라의 안티오쿠스 4세에 이르면 유대교가 잔인하게 박해받게 될 것까지 다니엘의 환상을 통해 예언한다.

인위뚝·신위고!

그러면 어떻게 살 것인가?

세계관 점검 - 묵상하기 (영상 강의와 교재 내용의 이해를 바탕으로)

단 2장과 7장 비교 묵상

불신자 느부갓네살에게 보인 세상 나라와 하나님 나라

다니엘서 2장에서 느부갓네살이 꾼 꿈에서는 세상 나라들이 금(바벨론), 은(메대-바사), 놋(그리스), 철(로마)로 화려하게 보였을 것이다. 그러나 이 화려한 세상 나라들도 뜨인 돌 하나에 의해 가루처럼 바스러져 사라지고 이 돌은 태산을 이루었다고 했다. 다니엘은 이 돌은 영원한 하나님 나라로 해석했다(단 2:44). 불신자인 느부갓네살이 꾼 꿈에서 세상 나라들은 금, 은, 놋, 철로 화려하게 보이고 하나님 나라는 보잘것없는 모양도 없고 풍채도 없는 돌멩이로 보였다. 그렇지만 사람들 보기에 고운 모양도 없고 풍채도 없는 돌멩이와 같은 하나님 나라가 세상 나라를 제압하고 영원히 선다는 것을 증거하고 있다. 하나님은 그 당시 최강대국인 바벨론의 느부갓네살 앞에 세상 나라의 유한함과 하나님 나라의 영원성을 증거하신 것이다.

하나님의 사람 다니엘에게 보인 세상 나라와 하나님 나라

다니엘서 7장에서 하나님의 백성인 다니엘이 꾼 꿈에서는 세상 나라들이 사자(바벨론), 곰(메대-바사), 표범(그리스), 무섭고 놀라운 짐승(로마)으로 보였다. 그러나 이 세상 나라들을 물리치는 하나님 나라는'인자(人子) 같은 이'(단 7:13)가 다스리시는 영원한 나라로 언급된다.

성도가 보기에 세상 나라는 짐승의 나라이다(이러한 다니엘서의 내용을 바탕으로 해서 요한 계

67일~72일

시록에서 '짐승'이 언급되고 있다). 그러나 '하나님 나라'는 돌멩이 같은 나라가 아니라 '하늘 구름을 타고 오시는 영광스러운 인자(人子), 하늘의 인격을 가지신 분, 곧 그리스도가 다스리시는 영광스러운 나라이다. 이러한 계시로 교만한 세상 나라를 납작하게 만드시고 포로로 잡혀간 이스라엘 백성들에게는 영원한 하나님 나라의 영광으로 위로하셨다.

☑ 세상 나라의 유한성과 그리스도 나라의 영원성. 세상 나라는 유한한 나라
그리스도의 나라는 영원하다는 메시지는 본서 전체에 수록된 꿈과 그에 대한 해몽, 다양한 묵시들을 통해 반복적으로 선언되고 있다. 이 중 가장 먼저 제시된 본서 2장에 기록된 느부갓네살의 꿈은 이 모든 묵시들을 충분히 포괄하며 대표하는 것이라 할 수 있다. 이 꿈의 내용은 하나의 거대한 신상과 사람의 손으로 하지 아니한 돌을 중심으로 전개된다. 그 신상은 네 가지 금속으로 되었으며 머리부터 발끝까지의 재료가 각각 다르다. 곧 그 신상은 금으로 된 머리, 은으로 된 가슴, 놋으로 된 배, 철로 된 허벅지와 놋과 철과 진흙이 합쳐진 발로 된 것이다. 그리고 사람의 손으로 아니 한 돌이 제시되는데 그 돌은 그 신상의 발에 떨어져 그것을 산산히 부서뜨리며 온 세상에 가득하여 태산을 이루게 된다. 이 꿈에 대한 해설을 제시하고 그것을 마치면서 다니엘은 마지막 사람의 손으로 아니 한 돌과 관련해 "이 여러 왕들의 시대에 하늘의 하나님이 한 나라를 세우시니 이것은 영원히 망하지도 아니할 것이요 그 국권이 다른 백성에게로 돌아가지도 아니할 것이요 도리어 이 모든 나라를 쳐서 멸망시키고 영원히 설 것이라"(2:44)고 선언한다. 이러한 다니엘의 선언은 실로 수정처럼 선명하다. 한마디로 세상 나라는 멸망당하나 그리스도를 상징하는 사람의 손으로 아니 한 돌, 그로 인해 세워지는 태산같은 그리스도의 나라는 영원히 선다는 것이다. 이러한 선명한 대조는 이 예언을 접하는 이들에게 무너질 신상으로 대변되는 세상 나라와 영원히 견고히 설 그리스도의 나라 사이에서 양자택일을 촉구한다고 할 수 있다. 이러한 제2장 필두로 본서의 모든 묵시는 유한한 세상 나라와 영원한 그리스도의 나라를 선명하게 대비해 주고 동일한 신앙적 결단을 지속적으로 촉구하는 것이다.

✎ 하나님의 선지자들이 제역할을 할 수 없는 이런 시대에 공자와 석가와 소크라테스, 소위 인류의 3대 성인이 탄생했다. 무슨 의미가 있을까? 신위와 인위의 개념을 근거로 한번 깊이 생각해 보라.

✎ 단 10장의 영적 전쟁은 오늘에도 진행되고 있다고 생각하는가? 과학만능주의 시대에 무슨 그리스 시대의 신화 같은 이야기로 여기고 있는가? 계시록 12장의 미가엘이 공중에서 전쟁을 일으키는 것은 단순히 하나의 환상에 불과한 것으로 생각하는가?
오늘날의 영적 전쟁은 세계관의 충돌로 일어나고 있다는 사실을 분명히 할 때 크리스천은 성경의 진리를 확고히 하여야 승리할 수 있다.

☑ 결단기도와 실행하기

약 2:26 영혼 없는 몸이 죽은 것 같이 행함이 없는 믿음은 죽은 것이니라
시 119:28 나의 영혼이 눌림으로 말미암아 녹사오니 주의 말씀대로 나를 세우소서

신 약

A.D. 1세기 로마 황제, 유대 총독 및 분봉왕들

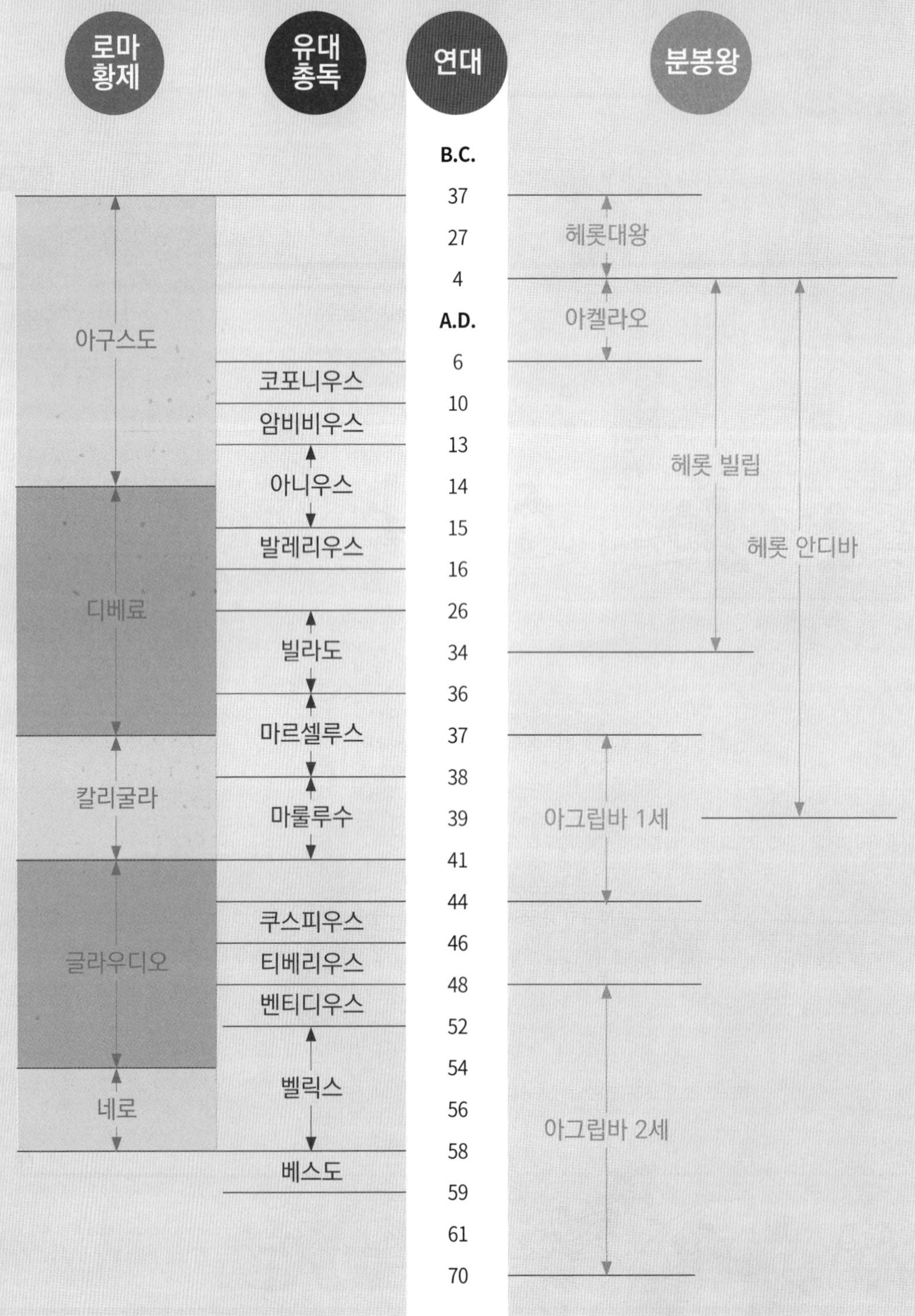

신약 성경 각권 주제 한눈에 보기

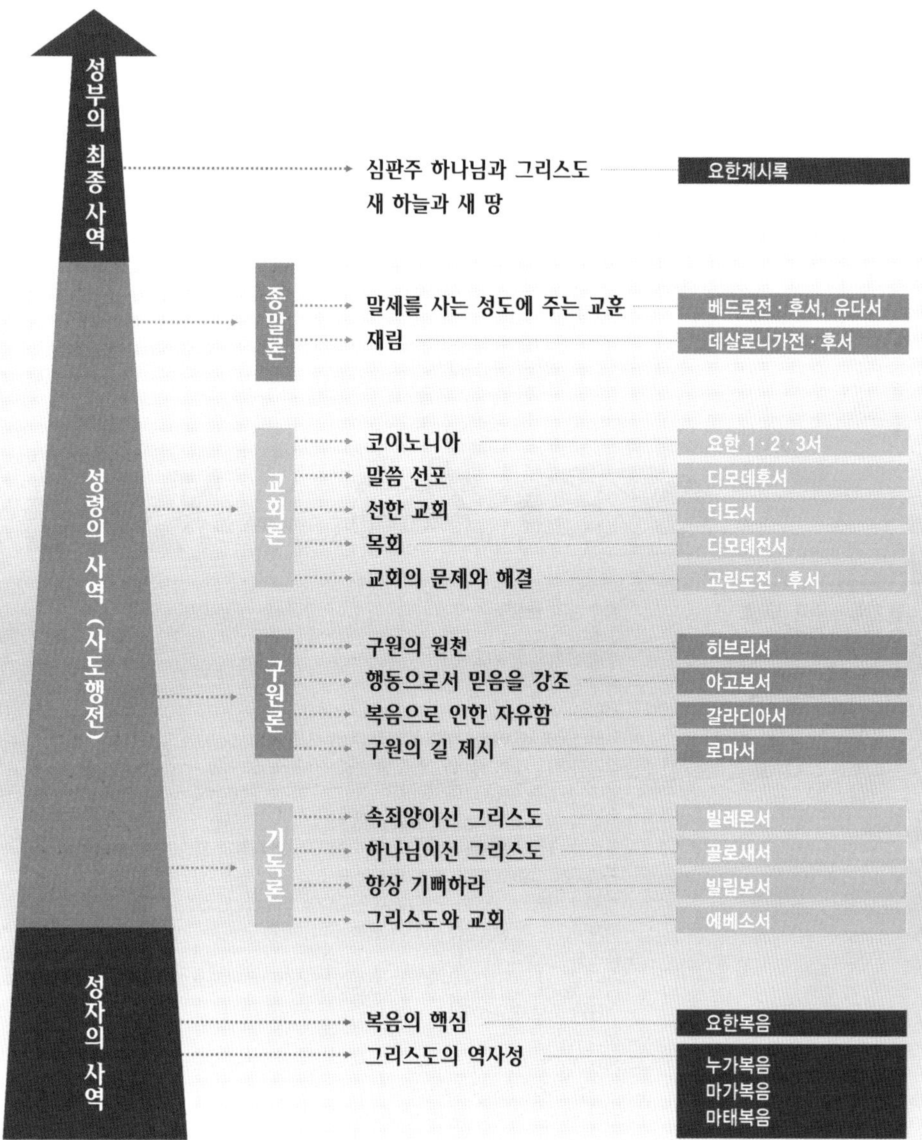

신약 구조에서 보는 구속론적 의미

복음서가 칭의적이며 하나님 나라의 임재와 성취라면 서신서는 그 하나님 나라를 이루어 가는 성화적 삶의 길을 제시하는 것이고 계시록은 하나님 나라의 완성을 통한 영화에 이르는 길을 보여 주는 의미를 갖는다고 볼 수 있다.

복음시대

B.C. 5~
A.D. 30년

주요인물 열두 제자 / 마리아와 요셉 / 마리아와 마르다 / 빌라도와 헤롯 / 세례요한 / 니고데모 / 나사로 / 막달라 마리아

BC 5/4 – AD 26

예수님의 사생애

- 탄생(눅 2:1–20)
- 하나님께 바침(눅 2:22–38)
- 동방 박사들의 경배함(마 2:1–12)
- 요셉이 가족을 데리고 애굽으로 피신함(마 2:13–18)

AD 8

- 12세 때 성전을 순례하심(눅 2:41–52)

B.C / A.D.

26

AD 26 가을 – AD 30 봄

예수님의 공생애

- 세례 요한의 증거(요 1:29)
- 세례(마 3:16, 17)
- 시험(마 4:1–11)
- 가버나움에서 사역하심(마 4, 9장; 막 1, 2장; 눅 4, 5장)
- 갈릴리에서 사역하심(마 12장; 막 2:38–3:12; 눅 6:1–19)
- 열 두 제자를 택하심(마 10:1–4)
- 산상 수훈(마 5:1–7:29; 눅 6:20–29)
- 두로와 시돈 지방(마 15:21–28; 막 7:24–30), 데가볼리 지방(마 29–39장; 막 7:31–8:9),
- 가이사랴 빌립보 지방(마 16:13–28; 막 8:27–37; 눅 9:18–27)
- 베뢰아 지방(눅 13:22–17:10)에서 전도하심
- 마지막으로 예루살렘에 올라가심(눅 17:11 이하)
- 승리의 입성(마 21:1–11)
- 다락방에서 제자들과 함께 유월절을 지내심(마 26:17–29)
- 위대한 중보자(요 17장)
- 성전 청결(요 2:12)
- 겟세마네 동산(마 26:36–56)
- 고난과 죽으심(마 26:57–27)
- 장사되심(마 27:57–66; 막 15:42–46; 눅 23:50–56; 요 19:31–37)
- 부활(마 28장)
- 승천(행 1장)

30

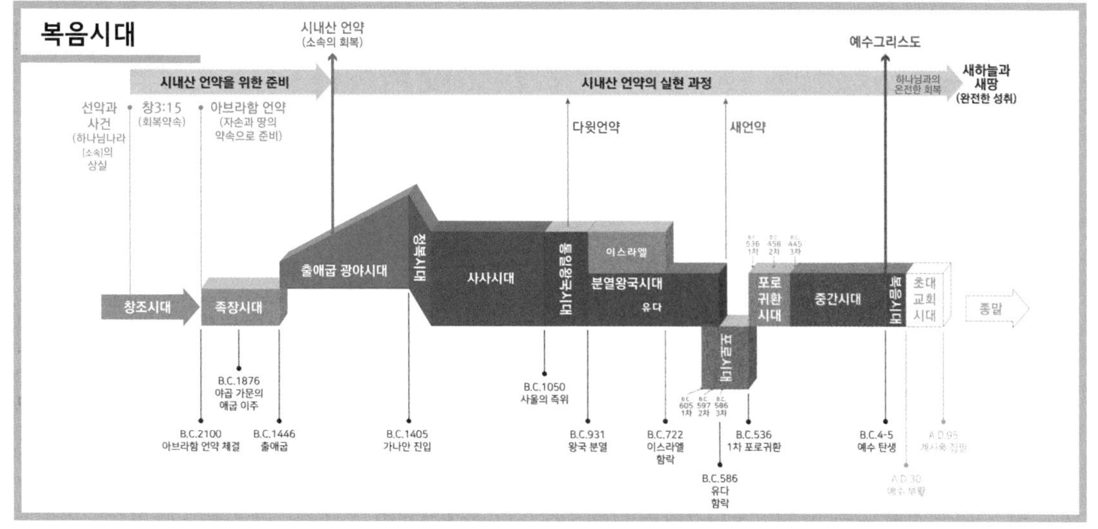

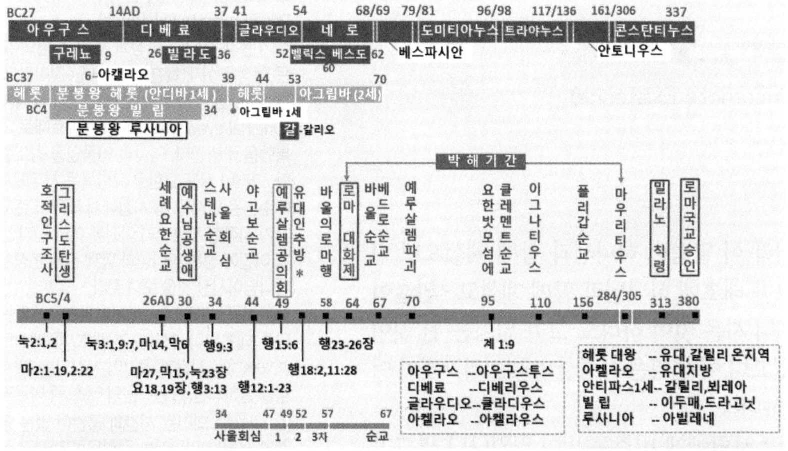

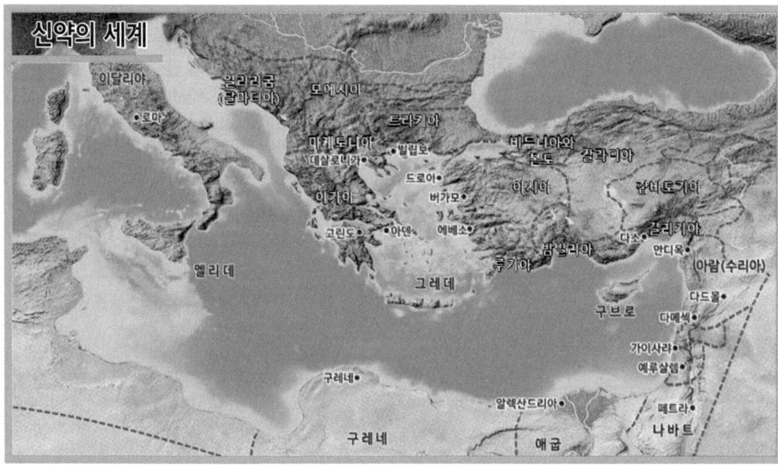

학습 자료 69-1
"4 복음서 비교 도표" 참조

4 복음서를 아래와 같이 12부의 예수님 생애로 구분해서 읽는다.

제1부 서언
제2부 세례요한과 예수님 탄생
제3부 예수님의 공생애 시작
제4부 예수님의 갈릴리 유대, 사마리아 사역
제5부 예수님의 갈릴리 대사역
제6부 갈릴리 지역 밖에서 강도 높은 제자훈련
제7부 예수님의 후기 유대지방 사역
제8부 예수님의 베뢰아지방 사역
제9부 예수님의 예루살렘 마지막 사역
제10부 예수님이 제자들과 마지막 시간을 가짐
제11부 예수님의 십자가의 대속 사역
제12부 예수님의 부활과 승천

누가 1:1-4

- 누가복음서의 헌정 -

누가 1:1-4

데오빌로 각하에게

[1]우리 중에 이루어진 사실에 대하여 [2]처음부터 목격자와 말씀의 일꾼 된
자들이 전하여 준 그대로 내력을 저술하려고 붓을 든 사람이 많은지라 [3]
그 모든 일을 근원부터 자세히 미루어 살핀 나도 데오빌로 각하에게 차례
대로 써 보내는 것이 좋은 줄 알았노니 [4]이는 각하가 알고 있는 바를 더
확실하게 하려 함이로라

요한 1:1-5, 9-13

- 예수님의 선재성(先在性 Pre-incarnate Existence) -

요한 1:1-5, 9-13

말씀이 육신이 되어

1:1-5 [1]태초에 말씀이 계시니라 이 말씀이 하나님과 함께 계셨으니 이
말씀은 곧 하나님이시니라 [2]그가 태초에 하나님과 함께 계셨고 [3]만물이
그로 말미암아 지은 바 되었으니 지은 것이 하나도 그가 없이는 된 것이
없느니라 [4]그 안에 생명이 있었으니 이 생명은 사람들의 빛이라 [5]빛이 어
둠에 비치되 어둠이 깨닫지 못하더라

9-13 [9]참 빛 곧 세상에 와서 각 사람에게 비추는 빛이 있었나니 [10]그가
세상에 계셨으며 세상은 그로 말미암아 지은 바 되었으되 세상이 그를 알
지 못하였고 [11]자기 땅에 오매 자기 백성이 영접하지 아니하였으나 [12]영
접하는 자 곧 그 이름을 믿는 자들에게는 하나님의 자녀가 되는 권세를
주셨으니 [13]이는 혈통으로나 육정으로나 사람의 뜻으로 나지 아니하고
오직 하나님께로부터 난 자들이니라

❖ 눅 1:1-4 **누가복음서의 헌정**
누가복음서의 서언은 예수님이 바로 역사적(歷史的) 실존(實存)했던 인물이라는 사실을 강조해 준다. 그때나 지금이나 예수의 역사적 실존에 대한 논쟁은 끊임없이 계속되고 있다. 누가복음서는 예수님의 인성(人性)을 강조하는 책이다. 누가는 의사였고 역사가이기 때문에 누가복음서가 목격자의 증언을 토대로 기록했다고 밝히며 (2절) 당시의 인물인 데오빌로 각하에게 보낸다고 서술한다. 데오빌로라는 단어는 Theophilus로서 Theo는 '하나님', Philus는'사랑하다' 즉 하나님을 사랑하는 사람들 모두를 상징한다고 볼 때 누가복음서는 하나님을 사랑하는 모든 사람을 위해 쓰였다고 할 수 있겠다.

❖ 요 1:1-5, 9-13 **예수님의 선재성(先在性 Pre-incarnate Existence)**
누가는 예수님의 인성과 또 예수님의 모든 행적은 실재(實在)로 일어 난 것이란 것을 강조하기 위해 서두에서 원래 목격자(Original eyewitness)의 증언을 토대로 기록했음을 밝힌다. 역사적 인물임을 강조한다. 그러나 사도 요한은 요한복음 서두에서 예수님은 역사의 한 시점에서 태어나 존재하기 시작한 사람이기 이전에 이미 천지 창조 이전에 성부 하나님과 함께 존재한 성자 하나님이시란 것을 보여 준다.
요한복음의 '태초'는 창세기의 '태초' 와는 다른 태초이다. 창세기의 태초, 즉 레쉬트(רֵאשִׁית)는 시간과 공간이 시작되는 첫 시점을 말하지만, 요한복음의 태초, 즉 아르케(ἀρχή)의 의미는 시간과 공간이 없는 영계의 근원을 의미하는 것임으로 천지가 창조되기 전에 예수님은 이미 존재하셨던 하나님이시라는 것을 강조한다. 요한복음은 바로 예수님의 신성(神性)을 강조하는 책이다. 그 예수님 바로 말씀("λόγος" 로고스)라는 것이다. 로고스는 하나님의 마음이라는 뜻이 있다. 그 예수님은 바로 하나님이 성육신(Incarnation)하신 것이다.

요 1:1 말씀 = "λόγος"
학습 자료 69-2 "로고스의 이해" 참조

요 1:19 "자녀가 되는 권세를 주셨으니"는 출 19:5 시내 산 언약에서 "하나님의 소속"으로 소속이 바뀌는 것과 같은 의미이다. 이것은 곧 창조의 의도인 우리의 "처음 모습"을 예수 그리스도를 통해서 회복한다는 말이다.

마태 1:1-17, 누가 3:23-38

- 예수님의 인간 족보 -

마태 1: 1-17

예수 그리스도의 계보

1 아브라함과 다윗의 자손 예수 그리스도의 계보라 2 아브라함이 이삭을
낳고 이삭은 야곱을 낳고 야곱은 유다와 그의 형제들을 낳고 3 유다는 다
말에게서 베레스와 세라를 낳고 베레스는 헤스론을 낳고 헤스론은 람을
낳고 4 람은 아미나답을 낳고 아미나답은 나손을 낳고 나손은 살몬을 낳
고 5 살몬은 라합에게서 보아스를 낳고 보아스는 룻에게서 오벳을 낳고
오벳은 이새를 낳고 6 이새는 다윗 왕을 낳으니라 다윗은 우리야의 아내
에게서 솔로몬을 낳고 7 솔로몬은 르호보암을 낳고 르호보암은 아비야를
낳고 아비야는 아사를 낳고 8 아사는 여호사밧을 낳고 여호사밧은 요람
을 낳고 요람은 웃시야를 낳고 9 웃시야는 요담을 낳고 요담은 아하스를
낳고 아하스는 히스기야를 낳고 10 히스기야는 므낫세를 낳고 므낫세는
아몬을 낳고 아몬은 요시야를 낳고 11 바벨론으로 사로잡혀 갈 때에 요
시야는 여고냐와 그의 형제들을 낳으니라 12 바벨론으로 사로잡혀 간 후
에 여고냐는 스알디엘을 낳고 스알디엘은 스룹바벨을 낳고 13 스룹바벨

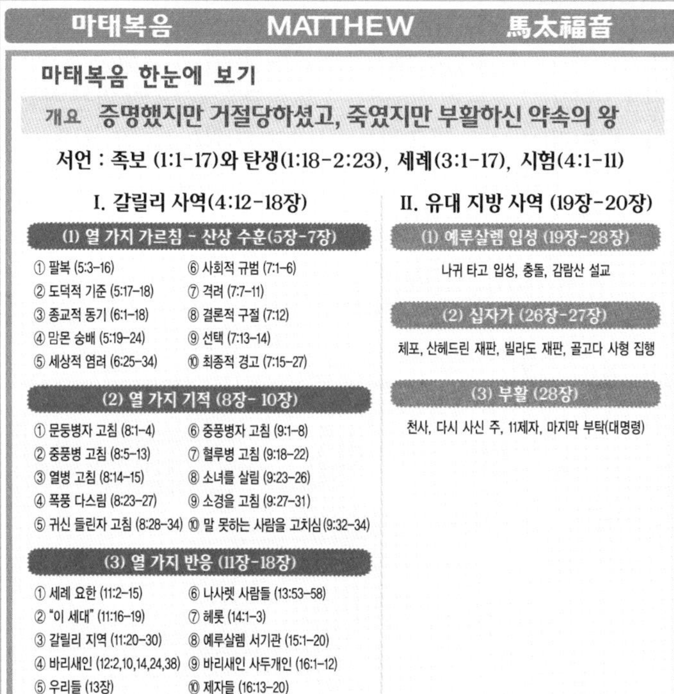

마태복음 MATTHEW 馬太福音
마태복음 한눈에 보기
개요 증명했지만 거절당하셨고, 죽였지만 부활하신 약속의 왕
서언 : 족보 (1:1-17)와 탄생(1:18-2:23), 세례(3:1-17), 시험(4:1-11)
I. 갈릴리 사역(4:12-18장)
(1) 열 가지 가르침 - 산상 수훈(5장-7장)
① 팔복 (5:3-16)
② 도덕적 기준 (5:17-18)
③ 종교적 동기 (6:1-18)
④ 맘몬 숭배 (5:19-24)
⑤ 세상적 염려 (6:25-34)
⑥ 사회적 규범 (7:1-6)
⑦ 격려 (7:7-11)
⑧ 결론적 구절 (7:12)
⑨ 선택 (7:13-14)
⑩ 최종적 경고 (7:15-27)
(2) 열 가지 기적 (8장- 10장)
① 문둥병자 고침 (8:1-4)
② 중풍병 고침 (8:5-13)
③ 열병 고침 (8:14-15)
④ 폭풍 다스림 (8:23-27)
⑤ 귀신 들린자 고침 (8:28-34)
⑥ 중풍병자 고침 (9:1-8)
⑦ 혈루병 고침 (9:18-22)
⑧ 소녀를 살림 (9:23-26)
⑨ 소경을 고침 (9:27-31)
⑩ 말 못하는 사람을 고치심 (9:32-34)
(3) 열 가지 반응 (11장-18장)
① 세례 요한 (11:2-15)
② "이 세대" (11:16-19)
③ 갈릴리 지역 (11:20-30)
④ 바리새인 (12:2,10,14,24,38)
⑤ 우리들 (13장)
⑥ 나사렛 사람들 (13:53-58)
⑦ 헤롯 (14:1-3)
⑧ 예루살렘 서기관 (15:1-20)
⑨ 바리새인 사두개인 (16:1-12)
⑩ 제자들 (16:13-20)
II. 유대 지방 사역 (19장-20장)
(1) 예루살렘 입성 (19장-28장)
나귀 타고 입성, 충돌, 감람산 설교
(2) 십자가 (26장-27장)
체포, 산헤드린 재판, 빌라도 재판, 골고다 사형 집행
(3) 부활 (28장)
천사, 다시 사신 주, 11제자, 마지막 부탁(대명령)

학습 자료 69-3
"마태, 누가 족보의 차이와 조화" 참조

❖ 마 1: 1-17, 눅 3: 23-38 **예수님의 인간 족보**

성경의 족보는 그 끝에 나오는 사람을 부각하기 위해서 사용한다. 그리고 구약 족보의 최종 끝은 바로 예수님이시다. 그래서 구약은 오실 메시아를 기다리면서 쓴 책이고 구약의 그 메시아는 바로 예수님이시고 그 예수님이 오심으로 구약의 족보는 종결을 짓는다. 그 후로 신약에는 족보가 다시 등장하지 않는다.

마태복음의 족보는 요셉의 계열을 보여 준다. 그 족보는 아브라함으로부터 시작하여 14대씩 3부로 나누어 보여 주고 있다. 첫 단계의 14대는 족장들이다. 두 번째 14대는 왕들이다. 마지막 14대는 포로 이후에 없어진 왕들을 대신해서 평민들의 지도자들을 보여 주고 있다. 14대씩으로 묶음은 이 족보의 흐름 중 중심되는 인물이 다윗이고 다윗은 히브리 알파벳의 숫자적 개념을 다 더하면 14가 되기 때문에 14대씩 따랐다는 견해가 있다. 그러나 14대로 정하기 위해 실제로 빠진 사람들이 있다. 마태는 그의 족보에 4명의 여인을 등장시킨다.

누가의 족보는 요셉으로 출발하여 역으로 올라가며, 아담까지 올라간다. 누가의 족보는 마리아의 계열이다.

❖ 마태복음 개요

마태복음은 세리였던 마태가 변화되어 유대인을 염두에 두고 기록한 것이다. 이 말은 예수 그리스도를 설명할 때 유대인들이 쉽게 이해할 수 있도록 썼다는 말이다. 마태복음 1장에 소개되고 있는 족보는 이러한 면에서 중요하다고 할 수 있다. 왜냐하면 그들이 같은 조상인 아브라함으로부터 나온 유대인이라는 말이 되기 때문이다. 또 마태복음에서는 예수 그리스도를 메시아, 즉 유대인들이 그토록 애타게 기다렸던 유대인의 왕이라는 것을 강조한다. 그리고 유대인의 왕으로 오신 예수님의 탄생과 사역, 죽음과 부활을 그동안 유대인들이 믿고 지켜왔던 구약성경의 메시아 예언과 모두 연결시켜 예수님이 구약에 예언된 유대인의 왕의 모습을 모두 성취하신 분임을 강조하고 있다.

은 아비훗을 낳고 아비훗은 엘리아김을 낳고 엘리아김은 아소르를 낳고
14 아소르는 사독을 낳고 사독은 아킴을 낳고 아킴은 엘리웃을 낳고 15 엘
리웃은 엘르아살을 낳고 엘르아살은 맛단을 낳고 맛단은 야곱을 낳고 16
야곱은 마리아의 남편 요셉을 낳았으니 마리아에게서 그리스도라 칭하
는 예수가 나시니라 17 그런즉 모든 대 수가 아브라함부터 다윗까지 열네
대요 다윗부터 바벨론으로 사로잡혀 갈 때까지 열네 대요 바벨론으로 사
로잡혀 간 후부터 그리스도까지 열네 대더라

마 1:3-6 예수 족보의 네 여인

	출신지	특 징
다 말	가나안	가문의 대를 잇기 위해 자신의 정체를 감춘채 시부 유다를 통해 자식을 얻음(창 38:6-30)
라 합	여리고	이스라엘의 하나님께 대한 믿음의 증거로 이스라엘 정탐꾼을 숨겨 줌(수 2:1-21)
룻	모압	믿음으로 자기 고향을 떠나 시모를 따름으로 결국 다윗의 직계 조상이 됨(룻 1:4-22)
밧세바	이스라엘	남편이 있음에도 다윗과 간음하는 죄를 지었으나 솔로몬을 낳음으로 예수의 족보에 오름(삼하 11:2-27)

누가 3: 23-38

예수의 족보

23 예수께서 가르치심을 시작하실 때에 삼십 세쯤 되시니라 사람들이 아
는 대로는 요셉의 아들이니 요셉의 위는 헬리요 24 그 위는 맛닷이요 그
위는 레위요 그 위는 멜기요 그 위는 얀나요 그 위는 요셉이요 25 그 위는
맛다디아요 그 위는 아모스요 그 위는 나훔이요 그 위는 에슬리요 그 위
는 낙개요 26 그 위는 마앗이요 그 위는 맛다디아요 그 위는 서머인이요
그 위는 요섹이요 그 위는 요다요 27 그 위는 요아난이요 그 위는 레사요 그 위는 스룹바벨이요 그 위는 스알디
엘이요 그 위는 네리요 28 그 위는 멜기요 그 위는 앗디요 그 위는 고삼이요 그 위는 엘마담이요 그 위는 에르요
29 그 위는 예수요 그 위는 엘리에서요 그 위는 요림이요 그 위는 맛닷이요 그 위는 레위요 30 그 위는 시므온이
요 그 위는 유다요 그 위는 요셉이요 그 위는 요남이요 그 위는 엘리아김이요 31 그 위는 멜레아요 그 위는 멘나
요 그 위는 맛다다요 그 위는 나단이요 그 위는 다윗이요 32 그 위는 이새요 그 위는 오벳이요 그 위는 보아스요
그 위는 살몬이요 그 위는 나손이요 33 그 위는 아미나답이요 그 위는 아니요 그 위는 헤스론이요 그 위는 베레
스요 그 위는 유다요 34 그 위는 야곱이요 그 위는 이삭이요 그 위는 아브라함이요 그 위는 데라요 그 위는 나홀
이요 35 그 위는 스룩이요 그 위는 르우요 그 위는 벨렉이요 그 위는 헤버요 그 위는 살라요 36 그 위는 가이난이
요 그 위는 아박삿이요 그 위는 셈이요 그 위는 노아요 그 위는 레멕이요 37 그 위는 므두셀라요 그 위는 에녹이
요 그 위는 야렛이요 그 위는 마할랄렐이요 그 위는 가이난이요 38 그 위는 에노스요 그 위는 셋이요 그 위는 아
담이요 그 위는 하나님이시니라

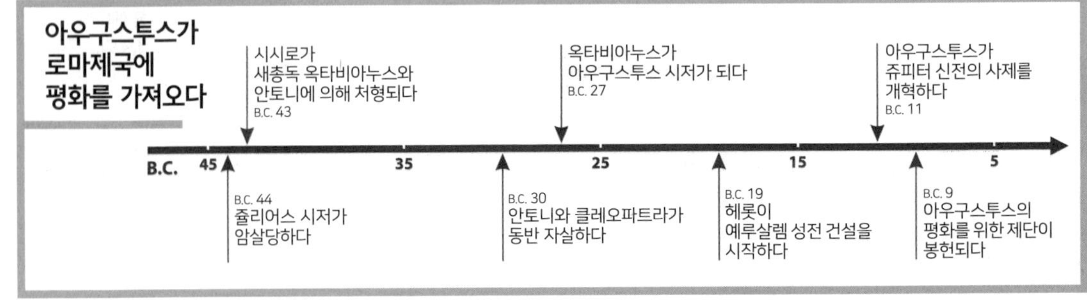

제 2 부 : 세례 요한과 예수님의 탄생

구약은 메시아가 오기 전에 엘리야가 먼저 온다고 했다. 가브리엘 천사는 예수님이 잉태되기 6개월 전에 스가랴에게 나타나 세례 요한이 태어날 것을 알리고, 6개월 후 마리아에게 수태 고지를 한다. 예수님은 말구유에 태어나 탄생 결례 예식을 마친 후 헤롯의 유아 학살을 피해 애굽으로 피신했다가 갈릴리 지방 나사렛으로 돌아가 거기서 어린 시절을 보낸다.(B.C. 6~A.D. 8년)

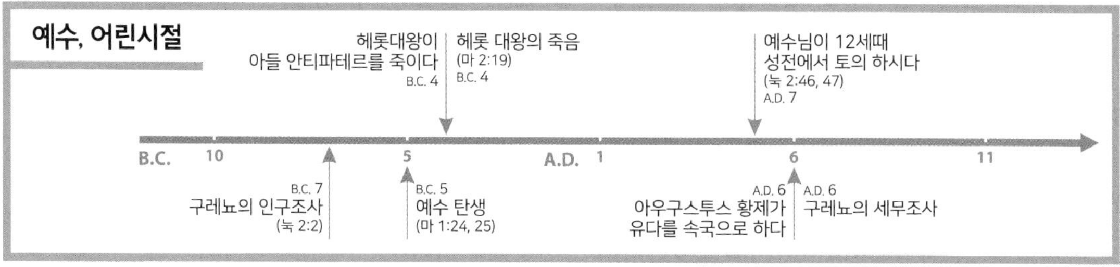

예수, 어린시절
헤롯대왕이 아들 안티파테르를 죽이다 B.C. 4
헤롯 대왕의 죽음 (마 2:19) B.C. 4
예수님이 12세때 성전에서 토의 하시다 (눅 2:46, 47) A.D. 7
B.C. 10 5 A.D. 1 6 11
B.C. 7 구레뇨의 인구조사 (눅 2:2)
B.C. 5 예수 탄생 (마 1:24, 25)
A.D. 6 아우구스투스 황제가 유다를 속국으로 하다
A.D. 6 구레뇨의 세무조사

누가 1:5~2:7

- 세례요한의 탄생과 예수님의 수태고지(나사렛 : B.C. 6년 말 B.C. 5년 初) / 마리아가 엘리자벳(세례요한 어머니)방문과 그녀의 찬가 (유대 : B.C. 5년 初) / 세례 요한의 탄생 / 천사가 요셉에게 나타나다.(나사렛 : B.C. 5년) -

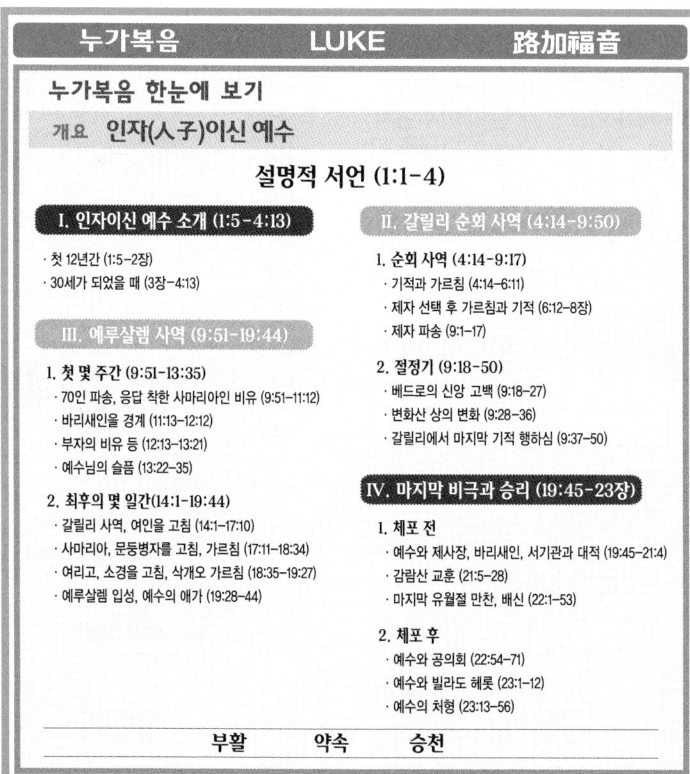

누가복음 LUKE 路加福音

누가복음 한눈에 보기

개요 인자(人子)이신 예수

설명적 서언 (1:1-4)

I. 인자이신 예수 소개 (1:5-4:13)
- 첫 12년간 (1:5-2장)
- 30세가 되었을 때 (3장-4:13)

II. 갈릴리 순회 사역 (4:14-9:50)

1. 순회 사역 (4:14-9:17)
   - 기적과 가르침 (4:14-6:11)
   - 제자 선택 후 가르침과 기적 (6:12-8장)
   - 제자 파송 (9:1-17)
2. 절정기 (9:18-50)
   - 베드로의 신앙 고백 (9:18-27)
   - 변화산 상의 변화 (9:28-36)
   - 갈릴리에서 마지막 기적 행하심 (9:37-50)

III. 예루살렘 사역 (9:51-19:44)

1. 첫 몇 주간 (9:51-13:35)
   - 70인 파송, 응답 착한 사마리아인 비유 (9:51-11:12)
   - 바리새인을 경계 (11:13-12:12)
   - 부자의 비유 등 (12:13-13:21)
   - 예수님의 슬픔 (13:22-35)
2. 최후의 몇 일간(14:1-19:44)
   - 갈릴리 사역, 여인을 고침 (14:1-17:10)
   - 사마리아, 문둥병자를 고침, 가르침 (17:11-18:34)
   - 여리고, 소경을 고침, 삭개오 가르침 (18:35-19:27)
   - 예루살렘 입성, 예수의 애가 (19:28-44)

IV. 마지막 비극과 승리 (19:45-23장)

1. 체포 전
   - 예수와 제사장, 바리새인, 서기관과 대적 (19:45-21:4)
   - 감람산 교훈 (21:5-28)
   - 마지막 유월절 만찬, 배신 (22:1-53)
2. 체포 후
   - 예수와 공의회 (22:54-71)
   - 예수와 빌라도 헤롯 (23:1-12)
   - 예수의 처형 (23:13-56)

부활 약속 승천

❖ 누가 복음 개요

누가는 본서를 헬라의 문화와 사고방식을 가진 사람들을 위해 기록했다. 그는 의사로서 과학을 공부한 사람이었기에 지성인들과 학자, 철학자 등 교육을 많이 받은 사람들에게 관심이 있었다. 그래서 누가복음에는 길고 어려운 헬라어 단어들이 많이 사용되고 있다. 또한 누가는 처음부터 헬라 사람들의 글쓰는 틀을 서론으로 시작하고 있다. 처음부터 저자, 쓰게 된 경위, 수신자 등의 글 쓰는 목적을 분명하게 제시하고, 또 증인을 내세우는 등 가능한 한 자세하게 조사하여 쓴 흔적을 보여 주고 있다. 그는 또 예수 그리스도가 온 인류를 위한 완전한 구원자이심을 강조하고 있다. 마태가 족보를 쓸 때는 유대인인 아브라함으로부터 쓴 데 반해, 누가는 온 인류의 시작인 아담과 그 위의 하나님으로부터 시작하고 있다.

누가 1: 5-25

세례 요한의 탄생을 예고하다

5 유대 왕 헤롯 때에 아비야 반열에 제사장 한 사람이 있었으니 이름은 사
가랴요 그의 아내는 아론의 자손이니 이름은 엘리사벳이라 6 이 두 사람
이 하나님 앞에 의인이니 주의 모든 계명과 규례대로 흠이 없이 행하더라
7 엘리사벳이 잉태를 못하므로 그들에게 자식이 없고 두 사람의 나이가
많더라 8 마침 사가랴가 그 반열의 차례대로 하나님 앞에서 제사장의 직
무를 행할새 9 제사장의 전례를 따라 제비를 뽑아 주의 성전에 들어가 분
향하고 10 모든 백성은 그 분향하는 시간에 밖에서 기도하더니 11 주의 사
자가 그에게 나타나 향단 우편에 선지라 12 사가랴가 보고 놀라며 무서워
하니 13 천사가 그에게 이르되 사가랴여 무서워하지 말라 너의 간구함이
들린지라 네 아내 엘리사벳이 네게 아들을 낳아 주리니 그 이름을 요한이
라 하라 14 너도 기뻐하고 즐거워할 것이요 많은 사람도 그의 태어남을
기뻐하리니 15 이는 그가 주 앞에 큰 자가 되며 포도주나 독한 술을 마시
지 아니하며 모태로부터 성령의 충만함을 받아 16 이스라엘 자손을 주 곧
그들의 하나님께로 많이 돌아오게 하겠음이라 17 그가 또 엘리야의 심령
과 능력으로 주 앞에 먼저 와서 아버지의 마음을 자식에게, 거스르는 자
를 의인의 슬기에 돌아오게 하고 주를 위하여 세운 백성을 준비하리라 18
사가랴가 천사에게 이르되 내가 이것을 어떻게 알리요 내가 늙고 아내도
나이가 많으니이다 19 천사가 대답하여 이르되 나는 하나님 앞에 서있는
가브리엘이라 이 좋은 소식을 전하여 네게 말하라고 보내심을 받았노라
20 보라 이 일이 되는 날까지 네가 말 못하는 자가 되어 능히 말을 못하리
니 이는 네가 내 말을 믿지 아니함이거니와 때가 이르면 내 말이 이루어지
리라 하더라 21 백성들이 사가랴를 기다리며 그가 성전 안에서 지체함을
이상히 여기더라 22 그가 나와서 그들에게 말을 못하니 백성들이 그가 성
전 안에서 환상을 본 줄 알았더라 그가 몸짓으로 뜻을 표시하며 그냥 말
못하는 대로 있더니 23 그 직무의 날이 다 되매 집으로 돌아가니라 24 이후
에 그의 아내 엘리사벳이 잉태하고 다섯 달 동안 숨어 있으며 이르되 25
주께서 나를 돌보시는 날에 사람들 앞에서 내 부끄러움을 없게 하시려고
이렇게 행하심이라 하더라

누가 1:26-38

예수의 나심을 예고하다

26 여섯째 달에 천사 가브리엘이 하나님의 보내심을 받아 갈릴리 나사렛
이란 동네에 가서 27 다윗의 자손 요셉이라 하는 사람과 약혼
한 처녀에게 이르니 그 처녀의 이름은 마리아라 28 그에게 들
어가 이르되 은혜를 받은 자여 평안할지어다 주께서 너와
함께 하시도다 하니 29 처녀가 그 말을 듣고 놀라 이런 인
사가 어찌함인가 생각하매 30 천사가 이르되 마리아여 무서워하지 말라 네가 하나님께 은혜를
입었느니라 31 보라 네가 잉태하여 아들을 낳으리니 그 이름을 예수라 하라 32 그가 큰 자가 되

마 1:1-17
마태와 누가의 예수 족보 기록의 대조

	마 1:1-17	눅 3:23-28
수신자	유대인	이방인
최고 조상	아브라함	하나님
기록 목적	아브라함과 다윗의 혈통을 이어 받은 왕으로서의 그리스도 소개	첫 사람 아담까지 소급하여 인자로서의 예수 소개
기록 방법	아브라함부터 하향식으로	요셉부터 상향식으로
기록 위치	책의 서두	예수의 공생애 시작과 관련된 장(章)
가록 관점	그리스도가 구약에서 줄곧 예언된 메시아임을 강조	그리스도가 유대인 뿐만 아니라 온 인류의 메시아임을 강조
비 고	여자 이름이 기록됨	여자 이름이 없음
기록 기준	요셉 가문 중심	마리아 가문 중심

❖ 누가 1: 5-80~2:1-7 **수태 고지**
말라기의 예언대로(말 4:5-6) 예수님이 오시기 전에 먼저 엘리야가 온다는 예언이 세례 요한의 탄생으로 이루어진다. 세례 요한의 탄생 예고가 있은 지 6개월 후 이번에는 가브리엘 천사는 마리아에게 예수님 탄생을 예고하면서 마라아가 성령으로 잉태하게 됨을 알린다. 이때 마리아는 요셉과 정혼 상태에 있다. 당시 유대의 결혼 풍습에 혼인이 성사되기까지 3단계를 거치게 된다. 여자 나이 12세가 되면 약혼을 하고 13세가 되면 결혼의 전 단계인 정혼(Betrothal)을 하게 된다. 이 정혼은 부부 합방만 하지 않는 결혼과 똑같은 법적 효력을 갖는다. 이때 아이를 가지면 안 된다. 아이를 가진다는 것은 곧 간음했다는 것이고 간음은 당시 율법에 돌로 쳐 죽이는 죄에 해당한다. 13세의 마리아에게 이 수태 고지는 축복의 알림이라기보다는 사형선고와 같은 것으로 들릴 수 있었다. 그러나 13세의 나약한 소녀 마리아는 "주의 계집 종이오니 주의 뜻대로 이루어지이다"라고 순종한다. 그리고 그 유명한 마리아의 찬가를 남긴다.

❖ **마리아의 찬가(Magnificat)에서 보는 기독교의 엣센스 3가지**
1) 눅 1:51 - 교만 타파
2) 눅 1:52 - 정치, 사회적 개혁
3) 눅 1:53 - 경제적 개혁

고 지극히 높으신 이의 아들이라 일컬어질 것이요 주 하나님께서 그 조상
다윗의 왕위를 그에게 주시리니 33 영원히 야곱의 집을 왕으로 다스리실
것이며 그 나라가 무궁하리라 34 마리아가 천사에게 말하되 나는 남자를 알지 못하니 어찌 이 일이 있으리이까
35 천사가 대답하여 이르되 성령이 네게 임하시고 지극히 높으신 이의 능력이 너를 덮으시리니 이러므로 나실 바
거룩한 이는 하나님의 아들이라 일컬어지리라 36 보라 네 친족 엘리사벳도 늙어서 아들을 배었느니라 본래 임신
하지 못한다고 알려진 이가 이미 여섯 달이 되었나니 37 대저 하나님의 모든 말씀은 능하지 못하심이 없느니라 38
마리아가 이르되 주의 여종이오니 말씀대로 내게 이루어지이다 하매 천사가 떠나가니라

눅 1:30-35
학습 자료 69-4 "동정녀 탄생" 참조

누가 1:39-56

마리아가 엘리사벳을 방문하다.

39 이 때에 마리아가 일어나 빨리 산골로 가서 유대 한 동네에 이르러 40 사가랴의 집에 들어가 엘리사벳에게 문
안하니 41 엘리사벳이 마리아가 문안함을 들으매 아이가 복중에서 뛰노는지라 엘리사벳이 성령의 충만함을 받
아 42 큰 소리로 불러 이르되 여자 중에 네가 복이 있으며 네 태중의 아이도 복이 있도다 43 내 주의 어머니가 내
게 나아오니 이 어찌 된 일인가 44 보라 네 문안하는 소리가 내 귀에 들릴 때에 아이가 내 복중에서 기쁨으로 뛰
놀았도다 45 주께서 하신 말씀이 반드시 이루어지리라고 믿은 그 여자에게 복이 있도다

마리아의 찬가(Magnificat)

46 마리아가 이르되 내 영혼이 주를 찬양하며 47 내 마음이 하나님 내 구주를 기뻐하였음은 48 그의 여종의 비천
함을 돌보셨음이라 보라 이제 후로는 만세에 나를 복이 있다 일컬으리로다 49 능하신 이가 큰 일을 내게 행하셨
으니 그 이름이 거룩하시며 50 긍휼하심이 두려워하는 자에게 대대로 이르는도다 51 그의 팔로 힘을 보이사 마음
의 생각이 교만한 자들을 흩으셨고 52 권세 있는 자를 그 위에서 내리치셨으며 비천한 자를 높이셨고 53 주리는
자를 좋은 것으로 배불리셨으며 부자는 빈 손으로 보내셨도다 54 그 종 이스라엘을 도우사 긍휼히 여기시고 기
억하시되 55 우리 조상에게 말씀하신 것과 같이 아브라함과 그 자손에게 영원히 하시리로다 하니라 56 마리아가
석 달쯤 함께 있다가 집으로 돌아가니라

누가 1:57-80

세례 요한의 탄생

57 엘리사벳이 해산할 기한이 차서 아들을 낳으니 58 이웃과 친족이 주께서 그를 크게 긍휼히 여기심을 듣고 함
께 즐거워하더라 59 팔 일이 되매 아이를 할례하러 와서 그 아버지의 이름을 따라 사가랴라 하고자 하더니 60 그
어머니가 대답하여 이르되 아니라 요한이라 할 것이라 하매 61 그들이 이르되 네 친족 중에 이 이름으로 이름한
이가 없다 하고 62 그의 아버지께 몸짓하여 무엇으로 이름을 지으려 하는가 물으니 63 그가 서판을 달라 하여 그
이름을 요한이라 쓰매 다 놀랍게 여기더라 64 이에 그 입이 곧 열리고 혀가 풀리며 말을 하여 하나님을 찬송하니
65 그 근처에 사는 자가 다 두려워하고 이 모든 말이 온 유대 산골에 두루 퍼지매 66 듣는 사람이 다 이 말을 마음
에 두며 이르되 이 아이가 장차 어찌 될까 하니 이는 주의 손이 그와 함께 하심이러라

사가랴의 예언

67 그 부친 사가랴가 성령의 충만함을 받아 예언하여 이르되 68 찬송하리로다 주 이스라엘의 하나님이여 그 백성
을 돌보사 속량하시며 69 우리를 위하여 구원의 뿔을 그 종 다윗의 집에 일으키셨으니 70 이것은 주께서 예로부
터 거룩한 선지자의 입으로 말씀하신 바와 같이 71 우리 원수에게서와 우리를 미워하는 모든 자의 손에서 구원
하시는 일이라 72 우리 조상을 긍휼히 여기시며 그 거룩한 언약을 기억하셨으니 73 곧 우리 조상 아브라함에게 하
신 맹세라 74 우리가 원수의 손에서 건지심을 받고 75 종신토록 주의 앞에서 성결과 의로 두려움이 없이 섬기게
하리라 하셨도다 76 이 아이여 네가 지극히 높으신 이의 선지자라 일컬음을 받고 주 앞에 앞서 가서 그 길을 준비

하여 77 주의 백성에게 그 죄 사함으로 말미암는 구원을 알게 하리니 78
이는 우리 하나님의 긍휼로 인함이라 이로써 돋는 해가 위로부터 우리에
게 임하여 79 어둠과 죽음의 그늘에 앉은 자에게 비치고 우리 발을 평강의
길로 인도하시리로다 하니라 80 아이가 자라며 심령이 강하여지며 이스라
엘에게 나타나는 날까지 빈 들에 있으니라

누가 2:1-7

예수의 나심

1 그 때에 가이사 아구스도가 영을 내려 천하로 다 호적하라 하였으니 2
이 호적은 구레뇨가 수리아 총독이 되었을 때에 처음 한 것이라 3 모든 사
람이 호적하러 각각 고향으로 돌아가매 4 요셉도 다윗의 집 족속이므로
갈릴리 나사렛 동네에서 유대를 향하여 베들레헴이라 하는 다윗의 동네
로 5 그 약혼한 마리아와 함께 호적하러 올라가니 마리아가 이미 잉태하
였더라 6 거기 있을 그 때에 해산할 날이 차서 7 첫아들을 낳아 강보로 싸
서 구유에 뉘었으니 이는 여관에 있을 곳이 없음이러라

마태 1:18-25, 요한 1:14

– 예수님의 탄생.(베들레헴 : B.C. 5년 가을 경) –

마태 1:18-25

예수 그리스도의 나심

18 예수 그리스도의 나심은 이러하니라 그의 어머니 마리아가 요셉과 약
혼하고 동거하기 전에 성령으로 잉태된 것이 나타났더니 19 그의 남편 요
셉은 의로운 사람이라 그를 드러내지 아니하고 가만히 끊고자 하여 20 이
일을 생각할 때에 주의 사자가 현몽하여 이르되 다윗의 자손 요셉아 네
아내 마리아 데려오기를 무서워하지 말라 그에게 잉태된 자는 성령으로
된 것이라 21 아들을 낳으리니 이름을 예수라 하라 이는 그가 자기 백성을
그들의 죄에서 구원할 자이심이라 하니라 22 이 모든 일이 된 것은 주께서
선지자로 하신 말씀을 이루려 하심이니 이르시되 23 보라 처녀가 잉태하
여 아들을 낳을 것이요 그의 이름은 임마누엘이라 하리라하셨으니 이를
번역한즉 하나님이 우리와 함께 계시다 함이라 24 요셉이 잠에서 깨어 일
어나 주의 사자의 분부대로 행하여 그의 아내를 데려왔으나 25 아들을 낳
기까지 동침하지 아니하더니 낳으매 이름을 예수라 하니라

요한 1:14

14 말씀이 육신이 되어 우리 가운데 거하시매 우리가 그의 영광을 보니 아
버지의 독생자의 영광이요 은혜와 진리가 충만하더라

동정녀 탄생

족보를 통해 예수의 인성이 강조되었다면 동정녀 탄생은 예수님의 신성을 강조한다. 동정녀 탄생의 필연성은 예수님의 구원 사역과 관련되어 있다. 죄 사함이 예수님의 핵심 사역이고, 그를 위해 예수님은 구약의 유효기간 1년짜리 짐승 제물이 될 수 없고 영원히 죄 사함을 받을 수 있는 제물이 되어야 하기 때문이다. 그러기 위해 구약의 제물 규정처럼 흠이 없는 제물이 되어야 하고 인간의 방법으로 태어나면 원죄가 전가되어 흠 없는 제물이 될 수가 없으므로 신적 방법인 동정녀를 통한 탄생이 필연적이다.

눅 2:1
학습 자료 69-5 "예수의 탄생 년도" 참조

예수님의 탄생

(베들레헴 : B.C. 5년 가을쯤)
요한은 예수님이 이 땅에 오신 성육신의 사건은 바로 우리 가운데 장막을 치시기 위해 오신 하나님이라고 말한다. 요 1:14 YLT version은 요 1:14의 "거하시매"의 원어 스케노오(σκηνόω)를 '장막을 친다.' 라고 번역한다. 장막을 치신다는 것은 바로 구약의 성막의 원리의 완성이다. 하나님은 시내 산에서 언약을 맺으신 후에 하나님 나라의 백성이 된 이스라엘 백성에게 율법을 주시고 그런 후에 그들과 함께 삶 가운데 오시기 위해서 하나님은 성막을 허락하시고 법궤에 임재하셨다. 성막은 곧 하나님의 임재를 상징하는 것이다. 하나님의 임재는 바로 에덴의 모습이다. 그것이 임마누엘 하나님의 모습이다. 하나님 나라의 속성은 하나님이 우리와 함께하셔서 우리의 눈에서 눈물을 닦아 주시고 우리를 영원한 안식으로 이끌어 주시는 것이다(계 21:3-4). 바로 그것을 위해 하나님은 인간의 육체를 입고 우리 가운데로 오셨다. 요한은 이 사실을 우리 가운데 장막을 치셨다고 말해 준다.

마태 1:23은 예수님의 이름을 임마누엘이라고 명한다고 했다. 그 뜻은 우리와 함께 하신다는 뜻이라고 했다. 그것은 복음의 시작과 끝이다.
천사가 예수님의 수태 고지를 할 때 예수님의 이름을 임마누엘로 알리면서 마태복음의 예수님 기사가 시작된다.
구약의 아하스 왕에게 이사야가 들려주었던 '임마누엘'의 약속(사 7:14)이 지금 성취되고 있다. 이스라엘의 궁극적인 문제 해결과 궁극적인 구원은 '임마누엘'이 오셔야 해결되는데, 바로 지금이 그때이다.
구약의 이스라엘의 왕들이 간혹 선정(善政)을 펼치는 예는 있었으나 하나님이 함께하신 듯한 통치는 단 한 번도 없었다. 그

누가 2:8-39

- 목자에게 알림.(베들레헴 : B.C. 5년 가을 경), / 예수의 명명과 결례 예식.(탄
생 후 8일 째, 예루살렘 : 탄생 후 40일째) -

누가 2:8-21

목자들이 예수 탄생의 소식을 듣다

8 그 지역에 목자들이 밤에 밖에서 자기 양 떼를 지키더니 9 주의 사자가 곁
에 서고 주의 영광이 그들을 두루 비추매 크게 무서워하는지라 10 천사가
이르되 무서워하지 말라 보라 내가 온 백성에게 미칠 큰 기쁨의 좋은 소식
을 너희에게 전하노라 11 오늘 다윗의 동네에 너희를 위하여 구주가 나셨
으니 곧 그리스도 주시니라 12 너희가 가서 강보에 싸여 구유에 뉘어 있는
아기를 보리니 이것이 너희에게 표적이니라 하더니 13 홀연히 수많은 천군
이 그 천사들과 함께 하나님을 찬송하여 이르되 14 지극히 높은 곳에서는
하나님께 영광이요 땅에서는 하나님이 기뻐하신 사람들 중에 평화로다하
니라 15 천사들이 떠나 하늘로 올라가니 목자가 서로 말하되 이제 베들레
헴으로 가서 주께서 우리에게 알리신 바 이 이루어진 일을 보자 하고 16 빨
리 가서 마리아와 요셉과 구유에 누인 아기를 찾아서 17 보고 천사가 자기
들에게 이 아기에 대하여 말한 것을 전하니 18 듣는 자가 다 목자들이 그들
에게 말한 것들을 놀랍게 여기되 19 마리아는 이 모든 말을 마음에 새기어
생각하니라 20 목자들은 자기들에게 이르던 바와 같이 듣고 본 그 모든 것
으로 인하여 하나님께 영광을 돌리고 찬송하며 돌아가니라 21 할례할 팔
일이 되매 그 이름을 예수라 하니 곧 잉태하기 전에 천사가 일컬은 바러라

아기 예수의 정결 의식

22 모세의 법대로 정결예식의 날이 차매 아기를 데리고 예루살렘에 올라가
니 23 이는 주의 율법에 쓴 바 첫 태에 처음 난 남자마다 주의 거룩한 자라
하리라 한 대로 아기를 주께 드리고 24 또 주의 율법에 말씀하신 대로 산비
둘기 한 쌍이나 혹은 어린 집비둘기 둘로 제사하려 함이더라 25 예루살렘에
시므온이라 하는 사람이 있으니 이 사람은 의롭고 경건하여 이스라엘의 위
로를 기다리는 자라 성령이 그 위에 계시더라 26 그가 주의 그리스도를 보기 전에는 죽지 아니하리라 하는 성령의 지
시를 받았더니 27 성령의 감동으로 성전에 들어가매 마침 부모가 율법의 관례대로 행하고자 하여 그 아기 예수를 데
리고 오는지라 28 시므온이 아기를 안고 하나님을 찬송하여 이르되 29 주재여 이제는 말씀하신 대로 종을 평안히 놓
아 주시는도다 30 내 눈이 주의 구원을 보았사오니 31 이는 만민 앞에 예비하신 것이요 32 이방을 비추는 빛이요 주의
백성 이스라엘의 영광이니이다하니 33 그의 부모가 그에 대한 말들을 놀랍게 여기더라 34 시므온이 그들에게 축복
하고 그의 어머니 마리아에게 말하여 이르되 보라 이는 이스라엘 중 많은 사람을 패하거나 흥하게 하며 비방을 받
는 표적이 되기 위하여 세움을 받았고 35 또 칼이 네 마음을 찌르듯 하리니 이는 여러 사람의 마음의 생각을 드러내
려 함이니라 하더라 36 또 아셀 지파 바누엘의 딸 안나라 하는 선지자가 있어 나이가 매우 많았더라 그가 결혼한 후
일곱 해 동안 남편과 함께 살다가 37 과부가 되고 팔십사 세가 되었더라 이 사람이 성전을 떠나지 아니하고 주야로
금식하며 기도함으로 섬기더니 38 마침 이 때에 나아와서 하나님께 감사하고 예루살렘의 속량을 바라는 모든 사람
에게 그에 대하여 말하니라 39 주의 율법을 따라 모든 일을 마치고 갈릴리로 돌아가 본 동네 나사렛에 이르니라

래서 하나님의 백성들은 진정 '하나님이 함께하시는 것'(임마누엘)을 사모하였다. 그래서 궁극적인 임마누엘의 구원을 사모했는데 지금 아기 예수님의 탄생으로 그 임마누엘이 실현되었다는 것이다.
마태복음은 하나님이 우리와 함께하시는 임마누엘이 실현되면 어떤 일이 일어나는가를 보여 주는 책이다. 죄인의 죄가 사해진다. 이것은 구약의 어떤 왕들도 하지 못했던 일이다. 병자가 일어난다. 가난한 자와 고아와 과부가 위로받는다. 교만한 자는 배척을 받고 마음이 가난한 자가 하나님 나라를 유업으로 받는다. 그 백성의 영원한 복지를 위해 돌아가시고 살아나셔서 부활의 생명을 공급해 주신다. 이 임마누엘이 우리의 왕이시다. 그것이 바로 하나님 나라의 성취이다.
임마누엘의 예수님은 지상의 생의 마지막에도 "볼지어다. 내가 세상 끝날 까지 너희와 항상 함께 있으리라"(마 28:20)라고 하셨다.
이렇게 예수님은 승천하시기 전에도 임마누엘을 약속하셨다. 예수님은 공생애 시절만 제자들과 함께해 주신 것이 아니다. 승천하신 후에는 성령 강림으로 우리와 함께해 주신다. 주님이 오늘도 우리에게 임마누엘 되어주심으로 우리는 구원 받으며, 평생 구원의 기쁨을 누릴 것이다. 그러다가 주님은 최종적으로 역사의 끝에 재림하셔서 우리와 영원히 함께해 주실 것이다(계 21:1-4).

눅 2:8-12 베들레헴 근교에서 양을 치는 목자들은 예루살렘 성전에서 제물로 바쳐질 양을 치는 목자들이다. 천사들은 일시적 제물인 양을 키우는 이 목자들에게 이제 단 한 번, 영 단번으로 드려질 제물, 즉 '세상 죄를 지고 갈 하나님의 어린 양'이 태어났음을 알려 주는 것이다. 다시는 이런 양들을 키울 필요가 없다는 것이다.

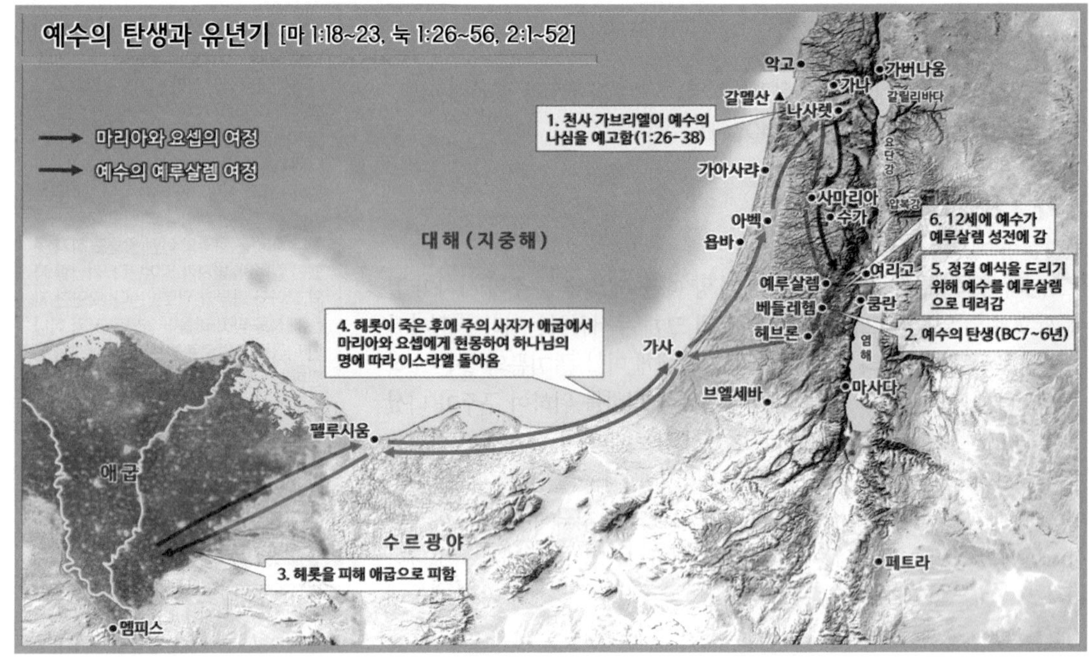

마태 2:1-23

- 동방 박사의 방문 / 애굽으로 피신과 귀환 -

마태 2:1-12

동방으로부터 박사들이 경배하려 오다

1 헤롯 왕 때에 예수께서 유대 베들레헴에서 나시매 동방으로부터 박사
들이 예루살렘에 이르러 말하되 2 유대인의 왕으로 나신 이가 어디 계시
냐 우리가 동방에서 그의 별을 보고 그에게 경배하러 왔노라 하니 3 헤롯
왕과 온 예루살렘이 듣고 소동한지라 4 왕이 모든 대제사장과 백성의 서
기관들을 모아 그리스도가 어디서 나겠느냐 물으니 5 이르되 유대 베들레
헴이오니 이는 선지자로 이렇게 기록된 바 6 또 유대 땅 베들레헴아 너는
유대 고을 중에서 가장 작지 아니하도다 네게서 한 다스리는 자가 나와서
내 백성 이스라엘의 목자가 되리라 하였음이니이다 7 이에 헤롯이 가만히
박사들을 불러 별이 나타난 때를 자세히 묻고 8 베들레헴으로 보내며 이
르되 가서 아기에 대하여 자세히 알아보고 찾거든 내게 고하여 나도 가서
그에게 경배하게 하라 9 박사들이 왕의 말을 듣고 갈새 동방에서 보던 그
별이 문득 앞서 인도하여 가다가 아기 있는 곳 위에 머물러 서 있는지라 10
그들이 별을 보고 매우 크게 기뻐하고 기뻐하더라 11 집에 들어가 아기와
그의 어머니 마리아가 함께 있는 것을 보고 엎드려 아기께 경배하고 보배
합을 열어 황금과 유향과 몰약을 예물로 드리니라 12 그들은 꿈에 헤롯에
게로 돌아가지 말라 지시하심을 받아 다른 길로 고국에 돌아가니라

67일~72일

마 2:1-12
학습 자료 69-6 "동방박사 이야기" 참조

❖ 마 2:1-12
예수님은 유대인 왕으로 오셨지만 정작 여관에 있을 곳이 없어 말 구유에서 태어나셨고, 죽어서까지 남의 무덤에 묻혀야 할 만큼 환영 받지 못했다. 그러나 말 1:11의 예언처럼 이방인인 동방박사들에게는 왕으로 섬김을 받았다.
확실히 그는 온 인류의 구주로 오신 것이다.

마 2:11 동방 박사의 세 가지 예물의 의의

동방박사들은 아기 예수께 가장 먼저 나아와 경배드린 이방인들이었다. 그리고 이들은 자기보다 높은 자가 왕께 경배할 때 예물을 바치는 고대 풍습에 따라 아기 예수께 세가지 예물을 바침으로써 예수를 경배의 대상으로 인식했다. 또한 이들이 바친 예물들은 각기 상징적인 의의를 지니는데, 그것에 대해 한 번 알아보자.

	일반적 용례	상징적 의의
황금	매우 귀하고 불변함	예수의 왕권
유향	향기로운 향품	예수의 신성(神性)
몰약	시체를 염하거나 부패 방지	예수의 수난과 대속의 죽음

어린예수의 여정
1. 베들레헴에서 예루살렘에 갔다가 돌아오심
(눅2:22~38)
- 그림(A) 예수의 탄생(눅2:6~7)
:그림(B) 동방박사들이 경배함(마2:1)
:그림(C) 예루살렘 성전에서 할례를 받으심
(눅2:22~38)
2. 베들레헴에서 애굽으로 피하심(마2:14)
- 그림(D)
3. 애굽에서 나사렛으로 가심(마2:19~23)
4. 나사렛에서 예루살렘으로 가심(눅2:42)
- 그림(E) 예수가 예루살렘에서 율법교사들과
이야기하심(눅2:42~46)
5. 예루살렘에서 나사렛으로 돌아가심(눅2:51)
- 그림(F) 예수가 목수일을 하심(눅2:51~52)
(F) 예수가
목수 일을 하심
(눅2:51-52)
갈릴리
바다
나사렛
갈릴리
요
단
강
사마리아
대해 (지중해)
예루살렘
베들레헴
(E) 예수가 율법사들과
성전 뜰에서 이야기 하심
(눅 2:42-46)
여행경로
성읍
사
해
유 대
(C) 예루살렘 성전에서
할례를 받으심
(눅2:22-38)
(A) 베들레헴에서
예수가 탄생하심
(눅2:6-7)
애굽으로
가는길
(D) 애굽으로 피하심
(마 2:14)
(B) 동방박사들이
아기예수를 찾아
경배함(마2:1-11)

마 2:1-12 동방 박사들의 아기 예수 경배

동방 박사들은 이방인이었다. 그러나 이들은 구약의 메시아 예언을 잘 알았던 유대인들이 예수를 몰라볼 때 오히려 그를 찾아와 경배하고 영광을 돌렸다. 이같은 행위는 동방 박사들이 말한 바 유대인의 왕, 즉 메시아에 대한 소식을 들었을 때 소동하며 당황한 유대인들의 태도와는 크게 대조된다. 이것은 성경을 지식적으로 깊이 모른다 할지라도 하나님을 경외하는 마음을 가지고 있는 자들이 성경을 알되 하나님을 경외하거나 믿는 마음이 없는 자들보다 더 나은 자임을 암시해 준다. 이제 동방 박사들의 행위를 구체적으로 살펴 보자.

1	그리스도의 별을 찾음(2절)
2	그리스도의 별을 따름(9절)
3	그리스도께 나아옴(11절)
4	그리스도께 경배함(11절)
5	하나님의 말씀에 순종함(12절)

마태 2:13-23

애굽으로 피하다

13 그들이 떠난 후에 주의 사자가 요셉에게 현몽하여 이르되 헤롯이 아기
를 찾아 죽이려 하니 일어나 아기와 그의 어머니를 데리고 애굽으로 피하
여 내가 네게 이르기까지 거기 있으라 하시니 14 요셉이 일어나서 밤에 아
기와 그의 어머니를 데리고 애굽으로 떠나가 15 헤롯이 죽기까지 거기 있
었으니 이는 주께서 선지자를 통하여 말씀하신 바 애굽으로부터 내 아들
을 불렀다 함을 이루려 하심이라 16 이에 헤롯이 박사들에게 속은 줄 알
고 심히 노하여 사람을 보내어 베들레헴과 그 모든 지경 안에 있는 사내아
이를 박사들에게 자세히 알아본 그 때를 기준하여 두 살부터 그 아래로 다
죽이니 17 이에 선지자 예레미야를 통하여 말씀하신 바 18 라마에서 슬퍼하
며 크게 통곡하는 소리가 들리니 라헬이 그 자식을 위하여 애곡하는 것이
라 그가 자식이 없으므로 위로 받기를 거절하였도다함이 이루어졌느니라

마 2:13-23 예수의 애굽 피난 및 귀환 경로

지 중 해
나사렛
사마리아
욥바
여리고
가사
펠루시움
예루살렘
애 굽
홍해

애굽에서 이스라엘 땅으로

[19] 헤롯이 죽은 후에 주의 사자가 애굽에서 요셉에게 현몽하여 이르되 [20] 일어나 아기와 그의 어머니를 데리고
이스라엘 땅으로 가라 아기의 목숨을 찾던 자들이 죽었느니라 하시니 [21] 요셉이 일어나 아기와 그의 어머니를 데
리고 이스라엘 땅으로 들어가니라 [22] 그러나 아켈라오가 그의 아버지 헤롯을 이어 유대의 임금 됨을 듣고 거기
로 가기를 무서워하더니 꿈에 지시하심을 받아 갈릴리 지방으로 떠나가 [23] 나사렛이란 동네에 가서 사니 이는 선
지자로 하신 말씀에 나사렛 사람이라 칭하리라 하심을 이루려 함이러라

누가 2 : 40-52

– 예수의 어린 시절 및 12세에 성전 방문(A.D. 4년, 예루살렘 : A.D. 8년 경) –

누가 2 : 40-52

열두 살 시절의 예수

[40] 아기가 자라며 강하여지고 지혜가 충만하며 하나님의 은혜가 그의 위
에 있더라 [41] 그의 부모가 해마다 유월절이 되면 예루살렘으로 가더니 [42]
예수께서 열두 살 되었을 때에 그들이 이 절기의 관례를 따라 올라갔다가
[43] 그 날들을 마치고 돌아갈 때에 아이 예수는 예루살렘에 머무셨더라 그
부모는 이를 알지 못하고 [44] 동행중에 있는 줄로 생각하고 하룻길을 간
후 친족과 아는 자 중에서 찾되 [45] 만나지 못하매 찾으면서 예루살렘에
돌아갔더니 [46] 사흘 후에 성전에서 만난즉 그가 선생들 중에 앉으사 그들
에게 듣기도 하시며 묻기도 하시니 [47] 듣는 자가 다 그 지혜와 대답을 놀
랍게 여기더라 [48] 그의 부모가 보고 놀라며 그의 어머니는 이르되 아이야
어찌하여 우리에게 이렇게 하였느냐 보라 네 아버지와 내가 근심하여 너
를 찾았노라 [49] 예수께서 이르시되 어찌하여 나를 찾으셨나이까 내가 내
아버지 집에 있어야 될 줄을 알지 못하셨나이까 하시니 [50] 그 부모가 그가 하신 말씀을 깨닫지 못하더라 [51] 예수
께서 함께 내려가사 나사렛에 이르러 순종하여 받드시더라 그 어머니는 이 모든 말을 마음에 두니라 [52] 예수는
지혜와 키가 자라가며 하나님과 사람에게 더욱 사랑스러워 가시더라

❖ 누가 2:40-52 **예수의 어린 시절 및 12세에 성전 방문**(예루살렘 : A.D. 8년 경)
예수님은 어린 시절 나사렛에서 균형 잡힌 성장을 했다는 것을 짧게 언급한다. 그의 지혜가 자란다는 것은 정신적, 지적 성장을 말하고, 키가 자란다는 것은 육체적 성장, 건강을 말하고, 하나님께 사랑받음은 영적 성장을 말하며, 사람에게 사랑받는다는 말은 사회적 발전, 사회적 안정, 바른 인간관계를 가진다는 말이다. 그가 12세 때에 성전을 방문했다. 당시 풍습에 12세가 되면 성인이 된다.

눅 2:44 예수의 부모는 예수님이 당연히 자기를 따라 고향으로 돌아갈 줄로 생각했다. 우리도 예수님과 동행을 상습적, 습관적으로 생각하고 있지는 않는지?

67일~
72일

제 3 부 : 예수의 공생애 시작

구약은 메시아가 오기 전에 엘리야가 먼저 온다고 했다. 세례 요한은 메시아 오기 전에 그의 첩경을 곧게 하고, 하나님 나라를 이루기 위한 메시아의 사역을 위해 광야에서 회개를 촉구하는 구약의 마지막 선지자이다. 세례 요한은 구약의 마지막 선지자로서 구약의 역사를 예수님의 사역으로 이어지는 역할을 감당하는 사역을 시작한다. 그의 외침은 "회개"이다. 그것은 바로 하나님 날의 백성이 되는 자격 요건을 말하는 것이고 예수님은 바로 하나님이 구약에서 꿈꾸어 오던 하나님의 나라를 이 땅에 선포하시고 성취하시는 사역을 시작하신다.
예수님은 공생애의 사역을 시작하시기 전 세례 요한이 사역 중인 광야와 요단강으로 나아가셔서 먼저 세례 의식을 통한 하나님 나라의 왕으로서 대관식을 치르시고 광야에서 40일 금식 기도 후에 시험을 거친다. 그리고 다시 그와 함께 사역할 제자들을 선발하시기 시작하고 가버나움으로 돌아오신다. 이때가 B.C. 26년 봄으로 추정한다.

학습 자료 69-7 "메시아의 이해" 참조
학습 자료 69-8 "예수님의 공생애 초기 6일과 마지막 6일의 사역 비교" 참조

요한 1:6-8, 15-34, 마태 3:1-17 마가 1:1-11, 누가 3:1-18, 21-22

- 세례 요한의 증거(유대 : A.D. 26년 봄) / 예수님의 세례(요단 강) -

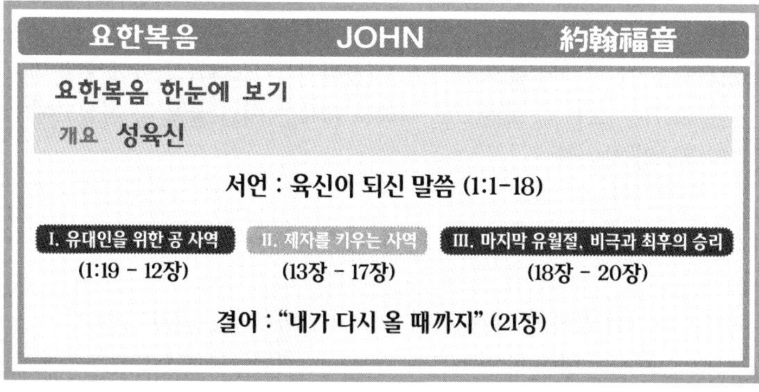

요한복음 JOHN 約翰福音
요한복음 한눈에 보기
개요 성육신
서언 : 육신이 되신 말씀 (1:1-18)
I. 유대인을 위한 공 사역
(1:19 - 12장)
II. 제자를 키우는 사역
(13장 - 17장)
III. 마지막 유월절, 비극과 최후의 승리
(18장 - 20장)
결어 : "내가 다시 올 때까지" (21장)

67일~72일

❖ 요한복음 개요

요한복음은 모든 인류를 위해 기록되었다. 요한은 예수님의 모습 가운데 특별히 하나님의 아들이신 예수님을 가르쳐 주려 했다. 그는 시간, 공간, 죽음도 초월하시는 예수님을 그리면서 기적을 통해 예수님께서 하나님의 아들이심을 보여 주고자 했다.

요한 1: 6-8

6 하나님께로부터 보내심을 받은 사람이 있으니 그의 이름은 요한이라 7
그가 증언하러 왔으니 곧 빛에 대하여 증언하고 모든 사람이 자기로 말미
암아 믿게 하려 함이라 8 그는 이 빛이 아니요 이 빛에 대하여 증언하러 온
자라

요한 1:15-34

15 요한이 그에 대하여 증언하여 외쳐 이르되 내가 전에 말하기를 내 뒤에
오시는 이가 나보다 앞선 것은 나보다 먼저 계심이라 한 것이 이 사람을
가리킴이라 하니라 16 우리가 다 그의 충만한 데서 받으니 은혜 위에 은혜
러라 17 율법은 모세로 말미암아 주어진 것이요 은혜와 진리는 예수 그리
스도로 말미암아 온 것이라 18 본래 하나님을 본 사람이 없으되 아버지 품
속에 있는 독생하신 하나님이 나타내셨느니라

세례 요한의 증언

19 유대인들이 예루살렘에서 제사장들과 레위인들을 요한에게 보내어 네
가 누구냐 물을 때에 요한의 증언이 이러하니라 20 요한이 드러내어 말하
고 숨기지 아니하니 드러내어 하는 말이 나는 그리스도가 아니라 한 대 21
또 묻되 그러면 누구냐 네가 엘리야냐 이르되 나는 아니라 또 묻되 네가
그 선지자냐 대답하되 아니라 22 또 말하되 누구냐 우리를 보낸 이들에게
대답하게 하라 너는 네게 대하여 무엇이라 하느냐 23 이르되 나는 선지자
이사야의 말과 같이 주의 길을 곧게 하라고 광야에서 외치는 자의 소리로
라 하니라 24 그들은 바리새인들이 보낸 자라 25 또 물어 이르되 네가 만
일 그리스도도 아니요 엘리야도 아니요 그 선지자도 아닐진대 어찌하여
세례를 베푸느냐 26 요한이 대답하되 나는 물로 세례를 베풀거니와 너희
가운데 너희가 알지 못하는 한 사람이 섰으니 27 곧 내 뒤에 오시는 그이
라 나는 그의 신발끈을 풀기도 감당하지 못하겠노라 하더라 28 이 일은 요
한이 세례 베풀던 곳 요단 강 건너편 베다니에서 일어난 일이니라

하나님의 어린 양을 보라

29 이튿날 요한이 예수께서 자기에게 나아오심을 보고 이르되 보라 세상
죄를 지고 가는 하나님의 어린 양이로다 30 내가 전에 말하기를 내 뒤에
오는 사람이 있는데 나보다 앞선 것은 그가 나보다 먼저 계심이라 한 것
이 이 사람을 가리킴이라 31 나도 그를 알지 못하였으나 내가 와서 물로 세례를 베푸는 것은 그를 이스라엘에 나
타내려 함이라 하니라 32 요한이 또 증언하여 이르되 내가 보매 성령이 비둘기 같이 하늘로부터 내려와서 그의
위에 머물렀더라 33 나도 그를 알지 못하였으나 나를 보내어 물로 세례를 베풀라 하신 그이가 나에게 말씀하시
되 성령이 내려서 누구 위에든지 머무는 것을 보거든 그가 곧 성령으로 세례를 베푸는 이인 줄 알라 하셨기에 34
내가 보고 그가 하나님의 아들이심을 증언하였노라 하니라

세례 요한의 증거(유대 : A.D. 26년 봄)

세례 요한은 구약의 마지막 선지자이다. 400년간 선지자의 침묵을 깨고 구약에서 꿈꾸고 선지자들이 외친 하나님 나라를 성취할 메시아의 오심이 이루어지게 될 때 세례 요한은 말라기 4:5에서 말하는 예수님보다 먼저 오는 엘리야이다. 그는 예수님의 길을 곧게 하는 광야의 외치는 자로서 이 세상에 왔다. 그는 겸손의 본을 보인 사람이다.

이 세례 요한은 하나님 나라가 예수님에 의해 이루어지기 시작하니 그 하나님 나라에 합당한 회개와 그리고 그 회개의 열매를 맺으라고 외친다. 세례 요한은 구약의 마지막 선지자(마 11:13)답게 구약의 선지자들이 끊임없이 외친 본질적인 회개를 외치고 있다.

회개의 유대적 개념과 헬라적 개념을 우리는 공부했다. שׁוּב(shub) 와 μετανοέω (metanoeo)가 생각나는가?

'메타노에오'는 '지적, 감정적 변화'만을 의미하는 것이 아니고, '죄악된 행실에서 완전히 돌이켜 (히 6:1) 하나님께로 돌아가 회개에 합당한 일을 행하는 것' (행 26:20)까지를 포함한다. '메타노에오'는 원리적인 측면에서의 변화뿐만 아니라 실제인 변화, 곧 종교적, 도덕적 삶의 변화까지를 포함한다. 따라서 본문에서 세례 요한의 '회개하라'는 메시지는 단지 감정적으로 자신들의 잘못을 뉘우치라는 의미가 아니라 실제로 잘못된 생활에서 돌이켜 하나님이 요구하시는 선한 삶의 열매를 맺으라는 의미이다. 회개의 열매는 하나님 나라에 합당한 가치관의 변화이다(눅 3:7-14 참조). 그것은 성화의 삶의 과정이다. 그것은 하나님 나라를 이룰 씨(백성)가 되는 길이다. 하나님은 그 나라를 회복하시기 위한 역사를 시작하실 때 아브라함을 부르시고 주신 약속은 아브라함의 자손이 하늘의 별과 땅의 모래만큼 많게 해주신다는 것이었다. 이것은 하나님 나라를 이루기 위한 백성을 이루는 길임을 우리는 보았다.

67일~72일

마태 3:1-17(유대 : A.D. 26년 봄)

세례 요한이 천국을 전파하다

1 그 때에 세례 요한이 이르러 유대 광야에서 전파하여 말하되 2 회개하라 천국이 가까이 왔느니라 하였으니
3 그는 선지자 이사야를 통하여 말씀하신 자라 일렀으되 광야에 외치는 자의 소리가 있어 이르되 너희는 주의 길

을 준비하라 그가 오실 길을 곧게 하라 하였느니라 4 이 요한은 낙타털 옷을 입고 허리에 가죽 띠를 띠고 음식은
메뚜기와 석청이었더라 5 이때에 예루살렘과 온 유대와 요단 강 사방에서 다 그에게 나아와 6 자기들의 죄를 자
복하고 요단 강에서 그에게 세례를 받더니 7 요한이 많은 바리새인들과 사두개인들이 세례 베푸는 데로 오는 것
을 보고 이르되 독사의 자식들아 누가 너희를 가르쳐 임박한 진노를 피하라 하더냐 8 그러므로 회개에 합당한
열매를 맺고 9 속으로 아브라함이 우리 조상이라고 생각하지 말라 내가 너희에게 이르노니 하나님이 능히 이 돌
들로도 아브라함의 자손이 되게 하시리라 10 이미 도끼가 나무 뿌리에 놓였으니 좋은 열매를 맺지 아니하는 나
무마다 찍혀 불에 던져지리라 11 나는 너희로 회개하게 하기 위하여 물로 세례를 베풀거니와 내 뒤에 오시는 이
는 나보다 능력이 많으시니 나는 그의 신을 들기도 감당하지 못하겠노라 그는 성령과 불로 너희에게 세례를 베
푸실 것이요 12 손에 키를 들고 자기의 타작 마당을 정하게 하사 알곡은 모아 곳간에 들이고 쭉정이는 꺼지지 않
는 불에 태우시리라

세례를 받으시다

13 이 때에 예수께서 갈릴리로부터 요단 강에 이르러 요한에게 세례를 받으려 하시니 14 요한이 말려 이르되 내
가 당신에게서 세례를 받아야 할 터인데 당신이 내게로 오시나이까 15 예수께서 대답하여 이르시되 이제 허락하
라 우리가 이와 같이 하여 모든 의를 이루는 것이 합당하니라 하시니 이에 요한이 허락하는지라 16 예수께서 세
례를 받으시고 곧 물에서 올라오실새 하늘이 열리고 하나님의 성령이 비둘기 같이 내려 자기 위에 임하심을 보시
더니 17 하늘로부터 소리가 있어 말씀하시되 이는 내 사랑하는 아들이요 내 기뻐하는 자라 하시니라

마가 1:1-11

복음을 전파하다

1 하나님의 아들 예수 그리스도의 복음의 시작이라 2 선지자 이사야의 글
에 보라 내가 내 사자를 네 앞에 보내노니 그가 네 길을 준비하리라 3 광

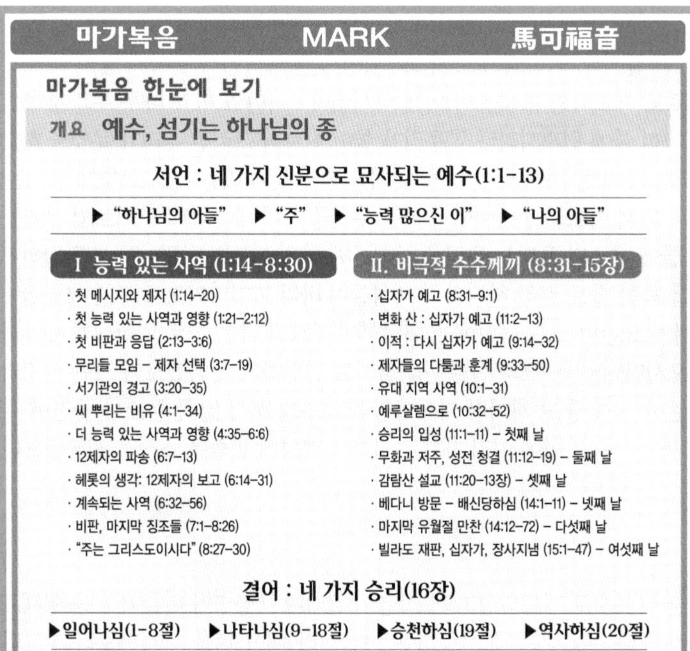

막 1:1-15 세례 요한과 예수의 회개 선포의 의미
세례 요한(1:4, 5)
· 메시아와 그의 나라의 도래를 준비하는 선구자로서의 회개 선포 · 회개의 대상자로서의 회개 선포 · 죄사함을 받는 준비를 위한 회개 선포 · 성령 세례를 받기 위한 준비로서의 회개 선포 · 예수님의 회개 선포와 세례로 인해 그 의미가 깊어짐
예수(1:14, 15)
· 죄사함의 권세를 가진 자로서의 회개 선포 · 대속자로서의 회개 선포 · 이미 도래한 천국의 백성이 될 조건으로서의 회개 선포 · 성령과 불로 세례를 주실 자로서의 회개선포

❖ 마가복음 개요

마가복음은 이방인인 로마 사람들을 그 대상으로 하여 기록되었다. 그러므로 이방인에 대한 예수 그리스도의 관심이 많이 드러날 수 있도록 기록되었다. 이방인들은 이론보다는 행동을 더 중요시했으므로 마가복음에서는 예수님의 족보를 과감히 삭제했다. 아울러 끊임없이 움직이며 바쁘게 다니시는 종의 모습을 그리고 있다. 인자가 온 것은 섬김을 받으려 함이 아니요, 섬기러 왔다는 완전한 종의 모습을 보여 주고자 한 것이다.

마 3:11-12

학습 자료 69-9 "성령 세례와 물세례" 참조

야에 외치는 자의 소리가 있어 이르되 너희는 주의 길을 준비하라 그의
오실 길을 곧게 하라 기록된 것과 같이 4 세례 요한이 광야에 이르러 죄
사함을 받게 하는 회개의 세례를 전파하니 5 온 유대 지방과 예루살렘 사
람이 다 나아가 자기 죄를 자복하고 요단 강에서 그에게 세례를 받더라 6
요한은 낙타털 옷을 입고 허리에 가죽 띠를 띠고 메뚜기와 석청을 먹더라
7 그가 전파하여 이르되 나보다 능력 많으신 이가 내 뒤에 오시나니 나는
굽혀 그의 신발끈을 풀기도 감당하지 못하겠노라 8 나는 너희에게 물로
세례를 베풀었거니와 그는 너희에게 성령으로 세례를 베푸시리라

세례를 받으시다

9 그 때에 예수께서 갈릴리 나사렛으로부터 와서 요단 강에서 요한에게
세례를 받으시고 10 곧 물에서 올라오실새 하늘이 갈라짐과 성령이 비둘
기 같이 자기에게 내려오심을 보시더니 11 하늘로부터 소리가 나기를 너
는 내 사랑하는 아들이라 내가 너를 기뻐하노라 하시니라

막 1:9-13 예수께서 세례와 시험 받으신 곳

누가 3:1-18

세례 요한의 전파

1 디베료 황제가 통치한 지 열다섯 해 곧 본디오 빌라도가 유대의 총독으로, 헤롯이 갈릴리의 분봉 왕으로, 그 동
생 빌립이 이두래와 드라고닛 지방의 분봉 왕으로, 루사니아가 아빌레네의 분봉 왕으로, 2 안나스와 가야바가 대
제사장으로 있을 때에 하나님의 말씀이 빈들에서 사가랴의 아들 요한에게 임한지라 3 요한이 요단 강 부근 각처
에 와서 죄 사함을 받게 하는 회개의 세례를 전파하니 4 선지자 이사야의 책에 쓴 바 광야에서 외치는 자의 소리
가 있어 이르되 너희는 주의 길을 준비하라 그의 오실 길을 곧게 하라 5 모든 골짜기가 메워지고 모든 산과 작은
산이 낮아지고 굽은 것이 곧아지고 험한 길이 평탄하여질 것이요 6 모든 육체가 하나님의 구원하심을 보리라 함
과 같으니라 7 요한이 세례 받으러 나아오는 무리에게 이르되 독사의 자식들아 누가 너희에게 일러 장차 올 진노
를 피하라 하더냐 8 그러므로 회개에 합당한 열매를 맺고 속으로 아브라함이 우리 조상이라 말하지 말라 내가 너
희에게 이르노니 하나님이 능히 이 돌들로도 아브라함의 자손이 되게 하시리라 9 이미 도끼가 나무 뿌리에 놓였
으니 좋은 열매 맺지 아니하는 나무마다 찍혀 불에 던져지리라 10 무리가 물어 이르되 그러면 우리가 무엇을 하리
이까 11 대답하여 이르되 옷 두 벌 있는 자는 옷 없는 자에게 나눠 줄 것이요 먹을 것이 있는 자도 그렇게 할 것이
니라 하고 12 세리들도 세례를 받고자 하여 와서 이르되 선생이여 우리는 무엇을 하리이까 하매 13 이르되 부과된
것 외에는 거두지 말라 하고 14 군인들도 물어 이르되 우리는 무엇을 하리이까 하매 이르되 사람에게서 강탈하지
말며 거짓으로 고발하지 말고 받는 급료를 족한 줄로 알라 하니라 15 백성들이 바라고 기다리므로 모든 사람들이
요한을 혹 그리스도신가 심중에 생각하니 16 요한이 모든 사람에게 대답하여 이르되 나는 물로 너희에게 세례를
베풀거니와 나보다 능력이 많으신 이가 오시나니 나는 그의 신발끈을 풀기도 감당하지 못하겠노라 그는 성령과
불로 너희에게 세례를 베푸실 것이요 17 손에 키를 들고 자기의 타작마당을 정하게 하사 알곡은 모아 곳간에 들
이고 쭉정이는 꺼지지 않는 불에 태우시리라 18 또 그 밖에 여러 가지로 권하여 백성에게 좋은 소식을 전하였으나

누가 3:21-22

세례를 받으시다

21 백성이 다 세례를 받을새 예수도 세례를 받으시고 기도하실 때에 하늘이 열리며 22 성령이 비둘기 같은 형체로
그의 위에 강림하시더니 하늘로부터 소리가 나기를 너는 내 사랑하는 아들이라 내가 너를 기뻐하노라 하노라
하시니라

사역을 시작하신 예수(약 30세)
1. 나사렛에서 요단강으로 가심(마3:13)
- 그림(A) 예수가 요한에게 세례를 받으심 (마3:13-17)
2. 요단강에서 유대 광야로 가심(마4:1)
- 그림(B) 예수가 사단에게 시험을 받으심 (마4:1-11)
3. 광야를 떠나 베다니로 가심
- 그림(C) 다섯 제자를 부르심(요1:38-51)
4. 베다니에서 가나로 가심(요1:43)
- 그림(D) 물로 포도주를 만두심(요2:6-10)
5. 가나를 떠나 가버나움으로 가심(요2:12)
6. 유월절을 지내려 가버나움에서 예루살렘으로 가심(요2:13)
- 그림(F) 예수와 니고데모(요3:1-21)
7. 예루살렘에서 유대 지방으로 가심(요3:22)
8. 유대 지방을 떠나 수가의 야곱 우물에 이르심(요4:3-5)
- 그림(G) 예수와 사마리아 여인(요4:6-26)
9. 사마리아를 지나 갈릴리 가나로 가심 (요4:43-46)
- 그림(H) 왕의 신하의 아들을 고치심 (요4:46-53);그림(I) 마케루스의 감옥에 요한이 갇힘(마4:12) 그림(J)
10. 가나에서 나사렛으로 가심(눅4:16-27)
(A) 예수가 요한에게 세례를 받으심 (마3:13-17)
(B) 예수가 사단의 시험을 받으심 (마4:1-11)
(C) 다섯 제자를 택하심(요1:38-51)
(D) 물로 포도주를 만드심(요2:6-10)
(F) 니고데모가 예수를 찾아옴 (요3:1-21)
(G) 예수가 사마리아 여인과 이야기하심 (요4:6-26)
(H) 가나에서 왕의 신하의 아들을 고치심(요4:46-53)
(J) 요한이 마케루스에 투옥됨(마4:12)
가버나움
갈릴리 바다
가나
나사렛
야르묵강
갈릴리
사마리아
요단강
에발산
수가
그리심산
베다니(베다바라)
예루살렘
사해
마케루스
대해(지중해)
유대
여정 1-5
여정 6-10
성읍

마태 4:1-11, 마가 1:12-13, 누가 4:1-13

- 예수의 시험(광야) -

❖ 왜 예수님은 세례를 받으셨는가?

모든 세례는 죄를 회개하는 것인데 예수님의 세례는 죄와 관계가 있는 세례가 아니고, 마태 3:15에 "모든 의를 이루기" 위함이라고 했다. 그것은 바로 하나님 나라를 이루기 위함이다. 세례는 하나님 나라의 백성이 되기 위한 첫 번째 절차이다.

하나님 나라를 이루기 위한 예수님의 세례가 끝나자, 장엄한 대관식이 이루어진다.(모차르트의 대관식 미사로도 표현하기 어려운 장엄함일 것이다) 그것은 하늘이 열렸다고 했다. 성경에 언제 하늘이 열렸는가? 바로 지금이다. 예수님의 하나님 나라 사역이 시작되는 시점이다. 성령이 비둘기처럼 예수님에게 임하고, 하나님은 "내 사랑하는 아들"이라고 선포한다. 삼위의 하나님이 모두 나타나신 창조 사역 이래 처음 있는 가장 장엄한 순간이다. 그것은 바로 하나님의 나라가 임하는 순간이기 때문이다. 예수님이 그 나라의 왕으로 즉위하는 대관식이기 때문이다.

예수님이 받게 될 진짜 세례는 십자가의 세례이다.(막 10:35-40, 눅 12:50)

막 1:9-11 예수가 세례를 받으신 이유

세례 요한이 베푸는 물세례는 회개의 징표로서 행하는 의식이었다. 그런데 죄가 전혀 없으신 예수께서 요한의 세례를 받으신 이유는 무엇인가? 이에 대해 살펴보는 것은 예수의 구속 사역을 이해하는 데 있어 매우 유익한 것인바 그 이유들을 간략히 열거해 보면 다음과 같다.

1	세례 요한을 통해 명령하신 하나님의 명령에 순종하기 위해(눅 3:2, 요 1:33)
2	모든 인간들의 구속을 위한 하나님의 의를 이루시기 위해(마 3:15, 16, 롬 1:17)
3	죄인들과 자신을 동일한 위치에 두심으로 대속 사역을 온전히 성취하시기 위해 (사 53:12, 요 1:29)
4	후일에 모든 성도들이 그리스도 안에서 연합하기 위한 근거를 세우시기 위해 (고전 12:12, 13)
5	성도들이 그리스도 안에서 하나님께 의롭다고 여김을 받게 하려고 (고후 5:21, 갈 3:26, 27)

마태 4:1-11

시험을 받으시다

마 4:1
학습 자료 69-10 "마귀" 참조

[1] 그 때에 예수께서 성령에게 이끌리어 마귀에게 시험을 받으러 광야로 가사 [2] 사십 일을 밤낮으로 금식하신 후
에 주리신지라 [3] 시험하는 자가 예수께 나아와서 이르되 네가 만일 하나님의 아들이어든 명하여 이 돌들로 떡덩
이가 되게 하라 [4] 예수께서 대답하여 이르시되 기록되었으되 사람이 떡으로만 살 것이 아니요 하나님의 입으로
부터 나오는 모든 말씀으로 살 것이라 하였느니라 하시니 [5] 이에 마귀가 예수를 거룩한 성으로 데려다가 성전 꼭
대기에 세우고 [6] 이르되 네가 만일 하나님의 아들이어든 뛰어내리라 기록되었으되 그가 너를 위하여 그의 사자

들을 명하시리니 그들이 손으로 너를 받들어 발이 돌에 부딪치지 않게 하
리로다 하였느니라 7 예수께서 이르시되 또 기록되었으되 주 너의 하나님
을 시험하지 말라 하였느니라 하시니 8 마귀가 또 그를 데리고 지극히 높
은 산으로 가서 천하 만국과 그 영광을 보여 9 이르되 만일 내게 엎드려
경배하면 이 모든 것을 네게 주리라 10 이에 예수께서 말씀하시되 사탄아
물러가라 기록되었으되 주 너의 하나님께 경배하고 다만 그를 섬기라 하
였느니라 11 이에 마귀는 예수를 떠나고 천사들이 나아와서 수종드니라

마가 1: 12-13

시험를 받으시다

12 성령이 곧 예수를 광야로 몰아내신지라
13 광야에서 사십 일을 계시면서 사탄에게
시험을 받으시며 들짐승과 함께 계시니 천
사들이 수종들더라

누가 4:1-13

세례를 받으시다

1 예수께서 성령의 충만함을 입어 요단 강에서 돌아오사 광야에서 사십
일 동안 성령에게 이끌리시며 2 마귀에게 시험을 받으시더라 이 모든 날
에 아무 것도 잡수시지 아니하시니 날 수가 다하매 주리신지라 3 마귀가
이르되 네가 만일 하나님의 아들이어든 이 돌들에게 명하여 떡이 되게 하
라 4 예수께서 대답하시되 기록된 바 사람이 떡으로만 살 것이 아니라 하
였느니라 5 마귀가 또 예수를 이끌고 올라가서 순식간에 천하 만국을 보
이며 6 이르되 이 모든 권위와 그 영광을 내가 네게 주리라 이것은 내게
넘겨 준 것이므로 내가 원하는 자에게 주노라 7 그러므로 네가 만일 내게
절하면 다 네 것이 되리라 8 예수께서 대답하여 이르시되 기록된 바 주 너
의 하나님께 경배하고 다만 그를 섬기라 하였느니라 9 또 이끌고 예루살
렘으로 가서 성전 꼭대기에 세우고 이르되 네가 만일 하나님의 아들이어
든 여기서 뛰어내리라 10 기록되었으되 하나님이 너를 위하여 그 사자들
을 명하사 너를 지키게 하시리라 하였고 11 또한 그들이 손으로 너를 받들

	마태복음	누가복음
시험의 내용	돌–떡 (육체적, 물질적)	돌–떡
	성전에서 뛰어내림– 정신적 ,명예적	내게 절하라 천하만국을 주겠다
	사탄께 경배 – 영적, 종교적	성전에서 뛰어내리라
서술의 특징	시간적 순서에 관계없이 시험의 성격에 따라 점층적으로 기록	시험의 성격보다는 시험의 순서에 따라 사실적으로 기록
시험의 성격	삶의 전 부분을 총망라한 포괄적, 총체적 시험 – 육, 영, 혼	
시험의 결과	1. 첫 아담이 에덴에서 실패한 시험을 둘째 아담되신 예수님께서 말씀으로 분쇄하심으로 온 인류에 대한 구속의 전거를 마련 2. 예수께서 사탄의 시험을 이김으로 그 안에 있는 신자들로 하여금 사탄의 시험을 이기고 승리하는 삶을 살 수 있는 장을 여심	

67일~72일

마 4:1-11 예수가 받으신 시험

	내 용
장 소	광야(1절)
시 기	40일 금식 후 주리신 때(2절)
동 인(動因)	성령의 주권적인 인도하심(1절)
성 격	궁극적인 승리를 위해 예수께서 자발적으로 사탄에게 받으신 시험
종 류	· 1차 - 육신의 약점을 이용한 것 · 2차 - 정신적 허영을 이용한 것 · 3차 - 신앙적 문제에 관한 것
특 징	점층적이고 포괄적임
극 복	능력있는 하나님의 말씀만으로 이겨내심(엡 6:17)
결 과	첫째 아담의 실패로 인해 온 인류가 사탄의 종노릇 하게 되었으나 둘째 아담이신 그리스도의 승리로 사탄의 지배 아래에 있는 인류를 구속할 확실한 근거를 세움

❖ **예수의 시험**(광야)

하나님 나라의 이룸의 다른 표현은 영적 싸움이다. 예수님의 광야시험(눅 4:1-13)은 단순히 개인 차원의 시험이 아니었다. 구속사적(救贖史的)인 심오한 의미가 있는 사건이다. 우리가 창세기의 '원시 복음' 부분에서 다루었듯이, 사탄(뱀)의 최고 관심사는 역사 선상에 '자기의 머리를 밟을 여자의 후손'(창 3:15)이 나타나는 것이다. 그런데 지금 예수님이 여자의 후손으로서 사탄에게 치명타를 가할 공생애 사역을 시작하려 하자, 사탄이 그것을 좌시하지 않고 여자의 후손에게 총공격을 감행하는 장면이 바로 예수님의 광야시험이다.
이것을 염두에 둘 뿐만 아니라 구약시대의 유명한 두 가지 시험을 배경에 깔고 예수님의 광야시험을 대해야 그 풍성한 의미를 우리가 이해하게 될 것이다. 첫 번째 아담은 먹는 일의 시험에서 실패하여 타락하고 말았다. 선악과는 취하고 하나님 말씀은 버렸다. 그러나 마지막 아담 예수 그리스도(고전 15:45)는 떡과 권세를 버리고 말씀을 취하셨다. 첫째 아담의 실패를 마

어 네 발이 돌에 부딪치지 않게 하시리라하였느니라 12 예수께서 대답하
여 이르시되 주 너의 하나님을 시험하지 말라 하였느니라 13 마귀가 모든
시험을 다 한 후에 얼마 동안 떠나니라

지막 아담은 승리로 보상하셨다. 예수님은 우리가 승리하는 대표자이시다. 첫 번째 언약 백성인 이스라엘은 출애굽 후 먹는 시험에 실패하였다. 그들은 만나로만 살 뿐, 하나님 말씀으로 살 줄을 몰랐다(신 8:3, 눅 4:4). 그러나 새 언약 백성의 창시자인 예수님은 음식으로 사는 것이 아니라 하나님 말씀으로 사는 것임을 몸소 실증하여 승리하셨다. 예수님은 광야시험에서 아담의 실패와 이스라엘의 실패를 회복하는 결정타를 사탄에게 날리신 것이다.

학습 자료 69-11
"예수의 시험과 인간의 욕구(도표)" 참조

요한 1:35-51

- 제자 선택(요단 건너 베다니 광야) -

요한의 두 제자

35 또 이튿날 요한이 자기 제자 중 두 사람과 함께 섰다가 36 예수께서 거
니심을 보고 말하되 보라 하나님의 어린 양이로다 37 두 제자가 그의 말을 듣고 예수를 따르거늘 38 예수께서 돌
이켜 그 따르는 것을 보시고 물어 이르시되 무엇을 구하느냐 이르되 랍비여 어디 계시오니이까 하니(랍비는 번역하
면 선생이라) 39 예수께서 이르시되 와서 보라 그러므로 그들이 가서 계신 데를 보고 그 날 함께 거하니 때가 열 시
쯤 되었더라 40 요한의 말을 듣고 예수를 따르는 두 사람 중의 하나는 시몬 베드로의 형제 안드레라 41 그가 먼저
자기의 형제 시몬을 찾아 말하되 우리가 메시아를 만났다 하고(메시아는 번역하면 그리스도라) 42 데리고 예수께로 오
니 예수께서 보시고 이르시되 네가 요한의 아들 시몬이니 장차 게바라 하리라 하시니라(게바는 번역하면 베드로라)

빌립과 나다나엘을 부르시다

43 이튿날 예수께서 갈릴리로 나가려 하시다가 빌립을 만나 이르시되 나
를 따르라 하시니 44 빌립은 안드레와 베드로와 한 동네 벳새다 사람이라
45 빌립이 나다나엘을 찾아 이르되 모세가 율법에 기록하였고 여러 선지
자가 기록한 그이를 우리가 만났으니 요셉의 아들 나사렛 예수니라 46 나
다나엘이 이르되 나사렛에서 무슨 선한 것이 날 수 있느냐 빌립이 이르되
와서 보라 하니라 47 예수께서 나다나엘이 자기에게 오는 것을 보시고 그
를 가리켜 이르시되 보라 이는 참으로 이스라엘 사람이라 그 속에 간사한
것이 없도다 48 나다나엘이 이르되 어떻게 나를 아시나이까 예수께서 대
답하여 이르시되 빌립이 너를 부르기 전에 네가 무화과나무 아래에 있을
때에 보았노라 49 나다나엘이 대답하되 랍비여 당신은 하나님의 아들이
시요 당신은 이스라엘의 임금이로소이다 50 예수께서 대답하여 이르시되 내가 너를 무화과나무 아래에서 보았
다 하므로 믿느냐 이보다 더 큰 일을 보리라 51 또 이르시되 진실로 진실로 너희에게 이르노니 하늘이 열리고 하
나님의 사자들이 인자 위에 오르락 내리락 하는 것을 보리라 하시니라

요 1:46 "와 보라"의 성경적 메시지
기독교는 탁상공론이나 허황한 개념이나 추상적이고 공허한 현실 도피적 진리나 무속적 기복을 추구하는 종교가 아니다. 현실 속에서 하나님과의 체험적 만남을 통해서 그분의 사랑을 성경으로 발견하여 깨달아 그것을 삶으로 표현하는 것이다. 이것이 "와 보라"의 핵심 메시지이다. 당신은 그런 체험적 삶을 살아가고 있는가?
만약 그렇지 않다면 더 늦기 전에 "와 보라"

오늘 성경 읽으셨나요?

67일~72일

제 4 부 : 예수의 갈릴리, 유대, 사마리아 사역

예수님은 가버나움을 예수님의 사역 사령부로 삼으시고 가나의 혼인 잔치에 참석했다가 그 잔칫집에 포도주가 떨어져 어머니 마리아의 부탁으로 물로 포도주를 만드는 첫 기적을 일으키신다. 그 후에 첫 유월절을 지키기 위해 예루살렘을 방문하고 약 8개월을 머물면서 유대 지역에서 사역을 시작하신다. 이때 예루살렘에서 니고데모의 방문을 받고 중생의 교리를 가르쳐 주신다. 세례요한이 헤롯에게 대항하여 그의 악행을 설교하자 그를 체포한다. 이를 계기로 예수님은 다시 갈릴리로 일단 물러난다. 갈릴리로 오는 길에 사마리아 여인을 만난다.

갈릴리에서 유대까지 예수의 여정
예수의 여정
두로
훌라 호수
갈릴리
가버나움
게네사렛
막달라
갈릴리 바다
가나
갈멜산
기손강
나사렛
도라
나인
데가볼리
벨라
예닌
애논
살렘
사마리아의 마을에서 예수를 받아들이지 않음 (눅 9:51-56)
사마리아
사마리아 여인과 말씀을 나눈 곳 (요 4:6-30)
사마리아
수가
그리심산
얍복강
에브라임
거지 바디매오의 눈을 뜨게 하고 세리 삭개오를 구원함 (막 10:46-52; 눅 18:35-43) (눅 19:1-12)
엠마오
여리고
예루살렘
느보산
서른여덟 해 된 병자를 살리고 성전을 자주 방문함 (요 5:5)
베다니
베들레헴
선한 사마리아 사람의 비유에 나오는 길
죽은 나사로를 살리고 한 여인이 예수의 머리에 향유를 부음 (요 11:1-44) (요 12:3, 마 26:6-13; 막 14:3-9)
마케루스
유대광야
염해
세례 요한이 참수형을 당한 장소
아르논강
유대
유대 광야에서 사십일을 금식 후 마귀의 시험을 받음 (마 4:1-11, 막 1:12-13; 눅 4:1-13)

요한 2:1-12

- 가난 혼인 잔치(가나, 갈릴리 지방) -

67일~72일

요한 2:1-12

가나의 혼인 잔치

1 사흘째 되던 날 갈릴리 가나에 혼례가 있어 예수의 어머니도 거기 계시
고 2 예수와 그 제자들도 혼례에 청함을 받았더니 3 포도주가 떨어진지
라 예수의 어머니가 예수에게 이르되 저들에게 포도주가 없다 하니 4 예
수께서 이르시되 여자여 나와 무슨 상관이 있나이까 내 때가 아직 이르
지 아니하였나이다 5 그의 어머니가 하인들에게 이르되 너희에게 무슨 말
씀을 하시든지 그대로 하라 하니라 6 거기에 유대인의 정결 예식을 따라
두세 통 드는 돌항아리 여섯이 놓였는지라 7 예수께서 그들에게 이르시
되 항아리에 물을 채우라 하신즉 아귀까지 채우니 8 이제는 떠서 연회장

❖ **가난 혼인 잔치**(가나, 갈릴리 지방)

이것은 예수님의 첫 기적이다. 이 기적의 본질은 변화다. 요한복음에 선별된 8개 기적의 본질은 모두 변화이다.

물이 변하여 포도주가 되었다는 것은 곧 변화를 말한다. 단순히 물리적, 형식적인 겉모양만의 변화를 의미하는 것이 아니고, 화학적, 실제적, 본질적인 변화를 말한다. 이 변화는 구약의 율법주의적 가치관에서 하나님 나라의 가치관과 질서로 바뀌어야 한다는 메시지를 담고 있는 기적이라고 보아야 한다. 새 포도주를 헌 부대에 담을 수 없다는 예수님의 말씀과 같은 문맥이다.

"탈피하지 못하는 뱀은 죽는다."라고 괴테가 그의 희곡 '파우스트'에서 말했다.

기독교, 특히 개신교의 본질은 변화이고 개혁에 있다. 끊임없이 변하여 온전한 하나님 나라를 이룰 때까지 변화되어야 한다. 나와 내 주위에 예수를 믿는다고 하는데 왜 이런 변화가 없는지를 심도 있게 성찰해 본 적이 있는가?

가나안 혼인 잔치에서 '잔치'의 이미지는 바로 '하나님 나라'의 모습이다. 잔치는 에덴의 모습이다.

창세기 2:8-9을 읽고, 낙원의 회복과 "하나님 나라"를 생각해 보라. 예수님이 이 잔치에 오셨다는 것은 어떤 의미가 있는가?

그 '잔치'에 포도주가 모자란다는 것은 무엇을 말할까? '모자람'이 주는 의미는 무엇인가?

자기중심성 때문에 스스로 하나님이 되어 자기가 자기 주인이 되어 인위(人爲)의 삶을 살기로 한 인간은 에덴의 풍요로움으로부터 이탈이고 곧 결핍, 즉 '모자람'의 삶을 살아갈 수밖에 없는 처지가 된 것이다. 그것은 바로 자기중심성이 선택한 결과이다. 이 '모자람'의 자리에 예수님이 계신다는 것은 무엇을 말해 주는가? 예수님은 모든 모자람의 문제를 해결해 주시는 분이시라는 사실을 알아야 한다. 신위(神爲)로 돌아가야 한다는 것이다. 바로 그곳에 하나님 나라가 이루어지기 때문이다.

물은 율법을, 포도주는 생명의 복음으로 해석하는 견해가 있는데, 이에 따르면 물은 구약이고, 포도주는 신약을 상징한다고 보는 사람들도 있다.

물이 포도주로 바뀐 사건은 물의 신앙에서 포도주의 신앙으로 바뀐 것이며 이는 신앙생활의 질적 변화를 의미한다.

하인이 물 항아리를 아귀까지 채우라는 예수님의 명령에 순종하는 모습은 곧 기적은 하나님의 능력과 인간의 순종이 멋지게 이루는 합작품이라는 사실을 말해 준다. 사실 성경의 모든 기적은 바로 이 공식에 의해 이루어짐을 볼 수가 있다. 순종은 하나님 나라의 기초이다. 순종은 인위(人爲)를 버리고 신위(神爲)를 택하는 결단을 말한다. 이 순종 위에 신위가 이루어짐으로 하

에게 갖다 주라 하시매 갖다 주었
더니 9 연회장은 물로 된 포도주를
맛보고도 어디서 났는지 알지 못
하되 물 떠온 하인들은 알더라 연
회장이 신랑을 불러 10 말하되 사람마다 먼저 좋은 포도주를 내고 취한
후에 낮은 것을 내거늘 그대는 지금까지 좋은 포도주를 두었도다 하니라
11 예수께서 이 첫 표적을 갈릴리 가나에서 행하여 그의 영광을 나타내시
매 제자들이 그를 믿으니라 12 그 후에 예수께서 그 어머니와 형제들과 제
자들과 함께 가버나움으로 내려가셨으나 거기에 여러 날 계시지는 아니하시니라

나님 나라가 완성되는 것이다.
이 가나안 혼인 잔치의 기적은 예수님이 바로 새 질서 즉, 하나님 나라의 질서를 가져다주시는 분임을 나타내는 표적이다.

요한 3장

- 니고데모를 만나다.(예루살렘 : A.D. 27년 경 유월절 절기 중에) / 세례 요한의 충성심.(A.D. 27년 봄에서 여름 사이) -

요한 3:1-21

니고데모와 예수

1 그런데 바리새인 중에 니고데모라 하는 사람이 있으니 유대인의 지도
자라 2 그가 밤에 예수께 와서 이르되 랍비여 우리가 당신은 하나님께로
부터 오신 선생인 줄 아나이다 하나님이 함께 하시지 아니하시면 당신
이 행하시는 이 표적을 아무도 할 수 없음이니이다 3 예수께서 대답하여
이르시되 진실로 진실로 네게 이르노니 사람이 거듭나지 아니하면 하나
님의 나라를 볼 수 없느니라 4 니고데모가 이르되 사람이 늙으면 어떻게
날 수 있사옵나이까 두번째 모태에 들어갔다가 날 수 있사옵나이까 5 예
수께서 대답하시되 진실로 진실로 네게 이르노니 사람이 물과 성령으로
나지 아니하면 하나님의 나라에 들어갈 수 없느니라 6 육으로 난 것은 육
이요 영으로 난 것은 영이니 7 내가 네게 거듭나야 하겠다 하는 말을 놀
랍게 여기지 말라 8 바람이 임의로 불매 네가 그 소리는 들어도 어디서
와서 어디로 가는지 알지 못하나니 성령으로 난 사람도 다 그러하니라 9
니고데모가 대답하여 이르되 어찌 그러한 일이 있을 수 있나이까 10 예
수께서 그에게 대답하여 이르시되 너는 이스라엘의 선생으로서 이러한
것들을 알지 못하느냐 11 진실로 진실로 네게 이르노니 우리는 아는 것을
말하고 본 것을 증언하노라 그러나 너희가 우리의 증언을 받지 아니하
는도다 12 내가 땅의 일을 말하여도 너희가 믿지 아니하거든 하물며 하
늘의 일을 말하면 어떻게 믿겠느냐 13 하늘에서 내려온 자 곧 인자 외에
는 하늘에 올라간 자가 없느니라 14 모세가 광야에서 뱀을 든 것 같이 인
자도 들려야 하리니 15 이는 그를 믿는 자마다 영생을 얻게 하려 하심이니라 16 하나님이 세상을 이처럼 사랑하
사 독생자를 주셨으니 이는 그를 믿는 자마다 멸망하지 않고 영생을 얻게 하려 하심이라 17 하나님이 그 아들을
세상에 보내신 것은 세상을 심판하려 하심이 아니요 그로 말미암아 세상이 구원을 받게 하려 하심이라 18 그를
믿는 자는 심판을 받지 아니하는 것이요 믿지 아니하는 자는 하나님의 독생자의 이름을 믿지 아니하므로 벌써
심판을 받은 것이니라 19 그 정죄는 이것이니 곧 빛이 세상에 왔으되 사람들이 자기 행위가 악하므로 빛보다 어

❖ 요 3:1-21 **니고데모를 통해서 배우는 중생의 개념**

니고데모는 바리새인이었다.(다음 페이지 계층 도표 참조) 니고데모는 중생을 어머니 배속으로 들어갔다가 다시 태어나는 육신적 거듭남으로 이해한다. 예수님이 말하는 중생(Born Again 重生)은 영적 거듭남을 말한다. 칭의적 구원의 과정에서 하나님과 끊어진 관계가 급격히 연결되는 순간이다. 하나님의 백성으로 새롭게 태어나는 과정이 반드시 있어야 한다. 이것은 구원의 서정 중의 한 여정이다. 구원의 서정중 중생은 하나님의 영이 살아나는 과정이고, 이것은 근본적인 변화를 초래하는 영적 변화를 의미한다.
또한 성화 과정의 중생은 세상적, 세속적 가치관이 하나님 나라의 가치관으로 바뀌는 것이요, 세상을 보는 안경이 바뀐다는 말이다. 그와 같은 과정이 없으면 하나님 나라를 이해할 수 없고 그 나라의 백성이 될 수 있는 자격을 얻을 수가 없다. 중생, 그것은 하나님 나라에 합당한 세계관 가치관, 즉 성경적 가치관을 확립하는 것이다.

요 2장
학습 자료 69-12 "요한복음의 7대 표적과 7대 자기 선언" 참조
요 3:13
학습 자료 69-13 "인자 외에는 하늘에 올라 간 자가 없느니라" 참조

둠을 더 사랑한 것이니라 [20] 악을 행하는 자마다 빛을 미워하여 빛으로 오지 아니하나니 이는 그 행위가 드러날
까 함이요 [21] 진리를 따르는 자는 빛으로 오나니 이는 그 행위가 하나님 안에서 행한 것임을 나타내려 함이라
하시니라

계층 이름	특징	예수님과 일치점	예수님과 상이점
바리새인	유대의 전승과 율법을 가장 엄격하게 지킴. 시나고그에 가장 큰 영향력을 행사.	율법을 준수함. 부활을 믿음. 하나님의 뜻에 순종함.	예수가 그들의 전통을 지키지 않고 그들이 부정하다고 인정하는 자들과 사귀기 때문에 예수를 메시아로 인정하지 않음.
사두개인	부유함, 상류 계층이고 제사장 그룹을 이룸. 모세 5경 외의 성경은 인정하지 않음. 바리새인과 함께 시나고그를 형성함.	모세 5경에 강한 존경을 가지고 성전의 신성함을 인정함.	부활을 부인함. 성전을 상용으로 사용할 수 있다고 생각함.
서기관	직업적 율법 해석자. 이들은 율법을 해석함에 있어서 그들의 전통을 중시함. 바리새인들이 이들이 해석한 율법을 지키고 가르침.	율법을 중시하고, 하나님께 복종함.	예수의 율법 해석의 권위를 인정하지 않음. 예수님이 그들의 전통을 따르지 않기 때문에 메시아로 인정하지 않음.
헤롯당	헤롯 왕을 지지하는 정치적 집단.	명확하지 않음. 복음서에 보면 그들은 예수를 함정에 빠트려 죽이려고 했음.	예수님이 정치적 불안을 조성한다고 해서 싫어함.
열심당	로마의 압제에서 유대 나라를 해방시키고자 하는 애국 독립투사.	이스라엘의 장래를 걱정함. 메시아를 믿으나 예수를 메시아로 인정하지 않음.	메시아는 정치적으로 그들을 해방시켜 주는 자로 생각함.
에세네파	정결 의식과 거룩을 강조하는 은둔자.	정의, 정직, 그리고 헌신을 강조함.	정결 의식이 그들을 거룩하게 한다고 믿음.

요한 3:22-36

그는 흥하고 나는 쇠하여야 하리라

[22] 그 후에 예수께서 제자들과 유대 땅으로 가서 거기 함께 유하시며 세
례를 베푸시더라 [23] 요한도 살렘 가까운 애논에서 세례를 베푸니 거기 물
이 많음이라 그러므로 사람들이 와서 세례를 받더라 [24] 요한이 아직 옥에
갇히지 아니였더라 [25] 이에 요한의 제자 중에서 한 유대인과 더불어 정결
예식에 대하여 변론이 되었더니 [26] 그들이 요한에게 가서 이르되 랍비여
선생님과 함께 요단 강 저편에 있던 이 곧 선생님이 증언하시던 이가 세례
를 베풀매 사람이 다 그에게로 가더이다 [27] 요한이 대답하여 이르되 만일
하늘에서 주신 바 아니면 사람이 아무 것도 받을 수 없느니라 [28] 내가 말
한 바 나는 그리스도가 아니요 그의 앞에 보내심을 받은 자라고 한 것을
증언할 자는 너희니라 [29] 신부를 취하는 자는 신랑이나 서서 신랑의 음성
을 듣는 친구가 크게 기뻐하나니 나는 이러한 기쁨으로 충만하였노라 [30]
그는 흥하여야 하겠고 나는 쇠하여야 하리라 하니라

하늘로부터 오시는 이

[31] 위로부터 오시는 이는 만물 위에 계시고 땅에서 난 이는 땅에 속하여 땅에 속한 것을 말하느니라 하늘로부터
오시는 이는 만물 위에 계시나니 [32] 그가 친히 보고 들은 것을 증언하되 그의 증언을 받는 자가 없도다 [33] 그의

✣ 요 3:22-36 **세례 요한의 충성심**
(A.D. 27년 봄에서 여름 사이)
세례 요한의 사명감과 충성심에 따른 그의 겸손을 읽어라.

1) **겸손 제 1법칙** - 매사에 하나님을 인정하기
"요한이 대답하여 이르되 만일 하늘에서 주신 바 아니면 사람이 아무 것도 받을 수 없느니라"(27절)
2) **겸손 제 2법칙** - 제 2인자가 될 수 있다는 자세
"내가 말한바 나는 그리스도가 아니요 그의 앞에 보내심을 받은 자라고 한 것을 증언할 자는 너희니라"(28절)
3) **겸손 제 3법칙** - 주인공을 위해 조용히 물러나는 것
"그는 흥하여야 하겠고 나는 쇠하여야 하리라 하니라"(30절)

증언을 받는 자는 하나님이 참되시다는 것을 인쳤느니라 34 하나님이 보내신 이는 하나님의 말씀을 하나니 이는
하나님이 성령을 한량 없이 주심이니라 35 아버지께서 아들을 사랑하사 만물을 다 그의 손에 주셨으니 36 아들을
믿는 자에게는 영생이 있고 아들에게 순종하지 아니하는 자는 영생을 보지 못하고 도리어 하나님의 진노가 그
위에 머물러 있느니라

마태 14:3-5, 마가 6:17-20, 누가 3:19-20

- 세례 요한의 잡힘(A.D. 27년 가을 경) -

마태 14:3-5

3 전에 헤롯이 그 동생 빌립의 아내 헤로디아의 일로 요한을 잡아 결박하
여 옥에 가두었으니 4 이는 요한이 헤롯에게 말하되 당신이 그 여자를 차
지한 것이 옳지 않다 하였음이라 5 헤롯이 요한을 죽이려 하되 무리가 그
를 선지자로 여기므로 그들을 두려워하더니

마가 6:17-20

17 전에 헤롯이 자기가 동생 빌립의 아내 헤로디아에게 장가 든 고로 이
여자를 위하여 사람을 보내어 요한을 잡아 옥에 가두었으니 18 이는 요한
이 헤롯에게 말하되 동생의 아내를 취한 것이 옳지 않다 하였음이라 19
헤로디아가 요한을 원수로 여겨 죽이고자 하였으되 하지 못한 것은 20 헤
롯이 요한을 의롭고 거룩한 사람으로 알고 두려워하여 보호하며 또 그의
말을 들을 때에 크게 번민을 하면서도 달갑게 들음이러라

누가 3:19-20

19 분봉 왕 헤롯은 그의 동생의 아내 헤로디아의 일과 또 자기가 행한 모
든 악한 일로 말미암아 요한에게 책망을 받고 20 그 위에 한 가지 악을 더
하여 요한을 옥에 가두니라

마 14:12-25예수의 초기 사역지

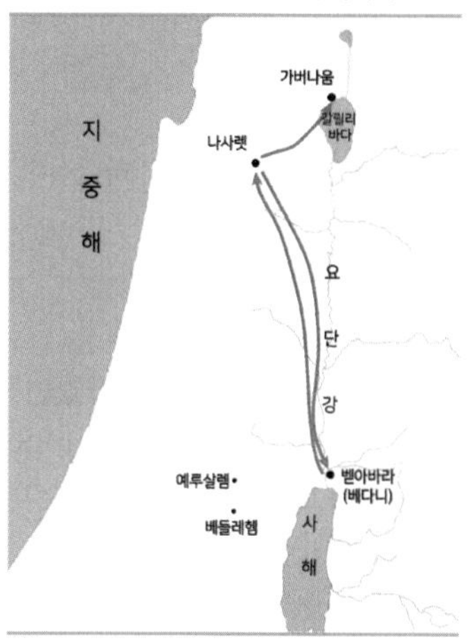

❖ 요 4장 **예수님과 사마리아 여인**(사마리아 수가성 : A.D. 27년 가을 무렵)
예수님이 갈릴리로 돌아가는 길에 사마리아 지방을 의도적으로 통과하신다. 당시 관습은 유대 사람은 유대 지역에서 갈릴리로 갈 때 사마리아를 거쳐서 갈릴리로 가면 하루 만에 갈 수 있는 길을 그 사마리아를 피하여 요단강 동쪽으로 돌아 강도들이 우글거리는 길을 택해서 우회하여 간다. 그 이유는 이스라엘의 왕국 분열 이후부터 생기기 시작한 지역감정이 포로시기에서는 서로 적대 감정으로 발전하여 유대인들은 사마리아인을 상종하기를 매우 싫어하게 되었다. 또한 북 왕국이 망하고 10지파가 흩어지면서 그 사마리아 지방에 앗수르인 등 이방인들이 이주해 들어와 남은 이스라엘 사람과 혼인하면서 그들이 이스라엘인의 혈통을 잃어버리게 된다. 그래서 유대인들은 사마리아인들을 동족으로 생각하지 않게 되었던 시절이다. 예수님은 의도적으로 이런 위험한 관습을 깨고, 또한 당시 여자와 정면으로 대하지 않는 율법주의적 규례를 타파하면서 불행에 빠져있는 한 여인을 어느 우물가에서 만나려고 일부러 이 길을 택해 가셨고(4절 사마리아로 통행하여야 하겠는지라), 그래서 그 여인을 만나고 그 여인을 불행에서 회복시켜 주심을 본다.
이 사마리아 여인의 문제점은 심리적으로 관계 중독증 환자라고 어느 상담가는 진단 한다(이관직 목사 "성경 인물과 심리분석").

마태 4:12, 마가 1:14, 요한 4:1-44

- 예수님이 유대지방을 떠나야 하는 이유(A.D. 27년 가을 경) -

마태 4:12

12 예수께서 요한이 잡혔음을 들으시고 갈릴리로 물러가셨다가

마가 1:14

14 요한이 잡힌 후 예수께서 갈릴리에 오셔서 하나님의 복음을 전파하여

요한 4:1-3

1 예수께서 제자를 삼고 세례를 베푸시는 것이 요한보다 많다 하는 말을
바리새인들이 들은 줄을 주께서 아신지라 2 (예수께서 친히 세례를 베푸신 것이
아니요 제자들이 베푼 것이라) 3 유대를 떠나사 다시 갈릴리로 가실새

– 예수님과 사마리아 여인(사마리아 수가성 : A.D. 27년 가을 경) –

요한 4:4-44

사마리아 여인과 말씀하시다

4 사마리아를 통과하여야 하겠는지라 5 사마리아에 있는 수가라 하는 동
네에 이르시니 야곱이 그 아들 요셉에게 준 땅이 가깝고 6 거기 또 야곱
의 우물이 있더라 예수께서 길 가시다가 피곤하여 우물 곁에 그대로 앉
으시니 때가 여섯 시쯤 되었더라 7 사마리아 여자 한 사람이 물을 길으러
왔으매 예수께서 물을 좀 달라 하시니 8 이는 제자들이 먹을 것을 사러
그 동네에 들어갔음이러라 9 사마리아 여자가 이르되 당신은 유대인으로
서 어찌하여 사마리아 여자인 나에게 물을 달라 하나이까 하니 이는 유
대인이 사마리아인과 상종하지 아니함이러라 10 예수께서 대답하여 이르
시되 네가 만일 하나님의 선물과 또 네게 물좀 달라 하는 이가 누구인 줄
알았더라면 네가 그에게 구하였을 것이요 그가 생수를 네게 주었으리라
11 여자가 이르되 주여 물 길을 그릇도 없고 이 우물은 깊은데 어디서 당
신이 그 생수를 얻겠사옵나이까 12 우리 조상 야곱이 이 우물을 우리에게
주셨고 또 여기서 자기와 자기 아들들과 짐승이 다 마셨는데 당신이 야곱
보다 더 크니이까 13 예수께서 대답하여 이르시되 이 물을 마시는 자마
다 다시 목마르려니와 14 내가 주는 물을 마시는 자는 영원히 목마르지
아니하리니 내가 주는 물은 그 속에서 영생하도록 솟아나는 샘물이 되리
라 15 여자가 이르되 주여 그런 물을 내게 주사 목마르지도 않고 또 여기
물 길으러 오지도 않게 하옵소서 16 이르시되 가서 네 남편을 불러 오라
17 여자가 대답하여 이르되 나는 남편이 없나이다 예수께서 이르시되 네
가 남편이 없다 하는 말이 옳도다 18 너에게 남편 다섯이 있었고 지금 있
는 자도 네 남편이 아니니 네 말이 참되도다 19 여자가 이르되 주여 내가
보니 선지자로소이다 20 우리 조상들은 이 산에서 예배하였는데 당신들
의 말은 예배할 곳이 예루살렘에 있다 하더이다 21 예수께서 이르시되 여
자여 내 말을 믿으라 이 산에서도 말고 예루살렘에서도 말고 너희가 아
버지께 예배할 때가 이르리라 22 너희는 알지 못하는 것을 예배하고 우리
는 아는 것을 예배하노니 이는 구원이 유대인에게서 남이라 23 아버지께
참되게 예배하는 자들은 영과 진리로 예배할 때가 오나니 곧 이 때라 아

67일~72일

이 여인은 결손 가정에서 성장하면서 성인이 되는 과정 중 "자기 개별화"를 이루지 못함으로 의존심이 강하게 되고 남을 의존하지 않고서는 삶을 영위할 수 없는 심적, 영적 불구자가 되었다는 것이다.
이런 사마리아의 수가성 여인을 예수님은 치유하여 주시려고 지역감정이 극에 달해 모두 사마리아 지방을 통과해서 여행하기를 싫어하며, 여인과 직접 대면하면 안 되는 바리새인의 문화를 타파하고 사마리아 지방에 의도적으로 들어가셨다. 그 예수님은 바로 우리의 문제를 해결하시기 위해 우리와 늘 동행하시는 임마누엘 하나님이시다.

요 4장

학습 자료 69-14 "예수님을 만난 수가성 여인의 치유 과정" 참조

학습 자료 69-15 "예수의 니고데모와 사마리아 여인과 대화 비교" 참조

요 4:22-24 "영과 진리"로 예배드리는 예배자를 아직도 찾고 계신다. 이런 예배는 성경적 원리에 의해 하나님의 방법[신위(神爲)]으로 드리는 예배를 말한다. 오늘날의 예배가 너무나도 인위적인 방법으로 드려지고 있기 때문이다. 심지어 무속적이며, 무당 푸닥거리 식 예배를 드리는 예도 있다. 예배의 양식은 그 시대의 문화적 상황을 반영한다. 한국 문화는 다분히 무속적임을 생각해 보라.

요 4:28-29 이 여인은 물동이를 버렸다고 했다. 이는 그녀의 삶의 의미가 바뀌었다는 것이다. 가치관이 바뀌고 세계관이 변화되었다는 것이다. 그래서 자신의 약점을 감추며 이웃을 피해 살던 자세를 과감히 청산하고 그 이웃을 향하여 적극적인 자세를 취한다. 예수를 체험적으로 만나면(히 : 야다) 이런 변화가 온다. 베드로의 변화에도 이런 모습을 볼 수 있다
☞ 기독교는 안식의 종교이지만, 안주를 추구하는 종교는 아니다.
은혜받고 교회 안에서만 뜨거운 신자가 되기 위해 예수님이 우리를 구원하신 것이 아니고, 바로 이 사마리아 여인처럼 세상을 향해 가는 신도가 되게 하려고 우리를 구원하셨다는 사실을 깨닫고 행동하기를 바란다.
신앙생활은 교회가 중심이 되어야 하는 것은 사실이다. 그러나 이 중심이라는 단어는 두 가지 개념으로 사용하여야 한다는 사실을 알아야 한다. 그 하나는 구심적 중심이고 다른 하나는 원심적 중심이 있다. 구심적 중심은 가운데로 모이는 중심이고 원심적 중심은 밖으로 흩어지는 중심이다. 교회 중심이란 이 두 가지의 중심 개념이 적용되어야 한다. 그것은 예배를 위해

버지께서는 자기에게 이렇게 예배하는 자들을 찾으시느니라 24 하나님은
영이시니 예배하는 자가 영과 진리로 예배할지니라 25 여자가 이르되 메
시아 곧 그리스도라 하는 이가 오실 줄을 내가 아노니 그가 오시면 모든
것을 우리에게 알려 주시리이다 26 예수께서 이르시되 네게 말하는 내가
그라 하시니라 27 이 때에 제자들이 돌아와서 예수께서 여자와 말씀하시
는 것을 이상히 여겼으나 무엇을 구하시나이까 어찌하여 그와 말씀하시
나이까 묻는 자가 없더라 28 여자가 물동이를 버려 두고 동네로 들어가서
사람들에게 이르되 29 내가 행한 모든 일을 내게 말한 사람을 와서 보라 이는 그리스도가 아니냐 하니 30 그들이
동네에서 나와 예수께로 오더라 31 그 사이에 제자들이 청하여 이르되 랍비여 잡수소서 32 이르시되 내게는 너
희가 알지 못하는 먹을 양식이 있느니라 33 제자들이 서로 말하되 누가 잡수실 것을 갖다 드렸는가 하니 34 예수
께서 이르시되 나의 양식은 나를 보내신 이의 뜻을 행하며 그의 일을 온전히 이루는 이것이니라 35 너희는 넉 달
이 지나야 추수할 때가 이르겠다 하지 아니하느냐 그러나 나는 너희에게 이르노니 너희 눈을 들어 밭을 보라 희
어져 추수하게 되었도다 36 거두는 자가 이미 삯도 받고 영생에 이르는 열매를 모으나니 이는 뿌리는 자와 거두
는 자가 함께 즐거워하게 하려 함이라 37 그런즉 한 사람이 심고 다른 사람이 거둔다 하는 말이 옳도다 38 내가
너희로 노력하지 아니한 것을 거두러 보내었노니 다른 사람들은 노력하였고 너희는 그들이 노력한 것에 참여하
였느니라 39 여자의 말이 내가 행한 모든 것을 그가 내게 말하였다 증언하므로 그 동네 중에 많은 사마리아인이
예수를 믿는지라 40 사마리아인들이 예수께 와서 자기들과 함께 유하시기를 청하니 거기서 이틀을 유하시매 41
예수의 말씀으로 말미암아 믿는 자가 더욱 많아 42 그 여자에게 말하되 이제 우리가 믿는 것은 네 말로 인함이
아니니 이는 우리가 친히 듣고 그가 참으로 세상의 구주신 줄 앎이라 하였더라 43 이틀이 지나매 예수께서 거기
를 떠나 갈릴리로 가시며 44 친히 증언하시기를 선지자가 고향에서는 높임을 받지 못한다 하시고

모이고, 그리스도의 사랑을 전하기 위해 흩어져야 한다는 말이다. 교회는 하나님께 예배드리기 위해 '모이는 교회'(Coming Structure)이어야 하고, 동시에 하나님 나라 건설을 위해 세상으로 나아가야 하는 '흩어지는 교회'(Going Structure)가 되어야 한다. 사마리아 여인은 흩어졌다.

제 5 부 : 예수의 갈릴리 대 사역(A.D. 27년 가을에서 A.D. 29년 봄까지)

예수님은 다시 갈릴리로 오셔서 가버나움을 사역 본부로 삼고 1년 반 가까이 이곳을 중심으로 하나님 나라 사역을 계속한다. 그 사이에 유월절을 지키시기 위해 잠시 예루살렘을 방문하신다. 그때 베데스다 연못에서 38년 묵은 병자를 고치시는 기적을 일으키시지만, 이 기간 주로 갈릴리 지역에서 대중 사역과 제자들의 양육에 주력하신다.

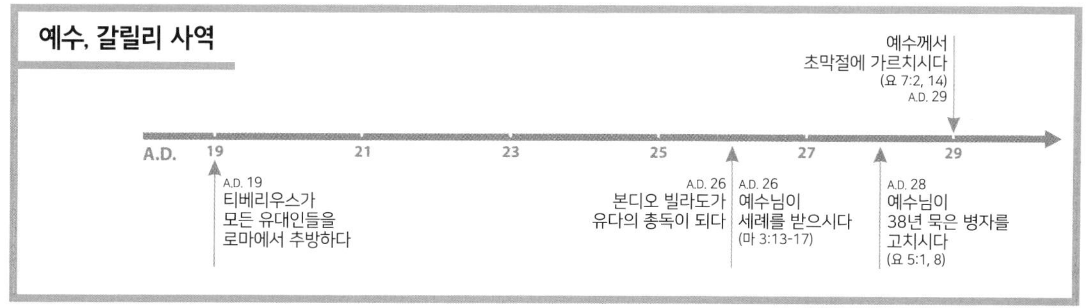

예수, 갈릴리 사역
예수께서 초막절에 가르치시다 (요 7:2, 14) A.D. 29
A.D. 19 21 23 25 27 29
A.D. 19 티베리우스가 모든 유대인들을 로마에서 추방하다
A.D. 26 본디오 빌라도가 유다의 총독이 되다
A.D. 26 예수님이 세례를 받으시다 (마 3:13-17)
A.D. 28 예수님이 38년 묵은 병자를 고치시다 (요 5:1, 8)

67일~72일

마태 4:13-17, 마가 1:15
누가 4:14-30, 요한 4:45-54

- 예수님의 갈릴리 도착과 영접 / 예수님의 하나님 나라의 선포:예수님의 첫 메시지, 하나님 나라 복음 -

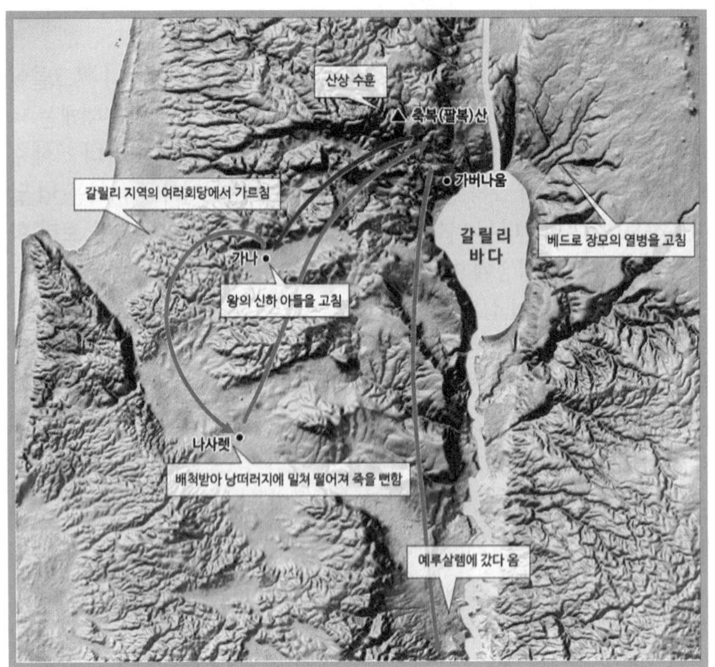

마태 4:13-17

13 나사렛을 떠나 스불론과 납달리 지경 해변에 있는 가버나움에 가서 사
시니 14 이는 선지자 이사야를 통하여 하신 말씀을 이루려 하심이라 일렀
으되 15 스불론 땅과 납달리 땅과 요단 강 저편 해변 길과 이방의 갈릴리
여 16 흑암에 앉은 백성이 큰 빛을 보았고 사망의 땅과 그늘에 앉은 자들
에게 빛이 비치었도다 하였느니라 17 이 때부터 예수께서 비로소 전파하
여 이르시되 회개하라 천국이 가까이 왔느니라 하시더라

마가 1:15

15 이르시되 때가 찼고 하나님의 나라가 가까이 왔으니 회개하고 복음을 믿으라 하시더라

누가 4:14-30

갈릴리 여러 회당에서 가르치시다

14 예수께서 성령의 능력으로 갈릴리에 돌아가시니 그 소문이 사방에 퍼졌
고 15 친히 그 여러 회당에서 가르치시매 뭇 사람에게 칭송을 받으시더라

❖ 막 1:15

마가가 전하는 예수님의 공생애 첫 메시지는 이것이다.

이 복음 선포는 이제는 이스라엘(택한 백성)을 인간 왕들을 통해 다스리지 않고, 하나님이 그 나라의 왕으로서 직접 통치하시겠다는 의지의 표현이다. 우리가 열왕기를 읽으면서 살펴보았듯이, 이스라엘의 인간 왕들은 다 하나님의 표준에 미치지 못했다. 하나님의 마음에 합한 다윗조차도 죄를 범했다. 여기서 우리가 알 수 있는 것은, 이스라엘의 왕은 다윗보다 더 큰 분, 하나님이 함께하시는(임마누엘), 즉 하나님 자신이 오셔서 다스리셔야 한다는 '하나님 나라' 계시가 구약에 면면히 흐른다는 것이다. 다니엘은, 하나님 나라는 '인자 같은 이가 하늘 구름을 타고 와서' 다스리시는 영원한 신적(神的) 권위의 나라임을 계시해 주었다(단 7:13-14).

이로써 성경의 시제가 구약의 미래에서 신약의 현재 진행형으로 바뀐다. 구약의 하나님 나라는 미래에 다가올 나라이고 예수님이 오심으로 그 나라는 현재 진행형으로 바뀌었다.

이 말씀이 바로 성경의 중심 주제이다. 본 해설의 관점은 바로 하나님 나라이다. 하나님 나라는 구약에서 꿈꾼 하나님의 계시가 이루어지는 것이다.

하나님 나라의 개념은 성경의 중심 주제이다. 이것이 바로 예수님이 오신 이유이다.

다음 성경 구절을 꼭 참조하라.

마 4:23, 9:35-36, 마 24:14, 마 16:18, 눅 4:42-44, 행 20:25, 28:23

막 1:15

학습 자료 69-16 "예수님의 하나님 나라 선포" 참조

67일~72일

나사렛에서 배척을 받으시다

16 예수께서 그 자라나신 곳 나사렛에 이르사 안식일에 늘 하시던 대로
회당에 들어가사 성경을 읽으려고 서시매 17 선지자 이사야의 글을 드리
거늘 책을 펴서 이렇게 기록된 데를 찾으시니 곧 18 주의 성령이 내게 임
하셨으니 이는 가난한 자에게 복음을 전하게 하시려고 내게 기름을 부
으시고 나를 보내사 포로 된 자에게 자유를, 눈 먼 자에게 다시 보게 함
을 전파하며 눌린 자를 자유롭게 하고 19 주의 은혜의 해를 전파하게 하
려 하심이라 하였더라 20 책을 덮어 그 맡은 자에게 주시고 앉으시니 회당
에 있는 자들이 다 주목하여 보더라 21 이에 예수께서 그들에게 말씀하시
되 이 글이 오늘 너희 귀에 응하였느니라 하시니 22 그들이 다 그를 증언
하고 그 입으로 나오는 바 은혜로운 말을 놀랍게 여겨 이르되 이 사람이
요셉의 아들이 아니냐 23 예수께서 그들에게 이르시되 너희가 반드시 의
사야 너 자신을 고치라 하는 속담을 인용하여 내게 말하기를 우리가 들은
바 가버나움에서 행한 일을 네 고향 여기서도 행하라 하리라 24 또 이르시
되 내가 진실로 너희에게 이르노니 선지자가 고향에서는 환영을 받는 자
가 없느니라 25 내가 참으로 너희에게 이르노니 엘리야 시대에 하늘이 삼
년 육 개월간 닫히어 온 땅에 큰 흉년이 들었을 때에 이스라엘에 많은 과
부가 있었으되 26 엘리야가 그 중 한 사람에게도 보내심을 받지 않고 오
직 시돈 땅에 있는 사렙다의 한 과부에게 뿐이었으며 27 또 선지자 엘리사
때에 이스라엘에 많은 나병환자가 있었으되 그 중의 한 사람도 깨끗함을
얻지 못하고 오직 수리아 사람 나아만뿐이었느니라 28 회당에 있는 자들이 이것을 듣고 다 크게 화가 나서 29 일
어나 동네 밖으로 쫓아내어 그 동네가 건설된 산 낭떠러지까지 끌고 가서 밀쳐 떨어뜨리고자 하되 30 예수께서
그들 가운데로 지나서 가시니라

눅 14:16-21 누가는 예수님이 회당에서 사 61:1-4을 읽고 그것이 오늘 이루어졌다며 하나님 나라를 선언하셨다는 것을 말하려 한 것이다. 사 61:1-3은 메시아의 사명과 임무를 규정하는 구절이다. 그것은 곧 은혜의 해, 즉 희년을 선포하는 것이다. 회년의 영적 의미는 원년의 상태로 원상회복을 한다는 것이다. 창조 시 우리의 "처음 모습"을 회복한다는 의미이다. 요 10:10에 예수님 스스로가 이 땅에 이유를 다음과 같이 밝히고 있다. 요 10:10 "도둑이 오는 것은 도둑질하고 죽이고 멸망시키려는 것뿐이요 내가 온 것은 양으로 생명을 얻게 하고 더 풍성히 얻게 하려는 것이라.
이것이 바로 에덴의 회복으로서 하나님 나라의 회복을 말하는 것이다. 예수님은 바로 하나님이 구약에서 꿈꾸시면서, 아브라함을 부르시고 씨(백성)와 땅(가나안)을 약속하시고, 형성된 그의 백성을 모세를 통해 애굽에서 불러내어 시내 산에서 그 백성을 하나님의 제사장 나라가 되고 하나님은 그들의 하나님이 되신다는 언약을 맺으므로 시작된 하나님 나라의 재건 운동(에덴의 회복)은 구약을 통해 꿈꾸어 왔던 하나님의 섭리였다. 예수님의 오심은 바로 그 구약이 예비한 하나님 나라의 성취를 선포하시기 위함이다.

요한 4:45-54

45 갈릴리에 이르시매 갈릴리인들이 그를 영접하니 이는 자기들도 명절에 갔다가 예수께서 명절중 예루살렘에서
하신 모든 일을 보았음이더라

왕의 신하의 아들을 고침

46 예수께서 다시 갈릴리 가나에 이르시니 전에 물로 포도주를 만드신 곳이라 왕의 신하가 있어 그의 아들이 가
버나움에서 병들었더니 47 그가 예수께서 유대로부터 갈릴리로 오셨다는 것을 듣고 가서 청하되 내려오셔서 내
아들의 병을 고쳐 주소서 하니 그가 거의 죽게 되었음이라 48 예수께서 이르시되 너희는 표적과 기사를 보지 못
하면 도무지 믿지 아니하리라 49 신하가 이르되 주여 내 아이가 죽기 전에 내려오소서 50 예수께서 이르시되 가
라 네 아들이 살아 있다 하시니 그 사람이 예수께서 하신 말씀을 믿고 가더니 51 내려가는 길에서 그 종들이 오다
가 만나서 아이가 살아 있다 하거늘 52 그 낫기 시작한 때를 물은즉 어제 일곱 시에 열기가 떨어졌나이다 하는지
라 53 그의 아버지가 예수께서 네 아들이 살아 있다 말씀하신 그 때인 줄 알고 자기와 그 온 집안이 다 믿으니라
54 이것은 예수께서 유대에서 갈릴리로 오신 후에 행하신 두 번째 표적이니라

마태 4:18-22, 마가 1:16-20, 누가 5:1-11

- 어부들을 부르시는 예수님 -

마태 4: 18-22

어부들을 부르시다

18 갈릴리 해변에 다니시다가 두 형제 곧 베드로라 하는 시몬과 그의 형제
안드레가 바다에 그물 던지는 것을 보시니 그들은 어부라 19 말씀하시되
나를 따라오라 내가 너희를 사람을 낚는 어부가 되게 하리라 하시니 20
그들이 곧 그물을 버려 두고 예수를 따르니라 21 거기서 더 가시다가 다른
두 형제 곧 세베대의 아들 야고보와 그의 형제 요한이 그의 아버지 세베
대와 함께 배에서 그물 깁는 것을 보시고 부르시니 22 그들이 곧 배와 아
버지를 버려 두고 예수를 따르니라

마가 1:16-20

어부들을 부르시다

16 갈릴리 해변으로 지나가시다가 시몬과 그 형제 안드레가 바다에 그물
던지는 것을 보시니 그들은 어부라 17 예수께서 이르시되 나를 따라오라
내가 너희로 사람을 낚는 어부가 되게 하리라 하시니 18 곧 그물을 버려
두고 따르니라 19 조금 더 가시다가 세베대의 아들 야고보와 그 형제 요
한을 보시니 그들도 배에 있어 그물을 깁는데 20 곧 부르시니 그 아버지
세베대를 품꾼들과 함께 배에 버려두고 예수를 따라가니라

누가 5:1-11

어부들이 예수를 따르다

1 무리가 몰려와서 하나님의 말씀을 들을새 예수는 게네사렛 호숫가에
서서 2 호숫가에 배 두 척이 있는 것을 보시니 어부들은 배에서 나와서 그
물을 씻는지라 3 예수께서 한 배에 오르시니 그 배는 시몬의 배라 육지에
서 조금 떼기를 청하시고 앉으사 배에서 무리를 가르치시더니 4 말씀을
마치시고 시몬에게 이르시되 깊은 데로 가서 그물을 내려 고기를 잡으라
5 시몬이 대답하여 이르되 선생님 우리들이 밤이 새도록 수고하였으되 잡
은 것이 없지마는 말씀에 의지하여 내가 그물을 내리리이다 하고 6 그렇
게 하니 고기를 잡은 것이 심히 많아 그물이 찢어지는지라 7 이에 다른 배
에 있는 동무들에게 손짓하여 와서 도와 달라 하니 그들이 와서 두 배에
채우매 잠기게 되었더라 8 시몬 베드로가 이를 보고 예수의 무릎 아래에
엎드려 이르되 주여 나를 떠나소서 나는 죄인이로소이다 하니 9 이는 자기 및 자기와 함께 있는 모든 사람이 고
기 잡힌 것으로 말미암아 놀라고 10 세베대의 아들로서 시몬의 동업자인 야고보와 요한도 놀랐음이라 예수께서
시몬에게 이르시되 무서워하지 말라 이제 후로는 네가 사람을 취하리라 하시니 11 그들이 배들을 육지에 대고
모든 것을 버려두고 예수를 따르니라

마 4:18-22 네 제자와 마태의 소명 장면 비교

	시몬과 안드레 (4:18-20)	야고보와 요한 (4:21)	마태 (9:9)
장소	갈릴리 해변	갈릴리 해변	어느 세관
시기	1차 갈릴리 전도중 (A.D. 27)	1차 갈릴리 전도중 (A.D. 27)	1차 갈릴리 전도중 (A.D. 27)
직업	어부	어부	세리
부르심	나를 따라 오라 내가 너희를 사람을 낚는 어부가 되게 하리라	-	나를 따르라
반응	그물을 버려 두고 예수를 따르니라	배와 아버지를 버려 두고 예수를 따르니라	일어나 따르니라

마 4:22, 막 1:20, 눅 5:11 베드로, 요한, 야고보는 예수님의 부름을 받고 배와 그물과 아버지를 버리고 예수님을 따랐다고 했다. 이것은 사마리아 여인의 변화처럼 가치관, 세계관의 변화로 인한 우선순위의 변화이다. 예수를 체험적으로 만나면["야다"] 이런 본질적 변화를 받게 된다. 진정한 변화는 세계관이 바뀌는 것을 말한다. 내 모든 것이 예수가 바탕이 되는 삶의 모습으로 바뀐다는 것이다. 그렇지 못하면 종교 행위를 일삼는 형식주의적 "가짜" 교인에 머물게 된다. 아무리 눈물 흘리며 은혜받아도 이것은 자기만족이며 자기도취이지 하나님과 관계가 없다. 하나님의 청함을 받았으면 택함을 받는 자가 되라. 이 제자들처럼.....

☞ 마 22:13-14 임금이 사환들에게 말하되 그 손발을 묶어 바깥 어두운 데에 내던지라 거기서 슬피 울며 이를 갈게 되리라 하니라 청함을 받은 자는 많되 택함을 입은 자는 적으니라

69일차 읽기의 요약

(눅 1:1~4, 요 1:1~5, 9~13, 마 1:1~17, 눅 3:23~38, 눅 1:5~2:7, 마 1:18~25, 요 1:14, 눅 2:8~39, 마 2:1~23, 눅 2:40~52, 요 1:6~8, 15~34, 마 3, 막 1:1~11, 눅 3:1~18, 21~22, 마 4:1~11, 막 1:12~13, 눅 4:1~13, 요 1:35~51, 2:1~12, 요 3, 마 14:3~5, 막 6:17~20, 눅 3:19~20,마 4:12, 막 1:14, 요 4:1~44, 마 4:13~17, 막 1:15, 눅 4:14~30, 요 4:45~54, 마 4:18~22, 막 1:16~20, 눅 5:1~11)

말라기 선지자 이후 약 400년의 중간기가 지나자, 선지자들의 예언대로 유대 땅에는 세례 요한과 예수 그리스도가 태어난다. 엘리야를 보내리라는 말라기의 예언은 세례 요한이 엘리야의 심령과 능력으로 주 앞에 먼저 와서 그리스도가 오실 길을 예비하게 되므로 성취된다. 세례 요한은 말라기의 배턴을 이어받은 구약의 마지막 선지자로서 메시아의 사역을 위해 광야에서 회개를 촉구하고 요단강에서 회개의 세례를 베풀었다.

예수님도 공생애 첫해를 시작하실 때 세례 요한을 통해 요단강에서 세례를 받으심으로 하나님 나라 왕으로서의 사역이 시작됨을 하나님으로부터 인증받으셨다. 또한 40일 금식 기도 후에 사탄의 시험을 말씀으로 통과하십니다. 그 후 예수님은 그와 함께 사역할 몇 제자들을 부르셔서 갈릴리 지역으로 돌아오신다.

예수님은 갈릴리의 가버나움을 그분의 사역 거점으로 삼고 가나의 혼인 잔치에 참여하셔서 그리스도로서 첫 기적을 행하신다. 그 후 유월절을 지키기 위해 예루살렘으로 올라가셔서 약 8개월 머무는 동안 바리새파 니고데모의 방문을 받고 중생의 교리를 가르치신다.

그러면 어떻게 살 것인가?

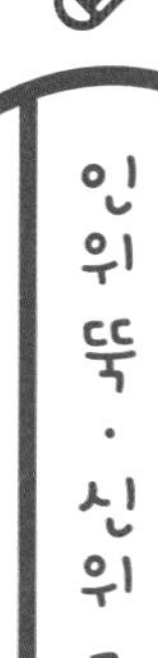

☑ 세계관 점검 - 묵상하기 (영상 강의와 교재 내용의 이해를 바탕으로)

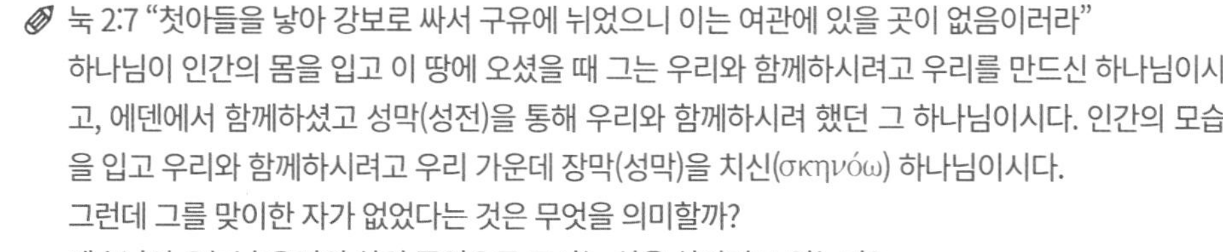

- 눅 2:7 "첫아들을 낳아 강보로 싸서 구유에 뉘었으니 이는 여관에 있을 곳이 없음이러라"
하나님이 인간의 몸을 입고 이 땅에 오셨을 때 그는 우리와 함께하시려고 우리를 만드신 하나님이시고, 에덴에서 함께하셨고 성막(성전)을 통해 우리와 함께하시려 했던 그 하나님이시다. 인간의 모습을 입고 우리와 함께하시려고 우리 가운데 장막(성막)을 치신(σκηνόω) 하나님이시다.
그런데 그를 맞이한 자가 없었다는 것은 무엇을 의미할까?
예수님이 오늘날 우리의 삶의 주인으로 모시는 삶을 살아가고 있는가?
우리의 삶은 예수님을 등에 모시고 가는 나귀들의 삶을 사는 것이라는 사실을 기억해야 한다.
하나님은 우리와 함께하시기를 원하셔서 우리의 삶을 복된 삶이 되도록 하시기 위해 이 땅에 오셨다. 그것이 바로 임마누엘의 하나님이시다.

- 눅 5:1-11 베드로, 요한, 야고보는 예수님의 부름을 받고 배와 그물과 아버지를 버리고 예수님을 따랐다고 했다. 이것은 사마리아 여인의 변화처럼 가치관 세계관의 변화로 인한 우선순위의 변화이다.

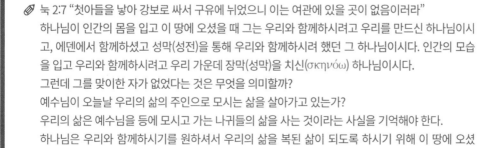

니고데모와 중생의 문제도 같은 맥락이다. 니고데모는 중생을 어머니 배속으로 들어갔다가 다시 태어나는 육신적 거듭남으로 이해하고 있다. 예수님이 말하는 중생(Born Again 重生)은 영적 거듭남을 말한다. 하나님의 백성으로 새롭게 태어나는 과정이 반드시 있어야 한다. 이것은 구원의 여정 중의 한 여정이다. 구원의 서정 중 중생은 하나님의 영이 살아나는 과정이고, 이것은 근본적인 변화를 초래하는 영적 변화를 의미한다.
성화 과정의 중생은 세상적, 세속적 가치관이 하나님 나라의 가치관으로 바뀌는 것이요, 세상을 보는 안경이 바뀐다는 말이다. 그와 같은 과정이 없으면 하나님 나라를 이해할 수 없고 그 나라의 백성이 될 수 있는 자격을 얻을 수가 없다.
중생, 그것은 하나님 나라에 합당한 세계관, 가치관, 즉 성경적 가치관을 확립하는 것이다.
다음의 시와 함께 나는 무엇으로 변화할 것인가를 묵상하라.

버리게 하소서
작가 미상

오 주여
버리게 하소서.

버릴 수 있는
힘을 주소서.
자랑할 것 하나 없는
이생의 자랑을
버리게 하소서.

죄의 물든
육신의 정욕을
버리게 하소서.

허물로 죽은
안목의 정욕을
버리게 하소서.

오 주여
버리게 하소서.
버리게 하소서.

지식이 무엇입니까
버리게 하소서.
명예가 무엇입니까
버리게 하소서.
물질이 무엇입니까
버리게 하소서.

아아, 당신을 향한 긍휼을
바라는 가녀린 소망조차
버리게 하소서.

당신을 향한 사랑노래조차
버리게 하소서.
다만 모든 것을 버리신
당신을 채우소서.

세례 요한의 겸손을 배우기

체면과 자존심, 이런 것들은 우리의 삶을 참으로 힘들게 한다. 더 위선자가 되게 하는 아주 잘못된 품성이다. 이런 품성은 유교 문화의 산물이라고 할 수 있으며 한국인의 우월감을 충족시키려는 잘못된 품성이다. 조선왕조 오백 년의 양반 의식의 바탕을 이루는 것들이기도 한 것이다. 우리는 성경적 가치를 추구하며 그것을 삶으로 드러내는 예수의 추종자들이다. 그렇다면 우리의 삶에 대한 기본적 자세는 무엇인가를 세례 요한의 자세에서 반드시 배워야 한다.

✐ 눅 4:22-30 고향 사람이 예수님을 어떻게 배척했나?

이사야 61:1-2을 읽고 하나님 나라가 예수님에 의해 이루어졌다는 선포를 들은 예수님의 고향 사람들은 그가 단지 목수 요셉의 아들인데 어찌 그가 메시아이겠는가. 그가 불경죄를 저지른다고 판단했기 때문이다. 그들은 다윗 나라를 회복시켜 주는 힘의 메시아를 기다리고 있었기 때문이다. 그들이 만들어 낸 메시아를 기다리는 것이지 하나님의 종으로서의 메시아가 아니다. 우리도 우리가 그리고 있는 예수님을 섬기고 있지는 않는지?

여관에 있을 곳이 없어 말구유에 나심을 알린 누가는 또한 고향에서 배척받으시는 예수님을 보여 주고 있다. 예수님을 잘 안다는 나는 과연 예수님을 이들처럼 배척하고 있지는 않는가?

과연 예수님을 내 마음에 모시고 살아가는가?(계 3:20)

4장 22절 "이 사람이 요셉의 아들이 아니냐"라고 한 것처럼 내게 예수님은 단지 목수라는 직업을 가진 한 인간 요셉의 아들로서 나에게 다가오는 사람 정도로 생각하는가?

내가 예수님을 영접하고 있다면, 과연 어떤 예수님을 모시고 있는가?

한 고독한 생애

제임스 A. 프랜시스

한 고독한 생애가 있습니다.

그가 나신 곳은 이름 없는 한 두메마을
그의 어머니는 보잘것없는 시골 여인
그의 나이 서른이 될 때까지도
이름 없는 비천한 목수였고
그 후 3년 동안 그는 방황하는 전도자였습니다.

그에게는 한 권의 저서도 없으며
그에게는 아무런 지위도 없으며
그에게는 따듯한 가정도 없으며
그에게는 대학의 학력도 없으며
그에게는 큰 도시의 견문조차 없으며
그의 여행은 기껏 200마일도 못 되는 거리였습니다.

그에게는 세상의 위대한 것이라고는 하나도 없고
그가 내어놓을 수 있는 이력서는 단지 한 몸 뿐

그 자신의 삶은 이토록 비참했던 것
삼 년의 전도와 사랑의 실천 뒤에도
그에게 돌아 간 것은
오히려 무리들의 배척이었고
제자들의 배신과 부인이었습니다.
그리고는 원수에게 넘겨져 조롱과 재판을 받고
마침내 십자가에 못 박혀 죽었더이다.

하지만, 2천년이 지난 오늘
그는 인류의 역사를 이끌어 온 중심 인물

보세요. 이 인류의 역사에서
그토록 호령하던 장군들은 얼마나 많았고
그토록 국사를 논의했던 정객들은 얼마나 많았고
그토록 영화를 누리던 제왕들은 또 얼마나 많았던가.

그러나 이 모든 사람들로도
인류 역사에 남기지 못했던 큰일을 이룩하신 것은
예수 그리스도, 그 분의 한 고독한 생애여라.

67일~72일

☑ 결단기도와 실행하기

약 2:26 영혼 없는 몸이 죽은 것 같이 행함이 없는 믿음은 죽은 것이니라
시 119:28 나의 영혼이 눌림으로 말미암아 녹사오니 주의 말씀대로 나를 세우소서

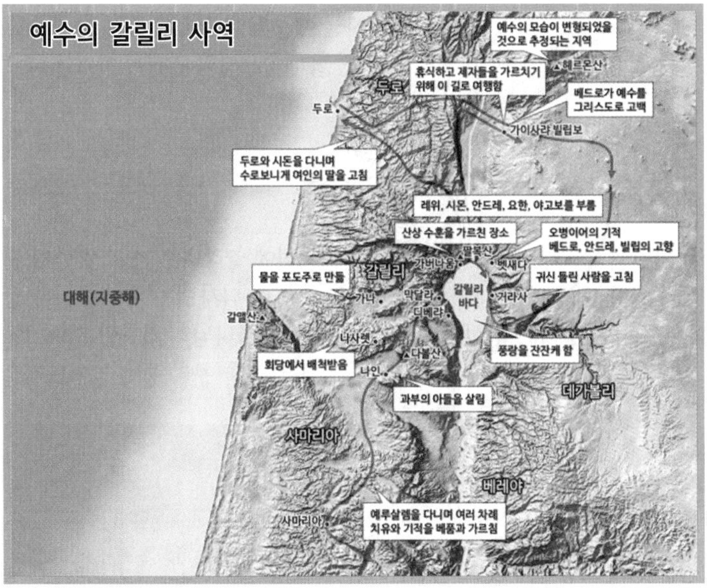

예수의 갈릴리 사역

마태 8:14-17, 마가 1:21-34, 누가 4:31-41

- 안식일에 병자를 고치시는 예수님(가버나움에서) -

❖ **안식일에 병자를 고치시는 예수님**(가버나움에서)
귀신을 이기시고 치유하신다는 것은 하나님 나라의 도래를 말해 준다.
☞ 눅 4:18-19 주의 성령이 내게 임하셨으니 이는 가난한 자에게 복음을 전하게 하시려고 내게 기름을 부으시고 나를 보내사 포로 된 자에게 자유를, 눈먼 자에게 다시 보게 함을 전파하며 눌린 자를 자유롭게 하고 주의 은혜의 해를 전파하게 하려 하심이라

마태 8:14-17

많은 사람들을 다 고치시다

14 예수께서 베드로의 집에 들어가사 그의 장모가 열병으로 앓아 누운 것을 보시고 15 그의 손을 만지시니 열병
이 떠나가고 여인이 일어나서 예수께 수종들더라 16 저물매 사람들이 귀신 들린 자를 많이 데리고 예수께 오거
늘 예수께서 말씀으로 귀신들을 쫓아내시고 병든 자들을 다 고치시니 17 이는 선지자 이사야를 통하여 하신 말
씀에 우리의 연약한 것을 친히 담당하시고 병을 짊어지셨도다 함을 이루려 하심이더라

마가 1:21-34

더러운 귀신들린 사람을 고치시다

21 그들이 가버나움에 들어가니라 예수께서 곧 안식일에 회당에 들어가 가르치시매 22 뭇 사람이 그의 교훈에 놀
라니 이는 그가 가르치시는 것이 권위 있는 자와 같고 서기관들과 같지 아니함일러라 23 마침 그들의 회당에 더
러운 귀신 들린 사람이 있어 소리 질러 이르되 24 나사렛 예수여 우리가 당신과 무슨 상관이 있나이까 우리를 멸
하러 왔나이까 나는 당신이 누구인 줄 아노니 하나님의 거룩한 자니이다 25 예수께서 꾸짖어 이르시되 잠잠하고
그 사람에게서 나오라 하시니 26 더러운 귀신이 그 사람에게 경련을 일으키고 큰 소리를 지르며 나오는지라 27 다
놀라 서로 물어 이르되 이는 어찜이냐 권위 있는 새 교훈이로다 더러운 귀신들에게 명한즉 순종하는도다 하더
라 28 예수의 소문이 곧 온 갈릴리 사방에 퍼지더라

많은 사람을 고치시다

29 회당에서 나와 곧 야고보와 요한과 함께 시몬과 안드레의 집에 들어가시니 30 시몬의 장모가 열병으로 누워

있는지라 사람들이 곧 그 여자에 대하여 예수께 여짜온대 31 나아가사 그 손을 잡아 일으키시니 열병이 떠나고
여자가 그들에게 수종드니라 32 저물어 해 질 때에 모든 병자와 귀신 들린 자를 예수께 데려오니 33 온 동네가 그
문 앞에 모였더라 34 예수께서 각종 병이 든 많은 사람을 고치시며 많은 귀신을 내쫓으시되 귀신이 자기를 알므
로 그 말하는 것을 허락하지 아니하시니라

누가 4:31-41

더러운 귀신들린 사람을 고치시다

31 갈릴리의 가버나움 동네에 내려오사 안식일에 가르치시매 32 그들이 그 가르치심에 놀라니 이는 그 말씀이 권
위가 있음이러라 33 회당에 더러운 귀신 들린 사람이 있어 크게 소리 질러 이르되 34 아 나사렛 예수여 우리가 당
신과 무슨 상관이 있나이까 우리를 멸하러 왔나이까 나는 당신이 누구인 줄 아노니 하나님의 거룩한 자니이다
35 예수께서 꾸짖어 이르시되 잠잠하고 그 사람에게서 나오라 하시니 귀신이 그 사람을 무리 중에 넘어뜨리고
나오되 그 사람은 상하지 아니한지라 36 다 놀라 서로 말하여 이르되 이
어떠한 말씀인고 권위와 능력으로 더러운 귀신을 명하매 나가는도다 하
더라 37 이에 예수의 소문이 그 근처 사방에 퍼지니라

온갖 병자들을 고치시다

38 예수께서 일어나 회당에서 나가사 시몬의 집에 들어가시니 시몬의 장
모가 중한 열병을 앓고 있는지라 사람들이 그를 위하여 예수께 구하니 39
예수께서 가까이 서서 열병을 꾸짖으신대 병이 떠나고 여자가 곧 일어나
그들에게 수종드니라 40 해 질 무렵에 사람들이 온갖 병자들을 데리고 나
아오매 예수께서 일일이 그 위에 손을 얹으사 고치시니 41 여러 사람에게
서 귀신들이 나가며 소리 질러 이르되 당신은 하나님의 아들이니이다 예
수께서 꾸짖으사 그들이 말함을 허락하지 아니하시니 이는 자기를 그리
스도인 줄 앎이러라

마태 4:23-25, 마가 1:35-39, 누가 4:42-44

- 예수님의 3대 사역과 기도 생활(예수님의 첫 번째 갈릴리 여행) -

마태 4:23-25

가르치시며 전파하시며 고치시다

23 예수께서 온 갈릴리에 두루 다니사 그들의 회당에서 가르치시며 천국
복음을 전파하시며 백성 중의 모든 병과 모든 약한 것을 고치시니 24 그의
소문이 온 수리아에 퍼진지라 사람들이 모든 앓는 자 곧 각종 병에 걸려
서 고통당하는 자, 귀신 들린 자, 간질하는 자, 중풍병자들을 데려오니 그
들을 고치시더라 25 갈릴리와 데가볼리와 예루살렘과 유대와 요단 강 건
너편에서 수많은 무리가 따르니라

마 4:23-25 예수 공생애 사역의 3요소

1	**회당에서 가르치심** · 예수는 이스라엘의 영적 무지를 일깨워 주는 선생이심(마 7:28, 29) · 교회는 말씀 교육의 사명을 가짐 (마 28:20) · 각 성도는 예수의 제자로서 또 다른 이를 제자삼는 일에 힘써야 함(마 28:19)
2	**천국 복음을 전파하심** · 예수는 만민에게 구원의 소식을 전파하는 복음 전도자이심(마 9:35) · 교회는 복음 전파의 사명을 가짐(행 1:8) · 각 성도는 그리스도의 증인으로서 증거해야 할 사명을 가짐(눅 24:48)
3	**모든 병자들을 고치심** · 예수는 영육이 상한 자를 고치시는 의원이심(마 8:3) · 교회는 봉사의 사명을 가짐 (고전 12:9, 30) · 각 성도는 항상 선한 행실로 세상의 빛과 소금 역할을 해야 함(마 5:16)

마가 1:35-39

전도 여행을 떠나시다

35 새벽 아직도 밝기 전에 예수께서 일어나 나가 한적한 곳으로 가사 거기
서 기도하시더니 36 시몬과 및 그와 함께 있는 자들이 예수의 뒤를 따라가
37 만나서 이르되 모든 사람이 주를 찾나이다 38 이르시되 우리가 다른 가
까운 마을들로 가자 거기서도 전도하리니 내가 이를 위하여 왔노라 하시
고 39 이에 온 갈릴리에 다니시며 그들의 여러 회당에서 전도하시고 또 귀
신들을 내쫓으시더라

누가 4:42-44

복음을 전하러 떠나시다

42 날이 밝으매 예수께서 나오사 한적한 곳에 가시니 무리가 찾다가 만나
서 자기들에게서 떠나시지 못하게 만류하려 하매 43 예수께서 이르시되 내
가 다른 동네들에서도 하나님의 나라 복음을 전하여야 하리니 나는 이 일
을 위해 보내심을 받았노라 하시고 44 갈릴리 여러 회당에서 전도하시더라

마태 8:2-4, 마가 1:40-45, 누가 5:12-16

– 문둥병자를 고침 –

마태 8:2-4

나병 환자를 깨끗하게 하시다

2 한 나병환자가 나아와 절하며 이르되 주여 원하시면 저를 깨끗하게 하실
수 있나이다 하거늘 3 예수께서 손을 내밀어 그에게 대시며 이르시되 내가
원하노니 깨끗함을 받으라 하시니 즉시 그의 나병이 깨끗하여진지라 4 예
수께서 이르시되 삼가 아무에게도 이르지 말고 다만 가서 제사장에게 네
몸을 보이고 모세가 명한 예물을 드려 그들에게 입증하라 하시니라

마가 1:40-45

나병 환자를 깨끗하게 하시다

40 한 나병환자가 예수께 와서 꿇어 엎드려 간구하여 이르되 원하시면 저
를 깨끗하게 하실 수 있나이다 41 예수께서 불쌍히 여기사 손을 내밀어 그
에게 대시며 이르시되 내가 원하노니 깨끗함을 받으라 하시니 42 곧 나병
이 그 사람에게서 떠나가고 깨끗하여진지라 43 곧 보내시며 엄히 경고하
사 44 이르시되 삼가 아무에게 아무 말도 하지 말고 가서 네 몸을 제사장에게 보이고 네가 깨끗하게 되었으니 모
세가 명한 것을 드려 그들에게 입증하라 하셨더라 45 그러나 그 사람이 나가서 이 일을 많이 전파하여 널리 퍼지
게 하니 그러므로 예수께서 다시는 드러나게 동네에 들어가지 못하시고 오직 바깥 한적한 곳에 계셨으나 사방
에서 사람들이 그에게로 나아오더라

❖ **예수님의 3대 사역과 기도 생활**(예수님의 첫 번째 갈릴리 여행)

마태 4:23은 흔히 예수님의 3대 사역을 보여 주는 구절이라고 말한다.

1) 가르치시고(Teaching),
2) 복음 전파하시고(Preaching),
3) 병자를 고치시는(Healing) 사역 등 3대 사역이다. 그런데 마태 9:35에도 같은 내용을 반복하는데 36절에서 그 사역의 근거가 되는 예수님의 마음을 보여 준다.

마태 9:35-36 "예수께서 모든 도시와 마을에 두루 다니사 그들의 회당에서 가르치시며 천국 복음을 전파하시며 모든 병과 모든 약한 것을 고치시니라 무리를 보시고 불쌍히 여기시니 이는 그들이 목자 없는 양과 같이 고생하며 기진함이라"

'불쌍히 여기시는 마음(개역성경은 이것을 '민망히 여긴다'라고 했음)'. 예수님의 3대 사역의 근저에는 바로 이 민망히 여기는 마음이 깔려 있다. 이 불쌍히(민망히) 여기는 마음은 원어에 보면, 스플랑크니조마이(σπλαγχνίζομαι)인데 그 통증의 정도가 창자가 끊어지는 듯한 아픔을 나타낼 때 쓰는 단어이다. 예수님이 목자 없는 양 같은 우리를 보실 때 그 아픔이 창자가 끊어지는[한자로는 환장(換腸)] 아픔을 느낄 정도라는 것이다. 우리가 날마다 "예수 더 닮기 원하네"라는 찬송을 부르며 예수님 닮기 원한다면 바로 이 예수님의 민망히 여기는 마음을 닮아야 한다. 바울은 **로마서 12:14-15** "너희를 박해하는 자를 축복하라 축복하고 저주하지 말라 즐거워하는 자들과 함께 즐거워하고 우는 자들과 함께 울라"라고 강조한다. 그것은 불교가 말하는 대자대비(大慈大悲)의 마음인데 기독교의 공동체도 이에 못지않게 같이 울고 같이 울어 주는 공동체를 이루어야 한다.

또 한 가지 예수님의 모범을 배워야 할 것이 있다. 그것은 예수님의 기도 모범이다. 마가와 누가는 예수님이 하루의 바쁜 일정을 시작하기 전에 일찍 기도로 시작하고 있음을 보여 준다. 이것은 새벽기도의 모범이다. 예수님은 하나님의 신성을 가지신 분이신데 기도를 열심히 드리는 것은 바로 아버지의 뜻에 순종해야 하기 때문이다. 그렇다. 기도는 내 뜻을 하나님 아버지께 알리고 그것을 이루기 위해 하나님의 능력을 끌어들이기 위해 드리는 것이 아니고, 하나님의 뜻을 알아 그분의 뜻에 순종할 수 있도록 해 달라는 것이어야 한다는 것이다.

누가 5:12-16

누 5:12-16
학습 자료 70-2
"죄와 질병과의 관계" 참조

나병 들린 사람을 깨끗하게 하시다

12 예수께서 한 동네에 계실 때에 온 몸에 나병 들린 사람이 있어 예수를
보고 엎드려 구하여 이르되 주여 원하시면 나를 깨끗하게 하실 수 있나이다 하니 13 예수께서 손을 내밀어 그에
게 대시며 이르시되 내가 원하노니 깨끗함을 받으라 하신대 나병이 곧 떠나니라 14 예수께서 그를 경고하시되
아무에게도 이르지 말고 가서 제사장에게 네 몸을 보이고 또 네가 깨끗하게 됨으로 인하여 모세가 명한 대로 예
물을 드려 그들에게 입증하라 하셨더니 15 예수의 소문이 더욱 퍼지매 수많은 무리가 말씀도 듣고 자기 병도 고
침을 받고자 하여 모여 오되 16 예수는 물러가사 한적한 곳에서 기도하시니라

마태 9:2-17, 마가 2:1-22, 누가 5:17-39

- 중풍병자 및 많은 병자를 고침 / 레위(마태)를 부르시며, 죄인을 위해 오셨다는 예수님 -

마태 9:2-17

2 침상에 누운 중풍병자를 사람들이 데리고 오거늘 예수께서 그들의 믿
음을 보시고 중풍병자에게 이르시되 작은 자야 안심하라 네 죄 사함을
받았느니라 3 어떤 서기관들이 속으로 이르되 이 사람이 신성을 모독하도
다 4 예수께서 그 생각을 아시고 이르시되 너희가 어찌하여 마음에 악한
생각을 하느냐 5 네 죄 사함을 받았느니라 하는 말과 일어나 걸어가라 하
는 말 중에 어느 것이 쉽겠느냐 6 그러나 인자가 세상에서 죄를 사하는 권
능이 있는 줄을 너희로 알게 하려 하노라 하시고 중풍병자에게 말씀하시
되 일어나 네 침상을 가지고 집으로 가라 하시니 7 그가 일어나 집으로 돌
아가거늘 8 무리가 보고 두려워하며 이런 권능을 사람에게 주신 하나님께
영광을 돌리니라

마태를 부르시다

9 예수께서 그 곳을 떠나 지나가시다가 마태라 하는 사람이 세관에 앉아
있는 것을 보시고 이르시되 나를 따르라 하시니 일어나 따르니라 10 예수
께서 마태의 집에서 앉아 음식을 잡수실 때에 많은 세리와 죄인들이 와서
예수와 그의 제자들과 함께 앉았더니 11 바리새인들이 보고 그의 제자들
에게 이르되 어찌하여 너희 선생은 세리와 죄인들과 함께 잡수시느냐 12
예수께서 들으시고 이르시되 건강한 자에게는 의사가 쓸 데 없고 병든 자
에게라야 쓸 데 있느니라 13 너희는 가서 내가 긍휼을 원하고 제사를 원
하지 아니하노라 하신 뜻이 무엇인지 배우라 나는 의인을 부르러 온 것이
아니요 죄인을 부르러 왔노라 하시니라

금식 논쟁

14 그 때에 요한의 제자들이 예수께 나아와 이르되 우리와 바리새인들은
금식하는데 어찌하여 당신의 제자들은 금식하지 아니하나이까 15 예수께
서 그들에게 이르시되 혼인집 손님들이 신랑과 함께 있을 동안에 슬퍼할

마 9:2-17
이 병자 친구 네 명에게서 우리는 예수 공동체의 참모습을 발견하여야 한다. 그것은 교회의 참모습이어야 한다는 말이다. 사랑은 손과 발에 있지, 입에 있는 것이 아니다. 하나님의 사랑도 결국의 이웃 사랑으로부터 시작한다는 사실을 명심해야 한다. 이웃 사랑은 하나님 나라의 본질을 이루는 것이다. 마태복음 25장 '양과 염소의 비유'는 이 사실을 분명히 말해 주고 있다. 성경이 말하는 사랑은 동사이지, 결코 명사가 아니다. 그 사랑은 동사 중에서도 현재진행형이어야 한다. 오늘날 우리의 교회가 세상을 향한 이런 모습을 찾아볼 수 있을까? 심각하게 생각해 보자.
예수님은 이 병자의 죄를 용서해 주었다. 죄의 용서는 하나님 나라의 시작이다.

67일~72일

수 있느냐 그러나 신랑을 빼앗길 날이 이르리니 그 때에는 금식할 것이니라 16 생베 조각을 낡은 옷에 붙이는 자
가 없나니 이는 기운 것이 그 옷을 당기어 해어짐이 더하게 됨이요 17 새 포도주를 낡은 가죽 부대에 넣지 아니하
나니 그렇게 하면 부대가 터져 포도주도 쏟아지고 부대도 버리게 됨이라 새 포도주는 새 부대에 넣어야 둘이 다
보전되느니라

마가 2:1-22

중풍병자를 고치시다

1 수 일 후에 예수께서 다시 가버나움에 들어가시니 집에 계시다는 소문
이 들린지라 2 많은 사람이 모여서 문 앞까지도 들어 들어설 자리가 없게
되었는데 예수께서 그들에게 도를 말씀하시더니 3 사람들이 한 중풍병자
를 네 사람에게 메워 가지고 예수께로 올새 4 무리들 때문에 예수께 데
려갈 수 없으므로 그 계신 곳의 지붕을 뜯어 구멍을 내고 중풍병자가 누
운 상을 달아내리니 5 예수께서 그들의 믿음을 보시고 중풍병자에게 이
르시되 작은 자야 네 죄 사함을 받았느니라 하시니 6 어떤 서기관들이 거
기 앉아서 마음에 생각하기를 7 이 사람이 어찌 이렇게 말하는가 신성 모
독이로다 오직 하나님 한 분 외에는 누가 능히 죄를 사하겠느냐 8 그들이
속으로 이렇게 생각하는 줄을 예수께서 곧 중심에 아시고 이르시되 어찌
하여 이것을 마음에 생각하느냐 9 중풍병자에게 네 죄 사함을 받았느니
라 하는 말과 일어나 네 상을 가지고 걸어가라 하는 말 중에서 어느 것이
쉽겠느냐 10 그러나 인자가 땅에서 죄를 사하는 권세가 있는 줄을 너희로
알게 하려 하노라 하시고 중풍병자에게 말씀하시되 11 내가 네게 이르노
니 일어나 네 상을 가지고 집으로 가라 하시니 12 그가 일어나 곧 상을 가
지고 모든 사람 앞에서 나가거늘 그들이 다 놀라 하나님께 영광을 돌리며
이르되 우리가 이런 일을 도무지 보지 못하였다 하더라

막 2:1
예수님의 여정(나사렛에서 가버나움까지)

레위를 부르시다

13 예수께서 다시 바닷가에 나가시매 큰 무리가 나왔거늘 예수께서 그들을 가르치시니라 14 또 지나가시다가 알
패오의 아들 레위가 세관에 앉아 있는 것을 보시고 그에게 이르시되 나를 따르라 하시니 일어나 따르니라 15 그
의 집에 앉아 잡수실 때에 많은 세리와 죄인들이 예수와 그의 제자들과 함께 앉았으니 이는 그러한 사람들이 많
이 있어서 예수를 따름이러라 16 바리새인의 서기관들이 예수께서 죄인 및 세리들과 함께 잡수시는 것을 보고 그
의 제자들에게 이르되 어찌하여 세리 및 죄인들과 함께 먹는가 17 예수께서 들으시고 그들에게 이르시되 건강한
자에게는 의사가 쓸 데 없고 병든 자에게라야 쓸 데 있느니라 나는 의인을 부르러 온 것이 아니요 죄인을 부르러
왔노라 하시니라

금식 논쟁

18 요한의 제자들과 바리새인들이 금식하고 있는지라 사람들이 예수께 와서 말하되 요한의 제자들과 바리새인
의 제자들은 금식하는데 어찌하여 당신의 제자들은 금식하지 아니하나이까 19 예수께서 그들에게 이르시되 혼
인 집 손님들이 신랑과 함께 있을 때에 금식할 수 있느냐 신랑과 함께 있을 동안에는 금식할 수 없느니라 20 그러
나 신랑을 빼앗길 날이 이르리니 그 날에는 금식할 것이니라 21 생베 조각을 낡은 옷에 붙이는 자가 없나니 만일
그렇게 하면 기운 새 것이 낡은 그것을 당기어 해어짐이 더하게 되느니라 22 새 포도주를 낡은 가죽 부대에 넣는
자가 없나니 만일 그렇게 하면 새 포도주가 부대를 터뜨려 포도주와 부대를 버리게 되리라 오직 새 포도주는 새
부대에 넣느니라 하시니라

67일~
72일

누가 5:17-39

중풍병자를 고치시다

17 하루는 가르치실 때에 갈릴리의 각 마을과 유대와 예루살렘에서 온 바
리새인과 율법교사들이 앉았는데 병을 고치는 주의 능력이 예수와 함께
하더라 18 한 중풍병자를 사람들이 침상에 메고 와서 예수 앞에 들여놓고
자 하였으나 19 무리 때문에 메고 들어갈 길을 얻지 못한지라 지붕에 올
라가 기와를 벗기고 병자를 침상째 무리 가운데로 예수 앞에 달아 내리니
20 예수께서 그들의 믿음을 보시고 이르시되 이 사람아 네 죄 사함을 받
았느니라 하시니 21 서기관과 바리새인들이 생각하여 이르되 이 신성 모
독 하는 자가 누구냐 오직 하나님 외에 누가 능히 죄를 사하겠느냐 22 예
수께서 그 생각을 아시고 대답하여 이르시되 너희 마음에 무슨 생각을
하느냐 23 네 죄 사함을 받았느니라 하는 말과 일어나 걸어가라 하는 말
이 어느 것이 쉽겠느냐 24 그러나 인자가 땅에서 죄를 사하는 권세가 있
는 줄을 너희로 알게 하리라 하시고 중풍병자에게 말씀하시되 내가 네게
이르노니 일어나 네 침상을 가지고 집으로 가라 하시매 25 그 사람이 그들
앞에서 곧 일어나 그 누웠던 것을 가지고 하나님께 영광을 돌리며 자기 집
으로 돌아가니 26 모든 사람이 놀라 하나님께 영광을 돌리며 심히 두려워
하여 이르되 오늘 우리가 놀라운 일을 보았다 하니라

레위가 예수를 따르다

27 그 후에 예수께서 나가사 레위라 하는 세리가 세관에 앉아 있는 것을
보시고 나를 따르라 하시니 28 그가 모든 것을 버리고 일어나 따르니라 29
레위가 예수를 위하여 자기 집에서 큰 잔치를 하니 세리와 다른 사람이
많이 함께 앉아 있는지라 30 바리새인과 그들의 서기관들이 그 제자들을
비방하여 이르되 너희가 어찌하여 세리와 죄인과 함께 먹고 마시느냐 31
예수께서 대답하여 이르시되 건강한 자에게는 의사가 쓸 데 없고 병든 자
에게라야 쓸 데 있나니 32 내가 의인을 부르러 온 것이 아니요 죄인을 불
러 회개시키러 왔노라 33 그들이 예수께 말하되 요한의 제자는 자주 금식
하며 기도하고 바리새인의 제자들도 또한 그리하되 당신의 제자들은 먹
고 마시나이다 34 예수께서 그들에게 이르시되 혼인 집 손님들이 신랑과
함께 있을 때에 너희가 그 손님으로 금식하게 할 수 있느냐 35 그러나 그
날에 이르러 그들이 신랑을 빼앗기리니 그 날에는 금식할 것이니라 36 또
비유하여 이르시되 새 옷에서 한 조각을 찢어 낡은 옷에 붙이는 자가 없
나니 만일 그렇게 하면 새 옷을 찢을 뿐이요 또 새 옷에서 찢은 조각이 낡
은 것에 어울리지 아니하리라 37 새 포도주를 낡은 가죽 부대에 넣는 자가
없나니 만일 그렇게 하면 새 포도주가 부대를 터뜨려 포도주가 쏟아지고
부대도 못쓰게 되리라 38 새 포도주는 새 부대에 넣어야 할 것이니라 39
묵은 포도주를 마시고 새 것을 원하는 자가 없나니 이는 묵은 것이 좋다
함이니라

마 9:9-17, 막 2:13-22, 눅 5:27-39 **레위(마태)를 부르시며, 죄인을 위해 오셨다는 예수님**

본문에서 하나님 나라가 어떻게 이루어져 가는가를 묵상하라.

이 본문에서 하나님 나라는 먼저 소외된 자들을 품는 나라이고, 외식(外飾)이나 형식(形式)에 구애받지 않고 본질(本質)을 중요시하며, 새로운 가치관을 갖는 것을 말하고 있다.

예수님은 세리를 제자 삼으시고 잔치를 즐기신다. 예수님 당시 세리는 사회적, 종교적으로 죄인 취급을 받았다. 당시 세금 징수제도는 세리들이 마음대로 착복할 수 있게 되어 있었기 때문에 많은 세리는 세금을 과하게 징수해서 자기에게 할당된 만큼만 납부하고 나머지는 자기들이 착복했다. 그래서 그들의 사회에서 죄인으로 취급되었던 사람들이다. 그래서 그들은 사회에서 왕따당하며 소외된 계층이었다. 예수님은 그들을 구하러 오셨다고 했다. 바로 그곳에 하나님의 나라가 이루어져 가는 것이다.

예수님은 바리새인들의 금식 규정을 나무라며 그들의 외형, 형식주의를 질타한다. 그리고 그들에게 하나님 나라에 합당한 새로운 가치관을 역설한다.

바리새인의 금식 규례는 해 뜰 때부터 해 질 때까지라고 한다. 해뜨기 전에 먹고 해지고 난 뒤에 먹으면 점심 한 끼 금식하는 셈인데 하루 종일 금식한 것으로 한다.

"새 포도주는 새 부대에 넣어야 한다"라고 하시면서 하나님 나라에 합당하게 가치관을 바꾸라는 것을 가르쳐 주신다. 예수님이 말하는 "새것"의 의미는 창조적인 것, 남이 하지 않는 것을 말하는 것이 아니다. "새로운 것"에 대한 두 가지의 단어가 있다. Nos(없는 것에서 생겨나는 새것)와 Kaos(이미 있는 것이 새롭게 되는 새것)이다.

예수님의 "새것"이라는 개념은 없는 것에서 생겨나는 것의 새로움이 아니라, 이미 있는 기존의 것을 새롭게 하는 것이다. 그것은 새로운 가치관으로 변화하는 것을 말한다. 기존의 가치관에서 하나님의 나라에 합당한 가치관으로 바꾸라는 것이다.

예수님을 믿고 따른다고 하는 나는 얼마나 새롭게 되어 가고 있는가? 아니면 매일 매일 새 포도주를 헌 부대에 담고, 헌 천으로 더덕더덕 땜질이나 하는 삶을 살아가고 있지는 않는가? 그렇다면 어떻게 해야 할까? 예수님을 깊이 생각하라.

"오늘 성경 읽으셨나요?"

요한 5장

- 베데스다 연못가의 병자와 예수님의 권세
(A.D. 28년 봄, 유월절 기간 중 예루살렘에서) -

요한 5:1-47

오래된 병을 고치시다

1 그 후에 유대인의 명절이 되어 예수께서 예루살렘에 올라가시니라 2 예
루살렘에 있는 양문 곁에 히브리 말로 베데스다라 하는 못이 있는데 거기
행각 다섯이 있고 3 그 안에 많은 병자, 맹인, 다리 저는 사람, 혈기 마른 사
람들이 누워 (물의 움직임을 기다리니 4 이는 천사가 가끔 못에 내려와 물을 움직이게
하는데 움직인 후에 먼저 들어가는 자는 어떤 병에 걸렸든지 낫게 됨이러라) 5 거기 서
른여덟 해 된 병자가 있더라 6 예수께서 그 누운 것을 보시고 병이 벌써 오
래된 줄 아시고 이르시되 네가 낫고자 하느냐 7 병자가 대답하되 주여 물
이 움직일 때에 나를 못에 넣어 주는 사람이 없어 내가 가는 동안에 다른
사람이 먼저 내려가나이다 8 예수께서 이르시되 일어나 네 자리를 들고
걸어가라 하시니 9 그 사람이 곧 나아서 자리를 들고 걸어가니라 이 날은
안식일이니 10 유대인들이 병 나은 사람에게 이르되 안식일인데 네가 자
리를 들고 가는 것이 옳지 아니하니라 11 대답하되 나를 낫게 한 그가 자
리를 들고 걸어가라 하더라 하니 12 그들이 묻되 너에게 자리를 들고 걸어
가라 한 사람이 누구냐 하되 13 고침을 받은 사람은 그가 누구인지 알지
못하니 이는 거기 사람이 많으므로 예수께서 이미 피하셨음이라 14 그 후
에 예수께서 성전에서 그 사람을 만나 이르시되 보라 네가 나았으니 더
심한 것이 생기지 않게 다시는 죄를 범하지 말라 하시니 15 그 사람이 유
대인들에게 가서 자기를 고친 이는 예수라 하니라 16 그러므로 안식일에
이러한 일을 행하신다 하여 유대인들이 예수를 박해하게 된지라 17 예수
께서 그들에게 이르시되 내 아버지께서 이제까지 일하시니 나도 일한다
하시매 18 유대인들이 이로 말미암아 더욱 예수를 죽이고자 하니 이는 안
식일을 범할 뿐만 아니라 하나님을 자기의 친 아버지라 하여 자기를 하나
님과 동등으로 삼으심이러라

아들의 권한

19 그러므로 예수께서 그들에게 이르시되 내가 진실로 진실로 너희에게
이르노니 아들이 아버지께서 하시는 일을 보지 않고는 아무 것도 스스로
할 수 없나니 아버지께서 행하시는 그것을 아들도 그와 같이 행하느니라
20 아버지께서 아들을 사랑하사 자기가 행하시는 것을 다 아들에게 보이
시고 또 그보다 더 큰 일을 보이사 너희로 놀랍게 여기게 하시리라 21 아
버지께서 죽은 자들을 일으켜 살리심 같이 아들도 자기가 원하는 자들을
살리느니라 22 아버지께서 아무도 심판하지 아니하시고 심판을 다 아들
에게 맡기셨으니 23 이는 모든 사람으로 아버지를 공경하는 것 같이 아들
을 공경하게 하려 하심이라 아들을 공경하지 아니하는 자는 그를 보내신

예수님의 갈릴리와 예루살렘 여정

❖ 요 5장 **베데스다 연못가의 병자와 예수님의 권세**
(A.D. 28년 봄, 유월절 기간 중 예루살렘에서)
베데스다 연못에 38년 묵은 거동을 할 수 없는 병자가 있었다. 그 병자는 병을 낫고자 하는 마음조차도 무디어져 이제는 물이 동할 때 한 번 그 물에 들어가 보는 것이 소원이 되어 버린 상태에 놓여 있다. 그는 변화에 대한 무능력자 또는 무관심하기 조차 한 오늘날의 우리와 같은 영적 무능력자이지 않을까?
그런 병자에게 "네가 낫고자 하느냐?"라고 묻는 예수님의 질문은 무엇을 뜻하는 것일까? 그것은 "네가 정녕 변화 받기를 원하느냐?"라는 다짐이 내포되어 있다. 38년간 긴 시간 속에 이 병자의 낫고자 하는 마음은 좌절과 절망의 도를 넘어 자포자기한 행동일 뿐, 낫겠다는 소망을 포기한 지 오래된 상태에 있었기 때문이다.
예수님이 이 병자에 "네가 낫고자 하느냐?"라고 물었을 때 그는 동문서답을 한다. 그 동문서답 속에는 바로 병이 낫는다(변화를 받는다)는 본질적인 것 보다 물에라도 한번 들어가 보자는 비본질적인 것에 얽매여 있다는 것이고, 그렇게 못하는 것은 내 잘못이 아니고 그를 물에 넣어 줄 사람이 없었기 때문이라는 것이다.
"주여 물이 움직일 때에 나를 못에 넣어 주는 사람이 없어 내가 가는 동안에 다른 사람이 먼저 내려가나이다." 라고 대답한다. "그건 너, 바로 너 때문이야!"라는 것이다.
변화의 시작은 진정으로 변화 받기를 원하며 자신은 그 변화를 일으킬 수 없는 무능력자임을 인정하고 예수님의 능력 앞에 자신을 내려놓는 길밖에 없다.
진리는 내 마음속에서 이해되는 것이다. 그것이 밖으로 나타나는 것을 가로막는

아버지도 공경하지 아니하느니라 24 내가 진실로 진실로 너희에게 이르노
니 내 말을 듣고 또 나 보내신 이를 믿는 자는 영생을 얻었고 심판에 이르
지 아니하나니 사망에서 생명으로 옮겼느니라 25 진실로 진실로 너희에게
이르노니 죽은 자들이 하나님의 아들의 음성을 들을 때가 오나니 곧 이
때라 듣는 자는 살아나리라 26 아버지께서 자기 속에 생명이 있음 같이 아
들에게도 생명을 주어 그 속에 있게 하셨고 27 또 인자됨으로 말미암아 심
판하는 권한을 주셨느니라 28 이를 놀랍게 여기지 말라 무덤 속에 있는 자
가 다 그의 음성을 들을 때가 오나니 29 선한 일을 행한 자는 생명의 부활
로, 악한 일을 행한 자는 심판의 부활로 나오리라

'나'를 벗고 주님 앞에 서라. 자기중심성을 내려놓는 것이 먼저이다.
네가 진정으로 낫고자 하는 부분이 어떤 것인가? 나는 분명 변화 받아야 할 부분을 익히 잘 알고 구체적으로 기도하라.

예수를 믿게 하는 증언

30 내가 아무 것도 스스로 할 수 없노라 듣는 대로 심판하노니 나는 나의
뜻대로 하려 하지 않고 나를 보내신 이의 뜻대로 하려 하므로 내 심판은
의로우니라 31 내가 만일 나를 위하여 증언하면 내 증언은 참되지 아니하
되 32 나를 위하여 증언하시는 이가 따로 있으니 나를 위하여 증언하시는
그 증언이 참인 줄 아노라 33 너희가 요한에게 사람을 보내매 요한이 진리
에 대하여 증언하였느니라 34 그러나 나는 사람에게서 증언을 취하지 아
니하노라 다만 이 말을 하는 것은 너희로 구원을 받게 하려 함이니라 35
요한은 켜서 비추이는 등불이라 너희가 한때 그 빛에 즐거이 있기를 원하였거니와 36 내게는 요한의 증거보다 더
큰 증거가 있으니 아버지께서 내게 주사 이루게 하시는 역사 곧 내가 하는 그 역사가 아버지께서 나를 보내신 것
을 나를 위하여 증언하는 것이요 37 또한 나를 보내신 아버지께서 친히 나를 위하여 증언하셨느니라 너희는 아무
때에도 그 음성을 듣지 못하였고 그 형상을 보지 못하였으며 38 그 말씀이 너희 속에 거하지 아니하니 이는 그가
보내신 이를 믿지 아니함이라 39 너희가 성경에서 영생을 얻는 줄 생각하고 성경을 연구하거니와 이 성경이 곧 내
게 대하여 증언하는 것이니라 40 그러나 너희가 영생을 얻기 위하여 내게 오기를 원하지 아니하는도다 41 나는 사
람에게서 영광을 취하지 아니하노라 42 다만 하나님을 사랑하는 것이 너희 속에 없음을 알았노라 43 나는 내 아
버지의 이름으로 왔으매 너희가 영접하지 아니하나 만일 다른 사람이 자기 이름으로 오면 영접하리라 44 너희가
서로 영광을 취하고 유일하신 하나님께로부터 오는 영광은 구하지 아니하니 어찌 나를 믿을 수 있느냐 45 내가
너희를 아버지께 고발할까 생각하지 말라 너희를 고발하는 이가 있으니 곧 너희가 바라는 자 모세니라 46 모세
를 믿었더라면 또 나를 믿었으리니 이는 그가 내게 대하여 기록하였음이라 47 그러나 그의 글도 믿지 아니하거든
어찌 내 말을 믿겠느냐 하시니라

요 5:30-47 예수님은 내 삶의 주인이시고, 주관자이시라는 사실을 인정하고 받아들이는 것은 세속적 가치관과 분명 충돌되는 것이다. 이것은 사탄의 미혹과 간계로 인한 것임을 우리는 분명히 알아야 한다. 이것이 곧 영적 싸움이라는 것이다.

마태 12:1-21, 마가 2:23-3:12, 누가 6:1-11

– 안식일 논쟁 : 안식일의 주인은 예수님 / 예수를 따르는 자들을 고치심 –

마태 12:1-21

안식일에 밀 이삭을 자르다

1 그 때에 예수께서 안식일에 밀밭 사이로 가실새 제자들이 시장하여 이
삭을 잘라 먹으니 2 바리새인들이 보고 예수께 말하되 보시오 당신의 제
자들이 안식일에 하지 못할 일을 하나이다 3 예수께서 이르시되 다윗이 자기와 그 함께 한 자들이 시장할 때에
한 일을 읽지 못하였느냐 4 그가 하나님의 전에 들어가서 제사장 외에는 자기나 그 함께 한 자들이 먹어서는 안

마 12:1-13
학습 자료 70-3
"바리새인과 예수의 안식일 논쟁" 참조
학습 자료 70-4
"유대 종교 지도자들과 예수의 논쟁" 참조

되는 진설병을 먹지 아니하였느냐 5 또 안식일에 제사장들이 성전 안에서
안식을 범하여도 죄가 없음을 너희가 율법에서 읽지 못하였느냐 6 내가
너희에게 이르노니 성전보다 더 큰 이가 여기 있느니라 7 나는 자비를 원
하고 제사를 원하지 아니하노라 하신 뜻을 너희가 알았더라면 무죄한 자
를 정죄하지 아니하였으리라 8 인자는 안식일의 주인이니라 하시니라

안식일에 손 마른 사람을 고치시다

9 거기에서 떠나 그들의 회당에 들어가시니 10 한쪽 손 마른 사람이 있는
지라 사람들이 예수를 고발하려 하여 물어 이르되 안식일에 병 고치는 것
이 옳으니이까 11 예수께서 이르시되 너희 중에 어떤 사람이 양 한 마리
가 있어 안식일에 구덩이에 빠졌으면 끌어내지 않겠느냐 12 사람이 양보
다 얼마나 더 귀하냐 그러므로 안식일에 선을 행하는 것이 옳으니라 하
시고 13 이에 그 사람에게 이르시되 손을 내밀라 하시니 그가 내밀매 다
른 손과 같이 회복되어 성하더라 14 바리새인들이 나가서 어떻게 하여 예
수를 죽일까 의논하거늘 15 예수께서 아시고 거기를 떠나가시니 많은 사
람이 따르는지라 예수께서 그들의 병을 다 고치시고 16 자기를 나타내지
말라 경고하셨으니 17 이는 선지자 이사야를 통하여 말씀하신 바 18 보라
내가 택한 종 곧 내 마음에 기뻐하는 바 내가 사랑하는 자로다 내가 내
영을 그에게 줄 터이니 그가 심판을 이방에 알게 하리라 19 그는 다투지
도 아니하며 들레지도 아니하리니 아무도 길에서 그 소리를 듣지 못하리
라 20 상한 갈대를 꺾지 아니하며 꺼져가는 심지를 끄지 아니하기를 심판
하여 이길 때까지 하리니 21 또한 이방들이 그의 이름을 바라리라 함을
이루려 하심이니라

마가 2:23-3:12

안식일에 밀 이삭을 자르다

2:23-27 23 안식일에 예수께서 밀밭 사이로 지나가실새 그의 제자들이
길을 열며 이삭을 자르니 24 바리새인들이 예수께 말하되 보시오 저들이
어찌하여 안식일에 하지 못할 일을 하나이까 25 예수께서 이르시되 다윗이
자기와 및 함께 한 자들이 먹을 것이 없어 시장할 때에 한 일을 읽지 못하
였느냐 26 그가 아비아달 대제사장 때에 하나님의 전에 들어가서 제사장
외에는 먹어서는 안 되는 진설병을 먹고 함께 한 자들에게도 주지 아니하
였느냐 27 또 이르시되 안식일이 사람을 위하여 있는 것이요 사람이 안식일
을 위하여 있는 것이 아니니 28 이러므로 인자는 안식일에도 주인이니라

안식일에 손 마른 가람을 고치시다

3:1-12 1 예수께서 다시 회당에 들어가시니 한쪽 손 마른 사람이 거기 있
는지라 2 사람들이 예수를 고발하려 하여 안식일에 그 사람을 고치시는가
주시하고 있거늘 3 예수께서 손 마른 사람에게 이르시되 한 가운데에 일
어서라 하시고 4 그들에게 이르시되 안식일에 선을 행하는 것과 악을 행
하는 것, 생명을 구하는 것과 죽이는 것, 어느 것이 옳으냐 하시니 그들이
잠잠하거늘 5 그들의 마음이 완악함을 탄식하사 노하심으로 그들을 둘러

❖ 마 12:1-21, 막 2:23-3:12, 눅 6:1-11

예수님의 명성이 높아지자 적대세력들이 예수님께 시비를 거는 모습을 보게 된다. 더구나 그들과의 세계관 충돌이 일어나고 있다.

하나님께서 명하신 안식일을 거룩하게 지키라는 명령(제4계명)을 유대인들이 지나치게 해석해서 안식일이 안식을 통한 거룩함을 나타내는 것이 아니라 부담과 규례에 얽매이는 것이 되어 버렸음을 예수님은 나무라시는 것이다. 안식일은 하나님의 창조 질서의 하나로서 육체적, 영적 재충전을 통한 하나님의 능력과 영광을 재인식하는 시간이지 규례를 만들어 놓고 그것을 지키는가 안 지키는가를 따지는 것이 아니라는 것이다. 바리새인은 안식일을 거룩하게 지키라는 제4계명의 시행세칙을 무려 38가지나 만들어 놓고 그것을 지키라고 강요하는 것이다. (**학습 자료 70-4 "유대 종교 지도자와 논쟁"과 71일차 자료 71-7 "장로들의 전승"을 참고할 것**)

그중에 지금 예수님이 범한 시행세칙은 안식일에 제자들이 밀밭에서 이삭을 잘라 먹고, 병자를 고친 것을 지적하며 시비를 건다. 유대인의 안식일 시행세칙에 의하면 배가 고파 이삭을 잘라서 비벼 먹은 것은 안식일 시행세칙 중 다음 것을 범했다는 것이다.

1) 수확(reaping)
2) 키질(winnowing)
3) 타작, 탈곡(threshing)
4) 음식장만 (preparing a meal) 사실 이 것은 율법을 어긴 것이 아니다.

☞ **신 23:25** 네 이웃의 곡식밭에 들어갈 때에는 네가 손으로 그 이삭을 따도 되느니라 그러나 네 이웃의 곡식밭에 낫을 대지는 말지니라

또 안식일에 병자를 고친다는 것은 안식일 규정에 위반된다는 것이다. 그들의 안식일에 병자를 다루는 규정은 이와 같다. 안식일에는 환자가 죽지 않을 만큼의 응급조치만 해야 한다. 이를테면 안식일에 사람이 무너진 담에 깔렸다고 하자. 그러면 먼저 흙을 치우고 그 사람이 죽었음을 알았으면 그대로 두어야 한다. 안식일에 시체를 만지면 안 되기 때문이다. 만약 그 깔린 사람이 아직 살아 있으면 죽지 않을 만큼만 조치하고 그대로 두어 안식일이 끝난 후에 구조를 해야 한다는 것이다. 그런데 예수님은 병자를 아예 치료해 버린 것이다.

종교는 규율과 규칙에 매일 수 있지만, 하나님 나라는 그런 규율과 규칙에 얽매이지 않고 하나님의 자비하심과 긍휼하심의 통치하심에 순종하는 것이다. 그래서 예수님은 자신이 하나님 나라의 통치자로서 안식일의 주인인 것을 분명히 알려 주신다. 진정한 안식은 예수님 안에 거할 때 우리는 공짜로 누리게 된다. 왜냐하면 그분이 우

보시고 그 사람에게 이르시되 네 손을 내밀라 하시니 내밀매 그 손이 회
복되었더라 6 바리새인들이 나가서 곧 헤롯당과 함께 어떻게 하여 예수
를 죽일까 의논하니라

많은 무리가 나오다

7 예수께서 제자들과 함께 바다로 물러가시니 갈릴리에서 큰 무리가 따
르며 8 유대와 예루살렘과 이두매와 요단 강 건너편과 또 두로와 시돈 근
처에서 많은 무리가 그가 하신 큰 일을 듣고 나아오는지라 9 예수께서 무
리가 에워싸 미는 것을 피하기 위하여 작은 배를 대기하도록 제자들에게
명하셨으니 10 이는 많은 사람을 고치셨으므로 병으로 고생하는 자들이
예수를 만지고자 하여 몰려왔음이더라 11 더러운 귀신들도 어느 때든지 예수를 보면 그 앞에 엎드려 부르짖어 이
르되 당신은 하나님의 아들이니이다 하니 12 예수께서 자기를 나타내지 말라고 많이 경고하시니라

리를 안식으로 초대하기 때문이다.
☞ 마 11:28-30 수고하고 무거운 짐 진 자들아 다 내게로 오라 내가 너희를 쉬게 하리라 나는 마음이 온유하고 겸손하니 나의 멍에를 메고 내게 배우라 그리하면 너희 마음이 쉼을 얻으리니 이는 내 멍에는 쉽고 내 짐은 가벼움이라 하시니라
그러기 위해 우리는 그분과 바른 관계 가운데 있어야 한다. 그 방법이 성경 속에 있다.
"오늘 성경 읽으셨나요?", 그리고
"인위 뚝! 신위 고!"

누가 6:1-11

안식일에 밀 이삭을 자르다

1 안식일에 예수께서 밀밭 사이로 지나가실새 제자들이 이삭을 잘라 손으로 비비어 먹으니 2 어떤 바리새인들이
말하되 어찌하여 안식일에 하지 못할 일을 하느냐 3 예수께서 대답하여 이르시되 다윗이 자기 및 자기와 함께 한
자들이 시장할 때에 한 일을 읽지 못하였느냐 4 그가 하나님의 전에 들어가서 다만 제사장 외에는 먹어서는 안 되
는 진설병을 먹고 함께 한 자들에게도 주지 아니하였느냐 5 또 이르시되 인자는 안식일의 주인이니라 하시더라

안식일에 손 마른 사람을 고치시다

6 또 다른 안식일에 예수께서 회당에 들어가사 가르치실새 거기 오른손 마른 사람이 있는지라 7 서기관과 바리새
인들이 예수를 고발할 증거를 찾으려 하여 안식일에 병을 고치시는가 엿보니 8 예수께서 그들의 생각을 아시고
손 마른 사람에게 이르시되 일어나 한가운데 서라 하시니 그가 일어나 서거늘 9 예수께서 그들에게 이르시되 내
가 너희에게 묻노니 안식일에 선을 행하는 것과 악을 행하는 것, 생명을 구하는 것과 죽이는 것, 어느 것이 옳으
냐 하시며 10 무리를 둘러보시고 그 사람에게 이르시되 네 손을 내밀라 하
시니 그가 그리하매 그 손이 회복된지라 11 그들은 노기가 가득하여 예수
를 어떻게 할까 하고 서로 의논하니라

❖ **열두 제자의 확정**
열두 제자의 12는 구약의 12지파를 상징한다. 12의 숫자적 의미는 신의 수인 3과 사람의 수인 4를 곱하면 완전한 수가 된다. 요한계시록에 완성된 천국을 상징하는 12문이 나온다.

학습 자료 70-1
"예수의 12제자(도표)" 참조

마태 10:2-4, 마가 3:13-19, 누가 6:12-16

- 열 두 제자의 확정 -

67일~72일

마태 10:2-4

열두 제자에게 명하여 이르다

2 열두 사도의 이름은 이러하니 베드로라 하는 시몬을 비롯하여 그의 형
제 안드레와 세베대의 아들 야고보와 그의 형제 요한, 3 빌립과 바돌로매,
도마와 세리 마태, 알패오의 아들 야고보와 다대오, 4 가나나인 시몬 및
가룟 유다 곧 예수를 판 자라

마가 3:13-19

열두 제자를 세우시다

13 또 산에 오르사 자기가 원하는 자들을 부르시니 나아온지라 14 이에 열둘을 세우셨으니 이는 자기와 함께 있
게 하시고 또 보내사 전도도 하며 15 귀신을 내쫓는 권능도 가지게 하려 하심이러라 16 이 열둘을 세우셨으니 시
몬에게는 베드로란 이름을 더하셨고 17 또 세베대의 아들 야고보와 야고보의 형제 요한이니 이 둘에게는 보아너
게 곧 우레의 아들이란 이름을 더하셨으며 18 또 안드레와 빌립과 바돌로매와 마태와 도마와 알패오의 아들 야
고보와 및 다대오와 가나나인 시몬이며 19 또 가룟 유다니 이는 예수를 판 자더라

누가 6:12-16

열두 제자를 사도로 택하시다

12 이 때에 예수께서 기도하시러 산으로 가사 밤이 새도록 하나님께 기도하시고 13 밝으매 그 제자들을 부르사
그 중에서 열둘을 택하여 사도라 칭하셨으니 14 곧 베드로라고도 이름을 주신 시몬과 그의 동생 안드레와 야고
보와 요한과 빌립과 바돌로매와 15 마태와 도마와 알패오의 아들 야고보와 셀롯이라는 시몬과 16 야고보의 아
들 유다와 예수를 파는 자 될 가룟 유다라

마태 5:1~8:1, 누가 6:17-49

- 산상 수훈과 하나님 나라에 이르는 길 -

마태 5장

복이 있는 사람

1 예수께서 무리를 보시고 산에 올라가 앉으시니 제자들이 나아온지라 2
입을 열어 가르쳐 이르시되 3 심령이 가난한 자는 복이 있나니 천국이 그
들의 것임이요 4 애통하는 자는 복이 있나니 그들이 위로를 받을 것임이
요 5 온유한 자는 복이 있나니 그들이 땅을 기업으로 받을 것임이요 6 의
에 주리고 목마른 자는 복이 있나니 그들이 배부를 것임이요 7 긍휼히 여
기는 자는 복이 있나니 그들이 긍휼히 여김을 받을 것임이요 8 마음이 청
결한 자는 복이 있나니 그들이 하나님을 볼 것임이요 9 화평하게 하는 자
는 복이 있나니 그들이 하나님의 아들이라 일컬음을 받을 것임이요 10 의

축복	예수에 의한 모범	다른자에 의한 모범	상급
심령 가난	벧전 2:22	요셉(마 1:18~10)	천국
애통	마 26:37, 38	욥	위로
온유	마 26:28~30, 요 13:4, 5	모세(민 12:3)	땅을 기업
의에 굶주림	요 4:34	바울(빌 1:21, 3:7~14)	배부름
긍휼	눅 23:43, 히 2:17	다윗	긍휼히 여김
마음 청결	눅 2:40, 52	구약의 요셉	하나님을 봄
화평	엡 2:14~17	바나바	하나님의 아들 칭호
의를 위한 핍박	행 13:28	다니엘	천국

67일~
72일

를 위하여 박해를 받은 자는 복이 있나니 천국이 그들의 것임이라 11 나로
말미암아 너희를 욕하고 박해하고 거짓으로 너희를 거슬러 모든 악한 말
을 할 때에는 너희에게 복이 있나니 12 기뻐하고 즐거워하라 하늘에서 너
희의 상이 큼이라 너희 전에 있던 선지자들도 이같이 박해하였느니라

소금이요 빛이라

13 너희는 세상의 소금이니 소금이 만일 그 맛을 잃으면 무엇으로 짜게 하
리요 후에는 아무 쓸 데 없어 다만 밖에 버려져 사람에게 밟힐 뿐이니라
14 너희는 세상의 빛이라 산 위에 있는 동네가 숨겨지지 못할 것이요 15 사
람이 등불을 켜서 말 아래에 두지 아니하고 등경 위에 두나니 이러므로
집 안 모든 사람에게 비치느니라 16 이같이 너희 빛이 사람 앞에 비치게
하여 그들로 너희 착한 행실을 보고 하늘에 계신 너희 아버지께 영광을
돌리게 하라

예수와 율법

17 내가 율법이나 선지자를 폐하러 온 줄로 생각하지 말라 폐하러 온 것이
아니요 완전하게 하려 함이라 18 진실로 너희에게 이르노니 천지가 없어
지기 전에는 율법의 일점 일획도 결코 없어지지 아니하고 다 이루리라 19
그러므로 누구든지 이 계명 중의 지극히 작은 것 하나라도 버리고 또 그
같이 사람을 가르치는 자는 천국에서 지극히 작다 일컬음을 받을 것이요
누구든지 이를 행하며 가르치는 자는 천국에서 크다 일컬음을 받으리라
20 내가 너희에게 이르노니 너희 의가 서기관과 바리새인보다 더 낫지 못
하면 결코 천국에 들어가지 못하리라

노하지 말라

21 옛 사람에게 말한 바 살인하지 말라 누구든지 살인하면 심판을 받게 되
리라 하였다는 것을 너희가 들었으나 22 나는 너희에게 이르노니 형제에게
노하는 자마다 심판을 받게 되고 형제를 대하여 라가라 하는 자는 공회에
잡혀가게 되고 미련한 놈이라 하는 자는 지옥 불에 들어가게 되리라 23 그
러므로 예물을 제단에 드리려다가 거기서 네 형제에게 원망들을 만한 일
이 있는 것이 생각나거든 24 예물을 제단 앞에 두고 먼저 가서 형제와 화목
하고 그 후에 와서 예물을 드리라 25 너를 고발하는 자와 함께 길에 있을
때에 급히 사화하라 그 고발하는 자가 너를 재판관에게 내어 주고 재판관
이 옥리에게 내어 주어 옥에 가둘까 염려하라 26 진실로 네게 이르노니 네
가 한 푼이라도 남김이 없이 다 갚기 전에는 결코 거기서 나오지 못하리라

간음하지 말라

27 또 간음하지 말라 하였다는 것을 너희가 들었으나 28 나는 너희에게 이
르노니 음욕을 품고 여자를 보는 자마다 마음에 이미 간음하였느니라 29
만일 네 오른 눈이 너로 실족하게 하거든 빼어 내버리라 네 백체 중 하나
가 없어지고 온 몸이 지옥에 던져지지 않는 것이 유익하며 30 또한 만일 네
오른손이 너로 실족하게 하거든 찍어 내버리라 네 백체 중 하나가 없어지
고 온 몸이 지옥에 던져지지 않는 것이 유익하니라 31 또 일렀으되 누구든
지 아내를 버리려거든 이혼 증서를 줄 것이라 하였으나 32 나는 너희에게

❖ 마 5:1~8:1, 눅 6:17-46 **산상 수훈과 하나님 나라에 이르는 길**

산상수훈은 성경의 핵심이다. 그중에서도 주기도문은 핵심 중의 핵심이고 그 주기도문 중에 "나라가 임하옵시며"(6:10)는 바로 성경의 근원적 주제이다. 산상 수훈은 시내산에서 언약을 맺고 하나님의 제사장 나라가 되기로 결단한 이스라엘 백성에게 준 십계명과 같은 영적 의미가 있다. 하나님 나라를 선포하신 예수님은 그 하나님 나라의 백성이 되고자 회개한 그의 제자들에게 하나님 나라의 가치관을 밝혀 주시는 것이다. 산상수훈이 예수님의 새 가치관을 말해 준다고 보는 대목은 예수님은 자신의 교훈을 옛것과 다르다는 것을 강조한 부분이다. 한 교훈을 시작할 때마다…"라고 너희는 들었으나, 나는 너희에게 이르노니"라고 시작한다. 지금까지 구약에서는 선지자들이 하나님의 말씀을 대언했지만, 예수님은 바로 하나님의 말씀을 하신다는 것이다. 그분이 바로 성육신하신 하나님이기 때문이다.

마 5:3-12 **8복**
복에 대한 확실한 가치관을 가르쳐 주신다. 하나님 나라 백성의 복에 대한 가치관은 시 1편의 "여호와의 율법을 주야로 묵상하는 것"과 시 73:28의 "하나님께 가까이함이 내게 복이라"의 말씀처럼 복의 근원은 물질적이고 가시적인 것이 아니라, 바로 여호와임을 분명히 밝힌다. 물질은 복이 아니고, 은사이다. 은사는 함께 나누어야 하나님께 영광이 되듯이, 물질은 함께 나누어져야 하나님께 영광이 된다는 것이다. 그것이 성경이 말하는 복이다. 예수님은 산상 수훈 첫머리(5장)에서 바로 하나님 나라의 복의 개념을 이렇게 정의하면서 8가지 하나님 나라 백성이 누릴 복을 가르쳐 주신다. 이 8복 중 근원적인 복은 첫 번째 말하는 "심령 가난한 자가 누리는 복이다" 이 상태는 갈 5:17과 같은 모습이다. 그러므로 하나님을 온전히 의지할 수밖에 없고 그래서 천국을 누리는 복이다.
☞ **갈 2:20** 내가 그리스도와 함께 십자가에 못 박혔나니 그런즉 이제는 내가 사는 것이 아니요 오직 내 안에 그리스도께서 사시는 것이라 이제 내가 육체 가운데 사는 것은 나를 사랑하사 나를 위하여 자기 자신을 버리신 하나님의 아들을 믿는 믿음 안에서 사는 것이라
☞ **고후 5:17** 그런즉 누구든지 그리스도 안에 있으면 새로운 피조물이라 이전 것은 지나갔으니 보라 새 것이 되었도다

마 5:13-16 성도는 이미 "소금이고 빛"이라고 했다. 그러므로 그 역할을 해야 참 제자가 되는 것이다. 그렇지 못하면 무리로 남는 형식적이고 위선적인 "가짜" 교인이 된다

이르노니 누구든지 음행한 이유 없이 아내를 버리면 이는 그로 간음하게
함이요 또 누구든지 버림받은 여자에게 장가드는 자도 간음함이니라

마 5, 6, 7장
학습 자료 70-5 "산상수훈의 이해" 참조

맹세하지 말라

33 또 옛 사람에게 말한 바 헛 맹세를 하지 말고 네 맹세한 것을 주께 지키라 하였다는 것을 너희가 들었으나 34
나는 너희에게 이르노니 도무지 맹세하지 말지니 하늘로도 하지 말라 이는 하나님의 보좌임이요 35 땅으로도 하
지 말라 이는 하나님의 발등상임이요 예루살렘으로도 하지 말라 이는 큰 임금의 성임이요 36 네 머리로도 하지
말라 이는 네가 한 터럭도 희고 검게 할 수 없음이라 37 오직 너희 말은 옳다 옳다, 아니라 아니라 하라 이에서 지
나는 것은 악으로부터 나느니라

악한 자를 대적하지 말라

38 또 눈은 눈으로, 이는 이로 갚으라 하였다는 것을 너희가 들었으나 39 나는 너희에게 이르노니 악한 자를 대적
하지 말라 누구든지 네 오른편 뺨을 치거든 왼편도 돌려 대며 40 또 너를 고발하여 속옷을 가지고자 하는 자에게
겉옷까지도 가지게 하며 41 또 누구든지 너로 억지로 오 리를 가게 하거든 그 사람과 십 리를 동행하고 42 네게
구하는 자에게 주며 네게 꾸고자 하는 자에게 거절하지 말라

원수를 사랑하라

43 또 네 이웃을 사랑하고 네 원수를 미워하라 하였다는 것을 너희가 들었으나 44 나는 너희에게 이르노니 너희
원수를 사랑하며 너희를 박해하는 자를 위하여 기도하라 45 이같이 한즉 하늘에 계신 너희 아버지의 아들이 되
리니 이는 하나님이 그 해를 악인과 선인에게 비추시며 비를 의로운 자와 불의한 자에게 내려주심이라 46 너희가
너희를 사랑하는 자를 사랑하면 무슨 상이 있으리요 세리도 이같이 아니하느냐 47 또 너희가 너희 형제에게만
문안하면 남보다 더하는 것이 무엇이냐 이방인들도 이같이 아니하느냐 48 그러므로 하늘에 계신 너희 아버지의
온전하심과 같이 너희도 온전하라

마태 6장

1 사람에게 보이려고 그들 앞에서 너희 의를 행하지 않도록 주의하라 그리하지 아니하면 하늘에 계신 너희 아버
지께 상을 받지 못하느니라

구제를 은밀하게 하라

2 그러므로 구제할 때에 외식하는 자가 사람에게서 영광을 받으려고 회
당과 거리에서 하는 것 같이 너희 앞에 나팔을 불지 말라 진실로 너희에
게 이르노니 그들은 자기 상을 이미 받았느니라 3 너는 구제할 때에 오른
손이 하는 것을 왼손이 모르게 하여 4 네 구제함을 은밀하게 하라 은밀한
중에 보시는 너의 아버지께서 갚으시리라

너희는 이렇게 기도하라

5 또 너희는 기도할 때에 외식하는 자와 같이 하지 말라 그들은 사람에게 보이려고 회당과 큰 거리 어귀에 서서
기도하기를 좋아하느니라 내가 진실로 너희에게 이르노니 그들은 자기 상을 이미 받았느니라 6 너는 기도할 때
에 네 골방에 들어가 문을 닫고 은밀한 중에 계신 네 아버지께 기도하라 은밀한 중에 보시는 네 아버지께서 갚
으시리라 7 또 기도할 때에 이방인과 같이 중언부언하지 말라 그들은 말을 많이 하여야 들으실 줄 생각하느니라
8 그러므로 그들을 본받지 말라 구하기 전에 너희에게 있어야 할 것을 하나님 너희 아버지께서 아시느니라 9 그
러므로 너희는 이렇게 기도하라 하늘에 계신 우리 아버지여 이름이 거룩히 여김을 받으시오며 10 나라가 임하시
오며 뜻이 하늘에서 이루어진 것 같이 땅에서도 이루어지이다 11 오늘 우
리에게 일용할 양식을 주시옵고 12 우리가 우리에게 죄 지은 자를 사하여
준 것 같이 우리 죄를 사하여 주시옵고 13 우리를 시험에 들게 하지 마시

마 6:8, 30
학습 자료 70-6
"구하기 전에 먼저 아시는 하나님" 참조

67일~72일

옵고 다만 악에서 구하시옵소서(나라와 권세와 영광이 아버지께 영원히 있사옵나
이다 아멘) 14 너희가 사람의 잘못을 용서하면 너희 하늘 아버지께서도 너
희 잘못을 용서하시려니와 15 너희가 사람의 잘못을 용서하지 아니하면
너희 아버지께서도 너희 잘못을 용서하지 아니하시리라

외식으로 금식하지 말라

16 금식할 때에 너희는 외식하는 자들과 같이 슬픈 기색을 보이지 말라 그
들은 금식하는 것을 사람에게 보이려고 얼굴을 흉하게 하느니라 내가 진
실로 너희에게 이르노니 그들은 자기 상을 이미 받았느니라 17 너는 금식
할 때에 머리에 기름을 바르고 얼굴을 씻으라 18 이는 금식하는 자로 사
람에게 보이지 않고 오직 은밀한 중에 계신 네 아버지께 보이게 하려 함
이라 은밀한 중에 보시는 네 아버지께서 갚으시리라

보물을 하늘에 쌓아 두라

19 너희를 위하여 보물을 땅에 쌓아 두지 말라 거기는 좀과 동록이 해하
며 도둑이 구멍을 뚫고 도둑질하느니라 20 오직 너희를 위하여 보물을 하
늘에 쌓아 두라 거기는 좀이나 동록이 해하지 못하며 도둑이 구멍을 뚫지
도 못하고 도둑질도 못하느니라 21 네 보물 있는 그 곳에는 네 마음도 있
느니라 22 눈은 몸의 등불이니 그러므로 네 눈이 성하면 온 몸이 밝을 것
이요 23 눈이 나쁘면 온 몸이 어두울 것이니 그러므로 네게 있는 빛이 어
두우면 그 어둠이 얼마나 더하겠느냐 24 한 사람이 두 주인을 섬기지 못할
것이니 혹 이를 미워하고 저를 사랑하거나 혹 이를 중히 여기고 저를 경히
여김이라 너희가 하나님과 재물을 겸하여 섬기지 못하느니라 25 그러므로
내가 너희에게 이르노니 목숨을 위하여 무엇을 먹을까 무엇을 마실까 몸
을 위하여 무엇을 입을까 염려하지 말라 목숨이 음식보다 중하지 아니하
며 몸이 의복보다 중하지 아니하냐 26 공중의 새를 보라 심지도 않고 거두
지도 않고 창고에 모아들이지도 아니하되 너희 하늘 아버지께서 기르시
나니 너희는 이것들보다 귀하지 아니하냐 27 너희 중에 누가 염려함으로
그 키를 한 자라도 더할 수 있겠느냐 28 또 너희가 어찌 의복을 위하여 염
려하느냐 들의 백합화가 어떻게 자라는가 생각하여 보라 수고도 아니하
고 길쌈도 아니하느니라 29 그러나 내가 너희에게 말하노니 솔로몬의 모
든 영광으로도 입은 것이 이 꽃 하나만 같지 못하였느니라 30 오늘 있다
가 내일 아궁이에 던져지는 들풀도 하나님이 이렇게 입히시거든 하물며
너희일까 보냐 믿음이 작은 자들아 31 그러므로 염려하여 이르기를 무엇을 먹을까 무엇을 마실까 무엇을 입을까
하지 말라 32 이는 다 이방인들이 구하는 것이라 너희 하늘 아버지께서 이 모든 것이 너희에게 있어야 할 줄을 아
시느니라 33 그런즉 너희는 먼저 그의 나라와 그의 의를 구하라 그리하면 이 모든 것을 너희에게 더하시리라 34
그러므로 내일 일을 위하여 염려하지 말라 내일 일은 내일이 염려할 것이요 한 날의 괴로움은 그 날로 족하니라

마 6:9-13 주님 가르쳐 주신 기도문

예수님 당시 각각의 랍비가 이끄는 그룹들은 각기 자기들이 기도문을 가지고 있었고, 세례 요한의 제자들도 그들의 기도문을 가지고 있었기 때문에 예수님의 제자들도 자기들의 기도문을 갖기를 원해서 예수님께 기도문을 주문한 것이다.

예수님이 제자들에게 가르쳐 주신 기도문은 바로 성경의 핵심을 이루고 있다. 성경 전체를 약탕기에 넣고 푹 고아서 짜면 산상수훈이 나오고, 그 산상수훈을 고아서 짜면 주기도문이 나오고 그것을 다시 짜면 "나라가 임하옵시며"(6:10)가 나온다고 생각해 본다. 하나님 나라의 도래(에덴의 회복)는 바로 하나님의 마음이고 성경의 중심 주제이다. 우리는 예수님의 가르침대로 "뜻이 하늘에서 이루어진 것 같이 이 땅"에 그 하나님 나라가 이루어지도록 기도해야 할 것이고 그렇게 기도한 대로 행동해야 할 것이다. 그래서 서로의 양식을 위해 기도하며 하나님 나라를 위해 섞이는 삶을 살지 않도록 죄와 악으로부터 구별되는 삶을 살아갈 수 있도록 하나님의 능력과 은총을 구하며 그분의 통치에 순종해야 할 것이다. 그것이 주기도문의 핵심이다.

⇒ 주기도의 핵심이 하나님 나라가 이 땅에 이루어지게 하는 것이다. 이것이 성경 메시지의 핵심이다. 그러기 위해 하늘의 뜻이 땅에서 이루어지도록 기도하라는 것이 아닌가?

그런데 하나님 나라는커녕 내 나라를 세우려고 그렇게도 강청하며 기도하는 자들이 너무 많다는 것이다. 그래서 교회가 하나님 나라가 안 되고 인간들의 나라가 되어 버렸다.

☞ 주기도문의 구조는 십계명의 구조처럼 2중 구조로 되어 있다. 십계명은 하나님과의 관계에 관한 계명과 이웃과의 관계를 위한 계명으로 구성되어 있듯이 주기도문도 바로 하나님과의 관계를 이루는 간구와 이웃과의 관계를 위한 간구로 구성되어 있다. 이 두 관계는 성경 영성의 기본이기 때문이다.

⇒ 세계관 점검 부분 도표 참조

마태 7장

비판하지 말라

1 비판을 받지 아니하려거든 비판하지 말라 2 너희가 비판하는 그 비판으로 너희가 비판을 받을 것이요 너희가 헤아
리는 그 헤아림으로 너희가 헤아림을 받을 것이니라 3 어찌하여 형제의 눈 속에 있는 티는 보고 네 눈 속에 있는 들

보는 깨닫지 못하느냐 4 보라 네 눈 속에 들보가 있는데 어찌하여 형제에
게 말하기를 나로 네 눈 속에 있는 티를 빼게 하라 하겠느냐 5 외식하는 자
여 먼저 네 눈 속에서 들보를 빼어라 그 후에야 밝히 보고 형제의 눈 속에서
티를 빼리라 6 거룩한 것을 개에게 주지 말며 너희 진주를 돼지 앞에 던지지
말라 그들이 그것을 발로 밟고 돌이켜 너희를 찢어 상하게 할까 염려하라

구하라 찾으라 문을 두드리라

7 구하라 그리하면 너희에게 주실 것이요 찾으라 그리하면 찾아낼 것이요
문을 두드리라 그리하면 너희에게 열릴 것이니 8 구하는 이마다 받을 것
이요 찾는 이는 찾아낼 것이요 두드리는 이에게는 열릴 것이니라 9 너희
중에 누가 아들이 떡을 달라 하는데 돌을 주며 10 생선을 달라 하는데 뱀
을 줄 사람이 있겠느냐 11 너희가 악한 자라도 좋은 것으로 자식에게 줄
줄 알거든 하물며 하늘에 계신 너희 아버지께서 구하는 자에게 좋은 것으
로 주시지 않겠느냐 12 그러므로 무엇이든지 남에게 대접을 받고자 하는
대로 너희도 남을 대접하라 이것이 율법이요 선지자니라

좁은 문

13 좁은 문으로 들어가라 멸망으로 인도하는 문은 크고 그 길이 넓어 그리
로 들어가는 자가 많고 14 생명으로 인도하는 문은 좁고 길이 협착하여 찾
는 자가 적음이라

열매로 그들을 알리라

15 거짓 선지자들을 삼가라 양의 옷을 입고 너희에게 나아오나 속에는 노
략질하는 이리라 16 그들의 열매로 그들을 알지니 가시나무에서 포도를,
또는 엉겅퀴에서 무화과를 따겠느냐 17 이와 같이 좋은 나무마다 아름다
운 열매를 맺고 못된 나무가 나쁜 열매를 맺나니 18 좋은 나무가 나쁜 열
매를 맺을 수 없고 못된 나무가 아름다운 열매를 맺을 수 없느니라 19 아
름다운 열매를 맺지 아니하는 나무마다 찍혀 불에 던져지느니라 20 이러
므로 그들의 열매로 그들을 알리라 21 나더러 주여 주여 하는 자마다 다
천국에 들어갈 것이 아니요 다만 하늘에 계신 내 아버지의 뜻대로 행하는
자라야 들어가리라 22 그 날에 많은 사람이 나더러 이르되 주여 주여 우리
가 주의 이름으로 선지자 노릇 하며 주의 이름으로 귀신을 쫓아 내며 주
의 이름으로 많은 권능을 행하지 아니하였나이까 하리니 23 그 때에 내가
그들에게 밝히 말하되 내가 너희를 도무지 알지 못하니 불법을 행하는 자
들아 내게서 떠나가라 하리라 24 그러므로 누구든지 나의 이 말을 듣고
행하는 자는 그 집을 반석 위에 지은 지혜로운 사람 같으리니 25 비가 내
리고 창수가 나고 바람이 불어 그 집에 부딪치되 무너지지 아니하나니 이
는 주추를 반석 위에 놓은 까닭이요 26 나의 이 말을 듣고 행하지 아니하
는 자는 그 집을 모래 위에 지은 어리석은 사람 같으리니 27 비가 내리고
창수가 나고 바람이 불어 그 집에 부딪치매 무너져 그 무너짐이 심하니라

무리들이 가르치심에 놀라다

28 예수께서 이 말씀을 마치시매 무리들이 그의 가르치심에 놀라니 29 이는 그 가르치시는 것이 권위 있는 자와
같고 그들의 서기관들과 같지 아니함일러라

❖ **황금률**

산상수훈의 새 가치관의 내용들이 많이 나온다. ① 돈에 관하여-마 6:19-20 ② 불안에 대하여-6:31-33 ③판단에 대하여-7:1 ④ 기도에 대하여-7:7-8

이런 것들은 하나님 나라에 합당한 새 가치관을 제시하는 것이다. 이제 우리는 그 나라에 가치관으로 변화되어야 할 것이다. 그렇게 변화된 가치관을 다음의 황금률로 행동화되어야 한다.

⑤ 황금률-7:12 "그러므로 무엇이든지 남에게 대접받고자 하는 대로 너희도 남을 대접하라 이것이 율법이요 선지자니라"

7:15-27에서 변화 받은 가치관대로 실천하며 살아갈 것을 강조한다.

산상수훈의 결론은 6:33 "그런즉 너희는 먼저 그의 나라와 그의 의를 구하라 그리하면 이 모든 것을 너희에게 더하시리라"이다. 이는 곧 하나님과 바른 관계를 회복하고 삶의 우선순위를 하나님 나라를 소유에 두라는 것이다.

마 7:15-27 열매 없는 신앙생활은 행함이 없이 입술로만 믿는 결과이다. 행함이 없는 믿음은 죽은 믿음이라고 했다.

☞ 약 2:20 아아 허탄한 사람아 행함이 없는 믿음이 헛것인 줄을 알고자 하느냐

☞ 약 2:22 네가 보거니와 믿음이 그의 행함과 함께 일하고 행함으로 믿음이 온전하게 되었느니라

☞ 약 2:26 영혼 없는 몸이 죽은 것 같이 행함이 없는 믿음은 죽은 것이니라

실천보다 명분을 중요시하는 유교적 발상을 완전히 탈피하라. 괴테의 말처럼 "탈피하지 못하는 뱀은 죽는다"라고 했다. 세상적 가치관을 탈피하지 못하고 성경적 가치관으로 변화하지 못하면 그것은 죽은 믿음을 붙들고 있는 꼴이다.

신앙이 입으로만 있으면 화가 올 뿐이다. 발상의 전환이 매우 시급한 시대에 우리가 있음을 알아야 한다.

감리교 창시자 요한 웨슬리 목사는 천국에는 입과 귀만 와 있다는 우스갯소리를 한 적이 있다. 그것은 설교자의 입과 듣는 교인의 귀라는 것이다. 설교하고 들은 대로 살아 내지 못했음을 지적하는 말이다.

☞ 구약 백성이 왜 망했나? 구약의 핵심 "지켜 행하라"라는 하나님의 절체절명의 명령을 무시하고 자가 뜻대로 자기 나라를 세우며 살았기 때문이다.

마태 8:1

1 예수께서 산에서 내려오시니 수많은 무리가 따르니라

누가 6:17-49

17 예수께서 그들과 함께 내려오사 평지에 서시니 그 제자의 많은 무리와 예수의 말씀도 듣고 병 고침을 받으려
고 유대 사방과 예루살렘과 두로와 시돈의 해안으로부터 온 많은 백성도 있더라 18 더러운 귀신에게 고난 받는
자들도 고침을 받은지라 19 온 무리가 예수를 만지려고 힘쓰니 이는 능력이 예수께로부터 나와서 모든 사람을
낫게 함이러라

복과 화를 선포하시다

20 예수께서 눈을 들어 제자들을 보시고 이르시되 너희 가난한 자는 복이 있나니 하나님의 나라가 너희 것임이
요 21 지금 주린 자는 복이 있나니 너희가 배부름을 얻을 것임이요 지금 우는 자는 복이 있나니 너희가 웃을 것임
이요 22 인자로 말미암아 사람들이 너희를 미워하며 멀리하고 욕하고 너희 이름을 악하다 하여 버릴 때에는 너희
에게 복이 있도다 23 그 날에 기뻐하고 뛰놀라 하늘에서 너희 상이 큼이라 그들의 조상들이 선지자들에게 이와
같이 하였느니라 24 그러나 화 있을진저 너희 부요한 자여 너희는 너희의 위로를 이미 받았도다 25 화 있을진저
너희 지금 배부른 자여 너희는 주리리로다 화 있을진저 너희 지금 웃는 자여 너희가 애통하며 울리로다 26 모든
사람이 너희를 칭찬하면 화가 있도다 그들의 조상들이 거짓 선지자들에게 이와 같이 하였느니라

원수를 사랑하라

27 그러나 너희 듣는 자에게 내가 이르노니 너희 원수를 사랑하며 너희를 미워하는 자를 선대하며 28 너희를 저주
하는 자를 위하여 축복하며 너희를 모욕하는 자를 위하여 기도하라 29 너의 이 뺨을 치는 자에게 저 뺨도 돌려대
며 네 겉옷을 빼앗는 자에게 속옷도 거절하지 말라 30 네게 구하는 자에게 주며 네 것을 가져가는 자에게 다시 달
라 하지 말며 31 남에게 대접을 받고자 하는 대로 너희도 남을 대접하라 32 너희가 만일 너희를 사랑하는 자만을
사랑하면 칭찬 받을 것이 무엇이냐 죄인들도 사랑하는 자는 사랑하느니라 33 너희가 만일 선대하는 자만을 선대
하면 칭찬 받을 것이 무엇이냐 죄인들도 이렇게 하느니라 34 너희가 받기를 바라고 사람들에게 꾸어 주면 칭찬 받
을 것이 무엇이냐 죄인들도 그만큼 받고자 하여 죄인에게 꾸어 주느니라 35 오직 너희는 원수를 사랑하고 선대하
며 아무 것도 바라지 말고 꾸어 주라 그리하면 너희 상이 클 것이요 또 지극히 높으신 이의 아들이 되리니 그는 은
혜를 모르는 자와 악한 자에게도 인자하시니라 36 너희 아버지의 자비로우심 같이 너희도 자비로운 자가 되라 37
비판하지 말라 그리하면 너희가 비판을 받지 않을 것이요 정죄하지 말라 그리하면 너희가 정죄를 받지 않을 것이
요 용서하라 그리하면 너희가 용서를 받을 것이요 38 주라 그리하면 너희에게 줄 것이니 곧 후히 되어 누르고 흔들
어 넘치도록 하여 너희에게 안겨 주리라 너희가 헤아리는 그 헤아림으로 너희도 헤아림을 도로 받을 것이니라

내 눈 속에 있는 들보

67일~72일

39 또 비유로 말씀하시되 맹인이 맹인을 인도할 수 있느냐 둘이 다 구덩이에 빠지지 아니하겠느냐 40 제자가 그
선생보다 높지 못하나 무릇 온전하게 된 자는 그 선생과 같으리라 41 어찌하여 형제의 눈 속에 있는 티는 보고
네 눈 속에 있는 들보는 깨닫지 못하느냐 42 너는 네 눈 속에 있는 들보를 보지 못하면서 어찌하여 형제에게 말
하기를 형제여 나로 네 눈 속에 있는 티를 빼게 하라 할 수 있느냐 외식하는 자여 먼저 네 눈 속에서 들보를 빼라
그 후에야 네가 밝히 보고 형제의 눈 속에 있는 티를 빼리라 43 못된 열매 맺는 좋은 나무가 없고 또 좋은 열매 맺
는 못된 나무가 없느니라 44 나무는 각각 그 열매로 아나니 가시나무에서 무화과를, 또는 찔레에서 포도를 따지
못하느니라 45 선한 사람은 마음에 쌓은 선에서 선을 내고 악한 자는 그 쌓은 악에서 악을 내나니 이는 마음에
가득한 것을 입으로 말함이니라

듣고 행하는 자와 행하지 아니하는 자

46 너희는 나를 불러 주여 주여 하면서도 어찌하여 내가 말하는 것을 행하지 아니하느냐 47 내게 나아와 내 말을 듣

고 행하는 자마다 누구와 같은 것을 너희에게 보이리라 48 집을 짓되 깊이 파고 주추를 반석 위에 놓은 사람과 같으
니 큰 물이 나서 탁류가 그 집에 부딪치되 잘 지었기 때문에 능히 요동하지 못하게 하였거니와 49 듣고 행하지 아니
하는 자는 주추 없이 흙 위에 집 지은 사람과 같으니 탁류가 부딪치매 집이 곧 무너져 파괴됨이 심하니라 하시니라

마태 8:5-13, 누가 7:1-17

- 백부장의 하인을 고치고, 나인성 과부의 아들을 살리다. -

마태 8:5-13

백부장의 하인을 고치시다

5 예수께서 가버나움에 들어가시니 한 백부장이 나아와 간구하여 6 이르되 주여 내 하인이 중풍병으로 집에 누워
몹시 괴로워하나이다 7 이르시되 내가 가서 고쳐 주리라 8 백부장이 대답하여 이르되 주여 내 집에 들어오심을

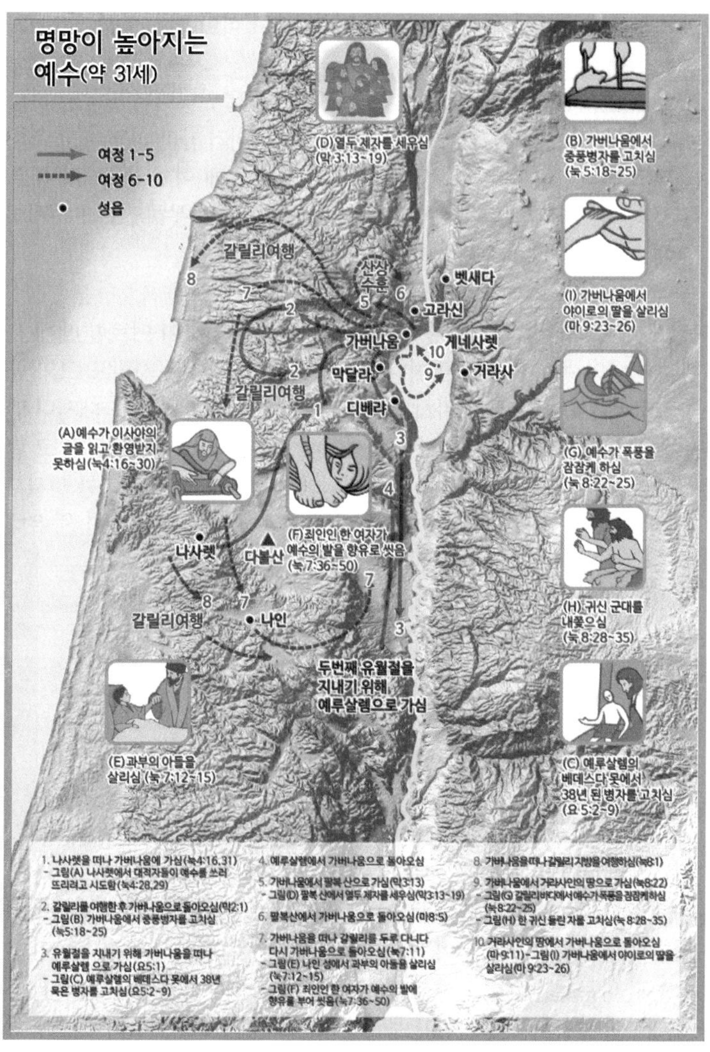

	백부장의 종 치유	신하의 아들 치유
장소	갈릴리 가버나움 (눅 7:1)	갈릴리 가나 (46절)
신분	로마 군대 장교 (눅 7:8)	헤롯 왕의 신하 (46절)
병자의 상태	중풍병으로 죽기 직전(마 8:6)	열병으로 죽기 직전(47절)
치유 간청 이유	종을 사랑하는 마음 때문(눅 7:2)	아들에 대한 사랑 때문(49절)
병 나은 때	예수께서 말씀하신 바로 그때 (마 8:13)	예수께서 말씀하신 바로 그때 (52, 53절))
치유의 원인	예수의 말씀을 믿는 믿음(눅 7:7)	예수의 말씀을 믿는 믿음(50절)
치유 결과	예수의 말씀의 능력 확증 (눅 7:10)	온 집이 다 믿음 (53절)

67일~72일

나는 감당하지 못하겠사오니 다만 말씀으로만 하옵소서 그러면 내 하인이 낫겠사옵나이다 9 나도 남의 수하에
있는 사람이요 내 아래에도 군사가 있으니 이더러 가라 하면 가고 저더러 오라 하면 오고 내 종더러 이것을 하라
하면 하나이다 10 예수께서 들으시고 놀랍게 여겨 따르는 자들에게 이르시되 내가 진실로 너희에게 이르노니 이
스라엘 중 아무에게서도 이만한 믿음을 보지 못하였노라 11 또 너희에게 이르노니 동 서로부터 많은 사람이 이
르러 아브라함과 이삭과 야곱과 함께 천국에 앉으려니와 12 그 나라의 본 자손들은 바깥 어두운 데 쫓겨나 거기
서 울며 이를 갈게 되리라 13 예수께서 백부장에게 이르시되 가라 네 믿은 대로 될지어다 하시니 그 즉시 하인이
나으니라

누가 7:1-17

백부장의 종을 고치시다

1 예수께서 모든 말씀을 백성에게 들려 주시기를 마치신 후에 가버나움으로 들어가시니라 2 어떤 백부장의 사랑
하는 종이 병들어 죽게 되었더니 3 예수의 소문을 듣고 유대인의 장로 몇 사람을 예수께 보내어 오셔서 그 종을
구해 주시기를 청한지라 4 이에 그들이 예수께 나아와 간절히 구하여 이르되 이 일을 하시는 것이 이 사람에게
는 합당하니이다 5 그가 우리 민족을 사랑하고 또한 우리를 위하여 회당을 지었나이다 하니 6 예수께서 함께 가
실새 이에 그 집이 멀지 아니하여 백부장이 벗들을 보내어 이르되 주여 수고하시지 마옵소서 내 집에 들어오심
을 나는 감당하지 못하겠나이다 7 그러므로 내가 주께 나아가기도 감당하지 못할 줄을 알았나이다 말씀만 하사
내 하인을 낫게 하소서 8 나도 남의 수하에 든 사람이요 내 아래에도 병사가 있으니 이더러 가라 하면 가고 저더
러 오라 하면 오고 내 종더러 이것을 하라 하면 하나이다 9 예수께서 들으시고 그를 놀랍게 여겨 돌이키사 따르
는 무리에게 이르시되 내가 너희에게 이르노니 이스라엘 중에서도 이만한 믿음은 만나보지 못하였노라 하시더
라 10 보내었던 사람들이 집으로 돌아가 보매 종이 이미 나아 있었더라

과부의 아들을 살리시다

11 그 후에 예수께서 나인이란 성으로 가실새 제자와 많은 무리가 동행하더니 12 성문에 가까이 이르실 때에 사
람들이 한 죽은 자를 메고 나오니 이는 한 어머니의 독자요 그의 어머니는 과부라 그 성의 많은 사람도 그와 함
께 나오거늘 13 주께서 과부를 보시고 불쌍히 여기사 울지 말라 하시고 14 가까이 가서 그 관에 손을 대시니 멘
자들이 서는지라 예수께서 이르시되 청년아 내가 네게 말하노니 일어나라 하시매 15 죽었던 자가 일어나 앉고 말
도 하거늘 예수께서 그를 어머니에게 주시니 16 모든 사람이 두려워하며 하나님께 영광을 돌려 이르되 큰 선지자
가 우리 가운데 일어나셨다 하고 또 하나님께서 자기 백성을 돌보셨다 하더라 17 예수께 대한 이 소문이 온 유대
와 사방에 두루 퍼지니라

67일~
72일

마태 11:2-30, 누가 7:18-35

– 세례 요한의 질문 –

마태 11:2-30

세례 요한

2 요한이 옥에서 그리스도께서 하신 일을 듣고 제자들을 보내어 3 예수께 여짜오되 오실 그이가 당신이오니이까
우리가 다른 이를 기다리오리이까 4 예수께서 대답하여 이르시되 너희가 가서 듣고 보는 것을 요한에게 알리되
5 맹인이 보며 못 걷는 사람이 걸으며 나병환자가 깨끗함을 받으며 못 듣는 자가 들으며 죽은 자가 살아나며 가
난한 자에게 복음이 전파된다 하라 6 누구든지 나로 말미암아 실족하지 아니하는 자는 복이 있도다 하시니라 7
그들이 떠나매 예수께서 무리에게 요한에 대하여 말씀하시되 너희가 무엇을 보려고 광야에 나갔더냐 바람에 흔

들리는 갈대냐 [8] 그러면 너희가 무엇을 보려고 나갔더냐 부드러운 옷 입
은 사람이냐 부드러운 옷을 입은 사람들은 왕궁에 있느니라 [9] 그러면 너
희가 어찌하여 나갔더냐 선지자를 보기 위함이었더냐 옳다 내가 너희에
게 이르노니 선지자보다 더 나은 자니라 [10] 기록된 바 보라 내가 내 사자
를 네 앞에 보내노니 그가 네 길을 네 앞에 준비하리라 하신 것이 이 사람
에 대한 말씀이니라 [11] 내가 진실로 너희에게 말하노니 여자가 낳은 자 중
에 세례 요한보다 큰 이가 일어남이 없도다 그러나 천국에서는 극히 작은
자라도 그보다 크니라 [12] 세례 요한의 때부터 지금까지 천국은 침노를 당
하나니 침노하는 자는 빼앗느니라 [13] 모든 선지자와 율법이 예언한 것은
요한까지니 [14] 만일 너희가 즐겨 받을진대 오리라 한 엘리야가 곧 이 사람
이니라 [15] 귀 있는 자는 들을지어다 [16] 이 세대를 무엇으로 비유할까 비유
하건대 아이들이 장터에 앉아 제 동무를 불러 [17] 이르되 우리가 너희를 향
하여 피리를 불어도 너희가 춤추지 않고 우리가 슬피 울어도 너희가 가슴
을 치지 아니하였다 함과 같도다 [18] 요한이 와서 먹지도 않고 마시지도 아
니하매 그들이 말하기를 귀신이 들렸다 하더니 [19] 인자는 와서 먹고 마시
매 말하기를 보라 먹기를 탐하고 포도주를 즐기는 사람이요 세리와 죄인
의 친구로다 하니 지혜는 그 행한 일로 인하여 옳다 함을 얻느니라

회개하지 아니하는 도시들

[20] 예수께서 권능을 가장 많이 행하신 고을들이 회개하지 아니하므로 그
때에 책망하시되 [21] 화 있을진저 고라신아 화 있을진저 벳새다야 너희에
게 행한 모든 권능을 두로와 시돈에서 행하였더라면 그들이 벌써 베옷을
입고 재에 앉아 회개하였으리라 [22] 내가 너희에게 이르노니 심판 날에 두
로와 시돈이 너희보다 견디기 쉬우리라 [23] 가버나움아 네가 하늘에까지
높아지겠느냐 음부에까지 낮아지리라 네게 행한 모든 권능을 소돔에서
행하였더라면 그 성이 오늘까지 있었으리라 [24] 내가 너희에게 이르노니 심판 날에 소돔 땅이 너보다 견디기 쉬우
리라 하시니라

짐 진 자들아 내게로 오라

[25] 그 때에 예수께서 대답하여 이르시되 천지의 주재이신 아버지여 이것을 지혜롭고 슬기 있는 자들에게는 숨기
시고 어린 아이들에게는 나타내심을 감사하나이다 [26] 옳소이다 이렇게 된 것이 아버지의 뜻이니이다 [27] 내 아버
지께서 모든 것을 내게 주셨으니 아버지 외에는 아들을 아는 자가 없고 아들과 또 아들의 소원대로 계시를 받는
자 외에는 아버지를 아는 자가 없느니라 [28] 수고하고 무거운 짐 진 자들아 다 내게로 오라 내가 너희를 쉬게 하
리라 [29] 나는 마음이 온유하고 겸손하니 나의 멍에를 메고 내게 배우라 그리하면 너희 마음이 쉼을 얻으리니 [30]
이는 내 멍에는 쉽고 내 짐은 가벼움이라 하시니라

❖ 마 11:2-30, 눅 7:18-35 **세례 요한의 질문**
세례 요한의 질문에 대한 예수님의 답변은 '듣고 보는 것'(4절) 즉 말보다 무엇이 일어났는가를 직접 본 것을 전하라는 것이다. 그들이 직접 본 예수님의 행한 것은 구약에서 예언한 메시아임을 증명하는 것들이다.
① 눈먼 자가 눈을 뜸 – 사 29:18, 35:5
② 절름발이가 걸음 – 사 53:4
③ 귀머거리가 들음 - 사 29:18, 35:5
④ 죽은 자가 살아남 – 사 26:18-19
⑤ 가난한 자에게 복음을 전함 - 사 61:1
예수님이 행한 것들은 곧 메시아만이 행할 수 있는 것임으로 이 말은 스스로 메시아임을 말해 준다. 엘리야가 메시아 앞서 온다는 사실(말 3:1, 4-5)은 세례 요한임을 말하는 것이라고 언급함으로 이 예언이 이루어지고 메시아가 왔다는 사실을 말해 주는 것들이다. 예수님에 의해 일어났던 일들은(마 11:5-6절)은 하나님 나라의 회복을 의미하는 것으로 치유의 역사이다. 그것은 곧 관계의 회복을 의미하는 것이다. 이것이 바로 하나님 나라의 도래이며 하나님이 통치하시는 하나님 나라를 말한다.
그런 하나님 나라의 복된 도래를 깨닫지 못하는 군중들을 예수님은 한탄하신다(마 11:17, 눅 7:32).
① 본질에서 벗어나는 신앙을 질책 - 경건의 모양을 추구하는 자의 모습(딤후 4:3-4).
② 본질에서 벗어남으로 자기중심의 신앙적 자세가 됨을 질책(딤후 3:5).
☞ 기대와 체험이 다를 때 나의 신앙적 자세는 어떠한가? 하나님 앞에 나아오는 나의 동기는 무엇일까? 나는 내 개인적 관심사에만 집착한 신앙생활을 하고 있는가?

누가 7:18-35

세례 요한의 제자들에 답하다

[18] 요한의 제자들이 이 모든 일을 그에게 알리니 [19] 요한이 그 제자 중 둘을 불러 주께 보내어 이르되 오실 그이가
당신이오니이까 우리가 다른 이를 기다리오리이까 하라 하매 [20] 그들이 예수께 나아가 이르되 세례 요한이 우리
를 보내어 당신께 여쭈어 보라고 하기를 오실 그이가 당신이오니이까 우리가 다른 이를 기다리오리이까 하더이
다 하니 [21] 마침 그 때에 예수께서 질병과 고통과 및 악귀 들린 자를 많이 고치시며 또 많은 맹인을 보게 하신지라

22 예수께서 대답하여 이르시되 너희가 가서 보고 들은 것을 요한에게 알리되 맹인이 보며 못 걷는 사람이 걸으
며 나병환자가 깨끗함을 받으며 귀먹은 사람이 들으며 죽은 자가 살아나며 가난한 자에게 복음이 전파된다 하라
23 누구든지 나로 말미암아 실족하지 아니하는 자는 복이 있도다 하시니라 24 요한이 보낸 자가 떠난 후에 예수께
서 무리에게 요한에 대하여 말씀하시되 너희가 무엇을 보려고 광야에 나갔더냐 바람에 흔들리는 갈대냐 25 그러
면 너희가 무엇을 보려고 나갔더냐 부드러운 옷 입은 사람이냐 보라 화려한 옷을 입고 사치하게 지내는 자는 왕
궁에 있느니라 26 그러면 너희가 무엇을 보려고 나갔더냐 선지자냐 옳다 내가 너희에게 이르노니 선지자보다도
훌륭한 자니라 27 기록된 바 보라 내가 내 사자를 네 앞에 보내노니 그가 네 앞에서 네 길을 준비하리라 한 것이
이 사람에 대한 말씀이라 28 내가 너희에게 말하노니 여자가 낳은 자 중에 요한보다 큰 자가 없도다 그러나 하나
님의 나라에서는 극히 작은 자라도 그보다 크니라 하시니 29 모든 백성과 세리들은 이미 요한의 세례를 받은지라
이 말씀을 듣고 하나님을 의롭다 하되 30 바리새인과 율법 교사들은 그의 세례를 받지 아니함으로 그들 자신을
위한 하나님의 뜻을 저버리니라 31 또 이르시되 이 세대의 사람을 무엇으로 비유할까 무엇과 같은가 32 비유하건
대 아이들이 장터에 앉아 서로 불러 이르되 우리가 너희를 향하여 피리를 불어도 너희가 춤추지 않고 우리가 곡
하여도 너희가 울지 아니하였다 함과 같도다 33 세례 요한이 와서 떡도 먹지 아니하며 포도주도 마시지 아니하매
너희 말이 귀신이 들렸다 하더니 34 인자는 와서 먹고 마시매 너희 말이 보라 먹기를 탐하고 포도주를 즐기는 사
람이요 세리와 죄인의 친구로다 하니 35 지혜는 자기의 모든 자녀로 인하여 옳다 함을 얻느니라

70일차 읽기의 요약

(마 8:14~17, 막 1:21~34, 눅 4:31~41, 눅 4:23~25, 막 1:35~39, 눅 4:42~44, 막 8:2~4, 막 1:40~45, 눅 5:12~16, 마 9:2~17, 막 2:1~22, 눅 5:17~39, 요 5, 마 12:1~21, 막 2:23~3:12, 눅 6:1~11, 마 10:2~4, 마 3:13~19, 눅 6:12~16, 마 5:1~8:1, 눅 6:17~49, 마 8:5~13, 눅 7:1~17, 마 11:2~30, 눅 7:18~35)

예수님께서는 공생애 첫 해에 예루살렘에서 8개월 동안 많은 표적을 행하신 이후 갈릴리 지역으로 오셔서 복음을 전하시고 병든 자를 고치시는 사역을 통해 자신이 하늘로부터 온 하나님의 아들 그리스도이심을 친히 증거하셨다.

그리고 공생애 두 번째 해 유월절을 맞아 다시 예루살렘에 오셔서 베데스다 연못에서 안식일에 38년된 병자를 고치신다. 이 일로 유대의 종교 지도자들로부터 예수님에 대한 적대감이 높아졌다. 예수님께서는 때때로 사람들을 개인적으로 찾아오셔서 비본질적인 것들을 위해 씨름하는 사람들에게 그 사람의 본질적인 문제가 무엇인지를 깨닫게 하시고 해결해 주시는 구원자가 되어주셨다. 예수님은 인간의 가장 본질적인 문제는 자기중심성, 즉 죄의 문제인 것을 먼저 깨닫게 하셨다. 자신이 죄에서 진정한 변화를 스스로 일으킬 수 없는 죄인이라는 사실을 깨닫고 예수님 앞에 자기 모습을 회개하도록 하셨다.

그 후 예수님은 갈릴리에서 그를 따르는 많은 무리의 요구를 들어주셨으나 특별히 그분이 직접 부르신 열두 제자를 확정하시고 그들에게 산상 수훈을 베푸셨다. 산상수훈을 통해 예수님은 구약의 시내 산의 십계명과 연결하여 새로운 하나님 나라의 백성으로서의 가치관의 회복을 강조하셨다.

예수를 하나님께서 보내신 하나님의 아들, 그리스도로 인정하고 그분의 통치에 순종할 때 진정한 본질적인 변화와 기적이 일어날 수 있음을 말씀하셨다. 예수 그리스도를 통해 구원받은 하나님 나라 백성으로서의 회복된 가치관의 본질은 예수님께서 말씀하신 8복에 잘 나타나 있다.

그러면 어떻게 살 것인가?

인위뚝·신위고!

☑ 세계관 점검 - 묵상하기 (영상 강의와 교재 내용의 이해를 바탕으로)

우리가 날마다 "예수 더 닮기 원하네"라는 찬송을 부르며 예수님 닮기를 원한다면 바로 이 예수님의 민망히 여기는 마음을 닮아야 한다. 그것은 불교가 말하는 대자대비(大慈大悲)의 마음이기도 한데 **기독교의 공동체도 이에 못지않게 같이 울고 같이 울어 주는 공동체를 이루어야 한다.**

· 롬 12:15 즐거워하는 자들로 함께 즐거워하고 우는 자들로 함께 울라

또 한 가지 예수님의 모범을 배워야 할 것이 있다. 그것은 예수님의 기도의 모범이다. 마가와 누가는 예수님이 하루의 바쁜 일정을 시작하기 전에 일찍 기도로 시작하고 있음을 보여 준다. 이것은 새벽기도의 모범이다. 예수님은 하나님의 신성을 가지신 분이신데 기도를 열심히 드리는 것은 바로 아버지의 뜻에 순종해야 하기 때문이다. 그렇다. **기도는 내 뜻을 하나님 아버지께 알리고 그것을 이루기 위해 하나님의 능력을 끌어 들이기 위해 드리는 것이 아니고, 하나님의 뜻을 알아 그 분의 뜻에 순종할 수 있도록 해 달라는 것이어야 한다는 것이다.**

눅 5:17-26, 막 2:1-12(참고 마 9:2-7)에서 이 병자 친구 네 명에게서 우리는 예수 공동체의 참모습을 발견하여야 한다. 그것은 교회의 참모습이어야 한다는 말이다. **사랑은 손과 발에 있지, 입에 있는 것이 아니다.** 하나님의 사랑도 결국은 이웃 사랑으로부터 시작한다는 사실을 명심하라. 이웃 사랑은 하나님 나라의 본질을 이루는 것이다. 마태복음 25장 '양과 염소의 비유'는 이 사실을 분명히 말해 주고 있다. **성경이 말하는 사랑은 동사이지, 결코 명사가 아니다. 그 사랑은 동사 중에서도 현재 진행형이어야 한다.**
오늘날 우리의 교회가 세상을 행한 이런 모습을 찾아볼 수 있는가? 심각하게 생각해 보자.

베데스다 연못가의 군상에서 보는 오늘날의 사회상 (▶ 동영상 강의를 참고)
고고학 발굴에 의해 이 기적의 배경인 베데스다 연못은 실재했다는 것을 입증한다.
여기서도 예루살렘에 오신 예수님이 먼저 찾아 간 곳이다. 병자가 예수님을 찾아간 것이 아니고, 사마리아 여인을 만나기 위해 모든 인간적 장애를 극복하고 먼저 찾아간 예수임을 상기하라.(오늘 예수님이 이 세상에 다시 오시면 어느 곳을 먼저 찾아갈까? 왜 그곳에 예수님이 찾아갈까?)
예수님이 찾아 간 베데스다 연못가의 모습을 상상해 보자. 많은 병든 자, 불구자들이 물이 동할 때 먼저 들어가는 자는 병이 낫는다는 미신을 붙들고 서로 경계하면서 경쟁하는 **선착순의 원리만 지배하는 세상이지 않은가?**
이들의 모습에서 너 죽고 나 살자식의 모습을 보게 된다. 예수님을 모시지 않는 사람들의 전형적인 모습이다.
지옥과 천당이 무엇이 다를까?
이 세상의 인간관계는 다음과 같이 나누어 볼 수 있다.
① 너 죽고 나 죽자 - 이것은 막가는 세상
② 너 죽고 나 살자 - 이것은 경쟁과 선착순의 원리만 작용하는 세상
③ 너 살고 나 죽자 - 희생과 사랑이 있는 세상일 것이다.
④ 너 살고 나 살자 - 상생(相生)의 세상, win-win의 세상이다.
①과 ②는 바로 지옥 같은 세상일 것이고 예수님이 없는 곳이며, 베데스다의 우물가 같은 곳이다. 이곳은 '가

짐'(소유)과 '무엇이 됨'의 가치가 우선하는 곳이다. 이런 곳은 예수님이 필요한 곳이다. 예수님이 필요한 그 곳에 예수님이 가셨다. 우리도 그런 곳에 작은 예수로서 다가가야 한다. ③과 ④는 '나눔'과 '섬김'의 가치가 우선 하는 곳이다. 이곳이 바로 하나님의 나라가 이루어지고 있는 곳이다. 예수님이 가시면 그 세상은 변화 받고 이런 세상으로 바뀌게 된다. 그 곳이 하나님 나라가 세워지는 곳이다.

바리새인들의 판단 기준은 성경의 "하나님 마음"이 아니라 그들의 장로들이 인위적으로 해석한 전승에 따른 다.(학습 자료 "유대 종교 지도자와 논쟁"(70-4)과 71일차 자료 "장로들의 전승"(71-7)을 참고할 것) 오늘날에도 이와 같이 성경을 성경의 척도에서 이해하지 않고 자신의 인위적이고 작위적인 판단으로 이해하는 경우가 너무 많다는 것이다. **특히 오늘의 신학교는 성경을 근거로 하는 신학인지, 성경으로 포장한 인문학을 근거로 하는 신학인지 구분이 모호한 것들을 가르치고 있으며, 이렇게 수많은 교파들이 난무하는 바탕을 제공하고도 회개가 없다.** 오히려 그것을 매우 학식이 깊은 것처럼 의기양양하며 자랑스러워한다. 예수님이 이것을 보면 이 바리새인을 나무라듯이, 아니 그것보다 훨씬 큰 질타를 던질 것이다. 당산은 어떻게 생각하는가?

산상수훈에서 말하는 무리와 제자의 개념 (▶ 동영상 강의를 참고)

☑ 세상의 세 부류의 사람

❶ 불신자(不信者)

❷ 신자(信者)

· 고전 2:14-15 육에 속한 사람은 하나님의 성령의 일들을 받지 아니하나니 이는 그것들이 그에게는 어리석게 보임이요, 또 그는 그것들을 알 수도 없나니 그러한 일은 영적으로 분별되기 때문이라 신령한 자는 모든 것을 판단하나 자기는 아무에게도 판단을 받지 아니하느니라

❸ 신자(神子)

· 고전 3:1-3 형제들아 내가 신령한 자들을 대함과 같이 너희에게 말할 수 없어서 육신에 속한 자 곧 그리스도 안에서 어린 아이들을 대함과 같이 하노라 내가 너희를 젖으로 먹이고 밥으로 아니하였노니 이는 너희가 감당하지 못하였음이거니와 지금도 못하리라 너희는 아직도 육신에 속한 자로다 너희 가운데 시기와 분쟁이 있으니 어찌 육신에 속하여 사람을 따라 행함이 아니리요

· 고전 3:16 너희는 너희가 하나님의 성전인 것과 하나님의 성령이 너희 안에 계시는 것을 알지 못하느냐

☑ 무리와 제자

· 마 5:1 예수께서 무리를 보시고 산에 올라가 앉으시니 제자들이 나아온지라

산상 수훈은 무리가 제자가 되는 길을 가르쳐 주는 예수님의 교훈이다. 제자가 곧 하나님 나라의 백성이 되고 그들로 인해서 하나님의 뜻이 세워지는 하나님 나라가 온전히 회복되어 세워지기 때문이다.

앞의 그림은 에스더서를 공부할 때 공부한 C.C.C. 창설자 Bill Bright 박사의 교재에서 인용한 그림이다. 모든 사람을 두 종류로 분류할 수 있다. 신자와 불신자. 그런데 이 신자가 문제이다. 모든 신자가 다 예수님의 제자가 되지 못하는 현실이기 때문이다. 신자를 다시 신자(信者)와 신자(神子)로 나누어 볼 수 있다. 신자(信者)는 그야말로 예수를 믿는 자이다. 그림 2에 해당한다. 그림 2의 모습은 예수를 구주로 영접하고 "믿는 자"(信者)가 되었지만, 그의 삶은 여전히 자기가 주도권은 쥐고 자기중심적으로 살아간다. 한편 그림 3은 예수를 구주로 영접한 신자가 되었을 뿐만 아니라, 그의 삶의 모든 주도권과 자기중심성을 성령 하나님께 내려놓고 그분의 뜻을 따라 살아가는 자가 되었다. 이런 자를 신자(神子), 즉 하나님(神) 아들(子)이 된 신자이다. 이 神子를 우리는 제자라고 부른다. 단순히 믿는 자로 信者가 된 자는 무리로 분류되는 자들이다.

오늘날 교회에 이런 무리로 분류되는 신자가 너무나 많다는 것이다. 그래서 교회가 그 원래의 권능을 발휘하지 못하고 경건의 능력은 상실하고, 경건의 모양만 추구하는 모습으로 전락해 버리고 있다.

· 로마서 1:21-23 "하나님을 알되 하나님을 영화롭게도 아니하며 감사하지도 아니하고 오히려 그 생각이 허망하여지며 미련한 마음이 어두워졌나니 스스로 지혜 있다 하나 어리석게 되어 썩어지지 아니하는 하나님의 영광을 썩어질 사람과 새와 짐승과 기어 다니는 동물 모양의 우상으로 바꾸었느니라"

그럼 누가 제자가 될 수 없는가?

① 예수를 따른 것이 물질적 복을 누리고 영광을 얻는 길이라고 생각하는 자.
② 세상일을 우선으로 처리하고 남은 시간에 예수님을 따르려는 자.
③ 세상일에 미련을 갖는 자.
⇒ 당신은 제자인가? 무리인가? 信者인가? 神子인가? Christian인가? Churchian인가? 당신 스스로는 어디에 속한다고 확신하는가?

주님의 기도를 드릴 때

"하늘에 계신"하지 마라. .... 세상일에만 빠져 있으면서

"우리"라고 하지 마라. .... 너 혼자만 생각하며 살아가면서

"아버지" 하지 마라. .... 아들 딸로서 살지 않으면서

"아버지의 이름이 거룩히 여기시오며" 하지 마라. .... 자기 이름을 빛내기 위해서 안간힘을 쓰면서

"아버지의 나라가 오시며" 하지 마라. .... 물질만능의 나라를 원하면서

"아버지의 뜻이 하늘에서와 같이 땅에서도 이루어지소서." 하지 마라. .... 내 뜻대로 되기를 기도하면서

"오늘 저희에게 일용할 양식을 주시고" 하지 마라. .... 가난한 이들을 본체만체 하면서

"우리에게 잘못한 이를 우리가 용서하오니 우리 죄를 용서하시고" 하지 마라.
누구에겐가 아직도 앙심을 품고 있으면서

"저희를 유혹에 빠지지 않게 하시고" 하지 마라. .... 죄 지을 기회를 찾아다니면서

"악에서 구하소서" 하지 마라. .... 악을 보고도 아무런 양심의 소리를 듣지 않으면서

"아멘" 하지 마라. .... 주님의 기도를 진정 나의 기도로 바치지 않으면서

- 우루과이의 작은 성당의 벽에 쓰여 있는 기도문을 옮긴 것 _ 2004년 11월 17일자 인터넷 동아일보에서 전재

67일~72일

위의 주기도문의 멘트를 어떻게 생각하는가? 나의 기도가 그렇지 않은가?

☑ 주기도문의 구조

주기도문의 구조는 십계명의 구조처럼 2중 구조로 되어 있다. 십계명은 하나님과의 관계에 관한 계명(1~4계명)과 이웃과의 관계를 위한 계명(5~10계명) 으로 구성되어 있듯이 주기도문도 바로 하나님과의 관계를 이루는 간구와 이웃과의 관계를 위한 간구로 구성되어 있다. 이 두 관계는 성경 영성의 기본이기 때문이다. 왜냐 하면 선악과 사건으로 하나님과의 관계가 망가졌고 그 결과로 이웃과의 관계도 망가지게 되었다. 하나님의 구속 역사의 기본적인 핵심은 이 두 관계의 회복에 있는 것이다.

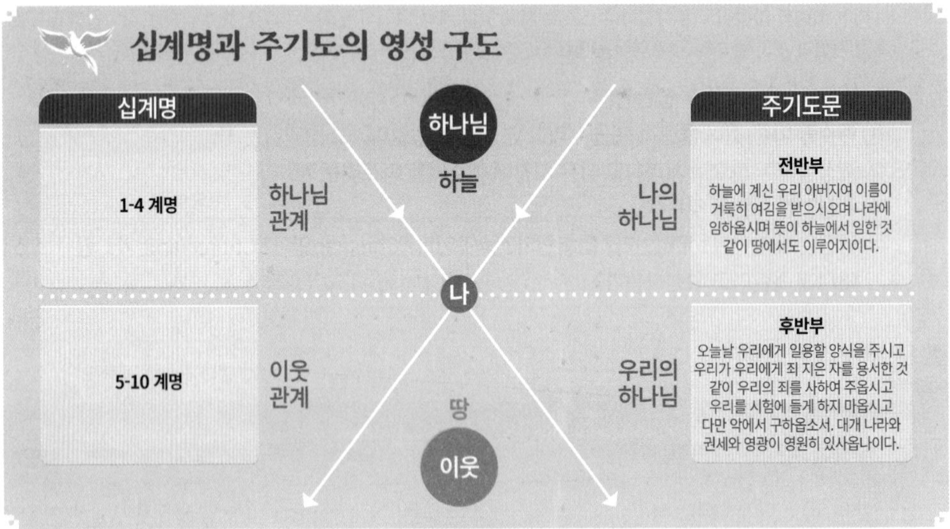

* 위의 도표는 이재철 목사님의 주기도문 설교에서 정리하여 그린 것임을 밝힘

☑ 결단기도와 실행하기

약 2:26 영혼 없는 몸이 죽은 것 같이 행함이 없는 믿음은 죽은 것이니라
시 119:28 나의 영혼이 눌림으로 말미암아 녹사오니 주의 말씀대로 나를 세우소서

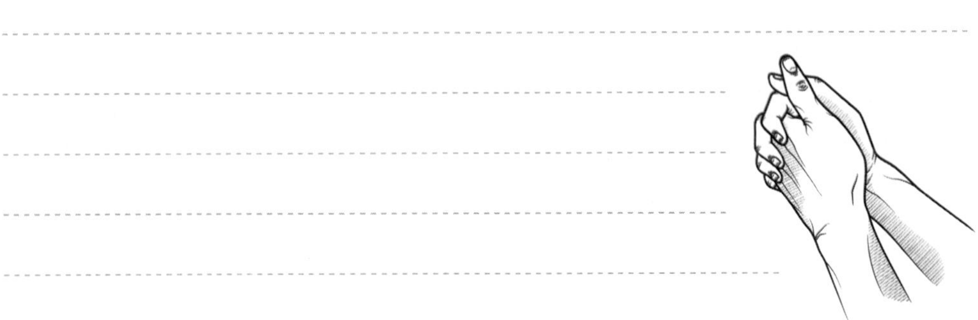

67일~
72일

누가 7:36-50

누가 7:36-50

한 여자가 예수께 향유를 붓다

36 한 바리새인이 예수께 자기와 함께 잡수시기를 청하니 이에 바리새인
의 집에 들어가 앉으셨을 때에 37 그 동네에 죄를 지은 한 여자가 있어
예수께서 바리새인의 집에 앉아 계심을 알고 향유 담은 옥합을 가지고
와서 38 예수의 뒤로 그 발 곁에 서서 울며 눈물로 그 발을 적시고 자기
머리털로 닦고 그 발에 입맞추고 향유를 부으니 39 예수를 청한 바리새
인이 그것을 보고 마음에 이르되 이 사람이 만일 선지자라면 자기를 만
지는 이 여자가 누구며 어떠한 자 곧 죄인인 줄을 알았으리라 하거늘 40
예수께서 대답하여 이르시되 시몬아 내가 네게 이를 말이 있다 하시니
그가 이르되 선생님 말씀하소서 41 이르시되 빚 주는 사람에게 빚진 자
가 둘이 있어 하나는 오백 데나리온을 졌고 하나는 오십 데나리온을 졌
는데 42 갚을 것이 없으므로 둘 다 탕감하여 주었으니 둘 중에 누가 그를
더 사랑하겠느냐 43 시몬이 대답하여 이르되 내 생각에는 많이 탕감함을
받은 자니이다 이르시되 네 판단이 옳다 하시고 44 그 여자를 돌아보시
며 시몬에게 이르시되 이 여자를 보느냐 내가 네 집에 들어올 때 너는 내
게 발 씻을 물도 주지 아니하였으되 이 여자는 눈물로 내 발을 적시고 그
머리털로 닦았으며 45 너는 내게 입맞추지 아니하였으되 그는 내가 들어올 때로부터 내 발에 입맞추기를 그치
지 아니하였으며 46 너는 내 머리에 감람유도 붓지 아니하였으되 그는 향유를 내 발에 부었느니라 47 이러므로
내가 네게 말하노니 그의 많은 죄가 사하여졌도다 이는 그의 사랑함이 많음이라 사함을 받은 일이 적은 자는
적게 사랑하느니라 48 이에 여자에게 이르시되 네 죄 사함을 받았느니라 하시니 49 함께 앉아 있는 자들이 속으
로 말하되 이가 누구이기에 죄도 사하는가 하더라 50 예수께서 여자에게 이르시되 네 믿음이 너를 구원하였으
니 평안히 가라 하시니라

옥합을 깬 여인

예수님이 한 바리새인의 집에 청함을 받아 저녁을 잡수시는 중에 한 여인이 와서 옥합을 깨고 그 속에 담긴 향료를 예수님의 발에 바른다. 이 여인은 창녀이고 그에게 용서의 가능성을 열어 주신 예수님께 감사의 표시를 하는 것이다. 그 집주인은 타산적인 가치관에 의해 그녀의 행위를 못마땅하게 생각하자 예수님은 탕감받은 자의 비유를 들어 이 여인의 행위를 칭찬한다. 이 여인은 사랑의 표현으로 사죄를 얻은 것이 아니라, 사함을 받을 것에 대한 감사를 표현하는 것이다.

그녀는 마 11:28-30의 예수님의 안식 초대에 응했고, 그녀는 참 쉼을 얻게 된 것이다.

☞ **마 11:28-30** 수고하고 무거운 짐 진 자들아 다 내게로 오라 내가 너희를 쉬게 하리라 나는 마음이 온유하고 겸손하니 나의 멍에를 메고 내게 배우라 그리하면 너희 마음이 쉼을 얻으리니 이는 내 멍에는 쉽고 내 짐은 가벼움이라 하시니라

☞ 예수님의 이 초대에 여러분도 응하고 있는가?

누가 8:1-3

여자들이 예수의 활동을 돕다

1 그 후에 예수께서 각 성과 마을에 두루 다니시며 하나님의 나라를 선포하시며 그 복음을 전하실새 열두 제자가
함께 하였고 2 또한 악귀를 쫓아내심과 병 고침을 받은 어떤 여자들 곧 일곱 귀신이 나간 자 막달라인이라 하는
마리아와 3 헤롯의 청지기 구사의 아내 요안나와 수산나와 다른 여러 여자가 함께 하여 자기들의 소유로 그들을
섬기더라

마태 14:6-12, 마가 6:21-29

- 세례 요한의 죽음 -

마태 14:6-12

6마침 헤롯의 생일이 되어 헤로디아의 딸이 연석 가운데서 춤을 추어 헤
롯을 기쁘게 하니 7헤롯이 맹세로 그에게 무엇이든지 달라는 대로 주겠
다고 약속하거늘 8그가 제 어머니의 시킴을 듣고 이르되 세례 요한의 머
리를 소반에 얹어 여기서 내게 주소서 하니 9왕이 근심하나 자기가 맹세
한 것과 그 함께 앉은 사람들 때문에 주라 명하고 10사람을 보내어 옥에
서 요한의 목을 베어 11그 머리를 소반에 얹어서 그 소녀에게 주니 그가
자기 어머니에게로 가져가니라 12요한의 제자들이 와서 시체를 가져다가
장사하고 가서 예수께 아뢰니라

마가 6:21-29

21마침 기회가 좋은 날이 왔으니 곧 헤롯이 자기 생일에 대신들과 천부장
들과 갈릴리의 귀인들로 더불어 잔치할새 22헤로디아의 딸이 친히 들어
와 춤을 추어 헤롯과 그와 함께 앉은 자들을 기쁘게 한지라 왕이 그 소녀
에게 이르되 무엇이든지 네가 원하는 것을 내게 구하라 내가 주리라 하고
23또 맹세하기를 무엇이든지 네가 내게 구하면 내 나라의 절반까지라도 주리라 하거늘 24그가 나가서 그 어머
니에게 말하되 내가 무엇을 구하리이까 그 어머니가 이르되 세례 요한의 머리를 구하라 하니 25그가 곧 왕에게
급히 들어가 구하여 이르되 세례 요한의 머리를 소반에 얹어 곧 내게 주기를 원하옵나이다 하니 26왕이 심히 근
심하나 자기가 맹세한 것과 그 앉은 자들로 인하여 그를 거절할 수 없는지라 27왕이 곧 시위병 하나를 보내어 요
한의 머리를 가져오라 명하니 그 사람이 나가 옥에서 요한을 목 베어 28그 머리를 소반에 얹어다가 소녀에게 주
니 소녀가 이것을 그 어머니에게 주니라 29요한의 제자들이 듣고 와서 시체를 가져다가 장사하니라

❖ **세례 요한의 죽음**
세례 요한은 하나님에 의하여 파송된 예수의 선구자였다. 이런 예수의 선구자인 세례 요한의 죽음은 더욱 오묘한 교훈도 함축하고 있다. 이미 예수에 의해서도 선포된바(마 11:7-15) 와 마찬가지로 세례 요한은 신약의 시발점(始發點)인 예수의 선구자로서 그 자신은 구약을 마감한 인물이었다. 이런 그가 예수의 죽음을 예표하는 순교를 당하였으나 세례 요한은 결코 자신의 죽음으로 다른 죄인을 구속할 수는 없었다. 그러나 예수는 당신의 돌아가심으로 모든 택한 죄인의 죄를 구속하시고 그들에게 영생을 주셨다. 이는 결국 구약(舊約)은 그 자체가 독립된 것이 아니며 그 자체로서는 생명의 구원을 줄 수 없고 모두 예수님의 새 언약과 연결된 것이며 또 오직 신약(新約)과 연결될 때만 예수님의 구속 효력을 소급 적용 받을 수 있는 것임을 다시 한번 깨닫게 해 준다. 따라서 구약시대의 선민들도 동물 희생 제사를 드린 사실 그 자체 때문에 하나님으로부터 구속받은 것은 절대 아니다. 다만 그것이 우리 주 예수 그리스도의 구속의 공로와, 예표와 그 성취의 관계로서 연결되어 예수님의 구속의 효력이 소급 적용되었기 때문이었다.

마태 12:22-50, 마가 3:20-35, 누가 8:19-21

- 예수님의 집중적 사역(가버나움) -

67일~
72일

마태 12:22-50

예수와 바알세불

22그 때에 귀신 들려 눈 멀고 말 못하는 사람을 데리고 왔거늘 예수께서
고쳐 주시매 그 말 못하는 사람이 말하며 보게 된지라 23무리가 다 놀라
이르되 이는 다윗의 자손이 아니냐 하니 24바리새인들은 듣고 이르되
이가 귀신의 왕 바알세불을 힘입지 않고는 귀신을 쫓아내지 못하느니라 하거늘 25예수께서 그들의 생각을 아
시고 이르시되 스스로 분쟁하는 나라마다 황폐하여질 것이요 스스로 분쟁하는 동네나 집마다 서지 못하리라
26만일 사탄이 사탄을 쫓아내면 스스로 분쟁하는 것이니 그리하고야 어떻게 그의 나라가 서겠느냐 27또 내가

❖ 마태 12:22-50, 마가 3:20-35, 누가 8:19-21 **예수님의 집중적 사역**(가버나움)
예수님의 기적에 대한 두 부류, 즉 무리들과 바리새인들의 반응은 어떠한가를 마 12:23-24에서 관찰해 보라. 그리고 나의 반응은 어떤가를 성찰해 보라.
성령 훼방죄(Βλασπημια 훼방, 참람하다)는 말로 하는 의지적인 범죄로서 성령의 일을 방해하고 비하하는 것을 말한다. 불신자들에게서 이 죄를 범할 가능성이 있다.
Cranfield라는 신학자는 믿는 자는 이 죄를 범하지 않는다고 한다. 이 죄를 범하지 않았을까 염려하는 자들이 있다. 염려 그 자체가 이 죄를 범하지 않았다는 증거라는 것이다.

바알세불을 힘입어 귀신을 쫓아내면 너희의 아들들은 누구를 힘입어 쫓
아내느냐 그러므로 그들이 너희의 재판관이 되리라 28 그러나 내가 하나
님의 성령을 힘입어 귀신을 쫓아내는 것이면 하나님의 나라가 이미 너희
에게 임하였느니라 29 사람이 먼저 강한 자를 결박하지 않고서야 어떻게
그 강한 자의 집에 들어가 그 세간을 강탈하겠느냐 결박한 후에야 그 집
을 강탈하리라 30 나와 함께 아니하는 자는 나를 반대하는 자요 나와 함
께 모으지 아니하는 자는 헤치는 자니라 31 그러므로 내가 너희에게 이
르노니 사람에 대한 모든 죄와 모독은 사하심을 얻되 성령을 모독하는
것은 사하심을 얻지 못하겠고 32 또 누구든지 말로 인자를 거역하면 사
하심을 얻되 누구든지 말로 성령을 거역하면 이 세상과 오는 세상에서도
사하심을 얻지 못하리라 33 나무도 좋고 열매도 좋다 하든지 나무도 좋
지 않고 열매도 좋지 않다 하든지 하라 그 열매로 나무를 아느니라 34 독
사의 자식들아 너희는 악하니 어떻게 선한 말을 할 수 있느냐 이는 마음
에 가득한 것을 입으로 말함이라 35 선한 사람은 그 쌓은 선에서 선한 것
을 내고 악한 사람은 그 쌓은 악에서 악한 것을 내느니라 36 내가 너희에
게 이르노니 사람이 무슨 무익한 말을 하든지 심판 날에 이에 대하여심
문을 받으리니 37 네 말로 의롭다 함을 받고 네 말로 정죄함을 받으리라

악한 세대가 표적을 구하나

38 그 때에 서기관과 바리새인 중 몇 사람이 말하되 선생님이여 우리에게
표적 보여주시기를 원하나이다 39 예수께서 대답하여 이르시되 악하고
음란한 세대가 표적을 구하나 선지자 요나의 표적 밖에는 보일 표적이 없
느니라 40 요나가 밤낮 사흘 동안 큰 물고기 뱃속에 있었던 것 같이 인자
도 밤낮 사흘 동안 땅 속에 있으리라 41 심판 때에 니느웨 사람들이 일어
나 이 세대 사람을 정죄하리니 이는 그들이 요나의 전도를 듣고 회개하
였음이거니와 요나보다 더 큰 이가 여기 있으며 42 심판 때에 남방 여왕이
일어나 이 세대 사람을 정죄하리니 이는 그가 솔로몬의 지혜로운 말을 들
으려고 땅 끝에서 왔음이거니와 솔로몬보다 더 큰 이가 여기 있느니라 43
더러운 귀신이 사람에게서 나갔을 때에 물 없는 곳으로 다니며 쉬기를 구
하되 쉴 곳을 얻지 못하고 44 이에 이르되 내가 나온 내 집으로 돌아가리
라 하고 와 보니 그 집이 비고 청소되고 수리되었거늘 45 이에 가서 저보
다 더 악한 귀신 일곱을 데리고 들어가서 거하니 그 사람의 나중 형편이
전보다 더욱 심하게 되느니라 이 악한 세대가 또한 이렇게 되리라

예수의 어머니와 형제자매

46 예수께서 무리에게 말씀하실 때에 그의 어머니와 동생들이 예수께 말
하려고 밖에 섰더니 47 한 사람이 예수께 여짜오되 보소서 당신의 어머니
와 동생들이 당신께 말하려고 밖에 서 있나이다 하니 48 말하던 사람에게
대답하여 이르시되 누가 내 어머니이며 내 동생들이냐 하시고 49 손을 내
밀어 제자들을 가리켜 이르시되 나의 어머니와 나의 동생들을 보라 50 누
구든지 하늘에 계신 내 아버지의 뜻대로 하는 자가 내 형제요 자매요 어
머니이니라 하시더라

> **마 12:28** 에스겔서 28:12-17 이사야서 14:12-20는 사탄의 유래에 대해 추정할 수 있는 구절들이다. 사탄은 천지가 창조되기 이전에 하나님에 의해 창조된 천사중 하나가 천국에서 반란을 일으켜 타락한 영적 존재라고 추정하며 그래서 언제나 하나님과 대적하는 위치에 서는 존재를 말한다. 그에 의해서 하나님의 에덴이 망가졌기 때문에 하나님 나라를 이루는 것은 다른 표현으로 영적 전쟁이다. 사탄은 하나님의 나라를 파괴하고 자기의 나라를 세우려고 발악을 하는 존재이다. 그리고 창세기에서 하나님이 약속하신 대로 그의 머리를 밟는 자를 오지 못하게 발악을 하고 있는 것이다. 구약의 역사에서 엄청난 영적 전쟁을 볼 수 있었다. 그런 배경으로 생각할 때 귀신을 쫓아내었다는 것은 하나님 나라의 도래를 의미하는 것이다.

❖ 예수님이 경고한 성령 훼방죄의 3가지의 경우

1) 성령을 훼방하는 자들은 진리를 일부러 배격한다. 바리새인들은 하나님의 능력에 근거한 예수님의 분명한 기적을 보고서도 예수님을 귀신 들린 자로 매도했다.
2) 메시아로서의 예수님의 존재가 점진적으로 나타나던 시절에 예수님을 잘 알지 못하여 의심하거나 반대하는 말은 용서받을 수 있었다. 하지만 오순절 이후 성령은 온전한 복음으로서 예수님을 받아들일 기회를 제공하고 있다. 성령에 대해 불경한 태도를 보이는 것은 스스로 구원을 거부하는 행위이다.
3) 성령을 훼방하는 죄는 과거의 고의성 없는 죄와 관련된 것이 아니라, 현재에 계속되고 있는 고의적인 죄와 관련되어 있다. 그런 죄가 계속 이어진다면 그는 성령에 의해 주어지고 있는 용서의 기회를 모두 놓치는 것이다.

이 경고를 듣고 회개한다면 하나님은 그를 용서해 주실 것이다.

☞ 오늘 날 예수님을 부정하며 표적을 구하는 음란한 세대, 현대판 바리새인과 세속인은 누구인가?

☞ 무당은 귀신의 힘을 빌려 귀신을 쫓아낸다. 예수님은 자기 능력으로 사탄을 축출한다. 그것은 곧 하나님 나라의 도래를 의미한다. 예수님이 사탄을 축출함으로 그가 오실 메시아이시오, 바로 하나님 나라가 임한 것을 말한다. 왜냐하면 에덴은 사탄의 유혹으로 무너졌고, 사탄은 그 후로 하나님 나라의 회복을 끊임없이 방해해 온 구약의 역사를 볼 때 하나님 나라 회복 운동은 곧 영적 전쟁이고, 영적 전쟁은 바로 사탄을 무찌르고 하나님 나라를 회복하는 것이기 때문에 예수님의 귀신 축출은 곧 하나님 나라의 회복을 말하는 것이다. 이 영적 싸움은 계시록에서 최종 승리를 거둔다.

마가 3:20-35

예수와 바알세불

20 집에 들어가시니 무리가 다시 모이므로 식사할 겨를도 없는지라 21 예수의 친족들이 듣고 그를 붙들러 나오
니 이는 그가 미쳤다 함일러라 22 예루살렘에서 내려온 서기관들은 그가 바알세불이 지폈다 하며 또 귀신의 왕
을 힘입어 귀신을 쫓아낸다 하니 23 예수께서 그들을 불러다가 비유로 말씀하시되 사탄이 어찌 사탄을 쫓아낼
수 있느냐 24 또 만일 나라가 스스로 분쟁하면 그 나라가 설 수 없고 25 만일 집이 스스로 분쟁하면 그 집이 설
수 없고 26 만일 사탄이 자기를 거슬러 일어나 분쟁하면 설 수 없고 망하느니라 27 사람이 먼저 강한 자를 결박
하지 않고는 그 강한 자의 집에 들어가 세간을 강탈하지 못하리니 결박한 후에야 그 집을 강탈하리라 28 내가
진실로 너희에게 이르노니 사람의 모든 죄와 모든 모독하는 일은 사하심을 얻되 29 누구든지 성령을 모독하는
자는 영원히 사하심을 얻지 못하고 영원한 죄가 되느니라 하시니 30 이는 그들이 말하기를 더러운 귀신이 들렸
다 함이러라

예수의 어머니와 형제자매

31 그 때에 예수의 어머니와 동생들이 와서 밖에 서서 사람을 보내어 예수를 부르니 32 무리가 예수를 둘러 앉았
다가 여짜오되 보소서 당신의 어머니와 동생들과 누이들이 밖에서 찾나이다 33 대답하시되 누가 내 어머니이며
동생들이냐 하시고 34 둘러앉은 자들을 보시며 이르시되 내 어머니와 내 동생들을 보라 35 누구든지 하나님의 뜻
대로 행하는 자가 내 형제요 자매요 어머니이니라

누가 8:19-21

예수의 어머니와 동생들

19 예수의 어머니와 그 동생들이 왔으나 무리로 인하여 가까이 하지 못하니 20 어떤 이가 알리되 당신의 어머니와
동생들이 당신을 보려고 밖에 서 있나이다 21 예수께서 대답하여 이르시되 내 어머니와 내 동생들은 곧 하나님
의 말씀을 듣고 행하는 이 사람들이라 하시니라

마태 13:1-53, 마가 4:1-34, 누가 8:4-18

- 씨 뿌리는 비유와 천국 비유들 -

	의미	결과
길가 밭	· 말씀을 깨닫지 못함 · 사탄의 유혹에 노출되어 있음 · 완고하여 말씀을 안받아들임	· 사탄이 말씀을 빼앗아 감 · 천국의 기쁨을 맛볼 기회를 완전히 상실함
돌밭	· 천국 복음의 새로움을 인식함 · 말씀을 진실되게 받지 않음으로 뿌리를 내리지 못함	· 환난이나 핍박시 천국 복음을 의심케 됨 · 곧 넘어져 말씀을 떠남
가시 떨기밭	· 천국과 세상의 쾌락을 동시에 얻으려 함 · 하나님과 재물을 겸하여 섬김	· 세상의 염려와 재물의 유혹 때문에 성장 못함 · 천국 복음의 기쁨이 없음
좋은 밭	· 말씀을 듣고 잘 깨달음 · 말씀을 지켜서 결실을 맺음	· 30, 60, 100배의 결실을 맺음 · 이런 자들에 의해서만 천국이 확장됨

67일~72일

마태 13:1-53

네 가지 땅에 떨어진 비유

1 그 날 예수께서 집에서 나가사 바닷가에 앉으시매 2 큰 무리가 그에게
로 모여 들거늘 예수께서 배에 올라가 앉으시고 온 무리는 해변에 서 있
더니 3 예수께서 비유로 여러 가지를 그들에게 말씀하여 이르시되 씨를
뿌리는 자가 뿌리러 나가서 4 뿌릴새 더러는 길 가에 떨어지매 새들이 와
서 먹어버렸고 5 더러는 흙이 얕은 돌밭에 떨어지매 흙이 깊지 아니하므로
곧 싹이 나오나 6 해가 돋은 후에 타서 뿌리가 없으므로 말랐고 7 더러는
가시떨기 위에 떨어지매 가시가 자라서 기운을 막았고 8 더러는 좋은 땅
에 떨어지매 어떤 것은 백 배, 어떤 것은 육십 배, 어떤 것은 삼십 배의 결
실을 하였느니라 9 귀 있는 자는 들으라 하시니라

마 13장
학습 자료 71-1 "예수의 비유 이해" 참조

마 13:25
학습 자료 71-2 "가라지" 참조

비유로 설명하시다

10 제자들이 예수께 나아와 이르되 어찌하여 그들에게 비유로 말씀하시
나이까 11 대답하여 이르시되 천국의 비밀을 아는 것이 너희에게는 허락
되었으나 그들에게는 아니되었나니 12 무릇 있는 자는 받아 넉넉하게 되
되 없는 자는 그 있는 것도 빼앗기리라 13 그러므로 내가 그들에게 비유로 말하는 것은 그들이 보아도 보지 못하
며 들어도 듣지 못하며 깨닫지 못함이니라 14 이사야의 예언이 그들에게 이루어졌으니 일렀으되 너희가 듣기는
들어도 깨닫지 못할 것이요 보기는 보아도 알지 못하리라 15 이 백성들의 마음이 완악하여져서 그 귀는 듣기에
둔하고 눈은 감았으니 이는 눈으로 보고 귀로 듣고 마음으로 깨달아 돌이켜 내게 고침을 받을까 두려워함이라
하였느니라 16 그러나 너희 눈은 봄으로, 너희 귀는 들음으로 복이 있도다 17 내가 진실로 너희에게 이르노니 많
은 선지자와 의인이 너희가 보는 것들을 보고자 하여도 보지 못하였고 너희가 듣는 것들을 듣고자 하여도 듣지
못하였느니라 18 그런즉 씨 뿌리는 비유를 들으라 19 아무나 천국 말씀을 듣고 깨닫지 못할 때는 악한 자가 와서
그 마음에 뿌려진 것을 빼앗나니 이는 곧 길 가에 뿌려진 자요 20 돌밭에 뿌려졌다는 것은 말씀을 듣고 즉시 기쁨
으로 받되 21 그 속에 뿌리가 없어 잠시 견디다가 말씀으로 말미암아 환난이나 박해가 일어날 때에는 곧 넘어지
는 자요 22 가시떨기에 뿌려졌다는 것은 말씀을 들으나 세상의 염려와 재물의 유혹에 말씀이 막혀 결실하지 못
하는 자요 23 좋은 땅에 뿌려졌다는 것은 말씀을 듣고 깨닫는 자니 결실하여 어떤 것은 백 배, 어떤 것은 육십 배,
어떤 것은 삼십 배가 되느니라 하시더라 24 예수께서 그들 앞에 또 비유를 들어 이르시되 천국은 좋은 씨를 제
밭에 뿌린 사람과 같으니 25 사람들이 잘 때에 그 원수가 와서 곡식 가운데 가라지를 덧뿌리고 갔더니 26 싹이 나
고 결실할 때에 가라지도 보이거늘 27 집 주인의 종들이 와서 말하되 주여
밭에 좋은 씨를 뿌리지 아니하였나이까 그런데 가라지가 어디서 생겼나
이까 28 주인이 이르되 원수가 이렇게 하였구나 종들이 말하되 그러면 우
리가 가서 이것을 뽑기를 원하시나이까 29 주인이 이르되 가만 두라 가라
지를 뽑다가 곡식까지 뽑을까 염려하노라 30 둘 다 추수 때까지 함께 자
라게 두라 추수 때에 내가 추수꾼들에게 말하기를 가라지는 먼저 거두어
불사르게 단으로 묶고 곡식은 모아 내 곳간에 넣으라 하리라

마 13:24-30, 36-43 가라지 비유를 통한 영적 교훈	
1	원수 사탄은 성도의 영적 나태를 틈타 활동함(마 13:25)
2	세상에는 하나님의 자녀와 사탄의 자녀가 섞여 공존해 삶(마 13:26)
3	교회 안에도 사탄의 자녀인 거짓 형제가 있을 수 있음(마 13:26)
4	성도는 사탄의 자녀들을 늘 경계해야 함(롬 16:18)
5	성도가 이 세상에서 거짓 형제들을 심판하려 해서는 안됨(마 13:28)
6	세상의 마지막 날에 의인과 악인이 분명히 드러날 것임(마 13:30)
7	하나님께서 세상 끝날에 사탄의 자녀들을 심판하실 것임(마 13:30)

겨자씨와 누룩 비유

31 또 비유를 들어 이르시되 천국은 마치 사람이 자기 밭에 갖다 심은 겨
자씨 한 알 같으니 32 이는 모든 씨보다 작은 것이로되 자란 후에는 풀보
다 커서 나무가 되매 공중의 새들이 와서 그 가지에 깃들이느니라 33 또
비유로 말씀하시되 천국은 마치 여자가 가루 서 말 속에 갖다 넣어 전부
부풀게 한 누룩과 같으니라

비유로 말씀하신 까닭

34 예수께서 이 모든 것을 무리에게 비유로 말씀하시고 비유가 아니면 아무 것도 말씀하지 아니하셨으니 35 이는
선지자를 통하여 말씀하신 바 내가 입을 열어 비유로 말하고 창세부터 감추인 것들을 드러내리라 함을 이루려
하심이라

가라지 비유를 설명하시다

36 이에 예수께서 무리를 떠나사 집에 들어가시니 제자들이 나아와 이르되 밭의 가라지의 비유를 우리에게 설명
하여 주소서 37 대답하여 이르시되 좋은 씨를 뿌리는 이는 인자요 38 밭은 세상이요 좋은 씨는 천국의 아들들이
요 가라지는 악한 자의 아들들이요 39 가라지를 뿌린 원수는 마귀요 추수 때는 세상 끝이요 추수꾼은 천사들이
니 40 그런즉 가라지를 거두어 불에 사르는 것 같이 세상 끝에도 그러하리라 41 인자가 그 천사들을 보내리니 그
들이 그 나라에서 모든 넘어지게 하는 것과 또 불법을 행하는 자들을 거두어 내어 42 풀무 불에 던져 넣으리니 거

기서 울며 이를 갈게 되리라 43 그 때에 의인들은 자기 아버지 나라에서
해와 같이 빛나리라 귀 있는 자는 들으라

세 가지 비유

44 천국은 마치 밭에 감추인 보화와 같으니 사람이 이를 발견한 후 숨겨
두고 기뻐하며 돌아가서 자기의 소유를 다 팔아 그 밭을 사느니라 45 또
천국은 마치 좋은 진주를 구하는 장사와 같으니 46 극히 값진 진주 하나를
발견하매 가서 자기의 소유를 다 팔아 그 진주를 사느니라 47 또 천국은
마치 바다에 치고 각종 물고기를 모는 그물과 같으니 48 그물에 가득하매
물 가로 끌어내고 앉아서 좋은 것은 그릇에 담고 못된 것은 내버리느니라
49 세상 끝에도 이러하리라 천사들이 와서 의인 중에서 악인을 갈라내어
50 풀무 불에 던져 넣으리니 거기서 울며 이를 갈리라

새것과 옛것

51 이 모든 것을 깨달았느냐 하시니 대답하되 그러하오이다 52 예수께서
이르시되 그러므로 천국의 제자된 서기관마다 마치 새것과 옛것을 그 곳
간에서 내오는 집주인과 같으니라 53 예수께서 이 모든 비유를 마치신 후
에 그 곳을 떠나서

마 13:10-50 일곱 가지 천국 비유

예수님은 천국을 여러 비유의 말씀으로 설명하셨다. 그 이유는 천국은 본질상 신적 비밀에 속하는 것으로서 인간의 지혜로는 도저히 이해할 수 없기 때문에 비유를 통하여 천국에 관해 부분적으로나마 깨달을 수 있도록 하기 위해서다. 한편 본장에는 일곱 천국 비유가 수록되어 있다. 이 비유들은 천국의 기본적 속성과 각각 천국의 현재성과 미래성, 외적, 내적 측면에서의 천국의 확장 과정 등을 보여 주고 있는 바 이를 정리해 보면 다음과 같다.

	의 미
씨 뿌리는 자	·천국의 현재성을 보여 줌 ·천국 확장 요인을 보여 줌 ·말씀을 듣고 깨달아 실천하는 자에 의해 천국이 확장됨
곡식과 가라지	·천국의 현재성과 미래성을 동시에 보여 줌 ·현재적인 영적 천국 안에는 곡식과 가라지가 섞여 있음 ·종말에는 가라지가 뽑혀 불에 태워질 것임
겨자씨	·천국의 현재성을 보여 줌 ·천국의 외적 확장 과정을 보여 줌 ·복음이 땅 끝까지 전파될 것임
누룩	·천국의 현재성을 보여 줌 ·천국의 내적 확장 과정을 보여 줌 ·복음이 인간의 심성, 곧 인격의 변화를 통해 전파됨을 강조
감추인 보화	·천국의 현재성을 보여 줌 ·천국의 비밀한 속성과 절대적 가치를 보여 줌 ·하나님의 은혜로 천국을 발견하게 된 자의 전적 헌신 요구
값진 진주	·천국의 현재성을 보여 줌 ·천국의 비밀한 속성과 절대적 가치를 보여 줌 ·천국은 전심을 다해 찾는 자가 발견하게 될 것임
그물	·천국의 미래성을 보여 줌 ·현재는 모든 사람에게 동일하게 천국 복음이 전파되나 종말에는 악인과 의인을 가르는 심판이 반드시 있음

마가 4:1-34

네 가지 땅에 떨어진 비유

1 예수께서 다시 바닷가에서 가르치시니 큰 무리가 모여들거늘 예수께서
바다에 떠 있는 배에 올라 앉으시고 온 무리는 바닷가 육지에 있더라 2 이
에 예수께서 여러 가지를 비유로 가르치시니 그 가르치시는 중에 그들에
게 이르시되 3 들으라 씨를 뿌리는 자가 뿌리러 나가서 4 뿌릴새 더러는
길 가에 떨어지매 새들이 와서 먹어 버렸고 5 더러는 흙이 얕은 돌밭에 떨
어지매 흙이 깊지 아니하므로 곧 싹이 나오나 6 해가 돋은 후에 타서 뿌리
가 없으므로 말랐고 7 더러는 가시떨기에 떨어지매 가시가 자라 기운을
막으므로 결실하지 못하였고 8 더러는 좋은 땅에 떨어지매 자라 무성하여
결실하였으니 삼십 배나 육십 배나 백 배가 되었느니라 하시고 9 또 이르
시되 들을 귀 있는 자는 들으라 하시니라

비유를 설명하시다

10 예수께서 홀로 계실 때에 함께 한 사람들이 열두 제자와 더불어 그 비
유들에 대하여 물으니 11 이르시되 하나님 나라의 비밀을 너희에게는 주었으나 외인에게는 모든 것을 비유로 하
나니 12 이는 그들로 보기는 보아도 알지 못하며 듣기는 들어도 깨닫지 못하게 하여 돌이켜 죄 사함을 얻지 못하
게 하려 함이라 하시고 13 또 이르시되 너희가 이 비유를 알지 못할진대 어떻게 모든 비유를 알겠느냐 14 뿌리는
자는 말씀을 뿌리는 것이라 15 말씀이 길 가에 뿌려졌다는 것은 이들을 가리킴이니 곧 말씀을 들었을 때에 사탄
이 즉시 와서 그들에게 뿌려진 말씀을 빼앗는 것이요 16 또 이와 같이 돌밭에 뿌려졌다는 것은 이들을 가리킴이
니 곧 말씀을 들을 때에 즉시 기쁨으로 받으나 17 그 속에 뿌리가 없어 잠깐 견디다가 말씀으로 인하여 환난이나
박해가 일어나는 때에는 곧 넘어지는 자요 18 또 어떤 이는 가시떨기에 뿌려진 자니 이들은 말씀을 듣기는 하되
19 세상의 염려와 재물의 유혹과 기타 욕심이 들어와 말씀을 막아 결실하지 못하게 되는 자요 20 좋은 땅에 뿌려
졌다는 것은 곧 말씀을 듣고 받아 삼십 배나 육십 배나 백배의 결실을 하는 자니라

등불은 등경 위에

21 또 그들에게 이르시되 사람이 등불을 가져오는 것은 말 아래에나 평상 아래에 두려 함이냐 등경 위에 두려 함
이 아니냐 22 드러내려 하지 않고는 숨긴 것이 없고 나타내려 하지 않고는 감추인 것이 없느니라 23 들을 귀 있는
자는 들으라 24 또 이르시되 너희가 무엇을 듣는가 스스로 삼가라 너희의 헤아리는 그 헤아림으로 너희가 헤아
림을 받을 것이며 더 받으리니 25 있는 자는 받을 것이요 없는 자는 그 있는 것까지도 빼앗기리라

자라나는 씨 비유

26 또 이르시되 하나님의 나라는 사람이 씨를 땅에 뿌림과 같으니 27 그가 밤낮 자고 깨고 하는 중에 씨가 나서
자라되 어떻게 그리 되는지를 알지 못하느니라 28 땅이 스스로 열매를 맺되 처음에는 싹이요 다음에는 이삭이요
그 다음에는 이삭에 충실한 곡식이라 29 열매가 익으면 곧 낫을 대나니 이는 추수 때가 이르렀음이라

겨자씨 비유

30 또 이르시되 우리가 하나님의 나라를 어떻게 비교하며 또 무슨 비유로 나타낼까 31 겨자씨 한 알과 같으니 땅
에 심길 때에는 땅 위의 모든 씨보다 작은 것이로되 32 심긴 후에는 자라서 모든 풀보다 커지며 큰 가지를 내나
니 공중의 새들이 그 그늘에 깃들일 만큼 되느니라

비유로 가르치시다

33 예수께서 이러한 많은 비유로 그들이 알아 들을 수 있는 대로 말씀을 가르치시되 34 비유가 아니면 말씀하지
아니하시고 다만 혼자 계실 때에 그 제자들에게 모든 것을 해석하시더라

누가 8:4-18

네 가지 땅에 떨어진 비유

4 각 동네 사람들이 예수께로 나아와 큰 무리를 이루니 예수께서 비유로 말씀하시되 5 씨를 뿌리는 자가 그 씨
를 뿌리러 나가서 뿌릴새 더러는 길 가에 떨어지매 밟히며 공중의 새들이 먹어버렸고 6 더러는 바위 위에 떨어
지매 싹이 났다가 습기가 없으므로 말랐고 7 더러는 가시떨기 속에 떨어지매 가시가 함께 자라서 기운을 막았
고 8 더러는 좋은 땅에 떨어지매 나서 백 배의 결실을 하였느니라 이 말씀을 하시고 외치시되 들을 귀 있는 자
는 들을지어다

비유를 설명하시다

9 제자들이 이 비유의 뜻을 물으니 10 이르시되 하나님 나라의 비밀을 아는 것이 너희에게는 허락되었으나 다른
사람에게는 비유로 하나니 이는 그들로 보아도 보지 못하고 들어도 깨닫지 못하게 하려 함이라 11 이 비유는 이
러하니라 씨는 하나님의 말씀이요 12 길 가에 있다는 것은 말씀을 들은 자니 이에 마귀가 가서 그들이 믿어 구원
을 얻지 못하게 하려고 말씀을 그 마음에서 빼앗는 것이요 13 바위 위에 있다는 것은 말씀을 들을 때에 기쁨으로
받으나 뿌리가 없어 잠깐 믿다가 시련을 당할 때에 배반하는 자요 14 가시떨기에 떨어졌다는 것은 말씀을 들은
자이나 지내는 중 이생의 염려와 재물과 향락에 기운이 막혀 온전히 결실하지 못하는 자요 15 좋은 땅에 있다는
것은 착하고 좋은 마음으로 말씀을 듣고 지키어 인내로 결실하는 자니라

등불은 등경 위에

16 누구든지 등불을 켜서 그릇으로 덮거나 평상 아래에 두지 아니하고 등경 위에 두나니 이는 들어가는 자들로
그 빛을 보게 하려 함이라 17 숨은 것이 장차 드러나지 아니할 것이 없고 감추인 것이 장차 알려지고 나타나지 않
을 것이 없느니라 18 그러므로 너희가 어떻게 들을까 스스로 삼가라 누구든지 있는 자는 받겠고 없는 자는 그 있
는 줄로 아는 것까지도 빼앗기리라 하시니라

마태 8:18, 23~9:1,
마가 4:35~5:20, 누가 8:22-39

- 풍랑을 잠잠케 하신 예수님(갈릴리 호수) /
귀신들린 자를 고침(갈릴리 호수 남쪽 지역) -

마태 8:18, 23-9:1

8:18 18 예수께서 무리가 자기를 에워싸는 것을 보시고 건너편으로 가기
를 명하시니라

바람과 바다를 잔잔하게 하시다

8:23-34 23 배에 오르시매 제자들이 따
랐더니 24 바다에 큰 놀이 일어나 배가
물결에 덮이게 되었으되 예수께서는 주
무시는지라 25 그 제자들이 나아와 깨우
며 이르되 주여 구원하소서 우리가 죽겠
나이다 26 예수께서 이르시되 어찌하여 무
서워하느냐 믿음이 작은 자들아 하시고
곧 일어나사 바람과 바다를 꾸짖으시니 아주 잔잔하게 되거늘 27 그 사람
들이 놀랍게 여겨 이르되 이이가 어떠한 사람이기에 바람과 바다도 순종
하는가 하더라

귀신들린 두 사람을 고치시다

28 또 예수께서 건너편 가다라 지방에 가시매 귀신 들린 자 둘이 무덤 사
이에서 나와 예수를 만나니 그들은 몹시 사나워 아무도 그 길로 지나갈
수 없을 지경이더라 29 이에 그들이 소리 질러 이르되 하나님의 아들이여
우리가 당신과 무슨 상관이 있나이까 때가 이르기 전에 우리를 괴롭게 하
려고 여기 오셨나이까 하더니 30 마침 멀리서 많은 돼지 떼가 먹고 있는지
라 31 귀신들이 예수께 간구하여 이르되 만일 우리를 쫓아내시려면 돼지
떼에 들여보내 주소서 하니 32 그들에게 가라 하시니 귀신들이 나와서 돼
지에게로 들어가는지라 온 떼가 비탈로 내리달아 바다에 들어가서 물에
서 몰사하거늘 33 치던 자들이 달아나 시내에 들어가 이 모든 일과 귀신
들린 자의 일을 고하니 34 온 시내가 예수를 만나려고 나가서 보고 그 지
방에서 떠나시기를 간구하더라

9:1 1 예수께서 배에 오르사 건너가 본 동네에 이르시니

마가 4:35-41

바람과 바다를 잔잔하게 하시다

35 그 날 저물 때에 제자들에게 이르시되 우리가 저편으로 건너가자 하시
니 36 그들이 무리를 떠나 예수를 배에 계신 그대로 모시고 가매 다른 배
들도 함께 하더니 37 큰 광풍이 일어나며 물결이 배에 부딪쳐 들어와 배에

❖ **풍랑을 잠잠하게 하신 예수님**(갈릴리 호수)
예수님은 천지를 창조할 때 함께 있었던 하나님이심을 보여 준다. 예수님은 그의 피조물인 자연을 통제하시는 분이심을 보여 주신다. 그분이 바로 우리의 주님이 되신다면 우리는 이 제자들처럼 두려워할 필요가 없다.

☞ 신약에는 많은 기적이 기록되어 있다. 대표적인 것이 예수의 공생애 동안 나타난 기적이다. 첫째는 귀신을 쫓아내고 병자를 고치시고 죽은 자를 살리시는 신유의 기적이다. 역사상 병자들을 고치는 기적이 종종 발생했다고 할지라도 예수처럼 광범위하게 병의 종류를 가리지 않고, 단 한 번의 실패도 없이 고친 경우는 찾아볼 수가 없다. 둘째가 자연 기적이다. 물로 포도주를 만든 일(요 2:1-11), 베드로에게 그물로 고기를 잡게 한 일(눅 5:1-11), 오병이어로 오천 명을 먹이신 일(마 14:15-21), 물 위로 걸어가신 일(요 6:15-21), 무화과나무가 말라버린 사건(막 11:12-14) 등 일반적인 자연 현상을 넘어선 놀라운 기적이 발생한 사건이 있다. 이같이 자연을 자기 뜻대로 지배하는 기적이야말로 인류 역사상 유례를 찾아볼 수 없는 기적이다.

⇒ 인간의 역사는 자연과의 투쟁으로 이루어졌다. 그러나 예수께 있어서 자연은 다스림의 대상이었다. 즉, 자연은 어떤 경우에도 예수님의 명령을 거스를 수가 없고 절대 복종해야 한다. 풍랑을 잠잠하게 하심은 그런 의미를 지니고 있다. 그러므로 예수님은 인간과 자연을 모두 통치하시는 유일한 존재, 즉 하나님이심을 증거한 것이다.

마 4장

학습 자료 71-3 "갈릴리 바다" 참조

가득하게 되었더라 38 예수께서는 고물에서 베개를 베고 주무시더니 제
자들이 깨우며 이르되 선생님이여 우리가 죽게 된 것을 돌보지 아니하시
나이까 하니 39 예수께서 깨어 바람을 꾸짖으시며 바다더러 이르시되 잠
잠하라 고요하라 하시니 바람이 그치고 아주 잔잔하여지더라 40 이에 제
자들에게 이르시되 어찌하여 이렇게 무서워하느냐 너희가 어찌 믿음이
없느냐 하시니 41 그들이 심히 두려워하여 서로 말하되 그가 누구이기에
바람과 바다도 순종하는가 하였더라

마가 5장

귀신들린 사람을 고치시다

1 예수께서 바다 건너편 거라사인의 지방에 이르러 2 배에서 나오시매 곧
더러운 귀신 들린 사람이 무덤 사이에서 나와 예수를 만나니라 3 그 사람
은 무덤 사이에 거처하는데 이제는 아무도 쇠사슬로도 맬 수 없게 되었으
니 4 이는 여러 번 고랑과 쇠사슬에 매였어도 쇠사슬을 끊고 고랑을 깨뜨
렸음이러라 그리하여 아무도 그를 제어할 힘이 없는지라 5 밤낮무덤 사이
에서나 산에서나 늘 소리 지르며 돌로 자기의 몸을 해치고 있었더라 6 그
가 멀리서 예수를 보고 달려와 절하며 7 큰 소리로 부르짖어 이르되 지극
히 높으신 하나님의 아들 예수여 나와 당신이 무슨 상관이 있나이까 원하
건대 하나님 앞에 맹세하고 나를 괴롭히지 마옵소서 하니 8 이는 예수께
서 이미 그에게 이르시기를 더러운 귀신아 그 사람에게서 나오라 하셨음
이라 9 이에 물으시되 네 이름이 무엇이냐 이르되 내 이름은 군대니 우리
가 많음이니이다 하고 10 자기를 그 지방에서 내보내지 마시기를 간구하
더니 11 마침 거기 돼지의 큰 떼가 산 곁에서 먹고 있는지라 12 이에 간구하여 이르되 우리를 돼지에게로 보내어
들어가게 하소서 하니 13 허락하신대 더러운 귀신들이 나와서 돼지에게로 들어가매 거의 이천 마리 되는 떼가 바
다를 향하여 비탈로 내리달아 바다에서 몰사하거늘 14 치던 자들이 도망하여 읍내와 여러 마을에 말하니 사람들
이 어떻게 되었는지를 보러 와서 15 예수께 이르러 그 귀신 들렸던 자 곧 군대 귀신 지폈던 자가 옷을 입고 정신이
온전하여 앉은 것을 보고 두려워하더라 16 이에 귀신 들렸던 자가 당한 것과 돼지의 일을 본 자들이 그들에게 알
리매 17 그들이 예수께 그 지방에서 떠나시기를 간구하더라 18 예수께서 배에 오르실 때에 귀신 들렸던 사람이 함
께 있기를 간구하였으나 19 허락하지 아니하시고 그에게 이르시되 집으로 돌아가 주께서 네게 어떻게 큰 일을 행
하사 너를 불쌍히 여기신 것을 네 가족에게 알리라 하시니 20 그가 가서 예수께서 자기에게 어떻게 큰 일 행하셨
는지를 데가볼리에 전파하니 모든 사람이 놀랍게 여기더라

❖ **귀신들린 자를 고침**(갈릴리 호수 남쪽 지역) 사탄처럼 귀신도 타락한 천사들이다. 귀신은 사탄의 졸개들이다. 사탄이 하나님을 거역하고 떠날 때, 귀신들도 사탄을 따랐다. 사탄에게 소속된 귀신들은 하나님의 왕국과 맞서 싸우고, 하나님의 일을 방해하는 영적인 존재들이다. 귀신들은 사탄을 돕는 졸개들이다. '악마'라 불리는 사탄은 한 명이지만, 귀신들은 군대처럼 아주 많다. 하지만 귀신이나 사탄은 하나님의 피조물에 불과하며, 모두 하나님의 지배 아래 있다. 물론 그들은 하나님의 상대가 되지 못한다. 그러므로 우리가 하나님을 믿고 있으면, 하나님은 우리를 귀신들로부터 안전하게 지켜 주신다. 그리고 세상 마지막 날, 모든 귀신은 그들의 우두머리인 사탄과 함께 영원한 지옥불에 던져지게 된다.
☞ 예수께서는 귀신을 쫓아내심으로 쇠사슬에 묶였던 자를 구하셨다. 이는 죄에게 종노릇 하며(롬 6:6) 사망의 사슬에 묶여 있던 모든 인간을 해방하시는 그리스도의 사역을 증거하고 있다. 또한 귀신을 돼지 떼에 들어가게 하시고 바다에 빠져 죽게 하신 것은 출애굽 사건을 연상케 한다. 즉 언약의 백성을 핍박하던 바로의 군대를 홍해 속에 수장시킨 것 같이 하나님께서 영적 이스라엘을 해치려는 사탄의 세력을 멸하시고 영원한 해방과 영생을 줄 것임을 보여 주고 있다.

막 5:1-20
학습 자료 71-4 "데가볼리" 참조

누가 8:22-39

바람과 물결을 잔잔하게 하시다

22 하루는 제자들과 함께 배에 오르사 그들에게 이르시되 호수 저편으로 건너가자 하시매 이에 떠나 23 행선할
때에 예수께서 잠이 드셨더니 마침 광풍이 호수로 내리치매 배에 물이 가득하게 되어 위태한지라 24 제자들이 나
아와 깨워 이르되 주여 주여 우리가 죽겠나이다 한대 예수께서 잠을 깨사 바람과 물결을 꾸짖으시니 이에 그쳐
잔잔하여지더라 25 제자들에게 이르시되 너희 믿음이 어디 있느냐 하시니 그들이 두려워하고 놀랍게 여겨 서로
말하되 그가 누구이기에 바람과 물을 명하매 순종하는가 하더라

귀신들린 사람을 고치시다
26 그들이 갈릴리 맞은편 거라사인의 땅에 이르러 27 예수께서 육지에 내리시매 그 도시 사람으로서 귀신 들린
자 하나가 예수를 만나니 그 사람은 오래 옷을 입지 아니하며 집에 거하지도 아니하고 무덤 사이에 거하는 자라
28 예수를 보고 부르짖으며 그 앞에 엎드려 큰 소리로 불러 이르되 지극히 높으신 하나님의 아들 예수여 당신이
나와 무슨 상관이 있나이까 당신께 구하노니 나를 괴롭게 하지 마옵소서 하니 29 이는 예수께서 이미 더러운 귀
신을 명하사 그 사람에게서 나오라 하셨음이라 (귀신이 가끔 그 사람을 붙잡으므로 그를 쇠사슬과 고랑에 매어 지켰으되 그
맨 것을 끊고 귀신에게 몰려 광야로 나갔더라) 30 예수께서 네 이름이 무엇이냐 물으신즉 이르되 군대라 하니 이는 많은
귀신이 들렸음이라 31 무저갱으로 들어가라 하지 마시기를 간구하더니 32 마침 그 곳에 많은 돼지 떼가 산에서 먹
고 있는지라 귀신들이 그 돼지에게로 들어가게 허락하심을 간구하니 이에 허락하시니 33 귀신들이 그 사람에게
서 나와 돼지에게로 들어가니 그 떼가 비탈로 내리달아 호수에 들어가 몰사하거늘 34 치던 자들이 그 이루어진
일을 보고 도망하여 성내와 마을에 알리니 35 사람들이 그 이루어진 일을 보러 나와서 예수께 이르러 귀신 나간
사람이 옷을 입고 정신이 온전하여 예수의 발치에 앉아 있는 것을 보고 두려워하거늘 36 귀신 들렸던 자가 어떻
게 구원 받았는지를 본 자들이 그들에게 이르매 37 거라사인의 땅 근방 모든 백성이 크게 두려워하여 예수께 떠
나가시기를 구하더라 예수께서 배에 올라 돌아가실새 38 귀신 나간 사람이 함께 있기를 구하였으나 예수께서 그
를 보내시며 이르시되 39 집으로 돌아가 하나님이 네게 어떻게 큰 일을 행하셨는지를 말하라 하시니 그가 가서
예수께서 자기에게 어떻게 큰 일을 행하셨는지를 온 성내에 전파하니라

마태 9:18-34, 마가 5:21-43, 누가 8:40-56

- 혈루병 여인, 야이로의 딸, 두 소경과 귀신들린 자를 고침(가버나움) -

✣ **혈루병 여인, 야이로의 딸, 두 소경과 귀신들린 자를 고침**(가버나움)
예수님을 touch 하는 혈루병 여인의 믿음을 배워야 한다. 우리가 가지이고 예수님이 포도나무라면 가지는 본체에 붙어있어야 살아갈 수 있기 때문이다.
예수님이 잡혀갈 때 멀찍이 따라가는 베드로의 모습과 비교해 보라.(마 26:58).
☞ 야이로는 유대인들을 지도하는 회당장이었지만 예수께서 자신의 죽은 딸을 살리실 수 있다는 믿음을 가지고 청하였고 12년 된 혈루증을 앓는 여인은 예수님의 옷깃만 만져도 자신의 병이 나을 줄 확신하였다. 그들의 간청을 이룬 것은 바로 예수님께서 자신들의 구원자가 되실 것임을 믿는 믿음이었다. 이는 영생과 회복의 구원은 믿음에 근거하며 그 믿음은 예수를 향한 믿음임을 증거하고 있다.

마태 9:18-34

한 관리의 딸과 예수의 옷을 만진 여자
18 예수께서 이 말씀을 하실 때에 한 관리가 와서 절하며 이르되 내 딸이 방
금 죽었사오나 오셔서 그 몸에 손을 얹어 주소서 그러면 살아나겠나이다
하니 19 예수께서 일어나 따라가시매 제자들도 가더니 20 열두 해 동안이나
혈루증으로 앓는 여자가 예수의 뒤로 와서 그 겉옷 가를 만지니 21 이는 제
마음에 그 겉옷만 만져도 구원을 받겠다 함이라 22 예수께서 돌이켜 그를
보시며 이르시되 딸아 안심하라 네 믿음이 너를 구원하였다 하시니 여자가
그 즉시 구원을 받으니라 23 예수께서 그 관리의 집에 가사 피리 부는 자들
과 떠드는 무리를 보시고 24 이르시되 물러가라 이 소녀가 죽은 것이 아니
라 잔다 하시니 그들이 비웃더라 25 무리를 내보낸 후에 예수께서 들어가
사 소녀의 손을 잡으시매 일어나는지라 26 그 소문이 그 온 땅에 퍼지더라
맹인들의 눈을 뜨게 하시다
27 예수께서 거기에서 떠나가실새 두 맹인이 따라오며 소리 질러 이르되
다윗의 자손이여 우리를 불쌍히 여기소서 하더니 28 예수께서 집에 들어가시매 맹인들이 그에게 나아오거늘 예
수께서 이르시되 내가 능히 이 일 할 줄을 믿느냐 대답하되 주여 그러하오이다 하니 29 이에 예수께서 그들의 눈
을 만지시며 이르시되 너희 믿음대로 되라 하시니 30 그 눈들이 밝아진지라 예수께서 엄히 경고하시되 삼가 아무

에게도 알리지 말라 하셨으나 31 그들이 나가서 예수의 소문을 그 온 땅에 퍼뜨리니라

말 못하는 사람을 고치시다

32 그들이 나갈 때에 귀신 들려 말 못하는 사람을 예수께 데려오니 33 귀신이 쫓겨나고 말 못하는 사람이 말하거
늘 무리가 놀랍게 여겨 이르되 이스라엘 가운데서 이런 일을 본 적이 없다 하되 34 바리새인들은 이르되 그가 귀
신의 왕을 의지하여 귀신을 쫓아낸다 하더라

마가 5:21-43

야이로의 딸과 예수의 옷을 만진 여자

21 예수께서 배를 타시고 다시 맞은편으로 건너가시니 큰 무리가 그에게로 모이거늘 이에 바닷가에 계시더니 22
회당장 중의 하나인 야이로라 하는 이가 와서 예수를 보고 발 아래 엎드리어 23 간곡히 구하여 이르되 내 어린 딸
이 죽게 되었사오니 오셔서 그 위에 손을 얹으사 그로 구원을 받아 살게 하소서 하거늘 24 이에 그와 함께 가실
새 큰 무리가 따라가며 에워싸 밀더라 25 열두 해를 혈루증으로 앓아 온 한 여자가 있어 26 많은 의사에게 많은
괴로움을 받았고 가진 것도 다 허비하였으되 아무 효험이 없고 도리어 더 중하여졌던 차에 27 예수의 소문을 듣
고 무리 가운데 끼어 뒤로 와서 그의 옷에 손을 대니 28 이는 내가 그의 옷에만 손을 대어도 구원을 받으리라 생
각함일러라 29 이에 그의 혈루 근원이 곧 마르매 병이 나은 줄을 몸에 깨달으니라 30 예수께서 그 능력이 자기에
게서 나간 줄을 곧 스스로 아시고 무리 가운데서 돌이켜 말씀하시되 누가 내 옷에 손을 대었느냐 하시니 31 제
자들이 여짜오되 무리가 에워싸 미는 것을 보시며 누가 내게 손을 대었느냐 물으시나이까 하되 32 예수께서 이
일 행한 여자를 보려고 둘러보시니 33 여자가 자기에게 이루어진 일을 알고 두려워하여 떨며 와서 그 앞에 엎드
려 모든 사실을 여쭈니 34 예수께서 이르시되 딸아 네 믿음이 너를 구원하였으니 평안히 가라 네 병에서 놓여 건
강할지어다 35 아직 예수께서 말씀하실 때에 회당장의 집에서 사람들이 와서 회당장에게 이르되 당신의 딸이 죽
었나이다 어찌하여 선생을 더 괴롭게 하나이까 36 예수께서 그 하는 말을 곁에서 들으시고 회당장에게 이르시되
두려워하지 말고 믿기만 하라 하시고 37 베드로와 야고보와 야고보의 형제 요한 외에 아무도 따라옴을 허락하지
아니하시고 38 회당장의 집에 함께 가사 떠드는 것과 사람들이 울며 심히 통곡함을 보시고 39 들어가서 그들에게
이르시되 너희가 어찌하여 떠들며 우느냐 이 아이가 죽은 것이 아니라 잔다 하시니 40 그들이 비웃더라 예수께서
그들을 다 내보내신 후에 아이의 부모와 또 자기와 함께 한 자들을 데리시고 아이 있는 곳에 들어가사 41 그 아
이의 손을 잡고 이르시되 달리다굼 하시니 번역하면 곧 내가 네게 말하노니 소녀야 일어나라 하심이라 42 소녀가
곧 일어나서 걸으니 나이가 열두 살이라 사람들이 곧 크게 놀라고 놀라거
늘 43 예수께서 이 일을 아무도 알지 못하게 하라고 그들을 많이 경계하시
고 이에 소녀에게 먹을 것을 주라 하시니라

막 5:35-43
학습 자료 71-5 "시나고그" 참조

누가 8:40-56

야이로의 딸과 예수의 옷에 손댄 여자

40 예수께서 돌아오시매 무리가 환영하니 이는 다 기다렸음이러라 41 이에 회당장인 야이로라 하는 사람이 와서
예수의 발 아래에 엎드려 자기 집에 오시기를 간구하니 42 이는 자기에게 열두 살 된 외딸이 있어 죽어감이러라
예수께서 가실 때에 무리가 밀려들더라 43 이에 열두 해를 혈루증으로 앓는 중에 아무에게도 고침을 받지 못하
던 여자가 44 예수의 뒤로 와서 그의 옷 가에 손을 대니 혈루증이 즉시 그쳤더라 45 예수께서 이르시되 내게 손을
댄 자가 누구냐 하시니 다 아니라 할 때에 베드로가 이르되 주여 무리가 밀려들어 미나이다 46 예수께서 이르시
되 내게 손을 댄 자가 있도다 이는 내게서 능력이 나간 줄 앎이로다 하신대 47 여자가 스스로 숨기지 못할 줄 알
고 떨며 나아와 엎드리어 그 손 댄 이유와 곧 나은 것을 모든 사람 앞에서 말하니 48 예수께서 이르시되 딸아 네
믿음이 너를 구원하였으니 평안히 가라 하시더라 49 아직 말씀하실 때에 회당장의 집에서 사람이 와서 말하되 당

신의 딸이 죽었나이다 선생님을 더 괴롭게 하지 마소서 하거늘 50 예수께서 들으시고 이르시되 두려워하지 말
고 믿기만 하라 그리하면 딸이 구원을 얻으리라 하시고 51 그 집에 이르러 베드로와 요한과 야고보와 아이의 부
모 외에는 함께 들어가기를 허락하지 아니하시니라 52 모든 사람이 아이를 위하여 울며 통곡하매 예수께서 이르
시되 울지 말라 죽은 것이 아니라 잔다 하시니 53 그들이 그 죽은 것을 아는 고로 비웃더라 54 예수께서 아이의 손
을 잡고 불러 이르시되 아이야 일어나라 하시니 55 그 영이 돌아와 아이가 곧 일어나거늘 예수께서 먹을 것을 주
라 명하시니 56 그 부모가 놀라는지라 예수께서 경고하사 이 일을 아무에게도 말하지 말라 하시니라

마태 13:54-58, 마가 6:1-6 상

- 고향 나사렛에서 2번째 배척당함 -

마태 13:54-58

54 고향으로 돌아가사 그들의 회당에서 가르치시니 그들이 놀라 이르되
이 사람의 이 지혜와 이런 능력이 어디서 났느냐 55 이는 그 목수의 아들
이 아니냐 그 어머니는 마리아, 그 형제들은 야고보, 요셉, 시몬, 유다라
하지 않느냐 56 그 누이들은 다 우리와 함께 있지 아니하냐 그런즉 이 사
람의 이 모든 것이 어디서 났느냐 하고 57 예수를 배척한지라 예수께서 그
들에게 말씀하시되 선지자가 자기 고향과 자기 집 외에서는 존경을 받지
않음이 없느니라 하시고 58 그들이 믿지 않음으로 말미암아 거기서 많은
능력을 행하지 아니하시니라

마 13:55, 56 예수의 육적(肉的) 가족들		
	이름	관계 기사
부모	요셉	다윗의 자손(마 1:20)
		의롭고 순종적인 자(마 1:19, 24, 25)
	마리아	유다 지파, 다윗 가문(눅 1:32)
		예수의 최후까지 함께 함(요 19:25)
		초대교회 공동체의 일원이 됨(행 1:14)
형제들	야고보	부활하신 그리스도를 보고 회심(고전 15:7)
		예루살렘 교회의 지도자(갈 1:19)
		야고보서의 저자(약 1:1)
	요셉	그리스도의 생존 시에는 예수를 영접하지 않음(요 7:5)
	시몬	그리스도의 생존 시에는 예수를 영접하지 않음(요 7:5)
	유다	유다서의 저자(유 1)
		초대교회의 지도자(고전 9:5)
	누이들	나사렛에서 결혼하고 거주함(마 13:56)

마가 6:1-6 상

고향에서 배척을 받으시다

1 예수께서 거기를 떠나사 고향으로 가시니 제자들도 따르니라 2 안식일
이 되어 회당에서 가르치시니 많은 사람이 듣고 놀라 이르되 이 사람이 어
디서 이런 것을 얻었느냐 이 사람이 받은 지혜와 그 손으로 이루어지는 이
런 권능이 어찌됨이냐 3 이 사람이 마리아의 아들 목수가 아니냐 야고보
와 요셉과 유다와 시몬의 형제가 아니냐 그 누이들이 우리와 함께 여기 있
지 아니하냐 하고 예수를 배척한지라 4 예수께서 그들에게 이르시되 선지
자가 자기 고향과 자기 친척과 자기 집 외에서는 존경을 받지 못함이 없느
니라 하시며 5 거기서는 아무 권능도 행하실 수 없어 다만 소수의 병자에
게 안수하여 고치실 뿐이었고 6 상 그들이 믿지 않음을 이상히 여기셨더라

마태 9:35-38, 마가 6:6 하

- 갈릴리 3차 사역 여행 -

마태 9:35-38

무리를 불쌍히 여기시다

35 예수께서 모든 도시와 마을에 두루 다니사 그들의 회당에서 가르치시며 천국 복음을 전파하시며 모든 병과

모든 약한 것을 고치시니라 36 무리를 보시고 불쌍히 여기시니 이는 그들이 목자 없는 양과 같이 고생하며 기진
함이라 37 이에 제자들에게 이르시되 추수할 것은 많되 일꾼이 적으니 38 그러므로 추수하는 주인에게 청하여 추
수할 일꾼들을 보내 주소서 하라 하시니라

마가 6:6 하

6 하 이에 모든 촌에 두루 다니시며 가르치시더라

마태 10:1, 5~11:1, 14:1-2, 마가 6:7-16, 30, 누가 9:1-10 상

- 제자들 파송과 헤롯의 불안, 제자들의 귀환 -

❖ 제자들을 파송
예수님께서는 복음 전파를 위해 제자들을 파송하시면서 가장 기본적인 준비도 허락지 않으셨다. 제자들은 최악의 조건에 처한 것이다. 대신에 병 고치고 귀신을 제어하는 능력을 주셨다. 이는 하나님의 일이 인간의 힘에 의해서가 아니라 하나님의 권능으로 이루어지는 것임을 깨닫게 하시기 위함이었다. 그러므로 여기서 모든 일에 하나님을 의지하고 그의 능력을 구하는 것이 중요함을 알 수 있다.

마태 10 :1, 5~11:1

열두 제자를 부르시다

10:1 1 예수께서 그의 열두 제자를 부르사 더러운 귀신을 쫓아내며 모든
병과 모든 약한 것을 고치는 권능을 주시니라

10:5-42 5 예수께서 이 열둘을 내보내시며 명하여 이르시되 이방인의 길로도 가지 말고 사마리아인의 고을에도
들어가지 말고 6 오히려 이스라엘 집의 잃어버린 양에게로 가라 7 가면서 전파하여 말하되 천국이 가까이 왔다
하고 8 병든 자를 고치며 죽은 자를 살리며 나병환자를 깨끗하게 하며 귀신을 쫓아내되 너희가 거저 받았으니 거
저 주라 9 너희 전대에 금이나 은이나 동을 가지지 말고 10 여행을 위하여 배낭이나 두 벌 옷이나 신이나 지팡이
를 가지지 말라 이는 일꾼이 자기의 먹을 것 받는 것이 마땅함이라 11 어떤 성이나 마을에 들어가든지 그 중에 합
당한 자를 찾아내어 너희가 떠나기까지 거기서 머물라 12 또 그 집에 들어가면서 평안하기를 빌라 13 그 집이 이
에 합당하면 너희 빈 평안이 거기 임할 것이요 만일 합당하지 아니하면 그 평안이 너희에게 돌아올 것이니라 14
누구든지 너희를 영접하지도 아니하고 너희 말을 듣지도 아니하거든 그 집이나 성에서 나가 너희 발의 먼지를
떨어 버리라 15 내가 진실로 너희에게 이르노니 심판 날에 소돔과 고모라 땅이 그 성보다 견디기 쉬우리라

미움을 받을 것이다

16 보라 내가 너희를 보냄이 양을 이리 가운데로 보냄과 같도다 그러므로 너희는 뱀 같이 지혜롭고 비둘기 같이
순결하라 17 사람들을 삼가라 그들이 너희를 공회에 넘겨주겠고 그들의 회당에서 채찍질하리라 18 또 너희가 나
로 말미암아 총독들과 임금들 앞에 끌려 가리니 이는 그들과 이방인들에게 증거가 되게 하려 하심이라 19 너희
를 넘겨 줄 때에 어떻게 또는 무엇을 말할까 염려하지 말라 그 때에 너희에게 할 말을 주시리니 20 말하는 이는
너희가 아니라 너희 속에서 말씀하시는 이 곧 너희 아버지의 성령이시니라 21 장차 형제가 형제를, 아버지가 자식
을 죽는 데에 내주며 자식들이 부모를 대적하여 죽게 하리라 22 또 너희가 내 이름으로 말미암아 모든 사람에게
미움을 받을 것이나 끝까지 견디는 자는 구원을 얻으리라 23 이 동네에서 너희를 박해하거든 저 동네로 피하라
내가 진실로 너희에게 이르노니 이스라엘의 모든 동네를 다 다니지 못하여서 인자가 오리라

두려워할 분을 두려워하라

24 제자가 그 선생보다, 또는 종이 그 상전보다 높지 못하나니 25 제자가 그 선생 같고 종이 그 상전 같으면 족하
도다 집 주인을 바알세불이라 하였거든 하물며 그 집 사람들이랴 26 그런즉 그들을 두려워하지 말라 감추인 것이
드러나지 않을 것이 없고 숨은 것이 알려지지 않을 것이 없느니라 27 내가 너희에게 어두운 데서 이르는 것을 광
명한 데서 말하며 너희가 귓속말로 듣는 것을 집 위에서 전파하라 28 몸은 죽여도 영혼은 능히 죽이지 못하는 자

들을 두려워하지 말고 오직 몸과 영혼을 능히 지옥에 멸하실 수 있는 이를 두려워하라 29참새 두 마리가 한 앗사
리온에 팔리지 않느냐 그러나 너희 아버지께서 허락하지 아니하시면 그 하나도 땅에 떨어지지 아니하리라 30너
희에게는 머리털까지 다 세신 바 되었나니 31두려워하지 말라 너희는 많은 참새보다 귀하니라 32누구든지 사람
앞에서 나를 시인하면 나도 하늘에 계신 내 아버지 앞에서 그를 시인할 것이요 33누구든지 사람 앞에서 나를 부
인하면 나도 하늘에 계신 내 아버지 앞에서 그를 부인하리라

검을 주러 왔다

34내가 세상에 화평을 주러 온 줄로 생각하지 말라 화평이 아니요 검을
주러 왔노라 35내가 온 것은 사람이 그 아버지와, 딸이 어머니와, 며느리
가 시어머니와 불화하게 하려 함이니 36사람의 원수가 자기 집안 식구리
라 37아버지나 어머니를 나보다 더 사랑하는 자는 내게 합당하지 아니하고 아들이나 딸을 나보다 더 사랑하는
자도 내게 합당하지 아니하며 38또 자기 십자가를 지고 나를 따르지 않는 자도 내게 합당하지 아니하니라 39자
기 목숨을 얻는 자는 잃을 것이요 나를 위하여 자기 목숨을 잃는 자는 얻으리라

마 10:34-39
학습 자료 71-6
"불화(不和)를 주러 오신 예수" 참조

상을 받을 사람

40너희를 영접하는 자는 나를 영접하는 것이요 나를 영접하는 자는 나를 보내신 이를 영접하는 것이니라 41선지
자의 이름으로 선지자를 영접하는 자는 선지자의 상을 받을 것이요 의인의 이름으로 의인을 영접하는 자는 의인
의 상을 받을 것이요 42또 누구든지 제자의 이름으로 이 작은 자 중 하나에게 냉수 한 그릇이라도 주는 자는 내
가 진실로 너희에게 이르노니 그 사람이 결단코 상을 잃지 아니하리라 하시니라
11:1 1예수께서 열두 제자에게 명하기를 마치시고 이에 그들의 여러 동네에서 가르치시며 전도하시려고 거기를
떠나가시니라

마태 14:1-2

세례 요한의 죽음

1그 때에 분봉 왕 헤롯이 예수의 소문을 듣고 2그 신하들에게 이르되 이는 세례 요한이라 그가 죽은 자 가운데
서 살아났으니 그러므로 이런 능력이 그 속에서 역사하는도다 하더라

마가 6:7-16, 30

6:7-16 7열두 제자를 부르사 둘씩 둘씩 보내시며 더러운 귀신을 제어하는 권능을 주시고 8명하시되 여행을 위하
여 지팡이 외에는 양식이나 배낭이나 전대의 돈이나 아무 것도 가지지 말며 9신만 신고 두 벌 옷도 입지 말라 하시
고 10또 이르시되 어디서든지 누구의 집에 들어가거든 그 곳을 떠나기까지 거기 유하라 11어느 곳에서든지 너희를
영접하지 아니하고 너희 말을 듣지도 아니하거든 거기서 나갈 때에 발 아래 먼지를 떨어버려 그들에게 증거를 삼으
라 하시니 12제자들이 나가서 회개하라 전파하고 13많은 귀신을 쫓아내며 많은 병자에게 기름을 발라 고치더라

67일~72일

세례 요한의 죽음

14이에 예수의 이름이 드러난지라 헤롯 왕이 듣고 이르되 이는 세례 요한이 죽은 자 가운데서 살아났도다 그러
므로 이런 능력이 그 속에서 일어나느니라 하고 15어떤 이는 그가 엘리야라 하고 또 어떤 이는 그가 선지자니 옛
선지자 중의 하나와 같다 하되 16헤롯은 듣고 이르되 내가 목 벤 요한 그가 살아났다 하더라
6:30 30사도들이 예수께 모여 자기들이 행한 것과 가르친 것을 낱낱이 고하니

누가 9:1-10상

열두 제자를 보내시다

1예수께서 열두 제자를 불러 모으사 모든 귀신을 제어하며 병을 고치는 능력과 권위를 주시고 2하나님의 나라

를 전파하며 앓는 자를 고치게 하려고 내보내시며 3 이르시되 여행을 위
하여 아무 것도 가지지 말라 지팡이나 배낭이나 양식이나 돈이나 두 벌
옷을 가지지 말며 4 어느 집에 들어가든지 거기서 머물다가 거기서 떠나라
5 누구든지 너희를 영접하지 아니하거든 그 성에서 떠날 때에 너희 발에
서 먼지를 떨어 버려 그들에게 증거를 삼으라 하시니 6 제자들이 나가 각
마을에 두루 다니며 곳곳에 복음을 전하며 병을 고치더라

❖ **제자들의 파송과 헤롯의 불안**
예수님은 제자들을 세우고 실전훈련을 보내면서 하나님의 능력을 의지하는 법을 가르친다. 이것은 신위를 의지하는 주요한 훈련이다. 하나님의 일은 하나님의 방법으로 해야 한다는 것을 가르쳐 주는 중요한 대목이다. 이에 따라 예수님의 소문이 각처에 퍼지고 헤롯은 더욱 불안해진다.

헤롯이 듣고 심히 당황하다

7 분봉 왕 헤롯이 이 모든 일을 듣고 심히 당황하니 이는 어떤 사람은 요한이 죽은 자 가운데서 살아났다고도 하
며 8 어떤 사람은 엘리야가 나타났다고도 하며 어떤 사람은 옛 선지자 한 사람이 다시 살아났다고도 함이라 9 헤
롯이 이르되 요한은 내가 목을 베었거늘 이제 이런 일이 들리니 이 사람이 누군가 하며 그를 보고자 하더라 10상
사도들이 돌아와 자기들이 행한 모든 것을 예수께 여쭈니

제 6 부 : 갈릴리 지역 밖에서 강도 높은 제자 훈련(A.D. 29년 봄에서 가을까지)

이 기간 예수님은 갈릴리 지방을 3번씩이나 떠나서 오병이어의 기적, 물 위를 걸으시는 기적, 4000명을 먹이시는 기적, 많은 병자를 고치시는 사역, 그리고 바리새인들과의 논쟁 등을 통하여 제자들을 강도 높게 집중 훈련을 하신다.

1. 예수님이 첫 번째 갈릴리 지방을 떠나시다.

마태 14:13~15:20, 마가 6:31~7:23 누가 9:10하-17, 요한 6장

- 오병이어의 기적, 물 위를 걸으시는 예수님(갈릴리로 돌아감) / 바리새인과 전승(전통)에 관한 논쟁 -

❖ **마태와 마가복음서의 기사에서 보는 제자들의 자세**(마 14:15-17, 막 6:34-44)
예수님께서 제자들에게 무리들을 먹이도록 권했을 때 제자들의 대답이 어떠했는가를 유의해 보라. 그들은 3가지 이유를 들어 변명한다.
1) "여기는 빈들이요"- 공간적 이유
2) "때도 이미 저물었고" - 시간적 이유
3) "빵 다섯 개와 물고기 두 마리뿐" - 소유적 이유
다시 말하면, 우리는 거리가 너무 떨어져 있고, 또 시간도 없으며, 나눌 만큼 가진 것도 없다는 변명이다. 오늘 우리들이 가지고 있는 변명 바로 그것이다. 그리스도인의 사랑은 나눔과 섬김에 근거하고 있다는 것을 알아야 한다.

마태 14:13-36

오천 명을 먹이시다

13 예수께서 들으시고 배를 타고 떠나사 따로 빈 들에
가시니 무리가 듣고 여러 고을로부터 걸어
서 따라간지라 14 예수께서 나오사 큰 무리를 보시고 불쌍히 여기사 그 중에 있
는 병자를 고쳐 주시니라 15 저녁이 되매 제자들이 나아와 이르되 이곳은 빈
들이요 때도 이미 저물었으니 무리를 보내어 마을에 들어가 먹을 것을 사 먹
게 하소서 16 예수께서 이르시되 갈 것 없다 너희가 먹을 것을 주라 17 제자들이 이르되 여
기 우리에게 있는 것은 떡 다섯 개와 물고기 두 마리뿐이니이다 18 이르시되 그것을 내게 가져

67일~72일

오라 하시고 [19]무리를 명하여 잔디 위에 앉히시고 떡 다섯 개와 물고기 두
마리를 가지사 하늘을 우러러 축사하시고 떡을 떼어 제자들에게 주시매
제자들이 무리에게 주니 [20]다 배불리 먹고 남은 조각을 열두 바구니에 차
게 거두었으며 [21]먹은 사람은 여자와 어린이 외에 오천 명이나 되었더라

물 위로 걸으시다

[22]예수께서 즉시 제자들을 재촉하사 자기가 무리를 보내는 동안에 배를
타고 앞서 건너편으로 가게 하시고 [23]무리를 보내신 후에 기도하러 따로
산에 올라가시니라 저물매 거기 혼자 계시더니 [24]배가 이미 육지에서 수
리나 떠나서 바람이 거스르므로 물결로 말미암아 고난을 당하더라 [25]밤
사경에 예수께서 바다 위로 걸어서 제자들에게 오시니 [26]제자들이 그가
바다 위로 걸어오심을 보고 놀라 유령이라 하며 무서워하여 소리 지르거
늘 [27]예수께서 즉시 이르시되 안심하라 나니 두려워하지 말라 [28]베드로
가 대답하여 이르되 주여 만일 주님이시거든 나를 명하사 물 위로 오라
하소서 하니 [29]오라 하시니 베드로가 배에서 내려 물 위로 걸어서 예수께
로 가되 [30]바람을 보고 무서워 빠져 가는지라 소리 질러 이르되 주여 나
를 구원하소서 하니 [31]예수께서 즉시 손을 내밀어 그를 붙잡으시며 이르
시되 믿음이 작은 자여 왜 의심하였느냐 하시고 [32]배에 함께 오르매 바
람이 그치는지라 [33]배에 있는 사람들이 예수께 절하며 이르되 진실로 하
나님의 아들이로소이다 하더라

게네사렛에서 병자를 고치시다

[34]그들이 건너가 게네사렛 땅에 이르니 [35]그 곳 사람들이 예수이신 줄을
알고 그 근방에 두루 통지하여 모든 병든 자를 예수께 데리고 와서 [36]다
만 예수의 옷자락에라도 손을 대게 하시기를 간구하니 손을 대는 자는
다 나음을 얻으니라

십자가의 풍성한 만찬
예수님은 지금 오병이어로 많은 무리를 먹이신 사건을 비유적 사건으로 삼아 장차 자기 살과 피를 만민에게 풍성히 공급해 주어 그들을 영원히 살리실 것을 말씀하신다. 그래서 광야 시대는 만나로 일시적 생명만 공급되었지만, 이제 자기 자신을 주시는 일로 영원한 생명이 공급됨을 말씀하신다.
"내 살을 먹고 내 피를 마시는 자는 영생을 가졌고 마지막 날에 내가 그를 다시 살리리니 내 살은 참된 양식이요 내 피는 참된 음료로다. 이것은 하늘에서 내려온 떡이니 조상들이 먹고도 죽은 그것과 같지 아니하여 이 떡을 먹는 자는 영원히 살리라"(요 6:54-55, 58).
이렇게 과거 광야 시대를 회고하며, 장차 십자가로 만인에게 영생을 주실 일을 바라보는 구속사적(救贖史的) 전망 가운데서 오병이어의 기적을 베풀어 주셨다.

물 위를 걸으시는 예수님(갈릴리로 돌아감)
예수님께 떡과 고기를 얻어먹은 무리들은 예수님을 왕으로 삼으려는 소동을 일으켰다. 예수님은 제자들을 먼저 갈릴리로 보내고 소요 사태를 수습하시고 제자들이 탄 배를 따라잡기 위해 물 위를 걸어서 간다. 이것을 본 베드로도 물 위를 걷기를 원했고 예수님은 그럴 수 있도록 해주었다. 그러나 베드로는 금방 물에 빠지고 말았다. 베드로는 왜 물에 빠졌을까? 그는 그에게 그런 능력을 주신 예수님을 끝까지 의지하지 못하고 다가오는 파도를 보고 겁에 질렸기 때문이다. 그는 예수님으로부터 믿음이 약했다고 지적 받았다.

마태 15:1-20

장로들의 전통

[1]그 때에 바리새인과 서기관들이 예루살렘으로부터 예수께 나아와 이르되 [2]당신의 제자들이 어찌하여 장로들의
전통을 범하나이까 떡 먹을 때에 손을 씻지 아니하나이다 [3]대답하여 이르시되 너희는 어찌하여 너희의 전통으로
하나님의 계명을 범하느냐 [4]하나님이 이르셨으되 네 부모를 공경하라 하시고 또 아버지나 어머니를 비방하는 자
는 반드시 죽임을 당하리라 하셨거늘 [5]너희는 이르되 누구든지 아버지에게나 어머니에게 말하기를 내가 드려 유
익하게 할 것이 하나님께 드림이 되었다고 하기만 하면 [6]그 부모를 공경할 것이 없다 하여 너희의 전통으로 하나
님의 말씀을 폐하는도다 [7]외식하는 자들아 이사야가 너희에 관하여 잘 예언하였도다 일렀으되 [8]이 백성이 입술
로는 나를 공경하되 마음은 내게서 멀도다 [9]사람의 계명으로 교훈을 삼아 가르치니 나를 헛되이 경배하는도다
하였느니라 하시고 [10]무리를 불러 이르시되 듣고 깨달으라 [11]입으로 들어가는 것이 사람을 더럽게 하는 것이 아
니라 입에서 나오는 그것이 사람을 더럽게 하는 것이니라 [12]이에 제자들이 나아와 이르되 바리새인들이 이 말씀
을 듣고 걸림이 된 줄 아시나이까 [13]예수께서 대답하여 이르시되 심은 것마다 내 하늘 아버지께서 심으시지 않은
것은 뽑힐 것이니 [14]그냥 두라 그들은 맹인이 되어 맹인을 인도하는 자로다 만일 맹인이 맹인을 인도하면 둘이 다
구덩이에 빠지리라 하시니 [15]베드로가 대답하여 이르되 이 비유를 우리에게 설명하여 주옵소서 [16]예수께서 이르
시되 너희도 아직까지 깨달음이 없느냐 [17]입으로 들어가는 모든 것은 배로 들어가서 뒤로 내버려지는 줄 알지 못

하느냐 18 입에서 나오는 것들은 마음에서 나오나니 이것이야말로 사람을
더럽게 하느니라 19 마음에서 나오는 것은 악한 생각과 살인과 간음과 음
란과 도둑질과 거짓 증언과 비방이니 20 이런 것들이 사람을 더럽게 하는
것이요 씻지 않은 손으로 먹는 것은 사람을 더럽게 하지 못하느니라

마가 6:31-56

31 이르시되 너희는 따로 한적한 곳에 가서 잠깐 쉬어라 하시니 이는 오고
가는 사람이 많아 음식 먹을 겨를도 없음이라 32 이에 배를 타고 따로 한
적한 곳에 갈새 33 그들이 가는 것을 보고 많은 사람이 그들인 줄 안지라
모든 고을로부터 도보로 그 곳에 달려와 그들보다 먼저 갔더라 34 예수께
서 나오사 큰 무리를 보시고 그 목자 없는 양 같음으로 인하여 불쌍히 여
기사 이에 여러 가지로 가르치시더라 35 때가 저물어가매 제자들이 예수
께 나아와 여짜오되 이 곳은 빈 들이요 날도 저물어가니 36 무리를 보내어
두루 촌과 마을로 가서 무엇을 사 먹게 하옵소서 37 대답하여 이르시되 너
희가 먹을 것을 주라 하시니 여짜오되 우리가 가서 이백 데나리온의 떡을
사다 먹이리이까 38 이르시되 너희에게 떡 몇 개나 있는지 가서 보라 하시
니 알아보고 이르되 떡 다섯 개와 물고기 두 마리가 있더이다 하거늘 39
제자들에게 명하사 그 모든 사람으로 떼를 지어 푸른 잔디 위에 앉게 하
시니 40 떼로 백 명씩 또는 오십 명씩 앉은지라 41 예수께서 떡 다섯 개와
물고기 두 마리를 가지사 하늘을 우러러 축사하시고 떡을 떼어 제자들에
게 주어 사람들에게 나누어 주게 하시고 또 물고기 두 마리도 모든 사람
에게 나누시매 42 다 배불리 먹고 43 남은 떡 조각과 물고기를 열두 바구
니에 차게 거두었으며 44 떡을 먹은 남자는 오천 명이었더라

바다 위로 걸으시다

45 예수께서 즉시 제자들을 재촉하사 자기가 무리를 보내는 동안에 배 타
고 앞서 건너편 벳새다로 가게 하시고 46 무리를 작별하신 후에 기도하러
산으로 가시니라 47 저물매 배는 바다 가운데 있고 예수께서는 홀로 뭍에
계시다가 48 바람이 거스르므로 제자들이 힘겹게 노 젓는 것을 보시고 밤
사경쯤에 바다 위로 걸어서 그들에게 오사 지나가려고 하시매 49 제자들
이 그가 바다 위로 걸어 오심을 보고 유령인가 하여 소리 지르니 50 그들
이 다 예수를 보고 놀람이라 이에 예수께서 곧 그들에게 말씀하여 이르시
되 안심하라 내니 두려워하지 말라 하시고 51 배에 올라 그들에게 가시니
바람이 그치는지라 제자들이 마음에 심히 놀라니 52 이는 그들이 그 떡 떼
시던 일을 깨닫지 못하고 도리어 그 마음이 둔하여졌음이러라

게네사렛에서 병자를 고치시다

53 건너가 게네사렛 땅에 이르러 대고 54 배에서 내리니 사람들이 곧 예수
신 줄을 알고 55 그 온 지방으로 달려 돌아다니며 예수께서 어디 계시다는
말을 듣는 대로 병든 자를 침상째로 메고 나아오니 56 아무 데나 예수께
서 들어가시는 지방이나 도시나 마을에서 병자를 시장에 두고 예수께 그의 옷 가에라도 손을 대게 하시기를 간
구하니 손을 대는 자는 다 성함을 얻으니라

❖ 마 15:1-20 **장로들의 전통**

성경을 읽고 그 깨달음이 없는 신앙생활이 아닌 교회 생활만이 있을 뿐이다.
이들은 교인일 수는 있어도 성도(聖徒)일 수 없다. 성도는 한자로 거룩할 聖, 무리 徒라고 적는다. 곧 구별된 무리, 곧 제자라는 말이다. 이들은 Churchian이 아닌, Christian들이다.
삶의 기준을 하나님의 말씀(성경)으로 삼지 않고, 자기들의 전승으로 삼는 자들은 비록 바리새인들만이 아니다. 오늘 날 성경의 가르침을 무시하고 자기의 기준을 내세워 교회 생활을 하는 현대판 바리새인들이 한국 교회에 너무 많다는 것이 이 시대 고통의 원인이라는 사실을 깨닫고 회개해야 한다.

☞ **딤후 4:3-4** 때가 이르리니 사람이 바른 교훈을 받지 아니하며 귀가 가려워서 자기의 사욕을 따를 스승을 많이 두고 또 그 귀를 진리에서 돌이켜 허탄한 이야기를 따르리라

☞ **딤후 3:5** 경건의 모양은 있으나 경건의 능력은 부인하니 이 같은 자들에게서 네가 돌아서라

그러므로 아래 구절을 깊이 묵상하고 반성해야 한다. 왜냐하면 그렇게 하지 않으면 반드시 벌한다(6절)고 하셨기 때문이다.

☞ **고후 10:4-6** 우리의 싸우는 무기는 육신에 속한 것이 아니요 오직 어떤 견고한 진도 무너뜨리는 하나님의 능력이라 모든 이론을 무너뜨리며 하나님 아는 것을 대적하여 높아진 것을 다 무너뜨리고 모든 생각을 사로잡아 그리스도에게 복종하게 하니 너희의 복종이 온전하게 될 때에 모든 복종하지 않는 것을 벌하려고 준비하는 중에 있노라

❖ **물 위를 걸으시는 예수님**(갈릴리로 돌아감)

물 위를 걸으시는 예수의 모습은 자연과 우주를 지배하시는 하나님이심을 증거하고 있다. 또한 그의 능력은 자신을 믿는 자에게까지 자연을 극복하는 능력을 주심을 베드로를 통해 보여 주셨다. 그러나 믿음이 약해 받은바 은혜를 활용하지 못하는 베드로의 모습은 오늘을 살아가는 모든 인간의 모습이며, 하나님을 의지해야 할 이유를 설명해 주고 있다.

마가 7:1-23

장로들의 전통

1 바리새인들과 또 서기관 중 몇이 예루살렘에서 와서 예수께 모여들었다
가 2 그의 제자 중 몇 사람이 부정한 손 곧 씻지 아니한 손으로 떡 먹는 것
을 보았더라 3 (바리새인들과 모든 유대인들은 장로들의 전통을 지키어 손을 잘 씻지
않고서는 음식을 먹지 아니하며 4 또 시장에서 돌아와서도 물을 뿌리지 않고서는 먹지 아
니하며 그 외에도 여러 가지를 지키어 오는 것이 있으니 잔과 주발과 놋그릇을 씻음이러
라) 5 이에 바리새인들과 서기관들이 예수께 묻되 어찌하여 당신의 제자
들은 장로들의 전통을 준행하지 아니하고 부정한 손으로 떡을 먹나이까
6 이르시되 이사야가 너희 외식하는 자에 대하여 잘 예언하였도다 기록하
였으되 이 백성이 입술로는 나를 공경하되 마음은 내게서 멀도다 7 사람
의 계명으로 교훈을 삼아 가르치니 나를 헛되이 경배하는도다 하였느니
라 8 너희가 하나님의 계명은 버리고 사람의 전통을 지키느니라 9 또 이르
시되 너희가 너희 전통을 지키려고 하나님의 계명을 잘 저버리는도다 10
모세는 네 부모를 공경하라 하고 또 아버지나 어머니를 모욕하는 자는 죽
임을 당하리라 하였거늘 11 너희는 이르되 사람이 아버지에게나 어머니
에게나 말하기를 내가 드려 유익하게 할 것이 고르반 곧 하나님께 드림이
되었다고 하기만 하면 그만이라 하고 12 자기 아버지나 어머니에게 다시 아무 것도 하여 드리기를 허락하지 아니
하여 13 너희가 전한 전통으로 하나님의 말씀을 폐하며 또 이같은 일을 많이 행하느니라 하시고 14 무리를 다시
불러 이르시되 너희는 다 내 말을 듣고 깨달으라 15 무엇이든지 밖에서 사람에게로 들어가는 것은 능히 사람을
더럽게 하지 못하되 16 사람 안에서 나오는 것이 사람을 더럽게 하는 것이니라 하시고 17 무리를 떠나 집으로 들
어가시니 제자들이 그 비유를 묻자온대 18 예수께서 이르시되 너희도 이렇게 깨달음이 없느냐 무엇이든지 밖에
서 들어가는 것이 능히 사람을 더럽게 하지 못함을 알지 못하느냐 19 이는 마음으로 들어가지 아니하고 배로 들
어가 뒤로 나감이라 이러므로 모든 음식물을 깨끗하다 하시니라 20 또 이르시되 사람에게서 나오는 그것이 사람
을 더럽게 하느니라 21 속에서 곧 사람의 마음에서 나오는 것은 악한 생각 곧 음란과 도둑질과 살인과 22 간음과
탐욕과 악독과 속임과 음탕과 질투와 비방과 교만과 우매함이니 23 이 모든 악한 것이 다 속에서 나와서 사람을
더럽게 하느니라

❖ 막 7:1-23
정결례는 하나님의 백성으로 거룩하기 위한 것이다. 그러나 바리새인들은 자신들의 거룩함을 자랑하기 위한 수단으로 삼았다. 그러면서 자신들은 율법을 이용해 욕심을 채웠다. 예수께서는 그들의 율법 준수가 얼마나 부질없고 가증스러운 것인지를 지적하신 것이다. 참된 정결은 율법의 준수와 같은 종교적 형식을 지키는 것이 아니라 하나님의 뜻대로 사는 거룩한 삶에 있음을 교훈하신 것이다.
한편 예수께서 바리새인들을 비난하신 것은 고르반이라는 랍비의 전통이다. 고르반, 즉 하나님께 드렸다고 말함으로써 다른 사람에게 그것을 주는 것이 금지되었고 하나님과 자신을 위해서만 사용하도록 하였다. 이를 악용해서 아들이 부모를 섬기지 않고 자신의 필요만을 채웠다.

막 7:7
학습 자료 71-7 "장로들의 유전" 참조

막 7:11
학습 자료 71-8 "고르반" 참조

누가 9:10 하 -17

오천 명을 먹이시다

67일~72일

10하 데리시고 따로 벳새다라는 고을로 떠나 가셨으나 11 무리가 알고 따라왔거늘 예수께서 그들을 영접하사 하
나님 나라의 일을 이야기하시며 병 고칠 자들은 고치시더라 12 날이 저물어 가매 열두 사도가 나아와 여짜오되
무리를 보내어 두루 마을과 촌으로 가서 유하며 먹을 것을 얻게 하소서 우리가 있는 여기는 빈 들이니이다 13 예
수께서 이르시되 너희가 먹을 것을 주라 하시니 여짜오되 우리에게 떡 다섯 개와 물고기 두 마리밖에 없으니 이
모든 사람을 위하여 먹을 것을 사지 아니하고서는 할 수 없사옵나이다 하니 14 이는 남자가 한 오천 명 됨이러라
제자들에게 이르시되 떼를 지어 한 오십 명씩 앉히라 하시니 15 제자들이 이렇게 하여 다 앉힌 후 16 예수께서 떡
다섯 개와 물고기 두 마리를 가지사 하늘을 우러러 축사하시고 떼어 제자들에게 주어 무리에게 나누어 주게 하
시니 17 먹고 다 배불렀더라 그 남은 조각을 열두 바구니에 거두니라

요한 6장

오천 명을 먹이시다.

1 그 후에 예수께서 디베랴의 갈릴리 바다 건너편으로 가시매 2 큰 무리
가 따르니 이는 병자들에게 행하시는 표적을 보았음이러라 3 예수께서 산
에 오르사 제자들과 함께 거기 앉으시니 4 마침 유대인의 명절인 유월절이
가까운지라 5 예수께서 눈을 들어 큰 무리가 자기에게로 오는 것을 보시
고 빌립에게 이르시되 우리가 어디서 떡을 사서 이 사람들을 먹이겠느냐
하시니 6 이렇게 말씀하심은 친히 어떻게 하실지를 아시고 빌립을 시험하
고자 하심이라 7 빌립이 대답하되 각 사람으로 조금씩 받게 할지라도 이
백 데나리온의 떡이 부족하리이다 8 제자 중 하나 곧 시몬 베드로의 형제
안드레가 예수께 여짜오되 9 여기 한 아이가 있어 보리떡 다섯 개와 물고
기 두 마리를 가지고 있나이다 그러나 그것이 이 많은 사람에게 얼마나 되
겠사옵나이까 10 예수께서 이르시되 이 사람들로 앉게 하라 하시니 그 곳
에 잔디가 많은지라 사람들이 앉으니 수가 오천 명쯤 되더라 11 예수께서
떡을 가져 축사하신 후에 앉아 있는 자들에게 나눠 주시고 물고기도 그렇
게 그들의 원대로 주시니라 12 그들이 배부른 후에 예수께서 제자들에게
이르시되 남은 조각을 거두고 버리는 것이 없게 하라 하시므로 13 이에 거
두니 보리떡 다섯 개로 먹고 남은 조각이 열두 바구니에 찼더라 14 그 사
람들이 예수께서 행하신 이 표적을 보고 말하되 이는 참으로 세상에 오실
그 선지자라 하더라 15 그러므로 예수께서 그들이 와서 자기를 억지로 붙
들어 임금으로 삼으려는 줄 아시고 다시 혼자 산으로 떠나 가시니라

바다 위로 걸어오시다

16 저물매 제자들이 바다에 내려가서 17 배
를 타고 바다를 건너 가버나움으로 가는데
이미 어두웠고 예수는 아직 그들에게 오
시지 아니하셨더니 18 큰 바람이 불어
파도가 일어나더라 19 제자들이 노를
저어 십여 리쯤 가다가 예수께서 바다 위로 걸어 배에 가까이 오심을 보고 두
려워하거늘 20 이르시되 내니 두려워하지 말라 하신대 21 이에 기뻐서 배로 영접하니 배는 곧 그들이 가려던 땅
에 이르렀더라

생명의 떡

22 이튿날 바다 건너편에 서 있던 무리가 배 한 척 외에 다른 배가 거기 없는 것과 또 어제 예수께서 제자들과 함
께 그 배에 오르지 아니하시고 제자들만 가는 것을 보았더니 23 (그러나 디베랴에서 배들이 주께서 축사하신 후 여럿이 떡
먹던 그 곳에 가까이 왔더라) 24 무리가 거기에 예수도 안 계시고 제자들도 없음을 보고 곧 배들을 타고 예수를 찾으
러 가버나움으로 가서 25 바다 건너편에서 만나 랍비여 언제 여기 오셨나이까 하니 26 예수께서 대답하여 이르
시되 내가 진실로 진실로 너희에게 이르노니 너희가 나를 찾는 것은 표적을 본 까닭이 아니요 떡을 먹고 배부른
까닭이로다 27 썩을 양식을 위하여 일하지 말고 영생하도록 있는 양식을 위하여 하라 이 양식은 인자가 너희에
게 주리니 인자는 아버지 하나님께서 인치신 자니라 28 그들이 묻되 우리가 어떻게 하여야 하나님의 일을 하오
리이까 29 예수께서 대답하여 이르시되 하나님께서 보내신 이를 믿는 것이 하나님의 일이니라 하시니 30 그들이
묻되 그러면 우리가 보고 당신을 믿도록 행하시는 표적이 무엇이니이까, 하시는 일이 무엇이니이까 31 기록된 바

오병이어의 기적

오병이어의 기적을 자유주의 신학자들은 기적이 일어난 것이 아니고, 예수의 가르침에 감동한 소녀가 자기의 도시락을 내놓자, 예수님이 그것을 축복하자 나머지 사람들도 자기 도시락을 다 꺼내 놓았다고 주장한다. 자유주의 신학자들은 신비를 인정하지 않고 인간의 이성으로 이해할 수 있는 것만 인정하는 이단성이 강한 신학이다.

이 오병이어의 기적은 구약에서 사르밧 과부의 집에 가루와 기름이 떨어지지 않고 계속 남아 있었던 사건에서도 동일한 이적을 볼 수 있다(왕상 17:16). 또한 이 사건 후에 사람들이 예수를 자신들의 왕으로 삼으려고 했다는 기록은 이 사건이 진짜로 발생한 역사적 사실이었음을 증거하고 있다. 유대인들은 애굽으로부터 해방을 기념하는 유월절 기간에 메시아가 임재하실 것이라고 믿었다. 그런데 오병이어의 이적이 일어난 것도 유월절 기간이었다. 또한 유대인들은 메시아가 제2의 모세로서 만나의 기적을 재현하실 것이라고 믿었다. 그래서 예수를 유대의 왕으로 삼고자 했다. 유대인이 생각했던 정치적, 경제적 메시아사상을 오병이어로 오천 명을 먹이신 예수보다 더 적절하게 실현한 사람은 역사상 아무도 없었기 때문이다.

유대인은 배고픔과 정치적 압제에서 해방해 줄 메시아를 고대하였다. 그러나 예수께서는 인간의 고통이 육체적인 욕구로 해결되는 것이 아님을 아셨다. 예수께서는 배고픈 자들을 향한 그리스도의 자비와 자신을 따르는 자가 받을 영혼의 양식에 관해 계시하시고자 하셨다. 이런 점에서 오병이어의 이적은 만나 이적의 재현이며, 출애굽이 아니라 죄로부터의 해방에 관한 하나님의 메시지를 담고 있다.

67일~
72일

하늘에서 그들에게 떡을 주어 먹게 하였다 함과 같이 우리 조상들은 광
야에서 만나를 먹었나이다 32 예수께서 이르시되 내가 진실로 진실로 너
희에게 이르노니 모세가 너희에게 하늘로부터 떡을 준 것이 아니라 내 아
버지께서 너희에게 하늘로부터 참 떡을 주시나니 33 하나님의 떡은 하늘
에서 내려 세상에 생명을 주는 것이니라 34 그들이 이르되 주여 이 떡을
항상 우리에게 주소서 35 예수께서 이르시되 나는 생명의 떡이니 내게 오
는 자는 결코 주리지 아니할 터이요 나를 믿는 자는 영원히 목마르지 아
니하리라 36 그러나 내가 너희에게 이르기를 너희는 나를 보고도 믿지 아
니하는도다 하였느니라 37 아버지께서 내게 주시는 자는 다 내게로 올 것
이요 내게 오는 자는 내가 결코 내쫓지 아니하리라 38 내가 하늘에서 내려
온 것은 내 뜻을 행하려 함이 아니요 39 나를 보내신 이의 뜻을 행하려 함
이니라 나를 보내신 이의 뜻은 내게 주신 자 중에 내가 하나도 잃어버리
지 아니하고 마지막 날에 다시 살리는 이것이니라 40 내 아버지의 뜻은 아
들을 보고 믿는 자마다 영생을 얻는 이것이니 마지막 날에 내가 이를 다
시 살리리라 하시니라 41 자기가 하늘에서 내려온 떡이라 하시므로 유대
인들이 예수에 대하여 수군거려 42 이르되 이는 요셉의 아들 예수가 아니냐 그 부모를 우리가 아는데 자기가 지
금 어찌하여 하늘에서 내려왔다 하느냐 43 예수께서 대답하여 이르시되 너희는 서로 수군거리지 말라 44 나를 보
내신 아버지께서 이끌지 아니하시면 아무도 내게 올 수 없으니 오는 그를 내가 마지막 날에 다시 살리리라 45 선
지자의 글에 그들이 다 하나님의 가르치심을 받으리라 기록되었은즉 아버지께 듣고 배운 사람마다 내게로 오느
니라 46 이는 아버지를 본 자가 있다는 것이 아니니라 오직 하나님에게서 온 자만 아버지를 보았느니라 47 진실로
진실로 너희에게 이르노니 믿는 자는 영생을 가졌나니 48 내가 곧 생명의 떡이니라 49 너희 조상들은 광야에서
만나를 먹었어도 죽었거니와 50 이는 하늘에서 내려오는 떡이니 사람으로 하여금 먹고 죽지 아니하게 하는 것이
니라 51 나는 하늘에서 내려온 살아 있는 떡이니 사람이 이 떡을 먹으면 영생하리라 내가 줄 떡은 곧 세상의 생명
을 위한 내 살이니라 하시니라 52 그러므로 유대인들이 서로 다투어 이르되 이 사람이 어찌 능히 자기 살을 우리
에게 주어 먹게 하겠느냐 53 예수께서 이르시되 내가 진실로 진실로 너희에게 이르노니 인자의 살을 먹지 아니하
고 인자의 피를 마시지 아니하면 너희 속에 생명이 없느니라 54 내 살을 먹고 내 피를 마시는 자는 영생을 가졌고
마지막 날에 내가 그를 다시 살리리니 55 내 살은 참된 양식이요 내 피는 참된 음료로다 56 내 살을 먹고 내 피를
마시는 자는 내 안에 거하고 나도 그의 안에 거하나니 57 살아 계신 아버지께서 나를 보내시매 내가 아버지로 말
미암아 사는 것 같이 나를 먹는 그 사람도 나로 말미암아 살리라 58 이것은 하늘에서 내려온 떡이니 조상들이 먹
고도 죽은 그것과 같지 아니하여 이 떡을 먹는 자는 영원히 살리라 59 이 말씀은 예수께서 가버나움 회당에서 가
르치실 때에 하셨느니라

영생의 말씀

60 제자 중 여럿이 듣고 말하되 이 말씀은 어렵도다 누가 들을 수 있느냐 한대 61 예수께서 스스로 제자들이 이
말씀에 대하여 수군거리는 줄 아시고 이르시되 이 말이 너희에게 걸림이 되느냐 62 그러면 너희는 인자가 이전에
있던 곳으로 올라가는 것을 본다면 어떻게 하겠느냐 63 살리는 것은 영이니 육은 무익하니라 내가 너희에게 이
른 말은 영이요 생명이라 64 그러나 너희 중에 믿지 아니하는 자들이 있느니라 하시니 이는 예수께서 믿지 아니
하는 자들이 누구며 자기를 팔 자가 누구인지 처음부터 아심이러라 65 또 이르시되 그러므로 전에 너희에게 말
하기를 내 아버지께서 오게 하여 주지 아니하시면 누구든지 내게 올 수 없다 하였노라 하시니라 66 그 때부터 그
의 제자 중에서 많은 사람이 떠나가고 다시 그와 함께 다니지 아니하더라 67 예수께서 열두 제자에게 이르시되
너희도 가려느냐 68 시몬 베드로가 대답하되 주여 영생의 말씀이 주께 있사오니 우리가 누구에게로 가오리이까

요 6:32
학습 자료 71-9 "진실로, 진실로" 참조

❖ 오병이어 기적 후 '생명의 떡'에 관한 교훈
예수님은 이 오병이어의 기적을 통해 그의 지상 사역을 제자들에게 설명한다. 예수님은 이 땅에서 많은 육체적 필요를 채워주시는 사역도 감당하셨지만, 그의 사명은 바로 영생을 위한 양식을 먹이는 것이다. 그것은 하나님의 복음이다. 그리고 그분 자신이 바로 그 생명의 떡이라고 말해 준다. 예수님은 여기서 처음으로 "나는 ... 이다"라는 직설 화법을 사용하여 그분이 메시아라는 정체성을 보여 주기 시작한다. 여기서 예수님은 "나는 생명의 떡이다"라고 말씀해 주신다. 이 이외에도 요한은 예수님이 세상의 빛(8:12, 9:5), 양의 문(10:7, 9), 선한 목자(10:11, 14), 부활이요 생명(11:25), 길이요 진리요 생명(14:6), 그리고 참 포도나무(15:1, 5)라고 하셨음을 밝혀 준다.

69 우리가 주는 하나님의 거룩하신 자이신 줄 믿고 알았사옵나이다 70 예수께서 대답하시되 내가 너희 열둘을 택
하지 아니하였느냐 그러나 너희 중의 한 사람은 마귀니라 하시니 71 이 말씀은 가룟 시몬의 아들 유다를 가리키
심이라 그는 열둘 중의 하나로 예수를 팔 자러라

요한복음이 보여 주는 예수님

명칭	의미
인자 (6:27)	예수님이 자신을 지칭할 때 가장 자주 쓰셨던 말이다. 예수님의 인성을 강조하는 동시에, 결국은 예수님 자신의 신성을 주장하시는 표현이다.
생명의 떡 (5:35)	예수님은 우리에게 생명을 주시는 분이라는 표현이다. 예수님만이 생명의 근원이시다.
세상의 빛 (8:12)	빛은 영적인 진리의 상징이다. 예수님만이 모든 사람이 필요로 하는 영적인 진리에 대한 답이다.
양의 문 (10:7)	예수님만이 우리를 하나님의 왕국으로 인도하는 유일한 문이다.
선한 목자 (10:11)	구약의 '메시아' 이미지를 예수님이 사용하신 것이다. 이것은 예수님의 사랑과 인도자의 역할을 강조한 명칭이다.
부활 생명 (11:25)	예수님은 생명의 원천일 뿐만 아니라, 죽음을 이기는 권세를 가지신 분이다.
길, 진리, 생명 (14:6)	예수님은 모든 사람들을 위한 방법이고, 메시지이고, 의미이다. 이러한 명칭들은 예수님이 이 땅에 오신 목적을 보여 준다.
포도나무 (15:1)	이 명칭에는 중요한 부분이 항상 따라붙게 되는데, 그것은 바로 "그리고 너희는 가지니라"라는 말이다 예수님은 이 말을 통해 가지가 포도나무로부터 생명을 얻고, 포도나무를 떠나서 독자적으로 살아갈 수 없는 것처럼 우리도 예수님께 의지하여 영적인 생명을 얻지 않으면 살아갈 수 없다는 사실을 상기시켜 준다.

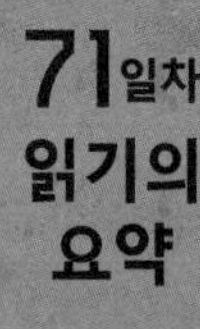

71일차 읽기의 요약

(눅 7:36~50, 8:1~3, 마 14:6~12, 막 6:21~29, 마 12:22~50, 막 3:20~35, 눅 8:19~21, 마 13:1~53, 막 4:1~34, 눅 8:4~18, 마 8:18, 23~9:1, 막 4:35~5:20, 눅 8:22~39, 마 9:18~34, 막 5:21~43, 눅 8:40~56, 마 13:54~58, 막 6:1~6(상), 마 9:35~38, 막 6:6(하), 마 10:1, 5~11:1, 14:1~2, 막 6:7~16, 30, 눅 9:1~10(상), 마 14:13~15:20, 막 6:31~7:23, 눅 9:10(하)~17, 요 6)

예수님께서는 공생애 둘째 해부터 약 1년 반 정도의 긴 시간을 갈릴리 지역에서 많은 사역을 하셨다. 무리를 상대로 복음을 전하시고 귀신을 내쫓으시며 병을 고치셨을 뿐만 아니라 열두 제자들을 확정하여 세우시고 집중적으로 훈련한다.

이즈음 예루살렘에서 세례 요한은 헤롯에 의해 참수형을 당한다. 이 상황을 아신 예수님은 갈릴리 지역 가버나움 시내를 벗어나 한적한 벳새다 들녘으로 가셔서 오병이어의 기적을 행하신다. 이 기적을 통해 예수님께서는 자신이 하늘로부터 내려온 생명의 떡임을 말씀하셨다. 광야 시대에 이스라엘 백성들은 날마다 하늘로부터 내리는 만나를 먹었지만, 그 만나는 일시적인 생명을 공급해 줄 뿐이었다. 이에 반해 예수님은 그 분 자신이 영생에 이르는 생명의 떡으로 이 땅에 오셨음을 말씀하셨다.

67일~
72일

그러면 어떻게 살 것인가?

인위뚝·신위고!

☑ 세계관 점검 - 묵상하기 (영상 강의와 교재 내용의 이해를 바탕으로)

✎ 마 12:38-42를 묵상하라. 오늘날 예수님을 부정하며 표적을 구하는 음란한 세대, 현대판 바리새인과 세속인은 누구인가?

✎ 씨 뿌리는 비유와 천국 비유들

이 부분은 예수님의 천국 복음의 Highlight를 보여 주는 아주 중요한 부분이다.

크게 7가지의 비유가 나오며 여기에 나오는 모든 비유는 하나님 나라에 관한 비유라는 점에서 매우 중요한 부분이다. 비유는 천상적 의미가 있는 세상적 이야기(an earthly story with heavenly meaning)라고 할 수 있다. 예수님이 이 진리를 비유로 가르치시는 이유는 가시적인 것(일상적인 일)으로 보이지 않는 영적 진리를 가르치고자 함이다. 기독교는 결코 공허한 진리를 가르치는 종교가 아니다.

✎ 마태 13장은 천국 비유의 장으로서 모두 7개의 천국을 설명하는 비유를 보여 준다.

1) 첫 4개(씨 뿌리는 자의 비유, 가라지 비유, 겨자씨 비유, 누룩 비유)는 무리에게 주는 비유이며,

2) 나머지 3개(감춰진 보화 비유, 진주 비유, 그물 비유)는 제자들에게 주는 비유이다.

씨 뿌리는 비유는 천국의 기원에 관해 설명하며, 가라지, 겨자씨, 누룩 비유는 천국은 사탄이 방해 공격을 하지만 꾸준히 자란다는 점을 설명하고, 감춰진 보화, 진주의 비유는 천국을 사모하고 찾는 사람들의 자세에 관해 설명하며, 그물 비유는 천국의 완성과 심판은 반드시 있다는 점을 설명한다.

☑ 1. 씨 뿌리는 자의 비유(마 13:1-9, 18-23)

• **말씀을 듣는 자에게 주는 의미**

예수님 당시 씨 뿌리는 방법은 사람이 뿌리는 것과 나귀가 뿌리는 것등 두 가지 방법을 주로 사용했으며, 예수님 당시 팔레스타인 지방의 경작지는 ①길 가에 있는 밭, ②돌밭, ③가시밭, ④옥토로 구분해 볼 수 있다. 각 경작지의 비유적 의미를 다음과 같이 설명한다.

① '길 가'는 강퍅한 마음을 말하며 명목상의 그리스도인을 의미한다. 이는 죄와 죄성이 지배하는 마음을 말한다. 마치 소귀에 경 읽기 식이다. 로마서 1:18-32에서 전형적인 강퍅한 마음이다.

② '돌밭'은 냄비 체질 같은 마음을 말한다. 부흥회 체질이라고나 할까. 은혜받아 금방 뜨거워졌다가 금방 식어버리는 마음을 뜻한다. 감상적, 감성적인 것에 의해 마음이 지배받는 사람들의 모습이다. 피상적인 그리스도인의 마음이다. 그들의 변덕스러움에 의리는 찾아보기 어렵다.

③ '가시밭'은 세상 근심과 걱정에 찌든 마음을 말한다. 이런 사람들은 자기중심성이 마음을 지배하는 사람, 세상적 이성(理性)이 마음을 강하게 지배하는 사람들이다. 세속적인 그리스도인의 모습이다. 성경에 여기 속한다고 생각되는 대표적인 두 사람의 마음을 볼 수 있다. 하나는 누가 12:15-21의 어느 부자처럼 곡간에 양식을 가득 채워 놓고 평안히 살자는 마음이고, 다른 하나는 누가 18:18-23에서 보는 어떤 부자 관리의 마음처럼 소유에 집착하여 나눔을 거절하는 마음을 말한다.

④ '옥토'는 그야말로 열린 마음이다. 열매 맺는 그리스도인의 모습이다. 예수님의 영성이 마음을 지배

하는 사람들이다.

· 에스겔서 36:25-27 "25 맑은 물을 너희에게 뿌려서 너희로 정결하게 하되 곧 너희 모든 더러운 것에서와 모든 우상 숭배에서 너희를 정결하게 할 것이며 26 또 새 영을 너희 속에 두고 새 마음을 너희에게 주되 너희 육신에서 굳은 마음을 제거하고 부드러운 마음을 줄 것이며 27 또 내 영을 너희 속에 두어 너희로 내 율례를 행하게 하리니 너희가 내 규례를 지켜 행할지라"

- **말씀을 전하는 자에게 주는 의미**

말씀을 전하는 자는 씨를 뿌리고 싹이 나도록 기다리는 심정을 가져야 하며, 말씀을 받는 자들의 마음 상태를 이해하라는 것이다. 눈물로 씨를 뿌리는 자는 기쁨으로 거둔다는 사실이 말하는 인내를 가져야 한다. 하나님 나라는 말씀의 왕성함에 의해서 자라난다는 사실을 교훈하고 있다는 사실을 말해 준다. 감성이나 감정으로 하나님 나라는 서지 않는다는 사실을 명심하여야 한다.

☑ 2. 가라지의 비유(마 13:24-30, 36-43)

밀과 가라지는 너무나 닮았다.

1) 하나님 나라를 이루어 가는 데 있어서 언제나 안과 밖으로 적대 세력이 있다(벧전 5:8).
2) 하나님 나라 사람과 아닌 자의 구별이 쉽지 않다. 함부로 가지치기 해서는 안 된다. 우리는 심판을 너무 쉽게 행사함을 본다. 심판은 끝까지 기다려야 한다.
3) 끝 날에 심판은 반드시 있다. 그리고 그 심판은 하나님의 몫이다.

☑ 3. 겨자 씨의 비유(마 13:31-32)

하나님 나라는 지극히 작은 시작으로부터 출발한다는 것이다.
하나님의 나라는 지극히 작은 것에서부터 시작하지만 그것은 반드시 온 세상이 다 찾을 만큼 큰 것이 된다는 것이다. 지극히 작은 곳에 있는 하나님 나라의 꿈. - 예수를 따르는 적은 무리를 본 제자들의 좌절감에 주는 예수님의 확신을 보여 주며, 큰 것에 환장하고 성공 주의에 빠져 목양은 없는 큰 목회만을 꿈꾸는 사람들을 경고하는 말씀이다. 하나님 나라는 그런 곳에 서지 않는다는 말이다. 작은 일, 한 생명 한 생명을 목양해 가는 그곳에 하나님 나라가 이루어져 간다는 것이다.
겨자씨는 작지만, 그 속에는 강한 생명력을 지니고 있다.
팔레스타인 지방의 겨자씨는 크기가 1mm이지만, 자라기는 1.5m~3m의 크기로 자란다고 한다.
새들에 쉼터를 제공하는 것은 결국 이웃을 위한 것이다. 가지가 많을수록 좋은 것이 교회와 하나님 나라의 특징이다. 이 비유는 하나님 나라가 작은 겨자씨로서 이미 임했지만, 그것은 아직 완성은 되지 않고 있다는 것을 말한다. 이것을 "이미 그러나 아직"(Already but not yet)의 접근법이다.

☑ 4. 누룩의 비유(마 13:33)

누룩은 히브리인에게는 악한 것으로 간주한다. 유월절 기간에 누룩을 제거해야 하므로 무교절을 누룩이 없는 절기라고 한다. 누룩의 발효력은 침습성(invasive)과 삼투성(pervasive)이 뛰어 난다. 이것은 변화의 능력을 말하며 바로 천국의 권능을 말하기도 한다. 하나님 나라는 변화를 요구하며, 하나님 나라는 환경의 변화를 시도하는 것이 아니고 사람을 변화시키는 것이다. 그리고 누룩의 보이지 않는 발효과정에는 끓어오르고, 부풀리게 되는 과정을 거친다. 이것은 변화의 과정에는 고통이 수반된다는 것을 말한다.
마리아의 찬가(눅 1:46-55 특히 52, 52절)에서 본 기독교의 세 가지 변화(혁명)에 대한 설명을 기억하는가?
1) 도덕적 변화 2) 사회의 혁명 3) 경제의 혁명
우리는 변화에 마음이 열려 있는가?

☑ 5. 보화의 비유(마 13:44)

☑ 6. 진주의 보화(마 13:45-46)

보화와 진주를 찾는 자 중에는 우연히 발견하는 자와 일부러 찾는 자 중에서 발견하는 자가 있을 것이다. 이 모든 것이 다 하나님의 은혜로 이루어진다. 불신자는 우연히 발견될 수 있으나 신자는 일부러 그 천국 보화와 진주를 찾는 자가 되어야 한다는 교훈이다.

1) 발견한 것의 가치를 인식하고(시 84:10, 시 19:10, 시 119:127-128, 빌 4:13-14),
2) 그것을 사겠다는 결단하는 자세를 가지고 ("구슬이 서 말이라도 엮어야 보배")
3) 그것을 사기 위해서 소유를 다 팔 정도의 열정과 헌신을 가져야 한다는 것이다. 다 팔았다는 것은 그것을 갖는 데 장애가 되는 것을 다 버렸다는 뜻이다. 이것은 하나님 나라를 소유하기 위해 자기중심성을 내려놓는다는 것을 말한다.
   루터의 찬송가 585장(통 384장) 3절 "친척과 재물과 명예와 생명을 다 빼앗긴대도"라고 노래한다.
   찰스 스펄젼 목사님은 이 보화를 입수하기 위해 팔아 버려야 할 것을 다음과 같이 말한다.
   ① 낡은 선입견 – 가치관의 변화
   ② 자신의 의 (self-righteousness) - 패러다임의 변화
   ③ 죄악된 삶의 습성

   · 이사야 55:1-2 "1 오호라 너희 모든 목마른 자들아 물로 나아오라 돈 없는 자도 오라 너희는 와서 사 먹되 돈 없이, 값없이 와서 포도주와 젖을 사라 2 너희가 어찌하여 양식이 아닌 것을 위하여 은을 달아 주며 배부르게 하지 못할 것을 위하여 수고하느냐 내게 듣고 들을지어다 그리하면 너희가 좋은 것을 먹을 것이며 너희 자신들이 기름진 것으로 즐거움을 얻으리라"

   천국 백성이 되어 예수님을 따르기 위해서 버려야 할 것은 버려야 한다.
4) 천국은 개인적인 점유가 되어야 한다. 성경의 진리를 내 것으로 만들어야 우리는 예수를 닮아가게 된다. 이것은 천국 백성의 의식화(意識化) 작업이다.

☑ 7. 그물의 비유(마 13:47-50)

마지막 때는 있고, 그때는 좋은 고기와 나쁜 고기가 나누어져 심판받는다는 말이다. 그때까지 교회는 그리고 이 세상의 천국에는 모두가 섞여 있다. 심판은 그 끝에, 그리고 하나님이 하시는 것이라는 사실을 명심하라. 심판은 절대적으로 오고, 그 구분은 이미 시작되어 있고, 그리고 그 결과는 영원하다.

✐ 병을 낫게 하려고 몰래 예수님을 touch 한 이 여인과, 예수님이 잡혀갈 때 자기의 신분을 감추려고 거리를 적당히 유지하면서 예수를 따라가는 베드로를 비교해서 묵상하라. 나는 어떤 자세로 예수님을 따라가고 있는가?

✐ 베드로는 왜 물에 빠졌을까? 그는 그에게 그런 능력을 주신 예수님을 보지 못하고, 몰아치는 파도를 보고 겁에 질려 버렸기 때문이다. 나는 예수님만을 바라보고 있는가?

✐ 바리새인들은 그들의 전승을 믿음의 표준으로 삼는 자들이다. 그러나 예수님은 하나님의 말씀이 믿음의 근거가 되어야 함을 가르쳐 준다. 성경 말씀이 언제나 최우선으로 따라야 할 규범이다. 전승이 말씀을 해석하게 하면 이단으로 빠진다. 그럼에도 딤후 4:3-4에서처럼, 자기 귀를 만족시켜 주는 "내가복음식" 진리를 찾는 자가 너무 많다는 것이 오늘날 우리의 모습이 아닐까? 이것을 해결하는 것은 성경뿐이다.
우리의 삶의 근본 기준이 성경인가?

☑ 결단기도와 실행하기

약 2:26 영혼 없는 몸이 죽은 것 같이 행함이 없는 믿음은 죽은 것이니라
시 119:28 나의 영혼이 눌림으로 말미암아 녹사오니 주의 말씀대로 나를 세우소서

67일~72일

2. 예수님이 두 번째 갈릴리 지방을 떠나시다.

마태 15:21~16:4, 마가 7:24~8:12

- 가나안(수로보니게) 여인의 믿음(두로와 시돈 지역) / 소경과 많은 병자를 고침 / 4000명을 먹임의 기적 / 바리새인과 전승(전통)에 관한 논쟁 -

마태 15: 21-39

가나안 여인의 믿음

21 예수께서 거기서 나가사 두로와 시돈 지방으로 들어가시니 22 가나안
여자 하나가 그 지경에서 나와서 소리 질러 이르되 주 다윗의 자손이여
나를 불쌍히 여기소서 내 딸이 흉악하게 귀신 들렸나이다 하되 23 예수
는 한 말씀도 대답하지 아니하시니 제자들이 와서 청하여 말하되 그 여자
가 우리 뒤에서 소리를 지르오니 그를 보내소서 24 예수께서 대답하여 이
르시되 나는 이스라엘 집의 잃어버린 양 외에는 다른 데로 보내심을 받지
아니하였노라 하시니 25 여자가 와서 예수께 절하며 이르되 주여 저를 도
우소서 26 대답하여 이르시되 자녀의 떡을 취하여 개들에게 던짐이 마땅
하지 아니하니라 27 여자가 이르되 주여 옳소이다마는 개들도 제 주인의
상에서 떨어지는 부스러기를 먹나이다 하니 28 이에 예수께서 대답하여
이르시되 여자여 네 믿음이 크도다 네 소원대로 되리라 하시니 그 때로부
터 그의 딸이 나으니라

많은 사람을 고치시다

29 예수께서 거기서 떠나사 갈릴리 호숫가
에 이르러 산에 올라가 거기 앉으시니 30
큰 무리가 다리 저는 사람과 장애인과 맹
인과 말 못하는 사람과 기타 여럿을 데리고
와서 예수의 발 앞에 앉히매 고쳐 주시니
31 말 못하는 사람이 말하고 장애인이 온전하게 되고 다리 저는 사람이 걸
으며 맹인이 보는 것을 무리가 보고 놀랍게 여겨 이스라엘의 하나님께 영
광을 돌리니라

사천 명을 먹이시다

32 예수께서 제자들을 불러 이르시되 내가 무리를 불쌍히 여기노라 그들
이 나와 함께 있은 지 이미 사흘이매 먹을 것이 없도다 길에서 기진할까
하여 굶겨 보내지 못하겠노라 33 제자들이 이르되 광야에 있어 우리가 어디서 이런 무리가 배부를 만큼 떡을 얻
으리이까 34 예수께서 이르시되 너희에게 떡이 몇 개나 있느냐 이르되 일곱 개와 작은 생선 두어 마리가 있나이
다 하거늘 35 예수께서 무리에게 명하사 땅에 앉게 하시고 36 떡 일곱 개와 그 생선을 가지사 축사하시고 떼어

❖ **가나안**(수로보니게) **여인의 믿음**(두로와 시돈 지역)
두로와 시돈을 비롯한 페니키아는 예수님 당시 시리아령에 포함되어 있었다. 그래서 페니키아인들은 자신들을 수로보니게 족속이라고 불렀다. 성경이 이 여인을 페니키아의 옛 명칭인 가나안 여인으로 부른 것은 이방 민족의 대명사로 불리는 가나안 족속임을 통해 이 여인이 이방인임을 강조하기 위한 것이다. 또한 헬라인이라는 명칭도 당시 유대인들에게는 증오의 대상이었다. 전통적인 여호와 신앙을 지닌 유대인들은 다신 사상을 지닌 헬라 문화를 극도로 증오하였다. 따라서 헬라인이요 가나안 족속인 이 여인은 모든 유대인 증오의 대상이 되었다. 당시 유대인들은 이방인들을 개와 같이 취급하였다. 그뿐만 아니라 '개들'이라는 표현은 공식적으로 이방인들을 가리켰다. 이는 자신들이 하나님의 택함 받은 백성이며 장차 모든 나라를 다스릴 다윗의 자손이라는 선민의식에서 비롯된 것이다. 그래서 같은 혈통을 지녔지만, 이방인들과 혼혈한 사마리아인들을 개보다 더 못한 자들로 여겼다. 그러나 한편으로는 이방인들이 이스라엘의 예배의식에 동참하는 것을 허용하였으며(왕상 8:41-43) 여행하는 외국인들에게 호의를 베풀고 우거하는 것을 허용하였다. 그러나 이것은 이방인들이 할례를 받고 율법 준수의 맹세를 한 상황에 해당하였다. 만일 그렇지 않으면 함께 식사하는 것은 물론이고 그들의 모임에 참석하는 것을 철저하게 금지하였다.
⇒ 유대인들은 선민이었고 수로보니게 여인은 그들이 개처럼 취급하는 이방 여인이었다. 그러나 유대인들은 예수님 앞에서 교만하였고 수로보니게 여인은 자신이 개와 같음을 인정하며 겸손하였다. 결국 구원을 받은 것은 이방 여인이었고 예수께서는 그의 혈통이 아니라 믿음을 보신 것이다. 이 사건을 통해 예수께서는 구원의 조건은 믿음이며 구원의 대상은 모든 민족임을 밝히신 것이다.
☞ 전승에 얽매여 신앙의 형식만을 강조하는 바리새인들과 대조되는 한 여인의 믿음의 능력을 보여 주는 대목이다. 믿음은 모양이나 형식에 있지 않고 그 능력에 있다.

67일~72일

제자들에게 주시니 제자들이 무리에게 주매 37 다 배불리 먹고 남은 조각을 일곱 광주리에 차게 거두었으며 38
먹은 자는 여자와 어린이 외에 사천 명이었더라 39 예수께서 무리를 흩어 보내시고 배에 오르사 마가단 지경으로
가시니라

마태 16:1-4

악한 세대가 표적을 구하나

1 바리새인과 사두개인들이 와서 예수를 시험하여 하늘로부터 오는 표적
보이기를 청하니 2 예수께서 대답하여 이르시되 너희가 저녁에 하늘이 붉
으면 날이 좋겠다 하고 3 아침에 하늘이 붉고 흐리면 오늘은 날이 궂겠다
하나니 너희가 날씨는 분별할 줄 알면서 시대의 표적은 분별할 수 없느냐 4 악하고 음란한 세대가 표적을 구하
나 요나의 표적 밖에는 보여 줄 표적이 없느니라 하시고 그들을 떠나 가시니라

❖ 마 16:1-4
표적 같은 가시적인 것을 통한 믿음은 진정한 믿음일 수가 없다. 비록 이적이나 표적은 없을지라도 성경의 증거를 통한 믿음이 더 참되고 확실하다는 사실을 알아야 한다.

마가 7:24-37

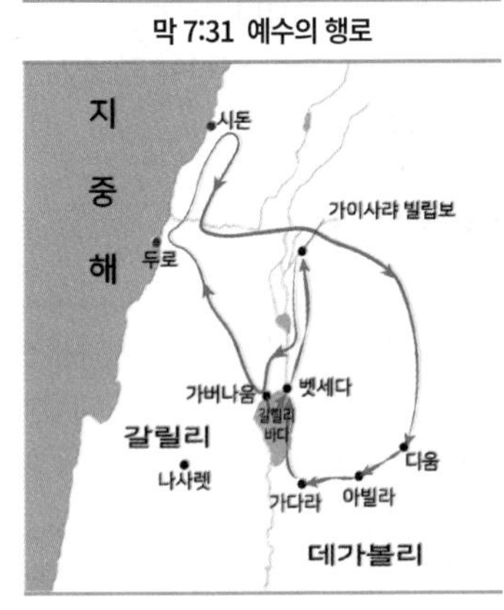

막 7:31 예수의 행로

수로보니게 여자의 믿음

24 예수께서 일어나사 거기를 떠나 두로 지방으로 가서 한 집에 들어가 아
무도 모르게 하시려 하나 숨길 수 없더라 25 이에 더러운 귀신 들린 어린
딸을 둔 한 여자가 예수의 소문을 듣고 곧 와서 그 발아래에 엎드리니 26
그 여자는 헬라인이요 수로보니게 족속이라 자기 딸에게서 귀신 쫓아내
주시기를 간구하거늘 27 예수께서 이르시되 자녀로 먼저 배불리 먹게 할
지니 자녀의 떡을 취하여 개들에게 던짐이 마땅치 아니하니라 28 여자가
대답하여 이르되 주여 옳소이다마는 상 아래 개들도 아이들이 먹던 부스
러기를 먹나이다 29 예수께서 이르시되 이 말을 하였으니 돌아가라 귀신
이 네 딸에게서 나갔느니라 하시매 30 여자가 집에 돌아가 본즉 아이가 침
상에 누웠고 귀신이 나갔더라

귀먹고 말 더듬는 사람을 고치시다

31 예수께서 다시 두로 지방에서 나와 시돈을 지나고 데가볼리 지방을 통과하여 갈릴리 호수에 이르시매 32 사람
들이 귀 먹고 말 더듬는 자를 데리고 예수께 나아와 안수하여 주시기를 간구하거늘 33 예수께서 그 사람을 따로
데리고 무리를 떠나사 손가락을 그의 양 귀에 넣고 침을 뱉어 그의 혀에 손을 대시며 34 하늘을 우러러 탄식하시
며 그에게 이르시되 에바다 하시니 이는 열리라는 뜻이라 35 그의 귀가 열리고 혀가 맺힌 것이 곧 풀려 말이 분명
하여졌더라 36 예수께서 그들에게 경고하사 아무에게도 이르지 말라 하시되 경고하실수록 그들이 더욱 널리 전
파하니 37 사람들이 심히 놀라 이르되 그가 모든 것을 잘하였도다 못 듣는 사람도 듣게 하고 말 못하는 사람도
말하게 한다 하니라

마가 8:1-12

사천 명을 먹이시다

1 그 무렵에 또 큰 무리가 있어 먹을 것이 없는지라 예수께서 제자들을 불러 이르시되 2 내가 무리를 불쌍히 여기
노라 그들이 나와 함께 있은 지 이미 사흘이 지났으나 먹을 것이 없도다 3 만일 내가 그들을 굶겨 집으로 보내면
길에서 기진하리라 그 중에는 멀리서 온 사람들도 있느니라 4 제자들이 대답하되 이 광야 어디서 떡을 얻어 이 사
람들로 배부르게 할 수 있으리이까 5 예수께서 물으시되 너희에게 떡 몇 개나 있느냐 이르되 일곱이로소이다 하
거늘 6 예수께서 무리를 명하여 땅에 앉게 하시고 떡 일곱 개를 가지사 축사하시고 떼어 제자들에게 주어 나누
어 주게 하시니 제자들이 무리에게 나누어 주더라 7 또 작은 생선 두어 마리가 있는지라 이에 축복하시고 명하사
이것도 나누어 주게 하시니 8 배불리 먹고 남은 조각 일곱 광주리를 거두었으며 9 사람은 약 사천 명이었더라 예
수께서 그들을 흩어 보내시고 10 곧 제자들과 함께 배에 오르사 달마누다 지방으로 가시니라

이 세대가 표적을 구하나

11 바리새인들이 나와서 예수를 힐난하며 그를 시험하여 하늘로부터 오는 표적을 구하거늘 12 예수께서 마음속
으로 깊이 탄식하시며 이르시되 어찌하여 이 세대가 표적을 구하느냐 내가 진실로 너희에게 이르노니 이 세대에
표적을 주지 아니하리라 하시고

3. 예수님이 세 번째 갈릴리 지방을 떠나시다.

마태 16:5-20, 마가 8:13-30, 누가 9:18-21

- 바리새인과 사두개인에 대한 교훈(갈릴리 호수의 북쪽 변두리에서) / 그리스도와 제자("너희는 나를 누구라 하느냐?") -

마태 16:5-20

바리새인과 사두개인의 누룩

5 제자들이 건너편으로 갈새 떡 가져가기를 잊었더니 6 예수께서 이르시
되 삼가 바리새인과 사두개인들의 누룩을 주의하라 하시니 7 제자들이 서
로 논의하여 이르되 우리가 떡을 가져오지 아니하였도다 하거늘 8 예수
께서 아시고 이르시되 믿음이 작은 자들아 어찌 떡이 없으므로 서로 논의
하느냐 9 너희가 아직도 깨닫지 못하느냐 떡 다섯 개로 오천 명을 먹이고
주운 것이 몇 바구니며 10 떡 일곱 개로 사천 명을 먹이고 주운 것이 몇 광
주리이던 것을 기억하지 못하느냐 11 어찌 내 말한 것이 떡에 관함이 아닌
줄을 깨닫지 못하느냐 오직 바리새인과 사두개인들의 누룩을 주의하라
하시니 12 그제서야 제자들이 떡의 누룩이 아니요 바리새인과 사두개인
들의 교훈을 삼가라고 말씀하신 줄을 깨달으니라

계층 이름	특징	예수님과 일치점	예수님과 상이점
바리새인	유대의 전승과 율법을 가장 엄격하게 지킴. 시나고그에 가장 큰 영향력을 행사.	율법을 준수함. 부활을 믿음. 하나님의 뜻에 순종함.	예수가 그들의 전통을 지키지 않고 그들이 부정하다고 인정하는 자들과 사귀기 때문에 예수를 메시아로 인정하지 않음.
사두개인	부유함, 상류 계층이고 제사장 그룹을 이룸. 모세 5경 외의 성경은 인정하지 않음. 바리새인과 함께 시나고그를 형성함.	모세 5경에 강한 존경을 가지고 성전의 신성함을 인정함.	부활을 부인함. 성전을 상용으로 사용할 수 있다고 생각함.
서기관	직업적 율법 해석자. 이들은 율법을 해석함에 있어서 그들의 전통을 중시함. 바리새인들이 이들이 해석한 율법을 지키고 가르침.	율법을 중시하고, 하나님께 복종함.	예수의 율법 해석의 권위를 인정하지 않음. 예수님이 그들의 전통을 따르지 않기 때문에 메시아로 인정하지 않음.
헤롯당	헤롯 왕을 지지하는 정치적 집단.	명확하지 않음. 복음서에 보면 그들은 예수를 함정에 빠트려 죽이려고 했음.	예수님이 정치적 불안을 조성한다고 해서 싫어함.
열심당	로마의 압제에서 유대 나라를 해방시키고자 하는 애국 독립투사.	이스라엘의 장래를 걱정함. 메시아를 믿으나 예수를 메시아로 인정하지 않음.	메시아는 정치적으로 그들을 해방시켜 주는 자로 생각함.
에세네파	정결 의식과 거룩을 강조하는 은둔자.	정의, 정직, 그리고 헌신을 강조함.	정결 의식이 그들을 거룩하게 한다고 믿음.

❖ **바리새인과 사두개인에 대한 교훈**(갈릴리 호수의 북쪽 변두리에서)
유대의 헬레니즘화를 시도하던 안티오쿠스 4세를 몰아낸 마카비와 그의 후계자들 밑에서 하스몬 제사장 가문이 종교적인 권력을 장악하였다(B.C. 142). 이후로 이들 사제 집단을 '사독의 아들들'이란 의미의 사두개인이라고 부르게 되었다. 이들은 매우 보수적이며 민족주의의 정책을 지지하였다. 그러나 로마의 지배를 받게 되고 헬레니즘을 따르는 헤롯이 정권을 잡게 되자 그리스의 문화, 상업, 사업을 받아들이고 유대 백성들에게 헬레니즘화를 강요하기도 하였다. 이는 권력 지향적인 사두개인들의 특성을 잘 보여 주고 있다. 또한 모세오경에 쓰인 문자적인 내용만을 신봉하여 영혼의 불멸이나 내세, 부활과 같은 교리를 믿지 않았다. 따라서 기존 전통사회를 깨뜨리는 메시아사상에 대해 부정적이었다. 한편 바리새인들은 마카비 전쟁 때 율법에 충성을 다하는 경건한 사람들의 모임인 '하시딤'들에 의해 시작되었다. 이들은 사두개인들과 달리 정치적인 목표에는 무관심하며 오직 율법에 대한 열심으로 가득 찼다(마카비상7:13). 그래서 제의적인 정결 규정과 십일조 등 율법 준수에 엄격하였다. 그뿐만 아니라 완전한 율법 준수를 통해서만 하나님의 백성이 될 수 있다고 가르쳤으며 자신들이야말로 율법적인 완전한 의인이라고 간주하였다. 그러면서 율법을 제대로 지키지 못하는 백성들에게 멸시와 저주를 퍼부었다. 이런 경향으로 인해 바리새인들은 점차 율법만을 강조하는 종교적 형식주의와 자신들의 경건을 내세우는 교만에 빠지게 되었다.
☞ 바리새인와 사두개인들의 교훈은 겉으로는 율법에 근거한 것이었지만 사실은 인간적인 목표의 수단으로 사용되었다. 따라서 사두개인들의 교훈은 극단적인 세속주의로, 바리새인들의 교훈은 극단적인 종교형식주의의 경향을 띠고 있다. 예수께서는 이런 점을 경계시키신 것이다.

베드로가 예수를 그리스도로 고백하다

13 예수께서 빌립보 가이사랴 지방에 이르러 제자들에게 물어 이르시되
사람들이 인자를 누구라 하느냐 14 이르되 더러는 세례 요한, 더러는 엘리
야, 어떤 이는 예레미야나 선지자 중의 하나라 하나이다 15 이르시되 너희
는 나를 누구라 하느냐 16 시몬 베드로가 대답하여 이르되 주는 그리스도
시요 살아 계신 하나님의 아들이시니이다 17 예수께서 대답하여 이르시
되 바요나 시몬아 네가 복이 있도다 이를 네게 알게 한 이는 혈육이 아니
요 하늘에 계신 내 아버지시니라 18 또 내가 네게 이르노니 너는 베드로라
내가 이 반석 위에 내 교회를 세우리니 음부의 권세가 이기지 못하리라 19
내가 천국 열쇠를 네게 주리니 네가 땅에서 무엇이든지 매면 하늘에서도
매일 것이요 네가 땅에서 무엇이든지 풀면 하늘에서도 풀리리라 하시고
20 이에 제자들에게 경고하사 자기가 그리스도인 것을 아무에게도 이르
지 말라 하시니라

마가 8:13-30

13 그들을 떠나 다시 배에 올라 건너편으로 가시니라

바리새인들과 헤롯의 누룩

14 제자들이 떡 가져오기를 잊었으매 배에 떡 한 개밖에 그들에게 없더
라 15 예수께서 경고하여 이르시되 삼가 바리새인들의 누룩과 헤롯의 누
룩을 주의하라 하시니 16 제자들이 서로 수군거리기를 이는 우리에게 떡
이 없음이로다 하거늘 17 예수께서 아시고 이르시되 너희가 어찌 떡이 없
음으로 수군거리느냐 아직도 알지 못하며 깨닫지 못하느냐 너희 마음이
둔하냐 18 너희가 눈이 있어도 보지 못하며 귀가 있어도 듣지 못하느냐 또
기억하지 못하느냐 19 내가 떡 다섯 개를 오천 명에게 떼어 줄 때에 조각
몇 바구니를 거두었더냐 이르되 열둘이니이다 20 또 일곱 개를 사천 명에
게 떼어 줄 때에 조각 몇 광주리를 거두었더냐 이르되 일곱이니이다 21 이
르시되 아직도 깨닫지 못하느냐 하시니라

벳새다에서 맹인을 고치시다

22 벳새다에 이르매 사람들이 맹인 한 사람을 데리고 예수께 나아와 손대
시기를 구하거늘 23 예수께서 맹인의 손을 붙잡으시고 마을 밖으로 데리
고 나가사 눈에 침을 뱉으시며 그에게 안수하시고 무엇이 보이느냐 물으
시니 24 쳐다보며 이르되 사람들이 보이나이다 나무 같은 것들이 걸어가
는 것을 보나이다 하거늘 25 이에 그 눈에 다시 안수하시매 그가 주목하여
보더니 나아서 모든 것을 밝히 보는지라 26 예수께서 그 사람을 집으로 보
내시며 이르시되 마을에는 들어가지 말라 하시니라

베드로의 고백

27 예수와 제자들이 빌립보 가이사랴 여러 마을로 나가실새 길에서 제자
들에게 물어 이르시되 사람들이 나를 누구라고 하느냐 28 제자들이 여짜
와 이르되 세례 요한이라 하고 더러는 엘리야, 더러는 선지자 중의 하나
라 하나이다 29 또 물으시되 너희는 나를 누구라 하느냐 베드로가 대답하

마 16:13 가이사랴 빌립보의 위치

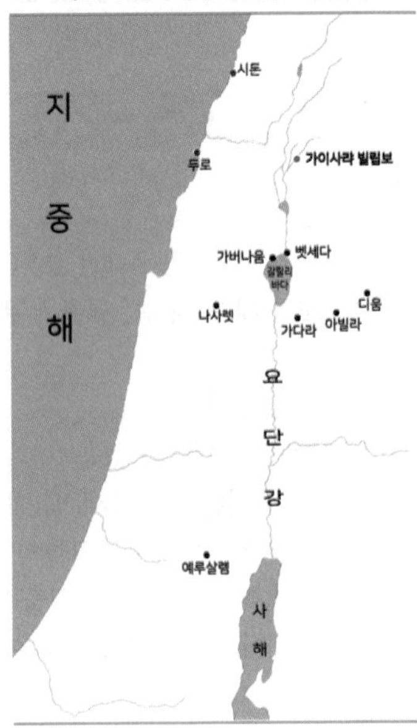

마 16:13-20
학습 자료 72-1 "베드로의 신앙 고백에 대한 예수의 축복과 약속의 이해" 참조
학습 자료 72-2 "가이사랴 빌립보" 참조

❖ 베드로의 고백

유대인들에게 가장 중요한 사상은 메시아 대망이다. 하나님의 자비와 은혜를 가지고 이 땅에 와서 자신들을 구원할 메시아의 임재는 오랜 세월 동안 이방인들에 의해 시달려 온 유대인들의 한 줄기 희망이었다. 예수께서 활동하던 시대와 초대 기독교 시대까지만 해도 유대인들 사이에서는 하나님의 기름부음을 받은 메시아가 곧 나타날 것이라는 믿음이 생생하게 살아 있었다. 그래서 자신을 하나님이 보낸 메시아라고 주장하는 자들이 종종 나타나 사람들을 미혹하였다. 성경에서도 드다가 일어나 400명을 유혹해 광야로 간 애굽인과 같은 거짓 메시아들에 대해 증거하고 있다(행 5:36-37, 21:38). 이외에 메시아와 관련해서, 메시아에 앞서, 메시아의 소식을 전하고 널리 알려야 하는 임무를 가진 선행자가 먼저 올 것이라는 생각이 있었다. 대부분은 예언자 엘리야가 메시아의 길을 예비하는 자로 여겨졌고(말 3:23-24), 때로는 모세가 다시 살아올 것으로 믿어졌다. 이외에 쿰란 공동체에서는 종말적인 한 예언자의 오심에 관해서만 얘기하고 있다. 따라서 당시 유대 백성들에게 예수가 누구냐 하는 것은 매우 중요한 물음이었다. 그런데 대부분은 엘리야나 예레미야, 세례 요한과 같은 선지자라고 대답했다. 이것은 당시 유대인들이 예수를 메시아가 아니라 그의 길을 예비하러 온 메

67일~72일

여 이르되 주는 그리스도시니이다 하매 30 이에 자기의 일을 아무에게도
말하지 말라 경고하시고

누가 9:18-21

베드로의 고백

18 예수께서 따로 기도하실 때에 제자들이 주와 함께 있더니 물어 이르시
되 무리가 나를 누구라고 하느냐 19 대답하여 이르되 세례 요한이라 하고
더러는 엘리야라, 더러는 옛 선지자 중의 한 사람이 살아났다 하나이다 20
예수께서 이르시되 너희는 나를 누구라 하느냐 베드로가 대답하여 이르
되 하나님의 그리스도시니이다 하니 21 경고하사 이 말을 아무에게도 이
르지 말라 명하시고

신저로 생각했음을 말해 주고 있다. 베드로는 이런 상황에서 예수를 그리스도라고 고백한 것이다. 그의 신앙고백의 중요성은 바로 여기에 있다.

☞ 베드로의 신앙고백은 예수께서 단순한 선지자가 아니라 친히 백성을 구원하실 메시아이심을 증거한 것이다. 그가 교회의 반석이 된 것은 이런 믿음의 고백 때문이었다. 이처럼 그리스도의 몸된 교회에 속하고 천국의 열쇠, 즉 구원을 받는 것은 주를 그리스도로 고백하는 개개인의 믿음에 의한 것임을 보여 주고 있다.

눅 9:20-21
학습 자료 72-5 "예수의 함구령" 참조

마태 16:21-28, 마가 8:31-9:1, 누가 9:22-27

- 예수의 수난 예고 : 자기 십자가를 지고 -

마태 16:21-28

죽음과 부활을 처음으로 이르시다

21 이 때로부터 예수 그리스도께서 자기가 예루살렘에 올라가 장로들과
대제사장들과 서기관들에게 많은 고난을 받고 죽임을 당하고 제삼일에
살아나야 할 것을 제자들에게 비로소 나타내시니 22 베드로가 예수를 붙
들고 항변하여 이르되 주여 그리 마옵소서 이 일이 결코 주께 미치지 아니
하리이다 23 예수께서 돌이키시며 베드로에게 이르시되 사탄아 내 뒤로 물
러 가라 너는 나를 넘어지게 하는 자로다 네가 하나님의 일을 생각하지 아
니하고 도리어 사람의 일을 생각하는도다 하시고 24 이에 예수께서 제자
들에게 이르시되 누구든지 나를 따라오려거든 자기를 부인하고 자기 십자
가를 지고 나를 따를 것이니라 25 누구든지 제 목숨을 구원하고자 하면 잃
을 것이요 누구든지 나를 위하여 제 목숨을 잃으면 찾으리라 26 사람이 만
일 온 천하를 얻고도 제 목숨을 잃으면 무엇이 유익하리요 사람이 무엇을
주고 제 목숨과 바꾸겠느냐 27 인자가 아버지의 영광으로 그 천사들과 함
께 오리니 그 때에 각 사람이 행한 대로 갚으리라 28 진실로 너희에게 이르
노니 여기 서 있는 사람 중에 죽기
전에 인자가 그 왕권을 가지고 오
는 것을 볼 자들도 있느니라

마가 8:31~9:1

8:31-38 31 인자가 많은 고난을 받고 장로들과 대제사장들과 서기관들

예수의 수난 예고

조금 전 예수를 그리스도라고 고백한 베드로도 예수의 그리스도 사역에 관해서 전혀 이해하지 못하고 있었다. 베드로도 유대인들이 일반적으로 가지고 있던 전쟁의 영웅으로 나타나는 그리스도를 상상하고 있었다. 유대인들의 메시아사상을 가장 잘 보여 주는 것은 묵시 문학이다. 묵시 문학에 나타난 메시아 상의 특징은 하늘에서부터 내려온 신적인 사자로서 새로운 시대를 시작하고 고통, 질병, 죽음을 몰아내고 사탄을 눌러 이기고 낙원을 회복시킨다. 에티오피아의 에녹서란 묵시 문학에는 이렇게 표현하고 있다. '이분은 의를 가지고 계신 인자이다. 그에게는 의가 있으며, 그는 숨어 계신 분의 모든 보물을 계시한다.'
왜냐하면 모든 영의 주님이 그를 선택했기 때문이다. 그의 몫은 모든 영의 주 앞에서 공의로써 모든 것보다 영원히 뛰어나게 되었다. 네가 본 이 인자는 왕들과 권세자들을 그들의 자리에서 물러나게 할 것이며 강한 자들을 그들의 옥좌에서 몰아낼 것이다. 그는 강한 자의 고삐를 풀어줄 것이며 죄인의 치아를 으스러뜨릴 것이다. 즉 메시아는 지상 나라의 왕들에게서 통치권을 빼앗아 자신이 선택한 백성들에게 주고 그들과 함께 새로운 낙원의 왕으로 지배하기 위하여 행동할 것으로 여겨졌다. 따라서 그리스도가 되기 위해 고난과 죽음과 부활의 과정을 거쳐야 한다는 예수의 말씀이 이해될 수 없었다.

☞ 예수께서는 인간의 죄 때문에 십자가를 지셨다. 그런데 바리새인들을 비롯해 유대인들은 자신들은 이미 선택된 자들이고 율법 안에서 거룩한 하나님의 백성이므로 고난과 같은 형벌의 대가를 받을 필요가 없다고 생각하였다. 이런 생각 때문에 그들은 고난 받는 메시아를 이해할 수 없었다. 바로 하나님 앞에서 스스로 의인으로 여기는 교만이 그리스도를 알지 못하게 만든 것이다.

67일~72일

에게 버린 바 되어 죽임을 당하고 사흘 만에 살아나야 할 것을 비로소 그들에게 가르치시되 32 드러내 놓고 이
말씀을 하시니 베드로가 예수를 붙들고 항변하매 33 예수께서 돌이키사 제자들을 보시며 베드로를 꾸짖어 이르
시되 사탄아 내 뒤로 물러가라 네가 하나님의 일을 생각하지 아니하고 도리어 사람의 일을 생각하는도다 하시
고 34 무리와 제자들을 불러 이르시되 누구든지 나를 따라오려거든 자기를 부인하고 자기 십자가를 지고 나를
따를 것이니라 35 누구든지 자기 목숨을 구원하고자 하면 잃을 것이요 누구든지 나와 복음을 위하여 자기 목숨
을 잃으면 구원하리라 36 사람이 만일 온 천하를 얻고도 자기 목숨을 잃으면 무엇이 유익하리요 37 사람이 무엇을
주고 자기 목숨과 바꾸겠느냐 38 누구든지 이 음란하고 죄 많은 세대에서 나와 내 말을 부끄러워하면 인자도 아
버지의 영광으로 거룩한 천사들과 함께 올 때에 그 사람을 부끄러워하리라
9:1 1 또 그들에게 이르시되 내가 진실로 너희에게 이르노니 여기 서 있는 사람 중에는 죽기 전에 하나님의 나라
가 권능으로 임하는 것을 볼 자들도 있느니라 하시니라

누가 9:22-27

22 이르시되 인자가 많은 고난을 받고 장로들과 대제사장들과 서기관들
에게 버린 바 되어 죽임을 당하고 제삼일에 살아나야 하리라 하시고 23
또 무리에게 이르시되 아무든지 나를 따라오려거든 자기를 부인하고 날
마다 제 십자가를 지고 나를 따를 것이니라 24 누구든지 제 목숨을 구원
하고자 하면 잃을 것이요 누구든지 나를 위하여 제 목숨을 잃으면 구원하
리라 25 사람이 만일 온 천하를 얻고도 자기를 잃든지 빼앗기든지 하면 무
엇이 유익하리요 26 누구든지 나와 내 말을 부끄러워하면 인자도 자기와
아버지와 거룩한 천사들의 영광으로 올 때에 그 사람을 부끄러워하리라 27 내가 참으로 너희에게 이르노니 여기
서 있는 사람 중에 죽기 전에 하나님의 나라를 볼 자들도 있느니라

> 눅 9:23-25 자기부인의 의미는 죄의 본성인 자기중심성을 버리라는 것이다. 자기 것을 움켜쥐고는 예수님이 가시는 길을 갈 수 없다는 것이다. 회개(metanoeo)란 말은 생각을 바꾼다는 뜻이 포함된 말이다. 생각, 즉 가치관 자체를 바꾸는 것이 회개이고 그것은 곧 자기중심성을 부인하는 것과 연결되어 있음을 명심하라.

마태 17:1-13, 마가 9:2-13, 누가 9:28-36

– 변화하심과 제자들의 당혹 (헐몬산에서) –

67일~72일

마태 17:1-13

영광스러운 모습으로 변형하시다

1 엿새 후에 예수께서 베드로와 야고보와 그 형제 요한을 데리시고 따로
높은 산에 올라가셨더니 2 그들 앞에서 변형되사 그 얼굴이 해 같이 빛나
며 옷이 빛과 같이 희어졌더라 3 그 때에 모세와 엘리야가 예수와 더불어
말하는 것이 그들에게 보이거늘 4 베드로가 예수께 여쭈어 이르되 주여
우리가 여기 있는 것이 좋사오니 만일 주께서 원하시면 내가 여기서 초막
셋을 짓되 하나는 주님을 위하여, 하나는 모세를 위하여, 하나는 엘리야
를 위하여 하리이다 5 말할 때에 홀연히 빛난 구름이 그들을 덮으며 구름
속에서 소리가 나서 이르시되 이는 내 사랑하는 아들이요 내 기뻐하는 자
니 너희는 그의 말을 들으라 하시는지라 6 제자들이 듣고 엎드려 심히 두
려워하니 7 예수께서 나아와 그들에게 손을 대시며 이르시되 일어나라 두

마 17:1 헤르몬산(변화산) 위치
예수님께서는 세 제자를 데리고 따로 높은 산에 올라 거기서 변형되셨다. 흔히 '변화산'이라고 불리는 헤르몬산의 위치는 아래와 같다.

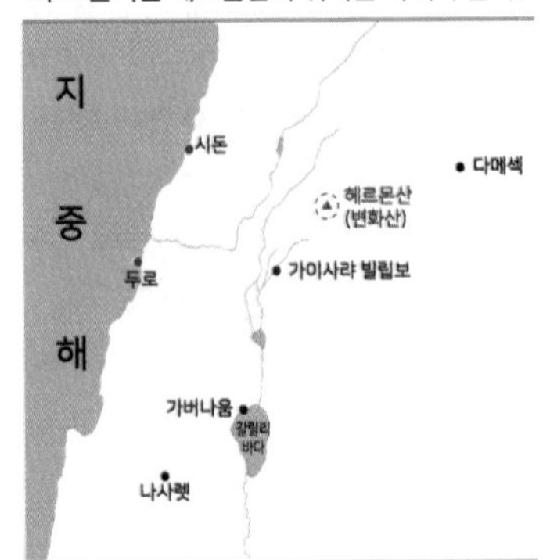

려워하지 말라 하시니 [8] 제자들이 눈을 들고 보매 오직 예수 외에는 아무
도 보이지 아니하더라 [9] 그들이 산에서 내려올 때에 예수께서 명하여 이
르시되 인자가 죽은 자 가운데서 살아나기 전에는 본 것을 아무에게도 이
르지 말라 하시니 [10] 제자들이 물어 이르되 그러면 어찌하여 서기관들이
엘리야가 먼저 와야 하리라 하나이까 [11] 예수께서 대답하여 이르시되 엘
리야가 과연 먼저 와서 모든 일을 회복하리라 [12] 내가 너희에게 말하노니
엘리야가 이미 왔으되 사람들이 알지 못하고 임의로 대우하였도다 인자
도 이와 같이 그들에게 고난을 받으리라 하시니 [13] 그제서야 제자들이 예
수께서 말씀하신 것이 세례 요한인 줄을 깨달으니라

마가 9:2-13

영광스러운 모습으로 변형하시다

[2] 엿새 후에 예수께서 베드로와 야고보와 요한을 데리시고 따로 높은 산
에 올라가셨더니 그들 앞에서 변형되사 [3] 그 옷이 광채가 나며 세상에서
빨래하는 자가 그렇게 희게 할 수 없을 만큼 매우 희어졌더라 [4] 이에 엘리
야가 모세와 함께 그들에게 나타나 예수와 더불어 말하거늘 [5] 베드로가
예수께 고하되 랍비여 우리가 여기 있는 것이 좋사오니 우리가 초막 셋
을 짓되 하나는 주를 위하여, 하나는 모세를 위하여, 하나는 엘리야를 위
하여 하사이다 하니 [6] 이는 그들이 몹시 무서워하므로 그가 무슨 말을 할
지 알지 못함이더라 [7] 마침 구름이 와서 그들을 덮으며 구름 속에서 소리
가 나되 이는 내 사랑하는 아들이니 너희는 그의 말을 들으라 하는지라 [8]
문득 둘러보니 아무도 보이지 아니하고 오직 예수와 자기들뿐이었더라 [9]
그들이 산에서 내려올 때에 예수께서 경고하시되 인자가 죽은 자 가운데
서 살아날 때까지는 본 것을 아무에게도 이르지 말라 하시니 [10] 그들이 이
말씀을 마음에 두며 서로 문의하되 죽은 자 가운데서 살아나는 것이 무엇
일까 하고 [11] 이에 예수께 묻자와 이르되 어찌하여 서기관들이 엘리야가
먼저 와야 하리라 하나이까 [12] 이르시되 엘리야가 과연 먼저 와서 모든 것
을 회복하거니와 어찌 인자에 대하여 기록하기를 많은 고난을 받고 멸시
를 당하리라 하였느냐 [13] 그러나 내가 너희에게 이르노니 엘리야가 왔으
되 기록된 바와 같이 사람들이 함부로 대우하였느니라 하시니라

누가 9:28-36

영광스러운 모습으로 변형하시다

[28] 이 말씀을 하신 후 팔 일쯤 되어 예수께서 베드로와 요한과 야고보를
데리고 기도하시러 산에 올라가사 [29] 기도하실 때에 용모가 변화되고 그
옷이 희어져 광채가 나더라 [30] 문득 두 사람이 예수와 함께 말하니 이는 모세와 엘리야라 [31] 영광중에 나타나
서 장차 예수께서 예루살렘에서 별세하실 것을 말할새 [32] 베드로와 및 함께 있는 자들이 깊이 졸다가 온전히 깨
어나 예수의 영광과 및 함께 선 두 사람을 보더니 [33] 두 사람이 떠날 때에 베드로가 예수께 여짜오되 주여 우리
가 여기 있는 것이 좋사오니 우리가 초막 셋을 짓되 하나는 주를 위하여, 하나는 모세를 위하여, 하나는 엘리야
를 위하여 하사이다 하되 자기가 하는 말을 자기도 알지 못하더라 [34] 이 말 할 즈음에 구름이 와서 그들을 덮는지

변화하심

성경은 제자들 앞에서 예수의 모습이 변화된 사건이 일어난 장소를 높은 산이라고만 기록하고 있다. 학자들 사이에서는 갈릴리에 있는 다볼산이나 가이사랴 빌립보 지방의 북쪽에 솟아 있는 높은 산인 헤르몬산이 이곳일 것이라고 주장한다. 그러나 확실한 것은 아무도 알 수 없다. 단지 높고 거룩하다는 표현을 정신적으로 해석하여 변화사건의 역사성을 부인하는 견해들은 잘못된 것이다. 한편 예수께서 변화될 때 엘리야와 모세가 함께 나타난 것은 예수의 메시아적 권능을 증거하기 위해서였다. 유대인들에게 모세는 민족해방의 위대한 지도자이며 그들 삶의 유일한 지표인 율법을 대표하는 존재이다. 또한 엘리야는 유대 백성들에게 하나님의 말씀을 선포하는 선지자의 대표적인 인물이다. 특히 갈멜산에서 바알과 아세라 선지자들과의 대결에서 승리하고 하늘에서 내린 불로 제물을 태운 사건, 죽음을 보지 않고 불수레와 불 말과 함께 회오리바람을 타고 승천한 그의 행적은(왕하 2:11) 하나님의 권능과 신적 영광을 가장 잘 드러내었다. 그래서 엘리야와 모세는 유대인들에게 위대한 선지자와 장차 오실 메시아의 영원한 표상이었다. 또한 구름 속에서 예수를 사랑하는 아들이요 기뻐하는 자라고 하시는 말씀이 들려왔다. 성경에서 구름은 하나님께서 자신의 임재를 알리시는 방편으로 사용되었다(출 13:21-22). 따라서 구름에서 들린 메시지는 하나님의 말씀임을 알 수 있다.

☞ 변화산에서 나타난 예수의 영광된 모습은 하나님의 권능을 예표하며 엘리야와 모세의 출현을 통해 율법과 예언을 주관하시는 하나님으로서의 주권을 나타내신 것이다. 예수께서는 자신의 십자가 고난을 앞두고 이런 신적 영광을 보이심으로 제자들이 고난 중에도 낙심하지 말고 영광의 부활을 고대하도록 배려하신 것이다.

67일~72일

라 구름 속으로 들어갈 때에 그들이 무서워하더니 35 구름 속에서 소리가 나서 이르되 이는 나의 아들 곧 택함을
받은 자니 너희는 그의 말을 들으라 하고 36 소리가 그치매 오직 예수만 보이더라 제자들이 잠잠하여 그 본 것을
무엇이든지 그 때에는 아무에게도 이르지 아니하니라

마태 17:14~18장, 8:19-22, 마가 9:14-50, 누가 9:37-62

- 귀신들린 소년을 고침 / 예수님이 조용히 갈릴리로 돌아오시다. / 성전세를 내시다. / 예수님을 믿지 않는 육신의 형제에 대해서 / 천국백성의 자격과 잃어버린 양의 비유 / 야고보와 요한의 잘못된 열정 / 예수님을 따르려면 -

마태 17:14-27

귀신들린 아이를 고치시다

14 그들이 무리에게 이르매 한 사람이 예수께 와서 꿇어 엎드려 이르되 15
주여 내 아들을 불쌍히 여기소서 그가 간질로 심히 고생하여 자주 불에
도 넘어지며 물에도 넘어지는지라 16 내가 주의 제자들에게 데리고 왔으
나 능히 고치지 못하더이다 17 예수께서 대답하여 이르시되 믿음이 없고
패역한 세대여 내가 얼마나 너희와 함께 있으며 얼마나 너희에게 참으리
요 그를 이리로 데려오라 하시니라 18 이에 예수께서 꾸짖으시니 귀신이
나가고 아이가 그 때부터 나으니라 19 이 때에 제자들이 조용히 예수께
나아와 이르되 우리는 어찌하여 쫓아내지 못하였나이까 20 이르시되 너
희 믿음이 작은 까닭이니라 진실로 너희에게 이르노니 만일 너희에게 믿
음이 겨자씨 한 알 만큼만 있어도 이 산을 명하여 여기서 저기로 옮겨지라
하면 옮겨질 것이요 또 너희가 못할 것이 없으리라 21 (없음)

죽음과 부활을 다시 이르시다

22 갈릴리에 모일 때에 예수께서 제자들에게 이르시되 인자가 장차 사람
들의 손에 넘겨져 23 죽임을 당하고 제삼일에 살아나리라 하시니 제자들
이 매우 근심하더라

성전세를 내시다

24 가버나움에 이르니 반 세겔 받는 자들이 베드로에게 나아와 이르되 너
의 선생은 반 세겔을 내지 아니하느냐 25 이르되 내신다 하고 집에 들어가
니 예수께서 먼저 이르시되 시몬아 네 생각은 어떠하냐 세상 임금들이 누
구에게 관세와 국세를 받느냐 자기 아들에게냐 타인에게냐 26 베드로가
이르되 타인에게니이다 예수께서 이르시되 그렇다면 아들들은 세를 면하
리라 27 그러나 우리가 그들이 실족하지 않게 하기 위하여 네가 바다에 가
서 낚시를 던져 먼저 오르는 고기를 가져 입을 열면 돈 한 세겔을 얻을 것
이니 가져다가 나와 너를 위하여 주라 하시니라

마 17:24-27 성전세를 내시다

성전세와 관련된 사건은 오직 마태복음에만 기록되어 있다. 이는 마태의 전직이 세리였기 때문에 다른 사람보다 세금문제에 관심이 많았기 때문이었을 것이다. 이 사건에서 반 세겔을 받는 자들이란 성전세를 받는 자들을 가리킨다. 성전세는 20세 이상의 모든 유대 남자들이 매년 성전에 바쳐야 하는 종교세이다. 이는 모세의 율법에 따라 여호와께 드리도록 규정된 생명의 속전에 근거하고 있다(출 30:11-16). 처음에는 반 세겔을 내게 되어 있었으나 느헤미야 시대에는 1/3 세겔을 성전에 바쳤다가(느 10:32-33) 후에 다시 반 세겔로 바뀌어 유대를 비롯한 곳곳에 흩어진 20세 이상의 모든 유대인 남자들로부터 매년 걷었다. 이 성전세는 제사장을 비롯한 성직 봉사자들의 가장 중요한 수입원이었으므로 이를 걷기 위해 세리들이 매년 모든 마을을 돌아다니며 세금을 걷었고 유대 지방 외의 유대인 디아스포라에는 성전세를 걷기 위한 세무서가 설립되기도 하였다. 70년 예루살렘 함락 후에는 로마 황제 베스파시아누스가 성전이 파괴되었음에도 모든 유대인들에게 성전세를 중앙정부에 계속 바치도록 강요하였다. 참고로 반 세겔은 노동자의 이틀 노동 임금에 해당한다. 이런 성전세는 하나님의 백성으로서 의무이자 영광된 권리였으므로 모든 유대인들이 흔쾌히 납부하였고 예수께서도 거부하지 않으셨다.

☞ 성전세는 하나님의 백성으로 택함 받고 구원의 은혜를 입은 것에 대해 감사의 의무로 드리는 것이다. 예수께서 처음에 성전세를 내지 않으신 것은 성전세의 부당함 때문이 아니었다. 자신이 하나님의 아들이며 납세자가 아니라 세금을 받을 하나님이심을 드러내시고자 함이었다. 나아가 예수께서는 구원받은 자가 아니라 구원을 이룰 메시아이시기에 성전세를 내야 할 의무가 없음을 암시하고 계신다. 이런 점에서 이 사건은 예수의 하나님 되심과 구원자 되심을 암시하고 있다.

마태 18장

마 18:1-14
학습 자료 72-4 "천국에서 큰 자" 참조
학습 자료 72-5
"하나님 나라(Kingdom of God)" 참조

천국에서 큰 사람

1 그 때에 제자들이 예수께 나아와 이르되 천국에서는 누가 크니이까 2
예수께서 한 어린 아이를 불러 그들 가운데 세우시고 3 이르시되 진실로
너희에게 이르노니 너희가 돌이켜 어린 아이들과 같이 되지 아니하면 결단코 천국에 들어가지 못하리라 4 그러
므로 누구든지 이 어린 아이와 같이 자기를 낮추는 사람이 천국에서 큰 자니라 5 또 누구든지 내 이름으로 이런
어린 아이 하나를 영접하면 곧 나를 영접함이니 6 누구든지 나를 믿는 이 작은 자 중 하나를 실족하게 하면 차라
리 연자 맷돌이 그 목에 달려서 깊은 바다에 빠뜨려지는 것이 나으니라 7 실족하게 하는 일들이 있음으로 말미암
아 세상에 화가 있도다 실족하게 하는 일이 없을 수는 없으나 실족하게 하는 그 사람에게는 화가 있도다 8 만일
네 손이나 네 발이 너를 범죄하게 하거든 찍어 내버리라 장애인이나 다리 저는 자로 영생에 들어가는 것이 두 손
과 두 발을 가지고 영원한 불에 던져지는 것보다 나으니라 9 만일 네 눈이 너를 범죄하게 하거든 빼어 내버리라
한 눈으로 영생에 들어가는 것이 두 눈을 가지고 지옥 불에 던져지는 것보다 나으니라 10 삼가 이 작은 자 중의
하나도 업신여기지 말라 너희에게 말하노니 그들의 천사들이 하늘에서 하늘에 계신 내 아버지의 얼굴을 항상 뵈
옵느니라 11 (없음) 12 너희 생각에는 어떠하냐 만일 어떤 사람이 양 백 마리가 있는데 그 중의 하나가 길을 잃었으
면 그 아흔아홉 마리를 산에 두고 가서 길 잃은 양을 찾지 않겠느냐 13 진실로 너희에게 이르노니 만일 찾으면 길
을 잃지 아니한 아흔아홉 마리보다 이것을 더 기뻐하리라 14 이와 같이 이 작은 자 중의 하나라도 잃는 것은 하늘
에 계신 너희 아버지의 뜻이 아니니라

형제가 죄를 범하거든

15 네 형제가 죄를 범하거든 가서 너와 그 사람과만 상대하여 권고하라 만일 들으면 네가 네 형제를 얻은 것이요
16 만일 듣지 않거든 한두 사람을 데리고 가서 두세 증인의 입으로 말마다 확증하게 하라 17 만일 그들의 말도 듣
지 않거든 교회에 말하고 교회의 말도 듣지 않거든 이방인과 세리와 같이 여기라 18 진실로 너희에게 이르노니
무엇이든지 너희가 땅에서 매면 하늘에서도 매일 것이요 무엇이든지 땅에서 풀면 하늘에서도 풀리리라 19 진실
로 다시 너희에게 이르노니 너희 중의 두 사람이 땅에서 합심하여 무엇이든지 구하면 하늘에 계신 내 아버지께
서 그들을 위하여 이루게 하시리라 20 두세 사람이 내 이름으로 모인 곳에는 나도 그들 중에 있느니라

용서할 줄 모르는 종 비유

21 그 때에 베드로가 나아와 이르되 주여 형제가 내게 죄를 범하면 몇 번
이나 용서하여 주리이까 일곱 번까지 하오리이까 22 예수께서 이르시되
네게 이르노니 일곱 번뿐 아니라 일곱 번을 일흔 번까지라도 할지니라 23
그러므로 천국은 그 종들과 결산하려 하던 어떤 임금과 같으니 24 결산할
때에 만 달란트 빚진 자 하나를 데려오매 25 갚을 것이 없는지라 주인이
명하여 그 몸과 아내와 자식들과 모든 소유를 다 팔아 갚게 하라 하니 26
그 종이 엎드려 절하며 이르되 내게 참으소서 다 갚으리이다 하거늘 27 그
종의 주인이 불쌍히 여겨 놓아 보내며 그 빚을 탕감하여 주었더니 28 그
종이 나가서 자기에게 백 데나리온 빚진 동료 한 사람을 만나 붙들어 목
을 잡고 이르되 빚을 갚으라 하매 29 그 동료가 엎드려 간구하여 이르되
나에게 참아 주소서 갚으리이다 하되 30 허락하지 아니하고 이에 가서 그
가 빚을 갚도록 옥에 가두거늘 31 그 동료들이 그것을 보고 몹시 딱하게
여겨 주인에게 가서 그 일을 다 알리니 32 이에 주인이 그를 불러다가 말
하되 악한 종아 네가 빌기에 내가 네 빚을 전부 탕감하여 주었거늘 33 내
가 너를 불쌍히 여김과 같이 너도 네 동료를 불쌍히 여김이 마땅하지 아

> **마 18:21-35 용서의 무한성**
> 당시 유대 랍비들은 다른 사람의 잘못을 적어도 3번까지는 용서하라고 가르쳤다. 하지만 예수께서는 "일흔 번씩 일곱 번", 즉 무한한 포용력을 가지고 용서하라고 가르치신다. 결국 이러한 예수님의 가르침은 아무리 다른 사람의 잘못을 여러 번 용서한 자가 있다 할지라도, 그러한 사실을 기억조차 하지 말고 끊임없이 용서해야 한다는 뜻이다.
> 물론 이와 같은 끊임없는 용서는 결코 인간 스스로 본성과 의지로는 실천 불가능한 일이며, 다만 하나님의 끝없는 용서와 그리스도의 한없는 사랑에 근거할 때 가능한 일이다. 본문에 언급된 '무자비한 종의 비유'가 바로 이 같은 사실을 강조하고 있다.
> ☞ 용서할 줄 모르는 자는 자기가 건너야 할 다리를 부숴버리는 자와 같다.
> – George Herbert

니하냐 하고 [34] 주인이 노하여 그 빚을 다 갚도록 그를 옥졸들에게 넘기니라 [35] 너희가 각각 마음으로부터 형제
를 용서하지 아니하면 나의 하늘 아버지께서도 너희에게 이와 같이 하시리라

마태 8:19-22

[19] 한 서기관이 나아와 예수께 말씀하되 선생님이여 어디로 가시든지 저는 따르리이다 [20] 예수께서 이르시되 여
우도 굴이 있고 공중의 새도 거처가 있으되 인자는 머리 둘 곳이 없다 하시더라 [21] 제자 중에 또 한 사람이 이르
되 주여 내가 먼저 가서 내 아버지를 장사하게 허락하옵소서 [22] 예수께서 이르시되 죽은 자들이 그들의 죽은 자
들을 장사하게 하고 너는 나를 따르라 하시니라

마가 9:14-50

귀신들린 아이를 고치시다

막 9:14-29
학습 자료 72-6 "축사의 이해" 참조

[14] 이에 그들이 제자들에게 와서 보니 큰 무리가 그들을 둘러싸고 서기관
들이 그들과 더불어 변론하고 있더라 [15] 온 무리가 곧 예수를 보고 매우
놀라며 달려와 문안하거늘 [16] 예수께서 물으시되 너희가 무엇을 그들과 변론하느냐 [17] 무리 중의 하나가 대답하
되 선생님 말 못하게 귀신 들린 내 아들을 선생님께 데려왔나이다 [18] 귀신이 어디서든지 그를 잡으면 거꾸러져
거품을 흘리며 이를 갈며 그리고 파리해지는지라 내가 선생님의 제자들에게 내쫓아 달라 하였으나 그들이 능히
하지 못하더이다 [19] 대답하여 이르시되 믿음이 없는 세대여 내가 얼마나 너희와 함께 있으며 얼마나 너희에게 참
으리요 그를 내게로 데려오라 하시매 [20] 이에 데리고 오니 귀신이 예수를 보고 곧 그 아이로 심히 경련을 일으키
게 하는지라 그가 땅에 엎드러져 구르며 거품을 흘리더라 [21] 예수께서 그 아버지에게 물으시되 언제부터 이렇게
되었느냐 하시니 이르되 어릴 때부터니이다 [22] 귀신이 그를 죽이려고 불과 물에 자주 던졌나이다 그러나 무엇을
하실 수 있거든 우리를 불쌍히 여기사 도와 주옵소서 [23] 예수께서 이르시되 할 수 있거든이 무슨 말이냐 믿는 자
에게는 능히 하지 못할 일이 없느니라 하시니 [24] 곧 그 아이의 아버지가 소리를 질러 이르되 내가 믿나이다 나의
믿음 없는 것을 도와 주소서 하더라 [25] 예수께서 무리가 달려와 모이는 것을 보시고 그 더러운 귀신을 꾸짖어 이
르시되 말 못하고 못 듣는 귀신아 내가 네게 명하노니 그 아이에게서 나오고 다시 들어가지 말라 하시매 [26] 귀신
이 소리 지르며 아이로 심히 경련을 일으키게 하고 나가니 그 아이가 죽은 것 같이 되어 많은 사람이 말하기를 죽
었다 하나 [27] 예수께서 그 손을 잡아 일으키시니 이에 일어서니라 [28] 집에 들어가시매 제자들이 조용히 묻자오되
우리는 어찌하여 능히 그 귀신을 쫓아내지 못하였나이까 [29] 이르시되 기도 외에 다른 것으로는 이런 종류가 나
갈 수 없느니라 하시니라

죽음과 부활을 두 번째로 말씀하시다

[30] 그 곳을 떠나 갈릴리 가운데로 지날새 예수께서 아무에게도 알리고자 아니하시니 [31] 이는 제자들을 가르치시
며 또 인자가 사람들의 손에 넘겨져 죽임을 당하고 죽은 지 삼 일만에 살아나리라는 것을 말씀하셨기 때문이더
라 [32] 그러나 제자들은 이 말씀을 깨닫지 못하고 묻기도 두려워하더라

67일~
72일

누가 크냐

[33] 가버나움에 이르러집에 계실새 제자들에게 물으시되 너희가 길에서 서로 토론한 것이 무엇이냐 하시되 [34] 그들
이 잠잠하니 이는 길에서 서로 누가 크냐 하고 쟁론하였음이라 [35] 예수께서 앉으사 열두 제자를 불러서 이르시되
누구든지 첫째가 되고자 하면 뭇 사람의 끝이 되며 뭇 사람을 섬기는 자가 되어야 하리라 하시고 [36] 어린 아이 하나
를 데려다가 그들 가운데 세우시고 안으시며 제자들에게 이르시되 [37] 누구든지 내 이름으로 이런 어린 아이 하나
를 영접하면 곧 나를 영접함이요 누구든지 나를 영접하면 나를 영접함이 아니요 나를 보내신 이를 영접함이니라

우리를 위하는 사람

[38] 요한이 예수께 여짜오되 선생님 우리를 따르지 않는 어떤 자가 주의 이름으로 귀신을 내쫓는 것을 우리가 보

고 우리를 따르지 아니하므로 금하였나이다 39 예수께서 이르시되 금하지 말라 내 이름을 의탁하여 능한 일을
행하고 즉시로 나를 비방할 자가 없느니라 40 우리를 반대하지 않는 자는 우리를 위하는 자니라 41 누구든지 너
희가 그리스도에게 속한 자라 하여 물 한 그릇이라도 주면 내가 진실로 너희에게 이르노니 그가 결코 상을 잃지
않으리라 42 또 누구든지 나를 믿는 이 작은 자들 중 하나라도 실족하게 하면 차라리 연자맷돌이 그 목에 매여
바다에 던져지는 것이 나으리라 43 만일 네 손이 너를 범죄하게 하거든 찍어버리라 장애인으로 영생에 들어가는
것이 두 손을 가지고 지옥 곧 꺼지지 않는 불에 들어가는 것보다 나으니라 44 (없음) 45 만일 네 발이 너를 범죄하
게 하거든 찍어버리라 다리 저는 자로 영생에 들어가는 것이 두 발을 가지고 지옥에 던져지는 것보다 나으니라
46 (없음) 47 만일 네 눈이 너를 범죄하게 하거든 빼버리라 한 눈으로 하나님의 나라에 들어가는 것이 두 눈을 가지
고 지옥에 던져지는 것보다 나으니라 48 거기에서는 구더기도 죽지 않고 불도 꺼지지 아니하느니라 49 사람마다
불로써 소금 치듯 함을 받으리라 50 소금은 좋은 것이로되 만일 소금이 그 맛을 잃으면 무엇으로 이를 짜게 하리
요 너희 속에 소금을 두고 서로 화목하라 하시니라

누가 9:37-62

귀신들린 아이를 고치시다

37 이튿날 산에서 내려오시니 큰 무리가 맞을새 38 무리 중의 한 사람이 소리 질러 이르되 선생님 청컨대 내 아
들을 돌보아 주옵소서 이는 내 외아들이니이다 39 귀신이 그를 잡아 갑자기 부르짖게 하고 경련을 일으켜 거품
을 흘리게 하며 몹시 상하게 하고야 겨우 떠나 가나이다 40 당신의 제자들에게 내쫓아 주기를 구하였으나 그들
이 능히 못하더이다 41 예수께서 대답하여 이르시되 믿음이 없고 패역한 세대여 내가 얼마나 너희와 함께 있으며
너희에게 참으리요 네 아들을 이리로 데리고 오라 하시니 42 올 때에 귀신이 그를 거꾸러뜨리고 심한 경련을 일
으키게 하는지라 예수께서 더러운 귀신을 꾸짖으시고 아이를 낫게 하사 그 아버지에게 도로 주시니 43 사람들이
다 하나님의 위엄에 놀라니라

인자가 사람들의 손에 넘겨지리라

그들이 다 그 행하시는 모든 일을 놀랍게 여길새 예수께서 제자들에게 이
르시되 44 이 말을 너희 귀에 담아 두라 인자가 장차 사람들의 손에 넘겨
지리라 하시되 45 그들이 이 말씀을 알지 못하니 이는 그들로 깨닫지 못하
게 숨긴 바 되었음이라 또 그들은 이 말씀을 묻기도 두려워하더라

누가 크냐

46 제자 중에서 누가 크냐 하는 변론이 일어나니 47 예수께서 그 마음에
변론하는 것을 아시고 어린 아이 하나를 데려다가 자기 곁에 세우시고 48
그들에게 이르시되 누구든지 내 이름으로 이런 어린 아이를 영접하면 곧
나를 영접함이요 또 누구든지 나를 영접하면 곧 나를 보내신 이를 영접함
이라 너희 모든 사람 중에 가장 작은 그가 큰 자니라

너희를 위하는 사람

49 요한이 여짜오되 주여 어떤 사람이 주의 이름으로 귀신을 내쫓는 것을
우리가 보고 우리와 함께 따르지 아니하므로 금하였나이다 50 예수께서
이르시되 금하지 말라 너희를 반대하지 않는 자는 너희를 위하는 자니라
하시니라

사마리아 마을에서 예수를 받아들이지 않다

51 예수께서 승천하실 기약이 차가매 예루살렘을 향하여 올라가기로 굳
게 결심하시고 52 사자들을 앞서 보내시매 그들이 가서 예수를 위하여 준

> 눅 9:57-62 세속적 크리스천을 말하고 있다. 제자와 무리 중 무리에 해당하는 교인이 단순히 교회에 출석하여 성전의 뜰만 밟고 가는 자들을 말한다.
> ☞ 사 1:10-13 너희 소돔의 관원들아 여호와의 말씀을 들을지어다 너희 고모라의 백성아 우리 하나님의 법에 귀를 기울일지어다 여호와께서 말씀하시되 너희의 무수한 제물이 내게 무엇이 유익하뇨 나는 숫양의 번제와 살진 짐승의 기름에 배불렀고 나는 수송아지나 어린 양이나 숫염소의 피를 기뻐하지 아니하노라 너희가 내 앞에 보이러 오니 이것을 누가 너희에게 요구하였느냐 내 마당만 밟을 뿐이니라 헛된 제물을 다시 가져오지 말라 분향은 내가 가증히 여기는 바요 월삭과 안식일과 대회로 모이는 것도 그러하니 성회와 아울러 악을 행하는 것을 내가 견디지 못하겠노라
> ☞ 혹 당신의 삶은 이런 식으로 우선순위가 세상에 있고 하나님의 일은 형식적으로 임하는 위선에 가득 찬 삶을 사는 자는 아닌가?
> 무리와 제자 공부에서 제자가 될 수 없는 3가지 여건을 다시 복습하고 반성해 보라. 이것만이 오늘, 이 시대를 구할 수 있는 유일한 길이다.

비하려고 사마리아인의 한 마을에 들어갔더니 [53]예수께서 예루살렘을 향하여 가시기 때문에 그들이 받아들이
지 아니 하는지라 [54]제자 야고보와 요한이 이를 보고 이르되 주여 우리가 불을 명하여 하늘로부터 내려 저들을
멸하라 하기를 원하시나이까 [55]예수께서 돌아보시며 꾸짖으시고 [56]함께 다른 마을로 가시니라

나를 따르라

[57]길 가실 때에 어떤 사람이 여짜오되 어디로 가시든지 나는 따르리이다
[58]예수께서 이르시되 여우도 굴이 있고 공중의 새도 집이 있으되 인자는
머리 둘 곳이 없도다 하시고 [59]또 다른 사람에게 나를 따르라 하시니 그
가 이르되 나로 먼저 가서 내 아버지를 장사하게 허락하옵소서 [60]이르시되 죽은 자들로 자기의 죽은 자들을 장
사하게 하고 너는 가서 하나님의 나라를 전파하라 하시고 [61]또 다른 사람이 이르되 주여 내가 주를 따르겠나이
다마는 나로 먼저 내 가족을 작별하게 허락하소서 [62]예수께서 이르시되 손에 쟁기를 잡고 뒤를 돌아보는 자는
하나님의 나라에 합당하지 아니하니라 하시니라

눅 9:59-60
학습 자료 72-7
"죽은 자들로 장사하게 하라" 참조

제 7 부 : 예수님의 후기 유대 지방 사역(A.D. 29년 10월에서 12월까지)

초막절과 수전절을 지키기 위해 예루살렘을 방문하면서 유대 지역에서 사역하시다. 이 기간 예루살렘에서 간음한 여인을 용서하면서 예루살렘 종교 지도자들과의 적대 감정이 더욱 고조된다. 72인의 제자들을 파송하며 수전절을 지키고 갈릴리로 다시 이동하신다.

요한 7장~10:21

- 초막절(the Festival of Tabernacles) 참여 /
간음한 여인을 용서(예루살렘 성전에서) / 종교 지도자(바리새인)들과 논쟁
(9장)날 때부터 소경인 자를 고침, (10장)선한 목자이신 예수 -

요한 7장

형제들까지도 예수를 믿지 아니하다

[1]그 후에 예수께서 갈릴리에서 다니시고 유대에서 다니려 아니하심은 유
대인들이 죽이려 함이러라 [2]유대인의 명절인 초막절이 가까운지라 [3]그
형제들이 예수께 이르되 당신이 행하는 일을 제자들도 보게 여기를 떠나
유대로 가소서 [4]스스로 나타나기를 구하면서 묻혀서 일하는 사람이 없나
니 이 일을 행하려 하거든 자신을 세상에 나타내소서 하니 [5]이는 그 형제
들까지도 예수를 믿지 아니함이러라 [6]예수께서 이르시되 내 때는 아직
이르지 아니하였거니와 너희 때는 늘 준비되어 있느니라 [7]세상이 너희를
미워하지 아니하되 나를 미워하나니 이는 내가 세상의 일들을 악하다고
증언함이라 [8]너희는 명절에 올라가라 내 때가 아직 차지 못하였으니 나
는 이 명절에 아직 올라가지 아니하노라 [9]이 말씀을 하시고 갈릴리에 머
물러 계시니라

요 7장 유대인들이 예수를 배척한 기록

때와 장소	사 건	배척 이유
어떤 명절, 예루살렘 (5:1-47)	안식일에 예수가 38년 된 병자 치유	예수께서 스스로 자신이 하나님의 아들이심을 선언
유월절, 갈릴리에서 (6:1-71)	오병이어의 기적	예수의 생명의 떡에 관한 교훈의 난해함
초막절, 예루살렘 (10:22-42)	성전에서의 여러 설교, 소경 치유	예수께서 자신이 하나님과 동등한 존재라고 선언
수전절, 예루살렘 (10:22-42)	유대인들이 예수가 그리스도 이시냐고 물음	예수께서 자신이 하나님과 동등한 존재라고 선언
유월절, 예루살렘 (11:1-12:50)	죽은 나사로의 부활, 승리의 예루살렘 입성	산헤드린 공회원들이 정치적 소요를 걱정함

명절을 지키러 올라가시다

10 그 형제들이 명절에 올라간 후에 자기도 올라가시되 나타내지 않고 은
밀히 가시니라 11 명절중에 유대인들이 예수를 찾으면서 그가 어디 있느
냐 하고 12 예수에 대하여 무리 중에서 수군거림이 많아 어떤 사람은 좋
은 사람이라 하며 어떤 사람은 아니라 무리를 미혹한다 하나 13 그러나
유대인들을 두려워하므로 드러나게 그에 대하여 말하는 자가 없더라 14
이미 명절의 중간이 되어 예수께서 성전에 올라가사 가르치시니 15 유대
인들이 놀랍게 여겨 이르되 이 사람은 배우지 아니하였거늘 어떻게 글을
아느냐 하니 16 예수께서 대답하여 이르시되 내 교훈은 내 것이 아니요 나
를 보내신 이의 것이니라 17 사람이 하나님의 뜻을 행하려 하면 이 교훈이
하나님께로부터 왔는지 내가 스스로 말함인지 알리라 18 스스로 말하는
자는 자기 영광만 구하되 보내신 이의 영광을 구하는 자는 참되니 그 속
에 불의가 없느니라 19 모세가 너희에게 율법을 주지 아니하였느냐 너희
중에 율법을 지키는 자가 없도다 너희가 어찌하여 나를 죽이려 하느냐 20
무리가 대답하되 당신은 귀신이 들렸도다 누가 당신을 죽이려 하나이까
21 예수께서 대답하여 이르시되 내가 한 가지 일을 행하매 너희가 다 이로
말미암아 이상히 여기는도다 22 모세가 너희에게 할례를 행했으니 (그러나 할례는 모세에게서 난 것이 아니요 조상들에게
서 난 것이라) 그러므로 너희가 안식일에도 사람에게 할례를 행하느니라 23 모세의 율법을 범하지 아니하려고 사
람이 안식일에도 할례를 받는 일이 있거든 내가 안식일에 사람의 전신을 건전하게 한 것으로 너희가 내게 노여
워하느냐 24 외모로 판단하지 말고 공의롭게 판단하라 하시니라

예수를 잡고자 하나

25 예루살렘 사람 중에서 어떤 사람이 말하되 이는 그들이 죽이고자 하는 그 사람이 아니냐 26 보라 드러나게 말
하되 그들이 아무 말도 아니하는도다 당국자들은 이 사람을 참으로 그리스도인 줄 알았는가 27 그러나 우리는
이 사람이 어디서 왔는지 아노라 그리스도께서 오실 때에는 어디서 오시는지 아는 자가 없으리라 하는지라 28 예
수께서 성전에서 가르치시며 외쳐 이르시되 너희가 나를 알고 내가 어디서 온 것도 알거니와 내가 스스로 온 것
이 아니니라 나를 보내신 이는 참되시니 너희는 그를 알지 못하나 29 나는 아노니 이는 내가 그에게서 났고 그가
나를 보내셨음이라 하시니 30 그들이 예수를 잡고자 하나 손을 대는 자가 없으니 이는 그의 때가 아직 이르지 아
니하였음이러라 31 무리 중의 많은 사람이 예수를 믿고 말하되 그리스도께서 오실지라도 그 행하실 표적이 이 사
람이 행한 것보다 더 많으랴 하니 32 예수에 대하여 무리가 수군거리는 것이 바리새인들에게 들린지라 대제사장
들과 바리새인들이 그를 잡으려고 아랫사람들을 보내니 33 예수께서 이르시되 내가 너희와 함께 조금 더 있다가
나를 보내신 이에게로 돌아가겠노라 34 너희가 나를 찾아도 만나지 못할 터이요 나 있는 곳에 오지도 못하리라
하시니 35 이에 유대인들이 서로 묻되 이 사람이 어디로 가기에 우리가 그를 만나지 못하리요 헬라인 중에 흩어
져 사는 자들에게로 가서 헬라인을 가르칠 터인가 36 나를 찾아도 만나지 못할 터이요 나 있는 곳에 오지도 못하
리라 한 이 말이 무슨 말이냐 하니라

배에서 생수의 강이 흘러나오리라

37 명절 끝날 곧 큰 날에 예수께서 서서 외쳐 이르시되 누구든지 목마르거든 내게로 와서 마시라 38 나를 믿는 자
는 성경에 이름과 같이 그 배에서 생수의 강이 흘러나오리라 하시니 39 이는 그를 믿는 자들이 받을 성령을 가리
켜 말씀하신 것이라 (예수께서 아직 영광을 받지 않으셨으므로 성령이 아직 그들에게 계시지 아니하시더라) 40 이 말씀을 들은
무리 중에서 어떤 사람은 이 사람이 참으로 그 선지자라 하며 41 어떤 사람은 그리스도라 하며 어떤 이들은 그리
스도가 어찌 갈릴리에서 나오겠느냐 42 성경에 이르기를 그리스도는 다윗의 씨로 또 다윗이 살던 마을 베들레헴

> **요 7:10-24 초막절(the Festival of Tabernacles) 지킴**
> 초막절은 이스라엘 백성들이 출애굽 하여 광야에서 생활하던 시절을 기억하는 절기이다. 이 절기는 우리 달력으로 10월에 지킨다.
> 예루살렘에는 이미 예수님에 대한 적대 감정이 고조되고 있다. 이런 상황 속에서 예수님에 대한 반응도 여러 가지 임을 볼 수 있다. 절기(초막절) 끝에 예수님은 생수에 관한 설교를 들려주신다. 이 절기에는 실로암 물을 길어다가 하나님께 바치는 절차가 있다. 이것을 이용해서 예수님 자신이 생수라고 가르쳐 주신다. 영원히 목마르지 않게 하는 생수이다. 이사야 55:1에 "오호라 너희 모든 목마른 자들아 물로 나아오라 돈 없는 자도 오라 너희는 와서 사 먹되 돈 없이, 값 없이 와서 포도주와 젖을 사라"고 했다. 예수님은 인간의 갈급한 심령을 소생시키고 변화시키는 샘이시고 그 물은 "성령"을 가리키는 것이다.

에서 나오리라 하지 아니하였느냐 하며 43 예수로 말미암아 무리 중에서
쟁론이 되니 44 그 중에는 그를 잡고자 하는 자들도 있으나 손을 대는 자
가 없었더라

대제사장들과 바리새인들은 믿지 않다

45 아랫사람들이 대제사장들과 바리새인들에게로 오니 그들이 묻되 어찌
하여 잡아오지 아니하였느냐 46 아랫사람들이 대답하되 그 사람이 말하
는 것처럼 말한 사람은 이 때까지 없었나이다 하니 47 바리새인들이 대답
하되 너희도 미혹되었느냐 48 당국자들이나 바리새인 중에 그를 믿는 자
가 있느냐 49 율법을 알지 못하는 이 무리는 저주를 받은 자로다 50 그 중
의 한 사람 곧 전에 예수께 왔던 니고데모가 그들에게 말하되 51 우리 율
법은 사람의 말을 듣고 그 행한 것을 알기 전에 심판하느냐 52 그들이 대
답하여 이르되 너도 갈릴리에서 왔느냐 찾아보라 갈릴리에서는 선지자가
나지 못하느니라 하였더라 53 다 각각 집으로 돌아가고

요한 8장

음행 중에 잡혀온 여자가 용서받다

1 예수는 감람산으로 가시니라 2 아침에 다시 성전으로 들어오시니 백성
이 다 나아오는지라 앉으사 그들을 가르치시더니 3 서기관들과 바리새인
들이 음행중에 잡힌 여자를 끌고 와서 가운데 세우고 4 예수께 말하되 선
생이여 이 여자가 간음하다가 현장에서 잡혔나이다 5 모세는 율법에 이러
한 여자를 돌로 치라 명하였거니와 선생은 어떻게 말하겠나이까 6 그들이
이렇게 말함은 고발할 조건을 얻고자 하여 예수를 시험함이러라 예수께
서 몸을 굽히사 손가락으로 땅에 쓰시니 7 그들이 묻기를 마지 아니하는
지라 이에 일어나 이르시되 너희 중에 죄 없는 자가 먼저 돌로 치라 하시
고 8 다시 몸을 굽혀 손가락으로 땅에 쓰시니 9 그들이 이 말씀을 듣고 양
심에 가책을 느껴 어른으로 시작하여 젊은이까지 하나씩 하나씩 나가고
오직 예수와 그 가운데 섰는 여자만 남았더라 10 예수께서 일어나사 여자
외에 아무도 없는 것을 보시고 이르시되 여자여 너를 고발하던 그들이 어
디 있느냐 너를 정죄한 자가 없느냐 11 대답하되 주여 없나이다 예수께서
이르시되 나도 너를 정죄하지 아니하노니 가서 다시는 죄를 범하지 말라
하시니라

나는 세상의 빛

12 예수께서 또 말씀하여 이르시되 나는 세상의 빛이니 나를 따르는 자는
어둠에 다니지 아니하고 생명의 빛을 얻으리라 13 바리새인들이 이르되
네가 너를 위하여 증언하니 네 증언은 참되지 아니하도다 14 예수께서 대
답하여 이르시되 내가 나를 위하여 증언하여도 내 증언이 참되니 나는 내
가 어디서 오며 어디로 가는 것을 알거니와 너희는 내가 어디서 오며 어디
로 가는 것을 알지 못하느니라 15 너희는 육체를 따라 판단하나 나는 아
무도 판단하지 아니하노라 16 만일 내가 판단하여도 내 판단이 참되니 이
는 내가 혼자 있는 것이 아니요 나를 보내신 이가 나와 함께 계심이라 17

67일~72일

요 7:37 성도의 구원의 각 단계

구원이란 태초 이전에 계획되어 과거에 이미 성취된 사실을 현재 적용하고 또 훗날 최종 완성할 하나님의 사역인 동시에 단회적으로 영구 인정된 사건이며, 또한 계속 점진적으로 발전하다가 최후의 영화에 이르는 긴 과정이기도 한 포괄적 개념이다. 그러면 이러한 구원을 각 단계별로 분해하여 설명해 보자.

단계	정 의
소명	죄인을 인도해 그리스도의 속죄사역으로 준비된 구원을, 믿음을 통해 받도록 부르는 신적 사역의 시작(히 3:1, 벧전 2:9, 벧후 1:3)
중생	성령에 의한 소명이 결실을 맺어 죄인의 마음이 변화되는 것, 거듭남이라고도 함(엡 2:1, 8, 9)
회심	성령의 내적 소명에 의해 중생한 신자가 새로운 성향을 가지고 새로운 삶을 시작하는 것임(고후 7:10)
칭의	그리스도 안에서 모든 죄를 용서하시는 하나님의 긍휼로 인해 죄인의 신분이 바뀌어 의인으로 불려지는 것임(롬 5:18, 19)
양자	마귀의 자식이던 죄인이 신분을 바꾸어 하나님의 자녀가 되면서 자녀로서의 특권을 누리고 하나님을 아빠 아버지로 부르게 됨(롬 8:15)
성화	구원받은 성도가 성령의 도우심을 통해 점차적으로 죄와 부패에서 떠나 성결하게 되어 점차 하나님의 형상을 닮아가는 과정임(엡 4:24)
성도의 견인	중생의 은혜를 입은 자들이 비록 성화의 과정에서 퇴보하거나 방황하게 돼도 결단코 구원받은 자의 지위에서 떨어지지 않고 반드시 구원 얻게 됨(요 10:27-29, 롬 11:29)
영화	구원의 최종 단계로서 우리의 영혼과 육체가 죄와 죄책으로부터 완전히 해방되어 하나님이 예비해 놓으신 영원한 행복으로 들어가는 것임(고전 15:51-53, 딛 2:13)

*** 로마서 5장을 읽을 때 구원의 9가지 서정을 학습 자료로 자세히 공부할 것이다.**

요 8:3-11
학습 자료 72-8 "간음한 여인에 대한 예수의 용서" 참조

너희 율법에도 두 사람의 증언이 참되다 기록되었으니 18 내가 나를 위하여 증언하는 자가 되고 나를 보내신 아
버지도 나를 위하여 증언하시느니라 19 이에 그들이 묻되 네 아버지가 어디 있느냐 예수께서 대답하시되 너희는
나를 알지 못하고 내 아버지도 알지 못하는도다 나를 알았더라면 내 아버지도 알았으리라 20 이 말씀은 성전에
서 가르치실 때에 헌금함 앞에서 하셨으나 잡는 사람이 없으니 이는 그의 때가 아직 이르지 아니하였음이러라

내가 가는 곳

21 다시 이르시되 내가 가리니 너희가 나를 찾다가 너희 죄 가운데서 죽겠고 내가 가는 곳에는 너희가 오지 못하
리라 22 유대인들이 이르되 그가 말하기를 내가 가는 곳에는 너희가 오지 못하리라 하니 그가 자결하려는가 23
예수께서 이르시되 너희는 아래에서 났고 나는 위에서 났으며 너희는 이 세상에 속하였고 나는 이 세상에 속하
지 아니하였느니라 24 그러므로 내가 너희에게 말하기를 너희가 너희 죄 가운데서 죽으리라 하였노라 너희가 만
일 내가 그인 줄 믿지 아니하면 너희 죄 가운데서 죽으리라 25 그들이 말하되 네가 누구냐 예수께서 이르시되 나
는 처음부터 너희에게 말하여 온 자니라 26 내가 너희에게 대하여 말하고 판단할 것이 많으나 나를 보내신 이가
참되시매 내가 그에게 들은 그것을 세상에 말하노라 하시되 27 그들은 아버지를 가리켜 말씀하신 줄을 깨닫지
못하더라 28 이에 예수께서 이르시되 너희가 인자를 든 후에 내가 그인 줄을 알고 또 내가 스스로 아무 것도 하
지 아니하고 오직 아버지께서 가르치신 대로 이런 것을 말하는 줄도 알리라 29 나를 보내신 이가 나와 함께 하시
도다 나는 항상 그가 기뻐하시는 일을 행하므로 나를 혼자 두지 아니하셨느니라 30 이 말씀을 하시매 많은 사람
이 믿더라

진리가 너희를 자유롭게 하리라

31 그러므로 예수께서 자기를 믿은 유대인들에게 이르시되 너희가 내 말에 거하면 참으로 내 제자가 되고 32 진
리를 알지니 진리가 너희를 자유롭게 하리라 33 그들이 대답하되 우리가 아브라함의 자손이라 남의 종이 된 적
이 없거늘 어찌하여 우리가 자유롭게 되리라 하느냐 34 예수께서 대답하시되 진실로 진실로 너희에게 이르노니
죄를 범하는 자마다 죄의 종이라 35 종은 영원히 집에 거하지 못하되 아들은 영원히 거하나니 36 그러므로 아들
이 너희를 자유롭게 하면 너희가 참으로 자유로우리라 37 나도 너희가 아브라함의 자손인 줄 아노라 그러나 내
말이 너희 안에 있을 곳이 없으므로 나를 죽이려 하는도다 38 나는 내 아버지에게서 본 것을 말하고 너희는 너희
아비에게서 들은 것을 행하느니라 39 대답하여 이르되 우리 아버지는 아브라함이라 하니 예수께서 이르시되 너
희가 아브라함의 자손이면 아브라함이 행한 일들을 할 것이거늘 40 지금 하나님께 들은 진리를 너희에게 말한
사람인 나를 죽이려 하는도다 아브라함은 이렇게 하지 아니하였느니라 41 너희는 너희 아비가 행한 일들을 하는
도다 대답하되 우리가 음란한 데서 나지 아니하였고 아버지는 한 분뿐이시니 곧 하나님이시로다 42 예수께서 이
르시되 하나님이 너희 아버지였으면 너희가 나를 사랑하였으리니 이는 내가 하나님께로부터 나와서 왔음이라
나는 스스로 온 것이 아니요 아버지께서 나를 보내신 것이니라 43 어찌하여 내 말을 깨닫지 못하느냐 이는 내 말
을 들을 줄 알지 못함이로다 44 너희는 너희 아비 마귀에게서 났으니 너희 아비의 욕심대로 너희도 행하고자 하
느니라 그는 처음부터 살인한 자요 진리가 그 속에 없으므로 진리에 서지 못하고 거짓을 말할 때마다 제 것으로
말하나니 이는 그가 거짓말쟁이요 거짓의 아비가 되었음이라 45 내가 진리를 말하므로 너희가 나를 믿지 아니하
는도다 46 너희 중에 누가 나를 죄로 책잡겠느냐 내가 진리를 말하는데도 어찌하여 나를 믿지 아니하느냐 47 하
나님께 속한 자는 하나님의 말씀을 듣나니 너희가 듣지 아니함은 하나님께 속하지 아니하였음이로다 48 유대인
들이 대답하여 이르되 우리가 너를 사마리아 사람이라 또는 귀신이 들렸다 하는 말이 옳지 아니하냐 49 예수께
서 대답하시되 나는 귀신 들린 것이 아니라 오직 내 아버지를 공경함이거늘 너희가 나를 무시하는도다 50 나는
내 영광을 구하지 아니하나 구하고 판단하시는 이가 계시니라 51 진실로 진실로 너희에게 이르노니 사람이 내 말
을 지키면 영원히 죽음을 보지 아니하리라 52 유대인들이 이르되 지금 네가 귀신 들린 줄을 아노라 아브라함과
선지자들도 죽었거늘 네 말은 사람이 내 말을 지키면 영원히 죽음을 맛보지 아니하리라 하니 53 너는 이미 죽은
우리 조상 아브라함보다 크냐 또 선지자들도 죽었거늘 너는 너를 누구라 하느냐 54 예수께서 대답하시되 내가

내게 영광을 돌리면 내 영광이 아무 것도 아니거니와 내게 영광을 돌리시
는 이는 내 아버지시니 곧 너희가 너희 하나님이라 칭하는 그이시라 55 너
희는 그를 알지 못하되 나는 아노니 만일 내가 알지 못한다 하면 나도 너
희 같이 거짓말쟁이가 되리라 나는 그를 알고 또 그의 말씀을 지키노라
56 너희 조상 아브라함은 나의 때 볼 것을 즐거워하다가 보고 기뻐하였느
니라 57 유대인들이 이르되 네가 아직 오십 세도 못되었는데 아브라함을
보았느냐 58 예수께서 이르시되 진실로 진실로 너희에게 이르노니 아브
라함이 나기 전부터 내가 있느니라 하시니 59 그들이 돌을 들어 치려 하거
늘 예수께서 숨어 성전에서 나가시니라

요 8:56-59
학습 자료 72-9 "예수의 선재성" 참조

요한 9장

날 때부터 맹인된 사람을 고치다

1 예수께서 길을 가실 때에 날 때부터 맹인 된 사람을 보신지라 2 제자들이
물어 이르되 랍비여 이 사람이 맹인으로 난 것이 누구의 죄로 인함이니이
까 자기니이까 그의 부모니이까 3 예수께서 대답하시되 이 사람이나 그 부
모의 죄로 인한 것이 아니라 그에게서 하나님이 하시는 일을 나타내고자
하심이라 4 때가 아직 낮이매 나를 보내신 이의 일을 우리가 하여야 하리
라 밤이 오리니 그 때는 아무도 일할 수 없느니라 5 내가 세상에 있는 동안
에는 세상의 빛이로라 6 이 말씀을 하시고 땅에 침을 뱉어 진흙을 이겨 그
의 눈에 바르시고 7 이르시되 실로암 못에 가서 씻으라 하시니 (실로암은 번
역하면 보냄을 받았다는 뜻이라) 이에 가서 씻고 밝은 눈으로 왔더라 8 이웃 사
람들과 전에 그가 걸인인 것을 보았던 사람들이 이르되 이는 앉아서 구걸
하던 자가 아니냐 9 어떤 사람은 그 사람이라 하며 어떤 사람은 아니라 그
와 비슷하다 하거늘 자기 말은 내가 그라 하니 10 그들이 묻되 그러면 네
눈이 어떻게 떠졌느냐 11 대답하되 예수라 하는 그 사람이 진흙을 이겨 내
눈에 바르고 나더러 실로암에 가서 씻으라 하기에 가서 씻었더니 보게 되
었노라 12 그들이 이르되 그가 어디 있느냐 이르되 알지 못하노라 하니라

보게 된 맹인과 바리새인들

13 그들이 전에 맹인이었던 사람을 데리고 바리새인들에게 갔더라 14 예
수께서 진흙을 이겨 눈을 뜨게 하신 날은 안식일이라 15 그러므로 바리새
인들도 그가 어떻게 보게 되었는지를 물으니 이르되 그 사람이 진흙을 내
눈에 바르매 내가 씻고 보나이다 하니 16 바리새인 중에 어떤 사람은 말
하되 이 사람이 안식일을 지키지 아니하니 하나님께로부터 온 자가 아니
라 하며 어떤 사람은 말하되 죄인으로서 어떻게 이러한 표적을 행하겠느
냐 하여 그들 중에 분쟁이 있었더니 17 이에 맹인되었던 자에게 다시 묻되
그 사람이 네 눈을 뜨게 하였으니 너는 그를 어떠한 사람이라 하느냐 대
답하되 선지자니이다 하니 18 유대인들이 그가 맹인으로 있다가 보게 된 것을 믿지 아니하고 그 부모를 불러 묻
되 19 이는 너희 말에 맹인으로 났다 하는 너희 아들이냐 그러면 지금은 어떻게 해서 보느냐 20 그 부모가 대답하
여 이르되 이 사람이 우리 아들인 것과 맹인으로 난 것을 아나이다 21 그러나 지금 어떻게 해서 보는지 또는 누
가 그 눈을 뜨게 하였는지 우리는 알지 못하나이다 그에게 물어 보소서 그가 장성하였으니 자기 일을 말하리이

요 9:1-34 예수의 38년 된 병자 치유와 날 때부터 소경 된 자 치유 사건 비교

이 두 사건에서 얻을 수 있는 하나님의 결론은 질병은 직접적인 죄의 결과일 수도 있고 아닐 수도 있다는 것과 주님께서는 인생이 당하는 어떠한 문제라도 능히 해결하실 수 있는 분이라는 것이다.

	38년 된 병자	날 때부터 소경
병의 원인	죄의 결과임을 암시함(14절)	하나님의 일을 나타내기 위함(3절)
병의 특성	38년 동안 지속된 병(5, 6절)	날 때부터 있던 불치병(1절)
치유 장소	예루살렘 베데스다 연못가(2절)	예루살렘 실로암 연못가(7절)
치유 방법	말씀만으로 치유하심(8절)	말씀과 함께 재료를 사용하심(6절)
치유 결과	안식일 논쟁 유발(9, 10절)	안식일 논쟁 유발(16절)
예수께 대한 고백	소극적으로 사람들에게 증언함(13, 15절)	적극적으로 사람들에게 증언함(23-24절)
예수의 선포	하나님을 아버지라 부르심(17절)	하나님과 자신을 동등시함(14절)
유대인들의 반응	예수를 죽이고자 함(18절)	예수를 죄인으로 간주함(24절)

요 9:1-11
학습 자료 72-10 "예수의 치유 사역" 참조

67일~72일

다 22그 부모가 이렇게 말한 것은 이미 유대인들이 누구든지 예수를 그
리스도로 시인하는 자는 출교하기로 결의하였으므로 그들을 무서워함이
러라 23이러므로 그 부모가 말하기를 그가 장성하였으니 그에게 물어 보
소서 하였더라 24이에 그들이 맹인이었던 사람을 두번째 불러 이르되 너
는 하나님께 영광을 돌리라 우리는 이 사람이 죄인인 줄 아노라 25대답하
되 그가 죄인인지 내가 알지 못하나 한 가지 아는 것은 내가 맹인으로 있
다가 지금 보는 그것이니이다 26그들이 이르되 그 사람이 네게 무엇을 하
였느냐 어떻게 네 눈을 뜨게 하였느냐 27대답하되 내가 이미 일렀어도 듣
지 아니하고 어찌하여 다시 듣고자 하나이까 당신들도 그의 제자가 되려
하나이까 28그들이 욕하여 이르되 너는 그의 제자이나 우리는 모세의 제
자라 29하나님이 모세에게는 말씀하신 줄을 우리가 알거니와 이 사람은
어디서 왔는지 알지 못하노라 30그 사람이 대답하여 이르되 이상하다 이
사람이 내 눈을 뜨게 하였으되 당신들은 그가 어디서 왔는지 알지 못하는
도다 31하나님이 죄인의 말을 듣지 아니하시고 경건하여 그의 뜻대로 행
하는 자의 말은 들으시는 줄을 우리가 아나이다 32창세 이후로 맹인으
로 난 자의 눈을 뜨게 하였다 함을 듣지 못하였으니 33이 사람이 하나님
께로부터 오지 아니하였으면 아무 일도 할 수 없으리이다 34그들이 대답
하여 이르되 네가 온전히 죄 가운데서 나서 우리를 가르치느냐 하고 이에
쫓아내어 보내니라

맹인이 되었더라면 죄가 없으려니와

35예수께서 그들이 그 사람을 쫓아냈다 하는 말을 들으셨더니 그를 만나
사 이르시되 네가 인자를 믿느냐 36대답하여 이르되 주여 그가 누구시오
니이까 내가 믿고자 하나이다 37예수께서 이르시되 네가 그를 보았거니
와 지금 너와 말하는 자가 그이니라 38이르되 주여 내가 믿나이다 하고
절하는지라 39예수께서 이르시되 내가 심판하러 이 세상에 왔으니 보지
못하는 자들은 보게 하고 보는 자들은 맹인이 되게 하려 함이라 하시니
40바리새인 중에 예수와 함께 있던 자들이 이 말씀을 듣고 이르되 우리도
맹인인가 41예수께서 이르시되 너희가 맹인이 되었더라면 죄가 없으려니
와 본다고 하니 너희 죄가 그대로 있느니라

요한 10:1-21

양의 우리 비유

1내가 진실로 진실로 너희에게 이르노니 문을 통하여 양의 우리에 들어
가지 아니하고 다른 데로 넘어가는 자는 절도며 강도요 2문으로 들어가
는 이는 양의 목자라 3문지기는 그를 위하여 문을 열고 양은 그의 음성을
듣나니 그가 자기양의 이름을 각각 불러 인도하여 내느니라 4자기 양을
다 내놓은 후에 앞서 가면 양들이 그의 음성을 아는 고로 따라오되 5타인
의 음성은 알지 못하는 고로 타인을 따르지 아니하고 도리어 도망하느니
라 6예수께서 이 비유로 그들에게 말씀하셨으나 그들은 그가 하신 말씀
이 무엇인지 알지 못하니라

❖ 요 9장 **날 때부터 맹인이 된 사람을 고치다.**
유대인 중에 어떤 사람들은 사람이 전생에 혹은 어머니의 태에서 죄를 지을 수 있고 그에 대한 대가로 이생에서 형벌을 받는다고 생각하였다. 그뿐만 아니라 어린아이들이 부모의 죄를 대신해서 벌을 받는다고 생각하였다. 그래서 선천적인 불구로 태어난 것은 본인이나 부모, 혹은 조상의 죄 때문이라고 생각하였다. 따라서 나면서부터 소경이 된 사람도 누군가의 죄 때문으로 여겨졌다. 제자들의 질문은 이런 유대인들의 일반적인 사상을 반영하고 있다. 그래서 율법에는 선천적이든 후천적이든 실명한 자는 제사장의 직분을 감당하지 못하게 하였다(레 21:20). 그뿐만 아니라 악행에 의한 형벌로 일어난 실명이 있으며(창 19:11) 죽을 때까지 생생한 시력을 유지하는 것은 하나님의 특별한 축복으로 여겼다(신 34:7). 이처럼 다른 질병보다 피부병과 더불어 실명에 대해 심각하게 다룬 것은 건조하고 모래바람이나 먼지가 많이 날리는 팔레스타인의 특성상 피부병과 안질이 많이 발생했기 때문이었다. 한편 예수께서 나면서부터 소경된 자를 고치시면서 흙에 침을 뱉어 진흙을 이겨 눈에 바른 것은 당시 안질에 사용되던 민간요법을 반영하고 있다. 침은 소독의 효과가 있고 특별히 금식한 사람에게서 나오는 알칼리성 침은 안질에 매우 효과가 큰 것으로 알려졌다. 이는 오늘날의 의학적으로도 근거 있는 치료법이었다.
☞ 날 때부터 소경된 것은 누구의 죄 때문이라는 제자들의 견해는 전통적인 인과율을 반영하고 있다. 그러나 예수께서는 모든 것이 하나님의 하시고자 하는 일을 나타내시기 위함이라는 말로 인과율을 부정하고 있다. 예수께서는 모든 일이 인간의 행함을 통해 발생하는 것이 아니라 하나님의 뜻대로 계획되고 일어난다는 것을 말씀하고 있다. 이는 바울이 주장하는 구원의 주권적 역사와 같은 의미를 담고 있다. 한편 보냄을 받았다는 뜻을 가진 실로암 못으로 소경을 보낸 것은 예수 자신이 하나님으로부터 보내심을 받은 메시아임을 암시하고 있다.

❖ 요 10장 **선한 목자**
선한 목자 비유는 바리새인들을 향한 교훈이었다. 이 비유는 예수께서 나면서부터 소경된 자를 치유하신 사건에서 비롯되었다. 이때가 마침 안식일이었고 안식일에 소경을 치유한 것을 안 바리새인들이 예수를 비난하기 위해 고침 받은 소경을 협박하였고 그가 끝까지 예수를 옹호하자 내쫓았다. 이를 본 예수께서 정작 백성들의 지도자로서 소경의 고침을 기뻐해야 할 바리새인이 오히려 책망하는 것을 보고 양을 돌보지 않은 거짓 목자로 비유하신 것이다.
원래 유대인들은 유목민이었고 당시에도 양을 많이 기르고 있어서 양과 목자의 관

선한 목자

7 그러므로 예수께서 다시 이르시되 내가 진실로 진실로 너희에게 말하노
니 나는 양의 문이라 8 나보다 먼저 온 자는 다 절도요 강도니 양들이 듣
지 아니하였느니라 9 내가 문이니 누구든지 나로 말미암아 들어가면 구원
을 받고 또는 들어가며 나오며 꼴을 얻으리라 10 도둑이 오는 것은 도둑질
하고 죽이고 멸망시키려는 것뿐이요 내가 온 것은 양으로 생명을 얻게 하
고 더 풍성히 얻게 하려는 것이라 11 나는 선한 목자라 선한 목자는 양들
을 위하여 목숨을 버리거니와 12 삯꾼은 목자가 아니요 양도 제 양이 아니
라 이리가 오는 것을 보면 양을 버리고 달아나나니 이리가 양을 물어 가
고 또 헤치느니라 13 달아나는 것은 그가 삯꾼인 까닭에 양을 돌보지 아
니함이나 14 나는 선한 목자라 나는 내 양을 알고 양도 나를 아는 것이 15
아버지께서 나를 아시고 내가 아버지를 아는 것 같으니 나는 양을 위하여
목숨을 버리노라 16 또 이 우리에 들지 아니한 다른 양들이 내게 있어 내
가 인도하여야 할 터이니 그들도 내 음성을 듣고 한 무리가 되어 한 목자
에게 있으리라 17 내가 내 목숨을 버리는 것은 그것을 내가 다시 얻기 위
함이니 이로 말미암아 아버지께서 나를 사랑하시느니라 18 이를 내게서
빼앗는 자가 있는 것이 아니라 내가 스스로 버리노라 나는 버릴 권세도
있고 다시 얻을 권세도 있으니 이 계명은 내 아버지에게서 받았노라 하시
니라 19 이 말씀으로 말미암아 유대인 중에 다시 분쟁이 일어나니 20 그 중
에 많은 사람이 말하되 그가 귀신 들려 미쳤거늘 어찌하여 그 말을 듣느
냐 하며 21 어떤 사람은 말하되 이 말은 귀신 들린 자의 말이 아니라 귀신
이 맹인의 눈을 뜨게 할 수 있느냐 하더라

계에 대해 잘 알고 있었다. 양은 다른 짐승에 비해 겁이 많고 외부의 침입에 대해 별다른 방어 능력이 없다.
또한 기억력이 없어 매일 다니는 길도 인도자가 없이는 제대로 찾아가지 못한다. 따라서 목자가 항상 곁에서 양들의 길을 인도하며 외부의 침입으로부터 보호해야 한다. 그리고 밤에는 양들을 모두 우리 안에 가두고 보호한다. 이런 목자와 양의 관계 때문에 양들은 자신을 보호하는 목자의 음성을 구분하고 그의 음성만 따른다. 그런데 가끔 도적이 울타리를 넘어 양들을 훔치는 일이 있었다. 이때 양들은 목자가 아닌 도둑의 음성을 알아 절대 말을 듣지 않는다. 그래서 성경에서는 하나님과 이스라엘 백성의 관계를 목자와 양에 비유하고 있으며(시23:1) 메시아를 목자로 표현하기도 하였다(렘23:3-4).

☞ 율법의 정신이 사람을 사랑하는 것에 있음은 바리새인들도 잘 알고 있다. 따라서 나면서 소경된 자가 고침을 받았다면 기뻐해야 할 것이다. 그러나 그들은 그 사건으로 예수의 권능이 널리 알려지는 것을 시기하여 오히려 소경을 회당에서 내쫓고 말았다. 이는 그들이 진정으로 백성을 위하는 자들이 아니라 자신들의 명예만을 생각하는 자임을 스스로 증거한 것이다. 그러나 예수께서는 자신이 양을 위해 목숨까지 내놓는 참 목자라고 말씀하신다. 또한 그의 말씀대로 십자가에 죽으심으로 양인 백성들을 죄에서 구원하셨다. 이처럼 예수께서는 말씀과 행동으로 유일한 구원자이심을 증거하신 것이다.

72일차 읽기의 요약

(마 15:21~16:4, 막 7:24~8:12, 마 16:5~20, 막 8:13~30, 눅 9:18~21, 마 16:21~28, 막 8:31~9:1, 눅 9:22~27, 마 17:1~13, 막 9:2~13, 눅 9:28~36, 마 17:14~18, 8:19~22, 막 9:14~50, 눅 9:37~62, 요 7~10:21)

예수님께서는 오병이어의 기적을 일으키신 후에 갈릴리 지역을 벗어나 두로와 시돈 등 변방 땅을 다니시며 특별히 열두 제자들을 강도 높게 집중훈련 시키셨다. 가이사랴 빌립보에서는 제자들에게 '너희는 나를 누구라고 하느냐'고 물으셨다 그리고 6일 후에 따로 세 제자를 데리고 변화 산으로 가셔서 그들로 하여금 예수가 하나님이심을 증명하는 영광스런 체험을 하게 하셨다. 그리고 바로 이 무렵부터 예수님은 약 6개월 뒤에 일어날 자신의 죽으심과 부활에 대해 제자들에게 알리셨다.

그리고 드디어 초막절을 맞아 예수님과 제자들은 갈릴리 지역을 떠나 예루살렘으로 가신다. 예루살렘에는 이미 예수님에 대한 적대 감정이 고조되고 있었지만, 예수님께서는 초막절 끝에 예루살렘 성전에 가셔서 자신이 이사야 선지자가 예언한 생수 되시는 그리스도이심을 공적으로 선포하셨다. 예수님은 자신이 바로 진리이며 자신이 증언하는 말을 진리로 믿는 자들은 하나님께 속한 자들임을 말씀하셨다. 그러자 예루살렘 종교 지도자들의 예수님에 대한 적대 감정은 한층 더 고조되었다.

그러면 어떻게 살 것인가?

인위뚝·신위고!

☑ 세계관 점검 - 묵상하기 (영상 강의와 교재 내용의 이해를 바탕으로)

바리새인들은 그들의 전승을 믿음의 표준으로 삼는 자들이다. 그러나 예수님은 하나님의 말씀이 믿음의 근거가 되어야 함을 가르쳐 준다. 성경 말씀이 언제나 최우선으로 따라야 할 규범이다. 전승이 말씀을 해석하게 하면 이단으로 빠진다. 그럼에도 딤후 4:3-4에서처럼, 자기 귀를 만족시켜 주는 "내 가복음식" 진리를 찾는 자가 너무 많다는 것이 오늘 우리의 모습이 아닐까? 이것을 해결하는 것은 성경뿐이다. 우리의 삶의 근본 기준이 성경인가?
"오늘 성경 읽으셨나요?"

왜 예수님이 이들을 누룩에 비유하여 조심하라고 했을까?
누룩(yeast)은 아주 작은 것이지만 밀가루 반죽의 전체에 그 효력을 발휘하는 효모이다. 누룩처럼 한사람의 생활 방식이나 태도가 공동체 모두의 삶에 영향을 끼칠 수 있다. 예수님은 제자들에게 바리새인들의 누룩과 헤롯의 누룩을 주의하라고 하신다. 하나님 앞에서 의로움을 추구하는 종교적인 바리새인들은 실상 껍데기뿐인 율법주의자에 지나지 않았다. 그리고 헤롯의 삶은 성적인 욕망과 권력에 대한 야심으로 가득 찬 세속주의자의 삶이었다. 어떤 면에서 그러한 부패한 영향력이 누룩같이 사람들에게 스며들어 사람들로 하여금 하나님과 진실하고 친밀한 관계 맺는 것을 방해한다. 믿는 자들은 이 같은 누룩에 침투당하여 영향을 받지 말아야 한다는 말씀이다.

"너희는 나를 누구라 하느냐?"이 질문은 창세기 3장에 나오는 "아담아 네가 어디 있느냐?"와 창세기 4장에 나오는 "가인아 네 아우 아벨이 어디 있느냐?"의 질문과 더불어 우리가 반드시 답해야 할 3대 질문 중 하나이다. 예수님은 나에게 누구이신가? 이 질문의 답이 나의 신앙의 현주소를 보여 주는 것이다. 우리가 고백하는 예수님은 이 우주의 통치자이신 하나님이시고 그분이 나의 주(主)이심을 고백할 수 있는가? 그분이 내 삶을 주관하신다고 믿으며 그 분께 내 모든 것을 의지할 수 있는가?

변화 산 위의 영광과 산 아래의 문제(눅 9:37-43)를 대조해 보고 '세상과 세속 구별'하기(본 교재 『통큰통독』 459쪽)의 내용을 생각하면서 우리 그리스도인의 사회적 책임이 무엇인가를 생각해 보라. 제자들의 병 고침에 대한 무능(눅 9:43)과 변화 산상의 영광 앞에 안주하기를 원하는 자들의 자세가 현실을 대하는 그리스도인의 자세가 되어서는 안 될 것이다. 또한 그들은 예수님의 메시아 사역을 잘못 이해해서 자신들의 출세의 길로 생각한 듯하다.
당시 제자들에게는 예수님의 능력이 자신들의 뜻을 이루기 위해 사용되어서는 안 된다는 것을 알지 못했던 시절이 있었다. 믿음의 모양은 있지만 그 능력을 잘못 이해하는 데서 생기는 열정이다.
그러므로 예수님의 제자가 될 수 없는 세 부류의 사람들을 생각해 보자.

1) 예수님을 따르는 것이 물질적 복을 누리고 영광을 얻는 길이라고 생각하는 자
2) 세상의 일을 우선으로 처리하고 남은 시간에 예수님을 따르려는 자
3) 세상일에 미련을 갖는 자, 이런 자는 예수님의 제자가 될 수 없다. 당신은 예수를 누구라고 고백하는가? 구속사의 맥락에서 깊이 묵상하고 고백해 보라.

요한 8:45-47에서 언급하듯이 진리란 무엇인가? 예수님은 스스로 '진리'라고 말씀하셨을 뿐 아니라, 자신이 하는 말 역시 '진리'라고 강조하셨다. 이 진리는 사람들에게 구원을 가져다주는 생명의 말씀을 가리킨다. 그것은 하나님의 은총으로서, 누구든지 믿음으로 받아들이면 그 진리로 인해 구원을 얻는 것이다. 하지만 예수님 당시에 어떤 이들은 예수님이 말씀하신 것이 진리인지 아닌지 결정할 수 있는 권리를 자기들이 가지고 있다고 생각하였다. 예수님은 그들의 태도를 정죄하셨다. 예수님은 단지 자신의 말씀을 진리로 받아들이는 사람은 하나님께 속한 자들이고 그렇지 아니한 사람은 사탄에 속한 자라고 규정하셨다.
오늘날에도 예수님의 말씀은 모든 사람을 두 그룹으로 나누고 있다. 그것은 바로 하나님께 속한 그룹과 사탄에 속한 그룹이다. 그 중간은 없다. 이 진리는 우리가 평가하고 판단할 성격의 것이 아니다. 오직 믿음으로 받아들여야 하는 것이다.

(요 9장)날 때부터 소경인 자를 고침, (요 10장)선한 목자이신 예수
이 세상의 빛이신 예수님은 어둠에 있는 인간들을 비추어 주시는 분이시다. 어둠에 있는 소경의 눈을 뜨게 해 주심으로 그를 빛으로 인도하신다. 우리 모두도 그렇게 인도해 주시는 것이다. 그분은 바로 양을 인도하시는 선한 목자이시다. 시편 23편의 목자를 생각하라. 예수님은 우리를 푸른 초장으로 인도하시고 사망의 음침한 골짜기를 다닐지라도 해를 받지 않게 보호해 주시는 그런 목자이시다. 양들의 삶을 위해 목숨까지도 내어주시는 그런 목자이시다. 그러나 그 사실을 받아들이지 않으려는 종교 지도자들은 예수님을 향하여 적대 감정을 더욱 쌓아 간다. 당신은 예수님을 그런 분으로 섬기고 있는가?

☑ 결단기도와 실행하기

약 2:26 **영혼 없는 몸이 죽은 것 같이 행함이 없는 믿음은 죽은 것이니라**
시 119:28 **나의 영혼이 눌림으로 말미암아 녹사오니 주의 말씀대로 나를 세우소서**

67일~72일

누가 10:1~13:21

- 70인을 파송(유대 지방) (10:1-24) /
예수님을 시험하는 질문 : 선한 사마리아인 비유(10:25-37) /
마르다와 마리아의 집에 머무신 예수님(예루살렘 근교의 베다니, 10:38-42) / 기도에 대한 교훈(11:1-13) /
귀신들린 벙어리를 고침(11:14-36) / 종교적 위선을 꾸짖음(11:37-12:12) / 어리석은 부자의 비유(12:13-59) /
회개와 천국에 관한 비유(13:1-9) / 안식일에 병을 고치시다(13:10-21) -

누가 10:1-42

칠십 인을 세워서 보내시다

1 그 후에 주께서 따로 칠십 인을 세우사 친히 가시려는 각 동네와 각 지
역으로 둘씩 앞서 보내시며 2 이르시되 추수할 것은 많되 일꾼이 적으니
그러므로 추수하는 주인에게 청하여 추수할 일꾼들을 보내 주소서 하라
3 갈지어다 내가 너희를 보냄이 어린 양을 이리 가운데로 보냄과 같도다 4
전대나 배낭이나 신발을 가지지 말며 길에서 아무에게도 문안하지 말며 5
어느 집에 들어가든지 먼저 말하되 이 집이 평안할지어다 하라 6 만일 평
안을 받을 사람이 거기 있으면 너희의 평안이 그에게 머물 것이요 그렇지
않으면 너희에게로 돌아오리라 7 그 집에 유하며 주는 것을 먹고 마시라
일꾼이 그 삯을 받는 것이 마땅하니라 이 집에서 저 집으로 옮기지 말라 8
어느 동네에 들어가든지 너희를 영접하거든 너희 앞에 차려놓는 것을 먹
고 9 거기 있는 병자들을 고치고 또 말하기를 하나님의 나라가 너희에게
가까이 왔다 하라 10 어느 동네에 들어가든지 너희를 영접하지 아니하거
든 그 거리로 나와서 말하되 11 너희 동네에서 우리 발에 묻은 먼지도 너
희에게 떨어버리노라 그러나 하나님의 나라가 가까이 온 줄을 알라 하라
12 내가 너희에게 말하노니 그 날에 소돔이 그 동네보다 견디기 쉬우리라
13 화 있을진저 고라신아, 화 있을진저 벳새다야, 너희에게 행한 모든 권
능을 두로와 시돈에서 행하였더라면 그들이 벌써 베옷을 입고 재에 앉아
회개하였으리라 14 심판 때에 두로와 시돈이 너희보다 견디기 쉬우리라
15 가버나움아 네가 하늘에까지 높아지겠느냐 음부에까지 낮아지리라 16
너희 말을 듣는 자는 곧 내 말을 듣는 것이요 너희를 저버리는 자는 곧 나
를 저버리는 것이요 나를 저버리는 자는 나 보내신 이를 저버리는 것이라
하시니라

칠십 인이 돌아오다

17 칠십 인이 기뻐하며 돌아와 이르되 주여 주의 이름이면 귀신들도 우리
에게 항복하더이다 18 예수께서 이르시되 사탄이 하늘로부터 번개 같이
떨어지는 것을 내가 보았노라 19 내가 너희에게 뱀과 전갈을 밟으며 원수
의 모든 능력을 제어할 권능을 주었으니 너희를 해칠 자가 결코 없으리라
20 그러나 귀신들이 너희에게 항복하는 것으로 기뻐하지 말고 너희 이름
이 하늘에 기록된 것으로 기뻐하라 하시니라

❖ 눅 10:1-24 **70인 파송**
70인 전도대를 파송한 것은 대대적인 복음 사역으로서는 두 번째 사건이었다. 먼저 열두 제자를 중심으로 갈릴리 지역을 전도한 일이 있었다(눅 9장). 그러나 이번에는 남부 트랜스요르단 지역인 베레아 지역을 중심으로 전도가 이루어졌다. 이때 선택된 전도대는 총 칠십 명이었다. 당시 랍비들은 유대인을 제외한 전 세계의 민족 숫자를 총 칠십으로 계산하였다. 따라서 칠십 인을 선택하였다는 것은 현실적으로는 베레아 지역에 국한된 전도였지만, 전 세계를 향한 선교의 의미를 담고 있다고 할 수 있다. 또한 이들에게 전대나 주머니, 신발을 가지지 말라고 하였는데, 이는 열두 제자를 파송할 때와 동일한 명령이다. 예수께서 이런 명령을 내리신 것은 당시 바리새인들이 주류를 이룬 유대 율법 학자들과 긴밀한 관계가 있다. 율법에 의해 율법 학자들은 사람들에게 대가를 받을 수 없고 각자 노동을 통해서, 또는 사람들이 제공하는 자발적인 후원금이나 구호금에 의존해서 생활하도록 하였다. 그러나 실제로 이 규정은 잘 지켜지지 않았고 바리새인들은 율법적 권위를 이용해 백성들에게 많은 금품을 착취함으로 일반 백성들에게 원성을 사기도 하였다. 그래서 예수께서는 칠십 인 전도자에게 복음 전파의 대가를 받지 못하게 하셨다. 이로써 예수의 복음은 개인의 사욕을 위한 것이 아니며 하나님의 참된 진리임을 나타내려고 했다.
70인 전도대의 파송은 예수의 제자가 된 성도들에게 복음 전파의 사명이 얼마나 중요한지를 일깨워 주고 있다. 복음 전파는 예수나 제자들의 사명이 아니라 복음을 받은 모든 성도에게 주어진 사명이며 전 세계를 향하여 선포되어야 한다는 것을 말씀하고 있다. 이런 점에서 예수께서 승천하시기 전에 남기신 지상명령인 선교 명령과 맥락을 같이하고 있다(마 28:16-20). 그뿐만 아니라 임박한 종말과 관련한 복음의 전파는 긴박성을 띠고 있다. 따라서 성도들에게 복음 전파는 결코 뒤로 미루어질 수 없고 오늘 삶의 현장에서 당장 행해야 함을 보여 주고 있다.

예수의 감사 기도

21 그 때에 예수께서 성령으로 기뻐하시며 이르시되 천지의 주재이신 아
버지여 이것을 지혜롭고 슬기 있는 자들에게는 숨기시고 어린 아이들에
게는 나타내심을 감사하나이다 옳소이다 이렇게 된 것이 아버지의 뜻이
니이다 22 내 아버지께서 모든 것을 내게 주셨으니 아버지 외에는 아들이
누구인지 아는 자가 없고 아들과 또 아들의 소원대로 계시를 받는 자 외
에는 아버지가 누구인지 아는 자가 없나이다 하시고 23 제자들을 돌아보
시며 조용히 이르시되 너희가 보는 것을 보는 눈은 복이 있도다 24 내가
너희에게 말하노니 많은 선지자와 임금이 너희가 보는 바를 보고자 하
였으되 보지 못하였으며 너희가 듣는 바를 듣고자 하였으되 듣지 못하
였느니라

자비를 베푼 사마리아 사람

25 어떤 율법교사가 일어나 예수를 시험하여 이르되 선생님 내가 무엇을
하여야 영생을 얻으리이까 26 예수께서 이르시되 율법에 무엇이라 기록되
었으며 네가 어떻게 읽느냐 27 대답하여 이르되 네 마음을 다하며 목숨을
다하며 힘을 다하며 뜻을 다하여 주 너의 하나님을 사랑하고 또한 네 이
웃을 네 자신 같이 사랑하라 하였나이다 28 예수께서 이르시되 네 대답이
옳도다 이를 행하라 그러면 살리라 하시니 29 그 사람이 자기를 옳게 보이
려고 예수께 여짜오되 그러면 내 이웃이 누구니이까 30 예수께서 대답하
여 이르시되 어떤 사람이 예루살렘에서 여리고로 내려가다가 강도를 만
나매 강도들이 그 옷을 벗기고 때려 거의 죽은 것을 버리고 갔더라 31 마
침 한 제사장이 그 길로 내려가다가 그를 보고 피하여 지나가고 32 또 이
와 같이 한 레위인도 그 곳에 이르러
그를 보고 피하여 지나가되 33 어떤
사마리아 사람은 여행하는 중 거기
이르러 그를 보고 불쌍히 여겨 34 가까
이 가서 기름과 포도주를 그 상처에 붓
고 싸매고 자기 짐승에 태워 주막으로
데리고 가서 돌보아 주니라 35 그 이튿
날 그가 주막 주인에게 데나리온 둘을
내어 주며 이르되 이 사람을 돌보아 주라

비용이 더 들면 내가 돌아올 때에 갚으리라 하였으니 36 네 생각에는 이
세 사람 중에 누가 강도 만난 자의 이웃이 되겠느냐 37 이르되 자비를 베
푼 자니이다 예수께서 이르시되 가서 너도 이와 같이 하라 하시니라

마르다와 마리아

38 그들이 길 갈 때에 예수께서 한 마을에 들어가시매 마르다라 이름하
는 한 여자가 자기 집으로 영접하더라 39 그에게 마리아라 하는 동생이 있
어 주의 발치에 앉아 그의 말씀을 듣더니 40 마르다는 준비하는 일이 많아
마음이 분주한지라 예수께 나아가 이르되 주여 내 동생이 나 혼자 일하
게 두는 것을 생각하지 아니하시나이까 그를 명하사 나를 도와 주라 하

☞ 예수님은 제자들이 주의 이름으로 귀신들이 항복하는 일에 흥분하는 모습을 타이르는 모습을 볼 수 있다. "귀신들이 너희에게 항복하는 것으로 기뻐하지 말고 너희 이름이 하늘에 기록된 것으로 기뻐하라 하시니라"(10:20) 귀신을 쫓아내고 병을 낫게 하는 기복적이고 센세이션(sensational)한 것보다는 우리의 이름이 생명책에 기록되는 것을 기뻐하라고 한다. 생명책에 기록된다는 것은 하나님 나라의 백성으로서 삶을 살아간다는 말이 아니겠는가!
눅 10:18에서 복음이 전파되니 사탄이 하늘로부터 번개처럼 떨어지는 모습을 보았다고 돌아온 제자들이 보고 한다. 이것은 영적 싸움의 승리를 보여 주는 것이고 계시록에서 용과 싸움에서 예수님이 이기는 모습을 예견하는 것이다. 하나님의 나라가 서게 되는 것을 말한다. 이제 사탄은 그 적수를 만난 것이다.

눅 10:4, 7
학습 자료 73-1 "70인 제자에 대한 예수의 문안 금지와 유숙 명령" 참조

눅 10:25-37 예수님을 시험하는 질문 - 선한 사마리아인 비유
예수님에게 끈질기게 올가미를 씌우려는 종교 지도자들의 계략이 이어지고 있다. 이제는 한 율법사가 예수님에게 영생을 얻는 길이 무엇이냐고 묻는다. 예수님은 그들이 율법의 전문가들이니 율법에 무엇이라고 하는가를 되묻자, 하나님 사랑, 이웃 사랑이라고 답변한다. 예수님은 그렇다. 그런데 이것을 지켜야 영생을 얻는 것이라고 하시면서 한 비유를 들려주시고 누가 진정한 이웃 사랑을 보이는 부류인가를 묻는다. 이것이 선한 사마리아인의 비유이다. 이 비유에 제사장, 레위인, 사마리아인 등 세 부류가 나온다. 강도를 만나 상처를 입어 쓰러진 한 유대인을 놓고 제사장과 레위인은 피했지만, 이 사마리아인만 그 사람을 도왔다. 사마리아인은 이스라엘 사람과는 적대적 관계에 있는 사람이다.
여기서 예수님 당시 '이웃'이라는 개념을 어떻게 생각하고 있는가를 살펴볼 필요가 있다. 당시 유대인 사회에서 '이웃'이란 '신앙의 동지' 또는 '정치적, 종교적 동지' 혹은 '정당 동지'를 이웃으로 생각한다. 이것은 오늘 우리가 생각하는 '이웃'의 개념과도 너무나 같다. 우리는 흔히 '우리가 남이가' 하면서 남이 아니라고 여겨지는 서로에게는 '이웃' 의식을 강하게 보여 주지만, 그 '남이가'의 선을 넘어가면 그들을 우리의 이웃이 아니라고 생각하는 것이 문제이다. 예수님이 말하는 '이웃'의 범위는 하나님 나라의 백성 전체 또는 백성이 되어야 하는 모든 사람, 즉 요 3:16에 '하나님이 사랑한

73일~78일

소서 41 주께서 대답하여 이르시되 마르다야 마르다야 네가 많은 일로 염
려하고 근심하나 42 몇 가지만 하든지 혹은 한 가지만이라도 족하니라 마
리아는 이 좋은 편을 택하였으니 빼앗기지 아니하리라 하시니라

누가 11장

기도를 가르치시다

1 예수께서 한 곳에서 기도하시고 마치시매 제자 중 하나가 여짜오되 주여
요한이 자기 제자들에게 기도를 가르친 것과 같이 우리에게도 가르쳐 주
옵소서 2 예수께서 이르시되 너희는 기도할 때에 이렇게 하라 아버지여 이
름이 거룩히 여김을 받으시오며 나라가 임하시오며 3 우리에게 날마다 일
용할 양식을 주시옵고 4 우리가 우리에게 죄 지은 모든 사람을 용서하오니
우리 죄도 사하여 주시옵고 우리를 시험에 들게 하지 마시옵소서 하라 5
또 이르시되 너희 중에 누가 벗이 있는데 밤중에 그에게 가서 말하기를 벗
이여 떡 세 덩이를 내게 꾸어 달라 6 내 벗이 여행중에 내게 왔으나 내가 먹
일 것이 없노라 하면 7 그가 안에서 대답하여 이르되 나를 괴롭게 하지 말
라 문이 이미 닫혔고 아이들이 나와 함께 침실에 누웠으니 일어나 네게 줄
수가 없노라 하겠느냐 8 내가 너희에게 말하노니 비록 벗됨으로 인하여서
는 일어나서 주지 아니할지라도 그 간청함을 인하여 일어나 그 요구대로
주리라 9 내가 또 너희에게 이르노니 구하라 그러면 너희에게 주실 것이요
찾으라 그러면 찾아낼 것이요 문을 두드리라 그러면 너희에게 열릴 것이니
10 구하는 이마다 받을 것이요 찾는 이는 찾아낼 것이요 두드리는 이에게
는 열릴 것이니라 11 너희 중에 아버지 된 자로서 누가 아들이 생선을 달라
하는데 생선 대신에 뱀을 주며 12 알을 달라 하는데 전갈을 주겠느냐 13 너
희가 악할지라도 좋은 것을 자식에게 줄 줄 알거든 하물며 너희 하늘 아버
지께서 구하는 자에게 성령을 주시지 않겠느냐 하시니라

예수와 바알세불

14 예수께서 한 말 못하는 귀신을 쫓아내시니 귀신이 나가매 말 못하는
사람이 말하는지라 무리들이 놀랍게 여겼으나 15 그 중에 더러는 말하기
를 그가 귀신의 왕 바알세불을 힘입어 귀신을 쫓아낸다 하고 16 또 더러
는 예수를 시험하여 하늘로부터 오는 표적을 구하니 17 예수께서 그들의
생각을 아시고 이르시되 스스로 분쟁하는 나라마다 황폐하여지며 스스
로 분쟁하는 집은 무너지느니라 18 너희 말이 내가 바알세불을 힘입어 귀
신을 쫓아낸다 하니 만일 사탄이 스스로 분쟁하면 그의 나라가 어떻게 서
겠느냐 19 내가 바알세불을 힘입어 귀신을 쫓아내면 너희 아들들은 누구
를 힘입어 쫓아내느냐 그러므로 그들이 너희 재판관이 되리라 20 그러나
내가 만일 하나님의 손을 힘입어 귀신을 쫓아낸다면 하나님의 나라가 이
미 너희에게 임하였느니라 21 강한 자가 무장을 하고 자기 집을 지킬 때에
는 그 소유가 안전하되 22 더 강한 자가 와서 그를 굴복시킬 때에는 그가 믿던 무장을 빼앗고 그 재물을 나누느
니라 23 나와 함께 하지 아니하는 자는 나를 반대하는 자요 나와 함께 모으지 아니하는 자는 헤치는 자니라 24 더
러운 귀신이 사람에게서 나갔을 때에 물 없는 곳으로 다니며 쉬기를 구하되 얻지 못하고 이에 이르되 내가 나온

세상'을 말하는 것이다. 우리는 이웃 사랑을 말하기 전에 우리의 '이웃'의 범위가 어디까지인가를 먼저 생각하고 그 개념을 바꾸어야 한다. 과연 내 이웃은 나와의 이해관계 가운데 정해지는 것인가?

눅 11:1-13 예수님이 가르쳐 주신 기도문이다. 마태복음의 산상수훈에서 나오는 주기도문보다 다소 소박한 표현을 사용한다. 또한 밤중에 찾아온 친구를 위한 대접을 위해 떡을 강청하는 것을 놓고 강청하는 기도를 보여 준다.
다시 한번 상기할 것은 기도는 내 뜻을 관철하고 이루기 위한 것이 아니고 하나님의 뜻을 이 땅에서 이루어지도록 내가 쓰임 받을 수 있도록 그분의 인도하심을 구하는 것이어야 한다. 그것이 곧 "그의 나라와 그 의"를 구하는 길이다. 그럴 때 하나님은 우리가 구하지도 않는 것까지도 다 주신다는 것이다.(마 6:33) 여기서 강청하는 기도는 곧 친구를 위한 기도이고 이웃과의 관계도 하나님의 뜻을 이루는 것이니 포기하지 않고 구하라는 뜻이다.

눅 11:14-25 귀신을 내쫓는 일은 하나님 나라의 회복과 관계가 있다는 것을 예수님은 마태복음에서 말씀하셨다(마 12:28). 예수님의 반대자들은 예수님이 귀신의 왕 바알세불과 한 패이기 때문에 귀신을 제압할 수 있는 권세를 가졌다고 주장한다. 예수님은 그것을 단호하게 거절하신다. 그러자 이 반대자들은 예수의 권세가 하늘로부터 온 것인가를 증명하는 표적을 요구하나 예수님은 요나의 표적밖에 보여 줄 것이 없다고 했다. 이 표적은 부활의 권능까지도 있다는 표적인 것을 이 사람들은 알 수가 없다.

내 집으로 돌아가리라 하고 25 가서 보니 그 집이 청소되고 수리되었거늘 26 이에 가서 저보다 더 악한 귀신 일곱
을 데리고 들어가서 거하니 그 사람의 나중 형편이 전보다 더 심하게 되느니라

복이 있는 자

27 이 말씀을 하실 때에 무리 중에서 한 여자가 음성을 높여 이르되 당신을 밴 태와 당신을 먹인 젖이 복이 있나
이다 하니 28 예수께서 이르시되 오히려 하나님의 말씀을 듣고 지키는 자가 복이 있느니라 하시니라

악한 세대가 표적을 구하나

29 무리가 모였을 때에 예수께서 말씀하시되 이 세대는 악한 세대라 표적
을 구하되 요나의 표적 밖에는 보일 표적이 없나니 30 요나가 니느웨 사람
들에게 표적이 됨과 같이 인자도 이 세대에 그러하리라 31 심판 때에 남방
여왕이 일어나 이 세대 사람을 정죄하리니 이는 그가 솔로몬의 지혜로운 말을 들으려고 땅 끝에서 왔음이거니
와 솔로몬보다 더 큰 이가 여기 있으며 32 심판 때에 니느웨 사람들이 일어나 이 세대 사람을 정죄하리니 이는 그
들이 요나의 전도를 듣고 회개하였음이거니와 요나보다 더 큰 이가 여기 있느니라

눅 11:29-30
학습 자료 73-3
"요나의 표적 밖에 보일 것이 없나니" 참조

눈은 몸의 등불

33 누구든지 등불을 켜서 움 속에나 말 아래에 두지 아니하고 등경 위에 두나니 이는 들어가는 자로 그 빛을 보
게 하려 함이라 34 네 몸의 등불은 눈이라 네 눈이 성하면 온 몸이 밝을 것이요 만일 나쁘면 네 몸도 어두우리라
35 그러므로 네 속에 있는 빛이 어둡지 아니한가 보라 36 네 온 몸이 밝아 조금도 어두운 데가 없으면 등불의 빛
이 너를 비출 때와 같이 온전히 밝으리라 하시니라

바리새인과 율법교사

37 예수께서 말씀하실 때에 한 바리새인이 자기와 함께 점심 잡수시기를
청하므로 들어가 앉으셨더니 38 잡수시기 전에 손 씻지 아니하심을 그 바
리새인이 보고 이상히 여기는지라 39 주께서 이르시되 너희 바리새인은
지금 잔과 대접의 겉은 깨끗이 하나 너희 속에는 탐욕과 악독이 가득하
도다 40 어리석은 자들아 겉을 만드신 이가 속도 만들지 아니하셨느냐 41
그러나 그 안에 있는 것으로 구제하라 그리하면 모든 것이 너희에게 깨끗
하리라 42 화 있을진저 너희 바리새인이여 너희가 박하와 운향과 모든 채
소의 십일조는 드리되 공의와 하나님께 대한 사랑은 버리는도다 그러나
이것도 행하고 저것도 버리지 말아야 할지니라 43 화 있을진저 너희 바리
새인이여 너희가 회당의 높은 자리와 시장에서 문안 받는 것을 기뻐하는
도다 44 화 있을진저 너희여 너희는 평토장한 무덤 같아서 그 위를 밟는
사람이 알지 못하느니라 45 한 율법교사가 예수께 대답하여 이르되 선생
님 이렇게 말씀하시니 우리까지 모욕하심이니
이다 46 이르시되 화 있을진저 또 너희 율법교
사여 지기 어려운 짐을 사람에게 지우고 너희
는 한 손가락도 이 짐에 대지 않는도다 47 화 있
을진저 너희는 선지자들의 무덤을 만드는도
다 그들을 죽인 자도 너희 조상들이로다 48 이와 같이 그
들은 죽이고 너희는 무덤을 만드니 너희가 너희 조상의
행한 일에 증인이 되어 옳게 여기는도다 49 그러므로 하나님의 지혜가 일
렀으되 내가 선지자와 사도들을 그들에게 보내리니 그 중에서 더러는 죽
이며 또 박해하리라 하였느니라 50 창세 이후로 흘린 모든 선지자의 피를

눅 11:37~12:12 종교적 위선을 꾸짖음

예수님은 이들의 위선을 단호하게 비판하신다. 이들 바리새인에게는 규율과 형식은 있지만 은혜의 교리는 없으므로 그들은 다른 이들을 도와주지 못하고 오히려 짐을 지우는 자들이다. 이들을 경계해야 하며 그들의 위협을 조심하라고 당부하신다. 이어서 항상 깨어 있어야 한다고 가르친다. 예수님 당시 바리새인과 오늘 우리와 어떤 차이가 있는가를 묵상해 보라. 우리도 이 바리새인들과 같은 점은 없을까? 예수님 당시에 바리새인들은 모세 율법에 아주 충실한 율법주의자로서 종교 지도자였다. 그런데 이상하게도 바리새인들은 예수님에게 항상 적대적이었고, 그래서 예수님은 그들에게 "화 있을진저" 하면서 강력한 경고를 하셨다. 그렇다면 오늘날 우리는 바리새인들의 모습을 통해서 나 자신을 냉철하게 성찰해 보아야 한다.

- 나는 진정 거룩하게 되기보다, 사람들에게 거룩하게 보이려고 애쓰지는 않는가?
- 나는 하나님을 드러내는 것보다, 나 자신을 드러내는 것을 더 좋아하지는 않는가?
- 나는 하나님께 인정받기보다, 사람에게 인정받기를 더 바라고 원하고 있지 않는가?
- 나는 다른 이들을 이해하려고 하기보다, 내 규칙에 따라 판단하고 있지는 않는가?
- 나는 실질적인 내용보다 형식적인 의식을 갖추는데 더 많은 시간을 할애하고 있지 않는가?

이 세대가 담당하되 51 곧 아벨의 피로부터 제단과 성전 사이에서 죽임을 당한 사가랴의 피까지 하리라 내가 너
희에게 이르노니 과연 이 세대가 담당하리라 52 화 있을진저 너희 율법교사여 너희가 지식의 열쇠를 가져가서 너
희도 들어가지 않고 또 들어가고자 하는 자도 막았느니라 하시니라 53 거기서 나오실 때에 서기관과 바리새인들
이 거세게 달려들어 여러 가지 일을 따져 묻고 54 그 입에서 나오는 말을 책잡고자 하여 노리고 있더라

누가 12장

바래새인의 외식을 주의하라

1 그 동안에 무리 수만 명이 모여 서로 밟힐 만큼 되었더니 예수께서 먼저 제자들에게 말씀하여 이르시되 바리새
인들의 누룩 곧 외식을 주의하라 2 감추인 것이 드러나지 않을 것이 없고 숨긴 것이 알려지지 않을 것이 없나니 3
이러므로 너희가 어두운 데서 말한 모든 것이 광명한 데서 들리고 너희가 골방에서 귀에 대고 말한 것이 지붕 위
에서 전파되리라 4 내가 내 친구 너희에게 말하노니 몸을 죽이고 그 후에는 능히 더 못하는 자들을 두려워하지
말라 5 마땅히 두려워할 자를 내가 너희에게 보이리니 곧 죽인 후에 또한 지옥에 던져 넣는 권세 있는 그를 두려
워하라 내가 참으로 너희에게 이르노니 그를 두려워하라 6 참새 다섯 마리가 두 앗사리온에 팔리는 것이 아니냐
그러나 하나님 앞에는 그 하나도 잊어버리시는 바 되지 아니하는도다 7 너희에게는 심지어 머리털까지도 다 세
신 바 되었나니 두려워하지 말라 너희는 많은 참새보다 더 귀하니라 8 내
가 또한 너희에게 말하노니 누구든지 사람 앞에서 나를 시인하면 인자
도 하나님의 사자들 앞에서 그를 시인할 것이요 9 사람 앞에서 나를 부인
하는 자는 하나님의 사자들 앞에서 부인을 당하리라 10 누구든지 말로 인
자를 거역하면 사하심을 받으려니와 성령을 모독하는 자는 사하심을 받
지 못하리라 11 사람이 너희를 회당이나 위정자나 권세 있는 자 앞에 끌고
가거든 어떻게 무엇으로 대답하며 무엇으로 말할까 염려하지 말라 12 마
땅히 할 말을 성령이 곧 그 때에 너희에게 가르치시리라 하시니라

한 부자의 비유

13 무리 중에 한 사람이 이르되 선생님 내 형을 명하여 유산을 나와 나누
게 하소서 하니 14 이르시되 이 사람아 누가 나를 너희의 재판장이나 물건
나누는 자로 세웠느냐 하시고 15 그들에게 이르시되 삼가 모든 탐심을 물
리치라 사람의 생명이 그 소유의 넉넉한 데 있지 아니하니라 하시고 16 또
비유로 그들에게 말하여 이르시되 한 부자가 그 밭에 소출이 풍성하매 17
심중에 생각하여 이르되 내가 곡식 쌓아 둘 곳이 없으니 어찌할까 하고
18 또 이르되 내가 이렇게 하리라 내 곳간을 헐고 더 크게 짓고 내 모든 곡
식과 물건을 거기 쌓아 두리라 19 또 내가 내 영혼에게 이르되 영혼아 여
러 해 쓸 물건을 많이 쌓아 두었으니 평안히 쉬고 먹고 마시고 즐거워하
자 하리라 하되 20 하나님은 이르시되 어리석은 자여 오늘 밤에 네 영혼
을 도로 찾으리니 그러면 네 준비한 것이 누구의 것이 되겠느냐 하셨으니
21 자기를 위하여 재물을 쌓아 두고 하나님께 대하여 부요하지 못한 자가
이와 같으니라

목숨과 몸을 위하여 염려하지 말라

22 또 제자들에게 이르시되 그러므로 내가 너희에게 이르노니 너희 목숨
을 위하여 무엇을 먹을까 몸을 위하여 무엇을 입을까 염려하지 말라 23 목
숨이 음식보다 중하고 몸이 의복보다 중하니라 24 까마귀를 생각하라 심

눅 12:8-12
학습 자료 73-4 "인자의 이해" 참조

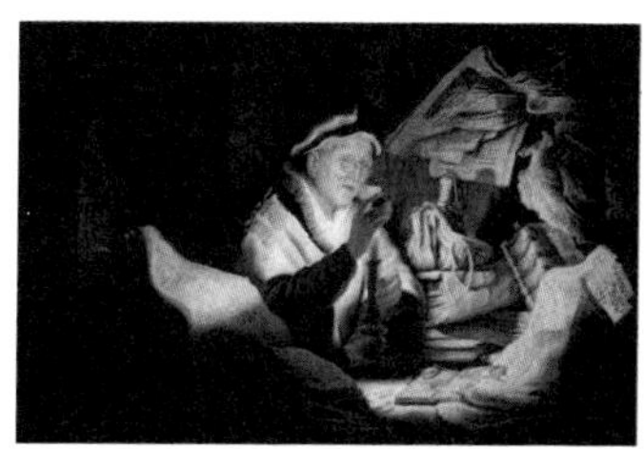

눅 12:13-34 한 사람이 자기 형에게 명하여 유업을 나누게 해달라고 간청하자 예수께서는 사람의 생명이 물질적 소유에 있지 않으므로 탐심을 물리치라고 교훈하셨다. 그리고 자신의 생명이 다한 줄도 모르고 풍성한 소출로 인하여 기뻐하는 어리석은 부자의 비유를 통해 탐욕의 허망함을 일깨워 주셨다.
유대인들은 많은 물질을 소유하는 것이 하나님의 축복과 은혜를 증거한다고 생각하였다. 그러나 예수께서는 물질의 풍성함이 곧 영혼의 풍성함이 아니라고 교훈하고 계신다. 오히려 물질에 대한 집착은 인간의 영혼을 병들게 하고 하나님께 대한 감사와 의지를 소홀하게 할 수 있다. 그러므로 사람의 생명이 하나님께 달려 있음을 깨닫고 하나님을 위하여 모든 것을 바치는 자가 진정한 축복을 얻을 것이다.
예수님은 계속해서 세상적 욕구에 너무 연연하지 말고 영생의 것, 하늘의 것에 마음을 두고 살아야 한다고 가르치신다. 이 말은 세속적 가치관을 영생이 있는 성경적 가치관으로 바꾸어야 한다는 교훈이다.

지도 아니하고 거두지도 아니하며 골방도 없고 창고도 없으되 하나님이 기르시나니 너희는 새보다 얼마나 더 귀
하냐 25 또 너희 중에 누가 염려함으로 그 키를 한 자라도 더할 수 있느냐 26 그런즉 가장 작은 일도 하지 못하면
서 어찌 다른 일들을 염려하느냐 27 백합화를 생각하여 보라 실도 만들지 않고 짜지도 아니하느니라 그러나 내
가 너희에게 말하노니 솔로몬의 모든 영광으로도 입은 것이 이 꽃 하나만큼 훌륭하지 못하였느니라 28 오늘 있
다가 내일 아궁이에 던져지는 들풀도 하나님이 이렇게 입히시거든 하물며 너희일까보냐 믿음이 작은 자들아 29
너희는 무엇을 먹을까 무엇을 마실까 하여 구하지 말며 근심하지도 말라 30 이 모든 것은 세상 백성들이 구하는
것이라 너희 아버지께서는 이런 것이 너희에게 있어야 할 것을 아시느니라 31 다만 너희는 그의 나라를 구하라
그리하면 이런 것들을 너희에게 더하시리라 32 적은 무리여 무서워 말라 너희 아버지께서 그 나라를 너희에게 주
시기를 기뻐하시느니라 33 너희 소유를 팔아 구제하여 낡아지지 아니하는 배낭을 만들라 곧 하늘에 둔 바 다함
이 없는 보물이니 거기는 도둑도 가까이 하는 일이 없고 좀도 먹는 일이 없느니라 34 너희 보물 있는 곳에는 너희
마음도 있으리라

깨어 준비하고 있으라

35 허리에 띠를 띠고 등불을 켜고 서 있으라 36 너희는 마치 그 주인이 혼
인집에서 돌아와 문을 두드리면 곧 열어 주려고 기다리는 사람과 같이
되라 37 주인이 와서 깨어 있는 것을 보면 그 종들은 복이 있으리로다 내
가 진실로 너희에게 이르노니 주인이 띠를 띠고 그 종들을 자리에 앉히
고 나아와 수종들리라 38 주인이 혹 이경에나 혹 삼경에 이르러서도 종들
이 그같이 하고 있는 것을 보면 그 종들은 복이 있으리로다 39 너희도 아
는 바니 집 주인이 만일 도둑이 어느 때에 이를 줄 알았더라면 그 집을 뚫
지 못하게 하였으리라 40 그러므로 너희도 준비하고 있으라 생각하지 않
은 때에 인자가 오리라 하시니라 41 베드로가 여짜오되 주께서 이 비유를
우리에게 하심이니이까 모든 사람에게 하심이니이까 42 주께서 이르시
되 지혜 있고 진실한 청지기가 되어 주인에게 그 집 종들을 맡아 때를 따
라 양식을 나누어 줄 자가 누구냐 43 주인이 이를 때에 그 종이 그렇게 하
는 것을 보면 그 종은 복이 있으리로다 44 내가 참으로 너희에게 이르노
니 주인이 그 모든 소유를 그에게 맡기리라 45 만일 그 종이 마음에 생각
하기를 주인이 더디 오리라 하여 남녀 종들을 때리며 먹고 마시고 취하게
되면 46 생각하지 않은 날 알지 못하는 시각에 그 종의 주인이 이르러 엄히 때리고 신실하지 아니한 자의 받는 벌
에 처하리니 47 주인의 뜻을 알고도 준비하지 아니하고 그 뜻대로 행하지 아니한 종은 많이 맞을 것이요 48 알지
못하고 맞을 일을 행한 종은 적게 맞으리라 무릇 많이 받은 자에게는 많이 요구할 것이요 많이 맡은 자에게는
많이 달라 할 것이니라

눅 12:35-40 그리스도의 재림을 예비하지 않는 자들의 특징

1	자신의 죄를 날마다 회개하지 않음 (시 41:4)
2	자신이 맡은 일에 게으르고 소홀히 함 (마 25:14-30)
3	사람들 앞에서 주를 그리스도로 증거하지 않음(눅 12:8, 9)
4	물질과 명예에 대한 탐심으로 가득함 (눅 12:16-21)
5	죽음과 심판과 영생에 대해 항상 생각하지 않음(눅 12:16-21)
6	그리스도의 재림에 대해 기도하지 않음 (눅 21:36)
7	그리스도보다 이 세상을 더욱 사랑함 (딤후 4:10)
8	세속적인 것에 물들어 타락함(벧전 4:3)

불을 던지러, 분쟁을 일으키러 왔다

49 내가 불을 땅에 던지러 왔노니 이 불이 이미 붙었으면 내가 무엇을 원
하리요 50 나는 받을 세례가 있으니 그것이 이루어지기까지 나의 답답함
이 어떠하겠느냐 51 내가 세상에 화평을 주려고 온 줄로 아느냐 내가 너
희에게 이르노니 아니라 도리어 분쟁하게 하려 함이로라 52 이후부터 한 집에 다섯 사람이 있어 분쟁하되 셋이
둘과, 둘이 셋과 하리니 53 아버지가 아들과, 아들이 아버지와, 어머니가 딸과, 딸이 어머니와, 시어머니가 며느리
와, 며느리가 시어머니와 분쟁하리라 하시니라

눅 12:49-53
71일차 학습 자료 71-6 "불화를 주러 오신 예수님" 참조

시대를 분간하고, 화해하기를 힘쓰라

54 또 무리에게 이르시되 너희가 구름이 서쪽에서 이는 것을 보면 곧 말하기를 소나기가 오리라 하나니 과연 그

려하고 [55]남풍이 부는 것을 보면 말하기를 심히 더우리라 하나니 과연 그러하니라 [56]외식하는 자여 너희가 천지
의 기상은 분간할 줄 알면서 어찌 이 시대는 분간하지 못하느냐 [57]또 어찌하여 옳은 것을 스스로 판단하지 아니
하느냐 [58]네가 너를 고발하는 자와 함께 법관에게 갈 때에 길에서 화해하기를 힘쓰라 그가 너를 재판장에게 끌
어 가고 재판장이 너를 옥졸에게 넘겨 주어 옥졸이 옥에 가둘까 염려하라 [59]네게 이르노니 한 푼이라도 남김이
없이 갚지 아니하고서는 결코 거기서 나오지 못하리라 하시니라

누가 13:1-21

회개하지 아니하면 망하리라

[1]그 때 마침 두어 사람이 와서 빌라도가 어떤 갈릴리 사람들의 피를 그들
의 제물에 섞은 일로 예수께 아뢰니 [2]대답하여 이르시되 너희는 이 갈릴리
사람들이 이같이 해 받으므로 다른 모든 갈릴리 사람보다 죄가 더 있는 줄
아느냐 [3]너희에게 이르노니 아니라 너희도 만일 회개하지 아니하면 다 이
와 같이 망하리라 [4]또 실로암에서 망대가 무너져 치어 죽은 열여덟 사람이
예루살렘에 거한 다른 모든 사람보다 죄가 더 있는 줄 아느냐 [5]너희에게
이르노니 아니라 너희도 만일 회개하지 아니하면 다 이와 같이 망하리라

열매 맺지 못하는 무화과나무

[6]이에 비유로 말씀하시되 한 사람이 포도원에 무화과나무를 심은 것이
있더니 와서 그 열매를 구하였으나 얻지 못한지라 [7]포도원지기에게 이르
되 내가 삼 년을 와서 이 무화과나무에서 열매를 구하되 얻지 못하니 찍
어버리라 어찌 땅만 버리게 하겠느냐 [8]대답하여 이르되 주인이여 금년에
도 그대로 두소서 내가 두루 파고 거름을 주리니 [9]이후에 만일 열매가 열
면 좋거니와 그렇지 않으면 찍어버리소서 하였다 하시니라

안식일에 꼬부라진 여자를 고치시다

[10]예수께서 안식일에 한 회당에서 가르치실 때에 [11]열여덟 해 동안이나
귀신 들려 앓으며 꼬부라져 조금도 펴지 못하는 한 여자가 있더라 [12]예수
께서 보시고 불러 이르시되 여자여 네가 네 병에서 놓였다 하시고 [13]안수
하시니 여자가 곧 펴고 하나님께 영광을 돌리는지라 [14]회당장이 예수께
서 안식일에 병 고치시는 것을 분 내어 무리에게 이르되 일할 날이 엿새가
있으니 그 동안에 와서 고침을 받을 것이요 안식일에는 하지 말 것이니라
하거늘 [15]주께서 대답하여 이르시되 외식하는 자들아 너희가 각각 안식
일에 자기의 소나 나귀를 외양간에서 풀어내어 이끌고 가서 물을 먹이지
아니하느냐 [16]그러면 열여덟 해 동안 사탄에게 매인 바 된 이 아브라함의
딸을 안식일에 이 매임에서 푸는 것이 합당하지 아니하냐 [17]예수께서 이
말씀을 하시매 모든 반대하는 자들은 부끄러워하고 온 무리는 그가 하시
는 모든 영광스러운 일을 기뻐하니라

겨자씨와 누룩 비유

[18]그러므로 예수께서 이르시되 하나님의 나라가 무엇과 같을까 내가 무
엇으로 비교할까 [19]마치 사람이 자기 채소밭에 갖다 심은 겨자씨 한 알
같으니 자라 나무가 되어 공중의 새들이 그 가지에 깃들였느니라 [20]또 이르시되 내가 하나님의 나라를 무엇으
로 비교할까 [21]마치 여자가 가루 서 말 속에 갖다 넣어 전부 부풀게 한 누룩과 같으니라 하셨더라

❖ 눅 13장

유대인 두어 사람이 예수께 와서 빌라도가 갈릴리 사람들을 죽인 사건에 대해서 고하였다. 그런데 예수께서는 빌라도에게 죽은 자들이나 실로암 망대가 무너져 죽은 자들이 살아있는 유대인들보다 죄가 커서 죽은 것이 아니며, 회개하지 않는 자는 모두 이처럼 망할 것이라고 경고하셨다.

본문에 나오는 갈릴리 사람들은 바리새파에서 분파되어 반로마 혁명을 꾀하던 열심당원들이었을 것이다. 이들은 철저한 율법주의와 메시아 왕국의 기대를 하고 있었으나 바리새인들과 같이 하나님의 종말적 임재보다는 자신들의 정치적, 군사적 물리력으로 메시아 왕국을 회복하고자 하였다. 요세푸스에 의하면 빌라도는 성전에서 제사를 드리고 있는 이들을 반역죄로 두 번이나 수천 명씩 무참하게 학살하였다고 한다. 본문은 바로 이 사건을 말하고 있다. 여기서 예수께 이 사건을 알린 유대인들은 예수께서 반역죄로 죽은 자들에게 동정적인 발언을 하게 함으로써 로마의 반역자로 몰아 고소하거나, 그들이 자신들의 죄 때문에 죽었다는 대답을 통해 자연적인 죽음이 아닌 비정상적인 죽음을 죄에 대한 하나님의 저주라고 여기는 자신들의 주장에 동조하게 만들려는 의도를 지니고 있었다.
☞타인의 불행에 대해 위로보다는 자신들의 의로움을 증거하는 기회로 삼는 유대인들의 태도는 누구보다도 완악한 모습이다. 그런데도 그들은 자신들의 악함을 깨닫지 못하고 있다. 예수께서는 교만한 그들에 대해 그들도 다른 이들과 똑같은 죄인이며 회개를 통해 하나님의 은혜와 자비를 입지 않으면 죽을 수밖에 없는 죄인임을 일깨우신 것이다.

열매 맺지 못하는 무화과가 찍어버림을 당하는 것도 이와 같은 이치이며, 반면에 18년간 귀신에 들려 꼬부라 진 여인이 고침을 받게 되는 은혜는 회개하는 자가 누릴 수 있는 특권 같은 것이다.

눅 13:10-17

학습 자료 73-5 "유대인들이 스스로 정한 안식일 시행 세칙" 참조

요한 10:22-39

- 수전절(the Feast of Dedication)에 참석한 예수님 -

유대인들이 예수를 돌로 치려하다

22 예루살렘에 수전절이 이르니 때는 겨울이라 23 예수께서 성전 안 솔로
몬 행각에서 거니시니 24 유대인들이 에워싸고 이르되 당신이 언제까지나
우리 마음을 의혹하게 하려 하나이까 그리스도이면 밝히 말씀하소서 하
니 25 예수께서 대답하시되 내가 너희에게 말하였으되 믿지 아니하는도
다 내가 내 아버지의 이름으로 행하는 일들이 나를 증거하는 것이거늘 26
너희가 내 양이 아니므로 믿지 아니하는도다 27 내 양은 내 음성을 들으며
나는 그들을 알며 그들은 나를 따르느니라 28 내가 그들에게 영생을 주노
니 영원히 멸망하지 아니할 것이요 또 그들을 내 손에서 빼앗을 자가 없느니라 29 그들을 주신 내 아버지는 만물
보다 크시매 아무도 아버지 손에서 빼앗을 수 없느니라 30 나와 아버지는 하나이니라 하신대 31 유대인들이 다시
돌을 들어 치려 하거늘 32 예수께서 대답하시되 내가 아버지로 말미암아 여러 가지 선한 일로 너희에게 보였거늘
그 중에 어떤 일로 나를 돌로 치려 하느냐 33 유대인들이 대답하되 선한 일로 말미암아 우리가 너를 돌로 치려는
것이 아니라 신성모독으로 인함이니 네가 사람이 되어 자칭 하나님이라 함이로라 34 예수께서 이르시되 너희 율
법에 기록된 바 내가 너희를 신이라 하였노라 하지 아니하였느냐 35 성경은 폐하지 못하나니 하나님의 말씀을 받
은 사람들을 신이라 하셨거든 36 하물며 아버지께서 거룩하게 하사 세상에 보내신 자가 나는 하나님의 아들이라
하는 것으로 너희가 어찌 신성모독이라 하느냐 37 만일 내가 내 아버지의 일을 행하지 아니하거든 나를 믿지 말려
니와 38 내가 행하거든 나를 믿지 아니할지라도 그 일은 믿으라 그러면 너희가 아버지께서 내 안에 계시고 내가
아버지 안에 있음을 깨달아 알리라 하시니 39 그들이 다시 예수를 잡고자 하였으나 그 손에서 벗어나 나가시니라

❖ **요 10:22-39 수전절(the Feast of Dedication)에 참석한 예수님**

셀레우코스 왕조의 안티오쿠스 4세가 성전에 모세의 법에 따라 부정한 짐승으로 규정된 돼지를 제물로 바치고, 제우스의 신상을 성전에 배치하며, 할례를 금하고, 많은 유대인을 노예로 팔아 버리는 만행을 저질렀다. 이에 격분한 당시 제사장인 맛다디아(Mattathias)와 그 다섯 아들이 중심이 되어 B.C. 167년에 반란을 일으키고 예루살렘을 탈환하고 성전을 회복하여 깨끗하게 한다. 이것을 수전절(the Feast of Dedication 또는 Hanukkah)이라고 한다.

예루살렘에서 예수님에 대한 적대감이 더욱 고조되자 예수님은 갈릴리 지방으로 돌아가신다.

제 8 부 : 예수님의 베레아 지방 사역(A.D. 30년 1월에서 3월까지)

적대 감정이 고조되는 예루살렘을 떠나 갈릴리로 돌아가는 길에 베레아, 유대 사마리아에서 잠깐씩 사역하면서 갈릴리로 돌아가신다.

누가 13:22~18:14, 요한 10:40~11:54

73일~
78일

(1) 베레아 1차 여행

- 베레아로 이동하시고, 적은 수가 구원받을 것인가에 대한 질문을 받음 / 헤롯 안티파스에 대해 경고 / 안식일 논쟁과 예수의 참 제자의 비유(눅 14장) / 잃은 양, 되찾은 은전, 탕자의 비유(눅 15장) / 불의한 청지기의 비유, 부자와 나사로의 비유(눅 16장) / 죄의 유혹과 용서(눅 17:1-10) -

(2) 유대, 사마리아, 갈릴리를 잠깐씩 방문

- 죽은 나사로를 살림(베다니, 요 11:1-54) / 열 명의 문둥병자를 고침(눅 17:11-19) / 천국 도래에 관한 질문(눅 17:20-37) / 기도에 대한 가르침(눅 18:1-14) -

누가 13:22-35

좁은 문으로 들어가기를 힘쓰라

22 예수께서 각 성 각 마을로 다니사 가르치시며 예루살렘으로 여행하시
더니 23 어떤 사람이 여짜오되 주여 구원을 받는 자가 적으니이까 그들
에게 이르시되 24 좁은 문으로 들어가기를 힘쓰라 내가 너희에게 이르노
니 들어가기를 구하여도 못하는 자가 많으리라 25 집 주인이 일어나 문을
한 번 닫은 후에 너희가 밖에 서서 문을 두드리며 주여 열어 주소서 하
면 그가 대답하여 이르되 나는 너희가 어디에서 온 자인지 알지 못하노
라 하리니 26 그 때에 너희가 말하되 우리는 주 앞에서 먹고 마셨으며 주
는 또한 우리를 길거리에서 가르치셨나이다 하나 27 그가 너희에게 말하
여 이르되 나는 너희가 어디에서 왔는지 알지 못하노라 행악하는 모든
자들아 나를 떠나가라 하리라 28 너희가 아브라함과 이삭과 야곱과 모
든 선지자는 하나님 나라에 있고 오직 너희는 밖에 쫓겨난 것을 볼 때에
거기서 슬피 울며 이를 갈리라 29 사람들이 동서남북으로부터 와서 하나

❖ 눅 13:22-35

출세 지상주의적 세계관을 가지고 예수를 따를 수는 없다는 사실을 깨달았으면 좋겠다. 결코 두 주인을 섬길 수 없다는 예수님의 발상을 우리는 심각하게 깨달아야 한다. 세속이냐? 영적이냐? 더 나아가 사탄이냐, 예수님이냐 두 갈림길에서 우리는 늘 선택의 갈림길에 서 있다.

오늘 나는 넓고 쉬운 길로 출세 지상주의를 지향하며 그 길을 택할 것인지, 좁고 험해 보여도 그 길이 정도이고 하나님이 나에게 가기를 원하시는 길이기 때문에 그 길을 택할 것인지는 순전히 나의 가치관에 의한 판단의 몫이다.

하나님은 섭리주 하나님이심을 믿는가?

☞ 넓은 길을 택하여 자기의 길(인위의 길)을 가고자 하는 자는 자연히 예수는 걸림돌로 여길 수밖에 없다. 선택은 나의 몫이고 그 책임은 당연히 내가 지는 것이다.

님의 나라 잔치에 참여하리니 30 보라 나중 된 자로서 먼저 될 자도 있고 먼저 된 자로서 나중 될 자도 있느니라
하시더라

선지자들을 죽이는 예루살렘아

31 곧 그 때에 어떤 바리새인들이 나아와서 이르되 나가서 여기를 떠나소서 헤롯이 당신을 죽이고자 하나이다 32
이르시되 너희는 가서 저 여우에게 이르되 오늘과 내일은 내가 귀신을 쫓아내며 병을 고치다가 제삼일에는 완전
하여지리라 하라 33 그러나 오늘과 내일과 모레는 내가 갈 길을 가야 하리니 선지자가 예루살렘 밖에서는 죽는
법이 없느니라 34 예루살렘아 예루살렘아 선지자들을 죽이고 네게 파송된 자들을 돌로 치는 자여 암탉이 제 새
끼를 날개 아래에 모음 같이 내가 너희의 자녀를 모으려 한 일이 몇 번이냐 그러나 너희가 원하지 아니하였도다
35 보라 너희 집이 황폐하여 버린 바 되리라 내가 너희에게 이르노니 너희가 주의 이름으로 오시는 이를 찬송하
리로다 할 때까지는 나를 보지 못하리라 하시니라

누가 14장

수종병 든 자를 고치시다

1 안식일에 예수께서 한 바리새인 지도자의 집에 떡 잡수시러 들어가시니 그들이 엿보고 있더라 2 주의 앞에 수
종병 든 한 사람이 있는지라 3 예수께서 대답하여 율법교사들과 바리새인들에게 이르시되 안식일에 병 고쳐 주
는 것이 합당하냐 아니하냐 4 그들이 잠잠하거늘 예수께서 그 사람을 데려다가 고쳐 보내시고 5 또 그들에게 이
르시되 너희 중에 누가 그 아들이나 소가 우물에 빠졌으면 안식일에라도 곧 끌어내지 않겠느냐 하시니 6 그들이
이에 대하여 대답하지 못하니라

끝자리에 앉으라

7 청함을 받은 사람들이 높은 자리 택함을 보시고 그들에게 비유로 말씀
하여 이르시되 8 네가 누구에게나 혼인 잔치에 청함을 받았을 때에 높은
자리에 앉지 말라 그렇지 않으면 너보다 더 높은 사람이 청함을 받은 경
우에 9 너와 그를 청한 자가 와서 너더러 이 사람에게 자리를 내주라 하리니 그 때에 네가 부끄러워 끝자리로 가
게 되리라 10 청함을 받았을 때에 차라리 가서 끝자리에 앉으라 그러면 너를 청한 자가 와서 너더러 벗이여 올라
앉으라 하리니 그 때에야 함께 앉은 모든 사람 앞에서 영광이 있으리라 11 무릇 자기를 높이는 자는 낮아지고 자
기를 낮추는 자는 높아지리라 12 또 자기를 청한 자에게 이르시되 네가 점심이나 저녁이나 베풀거든 벗이나 형제
나 친척이나 부한 이웃을 청하지 말라 두렵건대 그 사람들이 너를 도로 청하여 네게 갚음이 될까 하노라 13 잔치
를 베풀거든 차라리 가난한 자들과 몸 불편한 자들과 저는 자들과 맹인들을 청하라 14 그리하면 그들이 갚을 것
이 없으므로 네게 복이 되리니 이는 의인들의 부활시에 네가 갚음을 받겠음이라 하시더라

> 눅 14:7-14 진정한 겸손이 무엇인지 묵상하라.

큰 잔치 비유

15 함께 먹는 사람 중의 하나가 이 말을 듣고 이르되 무릇 하나님의 나라
에서 떡을 먹는 자는 복되도다 하니 16 이르시되 어떤 사람이 큰 잔치를
베풀고 많은 사람을 청하였더니 17 잔치할 시각에 그 청하였던 자들에게
종을 보내어 이르되 오소서 모든 것이 준비되었나이다 하매 18 다 일치하
게 사양하여 한 사람은 이르되 나는 밭을 샀으매 아무래도 나가 보아야
하겠으니 청컨대 나를 양해하도록 하라 하고 19 또 한 사람은 이르되 나는
소 다섯 겨리를 샀으매 시험하러 가니 청컨대 나를 양해하도록 하라 하고
20 또 한 사람은 이르되 나는 장가 들었으니 그러므로 가지 못하겠노라 하
는지라 21 종이 돌아와 주인에게 그대로 고하니 이에 집 주인이 노하여 그
종에게 이르되 빨리 시내의 거리와 골목으로 나가서 가난한 자들과 몸 불

> 눅 14:15-24 **안식일 논쟁과 예수의 참 제자의 비유**(눅 14장)
> 안식일에 병 고치는 논쟁은 한 바리새인의 집에 초대되었을 때 계속된다.
> 예수님은 이 자리에서 큰 잔치의 비유를 말씀하신다. 잔치에서 상석에 앉기를 조심하라는 권면의 말씀이다. 자리의 높고 낮음과 중요성을 따질 때 세상의 시각과 하나님의 시각은 다르다는 것이다. 또한 잔치에 청함을 받고, 각자의 일에 바빠 응하지 못하는 것은 천국 잔치에 청함을 받고 인간적 분주함 때문에 그 복을 놓치는 자로서 제자의 자격이 없다는 것이다.

편한 자들과 맹인들과 저는 자들을 데려오라 하니라 22 종이 이르되 주인이여 명하신 대로 하였으되 아직도 자리
가 있나이다 23 주인이 종에게 이르되 길과 산울타리 가로 나가서 사람을 강권하여 데려다가 내 집을 채우라 24
내가 너희에게 말하노니 전에 청하였던 그 사람들은 하나도 내 잔치를 맛보지 못하리라 하였다 하시니라

제자가 되는 길

25 수많은 무리가 함께 갈새 예수께서 돌이키사 이르시되 26 무릇 내게 오
는 자가 자기 부모와 처자와 형제와 자매와 더욱이 자기 목숨까지 미워
하지 아니하면 능히 내 제자가 되지 못하고 27 누구든지 자기 십자가를 지
고 나를 따르지 않는 자도 능히 내 제자가 되지 못하리라 28 너희 중의 누
가 망대를 세우고자 할진대 자기의 가진 것이 준공하기까지에 족할는지
먼저 앉아 그 비용을 계산하지 아니하겠느냐 29 그렇게 아니하여 그 기초
만 쌓고 능히 이루지 못하면 보는 자가 다 비웃어 30 이르되 이 사람이 공
사를 시작하고 능히 이루지 못하였다 하리라 31 또 어떤 임금이 다른 임금
과 싸우러 갈 때에 먼저 앉아 일만 명으로써 저 이만 명을 거느리고 오는
자를 대적할 수 있을까 헤아리지 아니하겠느냐 32 만일 못할 터이면 그가
아직 멀리 있을 때에 사신을 보내어 화친을 청할지니라 33 이와 같이 너희
중의 누구든지 자기의 모든 소유를 버리지 아니하면 능히 내 제자가 되지
못하리라 34 소금이 좋은 것이나 소금도 만일 그 맛을 잃으면 무엇으로 짜
게 하리요 35 땅에도, 거름에도 쓸 데 없어 내버리느니라 들을 귀가 있는
자는 들을지어다 하시니라

눅 14:25-35 무리로서 예수님 밖에 거하는 자가 아니라 예수님 안에(in Christ) 거하며 동행하는 제자가 되기 위해서 제일 먼저 해야 할 것은 삶의 "우선순위"를 바꾸어야 하는 것이다. 이것을 가치관의 전환 또는 paradigm shift이다. 세상, 세속적 가치관, 세계관을 가지고 어떻게 예수님의 영성을 받을 수 있겠는가?
그야말로 인위 뚝! 신위 고!를 외치라는 예수님의 명령을 듣는 것 같다.

누가 15장

잃은 양을 찾은 목자 비유

1 모든 세리와 죄인들이 말씀을 들으러 가까이 나아오니 2 바리새인과 서
기관들이 수군거려 이르되 이 사람이 죄인을 영접하고 음식을 같이 먹는
다 하더라 3 예수께서 그들에게 이 비유로 이르시되 4 너희 중에 어떤 사
람이 양 백 마리가 있는데 그 중의 하나를 잃으면 아흔아홉 마리를 들에
두고 그 잃은 것을 찾아내기까지 찾아다니지 아니하겠느냐 5 또 찾아낸즉
즐거워 어깨에 메고 6 집에 와서 그 벗과 이웃을 불러 모으고 말하되 나와
함께 즐기자 나의 잃은 양을 찾아내었노라 하리라 7 내가 너희에게 이르
노니 이와 같이 죄인 한 사람이 회개하면 하늘에서는 회개할 것 없는 의
인 아흔아홉으로 말미암아 기뻐하는 것보다 더하리라

잃은 드라크마를 찾은 여인 비유

8 어떤 여자가 열 드라크마가 있는데 하나를 잃으면 등불을 켜고 집을 쓸
며 찾아내기까지 부지런히 찾지 아니하겠느냐 9 또 찾아낸즉 벗과 이웃을
불러 모으고 말하되 나와 함께 즐기자 잃은 드라크마를 찾아내었노라 하
리라 10 내가 너희에게 이르노니 이와 같이 죄인 한 사람이 회개하면 하나
님의 사자들 앞에 기쁨이 되느니라

잃은 아들을 되찾은 아버지 비유(탕자 비유)

11 또 이르시되 어떤 사람에게 두 아들이 있는데 12 그 둘째가 아버지에게
말하되 아버지여 재산 중에서 내게 돌아올 분깃을 내게 주소서 하는지라

눅 15장 **잃은 양, 되찾은 은전, 탕자의 비유**
누가 15장은 잃어버린 것에 대한 3개의 비유를 기록하고 있다. 잃어버린 양, 잃어버린 동전, 그리고 탕자 이야기 등이다. 이것은 잃어버린 것을 되찾고 기뻐하시는 하나님의 마음을 보여 주고자 하는 것이다. 하나님으로부터 떠난 인간이 하나님께로 돌아와 회복함으로 기뻐하시는 이는 하나님이라는 사실을 강하게 보여 준다. 왜냐하면 그곳에 하나님 나라가 이루어지기 때문이다.
특히 탕자의 비유는 바로 하나님 나라의 회복과 직결된 비유다. 탕자가 자기 몫을 찾아 떠난다는 것은 스스로 자기 삶을 주관하는 하나님의 위치에 서고 싶어 하는 아담과 같은 모습이다. 하나님 나라의 원형으로서 에덴은 바로 이 자기중심성 때문에 망가지고, 그래서 인간은 자기 몫이란 제한된 자원으로 경쟁적 삶을 살아가게 된 것이다. 탕자도 마찬가지이다. 자기 몫이 다 소진되었을 때 그는 돼지 먹이로 연명하는 모습은 하나님을 떠난 인간이 제한된 자원에 의존하며 궁핍한 삶을 사는 것과 같다.
탕자의 깨달음 즉 **15:16-19** "그가 돼지 먹는 쥐엄 열매로 배를 채우고자 하되 주는 자가 없는지라 이에 스스로 돌이켜 이르되 내 아버지에게는 양식이 풍족한 품꾼이 얼마나 많은가 나는 여기서 주려 죽는구나 내가 일어나 아버지께 가서 이르기를 아버지 내가 하늘과 아버지께 죄를 지었사오니 지금부터는 아버지의 아들이라 일컬음을 감당하지 못하겠나이다 나를 품꾼의 하나로 보소서 하리라 하고"
하나님의 풍요로움으로 돌아가는 것이 바로 하나님 나라가 회복되는 것을 말한다. 하나님의 구속 역사의 가장 기본적 핵심은 회복이다. 잃어버린 것을 다시 찾는 것이다. 이것이 하나님의 마음이다. 그 하나님께로 진정 돌아왔는가?
인위(人爲)의 대안은 신위(神爲)이라는 것을 다시 한번 생각한다.

아버지가 그 살림을 각각 나눠 주었더니 13 그 후 며칠
이 안 되어 둘째 아들이 재물을 다 모아 가지고 먼
나라에 가 거기서 허랑방탕하여 그 재산을 낭비하더
니 14 다 없앤 후 그 나라에 크게 흉년이 들어 그가 비
로소 궁핍한지라 15 가서 그 나라 백성 중 한 사람에게
붙여 사니 그가 그를 들로 보내어 돼지를 치게 하였는데
16 그가 돼지 먹는 쥐엄 열매로 배를 채우고자 하되 주는 자가 없는지라
17 이에 스스로 돌이켜 이르되 내 아버지에게는 양식이 풍족한 품꾼이 얼
마나 많은가 나는 여기서 주려 죽
는구나 18 내가 일어나 아버지께
가서 이르기를 아버지 내가 하늘
과 아버지께 죄를 지었사오니 19 지

금부터는 아버지의 아들이라 일컬음을 감당하지 못하겠나이다 나를 품꾼의 하나로 보소서 하리라 하고 20 이에
일어나서 아버지께로 돌아가니라 아직도 거리가 먼데 아버지가 그를 보고 측은히 여겨 달려가 목을 안고 입을
맞추니 21 아들이 이르되 아버지 내가 하늘과 아버지께 죄를 지었사오니
지금부터는 아버지의 아들이라 일컬음을 감당하지 못하겠나이다 하나 22
아버지는 종들에게 이르되 제일 좋은 옷을 내어다가 입히고 손에 가락지
를 끼우고 발에 신을 신기라 23 그리고 살진 송아지를 끌어다가 잡으라 우
리가 먹고 즐기자 24 이 내 아들은 죽었다가 다시 살아났으며 내가 잃었다
가 다시 얻었노라 하니 그들이 즐거워하더라 25 맏아들은 밭에 있다가 돌
아와 집에 가까이 왔을 때에 풍악과 춤추는 소리를 듣고 26 한 종을 불러
이 무슨 일인가 물은대 27 대답하되 당신의 동생이 돌아왔으매 당신의 아
버지가 건강한 그를 다시 맞아들이게 됨으로 인하여 살진 송아지를 잡았
나이다 하니 28 그가 노하여 들어가고자 하지 아니하거늘 아버지가 나와
서 권한대 29 아버지께 대답하여 이르되 내가 여러 해 아버지를 섬겨 명을
어김이 없거늘 내게는 염소 새끼라도 주어 나와 내 벗으
로 즐기게 하신 일이 없더니 30 아버지의 살림을 창녀들과
함께 삼켜 버린 이 아들이 돌아오매 이를 위하여 살진 송아
지를 잡으셨나이다 31 아버지가 이르되 얘 너는 항상 나와
함께 있으니 내 것이 다 네 것이로되 32 이 네 동생은 죽었
다가 살아났으며 내가 잃었다가 얻었기로 우리가 즐거
워하고 기뻐하는 것이 마땅하다 하니라

누가 16장

옳지 않은 청지기 비유

1 또한 제자들에게 이르시되 어떤 부자에게 청지기가 있는데 그가 주인
의 소유를 낭비한다는 말이 그 주인에게 들린지라 2 주인이 그를 불러 이
르되 내가 네게 대하여 들은 이 말이 어찌 됨이냐 네가 보던 일을 셈하라
청지기 직무를 계속하지 못하리라 하니 3 청지기가 속으로 이르되 주인이
내 직분을 빼앗으니 내가 무엇을 할까 땅을 파자니 힘이 없고 빌어먹자니

❖ 눅 16장 불의한 청지기의 비유, 부자와 나사로의 비유

눅 16장은 15장에 이어 계속해서 비유로 말씀하신다. 15장의 비유는 잃어버린 것을 찾아서 기뻐함에 대한 비유이고, 16장의 비유는 재물과 관계가 있는 비유이다. ① 불의한 청지기의 비유(6:1-13) ② 돈을 좋아하는 바리새인들에 대한 경계(6:14-18) ③ 부자와 나사로의 비유(6:19-31)이다. ①과 ②의 비유는 누가복음에만 나오는 비유들이다.

① 불의한 청지기가 불의한 재물로 친구를 사귀는 것을 예수님이 칭찬한 이 비유(16:9)는 그 모순 때문에 해석이 구구하다. 일반적으로 이 비유는 하나님의 말씀을 맡았던 바리새인과 서기관들이 잘못함으로 지도권을 잃어버리게 된다는 해석과 신자가 이 세상에 내세의 상급을 얻기 위하여 이 세상에 있을 동안 그 소유한 물질(그것이 부정한 방법으로 소유하게 된 것이라도)로 구제하는 것이 지혜롭다는 해석이 있는데 후자가 본문에 적합하다고 본다.

② 바리새인들의 위선(16:14-18) 돈을 좋아하는 바리새인들의 잘못된 가치관을 깨우쳐 주시고자 한다.

③ 부자와 나사로의 비유(6:19-31)를 통해서 예수님은 바리새인들이 최후의 심판과 천국에서의 삶을 믿으면서도(행 23:8) 그 같은 신앙에 부합하는 삶을 사는 것이 아니라, 오히려 재물을 탐내는 부자의 삶을 살고 있음이 잘못되었다는 것을 깨우치고자 하는 것이다. 부자의 삶이 죄가 될 수는 없으나 넘치는 부의 축적은 곧 '나눔'과 '섬김'이라는 삶을 살지 못하게 된다는 것을 말한다.

부끄럽구나 4 내가 할 일을 알았도다 이렇게 하면 직분을 빼앗긴 후에 사
람들이 나를 자기 집으로 영접하리라 하고 5 주인에게 빚진 자를 일일이
불러다가 먼저 온 자에게 이르되 네가 내 주인에게 얼마나 빚졌느냐 6 말
하되 기름 백 말이니이다 이르되 여기 네 증서를 가지고 빨리 앉아 오십
이라 쓰라 하고 7 또 다른 이에게 이르되 너는 얼마나 빚졌느냐 이르되 밀
백 석이니이다 이르되 여기 네 증서를 가지고 팔십이라 쓰라 하였는지라
8 주인이 이 옳지 않은 청지기가 일을 지혜 있게 하였으므로 칭찬하였으니
이 세대의 아들들이 자기 시대에 있어서는 빛의 아들들보다 더 지혜로움
이니라 9 내가 너희에게 말하노니 불의의 재물로 친구를 사귀라 그리하
면 그 재물이 없어질 때에 그들이 너희를 영주할 처소로 영접하리라 10 지
극히 작은 것에 충성된 자는 큰 것에도 충성되고 지극히 작은 것에 불의
한 자는 큰 것에도 불의하니라 11 너희가 만일 불의한 재물에도 충성하지
아니하면 누가 참된 것으로 너희에게 맡기겠느냐 12 너희가 만일 남의 것
에 충성하지 아니하면 누가 너희의 것을 너희에게 주겠느냐 13 집 하인이
두 주인을 섬길 수 없나니 혹 이를 미워하고 저를 사랑하거나 혹 이를 중
히 여기고 저를 경히 여길 것임이니라 너희는 하나님과 재물을 겸하여 섬
길 수 없느니라

율법과 하나님 나라 비유

14 바리새인들은 돈을 좋아하는 자들이라 이 모든 것을 듣고 비웃거늘 15
예수께서 이르시되 너희는 사람 앞에서 스스로 옳다 하는 자들이나 너희
마음을 하나님께서 아시나니 사람 중에 높임을 받는 그것은 하나님 앞에
미움을 받는 것이니라 16 율법과 선지자는 요한의 때까지요 그 후부터는
하나님 나라의 복음이 전파되어 사람마다 그리로 침입하느니라 17 그러
나 율법의 한 획이 떨어짐보다 천지가 없어짐이 쉬우리라 18 무릇 자기 아
내를 버리고 다른 데 장가 드는 자도 간음함이요 무릇 버림당한 여자에게
장가드는 자도 간음함이니라

부자와 거지

19 한 부자가 있어 자색 옷과 고운 베옷을 입고 날마다 호화롭게 즐기더
라 20 그런데 나사로라 이름하는 한 거지가 헌데 투성이로 그의 대문 앞
에 버려진 채 21 그 부자의 상에서 떨어지는 것으로 배불리려 하매 심지어
개들이 와서 그 헌데를 핥더라 22 이에 그 거지가 죽어 천사들에게 받들려
아브라함의 품에 들어가고 부자도 죽어 장사되매 23 그가 음부에서 고통
중에 눈을 들어 멀리 아브라함과 그의 품에 있는 나사로를 보고 24 불러
이르되 아버지 아브라함이여 나를 긍휼히 여기사 나사로를 보내어 그 손
가락 끝에 물을 찍어 내 혀를 서늘하게 하소서 내가 이 불꽃 가운데서 괴
로워하나이다 25 아브라함이 이르되 얘 너는 살았을 때에 좋은 것을 받았
고 나사로는 고난을 받았으니 이것을 기억하라 이제 그는 여기서 위로를
받고 너는 괴로움을 받느니라 26 그뿐 아니라 너희와 우리 사이에 큰 구렁
텅이가 놓여 있어 여기서 너희에게 건너가고자 하되 갈 수 없고 거기서 우
리에게 건너올 수도 없게 하였느니라 27 이르되 그러면 아버지여 구하노

눅 16:1-13
학습 자료 73-6 "청지기가 불의해 질 수 있는 배경" 참조
학습 자료 73-7 "청지기직" 참조

눅 16:19-31 본문은 부자가 불의한 방법으로 재산을 모았다고 증거하지 않는다. 따라서 예수께서는 재물을 모으는 과정만이 아니라 무엇을 위해 사용하느냐가 중요한 것임을 일깨우고 있다. 사람의 재물은 자신의 힘으로 얻은 것이 아니라 하나님의 은혜로 주신 것이다. 그러므로 부자는 가진 만큼 하나님의 뜻대로 사용해야 할 의무가 있는 것이다. 바로 율법이 명령하는 대로 가난한 자들을 돌보고 복음을 위해 전적으로 헌신하는 것이 재물을 올바른 용도에 활용하는 것이다.
☞ 성도들의 성경적 재물관에 대한 경종이다.

눅 16:19-31 '부자와 나사로 비유'의 이해

	부자	나사로
현세	· 자색 옷과 고운 베옷을 입음 · 날마다 호화로이 잔치를 벌임 · 좋은 것을 누리며 삶	· 누더기를 입고 비참한 거지 생활함 · 부자의 대문에 누워 음식 부스러기를 주워 먹음 · 개가 헌 데를 핥음
내세	· 죽어 장사 됨 · 음부에서 고통 당함 · 불꽃 가운데에서 기갈의 고통을 당함	· 죽어 천사들에게 받들 림 · 아브라함의 품에 안겨 평안을 누림
교훈	인간은 세상 재물의 청지기일 뿐 소유주가 아님(마 19:21)	
	현세에서의 부는 영원한 것이 아님(눅 12:16-20)	
	죽음 이후에 세상에서의 행위에 대한 심판이 반드시 있음(히 9:27)	
	인간의 현세와 내세의 운명은 오직 하나님만이 주장하심(롬 11:36)	
	하나님 말씀에 대한 순종 여부에 따라 인간의 내세가 달라짐(사 55:3)	
	죽은 후에는 회개의 기회가 없으므로 현세에서 회개해야 함(계 2:21-23)	

니 나사로를 내 아버지의 집에 보내소서 [28]내 형제 다섯이 있으니 그들에게 증언하게 하여 그들로 이 고통 받는
곳에 오지 않게 하소서 [29]아브라함이 이르되 그들에게 모세와 선지자들이 있으니 그들에게 들을지니라 [30]이르
되 그렇지 아니하니이다 아버지 아브라함이여 만일 죽은 자에게서 그들에게 가는 자가 있으면 회개하리이다 [31]
이르되 모세와 선지자들에게 듣지 아니하면 비록 죽은 자 가운데서 살아나는 자가 있을지라도 권함을 받지 아
니하리라 하였다 하시니라

누가 17장

용서, 믿음, 종이 할 일

[1]예수께서 제자들에게 이르시되 실족하게 하는 것이 없을 수는 없으나 그렇게 하게 하는 자에게는 화로다 [2]그
가 이 작은 자 중의 하나를 실족하게 할진대 차라리 연자맷돌이 그 목에 매여 바다에 던져지는 것이 나으리라 [3]
너희는 스스로 조심하라 만일 네 형제가 죄를 범하거든 경고하고 회개하거든 용서하라 [4]만일 하루에 일곱 번이
라도 네게 죄를 짓고 일곱 번 네게 돌아와 내가 회개하노라 하거든 너는 용서하라 하시더라 [5]사도들이 주께 여
짜오되 우리에게 믿음을 더하소서 하니 [6]주께서 이르시되 너희에게 겨자
씨 한 알만한 믿음이 있었더라면 이 뽕나무더러 뿌리가 뽑혀 바다에 심기
어라 하였을 것이요 그것이 너희에게 순종하였으리라 [7]너희 중 누구에게
밭을 갈거나 양을 치거나 하는 종이 있어 밭에서 돌아오면 그더러 곧 와
앉아서 먹으라 말할 자가 있느냐 [8]도리어 그더러 내 먹을 것을 준비하고
띠를 띠고 내가 먹고 마시는 동안에 수종들고 너는 그 후에 먹고 마시라
하지 않겠느냐 [9]명한 대로 하였다고 종에게 감사하겠느냐 [10]이와 같이
너희도 명령 받은 것을 다 행한 후에 이르기를 우리는 무익한 종이라 우
리가 하여야 할 일을 한 것뿐이라 할지니라

나병 환자 열 명이 깨끗함을 받다

[11]예수께서 예루살렘으로 가실 때에 사마리아와 갈릴리 사이로 지나가
시다가 [12]한 마을에 들어가시니 나병환자 열 명이 예수를 만나 멀리 서서
[13]소리를 높여 이르되 예수 선생님이여 우리를 불쌍히 여기소서 하거늘
[14]보시고 이르시되 가서 제사장들에게 너희 몸을 보이라 하셨더니 그들
이 가다가 깨끗함을 받은지라 [15]그 중의 한 사람
이 자기가 나은 것을 보고 큰 소리로 하나님께
영광을 돌리며 돌아와 [16]예수의 발 아래에 엎
드리어 감사하니 그는 사마리아 사람이라 [17]예
수께서 대답하여 이르시되 열 사람이 다 깨끗함을
받지 아니하였느냐 그 아홉은 어디 있느냐 [18]이 이
방인 외에는 하나님께 영광을 돌리러 돌아온 자
가 없느냐 하시고 [19]그에게 이르시되 일어나 가
라 네 믿음이 너를 구원하였느니라 하시더라

하나님 나라는 너희 안에 있다

[20]바리새인들이 하나님의 나라가 어느 때에 임하나이까 묻거늘 예수께
서 대답하여 이르시되 하나님의 나라는 볼 수 있게 임하는 것이 아니요
[21]또 여기 있다 저기 있다고도 못하리니 하나님의 나라는 너희 안에 있느
니라 [22]또 제자들에게 이르시되 때가 이르리니 너희가 인자의 날 하루를

눅 17:11-19 열 명의 문둥병자를 고침
고침을 받은 열 명의 문둥병자 중 오직 한 명만 감사했다. 감사하지 않은 아홉 명은 유대인이고, 감사를 표한 한 명은 유대인이 상종하지 않는 사마리아인이다. 유대인들이 그렇게 많은 은혜를 받고도 감사할 줄 몰랐다는 것은 구약의 역사를 통해서 볼 수 있고 말라기의 불평을 통해서도 볼 수 있다. 바로 이 사실이 복음이 유대인으로부터 감사하는 이방인으로 옮기게 되는 이유일 것이다.

☞ **말 1:11** 만군의 여호와가 이르노라 해 뜨는 곳에서부터 해 지는 곳까지의 이방 민족 중에서 내 이름이 크게 될 것이라 각처에서 내 이름을 위하여 분향하며 깨끗한 제물을 드리리니 이는 내 이름이 이방 민족 중에서 크게 될 것임이니라

눅 17:20-37 천국 도래에 관한 질문
천국 도래에 대한 바리새인들의 질문은 1) 이미 '주의 날'이 도래했다는 소문을 확인하려는 의도(살후 2:1-2)와 2) 과연 예수님이 그 문제에 대해 대답할 수 있는 메시아인가를 시험해 보고 싶었을 것이다. 여기에 대한 예수님의 대답은 "하나님의 나라는 너희 안에 있느니라"라고만 대답하신다. 이것은 하나님 나라의 현재성만 언급한다. 예수님의 이 답변의 의도는 ① 하나님 나라는 유대인 생각하는 것처럼 눈에 보이게 이르는 것이 아니라는 것과 ② 하나님 나라는 마치 누룩이 온 밀가루에 스며들어 반죽이 부푸는 것처럼 서서히 이루어지는 것이다(마 13:33). 하나님 나라의 현재성은 하나님 나라가 관계 속에 이루지고 있다는 말이다. 나와 하나님, 그리고 나와 이웃의 바른 관계 속에 하나님 나라가 이루어져 가고 있다는 것이다. 사랑과 화평의 관계, 나눔과 섬김의 관계가 있는 곳에 하나님 나라는 이루어지는 것이다.

73일~78일

보고자 하되 보지 못하리라 23 사람이 너희에게 말하되 보라 저기 있다 보
라 여기 있다 하리라 그러나 너희는 가지도 말고 따르지도 말라 24 번개
가 하늘 아래 이쪽에서 번쩍이어 하늘 아래 저쪽까지 비침같이 인자도 자
기 날에 그러하리라 25 그러나 그가 먼저 많은 고난을 받으며 이 세대에게
버린 바 되어야 할지니라 26 노아의 때에 된 것과 같이 인자의 때에도 그
러하리라 27 노아가 방주에 들어가던 날까지 사람들이 먹고 마시고 장가들고 시집가더니 홍수가 나서 그들을 다
멸망시켰으며 28 또 롯의 때와 같으리니 사람들이 먹고 마시고 사고팔고 심고 집을 짓더니 29 롯이 소돔에서 나가
던 날에 하늘로부터 불과 유황이 비오듯 하여 그들을 멸망시켰느니라 30 인자가 나타나는 날에도 이러하리라 31
그 날에 만일 사람이 지붕 위에 있고 그의 세간이 그 집 안에 있으면 그것을 가지러 내려가지 말 것이요 밭에 있
는 자도 그와 같이 뒤로 돌이키지 말 것이니라 32 롯의 처를 기억하라 33 무릇 자기 목숨을 보전하고자 하는 자는
잃을 것이요 잃는 자는 살리리라 34 내가 너희에게 이르노니 그 밤에 둘이 한 자리에 누워 있으매 하나는 데려감
을 얻고 하나는 버려둠을 당할 것이요 35 두 여자가 함께 맷돌을 갈고 있으매 하나는 데려감을 얻고 하나는 버려
둠을 당할 것이니라 36 (없음) 37 그들이 대답하여 이르되 주여 어디오니이까 이르시되 주검 있는 곳에는 독수리가
모이느니라 하시니라

눅 17:22-30
학습 자료 73-8 "주의 날" 참조

눅 17장
학습 자료 73-9 "다가오는 종말과 성도의 현실 생활 자세" 참조

누가 18:1-14

과부와 재판장 비유

1 예수께서 그들에게 항상 기도하고 낙심하지 말아야 할 것을 비유로 말
씀하여 2 이르시되 어떤 도시에 하나님을 두려워하지 않고 사람을 무시하
는 한 재판장이 있는데 3 그 도시에 한 과부가 있어 자주 그에게 가서 내
원수에 대한 나의 원한을 풀어 주소서 하되 4 그가 얼마 동안 듣지 아니하
다가 후에 속으로 생각하되 내가 하나님을 두려워하지 않고 사람을 무시
하나 5 이 과부가 나를 번거롭게 하니 내가 그 원한을 풀어 주리라 그렇지
않으면 늘 와서 나를 괴롭게 하리라 하였느니라 6 주께서 또 이르시되 불
의한 재판장이 말한 것을 들으라 7 하물며 하나님께서 그 밤낮 부르짖는
택하신 자들의 원한을 풀어 주지 아니하시겠느냐 그들에게 오래 참으시겠느냐 8 내가 너희에게 이르노니 속히
그 원한을 풀어 주시리라 그러나 인자가 올 때에 세상에서 믿음을 보겠느냐 하시니라

바리새인과 세리 비유

9 또 자기를 의롭다고 믿고 다른 사람을 멸시하는 자들에게 이 비유로 말씀하시되 10 두 사람이 기도하러 성전에
올라가니 하나는 바리새인이요 하나는 세리라 11 바리새인은 서서 따로 기도하여 이르되 하나님이여 나는 다른
사람들 곧 토색, 불의, 간음을 하는 자들과 같지 아니하고 이 세리와도 같지 아니함을 감사하나이다 12 나는 이
레에 두 번씩 금식하고 또 소득의 십일조를 드리나이다 하고 13 세리는 멀리 서서 감히 눈을 들어 하늘을 쳐다보
지도 못하고 다만 가슴을 치며 이르되 하나님이여 불쌍히 여기소서 나는 죄인이로소이다 하였느니라 14 내가 너
희에게 이르노니 이에 저 바리새인이 아니고 이 사람이 의롭다 하심을 받고 그의 집으로 내려갔느니라 무릇 자
기를 높이는 자는 낮아지고 자기를 낮추는 자는 높아지리라 하시니라

눅 18:1-4 기도에 대한 가르침

① 불의한 재판관의 비유(18:1-8)에서는 끈질기게 기도해야 한다는 강청성을 강조한다기보다는 하나님께서는 이 세상 중에서 고통받으며 오해당하고 있는 자기 백성들의 원한을 반드시 풀어주신다는 사실(7,8절)을 명심하고 기도하라는 것을 가르쳐 주는 것이고,

② 바리새인과 세리의 기도하는 자세에서 기도의 바른 자세를 가르쳐주고 있다.

참된 기도는 내 뜻을 하나님께 관철하는 것이 아니고, 하나님의 뜻을 구하는 것임을 기억하자.

73일~78일

요한 10:40-42

40 다시 요단 강 저편 요한이 처음으로 세례 베풀던 곳에 가사 거기 거하시니 41 많은 사람이 왔다가 말하되 요한
은 아무 표적도 행하지 아니하였으나 요한이 이 사람을 가리켜 말한 것은 다 참이라 하더라 42 그리하여 거기서
많은 사람이 예수를 믿으니라

요한 11:1-54

죽은 나사로를 살리시다

1 어떤 병자가 있으니 이는 마리아와 그 자매 마르다의 마을 베다니에 사
는 나사로라 2 이 마리아는 향유를 주께 붓고 머리털로 주의 발을 닦던 자
요 병든 나사로는 그의 오라버니더라 3 이에 그 누이들이 예수께 사람을
보내어 이르되 주여 보시옵소서 사랑하시는 자가 병들었나이다 하니 4 예
수께서 들으시고 이르시되 이 병은 죽을 병이 아니라 하나님의 영광을 위
함이요 하나님의 아들이 이로 말미암아 영광을 받게 하려 함이라 하시더
라 5 예수께서 본래 마르다와 그 동생과 나사로를 사랑하시더니 6 나사로
가 병들었다 함을 들으시고 그 계시
던 곳에 이틀을 더 유하시고 7 그 후
에 제자들에게 이르시되 유대로 다
시 가자 하시니 8 제자들이 말하되
랍비여 방금도 유대인들이 돌로 치
려 하였는데 또 그리로 가시려 하나
이까 9 예수께서 대답하시되 낮이 열두 시간이 아니냐 사람이 낮에 다니
면 이 세상의 빛을 보므로 실족하지 아니하고 10 밤에 다니면 빛이 그 사람 안에 없는 고로 실족하느니라 11 이 말
씀을 하신 후에 또 이르시되 우리 친구 나사로가 잠들었도다 그러나 내가 깨우러 가노라 12 제자들이 이르되 주
여 잠들었으면 낫겠나이다 하더라 13 예수는 그의 죽음을 가리켜 말씀하신 것이나 그들은 잠들어 쉬는 것을 가
리켜 말씀하심인 줄 생각하는지라 14 이에 예수께서 밝히 이르시되 나사로가 죽었느니라 15 내가 거기 있지 아니
한 것을 너희를 위하여 기뻐하노니 이는 너희로 믿게 하려 함이라 그러나 그에게로 가자 하시니 16 디두모라고
도 하는 도마가 다른 제자들에게 말하되 우리도 주와 함께 죽으러 가자 하니라

나는 부활이요 생명이니

17 예수께서 와서 보시니 나사로가 무덤에 있은 지 이미 나흘이라 18 베다니는 예루살렘에서 가깝기가 한 오 리
쯤 되매 19 많은 유대인이 마르다와 마리아에게 그 오라비의 일로 위문하러 왔더니 20 마르다는 예수께서 오신
다는 말을 듣고 곧 나가 맞이하되 마리아는 집에 앉았더라 21 마르다가 예수께 여짜오되 주께서 여기 계셨더라
면 내 오라버니가 죽지 아니하였겠나이다 22 그러나 나는 이제라도 주께서 무엇이든지 하나님께 구하시는 것을
하나님이 주실 줄을 아나이다 23 예수께서 이르시되 네 오라비가 다시 살아나리라 24 마르다가 이르되 마지막 날
부활 때에는 다시 살아날 줄을 내가 아나이다 25 예수께서 이르시되 나는 부활이요 생명이니 나를 믿는 자는 죽
어도 살겠고 26 무릇 살아서 나를 믿는 자는 영원히 죽지 아니하리니 이것을 네가 믿느냐 27 이르되 주여 그러하
외다 주는 그리스도시요 세상에 오시는 하나님의 아들이신 줄 내가 믿나이다 28 이 말을 하고 돌아가서 가만히
그 자매 마리아를 불러 말하되 선생님이 오셔서 너를 부르신다 하니 29 마리아가 이 말을 듣고 급히 일어나 예수
께 나아가매 30 예수는 아직 마을로 들어오지 아니하시고 마르다가 맞이했던 곳에 그대로 계시더라 31 마리아와
함께 집에 있어 위로하던 유대인들은 그가 급히 일어나 나가는 것을 보고
곡하러 무덤에 가는 줄로 생각하고 따라가더니 32 마리아가 예수 계신 곳
에 가서 뵈옵고 그 발 앞에 엎드리어 이르되 주께서 여기 계셨더라면 내
오라버니가 죽지 아니하였겠나이다 하더라 33 예수께서 그가 우는 것과
또 함께 온 유대인들이 우는 것을 보시고 심령에 비통히 여기시고 불쌍히
여기사 34 이르시되 그를 어디 두었느냐 이르되 주여 와서 보옵소서 하니
35 예수께서 눈물을 흘리시더라 36 이에 유대인들이 말하되 보라 그를 얼

요 11:1-54 죽은 나사로를 살림(베다니)
죽은 나사로를 살리시는 기적은 요한복음에 기록된 기적의 7번째 기적이다. 이 기적은 예수님이 생명의 주관자이심을 보여 주는 기적이다. 예수님은 이 기적을 통해서 예수님이 부활이요 생명이심을 분명히 말씀하신다(25절).
이 기적 기사에서 우리는 마르다의 믿음에 유의할 필요가 있다. 예수님께서 무덤을 막고 있는 돌을 치우라고 했을 때, 나사로의 누이 마르다는 이미 시체가 썩기 시작하는데 돌문이 열린다고 별수 있겠느냐고 생각했다면 이 기적은 일어나지 않았을 것이다. 그러나 그는 예수님의 명령에 순종했다. 또한 예수님도 죽은 자를 살릴 능력이 있으신 분이 돌 하나를 못 치워 그것을 마르다에게 치우라고 했을까? 여기서 예수님은 마르다의 순종하는 믿음을 보시고자 했던 것이다. 이렇듯 기적은 예수님의 능력과 그 능력을 믿고 순종하는 인간의 믿음이 어우러져야 일어나는 것임을 볼 수 있다.

요 11:25-26
학습 자료 73-10 "죽은 자의 부활에 있어서 성자 그리스도의 역할" 참조

요 11:35
학습 자료 73-11 "예수의 신인 양성에 대한 증거" 참조
학습 자료 73-12 "눈물을 흘리시더라" 참조

마나 사랑하셨는가 하며 37 그 중 어떤 이는 말하되 맹인의 눈을 뜨게 한
이 사람이 그 사람은 죽지 않게 할 수 없었더냐 하더라 38 이에 예수께서
다시 속으로 비통히 여기시며 무덤에 가시니 무덤이 굴이라 돌로 막았거
늘 39 예수께서 이르시되 돌을 옮겨 놓으라 하시니 그 죽은 자의 누이 마
르다가 이르되 주여 죽은 지가 나흘이 되었으매 벌써 냄새가 나나이다 40
예수께서 이르시되 내 말이 네가 믿으면 하나님의 영광을 보리라 하지 아
니하였느냐 하시니 41 돌을 옮겨 놓으니 예수께서 눈을 들어 우러러 보시
고 이르시되 아버지여 내 말을 들으신 것을 감사하나이다 42 항상 내 말을
들으시는 줄을 내가 알았나이다 그러나 이 말씀 하옵는 것은 둘러선 무리
를 위함이니 곧 아버지께서 나를 보내신 것을 그들로 믿게 하려 함이니이
다 43 이 말씀을 하시고 큰 소리로 나사로야 나오라 부르시니 44 죽은 자
가 수족을 베로 동인 채로 나오는데 그 얼굴은 수건에 싸였더라 예수께
서 이르시되 풀어 놓아 다니게 하라 하시니라

예수를 죽이려고 모의하다

45 마리아에게 와서 예수께서 하신 일을 본 많은 유대인이 그를 믿었으
나 46 그 중에 어떤 자는 바리새인들에게 가서 예수께서 하신 일을 알리
니라 47 이에 대제사장들과 바리새인들이 공회를 모으고 이르되 이 사람
이 많은 표적을 행하니 우리가 어떻게 하겠느냐 48 만일 그를 이대로 두
면 모든 사람이 그를 믿을 것이요 그리고 로마인들이 와서 우리 땅과 민
족을 빼앗아 가리라 하니 49 그 중의 한 사람 그 해의 대제사장인 가야바
가 그들에게 말하되 너희가 아무 것도 알지 못하는도다 50 한 사람이 백
성을 위하여 죽어서 온 민족이 망하지 않게 되는 것이 너희에게 유익한
줄을 생각하지 아니하는도다 하였으니 51 이 말은 스스로 함이 아니요 그
해의 대제사장이므로 예수께서 그 민족을 위하시고 52 또 그 민족만 위할
뿐 아니라 흩어진 하나님의 자녀를 모아 하나가 되게 하기 위하여 죽으실
것을 미리 말함이러라 53 이 날부터는 그들이 예수를 죽이려고 모의하니
라 54 그러므로 예수께서 다시 유대인 가운데 드러나게 다니지 아니하시
고 거기를 떠나 빈 들 가까운 곳인 에브라임이라는 동네에 가서 제자들과
함께 거기 머무르시니라

요 11:45-54 나사로의 부활 사건으로 더욱 백성들의 신임을 얻게 된 예수를 죽이고자 모의한 사람들은 당시 유대인들의 통치기구인 산헤드린 공회원들이었다. 산헤드린은 원래 포로 시대 이후에 형성된 것으로 유대 공동체의 내정을 관장하는 최고행정기관이었다. 헤롯 대왕 때까지는 실권을 장악하지 못하였으나 수리아 총독 구레뇨의 후원을 받은 제사장 안나스의 주도로 조직을 정비하고 실질적인 유대 공동체의 통치기구가 되었다. 대제사장을 제외하고 70명으로 구성된 산헤드린은 대제사장들과 원로들, 그리고 율법학자들로 구성되었다. 그러나 예수 당시 산헤드린은 실질적으로 대제사장 안나스에 의해 움직이고 있었다. 안나스는 로마 정부를 지지했던 사두개파 출신의 재력가였고 아켈라오를 축출하는 데 공을 세워 구레뇨의 신임을 받고 산헤드린을 재건하였다. 그래서 6-15년까지 대제사장직을 수행하였고 그 후에도 35년 죽을 때까지 실질적인 수장이었다. 예수를 죽일 당시 대제사장이었던 가야바도 안나스의 사위였고 그 뒤를 이은 대제사장 요나단도 안나스의 아들이었다. 따라서 죽은 자를 살리고 하나님 나라의 회복을 부르짖는 예수의 등장은 유대 지도자로서 자신의 위치를 위협할 뿐만 아니라 로마 정부의 반감을 불러일으켜 유대 공동체에 대한 심각한 탄압을 초래할 것으로 판단하고 예수를 제거하고자 하였던 것이다.
☞ 하나님의 백성을 관장하는 대제사장을 비롯한 공회원들은 하나님보다 로마의 눈치를 보았고 하나님이 보내신 메시아의 복음보다 자신들의 권위가 세워지기를 원했다. 그 결과 그들은 자신들이 그토록 기다려 왔던 메시아를 죽이는 죄를 범했던 것이다. 그러나 하나님께서는 오히려 그들의 탐욕을 이용해 예수의 메시아 사역을 이루셨다. 이처럼 인간의 계획은 하나님의 계획을 벗어날 수 없는 것이다.

마태 19:1~20:28, 마가 10:1-45, 누가 18:15-34

- 예수님의 치유와 가르침의 사역(마 19:1-2, 막 10:1) /
이혼에 대한 가르침(마 19:3-12, 막 10:2-12) /
어린이를 축복하시다(마 19:13-15, 막 10:13-16, 눅 18:15-17) /
부자 청년 이야기(마 19:16-30, 막 10:17-31, 눅 18:18-30) /
천국의 우선순위와 자신의 수난을 예고하시다(마 20:1-19, 막 10:32-34, 눅 18:31-34) /
섬김에 대한 교훈(마 20:20-28, 막 10:35-45) -

마태 19장

이혼에 대하여 가르치다

1 예수께서 이 말씀을 마치시고 갈릴리를 떠나 요단 강 건너 유대 지경에
이르시니 2 큰 무리가 따르거늘 예수께서 거기서 그들의 병을 고치시더라
3 바리새인들이 예수께 나아와 그를 시험하여 이르되 사람이 어떤 이유가
있으면 그 아내를 버리는 것이 옳으니이까 4 예수께서 대답하여 이르시되
사람을 지으신 이가 본래 그들을 남자와 여자로 지으시고 5 말씀하시기를
그러므로 사람이 그 부모를 떠나서 아내에게 합하여 그 둘이 한 몸이 될
지니라 하신 것을 읽지 못하였느냐 6 그런즉 이제 둘이 아니요 한 몸이니
그러므로 하나님이 짝지어 주신 것을 사람이 나누지 못할지니라 하시니 7
여짜오되 그러면 어찌하여 모세는 이혼 증서를 주어서 버리라 명하였나
이까 8 예수께서 이르시되 모세가 너희 마음의 완악함 때문에 아내 버림
을 허락하였거니와 본래는 그렇지 아니하니라 9 내가 너희에게 말하노니
누구든지 음행한 이유 외에 아내를 버리고 다른 데 장가 드는 자는 간음
함이니라 10 제자들이 이르되 만일 사람이 아내에게 이같이 할진대 장가
들지 않는 것이 좋겠나이다 11 예수께서 이르시되 사람마다 이 말을 받지
못하고 오직 타고난 자라야 할지니라 12 어머니의 태로부터 된 고자도 있
고 사람이 만든 고자도 있고 천국을 위하여 스스로 된 고자도 있도다 이
말을 받을 만한 자는 받을지어다

마 19:4-6 결혼에 대한 성경의 가르침

당시 유대 사회에는 이혼 문제에 관해 불륜의 이유로만 이혼이 가능하다는 보수적인 견해와 다른 이유로도 가능하다는 자유로운 견해 간에 극단적인 대립을 보이고 있었다. 이렇게 이혼이 어느 범위 안에서 가능한가에 대해 크게 논쟁을 벌이면서도 막상 결혼의 본질과 중요성을 망각하고 있는 그들에게 예수께서는 다음과 같은 교훈으로 일침을 가하셨다. 이에 예수의 가르침과도 그 맥을 같이 하는 결혼에 대한 성경의 가르침을 모아 보면 다음과 같다.

1	결혼은 하나님의 창조 원리에 의한 것이므로 존엄한 것임(창 2:24)
2	결혼은 각각 다른 특성을 지닌 두 성이 만나 조화를 이루는 것임(창 1:27)
3	일부다처제는 하나님의 결혼 원리에서 어긋나는 것임(창 1:27)
4	결혼은 부모에게 의지하던 삶의 자세를 청산하는 것임(창 2:24)
5	결혼은 두 남녀가 분리될 수 없는 하나 된 관계를 형성하는 것(창 2:24)
6	결혼은 육체적, 전인격의 완전한 결합을 의미하는 것임(창 2:24)
7	인간적 동기에서 야기되는 이혼은 하나님께 부당한 것임(마 19:6)

어린아이들에게 안수하시다

13 그 때에 사람들이 예수께서 안수하고 기도해 주심을 바라고 어린 아이들을 데리고 오매 제자들이 꾸짖거늘
14 예수께서 이르시되 어린 아이들을 용납하고 내게 오는 것을 금하지 말라 천국이 이런 사람의 것이니라 하시고
15 그들에게 안수하시고 거기를 떠나시니라

재물이 많은 청년

16 어떤 사람이 주께 와서 이르되 선생님이여 내가 무슨 선한 일을 하여야 영생을 얻으리이까 17 예수께서 이르
시되 어찌하여 선한 일을 내게 묻느냐 선한 이는 오직 한 분이시니라 네가 생명에 들어 가려면 계명들을 지키라
18 이르되 어느 계명이오니이까 예수께서 이르시되 살인하지 말라, 간음하지 말라, 도둑질하지 말라, 거짓 증언
하지 말라, 19 네 부모를 공경하라, 네 이웃을 네 자신과 같이 사랑하라 하신 것이니라 20 그 청년이 이르되 이 모
든 것을 내가 지키었사온대 아직도 무엇이 부족하니이까 21 예수께서 이르시되 네가 온전하고자 할진대 가서 네
소유를 팔아 가난한 자들에게 주라 그리하면 하늘에서 보화가 네게 있으리라 그리고 와서 나를 따르라 하시니
22 그 청년이 재물이 많으므로 이 말씀을 듣고 근심하며 가니라 23 예수께서 제자들에게 이르시되 내가 진실로
너희에게 이르노니 부자는 천국에 들어가기가 어려우니라 24 다시 너희에게 말하노니 낙타가 바늘귀로 들어가
는 것이 부자가 하나님의 나라에 들어가는 것보다 쉬우니라 하시니 25 제자들이 듣고 몹시 놀라 이르되 그렇다
면 누가 구원을 얻을 수 있으리이까 26 예수께서 그들을 보시며 이르시되 사람으로는 할 수 없으나 하나님으로
서는 다 하실 수 있느니라 27 이에 베드로가 대답하여 이르되 보소서 우리가 모든 것을 버리고 주를 따랐사온대
그런즉 우리가 무엇을 얻으리이까 28 예수께서 이르시되 내가 진실로 너희에게 이르노니 세상이 새롭게 되어 인
자가 자기 영광의 보좌에 앉을 때에 나를 따르는 너희도 열두 보좌에 앉아 이스라엘 열두 지파를 심판하리라 29
또 내 이름을 위하여 집이나 형제나 자매나 부모나 자식이나 전토를 버린 자마다 여러 배를 받고 또 영생을 상속
하리라 30 그러나 먼저 된 자로서 나중 되고 나중 된 자로서 먼저 될 자가 많으니라

73일~78일

마태 20:1-28

포도원의 품꾼들

1 천국은 마치 품꾼을 얻어 포도원에 들여보내려고 이른 아침에 나간 집
주인과 같으니 2 그가 하루 한 데나리온씩 품꾼들과 약속하여 포도원에
들여보내고 3 또 제삼시에 나가 보니 장터에 놀고 서 있는 사람들이 또 있
는지라 4 그들에게 이르되 너희도 포도원에 들어가라 내가 너희에게 상
당하게 주리라 하니 그들이 가고 5 제육시와 제구시에 또 나가 그와 같이
하고 6 제십일시에도 나가 보니 서 있는 사람들이 또 있는지라 7 이르되 너
희는 어찌하여 종일토록 놀고 여기 서 있느냐 이르되 우리를 품꾼으로 쓰
는 이가 없음이니이다 이르되 너희도 포도원에 들어가라 하니라 8 저물매
포도원 주인이 청지기에게 이르되 품꾼들을 불러 나중 온 자로부터 시작
하여 먼저 온 자까지 삯을 주라 하니 9 제십일시에 온 자들이 와서 한 데
나리온씩을 받거늘 10 먼저 온 자들이 와서 더 받을 줄 알았더니 그들도
한 데나리온씩 받은지라 11 받은 후 집 주인을 원망하여 이르되 12 나중
온 이 사람들은 한 시간밖에 일하지 아니하였거늘 그들을 종일 수고하며
더위를 견딘 우리와 같게 하였나이다 13 주인이 그 중의 한 사람에게 대답
하여 이르되 친구여 내가 네게 잘못한 것이 없노라 네가 나와 한 데나리
온의 약속을 하지 아니하였느냐 14 네 것이나 가지고 가라 나중 온 이 사
람에게 너와 같이 주는 것이 내 뜻이니라 15 내 것을 가지고 내 뜻대로 할
것이 아니냐 내가 선하므로 네가 악하게 보느냐 16 이와 같이 나중 된 자
로서 먼저 되고 먼저 된 자로서 나중 되리라

죽음과 부활을 세 번째로 이르시다

17 예수께서 예루살렘으로 올라가려 하실 때에 열두 제자를 따로 데리시
고 길에서 이르시되 18 보라 우리가 예루살렘으로 올라가노니 인자가 대
제사장들과 서기관들에게 넘겨지매 그들이 죽이기로 결의하고 19 이방인
들에게 넘겨 주어 그를 조롱하며 채찍질하며 십자가에 못 박게 할 것이나
제삼일에 살아나리라

한 어머니의 요구

20 그 때에 세베대의 아들의 어머니가 그 아들들을 데리고 예수께 와서
절하며 무엇을 구하니 21 예수께서 이르시되 무엇을 원하느냐 이르되 나
의 이 두 아들을 주의 나라에서 하나는 주의 우편에, 하나는 주의 좌편에
앉게 명하소서 22 예수께서 대답하여 이르시되 너희는 너희가 구하는 것
을 알지 못하는도다 내가 마시려는 잔을 너희가 마실 수 있느냐 그들이
말하되 할 수 있나이다 23 이르시되 너희가 과연 내 잔을 마시려니와 내
좌우편에 앉는 것은 내가 주는 것이 아니라 내 아버지께서 누구를 위하여
예비하셨든지 그들이 얻을 것이니라 24 열 제자가 듣고 그 두 형제에 대하여 분히 여기거늘 25 예수께서 제자들을
불러다가 이르시되 이방인의 집권자들이 그들을 임의로 주관하고 그 고관들이 그들에게 권세를 부리는 줄을 너
희가 알거니와 26 너희 중에는 그렇지 않아야 하나니 너희 중에 누구든지 크고자 하는 자는 너희를 섬기는 자가
되고 27 너희 중에 누구든지 으뜸이 되고자 하는 자는 너희의 종이 되어야 하리라 28 인자가 온 것은 섬김을 받으
려 함이 아니라 도리어 섬기려 하고 자기 목숨을 많은 사람의 대속물로 주려 함이니라

마 20:1-16 이스라엘에서 포도 수확은 대체로 9월에 이루어진다. 이때는 짧은 시간에 포도를 수확하여야 좋은 품질의 포도주를 얻을 수 있기 때문에 많은 일꾼들을 고용하였다. 이때 보통 아침 6시에 해가 떠서 저녁 6시에 해가 진다. 따라서 식사 시간을 빼고 약 10시간 정도 노동하게 된다. 당시 일용노동자들의 품삯은 한 데나리온으로 한 가족이 하루를 지낼 수 있는 금액이었다. 그래서 주인은 이른 아침, 대략 5-6시 사이에 나가서 장터에서 그날그날 노동을 팔기 위해 모여 있는 사람들을 고용하였다. 또한 오전 8-9시와 12시, 오후 3시에도 나가 사람들을 고용하였다. 당시 이스라엘에는 일용노동자들이 많았고 매일 일거리를 찾는다는 것은 거의 불가능하였다. 그래서 언제 고용될지 모른 채 밤새도록 기다리는 경우도 허다하였다. 그래서 고용주가 자신을 고용하는 것을 은혜로 여겼다. 그런데 포도원 주인이 오후 3시까지 놀고 있는 사람들을 고용한 것은 그들에게 큰 은혜였다. 그래서 임금을 정하지도 않고 그저 주인의 처분만 바라며 일하였던 것이다. 마침내 품삯을 계산할 때가 되어 주인이 나중에 온 사람들에게 하루 일당인 한 데나리온씩을 지급하였다. 이것은 파격적인 은혜였다. 당연히 이른 아침에 온 사람들은 더 많은 임금을 바랐다. 이스라엘의 구월은 한낮의 열기가 매우 뜨거운데, 이들은 오후에 온 사람에 비해 이것을 견디며 일했기 때문이다.
☞ 일한 만큼 보상을 받는다는 것은 유대인들의 대표적인 공로 교리이다. 이것은 세상에서의 축복만 아니라 구원의 문제에도 그대로 적용되었다. 그러나 예수께서는 이 비유를 통해 노동의 양과 대가가 일치하지 않는다는 것을 말씀하고 계신다. 물론 누구도 손해를 입지는 않는다. 단지 많은 은혜를 입을 뿐이다. 이처럼 천국은 인간의 행함의 대가에 따라 주어지는 것이 아니라 주인이신 하나님의 은혜로 얻게 된다.
☞ 여기의 포도원 품꾼의 비유는 마태복음에만 나오는 비유이다. 영적 문제에는 나중 된 자가 먼저 된다는 뜻이다. 하나님의 나라가 유대인에게 먼저 이루려 했지만, 하나님 나라의 복음이 이제 이방인으로 옮기게 되었다는 의미를 말한다. 또한 인간이 구원을 얻는 것은 인간의 공로로 되는 것이 아니라 하나님의 주권에 의한 것임을 보여 주는 것이다. ⇒ 섭리주 하나님

마가 10:1-45

이혼에 대해 가르치시다

1 예수께서 거기서 떠나 유대 지경과 요단 강 건너편으로 가시니 무리가
다시 모여들거늘 예수께서 다시 전례대로 가르치시더니 2 바리새인들이
예수께 나아와 그를 시험하여 묻되 사람이 아내를 버리는 것이 옳으니이
까 3 대답하여 이르시되 모세가 어떻게 너희에게 명하였느냐 4 이르되 모
세는 이혼 증서를 써주어 버리기를 허락하였나이다 5 예수께서 그들에게
이르시되 너희 마음이 완악함으로 말미암아 이 명령을 기록하였거니와 6
창조 때로부터 사람을 남자와 여자로 지으셨으니 7 이러므로 사람이 그
부모를 떠나서 8 그 둘이 한 몸이 될지니라 이러한즉 이제 둘이 아니요 한
몸이니 9 그러므로 하나님이 짝지어 주신 것을 사람이 나누지 못할지니라
하시더라 10 집에서 제자들이 다시 이 일을 물으니 11 이르시되 누구든지
그 아내를 버리고 다른 데에 장가드는 자는 본처에게 간음을 행함이요 12
또 아내가 남편을 버리고 다른 데로 시집가면 간음을 행함이니라

어린아이들을 축복하시다

13 사람들이 예수께서 만져 주심을 바라고 어린 아이들을 데리고 오매 제
자들이 꾸짖거늘 14 예수께서 보시고 노하시어 이르시되 어린 아이들이
내게 오는 것을 용납하고 금하지 말라 하나님의 나라가 이런 자의 것이니
라 15 내가 진실로 너희에게 이르노니 누구든지 하나님의 나라를 어린 아
이와 같이 받들지 않는 자는 결단코 그 곳에 들어가지 못하리라 하시고
16 그 어린 아이들을 안고 그들 위에 안수하시고 축복하시니라

재물이 많은 사람

17 예수께서 길에 나가실새 한 사람이 달려와서 꿇어 앉아 묻자오되 선한
선생님이여 내가 무엇을 하여야 영생을 얻으리이까 18 예수께서 이르시되
네가 어찌하여 나를 선하다 일컫느냐 하나님 한 분 외에는 선한 이가 없
느니라 19 네가 계명을 아나니 살인하지 말라, 간음하지 말라, 도둑질하지
말라, 거짓 증언 하지 말라, 속여 빼앗지 말라, 네 부모를 공경하라 하였느
니라 20 그가 여짜오되 선생님이여 이것은 내가 어려서부터 다 지켰나이
다 21 예수께서 그를 보시고 사랑하사 이르시되 네게 아직도 한 가지 부
족한 것이 있으니 가서 네게 있는 것을 다 팔아 가난한 자들에게 주라 그
리하면 하늘에서 보화가 네게 있으리라 그리고 와서 나를 따르라 하시니
22 그 사람은 재물이 많은 고로 이 말씀으로 인하여 슬픈 기색을 띠고 근
심하며 가니라 23 예수께서 둘러보시고 제자들에게 이르시되 재물이 있
는 자는 하나님의 나라에 들어가기가 심히 어렵도다 하시니 24 제자들이
그 말씀에 놀라는지라 예수께서 다시 대답하여 이르시되 얘들아 하나님
의 나라에 들어가기가 얼마나 어려운지 25 낙타가 바늘귀로 나가는 것이
부자가 하나님의 나라에 들어가는 것보다 쉬우니라 하시니 26 제자들이
매우 놀라 서로 말하되 그런즉 누가 구원을 얻을 수 있는가 하니 27 예수
께서 그들을 보시며 이르시되 사람으로는 할 수 없으되 하나님으로는 그렇지 아니하니 하나님으로서는 다 하실
수 있느니라 28 베드로가 여짜와 이르되 보소서 우리가 모든 것을 버리고 주를 따랐나이다 29 예수께서 이르시되

마 19:16-30, 막 10:17-31, 눅 18:18-30

부자 청년은 자신이 어떤 선한 일을 해야 영생을 얻는지에 대해 예수께 물었다. 이것은 자신이 선한 일을 행할 수 있다는 것을 전제로 하고 있다. 그래서 예수께서는 선한 이는 오직 한 분이시라고 대답하였다. 유대인들의 전통적인 사상도 우주에 선한 분은 오직 하나님뿐이시다. 그래서 하나님을 부를 때 '홀로 거룩하신 분' 또는 '홀로 선하신 분'이라고 표현하였다. 따라서 부자 청년은 율법적 의를 주장하는 바리새적 그릇된 가치관을 따르고 있었음을 알 수 있다. 한편 영생을 얻기 위해 가난한 자들에게 소유를 다 나누어주고 자신을 따르라는 예수의 말씀은 부자 청년에게 결정적인 걸림돌이 되었다. 청년은 개인적인 도덕적 순결과 이웃을 사랑하는 자비를 실천하였다. 그러나 근본적으로 그는 재물에 대한 탐심을 버리지 못하였다. 성경에서 부는 하나님의 선물이다. 만물은 하나님의 소유이므로 그가 허락하셔야만 부를 소유할 수 있기 때문이다(왕상 3:13). 특히 잠언은 부가 근면의 대가이며 안전의 원천이며 인간의 생명을 보호해주고(잠 13:8) 친구를 얻게 해준다고(잠 19:4) 말씀하고 있다. 그래서 유대인들은 불의한 방법으로 부자가 된 사람을 제외하고는 모든 부자가 신실한 믿음으로 복받은 자라고 여겼다. 그러나 부자는 결코 자신의 힘으로 부를 이루었다고 자랑해서는 안 되며(신 8:17) 하나님께 감사를 돌려야 하며 하나님을 위하여 온전히 바칠 수 있어야 한다. 그러므로 재물에 대한 탐심은 죄악이다.

예수께서는 부유함이 아니라 재물에 대한 탐심을 경계하고 있다. 탐심은 하나님보다 자신을 사랑하게 하고 재물을 의지하게 하며 재물을 지키기 위해 이웃에 대한 사랑의 실천을 가로막기 때문이다. 부자가 천국에 들어가는 것이 약대가 바늘귀로 들어가는 것보다 어렵다는 것은 이런 뜻이다. 그러나 사람은 할 수 없으되 하나님은 할 수 있다고 하셨다(26절). 구원은 오직 하나님의 은혜임을 강조하고 있는 것이다.

내가 진실로 너희에게 이르노니 나와 복음을 위하여 집이나 형제나 자매나 어머니나 아버지나 자식이나 전토를
버린 자는 30 현세에 있어 집과 형제와 자매와 어머니와 자식과 전토를 백 배나 받되 박해를 겸하여 받고 내세에
영생을 받지 못할 자가 없느니라 31 그러나 먼저 된 자로서 나중 되고 나중 된 자로서 먼저 될 자가 많으니라

죽음과 부활을 세 번째로 이르시다

32 예루살렘으로 올라가는 길에 예수께서 그들 앞에 서서 가시는데 그들이 놀라고 따르는 자들은 두려워하더라
이에 다시 열두 제자를 데리시고 자기가 당할 일을 말씀하여 이르시되 33 보라 우리가 예루살렘에 올라가노니 인
자가 대제사장들과 서기관들에게 넘겨지매 그들이 죽이기로 결의하고 이방인들에게 넘겨 주겠고 34 그들은 능
욕하며 침 뱉으며 채찍질하고 죽일 것이나 그는 삼 일 만에 살아나리라 하시니라

야고보와 요한이 구하는 것

35 세베대의 아들 야고보와 요한이 주께 나아와 여짜오되 선생님이여 무
엇이든지 우리가 구하는 바를 우리에게 하여 주시기를 원하옵나이다 36
이르시되 너희에게 무엇을 하여 주기를 원하느냐 37 여짜오되 주의 영광
중에서 우리를 하나는 주의 우편에, 하나는 좌편에 앉게 하여 주옵소서
38 예수께서 이르시되 너희는 너희가 구하는 것을 알지 못하는도다 내가
마시는 잔을 너희가 마실 수 있으며 내가 받는 세례를 너희가 받을 수 있
느냐 39 그들이 말하되 할 수 있나이다 예수께서 이르시되 너희는 내가
마시는 잔을 마시며 내가 받는 세례를 받으려니와 40 내 좌우편에 앉는
것은 내가 줄 것이 아니라 누구를 위하여 준비되었든지 그들이 얻을 것이
니라 41 열 제자가 듣고 야고보와 요한에 대하여 화를 내거늘 42 예수께서
불러다가 이르시되 이방인의 집권자들이 그들을 임의로 주관하고 그 고
관들이 그들에게 권세를 부리는 줄을 너희가 알거니와 43 너희 중에는 그
렇지 않을지니 너희 중에 누구든지 크고자 하는 자는 너희를 섬기는 자가
되고 44 너희 중에 누구든지 으뜸이 되고자 하는 자는 모든 사람의 종이
되어야 하리라 45 인자가 온 것은 섬김을 받으려 함이 아니라 도리어 섬기
려 하고 자기 목숨을 많은 사람의 대속물로 주려 함이니라

막 10:35-45 예수께서는 고난받기 위해 예루살렘에 올라가시려고 할 때 제자들을 불러 자신이 받을 고난과 십자가의 죽음, 사흘 만의 부활에 대해 예고하셨다. 한편 야고보와 요한의 어미가 예수께 아들들을 높은 자리에 써달라고 부탁한 사건으로 인해(마 20:20) 제자들 사이에 분쟁이 있었다. 그러나 예수께서는 고난을 감당하고 스스로 낮추는 자가 높은 자리에 앉게 될 것이라고 교훈하셨다.
☞ 제자들은 예수의 수난 예고보다 주의 나라에서 받을 상급에만 관심이 있었다. 그들은 예수와 함께 고난에 동참하지 않는 자에게 상급 또한 없음을 알지 못했다. 그래서 예수께서는 각자에게 주어진 십자가를 지고 자신을 따라오라고 말씀하셨다(마 10:38). 이처럼 그리스도의 구원에 동참할 자는 그의 십자가에 동참하여 정과 육을 십자가에 못 박고 말씀을 지키기 위해 고난도 견디는 자가 되어야 한다.

누가 18:15-34

어린아이들을 금하지 말라

15 사람들이 예수께서 만져 주심을 바라고 자기 어린 아기를 데리고 오매 제자들이 보고 꾸짖거늘 16 예수께서
그 어린 아이들을 불러 가까이 하시고 이르시되 어린 아이들이 내게 오는 것을 용납하고 금하지 말라 하나님의
나라가 이런 자의 것이니라 17 내가 진실로 너희에게 이르노니 누구든지 하나님의 나라를 어린 아이와 같이 받아
들이지 않는 자는 결단코 거기 들어가지 못하리라 하시니라

부자 관리

18 어떤 관리가 물어 이르되 선한 선생님이여 내가 무엇을 하여야 영생을 얻으리이까 19 예수께서 이르시되 네가
어찌하여 나를 선하다 일컫느냐 하나님 한 분 외에는 선한 이가 없느니라 20 네가 계명을 아나니 간음하지 말라,
살인하지 말라, 도둑질하지 말라, 거짓 증언 하지 말라, 네 부모를 공경하라 하였느니라 21 여짜오되 이것은 내가
어려서부터 다 지키었나이다 22 예수께서 이 말을 들으시고 이르시되 네게 아직도 한 가지 부족한 것이 있으니
네게 있는 것을 다 팔아 가난한 자들에게 나눠 주라 그리하면 하늘에서 네게 보화가 있으리라 그리고 와서 나를
따르라 하시니 23 그 사람이 큰 부자이므로 이 말씀을 듣고 심히 근심하더라 24 예수께서 그를 보시고 이르시되
재물이 있는 자는 하나님의 나라에 들어가기가 얼마나 어려운지 25 낙타가 바늘귀로 들어가는 것이 부자가 하나

님의 나라에 들어가는 것보다 쉬우니라 하시니 26 듣는 자들이 이르되 그런즉 누가 구원을 얻을 수 있나이까 27
이르시되 무릇 사람이 할 수 없는 것을 하나님은 하실 수 있느니라 28 베드로가 여짜오되 보옵소서 우리가 우리
의 것을 다 버리고 주를 따랐나이다 29 이르시되 내가 진실로 너희에게 이르노니 하나님의 나라를 위하여 집이나
아내나 형제나 부모나 자녀를 버린 자는 30 현세에 여러 배를 받고 내세에 영생을 받지 못할 자가 없느니라 하시
니라

죽음과 부활을 다시 이르시다

눅 18:31-34

학습 자료 73-13 "전 4차례에 걸친 예수의 수난 예고" 참조

31 예수께서 열두 제자를 데리시고 이르시되 보라 우리가 예루살렘으로
올라가노니 선지자들을 통하여 기록된 모든 것이 인자에게 응하리라 32
인자가 이방인들에게 넘겨져 희롱을 당하고 능욕을 당하고 침 뱉음을 당
하겠으며 33 그들은 채찍질하고 그를 죽일 것이나 그는 삼 일 만에 살아나리라 하시되 34 제자들이 이것을 하나
도 깨닫지 못하였으니 그 말씀이 감취었으므로 그들이 그 이르신 바를 알지 못하였더라

73일차 읽기의 요약

(눅 10:1~13:21, 요 10:22~39, 눅 13:22~18:14, 요 10:40~11:54, 마 19:1~20:28, 막 10:1~45, 눅 18:15~34)

예수님께서는 공생애 기간에 여러 차례에 걸쳐 하나님의 나라에 대해 말씀하셨다. 하나님의 나라는 여기 있다, 저기 있다 할 수 있는 나라가 아니며 주의 깊게 관찰한다고 볼 수 있는 나라가 아니라고 말씀하셨다. 하나님의 나라는 하나님의 말씀에 대한 전적인 순종이 있는 사람들 가운데 이루어지는 나라이다.

무엇을 하여야 영생을 얻을 수 있겠느냐고 질문한 율법사에게 예수님은 계명을 지켜 행하는 것과 영생이 관련이 있음을 암시하셨다. 그러나 사람들 앞에서 보이려고 하는 형식적인 순종보다는 하나님 아버지의 마음을 회복하여 진실하게 이웃과의 관계를 회복하는 것이 하나님 나라에 들어가는 삶이며 영생의 삶과 밀접한 관련이 있음을 말씀하셨다.

소유를 팔아 가난한 자에게 주라는 말씀 또한 소유 보다 이웃을 가치 있고 귀하게 여겨 이웃을 위해 소유를 기꺼이 버릴 수 있는 마음이 회복될 때 하나님의 나라가 그들 가운데 경험될 것을 말씀하셨다. 하나님 나라의 통치 원리는 소유보다는 나눔과 섬김 그리고 서로에 대한 용서와 낮아짐에 있다고 말씀하셨다.

그러면 어떻게 살 것인가?

인위 뚝 · 신위 고!

☑ 세계관 점검 – 묵상하기 (영상 강의와 교재 내용의 이해를 바탕으로)

70인을 파송(유대 지방, 눅 10:1-24)
예수님은 제자들이 주의 이름으로 귀신들이 항복하는 일에 흥분하는 모습을 타이르는 모습을 볼 수 있다. "귀신들이 너희에게 항복하는 것으로 기뻐하지 말고 너희 이름이 하늘에 기록된 것으로 기뻐하라 하시니라"(10:20) 귀신을 쫓아내고 병을 낫게 하는 기복적이고 센세이션(sensation)한 것보다는 우리의 이름이 생명책에 기록되는 것을 기뻐하라고 한다. 생명책에 기록된다는 것은 하나님 나라의 백성으로 삶을 살아간다는 말이 아니겠는가! 하나님 책에 지금 기록되고 있는 나의 삶은 어떤 삶인가를 한번 되돌아보라.
나는 하나님의 일을 내 영화를 누리려고 하고 있지는 않는지 꼼꼼히 살펴볼 일이다.
"오직 예수"의 정신을 잃어버리면 안 된다. "인위 뚝! 신위 고!"

눅 10:25-37 율법사의 관심은 누가 자신의 이웃이 될 수 있는지였다. 자신의 관점에서 이웃이 될 만한 사람만을 골라 사랑을 베풀겠다는 의미이다. 그러나 예수께서는 강도 만난 자의 이웃이 누구냐는 질문을 통해 참된 이웃 사랑은 개인적인 이익과 판단을 떠나 자신을 필요로 하는 모든 사람을 향해 아낌없이 희생하는 것임을 일깨우신 것이다. 예수님은 사마리아인이 강도 맞은 유대인의 진정한 이웃이라는 사실을 강조한다. 그렇다면 이웃의 범위는 어디까지일까? "우리가 남이가"와 같은 의리에서 우리의 이웃은 과연 누구까지인가?
성도가 바꾸어야 할 중요하고 시급한 가치는 "우리가 남이가", 그리고 "좋은 게 좋다" 이다.(그 이유를 동영상 강의에서 들어라. **학습 자료 75-10 요한 17장 "세상과 세속 구별하기" 참조**할 것)

"눅 11:37~12:12 바리새인처럼 오늘날에도 신앙생활을 단순히 교회 조직원의 일원으로서 그 의무와 권리를 행사하는 종교 행위로 행하는 자들이 많이 있음을 주위에 살펴보라. 나는 어떤가? 예수님은 이들의 위선을 단호하게 비판한다. 이들 바리새인에게는 규율과 형식은 있지만 은혜의 교리는 없으므로 그들은 다른 이들을 도와주지 못하고 오히려 짐을 지우는 자들이다. 예수님 당시 바리새인과 오늘 우리와 어떤 차이가 있는가를 묵상해 보라.
예수님 당시에 바리새인들은 모세 율법에 아주 충실한 율법주의자로서 종교 지도자들이었다. 그런데 이상하게도 바리새인들은 예수님에게 항상 적대적이었고, 그래서 예수님은 그들에게 "화 있을진저"하면서 강력하게 경고하신다. 그렇다면 오늘날 우리는 바리새인들의 모습을 통해서 나 자신을 냉철하게 성찰해 보아야 한다.

- 나는 진정 거룩하게 되기보다, 사람들에게 거룩하게 보이려고 애쓰지는 않는가?
- 나는 하나님을 드러내는 것보다, 나 자신을 드러내는 것을 더 좋아하지는 않는가?
- 나는 하나님께 인정받기보다, 사람에게 인정받기를 더 바라고 원하고 있지 않는가?
- 나는 다른 이들을 이해하려고 하기보다, 내 규칙에 따라 판단하고 있지는 않는가?
- 나는 실질적인 내용보다, 형식적인 의식을 갖추는데 더 많은 시간을 할애하고 있지 않는가?

눅 13:1-17 예수께서 안식일에 회당에서 십팔 년 동안 귀신 들려 꼬부라져 조금도 펴지 못하는 여인을 고쳐주셨다. 그러자 회당장은 안식일에 병 고치는 것으로 인해서 분노하며 비난하였다. 이에 예수께서 안식일에도 소나 나귀에게 물 먹이는 것이 허락되었는데 이보다 더 귀한 병든 여인을 고치는 것이 합당하다고 말씀하시며 그들의 잘못된 율법주의를 비난하셨다.

유대인들은 고통에 처한 사람에게 자비를 베푸는 것보다 율법을 지키는 것을 더 소중하게 여겼다. 이에 비해 예수께서는 근본적인 문제에 관심을 기울이신다. 율법은 죄악으로 인해 고통스러워하는 사람을 구원하기 위해 주신 것이다. 그래서 예수께서는 사랑의 법으로 율법을 완성하신 것이다. 자신의 멍에가 쉽고 가볍다는 예수의 말씀은 이런 의미를 담고 있다(마 11:30). 그러므로 예수께 나가는 자는 그의 사랑과 자비로 율법의 멍에와 심판에서 구원받을 수 있게 된다.

오늘 나에게는 이런 형식주의적이고 율법주의 신앙의 자세는 없는지 성찰하고 반성하자.

✐ 눅 15장 잃은 것을 회복하는 것 중에 가장 중요한 것은 잃어버린 우리의 "처음 모습"이다. 우리가 원래 흙+생기로 지음을 받았는데 선악과 사건을 통해 관계가 끊어짐으로 "생기"를 잃어버리고 흙과 같은 존재가 되어 버렸다. 인간의 최고 가치는 그 생기를 가지고 있을 때이다. 이 비유에서 바로 그 "생기"를 회복한다는 것을 보여 준다. 당신은 그 생기를 회복했는가? 못 했다면 왜 못 하고 있는가?

"오늘 성경 읽으셨나요?" "인위 뚝! 신위 고!"

✐ 섬김에 대한 교훈(마 20:20-28, 막 10:35-45)

세베대의 어머니 즉 요한과 야고보의 어머니인 살로메가 예수님이 나라를 세우는 줄 알고 인사 청탁을 하는 장면이다. 그는 예수님이 당시 유대인이 기대하던 다윗 왕국을 회복하는 메시아인줄로 알고 예수님이 나라를 세우면 자기 아들이 좌의정, 우의정이 되게 해달라는 부탁을 하는 것이다.

'나눔'과 '섬김'은 그리스도인의 가장 기본이 되는 덕목이다. 그것은 하나님 나라 가치관의 골격이다. 세상 사람들은 '됨'과' 가짐'의 가치관을 추구할지라도 그리스도인은 반드시 '나눔'과 '섬김'의 가치관을 추구해야 한다. 천국과 지옥의 차이는 바로 이것이다. 마 20:28은 바로 성육신의 목적을 보여 주는 구절이다. '십자가의 도'는 '섬김의 도'이다.

· 마 20:28 인자가 온 것은 섬김을 받으려 함이 아니라 도리어 섬기려 하고 자기 목숨을 많은 사람의 대속물로 주려 함이니라

☑ 결단기도와 실행하기

약 2:26 영혼 없는 몸이 죽은 것 같이 행함이 없는 믿음은 죽은 것이니라

시 119:28 나의 영혼이 눌림으로 말미암아 녹사오니 주의 말씀대로 나를 세우소서

73일~78일

3. 옛 여리고로 가시다.

마태 20:29-34, 마가 10:46-52, 누가 18:35~19:28

- 여리고의 두 소경을 고치시다(마 20:29-24) / 예수님과 삭개오(눅 19:1-10) / 열 므나의 비유(눅 19:11-28) -

마태 20:29-34

맹인 두 사람을 고치다

29 그들이 여리고에서 떠나 갈 때에 큰 무리가 예수를 따르더라 30 맹인
두 사람이 길 가에 앉았다가 예수께서 지나가신다 함을 듣고 소리 질러
이르되 주여 우리를 불쌍히 여기소서 다윗의 자손이여 하니 31 무리가 꾸
짖어 잠잠하라 하되 더욱 소리 질러 이르되 주여 우리를 불쌍히 여기소서
다윗의 자손이여 하는지라 32 예수께서 머물러 서서 그들을 불러 33 이르
시되 너희에게 무엇을 하여 주기를 원하느냐 이르되 주여 우리의 눈 뜨기
를 원하나이다 34 예수께서 불쌍히 여기사 그들의 눈을 만지시니 곧 보게
되어 그들이 예수를 따르니라

마가 10:46-52

맹인 바디매오를 고치다

46 그들이 여리고에 이르렀더니 예수께서 제자들과 허다한 무리와 함께
여리고에서 나가실 때에 디매오의 아들인 맹인 거지 바디매오가 길 가에
앉았다가 47 나사렛 예수시란 말을 듣고 소리 질러 이르되 다윗의 자손
예수여 나를 불쌍히 여기소서 하거늘 48 많은 사람이 꾸짖어 잠잠하라 하되 그가 더욱 크게 소리 질러 이르되 다
윗의 자손이여 나를 불쌍히 여기소서 하는지라 49 예수께서 머물러 서서 그를 부르라 하시니 그들이 그 맹인을
부르며 이르되 안심하고 일어나라 그가 너를 부르신다 하매 50 맹인이 겉옷을 내버리고 뛰어 일어나 예수께 나
아오거늘 51 예수께서 말씀하여 이르시되 네게 무엇을 하여 주기를 원하느냐 맹인이 이르되 선생님이여 보기를
원하나이다 52 예수께서 이르시되 가라 네 믿음이 너를 구원하였느니라 하시니 그가 곧 보게 되어 예수를 길에
서 따르니라

❖ 소경 바디매오를 고치시다

예수께서 여리고에서 떠나실 때 길가에 앉아 있던 소경 바디매오가 예수의 지나가심을 듣고 자신을 불쌍히 여겨달라고 외쳤다. 그러자 많은 사람이 그를 꾸짖었으나 예수께서는 자신을 다윗의 자손이라고 부르며 치유를 간구하는 바디매오의 믿음을 보시고 그의 눈을 보게 하였다. 이에 바디매오가 예수의 뒤를 따라 제자가 되었다.
예수께서 소경 바디매오의 눈을 치유하신 사건은 공관복음에 모두 기록되어 있다. 단 마태는 두 사람의 소경으로, 마가와 누가는 소경 바디매오에 관해서만 적고 있다. 이는 마태가 소경을 치유하시는 예수의 자비에 초점을 맞추기 위해 두 명이라는 정확한 숫자를 기록하였고 마가와 누가는 예수를, 메시아를 상징하는 다윗의 자손이라고 부른 바디매오의 믿음에 초점을 맞추기 위해 그를 집중적으로 언급하였기 때문일 것이다.
예수의 병 고치는 사역 중에 자주 등장하는 것이 눈먼 자를 치유하는 것이다. 이는 실명을 죄에 대한 저주라고 생각하는 유대인들에게 예수께서 자신에게 죄 사함의 권세가 있음을 계시하고 구원의 진리를 알지 못하는 자들에게 복음의 진리를 깨닫게 하시기 위함이었다. 바디매오의 사건에서도 바디매오는 육신의 눈은 멀었지만, 예수께서 다윗의 자손, 즉 메시아이심을 알았다. 그래서 그의 믿음대로 구원을 얻은 것이다. 예수께서는 이 사건을 통해 메시아와 진리를 바로 보는 영의 눈이 밝아져야만 구원을 얻을 수 있음을 교훈하고 있다.

누가 18:35-43

맹인을 고치다

35 여리고에 가까이 가셨을 때에 한 맹인이 길 가에 앉아 구걸하다가 36 무리가 지나감을 듣고 이 무슨 일이냐고
물은대 37 그들이 나사렛 예수께서 지나가신다 하니 38 맹인이 외쳐 이르되 다윗의 자손 예수여 나를 불쌍히 여
기소서 하거늘 39 앞서 가는 자들이 그를 꾸짖어 잠잠하라 하되 그가 더욱 크게 소리 질러 다윗의 자손이여 나를

불쌍히 여기소서 하는지라 40예수께서 머물러 서서 명하여 데려오라 하셨더니 그가 가까이 오매 물어 이르시되
41네게 무엇을 하여 주기를 원하느냐 이르되 주여 보기를 원하나이다 42예수께서 그에게 이르시되 보라 네 믿
음이 너를 구원하였느니라 하시매 43곧 보게 되어 하나님께 영광을 돌리며 예수를 따르니 백성이 다 이를 보고
하나님을 찬양하니라

누가 19:1-28

예수와 삭개오

1예수께서 여리고로 들어가 지나가시더라 2삭개오라 이름하는 자가 있
으니 세리장이요 또한 부자라 3그가 예수께서 어떠한 사람인가 하여 보
고자 하되 키가 작고 사람이 많아 할 수 없어 4앞으로 달려가서 보기 위
하여 돌무화과나무에 올라가니 이는 예수
께서 그리로 지나가시게 됨이러라 5예수
께서 그 곳에 이르사 쳐다 보시고 이르시
되 삭개오야 속히 내려오라 내가 오늘 네
집에 유하여야 하겠다 하시니 6급히 내
려와 즐거워하며 영접하거늘 7뭇 사람이
보고 수군거려 이르되 저가 죄인의 집에 유
하러 들어갔도다 하더라 8삭개오가 서서 주께 여짜오되 주여 보시옵소
서 내 소유의 절반을 가난한 자들에게 주겠사오며 만일 누구의 것을 속여
빼앗은 일이 있으면 네 갑절이나 갚겠나이다 9예수께서 이르시되 오늘
구원이 이 집에 이르렀으니 이 사람도 아브라함의 자손임이로다 10인자
가 온 것은 잃어버린 자를 찾아 구원하려 함이니라

구분	므나 비유	달란트 비유
주인	왕위를 물려받을 귀인	단순한 부자
종의 숫자	10명	3명
화폐의 단위	므나	달란트
맡긴 액수	평등(한 므나씩)	차등(5, 2, 1달란트)
남긴 액수	10, 5, 0므나	5, 2, 0 달란트
상급	10, 5 고을의 권세를 줌	많은 것을 맡김
게으른 종	돈을 수건에 싸 둠	돈을 묻어 둠
게으른 종의 형벌	1 므나를 빼앗김	1 달란트를 빼앗기고 어두운 데로 쫓겨남

은 열 므나 비유

11그들이 이 말씀을 듣고 있을 때에 비유를 더하여 말씀하시니 이는 자기
가 예루살렘에 가까이 오셨고 그들은 하나님의 나라가 당장에 나타날 줄
로 생각함이더라 12이르시되 어떤 귀인이 왕위를 받아가지고 오려고 먼
나라로 갈 때에 13그 종 열을 불러 은화 열 므나를 주며 이르되 내가 돌
아올 때까지 장사하라 하니라 14그런데 그 백성이 그를 미워하여 사자를
뒤로 보내어 이르되 우리는 이 사람이 우리의 왕 됨을 원하지 아니하나이
다 하였더라 15귀인이 왕위를 받아가지고 돌아와서 은화를 준 종들이 각
각 어떻게 장사하였는지를 알고자 하여 그들을 부르니 16그 첫째가 나아

73일~78일

눅 19:1-10 세리장 삭개오의 회개
세리는 국가를 대신하여 세금을 걷는 관리를 말한다. 예수 시대에 유대에는 두 종류의 세리가 있었다. 첫째는 일반조세 징수 청부인이다. 이들은 직접세나 간접세뿐만 아니라 로마에서 정해준 세액에 따라 도시나 지방에서 받아내는 세금들을 전액 로마에 지불하였다. 그리고 백성들로부터 수단과 방법을 가리지 않고 세금과 자신의 몫을 거둬들였다. 또 다른 세리는 주로 일반조세 징수 청부인에게 고용되어 직접 세금을 징수하는 역할을 하였다. 일반조세 징수 청부인은 로마나 지방 정부로부터 일정의 권리금을 주고 5년 정도의 징세권을 보장받았다. 따라서 이 기간 가능한 모든 방법을 다해 백성들을 착취하여 거부가 되었다. 그래서 유대인들은 동족을 착취하는 세리들을 로마 사람들보다 더 멸시하였다. 본문에 나오는 세리장 삭개오도 징수원을 관장한 일반조세 징수 청부인이었을 것이다. 그러므로 예수께서 삭개오의 집에 유하시는 것은 생각할 수 없는 일이었다. 그래서 삭개오는 예수께 자신의 죄를 회개하고 재산의 절반을 가난한 자를 위해 내어놓고 토색한 것의 4배나 갚겠다고 약속하였다. 그는 연 수입의 1/5을 이웃을 위한 사랑의 행위로 헌금하는 유대인의 관습보다 훨씬 많은 헌금을 바쳤고 양을 훔친 자는 양 네 마리로 갚아야 한다는 율법의 규례를 따라 토색한 것을 갚은 것이다(출 22:1).
☞ 사람들은 세리를 멸시하였지만, 예수께서는 먼저 그를 찾아가셨다. 죄인 하나까지 버리지 않으시는 예수의 무한한 사랑을 보여주고 있다. 그래서 아무리 악한 인간이라도 예수께 나아가면 구원의 소망을 얻을 수 있는 것이다. 한편 예수의 방문을 받은 삭개오는 회개하고 지금까지의 잘못된 삶을 돌이키는 결단을 내렸다. 이와 같이 참된 회개는 말로만 죄를 회개하는 것이 아니라 지금까지의 죄악에서 떠나 의로운 삶으로 변하는 삶의 변화가 함께 있어야 함을 보여주고 있다.

눅 19:2-10
학습 자료 74-1 "삭개오의 구원을 통한 교훈" 참조

와 이르되 주인이여 당신의 한 므나로 열 므나를 남겼나이다 17 주인이 이
르되 잘하였다 착한 종이여 네가 지극히 작은 것에 충성하였으니 열 고을
권세를 차지하라 하고 18 그 둘째가 와서 이르되 주인이여 당신의 한 므
나로 다섯 므나를 만들었나이다 19 주인이 그에게도 이르되 너도 다섯 고
을을 차지하라 하고 20 또 한 사람이 와서 이르되 주인이여 보소서 당신의
한 므나가 여기 있나이다 내가 수건으로 싸 두었었나이다 21 이는 당신이
엄한 사람인 것을 내가 무서워함이라 당신은 두지 않은 것을 취하고 심지
않은 것을 거두나이다 22 주인이 이르되 악한 종아 내가 네 말로 너를 심
판하노니 너는 내가 두지 않은 것을 취하고 심지 않은 것을 거두는 엄한
사람인 줄로 알았느냐 23 그러면 어찌하여 내 돈을 은행에 맡기지 아니하
였느냐 그리하였으면 내가 와서 그 이자와 함께 그 돈을 찾았으리라 하고
24 곁에 섰는 자들에게 이르되 그 한 므나를 빼앗아 열 므나 있는 자에게
주라 하니 25 그들이 이르되 주여 그에게 이미 열 므나가 있나이다 26 주인
이 이르되 내가 너희에게 말하노니 무릇 있는 자는 받겠고 없는 자는 그
있는 것도 빼앗기리라 27 그리고 내가 왕 됨을 원하지 아니하던 저 원수들
을 이리로 끌어다가 내 앞에서 죽이라 하였느니라

예루살렘을 향해 가시다

28 예수께서 이 말씀을 하시고 예루살렘을 향하여 앞서서 가시더라

눅 19:2-8
학습 자료 74-2
"팔레스틴의 세리직" 참조

눅 19:11-28 열 므나의 비유
열 므나의 비유는 예수님이 이제 고난을 받기 위해 예루살렘으로 가시기 직전에 마지막으로 들려주신 비유이다. 이는 달란트 비유와 유사하다.
달란트 비유의 의미는 하나님으로부터 받은 각자의 재능을 선용하여 하나님의 기쁘신 뜻을 이루어 드려야 한다는 데 있지만, 이 므나의 비유는 유대인들의 잘못된 천국관과 관련하여 하나님 나라는 그들이 생각하는 것처럼 당장에 이루어지지 않는다는 것을 밝히는데 강조점이 있다. 또 다른 의미는 받은 은사에 대한 열매의 결산임을 명심하라. 하나님은 반드시 그 열매를 결산하시는 분이라는 말이다.

요한 11:55~12:1, 9-11

요한 11:55-12:1, 9-11 **종교 지도자들의 적대감**
유대 종교 지도자들의 적대 감정은 더욱 고조되고 이제 예수님은 예루살렘에서 마지막 고난을 받으실 것을 아시고 예루살렘으로 들어가신다.

요한 11:55-57

55 유대인의 유월절이 가까우매 많은 사람이 자기를 성결하게 하기 위하
여 유월절 전에 시골에서 예루살렘으로 올라갔더니 56 그들이 예수를 찾으며 성전에 서서 서로 말하되 너희 생각
에는 어떠하냐 그가 명절에 오지 아니하겠느냐 하니 57 이는 대제사장들과 바리새인들이 누구든지 예수 있는 곳
을 알거든 신고하여 잡게 하라 명령하였음이러라

요한 12:1

1 유월절 엿새 전에 예수께서 베다니에 이르시니 이 곳은 예수께서 죽은 자 가운데서 살리신 나사로가 있는 곳
이라

요한 12:9-11

나사로까지 죽이려 모의하다

9 유대인의 큰 무리가 예수께서 여기 계신 줄을 알고 오니 이는 예수만 보기 위함이 아니요 죽은 자 가운데서 살
리신 나사로도 보려 함이러라 10 대제사장들이 나사로까지 죽이려고 모의하니 11 나사로 때문에 많은 유대인이
가서 예수를 믿음이러라

제 9 부 : 예수님의 예루살렘 마지막 사역(A.D. 30년4월2-5일, 주일~수요일 아침까지)

예수님께서 마지막 유월절을 지키시려고 다시 예루살렘으로 오셨다. 이때가 A.D. 30년 4월이다. 여기서는 일요일 아침부터 수요일 아침까지의 행적을 살펴본다.

마태 21장~23장, 마가 11장~12장, 누가 19:29~20:40, 21:37-38, 20:41~21:4, 요한 12:12-19, 2:13-25, 12:20-50

- 종려 주일(4월 2일 일요일, 마 21:1-11, 막 11:1-11, 눅 19:29-44, 요 12:12-19) / 무화과를 저주(4월 3일 월요일, 마 21:18-22, 막 11:12-14, 20-24[26절없음]) / 성전 청결(4월 3일 월요일, 마 21:11-16, 막 11:15-18, 눅 19:45-48, 요 2:13-25) / 예수님의 죽음의 의미(요 12:20-50) / 예수님 권위에 관한 질문, 두 아들의 비유, 악한 농부의 비유, 혼인 잔치의 비유(4월4일 화요일, 마 21:23-22:14, 막 11:27-12:12, 눅 20:1-8) / 세금에 관한 질문으로 예수를 시험하다 (4월4일 화요일, 마 21:15-22, 막 12:13-17, 눅 20:20-26) / 사두개인들의 부활에 관한 질문(4월4일 화요일, 마 22:23-33, 막 12:18-27, 눅 22:27-40) / 큰 계명에 대한 서기관들의 질문(4월4일 화요일, 마 22:34-40, 막 12:28-34, 눅 21:37) / 메시아에 관한 질문(4월5일 수요일, 마 22:41-46, 막 12:35-37, 20:41-46) / 바리새인, 서기관, 사두개인을 조심하라(4월5일 수요일, 마 23장, 막 12:38-40, 눅 20:45-47) / 과부의 동전 두 렙돈(4월5일 수요일, 막 12:41-44, 눅 21:1-4)

마태 21장

예루살렘에 들어가시다

1 그들이 예루살렘에 가까이 가서 감람 산 벳바게에 이르렀을 때에 예수
께서 두 제자를 보내시며 2 이르시되 너희는 맞은편 마을로 가라 그리하
면 곧 매인 나귀와 나귀 새끼가 함께 있는 것을 보리니 풀어 내게로 끌고
오라 3 만일 누가 무슨 말을 하거든 주가 쓰시겠다 하라 그리하면 즉시 보내리라 하시니 4 이는 선지자를 통하여
하신 말씀을 이루려 하심이라 일렀으되 5 시온 딸에게 이르기를 네 왕이 네게 임하나니 그는 겸손하여 나귀, 곧
멍에 메는 짐승의 새끼를 탔도다 하라 하였느니라 6 제자들이 가서 예수께서 명하신 대로 하여 7 나귀와 나귀 새
끼를 끌고 와서 자기들의 겉옷을 그 위에 얹으매 예수께서 그 위에 타시니 8 무리의 대다수는 그들의 겉옷을 길
에 펴고 다른 이들은 나뭇가지를 베어 길에 펴고 9 앞에서 가고 뒤에서 따르는 무리가 소리 높여 이르되 호산나

마 21:5-10
학습 자료 74-3 "예수의 겸손을 보여 주는 주요 사실들" 참조

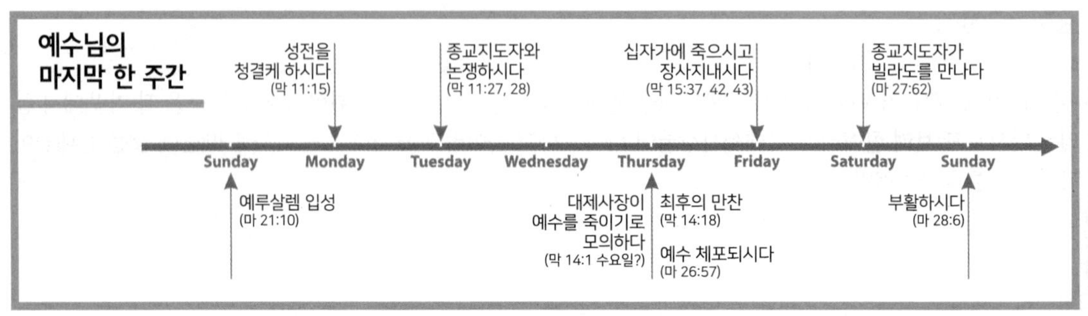

예수님의 마지막 한 주간
성전을 청결케 하시다 (막 11:15)
종교지도자와 논쟁하시다 (막 11:27, 28)
십자가에 죽으시고 장사지내시다 (막 15:37, 42, 43)
종교지도자가 빌라도를 만나다 (마 27:62)
Sunday
Monday
Tuesday
Wednesday
Thursday
Friday
Saturday
Sunday
예루살렘 입성 (마 21:10)
대제사장이 예수를 죽이기로 모의하다 (막 14:1 수요일?)
최후의 만찬 (막 14:18)
예수 체포되시다 (마 26:57)
부활하시다 (마 28:6)

1. 베다바라를 떠나 베다니로 가심 - 그림(A) 나사로를 살리심(요11:1~46)
2. 베다니에서 에브라임으로 가심(요11:54)
3. 에브라임을 떠나 베레아로 가심(막10:1)
- 그림(B) 귀신들려 앓으며 꼬부라진 여인을 고치심(눅13:11~13)
:그림(C) 예수가 어린 아이들을 축복하심 (눅18:15~17)
4. 베레아를 떠나 예루살렘으로 가심(마20:17)
- 그림(D) 소경 바디매오를 고치심(막10:46~52)
:그림(E) 베다니의 마리아가 예수의 발에 향유를 부음 (요12:1~8)
갈릴리 바다
길르앗산
에발산
수가
세겜
야곱의 우물
그리심산
대해(지중해)
사마리아
에브라임 산지
얍복 강
요단 골짜기
(B) 꼬부라진 여인을 고치심 (눅13:11~13)
베레아
2 에브라임
여리고
베다니 (베다바라)
엠마오
예루살렘
베다니
쿨란
유대산지
(C) 예수가 어린아이들을 축복하심(눅18:15~17)
사해
마케루스
(D) 소경 바디매오를 고치심 (막10:46~52)
(E) 마리아가 예수의 발에 향유를 부음(요12:1~8)
(A) 나사로를 살리심 (요11:1~46)

다윗의 자손이여 찬송하리로다 주의 이름으로 오시는 이여 가장 높은 곳
에서 호산나 하더라 10 예수께서 예루살렘에 들어가시니 온 성이 소동하
여 이르되 이는 누구냐 하거늘 11 무리가 이르되 갈릴리 나사렛에서 나온
선지자 예수라 하니라

성전을 깨끗하게 하시다

12 예수께서 성전에 들어가사 성전 안에서 매매하는 모든 사람들을 내쫓
으시며 돈 바꾸는 사람들의 상과 비둘기 파는 사람들의 의자를 둘러엎으
시고 13 그들에게 이르시되 기록된 바 내 집은 기도하는 집이라 일컬음을
받으리라 하였거늘 너희는 강도의 소굴을 만드는도다 하시니라 14 맹인
과 저는 자들이 성전에서 예수께 나아오매 고쳐주시니 15 대제사장들과
서기관들이 예수께서 하시는 이상한 일과 또 성전에서 소리 질러 호산나
다윗의 자손이여 하는 어린이들을 보고 노하여 16 예수께 말하되 그들이
하는 말을 듣느냐 예수께서 이르시되 그렇다 어린 아기와 젖먹이들의 입
에서 나오는 찬미를 온전하게 하셨나이다 함을 너희가 읽어 본 일이 없느

종려 주일(4월 2일 일요일)
유월절 기간을 맞이하여 입성한 예수의 모습은 유대인들이 그토록 오랜 세월 기다리던 메시아의 모습이었다. 유월절은 전통적으로 메시아가 임하실 날로 믿어져 왔으며, 예루살렘 입성을 시작하신 감람산은 선지자 스가랴에 의해 메시아의 왕국이 세워질 장소로 예언된 바 있다(슥 14:4). 그뿐만 아니라 예수께서는 사람을 한 번도 태워본 적이 없는 나귀 새끼를 타고 입성하였다. 선지자 스가랴는 이스라엘의 왕으로 오시는 분이 나귀 새끼를 타고 오실 것이라고 예언한 바 있다(슥 9:9). 따라서 유월절 순례 기간을 맞아 온 세계에서 예루살렘에 모인 유대인들에게 예수는 유대인의 왕이요 메시아로 환영받았다. 이러한 백성들의 기대는 길 위에 겉옷과 종려나무를 깔아놓은 것으로 표현되었다. 특히 식용, 약용, 공업용, 장식용으로 사용되는 종려나무는 무화과나무와 함께 팔레스타인에서 가장 흔한 나무로 번영과 아름다움, 그리고 승리(마카비상 13:51)를 상징한다. 따라서 백성들이 종려나무를 깐 것은 로마를 물리치고 영원한 다윗의 왕국을 세우실 정치적, 민족적 메시아에 대한 기대를 담고 있다. 그러나 이것은 고난의 왕으로 오신 예수의 뜻을 깨닫지 못한 행동이었고 곧 예수를 환영하던 이들이 오히려 예수를 죽이게 되는 비극을 초래하는 계기가 되었다.
예수께서 하나님이 보내신 메시아이시며 이스라엘의 왕으로 오셨다는 것은 모든 유대인의 일치된 생각과 기대였다. 그러나 예수께서 타신 나귀 새끼는 죽음을 피하지 않으시는 겸손과 순종의 상징이었고 예루살렘 입성은 정치적, 민족적 왕국의 건설이 아니라 십자가의 대속을 위한 것임을 유대인들은 알지 못하였다. 그들은 죄인된 자신을 깨닫지 못하였고 예수의 대속의 은혜를 간구하지도 않았다. 그래서 그들은 메시아를 앞에 두고도 심판을 받았다.

마 21:12-13
학습 자료 74-4 "신약 시대 예루살렘 상업의 요인과 성전에서의 상업 행위" 참조
학습 자료 74-5 "성전 청결" 참조

냐 하시고 17 그들을 떠나 성 밖으로 베다니에 가서 거기서 유하시니라

무화과나무가 마르다

18 이른 아침에 성으로 들어오실 때에 시장하신지라 19 길 가에서 한 무화과나무를 보시고 그리로 가사 잎사귀
밖에 아무 것도 찾지 못하시고 나무에게 이르시되 이제부터 영원토록 네가 열매를 맺지 못하리라 하시니 무화
과나무가 곧 마른지라 20 제자들이 보고 이상히 여겨 이르되 무화과나무가 어찌하여 곧 말랐나이까 21 예수께서
대답하여 이르시되 내가 진실로 너희에게 이르노니 만일 너희가 믿음이 있고 의심하지 아니하면 이 무화과나무
에게 된 이런 일만 할 뿐 아니라 이 산더러 들려 바다에 던져지라 하여도 될 것이요 22 너희가 기도할 때에 무엇이
든지 믿고 구하는 것은 다 받으리라 하시니라

예수의 권리를 두고 말하다

23 예수께서 성전에 들어가 가르치실새 대제사장들과 백성의 장로들이 나아와 이르되 네가 무슨 권위로 이런 일
을 하느냐 또 누가 이 권위를 주었느냐 24 예수께서 대답하시되 나도 한 말을 너희에게 물으리니 너희가 대답하
면 나도 무슨 권위로 이런 일을 하는지 이르리라 25 요한의 세례가 어디로부터 왔느냐 하늘로부터냐 사람으로부
터냐 그들이 서로 의논하여 이르되 만일 하늘로부터라 하면 어찌하여 그를 믿지 아니하였느냐 할 것이요 26 만일
사람으로부터라 하면 모든 사람이 요한을 선지자로 여기니 백성이 무섭다 하여 27 예수께 대답하여 이르되 우리
가 알지 못하노라 하니 예수께서 이르시되 나도 무슨 권위로 이런 일을 하는지 너희에게 이르지 아니하리라 28
그러나 너희 생각에는 어떠하냐 어떤 사람에게 두 아들이 있는데 맏아들에게 가서 이르되 얘 오늘 포도원에 가
서 일하라 하니 29 대답하여 이르되 아버지 가겠나이다 하더니 가지 아니
하고 30 둘째 아들에게 가서 또 그와 같이 말하니 대답하여 이르되 싫소
이다 하였다가 그 후에 뉘우치고 갔으니 31 그 둘 중의 누가 아버지의 뜻
대로 하였느냐 이르되 둘째 아들이니이다 예수께서 그들에게 이르시되
내가 진실로 너희에게 이르노니 세리들과 창녀들이 너희보다 먼저 하나
님의 나라에 들어가리라 32 요한이 의의 도로 너희에게 왔거늘 너희는 그
를 믿지 아니하였으되 세리와 창녀는 믿었으며 너희는 이것을 보고도 끝
내 뉘우쳐 믿지 아니하였도다

포도원 농부의 비유

33 다른 한 비유를 들으라 한 집 주인이 포도원을 만들어 산울타리로 두
르고 거기에 즙 짜는 틀을 만들고 망대를 짓고 농부들에게 세로 주고 타
국에 갔더니 34 열매 거둘 때가 가까우매 그 열매를 받으려고 자기 종들
을 농부들에게 보내니 35 농부들이 종들을 잡아 하나는 심히 때리고 하나
는 죽이고 하나는 돌로 쳤거늘 36 다시 다른 종들을 처음보다 많이 보내니
그들에게도 그렇게 하였는지라 37 후에 자기 아들을 보내며 이르되 그들
이 내 아들은 존대하리라 하였더니 38 농부들이 그 아들을 보고 서로 말하
되 이는 상속자니 자 죽이고 그의 유산을 차지하자 하고 39 이에 잡아 포
도원 밖에 내쫓아 죽였느니라 40 그러면 포도원 주인이 올 때에 그 농부
들을 어떻게 하겠느냐 41 그들이 말하되 그 악한 자들을 진멸하고 포도원
은 제 때에 열매를 바칠 만한 다른 농부들에게 세로 줄지니이다 42 예수
께서 이르시되 너희가 성경에 건축자들이 버린 돌이 모퉁이의 머릿돌이
되었나니 이것은 주로 말미암아 된 것이요 우리 눈에 기이하도다 함을 읽
어 본 일이 없느냐 43 그러므로 내가 너희에게 이르노니 하나님의 나라를
너희는 빼앗기고 그 나라의 열매 맺는 백성이 받으리라 44 이 돌 위에 떨

마 21:33-46 포도원 농부의 비유
어떤 사람이 농부들에게 포도원을 세를 주고 타국으로 갔다. 때가 되어 수확물을 걷으러 종을 보내었는데 농부들이 두 번씩이나 주인이 보낸 종들을 때리고 죽이며 수확물을 내어주지 않았다. 이에 주인이 자기 아들을 보내었다. 그러나 농부들은 주인의 아들을 죽이고 그의 유업을 차지하고자 하였다. 이 비유는 하나님의 종이라고 자처하는 대제사장과 서기관들의 패역함과 장차 받을 심판을 경고한 것이다. 소작농은 대제사장들과 서기관들을, 그들이 죽인 종들은 구약의 선지자들을, 주인의 아들은 메시아로 오신 예수를 의미한다. 그들은 종교 지도자로서 자신들의 기득권을 지키기 위해 하나님의 말씀을 전파하는 자들을 죽이고 마침내 그리스도이신 예수까지 자신들의 권위에 도전한다는 이유로 죽이고자 하였다. 그러므로 그들은 하나님 나라를 빼앗기고 멸망의 심판을 당하게 될 것임을 교훈하고 있다.

73일~78일

어지는 자는 깨지겠고 이 돌이 사람 위에 떨어지면 그를 가루로 만들어 흩으리라 하시니 45 대제사장들과 바리
새인들이 예수의 비유를 듣고 자기들을 가리켜 말씀하심인 줄 알고 46 잡고자 하나 무리를 무서워하니 이는 그
들이 예수를 선지자로 앎이었더라

마태 22장

혼인 잔치의 비유

1 예수께서 다시 비유로 대답하여 이르시되 2 천국은 마치 자기 아들을 위
하여 혼인 잔치를 베푼 어떤 임금과 같으니 3 그 종들을 보내어 그 청한
사람들을 혼인 잔치에 오라 하였더니 오기를 싫어하거늘 4 다시 다른 종
들을 보내며 이르되 청한 사람들에게 이르기를 내가 오찬을 준비하되 나
의 소와 살진 짐승을 잡고 모든 것을 갖추었으니 혼인 잔치에 오소서 하
라 하였더니 5 그들이 돌아보지도 않고 한 사람은 자기 밭으로, 한 사람은
자기 사업하러 가고 6 그 남은 자들은 종들을 잡아 모욕하고 죽이니 7 임
금이 노하여 군대를 보내어 그 살인한 자들을 진멸하고 그 동네를 불사르
고 8 이에 종들에게 이르되 혼인 잔치는 준비되었으나 청한 사람들은 합
당하지 아니하니 9 네거리 길에 가서 사람을 만나는 대로 혼인 잔치에 청
하여 오라 한대 10 종들이 길에 나가 악한 자나 선한 자나 만나는 대로 모
두 데려오니 혼인 잔치에 손님들이 가득한지라 11 임금이 손님들을 보러
들어올새 거기서 예복을 입지 않은 한 사람을 보고 12 이르되 친구여 어찌
하여 예복을 입지 않고 여기 들어왔느냐 하니 그가 아무 말도 못하거늘 13
임금이 사환들에게 말하되 그 손발을 묶어 바깥 어두운 데에 내던지라 거
기서 슬피 울며 이를 갈게 되리라 하니라 14 청함을 받은 자는 많되 택함
을 입은 자는 적으니라

마 22:1-14 혼인 잔치의 비유
어떤 임금이 아들의 혼인 잔치를 베풀고 종을 보내어 사람들을 초청하였다. 그러나 처음에는 초대받은 사람들이 거절하였고 두 번째는 여러 사람이 자기의 일을 위해 가버리고 남은 자들은 왕이 보낸 종들을 죽였다. 이에 왕은 군대를 보내 살인한 자들을 죽이고 거리에 있는 아무나 잔치에 참여하게 하였다. 그런데 잔치에 참여한 사람 중에 예복을 입지 않은 자는 결박당하여 내쫓김을 당하였다.
처음에 혼인 잔치의 초대를 거절한 자들은 선지자들의 외침에도 회개하지 않은 종교 지도자들이며, 혼인 잔치에 참여하였으나 예복을 입지 않은 자는 자신의 의를 주장하는 자들이다. 그러나 천국은 복음을 듣고 회개하는 것과 그리스도의 희생 죽음과 사죄하는 피가 있어야만 한다. 왕이신 하나님 앞에서 그리스도의 피로 깨끗함을 받은 믿음의 예복이 없으면 아무도 인정받을 수 없기 때문이다.

가이사에게 세금을 바치는 것

15 이에 바리새인들이 가서 어떻게 하면 예수를 말의 올무에 걸리게 할까
상의하고 16 자기 제자들을 헤롯 당원들과 함께 예수께 보내어 말하되 선
생님이여 우리가 아노니 당신은 참되시고 진리로 하나님의 도를 가르치
시며 아무도 꺼리는 일이 없으시니 이는 사람을 외모로 보지 아니하심이
니이다 17 그러면 당신의 생각에는 어떠한지 우리에게 이르소서 가이사
에게 세금을 바치는 것이 옳으니이까 옳지 아니하니이까 하니 18 예수께
서 그들의 악함을 아시고 이르시되 외식하는 자들아 어찌하여 나를 시험
하느냐 19 세금 낼 돈을 내게 보이라 하시니 데나리온 하나를 가져왔거늘
20 예수께서 말씀하시되 이 형상과 이 글이 누구의 것이냐 21 이르되 가이
사의 것이니이다 이에 이르시되 그런즉 가이사의 것은 가이사에게, 하나
님의 것은 하나님께 바치라 하시니 22 그들이 이 말씀을 듣고 놀랍게 여겨
예수를 떠나가니라

마 22:15-22
학습 자료 74-6 "가이사 것은 가이사에게" 참조

부활 논쟁

23 부활이 없다 하는 사두개인들이 그 날 예수께 와서 물어 이르되 24 선
생님이여 모세가 일렀으되 사람이 만일 자식이 없이 죽으면 그 동생이 그
아내에게 장가들어 형을 위하여 상속자를 세울지니라 하였나이다 25 우

마 22:23-33 부활 논쟁
사두개인들은 부활을 부인한다.
부활이 없다고 주장하는 사두개인들이 예수께 와서 후사가 없이 죽은 칠형제가 계대 결혼법에 따라 한 명의 여인을 아내로 취하였다는 가정하에 부활 때에 누가 그 여인의 남편이 될 것인가 하는 질문을 하였다. 그러나 예수께서는 부활 때는 장가가고 시집가는 것이 아니라 천사와 같다고 가르치심으로 그들의 도전을 물리치셨다.
예수께서는 현재 삶의 연장 형태로 정의한 사두개인들의 부활 질문에 대해 부활이란 전혀 다른 삶의 형태로 질적 변화가 일어나는 것이라고 말씀하셨다. 부활의 때는 더 이상 결혼과 같은 불완전한 세속적인 삶의 구조가 사라지고 영원한 기쁨과 평안이 원천적으로 차고 넘치는 곳임을 지적하신 것이다. 또한 산 자의 하나님이라는 표현은 하나님 안에 택함 받은 자들은 반드시 부활할 것임을 강조하신 것이다.

리 중에 칠 형제가 있었는데 맏이가 장가 들었다가 죽어 상속자가 없으므로 그 아내를 그 동생에게 물려주고 26
그 둘째와 셋째로 일곱째까지 그렇게 하다가 27 최후에 그 여자도 죽었나이다 28 그런즉 그들이 다 그를 취하였
으니 부활 때에 일곱 중의 누구의 아내가 되리이까 29 예수께서 대답하여 이르시되 너희가 성경도, 하나님의 능
력도 알지 못하는 고로 오해하였도다 30 부활 때에는 장가도 아니 가고 시집도 아니 가고 하늘에 있는 천사들과
같으니라 31 죽은 자의 부활을 논할진대 하나님이 너희에게 말씀하신 바 32 나는 아브라함의 하나님이요 이삭의
하나님이요 야곱의 하나님이로라 하신 것을 읽어 보지 못하였느냐 하나님은 죽은 자의 하나님이 아니요 살아 있
는 자의 하나님이시니라 하시니 33 무리가 듣고 그의 가르치심에 놀라더라

가장 큰 계명

34 예수께서 사두개인들로 대답할 수 없게 하셨다 함을 바리새인들이 듣
고 모였는데 35 그 중의 한 율법사가 예수를 시험하여 묻되 36 선생님 율법
중에서 어느 계명이 크니이까 37 예수께서 이르시되 네 마음을 다하고 목
숨을 다하고 뜻을 다하여 주 너의 하나님을 사랑하라 하셨으니 38 이것이
크고 첫째 되는 계명이요 39 둘째도 그와 같으니 네 이웃을 네 자신 같이 사랑하라 하셨으니 40 이 두 계명이 온
율법과 선지자의 강령이니라

> 마 22:34-40 예수님이 말하는 큰 계명은 모세의 십계명을 말한다. 이로써 구약과 신약은 연속선상에 있다는 것을 입증하시는 셈이다.

그리스도와 다윗 자손

41 바리새인들이 모였을 때에 예수께서 그들에게 물으시되 42 너희는 그리스도에 대하여 어떻게 생각하느냐 누
구의 자손이냐 대답하되 다윗의 자손이니이다 43 이르시되 그러면 다윗이 성령에 감동되어 어찌 그리스도를 주
라 칭하여 말하되 44 주께서 내 주께 이르시되 내가 네 원수를 네 발 아래에 둘 때까지 내 우편에 앉아 있으라 하
셨도다 하였느냐 45 다윗이 그리스도를 주라 칭하였은즉 어찌 그의 자손이 되겠느냐 하시니 46 한 마디도 능히
대답하는 자가 없고 그 날부터 감히 그에게 묻는 자도 없더라

마태 23장

서기관들과 바리새인들을 꾸짖다

1 이에 예수께서 무리와 제자들에게 말씀하여 이르시되 2 서기관들과 바
리새인들이 모세의 자리에 앉았으니 3 그러므로 무엇이든지 그들이 말하
는 바는 행하고 지키되 그들이 하는 행위는 본받지 말라 그들은 말만 하
고 행하지 아니하며 4 또 무거운 짐을 묶어 사람의 어깨에 지우되 자기는
이것을 한 손가락으로도 움직이려 하지 아니하며 5 그들의 모든 행위를
사람에게 보이고자 하나니 곧 그 경문 띠를 넓게 하며 옷술을 길게 하고
6 잔치의 윗자리와 회당의 높은 자리와 7 시장에서 문안 받는 것과 사람
에게 랍비라 칭함을 받는 것을 좋아하느니라 8 그러나 너희는 랍비라 칭
함을 받지 말라 너희 선생은 하나요 너희는 다 형제니라 9 땅에 있는 자
를 아버지라 하지 말라 너희의 아버지는 한 분이시니 곧 하늘에 계신 이
시니라 10 또한 지도자라 칭함을 받지 말라 너희의 지도자는 한 분이시
니 곧 그리스도시니라 11 너희 중에 큰 자는 너희를 섬기는 자가 되어야
하리라 12 누구든지 자기를 높이는 자는 낮아지고 누구든지 자기를 낮추
는 자는 높아지리라 13 화 있을진저 외식하는 서기관들과 바리새인들이
여 너희는 천국 문을 사람들 앞에서 닫고 너희도 들어가지 않고 들어가
려 하는 자도 들어가지 못하게 하는도다 14 (없음) 15 화 있을진저 외식하
는 서기관들과 바리새인들이여 너희는 교인 한 사람을 얻기 위하여 바다

> 마 23:1-36 **서기관과 바리새인을 꾸짖다** 서기관과 바리새인들이 앉은 '모세의 자리'는 랍비들이 회당에서 회중에게 모세의 율법을 해석해 줄 때 앉는 의자를 가리킨다. 예수께서는 바리새인들이 가르치는 모세의 율법은 순종해야 한다고 말씀하셨다. 그들은 모세의 율법을 정확하게 지키고자 성경을 신중하게 연구하고 가르쳤기 때문이다. 그러나 문제는 그들의 삶이었다. 그들은 모세의 율법에 자신들의 규칙을 덧붙여서 백성들에게 준행할 것을 요구하였다. 그러나 가난한 백성들이 엄격한 율법을 지키는 것은 거의 불가능하였다. 그런데도 그들은 율법을 제대로 지키지 못하는 백성들을 비난하고 저주하였다.
> 한편 '경문'이란 율법의 일부를 적은 쪽지들을 가리키는데, 랍비들은 이런 경문을 담은 조그마한 상자를 부적처럼 왼팔과 이마에 붙이고 다녔다. 또한 바리새인들은 일부러 경문 상자를 크게 만들었고 또한 계명을 기억하여 준행하게 하기 위한 경각의 표시로 만든 장식인(민 15:37-41) 외투 자락에 있는 푸른색 테두리와 술을 크

73일~78일

와 육지를 두루 다니다가 생기면 너희보다 배나 더 지옥 자식이 되게 하
는도다 16 화 있을진저 눈 먼 인도자여 너희가 말하되 누구든지 성전으
로 맹세하면 아무 일 없거니와 성전의 금으로 맹세하면 지킬지라 하는도
다 17 어리석은 맹인들이여 어느 것이 크냐 그 금이냐 그 금을 거룩하게
하는 성전이냐 18 너희가 또 이르되 누구든지 제단으로 맹세하면 아무
일 없거니와 그 위에 있는 예물로 맹세하면 지킬지라 하는도다 19 맹인
들이여 어느 것이 크냐 그 예물이냐 그 예물을 거룩하게 하는 제단이냐
20 그러므로 제단으로 맹세하는 자는 제단과 그 위에 있는 모든 것으로
맹세함이요 21 또 성전으로 맹세하는 자는 성전과 그 안에 계신 이로 맹
세함이요 22 또 하늘로 맹세하는 자는 하나님의 보좌와 그 위에 앉으신
이로 맹세함이니라 23 화 있을진저 외식하는 서기관들과 바리새인들이여
너희가 박하와 회향과 근채의 십일조는 드리되 율법의 더 중한 바 정의
와 긍휼과 믿음은 버렸도다 그러나 이것도 행하고 저것도 버리지 말아야
할지니라 24 맹인 된 인도자여 하루살이는 걸러 내고 낙타는 삼키는도다
25 화 있을진저 외식하는 서기관들과 바리새인들이여 잔과 대접의 겉은
깨끗이 하되 그 안에는 탐욕과 방탕으로 가득하게 하는도다 26 눈 먼 바
리새인이여 너는 먼저 안을 깨끗이 하라 그리하면 겉도 깨끗하리라 27 화
있을진저 외식하는 서기관들과 바리새인들이여 회칠한 무덤 같으니 겉
으로는 아름답게 보이나 그 안에는 죽은 사람의 뼈와 모든 더러운 것이
가득하도다 28 이와 같이 너희도 겉으로는 사람에게 옳게 보이되 안으로
는 외식과 불법이 가득하도다 29 화 있을진저 외식하는 서기관들과 바리
새인들이여 너희는 선지자들의 무덤을 만들고 의인들의 비석을 꾸미며
이르되 30 만일 우리가 조상 때에 있었더라면 우리는 그들이 선지자의 피
를 흘리는 데 참여하지 아니하였으리라 하니 31 그러면 너희가 선지자를
죽인 자의 자손임을 스스로 증명함이로다 32 너희가 너희 조상의 분량을
채우라 33 뱀들아 독사의 새끼들아 너희가 어떻게 지옥의 판결을 피하겠
느냐 34 그러므로 내가 너희에게 선지자들과 지혜 있는 자들과 서기관들
을 보내매 너희가 그 중에서 더러는 죽이거나 십자가에 못 박고 그 중에
서 더러는 너희 회당에서 채찍질하고 이 동네에서 저 동네로 따라다니며
박해하리라 35 그러므로 의인 아벨의 피로부터 성전과 제단 사이에서 너
희가 죽인 바라갸의 아들 사가랴의 피까지 땅 위에서 흘린 의로운 피가
다 너희에게 돌아가리라 36 내가 진실로 너희에게 이르노니 이것이 다 이
세대에 돌아가리라

예루살렘을 두고 이르시다

37 예루살렘아 예루살렘아 선지자들을 죽이고 네게 파송된 자들을 돌로
치는 자여 암탉이 그 새끼를 날개 아래에 모음 같이 내가 네 자녀를 모으
려 한 일이 몇 번이더냐 그러나 너희가 원하지 아니하였도다 38 보라 너희 집이 황폐하여 버려진 바 되리라 39 내
가 너희에게 이르노니 이제부터 너희는 찬송하리로다 주의 이름으로 오시는 이여 할 때까지 나를 보지 못하리
라 하시니라

게 하여 자신들의 종교적 경건을 과시하였다. 그뿐만 아니라 모든 잔치나 회합에서는 항상 상석을 차지하여 남들보다 높은 대우를 받고자 하였다. 그러면서도 법률적으로 보호받기 어려운 과부들의 송사를 맡아 뇌물을 받아 자신들의 이익을 추구하기도 하였다.

☞ 예수께서 제자들과 사람들에게 유대인 종교 지도자들의 외식에 대해 책망하셨다. 예수께서는 그들의 가르침은 듣고 행하지만, 행위는 본받지 말라고 하셨다. 저들은 율법에 대해서는 올바르게 가르치면서도 자신들은 다른 사람에게 존경받고 자신들의 경건함을 자랑하며 랍비라 칭함을 받기를 좋아하는 교만한 자들이었기 때문이다. 과거 남북 이스라엘이 멸망한 주요 원인 중의 하나가 바로 종교 지도자들의 부패 때문이었다. 마찬가지로 예수 시대에 유대인들이 겪는 시련도 바리새인을 비롯한 종교 지도자들의 부패에 큰 책임이 있었다. 무엇보다도 그들의 외식된 행동은 백성들로 하여금 하나님의 말씀에 대한 오해를 불러일으켰고 종교 형식주의로서 모든 종교적 의무를 다한 것으로 여기게 했다. 그래서 예수께서는 그들의 외식을 책망하며 계명을 실천하는 행함이 중요함을 일깨우신 것이다.

마 5장의 팔복(八福)과 마 23장의 팔화(八禍)

	팔복	팔화
1	심령이 가난한 자는 천국을 받음(3절)	교만한 자는 천국 문을 닫음(13절)
2	애통하는 자는 위로를 받음(4절)	탐하는 자는 저주를 받음(14절)
3	온유한 자는 땅을 기업으로 받음(5절)	교만한 자는 지옥으로 보냄(15절)
4	의에 주린 자는 배부를 것임(6절)	물질을 얻기에 탐하는 자는 비게 됨(16-22절)
5	긍휼히 여기는 자는 긍휼히 여김을 받음(7절)	작은 일에 대해서도 자비롭지 못한 자는 화를 입음(24절)
6	마음이 깨끗한 자는 하나님을 볼 것임(8절)	겉은 깨끗하되 속은 더러운 자는 저주 받음(25-28절)
7	화평하게 하는 자와 박해를 받는 자는 하나님의 자녀로 불리워짐(9-12절)	의인들을 핍박하는 자들은 마귀의 자녀들로 불림(29-33절)

마가 11장

예루살렘에 들어가시다

1 그들이 예루살렘에 가까이 와서 감람 산 벳바게와 베다니에 이르렀을
때에 예수께서 제자 중 둘을 보내시며 2 이르시되 너희는 맞은편 마을로
가라 그리로 들어가면 곧 아직 아무도 타 보지 않은 나귀 새끼가 매여 있
는 것을 보리니 풀어 끌고 오라 3 만일 누가 너희에게 왜 이렇게 하느냐
묻거든 주가 쓰시겠다 하라 그리하면 즉시 이리로 보내리라 하시니 4 제
자들이 가서 본즉 나귀 새끼가 문 앞 거리에 매여 있는지라 그것을 푸니 5
거기 서 있는 사람 중 어떤 이들이 이르되 나귀 새끼를 풀어 무엇 하려느
냐 하매 6 제자들이 예수께서 이르신 대로 말한대 이에 허락하는지라 7 나
귀 새끼를 예수께로 끌고 와서 자기들의 겉옷을 그 위에 얹어 놓으매 예
수께서 타시니 8 많은 사람들은 자기들의 겉옷을, 또 다른 이들은 들에서
벤 나뭇가지를 길에 펴며 9 앞에서 가고 뒤에서 따르는 자들이 소리 지르
되 호산나 찬송하리로다 주의 이름으로 오시는 이여 10 찬송하리로다 오
는 우리 조상 다윗의 나라여 가장 높은 곳에서 호산나 하더라 11 예수께
서 예루살렘에 이르러 성전에 들어가사 모든 것을 둘러 보시고 때가 이미
저물매 열두 제자를 데리시고 베다니에 나가시니라

무화과나무에게 이르시다

12 이튿날 그들이 베다니에서 나왔을 때에 예수께서 시장하신지라 13 멀리
서 잎사귀 있는 한 무화과나무를 보시고 혹 그 나무에 무엇이 있을까 하
여 가셨더니 가서 보신즉 잎사귀 외에 아무 것도 없더라 이는 무화과의 때
가 아님이라 14 예수께서 나무에게 말씀하여 이르시되 이제부터 영원토록
사람이 네게서 열매를 따 먹지 못하리라 하시니 제자들이 이를 듣더라

성전을 깨끗하게 하시다

15 그들이 예루살렘에 들어가니라 예수께서 성전에 들어가사
성전 안에서 매매하는 자들을 내쫓으시며 돈 바꾸
는 자들의 상과 비둘기 파는 자들의 의자를 둘
러 엎으시며 16 아무나 물건을 가지고 성전 안
으로 지나다님을 허락하지 아니하시고 17 이
에 가르쳐 이르시되 기록된 바 내 집은 만민이
기도하는 집이라 칭함을 받으리라고 하지 아니
하였느냐 너희는 강도의 소굴을 만들었도다 하
시매 18 대제사장들과 서기관들이 듣고 예수를
어떻게 죽일까 하고 꾀하니 이는 무리가 다 그의 교훈을 놀랍게 여기므로
그를 두려워함일러라 19 그리고 날이 저물매 그들이 성 밖으로 나가더라

무화과나무가 마르다

20 그들이 아침에 지나갈 때에 무화과나무가 뿌리째 마른 것을 보고 21 베
드로가 생각이 나서 여짜오되 랍비여 보소서 저주하신 무화과나무가 말
랐나이다 22 예수께서 그들에게 대답하여 이르시되 하나님을 믿으라 23 내가 진실로 너희에게 이르노니 누구든
지 이 산더러 들리어 바다에 던져지라 하며 그 말하는 것이 이루어질 줄 믿고 마음에 의심하지 아니하면 그대로

예수님의 마지막 7일과 부활

	행 적
일요일	· 승리의 예루살렘성 입성 (마 21:1-11)
월요일	· 성전 정화, 무화과 나무를 저주하심(마 21:12-22)
화요일	· 바리새인들과 논쟁하심 (마 21:23-22:40) · 감람산에서의 종말 강론 (마 24, 25장)
수요일	· 침묵의 날(기록 없음)
목요일	· 최후의 만찬(마 26:17-29) · 다락방 강화(요 13-17장) · 체포당하심(마 26:47-68)
금요일	· 불법 재판받고 십자가에서 죽으심 (마 27:1-61)
토요일	· 무덤에 머무심(마 27:57-66)
일요일	· 부활하심(마 28:1-15)

막 11:12-14
학습 자료 74-7 "저주 받은 무화과나무" 참조

성전 청결(4월 3일 월요일)
예수의 성전 청결 사건은 종교 상업주의와 종교 형식주의로 바뀐 유대의 여호와 종교에 대한 전면적인 부정이며 숙청이었다. 자기 백성에 대한 하나님의 임재를 상징하는 성전은 많은 헌금과 희생 제물로 거룩해지지 않는다. 하나님의 은혜를 구하는 기도와 그의 위대하심을 믿고 찬양하는 진실한 믿음으로 거룩해지는 것이다. 예수께서는 공의를 행하고 인자를 사랑하며 겸손히 하나님과 행하는 것이 하나님이 원하시는 제물이라는 선지자의 말씀을 상기시키신 것이다(미 6:8).

되리라 24 그러므로 내가 너희에게 말하노니 무엇이든지 기도하고 구하는 것은 받은 줄로 믿으라 그리하면 너희
에게 그대로 되리라 25 서서 기도할 때에 아무에게나 혐의가 있거든 용서하라 그리하여야 하늘에 계신 너희 아
버지께서도 너희 허물을 사하여 주시리라 하시니라 26 (없음)

예수의 권위를 두고 말하다

27 그들이 다시 예루살렘에 들어가니라 예수께서 성전에서 거니실 때에 대제사장들과 서기관들과 장로들이 나
아와 28 이르되 무슨 권위로 이런 일을 하느냐 누가 이런 일 할 권위를 주었느냐 29 예수께서 이르시되 나도 한
말을 너희에게 물으리니 대답하라 그리하면 나도 무슨 권위로 이런 일을 하는지 이르리라 30 요한의 세례가 하
늘로부터냐 사람으로부터냐 내게 대답하라 31 그들이 서로 의논하여 이르되 만일 하늘로부터라 하면 어찌하여
그를 믿지 아니하였느냐 할 것이니 32 그러면 사람으로부터라 할까 하였으나 모든 사람이 요한을 참 선지자로 여
기므로 그들이 백성을 두려워하는지라 33 이에 예수께 대답하여 이르되 우리가 알지 못하노라 하니 예수께서 이
르시되 나도 무슨 권위로 이런 일을 하는지 너희에게 이르지 아니하리라 하시니라

마가 12장

포도원 농부 비유

1 예수께서 비유로 그들에게 말씀하시되 한 사람이 포도원을 만들어 산
울타리로 두르고 즙 짜는 틀을 만들고 망대를 지어서 농부들에게 세로
주고 타국에 갔더니 2 때가 이르매 농부들에게 포도원 소출 얼마를 받으
려고 한 종을 보내니 3 그들이 종을 잡아 심히 때리고 거저 보내었거늘 4
다시 다른 종을 보내니 그의 머리에 상처를 내고 능욕하였거늘 5 또 다른
종을 보내니 그들이 그를 죽이고 또 그 외 많은 종들도 더러는 때리고 더
러는 죽인지라 6 이제 한 사람이 남았으니 곧 그가 사랑하는 아들이라 최
후로 이를 보내며 이르되 내 아들은 존대하리라 하였더니 7 그 농부들이
서로 말하되 이는 상속자니 자 죽이자 그러면 그 유산이 우리 것이 되리
라 하고 8 이에 잡아 죽여 포도원 밖에 내던졌느니라 9 포도원 주인이 어
떻게 하겠느냐 와서 그 농부들을 진멸하고 포도원을 다른 사람들에게 주
리라 10 너희가 성경에 건축자들이 버린 돌이 모퉁이의 머릿돌이 되었나
니 11 이것은 주로 말미암아 된 것이요 우리 눈에 놀랍도다함을 읽어 보지
도 못하였느냐 하시니라 12 그들이 예수의 이 비유가 자기들을 가리켜 말
씀하심인 줄 알고 잡고자 하되 무리를 두려워하여 예수를 두고 가니라

가이사에게 세금을 바치는 것

13 그들이 예수의 말씀을 책잡으려 하여 바리새인과 헤롯당 중에서 사람
을 보내매 14 와서 이르되 선생님이여 우리가 아노니 당신은 참되시고 아
무도 꺼리는 일이 없으시니 이는 사람을 외모로 보지 않고 오직 진리로써
하나님의 도를 가르치심이니이다 가이사에게 세금을 바치는 것이 옳으니
이까 옳지 아니하니이까 15 우리가 바치리이까 말리이까 한대 예수께서
그 외식함을 아시고 이르시되 어찌하여 나를 시험하느냐 데나리온 하나
를 가져다가 내게 보이라 하시니 16 가져왔거늘 예수께서 이르시되 이 형
상과 이 글이 누구의 것이냐 이르되 가이사의 것이니이다 17 이에 예수께
서 이르시되 가이사의 것은 가이사에게, 하나님의 것은 하나님께 바치라
하시니 그들이 예수께 대하여 매우 놀랍게 여기더라

율법 학자의 등장

율법 학자가 전문 계층으로 등장한 것은 바벨론 포로기 때였다. 이들은 에스라 시대에 율법에 대한 확고한 영향력을 확보하였다. 특히 헬레니즘화에 맞서 싸우던 마카비 혁명 시대에 종교적인 중심이 되었고 경건과 율법에 충실한 하시딤 운동의 선봉에 서서 바리새파를 형성하였다. 이때부터 산헤드린의 구성원이 되고 법적인 직능을 가지게 되었다. 그들은 종교법과 의식의 문제에 대해 독자적인 판결을 하고 형사 소송 때는 재판관으로 참여할 자격이 있었으며 민사 소송 때는 여러 재판관과 함께 판결하거나 아니면 단독 재판관으로 판결할 수도 있었다. 또한 이들에게는 랍비라는 칭호가 주어졌고, 서품을 받은 랍비는 토라에서 유래한 전승들의 전달자요 창조자였다. 이러한 전승은 토라와 동등한 가치를 가지거나 토라보다 우위에 있었다고 한다. 이들이 편집하고 해석한 율법은 모세오경을 비롯해 역사서와 예언서, 시편과 지혜문학 등의 정경과 장로들의 구전 전승, 이러한 율법을 해석한 미쉬나 등으로 수를 헤아릴 수도 없다. 따라서 이 모든 율법에 정통하기는 결코 쉬운 일이 아니었고 모든 율법은 하나님 앞에서 크고 적음을 구별할 수 없이 거룩한 것으로 여겨졌기 때문에 율법 중에 큰 계명을 묻는 율법사의 질문은 율법에 대한 예수의 지식 시험과 계명의 경중을 구분함으로 예수가 율법의 권위를 손상하게 하려는 의도를 담고 있었다.

☞ 바리새인들은 수많은 율법을 만들어 하나님의 계명을 완벽하게 지키고자 했지만, 율법의 가장 중요한 정신인 하나님에 대한 사랑과 이웃에 대한 사랑을 잃어버렸다(신 6:5, 레 19:18). 그러므로 예수께서는 하나님의 은혜에 감사하고 사랑하는 마음으로 율법을 행하고 그의 사랑을 이웃에게 전하지 않으면 그들이 아무리 계명을 많이 알고 각종 규례를 열심히 지킨다고 해도 아무 소용이 없다고 선언하신 것이다.

부활 논쟁

18 부활이 없다 하는 사두개인들이 예수께 와서 물어 이르되 19 선생님이여 모세가 우리에게 써 주기를 어떤 사
람의 형이 자식이 없이 아내를 두고 죽으면 그 동생이 그 아내를 취하여 형을 위하여 상속자를 세울지니라 하였
나이다 20 칠 형제가 있었는데 맏이가 아내를 취하였다가 상속자가 없이 죽고 21 둘째도 그 여자를 취하였다가
상속자가 없이 죽고 셋째도 그렇게 하여 22 일곱이 다 상속자가 없었고 최후에 여자도 죽었나이다 23 일곱 사람
이 다 그를 아내로 취하였으니 부활 때 곧 그들이 살아날 때에 그 중의 누구의 아내가 되리이까 24 예수께서 이
르시되 너희가 성경도 하나님의 능력도 알지 못하므로 오해함이 아니냐 25 사람이 죽은 자 가운데서 살아날 때
에는 장가도 아니 가고 시집도 아니 가고 하늘에 있는 천사들과 같으니라 26 죽은 자가 살아난다는 것을 말할진
대 너희가 모세의 책 중 가시나무 떨기에 관한 글에 하나님께서 모세에게 이르시되 나는 아브라함의 하나님이
요 이삭의 하나님이요 야곱의 하나님이로라 하신 말씀을 읽어보지 못하
였느냐 27 하나님은 죽은 자의 하나님이 아니요 산 자의 하나님이시라 너
희가 크게 오해하였도다 하시니라

가장 큰 계명

28 서기관 중 한 사람이 그들이 변론하는 것을 듣고 예수께서 잘 대답하신
줄을 알고 나아와 묻되 모든 계명 중에 첫째가 무엇이니이까 29 예수께서
대답하시되 첫째는 이것이니 이스라엘아 들으라 주 곧 우리 하나님은 유
일한 주시라 30 네 마음을 다하고 목숨을 다하고 뜻을 다하고 힘을 다하
여 주 너의 하나님을 사랑하라 하신 것이요 31 둘째는 이것이니 네 이웃을
네 자신과 같이 사랑하라 하신 것이라 이보다 더 큰 계명이 없느니라 32
서기관이 이르되 선생님이여 옳소이다 하나님은 한 분이시요 그 외에 다
른 이가 없다 하신 말씀이 참이니이다 33 또 마음을 다하고 지혜를 다하
고 힘을 다하여 하나님을 사랑하는 것과 또 이웃을 자기 자신과 같이 사
랑하는 것이 전체로 드리는 모든 번제물과 기타 제물보다 나으니이다 34
예수께서 그가 지혜 있게 대답함을 보시고 이르시되 네가 하나님의 나라
에서 멀지 않도다 하시니 그 후에 감히 묻는 자가 없더라

그리스도와 다윗 자손

35 예수께서 성전에서 가르치실새 대답하여 이르시되 어찌하여 서기관들
이 그리스도를 다윗의 자손이라 하느냐 36 다윗이 성령에 감동되어 친히
말하되 주께서 내 주께 이르시되 내가 네 원수를 네 발 아래에 둘 때까지
내 우편에 앉았으라 하셨도다 하였느니라 37 다윗이 그리스도를 주라 하
였은즉 어찌 그의 자손이 되겠느냐 하시니 많은 사람들이 즐겁게 듣더라

서기관을 삼가라

38 예수께서 가르치실 때에 이르시되 긴 옷을 입고 다니는 것과 시장에서
문안 받는 것과 39 회당의 높은 자리와 잔치의 윗자리를 원하는 서기관들
을 삼가라 40 그들은 과부의 가산을 삼키며 외식으로 길게 기도하는 자니
그 받는 판결이 더욱 중하리라 하시니라

가난한 과부의 헌금

41 예수께서 헌금함을 대하여 앉으사 무리가 어떻게 헌금함에 돈 넣는가
를 보실새 여러 부자는 많이 넣는데 42 한 가난한 과부는 와서 두 렙돈 곧
한 고드란트를 넣는지라 43 예수께서 제자들을 불러다가 이르시되 내가

막 12:28-34 구약 십계명과 신약 두 계명

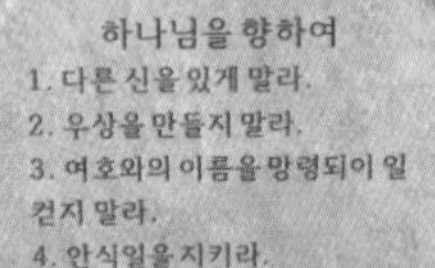

하나님을 향하여
1. 다른 신을 있게 말라.
2. 우상을 만들지 말라.
3. 여호와의 이름을 망령되이 일컫지 말라.
4. 안식일을 지키라.
네 마음과 목숨과 뜻을 다해
주 너의 하나님을 사랑하라

사람을 향하여
5. 네 부모를 공경하라.
6. 살인하지 말라.
7. 간음하지 말라.
8. 도둑질하지 말라.
9. 거짓 증거하지 말라.
10. 네 이웃의 집을 탐내지 말라.
네 이웃을 네 몸과 같이
사랑하라

막 12:28-34
학습 자료 74-8
"계명 준수에 관한 예수 교훈의 특징" 참조

막 12:42 렙돈
렙돈(lepton)은 로마의 가장 작은 화폐 단위로서 노동자의 하루 품삯에 해당한다. 데나리온의 1/128에 해당하는 가치를 지녔다.

진실로 너희에게 이르노니 이 가난한 과부는 헌금함에 넣는 모든 사람보다
많이 넣었도다 44 그들은 다 그 풍족한 중에서 넣었거니와 이 과부는 그 가난
한 중에서 자기의 모든 소유 곧 생활비 전부를 넣었느니라 하시니라

누가 19:29-48

29 감람원이라 불리는 산쪽에 있는 벳바게와 베다니에 가까이 가셨을 때에 제자 중 둘
을 보내시며 30 이르시되 너희는 맞은편 마을로 가라 그리로 들어가면 아직 아무도 타 보지 않은 나귀 새끼가 매
여 있는 것을 보리니 풀어 끌고 오라 31 만일 누가 너희에게 어찌하여 푸느냐
묻거든 말하기를 주가 쓰시겠다 하라 하시매 32 보내심을 받은 자들이 가서 그
말씀하신 대로 만난지라 33 나귀 새끼를 풀 때에 그 임자들이 이르되 어찌하
여 나귀 새끼를 푸느냐 34 대답하되 주께서 쓰시겠다 하고 35 그것을 예수께로
끌고 와서 자기들의 겉옷을 나귀 새끼 위에 걸쳐 놓고 예수를 태우니 36 가

실 때에 그들이 자기의 겉옷을 길에 펴더라 37 이미 감람 산 내리막길에 가까이 오시매 제자의 온 무
리가 자기들이 본 바 모든 능한 일로 인하여 기뻐하며 큰 소리로 하나님을 찬양하여 38 이르되 찬송
하리로다 주의 이름으로 오시는 왕이여 하늘에는 평화요 가장 높은 곳에는 영광이로다 하니 39 무리
중 어떤 바리새인들이 말하되 선생이여 당신의 제자들을 책망하소서 하거늘 40 대답하여 이르시되 내가 너희에
게 말하노니 만일 이 사람들이 침묵하면 돌들이 소리 지르리라 하시니라 41 가까이 오사 성을 보시고 우시며 42
이르시되 너도 오늘 평화에 관한 일을 알았더라면 좋을 뻔하였거니와 지금 네 눈에 숨겨졌도다 43 날이 이를지
라 네 원수들이 토둔을 쌓고 너를 둘러 사면으로 가두고 44 또 너와 및 그 가운데 있는 네 자식들을 땅에 메어치
며 돌 하나도 돌 위에 남기지 아니하리니 이는 네가 보살핌 받는 날을 알지 못함으로 인함이라 하시니라

성전에 들어가신 예수

45 성전에 들어가사 장사하는 자들을 내쫓으시며 46 그들에게 이르시되 기록된 바 내 집은 기도하는 집이 되리라
하였거늘 너희는 강도의 소굴을 만들었도다 하시니라 47 예수께서 날마다 성전에서 가르치시니 대제사장들과
서기관들과 백성의 지도자들이 그를 죽이려고 꾀하되 48 백성이 다 그에게 귀를 기울여 들으므로 어찌할 방도를
찾지 못하였더라

누가 20:1-40

예수의 권위를 두고 말하다

1 하루는 예수께서 성전에서 백성을 가르치시며 복음을 전하실새 대제사
장들과 서기관들이 장로들과 함께 가까이 와서 2 말하여 이르되 당신이
무슨 권위로 이런 일을 하는지 이 권위를 준 이가 누구인지 우리에게 말

눅 20:1-8
학습 자료 74-9
"예수의 권세와 근원 논쟁" 참조

하라 3 대답하여 이르시되 나도 한 말을 너희에게 물으리니 내게 말하라 4 요한의 세례가 하늘로부터냐 사람으
로부터냐 5 그들이 서로 의논하여 이르되 만일 하늘로부터라 하면 어찌하여 그를 믿지 아니하였느냐 할 것이요
6 만일 사람으로부터라 하면 백성이 요한을 선지자로 인정하니 그들이 다 우리를 돌로 칠 것이라 하고 7 대답하
되 어디로부터인지 알지 못하노라 하니 8 예수께서 이르시되 나도 무슨 권위로 이런 일을 하는지 너희에게 이르
지 아니하리라 하시니라

포도원 농부 비유

9 그가 또 이 비유로 백성에게 말씀하시기 시작하시니라 한 사람이 포도원을 만들어 농부들에게 세로 주고 타국
에 가서 오래 있다가 10 때가 이르매 포도원 소출 얼마를 바치게 하려고 한 종을 농부들에게 보내니 농부들이 종
을 몹시 때리고 거저 보내었거늘 11 다시 다른 종을 보내니 그도 몹시 때리고 능욕하고 거저 보내었거늘 12 다시

세 번째 종을 보내니 이 종도 상하게 하고 내쫓은지라 13 포도원 주인이 이르되 어찌할까 내 사랑하는 아들을 보
내리니 그들이 혹 그는 존대하리라 하였더니 14 농부들이 그를 보고 서로 의논하여 이르되 이는 상속자니 죽이고
그 유산을 우리의 것으로 만들자 하고 15 포도원 밖에 내쫓아 죽였느니라 그런즉 포도원 주인이 이 사람들을 어
떻게 하겠느냐 16 와서 그 농부들을 진멸하고 포도원을 다른 사람들에게 주리라 하시니 사람들이 듣고 이르되
그렇게 되지 말아지이다 하거늘 17 그들을 보시며 이르시되 그러면 기록된 바 건축자들의 버린 돌이 모퉁이의 머
릿돌이 되었느니라 함이 어찜이냐 18 무릇 이 돌 위에 떨어지는 자는 깨어지겠고 이 돌이 사람 위에 떨어지면 그
를 가루로 만들어 흩으리라 하시니라

가이사에게 세를 바치는 것

19 서기관들과 대제사장들이 예수의 이 비유는 자기들을 가리켜 말씀하심인 줄 알고 즉시 잡고자 하되 백성을
두려워하더라 20 이에 그들이 엿보다가 예수를 총독의 다스림과 권세 아래에 넘기려 하여 정탐들을 보내어 그들
로 스스로 의인인 체하며 예수의 말을 책잡게 하니 21 그들이 물어 이르되 선생님이여 우리가 아노니 당신은 바
로 말씀하시고 가르치시며 사람을 외모로 취하지 아니하시고 오직 진리로써 하나님의 도를 가르치시나이다 22
우리가 가이사에게 세를 바치는 것이 옳으니이까 옳지 않으니이까 하니 23 예수께서 그 간계를 아시고 이르시되
24 데나리온 하나를 내게 보이라 누구의 형상과 글이 여기 있느냐 대답하
되 가이사의 것이니이다 25 이르시되 그런즉 가이사의 것은 가이사에게,
하나님의 것은 하나님께 바치라 하시니 26 그들이 백성 앞에서 그의 말을
능히 책잡지 못하고 그의 대답을 놀랍게 여겨 침묵하니라

부활 논쟁

27 부활이 없다고 주장하는 사두개인 중 어떤 이들이 와서 28 물어 이르되
선생님이여 모세가 우리에게 써 주기를 만일 어떤 사람의 형이 아내를 두
고 자식이 없이 죽으면 그 동생이 그 아내를 취하여 형을 위하여 상속자
를 세울지니라 하였나이다 29 그런데 칠 형제가 있었는데 맏이가 아내를
취하였다가 자식이 없이 죽고 30 그 둘째와 셋째가 그를 취하고 31 일곱이
다 그와 같이 자식이 없이 죽고 32 그 후에 여자도 죽었나이다 33 일곱이
다 그를 아내로 취하였으니 부활 때에 그 중에 누구의 아내가 되리이까
34 예수께서 이르시되 이 세상의 자녀들은 장가도 가고 시집도 가되 35 저
세상과 및 죽은 자 가운데서 부활함을 얻기에 합당히 여김을 받은 자들은
장가 가고 시집 가는 일이 없으며 36 그들은 다시 죽을 수도 없나니 이는
천사와 동등이요 부활의 자녀로서 하나님의 자녀임이라 37 죽은 자가 살아난다는 것은 모세도 가시나무 떨기에
관한 글에서 주를 아브라함의 하나님이요 이삭의 하나님이요 야곱의 하나님이시라 칭하였나니 38 하나님은 죽
은 자의 하나님이 아니요 살아 있는 자의 하나님이시라 하나님에게는 모든 사람이 살았느니라 하시니 39 서기관
중 어떤 이들이 말하되 선생님 잘 말씀하셨나이다 하니 40 그들은 아무 것도 감히 더 물을 수 없음이더라

눅 20:24
성경의 사건과 관계있는 로마의 황제들

	사 건	황제(연대)
1	예수의 출생 · 소년시절	가이사 아구스도 (B.C. 27-A.D. 14)
2	예수의 공생애, 죽으심	디베료 가이사 (A.D. 14-37)
3	교회의 시작, 바울의 회개	칼리굴라 (A.D. 37-41)
4	바울의 초기 선교	글라우디오 (A.D. 41-54))
5	바울의 후기 선교	네로(A.D. 54-68)
6	유대와 로마 전쟁	갈바, 오토 (A.D. 68-69)
7	미디아인	배스파시안 (A.D. 69-79)
8	유대의 멸망과 분산	디도(A.D. 79-81)
9	요한의 밧모섬 유배	도미티안(A.D. 81-96)

누가 21:37-38

37 예수께서 낮에는 성전에서 가르치시고 밤에는 나가 감람원이라 하는 산에서 쉬시니 38 모든 백성이 그 말씀을
들으려고 이른 아침에 성전에 나아가더라

누가 20:41-47

그리스도와 다윗의 자손

41 예수께서 그들에게 이르시되 사람들이 어찌하여 그리스도를 다윗의 자손이라 하느냐 42 시편에 다윗이 친히

말하였으되 주께서 내 주께 이르시되 43 내가 네 원수를 네 발등상으로
삼을 때까지 내 우편에 앉았으라 하셨도다 하였느니라 44 그런즉 다윗이
그리스도를 주라 칭하였으니 어찌 그의 자손이 되겠느냐 하시니라

서기관을 삼가라

45 모든 백성이 들을 때에 예수께서 그 제자들에게 이르시되 46 긴 옷을 입
고 다니는 것을 원하며 시장에서 문안 받는 것과 회당의 높은 자리와 잔치
의 윗자리를 좋아하는 서기관들을 삼가라 47 그들은 과부의 가산을 삼키
며 외식으로 길게 기도하니 그들이 더 엄중한 심판을 받으리라 하시니라

누가 21:1-4

가난한 과부의 헌금

1 예수께서 눈을 들어 부자들이 헌금함에 헌금 넣는 것을 보시고 2 또 어
떤 가난한 과부가 두 렙돈 넣는 것을 보시고 3 이르시되 내가 참으로 너희
에게 말하노니 이 가난한 과부가 다른 모든 사람보다 많이 넣었도다 4 저
들은 그 풍족한 중에서 헌금을 넣었거니와 이 과부는 그 가난한 중에서
자기가 가지고 있는 생활비 전부를 넣었느니라 하시니라

요한 12:12-19

예루살렘으로 가시다

12 그 이튿날에는 명절에 온 큰 무리가 예수께서 예루살렘으로 오신다는
것을 듣고 13 종려나무 가지를 가지고 맞으러 나가 외치되 호산나 찬송하
리로다 주의 이름으로 오시는 이 곧 이스라엘의 왕이시여 하더라 14 예수
는 한 어린 나귀를 보고 타시니 15 이는 기록된 바 시온 딸아 두려워하지
말라 보라 너의 왕이 나귀 새끼를 타고 오신다 함과 같더라 16 제자들은
처음에 이 일을 깨닫지 못하였다가 예수께서 영광을 얻으신 후에야 이것
이 예수께 대하여 기록된 것임과 사람들이 예수께 이같이 한 것임이 생각
났더라 17 나사로를 무덤에서 불러내어 죽은 자 가운데서 살리실 때에 함
께 있던 무리가 증언한지라 18 이에 무리가 예수를 맞음은 이 표적 행하심
을 들었음이러라 19 바리새인들이 서로 말하되 볼지어다 너희 하는 일이
쓸 데 없다 보라 온 세상이 그를 따르는도다 하니라

요한 2:13-25

성전을 깨끗하게 하시다

13 유대인의 유월절이 가까운지라 예수께서 예루살렘으로 올라가셨더니
14 성전 안에서 소와 양과 비둘기 파는 사람들과 돈 바꾸는 사람들이 앉

아 있는 것을 보시고 15 노끈으로 채찍
을 만드사 양이나 소를 다 성전에서 내
쫓으시고 돈 바꾸는 사람들의 돈을 쏟
으시며 상을 엎으시고 16 비둘기 파는 사
람들에게 이르시되 이것을 여기서 가져

눅 21:14 과부의 헌금

구약에서의 헌금은 주로 의무적으로 드려야 하는 십일조이다. 곧 땅의 소산과 모든 소득의 십일조를 드리는 것이었다(레 27:30, 창 28:22). 이외에 이스라엘의 모든 성인 남자가 속전으로 내는 반 세겔도 의무적인 헌금이었다. 본문에 나오는 것과 같이 성전 앞에 헌금 궤를 놓고 자발적인 헌금을 드리는 형태에 관해서는 요아스 시대에 처음 등장하였다. 당시 제사장 여호야다가 퇴락한 성전을 중건하고 성전 관리를 위해 백성들이 자발적으로 드리는 헌금을 걷기 위해 성전 앞에 헌금 궤를 두었다(왕하 12:9). 예수 시대에도 여자들이 들어갈 수 있는 성전 동쪽 뜰 회랑 앞에 헌금궤를 두고 성전 의식과 관리를 위해 백성들이 자발적으로 헌금을 드리도록 하였다. 그런데 당시 헌금궤가 많은 사람이 통행하는 뜰에 놓여 있었기 때문에 자신의 믿음을 과시하려는 부자들이 사람들이 보는 앞에서 많은 헌금을 드리는 경우가 종종 있었다. 한편 오늘날과 같은 헌금은 초대교회에서 가난한 이들을 돕기 위해 성도들이 구제금을 내는 것에서 출발하였고 그 후 4세기에 성례를 위한 포도주와 빵을 내던 것을 11세기부터 헌금으로만 봉헌하게 하였다. 그러나 이런 제도는 성직자가 성도들의 헌금을 사취하여 호화로운 생활을 하는 계기가 되었고 이로 인해 종교 개혁이 발단하였다. 그래서 신교도들은 헌금의 자유로운 형식과 공동 관리를 아주 엄격하게 시행하였다.
예수께서 성전 연보 궤 앞에 앉아서 사람들이 헌금하는 것을 보고 계셨다. 이때 여러 부자는 많은 헌금을 드렸는데 한 가난한 과부가 두 렙돈을 넣었다. 이것을 보신 예수께서 제자들에게 이 가난한 과부가 다른 어떤 사람들보다 많은 헌금을 드렸다고 말씀하셨다. 이는 하나님께서 기뻐 받으시는 참된 헌금이 어떤 것인가에 대한 교훈을 담고 있다. 헌금은 모든 물질이 하나님의 것이며(학 2:8) 하나님이 주신 복에 대해 감사하는 표시이다. 따라서 많은 헌금을 드려도 자신의 영광을 나타내기 위한 것은 가치가 없다. 그러므로 부자가 낸 많은 헌금보다 과부가 자신의 하루 생활비를 바친 두 렙돈이 하나님 앞에서 훨씬 가치 있고 참된 것이었다. 그래서 성경은 준비된 정성과 하나님의 은혜에 참여하는 마음으로 헌금을 드리라고 말씀하고 있다(고후 8:4)

가라 내 아버지의 집으로 장사하는 집을 만들지 말라 하시니 17 제자들이 성경 말씀에 주의 전을 사모하는 열심
이 나를 삼키리라 한 것을 기억하더라 18 이에 유대인들이 대답하여 예수께 말하기를 네가 이런 일을 행하니 무
슨 표적을 우리에게 보이겠느냐 19 예수께서 대답하여 이르시되 너희가 이 성전을 헐라 내가 사흘 동안에 일으
키리라 20 유대인들이 이르되 이 성전은 사십육 년 동안에 지었거늘 네가 삼 일 동안에 일으키겠느냐 하더라 21
그러나 예수는 성전된 자기 육체를 가리켜 말씀하신 것이라 22 죽은 자 가운데서 살아나신 후에야 제자들이 이
말씀하신 것을 기억하고 성경과 예수께서 하신 말씀을 믿었더라

예수는 사람의 마음속을 아시다

23 유월절에 예수께서 예루살렘에 계시니 많은 사람이 그의 행하시는 표적을 보고 그의 이름을 믿었으나 24 예수
는 그의 몸을 그들에게 의탁하지 아니하셨으니 이는 친히 모든 사람을 아심이요 25 또 사람에 대하여 누구의 증
언도 받으실 필요가 없었으니 이는 그가 친히 사람의 속에 있는 것을 아셨음이니라

요한 12:20-50

인자가 들려야 하리라

20 명절에 예배하러 올라온 사람 중에 헬라인 몇이 있는데 21 그들이 갈릴리 벳새다 사람 빌립에게 가서 청하여
이르되 선생이여 우리가 예수를 뵈옵고자 하나이다 하니 22 빌립이 안드레에게 가서 말하고 안드레와 빌립이 예
수께 가서 여쭈니 23 예수께서 대답하여 이르시되 인자가 영광을 얻을 때
가 왔도다 24 내가 진실로 진실로 너희에게 이르노니 한 알의 밀이 땅에
떨어져 죽지 아니하면 한 알 그대로 있고 죽으면 많은 열매를 맺느니라

요 12:23-36
학습 자료 74-10 "예수 그리스도와 적그리스도 비교 도표" 참조

25 자기의 생명을 사랑하는 자는 잃어버릴 것이요 이 세상에서 자기의 생명을 미워하는 자는 영생하도록 보전하
리라 26 사람이 나를 섬기려면 나를 따르라 나 있는 곳에 나를 섬기는 자도 거기 있으리니 사람이 나를 섬기면 내
아버지께서 그를 귀히 여기시리라 27 지금 내 마음이 괴로우니 무슨 말을 하리요 아버지여 나를 구원하여 이 때
를 면하게 하여 주옵소서 그러나 내가 이를 위하여 이 때에 왔나이다 28 아버지여, 아버지의 이름을 영광스럽게
하옵소서 하시니 이에 하늘에서 소리가 나서 이르되 내가 이미 영광스럽게 하였고 또다시 영광스럽게 하리라 하
시니 29 곁에 서서 들은 무리는 천둥이 울었다고도 하며 또 어떤 이들은 천사가 그에게 말하였다고도 하니 30 예
수께서 대답하여 이르시되 이 소리가 난 것은 나를 위한 것이 아니요 너희를 위한 것이니라 31 이제 이 세상에 대
한 심판이 이르렀으니 이 세상의 임금이 쫓겨나리라 32 내가 땅에서 들리면 모든 사람을 내게로 이끌겠노라 하
시니 33 이렇게 말씀하심은 자기가 어떠한 죽음으로 죽을 것을 보이심이러라 34 이에 무리가 대답하되 우리는 율
법에서 그리스도가 영원히 계신다 함을 들었거늘 너는 어찌하여 인자가 들려야 하리라 하느냐 이 인자는 누구냐
35 예수께서 이르시되 아직 잠시 동안 빛이 너희 중에 있으니 빛이 있을 동안에 다녀 어둠에 붙잡히지 않게 하라
어둠에 다니는 자는 그 가는 곳을 알지 못하느니라 36 너희에게 아직 빛이 있을 동안에 빛을 믿으라 그리하면 빛
의 아들이 되리라

그들이 예수를 믿지 아니하다

예수께서 이 말씀을 하시고 그들을 떠나가서 숨으시니라 37 이렇게 많은 표적을 그들 앞에서 행하셨으나 그를
믿지 아니하니 38 이는 선지자 이사야의 말씀을 이루려 하심이라 이르되 주여 우리에게서 들은 바를 누가 믿었
으며 주의 팔이 누구에게 나타났나이까 하였더라 39 그들이 능히 믿지 못한 것은 이 때문이니 곧 이사야가 다
시 일렀으되 40 그들의 눈을 멀게 하시고 그들의 마음을 완고하게 하셨으니 이는 그들로 하여금 눈으로 보고
마음으로 깨닫고 돌이켜 내게 고침을 받지 못하게 하려 함이라 하였음이더라 41 이사야가 이렇게 말한 것은 주
의 영광을 보고 주를 가리켜 말한 것이라 42 그러나 관리 중에도 그를 믿는 자가 많되 바리새인들 때문에 드러
나게 말하지 못하니 이는 출교를 당할까 두려워함이라 43 그들은 사람의 영광을 하나님의 영광보다 더 사랑하
였더라

마지막 날과 심판

44 예수께서 외쳐 이르시되 나를 믿는 자는 나를 믿는 것이 아니요 나를 보내신 이를 믿는 것이며 45 나를 보는 자
는 나를 보내신 이를 보는 것이니라 46 나는 빛으로 세상에 왔나니 무릇 나를 믿는 자로 어둠에 거하지 않게 하려
함이로라 47 사람이 내 말을 듣고 지키지 아니할지라도 내가 그를 심판하지 아니하노라 내가 온 것은 세상을 심
판하려 함이 아니요 세상을 구원하려 함이로라 48 나를 저버리고 내 말을 받지 아니하는 자를 심판할 이가 있으
니 곧 내가 한 그 말이 마지막 날에 그를 심판하리라 49 내가 내 자의로 말한 것이 아니요 나를 보내신 아버지께
서 내가 말할 것과 이를 것을 친히 명령하여 주셨으니 50 나는 그의 명령이 영생인 줄 아노라 그러므로 내가 이르
는 것은 내 아버지께서 내게 말씀하신 그대로니라 하시니라

74일차 읽기의 요약

(마 20:29~34, 막 10:46~52, 눅 18:35~19:28, 요 11:55~12:1, 9~11, 마 21~23, 막 11~12, 눅 19:29~20:40, 눅 21:37~38, 눅 20:41~21:4, 요 12:12~19, 요 2:13~25, 요 12:20~50)

예수님께서는 공생애 3년의 마지막 주간에 유월절을 맞아 예루살렘으로 오셨다. 구약의 예언대로 나귀를 타시고 종의 모습으로 예루살렘에 입성하신다.

예수님께서는 월요일에 성전에 들어가신다. 만민이 기도하는 집을 장사하고 환전하는 강도의 소굴로 만들어 놓은 종교 지도자들을 향해 분노하시며 성전을 뒤집어 놓으셨다. 성전 청결 사건으로 인해 대제사장들을 비롯한 종교 지도자들은 성전을 기반으로 누리는 자신들의 막대한 이권에 위협을 느끼고 구체적으로 예수님을 죽일 방책을 짜낸다.

그 결과 바리새인과 사두개인들을 비롯한 종교 지도자들은 여러 가지 의도된 질문들을 가지고 예수님이 성전을 뒤엎고 자신을 하나님이라 칭하는 권위의 근거에 대해 도전한다. 그러나 예수님은 그들의 악한 의도를 아시고 하나님의 말씀을 근거로 그들과 대응하여 그들과의 논쟁의 함정에 빠지지 않는다. 이 일 후에 예수님께서는 바리새인들의 외식에 대해 신랄하게 저주하신다. 예수님께서는 결국 끝까지 자신을 그리스도로 받아들이지 않는 그들에 대해 최종적인 심판과 저주를 내리신다.

73일~78일

그러면 어떻게 살 것인가?

인위뚝 · 신위고!

☑ 세계관 점검 – 묵상하기 (영상 강의와 교재 내용의 이해를 바탕으로)

찰스 콜슨 Charles Colson 은 그의 저서 "그리스도인, 이제는 어떻게 살 것인가?"에서 예수님을 태우고 가는 나귀가 한순간 착각해서 군중들이 자기를 환영하는 줄 알고 답례하려고 벌떡 일어나면 어떻게 될까? 라는 묵상했다. 우리는 예수님을 태우고 나가는 나귀이다. 그런데 환영과 영광을 받으실 분은 예수님인데 그것이 내게로 오는 것이라고 또는 내가 받아야 한다고 벌떡 일어나면 예수님은 나귀 등에서 떨어지고 나귀는 환영은커녕 개망신당한다는 것이다. 한번 우리도 이 묵상을 깊이 새겨 보아야 할 것이다. 예수님이 받아야 할 영광을 내가 가로채거나 가로채려고 발버둥을 치지는 않는지.

성전 청결은 예수님의 유대 지도자들에 대한 생명을 건 정면 도전이었음을 알았다.
이것은 느헤미야의 성전 청결보다 훨씬 큰 의미가 있다(느 13:8-9).
오늘 우리의 성전(유형의 교회와 성령을 모시는 개인으로서의 성전)은 청소하지 않아도 될 만큼 깨끗한가?
예수님이 오시면 바로 청소하지 않을까?

마 22:1-14 혼인 잔치의 비유 묵상
어떤 임금이 아들의 혼인 잔치를 베풀고 종을 보내어 사람들을 초청하였다. 그러나 처음에는 초대받은 사람들이 거절하였고 두 번째는 여러 사람이 자신의 일을 위해 가버리고 남은 자들은 왕이 보낸 종들을 죽였다. 이에 왕은 군대를 보내 살인한 자들을 죽이고 거리에 있는 아무나 잔치에 참여하게 하였다. 그런데 잔치에 참여한 사람 중에 예복을 입지 않은 자는 결박당하여 내쫓김을 당하였다.
처음에 혼인 잔치의 초대를 거절한 자들은 선지자들의 외침에도 회개하지 않은 종교 지도자들이며, 혼인 잔치에 참여하였으나 예복을 입지 않은 자는 자신의 의를 주장하는 자들이다. 그러나 천국은 복음을 듣고 회개하는 것과 그리스도의 희생의 죽음과 사죄하는 피가 있어야만 한다. 왕이신 하나님 앞에서 그리스도의 피로 깨끗함을 받은 믿음의 예복이 없으면 아무도 인정받을 수 없기 때문이다.

· 마 22:13-14 임금이 사환들에게 말하되 그 손발을 묶어 바깥 어두운 데에 내던지라 거기서 슬피 울며 이를 갈게 되리라 하니라 14 청함을 받은 자는 많되 택함을 입은 자는 적으니라

과부의 헌금

· 막 12:41-44 예수께서 헌금함을 대하여 앉으사 무리가 어떻게 헌금함에 돈 넣는가를 보실새 여러 부자는 많이 넣는데 한 가난한 과부는 와서 두 렙돈 곧 한 고드란트를 넣는지라 예수께서 제자들을 불러서 이르시되 내가 진실로 너희에게 이르노니 이 가난한 과부는 헌금함에 넣는 모든 사람보다 많이 넣었도다 그들은 다 그 풍족한 중에서 넣었거니와 이 과부는 그 가난한 중에서 자기의 모든 소유 곧 생활비 전부를 넣었느니라 하시니라

☑ 결단기도와 실행하기

약 2:26 영혼 없는 몸이 죽은 것 같이 행함이 없는 믿음은 죽은 것이니라
시 119:28 나의 영혼이 눌림으로 말미암아 녹사오니 주의 말씀대로 나를 세우소서

73일~
78일

제 10 부 : 예수님이 제자들과 마지막 시간을 가지다
(A.D. 30년 4월 5-6일, 수요일 오후부터 목요일 저녁까지)

예수님은 체포되실 것을 아시고 제자들과 마지막 시간을 가지면서 마지막 권면을 통하여 당부하시면서 훈련하신다. 최후의 만찬을 함께하면서 제자들의 발을 씻기면서 몸소 종의 자세의 모습을 보여 주기도 한다.

마태 24장~25장, 마가 13장, 누가 21:5-36

– 예루살렘과 세상의 종말을 말씀하시다(4월 5일 수요일 오후 감람산, 마 24장) / 마태 25장 천국장 –

마태 24장

성전이 무너뜨려질 것을 예언하시다

1 예수께서 성전에서 나와서 가실 때에 제자들이 성전 건물들을 가리켜
보이려고 나아오니 2 대답하여 이르시되 너희가 이 모든 것을 보지 못하
느냐 내가 진실로 너희에게 이르노니 돌 하나도 돌 위에 남지 않고 다 무
너뜨려지리라

재난의 징조

3 예수께서 감람 산 위에 앉으셨을 때에 제자들이 조용히 와서 이르되 우
리에게 이르소서 어느 때에 이런 일이 있겠사오며 또 주의 임하심과 세상
끝에는 무슨 징조가 있사오리이까 4 예수께서 대답하여 이르시되 너희가
사람의 미혹을 받지 않도록 주의하라 5 많은 사람이 내 이름으로 와서 이
르되 나는 그리스도라 하여 많은 사람을 미혹하리라 6 난리와 난리 소문
을 듣겠으나 너희는 삼가 두려워하지 말라 이런 일이 있어야 하되 아직
끝은 아니니라 7 민족이 민족을, 나라가 나라를 대적하여 일어나겠고 곳
곳에 기근과 지진이 있으리니 8 이 모든 것은 재난의 시작이니라 9 그 때에
사람들이 너희를 환난에 넘겨주겠으며 너희를 죽이리니 너희가 내 이름
때문에 모든 민족에게 미움을 받으리라 10 그 때에 많은 사람이 실족하게
되어 서로 잡아 주고 서로 미워하겠으며 11 거짓 선지자가 많이 일어나 많
은 사람을 미혹하겠으며 12 불법이 성하므로 많은 사람의 사랑이 식어지
리라 13 그러나 끝까지 견디는 자는 구원을 얻으리라 14 이 천국 복음이 모
든 민족에게 증언되기 위하여 온 세상에 전파되리니 그제야 끝이 오리라

가장 큰 환난

15 그러므로 너희가 선지자 다니엘이 말한 바 멸망의 가증한 것이 거룩한
곳에 선 것을 보거든 (읽는 자는 깨달을진저) 16 그 때에 유대에 있는 자들은
산으로 도망할지어다 17 지붕 위에 있는 자는 집 안에 있는 물건을 가지러
내려가지 말며 18 밭에 있는 자는 겉옷을 가지러 뒤로 돌이키지 말지어다
19 그 날에는 아이 밴 자들과 젖 먹이는 자들에게 화가 있으리로다 20 너
희가 도망하는 일이 겨울에나 안식일에 되지 않도록 기도하라 21 이는 그
때에 큰 환난이 있겠음이라 창세로부터 지금까지 이런 환난이 없었고 후

❖ 마 24~25장은 예수의 종말론이다.

학습 자료 75-1 "예수님의 종말에 대한 각 현상의 배경 이해" 참조

마 24:1-14 본문은 그 첫 번째 부분으로 종말에 나타날 여러 가지 징조에 대해 말씀하고 있다. 그때에는 자칭 그리스도라 하는 자들이 일어나고 전쟁과 기근과 지진이 있으며 성도들이 환난을 당하고 거짓 선지사들이 많이 일어나며 불법이 성하여 사랑이 식게 된다. 그러나 끝까지 시험을 참고 견디는 자는 구원을 얻을 것이라고 말씀하셨다. 예수께서 인간을 구원하시기 위해 십자가라는 고난을 통과하셔야 하듯이 예수의 구원에 동참하기 위해 성도들도 고난을 통과해야 한다. 예수를 믿고 구원을 얻는다는 것은 언제나 기쁨과 평안만 있는 것을 의미하지 않는다. 오히려 구원을 얻기 위해서는 그만큼 고난의 대가가 필요한 것이다. 그러나 그 고난을 견디어낸 자는 영광의 구원을 얻으리라는 것을 교훈하고 있다.

마 24:15-28 본문은 종말에 관한 예수의 두 번째 가르침의 부분으로 마지막 날에 있을 큰 환난에 관한 교훈이다. 다니엘이 예언한 멸망의 가증한 것이 거룩한 곳에 선 날 종말이 임하며 전무후무한 환난이 닥칠 것이다. 그때에는 세상에 미련을 버리고 하나님께 자비를 구하며 거짓 그리스도와 선지자들의 미혹하는 말에 빠지지 말 것을 경고하셨다.
마지막 날에 일어날 환난은 전무후무한 것이며 인간으로서는 누구도 피할 자가 없다. 또한 그날에 거짓 그리스도와 선지자들이 능력을 행하며 사람들을 미혹하여 무엇이 진리인지 더욱 깨닫기 어려울 것이다. 그러므로 오직 환난에서 구원하실 분은 환난을 주신 하나님밖에 없음을 알 수 있다. 따라서 세상의 재물이나 권세가 아니라 하나님께 나아가 그의 은혜를 구하는 자만이 살 것이다.

에도 없으리라 22 그 날들을 감하지 아니하면 모든 육체가 구원을 얻지 못할 것이나 그러나 택하신 자들을 위하
여 그 날들을 감하시리라 23 그 때에 사람이 너희에게 말하되 보라 그리스도가 여기 있다 혹은 저기 있다 하여도
믿지 말라 24 거짓 그리스도들과 거짓 선지자들이 일어나 큰 표적과 기사를 보여 할 수만 있으면 택하신 자들도
미혹하리라 25 보라 내가 너희에게 미리 말하였노라 26 그러면 사람들이 너희에게 말하되 보라 그리스도가 광야
에 있다 하여도 나가지 말고 보라 골방에 있다 하여도 믿지 말라 27 번개가 동편에서 나서 서편까지 번쩍임 같이
인자의 임함도 그러하리라 28 주검이 있는 곳에는 독수리들이 모일 것이니라

인자가 오는 것을 보리라

29 그 날 환난 후에 즉시 해가 어두워지며 달이 빛을 내지 아니하며 별들
이 하늘에서 떨어지며 하늘의 권능들이 흔들리리라 30 그 때에 인자의 징
조가 하늘에서 보이겠고 그 때에 땅의 모든 족속들이 통곡하며 그들이
인자가 구름을 타고 능력과 큰 영광으로 오는 것을 보리라 31 그가 큰 나
팔소리와 함께 천사들을 보내리니 그들이 그의 택하신 자들을 하늘 이 끝
에서 저 끝까지 사방에서 모으리라

무화과나무에서 배울 교훈

32 무화과나무의 비유를 배우라 그 가지가 연하여지고 잎사귀를 내면 여
름이 가까운 줄을 아나니 33 이와 같이 너희도 이 모든 일을 보거든 인자
가 가까이 곧 문 앞에 이른 줄 알라 34 내가 진실로 너희에게 말하노니 이
세대가 지나가기 전에 이 일이 다 일어나리라 35 천지는 없어질지언정 내
말은 없어지지 아니하리라 36 그러나 그 날과 그 때는 아무도 모르나니 하
늘의 천사들도, 아들도 모르고 오직 아버지만 아시느니라 37 노아의 때와
같이 인자의 임함도 그러하리라 38 홍수 전에 노아가 방주에 들어가던 날
까지 사람들이 먹고 마시고 장가 들고 시집 가고 있으면서 39 홍수가 나
서 그들을 다 멸하기까지 깨닫지 못하였으니 인자의 임함도 이와 같으리
라 40 그 때에 두 사람이 밭에 있으매 한 사람은 데려가고 한 사람은 버려
둠을 당할 것이요 41 두 여자가 맷돌질을 하고 있으매 한 사람은 데려가
고 한 사람은 버려둠을 당할 것이니라 42 그러므로 깨어 있으라 어느 날에
너희 주가 임할는지 너희가 알지 못함이니라 43 너희도 아는 바니 만일 집
주인이 도둑이 어느 시각에 올 줄을 알았더라면 깨어 있어 그 집을 뚫지
못하게 하였으리라 44 이러므로 너희도 준비하고 있으라 생각하지 않은
때에 인자가 오리라 45 충성되고 지혜 있는 종이 되어 주인에게 그 집 사
람들을 맡아 때를 따라 양식을 나눠 줄 자가 누구냐 46 주인이 올 때에 그
종이 이렇게 하는 것을 보면 그 종이 복이 있으리로다 47 내가 진실로 너
희에게 이르노니 주인이 그의 모든 소유를 그에게 맡기리라 48 만일 그 악
한 종이 마음에 생각하기를 주인이 더디 오리라 하여 49 동료들을 때리며
술친구들과 더불어 먹고 마시게 되면 50 생각하지 않은 날 알지 못하는 시
각에 그 종의 주인이 이르러 51 엄히 때리고 외식하는 자가 받는 벌에 처하리니 거기서 슬피 울며 이를 갈리라

마 24:29-31 본문은 종말에 관한 예수의 세 번째 예언으로 그리스도의 재림과 징조에 대한 교훈이다. 성도가 받을 종말의 대환난 후에 해와 달이 어두워지고 하늘의 권능들이 흔들리니 그것은 메시아인 인자가 오실 징조이다. 그때 인자가 구름을 타고 큰 영광중에 오시리니 큰 나팔 소리와 천사들을 보내 택한 백성을 사방에서 불러 모으실 것이다.
종말에 관한 교훈을 통해 나타날 두려운 환난을 예고하신 예수께서는 인자의 영광스러운 임재와 택한 자들에 대한 구원을 선포하셨다. 이는 믿음이 연약하여 환난을 이기지 못하는 자들에게 용기와 희망을 주시기 위함이다. 환난은 고통스럽지만, 일시적이고 인자의 영광은 영원한 것이다. 따라서 영원한 것을 위해 일시적인 고통을 참고 믿음을 지키라는 것이다. 끝까지 참고 견디는 자는 영광의 주님이 오시는 날 영광중에 참여할 것이기 때문이다.

마 24:32-51 본문은 종말에 관한 예수의 네 번째 예언으로 종말의 시기에 관한 교훈을 담고 있다. 무화과나무 비유는 종말의 시기에 대한 예언을 담고 있고, 노아의 홍수 사건은 종말에 임할 하나님의 심판 모습을 암시하고 있으며, 충성된 종과 악한 종의 비유는 종말에 구원을 얻기 위하여 어떻게 준비하여야 할 것인지를 교훈하고 있다.
무화과나무의 비유는 종말이 예고 없이 어느 날 갑자기 임할 것임을 예고하고 있고 노아 홍수 사건은 종말 때에 구원받을 자와 멸망 받을 자로 나뉘는 심판이 있을 것임을 의미하고 있다. 마지막으로 충성된 종과 악한 종의 비유는 종말에 구원을 얻기 위해서는 현재의 삶 속에서 하나님의 말씀에 충실한 믿음의 삶을 살아야 함을 교훈하고 있다.

마태 25장

열 처녀 비유

1 그 때에 천국은 마치 등을 들고 신랑을 맞으러 나간 열 처녀와 같다 하리니 2 그 중의 다섯은 미련하고 다섯은

슬기 있는 자라 3 미련한 자들은 등을 가지되 기름을 가지지 아니하고 4
슬기 있는 자들은 그릇에 기름을 담아 등과 함께 가져갔더니 5 신랑이 더
디 오므로 다 졸며 잘새 6 밤중에 소리가 나되 보라 신랑이로다 맞으러 나
오라 하매 7 이에 그 처녀들이 다 일어나 등을 준비할새 8 미련한 자들이
슬기 있는 자들에게 이르되 우리 등불이 꺼져가니 너희 기름을 좀 나눠
달라 하거늘 9 슬기 있는 자들이 대답하여 이르되 우리와 너희가 쓰기에
다 부족할까 하노니 차라리 파는 자들에게 가서 너희 쓸 것을 사라 하니
10 그들이 사러 간 사이에 신랑이 오므로 준비하였던 자들은 함께 혼인 잔
치에 들어가고 문은 닫힌지라 11 그 후에 남은 처녀들이 와서 이르되 주여
주여 우리에게 열어 주소서 12 대답하여 이르되 진실로 너희에게 이르노
니 내가 너희를 알지 못하노라 하였느니라 13 그런즉 깨어 있으라 너희는
그 날과 그 때를 알지 못하느니라

달란트 비유

14 또 어떤 사람이 타국에 갈 때 그 종들을 불러 자기 소유를 맡김과 같으
니 15 각각 그 재능대로 한 사람에게는 금 다섯 달란트를, 한 사람에게는
두 달란트를, 한 사람에게는 한 달란트를 주고 떠났더니 16 다섯 달란트
받은 자는 바로 가서 그것으로 장사하여 또 다섯 달란트를 남기고 17 두
달란트 받은 자도 그같이 하여 또 두 달란트를 남겼으되 18 한 달란트 받
은 자는 가서 땅을 파고 그 주인의 돈을 감추어 두었더니 19 오랜 후에 그
종들의 주인이 돌아와 그들과 결산할새 20 다섯 달란트 받았던 자는 다섯
달란트를 더 가지고 와서 이르되 주인이여 내게 다섯 달란트를 주셨는데
보소서 내가 또 다섯 달란트를 남겼나이다 21 그 주인이 이르되 잘하였도
다 착하고 충성된 종아 네가 적은 일에 충성하였으매 내가 많은 것을 네
게 맡기리니 네 주인의 즐거움에 참여할지어다 하고 22 두 달란트 받았던
자도 와서 이르되 주인이여 내게 두 달란트를 주셨는데 보소서 내가 또
두 달란트를 남겼나이다 23 **그 주인이 이르되 잘하였도다 착하고 충성된**
종아 네가 적은 일에 충성하였으매 내가 많은 것을 네게 맡기리니 네 주
인의 즐거움에 참여할지어다 하고 24 한 달란트 받았던 자는 와서 이르되
주인이여 당신은 굳은 사람이라 심지 않은 데서 거두고 헤치지 않은 데서
모으는 줄을 내가 알았으므로 25 두려워하여 나가서 당신의 달란트를 땅에 감추어 두었었나이다 보소서 당신의
것을 가지셨나이다 26 그 주인이 대답하여 이르되 악하고 게으른 종아 나는 심지 않은 데서 거두고 헤치지 않은
데서 모으는 줄로 네가 알았느냐 27 그러면 네가 마땅히 내 돈을 취리하는 자들에게나 맡겼다가 내가 돌아와서
내 원금과 이자를 받게 하였을 것이니라 28 그에게서 그 한 달란트를 빼앗아 열 달란트 가진 자에게 주라 29 무릇
있는 자는 받아 풍족하게 되고 없는 자는 그 있는 것까지 빼앗기리라 30 **이 무익한 종을 바깥 어두운 데로 내쫓**
으라 거기서 슬피 울며 이를 갈리라 하니라

인자가 모든 천사와 함께 올 때

31 인자가 자기 영광으로 모든 천사와 함께 올 때에 자기 영광의 보좌에 앉으리니 32 모든 민족을 그 앞에 모으고
각각 구분하기를 목자가 양과 염소를 구분하는 것 같이 하여 33 양은 그 오른편에 염소는 왼편에 두리라 34 그 때
에 임금이 그 오른편에 있는 자들에게 이르시되 내 아버지께 복 받을 자들이여 나아와 창세로부터 너희를 위하
여 예비된 나라를 상속받으라 35 내가 주릴 때에 너희가 먹을 것을 주었고 목마를 때에 마시게 하였고 나그네 되

마 25:1-13 본문은 종말에 관한 예수의 다섯 번째 교훈으로 열 처녀 비유가 기록되어 있다. 천국은 신랑을 맞으러 간 열 처녀와 같다. 슬기로운 다섯 처녀는 기름을 예비하고 미련한 다섯 처녀는 기름을 준비하지 않았다. 그런데 신랑이 늦게 밤중에 도착하는 바람에 기름을 준비한 처녀들만 혼인 잔치에 참여하고 미련한 처녀들은 들어가지 못하였다.
열 처녀 비유는 종말에 관한 가르침 중에서 아주 뚜렷한 의미를 전달하고 있다. 그것은 종말에 대한 끊임없는 관심과 긴박감을 가지고 믿음으로 준비해야 한다는 것이다. 누구나 하나님 나라의 도래를 생각하지만 실제의 삶 속에서 종말의 임박성을 가지고 믿음으로 준비하는 자들은 많지 않다. 그러나 종말이 오면 구원의 기회를 영원히 상실할 것이다.

마 25:14-30 본문은 종말에 관한 예수의 여섯 번째 가르침으로 달란트 비유가 등장하고 있다. 한 사람이 타국에 갈 때 종들을 불러 각각 다섯 달란트와 두 달란트, 한 달란트를 맡겼다. 그 후 주인이 돌아왔을 때 열심히 일해서 배로 남긴 다섯 달란트 받은 종과 두 달란트 받은 종은 주인의 잔치에 참여하였지만, 받은 달란트를 땅에 파묻어 두었다가 그대로 바친 종은 있는 것마저 빼앗기고 쫓겨나고 말았다. 한 달란트란 결코 적은 돈이 아니다. 이처럼 하나님께서는 각 사람에게 적지 않은 재능을 주셨다. 그리고 감당치 못할 사명이 아니라 각자의 재능에 따라 알맞은 사명을 주셨으며 또한 전적인 신뢰를 보여주셨다. 이런 하나님의 뜻에 따라 충성과 봉사와 헌신의 삶을 사는 자는 천국의 상급을 받을 것이다. 그러나 나태함과 하나님을 위해 세상의 위험과 고난을 겪으려고 하지 않고 헌신하지 않는 자는 결코 하나님 나라를 상급으로 얻지 못할 것이다.

었을 때에 영접하였고 36 헐벗었을 때에 옷을 입혔고 병들었을 때에 돌보
았고 옥에 갇혔을 때에 와서 보았느니라 37 이에 의인들이 대답하여 이르
되 주여 우리가 어느 때에 주께서 주리신 것을 보고 음식을 대접하였으
며 목마르신 것을 보고 마시게 하였나이까 38 어느 때에 나그네 되신 것
을 보고 영접하였으며 헐벗으신 것을 보고 옷 입혔나이까 39 어느 때에 병
드신 것이나 옥에 갇히신 것을 보고 가서 뵈었나이까 하리니 40 임금이 대
답하여 이르시되 내가 진실로 너희에게 이르노니 너희가 여기 내 형제 중
에 지극히 작은 자 하나에게 한 것이 곧 내게 한 것이니라 하시고 41 또 왼
편에 있는 자들에게 이르시되 저주를 받은 자들아 나를 떠나 마귀와 그
사자들을 위하여 예비된 영원한 불에 들어가라 42 내가 주릴 때에 너희가
먹을 것을 주지 아니하였고 목마를 때에 마시게 하지 아니하였고 43 나그
네 되었을 때에 영접하지 아니하였고 헐벗었을 때에 옷 입히지 아니하였
고 병들었을 때와 옥에 갇혔을 때에 돌보지 아니하였느니라 하시니 44 그
들도 대답하여 이르되 주여 우리가 어느 때에 주께서 주리신 것이나 목마
르신 것이나 나그네 되신 것이나 헐벗으신 것이나 병드신 것이나 옥에 갇
히신 것을 보고 공양하지 아니하더이까 45 이에 임금이 대답하여 이르시
되 내가 진실로 너희에게 이르노니 이 지극히 작은 자 하나에게 하지 아니한 것이 곧 내게 하지 아니한 것이니라
하시리니 46 그들은 영벌에, 의인들은 영생에 들어가리라 하시니라

마 25:31-46 본문은 종말에 관한 예수의 마지막 교훈으로 양과 염소의 비유가 등장하고 있다. 마지막 심판 때에 인자가 모든 민족을 양과 염소로 구분하실 것이다. 이때 작은 자를 대접하고 사랑을 베푼 자는 양과 같이 영생을 얻을 것이고, 나그네와 곤경에 빠진 자들을 돌보지 않은 염소와 같은 자들은 영벌을 받을 것이라고 경고한다.
마지막 심판 때에 영생과 영벌을 받을 자는 작은 자가 어려울 때 사랑을 베풀었는지에 의해 가려진다. 예수께 있어서 작은 자는 그가 보내신 제자들이었고(마10:42), 천국의 주인인 어린아이였다(마18:5). 그뿐만 아니라 의인이 아니라 죄인을 부르러 왔다고 선언하시며 함께 교제하신 세리와 창기들이 예수께 작은 자들이었다. 그리고 예수께서 사랑하시는 작은 자를 핍박하는 것은 곧 예수를 핍박하는 것이다(행 9:4). 그러므로 자기 주위에 있는 소외되고 고통받는 자들에게 사랑을 베푸는 자가 영생을 예비하는 자인 것이다.

마가 13장

성전이 무너뜨려질 것을 이르시다

1 예수께서 성전에서 나가실 때에 제자 중 하나가 이르되 선생님이여 보소서 이 돌들이 어떠하며 이 건물들이 어
떠하니이까 2 예수께서 이르시되 네가 이 큰 건물들을 보느냐 돌 하나도 돌 위에 남지 않고 다 무너뜨려지리라
하시니라

재난의 징조

3 예수께서 감람 산에서 성전을 마주 대하여 앉으셨을 때에 베드로와 야고보와 요한과 안드레가 조용히 묻되 4
우리에게 이르소서 어느 때에 이런 일이 있겠사오며 이 모든 일이 이루어지려 할 때에 무슨 징조가 있사오리이
까 5 예수께서 이르시되 너희가 사람의 미혹을 받지 않도록 주의하라 6 많은 사람이 내 이름으로 와서 이르되 내
가 그라 하여 많은 사람을 미혹하리라 7 난리와 난리의 소문을 들을 때에 두려워하지 말라 이런 일이 있어야 하
되 아직 끝은 아니니라 8 민족이 민족을, 나라가 나라를 대적하여 일어나겠고 곳곳에 지진이 있으며 기근이 있으
리니 이는 재난의 시작이니라 9 너희는 스스로 조심하라 사람들이 너희를 공회에 넘겨주겠고 너희를 회당에서
매질하겠으며 나로 말미암아 너희가 권력자들과 임금들 앞에 서리니 이는 그들에게 증거가 되려 함이라 10 또
복음이 먼저 만국에 전파되어야 할 것이니라 11 사람들이 너희를 끌어다가 넘겨 줄 때에 무슨 말을 할까 미리 염
려하지 말고 무엇이든지 그 때에 너희에게 주시는 그 말을 하라 말하는 이는 너희가 아니요 성령이시니라 12 형
제가 형제를, 아버지가 자식을 죽는 데에 내주며 자식들이 부모를 대적하여 죽게 하리라 13 또 너희가 내 이름으
로 말미암아 모든 사람에게 미움을 받을 것이나 끝까지 견디는 자는 구원을 받으리라

가장 큰 환난

14 멸망의 가증한 것이 서지 못할 곳에 선 것을 보거든 (읽는 자는 깨달을진저) 그 때에 유대에 있는 자들은 산으로
도망할지어다 15 지붕 위에 있는 자는 내려가지도 말고 집에 있는 무엇을 가지러 들어가지도 말며 16 밭에 있는
자는 겉옷을 가지러 뒤로 돌이키지 말지어다 17 그 날에는 아이 밴 자들과 젖먹이는 자들에게 화가 있으리로다

18 이 일이 겨울에 일어나지 않도록 기도하라 19 이는 그 날들이 환난의 날이 되겠음이라 하나님께서 창조하신 시
초부터 지금까지 이런 환난이 없었고 후에도 없으리라 20 만일 주께서 그 날들을 감하지 아니하셨더라면 모든 육
체가 구원을 얻지 못할 것이거늘 자기가 택하신 자들을 위하여 그 날들을 감하셨느니라 21 그 때에 어떤 사람이
너희에게 말하되 보라 그리스도가 여기 있다 보라 저기 있다 하여도 믿지 말라 22 거짓 그리스도들과 거짓 선지
자들이 일어나서 이적과 기사를 행하여 할 수만 있으면 택하신 자들을 미혹하려 하리라 23 너희는 삼가라 내가
모든 일을 너희에게 미리 말하였노라

인자가 오는 것을 보리라

24 그 때에 그 환난 후 해가 어두워지며 달이 빛을 내지 아니하며 25 별들이 하늘에서 떨어지며 하늘에 있는 권능
들이 흔들리리라 26 그 때에 인자가 구름을 타고 큰 권능과 영광으로 오는 것을 사람들이 보리라 27 또 그 때에
그가 천사들을 보내어 자기가 택하신 자들을 땅 끝으로부터 하늘 끝까지 사방에서 모으리라

무화과나무 비유에서 배울 교훈

28 무화과나무의 비유를 배우라 그 가지가 연하여지고 잎사귀를 내면 여름이 가까운 줄 아나니 29 이와 같이 너
희가 이런 일이 일어나는 것을 보거든 인자가 가까이 곧 문 앞에 이른 줄 알라 30 내가 진실로 너희에게 말하노니
이 세대가 지나가기 전에 이 일이 다 일어나리라 31 천지는 없어지겠으나 내 말은 없어지지 아니하리라 32 그러나
그 날과 그 때는 아무도 모르나니 하늘에 있는 천사들도, 아들도 모르고 아버지만 아시느니라 33 주의하라 깨어
있으라 그 때가 언제인지 알지 못함이라 34 가령 사람이 집을 떠나 타국으로 갈 때에 그 종들에게 권한을 주어
각각 사무를 맡기며 문지기에게 깨어 있으라 명함과 같으니 35 그러므로 깨어 있으라 집 주인이 언제 올는지 혹
저물 때일는지, 밤중일는지, 닭 울 때일는지, 새벽일는지 너희가 알지 못함이라 36 그가 홀연히 와서 너희가 자는
것을 보지 않도록 하라 37 깨어 있으라 내가 너희에게 하는 이 말은 모든 사람에게 하는 말이니라 하시니라

누가 21:5-36

눅 21:5-7
학습 자료 75-2 "예수의 예루살렘 성전 파괴 예언과 그 성취" 참조

성전이 무너뜨려질 것을 이르시다

5 어떤 사람들이 성전을 가리켜 그 아름다운 돌과 헌물로 꾸민 것을 말하
매 예수께서 이르시되 6 너희 보는 이것들이 날이 이르면 돌 하나도 돌 위에 남지 않고 다 무너뜨려지리라 7 그들
이 물어 이르되 선생님이여 그러면 어느 때에 이런 일이 있겠사오며 이런 일이 일어나려 할 때에 무슨 징조가 있
사오리이까 8 이르시되 미혹을 받지 않도록 주의하라 많은 사람이 내 이름으로 와서 이르되 내가 그라 하며 때
가 가까이 왔다 하겠으나 그들을 따르지 말라 9 난리와 소요의 소문을 들을 때에 두려워하지 말라 이 일이 먼저
있어야 하되 끝은 곧 되지 아니하리라

환난의 징조

10 또 이르시되 민족이 민족을, 나라가 나라를 대적하여 일어나겠고 11 곳곳에 큰 지진과 기근과 전염병이 있겠고
또 무서운 일과 하늘로부터 큰 징조들이 있으리라 12 이 모든 일 전에 내 이름으로 말미암아 너희에게 손을 대어
박해하며 회당과 옥에 넘겨 주며 임금들과 집권자들 앞에 끌어 가려니와 13 이 일이 도리어 너희에게 증거가 되
리라 14 그러므로 너희는 변명할 것을 미리 궁리하지 않도록 명심하라 15 내가 너희의 모든 대적이 능히 대항하거
나 변박할 수 없는 구변과 지혜를 너희에게 주리라 16 심지어 부모와 형제와 친척과 벗이 너희를 넘겨 주어 너희
중의 몇을 죽이게 하겠고 17 또 너희가 내 이름으로 말미암아 모든 사람에게 미움을 받을 것이나 18 너희 머리털
하나도 상하지 아니하리라 19 너희의 인내로 너희 영혼을 얻으리라

예루살렘의 환난과 인자의 오심

20 너희가 예루살렘이 군대들에게 에워싸이는 것을 보거든 그 멸망이 가까운 줄을 알라 21 그 때에 유대에 있는
자들은 산으로 도망갈 것이며 성내에 있는 자들은 나갈 것이며 촌에 있는 자들은 그리로 들어가지 말지어다 22
이 날들은 기록된 모든 것을 이루는 징벌의 날이니라 23 그 날에는 아이 밴 자들과 젖먹이는 자들에게 화가 있으

리니 이는 땅에 큰 환난과 이 백성에게 진노가 있겠음이로다 [24] 그들이 칼날에 죽임을 당하며 모든 이방에 사로
잡혀 가겠고 예루살렘은 이방인의 때가 차기까지 이방인들에게 밟히리라 [25] 일월성신에는 징조가 있겠고 땅에
서는 민족들이 바다와 파도의 성난 소리로 인하여 혼란한 중에 곤고하리라 [26] 사람들이 세상에 임할 일을 생각
하고 무서워하므로 기절하리니 이는 하늘의 권능들이 흔들리겠음이라 [27] 그 때에 사람들이 인자가 구름을 타고
능력과 큰 영광으로 오는 것을 보리라 [28] 이런 일이 되기를 시작하거든 일어나 머리를 들라 너희 속량이 가까웠
느니라 하시더라

무화과나무 비유에서 배울 교훈

[29] 이에 비유로 이르시되 무화과나무와 모든 나무를 보라 [30] 싹이 나면 너희가 보고 여름이 가까운 줄을 자연히
아나니 [31] 이와 같이 너희가 이런 일이 일어나는 것을 보거든 하나님의 나라가 가까이 온 줄을 알라 [32] **내가 진실
로 너희에게 말하노니 이 세대가 지나가기 전에 모든 일이 다 이루어지리라 33 천지는 없어지겠으나 내 말은 없
어지지 아니하리라**

항상 기도하며 깨어 있으라

[34] 너희는 스스로 조심하라 그렇지 않으면 방탕함과 술취함과 생활의 염려로 마음이 둔하여지고 뜻밖에 그 날이
덫과 같이 너희에게 임하리라 [35] 이 날은 온 지구상에 거하는 모든 사람에게 임하리라 [36] 이러므로 너희는 장차
올 이 모든 일을 능히 피하고 인자 앞에 서도록 항상 기도하며 깨어 있으라 하시니라

마태 26:1-46, 마가 14:1-42, 누가 22:1-46, 요한 12:2-8, 13장~18:1

- 십자가의 죽음 예고와 마리아의 헌신(4월 5일 수요일 오후, 마 26:1-13, 막 14:1-9, 눅 22:1-2, 요 12:2-8) / 가룟 유다의 배신(4월 5일 수요일 밤, 마 26:14-16, 막 14:10-11, 눅 22:3-6) / 유월절 최후의 만찬(4월 6일 목요일 예루살렘, 마 26:17-35, 막 14:12-31, 눅 22:7-39, 요 13-14장) / 감람산에서 고별 설교(4월 6일 목요일 밤, 요 15-16장) / 예수님의 대제사장으로서의 중보기도(4월 6일 목요일 밤, 요 17장) / 예수님의 겟세마네 동산에서 기도(4월6일 목요일 자정 경, 마 26:36-46, 막 14:32-42, 눅 22:40-46, 요 18:1) -

마태 26:1-46

예수를 죽이려고 의논하다

[1] 예수께서 이 말씀을 다 마치시고 제자들에게 이르시되 [2] 너희가 아는 바
와 같이 이틀이 지나면 유월절이라 인자가 십자가에 못 박히기 위하여 팔
리리라 하시더라 [3] 그 때에 대제사장들과 백성의 장로들이 가야바라 하
는 대제사장의 관정에 모여 [4] 예수를 흉계로 잡아 죽이려고 의논하되 [5]
말하기를 민란이 날까 하노니 명절에는 하지 말자 하더라

예수의 머리에 향유를 붓다

[6] 예수께서 베다니 나병환자 시몬의 집에 계실 때에 [7] 한 여자가 매우 귀
한 향유 한 옥합을 가지고 나아와서 식사하시는 예수의 머리에 부으니 [8]
제자들이 보고 분개하여 이르되 무슨 의도로 이것을 허비하느냐 [9] 이것
을 비싼 값에 팔아 가난한 자들에게 줄 수 있었겠도다 하거늘 [10] 예수께

마 26:6-13 **마리아의 헌신**
예수께서 베다니 문둥이 시몬의 집에 계실 때 한 여자가 향유 한 옥합을 식사하시는 예수의 머리에 부었다. 이에 제자들이 비싼 향유를 팔아 가난한 자들을 돕지 않고 허비한다고 비난하였다. 그러나 예수께서는 이것이 자기 장사를 위한 것이며 장차 복음이 전파되는 곳에서 이 여인이 행한 일을 기념하라고 명하셨다.
예수의 머리에 향유를 부은 마리아의 행동은 자신도 모르는 사이에 예수께서 하나님 나라의 왕이시며 인간의 죄를 대속하실 제사장이시고 구원의 소식을 전하시는 선지자이심을 증거하고 있다. 하나님께서는 이 사건을 통해 마지막 수난을 앞두고 예수께서 하나님이 보내신 메시아이심을 다시 한 번 확증하시고자 하신 것이다. 또 한편으로 이 사건은 예수께서 수난을 당하시고 십자가에 못 박혀 대속의 죽음을 맞이하실 것을 예고하였다.

서 아시고 그들에게 이르시되 너희가 어찌하여 이 여자를 괴롭게 하느냐 그가 내게 좋은 일을 하였느니라 11 가
난한 자들은 항상 너희와 함께 있거니와 나는 항상 함께 있지 아니하리라 12 이 여자가 내 몸에 이 향유를 부은
것은 내 장례를 위하여 함이니라 13 내가 진실로 너희에게 이르노니 온 천하에 어디서든지 이 복음이 전파되는
곳에서는 이 여자가 행한 일도 말하여 그를 기억하리라 하시니라 14 그 때에 열둘 중의 하나인 가룟 유다라 하는
자가 대제사장들에게 가서 말하되 15 내가 예수를 너희에게 넘겨 주리니 얼마나 주려느냐 하니 그들이 은 삼십
을 달아 주거늘 16 그가 그 때부터 예수를 넘겨 줄 기회를 찾더라

마지막 만찬

17 무교절의 첫날에 제자들이 예수께 나아와서 이르되 유월절 음식 잡수
실 것을 우리가 어디서 준비하기를 원하시나이까 18 이르시되 성안 아무
에게 가서 이르되 선생님 말씀이 내 때가 가까이 왔으니 내 제자들과 함께 유월절을
네 집에서 지키겠다 하시더라 하라 하시니 19 제자들이 예수께서 시키신 대로 하여 유
월절을 준비하였더라 20 저물 때에 예수께서 열두 제자와 함께 앉으셨더니 21 그들이 먹
을 때에 이르시되 내가 진실로 너희에게 이르노니 너희 중의 한 사람이 나를 팔리라 하
시니 22 그들이 몹시 근심하여 각각 여짜오되 주여 나는 아니지요 23 대답하여 이르시되
나와 함께 그릇에 손을 넣는 그가 나를 팔리라 24 인자는 자기에 대하여 기록된 대로 가거니와 인자를 파는 그
사람에게는 화가 있으리로다 그 사람은 차라리 태어나지 아니하였더라면 제게 좋을 뻔하였느니라 25 예수를 파
는 유다가 대답하여 이르되 랍비여 나는 아니지요 대답하시되 네가 말하였도다 하시니라 26 그들이 먹을 때에
예수께서 떡을 가지사 축복하시고 떼어 제자들에게 주시며 이르시되 받아서 먹으라 이것은 내 몸이니라 하시고
27 또 잔을 가지사 감사기도 하시고 그들에게 주시며 이르시되 너희가 다 이것을 마시라 28 이것은 죄 사함을 얻
게 하려고 많은 사람을 위하여 흘리는 바 나의 피 곧 언약의 피니라 29 그러나 너희에게 이르노니 내가 포도나무
에서 난 것을 이제부터 내 아버지의 나라에서 새것으로 너희와 함께 마시는 날까지 마시지 아니하리라 하시니라
30 이에 그들이 찬미하고 감람산으로 나아가니라

마태 26:17
학습 자료 75-3 "최후의 만찬 시기" 참조

베드로가 부인할 것을 예언하시다

31 그 때에 예수께서 제자들에게 이르시되 오늘 밤에 너희가 다 나를 버
리리라 기록된 바 내가 목자를 치리니 양의 떼가 흩어지리라 하였느니라
32 그러나 내가 살아난 후에 너희보다 먼저 갈릴리로 가리라 33 베드로가
대답하여 이르되 모두 주를 버릴지라도 나는 결코 버리지 않겠나이다 34
예수께서 이르시되 내가 진실로 네게 이르노니 오늘 밤 닭 울기 전에 네
가 세 번 나를 부인하리라 35 베드로가 이르되 내가 주와 함께 죽을지언
정 주를 부인하지 않겠나이다 하고 모든 제자도 그와 같이 말하니라

겟세마네에서 기도하시다

36 이에 예수께서 제자들과 함께 겟세마네라 하는 곳에 이르러 제자들에
게 이르시되 내가 저기 가서 기도할 동안에 너희는 여기 앉아 있으라 하시
고 37 베드로와 세베대의 두 아들을 데리고 가실새 고민하고 슬퍼하사 38
이에 말씀하시되 내 마음이 매우 고민하여 죽게 되었으니 너희는 여기 머
물러 나와 함께 깨어 있으라 하시고 39 조금 나아가사 얼굴을 땅에 대시
고 엎드려 기도하여 이르시되 내 아버지여 만일 할 만하시거든 이 잔을 내
게서 지나가게 하옵소서 그러나 나의 원대로 마시옵고 아버지의 원대로
하옵소서 하시고 40 제자들에게 오사 그 자는 것을 보시고 베드로에게 말
씀하시되 너희가 나와 함께 한 시간도 이렇게 깨어 있을 수 없더냐 41 시

겟세마네 동산의 기도

마지막 만찬을 마치신 후 겟세마네라 하는 곳에서 수난을 앞두고 갈등과 번민에 휩싸이신 예수께서는 하나님께 할 수 있으면 고난을 피하게 해달라고 기도하셨다. 그러나 자기 뜻이 아니라 하나님의 뜻대로 되게 해달라고 기도하심으로 하나님의 뜻에 순종하는 모습을 보여 주셨다. 한편 제자들은 예수의 고통을 이해하지 못하고 잠들어버렸다.

겟세마네의 기도는 십자가의 수난이 하나님이신 예수께도 결코 쉬운 일이 아니었음을 보여 준다. 그리고 그 고통은 원래 죄인인 인간이 져야 할 짐이었다. 따라서 예수께는 십자가의 수난을 거부할 권리와 능력이 있었다. 그런데도 자기 뜻이 아니라 하나님의 뜻대로 되기를 간구하였다. 이런 예수의 모습은 하나님 안에서 구원받은 백성들이 세상의 환난을 무릅쓰고 하나님의 뜻에 순종하는 삶을 살아야 한다는 가르침을 몸소 보여 주신 것이다.

☞ 이 기도 후에 체포되신다.

험에 들지 않게 깨어 기도하라 마음에는 원이로되 육신이 약하도다 하시
고 42 다시 두 번째 나아가 기도하여 이르시되 내 아버지여 만일 내가 마
시지 않고는 이 잔이 내게서 지나갈 수 없거든 아버지의 원대로 되기를 원
하나이다 하시고 43 다시 오사 보신즉 그들이 자니 이는 그들의 눈이 피곤
함일러라. 44 또 그들을 두시고 나아가 세 번째 같은 말씀으로 기도하신
후 45 이에 제자들에게 오사 이르시되 이제는 자고 쉬라 보라 때가 가까
이 왔으니 인자가 죄인의 손에 팔리느니라 46 일어나라 함께 가자 보라 나
를 파는 자가 가까이 왔느니라

마가 14:1-42

예수를 죽일 방도를 찾다

1 이틀이 지나면 유월절과 무교절이라 대제사장들과 서기관들이 예수를 흉계로 잡아 죽일 방도를 구하며 2 이르
되 민란이 날까 하노니 명절에는 하지 말자 하더라

예수의 머리에 향유를 붓다

3 예수께서 베다니 나병환자 시몬의 집에서 식사하실 때에 한 여자가 매우 값진 향유 곧 순전한 나드 한 옥합을
가지고 와서 그 옥합을 깨뜨려 예수의 머리에 부으니 4 어떤 사람들이 화를 내어 서로 말하되 어찌하여 이 향유
를 허비하는가 5 이 향유를 삼백 데나리온 이상에 팔아 가난한 자들에게 줄 수 있었겠도다 하며 그 여자를 책망
하는지라 6 예수께서 이르시되 가만 두라 너희가 어찌하여 그를 괴롭게 하느냐 그가 내게 좋은 일을 하였느니라
7 가난한 자들은 항상 너희와 함께 있으니 아무 때라도 원하는 대로 도울 수 있거니와 나는 너희와 항상 함께 있
지 아니하리라 8 그는 힘을 다하여 내 몸에 향유를 부어 내 장례를 미리 준비하였느니라 9 내가 진실로 너희에게
이르노니 온 천하에 어디서든지 복음이 전파되는 곳에는 이 여자가 행한 일도 말하여 그를 기억하리라 하시니라

유다가 배반하다

10 열둘 중의 하나인 가룟 유다가 예수를 넘겨 주려고 대제사장들에게 가매 11 그들이 듣고 기뻐하여 돈을 주기
로 약속하니 유다가 예수를 어떻게 넘겨 줄까 하고 그 기회를 찾더라

제자들과 함께 유월절을 지키다

12 무교절의 첫날 곧 유월절 양 잡는 날에 제자들이 예수께 여짜오되 우리가 어디로 가서 선생님께서 유월절 음식
을 잡수시게 준비하기를 원하시나이까 하매 13 예수께서 제자 중의 둘을 보내시며 이르시되 성내로 들어가라 그
리하면 물 한 동이를 가지고 가는 사람을 만나리니 그를 따라가서 14 어디든지 그가 들어가는 그 집 주인에게 이르
되 선생님의 말씀이 내가 내 제자들과 함께 유월절 음식을 먹을 나의 객실이 어디 있느냐 하시더라 하라 15 그리하
면 자리를 펴고 준비한 큰 다락방을 보이리니 거기서 우리를 위하여 준비하라 하시니 16 제자들이 나가 성내로 들
어가서 예수께서 하시던 말씀대로 만나 유월절 음식을 준비하니라 17 저물매 그 열둘을 데리시고 가서 18 다 앉아
먹을 때에 예수께서 이르시되 내가 진실로 너희에게 이르노니 너희 중의 한 사람 곧 나와 함께 먹는 자가 나를 팔
리라 하신대 19 그들이 근심하며 하나씩 하나씩 나는 아니지요 하고 말하기 시작하니 20 그들에게 이르시되 열둘
중의 하나 곧 나와 함께 그릇에 손을 넣는 자니라 21 인자는 자기에 대하여 기록된 대로 가거니와 인자를 파는 그
사람에게는 화가 있으리로다 그 사람은 차라리 나지 아니하였더라면 자기에게 좋을 뻔하였느니라 하시니라

마지막 만찬

22 그들이 먹을 때에 예수께서 떡을 가지사 축복하시고 떼어 제자들에게
주시며 이르시되 받으라 이것은 내 몸이니라 하시고 23 또 잔을 가지사 감
사 기도 하시고 그들에게 주시니 다 이를 마시매 24 이르시되 이것은 많은
사람을 위하여 흘리는 나의 피 곧 언약의 피니라 25 진실로 너희에게 이르

막 14:22-25

학습 자료 75-4 "성찬의 의미" 참조
학습 자료 75-5
"성찬에 대한 견해 도표" 참조

노니 내가 포도나무에서 난 것을 하나님 나라에서 새 것으로 마시는 날까지 다시 마시지 아니하리라 하시니라
26 이에 그들이 찬미하고 감람 산으로 가니라

베드로가 부인할 것을 예언하시다

27 예수께서 제자들에게 이르시되 너희가 다 나를 버리리라 이는 기록된
바 내가 목자를 치리니 양들이 흩어지리라 하였음이니라 28 그러나 내가
살아난 후에 너희보다 먼저 갈릴리로 가리라 29 베드로가 여짜오되 다 버
릴지라도 나는 그리하지 않겠나이다 30 예수께서 이르시되 내가 진실로
네게 이르노니 오늘 이 밤 닭이 두 번 울기 전에 네가 세 번 나를 부인하리
라 31 베드로가 힘있게 말하되 내가 주와 함께 죽을지언정 주를 부인하지
않겠나이다 하고 모든 제자도 이와 같이 말하니라

겟세마네에서 기도하시다

32 그들이 겟세마네라 하는 곳에 이르매 예수께서 제자들에게 이르시되
내가 기도할 동안에 너희는 여기 앉아 있으라 하시고 33 베드로와 야고보
와 요한을 데리고 가실새 심히 놀라시며 슬퍼하사 34 말씀하시되 내 마음
이 심히 고민하여 죽게 되었으니 너희는 여기 머물러 깨어 있으라 하시고
35 조금 나아가사 땅에 엎드리어 될 수 있는 대로 이 때가 자기에게서 지
나가기를 구하여 36 이르시되 아빠 아버지여 아버지께는 모든 것이 가능
하오니 이 잔을 내게서 옮기시옵소서 그러나 나의 원대로 마시옵고 아버
지의 원대로 하옵소서 하시고 37 돌아오사 제자들이 자는 것을 보시고 베
드로에게 말씀하시되 시몬아 자느냐 네가 한 시간도 깨어 있을 수 없더냐
38 시험에 들지 않게 깨어 있어 기도하라 마음에는 원이로되 육신이 약하
도다 하시고 39 다시 나아가 동일한 말씀으로 기도하시고 40 다시 오사 보
신즉 그들이 자니 이는 그들의 눈이 심히 피곤함이라 그들이 예수께 무엇
으로 대답할 줄을 알지 못하더라 41 세 번째 오사 그들에게 이르시되 이
제는 자고 쉬라 그만 되었다 때가 왔도다 보라 인자가 죄인의 손에 팔리
느니라 42 일어나라 함께 가자 보라 나를 파는 자가 가까이 왔느니라

누가 22:1-46

유다가 배반하다

1 유월절이라 하는 무교절이 다가오매 2 대제사장들과 서기관들이 예수
를 무슨 방도로 죽일까 궁리하니 이는 그들이 백성을 두려워함이더라 3
열둘 중의 하나인 가룟인이라 부르는 유다에게 사탄이 들어가니 4 이에
유다가 대제사장들과 성전 경비대장들에게 가서 예수를 넘겨 줄 방도를
의논하매 5 그들이 기뻐하여 돈을 주기로 언약하는지라 6 유다가 허락하
고 예수를 무리가 없을 때에 넘겨 줄 기회를 찾더라

유월절을 준비하다

7 유월절 양을 잡을 무교절날이 이른지라 8 예수께서 베드로와 요한을 보
내시며 이르시되 가서 우리를 위하여 유월절을 준비하여 우리로 먹게 하라 9 여짜오되 어디서 준비하기를 원하
시나이까 10 이르시되 보라 너희가 성내로 들어가면 물 한 동이를 가지고 가는 사람을 만나리니 그가 들어가는
집으로 따라 들어가서 11 그 집 주인에게 이르되 선생님이 네게 하는 말씀이 내가 내 제자들과 함께 유월절을 먹

❖ 베드로의 예수 부인

예수께서 심문받기 위해 대제사장의 집 뜰로 끌려가실 때 베드로가 멀찍이 그 뒤를 쫓았다. 그때 베드로를 알아본 사람들이 그에게 예수와 함께 있었음을 묻자, 세 번이나 예수를 모른다고 부인 하였다. 그때 닭이 두 번째 울었고 닭이 두 번 울기 전에 세 번 부인하리라고 하신 예수님의 예언을 기억한 베드로가 심히 울며 회개하였다.
베드로는 예수의 가장 신임 받는 제자였고 성격이 불같았다. 그래서 마지막 만찬 때에 죽어도 예수를 부인하지 않고 함께 있겠다고 약속한 바 있다(막14:31). 그래서 체포 당시에도 칼을 빼어 예수를 보호하려고 하였고, 예수께서 심문받기 위해 가야바의 집 뜰로 갈 때 멀찍이 따라갔다. 문 앞에서 더 이상 들어갈 수 없어 기다리던 베드로는 마침 대제사장을 아는 다른 제자(이 사람은 열두 제자 외에 다른 제자였을 것이다)의 도움으로 예수께서 심문받는 뜰까지 들어갈 수 있었다. 마침 밤의 추위를 이기기 위해 피워놓은 모닥불가에 서 있었고 베드로를 알아본 사람들에 의해 신분이 탄로 나게 되었다. 베드로는 항상 예수와 함께 있었기 때문에 그의 얼굴을 알아보는 사람들이 있었으며, 또한 갈릴리 특유의 억양 때문에 갈릴리 사람으로 불리는 예수와 관련이 있는 것으로 여겨졌다. 그러자 베드로는 황급히 자신은 예수를 모른다고 부인하며 심지어 저주까지 하였다. 당시에 자신을 메시아라고 주장하며 신성모독을 일삼거나 로마에 대항하여 혁명을 꾀하던, 많은 무리가 우두머리와 함께 체포되어 부하들까지 극형에 처해졌기 때문에, 베드로도 예수가 신성 모독죄나 반역죄로 판결받을 경우 함께 죽을까 두려워하였다. 결국 예수의 예언대로 베드로는 닭이 두 번 울기 전에 세 번이나 예수를 부인하고 말았던 것이다.
죽기까지 예수를 따라가겠다던 베드로는 결국 죽음이라는 두려움 앞에서 예수를 부인하고 저주하고 말았다. 가장 강하다는 베드로의 이 같은 모습 속에서 자기 말조차 제대로 지키지 못하고 무너져 버리는 나약한 인간의 모습을 발견할 수 있다. 그러므로 인간은 스스로 구원할 수 없고 예수께서는 이런 연약한 인간을 끝까지 버리지 않으시고 구원하시기 위하여 십자가를 지신 것이다.

을 객실이 어디 있느냐 하시더라 하라 12 그리하면 그가 자리를 마련한 큰 다락방을 보이리니 거기서 준비하라
하시니 13 그들이 나가 그 하신 말씀대로 만나 유월절을 준비하니라

마지막 만찬

14 때가 이르매 예수께서 사도들
과 함께 앉으사 15 이르시되 내가
고난을 받기 전에 너희와 함께 이
유월절 먹기를 원하고 원하였노라
16 내가 너희에게 이르노니 이 유
월절이 하나님의 나라에서 이루기
까지 다시 먹지 아니하리라 하시고 17 이에 잔을 받으사 감사 기도 하시고
이르시되 이것을 갖다가 너희끼리 나누라 18 내가 너희에게 이르노니 내
가 이제부터 하나님의 나라가 임할 때까지 포도나무에서 난 것을 다시 마
시지 아니하리라 하시고 19 또 떡을 가져 감사기도 하시고 떼어 그들에게
주시며 이르시되 이것은 너희를 위하여 주는 내 몸이라 너희가 이를 행하
여 나를 기념하라 하시고 20 저녁 먹은 후에 잔도 그와 같이 하여 이르시
되 이 잔은 내 피로 세우는 새 언약이니 곧 너희를 위하여 붓는 것이라 21
그러나 보라 나를 파는 자의 손이 나와 함께 상 위에 있도다 22 인자는 이
미 작정된 대로 가거니와 그를 파는 그 사람에게는 화가 있으리로다 하시
니 23 그들이 서로 묻되 우리 중에서 이 일을 행할 자가 누구일까 하더라

베드로가 부인할 것을 예언하시다

24 또 그들 사이에 그 중 누가 크냐 하는 다툼이 난지라 25 예수께서 이르
시되 이방인의 임금들은 그들을 주관하며 그 집권자들은 은인이라 칭함
을 받으나 26 너희는 그렇지 않을지니 너희 중에 큰 자는 젊은 자와 같고
다스리는 자는 섬기는 자와 같을지니라 27 앉아서 먹는 자가 크냐 섬기는
자가 크냐 앉아서 먹는 자가 아니냐 그러나 나는 섬기는 자로 너희 중에
있노라 28 너희는 나의 모든 시험 중에 항상 나와 함께 한 자들인즉 29 내
아버지께서 나라를 내게 맡기신 것 같이 나도 너희에게 맡겨 30 너희로 내
나라에 있어 내 상에서 먹고 마시며 또는 보좌에 앉아 이스라엘 열두 지
파를 다스리게 하려 하노라 31 시몬아, 시몬아, 보라 사탄이 너희를 밀 까
부르듯 하려고 요구하였으나 32 그러나 내가 너를 위하여 네 믿음이 떨어
지지 않기를 기도하였노니 너는 돌이킨 후에 네 형제를 굳게 하라 33 그가
말하되 주여 내가 주와 함께 옥에도, 죽는 데에도 가기를 각오하였나이
다 34 이르시되 베드로야 내가 네게 말하노니 오늘 닭 울기 전에 네가 세
번 나를 모른다고 부인하리라 하시니라

전대와 배낭과 검

35 그들에게 이르시되 내가 너희를 전대와 배낭과 신발도 없이 보내었을
때에 부족한 것이 있더냐 이르되 없었나이다 36 이르시되 이제는 전대 있
는 자는 가질 것이요 배낭도 그리하고 검 없는 자는 겉옷을 팔아 살지어
다 37 내가 너희에게 말하노니 기록된 바 그는 불법자의 동류로 여김을 받
았다 한 말이 내게 이루어져야 하리니 내게 관한 일이 이루어져 감이니라

최후의 만찬 - 성만찬의 기원

본문은 예수께서 교회의 중요한 표징 중의 하나인 성만찬을 제정하신 사건을 기록하고 있다. 예수께서 로마 군대에 잡히시기 전날 밤에 제자들과 가지신 마지막 만찬에서 떡과 포도주를 나눠주시며 사람들을 위하여 주는 자신의 몸이요, 언약의 피라고 말씀하셨다. 십자가의 고난이 죄인인 인간을 구원하시기 위한 것임을 가르치신 것이다.

예수께서 행하신 마지막 만찬은 유대인의 전통에 따른 유월절 만찬으로 행해졌다. 유월절에는 독특한 두 가지의 행사가 치러지는데 첫째는 니산달 14일 저녁에 성전에서 양과 염소를 죽여 그 피를 제단에 뿌리는 일이고 둘째는 가정에서의 식사와 친교 그리고 역사적인 회상을 가지는 것이다. 이때는 오후 3시경 성전에서 피 뿌리는 예식이 행해지고 난 다음에 식사가 진행된다. 식사 때에는 축복기도 후 첫 번째 포도주잔으로 식사가 시작되고 쓴 나물과 구운 양고기를 먹는다. 두 번째 포도주잔이 있은 후 출애굽의 역사적인 구속의 이야기와 시편의 찬양 노래를 암송한다. 그리고 마지막 기도로 공식적인 유월절 만찬이 끝난다. 이런 점에서 예수께서 베푸신 성만찬은 유월절의 역사적 의미와 전통을 그대로 잇고 있다. 우선 자신이 제자들에게 주는 포도주가 사람들을 위하여 흘리는 피라고 소개하신 것은 유월절 의식에서 피를 성전 제단에 뿌리는 것을 연상케 한다. 또한 떡을 나눠주신 것은 유월절 양의 고기를 구워 모든 식구가 나눠 먹는 식사의 요소를 담고 있다. 따라서 예수의 성만찬은 이스라엘 백성이 애굽에서 구원받은 것을 기념하는 유월절의 역사적 의미를 그대로 전달하고 있다.

예수께서 유월절 의식과 자신의 성만찬을 연결하신 것은 자신의 십자가 수난이 택한 자들을 죄에서 해방하기 위한 것이라는 동일한 의미를 지니고 있기 때문이다. 잔에 담긴 붉은 포도주는 새 언약의 기초인 예수의 피를 상징하고 떡은 영생을 주시는 생명의 떡인 예수를 상징한다. 이것은 짐승의 피와 희생 제사에 근거를 두었던 모세의 제사와 유비 관계를 이루지만 모세의 제사는 매년 계속 반복되어야 하는 한시적이고 유한한 효과를 지니지만 예수의 피와 살로 세우신 성만찬은 한 번으로 영원한 효력을 가진다는 점에서 비교할 수 없는 질적 차이를 지니고 있다.

눅 22:35-38
학습 자료 75-6
"검이 없는 자는 검을 살지어다" 참조

38 그들이 여짜오되 주여 보소서 여기 검 둘이 있나이다 대답하시되 족하다 하시니라

감람산에서 기도하시다

39 예수께서 나가사 습관을 따라 감람 산에 가시매 제자들도 따라갔더니 40 그 곳에 이르러 그들에게 이르시되
유혹에 빠지지 않게 기도하라 하시고 41 그들을 떠나 돌 던질 만큼 가서 무릎을 꿇고 기도하여 42 이르시되 아버
지여 만일 아버지의 뜻이거든 이 잔을 내게서 옮기시옵소서 그러나 내 원대로 마시옵고 아버지의 원대로 되기를
원하나이다 하시니 43 천사가 하늘로부터 예수께 나타나 힘을 더하더라 44 예수께서 힘쓰고 애써 더욱 간절히 기
도하시니 땀이 땅에 떨어지는 핏방울 같이 되더라 45 기도 후에 일어나 제자들에게 가서 슬픔으로 인하여 잠든
것을 보시고 46 이르시되 어찌하여 자느냐 시험에 들지 않게 일어나 기도하라 하시니라

요한 12:2-8

2 거기서 예수를 위하여 잔치할새 마르다는 일을 하고 나사로는 예수와 함께 앉은 자 중에 있더라 3 마리아는 지
극히 비싼 향유 곧 순전한 나드 한 근을 가져다가 예수의 발에 붓고 자기 머리털로 그의 발을 닦으니 향유 냄새
가 집에 가득하더라 4 제자 중 하나로서 예수를 잡아 줄 가룟 유다가 말하되 5 이 향유를 어찌하여 삼백 데나리
온에 팔아 가난한 자들에게 주지 아니하였느냐 하니 6 이렇게 말함은 가난한 자들을 생각함이 아니요 그는 도둑
이라 돈궤를 맡고 거기 넣는 것을 훔쳐 감이러라 7 예수께서 이르시되 그를 가만 두어 나의 장례할 날을 위하여
그것을 간직하게 하라 8 가난한 자들은 항상 너희와 함께 있거니와 나는 항상 있지 아니하리라 하시니라

요한 13장

제자들의 발을 씻으시다

1 유월절 전에 예수께서 자기가 세상을 떠나 아버지께로 돌아가실 때가
이른 줄 아시고 세상에 있는 자기 사람들을 사랑하시되 끝까지 사랑하
시니라 2 마귀가 벌써 시몬의 아들 가룟 유다의 마음에 예수를 팔려는
생각을 넣었더라 3 저녁 먹는 중 예수는 아버지께서 모든 것을 자기 손
에 맡기신 것과 또 자기가 하나님께로부터 오셨다가 하나님께로 돌아가
실 것을 아시고 4 저녁 잡수시던 자리에서 일어나 겉옷을 벗고 수건을 가
져다가 허리에 두르시고 5 이에 대야에 물을 떠서 제자들의 발을 씻으시
고 그 두르신 수건으로 닦기를 시작하여 6 시몬 베드로에게 이르시니 베
드로가 이르되 주여 주께서 내 발을 씻으시나이까 7 예수께서 대답하여
이르시되 내가 하는 것을 네가 지금은 알지 못하나 이후에는 알리라 8 베
드로가 이르되 내 발을 절대로 씻지 못하시리이다 예수께서 대답하시되
내가 너를 씻어 주지 아니하면 네가 나와 상관이 없느니라 9 시몬 베드로
가 이르되 주여 내 발뿐 아니라 손과 머리도 씻어 주옵소서 10 예수께서
이르시되 이미 목욕한 자는 발밖에 씻을 필요가 없느니라 온 몸이 깨끗
하니라 너희가 깨끗하나 다는 아니니라 하시니 11 이는 자기를 팔 자가
누구인지 아심이라 그러므로 다는 깨끗하지 아니하다 하시니라 12 그들
의 발을 씻으신 후에 옷을 입으시고 다시 앉아 그들에게 이르시되 내가
너희에게 행한 것을 너희가 아느냐 13 너희가 나를 선생이라 또는 주라
하니 너희 말이 옳도다 내가 그러하다 14 내가 주와 또는 선생이 되어 너
희 발을 씻었으니 너희도 서로 발을 씻어 주는 것이 옳으니라 15 내가 너
희에게 행한 것 같이 너희도 행하게 하려 하여 본을 보였노라 16 내가 진

요 13:1-20 제자의 발 씻기기

십자가의 수난과 죽음의 때가 다가온 것을 아신 예수께서 유월절 전에 제자들과 함께 마지막 만찬을 가지셨다. 그 자리에서 베드로의 만류에도 불구하고 예수께서 친히 제자들의 발을 씻겨주셨다. 그리고 제자들에게 자신을 본받아 서로 사랑하며 섬기는 자가 되라고 교훈하셨다.

예수께서는 선생으로서 제자들을 가르쳤지만 대접받기를 원치 않으셨다. 오히려 종으로 섬기는 모범을 보이셨다. 작은 자를 대접하는 것이 곧 자신을 대접하는 것이라는 가르침을 실천해 보이신 것이다(마 25:40). 이처럼 가르침은 행동으로 나타날 때 힘이 생기고 진리임을 인정받게 된다. 따라서 예수의 제자인 성도들도 세상을 향하여 섬기는 자가 될 때 복음의 진리가 더욱 힘차게 전파됨을 알아야 한다.

실로 진실로 너희에게 이르노니 종이 주인보다 크지 못하고 보냄을 받은
자가 보낸 자보다 크지 못하나니 17 너희가 이것을 알고 행하면 복이 있으
리라 18 내가 너희 모두를 가리켜 말하는 것이 아니니라 나는 내가 택한
자들이 누구인지 앎이라 그러나 내 떡을 먹는 자가 내게 발꿈치를 들었
다 한 성경을 응하게 하려는 것이니라 19 지금부터 일이 일어나기 전에 미
리 너희에게 일러 둠은 일이 일어날 때에 내가 그인 줄 너희가 믿게 하려
함이로라 20 내가 진실로 진실로 너희에게 이르노니 내가 보낸 자를 영접
하는 자는 나를 영접하는 것이요 나를 영접하는 자는 나를 보내신 이를
영접하는 것이니라

너희 중 하나가 나를 팔리라

21 예수께서 이 말씀을 하시고 심령이 괴로워 증언하여 이르시되 내가 진
실로 진실로 너희에게 이르노니 너희 중 하나가 나를 팔리라 하시니 22
제자들이 서로 보며 누구에게 대하여 말씀하시는지 의심하더라 23 예수
의 제자 중 하나 곧 그가 사랑하시는 자가 예수의 품에 의지하여 누웠
는지라 24 시몬 베드로가 머릿짓을 하여 말하되 말씀하신 자가 누구인지
말하라 하니 25 그가 예수의 가슴에 그대로 의지하여 말하되 주여 누구
니이까 26 예수께서 대답하시되 내가 떡 한 조각을 적셔다 주는 자가 그
니라 하시고 곧 한 조각을 적셔서 가룟 시몬의 아들 유다에게 주시니 27
조각을 받은 후 곧 사탄이 그 속에 들어간지라 이에 예수께서 유다에게
이르시되 네가 하는 일을 속히 하라 하시니 28 이 말씀을 무슨 뜻으로 하
셨는지 그 앉은 자 중에 아는 자가 없고 29 어떤 이들은 유다가 돈궤를
맡았으므로 명절에 우리가 쓸 물건을 사라 하시는지 혹은 가난한 자들
에게 무엇을 주라 하시는 줄로 생각하더라 30 유다가 그 조각을 받고 곧
나가니 밤이러라

새 계명

31 그가 나간 후에 예수께서 이르시되 지금 인자가 영광을 받았고 하나
님도 인자로 말미암아 영광을 받으셨도다 32 만일 하나님이 그로 말미암
아 영광을 받으셨으면 하나님도 자기로 말미암아 그에게 영광을 주시리
니 곧 주시리라 33 작은 자들아 내가 아직 잠시 너희와 함께 있겠노라 너
희가 나를 찾을 것이나 일찍이 내가 유대인들에게 너희는 내가 가는 곳
에 올 수 없다고 말한 것과 같이 지금 너희에게도 이르노라 34 새 계명을
너희에게 주노니 서로 사랑하라 내가 너희를 사랑한 것 같이 너희도 서로
사랑하라 35 너희가 서로 사랑하면 이로써 모든 사람이 너희가 내 제자인
줄 알리라

베드로가 부인할 것을 이르시다

36 시몬 베드로가 이르되 주여 어디로 가시나이까 예수께서 대답하시되
내가 가는 곳에 네가 지금은 따라올 수 없으나 후에는 따라오리라 37 베
드로가 이르되 주여 내가 지금은 어찌하여 따라갈 수 없나이까 주를 위하여 내 목숨을 버리겠나이다 38 예수께
서 대답하시되 네가 나를 위하여 네 목숨을 버리겠느냐 내가 진실로 진실로 네게 이르노니 닭 울기 전에 네가 세
번 나를 부인하리라

요 13:13-14
학습 자료 75-7 "주(主) Lord" 참조

가룟 유다의 배신

예루살렘에 입성하신 예수께서 많은 사람에게 환영받으며 능력과 말씀을 베푸시자, 대제사장들과 장로들은 본격적으로 예수를 제거할 음모를 꾸미기 시작하였다. 그들은 소요를 두려워하여 유월절이 지난 다음으로 시기를 잡았다. 한편 예수의 제자 가룟 유다가 이들의 음모에 참가하여 대가를 받고 예수를 저들에게 넘기고자 하였다.

유월절을 맞아 예수께서 예루살렘에 입성하시면서 예수와 유대의 종교 지도자들 사이에 갑자기 심각한 위기가 형성되었다. 입성 당시 백성들이 보여 준 열렬한 환영과 성전에서 장사하는 자들을 내쫓으신 행동, 그리고 가르침을 통해 대제사장들과 장로들, 바리새인들을 향하여 심판받을 자로 묘사한 것 등이 직접적인 원인이었다. 그래서 산헤드린 의장인 가야바의 아문에 모여 대제사장들과 백성의 장로들은 예수를 죽이기로 작정하였다. 그러나 당시 유월절을 맞아 수많은 유대인이 모여 예수를 따랐기 때문에 그를 체포하는 것이 쉽지 않았고, 민란이 일어나는 것을 우려하여 유월절을 지내고 일을 벌이기로 하였다. 한편 예수의 제자 중 가룟 유다가 예수를 파는 대가를 받기로 하고 이들의 음모에 가담하였다. 항상 예수와 함께 있는 가룟 유다가 예수께서 사람들과 떨어져 있는 때를 밀고하면 백성들 몰래 손쉽게 체포할 수 있었기 때문에 종교 지도자들은 흔쾌히 받아들였다. 어떤 학자들은 혁명당원이었던 가룟 유다가 예수로 하여금 자신의 왕국을 만들지 않으면 안 될 상황으로 몰고 가려고 일부러 밀고하였다고 주장하지만, 성경은 정치적인 메시아를 기대해 온 가룟 유다가 예수께서 그런 의도를 전혀 보이지 않자 이에 대한 보상을 받기 위해 제자들의 전대에서 돈을 꺼내고 마침내 돈을 받고 예수를 팔고자 하였을 것으로 묘사한다.

대제사장들과 장로들은 자신들의 권위를 위해, 가룟 유다는 탐욕으로 메시아로 오신 예수를 죽이고자 모의하였다. 그러나 그것이 사람을 구원하시기 위한 하나님의 뜻이며 이미 예정된 일임을 그들은 알지 못하였다. 하나님께서는 그들의 음모를 이용하셔서 자신의 계획을 이루셨고 그들은 스스로 선택으로 심판받을 자가 되었다. 인간이 하나님 앞에서 얼마나 나약하고 어리석은 존재인지를 알 수 있다.

요한 14장

내가 곧 길이요 진리요 생명이니

1 너희는 마음에 근심하지 말라 하나님을 믿으니 또 나를 믿으라 2 내 아버지 집에 거할 곳이 많도다 그렇지 않으
면 너희에게 일렀으리라 내가 너희를 위하여 거처를 예비하러 가노니 3 가서 너희를 위하여 거처를 예비하면 내
가 다시 와서 너희를 내게로 영접하여 나 있는 곳에 너희도 있게 하리라 4 내가 어디로 가는지 그 길을 너희가 아
느니라 5 도마가 이르되 주여 주께서 어디로 가시는지 우리가 알지 못하거늘 그 길을 어찌 알겠사옵나이까 6 예
수께서 이르시되 내가 곧 길이요 진리요 생명이니 나로 말미암지 않고는 아버지께로 올 자가 없느니라 7 너희가
나를 알았더라면 내 아버지도 알았으리로다 이제부터는 너희가 그를 알았고 또 보았느니라 8 빌립이 이르되 주
여 아버지를 우리에게 보여 주옵소서 그리하면 족하겠나이다 9 예수께서 이르시되 빌립아 내가 이렇게 오래 너
희와 함께 있으되 네가 나를 알지 못하느냐 나를 본 자는 아버지를 보았거늘 어찌하여 아버지를 보이라 하느냐
10 내가 아버지 안에 거하고 아버지는 내 안에 계신 것을 네가 믿지 아니하느냐 내가 너희에게 이르는 말은 스스
로 하는 것이 아니라 아버지께서 내 안에 계셔서 그의 일을 하시는 것이라 11 내가 아버지 안에 거하고 아버지께
서 내 안에 계심을 믿으라 그렇지 못하겠거든 행하는 그 일로 말미암아 나를 믿으라 12 내가 진실로 진실로 너희
에게 이르노니 나를 믿는 자는 내가 하는 일을 그도 할 것이요 또한 그보다 큰 일도 하리니 이는 내가 아버지께
로 감이라 13 너희가 내 이름으로 무엇을 구하든지 내가 행하리니 이는 아버지로 하여금 아들로 말미암아 영광
을 받으시게 하려 함이라 14 내 이름으로 무엇이든지 내게 구하면 내가 행하리라 15 너희가 나를 사랑하면 나의
계명을 지키리라 16 내가 아버지께 구하겠으니 그가 또 다른 보혜사를 너
희에게 주사 영원토록 너희와 함께 있게 하리니 17 그는 진리의 영이라 세
상은 능히 그를 받지 못하나니 이는 그를 보지도 못하고 알지도 못함이라 그러나 너희는 그를 아나니 그는 너희
와 함께 거하심이요 또 너희 속에 계시겠음이라 18 내가 너희를 고아와 같이 버려두지 아니하고 너희에게로 오
리라 19 조금 있으면 세상은 다시 나를 보지 못할 것이로되 너희는 나를 보리니 이는 내가 살아 있고 너희도 살아
있겠음이라 20 그 날에는 내가 아버지 안에, 너희가 내 안에, 내가 너희 안에 있는 것을 너희가 알리라 21 나의 계
명을 지키는 자라야 나를 사랑하는 자니 나를 사랑하는 자는 내 아버지께 사랑을 받을 것이요 나도 그를 사랑하
여 그에게 나를 나타내리라 22 가룟인 아닌 유다가 이르되 주여 어찌하여 자기를 우리에게는 나타내시고 세상에
는 아니하려 하시나이까 23 예수께서 대답하여 이르시되 사람이 나를 사랑하면 내 말을 지키리니 내 아버지께서
그를 사랑하실 것이요 우리가 그에게 가서 거처를 그와 함께 하리라 24 나를 사랑하지 아니하는 자는 내 말을 지
키지 아니하나니 너희가 듣는 말은 내 말이 아니요 나를 보내신 아버지의 말씀이니라

요 14:16-17
학습 자료 75-8 "보혜사" 참조

보혜사

25 내가 아직 너희와 함께 있어서 이 말을 너희에게 하였거니와 26 보혜사 곧 아버지께서 내 이름으로 보내실 성
령 그가 너희에게 모든 것을 가르치고 내가 너희에게 말한 모든 것을 생각나게 하리라 27 평안을 너희에게 끼치
노니 곧 나의 평안을 너희에게 주노라 내가 너희에게 주는 것은 세상이 주는 것과 같지 아니하니라 너희는 마음
에 근심하지도 말고 두려워하지도 말라 28 내가 갔다가 너희에게로 온다 하는 말을 너희가 들었나니 나를 사랑
하였더라면 내가 아버지께로 감을 기뻐하였으리라 아버지는 나보다 크심이라 29 이제 일이 일어나기 전에 너희
에게 말한 것은 일이 일어날 때에 너희로 믿게 하려 함이라 30 이후에는 내가 너희와 말을 많이 하지 아니하리니
이 세상의 임금이 오겠음이라 그러나 그는 내게 관계할 것이 없으니 31 오직 내가 아버지를 사랑하는 것과 아버
지께서 명하신 대로 행하는 것을 세상이 알게 하려 함이로라 일어나라 여기를 떠나자 하시니라

요한 15장

나는 포도나무요 너희는 가지라

1 나는 참포도나무요 내 아버지는 농부라 2 무릇 내게 붙어 있어 열매를 맺지 아니하는 가지는 아버지께서 그것

을 제거해 버리시고 무릇 열매를 맺는 가지는 더 열매를 맺게 하려 하여
그것을 깨끗하게 하시느니라 3 너희는 내가 일러준 말로 이미 깨끗하여
졌으니 4 내 안에 거하라 나도 너희 안에 거하리라 가지가 포도나무에 붙
어 있지 아니하면 스스로 열매를 맺을 수 없음 같이 너희도 내 안에 있지
아니하면 그러하리라 5 나는 포도나무요 너희는 가지라 그가 내 안에, 내
가 그 안에 거하면 사람이 열매를 많이 맺나니 나를 떠나서는 너희가 아
무 것도 할 수 없음이라 6 사람이 내 안에 거하지 아니하면 가지처럼 밖에
버려져 마르나니 사람들이 그것을 모아다가 불에 던져 사르느니라 7 너희
가 내 안에 거하고 내 말이 너희 안에 거하면 무엇이든지 원하는 대로 구
하라 그리하면 이루리라 8 너희가 열매를 많이 맺으면 내 아버지께서 영
광을 받으실 것이요 너희는 내 제자가 되리라 9 아버지께서 나를 사랑하
신 것 같이 나도 너희를 사랑하였으니 나의 사랑 안에 거하라 10 내가 아
버지의 계명을 지켜 그의 사랑 안에 거하는 것 같이 너희도 내 계명을 지
키면 내 사랑 안에 거하리라 11 내가 이것을 너희에게 이름은 내 기쁨이
너희 안에 있어 너희 기쁨을 충만하게 하려 함이라 12 내 계명은 곧 내가
너희를 사랑한 것 같이 너희도 서로 사랑하라 하는 이것이니라 13 사람이
친구를 위하여 자기 목숨을 버리면 이보다 더 큰 사랑이 없나니 14 너희는
내가 명하는 대로 행하면 곧 나의 친구라 15 이제부터는 너희를 종이라 하
지 아니하리니 종은 주인이 하는 것을 알지 못함이라 너희를 친구라 하였
노니 내가 내 아버지께 들은 것을 다 너희에게 알게 하였음이라 16 너희
가 나를 택한 것이 아니요 내가 너희를 택하여 세웠나니 이는 너희로 가
서 열매를 맺게 하고 또 너희 열매가 항상 있게 하여 내 이름으로 아버지
께 무엇을 구하든지 다 받게 하려 함이라 17 내가 이것을 너희에게 명함은
너희로 서로 사랑하게 하려 함이라 18 세상이 너희를 미워하면 너희보다
먼저 나를 미워한 줄을 알라 19 너희가 세상에 속하였으면 세상이 자기의
것을 사랑할 것이나 너희는 세상에 속한 자가 아니요 도리어 내가 너희를
세상에서 택하였기 때문에 세상이 너희를 미워하느니라 20 내가 너희에
게 종이 주인보다 더 크지 못하다 한 말을 기억하라 사람들이 나를 박해
하였은즉 너희도 박해할 것이요 내 말을 지켰은즉 너희 말도 지킬 것이라
21 그러나 사람들이 내 이름으로 말미암아 이 모든 일을 너희에게 하리니
이는 나를 보내신 이를 알지 못함이라 22 내가 와서 그들에게 말하지 아니
하였더라면 죄가 없었으려니와 지금은 그 죄를 핑계할 수 없느니라 23 나를 미워하는 자는 또 내 아버지를 미워
하느니라 24 내가 아무도 못한 일을 그들 중에서 하지 아니하였더라면 그들에게 죄가 없었으려니와 지금은 그들
이 나와 내 아버지를 보았고 또 미워하였도다 25 그러나 이는 그들의 율법에 기록된 바 그들이 이유 없이 나를 미
워하였다 한 말을 응하게 하려 함이라 26 내가 아버지께로부터 너희에게 보낼 보혜사 곧 아버지께로부터 나오시
는 진리의 성령이 오실 때에 그가 나를 증언하실 것이요 27 너희도 처음부터 나와 함께 있었으므로 증언하느니라

❖ 요 15~16장 **감람산에서 고별 설교**(4월 6일 목요일 밤)
구약에서 포도나무는 이스라엘을 상징한다. 대부분은, 이스라엘은 하나님의 은혜를 배신함으로 인해 징계받아야 할 악한 포도나무로 묘사되곤 했다. 하지만 예수님은 참 포도나무이다. 우리가 예수님과 영적으로 연합되어 있을 때만 포도송이처럼 많은 열매를 맺게 된다.
만찬을 마치고 감람산으로 가실 때 아마 포도원을 지나가셨을 것이다. 그 포도나무를 보시고 예수님은 자신이 포도나무의 원줄기이고 제자들은 그 가지라고 하시면서 가지는 원줄기에 붙어 있어야 살아간다는 교훈을 주신다. 이것은 하나님 백성의 삶의 원동력은 곧 하나님이시라는 말이다. 여기서도 우리는 인위의 대안은 신위라는 사실을 다시 한번 깨닫는다. 우리가 원줄기인 하나님에게 접붙여 있지 않으면 생명을 가질 수가 없는 것은 너무나 당연한 이치이다.(흙+생기의 공식을 기억하라)
예수님은 이제 자신은 죽고 부활하여 원래의 곳인 하늘로 돌아가게 되지만 제자들은 이곳에 남아 하나님 나라를 이루는 영적 싸움을 계속 해야 한다는 사실을 아신다. 그 하나님 나라 회복 운동은 영적 싸움임으로 인간의 힘으로 할 수 없다는 사실을 예수님은 너무나 잘 알기 때문에 원줄기인 자신에 붙어 모든 생명력을 공급받아야 한다는 것이다. 그와 같은 문맥에서 16장에서는 이 지상에 남아 하나님 나라의 회복 운동을 계속하는 제자들에게 성령의 역사하심이 반드시 있어야 한다는 것을 아시기 때문에 이제 예수님이 가시면 성령 하나님이 오셔서 제자들과 함께 역사하시게 하겠다는 약속을 주신다. 그 약속은 사도행전 2장에서 성령강림으로 이루어진다.

요한 16장

성령의 일

1 내가 이것을 너희에게 이름은 너희로 실족하지 않게 하려 함이니 2 사람들이 너희를 출교할 뿐 아니라 때가 이

르면 무릇 너희를 죽이는 자가 생각하기를 이것이 하나님을 섬기는 일이라 하리라 3 그들이 이런 일을 할 것은
아버지와 나를 알지 못함이라 4 오직 너희에게 이 말을 한 것은 너희로 그 때를 당하면 내가 너희에게 말한 이것
을 기억나게 하려 함이요 처음부터 이 말을 하지 아니한 것은 내가 너희와 함께 있었음이라 5 지금 내가 나를 보
내신 이에게로 가는데 너희 중에서 나더러 어디로 가는지 묻는 자가 없고 6 도리어 내가 이 말을 하므로 너희 마
음에 근심이 가득하였도다 7 그러나 내가 너희에게 실상을 말하노니 내가 떠나가는 것이 너희에게 유익이라 내
가 떠나가지 아니하면 보혜사가 너희에게로 오시지 아니할 것이요 가면 내가 그를 너희에게로 보내리니 8 그가
와서 죄에 대하여, 의에 대하여, 심판에 대하여 세상을 책망하시리라 9 죄에 대하여라 함은 그들이 나를 믿지 아
니함이요 10 의에 대하여라 함은 내가 아버지께로 가니 너희가 다시 나를 보지 못함이요 11 심판에 대하여라 함
은 이 세상 임금이 심판을 받았음이라 12 내가 아직도 너희에게 이를 것이
많으나 지금은 너희가 감당하지 못하리라 13 그러나 진리의 성령이 오시
면 그가 너희를 모든 진리 가운데로 인도하시리니 그가 스스로 말하지 않고 오직 들은 것을 말하며 장래 일을 너
희에게 알리시리라 14 그가 내 영광을 나타내리니 내 것을 가지고 너희에게 알리시겠음이라 15 무릇 아버지께 있
는 것은 다 내 것이라 그러므로 내가 말하기를 그가 내 것을 가지고 너희에게 알리시리라 하였노라 16 조금 있으
면 너희가 나를 보지 못하겠고 또 조금 있으면 나를 보리라 하시니 17 제자 중에서 서로 말하되 우리에게 말씀하
신 바 조금 있으면 나를 보지 못하겠고 또 조금 있으면 나를 보리라 하시며 또 내가 아버지께로 감이라 하신 것
이 무슨 말씀이냐 하고 18 또 말하되 조금 있으면이라 하신 말씀이 무슨 말씀이냐 무엇을 말씀하시는지 알지 못
하노라 하거늘 19 예수께서 그 묻고자 함을 아시고 이르시되 내 말이 조금 있으면 나를 보지 못하겠고 또 조금
있으면 나를 보리라 하므로 서로 문의하느냐 20 내가 진실로 진실로 너희에게 이르노니 너희는 곡하고 애통하겠
으나 세상은 기뻐하리라 너희는 근심하겠으나 너희 근심이 도리어 기쁨이 되리라 21 여자가 해산하게 되면 그 때
가 이르렀으므로 근심하나 아기를 낳으면 세상에 사람 난 기쁨으로 말미암아 그 고통을 다시 기억하지 아니하느
니라 22 지금은 너희가 근심하나 내가 다시 너희를 보리니 너희 마음이 기쁠 것이요 너희 기쁨을 빼앗을 자가 없
으리라 23 그 날에는 너희가 아무 것도 내게 묻지 아니하리라 내가 진실로 진실로 너희에게 이르노니 너희가 무
엇이든지 아버지께 구하는 것을 내 이름으로 주시리라 24 지금까지는 너희가 내 이름으로 아무 것도 구하지 아니
하였으나 구하라 그리하면 받으리니 너희 기쁨이 충만하리라

요 16:13
학습 자료 75-9 “성경의 진리 개념” 참조

내가 세상을 이기었다

25 이것을 비유로 너희에게 일렀거니와 때가 이르면 다시는 비유로 너희에게 이르지 않고 아버지에 대한 것을 밝
히 이르리라 26 그 날에 너희가 내 이름으로 구할 것이요 내가 너희를 위하여 아버지께 구하겠다 하는 말이 아니
니 27 이는 너희가 나를 사랑하고 또 내가 하나님께로부터 온 줄 믿었으므로 아버지께서 친히 너희를 사랑하심이
라 28 내가 아버지에게서 나와 세상에 왔고 다시 세상을 떠나 아버지께로 가노라 하시니 29 제자들이 말하되 지금
은 밝히 말씀하시고 아무 비유로도 하지 아니하시니 30 우리가 지금에야 주께서 모든 것을 아시고 또 사람의 물
음을 기다리시지 않는 줄 아나이다 이로써 하나님께로부터 나오심을 우리가 믿사옵나이다 31 예수께서 대답하시
되 이제는 너희가 믿느냐 32 보라 너희가 다 각각 제 곳으로 흩어지고 나를 혼자 둘 때가 오나니 벌써 왔도다 그
러나 내가 혼자 있는 것이 아니라 아버지께서 나와 함께 계시느니라 33 이것을 너희에게 이르는 것은 너희로 내
안에서 평안을 누리게 하려 함이라 세상에서는 너희가 환난을 당하나 담대하라 내가 세상을 이기었노라

요한 17장

기도하시다

1 예수께서 이 말씀을 하시고 눈을 들어 하늘을 우러러 이르시되 아버지여 때가 이르렀사오니 아들을 영화롭게 하
사 아들로 아버지를 영화롭게 하게 하옵소서 2 아버지께서 아들에게 주신 모든 사람에게 영생을 주게 하시려고 만
민을 다스리는 권세를 아들에게 주셨음이로소이다 3 영생은 곧 유일하신 참 하나님과 그가 보내신 자 예수 그리스

도를 아는 것이니이다 4아버지께서 내게 하라고 주신 일을 내가 이루어 아
버지를 이 세상에서 영화롭게 하였사오니 5아버지여 창세 전에 내가 아버
지와 함께 가졌던 영화로써 지금도 아버지와 함께 나를 영화롭게 하옵소서
6세상 중에서 내게 주신 사람들에게 내가 아버지의 이름을 나타내었나이
다 그들은 아버지의 것이었는데 내게 주셨으며 그들은 아버지의 말씀을 지
키었나이다 7지금 그들은 아버지께서 내게 주신 것이 다 아버지로부터 온
것인 줄 알았나이다 8나는 아버지께서 내게 주신 말씀들을 그들에게 주었
사오며 그들은 이것을 받고 내가 아버지께로부터 나온 줄을 참으로 아오며
아버지께서 나를 보내신 줄도 믿었사옵나이다 9내가 그들을 위하여 비옵
나니 내가 비옵는 것은 세상을 위함이 아니요 내게 주신 자들을 위함이니이
다 그들은 아버지의 것이로소이다 10내 것은 다 아버지의 것이요 아버지의
것은 내 것이온데 내가 그들로 말미암아 영광을 받았나이다 11나는 세상
에 더 있지 아니하오나 그들은 세상에 있사옵고 나는 아버지께로 가옵나니
거룩하신 아버지여 내게 주신 아버지의 이름으로 그들을 보전하사 우리와
같이 그들도 하나가 되게 하옵소서 12내가 그들과 함께 있을 때에 내게 주
신 아버지의 이름으로 그들을 보전하고 지키었나이다 그 중의 하나도 멸망
하지 않고 다만 멸망의 자식뿐이오니 이는 성경을 응하게 함이니이다 13지
금 내가 아버지께로 가오니 내가 세상에서 이 말을 하옵는 것은 그들로 내
기쁨을 그들 안에 충만히 가지게 하려 함이니이다 14내가 아버지의 말씀을
그들에게 주었사오매 세상이 그들을 미워하였사오니 이는 내가 세상에 속
하지 아니함 같이 그들도 세상에 속하지 아니함으로 인함이니이다 15내가
비옵는 것은 그들을 세상에서 데려가시기를 위함이 아니요 다만 악에 빠지
지 않게 보전하시기를 위함이니이다 16내가 세상에 속하지 아니함 같이 그
들도 세상에 속하지 아니하였사옵나이다 17그들을 진리로 거룩하게 하옵
소서 아버지의 말씀은 진리니이다 18아버지께서 나를 세상에 보내신 것 같
이 나도 그들을 세상에 보내었고 19또 그들을 위하여 내가 나를 거룩하게
하오니 이는 그들도 진리로 거룩함을 얻게 하려 함이니이다 20내가 비옵는
것은 이 사람들만 위함이 아니요 또 그들의 말로 말미암아 나를 믿는 사람들도 위함이니 21아버지여, 아버지께서
내 안에, 내가 아버지 안에 있는 것 같이 그들도 다 하나가 되어 우리 안에 있게 하사 세상으로 아버지께서 나를 보
내신 것을 믿게 하옵소서 22내게 주신 영광을 내가 그들에게 주었사오니 이는 우리가 하나가 된 것 같이 그들도 하
나가 되게 하려 함이니이다 23곧 내가 그들 안에 있고 아버지께서 내 안에 계시어 그들로 온전함을 이루어 하나가
되게 하려 함은 아버지께서 나를 보내신 것과 또 나를 사랑하심 같이 그들도 사랑하신 것을 세상으로 알게 하려 함
이로소이다 24아버지여 내게 주신 자도 나 있는 곳에 나와 함께 있어 아버지께서 창세 전부터 나를 사랑하시므로
내게 주신 나의 영광을 그들로 보게 하시기를 원하옵나이다 25의로우신 아버지여 세상이 아버지를 알지 못하여도
나는 아버지를 알았사옵고 그들도 아버지께서 나를 보내신 줄 알았사옵나이다 26내가 아버지의 이름을 그들에게
알게 하였고 또 알게 하리니 이는 나를 사랑하신 사랑이 그들 안에 있고 나도 그들 안에 있게 하려 함이니이다

❖ 요 17장 **예수님의 대제사장으로서의 중보기도**(4월 6일 목요일 밤)
예수님은 이제 지상에서 하나님 나라의 운동을 계속하기 위해 이 세상을 나아가야 하는 제자들에게 그 자세를 가르쳐 주신다. 예수님은 제자들에게 세상에 대한 자세가 훨씬 더 긍정적이며 적극적이어야 한다고 요한복음 17:11-19에서 다음과 같이 가르치고 있다. 세상을 향한 자세는 다음과 같이 요약해 볼 수 있다.

- **격리 주의(isolation)** : 세상과 완전히 담을 쌓고 등지고 사는 것
- **적응 주의(assimilation)** : 세상에 적응하여 세상을 벗하여 사는 것
- **구획 주의(compartmentalization)** : 세상을 등지고 사는 것은 아니지만 성과 속을 구획적으로 구별하여 사는 삶
- **변혁 주의(transformation)** : 세상을 그리스도의 문화로 변혁시키며 사는 삶

예수님은 이 본문에서 제자는 단순히 세속을 분리하는 자세로 세상에 대해 소극적 자세를 취하는 앞의 세 가지 주의를 뛰어넘어, 세상에 대한 변혁 주의적 자세를 가지고 이 세상 문화를 그리스도의 문화로 바꾸어 가면서 하나님 나라를 이루어 가야 한다는 것이다. 그와 같은 자세를 가진 자를 사도행전 17: 6 "... 천하를 어지럽게 하던 이 사람들이 여기도 이르매"에서 천하를 어지럽히는 자 즉, 영어로 these men who have turned the world upside down이라고 했다. 세상을 뒤집어엎은 사람들이라는 뜻이다. 그리스도의 문화로 세상 문화를 바꾸어 놓았다는 말이다. 이것이 예수님이 17장에서 제자들에게 주는 마지막 권면이다.

학습 자료 75-10 "세상과 세속 구별하기"
학습 자료 75-11 "그리스도인의 사회 참여는 성경적인가"를 참조할 것

요한 18:1

1예수께서 이 말씀을 하시고 제자들과 함께 기드론 시내 건너편으로 나가시니 그 곳에 동산이 있는데 제자들과
함께 들어가시니라

75일차 읽기의 요약

(마 24~25, 막 13, 눅 21:5~36, 마 26:1~46, 막 14:1~42, 눅 22:1~46, 요 12:2~8, 요 13~18:1)
예수님께서는 공생애 마지막 주 목요일 저녁에 제자들과 유월절 식사를 함께하셨다. 예수님께서는 유월절 식사에 떡과 포도주를 제자들과 나누면서 그것이 바로 인간의 죄를 위해 내어주는 예수님의 살과 피를 상징하는 것임을 비로소 말씀하셨다.
그리고 앞으로는 유월절 어린양 대신 희생 제물이 되신 예수님의 십자가 사건을 기념하는 주님의 성만찬을 행하라고 말씀하신다. 이스라엘 백성의 애굽에서의 구원의 날을 기념하는 유월절은 이제 예수님께서 친히 유월절 어린양과 같은 제물이 되어 돌아가심으로 온 인류를 위한 성만찬으로 바뀌게 된다. 이제 앞으로 올 모든 세대에 예수 그리스도를 통해 구원을 얻는 사람들은 유월절 어린양 대신 떡과 포도주를 통해 예수님의 살과 피를 기념하도록 하셨다.
예수님께서는 그날 밤에 감람산으로 가셔서 예루살렘과 세상 종말에 일어날 징조들에 대해 제자들에게 고별 설교를 하셨다. 그리고 온 인류를 위한 대제사장으로서 중보기도를 하시고 겟세마네 동산으로 가셔서 마지막으로 십자가의 죽음을 앞에 두고 온 힘을 다해 기도하셨다. 그 기도를 마치고 나서 예수님께서는 곧 그 밤에 유대 군병들에게 체포되신다.

그러려면 어떻게 살 것인가?

인위 뚝 · 신위 고!

☑ 세계관 점검 – 묵상하기 (영상 강의와 교재 내용의 이해를 바탕으로)

✎ 마태 25장은 천국장이다.
열 처녀의 비유, 달란트의 비유를 보여 주며, 특히 최후의 심판을 언급하는 양과 염소 비유는 그리스도인의 나눔과 섬김이 심판의 기준이 된다는 놀라운 사실을 보여 주고 있다. '나눔'과'섬김'은 바로 하나님 나라의 가치관이다. '나눔'과 '섬김'이 있는 곳에 하나님 나라가 이루어진다. 다음 예화를 묵상해 보라.

묵상

기독교가 로마의 국교가 되고 난 뒤에 있었던 일입니다.
어느 몹시 추운 겨울날, 한 로마 장교가 자기 관할 구역을 순찰하는 도중, 헐벗은 거지 한 명이 추위를 이기려고 어느 부잣집 벽난로가 있는 바깥벽에 자기의 몸을 밀착하고 있는 모습을 보았습니다. 이 로마 장교는 자기가 입고 있던 로마 장교 외투를 그에게 입혀주고 막사로 돌아왔습니다. 그날 밤 이 장교의 꿈에 예수님이 자기의 외투를 입고 나타나셨습니다.
깜짝 놀란 이 장교는
"예수님 어떻게 예수님이 제 외투를 입고 있습니까?"라고 물었습니다.

73일~78일

예수님은 흐뭇한 미소를 지으시면서
"자네가 어느 골목길에서 추위에 떨고 있는 거지에게 이 외투를 입혀주었지 않았는가?
그것이 바로 나에게 해준 것이라네."

· 마 25:40 임금이 대답하여 이르시되 내가 진실로 너희에게 이르노니 너희가 여기 내 형제 중에 지극히 작은 자 하나에게 한 것이 곧 내게 한 것이니라 하시고

달란트의 비유

하나님은 회계사(Accountant)이심을 아는가? 하나님은 반드시 결산(決算)하시는 분임을 명심해야 한다. 한 달란트(talent)는 6,000데나리온인데 한 데나리온은 당시 노동자 한 명의 하루 노임이다. 이 달란트는 당시 로마의 은화였고, 이와 비슷한 가치로 헬라 은화는 드라크마가 있다.

여기서 달란트는 하나님이 인간에게 맡긴 재능(은사를 포함하는 넓은 의미)이다. 그러므로 인간은 하나님이 맡긴 달란트(재능)를 관리하는 청지기이다. 특히 인간의 부나 재정 등 경제 관리는 바로 이 성경적 기준에 의한 청지기 정신에 근거해야 하나님 나라가 제대로 이루어지며 하나님이 주시는 복을 누리게 된다. 하나님은 삶의 끝에 반드시 청산하신다는 것을 마음속 깊이 새겨두어야 한다. 인생은 빈손으로 왔다가 빈손으로 가는 것이 아니고 성경적 관점은 은사를 가지고 왔다가 그 열매를 가지고 가는 것임이 우리의 생사관(生死觀), 인생관(人生觀)이 되어야 한다. 그러므로 결산(회계)은 반드시 있다. 그것이 최후의 심판이다.

요한 17장 대제사장의 중보기도를 통해서 예수님이 제자들이 가져야 할 세상관이 어떤 것이어야 하는가를 분명히 제사해 주고 있다.

요한복음에서 세상은 예수님과 그의 제자들에 대한 적대 세력으로 나타나기도 하는(7:7, 14:30, 15:18-19, 16:33) 동시에 예수님과 그의 제자들이 일하도록 보냄을 받은 곳이기도 하다(9:4, 17:18). 예수의 진정한 제자들은 결코 세상과 짝할 수 없다. 그러나 동시에 세상은 예수 그리스도께서 제자들을 파송하여 일하도록 하신 사명 장소이다. 세상 속에 살면서도 세상에 동화(同化)되지 않으며, 세상의 악한 행실을 책망하면서도 사랑의 마음을 잃지 않는 등 적절한 긴장과 균형을 유지하는 것이 성도들에게 요청되는 자세라는 것을 가르쳐 주신다. 이 모습을 사도행전 17:6 "... 야손과 몇 형제들을 끌고 읍장들 앞에 가서 소리 질러 이르되 천하를 어지럽게 하던 이 사람들이 여기도 이르매"에서 볼 수 있다. 이들의 모습은 여호수아에서 배운 것처럼 바알 문화를 진멸하고 그 문화의 대문화(對文化, counter culture)인 그리스도의 문화를 세우는 자들이다.

이것이 흙에다 하나님의 생기를 부여하신 하나님의 이유인 것이다. 이런 자세가 곧 예수님이 말하는 세상을 향해 침투(into the World)하는 자세이다. 그것이 진정한 변혁 주의적 세상관이다.

· 요 14:15 너희가 나를 사랑하면 나의 계명을 지키리라

당신은 예수님을 사랑하는 자인가? 그렇다면 성경을 제대로 읽고, 그분의 계명이 무엇인지 깨닫고, 그 계명을 지켜라. 그것이 변혁 주의적 세계관으로 무장한 참 성도의 삶이다.

⇒ **75일차 학습 자료 10, 11,** 그리고 75강 영상 강의 24:44~34:20의 이 부분 강의를 잘 듣고 이해하고 결단하라.

☑ 결단기도와 실행하기

약 2:26 영혼 없는 몸이 죽은 것 같이 행함이 없는 믿음은 죽은 것이니라
시 119:28 나의 영혼이 눌림으로 말미암아 녹사오니 주의 말씀대로 나를 세우소서

73일~
78일

제 11 부 : 예수님의 십자가의 대속 사역
(A.D. 30년 4월 7-8일, 금요일 오후부터 토요일까지)

A.D. 30년 4월 6일 목요일 자정 무렵에 겟세마네 동산에서 대제사장 안나스의 성전 경비병에게 가룟 유다의 배반하는 키스로 예수님의 신분이 확인되고 그들에게 체포된다. 밤이 새도록 안나스와 대제사장의 심문을 거쳐 사형을 언도 받고 집행하기 위해 금요일 이른 아침에 당시 총독 본디오 빌라도에게 재판을 의뢰한다. 이 모든 심문과 재판은 당시 절차법을 무시하고 자기들의 편의대로 진행된 것이다. 군중들을 선동하여 빌라도를 압박하여 사형선고를 얻어 내고 곧바로 집행한다. 이 때가 다음 날 4월 7일 이른 아침이다.

마태 26:47~27장, 마가 14:43~16:1, 누가 22:47~23장, 요한 18:2~19장

- 예수님의 체포와 재판(4월 7일 금요일 새벽- 아침 6시까지) / 십자가형의 집행(4월 7일 금요일 새벽 8시 경) / 예수님의 무덤 인봉(4월 8일 토요일 예루살렘 근교) -

마태 26:47-75

잡히시다

47 말씀하실 때에 열둘 중의 하나인 유다가 왔는데 대제사장들과 백성의
장로들에게서 파송된 큰 무리가 칼과 몽치를 가지고 그와 함께 하였더라
48 예수를 파는 자가 그들에게 군호를 짜 이르되 내가 입 맞추는 자가 그
이니 그를 잡으라 한지라 49 곧 예수께 나아와 랍비여 안녕하시옵니까 하
고 입을 맞추니 50 예수께서 이르시되 친구여 네가 무엇을 하려고 왔는지
행하라 하신대 이에 그들이 나아와 예수께 손을 대어 잡는지라 51 예수와
함께 있던 자 중의 하나가 손을 펴 칼을 빼어 대제사장의 종을 쳐 그 귀를
떨어뜨리니 52 이에 예수께서 이르시되 네 칼을 도로 칼집에 꽂으라 칼
을 가지는 자는 다 칼로 망하느니라 53 너는 내가 내 아버지께 구하여 지
금 열두 군단 더 되는 천사를 보내시게 할 수 없는 줄로 아느냐 54 내가 만
일 그렇게 하면 이런 일이 있으리라 한 성경이 어떻게 이루어지겠느냐 하
시더라 55 그 때에 예수께서 무리에게 말씀하시되 너희가 강도를 잡는 것
같이 칼과 몽치를 가지고 나를 잡으러 나왔느냐 내가 날마다 성전에 앉아
가르쳤으되 너희가 나를 잡지 아니하였도다 56 그러나 이렇게 된 것은 다 선지자들의 글을 이루려 함이니라 하시
더라 이에 제자들이 다 예수를 버리고 도망하니라

공회 앞에 서시다

57 예수를 잡은 자들이 그를 끌고 대제사장 가야바에게로 가니 거기 서기관과 장로들이 모여 있더라 58 베드로가
멀찍이 예수를 따라 대제사장의 집 뜰에까지 가서 그 결말을 보려고 안에 들어가 하인들과 함께 앉아 있더라 59
대제사장들과 온 공회가 예수를 죽이려고 그를 칠 거짓 증거를 찾으매 60 거짓 증인이 많이 왔으나 얻지 못하더
니 후에 두 사람이 와서 61 이르되 이 사람의 말이 내가 하나님의 성전을 헐고 사흘 동안에 지을 수 있다 하더라
하니 62 대제사장이 일어서서 예수께 묻되 아무 대답도 없느냐 이 사람들이 너를 치는 증거가 어떠하냐 하되 63
예수께서 침묵하시거늘 대제사장이 이르되 내가 너로 살아 계신 하나님께 맹세하게 하노니 네가 하나님의 아들

예수의 체포

예수께서 겟세마네에서 기도를 마치신 직후에 가룟 유다가 대제사장들과 장로들이 파견한 무리와 함께 왔다. 유다가 입맞춤으로 예수이심을 알리자 곧 군사들이 예수를 체포하였고 이를 말리려던 베드로는 검을 빼어 대제사장 종의 귀를 떨어뜨렸다. 그러나 예수께서는 그 종의 귀를 고쳐주시고 이 모든 일이 하나님의 뜻이라고 말씀하시며 순순히 체포되셨다. 이에 제자들은 모두 예수를 버리고 달아났다.
예수께서는 자신을 보호하려고 칼을 휘두른 베드로를 책망하셨다. 예수께서 이루실 구원과 그의 나라는 칼로 세우는 것이 아니기 때문이다. 그것은 자신을 십자가에 드리는 희생과 순종이며 하나님의 사랑으로 이룩되는 사랑의 왕국이다. 만일 하나님 정의의 칼만이 있었다면 모든 인간은 죽을 수밖에 없었을 것이다. 그러므로 그리스도의 제자 된 자들도 말씀과 사랑으로 세상을 이겨야 함을 말해주고 있다.

그리스도인지 우리에게 말하라 64 예수께서 이르시되 네가 말하였느니라
그러나 내가 너희에게 이르노니 이후에 인자가 권능의 우편에 앉아 있는
것과 하늘 구름을 타고 오는 것을 너희가 보리라 하시니 65 이에 대제사장
이 자기 옷을 찢으며 이르되 그가 신성 모독 하는 말을 하였으니 어찌 더
증인을 요구하리요 보라 너희가 지금 이 신성 모독 하는 말을 들었도다
66 너희 생각은 어떠하냐 대답하여 이르되 그는 사형에 해당하니라 하고
67 이에 예수의 얼굴에 침 뱉으며 주먹으로 치고 어떤 사람은 손바닥으로
때리며 68 이르되 그리스도야 우리에게 선지자 노릇을 하라 너를 친 자가
누구냐 하더라

베드로가 예수를 알지 못한다고 하다

69 베드로가 바깥뜰에 앉았더니 한 여종이 나아와 이르되 너도 갈릴리 사
람 예수와 함께 있었도다 하거늘 70 베드로가 모든 사람 앞에서 부인하여
이르되 나는 네가 무슨 말을 하는지 알지 못하겠노라 하며 71 앞문까지
나아가니 다른 여종이 그를 보고 거기 있는 사람들에게 말하되 이 사람
은 나사렛 예수와 함께 있었도다 하매 72 베드로가 맹세하고 또 부인하여
이르되 나는 그 사람을 알지 못하노라 하더라 73 조금 후에 곁에 섰던 사
람들이 나아와 베드로에게 이르되 너도 진실로 그 도당이라 네 말소리가
너를 표명한다 하거늘 74 그가 저주하며 맹세하여 이르되 나는 그 사람을
알지 못하노라 하니 곧 닭이 울더라 75 이에 베드로가 예수의 말씀에 닭
울기 전에 네가 세 번 나를 부인하리라 하심이 생각나서 밖에 나가서 심히
통곡하니라

마태 27장

예수를 빌라도에게 넘기다

1 새벽에 모든 대제사장과 백성의 장로들이 예수를 죽이려고 함께 의논
하고 2 결박하여 끌고 가서 총독 빌라도에게 넘겨 주니라

유다가 목매어 죽다

3 그 때에 예수를 판 유다가 그의 정죄됨을 보고 스스로 뉘우쳐 그 은 삼
십을 대제사장들과 장로들에게 도로 갖다 주며 4 이르되 내가 무죄한 피
를 팔고 죄를 범하였도다 하니 그들이 이르되 그것이 우리에게 무슨 상관
이냐 네가 당하라 하거늘 5 유다가 은을 성소에 던져 넣고 물러가서 스스
로 목매어 죽은지라 6 대제사장들이 그 은을 거두며 이르되 이것은 핏값
이라 성전고에 넣어 둠이 옳지 않다 하고 7 의논한 후 이것으로 토기장이
의 밭을 사서 나그네의 묘지를 삼았으니 8 그러므로 오늘날까지 그 밭을
피밭이라 일컫느니라 9 이에 선지자 예레미야를 통하여 하신 말씀이 이루
어졌나니 일렀으되 그들이 그 가격 매겨진 자 곧 이스라엘 자손 중에서 가격 매긴 자의 가격 곧 은 삼십을 가지고
10 토기장이의 밭 값으로 주었으니 이는 주께서 내게 명하신 바와 같으니라 하였더라

십자가에 못 박히게 예수를 넘기다

11 예수께서 총독 앞에 섰으매 총독이 물어 이르되 네가 유대인의 왕이냐 예수께서 대답하시되 네 말이 옳도다
하시고 12 대제사장들과 장로들에게 고발을 당하되 아무 대답도 아니하시는지라 13 이에 빌라도가 이르되 그들

73일~
78일

❖ 안나스의 재판

예수를 체포한 군사들은 당초 예수를 죽이자는 안건을 내놓은 대제사장 가야바의 장인인 안나스에게 데려갔다. 안나스는 당시 가장 막강한 유대인 실권자였다. 거기서 안나스는 예수가 백성들과 제자들에게 가르친 교훈 중에서 정죄할 근거를 발견하고자 심문하였다. 그는 사형을 선고할 수는 있었으나, 집행권은 로마 총독이 가지고 있었다. 안나스는 군중들을 동원해서 선동하여 사형을 언도하도록 분위기를 잡았다. 안나스는 밤중에 불법적으로 예수를 끌고 와서 정죄 거리를 찾고자 하였다. 그러나 예수께서는 자신이 은밀히 가르친 것이 없고 떳떳하게 가르쳤다고 주장하셨다. 진리는 언제나 빛과 같아서 당당하고 사람들 앞에서 환히 드러나지만, 악은 자신을 감추고 은밀한 곳을 찾는다. 그러나 역사는 결국 안나스의 악함과 예수의 의로움을 증거하였다. 악은 영원히 감춰질 수 없고 하나님의 정의를 이길 수 없기 때문이다.

예수께서 겟세마네에서 체포되어 골고다에서 죽기까지 유대인 종교 지도자들에 의해 세 번, 정치지도자인 빌라도와 헤롯 안티파스에 의해 세 번 심문을 받았다.

❖ 예수님 재판의 불법성 – 적법 절차(due process)를 무시하다

1. 주요 재판은 낮에 이루어져야 한다.
2. 재판은 성전 안 '마름돌' 홀이라는 장소에서 이루어지는데 밤에는 성전 문이 닫힌다.
3. 안식일, 축제일과 그 준비일에는 재판을 열 수 없다.
4. 첫 번째 재판에서 사형을 선고할 수 없다.
5. 예수의 죄목인 "신성 모독죄"는 "여호와"의 이름을 발설할 때 성립된다.

마 27장

학습 자료 76-2 "십자가 수난을 통한 구속 성취의 이해" 참조

이 너를 쳐서 얼마나 많은 것으로 증언하는지 듣지 못하느냐 하되 14 한
마디도 대답하지 아니하시니 총독이 크게 놀라워하더라 15 명절이 되면
총독이 무리의 청원대로 죄수 한 사람을 놓아 주는 전례가 있더니 16 그
때에 바라바라 하는 유명한 죄수가 있는데 17 그들이 모였을 때에 빌라도
가 물어 이르되 너희는 내가 누구를 너희에게 놓아 주기를 원하느냐 바라
바냐 그리스도라 하는 예수냐 하니 18 이는 그가 그들의 시기로 예수를 넘
겨 준 줄 앎이더라 19 총독이 재판석에 앉았을 때에 그의 아내가 사람을
보내어 이르되 저 옳은 사람에게 아무 상관도 하지 마옵소서 오늘 꿈에
내가 그 사람으로 인하여 애를 많이 태웠나이다 하더라 20 대제사장들과
장로들이 무리를 권하여 바라바를 달라 하게 하고 예수를 죽이자 하게
하였더니 21 총독이 대답하여 이르되 둘 중의 누구를 너희에게 놓아주기
를 원하느냐 이르되 바라바로소이다 22 빌라도가 이르되 그러면 그리스
도라 하는 예수를 내가 어떻게 하랴 그들이 다 이르되 십자가에 못 박혀
야 하겠나이다 23 빌라도가 이르되 어찜이냐 무슨 악한 일을 하였느냐 그
들이 더욱 소리 질러 이르되 십자가에 못 박혀야 하겠나이다 하는지라 24
빌라도가 아무 성과도 없이 도리어 민란이 나려는 것을 보고 물을 가져다
가 무리 앞에서 손을 씻으며 이르되 이 사람의 피에 대하여 나는 무죄하
니 너희가 당하라 25 백성이 다 대답하여 이르되 그 피를 우리와 우리 자
손에게 돌릴지어다 하거늘 26 이에 바라바는 그들에게 놓아 주고 예수는
채찍질하고 십자가에 못 박히게 넘겨 주니라

군병들이 예수를 희롱하다

27 이에 총독의 군병들이 예수를 데리고 관정 안으로 들어가서 온 군대를
그에게로 모으고 28 그의 옷을 벗기고 홍포를 입히며 29 가시관을 엮어 그
머리에 씌우고 갈대를 그 오른손에 들리고 그 앞에서 무릎을 꿇고 희롱
하여 이르되 유대인의 왕이여 평안할지어다 하며 30 그에게 침 뱉고 갈대
를 빼앗아 그의 머리를 치더라 31 희롱을 다 한 후 홍포를 벗기고 도로 그
의 옷을 입혀 십자가에 못 박으려고 끌고 나가니라

십자가에 못 박히시다

32 나가다가 시몬이란 구레네 사람을 만나매 그에게 예수의 십자가를 억지
로 지워 가게 하였더라 33 골고다 즉 해골의 곳이라는 곳에 이르러 34 쓸개
탄 포도주를 예수께 주어 마시게 하려 하였더니 예수께서 맛보시고 마시고자 하지 아니하시더라 35 그들이 예수를
십자가에 못 박은 후에 그 옷을 제비 뽑아 나누고 36 거기 앉아 지키더라 37 그 머리 위에 이는 유대인의 왕 예수라
쓴 죄패를 붙였더라 38 이 때에 예수와 함께 강도 둘이 십자가에 못 박히니 하나는 우편에, 하나는 좌편에 있더라
39 지나가는 자들은 자기 머리를 흔들며 예수를 모욕하여 40 이르되 성전을 헐고 사흘에 짓는 자여 네가 만일 하나
님의 아들이어든 자기를 구원하고 십자가에서 내려오라 하며 41 그와 같이 대제사장들도 서기관들과 장로들과 함
께 희롱하여 이르되 42 그가 남은 구원하였으되 자기는 구원할 수 없도다 그가 이스라엘의 왕이로다 지금 십자가
에서 내려올지어다 그리하면 우리가 믿겠노라 43 그가 하나님을 신뢰하니 하나님이 원하시면 이제 그를 구원하실
지라 그의 말이 나는 하나님의 아들이라 하였도다 하며 44 함께 십자가에 못 박힌 강도들도 이와 같이 욕하더라

영혼이 떠나시다

45 제육시로부터 온 땅에 어둠이 임하여 제구시까지 계속되더니 46 제구시쯤에 예수께서 크게 소리 질러 이르시

가룟 유다의 자살

예수께서 신성 모독죄로 사형을 선고받은 것을 본 가룟 유다는, 양심의 가책을 느끼고 예수를 팔아 받은 돈 은 삼십을 대제사장들과 장로들에게 주며 자신이 예수를 무고하였다고 고백하였다. 그러나 그들이 유다의 말을 무시하자 유다는 은을 성소에 던져 넣고 스스로 목매어 죽고 말았다. 이에 대제사장들이 유다의 돈으로 토기장이의 밭을 사서 나그네의 묘지로 삼았다.
세속적인 욕심을 위해 예수를 배반한 가룟 유다는 결국 아무런 보상도 받지 못하고 비참하게 죽고 말았다. 자신을 구원하러 오신 메시아를 죽인 자가 결코 참된 행복을 찾을 수가 없기 때문이다. 이처럼 오늘날도 종교를 통해 개인적인 명예와 권세와 물질을 구하는 자는 가룟 유다와 같은 자이며, 그는 자신이 바라는 아무것도 얻을 수 없고 오히려 멸망의 대가를 받게 될 것임을 보여 주고 있다.

마 27:32 구레네 위치

되 엘리 엘리 라마 사박다니 하시니 이는 곧 나의 하나님, 나의 하나님, 어
찌하여 나를 버리셨나이까 하는 뜻이라 47 거기 섰던 자 중 어떤 이들이
듣고 이르되 이 사람이 엘리야를 부른다 하고 48 그 중의 한 사람이 곧 달
려가서 해면을 가져다가 신 포도주에 적시어 갈대에 꿰어 마시게 하거늘
49 그 남은 사람들이 이르되 가만 두라 엘리야가 와서 그를 구원하나 보
자 하더라 50 예수께서 다시 크게 소리 지르시고 영혼이 떠나시니라 51 이
에 성소 휘장이 위로부터 아래까지 찢어져 둘이 되고 땅이 진동하며 바위
가 터지고 52 무덤들이 열리며 자던 성도의 몸이 많이 일어나되 53 예수의
부활 후에 그들이 무덤에서 나와서 거룩한 성에 들어가 많은 사람에게 보
이니라 54 백부장과 및 함께 예수를 지키던 자들이 지진과 그 일어난 일들
을 보고 심히 두려워하여 이르되 이는 진실로 하나님의 아들이었도다 하
더라 55 예수를 섬기며 갈릴리에서부터 따라온 많은 여자가 거기 있어 멀
리서 바라보고 있으니 56 그 중에는 막달라 마리아와 또 야고보와 요셉의
어머니 마리아와 또 세베대의 아들들의 어머니도 있더라

요셉이 예수의 시체를 무덤에 넣어 두다

57 저물었을 때에 아리마대의 부자 요셉이라 하는 사람이 왔으니 그도 예
수의 제자라 58 빌라도에게 가서 예수의 시체를 달라 하니 이에 빌라도가 내주라 명령하거늘 59 요셉이 시체를
가져다가 깨끗한 세마포로 싸서 60 바위 속에 판 자기 새 무덤에 넣어 두고 큰 돌을 굴려 무덤 문에 놓고 가니 61
거기 막달라 마리아와 다른 마리아가 무덤을 향하여 앉았더라

경비병이 무덤을 지키다

62 그 이튿날은 준비일 다음 날이라 대제사장들과 바리새인들이 함께 빌라도에게 모여 이르되 63 주여 저 속이던
자가 살아 있을 때에 말하되 내가 사흘 후에 다시 살아나리라 한 것을 우리가 기억하노니 64 그러므로 명령하여
그 무덤을 사흘까지 굳게 지키게 하소서 그의 제자들이 와서 시체를 도둑질하여 가고 백성에게 말하되 그가 죽
은 자 가운데서 살아났다 하면 후의 속임이 전보다 더 클까 하나이다 하니 65 빌라도가 이르되 너희에게 경비병
이 있으니 가서 힘대로 굳게 지키라 하거늘 66 그들이 경비병과 함께 가서 돌을 인봉하고 무덤을 굳게 지키니라

마가 14:43-72

잡히시다

43 예수께서 말씀하실 때에 곧 열둘 중의 하나인 유다가 왔는데 대제사장들과 서기관들과 장로들에게서 파송된
무리가 검과 몽치를 가지고 그와 함께 하였더라 44 예수를 파는 자가 이미 그들과 군호를 짜 이르되 내가 입맞추
는 자가 그이니 그를 잡아 단단히 끌어가라 하였는지라 45 이에 와서 곧 예수께 나아와 랍비여 하고 입을 맞추니
46 그들이 예수께 손을 대어 잡거늘 47 곁에 서 있는 자 중의 한 사람이 칼을 빼어 대제사장의 종을 쳐 그 귀를 떨
어뜨리니라 48 예수께서 무리에게 말씀하여 이르시되 너희가 강도를 잡는 것 같이 검과 몽치를 가지고 나를 잡
으러 나왔느냐 49 내가 날마다 너희와 함께 성전에 있으면서 가르쳤으되 너희가 나를 잡지 아니하였도다 그러나
이는 성경을 이루려 함이니라 하시더라 50 제자들이 다 예수를 버리고 도망하니라

한 청년이 벗은 몸으로 도망하다

51 청년이 벗은 몸에 베 홑이불을 두르고 예수를 따라가다가 무리에게 잡히매 52 베 홑이불을 버리고 벗은 몸으
로 도망하니라

공회 앞에 서시다

53 그들이 예수를 끌고 대제사장에게로 가니 대제사장들과 장로들과 서기관들이 다 모이더라 54 베드로가 예수

인간의 구원을 위한 3위(位)의 공동 사역

인간을 구원하심에 있어서 삼위일체되신 하나님은 그 목적을 같이 하시면서도 그 세부 맡은 사역의 부분은 서로 다르시다. 한편 이는 정도의 문제를 말함이며 모든 부분에서 삼위는 같이 사역하셨다. 그러나 이를 굳이 구분해 봄은 삼위께서 각 위의 속성과 지위에 따라 우리의 구원을 위해 얼마나 애쓰셨으며 또 이를 보도하는 성경의 구원 진리는 얼마나 심오하고 절대적 것인지를 새삼 깨우치기 위해서이다.

	사역의 내용 및 특징
성부 하나님	영원 전부터 하나님의 뜻과 경륜을 계획하시고 이끌어 가심 (엡 1:3-10)
성자 하나님	하나님의 정하신 때에 성육신하여 오셔서 하나님의 뜻과 약속을 수행·성취하심 (마 26:38-42)
성령 하나님	하나님의 구속 진리와 예수의 구속 공로를 구체적으로 계시하고 적용, 이루어가심 (요 14:17, 16:13)

를 멀찍이 따라 대제사장의 집 뜰 안까지 들어가서 아랫사람들과 함께 앉
아 불을 쬐더라 55 대제사장들과 온 공회가 예수를 죽이려고 그를 칠 증거
를 찾되 얻지 못하니 56 이는 예수를 쳐서 거짓 증언 하는 자가 많으나 그
증언이 서로 일치하지 못함이라 57 어떤 사람들이 일어나 예수를 쳐서 거
짓 증언 하여 이르되 58 우리가 그의 말을 들으니 손으로 지은 이 성전을
내가 헐고 손으로 짓지 아니한 다른 성전을 사흘 동안에 지으리라 하더라
하되 59 그 증언도 서로 일치하지 않더라 60 대제사장이 가운데 일어서서
예수에게 물어 이르되 너는 아무 대답도 없느냐 이 사람들이 너를 치는 증
거가 어떠하냐 하되 61 침묵하고 아무 대답도 아니하시거늘 대제사장이
다시 물어 이르되 네가 찬송 받을 이의 아들 그리스도냐 62 예수께서 이르
시되 내가 그니라 인자가 권능자의 우편에 앉은 것과 하늘 구름을 타고
오는 것을 너희가 보리라 하시니 63 대제사장이 자기 옷을 찢으며 이르되
우리가 어찌 더 증인을 요구하리요 64 그 신성 모독 하는 말을 너희가 들었
도다 너희는 어떻게 생각하느냐 하니 그들이 다 예수를 사형에 해당한 자
로 정죄하고 65 어떤 사람은 그에게 침을 뱉으며 그의 얼굴을 가리고 주먹
으로 치며 이르되 선지자 노릇을 하라 하고 하인들은 손바닥으로 치더라

베드로가 예수를 알지 못한다고 하다

66 베드로는 아랫뜰에 있더니 대제사장의 여종 하나가 와서 67 베드로가 불
쬐고 있는 것을 보고 주목하여 이르되 너도 나사렛 예수와 함께 있었도다
하거늘 68 베드로가 부인하여 이르되 나는 네가 말하는 것이 무엇인지 알지
도 못하고 깨닫지도 못하겠노라 하며 앞뜰로 나갈새 69 여종이 그를 보고
곁에 서 있는 자들에게 다시 이르되 이 사람은 그 도당이라 하되 70 또 부인
하더라 조금 후에 곁에 서 있는 사람들이 다시 베드로에게 말하되 너도 갈
릴리 사람이니 참으로 그 도당이니라 71 그러나 베드로가 저주하며 맹세하
되 나는 너희가 말하는 이 사람을 알지 못하노라 하니 72 닭이 곧 두 번째 울
더라 이에 베드로가 예수께서 자기에게 하신 말씀 곧 닭이 두 번 울기 전에
네가 세 번 나를 부인하리라 하심이 기억되어 그 일을 생각하고 울었더라

마가 15장

빌라도가 예수에게 묻다

1 새벽에 대제사장들이 즉시 장로들과 서기관들 곧 온 공회와 더불어 의
논하고 예수를 결박하여 끌고 가서 빌라도에게 넘겨 주니 2 빌라도가 묻
되 네가 유대인의 왕이냐 예수께서 대답하여 이르시되 네 말이 옳도다 하
시매 3 대제사장들이 여러 가지로 고발하는지라 4 빌라도가 또 물어 이르
되 아무 대답도 없느냐 그들이 얼마나 많은 것으로 너를 고발하는가 보
라 하되 5 예수께서 다시 아무 말씀으로도 대답하지 아니하시니 빌라도
가 놀랍게 여기더라

십자가에 못박히게 예수를 넘기다

6 명절이 되면 백성들이 요구하는 대로 죄수 한 사람을 놓아 주는 전례가 있
더니 7 민란을 꾸미고 그 민란중에 살인하고 체포된 자 중에 바라바라 하는

❖ 베드로의 회개

예수께서 심문받기 위해 대제사장의 집 뜰로 끌려가실 때 베드로가 멀찍이 그 뒤를 쫓았다. 그때 베드로를 알아본 사람들이 그에게 예수와 함께 있었음을 묻자 세 번이나 예수를 모른다고 부인하였다. 그때 닭이 두 번째 울었고 닭이 두 번 울기 전에 세 번 부인하리라고 하신 예수님의 예언을 기억한 베드로가 심히 울며 회개하였다.
죽기까지 예수를 따라가겠다던 베드로는 결국 죽음이라는 두려움 앞에서 예수를 부인하고 저주하고 말았다. 가장 강하다는 베드로의 이 같은 모습 속에서 자신의 말조차 제대로 지키지 못하고 무너져 버리는 나약한 인간의 모습을 발견할 수 있다. 그러므로 인간은 스스로 구원할 수 없고 예수께서는 이런 연약한 인간을 끝까지 버리지 않으시고 구원하시기 위하여 십자가를 지신 것이다.

❖ 빌라도 재판

심문을 모두 마친 가야바와 공회원들은 예수를 총독 빌라도에게 넘겨주었다. 빌라도가 예수를 향하여 유대인의 왕이냐고 묻자, 이를 시인하였다. 그러나 대제사장들과 장로들이 빌라도에게 예수의 죄목에 대해 고소하는 것을 듣고도 자신에 대해 아무런 변명도 하지 않으셨다. 이에 빌라도는 예수가 무죄라고 선고하였지만, 유대 지도자들이 반발하자 예수를 헤롯에게 보내었다.
예수에 대한 유대 지도자들의 고소는 제삼자인 빌라도 입장에서도 무죄였다. 그러나 자신들의 권위를 지키는데 몰두한 그들은 자신들이 죄 없는 메시아를 죽이려고 한다는 것을 전혀 알지 못하였다. 탐욕과 죄악으로 가득 찬 인간은 메시아를 알 수도 믿을 수도 없는 것이다. 그래서 그리스도를 깨닫고 그를 구세주로 받아들이는 것도 하나님의 은혜가 아니면 불가능한 것이다.

❖ 헤롯 재판

예수가 갈릴리 출신이라는 이유로 빌라도가 예수를 헤롯에게 보내자, 마침 예루살렘에 있던 헤롯이 예수를 보고 기뻐하였다. 이는 그전부터 예수의 소문을 듣고 그가 행하는 이적을 보고자 하였기 때문이다. 그러나 예수께서 아무 말도 대답하지 않고 이적도 행하지 않자, 헤롯은 군병들과 함께 예수를 희롱하고 빛난 옷을 입혀 빌라도에게 돌려보냈다.
빌라도가 예수를 철저히 무관심으로 대했다면 헤롯은 철저하게 호기심으로 대하였다. 더구나 복음을 위해 베푸시는 그리스도의 능력을 개인의 즐거움을 위한 오락으로 여겼다. 그도 역시 그리스도를 영접할 기회를 스스로 포기해버린 것이다. 그리스도는 사람들의 호기심의 대상이 아니라 신앙의 대상이고, 그의 능력은 인간의 만족을 위한 것이 아니라 경배와 찬양의 대상이어야 함을 알 수 있다.

자가 있는지라 8 무리가 나아가서 전례대로 하여 주기를 요구한대 9 빌라도가 대답하여 이르되 너희는 내가 유대인
의 왕을 너희에게 놓아 주기를 원하느냐 하니 10 이는 그가 대제사장들이 시기로 예수를 넘겨 준 줄 앎이러라 11 그
러나 대제사장들이 무리를 충동하여 도리어 바라바를 놓아 달라 하게 하니 12 빌라도가 또 대답하여 이르되 그러면
너희가 유대인의 왕이라 하는 이를 내가 어떻게 하랴 13 그들이 다시 소리 지르되 그를 십자가에 못 박게 하소서 14
빌라도가 이르되 어찜이냐 무슨 악한 일을 하였느냐 하니 더욱 소리 지르되 십자가에 못 박게 하소서 하는지라 15
빌라도가 무리에게 만족을 주고자 하여 바라바는 놓아 주고 예수는 채찍질하고 십자가에 못 박히게 넘겨 주니라

군인들이 예수를 희롱하다

16 군인들이 예수를 끌고 브라이도리온이라는 뜰 안으로 들어가서 온 군대를 모으고 17 예수에게 자색 옷을 입히
고 가시관을 엮어 씌우고 18 경례하여 이르되 유대인의 왕이여 평안할지어다 하고 19 갈대로 그의 머리를 치며 침
을 뱉으며 꿇어 절하더라 20 희롱을 다 한 후 자색 옷을 벗기고 도로 그의 옷을 입히고 십자가에 못 박으려고 끌
고 나가니라

십자가에 못 박히시다

21 마침 알렉산더와 루포의 아버지인 구레네 사람 시몬이 시골로부터 와서 지나가는데 그들이 그를 억지로 같이
가게 하여 예수의 십자가를 지우고 22 예수를 끌고 골고다라 하는 곳(번역하면 해골의 곳)에 이르러 23 몰약을 탄 포
도주를 주었으나 예수께서 받지 아니하시니라 24 십자가에 못 박고 그 옷을 나눌새 누가 어느 것을 가질까 하여
제비를 뽑더라 25 때가 제삼시가 되어 십자가에 못 박으니라 26 그 위에 있는 죄패에 유대인의 왕이라 썼고 27 강
도 둘을 예수와 함께 십자가에 못 박으니 하나는 그의 우편에, 하나는 좌
편에 있더라 28 (없음) 29 지나가는 자들은 자기 머리를 흔들며 예수를 모욕
하여 이르되 아하 성전을 헐고 사흘에 짓는다는 자여 30 네가 너를 구원하
여 십자가에서 내려오라 하고 31 그와 같이 대제사장들도 서기관들과 함
께 희롱하며 서로 말하되 그가 남은 구원하였으되 자기는 구원할 수 없
도다 32 이스라엘의 왕 그리스도가 지금 십자가에서 내려와 우리가 보고
믿게 할지어다 하며 함께 십자가에 못 박힌 자들도 예수를 욕하더라

숨지시다

33 제육시가 되매 온 땅에 어둠이 임하여 제구시까지 계속하더니 34 제구
시에 예수께서 크게 소리 지르시되 엘리 엘리 라마 사박다니 하시니 이를
번역하면 나의 하나님, 나의 하나님 어찌하여 나를 버리셨나이까 하는 뜻
이라 35 곁에 섰던 자 중 어떤 이들이 듣고 이르되 보라 엘리야를 부른다
하고 36 한 사람이 달려가서 해면에 신 포도주를 적시어 갈대에 꿰어 마시
게 하고 이르되 가만 두라 엘리야가 와서 그를 내려 주나 보자 하더라 37
예수께서 큰 소리를 지르시고 숨지시니라 38 이에 성소 휘장이 위로부터
아래까지 찢어져 둘이 되니라 39 예수를 향하여 섰던 백부장이 그렇게 숨
지심을 보고 이르되 이 사람은 진실로 하나님의 아들이었도다 하더라 40
멀리서 바라보는 여자들도 있었는데 그 중에 막달라 마리아와 또 작은 야
고보와 요세의 어머니 마리아와 또 살로메가 있었으니 41 이들은 예수께
서 갈릴리에 계실 때에 따르며 섬기던 자들이요 또 이 외에 예수와 함께
예루살렘에 올라온 여자들도 많이 있었더라

요셉이 예수의 시체를 무덤에 넣어 두다

42 이 날은 준비일 곧 안식일 전날이므로 저물었을 때에 43 아리마대 사람
요셉이 와서 당돌히 빌라도에게 들어가 예수의 시체를 달라 하니 이 사람

예수님의 운명

예수님이 운명하실 때 천지가 진동하고 무덤이 열렸다고 했다. 우주의 창조주이시고 하나님 나라의 임금이신 예수님의 대속적 죽음은 천지를 진동시킬 영광의 죽음이요 죽음을 이기게 하는 죽음이며 사망이 없는 에덴으로서의 새 하늘과 새 땅에서 하나님의 나라가 완성되리라는 것을 역동적으로 보여 주는 것이다. 사망이 결코 예수님을 이길 수 없다.

성전 휘장이 찢어졌다는 사건은 신앙적으로 엄청난 사건이다. 예수님의 십자가 보혈과 중보로 죄인된 우리가 하나님 존전에 직접 나아가 그 관계 회복을 얻게 되었다. 그러므로 우리 모두가 다 제사장이 되었다(레 16:34, 히 9:7, 12, 히 4:14-16, 10:19, 20을 참조).

만인 제사장설은 종교 개혁의 중심 되는 믿음이다. 성전 휘장이 찢어짐으로 하나님에게 직접 나가는 길이 열렸다는 것은 에덴의 생명나무에 접근 못하도록 세운 화염검이 무력해졌다는 말이다. 우리는 예수 그리스도의 죽음과 그 십자가 보혈의 공로로 생명나무에 접근할 수 있는 은총을 누리게 되었다.

은 존경 받는 공회원이요 하나님의 나라를 기다리는 자라 [44] 빌라도는 예수께서 벌써 죽었을까 하고 이상히 여
겨 백부장을 불러 죽은 지가 오래냐 묻고 [45] 백부장에게 알아 본 후에 요셉에게 시체를 내주는지라 [46] 요셉이 세
마포를 사서 예수를 내려다가 그것으로 싸서 바위 속에 판 무덤에 넣어 두고 돌을 굴려 무덤 문에 놓으매 [47] 막
달라 마리아와 요셉의 어머니 마리아가 예수 둔 곳을 보더라

마가 16:1

[1] 안식일이 지나매 막달라 마리아와 야고보의 어머니 마리아와 또 살로메가 가서 예수께 바르기 위하여 향품을
사다 두었다가

누가 22:47-71

잡히시다

[47] 말씀하실 때에 한 무리가 오는데 열둘 중의 하나인 유다라 하는 자가 그들을 앞장서 와서 [48] 예수께 입을 맞추
려고 가까이 하는지라 예수께서 이르시되 유다야 네가 입맞춤으로 인자를 파느냐 하시니 [49] 그의 주위 사람들이
그 된 일을 보고 여짜오되 주여 우리가 칼로 치리이까 하고 [50] 그 중의 한 사람이 대제사장의 종을 쳐 그 오른쪽
귀를 떨어뜨린지라 [51] 예수께서 일러 이르시되 이것까지 참으라 하시고 그 귀를 만져 낫게 하시더라 [52] 예수께서
그 잡으러 온 대제사장들과 성전의 경비대장들과 장로들에게 이르시되 너희가 강도를 잡는 것 같이 검과 몽치
를 가지고 나왔느냐 [53] 내가 날마다 너희와 함께 성전에 있을 때에 내게 손을 대지 아니하였도다. 그러나 이제는
너희 때요 어둠의 권세로다 하시더라

베드로가 예수를 모른다고 하다

[54] 예수를 잡아 끌고 대제사장의 집으로 들어갈새 베드로가 멀찍이 따라가니라 [55] 사람들이 뜰 가운데 불을 피
우고 함께 앉았는지라 베드로도 그 가운데 앉았더니 [56] 한 여종이 베드로의 불빛을 향하여 앉은 것을 보고 주목
하여 이르되 이 사람도 그와 함께 있었느니라 하니 [57] 베드로가 부인하여 이르되 이 여자여 내가 그를 알지 못하
노라 하더라 [58] 조금 후에 다른 사람이 보고 이르되 너도 그 도당이라 하거늘 베드로가 이르되 이 사람아 나는
아니로라 하더라 [59] 한 시간쯤 있다가 또 한 사람이 장담하여 이르되 이는 갈릴리 사람이니 참으로 그와 함께 있
었느니라 [60] 베드로가 이르되 이 사람아 나는 네가 하는 말을 알지 못하노라고 아직 말하고 있을 때에 닭이 곧
울더라 [61] 주께서 돌이켜 베드로를 보시니 베드로가 주의 말씀 곧 오늘 닭 울기 전에 네가 세 번 나를 부인하리라
하심이 생각나서 [62] 밖에 나가서 심히 통곡하니라

예수를 희롱하고 때리다

[63] 지키는 사람들이 예수를 희롱하고 때리며 [64] 그의 눈을 가리고 물어 이르되 선지자 노릇 하라 너를 친 자가 누
구냐 하고 [65] 이 외에도 많은 말로 욕하더라

공회 앞에 서시다

[66] 날이 새매 백성의 장로들 곧 대제사장들과 서기관들이 모여서 예수를 그 공회로 끌어들여 [67] 이르되 네가 그
리스도이거든 우리에게 말하라 대답하시되 내가 말할지라도 너희가 믿지 아니할 것이요 [68] 내가 물어도 너희가
대답하지 아니할 것이니라 [69] 그러나 이제부터는 인자가 하나님의 권능의 우편에 앉아 있으리라 하시니 [70] 다 이
르되 그러면 네가 하나님의 아들이냐 대답하시되 너희들이 내가 그라고 말하고 있느니라 [71] 그들이 이르되 어찌
더 증거를 요구하리요 우리가 친히 그 입에서 들었노라 하더라

73일~
78일

누가 23장

빌라도가 예수께 묻다

[1] 무리가 다 일어나 예수를 빌라도에게 끌고 가서 [2] 고발하여 이르되 우

눅 23:1-25
학습 자료 76-3 "예수에 대한 빌라도의 자세와 책임 문제" 참조

리가 이 사람을 보매 우리 백성을 미혹하고 가이사에게 세금 바치는 것을
금하며 자칭 왕 그리스도라 하더이다 하니 3 빌라도가 예수께 물어 이르
되 네가 유대인의 왕이냐 대답하여 이르시되 네 말이 옳도다 4 빌라도가
대제사장들과 무리에게 이르되 내가 보니 이 사람에게 죄가 없도다 하니
5 무리가 더욱 강하게 말하되 그가 온 유대에서 가르치고 갈릴리에서부터
시작하여 여기까지 와서 백성을 소동하게 하나이다 6 빌라도가 듣고 그가
갈릴리 사람이냐 물어 7 헤롯의 관할에 속한 줄을 알고 헤롯에게 보내니
그 때에 헤롯이 예루살렘에 있더라

헤롯 앞에 서시다

8 헤롯이 예수를 보고 매우 기뻐하니 이는 그의 소문을 들었으므로 보고
자 한 지 오래였고 또한 무엇이나 이적 행하심을 볼까 바랐던 연고러라 9
여러 말로 물으나 아무 말도 대답하지 아니하시니 10 대제사장들과 서기
관들이 서서 힘써 고발하더라 11 헤롯이 그 군인들과 함께 예수를 업신여
기며 희롱하고 빛난 옷을 입혀 빌라도에게 도로 보내니 12 헤롯과 빌라도
가 전에는 원수였으나 당일에 서로 친구가 되니라

십자가에 못 박히게 예수를 넘기다

13 빌라도가 대제사장들과 관리들과 백성을 불러 모으고 14 이르되 너희
가 이 사람이 백성을 미혹하는 자라 하여 내게 끌고 왔도다 보라 내가 너
희 앞에서 심문하였으되 너희가 고발하는 일에 대하여 이 사람에게서 죄
를 찾지 못하였고 15 헤롯이 또한 그렇게 하여 그를 우리에게 도로 보내었
도다 보라 그가 행한 일에는 죽일 일이 없느니라 16 그러므로 때려서 놓겠
노라 17 (없음) 18 무리가 일제히 소리 질러 이르되 이 사람을 없이하고 바
라바를 우리에게 놓아 주소서 하니 19 이 바라바는 성중에서 일어난 민란
과 살인으로 말미암아 옥에 갇힌 자러라 20 빌라도는 예수를 놓고자 하여
다시 그들에게 말하되 21 그들은 소리 질러 이르되 그를 십자가에 못 박
게 하소서 십자가에 못 박게 하소서 하는지라 22 빌라도가 세 번째 말하
되 이 사람이 무슨 악한 일을 하였느냐 나는 그에게서 죽일 죄를 찾지 못
하였나니 때려서 놓으리라 하니 23 그들이 큰 소리로 재촉하여 십자가에
못 박기를 구하니 그들의 소리가 이긴지라 24 이에 빌라도가 그들이 구하
는 대로 하기를 언도하고 25 그들이 요구하는 자 곧 민란과 살인으로 말
미암아 옥에 갇힌 자를 놓아 주고 예수는 넘겨주어 그들의 뜻대로 하게
하니라

십자가에 못 박히시다

26 그들이 예수를 끌고 갈 때에 시몬이라는 구레네 사람이 시골에서 오는
것을 붙들어 그에게 십자가를 지워 예수를 따르게 하더라 27 또 백성과
및 그를 위하여 가슴을 치며 슬피 우는 여자의 큰 무리가 따라오는지라
28 예수께서 돌이켜 그들을 향하여 이르시되 예루살렘의 딸들아 나를 위
하여 울지 말고 너희와 너희 자녀를 위하여 울라 29 보라 날이 이르면 사
람이 말하기를 잉태하지 못하는 이와 해산하지 못한 배와 먹이지 못한 젖
이 복이 있다 하리라 30 그 때에 사람이 산들을 대하여 우리 위에 무너지

73일~78일

❖ 빌라도 정치적 판결

헤롯에게서 예수를 다시 넘겨받은 빌라도는 명절을 맞아 죄수 한 명을 놓아주는 전례를 따라 예수를 방면하고자 하였다. 그러나 백성들이 예수 대신 바라바라 하는 죄수를 내어놓기를 요구하였다. 이에 민심이 흉흉해지는 것을 염려한 빌라도는 아내의 만류에도 불구하고 예수를 채찍질하고 십자가에 못 박게 내어주었다. 그리고 총독의 부하들은 예수의 옷을 벗기고 가시관을 씌우고 조롱하며 끌고 갔다.

빌라도는 예수에게서 혐의를 찾지 못하였지만, 대제사장들과 장로들이 끈질기게 예수를 반역죄로 고소하였기 때문에 새로운 해결 방법을 모색하였다. 로마의 법에 의하면 큰 명절에는 한 피고의 소송을 기각하고 사면을 받을 수가 있었다. 따라서 유대인의 가장 큰 명절인 유월절을 맞아 사면 제도를 활용하려는 것이었다. 그러나 빌라도가 바라바라는 죄인과 예수를 놓고 선택을 요구하자 백성들은 예수 대신에 바라바를 요구하였던 것이다. 성 중에 일어난 민란과 살인으로 인하여 옥에 갇힌 바라바는 열심당원으로 로마에 대해 무력으로 혁명을 일으키려던 자였다. 따라서 예수가 정치적인 메시아가 되기를 포기한 이상 유대인들에게는 바라바가 현실적으로 더욱 필요한 존재였다. 빌라도는 거듭 예수를 풀어주고자 하였으나 예수를 놓아줄 경우, 더 이상 가이사의 친구가 아니라는 백성들의 협박에 굴복하고 말았다. 괜히 자신과 상관없는 예수 때문에 황제에 대한 자신의 충성을 의심받고 총독에서 파면되는 것을 원치 않았기 때문이다. 결국 빌라도는 관례에 따라 정치적 반역죄가 선고된 예수에게 납 조각이 달려 때리면 살점을 뜯어내는 무서운 채찍질을 한 다음에 십자가에 못 박게 내어주었다. 또한 죄인을 조롱하는 장난을 즐기는 로마 병사들은 황제의 월계수 화관을 본떠서 만든 일종의 고문 기구인 가시면류관으로 예수의 머리를 찌르며 그를 조롱하였다.

빌라도는 예수를 십자가에 내어주었지만, 예수가 무죄함을 증거하였고 유대인들은 예수의 피 값을 자신과 후손들에게 돌림으로 심판의 원인이 자신들에게 있음을 인정하였다. 이런 점에서 빌라도의 법정은 예수의 죽음이 인간을 위한 대속적 죽음임을 드러내고, 상대적으로 스스로 멸망을 초래하는 인간의 죄악성을 드러낸 구속사의 중요한 현장이었다.

눅 23:26-38

학습 자료 76-4
"로마 시대의 십자가 형" 참조

라 하며 작은 산들을 대하여 우리를 덮으라 하리라 31 푸른 나무에도 이
같이 하거든 마른 나무에는 어떻게 되리요 하시니라 32 또 다른 두 행악
자도 사형을 받게 되어 예수와 함께 끌려 가니라 33 해골이라 하는 곳에
이르러 거기서 예수를 십자가에 못 박고 두 행악자도 그렇게 하니 하나는
우편에, 하나는 좌편에 있더라 34 이에 예수께서 이르시되 아버지 저들을
사하여 주옵소서 자기들이 하는 것을 알지 못함이니이다 하시더라 그들
이 그의 옷을 나눠 제비 뽑을새 35 백성은 서서 구경하는데 관리들은 비웃
어 이르되 저가 남을 구원하였으니 만일 하나님이 택하신 자 그리스도이
면 자신도 구원할지어다 하고 36 군인들도 희롱하면서 나아와 신 포도주
를 주며 37 이르되 네가 만일 유대인의 왕이면 네가 너를 구원하라 하더라
38 그의 위에 이는 유대인의 왕이라 쓴 패가 있더라 39 달린 행악자 중 하
나는 비방하여 이르되 네가 그리스도가 아니냐 너와 우리를 구원하라 하
되 40 하나는 그 사람을 꾸짖어 이르되 네가 동일한 정죄를 받고서도 하
나님을 두려워하지 아니하느냐 41 우리는 우리가 행한 일에 상당한 보응
을 받는 것이니 이에 당연하거니와 이 사람이 행한 것은 옳지 않은 것이
없느니라 하고 42 이르되 예수여 당신의 나라에 임하실 때에 나를 기억하
소서 하니 43 예수께서 이르시되 내가 진실로 네게 이르노니 오늘 네가 나
와 함께 낙원에 있으리라 하시니라

숨지시다

44 때가 제육시쯤 되어 해가 빛을 잃고 온 땅에 어둠이 임하여 제구시까
지 계속하며 45 성소의 휘장이 한가운데가 찢어지더라 46 예수께서 큰 소
리로 불러 이르시되 아버지 내 영혼을 아버지 손에 부탁하나이다 하고 이
말씀을 하신 후 숨지시니라 47 백부장이 그 된 일을 보고 하나님께 영광을
돌려 이르되 이 사람은 정녕 의인이었도다 하고 48 이를 구경하러 모인 무
리도 그 된 일을 보고 다 가슴을 치며 돌아가고 49 예수를 아는 자들과 갈
릴리로부터 따라온 여자들도 다 멀리 서서 이 일을 보니라

요셉이 예수의 시체를 무덤에 넣어 두다

50 공회 의원으로 선하고 의로운 요셉이라 하는 사람이 있으니 51 (그들의
결의와 행사에 찬성하지 아니한 자라) 그는 유대인의 동네 아리마대 사람이요
하나님의 나라를 기다리는 자라 52 그가 빌라도에게 가서 예수의 시체를
달라 하여 53 이를 내려 세마포로 싸고 아직 사람을 장사한 일이 없는 바
위에 판 무덤에 넣어 두니 54 이 날은 준비일이요 안식일이 거의 되었더라
55 갈릴리에서 예수와 함께 온 여자들이 뒤를 따라 그 무덤과 그의 시체
를 어떻게 두었는지를 보고 56 돌아가 향품과 향유를 준비하더라 계명을
따라 안식일에 쉬더라

요한 18:2-40

2 그 곳은 가끔 예수께서 제자들과 모이시는 곳이므로 예수를 파는 유다
도 그 곳을 알더라 3 유다가 군대와 대제사장들과 바리새인들에게서 얻은
아랫사람들을 데리고 등과 횃불과 무기를 가지고 그리로 오는지라 4 예수

십자가형 집행

로마 병사들은 십자가형을 선고받은 예수에게 십자가를 지우고 골고다로 향하였다. 이때 많은 여인과 사람들이 예수를 뒤따랐다. 도중에 구레네 사람 시몬이 예수를 대신하여 십자가를 지게 하였다. 마침내 골고다 언덕에 이르러 쓸개를 탄 포도주를 주었으나 예수께서 먹지 않으시자 예수를 십자가에 못 박고 옷은 제비를 뽑아 나누었다.
십자가는 페르시아에서 저항하는 외국인들을 처형하기 위해 처음 사용되었다. 로마에서는 주로 탈주한 노예, 비밀 폭로, 내란 선동, 살인, 반역 등의 중죄인에게 적용되었다. 특히 팔레스타인에서는 십자가형이 정치적인 폭도들의 소요 억제책으로 집행되었다. 그러나 역사가 요세푸스에 의하면 예수 당시에는 유대인들의 잦은 반란과 항거가 일어나 정치적 소요를 일으켰던 수천 명의 유대인들이 십자가형에 처했다고 한다. 따라서 반역죄로 기소된 예수를 십자가형에 처했다. 당시 십자가형이 집행되던 골고다 언덕에는 세로 기둥 몇 개가 항상 세워져 있었다. 따라서 예수는 가로 기둥을 메고 골고다까지 걸었다. 이때 죄인의 가슴에는 죄목을 쓴 명패를 붙이는데 나중에 십자가의 머리 부분에 달게 된다. 예수의 명패에는 자칭 유대인의 왕이라는 죄목이 쓰여 있었다. 한편 죄인이 십자가를 지고 가기 힘들 경우 다른 사람이 대신 지게 할 수 있다. 아프리카의 구레네 출신의 시몬은 마침 그 곁에 있다가 십자가를 지게 되었다. 그러나 예수께서는 자신을 따르는 여인들에게 예루살렘의 멸망을 예고하시며 수태하지 못하는 이가 복이 있다고 말씀하셨다. 자식이 없는 것을 최고의 저주로 여기는 유대에서 이런 표현은 장차 다가올 예루살렘 멸망이 얼마나 끔찍한 것인지를 말해준다. 한편 골고다에 도착한 예수께 로마 병사들이 쓸개 탄 포도주를 주었는데 이는 사형수의 고통을 덜어주기 위한 일종의 마취제로 제공되었다.
십자가는 예수가 얼마나 중죄인인지를 증거하는 표시였다. 그러나 죄 없이 돌아가시는 예수께 그것은 자신이 대속해야 할 죄인들의 무거운 죄였다. 따라서 십자가가 무겁고 죄가 중할수록 예수께서 지신 인간의 죄는 더욱 가벼워지고 하나님의 은혜가 커지는 것이다. 그래서 저주의 상징인 십자가가 택한 백성에게는 은혜와 사랑의 상징이다.

께서 그 당할 일을 다 아시고 나아가 이르시되 너희가 누구를 찾느냐 5 대답하되 나사렛 예수라 하거늘 이르시
되 내가 그니라 하시니라 그를 파는 유다도 그들과 함께 섰더라 6 예수께서 그들에게 내가 그니라 하실 때에 그
들이 물러가서 땅에 엎드러지는지라 7 이에 다시 누구를 찾느냐고 물으신대 그들이 말하되 나사렛 예수라 하거
늘 8 예수께서 대답하시되 너희에게 내가 그니라 하였으니 나를 찾거든 이 사람들이 가는 것은 용납하라 하시니
9 이는 아버지께서 내게 주신 자 중에서 하나도 잃지 아니하였사옵나이다 하신 말씀을 응하게 하려 함이러라 10
이에 시몬 베드로가 칼을 가졌는데 그것을 빼어 대제사장의 종을 쳐서 오
른편 귀를 베어버리니 그 종의 이름은 말고라 11 예수께서 베드로더러 이
르시되 칼을 칼집에 꽂으라 아버지께서 주신 잔을 내가 마시지 아니하겠
느냐 하시니라

안나스에게로 끌고 가다

12 이에 군대와 천부장과 유대인의 아랫사람들이 예수를 잡아 결박하여
13 먼저 안나스에게로 끌고 가니 안나스는 그 해의 대제사장인 가야바의
장인이라 14 가야바는 유대인들에게 한 사람이 백성을 위하여 죽는 것이
유익하다고 권고하던 자러라

베드로가 제자가 아니라고 하다

15 시몬 베드로와 또 다른 제자 한 사람이 예수를 따르니 이 제자는 대제
사장과 아는 사람이라 예수와 함께 대제사장의 집 뜰에 들어가고 16 베드
로는 문 밖에 서 있는지라 대제사장을 아는 그 다른 제자가 나가서 문 지
키는 여자에게 말하여 베드로를 데리고 들어오니 17 문 지키는 여종이 베
드로에게 말하되 너도 이 사람의 제자 중 하나가 아니냐 하니 그가 말하
되 나는 아니라 하고 18 그 때가 추운 고로 종과 아랫사람들이 불을 피우
고 서서 쬐니 베드로도 함께 서서 쬐더라

대제사장이 예수에게 묻다

19 대제사장이 예수에게 그의 제자들과 그의 교훈에 대하여 물으니 20 예
수께서 대답하시되 내가 드러내 놓고 세상에 말하였노라 모든 유대인들
이 모이는 회당과 성전에서 항상 가르쳤고 은밀하게는 아무 것도 말하지
아니하였거늘 21 어찌하여 내게 묻느냐 내가 무슨 말을 하였는지 들은 자
들에게 물어 보라 그들이 내가 하던 말을 아느니라 22 이 말씀을 하시매
곁에 섰던 아랫사람 하나가 손으로 예수를 쳐 이르되 네가 대제사장에게
이같이 대답하느냐 하니 23 예수께서 대답하시되 내가 말을 잘못하였으
면 그 잘못한 것을 증언하라 바른 말을 하였으면 네가 어찌하여 나를 치
느냐 하시더라 24 안나스가 예수를 결박한 그대로 대제사장 가야바에게
보내니라

베드로가 다시 제자가 아니라고 하다

25 시몬 베드로가 서서 불을 쬐더니 사람들이 묻되 너도 그 제자 중 하나
가 아니냐 베드로가 부인하여 이르되 나는 아니라 하니 26 대제사장의 종
하나는 베드로에게 귀를 잘린 사람의 친척이라 이르되 네가 그 사람과
함께 동산에 있는 것을 내가 보지 아니하였느냐 27 이에 베드로가 또 부
인하니 곧 닭이 울더라

73일~
78일

❖ 십자가 고난

십자가에 못 박히신 예수께서는 많은 사람으로부터 하나님의 아들이면 자신부터 구원하라는 조롱을 받았다. 그러나 그 와중에서도 제자 요한에게 모친 마리아를 부탁하며 자신을 못 박는 사람들을 위하여 하나님께 기도하였다. 마침내 구시가 되어 하나님께 영혼을 부탁하고 죽고 말았다. 그때 성소의 휘장이 갈라지고 해가 빛을 잃었으며 무덤에서 죽은 자들이 살아나는 놀라운 일이 일어나 예수께서 참 하나님의 아들이셨음을 증거해 주었다.

예수께서는 아침 9시부터 오후 3시까지 여섯 시간 동안 십자가에 달려 있었다. 이는 십자가에 달려 하루 종일 낮의 뜨거운 햇빛과 밤의 추위에 시달리다 죽어간 대부분 사람에 비해 짧은 시간이었다. 그러나 십자가 상에서 예수가 받은 고통은 육체적 고통보다 더 큰 것이었다. '자칭 유대인의 왕'이라는 죄명은 예수를 사람들을 미혹하여 자신의 왕국을 건설하려 한 정신병자로 취급하였다. 또한 대제사장과 서기관들, 장로들, 심지어 흉악한 강도까지 조롱하였다. 또한 죽어가는 아들의 모습을 지켜보고 있는 모친 마리아의 모습과 요한을 제외하고 모두 도망간 제자들의 모습은 고통을 안겨주었다. 예수는 사람들로부터 철저히 버림을 받았다. 결정적으로는 하나님으로부터 버림을 받은 것이 가장 큰 고통이었다. 결국 오후 3시에 예수는 죽고 말았다. 비교적 짧은 시간 십자가에 달려 있었던 것으로 미루어 혈액 부족이 아니라 육체적, 정신적 고통에 의한 심장파열이 직접적인 사망원인으로 추정된다. 한편 예수께서 죽으시기 전 3시간 동안 전국적으로 해가 어두워지고 지성소와 성소를 구분하는 휘장이 갈라졌고 무덤에서 죽은 자들이 살아나왔다. 이런 현상은 예수께서 참 선지자였고 하나님의 아들이었음을 증거하는 이적이었다.

십자가에 달린 예수는 하나님으로부터, 심지어 자신이 구원하려는 사람들로부터 완전히 버림받았다. 그에게 십자가는 혼자만의 고통이었다. 이는 인간의 죄를 담당할 대속자는 오직 예수뿐이었기 때문이다. 그래서 세상에 구원을 얻을 길은 예수밖에 없는 것이다. 그의 죽음으로 구원받은 백성들은 지성소의 휘장을 가르고 시은좌에 나아가 은혜를 얻으며 죽음에서 부활하는 소망을 얻게 된 것이다.

빌라도 앞에 서시다

28 그들이 예수를 가야바에게서 관정으로 끌고 가니 새벽이라 그들은 더럽힘을 받지 아니하고 유월절 잔치를 먹
고자 하여 관정에 들어가지 아니하더라 29 그러므로 빌라도가 밖으로 나가서 그들에게 말하되 너희가 무슨 일로
이 사람을 고발하느냐 30 대답하여 이르되 이 사람이 행악자가 아니었더라면 우리가 당신에게 넘기지 아니하였
겠나이다 31 빌라도가 이르되 너희가 그를 데려다가 너희 법대로 재판하라 유대인들이 이르되 우리에게는 사람
을 죽이는 권한이 없나이다 하니 32 이는 예수께서 자기가 어떠한 죽음으로 죽을 것을 가리켜 하신 말씀을 응하
게 하려 함이러라 33 이에 빌라도가 다시 관정에 들어가 예수를 불러 이르되 네가 유대인의 왕이냐 34 예수께서
대답하시되 이는 네가 스스로 하는 말이냐 다른 사람들이 나에 대하여 네게 한 말이냐 35 빌라도가 대답하되 내
가 유대인이냐 네 나라 사람과 대제사장들이 너를 내게 넘겼으니 네가 무엇을 하였느냐 36 예수께서 대답하시되
내 나라는 이 세상에 속한 것이 아니니라 만일 내 나라가 이 세상에 속한 것이었더라면 내 종들이 싸워 나로 유
대인들에게 넘겨지지 않게 하였으리라 이제 내 나라는 여기에 속한 것이 아니니라 37 빌라도가 이르되 그러면 네
가 왕이 아니냐 예수께서 대답하시되 네 말과 같이 내가 왕이니라 내가 이를 위하여 태어났으며 이를 위하여 세
상에 왔나니 곧 진리에 대하여 증언하려 함이로라 무릇 진리에 속한 자는 내 음성을 듣느니라 하신대 38 빌라도
가 이르되 진리가 무엇이냐 하더라

십자가에 못 박도록 예수를 넘겨주다

이 말을 하고 다시 유대인들에게 나가서 이르되 나는 그에게서 아무 죄도
찾지 못하였노라 39 유월절이면 내가 너희에게 한 사람을 놓아 주는 전례
가 있으니 그러면 너희는 내가 유대인의 왕을 너희에게 놓아 주기를 원하
느냐 하니 40 그들이 또 소리 질러 이르되 이 사람이 아니라 바라바라 하니 바라바는 강도였더라

요 18:39
학습 자료 76-5
"유월절 죄수의 석방" 참조

순서	말씀	대상	의미
1	저들을 사하여 주옵소서 자기들이 하는 것을 알지 못함이니이다(눅 23:34).	하나님	이 기도가 없었으면 유대인들과 제사장들 및 바울의 회심도 없었을 것이다.
2	오늘 네가 나와 함께 낙원에 있으리라(눅23:43).	한 강도	잃어버린 한 양도 찾으시는 예수님이기에 회개하는 모든 이는 구원을 받는다.
3	여자여 보소서 아들이니이다 .. 보라 네 어머니라(요 19:26,27).	모 친	인간의 도리를 존중하신 예수님께서 참 인간미를 보여 주신다.
4	엘리 엘리 라마 사박다니 ... 나의 하나님, 나의 하나님, 어찌하여 나를 버리셨나이까(마 27:46).	하나님	하나님은 죄를 철저히 미워하신다는 점을 보여 준다.
5	내가 목마르다(요 19:28).	자 신	우리의 생수가 되신 예수님이 우리를 대신해서 저주의 목마름을 당하신 것이다.
6	다 이루었다(요 19:30).	온 인류	온 인류에게 하나님 나라를 성취하는 사역이 완성되었다는 것을 선포한다.
7	아버지 내 영혼을 아버지 손에 부탁하나이다(눅 23:46).	하나님	하나님은 인간 예수를 버리셨으나 아버지 하나님은 성자 하나님을 버리지 않았다.

요한 19장

1 이에 빌라도가 예수를 데려다가 채찍질하더라 2 군인들이 가시나무로
관을 엮어 그의 머리에 씌우고 자색 옷을 입히고 3 앞에 가서 이르되 유대
인의 왕이여 평안할지어다 하며 손으로 때리더라 4 빌라도가 다시 밖에
나가 말하되 보라 이 사람을 데리고 너희에게 나오나니 이는 내가 그에
게서 아무 죄도 찾지 못한 것을 너희로 알게 하려 함이로라 하더라 5 이에
예수께서 가시관을 쓰고 자색 옷을 입고 나오시니 빌라도가 그들에게 말
하되 보라 이 사람이로다 하매 6 대제사장들과 아랫사람들이 예수를 보
고 소리 질러 이르되 십자가에 못 박으소서 십자가에 못 박으소서 하는지
라 빌라도가 이르되 너희가 친히 데려다가 십자가에 못 박으라 나는 그에
게서 죄를 찾지 못하였노라 7 유대인들이 대답하되 우리에게 법이 있으니
그 법대로 하면 그가 당연히 죽을 것은 그가 자기를 하나님의 아들이라
함이니이다 8 빌라도가 이 말을 듣고 더욱 두려워하여 9 다시 관정에 들어
가서 예수께 말하되 너는 어디로부터냐 하되 예수께서 대답하여 주지 아
니하시는지라 10 빌라도가 이르되 내게 말하지 아니하느냐 내가 너를 놓
을 권한도 있고 십자가에 못 박을 권한도 있는 줄 알지 못하느냐 11 예수
께서 대답하시되 위에서 주지 아니하셨더라면 나를 해할 권한이 없었으
리니 그러므로 나를 네게 넘겨 준 자의 죄는 더 크다 하시니라 12 이러하
므로 빌라도가 예수를 놓으려고 힘썼으나 유대인들이 소리 질러 이르되
이 사람을 놓으면 가이사의 충신이 아니니이다 무릇 자기를 왕이라 하는
자는 가이사를 반역하는 것이니이다 13 빌라도가 이 말을 듣고 예수를 끌
고 나가서 돌을 깐 뜰(히브리 말로 가바다)에 있는 재판석에 앉아 있더라 14
이 날은 유월절의 준비일이요 때는 제육시라 빌라도가 유대인들에게 이
르되 보라 너희 왕이로다 15 그들이 소리 지르되 없이 하소서 없이 하소서
그를 십자가에 못 박게 하소서 빌라도가 이르되 내가 너희 왕을 십자가에
못 박으랴 대제사장들이 대답하되 가이사 외에는 우리에게 왕이 없나이
다 하니 16 이에 예수를 십자가에 못 박도록 그들에게 넘겨 주니라

십자가에 못 박히시다

17 그들이 예수를 맡으매 예수께서 자기의 십자가를 지시고 해골(히브리 말
로 골고다)이라 하는 곳에 나가시니 18 그들이 거기서 예수를 십자가에 못
박을새 다른 두 사람도 그와 함께 좌우편에 못 박으니 예수는 가운데 있
더라 19 빌라도가 패를 써서 십자가 위에 붙이니 나사렛 예수 유대인의
왕이라 기록되었더라 20 예수께서 못 박히신 곳이 성에서 가까운 고로 많
은 유대인이 이 패를 읽는데 히브리와 로마와 헬라 말로 기록되었더라 21
유대인의 대제사장들이 빌라도에게 이르되 유대인의 왕이라 쓰지 말고
자칭 유대인의 왕이라 쓰라 하니 22 빌라도가 대답하되 내가 쓸 것을 썼
다 하니라 23 군인들이 예수를 십자가에 못 박고 그의 옷을 취하여 네 깃
에 나눠 각각 한 깃씩 얻고 속옷도 취하니 이 속옷은 호지 아니하고 위에
서부터 통으로 짠 것이라 24 군인들이 서로 말하되 이것을 찢지 말고 누가
얻나 제비 뽑자 하니 이는 성경에 그들이 내 옷을 나누고 내 옷을 제비 뽑

요 19:19
학습 자료 76-6
"예수 십자가상의 죄패" 참조

❖ 장사 지냄

여섯 시간의 고통 끝에 예수께서 죽으셨다. 이때 예수의 제자 중에 아리마대 요셉이라 하는 사람이 빌라도에게 예수의 시체를 달라고 요구하였다. 이에 빌라도가 시체를 내어주자, 요셉은 유대인의 관례에 따라 예수의 시체를 정한 세마포로 싸서 자신을 위하여 바위 속에 판 새 무덤에 넣어 장사 지내고 큰 돌을 굴려 입구를 막았다.
원래 반역죄로 십자가에서 처형당한 죄인

나이다 한 것을 응하게 하려 함이러라 군인들은 이런 일을 하고 25 예수의
십자가 곁에는 그 어머니와 이모와 글로바의 아내 마리아와 막달라 마리
아가 섰는지라 26 예수께서 자기의 어머니와 사랑하시는 제자가 곁에 서
있는 것을 보시고 자기 어머니께 말씀하시되 여자여 보소서 아들이니이
다 하시고 27 또 그 제자에게 이르시되 보라 네 어머니라 하신대 그 때부
터 그 제자가 자기 집에 모시니라

영혼이 떠나가시다

28 그 후에 예수께서 모든 일이 이미 이루어진 줄 아시고 성경을 응하게
하려 하사 이르시되 내가 목마르다 하시니 29 거기 신 포도주가 가득히 담
긴 그릇이 있는지라 사람들이 신 포도주를 적신 해면을 우슬초에 매어 예
수의 입에 대니 30 예수께서 신 포도주를 받으신 후에 이르시되 다 이루었
다 하시고 머리를 숙이니 영혼이 떠나가시니라

창으로 옆구리를 찌르다

31 이 날은 준비일이라 유대인들은 그 안식일이 큰 날이므로 그 안식일에
시체들을 십자가에 두지 아니하려 하여 빌라도에게 그들의 다리를 꺾어
시체를 치워 달라 하니 32 군인들이 가서 예수와 함께 못 박힌 첫째 사람
과 또 그 다른 사람의 다리를 꺾고 33 예수께 이르러서는 이미 죽으신 것
을 보고 다리를 꺾지 아니하고 34 그 중 한 군인이 창으로 옆구리를 찌르
니 곧 피와 물이 나오더라 35 이를 본 자가 증언하였으니 그 증언이 참이라
그가 자기의 말하는 것이 참인 줄 알고 너희로 믿게 하려 함이니라 36 이
일이 일어난 것은 그 뼈가 하나도 꺾이지 아니하리라 한 성경을 응하게 하
려 함이라 37 또 다른 성경에 그들이 그 찌른 자를 보리라 하였느니라

새 무덤에 예수를 두다

38 아리마대 사람 요셉은 예수의 제자이나 유대인이 두려워 그것을 숨기
더니 이 일 후에 빌라도에게 예수의 시체를 가져가기를 구하매 빌라도가
허락하는지라 이에 가서 예수의 시체를 가져가니라 39 일찍이 예수께 밤
에 찾아왔던 니고데모도 몰약과 침향 섞은 것을 백 리트라쯤 가지고 온지
라 40 이에 예수의 시체를 가져다가 유대인의 장례 법대로 그 향품과 함
께 세마포로 쌌더라 41 예수께서 십자가에 못 박히신 곳에 동산이 있고
동산 안에 아직 사람을 장사한 일이 없는 새 무덤이 있는지라 42 이 날은
유대인의 준비일이요 또 무덤이 가까운 고로 예수를 거기 두니라

은 다른 사람들의 본보기를 위해 당분간 그대로 두었다가 가족이 있는 시체는 요구에 따라 내어주고 아니면 그냥 들에 내버려 짐승의 밥이 되게 한다. 그런데 예수의 시체는 죽은 직후에 아리마대의 부자 요셉에 의해 양도되었다. 아리마대 요셉은 부자였고 산헤드린 공회원이었기 때문에 총독인 빌라도에게 이런 요구를 할 수 있었다. 그리고 대제사장을 비롯한 다른 산헤드린 공회원들도 이에 찬성하였기에 가능하였다. 이는 예수께서 십자가에 달려 죽으신 것은 금요일 오후 3시로 금요일 저녁 일몰 때부터 시작되는 안식일을 바로 앞에 둔 때였기 때문이다. 유대인의 율법에 따라 죽은 사람의 시신을 거룩한 안식일까지 십자가에 두지 않으려고 하였기 때문이다. 이에 빌라도로부터 예수의 시체를 건네받은 아리마대 요셉은 유대인의 관례에 따라 시체를 씻고 몰약과 침향과 함께 세마포로 시체를 싸서 새 바위 무덤에 장사 지냈다. 원래 유대인들의 무덤은 연한 암석을 뚫거나 자연적인 동굴들을 이용한 묘실로 가족이나 씨족을 위한 공동묘지였다. 그러나 종종 부자들은 살아 있을 때 자신만을 위한 무덤을 따로 마련하였다. 아리마대 요셉도 이런 풍습을 따라 한 번도 사용하지 않은 바위 속의 새 무덤을 갖고 있었다. 그런데도 사람들로부터 비난이나 오해를 무릅쓰고 반역죄로 처형된 예수를 위해 선뜻 무덤을 내주었다.

예수께서 인간으로 오신 것은 인간의 모든 죄를 감당하여 대속을 이루시기 위함이다. 따라서 예수께서 십자가에 죽으시고 무덤에 묻히셨다는 것은 죄의 대가로 치러야 할 모든 징벌을 완수하셨음을 의미한다. 이런 점에서 예수의 무덤은 비극의 장소가 아니라 비극이 끝나고 생명의 희망이 시작하는 전환의 장소이다. 예수의 죽음을 마지막으로 무덤은 인간에 대한 죽음의 권세를 완전히 상실한 것이다.

☞ 예수님은 아리마대 요셉의 무덤에 묻혔고, 니고데모가 몰약과 침향 섞은 것 100근으로 장례 의식을 베풀었다. 이로써 말구유에 태어나신 예수님의 인간 생애는 남의 무덤에 묻힘으로 끝났다.

제 12 부 : 예수님의 부활과 승천(A.D. 30년 4월 9일 일요일부터 40일간)

A.D. 30년 4월 9일 일요일 아침, 큰 지진이 일어나고, 골고다 어느 한구석의 무덤에서 창조 이래 엄청난 사건이 일어난다. 그것은 무덤이 열리고 예수님이 예언대로 다시 살아나는 사건이다. 그리고 40일을 더 지상에 계시다가 감람산에서 제자들이 지켜보는 가운데 하늘로 올라가는 또 한 번의 엄청난 사건이 벌어진다.

마태 28장, 마가 16:2-20, 누가 24장, 요한 20장~21장

- 부활((A.D. 30년 4월 9일 일요일) / 갈릴리 호수에 나타나신 예수님(A.D. 30년 5월경) /
예수님의 대 명령(A.D. 30년 5월 중순경) / 예수님의 승천(A.D. 30년 5월 18일 예루살렘 근교 감람산)
요한복음의 기록 목적과 요한의 증거 -

마태 28장

살아나시다

1 안식일이 다 지나고 안식 후 첫날이 되려는 새벽에 막달라 마리아와 다
른 마리아가 무덤을 보려고 갔더니 2 큰 지진이 나며 주의 천사가 하늘로
부터 내려와 돌을 굴려 내고 그 위에 앉았는데 3 그 형상이 번개 같고 그
옷은 눈 같이 희거늘 4 지키던 자들이 그를 무서워하여 떨며 죽은 사람과
같이 되었더라 5 천사가 여자들에게 말하여 이르되 너희는 무서워하지 말
라 십자가에 못 박히신 예수를 너희가 찾는 줄을 내가 아노라 6 그가 여기
계시지 않고 그가 말씀 하시던 대로 살아나셨느니라 와서 그가 누우셨던
곳을 보라 7 또 빨리 가서 그의 제자들에게 이르되 그가 죽은 자 가운데서
살아나셨고 너희보다 먼저 갈릴리로 가시나니 거기서 너희가 뵈오리라
하라 보라 내가 너희에게 일렀느니라 하거늘 8 그 여자들이 무서움과 큰
기쁨으로 빨리 무덤을 떠나 제자들에게 알리려고 달음질할새 9 예수께서
그들을 만나 이르시되 평안하냐 하시거늘 여자들이 나아가 그 발을 붙잡
고 경배하니 10 이에 예수께서 이르시되 무서워하지 말라 가서 내 형제들
에게 갈릴리로 가라 하라 거기서 나를 보리라 하시니라

경비병의 보고

11 여자들이 갈 때 경비병 중 몇이 성에 들어가 모든 된 일을 대제사장
들에게 알리니 12 그들이 장로들과 함께 모여 의논하고 군인들에게 돈
을 많이 주며 13 이르되 너희는 말하기를 그의 제자들이 밤에 와서 우리
가 잘 때에 그를 도둑질하여 갔다 하라 14 만일 이 말이 총독에게 들리
면 우리가 권하여 너희로 근심하지 않게 하리라 하니 15 군인들이 돈을
받고 가르친 대로 하였으니 이 말이 오늘날까지 유대인 가운데 두루 퍼
지니라

제자들에게 할 일을 분부하시다

16 열한 제자가 갈릴리에 가서 예수께서 지시하신 산에 이르러 17 예수
를 뵈옵고 경배하나 아직도 의심하는 사람들이 있더라 18 예수께서 나
아와 말씀하여 이르시되 하늘과 땅의 모든 권세를 내게 주셨으니 19 그
러므로 너희는 가서 모든 민족을 제자로 삼아 아버지와 아들과 성령의
이름으로 세례를 베풀고 20 내가 너희에게 분부한 모든 것을 가르쳐 지
키게 하라 볼지어다 내가 세상 끝날까지 너희와 항상 함께 있으리라 하
시니라

부활(4월 9일 일요일)
빈 무덤
예수님의 시신을 두고 큰 돌로 무덤 문을 막고 인봉하며 군인들이 지킨 그 무덤이 A.D. 4월 9일 일요일 이른 아침에 빈 채로 발견되는 놀라운 일이 벌어지고야 말았다. 바울이 말한 것처럼 부활이 없었더라면 예수님에 대한 믿음은 헛것이다(고전 15:14). 예수님이 살아나지 못하고 무덤에 영원히 머물러 버린 존재가 되었다면 그분은 석가나 공자나 소크라테스처럼 인류의 위대한 스승 중의 한 명이었거나 거짓말쟁이가 되었을 것이다. 그러나 예수님은 죽음을 이기시고 부활하셨다. 그 부활의 증거는 무엇보다도 사람의 능력으로 도저히 움직일 수 없는 돌문이 열리고 빈 무덤이 되었다는 사실 그것이다. 이 빈 무덤을 지키는 무덤지기가 공의회에 보고했다. 베드로와 요한이 그 빈 무덤을 보았으며, 그리고 부활하신 예수님은 막달라 마리아에게 보이셨고, 다른 여인에게 보이셨고, 엠마오로 가는 제자들에게 나타나셨고, 제자 도마에게도 나타나셨다.

마 28:18-20 예수 지상 4대 강령과 그 의미

	의미
가라	영원 전부터 하나님의 뜻과 경륜을 계획하시고 이끌어 가심 (엡 1:3-10)
제자를 삼으라	하나님의 정하신 때에 성육신하여 오셔서 하나님의 뜻과 약속을 수행·성취하심 (마 26:38-42)
세례를 주라	예수의 몸인 교회의 한 지체가 되어 신앙생활을 함께 하게 하라는 명령
가르쳐 지키게 하라	말씀을 배우고 지킴으로 그리스도의 장성한 분량에까지 성장하게 하라는 명령

73일~78일

마가 16:2-20

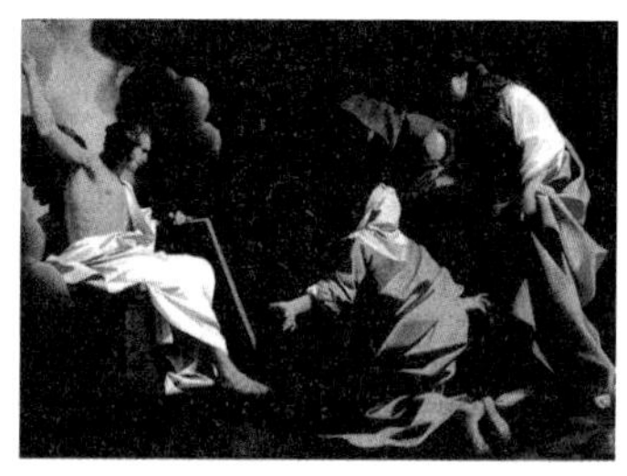

2 안식 후 첫날 매우 일찍이 해 돋을 때에 그 무덤으로 가며 3 서로 말하되
누가 우리를 위하여 무덤 문에서 돌을 굴려 주리요 하더니 4 눈을 들어본
즉 벌써 돌이 굴려져 있는데 그 돌이 심히 크더라 5 무덤에 들어가서 흰 옷
을 입은 한 청년이 우편에 앉은 것을 보고 놀라매 6 청년이 이르되 놀라지
말라 너희가 십자가에 못 박히신 나사렛 예수를 찾는구나 그가 살아나셨
고 여기 계시지 아니하니라 보라 그를 두었던 곳이니라 7 가서 그의 제자
들과 베드로에게 이르기를 예수께서 너희보다 먼저 갈릴리로 가시나니 전에 너희에게 말씀하신 대로 너희가 거
기서 뵈오리라 하라 하는지라 8 여자들이 몹시 놀라 떨며 나와 무덤에서 도망하고 무서워하여 아무에게 아무 말
도 하지 못하더라

막달라 마리아에게 보이시다

9 (예수께서 안식 후 첫날 이른 아침에 살아나신 후 전에 일곱 귀신을 쫓아내어 주신 막달라 마리아에게 먼저 보이시니 10 마리아가 가서
예수와 함께 하던 사람들이 슬퍼하며 울고 있는 중에 이 일을 알리매 11 그들은 예수께서 살아나셨다는 것과 마리아에게 보이셨다는 것
을 듣고도 믿지 아니하니라

두 제자에게 나타나시다

12 그 후에 그들 중 두 사람이 걸어서 시골로 갈 때에 예수께서 다른 모양으로 그들에게 나타나시니 13 두 사람이 가서 남은 제자들에게
알리었으되 역시 믿지 아니하니라

만민에게 복음을 전파하시다

14 그 후에 열한 제자가 음식 먹을 때에 예수께서 그들에게 나타나사 그들의 믿음 없는 것과 마음이 완악한 것을 꾸짖으시니 이는 자기가
살아난 것을 본 자들의 말을 믿지 아니함일러라 15 또 이르시되 너희는 온 천하에 다니며 만민에게 복음을 전파하라 16 믿고 세례를 받는
사람은 구원을 얻을 것이요 믿지 않는 사람은 정죄를 받으리라 17 믿는 자들에게는 이런 표적이 따르리니 곧 그들이 내 이름으로 귀신을
쫓아내며 새 방언을 말하며 18 뱀을 집어올리며 무슨 독을 마실지라도 해를 받지 아니하며 병든 사람에게 손을 얹은즉 나으리라 하시더라

하늘로 올려지시다

19 주 예수께서 말씀을 마치신 후에 하늘로 올려지사 하나님 우편에 앉으시니라 20 제자
들이 나가 두루 전파할새 주께서 함께 역사하사 그 따르는 표적으로 말씀을 확실히 증언
하시니라)

해설자 주

막 16:9-20은 A.D.100~150년에 추가되었다는 것이 정설이다.

누가 24장

눅 24:1-12

학습 자료 76-7 "4 복음서의 부활 기사와 관련된 문제들" 참조

1 안식 후 첫날 새벽에 이 여자들이 그 준비한 향품을 가지고 무덤에 가서 2
돌이 무덤에서 굴려 옮겨진 것을 보고 3 들어가니 주 예수의 시체가 보이지
아니하더라 4 이로 인하여 근심할 때에 문득 찬란한 옷을 입은 두 사람이 곁에 섰는지라 5 여자들이 두려워 얼굴을
땅에 대니 두 사람이 이르되 어찌하여 살아 있는 자를 죽은 자 가운데서 찾느냐 6 여기 계시지 않고 살아나셨느니라
갈릴리에 계실 때에 너희에게 어떻게 말씀하셨는지를 기억하라 7 이르시기를 인자가 죄인의 손에 넘겨져 십자가에
못 박히고 제삼일에 다시 살아나야 하리라 하셨느니라 한대 8 그들이 예수의 말씀을 기억하고 9 무덤에서 돌아가 이
모든 것을 열한 사도와 다른 모든 이에게 알리니 10 (이 여자들은 막달라 마리아와 요안나와 야고보의 모친 마리아라 또 그들과
함께 한 다른 여자들도 이것을 사도들에게 알리니라) 11 사도들은 그들의 말이 허탄한 듯이 들려 믿지 아니하나 12 베드로는
일어나 무덤에 달려가서 구부려 들여다 보니 세마포만 보이는지라 그 된 일을 놀랍게 여기며 집으로 돌아가니라

엠마오 길에서 제자들에게 나타나시다

13 그 날에 그들 중 둘이 예루살렘에서 이십오 리 되는 엠마오라 하는 마을로 가면서 14 이 모든 된 일을 서로 이
야기하더라 15 그들이 서로 이야기하며 문의할 때에 예수께서 가까이 이르러 그들과 동행하시나 16 그들의 눈이

눅 24:13 엠마오로 가는 길

가리어져서 그인 줄 알아보지 못하거늘 17 예수께서 이르시되 너희가 길
가면서 서로 주고받고 하는 이야기가 무엇이냐 하시니 두 사람이 슬픈 빛
을 띠고 머물러 서더라 18 그 한 사람인 글로바라 하는 자가 대답하여 이
르되 당신이 예루살렘에 체류하면서도 요즘 거기서 된 일을 혼자만 알지
못하느냐 19 이르시되 무슨 일이냐 이르되 나사렛 예수의 일이니 그는 하
나님과 모든 백성 앞에서 말과 일에 능하신 선지자이거늘 20 우리 대제사
장들과 관리들이 사형 판결에 넘겨 주어 십자가에 못 박았느니라 21 우리
는 이 사람이 이스라엘을 속량할 자라고 바랐노라 이뿐 아니라 이 일이
일어난 지가 사흘째요 22 또한 우리 중에 어떤 여자들이 우리로 놀라게
하였으니 이는 그들이 새벽에 무덤에 갔다가 23 그의 시체는 보지 못하고
와서 그가 살아나셨다 하는 천사들의 나타남을 보았다 함이라 24 또 우리
와 함께 한 자 중에 두어 사람이 무덤에 가 과연 여자들이 말한 바와 같음
을 보았으나 예수는 보지 못하였느니라 하거늘 25 이르시되 미련하고 선
지자들이 말한 모든 것을 마음에 더디 믿는 자들이여 26 그리스도가 이런
고난을 받고 자기의 영광에 들어가야 할 것이 아니냐 하시고 27 이에 모세
와 모든 선지자의 글로 시작하여 모든 성경에 쓴 바 자기에 관한 것을 자
세히 설명하시니라 28 그들이 가는 마을에 가까이 가매 예수는 더 가려 하
는 것 같이 하시니 29 그들이 강권하여 이르되 우리와 함께 유하사이다 때
가 저물어가고 날이 이미 기울었나이다 하니 이에 그들과 함께 유하러 들
어가시니라 30 그들과 함께 음식 잡수실 때에 떡을 가지사 축사하시고 떼
어 그들에게 주시니 31 그들의 눈이 밝아져 그인 줄 알아 보더니 예수는
그들에게 보이지 아니하시는지라 32 그들이 서로 말하되 길에서 우리에
게 말씀하시고 우리에게 성경을 풀어 주실 때에 우리 속에서 마음이 뜨겁
지 아니하더냐 하고 33 곧 그 때로 일어나 예루살렘에 돌아가 보니 열한
제자 및 그들과 함께 한 자들이 모여 있어 34 말하기를 주께서 과연 살아나시고 시몬에게 보이셨다 하는지라 35
두 사람도 길에서 된 일과 예수께서 떡을 떼심으로 자기들에게 알려지신 것을 말하더라

열한 제자에게 나타나시다

36 이 말을 할 때에 예수께서 친히 그들 가운데 서서 이르시되 너희에게 평강이 있을지어다 하시니 37 그들이 놀
라고 무서워하여 그 보는 것을 영으로 생각하는지라 38 예수께서 이르시되 어찌하여 두려워하며 어찌하여 마음
에 의심이 일어나느냐 39 내 손과 발을 보고 나인 줄 알라 또 나를 만져 보라 영은 살과 뼈가 없으되 너희 보는 바
와 같이 나는 있느니라 40 이 말씀을 하시고 손과 발을 보이시나 41 그들이 너무 기쁘므로 아직도 믿지 못하고 놀
랍게 여길 때에 이르시되 여기 무슨 먹을 것이 있느냐 하시니 42 이에 구운 생선 한 토막을 드리니 43 받으사 그
앞에서 잡수시더라 44 또 이르시되 내가 너희와 함께 있을 때에 너희에게 말한 바 곧 모세의 율법과 선지자의 글
과 시편에 나를 가리켜 기록된 모든 것이 이루어져야 하리라 한 말이 이것이라 하시고 45 이에 그들의 마음을 열
어 성경을 깨닫게 하시고 46 또 이르시되 이같이 그리스도가 고난을 받고 제삼일에 죽은 자 가운데서 살아날 것
과 47 또 그의 이름으로 죄 사함을 받게 하는 회개가 예루살렘에서 시작하여 모든 족속에게 전파될 것이 기록되
었으니 48 너희는 이 모든 일의 증인이라 49 볼지어다 내가 내 아버지께서 약속하신 것을 너희에게 보내리니 너희
는 위로부터 능력으로 입혀질 때까지 이 성에 머물라 하시니라

하늘로 올려지시다

50 예수께서 그들을 데리고 베다니 앞까지 나가사 손을 들어 그들에게 축복하시더니 51 축복하실 때에 그들을

떠나 (하늘로 올려지시니) 52 그들이 (그에게 경배하고) 큰 기쁨으로 예루살렘에
돌아가 53 늘 성전에서 하나님을 찬송하니라

요 19:26-30
예수의 가상칠언(架上七言)과 영적 교훈

대 상	말 씀	의 미
성부 하나님	아버지 저들을 사하여 주옵소서 자기들이 하는 것을 알지 못함이니이다 (눅 23:34)	당신을 못박은 원수들까지도 사랑하사 용서를 구하심
회개한 강도	내가 진실로 네게 이르노니 오늘 네가 나와 함께 낙원에 있으리라 (눅 23:43)	죽음과 고통 중에서도 죄인을 사랑하사 구원해 주심
어머니, 사도 요한	여자여 보소서 아들이니이다, 보라 네 어머니라 (요 19:26, 27)	십자가의 고통 중에서도 모친에 대한 효도를 보이심
성부 하나님	나의 하나님, 나의 하나님, 어찌하여 나를 버리셨나이까 (마 27:46)	인류의 죄를 대속하사 하나님과 단절된 절망을 토로하심
독백	내가 목마르다 (요 19:28)	온전한 인자로서 인간적 고통을 호소하심
독백	다 이루었다 (요 19:30)	사탄의 온갖 방해에도 불구, 당신의 지상사역을 완수하심
성부 하나님	아버지 내 영혼을 아버지 손에 부탁하나이다(눅 23:46)	근본 하나님이심에도 죽기까지 성부께 복종하심

요한 20장

살아나시다

1 안식 후 첫날 일찍이 아직 어두울 때에 막달라 마리아가 무덤에 와서 돌
이 무덤에서 옮겨진 것을 보고 2 시몬 베드로와 예수께서 사랑하시던 그
다른 제자에게 달려가서 말하되 사람들이 주님을 무덤에서 가져다가 어
디 두었는지 우리가 알지 못하겠다 하니 3 베드로와 그 다른 제자가 나가
서 무덤으로 갈새 4 둘이 같이 달음질하더니 그 다른 제자가 베드로보다
더 빨리 달려가서 먼저 무덤에 이르러 5 구부려 세마포 놓인 것을 보았으
나 들어가지는 아니하였더니 6 시몬 베드로는 따라와서 무덤에 들어가 보
니 세마포가 놓였고 7 또 머리를 쌌던 수건은 세마포와 함께 놓이지 않고
딴 곳에 쌌던 대로 놓여 있더라 8 그 때에야 무덤에 먼저 갔던 그 다른 제
자도 들어가 보고 믿더라 9 (그들은 성경에 그가 죽은 자 가운데서 다시 살아나야 하
리라 하신 말씀을 아직 알지 못하더라) 10 이에 두 제자가 자기들의 집으로 돌아
가니라

막달라 마리아에게 나타나시다

11 마리아는 무덤 밖에 서서 울고 있더니 울면서 구부려 무덤 안을 들여다
보니 12 흰 옷 입은 두 천사가 예수의 시체 뉘었던 곳에 하나는 머리 편에,
하나는 발 편에 앉았더라 13 천사들이 이르되 여자여 어찌하여 우느냐 이
르되 사람들이 내 주님을 옮겨다가 어디 두었는지 내가 알지 못함이니이
다 14 이 말을 하고 뒤로 돌이켜 예수께서 서 계신 것을 보았으나 예수이
신 줄은 알지 못하더라 15 예수께서 이르시되 여자여 어찌하여 울며 누구를 찾느냐 하시니 마리아는 그가 동산
지기인 줄 알고 이르되 주여 당신이 옮겼거든 어디 두었는지 내게 이르소서 그리하면 내가 가져가리이다 16 예수
께서 마리아야 하시거늘 마리아가 돌이켜 히브리 말로 랍오니 하니 (이는 선생님이라는 말이라) 17 예수께서 이르시되
나를 붙들지 말라 내가 아직 아버지께로 올라가지 아니하였노라 너는 내 형제들에게 가서 이르되 내가 내 아버
지 곧 너희 아버지, 내 하나님 곧 너희 하나님께로 올라간다 하라 하시니 18 막달라 마리아가 가서 제자들에게 내
가 주를 보았다 하고 또 주께서 자기에게 이렇게 말씀하셨다 이르니라

제자들에게 나타나시다

19 이 날 곧 안식 후 첫날 저녁 때에 제자들이 유대인들을 두려워하여 모인 곳의 문들을 닫았더니 예수께서 오사
가운데 서서 이르시되 너희에게 평강이 있을지어다 20 이 말씀을 하시고 손과 옆구리를 보이시니 제자들이 주를
보고 기뻐하더라 21 예수께서 또 이르시되 너희에게 평강이 있을지어다 아버지께서 나를 보내신 것 같이 나도 너
희를 보내노라 22 이 말씀을 하시고 그들을 향하사 숨을 내쉬며 이르시되
성령을 받으라 23 너희가 누구의 죄든지 사하면 사하여질 것이요 누구의
죄든지 그대로 두면 그대로 있으리라 하시니라

73일~78일

도마가 의심하다

24 열두 제자 중의 하나로서 디두모라 불리는 도마는 예수께서 오셨을 때
에 함께 있지 아니한지라 25 다른 제자들이 그에게 이르되 우리가 주를 보
았노라 하니 도마가 이르되 내가 그의 손의 못 자국을 보며 내 손가락을

그 못 자국에 넣으며 내 손을 그 옆구리에 넣어 보지 않고는 믿지 아니하겠노라 하니라 26 여드레를 지나서 제자들
이 다시 집 안에 있을 때에 도마도 함께 있고 문들이 닫혔는데 예수께서 오사 가운데 서서 이르시되 너희에게 평
강이 있을지어다 하시고 27 도마에게 이르시되 네 손가락을 이리 내밀어 내 손을 보고 네 손을 내밀어 내 옆구리에
넣어 보라 그리하여 믿음 없는 자가 되지 말고 믿는 자가 되라 28 도마가 대답하여 이르되 나의 주님이시요 나의
하나님이시니이다 29 예수께서 이르시되 너는 나를 본 고로 믿느냐 보지 못하고 믿는 자들은 복되도다 하시니라

이 책을 기록한 목적

30 예수께서 제자들 앞에서 이 책에 기록되지 아니한 다른 표적도 많이 행하셨으나 31 오직 이것을 기록함은 너
희로 예수께서 하나님의 아들 그리스도이심을 믿게 하려 함이요 또 너희로 믿고 그 이름을 힘입어 생명을 얻게
하려 함이니라

요한 21장

일곱 제자에게 나타나시다

1 그 후에 예수께서 디베랴 호수에서 또 제자들에게 자기를 나타내셨으
니 나타내신 일은 이러하니라 2 시몬 베드로와 디두모라 하는 도마와 갈
릴리 가나 사람 나다나엘과 세베대의 아들들과 또 다른 제자 둘이 함께
있더니 3 시몬 베드로가 나는 물고기 잡으러 가노라 하니 그들이 우리도
함께 가겠다 하고 나가서 배에 올랐으나 그 날 밤에 아무 것도 잡지 못하
였더니 4 날이 새어갈 때에 예수께서 바닷가에 서셨으나 제자들이 예수이
신 줄 알지 못하는지라 5 예수께서 이르시되 얘들아 너희에게 고기가 있
느냐 대답하되 없나이다 6 이르시되 그물을 배 오른편에 던지라 그리하면
잡으리라 하시니 이에 던졌더니 물고기가 많아 그물을 들 수 없더라 7 예
수께서 사랑하시는 그 제자가 베드로에게 이르되 주님이시라 하니 시몬
베드로가 벗고 있다가 주님이라 하는 말을 듣고 겉옷을 두른 후에 바다
로 뛰어 내리더라 8 다른 제자들은 육지에서 거리가 불과 한 오십 칸쯤 되
므로 작은 배를 타고 물고기 든 그물을 끌고 와서 9 육지에 올라보니 숯불
이 있는데 그 위에 생선이 놓였고 떡도 있더라 10 예수께서 이르시되 지금
잡은 생선을 좀 가져오라 하시니 11 시몬 베드로가 올라가서 그물을 육지
에 끌어 올리니 가득히 찬 큰 물고기가 백쉰세 마리라 이같이 많으나 그
물이 찢어지지 아니하였더라 12 예수께서 이르시되 와서 조반을 먹으라
하시니 제자들이 주님이신 줄 아는 고로 당신이 누구냐 감히 묻는 자가
없더라 13 예수께서 가셔서 떡을 가져다가 그들에게 주시고 생선도 그와
같이 하시니라 14 이것은 예수께서 죽은 자 가운데서 살아나신 후에 세 번
째로 제자들에게 나타나신 것이라

내 양을 먹이라

15 그들이 조반 먹은 후에 예수께서 시몬 베드로에게 이르시되 요한의 아
들 시몬아 네가 이 사람들보다 나를 더 사랑하느냐 하시니 이르되 주님
그러하나이다 내가 주님을 사랑하는 줄 주님께서 아시나이다 이르시되
내 어린 양을 먹이라 하시고 16 또 두 번째 이르시되 요한의 아들 시몬아
네가 나를 사랑하느냐 하시니 이르되 주님 그러하나이다 내가 주님을 사랑하는 줄 주님께서 아시나이다 이르시
되 내 양을 치라 하시고 17 세 번째 이르시되 요한의 아들 시몬아 네가 나를 사랑하느냐 하시니 주께서 세 번째

❖ **갈릴리 호수에 나타나신 예수님**(A.D. 30년 5월경)

갈릴리에서 만나자는 예수님의 약속을 따라 제자들이 갈릴리로 가신다. 예수님이 더디 나타나자 성급한 베드로는 다시 고기잡이를 시작한다. 처음 예수님을 만날 때처럼 베드로는 밤이 맞도록 헛수고했다. 예수님이 오셔서 깊은 데로 그물을 던지라고 하여 많은 고기를 잡게 해주신다. 잡은 고기를 구워 조찬을 나누면서 예수님은 처음 만나서 제자 삼을 때 베드로에게 사람을 낚는 어부가 되게 하게 하신다고 했고, 3년의 훈련을 마친 지금의 베드로에게는 "내 양을 먹이라"라고 하시면서 베드로의 순교를 예언하신다. 하나님 나라의 백성을 목양하는 것은 제자들의 핵심 사역임을 말해 주는 것이다. 또한 이 내 양을 먹이라는 당부는 마태복음의 대 명령과 다르지 않다.

눅 24:1-12

학습 자료 76-8 "예수 부활의 역사성과 부활 후 예수의 행적 요약" 참조

❖ 마 28:18-20 **예수님의 대 명령**(A.D. 30년 5월 중순경)

마태 28:18-20을 우리는 예수님의 대명령(the Great Commission)이라고 한다. 이 명령은 예수님의 마지막 명령이다. 하나님 나라의 백성을 키우는 이 일이야말로 모든 제자에게 부과된 가장 핵심 사역이다. 내 양을 먹이라는 명령과 같은 문맥이다.

그 명령 다음에 예수님은 세상 끝 날까지 함께 해주시는 약속을 주신다. 바로 임마누엘 하나님이다. 그러므로 기독교는 예수님이 함께 해주시는 안식을 추구하지만, 그 안식만을 위해 안주하는 종교가 아니고, 세상 끝까지 하나님의 나라를 세우는 일을 위해 수가성의 사마리아 여인처럼 물동이를 뒤로하고 나아가야 한다.

이것 때문에 교회가 시작된다.

73일~78일

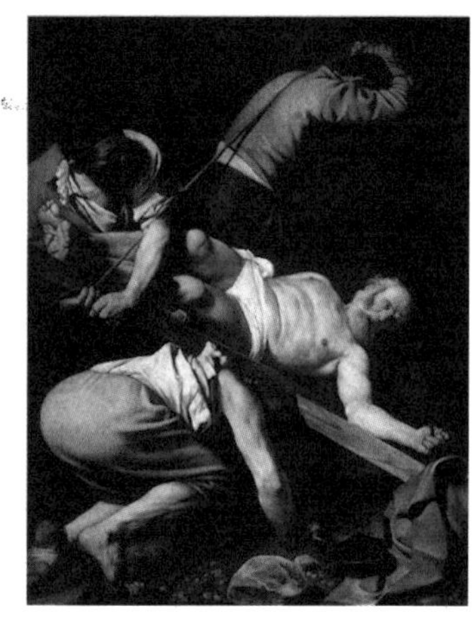

네가 나를 사랑하느냐 하시므로 베드로가 근심하여 이르되 주님 모든 것
을 아시오매 내가 주님을 사랑하는 줄을 주님께서 아시나이다 예수께서
이르시되 내 양을 먹이라 18 내가 진실로 진실로 네게 이르노니 네가 젊어
서는 스스로 띠 띠고 원하는 곳으로 다녔거니와 늙어서는 네 팔을 벌리리
니 남이 네게 띠 띠우고 원하지 아니하는 곳으로 데려가리라 19 이 말씀
을 하심은 베드로가 어떠한 죽음으로 하나님께 영광을 돌릴 것을 가리키
심이러라 이 말씀을 하시고 베드로에게 이르시되 나를 따르라 하시니 20
베드로가 돌이켜 예수께서 사랑하시는 그 제자가 따르는 것을 보니 그는
만찬석에서 예수의 품에 의지하여 주님 주님을 파는 자가 누구오니이까
묻던 자더라 21 이에 베드로가 그를 보고 예수께 여짜오되 주님 이 사람
은 어떻게 되겠사옵나이까 22 예수께서 이르시되 내가 올 때까지 그를 머
물게 하고자 할지라도 네게 무슨 상관이냐 너는 나를 따르라 하시더라 23
이 말씀이 형제들에게 나가서 그 제자는 죽지 아니하겠다 하였으나 예수의 말씀은 그가 죽지 않겠다 하신 것이
아니라 내가 올 때까지 그를 머물게 하고자 할지라도 네게 무슨 상관이냐 하신 것이러라 24 이 일들을 증언하고
이 일들을 기록한 제자가 이 사람이라 우리는 그의 증언이 참된 줄 아노라 25 예수께서 행하신 일이 이 외에도 많
으니 만일 낱낱이 기록된다면 이 세상이라도 이 기록된 책을 두기에 부족할 줄 아노라

76일차 읽기의 요약

(마 26:47~27, 막 14:43~16:1, 눅 22:47~23, 요 18:2~19, 마 28, 막 16:2~20, 눅 24, 요 20~21)

목요일 밤에 체포되신 예수님은 밤새도록 대제사장의 심문을 거쳐 사형을 선고받고 사형집행을 위해 금요일 이른 아침에 당시의 총독 빌라도에게 보내진다. 종교 지도자들은 당시 재판의 모든 절차를 무시하고 군중들을 선동하고 빌라도를 압박하여 그 짧은 하룻밤 사이에 사형선고가 내려지고 곧바로 사형이 집행된다.

예수님께서는 금요일 오전 9시부터 오후 3시까지 십자가에 달려 자신의 사명을 완수하셨다. 이제 예수님의 십자가로 인해 성전의 제사 제도와 제사장의 제사 임무는 종료되고 예수 그리스도를 통해 죄 사함을 받고 하나님과의 관계를 회복할 수 있는 길이 열렸다. 예수님께서는 온 인류의 죄를 위한 대제사장인 동시에 대속 제물로서의 자신의 사역을 십자가에서 완성하셨다.

삼일 째 되는 일요일 아침 예수님은 자신의 예언대로 부활하셨다. 부활하신 예수님은 제자들에게 다시 나타나셨고 그들이 앞으로 해야 할 사명이 무엇인지를 확신시켜 주셨다. 제자들이 모든 민족으로 제자로 삼고 예수님께서 부탁한 모든 것을 가르쳐 지키게 함으로 이 세상에 속한 사람들을 하나님 나라의 백성들로 세워나가는 일을 감당하라는 마지막 지상명령을 주시고 40일 만에 제자들이 보는 데서 승천하셨다.

그러면 어떻게 살 것인가?

인위 뚝 · 신위 고!

☑ 세계관 점검 – 묵상하기 (영상 강의와 교재 내용의 이해를 바탕으로)

마 26:69-75 그는 예수를 온전히 부인할 수는 없었다. 그는 예수의 동태가 궁금했고, 그의 신분 노출도 위험했기에 "멀찍이" 거리를 유지하고 예수님을 따랐다. 결국 예수님의 예언대로 그가 예수를 부인했다는 사실을 알았을 때 그는 곧 통곡하며 회개했다. 이점이 베드로는 가룟 유다와 다르다. 둘 다 예수를 부인하고 배신했지만, 가룟 유다는 그 문제를 자기 방법으로 해결했고(인위), 베드로는 신위에 순종하며 회개한 것이다.

☑ 십자가가 보여 주는 3가지 의미

1) 하나님을 만나는 장소

교통 표지판의 '교차로'(cross)가 '만나는 지점'을 의미하듯이 우리는 예수님의 '십자가'를 통해 하나님을 만난다. 하나님께서 하나님을 드러내시고, 우리를 부르시는 것도 십자가를 통해서다. 예수님이 땅에서 '들리심'은 곧 십자가에 달리심을 의미한다. 우리는 십자가에 달리신 예수님의 모습에서 십자가 위로 높이 들린 채 사람들을 하나님께로 끌어당기시는 하나님의 모습을 발견할 수 있다. "내(예수님)가 땅에서 들리면 모든 사람을 내게로 이끌겠노라"(요 12:32).

2) 죄 용서의 증거

십자가는 우리가 하나님과 그릇된 관계에 있음을 지적한다. 십자가는 우리가 죄인으로 하나님의 용서가 필요한 존재라고 말한다. 우리는 예수님의 십자가에서 죄에 대한 진정한 용서를 경험한다. 예수님은 우리 죄를 대신 속죄하기 위하여 십자가에서 죽으셨다. 하나님은 예수님의 십자가 고난과 죽음이라는 방법으로 우리의 죄를 용서하셨다.

· 갈 1:4 그리스도께서 하나님 곧 우리 아버지의 뜻을 따라 이 악한 세대에서 우리를 건지시려고 우리 죄를 대속하기 위하여 자기 몸을 주셨으니

3) 하나님 사랑의 증거

십자가는 하나님이 인간을 사랑하셨다는 표시이다. 예수님의 십자가 역시 자신의 백성들을 향한 하나님의 충만한 사랑을 보여 준다. "우리가 아직 죄인 되었을 때에 그리스도께서 우리를 위하여 죽으심으로 하나님께서 우리에게 대한 자기의 사랑을 확증하셨느니라."(롬 5:8)

예수님의 승천(A.D. 30년 5월 18일 예루살렘 근교 감람산)

갈릴리에서 만나자는 예수님의 약속을 복음서에 이어지는 사도행전 1장 첫 부분에서 예수님은 부활 후 승천까지 40일간을 제자들에게 하나님 나라에 관한 교육을 시킨 것으로 언급한다. 이 교육의 주제는 요한복음의 양을 먹이라는 명령과 마태복음의 대명령이 주요 교과 과목이었을 것이다. 이제 예수님의 하나님 나라 회복 운동은 제자인 우리의 손에 맡겨지는 것이다.

다음의 예화를 음미해 보라. 이 이야기는 성경에 없는 이야기이지만 그 통찰력은 매우 성경적이다.

예수님이 지상의 사역을 마치고 천국에 입성했을 때 제일 먼저 맞아 준 천사는 예수님의 지상 탄생을 알린 가브리엘 천사였습니다.

가브리엘 천사는 예수님께 묻습니다.

"수고 많이 하셨습니다. 그래 지상의 사역은 잘될 것 같습니까?"

예수님은 지상의 사역을 설명해 주었습니다. 3년간의 공생애 동안 제자를 뽑고 키운 이야기를 자세하게 알려 주었습니다. 가브리엘이 들어보니 기가 찼습니다. 왜냐하면 예수님이 제자 삼고 3년간이나 공들여 키운 사람들이란 세리요, 창기 출신들이요, 어부 출신 등, 힘없고 능력이라고는 없는 신분이 낮은 인물들뿐이라는데 놀라기도 했고 걱정스럽기조차 했습니다. 그래서 가브리엘은 예수님께 묻습니다.

"보아하니 별로 볼일이 없는 인물뿐이군요. 저들이 실패하면 누가 양을 먹이며, 제자로 삼는 일을 할 것입니까? 거기에 대해 대책은 있습니까?"

"대책은 없네."

· 고전 1:26-29 26 형제들아 너희를 부르심을 보라 육체를 따라 지혜로운 자가 많지 아니하며 능한 자가 많지 아니하며 문벌 좋은 자가 많지 아니하도다 27 그러나 하나님께서 세상의 미련한 것들을 택하사 지혜 있는 자들을 부끄럽게 하려 하시고 세상의 약한 것들을 택하사 강한 것들을 부끄럽게 하려 하시며 28 하나님께서 세상의 천한 것들과 멸시 받는 것들과 없는 것들을 택하사 있는 것들을 폐하려 하시나니 29 이는 아무 육체도 하나님 앞에서 자랑하지 못하게 하려 하심이라

우리가 바로 그 예수님의 대책이다. 예수님의 양을 먹이고, 그들을 예수님의 제자 삼는 임무를 감당해야 한다. 교회는 그 대책이 되어야 한다. 오늘 우리 교회는 그 대책으로서 "임무 수행 중 이상 없음"을 외칠 수 있는가?

✐ 아래 A B 심프슨 목사님의 고백을 담은 시(詩)처럼 나도 이런 결단을 하며 내 삶을 바꿀 준비가 되어 그렇게 살아 갈 각오가 되었는가?

그 분

A B. 심프슨

한 때는 축복만을 원했습니다.
이제는 주님을 원합니다.
한 때는 막연한 감성이었습니다.
이제는 확실한 말씀입니다.
한 때는 그 분의 선물만을 원했습니다.
이제는 주님 자신을 원합니다.
한 때는 신유의 은총만을 구했습니다.
이제는 주님의 능력을 구합니다.
한 때는 고통과 수고로 느껴지던 것들이
이제는 충만한 믿음 속의 감사입니다.
한 때는 구원의 확신이 없었으나
이제는 구원의 확신과 기쁨을 누립니다.
한 때는 초조하게 매어 달렸으나
이제는 주님이 나를 붙들어 주십니다.
한 때는 표류하는 인생이었으나
이제는 나의 닻을 당신의 사랑에 내렸습니다.
한 때는 성급히 계획을 세웠으나
이제는 기도를 앞장세우게 되었습니다.
한 때는 불안과 근심이 있었으나
이제는 주께서 걱정과 근심을 맡으셨습니다.
한 때는 내가 원했던 것이 있었으나
이제는 주께서 나에게 원하십니다.
한 때는 끊임없이 요구했으나
이제는 끊이지 않는 찬양이 있습니다.
한 때는 모든 것이 나의 일이었으나
이제는 모든 것이 주님의 일이 되었습니다.
한 때는 내가 주님을 사용했으나
이제는 그 분께서 나를 사용하십니다
한 때는 내가 권력을 원했으나
이제는 전능하신 당신을 원합니다.
한 때는 나 자신만을 위해 일했으나
이제는 그 분만을 위해 일합니다.
한 때는 나는 그 분 안에 있기를 원했으나
이제는 내가 그 분을 소유하고 삽니다.
한 때는 내 어린양들은 죽어가고 있었으나
이제는 밝게 생명으로 빛나고 있습니다.
한 때는 나는 죽음을 기다렸으나
이제는 그 분 오심을 기다립니다.
그리고 내 희망들을 당신 안에
튼튼하게 뿌리를 내렸습니다.
무엇보다도 먼저 영원토록
내가 예수님을 찬양합니다.
모든 것이 예수님 속에 있으며
모든 것에 예수님이 계시나이다.

요한 21장에서 부활하신 예수님은 갈릴리 해변에서 제자들과 조찬을 나누시면서 특히 베드로에게 당부한다. "내 양을 먹이라" 우리는 진정한 목양이 무엇인가를 예수님께서 배워야 한다. 오늘 교회는 목양과 목회의 구분과 구별을 할 줄 모르는 것 같다. Pastoring(목양)과 Ministering(목회)의 차이를 제대로 알았으면 한국교회에 큰 변화를 이루게 될 것이다.

· 벧전 5:1-4 너희 중 장로들에게 권하노니 나는 함께 장로 된 자요 그리스도의 고난의 증인이요 나타날 영광에 참여할 자니라 너희 중에 있는 하나님의 양 무리를 치되 억지로 하지 말고 하나님의 뜻을 따라 자원함으로 하며 더러운 이득을 위하여 하지 말고 기꺼이 하며 맡은 자들에게 주장하는 자세를 하지 말고 양 무리의 본이 되라 그리하면 목자장이 나타나실 때에 시들지 아니하는 영광의 관을 얻으리라

결단기도와 실행하기

약 2:26 영혼 없는 몸이 죽은 것 같이 행함이 없는 믿음은 죽은 것이니라
시 119:28 나의 영혼이 눌림으로 말미암아 녹사오니 주의 말씀대로 나를 세우소서

73일~
78일

한눈에 보는 성경의 핵심 줄거리와 메시지

신약

B.C. 4/6~ A.D. 30

복음시대 4복음서

예수의 탄생 : 예수의 선재성, 예수 탄생의 이유와 목적

예수의 공생애 시작 : 세례, 시험

갈릴리, 유대, 사마리아 사역(약 30세)

- 가나 혼인 잔치 – 첫 기적
- 사마리아 여인의 치유

갈릴리 대 사역(A.D. 27~29봄까지)

- 하나님 나라의 선포
- 제자를 세움
- 많은 병자를 고침(예수의 3대 사역 – 마 4:23, 9:35)
- 베데스다 연못의 38년 묵은 병자를 고침
- 산상수훈 – 8복, 주기도, 황금율

갈릴리 밖에서의 제자 훈련 사역(A.D. 29년 봄~가을)

- 오병이어의 기적
- 바리새인과 전승전통에 관한 논쟁
- 십자가 수난의 예고
- 베드로의 신앙고백(마 16)

후기 유대 사역(A.D. 29년 10월~12월까지)

- 간음한 여인의 용서
- 선한 사마리아인의 비유

베레아 사역(A.D. 30년 1월~3월)

- 탕자의 비유
- 부자와 나사로의 비유
- 죽은 나사로를 살림
- 부자청년 이야기
- 섬김에 관한 이야기

예루살렘의 마지막 사역

- 종려주일
- 성전청결
- 마 25장, 열처녀, 달란트, 양과 염소의 비유 이야기
- 유월절 최후의 만찬
- 감람산 강화(설교)

교회시대

A.D. 30~
계속

주요인물 베드로 / 빌립 / 스데반 / 바울 / 바나바 / 실라 / 야고보 / 유다 / 요한

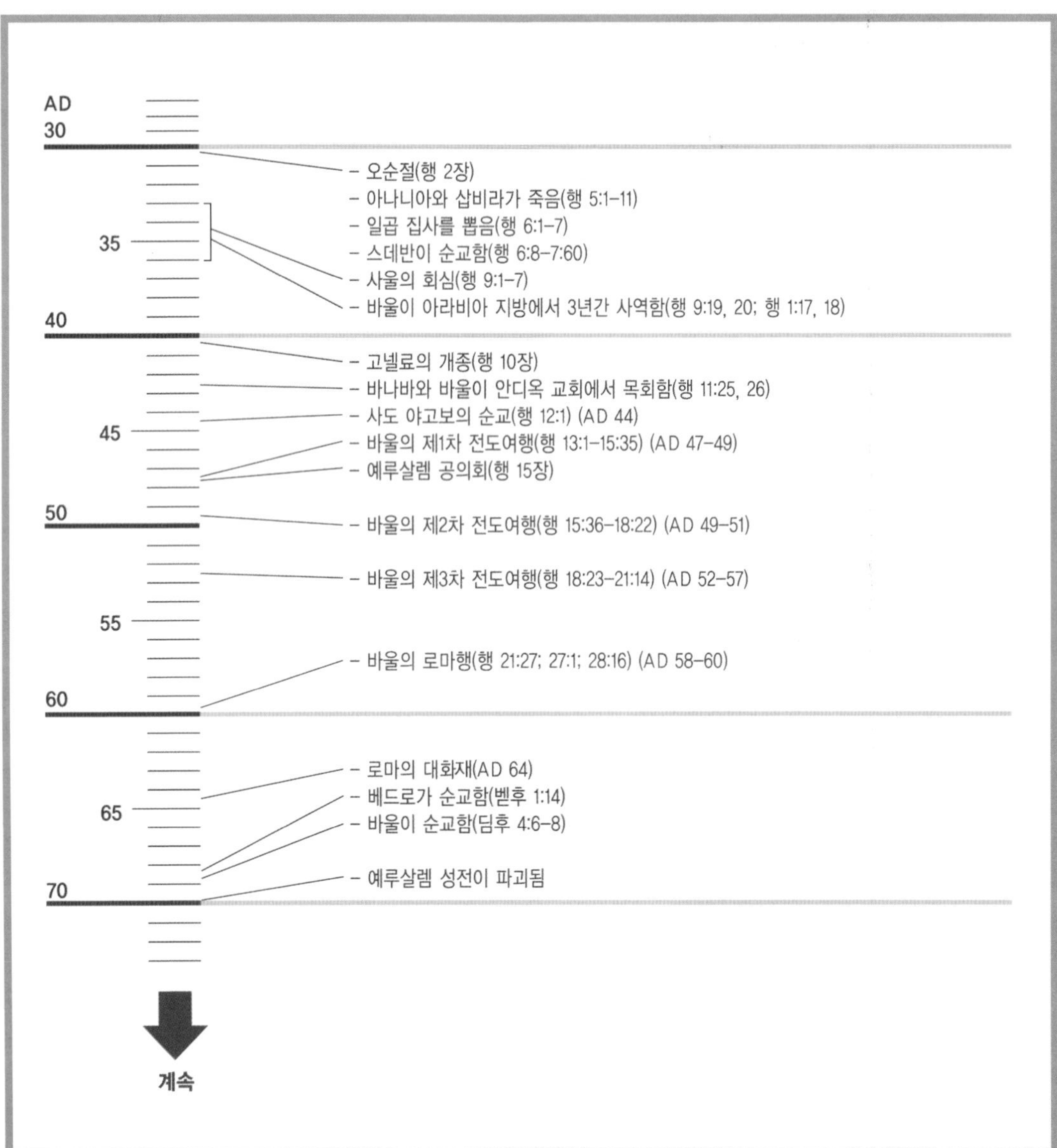
AD
30
- 오순절(행 2장)
- 아나니아와 삽비라가 죽음(행 5:1-11)
- 일곱 집사를 뽑음(행 6:1-7)
35
- 스데반이 순교함(행 6:8-7:60)
- 사울의 회심(행 9:1-7)
- 바울이 아라비아 지방에서 3년간 사역함(행 9:19, 20; 행 1:17, 18)
40
- 고넬료의 개종(행 10장)
- 바나바와 바울이 안디옥 교회에서 목회함(행 11:25, 26)
- 사도 야고보의 순교(행 12:1) (AD 44)
45
- 바울의 제1차 전도여행(행 13:1-15:35) (AD 47-49)
- 예루살렘 공의회(행 15장)
50
- 바울의 제2차 전도여행(행 15:36-18:22) (AD 49-51)
- 바울의 제3차 전도여행(행 18:23-21:14) (AD 52-57)
55
- 바울의 로마행(행 21:27; 27:1; 28:16) (AD 58-60)
60
- 로마의 대화재(AD 64)
- 베드로가 순교함(벧후 1:14)
65
- 바울이 순교함(딤후 4:6-8)
- 예루살렘 성전이 파괴됨
70
계속

73일~
78일

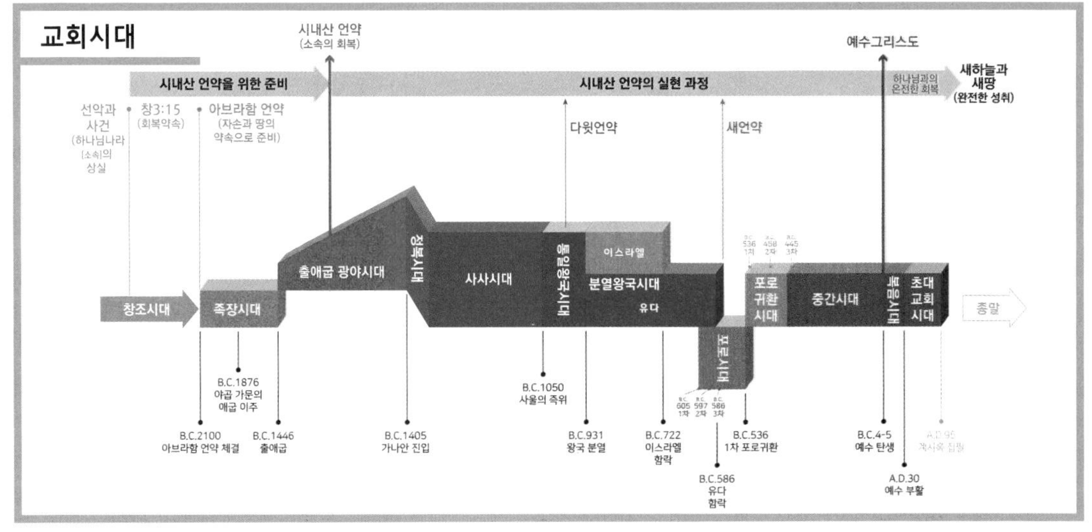

사도행전 1장 : 사도행전 서론

성령으로 세례를 받으리라

1 데오빌로여 내가 먼저 쓴 글에는 무릇 예수께서 행하시며 가르치시기를
시작하심부터 2 그가 택하신 사도들에게 성령으로 명하시고 승천하신 날
까지의 일을 기록하였노라 3 그가 고난 받으신 후에 또한 그들에게 확실
한 많은 증거로 친히 살아 계심을 나타내사 사십 일 동안 그들에게 보이
시며 하나님 나라의 일을 말씀하시니라 4 사도와 함께 모이사 그들에게
분부하여 이르시되 예루살렘을 떠나지 말고 내게서 들은 바 아버지께서
약속하신 것을 기다리라 5 요한은 물로 세례를 베풀었으나 너희는 몇 날
이 못되어 성령으로 세례를 받으리라 하셨느니라

예수께서 하늘로 올려지시다

6 그들이 모였을 때에 예수께 여쭈어 이르되 주께서 이스라엘 나라를 회복
하심이 이 때니이까 하니 7 이르시되 때와 시기는 아버지께서 자기의 권한
에 두셨으니 너희가 알 바 아니요 8 오직 성령이 너희에게 임하시면 너희가
권능을 받고 예루살렘과 온 유대와 사마리아와 땅 끝까지 이르러 내 증인
이 되리라 하시니라 9 이 말씀을 마치시고 그들이 보는데 올려져 가시니 구
름이 그를 가리어 보이지 않게 하더라 10 올라가실 때에 제자들이 자세히
하늘을 쳐다보고 있는데 흰 옷 입은 두 사람이 그들 곁에 서서 11 이르되
갈릴리 사람들아 어찌하여 서서 하늘을 쳐다보느냐 너희 가운데서 하늘로
올려지신 이 예수는 하늘로 가심을 본 그대로 오시리라 하였느니라

사도행전 개요 이해를 위해
학습 자료 77-1, 2, 3, 4를 필히 공부할 것

❖ 사도행전 개요

사도행전은 누가복음서의 연속이자, 누가는 복음서에서 예수님의 이야기를 기록하고, 사도행전에서 그분의 가르침을 제자들이 어떻게 실현하느냐에 관한 제자들의 행적을 기록하고 있다. 누가는 성부 하나님의 구약 사역을 이어받는 성자 하나님과 성령 하나님의 사역을 기록함으로 성경 전체의 연속성과 통일성을 잘 보여 주고 있다.

특히 신약은 크게 3부분으로 나누고 그것을 하나님의 구속 사역의 근간이 되는 구원과 연결했을 때, 복음서는 예수님 보혈의 공로로 죄 사함을 받아 관계 회복의 초석을 놓는 칭의적 구원을 다룬다면, 두 번째 부분인 사도행전과 서신서는 그 칭의적 구원을 받아 하나님의 백성으로 소속이 바뀐(하나님의 양자가 되는 권세를 받았다.〈요 1:12〉) 하나님의 백성이 어떻게 살아가야 하는가에 대한 지침을 보여 주는 부분이다. 이 부분은 성화적 구원을 이루는 과정을 보여 주는 부분이다.

이 부분의 삶은 예수님이 요한 17장에서 언급하신대로 "변혁 주의"적 삶의 세계관으로 살아야 한다는 것이다. 사도행전적

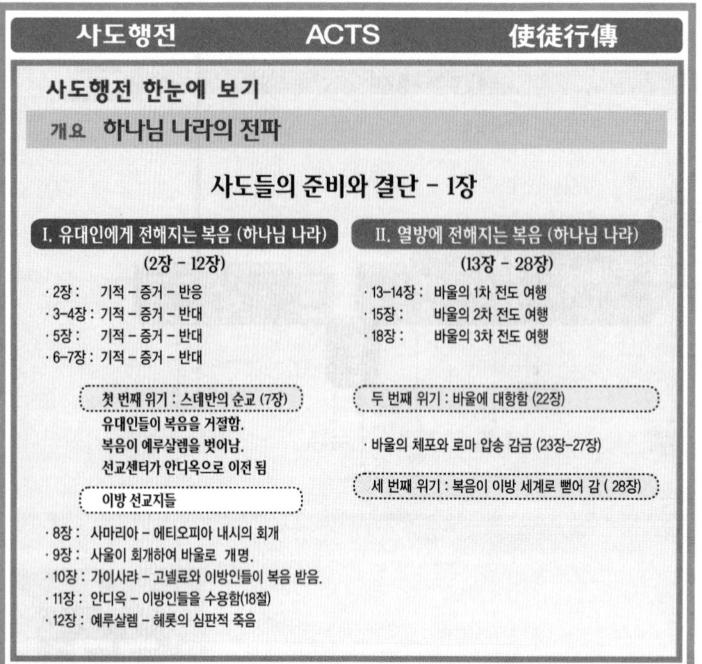

사도행전 ACTS 使徒行傳
사도행전 한눈에 보기
개요 하나님 나라의 전파
사도들의 준비와 결단 - 1장
I. 유대인에게 전해지는 복음 (하나님 나라)
(2장 - 12장)
· 2장 : 기적 - 증거 - 반응
· 3-4장 : 기적 - 증거 - 반대
· 5장 : 기적 - 증거 - 반대
· 6-7장 : 기적 - 증거 - 반대
첫 번째 위기 : 스데반의 순교 (7장)
유대인들이 복음을 거절함.
복음이 예루살렘을 벗어남.
선교센터가 안디옥으로 이전 됨
이방 선교지들
· 8장 : 사마리아 - 에티오피아 내시의 회개
· 9장 : 사울이 회개하여 바울로 개명.
· 10장 : 가이사랴 - 고넬료와 이방인들이 복음 받음.
· 11장 : 안디옥 - 이방인들을 수용함(18절)
· 12장 : 예루살렘 - 헤롯의 심판적 죽음
II. 열방에 전해지는 복음 (하나님 나라)
(13장 - 28장)
· 13-14장 : 바울의 1차 전도 여행
· 15장 : 바울의 2차 전도 여행
· 18장 : 바울의 3차 전도 여행
두 번째 위기 : 바울에 대항함 (22장)
· 바울의 체포와 로마 압송 감금 (23장-27장)
세 번째 위기 : 복음이 이방 세계로 뻗어 감 (28장)

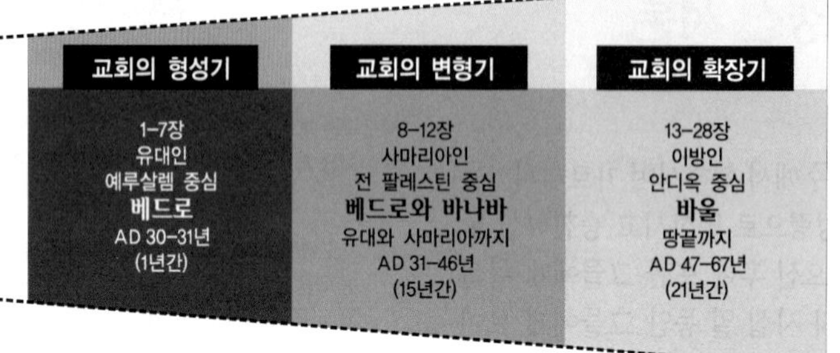

교회의 형성기
1-7장
유대인
예루살렘 중심
베드로
AD 30-31년
(1년간)
교회의 변형기
8-12장
사마리아인
전 팔레스틴 중심
베드로와 바나바
유대와 사마리아까지
AD 31-46년
(15년간)
교회의 확장기
13-28장
이방인
안디옥 중심
바울
땅끝까지
AD 47-67년
(21년간)

유다 대신에 맛디아를 세우다

12 제자들이 감람원이라 하는 산으로부터 예루살렘에 돌아오니 이 산은
예루살렘에서 가까워 안식일에 가기 알맞은 길이라 13 들어가 그들이 유
하는 다락방으로 올라가니 베드로, 요한, 야고보, 안드레와 빌립, 도마와
바돌로매, 마태와 및 알패오의 아들 야고보, 셀롯인 시몬, 야고보의 아들
유다가 다 거기 있어 14 여자들과 예수의 어머니 마리아와 예수의 아우들
과 더불어 마음을 같이하여 오로지 기도에 힘쓰더라 15 모인 무리의 수가
약 백이십 명이나 되더라 그 때에 베드로가 그 형제들 가운데 일어서서
이르되 16 형제들아 성령이 다윗의 입을 통하여 예수 잡는 자들의 길잡이
가 된 유다를 가리켜 미리 말씀하신 성경이 응하였으니 마땅하도다 17 이
사람은 본래 우리 수 가운데 참여하여 이 직무의 한 부분을 맡았던 자라
18 (이 사람이 불의의 삯으로 밭을 사고 후에 몸이 곤두박질하여 배가 터져 창자가 다 흘

표현을 빌리자면 "천하를 어지럽히는 자"의 삶을 말한다(행 17:6).

성경 전체의 통전적 의미로 말하면 하나님의 백성은 세속 문화에 대항하는 하나님 나라의 문화를 세우는 변혁적인 자세로 살아야 한다는 것이다. 사도행전은 사도들이 어떻게 이런 삶을 살았는가를 보여 준다. 그 일을 주도하신 이는 곧 성령 하나님이시다. 이런 삶을 살게 하시는 능력은 오직 성령 하나님께로만 오는 것이다.

☞ **행 1:8** 오직 성령이 너희에게 임하시면 너희가 권능을 받고 예루살렘과 온 유대와 사마리아와 땅끝까지 이르러 내 증인이 되리라 하시니라

☞ **잠 3:5-6** 너는 마음을 다하여 여호와를 신뢰하고 네 명철을 의지하지 말라 너는 범사에 그를 인정하라 그리하면 네 길을 지도하시리라

☞ **잠 16:9** 사람이 마음으로 자기의 길을 계획할지라도 그의 걸음을 인도하시는 이는 여호와시니라

☞ **잠 16:3** 너의 행사를 여호와께 맡기라 그리하면 네가 경영하는 것이 이루어지리라

☞ 교회는 인간이 고안해 낸 제도가 아니다. 단순히 성도들이 모인 조직체가 아니다. 영혼이 육체를 통제하듯, 교회의 생명은 성령이시다. 그래서 사도행전은 사도들의 행전이라기보다 성령 하나님의 행전이 맞다. 교회는 성령 강림으로부터 시작된다.

❖ I. 교회의 형성기(1~7장) - 예루살렘

❖ 행 1장 사도들의 행전의 시작

예수님의 마지막 당부인 하나님 나라 회복 운동을 위해 양을 먹이라, 제자를 삼으라는 명령의 실행이 바로 사도행전이다. 예수님은 그들이 그 일을 인간의 능력으로 감당할 수 없음을 알고 보혜사 성령을 보내 주시기로 한 약속대로 승천 후에 성령강림 사건이 일어난다. 예수님은 부활 후 승천하시기까지 40일 간 오직 하나님 나라에 관해 교육했다고 했다(1:3). 그 하나님 나라를 성취하기 위해 성령의 능력을 먼저 받으라고 당부하심을 보아 이 일은 인간의 능력으로 되는 일이 아님이 분명하다[神爲]. 요엘 2:28과 예수님의 보혜사 약속(요 16:5-15)이 오순절 성령강림 사건으로 이루어진다. 따라서 사도행전은 성령 행전이라고도 한다.

사도행전은 사도들이 교회를 세우는 이야기가 아니고, 하나님 나라를 회복하고 그것을 확장해 나가는 하나님 이야기이다. 예수님이 이 땅에 오신 것 즉, 하나님이 인간의 몸을 입고 이 땅에 직접 오신 이유는 바로 하나님 나라의 회복에 있음을 우리는 구약과 예수님의 생애를 통해서 알았다. 예수님은 이 땅에 교회를 세우기 위해 오신 것이 아니다. 그렇게 이해하면 우리는 잘못된 교회관을 가질 수 있다. 교회는 건물을 가지

러 나온지라 19 이 일이 예루살렘에 사는 모든 사람에게 알리어져 그들의 말로는 그 밭을
아겔다마라 하니 이는 피밭이라는 뜻이라) 20 시편에 기록하였으되 그의 거처를
황폐하게 하시며 거기 거하는 자가 없게 하소서 하였고 또 일렀으되 그
의 직분을 타인이 취하게 하소서 하였도다 21 이러하므로 요한의 세례로
부터 우리 가운데서 올려져 가신 날까지 주 예수께서 우리 가운데 출입하
실 때에 22 항상 우리와 함께 다니던 사람 중에 하나를 세워 우리와 더불
어 예수께서 부활하심을 증언할 사람이 되게 하여야 하리라 하거늘 23 그
들이 두 사람을 내세우니 하나는 바사바라고도 하고 별명은 유스도라고
하는 요셉이요 하나는 맛디아라 24 그들이 기도하여 이르되 뭇 사람의 마
음을 아시는 주여 이 두 사람 중에 누가 주님께 택하신 바 되어 25 봉사와
및 사도의 직무를 대신할 자인지를 보이시옵소서 유다는 이 직무를 버리
고 제 곳으로 갔나이다 하고 26 제비 뽑아 맛디아를 얻으니 그가 열한 사
도의 수에 들어가니라

며 하나의 조직체를 가진 유형(有形)의 모임보다는 하나님 나라의 윤리에 순종하여 그 나라를 세우고자 부름 받아 나온 '남은 자'(ekklesia)를 가리키는 것으로 이해해야 한다. 이것이 예수님이 세우신 교회이다. 예수님은 제도화한 조직으로서의 종교를 창설하신 것이 아니며, 사도들이 전파하며 이루어 나가는 것은 예수님이 종교를 창설했다는 것을 전파하는 것이 아니라, 하나님 나라의 백성으로서 제자를 세우는 것이 그분의 교회를 세우는 일이다. 이것이 '제자 삼는 일'이요, 그분의 '양을 먹이는 일'이다. 그래서 교회는 non-members only를 위한 유일한 단체이다.

행 1:15
학습 자료 77-5 "사도의 이해" 참조

사도행전 2장~6장 :
오순절 성령 강림과 교회의 탄생

사도행전 2장
성령이 임하시다

1 오순절 날이 이미 이르매 그들이 다같이 한 곳에 모였더니 2 홀연히 하늘
로부터 급하고 강한 바람 같은 소리가 있어 그들이 앉은 온 집에 가득하
며 3 마치 불의 혀처럼 갈라지는 것들이 그들에게 보여 각 사람 위에 하나
씩 임하여 있더니 4 그들이 다 성령의 충만함을 받고 성령이 말하게 하심
을 따라 다른 언어들로 말하기를 시작하니라 5 그 때에 경건한 유대인들
이 천하 각국으로부터 와서 예루살렘에 머물러 있더니 6 이 소리가 나매
큰 무리가 모여 각각 자기의 방언으로 제자들이 말하는 것을 듣고 소동
하여 7 다 놀라 신기하게 여겨 이르되 보라 이 말하는 사람들이 다 갈릴리
사람이 아니냐 8 우리가 우리 각 사람이 난 곳 방언으로 듣게 되는 것이 어찌 됨이냐 9 우리는 바대인과 메대인과
엘람인과 또 메소보다미아, 유대와 갑바도기아, 본도와 아시아, 10 브루기아와 밤빌리아, 애굽과 및 구레네에 가

행 2:1-13
학습 자료 77-6 "오순절 성령 강림 사건" 참조

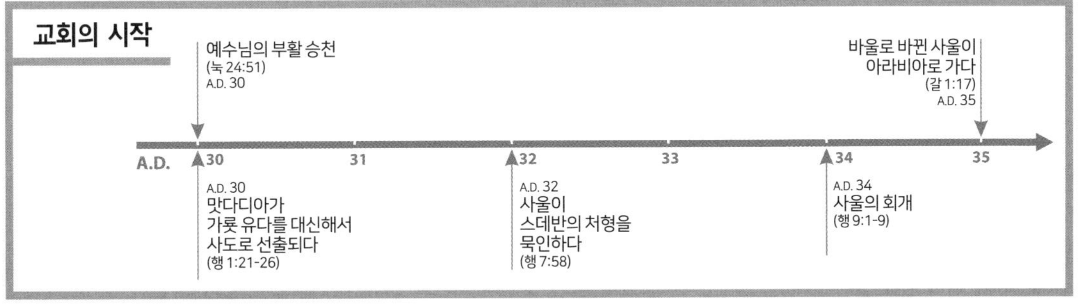
교회의 시작
예수님의 부활 승천
(눅 24:51)
A.D. 30
바울로 바뀐 사울이
아라비아로 가다
(갈 1:17)
A.D. 35
A.D.
30
31
32
33
34
35
A.D. 30
맛디아가
가룟 유다를 대신해서
사도로 선출되다
(행 1:21-26)
A.D. 32
사울이
스데반의 처형을
묵인하다
(행 7:58)
A.D. 34
사울의 회개
(행 9:1-9)

까운 리비야 여러 지방에 사는 사람들과 로마로부터 온 나그네 곧 유대
인과 유대교에 들어온 사람들과 11 그레데인과 아라비아인들이라 우리가
다 우리의 각 언어로 하나님의 큰일을 말함을 듣는도다 하고 12 다 놀라
며 당황하여 서로 이르되 이 어찌 된 일이냐 하며 13 또 어떤 이들은 조롱
하여 이르되 그들이 새 술에 취하였다 하더라

베드로의 오순절 설교

14 베드로가 열한 사도와 함께 서서 소리를 높여 이르되 유대인들과 예루
살렘에 사는 모든 사람들아 이 일을 너희로 알게 할 것이니 내 말에 귀를
기울이라 15 때가 제 삼 시니 너희 생각과 같이 이 사람들이 취한 것이 아
니라 16 이는 곧 선지자 요엘을 통하여 말씀하신 것이니 일렀으되 17 하나
님이 말씀하시기를 말세에 내가 내 영을 모든 육체에 부어 주리니 너희의
자녀들은 예언할 것이요 너희의 젊은이들은 환상을 보고 너희의 늙은이
들은 꿈을 꾸리라 18 그 때에 내가 내 영을 내 남종과 여종들에게 부어 주
리니 그들이 예언할 것이요 19 또 내가 위로 하늘에서는 기사를 아래로 땅
에서는 징조를 베풀리니 곧 피와 불과 연기로다 20 주의 크고 영화로운 날
이 이르기 전에 해가 변하여 어두워지고 달이 변하여 피가 되리라 21 누구
든지 주의 이름을 부르는 자는 구원을 받으리라 하였느니라 22 이스라엘
사람들아 이 말을 들으라 너희도 아는 바와 같이 하나님께서 나사렛 예
수로 큰 권능과 기사와 표적을 너희 가운데서 베푸사 너희 앞에서 그를
증언하셨느니라 23 그가 하나님께서 정하신 뜻과 미리 아신 대로 내준 바
되었거늘 너희가 법 없는 자들의 손을 빌려 못 박아 죽였으나 24 하나님
께서 그를 사망의 고통에서 풀어 살리셨으니 이는 그가 사망에 매여 있을
수 없었음이라 25 다윗이 그를 가리켜 이르되 내가 항상 내 앞에 계신 주
를 뵈었음이여 나로 요동하지 않게 하기 위하여 그가 내 우편에 계시도다
26 그러므로 내 마음이 기뻐하였고 내 혀도 즐거워하였으며 육체도 희망
에 거하리니 27 이는 내 영혼을 음부에 버리지 아니하시며 주의 거룩한 자
로 썩음을 당하지 않게 하실 것임이로다 28 주께서 생명의 길을 내게 보
이셨으니 주 앞에서 내게 기쁨이 충만하게 하시리로다 하였으므로 29 형
제들아 내가 조상 다윗에 대하여 담대히 말할 수 있노니 다윗이 죽어 장
사되어 그 묘가 오늘까지 우리 중에 있도다 30 그는 선지자라 하나님이 이
미 맹세하사 그 자손 중에서 한 사람을 그 위에 앉게 하리라 하심을 알고 31 미리 본 고로 그리스도의 부활을 말
하되 그가 음부에 버림이 되지 않고 그의 육신이 썩음을 당하지 아니하시리라 하더니 32 이 예수를 하나님이 살
리신지라 우리가 다 이 일에 증인이로다 33 하나님이 오른손으로 예수를 높이시매 그가 약속하신 성령을 아버지
께 받아서 너희가 보고 듣는 이것을 부어 주셨느니라 34 다윗은 하늘에 올라가지 못하였으나 친히 말하여 이르
되 주께서 내 주에게 말씀하시기를 35 내가 네 원수로 네 발등상이 되게 하기까지 너는 내 우편에 앉아 있으라
하셨도다 하였으니 36 그런즉 이스라엘 온 집은 확실히 알지니 너희가 십자가에 못 박은 이 예수를 하나님이 주
와 그리스도가 되게 하셨느니라 하니라 37 그들이 이 말을 듣고 마음에 찔려 베드로와 다른 사도들에게 물어 이
르되 형제들아 우리가 어찌할꼬 하거늘 38 **베드로가 이르되 너희가 회개하여 각각 예수 그리스도의 이름으로 세
례를 받고 죄 사함을 받으라 그리하면 성령의 선물을 받으리니** 39 이 약속은 너희와 너희 자녀와 모든 먼 데 사람
곧 주 우리 하나님이 얼마든지 부르시는 자들에게 하신 것이라 하고 40 또 여러 말로 확증하며 권하여 이르되 너

❖ 행 2~6장 : **오순절 성령강림과 교회의 시작**
오순절 성령강림 사건은 요엘의 예언(욜 2:28)과 예수님의 보혜사 약속(요 16:5-15)의 성취이다. 성령강림은 "예루살렘을 떠나지 말고 내게 들은 바 아버지의 약속하신 것을 기다리라. 몇 날 못 되어 성령으로 세례를 받으리라"(행 1:4, 5)는 예수님의 약속을 따라 오순절에 이루어졌다.
출애굽기의 시내 산 언약은 오순절에 시내 산에서 언약을 맺고(출 19:5) 율법을 받음으로 이스라엘이 하나님 나라를 이루어 나갈 제사장 나라가 되었다. 그러나 이스라엘은 그 언약을 지키지 못함으로 구약은 막을 내리게 된다. 같은 오순절에 바람과 불 가운데 음성으로 나타난 여호와 강림의 모습(출 19장)과 유사하게 성령이 강림하였다는 것은 시내 산 언약과 같은 새 언약인 예수 공동체(하나님 나라)의 계약을 맺는 의미가 있다고 본다(출 19:6 "..이스라엘의 자손에게 전할지니라"). 그것은 이제 이스라엘이 하지 못한 하나님 나라의 제사장 사명을 이어받을 남은 자, 즉 새 이스라엘의 언약을 의미한다. 이제 예수 공동체 또는 성령 공동체가 하나님 나라의 제사장 나라가 되는 새 이스라엘이 된다는 것이 오순절 성령강림이 갖는 의미이다. 이제 교회가 구약의 이스라엘 백성처럼 신약에서 하나님의 언약 백성이 되었다는 말이다.
또한 오순절 성령강림은 방언과 같은 언어적인 현상을 지닌 이적(Language miracle)도 보였다. 이런 점에서 오순절 성령강림 사건은 성령 안에서 그리스도를 통해 인종적, 국가적, 언어적 장벽이 극복되는 새로운 공동체의 탄생을 예견하고 있다.
☞ 교회는 성령 하나님이 주인이시다.
☞ **행 1: 8** 오직 성령이 너희에게 임하시면 너희가 권능을 받고 예루살렘과 온 유대와 사마리아와 땅끝까지 이르러 내 증인이 되리라 하시니라
☞ **요한 계시록 2:7, 11, 17, 29, 3:6, 13, 22** 귀 있는 자는 성령이 교회들에게 하시는 말씀을 들을지어다

희가 이 패역한 세대에서 구원을 받으라 하니 41 그 말을 받은 사람들은 세례를 받으매 이 날에 신도의 수가 삼
천이나 더하더라 42 그들이 사도의 가르침을 받아 서로 교제하고 떡을 떼
며 오로지 기도하기를 힘쓰니라

믿는 사람이 모든 물건을 통용하다

43 사람마다 두려워하는데 사도들로 말미암아 기사와 표적이 많이 나타
나니 44 믿는 사람이 다 함께 있어 모든 물건을 서로 통용하고 45 또 재산
과 소유를 팔아 각 사람의 필요를 따라 나눠 주며 46 날마다 마음을 같이
하여 성전에 모이기를 힘쓰고 집에서 떡을 떼며 기쁨과 순전한 마음으로
음식을 먹고 47 하나님을 찬미하며 또 온 백성에게 칭송을 받으니 주께서
구원 받는 사람을 날마다 더하게 하시니라

사도행전 3장

베드로와 요한이 못 걷게 된 이를 고치다

1 제 구 시 기도 시간에 베드로와 요한이 성전에 올라갈새 2 나면서 못 걷
게 된 이를 사람들이 메고 오니 이는 성전에 들어가는 사람들에게 구걸하
기 위하여 날마다 미문이라는 성전 문에 두는 자라 3 그가 베드로와 요한
이 성전에 들어가려 함을 보고 구걸하거늘 4 베드로가 요한과 더불어 주
목하여 이르되 우리를 보라 하니 5 그가 그들에게서 무엇을 얻을까 하여
바라보거늘 6 베드로가 이르되 은과 금은 내게 없거니와 내게 있는 이것
을 네게 주노니 나사렛 예수 그리스도의 이름으로 일어나 걸으라 하고 7
오른손을 잡아 일으키니 발과 발목이 곧 힘을 얻고 8 뛰어 서서 걸으며 그
들과 함께 성전으로 들어가면서 걷기도 하고 뛰기도 하며 하나님을 찬송
하니 9 모든 백성이 그 걷는 것과 하나님을 찬송함을 보고 10 그가 본래 성
전 미문에 앉아 구걸하던 사람인 줄 알고 그에게 일어난 일로 인하여 심히
놀랍게 여기며 놀라니라

베드로가 솔로몬의 행각에서 설교하다

11 나은 사람이 베드로와 요한을 붙잡으니 모든 백성이 크게 놀라며 달려
나아가 솔로몬의 행각이라 불리우는 행각에 모이거늘 12 베드로가 이것
을 보고 백성에게 말하되 이스라엘 사람들아 이 일을 왜 놀랍게 여기느냐
우리 개인의 권능과 경건으로 이 사람을 걷게 한 것처럼 왜 우리를 주목
하느냐 13 아브라함과 이삭과 야곱의 하나님 곧 우리 조상의 하나님이 그
의 종 예수를 영화롭게 하셨느니라 너희가 그를 넘겨주고 빌라도가 놓아
주기로 결의한 것을 너희가 그 앞에서 거부하였으니 14 너희가 거룩하고
의로운 이를 거부하고 도리어 살인한 사람을 놓아 주기를 구하여 15 생명
의 주를 죽였도다 그러나 하나님이 죽은 자 가운데서 그를 살리셨으니 우
리가 이 일에 증인이라 16 그 이름을 믿으므로 그 이름이 너희가 보고 아
는 이 사람을 성하게 하였나니 예수로 말미암아 난 믿음이 너희 모든 사
람 앞에서 이같이 완전히 낫게 하였느니라 17 형제들아 너희가 알지 못하
여서 그리하였으며 너희 관리들도 그리한 줄 아노라 18 그러나 하나님이
모든 선지자의 입을 통하여 자기의 그리스도께서 고난 받으실 일을 미리

행 3:6-10 가장 강력한 능력 설교이다. 오늘 교회가 이런 능력을 말씀으로 선포할 수 있어야 한다. 그런 신앙적 야성이 너무 그리운 시대에 우리가 살고 있다. 야심은 넘치는데 이 초대교회의 신앙적 야성(野性)은 어디에 있는가?

행 3:1-16 베드로의 앉은뱅이 치유 사건이 주는 교회의 모습에 대한 교훈

예수를 부인하고 도망쳤던 베드로가 이제는 그리스도의 용장(勇將)이 되어 나사렛 예수 그리스도의 이름으로 앉은뱅이를 일으켰다. 이는 오늘날 예수의 사랑과 권위, 진리와 정의의 대리인으로 세움 받은 교회 역시 이제 세상을 향해 큰일을 행해야 함을 보여 준다. 그러면 이러한 임무에 충실하기 위해서 교회에 필요한 모습은 무엇인지 본 사건의 교훈을 통해 상고해 보자.

1	교회는 주의 말씀과 기도로 항상 무장해야 함(1절)
2	교회는 언제든지 베풀 준비가 되어 있어야 함(1-3절)
3	교회는 소외되고 멸시받는 자에게 더 연민과 긍휼을 가져야 함(2-6절)
4	교회는 복음에 빚진 자의 심정으로 겸손하게 선을 행해야 함(2-6절)
5	교회는 당장 물질적 도움보다 궁극적인 구원 문제를 도와야 함(2-6절)
6	교회는 도움이 필요한 자들을 기다리기보다 그들을 찾아가야 함(3-7절)
7	교회는 선행과 복음 전파의 일을 편중됨이 없이 병행해야 함(12-16절)
8	교회는 모든 선한 일을 통해 오직 하나님께만 영광을 돌려야 함(12-16절)
9	교회는 말뿐이 아닌 실천으로 불신자들로 하나님을 찬미케 해야 함(8, 9절)
10	교회는 그리스도의 종된 자로서의 신분을 잊지 말고 선을 행해야 함(1-10절)

알게 하신 것을 이와 같이 이루셨느니라 19 그러므로 너희가 회개하고 돌
이켜 너희 죄 없이 함을 받으라 이같이 하면 새롭게 되는 날이 주 앞으로
부터 이를 것이요 20 또 주께서 너희를 위하여 예정하신 그리스도 곧 예수
를 보내시리니 21 하나님이 영원 전부터 거룩한 선지자들의 입을 통하여
말씀하신 바 만물을 회복하실 때까지는 하늘이 마땅히 그를 받아 두리라
22 모세가 말하되 주 하나님이 너희를 위하여 너희 형제 가운데서 나 같은
선지자 하나를 세울 것이니 너희가 무엇이든지 그의 모든 말을 들을 것이
라 23 누구든지 그 선지자의 말을 듣지 아니하는 자는 백성 중에서 멸망
받으리라 하였고 24 또한 사무엘 때부터 이어 말한 모든 선지자도 이 때
를 가리켜 말하였느니라 25 너희는 선지자들의 자손이요 또 하나님이 너
희 조상과 더불어 세우신 언약의 자손이라 아브라함에게 이르시기를 땅
위의 모든 족속이 너의 씨로 말미암아 복을 받으리라 하셨으니 26 하나님
이 그 종을 세워 복 주시려고 너희에게 먼저 보내사 너희로 하여금 돌이
켜 각각 그 악함을 버리게 하셨느니라

행 3:1-26 성령 강림 後 사도들의 변화된 모습
모든 인간이 다 그렇듯이 예수님을 따르며 수많은 이적과 기사를 목격한 사도들도 아담 안에서 죄인되고 연약한 인간의 성품을 가진 자들이었다. 그러나 이들은 진정으로 주님을 믿고 주 안에서 거함으로 그들의 삶과 인생, 인격이 변화되었었다. 그런데 그들의 삶과 인격의 변화는 그들 자신의 자의적인 노력이나 행위로 말미암은 것이 아니라 예수님의 부활과 오순절 성령 강림을 기점으로 변화되었다. 즉 예수님의 수난과 부활, 그리고 성령 강림으로 과거의 유약했던 모습이 사라지고 놀라우리만큼 그 모습이 변모되었다. 다음 도표에서 이들의 삶과 인격이 변화된 모습을 살펴보자.

변화전	주의 사역에 무지함(마 16:21-23)
	높아지기를 힘씀(마 20:20-28)
	주를 버리고 도망함(마 26:56)
	주님을 부인함(마 26:57-75)
	주님을 믿지 못함(요 20:24-29)
	소명을 망각함(요 21:3)
변화후	주님을 바로 깨달음(빌 1:9)
	겸손해짐(벧전 5:5)
	목숨을 버리며 주를 따름(눅 14:33)
	자신을 부인함(마 16:24)
	오직 순종함(행 5:29)
	소명에 충실함(행 6:4)

사도행전 4장

베드로와 요한이 공회 앞에 서다

1 사도들이 백성에게 말할 때에 제사장들과 성전 맡은 자와 사두개인들
이 이르러 2 예수 안에 죽은 자의 부활이 있다고 백성을 가르치고 전함을
싫어하여 3 그들을 잡으매 날이 이미 저물었으므로 이튿날까지 가두었으
나 4 말씀을 들은 사람 중에 믿는 자가 많으니 남자의 수가 약 오천이나
되었더라 5 이튿날 관리들과 장로들과 서기관들이 예루살렘에 모였는데 6 대제사장 안나스와 가야바와 요한과
알렉산더와 및 대제사장의 문중이 다 참여하여 7 사도들을 가운데 세우고 묻되 너희가 무슨 권세와 누구의 이
름으로 이 일을 행하였느냐 8 이에 베드로가 성령이 충만하여 이르되 백성의 관리들과 장로들아 9 만일 병자에
게 행한 착한 일에 대하여 이 사람이 어떻게 구원을 받았느냐고 오늘 우리에게 질문한다면 10 너희와 모든 이스
라엘 백성들은 알라 너희가 십자가에 못 박고 하나님이 죽은 자 가운데서 살리신 나사렛 예수 그리스도의 이름
으로 이 사람이 건강하게 되어 너희 앞에 섰느니라 11 이 예수는 너희 건축자들의 버린 돌로서 집 모퉁이의 머릿
돌이 되었느니라 12 다른 이로써는 구원을 받을 수 없나니 천하 사람 중에 구원을 받을 만한 다른 이름을 우리에
게 주신 일이 없음이라 하였더라 13 그들이 베드로와 요한이 담대하게 말함을 보고 그들을 본래 학문 없는 범인
으로 알았다가 이상히 여기며 또 전에 예수와 함께 있던 줄도 알고 14 또 병 나은 사람이 그들과 함께 서 있는 것
을 보고 비난할 말이 없는지라 15 명하여 공회에서 나가라 하고 서로 의논하여 이르되 16 이 사람들을 어떻게 할
까 그들로 말미암아 유명한 표적 나타난 것이 예루살렘에 사는 모든 사람에게 알려졌으니 우리도 부인할 수 없
는지라 17 이것이 민간에 더 퍼지지 못하게 그들을 위협하여 이후에는 이 이름으로 아무에게도 말하지 말게 하자
하고 18 그들을 불러 경고하여 도무지 예수의 이름으로 말하지도 말고 가르치지도 말라 하니 19 베드로와 요한이
대답하여 이르되 하나님 앞에서 너희의 말을 듣는 것이 하나님의 말씀을 듣는 것보다 옳은가 판단하라 20 우리
는 보고 들은 것을 말하지 아니할 수 없다 하니 21 관리들이 백성들 때문에 그들을 어떻게 처벌할지 방법을 찾지
못하고 다시 위협하여 놓아 주었으니 이는 모든 사람이 그 된 일을 보고 하나님께 영광을 돌림이라 22 이 표적으
로 병 나은 사람은 사십여 세나 되었더라

한마음으로 하나님께 기도하다

23 사도들이 놓이매 그 동료에게 가서 제사장들과 장로들의 말을 다 알리니 24 그들이 듣고 한마음으로 하나님

께 소리를 높여 이르되 대주재여 천지와 바다와 그 가운데 만물을 지은 이시요 25 또 주의 종 우리 조상 다윗의
입을 통하여 성령으로 말씀하시기를 어찌하여 열방이 분노하며 족속들이 허사를 경영하였는고 26 세상의 군왕
들이 나서며 관리들이 함께 모여 주와 그의 그리스도를 대적하도다 하신 이로소이다 27 과연 헤롯과 본디오 빌
라도는 이방인과 이스라엘 백성과 합세하여 하나님께서 기름 부으신 거룩한 종 예수를 거슬러 28 하나님의 권능
과 뜻대로 이루려고 예정하신 그것을 행하려고 이 성에 모였나이다 29 주여 이제도 그들의 위협함을 굽어보시옵
고 또 종들로 하여금 담대히 하나님의 말씀을 전하게 하여 주시오며 30 손을 내밀어 병을 낫게 하시옵고 표적과
기사가 거룩한 종 예수의 이름으로 이루어지게 하옵소서 하더라 31 빌기를 다하매 모인 곳이 진동하더니 무리가
다 성령이 충만하여 담대히 하나님의 말씀을 전하니라

물건을 서로 통용하다

32 믿는 무리가 한마음과 한 뜻이 되어 모든 물건을 서로 통용하고 자기
재물을 조금이라도 자기 것이라 하는 이가 하나도 없더라 33 사도들이 큰
권능으로 주 예수의 부활을 증언하니 무리가 큰 은혜를 받아 34 그 중에
가난한 사람이 없으니 이는 밭과 집 있는 자는 팔아 그 판 것의 값을 가져다가 35 사도들의 발 앞에 두매 그들이
각 사람의 필요를 따라 나누어 줌이라 36 구브로에서 난 레위족 사람이 있으니 이름은 요셉이라 사도들이 일컬
어 바나바라(번역하면 위로의 아들이라) 하니 37 그가 밭이 있으매 팔아 그 값을 가지고 사도들의 발 앞에 두니라

행 4:32-35
학습 자료 77-7 "예루살렘 초대 교회 공동체 생활 이해" 참조

사도행전 5장

아나니아와 삽비라

1 아나니아라 하는 사람이 그의 아내 삽비라와 더불어 소유를 팔아 2 그 값에서 얼마를 감추매 그 아내도 알더라
얼마만 가져다가 사도들의 발 앞에 두니 3 베드로가 이르되 아나니아야 어찌하여 사탄이 네 마음에 가득하여 네
가 성령을 속이고 땅 값 얼마를 감추었느냐 4 땅이 그대로 있을 때에는 네 땅이 아니며 판 후에도 네 마음대로 할
수가 없더냐 어찌하여 이 일을 네 마음에 두었느냐 사람에게 거짓말한 것이 아니요 하나님께로다 5 아나니아가
이 말을 듣고 엎드러져 혼이 떠나니 이 일을 듣는 사람이 다 크게 두려워하더라 6 젊은 사람들이 일어나 시신을
싸서 메고 나가 장사하니라 7 세 시간쯤 지나 그의 아내가 그 일어난 일을 알지 못하고 들어오니 8 베드로가 이르
되 그 땅 판 값이 이것뿐이냐 내게 말하라 하니 이르되 예 이것뿐이라 하더라 9 베드로가 이르되 너희가 어찌 함
께 꾀하여 주의 영을 시험하려 하느냐 보라 네 남편을 장사하고 오는 사
람들의 발이 문 앞에 이르렀으니 또 너를 메어 내가리라 하니 10 곧 그가
베드로의 발 앞에 엎드러져 혼이 떠나는지라 젊은 사람들이 들어와 죽은
것을 보고 메어다가 그의 남편 곁에 장사하니 11 온 교회와 이 일을 듣는
사람들이 다 크게 두려워하니라

사도들이 표적을 일으키다

12 사도들의 손을 통하여 민간에 표적과 기사가 많이 일어나매 믿는 사람
이 다 마음을 같이하여 솔로몬 행각에 모이고 13 그 나머지는 감히 그들과
상종하는 사람이 없으나 백성이 칭송하더라 14 믿고 주께로 나아오는 자
가 더 많으니 남녀의 큰 무리더라 15 심지어 병든 사람을 메고 거리에 나가
침대와 요 위에 누이고 베드로가 지날 때에 혹 그의 그림자라도 누구에
게 덮일까 바라고 16 예루살렘 부근의 수많은 사람들도 모여 병든 사람과
더러운 귀신에게 괴로움 받는 사람을 데리고 와서 다 나음을 얻으니라

사도들이 능욕을 받다

17 대제사장과 그와 함께 있는 사람 즉 사두개인의 당파가 다 마음에 시

❖ 당시 핍박이 심해지자, 물고기의 그림이 그리스도인의 신분증처럼 되었다. 희랍어로 Ichthus (IXΘYΣ 익투스)라고 하며 이는 바로 '하나님의 아들 구세주 예수 크리스트' [Iesous(예수), christos(그리스도), theonhyos(하나님의), soter(아들)] 의 머리글자를 모은 것에 해당하기 때문에 물고기는 종종 그리스도인의 상징으로 사용된다.

행 5:12-16
학습 자료 77-8 "신유" 참조

73일~78일

기가 가득하여 일어나서 18 사도들을 잡아다가 옥에 가두었더니 19 주의
사자가 밤에 옥문을 열고 끌어내어 이르되 20 가서 성전에 서서 이 생명의
말씀을 다 백성에게 말하라 하매 21 그들이 듣고 새벽에 성전에 들어가서
가르치더니 대제사장과 그와 함께 있는 사람들이 와서 공회와 이스라엘
족속의 원로들을 다 모으고 사람을 옥에 보내어 사도들을 잡아오라 하니
22 부하들이 가서 옥에서 사도들을 보지 못하고 돌아와 23 이르되 우리가
보니 옥은 든든하게 잠기고 지키는 사람들이 문에 서 있으되 문을 열고
본즉 그 안에는 한 사람도 없더이다 하니 24 성전 맡은 자와 제사장들이
이 말을 듣고 의혹하여 이 일이 어찌 될까 하더니 25 사람이 와서 알리되
보소서 옥에 가두었던 사람들이 성전에 서서 백성을 가르치더이다 하니
26 성전 맡은 자가 부하들과 같이 가서 그들을 잡아왔으나 강제로 못함은
백성들이 돌로 칠까 두려워함이더라 27 그들을 끌어다가 공회 앞에 세우
니 대제사장이 물어 28 이르되 우리가 이 이름으로 사람을 가르치지 말라
고 엄금하였으되 너희가 너희 가르침을 예루살렘에 가득하게 하니 이 사
람의 피를 우리에게로 돌리고자 함이로다 29 베드로와 사도들이 대답하
여 이르되 사람보다 하나님께 순종하는 것이 마땅하니라 30 너희가 나무
에 달아 죽인 예수를 우리 조상의 하나님이 살리시고 31 이스라엘에게 회
개함과 죄 사함을 주시려고 그를 오른손으로 높이사 임금과 구주로 삼으
셨느니라 32 우리는 이 일에 증인이요 하나님이 자기에게 순종하는 사람
들에게 주신 성령도 그러하니라 하더라 33 그들이 듣고 크게 노하여 사도
들을 없이하고자 할새 34 바리새인 가말리엘은 율법교사로 모든 백성에
게 존경을 받는 자라 공회 중에 일어나 명하여 사도들을 잠깐 밖에 나가
게 하고 35 말하되 이스라엘 사람들아 너희가 이 사람들에게 대하여 어떻
게 하려는지 조심하라 36 이전에 드다가 일어나 스스로 선전하매 사람이
약 사백 명이나 따르더니 그가 죽임을 당하매 따르던 모든 사람들이 흩
어져 없어졌고 37 그 후 호적할 때에 갈릴리의 유다가 일어나 백성을 꾀어
따르게 하다가 그도 망한즉 따르던 모든 사람들이 흩어졌느니라 38 이제
내가 너희에게 말하노니 이 사람들을 상관하지 말고 버려두라 이 사상과
이 소행이 사람으로부터 났으면 무너질 것이요 39 만일 하나님께로부터
났으면 너희가 그들을 무너뜨릴 수 없겠고 도리어 하나님을 대적하는 자
가 될까 하노라 하니 40 그들이 옳게 여겨 사도들을 불러들여 채찍질하며
예수의 이름으로 말하는 것을 금하고 놓으니 41 사도들은 그 이름을 위하
여 능욕 받는 일에 합당한 자로 여기심을 기뻐하면서 공회 앞을 떠나니라
42 그들이 날마다 성전에 있든지 집에 있든지 예수는 그리스도라고 가르
치기와 전도하기를 그치지 아니하니라

❖ 행 4~6장 **시련을 통해서 성장하는 초대교회**

신앙은 시련을 통해 단련되고 성장하며 성숙하는 것이다. 초대교회도 예외는 아니었다. 이것은 언제나 그러하듯이 사탄과의 영적 전쟁이다.

1) 물리적 박해(4:1-22, 5:17-42)

누가복음에는 제자들이 받을 핍박에 대한 예수님의 예언이 나온다(눅 6:22). 미움, 모욕, 거절, 재판 받음, 박해, 옥에 갇힘은 예수님과 그를 따르는 제자들(베드로와 요한)뿐만 아니라 사도행전에 등장하는 믿음의 인물들(스데반, 야고보, 바울 등)에게도 같은 운명으로 찾아옴을 본다.

- 첫 번째 박해(4:1-30) : 체포, 투옥, 재판, 경고, 석방 → 담대히 증거 ⇒ 담대히 말씀을 전파하게 해달라고 기도(4:24-30)
- 두 번째 박해(5:17-42) : 체포, 투옥, 재판, 금지령, 매질, 석방 → 지속적 순종 ⇒ 그리스도를 위해 능욕 받음을 감사 찬양(5:41)

핍박은 성령의 인도를 받는 교회를 기도와 찬양으로 이끌었다. 그 결과 교회는 박해 속에서도 더 담대히 복음을 전하게 된다.

2) 아나니아와 삽비라의 범죄(5:1-11)

두 번째 시련은 초대교회 공동체 내부에서부터 시작된다. 초대교회가 가진 가장 아름다워야 할 나눔과 섬김의 일이 거짓으로 얼룩짐을 본다. 교회 공동체의 순결을 위해 이 문제는 일벌백계 (一罰百威)의 차원에서 강한 심판을 받았는데, 당대의 독자들에게도 충격적인 이 사건은 교회는 진리가 무엇인지에 관하여 진지하게 고민하게 한다.

3) 구제에서 제외된 과부의 문제(6:1-6)

언어에 따라 모이는 가정교회의 특성상 초대교회는 작은 갈등을 겪게 된다. 그리고 헬라파 과부들이 구제의 대상에서 제외된 일로 인해 갈등이 폭발하게 되었다. 그러나 이 일은 비본질적 업무를 과도하게 담당하던 사도들이 본연의 직무인 말씀과 기도로 돌아가고 교회 내 새로운 지도자인 일곱 집사를 세우는 등 긍정적으로 해결된다. 이 사건을 계기로 사도행전의 다음 단계에서 활동할 세 인물인 스데반, 빌립, 바울의 등장을 보여 준다. 문제는 없을 수 없다. 중요한 것은 그 문제를 어떻게 해결하느냐이다.

73일~78일

사도행전 6장

일곱 일꾼을 택하다

1 그 때에 제자가 더 많아졌는데 헬라파 유대인들이 자기의 과부들이 매일의 구제에 빠지므로 히브리파 사람을
원망하니 2 열두 사도가 모든 제자를 불러 이르되 우리가 하나님의 말씀을 제쳐 놓고 접대를 일삼는 것이 마땅

하지 아니하니 3 형제들아 너희 가운데서 성령과 지혜가 충만하여 칭찬 받는 사람 일곱을 택하라 우리가 이 일을
그들에게 맡기고 4 우리는 오로지 기도하는 일과 말씀 사역에 힘쓰리라 하니 5 온 무리가 이 말을 기뻐하여 믿음
과 성령이 충만한 사람 스데반과 또 빌립과 브로고로와 니가노르와 디몬과 바메나와 유대교에 입교했던 안디옥
사람 니골라를 택하여 6 사도들 앞에 세우니 사도들이 기도하고 그들에게 안수하니라 7 하나님의 말씀이 점점
왕성하여 예루살렘에 있는 제자의 수가 더 심히 많아지고 허다한 제사장의 무리도 이 도에 복종하니라

스데반이 잡히다

8 스데반이 은혜와 권능이 충만하여 큰 기사와 표적을 민간에 행하니 9 이른 바 자유민들 즉 구레네인, 알렉산드
리아인, 길리기아와 아시아에서 온 사람들의 회당에서 어떤 자들이 일어나 스데반과 더불어 논쟁할새 10 스데반
이 지혜와 성령으로 말함을 그들이 능히 당하지 못하여 11 사람들을 매수하여 말하게 하되 이 사람이 모세와 하
나님을 모독하는 말을 하는 것을 우리가 들었노라 하게 하고 12 백성과 장로와 서기관들을 충동시켜 와서 잡아가
지고 공회에 이르러 13 거짓 증인들을 세우니 이르되 이 사람이 이 거룩한 곳과 율법을 거슬러 말하기를 마지 아
니하는도다 14 그의 말에 이 나사렛 예수가 이 곳을 헐고 또 모세가 우리에게 전하여 준 규례를 고치겠다 함을 우
리가 들었노라 하거늘 15 공회 중에 앉은 사람들이 다 스데반을 주목하여 보니 그 얼굴이 천사의 얼굴과 같더라

사도행전 7장~8장 :
첫 순교자 스데반, 사마리아 전도자 빌립

사도행전 7장

스데반이 설교하다

1 대제사장이 이르되 이것이 사실이냐 2 스데반이 이르되 여러분 부형들
이여 들으소서 우리 조상 아브라함이 하란에 있기 전 메소보다미아에 있
을 때에 영광의 하나님이 그에게 보여 3 이르시되 네 고향과 친척을 떠나
내가 네게 보일 땅으로 가라 하시니 4 아브라함이 갈대아 사람의 땅을 떠
나 하란에 거하다가 그의 아버지가 죽으매 하나님이 그를 거기서 너희 지
금 사는 이 땅으로 옮기셨느니라 5 그러나 여기서 발 붙일 만한 땅도 유업
으로 주지 아니하시고 다만 이 땅을 아직 자식도 없는 그와 그의 후손에
게 소유로 주신다고 약속하셨으며 6 하나님이 또 이같이 말씀하시되 그
후손이 다른 땅에서 나그네가 되리니 그 땅 사람들이 종으로 삼아 사백
년 동안을 괴롭게 하리라 하시고 7 또 이르시되 종 삼는 나라를 내가 심판
하리니 그 후에 그들이 나와서 이 곳에서 나를 섬기리라 하시고 8 할례의
언약을 아브라함에게 주셨더니 그가 이삭을 낳아 여드레 만에 할례를 행
하고 이삭이 야곱을, 야곱이 우리 열두 조상을 낳으니라 9 여러 조상이 요
셉을 시기하여 애굽에 팔았더니 하나님이 그와 함께 계셔 10 그 모든 환난
에서 건져내사 애굽 왕 바로 앞에서 은총과 지혜를 주시매 바로가 그를
애굽과 자기 온 집의 통치자로 세웠느니라 11 그 때에 애굽과 가나안 온
땅에 흉년이 들어 큰 환난이 있을새 우리 조상들이 양식이 없는지라 12 야
곱이 애굽에 곡식 있다는 말을 듣고 먼저 우리 조상들을 보내고 13 또 재
차 보내매 요셉이 자기 형제들에게 알려지게 되고 또 요셉의 친족이 바로

행 7:1-53
스데반의 설교 속에 나타난 5대 역사적 교훈

	교훈의 목적
아브라함으로부터 얻은 교훈 (1-8절)	모세 율법을 절대시했던 유대인들에게 구원의 약속이 율법보다 먼저 있었음을 상기시키고자 함 (갈 3:17)
	구원은 율법의 행위로 말미암지 않고 오직 믿음에 의해서만 얻음을 인식시키고자 함(롬 4:20, 21)
요셉으로부터 얻는 교훈 (9-19절)	선민이라는 자만심을 갖고 있던 유대인들에게 본래는 작은 민족에 불과했던 그들 민족을 하나님이 은혜로 택해 주셨음을 상기시킴(출 1:5, 12:37, 38)
	형제들의 시기로 애굽에 팔렸으나 하나님의 보호로 영화롭게 된 요셉처럼, 예수님도 유대인들의 핍박으로 죽으셨으나 다시 부활하였음을 암시함(벧전 1:3)
모세로부터 얻는 교훈 (20-36절)	유대인들이 모세를 통해 역사하신 하나님의 섭리와 사랑보다도 모세 자체를 더 숭배하는 경향을 지적함
	모세처럼 유대인들도 하나님의 부르심에 응답해 주어진 사명을 다하는 신앙인들이 될 것을 촉구함(엡 4:1)
우상 숭배에 대한 교훈 (37-51절)	조상들의 영적 무지로 말미암은 우상 숭배의 죄가 현재의 유대인들에 의해서도 자행되고 있음을 지적함(레 26:1)
하나님의 종 핍박과 관련된 교훈 (52, 53절)	조상들이 하나님의 선지자들을 핍박하고 죽인 것처럼 현재 유대인들도 성자 예수를 십자가에 못 박았음을 지적함

에게 드러나게 되니라 14 요셉이 사람을 보내어 그의 아버지 야곱과 온 친
족 일흔다섯 사람을 청하였더니 15 야곱이 애굽으로 내려가 자기와 우리
조상들이 거기서 죽고 16 세겜으로 옮겨져 아브라함이 세겜 하몰의 자손
에게서 은으로 값 주고 산 무덤에 장사되니라 17 하나님이 아브라함에게
약속하신 때가 가까우매 이스라엘 백성이 애굽에서 번성하여 많아졌더니
18 요셉을 알지 못하는 새 임금이 애굽 왕위에 오르매 19 그가 우리 족속
에게 교활한 방법을 써서 조상들을 괴롭게 하여 그 어린 아이들을 내버려
살지 못하게 하려 할새 20 그 때에 모세가 났는데 하나님 보시기에 아름
다운지라 그의 아버지의 집에서 석 달 동안 길리더니 21 버려진 후에 바로
의 딸이 그를 데려다가 자기 아들로 기르매 22 모세가 애굽 사람의 모든
지혜를 배워 그의 말과 하는 일들이 능하더라 23 나이가 사십이 되매 그
형제 이스라엘 자손을 돌볼 생각이 나더니 24 한 사람이 원통한 일 당함을
보고 보호하여 압제 받는 자를 위하여 원수를 갚아 애굽 사람을 쳐 죽이
니라 25 그는 그의 형제들이 하나님께서 자기의 손을 통하여 구원해 주시
는 것을 깨달으리라고 생각하였으나 그들이 깨닫지 못하였더라 26 이튿
날 이스라엘 사람끼리 싸울 때에 모세가 와서 화해시키려 하여 이르되 너
희는 형제인데 어찌 서로 해치느냐 하니 27 그 동무를 해치는 사람이 모세
를 밀어뜨려 이르되 누가 너를 관리와 재판장으로 우리 위에 세웠느냐 28
네가 어제는 애굽 사람을 죽임과 같이 또 나를 죽이려느냐 하니 29 모세
가 이 말 때문에 도주하여 미디안 땅에서 나그네 되어 거기서 아들 둘을
낳으니라 30 사십 년이 차매 천사가 시내 산 광야 가시나무 떨기 불꽃 가
운데서 그에게 보이거늘 31 모세가 그 광경을 보고 놀랍게 여겨 알아보려고 가까이 가니 주의 소리가 있어 32 나
는 네 조상의 하나님 즉 아브라함과 이삭과 야곱의 하나님이라 하신대 모세가 무서워 감히 바라보지 못하더라
33 주께서 이르시되 네 발의 신을 벗으라 네가 서 있는 곳은 거룩한 땅이니라 34 내 백성이 애굽에서 괴로움 받음
을 내가 확실히 보고 그 탄식하는 소리를 듣고 그들을 구원하려고 내려왔노니 이제 내가 너를 애굽으로 보내리
라 하시니라 35 그들의 말이 누가 너를 관리와 재판장으로 세웠느냐 하며 거절하던 그 모세를 하나님은 가시나
무 떨기 가운데서 보이던 천사의 손으로 관리와 속량하는 자로서 보내셨으니 36 이 사람이 백성을 인도하여 나
오게 하고 애굽과 홍해와 광야에서 사십 년간 기사와 표적을 행하였느니라 37 이스라엘 자손에 대하여 하나님이
너희 형제 가운데서 나와 같은 선지자를 세우리라 하던 자가 곧 이 모세라 38 시내 산에서 말하던 그 천사와 우리
조상들과 함께 광야 교회에 있었고 또 살아 있는 말씀을 받아 우리에게 주던 자가 이 사람이라 39 우리 조상들이
모세에게 복종하지 아니하고자 하여 거절하며 그 마음이 도리어 애굽으로 향하여 40 아론더러 이르되 우리를 인
도할 신들을 우리를 위하여 만들라 애굽 땅에서 우리를 인도하던 이 모세는 어떻게 되었는지 알지 못하노라 하
고 41 그 때에 그들이 송아지를 만들어 그 우상 앞에 제사하며 자기 손으로 만든 것을 기뻐하더니 42 하나님이 외
면하사 그들을 그 하늘의 군대 섬기는 일에 버려 두셨으니 이는 선지자의 책에 기록된 바 이스라엘의 집이여 너
희가 광야에서 사십 년간 희생과 제물을 내게 드린 일이 있었느냐 43 몰록의 장막과 신 레판의 별을 받들었음이
여 이것은 너희가 절하고자 하여 만든 형상이로다 내가 너희를 바벨론 밖으로 옮기리라 함과 같으니라 44 광야
에서 우리 조상들에게 증거의 장막이 있었으니 이것은 모세에게 말씀하신 이가 명하사 그가 본 그 양식대로 만
들게 하신 것이라 45 우리 조상들이 그것을 받아 하나님이 그들 앞에서 쫓아내신 이방인의 땅을 점령할 때에 여
호수아와 함께 가지고 들어가서 다윗 때까지 이르니라 46 다윗이 하나님 앞에서 은혜를 받아 야곱의 집을 위하
여 하나님의 처소를 준비하게 하여 달라고 하더니 47 솔로몬이 그를 위하여 집을 지었느니라 48 그러나 지극히 높

❖ 행 7장 **스데반의 설교와 첫 순교자**

오순절 성령강림으로 성령을 선물로 받았을 뿐만 아니라, 성령의 능력으로 충만한 제자들은 담대해졌다. 행 1:8의 예수님의 권면처럼 먼저 예루살렘을 떠나지 말고 성령의 권능을 받으라는 이유가 이제 분명해진 것이다. 하나님 나라의 새로운 언약 백성이 된 새 이스라엘로서 제자들은 하나님 나라의 백성으로 삼는 제자 삼기에 담대해진 것이다. 하나님 나라는 인간의 능력인 인위로 이루어져 가는 것이 아니라 하나님의 영으로 이루어져 가는 것이다.

첫 순교자 스데반 집사의 설교는 성령의 능력으로 충만한 설교였고 담대한 것이었지만 그는 이 설교로 인해 돌에 맞아 순교를 당한다. 스데반 순교의 피 흘림은 엄청난 역사를 하게 되는데 그것은 사울인 바울이 회개하는 계기가 된다.

☞ 7장은 구약의 storyline 요약이다.

73일~78일

으신 이는 손으로 지은 곳에 계시지 아니하시나니 선지자가 말한 바 49 주께서 이르시되 하늘은 나의 보좌요 땅
은 나의 발등상이니 너희가 나를 위하여 무슨 집을 짓겠으며 나의 안식할 처소가 어디냐 50 이 모든 것이 다 내
손으로 지은 것이 아니냐 함과 같으니라 51 목이 곧고 마음과 귀에 할례를 받지 못한 사람들아 너희도 너희 조
상과 같이 항상 성령을 거스르는도다 52 너희 조상들이 선지자들 중의 누구를 박해하지 아니하였느냐 의인이 오
시리라 예고한 자들을 그들이 죽였고 이제 너희는 그 의인을 잡아 준 자요 살인한 자가 되나니 53 너희는 천사가
전한 율법을 받고도 지키지 아니하였도다 하니라

스데반이 순교하다

54 그들이 이 말을 듣고 마음에 찔려 그를 향
하여 이를 갈거늘 55 스데반이 성령 충만하
여 하늘을 우러러 주목하여 하나님의 영광과 및 예수께서 하나님 우편에 서신 것
을 보고 56 말하되 보라 하늘이 열리고 인자가 하나님 우편에 서신 것을 보노라 한 대
57 그들이 큰 소리를 지르며 귀를 막고 일제히 그에게 달려들어 58 성 밖으로 내치고
돌로 칠새 증인들이 옷을 벗어 사울이라 하는 청년의 발 앞에 두니라 59 그들이 돌로
스데반을 치니 스데반이 부르짖어 이르되 주 예수여 내 영혼을 받으시옵소서 하고
60 무릎을 꿇고 크게 불러 이르되 주여 이 죄를 그들에게 돌리지 마옵소서 이 말을 하고 자니라

행 7:54-60
학습 자료 77-9 "순교" 참조

사도행전 8장

❖ Ⅱ. 교회의 변형기(8~12장) - 유대와 사마리아

1 사울은 그가 죽임 당함을 마땅히 여기더라

사울이 교회를 박해하다

그 날에 예루살렘에 있는 교회에 큰 박해가 있어 사도 외에는 다 유대와 사마리아 모든 땅으로 흩어지니라 2 경
건한 사람들이 스데반을 장사하고 위하여 크게 울더라 3 사울이 교회를 잔멸할새 각 집에 들어가 남녀를 끌어다
가 옥에 넘기니라

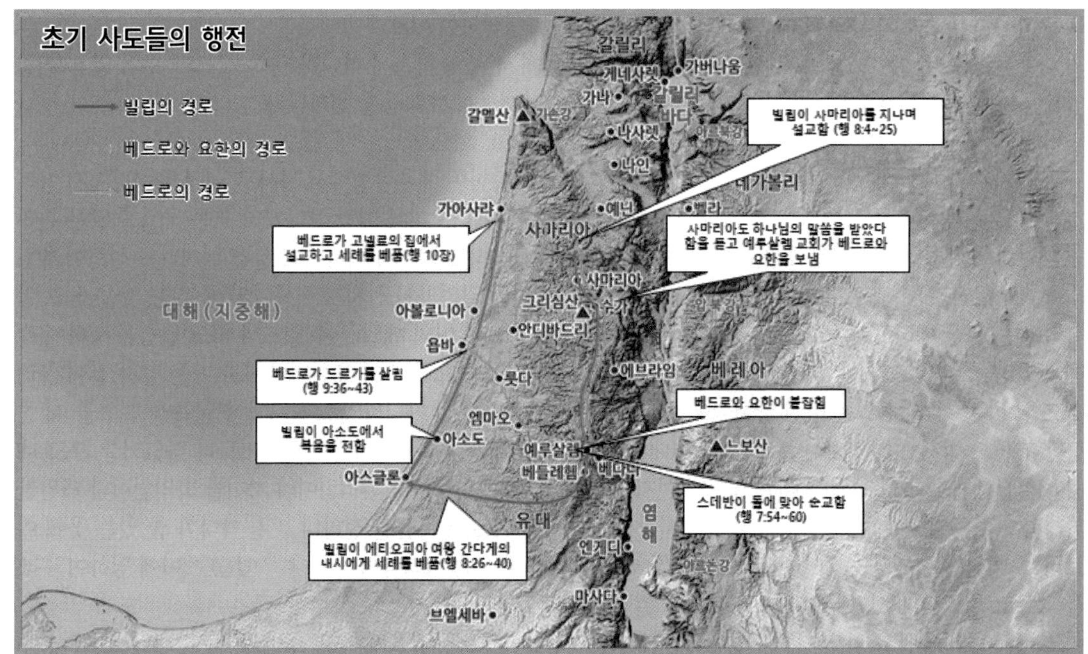

73일~78일

사마리아에 복음을 전하다

4 그 흩어진 사람들이 두루 다니며 복음의 말씀을 전할새 5 빌립이 사마리
아 성에 내려가 그리스도를 백성에게 전파하니 6 무리가 빌립의 말도 듣
고 행하는 표적도 보고 한마음으로 그가 하는 말을 따르더라 7 많은 사람
에게 붙었던 더러운 귀신들이 크게 소리를 지르며 나가고 또 많은 중풍병
자와 못 걷는 사람이 나으니 8 그 성에 큰 기쁨이 있더라 9 그 성에 시몬이
라 하는 사람이 전부터 있어 마술을 행하여 사마리아 백성을 놀라게 하며
자칭 큰 자라 하니 10 낮은 사람부터 높은 사람까지 다 따르며 이르되 이
사람은 크다 일컫는 하나님의 능력이라 하더라 11 오랫동안 그 마술에 놀
랐으므로 그들이 따르더니 12 빌립이 하나님 나라와 및 예수 그리스도의
이름에 관하여 전도함을 그들이 믿고 남녀가 다 세례를 받으니 13 시몬도
믿고 세례를 받은 후에 전심으로 빌립을 따라다니며 그 나타나는 표적과
큰 능력을 보고 놀라니라 14 예루살렘에 있는 사도들이 사마리아도 하나
님의 말씀을 받았다 함을 듣고 베드로와 요한을 보내매 15 그들이 내려가
서 그들을 위하여 성령 받기를 기도하니 16 이는 아직 한 사람에게도 성령
내리신 일이 없고 오직 주 예수의 이름으로 세례만 받을 뿐이더라 17 이에
두 사도가 그들에게 안수하매 성령을 받는지라 18 시몬이 사도들의 안수
로 성령 받는 것을 보고 돈을 드려 19 이르되 이 권능을 내게도 주어 누구
든지 내가 안수하는 사람은 성령을 받게 하여 주소서 하니 20 베드로가 이
르되 네가 하나님의 선물을 돈 주고 살 줄로 생각하였으니 네 은과 네가
함께 망할지어다 21 하나님 앞에서 네 마음이 바르지 못하니 이 도에는 네
가 관계도 없고 분깃 될 것도 없느니라 22 그러므로 너의 이 악함을 회개
하고 주께 기도하라 혹 마음에 품은 것을 사하여 주시리라 23 내가 보니
너는 악독이 가득하며 불의에 매인 바 되었도다 24 시몬이 대답하여 이르
되 나를 위하여 주께 기도하여 말한 것이 하나도 내게 임하지 않게 하소서 하니라 25 두 사도가 주의 말씀을 증
언하여 말한 후 예루살렘으로 돌아갈새 사마리아인의 여러 마을에서 복음을 전하니라

행 8:5-8 빌립의 복음 사역 여정

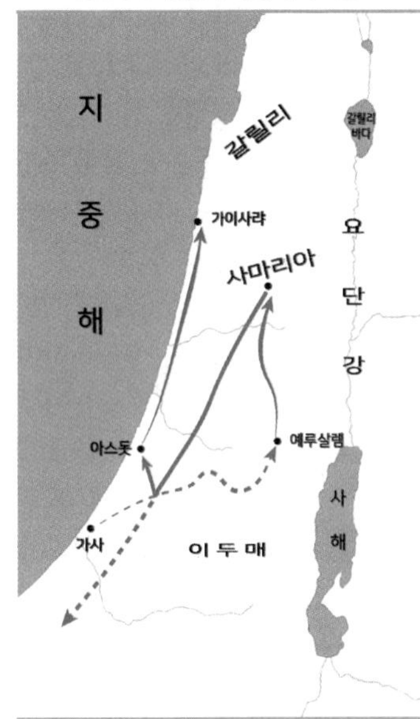

행 8장 **사마리아 전도자 빌립**
스데반의 죽음 후 교회의 핍박이 거세지기 시작하고 선교의 중심이 예루살렘에서 안디옥으로 옮겨지며, 흩어지는 교회의 모습으로 전환하는 계기가 된다. 빌립이 처음으로 복음을 예루살렘 밖 즉 사마리아 땅으로 전파하기 시작한다. 에디오피아 내시에게 전도하고 세례를 줌으로 복음이 에디오피아로 들어가는 계기가 된다.

빌립과 에디오피아 내시

26 주의 사자가 빌립에게 말하여 이르되 일어나서 남쪽으로 향하여 예루살렘에서 가사로 내려가는 길까지 가라
하니 그 길은 광야라 27 일어나 가서 보니 에디오피아 사람 곧 에디오피아 여왕 간다게의 모든 국고를 맡은 관리
인 내시가 예배하러 예루살렘에 왔다가 28 돌아가는데 수레를 타고 선지자 이사야의 글을 읽더라 29 성령이 빌립
더러 이르시되 이 수레로 가까이 나아가라 하시거늘 30 빌립이 달려가서 선지자 이사야의 글 읽는 것을 듣고 말
하되 읽는 것을 깨닫느냐 31 대답하되 지도해 주는 사람이 없으니 어찌 깨달을 수 있느냐 하고 빌립을 청하여 수
레에 올라 같이 앉으라 하니라 32 읽는 성경 구절은 이것이니 일렀으되 그가 도살자에게로 가는 양과 같이 끌려
갔고 털 깎는 자 앞에 있는 어린 양이 조용함과 같이 그의 입을 열지 아니하였도다 33 그가 굴욕을 당했을 때 공
정한 재판도 받지 못하였으니 누가 그의 세대를 말하리요 그의 생명이 땅에서 빼앗김이로다 하였거늘 34 그 내
시가 빌립에게 말하되 청컨대 내가 묻노니 선지자가 이 말한 것이 누구를 가리킴이냐 자기를 가리킴이냐 타인을
가리킴이냐 35 빌립이 입을 열어 이 글에서 시작하여 예수를 가르쳐 복음을 전하니 36 길 가다가 물 있는 곳에 이
르러 그 내시가 말하되 보라 물이 있으니 내가 세례를 받음에 무슨 거리낌이 있느냐 37 (없음) 38 이에 명하여 수레
를 멈추고 빌립과 내시가 둘 다 물에 내려가 빌립이 세례를 베풀고 39 둘
이 물에서 올라올새 주의 영이 빌립을 이끌어간지라 내시는 기쁘게 길을

행 8:38-40
학습 자료 77-10 "세례" 참조

73일~78일

가므로 그를 다시 보지 못하니라 [40] 빌립은 아소도에 나타나 여러 성을 지나 다니며 복음을 전하고 가이사랴에
이르니라

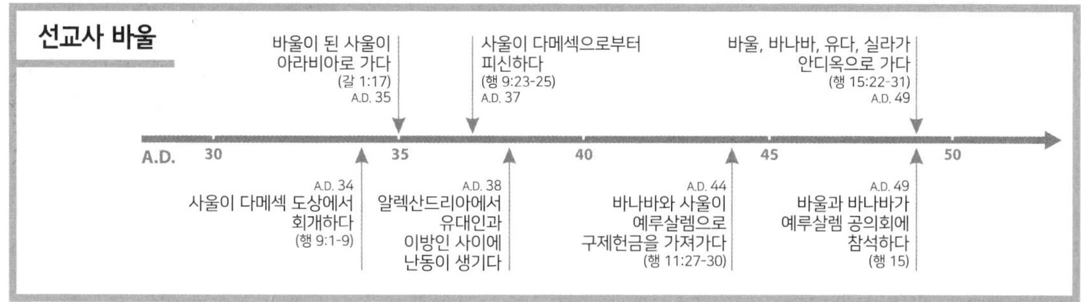

선교사 바울
바울이 된 사울이 아라비아로 가다 (갈 1:17) A.D. 35
사울이 다메섹으로부터 피신하다 (행 9:23-25) A.D. 37
바울, 바나바, 유다, 실라가 안디옥으로 가다 (행 15:22-31) A.D. 49
A.D.
30
35
40
45
50
A.D. 34 사울이 다메섹 도상에서 회개하다 (행 9:1-9)
A.D. 38 알렉산드리아에서 유대인과 이방인 사이에 난동이 생기다
A.D. 44 바나바와 사울이 예루살렘으로 구제헌금을 가져가다 (행 11:27-30)
A.D. 49 바울과 바나바가 예루살렘 공의회에 참석하다 (행 15)

사도행전 9장 : 바울의 회심

사울이 회개하다(행 22:6-16, 26:12-18)

[1] 사울이 주의 제자들에 대하여 여전히 위협과 살기가 등등하여 대제사
장에게 가서 [2] 다메섹 여러 회당에 가져갈 공문을 청하니 이는 만일 그
도를 따르는 사람을 만나면 남녀를 막론하고 결박하여 예루살렘으로
잡아오려 함이라 [3] 사울이 길을 가다가 다메섹에 가까이 이르더니 홀연
히 하늘로부터 빛이 그를 둘러 비추는지라 [4] 땅에 엎드러져 들으매 소리
가 있어 이르시되 사울아 사울아 네가 어찌하여 나를 박해하느냐 하시
거늘 [5] 대답하되 주여 누구시니이까 이르시되 나는 네가 박해하는 예수
라 [6] 너는 일어나 시내로 들어가라 네가 행할 것을 네게 이를 자가 있느
니라 하시니 [7] 같이 가던 사람들은 소리만 듣고 아무도 보지 못하여 말을
못하고 서 있더라 [8] 사울이 땅에서 일어나 눈은 떴으나 아무 것도 보지
못하고 사람의 손에 끌려 다메섹으로 들어가서 [9] 사흘 동안 보지 못하고
먹지도 마시지도 아니하니라 [10] 그 때에 다메섹에 아나니아라 하는 제자
가 있더니 주께서 환상 중에 불러 이르시되 아나니아야 하시거늘 대답하
되 주여 내가 여기 있나이다 하니 [11] 주께서 이르시되 일어나 직가라 하
는 거리로 가서 유다의 집에서 다소 사람 사울이라 하는 사람을 찾으라
그가 기도하는 중이니라 [12] 그가 아나니아라 하는 사람이 들어와서 자기
에게 안수하여 다시 보게 하는 것을 보았느니라 하시거늘 [13] 아나니아가
대답하되 주여 이 사람에 대하여 내가 여러 사람에게 듣사온즉 그가 예
루살렘에서 주의 성도에게 적지 않은 해를 끼쳤다 하더니 [14] 여기서도 주
의 이름을 부르는 모든 사람을 결박할 권한을 대제사장들에게서 받았나
이다 하거늘 [15] 주께서 이르시되 가라 이 사람은 내 이름을 이방인과 임
금들과 이스라엘 자손들에게 전하기 위하여 택한 나의 그릇이라 [16] 그
가 내 이름을 위하여 얼마나 고난을 받아야 할 것을 내가 그에게 보이리
라 하시니 [17] 아나니아가 떠나 그 집에 들어가서 그에게 안수하여 이르
되 형제 사울아 주 곧 네가 오는 길에서 나타나셨던 예수께서 나를 보내
어 너로 다시 보게 하시고 성령으로 충만하게 하신다 하니 [18] 즉시 사울

행 9:17
학습 자료 77-11 "성령 세례와 성령의 내주 및 성령 충만" 참조

행 9장
학습 자료 77-12 "초대교회 박해사" 참조

행 9:3-22 사울의 다메섹 여행 경로

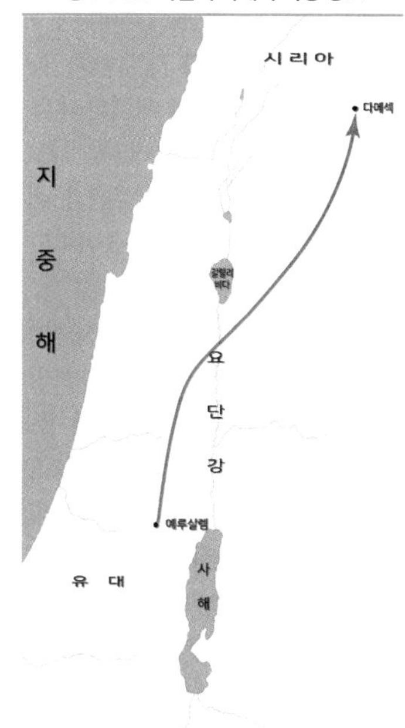

시리아
다메섹
지중해
갈릴리 바다
요단강
예루살렘
유대
사해

의 눈에서 비늘 같은 것이 벗어져 다시 보게 된지라 일어나 세례를 받고
19 음식을 먹으매 강건하여지니라
사울이 다메섹에서 전도하다
사울이 다메섹에 있는 제자들과 함께 며칠 있을새 20 즉시로 각 회당에서
예수가 하나님의 아들이심을 전파하니 21 듣는 사람이 다 놀라 말하되 이
사람이 예루살렘에서 이 이름을 부르는 사람을 멸하려던 자가 아니냐 여
기 온 것도 그들을 결박하여 대제사장들에게 끌어가고자 함이 아니냐 하
더라 22 사울은 힘을 더 얻어 예수를 그리스도라 증언하여 다메섹에 사는
유대인들을 당혹하게 하니라
사울이 피신하다
23 여러 날이 지나매 유대인들이 사울 죽이기를 공모하더니 24 그 계교가
사울에게 알려지니라 그들이 그를 죽이려고 밤낮으로 성문까지 지키거늘
25 그의 제자들이 밤에 사울을 광주리에 담아 성벽에서 달아 내리니라
사울이 예루살렘에 가다
26 사울이 예루살렘에 가서 제자들을 사귀고자 하나 다 두려워하여 그가
제자 됨을 믿지 아니하니 27 바나바가 데리고 사도들에게 가서 그가 길에
서 어떻게 주를 보았는지와 주께서 그에게 말씀하신 일과 다메섹에서 그
가 어떻게 예수의 이름으로 담대히 말하였는지를 전하니라 28 사울이 제
자들과 함께 있어 예루살렘에 출입하며 29 또 주 예수의 이름으로 담대히
말하고 헬라파 유대인들과 함께 말하며 변론하니 그 사람들이 죽이려고
힘쓰거늘 30 형제들이 알고 가이사랴로 데리고 내려가서 다소로 보내니
라 31 그리하여 온 유대와 갈릴리와 사마리아 교회가 평안하여 든든히 서
가고 주를 경외함과 성령의 위로로 진행하여 수가 더 많아지니라
베드로가 중풍병자를 고치다
32 그 때에 베드로가 사방으로 두루 다니다가 룻다에 사는 성도들에게도
내려갔더니 33 거기서 애니아라 하는 사람을 만나매 그는 중풍병으로 침
상 위에 누운 지 여덟 해라 34 베드로가 이르되 애니아야 예수 그리스도
께서 너를 낫게 하시니 일어나 네 자리를 정돈하라 한대 곧 일어나니 35
룻다와 사론에 사는 사람들이 다 그를 보고 주께로 돌아오니라
베드로가 도르가를 살리다
36 욥바에 다비다라 하는 여제자가 있으니 그 이름을 번역하면 도르가라
선행과 구제하는 일이 심히 많더니 37 그 때에 병들어 죽으매 시체를 씻
어 다락에 누이니라 38 룻다가 욥바에서 가까운지라 제자들이 베드로가 거기 있음을 듣고 두 사람을 보내어 지
체 말고 와 달라고 간청하여 39 베드로가 일어나 그들과 함께 가서 이르매 그들이 데리고 다락방에 올라가니 모
든 과부가 베드로 곁에 서서 울며 도르가가 그들과 함께 있을 때에 지은 속옷과 겉옷을 다 내보이거늘 40 베드로
가 사람을 다 내보내고 무릎을 꿇고 기도하고 돌이켜 시체를 향하여 이르되 다비다야 일어나라 하니 그가 눈을
떠 베드로를 보고 일어나 앉는지라 41 베드로가 손을 내밀어 일으키고 성도들과 과부들을 불러 들여 그가 살아
난 것을 보이니 42 온 욥바 사람이 알고 많은 사람이 주를 믿더라 43 베드로가 욥바에 여러 날 있어 시몬이라 하는
무두장이의 집에서 머무니라

행 9장 바울의 회심

바울의 역사는 하나님 나라가 온 세계로 확장되는 결정적인 역할을 하게 된다. 사울은 스데반의 순교에도 주도적인 역할을 하면서 초대교회의 시작을 핍박하는 원흉이었다. 그러고도 여전히 살기등등하여 다메섹으로 성도들을 잡아 가두기 위해 가는 도중 빛으로 오신 예수님을 만나 회개하는 사건이 일어나면서 이름이 바울로 바뀐다.

바울, 그는 누구인가?

그는 길리기아의 옛 도시인 다소 출신인데, 다소는 B.C. 1세기 경 헬라 철학의 본고장이었으며 동서양이 합류하는 지점이었기 때문에 헬라 철학과 로마적 세계관이 동방의 신비주의와 혼합하여 이 도시의 문화를 이루고 있었다. 따라서 이 지방에서 자란 바울은 이런 영향을 받았을 것이다. 그가 헬라 교육을 받았을 증거들은 그의 서신에서 잘 나타나는데 정교한 반어법(고전 1-4장) 또는 명확한 논리체계가 그것이다. 그는 가말리엘의 문하생으로 엄격한 히브리식 율법교육을 받은 당대의 최고의 율법학자였다. 그는 유대인 베냐민 지파이지만 또한 로마의 시민권자이기도 했다. 이런 바울의 회심은 이방 선교의 기틀을 마련하는 역사적인 사건이다. 만약 복음이 유대인에게만 전해졌더라면 결코 로마의 핍박을 받지 않았을 것이다. 그러나 하나님은 바울을 회심시켜 이방인의 사도로 삼으시고, 하나님 나라의 복음을 온 세계로 전파하게 하셨고. 바울은 그 일을 감당하기에 적격자이었다.
이렇듯 하나님은 사울이라는 한 인물을 준비하시고 때가 이르러 그를 바울로 만드신 것이다.

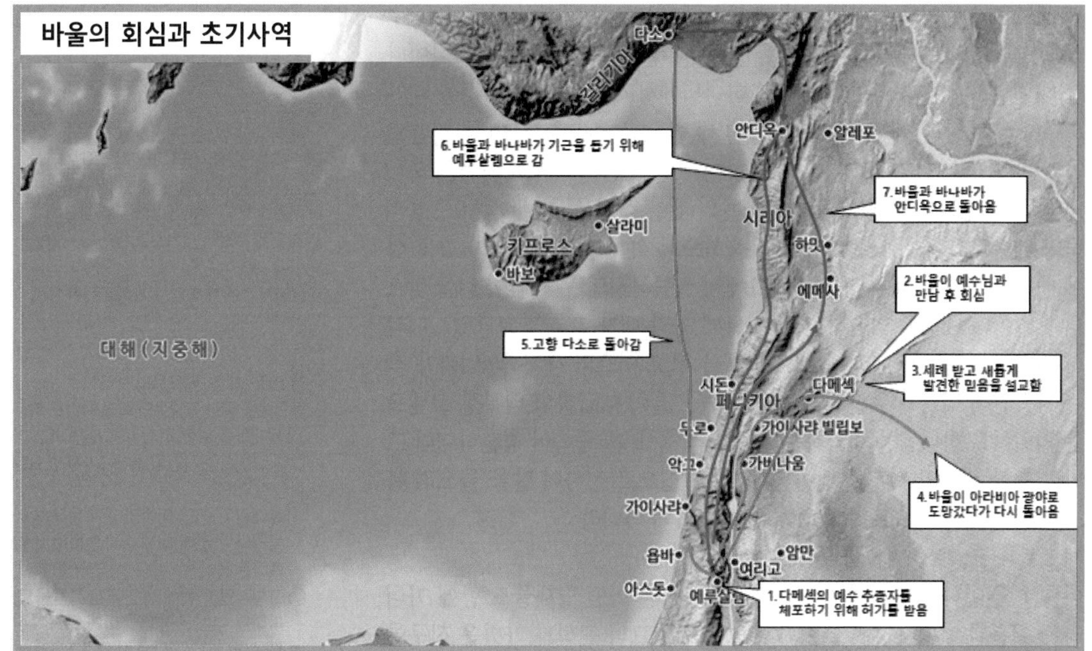
바울의 회심과 초기사역
다소
길리기아
안디옥
알레포
6. 바울과 바나바가 기근을 돕기 위해
예루살렘으로 감
7. 바울과 바나바가
안디옥으로 돌아옴
시리아
살라미
키프로스
바보
하맛
에메사
2. 바울이 예수님과
만남 후 회심
대해(지중해)
5. 고향 다소로 돌아감
3. 세례 받고 새롭게
발견한 믿음을 설교함
시돈
다메섹
페니키아
두로
가이사랴 빌립보
악고
가버나움
4. 바울이 아라비아 광야로
도망갔다가 다시 돌아옴
가이사랴
욥바
암만
여리고
아스돗
예루살렘
1. 다메섹의 예수 추종자들
체포하기 위해 허가를 받음

사도행전 10장~12장 :
베드로의 사역

사도행전 10장

고넬료가 베드로를 청하다

1 가이사랴에 고넬료라 하는 사람이 있으니 이달리야 부대라 하는 군대
의 백부장이라 2 그가 경건하여 온 집안과 더불어 하나님을 경외하며 백
성을 많이 구제하고 하나님께 항상 기도하더니 3 하루는 제 구 시쯤 되어
환상 중에 밝히 보매 하나님의 사자가 들어와 이르되 고넬료야 하니 4 고
넬료가 주목하여 보고 두려워 이르되 주여 무슨 일이니이까 천사가 이르
되 네 기도와 구제가 하나님 앞에 상달되어 기억하신 바가 되었으니 5 네
가 지금 사람들을 욥바에 보내어 베드로라 하는 시몬을 청하라 6 그는 무
두장이 시몬의 집에 유숙하니 그 집은 해변에 있다 하더라 7 마침 말하던
천사가 떠나매 고넬료가 집안 하인 둘과 부하 가운데 경건한 사람 하나
를 불러 8 이 일을 다 이르고 욥바로 보내니라 9 이튿날 그들이 길을 가다
가 그 성에 가까이 갔을 그 때에 베드로가 기도하려고 지붕에 올라가니
그 시각은 제 육 시더라 10 그가 시장하여 먹고자 하매 사람들이 준비할
때에 황홀한 중에 11 하늘이 열리며 한 그릇이 내려오는 것을 보니 큰 보
자기 같고 네 귀를 매어 땅에 드리웠더라 12 그 안에는 땅에 있는 각종 네
발 가진 짐승과 기는 것과 공중에 나는 것들이 있더라 13 또 소리가 있으

행 10:9-16 지금까지 사도들의 선교는 주로 이방에 거주하는 유대인들을 대상으로 이루어졌다. 그러나 베드로가 경험한 환상을 계기로 복음이 유대인에게서 이방인에게 본격적으로 확산하는 사상적 근거를 마련하였다. 베드로가 환상을 통해 본 것은 하늘에서 내려온 보자기였고, 그 안에는 율법에서 부정한 것으로 규정한 짐승들이 있었다. 그런데 하늘에서 그것을 잡아먹으라고 하였다. 그러나 베드로는 그것이 부정한 짐승이라는 이유로 거부하였다. 사실 이 당시 베드로는 유대인들이 부정하다고 하는 것에 대해 어느 정도 극복하고 있었다. 베드로가 욥바에서 시몬이라는 피장의 집에 머물렀다는 것이(9:43) 이를 증명한다. 피장은 짐승의 가죽을 다루는 자로 율법에서 부정하다고 규정한 짐승도 다루었다. 그래서 유대인들은 피장들을 아주 멸시하였다. 그러나 베드로는 이미 세리나 창기와 죄인들과 함께 식사하시고 어울리시던 예수의 가르침에 익숙해 있었기 때문에 별문제가 없었다. 그러나 이 피장의 이름은 시몬으로 베드로의 원이름과 같다. 따라서 그는 유대인이었다. 문제는 여기에 있다. 베드로는 유대인 중에서 멸시받는 자들에 대한 편견은 어느 정도 사라졌지만, 지금까지 이방인에 대한 적극적인 선교에까지 생각이 열리지 못한 것이다. 그래서 하나님께서 이

되 베드로야 일어나 잡아먹어라 하거늘 14 베드로가 이르되 주여 그럴 수
없나이다 속되고 깨끗하지 아니한 것을 내가 결코 먹지 아니하였나이다
한 대 15 또 두 번째 소리가 있으되 하나님께서 깨끗하게 하신 것을 네가
속되다 하지 말라 하더라 16 이런 일이 세 번 있은 후 그 그릇이 곧 하늘로
올려져 가니라 17 베드로가 본 바 환상이 무슨 뜻인지 속으로 의아해 하더
니 마침 고넬료가 보낸 사람들이 시몬의 집을 찾아 문 밖에 서서 18 불러
묻되 베드로라 하는 시몬이 여기 유숙하느냐 하거늘 19 베드로가 그 환상
에 대하여 생각할 때에 성령께서 그에게 말씀하시되 두 사람이 너를 찾으
니 20 일어나 내려가 의심하지 말고 함께 가라 내가 그들을 보내었느니라
하시니 21 베드로가 내려가 그 사람들을 보고 이르되 내가 곧 너희가 찾
는 사람인데 너희가 무슨 일로 왔느냐 22 그들이 대답하되 백부장 고넬료
는 의인이요 하나님을 경외하는 사람이라 유대 온 족속이 칭찬하더니 그
가 거룩한 천사의 지시를 받아 당신을 그 집으로 청하여 말을 들으려 하
느니라 한 대 23 베드로가 불러 들여 유숙하게 하니라

베드로가 고넬료의 집에서 설교하다

이튿날 일어나 그들과 함께 갈새 욥바에서 온 어떤 형제들도 함께 가니
라 24 이튿날 가이사랴에 들어가니 고넬료가 그의 친척과 가까운 친구들
을 모아 기다리더니 25 마침 베드로가 들어올 때에 고넬료가 맞아 발 앞
에 엎드리어 절하니 26 베드로가 일으켜 이르되 일어서라 나도 사람이라
하고 27 더불어 말하며 들어가 여러 사람이 모인 것을 보고 28 이르되 유대
인으로서 이방인과 교제하며 가까이 하는 것이 위법인 줄은 너희도 알거
니와 하나님께서 내게 지시하사 아무도 속되다 하거나 깨끗하지 않다 하
지 말라 하시기로 29 부름을 사양하지 아니하고 왔노라 묻노니 무슨 일로
나를 불렀느냐 30 고넬료가 이르되 내가 나흘 전 이맘때까지 내 집에서
제 구 시 기도를 하는데 갑자기 한 사람이 빛난 옷을 입고 내 앞에 서서 31
말하되 고넬료야 하나님이 네 기도를 들으시고 네 구제를 기억하셨으니
32 사람을 욥바에 보내어 베드로라 하는 시몬을 청하라 그가 바닷가 무두
장이 시몬의 집에 유숙하느니라 하시기로 33 내가 곧 당신에게 사람을 보
내었는데 오셨으니 잘하였나이다 이제 우리는 주께서 당신에게 명하신
모든 것을 듣고자 하여 다 하나님 앞에 있나이다 34 베드로가 입을 열어
말하되 내가 참으로 하나님은 사람의 외모를 보지 아니하시고 35 각 나라
중 하나님을 경외하며 의를 행하는 사람은 다 받으시는 줄 깨달았도다 36
만유의 주되신 예수 그리스도로 말미암아 화평의 복음을 전하사 이스라
엘 자손들에게 보내신 말씀 37 곧 요한이 그 세례를 반포한 후에 갈릴리
에서 시작하여 온 유대에 두루 전파된 그것을 너희도 알거니와 38 하나님
이 나사렛 예수에게 성령과 능력을 기름 붓듯 하셨으매 그가 두루 다니시
며 선한 일을 행하시고 마귀에게 눌린 모든 사람을 고치셨으니 이는 하나
님이 함께 하셨음이라 39 우리는 유대인의 땅과 예루살렘에서 그가 행하
신 모든 일에 증인이라 그를 그들이 나무에 달아 죽였으나 40 하나님이 사
흘 만에 다시 살리사 나타내시되 41 모든 백성에게 하신 것이 아니요 오직

73일~78일

> 환상을 통해 이방 선교의 가능성과 정당성을 깨닫게 하신 것이다.
> ☞ 베드로는 아직도 부정하고 정결한 것을 율법과 외적인 것에서 찾으려고 하였다. 그러나 하나님께서는 모든 것이 하나님께 달려 있음을 일러주셨다. 따라서 유대인들이 그토록 경멸하는 이방인들도 하나님에 의해 깨끗하게 된 것이다. 그러므로 그들에게도 복음을 전하여 그리스도 안에서 구원을 얻도록 하여야 한다. 복음은 모든 사람을 구원하시기 위해 죽으신 예수를 전하는 것이기 때문이다.

❖ 행 10장~12장 **베드로의 사역**

베드로를 통한 고넬료의 회심 사건도 복음의 세계화를 위한 획기적인 사건이다. 이 고넬료의 회심 사건을 통해 3가지 중요한 점을 살펴보자.

① 유대인이 아닌 이방인이 복음을 받아들였다는 것에 대해 유대인들이 반발했다는 점

② 그렇지만 이런 이방인에게 복음을 전파하게 하시고 받아들이게 주도하신 분은 하나님이시라는 점

③ 이방인 전도의 주역은 바울이 아니고 베드로라는 점

이런 사실은 복음 안에서 유대인, 이방인의 구별은 무의미하다는 것을 강조하고 있음을 볼 수 있고 이미 하나님 나라는 유대인을 넘어 이방인이라도 회개하면 새 이스라엘이 된다는 하나님의 섭리를 강하게 보여 주는 것이다.(행 11:18) 이것은 복음(하나님 나라)의 세계화이다.

☞ **말 1:11** 만군의 여호와가 이르노라 해 뜨는 곳에서부터 해 지는 곳까지의 이방 민족 중에서 내 이름이 크게 될 것이라 각처에서 내 이름을 위하여 분향하며 깨끗한 제물을 드리리니 이는 내 이름이 이방 민족 중에서 크게 될 것임이니라

교회에 대한 핍박은 더욱 거칠어지고 헤롯은 사람을 죽이기까지 하는데 이 때 요한의 형제 야고보를 죽인다. 예수님의 제자 중 야고보가 첫 순교자가 된다. 그리고 베드로가 투옥된다. 이때 예루살렘 교회는 베드로를 위하여 열심히 기도하는데 그 결과 헤롯의 무력은 하나님의 권능 앞에 무력해지고 하나님의 초자연적 간섭으로 베드로는 구출된다. 이것은 복음의 전파에는 어떤 것도 방해가 될 수 없다는 것이다. 하나님의 전능하심이 함께 하기 때문이다. 예수님은 약속하셨다.

☞ **마 28:20** 내가 너희에게 분부한 모든 것을 가르쳐 지키게 하라 볼찌어다 내가 세상 끝 날까지 너희와 항상 함께 있으리라 하시니라

미리 택하신 증인 곧 죽은 자 가운데서 부활하신 후 그를 모시고 음식을 먹은 우리에게 하신 것이라 42 우리에게
명하사 백성에게 전도하되 하나님이 살아 있는 자와 죽은 자의 재판장으로 정하신 자가 곧 이 사람인 것을 증언
하게 하셨고 43 그에 대하여 모든 선지자도 증언하되 그를 믿는 사람들이 다 그의 이름을 힘입어 죄 사함을 받는
다 하였느니라

이방인들도 성령을 받다

44 베드로가 이 말을 할 때에 성령이 말씀 듣는 모든 사람에게 내려오시니 45 베드로와 함께 온 할례 받은 신자들
이 이방인들에게도 성령 부어 주심으로 말미암아 놀라니 46 이는 방언을 말하며 하나님 높임을 들음이러라 47 이
에 베드로가 이르되 이 사람들이 우리와 같이 성령을 받았으니 누가 능히 물로 세례 베풂을 금하리요 하고 48 명
하여 예수 그리스도의 이름으로 세례를 베풀라 하니라 그들이 베드로에게 며칠 더 머물기를 청하니라

사도행전 11장

베드로가 예루살렘 교회에 보고하다

1 유대에 있는 사도들과 형제들이 이방인들도 하나님의 말씀을 받았다
함을 들었더니 2 베드로가 예루살렘에 올라갔을 때에 할례자들이 비난하
여 3 이르되 네가 무할례자의 집에 들어가 함께 먹었다 4 베드로가 그들에
게 이 일을 차례로 설명하여 5 이르되 내가 욥바 시에서 기도할 때에 황홀
한 중에 환상을 보니 큰 보자기 같은 그릇이 네 귀에 매어 하늘로부터 내
리어 내 앞에까지 드리워지거늘 6 이것을 주목하여 보니 땅에 네 발 가진
것과 들짐승과 기는 것과 공중에 나는 것들이 보이더라 7 또 들으니 소리
있어 내게 이르되 베드로야 일어나 잡아 먹으라 하거늘 8 내가 이르되 주
님 그럴 수 없나이다 속되거나 깨끗하지 아니한 것은 결코 내 입에 들어
간 일이 없나이다 하니 9 또 하늘로부터 두 번째 소리 있어 내게 이르되 하
나님이 깨끗하게 하신 것을 네가 속되다고 하지 말라 하더라 10 이런 일
이 세 번 있은 후에 모든 것이 다시 하늘로 끌려 올라가더라 11 마침 세 사
람이 내가 유숙한 집 앞에 서 있으니 가이사랴에서 내게로 보낸 사람이라
12 성령이 내게 명하사 아무 의심 말고 함께 가라 하시매 이 여섯 형제도
나와 함께 가서 그 사람의 집에 들어가니 13 그가 우리에게 말하기를 천사
가 내 집에 서서 말하되 네가 사람을 욥바에 보내어 베드로라 하는 시몬
을 청하라 14 그가 너와 네 온 집이 구원 받을 말씀을 네게 이르리라 함을
보았다 하거늘 15 내가 말을 시작할 때에 성령이 그들에게 임하시기를 처
음 우리에게 하신 것과 같이 하는지라 16 내가 주의 말씀에 요한은 물로
세례를 베풀었으나 너희는 성령으로 세례를 받으리라 하신 것이 생각났
노라 17 그런즉 하나님이 우리가 주 예수 그리스도를 믿을 때에 주신 것과
같은 선물을 그들에게도 주셨으니 내가 누구이기에 하나님을 능히 막겠
느냐 하더라 18 그들이 이 말을 듣고 잠잠하여 하나님께 영광을 돌려 이르
되 그러면 하나님께서 이방인에게도 생명 얻는 회개를 주셨도다 하니라

안디옥 교회

19 그 때에 스데반의 일로 일어난 환난으로 말미암아 흩어진 자들이 베니게
와 구브로와 안디옥까지 이르러 유대인에게만 말씀을 전하는데 20 그 중에
구브로와 구레네 몇 사람이 안디옥에 이르러 헬라인에게도 말하여 주 예수

행11:19-26 **안디옥 교회**

안디옥은 B.C. 300년경 알렉산더 대왕의 휘하 장군 셀류커스 1세에 의해 설립된 도시로 로마에 의해 지배를 당한 후로는 수리아와 유대 지방의 수도로 인정받을 만큼 번창하였다. 유대인들은 셀류커스 1세가 이 도시를 처음 건설할 때부터 바벨론에서 이주하여 살기 시작하였다. 한편 이 도시는 각 지방에서 모인 많은 인종으로 구성되었고 이교적인 우상숭배와 사치와 방탕한 생활로 가득 찼다. 따라서 종교에 관해서는 보다 자유로웠고 번창한 상업으로 인해 직업을 찾기가 비교적 쉬웠다. 그래서 예수를 따르는 자들이 유대인들의 박해를 피하려고 이곳으로 이주하였다. 특히 수리아 지역에 속한 구브로와 구레네 지방 출신인 그리스도인들은 쉽게 자리를 잡을 수 있었고 많은 인종이 모인 도시의 특성상 자연스럽게 헬라인들에게도 복음을 전하였다. 그 결과 종교적인 성향이 강했던 안디옥의 주민들 중에서 많은 사람이 개종하여 예수를 믿게 되었고 최초로 이방인들에 의해 교회가 세워졌다. 이 일이 예루살렘에 전해지자, 사도들은 바나바를 파견하였다. 이는 이곳에서 개종한 헬라인들이 할례를 받지 않은 것에 대해 유대 그리스도인들이 문제를 제기했기 때문이다(행15:1). 그러나 이곳에 파견된 바나바는 오히려 다소에 있는 사울까지 불러들여 일 년간 교회를 돌보며 급격한 성장을 이루었다. 한편 이곳에서 유대교와 구분하기 위해 예수를 따르는 자들을 처음으로 그리스도인이라고 불렀다.

빌립에 의해 최초로 이방인이 세례를 받고 개종하였고 베드로에 의해 최초로 이방인 가정이 집단으로 개종하였다. 그런데 안디옥에서는 최초로 이방인에 의해 교회가 세워지고 이후로 예수를 따르는 무리들을 일컫는 그리스도인이란 명칭이 최초로 사용되었다. 이로써 이방인은 유대인과 함께 구원역사의 주인공으로 등장한 것이다.

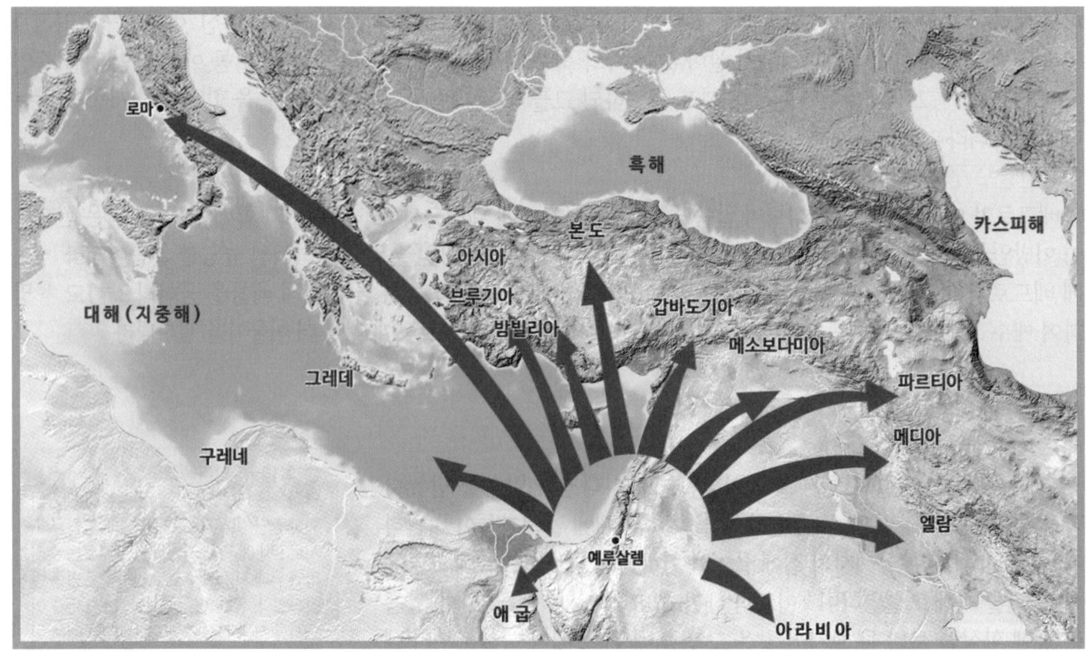

를 전파하니 21 주의 손이 그들과 함께 하시매 수많은 사람들이 믿고 주께
돌아오더라 22 예루살렘 교회가 이 사람들의 소문을 듣고 바나바를 안디옥
까지 보내니 23 그가 이르러 하나님의 은혜를 보고 기뻐하여 모든 사람에게
굳건한 마음으로 주와 함께 머물러 있으라 권하니 24 바나바는 착한 사람
이요 성령과 믿음이 충만한 사람이라 이에 큰 무리가 주께 더하여지더라 25
바나바가 사울을 찾으러 다소에 가서 26 만나매 안디옥에 데리고 와서 둘이
교회에 일 년간 모여 있어 큰 무리를 가르쳤고 제자들이 안디옥에서 비로소
그리스도인이라 일컬음을 받게 되었더라 27 그 때에 선지자들이 예루살렘
에서 안디옥에 이르니 28 그 중에 아가보라 하는 한 사람이 일어나 성령으로
말하되 천하에 큰 흉년이 들리라 하더니 글라우디오 때에 그렇게 되니라 29
제자들이 각각 그 힘대로 유대에 사는 형제들에게 부조를 보내기로 작정하
고 30 이를 실행하여 바나바와 사울의 손으로 장로들에게 보내니라

행 9:3-22 사울의 다메섹 여행 경로

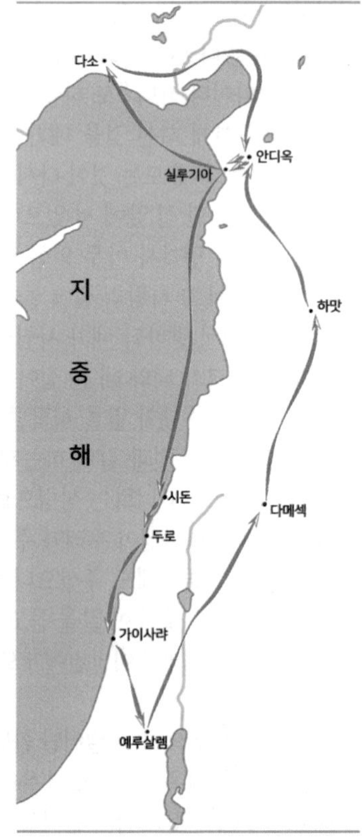

사도행전 12장

야고보의 순교와 베드로의 투옥

73일~
78일

1 그 때에 헤롯 왕이 손을 들어 교회 중에서 몇 사람을 해하려 하여 2 요
한의 형제 야고보를 칼로 죽이니 3 유대인들이 이 일을 기뻐하는 것을 보
고 베드로도 잡으려 할새 때는 무교절 기간이라 4 잡으매 옥에 가두어 군
인 넷씩인 네 패에게 맡겨 지키고 유월절 후에 백성 앞에 끌어 내고자 하
더라 5 이에 베드로는 옥에 갇혔고 교회는 그를 위하여 간절히 하나님께
기도하더라 6 헤롯이 잡아 내려고 하는 그 전날 밤에 베드로가 두 군인 틈
에서 두 쇠사슬에 매여 누워 자는데 파수꾼들이 문 밖에서 옥을 지키더니

7 홀연히 주의 사자가 나타나매 옥중에 광채가 빛나며 또 베드로의 옆구리를
쳐 깨워 이르되 급히 일어나라 하니 쇠사슬이 그 손에서 벗어지더라 8 천사가
이르되 띠를 띠고 신을 신으라 하거늘 베드로가 그대로 하니 천사가 또 이르
되 겉옷을 입고 따라오라 한 대 9 베드로가 나와서 따라갈새 천사가 하는 것
이 생시인 줄 알지 못하고 환상을 보는가 하니라 10 이에 첫째와 둘째 파수
를 지나 시내로 통한 쇠문에 이르니 문이 저절로 열리는지라 나와서 한 거리
를 지나매 천사가 곧 떠나더라 11 이에 베드로가 정신이 들어 이르되 내가 이제야 참으로 주께
서 그의 천사를 보내어 나를 헤롯의 손과 유대 백성의 모든 기대에서 벗어나게 하신 줄 알겠노라 하여 12 깨닫
고 마가라 하는 요한의 어머니 마리아의 집에 가니 여러 사람이 거기에 모여 기도하고 있더라 13 베드로가 대문
을 두드린대 로데라 하는 여자 아이가 영접하러 나왔다가 14 베드로의 음성인 줄 알고 기뻐하여 문을 미처 열지
못하고 달려 들어가 말하되 베드로가 대문 밖에 섰더라 하니 15 그들이 말하되 네가 미쳤다 하나 여자 아이는 힘
써 말하되 참말이라 하니 그들이 말하되 그러면 그의 천사라 하더라 16 베드로가 문 두드리기를 그치지 아니하
니 그들이 문을 열어 베드로를 보고 놀라는지라 17 베드로가 그들에게 손짓하여 조용하게 하고 주께서 자기를
이끌어 옥에서 나오게 하던 일을 말하고 또 야고보와 형제들에게 이 말을 전하라 하고 떠나 다른 곳으로 가니라
18 날이 새매 군인들은 베드로가 어떻게 되었는지 알지 못하여 적지 않게 소동하니 19 헤롯이 그를 찾아도 보지
못하매 파수꾼들을 심문하고 죽이라 명하니라 헤롯이 유대를 떠나 가이사랴로 내려가서 머무니라

헤롯이 죽다

20 헤롯이 두로와 시돈 사람들을 대단히 노여워하니 그들의 지방이 왕국에서 나는 양식을 먹는 까닭에 한마음으로
그에게 나아와 왕의 침소 맡은 신하 블라스도를 설득하여 화목하기를 청한지라 21 헤롯이 날을 택하여 왕복을 입고
단상에 앉아 백성에게 연설하니 22 백성들이 크게 부르되 이것은 신의 소리요 사람의 소리가 아니라 하거늘 23 헤롯
이 영광을 하나님께로 돌리지 아니하므로 주의 사자가 곧 치니 벌레에게 먹혀 죽으니라 24 하나님의 말씀은 흥왕하
여 더하더라 25 바나바와 사울이 부조하는 일을 마치고 마가라 하는 요한을 데리고 예루살렘에서 돌아오니라

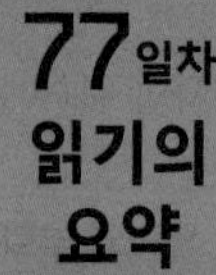

77일차 읽기의 요약 (행 1~12)

예수님의 승천 후 오순절이 되자 약속대로 성령강림 사건이 일어난다. 이때 여러 지역에 흩어져 있다가 예루살렘에 모인 유대인들은 성령을 통해 인종적 언어적 장벽이 극복되고 새로운 하나님 나라 공동체가 태어나는 역사적인 장면을 목격한다. 오순절 성령강림 사건을 계기로 예루살렘에서 초대교회가 태어난다. 초대교회는 사도들의 가르침을 받고 서로 교제하며 성령의 능력으로 예수의 부활을 증거하는 일에 전심전력하였다.

그러자 유대의 종교 지도자들은 자신들이 죽인 예수님의 부활을 증거하는 일을 물리적인 힘을 사용하여 핍박하여 끝내 스데반 집사가 순교하는 사건이 벌어진다. 첫 번째 순교자 스데반의 피는 여러모로 엄청난 반향을 미치게 되어 복음이 유대의 담을 넘어 사마리아와 땅끝까지 전파되게 하는 씨앗이 된다. 스데반의 순교 사건은 예루살렘 교회의 제자들이 사마리아뿐만 아니라 안디옥까지 흩어져서 이방에 처음으로 안디옥 교회가 탄생하게 했으며 또한 사울이 회개하는 결정적인 계기가 되기도 했다.

그러나 하나님께서는 첫 이방인 고넬료가 복음을 듣고 성령을 받게 하시는 일을 예루살렘 교회의 베드로 사도를 통해 이루심으로 예루살렘 교회의 사도들의 정통성을 인정해 주셨다.

그러면 어떻게 살 것인가?

인위 뚝 · 신위 고!

☑ 세계관 점검 - 묵상하기 (영상 강의와 교재 내용의 이해를 바탕으로)

- 예수님의 당부 마 28:18-20, 요 21:15-17, 행 1:8에서 참된 교회론을 배우라. 교회는 하나님의 백성을 말씀으로 양육하며 이 세상 문화를 바로 세우는 삶을 살아갈 수 있도록 하는 곳이며 그것은 교회의 인위적 이벤트나 프로그램이 하는 것이 아니라 성령의 권능을 받아 말씀의 능력으로 해야 하는 것임을 알아야 한다.

- 교회를 탄생시킨 마 28:18-20의 명령은 교회 교역자에게만 주어진 명령인가? 교역자가 아닌 나는 이 명령에 순종할 필요가 없는가?

- ▶ 동영상 강의 중에 교회는 세상 단체와는 다른 특징이 있다고 했다. 세상 단체는 그 조직원의 유익을 위해 생성되고 존재하지만, 교회는 아직 조직원이 되지 않은 자들을 위해 생성되고 존재한다. 왜 그런가? 이것을 분명히 이해해야 교회의 본질을 정확하게 성경적으로 파악할 수 있다.

- 예수님이 요한 14장에서 보혜사 성령을 보내신다고 말씀하셨고, 행 1:8에서 "성령이 임하면 성령의 권능을 받아라."라고 명령하셨다. 이는 명령이다. 명령은 생(生)과 사(死)의 문제이다. 결코 가볍게 여기면 안 된다. 이를 가볍게 여기고 있는 오늘 교회와 사회가 이 지경이 되어 버렸다.
  초대 교회는 분명 예수님의 약속대로 오순절 성령강림이 있었고, 모든 제자들이 성령 충만함을 얻었고, 그 성령 하나님의 권능에 순종했기에 교회는 고난을 이기고 발전해 나갈 수 있었다.
  특히 행 3:6-10의 베드로와 요한이 앉은뱅이를 일으키는 능력 설교는 오늘 이 시대에 교회가 죽어가며, 앉은뱅이와도 같은 이 시대와 세상을 향해 담대히 선포해야 할 말씀의 능력이다. 그런데 오늘 우리 가운데 이런 말씀을 선포할 수 있는 교회가 있는가?
  과연 성령을 우리의 모든 면에서 주권자로 모시고 있는가? 우리는 아직도 무리인가? 아니면 제자의 위치에 있는가?(▶ 동영상 강의 77강 특히 '15:53~ 22:24'의 부분을 잘 새겨들으면 좋겠다)
  세속적이고 인문학적인 관점으로 해석한 성경 지식으로는 이런 능력자가 결코 될 수가 없다. 여전히 무리와 부화뇌동할 뿐이다. 오직 성령 하나님만이 이 능력의 근원이라는 사실을 깨닫고 성경을 진지하고 진솔하게 읽어라
  "오늘 성경 읽으셨나요?"

- ▶ 동영상 강의에서 오순절 성령 강림 사건은 성경 신학적으로 어떤 의미가 있다고 했는가?
  행 1:8과 계시록 일곱 교회 모두에게 '성령의 권능과 그의 하시는 말씀을 들으라.'라는 명령이 갖는 의미는 무엇인가?

- 행 3:6-10 요한과 베드로는 어떻게 이런 강력한 권능이 행사되는 설교를 할 수 있었을까? 그 답은 간단하다. 그들은 오순절 성령강림으로 성령 충만을 입게 되었기 때문이다. 오늘날 한국교회는 인간의 지혜와 물질 공세로 그들 사역의 힘을 얻으려 하고 있다. 정말 어리석은 발상이 아닐 수 없다. 예수님이 분명히 당부하지 않으셨나? "성령이 임하면 권능을 받고" 이것은 명령이다. 명령은 죽고 사는 문제가 걸려있는 것이다. 이것을

어기면 죽는 것밖에 없다. 영적으로 죽은 교회가 한국교회라면 계시록에서 이루어진 예수님의 평가를 면하기 어려울 것이다. 성령의 권능을 상실한 설교는 인간의 말장난이고 설교자의 지식을 자랑하는 말장난일 뿐이다. 베드로와 요한은 자기들은 가진 것이 없지만 "예수의 이름으로.." 담대히 선포할 수 있는 그 능력은 어디서 오는 것으로 생각하는가? 오늘 한국교회에서 이런 설교를 할 수 있는 자가 몇 명이나 있는가?
오호라.. 주여 긍휼과 자비를 베풀어 주소서.............

스데반의 순교가 주는 의미는 무엇인가? 그 일을 통해 교회에 어떤 변화가 일어났는가?

고넬료의 회심 사건을 통해서 어떤 변화가 일어났는가?

결단기도와 실행하기

약 2:26 영혼 없는 몸이 죽은 것 같이 행함이 없는 믿음은 죽은 것이니라
시 119:28 나의 영혼이 눌림으로 말미암아 녹사오니 주의 말씀대로 나를 세우소서

야고보서	JAMES	雅各書

야고보서 한눈에 보기

개요 **믿음의 증명**

증명 1	시험을 인내함 : 1장	증명 2	편견 없는 사랑 : 2장
증명 3	혀의 통제 : 3장	증명 4	모든 일에 선함 : 4장 - 5:6

마지막 격려 : 5:7-20

야고보서 1장~5장

야고보서 1장

인사

1 하나님과 주 예수 그리스도의 종 야고보는 흩어져 있는 열두 지파에게
문안하노라

믿음과 지혜

2 내 형제들아 너희가 여러 가지 시험을 당하거든 온전히 기쁘게 여기라 3
이는 너희 믿음의 시련이 인내를 만들어 내는 줄 너희가 앎이라 4 인내를
온전히 이루라 이는 너희로 온전하고 구비하여 조금도 부족함이 없게 하
려 함이라 5 너희 중에 누구든지 지혜가 부족하거든 모든 사람에게 후히
주시고 꾸짖지 아니하시는 하나님께 구하라 그리하면 주시리라 6 오직 믿
음으로 구하고 조금도 의심하지 말라 의심하는 자는 마치 바람에 밀려 요
동하는 바다 물결 같으니 7 이런 사람은 무엇이든지 주께 얻기를 생각하
지 말라 8 두 마음을 품어 모든 일에 정함이 없는 자로다

낮은 형제, 부한 자

9 낮은 형제는 자기의 높음을 자랑하고 10 부한 자는 자기의 낮아짐을 자
랑할지니 이는 그가 풀의 꽃과 같이 지나감이라 11 해가 돋고 뜨거운 바
람이 불어 풀을 말리면 꽃이 떨어져 그 모양의 아름다움이 없어지나니 부
한 자도 그 행하는 일에 이와 같이 쇠잔하리라

시험에 견디어 낸 자

12 시험을 참는 자는 복이 있나니 이는 시련을 견디어 낸 자가 주께서 자
기를 사랑하는 자들에게 약속하신 생명의 면류관을 얻을 것이기 때문이
라 13 사람이 시험을 받을 때에 내가 하나님께 시험을 받는다 하지 말지니
하나님은 악에게 시험을 받지도 아니하시고 친히 아무도 시험하지 아니
하시느니라 14 오직 각 사람이 시험을 받는 것은 자기 욕심에 끌려 미혹됨
이니 15 욕심이 잉태한즉 죄를 낳고 죄가 장성한즉 사망을 낳느니라 16 내

73일~78일

학습 자료 78-1, 2를 공부할 것

야고보서 개요

학자들은 야고보서의 저작 연도를 넓게는 A.D. 45년에서 야고보의 죽음(A.D. 62년 순교) 직전에 쓰였다고 생각한다. 그러나 아래 몇 가지 사항으로 볼 때, 본서가 신약성경 중에서 가장 처음 쓰였다고 판단된다.

· 이방인 기독교인에 대한 언급이 없다. 아직 선교가 활성화되지 않은 때였다.
· 그리스도의 말씀을 제외하고는 다른 특별한 신학이 없다.
· 야고보서는 '교회'라는 용어 대신에 '회당'이라는 단어를 사용하고 있다(2:2).
· 야고보서는 사도행전 15장에 나오는 예루살렘 공의회(A.D. 49년)와 연관된 문제점들을 언급하지 않고 있다. 그러므로 그 A.D. 49년 이전에 기록된 것으로 볼 수 있다. 아마 A.D. 45년에 기록했다고 본다.
· 야고보서는 행함의 믿음을 강조하는 책이다.

야고보서의 저자가 예수님의 형제 야고보라는 증거로 사도행전 15:23-29에 언급되는데, 이 글은 야고보의 지도 아래 쓰인 편지글로 야고보서의 문체와 많은 유사점이 있다. 특히 '문안'의 뜻을 가진 헬라어 '카이레인'이란 단어는 신약성경에서 사도행전 15:23, 23:26, 야고보서 1:1에서만 발견된다. 야고보서가 예수님의 가르침에서 받은 깊은 영향은 특히 산상수훈과 같은 예수님의 가르침에 대한 많은 암시를 통해 명백하다고 본다. 때때로 야고보서는 윤리적인 완전성과 정의를 강조하기 때문에 신약의 "아모스"라고도 불리는데, 실제로 야고보는 자신이 독자들의 편에 서서 행동의 필요성을 전하기 위해 이 편지의 108절중에 54절을 명령어로 구성하고 있다.

야고보서
학습 자료 78-3
"야고보서의 저자는 누구인가?" 참조

약 1:8 두 마음은 세상적인 마음과 성경적인 마음을 말한다. 세상적인 마음은 호세아서에서 배운 것처럼 이방원의 마음이고 성경적인 마음은 정몽주식 마음이다. 지금 당신의 마음 상태는?

약 1:13
학습 자료 78-4 "하나님은 아무도 시험하지 않으신다?" 참조

사랑하는 형제들아 속지 말라 17 온갖 좋은 은사와 온전한 선물이 다 위
로부터 빛들의 아버지께로부터 내려오나니 그는 변함도 없으시고 회전하
는 그림자도 없으시니라 18 그가 그 피조물 중에 우리로 한 첫 열매가 되
게 하시려고 자기의 뜻을 따라 진리의 말씀으로 우리를 낳으셨느니라

말씀을 들음과 행함

19 내 사랑하는 형제들아 너희가 알지니 사람마다 듣기는 속히 하고 말
하기는 더디 하며 성내기도 더디 하라 20 사람이 성내는 것이 하나님의
의를 이루지 못함이라 21 그러므로 모든 더러운 것과 넘치는 악을 내버리
고 너희 영혼을 능히 구원할 바 마음에 심어진 말씀을 온유함으로 받으
라 22 너희는 말씀을 행하는 자가 되고 듣기만 하여 자신을 속이는 자가
되지 말라 23 누구든지 말씀을 듣고 행하지 아니하면 그는 거울로 자기의
생긴 얼굴을 보는 사람과 같아서 24 제 자신을 보고 가서 그 모습이 어떠
했는지를 곧 잊어버리거니와 25 자유롭게 하는 온전한 율법을 들여다보
고 있는 자는 듣고 잊어버리는 자가 아니요 실천하는 자니 이 사람은 그
행하는 일에 복을 받으리라 26 누구든지 스스로 경건하다 생각하며 자기
혀를 재갈 물리지 아니하고 자기 마음
을 속이면 이 사람의 경건은 헛것이
라 27 하나님 아버지 앞에서 정결하
고 더러움이 없는 경건은 곧 고아와
과부를 그 환난중에 돌보고 또 자
기를 지켜 세속에 물들지 아니하는
그것이니라

야고보서 2장

차별하여 대하지 말라

1 내 형제들아 영광의 주 곧 우리 주 예수 그리스도에 대한 믿음을 너희가
가졌으니 사람을 차별하여 대하지 말라 2 만일 너희 회당에 금가락지를
끼고 아름다운 옷을 입은 사람이 들어오고 또 남루한 옷을 입은 가난한
사람이 들어올 때에 3 너희가 아름다운 옷을 입은 자를 눈여겨보고 말하
되 여기 좋은 자리에 앉으소서 하고 또 가난한 자에게 말하되 너는 거기
서 있든지 내 발등상 아래에 앉으라 하면 4 너희끼리 서로 차별하며 악한
생각으로 판단하는 자가 되는 것이 아니냐 5 내
사랑하는 형제들아 들을지어다 하나님이 세상
에서 가난한 자를 택하사 믿음에 부요하게 하시
고 또 자기를 사랑하는 자들에게 약속하신 나라
를 상속으로 받게 하지 아니하셨느냐 6 너희는
도리어 가난한 자를 업신여겼도다 부자는 너희를 억압하며 법정으로 끌
고 가지 아니하느냐 7 그들은 너희에게 대하여 일컫는 바 그 아름다운 이
름을 비방하지 아니하느냐 8 너희가 만일 성경에 기록된 대로 네 이웃 사
랑하기를 네 몸과 같이 하라 하신 최고의 법을 지키면 잘하는 것이거니와

	하나님의 시험 (TEST)	사탄의 시험 (TEMPTATION)
근원	하나님	사탄
진행 양상	고통에서 환희로	달콤함에서 슬픔으로
동기	하나님의 은혜	사람의 욕심
목적	믿음의 연단	실족
방법	시련	유혹
결과	영생	멸망

❖ 야고보서 1장~5장

종교개혁자 마틴 루터는 야고보서를 '지푸라기 같은 서신'이라고 불렀다. 오직 믿음으로 구원을 얻는 '이신칭의'의 관점을 가진 종교개혁자의 눈에는 행위를 강조한 야고보서는 하찮게 보일 수밖에 없었을 것이다. 그러나 상반된 평가도 있다. '그리스도인들의 생활을 위한 실제적인 지침서' '신약성경의 잠언', '신약의 아모스'라는 별명을 갖기도 한다.

야고보서의 의도는 1장에서의 격려를 통해서 시험에 빠진 형제들을 격려하고, 이론적이거나 관념적 탁상이론 중심 교리만을 강조하며 삶을 무시하고 현실을 도피하는 식의 믿음을 경계하며 말씀 실천을 통한 복음의 사회성을 강조함에 있다. 사실 복음은 개인 영혼 구원 뿐만 아니라 사회 구원이라는 복음의 사회성도 함께 강조되어야 한다. 하나님 나라는 그 백성의 삶속에 임하기 때문이다. 믿음은 단순한 지적 인정(知的 認定)만이 아니라 그 반응을 실천하며 행함으로 완성되는 것이다. 복음은 개인 차원을 뛰어넘어 올바른 가치관과 윤리로서 사회적 책임을 다해야 하는 것이다. 그것이 바로 하나님 나라의 윤리이다. 그렇다고 신앙적 근거가 없는 과격한 행동을 강조하는 것은 아니다. 사회와 격리된 개인이 있을 수 없듯, 신앙과 행동은 완전히 일치된 동전의 양면과 같은 것임으로 서로 어느 한쪽으로 기울일 수가 없다. 믿음은 행위로 표현되어야 하고 행위는 믿음에 근거해야만 한다.

따라서 행동하는 믿음(성화적 믿음)은 시험을 온전히 감당할 수 있다는 것이다. 시련이 없는 믿음의 삶은 없다. 시련은 우리의 믿음을 한 차원 더 높이며 하나님과의 관계를 그것만큼 더 견고히 다지기 위함이다.

2장, 3장, 4장은 구체적으로 행동하는 믿음이란 어떤 것인가를 보여 주는 잠언과도 같은 것이다. 이런 것들은 바로 믿음의 증명이 되는 것이다. 마지막으로 5:7-20에서 야고보는 핍박받는 형제들에게 주의 강림하시기까지 인내하라는 권면으로 끝을 맺는다.

9 만일 너희가 사람을 차별하여 대하면 죄를 짓는 것이니 율법이 너희를
범법자로 정죄하리라 10 누구든지 온 율법을 지키다가 그 하나를 범하면
모두 범한 자가 되나니 11 간음하지 말라 하신 이가 또한 살인하지 말라
하셨은즉 네가 비록 간음하지 아니하여도 살인하면 율법을 범한 자가 되
느니라 12 너희는 자유의 율법대로 심판 받을 자처럼 말도 하고 행하기도
하라 13 긍휼을 행하지 아니하는 자에게는 긍휼 없는 심판이 있으리라 긍
휼은 심판을 이기고 자랑하느니라

행함이 없는 믿음은 죽은 것

14 내 형제들아 만일 사람이 믿음이 있노라 하고 행함이 없으면 무슨 유
익이 있으리요 그 믿음이 능히 자기를 구원하겠느냐 15 만일 형제나 자매
가 헐벗고 일용할 양식이 없는데 16 너희 중에 누구든지 그에게 이르되 평
안히 가라, 덥게 하라, 배부르게 하라 하며 그 몸에 쓸 것을 주지 아니하면
무슨 유익이 있으리요 17 이와 같이 행함이 없는 믿음은 그 자체가 죽은
것이라 18 어떤 사람은 말하기를 너는 믿음이 있고 나는 행함이 있으니 행
함이 없는 네 믿음을 내게 보이라 나는 행함으로 내 믿음을 네게 보이리
라 하리라 19 네가 하나님은 한 분이신 줄을 믿느냐 잘하는도다 귀신들도
믿고 떠느니라 20 아아 허탄한 사람아 행함이 없는 믿음이 헛것인 줄을 알
고자 하느냐 21 우리 조상 아브라함이 그 아들 이삭을 제단에 바칠 때에
행함으로 의롭다 하심을 받은 것이 아니냐 22 네가 보거니와 믿음이 그의
행함과 함께 일하고 행함으로 믿음이 온전하게 되었느니라 23 이에 성경
에 이른 바 아브라함이 하나님을 믿으니 이것을 의로 여기셨다는 말씀이
이루어졌고 그는 하나님의 벗이라 칭함을 받았나니 24 이로 보건대 사람
이 행함으로 의롭다 하심을 받고 믿음으로만은 아니니라 25 또 이와 같이
기생 라합이 사자들을 접대하여 다른 길로 나가게 할 때에 행함으로 의
롭다 하심을 받은 것이 아니냐 26 영혼 없는 몸이 죽은 것 같이 행함이 없
는 믿음은 죽은 것이니라

야고보서 3장

말에 실수가 없도록 하라

1 내 형제들아 너희는 선생된 우리가 더 큰 심판을 받을 줄 알고 선생이
많이 되지 말라 2 우리가 다 실수가 많으니 만일 말에 실수가 없는 자라면
곧 온전한 사람이라 능히 온 몸도 굴레 씌우리라 3 우리가 말들의 입에 재
갈 물리는 것은 우리에게 순종하게 하려고 그 온 몸을 제어하는 것이라 4 또 배를 보라 그렇게 크고 광풍에 밀려
가는 것들을 지극히 작은 키로써 사공의 뜻대로 운행하나니 5 이와 같이 혀도 작은 지체로되 큰 것을 자랑하도
다 보라 얼마나 작은 불이 얼마나 많은 나무를 태우는가 6 혀는 곧 불이요 불의의 세계라 혀는 우리 지체 중에서
온 몸을 더럽히고 삶의 수레바퀴를 불사르나니 그 사르는 것이 지옥 불에서 나느
니라 7 여러 종류의 짐승과 새와 벌레와 바다의 생물은 다 사람이 길들일 수 있고
길들여 왔거니와 8 혀는 능히 길들일 사람이 없나니 쉬지 아니하는 악이요 죽
이는 독이 가득한 것이라 9 이것으로 우리가 주 아버지를 찬송하고 또 이것으
로 하나님의 형상대로 지음을 받은 사람을 저주하나니 10 한 입에서 찬송과 저

❖ 약 2장

초대교회의 가장 큰 문제점은 두 가지로, 첫째는 유대주의 그리스도인들과 이방인 그리스도인들 간의 갈등이었고 둘째는 부자와 가난한 자들 간의 갈등이었다. 전자가 주로 예루살렘 교회와 이방 교회 사이에 일어난 지역적이고 민족적인 갈등이라면 후자는 동일한 공동체 내에서 발생한 교회 내부의 문제였다. 실제로 예루살렘 교회부터 아리마대 요셉이나 니고데모같이 산헤드린 공회원이며 부유한 자들이 있었던 반면에 다수는 가난한 하층계급으로 이루어졌다. 심지어 주인과 종이 교회 공동체에서는 한 형제로 불렸다.
물론 초기에는 공동체 구성원들이 자신들의 소유를 팔아 공동의 재산을 마련하고 필요한 자에게 공급함으로 인해 화평이 넘치는 공동체를 이룩하였다. 그러나 시간이 지나면서 많은 개종자가 생겼고 초기에 성령 체험과 뜨거운 은사로 무장된 그리스도인 외에 설익은 신앙을 가진 사람들이 합류하면서 갈등이 생기게 되었다. 이런 현상은 특히 이방 교회에서 더욱 심하였다. 대표적인 것이 고린도 교회로 공동식사 때에 부유한 자들이 풍성한 음식을 마련하여 성찬을 나누기 전에 자기들끼리 먹고 마시며 심지어 취하기까지 하여 성찬을 어지럽혔다. 이에 따라 음식을 제대로 장만하지 못한 가난한 자들과 심각한 갈등을 일으켰고 바울의 책망을 듣게 되었다.(고전 11:17-22)
☞ 성도들의 신앙생활에 있어서 교회 안에는 가난한 자와 부한 자가 함께 있는 것을 보게 된다. 때때로 사람들이 교회 안에서 영향력을 발휘할 만한 사람들에게는 온갖 좋은 것으로 대하나 가난한 자에게는 그렇게 대하지 않는다. 하지만 하나님께서는 세상에 대하여 가난한 자들을 택하여 믿음을 부요하게 하시고 천국을 유업으로 받게 하셨다. 성도 사이에 예수께서 피 흘려 사신 영혼들을 단순히 외모로 판단하는 일은 범죄임을 보여 준다.

약 2:14-16
학습 자료 78-5 "성도의 구원에 있어서의 행함과 믿음" 참조

73일~78일

주가 나오는도다 내 형제들아 이것이 마땅하지 아니하니라 11 샘이 한 구멍으로 어찌 단 물과 쓴 물을 내겠느냐
12 내 형제들아 어찌 무화과나무가 감람 열매를, 포도나무가 무화과를 맺겠느냐 이와 같이 짠 물이 단 물을 내지
못하느니라

위로부터 난 지혜

13 너희 중에 지혜와 총명이 있는 자가 누구냐 그는 선행으로 말미암아 지혜의 온유함으로 그 행함을 보일지니
라 14 그러나 너희 마음 속에 독한 시기와 다툼이 있으면 자랑하지 말라 진리를 거슬러 거짓말하지 말라 15 이러
한 지혜는 위로부터 내려온 것이 아니요 땅 위의 것이요 정욕의 것이요 귀신의 것이니 16 시기와 다툼이 있는 곳
에는 혼란과 모든 악한 일이 있음이라 17 오직 위로부터 난 지혜는 첫째 성결하고 다음에 화평하고 관용하고 양
순하며 긍휼과 선한 열매가 가득하고 편견과 거짓이 없나니 18 화평하게 하는 자들은 화평으로 심어 의의 열매를
거두느니라

야고보서 4장

세상과 벗하지 말라

1 너희 중에 싸움이 어디로부터 다툼이 어디로부터 나느냐 너희 지체 중
에서 싸우는 정욕으로부터 나는 것이 아니냐 2 너희는 욕심을 내어도 얻
지 못하여 살인하며 시기하여도 능히 취하지 못하므로 다투고 싸우는도
다 너희가 얻지 못함은 구하지 아니하기 때문이요 3 구하여도 받지 못함
은 정욕으로 쓰려고 잘못 구하기 때문이라 4 간음한 여인들아 세상과 벗
된 것이 하나님과 원수 됨을 알지 못하느냐 그런즉 누구든지 세상과 벗이
되고자 하는 자는 스스로 하나님과 원수 되는 것이니라 5 너희는 하나님
이 우리 속에 거하게 하신 성령이 시기하기까지 사모한다 하신 말씀을 헛
된 줄로 생각하느냐 6 그러나 더욱 큰 은혜를 주시나니 그러므로 일렀으
되 하나님이 교만한 자를 물리치시고 겸손한 자에게 은혜를 주신다 하였
느니라 7 그런즉 너희는 하나님께 복종할지어다 마귀를 대적하라 그리하
면 너희를 피하리라 8 하나님을 가까이하라 그리하면 너희를 가까이하시
리라 죄인들아 손을 깨끗이 하라 두 마음을 품은 자들아 마음을 성결하
게 하라 9 슬퍼하며 애통하며 울지어다 너희 웃음을 애통으로, 너희 즐거
움을 근심으로 바꿀지어다 10 주 앞에서 낮추라 그리하면 주께서 너희를
높이시리라

❖ 약 4장
세속화(secularization)에 대한 경고. 야고보서는 시기와 분쟁, 세상 지혜를 따른 삶의 방식, 부정한 재물의 축재, 가진 자의 가지지 못한 자에 대한 압제 등 당시 수신자들이 보이던 세속화의 여러 양상들을 지적한다. 그리고 세상과 벗하는 것이 영적 간음과도 같아 하나님과 원수 되는 것임을 경계하며 (4:4), 특히 세속화의 화신이라고 할 수 있는 불의한 부자들에 대해서는 임박한 하나님의 심판을 경고하고 있다. 세속화란 곧 교회 혹은 성도가 세상적 요소들의 영향을 받아 그 본질적 특성을 잃어버리는 것을 말한다. 그러나 성도는 비록 땅에 거하고 있지만 하늘 시민들이다 (빌 3:20). 따라서 삶의 방식과 추구하는 바가 세상의 불신자들과는 분명히 구별 되어야 한다.

약 4:7-10 성도의 삶은 세속적 가치관에 따른 삶이 아니라 성경적 가치관에 따른 삶이어야 한다는 것을 매우 강조한다. 성경적 가치관은 성경을 통전적으로 이해하는 데서부터 얻을 수 있다.

오늘 성경 읽으셨나요?
인위 뚝! 신위 고!

서로 비방하지 말라

11 형제들아 서로 비방하지 말라 형제를 비방하는 자나 형제를 판단하는 자는 곧 율법을 비방하고 율법을 판단
하는 것이라 네가 만일 율법을 판단하면 율법의 준행자가 아니요 재판관이로다 12 입법자와 재판관은 오직 한
분이시니 능히 구원하기도 하시며 멸하기도 하시느니라 너는 누구이기에 이웃을 판단하느냐

허탄한 생각을 경고하다

13 들으라 너희 중에 말하기를 오늘이나 내일이나 우리가 어떤 도시에 가서 거기서 일 년을 머물며 장사하여 이
익을 보리라 하는 자들아 14 내일 일을 너희가 알지 못하는도다 너희 생명이 무엇이냐 너희는 잠깐 보이다가 없
어지는 안개니라 15 너희가 도리어 말하기를 주의 뜻이면 우리가 살기도 하고 이것이나 저것을 하리라 할 것이거
늘 16 이제도 너희가 허탄한 자랑을 하니 그러한 자랑은 다 악한 것이라 17 그러므로 사람이 선을 행할 줄 알고도
행하지 아니하면 죄니라

야고보서 5장

부한 자에게 주는 경고

1 들으라 부한 자들아 너희에게 임할 고생으로 말미암아 울고 통곡하라 2
너희 재물은 썩었고 너희 옷은 좀먹었으며 3 너희 금과 은은 녹이 슬었으
니 이 녹이 너희에게 증거가 되며 불 같이 너희 살을 먹으리라 너희가 말
세에 재물을 쌓았도다 4 보라 너희 밭에서 추수한 품꾼에게 주지 아니한
삯이 소리 지르며 그 추수한 자의 우는 소리가 만군의 주의 귀에 들렸느
니라 5 너희가 땅에서 사치하고 방종하여 살륙의 날에 너희 마음을 살찌
게 하였도다 6 너희는 의인을 정죄하고 죽였으나 그는 너희에게 대항하지
아니하였느니라

인내와 기도

7 그러므로 형제들아 주께서 강림하시기까지 길이 참으라 보라 농부가 땅
에서 나는 귀한 열매를 바라고 길이 참아 이른 비와 늦은 비를 기다리나
니 8 너희도 길이 참고 마음을 굳건하게 하라 주의 강림이 가까우니라 9
형제들아 서로 원망하지 말라 그리하여야 심판을 면하리라 보라 심판주
가 문 밖에 서 계시니라 10 형제들아 주의 이름으로 말한 선지자들을 고난
과 오래 참음의 본으로 삼으라 11 보라 인내하는 자를 우리가 복되다 하
나니 너희가 욥의 인내를 들었고 주께서 주신 결말을 보았거니와 주는 가
장 자비하시고 긍휼히 여기시는 이시니라 12 내 형제들아 무엇보다도 맹
세하지 말지니 하늘로나 땅으로나 아무 다른 것으로도 맹세하지 말고 오
직 너희가 그렇다고 생각하는 것은 그렇다 하고 아니라고 생각하는 것은
아니라 하여 정죄 받음을 면하라 13 너희 중에 고난 당하는 자가 있느냐

그는 기도할 것이요 즐거워하는 자가 있느
냐 그는 찬송할지니라 14 너희 중에 병든 자
가 있느냐 그는 교회의 장로들을 청할 것이
요 그들은 주의 이름으로 기름을 바르며 그
를 위하여 기도할지니라 15 믿음의 기도는 병
든 자를 구원하리니 주께서 그를 일으키시리
라 혹시 죄를 범하였을지라도 사하심을 받으리라 16 그러므로 너희 죄를
서로 고백하며 병이 낫기를 위하여 서로 기도하라 의인의 간구는 역사하
는 힘이 큼이니라 17 엘리야는 우리와 성정이 같은 사람이로되 그가 비가
오지 않기를 간절히 기도한즉 삼 년 육 개월 동안 땅에 비가 오지 아니하
고 18 다시 기도하니 하늘이 비를 주고 땅이 열매를 맺었느니라 19 내 형제
들아 너희 중에 미혹되어 진리를 떠난 자를 누가 돌아서게 하면 20 너희가 알 것은 죄인을 미혹된 길에서 돌아서
게 하는 자가 그의 영혼을 사망에서 구원할 것이며 허다한 죄를 덮을 것임이라

❖ 약 5장

신약시대 부자들의 단면을 보여 주는 것은 잔치이다. 부자들은 잔치를 위해 거액의 임금을 주고 요리사를 고용했고 요리사가 제대로 준비하지 못했을 경우 그는 주인과 손님들의 체면에 상응하는 벌금으로 주인이 당한 치욕을 보상해야 했다. 그다음으로는 여인들에 대한 지출 비용이었다. 그 당시 유대인들에게는 일부다처제가 허용되었다. 그러나 여러 부인들을 두고 가계를 꾸려가는 것은 엄청난 금전 부담을 초래하기 때문에 일반적으로 부자들만이 일부다처제를 누렸다. 이러한 부자에 속하는 사람들은 궁전에 속해 있는 귀족들과 대상인, 토지소유자, 세금 청부업자, 대금업자들이 있다. 그리고 가난한 사람들 가운데는 생활비를 벌 수 있는 노예들과 날품팔이꾼들이 있었다. A.D. 1세기 예루살렘에서는 노예가 매매되었으며 노예들은 약간의 자기 재산을 모을 수 있었다. 그리고 날품팔이꾼들은 노예들보다 훨씬 많았다. 가령 예루살렘의 한 부자는 날품팔이꾼들 가운데 한 사람을 고용하여 그를 사환으로 삼아 자기가 탄 말의 고삐를 잡게 하였고 품삯을 주었다. 이러한 날품팔이꾼들은 먹여주는 것 이외에 평균 1데나리온의 품삯을 받았다. 그리고 비둘기 포수로 살아가는 가난한 사람은 하루 소득이 겨우 1/4 데나리온밖에 되지도 않은 때도 있었다. 이렇게 부유한 자들은 자신의 쾌락을 위해 의식주 등의 모든 문제를 해결하면서도 가난한 자들의 임금을 착취하며 부를 생활의 목표로 삼는 간악한 자들이었다.

☞ 야고보는 재물이나 재물을 위해 노력하는 그 자체를 책망하지는 않았다. 개인의 욕심과 정욕적인 쾌락을 위해 재물을 사용하거나 불의한 방법으로 재물을 얻는 것을 책망하였다. 사람의 모든 재물은 하나님의 것이므로 하나님의 뜻과 목적에 의해 사용되어야 한다. 따라서 복음을 위해 사용되어야 하며 이웃들을 섬기기 위해 사용되어야 한다.

약 5:7-11

학습 자료 78-6 "신앙과 인내" 참조

학습 자료 78-7 "구속사 관점에서 연결되는 율법과 복음의 이해" 참조

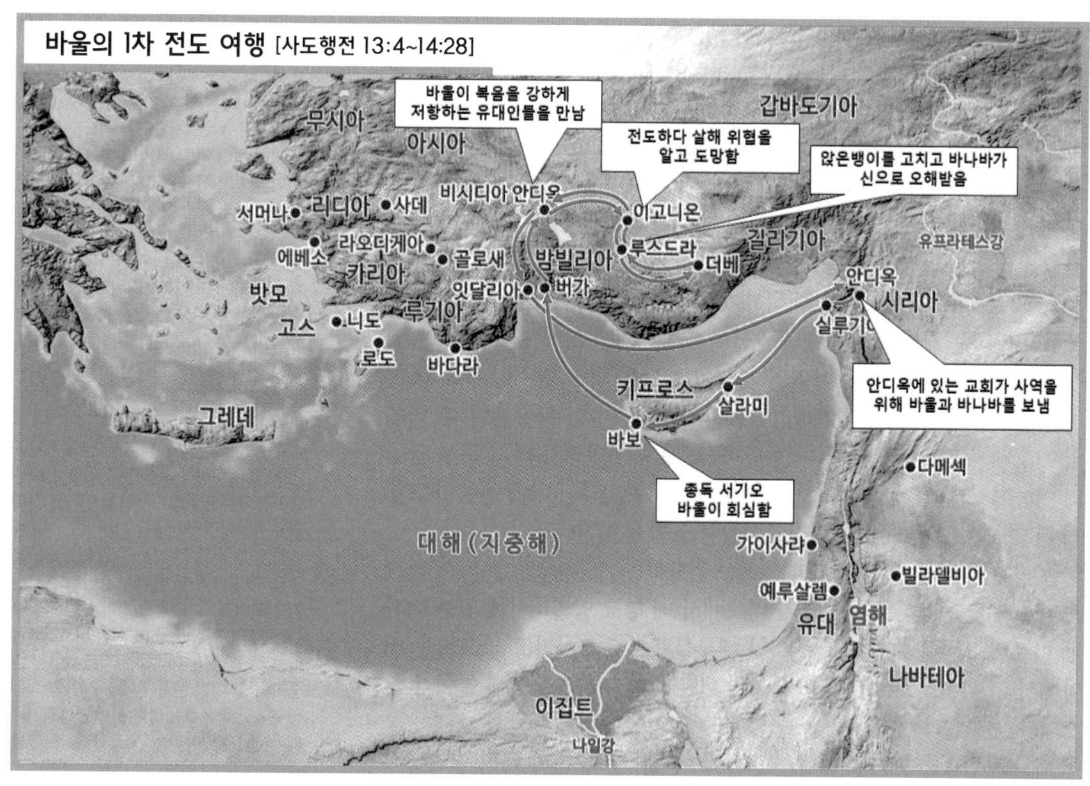

관련성구	기간(AD)	거리	동반자	주요사역	의의
사도행전 13:1-14:28	47-49년 (약 2년)	약 2,240km	바나바, 마가(요한)	· 안디옥 교회의 파송을 받음 (13:2) · 바보에서 박수 엘루마를 물리치고 로마 총독 서기오 바울에게 전도함 (13:6-12) · 마가 요한이 예루살렘으로 돌아감 (13:13) · 루스드라에서 앉은뱅이를 치유함 사람들이 그를 신(神)으로 받듦 (14:8-18) · 안디옥으로 돌아와 보고함 (14:21-28)	· 이방 전도의 가능성 확인 및 체계화 · 이방인 개종에 있어서의 할례 문제가 제기됨 (15장)

사도행전 13장~14장 :
바울의 1차 전도 여행(A.D. 47~49)

73일~
78일

사도행전 13장

바나바와 사울을 보내다

1 안디옥 교회에 선지자들과 교사들이 있으니 곧 바나바와 니게르라 하는 시므온과 구레네 사람 루기오와 분봉
왕 헤롯의 젖동생 마나엔과 및 사울이라 2 주를 섬겨 금식할 때에 성령이 이르시되 내가 불러 시키는 일을 위하
여 바나바와 사울을 따로 세우라 하시니 3 이에 금식하며 기도하고 두 사람에게 안수하여 보내니라

바나바와 사울이 구브로에서 전도하다

4 두 사람이 성령의 보내심을 받아 실루기아에 내려가 거기서 배 타고 구
브로에 가서 5 살라미에 이르러 하나님의 말씀을 유대인의 여러 회당에서
전할새 요한을 수행원으로 두었더라 6 온 섬 가운데로 지나서 바보에 이
르러 바예수라 하는 유대인 거짓 선지자인 마술사를 만나니 7 그가 총독
서기오 바울과 함께 있으니 서기오 바울은 지혜 있는 사람이라 바나바와
사울을 불러 하나님의 말씀을 듣고자 하더라 8 이 마술사 엘루마는 (이 이
름을 번역하면 마술사라) 그들을 대적하여 총독으로 믿지 못하게 힘쓰니 9 바
울이라고 하는 사울이 성령이 충만하여 그를 주목하고 10 이르되 모든 거
짓과 악행이 가득한 자요 마귀의 자식이요 모든 의의 원수여 주의 바른
길을 굽게 하기를 그치지 아니하겠느냐 11 보라 이제 주의 손이 네 위에
있으니 네가 맹인이 되어 얼마 동안 해를 보지 못하리라 하니 즉시 안개
와 어둠이 그를 덮어 인도할 사람을 두루 구하는지라 12 이에 총독이 그렇
게 된 것을 보고 믿으며 주의 가르치심을 놀랍게 여기니라

바울과 바나바가 비시디아 안디옥에서 전도하다

13 바울과 및 동행하는 사람들이 바보에서 배 타고 밤빌리아에 있는 버가
에 이르니 요한은 그들에게서 떠나 예루살렘으로 돌아가고 14 그들은 버
가에서 더 나아가 비시디아 안디옥에 이르러 안식일에 회당에 들어가 앉
으니라 15 율법과 선지자의 글을 읽은 후에 회당장들이 사람을 보내어 물
어 이르되 형제들아 만일 백성을 권할 말이 있거든 말하라 하니 16 바울이
일어나 손짓하며 말하되 이스라엘 사람들과 및 하나님을 경외하는 사람
들아 들으라 17 이 이스라엘 백성의 하나님이 우리 조상들을 택하시고 애
굽 땅에서 나그네 된 그 백성을 높여 큰 권능으로 인도하여 내사 18 광야
에서 약 사십 년간 그들의 소행을 참으시고 19 가나안 땅 일곱 족속을 멸
하사 그 땅을 기업으로 주시기까지 약 사백오십 년간이라 20 그 후에 선지
자 사무엘 때까지 사사를 주셨더니 21 그 후에 그들이 왕을 구하거늘 하
나님이 베냐민 지파 사람 기스의 아들 사울을 사십 년간 주셨다가 22 폐하
시고 다윗을 왕으로 세우시고 증언하여 이르시되 내가 이새의 아들 다윗
을 만나니 내 마음에 맞는 사람이라 내 뜻을 다 이루리라 하시더니 23 하
나님이 약속하신 대로 이 사람의 후손에서 이스라엘을 위하여 구주를 세
우셨으니 곧 예수라 24 그가 오시기에 앞서 요한이 먼저 회개의 세례를 이
스라엘 모든 백성에게 전파하니라 25 요한이 그 달려갈 길을 마칠 때에
말하되 너희가 나를 누구로 생각하느냐 나는 그리스도가 아니라 내 뒤에
오시는 이가 있으니 나는 그 발의 신발끈을 풀기도 감당하지 못하리라 하
였으니 26 형제들아 아브라함의 후손과 너희 중 하나님을 경외하는 사람
들아 이 구원의 말씀을 우리에게 보내셨거늘 27 예루살렘에 사는 자들과 그들 관리들이 예수와 및 안식일마다
외우는 바 선지자들의 말을 알지 못하므로 예수를 정죄하여 선지자들의 말을 응하게 하였도다 28 죽일 죄를 하
나도 찾지 못하였으나 빌라도에게 죽여 달라 하였으니 29 성경에 그를 가리켜 기록한 말씀을 다 응하게 한 것이
라 후에 나무에서 내려다가 무덤에 두었으나 30 하나님이 죽은 자 가운데서 그를 살리신지라 31 갈릴리로부터 예
루살렘에 함께 올라간 사람들에게 여러 날 보이셨으니 그들이 이제 백성 앞에서 그의 증인이라 32 우리도 조상

Ⅲ. 교회의 확장기(13~28장 그리고 그 이후) - 안디옥에서 땅 끝까지

사도행전 12장까지는 예루살렘에 모인 새 이스라엘이 된 제자들이 예루살렘에 모여서 성령의 권능을 받으므로 시작된 교회가 그 기초를 다지면서 사마리아까지 나아가는 역사를 기록한다. 여기까지가 사도행전의 전편이라고 할 수 있고 베드로가 주 사역자이었다.

이제 사도행전의 중심은 안디옥과 바울에게로 간다. 지금부터는 바울 행전이라고 할 수 있을 만큼 바울은 복음을 땅끝까지 전파하는 이방인의 사역자로 역할을 시작한다. 13장~21:26까지는 선교사 바울의 사역이고 21:27~28장까지는 죄수 바울의 모습을 볼 것이다.

선교란 전도와 동의어이지만 전도는 자국민을 상대로 복음을 전하는 것이고, 선교는 언어가 다른 민족에게 복음을 전하는 것이라고 규정한다면 바울은 그야말로 선교사이다. 그의 선교 전략은 ① 교회의 후원을 얻되 자비(自費)를 들여서 충당하는 자비량 선교이고 ② 단독으로 하는 선교가 아니고 언제나 Team을 이루어 함께 사역한다는 것 ③ 그는 이방의 문화를 최대한 존중하되 그 이방 문화에 따라 선교 전략은 바꾸어도 결코 복음의 본질을 변질되거나 왜곡시키지 않는다는 것 등을 들 수 있을 것이다. 그러나 무엇보다 바울은 성령의 간섭하심을 기대하며 그분의 인도에 강하게 의지하는 믿음이 충만하다는 것을 볼 수 있을 것이다.

1차 선교 여행

안디옥의 선교본부는 바나바와 바울을 선교사로 파송한다. 그러나 이 선교 여행은 바울이나 바나바의 아이디어가 아니라 성령의 지시에 따라 교회가 이 두 사람을 파송한다는 점에 유의해야 한다(13:2).

아직은 바나바가 더 중심적인 인물이다. 이들은 구브로 섬으로 간다. 구브로는 지중해 동북방에 위치한 섬으로 많은 유대인이 살고 있으며, 바로 바나바의 출신지이기도 하다. 여기서 무당을 만나 한판 대결을 벌이지만 승리하고 전진을 계속한다. 구브로를 떠나 갈라디아 지역의 안디옥과 이고니온과 루스드라를 거쳐 더베까지 가는 선교 여행이다(지도 참조). 여기서 바울은 갈라디아 교회를 세우고 나중에 갈라디아 서신을 보낸다.

들에게 주신 약속을 너희에게 전파하노니 33 곧 하나님이 예수를 일으키사 우리 자녀들에게 이 약속을 이루게
하셨다 함이라 시편 둘째 편에 기록한 바와 같이 너는 내 아들이라 오늘 너를 낳았다 하셨고 34 또 하나님께서
죽은 자 가운데서 그를 일으키사 다시 썩음을 당하지 않게 하실 것을 가르쳐 이르시되 내가 다윗의 거룩하고 미
쁜 은사를 너희에게 주리라 하셨으며 35 또 다른 시편에 일렀으되 주의 거룩한 자로 썩음을 당하지 않게 하시리
라 하셨느니라 36 다윗은 당시에 하나님의 뜻을 따라 섬기다가 잠들어 그 조상들과 함께 묻혀 썩음을 당하였으
되 37 하나님께서 살리신 이는 썩음을 당하지 아니하였나니 38 그러므로 형제들아 너희가 알 것은 이 사람을 힘
입어 죄 사함을 너희에게 전하는 이것이며 39 또 모세의 율법으로 너희가 의롭다 하심을 얻지 못하던 모든 일에
도 이 사람을 힘입어 믿는 자마다 의롭다 하심을 얻는 이것이라 40 그런즉 너희는 선지자들을 통하여 말씀하신
것이 너희에게 미칠까 삼가라 41 일렀으되 보라 멸시하는 사람들아 너희는 놀라고 멸망하라 내가 너희 때를 당
하여 한 일을 행할 것이니 사람이 너희에게 일러줄지라도 도무지 믿지 못할 일이라 하였느니라 하니라 42 그들
이 나갈새 사람들이 청하되 다음 안식일에도 이 말씀을 하라 하더라 43 회당의 모임이 흩어진 후에 유대인과 유
대교에 입교한 경건한 사람들이 많이 바울과 바나바를 따르니 두 사도가 더불어 말하고 항상 하나님의 은혜 가
운데 있으라 권하니라 44 그 다음 안식일에는 온 시민이 거의 다 하나님
의 말씀을 듣고자 하여 모이니 45 유대인들이 그 무리를 보고 시기가 가득
하여 바울이 말한 것을 반박하고 비방하거늘 46 바울과 바나바가 담대히
말하여 이르되 하나님의 말씀을 마땅히 먼저 너희에게 전할 것이로되 너
희가 그것을 버리고 영생을 얻기에 합당하지 않은 자로 자처하기로 우리
가 이방인에게로 향하노라 47 주께서 이같이 우리에게 명하시되 내가 너
를 이방의 빛으로 삼아 너로 땅 끝까지 구원하게 하리라 하셨느니라 하니
48 이방인들이 듣고 기뻐하여 하나님의 말씀을 찬송하며 영생을 주시기
로 작정된 자는 다 믿더라 49 주의 말씀이 그 지방에 두루 퍼지니라 50 이
에 유대인들이 경건한 귀부인들과 그 시내 유력자들
을 선동하여 바울과 바나바를 박해하게 하여
그 지역에서 쫓아내니 51 두 사람이 그들을
향하여 발의 티끌을 떨어 버리고 이고니온
으로 가거늘 52 제자들은 기쁨과 성령이 충
만하니라

행 13:42-52 바울과 바나바의 비시디아 안디옥 선교 결과	
기독교인	하나님 말씀 듣기를 사모하게 됨(42절)
	바울과 바나바를 따르는 자가 많이 생김(43절)
	온 성안 사람들에게 복음이 전파됨(44절)
	하나님의 말씀을 찬송하며 영생을 주시기로 작정된 자는 다 믿음(48절)
유대교인	이방인 무리를 보고 바울을 시기함(45절)
	바울의 선교를 변박하고 비방함(45절)
	목숨을 버리며 주를 따름(눅 14:33)
	사람들을 선도하여 바울과 바나바를 핍박하며 쫓아냄(50절)
	끝내 구원의 복음을 받지 못함(51절)

사도행전 14장

바울과 바나바가 이고니온에서 전도하다

1 이에 이고니온에서 두 사도가 함께 유대인의 회당에 들어가 말하니 유대와 헬라의 허다한 무리가 믿더라 2 그
러나 순종하지 아니하는 유대인들이 이방인들의 마음을 선동하여 형제들에게 악감을 품게 하거늘 3 두 사도가
오래 있어 주를 힘입어 담대히 말하니 주께서 그들의 손으로 표적과 기사를 행하게 하여 주사 자기 은혜의 말씀
을 증언하시니 4 그 시내의 무리가 나뉘어 유대인을 따르는 자도 있고 두 사도를 따르는 자도 있는지라 5 이방인
과 유대인과 그 관리들이 두 사도를 모욕하며 돌로 치려고 달려드니 6 그들이 알고 도망하여 루가오니아의 두
성 루스드라와 더베와 그 근방으로 가서 7 거기서 복음을 전하니라

바울과 바나바가 루스드라에서 전도하다

8 루스드라에 발을 쓰지 못하는 한 사람이 앉아 있는데 나면서 걷지 못하게 되어 걸어 본 적이 없는 자라 9 바울
이 말하는 것을 듣거늘 바울이 주목하여 구원 받을 만한 믿음이 그에게 있는 것을 보고 10 큰 소리로 이르되 네
발로 바로 일어서라 하니 그 사람이 일어나 걷는지라 11 무리가 바울이 한 일을 보고 루가오니아 방언으로 소리

질러 이르되 신들이 사람의 형상으로 우리 가운데 내려오셨다 하여 12 바
나바는 제우스라 하고 바울은 그 중에 말하는 자이므로 헤르메스라 하더
라 13 시외 제우스 신당의 제사장이 소와 화환들을 가지고 대문 앞에 와
서 무리와 함께 제사하고자 하니 14 두 사도 바나바와 바울이 듣고 옷을
찢고 무리 가운데 뛰어 들어가서 소리 질러 15 이르되 여러분이여 어찌하
여 이러한 일을 하느냐 우리도 여러분과 같은 성정을 가진 사람이라 여러
분에게 복음을 전하는 것은 이런 헛된 일을 버리고 천지와 바다와 그 가
운데 만물을 지으시고 살아 계신 하나님께로 돌아오게 함이라 16 하나님
이 지나간 세대에는 모든 민족으로 자기들의 길들을 가게 방임하셨으나
17 그러나 자기를 증언하지 아니하신 것이 아니니 곧 여러분에게 하늘로
부터 비를 내리시며 결실기를 주시는 선한 일을 하사 음식과 기쁨으로 여
러분의 마음에 만족하게 하셨느니라 하고 18 이렇게 말하여 겨우 무리를
말려 자기들에게 제사를 못하게 하니라

19 유대인들이 안디옥과 이고니온에서
와서 무리를 충동하니 그들이 돌로 바
울을 쳐서 죽은 줄로 알고 시외로 끌
어 내치니라 20 제자들이 둘러섰을 때
에 바울이 일어나 그 성에 들어갔다가 이튿날 바나바와 함께 더베로 가서
21 복음을 그 성에서 전하여 많은 사람을 제자로 삼고 루스드라와 이고니
온과 안디옥으로 돌아가서 22 제자들의 마음을 굳게 하여 이 믿음에 머물
러 있으라 권하고 또 우리가 하나님의 나라에 들어가려면 많은 환난을 겪
어야 할 것이라 하고 23 각 교회에서 장로들을 택하여 금식 기도 하며 그
들이 믿는 주께 그들을 위탁하고 24 비시디아 가운데로 지나서 밤빌리아
에 이르러 25 말씀을 버가에서 전하고 앗달리아로 내려가서 26 거기서 배
타고 안디옥에 이르니 이 곳은 두 사도가 이룬 그 일을 위하여 전에 하나
님의 은혜에 부탁하던 곳이라 27 그들이 이르러 교회를 모아 하나님이 함
께 행하신 모든 일과 이방인들에게 믿음의 문을 여신 것을 보고하고 28 제
자들과 함께 오래 있으니라

행 14:12 헬라 로마의 12주신들

이 신들은 소위 우주의 모든 사물과 현상을 배후의 정령들의 활동으로 믿는 정령숭배(Animism)에서 나온 상상의 신들로서 12대 주신만 모아보았다. 한편 행 19:23-41에 나오는 아데미(Artemis)여신은 사냥과 달의 신으로서 특히 가정의 수호신으로 여겨졌다.

헬라명	로마명	특 징
제우스 (Zeus)	주피터 (Jupiter)	하늘의 신, 기후의 조절자, 모든 신과 인간을 다스리는 주신 (행 14:12, 13)
헤라 (Hera)	주노 (Juno)	여성의 신, 제우스의 부인
데미테르 (Demeter)	케레스 (Ceres)	농업의 여신, 결혼의 수호자
포세이돈 (Poseidon)	넵툰 (Neptune)	바다(물)의 신, 지진의 신
하데스 (Hades)	플루토 (Pluto)	지하 세계의 신
아레스 (Ares)	마르스 (Mars)	전쟁과 농경의 신(행17:22)
헤파이스토스 (Hephaistos)	불칸 (Vulcanus)	불의 신, 장인(匠人)의 신
디오니소스 (Dionysos)	바커스 (Bacchus)	자연, 술, 연회(宴會)의 신
아프로디테 (Aphrodite)	비너스 (Venus)	미와 사랑의 신
헤르메스 (Hermes)	메르쿠스 (Mercurius)	전령, 사자(使者)의 신 (행14:12)
아폴로 (Apollon)	아폴로 (Apollo)	목축과 태양의 신, 시, 음악, 예언, 사냥을 관장
아테네 (Athene)	미네르바 (Minerva)	지혜의 여신, 풍요의 신

사도행전 15:1-35 : 예루살렘 공회

예루살렘 회의

1 어떤 사람들이 유대로부터 내려와서 형제들을 가르치되 너희가 모세의 법대로 할례를 받지 아니하면 능히 구
원을 받지 못하리라 하니 2 바울 및 바나바와 그들 사이에 적지 아니한 다툼과 변론이 일어난지라 형제들이 이
문제에 대하여 바울과 바나바와 및 그 중의 몇 사람을 예루살렘에 있는 사도와 장로들에게 보내기로 작정하니
라 3 그들이 교회의 전송을 받고 베니게와 사마리아로 다니며 이방인들이 주께 돌아온 일을 말하여 형제들을 다
크게 기쁘게 하더라 4 예루살렘에 이르러 교회와 사도와 장로들에게 영접을 받고 하나님이 자기들과 함께 계셔
행하신 모든 일을 말하매 5 바리새파 중에 어떤 믿는 사람들이 일어나 말하되 이방인에게 할례를 행하고 모세의
율법을 지키라 명하는 것이 마땅하다 하니라 6 사도와 장로들이 이 일을 의논하러 모여 7 많은 변론이 있은 후에

베드로가 일어나 말하되 형제들아 너희도 알거니와 하나님이 이방인들
로 내 입에서 복음의 말씀을 들어 믿게 하시려고 오래 전부터 너희 가운
데서 나를 택하시고 8 또 마음을 아시는 하나님이 우리에게와 같이 그들
에게도 성령을 주어 증언하시고 9 믿음으로 그들의 마음을 깨끗이 하사
그들이나 우리나 차별하지 아니하셨느니라 10 그런데 지금 너희가 어찌
하여 하나님을 시험하여 우리 조상과 우리도 능히 메지 못하던 멍에를 제
자들의 목에 두려느냐 11 그러나 우리는 그들이 우리와 동일하게 주 예수
의 은혜로 구원 받는 줄을 믿노라 하니라 12 온 무리가 가만히 있어 바나
바와 바울이 하나님께서 자기들로 말미암아 이방인 중에서 행하신 표적
과 기사에 관하여 말하는 것을 듣더니 13 말을 마치매 야고보가 대답하여
이르되 형제들아 내 말을 들으라 14 하나님이 처음으로 이방인 중에서 자
기 이름을 위할 백성을 취하시려고 그들을 돌보신 것을 시므온이 말하였
으니 15 선지자들의 말씀이 이와 일치하도다 기록된 바 16 이후에 내가 돌
아와서 다윗의 무너진 장막을 다시 지으며 또 그 허물어진 것을 다시 지
어 일으키리니 17 이는 그 남은 사람들과 내 이름으로 일컬음을 받는 모
든 이방인들로 주를 찾게 하려 함이라 하셨으니 18 즉 예로부터 이것을 알게 하시는 주의 말씀이라 함과 같으니
라 19 그러므로 내 의견에는 이방인 중에서 하나님께로 돌아오는 자들을 괴롭게 하지 말고 20 다만 우상의 더러
운 것과 음행과 목매어 죽인 것과 피를 멀리하라고 편지하는 것이 옳으니 21 이는 예로부터 각 성에서 모세를 전
하는 자가 있어 안식일마다 회당에서 그 글을 읽음이라 하더라

❖ 행 15:1-35 **예루살렘 공회**
교회사에 있어서 첫 총회인 이 예루살렘 총회는 당시 구약의 율법과 새 믿음의 부딪침인 할례 문제를 해결하기 위해 소집된 회의였다. 예루살렘 교회는 안디옥 교회를 통해 파송된 바울과 바나바에 의해 이방인에게 복음이 확산하자 율법 문제로 인해 다소 당혹한 것으로 생각한다. 구약의 율법에 충실한 예루살렘 교인들의 반발을 사게 된 것이다. 그러나 복음이 이방 세계로 향하여 땅끝까지 가기 위해서는 이 문제는 반드시 한번은 짚고 넘어가야 할 과제이었다. 제1차 예루살렘 총회에서는 율법의 엄수를 주장하는 자들의 폐쇄적인 태도를 물리치고, 이방인들을 향한 하나님의 뜻을 자각하여 그들을 한 형제로 영접한다고 하는 내용의 결의를 통해 할례 문제를 깨끗하게 해결한 것이다. 새 이스라엘은 율법을 엄수하는 자가 아니고 하나님의 뜻에 순종하는 자들임을 다시 한번 확인한 것이고 그것이 바로 하나님 나라의 백성이 되는 것이다.

이방인 신자들에게 보내는 편지

22 이에 사도와 장로와 온 교회가 그 중에서 사람들을 택하여 바울과 바나바와 함께 안디옥으로 보내기를 결정
하니 곧 형제 중에 인도자인 바사바라 하는 유다와 실라더라 23 그 편에 편지를 부쳐 이르되 사도와 장로 된 형제
들은 안디옥과 수리아와 길리기아에 있는 이방인 형제들에게 문안하노라 24 들은즉 우리 가운데서 어떤 사람들
이 우리의 지시도 없이 나가서 말로 너희를 괴롭게 하고 마음을 혼란하게 한다 하기로 25-26 사람을 택하여 우리
주 예수 그리스도의 이름을 위하여 생명을 아끼지 아니하며 우리가 사랑하는 바나바와 바울과 함께 너희에게
보내기를 만장일치로 결정하였노라 27 그리하여 유다와 실라를 보내니 그들도 이 일을 말로 전하리라 28 성령과
우리는 이 요긴한 것들 외에는 아무 짐도 너희에게 지우지 아니하는 것이 옳은 줄 알았노니 29 우상의 제물과 피
와 목매어 죽인 것과 음행을 멀리할지니라 이에 스스로 삼가면 잘되리라 평안함을 원하노라 하였더라 30 그들이
작별하고 안디옥에 내려가 무리를 모은 후에 편지를 전하니 31 읽고 그 위로한 말을 기뻐하더라 32 유다와 실라
도 선지자라 여러 말로 형제를 권면하여 굳게 하고 33 얼마 있다가 평안히 가라는 전송을 형제들에게 받고 자기
를 보내던 사람들에게로 돌아가되 34 (없음) 35 바울과 바나바는 안디옥에서 유하며 수다한 다른 사람들과 함께
주의 말씀을 가르치며 전파하니라

갈라디아서 1장~6장

❖ 바울이 1차 선교 후에 이 갈라디아서를 썼다. 그래서 여기서 갈라디아서를 읽는다.

❖ **바울 서신서의 이중 구조**
1. 교리적 가르침 – 칭의적 구원의 성격
2. 삶으로 실천 – 성화적 구원

갈라디아서 1장

인사

1 사람들에게서 난 것도 아니요 사람으로 말미암은 것도 아니요 오직 예수 그리스도와 그를 죽은 자 가운데서
살리신 하나님 아버지로 말미암아 사도 된 바울은 2 함께 있는 모든 형제와 더불어 갈라디아 여러 교회들에게

3 우리 하나님 아버지와 주 예수 그리스도로부터 은혜와 평강이 있기를
원하노라 4 그리스도께서 하나님 곧 우리 아버지의 뜻을 따라 이 악한 세
대에서 우리를 건지시려고 우리 죄를 대속하기 위하여 자기 몸을 주셨으
니 5 영광이 그에게 세세토록 있을지어다 아멘

다른 복음은 없다

6 그리스도의 은혜로 너희를 부르신 이를 이같이 속히 떠나 다른 복음을
따르는 것을 내가 이상하게 여기노라 7 다른 복음은 없나니 다만 어떤 사
람들이 너희를 교란하여 그리스도의 복음을 변하게 하려 함이라 8 그러
나 우리나 혹은 하늘로부터 온 천사라도 우리가 너희에게 전한 복음 외에
다른 복음을 전하면 저주를 받을지어다 9 우리가 전에 말하였거니와 내가
지금 다시 말하노니 만일 누구든지 너희가 받은 것 외에 다른 복음을 전
하면 저주를 받을지어다 10 이제 내가 사람들에게 좋게 하랴 하나님께 좋
게 하랴 사람들에게 기쁨을 구하랴 내가 지금까지 사람들의 기쁨을 구하
였다면 그리스도의 종이 아니니라

바울이 사도가 된 내력

11 형제들아 내가 너희에게 알게 하노니 내가 전한 복음은 사람의 뜻을
따라 된 것이 아니니라 12 이는 내가 사람에게서 받은 것도 아니요 배운
것도 아니요 오직 예수 그리스도의 계시로 말미암은 것이라 13 내가 이전
에 유대교에 있을 때에 행한 일을 너희가 들었거니와 하나님의 교회를 심
히 박해하여 멸하고 14 내가 내 동족 중 여러 연갑자보다 유대교를 지나치
게 믿어 내 조상의 전통에 대하여 더욱 열심이 있었으나 15 그러나 내 어
머니의 태로부터 나를 택정하시고 그의 은혜로 나를 부르신 이가 16 그의
아들을 이방에 전하기 위하여 그를 내 속에 나타내시기를 기뻐하셨을 때
에 내가 곧 혈육과 의논하지 아니하고 17 또 나보다 먼저 사도 된 자들을 만나려고 예루살렘으로 가지 아니하고
아라비아로 갔다가 다시 다메섹으로 돌아갔노라 18 그 후 삼 년 만에 내가 게바를 방문하려고 예루살렘에 올라
가서 그와 함께 십오 일을 머무는 동안 19 주의 형제 야고보 외에 다른사도들을 보지 못하였노라 20 보라 내가 너
희에게 쓰는 것은 하나님 앞에서 거짓말이 아니로다 21 그 후에 내가 수리아와 길리기아 지방에 이르렀으나 22
그리스도 안에 있는 유대의 교회들이 나를 얼굴로는 알지 못하고 23 다만 우리를 박해하던 자가 전에 멸하려던
그 믿음을 지금 전한다 함을 듣고 24 나로 말미암아 하나님께 영광을 돌리니라

❖ **바울 서신서의 핵심 메시지**
· 은혜 – 이신칭의
1. 칭의 : 할례, 세례, 인치심
2. 성화 : 칭의의 연장 – 성령과 사람의 동역 사역
3. 덕 : 사람의 품성 – 성령 사역으로 맺는 열매
4. 영화 : 구속 역사의 완성
☞ 이 모든 것이 '그리스도 안에서(en Christos)' 이루어 짐

❖ 갈 1장 **다른 복음은 없다!**
당시 갈라디아 교인들에게 '다른 복음' 처럼 받아들여진 율법주의가 실상은 복음의 진리를 변질시키는 것이다. 그런데 그 다른 복음은 시대마다 옷을 바꾸어 입는다. 특히 오늘날과 같은 종교 다원주의(religious pluralism)의 시대에, 기독교 복음은 여러 '다른 복음들' 중 하나로 평가 절하되고 있다. 오히려 예수 그리스도를 믿는 믿음으로만 의로워진다고 하는 기독교 복음의 진리가 완고하며, 폐쇄적이며, 배타적인 종교적 가르침으로 치부되며 공격당하고 있는 실정이다. 그리하여 인간의 구원에 관하여 각 종교 진영에서 말하는 모든 소리를 진리로 받아들여야 한다고들 한다. 그러나 성경은 '다른 복음은 없다'고 한마디로 잘라 말한다. 갈라디아서는 모든 시대에 성경의 진리를 수호하기 위한 좋은 전투적 서신이다.
☞ 성경적 가치관, 세계관이 아닌 것들은 모두 "다른 복음"이다. 오늘 나와 신앙 공동체 안에 다른 복음이 너무나도 많이 들어와 그것이 마치 진짜 복음인줄로 착각하게 한다. 왜? 성경을 제대로 읽지 않기 때문이다.

❖ Ⅰ. 복음의 진정성

❖ **갈라디아서는 그리스도인의 자유에 관한 대헌장**
갈라디아서는 믿음을 통해 은혜로 얻는 칭의 교리에 관한 고전적인 진술이다. (학습 자료에서 이신칭의(以信稱義) 참조) 바울은 하나님 앞에 의롭게 하기 위해서는 유대인의 율법을 반드시 지켜야 한다고 믿는 거짓 교사들을 대적하기 위하여 이 편지를 썼다. 갈라디아서는 '그리스도인의 자유에 관한 대 헌장'으로 불려 왔으며, 마틴 루터와 요한 웨슬레는 자신들의 삶에 결정적인 영향을 미쳤다고 고백하기도 했다.

갈라디아서 2장

할례자의 사도와 이방인의 사도

1 십사 년 후에 내가 바나바와 함께 디도를 데리고 다시 예루살렘에 올라
갔나니 2 계시를 따라 올라가 내가 이방 가운데서 전파하는 복음을 그들
에게 제시하되 유력한 자들에게 사사로이 한 것은 내가 달음질하는 것이
나 달음질한 것이 헛되지 않게 하려 함이라 3 그러나 나와 함께 있는 헬라
인 디도까지도 억지로 할례를 받게 하지 아니하였으니 4 이는 가만히 들
어온 거짓 형제들 때문이라 그들이 가만히 들어온 것은 그리스도 예수 안
에서 우리가 가진 자유를 엿보고 우리를 종으로 삼고자 함이로되 5 그들
에게 우리가 한시도 복종하지 아니하였으니 이는 복음의 진리가 항상 너
희 가운데 있게 하려 함이라 6 유력하다는 이들 중에 (본래 어떤 이들이든지
내게 상관이 없으며 하나님은 사람을 외모로 취하지 아니하시나니) 저 유력한 이들은
내게 의무를 더하여 준 것이 없고 7 도리어 그들은 내가 무할례자에게 복
음 전함을 맡은 것이 베드로가 할례자에게 맡음과 같은 것을 보았고 8 베
드로에게 역사하사 그를 할례자의 사도로 삼으신 이가 또한 내게 역사하
사 나를 이방인의 사도로 삼으셨느니라 9 또 기둥 같이 여기는 야고보와
게바와 요한도 내게 주신 은혜를 알므로 나와 바나바에게 친교의 악수를
하였으니 우리는 이방인에게로, 그들은 할례자에게로 가게 하려 함이라
10 다만 우리에게 가난한 자들을 기억하도록 부탁하였으니 이것은 나도
본래부터 힘써 행하여 왔노라

믿음으로 의롭게 되다

11 게바가 안디옥에 이르렀을 때에 책망 받을 일이 있기로 내가 그를 대면
하여 책망하였노라 12 야고보에게서 온 어떤 이들이 이르기 전에 게바가
이방인과 함께 먹다가 그들이 오매 그가 할례자들을 두려워하여 떠나 물
러가매 13 남은 유대인들도 그와 같이 외식하므로 바나바도 그들의 외식
에 유혹되었느니라 14 그러므로 나는 그들이 복음의 진리를 따라 바르게
행하지 아니함을 보고 모든 자 앞에서 게바에게 이르되 네가 유대인으로
서 이방인을 따르고 유대인답게 살지 아니하면서 어찌하여 억지로 이방
인을 유대인답게 살게 하려느냐 하였노라 15 우리는 본래 유대인이요 이
방 죄인이 아니로되 16 사람이 의롭게 되는 것은 율법의 행위로 말미암음
이 아니요 오직 예수 그리스도를 믿음으로 말미암는 줄 알므로 우리도 그
리스도 예수를 믿나니 이는 우리가 율법의 행위로써가 아니고 그리스도
를 믿음으로써 의롭다 함을 얻으려 함이라 율법의 행위로써는 의롭다 함
을 얻을 육체가 없느니라 17 만일 우리가 그리스도 안에서 의롭게 되려 하
다가 죄인으로 드러나면 그리스도께서 죄를 짓게 하는 자냐 결코 그럴 수
없느니라 18 만일 내가 헐었던 것을 다시 세우면 내가 나를 범법한 자로
만드는 것이라 19 내가 율법으로 말미암아 율법에 대하여 죽었나니 이는
하나님에 대하여 살려 함이라 20 내가 그리스도와 함께 십자가에 못 박혔
나니 그런즉 이제는 내가 사는 것이 아니요 오직 내 안에 그리스도께서
사시는 것이라 이제 내가 육체 가운데 사는 것은 나를 사랑하사 나를 위

❖ **갈라디아 교회의 세 부류 교인**

1) **바울파** : 오직 믿음으로만 의롭게 된다는 가르침을 고수하는 사람들

2) **유대주의자들** : 그리스도를 믿는 믿음에 율법을 덧붙이려고 하는 사람들

3) **율법 폐기론자** : 믿음으로 의롭게 된다는 교리를 받아들이면서 그들의 행동을 통제하는 율법이나 어떠한 수단도 거부하는 사람들

유대주의자들은 반 율법주의자들의 자유로운 삶을 지적하며 "오직 믿음"만을 가르치는 것의 결과(부도덕)를 너희는 보고 있다고 말했다. 바울은 유대주의자들의 비난에 유의하면서 반 율법주의자들 역시 잘못되었다는 것을 말해준다. 바울은 결코 율법 자체를 반대하지 않았다.

❖ 1장~2장은 바울의 개인 간증문과 같다. 1~2장을 보면 바울이 자기의 사도직에 대한 정통성을 말하려고 한다. 특히 1:1에서 그의 사도직이 사람에게서나 사람으로 말미암은 것이 아님을 말한다. 또한 2:11-21에 가면 바울이 베드로를 책망하는 언급이 나온다. 이러한 것은 모두 갈라디아 교회에 존재했던 거짓 교사들 때문이었다. 갈라디아 교회에 있었던 유대주의자들은 예수 그리스도를 믿어도 율법을 지키고 할례를 받아야만 구원받을 수 있다고 주장했다. 그들은 또한 바울의 사도직까지 의심했다. 그래서 바울은 그가 전한 복음은 예수 그리스도의 직접적인 계시로부터 온 것이며 그의 사도직 역시 하나님의 직접적인 계시와 위탁을 통해서 얻은 것이라는 사실을 그의 개인 간증을 통해 설명할 수밖에 없었다.

학습 자료 78-8
"갈라디아서의 이신칭의의 의미" 참조

갈 2:1-14

학습 자료 78-9
"초대교회의 할례 논쟁" 참조

갈 2:10-21 본서에 나타난 대조적인 표현들

대조적인 표현		성구
다른 복음	그리스도의 복음	1:6-9
인간의 유전	그리스도의 계시	1:11-14
율법의 행위	믿음	2:15-20
육체의 행위	성령의 행위	3:1-5
율법 행위에 속한 자	믿음으로 말미암은 자	3:6-14
율법에서 난 것	약속에서 난 것	3:18
종	아들	4:1-7
육체의 자녀	약속의 자녀	4:10-31
멍에	자유	5:1
육체의 소욕	성령의 소욕	5:16,17
육체의 일	성령의 열매	5:19-24
육체를 위하여 심는 자	성령을 위하여 심는 자	6:8
썩어진 것	영생	6:8
육체의 자랑	십자가의 자랑	6:13,14

하여 자기 자신을 버리신 하나님의 아들을 믿는 믿음 안에서 사는 것이라 21 내가 하나님의 은혜를 폐하지 아니
하노니 만일 의롭게 되는 것이 율법으로 말미암으면 그리스도께서 헛되이 죽으셨느니라

갈라디아서 3장

갈라디아 사람들에게 호소하다

1 어리석도다 갈라디아 사람들아 예수 그리스도께서 십자가에 못 박히신
것이 너희 눈앞에 밝히 보이거늘 누가 너희를 꾀더냐 2 내가 너희에게서
다만 이것을 알려 하노니 너희가 성령을 받은 것이 율법의 행위로냐 혹은
듣고 믿음으로냐 3 너희가 이같이 어리석으냐 성령으로 시작하였다가 이
제는 육체로 마치겠느냐 4 너희가 이같이 많은 괴로움을 헛되이 받았느
냐 과연 헛되냐 5 너희에게 성령을 주시고 너희 가운데서 능력을 행하시
는 이의 일이 율법의 행위에서냐 혹은 듣고 믿음에서냐 6 아브라함이 하
나님을 믿으매 그것을 그에게 의로 정하셨다 함과 같으니라 7 그런즉 믿
음으로 말미암은 자들은 아브라함의 자손인 줄 알지어다 8 또 하나님이
이방을 믿음으로 말미암아 의로 정하실 것을 성경이 미리 알고 먼저 아브
라함에게 복음을 전하되 모든 이방인이 너로 말미암아 복을 받으리라 하
였느니라 9 그러므로 믿음으로 말미암은 자는 믿음이 있는 아브라함과 함
께 복을 받느니라 10 무릇 율법 행위에 속한 자들은 저주 아래에 있나니
기록된 바 누구든지 율법 책에 기록된 대로 모든 일을 항상 행하지 아니
하는 자는 저주 아래에 있는 자라 하였음이라 11 또 하나님 앞에서 아무
도 율법으로 말미암아 의롭게 되지 못할 것이 분명하니 이는 의인은 믿음
으로 살리라 하였음이라 12 율법은 믿음에서 난 것이 아니니 율법을 행하
는 자는 그 가운데서 살리라 하였느니라 13 그리스도께서 우리를 위하여
저주를 받은 바 되사 율법의 저주에서 우리를 속량하셨으니 기록된 바 나
무에 달린 자마다 저주 아래에 있는 자라 하였음이라 14 이는 그리스도 예수 안에서 아브라함의 복이 이방인에
게 미치게 하고 또 우리로 하여금 믿음으로 말미암아 성령의 약속을 받게 하려 함이라

율법과 약속

15 형제들아 내가 사람의 예대로 말하노니 사람의 언약이라도 정한 후에는 아무도 폐하거나 더하거나 하지 못
하느니라 16 이 약속들은 아브라함과 그 자손에게 말씀하신 것인데 여럿을 가리켜 그 자손들이라 하지 아니하시

❖ Ⅱ. 복음의 탁월성 (3장~4장)
3장에서 바울은 복음과 율법을 비교해서 설명한다.(아래 도표 참조)
4장에서 바울은 복음과 율법을 창 16장 아브라함의 정실 자식과 후실 자식으로 비유하여 설명한다.(아래 도표 참조)

갈 3:1-14, 24
학습 자료 78-10
"율법과 복음 본질 비교" 참조

갈 3:10-14
본서에 나타난 율법과 은혜의 기능 비교

율법	은혜
행위를 요구함 (3:10)	믿음을 요구함 (3:11, 12)
죄인이 더 깊은 죄에 빠지지 않게 보호함 (4:2)	그리스도 안에서 의롭다함을 얻게 함 (3:24)
예수께로 인도하나 구원을 주지 못함 (3:24)	믿음으로 구원을 얻게 함(3:25, 26)
죄인들로 율법의 저주를 받게 함(3:10)	하나님의 아들과 후사로서 복을 누리게 함(4:5-7)
죄인들을 구속하는 멍에가 됨(5:1)	그리스도 안에서 참 자유를 누리게 함 (4:30, 31, 5:1)

기능		효과	
율법	은혜	율법	은혜
행위에 기초함 (3:10) 우리의 보호자 (3:23; 4:2) 우리의 교사 (3:24)	믿음에 기초함 (3:11–12) 그리스도 중심 (3:24) 우리의 자유를 보증 (4:30–31)	우리를 저주 아래 있게 함 (3:10) 믿음을 위해 우리를 가둠 (3:23) 우리를 그리스도에게로 인도함 (3:24)	믿음으로 의롭다 함 (3:8, 24) 그리스도가 우리와 함께 사심 (2:20) 우리를 아들이자 상속자로 받아들임 (4:7)
율법은 우리의 죄를 선언하고, 우리를 그리스도께로 몰아가며 순종의 삶으로 우리를 이끄는 기능을 하지만, 우리를 구원하기에는 무력하다.			

고 오직 한 사람을 가리켜 네 자손이라 하셨으니 곧 그리스도라 17 내가 이것을 말하노니 하나님께서 미리 정하
신 언약을 사백삼십 년 후에 생긴 율법이 폐기하지 못하고 그 약속을 헛되게 하지 못하리라 18 만일 그 유업이 율
법에서 난 것이면 약속에서 난 것이 아니리라 그러나 하나님이 약속으로 말미암아 아브라함에게 주신 것이라 19
그런즉 율법은 무엇이냐 범법하므로 더하여진 것이라 천사들을 통하여 한 중보자의 손으로 베푸신 것인데 약속
하신 자손이 오시기까지 있을 것이라 20 그 중보자는 한 편만 위한 자가 아니나 하나님은 한 분이시니라 21 그러
면 율법이 하나님의 약속들과 반대되는 것이냐 결코 그럴 수 없느니라 만일 능히 살게 하는 율법을 주셨더라면
의가 반드시 율법으로 말미암았으리라 22 그러나 성경이 모든 것을 죄 아래에 가두었으니 이는 예수 그리스도를
믿음으로 말미암는 약속을 믿는 자들에게 주려 함이라

하나님의 아들

23 믿음이 오기 전에 우리는 율법 아래에 매인 바 되고 계시될 믿음의 때까지 갇혔느니라 24 이같
이 율법이 우리를 그리스도께로 인도하는 초등교사가 되어 우리로 하여금 믿음으로 말미암아
의롭다 함을 얻게 하려 함이라 25 믿음이 온 후로는 우리가 초등교사 아래에 있지 아니하도다
26 너희가 다 믿음으로 말미암아 그리스도 예수 안에서 하나님의 아들이 되었으니 27 누구든지
그리스도와 합하기 위하여 세례를 받은 자는 그리스도로 옷 입었느니라 28 너희는 유대인이
나 헬라인이나 종이나 자유인이나 남자나 여자나 다 그리스도 예수 안에서 하나이니라 29 너
희가 그리스도의 것이면 곧 아브라함의 자손이요 약속대로 유업을 이을 자니라

갈라디아서 4장

1 내가 또 말하노니 유업을 이을 자가 모든 것의 주인이나 어렸을 동안에는 종과 다름이 없어서 2 그 아버지가 정
한 때까지 후견인과 청지기 아래에 있나니 3 이와 같이 우리도 어렸을 때에 이 세상의 초등학문 아래에 있어서
종 노릇 하였더니 4 때가 차매 하나님이 그 아들을 보내사 여자에게서 나게 하시고 율법 아래에 나게 하신 것은
5 율법 아래에 있는 자들을 속량하시고 우리로 아들의 명분을 얻게 하려 하심이라 6 너희가 아들이므로 하나님
이 그 아들의 영을 우리 마음 가운데 보내사 아빠 아버지라 부르게 하셨느니라 7 그러므로 네가 이후로는 종이
아니요 아들이니 아들이면 하나님으로 말미암아 유업을 받을 자니라

바울이 갈라디아 교회를 염려하다

8 그러나 너희가 그 때에는 하나님을 알지 못하여 본질상 하나님이 아닌 자들에게 종 노릇 하였더니 9 이제는 너
희가 하나님을 알 뿐 아니라 더욱이 하나님이 아신 바 되었거늘 어찌하여 다시 약하고 천박한 초등학문으로 돌
아가서 다시 그들에게 종 노릇 하려 하느냐 10 너희가 날과 달과 절기와 해를 삼가 지키니 11 내가 너희를 위하여
수고한 것이 헛될까 두려워하노라 12 형제들아 내가 너희와 같이 되었은즉 너희도 나와 같이 되기를 구하노라
너희가 내게 해롭게 하지 아니하였느니라 13 내가 처음에 육체의 약함으로 말미암아 너희에게 복음을 전한 것을
너희가 아는 바라 14 너희를 시험하는 것이 내 육체에 있으되 이것을 너희가 업신여기지도 아니하며 버리지도 아
니하고 오직 나를 하나님의 천사와 같이 또는 그리스도 예수와 같이 영접하였도다 15 너희의 복이 지금 어디 있
느냐 내가 너희에게 증언하노니 너희가 할 수만 있었더라면 너희의 눈이라도 빼어 나에게 주었으리라 16 그런즉
내가 너희에게 참된 말을 하므로 원수가 되었느냐 17 그들이 너희에게 대하여 열심 내는 것은 좋은 뜻이 아니요
오직 너희를 이간시켜 너희로 그들에게 대하여 열심을 내게 하려 함이라 18 좋은 일에 대하여 열심으로 사모함
을 받음은 내가 너희를 대하였을 때뿐 아니라 언제든지 좋으니라 19 나의 자녀들아 너희 속에 그리스도의 형상
을 이루기까지 다시 너희를 위하여 해산하는 수고를 하노니 20 내가 이제라도 너희와 함께 있어 내 언성을 높이
려 함은 너희에 대하여 의혹이 있음이라

하갈과 사라

21 내게 말하라 율법 아래에 있고자 하는 자들아 율법을 듣지 못하였느냐 22 기록된 바 아브라함에게 두 아들이

73일~78일

있으니 하나는 여종에게서, 하나는 자유 있는 여자에게서 났다 하였으며
23 여종에게서는 육체를 따라 났고 자유 있는 여자에게서는 약속으로 말
미암았느니라 24 이것은 비유니 이 여자들은 두 언약이라 하나는 시내 산
으로부터 종을 낳은 자니 곧 하갈이라 25 이 하갈은 아라비아에 있는 시내
산으로서 지금 있는 예루살렘과 같은 곳이니 그가 그 자녀들과 더불어 종
노릇 하고 26 오직 위에 있는 예루살렘은 자유자니 곧 우리 어머니라 27 기
록된 바 잉태하지 못한 자여 즐거워하라 산고를 모르는 자여 소리 질러
외치라 이는 홀로 사는 자의 자녀가 남편 있는 자의 자녀보다 많음이라
하였으니 28 형제들아 너희는 이삭과 같이 약속의 자녀라 29 그러나 그 때
에 육체를 따라 난 자가 성령을 따라 난 자를 박해한 것 같이 이제도 그러
하도다 30 그러나 성경이 무엇을 말하느냐 여종과 그 아들을 내쫓으라 여
종의 아들이 자유 있는 여자의 아들과 더불어 유업을 얻지 못하리라 하였
느니라 31 그런즉 형제들아 우리는 여종의 자녀가 아니요 자유 있는 여자
의 자녀니라

갈 4:21-31
옛 언약과 새 언약의 본질을 나타내는 표현

	표 현	의 미
옛 언약	여종(22절)	인간을 속박함
	시내산(25절)	율법
	지상의 예루살렘(25절)	현세지향적인 유대인들
	육체를 따라 난 자(23절)	혈통을 중시하는 자들
	종의 아들(24절)	율법에 속박된 자들
새 언약	자유하는 여자(22절)	인간을 자유하게 함
	약속(23절)	복음
	천상의 예루살렘(26절)	내세지향적인 성도들
	약속을 따라 난 자(26절)	믿음으로 구원얻은 자들
	자유자의 아들(26절)	복음으로 자유하게 된 자들

구분	옛 언약 (율법)	새 언약 (복음)	비고
4:24	하갈	사라	율법의 기원은 종의 위치에 있는 모세이나, 복음은 본부인과 같은 그리스도를 기원으로 한다.
4:22	계집종	자유하는 여인	하갈이 사라에게 속한 것같이 율법은 복음에 종속된다.
4:28	이스마엘	이삭	율법은 율법에 속한 자를 생산하나 복음은 자유한 자를 낳는다.
4:23	종	약속의 자녀	복음은 언약의 본질이나 율법은 복음을 섬기는 위치에 머문다.
4:25,26	구속	자유	율법은 인간을 영원히 속박하나 복음은 자유케 한다.
4:29	육체	성령	율법은 인간적 노력이 요구되나 복음은 성령의 감동하심에 기인한다.
4:30	추방	유업 상속	율법으로서 구원을 이룰 수 없으나 복음은 구원을 이룬다.

갈라디아서 5장

학습 자료 78-11 "성령의 열매 3종류" 참조

1 그리스도께서 우리를 자유롭게 하려고 자유를 주셨으니 그러므로 굳건
하게 서서 다시는 종의 멍에를 메지 말라

그리스도인의 자유와 사랑

73일~78일

2 보라 나 바울은 너희에게 말하노니 너희가 만일 할례를 받으면 그리스도께서 너희에게 아무 유익이 없으리라
3 내가 할례를 받는 각 사람에게 다시 증언하노니 그는 율법 전체를 행할 의무를 가진 자라 4 율법 안에서 의롭
다 함을 얻으려 하는 너희는 그리스도에게서 끊어지고 은혜에서 떨어진 자로다 5 우리가 성령으로 믿음을 따라
의의 소망을 기다리노니 6 그리스도 예수 안에서는 할례나 무할례나 효력이 없으되 사랑으로써 역사하는 믿음
뿐이니라 7 너희가 달음질을 잘 하더니 누가 너희를 막아 진리를 순종하지 못하게 하더냐 8 그 권면은 너희를 부
르신 이에게서 난 것이 아니니라 9 적은 누룩이 온 덩이에 퍼지느니라 10 나는 너희가 아무 다른 마음을 품지 아
니할 줄을 주 안에서 확신하노라 그러나 너희를 요동하게 하는 자는 누구든지 심판을 받으리라 11 형제들아 내

가 지금까지 할례를 전한다면 어찌하여 지금까지 박해를 받으리요 그리
하였으면 십자가의 걸림돌이 제거되었으리니 12 너희를 어지럽게 하는 자
들은 스스로 베어 버리기를 원하노라 13 형제들아 너희가 자유를 위하여
부르심을 입었으나 그러나 그 자유로 육체의 기회를 삼지 말고 오직 사랑
으로 서로 종 노릇 하라 14 온 율법은 네 이웃 사랑하기를 네 자신 같이 하
라 하신 한 말씀에서 이루어졌나니 15 만일 서로 물고 먹으면 피차 멸망할
까 조심하라

육체의 일과 성령의 열매

16 내가 이르노니 너희는 성령을 따라 행하라 그리하면 육체의 욕심을 이
루지 아니하리라 17 육체의 소욕은 성령을 거스르고 성령은 육체를 거스
르나니 이 둘이 서로 대적함으로 너희가 원하는 것을 하지 못하게 하려
함이니라 18 너희가 만일 성령의 인도하시는 바가 되면 율법 아래에 있지
아니하리라 19 육체의 일은 분명하니 곧 음행과 더러운 것과 호색과 20 우
상 숭배와 주술과 원수 맺는 것과 분쟁과 시기와 분냄과 당 짓는 것과 분
열함과 이단과 21 투기와 술 취함과 방탕함과 또 그와 같은 것들이라 전
에 너희에게 경계한 것 같이 경계하노니 이런 일을 하는 자들은 하나님의
나라를 유업으로 받지 못할 것이요 22 오직 성령의 열매는 사랑과 희락과
화평과 오래 참음과 자비와 양선과 충성과 23 온유와 절제니 이같은 것을
금지할 법이 없느니라 24 그리스도 예수의 사람들은 육체와 함께 그 정욕
과 탐심을 십자가에 못 박았느니라 25 만일 우리가 성령으로 살면 또한 성
령으로 행할지니 26 헛된 영광을 구하여 서로 노엽게 하거나 서로 투기하
지 말지니라

갈라디아서 6장

짐을 서로 지라

1 형제들아 사람이 만일 무슨 범죄한 일이 드러나거든 신령한 너희는 온
유한 심령으로 그러한 자를 바로잡고 너 자신을 살펴보아 너도 시험을 받

을까 두려워하라 2 너희가 짐을
서로 지라 그리하여 그리스도의
법을 성취하라 3 만일 누가 아무
것도 되지 못하고 된 줄로 생각
하면 스스로 속임이라 4 각각 자기의 일을 살피라 그리하면 자랑할 것이
자기에게는 있어도 남에게는 있지 아니하리니 5 각각 자기의 짐을 질 것이
라 6 가르침을 받는 자는 말씀을 가르치는 자와 모든 좋은 것을 함께 하
라 7 스스로 속이지 말라 하나님은 업신여김을 받지 아니하시나니 사람이
무엇으로 심든지 그대로 거두리라 8 자기의 육체를 위하여 심는 자는 육
체로부터 썩어질 것을 거두고 성령을 위하여 심는 자는 성령으로부터 영
생을 거두리라 9 우리가 선을 행하되 낙심하지 말지니 포기하지 아니하면
때가 이르매 거두리라 10 그러므로 우리는 기회 있는 대로 모든 이에게 착
한 일을 하되 더욱 믿음의 가정들에게 할지니라

갈 5:22, 23 성령의 9가지 열매
사랑(고전 13:13)
성령의 열매 중 근본이요 본질적인 것
희락(사 35:10)
그리스도 안에서 얻는 기쁨
화평(벧전 3:11)
그리스도로 말미암아 누리는 참 평안
인내(약 1:4)
분노를 참고 고난 중에서 견디는 것
자비(마 12:7)
온유하며 관용하며 너그러운 성품
양선(엡 5:9)
이웃에게 선을 베푸는 행위
충성(고전 4:2)
믿음을 끝까지 지키며 본분을 다하는 것
온유(마 5:5)
겸손하게 순종하는 성품
절제(고전 9:25)
욕심과 정욕을 자제하는 능력

❖ Ⅲ. 복음으로 누리는 참 자유함(5장~6장)

❖ 갈라디아서 5장의 **성령의 열매 (The fruit of the Spirit)**
갈라디아서에서 말하는 성령의 열매란 성령이 성도 안에 내재하시고, 그분의 인도하심에 순종하는 성령 충만한 삶의 결과가 나타나는 것을 말한다(갈5:22-23). 바울은 아홉 가지를 말하고 있지만 성령의 열매는 복수가 아니라 단수로 제시되고 있다. 이는 성령의 열매로 제시된 속성들이 서로 연합되어 있으며 모두가 성령의 지배 아래 살아가는 성도에게서 발견되어야 할 것임을 말해주는 것이다.(학습 자료에서 "성령의 열매 3 종류" 참조)
"성령의 9가지 열매"는 한 개념의 성격을 가진다. 히브리 수의 개념으로 하나, 즉 1을 말할 때, 이 하나는 단순 하나의 개념이 아니고, 복수적 개념이 섞여 있는 하나, 즉 복합적 단수(compound unity)의 성격을 갖는 집단적(collective) 의미를 갖는 하나(one)를 말한다. 이를테면, 포도 한 송이를 많은 포도들이 포함되어 한 송이를 만들 때 그 하나를 말한다. 이것을 히브리어의 하나 즉 '이하드 echad'의 개념이다. 히브리어에서 단순 하나를 말할 때, '야히드 yacheed'를 사용하는데 이는 절대적 의미의 단수(absolute unity)를 말한다.

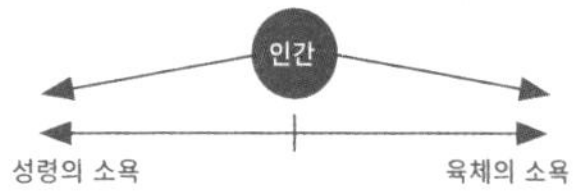

73일~78일

할례와 그리스도의 십자가

11 내 손으로 너희에게 이렇게 큰 글자로 쓴 것을 보라 12 무릇 육체의 모양을 내려 하는 자들이 억지로 너희에게
할례를 받게 함은 그들이 그리스도의 십자가로 말미암아 박해를 면하려 함뿐이라 13 할례를 받은 그들이라도 스
스로 율법은 지키지 아니하고 너희에게 할례를 받게 하려 하는 것은 그들이 너희의 육체로 자랑하려 함이라 14
그러나 내게는 우리 주 예수 그리스도의 십자가 외에 결코 자랑할 것이 없으니 그리스도로 말미암아 세상이 나
를 대하여 십자가에 못 박히고 내가 또한 세상을 대하여 그러하니라 15 할례나 무할례가 아무 것도 아니로되 오
직 새로 지으심을 받는 것만이 중요하니라 16 무릇 이 규례를 행하는 자에게와 하나님의 이스라엘에게 평강과
긍휼이 있을지어다 17 이후로는 누구든지 나를 괴롭게 하지 말라 내가 내 몸에 예수의 흔적을 지니고 있노라 18
형제들아 우리 주 예수 그리스도의 은혜가 너희 심령에 있을지어다 아멘

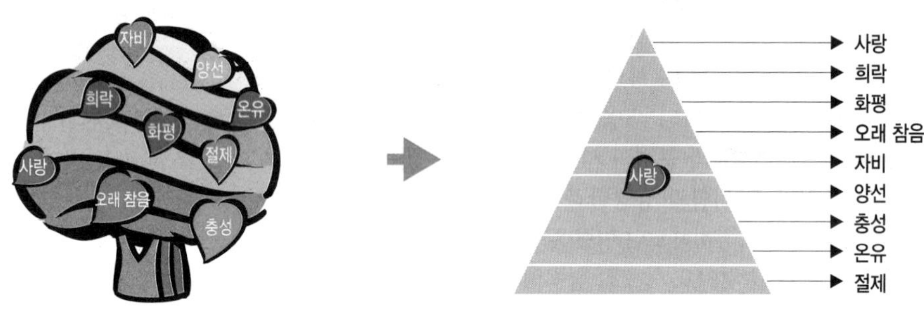

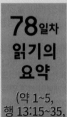

78일차 읽기의 요약

(약 1~5, 행 13:15~35, 갈 1~6)

예수님의 동생 야고보는 예수님의 부활을 목격한 후에 예수님의 제자가 되어 예루살렘 교회를 세우는데 큰 역할을 했다. 그는 실천하는 성화적 믿음을 강조했고 하나님 나라의 올바른 가치관과 윤리적 삶이 믿음을 증명하는 것이라고 말한다.

안디옥 교회는 주를 섬겨 금식하는 가운데 바나바와 바울을 따로 세워 이방인들에게 복음을 전하는 선교사로 파송한다. 1차 선교 여행을 통해 갈라디아 지역에 교회가 세워진다. 그런데 바울 일행이 1차 선교 여행을 마치고 안디옥 교회로 돌아오자 안디옥 교회는 할례 문제로 갈등과 내분이 일어난 상태였다. 이 문제를 해결하기 위해 예루살렘에서 총회가 열렸고 그 결과 이방인들도 할례를 받지 않아도 예수를 믿음으로 하나님의 백성이 될 수 있다는 결론을 공적으로 내리게 된다.

갈라디아서는 바울의 1차 선교 여행의 결실로 쓰인 책이다. 바울은 율법 준수를 강조하는 유대인 교인들에게 인간의 참 자유는 율법을 지키는 데 있는 것이 아니라 진리인 예수님을 받아들이는 데 있다고 말한다. 그러나 믿는 것과 행하는 것은 두 개의 동떨어진 개념이 아니고 결국 하나님의 백성으로 성숙 되어 가는 구원의 연속적인 과정이다.

그러면 어떻게 살 것인가?

인 위 뚝 · 신 위 고 !

세계관 점검 - 묵상하기 (영상 강의와 교재 내용의 이해를 바탕으로)

야고보서 묵상

☑ 약 1장. 참된 경건의 표징(表徵)

야고보서는 도(道)를 듣기만 하고 행하지 않는 자, 곧 복음의 진리를 듣고 이해하며 스스로 경건하다고 생각하지만, 실천이 없는 자의 경건을 헛되다고 한다. 그리고 참된 경건(敬虔)이란 환난에 처한 고아와 과부를 돌보며, 자기를 세속에 물들이지 않는 것이라고 한다(1:19-27). 물론 경건이란 일차적으로 하나님께 대한 인간의 내적 신앙심을 가리키는 것이지만 그것은 어떤 양상으로든 밖으로 표출되게 마련이다. 야고보서는 진정한 경건의 표징이 무엇인지 우리에게 명확히 제시해 주고 있는 것이다.

☑ 약 2장. 차별과 구별의 구분을 분명히 하라

부자(富者)와 빈자(貧者)에 대한 차별 행위 책망. 본 서신 기록 당시 디아스포라 유대인 신자들의 예배처로 사용되던 회당에서는 부자와 가난한 자에 대한 차별이 행해지고 있었다. 야고보는 이처럼 사람을 외모로 취하여 차별하는 행위에 대해, 스스로 율법의 판단자 입장에 하나님의 법을 정면으로 어기는 범죄라고 규정하며 준엄하게 꾸짖는다. 하나님의 긍휼의 택하심을 입은 자들이 이루게 된 공동체인 교회에, 세상적 지위나 재산 여부에 따른 차별이 행해진다는 것은 그야말로 있을 수 없는 난센스(nonsense)이다. 그러나 그런 난센스가 적지 않게 자행되는 것이 오늘의 현실이 아닌가? 이 부분의 차별은 하나님의 뜻이 아니다.

☑ 약 2장. 행함 없는 믿음의 허구성(▶ 동영상 강의 78일차 "5:19~9:14"을 잘 이해하라)

야고보서는 믿음이 있노라 하면서 행함이 없는 믿음, 곧 입으로는 신앙 고백하지만, 삶의 실천이 뒤따르지 않는 기만적인 믿음을 신랄하게 공격한다. 야고보의 표현에 따르면 그런 믿음은 그 자체가 '죽은' 것이다(2:17, 26). 즉 아무런 생동력도 유익도 없는 것으로써 결코 구원에 이르게 할 수 없는 믿음이다(2:14). 많은 이들이 이신칭의(以信稱義) 교리를 오해하여 구원은 오직 믿음으로만 받는 것이기에 행위는 별로 중요치 않다고 간주한다. 그러나 구원은 물론 믿음으로만 받는 것이지만, 그 믿음은 행함이 결여된 공허한 믿음이 아니라 행함으로써 그 진실성이 입증된 믿음이라는 것을 알아야 한다. 야고보서는 행함과 믿음은 반대가 아니며, 오히려 나무와 열매의 관계처럼 결국은 하나라는 주님의 가르침(마 7:16-20)을 새로운 각도로 우리에게 조명해 주고 있다.

- 약 2:14-24의 의미를 파악하고 깊이 묵상하라. 믿음은 명사가 아니고 동사임을 강조한다. 나의 믿음은 어떤가?

갈라디아서 묵상

73일~78일

☑ 갈 2장 "이신칭의(以信稱義)" 영원한 구원의 진리. 바울은 이신득의 복음의 정당성 변증을 위해 아브라함의 경우를 믿음에 의한 구원의 한 전형(典型)으로 제시한다. 즉 아브라함이 믿음으로 의롭다고 인정된 사건은, 비단 아브라함뿐 아니라 장차 예수 그리스도를 믿는 이방인들 역시 그 믿음을 통해 하나님께 의롭다고 인정받을 수 있다는 일에 대한 전형적 사건이었다는 것이다. 어느 시대이건 사람은 구원을 얻기 위해 행위로 노력해야 한다고 생각한다. 이것이 구원의 문제에 관한 인간의 보편적인 사고(思考) 성향이

다. 그러나 하나님은 언제나 믿음을 통해 인간을 구원하신다. 그 옛날 아브라함의 생애에서나 지금 우리의 생애에서나, 하나님은 언제나 믿음을 보시고 인간을 의롭다고 인정하신다.

☑ 갈 5~6장 성령과의 동행과 사랑의 섬김 – 자유의 방향과 목적

그리스도 안에서 풍성한 자유를 누리며 동시에 그 자유를 올바른 방향과 목적으로 사용할 줄 아는 것은 얼마나 중요한가? 그리스도인들의 자유의 성격을 올바로 이해하기 위해서는 그 자유가 '무엇으로부터의 자유인가 (freedom from what)?' 와, '무엇을 위한 자유인가(freedom for what)?' 를 규정해야 한다. 그리스도께서 주신 자유는 법으로부터의 자유이며, 그것은 곧 성령 안에서의 새 출발을 가능하게 해주는 자유이다. 다시 말하면 그리스도인의 자유는 성령 안에서의 새 삶을 위한 자유(freedom for the new life in the Spirit)라는 것이다. 그리스도 안에서 자유의 가치와 목적을 아는 자는 결코 방종을 향해 치닫지 않는다. 자유를 자유 되게 하는 성령과 동행하며, 기꺼이 '사랑으로 종노릇 하기 위해' 그 자유를 포기하는 역설을 감행하기도 한다.

☑ 예수 그리스도의 흔적(갈 6:17)

"이 후로는 누구든지 나를 괴롭게 말라. 내가 내 몸에 예수의 흔적을 가졌노라"(갈 6:17). 바울은 율법을 가지고 문제를 일으키는 사람들을 이 한 구절로 일소해 버린다. 흔적을 헬라어로 '스티그마'(stigma)라고 하는데, 이 말은 흔적, 낙인, 고난으로 인한 상처 등을 의미하는 말이며, 신약성경에 단 한 번 사용된 단어이다. 이 말은 바울이 몸에 그리스도의 상처와 비슷한 상처들을 가졌다는 의미가 아니라 그가 그리스도의 십자가를 위해 고난을 견디었음을 입증한다는 뜻이다. 바울 시대에는 군사들, 노예들 그리고 어떤 이방신에게 헌신한 사람들에게 표식을 했는데 바울은 그리스도의 군사요, 그리스도의 노예이며, 그리스도께 헌신한 추종자로서의 표시를 가졌다는 말이다. 우리도 그런 흔적을 가지는 삶을 살아야 하겠다. 그 흔적은 십자가에 의해 거듭나는 삶이어야 한다.

· 갈 2 : 20 "내가 그리스도와 함께 십자가에 못 박혔나니 그런즉 이제는 내가 사는 것이 아니요 오직 내 안에 그리스도께서 사시는 것이라 이제 내가 육체 가운데 사는 것은 나를 사랑하사 나를 위하여 자기 자신을 버리신 하나님의 아들을 믿는 믿음 안에서 사는 것이라"

내 안에 그리스도가 산다는 것은 나의 옛 자아가 그리스도와 함께 십자가에 못 박혀 죽었고, 하나님의 백성으로 다시 태어나 내 안에 하나님 나라가 이루어졌다는 말이다. 그것은 내 삶의 모든 가치관이 하나님 나라의 백성으로서 합당하게 바뀌었다는 말이다.

☑ 결단기도와 실행하기

약 2:26 영혼 없는 몸이 죽은 것 같이 행함이 없는 믿음은 죽은 것이니라
시 119:28 나의 영혼이 눌림으로 말미암아 녹사오니 주의 말씀대로 나를 세우소서

73일~78일

사도행전 15:36~18:22 :
바울의 2차 전도여행

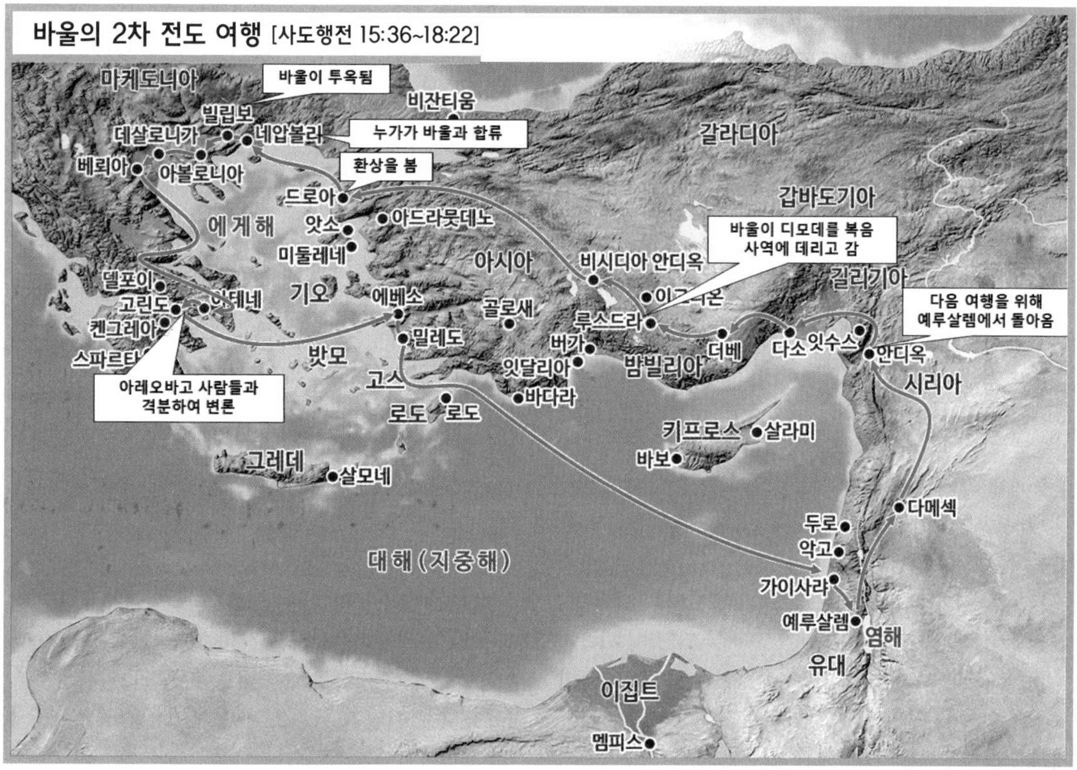

관련 성구	기간(AD)	거리	동반자	주요 사역	의의
사도행전 15:40-18:22	49-52년 (약 3년)	약 4,500 ~5,600km	실라, 디모데, 누가 (도중 합류)	· 제1차 전도지의 몇 교회들을 방문, 굳게 함 (15:40-16:5) · 성령의 인도로 마게도냐 지역으로 감 (16:6-10) · 빌립보, 베뢰아, 데살로니가, 고린도 지역에서 복음 전파함 (17:1-34) · 에베소에서 아굴라와 브리스길라 부부와 동역함 (18:19-22) · 예루살렘 교회 방문 후 안디옥으로 돌아옴 (18:22)	· 소아시아 중심에서 유럽 지역으로 선교 사역을 확장함 · 살전, 살후의 직접적인 배경이 됨

사도행전 15:36-41

바울과 바나바가 갈라서다

36 며칠 후에 바울이 바나바더러 말하되 우리가 주의 말씀을 전한 각 성
으로 다시 가서 형제들이 어떠한가 방문하자 하고 37 바나바는 마가라 하
는 요한도 데리고 가고자 하나 38 바울은 밤빌리아에서 자기들을 떠나 함
께 일하러 가지 아니한 자를 데리고 가는 것이 옳지 않다 하여 39 서로 심
히 다투어 피차 갈라서니 바나바는 마가를 데리고 배 타고 구브로로 가고
40 바울은 실라를 택한 후에 형제들에게 주의 은혜에 부탁함을 받고 떠나
41 수리아와 길리기아로 다니며 교회들을 견고하게 하니라

사도행전 16장

바울이 디모데를 데리고 가다

1 바울이 더베와 루스드라에도 이르매 거기 디모데라 하는 제자가 있으니
그 어머니는 믿는 유대 여자요 아버지는 헬라인이라 2 디모데는 루스드라
와 이고니온에 있는 형제들에게 칭찬 받는 자니 3 바울이 그를 데리고 떠
나고자 할새 그 지역에 있는 유대인으로 말미암아 그를 데려다가 할례를
행하니 이는 그 사람들이 그의 아버지는 헬라인인 줄 다 앎이러라 4 여러
성으로 다녀 갈 때에 예루살렘에 있는 사도와 장로들이 작정한 규례를
그들에게 주어 지키게 하니 5 이에 여러 교회가 믿음이 더 굳건해지고 수
가 날마다 늘어가니라

❖ **바울의 2차 전도 여행은 인간과 하나님의 협주곡이었다.**

1차 전도 여행을 마친 뒤, 그때 다녔던 곳들을 다시 방문하여 믿음을 굳게 하려고 했던 바울과 바나바는 2차 전도 여행을 계획한다. 바로 그 소아시아 지방을 다시 목적지로 잡았다. 마가의 동반 문제로 바울과 바나바는 결별하고 바울은 실라를 택하여 2차 전도 여행을 떠난다. 그리고 더베와 루스드라에 이르러 거기서 다시 디모데를 영입한다. 성령이 (소)아시아에서 바울의 사역을 막으시고, 오히려 밤에 환상으로 바울을 마게도니아로 부르시는 모습을 본다(16:1-10).

그 부르심에 순종함으로 제1차 전도 여행의 주 무대가 소아시아 지역이었다면 제2차 전도 여행은 유럽의 관문인 마게도니아 지역이 되었다. 바울은 드로아에서 배로 떠나 사모드라게(바위섬)로 직행하여 이튿날 네압볼리로 가고 거기서 빌립보에 이르게 된다(16:1l~12). 당시 240km나 되는 길을 이틀 만에 도착할 정도로 순풍이 불었다. 자신의 계획을 포기하고 성령의 인도를 따른 바울의 순종으로 빌립보에 교회가 세워지고, 유럽의 복음화가 시작되었다. 하나님이 원하시는 길로 나아갈 때 길이 열린다는 사실을 본다. 이래서 사도행전은 사도들의 행전인 동시에 성령 행전이기도 하다. 이것은 오늘에도 여전히 유효하다.

바울이 환상을 보다

6 성령이 아시아에서 말씀을 전하지 못하게 하시거늘 그들이 브루기아와 갈라디아 땅으로 다녀가 7 무시아 앞에
이르러 비두니아로 가고자 애쓰되 예수의 영이 허락하지 아니하시는지라 8 무시아를 지나 드로아로 내려갔는데
9 밤에 환상이 바울에게 보이니 마게도냐 사람 하나가 서서 그에게 청하여 이르되 마게도냐로 건너와서 우리를
도우라 하거늘 10 바울이 그 환상을 보았을 때 우리가 곧 마게도냐로 떠나기를 힘쓰니 이는 하나님이 저 사람들
에게 복음을 전하라고 우리를 부르신 줄로 인정함이러라

루디아가 믿다

11 우리가 드로아에서 배로 떠나 사모드라게로 직행하여 이튿날 네압볼리로 가고 12 거기서 빌립보에 이르니 이
는 마게도냐 지방의 첫 성이요 또 로마의 식민지라 이 성에서 수일을 유하다가 13 안식일에 우리가 기도할 곳이
있을까 하여 문 밖 강가에 나가 거기 앉아서 모인 여자들에게 말하는데 14 두아디라 시에 있는 자색 옷감 장사로
서 하나님을 섬기는 루디아라 하는 한 여자가 말을 듣고 있을 때 주께서 그 마음을 열어 바울의 말을 따르게 하
신지라 15 그와 그 집이 다 세례를 받고 우리에게 청하여 이르되 만일 나를 주 믿는 자로 알거든 내 집에 들어와
유하라 하고 강권하여 머물게 하니라

바울과 실라가 갇히다

16 우리가 기도하는 곳에 가다가 점치는 귀신 들린 여종 하나를 만나니 점으로 그 주인들에게 큰 이익을 주는 자
라 17 그가 바울과 우리를 따라와 소리 질러 이르되 이 사람들은 지극히 높은 하나님의 종으로서 구원의 길을 너
희에게 전하는 자라 하며 18 이같이 여러 날을 하는지라 바울이 심히 괴로워하여 돌이켜 그 귀신에게 이르되 예
수 그리스도의 이름으로 내가 네게 명하노니 그에게서 나오라 하니 귀신이 즉시 나오니라 19 여종의 주인들은
자기 수익의 소망이 끊어진 것을 보고 바울과 실라를 붙잡아 장터로 관리들에게 끌어 갔다가 20 상관들 앞에 데
리고 가서 말하되 이 사람들이 유대인인데 우리 성을 심히 요란하게 하여 21 로마 사람인 우리가 받지도 못하고

행하지도 못할 풍속을 전한다 하거늘 22 무리가 일제히 일어나 고발하니
상관들이 옷을 찢어 벗기고 매로 치라 하여 23 많이 친 후에 옥에 가두고
간수에게 명하여 든든히 지키라 하니 24 그가 이러한 명령을 받아 그들을
깊은 옥에 가두고 그 발을 차꼬에 든든히 채웠더니 25 한밤중에 바울과
실라가 기도하고 하나님을 찬송하매 죄수들이 듣더라 26 이에 갑자기 큰
지진이 나서 옥터가 움직이고 문이 곧 다 열리며 모든 사람의 매인 것이
다 벗어진지라 27 간수가 자다가 깨어 옥문들이 열린 것을 보고 죄수들이
도망한 줄 생각하고 칼을 빼어 자결하려 하거늘 28 바울이 크게 소리 질러
이르되 네 몸을 상하지 말라 우리가 다 여기
있노라 하니 29 간수가 등불을 달라고 하며
뛰어 들어가 무서워 떨며 바울과 실라 앞에
엎드리고 30 그들을 데리고 나가 이르되 선
생들이여 내가 어떻게 하여야 구원을 받으
리이까 하거늘 31 이르되 주 예수를 믿으라 그리하
면 너와 네 집이 구원을 받으리라 하고 32 주의 말씀
을 그 사람과 그 집에 있는 모든 사람에게 전하더라 33 그 밤 그 시각에 간
수가 그들을 데려다가 그 맞은 자리를 씻어 주고 자기와 그 온 가족이 다
세례를 받은 후 34 그들을 데리고 자기 집에 올라가서 음식을 차려 주고
그와 온 집안이 하나님을 믿으므로 크게 기뻐하니라 35 날이 새매 상관들
이 부하를 보내어 이 사람들을 놓으라 하니 36 간수가 그 말대로 바울에
게 말하되 상관들이 사람을 보내어 너희를 놓으라 하였으니 이제는 나가
서 평안히 가라 하거늘 37 바울이 이르되 로마 사람인 우리를 죄도 정하지
아니하고 공중 앞에서 때리고 옥에 가두었다가 이제는 가만히 내보내고
자 하느냐 아니라 그들이 친히 와서 우리를 데리고 나가야 하리라 한 대
38 부하들이 이 말을 상관들에게 보고하니 그들이 로마 사람이라 하는 말
을 듣고 두려워하여 39 와서 권하여 데리고 나가 그 성에서 떠나기를 청하
니 40 두 사람이 옥에서 나와 루디아의 집에 들어가서 형제들을 만나 보고
위로하고 가니라

사도행전 17장

바울이 데살로니가에서 전도하다

1 그들이 암비볼리와 아볼로니아로 다녀가 데살로니가에 이르니 거기 유
대인의 회당이 있는지라 2 바울이 자기의 관례대로 그들에게로 들어가서
세 안식일에 성경을 가지고 강론하며 3 뜻을 풀어 그리스도가 해를 받고
죽은 자 가운데서 다시 살아나야 할 것을 증언하고 이르되 내가 너희에
게 전하는 이 예수가 곧 그리스도라 하니 4 그 중의 어떤 사람 곧 경건한
헬라인의 큰 무리와 적지 않은 귀부인도 권함을 받고 바울과 실라를 따
르나 5 그러나 유대인들은 시기하여 저자의 어떤 불량한 사람들을 데리고
떼를 지어 성을 소동하게 하여 야손의 집에 침입하여 그들을 백성에게 끌
어내려고 찾았으나 6 발견하지 못하매 야손과 몇 형제들을 끌고 읍장들

행 16:16-24 빌립보에서 복음을 전하던 바울에게 커다란 시련이 다가왔다. 귀신 들려 점치는 여종 하나가 있었다. 이 여인은 악령으로 대신 말하게 하는 복화술로 점을 쳐 주인에게 돈을 벌게 하였다. 로마법에 종의 수입은 주인의 소유가 된다. 그런데 이 여인이 바울을 따라다니며 저가 하나님의 종이며 구원의 길을 전한다고 외쳤다. 이에 바울이 저에게서 귀신을 쫓아내었다. 그러자 여종으로 인한 돈벌이를 잃게 된 주인이 바울과 그 일행을 공회소로 끌고 가 고소하고 말았다. 이들은 여종에게서 귀신을 쫓아낸 것으로는 죄가 성립되지 않음을 알고 로마 사람들이 받지 못할 도를 전하였다는 죄목으로 고소하였다. 당시 로마에서는 유대인들의 종교를 합법적으로 인정하였다. 그러나 유달리 종교적인 배타성이 강한 유대인들로 인해 여러 가지 문제가 발생하자, 글라우디오 황제가 로마에서 모든 유대인을 추방하였고, 유대인들이 자신들의 종교를 믿는 것은 허용하지만 로마인들에게 전파하는 것은 금지하였다. 따라서 아직 그리스도교에 대해 잘 알지 못하는 빌립보 시민들에게 바울의 전도는 유대교를 전하는 것으로 여겨진 것이다. 더욱이 공회소에서는 정식 재판을 열고 피고의 자기 변론을 허용하고 증인의 증언을 들어야 하는데도 이런 절차를 무시하고, 불법적으로 바울과 그 일행을 정죄하고 돌로 쳐서 감옥에 가두고 말았다. 바울의 유럽 전도는 처음부터 시련에 부딪힌 것이다.

☞ 유럽에서의 복음 전파는 처음부터 시련을 가져다주었다. 이는 복음이 확장될수록 이를 막으려는 사탄의 세력도 더욱 강력하게 반발하고 있음을 보여 준다. 이런 복음과 사탄의 대결은 종말 때까지 계속될 것이다. 그러나 이런 시련은 장차 유럽에서 최초의 이방인 개종자를 만들기 위한 계기가 되었다. 이처럼 하나님은 사람이 예측할 수 없는 방법으로 사탄의 세력까지 이용해서 복음 전파를 가능케 하신다.

행 17:6 "... 천하를 어지럽게 하던 이 사람들이 여기도 이르매"
구약에 있어서 구별된 삶은 규례를 지키는 단순 수동적인 순종적 삶이다. 그러나 신약의 구별된 삶은 단순히 수동적 삶을 넘어서 보다 능동적이고 더 적극적인 삶을 말한다. 그리스도인은 구별된 삶을 산다는 이유로 이분법적 사고(二分法的 思考)로 세상과 구별하여 세상과 선을 긋는 삶을 중요하게 생각하는 삶을 살아서는 안 된다. 그리스도인은 오히려 더 적극적으로 세상을 향하여 나가 그 세상의 시대정신(時代精神)을 주도하며 세상에 그리스도의 문화를 심어야 한다.(대문화 對文化, counter-culture)
이 구절에서 초대교회 시절의 이방인들은

앞에 가서 소리 질러 이르되 천하를 어지럽게 하던 이 사람들이 여기도 이
르매 7 야손이 그들을 맞아 들였도다 이 사람들이 다 가이사의 명을 거역
하여 말하되 다른 임금 곧 예수라 하는 이가 있다 하더이다 하니 8 무리와
읍장들이 이 말을 듣고 소동하여 9 야손과 그 나머지 사람들에게 보석금
을 받고 놓아 주니라

베뢰아 사람들이 말씀을 받다

10 밤에 형제들이 곧 바울과 실라를 베뢰아로 보내니 그들이 이르러 유대
인의 회당에 들어가니라 11 베뢰아에 있는 사람들은 데살로니가에 있는
사람들보다 더 너그러워서 간절한 마음으로 말씀을 받고 이것이 그러한
가 하여 날마다 성경을 상고하므로 12 그 중에 믿는 사람이 많고 또 헬라
의 귀부인과 남자가 적지 아니하나 13 데살로니가에 있는 유대인들은 바
울이 하나님의 말씀을 베뢰아에서도 전하는 줄을 알고 거기도 가서 무리
를 움직여 소동하게 하거늘 14 형제들이 곧 바울을 내보내어 바다까지 가
게 하되 실라와 디모데는 아직 거기 머물더라 15 바울을 인도하는 사람들
이 그를 데리고 아덴까지 이르러 그에게서 실라와 디모데를 자기에게로
속히 오게 하라는 명령을 받고 떠나니라

바울이 아덴에서 전도하다

16 바울이 아덴에서 그들을 기다리다가 그 성에 우상이 가득한 것을 보고
마음에 격분하여 17 회당에서는 유대인과 경건한 사람들과 또 장터에서는
날마다 만나는 사람들과 변론하니 18 어떤 에피쿠로스와 스토아 철학자들
도 바울과 쟁론할새 어떤 사람은 이르되 이 말쟁이가 무슨 말을 하고자 하
느냐 하고 어떤 사람은 이르되 이방 신들을 전하는 사람인가보다 하니 이
는 바울이 예수와 부활을 전하기 때문이러라 19 그를 붙들어 아레오바고
로 가며 말하기를 네가 말하는 이 새로운 가르침이 무엇인지 우리가 알 수
있겠느냐 20 네가 어떤 이상한 것을 우리 귀에 들려 주니 그 무슨 뜻인지
알고자 하노라 하니 21 모든 아덴 사람과 거기서 나그네 된 외국인들이 가
장 새로운 것을 말하고 듣는 것 이외에는 달리 시간을 쓰지 않음이더라 22
바울이 아레오바고 가운데 서서 말하되 아덴 사람들아 너희를 보니 범사
에 종교심이 많도다 23 내가 두루 다니며 너희가 위하는 것들을 보다가 알
지 못하는 신에게라고 새긴 단도 보았으니 그런즉 너희가 알지 못하고 위
하는 그것을 내가 너희에게 알게 하리라 24 우주와 그 가운데 있는 만물을
지으신 하나님께서는 천지의 주재시니 손으로 지은 전에 계시지 아니하시
고 25 또 무엇이 부족한 것처럼 사람의 손으로 섬김을 받으시는 것이 아니
니 이는 만민에게 생명과 호흡과 만물을 친히 주시는 이심이라 26 인류의 모든 족속을 한 혈통으로 만드사 온 땅
에 살게 하시고 그들의 연대를 정하시며 거주의 경계를 한정하셨으니 27 이는 사람으로 혹 하나님을 더듬어 찾아
발견하게 하려 하심이로되 그는 우리 각 사람에게서 멀리 계시지 아니하도다 28 우리가 그를 힘입어 살며 기동하
며 존재하느니라 너희 시인 중 어떤 사람들의 말과 같이 우리가 그의 소생이라 하니 29 이와 같이 하나님의 소생이
되었은즉 하나님을 금이나 은이나 돌에다 사람의 기술과 고안으로 새긴 것들과 같이 여길 것이 아니니라 30 알지
못하던 시대에는 하나님이 간과하셨거니와 이제는 어디든지 사람에게 다 명하사 회개하라 하셨으니 31 이는 정하
신 사람으로 하여금 천하를 공의로 심판할 날을 작정하시고 이에 그를 죽은 자 가운데서 다시 살리신 것으로 모든

그리스도인(바울과 디모데 실라를 가리키지만)들은 '천하를 어지럽히는 자들' 즉 영어 성경에는 'these that have turned the world upside down(KJV)' 이라고 했다. 즉, 세상을 뒤집어엎은 사람들이라는 뜻이다. 그리스도의 문화로 세상 문화를 바꾸어 놓았다는 말이다. 신약의 구별된 삶은 바로 이런 변혁적 정신을 가지고 그리스도의 복음을 시대정신으로 삼을 수 있는 패기 있는 삶을 말한다. 그 삶은 바로 예수님의 삶이다. 예수님의 삶은 가르치시고, 전파하시고, 고치시는 삶을 사셨다고 했다(마 4:23). 우리는 흔히 이것을 예수님의 3대 사역이라고 말한다. 그러나 거기에는 한 가지가 빠졌다. 마태 9:35에 4:23과 꼭 같이 3대 사역을 말하지만, 그다음 절인 36절은 "무리를 보시고 민망히 여기시니 이는 저희가 목자 없는 양과 같이 고생하며 유리함이라"(개혁판)라고 했다. 그것은 예수님이 무리를 민망히 여기는 삶을 말하는 것이다. 이것은 예수님의 모든 사역의 기본 정신을 보여 주는 것이다. 바로 그 민망히 여기는 마음 때문에 예수님은 가르치시고, 전파하시고, 고치시는 것이다. 이 민망히 여기는 마음은 불교에서도 말하는 측은지심(惻隱之心), 대자대비(大慈大悲)의 마음이다. 우리는 이 세상을 향하여 이런 마음을 품고 함께 울고 함께 웃으면 이 세상은 더욱 그리스도의 마음으로 바뀔 것이다. 그것이 바로 '천하를 어지럽힌 사람들'이 한 일이다.

☞ **롬 12:14-15** 너희를 박해하는 자를 축복하라 축복하고 저주하지 말라 즐거워하는 자들과 함께 즐거워하고 우는 자들과 함께 울라

행 17:11 베뢰아 사람들은 신사적이고 날마다 성경을 상고한다고 했다. 체험과 은사 중심의 데살로니가 교인과 비교해서 "말씀 중심"의 베뢰아 교인들이 칭찬받는 모습을 묵상해 보라.

행 17:24-25 바울은 이방 헬라인들을 향해 행한 설교에서 우주, 세상, 인간을 지으신 창조주 하나님만이 참된 신임을 강조한 성경적 세계관을 가르친다. 이것이 하나님 나라에 대한 바른 복음이다.

사람에게 믿을 만한 증거를 주셨음이니라 하니라 32 그들이 죽은 자의 부활을 듣고 어떤 사람은 조롱도 하고 어떤
사람은 이 일에 대하여 네 말을 다시 듣겠다 하니 33 이에 바울이 그들 가운데서 떠나매 34 몇 사람이 그를 가까이
하여 믿으니 그 중에는 아레오바고 관리 디오누시오와 다마리라 하는 여자와 또 다른 사람들도 있었더라

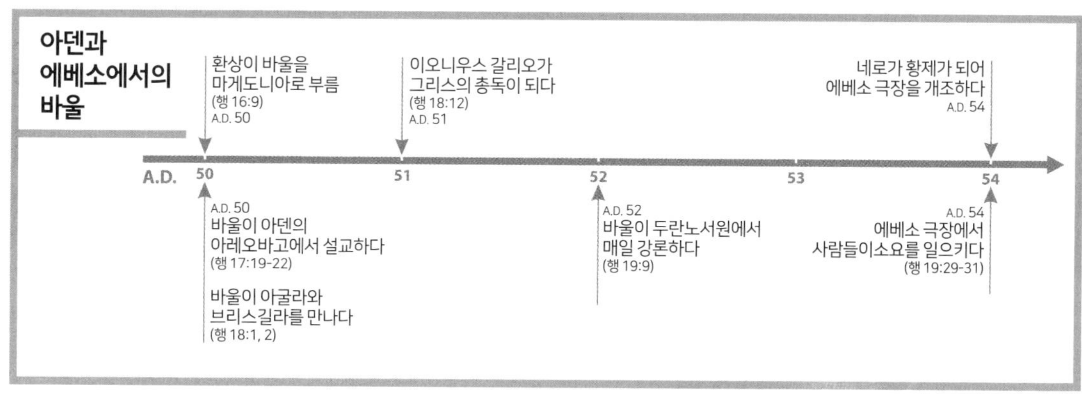

아덴과 에베소에서의 바울
환상이 바울을 마게도니아로 부름 (행 16:9) A.D. 50
이오니우스 갈리오가 그리스의 총독이 되다 (행 18:12) A.D. 51
네로가 황제가 되어 에베소 극장을 개조하다 A.D. 54
A.D. 50 51 52 53 54
A.D. 50 바울이 아덴의 아레오바고에서 설교하다 (행 17:19-22)
바울이 아굴라와 브리스길라를 만나다 (행 18:1, 2)
A.D. 52 바울이 두란노서원에서 매일 강론하다 (행 19:9)
A.D. 54 에베소 극장에서 사람들이소요를 일으키다 (행 19:29-31)

사도행전 18:1-22

바울이 고린도에서 전도하다

1 그 후에 바울이 아덴을 떠나 고린도에 이르러 2 아굴라라 하는 본도에서 난 유대인 한 사람을 만나니 글라우
디오가 모든 유대인을 명하여 로마에서 떠나라 한 고로 그가 그 아내 브리스길라와 함께 이달리야로부터 새
로 온지라 바울이 그들에게 가매 3 생업이 같으므로 함께 살며 일을 하니 그 생업

은 천막을 만드는 것이더라 4 안식일마다 바울이 회당에서 강론하고 유대인과 헬
라인을 권면하니라 5 실라와 디모데가 마게도냐로부터 내려오매 바울이 하나님의
말씀에 붙잡혀 유대인들에게 예수는 그리스도라 밝히 증언하니 6 그들이 대적하
여 비방하거늘 바울이 옷을 털면서 이르되 너희 피가 너희 머리로 돌아갈 것이요
나는 깨끗하니라 이후에는 이방인에게로 가리라 하고 7 거기서 옮겨 하나님을 경
외하는 디도 유스도라 하는 사람의 집에 들어가니 그 집은 회당 옆이라 8 또 회당
장 그리스보가 온 집안과 더불어 주를 믿으며 수많은 고린도 사람도 듣고 믿어 세례를 받더라 9 밤에 주께서 환
상 가운데 바울에게 말씀하시되 두려워하지 말며 침묵하지 말고 말하라 10 내가 너와 함께 있으매 어떤 사람도
너를 대적하여 해롭게 할 자가 없을 것이니 이는 이 성중에 내 백성이 많음이라 하시더라 11 일 년 육 개월을 머
물며 그들 가운데서 하나님의 말씀을 가르치니라 12 갈리오가 아가야 총독 되었을 때에 유대인이 일제히 일어
나 바울을 대적하여 법정으로 데리고 가서 13 말하되 이 사람이 율법을 어기면서 하나님을 경외하라고 사람들
을 권한다 하거늘 14 바울이 입을 열고자 할 때에 갈리오가 유대인들에게 이르되 너희 유대인들아 만일 이것이
무슨 부정한 일이나 불량한 행동이었으면 내가 너희 말을 들어 주는 것이 옳거니와 15 만일 문제가 언어와 명칭
과 너희 법에 관한 것이면 너희가 스스로 처리하라 나는 이러한 일에 재판장 되기를 원하지 아니하노라 하고 16
그들을 법정에서 쫓아내니 17 모든 사람이 회당장 소스데네를 잡아 법정 앞에서 때리되 갈리오가 이 일을 상관
하지 아니하니라

바울이 안디옥으로 내려가다

18 바울은 더 여러 날 머물다가 형제들과 작별하고 배 타고 수리아로 떠나갈새 브리스길라와 아굴라도 함께 하
더라 바울이 일찍이 서원이 있었으므로 겐그레아에서 머리를 깎았더라 19 에베소에 와서 그들을 거기 머물게 하
고 자기는 회당에 들어가서 유대인들과 변론하니 20 여러 사람이 더 오래 있기를 청하되 허락하지 아니하고 21 작

별하여 이르되 만일 하나님의 뜻이면 너희에게 돌아오리라 하고 배를 타
고 에베소를 떠나 [22] 가이사랴에 상륙하여 올라가 교회의 안부를 물은 후
에 안디옥으로 내려가서

❖ 바울의 2차 전도 여행 중에 데살로니가 교회에 편지를 썼다. 여기서 데살로니가 전후서를 읽는다.

데살로니가 전서 1 THESSALONIAN 帖撒羅尼迦 前書

데살로니가전서 한눈에 보기

개요 예수, 우리의 소망

인사 : 1:1

I. 회상 : 어떻게 구원을 받았나? (1-3장)	II. 기대 : 이제 어떻게 살아야 하나? (4장, 5장)
(1) 모범적 회심 (1장)	(1) 행위와 부르심 (4:1-12)
(2) 모범적 전도 (2장)	(2) 위로와 도전 (4:13-5:11)
(3) 모범적 돌봄 (3장)	(3) 일치와 불변 (5:12-24)

요구와 축도 (5:25-28)

데살로니가전서 1장~5장

데살로니가전서 1장

인사

1 바울과 실루아노와 디모데는 하나님 아버지와 주 예수 그리스도 안에
있는 데살로니가인의 교회에 편지하노니 은혜와 평강이 너희에게 있을
지어다

데살로니가 교인들의 믿음의 본

2 우리가 너희 모두로 말미암아 항상 하나님께 감사하며 기도할 때에 너
희를 기억함은 3 너희의 믿음의 역사와 사랑의 수고와 우리 주 예수 그리
스도에 대한 소망의 인내를 우리 하나님 아버지 앞에서 끊임없이 기억함
이니 4 하나님의 사랑하심을 받은 형제들아 너희를 택하심을 아노라 5 이
는 우리 복음이 너희에게 말로만 이른 것이 아니라 또한 능력과 성령과
큰 확신으로 된 것임이라 우리가 너희 가운데서 너희를 위하여 어떤 사람
이 된 것은 너희가 아는 바와 같으니라 6 또 너희는 많은 환난 가운데서
성령의 기쁨으로 말씀을 받아 우리와 주를 본받은 자가 되었으니 7 그러
므로 너희가 마게도냐와 아가야에 있는 모든 믿는 자의 본이 되었느니라
8 주의 말씀이 너희에게로부터 마게도냐
와 아가야에만 들릴 뿐 아니라 하나님을
향하는 너희 믿음의 소문이 각처에 퍼
졌으므로 우리는 아무 말도 할 것이
없노라 9 그들이 우리에 대하여 스스
로 말하기를 우리가 어떻게 너희 가

79일~84일

❖ 데살로니가전서 개요
데살로니가는 마케도니아 지방의 수도이다. 마케도니아는 에게해 동쪽에 있는 지금의 그리스 지역이다. 이 지역은 풍요로운 농경지를 가지고 있고 데살로니가는 육로를 해로에 연결하는 도시이다.
2차 여행에서 바울은 바나바와 헤어진다. 그 대신 디모데가 합류한다. 디모데는 루스드라에서 제2차 선교 여행 중이었던 바울과 실라를 만나 그들과 합류한다. 디모데는 아버지가 헬라인이었으므로 할례를 받지 않았다. 그러나 그 지역의 유대인들에게 불필요한 마찰을 불러일으킬 이유가 없었으므로 바울은 디모데에게 할례를 행했다. 바울이 환상 중에 "마케도니아로 건너와서 우리를 도우라"는 마케도니아 사람의 호소를 듣기 전까지는 일들이 순조롭게 진행된다.
이 요청이 하나님에게서 비롯된 것임을 확신한 세 사람은 빌립보로 갔다. 그리고 환란이 시작된다. 바울과 실라는 많은 매를 맞고 감옥에 갇힌다. 그러나 이에 굴하지 않고 하늘의 사명을 확신한 세 사람은 여행을 계속하여 암비볼리와 아볼로니아를 거쳐 데살로니가에 이른다. 거기서 그들은 유대인의 회당을 찾아 세 차례의 안식일에 데살로니가인에게 성경을 강론했다. 이때 적지 않은 귀부인을 포함한 유대인들과 헬라인들이 이 말씀을 듣고 믿는다. 그러나 이 말씀을 듣고 시기하여 격노한 다른 유대인들도 있었다. 바울 일행은 다시금 새로운 반대에 직면하게 되었는데, 이번에는 이 세 사람에게뿐만 아니라 이들에게서 복음을 듣고 믿은 사람들에게까지 핍박이 닥쳐왔다.
결국 데살로니가 성도들은 바울과 실라와 디모데를 밤에 베뢰아로 보냈는데, 그곳에서도 복음은 다시 열매를 맺었다. 한편 데살로니가의 유대인들은 베뢰아에서 일어난 일을 전해 듣고 견디지 못하여 베뢰아까지 쫓아가 소위 천하를 어지럽게 하던 이 전도자들을 핍박했다.
이후에 바울은 베뢰아에서 아덴으로, 아덴에서 고린도로 갔다. 그러나 데살로니가 교회가 여전히 그의 마음에 남아 있었다. 그렇게 강한 핍박 중에 그들이 어떻게 지내는지 바울은 꼭 알고 싶었다. 그래서 A.D. 51년 경 고린도에 머무르고 있을 때 바울은 데살로니가 교회에 그의 첫 번째 편지를 써 보낸 것이다.
바울은 데살로니가 교회의 성도들이 예수님의 재림에 대해 오해하고 있는 점을 풀어준다. 예수님의 재림을 기다리며 말세를

운데에 들어갔는지와 너희가 어떻게 우상을 버리고 하나님께로 돌아와
서 살아 계시고 참되신 하나님을 섬기는지와 10 또 죽은 자들 가운데서 다
시 살리신 그의 아들이 하늘로부터 강림하실 것을 너희가 어떻게 기다리
는지를 말하니 이는 장래의 노하심에서 우리를 건지시는 예수시니라

데살로니가전서 2장

데살로니가에서 벌인 바울의 사역

1 형제들아 우리가 너희 가운데 들어간 것이 헛되지 않은 줄을 너희가 친
히 아나니 2 너희가 아는 바와 같이 우리가 먼저 빌립보에서 고난과 능욕
을 당하였으나 우리 하나님을 힘입어 많은 싸움 중에 하나님의 복음을 너
희에게 전하였노라 3 우리의 권면은 간사함이나 부정에서 난 것이 아니요
속임수로 하는 것도 아니라 4 오직 하나님께 옳게 여기심을 입어 복음을
위탁 받았으니 우리가 이와 같이 말함은 사람을 기쁘게 하려 함이 아니요
오직 우리 마음을 감찰하시는 하나님을 기쁘시게 하려 함이라 5 너희도 알
거니와 우리가 아무 때에도 아첨하는 말이나 탐심의 탈을 쓰지 아니한 것
을 하나님이 증언하시느니라 6 또한 우리는 너희에게서든지 다른 이에게
서든지 사람에게서는 영광을 구하지 아니하였노라 7 우리는 그리스도의
사도로서 마땅히 권위를 주장할 수 있으나 도리어 너희 가운데서 유순한
자가 되어 유모가 자기 자녀를 기름과 같이 하였으니 8 우리가 이같이 너
희를 사모하여 하나님의 복음뿐 아니라 우리의 목숨까지도 너희에게 주
기를 기뻐함은 너희가 우리의 사랑하는 자 됨이라 9 형제들아 우리의 수
고와 애쓴 것을 너희가 기억하리니 너희 아무에게도 폐를 끼치지 아니하
려고 밤낮으로 일하면서 너희에게 하나님의 복음을 전하였노라 10 우리가
너희 믿는 자들을 향하여 어떻게 거룩하고 옳고 흠 없이 행하였는지에 대하여 너희가 증인이요 하나님도 그러하
시도다 11 너희도 아는 바와 같이 우리가 너희 각 사람에게 아버지가 자기 자녀에게 하듯 권면하고 위로하고 경
계하노니 12 이는 너희를 부르사 자기 나라와 영광에 이르게 하시는 하나님께 합당히 행하게 하려 함이라 13 이러
므로 우리가 하나님께 끊임없이 감사함은 너희가 우리에게 들은 바 하나님의 말씀을 받을 때에 사람의 말로 받
지 아니하고 하나님의 말씀으로 받음이니 진실로 그러하도다 이 말씀이 또한 너희 믿는 자 가운데에서 역사하느
니라 14 형제들아 너희가 그리스도 예수 안에서 유대에 있는 하나님의 교회들을 본받은 자 되었으니 그들이 유대
인들에게 고난을 받음과 같이 너희도 너희 동족에게서 동일한 고난을 받았느니라 15 유대인은 주 예수와 선지자
들을 죽이고 우리를 쫓아내고 하나님을 기쁘시게 하지 아니하고 모든 사람에게 대적이 되어 16 우리가 이방인에
게 말하여 구원받게 함을 그들이 금하여 자기 죄를 항상 채우매 노하심이 끝까지 그들에게 임하였느니라

바울이 데살로니가에 다시 가기를 원하다

17 형제들아 우리가 잠시 너희를 떠난 것은 얼굴이요 마음은 아니니 너희 얼굴 보기를 열정으로 더욱 힘썼노라 18 그
러므로 나 바울은 한번 두번 너희에게 가고자 하였으나 사탄이 우리를 막았도다 19 우리의 소망이나 기쁨이나 자랑
의 면류관이 무엇이냐 그가 강림하실 때 우리 주 예수 앞에 너희가 아니냐 20 너희는 우리의 영광이요 기쁨이니라

데살로니가전서 3장

1 이러므로 우리가 참다 못하여 우리만 아덴에 머물기를 좋게 생각하고 2 우리 형제 곧 그리스도의 복음을 전하는
하나님의 일꾼인 디모데를 보내노니 이는 너희를 굳건하게 하고 너희 믿음에 대하여 위로함으로 3 아무도 이 여

살아가는 성도들을 향한 하나님의 뜻은 규모 없는 자들을 권면하여 가르치고, 마음이 약한 자들을 위로하고, 힘이 없는 자들을 붙들어 주며, 모든 사람을 대하여 오래 참고, 누구에게든지 악을 악으로 갚지 말고, 모든 사람을 대하든지 선을 쫓으며, 항상 기뻐하고, 쉬지 말고 기도하고, 범사에 감사하며, 성령을 소멸치 말고, 예언도 멸시하지 말고, 범사에 헤아려 좋은 것을 취하되 악은 그 어떤 모양이라도 버리고, 우리의 영과 혼이 흠 없이 보존되었다가 주님을 맞이하기를 바라시는 것이다(살전 5:14-23).

❖ **Ⅰ. 회상 : 어떻게 구원을 받았나(1~3장)**

· **살전 1장~3장**

바울은 복음을 접한 지 얼마 되지 않는 데살로니가 교회의 성도들이 환난 가운데서도 굳건히 신앙을 지키며 이웃 교회에 모범이 되는 것을 칭찬한다. 신앙의 힘은 연륜에 있는 것이 아니고 신실하게 열심을 다하는 데 있다는 사실을 보게 된다.
바울은 2장에서 데살로니가 교인에 대한 그의 사랑이 부성애적이란 면모를 보여 준다.
3장에서 바울은 사탄의 방해로 데살로니가를 방문하지 못하고(살전 2:18) 대신 디모데를 보내 그곳 교인들이 환난과 박해 가운데서도 기쁨으로 신앙생활을 열심히 한다는 소식을 듣고 위로와 격려를 보낸다. 데살로니가 교회는 여러 면에서 모범이 되는 점이 많다.

러 환난 중에 흔들리지 않게 하려 함이라 우리가 이것을 위하여 세움 받은
줄을 너희가 친히 알리라 4 우리가 너희와 함께 있을 때에 장차 받을 환난
을 너희에게 미리 말하였는데 과연 그렇게 된 것을 너희가 아느니라 5 이
러므로 나도 참다 못하여 너희 믿음을 알기 위하여 그를 보내었노니 이는
혹 시험하는 자가 너희를 시험하여 우리 수고를 헛되게 할까 함이니 6 지
금은 디모데가 너희에게로부터 와서 너희 믿음과 사랑의 기쁜 소식을 우
리에게 전하고 또 너희가 항상 우리를 잘 생각하여 우리가 너희를 간절히
보고자 함과 같이 너희도 우리를 간절히 보고자 한다 하니 7 이러므로 형
제들아 우리가 모든 궁핍과 환난 가운데서 너희 믿음으로 말미암아 너희
에게 위로를 받았노라 8 그러므로 너희가 주 안에 굳게 선즉 우리가 이제
는 살리라 9 우리가 우리 하나님 앞에서 너희로 말미암아 모든 기쁨으로
기뻐하니 너희를 위하여 능히 어떠한 감사로 하나님께 보답할까 10 주야
로 심히 간구함은 너희 얼굴을 보고 너희 믿음이 부족한 것을 보충하게 하
려 함이라 11 하나님 우리 아버지와 우리 주 예수는 우리 길을 너희에게로
갈 수 있게 하시오며 12 또 주께서 우리가 너희를 사랑함과 같이 너희도 피
차간과 모든 사람에 대한 사랑이 더욱 많아 넘치게 하사 13 너희 마음을
굳건하게 하시고 우리 주 예수께서 그의 모든 성도와 함께 강림하실 때에
하나님 우리 아버지 앞에서 거룩함에 흠이 없게 하시기를 원하노라

데살로니가전서 4장

하나님을 기쁘시게 하는 생활

1 그러므로 형제들아 우리가 끝으로 주 예수 안에서 너희에게 구하고 권면
하노니 너희가 마땅히 어떻게 행하며 하나님을 기쁘시게 할 수 있는지를 우
리에게 배웠으니 곧 너희가 행하는 바라 더욱 많이 힘쓰라 2 우리가 주 예
수로 말미암아 너희에게 무슨 명령으로 준 것을 너희가 아느니라 3 하나님
의 뜻은 이것이니 너희의 거룩함이라 곧 음란을 버리고 4 각각 거룩함과 존
귀함으로 자기의 아내 대할 줄을 알고 5 하나님을 모르는 이방인과 같이 색
욕을 따르지 말고 6 이 일에 분수를 넘어서 형제를 해하지 말라 이는 우리가
너희에게 미리 말하고 증언한 것과 같이 이 모든 일에 주께서 신원하여 주
심이라 7 하나님이 우리를 부르심은 부정하게 하심이 아니요 거룩하게 하심
이니 8 그러므로 저버리는 자는 사람을 저버림이 아니요 너희에게 그의 성
령을 주신 하나님을 저버림이니라 9 형제 사랑에 관하여는 너희에게 쓸 것
이 없음은 너희들 자신이 하나님의 가르치심을 받아 서로 사랑함이라 10 너

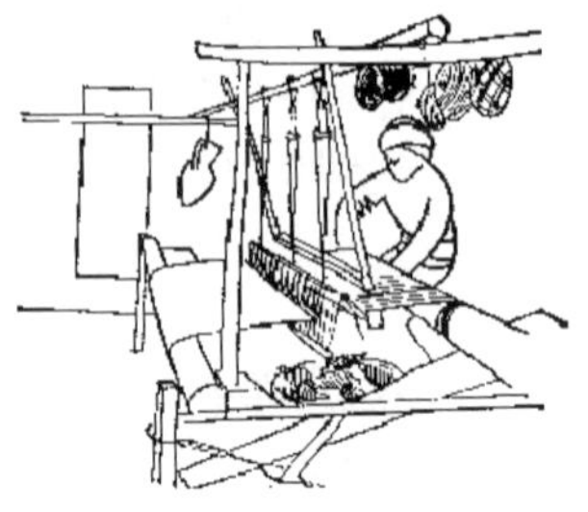

희가 온 마게도냐 모든 형제에 대하여
과연 이것을 행하도다 형제들아 권하노
니 더욱 그렇게 행하고 11 또 너희에게
명한 것 같이 조용히 자기 일을 하고 너
희 손으로 일하기를 힘쓰라 12 이는 외
인에 대하여 단정히 행하고 또한 아무
궁핍함이 없게 하려 함이라

79일~84일

살전 3:7-13
학습 자료 79-1 "성화의 방편" 참조

살전 4:13-18 예수의 초림과 재림 비교	
초림	구유에 누이심(눅 2:7)
	속죄양으로 오심(계 5:12-14)
	낮고 가난함(마 8:20)
	사람들에게서 멸시 받으심(막 9:12)
	사탄의 시험 받으심(마 4:1-11)
	대적에게 죽임당함(마 27:45-50)
	이 세상의 미움을 받으심(요 15:18)
재림	구름을 타고 오심(마 24:30)
	만왕의 왕으로 오심(계 19:16)
	큰 권능을 가지심(막 13:26)
	성도들에게 영광 받으심(살후 1:10)
	사탄을 무저갱에 가두심(계 20:2, 3)
	대적들에게 승리하심(골 2:15)
	온 세상을 무릎 꿇게 하심(빌 2:10)

Ⅱ. 기대 : 이제 어떻게 살아야 하나(4~5장)
4장에서 바울은 데살로니가 교인들의 잘못된 종말관을 바로 잡는다. 즉, 현실 부정적이고 회의적인 종말관을 지양하고 보다 적극적인 자세를 가지고 자기에게 주어진 현실적 사명을 잘 감당하라는 것이다. 성경은 이 세상의 종말을 말하면서 그곳에 소망을 두라고 가르치고 있지만, 그렇다고 이 세상을 등지라고 주장하는 것도 아니다. 성경은 천국이 우리의 영원한 안식처라고 말하지만, 동시에 이미 천국의 시민권을 취득한 성도이지만 이 세상의 삶의 기쁨과 소명을 동시에 강조하고 있다.
성경의 종말론적 계시의 목적은 먼저 미래적 측면에서는 인간들에게 인간 역사의 종말과 인간의 영원한 구원과 심판에 대해 경고함으로써 미래에 대한 희망과 각성을 갖는 동시에 지금의 측면에서는 지상의 삶이 얼마나 엄숙하며 중요한 것인가를 깨달아 인생을 성실히 살아갈 지혜를 제공하는 것이다. 그러므로 구원의 목적은 우리가 천국의 소망을 갖게 하여 이 세상에서 하나님이 주신 사명을 바르게 수행하게 하기 위함임을 알아야 한다. 그것이 바로 창세기 1:26-28의 문화 명령이다. 이 땅의 문화는 비록 그것이 타락하고 죄로 물들어 있지만 원래는 하나님에 의해 창조된 것이고, 그래서 인간이 이것을 지배하는 모든 행위가 문화일진대 이 능력은 하나님한테서 오고, 그래서 인간이 그렇게 해야 할 명령을 받는 것이다. 종말을 사는 자의 자세는 이 세상을 현실 도피적 자세로 임하면 안 된다는 것이 바울이 데살로니가 교인들에게 바른 종말관을 가르치는 이유이다.

주의 강림과 죽은 자들의 부활

살전 4:14-17
학습 자료 79-2 "휴거" 참조

13 형제들아 자는 자들에 관하여는 너희가 알지 못함을 우리가 원하지 아
니하노니 이는 소망 없는 다른 이와 같이 슬퍼하지 않게 하려 함이라 14 우리가 예수께서 죽으셨다가 다시 살아
나심을 믿을진대 이와 같이 예수 안에서 자는 자들도 하나님이 그와 함께 데리고 오시리라 15 우리가 주의 말씀
으로 너희에게 이것을 말하노니 주께서 강림하실 때까지 우리 살아 남아 있는 자도 자는 자보다 결코 앞서지 못
하리라 16 주께서 호령과 천사장의 소리와 하나님의 나팔 소리로 친히 하늘로부터 강림하시리니 그리스도 안에
서 죽은 자들이 먼저 일어나고 17 그 후에 우리 살아 남은 자들도 그들과 함께 구름 속으로 끌어 올려 공중에서
주를 영접하게 하시리니 그리하여 우리가 항상 주와 함께 있으리라 18 그러므로 이러한 말로 서로 위로하라

데살로니가전서 5장

1 형제들아 때와 시기에 관하여는 너희에게 쓸 것이 없음은 2 주의 날이
밤에 도둑 같이 이를 줄을 너희 자신이 자세히 알기 때문이라 3 그들이 평
안하다, 안전하다 할 그 때에 임신한 여자에게 해산의 고통이 이름과 같
이 멸망이 갑자기 그들에게 이르리니 결코 피하지 못하리라 4 형제들아 너
희는 어둠에 있지 아니하매 그 날이 도둑 같이 너희에게 임하지 못하리니
5 너희는 다 빛의 아들이요 낮의 아들이라 우리가 밤이나 어둠에 속하지
아니하나니 6 그러므로 우리는 다른 이들과 같이 자지 말고 오직 깨어 정
신을 차릴지라 7 자는 자들은 밤에 자고 취하는 자들은 밤에 취하되 8 우
리는 낮에 속하였으니 정신을 차리고 믿음과 사랑의 호심경을 붙이고 구
원의 소망의 투구를 쓰자 9 하나님이 우리를 세우심은 노하심에 이르게
하심이 아니요 오직 우리 주 예수 그리스도로 말미암아 구원을 받게 하심
이라 10 예수께서 우리를 위하여 죽으사 우리로 하여금 깨어 있든지 자든
지 자기와 함께 살게 하려 하셨느니라 11 그러므로 피차 권면하고 서로 덕
을 세우기를 너희가 하는 것 같이 하라

	살전 5:1-3 주의 재림이 돌연히 임함에 대한 성경의 묘사
1	번개의 번쩍임 같이 임함(마 24:27)
2	노아의 홍수 때와 같이 임함(마 24:37-39)
3	도적같이 예고 없이 임함(마 24:43, 44)
4	잠자고 쉴 때 돌연히 임함(마 25:1-12)
5	생각지 않은 때에 임함(눅 12:40)
6	임산부에게 해산 고통이 이름과 같이 임함(살전 5:3)
7	깨어 있는 성도에게는 도적같이 임하지 못함(살전 5:4)

살전 5:4
학습 자료 79-3
"재림의 시기에 대한 성도의 인식" 참조

5장에서 바울은 성도들이 바른 종말관을 가지고 삶 속에서 지켜야 할 10가지 지침을 가르쳐 준다(5:12-22).
1) 영적 지도자를 인정하고 존경하며, 지도자는 본을 보이라.
2) 서로 화목하라.
3) 사람에 대해 오래 참아라.
4) 선으로 악을 이겨라.
5) 항상 기뻐하라.
6) 쉬지 말고 기도하라.
7) 모든 일에 감사하라.
8) 성령을 근심하게 하지 말라.
9) 선포된 하나님의 말씀과 은사를 소홀히 여기지 말라.
10) 모든 일을 잘 분별하라.

권면과 끝 인사

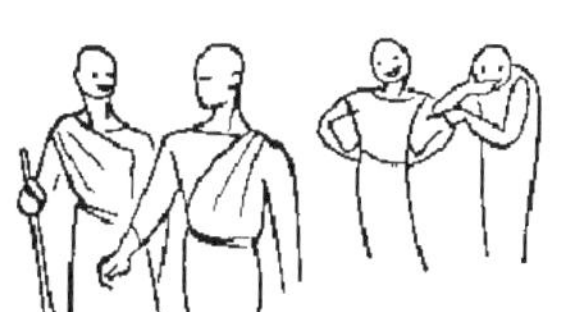

12 형제들아 우리가 너희에게 구하노니 너
희 가운데서 수고하고 주 안에서 너희를 다
스리며 권하는 자들을 너희가 알고 13 그들
의 역사로 말미암아 사랑 안에서 가장 귀히
여기며 너희끼리 화목하라 14 또 형제들아 너희를 권면하
노니 게으른 자들을 권계하며 마음이 약한 자들을 격려하고 힘이 없는 자
들을 붙들어 주며 모든 사람에게 오래 참으라 15 삼가 누가 누구에게든지
악으로 악을 갚지 말게 하고 서로 대하든지 모든 사람을 대하든지 항상
선을 따르라 16 항상 기뻐하라 17 쉬지 말고 기도하라 18 범사에 감사하라
이것이 그리스도 예수 안에서 너희를 향하신 하나님의 뜻이니라 19 성령을 소멸하지 말며 20 예언을 멸시하지 말
고 21 범사에 헤아려 좋은 것을 취하고 22 악은 어떤 모양이라도 버리라 23 평강의 하나님이 친히 너희를 온전히
거룩하게 하시고 또 너희의 온 영과 혼과 몸이 우리 주 예수 그리스도께서 강림하실 때에 흠 없게 보전되기를 원
하노라 24 너희를 부르시는 이는 미쁘시니 그가 또한 이루시리라 25 형제들아 우리를 위하여 기도하라 26 거룩하
게 입맞춤으로 모든 형제에게 문안하라 27 내가 주를 힘입어 너희를 명하노니 모든 형제에게 이 편지를 읽어 주
라 28 우리 주 예수 그리스도의 은혜가 너희에게 있을지어다

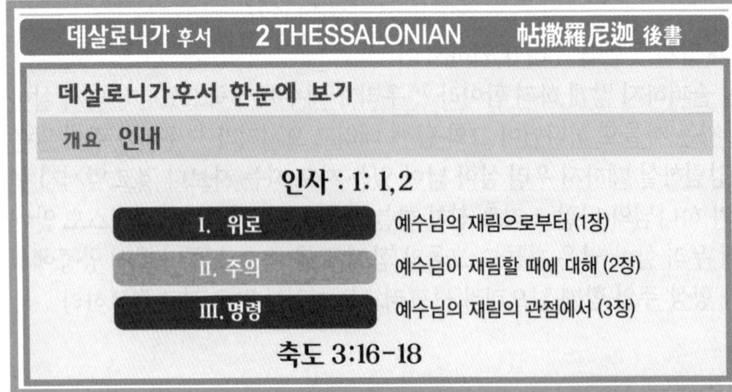
데살로니가 후서 2 THESSALONIAN 帖撒羅尼迦 後書

데살로니가후서 한눈에 보기

개요 인내

인사 : 1: 1,2

I. 위로	예수님의 재림으로부터 (1장)
II. 주의	예수님이 재림할 때에 대해 (2장)
III. 명령	예수님의 재림의 관점에서 (3장)

축도 3:16-18

❖ 데살로니가후서 개요
바울이 A.D. 51년 무렵 데살로니가교회에 그의 첫 번째 편지를 쓴 지 약 넉 달 내지 여섯 달이 지났다. 그동안 그들이 당하는 핍박이 잠잠해지지는 않았으나, 자기의 수고가 헛되지 않았기 때문에 바울은 참으로 기뻐했다. 그들은 시험하는 자의 공격을 잘 견뎌냈다. 그러나 바울은 그 교회의 몇 가지 문제들에 대해 염려하고 있었다. 제2차 전도 여행 중에 그는 다시 한번 시간을 내어 편지를 써야만 했다. 바울은 그 편지에 친필로 서명해야 했으며, 그 교회는 그 편지가 확실히 바울에게서 왔다는 사실을 알아야만 했다.

데살로니가후서 1장~3장

데살로니가후서 1장

인사

1 바울과 실루아노와 디모데는 하나님 우리 아버지와 주 예수 그리스도
안에 있는 데살로니가인의 교회에 편지하노니 2 하나님 아버지와 주 예수
그리스도로부터 은혜와 평강이 너희에게 있을지어다

하나님의 공의로운 심판의 표

3 형제들아 우리가 너희를 위하여 항상 하나님께 감사할지니 이것이 당연
함은 너희의 믿음이 더욱 자라고 너희가 다 각기 서로 사랑함이 풍성함이
니 4 그러므로 너희가 견디고 있는 모든 박해와 환난 중에서 너희 인내와
믿음으로 말미암아 하나님의 여러 교회에서 우리가 친히 자랑하노라 5 이
는 하나님의 공의로운 심판의 표요 너희로 하여금 하나님의 나라에 합당
한 자로 여김을 받게 하려 함이니 그 나라를 위하여 너희가 또한 고난을
받느니라 6 너희로 환난을 받게 하는 자들에게는 환난으로 갚으시고 7 환
난을 받는 너희에게는 우리와 함께 안식으로 갚으시는 것이 하나님의 공
의시니 주 예수께서 자기의 능력의 천사들과 함께 하늘로부터 불꽃 가운데에 나타나실 때에 8 하나님을 모르는
자들과 우리 주 예수의 복음에 복종하지 않는 자들에게 형벌을 내리시리니 9 이런 자들은 주의 얼굴과 그의 힘의
영광을 떠나 영원한 멸망의 형벌을 받으리로다 10 그 날에 그가 강림하사 그의 성도들에게서 영광을 받으시고
모든 믿는 자들에게서 놀랍게 여김을 얻으시리니 이는 (우리의 증거가 너희에게 믿어졌음이라) 11 이러므로 우리도 항상
너희를 위하여 기도함은 우리 하나님이 너희를 그 부르심에 합당한 자로 여기시고 모든 선을 기뻐함과 믿음의
역사를 능력으로 이루게 하시고 12 우리 하나님과 주 예수 그리스도의 은혜대로 우리 주 예수의 이름이 너희 가
운데서 영광을 받으시고 너희도 그 안에서 영광을 받게 하려 함이라

❖ 살후 1~3장
주의 재림에 대한 거짓 가르침에 현혹되지 말고 그리스도께서 오시기까지 믿음을 굳게 잡으라는 권면이다. 데살로니가 교회에 핍박의 불이 타오르기 시작할 때 교인들은 자신들이 지금 대 환난을 겪고 있으며 '주의 날'이 임했다고 교인 중 일부는 생각하면서 그리스도께서 갑작스럽게 임하시리라는 말씀을 오해하여 일상생활에도 충실치 않고 들떠 있는 사람들이 있었다. 그래서 이 서신을 쓰게 되었다. '주의 날'이 임하기 전에 먼저 배도하는 일이 있고(2:3), 적그리스도가 나와 주를 대적하고(2:3-4) 그 후에야 주께서 무서운 심판을 하러 오신다는 것이다.
그러면 말세를 사는 성도들은 어떻게 살아야 할까? 슬기 있는 다섯 처녀가 기름을 준비하면서 신랑 맞을 준비했다가 맞이한 것처럼(마25) 기름을 준비하면서 주어진 일에 충실하면서 경건한 삶을 사는 길이 주님 맞을 준비를 하는 것이다.

❖ 천년왕국과 예수님 재림에 관한 견해 비교는 계시록에서 참조할 것

79일~84일

데살로니가후서 2장

멸망하는 자들

1 형제들아 우리가 너희에게 구하는 것은 우리 주 예수 그리스도의 강림하심과 우리가 그 앞에 모임에 관하여 2 영
으로나 또는 말로나 또는 우리에게서 받았다 하는 편지로나 주의 날이 이르렀다고 해서 쉽게 마음이 흔들리거나

두려워하거나 하지 말아야 한다는 것이라 3 누가 어떻게 하여도 너희가 미
혹되지 말라 먼저 배교하는 일이 있고 저 불법의 사람 곧 멸망의 아들이 나
타나기 전에는 그 날이 이르지 아니하리니 4 그는 대적하는 자라 신이라고
불리는 모든 것과 숭배함을 받는 것에 대항하여 그 위에 자기를 높이고 하
나님의 성전에 앉아 자기를 하나님이라고 내세우느니라 5 내가 너희와 함
께 있을 때에 이 일을 너희에게 말한 것을 기억하지 못하느냐 6 너희는 지
금 그로 하여금 그의 때에 나타나게 하려 하여 막는 것이 있는 것을 아나
니 7 불법의 비밀이 이미 활동하였으나 지금은 그것을 막는 자가 있어 그
중에서 옮겨질 때까지 하리라 8 그 때에 불법한 자가 나타나리니 주 예수
께서 그 입의 기운으로 그를 죽이시고 강림하여 나타나심으로 폐하시리라
9 악한 자의 나타남은 사탄의 활동을 따라 모든 능력과 표적과 거짓 기적
과 10 불의의 모든 속임으로 멸망하는 자들에게 있으리니 이는 그들이 진
리의 사랑을 받지 아니하여 구원함을 받지 못함이라 11 이러므로 하나님이
미혹의 역사를 그들에게 보내사 거짓 것을 믿게 하심은 12 진리를 믿지 않
고 불의를 좋아하는 모든 자들로 하여금 심판을 받게 하려 하심이라

가르침을 받은 전통을 지키라

13 주께서 사랑하시는 형제들아 우리가 항상 너희에 관하여 마땅히 하나
님께 감사할 것은 하나님이 처음부터 너희를 택하사 성령의 거룩하게 하
심과 진리를 믿음으로 구원을 받게 하심이니 14 이를 위하여 우리의 복음
으로 너희를 부르사 우리 주 예수 그리스도의 영광을 얻게 하려 하심이니
라 15 그러므로 형제들아 굳건하게 서서 말로나 우리의 편지로 가르침을
받은 전통을 지키라 16 우리 주 예수 그리스도와 우리를 사랑하시고 영원
한 위로와 좋은 소망을 은혜로 주신 하나님 우리 아버지께서 17 너희 마
음을 위로하시고 모든 선한 일과 말에 굳건하게 하시기를 원하노라

데살로니가후서 3장

우리를 위하여 기도하라

1 끝으로 형제들아 너희는 우리를 위하여 기도하기를 주의 말씀이 너희
가운데서와 같이 퍼져 나가 영광스럽게 되고 2 또한 우리를 부당하고 악
한 사람들에게서 건지시옵소서 하라 믿음은 모든 사람의 것이 아니니라 3
주는 미쁘사 너희를 굳건하게 하시고 악한 자에게서 지키시리라 4 너희에
대하여는 우리가 명한 것을 너희가 행하고 또 행할 줄을 우리가 주 안에
서 확신하노니 5 주께서 너희 마음을 인도하여 하나님의 사랑과 그리스도
의 인내에 들어가게 하시기를 원하노라

게으름을 경계하다

6 형제들아 우리 주 예수 그리스도의 이름으로 너희를 명하노니 게으르게
행하고 우리에게서 받은 전통대로 행하지 아니하는 모든 형제에게서 떠
나라 7 어떻게 우리를 본받아야 할지를 너희가 스스로 아나니 우리가 너희
가운데서 무질서하게 행하지 아니하며 8 누구에게서든지 음식을 값없이
먹지 않고 오직 수고하고 애써 주야로 일함은 너희 아무에게도 폐를 끼치

살후 2:1-11
적그리스도에 대한 성경의 묘사

1	작은 뿔(단 7:8, 24, 8:93)
2	자칭 왕(단 11:36)
3	예수를 빙자한 다른 사람(요 5:43)
4	불법의 사람(살후 2:3, 8)
5	멸망의 아들(살후 2:3)
6	스스로 하나님이라 하는 자(살후 2:4)
7	거짓말하는 자(요일 2:22)
8	예수가 그리스도이심을 부인하는 자 (요일 2:22)
9	아버지와 아들을 부인하는 자(요일 2:22)
10	예수를 시인하지 않는 영(요일 4:3)
11	예수의 성육신을 부인하는 자(요이 1:7)
12	백마 탄 자(계 6:2)
13	짐승(계 13:1)
14	여덟째 왕(계 17:11)
15	여왕(계 18:7)

재림을 기다리는 성도는 이 땅에서 어떻게 살아야 하는가?

일부 데살로니가 교인들은 그리스도 재림에 대한 지나친 기대로 잘못된 행동을 했다. 세상사를 등지고 일하기를 싫어하며 남에게 잘못하는 일이 있었다(살전 4:11, 살후 3:7-12). 재림에 대한 오해가 빚은 잘못된 기대감이 데살로니가 교인들의 생활을 나태하게 만들었다. 그리하여 바울은 그들에게 올바른 지침을 주기 위하여 펜을 든 것이다. 바울은 그리스도의 재림이 사람들로 하여금 더 열심히 일하게 만들고 다른 사람들을 더 많이 돕도록 각성시킨다고 교훈한다.

"누구든지 일하기 싫어하거든 먹지도 말게 하라"(살후 3:10)

"삼가 누가 누구에게든지 악으로 악을 갚지 말게 하고 오직 피차 대하든지 항상 선을 쫓으라"(살전 5:15)

따라서 그리스도의 재림을 대망하는 자는 영적으로 특이한 일을 하는 것이 아니라 작은 일에 충성하고, "너희를 부르시는 이는 미쁘시니 그가 또한 이루시리라"(살전 5:24)는 확신 속에서 살아야 한다.

79일~84일

지 아니하려 함이니 9 우리에게 권리가 없는 것이 아니요 오직 스스로 너희에게 본을 보여 우리를 본받게 하려 함
이니라 10 우리가 너희와 함께 있을 때에도 너희에게 명하기를 누구든지 일하기 싫어하거든 먹지도 말게 하라 하
였더니 11 우리가 들은즉 너희 가운데 게으르게 행하여 도무지 일하지 아니하고 일을 만들기만 하는 자들이 있다
하니 12 이런 자들에게 우리가 명하고 주 예수 그리스도 안에서 권하기를 조용
히 일하여 자기 양식을 먹으라 하노라 13 형제들아 너희는 선을 행하다가 낙심
하지 말라 14 누가 이 편지에 한 우리 말을 순종하지 아니하거든 그 사람을 지
목하여 사귀지 말고 그로 하여금 부끄럽게 하라 15 그러나 원수와 같이 생각하
지 말고 형제 같이 권면하라

축복

16 평강의 주께서 친히 때마다 일마다 너희에게 평강을 주시고 주께서 너희 모든 사람과 함께 하시기를 원하노
라 17 나 바울은 친필로 문안하노니 이는 편지마다 표시로서 이렇게 쓰노라 18 우리 주 예수 그리스도의 은혜가
너희 무리에게 있을지어다

바울의 3차 전도 여행 [사도행전 18:23~21:14]

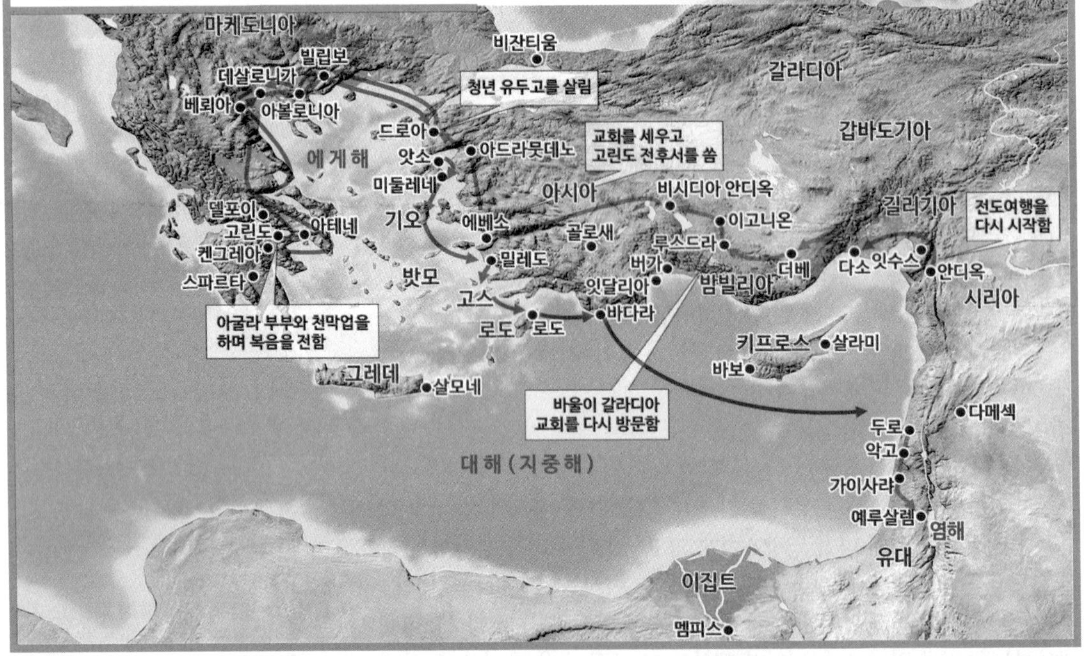

관련 성구	기간(AD)	거리	동반자	주요 사역	의의
사도행전 18:23-21:19	53-58년 (약 6년)	약 4,500 ~5,600km	누가와 디모데 (도중 합류)	· 2차 전도지의 몇 교회들을 방문, 굳게함 (18:23) · 에베소 두란노 서원에서 2년간 말씀을 강론함 (19:1-41) · 고린도전서와 로마서를 기록함 (20:1-6; 롬16:23; 고후7:5-16) · 가이사랴를 거쳐 예루살렘으로 돌아와 전도 여행 결과를 보고함 (21:10-19)	· 제1, 2차 전도 여행을 통해 세운 교회들을 굳게 함으로 복음의 뿌리가 내리게 함 · 고린도전·후서, 로마서 등의 직접적인 배경이 됨

79일~84일

사도행전 18:23~19:22 :
갈리오 앞에 선 바울과 그의 3차 전도여행

❖ **바울의 세계 비전**(행 19:21)
안정된 기반을 잡으면 그것을 평생을 누리며 살고 싶은 것이 모든 사람의 바람이다. 그러나 복음의 첨병이었던 바울은 에베소에서의 3년간의 사역을 마무리하며 마음속에 품고 있던 세계 비전을 다시 끄집어낸다. 그는 이제 마케도니아와 아가야를 거쳐 예루살렘에 가기를 원했고, 또한 거기에서 로마를 방문할 것을 계획했다(9:21). 그리고 로마를 지나 서바나(스페인)까지 나아가고자 하는 비전을 선포한다(롬 15:23,28). 당시 로마는 세계의 중심, 제국의 심장부였으며, 지금의 스페인인 서바나는 세상의 끝이었다. 주님의 지상명령에 사로잡혀 있던 바울은 진정한 '비전의 사람'이었다.

사도행전 18:23-28

23 얼마 있다가 떠나 갈라디아와 브루기아 땅을 차례로 다니며 모든 제자
를 굳건하게 하니라

아볼로가 담대히 전도하다

24 알렉산드리아에서 난 아볼로라 하는 유대인이 에베소에 이르니 이 사
람은 언변이 좋고 성경에 능통한 자라 25 그가 일찍이 주의 도를 배워 열
심으로 예수에 관한 것을 자세히 말하며 가르치나 요한의 세례만 알 따
름이라 26 그가 회당에서 담대히 말하기 시작하거늘 브리스길라와 아굴라가 듣고 데려다가 하나님의 도를 더 정
확하게 풀어 이르더라 27 아볼로가 아가야로 건너가고자 함으로 형제들이 그를 격려하며 제자들에게 편지를 써
영접하라 하였더니 그가 가매 은혜로 말미암아 믿은 자들에게 많은 유익을 주니 28 이는 성경으로써 예수는 그
리스도라고 증언하여 공중 앞에서 힘있게 유대인의 말을 이김이러라

사도행전 19:1-22

바울이 에베소에서 전도하다

1 아볼로가 고린도에 있을 때에 바울이 윗지방으로 다녀 에베소에 와서 어떤 제자들을 만나 2 이르되 너희가 믿
을 때에 성령을 받았느냐 이르되 아니라 우리는 성령이 계심도 듣지 못하였노라 3 바울이 이르되 그러면 너희가
무슨 세례를 받았느냐 대답하되 요한의 세례니라 4 바울이 이르되 요한이 회개의 세례를 베풀며 백성에게 말하
되 내 뒤에 오시는 이를 믿으라 하였으니 이는 곧 예수라 하거늘 5 그들이 듣고 주 예수의 이름으로 세례를 받으
니 6 바울이 그들에게 안수하매 성령이 그들에게 임하시므로 방언도 하고 예언도 하니 7 모두 열두 사람쯤 되니
라 8 바울이 회당에 들어가 석 달 동안 담대히 하나님 나라에 관하여 강론
하며 권면하되 9 어떤 사람들은 마음이 굳어 순종하지 않고 무리 앞에서
이 도를 비방하거늘 바울이 그들을 떠나 제자들을 따로 세우고 두란노
서원에서 날마다 강론하니라 10 두 해 동안 이같이 하니 아시아에 사는 자
는 유대인이나 헬라인이나 다 주의 말씀을 듣더라 11 하나님이 바울의 손
으로 놀라운 능력을 행하게 하시니 12 심지어 사람들이 바울의 몸에서 손
수건이나 앞치마를 가져다가 병든 사람에게 얹으면 그 병이 떠나고 악귀
도 나가더라 13 이에 돌아다니며 마술하는 어떤 유대인들이 시험삼아 악
귀 들린 자들에게 주 예수의 이름을 불러 말하되 내가 바울이 전파하는
예수를 의지하여 너희에게 명하노라 하더라 14 유대의 한 제사장 스게와
의 일곱 아들도 이 일을 행하더니 15 악귀가 대답하여 이르되 내가 예수도
알고 바울도 알거니와 너희는 누구냐 하며 16 악귀 들린 사람이 그들에게
뛰어올라 눌러 이기니 그들이 상하여 벗은 몸으로 그 집에서 도망하는지
라 17 에베소에 사는 유대인과 헬라인들이 다 이 일을 알고 두려워하며 주
예수의 이름을 높이고 18 믿은 사람들이 많이 와서 자복하여 행한 일을 알
리며 19 또 마술을 행하던 많은 사람이 그 책을 모아 가지고 와서 모든 사

행 19:11, 12 바울의 주요 이적들

사도 바울은 수많은 지역으로 순회하면서 복음을 전하고 교회를 세우며 방문하였고 그에 따른 기적 또한 많이 행했다. 이것은 주님께서 사도 바울을 통해 당신의 말씀을 전하시고 당신의 뜻을 이루시기 위해 역사하신 것이다(롬 15:18). 다음에서 사도 바울이 행했던 기적을 살펴보자.

장소	이적내용
바보	마술사 엘루마를 맹인되게 함(13:6-11)
루스드라	앉은뱅이를 일으켜 걷게 함(14:8-10)
빌립보	한 여종에게서 점치는 귀신을 내쫓음(16:16-18)
에베소	병든 자를 고치고 악귀를 쫓음(19:11, 12)
드로아	죽은 유두고를 다시 살림(20:9-12)
멜리데	독사에게 물렸으나 해없음, 열병과 이질을 고침(28:1-9)

79일~84일

바울의 전도 지역

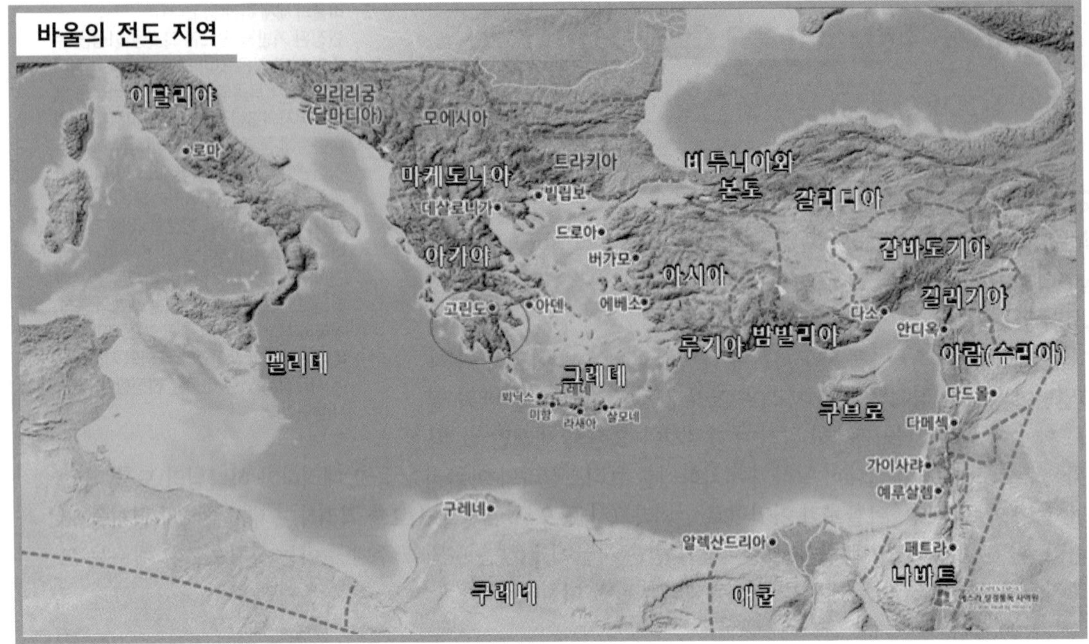

람 앞에서 불사르니 그 책 값을 계산한즉 은 오만이나 되더라 20 이와 같
이 주의 말씀이 힘이 있어 흥왕하여 세력을 얻으니라

에베소에서 일어난 소동

21 이 일이 있은 후에 바울이 마게도냐와 아가야를 거쳐 예루살렘에 가기
로 작정하여 이르되 내가 거기 갔다가 후에 로마도 보아야 하리라 하고
22 자기를 돕는 사람 중에서 디모데와 에라스도 두 사람을 마게도냐로 보
내고 자기는 아시아에 얼마 동안 더 있으니라

고린도전서 1장~6장

고린도전서 1장

인사와 감사

1 하나님의 뜻을 따라 그리스도 예수의 사도로 부르심을 받은 바울과 형
제 소스데네는 2 고린도에 있는 하나님의 교회 곧 그리스도 예수 안에서
거룩하여지고 성도라 부르심을 받은 자들과 또 각처에서 우리의 주 곧 그들과 우리의 주 되신 예수 그리스도의
이름을 부르는 모든 자들에게 3 하나님 우리 아버지와 주 예수 그리스도로부터 은혜와 평강이 있기를 원하노라
4 그리스도 예수 안에서 너희에게 주신 하나님의 은혜로 말미암아 내가 너희를 위하여 항상 하나님께 감사하노
니 5 이는 너희가 그 안에서 모든 일 곧 모든 언변과 모든 지식에 풍족하므로 6 그리스도의 증거가 너희 중에 견
고하게 되어 7 너희가 모든 은사에 부족함이 없이 우리 주 예수 그리스도의 나타나심을 기다림이라 8 주께서 너
희를 우리 주 예수 그리스도의 날에 책망할 것이 없는 자로 끝까지 견고하게 하시리라 9 너희를 불러 그의 아들
예수 그리스도 우리 주와 더불어 교제하게 하시는 하나님은 미쁘시도다

❖ **복음에 대한 수용과 거절**
복음이 선포되는 곳에서는 언제나 두 가지 반응이 일어나는 법이다. 베드로가 전한 복음과 스데반이 전한 복음이 같았음에도 그 결과는 판이하였다. 복음이 전해지는 곳마다 "마음에 찔려 ... 형제들아 우리가 어찌할꼬"(행 2:37)의 수용적 반응(reception)과 "마음에 찔려 저를 향하여 이를 갈거늘⋯ 그에게 달려들어 성 밖에 내치고 돌로 칠새..."(행 7:54-58)의 거절적 반응(rejection)이 있다. 이 둘 사이의 절충은 없다. 이러한 수용과 거절은 바울이 다녔던 3차의 전도 여행 내내 동일한 결과를 가져왔다.

❖ 바울의 3차 전도 여행 중에 에베소에서 고린도 교회와 로마 교회에 편지를 썼다. 여기서 고린도 전·후서와 로마서를 읽는다.

학습 자료 79-4
"고린도는 어떤 도시인가?" 참조

고린도 전서 1 CORINTHIANS 哥林多 前書

고린도전서 한눈에 보기

개요 예수님은 우리의 지혜

I. 분당 짓기에 대한 책망 (1장-6장) 고린도 교회는 파벌 등 많은 인간 중심적인 문제들에 직면함

II. 교회가 직면한 문제들에 대한 바울의 대답 (7-15장)

보충 : 16장

고린도 교회의 분쟁

10 형제들아 내가 우리 주 예수 그리스도의 이름으로 너희를 권하노니 모
두가 같은 말을 하고 너희 가운데 분쟁이 없이 같은 마음과 같은 뜻으로
온전히 합하라 11 내 형제들아 글로에의 집 편으로 너희에 대한 말이 내게
들리니 곧 너희 가운데 분쟁이 있다는 것이라 12 내가 이것을 말하거니와
너희가 각각 이르되 나는 바울에게, 나는 아볼로에게, 나는 게바에게, 나
는 그리스도에게 속한 자라 한다는 것이니 13 그리스도께서 어찌 나뉘었
느냐 바울이 너희를 위하여 십자가에 못 박혔으며 바울의 이름으로 너희
가 세례를 받았느냐 14 나는 그리스보와 가이오 외에는 너희 중 아무에게
도 내가 세례를 베풀지 아니한 것을 감사하노니 15 이는 아무도 나의 이
름으로 세례를 받았다 말하지 못하게 하려 함이라 16 내가 또한 스데바나
집 사람에게 세례를 베풀었고 그 외에는 다른 누구에게 세례를 베풀었는
지 알지 못하노라 17 그리스도께서 나를 보내심은 세례를 베풀게 하려 하
심이 아니요 오직 복음을 전하게 하려 하심이로되 말의 지혜로 하지 아니
함은 그리스도의 십자가가 헛되지 않게 하려 함이라

하나님의 능력과 지혜이신 그리스도

18 십자가의 도가 멸망하는 자들에게는 미련한 것이요 구원을 받는 우
리에게는 하나님의 능력이라 19 기록된 바 내가 지혜 있는 자들의 지혜
를 멸하고 총명한 자들의 총명을 폐하리라 하였으니 20 지혜 있는 자가
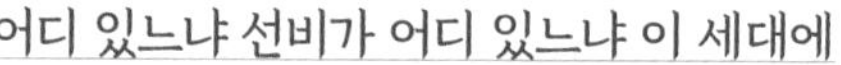
어디 있느냐 선비가 어디 있느냐 이 세대에
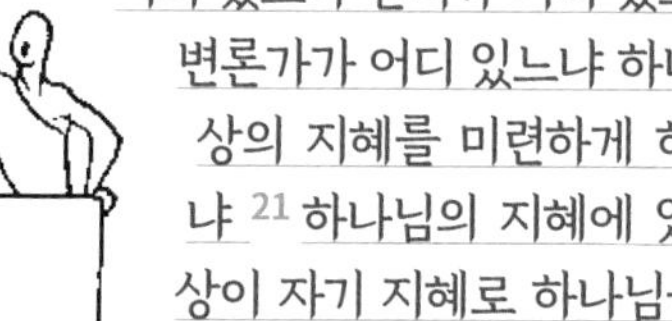
변론가가 어디 있느냐 하나님께서 이 세
상의 지혜를 미련하게 하신 것이 아니
냐 21 하나님의 지혜에 있어서는 이 세
상이 자기 지혜로 하나님을 알지 못하므로 하나님께서 전도의 미련한 것으로
믿는 자들을 구원하시기를 기뻐하셨도다 22 유대인은 표적을 구하고 헬라인
은 지혜를 찾으나 23 우리는 십자가에 못 박힌 그리스도를 전하니 유대인에게
는 거리끼는 것이요 이방인에게는 미련한 것이로되 24 오직 부르심을 받은 자들에게는 유대인이나 헬라인이
나 그리스도는 하나님의 능력이요 하나님의 지혜니라 25 하나님의 어리석음이 사람보다 지혜롭고 하나님의
약하심이 사람보다 강하니라 26 형제들아 너희를 부르심을 보라 육체를 따라 지혜로운 자가 많지 아니하며 능
한 자가 많지 아니하며 문벌 좋은 자가 많지 아니하도다 27 그러나 하나님께서 세상의 미련한 것들을 택하사
지혜 있는 자들을 부끄럽게 하려 하시고 세상의 약한 것들을 택하사 강한 것들을 부끄럽게 하려 하시며 28 하

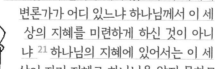

❖ 고린도전서 개요

고린도 교회는 바울이 2차 전도 여행 때 세웠다(행 18:1-8). 고린도 교회를 세운 후 바울은 에베소로 가서 3년간 머문다. 그곳에서 바울은 고린도 신자들에게 그의 첫 번째 서신을 썼다. 그들은 도움과 바르게 함이 너무나 절박하게 필요했다. 그때가 A.D. 52년에서 A.D. 56년 사이다. 고린도 교회는 모든 시대의 교회가 갖는 문제의 본보기들을 가진 교회였다. 고린도전서는 바로 이런 문제들을 다루는 책이다. 고린도 교인들은 문벌 좋은 자가 별로 없으나 헬라인과 같이 지적 자만심에 가득 차 있었다. 그래서 바울은 그들이 가장 고귀한 진리를 모르고 세상적인 지혜를 자랑하는 것을 나무란다. 또 그들이 도덕적으로 부패해 있는 것을(간음, 난잡한 성행위) 술 취함에 빠져 있는 것을, 사회적 또는 종교적 생활면에서 잘못된 것 (믿는 사람끼리 소송, 이혼, 십일조나 헌금을 하지 않음)을, 잘못된 교리(고전15: 12)를, 무질서(만찬, 영적 은사)등을 책망한다. 그래서 이 책을 '책망의 서신'이라고도 한다. 특히 무질서는 그들이 예수 그리스도를 '주'로 인식하지 못한 데에 기인된 것이다. 그래서 '주 예수 그리스도'라는 말이 많이 나온다.

❖ **고린도전서의 주요 내용**

1. 교인들의 분열에 대하여 바울은 교회의 하나 됨을 강조했다(1:10-17, 12:4-6, 13:13).
2. 교회의 일체성과 관련해, 바울은 약한 자들과 그들의 양심을 고려하여 행동할 것을 충고했다(8:1-3, 10:23-33).
3. 성령의 은사 특히 예언과 방언의 문제에 바울은 관심을 기울였다. 이 문제를 다루면서 그는 무엇보다도 교회의 질서를 중요시했다(14:5, 28).
4 성만찬 예식에서도 바울은 성도들 서로를 향한 사랑과 연합을 강조했다(11:23-24).
5. 고린도전서의 많은 부분이 헬라 철학의 영향을 받은 이원론을 공격하고 복음의 가치를 재정립하는 것과 관계되어 있다(1:18-25, 6:4, 6:19).

나님께서 세상의 천한 것들과 멸시 받는 것들과 없는 것들을 택하사 있
는 것들을 폐하려 하시나니 29 이는 아무 육체도 하나님 앞에서 자랑하
지 못하게 하려 하심이라 30 너희는 하나님으로부터 나서 그리스도 예수
안에 있고 예수는 하나님으로부터 나와서 우리에게 지혜와 의로움과
거룩함과 구원함이 되셨으니 31 기록된 바 자랑하는 자는 주 안에서 자
랑하라 함과 같게 하려 함이라

고전 1:10-31
본서에 나타난 고린도 교회의 8대 부패상

1	교회 내에서의 분쟁과 파당 조성(1:10-17)
2	근친상간을 비롯한 음행(5:1-2)
3	불신자 앞에서의 성도 간의 송사(6:1-9)
4	우상 제물의 식사 문제로 인한 분쟁(8:7-13)
5	우상 숭배 (10:7, 14)
6	성찬 시 음식 문제로 인한 분쟁(11:17-34)
7	은사의 남용(14:16-19, 26-33)
8	그리스도의 부활과 죽은 자의 부활 교리에 대한 의심(15:12-19, 33-49)

고린도전서 2장

십자가에 못 박히신 그리스도

1 형제들아 내가 너희에게 나아가 하나님의 증거를 전할 때에 말과 지혜
의 아름다운 것으로 아니하였나니 2 내가 너희 중에서 예수 그리스도와
그가 십자가에 못 박히신 것 외에는 아무 것도 알지 아니하기로 작정하였
음이라 3 내가 너희 가운데 거할 때에 약하고 두려워하고 심히 떨었노라
4 내 말과 내 전도함이 설득력 있는 지혜의 말로 하지 아니하고 다만 성령
의 나타나심과 능력으로 하여 5 너희 믿음이 사람의 지혜에 있지 아니하
고 다만 하나님의 능력에 있게 하려 하였노라

성령으로 보이셨다

6 그러나 우리가 온전한 자들 중에서는 지혜를 말하노니 이는 이 세상의
지혜가 아니요 또 이 세상에서 없어질 통치자들의 지혜도 아니요 7 오직
은밀한 가운데 있는 하나님의 지혜를 말하는 것으로서 곧 감추어졌던 것
인데 하나님이 우리의 영광을 위하여 만세 전에 미리 정하신 것이라 8 이
지혜는 이 세대의 통치자들이 한 사람도 알지 못하였나니 만일 알았더라
면 영광의 주를 십자가에 못 박지 아니하였으리라 9 기록된 바 하나님이
자기를 사랑하는 자들을 위하여 예비하신 모든 것은 눈으로 보지 못하고 귀로 듣지 못하고 사람의 마음으로
생각하지도 못하였다 함과 같으니라 10 오직 하나님이 성령으로 이것을 우리에게 보이셨으니 성령은 모든 것
곧 하나님의 깊은 것까지도 통달하시느니라 11 사람의 일을 사람의 속에 있는 영 외에 누가 알리요 이와 같이
하나님의 일도 하나님의 영 외에는 아무도 알지 못하느니라 12 우리가 세상의 영을 받지 아니하고 오직 하나님
으로부터 온 영을 받았으니 이는 우리로 하여금 하나님께서 우리에게 은혜로 주신 것들을 알게 하려 하심이라
13 우리가 이것을 말하거니와 사람의 지혜가 가르친 말로 아니하고 오직 성령께서 가르치신 것으로 하니 영적
인 일은 영적인 것으로 분별하느니라 14 육에 속한 사람은 하나님의 성령의 일들을 받지 아니하나니 이는 그것
들이 그에게는 어리석게 보임이요, 또 그는 그것들을 알 수도 없나니 그러한 일은 영적으로 분별되기 때문이라
15 신령한 자는 모든 것을 판단하나 자기는 아무에게도 판단을 받지 아니하느니라 16 누가 주의 마음을 알아서
주를 가르치겠느냐 그러나 우리가 그리스도의 마음을 가졌느니라

❖ Ⅰ. **분당 짓기에 대한 책망(1~6장)**

· 고전 1장~6장

바울은 고린도전서의 문안 부분에서 자신의 사도권의 권위에 관해 언급한다. 자신의 사도권은 하나님의 뜻에 따라 부여받은 것이라는 것이다. 그는 이어서 고린도 교회의 분쟁에 대해 언급한다. 바울은 분쟁의 원인은 하나님의 지혜를 무시하고 인간의 지혜를 과신한데 기인하는 것이라고 지적한다. 고린도 교회의 교인들은 바울의 표현대로 육신적 그리스도이었음을 볼 수 있다. 그들은 그리스도를 구주로 영접했지만 아직은 모든 것을 예수님 앞에 온전히 내려놓지 못한 교인들이다. 바로 이것이 고린도의 모든 문제의 근본적인 원인이 되는 것이다. 그것은 오늘날에도 꼭 같다.

고린도전서 3장

79일~84일

하나님의 동역자들

1 형제들아 내가 신령한 자들을 대함과 같이 너희에게 말할 수 없어서 육신에 속한 자 곧 그리스도 안에서 어린
아이들을 대함과 같이 하노라 2 내가 너희를 젖으로 먹이고 밥으로 아니하였노니 이는 너희가 감당하지 못하였
음이거니와 지금도 못하리라 3 너희는 아직도 육신에 속한 자로다 너희 가운데 시기와 분쟁이 있으니 어찌 육신
에 속하여 사람을 따라 행함이 아니리요 4 어떤 이는 말하되 나는 바울에게라 하고 다른 이는 나는 아볼로에게

라 하니 너희가 육의 사람이 아니리요 5 그런즉 아볼로는 무엇이며 바울은 무엇
이냐 그들은 주께서 각각 주신 대로 너희로 하여금 믿게 한 사역자들이니라 6
나는 심었고 아볼로는 물을 주었으되 오직 하나님께
서 자라나게 하셨나니 7 그런즉 심는 이나 물 주
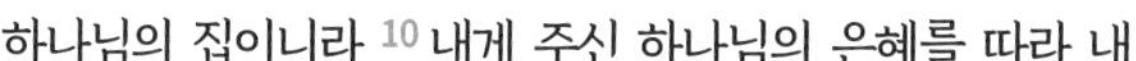
는 이는 아무 것도 아니로되 오직 자라게 하
시는 이는 하나님뿐이니라 8 심는 이와
물 주는 이는 한가지이나 각각 자기가 일
한 대로 자기의 상을 받으리라 9 우리는 하
나님의 동역자들이요 너희는 하나님의 밭이요
하나님의 집이니라 10 내게 주신 하나님의 은혜를 따라 내
가 지혜로운 건축자와 같이 터를 닦아 두매 다른 이가 그 위에 세우나 그러나 각각 어떻게 그 위에 세울까를 조
심할지니라 11 이 닦아 둔 것 외에 능히 다른 터를 닦아 둘 자가 없으니 이 터는 곧 예수 그리스도라 12 만일 누구
든지 금이나 은이나 보석이나 나무나 풀이나 짚으로 이 터 위에 세우면 13 각 사람의 공적이 나타날 터인데 그 날
이 공적을 밝히리니 이는 불로 나타내고 그 불이 각 사람의 공적이 어떠한 것을 시험할 것임이라 14 만일 누구든
지 그 위에 세운 공적이 그대로 있으면 상을 받고 15 누구든지 그 공적이 불타면 해를 받으리니 그러나 자신은 구
원을 받되 불 가운데서 받은 것 같으리라 16 너희는 너희가 하나님의 성전인 것과 하나님의 성령이 너희 안에 계
시는 것을 알지 못하느냐 17 누구든지 하나님의 성전을 더럽히면 하나님이 그 사람을 멸하시리라 하나님의 성전
은 거룩하니 너희도 그러하니라 18 아무도 자신을 속이지 말라 너희 중에 누구든지 이 세상에서 지혜 있는 줄로
생각하거든 어리석은 자가 되라 그리하여야 지혜로운 자가 되리라 19 이 세상 지혜는 하나님께 어리석은 것이니
기록된 바 하나님은 지혜 있는 자들로 하여금 자기 꾀에 빠지게 하시는 이라 하였고 20 또 주께서 지혜 있는 자
들의 생각을 헛것으로 아신다 하셨느니라 21 그런즉 누구든지 사람을 자랑하지 말라 만물이 다 너희 것임이라 22
바울이나 아볼로나 게바나 세계나 생명이나 사망이나 지금 것이나 장래 것이나 다 너희의 것이요 23 너희는 그
리스도의 것이요 그리스도는 하나님의 것이니라

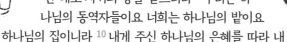

고린도전서 4장

그리스도의 일꾼

1 사람이 마땅히 우리를 그리스도의 일꾼이요 하나님의 비밀을 맡은 자로 여길지어다 2 그리고 맡은 자들에게
구할 것은 충성이니라 3 너희에게나 다른 사람에게나 판단 받는 것이 내게는 매우 작은 일이라 나도 나를 판단
하지 아니하노니 4 내가 자책할 아무 것도 깨닫지 못하나 이로 말미암아 의롭다 함을 얻지 못하노라 다만 나
를 심판하실 이는 주시니라 5 그러므로 때가 이르기 전 곧 주께서 오시기까지 아무 것도 판단하지 말라 그가 어
둠에 감추인 것들을 드러내고 마음의 뜻을 나타내시리니 그 때에 각 사람에게 하나님으로부터 칭찬이 있으리
라 6 형제들아 내가 너희를 위하여 이 일에 나와 아볼로를 들어서 본을 보였으니 이는 너희로 하여금 기록된 말
씀 밖으로 넘어가지 말라 한 것을 우리에게서 배워 서로 대적하여 교만한 마음을 가지지 말게 하려 함이라 7 누
가 너를 남달리 구별하였느냐 네게 있는 것 중에 받지 아니한 것이 무엇이냐 네가 받았은즉 어찌하여 받지 아
니한 것 같이 자랑하느냐 8 너희가 이미 배 부르며 이미 풍성하며 우리 없이도 왕이 되었도다 우리가 너희와 함
께 왕 노릇 하기 위하여 참으로 너희가 왕이 되기를 원하노라 9 내가 생각하건대 하나님이 사도인 우리를 죽이
기로 작정된 자 같이 끄트머리에 두셨으매 우리는 세계 곧 천사와 사람에게 구경거리가 되었노라 10 우리는 그
리스도 때문에 어리석으나 너희는 그리스도 안에서 지혜롭고 우리는 약하나 너희는 강하고 너희는 존귀하나
우리는 비천하여 11 바로 이 시각까지 우리가 주리고 목마르며 헐벗고 매맞으며 정처가 없고 12 또 수고하여 친
히 손으로 일을 하며 모욕을 당한즉 축복하고 박해를 받은즉 참고 13 비방을 받은즉 권면하니 우리가 지금까지

세상의 더러운 것과 만물의 찌꺼기 같이 되었도다 14 내가 너희를 부끄
럽게 하려고 이것을 쓰는 것이 아니라 오직 너희를 내 사랑하는 자녀 같
이 권하려 하는 것이라 15 그리스도 안에서 일만 스승이 있으되 아버지는
많지 아니하니 그리스도 예수 안에서 내가 복음으로써 너희를 낳았음이
라 16 그러므로 내가 너희에게 권하노니 너희는 나를 본받는 자가 되라
17 이로 말미암아 내가 주 안에서 내 사랑하고 신실한 아들 디모데를 너
희에게 보내었으니 그가 너희로 하여금 그리스도 예수 안에서 나의 행
사 곧 내가 각처 각 교회에서 가르치는 것을 생각나게 하리라 18 어떤 이
들은 내가 너희에게 나아가지 아니할 것 같이 스스로 교만하여졌으나
19 주께서 허락하시면 내가 너희에게 속히 나아가서 교만한 자들의 말이
아니라 오직 그 능력을 알아보겠으니 20 하나님의 나라는 말에 있지 아
니하고 오직 능력에 있음이라 21 너희가 무엇을 원하느냐 내가 매를 가
지고 너희에게 나아가랴 사랑과 온유한 마음으로 나아가랴

고전 4:14-21 초대교회에서 다른 교회들과 비교할 때 고린도 교회의 특징 중의 하나는 다양하고 풍부한 성령의 은사이다. 고린도 교회 성도들은 방언과 예언의 은사를 비롯한, 신유의 은사 등 많은 은사를 받았다. 이런 은사는 하나님께서 그리스도의 몸인 교회를 섬기기 위해 각 지체된 성도들에게 주시는 것이다. 그런데 고린도 교회 성도들은 자신이 받은 은사로 인해 교만하고 영적 지도자 바울을 거슬렀다. 그들은 바울이 복음을 통해 낳은 영적인 아들이었지만 바울의 교훈과 지도에 대해 종종 대항하는 문제아들이었다. 그들 중에 어떤 자들은 바울의 사도권을 무시하고 대항하기도 하였다(고전9:1). 또한 바울이 고린도를 방문하려던 계획을 변경한 일로 인해 그의 변덕과 무성의를 공격하기도 하였다. 또한 바울이 다른 순회 전도자들과 달리 고린도 교회의 재정적인 후원을 받지 않음에 대해 불평하기도 하였다(고후11:7-15). 고린도 교회의 이런 문제를 조장한 것은 아마도 예루살렘 교회에서 사도들이나 지도자들의 추천서를 가지고 온 지도자였을 것이다. 그들은 바울이 모교회인 예루살렘 교회를 제치고 이방 교회를 지도하고 12명의 원사도보다 큰 영향력을 발휘하는 것에 대해 못마땅하게 여겼다. 그래서 바울의 가르침까지 문제를 삼으며 교인들로 하여금 바울의 지도권에 도전하게 충동질한 것이다.
바울은 자신의 지도권에 대해 거부하는 성도들과 그들을 충동질한 교만한 자들을 향하여 자신 있게 책망하였다. 대적자들이 아무리 바울을 공격해도 고린도 교회를 향한 바울의 열심과 진리에 굳게 선 가르침이 성도들을 하나님의 백성으로 성숙하게 하였기 때문이다. 반면에 적대자들은 말만 하고 성도들의 신앙을 올바로 지도하지 못하였다. 그래서 하나님의 나라는 말에 있지 않고 능력에 있다.

고린도전서 5장

음행한 자를 판단하다

1 너희 중에 심지어 음행이 있다 함을 들으니 그런 음행은 이방인 중에서
도 없는 것이라 누가 그 아버지의 아내를 취하였다 하는도다 2 그리하고
도 너희가 오히려 교만하여져서 어찌하여 통한히 여기지 아니하고 그 일
행한 자를 너희 중에서 쫓아내지 아니하였느냐 3 내가 실로 몸으로는 떠
나 있으나 영으로는 함께 있어서 거기 있는 것 같이 이런 일 행한 자를 이
미 판단하였노라 4 주 예수의 이름으로 너희가 내 영과 함께 모여서 우리
주 예수의 능력으로 5 이런 자를 사탄에게 내주었으니 이는 육신은 멸하
고 영은 주 예수의 날에 구원을 받게 하려 함이라 6 너희가 자랑하는 것
이 옳지 아니하도다 적은 누룩이 온 덩어리에 퍼지는 것을 알지 못하느냐
7 너희는 누룩 없는 자인데 새 덩어리가 되기 위하여 묵은 누룩을 내버리
라 우리의 유월절 양 곧 그리스도께서 희생되셨느니라 8 이러므로 우리가
명절을 지키되 묵은 누룩으로도 말고 악하고 악의에 찬 누룩으로도 말고
누룩이 없이 오직 순전함과 진실함의 떡으로 하자 9 내가 너희에게 쓴 편
지에 음행하는 자들을 사귀지 말라 하였거니와 10 이 말은 이 세상의 음행하는 자들이나 탐하는 자들이나 속여
빼앗는 자들이나 우상 숭배하는 자들을 도무지 사귀지 말라 하는 것이 아니니 만일 그리하려면 너희가 세상 밖
으로 나가야 할 것이라 11 이제 내가 너희에게 쓴 것은 만일 어떤 형제라 일컫는 자가 음행하거나 탐욕을 부리거
나 우상 숭배를 하거나 모욕하거나 술 취하거나 속여 빼앗거든 사귀지도 말고 그런 자와는 함께 먹지도 말라 함
이라 12 밖에 있는 사람들을 판단하는 것이야 내게 무슨 상관이 있으리요마는 교회 안에 있는 사람들이야 너희
가 판단하지 아니하랴 13 밖에 있는 사람들은 하나님이 심판하시려니와 이 악한 사람은 너희 중에서 내쫓으라

고린도전서 6장

세상 법정에 송사하지 말라

1 너희 중에 누가 다른 이와 더불어 다툼이 있는데 구태여 불의한 자들 앞에서 고발하고 성도 앞에서 하지 아니
하느냐 2 성도가 세상을 판단할 것을 너희가 알지 못하느냐 세상도 너희에게 판단을 받겠거든 지극히 작은 일
판단하기를 감당하지 못하겠느냐 3 우리가 천사를 판단할 것을 너희가 알지 못하느냐 그러하거든 하물며 세상
일이랴 4 그런즉 너희가 세상 사건이 있을 때에 교회에서 경히 여김을 받는 자들을 세우느냐 5 내가 너희를 부끄
럽게 하려 하여 이 말을 하노니 너희 가운데 그 형제간의 일을 판단할 만한 지혜 있는 자가 이같이 하나도 없느
냐 6 형제가 형제와 더불어 고발할 뿐더러 믿지 아니하는 자들 앞에서 하느냐 7 너희가 피차 고발함으로 너희 가
운데 이미 뚜렷한 허물이 있나니 차라리 불의를 당하는 것이 낫지 아니하
며 차라리 속는 것이 낫지 아니하냐 8 너희는 불의를 행하고 속이는구나
그는 너희 형제로다 9 불의한 자가 하나님의 나라를 유업으로 받지 못할
줄을 알지 못하느냐 미혹을 받지 말라 음행하는 자나 우상 숭배하는 자
나 간음하는 자나 탐색하는 자나 남색하는 자나 10 도적이나 탐욕을 부리
는 자나 술 취하는 자나 모욕하는 자나 속여 빼앗는 자들은 하나님의 나
라를 유업으로 받지 못하리라 11 너희 중에 이와 같은 자들이 있더니 주
예수 그리스도의 이름과 우리 하나님의 성령 안에서 씻음과 거룩함과 의
롭다 하심을 받았느니라

몸으로 하나님께 영광을 돌리라

12 모든 것이 내게 가하나 다 유익한 것이 아니요 모든 것이 내게 가하나
내가 무엇에든지 얽매이지 아니하리라 13 음식은 배를 위하여 있고 배는
음식을 위하여 있으나 하나님은 이것 저것을 다 폐하시리라 몸은 음란을
위하여 있지 않고 오직 주를 위하여 있으며 주는 몸을 위하여 계시느니
라 14 하나님이 주를 다시 살리셨고 또한 그의 권능으로 우리를 다시 살리
시리라 15 너희 몸이 그리스도의 지체인 줄을 알지 못하느냐 내가 그리스
도의 지체를 가지고 창녀의 지체를 만들겠느냐 결코 그럴 수 없느니라 16
창녀와 합하는 자는 그와 한 몸인 줄을 알지 못하느냐 일렀으되 둘이 한
육체가 된다 하셨나니 17 주와 합하는 자는 한 영이니라 18 음행을 피하
라 사람이 범하는 죄마다 몸 밖에 있거니와 음행하는 자는 자기 몸에 죄
를 범하느니라 19 너희 몸은 너희가 하나님께로부터 받은 바 너희 가운데
계신 성령의 전인 줄을 알지 못하느냐 너희는 너희 자신의 것이 아니라 20
값으로 산 것이 되었으니 그런즉 너희 몸으로 하나님께 영광을 돌리라

고전 6:12-20 성도가 몸을 더럽혀서는 안 되는 이유	
1	거룩한 하나님의 형상대로 지음 받았으므로(창 1:27)
2	하나님께 드릴 거룩한 산 제물이므로 (롬 12:1)
3	하나님 나라를 유업으로 받기 위하여 (고전 6:9, 10)
4	오직 주를 위하여 영광 돌려야 하므로 (고전 6:13, 20)
5	우리의 몸은 우리의 것이 아니며 그리스도의 지체이므로(고전 6:15, 19)
6	우리의 몸은 성령이 거하시는 전이기 때문에(고전 6:19)
7	우리의 몸은 부활하여 영원히 존재할 것이므로(고전 15:42-44)

고전 6:19-20 성도의 몸은 곧 성전, 바울은 음행 (sexual immorality)의 문제를 다루는 부분에서 성도가 음행죄를 피해야 할 보다 본질적 이유를 제시하고 있는데, 그것은 성도의 몸은 곧 성전 (holy temple)이라는 것이다. 구약의 성전이 하나님의 임재를 나타내는 상징적 처소였다면, 신약 성도들의 몸은 하나님의 성령이 내주(內住)하시는 실제적 임재의 처소이다. 그리스도인들이 음행의 죄를 비롯하여 몸으로써 짓는 죄를 멀리해야 할 본질적 이유가 바로 여기에 있는 것이다.

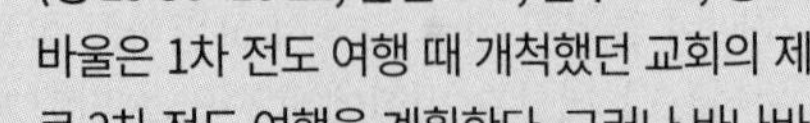

79일차 읽기의 요약

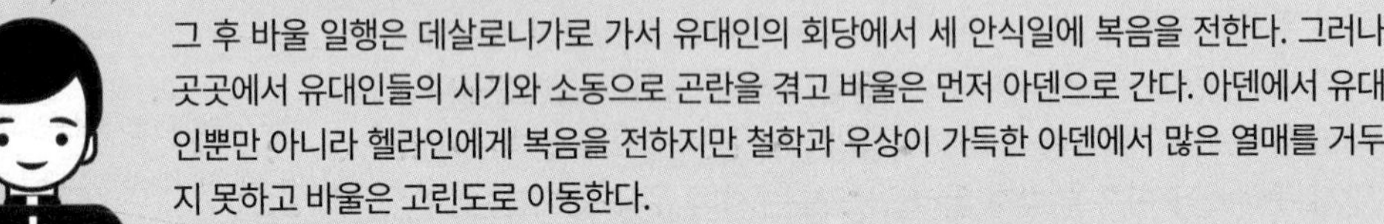

(행 15:36~18:22, 살전 1~5, 살후 1~3, 행 18:23~19:22, 고전 1~6)

바울은 1차 전도 여행 때 개척했던 교회의 제자들을 돌아보고 그들의 믿음을 굳게 하려는 뜻으로 2차 전도 여행을 계획한다. 그러나 바나바와의 의견 충돌로 바울은 실라와 함께 2차 전도 여행을 떠나고 도중에 디모데와 누가가 합류하게 한다. 바울은 에베소를 목적지로 겨냥하고 2차 선교 여행을 떠났으나 성령께서는 마게도냐 사람들의 환상을 통해 바울 일행을 유럽의 마게도냐 지역으로 인도 하신다. 그렇게 해서 마게도냐 지역의 빌립보에서 루디아의 집을 중심으로 유럽의 첫 번째 교회가 세워진다.

그 후 바울 일행은 데살로니가로 가서 유대인의 회당에서 세 안식일에 복음을 전한다. 그러나 곳곳에서 유대인들의 시기와 소동으로 곤란을 겪고 바울은 먼저 아덴으로 간다. 아덴에서 유대인뿐만 아니라 헬라인에게 복음을 전하지만 철학과 우상이 가득한 아덴에서 많은 열매를 거두지 못하고 바울은 고린도로 이동한다.

고린도에서 아굴라와 브리스길라 유대인 부부를 만나 함께 생업을 같이하며 1년 6개월 동안 머물면서 복음을 전한다. 이렇게 고린도에서 사역하는 동안 바울은 디모데와 실라를 다시 만났으며 데살로니가 교회에 보낼 서신서를 기록한다. 바울은 데살로니가 교회의 성도들이 환난 가운데서도 인내하며 믿음을 지킨 것을 칭찬하고 한편으로는 재림에 대한 지나친 기대로 비롯된 잘못된 종말론을 바로잡고 이 땅에서의 현실적 사명을 충성스럽게 잘 감당하도록 데살로니가 전후서를 기록했다.

인위뚝 · 신위고!

그러면 어떻게 살 것인가?

☑ 세계관 점검 – 묵상하기 (영상 강의와 교재 내용의 이해를 바탕으로)

- 사도행전 17:24-25에서 바울은 이방 헬라인들을 향해 행한 설교에서 우주, 세상, 인간을 지으신 창조주 하나님만이 참된 신임을 강조한 성경적 세계관을 가르친다. 이것이 하나님 나라에 대한 바른 복음이며 성경적 세계관의 근간이다. 나도 그렇게 생각하는가?

- 빌립보 지역에서 일어난 소동을 보며 복음에 대한 수용과 거절의 반응을 묵상하자
  복음이 선포되는 곳에서는 언제나 두 가지 반응이 일어나는 법이다. 베드로가 전한 복음과 스데반이 전한 복음이 같았음에도 그 결과는 판이하였음을 읽었다. 복음이 전해지는 곳마다 "마음에 찔려 ... 형제들아 우리가 어찌할꼬"(행 2:37)의 수용적 반응(reception)과 "마음에 찔려 저를 향하여 이를 갈거늘… 그에게 달려들어 성 밖에 내치고 돌로 칠새..."(행 7:54-58)의 거절적 반응(rejection)이 있다. 이 둘 사이의 중간은 없다. 이러한 수용과 거절은 바울이 다녔던 3차의 전도 여행 내내 동일한 결과를 가져 왔다.

행 17:6 "... 천하를 어지럽게 하던 이 사람들이 여기도 이르매"의 묵상
성경이 말하는 구별된 삶은 단순히 규례를 지키는 수동적인 순종적 삶이 아니라 능동적이고 더 적극적인 삶이다. 그리스도인은 구별된 삶을 산다는 이유로 이분법적 사고(二分法的 思考)로 세상과 구별하여 세상과 선을 긋는 삶을 중요하게 생각하는 삶을 살아서는 안 된다. 그리스도인은 오히려 더 적극적으로 세상을 향하여 나아가 그 세상의 시대정신(時代精神)을 주도하며 세상에 그리스도의 문화를 심어야 한다. 이것이 대문화(對文化 counter culture)이다. 그리스도의 문화로 세상 문화를 바꾸어 놓았다는 말이다.
이 구절에서 초대교회 시절의 이방인들은 그리스도인(바울, 디모데와 실라를 가리키지만)들은 '천하를 어지럽히는 자들' 즉 영어 성경에는 'these that have turned the world upside down(KJV)'이라고 했다. 즉, 세상을 뒤집어엎는 사람들이라는 뜻이다. 신약의 구별된 삶은 바로 이런 변혁적 정신을 가지고 그리스도의 복음을 시대정신으로 삼을 수 있는 패기 있는 삶을 말한다. 그 삶이 바로 예수님의 삶이었다. 예수님의 사회관은 변혁 주의적이었다. 세상을 하나님 나라 가치관으로 바로 세우는 것이다. 이것이 희년의 정신이기도 하다. 따라서 모든 그리스도인의 삶의 가치관이 되어야 한다. 그것만이 이 시대를 구할 수 있다는 사실을 가슴 깊이 새기고 말씀 앞에서 신앙의 야성(野性)을 회복하라!

사도행전 17:11의 베뢰아 사람들은 신사적이고 날마다 성경을 상고한다고 했다. 체험과 은사 중심의 데살로니가 교인과 비교해서 "말씀 중심"의 베뢰아 교인들이 칭찬받는 모습을 묵상해 보라. 체험과 은사 중심의 신앙생활은 기복적으로 이끌리고, 그래서 무속적, 주술적 신앙의 모습으로 이끌린다. 특히 감성적이며, 무속적 기질이 강한 한국인에게 이 사실은 매우 심오한 의미를 가져다준다. 깊이 생각하라!

재림을 기다리는 성도는 이 땅에서 어떻게 살아야 하는가? 일부 데살로니가 교인들은 그리스도 재림에 대한 지나친 기대로 잘못된 행동을 했다. 세상사를 등지고 일하기를 싫어하며 남에게 누를 끼치는 일이 있었다(살전 4:11, 살후 3:7-12). 재림에 대한 오해가 빚은 잘못된 기대감이 데살로니가 교인들의 생활을 나태하게 만들었다. 그리하여 바울은 그들에게 올바른 지침을 주기 위하여 펜을 든 것이다
오늘날에도 신앙생활을 현실에서 도피하는 수단으로 여기는 사람들이 있다. 당신은 더 적극적으로 세상을 향하여 나가는 신앙을 가지고 있는가?

타락한 세속 문화 속에서의 교회의 위상 정립, 본 서신에 언급되고 있는 고린도 교회의 윤리적 문제들 중 상당 부분은 당시 고린도의 혼탁한 도덕적 분위기를 반영하고 있다. 특히 교회 내 근친상간자를 용납할 정도로 심각했던 음행의 문제는 고린도의 부도덕한 분위기에 교회가 그대로 물들어 있었다는 것을 보여 주고 있다. 본 서신의 행간(行間)에는 세상의 사람들과 별로 다를 바 없는 고린도 교회의 위상에 대한 바울의 깊은 탄식이 서려져 있다. 세속 문화에 대해서 각 개교회가 어떤 위상을 정립해야 하는가에 대한 문제는 본 서신 전반에 걸친 핵심 메시지이다.

신자(信者)와 신자(神子) / Churchian vs. Christian
아래의 그림은 C.C.C. 창설자인 Bill Bright 박사의 사영리(四靈理) 공부에 나오는 그림이다. 왼쪽 그림 ❶은 불신자를 가리키고, 가운데와 오른쪽 ❷와 ❸은 믿는 자(신자)를 가리킨다. 가운데 그림 ❷는 아직은 자기 의(Self-righteousness)가 강한 자, 즉 자기중심성이 온전히 내려지지 않은 상태이지만 예수를 구주로 영접했기에 신자이다. 이런 신자를 한자로 표현하면 信者이다. 바울은 이런 자를 '육에 속한 자'(2:14)라고 했다. 오른쪽의 경우는 성숙한 성령 충만한 신자를 가리킴을 알 수 있다. 그는 모든 것을 성령님께 맡기고 자신은 그 앞에 내려와 순종하는 모습이다. 이런 교인은 내려놓음의 달인이라고 하겠다. 이런 신자를 神子라고 한다. 그

야말로 하나님의 아들이다. 바울은 이들을 '신령한 자'(2:15)이라고 했다.

❶ ❷ ❸

고린도 교회의 문제는 바로 '육에 속한 자'들의 미성숙함에 있다는 것이다. 그것은 바로 그들이 예수님을 구주로 영접하는 순간 '성령의 전'이 된다는 사실을 제대로 알지 못했기 때문이다. 이것은 우리 신앙에 있어서 굉장히 중요한 기본을 제공한다. 우리의 몸이 '성령의 전'이 된다면 그 성전 즉, 몸의 주인은 성령이 되어야 하고 우리는 당연히 그분의 주인 됨(Lordship)을 인정하여야 한다. 이것이 바로 신위 앞에 인위를 내려놓는 것이고 이것이 바로 인간의 문제를 해결 받는 유일한 길이다. 그러므로 우리는 信者(아직도 人爲가 지배하는)가 아니라 神子(神爲의 지배를 받는 자)가 되어야 한다. 그래서 사도행전 1:8에서 예수님은 성령의 권능을 받으라고 했다.

· 고린도전서 3:16-17 "너희는 너희가 하나님의 성전인 것과 하나님의 성령이 너희 안에 계시는 것을 알지 못하느냐 누구든지 하나님의 성전을 더럽히면 하나님이 그 사람을 멸하시리라 하나님의 성전은 거룩하니 너희도 그러하니라"

우리가 하나님의 성전이 되었다는 것은 예수님이 운명하실 때 성전의 휘장이 찢어짐으로 구약적 성전의 의미는 없어지게 되었다. 성전의 발전 과정에서 우리가 바로 하나님이 임재하시는 이스라엘의 성전과 같은 역할을 한다는 것이고, 그것은 우리가 바로 새 언약의 동역자가 된 새 이스라엘이라는 사실을 깊이 생각하고 내 신앙으로 삼아야 한다.

✐ 고린도 교회를 통해서 보는 교회와 세상 – 교회의 이중성, 거룩성과 세속성

고린도전서는 "고린도에 있는 하나님의 교회 곧 그리스도 예수 안에서 거룩하여지고 성도라 부르심을 입은 자들"(고전 1:2)에게 보낸 편지이다. 여기서 "고린도에 있는 하나님의 교회"라는 표현은 세상 가운데 있는 교회의 모습(살전 1 :1 참고)을 잘 지적하고 있다. 교회란 세상 가운데 있지만 (in the world), 세상에 속하지 아니하고 (not 'of the world'), 세상 속으로(into the world) 보냄을 받았다(요 17:11-19). 교회는 세상 가운데 있을 수밖에 없는 존재이다. 그렇다고 세속에 물들면 하나님의 교회일 수가 없다. 우리의 교회 모습은 어떤가?

✐ 고린도 교회의 문제는 오늘날 우리들의 교회의 문제이며, 그 참된 해결은 말씀으로 돌아가 자기중심성을 내려놓고 성경적 가치관을 세우는 길 밖에는 없다.

79일~
84일

☑ 결단기도와 실행하기

약 2:26 영혼 없는 몸이 죽은 것 같이 행함이 없는 믿음은 죽은 것이니라

시 119:28 나의 영혼이 눌림으로 말미암아 녹사오니 주의 말씀대로 나를 세우소서

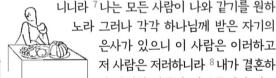

고린도전서 7장~16장 : 바울의 권위와 서신서

고린도전서 7장

결혼에 대하여 이르다

1 너희가 쓴 문제에 대하여 말하면 남자가 여자를 가까이 아니함이 좋으
나 2 음행을 피하기 위하여 남자마다 자기 아내를 두고 여자마다 자기 남
편을 두라 3 남편은 그 아내에 대한 의무를 다하고 아내도 그 남편에게
그렇게 할지라 4 아내는 자기 몸을 주장하지 못하고 오직 그 남편이 하며
남편도 그와 같이 자기 몸을 주장하지 못하고 오직 그 아내가 하나니 5 서
로 분방하지 말라 다만 기도할 틈을 얻기 위하여 합의상 얼마 동안은 하
되 다시 합하라 이는 너희가 절제 못함으로 말미암아 사탄이 너희를 시험
하지 못하게 하려 함이라 6 그러나 내가 이 말을 함은 허락이요 명령은 아
니니라 7 나는 모든 사람이 나와 같기를 원하
노라 그러나 각각 하나님께 받은 자기의
은사가 있으니 이 사람은 이러하고
저 사람은 저러하니라 8 내가 결혼하
지 아니한 자들과 과부들에게 이르

노니 나와 같이 그냥 지내는 것이 좋으니라 9 만일 절제할 수 없거든 결혼
하라 정욕이 불 같이 타는 것보다 결혼하는 것이 나으니라 10 결혼한 자들
에게 내가 명하노니 (명하는 자는 내가 아니요 주시라) 여자는 남편에게서 갈라
서지 말고 11 (만일 갈라섰으면 그대로 지내든지 다시 그 남편과 화합하든지 하라) 남
편도 아내를 버리지 말라 12 그 나머지 사람들에게 내가 말하노니 (이는 주
의 명령이 아니라) 만일 어떤 형제에게 믿지 아니하는 아내가 있어 남편과 함
께 살기를 좋아하거든 그를 버리지 말며 13 어떤 여자에게 믿지 아니하는
남편이 있어 아내와 함께 살기를 좋아하거든 그 남편을 버리지 말라 14 믿
지 아니하는 남편이 아내로 말미암아 거룩하게 되고 믿지 아니하는 아내
가 남편으로 말미암아 거룩하게 되나니 그렇지 아니하면 너희 자녀도 깨
끗하지 못하니라 그러나 이제 거룩하니라 15 혹 믿지 아니하는 자가 갈리
거든 갈리게 하라 형제나 자매나 이런 일에 구애될 것이 없느니라 그러
나 하나님은 화평 중에서 너희를 부르셨느니라 16 아내 된 자여 네가 남편
을 구원할는지 어찌 알 수 있으며 남편 된 자여 네가 네 아내를 구원할는
지 어찌 알 수 있으리요 17 오직 주께서 각 사람에게 나눠 주신 대로 하나
님이 각 사람을 부르신 그대로 행하라 내가 모든 교회에서 이와 같이 명
하노라 18 할례자로서 부르심을 받은 자가 있느냐 무할례자가 되지 말며
무할례자로 부르심을 받은 자가 있느냐 할례를 받지 말라 19 할례 받는 것도 아무 것도 아니요 할례 받지 아니하
는 것도 아무 것도 아니로되 오직 하나님의 계명을 지킬 따름이니라 20 각 사람은 부르심을 받은 그 부르심 그대
로 지내라 21 네가 종으로 있을 때에 부르심을 받았느냐 염려하지 말라 그러나 네가 자유롭게 될 수 있거든 그것
을 이용하라 22 주 안에서 부르심을 받은 자는 종이라도 주께 속한 자유인이요 또 그와 같이 자유인으로 있을 때

고린도전서
학습 자료 80-1 "교회의 권징" 참조

Ⅱ. 교회의 문제들에 대한 바울의 해답 (7~16장)
- 고린도전서 후반부(7장~16장)는 고린도 교회의 문제점과 신앙적 질문에 대한 바울의 해답을 보여 준다.

7장은 결혼 문제에 관한 바울의 해답이다. 고린도 교회는 결혼을 꼭 해야 한다는 부류와 이를 부정하는 부류로 나뉘어 있다. 바울은 결혼도 하나님의 영광을 위한 목적으로 수행되어야 한다는 것을 말해준다. 7:25-38은 그리스도인의 결혼관을 보여 준다. ① 결혼은 성도들의 부부 생활(성생활) 자체가 목적일 수가 없고 ② 가정은 그리스도의 사랑을 실현하며 ③ 그리스도의 구속 사역과 하나님의 창조 질서를 수행하는 방편이다.

고전 7:6, 12
학습 자료 80-2 "바울의 권면에 대한 영감성 논쟁" 참조

고전 7:1-40 본문에 나타난 바울의 결혼관

1	음행의 죄에 빠져 신앙의 순결을 잃지 않기 위해 결혼할 것(2절)
2	부부는 피차간에 의무를 다할 것(3-5절)
3	가능한한 성도들끼리 결혼할 것(10-16절)
4	가능한한 이혼보다 화평을 꾀할 것 (10-16절)
5	불신자와 이미 결혼한 경우에 억지로 이혼하지 말 것(12-15절)
6	불신 배우자가 회심하여 신앙을 갖도록 힘쓸 것(14-16절)
7	자녀들이 본을 받도록 신앙으로 결혼 생활을 영위할 것(14절)
8	결혼으로 신앙적 의무를 소홀히 하지 말 것(32-35절)
9	다른 사람의 강요에 의해 결혼하지 말 것 (36-38절)
10	자신의 뜻대로 결혼할 것이나 주 안에서 할 것(39절)

에 부르심을 받은 자는 그리스도의 종이니라 [23] 너희는 값으로 사신 것이니 사람들의 종이 되지 말라 [24] 형제들
아 너희는 각각 부르심을 받은 그대로 하나님과 함께 거하라

처녀와 과부에게 주는 권면

[25] 처녀에 대하여는 내가 주께 받은 계명이 없으되 주의 자비하심을 받아서 충성스러운 자가 된 내가 의견을 말
하노니 [26] 내 생각에는 이것이 좋으니 곧 임박한 환난으로 말미암아 사람이 그냥 지내는 것이 좋으니라 [27] 네가
아내에게 매였느냐 놓이기를 구하지 말며 아내에게서 놓였느냐 아내를 구하지 말라 [28] 그러나 장가가도 죄 짓는
것이 아니요 처녀가 시집가도 죄 짓는 것이 아니로되 이런 이들은 육신에 고난이 있으리니 나는 너희를 아끼노라
[29] 형제들아 내가 이 말을 하노니 그 때가 단축하여진 고로 이후부터 아내 있는 자들은 없는 자 같이 하며 [30] 우
는 자들은 울지 않는 자 같이 하며 기쁜 자들은 기쁘지 않은 자 같이 하며 매매하는 자들은 없는 자 같이 하며 [31]
세상 물건을 쓰는 자들은 다 쓰지 못하는 자 같이 하라 이 세상의 외형은 지나감이니라 [32] 너희가 염려 없기를 원
하노라 장가 가지 않은 자는 주의 일을 염려하여 어찌하여야 주를 기쁘시게 할까 하되 [33] 장가 간 자는 세상 일
을 염려하여 어찌하여야 아내를 기쁘게 할까 하여 [34] 마음이 갈라지며 시집 가지 않은 자와 처녀는 주의 일을 염
려하여 몸과 영을 다 거룩하게 하려 하되 시집 간 자는 세상 일을 염려하여 어찌하여야 남편을 기쁘게 할까 하느
니라 [35] 내가 이것을 말함은 너희의 유익을 위함이요 너희에게 올무를 놓으려 함이 아니니 오직 너희로 하여금
이치에 합당하게 하여 흐트러짐이 없이 주를 섬기게 하려 함이라 [36] 그러므로 만일 누가 자기의 약혼녀에 대한
행동이 합당하지 못한 줄로 생각할 때에 그 약혼녀의 혼기도 지나고 그같이 할 필요가 있거든 원하는 대로 하라
그것은 죄 짓는 것이 아니니 그들로 결혼하게 하라 [37] 그러나 그가 마음을 정하고 또 부득이한 일도 없고 자기 뜻
대로 할 권리가 있어서 그 약혼녀를 그대로 두기로 하여도 잘하는 것이니라 [38] 그러므로 결혼하는 자도 잘하거
니와 결혼하지 아니하는 자는 더 잘하는 것이니라 [39] 아내는 그 남편이 살아 있는 동안에 매여 있다가 남편이 죽
으면 자유로워 자기 뜻대로 시집 갈 것이나 주 안에서만 할 것이니라 [40] 그러나 내 뜻에는 그냥 지내는 것이 더욱
복이 있으리로다 나도 또한 하나님의 영을 받은 줄로 생각하노라

고린도전서 8장

우상에게 바친 제물

[1] 우상의 제물에 대하여는 우리가 다 지식이 있는 줄을 아나 지식은 교만
하게 하며 사랑은 덕을 세우나니 [2] 만일 누구든지 무엇을 아는 줄로 생각
하면 아직도 마땅히 알 것을 알지 못하는 것이요 [3] 또 누구든지 하나님을
사랑하면 그 사람은 하나님도 알아 주시느니라 [4] 그러므로 우상의 제물을
먹는 일에 대하여는 우리가 우상은 세상에 아무 것도 아니며 또한 하나님
은 한 분밖에 없는 줄 아노라 [5] 비록 하늘에나 땅에나 신이라 불리는 자가
있어 많은 신과 많은 주가 있으나 [6] 그러나 우리에게는 한 하나님 곧 아버지가 계시니 만물이 그에게서 났고 우리
도 그를 위하여 있고 또한 한 주 예수 그리스도께서 계시니 만물이 그로 말미암고 우리도 그로 말미암아 있느니
라 [7] 그러나 이 지식은 모든 사람에게 있는 것은 아니므로 어떤 이들은 지금까지 우상에 대한 습관이 있어 우상의
제물로 알고 먹는 고로 그들의 양심이 약하여지고 더러워지느니라 [8] 음식은 우리를 하나님 앞에 내세우지 못하나
니 우리가 먹지 않는다고 해서 더 못사는 것도 아니고 먹는다고 해서 더 잘사는 것도 아니니라 [9] 그런즉 너희의 자
유가 믿음이 약한 자들에게 걸려 넘어지게 하는 것이 되지 않도록 조심하라 [10] 지식 있는 네가 우상의 집에 앉아
먹는 것을 누구든지 보면 그 믿음이 약한 자들의 양심이 담력을 얻어 우상의 제물을 먹게 되지 않겠느냐 [11] 그러
면 네 지식으로 그 믿음이 약한 자가 멸망하나니 그는 그리스도께서 위하여 죽으신 형제라 [12] 이같이 너희가 형제
에게 죄를 지어 그 약한 양심을 상하게 하는 것이 곧 그리스도에게 죄를 짓는 것이니라 [13] 그러므로 만일 음식이
내 형제를 실족하게 한다면 나는 영원히 고기를 먹지 아니하여 내 형제를 실족하지 않게 하리라

❖ 8장은 우상에 바쳤던 제물을 먹어야 하느냐는 문제에 대한 답변이다. 바울은 이 문제를 율법의 차원에서가 아니라 복음의 믿음의 차원에서 해결해야 한다고 답한다. 형식의 차원이 아니라 본질의 차원이다. 그 우상 제물을 먹음으로 시험을 받게 되는 연약한 형제가 있다면 먹지 말아야 한다는 것이다. 이때 핵심은 우상의 제물이기 때문이 아니고 형제가 시험받는 것이 핵심이다.

79일~84일

고린도전서 9장

사도의 권리

1 내가 자유인이 아니냐 사도가 아니냐 예수 우리 주를 보지 못하였느냐
주 안에서 행한 나의 일이 너희가 아니냐 2 다른 사람들에게는 내가 사도
가 아닐지라도 너희에게는 사도이니 나의 사도 됨을 주 안에서 인친 것이
너희라 3 나를 비판하는 자들에게 변명할 것이 이것이니 4 우리가 먹고 마
실 권리가 없겠느냐 5 우리가 다른 사도들과 주의 형제들과 게바와 같이
믿음의 자매 된 아내를 데리고 다닐 권리가 없겠느냐 6 어찌 나와 바나바
만 일하지 아니할 권리가 없겠느냐 7 누가 자기 비용으로 군 복무를 하겠
느냐 누가 포도를 심고 그 열매를 먹지 않겠느냐 누가 양 떼를 기르고 그
양 떼의 젖을 먹지 않겠느냐 8 내가 사람의 예대로 이것을 말하느냐 율법
도 이것을 말하지 아니하느냐 9 모세의 율법에 곡식을 밟아 떠는 소에게
망을 씌우지 말라 기록하였으니 하나님께서 어찌 소들을 위하여 염려하심
이냐 10 오로지 우리를 위하여 말씀하심이 아니냐 과연 우리를 위하여 기록된 것이니 밭 가는 자는 소망을 가지고
갈며 곡식 떠는 자는 함께 얻을 소망을 가지고 떠는 것이라 11 우리가 너희에게 신령한 것을 뿌렸은즉 너희의 육
적인 것을 거두기로 과하다 하겠느냐 12 다른 이들도 너희에게 이런 권리를 가졌거든 하물며 우리일까보냐 그러
나 우리가 이 권리를 쓰지 아니하고 범사에 참는 것은 그리스도의 복음에 아무 장애가 없게 하려 함이로다 13 성
전의 일을 하는 이들은 성전에서 나는 것을 먹으며 제단에서 섬기는 이들은 제단과 함께 나누는 것을 너희가 알
지 못하느냐 14 이와 같이 주께서도 복음 전하는 자들이 복음으로 말미암아 살리라 명하셨느니라 15 그러나 내가
이것을 하나도 쓰지 아니하였고 또 이 말을 쓰는 것은 내게 이같이 하여 달라는 것이 아니라 내가 차라리 죽을지
언정 누구든지 내 자랑하는 것을 헛된 데로 돌리지 못하게 하리라 16 내가 복음을 전할지라도 자랑할 것이 없음은
내가 부득불 할 일임이라 만일 복음을 전하지 아니하면 내게 화가 있을 것이로다 17 내가 내 자의로 이것을 행하면
상을 얻으려니와 내가 자의로 아니한다 할지라도 나는 사명을 받았노라 18 그런즉 내 상이 무엇이냐 내가 복음을
전할 때에 값없이 전하고 복음으로 말미암아 내게 있는 권리를 다 쓰지 아니하는 이것이로다 19 내가 모든 사람에
게서 자유로우나 스스로 모든 사람에게 종이 된 것은 더 많은 사람을 얻고자 함이라 20 유대인들에게 내가 유대인
과 같이 된 것은 유대인들을 얻고자 함이요 율법 아래에 있는 자들에게는 내가 율법 아래에 있지 아니하나 율법
아래에 있는 자 같이 된 것은 율법 아래에 있는 자들을 얻고자 함이요 21 율법 없는 자에게는 내가 하나님께는 율
법 없는 자가 아니요 도리어 그리스도의 율법 아래에 있는 자이나 율법 없는 자
와 같이 된 것은 율법 없는 자들을 얻고자 함이라 22 약한 자들에게 내가 약한 자
와 같이 된 것은 약한 자들을 얻고자 함이요 내가 여러 사람에게 여러 모습이 된
것은 아무쪼록 몇 사람이라도 구원하고자 함이니 23 내가 복음을 위하여 모든 것을
행함은 복음에 참여하고자 함이라 24 운동장에서 달음질하는 자들이 다 달릴지라도 오
직 상을 받는 사람은 한 사람인 줄을 너희가 알지 못하느냐 너희도 상을 받도록 이와 같이 달음질하라 25 이기기
를 다투는 자마다 모든 일에 절제하나니 그들은 썩을 승리자의 관을 얻고자 하되 우리는 썩지 아니할 것을 얻고
자 하노라 26 그러므로 나는 달음질하기를 향방 없는 것 같이 아니하고 싸우기를 허공을 치는 것 같이 아니하며 27
내가 내 몸을 쳐 복종하게 함은 내가 남에게 전파한 후에 자신이 도리어 버림을 당할까 두려워함이로다

❖ 9장에서 그리스도 안에서 참된 자유를 누릴 수 있는 신앙의 성숙을 말한다. 그러나 그 자유는 방종을 의미하는 것은 아니라는 것을 10장이 지적한다. 방종함은 교만을 부르고 교만은 시험에 이르게 한다. 선 줄로 생각하는 교만을 버려야 한다는 것이다.
☞ **고전 10:12-13** 그런즉 선 줄로 생각하는 자는 넘어질까 조심하라 사람이 감당할 시험 밖에는 너희가 당한 것이 없나니 오직 하나님은 미쁘사 너희가 감당하지 못할 시험 당함을 허락하지 아니하시고 시험 당할 즈음에 또한 피할 길을 내사 너희로 능히 감당하게 하시느니라
☞ 우리는 시험을 당해도 결코 좌절해서는 안 된다. 하나님께 더욱 의지하고 기도해야 한다. 하나님은 우리가 감당하기 힘든 시험은 주지 않았다. 그런 시험이 올 때 피할 길을 내어주시는 하나님이심을 믿어야 한다.

고린도전서 10장

우상 숭배하는 일을 피하라

1 형제들아 나는 너희가 알지 못하기를 원하지 아니하노니 우리 조상들이 다 구름 아래에 있고 바다 가운데로 지

나며 2 모세에게 속하여 다 구름과 바다에서 세례를 받고 3 다 같은 신령한
음식을 먹으며 4 다 같은 신령한 음료를 마셨으니 이는 그들을 따르는 신
령한 반석으로부터 마셨으매 그 반석은 곧 그리스도시라 5 그러나 그들의
다수를 하나님이 기뻐하지 아니하셨으므로 그들이 광야에서 멸망을 받았
느니라 6 이러한 일은 우리의 본보기가 되어 우리로 하여금 그들이 악을 즐
겨 한 것 같이 즐겨 하는 자가 되지 않게 하려 함이니 7 그들 가운데 어떤
사람들과 같이 너희는 우상 숭배하는 자가 되지 말라 기록된 바 백성이 앉
아서 먹고 마시며 일어나서 뛰논다 함과 같으니라 8 그들 중의 어떤 사람
들이 음행하다가 하루에 이만 삼천 명이 죽었나니 우리는 그들과 같이 음
행하지 말자 9 그들 가운데 어떤 사람들이 주를 시험하다가 뱀에게 멸망
하였나니 우리는 그들과 같이 시험하지 말자 10 그들 가운데 어떤 사람들
이 원망하다가 멸망시키는 자에게 멸망하였나니 너희는 그들과 같이 원망
하지 말라 11 그들에게 일어난 이런 일은 본보기가 되고 또한 말세를 만난
우리를 깨우치기 위하여 기록되었느니라 12 그런즉 선 줄로 생각하는 자는
넘어질까 조심하라 13 사람이 감당할 시험 밖에는 너희가 당한 것이 없나
니 오직 하나님은 미쁘사 너희가 감당하지 못할 시험 당함을 허락하지 아니하시고 시험 당할 즈음에 또한 피할 길
을 내사 너희로 능히 감당하게 하시느니라 14 그런즉 내 사랑하는 자들아 우상 숭배하는 일을 피하라 15 나는 지혜
있는 자들에게 말함과 같이 하노니 너희는 내가 이르는 말을 스스로 판단하라 16 우리가 축복하는 바 축복의 잔은
그리스도의 피에 참여함이 아니며 우리가 떼는 떡은 그리스도의 몸에 참여
함이 아니냐 17 떡이 하나요 많은 우리가 한 몸이니 이는 우리가 다 한 떡에
참여함이라 18 육신을 따라 난 이스라엘을 보라 제물을 먹는 자들이 제단에
참여하는 자들이 아니냐 19 그런즉 내가 무엇을 말하느냐 우상의 제물은 무
엇이며 우상은 무엇이냐 20 무릇 이방인이 제사하는 것은 귀신에게 하는 것
이요 하나님께 제사하는 것이 아니
니 나는 너희가 귀신과 교제하는 자가 되기를 원하지 아니하노라 21 너희
가 주의 잔과 귀신의 잔을 겸하여 마시지 못하고 주의 식탁과 귀신의 식탁에 겸하여 참여하지 못하리라 22 그러면
우리가 주를 노여워하시게 하겠느냐 우리가 주보다 강한 자냐

지식에 앞선 사랑의 중요성

바울은 고린도 교회의 중요 현안으로 떠올랐던 우상 제물의 식사 문제에 대해 가부(可否)의 차원에서 해결을 시도하지 않는다. 사실 우상 제물을 먹느냐 먹지 않느냐 하는 문제는 그 자체로 선도 아니고 악도 아니다. 정작 문제가 된 것은 그 문제를 둘러싼 고린도 교인들의 태도였다. 즉 그것을 지식의 차원에서만 해결하려고 하고, 교회의 덕과 하나님의 영광을 생각하지 않았기 때문에 문제로 대두된 것이다. 바울은 이 문제를 지식에 앞서 사랑으로 해결하도록 방향을 제시하고 있다. 즉 옳고 그름을 따지는 지식의 차원을 떠나, 자기보다 상대의 유익을 구하며 더 나아가 하나님의 영광을 추구하는 자세로 문제를 해결하기를 원했던 것이다. 복음의 본질적 문제가 아니라면, 교회 내에서 발생하는 대부분의 문제는 지식에 앞선 사랑이 문제 해결의 중요한 원리이다.

고전 10:20
학습 자료 80-3 "귀신과 이방 종교" 참조

다 하나님의 영광을 위하여 하라

23 모든 것이 가하나 모든 것이 유익한 것은 아니요 모든 것이 가하나 모든 것이 덕을 세우는 것은 아니니 24 누구
든지 자기의 유익을 구하지 말고 남의 유익을 구하라 25 무릇 시장에서 파는 것은 양심을 위하여 묻지 말고 먹으
라 26 이는 땅과 거기 충만한 것이 주의 것임이라 27 불신자 중 누가 너희를 청할 때에 너희가 가고자 하거든 너희
앞에 차려 놓은 것은 무엇이든지 양심을 위하여 묻지 말고 먹으라 28 누가 너희에게 이것이 제물이라 말하거든
알게 한 자와 그 양심을 위하여 먹지 말라 29 내가 말한 양심은 너희의 것이 아니요 남의 것이니 어찌하여 내 자
유가 남의 양심으로 말미암아 판단을 받으리요 30 만일 내가 감사함으로 참여하면 어찌하여 내가 감사하는 것에
대하여 비방을 받으리요 31 그런즉 너희가 먹든지 마시든지 무엇을 하든지 다 하나님의 영광을 위하여 하라 32
유대인에게나 헬라인에게나 하나님의 교회에나 거치는 자가 되지 말고 33 나와 같이 모든 일에 모든 사람을 기
쁘게 하여 자신의 유익을 구하지 아니하고 많은 사람의 유익을 구하여 그들로 구원을 받게 하라

고린도전서 11장

1 내가 그리스도를 본받는 자가 된 것 같이 너희는 나를 본받는 자가 되라

여자가 머리를 가리는 것

[2] 너희가 모든 일에 나를 기억하고 또 내가 너희에게 전하여 준 대로 그
전통을 너희가 지키므로 너희를 칭찬하노라 [3] 그러나 나는 너희가 알기를
원하노니 각 남자의 머리는 그리스도요 여자의 머리는 남자요 그리스도
의 머리는 하나님이시라 [4] 무릇 남자로서 머리에 무엇을 쓰고 기도나 예
언을 하는 자는 그 머리를 욕되게 하는 것이요 [5] 무릇 여자로서 머리에 쓴
것을 벗고 기도나 예언을 하는 자는 그 머리를 욕되게 하는 것이니 이는
머리를 민 것과 다름이 없음이라 [6] 만일 여자가 머리를 가리지 않거든 깎
을 것이요 만일 깎거나 미는 것이 여자에게 부끄러움이 되거든 가릴지니
라 [7] 남자는 하나님의 형상과 영광이니 그 머리를 마땅히 가리지 않거니
와 여자는 남자의 영광이니라 [8] 남자가 여자에게서 난 것이 아니요 여자
가 남자에게서 났으며 [9] 또 남자가 여자를 위하여 지음을 받지 아니하고
여자가 남자를 위하여 지음을 받은 것이니 [10] 그러므로 여자는 천사들로
말미암아 권세 아래에 있는 표를 그 머리 위에 둘지니라 [11] 그러나 주 안
에는 남자 없이 여자만 있지 않고 여자 없이 남자만 있지 아니하니라 [12] 이
는 여자가 남자에게서 난 것 같이 남자도 여자로 말미암아 났음이라 그리
고 모든 것은 하나님에게서 났느니라 [13] 너희는 스스로 판단하라 여자가
머리를 가리지 않고 하나님께 기도하는 것이 마땅하냐 [14] 만일 남자에게
긴 머리가 있으면 자기에게 부끄러움이 되는 것을 본성이 너희에게 가르
치지 아니하느냐 [15] 만일 여자가 긴 머리가 있으면 자기에게 영광이 되나
니 긴 머리는 가리는 것을 대신하여 주셨기 때문이니라 [16] 논쟁하려는 생
각을 가진 자가 있을지라도 우리에게나 하나님의 모든 교회에는 이런 관
례가 없느니라

성만찬의 제정(마 26:26-29, 막 14:22-25, 눅 22:14-20)

[17] 내가 명하는 이 일에 너희를 칭찬하지 아니하나니 이는 너희의 모임이
유익이 못되고 도리어 해로움이라 [18] 먼저 너희가 교회에 모일 때에 너희
중에 분쟁이 있다 함을 듣고 어느 정도 믿거니와 [19] 너희 중에 파당이 있
어야 너희 중에 옳다 인정함을 받은 자들이 나타나게 되리라 [20] 그런즉 너
희가 함께 모여서 주의 만찬을 먹을 수 없으니 [21] 이는 먹을 때에 각각 자
기의 만찬을 먼저 갖다 먹으므로 어떤 사람은 시장하고 어떤 사람은 취함
이라 [22] 너희가 먹고 마실 집이 없느냐 너희가 하나님의 교회를 업신여기
고 빈궁한 자들을 부끄럽게 하느냐 내가 너희에게 무슨 말을 하랴 너희
를 칭찬하랴 이것으로 칭찬하지 않노라 [23] 내가 너희에게 전한 것은 주께
받은 것이니 곧 주 예수께서 잡히시던 밤에 떡을 가지사 [24] 축사하시고 떼
어 이르시되 이것은 너희를 위하는 내 몸이니 이것을 행하여 나를 기념하
라 하시고 [25] 식후에 또한 그와 같이 잔을 가지시고 이르시되 이 잔은 내
피로 세운 새 언약이니 이것을 행하여 마실 때마다 나를 기념하라 하셨으
니 [26] 너희가 이 떡을 먹으며 이 잔을 마실 때마다 주의 죽으심을 그가 오
실 때까지 전하는 것이니라 [27] 그러므로 누구든지 주의 떡이나 잔을 합당
하지 않게 먹고 마시는 자는 주의 몸과 피에 대하여 죄를 짓는 것이니라

❖ 11장에서 바울은 공중 예배에 대해 권고한다. 여기서 바울은 각 문화권의 고유한 전통이나 관습을 무시하지 않음을 보게 되고, 모든 피조물은 그리스도 안에서 진정한 통일성과 참된 의미를 발견하게 된다는 것을 본다.

고전 11:2-16
학습 자료 80-4 "남 여 상호 관계에 대한 성경적 이해" 참조

고전 11:5-16 여인들의 머리 수건
히브리 여인들은 공적인 모임에 나갈 때 수건으로 그들의 머리와 얼굴을 가렸다. 바울 역시 예배드릴 때 여인들은 이러한 수건을 쓰도록 말하고 있다.

고전 11:17-34 고린도 교회의 잘못된 행위들
초대 교회 당시에는 먼저 성도들간의 교제를 목적으로 '애찬'(love-feast)을 행하는 중에 주의 십자가 대속 죽음을 기념하는 '성찬'(Eucharist)을 행하였다. 그런데 고린도 교회에서는 이 애찬과 성찬의 본래적인 의미를 망각하고 이의 실행 과정에서 여러 가지 잘못을 범하였는 바 이를 도표로 살펴보도록 하겠다.

	잘못된 행위들
애찬에 대하여	성도간의 교제보다 먹는 일에 더 치중함(21절)
	부자들은 배불리 먹고 가난한 자들은 굶주림(21절)
	부자들과 가난한 자들간에 편당을 지음(22절)
	거룩한 하나님의 교회의 의식의 가치를 전락시킴(22절)
성찬에 대하여	떡과 포도주가 상징하는 바 주의 살과 피를 모독함(27-29절)
	주의 십자가 죽음까지 야기한 죄의 심각성을 깨닫지 못함(27-29절)
	성찬식의 의의인 구속의 확신과 선교 소명의 재각성을 얻지 못하게 함(26, 32절)

79일~84일

[28]사람이 자기를 살피고 그 후에야 이 떡을 먹고 이 잔을 마실지니 [29]주
의 몸을 분별하지 못하고 먹고 마시는 자는 자기의 죄를 먹고 마시는 것
이니라 [30]그러므로 너희 중에 약한 자와 병든 자가 많고 잠자는 자도 적
지 아니하니 [31]우리가 우리를 살폈으면 판단을 받지 아니하려니와 [32]우
리가 판단을 받는 것은 주께 징계를 받는 것이니 이는 우리로 세상과 함
께 정죄함을 받지 않게 하려 하심이라 [33]그런즉 내 형제들아 먹으러 모일
때에 서로 기다리라 [34]만일 누구든지 시장하거든 집에서 먹을지니 이는
너희의 모임이 판단 받는 모임이 되지 않게 하려 함이라 그밖의 일들은
내가 언제든지 갈 때에 바로잡으리라

❖ 그리스도께서 세우신 성찬은 대속의 은혜를 기억하며 그와 하나 되는 거룩한 의식이다. 따라서 그리스도에 대한 감사의 고백이 없이 그저 먹고 마시는 것은 대속을 헛되게 하는 것이다. 또한 그리스도와의 연합은 곧 그 안에서 모든 성도들과의 연합을 의미한다. 그러므로 참된 성찬은 그리스도와 동시에 형제에 대한 사랑이 담겨 있어야 한다.

은사의 종류	내용	초대 교회의 상황
지혜의 말씀	하나님의 뜻을 분별하는 통찰력	하나님의 뜻을 삶의 현장에서 구체적으로 실천하는 은사
지식의 말씀	세상적 판단력	복음의 진리를 깨닫는 이지적인 은사, 주로 가르치는 직분에 쓰임
믿음	삶 속에서 하나님을 신뢰하는 것	구원에 대해 일반적인 믿음을 초월해서 능력을 행하고 그리스도의 고난에 구체적으로 동참하는 믿음을 뜻한다.
병 고치는 은사	육체적 질병을 고침	효과적인 복음 전파를 위해 초대 교회에서 보편적으로 강력하게 나타난다.(행 3:1–10)
능력 행함	특별한 능력이 임하면 이를 사사로이 쓰는 것이 아니라 원칙을 따라 행사해야 한다. 교회에 덕을 세우고 하나님의 영광을 위해 사용	사도 된 증거의 하나로 병 고침 이외의 여러 가지 이적을 일으키는 능력이며 하나님의 말씀에 대한 실천적인 능력이다.(행 5:1–11, 13:8–12, 고후 12:12)
예언	예언은 백성에게 바른 길을 제시한 것으로 모든 예언은 바른 길이신 예수님께로 초점이 맞추어져야 한다.	복음에 나타난 하나님의 계시를 아는 것으로 지식의 말씀과 연결된다. 그러나 초대 교회 당시는 앞 일에 대한 예고로 나타나기도 했다.(행 19:6, 20:23)
영 분별	예언이 참인가 거짓인가를 분별함	① 숨은 죄악을 판단할 줄 아는 초자연적 은사(행 5:1–11)와 ② 사탄의 거짓된 가르침을 분별하는 능력(요일 4:1) 으로 나타난다.
방언	특수 목적을 위해 어떤 형태의 언어로 말하는 능력	① 오순절에 있었던 이방 방언 (행 2:1–4) ② 개인적인 영의 교제 또는 기도의 차원(14:14–15)으로 나타난다
방언의 통역	그 방언의 언어를 이해하도록 통역하는 은사	방언 은사와 관련되어 나타난다. 공중 예배 시 방언의 내용을 밝히고 교회에 덕을 세우기 위해 주어진 은사(14:5)
실천적 은사들		12:7–11에 언급된 9가지 은사와는 달리 신앙생활의 실천적인 면에서 특별하게 주어지는 은사들을 말한다. 이것은 섬기는 것, 가르치는 것, 권유하는 것, 구제하는 것, 다스리는 것, 긍휼을 베푸는 것(롬12:7–8). 그런데 은사 중 최고 은사는 사랑의 실천이다.(12:31, 13장)

고린도전서 12장

성령의 은사

1 형제들아 신령한 것에 대하여 나는 너희가 알지 못하기를 원하지 아니하
노니 2 너희도 알거니와 너희가 이방인으로 있을 때에 말 못하는 우상에게
로 끄는 그대로 끌려 갔느니라 3 그러므로 내가 너희에게 알리노니 하나님
의 영으로 말하는 자는 누구든지 예수를 저주할 자라 하지 아니하고 또 성
령으로 아니하고는 누구든지 예수를 주시라 할 수 없느니라 4 은사는 여러
가지나 성령은 같고 5 직분은 여러 가지나 주는 같으며 6 또 사역은 여러 가
지나 모든 것을 모든 사람 가운데서 이루시는 하나님은 같으니 7 각 사람
에게 성령을 나타내심은 유익하게 하려 하심이라 8 어떤 사람에게는 성령
으로 말미암아 지혜의 말씀을, 어떤 사람에게는 같은 성령을 따라 지식의
말씀을, 9 다른 사람에게는 같은 성령으로 믿음을, 어떤 사람에게는 한 성
령으로 병 고치는 은사를, 10 어떤 사람에게는 능력 행함을, 어떤 사람에게
는 예언함을, 어떤 사람에게는 영들 분별함을, 다른 사람에게는 각종 방언
말함을, 어떤 사람에게는 방언들 통역함을 주시나니 11 이 모든 일은 같은
한 성령이 행하사 그의 뜻대로 각 사람에게 나누어 주시는 것이니라

하나의 몸과 많은 지체

12 몸은 하나인데 많은 지체가 있고 몸의 지체가 많으나 한 몸임과 같이
그리스도도 그러하니라 13 우리가 유대인이나 헬라인이나 종이나 자유인
이나 다 한 성령으로 세례를 받아 한 몸이 되었고 또 다 한 성령을 마시게
하셨느니라 14 몸은 한 지체뿐만 아니요 여럿이니 15 만일 발이 이르되 나
는 손이 아니니 몸에 붙지 아니하였다 할지라도 이로써 몸에 붙지 아니한
것이 아니요 16 또 귀가 이르되 나는 눈이 아니니 몸에 붙지 아니하였다
할지라도 이로써 몸에 붙지 아니한 것이 아니니 17 만일 온 몸이 눈이면 듣는 곳은 어디며 온 몸이 듣는 곳이면 냄
새 맡는 곳은 어디냐 18 그러나 이제 하나님이 그 원하시는 대로 지체를 각각 몸에 두셨으니 19 만일 다 한 지체뿐
이면 몸은 어디냐고 20 이제 지체는 많으나 몸은 하나라 21 눈이 손더러 내가 너를 쓸 데가 없다 하거나 또한 머리
가 발더러 내가 너를 쓸 데가 없다 하지 못하리라 22 그뿐 아니라 더 약하게 보이는 몸의 지체가 도리어 요긴하고
23 우리가 몸의 덜 귀히 여기는 그것들을 더욱 귀한 것들로 입혀 주며 우리의 아름답지 못한 지체는 더욱 아름다
운 것을 얻느니라 그런즉 24 우리의 아름다운 지체는 그럴 필요가 없느니라 오직 하나님이 몸을 고르게 하여 부
족한 지체에게 귀중함을 더하사 25 몸 가운데서 분쟁이 없고 오직 여러 지체가 서로 같이 돌보게 하셨느니라 26
만일 한 지체가 고통을 받으면 모든 지체가 함께 고통을 받고 한 지체가 영광을 얻으면 모든 지체가 함께 즐거
워하느니라 27 너희는 그리스도의 몸이요 지체의 각 부분이라 28 하나님이 교회 중에 몇을 세우셨으니 첫째는 사
도요 둘째는 선지자요 셋째는 교사요 그 다음은 능력을 행하는 자요 그 다음은 병 고치는 은사와 서로 돕는 것
과 다스리는 것과 각종 방언을 말하는 것이라 29 다 사도이겠느냐 다 선지자이겠느냐 다 교사이겠느냐 다 능력
을 행하는 자이겠느냐 30 다 병 고치는 은사를 가진 자이겠느냐 다 방언을 말하는 자이겠느냐 다 통역하는 자이
겠느냐 31 너희는 더욱 큰 은사를 사모하라 내가 또한 가장 좋은 길을 너희에게 보이리라

❖ **12장을 은사장이라고 한다.** 교회는 획일성을 추구하지 않고 다양성 가운데 그리스도 안에서 하나 됨을 추구하는 곳이다. 그래서 은사가 다양하게 주어지고, 주어진 은사는 그리스도의 몸, 하나님의 나라를 세우는데 모두 귀한 것이다. 우리는 하나님으로부터 하나님 나라를 세우는데 어떤 은사를 받았는지를 찾아야 할 것이다.(도표 참조)

· 영적 은사의 다양성과 통일성(diversity and unity).
고린도 교회는 영적 은사가 풍성 하였으나 저마다 자기 은사를 자랑할 뿐 그 은사들을 교회 공동체의 유익을 세우는 데 잘 활용하지 못했다. 바울은 제12장에서 각각의 성도들은 다양한 은사를 받았는데, 그 은사들을 주신 분은 동일한 성령이시며, 성령께서 은사를 주신 것은 교회의 유익이라고 하는 공통의 목적을 위해서임을 깨우쳐 주고 있다. 달리 말하면 영적 은사의 다양성과 통일성에 대한 교훈을 제시하고 있다. 은사의 다양성과 통일성에 대한 이해가 있을 때, 교회는 각 사람이 가진 은사의 다양성을 인정하게 되고, 또한 다양한 은사들을 교회의 유익을 위해 활용할 수 있게 된다.

☞ 여기서 다시 한번 "차별과 구별"의 개념을 상기하라.

고전 12:12-26
학습 자료 80-5 "지체 의식의 이해" 참조
학습 자료 80-6 "은사의 이해" 참조

79일~84일

고린도전서 13장

사랑

1 내가 사람의 방언과 천사의 말을 할지라도 사랑이 없으면 소리 나는 구리와 울리는 꽹과리가 되고 2 내가 예언

하는 능력이 있어 모든 비밀과 모든 지식을 알고 또 산을 옮길 만한 모든
믿음이 있을지라도 사랑이 없으면 내가 아무 것도 아니요 3 내가 내게 있
는 모든 것으로 구제하고 또 내 몸을 불사르게 내줄지라도 사랑이 없으
면 내게 아무 유익이 없느니라 4 사랑은 오래 참고 사랑은 온유하며 시기
하지 아니하며 사랑은 자랑하지 아니하며 교만하지 아니하며 5 무례히 행
하지 아니하며 자기의 유익을 구하지 아니하며 성내지 아니하며 악한 것
을 생각하지 아니하며 6 불의를 기뻐하지 아니하며 진리와 함께 기뻐하고
7 모든 것을 참으며 모든 것을 믿으며 모든 것을 바라며 모든 것을 견디느
니라 8 사랑은 언제까지나 떨어지지 아니하되 예언도 폐하고 방언도 그
치고 지식도 폐하리라 9 우리는 부분적으로 알고 부분
적으로 예언하니 10 온전한 것이 올 때에는 부분적으로
하던 것이 폐하리라 11 내가 어렸을 때에는 말하는 것
이 어린 아이와 같고 깨닫는 것이 어린 아이와 같고
생각하는 것이 어린 아이와 같다가 장성한 사람이 되
어서는 어린 아이의 일을 버렸노라 12 우리가 지금은 거
울로 보는 것 같이 희미하나 그 때에는 얼굴과 얼굴을 대하여 볼 것이요
지금은 내가 부분적으로 아나 그 때에는 주께서 나를 아신 것 같이 내가
온전히 알리라 13 그런즉 믿음, 소망, 사랑, 이 세 가지는 항상 있을 것인데
그 중의 제일은 사랑이라

고린도전서 14장

방언과 예언

1 사랑을 추구하며 신령한 것들을 사모하되 특별히 예언을 하려고 하라 2
방언을 말하는 자는 사람에게 하지 아니하고 하나님께 하나니 이는 알아
듣는 자가 없고 영으로 비밀을 말함이라 3 그러나 예언하는 자는 사람에
게 말하여 덕을 세우며 권면하며 위로하는 것이요 4 방언을 말하는 자는
자기의 덕을 세우고 예언하는 자는 교회의 덕을 세우나니 5 나는 너희가
다 방언 말하기를 원하나 특별히 예언하기를 원하노라 만일 방언을 말하
는 자가 통역하여 교회의 덕을 세우지 아니하면 예언하는 자만 못하니라
6 그런즉 형제들아 내가 너희에게 나아가서 방언으로 말하고 계시나 지식
이나 예언이나 가르치는 것으로 말하지 아니하면 너희에게 무엇이 유익
하리요 7 혹 피리나 거문고와 같이 생명 없는 것이 소리를 낼 때에 그 음
의 분별을 나타내지 아니하면 피리 부는 것인지 거문고 타는 것인지 어찌
알게 되리요 8 만일 나팔이 분명하지 못한 소리를 내면 누가 전투를 준비
하리요 9 이와 같이 너희도 혀로써 알아 듣기 쉬운 말을 하지 아니하면 그
말하는 것을 어찌 알리요 이는 허공에다 말하는 것이라 10 이같이 세상에
소리의 종류가 많으나 뜻 없는 소리는 없나니 11 그러므로 내가 그 소리
의 뜻을 알지 못하면 내가 말하는 자에게 외국인이 되고 말하는 자도 내
게 외국인이 되리니 12 그러므로 너희도 영적인 것을 사모하는 자인즉 교
회의 덕을 세우기 위하여 그것이 풍성하기를 구하라 13 그러므로 방언을

❖ **13장을 사랑장이라고 한다.**
성령의 은사를 앞세우고 불화와 반목을 일삼던 고린도 교인들에게 은사의 목적과 활용 자세를 논하던 바울은 이제 가장 근본적인 문제인 사랑에 관해 이야기한다. 바울은 사랑을 단순히 하나의 덕목으로 찬양하거나 교훈하는 데 그치지 않고 사랑의 신앙적 의미를 밝혀 준다. 그 내용은 ① 사랑의 절대 우위와 필요성(1-3절), ② 사랑의 실천적 특징(4-7절), ③ 사랑의 영원성(8-13절)이 세 부분으로 나누어진다. 이 사랑은 인본주의적 사랑 곧 남녀간의 애정인 에로스, 친구간의 사랑인 필리아, 혈연적인 사랑을 의미하는 스톨게와는 다른 것으로 신의 사랑 즉 아가페를 의미하는 것이다.

고전 13:4-13 사랑에 대한 성경의 묘사
기독교 신앙의 가장 큰 미덕은 사랑이다. 하나님께서도 죄인된 인간에 대한 사랑이 있었기에 구원을 베풀어 주신 것이므로 사랑은 구원 종교인 기독교의 근본이요 본질이라고 할 수 있다. 또한 사랑은 구약의 율법과 선지자의 예언 내용들의 요약이며, 신약에서 예수님께서 명하신 복음의 법으로써 우리의 의무이기도 하다(마 22:37-40, 요 13:34, 35) 그러면 사랑이란 무엇인가? 이에 대해 본문은 추상적 개념으로 이야기하지 않고 우리의 구체적 실생활에서 사랑이 있을 때 일어나는 결과를 다음과 같이 열거함으로써 듣는 이가 자연스럽게 사랑의 원리를 깨닫는 동시에 또 사랑을 생활 현장에서 실천해야겠다는 감동을 얻도록 하고 있다.

1	오래 참는 것(4절)
2	온유한 것(4절)
3	투기하지 않는 것(4절)
4	자랑하지 않는 것(4절)
5	교만하지 않는 것(4절)
6	무례히 행치 않는 것(5절)
7	자기의 유익을 구하지 않는 것(5절)
8	성내지 않는 것(5절)
9	악한 것을 생각지 않는 것(5절)
10	불의를 기뻐하지 않는 것(6절)
11	진리와 함께 기뻐하는 것(6절)
12	모든 것을 참고, 믿고, 바라는 것(7절)
13	언제까지나 없어지지 않는 것(8절)
14	믿음과 소망보다 더 우선하는 것(13절)
15	우애하고 존경하는 것(롬 12:10)
16	율법의 완성(롬 13:10)
17	근심을 덜어주는 것(롬 14:15)
18	허다한 죄를 덮는 것(벧전 4:8)
19	행동으로써 나타내는 것(요일 3:17)
20	계명을 행하는 것(요이 1:6)

말하는 자는 통역하기를 기도할지니 14 내가 만일 방언으로 기도하면 나
의 영이 기도하거니와 나의 마음은 열매를 맺지 못하리라 15 그러면 어떻
게 할까 내가 영으로 기도하고 또 마음으로 기도하며 내가 영으로 찬송
하고 또 마음으로 찬송하리라 16 그렇지 아니하면 네가 영으로 축복할 때
에 알지 못하는 처지에 있는 자가 네가 무슨 말을 하는지 알지 못하고 네
감사에 어찌 아멘 하리요 17 너는 감사를 잘하였으나 그러나 다른 사람
은 덕 세움을 받지 못하리라 18 내가 너희 모든 사람보다 방언을 더 말하
므로 하나님께 감사하노라 19 그러나 교회에서 네가 남을 가르치기 위하
여 깨달은 마음으로 다섯 마디 말을 하는 것이 일만 마디 방언으로 말하
는 것보다 나으니라 20 형제들아 지혜에는 아이가 되지 말고 악에는 어린
아이가 되라 지혜에는 장성한 사람이 되라 21 율법에 기록된 바 주께서 이
르시되 내가 다른 방언을 말하는 자와 다른 입술로 이 백성에게 말할지라
도 그들이 여전히 듣지 아니하리라 하였으니 22 그러므로 방언은 믿는 자
들을 위하지 아니하고 믿지 아니하는 자들을 위하는 표적이나 예언은 믿
지 아니하는 자들을 위하지 않고 믿는 자들을 위함이니라 23 그러므로 온
교회가 함께 모여 다 방언으로 말하면 알지 못하는 자들이나 믿지 아니하
는 자들이 들어와서 너희를 미쳤다 하지 아니하겠느냐 24 그러나 다 예언
을 하면 믿지 아니하는 자들이나 알지 못하는 자들이 들어와서 모든 사람에게 책망을 들으며 모든 사람에게 판
단을 받고 25 그 마음의 숨은 일들이 드러나게 되므로 엎드리어 하나님께 경배하며 하나님이 참으로 너희 가운
데 계신다 전파하리라

❖ 14장에서 바울은 예배 때 방언의 남용으로 인한 고린도 교회의 무질서를 다루고 있다. 교회 안에서 드리는 예배는 교회의 건덕과 하나님께 영광 돌리는 것이며 참으로 가치 있는 일은 자신을 위한 것이 아니라 이웃과 소속된 공동체 전체에 유익을 끼치는 것임을 말한다.

고전 14:1-25 방언과 예언의 비교

방언	예언
하나님께 말함(2절)	사람에게 말함(3절)
타인들은 이해하지 못함(2-4절)	타인들도 분명히 이해함(2-4절)
자기의 덕을 세움 (4절)	교회의 덕을 세움 (4절)
통역이 없으면 교회에 무익함(5절)	통역이 없이도 교회에 유익을 줌(5절)
믿지 않는 자들을 위한 표적임(22절)	믿는 자들을 위한 표적임(22절)

고전 14:1-40
학습 자료 80-7 "방언의 이해" 참조

차례를 따라 하라

26 그런즉 형제들아 어찌할까 너희가 모일 때에 각각 찬송시도 있으며 가르치는 말씀도 있으며 계시도 있으며
방언도 있으며 통역함도 있나니 모든 것을 덕을 세우기 위하여 하라 27 만일 누가 방언으로 말하거든 두 사람이
나 많아야 세 사람이 차례를 따라 하고 한 사람이 통역할 것이요 28 만일 통역하는 자가 없으면 교회에서는 잠잠
하고 자기와 하나님께 말할 것이요 29 예언하는 자는 둘이나 셋이나 말하고 다른 이들은 분별할 것이요 30 만일
곁에 앉아 있는 다른 이에게 계시가 있으면 먼저 하던 자는 잠잠할지니라 31 너희는 다 모든 사람으로 배우게 하
고 모든 사람으로 권면을 받게 하기 위하여 하나씩 하나씩 예언할 수 있느니라 32 예언하는 자들의 영은 예언하
는 자들에게 제재를 받나니 33 하나님은 무질서의 하나님이 아니시요 오직 화평의 하나님이시니라 모든 성도가
교회에서 함과 같이 34 여자는 교회에서 잠잠하라 그들에게는 말하는 것을 허락함이 없나니 율법에 이른 것 같
이 오직 복종할 것이요 35 만일 무엇을 배우려거든 집에서 자기 남편에게 물을지니 여자가 교회에서 말하는 것은
부끄러운 것이라 36 하나님의 말씀이 너희로부터 난 것이냐 또는 너희에게만 임한 것이냐 37 만일 누구든지 자기
를 선지자나 혹은 신령한 자로 생각하거든 내가 너희에게 편지하는 이 글이 주의 명령인 줄 알라 38 만일 누구든
지 알지 못하면 그는 알지 못한 자니라 39 그런즉 내 형제들아 예언하기를 사모하며 방언 말하기를 금하지 말라
40 모든 것을 품위 있게 하고 질서있게 하라

고린도전서 15장

그리스도의 부활

1 형제들아 내가 너희에게 전한 복음을 너희에게 알게 하노니 이는 너희가 받은 것이요 또 그 가운데 선 것이라
2 너희가 만일 내가 전한 그 말을 굳게 지키고 헛되이 믿지 아니하였으면 그로 말미암아 구원을 받으리라 3 내가
받은 것을 먼저 너희에게 전하였노니 이는 성경대로 그리스도께서 우리 죄를 위하여 죽으시고 4 장사 지낸 바 되

셨다가 성경대로 사흘 만에 다시 살아나사 5 게바에게 보이시고 후에 열
두 제자에게와 6 그 후에 오백여 형제에게 일시에 보이셨나니 그 중에 지
금까지 대다수는 살아 있고 어떤 사람은 잠들었으며 7 그 후에 야고보에
게 보이셨으며 그 후에 모든 사도에게와 8 맨 나중에 만삭되지 못하여 난
자 같은 내게도 보이셨느니라 9 나는 사도 중에 가장 작은 자라 나는 하
나님의 교회를 박해하였으므로 사도라 칭함 받기를 감당하지 못할 자니
라 10 그러나 내가 나 된 것은 하나님의 은혜로 된 것이니 내게 주신 그의
은혜가 헛되지 아니하여 내가 모든 사도보다 더 많이 수고하였으나 내가
한 것이 아니요 오직 나와 함께 하신 하나님의 은혜로라 11 그러므로 나
나 그들이나 이같이 전파하매 너희도 이같이 믿었느니라

죽은 사람의 부활

12 그리스도께서 죽은 자 가운데서 다시 살아나셨다 전파되었거늘 너희
중에서 어떤 사람들은 어찌하여 죽은 자 가운데서 부활이 없다 하느냐 13
만일 죽은 자의 부활이 없으면 그리스도도 다시 살아나지 못하셨으리라
14 그리스도께서 만일 다시 살아나지 못하셨으면 우리가 전파하는 것도
헛것이요 또 너희 믿음도 헛것이며 15 또 우리가 하나님의 거짓 증인으로
발견되리니 우리가 하나님이 그리스도를 다시 살리셨다고 증언하였음이
라 만일 죽은 자가 다시 살아나는 일이 없으면 하나님이 그리스도를 다시
살리지 아니하셨으리라 16 만일 죽은 자가 다시 살아나는 일이 없으면 그
리스도도 다시 살아나신 일이 없었을 터이요 17 그리스도께서 다시 살아
나신 일이 없으면 너희의 믿음도 헛되고 너희가 여전히 죄 가
운데 있을 것이요 18 또한 그리스도 안에서 잠자는 자도
망하였으리니 19 만일 그리스도 안에서 우리
가 바라는 것이 다만 이 세상의 삶뿐이면
모든 사람 가운데 우리가 더욱 불쌍한 자이
리라 20 그러나 이제 그리스도께서 죽은 자
가운데서 다시 살아나사 잠자는 자들의 첫 열
매가 되셨도다 21 사망이 한 사람으로 말미암았으니 죽은 자의 부활도 한
사람으로 말미암는도다 22 아담 안에서 모든 사람이 죽은 것 같이 그리스
도 안에서 모든 사람이 삶을 얻으리라 23 그러나 각각 자기 차례대로 되리니 먼저는 첫 열매인 그리스도요 다음
에는 그가 강림하실 때에 그리스도에게 속한 자요 24 그 후에는 마지막이니 그가 모든 통치와 모든 권세와 능력
을 멸하시고 나라를 아버지 하나님께 바칠 때라 25 그가 모든 원수를 그 발 아래에 둘 때까지 반드시 왕 노릇 하
시리니 26 맨 나중에 멸망 받을 원수는 사망이니라 27 만물을 그의 발 아래에 두셨다 하셨으니 만물을 아래에 둔
다 말씀하실 때에 만물을 그의 아래에 두신 이가 그 중에 들지 아니한 것이 분명하도다 28 만물을 그에게 복종하
게 하실 때에는 아들 자신도 그 때에 만물을 자기에게 복종하게 하신 이에게 복종하게 되리니 이는 하나님이 만
유의 주로서 만유 안에 계시려 하심이라 29 만일 죽은 자들이 도무지 다시 살아나지 못하면 죽은 자들을 위하여
세례를 받는 자들이 무엇을 하겠느냐 어찌하여 그들을 위하여 세례를 받
느냐 30 또 어찌하여 우리가 언제나 위험을 무릅쓰리요 31 형제들아 내가
그리스도 예수 우리 주 안에서 가진 바 너희에 대한 나의 자랑을 두고 단
언하노니 나는 날마다 죽노라 32 내가 사람의 방법으로 에베소에서 맹수

❖ **15장을 부활장이라고 한다.** 또한 고린도 교회의 문제의 해결장이기도 하다
고린도 교회의 중요한 몇 가지 문제를 시정하기 위하여 바울이 고린도전서를 썼다. 첫째, 분쟁이 있었다(고전 1-3장). 둘째, 바울의 사도권에 도전했다(고전 4장). 셋째, 음행의 문제가 있었다(고전 5장). 넷째, 교인들의 문제를 불신자에게 송사하였다(고전 6장). 다섯째, 결혼의 정결성에 대해 가르칠 필요가 있었다(고전 7장). 여섯째, 우상의 제물에 대해 가르칠 필요가 있었다(고전 10장). 일곱째, 은사 발휘의 혼란을 시정하고 예배의 질서에 대해 가르칠 필요가 있었다(고전 11-14장).
이 모든 문제에 대한 바울의 해결 방안이 복음의 핵심인 그리스도의 부활이다(고전 15장). 분쟁이 있고, 음행이 있고, 결혼이 더럽혀지고, 은사 발휘가 혼란스러운 자는 부활의 질서에 참여치 못한 '육에 속한 자'라는 바울의 준열한 꾸중이다(고전 15:48). 또한 하나님 나라를 유업으로 받지 못하는 혈과 육에 속한 자라는 엄중한 책망이다(고전 15:50).
바울은 진정한 부활의 은혜에 참여한 자는 현실에서도 죄와 죽음의 세력을 이기는 실력을 발휘한다고 역설한다.
☞ **고전 15:55, 57-58** 사망아 너의 이기는 것이 어디 있느냐. 사망아 너의 쏘는 것이 어디 있느냐...우리 주 예수 그리스도로 말미암아 우리에게 이김을 주시는 하나님께 감사하노니 그러므로 내 사랑하는 형제들아 견고하며 흔들리지 말며 항상 주의 일에 더욱 힘쓰는 자들이 되라 〈한글개역판〉
이런 견지에서 볼 때 고린도 교회의 모든 문제의 해답은 바로 그리스도의 부활이다. 오늘 우리도 그리스도의 부활을 믿어 새 질서에 참여한 사람이라면, 구습(舊習)에 젖어 죄에 종노릇 하며 살지 않을 것이다. 우리는 죄와 세상을 제압하는 부활의 질서에 속한 사람인가? 아니면 습관적으로 부활절만 지키는 자인가?

고전 15:31 "날마다 죽는 나"는 어떤 나인가? 나도 그렇게 죽는가?

인위 뚝! 신위 고!

79일~84일

와 더불어 싸웠다면 내게 무슨 유익이 있으리요 죽은 자가 다시 살아나지 못한다면 내일 죽을 터이니 먹고 마시
자 하리라 33 속지 말라 악한 동무들은 선한 행실을 더럽히나니 34 깨어 의를 행하고 죄를 짓지 말라 하나님을 알
지 못하는 자가 있기로 내가 너희를 부끄럽게 하기 위하여 말하노라

몸의 부활

35 누가 묻기를 죽은 자들이 어떻게 다시 살아나며 어떠한 몸으로 오느냐 하리니 36 어리석은 자여 네가 뿌리는
씨가 죽지 않으면 살아나지 못하겠고 37 또 네가 뿌리는 것은 장래의 형체를 뿌리는 것이 아니요 다만 밀이나
다른 것의 알맹이 뿐이로되 38 하나님이 그 뜻대로 그에게 형체를 주시되 각 종자에게 그 형체를 주시느니라
39 육체는 다 같은 육체가 아니니 하나는 사람의 육체요 하나는 짐승의 육체요 하나는 새의 육체요 하나는 물
고기의 육체라 40 하늘에 속한 형체도 있고 땅에 속한 형체도 있으나 하늘에 속한 것의 영광이 따로 있고 땅에
속한 것의 영광이 따로 있으니 41 해의 영광이 다르고 달의 영광이 다르며 별의 영광도 다른데 별과 별의 영광
이 다르도다 42 죽은 자의 부활도 그와 같으니 썩을 것으로 심고 썩지 아니할 것으로 다시 살아나며 43 욕된 것
으로 심고 영광스러운 것으로 다시 살아나며 약한 것으로 심고 강한 것으로 다시 살아나며 44 육의 몸으로 심
고 신령한 몸으로 다시 살아나나니 육의 몸이 있은즉 또 영의 몸도 있느니라 45 기록된 바 첫 사람 아담은 생령
이 되었다 함과 같이 마지막 아담은 살려 주는 영이 되었나니 46 그러나 먼저는 신령한 사람이 아니요 육의 사
람이요 그 다음에 신령한 사람이니라 47 첫 사람은 땅에서 났으니 흙에 속한 자이거니와 둘째 사람은 하늘에서
나셨느니라 48 무릇 흙에 속한 자들은 저 흙에 속한 자와 같고 무릇 하늘에 속한 자들은 저 하늘에 속한 이와
같으니 49 우리가 흙에 속한 자의 형상을 입은 것 같이 또한 하늘에 속한 이의 형상을 입으리라 50 형제들아 내
가 이것을 말하노니 혈과 육은 하나님 나라를 이어 받을 수 없고 또한 썩는 것은 썩지 아니하는 것을 유업으로
받지 못하느니라 51 보라 내가 너희에게 비밀을 말하노니 우리가 다 잠 잘 것이 아니요 마지막 나팔에 순식간
에 홀연히 다 변화되리니 52 나팔 소리가 나매 죽은 자들이 썩지 아니할 것으로 다시 살아나고 우리도 변화되
리라 53 이 썩을 것이 반드시 썩지 아니할 것을 입겠고 이 죽을 것이 죽지 아니함을 입으리로다 54 이 썩을 것이
썩지 아니함을 입고 이 죽을 것이 죽지 아니함을 입을 때에는 사망을 삼키고 이기리라고 기록된 말씀이 이루어
지리라 55 사망아 너의 승리가 어디 있느냐 사망아 네가 쏘는 것이 어디 있느냐 56 사망이 쏘는 것은 죄요 죄의
권능은 율법이라 57 우리 주 예수 그리스도로 말미암아 우리에게 승리를 주시는 하나님께 감사하노니 58 그러
므로 내 사랑하는 형제들아 견실하며 흔들리지 말고 항상 주의 일에 더욱 힘쓰는 자들이 되라 이는 너희 수고
가 주 안에서 헛되지 않은 줄 앎이라

고린도전서 16장

❖ 16장에서 바울의 미래 계획을 밝히고 인사로 끝맺는다.

성도를 위하는 연보

고전 16:2
학습 자료 80-8
"안식일과 주일의 관계" 참조

1 성도를 위하는 연보에 관하여는 내가 갈라디아 교
회들에게 명한 것 같이 너희도 그렇게 하라 2 매주
첫날에 너희 각 사람이 수입에 따라 모아
두어서 내가 갈 때에 연보를 하지 않게 하라 3 내가 이를 때에 너희가 인정한 사
람에게 편지를 주어 너희의 은혜를 예루살렘으로 가지고 가게 하리니 4 만일 나
도 가는 것이 합당하면 그들이 나와 함께 가리라 5 내가 마게도냐를 지날 터이니 마게도냐를
지난 후에 너희에게 가서 6 혹 너희와 함께 머물며 겨울을 지낼 듯도 하니 이는 너희가 나를 내가 갈 곳으로 보
내어 주게 하려 함이라 7 이제는 지나는 길에 너희 보기를 원하지 아니하노니 이는 만일 주께서 허락하시면 얼
마 동안 너희와 함께 머물기를 바람이라 8 내가 오순절까지 에베소에 머물려 함은 9 내게 광대하고 유효한 문이
열렸으나 대적하는 자가 많음이라 10 디모데가 이르거든 너희는 조심하여 그로 두려움이 없이 너희 가운데 있게
하라 이는 그도 나와 같이 주의 일을 힘쓰는 자임이라 11 그러므로 누구든지 그를 멸시하지 말고 평안히 보내어

내게로 오게 하라 나는 그가 형제들과 함께 오기를 기다리노라 12 형제 아볼로에 대하여는 그에게 형제들과 함
께 너희에게 가라고 내가 많이 권하였으되 지금은 갈 뜻이 전혀 없으나 기회가 있으면 가리라

권면과 끝 인사

13 깨어 믿음에 굳게 서서 남자답게 강건하라 14 너희 모든 일을 사랑으로 행하라 15 형제들아 스데바나의 집은
곧 아가야의 첫 열매요 또 성도 섬기기로 작정한 줄을 너희가 아는지라 내가 너희를 권하노니 16 이같은 사람들
과 또 함께 일하며 수고하는 모든 사람에게 순종하라 17 내가 스데바나와 브드나도와 아가이고가 온 것을 기뻐
하노니 그들이 너희의 부족한 것을 채웠음이라 18 그들이 나와 너희 마음을 시원하게 하였으니 그러므로 너희는
이런 사람들을 알아 주라 19 아시아의 교회들이 너희에게 문안하고 아굴라와 브리스가와 그 집에 있는 교회가
주 안에서 너희에게 간절히 문안하고 20 모든 형제도 너희에게 문안하니 너희는 거룩하게 입맞춤으로 서로 문안
하라 21 나 바울은 친필로 너희에게 문안하노니 22 만일 누구든지 주를 사랑하지 아니하면 저주를 받을지어다 우
리 주여 오시옵소서 23 주 예수 그리스도의 은혜가 너희와 함께 하고 24 나의 사랑이 그리스도 예수 안에서 너희
무리와 함께 할지어다

80일차 읽기의 요약

(고전 7~16)

바울은 3차 전도 여행을 통해 주로 소아시아 지역의 에베소에서 3년의 기간을 머물며 복음을 전했다. 아데미 여신을 비롯하여 우상숭배의 중심지였던 에베소에서 바울은 두란노 서원을 중심으로 하나님의 말씀을 강론했고 그가 전한 복음의 영향력은 소아시아 전 지역에 미치게 된다. 이렇게 에베소에서 사역하는 동안 바울은 고린도 교회에서 일어난 여러 문제를 전하여 듣고 그 문제에 관한 해결 방안으로 고린도 교회에 편지를 적어 보낸다. 고리도 전서를 통하여서 바울은 교회의 분쟁 문제에 대하여 책망하며 하나님의 능력이요 지혜이신 예수 그리스도를 통해 하나 될 것을 강조한다. 자기중심적인 신앙으로 약한 자들의 양심을 상하게 하고 은사를 잘못 남용하여 교회의 질서를 어지럽히는 문제에 관하여도 육신의 소욕을 극복하고 성령의 능력을 따라 사랑으로 하나 될 것을 권면했다.

그밖에 고린도 교회의 여러 가지 문제들에 대해서도 자신보다는 공동체의 유익을 위해 절제하라고 당부하며 특별히 복음의 핵심인 예수 그리스도의 부활을 통해 육신에 속한 자가 아니라 하늘에 속한 자로서의 삶을 살아갈 것을 권면한다.

그러면 어떻게 살 것인가?

인위뚝 · 신위고!

☑ 세계관 점검 – 묵상하기 (영상 강의와 교재 내용의 이해를 바탕으로)

- 고린도 교회의 문제는 오늘날 우리들의 교회의 문제이며, 그 참된 해결은 말씀으로 돌아가 자기중심성을 내려놓고 성경적 가치관을 세우는 길 밖에는 없다.

- 고린도전서 10:12-13 "그런즉 선 줄로 생각하는 자는 넘어질까 조심하라 사람이 감당할 시험 밖에는 너희가 당한 것이 없나니 오직 하나님은 미쁘사 너희가 감당하지 못할 시험 당함을 허락하지 아니하시고 시험 당할 즈음에 또한 피할 길을 내사 너희로 능히 감당하게 하시느니라"
  우리는 시험을 당해도 결코 좌절해서는 안 된다. 하나님께 더욱 의지하고 기도해야 한다. 하나님은 우리가 감당하기 힘든 시험은 주지 않는다. 그런 시험이 올 때 피할 길을 내어 주시는 하나님이심을 믿어야 한다.

- 공적 예배의 바른 시행
  고린도 교회는 여성의 예배포 착용 문제, 성찬의 잘못된 시행, 은사의 남용 및 오용 등의 원인으로 인해 공적 예배의 질서가 무너졌다. 공적 예배의 질서가 확립되지 못했다는 것은, 곧 그 교회 성도 신앙생활 전반이 무질서하고 체계가 잡히지 못했다는 것을 의미한다. 예배가 지나치게 경직되고 율법적이 되어서도 안 되겠지만, 반대로 아무 원칙도 질서도 없는 것이 되어서는 더더욱 안 된다. 무질서한 예배 가운데 하나님의 임재가 있을 수 없다. 하나님은 혼란과 어지러움의 하나님이 아니시기 때문이다. 모든 공적 예배는 반드시 조화와 질서 속에 드려져야 한다.
  ⇒ 예배가 성경적이지 못하고 자기만족을 추구하는 바알 선지자들의 제사(왕상 18장)와 같거나, 출 32장의 금송아지 예배처럼 드리면 그것은 이미 교회가 아니다. 한국교회의 예배에 무속적 요소가 너무 많이 섞여 있음을 발견할 수 있으면 좋겠다. 한국 문화가 아직도 무속 문화를 근간으로 하고 있다는 사실을 한번 생각해 보라.

- 은사론 강의에서 차별과 구별의 개념을 매우 강조하고 있다. 이것이 왜 그렇게 중요한가?

- 고전 15장 부활 신앙과 성도의 삶
  교리의 문제는 성도의 실제적 삶과 직결된다. 즉 성도들의 신앙과 사상과 삶의 태도는 그들이 믿고 있는 특정 교리와 밀접한 관련을 맺고 있다. 특히 부활은 기독교 복음의 핵심이자 기독교 신앙의 토대로서, 부활에 대해 불신한다면 모든 것은 무너지고 만다. 바울은 소위 '부활장'이라 불리는 15장에서 기독교 신앙이 허공 위에 세워지지 않은 것임을 보여 준다. 기독교 신앙은 그리스도의 부활이라고 하는 확고한 역사적 사실의 토대 위에 세워 진것이며, 그리스도의 부활은 성도의 부활과 최후의 승리를 보증한다는 것을 제시한 후, 성도들이 부활 신앙에 굳게 서서 주의 일에 수고하는 자들이 되기를 권면하고 있다. 그리스도 안에서 부활의 소망을 주신 하나님께 감사하자! 부활이야말로 성도의 최대, 최고의 소망이며, 주안에서 인내하고 수고하는 모든 삶에 확실한 보상이 될 것이다.

☑ 결단기도와 실행하기

약 2:26 영혼 없는 몸이 죽은 것 같이 행함이 없는 믿음은 죽은 것이니라
시 119:28 나의 영혼이 눌림으로 말미암아 녹사오니 주의 말씀대로 나를 세우소서

사도행전 19:23~20:1

사도행전 19:23-41

23 그 때쯤 되어 이 도로 말미암아 적지 않은 소동이 있었으니 24 즉 데메
드리오라 하는 어떤 은장색이 은으로 아데미의 신상 모형을 만들어 직
공들에게 적지 않은 벌이를 하게 하더니 25 그가 그 직공들과 그러한 영
업하는 자들을 모아 이르되 여러분도 알거니와 우리의 풍족한 생활이 이
생업에 있는데 26 이 바울이 에베소뿐 아니라 거의 전 아시아를 통하여
수많은 사람을 권유하여 말하되 사람의 손으로 만든 것들은 신이 아니라
하니 이는 그대들도 보고 들은 것이라 27 우리의 이 영업이 천하여질 위험
이 있을 뿐 아니라 큰 여신 아데미의 신전도 무시당하게 되고 온 아시아
와 천하가 위하는 그의 위엄도 떨어질까 하노라 하더라 28 그들이 이 말
을 듣고 분노가 가득하여 외쳐 이르되 크다 에베소 사람의 아데미여 하
니 29 온 시내가 요란하여 바울과 같이 다니는 마게도냐 사람 가이오와
아리스다고를 붙들어 일제히 연극장으로 달려 들어가는지라 30 바울이
백성 가운데로 들어가고자 하나 제자들이 말리고 31 또 아시아 관리 중
에 바울의 친구된 어떤 이들이 그에게 통지하여 연극장에 들어가지 말라
권하더라 32 사람들이 외쳐 어떤 이는 이런 말을, 어떤 이는 저런 말을 하
니 모인 무리가 분란하여 태반이나 어찌하여 모였는지 알지 못하더라 33
유대인들이 무리 가운데서 알렉산더를 권하여 앞으로 밀어내니 알렉산
더가 손짓하며 백성에게 변명하려 하나 34 그들은 그가 유대인인 줄 알고
다 한 소리로 외쳐 이르되 크다 에베소 사람의 아데미여 하기를 두 시간
이나 하더니 35 서기장이 무리를 진정시키고 이르되 에베소 사람들아 에
베소 시가 큰 아데미와 제우스에게서 내려온 우상의 신전지기가 된 줄을
누가 알지 못하겠느냐 36 이 일이 그렇지 않다 할 수 없으니 너희가 가만
히 있어서 무엇이든지 경솔히 아니하여야 하리라 37 신전의 물건을 도둑
질하지도 아니하였고 우리 여신을 비방하지도 아니한 이 사람들을 너희
가 붙잡아 왔으니 38 만일 데메드리오와 그와 함께 있는 직공들이 누구
에게 고발할 것이 있으면 재판 날도 있고 총독들도 있으니 피차 고소할
것이요 39 만일 그 외에 무엇을 원하면 정식으로 민회에서 결정할지라 40
오늘 아무 까닭도 없는 이 일에 우리가 소요 사건으로 책망 받을 위험이
있고 우리는 이 불법 집회에 관하여 보고할 자료가 없다 하고 41 이에 그
모임을 흩어지게 하니라

사도행전 20:1

바울이 마게도냐와 헬라를 다니다

1 소요가 그치매 바울은 제자들을 불러 권한 후에 작별하고 떠나 마게도
냐로 가니라

❖ 행 19:23~20:1

바울의 3차 전도 여행은 주로 에베소에 공을 들이는 시기이다. 에베소는 한 때 '아시아의 보고'라고 불릴 만큼 번창한 도시였다. 이곳은 이방 미신의 중심지이다. 특히 '에베소 주문'이라는 부적을 몸에 지니면 만사형통한다는 미신이 만행되고 있었다. 이런 곳에서 3년간을 머물면서 교회를 굳건히 성장 성숙시키는 사역을 감당한다.

☞ 아데미 여신은 헬라식으로는 아르테미스(Artemis), 로마식으로는 다이아나(Diana)라고 불리는데 아시아의 대지 숭배와 헬라의 사냥의 여신 숭배가 결합된 신이다. 헬라의 신화에 의하면 아데미는 제우스와 레토신 사이에서 태어난 태양의 신 아폴로와 쌍둥이로 헬라 12여신 중에 으뜸가는 신이다. 이 여신은 수렵의 신이며 처녀의 신이며 생산과 풍년의 신으로 섬겨졌다. 그래서 아데미의 신상은 젖가슴이 12개 또는 18개가 달린 형상으로 만들어졌다. 또한 에베소에 있는 아데미 신전은 고대 7대 불가사의에 들어갈 정도로 웅장한 규모를 자랑하고 있는데 길이가 240피트, 너비가 160피트나 되며 높이가 60피트인 100개의 기둥들이 신전에 세워져 장관을 이루고 있다. 이 신전에는 고자인 사제와 여사제들이 있었고 여사제들은 공식적인 종교적 매춘으로 돈을 벌어 신전에 바치기도 하였다. 신전 참배객들은 아데미 신전의 모습을 본떠 만든 감실을 제단에 바치거나 사서 자신의 집에 두고 섬기기도 하였다. 보통은 대리석이나 토기로 만들었는데 좀 더 부유한 사람들은 은으로 만든 은감실을 신앙의 표시로 신전에 바치기도 하였다. 데메드리오는 바로 이 은감실을 만드는 자로 엄청난 수입을 올리고 있었다. 그런데 바울이 복음을 전파함으로 많은 사람들이 아데미 숭배를 버리게 되어 수입에 막대한 지장을 초래하자 사람들을 선동하여 핍박한 것이다.

데메드리오가 일으킨 소동은 아데미 숭배를 시키기 위한 것이 아니라 우상을 이용한 자신의 수입에 지장이 생긴 것 때문에 일어난 것이다. 이는 우상은 사람에 의해 만들어진 것이며 따라서 아무런 도움을 주지 못한다는 것을 보여주고 있다(렘 10:14). 따라서 우상을 섬기는 자는 가장 어리석은 자이며 심판 날에 우상과 함께 심판받고 멸망할 것임을 깨달아야 할 것이다.

행 19:23-41

학습 자료 81-1 "에베소 연극장" 참조

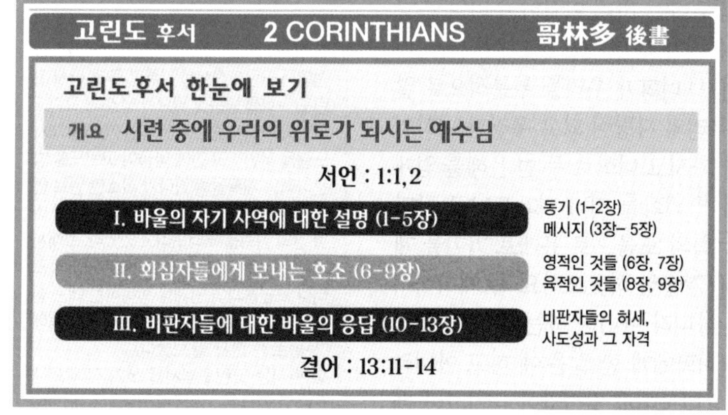

고린도후서 1장~13장

고린도후서 1장

고난과 위로와 구원과 감사

[1]하나님의 뜻으로 말미암아 그리스도 예수의 사도 된 바울과 형제 디모
데는 고린도에 있는 하나님의 교회와 또 온 아가야에 있는 모든 성도에
게 [2]하나님 우리 아버지와 주 예수 그리스도로부터 은혜와 평강이 있기
를 원하노라 [3]찬송하리로다 그는 우리 주 예수 그리스도의 하나님이시
요 자비의 아버지시요 모든 위로의 하나님이시며 [4]우리의 모든 환난 중
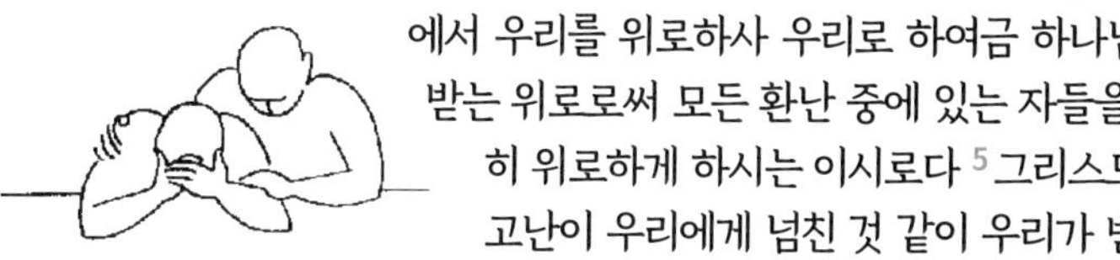
에서 우리를 위로하사 우리로 하여금 하나님께
받는 위로로써 모든 환난 중에 있는 자들을 능
히 위로하게 하시는 이시로다 [5]그리스도의
고난이 우리에게 넘친 것 같이 우리가 받는
위로도 그리스도로 말미암아 넘치는도다 [6]우리가 환난 당하는 것도 너
희가 위로와 구원을 받게 하려는 것이요 우리가 위로를 받는 것도 너희
가 위로를 받게 하려는 것이니 이 위로가 너희 속에 역사하여 우리가 받
는 것 같은 고난을 너희도 견디게 하느니라 [7]너희를 위한 우리의 소망이
견고함은 너희가 고난에 참여하는 자가 된 것 같이 위로에도 그러할 줄
을 앎이라 [8]형제들아 우리가 아시아에서 당한 환난을 너희가 모르기를
원하지 아니하노니 힘에 겹도록 심한 고난을 당하여 살 소망까지 끊어지
고 [9]우리는 우리 자신이 사형 선고를 받은 줄 알았으니 이는 우리로 자기
를 의지하지 말고 오직 죽은 자를 다시 살리시는 하나님만 의지하게 하심
이라 [10]그가 이같이 큰 사망에서 우리를 건지셨고 또 건지실 것이며 이후
에도 건지시기를 그에게 바라노라 [11]너희도 우리를 위하여 간구함으로 도우라 이는 우리가 많은 사람의 기도로
얻은 은사로 말미암아 많은 사람이 우리를 위하여 감사하게 하려 함이라

고린도 교회 방문을 연기하다

[12]우리가 세상에서 특별히 너희에 대하여 하나님의 거룩함과 진실함으로 행하되 육체의 지혜로 하지 아니하고

❖ 고린도후서 개요

디도를 통해 고린도 교회에 고린도전서를 보낸 후, 소식이 없어 애타게 기다리다가 빌립보에서 돌아온 디도를 만났다. 바울은 그로 부터 고린도전서로 인해 교인 전체가 철저히 회개 중이라는 좋은 소식과 예루살렘 교회로부터 유대인 교사가 추천서를 받아서 다른 복음을 전하면서 바울의 사도권에 대해 시비한다는 나쁜 소식을 들었다. 바울은 고린도전서를 보낸 같은 해 가을에 후서를 보낸다. 그 목적은 고린도 교회가 갖는 자신에 대한 오해를 해명하고 자신의 사도권의 정당성을 옹호하기 위함이며(4-6장, 10-13장), 교회 안에 남아 있는 유대주의자들을 척결하고(8장), 예루살렘 성도들의 구제를 위한 연보의 필요성을 강조하기 위함이다.

고린도후서는 전서처럼 교리적인 것이 아니고, 실천의 책으로 주관적인 성격이 강한 책이다.

❖ 고후 1~13 장

바울이 고린도 교회의 문제에 간섭하였기 때문에 자기를 해명하기 위한 또 다른 편지를 보낼 필요가 있게 됨은 놀랄 일이 아니다. 바울의 말을 좋아하지 않는 고린도의 일부 사람들은 그의 평판을 나쁘게 하려고 했다. 이것은 오늘날도 마찬가지이다.

바울의 가장 자서전적인 이 서신서에서 사도 바울은 자기 영혼의 창(窓)을 열었다. 이 논리적인 사도 바울은 또한 매우 감정적일 수도 있었다. 우리는 새로운 회심자들의 믿음을 훼방하려고 했던 거짓 선생들에 대한 바울의 분노를 느낀다. 기독교는 고린도 사람들이 알고 있던 유대인이나 이방의 어떤 종교보다도 한없이 우월했다. 바울에 대한 끈질긴 핍박은 그의 그리스도 안에서의 소명에 대한 헌신을 약하게 할 수 없었다. 그는 하나님께서 주신 사도의 권위가 있었으나 이를 행사하지 않는 편을 더 좋아했다. 그는 고린도 사람들이 스스로 따르기를 원했다. 바울은 만일 고린도의 회심자들이 주님에 대한 진리에 머무르고 그들의 믿음이 자라는 데 도움이 된다면, 자기 자신의 모든 권리를, 심지어 자신의 명성까지도 기꺼이 포기하고자 했다.

고후 1:11
학습 자료 81-2 "중보기도" 참조

고후 1:4-5
학습 자료 81-3
"바울의 사도권 변호" 참조

하나님의 은혜로 행함은 우리 양심이 증언하는 바니 이것이 우리의 자랑
이라 13 오직 너희가 읽고 아는 것 외에 우리가 다른 것을 쓰지 아니하노니
너희가 완전히 알기를 내가 바라는 것은 14 너희가 우리를 부분적으로 알
았으나 우리 주 예수의 날에는 너희가 우리의 자랑이 되고 우리가 너희의
자랑이 되는 그것이라 15 내가 이 확신을 가지고 너희로 두 번 은혜를 얻게
하기 위하여 먼저 너희에게 이르렀다가 16 너희를 지나 마게도냐로 갔다
가 다시 마게도냐에서 너희에게 가서 너희의 도움으로 유대로 가기를 계
획하였으니 17 이렇게 계획할 때에 어찌 경솔히 하였으리요 혹 계획하기
를 육체를 따라 계획하여 예 예 하면서 아니라 아니라 하는 일이 내게 있
겠느냐 18 하나님은 미쁘시니라 우리가 너희에게 한 말은 예 하고 아니라
함이 없노라 19 우리 곧 나와 실루아노와 디모데로 말미암아 너희 가운데
전파된 하나님의 아들 예수 그리스도는 예 하고 아니라 함이 되지 아니하
셨으니 그에게는 예만 되었느니라 20 하나님의 약속은 얼마든지 그리스도
안에서 예가 되니 그런즉 그로 말미암아 우리가 아멘 하여 하나님께 영광
을 돌리게 되느니라 21 우리를 너희와 함께 그리스도 안에서 굳건하게 하
시고 우리에게 기름을 부으신 이는 하나님이시니 22 그가 또한 우리에게
인치시고 보증으로 우리 마음에 성령을 주셨느니라 23 내가 내 목숨을 걸
고 하나님을 불러 증언하시게 하노니 내가 다시 고린도에 가지 아니한 것
은 너희를 아끼려 함이라 24 우리가 너희 믿음을 주관하려는 것이 아니요
오직 너희 기쁨을 돕는 자가 되려 함이니 이는 너희가 믿음에 섰음이라

고린도후서 2장

1 내가 다시는 너희에게 근심 중에 나아가지 아니하기로 스스로 결심하
였노니 2 내가 너희를 근심하게 한다면 내가 근심하게 한 자밖에 나를 기
쁘게 할 자가 누구냐 3 내가 이같이 쓴 것은 내가 갈 때에 마땅히 나를 기
쁘게 할 자로부터 도리어 근심을 얻을까 염려함이요 또 너희 모두에 대
한 나의 기쁨이 너희 모두의 기쁨인 줄 확신함이로라 4 내가 마음에 큰 눌
림과 걱정이 있어 많은 눈물로 너희에게 썼노니 이는 너희로 근심하게 하
려 한 것이 아니요 오직 내가 너희를 향하여 넘치는 사랑이 있음을 너희로
알게 하려 함이라

근심하게 한 사람을 용서하라

5 근심하게 한 자가 있었을지라도 나를 근심하게 한 것이 아니요 어느 정도 너희 모두를 근심하게 한 것이니 어
느 정도라 함은 내가 너무 지나치게 말하지 아니하려 함이라 6 이러한 사람은 많은 사람에게서 벌 받는 것이 마
땅하도다 7 그런즉 너희는 차라리 그를 용서하고 위로할 것이니 그가 너무 많은 근심에 잠길까 두려워하노라 8
그러므로 너희를 권하노니 사랑을 그들에게 나타내라 9 너희가 범사에 순종하는지 그 증거를 알고자 하여 내가
이것을 너희에게 썼노라 10 너희가 무슨 일에든지 누구를 용서하면 나도 그리하고 내가 만일 용서한 일이 있으면
용서한 그것은 너희를 위하여 그리스도 앞에서 한 것이니 11 이는 우리로 사탄에게 속지 않게 하려 함이라 우리
는 그 계책을 알지 못하는 바가 아니로라

그리스도의 향기

12 내가 그리스도의 복음을 위하여 드로아에 이르매 주 안에서 문이 내게 열렸으되 13 내가 내 형제 디도를 만나

고후 1:3-11 바울이 고린도 교회에 발생한 여러 가지 문제들에 관한 신앙의 표준을 전해준 고린도전서를 기록한 후에, 다시 고린도 교회를 방문할 필요가 생겼다. 고린도 교회의 지도자 중에 어떤 자들이 바울의 사도권을 부인하고 전에 바울이 고린도를 방문하려는 계획을 세웠다가 취소한 일로 인해, 변덕스럽다는 비난을 하며 교인들과 바울 간의 신뢰를 무너뜨리고 있었다. 그래서 바울은 잠깐 고린도 교회를 방문하였다. 그러나 교인들과의 관계를 회복하는 데는 실패하였다. 그래서 에베소로 돌아온 다음에 "눈물로 쓴 편지"를 보냈다.
이 편지는 고린도후서를 쓰기 전에 보낸 편지로 지금은 사라졌다. 바울은 이 편지 속에서 바울과 정반대되는 태도에서 교회를 지도하고 있는 한 사람에 대해 교회에서 징계하라는 권고를 하였다. 디도가 그 편지를 고린도에 전달하였다. 그 후 디도가 마게도냐와 드로아를 거쳐서 돌아올 것을 안 바울은 고린도 교회의 소식을 빨리 듣고 싶어서 에베소를 떠나 드로아에 가서 기다렸다. 그런데도 디도가 속히 돌아오지 않자 다시 마게도냐까지 가서 디도를 만났다. 디도를 통해서 바울은 드디어 자신이 기다리던 좋은 소식을 들었다. 교회의 대다수가 바울에 대한 도전행위를 회개하고 반대파 지도자를 권징했다는 소식이었다. 그래서 바울은 3차 전도여행 중에 마게도냐에서 고린도 교인들로 인한 기쁨을 전하기 위해 고린도후서를 기록하였다.
바울은 고린도 교회 문제로 인해 많은 근심과 환난을 겪으면서도 결코 낙심하지 않았다. 하나님께서 고난 속에서 자신을 위로하실 것임을 확신하였기 때문이다. 우는 사자가 삼킬 자를 찾아다니듯이 하나님의 백성을 죄악으로 유혹하려는 사탄 앞에서 (벧전 5:8), 성도들이 고난을 이길 수 있는 것은 하나님이 함께하시기 때문이다. 그래서 바울은 하나님만을 의지하라고 권고하고 있는 것이다.

지 못하므로 내 심령이 편하지 못하여 그들을 작별하고 마게도냐로 갔노라 [14] 항상 우리를 그리스도 안에서 이
기게 하시고 우리로 말미암아 각처에서 그리스도를 아는 냄새를 나타내시는 하나님께 감사하노라 [15] 우리는 구
원 받는 자들에게나 망하는 자들에게나 하나님 앞에서 그리스도의 향기니 [16] 이 사람에게는 사망으로부터 사망
에 이르는 냄새요 저 사람에게는 생명으로부터 생명에 이르는 냄새라 누가 이 일을 감당하리요 [17] 우리는 수많
은 사람들처럼 하나님의 말씀을 혼잡하게 하지 아니하고 곧 순전함으로 하나님께 받은 것 같이 하나님 앞에서
와 그리스도 안에서 말하노라

고린도후서 3장

새 언약의 일꾼들

[1] 우리가 다시 자천하기를 시작하겠느냐 우리가 어찌 어떤 사람처럼 추천서를 너희에게 부치거나 혹은 너희에
게 받거나 할 필요가 있느냐 [2] 너희는 우리의 편지라 우리 마음에 썼고 뭇 사람이 알고 읽는 바라 [3] 너희는 우리
로 말미암아 나타난 그리스도의 편지니 이는 먹으로 쓴 것이 아니요 오직 살아 계신 하나님의 영으로 쓴 것이며
또 돌판에 쓴 것이 아니요 오직 육의 마음판에 쓴 것이라 [4] 우리가 그리스도로 말미암아 하나님을 향하여 이같
은 확신이 있으니 [5] 우리가 무슨 일이든지 우리에게서 난 것 같이 스스로 만족할 것이 아니니 우리의 만족은 오
직 하나님으로부터 나느니라 [6] 그가 또한 우리를 새 언약의 일꾼 되기에 만족하게 하셨으니
율법 조문으로 하지 아니하고 오직 영으로 함이니 율법 조문은 죽이는 것
이요 영은 살리는 것이니라 [7] 돌에 써서 새긴 죽게 하는 율법 조문의 직분
도 영광이 있어 이스라엘 자손들
은 모세의 얼굴의 없어질 영광 때
문에도 그 얼굴을 주목하지 못하였거든 [8] 하물며 영의 직분은 더욱 영광
이 있지 아니하겠느냐 [9] 정죄의 직분도 영광이 있은즉 의의 직분은 영광
이 더욱 넘치리라 [10] 영광되었던 것이 더 큰 영광으로 말미암아 이에 영광
될 것이 없으나 [11] 없어질 것도 영광으로 말미암았은즉 길이 있을 것은 더
욱 영광 가운데 있느니라 [12] 우리가 이같은 소망이 있으므로 담대히 말하
노니 [13] 우리는 모세가 이스라엘 자손들에게 장차 없어질 것의 결국을 주
목하지 못하게 하려고 수건을 그 얼굴에 쓴 것 같이 아니하노라 [14] 그러나
그들의 마음이 완고하여 오늘까지도 구약을 읽을 때에 그 수건이 벗겨지
지 아니하고 있으니 그 수건은 그리스도 안에서 없어질 것이라 [15] 오늘까
지 모세의 글을 읽을 때에 수건이 그 마음을 덮었도다 [16] 그러나 언제든지
주께로 돌아가면 그 수건이 벗겨지리라 [17] 주는 영이시니 주의 영이 계신
곳에는 자유가 있느니라 [18] 우리가 다 수건을 벗은 얼굴로 거울을 보는 것
같이 주의 영광을 보매 그와 같은 형상으로 변화하여 영광에서 영광에 이
르니 곧 주의 영으로 말미암음이니라

고후 3:6-18
본장에 나타난 율법과 복음의 비교

율법	복음	성구
옛 언약	새 언약	6절
의문	영	6절
죽이는 것	살리는 것	6절
죽음의 직분	생명의 직분	7, 8절
돌비에 새겨짐	마음에 새겨짐	7절
영광스러운 것	더 영광스러운 것	7-11절
정죄하는 것	의롭게 하는 것	9절
없어질 것	길이 있을 것	11절
가려져 있는 것	명백한 것	12-16절
속박하는 것	자유하게 하는 것	17절
변화시키지 못하는 것	변화시키는 것	18절

고린도후서 4장

질그릇에 담긴 보배

[1] 그러므로 우리가 이 직분을 받아 긍휼하심을 입은 대로 낙심하지 아니하고 [2] 이에 숨은 부끄러움의 일을 버리
고 속임으로 행하지 아니하며 하나님의 말씀을 혼잡하게 하지 아니하고 오직 진리를 나타냄으로 하나님 앞에서
각 사람의 양심에 대하여 스스로 추천하노라 [3] 만일 우리의 복음이 가리었으면 망하는 자들에게 가리어진 것이
라 [4] 그 중에 이 세상의 신이 믿지 아니하는 자들의 마음을 혼미하게 하여 그리스도의 영광의 복음의 광채가 비

치지 못하게 함이니 그리스도는 하나님의 형상이니라 5 우리는 우리를 전파하는 것이 아니라 오직 그리스도 예
수의 주되신 것과 또 예수를 위하여 우리가 너희의 종 된 것을 전파함이라 6 어두운 데에 빛이 비치라 말씀하셨
던 그 하나님께서 예수 그리스도의 얼굴에 있는 하나님의 영광을 아는 빛을 우리 마음에 비추셨느니라 7 우리가
이 보배를 질그릇에 가졌으니 이는 심히 큰 능력은 하나님께 있고 우리에게 있지 아니함을 알게 하려 함이라 8
우리가 사방으로 우겨쌈을 당하여도 싸이지 아니하며 답답한 일을 당하여도 낙심하지 아니하며 9 박해를 받아
도 버린 바 되지 아니하며 거꾸러뜨림을 당하여도 망하지 아니하고 10 우리가 항상 예수의 죽음을 몸에 짊어짐은
예수의 생명이 또한 우리 몸에 나타나게 하려 함이라 11 우리 살아 있는 자가 항상 예수를 위하여 죽음에 넘겨짐
은 예수의 생명이 또한 우리 죽을 육체에 나타나게 하려 함이라 12 그런즉 사망은 우리 안에서 역사하고 생명은
너희 안에서 역사하느니라 13 기록된 바 내가 믿었으므로 말하였다 한 것 같이 우리가 같은 믿음의 마음을 가졌
으니 우리도 믿었으므로 또한 말하노라 14 주 예수를 다시 살리신 이가 예수와 함께 우리도 다시 살리사 너희와
함께 그 앞에 서게 하실 줄을 아노라 15 이는 모든 것이 너희를 위함이니 많은 사람의 감사로 말미암아 은혜가
더하여 넘쳐서 하나님께 영광을 돌리게 하려 함이라

겉사람과 속사람

16 그러므로 우리가 낙심하지 아니하노니 우리의 겉사람은 낡아지나 우리의 속사람은 날로 새로워지도다 17 우
리가 잠시 받는 환난의 경한 것이 지극히 크고 영원한 영광의 중한 것을 우리에게 이루게 함이니 18 우리가 주목
하는 것은 보이는 것이 아니요 보이지 않는 것이니 보이는 것은 잠깐이요 보이지 않는 것은 영원함이라

고린도후서 5장

1 만일 땅에 있는 우리의 장막 집이 무너지면 하나님께서 지으신 집 곧 손으로 지은 것이 아니요 하늘에 있는 영
원한 집이 우리에게 있는 줄 아느니라 2 참으로 우리가 여기 있어 탄식하며 하늘로부터 오는 우리 처소로 덧입기
를 간절히 사모하노라 3 이렇게 입음은 우리가 벗은 자들로 발견되지 않으려 함이라 4 참으로 이 장막에 있는 우
리가 짐진 것 같이 탄식하는 것은 벗고자 함이 아니요 오히려 덧입고자 함이니 죽을 것이 생명에 삼킨 바 되게 하
려 함이라 5 곧 이것을 우리에게 이루게 하시고 보증으로 성령을 우리에게 주신 이는 하나님이시니라 6 그러므로
우리가 항상 담대하여 몸으로 있을 때에는 주와 따로 있는 줄을 아노니 7 이는 우리가 믿음으로 행하고 보는 것
으로 행하지 아니함이로라 8 우리가 담대하여 원하는 바는 차라리 몸을 떠나 주와 함께 있는 그것이라 9 **그런즉
우리는 몸으로 있든지 떠나든지 주를 기쁘시게 하는 자가 되기를 힘쓰노라** 10 **이는 우리가 다 반드시 그리스도
의 심판대 앞에 나타나게 되어 각각 선악간에 그 몸으로 행한 것을 따라 받으려 함이라**

화목하게 하는 직분

11 우리는 주의 두려우심을 알므로 사람들을 권면하거니와 우리가 하나님 앞에 알리어졌으니 또 너희의 양심에
도 알리어지기를 바라노라 12 우리가 다시 너희에게 자천하는 것이 아니요 오직 우리로 말미암아 자랑할 기회를
너희에게 주어 마음으로 하지 않고 외모로 자랑하는 자들에게 대답하게 하려 하는 것이라 13 우리가 만일 미쳤
어도 하나님을 위한 것이요 정신이 온전하여도 너희를 위한 것이니 14 그리스도의 사랑이 우리를 강권하시는도
다 우리가 생각하건대 한 사람이 모든 사람을 대신하여 죽었은즉 모든 사람이 죽은 것이라 15 그가 모든 사람을
대신하여 죽으심은 살아 있는 자들로 하여금 다시는 그들 자신을 위하여 살지 않고 오직 그들을 대신하여 죽었
다가 다시 살아나신 이를 위하여 살게 하려 함이라 16 그러므로 우리가 이제부터는 어떤 사람도 육신을 따라 알
지 아니하노라 비록 우리가 그리스도도 육신을 따라 알았으나 이제부터는 그같이 알지 아니하노라 17 그런즉 누
구든지 그리스도 안에 있으면 새로운 피조물이라 이전 것은 지나갔으니 보라 새 것이 되었도다 18 모든 것이 하
나님께로서 났으며 그가 그리스도로 말미암아 우리를 자기와 화목하게 하시고 또 우리에게 화목하게 하는 직분
을 주셨으니 19 곧 하나님께서 그리스도 안에 계시사 세상을 자기와 화목하게 하시며 그들의 죄를 그들에게 돌
리지 아니하시고 화목하게 하는 말씀을 우리에게 부탁하셨느니라 20 그러므로 우리가 그리스도를 대신하여 사

신이 되어 하나님이 우리를 통하여 너희를 권면하시는 것 같이 그리스도를 대신하여 간청하노니 너희는 하나님
과 화목하라 [21] 하나님이 죄를 알지도 못하신 이를 우리를 대신하여 죄로 삼으신 것은 우리로 하여금 그 안에서
하나님의 의가 되게 하려 하심이라

고린도후서 6장

[1] 우리가 하나님과 함께 일하는 자로서 너희를 권하노니 하나님의 은혜를 헛되이 받지 말라 [2] 이르시되 내가 은
혜 베풀 때에 너에게 듣고 구원의 날에 너를 도왔다 하셨으니 보라 지금은 은혜 받을 만한 때요 보라 지금은 구
원의 날이로다 [3] 우리가 이 직분이 비방을 받지 않게 하려고 무엇에든지 아무에게도 거리끼지 않게 하고 [4] 오직
모든 일에 하나님의 일꾼으로 자천하여 많이 견디는 것과 환난과 궁핍과 고난과 [5] 매 맞음과 갇힘과 난동과 수

고로움과 자지 못함과 먹지 못함 가운데서도 [6] 깨끗함과 지식과 오래 참음과 자비
함과 성령의 감화와 거짓이 없는 사랑과 [7] 진리의 말씀과 하나님의 능력으로 의의
무기를 좌우에 가지고 [8] 영광과 욕됨으로 그러했으며 악한 이름과 아름다운 이름
으로 그러했느니라 우리는 속이는 자 같으나 참되고 [9] 무명한 자 같으나 유명한 자
요 죽은 자 같으나 보라 우리가 살아 있고 징계를 받는 자 같으나 죽임을 당하지
아니하고 [10] 근심하는 자 같으나 항상 기뻐하고 가난한 자 같으나 많은
사람을 부요하게 하고 아무 것도 없는 자 같으나 모든 것을 가진 자로다
[11] 고린도인들이여 너희를 향하여 우리의 입이 열리고 우리의 마음이 넓
어졌으니 [12] 너희가 우리 안에서 좁아진 것이 아니라 오직 너희 심정에서
좁아진 것이니라 [13] 내가 자녀에게 말하듯 하노니 보답하는 것으로 너희
도 마음을 넓히라

우리는 살아 계신 하나님의 성전

[14] 너희는 믿지 않는 자와 멍에를 함께 메지 말라 의와 불법이 어찌 함께 하
며 빛과 어둠이 어찌 사귀며 [15] 그리스도와 벨리알이 어찌 조화되며 믿는
자와 믿지 않는 자가 어찌 상관하며 [16] 하나님의 성전과 우상이 어찌 일치
가 되리요 우리는 살아 계신 하나님의 성전이라 이와 같이 하나님께서 이
르시되 내가 그들 가운데 거하며 두루 행하여 나는 그들의 하나님이 되고
그들은 나의 백성이 되리라 [17] 그러므로 너희는 그들 중에서 나와서 따로
있고 부정한 것을 만지지 말라 내가 너희를 영접하여 [18] 너희에게 아버지가
되고 너희는 내게 자녀가 되리라 전능하신 주의 말씀이니라 하셨느니라

고후 6:11-18 세상과 구별되게 사는 방법

1	자신의 몸을 의의 병기로 사용함(롬 6:13)
2	이 세대를 본받지 않고 하나님의 온전하신 뜻을 변별하고자 애씀(롬 12:1, 2)
3	믿지 않는 자와 타협하여 동화되지 않음(고후 6:14)
4	하나님의 성전된 자신의 몸을 죄로 더럽히지 않음(고후 6:16)
5	악은 그 모양이라도 버리고 가까이 하지 않음(살전 5:22)
6	만약 범죄하게 되었다면 즉시 하나님께 자복하고 용서함 받음(요일 1:9)
7	참되고 거짓이 없이 가르침 받은 대로 행함(요일2:27)

고후 6:16-17 구속사의 핵심
하나님과 우리의 창조적 관계의 회복이다.

고린도후서 7장

[1] 그런즉 사랑하는 자들아 이 약속을 가진 우리는 하나님을 두려워하는 가운데서 거룩함을 온전히 이루어 육과
영의 온갖 더러운 것에서 자신을 깨끗하게 하자

고린도 교회의 회개를 기뻐하다

[2] 마음으로 우리를 영접하라 우리는 아무에게도 불의를 행하지 않고 아무에게도 해롭게 하지 않고 아무에게서

도 속여 빼앗은 일이 없노라 [3] 내가 이 말을 하는 것은 너희를 정죄하려고 하는 것
이 아니라 내가 이전에 말하였거니와 너희가 우리 마음에 있어 함께 죽고 함께
살게 하고자 함이라 [4] 나는 너희를 향하여 담대한 것도 많고 너희를 위하여 자랑
하는 것도 많으니 내가 우리의 모든 환난 가운데서도 위로가 가득하고 기쁨이
넘치는도다 [5] 우리가 마게도냐에 이르렀을 때에도 우리 육체가 편하지 못하였

고 사방으로 환난을 당하여 밖으로는 다툼이요 안으로는 두려움이었노
라 6 그러나 낙심한 자들을 위로하시는 하나님이 디도가 옴으로 우리를
위로하셨으니 7 그가 온 것뿐 아니요 오직 그가 너희에게서 받은 그 위로
로 위로하고 너희의 사모함과 애통함과 나를 위하여 열심 있는 것을 우
리에게 보고함으로 나를 더욱 기쁘게 하였느니라 8 그러므로 내가 편지로
너희를 근심하게 한 것을 후회하였으나 지금은 후회하지 아니함은 그 편
지가 너희로 잠시만 근심하게 한 줄을 앎이라 9 내가 지금 기뻐함은 너희
로 근심하게 한 까닭이 아니요 도리어 너희가 근심함으로 회개함에 이른
까닭이라 너희가 하나님의 뜻대로 근심하게 된 것은 우리에게서 아무 해
도 받지 않게 하려 함이라 10 하나님의 뜻대로 하는 근심은 후회할 것이
없는 구원에 이르게 하는 회개를 이루는 것이요 세상 근심은 사망을 이
루는 것이니라 11 보라 하나님의 뜻대로 하게 된 이 근심이 너희로 얼마나
간절하게 하며 얼마나 변증하게 하며 얼마나 분하게 하며 얼마나 두렵게
하며 얼마나 사모하게 하며 얼마나 열심 있게 하며 얼마나 벌하게 하였
는가 너희가 그 일에 대하여 일체 너희 자신의 깨끗함을 나타내었느니라
12 그런즉 내가 너희에게 쓴 것은 그 불의를 행한 자를 위한 것도 아니요
그 불의를 당한 자를 위한 것도 아니요 오직 우리를 위한 너희의 간절함
이 하나님 앞에서 너희에게 나타나게 하려 함이로라 13 이로 말미암아 우
리가 위로를 받았고 우리가 받은 위로 위에 디도의 기쁨으로 우리가 더욱
많이 기뻐함은 그의 마음이 너희 무리로 말미암아 안심함을 얻었음이라
14 내가 그에게 너희를 위하여 자랑한 것이 있더라도 부끄럽지 아니하니
우리가 너희에게 이른 말이 다 참된 것 같이 디도 앞에서 우리가 자랑한
것도 참되게 되었도다 15 그가 너희 모든 사람들이 두려움과 떪으로 자기
를 영접하여 순종한 것을 생각하고 너희를 향하여 그의 심정이 더욱 깊었
으니 16 내가 범사에 너희를 신뢰하게 된 것을 기뻐하노라

고후 7:5-16 본문은 고린도 교회의 문제로 바울이 얼마나 염려하였는지를 잘 보여주고 있다. 바울은 고린도 교회에 발생한 문제를 해결하기 위해 직접 방문하기도 하였다. 그러나 이런 노력에도 불구하고 문제가 해결될 기미가 보이지 않자 거짓 지도자들을 징계하라는 권고를 담은 편지를 써서 디도를 통해 전달하였다. 그리고 그 결과를 기다리던 바울은 디도가 마게도니아와 드로아를 거쳐서 돌아온다는 것을 알고, 직접 마게도니아까지 가서 고린도 교회에 관한 소식을 빨리 듣고자 하였다. 마침내 디도가 가져온 소식은 바울에게 기쁨을 가져다주었다. 고린도 교회가 바울을 비난하던 거짓 지도자들을 징계하고 자신들의 잘못에 대해 회개하였다. 한편 성경에서 죄에 대한 하나님의 용서를 받고 하나님과의 바람직한 관계를 회복하는 데 있어서 회개가 필수적으로 요구됨을 강조하고 있다. 그래서 구약에서 범죄한 자들은 금식하고 옷을 찢고 재를 뿌리는 행동을 통해 철저한 회개를 표시하였다. 그러나 이러한 회개는 내적인 회개와 더불어 외적인 행동과 삶의 변화로 나타나야 함을 강조하고 있다. 우선 소극적인 면에서 악한 행동에서 떠나야 하며(사 33:15), 그다음으로 적극적인 면에서 선을 행하는 자가 되어야 한다(렘 26:13). 이런 점에 있어서 바울의 권고에 따라 거짓 지도자들을 징계한 것은 고린도 교회가 진실한 회개를 하였음을 증거하고 있다.
인간은 연약한 본성으로 인해서 범죄의 가능성을 항상 내포하고 있다. 따라서 범죄함으로 구원의 가능성을 완전히 상실하지는 않는다. 문제는 범죄에 대한 개인적인 반응이다. 죄에 대해 잘못을 시인하고 회개하는 자는 사죄를 받을 수가 있는 것이다. 그러나 회개는 말로만 되는 것이 아니라, 악에서 떠나고 하나님의 말씀에 따라 선하게 사는 삶의 형태가 나타남으로 인정받을 수 있다.

고린도후서 8장

풍성한 연보

1 형제들아 하나님께서 마게도냐 교회들에게 주신 은혜를 우리가 너희에
게 알리노니 2 환난의 많은 시련 가운데서 그들의 넘치는 기쁨과 극심한
가난이 그들의 풍성한 연보를 넘치도록 하게 하였느니라 3 내가 증언하노니 그들이 힘대로 할 뿐 아니라 힘에 지
나도록 자원하여 4 이 은혜와 성도 섬기는 일에 참여함에 대하여 우리에게 간절히 구하니 5 우리가 바라던 것뿐
아니라 그들이 먼저 자신을 주께 드리고 또 하나님의 뜻을 따라 우리에게 주었도다 6 그러므로 우리가 디도를 권
하여 그가 이미 너희 가운데서 시작하였은즉 이 은혜를 그대로 성취하게 하라 하였노라 7 오직 너희는 믿음과 말
과 지식과 모든 간절함과 우리를 사랑하는 이 모든 일에 풍성한 것 같이 이 은혜에도 풍성하게 할지니라 8 내가
명령으로 하는 말이 아니요 오직 다른 이들의 간절함을 가지고 너희의 사랑의 진실함을 증명하고자 함이로라 9
우리 주 예수 그리스도의 은혜를 너희가 알거니와 부요하신 이로서 너희를 위하여 가난하게 되심은 그의 가난
함으로 말미암아 너희를 부요하게 하려 하심이라 10 이 일에 관하여 나의 뜻을 알리노니 이 일은 너희에게 유익
함이라 너희가 일 년 전에 행하기를 먼저 시작할 뿐 아니라 원하기도 하였은즉 11 이제는 하던 일을 성취할지니
마음에 원하던 것과 같이 완성하되 있는 대로 하라 12 할 마음만 있으면 있는 대로 받으실 터이요 없는 것은 받지

아니하시리라 13 이는 다른 사람들은 평안하게 하고 너희는 곤고하게 하
려는 것이 아니요 균등하게 하려 함이니 14 이제 너희의 넉넉한 것으로 그
들의 부족한 것을 보충함은 후에 그들의 넉넉한 것으로 너희의 부족한 것
을 보충하여 균등하게 하려 함이라 15 기록된 것 같이 많이 거둔 자도 남
지 아니하였고 적게 거둔 자도 모자라지 아니하였느니라

디도와 그의 동역자

16 너희를 위하여 같은 간절함을 디도의 마음에도 주시는 하나님께 감사하
노니 17 그가 권함을 받고 더욱 간절함으로 자원하여 너희에게 나아갔고 18
또 그와 함께 그 형제를 보내었으니 이 사람은 복음으로써 모든 교회에서
칭찬을 받는 자요 19 이뿐 아니라 그는 동일한 주의 영광과 우리의 원을 나
타내기 위하여 여러 교회의 택함을 받아 우리가 맡은 은혜의 일로 우리와
동행하는 자라 20 이것을 조심함은 우리가 맡은 이 거액의 연보에 대하여 아
무도 우리를 비방하지 못하게 하려 함이니 21 이는 우리가 주 앞에서뿐 아니
라 사람 앞에서도 선한 일에 조심하려 함이라 22 또 그들과 함께 우리의 한
형제를 보내었노니 우리는 그가 여러 가지 일에 간절한 것을 여러 번 확인하
였거니와 이제 그가 너희를 크게 믿으므로 더욱 간절하니라 23 디도로 말하
면 나의 동료요 너희를 위한 나의 동역자요 우리 형제들로 말하면 여러 교
회의 사자들이요 그리스도의 영광이니라 24 그러므로 너희는 여러 교회 앞
에서 너희의 사랑과 너희에 대한 우리 자랑의 증거를 그들에게 보이라

고린도후서 9장

가난한 성도를 섬기는 연보

1 성도를 섬기는 일에 대하여는 내가 너희에게 쓸 필요가 없나니 2 이는 내
가 너희의 원함을 앎이라 내가 너희를 위하여 마게도냐인들에게 아가야에
서는 일 년 전부터 준비하였다는 것을 자랑하였는데 과연 너희의 열심이 퍽
많은 사람들을 분발하게 하였느니라 3 그런데 이 형제들을 보낸 것은 이 일
에 너희를 위한 우리의 자랑이 헛되지 않고 내가 말한 것 같이 준비하게 하
려 함이라 4 혹 마게도냐인들이 나와 함께 가서 너희가 준비하지 아니한 것
을 보면 너희는 고사하고 우리가 이 믿던 것에 부끄러움을 당할까 두려워하
노라 5 그러므로 내가 이 형제들로 먼저 너희에게 가서 너희가 전에 약속한
연보를 미리 준비하게 하도록 권면하는 것이 필요한 줄 생각하였노니 이렇
게 준비하여야 참 연보답고 억지가 아니니라 6 이것이 곧 적게 심는 자는 적
게 거두고 많이 심는 자는 많이 거둔다 하는 말이로다 7 각각 그 마음에 정
한 대로 할 것이요 인색함으로나 억지로 하지 말지니 하나님은 즐겨 내는
자를 사랑하시느니라 8 하나님이 능히 모든 은혜를 너희에게 넘치게 하시
나니 이는 너희로 모든 일에 항상 모든 것이 넉넉하여 모든 착한 일을 넘치
게 하게 하려 하심이라 9 기록된 바 그가 흩어 가난한 자들에게 주었으니 그
의 의가 영원토록 있느니라 함과 같으니라 10 심는 자에게 씨와 먹을 양식
을 주시는 이가 너희 심을 것을 주사 풍성하게 하시고 너희 의의 열매를 더
하게 하시리니 11 너희가 모든 일에 넉넉하여 너그럽게 연보를 함은 그들이

❖ 고후 8~9장
바울의 마지막 예루살렘 방문(A.D. 57년)이 있기 2년 전, 예루살렘에 있는 가난한 사람들을 위한 연보에 대한 이방교회의 관심이 고조되었다. 바울은 어려운 형편 속에서도 아낌없는 연보를 한 마게도니아 인들의 모범을 예로 들며 고린도 교인들에게 도전을 준다.

❖ 고린도후서 8장, 9장에는 모든 성경을 통틀어 연보에 대한 하나님의 뜻이 가장 잘 나타나 있다. 연보는 교회의 하나님 나라 사역에 필요한 경비 등을 충당하기 위해 돈이나 물건을 내는 것으로 오늘날의 '헌금'과 동일한 말이다. 헌금과 연보를 굳이 구분하자면 '헌금'은 하나님의 은혜에 감사하며 하나님께 바치는 물질이란 뜻으로 사용되고 반면에 '연보'는 가난한 사람들을 돕기 위한 구제 헌금을 지정할 때 주로 쓰인다고 할 수 있다.
바울은 본서에서 연보의 원리를 다음과 같이 언급한다.
첫째, 미리 준비해야 한다(9:5).
둘째, 억지로나 인색한 마음이 아닌, 자원하는 마음으로 해야 한다. (9:8)
셋째, 자기희생적인 마음으로 해야지 과시나 자랑으로 해서는 안 된다(9:9-10).
그 연보의 결과는 다음과 같다.
첫째, 적게 하는 자는 적게 거두고 많이 하는 자는 많이 거둔다(9:6).
둘째, 하나님께서 영적인 은혜뿐만 아니라 모든 일에 넉넉하게 하신다(9:8).
셋째, 하나님께서 기억하시고 보상하실 것이다(9:9-10).
당시에는 바울의 권위를 훼손하며, 예루살렘 교회가 지키는 관습을 강요하는 유대 그리스도인들로 말미암아 이방 선교 영역이 침범당하고 있었다. 바울은 이방 교회들이 복음 그 자체로 인해 예루살렘 교회에 빚지고 있음을 표현하고, 그로 말미암아 이방 선교지에 관한 예루살렘 교회의 의심이 완화되기를 원했다(롬 15:25-27). 즉, 연보를 통해 유대인 그리스도인들을 향한 이방인 그리스도인들의 관심을 나타내며, 그들의 결속을 견고히 하고자 했다.
☞ 본 서신의 기록 목적 중의 하나는 바울이 3차로 고린도를 방문하기 이전에 고린도 성도들이 예루살렘의 가난한 성도들을 위한 구제 연보를 미리 준비하게 하는 데 있다. 바울은 고린도 성도들에게 이미 시작한 구제 연보를 완결하도록 권면하는 과정에서 헌금의 정신과 자세에 대해서 일깨워 준다. 또한 선한 일에 대해 훼방을 받는 일이 없도록 자신이 헌금의 관리나 전달 문제에 얼마나 신중히 처리하고 있는지를 강조하고 있다. 봉헌자의 바른 자세와 그 헌금의 바른 관리는 똑같은 중요도를 가지고 강조되어야 한다. 봉헌자의 자세에 대

우리로 말미암아 하나님께 감사하게 하는 것이라 12 이 봉사의 직무가 성도
들의 부족한 것을 보충할 뿐 아니라 사람들이 하나님께 드리는 많은 감사
로 말미암아 넘쳤느니라 13 이 직무로 증거를 삼아 너희가 그리스도의 복음
을 진실히 믿고 복종하는 것과 그들과 모든 사람을 섬기는 너희의 후한 연
보로 말미암아 하나님께 영광을 돌리고 14 또 그들이 너희를 위하여 간구하
며 하나님이 너희에게 주신 지극한 은혜로 말미암아 너희를 사모하느니라
15 말할 수 없는 그의 은사로 말미암아 하나님께 감사하노라

고린도후서 10장

바울이 자기의 사도직을 변호하다

1 너희를 대면하면 유순하고 떠나 있으면 너희에 대하여 담대한 나 바울
은 이제 그리스도의 온유와 관용으로 친히 너희를 권하고 2 또한 우리를
육신에 따라 행하는 자로 여기는 자들에 대하여 내가 담대히 대하는 것
같이 너희와 함께 있을 때에 나로 하여금 이 담대한 태도로 대하지 않게
하기를 구하노라 3 우리가 육신으로 행하나 육신에 따라 싸우지 아니하
노니 4 우리의 싸우는 무기는 육신에 속한 것이 아니요 오직 어떤 견고한
진도 무너뜨리는 하나님의 능력이라 모든 이론을 무너뜨리며 5 하나님 아
는 것을 대적하여 높아진 것을 다 무너뜨리고 모든 생각을 사로잡아 그리
스도에게 복종하게 하니 6 너희의 복종이 온전하게 될 때에 모든 복종하
지 않는 것을 벌하려고 준비하는 중에 있노라 7 너희는 외모만 보는도다
만일 사람이 자기가 그리스도에게 속한 줄을 믿을진대 자기가 그리스도
에게 속한 것 같이 우리도 그러한 줄을 자기 속으로 다시 생각할 것이라 8
주께서 주신 권세는 너희를 무너뜨리려고 하신 것이 아니요 세우려고 하
신 것이니 내가 이에 대하여 지나치게 자랑하여도 부끄럽지 아니하리라 9
이는 내가 편지들로 너희를 놀라게 하려는 것 같이 생각하지 않게 함이라
10 그들의 말이 그의 편지들은 무게가 있고 힘이 있으나 그가 몸으로 대할
때는 약하고 그 말도 시원하지 않다 하니 11 이런 사람은 우리가 떠나 있
을 때에 편지들로 말하는 것과 함께 있을 때에 행하는 일이 같은 것임을
알지라 12 우리는 자기를 칭찬하는 어떤 자와 더불어 감히 짝하며 비교할
수 없노라 그러나 그들이 자기로써 자기를 헤아리고 자기로써 자기를 비
교하니 지혜가 없도다 13 그러나 우리는 분수 이상의 자랑을 하지 않고 오
직 하나님이 우리에게 나누어 주신 그 범위의 한계를 따라 하노니 곧 너
희에게까지 이른 것이라 14 우리가 너희에게 미치지 못할 자로서 스스로
지나쳐 나아간 것이 아니요 그리스도의 복
음으로 너희에게까지 이른 것이라 15 우리
는 남의 수고를 가지고 분수 이상의 자랑을
하는 것이 아니라 오직 너희 믿음이 자랄수록
우리의 규범을 따라 너희 가운데서 더욱 풍성
하여지기를 바라노라 16 이는 남의 규범으로 이
루어 놓은 것으로 자랑하지 아니하고 너희 지역을 넘어

해서는 많은 강조를 하지만, 그 헌금을 얼마나 투명하고 공정하게 사용해야 하는지에 대해서는 인식이 부족한 한국교회가 깊이 음미해 볼 대목이다.

고후 10:1-18 바울과 바울의 적대자들 비교

	바울	바울의 적대자들
권위	하나님의 인정 (갈 1:1)	인간들의 추천서 (고후 3:1)
무기	하나님의 무기 · 하나님의 말씀 · 믿음 · 온유함과 관대함 · 십자가의 도 전달 (고후 10:1-5)	육체에 속한 무기 · 세상적 학문 · 인간의 이성 · 교만 · 세련된 웅변술 (고후 5:12, 11:6)
관심거리	성도의 구원 (고후 11:2, 3)	자기 권력과 명예 (고후 11:20)
	그리스도의 칭찬 (고후 10:17, 18)	사람들의 칭찬 (고후 10:12, 15)

❖ 고후 10장 **바울이 가진 사도직의 정당성**
사도란 '보냄을 받은 자', 즉 일정한 사명을 부여받아 파견된 사람을 말한다. 예수님의 증인으로서 부활하신 예수님을 증거하며, 사람들을 예수님의 제자로 삼는 일에 부르심을 받은 자들이 곧 사도이다. 바울 역시 자신을 사도라고 칭했다.(고전 9:1) 이는 그가 다메섹으로 가는 길에서 부활하신 예수님을 만난 뒤, 부활하신 주님을 증거하는 일에 부르심을 받았기 때문이다. 그런데 당시 유대인 중에는 자신들이 그리스도의 사도라고 주장하며 사람들을 미혹하는 거짓 사도들이 있었다.

❖ 정당성 입증을 위한 바울의 자기 자랑
거짓 사도들이 육체를 따라 자랑하므로, 바울도 그것이 어리석은 줄은 알지만 '부득불' 자기 자랑을 하여 사도권의 정당성을 입증한다.

1. **혈통으로** - 대적자들과 마찬가지로 바울 역시 히브리인이요, 아브라함의 씨로서 하나님의 택함을 받은 이스라엘인이라는 것이다.(11:22)
2. **고난으로** - 사십에 하나를 감한 매를 다섯 번 맞고, 세 번 태장으로 맞고, 한 번 돌로 맞고, 세 번 파선하는 등 극심한 고난을 겪으며 그리스도의 일꾼으로서 수고를 넘치도록 했다.(11:23-33) 바울이 수치스러운 고난의 경험을 이야기하며 자신의 약함을 자랑한 것은 하나님의 능력을 드러내기 위함이다.
3. **영적 체험으로** - 14년 전에 셋째 하늘(삼층천)에 올라가 환상을 보고 하나님의 계시를 받았으며(12:1-7), 표적과 기사와 능력을 행했다.(12:12) 바울은 자신이 행한 일이 아닌 하나님께서 행하신 일에 대해 언급하며 자신의 사도 됨이 하나님의 은혜임을 강조한다.

복음을 전하려 함이라 17 자랑하는 자는 주 안에서 자랑할지니라 18 옳다 인정함을 받는 자는 자기를 칭찬하는
자가 아니요 오직 주께서 칭찬하시는 자니라

고린도후서 11장

바울과 거짓 사도들

1 원하건대 너희는 나의 좀 어리석은 것을 용납하라 청하건대 나를 용납하
라 2 내가 하나님의 열심으로 너희를 위하여 열심을 내노니 내가 너희를 정
결한 처녀로 한 남편인 그리스도께 드리려고 중매함이로다 그러나 나는 3
뱀이 그 간계로 하와를 미혹한 것 같이 너희 마음이 그리스도를 향하는 진
실함과 깨끗함에서 떠나 부패할까 두려워하노라 4 만일 누가 가서 우리가
전파하지 아니한 다른 예수를 전파하거나 혹은 너희가 받지 아니한 다른
영을 받게 하거나 혹은 너희가 받지 아니한 다른 복음을 받게 할 때에는 너
희가 잘 용납하는구나 5 나는 지극히 크다는 사도들보다 부족한 것이 조금
도 없는 줄로 생각하노라 6 내가 비록 말에는 부족하나 지식에는 그렇지 아
니하니 이것을 우리가 모든 사람 가운데서 모든 일로 너희에게 나타내었노
라 7 내가 너희를 높이려고 나를 낮추어 하나님의 복음을 값없이 너희에게
전함으로 죄를 지었느냐 8 내가 너희를 섬기기 위하여 다른 여러 교회에서
비용을 받은 것은 탈취한 것이라 9 또 내가 너희와 함께 있을 때 비용이 부
족하였으되 아무에게도 누를 끼치지 아니하였음은 마게도냐에서 온 형제
들이 나의 부족한 것을 보충하였음이라 내가 모든 일에 너희에게 폐를 끼
치지 않기 위하여 스스로 조심하였고 또 조심하리라 10 그리스도의 진리가
내 속에 있으니 아가야 지방에서 나의 이 자랑이 막히지 아니하리라 11 어
떠한 까닭이냐 내가 너희를 사랑하지 아니함이냐 하나님이 아시느니라 12
나는 내가 해 온 그대로 앞으로도 하리니 기회를 찾는 자들이 그 자랑하는
일로 우리와 같이 인정받으려는 그 기회를 끊으려 함이라 13 그런 사람들
은 거짓 사도요 속이는 일꾼이니 자기를 그리스도의 사도로 가장하는 자들
이니라 14 이것은 이상한 일이 아니니라 사탄도 자기를 광명의 천사로 가장
하나니 15 그러므로 사탄의 일꾼들도 자기를 의의 일꾼으로 가장하는 것이
또한 대단한 일이 아니니라 그들의 마지막은 그 행위대로 되리라

바울의 참된 자랑

16 내가 다시 말하노니 누구든지 나를 어리석은 자로 여기지 말라 만일 그러
하더라도 내가 조금 자랑할 수 있도록 어리석은 자로 받으라 17 내가 말하
는 것은 주를 따라 하는 말이 아니요 오직 어리석은 자와 같이 기탄 없이 자
랑하노라 18 여러 사람이 육신을 따라 자랑하니 나도 자랑하겠노라 19 너희
는 지혜로운 자로서 어리석은 자들을 기쁘게 용납하는구나 20 누가 너희를
종으로 삼거나 잡아먹거나 빼앗거나 스스로 높이거나 뺨을 칠지라도 너희
가 용납하는도다 21 나는 우리가 약한 것 같이 욕되게 말하노라 그러나 누
가 무슨 일에 담대하면 어리석은 말이나마 나도 담대하리라 22 그들이 히브
리인이냐 나도 그러하며 그들이 이스라엘인이냐 나도 그러하며 그들이 아
브라함의 후손이냐 나도 그러하며 23 그들이 그리스도의 일꾼이냐 정신 없

고후 11:1-5 바울과 고린도 교회 사이를 벌어지게 한 결정적인 원인은 거짓 교사들의 가르침 때문이었다. 이들은 처음에 예루살렘에 있는 유력한 자들의 추천서를 가지고 고린도 교회에 왔다. 그리고 바울과 아볼로가 없는 틈을 이용해서 자신들이 교회의 주도권을 장악하고자 하였다. 특히 이들은 예루살렘에서 온 유대 출신 그리스도인들로 여전히 유대주의적인 잔재에서 벗어나지 못한 자들이었다. 그래서 바울이 예루살렘 교회의 원사도보다 이방교회에 큰 영향력을 미치고 스스로 사도라고 주장하는 것에 대해 반발하였다. 그래서 고린도 교인들에게 바울이 사도가 될 수 없다고 가르친 것이다. 이 문제는 바울의 사역 초기부터 제기된 것으로 당시 사도권은 예수의 11제자와 나중에 뽑힌 맛디아에게만 인정되었다. 특히 사도의 자격을 예수의 공생애를 직접 목격한 자로 규정하고 있었기 때문에, 이에 해당하지 않는 바울의 사도권을 부정한 것이다. 그러나 바울은 자신이 다메섹 도상에서 부활한 예수를 목격하고 직접 이방인을 위한 사도로 부름 받았음을 근거하여 사도권을 주장한 것이다. 결국 예루살렘 공회에서 바울의 사도권을 인정함으로 논란이 끝났다. 그러나 예루살렘 교회의 유대인 지도자 중에서 여전히 바울의 사도권과 급속히 불어나는 이방인들로 인해 유대인들의 주도권이 상실될 것을 염려한 자들이 이방 교회에 거짓 교사들을 보내 문제를 일으킨 것이다.
교회는 그리스도께서 친히 세우신 것이며 그리스도만이 교회의 머리가 되신다. 따라서 교회의 사역자들은 다스리는 자가 아니라 그리스도를 위하여 섬기는 봉사자들이다. 이런 점에서 바울의 사도권을 부정하고 자신들이 지도자가 되려는 거짓 교사들은 바울을 대적한 것이 아니라, 교회의 주인이신 그리스도께 대적하는 것이다. 그래서 그들은 광명의 천사를 가장한 사탄의 무리라고 한 것이다.

고후 11:4-5
학습 자료 81-3
"바울의 사도권 변호" 참조

고후 11:13-15 사탄은 언제나 광명한 천사를 가장하여 우리를 속인다. 그러므로 성경을 제대로 이해해서 사탄의 간교한 미혹함을 분별할 수 있어서 하나님과의 공고한 관계 가운데 있어야 한다.

는 말을 하거니와 나는 더욱 그러하도다 내가 수고를 넘치도록 하고 옥에 갇히기도 더 많이 하고 매도 수없이 맞고
여러 번 죽을 뻔하였으니 24 유대인들에게 사십에서 하나 감한 매를 다섯 번 맞았으며 25 세 번 태장으로 맞고 한 번
돌로 맞고 세 번 파선하고 일 주야를 깊은 바다에서 지냈으며 26 여러 번 여행하면서 강의 위험과 강도의 위험과 동
족의 위험과 이방인의 위험과 시내의 위험과 광야의 위험과 바다의 위험과 거짓 형제 중의 위험을 당하고 27 또 수
고하며 애쓰고 여러 번 자지 못하고 주리며 목마르고 여러 번 굶고 춥고 헐벗었노라 28 이 외의 일은 고사하고 아직
도 날마다 내 속에 눌리는 일이 있으니 곧 모든 교회를 위하여 염려하는 것이라 29 누가 약하면 내가 약하지 아니하
며 누가 실족하게 되면 내가 애타지 아니하더냐 30 내가 부득불 자랑할진대 내가 약한 것을 자랑하리라 31 주 예수
의 아버지 영원히 찬송할 하나님이 내가 거짓말 아니하는 것을 아시느니라 32 다메섹에서 아레다 왕의 고관이 나를
잡으려고 다메섹 성을 지켰으나 33 나는 광주리를 타고 들창문으로 성벽을 내려가 그 손에서 벗어났노라

고린도후서 12장

고후 12:1-10
학습 자료 81-4 "신앙 간증" 참조

주께서 보여 주신 환상과 계시

1 무익하나마 내가 부득불 자랑하노니 주의 환상과 계시를 말하리라 2 내가
그리스도 안에 있는 한 사람을 아노니 그는 십사 년 전에 셋째 하늘에 이끌
려 간 자라 (그가 몸 안에 있었는지 몸 밖에 있었는지 나는 모르거니와 하나님은 아시느
니라) 3 내가 이런 사람을 아노니 (그가 몸 안에 있었는지 몸 밖에 있었는지 나는 모르
거니와 하나님은 아시느니라) 4 그가 낙원으로 이끌려 가서 말로 표현할 수 없는
말을 들었으니 사람이 가히 이르지 못할 말이로다 5 내가 이런 사람을 위하여 자랑하겠으나 나를 위하여는 약한 것
들 외에 자랑하지 아니하리라 6 내가 만일 자랑하고자 하여도 어리석은 자가 되지 아니할 것은 내가 참말을 함이라
그러나 누가 나를 보는 바와 내게 듣는 바에 지나치게 생각할까 두려워하여 그만두노라 7 여러 계시를 받은 것이 지
극히 크므로 너무 자만하지 않게 하시려고 내 육체에 가시 곧 사탄의 사자를 주셨으니 이는 나를 쳐서 너무 자만하
지 않게 하려 하심이라 8 이것이 내게서 떠나가게 하기 위하여 내가 세 번 주께 간구하였더니 9 나에게 이르시기를
내 은혜가 네게 족하도다 이는 내 능력이 약한 데서 온전하여짐이라 하신지라 그러므로 도리어 크게 기뻐함으로
나의 여러 약한 것들에 대하여 자랑하리니 이는 그리스도의 능력이 내게 머물게 하려 함이라 10 그러므로 내가
그리스도를 위하여 약한 것들과 능욕과 궁핍과 박해와 곤고를 기뻐하노니 이는 내가 약한 그 때에 강함이라

고린도 교회의 일을 염려하다

11 내가 어리석은 자가 되었으나 너희가 억지로 시킨 것이니 나는 너희에게 칭찬을 받아야 마땅하도다 내가 아
무 것도 아니나 지극히 크다는 사도들보다 조금도 부족하지 아니하니라 12 사도의 표가 된 것은 내가 너희 가운
데서 모든 참음과 표적과 기사와 능력을 행한 것이라 13 내 자신이 너희에게 폐를 끼치지 아니한 일밖에 다른 교
회보다 부족하게 한 것이 무엇이 있느냐 너희는 나의 이 공평하지 못한 것을 용서하라 14 보라 내가 이제 세 번째
너희에게 가기를 준비하였으나 너희에게 폐를 끼치지 아니하리라 내가 구하는 것은 너희의 재물이 아니요 오직
너희니라 어린 아이가 부모를 위하여 재물을 저축하는 것이 아니요 부모가 어린 아이를 위하여 하느니라 15 내가
너희 영혼을 위하여 크게 기뻐하므로 재물을 사용하고 또 내 자신까지도 내어 주리니 너희를 더욱 사랑할수록
나는 사랑을 덜 받겠느냐 16 하여간 어떤 이의 말이 내가 너희에게 짐을 지우지는 아니하였을지라도 교활한 자
가 되어 너희를 속임수로 취하였다 하니 17 내가 너희에게 보낸 자 중에 누구로 너희의 이득을 취하더냐 18 내가
디도를 권하고 함께 한 형제를 보내었으니 디도가 너희의 이득을 취하더냐 우리가 동일한 성령으로 행하지 아니
하더냐 동일한 보조로 하지 아니하더냐 19 너희는 이 때까지 우리가 자기 변명을 하는 줄로 생각하는구나 우리
는 그리스도 안에서 하나님 앞에 말하노라 사랑하는 자들아 이 모든 것은 너희의 덕을 세우기 위함이니라 20 내
가 갈 때에 너희를 내가 원하는 것과 같이 보지 못하고 또 내가 너희에게 너희가 원하지 않는 것과 같이 보일
까 두려워하며 또 다툼과 시기와 분냄과 당 짓는 것과 비방과 수군거림과 거만함과 혼란이 있을까 두려워하고

21 또 내가 다시 갈 때에 내 하나님이 나를 너희 앞에서 낮추실까 두려워하고 또 내가 전에 죄를 지은 여러 사람
의 그 행한 바 더러움과 음란함과 호색함을 회개하지 아니함 때문에 슬퍼할까 두려워하노라

고린도후서 13장

권면과 끝 인사

1 내가 이제 세 번째 너희에게 가리니 두세 증인의 입으로 말마다 확정하리라 2 내가 이미 말하였거니와 지금 떠
나 있으나 두 번째 대면하였을 때와 같이 전에 죄 지은 자들과 그 남은 모든 사람에게 미리 말하노니 내가 다시
가면 용서하지 아니하리라 3 이는 그리스도께서 내 안에서 말씀하시는 증거를 너희가 구함이니 그는 너희에게
대하여 약하지 않고 도리어 너희 안에서 강하시니라 4 그리스도께서 약하심으로 십자가에 못 박히셨으나 하나
님의 능력으로 살아 계시니 우리도 그 안에서 약하나 너희에게 대하여 하나님의 능력으로 그와 함께 살리라 5 너
희는 믿음 안에 있는가 너희 자신을 시험하고 너희 자신을 확증하라 예수 그리스도께서 너희 안에 계신 줄을 너
희가 스스로 알지 못하느냐 그렇지 않으면 너희는 버림 받은 자니라 6 우리가 버림 받은 자 되지 아니한 것을 너
희가 알기를 내가 바라고 7 우리가 하나님께서 너희로 악을 조금도 행하지 않게 하시기를 구하노니 이는 우리가
옳은 자임을 나타내고자 함이 아니라 오직 우리는 버림 받은 자 같을지라
도 너희는 선을 행하게 하고자 함이라 8 우리는 진리를 거슬러 아무 것도
할 수 없고 오직 진리를 위할 뿐이니 9 우리가 약할 때에 너희가 강한 것
을 기뻐하고 또 이것을 위하여 구하니 곧 너희가 온전하게 되는 것이라 10
그러므로 내가 떠나 있을 때에 이렇게 쓰는 것은 대면할 때에 주께서 너
희를 넘어뜨리려 하지 않고 세우려 하여 내게 주신 그 권한을 따라 엄하
지 않게 하려 함이라 11 마지막으로 말하노니 형제들아 기뻐하라 온전하
게 되며 위로를 받으며 마음을 같이하며 평안할지어다 또 사랑과 평강의
하나님이 너희와 함께 계시리라 거룩하게 입맞춤으로 서로 문안하라 12
모든 성도가 너희에게 문안하느니라 13 주 예수 그리스도의 은혜와 하나
님의 사랑과 성령의 교통하심이 너희 무리와 함께 있을지어다

고후 13:13 축도의 3요소
주 예수 그리스도의 은혜
· 성자 예수 그리스도에 의해 죄인이 값없이 의롭게 된 은혜(롬 3:24) · 성도를 하나님과 화목하게 하심
성부 하나님의 사랑
· 택한 죄인들을 구원하기 위해 독생자까지 보내신 완전한 사랑(요 3:16) · 성도에게 천국 구원을 베푸심
성령의 교통하심
· 하나님과 성도, 성도와 성도간의 교제를 바른 길로 인도하는 성령의 활동(요일 1:3) · 성도를 성화(聖化)로 인도하심

81일차 읽기의 요약
(행 19:23~20:1, 고후 1~13)

바울은 에베소 폭동으로 인해 에베소를 떠나 다시 마게도냐 지역으로 간다. 마게도냐에서 고린도전서를 전하러 갔었던 디도를 다시 만나 고린도 교회의 여러 가지 소식을 듣고 거기서 다시 고린도후서를 기록했다.
바울이 보낸 고린도전서를 통해 성도들이 자신들의 잘못된 신앙을 회개하고 있다는 좋은 소식을 통해 위로를 얻기도 했지만, 한편으로는 고린도 교인들이 바울의 사도권에 대해 의심하고 있다는 부정적인 소식도 들었다. 이에 대해 바울은 고린도후서를 통해 자신의 사도권의 정당성을 옹호하고 있다. 그뿐만 아니라 교회 안에 남아 있는 유대주의자들을 척결하고 경제적으로 큰 어려움을 당하고 있는 예루살렘 성도들의 구제를 위해 연보를 미리미리 준비할 것을 당부했다.
바울은 예루살렘 교회로부터 시작된 복음의 혜택을 나누어 가진 이방의 교회들이 예루살렘 모교회의 육적인 어려움을 함께 감당하는 것을 마땅히 여겼다. 이방인들의 연보를 모아 예루살렘 교회에 전달함으로 바울은 유대인과 이방인이 복음 안에서 하나 됨을 통해 예루살렘 교회를 위로하기를 원했다.

그러면 어떻게 살 것인가?

인위뚝 · 신위고!

☑ 세계관 점검 – 묵상하기 (영상 강의와 교재 내용의 이해를 바탕으로)

바울은 자신의 사도적 직무의 본질적 성격을 '화목의 직책(the ministry of reconciliation)'이라고 밝힌다. 즉 자신의 직무는 하나님께 그리스도 안에서 인간의 죄를 용서하고 화목해지고자 하신다는 소식, 곧 '화목하게 하는 말씀(the message of reconciliation)'을 전하는 것임을 밝힌다. 그런데 이러한 화목의 직책은 단지 인간과 하나님과의 수직적 관계에만 국한되지 않으며, 인간과 인간 사이의 수평적 화목까지를 포함한다. 바울이 화목의 직책을 맡은 자로서 자신과 고린도 성도 간의 화목을 위해 애쓴 것과 마찬가지로, 오늘날 복음 사역자들 역시 자신과 성도들 및 성도와 성도 사이를 화목하게 하는 일에 힘써야 할 것이다.

본 서신은 그리스도의 몸 된 교회에도 '의의 일꾼으로 가장한 사탄의 일꾼들'이 활동할 수 있음을 보여준다. 이들은 바울과 고린도 성도들 사이를 이간질하고, 더 나아가 고린도 성도들이 복음의 진리에서 떠나도록 미혹하였다. 교회에 침투한 거짓 교사들을 분별하고 축출하는 것은, 곧 교회 성도들의 영적 생명과 직결되는 중대한 문제이다. 바울은 자신과의 대조를 통해 '거짓 사도요 궤휼의 역군들'을 분별하고 경계할 수 있는 중요한 단서들을 제공해 준다.

초대교회에는 유대 율법주의와 헬라 철학의 영향을 받은 영지주의가 초대교회 성도들에게 강한 영향을 미치고 있었다. 초대교회의 복음은 바로 이들과의 세계관 충돌과 문화충격 과정에서 형성되었다. 신앙은 비성경적인 세계관을 바른 성경적 세계관으로 끊임없이 바꾸는 과정이라고 할 수 있다. 오늘날 교회의 양육 프로그램이 이런 점을 고려하고 있는지 점검해 보자. 샤머니즘, 불교, 유교, 민간신앙들이 뒤섞인 한국과 같은 상황에서 교회가 바른 성경적 세계관을 형성하기 위해서 어떻게 해야 하는지 각자의 생각을 나누어보자.

바울은 다음과 같은 자들을 거짓 사도라고 규정한다.
1. 교회를 이용하여 자기의 부와 명예를 구한다(고후11:9, 딤전 6:5, 벧후 2:3).
2, 그리스도를 이용하여 자기를 자랑한다(고후 10:13. 벧후 2:18),
3. 사도의 복음과 다른 진리를 전한다(고후 11:4, 갈 1:6).
4. 자기의 거짓을 숨기기 위해 진실을 가장한다(고후 11 :13-14, 벧후 3:14).
5. 결국 그 열매로 그 정체를 알 수 있다(고후 11:15, 마 7:20, 갈 5:19).
6. 많은 약속을 하지만 결국 영혼을 속박한다(벧후 3:19-20).
오늘 우리 교회의 leadership과 비교해 보라.

☑ 이 가짜를 찾아내는 가장 정확한 방법은 진짜를 정확히 아는 것이다.
진짜의 모습은 고후 5:16-17에서 만난다.

그러므로 우리가 이제부터는 어떤 사람도 육신을 따라 알지 아니하노라 비록 우리가 그리스도도 육신을 따라 알았으나 이제부터는 그같이 알지 아니하노라 그런즉 누구든지 그리스도 안에 있으면 새로운 피조물이라 이전 것은 지나갔으니 보라 새 것이 되었도다

79일~84일

고후 10:4-6 세계관의 변화

그리스도인은 견고하게 형성되어 알게 모르게 우리의 삶의 원리가 된 세속의 가치관(세계관)을 무너뜨려야 한다. 그것들이 하나님을 아는 지식보다 선행하는 지식일 때는 더욱 그래야 한다. 그래서 하나님이 주시는 삶의 가치를 회복하는 삶을 살아야 한다. 나를 지배하는 삶의 원리[가치관, 세계관]는 정녕 성경의 원리에 근거하고 있는가? 그렇다면 그 성경의 원리를 직접 말씀을 읽으므로 터득했는가? 아니면 간접적 성경 공부를 통해 해석된 지식에 의해 이루어 진 것인가? 성경 본문을 직접 읽음으로 성령 하나님의 인도하심을 받는 자가 되어야 한다.

결단기도와 실행하기

약 2:26 영혼 없는 몸이 죽은 것 같이 행함이 없는 믿음은 죽은 것이니라
시 119:28 나의 영혼이 눌림으로 말미암아 녹사오니 주의 말씀대로 나를 세우소서

79일~84일

82일

사도행전 20:2, 3(상)

2 그 지방으로 다녀가며 여러 말로 제자들에게 권하고 헬라에 이르러
3(상) 거기 석 달 동안 있다가

❖ 행 20:2, 3
바울은 로마에 교회를 직접 세우지 않았지만, A.D. 57년경에 고린도에서 3개월 머무는 동안 로마서를 썼다.
(또 다른 학설은 에베소에서 썼다는 주장도 있다. 영상강의에서는 에베소에서 썼다고 언급하고 있다.)

로마서 1장~16장

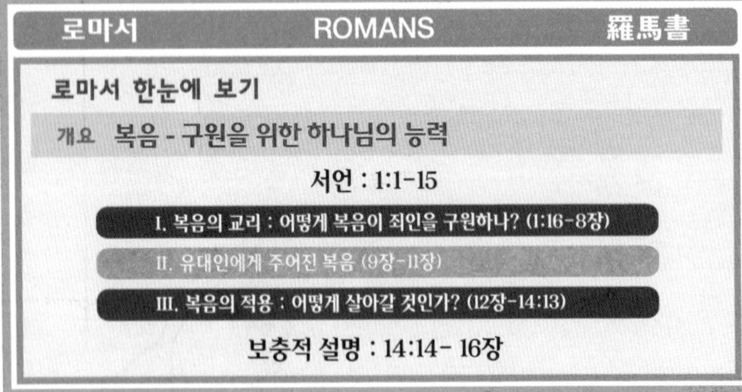

❖ 로마서 개요
바울의 3차 여행 중 소아시아 지역에서의 전도 활동 후에 고린도에 3개월 동안 머물면서 예루살렘으로 떠나기 전에 쓴 편지이다. 로마 교회는 자생적으로 생긴 교회였다. 바울은 스페인 선교를 위해 로마를 방문하기를 원했고, 사도들로부터 직접 가르침을 받지 못한 로마 교회에 기독교 신앙의 기본 교리를 체계적으로 설명하며, 유대인 성도들의 율법주의적 신앙을 교정하기 위해 쓴 서신서이다. 서신서라기보다는 일종의 논문이라고 할 만큼 체계적이고, 기독교 신앙의 기본적 교리인 죄, 구원, 은혜, 믿음, 칭의, 성화, 부활 등의 중심 교리를 원리적인 측면에서 다루고, 이스라엘의 현재 상태와 궁극적인 구원 및 이방인과의 관계들을 언급한다.
로마서에서 바울이 전하는 복음의 중심 내용은 하나님의 의(義)이다. 즉, 죄란 근본적으로 하나님에 대한 불순종을 말한다.

로마서 1장

인사

1 예수 그리스도의 종 바울은 사도로 부르심을 받아 하나님의 복음을 위

하여 택정함을 입었으니 2 이 복음은 하나님이 선지자들을 통하여 그의
아들에 관하여 성경에 미리 약속하신 것이라 3 그의 아들에 관하여 말하
면 육신으로는 다윗의 혈통에서 나셨고 4 성결의 영으로는 죽은 자들 가
운데서 부활하사 능력으로 하나님의 아들로 선포되셨으니 곧 우리 주 예
수 그리스도시니라 5 그로 말미암아 우리가 은혜와 사도의 직분을 받아
그의 이름을 위하여 모든 이방인 중에서 믿어 순종하게 하나니 6 너희도
그들 중에서 예수 그리스도의 것으로 부르심을 받은 자니라 7 로마에서
하나님의 사랑하심을 받고 성도로 부르심을 받은 모든 자에게 하나님 우
리 아버지와 주 예수 그리스도로부터 은혜와 평강이 있기를 원하노라

바울의 로마 방문 계획

8 먼저 내가 예수 그리스도로 말미암아 너희 모든 사람에 관하여 내 하나
님께 감사함은 너희 믿음이 온 세상에 전파됨이로다 9 내가 그의 아들의
복음 안에서 내 심령으로 섬기는 하나님이 나의 증인이 되시거니와 항상
내 기도에 쉬지 않고 너희를 말하며 10 어떻게 하든지 이제 하나님의 뜻
안에서 너희에게로 나아갈 좋은 길 얻기를 구하노라 11 내가 너희 보기를
간절히 원하는 것은 어떤 신령한 은사를 너희에게 나누어 주어 너희를 견
고하게 하려 함이니 12 이는 곧 내가 너희 가운데서 너희와 나의 믿음으로
말미암아 피차 안위함을 얻으려 함이라 13 형제들아 내가 여러 번 너희에
게 가고자 한 것을 너희가 모르기를 원하지 아니하노니 이는 너희 중에서
도 다른 이방인 중에서와 같이 열매를 맺게 하려 함이로되 지금까지 길이
막혔도다 14 헬라인이나 야만인이나 지혜 있는 자나 어리석은 자에게 다
내가 빚진 자라 15 그러므로 나는 할 수 있는 대로 로마에 있는 너희에게
도 복음 전하기를 원하노라 16 내가 복음을 부끄러워하지 아니하노니 이
복음은 모든 믿는 자에게 구원을 주시는 하나님의 능력이 됨이라 먼저는
유대인에게요 그리고 헬라인에게로다 17 복음에는 하나님의 의가 나타나
서 믿음으로 믿음에 이르게 하나니 기록된 바 오직 의인은 믿음으로 말미
암아 살리라 함과 같으니라

모든 경건하지 않음과 불의

18 하나님의 진노가 불의로 진리를 막는 사람들의 모든 경건하지 않음과
불의에 대하여 하늘로부터 나타나나니 19 이는 하나님을 알 만한 것이 그
들 속에 보임이라 하나님께서 이를 그들
에게 보이셨느니라 20 창세로부터 그의
보이지 아니하는 것들 곧 그의 영원하신
능력과 신성이 그가 만드신 만물에 분명
히 보여 알려졌나니 그러므로 그들이 핑계
하지 못할지니라 21 하나님을 알되 하나님을
영화롭게도 아니하며 감사하지도 아니하고 오히려 그 생각이 허망하여지
며 미련한 마음이 어두워졌나니 22 스스로 지혜 있다 하나 어리석게 되어
23 썩어지지 아니하는 하나님의 영광을 썩어질 사람과 새와 짐승과 기어
다니는 동물 모양의 우상으로 바꾸었느니라 24 그러므로 하나님께서 그

인류의 첫 인간인 아담이 하나님께 불순종함으로써 모든 인류에게 그 죄가 전가되었다(롬 5:12). 그래서 모든 인류는 죄의 상태에 있게 되었다. 따라서 '죄'란 하나님의 계명들을 어기는 범죄들의 이면에 있는 근원적 '상태'의 개념으로 이해할 수 있다. 죄는 하나님의 뜻을 거역하게 하며 결국은 사망에 이르게 한다(롬 6:23). 인간의 죄에 대한, 성향에 대한 궁극적이고 온전한 해방과 치유는 오직 예수 그리스도와의 만남에 의해서 이루어진다(요 4:14). 전적으로 타락한 인간은 자력으로 구원에 이를 수 없다(롬 10:3). 따라서 대속 사역을 이룬 것을 믿는 자에게 하나님께서 의를 덧입게 하시는 하나님의 무조건적인 은혜만이 우리를 죄와 세상과 율법과 죽음에서 구원할 수 있는 것이다(롬 3:21-25).

학습 자료 82-1
"로마서 개요 보충" 설명을 참조

❖ 바울 서신의 특징이 그러하듯, 로마서도 전반부 교리, 후반부 실천의 구조로 되어 있다.
믿음에 의한 구원과 행함으로 이루는 삶을 말하는 것이다. 구원받은 자는 그에 걸맞은 삶을 살아야 한다. 그것이 성화의 삶을 사는 것이다.

롬 1:16-17 하나님의 능력만이 인류를 지배해 온 죄와 죽음의 권세를 깨뜨릴 수 있다. 복음(the Gospel)은 다름 아닌 인류에 대한 하나님의 구원의 능력인 것이다. 복음이 인류를 구원할 하나님의 능력이 되는 것은 그 속에 하나님의 의(the Righteousness of God)가 나타나 있기 때문이다. 바로 그 인류의 죄를 1:18-32에서 밝히고 있다. 이 죄는 하나님과 관계, 그리고 이웃과의 관계의 죄를 말한다.

롬 1:18-32
① 그들은 하나님을 알고 있었다.
② 그들은 그분을 하나님으로 영화롭게 하지 않았다.
③ 그들은 하나님의 진리를 바꾸어 놓았다.
④ 그들은 하나님의 지식을 거절하였다.
☞ 이 모습은 바울 시대의 모습만이 아니다. 오늘 이 시대, 특히 교인을 자처하는 자들의 전형적인 모습이기도 하다. 그들은 하나님이 누군지 알지만, 결코 그분을 자기들의 삶의 주인으로 여기지 않고, 종의 자리에 두고 자기가 원하는 것을 들어주는 신비하고 능력 있는 하인처럼 취급한다. 이런 교인이 온 세상의 교회를 메우고 있다고 하면 과언일까?
특히 이들의 극악한 죄상은 "동성애"임을 바울은 고발한다.
이 시대의 심각한 문제이다.

들을 마음의 정욕대로 더러움에 내버려 두사 그들의 몸을 서로 욕되게 하
게 하셨으니 [25] 이는 그들이 하나님의 진리를 거짓 것으로 바꾸어 피조물
을 조물주보다 더 경배하고 섬김이라 주는 곧 영원히 찬송할 이시로다 아
멘 [26] 이 때문에 하나님께서 그들을 부끄러운 욕심에 내버려 두셨으니 곧
그들의 여자들도 순리대로 쓸 것을 바꾸어 역리로 쓰며 [27] 그와 같이 남자
들도 순리대로 여자 쓰기를 버리고 서로 향하여 음욕이 불 일듯 하매 남
자가 남자와 더불어 부끄러운 일을 행하여 그들의 그릇됨에 상당한 보응
을 그들 자신이 받았느니라 [28] 또한 그들이 마음에 하나님 두기를 싫어하
매 하나님께서 그들을 그 상실한 마음대로 내버려 두사 합당하지 못한 일
을 하게 하셨으니 [29] 곧 모든 불의, 추악, 탐욕, 악의가 가득한 자요 시기,
살인, 분쟁, 사기, 악독이 가득한 자요 수군수군하는 자요 [30] 비방하는 자
요 하나님께서 미워하시는 자요 능욕하는 자요 교만한 자요 자랑하는 자
요 악을 도모하는 자요 부모를 거역하는 자요 [31] 우매한 자요 배약하는
자요 무정한 자요 무자비한 자라 [32] 그들이 이같은 일을 행하는 자는 사
형에 해당한다고 하나님께서 정하심을 알고도 자기들만 행할 뿐 아니라
또한 그런 일을 행하는 자들을 옳다 하느니라

로마서 2장

하나님의 심판

[1] 그러므로 남을 판단하는 사람아, 누구를 막론하고 네가 핑계하지 못
할 것은 남을 판단하는 것으로 네가 너를 정죄함이니 판단하는 네가 같
은 일을 행함이니라 [2] 이런 일을 행하는 자에게 하나님의 심판이 진리대
로 되는 줄 우리가 아노라 [3] 이런 일을 행하는 자를 판단하고도 같은 일
을 행하는 사람아, 네가 하나님의 심판을 피할 줄로 생각하느냐 [4] 혹 네
가 하나님의 인자하심이 너를 인도하여 회개하게 하심을 알지 못하여 그
의 인자하심과 용납하심과 길이 참으심이 풍성함을 멸시하느냐 [5] 다만
네 고집과 회개하지 아니한 마음을 따라 진노의 날 곧 하나님의 의로우
신 심판이 나타나는 그 날에 임할 진노를 네게 쌓는도다 [6] 하나님께서
각 사람에게 그 행한 대로 보응하시되 [7] 참고 선을 행하여 영광과 존귀
와 썩지 아니함을 구하는 자에게는 영생으로 하시고 [8] 오직 당을 지어 진
리를 따르지 아니하고 불의를 따르는 자에게는 진노와 분노로 하시리라
[9] 악을 행하는 각 사람의 영에는 환난과 곤고가 있으리니 먼저는 유대인
에게요 그리고 헬라인에게며 [10] 선을 행하는 각 사람에게는 영광과 존귀
와 평강이 있으리니 먼저는 유대인에게요 그리고 헬라인에게라 [11] 이는 하나님께서 외모로 사람을 취하지 아
니하심이라 [12] 무릇 율법 없이 범죄한 자는 또한 율법 없이 망하고 무릇 율법이 있고 범죄한 자는 율법으로 말
미암아 심판을 받으리라 [13] 하나님 앞에서는 율법을 듣는 자가 의인이 아니요 오직 율법을 행하는 자라야 의롭
다 하심을 얻으리니 [14] (율법 없는 이방인이 본성으로 율법의 일을 행할 때에는 이 사람은 율법이 없어도 자기가 자기에게 율법이
되나니 [15] 이런 이들은 그 양심이 증거가 되어 그 생각들이 서로 혹은 고발하며 혹은 변명하여 그 마음에 새긴 율법의 행위를 나타내느
니라) [16] 곧 나의 복음에 이른 바와 같이 하나님이 예수 그리스도로 말미암아 사람들의 은밀한 것을 심판하시는
그 날이라

❖ 롬 1장~8장 **복음의 교리 : 어떻게 복음이 죄인을 구원하나**

바울이 전한 복음, 즉 오직 믿음으로 의롭게 된다는 가르침은 끈질긴 공격을 받았다. 이 복음을 직접적으로 반대하는 사람들이 있었는가 하면, 자기들 마음대로 왜곡하는 사람들도 있었다. 유대주의자들은 은혜로 구원을 받는다고 하더라도 율법으로 신자가 '보호된다'고 말했다. 구원을 받기 위해서는 할례를 받아야 한다고 주장했다. 다른 극단으로, 율법 폐기론자들은 은혜로 구원을 얻을 수 있으며, 그 이후에는 원하는 대로 어떻게든 살아도 되고 심지어는 계속 죄 가운데 거해도 된다고 가르쳤다. 오직 복음에 대한 분명한 설명으로만 그러한 오류들을 논박할 수 있었다. 유대인과 이방인을 모두 구원하고 성화시키는 복음의 능력을 증명하려는 열망으로 바울은 지혜로운 변호사처럼 복음을 증인석에 불러내어 모든 견지에서 철저하게 분석한다. 그 결과가 A.D. 56년 혹은 57년경에 쓰여진 신학의 역작 로마서이다.

롬 1장

학습 자료 82-2 "하나님 관점에서 본 진노의 정의" 참조

학습 자료 82-3 "일반 계시와 특별 계시" 참조

고대의 소리

- 동성애에 관하여, 플라톤 -

가볍게든 진지하게든 생각해 보면, 남성의 몸이 여성과 결합할 때 이에 따르는 쾌락이 자연의 순리에 맞는 것으로 여겨지지만, 남성이 남성과 결합하거나 여성이 여성과 결합할 때에는 본성에 위배됨을 알 수 있다. 쾌락을 위한 욕망을 절제하지 못하는 인간이 처음으로 이러한 악을 행했다.

- 플라톤 「법률」 636c

☞ 이 결과는 곧 심판으로 이어질 수 밖에 없다.

롬 2:15

학습 자료 82-4 "양심" 참조

79일~84일

유대인과 율법
17 유대인이라 불리는 네가 율법을 의지하며 하나님을 자랑하며 18 율법
의 교훈을 받아 하나님의 뜻을 알고 지극히 선한 것을 분간하며 19 맹인의
길을 인도하는 자요 어둠에 있는 자의 빛이요 20 율법에 있는 지식과 진리
의 모본을 가진 자로서 어리석은 자의 교사요 어린 아이의 선생이라고 스
스로 믿으니 21 그러면 다른 사람을 가르치는 네가 네 자신은 가르치지 아
니하느냐 도둑질하지 말라 선포하는 네가 도둑질하느냐 22 간음하지 말
라 말하는 네가 간음하느냐 우상을 가증히 여기는 네가 신전 물건을 도둑
질하느냐 23 율법을 자랑하는 네가 율법을 범함으로 하나님을 욕되게 하
느냐 24 기록된 바와 같이 하나님의 이름이 너희 때문에 이방인 중에서 모
독을 받는도다 25 네가 율법을 행하면 할례가 유익하나 만일 율법을 범하
면 네 할례는 무할례가 되느니라 26 그런즉 무할례자가 율법의 규례를 지
키면 그 무할례를 할례와 같이 여길 것이 아니냐 27 또한 본래 무할례자가
율법을 온전히 지키면 율법 조문과 할례를 가지고 율법을 범하는 너를 정
죄하지 아니하겠느냐 28 무릇 표면적 유대인이 유대인이 아니요 표면적
육신의 할례가 할례가 아니니라 29 오직 이면적 유대인이 유대인이며 할
례는 마음에 할지니 영에 있고 율법 조문에 있지 아니한 것이라 그 칭찬이
사람에게서가 아니요 다만 하나님에게서니라

로마서 3장

1 그런즉 유대인의 나음이 무엇이며 할례의 유익이 무엇이냐 2 범사에 많
으니 우선은 그들이 하나님의 말씀을 맡았음이니라 3 어떤 자들이 믿지
아니하였으면 어찌하리요 그 믿지 아니함이 하나님의 미쁘심을 폐하겠느
냐 4 그럴 수 없느니라 사람은 다 거짓되되 오직 하나님은 참되시다 할지
어다 기록된 바 주께서 주의 말씀에 의롭다 함을 얻으시고 판단 받으실
때에 이기려 하심이라 함과 같으니라 5 그러나 우리 불의가 하나님의 의
를 드러나게 하면 무슨 말 하리요 (내가 사람의 말하는 대로 말하노니) 진노를
내리시는 하나님이 불의하시냐 6 결코 그렇지 아니하니라 만일 그러하면
하나님께서 어찌 세상을 심판하시리요 7 그러나 나의 거짓말로 하나님의
참되심이 더 풍성하여 그의 영광이 되었다면 어찌 내가 죄인처럼 심판을
받으리요 8 또는 그러면 선을 이루기 위하여 악을 행하자 하지 않겠느냐
어떤 이들이 이렇게 비방하여 우리가 이런 말을 한다고 하니 그들은 정죄
받는 것이 마땅하니라
다 죄 아래에 있다
9 그러면 어떠하냐 우리는 나으냐 결코 아니라 유대인이나 헬라인이나
다 죄 아래에 있다고 우리가 이미 선언하였느니라 10 기록된 바 의인은
없나니 하나도 없으며 11 깨닫는 자도 없고 하나님을 찾는 자도 없고 12
다 치우쳐 함께 무익하게 되고 선을 행하는 자는 없나니 하나도 없도다
13 그들의 목구멍은 열린 무덤이요 그 혀로는 속임을 일삼으며 그 입술
에는 독사의 독이 있고 14 그 입에는 저주와 악독이 가득하고 15 그 발은

롬 2:6-16 하나님의 심판 원칙

각 사람의 행위에 대한 보응

- 참고 선을 행하여 영광과 존귀와 썩지 아니함을 구하는 자에게 영생을 주심(7, 10절)
- 불의를 좇는 자에게 진노를 내리심(8절)
- 악을 행하는 각 사람의 영에게 환난과 곤고를 주심(9절)
- 외모로 사람을 심판하지 않으심(11절)

사람의 행위에 대한 심판 표준

- 율법 없이 범죄한 자는 율법 없이 망함(12절)
- 율법이 있고 범죄한 자는 율법으로 심판 받음(12절)
- 율법 있는 유대인은 율법이 심판 기준임(13절)
- 율법 없는 이방인은 양심이 심판 기준임(14, 15절)
- 하나님은 사람들의 은밀한 것을 심판하심(16절)

❖ 롬 3장
바울은 유대인이나 이방인을 막론하고 인류에 속한 모든 사람이 불의하다는 것을 롬 1:18~3:20에서 결정적으로 논증했다. 로마에 있는 유대인 신자들은 자신들의 유산이나 특권이 하나님 앞에서 의로 여겨질 수 없다는 것을 이해해야 했고, 바울의 선교적 열정을 이해하기 위해서 전 인류의 죄인이며 불의한 상태를 이해해야 했다. 그러나 이제 좋은 소식이 있다고 바울은 말한다. 사람은 불의하다. 그러나 하나님께서는 복음 안에서 불의한 사람이 어떻게 하나님 앞에서 의롭게 될 수 있는지를 계시하셨다. 그것은 예수 그리스도를 믿는 믿음으로 가능하다.

롬 3:9-19
학습 자료 82-5 "죄의 보편성" 참조

롬 3:10-18
본문에 언급된 인간의 전적 타락의 증거들

1	자신의 죄인됨을 깨닫지 못함 (11절, 전 5:1)
2	하나님을 찾지 않음(11절, 슥 11:16)
3	도덕적으로도 참 선을 행하지 않음 (12절, 시 14:3)
4	행하는 바 모든 것이 무익함 (12절, 사 53:6)
5	입으로 저주와 악독이 가득한 말을 함 (13, 14절, 시 10:7)
6	악행을 저지르는 데는 빠르고 민첩함 (15절, 잠 1:16)
7	파멸과 고생의 길을 자초함 (16절, 사 59:7)
8	평강의 길을 알지 못하므로 참 평안이 없음 (17절, 사 59:8)
9	하나님을 두려워하지 않음 (18절, 시 36:1)

피 흘리는 데 빠른지라 16 파멸과 고생이 그 길에 있어 17 평강의 길을 알
지 못하였고 18 그들의 눈 앞에 하나님을 두려워함이 없느니라 함과 같
으니라

하나님의 의

19 우리가 알거니와 무릇 율법이 말하는 바는 율법 아래에 있는 자들에게
말하는 것이니 이는 모든 입을 막고 온 세상으로 하나님의 심판 아래에
있게 하려 함이라 20 그러므로 율법의 행위로 그의 앞에 의롭다 하심을 얻
을 육체가 없나니 율법으로는 죄를 깨달음이니라 21 이제는 율법 외에 하
나님의 한 의가 나타났으니 율법과 선지자들에게 증거를 받은 것이라 22
곧 예수 그리스도를 믿음으로 말미암아 모든 믿는 자에게 미치는 하나님
의 의니 차별이 없느니라 23 모든 사람이 죄를 범하였으매 하나님의 영광
에 이르지 못하더니 24 그리스도 예수 안에 있는 속량으로 말미암아 하나
님의 은혜로 값없이 의롭다 하심을 얻은 자 되었느니라 25 이 예수를 하
나님이 그의 피로써 믿음으로 말미암는 화목제물로 세우셨으니 이는 하
나님께서 길이 참으시는 중에 전에 지은 죄를 간과하심으로 자기의 의로
우심을 나타내려 하심이니 26 곧 이 때에 자기의 의로우심을 나타내사 자
기도 의로우시며 또한 예수 믿는 자를 의롭다 하려 하심이라 27 그런즉 자
랑할 데가 어디냐 있을 수가 없느니라 무슨 법으로냐 행위로냐 아니라 오
직 믿음의 법으로니라 28 그러므로 사람이 의롭다 하심을 얻는 것은 율법
의 행위에 있지 않고 믿음으로 되는 줄 우리가 인정하노라 29 하나님은 다
만 유대인의 하나님이시냐 또한 이방인의 하나님은 아니시냐 진실로 이
방인의 하나님도 되시느니라 30 할례자도 믿음으로 말미암아 또한 무할
례자도 믿음으로 말미암아 의롭다 하실 하나님은 한 분이시니라 31 그런
즉 우리가 믿음으로 말미암아 율법을 파기하느냐 그럴 수 없느니라 도리
어 율법을 굳게 세우느니라

로마서 4장

아브라함의 믿음과 그로 말미암은 언약

1 그런즉 육신으로 우리 조상인 아브라함이 무엇을 얻었다 하리요 2 만일
아브라함이 행위로써 의롭다 하심을 받았으면 자랑할 것이 있으려니와
하나님 앞에서는 없느니라 3 성경이 무엇을 말하느냐 아브라함이 하나님
을 믿으매 그것이 그에게 의로 여겨진 바 되었느니라 4 일하는 자에게는
그 삯이 은혜로 여겨지지 아니하고 보수로 여겨지거니와 5 일을 아니할지
라도 경건하지 아니한 자를 의롭다 하시는 이를 믿는 자에게는 그의 믿음
을 의로 여기시나니 6 일한 것이 없이 하나님께 의로 여기심을 받는 사람
의 복에 대하여 다윗이 말한 바 7 불법이 사함을 받고 죄가 가리어짐을 받는 사람들은 복이 있고 8 주께서 그 죄
를 인정하지 아니하실 사람은 복이 있도다 함과 같으니라 9 그런즉 이 복이 할례자에게냐 혹은 무할례자에게도
냐 무릇 우리가 말하기를 아브라함에게는 그 믿음이 의로 여겨졌다 하노라 10 그런즉 그것이 어떻게 여겨졌느냐
할례시냐 무할례시냐 할례시가 아니요 무할례시니라 11 그가 할례의 표를 받은 것은 무할례시에 믿음으로 된 의
를 인친 것이니 이는 무할례자로서 믿는 모든 자의 조상이 되어 그들도 의로 여기심을 얻게 하려 하심이라 12 또

롬 3:23-31 바울이 말하는 복음

죄 사함과 구속은 오직 그리스도를 통하여 가능하다(22~26절). 이것이 바울이 말하는 예수 복음이다.
바울이 "믿음" 이라는 단어를 얼마나 자주 사용하는지에 유의하자. 23절은 이렇게 읽어야 한다. "모든 사람이 아담을 통하여 단번에 모두가 죄를 범하였으며 하나님의 영광에 이르지 못하고 있다." 다음으로 바울은 몇 가지 중요한 용어들을 소개한다.

· **의로워지다** - 이것은 그리스도의 공로로 말미암아 하나님께서 보시기에 의롭다고 선포되는 것을 뜻한다. "전혀 죄를 짓지 않은 것같이" 의롭게 여기신다. 이 일은 지상에서 우리가 처한 환경이나 조건들과는 아무 관계가 없으며, 그보다는 그리스도 안에서의 변함없는 우리의 지위를 뜻한다.
· **칭의** - 하나님께서 나에게 전가해 주시는 의, 또는 나의 것으로 돌려주시는 하나님의 의이다.
· **성화** - 나누어 받은 의 또는 나의 일상생활에 살아 있는 의이다.
· **구속** - 이것은 죄와 그 형벌로부터 그 값을 치르고 구원받는 것이다. 이 값은 십자가에서 흘리신 그리스도의 피이다.
· **화해** - 이것은 하나님 편에서 본 십자가이다. 이 십자가를 통하여 하나님의 거룩한 법이 만족을 얻게 되었다. 따라서 하나님은 잃어버린 죄인들을 용서 하실 수가 있게 되었다. 하나님의 의는 만족을 얻었다. 그는 이제 잃어버린 세계를 사랑과 자비로 보실 수가 있다.

"하나님의 은혜로 값없이 의롭다고 하심을 얻은 자 되었느니라."(24절) 얼마나 감격적인 말인가! 행위나 선한 의도나 은사나 기도로써가 아니라, 그의 은혜로 말미암아 값없이 된 것이다!
바울이 하나님께서는 "의로우시며 동시에 의롭게 하시는 분"이심을 설명하는 것도 이 서신에서이다.(26절) 그리고 그 해답은 십자가이다.
예수께서 죽으실 때, 그는 자신의 몸에 우리의 죄를 짊어지셨고(벧전 2:24), 하나님의 법이 요구하는 값을 지불하셨다. 그러나 주님은 부활하셨다. 그러므로 주님은 살아계셔서 믿는 모든 사람을 구원하실 수가 있는 것이다!

79일~84일

한 할례자의 조상이 되었나니 곧 할례 받을 자에게뿐 아니라 우리 조상
아브라함이 무할례시에 가졌던 믿음의 자취를 따르는 자들에게도 그러
하니라 13 아브라함이나 그 후손에게 세상의 상속자가 되리라고 하신 언
약은 율법으로 말미암은 것이 아니요 오직 믿음의 의로 말미암은 것이니
라 14 만일 율법에 속한 자들이 상속자이면 믿음은 헛것이 되고 약속은 파
기되었느니라 15 율법은 진노를 이루게 하나니 율법이 없는 곳에는 범법
도 없느니라 16 그러므로 상속자가 되는 그것이 은혜에 속하기 위하여 믿
음으로 되나니 이는 그 약속을 그 모든 후손에게 굳게 하려 하심이라 율
법에 속한 자에게뿐만 아니라 아브라함의 믿음에 속한 자에게도 그러하
니 아브라함은 우리 모든 사람의 조상이라 17 기록된 바 내가 너를 많은
민족의 조상으로 세웠다 하심과 같으니 그가 믿은 바 하나님은 죽은 자를 살리시며 없는 것을 있는 것으로 부르
시는 이시니라 18 아브라함이 바랄 수 없는 중에 바라고 믿었으니 이는 네 후손이 이같으리라 하신 말씀대로 많
은 민족의 조상이 되게 하려 하심이라 19 그가 백 세나 되어 자기 몸이 죽은 것 같고 사라의 태가 죽은 것 같음을
알고도 믿음이 약하여지지 아니하고 20 믿음이 없어 하나님의 약속을 의심하지 않고 믿음으로 견고하여져서 하
나님께 영광을 돌리며 21 약속하신 그것을 또한 능히 이루실 줄을 확신하
였으니 22 그러므로 그것이 그에게 의로 여겨졌느니라 23 그에게 의로 여
겨졌다 기록된 것은 아브라함만 위한 것이 아니요 24 의로 여기심을 받을
우리도 위함이니 곧 예수 우리 주를 죽은 자 가운데서 살리신 이를 믿는
자니라 25 예수는 우리가 범죄한 것 때문에 내줌이 되고 또한 우리를 의
롭다 하시기 위하여 살아나셨느니라

❖ 롬 4장

로마서 4장은 3장에서 제시된 특히 28절에서 절정에 도달한 그 진리를 위한 예증의 역할을 한다. "사람이 의롭다고 하심을 얻는 것은 율법의 행위에 있지 않고 그 믿음으로 되는 줄 우리가 인정하노라." 이 점을 증명하기 위해 바울은 유대교에서 가장 존중되는 인물인 아브라함을 불러내어 그가 행위가 아닌 믿음으로 하나님께 의롭다 하심을 얻었음을, 즉 의롭다고 선언되었음을 보여준다.

칭의적 구원은 행위나 공적이 아니라 믿음으로 받으며, 예수님의 피의 공로와 부활의 권능으로 얻어지는 하나님의 은혜이다.

롬 5:1-2

단 계	정 의
소명	죄인을 인도해 그리스도의 속죄사역으로 준비된 구원을, 믿음을 통해 받도록 부르는 신적 사역의 시작 (히 3:1, 벧전 2:9, 벧후 1:3)
중생	성령에 의한 소명이 결실을 맺어 죄인의 마음이 변화되는 것, 거듭남이라고도 함(엡 2:1, 8, 9)
회심	성령의 내적 소명에 의해 중생한 신자가 새로운 성향을 가지고 새로운 삶을 시작하는 것임(고후 7:10)
칭의	그리스도 안에서 모든 죄를 용서하시는 하나님의 긍휼로 인해 죄인의 신분이 바뀌어 의인으로 불려지는 것임 (롬 5:18, 19)
양자	마귀의 자식이던 죄인이 신분이 바뀌어 하나님의 자녀가 되면서 자녀로서의 특권을 누리고 하나님을 아빠 아버지로 부르게 됨(롬 8:15)
성화	구원받은 성도가 성령의 도우심을 통해 점차적으로 죄와 부패에서 떠나 성결하게 되어 점차 하나님의 형상을 닮아가는 과정임(엡 4:24)
성도의 견인	중생의 은혜를 입은 자들이 비록 성화의 과정에서 퇴보하거나 방황하게 돼도 결단코 구원받은 자의 지위에서 떨어지지 않고 반드시 구원 얻게 됨 (요 10:27-29, 롬 11:29)
영화	구원의 최종 단계로서 우리의 영혼과 육체가 죄와 죄책으로부터 완전히 해방되어 하나님이 예비해 놓으신 영원한 행복으로 들어가는 것임 (고전 15:51-53, 딛 2:13)

로마서 5장

의롭다 하심을 받은 사람의 삶

1 그러므로 우리가 믿음으로 의롭다 하심을 받았으니 우리 주 예수 그리
스도로 말미암아 하나님과 화평을 누리자 2 또한 그로 말미암아 우리가
믿음으로 서 있는 이 은혜에 들어감을 얻었으며 하나님의 영광을 바라고
즐거워하느니라 3 다만 이뿐 아니라 우리가 환난 중에도 즐거워하나니 이
는 환난은 인내를, 4 인내는 연단을, 연단은 소망을 이루는 줄 앎이로다 5
소망이 우리를 부끄럽게 하지 아니함은 우리에게 주신 성령으로 말미암
아 하나님의 사랑이 우리 마음에 부은 바 됨이니 6 우리가 아직 연약할 때
에 기약대로 그리스도께서 경건하지 않은 자를 위하여 죽으셨도다 7 의인
을 위하여 죽는 자가 쉽지 않고 선인을 위하여 용감히 죽는 자가 혹 있거
니와 8 우리가 아직 죄인 되었을 때에 그리스도께서 우리를 위하여 죽으
심으로 하나님께서 우리에 대한 자기의 사랑을 확증하셨느니라 9 그러면
이제 우리가 그의 피로 말미암아 의롭다 하심을 받았으니 더욱 그로 말미
암아 진노하심에서 구원을 받을 것이니 10 곧 우리가 원수 되었을 때에 그
의 아들의 죽으심으로 말미암아 하나님과 화목하게 되었은즉 화목하게
된 자로서는 더욱 그의 살아나심으로 말미암아 구원을 받을 것이니라 11
그뿐 아니라 이제 우리로 화목하게 하신 우리 주 예수 그리스도로 말미암
아 하나님 안에서 또한 즐거워하느니라

롬 5:11

학습 자료 82-6 "화목" 참조

79일~84일

아담과 그리스도

12 그러므로 한 사람으로 말미암아 죄가 세상에 들어오고 죄로 말미암아
사망이 들어왔나니 이와 같이 모든 사람이 죄를 지었으므로 사망이 모든
사람에게 이르렀느니라 13 죄가 율법 있기 전에도 세상에 있었으나 율법
이 없었을 때에는 죄를 죄로 여기지 아니하였
느니라 14 그러나 아담으로부터 모세까지
아담의 범죄와 같은 죄를 짓지 아니한 자
들까지도 사망이 왕 노릇 하였나니 아담
은 오실 자의 모형이라 15 그러나 이 은사
는 그 범죄와 같지 아니하니 곧 한 사람
의 범죄를 인하여 많은 사람이 죽었은즉
더욱 하나님의 은혜와 또한 한 사람 예수
그리스도의 은혜로 말미암은 선물은 많은 사람에게 넘쳤느니라 16 또 이
선물은 범죄한 한 사람으로 말미암은 것과 같지 아니하니 심판은 한 사람
으로 말미암아 정죄에 이르렀으나 은사는 많은 범죄로 말미암아 의롭다
하심에 이름이니라 17 한 사람의 범죄로 말미암아 사망이 그 한 사람을 통
하여 왕 노릇 하였은즉 더욱 은혜와 의의 선물을 넘치게 받는 자들은 한
분 예수 그리스도를 통하여 생명 안에서 왕 노릇 하리로다 18 그런즉 한
범죄로 많은 사람이 정죄에 이른 것 같이 한 의로운 행위로 말미암아 많
은 사람이 의롭다 하심을 받아 생명에 이르렀느니라 19 한 사람이 순종하
지 아니함으로 많은 사람이 죄인 된 것 같이 한 사람이 순종하심으로 많
은 사람이 의인이 되리라 20 율법이 들어온 것은 범죄를 더하게 하려 함이
라 그러나 죄가 더한 곳에 은혜가 더욱 넘쳤나니 21 이는 죄가 사망 안에
서 왕 노릇 한 것 같이 은혜도 또한 의로 말미암아 왕 노릇 하여 우리 주
예수 그리스도로 말미암아 영생에 이르게 하려 함이라

롬 5:18, 19 원죄와 자범죄의 비교

원죄	모든 죄의 원천임(롬 5:18)
	아담으로부터 비롯됨(롬 5:19)
	태어날 때부터 죄인이 되게 함(롬 3:10)
	원래 죄인이므로 자꾸 죄를 범함(사 48:8)
	그리스도를 믿음으로 의롭다 여김을 받음(롬 5:1)
자범죄	원죄의 결과임(롬 5:15)
	인간의 정욕으로 인해 비롯됨(요일 2:16)
	자의로 악을 범함으로 죄인이 됨(엡 2:3)
	하나님께 범죄를 자백함으로 깨끗해짐(요일 1:9)

❖ 롬 5장
하나님 앞에서 의롭다고 함을 얻는 것은 오직 믿음으로만 가능함을 증명한 바울은 이제 그 칭의의 결과인 하나님과의 평화를 보여 준다. 첫째 아담이 에덴동산에서 잃어버린 것을 둘째 아담인 예수님께서 회복하셨다. 이제 하나님과의 평화를 추구하는 사람은 누구나 그것을 가질 수 있다.
죄 사함을 받은(칭의적 구원) 자는 이제 하나님과 화평을 이루고 누려야 한다. 이것이 성화적 구원을 이루는 삶이다. 성도의 삶은 죄 사함을 주신 하나님의 은혜를 삶으로 표현하고 이루는 삶이다. 그것이 롬 12:1-2의 삶의 모습이고, 신약성경 서신서가 강조하는 핵심 메시지이다.
서신서 전체는 결국 성화적 삶을 이루는 지침을 보여 주는 것이다.(Basic Information)

롬 5장
학습 자료 82-7 "구원론 보충 강의" 참조
학습 자료 82-8 "이신칭의 이해" 참조

로마서 6장

그리스도와 함께 죽고 함께 산다

1 그런즉 우리가 무슨 말을 하리요 은혜를 더하게 하려고 죄에 거하겠느
냐 2 그럴 수 없느니라 죄에 대하여 죽은 우리가 어찌 그 가운데 더 살리
요 3 무릇 그리스도 예수와 합하여 세례를 받은 우리는 그의 죽으심과 합
하여 세례를 받은 줄을 알지 못하느냐 4 그러므로 우리가 그의 죽으심과
합하여 세례를 받음으로 그와 함께 장사되었나니 이는 아버지의 영광으
로 말미암아 그리스도를 죽은 자 가운데서 살리심과 같이 우리로 또한 새 생명 가운
데서 행하게 하려 함이라 5 만일 우리가 그의 죽으심과 같은 모양으로 연합한 자가
되었으면 또한 그의 부활과 같은 모양으로 연합한 자도 되리라 6 우리가 알거니와
우리의 옛 사람이 예수와 함께 십자가에 못 박힌 것은 죄의 몸이 죽어 다시는
우리가 죄에게 종노릇 하지 아니하려 함이니 7 이는 죽은 자가 죄에서 벗어나
의롭다 하심을 얻었음이라 8 만일 우리가 그리스도와 함께 죽었으면 또한 그
와 함께 살 줄을 믿노니 9 이는 그리스도께서 죽은 자 가운데서 살아나셨으

❖ 롬 6장
바울은 칭의의 필요와 근거에 대해 다섯 장에 걸쳐서 설명한 후에 이제 삶을 변화시키는 복음의 능력을 다루려고 한다. 칭의를 통해서 신자가 그리스도의 죽음과 장사, 그리고 부활에 연합되었다는 것은 이제 그가 더 이상 죄의 종이 아니며 새로운 주인, 즉 하나님의 의를 섬기게 되었음을 의미한다.

매 다시 죽지 아니하시고 사망이 다시 그를 주장하지 못할 줄을 앎이로라 10 그가 죽으심은 죄에 대하여 단번에
죽으심이요 그가 살아 계심은 하나님께 대하여 살아 계심이니 11 이와 같이 너희도 너희 자신을 죄에 대하여는
죽은 자요 그리스도 예수 안에서 하나님께 대하여는 살아 있는 자로 여길지어다 12 그러므로 너희는 죄가 너희
죽을 몸을 지배하지 못하게 하여 몸의 사욕에 순종하지 말고 13 또한 너희 지체를 불의의 무기로 죄에게 내주지
말고 오직 너희 자신을 죽은 자 가운데서 다시 살아난 자 같이 하나님께 드리며 너희 지체를 의의 무기로 하나님
께 드리라 14 죄가 너희를 주장하지 못하리니 이는 너희가 법 아래에 있지 아니하고 은혜 아래에 있음이라

의의 종

15 그런즉 어찌하리요 우리가 법 아래에 있지 아니하고 은혜 아래에 있으니 죄를 지으리요 그럴 수 없느니라 16
너희 자신을 종으로 내주어 누구에게 순종하든지 그 순종함을 받는 자의 종이 되는 줄을 너희가 알지 못하느냐
혹은 죄의 종으로 사망에 이르고 혹은 순종의 종으로 의에 이르느니라 17 하나님께 감사하리로다 너희가 본래
죄의 종이더니 너희에게 전하여 준 바 교훈의 본을 마음으로 순종하여 18 죄로부터 해방되어 의에게 종이 되었
느니라 19 너희 육신이 연약하므로 내가 사람의 예대로 말하노니 전에 너희가 너희 지체를 부정과 불법에 내주
어 불법에 이른 것 같이 이제는 너희 지체를 의에게 종으로 내주어 거룩함에 이르라 20 너희가 죄의 종이 되었을
때에는 의에 대하여 자유로웠느니라 21 너희가 그 때에 무슨 열매를 얻었느냐 이제는 너희가 그 일을 부끄러워
하나니 이는 그 마지막이 사망임이라 22 그러나 이제는 너희가 죄로부터 해방되고 하나님께 종이 되어 거룩함에
이르는 열매를 맺었으니 그 마지막은 영생이라 23 **죄의 삯은 사망이요 하나님의 은사는 그리스도 예수 우리 주
안에 있는 영생이니라**

로마서 7장

혼인 관계로 비유한 율법과 죄

1 형제들아 내가 법 아는 자들에게 말하노니 너희는 그 법이 사람이 살 동
안만 그를 주관하는 줄 알지 못하느냐 2 남편 있는 여인이 그 남편 생전에
는 법으로 그에게 매인 바 되나 만일 그 남편이 죽으면 남편의 법에서 벗
어나느니라 3 그러므로 만일 그 남편 생전에 다른 남자에게 가면 음녀라
그러나 만일 남편이 죽으면 그 법에서 자유롭게 되나니 다른 남자에게 갈
지라도 음녀가 되지 아니하느니라 4 그러므로 내 형제들아 너희도 그리스
도의 몸으로 말미암아 율법에 대하여 죽임을 당하였으니 이는 다른 이 곧
죽은 자 가운데서 살아나신 이에게 가서 우리가 하나님을 위하여 열매를
맺게 하려 함이라 5 우리가 육신에 있을 때에는 율법으로 말미암는 죄의
정욕이 우리 지체 중에 역사하여 우리로 사망을 위하여 열매를 맺게 하였
더니 6 이제는 우리가 얽매였던 것에 대하여 죽었으므로 율법에서 벗어났
으니 이러므로 우리가 영의 새로운 것으로 섬길 것이요 율법 조문의 묵은
것으로 아니할지니라 7 그런즉 우리가 무슨 말을 하리요 율법이 죄냐 그
럴 수 없느니라 율법으로 말미암지 않고는 내가 죄를 알지 못하였으니 곧
율법이 탐내지 말라 하지 아니하였더라면 내가 탐심을 알지 못하였으리
라 8 그러나 죄가 기회를 타서 계명으로 말미암아 내 속에서 온갖 탐심을
이루었나니 이는 율법이 없으면 죄가 죽은 것임이라 9 전에 율법을 깨닫지
못했을 때에는 내가 살았더니 계명이 이르매 죄는 살아나고 나는 죽었도
다 10 생명에 이르게 할 그 계명이 내게 대하여 도리어 사망에 이르게 하
는 것이 되었도다 11 죄가 기회를 타서 계명으로 말미암아 나를 속이고 그

❖ 롬 7장

6장에서 바울은 은혜가 죄에 대한 면허증이 아님을 증명했다. 이 장에서 그는 법이 죄의 동의어가 아님을 증명한다. 그와는 반대로 율법은 모든 사람 안에 있는 죄를 지을 가능성을 드러내기 때문에 좋은 것이다. 율법이 드러내는 죄의 상태로부터의 구원은 예수 그리스도 안에서 발견된다.

롬 7:1-6 성화의 과정에 있는 그리스도인에 대한 은유적 표현

	구원받기 전	구원받은 후
세례비유 (6:3, 4)	죽으심의 세례를 받지 않음	죽으심의 세례를 받음
접목비유 (6:5, 6)	죄와 연합하여 삶	그리스도와 연합하여 삶
병사비유 (6:12)	몸을 불의의 무기로 바침	몸을 의의 무기로 바침
노예비유 (6:16-19)	죄의 종으로 삶	의의 종으로 삶
결실비유 (6:20-22)	사망의 열매를 거둠	영생의 열매를 거둠
결혼비유 (7:1-6)	율법의 아내로 삶	그리스도의 아내로 삶

☞ 바울이 은혜를 강조한다고 해서 율법의 필요성이 없어졌다는 반율법주의자가 되었다는 것은 아니다.

롬 7:7

학습 자료 82-9 "율법폐기론" 참조

것으로 나를 죽였는지라 12 이로 보건대 율법은 거룩하고 계명도 거룩하고 의로우며 선하도다 13 그런즉 선한 것
이 내게 사망이 되었느냐 그럴 수 없느니라 오직 죄가 죄로 드러나기 위하여 선한 그것으로 말미암아 나를 죽게
만들었으니 이는 계명으로 말미암아 죄로 심히 죄 되게 하려 함이라 14 우리가 율법은 신령한 줄 알거니와 나는
육신에 속하여 죄 아래에 팔렸도다 15 내가 행하는 것을 내가 알지 못하노니 곧 내가 원하는 것은 행하지 아니하
고 도리어 미워하는 것을 행함이라 16 만일 내가 원하지 아니하는 그것을 행하면 내가 이로써 율법이 선한 것을
시인하노니 17 이제는 그것을 행하는 자가 내가 아니요 내 속에 거하는 죄니라 18 내 속 곧 내 육신에 선한 것이
거하지 아니하는 줄을 아노니 원함은 내게 있으나 선을 행하는 것은 없노라 19 내가 원하는 바 선은 행하지 아니
하고 도리어 원하지 아니하는 바 악을 행하는도다 20 만일 내가 원하지 아니하는 그것을 하면 이를 행하는 자는
내가 아니요 내 속에 거하는 죄니라 21 그러므로 내가 한 법을 깨달았노니 곧 선을 행하기 원하는 나에게 악이
함께 있는 것이로다 22 내 속사람으로는 하나님의 법을 즐거워하되 23 내 지체 속에서 한 다른 법이 내 마음의 법
과 싸워 내 지체 속에 있는 죄의 법으로 나를 사로잡는 것을 보는도다 24 오호라 나는 곤고한 사람이로다 이 사
망의 몸에서 누가 나를 건져내랴 25 우리 주 예수 그리스도로 말미암아 하나님께 감사하리로다 그런즉 내 자신
이 마음으로는 하나님의 법을 육신으로는 죄의 법을 섬기노라

로마서 8장

생명의 성령의 법

1 그러므로 이제 그리스도 예수 안에 있는 자에게는 결코 정죄함이 없나
니 2 이는 그리스도 예수 안에 있는 생명의 성령의 법이 죄와 사망의 법에
서 너를 해방하였음이라 3 율법이 육신으로 말미암아 연약하여 할 수 없
는 그것을 하나님은 하시나니 곧 죄로 말미암아 자기 아들을 죄 있는 육
신의 모양으로 보내어 육신에 죄를 정하사 4 육신을 따르지 않고 그 영을
따라 행하는 우리에게 율법의 요구가 이루어지게 하려 하심이니라 5 육
신을 따르는 자는 육신의 일을, 영을 따르는 자는 영의 일을 생각하나니
6 육신의 생각은 사망이요 영의 생각은 생명과 평안이니라 7 육신의 생각
은 하나님과 원수가 되나니 이는 하나님의 법에 굴복하지 아니할 뿐 아니
라 할 수도 없음이라 8 육신에 있는 자들은 하나님을 기쁘시게 할 수 없느
니라 9 만일 너희 속에 하나님의 영이 거하시면 너희가 육신에 있지 아니
하고 영에 있나니 누구든지 그리스도의 영이 없으면 그리스도의 사람이
아니라 10 또 그리스도께서 너희 안에 계시면 몸은 죄로 말미암아 죽은 것
이나 영은 의로 말미암아 살아 있는 것이니라 11 예수를 죽은 자 가운데서
살리신 이의 영이 너희 안에 거하시면 그리스도 예수를 죽은 자 가운데서
살리신 이가 너희 안에 거하시는 그의 영으로 말미암아 너희 죽을 몸도
살리시리라 12 그러므로 형제들아 우리가 빚진 자로되 육신에게 져서 육
신대로 살 것이 아니니라 13 너희가 육신대로 살면 반드시 죽을 것이로되
영으로써 몸의 행실을 죽이면 살리니 14 무릇 하나님의 영으로 인도함을
받는 사람은 곧 하나님의 아들이라 15 너희는 다시 무서워하는 종의 영을
받지 아니하고 양자의 영을 받았으므로 우리가 아빠 아버지라고 부르짖
느니라 16 성령이 친히 우리의 영과 더불어 우리가 하나님의 자녀인 것을 증언하시나니 17 자녀이면 또한 상속자
곧 하나님의 상속자요 그리스도와 함께 한 상속자니 우리가 그와 함께 영광을 받기 위하여 고난도 함께 받아야
할 것이니라

❖ 롬 8장
성화에 대한 세 장(롬 6-8장)에 걸친 바울의 논문은 8장으로 끝을 맺는다. 7장에 제시된 성령과 죄를 짓고자 하는 인간의 성향 사이의 갈등에 대한 대답은 여기서 제시된 또 다른 '법'(원리), 즉 그리스도 예수로 말미암는 생명의 성령의 법이다. 바울은 '영의 새로운 것'(롬 7:6) 이 무엇인지를 설명하고, 성령께서 주시는 새로운 삶의 유익을 보여 준다.

☞ 성령의 법에 따라 사는 자의 모습을 아래 부류의 사람으로 생각해 보라.

· 그리스도 안에 있는 자와 밖에 있는 자
· 인위의 삶과 신위의 삶
· 무리의 삶과 제자의 삶
· 신자(信者)의 삶과 신자(神子)의 삶

9절 "..누구든지 그리스도의 영(성령)이 없으면 그리스도의 사람이 아니라"

☞ 성경에서 "육체" 또는 "육신"이라는 말은 단순히 신체를 말하는 것보다, 하나님의 영광과 능력으로부터 떠나 있는 인간의 본성을 말하며 세속적인 모습을 뜻한다. 그러므로 하나님과 연합할 때 우리는 "죽는다."라는 말은 신체적 죽음이 아니라 세속적 삶과 결별하고, 성경적 가치관에 근거하는 삶을 살게 된다는 것이다. 자기중심성, 인위를 내려놓는다는 말이다.

학습 자료 82-10
"구원의 확신의 근거들" 참조

학습 자료 82-11
"예정과 예지의 순서 논쟁" 참조

모든 피조물이 구원을 고대하다

[18] 생각하건대 현재의 고난은 장차 우리에게 나타날 영광과 비교할 수 없도다 [19] 피조물이 고대하는 바는 하나
님의 아들들이 나타나는 것이니 [20] 피조물이 허무한 데 굴복하는 것은 자기 뜻이 아니요 오직 굴복하게 하시는
이로 말미암음이라 [21] 그 바라는 것은 피조물도 썩어짐의 종노릇 한 데서 해방되어 하나님의 자녀들의 영광의
자유에 이르는 것이니라 [22] 피조물이 다 이제까지 함께 탄식하며 함께 고통을 겪고 있는 것을 우리가 아느니라
[23] 그뿐 아니라 또한 우리 곧 성령의 처음 익은 열매를 받은 우리까지도 속으로 탄식하여 양자 될 것 곧 우리 몸
의 속량을 기다리느니라 [24] 우리가 소망으로 구원을 얻었으매 보이는 소망이 소망이 아니니 보는 것을 누가 바
라리요 [25] 만일 우리가 보지 못하는 것을 바라면 참음으로 기다릴지니라 [26] 이와 같이 성령도 우리의 연약함을
도우시나니 우리는 마땅히 기도할 바를 알지 못하나 오직 성령이 말할 수 없는 탄식으로 우리를 위하여 친히 간
구하시느니라 [27] 마음을 살피시는 이가 성령의 생각을 아시나니 이는 성령이 하나님의 뜻대로 성도를 위하여 간
구하심이니라 [28] 우리가 알거니와 하나님을 사랑하는 자 곧 그의 뜻대로 부르심을 입은 자들에게는 모든 것이
합력하여 선을 이루느니라 [29] 하나님이 미리 아신 자들을 또한 그 아들의 형상을 본받게 하기 위하여 미리 정하
셨으니 이는 그로 많은 형제 중에서 맏아들이 되게 하려 하심이니라 [30] 또 미리 정하신 그들을 또한 부르시고 부
르신 그들을 또한 의롭다 하시고 의롭다 하신 그들을 또한 영화롭게 하셨느니라

그리스도의 사랑 하나님의 사랑

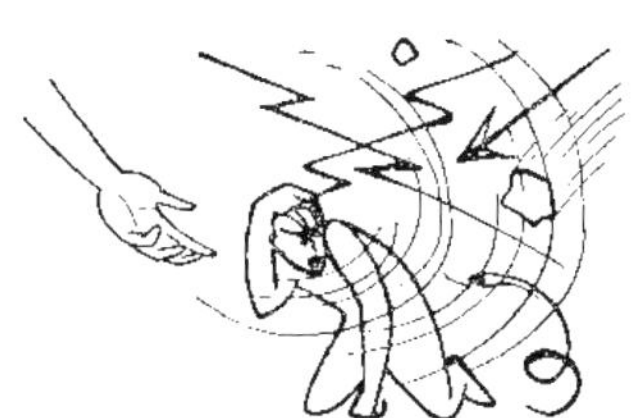

[31] 그런즉 이 일에 대하여 우리가 무슨 말 하리요 만일 하나님이 우리를 위하
시면 누가 우리를 대적하리요 [32] 자기 아들을 아끼지 아니하시고 우리 모든
사람을 위하여 내주신 이가 어찌 그 아들과 함께 모든 것을 우리에게 주시지
아니하겠느냐 [33] 누가 능히 하나님께서 택하신 자들을 고발하리요 의롭다 하신
이는 하나님이시니 [34] 누가 정죄하리요 죽으실 뿐 아니라 다시 살아나신 이는 그
리스도 예수시니 그는 하나님 우편에 계신 자요 우리를 위하여 간구하시는 자
시니라 [35] 누가 우리를 그리스도의 사랑에서 끊으리요 환난이나 곤고나 박해나 기근이나 적신이나 위험이나 칼
이랴 [36] 기록된 바 우리가 종일 주를 위하여 죽임을 당하게 되며 도살당할 양 같이 여김을 받았나이다 함과 같으
니라 [37] 그러나 이 모든 일에 우리를 사랑하시는 이로 말미암아 우리가 넉넉히 이기느니라 [38] 내가 확신하노니 사
망이나 생명이나 천사들이나 권세자들이나 현재 일이나 장래 일이나 능력이나 [39] 높음이나 깊음이나 다른 어떤
피조물이라도 우리를 우리 주 그리스도 예수 안에 있는 하나님의 사랑에서 끊을 수 없으리라

로마서 9장

약속의 자녀 약속의 말씀

[1-2] 내가 그리스도 안에서 참말을 하고 거짓말을 아니하노라 나에게 큰
근심이 있는 것과 마음에 그치지 않는 고통이 있는 것을 내 양심이 성령
안에서 나와 더불어 증언하노니 [3] 나의 형제 곧 골육의 친척을 위하여 내
자신이 저주를 받아 그리스도에게서 끊어질지라도 원하는 바로라 [4] 그들
은 이스라엘 사람이라 그들에게는 양자 됨과 영광과 언약들과 율법을 세
우신 것과 예배와 약속들이 있고 [5] 조상들도 그들의 것이요 육신으로 하
면 그리스도가 그들에게서 나셨으니 그는 만물 위에 계셔서 세세에 찬양
을 받으실 하나님이시니라 아멘 [6] 그러나 하나님의 말씀이 폐하여진 것
같지 않도다 이스라엘에게서 난 그들이 다 이스라엘이 아니요 [7] 또한 아
브라함의 씨가 다 그의 자녀가 아니라 오직 이삭으로부터 난 자라야 네
씨라 불리리라 하셨으니 [8] 곧 육신의 자녀가 하나님의 자녀가 아니요 오

❖ 롬 9장~11장 **유대인에게 주어진 복음**
바울에 의한 성화의 가르침을 잠시 중단하고(8장까지) 버림받은 이스라엘에 관한 이야기를 11장까지 한다. 그들은 복음을 거절함으로써 하나님으로부터 버림을 받았다는 것이다. 이스라엘은 아브라함으로부터 시작하여 하나님 나라의 회복 사역에 부름 받은 하나님의 선민이었지만 불순종을 되풀이하고 끝내 예수님을 배척하고 복음을 거절함으로 버림을 받았고, 그 이스라엘의 특권을 새 이스라엘인 교회로 옮기게 된 것이다. 그러나 11:17-32에서 바울은 이스라엘이 복음을 받아들일 때 복음은 그 정점에 이를 것이라고 언급한다. 이것은 예언적인 성격을 띤 언급이다. 그러나 유대인들은 아직도 메시아가 이 땅에 오시는 글자 그대로의 왕국을 기다리며, 이스라엘은 하나님이 약속을 지키시는 확실한 예증(例證)을 고집하고 있다.

직 약속의 자녀가 씨로 여기심을 받느니라 9 약속의 말씀은 이것이니 명
년 이 때에 내가 이르리니 사라에게 아들이 있으리라 하심이라 10 그뿐 아
니라 또한 리브가가 우리 조상 이삭 한 사람으로 말미암아 임신하였는데
11 그 자식들이 아직 나지도 아니하고 무슨 선이나 악을 행하지 아니한 때
에 택하심을 따라 되는 하나님의 뜻이 행위로 말미암지 않고 오직 부르
시는 이로 말미암아 서게 하려 하사 12 리브가에게 이르시되 큰 자가 어린
자를 섬기리라 하셨나니 13 기록된 바 내가 야곱은 사랑하고 에서는 미워
하였다 하심과 같으니라 14 그런즉 우리가 무슨 말을 하리요 하나님께 불
의가 있느냐 그럴 수 없느니라 15 모세에게 이르시되 내가 긍휼히 여길 자
를 긍휼히 여기고 불쌍히 여길 자를 불쌍히 여기리라 하셨으니 16 그런즉
원하는 자로 말미암음도 아니요 달음박질하는 자로 말미암음도 아니요
오직 긍휼히 여기시는 하나님으로 말미암음이니라 17 성경이 바로에게 이
르시되 내가 이 일을 위하여 너를 세웠으니 곧 너로 말미암아 내 능력을
보이고 내 이름이 온 땅에 전파되게 하려 함이라 하셨으니 18 그런즉 하나
님께서 하고자 하시는 자를 긍휼히 여기시고 하고자 하시는 자를 완악하게 하시느니라

롬 9:1-29 그 어느 것도 하나님의 부르심을 받은 자들을 하나님의 사랑에서 끊을 수 없다면(롬 8:30), 왜 하나님께서 택하신 나라인 이스라엘은 그분의 사랑에서 끊어졌는가? 그와 똑같은 일이 그리스도 안에 있는 신자에게도 일어날 수 있는가? 그리고 유대인들이 택하심을 받은 나라라면 왜 더 많은 유대인이 그리스도를 믿는 신자가 되지 않는가? 바울은 이스라엘의 과거 (롬 9장), 현재(롬 10장) 그리고 미래(11장)의 영적 상태를 설명하기 위해 이스라엘 국가를 위해 따로 떼 놓은 세 장을 시작한다. 이 장에서 바울은 구원은 혈통이나 공로가 아니라 하나님의 자비로운 택하심에 따라 이루어지는 것임을 설명한다.

롬 9:6-29
학습 자료 82-12 "하나님의 주권적 선택의 정당성과 죄에 대한 인간의 책무" 참조

하나님의 진노와 긍휼

19 혹 네가 내게 말하기를 그러면 하나님이 어찌하여 허물하시느냐 누가
그 뜻을 대적하느냐 하리니 20 이 사람아 네가 누구이기에 감히 하나님께
반문하느냐 지음을 받은 물건이 지은 자에게 어찌 나를 이같이 만들었느
냐 말하겠느냐 21 토기장이가 진흙 한 덩이로 하나는 귀히 쓸 그릇을, 하나
는 천히 쓸 그릇을 만들 권한이 없느냐 22 만일 하나님이 그의 진노를 보이
시고 그의 능력을 알게 하고자 하사 멸하기로 준비된 진노의 그릇을 오래
참으심으로 관용하시고 23 또한 영광 받기로 예비하신 바 긍휼의 그릇에
대하여 그 영광의 풍성함을 알게 하고자 하셨을지라도 무슨 말을 하리요
24 이 그릇은 우리니 곧 유대인 중에서뿐 아니라 이방인 중에서도 부르신
자니라 25 호세아의 글에도 이르기를 내가 내 백성 아닌 자를 내 백성이라,
사랑하지 아니한 자를 사랑한 자라 부르리라 26 너희는 내 백성이 아니라
한 그 곳에서 그들이 살아 계신 하나님의 아들이라 일컬음을 받으리라 함
과 같으니라 27 또 이사야가 이스라엘에 관하여 외치되 이스라엘 자손들
의 수가 비록 바다의 모래 같을지라도 남은 자만 구원을 받으리니 28 주께
서 땅 위에서 그 말씀을 이루고 속히 시행하시리라 하셨느니라 29 또한 이사야가 미리 말한 바 만일 만군의 주께서
우리에게 씨를 남겨 두지 아니하셨더라면 우리가 소돔과 같이 되고 고모라와 같았으리로다 함과 같으니라

롬 9:19-24 토기장이 비유를 통한 7대 교훈

1	피조물인 인간의 삶은 창조주께 헌신하는 것이어야 함(신 10:12)
2	피조물인 인간은 창조주 하나님께 전적 순종해야 함(삼상 15:22)
3	창조주 앞에서 피조물인 인간의 교만은 실로 어리석은 것임(렘 49:16)
4	피조물인 인간의 운명은 오직 창조주 하나님께 달려 있음(시 100:3)
5	피조물인 인간은 창조주의 뜻대로만 살아야 함(잠 16:4)
6	피조물인 인간은 창조주께 항변할 권한이 없음(롬 9:20, 21)
7	피조물인 인간은 창조주께 대한 믿음으로만 구원 얻을 수 있음(롬 9:30-32)

❖ 우리를 빚으시는 하나님 + 우리의 처음 모습을 회복하시는 하나님 = 구속사의 핵심.

믿음에서 난 의

30 그런즉 우리가 무슨 말을 하리요 의를 따르지 아니한 이방인들이 의를 얻었으니 곧 믿음에서 난 의요 31 의의
법을 따라간 이스라엘은 율법에 이르지 못하였으니 32 어찌 그러하냐 이는 그들이 믿음을 의지하지 않고 행위를
의지함이라 부딪칠 돌에 부딪쳤느니라 33 기록된 바 보라 내가 걸림돌과 거치는 바위를 시온에 두노니 그를 믿는
자는 부끄러움을 당하지 아니하리라 함과 같으니라

로마서 10장

1 형제들아 내 마음에 원하는 바와 하나님께 구하는 바는 이스라엘을 위함이니 곧 그들로 구원을 받게 함이라

[2] 내가 증언하노니 그들이 하나님께 열심이 있으나 올바른 지식을 따른 것
이 아니니라 [3] 하나님의 의를 모르고 자기 의를 세우려고 힘써 하나님의
의에 복종하지 아니하였느니라 [4] 그리스도는 모든 믿는 자에게 의를 이루
기 위하여 율법의 마침이 되시니라 [5] 모세가 기록하되 율법으로 말미암는
의를 행하는 사람은 그 의로 살리라 하였거니와 [6] 믿음으로 말미암는 의
는 이같이 말하되 네 마음에 누가 하늘에 올라가겠느냐 하지 말라 하니
올라가겠느냐 함은 그리스도를 모셔 내리려는 것이요 [7] 혹은 누가 무저갱
에 내려가겠느냐 하지 말라 하니 내려가겠느냐 함은 그리스도를 죽은 자
가운데서 모셔 올리려는 것이라 [8] 그러면 무엇을 말하느냐 말씀이 네게 가
까워 네 입에 있으며 네 마음에 있다 하였으니 곧 우리가 전파하는 믿음의
말씀이라 [9] 네가 만일 네 입으로 예수를 주로 시인하며 또 하나님께서 그
를 죽은 자 가운데서 살리신 것을 네 마음에 믿으면 구원을 받으리라 [10]
사람이 마음으로 믿어 의에 이르고 입으로 시인하여 구원에 이르느니라
[11] 성경에 이르되 누구든지 그를 믿는 자는 부끄러움을 당하지 아니하리
라 하니 [12] 유대인이나 헬라인이나 차별이 없음이라 한 분이신 주께서 모
든 사람의 주가 되사 그를 부르는 모든 사람에게 부요하시도다 [13] 누구든
지 주의 이름을 부르는 자는 구원을 받으리라 [14] 그런즉 그들이 믿지 아니
하는 이를 어찌 부르리요 듣지도 못한 이를 어찌 믿으리요 전파하는 자가
없이 어찌 들으리요 [15] 보내심을 받지 아니하였으면 어찌 전파하리요 기록
된 바 아름답도다 좋은 소식을 전하는 자들의 발이여 함과 같으니라

믿음과 들음과 그리스도의 말씀

[16] 그러나 그들이 다 복음을 순종하지 아니하였도다 이사야가 이르되 주
여 우리가 전한 것을 누가 믿었나이까 하였으니 [17] **그러므로 믿음은 들음
에서 나며 들음은 그리스도의 말씀으로 말미암았느니라** [18] 그러나 내가
말하노니 그들이 듣지 아니하였느냐 그렇지 아니하니 그 소리가 온 땅에
퍼졌고 그 말씀이 땅 끝까지 이르렀도다 하였느니라 [19] 그러나 내가 말하
노니 이스라엘이 알지 못하였느냐 먼저 모세가 이르되 내가 백성 아닌 자
로써 너희를 시기하게 하며 미련한 백성으로써 너희를 노엽게 하리라 하
였고 [20] 이사야는 매우 담대하여 내가 나를 찾지 아니한 자들에게 찾은
바 되고 내게 묻지 아니한 자들에게 나타났노라 말하였고 [21] 이스라엘에
대하여 이르되 순종하지 아니하고 거슬러 말하는 백성에게 내가 종일 내
손을 벌렸노라 하였느니라

❖ 롬 9:30 ~ 10장
이스라엘의 현재의 영적 상태는 불신이라는 한 단어로 묘사될 수 있다 (바울의 시대에 있어서나 우리의 시대에 있어서 모두). 그리고 이스라엘은 그 불신 속에서 복음의 메시지에 대한 하나의 예증이 되고 있다. 즉 복음을 받아들이기 위해서는 믿어야 한다는 것이다. 로마서 9장에서 바울은 하나님의 선택을 이스라엘의 불신이라는 동전의 한 면으로 제시했다. 이 장에서 바울은 이스라엘의 책임을 이스라엘의 불신이라는 동전의 다른 면으로 제시한다.

☞ 10장에 나오는 2가지의 의(義)

① 예수를 믿는 자에게 선물로 주신 하나님의 의

☞ **신 30:12-14** 하늘에 있는 것이 아니니 네가 이르기를 누가 우리를 위하여 하늘에 올라가 그의 명령을 우리에게로 가지고 와서 우리에게 들려 행하게 하랴 할 것이 아니요 이것이 바다 밖에 있는 것이 아니니 네가 이르기를 누가 우리를 위하여 바다를 건너가서 그의 명령을 우리에게로 가지고 와서 우리에게 들려 행하게 하랴 할 것도 아니라 오직 그 말씀이 네게 매우 가까워서 네 입에 있으며 네 마음에 있은즉 네가 이를 행할 수 있느니라

② 율법을 순종하여 얻는 행위의 의

☞ **레 18:5** 너희는 내 규례와 법도를 지키라 사람이 이를 행하면 그로 말미암아 살리라 나는 여호와이니라

유대인들은 믿음의 의에 순복하려 하지 않았다. 그들의 민족적이고 종교적인 교만은 그들로 하여금 단순한 믿음에서 맹목적인 종교로 등을 돌리게 하였다.
그들은 그리스도를 거절하였고 율법에 매달렸으며, 율법이 바로 그리스도를 위하여 그 길을 준비한 것이라는 사실과 그가 친히 십자가에서 율법의 지배를 종식시켰다는 것을 깨닫지 못했다. 이제 모세의 율법은 더 이상 인간을 다루시는 하나님의 방법이 아니다. 하나님은 그리스도가 세상을 위하여 죽으신 십자가로 인간을 다루신다.

롬 10:10
학습 자료 82-13 "신앙고백" 참조

로마서 11장

이스라엘의 남은 자

[1] 그러므로 내가 말하노니 하나님이 자기 백성을 버리셨느냐 그럴 수 없느
니라 나도 이스라엘인이요 아브라함의 씨에서 난 자요 베냐민 지파라 [2] 하
나님이 그 미리 아신 자기 백성을 버리지 아니하셨나니 너희가 성경이 엘리
야를 가리켜 말한 것을 알지 못하느냐 그가 이스라엘을 하나님께 고발하되 [3] 주여 그들이 주의 선지자들을 죽였으
며 주의 제단들을 헐어 버렸고 나만 남았는데 내 목숨도 찾나이다 하니 [4] 그에게 하신 대답이 무엇이냐 내가 나를

❖ 롬 11장
이스라엘의 과거와 현재의 영적 상태에 대한 바울의 절망적인 듯한 평가는 이제 이스라엘의 미래에 대한 희망찬 예견에 맞춰 박자를 빨리 한다. 온 이스라엘이 구원을 얻게 될 것이다.

위하여 바알에게 무릎을 꿇지 아니한 사람 칠천 명을 남겨 두었다 하셨으니 5 그런즉 이와 같이 지금도 은혜로 택하
심을 따라 남은 자가 있느니라 6 만일 은혜로 된 것이면 행위로 말미암지 않음이니 그렇지 않으면 은혜가 은혜 되지
못하느니라 7 그런즉 어떠하냐 이스라엘이 구하는 그것을 얻지 못하고 오직 택하심을 입은 자가 얻었고 그 남은 자
들은 우둔하여졌느니라 8 기록된 바 하나님이 오늘까지 그들에게 혼미한 심령과 보지 못할 눈과 듣지 못할 귀를 주
셨다 함과 같으니라 9 또 다윗이 이르되 그들의 밥상이 올무와 덫과 거치는 것과 보응이 되게 하시옵고 10 그들의
눈은 흐려 보지 못하고 그들의 등은 항상 굽게 하옵소서 하였느니라 11 그러므로 내가 말하노니 그들이 넘어지기까
지 실족하였느냐 그럴 수 없느니라 그들이 넘어짐으로 구원이 이방인에게 이르러 이스라엘로 시기나게 함이니라 12
그들의 넘어짐이 세상의 풍성함이 되며 그들의 실패가 이방인의 풍성함이 되거든 하물며 그들의 충만함이리요

이방인의 구원

학습 자료 82-14 "이스라엘에서 세계 만민에게로의 구속사 확장" 참조

13 내가 이방인인 너희에게 말하노라 내가 이방인의 사도인 만큼 내 직분
을 영광스럽게 여기노니 14 이는 혹 내 골육을 아무쪼록 시기하게 하여 그들 중에서 얼마를 구원하려 함이라 15
그들을 버리는 것이 세상의 화목이 되거든 그 받아들이는 것이 죽은 자 가운데서 살아나는 것이 아니면 무엇이

리요 16 제사하는 처음 익은 곡식 가루가 거룩한즉 떡덩이도 그러하고 뿌리가 거룩한
즉 가지도 그러하니라 17 또 한 가지 얼마가 꺾이었는데 돌감람나무인 네가 그들 중
에 접붙임이 되어 참감람나무 뿌리의 진액을 함께 받는 자가 되었은즉 18 그 가지들을
향하여 자랑하지 말라 자랑할지라도 네가 뿌리를 보전하는 것이 아니요 뿌리가 너를
보전하는 것이니라 19 그러면 네 말이 가지들이 꺾인 것은 나로 접붙임을 받게 하려 함
이라 하리니 20 옳도다 그들은 믿지 아니하므로 꺾이고 너는 믿으므로 섰느
니라 높은 마음을 품지 말고 도리어 두려워하라 21 하나님이 원 가지들도 아끼지 아니하셨은즉 너도 아끼지 아
니하시리라 22 그러므로 하나님의 인자하심과 준엄하심을 보라 넘어지는 자들에게는 준엄하심이 있으니 너희가
만일 하나님의 인자하심에 머물러 있으면 그 인자가 너희에게 있으리라 그렇지 않으면 너도 찍히는 바 되리라
23 그들도 믿지 아니하는 데 머무르지 아니하면 접붙임을 받으리니 이는 그들을 접붙이실 능력이 하나님께 있음
이라 24 네가 원 돌감람나무에서 찍힘을 받고 본성을 거슬러 좋은 감람나무에 접붙임을 받았으니 원 가지인 이
사람들이야 얼마나 더 자기 감람나무에 접붙이심을 받으랴

이스라엘의 구원

25 형제들아 너희가 스스로 지혜 있다 하면서 이 신비를 너희가 모르기를 내가 원하지 아니하노니 이 신비는 이방
인의 충만한 수가 들어오기까지 이스라엘의 더러는 우둔하게 된 것이라 26 그리하여 온 이스라엘이 구원을 받으
리라 기록된 바 구원자가 시온에서 오사 야곱에게서 경건하지 않은 것을 돌이키시겠고 27 내가 그들의 죄를 없이
할 때에 그들에게 이루어질 내 언약이 이것이라 함과 같으니라 28 복음으로 하면 그들이 너희로 말미암아 원수
된 자요 택하심으로 하면 조상들로 말미암아 사랑을 입은 자라 29 하나님의 은사와 부르심에는 후회하심이 없느
니라 30 너희가 전에는 하나님께 순종하지 아니하더니 이스라엘이 순종하지 아니함으로 이제 긍휼을 입었는지라
31 이와 같이 이 사람들이 순종하지 아니하니 이는 너희에게 베푸시는 긍휼로 이제 그들도 긍휼을 얻게 하려 하
심이라 32 하나님이 모든 사람을 순종하지 아니하는 가운데 가두어 두심은 모든 사람에게 긍휼을 베풀려 하심이
로다 33 **깊도다 하나님의 지혜와 지식의 풍성함이여, 그의 판단은 헤아리지 못할 것이며 그의 길은 찾지 못할 것**
이로다 34 **누가 주의 마음을 알았느냐 누가 그의 모사가 되었느냐** 35 **누가 주께 먼저 드려서 갚으심을 받겠느냐**
36 **이는 만물이 주에게서 나오고 주로 말미암고 주에게로 돌아감이라 그에게 영광이 세세에 있을지어다 아멘**

79일~
84일

로마서 12장

하나님의 뜻을 분별하는 새 생활

1 그러므로 형제들아 내가 하나님의 모든 자비하심으로 너희를 권하노니 너희 몸을 하나님이 기뻐하시는 거룩

한 산 제물로 드리라 이는 너희가 드릴 영적 예배니라 2 너희는 이 세대를
본받지 말고 오직 마음을 새롭게 함으로 변화를 받아 하나님의 선하시고
기뻐하시고 온전하신 뜻이 무엇인지 분별하도록 하라 3 내게 주신 은혜
로 말미암아 너희 각 사람에게 말하노니 마땅히 생각할 그 이상의 생각
을 품지 말고 오직 하나님께서 각 사람에게 나누어 주신 믿음의 분량대
로 지혜롭게 생각하라 4 우리가 한 몸에 많은 지체를 가졌으나 모든 지체
가 같은 기능을 가진 것이 아니니 5 이와 같이 우리 많은 사람이 그리스도
안에서 한 몸이 되어 서로 지체가 되었느니라 6 우리에게 주신 은혜대로
받은 은사가 각각 다르니 혹 예언이면 믿음의 분수대로, 7 혹 섬기는 일이
면 섬기는 일로, 혹 가르치는 자면 가르치는 일로, 8 혹 위로하는 자면 위
로하는 일로, 구제하는 자는 성실함으로, 다스리는 자는 부지런함으로,
긍휼을 베푸는 자는 즐거움으로 할 것이니라 9 사랑에는 거짓이 없나니
악을 미워하고 선에 속하라 10 형제를 사랑하여 서로 우애하고 존경하기
를 서로 먼저 하며 11 부지런하여 게으르지 말고 열심을 품고 주를 섬기라
12 소망 중에 즐거워하며 환난 중에 참으며 기도에 항상 힘쓰며 13 성도들
의 쓸 것을 공급하며 손 대접하기를 힘쓰라

그리스도인의 생활

14 너희를 박해하는 자를 축복하라 축복하고 저주하지 말라 15 즐거워하는
자들과 함께 즐거워하고 우는 자들과 함께 울라 16 서로 마음을 같이하며
높은 데 마음을 두지 말고 도리어 낮은 데 처하며 스스로 지혜있는 체 하
지 말라 17 아무에게도 악을 악으로 갚지 말고 모든 사람 앞에서 선한 일을
도모하라 18 할 수 있거든 너희로서는 모든 사람과 더불어 화목하라 19 내
사랑하는 자들아 너희가 친히 원수를 갚지 말고 하나님의 진노하심에 맡

기라 기록되었으되 원수 갚는 것이 내게 있으니
내가 갚으리라고 주께서 말씀하시니라 20 네 원
수가 주리거든 먹이고 목마르거든 마시게 하라
그리함으로 네가 숯불을 그 머리에 쌓아 놓으
리라 21 악에게 지지 말고 선으로 악을 이기라

로마서 13장

그리스도인과 세상 권세

1 각 사람은 위에 있는 권세들에게 복종하라 권세는 하나님으로부터 나지
않음이 없나니 모든 권세는 다 하나님께서 정하신 바라 2 그러므로 권세
를 거스르는 자는 하나님의 명을 거스름이니 거스르는 자들은 심판을 자
취하리라 3 다스리는 자들은 선한 일에 대하여 두려움이 되지 않고 악한
일에 대하여 되나니 네가 권세를 두려워하지 아니하려느냐 선을 행하라 그리하면 그에게 칭찬을 받으리라 4 그
는 하나님의 사역자가 되어 네게 선을 베푸는 자니라 그러나 네가 악을 행하거든 두려워하라 그가 공연히 칼을
가지지 아니하였으니 곧 하나님의 사역자가 되어 악을 행하는 자에게 진노하심을 따라 보응하는 자니라 5 그러
므로 복종하지 아니할 수 없으니 진노 때문에 할 것이 아니라 양심을 따라 할 것이라 6 너희가 조세를 바치는 것
도 이로 말미암음이라 그들이 하나님의 일꾼이 되어 바로 이 일에 항상 힘쓰느니라 7 모든 자에게 줄 것을 주되

롬 12:1-2 1장의 죄인들이 예수의 피로 씻음을 받으면 변화되어야 할 삶을 말해주고 있다. 단순히 죄 사함 받은 감격으로만 끝나면 안 된다는 것을 말한다.
고후 10:4-6처럼 삶이 그리스도의 세계관으로 새롭게 바뀌어 그리스도의 잣대가 분별의 기준이 되는 그런 삶을 살아야 한다는 것이다.

롬 12:5-12 세계관이 변하여 성경적 분별력을 가지게 된 성도들의 삶의 자세를 말하고 있다.

❖ 롬 12~16장 **복음의 적용(실천) : 어떻게 살아갈 것인가**

1~8장은 칭의가 주제였다면 12장 이하의 주제는 성화이다. 구원의 개념은 칭의에서 끝나는 좁은 의미가 아니고, 성화의 과정을 거쳐 영화에 이르기까지가 구원의 범위이다.
그러므로 바울은 12장이 성화의 과정 즉, 구원받은 자들은 어떤 삶을 살아야 하는가의 길을 제시한다. 그 길은 신위(神爲)에 순종하는 삶이다. 그 핵심 구절이 12:1-2이다. 이것은 성화의 삶의 핵심을 보여 주는 구절이다. 성화의 핵심은 변화인데 그 변화는 단순한 행동의 변화가 아니라 가치관의 변화이요, 의식(意識)의 변화라고 바울은 12:1-2에서 매우 강조한다.

❖ 롬 12장

바울은 로마서 11장을 끝으로 예수 그리스도의 복음에 관해 강해를 모두 마친다. 그것은 확실히 그때까지 교회에서 행해졌던 가장 철저하고 조직적인 기독교 진리의 제시였으며, 그 후로도 대부분의 사람들은 이 점에 동의할 것이다. 로마서 1-11장은 거의 2천 년 동안 죄, 구원, 성화 그리고 하나님의 주권에 대한 기독교적 이해의 바탕이 되는 기본적인 개요 또는 틀을 구성한다. 그러나 이제 바울은 자신이 방금 제시한 진리가 함축하고 있는 의미로 관심을 돌린다. 롬 12장에서 바울은 "하나님께서 행하신 모든 것에 비추어 볼 때 우리가 살아야 할 방식이 여기에 있다"라고 말한다. 중심 주제는 제물의 삶이며, 그것은 그리스도인과 교회의 삶에서 나타나는 표현과 증거다. 성령의 은사를 통한 서로에 대한 사역과 사랑은 이 장에서 바울이 강조하고자 하는 두 가지 주된 내용을 구성한다.

조세를 받을 자에게 조세를 바치고 관세를 받을 자에게 관세를 바치고
두려워할 자를 두려워하며 존경할 자를 존경하라

사랑은 율법의 완성

8 피차 사랑의 빚 외에는 아무에게든지 아무 빚도 지지 말라 남을 사랑하
는 자는 율법을 다 이루었느니라 9 간음하지 말라, 살인하지 말라, 도둑질
하지 말라, 탐내지 말라 한 것과 그 외에 다른 계명이 있을지라도 네 이웃
을 네 자신과 같이 사랑하라 하신 그 말씀 가운데 다 들었느니라 10 사랑은
이웃에게 악을 행하지 아니하나니 그러므로 사랑은 율법의 완성이니라

구원의 때가 가까워졌다

11 또한 너희가 이 시기를 알거니와 자다가 깰 때가 벌써 되었으니 이는
이제 우리의 구원이 처음 믿을 때보다 가까웠음이라 12 밤이 깊고 낮이 가
까웠으니 그러므로 우리가 어둠의 일을 벗고 빛의 갑옷을 입자 13 낮에와
같이 단정히 행하고 방탕하거나 술 취하지 말며 음란하거나 호색하지 말며 다투거나 시기하지 말고 14 오직 주
예수 그리스도로 옷 입고 정욕을 위하여 육신의 일을 도모하지 말라

❖ 롬 13장
바울은 모든 사람을 향한 하나님의 자비를 생각하며 그분께 산 제사로 자신을 드리는 것이 무엇을 의미하는가에 대한 설명을 계속한다. 13장에서 그는 이교도 정부의 권세 아래서 그리고 역사의 종말론적 관점에서 신자로서의 삶의 긴장을 다룬다. 그리스도인들은 이교도 통치자들에게 대항해야 하는가? 그들은 다가오는 시대의 종말을 염두에 두고 자신들이 원하는 대로 살아야 하는가? 바울은 로마 교회에게 그리고 그와 동일한 긴장과 조건 속에 살아가는 오늘날의 교회들에게 그에 대한 해답을 준다.

학습 자료 82-15 "국가 권력에 대한 성도 및 교회의 자세" 참조

로마서 14장

형제를 비판하지 말라

1 믿음이 연약한 자를 너희가 받되 그의 의견을 비판하지 말라 2 어떤 사
람은 모든 것을 먹을 만한 믿음이 있고 믿음이 연약한 자는 채소만 먹느
니라 3 먹는 자는 먹지 않는 자를 업신여기지 말고 먹지 않는 자는 먹는 자
를 비판하지 말라 이는 하나님이 그를 받으셨음이라 4 남의 하인을 비판
하는 너는 누구냐 그가 서 있는 것이나 넘어지는 것이 자기 주인에게 있으
매 그가 세움을 받으리니 이는 그를 세우시는 권능이 주께 있음이라 5 어
떤 사람은 이 날을 저 날보다 낫게 여기고 어떤 사람은 모든 날을 같게 여
기나니 각각 자기 마음으로 확정할지니라 6 날을 중히 여기는 자도 주를
위하여 중히 여기고 먹는 자도 주를 위하여 먹으니 이는 하나님께 감사함
이요 먹지 않는 자도 주를 위하여 먹지 아니하며 하나님께 감사하느니라 7 우리 중에 누구든지 자기를 위하여 사
는 자가 없고 자기를 위하여 죽는 자도 없도다 8 **우리가 살아도 주를 위하여 살고 죽어도 주를 위하여 죽나니 그
러므로 사나 죽으나 우리가 주의 것이로다** 9 이를 위하여 그리스도께서 죽었다가 다시 살아나셨으니 곧 죽은 자
와 산 자의 주가 되려 하심이라 10 네가 어찌하여 네 형제를 비판하느냐 어찌하여 네 형제를 업신여기느냐 우리
가 다 하나님의 심판대 앞에 서리라 11 기록되었으되 주께서 이르시되 내가 살았노니 모든 무릎이 내게 꿇을 것
이요 모든 혀가 하나님께 자백하리라 하였느니라 12 이러므로 우리 각 사람이 자기 일을 하나님께 직고하리라

형제로 거리끼게 하지 말라

13 그런즉 우리가 다시는 서로 비판하지 말고 도리어 부딪칠 것이나 거칠 것을 형제 앞에 두지 아니하도록 주의
하라 14 내가 주 예수 안에서 알고 확신하노니 무엇이든지 스스로 속된 것이 없으되 다만 속되게 여기는 그 사람
에게는 속되니라 15 만일 음식으로 말미암아 네 형제가 근심하게 되면 이는 네가 사랑으로 행하지 아니함이라
그리스도께서 대신하여 죽으신 형제를 네 음식으로 망하게 하지 말라 16 그러므로 너희의 선한 것이 비방을 받지
않게 하라 17 **하나님의 나라는 먹는 것과 마시는 것이 아니요 오직 성령 안에 있는 의와 평강과 희락이라** 18 **이로
써 그리스도를 섬기는 자는 하나님을 기쁘시게 하며 사람에게도 칭찬을 받느니라** 19 그러므로 우리가 화평의 일
과 서로 덕을 세우는 일을 힘쓰나니 20 음식으로 말미암아 하나님의 사업을 무너지게 하지 말라 만물이 다 깨끗

❖ 롬 14장-15:13
바울은 삶에 대해 로마 교회에서 드러난 문제를 다룸으로써 산제사로 사는 것에 관한 강론을 계속한다. 그 문제는 음식과 성일을 지키는 문제에 대한 각자의 선호도와 관련해서 유대인과 이방인 신자들 사이에 불거진 갈등이었다. 바울은 로마 교회가 그리스도인의 삶에서 하나가 되지 못한다면, 복음을 전하는 일에 있어서도 하나가 되어 동역할 수 없다는 것을 알고 있다. 그는 하나 됨은 관대함을 필요로 하고, 하나 됨은 사랑의 증거이며, 또 하나 됨은 주 예수 그리스도의 삶을 본받는 것이라고 강조한다.

롬 14장
학습 자료 82-16 "비판하지 말라" 참조

하되 거리낌으로 먹는 사람에게는 악한 것이라 21 고기도 먹지 아니하고 포도주도 마시지 아니하고 무엇이든지
네 형제로 거리끼게 하는 일을 아니함이 아름다우니라 22 네게 있는 믿음을 하나님 앞에서 스스로 가지고 있으
라 자기가 옳다 하는 바로 자기를 정죄하지 아니하는 자는 복이 있도다 23 의심하고 먹는 자는 정죄되었나니 이
는 믿음을 따라 하지 아니하였기 때문이라 믿음을 따라 하지 아니하는 것은 다 죄니라

로마서 15장

선을 이루고 덕을 세우라

1 믿음이 강한 우리는 마땅히 믿음이 약한 자의 약점을
담당하고 자기를 기쁘게 하지 아니할 것이라 2 우리 각
사람이 이웃을 기쁘게 하되 선을 이루고 덕을 세우도
록 할지니라 3 그리스도께서도 자기를 기쁘게 하지 아
니하셨나니 기록된 바 주를 비방하는 자들의 비방이 내
게 미쳤나이다 함과 같으니라 4 무엇이든지 전에 기록된
바는 우리의 교훈을 위하여 기록된 것이니 우리로 하여
금 인내로 또는 성경의 위로로 소망을 가지게 함이니라 5 이제 인내와 위
로의 하나님이 너희로 그리스도 예수를 본받아 서로 뜻이 같게 하여 주사
6 한마음과 한 입으로 하나님 곧 우리 주 예수 그리스도의 아버지께 영광
을 돌리게 하려 하노라 7 그러므로 그리스도께서 우리를 받아 하나님께
영광을 돌리심과 같이 너희도 서로 받으라 8 내가 말하노니 그리스도께
서 하나님의 진실하심을 위하여 할례의 추종자가 되셨으니 이는 조상들
에게 주신 약속들을 견고하게 하시고 9 이방인들도 그 긍휼하심으로 말미암아 하나님께 영광을 돌리게 하려 하
심이라 기록된 바 그러므로 내가 열방 중에서 주께 감사하고 주의 이름을 찬송하리로다 함과 같으니라 10 또 이
르되 열방들아 주의 백성과 함께 즐거워하라 하였으며 11 또 모든 열방들아 주를 찬양하며 모든 백성들아 그를
찬송하라 하였으며 12 또 이사야가 이르되 이새의 뿌리 곧 열방을 다스리기 위하여 일어나시는 이가 있으리니 열
방이 그에게 소망을 두리라 하였느니라 13 소망의 하나님이 모든 기쁨과 평강을 믿음 안에서 너희에게 충만하게
하사 성령의 능력으로 소망이 넘치게 하시기를 원하노라

❖ 롬 15장
성경적 삶의 핵심 영성은 십계명으로부터 온다는 사실을 배웠다.
① 하나님 사랑과 ② 이웃 사랑
로마서 전체의 영성적 구조도 바로 이런 구조임을 알 수 있다.
전반부 교리 부분(1~11장)은 어떻게 하나님과 관계가 회복되어 우리의 원래의 모습을 회복하고, 후반부(12~16장)에서는 그래서 "독처하는 것이 싫으셔서"(창 2:18) 하와를 만드시고 이웃과의 공동체적 관계를 형성해 주셨다.
15장은 그런 것을 바탕으로 이웃과의 바른 관계를 회복하여 서로 사랑의 관계로 살아야 한다는 것을 바울은 강조하고 있다.
☞ 롬 12:15 즐거워하는 자들과 함께 즐거워하고 우는 자들과 함께 울라

롬 15:1-7
학습 자료 82-17 "아디아포라"의 이해" 참조

하나님의 복음의 제사장 직분

14 내 형제들아 너희가 스스로 선함이 가득하고 모든 지식이 차서 능히 서로 권하는 자임을 나도 확신하노라 15 그러
나 내가 너희로 다시 생각나게 하려고 하나님께서 내게 주신 은혜로 말미암아 더욱 담대히 대략 너희에게 썼노니 16
이 은혜는 곧 나로 이방인을 위하여 그리스도 예수의 일꾼이 되어 하나님의 복음의 제사장 직분을 하게 하사 이방인
을 제물로 드리는 것이 성령 안에서 거룩하게 되어 받으실 만하게 하려 하심이라 17 그러므로 내가 그리스도 예수 안
에서 하나님의 일에 대하여 자랑하는 것이 있거니와 18 그리스도께서 이방인들을 순종하게 하기 위하여 나를 통하
여 역사하신 것 외에는 내가 감히 말하지 아니하노라 그 일은 말과 행위로 19 표적과 기사의 능력으로 성령의 능력으
로 이루어졌으며 그리하여 내가 예루살렘으로부터 두루 행하여 일루리곤까지 그리스도의 복음을 편만하게 전하였
노라 20 또 내가 그리스도의 이름을 부르는 곳에는 복음을 전하지 않기를 힘썼노니 이는 남의 터 위에 건축하지 아니
하려 함이라 21 기록된 바 주의 소식을 받지 못한 자들이 볼 것이요 듣지 못한 자들이 깨달으리라 함과 같으니라

바울의 로마 방문 계획

22 그러므로 또한 내가 너희에게 가려 하던 것이 여러 번 막혔더니 23 이제는 이 지방에 일할 곳이 없고 또 여러 해 전
부터 언제든지 서바나로 갈 때에 너희에게 가기를 바라고 있었으니 24 이는 지나가는 길에 너희를 보고 먼저 너희와
사귐으로 얼마간 기쁨을 가진 후에 너희가 그리로 보내주기를 바람이라 25 그러나 이제는 내가 성도를 섬기는 일로

예루살렘에 가노니 26 이는 마게도냐와 아가야 사람들이 예루살렘 성도 중 가난한 자들을 위하여 기쁘게 얼마를 연
보하였음이라 27 저희가 기뻐서 하였거니와 또한 저희는 그들에게 빚진 자니 만일 이방인들이 그들의 영적인 것을
나눠 가졌으면 육적인 것으로 그들을 섬기는 것이 마땅하니라 28 그러므로 내가 이 일을 마치고 이 열매를 그들에
게 확증한 후에 너희에게 들렀다가 서바나로 가리라 29 내가 너희에게 나아갈 때에 그리스도의 충만한 복을 가지
고 갈 줄을 아노라 30 형제들아 내가 우리 주 예수 그리스도와 성령의 사랑으로 말미암아 너희를 권하노니 너희 기
도에 나와 힘을 같이하여 나를 위하여 하나님께 빌어 31 나로 유대에서 순종하지 아니하는 자들로부터 건짐을 받게
하고 또 예루살렘에 대하여 내가 섬기는 일을 성도들이 받을 만하게 하고 32 나로 하나님의 뜻을 따라 기쁨으로 너
희에게 나아가 너희와 함께 편히 쉬게 하라 33 평강의 하나님께서 너희 모든 사람과 함께 계실지어다 아멘

로마서 16장

❖ 롬 16장
바울은 로마인들에게 보낸 편지의 주된 부분, 즉 복음의 강해와 매일의 삶에의 적용을 마친 후 이제 걸작의 결론을 맺는다. 그는 마지막 말을 통해 로마 교회에 그리고 우리에게 자신의 심장을 열어 보인다. 그는 교회의 건축자요 일꾼이요 목자요 사도였으며, 복음을 전파하기 위해서 자신의 삶을 다 쏟아 부은 사람이었다.

인사

1 내가 겐그레아 교회의 일꾼으로 있는 우리 자매 뵈뵈를 너희에게 추천
하노니 2 너희는 주 안에서 성도들의 합당한 예절로 그를 영접하고 무엇
이든지 그에게 소용되는 바를 도와 줄지니 이는 그가 여러 사람과 나의
보호자가 되었음이라 3 너희는 그리스도 예수 안에서 나의 동역자들인 브
리스가와 아굴라에게 문안하라 4 그들은 내 목숨을 위하여 자기들의 목
까지도 내놓았나니 나뿐 아니라 이방인의 모든 교회도 그들에게 감사하느니라 5 또 저의 집에 있는 교회에도 문
안하라 내가 사랑하는 에배네도에게 문안하라 그는 아시아에서 그리스도께 처음 맺은 열매니라 6 너희를 위하
여 많이 수고한 마리아에게 문안하라 7 내 친척이요 나와 함께 갇혔던 안드로니고와 유니아에게 문안하라 그들
은 사도들에게 존중히 여겨지고 또한 나보다 먼저 그리스도 안에 있는 자라 8 또 주 안에서 내 사랑하는 암블리
아에게 문안하라 9 그리스도 안에서 우리의 동역자인 우르바노와 나의 사랑하는 스다구에게 문안하라 10 그리
스도 안에서 인정함을 받은 아벨레에게 문안하라 아리스도불로의 권속에게 문안하라 11 내 친척 헤로디온에게
문안하라 나깃수의 가족 중 주 안에 있는 자들에게 문안하라 12 주 안에서 수고한 드루배나와 드루보사에게 문
안하라 주 안에서 많이 수고하고 사랑하는 버시에게 문안하라 13 주 안에서 택하심을 입은 루포와 그의 어머니
에게 문안하라 그의 어머니는 곧 내 어머니니라 14 아순그리도와 블레곤과 허메와 바드로바와 허마와 및 그들
과 함께 있는 형제들에게 문안하라 15 빌롤로고와 율리아와 또 네레오와 그의 자매와 올름바와 그들과 함께 있
는 모든 성도에게 문안하라 16 너희가 거룩하게 입맞춤으로 서로 문안하라 그리스도의 모든 교
회가 다 너희에게 문안하느니라 17 형제들아 내가 너희를 권하노니 너희가 배운 교훈을 거슬
러 분쟁을 일으키거나 거치게 하는 자들을 살피고 그들에게서 떠나라 18 이같은 자들은 우리
주 그리스도를 섬기지 아니하고 다만 자기들의 배만 섬기나니 교활한 말과 아첨하는 말로 순진
한 자들의 마음을 미혹하느니라 19 너희의 순종함이 모든 사람에게 들리는지라 그러므로 내가 너희로 말미암아
기뻐하노니 너희가 선한 데 지혜롭고 악한 데 미련하기를 원하노라 20 평강의 하나님께서 속히 사탄을 너희 발
아래에서 상하게 하시리라 우리 주 예수의 은혜가 너희에게 있을지어다

문안과 찬양

21 나의 동역자 디모데와 나의 친척 누기오와 야손과 소시바더가 너희에게 문안하느니라 22 이 편지를 기록하는
나 더디오도 주 안에서 너희에게 문안하노라 23 나와 온 교회를 돌보아 주는 가이오도 너희에게 문안하고 이 성의
재무관 에라스도와 형제 구아도도 너희에게 문안하느니라 24 (없음) 25 나의 복음과 예수 그리스도를 전파함은 영
세 전부터 감추어졌다가 26 이제는 나타내신 바 되었으며 영원하신 하나님의 명을 따라 선지자들의 글로 말미암
아 모든 민족이 믿어 순종하게 하시려고 알게 하신 바 그 신비의 계시를 따라 된 것이니 이 복음으로 너희를 능히
견고하게 하실 27 지혜로우신 하나님께 예수 그리스도로 말미암아 영광이 세세무궁하도록 있을지어다 아멘

82일차 읽기의 요약
(행 20:2, 3상, 롬 1~16)

바울은 고린도후서를 기록했던 마게도냐를 떠난 후 고린도로 가서 3개월을 지내며 그가 개척하지 않은 로마 교회에 편지를 써서 보낸다. 그는 이제 예루살렘을 거쳐서 다시 로마로 가려는 계획을 세우고 있고 더 나아가서는 서바나까지 가려는 여행계획을 가지고 먼저 로마서를 기록했다.
로마서에서 바울이 전하는 복음의 중심 내용은 하나님의 의이다. 사람은 죄된 행위들뿐만 아니라 본성적인 죄성의 상태에서 스스로 노력을 통해 하나님의 의의 기준에 이를 수 없다. 따라서 예수 그리스도의 십자가의 구속 사건을 믿는 믿음을 통해 하나님의 의를 덧입도록 하셨고 그 하나님의 은혜로만 죄에서 구원을 얻을 수 있게 하셨다.
이렇게 하나님의 의를 덧입은 사람들은 이제 성령의 능력을 의지하여 성화의 과정으로 나아가게 된다. 하나님 구원의 과정은 하나님의 의를 덧입는 칭의에서 시작하여 성화의 과정을 거쳐 마지막으로 영화의 상태까지 이르는 전 과정을 포함한다. 따라서 이 땅에서 삶을 살아가는 동안에 세속적인 가치관에서 하나님 나라 백성으로서의 마음과 가치관의 변화를 통한 성화의 과정이 삶의 모든 영역에서 요구된다. 예수 그리스도를 통해 구원받은 하나님의 백성들은 성령의 도우심으로 끊임없이 믿음에서 믿음으로 나아가야 한다.

그러면 어떻게 살 것인가?

인위뚝 · 신위고!

☑ 세계관 점검 - 묵상하기 (영상 강의와 교재 내용의 이해를 바탕으로)

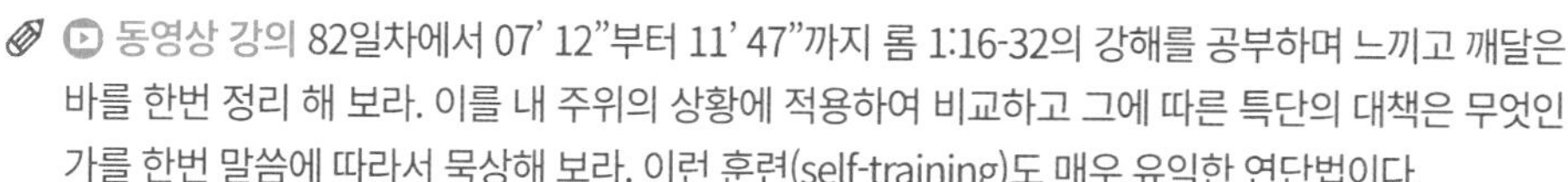

동영상 강의 82일차에서 07' 12"부터 11' 47"까지 롬 1:16-32의 강해를 공부하며 느끼고 깨달은 바를 한번 정리 해 보라. 이를 내 주위의 상황에 적용하여 비교하고 그에 따른 특단의 대책은 무엇인가를 한번 말씀에 따라서 묵상해 보라. 이런 훈련(self-training)도 매우 유익한 연단법이다.

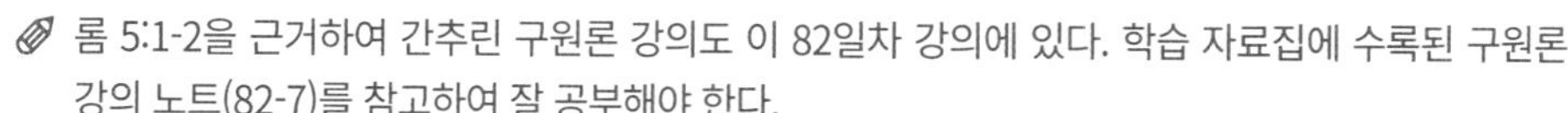

롬 5:1-2을 근거하여 간추린 구원론 강의도 이 82일차 강의에 있다. 학습 자료집에 수록된 구원론 강의 노트(82-7)를 참고하여 잘 공부해야 한다.

저자 당부

모든 성도들은 칭의적 구원을 받았다. 그 징표로 세례를 받은 것이다. 이제는 성화를 이루는 삶을 살아야 하므로 이 부분을 더욱 깊게 이해해야 한다.

롬 8:1-7 하나님에 속한 자의 삶은 자기중심성을 내려놓는 것임을 묵상하라.

☑ **"육신을 따르는 자"** - 인위 – 자기중심적 삶 – 무리 – from worldly point of view

☑ **"영을 따르는 자"** - 신위 – 제자의 삶을 사는 자 – 영화에 이르는 길

하나님 나라 백성에게 합당한 가치관과 사고방식을 가지며, 삶으로 하나님을 영화롭게 하는 삶을 살아야 한다. 제물은 죽어야 한다. 그러하듯 우리도 자기중심성을 제물로 죽여야 한다. 자기중심성을 죽인다는 것은 인위(人爲)를 내려놓는다는 것을 말한다. 삶의 모든 부분에서 하나님의 주권을 인정하고 그분의 통치에 순종하며 그분이 주되심(Lordship)을 인정해야 한다. 이것은 성화의 가장 중심이요, 기본이다. 이런 본질의 변화가 없는 변화는 외식적이고 율법주의적 변화일 수밖에 없다. 진정한 변화는? 나는 그 변화를 이루고 있는가?

· 로마서 12:1-2 "그러므로 형제들아 내가 하나님의 모든 자비하심으로 너희를 권하노니 너희 몸을 하나님이 기뻐하시는 거룩한 산 제물로 드리라 이는 너희가 드릴 영적 예배니라 너희는 이 세대를 본받지 말고 오직 마음을 새롭게 함으로 변화를 받아 하나님의 선하시고 기뻐하시고 온전하신 뜻이 무엇인지 분별하도록 하라"

- "분별"의 기준이 바로 세계관이다. 또는 "준거의 틀(Frame of Reference)"이라고도 한다. 모든 사람은 자기의 세계관을 가지고 있으며 그것에 의해 세상을 "분별"하고 행동한다. 우리는 성경을 "Canon"이라고도 한다. 이 말은 척도, 표준이란 의미이다. 과연 나는 성경을 나의 "분별"의 척도로 삼고 있는가? 심각하게 성찰하라.
- 성화적 구원은 나의 세계관을 성경화 하는 과정이다. 나의 세계관은 얼마나 성경적인지를 심각하게 성찰하고 관찰하지 않으면 우리가 성경을 읽을 이유가 없다. 성경은 내 삶의 성화를 이루는 기준이라는 사실을 근거로 읽어야 한다.

성도의 성화(Sanctification)의 삶

하나님의 의가 율법과 상관없이 신자에게 주어졌다는 사실이 곧 거룩한 삶의 필요성도 부인하는 것을 의미하는가? 전혀 그렇지 않다! '믿음의 의'는 성도를 의롭다고 선언하는 것으로 그치지 않고, 성도를 의롭게 만드는 효력을 지닌다. 곧 '믿음으로 믿음에 이르게 하는 의'는 성도의 삶에 지속해서 작용하여, 하나님의 거룩한 성품을 반영하는 새로운 삶(new life)으로 이끌어 주는 것이다. 로마서는 성도가 오직 믿음으로 의롭다고 함을 얻는 것뿐 아니라, 믿음으로 의롭게 된 성도가 하나님의 거룩을 반영하는 새로운 삶, 곧 성화의 삶으로 나아가야 한다는 것을 역시 강조하고 있다.

성령을 좇아 사는 삶 – 승리의 원리

비록 거듭난 그리스도인이라고 할지라도 육체를 통해 역사하는 죄의 본성과 싸우게 되며, 또한 죄와의 싸움에서 종종 패한다는 것은 그리스도인의 보편적 경험이다. 로마서는 이러한 그리스도인들의 내적 갈등을 인정하며, 동시에 죄와의 싸움에서의 승리의 원리를 제시한다. 그것은 바로 '성령을 좇아' 사는 것이다. 한마디로, 성령은 육신으로는 도무지 이룰 수 없는 율법의 요구를 이룰 수 있게 하신다. 율법은 인간에게 '하나님의 의'의 기준을 제시할 뿐 인간의 연약함에 대해서는 고려하지 않는다. 하나님은 연약한 인간이 율법 요구를 이룰 방법을 제시하셨는데, 그것은 바로 '성령을 좇아' 사는 것이다. 즉 그리스도인이 성령을 좇아 살 때, 성령은 연약한 성도를 도와 그 인격의 중심에서부터 율법이 명하는 바를 이루는 삶으로 인도하시는 것이다.

· 행 1:8 오직 성령이 너희에게 임하시면 너희가 권능을 받고..

79일~
84일

☑ 결단기도와 실행하기

약 2:26 영혼 없는 몸이 죽은 것 같이 행함이 없는 믿음은 죽은 것이니라
시 119:28 나의 영혼이 눌림으로 말미암아 녹사오니 주의 말씀대로 나를 세우소서

79일~84일

사도행전 20:3(하)~28장 :
바울의 체포와 재판, 바울의 기세리아로 호송

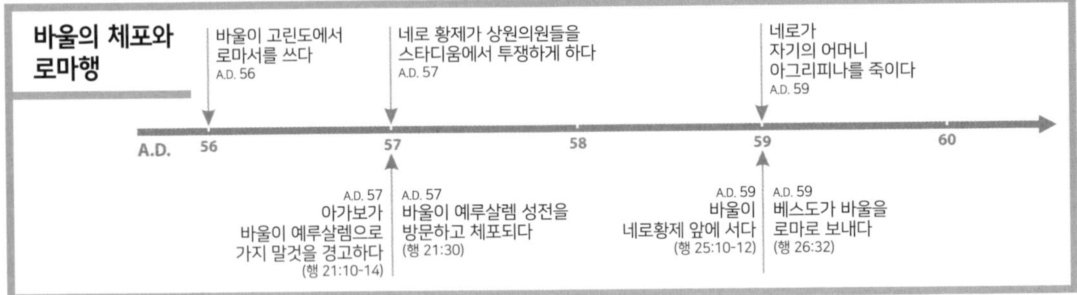
바울의 체포와 로마행
바울이 고린도에서 로마서를 쓰다 A.D. 56
네로 황제가 상원의원들을 스타디움에서 투쟁하게 하다 A.D. 57
네로가 자기의 어머니 아그리피나를 죽이다 A.D. 59
A.D. 56 57 58 59 60
A.D. 57 아가보가 바울이 예루살렘으로 가지 말것을 경고하다 (행 21:10-14)
A.D. 57 바울이 예루살렘 성전을 방문하고 체포되다 (행 21:30)
A.D. 59 바울이 네로황제 앞에 서다 (행 25:10-12)
A.D. 59 베스도가 바울을 로마로 보내다 (행 26:32)

사도행전 20:3(하)-38

3(하) 배 타고 수리아로 가고자 할 그 때에 유대인들이 자기를 해하려고 공
모하므로 마게도냐를 거쳐 돌아가기로 작정하니 4 아시아까지 함께 가는
자는 베뢰아 사람 부로의 아들 소바더와 데살로니가 사람 아리스다고와
세군도와 더베 사람 가이오와 및 디모데와 아시아 사람 두기고와 드로비
모라 5 그들은 먼저 가서 드로아에서 우리를 기다리더라 6 우리는 무교절
후에 빌립보에서 배로 떠나 닷새 만에 드로아에 있는 그들에게 가서 이
레를 머무니라

유두고를 살리다

7 그 주간의 첫날에 우리가 떡을 떼려 하여 모였더니 바울이 이튿날 떠나

고자 하여 그들에게 강론할새 말을 밤중까
지 계속하매 8 우리가 모인 윗다락에 등불을
많이 켰는데 9 유두고라 하는 청년이 창에
걸터앉아 있다가 깊이 졸더니 바울이 강론
하기를 더 오래 하매 졸음을 이기지 못하여
삼 층에서 떨어지거늘 일으켜보니 죽었는
지라 10 바울이 내려가서 그 위에 엎드려 그 몸을 안고 말하되 떠들지 말
라 생명이 그에게 있다 하고 11 올라가 떡을 떼어 먹고 오랫동안 곧 날이
새기까지 이야기하고 떠나니라 12 사람들이 살아난 청년을 데리고 가서
적지 않게 위로를 받았더라

행 20:1-6
본문에 기록된 이방 교회의 대표자들

	출신	특징	교회
소바더	베뢰아	부로의 아들이며 바울의 친척인 소바더인지는 확실하지 않음(20:4)	마게도냐
아리스다고	데살로니가	가이오와 같이 바울의 전도 여행에 동행하였음 (19:29, 27:2)	마게도냐
세군도	데살로니가	바울을 따라 아시아에까지 동행함(20:4)	마게도냐
가이오	더베	바울과 함께 아시아에 간 사람들 중의 하나(20:4)	갈라디아
디모데	루스드라	외조모와 어머니의 신실한 신앙을 물려받음(16:1-3, 17:4)	갈라디아
두기고	아시아	바울의 신임받던 조력자, 로마 옥중에서도함께 함 (엡 6:21, 22)	소아시아
드로비모	에베소	바울과 같이 예루살렘 성전에 갔다가 성전 모독죄의 누명 씀(21:29)	소아시아

드로아에서 밀레도까지 항해하다

13 우리는 앞서 배를 타고 앗소에서 바울을 태우려고 그리로 가니 이는 바울이 걸어서 가고자 하여 그렇게 정하여
준 것이라 14 바울이 앗소에서 우리를 만나니 우리가 배에 태우고 미둘레네로 가서 15 거기서 떠나 이튿날 기오 앞
에 오고 그 이튿날 사모에 들르고 또 그 다음 날 밀레도에 이르니라 16 바울이 아시아에서 지체하지 않기 위하여 에
베소를 지나 배 타고 가기로 작정하였으니 이는 될 수 있는 대로 오순절 안에 예루살렘에 이르려고 급히 감이러라

에베소 장로들에게 고별 설교를 하다

17 바울이 밀레도에서 사람을 에베소로 보내어 교회 장로들을 청하니 18
오매 그들에게 말하되 아시아에 들어온 첫날부터 지금까지 내가 항상 여
러분 가운데서 어떻게 행하였는지를 여러분도 아는 바니 19 곧 모든 겸손
과 눈물이며 유대인의 간계로 말미암아 당한 시험을 참고 주를 섬긴 것과
20 유익한 것은 무엇이든지 공중 앞에서나 각 집에서나 거리낌이 없이 여
러분에게 전하여 가르치고 21 유대인과 헬라인들에게 하나님께 대한 회
개와 우리 주 예수 그리스도께 대한 믿음을 증언한 것이라 22 보라 이제
나는 성령에 매여 예루살렘으로 가는데 거기서 무슨 일을 당할는지 알지
못하노라 23 오직 성령이 각 성에서 내게 증언하여 결박과 환난이 나를 기
다린다 하시나 24 내가 달려갈 길과 주 예수께 받은 사명 곧 하나님의 은
혜의 복음을 증언하는 일을 마치려 함에는 나의 생명조차 조금도 귀한 것
으로 여기지 아니하노라 25 보라 내가 여러분 중에 왕래하며 하나님의 나
라를 전파하였으나 이제는 여러분이 다 내 얼굴을 다시 보지 못할 줄 아
노라 26 그러므로 오늘 여러분에게 증언하거니와 모든 사람의 피에 대하
여 내가 깨끗하니 27 이는 내가 꺼리지 않고 하나님의 뜻을 다 여러분에
게 전하였음이라 28 여러분은 자기를 위하여 또는 온 양 떼를 위하여 삼
가라 성령이 그들 가운데 여러분을 감독자로 삼고 하나님이 자기 피로 사
신 교회를 보살피게 하셨느니라 29 내가 떠난 후에 사나운 이리가 여러분
에게 들어와서 그 양 떼를 아끼지 아니하며 30 또한 여러분 중에서도 제
자들을 끌어 자기를 따르게 하려고 어그러진 말을 하는 사람들이 일어날
줄을 내가 아노라 31 그러므로 여러분이 일깨어 내가 삼 년이나 밤낮 쉬지
않고 눈물로 각 사람을 훈계하던 것을 기억하라 32 지금 내가 여러분을 주
와 및 그 은혜의 말씀에 부탁하노니 그 말씀이 여러분을 능히 든든히 세
우사 거룩하게 하심을 입은 모든 자 가운데 기업이 있게 하시리라 33 내가
아무의 은이나 금이나 의복을 탐하지 아니하였고 34 여러분이 아는 바와 같이 이 손으로 나와 내 동행들이 쓰는
것을 충당하여 35 범사에 여러분에게 모본을 보여준 바와 같이 수고하여 약한 사람들을 돕고 또 주 예수께서 친

❖ 세상의 심장부로 향하는 복음(행 19:21-28:31)

사도행전의 마지막 삼분의 일은 예루살렘에서 로마에 이르는 바울의 여정(旅程)을 기록하고 있다. 바울은 로마의 가이사의 법정에 호소함으로써 로마로 향하는 여행을 하게 된다. 사실 이 시련은 이미 앞에서 예언된 일(행 9:15-16, 21:4, 11, 23:11)이었고 이 일로 인해 마침내 바울은 임금들 앞에 서서 복음을 변호할 수 있었을 뿐 아니라 로마의 법정에서도 복음을 변호(증거)하는 기회를 얻게 된다. 이제 비록 잡힌 자의 모습으로 가는 것이긴 하지만 바울은 복음을 세상의 심장부로 가지고 간다.

학습 자료 83-1 "바울의 전도지역" 참조

행 20:17-35 **밀레도에서 에베소 장로들에게 고별설교**

바울은 사람 대부분이 만류하는 예루살렘행을 강행하며 밀레도에서 사람을 에베소로 보내어 장로들을 청했다(20:17). 도착한 이들에게 바울은 그 유명한 고별 설교(18-35절)를 했다. 바울의 고별 설교는 에베소에서 그가 행한 과거의 눈물 어린 사역을 언급함(18-21절)과 동시에 미래가 불확실한 자신의 운명과 그에 대한 각오(22-27절) 그리고 장로들에 대한 현재적 권면(28-35절)으로 이어졌다. 에베소를 향한 유언과도 같은 바울의 고백과 부탁이다. 고별 설교의 내용을 아래의 도표에 요약했다.
바울의 당부 이후에 그들은 함께 기도하며 헤어진다. 참으로 아름다운 교회 지도자들의 모습이다.(행 20:36-38)

주제	구절	핵심어	의미
과거 자신의 사역	18-21절	"너희도 아는 바니"	자신의 에베소에서의 목자 생활에 대해 회고한다.
미래의 운명과 각오	22-27절	"나의 생명을 조금도 귀한 것으로 여기지 아니하노라"	예루살렘으로 가는 자신의 미래는 불투명하지만 각오와 삶은 굳세다.
교회를 위한 현재적 권면	28-30절	"삼가라"	바울은 장로들에게 목자로서의 사명을 일깨워 주고 있다.
자립정신과 주는 생활	31-35절	"기억하라"	자신의 본을 따라, 탐하는 생활을 금하고 섬김의 삶에 도전한다.

히 말씀하신 바 주는 것이 받는 것보다 복이 있다 하심을 기억하여야 할지니라 36 이 말을 한 후 무릎을 꿇고 그
모든 사람들과 함께 기도하니 37 다 크게 울며 바울의 목을 안고 입을 맞추고 38 다시 그 얼굴을 보지 못하리라
한 말로 말미암아 더욱 근심하고 배에까지 그를 전송하니라

사도행전 21장

바울이 예루살렘으로 가다

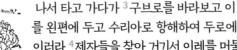

행 21:4
학습 자료 83-2
"바울의 예루살렘 귀환 경위" 참조

1 우리가 그들을 작별하고 배를 타고 바로 고스로 가서 이튿날 로도에 이
르러 거기서부터 바다라로 가서 2 베니게로 건너가는 배를 만

나서 타고 가다가 3 구브로를 바라보고 이
를 왼편에 두고 수리아로 항해하여 두로에서 상륙하니 거기서 배의 짐을 풀려 함
이러라 4 제자들을 찾아 거기서 이레를 머물더니 그 제자들이 성령의 감동으로 바
울더러 예루살렘에 들어가지 말라 하더라 5 이 여러 날을 지낸 후 우리가 떠나갈
새 그들이 다 그 처자와 함께 성문 밖까지 전송하거늘 우리가 바닷가에서 무릎을 꿇
어 기도하고 6 서로 작별한 후 우리는 배에 오르고 그들은 집으로 돌아가니라 7 두로를 떠나 항해를 다 마치고
돌레마이에 이르러 형제들에게 안부를 묻고 그들과 함께 하루를 있다가 8 이튿날 떠나 가이사랴에 이르러 일곱
집사 중 하나인 전도자 빌립의 집에 들어가서 머무르니라 9 그에게 딸 넷이 있으니 처녀로 예언하는 자라 10 여러
날 머물러 있더니 아가보라 하는 한 선지자가 유대로부터 내려와 11 우리에게 와서 바울의 띠를 가져다가 자기
수족을 잡아매고 말하기를 성령이 말씀하시되 예루살렘에서 유대인들이 이같이 이 띠 임자를 결박하여 이방인
의 손에 넘겨 주리라 하거늘 12 우리가 그 말을 듣고 그 곳 사람들과 더불어 바울에게 예루살렘으로 올라가지 말
라 권하니 13 바울이 대답하되 여러분이 어찌하여 울어 내 마음을 상하게 하느냐 나는 주 예수의 이름을 위하여
결박 당할 뿐 아니라 예루살렘에서 죽을 것도 각오하였노라 하니 14 그가 권함을 받지 아니하므로 우리가 주의
뜻대로 이루어지이다 하고 그쳤노라 15 이 여러 날 후에 여장을 꾸려 예루살렘으로 올라갈새 16 가이사랴의 몇
제자가 함께 가며 한 오랜 제자 구브로 사람 나손을 데리고 가니 이는 우리가 그의 집에 머물려 함이라

바울이 야고보를 방문하다

17 예루살렘에 이르니 형제들이 우리를 기꺼이 영접하거늘 18 그 이튿날 바울이 우리와 함께 야고보에게로 들어
가니 장로들도 다 있더라 19 바울이 문안하고 하나님이 자기의 사역으로 말미암아 이방 가운데서 하신 일을 낱
낱이 말하니 20 그들이 듣고 하나님께 영광을 돌리고 바울더러 이르되 형제여 그대도 보는 바에 유대인 중에 믿
는 자 수만 명이 있으니 다 율법에 열성을 가진 자라 21 네가 이방에 있는 모든 유대인을 가르치되 모세를 배반
하고 아들들에게 할례를 행하지 말고 또 관습을 지키지 말라 한다 함을 그들이 들었도다 22 그러면 어찌할꼬 그
들이 필연 그대가 온 것을 들으리니 23 우리가 말하는 이대로 하라 서원한 네 사람이 우리에게 있으니 24 그들을
데리고 함께 결례를 행하고 그들을 위하여 비용을 내어 머리를 깎게 하라 그러면 모든 사람이 그대에 대하여 들
은 것이 사실이 아니고 그대도 율법을 지켜 행하는 줄로 알 것이라 25 주를 믿는 이방인에게는 우리가 우상의 제
물과 피와 목매어 죽인 것과 음행을 피할 것을 결의하고 편지하였느니라 하니 26 바울이 이 사람들을 데리고 이
튿날 그들과 함께 결례를 행하고 성전에 들어가서 각 사람을 위하여 제사 드릴 때까지의 결례 기간이 만기된 것
을 신고하니라

79일~
84일

바울이 잡히다

27 그 이레가 거의 차매 아시아로부터 온 유대인들이 성전에서 바울을 보고
모든 무리를 충동하여 그를 붙들고 28 외치되 이스라엘 사람들아 도우라 이
사람은 각처에서 우리 백성과 율법과 이 곳을 비방하여 모든 사람을 가르치
는 그 자인데 또 헬라인을 데리고 성전에 들어가서 이 거룩한 곳을 더럽혔다 하니

29 이는 그들이 전에 에베소 사람 드로비모가 바울과 함께 시내에 있음을
보고 바울이 그를 성전에 데리고 들어간 줄로 생각함이러라 30 온 성이 소
동하여 백성이 달려와 모여 바울을 잡아 성전 밖으로 끌고 나가니 문들이
곧 닫히더라 31 그들이 그를 죽이려 할 때에 온 예루살렘이 요란하다는
소문이 군대의 천부장에게 들리매 32 그가 급히 군인들과 백부장들을 거
느리고 달려 내려가니 그들이 천부장과 군인들을 보고 바울 치기를 그치
는지라 33 이에 천부장이 가까이 가서 바울을 잡아 두 쇠사슬로 결박하라
명하고 그가 누구이며 그가 무슨 일을 하였느냐 물으니 34 무리 가운데서
어떤 이는 이런 말로, 어떤 이는 저런 말로 소리치거늘 천부장이 소동으로
말미암아 진상을 알 수 없어 그를 영내로 데려가라 명하니라 35 바울이 층대에 이를 때에 무리의 폭행으로 말미
암아 군사들에게 들려가니 36 이는 백성의 무리가 그를 없이하자고 외치며 따라 감이러라

바울이 백성에게 말하다

37 바울을 데리고 영내로 들어가려 할 그 때에 바울이 천부장에게 이르되 내가 당신에게 말할 수 있느냐 이르되
네가 헬라 말을 아느냐 38 그러면 네가 이전에 소요를 일으켜 자객 사천 명을 거느리고 광야로 가던 애굽인이 아
니냐 39 바울이 이르되 나는 유대인이라 소읍이 아닌 길리기아 다소 시의 시민이니 청컨대 백성에게 말하기를 허
락하라 하니 40 천부장이 허락하거늘 바울이 층대 위에 서서 백성에게 손짓하여 매우 조용히 한 후에 히브리 말
로 말하니라

바울의 체포와 수감, 그리고 로마 이송 생활
사도행전 21:27에서 28:31까지 기록된 바울의 첫 번째 장기투옥은 이방인을 성전 영내로 이끈 바울(21:28-29)을 예루살렘의 유대인들이 악의로 고발했기 때문이다. 로마 시민권자였기 때문에 예루살렘 폭도들로부터 로마당국의 보호를 받게 되었고, 그 보호 아래 가이사랴로 이송되었다(23:11-35), 로마총독 벨릭스 앞에서(24:1-21), 그 다음 총독 베스도 앞에서(25:1-12) 아그립바 왕 앞에서(25:13~26:32) 심문을 받은 후에 바울은 로마로 이송되었다.

사도행전 22장

1 부형들아 내가 지금 여러분 앞에서 변명하는 말을 들으라

바울이 변명하다(행 9:1-19, 26:12-18)

2 그들이 그가 히브리 말로 말함을 듣고 더욱 조용한지라 이어 이르되 3
나는 유대인으로 길리기아 다소에서 났고 이 성에서 자라 가말리엘의 문
하에서 우리 조상들의 율법의 엄한 교훈을 받았고 오늘 너희 모든 사람
처럼 하나님께 대하여 열심이 있는 자라 4 내가 이 도를 박해하여 사람을
죽이기까지 하고 남녀를 결박하여 옥에 넘겼노니 5 이에 대제사장과 모든
장로들이 내 증인이라 또 내가 그들에게서 다메섹 형제들에게 가는 공문
을 받아 가지고 거기 있는 자들도 결박하여 예루살렘으로 끌어다가 형벌
받게 하려고 가더니 6 가는 중 다메섹에 가까이 갔을 때에 오정쯤 되어 홀
연히 하늘로부터 큰 빛이 나를 둘러 비치매 7 내가 땅에 엎드러져 들으니
소리 있어 이르되 사울아 사울아 네가 왜 나를 박해하느냐 하시거늘 8 내
가 대답하되 주님 누구시니이까 하니 이르시되 나는 네가 박해하는 나사
렛 예수라 하시더라 9 나와 함께 있는 사람들이 빛은 보면서도 나에게 말
씀하시는 이의 소리는 듣지 못하더라 10 내가 이르되 주님 무엇을 하리이
까 주께서 이르시되 일어나 다메섹으로 들어가라 네가 해야 할 모든 것
을 거기서 누가 이르리라 하시거늘 11 나는 그 빛의 광채로 말미암아 볼
수 없게 되었으므로 나와 함께 있는 사람들의 손에 끌려 다메섹에 들어
갔노라 12 율법에 따라 경건한 사람으로 거기 사는 모든 유대인들에게 칭
찬을 듣는 아나니아라 하는 이가 13 내게 와 곁에 서서 말하되 형제 사울
아 다시 보라 하거늘 즉시 그를 쳐다보았노라 14 그가 또 이르되 우리 조

행 22:1-21 사도 바울의 전 6차에 걸친 변론
유대인들이 사도 바울을 고소한 이유는 크게 두 가지로 볼 수 있다. 하나는 정치적인 이유로서 바울이 예수의 추종자로서 백성들을 선동하여 소요를 일으키려 했다는 것이고(24:5), 다른 하나는 종교적인 이유로써 바울이 성전에 이방인들을 들임으로 결례를 범했으며 구약 율법과 배치되는 그리스도의 복음을 가르친다는 것이다.(21:28, 24:5, 6) 이에 대한 바울의 변론을 모아보자.

대상	내 용
예루살렘 군중들	유대교에서 기독교로 개종하게 된 경위 설명을 통해 기독교의 참된 변증(22:1-21)
산헤드린 공회	부활 증거로 고소당함을 주장, 바리새파와 사두개파의 부활 논쟁 야기(23:1-10)
벨릭스 총독	죽은 자의 부활 등 그리스도의 교훈이 구약과 배치되지 않으며 성전 결례를 범치 않았음을 변론함(24:10-23)
베스도 총독	자신은 유대인의 율법이나 성전 결례나 가이사에게나 범죄한 적이 없음을 변론함(25:8-12)
아그립바 왕	기독교 개종 경위와 자신의 선교 활동에 관한 설명을 통해 기독교의 참됨과 자신의 무죄를 변론함(26:1-32)
로마 거주 유대인 고관들	죄인처럼 로마로 호송되어 온 경위와 자신이 가이사에게 호소코자 하는 이유를 변론함(28:16-22)

상들의 하나님이 너를 택하여 너로 하여금 자기 뜻을 알게 하시며 그 의인을 보게 하시고 그 입에서 나오는 음성
을 듣게 하셨으니 15 네가 그를 위하여 모든 사람 앞에서 네가 보고 들은 것에 증인이 되리라 16 이제는 왜 주저
하느냐 일어나 주의 이름을 불러 세례를 받고 너의 죄를 씻으라 하더라 17 후에 내가 예루살렘으로 돌아와서 성
전에서 기도할 때에 황홀한 중에 18 보매 주께서 내게 말씀하시되 속히 예루살렘에서 나가라 그들은 네가 내게
대하여 증언하는 말을 듣지 아니하리라 하시거늘 19 내가 말하기를 주님 내가 주를 믿는 사람들을 가두고 또 각
회당에서 때리고 20 또 주의 증인 스데반이 피를 흘릴 때에 내가 곁에 서서 찬성하고 그 죽이는 사람들의 옷을 지
킨 줄 그들도 아나이다 21 나더러 또 이르시되 떠나가라 내가 너를 멀리 이방인에게로 보내리라 하셨느니라 22
이 말하는 것까지 그들이 듣다가 소리 질러 이르되 이러한 자는 세상에서 없애 버리자 살려 둘 자가 아니라 하여
23 떠들며 옷을 벗어 던지고 티끌을 공중에 날리니 24 천부장이 바울을 영내로 데려가라 명하고 그들이 무슨 일
로 그에 대하여 떠드는지 알고자 하여 채찍질하며 심문하라 한 대 25 가
죽 줄로 바울을 매니 바울이 곁에 서 있는 백부장더러 이르되 너희가 로

행 22:25
학습 자료 83-3 "로마 시민권" 참조

마 시민 된 자를 죄도 정하지 아니하고 채찍질할 수 있느냐 하니 26 백부장이 듣고 가서 천부장에게 전하여 이르
되 어찌하려 하느냐 이는 로마 시민이라 하니 27 천부장이 와서 바울에게 말하되 네가 로마 시민이냐 내게 말하
라 이르되 그러하다 28 천부장이 대답하되 나는 돈을 많이 들여 이 시민권을 얻었노라 바울이 이르되 나는 나면
서부터라 하니 29 심문하려던 사람들이 곧 그에게서 물러가고 천부장도 그가 로마 시민인 줄 알고 또 그 결박한
것 때문에 두려워하니라

바울이 공회 앞에서 증언하다

30 이튿날 천부장은 유대인들이 무슨 일로 그를 고발하는지 진상을 알고자 하여 그 결박을 풀고 명하여 제사장
들과 온 공회를 모으고 바울을 데리고 내려가서 그들 앞에 세우니라

사도행전 23장

1 바울이 공회를 주목하여 이르되 여러분 형제들아 오늘까지 나는 범사에 양심을 따라 하나님을 섬겼노라 하거
늘 2 대제사장 아나니아가 바울 곁에 서 있는 사람들에게 그 입을 치라 명하니 3 바울이 이르되 회칠한 담이여 하
나님이 너를 치시리로다 네가 나를 율법대로 심판한다고 앉아서 율법을 어기고 나를 치라 하느냐 하니 4 곁에 선
사람들이 말하되 하나님의 대제사장을 네가 욕하느냐 5 바울이 이르되 형제들아 나는 그가 대제사장인 줄 알지
못하였노라 기록하였으되 너의 백성의 관리를 비방하지 말라 하였느니라 하더라 6 바울이 그 중 일부는 사두개
인이요 다른 일부는 바리새인인 줄 알고 공회에서 외쳐 이르되 여러분 형제들아 나는 바리새인이요 또 바리새
인의 아들이라 죽은 자의 소망 곧 부활로 말미암아 내가 심문을 받노라 7 그 말을 한즉 바리새인과 사두개인 사
이에 다툼이 생겨 무리가 나누어지니 8 이는 사두개인은 부활도 없고 천사도 없고 영도 없다 하고 바리새인은 다
있다 함이라 9 크게 떠들새 바리새인 편에서 몇 서기관이 일어나 다투어 이르되 우리가 이 사람을 보니 악한 것이
없도다 혹 영이나 혹 천사가 그에게 말하였으면 어찌 하겠느냐 하여 10 큰 분쟁이 생기니 천부장은 바울이 그들
에게 찢겨질까 하여 군인을 명하여 내려가 무리 가운데서 빼앗아 가지고 영내로 들어가라 하니라 11 그 날 밤에
주께서 바울 곁에 서서 이르시되 담대하라 네가 예루살렘에서 나의 일을 증언한 것 같이 로마에서도 증언하여야
하리라 하시니라

바울을 죽이려는 간계

79일~
84일

12 날이 새매 유대인들이 당을 지어 맹세하되 바울을 죽이기 전에는 먹지도 아니하고 마시지도 아니하겠다 하고
13 이같이 동맹한 자가 사십여 명이더라 14 대제사장들과 장로들에게 가서 말하되 우리가 바울을 죽이기 전에는
아무 것도 먹지 않기로 굳게 맹세하였으니 15 이제 너희는 그의 사실을 더 자세히 물어보려는 척하면서 공회와
함께 천부장에게 청하여 바울을 너희에게로 데리고 내려오게 하라 우리는 그가 가까이 오기 전에 죽이기로 준
비하였노라 하더니 16 바울의 생질이 그들이 매복하여 있다 함을 듣고 와서 영내에 들어가 바울에게 알린지라

17 바울이 한 백부장을 청하여 이르되 이 청년을 천부장에게로 인도하라 그에게 무슨 할 말이 있다 하니 18 천부
장에게로 데리고 가서 이르되 죄수 바울이 나를 불러 이 청년이 당신께 할 말이 있다 하여 데리고 가기를 청하더
이다 하매 19 천부장이 그의 손을 잡고 물러가서 조용히 묻되 내게 할 말이 무엇이냐 20 대답하되 유대인들이 공
모하기를 그들이 바울에 대하여 더 자세한 것을 묻기 위함이라 하고 내일 그를 데리고 공회로 내려오기를 당신
께 청하자 하였으니 21 당신은 그들의 청함을 따르지 마옵소서 그들 중에서 바울을 죽이기 전에는 먹지도 않고
마시지도 않기로 맹세한 자 사십여 명이 그를 죽이려고 숨어서 지금 다 준비하고 당신의 허락만 기다리나이다
하니 22 이에 천부장이 청년을 보내며 경계하되 이 일을 내게 알렸다고 아무에게도 이르지 말라 하고 23 백부장
둘을 불러 이르되 밤 제 삼 시에 가이사랴까지 갈 보병 이백 명과 기병 칠십 명과 창병 이백 명을 준비하라 하고
24 또 바울을 태워 총독 벨릭스에게로 무사히 보내기 위하여 짐승을 준비하라 명하며 25 또 이 아래와 같이 편지
하니 일렀으되 26 글라우디오 루시아는 총독 벨릭스 각하께 문안하나이다 27 이 사람이 유대인들에게 잡혀 죽게
된 것을 내가 로마 사람인 줄 들어 알고 군대를 거느리고 가서 구원하여다가 28 유대인들이 무슨 일로 그를 고발
하는지 알고자 하여 그들의 공회로 데리고 내려갔더니 29 고발하는 것이 그들의 율법 문제에 관한 것뿐이요 한
가지도 죽이거나 결박할 사유가 없음을 발견하였나이다 30 그러나 이 사람을 해하려는 간계가 있다고 누가 내게
알려 주기로 곧 당신께로 보내며 또 고발하는 사람들도 당신 앞에서 그에 대하여 말하라 하였나이다 하였더라

바울을 벨릭스 총독 앞에 세우다

31 보병이 명을 받은 대로 밤에 바울을 데리고 안디바드리에 이르러 32 이튿날 기병으로 바울을 호송하게 하고
영내로 돌아가니라 33 그들이 가이사랴에 들어가서 편지를 총독에게 드리고 바울을 그 앞에 세우니 34 총독이 읽
고 바울더러 어느 영지 사람이냐 물어 길리기아 사람인 줄 알고 35 이르되 너를 고발하는 사람들이 오거든 네 말
을 들으리라 하고 헤롯 궁에 그를 지키라 명하니라

사도행전 24장

바울을 고발하다

1 닷새 후에 대제사장 아나니아가 어떤 장로들과 한 변호사 더둘로와 함
께 내려와서 총독 앞에서 바울을 고발하니라 2 바울을 부르매 더둘로가
고발하여 이르되 3 벨릭스 각하여 우리가 당신을 힘입어 태평을 누리고
또 이 민족이 당신의 선견으로 말미암아 여러 가지로 개선된 것을 우리가
어느 모양으로나 어느 곳에서나 크게 감사하나이다 4 당신을 더 괴롭게
아니하려 하여 우리가 대강 여짜옵나니 관용하여 들으시기를 원하나이다
5 우리가 보니 이 사람은 전염병 같은 자라 천하에 흩어진 유대인을 다 소
요하게 하는 자요 나사렛 이단의 우두머리라 6 그가 또 성전을 더럽게 하
려 하므로 우리가 잡았사오니 7 (6하반~8상반 없음) 8 당신이 친히 그를 심문
하시면 우리가 고발하는 이 모든 일을 아실 수 있나이다 하니 9 유대인들
도 이에 참가하여 이 말이 옳다 주장하니라

행 24:1-23
벨릭스 총독 앞에서의 바울의 무죄 주장

	변 론
반역죄 (5절)	예루살렘에 머무른 것이 겨우 12일밖에 안 되므로 그 기간 소요를 일으킴은 불가능함 주장 (11-13절)
종교적 이단 (5절)	산헤드린의 어떤 회원들보다 자신이 구약의 가르침대로 믿는 정통 신앙인임을 주장(14-16절)
성전 모독죄 (6절)	성전 결례를 범하지 않았으며 아시아에서 온 유대인들이 이를 증거함(17-23절)

바울이 변명하다

10 총독이 바울에게 머리로 표시하여 말하라 하니 그가 대답하되 당신이 여러 해 전부터 이 민족의 재판장 된 것
을 내가 알고 내 사건에 대하여 기꺼이 변명하나이다 11 당신이 아실 수 있는 바와 같이 내가 예루살렘에 예배하
러 올라간 지 열이틀밖에 안 되었고 12 그들은 내가 성전에서 누구와 변론하는 것이나 회당 또는 시중에서 무리
를 소동하게 하는 것을 보지 못하였으니 13 이제 나를 고발하는 모든 일에 대하여 그들이 능히 당신 앞에 내세
울 것이 없나이다 14 그러나 이것을 당신께 고백하리이다 나는 그들이 이단이라 하는 도를 따라 조상의 하나님
을 섬기고 율법과 선지자들의 글에 기록된 것을 다 믿으며 15 그들이 기다리는 바 하나님께 향한 소망을 나도 가

졌으니 곧 의인과 악인의 부활이 있으리라 함이니이다 16 이것으로 말미암아 나도 하나님과 사람에 대하여 항상
양심에 거리낌이 없기를 힘쓰나이다 17 여러 해 만에 내가 내 민족을 구제할 것과 제물을 가지고 와서 18 드리는
중에 내가 결례를 행하였고 모임도 없고 소동도 없이 성전에 있는 것을 그들이 보았나이다 그러나 아시아로부
터 온 어떤 유대인들이 있었으니 19 그들이 만일 나를 반대할 사건이 있으면 마땅히 당신 앞에 와서 고발하였을
것이요 20 그렇지 않으면 이 사람들이 내가 공회 앞에 섰을 때에 무슨 옳지 않은 것을 보았는가 말하라 하소서 21
오직 내가 그들 가운데 서서 외치기를 내가 죽은 자의 부활에 대하여 오늘 너희 앞에 심문을 받는다고 한 이 한
소리만 있을 따름이니이다 하니 22 벨릭스가 이 도에 관한 것을 더 자세히 아는 고로 연기하여 이르되 천부장 루
시아가 내려오거든 너희 일을 처결하리라 하고 23 백부장에게 명하여 바울을 지키되 자유를 주고 그의 친구들이
그를 돌보아 주는 것을 금하지 말라 하니라

바울이 감옥에 갇혀 지내다

24 수일 후에 벨릭스가 그 아내 유대 여자 드루실라와 함께 와서 바울을 불러 그리스도 예수 믿는 도를 듣거늘 25
바울이 의와 절제와 장차 오는 심판을 강론하니 벨릭스가 두려워하여 대답하되 지금은 가라 내가 틈이 있으면
너를 부르리라 하고 26 동시에 또 바울에게서 돈을 받을까 바라는 고로 더 자주 불러 같이 이야기하더라 27 이태
가 지난 후 보르기오 베스도가 벨릭스의 소임을 이어받으니 벨릭스가 유대인의 마음을 얻고자 하여 바울을 구
류하여 두니라

사도행전 25장

바울이 가이사에게 상소하다

1 베스도가 부임한 지 삼 일 후에 가이사랴에서 예루살렘으로 올라가니 2
대제사장들과 유대인 중 높은 사람들이 바울을 고소할새 3 베스도의 호
의로 바울을 예루살렘으로 옮기기를 청하니 이는 길에 매복하였다가 그
를 죽이고자 함이더라 4 베스도가 대답하여 바울이 가이사랴에 구류된 것
과 자기도 멀지 않아 떠나갈 것을 말하고 5 또 이르되 너희 중 유력한 자
들은 나와 함께 내려가서 그 사람에게 만일 옳지 아니한 일이 있거든 고
발하라 하니라 6 베스도가 그들 가운데서 팔 일 혹은 십 일을 지낸 후 가
이사랴로 내려가서 이튿날 재판 자리에 앉고 바울을 데려오라 명하니 7
그가 나오매 예루살렘에서 내려온 유대인들이 둘러서서 여러 가지 중대
한 사건으로 고발하되 능히 증거를 대지 못한지라 8 바울이 변명하여 이
르되 유대인의 율법이나 성전이나 가이사에게나 내가 도무지 죄를 범하
지 아니하였노라 하니 9 베스도가 유대인의 마음을 얻고자 하여 바울더러
묻되 네가 예루살렘에 올라가서 이 사건에 대하여 내 앞에서 심문을 받으
려느냐 10 바울이 이르되 내가 가이사의 재판 자리 앞에 섰으니 마땅히 거
기서 심문을 받을 것이라 당신도 잘 아시는 바와 같이 내가 유대인들에게
불의를 행한 일이 없나이다 11 만일 내가 불의를 행하여 무슨 죽을 죄를
지었으면 죽기를 사양하지 아니할 것이나 만일 이 사람들이 나를 고발하
는 것이 다 사실이 아니면 아무도 나를 그들에게 내줄 수 없나이다 내가
가이사께 상소하노라 한 대 12 베스도가 배석자들과 상의하고 이르되 네
가 가이사에게 상소하였으니 가이사에게 갈 것이라 하니라

바울이 아그립바 왕과 버니게 앞에 서다

13 수일 후에 아그립바 왕과 버니게가 베스도에게 문안하러 가이사랴에

행 25:1-12 악재를 이용해 하나님의 영광을 드러낸 7대 경우

	사례와 결과
요셉 창 37:3-41:45, 45:8	형제들의 시기로 애굽으로 팔리고 모함에 의해 감옥에 갇힘
	왕의 꿈을 해석해 애굽의 총리가 되고 온 가족을 초청하게 됨
출애굽 성도들 출 14:10-25	홍해와 추격해 오는 애굽군에 둘러싸여 진멸의 위기에 처함
	바다가 갈라져 무사히 건넘으로써 하나님의 권능을 체험함
삼손 삿 16:18-31	이방 여인의 유혹에 넘어가 비참한 지경에 이름
	회개하고 하나님께 기도함으로 살아서 보다 더 많은 적을 죽임
욥 욥 1:1-2:10, 42장	재산과 열자녀와 건강을 잃는 고난 당함
	고난 중에서도 하나님을 원망하지 않음으로 갑절의 축복을 받음
다니엘 단 6:1-28	음모에 빠져 사자굴에서 죽을 위기에 처함
	하나님의 권능으로 살아남으로 다리오 왕이 하나님을 찬양하게 됨
예수 마 27:27-56	갖은 모욕과 고난을 당하사 십자가에 못박혀 돌아가심
	십자가 희생으로 인간을 위한 구속 사역을 성취하심
바울 행 25:1-12	유대인들에게 고소당해 체포된 상태로 로마로 호송됨
	평소 계획했던 바 로마에서의 복음 전파사역의 계기가 됨

바울이 받은 다섯 번의 재판

장소	재판	본문	진행
예루살렘 성전	유대인 군중	21:18-22:29	유대인 군중에게 붙잡혀 몰매 맞음, 천부장에게 자기 신분을 밝히고 항변할 기회 얻음
예루살렘	산헤드린(공회)	22:30-23:30	바울이 로마에서도 주님을 증거할 것임을 확신하게 함, 바리새인과 사두개인의 갈등으로 모면
가이사랴	벨릭스 총독	23:31-24:27	가이사랴에 와서 벨릭스에게 심문, 벨릭스가 유대인의 환심을 사기 위해 2년간 감금 (24:27)
가이사랴	베스도 총독	25:1-12	새로운 총독 베스도가 부임하여 심문함. 예루살렘에 가겠냐는 제안에 바울이 가이사에게 호소
가이사랴	헤롯 아그립바 2세	25:13-26:32	총독 베스도가 바울에 관한 문제를 '유대인의 풍속과 문제'를 잘 아는 사람인 아그립바 왕에게 의뢰, 아그립바는 아무 잘못도 찾을 수 없었고 가이사에게 호소하지 않았다면 놓일 수 있을 뻔했다고 말함

	베드로	바울
중심 장	1-12장	13-28장
출신	가난한 어부 출신	바리새파의 부유층 자제
소명	주께서 땅에 계셨을 때 부름 받음	주께서 하늘에서 부르심
중심 사역지	예루살렘 교회	안디옥 교회
사역 특성	유대인 중심 사역	이방인 중심 사역
	유대인의 사도	이방인의 사도
	개인 구원 중심	교회 설립 중심
	독자적인 선교	팀을 구성한 선교

와서 [14] 여러 날을 있더니 베스도가 바울의 일로 왕에게 고하여 이르되 벨
릭스가 한 사람을 구류하여 두었는데 [15] 내가 예루살렘에 있을 때에 유대
인의 대제사장들과 장로들이 그를 고소하여 정죄하기를 청하기에 [16] 내
가 대답하되 무릇 피고가 원고들 앞에서 고소 사건에 대하여 변명할 기회
가 있기 전에 내주는 것은 로마 사람의 법이 아니라 하였노라 [17] 그러므로
그들이 나와 함께 여기 오매 내가 지체하지 아니하고 이튿날 재판 자리에
앉아 명하여 그 사람을 데려왔으나 [18] 원고들이 서서 내가 짐작하던 것 같
은 악행의 혐의는 하나도 제시하지 아니하고 [19] 오직 자기들의 종교와 또
는 예수라 하는 이가 죽은 것을 살아 있다고 바울이 주장하는 그 일에 관
한 문제로 고발하는 것뿐이라 [20] 내가 이 일에 대하여 어떻게 심리할는
지 몰라서 바울에게 묻되 예루살렘에 올라가서 이 일에 심문을 받으려느
냐 한즉 [21] 바울은 황제의 판결을 받도록 자기를 지켜 주기를 호소하므로 내가 그를 가이사에게 보내기까지 지
켜 두라 명하였노라 하니 [22] 아그립바가 베스도에게 이르되 나도 이 사람의 말을 듣고자 하노라 베스도가 이르
되 내일 들으시리이다 하더라 [23] 이튿날 아그립바와 버니게가 크게 위엄을 갖추고 와서 천부장들과 시중의 높은
사람들과 함께 접견 장소에 들어오고 베스도의 명으로 바울을 데려오니 [24] 베스도가 말하되 아그립바 왕과 여기
같이 있는 여러분이여 당신들이 보는 이 사람은 유대의 모든 무리가 크게 외치되 살려 두지 못할 사람이라고 하
여 예루살렘에서와 여기서도 내게 청원하였으나 [25] 내가 살피건대 죽일 죄를 범한 일이 없더이다 그러나 그가 황
제에게 상소한 고로 보내기로 결정하였나이다 [26] 그에 대하여 황제께 확실한 사실을 아뢸 것이 없으므로 심문한
후 상소할 자료가 있을까 하여 당신들 앞 특히 아그립바 왕 당신 앞에 그를 내세웠나이다 [27] 그 죄목도 밝히지
아니하고 죄수를 보내는 것이 무리한 일인 줄 아나이다 하였더라

사도행전 26장

바울이 변명하다(행 9:1-19, 22:6-16)

1 아그립바가 바울에게 이르되 너를 위하여 말하기를 네게 허락하노라 하니 이에 바울이 손을 들어 변명하되 2
아그립바 왕이여 유대인이 고발하는 모든 일을 오늘 당신 앞에서 변명하게 된 것을 다행히 여기나이다 3 특히 당
신이 유대인의 모든 풍속과 문제를 아심이니이다 그러므로 내 말을 너그러이 들으시기를 바라나이다 4 내가 처
음부터 내 민족과 더불어 예루살렘에서 젊었을 때 생활한 상황을 유대인이 다 아는 바라 5 일찍부터 나를 알았
으니 그들이 증언하려 하면 내가 우리 종교의 가장 엄한 파를 따라 바리새인의 생활을 하였다고 할 것이라 6 이
제도 여기 서서 심문 받는 것은 하나님이 우리 조상에게 약속하신 것을 바라는 까닭이니 7 이 약속은 우리 열두
지파가 밤낮으로 간절히 하나님을 받들어 섬김으로 얻기를 바라는 바인데 아그립바 왕이여 이 소망으로 말미암
아 내가 유대인들에게 고소를 당하는 것이니이다 8 당신들은 하나님이 죽은 사람을 살리심을 어찌하여 못 믿을
것으로 여기나이까 9 나도 나사렛 예수의 이름을 대적하여 많은 일을 행하여야 될 줄 스스로 생각하고 10 예루살
렘에서 이런 일을 행하여 대제사장들에게서 권한을 받아 가지고 많은 성도를 옥에 가두며 또 죽일 때에 내가 찬
성 투표를 하였고 11 또 모든 회당에서 여러 번 형벌하여 강제로 모독하는 말을 하게 하고 그들에 대하여 심히 격
분하여 외국 성에까지 가서 박해하였고 12 그 일로 대제사장들의 권한과 위임을 받고 다메섹으로 갔나이다 13
왕이여 정오가 되어 길에서 보니 하늘로부터 해보다 더 밝은 빛이 나와 내 동행들을 둘러 비추는지라 14 우리가
다 땅에 엎드러지매 내가 소리를 들으니 히브리 말로 이르되 사울아 사울아 네가 어찌하여 나를 박해하느냐 가
시채를 뒷발질하기가 네게 고생이니라 15 내가 대답하되 주님 누구시니이까 주께서 이르시되 나는 네가 박해하
는 예수라 16 일어나 너의 발로 서라 내가 네게 나타난 것은 곧 네가 나를 본 일과 장차 내가 네게 나타날 일에 너
로 종과 증인을 삼으려 함이니 17 이스라엘과 이방인들에게서 내가 너를 구원하여 그들에게 보내어 18 그 눈을
뜨게 하여 어둠에서 빛으로, 사탄의 권세에서 하나님께로 돌아오게 하고 죄 사함과 나를 믿어 거룩하게 된 무리
가운데서 기업을 얻게 하리라 하더이다 19 아그립바 왕이여 그러므로 하늘에서 보이신 것을 내가 거스르지 아니
하고 20 먼저 다메섹과 예루살렘에 있는 사람과 유대 온 땅과 이방인에게까지 회개하고 하나님께로 돌아와서
회개에 합당한 일을 하라 전하므로 21 유대인들이 성전에서 나를 잡아 죽이고자 하였으나 22 하나님의 도우심을
받아 내가 오늘까지 서서 높고 낮은 사람 앞에서 증언하는 것은 선지자들과 모세가 반드시 되리라고 말한 것밖
에 없으니 23 곧 그리스도가 고난을 받으실 것과 죽은 자 가운데서 먼저 다시 살아나사 이스라엘과 이방인들에
게 빛을 전하시리라 함이니이다 하니라

바울이 아그립바 왕에게 전도하다

24 바울이 이같이 변명하매 베스도가 크게 소리 내어 이르되 바울아 네가 미쳤도다 네 많은 학문이 너를 미치게
한다 하니 25 바울이 이르되 베스도 각하여 내가 미친 것이 아니요 참되고 온전한 말을 하나이다 26 왕께서는 이
일을 아시기로 내가 왕께 담대히 말하노니 이 일에 하나라도 아시지 못함이 없는 줄 믿나이다 이 일은 한쪽 구석

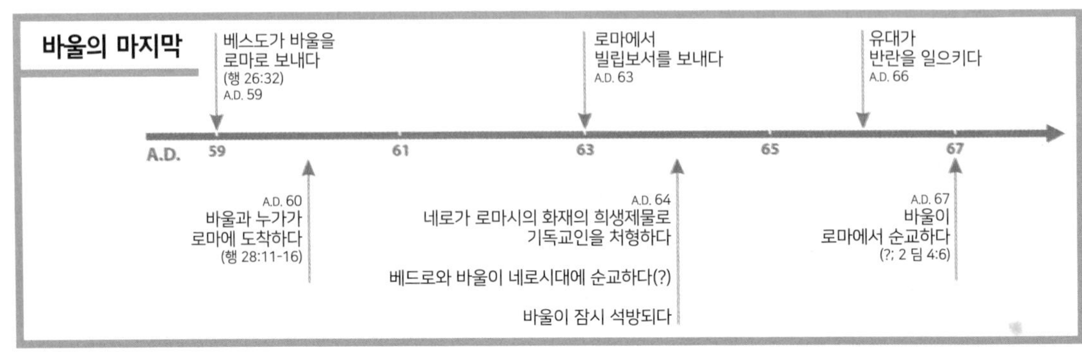

에서 행한 것이 아니니이다 27 아그립바 왕이여 선지자를 믿으시나이까 믿으시는 줄 아나이다 28 아그립바가 바
울에게 이르되 네가 적은 말로 나를 권하여 그리스도인이 되게 하려 하는도다 29 바울이 이르되 말이 적으나 많
으나 당신뿐만 아니라 오늘 내 말을 듣는 모든 사람도 다 이렇게 결박된 것 외에는 나와 같이 되기를 원하나이다
하니라 30 왕과 총독과 버니게와 그 함께 앉은 사람들이 다 일어나서 31 물러가 서로 말하되 이 사람은 사형이나
결박을 당할 만한 행위가 없다 하더라 32 이에 아그립바가 베스도에게 이르되 이 사람이 만일 가이사에게 상소
하지 아니하였더라면 석방될 수 있을 뻔하였다 하니라

사도행전 27장

바울이 로마로 압송되다

1 우리가 배를 타고 이달리야에 가기로 작정되매 바울과 다른 죄수 몇 사람을 아구스도대의 백부장 율리오란 사
람에게 맡기니 2 아시아 해변 각처로 가려 하는 아드라뭇데노 배에 우리가 올라 항해할새 마게도냐의 데살로니

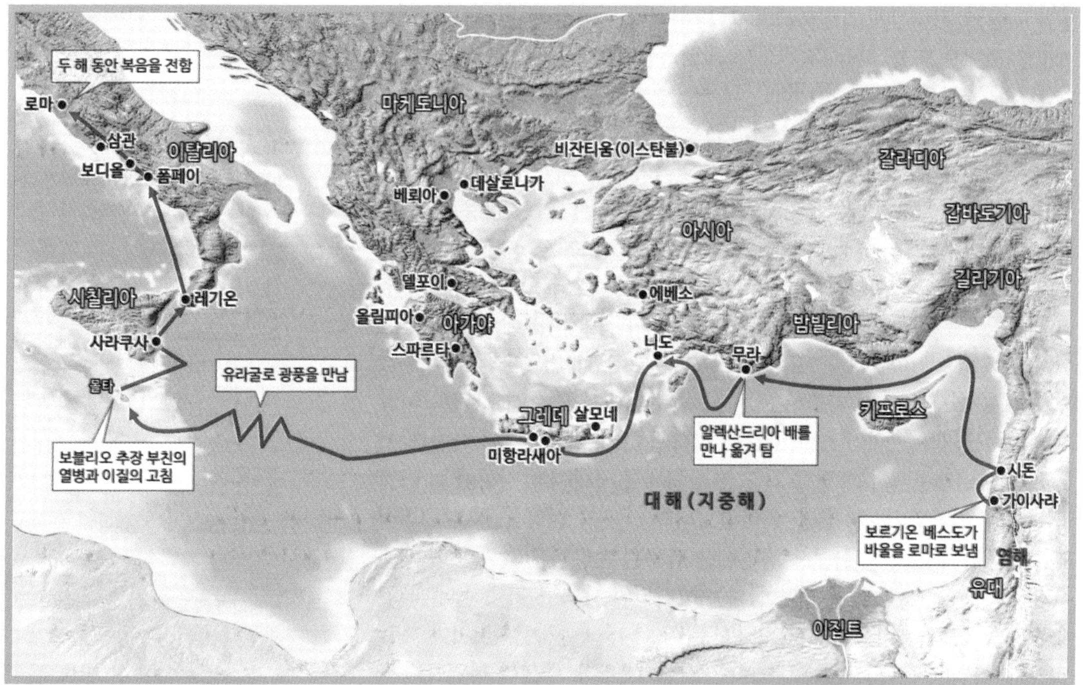

관련 성구	기간(AD)	거리	동반자	주요 사역	의의
사도행전 27:1-28:31	59-61년 (약 3년)	약 3,800 ~4,000km	로마 군인들, 다른 죄수들	· 총독 베스도가 바울을 로마로 송환토록 명령함 (27:1-2) · 시돈에서 친구들의 대접을 받음(27:3-5) · 뵈닉스로 가는 도중 유라굴로 광풍을 만났으나 기적적으로 살아남 (27:9-44) · 멜리데 섬에서 바울은 독사에 물렸지만 살아남 (28:1-10) · 2년간 로마에서 연금 상태로 있으면서 복음 전파함(28:30, 31)	· 제국의 수도 로마에 복음을 전파함으로써 복음의 세계 전파에 기틀을 다짐

가 사람 아리스다고도 함께 하니라 3 이튿날 시돈에 대니 율리오가 바울
을 친절히 대하여 친구들에게 가서 대접 받기를 허락하더니 4 또 거기서
우리가 떠나가다가 맞바람을 피하여 구브로 해안을 의지하고 항해하여 5
길리기아와 밤빌리아 바다를 건너 루기아의 무라 시에 이르러 6 거기서 백
부장이 이달리야로 가려 하는 알렉산드리아 배를 만나 우리를 오르게 하
니 7 배가 더디 가 여러 날 만에 간신히 니도 맞은편에 이르러 풍세가 더
허락하지 아니하므로 살모네 앞을 지나 그레데 해안을 바람막이로 항해
하여 8 간신히 그 연안을 지나 미항이라는 곳에 이르니 라새아 시에서 가
깝더라 9 여러 날이 걸려 금식하는 절기가 이미 지났으므로 항해하기가 위
태한지라 바울이 그들을 권하여 10 말하되 여러분이여 내가 보니 이번 항
해가 하물과 배만 아니라 우리 생명에도 타격과 많은 손해를 끼치리라
하되 11 백부장이 선장과 선주의 말을 바울의 말보다 더 믿더라 12 그 항
구가 겨울을 지내기에 불편하므로 거기서 떠나 아무쪼록 뵈닉스에 가서
겨울을 지내자 하는 자가 더 많으니 뵈닉스는 그레데 항구라 한쪽은 서
남을, 한쪽은 서북을 향하였더라 13 남풍이 순하게 불매 그들이 뜻을 이룬
줄 알고 닻을 감아 그레데 해변을 끼고 항해하더니 14 얼마 안 되어 섬 가
운데로부터 유라굴로라는 광풍이 크게 일어나니 15 배가 밀려 바람을 맞
추어 갈 수 없어 가는 대로 두고 쫓겨가다가 16 가우다라는 작은 섬 아래
로 지나 간신히 거루를 잡아 17 끌어 올리고 줄을 가지고 선체를 둘러 감
고 스르디스에 걸릴까 두려워하여 연장을 내리고 그냥 쫓겨가더니 18 우
리가 풍랑으로 심히 애쓰다가 이튿날 사공들이 짐을 바다에 풀어 버리고
19 사흘째 되는 날에 배의 기구를 그들의 손으로 내버리니라 20 여러 날
동안 해도 별도 보이지 아니하고 큰 풍랑이 그대로 있으매 구원의 여망
마저 없어졌더라 21 여러 사람이 오래 먹지 못하였으매 바울이 가운데 서
서 말하되 여러분이여 내 말을 듣고 그레데에서 떠나지 아니하여 이 타격
과 손상을 면하였더라면 좋을 뻔하였느니라 22 내가 너희를 권하노니 이
제는 안심하라 너희 중 아무도 생명에는 아무런 손상이 없겠고 오직 배뿐
이리라 23 내가 속한 바 곧 내가 섬기는 하나님의 사자가 어제 밤에 내 곁
에 서서 말하되 24 바울아 두려워하지 말라 네가 가이사 앞에 서야 하겠
고 또 하나님께서 너와 함께 항해하는 자를 다 네게 주셨다 하였으니 25
그러므로 여러분이여 안심하라 나는 내게 말씀하신 그대로 되리라고 하
나님을 믿노라 26 그런즉 우리가 반드시 한 섬에 걸리리라 하더라

풍랑으로 배가 깨어지다

27 열 나흘째 되는 날 밤에 우리가 아드리아 바다에서 이리 저리 쫓겨 가
다가 자정쯤 되어 사공들이 어느 육지에 가까워지는 줄을 짐작하고 28 물
을 재어 보니 스무 길이 되고 조금
가다가 다시 재니 열다섯 길이라 29 암초에 걸릴까 하여 고물로 닻 넷을
내리고 날이 새기를 고대하니라 30 사공들이 도망하고자 하여 이물에서
닻을 내리는 체하고 거룻배를 바다에 내려 놓거늘 31 바울이 백부장과 군
인들에게 이르되 이 사람들이 배에 있지 아니하면 너희가 구원을 얻지 못

행 27:2 바울 시대의 상선

로마를 향한 바울의 항해 길(27:1-28:31)
행 23:11에서 바울에게 감동된 말씀처럼 바울은 마침내 로마를 향해 떠나게 된다(27:2). 바울은 죄수의 신분으로 세상의 심장부인 로마를 향해 복음을 전하기 위해 떠나는 사명과 어울려 보이지 않는다. 그러나 이 항해의 과정마다 죄수라는 바울의 신분과는 달리 구원자의 모습이 드러난다.

1) 가이사랴에서 그레데로(27:1-12) : 죄수의 신분으로 떠나는 로마행
바울은 죄수의 몸이지만 갈망했던 로마(Rome)행 여행길에 오른다. 백부장 율리오의 호송 책임하에 아드라뭇데노 배를 타고 가이사랴에서 출발, 시돈을 거쳐 광풍 때문에 구브로 해안을 의지하여 길리기아와 밤빌리아 바다를 건너 루기아의 무라 성(Myra city)에 이르렀다. 거기서 다시 배를 갈아타고 니도, 살모네 앞을 통과하여 미항(美港)에 이르렀다. 바울의 경고에도 백부장은 선장과 선주의 말을 듣고 그레데(Crete)의 항구인 뵈닉스(Phoenix)에서 겨울을 지나기로 하며 떠난다.

2) 유라굴로의 광풍(27:13-38) : 절망에서 구원으로
바울 일행이 탄 배는 그레데 해변을 행선하다가 광풍 유라굴로(동풍(Euros)+북풍(Aguilo)의 합성어로 동북풍 광풍)를 만나 십여 일 동안 방황한다. 그러나 파선 직전의 절망적 상황에서 바울은 구원의 메시지를 전했다. 열나흘째 되는 날 밤에 사공들이 도망치고자 하나 바울이 백부장에게 알려 무산된다. 오히려 바울은 그들에게 위로의 말을 전하고 그다음 날 멜리데 섬에 상륙한다. 배는 파산했으나 배에 탔던 276인이 모두 구원을 얻게 되었다.

하리라 하니 32 이에 군인들이 거룻줄을 끊어 떼어 버리니라 33 날이 새어
가매 바울이 여러 사람에게 음식 먹기를 권하여 이르되 너희가 기다리고
기다리며 먹지 못하고 주린 지가 오늘까지 열나흘인즉 34 음식 먹기를 권
하노니 이것이 너희의 구원을 위하는 것이요 너희 중 머리카락 하나도 잃
을 자가 없으리라 하고 35 떡을 가져다가 모든 사람 앞에서 하나님께 축
사하고 떼어 먹기를 시작하매 36 그들도 다 안심하고 받아 먹으니 37 배에
있는 우리의 수는 전부 이백칠십육 명이더라 38 배부르게 먹고 밀을 바다
에 버려 배를 가볍게 하였더니 39 날이 새매 어느 땅인지 알지 못하나 경
사진 해안으로 된 항만이 눈에 띄거늘 배를 거기에 들여다 댈 수 있는가
의논한 후 40 닻을 끊어 바다에 버리는 동시에 키를 풀어 늦추고 돛을 달고 바람에 맞추어 해안을 향하여 들어가
다가 41 두 물이 합하여 흐르는 곳을 만나 배를 걸매 이물은 부딪쳐 움직일 수 없이 붙고 고물은 큰 물결에 깨어
져 가니 42 군인들은 죄수가 헤엄쳐서 도망할까 하여 그들을 죽이는 것이 좋다 하였으나 43 백부장이 바울을 구
원하려 하여 그들의 뜻을 막고 헤엄칠 줄 아는 사람들을 명하여 물에 뛰어내려 먼저 육지에 나가게 하고 44 그 남
은 사람들은 널조각 혹은 배 물건에 의지하여 나가게 하니 마침내 사람들이 다 상륙하여 구조되니라

3) 멜리데 섬에서(27:39-28:10) : 사망에서 생명으로
바울 일행은 섬사람들로부터 따뜻한 영접을 받는다. 모닥불을 피우는 중 나뭇가지에서 나온 독사에게 물리지만 아무 이상이 없는 바울을 보고 사람들은 그를 신(神)이라고 부른다. 그리고 보블리오의 부친의 열병과 이질을 인수하여 낫게 하고, 다른 병든 사람들도 고쳐 주었다. 석 달 후 그곳에서 겨울을 보내고 알렉산드리아 배를 타고 수라구사, 레기온, 보디올을 거쳐 로마로 간다.

사도행전 28장

멜리데 섬에 오르다

1 우리가 구조된 후에 안즉 그 섬은 멜리데라 하더라 2 비가 오고 날이 차
매 원주민들이 우리에게 특별한 동정을 하여 불을 피워 우리를 다 영접
하더라 3 바울이 나무 한 묶음을 거두어 불에 넣으니 뜨거움으로 말미암
아 독사가 나와 그 손을 물고 있는지라 4 원주민들이 이 짐승이 그 손에
매달려 있음을 보고 서로 말하되 진실로 이 사람은 살인한 자로다 바다
에서는 구조를 받았으나 공의가 그를 살지 못하게 함이로다 하더니 5 바
울이 그 짐승을 불에 떨어 버리매 조금도 상함이 없더라 6 그들은 그가
붓든지 혹은 갑자기 쓰러져 죽을 줄로 기다렸다가 오래 기다려도 그에게
아무 이상이 없음을 보고 돌이켜 생각하여 말하되 그를 신이라 하더라 7
이 섬에서 가장 높은 사람 보블리오라 하는 이가 그 근처에 토지가 있는
지라 그가 우리를 영접하여 사흘이나 친절히 머물게 하더니 8 보블리오
의 부친이 열병과 이질에 걸려 누워 있거늘 바울이 들어가서 기도하고 그
에게 안수하여 낫게 하매 9 이러므로 섬 가운데 다른 병든 사람들이 와서
고침을 받고 10 후한 예로 우리를 대접하고 떠날 때에 우리 쓸 것을 배에
실었더라

바울이 로마로 가다

11 석 달 후에 우리가 그 섬에서 겨울을 난 알렉산드리아 배를 타고 떠나
니 그 배의 머리 장식은 디오스구로라 12 수라구사에 대고 사흘을 있다가
13 거기서 둘러가서 레기온에 이르러 하루를 지낸 후 남풍이 일어나므로
이튿날 보디올에 이르러 14 거기서 형제들을 만나 그들의 청함을 받아 이
레를 함께 머무니라 그래서 우리는 이와 같이 로마로 가니라 15 그 곳 형
제들이 우리 소식을 듣고 압비오 광장과 트레이스 타베르네까지 맞으러
오니 바울이 그들을 보고 하나님께 감사하고 담대한 마음을 얻으니라

4) 로마에 도착한 바울(28:11-31) : 셋집에서 보내는 2년
바울은 죄수의 몸으로 마침내 로마에 도착한다. 도착하여 사흘이 지난 후 바울은 유대인 중 높은 사람들을 청하여 그들에게 변론하고 자신을 찾아온 사람들에게 하나님 나라를 증거하고, 모세의 율법과 선지자의 말을 가지고 예수에 관해 설득했다. 바울은 2년 동안 가택 연금 형식으로 셋집에 머물면서 사람들에게 담대히 하나님 나라를 전파하며 주 예수 그리스도에 관한 것을 가르쳤다.

옥중서신	에베소서 - 교회론
	빌립보서 - 성도의 일치
	골로새서 - 예수님이 만유의 주가 되심
	빌레몬서 - 주 안에서의 용서
옥중생활	의의 면류관의 상급을 확신함(딤후 4:8)
	갇힌 자이면서도 자유한 자를 위로함(딤후 1:8)
	편지로 자신이 세운 교회를 가르침(엡 1:1, 빌 1:1)
	복음 전도 사역을 후회하지 않음(고후 12:11)
	죽음도 두려워하지 않음(빌 1:21)
	자신의 처지를 복음 전도의 기회로 삼음(행 28:23-31)
	죽음을 대비하여 교회의 뒷일을 도모함(빌 2:23, 28)

바울이 로마에서 전도하다

16 우리가 로마에 들어가니 바울에게는 자기를 지키는 한 군인과 함께 따
로 있게 허락하더라 17 사흘 후에 바울이 유대인 중 높은 사람들을 청하여
그들이 모인 후에 이르되 여러분 형제들아 내가 이스라엘 백성이나 우리
조상의 관습을 배척한 일이 없는데 예루살렘에서 로마인의 손에 죄수로
내준 바 되었으니 18 로마인은 나를 심문하여 죽일 죄목이 없으므로 석방
하려 하였으나 19 유대인들이 반대하기로 내가 마지 못하여 가이사에게
상소함이요 내 민족을 고발하려는 것이 아니니라 20 이러므로 너희를 보
고 함께 이야기하려고 청하였으니 이스라엘의 소망으로 말미암아 내가
이 쇠사슬에 매인 바 되었노라 21 그들이 이르되 우리가 유대에서 네게 대
한 편지도 받은 일이 없고 또 형제 중 누가 와서 네게 대하여 좋지 못한 것
을 전하든지 이야기한 일도 없느니라 22 이에 우리가 너의 사상이 어떠한가 듣고자 하니 이 파에 대하여는 어디
서든지 반대를 받는 줄 알기 때문이라 하더라 23 그들이 날짜를 정하고 그가 유숙하는 집에 많이 오니 바울이 아
침부터 저녁까지 강론하여 하나님의 나라를 증언하고 모세의 율법과 선지자의 말을 가지고 예수에 대하여 권하
더라 24 그 말을 믿는 사람도 있고 믿지 아니하는 사람도 있어 25 서로 맞지 아니하여 흩어질 때에 바울이 한 말로
이르되 성령이 선지자 이사야를 통하여 너희 조상들에게 말씀하신 것이 옳도다 26 일렀으되 이 백성에게 가서 말
하기를 너희가 듣기는 들어도 도무지 깨닫지 못하며 보기는 보아도 도무지 알지 못하는도다 27 이 백성들의 마
음이 우둔하여져서 그 귀로는 둔하게 듣고 그 눈은 감았으니 이는 눈으로 보고 귀로 듣고 마음으로 깨달아 돌아
오면 내가 고쳐 줄까 함이라 하였으니 28 그런즉 하나님의 이 구원이 이방인에게로 보내어진 줄 알라 그들은 그
것을 들으리라 하더라 29 (없음) 30 바울이 온 이태를 자기 셋집에 머물면서 자기에게 오는 사람을 다 영접하고 31
하나님의 나라를 전파하며 주 예수 그리스도에 관한 모든 것을 담대하게 거침없이 가르치더라

바울의 마지막 생애
예루살렘에서 체포된 이후 로마로 이송되었다(행 21:27, 28:16-31). 기독교 전승에 의하면 바울은 풀려난 후 마게도냐에서 선교 사역을 더 할 수 있도록 허락을 받았다. 그러나 다시 체포된 후 로마에서 재수감되었고, 로마 외곽에서 참수당했다. 이러한 사도행전의 맺음(행 28:16-31)에서 바울의 죽음이 기록되지 않음은 아직 살아 있기 때문이 아니라, 그의 순교적 죽음이 누가가 이해한 초대 교회의 땅 끝 정복 이야기에 핵심적 주제가 되지 않기 때문이다. 따라서 사도행전은 바울의 전기가 아니라, "땅끝을 향한 복음의 거침없는 전진"이라는 확고한 신학적 주제를 가진 역사책이다.

83일차 읽기의 요약 (행 20:3하~28장)

바울은 3차 전도 여행을 마무리하며 머지않아 예루살렘에서 결박과 환란이 자신을 기다리고 있음을 알고도, 또한 여러 성도들의 만류에도 불구하고 예루살렘행을 강행한다. 여러 해 만에 이방 선교를 통해 자기 민족을 구제할 연보를 가지고 예루살렘에 돌아오나 바울은 유대인들의 악감정으로 고소를 당한다. 그러나 바울은 유대인들의 공회 앞에서 담대히 복음을 전하고 주님께서는 환상 가운데 바울이 로마에서도 예수 그리스도를 증언할 것을 알려 주신다.
바울은 유대인에게 고소당하여 가이사랴 감옥에 2년 동안 감금되고 당시 유대에 파견된 로마 총독 베스도와 벨릭스 앞에서 공적으로 자신을 변호하고 끝내는 로마 황제 가이사에게 상소를 요청한다.
이렇게 하여 바울은 당시 세계의 중심지였던 로마에 죄수의 신분으로 마침내 도착한다. 로마에서 바울은 2년 동안 가택 연금 형식으로 셋집에 머물면서 자기에게 오는 모든 사람에게 담대히 하나님 나라와 주 예수 그리스도에 관한 모든 것을 거침없이 증언한다.
결국 바울과 그에게 헌신된 동역자들을 통해 성령께서는 복음이 유대의 담을 넘어 소아시아와 마게도냐 헬라 그리고 로마에 이르기까지 수많은 이방인을 그리스도께 제물로 드리는 일을 감당하도록 하셨다.

그러면 어떻게 살 것인가?

인위뚝 · 신위고!

☑ 세계관 점검 – 묵상하기 (영상 강의와 교재 내용의 이해를 바탕으로)

행 20:18-35 바울이 밀레도에서 행했던 고별 설교를 묵상하라. 그의 복음 열정이 없었더라면 오늘 복음의 세계 선교는 불가능했을 것이다. 바울은 한 때 예수를 믿는 자를 무자비하게 핍박했던 자이었고, 다메섹 도상에서 예수님을 만남으로 그가 회심한 후 늘 복음에 빚진 자의 마음으로 삶을 하나님께 바쳤다. 이 고별 설교는 그의 그런 간증이었다. 사무엘의 고별사와 함께 그의 생애를 묵상해 보라. 복음에 대한 나의 심정은 어떤가? 내 삶이 우선 복음 위에 세워져 가고 있는가?

행 22:3-39의 바울의 간증을 읽고 그의 삶 가운데 가장 중요한 부분은 율법에 형성되었던 그의 가치관을 과감히 버렸다는 고백을 깊이 묵상하라.

빌 3:7-14 그러나 무엇이든지 내게 유익하던 것을 내가 그리스도를 위하여 다 해로 여길뿐더러 또한 모든 것을 해로 여김은 내 주 그리스도 예수를 아는 지식이 가장 고상하기 때문이라 내가 그를 위하여 모든 것을 잃어버리고 배설물로 여김은 그리스도를 얻고 그 안에서 발견되려 함이니 내가 가진 의는 율법에서 난 것이 아니요 오직 그리스도를 믿음으로 말미암은 것이니 곧 믿음으로 하나님께로부터 난 의라 내가 그리스도와 그 부활의 권능과 그 고난에 참여함을 알고자 하여 그의 죽으심을 본받아 어떻게 해서든지 죽은 자 가운데서 부활에 이르려 하노니 내가 이미 얻었다 함도 아니요 온전히 이루었다 함도 아니라 오직 내가 그리스도 예수께 잡힌 바 된 그것을 잡으려고 달려가노라 형제들아 나는 아직 내가 잡은 줄로 여기지 아니하고 오직 한 일 즉 뒤에 있는 것은 잊어버리고 앞에 있는 것을 잡으려고 푯대를 향하여 그리스도 예수 안에서 하나님이 위에서 부르신 부름의 상을 위하여 달려가노라

사도행전 29장 이후를 쓰며 사는 우리들

결론적으로 누가는 부활하신 주님으로부터 주어진 복음 전파의 사명은 모든 역경과 어려움에도 불구하고 방해받지 아니한 채 언제나 모든 사람에게 열려 있음을 언급함으로써 이 책을 끝내고 있다.

사도행전은 아무런 결론도 없이 끝나버린다. 왜냐하면 성령 행전은 그의 몸인 교회 안에서, 교회를 통해서 계속되기 때문이다. 그리스도께서 그의 교회를 위해 다시 오실 때, 사도행전의 결론이 날 것이다. 사도행전 29장 이후는 바로 하나님 나라를 이루어 가는 성령의 역사를 통해 쓰임 받고 있는 우리들의 삶을 하늘의 행위 책에 기록하고 있다.

당신의 행적, 또는 행전은 하나님의 행위책, 기념책, 생명책 중 어느 책에 기록되고 있다고 생각하는가?

79일~84일

☑ 결단기도와 실행하기

약 2:26 영혼 없는 몸이 죽은 것 같이 행함이 없는 믿음은 죽은 것이니라
시 119:28 나의 영혼이 눌림으로 말미암아 녹사오니 주의 말씀대로 나를 세우소서

79일~
84일

빌립보서 1장~4장

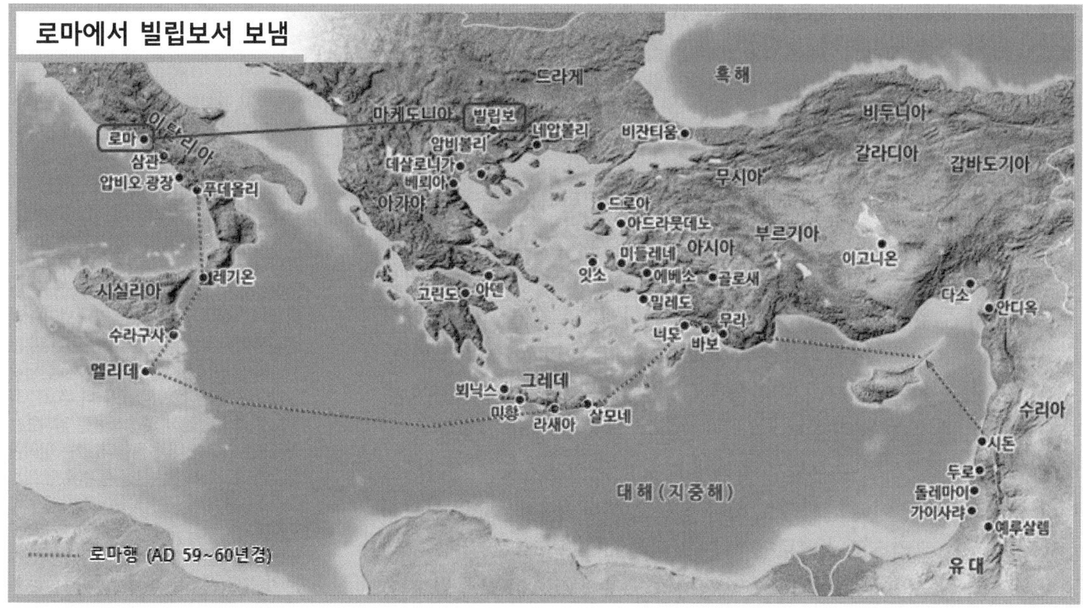

빌립보서	PHILIPPIANS	腓立比書

빌립보서 한눈에 보기

개요 그리스도인의 기쁨

1장	그리스도, 우리의 생명 (삶의 목적)
2장	그리스도, 우리의 마음 (삶의 모범)
3장	그리스도, 우리의 목표 (삶의 대가)
4장	그리스도, 우리의 힘 (삶의 권능)

빌립보서 1장

인사

1 그리스도 예수의 종 바울과 디모데는 그리스도 예수 안에서 빌립보에
사는 모든 성도와 또한 감독들과 집사들에게 편지하노니 2 하나님 우리
아버지와 주 예수 그리스도로부터 은혜와 평강이 너희에게 있을지어다

빌립보 성도들을 생각하며 간구하다

3 내가 너희를 생각할 때마다 나의 하나님께 감사하며 4 간구할 때마다
너희 무리를 위하여 기쁨으로 항상 간구함은 5 너희가 첫날부터 이제까
지 복음을 위한 일에 참여하고 있기 때문이라 6 너희 안에서 착한 일을
시작하신 이가 그리스도 예수의 날까지 이루실 줄을 우리는 확신하노라

❖ 바울은 로마로 호송되었고, 로마의 구금 상태에서 빌립보서, 빌레몬서, 골로새서, 에베소서를 쓴다. 이것을 옥중서신이라고 한다.

❖ 빌립보서 개요

빌립보시는 알렉산더 대왕의 아버지였던 필립 2세가 세운 도시로, 로마의 식민지였다. 가이사 아구스도는 안토니를 패배시킨 뒤, 그를 추종했던 군인들의 재산을 몰수하고 빌립보시에 정착시켰다. 이들에게는 '로마 시민권'이 주어졌으므로 세금이 면제되고, 특별한 때 외에는 채찍질을 당하거나 체포되지 않았으며, 황제에게 호소할 수 있는 등 로마 시민의 모든 권한을 누릴 수 있었다. 그뿐만 아니라 그들은 로마의 문명까지 고스란히 받아들였고, 이것은 야만족들과 국경을 이루고 있던 빌립보 사람들의 자부심을 더욱 강하게 했다. 바울은 이런 배경을 가진 빌립보 성도들이 이해하기 쉬운 표현을 곳곳에 사용하고 있다.
그리스도께서 하나님의 목적을 이루기 위해 가지셨던 동일한 마음을 성도들이 갖도록 이 서신을 기록한다. 빌립보 교회에는 여성들이 중요한 위치에 있었다. 아마도 교회 내에 유오디아와 순두게 두 여인간의 기독교인의 완전함에 대한 교리 문제로 서로 두 파로 갈라질 정도가 된 것 같다(빌 4:2). 이 분파 문제를 서두에 꺼내지 않고

7 내가 너희 무리를 위하여 이와 같이 생각하는 것이 마땅하니 이는 너희
가 내 마음에 있음이며 나의 매임과 복음을 변명함과 확정함에 너희가 다
나와 함께 은혜에 참여한 자가 됨이라 8 내가 예수 그리스도의 심장으로
너희 무리를 얼마나 사모하는지 하나님이 내 증인이시니라 9 내가 기도하
노라 너희 사랑을 지식과 모든 총명으로 점점 더 풍성하게 하사 10 너희로
지극히 선한 것을 분별하며 또 진실하여 허물없이 그리스도의 날까지 이
르고 11 예수 그리스도로 말미암아 의의 열매가 가득하여 하나님의 영광
과 찬송이 되기를 원하노라

바울의 매임과 복음 전파

12 형제들아 내가 당한 일이 도리어 복음 전파에 진전이 된 줄을 너희가
알기를 원하노라 13 이러므로 나의 매임이 그리스도 안에서 모든 시위대
안과 그 밖의 모든 사람에게 나타났으니 14 형제 중 다수가 나의 매임으
로 말미암아 주 안에서 신뢰함으로 겁 없이 하나님의 말씀을 더욱 담대히
전하게 되었느니라 15 어떤 이들은 투기와 분쟁으로, 어떤 이들은 착한 뜻
으로 그리스도를 전파하나니 16 이들은 내가 복음을 변증하기 위하여 세
우심을 받은 줄 알고 사랑으로 하나 17 그들은 나의 매임에 괴로움을 더
하게 할 줄로 생각하여 순수하지 못하게 다툼으로 그리스도를 전파하느
니라 18 그러면 무엇이냐 겉치레로 하나 참으로 하나 무슨 방도로 하든지
전파되는 것은 그리스도니 이로써 나는 기뻐하고 또한 기뻐하리라 19 이
것이 너희의 간구와 예수 그리스도의 성령의 도우심으로 나를 구원에 이
르게 할 줄 아는 고로 20 나의 간절한 기대와 소망을 따라 아무 일에든지
부끄러워하지 아니하고 지금도 전과 같이 온전히 담대하여 살든지 죽든
지 내 몸에서 그리스도가 존귀하게 되게 하려 하나니 21 이는 내게 사는
것이 그리스도니 죽는 것도 유익함이라 22 그러나 만일 육신으로 사는 이
것이 내 일의 열매일진대 무엇을 택해야 할는지 나는 알지 못하노라 23 내
가 그 둘 사이에 끼었으니 차라리 세상을 떠나서 그리스도와 함께 있는
것이 훨씬 더 좋은 일이라 그렇게 하고 싶으나 24 내가 육신으로 있는 것
이 너희를 위하여 더 유익하리라 25 내가 살 것과 너희 믿음의 진보와 기
쁨을 위하여 너희 무리와 함께 거할 이것을 확실히 아노니 26 내가 다시
너희와 같이 있음으로 그리스도 예수 안에서 너희 자랑이 나로 말미암아
풍성하게 하려 함이라 27 오직 너희는 그리스도의 복음에 합당하게 생활
하라 이는 내가 너희에게 가 보나 떠나 있으나 너희가 한마음으로 서서
한 뜻으로 복음의 신앙을 위하여 협력하는 것과 28 무슨 일에든지 대적하
는 자들 때문에 두려워하지 아니하는 이 일을 듣고자 함이라 이것이 그들
에게는 멸망의 증거요 너희에게는 구원의 증거니 이는 하나님께로부터
난 것이라 29 그리스도를 위하여 너희에게 은혜를 주신 것은 다만 그를 믿
을 뿐 아니라 또한 그를 위하여 고난도 받게 하려 하심이라 30 너희에게
도 그와 같은 싸움이 있으니 너희가 내 안에서 본 바요 이제도 내 안에서
듣는 바니라

서두에다 우리 주님의 위대하심과 낮아지심과 온유하심과 고난받으심을 그들이 깨닫게 한 다음 끝장에 그것을 지적한다. 이들의 단합을 위해 '모두'라는 단어를 많이 써 가면서 이 분쟁의 문제를 풀어가는 바울의 지혜를 엿볼 수 있다.
그리스도의 몸인 교회가 어떨 때 깨어지고 연합이 되는가를 잘 보여 주고 있다.

❖ 빌 1~4장

빌립보서, 감사와 기쁨의 서신

이 서신은 빌립보 교회의 섬김에 대한 감사의 서신이다. 빌립보 교회는 에바브로디도를 통해 로마의 감옥에 갇혀 있는 바울에게 헌금을 보냈고, 바울은 그에 대한 감사의 인사와 몇 가지 조언을 이 서신에 담아 빌립보 교회에 보냈다.
빌립보서는 기쁨의 삶을 누리는 비결을 보여 주는 책이다. 인생을 살아가다 보면 어려운 상황에 처하는 때를 만나게 된다. 대부분 사람의 첫 반응은 이러한 상황에서 실망과 원망을 보이기 마련이다. 그러나 무고한 죄명으로 감옥에 갇혀 있던 바울은 어떠했는가? 그는 기쁨에 대해 말한다. 그는 이러한 상황에서도 기뻐하는 삶을 살 수 있었으며, 그리스도를 위해 죽는 상황에 처하게 된다 할지라도 기뻐할 수 있다고 말했다. 그리고 빌립보 성도들도 자신과 같이 어떠한 어려운 가운데에서도 그리스도 안에서 항상 기뻐하라고 권면하고 있다.
그렇다면 바울은 어떻게 항상 기뻐하는 삶을 살 수 있었을까?
바울은 그리스도를 존귀하게 하는 것을 삶의 목적으로 삼았으며(빌 1:20), 그리스도의 마음을 품기를 원했고(빌 2:5), 그리스도를 아는 지식을 최고의 가치로 삼았으며(빌 3:8), 그리스도 안에서 자족하며 모든 환경을 초월할 수 있는 능력을 공급받았기(빌 4:13) 때문이다. 즉, 그리스도는 바울의 생명이며, 모범이고, 목표이며, 만족이었다.
바울은 감옥 속에서의 승리와 같이(빌 1장), 그리스도와 교제함으로 인해 환경과 상황을 초월한 기쁨의 삶을 살기 위해서는 그리스도의 마음 즉, 그리스도의 낮아지심을 통해 자기 비움의 비결을 배우는 것이다(2:5-11). 불교처럼 욕심을 비우는 것이 필요하지만, 성도들은 그 비운 마음에 예수님으로 가득 채워야 한다. 또한 세상의 빛으로의 삶을 살아가는 데서 얻어지는 기쁨을 말한다(2:15). 그리고 그리스도에 대한 지식을 가지며(빌 3장), 그리스도의 평안을 소유하라고 말한다(빌 4장). 환경을 초월하는 능력 있는 삶을 살았던 바울의 비결은 한마디로 그리스도와의 풍성한 교제에 있었다.

빌립보서 2장

그리스도의 겸손

[1] 그러므로 그리스도 안에 무슨 권면이나 사랑의 무슨 위로나 성령의 무슨 교제나 긍휼이나 자비가 있거든 [2] 마
음을 같이하여 같은 사랑을 가지고 뜻을 합하며 한마음을 품어 [3] 아무 일에든지 다툼이나 허영으로 하지 말고 오
직 겸손한 마음으로 각각 자기보다 남을 낫게 여기고 [4] 각각 자기 일을 돌볼뿐더러 또한 각각 다른 사람들의 일
을 돌보아 나의 기쁨을 충만하게 하라 [5] 너희 안에 이 마음을 품으라 곧 그리스도 예수의 마음이니 [6] 그는 근본
하나님의 본체시나 하나님과 동등됨을 취할 것으로 여기지 아니하시고 [7] 오히려 자기를 비워 종의 형체를 가지
사 사람들과 같이 되셨고 [8] 사람의 모양으로 나타나사 자기를 낮추시고 죽기까지 복종하셨으니 곧 십자가에 죽
으심이라 [9] 이러므로 하나님이 그를 지극히 높여 모든 이름 위에 뛰어난 이름을 주사 [10] 하늘에 있는 자들과 땅
에 있는 자들과 땅 아래에 있는 자들로 모든 무릎을 예수의 이름에 꿇게 하시고 [11] 모든 입으로 예수 그리스도를
주라 시인하여 하나님 아버지께 영광을 돌리게 하셨느니라

하나님의 흠 없는 자녀로 살라

[12] 그러므로 나의 사랑하는 자들아 너희가 나 있을 때뿐 아니라 더욱 지
금 나 없을 때에도 항상 복종하여 두렵고 떨림으로 너희 구원을 이루라
[13] 너희 안에서 행하시는 이는 하나님이시니 자기의 기쁘신 뜻을 위하여
너희에게 소원을 두고 행하게 하시나니 [14] 모든 일을 원망과 시비가 없이 하라 [15] 이는 너희가 흠이 없고 순전하
여 어그러지고 거스르는 세대 가운데서 하나님의 흠 없는 자녀로 세상에서 그들 가운데 빛들로 나타내며 [16] 생
명의 말씀을 밝혀 나의 달음질이 헛되지 아니하고 수고도 헛되지 아니함으로 그리스도의 날에 내가 자랑할 것
이 있게 하려 함이라 [17] 만일 너희 믿음의 제물과 섬김 위에 내가 나를 전제로 드릴지라도 나는 기뻐하고 너희 무
리와 함께 기뻐하리니 [18] 이와 같이 너희도 기뻐하고 나와 함께 기뻐하라

빌 2:12-13
학습 자료 84-1 "두렵고 떨림으로 너희 구원을 이루라" 참조

디모데와 에바브로디도

[19] 내가 디모데를 속히 너희에게 보내기를 주 안에서 바람은 너희의 사정을 앎으로 안위를 받으려 함이니 [20] 이
는 뜻을 같이하여 너희 사정을 진실히 생각할 자가 이밖에 내게 없음이라 [21] 그들이 다 자기 일을 구하고 그리스
도 예수의 일을 구하지 아니하되 [22] 디모데의 연단을 너희가 아나니 자식이 아버지에게 함같이 나와 함께 복음
을 위하여 수고하였느니라 [23] 그러므로 내가 내 일이 어떻게 될지를 보아서 곧 이 사람을 보내기를 바라고 [24] 나
도 속히 가게 될 것을 주 안에서 확신하노라 [25] 그러나 에바브로디도를 너희에게 보내는 것이 필요한 줄로 생각
하노니 그는 나의 형제요 함께 수고하고 함께 군사 된 자요 너희 사자로 내가 쓸 것을 돕는 자라 [26] 그가 너희 무
리를 간절히 사모하고 자기가 병든 것을 너희가 들은 줄을 알고 심히 근심한지라 [27] 그가 병들어 죽게 되었으나

하나님이 그를 긍휼히 여기셨고 그뿐 아니라 또 나를 긍휼히 여기사 내 근심 위에
근심을 면하게 하셨느니라 [28] 그러므로 내가 더욱 급히 그를 보낸 것은 너희로 그
를 다시 보고 기뻐하게 하며 내 근심도 덜려 함이니라 [29] 이러므로 너희가 주 안에
서 모든 기쁨으로 그를 영접하고 또 이와 같은 자들을 존귀히 여기라 [30] 그가 그리
스도의 일을 위하여 죽기에 이르러도 자기 목숨을 돌보지 아니한 것은 나를 섬기는
너희의 일에 부족함을 채우려 함이니라

빌립보서 3장

하나님께로부터 난 의

[1] 끝으로 나의 형제들아 주 안에서 기뻐하라 너희에게 같은 말을 쓰는 것이 내게는 수고로움이 없고 너희에게는
안전하니라 [2] 개들을 삼가고 행악하는 자들을 삼가고 몸을 상해하는 일을 삼가라 [3] 하나님의 성령으로 봉사하
며 그리스도 예수로 자랑하고 육체를 신뢰하지 아니하는 우리가 곧 할례파라 [4] 그러나 나도 육체를 신뢰할 만하

며 만일 누구든지 다른 이가 육체를 신뢰할 것이 있는 줄로 생각하면 나
는 더욱 그러하리니 5 나는 팔일 만에 할례를 받고 이스라엘 족속이요 베
냐민 지파요 히브리인 중의 히브리인이요 율법으로는 바리새인이요 6 열
심으로는 교회를 박해하고 율법의 의로는 흠이 없는 자라 7 그러나 무엇
이든지 내게 유익하던 것을 내가 그리스도를 위하여 다 해로 여길뿐더러
8 또한 모든 것을 해로 여김은 내 주 그리스도 예수를 아는 지식이 가장
고상하기 때문이라 내가 그를 위하여 모든 것을 잃어버리고 배설물로 여
김은 그리스도를 얻고 9 그 안에서 발견되려 함이니 내가 가진 의는 율법
에서 난 것이 아니요 오직 그리스도를 믿음으로 말미암은 것이니 곧 믿음
으로 하나님께로부터 난 의라 10 내가 그리스도와 그 부활의 권능과 그
고난에 참여함을 알고자 하여 그의 죽으심을 본받아 11 어떻게 해서든지
죽은 자 가운데서 부활에 이르려 하노니 12 내가 이미 얻었다 함도 아니요
온전히 이루었다 함도 아니라 오직 내가 그리스도 예수께 잡힌 바 된 그
것을 잡으려고 달려가노라 13 형제들아 나는 아직 내가 잡은
줄로 여기지 아니하고 오직 한 일 즉 뒤에 있는 것은 잊
어버리고 앞에 있는 것을 잡으려고 14 푯대를 향하여
그리스도 예수 안에서 하나님이 위에서 부르신
부름의 상을 위하여 달려가노라 15 그러므로 누
구든지 우리 온전히 이룬 자들은 이렇게 생각할지니 만일 어떤 일
에 너희가 달리 생각하면 하나님이 이것도 너희에게 나타내시리라 16 오
직 우리가 어디까지 이르렀든지 그대로 행할 것이라

우리의 시민권은 하늘에

17 형제들아 너희는 함께 나를 본받으라 그리고 너희가 우리를 본받은 것
처럼 그와 같이 행하는 자들을 눈여겨 보라 18 내가 여러 번 너희에게 말
하였거니와 이제도 눈물을 흘리며 말하노니 여러 사람들이 그리스도의
십자가의 원수로 행하느니라 19 그들의 마침은 멸망이요 그들의 신은 배
요 그 영광은 그들의 부끄러움에 있고 땅의 일을 생각하는 자라 20 그러
나 우리의 시민권은 하늘에 있는지라 거기로부터 구원하는 자 곧 주 예수
그리스도를 기다리노니 21 그는 만물을 자기에게 복종하게 하실 수 있는
자의 역사로 우리의 낮은 몸을 자기 영광의 몸의 형체와 같이 변하게 하
시리라

빌립보서 4장

1 그러므로 나의 사랑하고 사모하는 형제들, 나의 기쁨이요 면류관인 사
랑하는 자들아 이와 같이 주 안에 서라

권면

2 내가 유오디아를 권하고 순두게를 권하노니 주 안에서 같은 마음을 품
으라 3 또 참으로 나와 멍에를 같이한 네게 구하노니 복음에 나와 함께 힘
쓰던 저 여인들을 돕고 또한 글레멘드와 그 외에 나의 동역자들을 도우라 그 이름들이 생명책에 있느니라 4 주
안에서 항상 기뻐하라 내가 다시 말하노니 기뻐하라 5 너희 관용을 모든 사람에게 알게 하라 주께서 가까우시니

빌 3:10-14
어떤 일을 결정할 때 필요한 7대 질문

성도는 본래 공중 권세자 사탄(엡 2:2)의 권세 하에서 세상 풍속을 좇던 죄인이었으나 그리스도의 구속의 은혜로 구원받은 하나님의 새로운 피조물이다(고후 5:17). 따라서 이러한 성도는 마땅히 삶의 가치관이나 방법에 있어서 이전의 세상 풍속을 좇던 때와는 질적으로 완전히 다른 것이 되지 않으면 안된다. 다음은 하나님의 새로운 피조물로서 바르게 살고자 하는 성도들이 어떤 일을 행할 때 생각해야 하는 것들이다.

1	예수님이라면 어떻게 하실까?(빌 3:10-12)
2	그 일은 하나님의 영광을 위한 일인가?(고전 10:31)
3	그 일은 더 약한 성도를 실족하게 하는 일이 아닌가?(고전 8:9)
4	그 일은 덕을 세울 수 있는 일인가?(고전 10:23)
5	그 일이 이 세상이 아닌 천국의 상급을 위한 일인가?(빌 2:13, 14)
6	그 일에 대한 감사는 마음으로 기도할 수 있는가?(빌 4:6, 7)
7	그 일로 하나님 나라의 확장에 공헌할 수 있는가?(마 6:33)

빌 3:7-14 바울의 변화는 세계관의 변화였다.
율법학자이며 예수를 핍박하던 자가 예수를 위해 생명을 바치기까지 변화된 모습을 보는데 이것은 단순히 기분이나 감정이나 느낌의 변화로 이루어지지 않는다.

빌 3:4-16
본문에서 성도의 성화를 위해 요구되는 것들

1	육체에 대한 신뢰를 버림(4-6절)
2	성도가 되기 전에 좇던 일을 잊음(13절)
3	삶의 가치를 그리스도에게 둠(8절)
4	그리스도를 아는 지식을 얻음(8절)
5	믿음으로 얻은 의를 굳게 지킴(9절)
6	자아를 죽임(10절)
7	부활의 소망을 가지고 삶(11절)
8	주 안에서 받는 소명을 좇음(12절)
9	하늘의 소망을 바라보고 달림(13절)
10	그리스도와 동행하는 삶을 삶(14절)
11	영원한 상급을 위해 노력함(14절)
12	믿음의 분량대로 최선을 다함(16절)

라 6 아무 것도 염려하지 말고 다만 모든 일에 기도와 간구로, 너희 구할
것을 감사함으로 하나님께 아뢰라 7 그리하면 모든 지각에 뛰어난 하나
님의 평강이 그리스도 예수 안에서 너희 마음과 생각을 지키시리라 8 끝
으로 형제들아 무엇에든지 참되며 무엇에든지 경건하며 무엇에든지 옳으
며 무엇에든지 정결하며 무엇에든지 사랑 받을 만하며 무엇에든지 칭찬
받을 만하며 무슨 덕이 있든지 무슨 기림이 있든지 이것들을 생각하라 9
너희는 내게 배우고 받고 듣고 본 바를 행하라 그리하면 평강의 하나님이
너희와 함께 계시리라

❖ 바울이 빌립보 교회에 주었던 여러 가지 권면들은 오늘날의 교회에도 동일하게 적용될 수 있다. 당시 내부적인 분열과 외부적인 핍박 가운데 있던 빌립보 교회에 바울은 연합할 것, 감사할 것, 기뻐할 것, 헌신과 용서 그리스도의 겸손과 순종을 배울 것 등에 대해 교훈한다. 이것이 가능하기 위해서 "자기중심성"을 내려놓는 결단과 실천이 있어야 한다.(빌 4:11-13)

빌립보 사람들의 선물

10 내가 주 안에서 크게 기뻐함은 너희가 나를 생각하던 것이 이제 다시 싹이 남이니 너희가 또한 이를 위하여 생
각은 하였으나 기회가 없었느니라 11 내가 궁핍하므로 말하는 것이 아니니라 어떠한 형편에든지 나는 자족하기
를 배웠노니 12 나는 비천에 처할 줄도 알고 풍부에 처할 줄도 알아 모든 일 곧 배부름과 배고픔과 풍부와 궁핍
에도 처할 줄 아는 일체의 비결을 배웠노라 13 내게 능력 주시는 자 안에
서 내가 모든 것을 할 수 있느니라 14 그러나 너희가 내 괴로움에 함께 참
여하였으니 잘하였도다 15 빌립보 사람들아 너희도 알거니와 복음의 시
초에 내가 마게도냐를 떠날 때에 주고 받는 내 일에 참여한 교회가 너희 외에 아무도 없었느니라 16 데살로니가
에 있을 때에도 너희가 한 번뿐 아니라 두 번이나 나의 쓸 것을 보내었도다 17 내가 선물을 구함이 아니요 오직
너희에게 유익하도록 풍성한 열매를 구함이라 18 내게는 모든 것이 있고 또 풍부한지라 에바브로디도 편에 너희
가 준 것을 받으므로 내가 풍족하니 이는 받으실 만한 향기로운 제물이요 하나님을 기쁘시게 한 것이라 19 나의
하나님이 그리스도 예수 안에서 영광 가운데 그 풍성한 대로 너희 모든 쓸 것을 채우시리라 20 하나님 곧 우리 아
버지께 세세 무궁하도록 영광을 돌릴지어다 아멘

빌 4:13
학습 자료 84-2 "능력 주시는 자 안에서 모든 것을 행함" 참조

끝 인사

21 그리스도 예수 안에 있는 성도에게 각각 문안하라 나와 함께 있는 형제들이 너희에게 문안하고 22 모든 성도들이
너희에게 문안하되 특히 가이사의 집 사람들 중 몇이니라 23 주 예수 그리스도의 은혜가 너희 심령에 있을지어다

빌레몬서 1장

빌레몬서	PHILEMON	腓利門書

빌레몬서 한눈에 보기

개요 **용서**

인사 : 1-3절
- Ⅰ. 바울의 빌레몬에 대한 칭찬 (4-7절)
- Ⅱ. 바울의 오네시모를 위한 청원 (8-17절)
- Ⅲ. 바울의 약속과 확신 (18-22절)

인사 : 축복 기도 (23-25절)

❖ 빌레몬서 개요
한 장으로 된 짧은 편지로서, 바울이 개종시킨 오네시모라는 도망친 하인을 대신하여 그 주인에게 보낸다. 바울은 그를 주인인 빌레몬에게 돌려보내면서 오네시모를 그리스도 안에서 형제와 같이 대해 주라는 요지의 내용을 기록하고 있다.

인사

1 그리스도 예수를 위하여 갇힌 자 된 바울과 및 형제 디모데는 우리의 사랑을 받는 자요 동역자인 빌레몬과 2 자

79일~84일

매 압비아와 우리와 함께 병사 된 아킵보와 네 집에 있는 교회에 편지하
노니 3하나님 우리 아버지와 주 예수 그리스도로부터 은혜와 평강이 너
희에게 있을지어다

빌레몬의 믿음과 사랑

4내가 항상 내 하나님께 감사하고 기도할 때에 너를 말함은 5주 예수와
및 모든 성도에 대한 네 사랑과 믿음이 있음을 들음이니 6이로써 네 믿음
의 교제가 우리 가운데 있는 선을 알게 하고 그리스도께 이르도록 역사
하느니라 7형제여 성도들의 마음이 너로 말미암아 평안함을 얻었으니 내
가 너의 사랑으로 많은 기쁨과 위로를 받았노라

오네시모를 위하여 간구하다

8이러므로 내가 그리스도 안에서 아주 담대하게 네게 마땅한 일로 명할
수도 있으나 9도리어 사랑으로써 간구하노라 나이가 많은 나 바울은 지
금 또 예수 그리스도를 위하여 갇힌 자 되어 10갇힌 중에서 낳은 아들 오
네시모를 위하여 네게 간구하노라 11그가 전에는 네게 무익하였으나 이
제는 나와 네게 유익하므로 12네게 그를 돌려 보내노니 그는 내 심복이라 13그를 내게 머물러 있게 하여 내 복
음을 위하여 갇힌 중에서 네 대신 나를 섬기게 하고자 하나 14다만 네 승낙이 없이는 내가 아무 것도 하기를 원
하지 아니하노니 이는 너의 선한 일이 억지 같이 되지 아니하고 자의로 되게 하려 함이라 15아마 그가 잠시 떠나
게 된 것은 너로 하여금 그를 영원히 두게 함이리니 16이후로는 종과 같이 대하지 아니하고 종 이상으로 곧 사랑
받는 형제로 둘 자라 내게 특별히 그러하거든 하물며 육신과 주 안에서 상관된 네게랴 17그러므로 네가 나를 동
역자로 알진대 그를 영접하기를 내게 하듯 하고 18그가 만일 네게 불의를 하였거나 네게 빚진 것이 있으면 그것
을 내 앞으로 계산하라 19나 바울이 친필로 쓰노니 내가 갚으려니와 네가 이 외에 네 자신이 내게 빚진 것은 내
가 말하지 아니하노라 20오 형제여 나로 주 안에서 너로 말미암아 기쁨을 얻게 하고 내 마음이 그리스도 안에서
평안하게 하라 21나는 네가 순종할 것을 확신하므로 네게 썼노니 네가 내가 말한 것보다 더 행할 줄을 아노라
22오직 너는 나를 위하여 숙소를 마련하라 너희 기도로 내가 너희에게 나아갈 수 있기를 바라노라

끝 인사

23그리스도 예수 안에서 나와 함께 갇힌 자 에바브라와 24또한 나의 동역자 마가, 아리스다고, 데마, 누가가 문
안하느니라 25우리 주 예수 그리스도의 은혜가 너희 심령과 함께 있을지어다

❖ 빌레몬 1장

바울 당시의 노예 제도는 바울이 변화시킬 수는 없는 삶의 현실이었다. 그러나 바울은 노예와 그 주인에게 예수께서 그들 모두를 위하여 매인 종이 되신 사실과 이러한 예수님의 희생을 통하여 구속받은 자들이 서로를 어떻게 대하여야 하는지를 보여 줄 수 있었다. 그의 서신에서 바울은 이 원리들을 말한다.

그런데 뭔가 일이 생겼다. 바울은 골로새의 신자인 빌레몬에게 아주 개인적인 문제에 관하여 호소해야 했다. 바울은 주인 빌레몬에게서 도망친 노예 한 사람을 알게 되었는데, 로마법에 따르면 그 노예는 주인에게 죽임을 당할 수도 있었다. 그래서 골로새서를 쓸 무렵, 바울은 그의 셋집에서 빌레몬에게 편지를 쓰고 있었는데, 바울 자신도 로마의 죄수 신분으로 죽임을 당할 수 있는 처지였다. 그때가 A.D. 61~62년경이었다.

골로새서 1장~4장

골로새서 1장

인사

1하나님의 뜻으로 말미암아 그리스도 예수의 사도 된 바울과 형제 디모데는 2골로새에 있는 성도들 곧 그리스
도 안에서 신실한 형제들에게 편지하노니 우리 아버지 하나님으로부터 은혜와 평강이 너희에게 있을지어다

하나님께 감사를 드리다

3우리가 너희를 위하여 기도할 때마다 하나님 곧 우리 주 예수 그리스도의 아버지께 감사하노라 4이는 그리스
도 예수 안에 너희의 믿음과 모든 성도에 대한 사랑을 들었음이요 5너희를 위하여 하늘에 쌓아 둔 소망으로 말
미암음이니 곧 너희가 전에 복음 진리의 말씀을 들은 것이라 6이 복음이 이미 너희에게 이르매 너희가 듣고 참
으로 하나님의 은혜를 깨달은 날부터 너희 중에서와 같이 또한 온 천하에서도 열매를 맺어 자라는도다 7이와

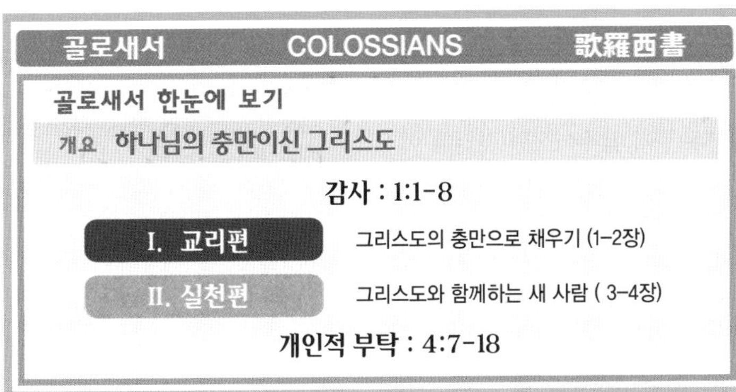
골로새서 COLOSSIANS 歌羅西書

골로새서 한눈에 보기

개요 하나님의 충만이신 그리스도

감사 : 1:1-8

I. 교리편 그리스도의 충만으로 채우기 (1-2장)

II. 실천편 그리스도와 함께하는 새 사람 (3-4장)

개인적 부탁 : 4:7-18

같이 우리와 함께 종 된 사랑하는 에바브라에게 너희가 배웠나니 그는
너희를 위한 그리스도의 신실한 일꾼이요 8 성령 안에서 너희 사랑을 우
리에게 알린 자니라

하나님의 형상이시요 교회의 머리시라

9 이로써 우리도 듣던 날부터 너희를 위하여 기도하기를 그치지 아니하고
구하노니 너희로 하여금 모든 신령한 지혜와 총명에 하나님의 뜻을 아는
것으로 채우게 하시고 10 주께 합당하게 행하여 범사에 기쁘시게 하고 모
든 선한 일에 열매를 맺게 하시며 하나님을 아는 것에 자라게 하시고 11
그의 영광의 힘을 따라 모든 능력으로 능하게 하시며 기쁨으로 모든 견
딤과 오래 참음에 이르게 하시고 12 우리로 하여금 빛 가운데서 성도의 기
업의 부분을 얻기에 합당하게 하신 아버지께 감사하게 하시기를 원하노
라 13 그가 우리를 흑암의 권세에서 건져내사 그의 사랑의 아들의 나라로
옮기셨으니 14 그 아들 안에서 우리가 속량 곧 죄 사함을 얻었도다 15 그

❖ 골로새서 개요

골로새는 라오디게아에서 약 19 km, 고대 부르기아 남부 지방의 루커스강 계곡의 에베소에서 동쪽으로 약 160 km 정도 떨어진 곳에 위치해 있었으며, 동방 신비주의를 받아들여 뿌리를 내린 곳이었다. 골로새가 주요 무역로 상에 있었기 때문에 많은 유대인과 부르기아인 그리고 헬라인들이 그 곳을 찾아왔다. 이렇게 다양한 배경으로 인하여 그 도시는 흥미로운 문화의 중심지가 되었으며 사람들은 동방으로부터 들어온 온갖 종류의 새로운 사상과 교리들을 논의하고 숙고하였다.

이 모든 불경건한 영향력 때문에 로마에 투옥된 바울의 마음에 골로새의 그리스도인들이 떠오른 것은 당연하다. 바울이 골로새 사람들을 직접 대면해 본 일은 없었지만, 그들은 바울이 섬기는 그리스도께 속해 있으며 그는 영으로 그들과 하나 되었다. 비록 육신은 쇠사슬에 매여 있을지라도, 바울은 편지로 그들에게 다가갈 수 있었다. 이것이 그가 하나님의 양 무리를 삼키려는 이리떼로부터 그들을 보호할 수 있는 한 가지 방법이었다.

바울이 A.D. 62년경에 골로새의 충성된 성도들에게 쓴 이 편지의 메시지는 그 후 수 세기에 걸쳐 필요했다. 아마도 그것이 하나님께서 바울로 하여금 말로 이 메시지를 전하는 대신 편지로 쓰게 하신 이유 중 하나일 것이다.

바울은 이 골로새서를 통하여 예수 그리스도의 위대하심에 근거하여 성도들은 세상 철학이나 거짓된 가르침을 거부하고 주께 합당한 삶을 일상생활 속에서 실천해야 한

는 보이지 아니하는 하나님의 형상이시요 모든 피조물보다 먼저 나신 이
시니 16 만물이 그에게서 창조되되 하늘과 땅에서 보이는 것들과 보이지
않는 것들과 혹은 왕권들이나 주권들이나 통치자들이나 권세들이나 만
물이 다 그로 말미암고 그를 위하여 창조되었고 17 또한 그가 만물보다
먼저 계시고 만물이 그 안에 함께 섰느니라 18 그는 몸인 교회의 머리시
라 그가 근본이시요 죽은 자들 가운데서 먼저 나신 이시니 이는 친히 만물
의 으뜸이 되려 하심이요 19 아버지께서는 모든 충만으로 예수 안에 거하
게 하시고 20 그의 십자가의 피로 화평을 이루사 만물 곧 땅에 있는 것들
이나 하늘에 있는 것들이 그로 말미암아 자기와 화목하게 되기를 기뻐하
심이라 21 전에 악한 행실로 멀리 떠나 마음으로 원수가 되었던 너희를 22
이제는 그의 육체의 죽음으로 말미암아 화목하게 하사 너희를 거룩하고
흠 없고 책망할 것이 없는 자로 그 앞에 세우고자 하셨으니 23 만일 너희
가 믿음에 거하고 터 위에 굳게 서서 너희 들은 바 복음의 소망에서 흔들
리지 아니하면 그리하리라 이 복음은 천하 만민에게 전파된 바요 나 바울
은 이 복음의 일꾼이 되었노라

교회를 위하여 바울이 하는 일

24 나는 이제 너희를 위하여 받는 괴로움을 기뻐하고 그리스도의 남은 고
난을 그의 몸된 교회를 위하여 내 육체에 채우노라 25 내가 교회의 일꾼
된 것은 하나님이 너희를 위하여 내게 주신 직분을 따라 하나님의 말씀을
이루려 함이니라 26 이 비밀은 만세와 만대로부터 감추어졌던 것인데 이
제는 그의 성도들에게 나타났고 27 하나님이 그들로 하여금 이 비밀의 영
광이 이방인 가운데 얼마나 풍성한지를 알게 하려 하심이라 이 비밀은 너
희 안에 계신 그리스도시니 곧 영광의 소망이니라 28 우리가 그를 전파하
여 각 사람을 권하고 모든 지혜로 각 사람을 가르침은 각 사람을 그리스
도 안에서 완전한 자로 세우려 함이니 29 이를 위하여 나도 내 속에서 능
력으로 역사하시는 이의 역사를 따라 힘을 다하여 수고하노라

골로새서 2장

1 내가 너희와 라오디게아에 있는 자들과 무릇 내 육신의 얼굴을 보지 못
한 자들을 위하여 얼마나 힘쓰는지를 너희가 알기를 원하노니 2 이는 그
들로 마음에 위안을 받고 사랑 안에서 연합하여 확실한 이해의 모든 풍성
함과 하나님의 비밀인 그리스도를 깨닫게 하려 함이니 3 그 안에는 지혜
와 지식의 모든 보화가 감추어져 있느니라 4 내가 이것을 말함은 아무도
교묘한 말로 너희를 속이지 못하게 하려 함이니 5 이는 내가 육신으로는
떠나 있으나 심령으로는 너희와 함께 있어 너희가 질서 있게 행함과 그리
스도를 믿는 너희 믿음이 굳건한 것을 기쁘게 봄이라

그리스도 안에서 행하라

6 그러므로 너희가 그리스도 예수를 주로 받았으니 그 안에서 행하되 7 그
안에 뿌리를 박으며 세움을 받아 교훈을 받은 대로 믿음에 굳게 서서 감
사함을 넘치게 하라 8 누가 철학과 헛된 속임수로 너희를 사로잡을까 주

다고 가르치고 있다.

바울은 로마 옥중에 에바브라라는 죄수와 함께 갇히었다(빌레몬 1:23). 이 죄수는 아마도 바울이 에베소에서 3년간 사역하는 중에 개종하고 골로새 교회까지 세운 것 같다(1:7,8, 2:1) 에바브라를 통해 골로새에 이단이 생긴 것을 알았다. 이것은 아마도 유대주의, 영지주의(Gnosticism), 금욕주의(Asceticism), 천사 숭배 등이 혼합된 이단인 것이다. 이들의 이론은 곧, 근본적으로 육은 악하고 하나님은 선한데 서로 접촉할 수 없다는 것을 주장한다. 그래서 하나님과 인간이 관련을 맺기 위해서는 하나님으로부터 덜 거룩한 존재가 유출되며, 그 다음 두 번째 거룩한 것에서 그보다 덜 거룩한 것이 유출하고... 자꾸 이런 식으로 해서 신성이 거의 없는 인간과 접할 수 있는 존재(예수)가 나타난다는 것이다(영지주의). 이런 이단 사상은 예수 그리스도의 최고 주권을 파괴할 뿐 아니라, 그를 보좌에서 끌어내리며, 그의 신성을 빼앗고 그리스도의 최고 중보자 되심을 파괴하는 어리석고 위험한 이단 사상이다.

그리스도를 머리로 하는 참 교회의 모습, 참 기독교인의 모습, 참 일꾼에 관하여 언급하고 있지만 그것보다는 이 서신의 주목적은 이단을 물리치기 위해서 모든 위엄과 신성 및 영광 가운데 계신 주 예수를 충실히 묘사하려는 데 있다.

우리의 생애에 있어서 예수님을 전적으로 뛰어나신 분으로 그리고 왕으로 모셨으면 우리 마음을 위의 것에 두며 옛 성품을 죽이고 새 사람의 성품을 입어 예수님과 함께하여야 한다. 예수님의 몸으로서 우리는 세상에 예수님을 나타내는 도구가 되어야 한다.(고전 3:16, 6:19-20).

골 1:19-20

학습 자료 84-3 "만인 구원설 비판" 참조

❖ **골 1장~4장**

승천하신 교회의 머리이신 그리스도를 묘사

그리스도께서 승천하셨을 때 교회라고 불리는 신자(Ekklesia)들의 새로운 몸을 형성하기 위해서 성령을 보내 주셨다. 그리스도는 세상에서의 몸에 대한 하늘의 머리이다. 마치 심해 잠수부가 자기 위에 높이 떠 있는 생명 지원 시스템을 관리하는 배 안의 설비에 전적으로 의존하는 것과 같이 교회도 그리스도를 의존한다. 그리스도로 인해서 죄를 이기고, 세상에서 섬기며, 언젠가 하늘의 집에 갈 수 있는 보장을 얻는 데 필요한 모든 것이 나온다.

바울은 그리스도 안에 있는 단순한 믿음을 훼방하려는 사람들에 대해서 단호하였다. "예수님과…"가 아니라 "오직 예수님만"이다! 일단 우리가 예수님을 우리의 생애에서 전적으로 뛰어나신 분으로, 그리고

의하라 이것은 사람의 전통과 세상의 초등학문을 따름이요 그리스도를
따름이 아니니라 9 그 안에는 신성의 모든 충만이 육체로 거하시고 10 너
희도 그 안에서 충만하여졌으니 그는 모든 통치자와 권세의 머리시라 11
또 그 안에서 너희가 손으로 하지 아니한 할례를 받았으니 곧 육의 몸을
벗는 것이요 그리스도의 할례니라 12 너희가 세례로 그리스도와 함께 장
사되고 또 죽은 자들 가운데서 그를 일으키신 하나님의 역사를 믿음으로
말미암아 그 안에서 함께 일으키심을 받았느니라 13 또 범죄와 육체의 무
할례로 죽었던 너희를 하나님이 그와 함께 살리시고 우리의 모든 죄를 사
하시고 14 우리를 거스르고 불리하게 하는 법조문으로 쓴 증서를 지우시
고 제하여 버리사 십자가에 못 박으시고 15 통치자들과 권세들을 무력화
하여 드러내어 구경거리로 삼으시고 십자가로 그들을 이기셨느니라 16 그
러므로 먹고 마시는 것과 절기나 초하루나 안식일을 이유로 누구든지 너
희를 비판하지 못하게 하라 17 이것들은 장래 일의 그림자이나 몸은 그리
스도의 것이니라 18 아무도 꾸며낸 겸손과 천사 숭배를 이유로 너희를 정
죄하지 못하게 하라 그가 그 본 것에 의지하여 그 육신의 생각을 따라 헛
되이 과장하고 19 머리를 붙들지 아니하는지라 온 몸이 머리로 말미암아
마디와 힘줄로 공급함을 받고 연합하여 하나님이 자라게 하시므로 자라
느니라

그리스도와 함께 하는 새 사람

20 너희가 세상의 초등학문에서 그리스도와 함께 죽었거든 어찌하여 세
상에 사는 것과 같이 규례에 순종하느냐 21 (곧 붙잡지도 말고 맛보지도 말고 만
지지도 말라 하는 것이니 22 이 모든 것은 한때 쓰이고는 없어지리라) 사람의 명령과
가르침을 따르느냐 23 이런 것들은 자의적 숭배와 겸손과 몸을 괴롭게 하
는 데는 지혜 있는 모양이나 오직 육체 따르는 것을 금하는 데는 조금도
유익이 없느니라

골로새서 3장

1 그러므로 너희가 그리스도와 함께 다시 살리심을 받았으면 위의 것을
찾으라 거기는 그리스도께서 하나님 우편에 앉아 계시느니라 2 위의 것을
생각하고 땅의 것을 생각하지 말라 3 이는 너희가 죽었고 너희 생명이 그
리스도와 함께 하나님 안에 감추어졌음이라 4 우리 생명이신 그리스도께
서 나타나실 그 때에 너희도 그와 함께 영광 중에 나타나리라 5 그러므로
땅에 있는 지체를 죽이라 곧 음란과 부정과 사욕과 악한 정욕과 탐심이니
탐심은 우상 숭배니라 6 이것들로 말미암아 하나님의 진노가 임하느니라
7 너희도 전에 그 가운데 살 때에는 그 가운데서 행하였으나 8 이제는 너
희가 이 모든 것을 벗어 버리라 곧 분함과 노여움과 악의와 비방과 너희
입의 부끄러운 말이라 9 너희가 서로 거짓말을 하지 말라 옛 사람과 그 행
위를 벗어 버리고 10 새 사람을 입었으니 이는 자기를 창조하신 이의 형상
을 따라 지식에까지 새롭게 하심을 입은 자니라 11 거기에는 헬라인이나
유대인이나 할례파나 무할례파나 야만인이나 스구디아인이나 종이나 자

왕으로 모셨으면, 우리의 마음을 위의 것에 두며 옛 성품을 죽이고 새 사람의 성품을 입어 우리가 할 수 있는 모든 것에 예수님과 개인적으로 함께 하여야 한다. 예수님의 몸으로서 우리는 세상에서 예수님을 나타내는 도구이다. 예수님은 우리의 손 말고는 손이 없으시고, 우리의 발 이외에는 발이 없으시다. 우리의 손과 발은 예수님의 것이 되어야만 하며 예수님의 명령을 따르는 데 민감해야 한다.

골 2:16-23 그리스도인들은 편협한 금욕주의에서 해방되었다.
골로새의 거짓 교사들은 자신들만이 구원의 신비한 지식을 소유하였다고 자랑하였다. 그들은 이러한 높은 수준의 지식을 얻으려면 금욕적인 규례를 지켜야 한다고 했다. 그래서 어떤 음식은 삼가야 하며 어떤 날은 금식해야 한다고 가르쳤다.

골 2:8-23
세상 학문만을 좇을 때 나타나는 증세들

본문에서 바울은 모든 인간들에게 있어서 궁극적인 문제인 삶과 구원에 대해 논하기는 하되 실제로 아무런 해답도 제시해 주지 못하는 철학을 사람의 유전과 세상의 초등학문에 불과한 것으로 규정하고 있다(8절). 여기서 인생의 참 진리를 주실 수 있는 하나님에게서 나온 것도 아니며 인생의 내세(來世)에 대해 아무런 해답도 주지 못하는 철학은 곧 세상 모든 학문의 대명사인바, 이같은 세상 학문만 좇는 자에게서 볼 수 있는 증세들을 살펴보면 다음과 같다.

1	의심이 많아짐(창 3:1-6)
2	세상 지식만 절대시함(잠 14:15)
3	근심이 많음(전 1:18)
4	사람들의 칭찬을 좋아함(마 6:2)
5	남을 시험하길 좋아함(눅 10:25)
6	지나친 증거를 요구함(요 20:24, 25)
7	변론을 즐김(행 17:18)
8	새로운 것만 찾음(행 17:19-21)
9	교만해짐(고전 8:1, 딤전 6:3-5)
10	궤휼에 빠짐(고전 3:18-20)
11	이생에서의 자랑만 좇음(고후 11:18)
12	겉으로 나타난 것만 중시함(골 2:16)
13	모든 것을 비판함(골 2:16)
14	위선적인 겸손을 보임(골 2:18)
15	신비한 개인적 체험을 과장함(골 2:18)
16	옳다 여기는 것을 우상시 함(골 2:23)
17	금욕주의 등에 빠지기도 함(골 2:23)
18	도덕적 방종에 빠지기도 함(벧후 2:2)
19	말만 많고 행위는 없음(요일 3:18)
20	하나님 대신 사람을 추종함(골 2:22)

유인이 차별이 있을 수 없나니 오직 그리스도는 만유시요 만유 안에 계시
니라 12 그러므로 너희는 하나님이 택하사 거룩하고 사랑 받는 자처럼 긍
휼과 자비와 겸손과 온유와 오래 참음을 옷 입고 13 누가 누구에게 불만
이 있거든 서로 용납하여 피차 용서하되 주께서 너희를 용서하신 것 같이 너희도 그리하고 14 이 모든 것 위에 사
랑을 더하라 이는 온전하게 매는 띠니라 15 그리스도의 평강이 너희 마음을 주장하게 하라 너희는 평강을 위하
여 한 몸으로 부르심을 받았나니 너희는 또한 감사하는 자가 되라 16 그리스도의 말씀이 너희 속에 풍성히 거하
여 모든 지혜로 피차 가르치며 권면하고 시와 찬송과 신령한 노래를 부르며 감사하는 마음으로 하나님을 찬양
하고 17 또 무엇을 하든지 말에나 일에나 다 주 예수의 이름으로 하고 그를 힘입어 하나님 아버지께 감사하라

골 3:10
학습 자료 84-4
"하나님의 형상으로서의 인간" 참조

주께 하듯 하라

18 아내들아 남편에게 복종하라 이는 주 안에서 마땅하니라 19 남편들아 아내를 사랑하며 괴롭게 하지 말라 20
자녀들아 모든 일에 부모에게 순종하라 이는 주 안에서 기쁘게 하는 것이니라 21 아비들아 너희 자녀를 노엽게
하지 말지니 낙심할까 함이라 22 종들아 모든 일에 육신의 상전들에게 순종하되 사람을 기쁘게 하는 자와 같이
눈가림만 하지 말고 오직 주를 두려워하여 성실한 마음으로 하라 23 무슨 일을 하든지 마음을 다하여 주께 하듯
하고 사람에게 하듯 하지 말라 24 이는 기업의 상을 주께 받을 줄 아나니 너희는 주 그리스도를 섬기느니라 25 불
의를 행하는 자는 불의의 보응을 받으리니 주는 사람을 외모로 취하심이 없느니라

골로새서 4장

1 상전들아 의와 공평을 종들에게 베풀지니 너희에게도 하늘에 상전이 계심을 알지어다

권면

2 기도를 계속하고 기도에 감사함으로 깨어 있으라 3 또한 우리를 위하여 기도하되 하나님이 전도할 문을 우리에
게 열어 주사 그리스도의 비밀을 말하게 하시기를 구하라 내가 이 일 때문에 매임을 당하였노라 4 그리하면 내가
마땅히 할 말로써 이 비밀을 나타내리라 5 외인에게 대해서는 지혜로 행하여 세월을 아끼라 6 너희 말을 항상 은
혜 가운데서 소금으로 맛을 냄과 같이 하라 그리하면 각 사람에게 마땅히 대답할 것을 알리라

끝 인사

7 두기고가 내 사정을 다 너희에게 알려 주리니 그는 사랑 받는 형제요 신실한 일꾼이요 주 안에서 함께 종이 된
자니라 8 내가 그를 특별히 너희에게 보내는 것은 너희로 우리 사정을 알게 하고 너희 마음을 위로하게 하려 함
이라 9 신실하고 사랑을 받는 형제 오네시모를 함께 보내노니 그는 너희에게서 온 사람이라 그들이 여기 일을 다
너희에게 알려 주리라 10 나와 함께 갇힌 아리스다고와 바나바의 생질 마가와 (이 마가에 대하여 너희가 명을 받았으
매 그가 이르거든 영접하라) 11 유스도라 하는 예수도 너희에게 문안하느니라 그들은 할례파이나 이들만은 하나님의
나라를 위하여 함께 역사하는 자들이니 이런 사람들이 나의 위로가 되었느니라 12 그리스도 예수의 종인 너희에
게서 온 에바브라가 너희에게 문안하느니라 그가 항상 너희를 위하여 애써 기도하여 너희로 하나님의 모든 뜻
가운데서 완전하고 확신 있게 서기를 구하나니 13 그가 너희와 라오디게아에 있는 자들과 히에라볼리에 있는 자
들을 위하여 많이 수고하는 것을 내가 증언하노라 14 사랑을 받는 의사 누가와 또 데마가 너희에게 문안하느니
라 15 라오디게아에 있는 형제들과 눔바와 그 여자의 집에 있는 교회에 문안하고 16 이 편지를 너희에게서 읽은
후에 라오디게아인의 교회에서도 읽게 하고 또 라오디게아로부터 오는 편지를 너희도 읽으라 17 아킵보에게 이
르기를 주 안에서 받은 직분을 삼가 이루라고 하라 18 나 바울은 친필로 문안하노니 내가 매인 것을 생각하라 은
혜가 너희에게 있을지어다

84일차 읽기의 요약
(빌 1~4, 몬 1, 골 1~4)

빌립보서는 로마 감옥에 갇혀 있는 바울이 빌립보 형제들에게 그들의 섬김을 감사하며 몇 가지 조언을 담아 보낸 서신서이다. 바울은 빌립보서 전체를 통해 무엇보다도 항상 기뻐하라고 반복하여 말한다. 바울의 평강과 기쁨의 비결은 그리스도께 순종하는 삶을 통해 어떤 형편에서든지 자족하기를 배웠을 뿐 아니라 그리스도가 전파되는 것을 최고의 기쁨으로 삼았기 때문이다. 바울은 또한 자신을 비우고 겸손과 복종으로 낮아지신 그리스도의 마음을 품을 것을 강조하며 빌립보 성도들도 서로 같은 마음을 품음으로 갈등을 해결하고 예수 그리스도를 닮아 갈 것을 권면했다.

바울은 또한 에바브라가 세운 골로새 교회에 유대주의적 율법주의, 영지주의, 신비주의, 천사 숭배등의 이단 사상이 들어온 것을 알았을 때 그러한 이단 사상을 물리치고 골로새 교회를 건강하게 세우기 위해 골로새서를 기록했다. 예수 그리스도의 하나님 되심과 유일한 중보자 되심을 변호하며 모든 위엄과 영광 가운데 계신 예수 그리스도의 충만함을 강조한다. 세상의 초등학문과 헛된 철학과 전통이 예수 그리스도의 신성과 탁월성을 혼잡하게 하지 못하도록 바울은 일상 생활에서 주님께 합당한 삶을 실천해야 함을 가르친다.

그러면 어떻게 살 것인가?

인위 뚝 · 신위 고!

☑ 세계관 점검 – 묵상하기 (영상 강의와 교재 내용의 이해를 바탕으로)

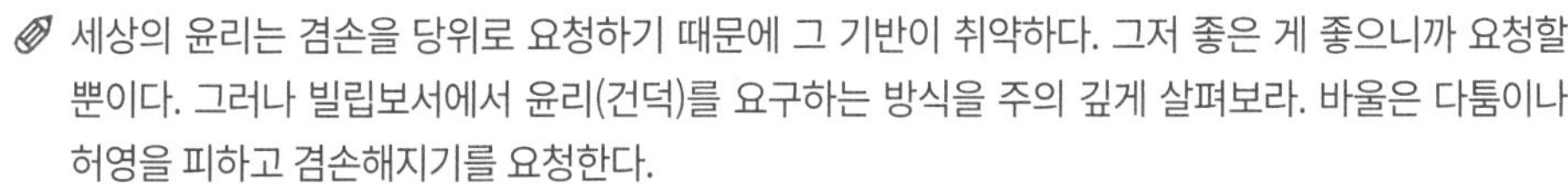

세상의 윤리는 겸손을 당위로 요청하기 때문에 그 기반이 취약하다. 그저 좋은 게 좋으니까 요청할 뿐이다. 그러나 빌립보서에서 윤리(건덕)를 요구하는 방식을 주의 깊게 살펴보라. 바울은 다툼이나 허영을 피하고 겸손해지기를 요청한다.
"아무 일에든지 다툼이나 허영으로 하지 말고 오직 겸손한 마음으로 각각 자기보다 남을 낫게 여기고"(빌 2:3) 이런 윤리적 덕목이 나올 수 있는 기반은 무엇일까?

· 빌 2:5-8 "너희 안에 이 마음을 품으라. 곧 그리스도 예수의 마음이니 그는 근본 하나님의 본체시나 하나님과 동등 됨을 취할 것으로 여기지 아니하시고 오히려 자기를 비어 종의 형체를 가져 사람들과 같이 되었고 사람의 모양으로 나타나셨으며 자기를 낮추사 죽기까지 복종하셨으니 곧 십자가의 죽음이라." 〈한글개역판〉

바울은 지금 그리스도께서 하늘 보좌를 버리고 십자가를 지신 구속(救贖)의 행동을 기반으로 겸손할 것을 빌립보 교인들에게 요구한다. 예수님의 구속 행동을 기초로 겸손의 미덕이 발휘될 수 있음을 바울이 지적하는 것이다. 이때의 겸손은 나 자신의 미덕이 아니라 그리스도의 미덕이 된다. 즉, 그리스도와 접붙여진 사람으로서 그리스도적인 미덕이 발휘되는 것이다. 그리하여 이제는 내가 산 것이 아니요, 내 안에 그리스도가 사시며(갈 2:20) 그분의 미덕이 발휘된 것이다. 이것은 개인의 자기 수양과 완성으로 발휘되는 세상의 윤리와는 다른 것이다.

이런 점을 볼 때 그리스도인들의 윤리적 미덕이 발휘되려면 예수님의 구속 행동에 확실히 접붙임을 받아야 한다는 것을 알 수 있다. 나 자신은 구속주 예수님께 접붙여 삶의 원동력이 거기로부터 나오는 삶을 살아가고 있는가?

· 빌 2:12 그러므로 나의 사랑하는 자들아 너희가 나 있을 때뿐 아니라 더욱 지금 나 없을 때에도 항상 복종하여 두렵고 떨림으로 너희 구원을 이루라

여기서 "두렵고 떨리는 마음으로 너희 구원을 이루라"의 이룰 구원은 어떤 구원을 말하는가? 그 구원은 왜 "두렵고 떨리는 마음"으로 이루어야 하는가?

빌 4:4-13을 깊이 묵상하라.

바울은 골로새서를 통해 우리를 옛 율법으로 옭아매는 세력을 그리스도의 십자가와 부활로 정복했다고 증거한다(골 1:13-23). 이제는 율법의 '초등학문'에서 해방되었음을 증거한다(골 2:20). 골로새 교인들이 그리스도와 함께 죽었을 때 온갖 의식적(儀式的)인 율법을 지켜야 할 의무로부터 해방되었다는 자유의 선언을 바울이 하고 있다. 이 자유의 복음 외에 다른 교훈에 착념하는 것은 자의적(自意的) 종교를 고안해 내는 것이요 자기 이익을 좇는 행위이다.
"이런 것들은 자의적 숭배와 겸손과 몸을 괴롭게 하는데 지혜 있는 모양이나 오직 육체를 좇는 것을 금하는 데는 조금도 유익이 없느니라."(골 2:23) 골로새 교인들은 이런데서 벗어나 오직 위의 것을 찾아야 했다.
"그러므로 너희가 그리스도와 함께 다시 살리심을 받았으면 위의 것을 찾으라. 거기는 그리스도께서 하나님 우편에 앉아 계시느니라."(골 3:1)
이것의 핵심 요지는 세속적 세계관을 성경적 세계관으로 바꾸라는 바울의 명령이다.

율법주의는 유대인들의 세계관이었다. 초대교회의 복음은 곧 이런 세계관 충돌이고, 문화충격이었다. 오늘 우리의 성경적 양육 프로그램은 이런 점을 깊이 고려하고 있는 것일까? 한국인과 한국교회는 무속, 불교, 유교, 민간신앙 등이 뒤섞인 이 시대의 한국 문화와 과감한 싸움을 싸워야 한다. 그것이 창세기 1:26-28의 정신이고, 가나안에 들어가면 "진멸하라"는 명령의 실천이며, 우리 관점 3의 구별된 삶을 사는 길이다. 그래야 하나님 나라가 회복된다. 시대 문화와의 싸움이 세계관의 싸움이고, 곧 영적 전쟁이다.

고후 10:4-6의 말씀을 다시 마음에 새기자.

· 고후 10:4-6 우리의 싸우는 무기는 육신에 속한 것이 아니요 오직 어떤 견고한 진도 무너뜨리는 하나님의 능력이라 모든 이론을 무너뜨리며 하나님 아는 것을 대적하여 높아진 것을 다 무너뜨리고 모든 생각을 사로잡아 그리스도에게 복종하게 하니 너희의 복종이 온전하게 될 때에 모든 복종하지 않는 것을 벌하려고 준비하는 중에 있노라

79일~
84일

☑ 결단기도와 실행하기

약 2:26　영혼 없는 몸이 죽은 것 같이 행함이 없는 믿음은 죽은 것이니라
시 119:28　나의 영혼이 눌림으로 말미암아 녹사오니 주의 말씀대로 나를 세우소서

79일~
84일

에베소서 1장~6장

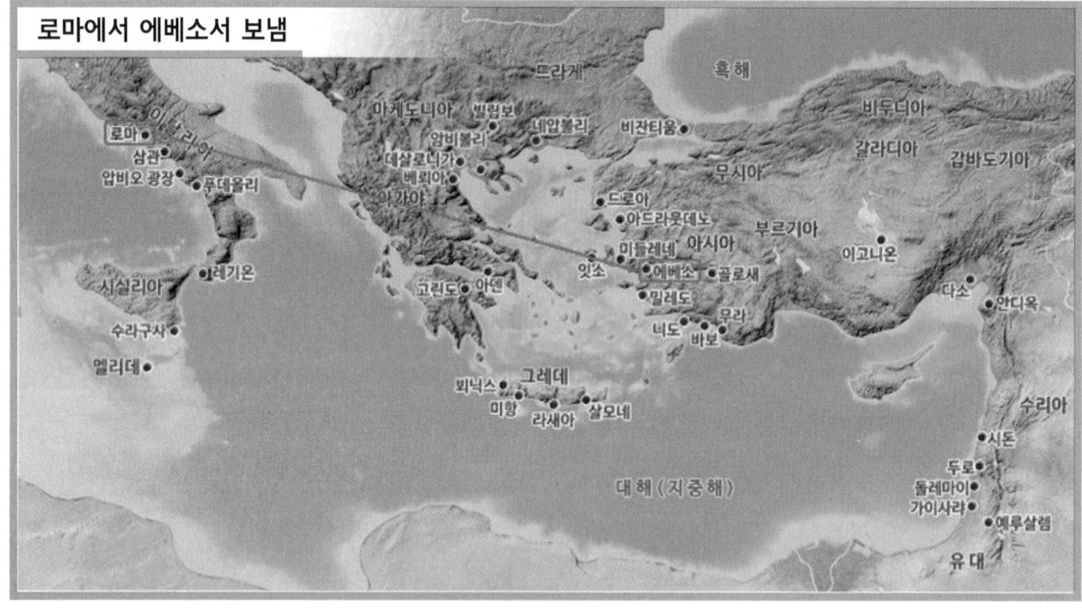

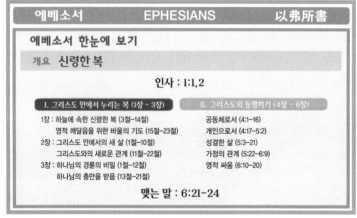

에베소서 EPHESIANS 以弗所書

에베소서 한눈에 보기

개요 **신령한 복**

인사 : 1:1,2

I. 그리스도 안에서 누리는 복 (1장 - 3장)	II. 그리스도와 동행하기 (4장 - 6장)
1장 : 하늘에 속한 신령한 복 (3절–14절)	공동체로서 (4:1–16)
영적 깨달음을 위한 바울의 기도 (15절–23절)	개인으로서 (4:17–5:2)
2장 : 그리스도 안에서의 새 삶 (1절–10절)	성결한 삶 (5:3–21)
그리스도와의 새로운 관계 (11절–22절)	가정의 관계 (5:22–6:9)
3장 : 하나님의 경륜의 비밀 (1절–12절)	영적 싸움 (6:10–20)
하나님의 충만을 받음 (13절–21절)	

맺는 말 : 6:21-24

에베소서 1장

인사

1하나님의 뜻으로 말미암아 그리스도 예수의 사도 된 바울은 에베소에 있
는 성도들과 그리스도 예수 안에 있는 신실한 자들에게 편지하노니 2하나
님 우리 아버지와 주 예수 그리스도로부터 은혜와 평강이 너희에게 있을
지어다

79일~84일

학습 자료 85-1 "에베소서의 신학적 독특성" 참조

❖ 에베소서 개요

에베소는 로마 제국에서 네 번째로 큰 도시로, 다이애나라고도 불리는 아데미 여신 신전의 본고장이었다. 아시아에 있는 모든 신 중에서 아데미만큼 열정적으로 숭배된 신은 없었다.

그러나 바울 당시 에베소는 그 항구에 배가 다닐 수 없게 되면서 무역 중심지의 위치를 상실했다. 그때로부터 아데미 숭배가 그 도시의 경제적 생존 수단이 되었다. 아데미와 연관된 관광객과 순례자를 대상으로 하는 교역으로 에베소의 많은 주민이 부자가 되었다. 은장색들은 아데미 여신상과 그 신전 모형을 만들어 팔아 생계를 유지했다. 세계 7대 불가사의 중 하나인 아데미 신전을 보기 위해 아주 먼 곳으로부터 찾아오는 수많은 숭배자로 인하여 여관과 식당 주인들은 부유해졌다. 심지어는 신전의 회계가 은행 역할을 수행하여, 왕들을 포함한 많은 사람에게 거액의 돈을 대출하기까지 했다. 그리고 아데미가 성(性)의 후원자였으므로 창녀들은 마블가(Mable Road)의 이층집에서 몸을 팔았다. 최고의 인기를 누렸던 아데미 숭배 외에도 사람들은 온갖 종류의 마술과 요술을 부렸

하늘에 속한 신령한 복

3 찬송하리로다 하나님 곧 우리 주 예수 그리스도의 아버지께서 그리스도
안에서 하늘에 속한 모든 신령한 복을 우리에게 주시되 4 곧 창세 전에 그
리스도 안에서 우리를 택하사 우리로 사랑 안에서 그 앞에 거룩하고 흠이
없게 하시려고 5 그 기쁘신 뜻대로 우리를 예정하사 예수 그리스도로 말
미암아 자기의 아들들이 되게 하셨으니 6 이는 그가 사랑하시는 자 안에
서 우리에게 거저 주시는 바 그의 은혜의 영광을 찬송하게 하려는 것이라
7 우리는 그리스도 안에서 그의 은혜의 풍성함을 따라 그의 피로 말미암
아 속량 곧 죄 사함을 받았느니라 8 이는 그가 모든 지혜와 총명을 우리에
게 넘치게 하사 9 그 뜻의 비밀을 우리에게 알리신 것이요 그의 기뻐하심
을 따라 그리스도 안에서 때가 찬 경륜을 위하여 예정하신 것이니 10 하늘
에 있는 것이나 땅에 있는 것이 다 그리스도 안에서 통일되게 하려 하심
이라 11 모든 일을 그의 뜻의 결정대로 일하시는 이의 계획을 따라 우리가
예정을 입어 그 안에서 기업이 되었으니 12 이는 우
리가 그리스도 안에서 전부터 바라던 그의 영
광의 찬송이 되게 하려 하심이라 13 그 안에서
너희도 진리의 말씀 곧 너희의 구원의 복음을
듣고 그 안에서 또한 믿어 약속의 성령으로 인
치심을 받았으니 14 이는 우리 기업의 보증이 되사
그 얻으신 것을 속량하시고 그의 영광을 찬송하게
하려 하심이라

바울의 기도

15 이로 말미암아 주 예수 안에서 너희 믿음과 모든 성도를 향한 사랑을
나도 듣고 16 내가 기도할 때에 기억하며 너희로 말미암아 감사하기를 그
치지 아니하고 17 우리 주 예수 그리스도의 하나님, 영광의 아버지께서 지혜와 계시의 영을 너희에게 주사 하나
님을 알게 하시고 18 너희 마음의 눈을 밝히사 그의 부르심의 소망이 무엇이며 성도 안에서 그 기업의 영광의 풍
성함이 무엇이며 19 그의 힘의 위력으로 역사하심을 따라 믿는 우리에게 베푸신 능력의 지극히 크심이 어떠한 것
을 너희로 알게 하시기를 구하노라 20 그의 능력이 그리스도 안에서 역사하사 죽은 자들 가운데서 다시 살리시
고 하늘에서 자기의 오른편에 앉히사 21 모든 통치와 권세와 능력과 주권과 이 세상뿐 아니라 오는 세상에 일컫
는 모든 이름 위에 뛰어나게 하시고 22 또 만물을 그의 발 아래에 복종하게 하시고 그를 만물 위에 교회의 머리
로 삼으셨느니라 23 교회는 그의 몸이니 만물 안에서 만물을 충만하게 하시는 이의 충만함이니라

으며 그 내용을 기록했다. 이 기록은 후에 에베시아 그라마타(Ephesia grammata)라 일컬어졌다. 하나님께서는 바울을 에베소로 보내 거기서 살게 하시고 하나님 자신을 위하여 한 교회를 불러내셔서 이 도시의 마술적 흑암을 비추는 빛이 되게 하셨다. 에베소의 역사적, 문화적 배경을 이렇게 간단히 살펴보는 것으로도 바울이 에베소 교회에 이 편지를 쓴 이유를 이해하는 데 도움이 될 것이다. A.D. 60~62년 경 바울이 로마의 죄수 신분으로 이 서신을 썼을 때와 마찬가지로 이 서신의 메시지는 오늘날에도 절실히 필요하다. 바울은 에베소 교회를 세운 지 약 10년쯤 지난 후 로마 감옥에서 이 편지를 쓴다. 바울은 그리스도의 교회를 성전으로, 인간의 몸을 신부로 비유했다. 그의 몸의 구성원들은 연합을 위해 최선을 다해야 한다(4:1-3). 그의 몸이 연합하는 힘을 보여주고 있다(4:4-6). 그의 몸을 세우기 위한 갖가지 은사를 소개하고 있다(4:7-16). 그의 몸에 참여한 자들은 그들의 임무를 깨달아 합당하게 행하라고 가르친다.

엡 1:7
학습 자료 85-2 "그리스도 안에서" 참조

에베소서 2장

허물과 죄로 죽었던 너희를 살리셨다

1 그는 허물과 죄로 죽었던 너희를 살리셨도다 2 그 때에 너희는 그 가운데서 행하여 이 세상 풍조를 따르고 공
중의 권세 잡은 자를 따랐으니 곧 지금 불순종의 아들들 가운데서 역사하는 영이라 3 전에는 우리도 다 그 가운
데서 우리 육체의 욕심을 따라 지내며 육체와 마음의 원하는 것을 하여 다른 이들과 같이 본질상 진노의 자녀이
었더니 4 긍휼이 풍성하신 하나님이 우리를 사랑하신 그 큰 사랑을 인하여 5 허물로 죽은 우리를 그리스도와 함
께 살리셨고 (너희는 은혜로 구원을 받은 것이라) 6 또 함께 일으키사 그리스도 예수 안에서 함께 하늘에 앉히시니 7 이
는 그리스도 예수 안에서 우리에게 자비하심으로써 그 은혜의 지극히 풍성함을 오는 여러 세대에 나타내려 하

심이라 8 너희는 그 은혜에 의하여 믿음으로 말미암아 구원을 받았으니
이것은 너희에게서 난 것이 아니요 하나님의 선물이라 9 행위에서 난 것이
아니니 이는 누구든지 자랑하지 못하게 함이라 10 우리는 그가 만드신 바
라 그리스도 예수 안에서 선한 일을 위하여 지으심을 받은 자니 이 일은
하나님이 전에 예비하사 우리로 그 가운데서 행하게 하려 하심이니라

십자가로 화목하게 하시다

11 그러므로 생각하라 너희는 그 때에 육체로는 이방인이요 손으로 육체
에 행한 할례를 받은 무리라 칭하는 자들로부터 할례를 받지 않은 무리
라 칭함을 받는 자들이라 12 그 때에 너희는 그리스도 밖에 있었고 이스
라엘 나라 밖의 사람이라 약속의 언약들에 대하여는 외인이요 세상에서
소망이 없고 하나님도 없는 자이더니 13 이제는 전에 멀리 있던 너희가 그
리스도 예수 안에서 그리스도의 피로 가까워졌느니라 14 그는 우리의 화
평이신지라 둘로 하나를 만드사 원수 된 것 곧 중간에 막힌 담을 자기 육
체로 허시고 15 법조문으로 된 계명의 율법을 폐하셨으니 이는 이 둘로 자
기 안에서 한 새 사람을 지어 화평하게 하시고 16 또 십자가로 이 둘을 한
몸으로 하나님과 화목하게 하려 하심이라 원수 된 것을 십자가로 소멸하
시고 17 또 오셔서 먼 데 있는 너희에게 평안을 전하시고 가까운 데 있는
자들에게 평안을 전하셨으니 18 이는 그로 말미암아 우리 둘이 한 성령 안
에서 아버지께 나아감을 얻게 하려 하심이라 19 그러므로 이제부터 너희
는 외인도 아니요 나그네도 아니요 오직 성도들과 동일한 시민이요 하나
님의 권속이라 20 너희는 사도들과 선지자들의 터 위에 세우심을 입은 자
라 그리스도 예수께서 친히 모퉁잇돌이 되셨느니라 21 그의 안에서 건물
마다 서로 연결하여 주 안에서 성전이 되어 가고 22 너희도 성령 안에서 하
나님이 거하실 처소가 되기 위하여 그리스도 예수 안에서 함께 지어져 가
느니라

엡 2:1-22
그리스도 밖에 있을 때와 안에 있을 때의 대조

밖에 있을 때	안에 있을 때
하나님의 진노 가운데 있었음(3절)	하나님의 은혜 가운데 있음(7절)
허물로 영이 죽어 있었음(5절)	영이 살아남(5절)
소망이 없었음(12절)	소망을 가지게 됨(13절)
의문에 속한 계명 아래 있었음(15절)	그리스도의 복음 가운데 있게 됨(15절)
하나님과 원수 관계에 있었음(16절)	하나님과 화목하게 됨(16절)
이 땅의 시민이었음(19절)	하늘의 시민이 됨(19절)
하나님의 성전을 못 이룸(20-22절)	하나님의 성전을 이룸(20-22절)

❖ 엡 1장~6장 **에베소서-그리스도 안에서 존귀하게 됨**

그리스도 안에 있는 모든 신자는 그리스도 자신의 모든 부요함으로 부요하다. 하나님은 우리가 그리스도와 함께 거룩하게 된 것으로 보신다. 우리는 완전한 지위를 가졌다. 하나님의 우리에 대한 사랑은 너무나도 크시기 때문에 성삼위(聖三位)께서 모두 우리의 구속에 관여하셨다. 우리의 죄로 죽었던 우리들은 이제 그리스도 안에서 살게 되었다. 우리가 그리스도의 피를 통해 하나님과 하나가 될 뿐만 아니라, 그리스도의 교회 안에서 사람들 사이의 장벽까지도 없어졌다. 이제는 유대인과 이방인 사이에 더 이상의 구별이 없으며 오히려 그리스도를 믿는 모든 사람은 하나님의 한 가족이다.
하나님은 우리가 받은 복에 합당하게 살기를 원하신다. 우리의 생활이 그리스도 안에서의 우리의 지위를 보충해 완전케 하여야 한다. 성령께서 교회가 통합되도록 모든 것을 해주지만 우리는 교회의 단일성을 지켜가야만 한다. 승천하신 그리스도께서는 사역을 위해 영적 은사를 주셨다. 우리는 이를 계발하여 이용해야만 한다. 부활의 능력이 우리에게 주어졌다. 우리는 빛의 자녀로서 사랑 가운데 살기 위해 이를 요구해야만 한다. 만일 우리가 성령의 지배를 받는다면 우리의 가정과 일에 관한 것들이 달라질 것이다. 하나님의 갑옷은 마귀를 막을 수 있고 우리가 이를 입어야만 한다.

에베소서 3장

하나님의 구원의 경륜의 비밀

1 이러므로 그리스도 예수의 일로 너희 이방인을 위하여 갇힌 자 된 나 바
울이 말하거니와 2 너희를 위하여 내게 주신 하나님의 그 은혜의 경륜을
너희가 들었을 터이라 3 곧 계시로 내게 비밀을 알게 하신 것은 내가 먼저
간단히 기록함과 같으니 4 그것을 읽으면 내가 그리스도의 비밀을 깨달은
것을 너희가 알 수 있으리라 5 이제 그의 거룩한 사도들과 선지자들에게
성령으로 나타내신 것 같이 다른 세대에서는 사람의 아들들에게 알리지
아니하셨으니 6 이는 이방인들이 복음으로 말미암아 그리스도 예수 안에
서 함께 상속자가 되고 함께 지체가 되고 함께 약속에 참여하는 자가 됨이라 7 이 복음을 위하여 그의 능력이 역
사하시는 대로 내게 주신 하나님의 은혜의 선물을 따라 내가 일꾼이 되었노라 8 모든 성도 중에 지극히 작은 자
보다 더 작은 나에게 이 은혜를 주신 것은 측량할 수 없는 그리스도의 풍성함을 이방인에게 전하게 하시고 9 영
원부터 만물을 창조하신 하나님 속에 감추어졌던 비밀의 경륜이 어떠한 것을 드러내게 하려 하심이라 10 이는 이
제 교회로 말미암아 하늘에 있는 통치자들과 권세들에게 하나님의 각종 지혜를 알게 하려 하심이니 11 곧 영원

부터 우리 주 그리스도 예수 안에서 예정하신 뜻대로 하신 것이라 12 우리가 그 안에서 그를 믿음으로 말미암아
담대함과 확신을 가지고 하나님께 나아감을 얻느니라 13 그러므로 너희에게 구하노니 너희를 위한 나의 여러 환
난에 대하여 낙심하지 말라 이는 너희의 영광이니라

그리스도의 사랑을 알게 하시기를

14 이러므로 내가 하늘과 땅에 있는 각 족속에게 15 이름을 주신 아버지 앞에 무릎을 꿇고 비노니 16 그의 영광의
풍성함을 따라 그의 성령으로 말미암아 너희 속사람을 능력으로 강건하게 하시오며 17 믿음으로 말미암아 그리
스도께서 너희 마음에 계시게 하시옵고 너희가 사랑 가운데서 뿌리가 박히고 터가 굳어져서 18 능히 모든 성도
와 함께 지식에 넘치는 그리스도의 사랑을 알고 19 그 너비와 길이와 높이와 깊이가 어떠함을 깨달아 하나님의
모든 충만하신 것으로 너희에게 충만하게 하시기를 구하노라 20 우리 가운데서 역사하시는 능력대로 우리가 구
하거나 생각하는 모든 것에 더 넘치도록 능히 하실 이에게 21 교회 안에서와 그리스도 예수 안에서 영광이 대대
로 영원무궁하기를 원하노라 아멘

에베소서 4장

성령이 하나 되게 하신 것

1 그러므로 주 안에서 갇힌 내가 너희를 권하노니 너희가 부르심을 받은
일에 합당하게 행하여 2 모든 겸손과 온유로 하고 오래 참음으로 사랑 가
운데서 서로 용납하고 3 평안의 매는 줄로 성령이 하나 되게 하신 것을 힘
써 지키라 4 몸이 하나요 성령도 한 분이시니 이와 같이 너희가 부르심의
한 소망 안에서 부르심을 받았느니라 5 주도 한 분이시요 믿음도 하나요
세례도 하나요 6 하나님도 한 분이시니 곧 만유의 아버지시라 만유 위에
계시고 만유를 통일하시고 만유 가운데 계시도다 7 우리 각 사람에게 그
리스도의 선물의 분량대로 은혜를 주셨나니 8 그러므로 이르기를 그가 위
로 올라가실 때에 사로잡혔던 자들을 사로잡으시고 그 사람들에게 선물
을 주셨다 하였도다 9 올라가셨다 하였은즉 땅 아래 낮은 곳으로 내리셨
던 것이 아니면 무엇이냐 10 내리셨던 그가 곧 모든 하늘 위에 오르신 자
니 이는 만물을 충만하게 하려 하심이라 11 그가 어떤 사람은 사도로, 어
떤 사람은 선지자로, 어떤 사람은 복음 전하는 자로, 어떤 사람은 목사와
교사로 삼으셨으니 12 이는 성도를 온전하게 하여 봉사의 일을 하게 하며
그리스도의 몸을 세우려 하심이라 13 우리가 다 하나님의 아들을 믿는 것
과 아는 일에 하나가 되어 온전한 사람을 이루어 그리스도의 장성한 분
량이 충만한 데까지 이르리니 14 이는 우리가 이제부터 어린 아이가 되지
아니하여 사람의 속임수와 간사한 유혹에 빠져 온갖 교훈의 풍조에 밀려
요동하지 않게 하려 함이라 15 오직 사랑 안에서 참된 것을 하여 범사에
그에게까지 자랄지라 그는 머리니 곧 그리스도라 16 그에게서 온 몸이 각
마디를 통하여 도움을 받음으로 연결되고 결합되어 각 지체의 분량대로
역사하여 그 몸을 자라게 하며 사랑 안에서 스스로 세우느니라

옛 사람과 새 사람

17 그러므로 내가 이것을 말하며 주 안에서 증언하노니 이제부터 너희는
이방인이 그 마음의 허망한 것으로 행함 같이 행하지 말라 18 그들의 총명
이 어두워지고 그들 가운데 있는 무지함과 그들의 마음이 굳어짐으로 말

엡 4:4-6 교회의 6대 속성

1	통일성(unity)
	요 17:21-23, 엡 4:4-6
2	거룩성(holiness)
	롬 3:28, 엡 2:20, 4:24
3	보편성(catholicity)
	마 28:19, 20, 고후 5:19, 골 3:11
4	사도성(apostolicity)
	마 28:19, 20, 갈 1:7-9
5	생명성(livingness)
	요 3:16, 11:25
6	무오성(infallibility)
	마 5:17, 18

엡 4:15, 16 주의 몸된 교회와 성도의 관계
교회는 성도들의 모임이다. 성경은 교회를 그리스도를 머리로 하여 모든 성도가 각 지체로 서로 연결된 유기체로 묘사하고 있다. 이것은 단적으로 한 주(主), 한 성령 안에서 자기의 개성을 유지하면서도 서로 연합·교제하는 성경의 교회관을 선명히 반영하는 비유인 것이다. 이제 성경에 나타난 교회와 성도와의 관계에 대한 말씀을 도표화 해보면 다음과 같다.

1	주는 교회의 머리이심(엡 1:22)
2	성도는 교회의 각각의 지체임(고전 12:27)
3	각 지체는 머리에 순종해야 함(엡 1:10)
4	각 지체는 상호 연합해야 함(엡 4:16)
5	각 지체는 자기 역할을 감당해야 함 (고전 12:4-26)
6	각 지체는 성령 안에서 하나됨(엡 4:3)

미암아 하나님의 생명에서 떠나 있도다 19 그들이 감각 없는 자가 되어 자
신을 방탕에 방임하여 모든 더러운 것을 욕심으로 행하되 20 오직 너희는
그리스도를 그같이 배우지 아니하였느니라 21 진리가 예수 안에 있는 것
같이 너희가 참으로 그에게서 듣고 또한 그 안에서 가르침을 받았을진대
22 너희는 유혹의 욕심을 따라 썩어져 가는 구습을 따르는 옛 사람을 벗
어 버리고 23 오직 너희의 심령이 새롭게 되어 24 하나님을 따라 의와 진리
의 거룩함으로 지으심을 받은 새 사람을 입으라

하나님을 본받는 생활

25 그런즉 거짓을 버리고 각각 그 이웃과 더불어 참된 것을 말하라 이는
우리가 서로 지체가 됨이라 26 분을 내어도 죄를
짓지 말며 해가 지도록 분을 품지 말고 27 마귀
에게 틈을 주지 말라 28 도둑질하는 자는 다시 도둑질하지 말고 돌이켜 가난한 자에
게 구제할 수 있도록 자기 손으로 수고하여 선한 일을 하라 29 무릇 더러운 말은 너
희 입 밖에도 내지 말고 오직 덕을 세우는 데 소용되는 대로 선한 말을 하여 듣는
자들에게 은혜를 끼치게 하라 30 하나님의 성령을 근심하게 하지 말라 그 안에서 너희가 구원의 날까지 인치심
을 받았느니라 31 너희는 모든 악독과 노함과 분냄과 떠드는 것과 비방하는 것을 모든 악의와 함께 버리고 32 서
로 친절하게 하며 불쌍히 여기며 서로 용서하기를 하나님이 그리스도 안에서 너희를 용서하심과 같이 하라

엡 4:21-23 **묵상**
세계관을 바꾸어야 한다는 것을 강하게 권면하고 있다. 고후 10:4-6과 함께 묵상하고 실천하라.
☞ **고후 10:4-6** 우리의 싸우는 무기는 육신에 속한 것이 아니요 오직 어떤 견고한 진도 무너뜨리는 하나님의 능력이라 모든 이론을 무너뜨리며 하나님 아는 것을 대적하여 높아진 것을 다 무너뜨리고 모든 생각을 사로잡아 그리스도에게 복종하게 하니 너희의 복종이 온전하게 될 때에 모든 복종하지 않는 것을 벌하려고 준비하는 중에 있노라

에베소서 5장

1 그러므로 사랑을 받는 자녀 같이 너희는 하나님을 본받는 자가 되고 2
그리스도께서 너희를 사랑하신 것 같이 너희도 사랑 가운데서 행하라 그
는 우리를 위하여 자신을 버리사 향기로운 제물과 희생제물로 하나님께
드리셨느니라 3 음행과 온갖 더러운 것과 탐욕은 너희 중에서 그 이름조
차도 부르지 말라 이는 성도에게 마땅한 바니라 4 누추함과 어리석은 말
이나 희롱의 말이 마땅치 아니하니 오히려 감사하는 말을 하라 5 너희도
정녕 이것을 알거니와 음행하는 자나 더러운 자나 탐하는 자 곧 우상 숭
배자는 다 그리스도와 하나님의 나라에서 기업을 얻지 못하리니 6 누구든
지 헛된 말로 너희를 속이지 못하게 하라 이로 말미암아 하나님의 진노가
불순종의 아들들에게 임하나니 7 그러므로 그들과 함께 하는 자가 되지
말라 8 너희가 전에는 어둠이더니 이제는 주 안에서 빛이라 빛의 자녀들
처럼 행하라 9 빛의 열매는 모든 착함과 의로움과 진실함에 있느니라 10
주를 기쁘시게 할 것이 무엇인가 시험하여 보라 11 너희는 열매 없는 어둠
의 일에 참여하지 말고 도리어 책망하라 12 그들이 은밀히 행하는 것들은
말하기도 부끄러운 것들이라 13 그러나 책망을 받는 모든 것은 빛으로 말
미암아 드러나나니 드러나는 것마다 빛이니라 14 그러므로 이르시기를 잠
자는 자여 깨어서 죽은 자들 가운데서 일어나라 그리스도께서 너에게 비
추이시리라 하셨느니라

그리스도의 이름으로 감사하라

15 그런즉 너희가 어떻게 행할지를 자세히 주의하여 지혜 없는 자 같이
하지 말고 오직 지혜 있는 자 같이 하여 16 세월을 아끼라 때가 악하니라

에베소서에서 영적 전투를 강조한 이유 - 아데미 신앙의 본거지

바울은 에베소서에서 특별히 영적 전투를 강조하고 있다(엡 6:10-20). 이는 실제로 에베소가 영적 적대 세력의 본거지이기 때문이다. 에베소에는 세계 7대 불가사의 중의 하나인 아데미(다이애나) 신전이 있었다. 아데미는 풍요와 다산의 신이었다. 바울이 이 아데미 신의 본거지인 에베소에서 복음을 전할 때에 혹독한 박해를 받았다(행 19:23-41).

☞ **영적 전투**
이렇게 복음에 대한 적개심이 강력한 에베소에 이제 복음의 씨가 뿌려졌는데, 경성하고 경계하지 않으면 복음의 싹이 밟히고 말 위기에 처한 것이다. 그래서 사도 바울은 에베소 교인들에게 단호하게 영적 전투를 수행해야 할 것을 촉구한 것이다.
여호수아의 가나안 정복 전쟁은 눈에 보이는 적과의 전투이기에 단순한 측면이 있지만, 에베소 교인들이 (또한 우리가) 수행해야 할 전투는 눈에 보이지 않는 적들과의 전투이기에 훨씬 치열하고 심오한 성격을 지니고 있다. 따라서 그 무장(武裝)도 세상의 무기가 아니라 하나님의 무기로 해야 한다.
☞ **엡 6:10-11** 끝으로 너희가 주 안에서와 그 힘의 능력으로 강건하여지고 마귀의 간계를 능히 대적하기 위하여 하나님의 전신 갑주를 입으라

85일~90일

[17]그러므로 어리석은 자가 되지 말고 오직 주
의 뜻이 무엇인가 이해하라 [18]술 취하지 말라
이는 방탕한 것이니 오직 성령으로 충만함을
받으라 [19]시와 찬송과 신령한 노래들로 서로
화답하며 너희의 마음으로 주께 노래하며 찬
송하며 [20]범사에 우리 주 예수 그리스도의 이
름으로 항상 아버지 하나님께 감사하며 [21]그
리스도를 경외함으로 피차 복종하라

아내와 남편

[22]아내들이여 자기 남편에게 복종하기를 주께 하듯 하라 [23]이는 남편이
아내의 머리 됨이 그리스도께서 교회의 머리 됨과 같음이니 그가 바로 몸
의 구주시니라 [24]그러므로 교회가 그리스도에게 하듯 아내들도 범사에
자기 남편에게 복종할지니라 [25]남편들아 아내 사랑하기를 그리스도께서
교회를 사랑하시고 그 교회를 위하여 자신을 주심 같이 하라 [26]이는 곧
물로 씻어 말씀으로 깨끗하게 하사 거룩하게 하시고 [27]자기 앞에 영광스
러운 교회로 세우사 티나 주름 잡힌 것이나 이런 것들이 없이 거룩하고 흠
이 없게 하려 하심이라 [28]이와 같이 남편들도 자기 아내 사랑하기를 자기
자신과 같이 할지니 자기 아내를 사랑하는 자는 자기를 사랑하는 것이라
[29]누구든지 언제나 자기 육체를 미워하지 않고 오직 양육하여 보호하기
를 그리스도께서 교회에게 함과 같이 하나니 [30]우리는 그 몸의 지체임이
라 [31]그러므로 사람이 부모를 떠나 그의 아내와 합하여 그 둘이 한 육체
가 될지니 [32]이 비밀이 크도다 나는 그리스도와 교회에 대하여 말하노라
[33]그러나 너희도 각각 자기의 아내 사랑하기를 자신 같이 하고 아내도 자
기 남편을 존경하라

❖ **하나님의 전신갑주**(the Armor of God)
허리 띠(Belt) - 진리(Truth)
흉배(Breastplate) - 의(Righteousness)
신(Sandals) - 평안의 복음(Gospel of Peace)
방패(Shield) - 믿음(Faith)
투구(Helmet) - 구원(Salvation)
성령의 검(Sword of the Spirit) - 하나님의 말씀(Word of God)
위의 무기는 성령의 검을 빼고는 다 방어를 위한 무기임을 기억하라. 그것도 다 앞을 방어하는 무기들이다. 사탄에게 뒤를 보이면 안 된다. 열심히 앞으로 나가는 삶을 살아야 한다. 그리고 사탄을 공격하는 데는 성령의 검, 즉 하나님의 말씀뿐이라는 사실을 명심하고 열심히 말씀 공부하고 말씀대로 살아야 한다. 예수님도 말씀으로 사탄의 시험을 이긴 사실을 잘 알고 있다.

❖ **마귀가 틈타기 아주 쉬운 3가지 상황** - 에베소서 4장
1) **불화(Disunity)** 주안에서 하나가 되지 못할 때 - 4:1-13
2) **미성숙(Immaturity)** 영적 거듭남이 없거나 예수를 닮는 것이 이루어지지 않을 때 - 4:14-16
사랑과 진리로 성숙하고 충만하라. 사탄은 거짓말쟁이기 때문에 진리 앞에 맥을 못 춘다. 이간 자이기에 사랑 앞에 맥을 못 춘다.(벧전 1:22-2:3)
3) **불결(Impurity)** - 구습을 청소해야 한다. - 4:17-32
⇒혹 내가 이 상태에 있는가?

에베소서 6장

엡 6장
학습 자료 85-3
"에베소서 6장에 나오는 영적 전쟁" 참조

자녀와 부모

[1]자녀들아 주 안에서 너희 부모에게 순종하라 이것이 옳으니라 [2]네 아버
지와 어머니를 공경하라 이것은 약속이 있는 첫 계명이니 [3]이로써 네가 잘되고 땅에서 장수하리라 [4]또 아비들
아 너희 자녀를 노엽게 하지 말고 오직 주의 교훈과 훈계로 양육하라

종과 상전

[5]종들아 두려워하고 떨며 성실한 마음으로 육체의 상전에게 순종하기를 그리스도께 하듯 하라 [6]눈가림만 하여
사람을 기쁘게 하는 자처럼 하지 말고 그리스도의 종들처럼 마음으로 하나님의 뜻을 행하고 [7]기쁜 마음으로 섬
기기를 주께 하듯 하고 사람들에게 하듯 하지 말라 [8]이는 각 사람이 무슨 선을 행하든지 종이나 자유인이나 주
께로부터 그대로 받을 줄을 앎이라 [9]상전들아 너희도 그들에게 이와 같이 하고 위협을 그치라 이는 그들과 너
희의 상전이 하늘에 계시고 그에게는 사람을 외모로 취하는 일이 없는 줄 너희가 앎이라

마귀를 대적하는 싸움

[10]끝으로 너희가 주 안에서와 그 힘의 능력으로 강건하여지고 [11]마귀의 간계를 능히 대적하기 위하여 하나님의
전신 갑주를 입으라 [12]우리의 씨름은 혈과 육을 상대하는 것이 아니요 통치자들과 권세들과 이 어둠의 세상 주
관자들과 하늘에 있는 악의 영들을 상대함이라 [13]그러므로 하나님의 전신 갑주를 취하라 이는 악한 날에 너희

가 능히 대적하고 모든 일을 행한 후에 서기 위함이라 14 그런즉 서서 진
리로 너희 허리 띠를 띠고 의의 호심경을 붙이고 15 평안의 복음이 준비한
것으로 신을 신고 16 모든 것 위에 믿음의 방패를 가지고 이로써 능히 악
한 자의 모든 불화살을 소멸하고 17 구원의 투구와 성령의 검 곧 하나님
의 말씀을 가지라 18 모든 기도와 간구를 하되 항상 성령 안에서 기도하고
이를 위하여 깨어 구하기를 항상 힘쓰며 여러 성도를 위하여 구하라 19 또
나를 위하여 구할 것은 내게 말씀을 주사 나로 입을 열어 복음의 비밀을
담대히 알리게 하옵소서 할 것이니 20 이 일을 위하여 내가 쇠사슬에 매인
사신이 된 것은 나로 이 일에 당연히 할 말을 담대히 하게 하려 하심이라

끝 인사

21 나의 사정 곧 내가 무엇을 하는지 너희에게도 알리려 하노니 사랑을 받
은 형제요 주 안에서 진실한 일꾼인 두기고가 모든 일을 너희에게 알리리
라 22 우리 사정을 알리고 또 너희 마음을 위로하기 위하여 내가 특별히
그를 너희에게 보내었노라 23 아버지 하나님과 주 예수 그리스도께로부
터 평안과 믿음을 겸한 사랑이 형제들에게 있을지어다 24 우리 주 예수 그
리스도를 변함 없이 사랑하는 모든 자에게 은혜가 있을지어다

1	허리 - 진리의 허리띠(14절)
	주의 진리를 중심 삼아 요동치 않음
2	가슴 - 의의 흉배(14절)
	사탄의 불의한 미혹으로부터 보호함
3	발 - 복음의 신(15절)
	복음을 전파하여 사탄의 세력을 쳐부숨
4	손 - 믿음의 방패(16절)
	주의 능력을 신뢰하고 대적들을 막아냄
5	손 - 성령의 검(17절)
	말씀으로 악한 세력들을 공격함
6	머리 - 구원의 투구(17절)
	구원의 확신으로 승리를 확신하며 싸움

디모데전서 1장~6장

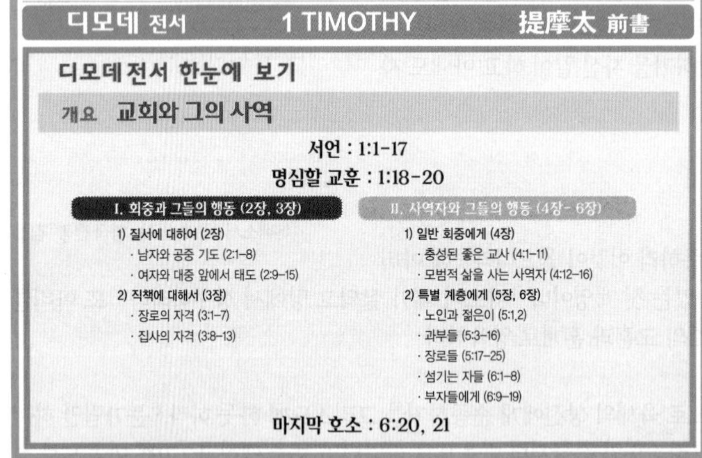

디모데 전서 1 TIMOTHY 提摩太 前書

디모데전서 한눈에 보기

개요 교회와 그의 사역

서언 : 1:1-17

명심할 교훈 : 1:18-20

I. 회중과 그들의 행동 (2장, 3장)
1) 질서에 대하여 (2장)
· 남자와 공중 기도 (2:1-8)
· 여자와 대중 앞에서 태도 (2:9-15)
2) 직책에 대해서 (3장)
· 장로의 자격 (3:1-7)
· 집사의 자격 (3:8-13)

II. 사역자와 그들의 행동 (4장 - 6장)
1) 일반 회중에게 (4장)
· 충성된 좋은 교사 (4:1-11)
· 모범적 삶을 사는 사역자 (4:12-16)
2) 특별 계층에게 (5장, 6장)
· 노인과 젊은이 (5:1,2)
· 과부들 (5:3-16)
· 장로들 (5:17-25)
· 섬기는 자들 (6:1-8)
· 부자들에게 (6:9-19)

마지막 호소 : 6:20, 21

❖ 디모데전서 개요

디모데는 바울이 루스드라에서 일할 때 믿게 된 사람으로서(행14장, 딤전1:2) 모든 사람에게 칭찬을 받을 정도로 신앙의 성장이 빨랐다. 바울이 감옥에서 풀려나왔을 때 서바나(스페인)로 가기 전에(롬 15:24, 몬 1:22) 에베소를 들렀다. 에베소에서 오래 머물 수 없어서 그 일을 연소한 디모데에게 맡긴 것이다. 성격이 소심하고 민감했던(5:23) 그에게는 그 일이 힘들었다. 그래서 바울은 원숙한 지혜로(바울 나이 70세) 그 젊은 디모데를 가르치기 위해 이 목회서신을 쓰게 된 것이다. 복음 사역을 위하여 바울은 30여 년간 큰 희생을 하였다. 그의 몸에는 예수 그리스도의 흔적(갈 6:17)이 있었다. 그러나 그의 고통도 그의 심령에 새겨진 교회들을 향한 그의 사랑과 관심에 비할 수는 없었다. 바울은 로마에서 2년 동안 셋집에 연금되어 있었음에도 그에 굴하지 않고 그리스도 예수 안에서 위에 있는 부르심의 상을 계속 쫓아갔다. 그는 아시아와 마케도니아 그리고 가능하면 서바나를 방문하고자 했다. 서바나는 바울이 로마의 죄수가 되기 전에 이미 그의 심령에 자리하고 있었다.

그는 또한 에베소 교회에 대해서 염려하고 있었다. 그의 신실한 동역자인 디모데가 전략적으로 중요한 그 교회에서 목회를 하

디모데전서 1장

인사

1 우리 구주 하나님과 우리의 소망이신 그리스도 예수의 명령을 따라 그
리스도 예수의 사도 된 바울은 2 믿음 안에서 참 아들 된 디모데에게 편지
하노니 하나님 아버지와 그리스도 예수 우리 주께로부터 은혜와 긍휼과
평강이 네게 있을지어다

다른 교훈을 가르치지 말라

3 내가 마게도냐로 갈 때에 너를 권하여 에베소에 머물라 한 것은 어떤 사
람들을 명하여 다른 교훈을 가르치지 말며 4 신화와 족보에 끝없이 몰두
하지 말게 하려 함이라 이런 것은 믿음 안에 있는 하나님의 경륜을 이룸
보다 도리어 변론을 내는 것이라 5 이 교훈의 목적은 청결한 마음과 선한
양심과 거짓이 없는 믿음에서 나오는 사랑이거늘 6 사람들이 이에서 벗어
나 헛된 말에 빠져 7 율법의 선생이 되려 하나 자기가 말하는 것이나 자기
가 확증하는 것도 깨닫지 못하는도다 8 그러나 율법은 사람이 그것을 적
법하게만 쓰면 선한 것임을 우리는 아노라 9 알 것은 이것이니 율법은 옳
은 사람을 위하여 세운 것이 아니요 오직 불법한 자와 복종하지 아니하는
자와 경건하지 아니한 자와 죄인과 거룩하지 아니한 자와 망령된 자와 아
버지를 죽이는 자와 어머니를 죽이는 자와 살인하는 자며 10 음행하는 자
와 남색하는 자와 인신 매매를 하는 자와 거짓말하는 자와 거짓맹세하는
자와 기타 바른 교훈을 거스르는 자를 위함이니 11 이 교훈은 내게 맡기신
바 복되신 하나님의 영광의 복음을 따름이니라

은혜를 감사하다

12 나를 능하게 하신 그리스도 예수 우리 주께 내가 감사함은 나를 충성되
이 여겨 내게 직분을 맡기심이니 13 내가 전에는 비방자요 박해자요 폭행
자였으나 도리어 긍휼을 입은 것은 내가 믿지 아니할 때에 알지 못하고 행
하였음이라 14 우리 주의 은혜가 그리스도 예수 안에 있는 믿음과 사랑과
함께 넘치도록 풍성하였도다 15 미쁘다 모든 사람이 받을 만한 이 말이여
그리스도 예수께서 죄인을 구원하시려고 세상에 임하셨다 하였도다 죄
인 중에 내가 괴수니라 16 그러나 내가 긍휼을 입은 까닭은 예수 그리스도

고 있었다. 바울의 방문이 지체될 가능성이 있었으며. 또 항상 상기해야 할 진리, 성도 앞에 제시할 문서가 필요하리라는 생각에 믿음 안에서 사랑하는 아들에게 첫 번째 편지를 썼다.
이 편지는 진리의 기둥과 터인 교회를 위한 유산이 되었다. 그때가 A.D. 62년경이었다.
이 서신을 가리켜 목회서신이라고 한다. 그것은 목회에 근간이 되는 원리들을 보여주고 있기 때문이다. 목회서신에는 디모데후서와 디도서가 있다.

❖ 딤전 1~6장 **바른 교훈을 전파해야할 목자의 사명**
바울은 에베소에 있는 디모데에게 편지를 보내 거짓된 교훈을 멀리하고 바른 교훈을 전파해야 할 목자의 책임을 일러주었다. 디모데가 목회하고 있는 에베소교회는 기독교와 유대교를 혼합하려는 움직임이 있었다. 율법 교사들의 이단 사설이 에베소교회를 위협하고 있었다. 복음에 망령되고 허탄한 신화를 첨가하려고 했다(딤전 4:7, 6:20).
바울은 이런 거짓된 가르침(주로 영지주의적인 가르침을 말함)에 맞서 젊은 목회자인 디모데에게 복음을 가르치는 일에 진력하되 말과 행실에 본이 될 것을 당부한다(딤전 4:10-16). 참된 목자로서 양들을 거느린다는 것은 믿음의 선한 싸움을 하며 필요한 경우에는 단호히 권징을 해야 함을 의미했다.
☞ **딤전 6:12, 20-21** 믿음의 선한 싸움을 싸우라 영생을 취하라 이를 위하여 네가 부르심을 받았고 많은 증인 앞에서 선한 증언을 하였도다

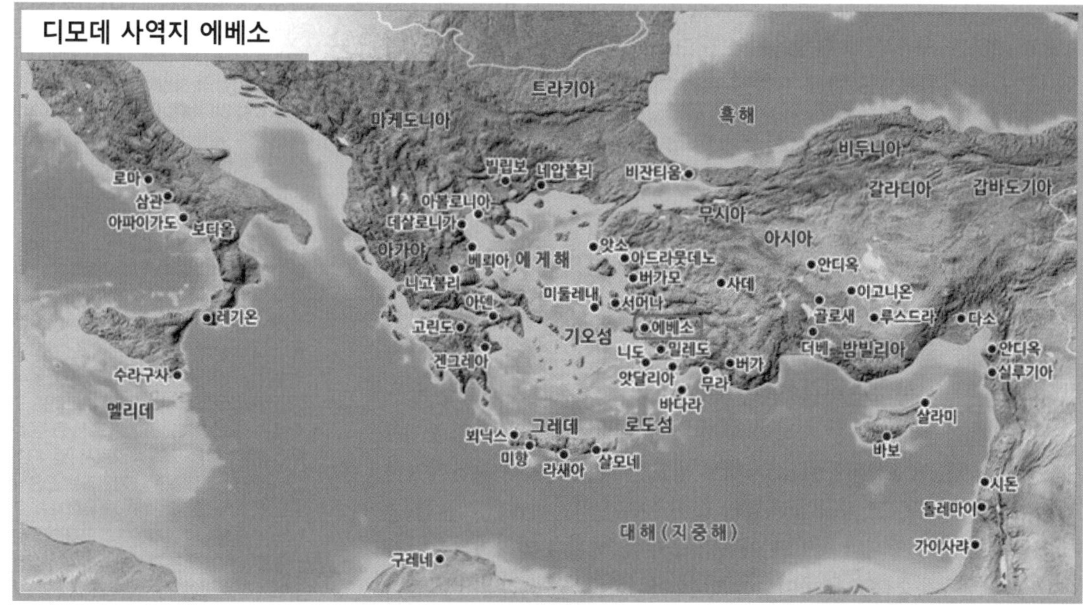

85일~90일

께서 내게 먼저 일체 오래 참으심을 보이사 후에 주를 믿어 영생 얻는 자
들에게 본이 되게 하려 하심이라 17 영원하신 왕 곧 썩지 아니하고 보이지
아니하고 홀로 하나이신 하나님께 존귀와 영광이 영원무궁하도록 있을지
어다 아멘 18 아들 디모데야 내가 네게 이 교훈으로써 명하노니 전에 너를
지도한 예언을 따라 그것으로 선한 싸움을 싸우며 19 믿음과 착한 양심을
가지라 어떤 이들은 이 양심을 버렸고 그 믿음에 관하여는 파선하였느니
라 20 그 가운데 후메내오와 알렉산더가 있으니 내가 사탄에게 내준 것은
그들로 훈계를 받아 신성을 모독하지 못하게 하려 함이라

디모데야 망령되고 헛된 말과 거짓된 지식의 반론을 피함으로 네게 부탁한 것을 지키라 이것을 따르는 사람들이 있어 믿음에서 벗어났느니라 은혜가 너희와 함께 있을지어다

이단 경계와 복음 진리 사수
본 서신에서 바울이 디모데에게 주는 최우선적인 교훈은 에베소에서 발흥하고 있는 이단 사상을 경계하는 것이다. 이 이단 사상은 유대 율법주의적 요소와 헬라의 이원론적 사상이 결합한 초기 형태의 영지주의로써, 다음 세기인 2세기에 기독교 복음의 근간을 위협하는 최대의 적대 세력으로 대두되었다. 바울은 이에 에베소의 목회자 디모데에게 최우선으로 이러한 이단 사상을 경계하고 복음의 진리를 사수하라고 명하는 것이다. 목회자는 당대의 시류(時流)를 통찰하며 반(反)기독교적인 종교와 사상과 철학을 경계하고 복음의 진리를 사수해야 한다. 바로 이것은 모든 시대의 목회자 본질의 직무에 속한 것이다.

디모데전서 2장

기도에 대한 가르침

1 그러므로 내가 첫째로 권하노니 모든 사람을 위하여 간구와 기도와 도
고와 감사를 하되 2 임금들과 높은 지위에 있는 모든 사람을 위하여 하라
이는 우리가 모든 경건과 단정함으로 고요하고 평안한 생활을 하려 함이
라 3 이것이 우리 구주 하나님 앞에 선하고 받으실 만한 것이니 4 하나님은
모든 사람이 구원을 받으며 진리를 아는 데에 이르기를 원하시느니라 5
하나님은 한 분이시요 또 하나님과 사람 사이에 중보자도 한 분이시니 곧 사람이신 그리스도 예수라 6 그가 모든
사람을 위하여 자기를 대속물로 주셨으니 기약이 이르러 주신 증거니라 7 이를 위하여 내가 전파하는 자와 사도
로 세움을 입은 것은 참말이요 거짓말이 아니니 믿음과 진리 안에서 내가 이방인의 스승이 되었노라 8 그러므로
각처에서 남자들이 분노와 다툼이 없이 거룩한 손을 들어 기도하기를 원하노라 9 또 이와 같이 여자들도 단정하
게 옷을 입으며 소박함과 정절로써 자기를 단장하고 땋은 머리와 금이나 진주나 값진 옷으로 하지 말고 10 오직
선행으로 하기를 원하노라 이것이 하나님을 경외한다 하는 자들에게 마
땅한 것이니라 11 여자는 일체 순종함으로 조용히 배우라 12 여자가 가르
치는 것과 남자를 주관하는 것을 허락하지 아니하노니 오직 조용할지니
라 13 이는 아담이 먼저 지음을 받고 하와가 그 후며 14 아담이 속은 것이
아니고 여자가 속아 죄에 빠졌음이라 15 그러나 여자들이 만일 정숙함으
로써 믿음과 사랑과 거룩함에 거하면 그의 해산함으로 구원을 얻으리라

딤전 3장 사람 자체에 관심을 둔 교회의 질서와 조직
본 서신은 목회 사역의 현장에서 적용될 실제적인 원리와 지침으로써, 교회의 질서와 조직 문제에 대해서도 다루고 있다. 그런데 특기할 것은, 바울이 비록 교회의 질서와 조직 확립에 대해 교훈하고 있지만 단순히 '행정'의 차원에서 이 문제들을 다루고 있지 않다는 것이다. 즉 바울은 교회의 질서에 대해 언급하는 대목에서 남 녀 성도들의 품행에 대해 강조하고 있으며, 또한 교회 조직과 관련된 감독과 집사의 자격 요건에 대해 다루는 대목에서 그들의 바른 행실과 인격을 강조하고 있다. 이는 곧 목회자가 목회 사역을 수행하면서 중요시해야 할 것은 외적 형태로서의 조직과 체계보다는 그 조직과 체계를 구성할 사람들의 내적 상태라는 것을 말해 준다. 교회의 질서와 조직은 단지 행정의 차원에서만 접근할 문제가 결코 아니다. 교회는 구속받은 성도 개개인이 지체로서 한 몸을 구성하는 '그리스도의 몸'으로서 (엡 4:11, 12), 세상의 조직 체계나 기관과는 근본적으로 성격이 다르다. 따라서 목회자의 모든 직무는 언제나 그리스도의 몸을 이루는 성도들 자체에 대한 관심에서 방향이 설정되어야 하는 것이다.

디모데전서 3장

감독과 집사의 자격

1 미쁘다 이 말이여, 곧 사람이 감독의 직분을 얻으려 함은 선한 일을 사모
하는 것이라 함이로다 2 그러므로 감독은 책망할 것이 없으며 한 아내의
남편이 되며 절제하며 신중하며 단정하며 나그네를 대접하며 가르치기를
잘하며 3 술을 즐기지 아니하며 구타하지 아니하며 오직 관용하며 다투지
아니하며 돈을 사랑하지 아니하며 4 자기 집을 잘 다스려 자녀들로 모든
공손함으로 복종하게 하는 자라야 할지며 5 (사람이 자기 집을 다스릴 줄 알지
못하면 어찌 하나님의 교회를 돌보리요) 6 새로 입교한 자도 말지니 교만하여져
서 마귀를 정죄하는 그 정죄에 빠질까 함이 7 또한 외인에게서도 선한 증
거를 얻은 자라야 할지니 비방과 마귀의 올무에 빠질까 염려하라 8 이와
같이 집사들도 정중하고 일구이언을 하지 아니하고 술에 인박히지 아니

하고 더러운 이를 탐하지 아니하고 9 깨끗한 양심에 믿음의 비밀을 가진 자라야 할지니 10 이에 이 사람들을 먼저
시험하여 보고 그 후에 책망할 것이 없으면 집사의 직분을 맡게 할 것이요 11 여자들도 이와 같이 정숙하고 모함
하지 아니하며 절제하며 모든 일에 충성된 자라야 할지니라 12 집사들은 한 아내의 남편이 되어 자녀와 자기 집
을 잘 다스리는 자일지니 13 집사의 직분을 잘한 자들은 아름다운 지위와 그리스도 예수 안에 있는 믿음에 큰 담
력을 얻느니라

경건의 비밀

14 내가 속히 네게 가기를 바라나 이것을 네게 쓰는 것은 15 만일 내가 지체하면 너로 하여금 하나님의 집에서 어
떻게 행하여야 할지를 알게 하려 함이니 이 집은 살아 계신 하나님의 교회요 진리의 기둥과 터니라 16 크도다 경
건의 비밀이여, 그렇지 않다 하는 이 없도다 그는 육신으로 나타난 바 되시고 영으로 의롭다 하심을 받으시고 천
사들에게 보이시고 만국에서 전파되시고 세상에서 믿은 바 되시고 영광 가운데서 올려지셨느니라

디모데전서 4장

거짓말하는 자들

1 그러나 성령이 밝히 말씀하시기를 후일에 어떤 사람들이 믿음에서 떠나 미혹하는 영과 귀신의 가르침을 따르
리라 하셨으니 2 자기 양심이 화인을 맞아서 외식함으로 거짓말하는 자들이라 3 혼인을 금하고 어떤 음식물은 먹
지 말라고 할 터이나 음식물은 하나님이 지으신 바니 믿는 자들과 진리를
아는 자들이 감사함으로 받을 것이니라 4 하나님께서 지으신 모든 것이
선하매 감사함으로 받으면 버릴 것이 없나니 5 하나님의 말씀과 기도로
거룩하여짐이라

그리스도 예수의 좋은 일꾼

6 네가 이것으로 형제를 깨우치면 그리스도 예수의 좋은 일꾼이 되어 믿
음의 말씀과 네가 따르는 좋은 교훈으로 양육을 받으리라 7 망령되고 허
탄한 신화를 버리고 경건에 이르도록 네 자신을 연단하라 8 육체의 연단
은 약간의 유익이 있으나 경건은 범사에 유익하니 금생과 내생에 약속이
있느니라 9 미쁘다 이 말이여 모든 사람들이 받을 만하도다 10 이를 위하
여 우리가 수고하고 힘쓰는 것은 우리 소망을 살아 계신 하나님께 둠이니
곧 모든 사람 특히 믿는 자들의 구주시라 11 너는 이것들을 명하고 가르
치라 12 누구든지 네 연소함을 업신여기지 못하게 하고 오직 말과 행실과
사랑과 믿음과 정절에 있어서 믿는 자에게 본이 되어 13 내가 이를 때까지
읽는 것과 권하는 것과 가르치는 것에 전념하라 14 네 속에 있는 은사 곧
장로의 회에서 안수 받을 때에 예언을 통하여 받은 것을 가볍게 여기지
말며 15 이 모든 일에 전심 전력하여 너의 성숙함을 모든 사람에게 나타나
게 하라 16 네가 네 자신과 가르침을 살펴 이 일을 계속하라 이것을 행함
으로 네 자신과 네게 듣는 자를 구원하리라

딤전 4:6-16 경건에 이르는 훈련
본 서신에서 바울이 후배 목회자인 디모데에게 주는 중요한 교훈 중의 하나는 '경건에 이르기를 힘쓰라'라는 것이다. 헬라 원어로 경건(piety)은 '좋은'이라는 접두어와 '예배하다' 혹은 '공경하다' 라는 단어가 결합한 용어로써, 하나님께 예배드리는 자의 마음 자세와 관련되어 있다. 즉 경건을 정의하자면 하나님을 친근히 사랑하면서 동시에 그분 앞에 거룩한 두려움을 가지고 예배하는 자의 마음 자세이다. 이러한 경건의 자세는 일반 성도들에게도 역시 마찬가지이지만, 특히 목회 직무를 수행하는 목회자가 지녀야 할 가장 기본적인 신앙 자세라고 할 수 있다. 진정한 능력의 원천은 경건에 있다! 경건한 삶을 통해 목회자는 하나님을 가까이하며 자신의 직무를 수행할 모든 은혜와 능력을 공급받는다. 반면, 경건을 잃어버리는 순간 목회자의 생명력은 끝나버린다. 그런데 이러한 경건의 상태는 자동으로 이르는 것이 아니라, 마치 경기를 앞둔 운동선수가 힘써 훈련하는 것과 같은 신앙적인 노력으로만 이르게 되는 것이다. 그러기에 모든 목회자는 경건에 이르기를 힘써 '연습해야' 한다.

디모데전서 5장

성도를 대하는 태도

1 늙은이를 꾸짖지 말고 권하되 아버지에게 하듯 하며 젊은이에게는 형제에게 하듯 하고 2 늙은 여자에게는 어머
니에게 하듯 하며 젊은 여자에게는 온전히 깨끗함으로 자매에게 하듯 하라 3 참 과부인 과부를 존대하라 4 만일
어떤 과부에게 자녀나 손자들이 있거든 그들로 먼저 자기 집에서 효를 행하여 부모에게 보답하기를 배우게 하

라 이것이 하나님 앞에 받으실 만한 것이니라 5 참 과부로서 외로운 자는 하나님께 소망을 두어 주야로 항상 간
구와 기도를 하거니와 6 향락을 좋아하는 자는 살았으나 죽었느니라 7 네가 또한 이것을 명하여 그들로 책망 받
을 것이 없게 하라 8 누구든지 자기 친족 특히 자기 가족을 돌보지 아니하면 믿음을 배반한 자요 불신자보다 더
악한 자니라 9 과부로 명부에 올릴 자는 나이가 육십이 덜 되지 아니하고 한 남편의 아내였던 자로서 10 선한 행
실의 증거가 있어 혹은 자녀를 양육하며 혹은 나그네를 대접하며 혹은 성도들의 발을 씻으며 혹은 환난 당한 자
들을 구제하며 혹은 모든 선한 일을 행한 자라야 할 것이요 11 젊은 과부는 올리지 말지니 이는 정욕으로 그리스
도를 배반할 때에 시집가고자 함이니 12 처음 믿음을 저버렸으므로 정죄를 받느니라 13 또 그들은 게으름을 익
혀 집집으로 돌아 다니고 게으를 뿐 아니라 쓸데없는 말을 하며 일을 만들며 마땅히 아니할 말을 하나니 14 그러
므로 젊은이는 시집 가서 아이를 낳고 집을 다스리고 대적에게 비방할 기회를 조금도 주지 말기를 원하노라 15
이미 사탄에게 돌아간 자들도 있도다 16 만일 믿는 여자에게 과부 친척이 있거든 자기가 도와주고 교회가 짐지
지 않게 하라 이는 참 과부를 도와 주게 하려 함이라 17 잘 다스리는 장로
들은 배나 존경할 자로 알되 말씀과 가르침에 수고하는 이들에게는 더욱
그리할 것이니라 18 성경에 일렀으되 곡식을 밟아 떠는 소의 입에 망을 씌
우지 말라 하였고 또 일꾼이 그 삯을 받는 것
은 마땅하다 하였느니라 19 장로에 대한 고
발은 두세 증인이 없으면 받지 말 것이
요 20 범죄한 자들을 모든 사람 앞에
서 꾸짖어 나머지 사람들로 두려워
하게 하라 21 하나님과 그리스도 예
수와 택하심을 받은 천사들 앞에서 내가 엄히 명하노니 너는 편견이 없이
이것들을 지켜 아무 일도 불공평하게 하지 말며 22 아무에게나 경솔히 안
수하지 말고 다른 사람의 죄에 간섭하지 말며 네 자신을 지켜 정결하게
하라 23 이제부터는 물만 마시지 말고 네 위장과 자주 나는 병을 위하여
는 포도주를 조금씩 쓰라 24 어떤 사람들의 죄는 밝히 드러나 먼저 심판
에 나아가고 어떤 사람들의 죄는 그 뒤를 따르나니 25 이와 같이 선행도
밝히 드러나고 그렇지 아니한 것도 숨길 수 없느니라

딤전 5:24 성경에 나타난 죄의 종류
기원에 의한 분류
· 원죄(창 3:6) · 후천적인 죄(창 4:8)
원인에 의한 분류
· 우발죄(민 15:27-29) · 고범죄(히 20:26, 27)
인식 대상의 의한 분류
· 자기도 모르는 숨겨진 죄(시 19:12) · 자신만 아는 죄(시 51:3) · 은밀한 죄(시 90:8) · 밝히 드러나는 죄(딤전 5:24)
결과에 의한 분류
· 사망에 이르는 죄(창 2:17) · 사망에 이르지 않는 죄(요일 5:16, 17) · 용서 받을 수 없는 죄(마 12:31, 32)
형태에 의한 분류
· 내적인 죄(마 5:28) · 외적인 죄(엡 4:17-19)

디모데전서 6장

1 무릇 멍에 아래에 있는 종들은 자기 상전들을 범사에 마땅히 공경할 자로 알지니 이는 하나님의 이름과 교훈
으로 비방을 받지 않게 하려 함이라 2 믿는 상전이 있는 자들은 그 상전을 형제라고 가볍게 여기지 말고 더 잘 섬
기게 하라 이는 유익을 받는 자들이 믿는 자요 사랑을 받는 자임이라 너는 이것들을 가르치고 권하라

말씀과 경건에 관한 교훈

3 누구든지 다른 교훈을 하며 바른 말 곧 우리 주 예수 그리스도의 말씀과 경건에 관한 교훈을 따르지 아니하면
4 그는 교만하여 아무 것도 알지 못하고 변론과 언쟁을 좋아하는 자니 이로써 투기와 분쟁과 비방과 악한 생각
이 나며 5 마음이 부패하여지고 진리를 잃어 버려 경건을 이익의 방도로 생각하는 자들의 다툼이 일어나느니라

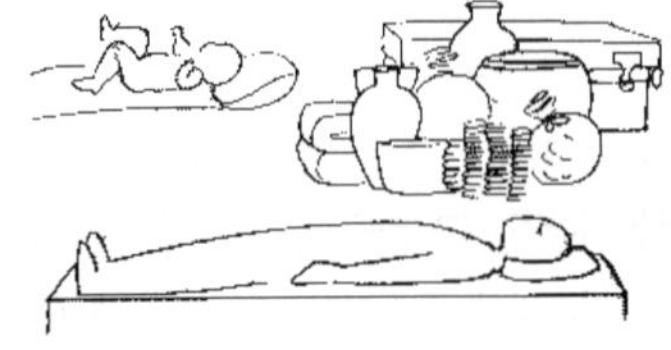

6 그러나 자족하는 마음이 있으면 경건은 큰 이익이 되느니라 7 우리가 세
상에 아무 것도 가지고 온 것이 없으매 또한 아무 것도 가지고 가지 못하
리니 8 우리가 먹을 것과 입을 것이 있은즉 족한 줄로 알 것이니라 9 부하려
하는 자들은 시험과 올무와 여러 가지 어리석고 해로운 욕심에 떨어지나니
곧 사람으로 파멸과 멸망에 빠지게 하는 것이라 10 돈을 사랑함이 일만 악의

뿌리가 되나니 이것을 탐내는 자들은 미혹을 받아 믿음에서 떠나 많은 근
심으로써 자기를 찔렀도다

믿음의 선한 싸움

11 오직 너 하나님의 사람아 이것들을 피하고 의와 경건과 믿음과 사랑과
인내와 온유를 따르며 12 믿음의 선한 싸움을 싸우라 영생을 취하라 이
를 위하여 네가 부르심을 받았고 많은 증인 앞에서 선한 증언을 하였도
다 13 만물을 살게 하신 하나님 앞과 본디오 빌라도를 향하여 선한 증언
을 하신 그리스도 예수 앞에서 내가 너를 명하노니 14 우리 주 예수 그리
스도께서 나타나실 때까지 흠도 없고 책망 받을 것도 없이 이 명령을 지
키라 15 기약이 이르면 하나님이 그의 나타나심을 보이시리니 하나님은
복되시고 유일하신 주권자이시며 만왕의 왕이시며 만주의 주시오 16 오직
그에게만 죽지 아니함이 있고 가까이 가지 못할 빛에 거하시고 어떤 사람
도 보지 못하였고 또 볼 수 없는 이시니 그에게 존귀와 영원한 권능을 돌
릴지어다 아멘 17 네가 이 세대에서 부한 자들을 명하여 마음을 높이지 말
고 정함이 없는 재물에 소망을 두지 말고 오직 우리에게 모든 것을 후히
주사 누리게 하시는 하나님께 두며 18 선을 행하고 선한 사업을 많이 하고
나누어 주기를 좋아하며 너그러운 자가 되게 하라 19 이것이 장래에 자기
를 위하여 좋은 터를 쌓아 참된 생명을 취하는 것이니라 20 디모데야 망령
되고 헛된 말과 거짓된 지식의 반론을 피함으로 네게 부탁한 것을 지키라
21 이것을 따르는 사람들이 있어 믿음에서 벗어났느니라 은혜가 너희와
함께 있을지어다

딤전 6:10 물욕(物慾)에 대한 철저한 경계
본 서신의 종결부에 이르러, 바울은 아주 직접적이고도 자극적인 용어를 사용하여 물욕(物慾)에 대해 경계하고 있다. 바울은 '돈을 사랑하는 것이 일만 악의 뿌리' 라고 선언한다. 또한 부하려 하는 자들이 시험과 올무와 정욕에 빠져 결국 멸망에 이른다고 선포한다. 또한 거짓 교사들의 두드러진 특징 중의 하나가 바로 '경건을 이익의 재료'로 생각하는 탐욕이라는 것을 고발하고 있다. 바울이 왜 이토록 강력하게 물욕에 대해 경계하고 있을까? 그것은 본 서신이 일차적으로 목회자를 대상으로 한 서신이기 때문이다. 즉 물욕은 일반 성도들에게도 마찬가지로 위험한 것이지만, 특히 목회자들에게는 치명적인 독(毒)과 같기 때문이다. 돈을 사랑하게 되는 순간부터, 목회 사역의 순수성과 참된 경건의 능력은 상실되고 만다. 더 이상 성도들을 바른 교훈으로 양육할 수 없으며, 심한 경우 목회의 성직이 물질적 이익을 채울 도구의 자리로 전락하고 만다. 목회의 길을 가게 된 동기가 진정 영광스러운 복음을 위한 헌신에서 비롯된 것이었다면, 그리고 다시 오실 그리스도 앞에서 부끄러움 없이 서기를 소망하는 목회자들은 물욕에 대해 이토록 철저히 경계하는 바울의 음성에 귀를 기울여야 할 것이다.

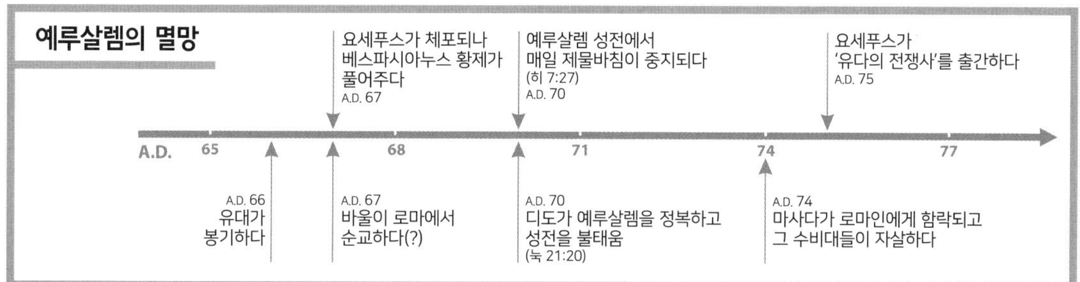

예루살렘의 멸망
요세푸스가 체포되나 베스파시아누스 황제가 풀어주다 A.D. 67
예루살렘 성전에서 매일 제물바침이 중지되다 (히 7:27) A.D. 70
요세푸스가 '유다의 전쟁사'를 출간하다 A.D. 75
A.D.
65
68
71
74
77
A.D. 66 유대가 봉기하다
A.D. 67 바울이 로마에서 순교하다(?)
A.D. 70 디도가 예루살렘을 정복하고 성전을 불태움 (눅 21:20)
A.D. 74 마사다가 로마인에게 함락되고 그 수비대들이 자살하다

85일~
90일

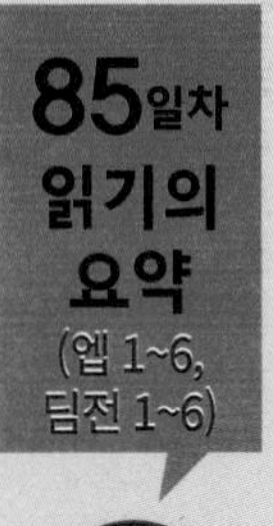

바울은 로마 감옥에서 그가 3차 선교 여행 중에 세운 에베소 교회에 편지를 보낸다. 에베소는 아데미 여신을 비롯하여 수많은 우상의 도시였으므로 바울은 에베소서를 통해 교회 공동체의 영적인 의미를 강조한다. 교회를 예수 그리스도와 연합된 몸으로 여겨 무엇보다도 그리스도인들이 하나님 보좌 우편에 계신 예수 그리스도를 중심으로 서로 연결되어 있다는 것을 깨닫게 한다. 바울은 또한 주님의 몸인 교회가 하나님의 전신갑주로 무장하여 이 세상에서 마귀를 대적하여 적극적으로 영적 전쟁을 수행하여 복음을 수호하고 자라게 해야 함을 강조한다.

또한 바울은 로마 감옥에서 풀려나와 서바나로 가기 전에 에베소에 들렀고 그 교회를 디모데가 사역하도록 맡겼다. 그리고 바울은 젊은 목회자 디모데를 위해 목회서신인 디모데전서를 기록했다. 디모데가 목회하고 있는 에베소교회의 율법 교사들이 기독교와 유대교를 혼합하려는 움직임이 있었고 또한 이단의 위협이 있었으므로 바울은 이런 거짓된 가르침에 맞서 젊은 목회자 디모데에게 복음을 가르치는 일에 전심전력하고 말과 행실에 본이 될 것을 당부한다.

그러려면 어떻게 살 것인가?

인위뚝·신위고!

☑ 세계관 점검 – 묵상하기 (영상 강의와 교재 내용의 이해를 바탕으로)

✎ ▷ 영상에서 저자 강사는 엡 4장의 불화, 미성숙, 불결의 상태에서 벗어날 수 있는 길은 무엇이라고 했는가?

✎ 당신은 하나님의 전신 갑주로 무장되어 있는가?

에베소는 우상 아데미 신앙의 본거지이었다. 그래서 바울은 특별히 영적 전투를 강조하고 있다(엡 6:10-20). 이는 실제적으로 에베소가 영적 적대 세력의 본거지이기 때문이다. 에베소에는 세계 7대 불가사의 중의 하나인 아데미(다이애나) 신전이 있었다. 아데미는 풍요와 다산의 신이었다. 바울이 이 아데미 신의 본거지인 에베소에서 복음을 전할 때에 혹독한 박해를 받았다(행 19:23-41). 이렇게 복음에 대한 적개심이 강력한 에베소에 이제 복음의 씨가 뿌려졌는데, 경성하고 경계하지 않으면 복음의 싹이 밟히고 말 위기에 처한 것이다. 그래서 사도 바울은 에베소 교인들에게 단호하게 영적 전투를 수행해야 할 것을 촉구한 것이다.

여호수아의 가나안 정복 전쟁은 눈에 보이는 적과의 전투이기에 단순한 측면이 있지만, 에베소 교인들이 (또한 우리가) 수행해야 할 전투는 눈에 보이지 않는 적들과의 전투이기에 훨씬 치열하고 심오한 성격을 지니고 있다. 따라서 그 무장(武裝)도 세상의 무기가 아니라 하나님의 무기로 싸워야 한다.

· 엡 6:10-11 "끝으로 너희가 주 안에서와 그 힘의 능력으로 강건하여지고 마귀의 간계를 능히 대적하기 위하여 하나님의 전신 갑주를 입으라"

에베소서에는 바울 신학의 핵심인 "그리스도 안에서"(in Christ, en Christos)가 35번이나 나온다. "그리스도 안에서"의 바울의 표현과 우리 통큰통독에서 말하는 "자기중심성 내려놓기"와 같은 개념이다. 자기를 죽이지 않고는 그리스도 안에 접붙일 수 없다는 사실을 명심하라.

· 갈 2:20 내가 그리스도와 함께 십자가에 못 박혔나니 그런즉 이제는 내가 사는 것이 아니요 오직 내 안에 그리스도께서 사시는 것이라 이제 내가 육체 가운데 사는 것은 나를 사랑하사 나를 위하여 자기 자신을 버리신 하나님의 아들을 믿는 믿음 안에서 사는 것이라
· 고후 5:17 그런즉 누구든지 그리스도 안에 있으면 새로운 피조물이라 이전 것은 지나갔으니 보라 새 것이 되었도다

☑ 당신은 그리스도 안에 있는가?
그리스도가 당신 안에 있는가?
제자인가? 무리인가?
信者인가? 神子인가?
Churchian인가? Christian인가?

❷

❸

엡 4:21-24를 묵상하라.

바른 교훈을 전파해야 할 목자의 사명

바울은 에베소에 있는 디모데에게 편지를 보내 거짓된 교훈을 멀리하고 바른 교훈을 전파해야 할 목자의 책임을 일러주었다. 디모데가 목회하고 있는 에베소교회는 기독교와 유대교를 혼합하려는 움직임이 있었다. 율법 교사들의 이단 사설이 에베소교회를 위협하고 있었다. 복음에 망령되고 허탄한 신화를 첨가하려고 했다(딤전 4:7, 6:20). 바울은 이런 거짓된 가르침(주로 영지주의적인 가르침을 말함)에 맞서 젊은 목회자인 디모데에게 복음을 가르치는 일에 진력하되 말과 행실에 본이 될 것을 당부한다(딤전 4:10-16). 참된 목자로서 양들을 거느린다는 것은 믿음의 선한 싸움을 하며 필요한 경우에는 단호히 권징을 해야 함을 의미했다.

· 딤전 6:12, 20, 2 "믿음의 선한 싸움을 싸우라 영생을 취하라 이를 위하여 네가 부르심을 받았고 많은 증인 앞에서 선한 증언을 하였도다
디모데야 망령되고 헛된 말과 거짓된 지식의 반론을 피함으로 네게 부탁한 것을 지키라 이것을 따르는 사람들이 있어 믿음에서 벗어났느니라 은혜가 너희와 함께 있을지어다"

더욱 세속화되는 교회에서 목회자가 죽어도 해야 할 일이 무엇이라고 생각하는가?
목회자는 심각하게 도전을 받아야 한다!

☑ 결단기도와 실행하기

약 2:26 영혼 없는 몸이 죽은 것 같이 행함이 없는 믿음은 죽은 것이니라
시 119:28 나의 영혼이 눌림으로 말미암아 녹사오니 주의 말씀대로 나를 세우소서

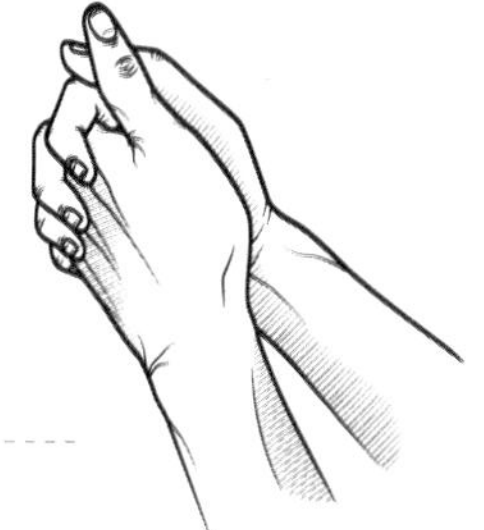

디도서 1장~3장

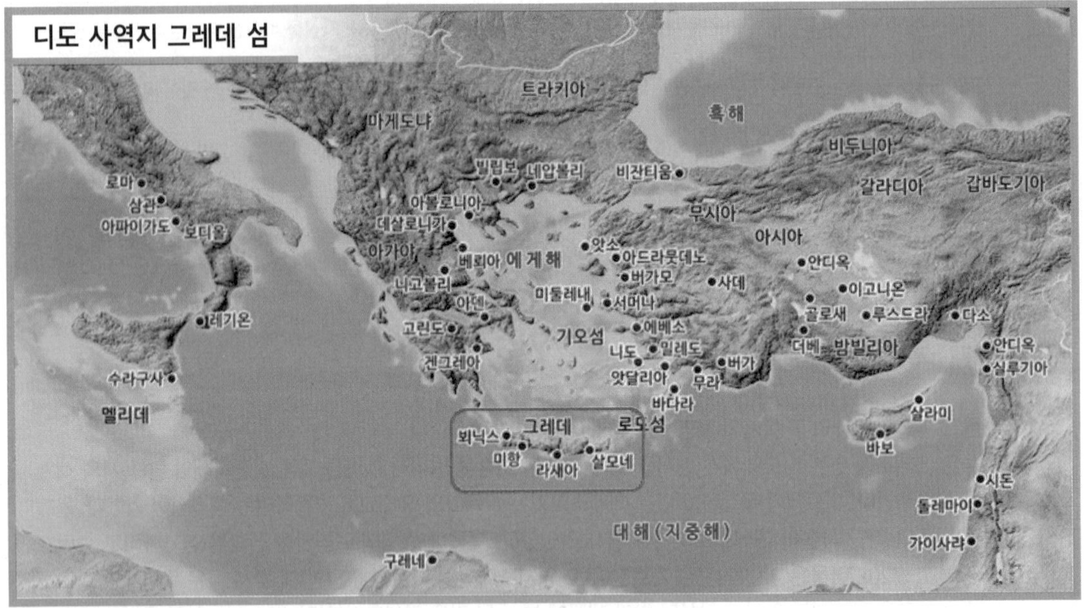

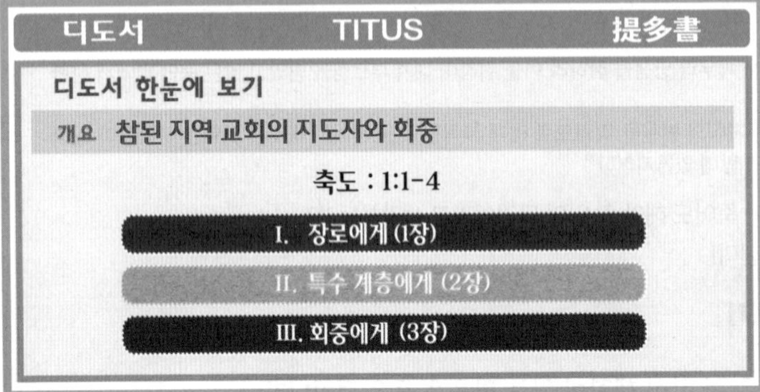

디도서 1장

인사

[1] 하나님의 종이요 예수 그리스도의 사도인 나 바울이 사도 된 것은 하나
님이 택하신 자들의 믿음과 경건함에 속한 진리의 지식과 [2] 영생의 소망
을 위함이라 이 영생은 거짓이 없으신 하나님이 영원 전부터 약속하신 것
인데 [3] 자기 때에 자기의 말씀을 전도로 나타내셨으니 이 전도는 우리 구
주 하나님이 명하신 대로 내게 맡기신 것이라 [4] 같은 믿음을 따라 나의 참
아들 된 디도에게 편지하노니 하나님 아버지와 그리스도 예수 우리 구주
로부터 은혜와 평강이 네게 있을지어다

디도서 개요

그레데인들은 소란한 민족 중의 하나로써 민족성이 좋지 않아 거짓말을 많이 하며 악한 짐승과 같이 자기 배만 위한 게으름쟁이들이였다. 이런 곳에 세운 교회에 유대주의 성격이 강한 이단들이 들어왔다. 그들은 참된 진리를 거부하고 악덕을 일삼으며 허탄한 논쟁(인간의 행위가 구원의 일부를 담당한다는 거짓 교사들의 주장)을 즐김으로써, 믿음이 약한 신자들을 미혹한다. 바울은 이러한 이단들의 잘못된 교훈에 대해 경계할 것과, 디도와 장로들이 해야 할 일을 이 서신에서 말하고 있다. 바울이 그레데를 지나 로마로 향하여 갈 때 그는 자신이 타고 있던 배의 선장이 아니었다. 그는 로마의 죄수였다. 백부장이 바울의 말을 듣고 그레데에 정박하고 있었더라면 참으로 지혜로웠을 것으로 생각한다. 광풍이 크게 일어남에도 불구하고, 그들은 많은 어려움 중에서도 항해를 계속했다. 바울이 예상한 대로, 시실리에서 남쪽으로 약 93km 떨어진 멜리데섬에서 그들은 배를 잃게 된다. 바울이 탔던 배는 바다 밑바닥으로 가라앉아 버렸다. 이와 마찬가지로 그레데 역시 죄악의 깊은 수렁에 빠져 있었다. 하나님 없는 방탕한 생활양식으로 말미암아 도덕적으로 산산이 부서진 그레데에게는 복음의 기쁜 소식이 필요

그레데에서 해야 할 디도의 사역

[5] 내가 너를 그레데에 남겨 둔 이유는 남은 일을 정리하고 내가 명한 대로
각 성에 장로들을 세우게 하려 함이니 [6] 책망할 것이 없고 한 아내의 남편
이며 방탕하다는 비난을 받거나 불순종하는 일이 없는 믿는 자녀를 둔 자
라야 할지라 [7] 감독은 하나님의 청지기로서 책망할 것이 없고 제 고집대
로 하지 아니하며 급히 분내지 아니하며 술을 즐기지 아니하며 구타하지
아니하며 더러운 이득을 탐하지 아니하며 [8] 오직 나그네를 대접하며 선행
을 좋아하며 신중하며 의로우며 거룩하며 절제하며 [9] 미쁜 말씀의 가르
침을 그대로 지켜야 하리니 이는 능히 바른 교훈으로 권면하고 거슬러 말
하는 자들을 책망하게 하려 함이라 [10] 불순종하고 헛된 말을 하며 속이는
자가 많은 중 할례파 가운데 특히 그러하니 [11] 그들의 입을 막을 것이라
이런 자들이 더러운 이득을 취하려고 마땅하지 아니한 것을 가르쳐 가정들을 온통 무너뜨리는도다 [12] 그레데인
중의 어떤 선지자가 말하되 그레데인들은 항상 거짓말쟁이며 악한 짐승이며 배만 위하는 게으름뱅이라 하니 [13]
이 증언이 참되도다 그러므로 네가 그들을 엄히 꾸짖으라 이는 그들로 하여금 믿음을 온전하게 하고 [14] 유대인
의 허탄한 이야기와 진리를 배반하는 사람들의 명령을 따르지 않게 하려 함이라 [15] 깨끗한 자들에게는 모든 것
이 깨끗하나 더럽고 믿지 아니하는 자들에게는 아무 것도 깨끗한 것이 없고 오직 그들의 마음과 양심이 더러운
지라 [16] 그들이 하나님을 시인하나 행위로는 부인하니 가증한 자요 복종하지 아니하는 자요 모든 선한 일을 버
리는 자니라

했다. 다행스럽게도 그레데는 부서진 배와 달리 그대로 버려지지는 않았다. 바울이 2년간 로마의 셋집에서 지내기 전부터 그레데가 바울의 심령에 자리하고 있었는지는 알 수 없다. 다만 우리가 아는 것은 바울이 로마의 사슬에서 벗어난 후 분명히 그가 디도를 그레데로 데리고 가서 거기에 그를 남겨 두었다는 것이다.
바울이 디도서를 쓸 때는 A.D. 62년경이었다. 바울은 자기가 로마로 되돌아가 마지막으로 투옥되리라는 사실을 몰랐다.
디도서는 바울이 디도에게 보낸 목회서신이고 디도데 전후서 사이에 기록했을 것이다.

디도서 2장

교훈에 합당한 말

[1] 오직 너는 바른 교훈에 합당한 것을 말하여 [2] 늙은 남자로는 절제하며 경건하며 신중하며 믿음과 사랑과 인내
함에 온전하게 하고 [3] 늙은 여자로는 이와 같이 행실이 거룩하며 모함하지 말며 많은 술의 종이 되지 아니하며
선한 것을 가르치는 자들이 되고 [4] 그들로 젊은 여자들을 교훈하되 그 남편과 자녀를 사랑하며 [5] 신중하며 순전
하며 집안 일을 하며 선하며 자기 남편에게 복종하게 하라 이는 하나님의
말씀이 비방을 받지 않게 하려 함이라 [6] 너는 이와 같이 젊은 남자들을 신
중하도록 권면하되 [7] 범사에 네 자신이 선한 일의 본을 보이며 교훈에 부
패하지 아니함과 단정함과 [8] 책망할 것이 없는 바른 말을 하게 하라 이는
대적하는 자로 하여금 부끄러워 우리를 악하다 할 것이 없게 하려 함이라
[9] 종들은 자기 상전들에게 범사에 순종하여 기쁘게 하고 거슬러 말하지
말며 [10] 훔치지 말고 오히려 모든 참된 신실성을 나타내게 하라 이는 범사
에 우리 구주 하나님의 교훈을 빛나게 하려 함이라 [11] 모든 사람에게 구
원을 주시는 하나님의 은혜가 나타나 [12] 우리를 양육하시되 경건하지 않
은 것과 이 세상 정욕을 다 버리고 신중함과 의로움과 경건함으로 이 세
상에 살고 [13] 복스러운 소망과 우리의 크신 하나님 구주 예수 그리스도의
영광이 나타나심을 기다리게 하셨으니 [14] 그가 우리를 대신하여 자신을
주심은 모든 불법에서 우리를 속량하시고 우리를 깨끗하게 하사 선한 일
을 열심히 하는 자기 백성이 되게 하려 하심이라

딛 2:11-14
시제로 본 삼위일체 하나님의 구원사역

	성부	성자	성령
과거	창세 전부터 그리스도 안에서 예정하심 (딤후 1:9)	당신의 피로 죄인을 속량하심 (엡 1:7)	그리스도를 주로 믿도록 강권하심 (고전 12:3)
현재	성도를 양자 삼으심 (롬 8:17)	성부의 성도 구원 목적과 뜻을 계시하심 (엡 1:3-14)	성도를 하나님의 소유로 인침 (엡 4:30)
미래	그리스도 안에서 성도를 영접하시고 천국 유업을 주심 (히 6:17)	성도로 자신과 함께 천국 영광을 누리게 하심 (롬 8:17, 18)	성도가 하나님의 자녀됨을 성부 앞에서 증거하실 것임 (엡 1:13, 14)

선한 일을 가르치라

[15] 너는 이것을 말하고 권면하며 모든 권위로 책망하여 누구에게서든지 업신여김을 받지 말라

디도서 3장

[1] 너는 그들로 하여금 통치자들과 권세 잡은 자들에게 복종하며 순종하
며 모든 선한 일 행하기를 준비하게 하며 [2] 아무도 비방하지 말며 다투지
말며 관용하며 범사에 온유함을 모든 사람에게 나타낼 것을 기억하게 하
라 [3] 우리도 전에는 어리석은 자요 순종하지 아니한 자요 속은 자요 여러
가지 정욕과 행락에 종 노릇 한 자요 악독과 투기를 일삼은 자요 가증스
러운 자요 피차 미워한 자였으나 [4] 우리 구주 하나님의 자비와 사람 사랑
하심이 나타날 때에 [5] 우리를 구원하시되 우리가 행한 바 의로운 행위로
말미암지 아니하고 오직 그의 긍휼하심을 따라 중생의 씻음과 성령의 새
롭게 하심으로 하셨나니 [6] 우리 구주 예수 그리스도로 말미암아 우리에게
그 성령을 풍성히 부어 주사 [7] 우리로 그의 은혜를 힘입어 의롭다 하심을
얻어 영생의 소망을 따라 상속자가 되게 하려 하심이라 [8] 이 말이 미쁘도
다 원하건대 너는 이 여러 것에 대하여 굳세게 말하라 이는 하나님을 믿
는 자들로 하여금 조심하여 선한 일을 힘쓰게 하려 함이라 이것은 아름다
우며 사람들에게 유익하니라 [9] 그러나 어리석은 변론과 족보 이야기와 분
쟁과 율법에 대한 다툼은 피하라 이것은 무익한 것이요 헛된 것이니라 [10]
이단에 속한 사람을 한두 번 훈계한 후에 멀리하라 [11] 이러한 사람은 네
가 아는 바와 같이 부패하여 스스로 정죄한 자로서 죄를 짓느니라

부탁과 끝 인사

[12] 내가 아데마나 두기고를 네게 보내리니 그 때에 네가 급히 니고볼리로
내게 오라 내가 거기서 겨울을 지내기로 작정하였노라 [13] 율법교사 세나
와 및 아볼로를 급히 먼저 보내어 그들로 부족함이 없게 하고 [14] 또 우리
사람들도 열매 없는 자가 되지 않게 하기 위하여 필요한 것을 준비하는
좋은 일에 힘 쓰기를 배우게 하라 [15] 나와 함께 있는 자가 다 네게 문안하니 믿음 안에서 우리를 사랑하는 자들
에게 너도 문안하라 은혜가 너희 무리에게 있을지어다

❖ 딛 1~3장 **선한 행실을 무시하는 사람들에 대한 교훈 - 그레데 사람들의 방종**

바울이 디도를 그레데 섬에 남겨 두었던 것은 그레데 교인들의 잘못을 바로잡기 위함이다(딛 1:5). 바울은 그레데 사람들이 윤리적으로 방종하고 게으르다고 말하면서 그들을 엄히 꾸짖으라고 디도에게 당부한다(딛 1:12, 13).

그리스도인들이 윤리적으로 방탕한 것은 용납할 수 없는 일이다. 복음의 자유가 방종을 의미하지는 않는다. 바울은 디도에게 이렇게 말한다.

☞ **딛 2:14** 그가 우리를 대신하여 자신을 주심은 모든 불법에서 우리를 속량하시고 우리를 깨끗하게 하사 선한 일을 열심히 하는 자기 백성이 되게 하려 하심이라

☞ **선한 일을 열심히 하라**

예수 믿기만 하면, 성령 세례를 받기만 하면, 윤리적으로 좀 문제가 있더라도 상관없다는 것은 성경의 가르침이 아니다. 예수께서 우리를 구원하신 목적은 선한 일을 열심히 하는 친 백성이 되게 하기 위함이었다. 성령 충만을 받은 초대 예루살렘 교회 교인들도 저들의 행실이 불신자들의 칭찬을 받을 정도였다(행 2:47). 복음으로 말미암아 자유케 된 자들은 선한 행실을 할 필요가 없다는 '반법주의(反法主義 antinomianism)'는 기독교에서 설 자리가 없다. 디도서는 이 사실을 중점으로 교훈하고 있다.

디모데후서 1장~4장

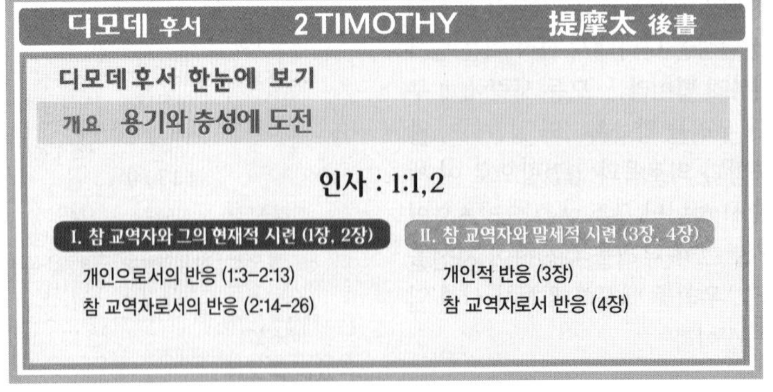

디모데 후서 2 TIMOTHY 提摩太 後書

디모데후서 한눈에 보기

개요 용기와 충성에 도전

인사 : 1:1,2

I. 참 교역자와 그의 현재적 시련 (1장, 2장)	II. 참 교역자와 말세적 시련 (3장, 4장)
개인으로서의 반응 (1:3–2:13)	개인적 반응 (3장)
참 교역자로서의 반응 (2:14–26)	참 교역자로서 반응 (4장)

❖ 디모데후서 개요

바울은 디모데에게 확신에 서서 진리를 가르침에 충실하라고 이 편지에서 권면한다. 이단에 대한 경고와 열심을 내도록 또한 용기와 인내를 권면하는 것이다.

바울은 이제 새로운 상황에 부닥치게 된다. 그때가 A. D. 약 64년 경이었는데 (A. D. 67년 경이라는 사람들도 있다.) 그의 심령에 디모데가 무겁게 자리하고 있었다. 바울은 자기의 제자 디모데에게 마지막 편지를 써서 목회에 관련된 중대한 문제들을 상기시키고, 겨울 전에 속히 오라고 재촉해야 했다. 예수님은 바울에게 복음을 의뢰하셨다(1:12). 바울에게 위탁하신 복음의 내용은 '그리스도 예수는 사망을 폐하시고 생명과 썩지 아니할 것을 드러내셨다'라는 것이다(1:10). 바울은 이 복음을 위하여 '설교자'와 '사도'와 '교사'로 세우심을 입었다(1:11). 이제 죽음을 앞둔 바울은 디모데에게 자신이 가르친 복

디모데후서 1장

인사

[1] 하나님의 뜻으로 말미암아 그리스도 예수 안에 있는 생명의 약속대로
그리스도 예수의 사도 된 바울은 [2] 사랑하는 아들 디모데에게 편지하노
니 하나님 아버지와 그리스도 예수 우리 주께로부터 은혜와 긍휼과 평강
이 네게 있을지어다

복음과 함께 고난을 받으라

[3] 내가 밤낮 간구하는 가운데 쉬지 않고 너를 생각하여 청결한 양심으로
조상적부터 섬겨 오는 하나님께 감사하고 [4] 네 눈물을 생각하여 너 보기
를 원함은 내 기쁨이 가득하게 하려 함이니 [5] 이는 네 속에 거짓이 없는 믿
음이 있음을 생각함이라 이 믿음은 먼저 네 외조모 로이스와 네 어머니
유니게 속에 있더니 네 속에도 있는 줄을 확신하노라 [6] 그러므로 내가 나
의 안수함으로 네 속에 있는 하나님의 은사를 다시 불일듯 하게 하기 위
하여 너로 생각하게 하노니 [7] 하나님이 우리에게 주신 것은 두려워하는
마음이 아니요 오직 능력과 사랑과 절제하는 마음이니 [8] 그러므로 너는
내가 우리 주를 증언함과 또는 주를 위하여 갇힌 자 된 나를 부끄러워하
지 말고 오직 하나님의 능력을 따라 복음과 함께 고난을 받으라 [9] 하나님
이 우리를 구원하사 거룩하신 소명으로 부르심은 우리의 행위대로 하심
이 아니요 오직 자기의 뜻과 영원 전부터 그리스도 예수 안에서 우리에게
주신 은혜대로 하심이라 [10] 이제는 우리 구주 그리스도 예수의 나타나심
으로 말미암아 나타났으니 그는 사망을 폐하시고 복음으로써 생명과 썩
지 아니할 것을 드러내신지라 [11] 내가 이 복음을 위하여 선포자와 사도와
교사로 세우심을 입었노라 [12] 이로 말미암아 내가 또 이 고난을 받되 부
끄러워하지 아니함은 내가 믿는 자를 내가 알고 또한 내가 의탁한 것을
그 날까지 그가 능히 지키실 줄을 확신함이라 [13] 너는 그리스도 예수 안에
있는 믿음과 사랑으로써 내게 들은 바 바른 말을 본받아 지키고 [14] 우리
안에 거하시는 성령으로 말미암아 네게 부탁한 아름다운 것을 지키라 [15]
아시아에 있는 모든 사람이 나를 버린 이 일을 네가 아나니 그 중에는 부
겔로와 허모게네도 있느니라 [16] 원하건대 주께서 오네시보로의 집에 긍
휼을 베푸시옵소서 그가 나를 자주 격려해 주고 내가 사슬에 매인 것을 부끄러워하지 아니하고 [17] 로마에 있을
때에 나를 부지런히 찾아와 만났음이라 [18] (원하건대 주께서 그로 하여금 그 날에 주의 긍휼을 입게 하여 주옵소서) 또 그가
에베소에서 많이 봉사한 것을 네가 잘 아느니라

음을 지키라고 위탁한다. "…네게 부탁한 아름다운 것을 지키라"(1:13-14). 바울에게 복음을 받은 디모데는 충성된 사람들에게 다시 그 복음을 부탁하고, 그들은 안에 "또 다른 사람들을" 가르친다. 이렇게 해서 종국에는 우리에게까지 복음이 전해지게 된 것이다. 이제 모든 족속으로 제자로 삼아 주님께서 분부하신 모든 것을 가르치는 것은 우리의 몫이다(마 28:19-20).

❖ **딤후 1~4장 복음을 위탁받은 자의 행동 양식**

디모데는 다른 사역자들에 비해 나이가 어리고, 다소 소심한 면이 있었다. 바울은 연령에 상관없이 하나님께서 허락하신 권위로 임무를 감당하라고 권고하며 그에게 용기를 북돋워 준다. 또한 디모데를 "예수 그리스도의 좋은 군사"(2:3)라고 부르며, "부끄러워 말고"(1:8), "강하게"(2:1), "자신을 하나님 앞에 드리기를 힘쓰라"(2:15)라고 당부한다. 바울은 디모데에게 복음을 전하는 사역자로서 가져야 할 필수적인 행동 양식을 다음과 같이 알려 준다.

☞ 사역자는 반드시,
- 복음과 함께 고난을 받아라(1:8, 2:3).
- 내게 들은 바 바른말을 본받아 지키라 (2:13, 2:15).
- 의와 믿음과 사랑과 화평을 좇아라(2:22).
- 논쟁을 피하라(2:23-25).
- 전투적으로 복음을 전하라(4:2).

☞ 왜냐하면,
- 저희로도 그리스도 예수 안에 있는 구원을 함께 얻게 하려 함이라(2:10).
- 거짓 교리는 경건치 않음으로 점점 나아가기 때문이다(2:16-17).
- 반드시 깨끗해야 하며, 주인이 쓰시도록 구별되어야 하기 때문이다(2:21).
- 이웃을 온유하게 진리로 이끌어야 하기 때문이다(2:24-26).
- 엄청난 배교의 시대가 오고 있기 때문이다(4:3-4).

디모데후서 2장

예수 그리스도의 좋은 병사

[1] 내 아들아 그러므로 너는 그리스도 예수 안에 있는 은혜 가운데서 강하고
[2] 또 네가 많은 증인 앞에서 내게 들은 바를 충성된 사람들에게 부탁하라
그들이 또 다른 사람들을 가르칠 수 있으리라 [3] 너는 그리스도 예수의 좋은
병사로 나와 함께 고난을 받으라 [4] 병사로 복무하는 자는 자기 생활에 얽매
이는 자가 하나도 없나니 이는 병사로 모집한 자를 기쁘게 하려 함이라 [5] 경

85일~90일

기하는 자가 법대로 경기하지 아니하면 승리자의 관을 얻지 못할 것이며
6 수고하는 농부가 곡식을 먼저 받는 것이 마땅하니라 7 내가 말하는 것
을 생각해 보라 주께서 범사에 네게 총명을 주시리라 8 내가 전한 복음대
로 다윗의 씨로 죽은 자 가운데서 다시 살아나신 예수 그리스도를 기억하
라 9 복음으로 말미암아 내가 죄인과 같이 매이는 데까지 고난을 받았으
나 하나님의 말씀은 매이지 아니하니라 10 그러므로 내가 택함 받은 자들
을 위하여 모든 것을 참음은 그들도 그리스도 예수 안에 있는 구원을 영
원한 영광과 함께 받게 하려 함이라 11 미쁘다 이 말이여 우리가 주와 함
께 죽었으면 또한 함께 살 것이요 12 참으면 또한 함께 왕 노릇 할 것이요
우리가 주를 부인하면 주도 우리를 부인하실 것이라 13 우리는 미쁨이 없
을지라도 주는 항상 미쁘시니 자기를 부인하실 수 없으시리라

인정받는 일꾼

14 너는 그들로 이 일을 기억하게 하여 말다툼을 하지 말라고 하나님 앞에
서 엄히 명하라 이는 유익이 하나도 없고 도리어 듣는 자들을 망하게 함
이라 15 너는 진리의 말씀을 옳게 분별하며 부끄러울 것이 없는 일꾼으로
인정된 자로 자신을 하나님 앞에 드리기를 힘쓰라 16 망령되고 헛된 말을
버리라 그들은 경건하지 아니함에 점점 나아가나니 17 그들의 말은 악성
종양이 퍼져나감과 같은데 그 중에 후메내오와 빌레도가 있느니라 18 진리에 관하여는 그들이 그릇되었도다 부
활이 이미 지나갔다 함으로 어떤 사람들의 믿음을 무너뜨리느니라 19 그러나 하나님의 견고한 터는 섰으니 인침
이 있어 일렀으되 주께서 자기 백성을 아신다 하며 또 주의 이름을 부르는 자마다 불의에서 떠날지어다 하였느
니라 20 큰 집에는 금 그릇과 은 그릇뿐 아니라 나무 그릇과 질그릇도 있어 귀하게 쓰는 것도 있고 천하게 쓰는
것도 있나니 21 그러므로 누구든지 이런 것에서 자기를 깨끗하게 하면 귀
히 쓰는 그릇이 되어 거룩하고 주인의 쓰심에 합당하며 모든 선한 일에
준비함이 되리라 22 또한 너는 청년의 정욕을 피하고 주를 깨끗한 마음으
로 부르는 자들과 함께 의와 믿음과 사랑과 화평을 따르라 23 어리석고
무식한 변론을 버리라 이에서 다툼이 나는 줄 앎이라 24 주의 종은 마땅히
다투지 아니하고 모든 사람에 대하여 온유하며 가르치기를 잘하며 참으
며 25 거역하는 자를 온유함으로 훈계할지니 혹 하나님이 그들에게 회개
함을 주사 진리를 알게 하실까 하며 26 그들로 깨어 마귀의 올무에서 벗
어나 하나님께 사로잡힌 바 되어 그 뜻을 따르게 하실까 함이라

디모데후서 3장

마지막 가르침

1 너는 이것을 알라 말세에 고통하는 때가 이르러 2 사람들이 자기를 사랑
하며 돈을 사랑하며 자랑하며 교만하며 비방하며 부모를 거역하며 감사
하지 아니하며 거룩하지 아니하며 3 무정하며 원통함을 풀지 아니하며 모
함하며 절제하지 못하며 사나우며 선한 것을 좋아하지 아니하며 4 배신
하며 조급하며 자만하며 쾌락을 사랑하기를 하나님 사랑하는 것보다 더
하며 5 경건의 모양은 있으나 경건의 능력은 부인하니 이같은 자들에게서
네가 돌아서라 6 그들 중에 남의 집에 가만히 들어가 어리석은 여자를 유

❖ **바울, 디모데의 멘토(Mentor)**

그리스도인의 신앙은 본받는 신앙이다. 우리는 하나님을 향해 함께 좇아갈 때, 그분을 더 깊이 알게 된다. 영적 멘토링 관계는 성숙한 그리스도인과 그리스도 안에서 성장하고자 하는 어린 그리스도인 사이에 이루어진다. 디모데는 바울로부터 신앙의 좋은 본보기를 배워, 말세에 늘어가는 반대 세력과 시련 앞에서 하나님의 말씀으로 자신을 무장할 수 있었다. 바울은 소위 디모데의 멘토(Mentor)였던 것이다.

멘토(Mentor)라는 말의 기원은 그리스 신화에서 비롯된다. 오디세우스가 트로이 전쟁을 떠나면서 자신의 아들인 텔레마코스를 한 친구에게 맡겼다. 그 친구의 이름이 바로 '멘토'였다. 그는 텔레마코스의 선생님이자 상담자, 친구, 때로는 아버지가 되어 그를 잘 돌봐 주었다. 이후로 리더십 이론에서 한 사람의 인생을 이끌어 주는 지도자를 '멘토(Mentor)'라 부르게 되었다. 한편, 멘토의 상대방이 되는 사람을 '멘티(Mentee)', '멘토리(mentoree)' 혹은 '프로테제(protege)'라고 한다.

딤후 3:1-9 본문에 나타난 바 말세에 있을 악한 자들의 행태
자기 자신에 대하여
·자기를 사랑함(2절) ·돈을 사랑함(2절) ·자긍함(2절) ·교만함(2절) ·거룩하지 않음(2절) ·절제하지 못함(3절) ·사나움(3절) ·선한 것을 좋아하지 않음(3절) ·조급함(4절) ·자고함(4절)
이웃에 대하여
·훼방함(2절) ·부모를 거역함(2절) ·감사하지 않음(2절) ·무정함(3절) ·원통함을 풀지 않음(3절) ·참소함(3절) ·배반함(4절) ·어리석은 여자를 유인함(6절)
하나님께 대하여
·쾌락을 하나님보다 더 사랑함(4절) ·경건의 모양은 있으나 능력은 없음(5절) ·진리를 대적함(8절)

인하는 자들이 있으니 그 여자는 죄를 중히 지고 여러 가지 욕심에 끌린
바 되어 7 항상 배우나 끝내 진리의 지식에 이를 수 없느니라 8 얀네와 얌
브레가 모세를 대적한 것 같이 그들도 진리를 대적하니 이 사람들은 그
마음이 부패한 자요 믿음에 관하여는 버림 받은 자들이라 9 그러나 그들
이 더 나아가지 못할 것은 저 두 사람이 된 것과 같이 그들의 어리석음이
드러날 것임이라 10 나의 교훈과 행실과 의향과 믿음과 오래 참음과 사랑
과 인내와 11 박해를 받음과 고난과 또한 안디옥과 이고니온과 루스드라
에서 당한 일과 어떠한 박해를 받은 것을 네가 과연 보고 알았거니와 주
께서 이 모든 것 가운데서 나를 건지셨느니라 12 무릇 그리스도 예수 안에
서 경건하게 살고자 하는 자는 박해를 받으리라 13 악한 사람들과 속이는 자들은 더욱 악하여져서 속이기도 하
고 속기도 하나니 14 그러나 너는 배우고 확신한 일에 거하라 너는 네가 누구에게서 배운 것을 알며 15 또 어려서
부터 성경을 알았나니 성경은 능히 너로 하여금 그리스도 예수 안에 있는 믿음으로 말미암아 구원에 이르는 지
혜가 있게 하느니라 16 모든 성경은 하나님의 감동으로 된 것으로 교훈과 책망과 바르게 함과 의로 교육하기에
유익하니 17 이는 하나님의 사람으로 온전하게 하며 모든 선한 일을 행할 능력을 갖추게 하려 함이라

딤후 3:15-17 성경의 힘은 모든 것을 깨우쳐 주는 교훈의 기능, 잘못된 것을 바르게 하는 책망의 기능, 잘못된 세상을 바르게 잡는 바르게 함의 기능, 성경의 진리로 그 시대의 백성을 가르치는 의로 교육하기에 유익한 기능이 있다. 15절은 개인 구원, 16절은 사회 구원, 17절은 총체적 구원을 말한다. 먼저 한 사람이 성경의 진리를 깨달으면 그것을 온 사회로 확대 적용하고, 그래서 온전한 세상을 만드는 것이 바로 하나님 나라를 이루는 것이다.

디모데후서 4장

1 하나님 앞과 살아 있는 자와 죽은 자를 심판하실 그리스도 예수 앞에서 그가 나타나실 것과 그의 나라를 두고
엄히 명하노니 2 너는 말씀을 전파하라 때를 얻든지 못 얻든지 항상 힘쓰라 범사에 오래 참음과
가르침으로 경책하며 경계하며 권하라 3 때가 이르리니 사람이 바른 교훈을 받지 아니하며 귀

가 가려워서 자기의 사욕을 따를 스승을 많이 두고 4 또 그 귀를 진리에서 돌이
켜 허탄한 이야기를 따르리라 5 그러나 너는 모든 일에 신중하여 고난을 받으며
전도자의 일을 하며 네 직무를 다하라 6 전제와 같이 내가 벌써 부어지고 나의
떠날 시각이 가까웠도다 7 나는 선한 싸움을 싸우고 나의 달려갈 길을 마치고
믿음을 지켰으니 8 이제 후로는 나를 위하여 의의 면류관이 예비되었으므로 주
곧 의로우신 재판장이 그 날에 내게 주실 것이며 내게만 아니라 주의 나타나심을 사모하는 모든 자에게도니라

사사로운 부탁

9 너는 어서 속히 내게로 오라 10 데마는 이 세상을 사랑하여 나를 버리고 데살로니가로 갔고 그레스게는 갈라디
아로, 디도는 달마디아로 갔고 11 누가만 나와 함께 있느니라 네가 올 때에 마가를 데리고 오라 그가 나의 일에
유익하니라 12 두기고는 에베소로 보내었노라 13 네가 올 때에 내가 드로아 가보의 집에 둔 겉옷을 가지고 오고
또 책은 특별히 가죽 종이에 쓴 것을 가져오라 14 구리 세공업자 알렉산더가 내게 해를 많이 입혔으매 주께서 그
행한 대로 그에게 갚으시리니 15 너도 그를 주의하라 그가 우리 말을 심히 대적하였느니라 16 내가 처음 변명할
때에 나와 함께 한 자가 하나도 없고 다 나를 버렸으나 그들에게 허물을 돌리지 않기를 원하노라 17 주께서 내
곁에 서서 나에게 힘을 주심은 나로 말미암아 선포된 말씀이 온전히 전파되어 모든 이방인이 듣게 하려 하심이
니 내가 사자의 입에서 건짐을 받았느니라 18 주께서 나를 모든 악한 일에서 건져내시고 또 그의 천국에 들어가
도록 구원하시리니 그에게 영광이 세세무궁토록 있을지어다 아멘

끝 인사

19 브리스가와 아굴라와 및 오네시보로의 집에 문안하라 20 에라스도는 고린도에 머물러 있고 드로비모는 병들
어서 밀레도에 두었노니 21 너는 겨울 전에 어서 오라 으불로와 부데와 리노와 글라우디아와 모든 형제가 다 네
게 문안하느니라 22 나는 주께서 네 심령에 함께 계시기를 바라노니 은혜가 너희와 함께 있을지어다

베드로전서 1장~5장

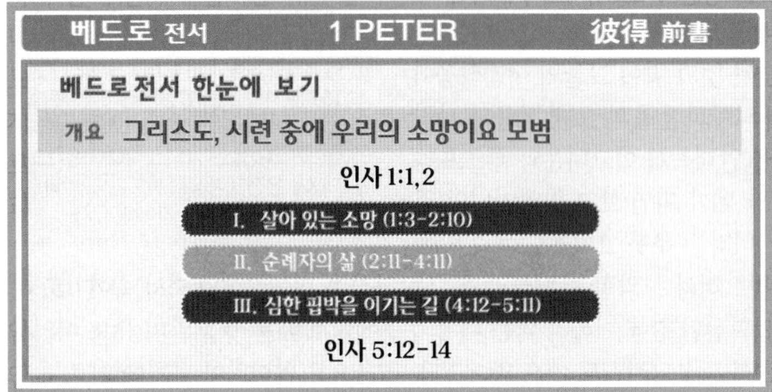
베드로 전서 1 PETER 彼得 前書

베드로전서 한눈에 보기

개요 그리스도, 시련 중에 우리의 소망이요 모범

인사 1:1,2

I. 살아 있는 소망 (1:3-2:10)

II. 순례자의 삶 (2:11-4:11)

III. 심한 핍박을 이기는 길 (4:12-5:11)

인사 5:12-14

베드로전서 1장

인사

1예수 그리스도의 사도 베드로는 본도, 갈라디아, 갑바도기아, 아시아와
비두니아에 흩어진 나그네 2곧 하나님 아버지의 미리 아심을 따라 성령
이 거룩하게 하심으로 순종하고 예수 그리스도의 피 뿌림을 얻기 위하여
택하심을 받은 자들에게 편지하노니 은혜와 평강이 너희에게 더욱 많을
지어다

산 소망

3우리 주 예수 그리스도의 아버지 하나님을 찬송하리로다 그의 많으신
긍휼대로 예수 그리스도를 죽은 자 가운데서 부활하게 하심으로 말미암
아 우리를 거듭나게 하사 산 소망이 있게 하시며 4썩지 않고 더럽지 않고
쇠하지 아니하는 유업을 잇게 하시나니 곧 너희를 위하여 하늘에 간직하
신 것이라 5너희는 말세에 나타내기로 예비하신 구원을 얻기 위하여 믿
음으로 말미암아 하나님의 능력으로 보호하심을 받았느니라 6그러므로
너희가 이제 여러 가지 시험으로 말미암아 잠깐 근심하게 되지 않을 수
없으나 오히려 크게 기뻐하는도다 7너희 믿음의 확실함은 불로 연단하여
도 없어질 금보다 더 귀하여 예수 그리스도께서 나타나실 때에 칭찬과 영
광과 존귀를 얻게 할 것이니라 8예수를 너희가 보지 못하였으나 사랑하
는도다 이제도 보지 못하나 믿고 말할 수 없는 영광스러운 즐거움으로 기
뻐하니 9믿음의 결국 곧 영혼의 구원을 받음이라 10이 구원에 대하여는
너희에게 임할 은혜를 예언하던 선지자들이 연구하고 부지런히 살펴서 11
자기 속에 계신 그리스도의 영이 그 받으실 고난과 후에 받으실 영광을
미리 증언하여 누구를 또는 어떠한 때를 지시하시는지 상고하니라 12이
섬긴 바가 자기를 위한 것이 아니요 너희를 위한 것임이 계시로 알게 되었
으니 이것은 하늘로부터 보내신 성령을 힘입어 복음을 전하는 자들로 이
제 너희에게 알린 것이요 천사들도 살펴보기를 원하는 것이니라

85일~90일

❖ 베드로 전서 개요

바울과 베드로 사이에 믿음에 관하여 근본적인 차이가 있다고 많은 초대 기독교인이 오해했기 때문에 베드로는 이를 시정해 주기 위할 뿐 아니라 시험과 박해(고난)를 받는 성도들을 주님의 말씀으로 위로하고 권면하기 위해서 썼다.

바울은 믿음의 사도, 요한은 사랑의 사도, 베드로는 소망의 사도라 부를 수 있겠다. 4복음서에서 베드로가 충동적이고 용기 있고 급한 성격에다 세상 권력에 야심이 있었지만, 이 책에서 그는 참으로 하나님의 은혜로 변화된 모습을 볼 수 있다.

❖ 벧전 1장~5장

목자 되신 그리스도께서 죽임을 당하시고 양들이 흩어질 시간이 다가왔다. 예수님께서는 자기 생애의 마지막 시간을 열한 제자들과 함께 보내시면서 다가올 환난에 대비하여 그들을 준비시키신다. 하지만 예수께서 부활 승천하신 후에 환난은 비교적 가벼운 듯했다. 기분이 상한 바리새인들은 가르침과 표적으로 예루살렘을 뒤엎는 사람들의 입을 다물게 하려 했지만, 그들의 목숨을 위협할 수 있는 것이 도무지 없어 보였다.

그런 후 첫 번째 돌이 던져졌다. 첫 순교자 스데반이 땅바닥에 쓰러졌다. 사울은 스데반이 죽는 것을 지켜보았다. 스데반의 죽음에 전적으로 동의한 사울은 대제사장에게 가서 이 도를 좇아 복음을 전하는 사람들을 결박할 허락을 얻어 냈다. 그러나 사울의 숙청은 오래가지 못했다. 예수께서 다메섹 도상에서 사울을 구원하시고 그를 부르셨다. 그의 이름은 바울로 바뀐다. 그러나 그리스도인들을 향한 핍박은 여전히 계속되었다. 헤롯왕은 믿는 자들에게 적이 되었으며, 예수님을 메시아로 믿게 된 유대인들은 로마의 다른 영토로 흩어졌다.

그러나 네로의 시대가 되자 그리스도인들을 향한 핍박은 드디어 유다 지경을 넘어 확대되었다. 네로가 로마를 불태웠으며 자기가 원하는 대로 로마를 재건하려 한다는 소문이 돌았다. 네로는 시민들의 관심을 자기로부터 다른 데로 돌리기 위한 속죄양이 필요했고, 결국 그 화재를 그리스도인들 탓으로 돌려 하나님의 자녀들을 조직적으로 핍박하기 시작했다.

예수께서는 세상의 환난에 대비하여 베드로를 준비시키셨다. 이제 베드로는 다른 사람들을 준비시킨다. 베드로는 그의 첫 번째 서신을 약 A.D. 63~64년 경 네로의 박해 직전에 썼다. 네로는 A.D. 68년에 죽었는데, 그보다 먼저 베드로가 로마에 의해 죽임을 당했다.

베드로서는 이런 환난과 핍박에 임하는 그리스도인의 믿음에 대한 권면의 말씀이다. 이 편지는 신자의 구원(1:1~2:12), 신자의 순종(2:13~3:12), 신자의 고난(3:13~5:14)

모든 행실에 거룩한 자가 되라
13 그러므로 너희 마음의 허리를 동이고 근신하여 예수 그리스도께서 나
타나실 때에 너희에게 가져다 주실 은혜를 온전히 바랄지어다 14 너희가
순종하는 자식처럼 전에 알지 못할 때에 따르던 너희 사욕을 본받지 말
고 15 오직 너희를 부르신 거룩한 이처럼 너희도 모든 행실에 거룩한 자가
되라 16 기록되었으되 내가 거룩하니 너희도 거룩할지어다 하셨느니라 17
외모로 보시지 않고 각 사람의 행위대로 심판하시는 이를 너희가 아버지
라 부른즉 너희가 나그네로 있을 때를 두려움으로 지내라 18 너희가 알거
니와 너희 조상이 물려 준 헛된 행실에서 대속함을 받은 것은 은이나 금
같이 없어질 것으로 된 것이 아니요 19 오직 흠 없고 점 없는 어린 양 같은
그리스도의 보배로운 피로 된 것이니라 20 그는 창세 전부터 미리 알린 바
되신 이나 이 말세에 너희를 위하여 나타내신 바 되었으니 21 너희는 그를
죽은 자 가운데서 살리시고 영광을 주신 하나님을 그리스도로 말미암아
믿는 자니 너희 믿음과 소망이 하나님께 있게 하셨느니라 22 너희가 진리
를 순종함으로 너희 영혼을 깨끗하게 하여 거짓이 없이 형제를 사랑하기
에 이르렀으니 마음으로 뜨겁게 서로 사랑하라 23 너희가 거듭난 것은 썩
어질 씨로 된 것이 아니요 썩지 아니할 씨로 된 것이니 살아 있고 항상 있
는 하나님의 말씀으로 되었느니라 24 그러므로 모든 육체는 풀과 같고 그 모든 영광은 풀의 꽃과 같으니 풀은 마
르고 꽃은 떨어지되 25 오직 주의 말씀은 세세토록 있도다 하였으니 너희에게 전한 복음이 곧 이 말씀이니라

이라는 주제를 논리적으로 전개해 나간다. 베드로전서의 기본적인 주제는 그리스도인의 고난에 대한 적절한 답변이다. 베드로는 자신의 편지를 읽는 사람들이 전에 없이 큰 박해에 직면할 것임을 알았기 때문에 그들에게 이런 고난에 대한 하나님의 관점을 전하여 믿음이 흔들리지 않고 고난을 견디게 하려고 이 편지를 썼다.
이 서신서는 그리스도를 신자의 표본으로, 고난 때의 소망으로 표현하고 있다. 그리스도의 고난은 그를 따르는 자들이 옳은 일을 행하기 때문에 직면할 수 있는 고난의 예가 된다. 믿음을 위한 개인적인 고난은 또 그리스도인들이 그리스도와 같은 기쁨을 품는 수단이 되는 것이다(4:1).
베드로는 이 세상에서 갖는 신자들의 관계를 언급한다. 그리고 조화와 참된 자유를 위해 그리스도와 같은 방식으로 순종하는 태도를 가지라고 호소한다. 주님의 뜻을 위해 정부와 사회와 가족의 권위에 순종하는 것은 외인들에게 좋은 증거가 될 것이다.

벧전 1:23-25
학습 자료 86-1 "간추린 성경론" 참조

베드로전서 2장

산 돌과 하나님의 백성
1 그러므로 모든 악독과 모든 기만과 외식과 시기와 모든 비방하는 말을
버리고 2 갓난 아기들 같이 순전하고 신령한 젖을 사모하라 이는 그로 말
미암아 너희로 구원에 이르도록 자라게 하려 함이라 3 너희가 주의 인자
하심을 맛보았으면 그리하라 4 사람에게는 버린 바가 되었으나 하나님께
는 택하심을 입은 보배로운 산 돌이신 예수께 나아가 5 너희도 산 돌같이
신령한 집으로 세워지고 예수 그리스도로 말미암아 하나님이 기쁘게 받
으실 신령한 제사를 드릴 거룩한 제사장이 될지니라 6 성경에 기록되었으
되 보라 내가 택한 보배로운 모퉁잇돌을 시온에 두노니 그를 믿는 자는 부끄러움을 당하지 아니하리라 하였으
니 7 그러므로 믿는 너희에게는 보배이나 믿지 아니하는 자에게는 건축자들이 버린 그 돌이 모퉁이의 머릿돌이
되고 8 또한 부딪치는 돌과 걸려 넘어지게 하는 바위가 되었다 하였느니라 그들이 말씀을 순종하지 아니하므로
넘어지나니 이는 그들을 이렇게 정하신 것이라 9 그러나 너희는 택하신 족속이요 왕 같은 제사장들이요 거룩한
나라요 그의 소유가 된 백성이니 이는 너희를 어두운 데서 불러 내어 그의 기이한 빛에 들어가게 하신 이의 아름
다운 덕을 선포하게 하려 하심이라 10 너희가 전에는 백성이 아니더니 이
제는 하나님의 백성이요 전에는 긍휼을 얻지 못하였더니 이제는 긍휼을
얻은 자니라
하나님의 종과 같이 하라
11 사랑하는 자들아 거류민과 나그네 같은 너희를 권하노니 영혼을 거슬
러 싸우는 육체의 정욕을 제어하라 12 너희가 이방인 중에서 행실을 선하

❖ 베드로는 이 세상에서 갖는 신자들의 관계를 언급한다. 그리고 조화와 참된 자유를 위해 그리스도와 같은 방식으로 순종하는 태도를 가지라고 호소한다. 주님의 뜻을 위해 정부와 사회와 가족의 권위에 순종하는 것은 외인들에게 좋은 증거가 될 것이다.

벧전 2:4-5
학습 자료 86-2 "만인 제사장론" 참조

벧전 2:9에 우리는 왕 같은 제사장이라고 했다. 그 의미가 무엇이고 과연 그런가? 시내 산 언약의 핵심 내용이 1) 소속의 변화, 2) 제사장 나라, 3) 거룩한 백성임을 기억하고 이 구절과 연결 시켜보라. 성경은 이렇게 통전적으로 관통하고 있음을 알게 된다.

게 가져 너희를 악행한다고 비방하는 자들로 하여금 너희 선한 일을 보고 오시는 날에 하나님께 영광을 돌리게
하려 함이라 13 인간의 모든 제도를 주를 위하여 순종하되 혹은 위에 있는 왕이나 14 혹은 그가 악행하는 자를
징벌하고 선행하는 자를 포상하기 위하여 보낸 총독에게 하라 15 곧 선행으로 어리석은 사람들의 무식한 말을
막으시는 것이라 16 너희는 자유가 있으나 그 자유로 악을 가리는 데 쓰지 말고 오직 하나님의 종과 같이 하라 17
뭇 사람을 공경하며 형제를 사랑하며 하나님을 두려워하며 왕을 존대하라

그리스도의 고난

18 사환들아 범사에 두려워함으로 주인들에게 순종하되 선하고 관용하는 자들에게만 아니라 또한 까다로운 자
들에게도 그리하라 19 부당하게 고난을 받아도 하나님을 생각함으로 슬픔을 참으면 이는 아름다우나 20 죄가 있
어 매를 맞고 참으면 무슨 칭찬이 있으리요 그러나 선을 행함으로 고난을 받고 참으면 이는 하나님 앞에 아름다
우니라 21 이를 위하여 너희가 부르심을 받았으니 그리스도도 너희를 위하여 고난을 받으사 너희에게 본을 끼쳐
그 자취를 따라오게 하려 하셨느니라 22 그는 죄를 범하지 아니하시고 그 입에 거짓도 없으시며 23 욕을 당하시
되 맞대어 욕하지 아니하시고 고난을 당하시되 위협하지 아니하시고 오직 공의로 심판하시는 이에게 부탁하시
며 24 친히 나무에 달려 그 몸으로 우리 죄를 담당하셨으니 이는 우리로 죄에 대하여 죽고 의에 대하여 살게 하
려 하심이라 그가 채찍에 맞음으로 너희는 나음을 얻었나니 25 너희가 전에는 양과 같이 길을 잃었더니 이제는
너희 영혼의 목자와 감독 되신 이에게 돌아왔느니라

베드로전서 3장

아내와 남편

1 아내들아 이와 같이 자기 남편에게 순종하라 이는 혹 말씀을 순종하지 않는 자라도 말로 말미암지 않고 그 아
내의 행실로 말미암아 구원을 받게 하려 함이니 2 너희의 두려워하며 정결한 행실을 봄이라 3 너희의 단장은 머
리를 꾸미고 금을 차고 아름다운 옷을 입는 외모로 하지 말고 4 오직 마음에 숨은 사람을 온유하고 안정한 심령
의 썩지 아니할 것으로 하라 이는 하나님 앞에 값진 것이니라 5 전에 하나님께 소망을 두었던 거룩한 부녀들도
이와 같이 자기 남편에게 순종함으로 자기를 단장하였나니 6 사라가 아브라함을 주라 칭하여 순종한 것 같이 너
희는 선을 행하고 아무 두려운 일에도 놀라지 아니하면 그의 딸이 된 것이니라 7 남편들아 이와 같이 지식을 따
라 너희 아내와 동거하고 그를 더 연약한 그릇이요 또 생명의 은혜를 함께 이어받을 자로 알아 귀히 여기라 이는
너희 기도가 막히지 아니하게 하려 함이라

선을 위한 고난

8 마지막으로 말하노니 너희가 다 마음을 같이하여 동정하며 형제를 사랑하며 불쌍히 여기며 겸손하며 9 악을 악

으로, 욕을 욕으로 갚지 말고 도리어 복을 빌라 이를 위하여 너희가
부르심을 받았으니 이는 복을 이어받게 하려 하심이라 10 그러므로
생명을 사랑하고 좋은 날 보기를 원하는 자는 혀를 금하여 악한 말
을 그치며 그 입술로 거짓을 말하지 말고 11 악에서 떠나 선을 행하
고 화평을 구하며 그것을 따르라 12 주의 눈은 의인을 향하시고 그의 귀는 의인의 간구에 기울이시되 주의 얼굴
은 악행하는 자들을 대하시느니라 하였느니라 13 또 너희가 열심으로 선을 행하면 누가 너희를 해하리요 14 그러
나 의를 위하여 고난을 받으면 복 있는 자니 그들이 두려워하는 것을 두려워하지 말며 근심하지 말고 15 너희 마
음에 그리스도를 주로 삼아 거룩하게 하고 너희 속에 있는 소망에 관한 이유를 묻는 자에게는 대답할 것을 항상
준비하되 온유와 두려움으로 하고 16 선한 양심을 가지라 이는 그리스도 안에 있는 너희의 선행을 욕하는 자들
로 그 비방하는 일에 부끄러움을 당하게 하려 함이라 17 선을 행함으로 고난 받는 것이 하나님의 뜻일진대 악을
행함으로 고난 받는 것보다 나으니라 18 그리스도께서도 단번에 죄를 위하여 죽으사 의인으로서 불의한 자를
대신하셨으니 이는 우리를 하나님 앞으로 인도하려 하심이라 육체로는 죽임을 당하시고 영으로는 살리심을 받

으셨으니 19 그가 또한 영으로 가서 옥에 있는 영들에게 선포하시니라 20
그들은 전에 노아의 날 방주를 준비할 동안 하나님이 오래 참고 기다리실
때에 복종하지 아니하던 자들이라 방주에서 물로 말미암아 구원을 얻은
자가 몇 명뿐이니 겨우 여덟 명이라 21 물은 예수 그리스도께서 부활하심으로 말미암아 이제 너희를 구원하는 표
니 곧 세례라 이는 육체의 더러운 것을 제하여 버림이 아니요 하나님을 향한 선한 양심의 간구니라 22 그는 하늘
에 오르사 하나님 우편에 계시니 천사들과 권세들과 능력들이 그에게 복종하느니라

벧전 3:19
학습 자료 86-3 "예수의 지옥 강하설" 참조

베드로전서 4장

하나님의 은혜를 맡은 선한 청지기

1 그리스도께서 이미 육체의 고난을 받으셨으니 너희도 같은 마음으로 갑옷을 삼으라 이는 육체의 고난을 받은
자는 죄를 그쳤음이니 2 그 후로는 다시 사람의 정욕을 따르지 않고 하나님의 뜻을 따라 육체의 남은 때를 살게
하려 함이라 3 너희가 음란과 정욕과 술취함과 방탕과 향락과 무법한 우상 숭배를 하여 이방인의 뜻을 따라 행
한 것은 지나간 때로 족하도다 4 이러므로 너희가 그들과 함께 그런 극한 방탕에 달음질하지 아니하는 것을 그
들이 이상히 여겨 비방하나 5 그들이 산 자와 죽은 자를 심판하기로 예비하신 이에게 사실대로 고하리라 6 이를
위하여 죽은 자들에게도 복음이 전파되었으니 이는 육체로는 사람으로 심판을 받으나 영으로는 하나님을 따라
살게 하려 함이라 7 만물의 마지막이 가까이 왔으니 그러므로 너희는 정신을 차리고 근신하여 기도하라 8 무엇보
다도 뜨겁게 서로 사랑할지니 사랑은 허다한 죄를 덮느니라 9 서로 대접하기를 원망 없이 하고 10 각각 은사를 받
은 대로 하나님의 여러 가지 은혜를 맡은 선한 청지기 같이 서로 봉사하라 11 만일 누가 말하려면 하나님의 말씀
을 하는 것 같이 하고 누가 봉사하려면 하나님이 공급하시는 힘으로 하는 것 같이 하라 이는 범사에 예수 그리스
도로 말미암아 하나님이 영광을 받으시게 하려 함이니 그에게 영광과 권능이 세세에 무궁하도록 있느니라 아멘

그리스도인이 받을 고난

12 사랑하는 자들아 너희를 연단하려고 오는 불 시험을 이상한 일 당하는 것 같이 이상히 여기지 말고 13 오히려
너희가 그리스도의 고난에 참여하는 것으로 즐거워하라 이는 그의 영광을 나타내실 때에 너희로 즐거워하고 기
뻐하게 하려 함이라 14 너희가 그리스도의 이름으로 치욕을 당하면 복 있는 자로다 영광의 영 곧 하나님의 영이
너희 위에 계심이라 15 너희 중에 누구든지 살인이나 도둑질이나 악행이나 남의 일을 간섭하는 자로 고난을 받
지 말려니와 16 만일 그리스도인으로 고난을 받으면 부끄러워하지 말고 도리어 그 이름으로 하나님께 영광을 돌
리라 17 하나님의 집에서 심판을 시작할 때가 되었나니 만일 우리에게 먼저 하면 하나님의 복음을 순종하지 아니
하는 자들의 그 마지막은 어떠하며 18 또 의인이 겨우 구원을 받으면 경건
하지 아니한 자와 죄인은 어디에 서리요 19 그러므로 하나님의 뜻대로 고
난을 받는 자들은 또한 선을 행하는 가운데에 그 영혼을 미쁘신 창조주
께 의탁할지어다

벧전 4:19
학습 자료 86-4 "하나님의 집에서 먼저 시작한 심판?" 참조

베드로전서 5장

하나님의 양 무리를 치라

1 너희 중 장로들에게 권하노니 나는 함께 장로 된 자요 그리스도의 고난
의 증인이요 나타날 영광에 참여할 자니라 2 너희 중에 있는 하나님의 양
무리를 치되 억지로 하지 말고 하나님의 뜻을 따라 자원함으로 하며 더러
운 이득을 위하여 하지 말고 기꺼이 하며 3 맡은 자들에게 주장하는 자세
를 하지 말고 양 무리의 본이 되라 4 그리하면 목자장이 나타나실 때에 시
들지 아니하는 영광의 관을 얻으리라 5 젊은 자들아 이와 같이 장로들에

벧전 5:2-4 크리스천 지도자들이 가져야 할 지도력의 3가지 원칙
1) 억지로 하지 말고 자발적으로 할 것
2) 이권을 따라 일하지 말고 명분과 뜻을 따라 할 것
3) 민주주의 원칙에 입각하되 솔선수범으로 섬기는 자세로 할 것 등을 말해 주고 있다.

벧전 5:4
학습 자료 86-5 "시드는 면류관" 참조

게 순종하고 다 서로 겸손으로 허리를 동이라 하나님은 교만한 자를 대적하시되 겸손한 자들에게는 은혜를 주
시느니라 6 그러므로 하나님의 능하신 손 아래에서 겸손하라 때가 되면 너희를 높이시리라 7 너희 염려를 다 주
께 맡기라 이는 그가 너희를 돌보심이라 8 근신하라 깨어라 너희 대적 마귀가 우는 사자 같이 두루 다니며 삼킬
자를 찾나니 9 너희는 믿음을 굳건하게 하여 그를 대적하라 이는 세상에
있는 너희 형제들도 동일한 고난을 당하는 줄을 앎이라 10 모든 은혜의
하나님 곧 그리스도 안에서 너희를 부르사 자기의 영원한 영광에 들어가
게 하신 이가 잠깐 고난을 당한 너희를 친히 온전하게 하시며 굳건하게
하시며 강하게 하시며 터를 견고하게 하시리라 11 권능이 세세무궁하도
록 그에게 있을지어다 아멘

벧전 5:8-9 마귀에게 어떻게 대적할 수 있는가?
당신은 사탄과 어떻게 대적하고 있는가? 사탄의 존재가 있어 영적 싸움이 일어난다는 사실을 인정이라도 하는가?

끝 인사

12 내가 신실한 형제로 아는 실루아노로 말미암아 너희에게 간단히 써서 권하고 이것이 하나님
의 참된 은혜임을 증언하노니 너희는 이 은혜에 굳게 서라 13 택하심을 함께 받은 바벨론에 있는
교회가 너희에게 문안하고 내 아들 마가도 그리하느니라 14 너희는 사랑의 입맞춤으로 서로 문
안하라 그리스도 안에 있는 너희 모든 이에게 평강이 있을지어다

86일차 읽기의 요약

(딤 1~3, 딤후 1~4, 벧전 1~5)

로마 감옥에 2차로 수감된 바울은 자신이 세상을 떠날 때가 되었다는 것을 알고 어두운 감옥 속에서 인생의 마지막 고독한 순간에 에베소에서 목회하고 있는 디모데에게 디모데 후서를 써서 보냈다. 죽음을 앞에 둔 바울은 하나님께서 주신 권위로 디모데가 자신의 연소함에 구애받지 말고 거짓 교사와 거짓 교훈이 난무한 상황에서 진리의 말씀을 옳게 분별하여 그에게 주신 직임을 잘 감당할 것을 권면한다. 예수 그리스도의 좋은 군사로서 자신을 하나님 앞에 드릴 것을 권면하며 디모데의 영적 멘토로서 마지막 실천적 당부를 남겨놓았다.

베드로 전서는 믿음 탓에 박해당하는 소아시아 북쪽에 흩어져 사는 그리스도인들에게 베드로가 보낸 서신서이다. 로마의 네로 시대가 되자 그리스도인들에 대한 핍박은 유대 지경을 넘어 확대되었고 조직적으로 된다. 베드로는 네로의 박해 직전에 베드로 전서를 기록하여 앞으로 곧 큰 박해와 고난이 올 것을 예언하며 이 땅에서 나그네로 사는 신자들에게 피할 수 없는 고난에 맞서 끝까지 믿음으로 견디고 승리하도록 격려한다.

베드로는 신자들의 중요한 목표가 근신하고 깨어 거룩하고 구별된 삶을 통해 사람들에게 하나님을 주목하게 하는 것임을 말씀한다. 곧 있을 볼 시험과 박해에 대해 썩지 않고 쇠하지 아니하는 영원한 유업을 소망하며 인내하도록 격려했다.

그러면 어떻게 살 것인가?

인위뚝·신위고!

☑ 세계관 점검 – 묵상하기 (영상 강의와 교재 내용의 이해를 바탕으로)

- 디도서 - 선한 행실을 무시하는 사람들에 대한 교훈 - 그레데 사람들의 방종.
  예수 믿기만 하면, 성령 세례를 받기만 하면, 윤리적으로 좀 문제가 있더라도 상관없다는 것은 성경의 가르침이 아니다. 예수께서 우리를 구원하신 목적은 선한 일을 열심히 하는 친백성이 되게 하기 위함이었다. 성령 충만을 받은 초대 예루살렘교회 교인들도 저들의 행실이 불신자들의 칭찬을 받을 정도였다(행 2:47).
  복음으로 말미암아 자유롭게 된 자들은 선한 행실을 할 필요가 없다는 '반법주의(反法主義 antinomianism)'는 기독교에서 설 자리가 없다. 디도서는 이 사실을 중점으로 교훈하고 있다.
  영상 강의 중에도 지적한 것처럼 이런 그레데 사람의 나쁜 습성이 오늘 한국의 정치인의 모습에서 쉽게 발견할 수가 있다. 이것을 교회가 성경적 리더십으로 극복하도록 기도해야 할 것이다. 이것도 교회의 중대한 사명중 하나임을 알아야 한다.

- 권징을 실행하는 교회는 "좋은 게 좋다"는 사고방식을 없애야 한다는 사실을 먼저 실천하라. 이것은 한국 사회 전체를 좀 먹는 사탄의 유혹임을 직시하라.

- 딤후 3장에서 바울은 '말세(末世)에 고통받는 때'가 이것임을 예언하며 말세의 인간들이 나타낼 도덕적 · 영적 타락상을 19항목으로 상세하게 제시하고 있다. 그런데 여기서 특기할 것은 말세의 타락상에 대한 이러한 예언이 교회 밖의 불신자들에게만 해당하는 것이 아니라, 교회 안의 배교자(背敎者)들을 염두에 둔 예언이라고 하는 것이다. 바울이 이처럼 배교자들의 타락상에 대해 언급하는 이유는 말세에 이를수록 인간 본성과 종교적 경향이 복음을 적대할 것이기에 더욱 확고한 무장이 필요하다는 것을 깨우쳐 주기 위함이다. 시대의 타락상이 심화될수록 복음 사역자들이 말씀과 기도로 무장해야 할 필요성은 더욱더 커지는 것이다.

- 딤후 3:15-17
  성경의 힘은 모든 것을 깨우쳐 주는 교훈의 기능, 잘못된 것을 바르게 하는 책망의 기능, 잘못된 세상을 바르게 잡는 바르게 함의 기능, 성경의 진리로 그 시대의 백성을 가르치는 의로 교육하기에 유익한 기능을 하고 있다. 15절은 개인 구원, 16절은 사회 구원, 17절은 총체적 구원을 말한다. 먼저 한 사람이 성경의 진리를 깨달으면 그것을 온 사회로 확대 적용하고, 그래서 온전한 세상을 만드는 것이 바로 하나님 나라를 이루는 것이다.
  바울은 말세의 타락상에 대해 경계한 후, 디모데로 하여금 '배우고 확신한 일' 곧 성경의 진리에 지속적으로 거하라고 권면한다. 그리고 이어 모든 성경은 '하나님의 감동으로 된(God-breathed)' 것임을 밝히고 있다. 성경이 하나님의 감동으로 되었다는 것은 비록 성경이 인간 저자들에 의해 기록되기는 했으나, 하나님께서 성령으로 그들을 감동하심으로써 결과적으로 전혀 '잘못이나 오류가 없는(inerrant and infallible)' 책이 되게 하셨다는 것이다. 말세의 때는 진리가 진리로 받아들여지지 않는 때이다. 그러나 성경은 하나님의 감동으로 된 것으로서, 모든 시대의 성도들이 확신하고 거해야 하는 절대 진리의 말씀이다. 후기 현대주의(postmodernism) 시대인 오늘날 세상 사람들이 온통 절대 진리의 존재 자체마저 부인하여도, 성도는 성경을 진리로 확신하며 성경의 교훈을 따라 살기에 더욱 힘써야 할 것이다.

딤후 4:3-4을 묵상하라. 당신은 당신의 귀를 즐겁게 해주는 성경공부, 설교를 찾아다니는 사람인가?

베드로 전후서를 통해서 베드로의 성숙한 변화의 모습이 무엇인지를 배운다. (영상 강의 내용 참조)
그는 그리스도가 고통을 제거해서 우리를 구원해 주시는 해결사로 생각했으나, 그의 신앙이 성숙하면서 예수님은 고통을 제거하시기보다 그것을 견딜 수 있는 능력을 주시는 분으로 깨닫는다. 민수기에서 불 뱀을 제거하지 않으시고 여전히 물 수 있는 상황에서 놋 뱀을 만들어 장대에 달게 하고 그것을 바라보게 하신다. 그 의미를 잘 묵상하고 나의 신앙의 성숙도를 스스로 한번 측정해 보라.

이교도 가운데 산다는 것
베드로는 신자들의 중요한 목표가 그들의 거룩한 생활 방식을 통해 사람들이 하나님을 주목하게 하는 것이라고 편지했다. 이처럼 신자들은 하나님을 찬양하고(2:9) 믿지 않는 이들이 하나님께 영광을 돌리게 하며(2:12), 자신들의 모범을 통해 배우자를 설득하여 그리스도를 믿게 하고(3:1), 부도덕한 비방을 부끄럽게 만들며(3:15-16), 이전의 친구들이 무슨 일이 일어났는가 생각하게 만든다는 것이다(4:4). 그리스도인은 비록 고난을 당할지라도 세상에서 구속하는 힘이 될 것이다.

벧전 2:9에 우리는 왕 같은 제사장이라고 했다. 그 의미가 무엇이고 과연 그런가? 시내 산 언약의 핵심 내용이 1) 소속의 변화. 2) 제사장 나라. 3) 거룩한 백성임을 기억하고 이 구절과 연결해 보라. 성경은 이렇게 통전적으로 관통하고 있음을 알게 된다.

벧전 5:7-9을 묵상하라.
"근신하라 깨어라 너희 대적 마귀가 우는 사자 같이 두루 다니며 삼킬 자를 찾나니 너희는 믿음을 굳건하게 하여 그를 대적하라 이는 세상에 있는 너희 형제들도 동일한 고난을 당하는 줄을 앎이라"
마귀에게 어떻게 대적할 수 있는가? 당신은 사탄과 어떻게 대적하고 있는가? 사탄의 존재가 있어 영적 싸움이 일어난다는 사실을 인정이라도 하는가?

결단기도와 실행하기

약 2:26 영혼 없는 몸이 죽은 것 같이 행함이 없는 믿음은 죽은 것이니라
시 119:28 나의 영혼이 눌림으로 말미암아 녹사오니 주의 말씀대로 나를 세우소서

유다서 1장

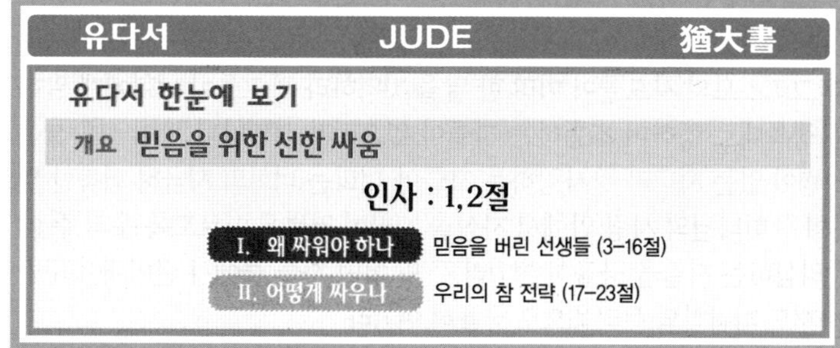

유다서 JUDE 猶大書

유다서 한눈에 보기

개요 믿음을 위한 선한 싸움

인사 : 1,2절

I. 왜 싸워야 하나 — 믿음을 버린 선생들 (3–16절)

II. 어떻게 싸우나 — 우리의 참 전략 (17–23절)

인사

1 예수 그리스도의 종이요 야고보의 형제인 유다는 부르심을 받은 자 곧
하나님 아버지 안에서 사랑을 얻고 예수 그리스도를 위하여 지키심을 받은
자들에게 편지하노라 2 긍휼과 평강과 사랑이 너희에게 더욱 많을지어다

거짓 교사들에게 내릴 심판(벧후 2:1-17)

3 사랑하는 자들아 우리가 일반으로 받은 구원에 관하여 내가 너희에게
편지하려는 생각이 간절하던 차에 성도에게 단번에 주신 믿음의 도를 위
하여 힘써 싸우라는 편지로 너희를 권하여야 할 필요를 느꼈노니 4 이는
가만히 들어온 사람 몇이 있음이라 그들은 옛적부터 이 판결을 받기로 미
리 기록된 자니 경건하지 아니하여 우리 하나님의 은혜를 도리어 방탕한
것으로 바꾸고 홀로 하나이신 주재 곧 우리 주 예수 그리스도를 부인하는
자니라 5 너희가 본래 모든 사실을 알고 있으나 내가 너희로 다시 생각나
게 하고자 하노라 주께서 백성을 애굽에서 구원하여 내시고 후에 믿지 아
니하는 자들을 멸하셨으며 6 또 자기 지위를 지키지 아니하고 자기 처소를
떠난 천사들을 큰 날의 심판까지 영원한 결박으로 흑암에 가두셨으며 7
소돔과 고모라와 그 이웃 도시들도 그들과 같은 행동으로 음란하며 다른
육체를 따라 가다가 영원한 불의 형벌을 받음으로 거울이 되었느니라 8
그러한데 꿈꾸는 이 사람들도 그와 같이 육체를 더럽히며 권위를 업신여
기며 영광을 비방하는도다 9 천사장 미가엘이 모세의 시체에 관하여 마귀
와 다투어 변론할 때에 감히 비방하는 판결을 내리지 못하고 다만 말하되
주께서 너를 꾸짖으시기를 원하노라 하였거늘 10 이 사람들은 무엇이든지
그 알지 못하는 것을 비방하는도다 또 그들은 이성 없는 짐승 같이 본능
으로 아는 그것으로 멸망하느니라 11 화 있을진저 이 사람들이여, 가인의
길에 행하였으며 삯을 위하여 발람의 어그러진 길로 몰려 갔으며 고라의
패역을 따라 멸망을 받았도다 12 그들은 기탄 없이 너희와 함께 먹으니 너
희의 애찬에 암초요 자기 몸만 기르는 목자요 바람에 불려가는 물 없는 구름이요 죽고 또 죽어 뿌리까지 뽑힌 열
매 없는 가을 나무요 13 자기 수치의 거품을 뿜는 바다의 거친 물결이요 영원히 예비된 캄캄한 흑암으로 돌아갈

❖ 유다서 개요

이 서신의 기록자는 예수님과 야고보의 형제였던 유다(막 6:3)로서 따뜻하고 부드러운 심성을 가진 자로서(3, 17, 20절) 그가 초대교회의 배교자들이(Apostates) 고의로 교회의 일원으로 남아 있으면서 믿음을 거절하고 있었기 때문에 그 정도가 위험 수위에 도달하자 그들에게 자신을 지키라고 하면서 경고적인 선언의 강도를 매우 강하게, 심지어는 예수 그리스도를 부인하며 교회에 나오는 신앙심이 없는 자들에게 엄한 경고를 하고 있다. 그래서 유다서는 가장 준엄한 내용을 지닌 책 중에 하나이다.

❖ 유다 1장

유다는 단호히 선포했다. 그는 우리가 일반으로 얻은 구원에 관해 쓰려고 했지만, 또 다른 것, 즉 성도에게 단번에 주신 믿음의 도를 위하여 힘써 싸우라는 말을 하지 않을 수가 없었다. 유다는 사도도 아니었고 자기 형제 야고보처럼 교회의 기둥도 아니었다. 유다는 주 예수 그리스도의 형제였음에도 불구하고 자신이 예수님의 종이라는 사실 외에는 예수 그리스도와의 관계를 일부러 내세우지 않았다. 유다는 처음에 예수를 믿지 않았으나(요 7:5) 결국 하나님의 아들이신 예수님의 본모습을 보고 깨달았다. 유다는 자기 백성을 저희 죄에서 구원하려고 오신 분(마 1:20)의 임재 가운데서 성장했다. 그러므로 유다가 이런 내용의 편지를 쓴 것은 당연한 일이다!
유다서는 비록 한 장뿐이지만, 오늘날에도 매우 적합한 책이다.

❖ **권징이 살아 있는 교회, 거짓 교사들에 대한 경고**

유다가 지도하는 믿음의 공동체에 은밀히 들어온 몇 사람들이 은혜를 색욕(色慾) 거리로 바꾸고 그리스도의 신성(神性)을 부인하는 가르침을 퍼트렸다. 유다는 이 무리를 간과하지 않고 "성도에게 단번에 주신 믿음의 도(道)를 위하여 힘써 싸우라"는 편지를 써서 보낸다(유 3, 4절).
유다는 거짓 교사들에 대한 직접적인 경고에 앞서 과거 구원역사에서 불경건한 자들(광야 시대의 이스라엘 백성, 소돔과 고모라, 타락한 천사 등)에게 임한 하나님의 심판(유 5-7절)과 심판을 초래한 그들의 타락상(유 13절)을 상기시킨다.

유리하는 별들이라 14 아담의 칠대 손 에녹이 이 사람들에 대하여도 예언하여 이르되 보라 주께서 그 수만의 거
룩한 자와 함께 임하셨나니 15 이는 뭇 사람을 심판하사 모든 경건하지 않은 자가 경건하지 않게 행한 모든 경건
하지 않은 일과 또 경건하지 않은 죄인들이 주를 거슬러 한 모든 완악한 말로 말미암아 그들을 정죄하려 하심이
라 하였느니라 16 이 사람들은 원망하는 자며 불만을 토하는 자며 그 정욕대로 행하는 자라 그 입으로 자랑하는
말을 하며 이익을 위하여 아첨하느니라

훈계와 권면

17 사랑하는 자들아 너희는 우리 주 예수 그리스도의 사도들이 미리 한 말을 기억하라 18 그들이 너희에게 말하
기를 마지막 때에 자기의 경건하지 않은 정욕대로 행하며 조롱하는 자들이 있으리라 하였나니 19 이 사람들은
분열을 일으키는 자며 육에 속한 자며 성령이 없는 자니라 20 사랑하는 자들아 너희는 너희의 지극히 거룩한 믿
음 위에 자신을 세우며 성령으로 기도하며 21 하나님의 사랑 안에서 자신을 지키며 영생에 이르도록 우리 주 예
수 그리스도의 긍휼을 기다리라 22 어떤 의심하는 자들을 긍휼히 여기라 23 또 어떤 자를 불에서 끌어내어 구원
하라 또 어떤 자를 그 육체로 더럽힌 옷까지도 미워하되 두려움으로 긍휼히 여기라

축복

24 능히 너희를 보호하사 거침이 없게 하시고 너희로 그 영광 앞에 흠이 없이 기쁨으로 서게 하실 이 25 곧 우리
구주 홀로 하나이신 하나님께 우리 주 예수 그리스도로 말미암아 영광과 위엄과 권력과 권세가 영원 전부터 이
제와 영원토록 있을지어다 아멘

베드로후서 1장~3장

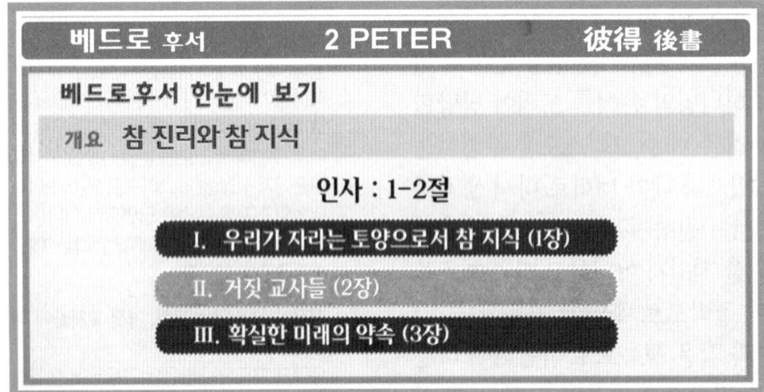

베드로 후서
2 PETER
彼得 後書
베드로후서 한눈에 보기
개요 참 진리와 참 지식
인사 : 1-2절
I. 우리가 자라는 토양으로서 참 지식 (1장)
II. 거짓 교사들 (2장)
III. 확실한 미래의 약속 (3장)

❖ 베드로 후서 개요

거짓 교사와 그들의 타락과 타락한 교리에 대해 경고하고자 썼다.

베드로 후서는 세 부분으로 나눌 수 있다. 그리스도인의 성품 배양(1장), 거짓 교사들에 대한 책망(2장), 그리스도의 재림에 대한 확신(3장)이다. 베드로는 독자들이 그리스도인의 성품을 배양할 때, 믿음과 하나님의 말씀에서 발견한 진리에 관한 지식 안에서 자라가라고 강조한다. 특별히, 성경은 신뢰할 만하다고 강조한다. 1:21은 영감(靈感, Inspiration)의 신적이며 동시에 인간적인 과정에 관해 놀랍게 묘사하고 있다. "오직 생명의 감동하심을 입은 사람들이 하나님께 받아 말한 것임이니라" 거짓 교사들에 대한 베드로의 책망은 그들의 부도덕한 생활, 무익하고 파괴적인 가르침, 확실한 하나님의 멸망과 심판을 묘사하고 있다.

주님의 재림에 대한 베드로의 강조는 거룩한 심판이 임할 것이라는 사실을 부정하는 거짓 교사들에 의해 촉진되었다. 주님의 재림에 비추어서, 베드로는 자신의 서신을 읽는 독자들에게 거룩하고 흔들림 없으며 성장하는 삶을 살도록 권유하고 있다.

베드로후서 1장

부르심과 택하심

1 예수 그리스도의 종이며 사도인 시몬 베드로
는 우리 하나님과 구주 예수 그리스도의 의
를 힘입어 동일하게 보배로운 믿음을 우리
와 함께 받은 자들에게 편지하노니 2 하나님
과 우리 주 예수를 앎으로 은혜와 평강이 너희
에게 더욱 많을지어다 3 그의 신기한 능력으로
생명과 경건에 속한 모든 것을 우리에게 주셨

벧후 1:4

학습 자료 87-1
"성도의 신의 성품에 참여" 참조

으니 이는 자기의 영광과 덕으로써 우리를 부르신 이를 앎으로 말미암음
이라 4 이로써 그 보배롭고 지극히 큰 약속을 우리에게 주사 이 약속으로
말미암아 너희가 정욕 때문에 세상에서 썩어질 것을 피하여 신성한 성품
에 참여하는 자가 되게 하려 하셨느니라 5 그러므로 너희가 더욱 힘써 너
희 믿음에 덕을, 덕에 지식을, 6 지식에 절제를, 절제에 인내를, 인내에 경
건을, 7 경건에 형제 우애를, 형제 우애에 사랑을 더하라 8 이런 것이 너희
에게 있어 흡족한즉 너희로 우리 주 예수 그리스도를 알기에 게으르지 않
고 열매 없는 자가 되지 않게 하려니와 9 이런 것이 없는 자는 맹인이라 멀
리 보지 못하고 그의 옛 죄가 깨끗하게 된 것을 잊었느니라 10 그러므로
형제들아 더욱 힘써 너희 부르심과 택하심을 굳게 하라 너희가 이것을 행
한즉 언제든지 실족하지 아니하리라 11 이같이 하면 우리 주 곧 구주 예수
그리스도의 영원한 나라에 들어감을 넉넉히 너희에게 주시리라

그리스도의 영광과 성경의 예언

12 그러므로 너희가 이것을 알고 이미 있는 진리에 서 있으나 내가 항상
너희에게 생각나게 하려 하노라 13 내가 이 장막에 있을 동안에 너희를
일깨워 생각나게 함이 옳은 줄로 여기노니 14 이는 우리 주 예수 그리스도
께서 내게 지시하신 것 같이 나도 나의 장막을 벗어날 것이 임박한 줄을
앎이라 15 내가 힘써 너희로 하여금 내가 떠난 후에라도 어느 때나 이런
것을 생각나게 하려 하노라 16 우리 주 예수 그리스도의 능력과 강림하심
을 너희에게 알게 한 것이 교묘히 만든 이야기를 따른 것이 아니요 우리
는 그의 크신 위엄을 친히 본 자라 17 지극히 큰 영광 중에서 이러한 소리
가 그에게 나기를 이는 내 사랑하는 아들이요 내 기뻐하는 자라 하실 때
에 그가 하나님 아버지께 존귀와 영광을 받으셨느니라 18 이 소리는 우리
가 그와 함께 거룩한 산에 있을 때에 하늘로부터 난 것을 들은 것이라 19
또 우리에게는 더 확실한 예언이 있어 어두운 데를 비추는 등불과 같으니
날이 새어 샛별이 너희 마음에 떠오르기까지 너희가 이것을 주의하는 것
이 옳으니라 20 먼저 알 것은 성경의 모든 예언은 사사로이 풀 것이 아니니
21 예언은 언제든지 사람의 뜻으로 낸 것이 아니요 오직 성령의 감동하심
을 받은 사람들이 하나님께 받아 말한 것임이라

베드로후서 2장

거짓 선지자들과 거짓 선생들(유 4-13)

1 그러나 백성 가운데 또한 거짓 선지자들이 일어났었나니 이와 같이 너희
중에도 거짓 선생들이 있으리라 그들은 멸망하게 할 이단을 가만히 끌어
들여 자기들을 사신 주를 부인하고 임박한 멸망을 스스로 취하는 자들이
라 2 여럿이 그들의 호색하는 것을 따르리니 이로 말미암아 진리의 도가
비방을 받을 것이요 3 그들이 탐심으로써 지어낸 말을 가지고 너희로 이
득을 삼으니 그들의 심판은 옛적부터 지체하지 아니하며 그들의 멸망은
잠들지 아니하느니라 4 하나님이 범죄한 천사들을 용서하지 아니하시고
지옥에 던져 어두운 구덩이에 두어 심판 때까지 지키게 하셨으며 5 옛 세

❖ 벧후 1~3장

생업이 어부였던 베드로는 예수님께 붙들리어 변화되었다. 한갓 어부였던 베드로, 3년간 예수님으로부터 배우고 오순절 성령강림으로 충만해진 베드로가 자신의 가장 암울한 순간조차도 하나님의 양떼들의 안녕이 그의 마음에 가장 걸렸다는 사실은 하나님의 역사하심을 볼 수 있다.
베드로가 갈릴리 호수에 부활하신 예수님과 함께 서 있었던 그날, 생선 굽는 냄새가 아침 공기를 가득 채웠던 그때부터 베드로는 자기가 어떻게 죽을지 알았다. 그러나 베드로는 충성을 다 했다. 자기의 참혹한 죽음에 대한 염려보다도 예수께서 그에게 먹이고, 치라고 맡기신 주님의 양 떼에 관한 관심이 더 컸다. 그는 예수님의 부탁을 충실히 이행했다. 그래서 A.D. 63~64년경, 베드로는 "동일하게 보배로운 믿음을 우리와 같이 받은 자들에게" 편지를 보낸다. 이것은 그의 마지막 편지이다. 전설에 따르면 A.D. 64년에 베드로는 한 때 모른다고 부인했던 그 주님을 위해 십자가에 거꾸로 못 박혀 죽었다고 한다. 베드로는 자기 하나님을 아는 지식과 은혜 안에서 진정으로 자라갔던 것이다.

	벧후 1:20, 21 성경 해석의 7대 원칙
1	가감하여 해석하지 말 것 (신 4:2, 마 5:19, 계 22:18, 19)
2	사사로이 해석하지 말 것 (막 7:9, 13, 벧후 1:20)
3	억지로 해석하지 말 것(고후 4:2, 벧후 3:6)
4	성경의 영감성을 인정할 것 (딤후 3:16, 벧후 1:21)
5	성경의 무오성을 인정할 것 (사 55:11, 마 5:17, 18)
6	바른 해석을 위해 기도할 것 (사 48:6, 렘 33:3)
7	성령의 인도하심을 따라 주의 깊게 살필 것(행 17:11, 벧후 1:19)

벧후 2:1-22 거짓 교사와 참 교사의 가감승제

	거짓 교사	참 교사
+	거짓 복음을 더하여 가르침(갈 1:6-8)	성도들의 믿음에 여러 덕을 더하게 함 (벧후 1:5, 6)
-	그리스도의 공로를 제외함(벧후 2:1)	성도들의 악한 죄를 없애도록 권면함 (갈 6:1)
×	자신의 이익만을 배가 함 (사 56:10-12, 벧후 2:3)	성도들이 은혜와 평강을 배가하여 받도록 축복함 (벧후 1:2)
÷	성도들과 교회를 분열시킴 (딤전 6:3-5)	물질과 사랑을 서로 나누게 함 (행 4:34, 35)

85일~90일

상을 용서하지 아니하시고 오직 의를 전파하는 노아와 그 일곱 식구를 보존하시고 경건하지 아니한 자들의 세
상에 홍수를 내리셨으며 6 소돔과 고모라 성을 멸망하기로 정하여 재가 되게 하사 후세에 경건하지 아니할 자들
에게 본을 삼으셨으며 7 무법한 자들의 음란한 행실로 말미암아 고통 당하는 의로운 롯을 건지셨으니 8 (이는 이
의인이 그들 중에 거하여 날마다 저 불법한 행실을 보고 들음으로 그 의로운 심령이 상함이라) 9 주께서 경건한 자는 시험에서 건
지실 줄 아시고 불의한 자는 형벌 아래에 두어 심판 날까지 지키시며 10 특별히 육체를 따라 더러운 정욕 가운데
서 행하며 주관하는 이를 멸시하는 자들에게는 형벌할 줄 아시느니라 이들은 당돌하고 자긍하며 떨지 않고 영
광 있는 자들을 비방하거니와 11 더 큰 힘과 능력을 가진 천사들도 주 앞에서 그들을 거슬러 비방하는 고발을 하
지 아니하느니라 12 그러나 이 사람들은 본래 잡혀 죽기 위하여 난 이성 없는 짐승 같아서 그 알지 못하는 것을
비방하고 그들의 멸망 가운데서 멸망을 당하며 13 불의의 값으로 불의를 당하며 낮에 즐기고 노는 것을 기쁘게
여기는 자들이니 점과 흠이라 너희와 함께 연회할 때에 그들의 속임수로 즐기고 놀며 14 음심이 가득한 눈을 가
지고 범죄하기를 그치지 아니하고 굳세지 못한 영혼들을 유혹하며 탐욕에 연단된 마음을 가진 자들이니 저주의
자식이라 15 그들이 바른 길을 떠나 미혹되어 브올의 아들 발람의 길을 따르는도다 그는 불의의 삯을 사랑하다
가 16 자기의 불법으로 말미암아 책망을 받되 말하지 못하는 나귀가 사람의 소리로 말하여 이 선지자의 미친 행
동을 저지하였느니라 17 이 사람들은 물 없는 샘이요 광풍에 밀려 가는 안개니 그들을 위하여 캄캄한 어둠이 예
비되어 있나니 18 그들이 허탄한 자랑의 말을 토하며 그릇되게 행하는 사람들에게서 겨우 피한 자들을 음란으로
써 육체의 정욕 중에서 유혹하는도다 19 그들에게 자유를 준다 하여도 자신들은 멸망의 종들이니 누구든지 진
자는 이긴 자의 종이 됨이라 20 만일 그들이 우리 주되신 구주 예수 그리스도를 앎으로 세상의 더러움을 피한 후
에 다시 그 중에 얽매이고 지면 그 나중 형편이 처음보다 더 심하리니 21 의의
도를 안 후에 받은 거룩한 명령을 저버리는 것보다 알지 못하는 것이 도리어
그들에게 나으니라 22 참된 속담에 이르기를 개가 그 토하였던 것에 돌아가
고 돼지가 씻었다가 더러운 구덩이에 도로 누웠다 하는 말이 그들에게 응
하였도다

베드로후서 3장

하나님의 날

1 사랑하는 자들아 내가 이제 이 둘째 편지를 너희에게 쓰노니 이 두 편지
로 너희의 진실한 마음을 일깨워 생각나게 하여 2 곧 거룩한 선지자들이
예언한 말씀과 주 되신 구주께서 너희의 사도들로 말미암아 명하신 것을
기억하게 하려 하노라 3 먼저 이것을 알지니 말세에 조롱하는 자들이 와
서 자기의 정욕을 따라 행하며 조롱하여 4 이르되 주께서 강림하신다는
약속이 어디 있느냐 조상들이 잔 후로부터 만물이 처음 창조될 때와 같이
그냥 있다 하니 5 이는 하늘이 옛적부터 있는 것과 땅이 물에서 나와 물로
성립된 것도 하나님의 말씀으로 된 것을 그들이 일부러 잊으려 함이로다
6 이로 말미암아 그 때에 세상은 물이 넘침으로 멸망하였으되 7 이제 하늘
과 땅은 그 동일한 말씀으로 불사르기 위하여 보호하신 바 되어 경건하지
아니한 사람들의 심판과 멸망의 날까지 보존하여 두신 것이니라 8 사랑
하는 자들아 주께는 하루가 천 년 같고 천 년이 하루 같다는 이 한 가지를
잊지 말라 9 주의 약속은 어떤 이들이 더디다고 생각하는 것 같이 더딘 것이 아니라 오직 주께서는 너희를 대하
여 오래 참으사 아무도 멸망하지 아니하고 다 회개하기에 이르기를 원하시느니라 10 그러나 주의 날이 도둑 같
이 오리니 그 날에는 하늘이 큰 소리로 떠나가고 물질이 뜨거운 불에 풀어지고 땅과 그 중에 있는 모든 일이 드

벧후 3:1, 2 베드로전·후서의 내용 비교

	베드로전서	베드로후서
주 제	고난 중의 인내, 소망의 권면	거짓 교사들의 미혹경계
강 조	임박한 환난에 대한 인내	거짓 사설에 맞설 온전한 지식
기독론	그리스도의 고난	그리스도의 영광과 재림
예수의 명칭	그리스도	주
종말론	종말의 임박함에 대한 경고	종말의 확실함에 대한 강조

벧후 3:1-13
학습 자료 87-2 **"재림과 종말" 참조**

85일~90일

러나리로다 11 이 모든 것이 이렇게 풀어지리니 너희가 어떠한 사람이 되
어야 마땅하냐 거룩한 행실과 경건함으로 12 하나님의 날이 임하기를 바
라보고 간절히 사모하라 그 날에 하늘이 불에 타서 풀어지고 물질이 뜨거
운 불에 녹아지려니와 13 우리는 그의 약속대로 의가 있는 곳인 새 하늘
과 새 땅을 바라보도다 14 그러므로 사랑하는 자들아 너희가 이것을 바라
보나니 주 앞에서 점도 없고 흠도 없이 평강 가운데서 나타나기를 힘쓰라
15 또 우리 주의 오래 참으심이 구원이 될 줄로 여기라 우리가 사랑하는
형제 바울도 그 받은 지혜대로 너희에게 이같이 썼고 16 또 그 모든 편지
에도 이런 일에 관하여 말하였으되 그 중에 알기 어려운 것이 더러 있으니
무식한 자들과 굳세지 못한 자들이 다른 성경과 같이 그것도 억지로 풀다
가 스스로 멸망에 이르느니라 17 그러므로 사랑하는 자들아 너희가 이것
을 미리 알았은즉 무법한 자들의 미혹에 이끌려 너희가 굳센 데서 떨어질
까 삼가라 18 오직 우리 주 곧 구주 예수 그리스도의 은혜와 그를 아는 지
식에서 자라 가라 영광이 이제와 영원한 날까지 그에게 있을지어다

히브리서 1장~7장

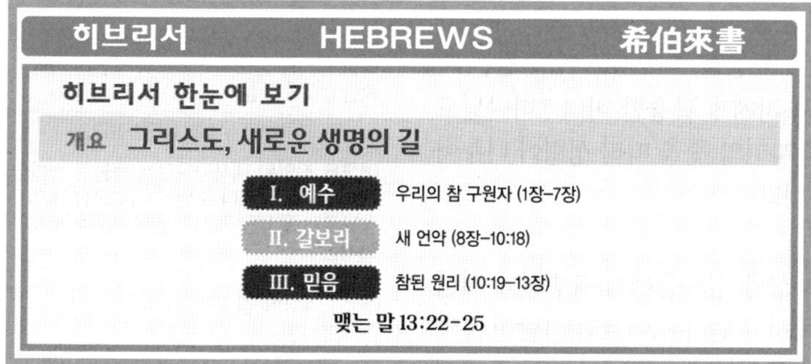

히브리서 HEBREWS 希伯來書
히브리서 한눈에 보기
개요 그리스도, 새로운 생명의 길
I. 예수 우리의 참 구원자 (1장-7장)
II. 갈보리 새 언약 (8장-10:18)
III. 믿음 참된 원리 (10:19-13장)
맺는 말 13:22-25

❖ 히브리서 개요

유대인 성도들이 심한 핍박을 받자, 그들은 그리스도와 합함으로 그들의 제단이나 제사장 등을 잃게 되었다고 생각했다. 성도라는 귀한 신분을 생각 못하고 그들이 당장 겪는 핍박에서 오는 고난만 생각하면서 타락으로 빠지게 되자 이들의 잘못을 고쳐주기 위해 베드로는 이 편지를 썼다. 실망한 이들에게 그리스도의 영광과 하늘에서의 사역을 언급하고 기독교의 우월성을 말하면서 고난을 겪는 이들에게 모든 것을 잃는 것이 아니라 모든 것을 얻었음을 말해주고 있다.

어려운 핍박과 고난이 온다 할지라도 우리에게 계신 분은 우리 연약함을 다 체휼하시고, 모든 일에 우리와 한결같이 시험을 받으시되 죄가 없으신(히 4:15) 거룩한 제사장, 구속자 제사장, 사도인 제사장, 온전한 제사장, 영원한 제사장이시기에 모두가 이 분을 향하여 모든 무거운 것과 얽매이기 쉬운 죄를 벗어버리고 인내하며 사랑하며 더 큰 상을 주시는 자임을 믿고 더 나은 본향을 사모하며 많은 믿음의 선진들과 같이 믿음의 경주를 해 나아갈 때 하나님의 놀라운 위로와 상급이 앞에 기다리고 있다.

학습 자료 87-3 “히브리서는 유대교에 대한 기독교의 변증서” 참조

학습 자료 87-4 “히브리서에서의 시대 구분” 참조

히브리서 1장

하나님이 아들을 통하여 말씀하시다

1 옛적에 선지자들을 통하여 여러 부분과 여러 모양으로 우리 조상들에게
말씀하신 하나님이 2 이 모든 날 마지막에는 아들을 통하여 우리에게 말
씀하셨으니 이 아들을 만유의 상속자로 세우시고 또 그로 말미암아 모든
세계를 지으셨느니라 3 이는 하나님의 영광의 광채시요 그 본체의 형상이
시라 그의 능력의 말씀으로 만물을 붙드시며 죄를 정결하게 하는 일을 하
시고 높은 곳에 계신 지극히 크신 이의 우편에 앉으셨느니라 4 그가 천사
보다 훨씬 뛰어남은 그들보다 더욱 아름다운 이름을 기업으로 얻으심이
니 5 하나님께서 어느 때에 천사 중 누구에게 너는 내 아들이라 오늘 내가
너를 낳았다 하셨으며 또 다시 나는 그에게 아버지가 되고 그는 내게 아
들이 되리라 하셨느냐 6 또 그가 맏아들을 이끌어 세상에 다시 들어오게

하실 때에 하나님의 모든 천사들은 그에게 경배할지어다 말씀하시며 7 또
천사들에 관하여는 그는 그의 천사들을 바람으로, 그의 사역자들을 불꽃
으로 삼으시느니라 하셨으되 8 아들에 관하여는 하나님이여 주의 보좌는
영영하며 주의 나라의 규는 공평한 규이니이다 9 주께서 의를 사랑하시고
불법을 미워하셨으니 그러므로 하나님 곧 주의 하나님이 즐거움의 기름
을 주께 부어 주를 동류들보다 뛰어나게 하셨도다 하였고 10 또 주여 태
초에 주께서 땅의 기초를 두셨으며 하늘도 주의 손으로 지으신 바라 11
그것들은 멸망할 것이나 오직 주는 영존할 것이요 그것들은 다 옷과 같이
낡아지리니 12 의복처럼 갈아입을 것이요 그것들은 옷과 같이 변할 것이
나 주는 여전하여 연대가 다함이 없으리라 하였으나 13 어느 때에 천사 중
누구에게 내가 네 원수로 네 발등상이 되게 하기까지 너는 내 우편에 앉
아 있으라 하셨느냐 14 모든 천사들은 섬기는 영으로서 구원 받을 상속자
들을 위하여 섬기라고 보내심이 아니냐

히브리서 2장

큰 구원

1 그러므로 우리는 들은 것에 더욱 유념함으로 우리가 흘러 떠내려가지
않도록 함이 마땅하니라 2 천사들을 통하여 하신 말씀이 견고하게 되어
모든 범죄함과 순종하지 아니한 자들이 공정한 보응을 받았거든 3 우리가
이같이 큰 구원을 등한히 여기면 어찌 그 보응을 피하리요 이 구원은 처
음에 주로 말씀하신 바요 들은 자들이 우리에게 확증한 바니 4 하나님도
표적들과 기사들과 여러 가지 능력과 및 자기의 뜻을 따라 성령이 나누어
주신 것으로써 그들과 함께 증언하셨느니라

구원의 창시자

5 하나님이 우리가 말하는 바 장차 올 세상을 천사들에게 복종하게 하심
이 아니니라 6 그러나 누구인가가 어디에서 증언하여 이르되 사람이 무엇
이기에 주께서 그를 생각하시며 인자가 무엇이기에 주께서 그를 돌보시
나이까 7 그를 잠시 동안 천사보다 못하게 하시며 영광과 존귀로 관을 씌
우시며 8 만물을 그 발 아래에 복종하게 하셨느니라 하였으니 만물로 그
에게 복종하게 하셨은즉 복종하지 않은 것이 하나도 없어야 하겠으나 지
금 우리가 만물이 아직 그에게 복종하고 있는 것을 보지 못하고 9 오직 우
리가 천사들보다 잠시 동안 못하게 하심을 입은 자 곧 죽음의 고난 받으
심으로 말미암아 영광과 존귀로 관을 쓰신 예수를 보니 이를 행하심은 하
나님의 은혜로 말미암아 모든 사람을 위하여 죽음을 맛보려 하심이라 10
그러므로 만물이 그를 위하고 또한 그로 말미암은 이가 많은 아들들을
이끌어 영광에 들어가게 하시는 일에 그들의 구원의 창시자를 고난을 통
하여 온전하게 하심이 합당하도다 11 거룩하게 하시는 이와 거룩하게 함
을 입은 자들이 다 한 근원에서 난지라 그러므로 형제라 부르시기를 부
끄러워하지 아니하시고 12 이르시되 내가 주의 이름을 내 형제들에게 선포하고 내가 주를 교회 중에서 찬송하리
라 하셨으며 13 또 다시 내가 그를 의지하리라 하시고 또 다시 볼지어다 나와 및 하나님께서 내게 주신 자녀라 하

히 1:1-14 그리스도의 우월성

히브리서는 삼위일체의 한분으로서 절대 초월자요 창조자로서 전 피조물과는 절대적으로 구분되는 그리스도의 우월성과 그분의 구속 사역이 구약의 성취요 신약의 출발점이었음을 강조하여 보여준다. 그럼으로써 넓게는 구약의 일부 내용에 근거한 유대교에 대한 신·구약 정통 신앙을 온전히 계승한 기독교 신앙의 우월함과 필연성 등을 강조해 주고 있다. 이에 대해서는 본서 서론을 보다 참조하라.

선지자보다 우월하심(1:1-3)
일반 선지자들은 죄인된 인간으로 하나님의 말씀을 받아 전하는 자이나 주님은 제2위 하나님으로서 말씀의 주체가 되심
천사보다 우월하심(1:4-2:18)
천사들은 아름다운 영적 존재이지만 하나님의 피조물로서 하나님께 수종드는 사역자에 불과하나 주님은 하나님의 아들이시요 또한 창조자로서 온 우주의 통치자이심
모세보다 우월하심(3:1-19)
모세는 하나님의 부름받은 인간 신분의 종으로서 육적 이스라엘을 위해 일했으나 주님은 하나님의 아들로서 영적 이스라엘을 위해 사역하심
여호수아보다 우월하심(4:1-11)
여호수아는 이스라엘 백성에게 가나안 땅에 속한 안식을 얻도록 하였으나 주님은 하늘에 속한 안식을 주심
아론보다 우월하심(5:1-10:18)
아론은 죄인된 대사장으로서 동물로 제물을 삼아 제사드렸으나 주님은 죄없으신 대제사장으로서 흠 없는 자신의 몸을 제물삼아 제사드리심

❖ Ⅰ. 우리의 참 구원자 예수(1~7장)
· 히 1장~7장

예수 그리스도, 우리를 위한 대제사장

대제사장은 사람들을 위해 하나님 앞에 서야 하는 일에 세움을 받은 자로서 매일의 소제와 백성을 위해 드리는 속죄제를 담당했다(레 16:2, 11, 14, 34, 히 9:7, 10:3). 대제사장과 예수 그리스도 사이에는 유사점이 있으면서도 비교할 수 없는 중요한 차이점들이 있다.

☞ **히 3:1** "그러므로 함께 하늘의 부르심을 받은 거룩한 형제들아 우리가 믿는 도리의 사도이시며 대제사장이신 예수를 깊이 생각하라"

☞ 히브리서의 3대 주요 동사
· 예수를 깊이 생각하라(3:1)
· 예수를 바라보자(12:2)
· 그에게 나아가자(13:13)

셨으니 14 자녀들은 혈과 육에 속하였으매 그도 또한 같은 모양으로 혈과
육을 함께 지니심은 죽음을 통하여 죽음의 세력을 잡은 자 곧 마귀를 멸
하시며 15 또 죽기를 무서워하므로 한평생 매여 종 노릇 하는 모든 자들을
놓아 주려 하심이니 16 이는 확실히 천사들을 붙들어 주려 하심이 아니요
오직 아브라함의 자손을 붙들어 주려 하심이라 17 그러므로 그가 범사에
형제들과 같이 되심이 마땅하도다 이는 하나님의 일에 자비하고 신실한
대제사장이 되어 백성의 죄를 속량하려 하심이라 18 그가 시험을 받아 고
난을 당하셨은즉 시험 받는 자들을 능히 도우실 수 있느니라

히브리서 3장

하나님이 주시는 안식

1 그러므로 함께 하늘의 부르심을 받은 거룩한 형제들아 우리가 믿는 도
리의 사도이시며 대제사장이신 예수를 깊이 생각하라 2 그는 자기를 세우
신 이에게 신실하시기를 모세가 하나님의 온 집에서 한 것과 같이 하셨으
니 3 그는 모세보다 더욱 영광을 받을 만한 것이 마치 집 지은 자가 그 집
보다 더욱 존귀함 같으니라 4 집마다 지은 이가 있으니 만물을 지으신 이
는 하나님이시라 5 또한 모세는 장래에 말할 것을 증언하기 위하여 하나
님의 온 집에서 종으로서 신실하였고 6 그리스도는 하나님의 집을 맡은
아들로서 그와 같이 하셨으니 우리가 소망의 확신과 자랑을 끝까지 굳게

잡고 있으면 우리는 그의 집이라 7 그러므
로 성령이 이르신 바와 같이 오늘 너희
가 그의 음성을 듣거든 8 광야에서 시험
하던 날에 거역하던 것 같이 너희 마음
을 완고하게 하지 말라 9 거기서 너희 열
조가 나를 시험하여 증험하고 사십 년 동
안 나의 행사를 보았느니라 10 그러므로 내가 이 세대에게 노하여 이르기
를 그들이 항상 마음이 미혹되어 내 길을 알지 못하는도다 하였고 11 내가
노하여 맹세한 바와 같이 그들은 내 안식에 들어오지 못하리라 하였다 하였느니라 12 형제들아 너희는 삼가 혹
너희 중에 누가 믿지 아니하는 악한 마음을 품고 살아 계신 하나님에게서 떨어질까 조심할 것이요 13 오직 오늘
이라 일컫는 동안에 매일 피차 권면하여 너희 중에 누구든지 죄의 유혹으로 완고하게 되지 않도록 하라 14 우리
가 시작할 때에 확신한 것을 끝까지 견고히 잡고 있으면 그리스도와 함께 참여한 자가 되리라 15 성경에 일렀으
되 오늘 너희가 그의 음성을 듣거든 격노하시게 하던 것 같이 너희 마음을 완고하게 하지 말라 하였으니 16 듣고
격노하시게 하던 자가 누구냐 모세를 따라 애굽에서 나온 모든 사람이 아니냐 17 또 하나님이 사십 년 동안 누구
에게 노하셨느냐 그들의 시체가 광야에 엎드러진 범죄한 자들에게가 아니냐 18 또 하나님이 누구에게 맹세하사
그의 안식에 들어오지 못하리라 하셨느냐 곧 순종하지 아니하던 자들에게가 아니냐 19 이로 보건대 그들이 믿지
아니하므로 능히 들어가지 못한 것이라

히브리서 4장

1 그러므로 우리는 두려워할지니 그의 안식에 들어갈 약속이 남아 있을지라도 너희 중에는 혹 이르지 못할 자
가 있을까 함이라 2 그들과 같이 우리도 복음 전함을 받은 자이나 들은 바 그 말씀이 그들에게 유익하지 못한 것

❖ 히 1장~7장 **우리의 참 구원자 예수.**
이제는 구약적인 제사 방식의 예배로 돌아갈 수 없다. 그러나 그 정신은 따라야 한다. 히브리서 기자는 과거 성전 제사 방식으로 하나님께 예배드렸다가 그리스도인이 된 유대인들을 염두에 두고 히브리서를 기록했다. 유대인들은 그리스도인이 된 후에도 성전에서 화려하게 드리는 제사를 잊지 못하였다. 예수를 믿는다고 하면서도 이 성전 제사에 대한 향수를 잊지 못하였다. 그래서 여차하면 성전 제사로 회귀하려고 하는 그들에게 이제 그리스도 안에서 새로운 예배가 시작되었으므로 예배에 굳게 설 것을 권유하기 위해 히브리서를 기록했다(히 10:19-25).
진정한 예배의 완성자는 예수님이시다. 이렇게 말할 수 있는 근거가 무엇인가? 구약의 제사 제도를 폐하고 새로운 예배 방식을 창조한 예수님은 천사보다 큰 자이고(히 1:4-2:18), 유대인들이 하나님 다음으로 떠받드는 모세보다 큰 자이고(히 3:1-4:13), 구약의 대제사장보다 큰 자이고(히 4:14-7:경), 구약의 모든 믿음의 영웅들 보다 큰 자이기 때문이다(히 11:1-12:2).
구약의 성전 제도와 제사 제도와 제사장들은 예수님 사역의 그림자로서, 그분이 십자가와 부활로 구속(救贖)을 완성하시자 이 모든 그림자들은 철폐되었다(대하 7:11-10:39).
이제 구약적인 그림자의 예배 방식은 철폐되고 예수님의 구속을 찬양하는 전인적(全人的)인 예배가 시작되었다.
☞ **히 13:15-16** 그러므로 우리는 예수로 말미암아 항상 찬송의 제사를 하나님께 드리자 이는 그 이름을 증언하는 입술의 열매니라 오직 선을 행함과 서로 나누어 주기를 잊지 말라 하나님은 이같은 제사를 기뻐하시느니라

은 듣는 자가 믿음과 결부시키지 아니함이라 3 이미 믿는 우리들은 저 안
식에 들어가는도다 그가 말씀하신 바와 같으니 내가 노하여 맹세한 바와
같이 그들이 내 안식에 들어오지 못하리라 하셨다 하였으나 세상을 창조
할 때부터 그 일이 이루어졌느니라 4 제칠일에 관하여는 어딘가에 이렇게
일렀으되 하나님은 제칠일에 그의 모든 일을 쉬셨다 하였으며 5 또 다시
거기에 그들이 내 안식에 들어오지 못하리라 하였으니 6 그러면 거기에 들
어갈 자들이 남아 있거니와 복음 전함을 먼저 받은 자들은 순종하지 아니
함으로 말미암아 들어가지 못하였으므로 7 오랜 후에 다윗의 글에 다시
어느 날을 정하여 오늘이라고 미리 이같이 일렀으되 오늘 너희가 그의 음
성을 듣거든 너희 마음을 완고하게 하지 말라 하였나니 8 만일 여호수아
가 그들에게 안식을 주었더라면 그 후에 다른 날을 말씀하지 아니하셨으
리라 9 그런즉 안식할 때가 하나님의 백성에게 남아 있도다 10 이미 그의
안식에 들어간 자는 하나님이 자기의 일을 쉬심과 같이 그도 자기의 일을 쉬느니라 11 그러므로 우리가 저 안식
에 들어가기를 힘쓸지니 이는 누구든지 저 순종하지 아니하는 본에 빠지지 않게 하려 함이라 12 하나님의 말씀은
살아 있고 활력이 있어 좌우에 날선 어떤 검보다도 예리하여 혼과 영과 및 관절과 골수를 찔러 쪼개기까지 하며
또 마음의 생각과 뜻을 판단하나니 13 지으신 것이 하나도 그 앞에 나타나지 않음이 없고 우리의 결산을 받으실
이의 눈 앞에 만물이 벌거벗은 것 같이 드러나느니라

❖ 히 4장 **안식에 들어가기를 힘쓰라**
사람의 영혼은 하나님의 임재 가운데 있을 때 안식을 누리며(시 23:2), 그리스도의 일을 할 때 진정한 쉼을 얻게 된다(마 11:29). 히브리서 저자는 창조 사역 후 안식하신 하나님의 모습을 믿는 자가 궁극적으로 누리게 될 안식의 좋은 모델로 삼았다(4:9-10). 또한 출애굽 세대 중 여호수아를 따라 가나안 땅에 들어간 사람들에게는 안식이 주어졌으나(수 23:1) 이것도 진정한 안식은 아니었으며, 다른 안식이 남아 있다고 말한다(4:9). 또한 "안식에 들어가기를 힘쓸지니"(4:11)라고 했는데, 여기에는 하나님 나라를 상속받아 누릴 안식을 소망하면서 하나님의 뜻이 이루어지도록 열심히 살아가라는 의미가 담겨 있다.

항목	대제사장	예수 그리스도
신분	대제사장이 되는 존귀는 사람이 스스로 취하지 못하고 하나님의 부르심으로 된다.	예수 그리스도께서 대제사장이 되신 영광도 스스로 취하신 것이 아니라 하나님의 말씀을 따른 것이다.(히 5:5-6*) *시 2:7 ; 110:4 인용
성품	대제사장이 "무식하고 미혹한 자를 능히 용납할 수 있는 것은 자기도 연약에 휩싸여"(5:2) 있기 때문이다.	예수님은 "우리 연약함을 동정하지 못하실 이가 아니요"(4:15), "육체에 계실 때에…심한 통곡과 눈물"(5:7)을 가졌던 분이셨다.

큰 대제사장이신 예수
14 그러므로 우리에게 큰 대제사장이 계시니 승천하신 이 곧 하나님의 아들 예수시라 우리가 믿는 도리를 굳게
잡을지어다 15 우리에게 있는 대제사장은 우리의 연약함을 동정하지 못하실 이가 아니요 모든 일에 우리와 똑같
이 시험을 받으신 이로되 죄는 없으시니라 16 그러므로 우리는 긍휼하심을 받고 때를 따라 돕는 은혜를 얻기 위
하여 은혜의 보좌 앞에 담대히 나아갈 것이니라

히브리서 5장
1 대제사장마다 사람 가운데서 택한 자이므로 하나님께 속한 일에 사람을 위하여 예물과 속죄하는 제사를 드리
게 하나니 2 그가 무식하고 미혹된 자를 능히 용납할 수 있는 것은 자기도 연약에 휩싸여 있음이라 3 그러므로 백
성을 위하여 속죄제를 드림과 같이 또한 자신을 위하여도 드리는 것이 마땅하니라 4 이 존귀는 아무도 스스로
취하지 못하고 오직 아론과 같이 하나님의 부르심을 받은 자라야 할 것이니라 5 또한 이와 같이 그리스도께서 대

제사장 되심도 스스로 영광을 취하심이 아니요 오직 말씀하신 이가 그에게 이르시되 너는 내 아들이니 내가 오
늘 너를 낳았다 하셨고 6 또한 이와 같이 다른 데서 말씀하시되 네가 영원히 멜기세덱의 반차를 따르는 제사장
이라 하셨으니 7 그는 육체에 계실 때에 자기를 죽음에서 능히 구원하실 이에게 심한 통곡과 눈물로 간구와 소
원을 올렸고 그의 경건하심으로 말미암아 들으심을 얻었느니라 8 그가 아들이시면서도 받으신 고난으로 순종함
을 배워서 9 온전하게 되셨은즉 자기에게 순종하는 모든 자에게 영원한 구원의 근원이 되시고 10 하나님께 멜기
세덱의 반차를 따른 대제사장이라 칭하심을 받으셨느니라

변절을 경계하시다

11 멜기세덱에 관하여는 우리가 할 말이 많으나 너희가 듣는 것이 둔하므로 설명하기 어려우니라 12 때가 오래
되었으므로 너희가 마땅히 선생이 되었을 터인데 너희가 다시 하나님의 말씀의 초보에 대하여 누구에게서 가르
침을 받아야 할 처지이니 단단한 음식은 못 먹고 젖이나 먹어야 할 자가 되었도다 13 이는 젖을 먹는 자마다 어린
아이니 의의 말씀을 경험하지 못한 자요 14 단단한 음식은 장성한 자의 것이니 그들은 지각을 사용함으로 연단
을 받아 선악을 분별하는 자들이니라

히브리서 6장

1 그러므로 우리가 그리스도의 도의 초보를 버리고 죽은 행실을 회개함과 하나님께 대한 신앙과 2 세례들과 안
수와 죽은 자의 부활과 영원한 심판에 관한 교훈의 터를 다시 닦지 말고 완전한 데로 나아갈지니라 3 하나님께
서 허락하시면 우리가 이것을 하리라 4 한 번 빛을 받고 하늘의 은사를 맛
보고 성령에 참여한 바 되고 5 하나님의 선한 말씀과 내세의 능력을 맛보
고도 6 타락한 자들은 다시 새롭게 하여 회개하게 할 수 없나니 이는 그들

히 6:4-6
학습 자료 87-5
"한 번 비췸을 얻고 타락한 자?" 참조

이 하나님의 아들을 다시 십자가에 못 박아 드러내 놓고 욕되게 함이라 7 땅이
그 위에 자주 내리는 비를 흡수하여 밭가는 자들이 쓰기에 합당한 채소를 내
면 하나님께 복을 받고 8 만일 가시와 엉겅퀴를 내면 버림을 당하고 저주함에
가까워 그 마지막은 불사름이 되리라 9 사랑하는 자들아 우리가 이같이 말하
나 너희에게는 이보다 더 좋은 것 곧 구원에 속한 것이 있음을 확신하노라 10
하나님은 불의하지 아니하사 너희 행위와 그의 이름을 위하여 나타낸 사랑
으로 이미 성도를 섬긴 것과 이제도 섬기고 있는 것을 잊어버리지 아니하시느
니라 11 우리가 간절히 원하는 것은 너희 각 사람이 동일한 부지런함을 나타내어 끝까지 소망의 풍성함에 이르
러 12 게으르지 아니하고 믿음과 오래 참음으로 말미암아 약속들을 기업으로 받는 자들을 본받는 자 되게 하려
는 것이니라

하나님의 확실한 약속

13 하나님이 아브라함에게 약속하실 때에 가리켜 맹세할 자가 자기보다 더 큰 이가 없으므로 자기를 가리켜 맹
세하여 14 이르시되 내가 반드시 너에게 복 주고 복 주며 너를 번성하게 하고 번성하게 하리라 하셨더니 15 그가
이같이 오래 참아 약속을 받았느니라 16 사람들은 자기보다 더 큰 자를 가리켜 맹세하나니 맹세는 그들이 다투
는 모든 일의 최후 확정이니라 17 하나님은 약속을 기업으로 받는 자들에게 그 뜻이 변하지 아니함을 충분히 나
타내시려고 그 일을 맹세로 보증하셨나니 18 이는 하나님이 거짓말을 하실 수 없는 이 두 가지 변하지 못할 사실
로 말미암아 앞에 있는 소망을 얻으려고 피난처를 찾은 우리에게 큰 안위를 받게 하려 하심이라 19 우리가 이 소
망을 가지고 있는 것은 영혼의 닻 같아서 튼튼하고 견고하여 휘장 안에 들어 가나니 20 그리로 앞서 가신 예수께
서 멜기세덱의 반차를 따라 영원히 대제사장이 되어 우리를 위하여 들어 가셨느니라

히브리서 7장

멜기세덱

1 이 멜기세덱은 살렘 왕이요 지극히 높으신 하나님의 제사장이라 여러
왕을 쳐서 죽이고 돌아오는 아브라함을 만나 복을 빈 자라 2 아브라함이
모든 것의 십분의 일을 그에게 나누어 주니라 그 이름을 해석하면 먼저
는 의의 왕이요 그 다음은 살렘 왕이니 곧 평강의 왕이요 3 아버지도 없고
어머니도 없고 족보도 없고 시작한 날도 없고 생명의 끝도 없어 하나님의
아들과 닮아서 항상 제사장으로 있느니라 4 이 사람이 얼마나 높은가를
생각해 보라 조상 아브라함도 노략물 중 십분의 일을 그에게 주었느니라
5 레위의 아들들 가운데 제사장의 직분을 받은 자들은 율법을 따라 아브
라함의 허리에서 난 자라도 자기 형제인 백성에게서 십분의 일을 취하라
는 명령을 받았으나 6 레위 족보에 들지 아니한 멜기세덱은 아브라함에
게서 십분의 일을 취하고 약속을 받은 그를 위하여 복을 빌었나니 7 논란
의 여지 없이 낮은 자가 높은 자에게서 축복을 받느니라 8 또 여기는 죽을
자들이 십분의 일을 받으나 저기는 산다고 증거를 얻은 자가 받았느니라
9 또한 십분의 일을 받는 레위도 아브라함으로 말미암아 십분의 일을 바
쳤다고 할 수 있나니 10 이는 멜기세덱이 아브라함을 만날 때에 레위는 이
미 자기 조상의 허리에 있었음이라 11 레위 계통의 제사 직분으로 말미암
아 온전함을 얻을 수 있었으면 (백성이 그 아래에서 율법을 받았으니) 어찌하여
아론의 반차를 따르지 않고 멜기세덱의 반차를 따르는 다른 한 제사장을
세울 필요가 있느냐 12 제사 직분이 바꾸어졌은즉 율법도 반드시 바꾸어
지리니 13 이것은 한 사람도 제단 일을 받들지 않는 다른 지파에 속한 자
를 가리켜 말한 것이라 14 우리 주께서는 유다로부터 나신 것이 분명하도
다 이 지파에는 모세가 제사장들에 관하여 말한 것이 하나도 없고 15 멜기
세덱과 같은 별다른 한 제사장이 일어난 것을 보니 더욱 분명하도다 16 그
는 육신에 속한 한 계명의 법을 따르지 아니하고 오직 불멸의 생명의 능
력을 따라 되었으니 17 증언하기를 네가 영원히 멜기세덱의 반차를 따르
는 제사장이라 하였도다 18 전에 있던 계명은 연약하고 무익하므로 폐하
고 19 (율법은 아무 것도 온전하게 못할지라) 이에 더 좋은 소망이 생기니 이것으
로 우리가 하나님께 가까이 가느니라 20 또 예수께서 제사장이 되신 것은
맹세 없이 된 것이 아니니 21 (그들은 맹세 없이 제사장이 되었으되 오직 예수는 자
기에게 말씀하신 이로 말미암아 맹세로 되신 것이라 주께서 맹세하시고 뉘우치지 아니
하시리니 네가 영원히 제사장이라 하셨도다) 22 이와 같이 예수는 더 좋은 언약의
보증이 되셨느니라 23 제사장 된 그들의 수효가 많은 것은 죽음으로 말미
암아 항상 있지 못함이로되 24 예수는 영원히 계시므로 그 제사장 직분도
갈리지 아니하느니라 25 그러므로 자기를 힘입어 하나님께 나아가는 자
들을 온전히 구원하실 수 있으니 이는 그가 항상 살아 계셔서 그들을 위
하여 간구하심이라 26 이러한 대제사장은 우리에게 합당하니 거룩하고
악이 없고 더러움이 없고 죄인에게서 떠나 계시고 하늘보다 높이 되신 이
라 27 그는 저 대제사장들이 먼저 자기 죄를 위하고 다음에 백성의 죄를

85일~90일

❖ 멜기세덱이 아론보다 더 큰 제사장인가?

1세기에 이 서신을 읽었던 유대인 교인들은 인간의 족보에 매우 큰 비중을 두고 있었다. 그들은 아론의 자손이 아닌 사람을 제사장으로 인정하려 하지 않았다. 그래서 히브리서 저자는 다른 종류의 제사장을 강조한다. 즉 아론이나 레위 반열이 아닌 멜기세덱의 반열을 따른 예수님이 대제사장이 되신다고 설명한다(7:4-10). 히브리서 저자는 6~7장에 걸쳐 예수님이 멜기세덱의 반차임을 집요하게 입증한 후, 어떻게 멜기세덱이 아론보다 더 큰 대제사장인지를 설명한다.

히 7:1-26 그리스도와 멜기세덱의 공통점

1	하나님께 순종함(5:8)
2	하나님께서 택하신 제사장임(7:1)
3	믿는 자에게 축복함(7:1)
4	의의 왕이라 불리움(7:2)
5	평강의 왕이라 불리움(7:2)
6	영원한 제사장임(7:3)
7	비레위 계통의 제사장임(7:6)
8	옛 율법에 속박되지 않음(7:16)
9	생명의 능력에 힘 입었음(7:16)
10	거룩하고 악과 더러움이 없음(7:26)
11	하늘보다 높이 되신 자임(7:26)
12	아론 계열보다 우월한 제사장임(7:28)

히 7:1-3
학습 자료 87-6 "멜기세덱의 정체" 참조

히 7:17 그리스도의 대제사장 직무에 대한 구약의 주요 예언들

1	주께서 동물 희생 제사를 원치 않으심(시 40:6, 7, 히 10:5-7)
2	주께서 의로운 제사와 온전한 번제를 기뻐하심(시 51:19)
3	멜기세덱 반차의 영원한 제사장이 있을 것임(시 110:4, 히 5:5, 6)
4	다윗의 후손 중 예비된 제사장이 있을 것임(시 132:17)
5	택함 백성의 죄악을 담당할 자가 있을 것임(사 53:6, 히 9:28)
6	택한 죄인들을 위해 중보 기도할 자가 있을 것임(사 53:12)
7	택한 백성의 죄와 더러움을 씻는 샘이 있을 것임(슥 13:1)
8	하나님의 영원한 성소가 그의 백성들 가운데 있을 것임(겔 37:28)
9	여호와가 희생을 준비하고 그 청할 자를 구별하였음(습 1:7)
10	성도의 대속 제물로 십자가에 달려 손, 발, 옆구리를 찔리실 것임(슥 12:10)

위하여 날마다 제사 드리는 것과 같이 할 필요가 없으니 이는 그가 단번에 자기를 드려 이루셨음이라 28 율법은 약점을 가진 사람들을 제사장으로 세웠거니와 율법 후에 하신 맹세의 말씀은 영원히 온전하게 되신 아들을 세우셨느니라

신분	멜기세덱은 시작도 없고 끝도 없는 신분을 갖고 있다.(7:1-3)
아브라함과 멜기세덱과의 관계	레위(또는 아론)의 조상인 아브라함은 멜기세덱에게 예물을 드렸고, 멜기세덱은 아브라함에게 축복했는데(창 14:18-20, 히7:4-10), 낮은 자가 예물을 드리고 높은 자가 축복을 하는 법이다.
시간적인 우선성	멜기세덱은 레위(또는 아론)보다 훨씬 먼저 활동했다.(7:5, 10)
대제사장의 조건	아론의 반차를 따르는 대제사장은 맹세 없이 되었으나 멜기세덱의 반차를 따르는 예수님은 맹세로 되셨다.(7:11-28)

87일차 읽기의 요약

(유 1, 벧후 1~3, 히 1~7)

베드로 후서는 베드로가 자신의 임박한 죽음을 앞두고 종말에 하나님의 심판이 있음을 알리고 교회를 어지럽히는 이단과 거짓 교사들이 장차 받을 하나님의 심판을 경고하며 그들을 물리칠 것을 당부하기 위해 썼다. 베드로는 자신이 변화 산에서 직접 경험했던 하나님의 영광을 근거로 예수님의 재림을 확신 있게 전하며 예수 그리스도를 앎으로 하나님의 성품을 닮아 가며 영적으로 성장할 것을 권면한다.

히브리서는 박해를 피해 유대주의로 돌아가기를 고집하는 자들을 향하여 그리스도가 얼마나 탁월하시고 유일하신 중보자이신지를 변증하는 서신서이다. 구약의 제사 제도를 배경으로 볼 때 예수 그리스도는 대제사장보다, 모든 천사보다, 또한 모세보다 뛰어나신 하나님의 아들이심을 강조한다.

그 분은 레위기의 제사장직을 능가하는 더 좋은 언약의 중보자로 오셔서 자신의 육체를 영 단번의 제물로 드리신 우리의 대제사장이시다. 아론의 후손으로 오시지 않고 위로부터 오신 예수 그리스도를 믿는 믿음을 확고히 하여 이제 다시 유대주의로 돌아가지 말 것을 당부한다. 히브리서는 구약의 모든 제사 제도가 예수 그리스도가 누구이신지를 깨닫게 하기 위한 그림자이었음을 말씀한다. 따라서 이제는 예수 그리스도를 깊이 생각하고 그분을 바라보고 그 분께 나아가는 믿음으로 살아갈 것을 강조한다.

그러면 어떻게 살 것인가?

인위뚝 · 신위고!

☑ 세계관 점검 - 묵상하기 (영상 강의와 교재 내용의 이해를 바탕으로)

- 유다서를 읽고 권징에 대해 묵상해 보라. 오늘 교회에 이런 권징이 있는가? 없다면 왜 없을까? 딤후 4:3-4과 연계해서 판단해 보라. - "좋은 게 좋다"가 만연하는 교회, 번영신학과 시장원리가 교회의 지배 원리가 된 이 시대에 권징이 바로 서야 하지 않을까?

- 권징을 시행하라
  유다는 묵시 문학 중 하나(에녹서)를 인용하면서 부도덕한 거짓 교사들에 대한 심판의 필연성을 선포한다(유 14-16절). 그런 다음 유다는 그리스도의 사도들의 말을 인용하면서 믿음 안에 견고히 서서 성장하여 거짓 교사들에게 미혹된 자들을 구출해 낼 것을 권면한다(유 17-23절).
  우리는 유다서에서 교회 안에서 이단 사설이 퍼지는 것을 얼마나 경계해야 할 것인가를 배운다. 또한 교회가 바른 가르침은 권장하고 잘못된 가르침은 징계하는, 권징이 살아 있는 교회가 되어야 한다는 것을 배워야 한다.

- 벧후 1:3-8에서 그리스도인의 덕목이 어떤 것이 있는가를 살펴보고 내가 배워야 할 것은 무엇인지 반성해 보자.

- 벧후 1:20-21에서 성경을 사사로이 풀어서는 안 된다는 것을 강조한다. 무슨 뜻인가? 그래서 저자 강사는 영상 강의에서 "매뉴얼"대로 살아야 한다고 목에 힘주어 강조한다. 무슨 뜻이며 나는 그렇게 살아가고 있는가?

- 히브리서 1~7장에서 묘사되는 예수임을 읽고 그 예수님이 나에게 어떤 분인가를 진지하게 생각해 보라

- "진정한 예배의 완성자는 예수님이시다."는 무슨 의미인가. ▶ 영상 강의를 듣고 이해하라.

- 히브리서 3:1 "그러므로 함께 하늘의 부르심을 받은 거룩한 형제들아 우리가 믿는 도리의 사도이시며 대제사장이신 예수를 깊이 생각하라"

  ☑ 히브리서의 3내 주요 동사.
  - 예수를 깊이 생각하라(3:1)
  - 예수를 바라보자(12:2)
  - 그에게 나아가자(13:13)

85일~90일

☑ 결단기도와 실행하기

약 2:26 영혼 없는 몸이 죽은 것 같이 행함이 없는 믿음은 죽은 것이니라
시 119:28 나의 영혼이 눌림으로 말미암아 녹사오니 주의 말씀대로 나를 세우소서

88일

히브리서 8장~13장

히브리서 8장

새 언약의 대제사장

1 지금 우리가 하는 말의 요점은 이러한 대제사장이 우리에게 있다는 것
이라 그는 하늘에서 지극히 크신 이의 보좌 우편에 앉으셨으니 2 성소와
참 장막에서 섬기는 이시라 이 장막은 주께서 세우신 것이요 사람이 세운
것이 아니니라 3 대제사장마다 예물과 제사 드림을 위하여 세운 자니 그
러므로 그도 무엇인가 드릴 것이 있어야 할지니라 4 예수께서 만일 땅에
계셨더라면 제사장이 되지 아니하셨을 것이니 이는 율법을 따라 예물을
드리는 제사장이 있음이라 5 그들이 섬기는 것은 하늘에 있는 것의 모형
과 그림자라 모세가 장막을 지으려 할 때에 지시하심을 얻음과 같으니 이
르시되 삼가 모든 것을 산에서 네게 보이던 본을 따라 지으라 하셨느니라
6 그러나 이제 그는 더 아름다운 직분을 얻으셨으니 그는 더 좋은 약속으
로 세우신 더 좋은 언약의 중보자시라 7 저 첫 언약이 무흠하였더라면 둘
째 것을 요구할 일이 없었으려니와 8 그들의 잘못을 지적하여 말씀하시되
주께서 이르시되 볼지어다 날이 이르리니 내가 이스라엘 집과 유다 집과
더불어 새 언약을 맺으리라 9 또 주께서 이르시기를 이 언약은 내가 그들
의 열조의 손을 잡고 애굽 땅에서 인도하여 내던 날에 그들과 맺은 언약과 같지 아니하도다 그들은 내 언약 안
에 머물러 있지 아니하므로 내가 그들을 돌보지 아니하였노라 10 또 주께서 이르시되 그 날 후에 내가 이스라엘
집과 맺을 언약은 이것이니 내 법을 그들의 생각에 두고 그들의 마음에 이것을 기록하리라 나는 그들에게 하나

히 8:6-10 새 언약을 세우는 새로운 방법	
1	구약 선민 이스라엘 대신 세계 성도와 세움(출 19:4-6, 롬 11:23, 24)
2	모세의 중보 대신 그리스도의 중보로 세움(출 24:12, 히 7:22-25)
3	행위의 법이 아닌 믿음의 법으로 세움(롬 3:19-24)
4	죄와 사망의 법이 아닌 생명의 법으로 세움(롬 8:1-4)
5	돌비가 아닌 성도의 심비에 언약의 법을 새김(고후 3:7, 히 8:10)
6	일시적 속죄 대신 그리스도의 영원한 속죄로 세움(히 7:27, 28)
7	동물의 희생 대신 그리스도의 희생으로 세움(히 10:4, 10)
8	불완전한 제사 대신 완전한 제사로 세움(히 10:11, 12)

항목	대제사장	예수 그리스도
죄의 유무	사람 가운데서 취한 자로서 연약에 싸여 있어(5:1–2) 자신을 위한 속죄제가 필요(레16:11, 히5:3)	죄가 없으시기에(4:15) 자기 자신을 위한 속죄가 불필요(7:27)
제사의 성격	대제사장은 죽음으로 인해 항상 그 직분을 감당하지는 못했다.(7:23) 또한 대속죄일의 시효 때문에 매년 반복적인 제사를 드려야 했다.(9:25)	영원한 제사장이시기에(6:20, 7:21) 제사 직분도 갈리지 않는다.(7:24) 또한 자신을 단번에 드린 단회적인 제사였다.(9:26, 10:10)
대제사장의 반차	아론의 반차(5:4)로 "육체에 상관된 계명의 법" (7:16a)을 따르는 율법의 계명으로 됨	멜기세덱의 반차(5:6, 10, 6:20)로 "무궁한 생명의 능력"(7:16)을 따르는 맹세의 말씀으로 됨(7:28)
섬기는 공간	땅에 있는 성소	하늘에 있는 성소(8:1–2, 9:11, 24)
속죄를 위한 제물의 피	염소와 황소와 송아지의 피(9:12–13, 19, 10:4), 온전한 속죄를 이루지 못함	예수님 자신의 피(9:12, 14), 온전한 속죄를 이룸

님이 되고 그들은 내게 백성이 되리라 11 또 각각 자기 나라 사람과 각각
자기 형제를 가르쳐 이르기를 주를 알라 하지 아니할 것은 그들이 작은
자로부터 큰 자까지 다 나를 앎이라 12 내가 그들의 불의를 긍휼히 여기
고 그들의 죄를 다시 기억하지 아니하리라 하셨느니라 13 새 언약이라 말
씀하셨으매 첫 것은 낡아지게 하신 것이니 낡아지고 쇠하는 것은 없어져
가는 것이니라

히브리서 9장

손으로 지은 성소와 온전한 성소

1 첫 언약에도 섬기는 예법과 세상에 속한 성소가 있더라 2 예비한 첫 장
막이 있고 그 안에 등잔대와 상과 진설병이 있으니 이는 성소라 일컫고 3
또 둘째 휘장 뒤에 있는 장막을 지성소라 일컫나니 4 금향로와 사면을 금
으로 싼 언약궤가 있고 그 안에 만나를 담은 금 항아리와 아론의 싹난 지
팡이와 언약의 돌판들이 있고 5 그 위에 속죄소를 덮는 영광의 그룹들이
있으니 이것들에 관하여는 이제 낱낱이 말할 수 없노라 6 이 모든 것을 이
같이 예비하였으니 제사장들이 항상 첫 장막에 들어가 섬기는 예식을 행
하고 7 오직 둘째 장막은 대제사장이 홀로 일 년에 한 번 들어가되 자기와
백성의 허물을 위하여 드리는 피 없이는 아니하나니 8 성령이 이로써 보이
신 것은 첫 장막이 서 있을 동안에는 성소에 들어가는 길이 아직 나타나지
아니한 것이라 9 이 장막은 현재까지의 비유니 이에 따라 드리는 예물과
제사는 섬기는 자를 그 양심상 온전하게 할 수 없나니 10 이런 것은 먹고
마시는 것과 여러 가지 씻는 것과 함께 육체의 예법일 뿐이며 개혁할 때까지 맡겨 둔 것이니라 11 그리스도께서
는 장래 좋은 일의 대제사장으로 오사 손으로 짓지 아니한 것 곧 이 창조에 속하지 아니한 더 크고 온전한 장막
으로 말미암아 12 염소와 송아지의 피로 하지 아니하고 오직 자기의 피로 영원한 속죄를 이루사 단번에 성소에
들어가셨느니라 13 염소와 황소의 피와 및 암송아지의 재를 부정한 자에게 뿌려 그 육체를 정결하게
하여 거룩하게 하거든 14 하물며 영원하신 성령으로 말미암아 흠 없는 자기를 하나님께 드린 그리스도
의 피가 어찌 너희 양심을 죽은 행실에서 깨끗하게 하고 살아 계신 하나님을 섬기게
하지 못하겠느냐 15 이로 말미암아 그는 새 언약의 중보자시니 이는 첫 언약 때에
범한 죄에서 속량하려고 죽으사 부르심을 입은 자로 하여금 영원한 기업의 약속
을 얻게 하려 하심이라 16 유언은 유언한 자가 죽어야 되나니 17 유언은 그 사람이 죽은 후에야 유효
한즉 유언한 자가 살아 있는 동안에는 효력이 없느니라 18 이러므로 첫 언약도 피 없이 세운 것이 아
니니 19 모세가 율법대로 모든 계명을 온 백성에게 말한 후에 송아지와 염소의 피 및 물과 붉은 양털과 우슬초를
취하여 그 두루마리와 온 백성에게 뿌리며 20 이르되 이는 하나님이 너희에게 명하신 언약의 피라 하고 21 또한
이와 같이 피를 장막과 섬기는 일에 쓰는 모든 그릇에 뿌렸느니라 22 율법을 따라 거의 모든 물건이 피로써 정결
하게 되나니 **피흘림이 없은즉 사함이 없느니라**

그리스도의 희생으로 이루어진 속죄

23 그러므로 하늘에 있는 것들의 모형은 이런 것들로써 정결하게 할 필요가 있었으나 하늘에 있는 그것들은 이
런 것들보다 더 좋은 제물로 할지니라 24 그리스도께서는 참 것의 그림자인 손으로 만든 성소에 들어가지 아니
하시고 바로 그 하늘에 들어가사 이제 우리를 위하여 하나님 앞에 나타나시고 25 대제사장이 해마다 다른 것의
피로써 성소에 들어가는 것 같이 자주 자기를 드리려고 아니하실지니 26 그리하면 그가 세상을 창조한 때부터

❖ Ⅱ. 갈보리에서의 새 언약(8장~10:18)

· 신약의 레위기, 히브리서

거룩하지 못한 인간이 거룩하신 하나님을 만나는 것은 불가능하다. 죄가 있는 상태에서는 하나님을 만나는 것이 오히려 화가 된다(사 6:5). 그러므로 하나님은 레위기를 통해 엄격한 희생 제사를 허락하셨다. 그러나 동물의 피로 드리는 희생 제사는 인간의 죄를 완전히 없애지 못했다. 그래서 필요할 때마다 동물을 잡아 제사를 드려야 했다. 하지만 신약에는 온전한 제사법이 등장한다. 그것은 예수님 자신이 제물이 되어 인간의 죄를 완전하게 없앤 제사, 즉 단 한 번만으로도 영원한 효력이 있는 제사(영단번의 제사)이다(9:12). 그래서 히브리서는 사람이 하나님을 직접 만날 수 있게 된 제사법을 언급한 '신약 속의 레위기'라고 할 수 있다(9장~10장). 히브리서는 19곳에서 레위기를 간접적으로 인용하고 있는데, 특히 9장을 보면 레위기 16장이 집중적으로 인용되었음을 발견할 수 있다. 이는 레위기 16장에 기록된 대속죄일(욤 키푸르. Yom Kippur)의 제사법과 대제사장의 역할이 히브리서 9장에 기록된 예수 그리스도의 대제사장 되심과 어떻게 연결되는지를 보여 주기 때문이다. 따라서 예수님은 새 언약의 중보자이시다(8장).

히 9:11-20

학습 자료 88-1 "중보자 그리스도" 참조

자주 고난을 받았어야 할 것이로되 이제 자기를 단번에 제물로 드려 죄를 없이 하시려고 세상 끝에 나타나셨느
니라 [27] 한번 죽는 것은 사람에게 정해진 것이요 그 후에는 심판이 있으리니 [28] 이와 같이 그리스도도 많은 사람
의 죄를 담당하시려고 단번에 드리신 바 되셨고 구원에 이르게 하기 위하여 죄와 상관없이 자기를 바라는 자들
에게 두 번째 나타나시리라

히브리서 10장

[1] 율법은 장차 올 좋은 일의 그림자일 뿐이요 참 형상이 아니므로 해마다
늘 드리는 같은 제사로는 나아오는 자들을 언제나 온전하게 할 수 없느니
라 [2] 그렇지 아니하면 섬기는 자들이 단번에 정결하게 되어 다시 죄를 깨닫
는 일이 없으리니 어찌 제사 드리는 일을 그치지 아니하였으리요 [3] 그러나
이 제사들에는 해마다 죄를 기억하게 하는 것이 있나니 [4] 이는 황소와 염
소의 피가 능히 죄를 없이 하지 못함이라 [5] 그러므로 주께서 세상에 임하
실 때에 이르시되 하나님이 제사와 예물을 원하지 아니하시고 오직 나를
위하여 한 몸을 예비하셨도다 [6] 번제와 속죄제는 기뻐하지 아니하시나니
[7] 이에 내가 말하기를 하나님이여 보시옵소서 두루마리 책에 나를 가리켜
기록된 것과 같이 하나님의 뜻을 행하러 왔나이다 하셨느니라 [8] 위에 말씀
하시기를 주께서는 제사와 예물과 번제와 속죄제는 원하지도 아니하고 기
뻐하지도 아니하신다 하셨고 (이는 다 율법을 따라 드리는 것이라) [9] 그 후에 말
씀하시기를 보시옵소서 내가 하나님의 뜻을 행하러 왔나이다 하셨으니 그
첫째 것을 폐하심은 둘째 것을 세우려 하심이라 [10] 이 뜻을 따라 예수 그리
스도의 몸을 단번에 드리심으로 말미암아 우리가 거룩함을 얻었노라 [11] 제
사장마다 매일 서서 섬기며 자주 같은 제사를 드리되 이 제사는 언제나 죄
를 없게 하지 못하거니와 [12] 오직 그리스도는 죄를 위하여 한 영원한 제사
를 드리시고 하나님 우편에 앉으사 [13] 그 후에 자기 원수들을 자기 발등상
이 되게 하실 때까지 기다리시나니 [14] 그가 거룩하게 된 자들을 한 번의 제
사로 영원히 온전하게 하셨느니라 [15] 또한 성령이 우리에게 증언하시되 [16]
주께서 이르시되 그 날 후로는 그들과 맺을 언약이 이것이라 하시고 내 법
을 그들의 마음에 두고 그들의 생각에 기록하리라 하신 후에 [17] 또 그들의
죄와 그들의 불법을 내가 다시 기억하지 아니하리라 하셨으니 [18] 이것들을
사하셨은즉 다시 죄를 위하여 제사 드릴 것이 없느니라

❖ 히 10장
이제는 구약 제사 방식의 예배로 돌아갈 수 없다. 그러나 그 정신은 따라야 한다. 히브리서 기자는 과거 성전 제사 방식으로 하나님께 예배드렸다가 그리스도인이 된 유대인들을 염두에 두고 히브리서를 기록했다. 유대인들은 그리스도인이 된 후에도 성전에서 화려하게 드리는 제사를 잊지 못하였다. 예수를 믿는다고 하면서도 이 성전 제사에 대한 향수를 잊지 못하였다. 그래서 여차하면 성전 제사로 회귀하려고 하는 그들에게 이제 그리스도 안에서 새로운 예배가 시작되었으므로 예배에 굳게 설 것을 권유하기 위해 히브리서를 기록했다(히 10:19-25).
진정한 예배의 완성자는 예수님이시다. 이렇게 말할 수 있는 근거가 무엇인가? 구약의 제사 제도를 폐하고 새로운 예배 방식을 창조한 예수님은 천사보다 큰 자이고(히 1:4~2:18), 유대인들이 하나님 다음으로 받드는 모세보다 큰 자이고(히 3:1-4:13), 구약의 대제사장보다 큰 자이고(히 4:14-7), 구약의 모든 믿음의 영웅들보다 큰 자이기 때문이다(히 11:1-12:2).
구약의 성전 제도와 제사 제도와 제사장들은 예수님 사역의 그림자로서, 그분이 십자가와 부활로 구속(救贖)을 완성하시자 이 모든 그림자는 철폐되었다(대하 7:11~10:39).
이제 구약적인 그림자의 예배 방식은 철폐되고 예수님의 구속을 찬양하는 전인적(全人的)인 예배가 시작되었다.
☞ **히 13:15-16** 그러므로 우리는 예수로 말미암아 항상 찬송의 제사를 하나님께 드리자 이는 그 이름을 증언하는 입술의 열매니라 오직 선을 행함과 서로 나누어 주기를 잊지 말라 하나님은 이같은 제사를 기뻐하시느니라

율법 아래서의 제사들	그리스도의 제사
10장 1~4절	10장 5~18절
남겨진 죄악들	죄사함
장차 오는 일의 그림자	참형상
부단히 반복됨	단번에
죄를 생각하게 하는 것	죄를 없게 하는 것
동물의 피/비자발적	그리스도의 피/자발적

소망을 굳게 잡으라

[19] 그러므로 형제들아 우리가 예수의 피를 힘입어 성소에 들어갈 담력을 얻었나
니 [20] 그 길은 우리를 위하여 휘장 가운데로 열어 놓으신 새로운 살 길이요 휘장
은 곧 그의 육체니라 [21] 또 하나님의 집 다스리는 큰 제사장이 계시매 [22] 우리가
마음에 뿌림을 받아 악한 양심으로부터 벗어나고 몸은 맑은 물로 씻음을 받았
으니 참 마음과 온전한 믿음으로 하나님께 나아가자 [23] 또 약속하신 이는 미쁘
시니 우리가 믿는 도리의 소망을 움직이지 말며 굳게 잡고 [24] 서로 돌아보아 사랑과 선행을
격려하며 [25] 모이기를 폐하는 어떤 사람들의 습관과 같이 하지 말고 오직 권하여 그 날이 가까움을 볼수록 더욱
그리하자 [26] 우리가 진리를 아는 지식을 받은 후 짐짓 죄를 범한즉 다시 속죄하는 제사가 없고 [27] 오직 무서운 마
음으로 심판을 기다리는 것과 대적하는 자를 태울 맹렬한 불만 있으리라 [28] 모세의 법을 폐한 자도 두세 증인으
로 말미암아 불쌍히 여김을 받지 못하고 죽었거든 [29] 하물며 하나님의 아들을 짓밟고 자기를 거룩하게 한 언약
의 피를 부정한 것으로 여기고 은혜의 성령을 욕되게 하는 자가 당연히 받을 형벌은 얼마나 더 무겁겠느냐 너희
는 생각하라 [30] 원수 갚는 것이 내게 있으니 내가 갚으리라 하시고 또 다시 주께서 그의 백성을 심판하리라 말씀
하신 것을 우리가 아노니 [31] 살아 계신 하나님의 손에 빠져 들어가는 것이 무서울진저 [32] 전날에 너희가 빛을 받
은 후에 고난의 큰 싸움을 견디어 낸 것을 생각하라 [33] 혹은 비방과 환난으로써 사람에게 구경거리가 되고 혹은
이런 형편에 있는 자들과 사귀는 자가 되었으니 [34] 너희가 갇힌 자를 동정하고 너희 소유를 빼앗기는 것도 기쁘
게 당한 것은 더 낫고 영구한 소유가 있는 줄 앎이라 [35] 그러므로 너희 담대함을 버리지 말라 이것이 큰 상을 얻
게 하느니라 [36] 너희에게 인내가 필요함은 너희가 하나님의 뜻을 행한 후에 약속하신 것을 받기 위함이라 [37] 잠
시 잠깐 후면 오실 이가 오시리니 지체하지 아니하시리라 [38] 나의 의인은 믿음으로 말미암아 살리라 또한 뒤로
물러가면 내 마음이 그를 기뻐하지 아니하리라 하셨느니라 [39] 우리는 뒤로 물러가 멸망할 자가 아니요 오직 영
혼을 구원함에 이르는 믿음을 가진 자니라

히브리서 11장

믿음

[1] 믿음은 바라는 것들의 실상이요 보이지 않는 것들의 증거니 [2] 선진들
이 이로써 증거를 얻었느니라 [3] 믿음으로 모든 세계가 하나님의 말씀으
로 지어진 줄을 우리가 아나니 보이는 것은 나타난 것으로 말미암아 된
것이 아니니라 [4] 믿음으로 아벨은 가인보다 더 나은 제사를 하나님께 드
림으로 의로운 자라 하시는 증거를 얻었으니 하나님이 그 예물에 대하
여 증언하심이라 그가 죽었으나 그 믿음으로써 지금도 말하느니라 [5] 믿
음으로 에녹은 죽음을 보지 않고 옮겨졌으니 하나님이 그를 옮기심으로
다시 보이지 아니하였느니라 그는 옮겨지기 전에 하나님을 기쁘시게 하
는 자라 하는 증거를 받았느니라 [6] **믿음이 없이는 하나님을 기쁘시게 하지 못하나니 하나님께 나아가는 자는**
반드시 그가 계신 것과 또한 그가 자기를 찾는 자들에게 상주시는 이심을 믿어야 할지니라 [7] 믿음으로 노아는
아직 보이지 않는 일에 경고하심을 받아 경외함으로 방주를 준비하여 그 집을 구원하였으니 이로 말미암아 세
상을 정죄하고 믿음을 따르는 의의 상속자가 되었느니라 [8] 믿음으로 아브라함은 부르심을 받았을 때에 순종
하여 장래의 유업으로 받을 땅에 나아갈새 갈 바를 알지 못하고 나아갔으며 [9] 믿음으로 그가 이방의 땅에 있는
것 같이 약속의 땅에 거류하여 동일한 약속을 유업으로 함께 받은 이삭 및 야곱과 더불어 장막에 거하였으니
[10] 이는 그가 하나님이 계획하시고 지으실 터가 있는 성을 바랐음이라 [11] 믿음으로 사라 자신도 나이가 많아 단
산하였으나 잉태할 수 있는 힘을 얻었으니 이는 약속하신 이를 미쁘신 줄 알았음이라 [12] 이러므로 죽은 자와 같

Ⅲ. 믿음 - 참된 원리(10:18~13장)

· 히브리서 11장, 믿음의 전당

히브리서의 마지막 단락인 11~13장은 신앙의 본이 되신 그리스도를 비추며, 환경과 관계없이 하나님의 약속을 의지하는 믿음을 호소함으로써 본서를 마무리한다. 히브리서 저자는 하나님의 약속보다 도리어 세상의 압력에 따라 행동하는 성도들에게 편지하면서, 구약 시대의 많은 믿음의 사람들이 가졌던 믿음으로부터 영감받은 삶의 유형을 역설한다. 그리고 이를 통해 우리에게도 그들의 본을 따라 믿음으로 행하라고 도전한다.

은 한 사람으로 말미암아 하늘의 허다한 별과 또 해변의 무수한 모래와
같이 많은 후손이 생육하였느니라 13 이 사람들은 다 믿음을 따라 죽었
으며 약속을 받지 못하였으되 그것들을 멀리서 보고 환영하며 또 땅에서
는 외국인과 나그네임을 증언하였으니 14 그들이 이같이 말하는 것은 자
기들이 본향 찾는 자임을 나타냄이라 15 그들이 나온 바 본향을 생각하
였더라면 돌아갈 기회가 있었으려니와 16 그들이 이제는 더 나은 본향을
사모하니 곧 하늘에 있는 것이라 이러므로 하나님이 그들의 하나님이라
일컬음 받으심을 부끄러워하지 아니하시고 그들을 위하여 한 성을 예비
하셨느니라 17 아브라함은 시험을 받을 때에 믿음으로 이삭을 드렸으니
그는 약속들을 받은 자로되 그 외아들을 드렸느니라 18 그에게 이미 말
씀하시기를 네 자손이라 칭할 자는 이삭으로 말미암으리라 하셨으니 19
그가 하나님이 능히 이삭을 죽은 자 가운데서 다시 살리실 줄로 생각한
지라 비유컨대 그를 죽은 자 가운데서 도로 받은 것이니라 20 믿음으로
이삭은 장차 있을 일에 대하여 야곱과 에서에게 축복하였으며 21 믿음으
로 야곱은 죽을 때에 요셉의 각 아들에게 축복하고 그 지팡이 머리에 의
지하여 경배하였으며 22 믿음으로 요셉은 임종시에 이스라엘 자손들이
떠날 것을 말하고 또 자기 뼈를 위하여 명하였으며 23 믿음으로 모세가
났을 때에 그 부모가 아름다운 아이임을 보고 석 달 동안 숨겨 왕의 명
령을 무서워하지 아니하였으며 24 믿음으로 모세는 장성하여 바로의 공
주의 아들이라 칭함 받기를 거절하고 25 도리어 하나님의 백성과 함께
고난 받기를 잠시 죄악의 낙을 누리는 것보다 더 좋아하고 26 그리스도
를 위하여 받는 수모를 애굽의 모든 보화보다 더 큰 재물로 여겼으니 이
는 상 주심을 바라봄이라
27 믿음으로 애굽을 떠나
왕의 노함을 무서워하지
아니하고 곧 보이지 아니
하는 자를 보는 것 같이 하여 참았
으며 28 믿음으로 유월절과 피 뿌리는 예식을 정하였으니 이는 장자를 멸
하는 자로 그들을 건드리지 않게 하려 한 것이며 29 믿음으로 그들은 홍
해를 육지 같이 건넜으나 애굽 사람들은 이것을 시험하다가 빠져 죽었
으며 30 믿음으로 칠 일 동안 여리고를 도니 성이 무너졌으며 31 믿음으로
기생 라합은 정탐꾼을 평안히 영접하였으므로 순종하지 아니한 자와 함
께 멸망하지 아니하였도다 32 내가 무슨 말을 더 하리요 기드온, 바락, 삼
손, 입다, 다윗 및 사무엘과 선지자들의 일을 말하려면 내게 시간이 부족
하리로다 33 그들은 믿음으로 나라들을 이기기도 하며 의를 행하기도 하
며 약속을 받기도 하며 사자들의 입을 막기도 하며 34 불의 세력을 멸하
기도 하며 칼날을 피하기도 하며 연약한 가운데서 강하게 되기도 하며
전쟁에 용감하게 되어 이방 사람들의 진을 물리치기도 하며 35 여자들은 자기의 죽은 자들을 부활로 받아들이
기도 하며 또 어떤 이들은 더 좋은 부활을 얻고자 하여 심한 고문을 받되 구차히 풀려나기를 원하지 아니하였
으며 36 또 어떤 이들은 조롱과 채찍질뿐 아니라 결박과 옥에 갇히는 시련도 받았으며 37 돌로 치는 것과 톱으

히 11:4-40
본 장의 믿음의 선진들의 신앙 특징

	신앙특징
아벨	경배하는 믿음(창 4:3-5, 히 11:4)
에녹	동행하는 믿음(창 5:24, 히 11:5)
노아	구별된 믿음(창 7:1, 히 11:7)
아브라함	결단하는 믿음 (창 12:1-5, 히 11:8, 9)
사라	확신하는 믿음(창 17:19, 히 11:11)
이삭	순종하는 믿음 (창 27:26-40, 히 11:11)
야곱	연단하는 믿음 (창 48:1, 5, 히 11:21)
요셉	소망하는 믿음 (창 50:24, 25, 히 11:22)
모세	헌신하는 믿음 (출 2:11, 히 11:23-27)
이스라엘 백성	담대한 믿음(출 14:22, 히 11:29)
라합	모험적인 믿음(수 2:1, 히 11:31)

히 11:7-38 본장의 믿음의 선진들이 하나님을 위해 버린 것들

	버린 것
노아	세상의 죄악(창 6:5-12)
아브라함	과거의 죄된 삶에 속한 모든 것 (창 12:1-3)
	자신이 가장 아끼는 것(창 22:9-12)
사라	하나님의 약속에 대한 의심 (창 18:10-15, 히 11:11)
이삭	세상 것에 대한 욕심 (창 26:14-27)
요셉	육체의 정욕(창 39:9-13)
	자신을 해한 자들에 대한 미움 (창 50:19-29)
모세	세상 명예와 부귀영화(히 11:24-26)
기드온	인간적인 나약함과 교만 (삿 6:14-17, 24, 8:23)
바락	하나님의 일에 대한 망설임 (삿 4:8, 9, 15, 16)
삼손	세상 정욕과 교만(삿 16:20-30)
입다	동족에 대한 원망(삿 11:7-11)
다윗	대적에 대한 두려움 (삼상 17:45-49)
	교만(삼하 24:2-10)

로 켜는 것과 시험과 칼로 죽임을 당하고 양과 염소의 가죽을 입고 유리
하여 궁핍과 환난과 학대를 받았으니 38 (이런 사람은 세상이 감당하지 못하느
니라) 그들이 광야와 산과 동굴과 토굴에 유리하였느니라 39 이 사람들은
다 믿음으로 말미암아 증거를 받았으나 약속된 것을 받지 못하였으니 40
이는 하나님이 우리를 위하여 더 좋은 것을 예비하셨은즉 우리가 아니면
그들로 온전함을 이루지 못하게 하려 하심이라

히 11:35-39 하나님을 믿는 자들은 야성(野性)을 가져야 한다. 특히 다원주의적 사탄의 미혹함이 심각한 영적 전쟁을 일으키는 상황에서는 더욱 야성을 가져야 한다. 야성은 야심과 다르다. 야심(野心)은 자기의 유익을 추구하는 적극성을 말하지만, 야성은 하나님의 공의를 이루기 위해 성령의 능력을 덧입어 인내하는 적극성을 말한다.

믿음의 정의	1-3절	"믿음은…보지 못하는 것들의 증거" (11:1)
믿음의 본보기	4-31절	죽어서 믿음을 증거했던 아벨 믿음으로 죽음을 보지 않고 승천한 에녹 믿음으로 방주를 지어 가족을 구원한 노아 갈 바를 알지 못했지만 믿음으로 본토를 떠난 아브라함 늙었으나 믿음으로 잉태했던 사라 믿음으로 자녀를 축복했던 이삭과 야곱 믿음으로 애굽을 떠날 것을 말한 요셉 믿음으로 공주의 아들이 되기를 거부했던 모세 믿음으로 정탐꾼을 숨겨 준 라합
	32-35절	믿음으로 나라를 이긴 바락, 기드온, 입다, 사무엘, 다윗 믿음으로 의를 행한 사무엘, 다윗 믿음으로 약속을 받은 아브라함 믿음으로 사자의 입을 막은 다니엘 믿음으로 불의 세력을 막은 다니엘의 세 친구 믿음으로 칼날을 피한 다윗, 엘리야, 엘리사 믿음으로 연약한 가운데 강하게 된 삼손 믿음으로 죽은 자를 부활로 받은 사렙다 과부, 수넴 여인 믿음으로 결박당하고 옥에 갇힌 예레미야, 미가야
믿음으로 승리한 사람들	36-40절	그 외에도 믿음으로 고난을 이긴 삶들이 언급된다.

히브리서 12장

주께서 주시는 징계

1 이러므로 우리에게 구름 같이 둘러싼 허다한 증인들이 있으니 모든 무거운 것과 얽매이기 쉬운 죄를 벗어 버리
고 인내로써 우리 앞에 당한 경주를 하며 2 믿음의 주요 또 온전하게 하시는 이인 예수를 바라보자 그는 그 앞에
있는 기쁨을 위하여 십자가를 참으사 부끄러움을 개의치 아니하시더니 하나님 보좌 우편에 앉으셨느니라 3 너희
가 피곤하여 낙심하지 않기 위하여 죄인들이 이같이 자기에게 거역한 일
을 참으신 이를 생각하라 4 너희가 죄와 싸우되 아직 피흘리기까지는 대
항하지 아니하고 5 또 아들들에게 권하는 것 같이 너희에게 권면하신 말

히 12:4-13
학습 자료 88-2 "하나님의 징계" 참조

씀도 잊었도다 일렀으되 내 아들아 주의 징계하심을 경히 여기지 말며 그에게 꾸지람을 받을 때에 낙심하지 말
라 6 주께서 그 사랑하시는 자를 징계하시고 그가 받아들이시는 아들마다 채찍질하심이라 하였으니 7 너희가 참
음은 징계를 받기 위함이라 하나님이 아들과 같이 너희를 대우하시나니 어찌 아버지가 징계하지 않는 아들이 있
으리요 8 징계는 다 받는 것이거늘 너희에게 없으면 사생자요 친아들이 아니니라 9 또 우리 육신의 아버지가 우

1	소홀히 함으로 말씀에서 떠나 표류함	2:1-4
2	마음이 강퍅함으로 말씀을 의심함	3:7-4:13
3	나태함으로 말씀에 대해 무디어짐	5:11-6:20
4	완고함으로 말씀을 업신여김	10:26-39
5	듣기를 거절함으로 말씀에 불순종함	12:14-29

히브리서의 다섯 가지 권면(좌측 도표 참조)
히브리서의 독자들은 영적 미성숙으로 인해 다시 육신적 상태로 되돌아가려는 배교의 위험에 처한 성도들이었다. 그렇게 되면 그들은 하나님의 징계를 자초하는 것이며, 그리스도의 심판대에서 그들의 상급을 잃게 될 것이다. 히브리서 저자는 성도가 신실하지 못한 삶을 살 때, 그의 영적 생활이 어떻게 파멸되는지를 경고하고 있다.

리를 징계하여도 공경하였거든 하물며 모든 영의 아버지께 더욱 복종하며 살려 하지 않겠느냐 10 그들은 잠시 자
기의 뜻대로 우리를 징계하였거니와 오직 하나님은 우리의 유익을 위하여 그의 거룩하심에 참여하게 하시느니
라 11 무릇 징계가 당시에는 즐거워 보이지 않고 슬퍼 보이나 후에 그로 말미암아 연단 받은 자들은 의와 평강의
열매를 맺느니라 12 그러므로 피곤한 손과 연약한 무릎을 일으켜 세우고 13 너희 발을 위하여 곧은 길을 만들어
저는 다리로 하여금 어그러지지 않고 고침을 받게 하라

하나님의 은혜를 거역한 자들에게 주는 경고

14 모든 사람과 더불어 화평함과 거룩함을 따르라 이것이 없이는 아무도 주를 보지 못하리라 15 너희는 하나님의
은혜에 이르지 못하는 자가 없도록 하고 또 쓴 뿌리가 나서 괴롭게 하여 많은 사람이 이로 말미암아 더럽게 되
지 않게 하며 16 음행하는 자와 혹 한 그릇 음식을 위하여 장자의 명분을 판 에서와 같이 망령된 자가 없도록 살
피라 17 너희가 아는 바와 같이 그가 그 후에 축복을 이어받으려고 눈물을 흘리며 구하되 버린 바가 되어 회개할
기회를 얻지 못하였느니라 18 너희는 만질 수 있고 불이 붙는 산과 침침함과 흑암과 폭풍과 19 나팔 소리와 말하
는 소리가 있는 곳에 이른 것이 아니라 그 소리를 듣는 자들은 더 말씀하지 아니하시기를 구하였으니 20 이는 짐
승이라도 그 산에 들어가면 돌로 침을 당하리라 하신 명령을 그들이 견디지 못함이라 21 그 보이는 바가 이렇듯
무섭기로 모세도 이르되 내가 심히 두렵고 떨린다 하였느니라 22 그러나 너희가 이른 곳은 시온 산과 살아 계신
하나님의 도성인 하늘의 예루살렘과 천만 천사와 23 하늘에 기록된 장자들의 모임과 교회와 만민의 심판자이신
하나님과 및 온전하게 된 의인의 영들과 24 새 언약의 중보자이신 예수와 및 아벨의 피보다 더 나은 것을 말하는
뿌린 피니라 25 너희는 삼가 말씀하신 이를 거역하지 말라 땅에서 경고하신 이를 거역한 그들이 피하지 못하였거
든 하물며 하늘로부터 경고하신 이를 배반하는 우리일까보냐 26 그 때에는 그 소리가 땅을 진동하였거니와 이제
는 약속하여 이르시되 내가 또 한 번 땅만 아니라 하늘도 진동하리라 하셨느니라 27 이 또 한 번이라 하심은 진동
하지 아니하는 것을 영존하게 하기 위하여 진동할 것들 곧 만드신 것들이 변동될 것을 나타내심이라 28 그러므로
우리가 흔들리지 않는 나라를 받았은즉 은혜를 받자 이로 말미암아 경건함과 두려움으로 하나님을 기쁘시게 섬
길지니 29 **우리 하나님은 소멸하는 불이심이라**

히브리서 13장

하나님이 기뻐하시는 제사

1 형제 사랑하기를 계속하고 2 손님 대접하기를 잊지 말라 이로써 부지중에 천사들을 대접한 이들이 있었느니라
3 너희도 함께 갇힌 것 같이 갇힌 자를 생각하고 너희도 몸을 가졌은즉 학대 받는 자를 생각하라 4 모든 사람은
결혼을 귀히 여기고 침소를 더럽히지 않게 하라 음행하는 자들과 간음하는 자들을 하나님이 심판하시리라 5 돈
을 사랑하지 말고 있는 바를 족한 줄로 알라 그가 친히 말씀하시기를 내가 결코 너희를 버리지 아니하고 너희를
떠나지 아니하리라 하셨느니라 6 그러므로 우리가 담대히 말하되 주는 나를 돕는 이시니 내가 무서워하지 아니
하겠노라 사람이 내게 어찌하리요 하노라 7 하나님의 말씀을 너희에게 일러 주고 너희를 인도하던 자들을 생각
하며 그들의 행실의 결말을 주의하여 보고 그들의 믿음을 본받으라 8 **예수 그리스도는 어제나 오늘이나 영원토
록 동일하시니라** 9 여러 가지 다른 교훈에 끌리지 말라 마음은 은혜로써 굳게 함이 아름답고 음식으로써 할 것

믿음의 본이 되신 그리스도	11-13장
옛 언약보다 좋으신 그리스도	8-10장
아론의 제사장 직분보다 뛰어나신 그리스도	5-7장
모세와 여호수아보다 뛰어나신 그리스도	3-4장
선지자와 천사들보다 뛰어나신 그리스도	1-2장

❖ **이보다 더 좋을 수 없다**(좌측 도표 참조)
예수님은 이전보다 더 좋은 계시, 위치, 제사장직, 언약, 제사, 능력을 제시하신다. 히브리서 저자는 독자들이 기독교를 버리고 옛 유대교 체제로 돌아가는 것을 막기 위해 이러한 주제를 전개하고 있다. 그렇기에 "이보다 나은", "더 좋은"이란 표현이 자주 사용되고 있다. 또한 다양한 대상과의 비교를 통해 예수 그리스도가 가장 뛰어나신 분이심을 증거한다. 옆의 도표는 점점 더 좋아지는 것을 보여 주고 있다.

이 아니니 음식으로 말미암아 행한 자는 유익을 얻지 못하였느니라 10 우
리에게 제단이 있는데 장막에서 섬기는 자들은 그 제단에서 먹을 권한이 없나니 11 이는 죄를 위한 짐승의 피는
대제사장이 가지고 성소에 들어가고 그 육체는 영문 밖에서 불사름이라 12 그러므로 예수도 자기 피로써 백성을

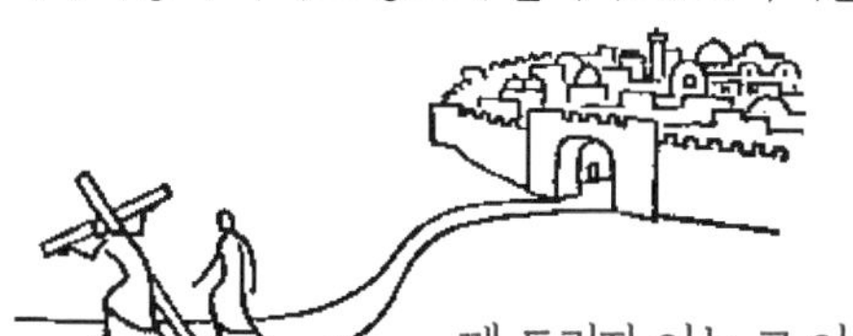

거룩하게 하려고 성문 밖에서 고난을 받으셨느니라 13 그런즉 우
리도 그의 치욕을 짊어지고 영문 밖으로 그에게 나아가자 14 우
리가 여기에는 영구한 도성이 없으므로 장차 올 것을 찾나니 15
그러므로 우리는 예수로 말미암아 항상 찬송의 제사를 하나님
께 드리자 이는 그 이름을 증언하는 입술의 열매니라 16 오직 선을 행함과 서로 나누어
주기를 잊지 말라 하나님은 이같은 제사를 기뻐하시느니라 17 너희를 인도하는 자들에게 순종하고 복종하라 그
들은 너희 영혼을 위하여 경성하기를 자신들이 청산할 자인 것 같이 하느니라 그들로 하여금 즐거움으로 이것을
하게 하고 근심으로 하게 하지 말라 그렇지 않으면 너희에게 유익이 없느니라 18 우리를 위하여 기도하라 우리
가 모든 일에 선하게 행하려 하므로 우리에게 선한 양심이 있는 줄을 확신하노니 19 내가 더 속히 너희에게 돌아
가기 위하여 너희가 기도하기를 더욱 원하노라

축복과 끝 인사

20 양들의 큰 목자이신 우리 주 예수를 영원한 언약의 피로 죽은 자 가운데서 이끌어 내신 평강의 하나님이 21 모
든 선한 일에 너희를 온전하게 하사 자기 뜻을 행하게 하시고 그 앞에 즐거운 것을 예수 그리스도로 말미암아
우리 가운데서 이루시기를 원하노라 영광이 그에게 세세무궁토록 있을지어다 아멘 22 형제들아 내가 너희를 권
하노니 권면의 말을 용납하라 내가 간단히 너희에게 썼느니라 23 우리 형제 디모데가 놓인 것을 너희가 알라 그
가 속히 오면 내가 그와 함께 가서 너희를 보리라 24 너희를 인도하는 자들과 및 모든 성도들에게 문안하라 이달
리야에서 온 자들도 너희에게 문안하느니라 25 은혜가 너희 모든 사람에게 있을지어다

요한일서 1장~5장

❖ 요한1서 개요
교회가 처음 시작할 때 초대교회의 개종한 유대교도와 이방 신자들이 그들이 전에 가졌던 믿음에 관한 이론들로 기독교 신앙을 변질시키려 했다. 이들로 인해 이단과 배교가 일어났으며, 이러한 잘못은 특히 그리스도의 인성을 부인하는 영지주의자들에 의해 고조를 이루었다. 그래서 이들만이 진정한 지식을 소유했다고 하면서 사도적 신앙을 고수하려는 사람들을 무시했다. 사도 요한은 그리스도를 직접 만져 보기도 하고 보기도 했다고 하면서 그리스도의 인성을 강조하였다(요일 1:1-2). 신성을 부인하는 자들을 반박하고(4:2-3), 참 성도는 계시로 참지식을 알게 된 것이라고 말한다.

요한일서 1장

생명의 말씀

1 태초부터 있는 생명의 말씀에 관하여는 우리가 들은 바요 눈으로 본 바
요 자세히 보고 우리의 손으로 만진 바라 2 이 생명이 나타내신 바 된지라
이 영원한 생명을 우리가 보았고 증언하여 너희에게 전하노니 이는 아버
지와 함께 계시다가 우리에게 나타내신 바 된 이시니라 3 우리가 보고 들
은 바를 너희에게도 전함은 너희로 우리와 사귐이 있게 하려 함이니 우리
의 사귐은 아버지와 그의 아들 예수 그리스도와 더불어 누림이라 4 우리
가 이것을 씀은 우리의 기쁨이 충만하게 하려 함이라

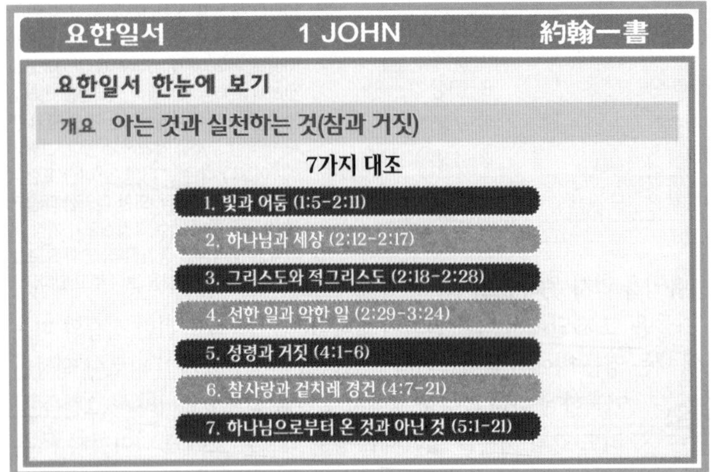

❖ 요일 1~5장

이 서신들은 같은 저자인 사도 요한이 기록했다. 갈릴리 지방의 어부로 형제 야고보와 함께 "우레의 아들"이라고 불렸다(막 3:17). 요한은 최후의 만찬상에서 예수님의 품에 의지하여 누울 정도로 총애를 받았고(요 13:23), 예수님께서 십자가에 달렸을 때, 어머니 마리아를 돌보아 달라는 부탁을 받았던 제자이다(요 19:25-27). 요한복음과 요한 1,2,3서, 요한계시록을 기록한 그는 노년에 밧모섬으로 유배되었다가 에베소에서 죽음을 맞이했다고 전해지고 있다.

요한1서에는 하나님의 사랑에 대한 강조와 그 사랑을 받은 성도들이 형제를 사랑할 것에 대한 권면이 전면에 흐르며, 진리 위에서 영지주의 풍의 거짓 교리들에 대한 경고가 담겨 있다.

학습 자료 88-3 "영지주의 이해" 참조

하나님은 빛이시다

5 우리가 그에게서 듣고 너희에게 전하는 소식은 이것이니 곧 하나님은 빛이시라 그에게는 어둠이 조금도 없으
시다는 것이니라 6 만일 우리가 하나님과 사귐이 있다 하고 어둠에 행하면 거짓말을 하고 진리를 행하지 아니함
이거니와 7 그가 빛 가운데 계신 것 같이 우리도 빛 가운데 행하면 우리가 서로 사귐이 있고 그 아들 예수의 피가
우리를 모든 죄에서 깨끗하게 하실 것이요 8 만일 우리가 죄가 없다고 말하면 스스로 속이고 또 진리가 우리 속
에 있지 아니할 것이요 9 만일 우리가 우리 죄를 자백하면 그는 미쁘시고 의로우사 우리 죄를 사하시며 우리를
모든 불의에서 깨끗하게 하실 것이요 10 만일 우리가 범죄하지 아니하였다 하면 하나님을 거짓말하는 이로 만드
는 것이니 또한 그의 말씀이 우리 속에 있지 아니하니라

요한일서 2장

대언자이신 예수 그리스도

1 나의 자녀들아 내가 이것을 너희에게 씀은 너희로 죄를 범하지 않게 하
려 함이라 만일 누가 죄를 범하여도 아버지 앞에서 우리에게 대언자가 있

요일 2:2
학습 자료 88-4 "보편 속죄설 비판" 참조

으니 곧 의로우신 예수 그리스도시라 2 그는 우리 죄를 위한 화목 제물이니 우리만 위할 뿐 아니요 온 세상의 죄
를 위하심이라 3 우리가 그의 계명을 지키면 이로써 우리가 그를 아는 줄로 알 것이요 4 그를 아노라 하고 그의
계명을 지키지 아니하는 자는 거짓말하는 자요 진리가 그 속에 있지 아니하되 5 누구든지 그의 말씀을 지키는 자
는 하나님의 사랑이 참으로 그 속에서 온전하게 되었나니 이로써 우리가 그의 안에 있는 줄을 아노라 6 그의 안
에 산다고 하는 자는 그가 행하시는 대로 자기도 행할지니라

옛 계명과 새 계명

7 사랑하는 자들아 내가 새 계명을 너희에게 쓰는 것이 아니라 너희가 처음부터 가진 옛 계명이니 이 옛 계명은
너희가 들은 바 말씀이거니와 8 다시 내가 너희에게 새 계명을 쓰노니 그에게와 너희에게도 참된 것이라 이는 어
둠이 지나가고 참빛이 벌써 비침이니라 9 빛 가운데 있다 하면서 그 형제를 미워하는 자는 지금까지 어둠에 있는
자요 10 그의 형제를 사랑하는 자는 빛 가운데 거하여 자기 속에 거리낌이 없으나 11 그의 형제를 미워하는 자는
어둠에 있고 또 어둠에 행하며 갈 곳을 알지 못하나니 이는 그 어둠이 그의 눈을 멀게 하였음이라 12 자녀들아 내
가 너희에게 쓰는 것은 너희 죄가 그의 이름으로 말미암아 사함을 받았음이요 13 아비들아 내가 너희에게 쓰는
것은 너희가 태초부터 계신 이를 알았음이요 청년들아 내가 너희에게 쓰는 것은 너희가 악한 자를 이기었음이라

14 아이들아 내가 너희에게 쓴 것은 너희가 아버지를 알았음이요 아비들
아 내가 너희에게 쓴 것은 너희가 태초부터 계신 이를 알았음이요 청년들
아 내가 너희에게 쓴 것은 너희가 강하고 하나님의 말씀이 너희 안에 거
하시며 너희가 흉악한 자를 이기었음이라 15 이 세상이나 세상에 있는 것
들을 사랑하지 말라 누구든지 세상을 사랑하면 아버지의 사랑이 그 안에
있지 아니하니 16 이는 세상에 있는 모든 것이 육신의 정욕과 안목의 정욕
과 이생의 자랑이니 다 아버지께로부터 온 것이 아니요 세상으로부터 온
것이라 17 이 세상도, 그 정욕도 지나가되 오직 하나님의 뜻을 행하는 자
는 영원히 거하느니라

적그리스도와 하나님의 자녀

18 아이들아 지금은 마지막 때라 적그리스도가 오리라는 말을 너희가 들
은 것과 같이 지금도 많은 적그리스도가 일어났으니 그러므로 우리가 마
지막 때인 줄 아노라 19 그들이 우리에게서 나갔으나 우리에게 속하지 아
니하였나니 만일 우리에게 속하였더라면 우리와 함께 거하였으려니와 그
들이 나간 것은 다 우리에게 속하지 아니함을 나타내려 함이니라 20 너희
는 거룩하신 자에게서 기름 부음을 받고 모든 것을 아느니라 21 내가 너희
에게 쓰는 것은 너희가 진리를 알지 못하기 때문이 아니라 알기 때문이요
또 모든 거짓은 진리에서 나지 않기 때문이라 22 거짓말하는 자가 누구냐
예수께서 그리스도이심을 부인하는 자가 아니냐 아버지와 아들을 부인
하는 그가 적그리스도니 23 아들을 부인하는 자에게는 또한 아버지가 없
으되 아들을 시인하는 자에게는 아버지도 있느니라 24 너희는 처음부터
들은 것을 너희 안에 거하게 하라 처음부터 들은 것이 너희 안에 거하면
너희가 아들과 아버지 안에 거하리라 25 그가 우리에게 약속하신 것은 이
것이니 곧 영원한 생명이니라 26 너희를 미혹하는 자들에 관하여 내가 이
것을 너희에게 썼노라 27 너희는 주께 받은 바 기름 부음이 너희 안에 거하나니 아무도 너희를 가르칠 필요가 없
고 오직 그의 기름 부음이 모든 것을 너희에게 가르치며 또 참되고 거짓이 없으니 너희를 가르치신 그대로 주 안
에 거하라 28 자녀들아 이제 그의 안에 거하라 이는 주께서 나타내신 바 되면 그가 강림하실 때에 우리로 담대함
을 얻어 그 앞에서 부끄럽지 않게 하려 함이라 29 너희가 그가 의로우신 줄을 알면 의를 행하는 자마다 그에게서
난 줄을 알리라

참 신자와 거짓 신자

주님은 마지막 추수의 때에 좋은 열매와 가라지를 가려내실 것이나 그때까지는 한 밭에서 자라도록 두시겠다고 말씀하셨다(마 24:24-30). 즉, 한 교회 안에서도 참 신자와 거짓 신자들이 함께 거할 수 있다는 의미이다. 요한의 서신을 수신했던 교회에서 일부 신자들이 분리되어 나가는 일이 발생했다. 이들은 본래 참 신자였다가 타락했다기보다는 사실 참 신자가 아니었다. 그렇다면 참 신자 와 거짓 신자를 어떻게 구별할 수 있을까?

요한일서는 하나님과 교제를 나누고 있는 참된 신자라면 반드시 다음의 3가지 증거가 있어야 한다고 말한다. 그리고 이러한 3가지 증거를 여러 차례 반복적으로 언급하고 있다.

1) 예수님의 성육신과 십자가의 대속적 죽음에 대한 신앙고백(요일 1:2, 2:18-27, 4:1-6, 5:1-12)
2) 하나님과 예수님이 우리를 사랑하듯이 형제를 서로 사랑하는 것(요일 2:3-11, 3:11-24, 4:7-21)
3) 상습적으로 죄를 짓지 않고 말씀에 순종하는 의로운 삶을 사는 것(요일 1:5-22, 2:28~3:10, 5:13-21)

요한일서는 진정한 하나님의 자녀임을 확신시켜 주는 참된 증거가 무엇인지 분명하게 보여 줌으로써 우리에게 참된 구원의 확신을 갖게 해준다.

요즘과 같은 시대에 요한일서가 제시하는 이러한 그리스도인 상(像)은 우리에게 큰 도전으로 다가온다.

요한일서 3장

1 보라 아버지께서 어떠한 사랑을 우리에게 베푸사 하나님의 자녀라 일컬음을 받게 하셨는가, 우리가 그러하도
다 그러므로 세상이 우리를 알지 못함은 그를 알지 못함이라 2 사랑하는 자들아 우리가 지금은 하나님의 자녀
라 장래에 어떻게 될지는 아직 나타나지 아니하였으나 그가 나타나시면 우리가 그와 같을 줄을 아는 것은 그의
참모습 그대로 볼 것이기 때문이니 3 주를 향하여 이 소망을 가진 자마다 그의 깨끗하심과 같이 자기를 깨끗하
게 하느니라 4 죄를 짓는 자마다 불법을 행하나니 죄는 불법이라 5 그가 우리 죄를 없애려고 나타나신 것을 너희
가 아나니 그에게는 죄가 없느니라 6 그 안에 거하는 자마다 범죄하지 아니하나니 범죄하는 자마다 그를 보지
도 못하였고 그를 알지도 못하였느니라 7 자녀들아 아무도 너희를 미혹하지 못하게 하라 의를 행하는 자는 그
의 의로우심과 같이 의롭고 8 죄를 짓는 자는 마귀에게 속하나니 마귀는 처음부터 범죄함이라 하나님의 아들이
나타나신 것은 마귀의 일을 멸하려 하심이라 9 하나님께로부터 난 자마다 죄를 짓지 아니하나니 이는 하나님의

씨가 그의 속에 거함이요 그도 범죄하지 못하는 것은 하나님께로부터 났음이라 10 이러므로 하나님의 자녀들과
마귀의 자녀들이 드러나나니 무릇 의를 행하지 아니하는 자나 또는 그 형제를 사랑하지 아니하는 자는 하나님
께 속하지 아니하니라 11 우리는 서로 사랑할지니 이는 너희가 처음부터 들은 소식이라 12 가인 같이 하지 말라
그는 악한 자에게 속하여 그 아우를 죽였으니 어떤 이유로 죽였느냐 자기의 행위는 악하고 그의 아우의 행위는
의로움이라

행함과 진실함으로 사랑하자

13 형제들아 세상이 너희를 미워하여도 이상히 여기지 말라 14 우리는 형제를 사랑함으로 사망에서 옮겨 생명으
로 들어간 줄을 알거니와 사랑하지 아니하는 자는 사망에 머물러 있느니라 15 그 형제를 미워하는 자마다 살인
하는 자니 살인하는 자마다 영생이 그 속에 거하지 아니하는 것을 너희가
아는 바라 16 그가 우리를 위하여 목숨을 버리셨으니 우리가 이로써 사랑
을 알고 우리도 형제들을 위하여 목숨을 버리는 것이 마땅하니라 17 누가
이 세상의 재물을 가지고 형제의 궁핍함을 보고도 도와 줄 마음을 닫으면 하나님의 사랑이 어찌 그 속에 거하겠
느냐 18 자녀들아 우리가 말과 혀로만 사랑하지 말고 행함과 진실함으로 하자 19 이로써 우리가 진리에 속한 줄
을 알고 또 우리 마음을 주 앞에서 굳세게 하리니 20 이는 우리 마음이 혹 우리를 책망할 일이 있어도 하나님은
우리 마음보다 크시고 모든 것을 아시기 때문이라 21 사랑하는 자들아 만일 우리 마음이 우리를 책망할 것이 없
으면 하나님 앞에서 담대함을 얻고 22 무엇이든지 구하는 바를 그에게서 받나니 이는 우리가 그의 계명을 지키고
그 앞에서 기뻐하시는 것을 행함이라 23 그의 계명은 이것이니 곧 그 아들 예수 그리스도의 이름을 믿고 그가 우
리에게 주신 계명대로 서로 사랑할 것이니라 24 그의 계명을 지키는 자는 주 안에 거하고 주는 그의 안에 거하시
나니 우리에게 주신 성령으로 말미암아 그가 우리 안에 거하시는 줄을 우리가 아느니라

> 요일 3:17 사랑의 개념은 동사적이지 명사적인 것이 아니라는 것을 말한다.

요한일서 4장

하나님의 영과 적그리스도의 영

1 사랑하는 자들아 영을 다 믿지 말고 오직 영들이 하나님께 속하였나 분
별하라 많은 거짓 선지자가 세상에 나왔음이라 2 이로써 너희가 하나님의
영을 알지니 곧 예수 그리스도께서 육체로 오신 것을 시인하는 영마다 하
나님께 속한 것이요 3 예수를 시인하지 아니하는 영마다 하나님께 속한
것이 아니니 이것이 곧 적그리스도의 영이니라 오리라 한 말을 너희가 들
었거니와 지금 벌써 세상에 있느니라 4 자녀들아 너희는 하나님께 속하였
고 또 그들을 이기었나니 이는 너희 안에 계신 이가 세상에 있는 자보다
크심이라 5 그들은 세상에 속한 고로 세상에 속한 말을 하매 세상이 그들
의 말을 듣느니라 6 우리는 하나님께 속하였으니 하나님을 아는 자는 우리의 말을 듣고 하나님께 속하지 아니한
자는 우리의 말을 듣지 아니하나니 진리의 영과 미혹의 영을 이로써 아느니라

> 요일 4:1-6 영을 분별할 수 있는 능력은 이 시대에도 매우 절실히 필요하다. 절대 진리를 인정하지 아니하는 다원주의 사회에서 참과 거짓을 분별하는 기준점이 매우 모호하다. 구별되는 삶을 살아야 하는 성도는 성경을 기준으로 하는 영 분별력을 반드시 가져야 한다.

요일 4:1-6
학습 자료 88-5 "이단의 이해" 참조

하나님은 사랑이시다

7 사랑하는 자들아 우리가 서로 사랑하자 사랑은 하나님께 속한 것이니 사랑하는 자마다 하나님으로부터 나서
하나님을 알고 8 사랑하지 아니하는 자는 하나님을 알지 못하나니 이는 하나님은 사랑이심이라 9 하나님의 사랑
이 우리에게 이렇게 나타난 바 되었으니 하나님이 자기의 독생자를 세상에 보내심은 그로 말미암아 우리를 살
리려 하심이라 10 사랑은 여기 있으니 우리가 하나님을 사랑한 것이 아니요 하나님이 우리를 사랑하사 우리 죄를
속하기 위하여 화목 제물로 그 아들을 보내셨음이라 11 사랑하는 자들아 하나님이 이같이 우리를 사랑하셨은즉
우리도 서로 사랑하는 것이 마땅하도다 12 어느 때나 하나님을 본 사람이 없으되 만일 우리가 서로 사랑하면 하
나님이 우리 안에 거하시고 그의 사랑이 우리 안에 온전히 이루어지느니라 13 그의 성령을 우리에게 주시므로 우

리가 그 안에 거하고 그가 우리 안에 거하시는 줄을 아느니라 14 아버지가
아들을 세상의 구주로 보내신 것을 우리가 보았고 또 증언하노니 15 **누구
든지 예수를 하나님의 아들이라 시인하면 하나님이 그의 안에 거하시고
그도 하나님 안에 거하느니라** 16 **하나님이 우리를 사랑하시는 사랑을 우
리가 알고 믿었노니 하나님은 사랑이시라 사랑 안에 거하는 자는 하나님
안에 거하고 하나님도 그의 안에 거하시느니라** 17 이로써 사랑이 우리에
게 온전히 이루어진 것은 우리로 심판 날에 담대함을 가지게 하려 함이니 주께서 그러하심과 같이 우리도 이 세
상에서 그러하니라 18 사랑 안에 두려움이 없고 온전한 사랑이 두려움을 내쫓나니 두려움에는 형벌이 있음이라
두려워하는 자는 사랑 안에서 온전히 이루지 못하였느니라 19 우리가 사랑함은 그가 먼저 우리를 사랑하셨음이
라 20 누구든지 하나님을 사랑하노라 하고 그 형제를 미워하면 이는 거짓말하는 자니 보는 바 그 형제를 사랑하
지 아니하는 자는 보지 못하는 바 하나님을 사랑할 수 없느니라 21 우리가 이 계명을 주께 받았나니 하나님을 사
랑하는 자는 또한 그 형제를 사랑할지니라

❖ "성도(聖徒)"라는 단어는 거룩할 聖 무리 徒라고 풀듯이 거룩한, 즉 구별된 삶을 사는 무리라는 말이다. 구별된 삶의 가장 핵심은 하나님 사랑, 이웃 사랑으로 표현되어야 하고, 특히 4:20-21에서 언급하고 있듯이, 사랑은 명사가 아니고 동사인 삶을 살아야 한다는 것을 요한은 매우 강조한다.

요한일서 5장

세상을 이기는 믿음

1 예수께서 그리스도이심을 믿는 자마다 하나님께로부터 난 자니 또한 낳으신 이를 사랑하는 자마다 그에게서
난 자를 사랑하느니라 2 우리가 하나님을 사랑하고 그의 계명들을 지킬 때에 이로써 우리가 하나님의 자녀를 사
랑하는 줄을 아느니라 3 하나님을 사랑하는 것은 이것이니 우리가 그의 계명들을 지키는 것이라 그의 계명들은
무거운 것이 아니로다 4 무릇 하나님께로부터 난 자마다 세상을 이기느니라 세상을 이기는 승리는 이것이니 우
리의 믿음이니라 5 예수께서 하나님의 아들이심을 믿는 자가 아니면 세상을 이기는 자가 누구냐 6 이는 물과 피
로 임하신 이시니 곧 예수 그리스도시라 물로만 아니요 물과 피로 임하셨고 증언하는 이는 성령이시니 성령은 진
리니라 7 증언하는 이가 셋이니 8 성령과 물과 피라 또한 이 셋은 합하여 하나이니라 9 만일 우리가 사람들의 증
언을 받을진대 하나님의 증거는 더욱 크도다 하나님의 증거는 이것이니 그의 아들에 대하여 증언하신 것이니라
10 하나님의 아들을 믿는 자는 자기 안에 증거가 있고 하나님을 믿지 아니하는 자는 하나님을 거짓말하는 자로
만드나니 이는 하나님께서 그 아들에 대하여 증언하신 증거를 믿지 아니하였음이라 11 또 증거는 이것이니 하나
님이 우리에게 영생을 주신 것과 이 생명이 그의 아들 안에 있는 그것이니라 12 아들이 있는 자에게는 생명이 있
고 하나님의 아들이 없는 자에게는 생명이 없느니라

영생을 알게 하려 함이라

13 내가 하나님의 아들의 이름을 믿는 너희에게 이것을 쓰는 것은 너희로 하여금 너희에게 영생이 있음을 알게
하려 함이라 14 그를 향하여 우리가 가진 바 담대함이 이것이니 그의 뜻대로 무엇을 구하면 들으심이라 15 우리
가 무엇이든지 구하는 바를 들으시는 줄을 안즉 우리가 그에게 구한 그것을 얻은 줄을 또한 아느니라 16 누구든
지 형제가 사망에 이르지 아니하는 죄 범하는 것을 보거든 구하라 그리하면 사망에 이르지 아니하는 범죄자들을
위하여 그에게 생명을 주시리라 사망에 이르는 죄가 있으니 이에 관하여
나는 구하라 하지 않노라 17 모든 불의가 죄로되 사망에 이르지 아니하는
죄도 있도다 18 하나님께로부터 난 자는 다 범죄하지 아니하는 줄을 우리
가 아노라 하나님께로부터 나신 자가 그를 지키시매 악한 자가 그를 만지지도 못하느니라 19 또 아는 것은 우리
는 하나님께 속하고 온 세상은 악한 자 안에 처한 것이며 20 또 아는 것은 하나님의 아들이 이르러 우리에게 지각
을 주사 우리로 참된 자를 알게 하신 것과 또한 우리가 참된 자 곧 그의 아들 예수 그리스도 안에 있는 것이니 그
는 참 하나님이시요 영생이시라 21 자녀들아 너희 자신을 지켜 우상에게서 멀리하라

요일 5:16-17
학습 자료 88-6
"영적 사망에 이르는 죄" 참조

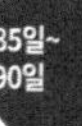

요한이서 1장

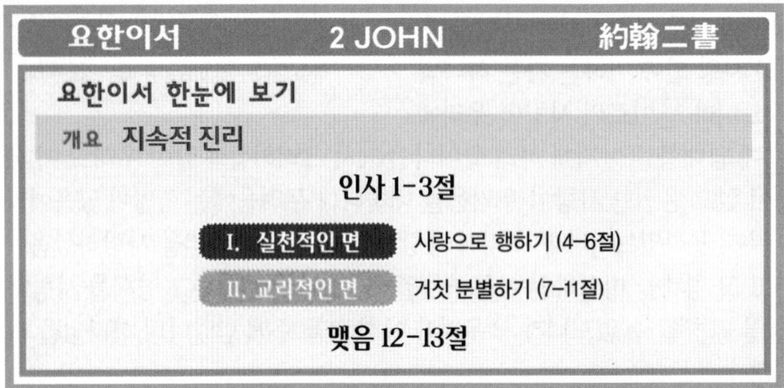

❖ 요한이서 개요
거짓 교사를 모르고 받아들인 한 부인에게 참 진리에 대하여 알리려 한 것이다. 이단 교리를 퍼뜨리는, 즉 예수 그리스도께서 육신으로 오신 하나님이라고 말하지 않는 그들을 돕거나 대하지 말라고 교훈하고 있다.

❖ 요이 1장
요한이서는 하나님의 계명 안에 거하며, 거짓 교사들을 피할 것에 대한 권고가 담겨 있으며, 요한일서의 축소판이라고 할 만큼 내용이 흡사하다.

인사

1 장로인 나는 택하심을 받은 부녀와 그의 자녀들에게 편지하노니 내가 참으로 사랑하는 자요 나뿐 아니라 진
리를 아는 모든 자도 그리하는 것은 2 우리 안에 거하여 영원히 우리와 함께 할 진리로 말미암음이로다 3 은혜와
긍휼과 평강이 하나님 아버지와 아버지의 아들 예수 그리스도께로부터 진리와 사랑 가운데서 우리와 함께 있
으리라

진리와 사랑

4 너의 자녀들 중에 우리가 아버지께 받은 계명대로 진리를 행하는 자를 내가 보니 심히 기쁘도다 5 부녀여, 내가
이제 네게 구하노니 서로 사랑하자 이는 새 계명 같이 네게 쓰는 것이 아니요 처음부터 우리가 가진 것이라 6 또
사랑은 이것이니 우리가 그 계명을 따라 행하는 것이요 계명은 이것이니 너희가 처음부터 들은 바와 같이 그 가
운데서 행하라 하심이라 7 미혹하는 자가 세상에 많이 나왔나니 이는 예수 그리스도께서 육체로 오심을 부인하
는 자라 이런 자가 미혹하는 자요 적그리스도니 8 너희는 스스로 삼가 우리가 일한 것을 잃지 말고 오직 온전한
상을 받으라 9 지나쳐 그리스도의 교훈 안에 거하지 아니하는 자는 다 하나님을 모시지 못하되 교훈 안에 거하
는 그 사람은 아버지와 아들을 모시느니라 10 누구든지 이 교훈을 가지지 않고 너희에게 나아가거든 그를 집에
들이지도 말고 인사도 하지 말라 11 그에게 인사하는 자는 그 악한 일에 참여하는 자임이라

끝 인사

12 내가 너희에게 쓸 것이 많으나 종이와 먹으로 쓰기를 원하지 아니하고 오히려 너희에게 가서 대면하여 말하려
하니 이는 너희 기쁨을 충만하게 하려 함이라 13 택하심을 받은 네 자매의 자녀들이 네게 문안하느니라

요한삼서 1장

인사

1 장로인 나는 사랑하는 가이오 곧 내가 참으로 사랑하는 자에게 편지하노라 2 사랑하는 자여 네 영혼이 잘됨
같이 네가 범사에 잘되고 강건하기를 내가 간구하노라 3 형제들이 와서 네게 있는 진리를 증언하되 네가 진리
안에서 행한다 하니 내가 심히 기뻐하노라 4 내가 내 자녀들이 진리 안에서 행한다 함을 듣는 것보다 더 기쁜 일
이 없도다

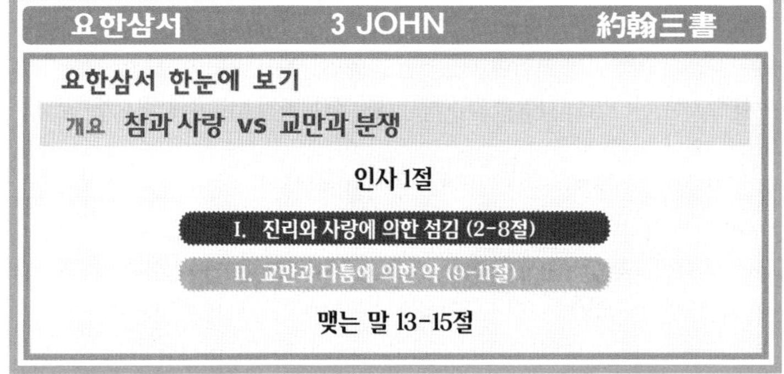

요한삼서
3 JOHN
約翰三書
요한삼서 한눈에 보기
개요 참과 사랑 vs 교만과 분쟁
인사 1절
I. 진리와 사랑에 의한 섬김 (2-8절)
II. 교만과 다툼에 의한 악 (9-11절)
맺는 말 13-15절

영접함과 내쫓음

5 사랑하는 자여 네가 무엇이든지 형제 곧 나그네 된 자들에게 행하는 것
은 신실한 일이니 6 그들이 교회 앞에서 너의 사랑을 증언하였느니라 네
가 하나님께 합당하게 그들을 전송하면 좋으리로다 7 이는 그들이 주의
이름을 위하여 나가서 이방인에게 아무 것도 받지 아니함이라 8 그러므로
우리가 이같은 자들을 영접하는 것이 마땅하니 이는 우리로 진리를 위하
여 함께 일하는 자가 되게 하려 함이라 9 내가 두어 자를 교회에 썼으나
그들 중에 으뜸되기를 좋아하는 디오드레베가 우리를 맞아들이지 아니
하니 10 그러므로 내가 가면 그 행한 일을 잊지 아니하리라 그가 악한 말
로 우리를 비방하고도 오히려 부족하여 형제들을 맞아들이지도 아니하고
맞아들이고자 하는 자를 금하여 교회에서 내쫓는도다 11 사랑하는 자여
악한 것을 본받지 말고 선한 것을 본받으라 선을 행하는 자는 하나님께
속하고 악을 행하는 자는 하나님을 뵈옵지 못하였느니라 12 데메드리오
는 뭇 사람에게도, 진리에게서도 증거를 받았으매 우리도 증언하노니 너
는 우리의 증언이 참된 줄을 아느니라

끝 인사

13 내가 네게 쓸 것이 많으나 먹과 붓으로 쓰기를 원하지 아니하고 14 속
히 보기를 바라노니 또한 우리가 대면하여 말하리라 15 평강이 네게 있을
지어다 여러 친구가 네게 문안하느니라 너는 친구들의 이름을 들어 문안
하라

❖ 요한삼서 개요

초대교회 교인 중에는 세상에 아무런 보상도 받지 아니하고 전도 여행을 많이 다니는 사람들이 많았다.

그래서 각 지역에 흩어져 사는 부유한 성도들의 도움을 받을 수밖에 없었다. 디오드레베라는 인물이 있는 그 교회에서는 이 사람이 대단한 권력을 행사하고 있었다. 이곳에서는 전도인들이 일을 못하게 할 뿐만 아니라 그들을 영접하는 성도들을 교회에서 내어 쫓기까지 했다. 요한은 이 교회에 서신을 보냈으나 그는 그 서신을 거절하고 그 사도권까지 인정하지 않으려 했다(9절). 나이 많은 사도 요한은 사랑이 많은 가이오에게 편지를 다시 써서 주의 종들을 받아들이라고 권면한다(5-6, 8절). 또한 후에 그 교회를 방문할 때 핍박자를 엄히 대할 것을 말하고 있다(10절).

이 서신에는 다음과 같은 세 인물이 등장한다. 첫째 가이오는 친절하고 너그러운 인물로, 디오드레베는 교회 일을 맡았지만 교만과 오만한 자로, 데메드리오는 모든 사람에게 칭찬받는 자로 등장하고 있다. 오늘날 교회 일을 맡은 자 중에 혹시 자신이 디오드레베와 같은 인격으로 봉사한다면 그는 하나님을 믿노라 하면서 어두운 가운데에 있으며 거짓말하는 위선자일 것이다.

❖ 요삼 1장

15절로 이루어진 요한삼서는 요한일서와 같이 진리를 강조하고, 사랑을 권면하며, 이단을 경계하라는 내용으로 이루어져 있다. 또한 가이오와 데메드리오, 디오드레베를 예로 들면서 참 성도의 모습에 대해 교훈한다. 가이오와 데메드리오는 칭찬받지만, 디오드레베는 책망을 받는다.

가이오
· 진리를 증거함(3절) · 진리대로 행함(4절) · 순회 교사를 접대함(5절) · 형제를 사랑함(6절) · 하나님께 속함(11절)

디오드레베
· 형제를 망령되게 폄론함(10절) · 교만함으로 행함(9절) · 순회 교사를 박대함(9, 10절) · 형제를 내어 쫓음(10절) · 하나님께 속하지 못함(11절)

88일차 읽기의 요약

(히 8~13, 요일 1~5, 요이 1, 요삼 1)

요한일서를 기록한 사도 요한은 예루살렘 교회의 지도자였고 예루살렘이 멸망한 후에는 에베소에서 목회하였다. 요한 일서는 하나님의 사랑을 강조하고 또한 형제들이 서로 사랑할 것을 강조한다.

요한일서에는 두 종류의 사람들이 대조적으로 나타난다. 빛이신 하나님을 사랑하고 예수께서 그리스도이심을 믿는 사람들은 하나님의 씨가 그의 속에 거하여 형제를 사랑한다. 형제를 사랑하는 자들은 사망에서 옮겨 영생으로 들어간 자들이다. 그들 가운데는 기쁨의 사귐이 있다. 그러나 나머지 한 부류의 사람들은 예수께서 그리스도이심을 부인하는 자들로서 거짓에 속하여 불법을 행하는 자들이다. 형제를 사랑하지 않는 자들은 하나님께 속한 자들이 아니고 가인과 같은 부류의 사람들로서 형제에게 악을 행하는 자들이다. 그들 속에는 영생이 거하지 않는다.

요한이서는 거짓 교사를 모르고 받아들인 한 부녀에게 참 진리에 대해 알리고자 쓰여진 서신서이다. 예수 그리스도께서 사람으로 이 세상에 오신 것을 부인하는 거짓 교사들과 적그리스도 무리와는 사귀지도 말고 그러한 자들을 집에 들이지도 말라고 말씀하신다.

한편 요한삼서는 나이 많은 사도 요한이 사랑이 많은 가이오에게 보낸 서신서이다. 요한삼서에는 상반된 두 인물이 등장한다. 사도 요한은 데메드리오라는 사람이 보상을 바라지 않고 전도 여행을 다니는 전도자들과 나그네들을 영접하고 잘 섬긴 것을 칭찬한다. 반면에 디오드레베라는 인물은 교회의 지도자였지만 으뜸가기를 좋아했을 뿐 순회 전도자들을 영접하지도 않았다. 사도 요한은 후에 그 교회를 방문할 때 핍박자들을 엄히 대할 것을 경고한다.

그러면 어떻게 살 것인가?

인위뚝 · 신위고!

☑ 세계관 점검 - 묵상하기 (영상 강의와 교재 내용의 이해를 바탕으로)

- 영상 강의 중 New Age Movement와 관련된 강의를 잘 이해하라.
- 학습 자료에서 "영지주의"를 잘 공부해 두라.
- 요일 3:13-20과 요일 4:20-21을 깊이 묵상하라. 사랑과 믿음은 명사가 아니고 동사임을 사도 요한 매우 강조한다.
  당신의 믿음과 사랑은 뜨거움이 있고, 실행함이 있는가? - "지켜 행하라." 이것은 하나님의 명령이다.

- 요한일서의 서두에서 사도 요한은 먼저 예수 그리스도의 성육신에 대해 증언하고 있다. 요한 당시의 거짓 교사들은 영은 선하고 물질은 악하다는 비성경적인 이원론(unbiblical dualism)에 근거하여 그리스도의 성육신을 부인하였다. 그러나 이에 대해 '사도 요한은 성육하신 그리스도를 듣고, 보고, 만진' 직접적 목격자로서

성육신의 실재에 대해 증언하며, 그리스도의 성육신을 부인하는 자들을 단호히 '적그리스도(anti-Christ)라고 정죄'한다. 이처럼 요한일서는 요한복음과 더불어 그리스도의 성육신을 직접 목격하고 경험한 자의 한 증언이 담겨 있다는 점에서 허구적 신화 체계에 따른 거짓 교사들의 주장을 무력화할 뿐 아니라, 자칫 추상적이고 교리적일 수 있는 신학적 주제에 생생한 감동을 실어 준다.

요한일서 하나님의 참사랑은 형제 사랑 실천의 근거이면서, 또한 역설적으로 형제 사랑의 실천을 통해 더욱 깊이 깨달아지고 경험되는 것이기도 하다. 하나님의 사랑은 추상적인 묵상만을 통해서 온전해지지 않는다. 또한 성경 지식의 탐구만을 통해서도 온전해지지 않는다. 하나님의 사랑은 오직 형제 사랑의 실천을 통해 온전해진다(요일 2:5, 12). 독생자를 주신 하나님의 참사랑을 더 깊이 깨닫고 경험하는 길은, 오로지 그리스도 안에 형제된 자들을 사랑하는 것에 달려 있다는 중요한 교훈을 요한일서는 제시하고 있다.

요한이서에서 사도 요한은 수신자들이 사랑을 실천하는 중에서도 비진리에 대해서는 분별하고 경계할 것을 교훈하고 있다. 당시 수신자들이 복음을 전하는 순회 전도자들을 따뜻이 맞아들이는 것은 분명 칭찬할 만한 일이었다. 그런데 그렇게 사랑을 실천하는 와중에 거짓 교사들까지도 환대하게 된다면 그것은 복음 사역에 동역하는 것이 아니라 오히려 복음 사역을 훼방하는 이단(異端)의 무리를 돕는 결과를 초래하게 된다. 사랑의 실천은 분명 칭찬하고 격려해야 한다. 그러나 사랑에도 분별이 필요하다. 분별없는 사랑의 실천은 오히려 해악을 초래할 수 있다는 진리를 요한이서는 교훈하고 있다.

요한삼서에는 가이오, 디오드레베, 데메드리오라고 하는 세 명의 인물이 등장한다. 가이오는 본 서신의 수신자로서 진리와 사랑 안에서 행하는 충성스러운 일꾼이다. 디오드레베는 가이오가 속한 교회의 지도자이지만 으뜸가기 좋아하며, 복음 사역자들을 비방하며, 다른 성도가 사랑을 실천하려는 것까지도 방해하는 악하고 독재적인 인물이다. 또 데메드리오는 가이오가 본받아도 될만한 자로 추천되고 있는 인물이다. 요한은 가이오에게 디오드레베의 문제를 언급하며 간접 경고할 뿐 아니라, 악한 것은 본받지 말고 선한 것을 본받도록 권면하고 있다. 즉 교회의 일꾼들은 교만하고 독재적인 지도력을 경계하면서, 사랑과 섬김의 지도력을 지향해야 함을 교훈하고 있다.

☑ 결단기도와 실행하기

약 2:26 **영혼 없는 몸이 죽은 것 같이 행함이 없는 믿음은 죽은 것이니라**
시 119:28 **나의 영혼이 눌림으로 말미암아 녹사오니 주의 말씀대로 나를 세우소서**

85일~90일

한눈에 보는 성경의 핵심 줄거리와 메시지

신약

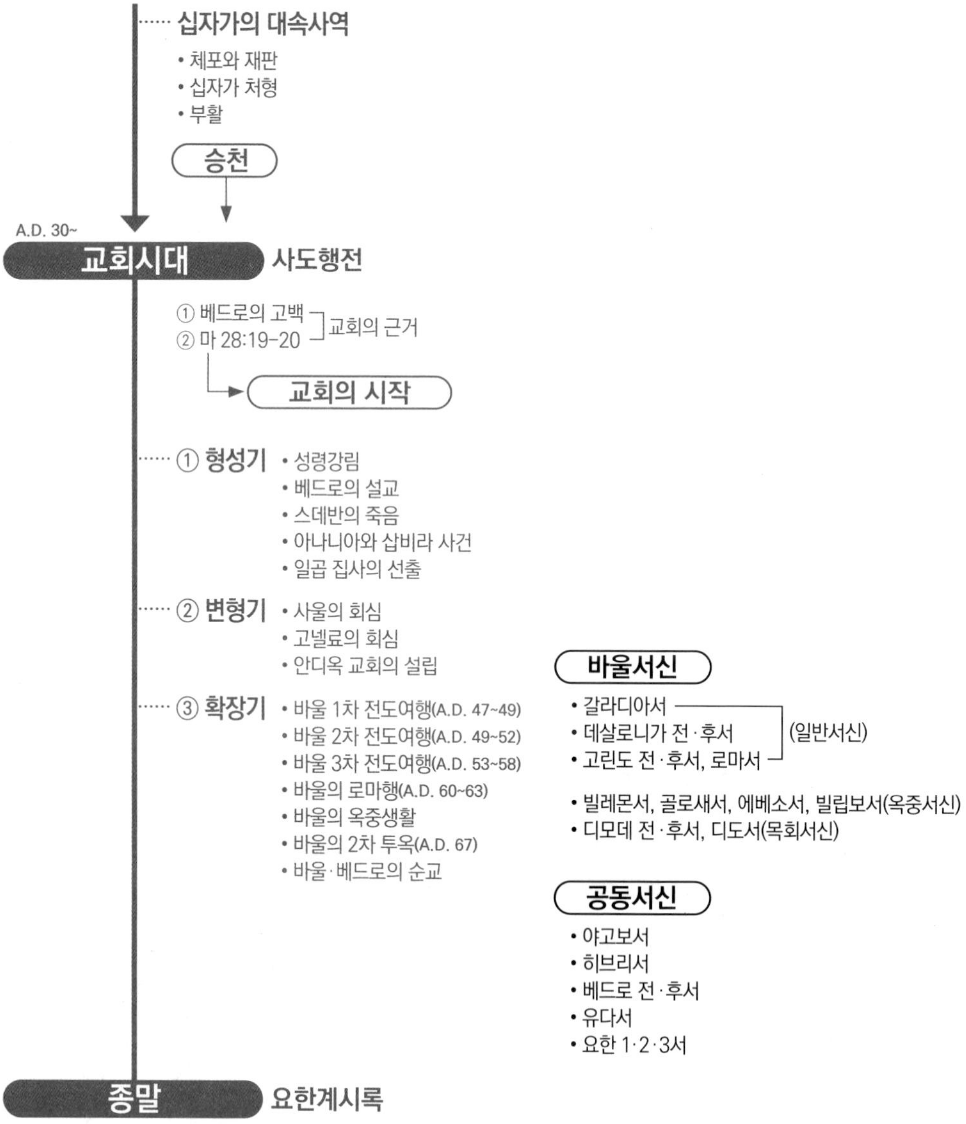

십자가의 대속사역

- 체포와 재판
- 십자가 처형
- 부활

승천

A.D. 30~

교회시대 사도행전

① 베드로의 고백
② 마 28:19-20
교회의 근거

→ **교회의 시작**

① 형성기
- 성령강림
- 베드로의 설교
- 스데반의 죽음
- 아나니아와 삽비라 사건
- 일곱 집사의 선출

② 변형기
- 사울의 회심
- 고넬료의 회심
- 안디옥 교회의 설립

③ 확장기
- 바울 1차 전도여행(A.D. 47~49)
- 바울 2차 전도여행(A.D. 49~52)
- 바울 3차 전도여행(A.D. 53~58)
- 바울의 로마행(A.D. 60~63)
- 바울의 옥중생활
- 바울의 2차 투옥(A.D. 67)
- 바울·베드로의 순교

바울서신
- 갈라디아서
- 데살로니가 전·후서
- 고린도 전·후서, 로마서

(일반서신)

- 빌레몬서, 골로새서, 에베소서, 빌립보서(옥중서신)
- 디모데 전·후서, 디도서(목회서신)

공동서신
- 야고보서
- 히브리서
- 베드로 전·후서
- 유다서
- 요한 1·2·3서

종말 요한계시록

마지막 때

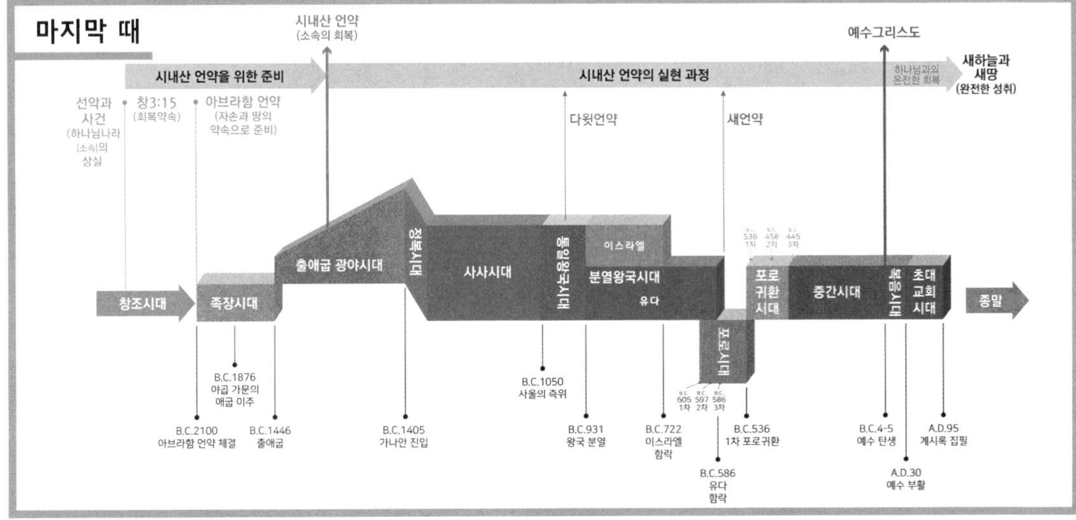

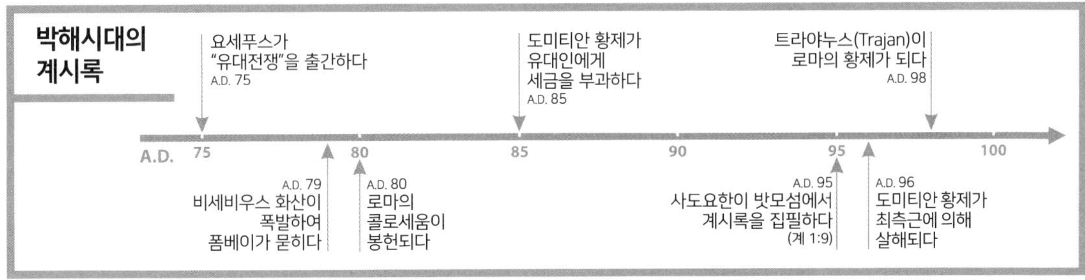

요한계시록 1장~3장 : 교회에 보내는 메시지

요한계시록 1장

표제와 인사

1 예수 그리스도의 계시라 이는 하나님이 그에게 주사 반드시 속히 일어날 일들을 그 종들에게 보이시려고 그의
천사를 그 종 요한에게 보내어 알게 하신 것이라 2 요한은 하나님의 말씀과 예수 그리스도의 증거 곧 자기가 본

85일~90일

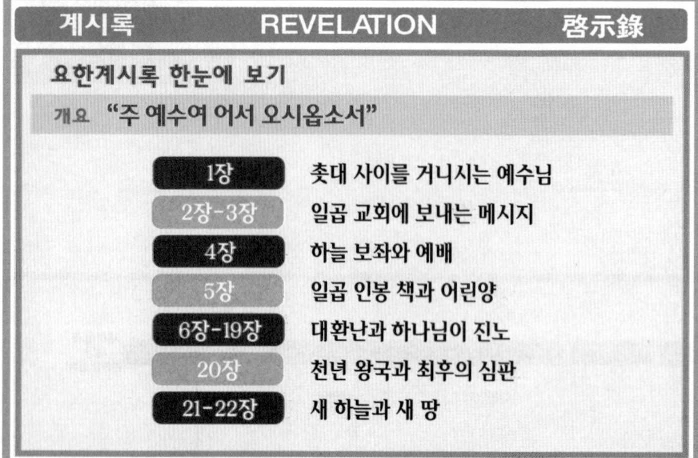
계시록 REVELATION 啓示錄

요한계시록 한눈에 보기

개요 "주 예수여 어서 오시옵소서"

1장	촛대 사이를 거니시는 예수님
2장-3장	일곱 교회에 보내는 메시지
4장	하늘 보좌와 예배
5장	일곱 인봉 책과 어린양
6장-19장	대환난과 하나님의 진노
20장	천년 왕국과 최후의 심판
21-22장	새 하늘과 새 땅

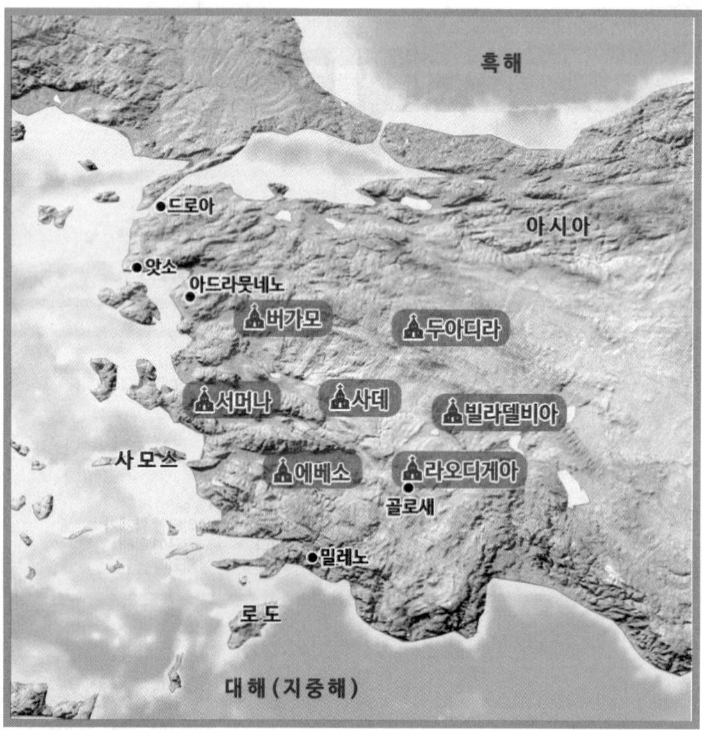

것을 다 증언하였느니라 3 이 예언의 말씀을 읽는 자와 듣는 자와 그 가
운데에 기록한 것을 지키는 자는 복이 있나니 때가 가까움이라 4 요한은
아시아에 있는 일곱 교회에 편지하노니 이제도 계시고 전에도 계셨고 장
차 오실 이시며 그의 보좌 앞에 있는 일곱 영과 5 또 충성된 증인으로 죽
은 자들 가운데에서 먼저 나시고 땅의 임금들의 머리가 되신 예수 그리
스도로 말미암아 은혜와 평강이 너희에게 있기를 원하노라 우리를 사랑
하사 그의 피로 우리 죄에서 우리를 해방하시고 6 그의 아버지 하나님을

85일~
90일

❖ 요한계시록 개요

요한계시록이라고 해서 요한이 보여 주는 계시가 아니고, 승귀하신 예수님이 보여 주시는 계시이다.

요한계시록의 원래 목적은 1세기 말 일곱 교회로 대표되는 초대교회 교인들이 극악한 박해에 직면해 있을 때 그들에게 새 하늘과 새 땅의 소망을 품어 박해를 견디도록 격려함에 있었다. 극심한 시험을 이기는 자에게는 새 하늘과 새 땅에서 축복을 누리게 된다는 비전을 보여 주어 그들을 인내하게 한다. 이런 극심한 시련은 말세에 하나님의 악에 대한 심판이 진행되며 하나님은 반드시 승리하여 악의 세력은 무저갱으로 영원히 멸망하며 하나님 나라가 최종적으로, 그리고 온전히 회복되는 것을 보여 주는 것이 계시록이 써진 이유이다.

요한계시록은 인간의 역사에 대한 하나님의 계획을 요약하고 있다. 오래전에 첫 창조에서 시작된 일들이 궁극적으로는 새 창조에서 완성됨을 보여 주는 것이다. 그것은 하나님 나라인 최초의 에덴이 망하게 된 배후 세력인 사탄을 박멸하고 그 에덴을 다시 회복하는 새 하늘과 새 땅은 바로 하나님 나라의 완전한 회복을 말한다. 이것은 영적 전쟁이다. 사실 이 영적 전쟁은 창 3:15에서 이미 선전 포고가 된 것이고, 예수님이 오셔서 십자가를 지심으로 이미 승리를 쟁취한 전쟁이고, 말세는 그 최종 승리를 향한 마지막 정리 단계의 싸움이 진행되고 있음을 보여 주는 것이 이 책의 목적이다. 사탄은 그 마지막 때에 발악하고 있을 뿐이다.

이런 맥락에서 요한계시록은 "축복을 담고 있는 책"이다. 1:3, 14:13, 16:15, 19:9, 20:6, 22:7, 14 등에서 여섯 개의 다른 "축복들"을 찾아보라.

또한 이 책은 "역사(history)가 주님의 이야기(His Story)"인 것, 곧 인간사는 승리자이신 그리스도의 손안에 있음을 보여 준다. 이 책을 잘 이해함으로써 우리는 예수님이 다시 오시는 때를 예비하기 위해 격려를 받아야 하며, 섬기도록 영감을 받으며, 정결한 생활을 할 수 있도록 능력을 받아야 한다. 요한계시록을 의미하는 Revelation은 원래 '벗기다' 또는 '폭로하다'라는 의미가 있다. 그런데도 사람들은 요한계시록에 사용된 많은 상징으로 인해 그 내용이 가려지고 닫혀 있다고 여긴다. 이 때문에 어떤 사람들은 이 책을 공부해서는 안 된다고 주장하기도 한다. 종교개혁자 칼뱅이 대표적인데, 그는 요한계시록 주석을 의도적으로 집필하지 않았다. 반면에 지나친 확신을 하고 요한계시록에 상징적으로 쓰인 모든 것을 이해할 수 있다고 주장하는 사람들도 있다. 이것은 수많은 이단이 요한계시록으로 인해 나타나는 이유이기도 하다. 사실 요한계시록에는 신비

위하여 우리를 나라와 제사장으로 삼으신 그에게 영광과 능력이 세세토
록 있기를 원하노라 아멘 7 볼지어다 그가 구름을 타고 오시리라 각 사람
의 눈이 그를 보겠고 그를 찌른 자들도 볼 것이요 땅에 있는 모든 족속이
그로 말미암아 애곡하리니 그러하리라 아멘 8 주 하나님이 이르시되 나
는 알파와 오메가라 이제도 있고 전에도 있었고 장차 올 자요 전능한 자
라 하시더라

그리스도의 명령

9 나 요한은 너희 형제요 예수의 환난과 나라와 참음에 동참하는 자라 하
나님의 말씀과 예수를 증언하였음으로 말미암아 밧모라 하는 섬에 있었
더니 10 주의 날에 내가 성령에 감동되어 내 뒤에서 나는 나팔 소리 같은
큰 음성을 들으니 11 이르되 네가 보는 것을 두루마리에 써서 에베소, 서
머나, 버가모, 두아디라, 사데, 빌라델비아, 라오디게아 등 일곱 교회에 보
내라 하시기로 12 몸을 돌이켜 나에게 말한 음성을 알아 보려고 돌이킬 때
에 일곱 금 촛대를 보았는데 13 촛대 사이에 인자 같은 이가 발에 끌리는
옷을 입고 가슴에 금띠를 띠고 14 그의 머리와 털의 희기가 흰 양털 같고
눈 같으며 그의 눈은 불꽃같고 15 그의 발은 풀무불에 단련한 빛난 주석
같고 그의 음성은 많은 물소리와 같으며 16 그의 오른손에 일곱별이 있고
그의 입에서 좌우에 날선 검이 나오고 그 얼굴은 해가 힘 있게 비치는 것
같더라 17 내가 볼 때에 그의 발 앞에 엎드러져 죽은 자 같이 되매 그가 오
른손을 내게 얹고 이르시되 두려워하지 말라 나는 처음이요 마지막이니
18 곧 살아 있는 자라 내가 전에 죽었었노라 볼지어다 이제 세세토록 살아
있어 사망과 음부의 열쇠를 가졌노니 19 그러므로 네가 본 것과 지금 있는
일과 장차 될 일을 기록하라 20 네가 본 것은 내 오른손의 일곱 별의 비밀
과 또 일곱 금 촛대라 일곱 별은 일곱 교회의 사자요 일곱 촛대는 일곱 교
회니라

하고 알기 어려운 것이 많이 있다. 그래서 한낱 미래에 대한 호기심을 충족하기 위해 접근하면 위험하다. 그렇다면 우리가 취할 바른 태도는 무엇인가? 이 두 극단 사이에서 중간적 입장을 취하는 것이다. 즉 우리의 이해에는 한계가 있음을 겸허히 인식하면서, 가능한 많이 이해하려고 노력하는 것이다.

해설자 주

요한계시록을 더 명확하게 이해하기 위해서 학습 자료에서 제공하는 각종 자료를 잘 공부하라. 그리고 동영상 강의와 별도로 저자의 요한계시록 특강을 잘 이용하기를 바란다.

❖ Ⅰ. 촛대 사이를 거니시는 예수님

· 1장 예수님의 상징적 모습 (도표 참조)

☞ 1:5 하반부에서 하나님의 구속사 전체를 조망하게 하는 내용으로 계시록이 시작됨을 유의하라.

신체부위	형상	상징적 의미
몸	발에 끌리는 옷	영광과 위엄
가슴	금띠를 두름	위엄과 신성한 권위
머리	흰 양털 같음	신성과 순결
털	눈(雪)	존귀와 지혜
눈	불 꽃	깊은 통찰력과 격렬한 진노
발	빛난 주석	하나님의 임재와 강력한 심판
음성	많은 물소리	영광과 위엄
오른손	일곱별	권능과 보호
입	좌우에 날선 검	신실한 증거와 심판
얼굴	밝은 태양	승리와 탁월성, 영광

요한계시록 2장

에베소 교회에 보내는 말씀

1 에베소 교회의 사자에게 편지하라 오른손에 있는 일곱 별을 붙잡고 일
곱 금 촛대 사이를 거니시는 이가 이르시되 2 내가 네 행위와 수고와 네
인내를 알고 또 악한 자들을 용납하지 아니한 것과 자칭 사도라 하되 아
닌 자들을 시험하여 그의 거짓된 것을 네가 드러낸 것과 3 또 네가 참고
내 이름을 위하여 견디고 게으르지 아니한 것을 아노라 4 그러나 너를 책
망할 것이 있나니 너의 처음 사랑을 버렸느니라 5 그러므로 어디서 떨어졌
는지를 생각하고 회개하여 처음 행위를 가지라 만일 그리하지 아니하고
회개하지 아니하면 내가 네게 가서 네 촛대를 그 자리에서 옮기리라 6 오
직 네게 이것이 있으니 네가 니골라 당의 행위를 미워하는도다 나도 이것
을 미워하노라 7 귀 있는 자는 성령이 교회들에게 하시는 말씀을 들을지
어다 이기는 그에게는 내가 하나님의 낙원에 있는 생명나무의 열매를 주
어 먹게 하리라

서머나 교회에 보내는 말씀

8 서머나 교회의 사자에게 편지하라 처음이며 마지막이요 죽었다가 살아
나신 이가 이르시되 9 내가 네 환난과 궁핍을 알거니와 실상은
네가 부요한 자니라 자칭 유대인이라 하는 자들의 비방도
알거니와 실상은 유대인이 아니요 사탄의 회당이라 10 너
는 장차 받을 고난을 두려워하지 말라 볼지어다 마귀가
장차 너희 가운데에서 몇 사람을 옥에 던져 시험을 받게 하
리니 너희가 십 일 동안 환난을 받으리라 네가 죽도록 충성
하라 그리하면 내가 생명의 관을 네게 주리라 11 귀 있는 자는 성령이 교
회들에게 하시는 말씀을 들을지어다 이기는 자는 둘째 사망의 해를 받지
아니하리라

버가모 교회에 보내는 말씀

12 버가모 교회의 사자에게 편지하라 좌우에 날선 검을 가지신 이가 이르
시되 13 네가 어디에 사는지를 내가 아노니 거기는 사탄의 권좌가 있는 데
라 네가 내 이름을 굳게 잡아서 내 충성된 증인 안디바가 너희 가운데 곧
사탄이 사는 곳에서 죽임을 당할 때에도 나를 믿는 믿음을 저버리지 아니
하였도다 14 그러나 네게 두어 가지 책망할 것이 있나니 거기 네게 발람의 교훈을 지키는 자들이 있도다 발람이
발락을 가르쳐 이스라엘 자손 앞에 걸림돌을 놓아 우상의 제물을 먹게 하였고 또 행음하게 하였느니라 15 이와
같이 네게도 니골라 당의 교훈을 지키는 자들이 있도다 16 그러므로 회개하라 그리하지 아니하면 내가 네게 속
히 가서 내 입의 검으로 그들과 싸우리라 17 귀 있는 자는 성령이 교회들에게 하시는 말씀을 들을지어다 이기는
그에게는 내가 감추었던 만나를 주고 또 흰 돌을 줄 터인데 그 돌 위에 새 이름을 기록한 것이 있나니 받는 자 밖
에는 그 이름을 알 사람이 없느니라

두아디라 교회에 보내는 말씀

18 두아디라 교회의 사자에게 편지하라 그 눈이 불꽃 같고 그 발이 빛난 주석과 같은 하나님의 아들이 이르시되
19 내가 네 사업과 사랑과 믿음과 섬김과 인내를 아노니 네 나중 행위가 처음 것보다 많도다 20 그러나 네게 책망
할 일이 있노라 자칭 선지자라 하는 여자 이세벨을 네가 용납함이니 그가 내 종들을 가르쳐 꾀어 행음하게 하고

❖ **계시록을 크게 3부분으로 나누어 볼 수 있다.**

① **요한이 본 일**
머리말(1:1-3) 다음에 삼위일체 하나님에 관한 깊은 신학적 진리가 설명된다(1:4-8). 그다음으로 사도 요한이 경험한 놀라운 신의 현현(theophany)을 기록한다(1:9-20). 부활하신 예수님을 소개하는 1:9-20은 그 예수님의 말씀을 기록하는 선지자적 메시지로서 2~3장의 도입 부분에 해당한다. 그러므로 1:9은 3:22에 가서야 끝나는 하나의 문맥을 형성하고 있다.

② **이제 있는 일**
2~3장 일곱 교회에 있을 일
요한계시록 2장은 독립된 서신이 아니라 요한계시록 전체와 유기적으로 연결되어 있다. 그리고 2-3장의 일곱 교회를 향한 메시지는 일정한 형식을 가지고 있는데, 먼저 예수님의 이름이 주어지고, 칭찬과 책망이 있으며, 성령의 말씀에 귀를 기울일 것을 촉구하는 내용과 마지막으로 이기는 자에게 주어지는 종말적 약속이 등장한다. 우리는 2~3장을 통해 오늘날 교회가 나아가야 할 방향성을 정립할 수 있다.

③ **장차 될 일**
4장 이후의 일들
그러나 그것은 원근 통시의 개념으로 보며 시제적으로 미래의 일을 의미하는 것이라고만 할 수 없고, 책의 기록을 위한 논리적 순서에 의한 미래의 일이라는 것으로 보아야 한다.
그러나 우리는 이 계시록을 다음과 같이 7부분으로 나누어 살펴본다.
① 촛대 사이를 거니시는 예수님(1장)
② 일곱 교회에 주는 권면(2~3장)
③ 하늘 보좌와 예배(4장)
④ 일곱 인봉 책과 어린 양(5장)
⑤ 대 환난과 하나님의 진노(6장~19장) ⑥ 천년 왕국과 최후의 심판(20장)
⑦ 새 하늘과 새 땅(21~22장)

우상의 제물을 먹게 하는도다 21 또 내가 그에게 회개할 기회를 주었으되
자기의 음행을 회개하고자 하지 아니하는도다 22 볼지어다 내가 그를 침
상에 던질 터이요 또 그와 더불어 간음하는 자들도 만일 그의 행위를 회
개하지 아니하면 큰 환난 가운데에 던지고 23 또 내가 사망으로 그의 자
녀를 죽이리니 모든 교회가 나는 사람의 뜻과 마음을 살피는 자인 줄 알
지라 내가 너희 각 사람의 행위대로 갚아 주리라 24 두아디라에 남아 있
어 이 교훈을 받지 아니하고 소위 사탄의 깊은 것을 알지 못하는 너희에
게 말하노니 다른 짐으로 너희에게 지울 것은 없노라 25 다만 너희에게 있
는 것을 내가 올 때까지 굳게 잡으라 26 이기는 자와 끝까지 내 일을 지키
는 그에게 만국을 다스리는 권세를 주리니 27 그가 철장을 가지고 그들을
다스려 질그릇 깨뜨리는 것과 같이 하리라 나도 내 아버지께 받은 것이
그러하니라 28 내가 또 그에게 새벽 별을 주리라 29 귀 있는 자는 성령이
교회들에게 하시는 말씀을 들을지어다

요한계시록 3장

사데 교회에 보내는 말씀

1 사데 교회의 사자에게 편지하라 하나님의 일곱 영과 일곱 별을 가지신
이가 이르시되 내가 네 행위를 아노니 네가 살았다 하는 이름은 가졌으
나 죽은 자로다 2 너는 일깨어 그 남은 바 죽게 된 것을 굳건하게 하라 내
하나님 앞에 네 행위의 온전한 것을 찾지 못하였노니 3 그러므로 네가 어
떻게 받았으며 어떻게 들었는지 생각하고 지켜 회개하라 만일 일깨지 아
니하면 내가 도둑 같이 이르리니 어느 때에 네게 이를는지 네가 알지 못
하리라 4 그러나 사데에 그 옷을 더럽히지 아니한 자 몇 명이 네게 있어 흰
옷을 입고 나와 함께 다니리니 그들은 합당한 자인 연고라 5 이기는 자는
이와 같이 흰 옷을 입을 것이요 내가 그 이름을 생명책에서 결코 지우지
아니하고 그 이름을 내 아버지 앞과 그의 천사들 앞에서 시인하리라 6 귀
있는 자는 성령이 교회들에게 하시는 말씀을 들을지어다

빌라델비아 교회에 보내는 말씀

7 빌라델비아 교회의 사자에게 편지하라 거룩하고 진실하사 다윗의 열쇠
를 가지신 이 곧 열면 닫을 사람이 없고 닫으면 열 사람이 없는 그가 이르
시되 8 볼지어다 내가 네 앞에 열린 문을 두었으되 능히 닫을 사람이 없으
리라 내가 네 행위를 아노니 네가 작은 능력을 가지고서도 내 말을 지키
며 내 이름을 배반하지 아니하였도다 9 보라 사탄의 회당 곧 자칭 유대인
이라 하나 그렇지 아니하고 거짓말 하는 자들 중에서 몇을 네게 주어 그
들로 와서 네 발 앞에 절하게 하고 내가 너를 사랑하는 줄을 알게 하리라
10 네가 나의 인내의 말씀을 지켰은즉 내가 또한 너를 지켜 시험의 때를
면하게 하리니 이는 장차 온 세상에 임하여 땅에 거하는 자들을 시험할
때라 11 내가 속히 오리니 네가 가진 것을 굳게 잡아 아무도 네 면류관을
빼앗지 못하게 하라 12 이기는 자는 내 하나님 성전에 기둥이 되게 하리니 그가 결코 다시 나가지 아니하리라 내
가 하나님의 이름과 하나님의 성 곧 하늘에서 내 하나님께로부터 내려오는 새 예루살렘의 이름과 나의 새 이름

❖ Ⅱ. 일곱 교회에 주는 권면
· 2~3장 : 전체 내용을 도표로 요약한다.

☞ 각 교회에 대한 예수님의 판단은 동일하지 않지만, 예외 없이 동일하게 명령하시는 말씀을 유의하라.
"귀 있는 자는 성령이 교회들에게 하시는 말씀을 들을지어다"
교회는 성령강림으로부터 시작했다(행 1:8). 지금 7 교회의 문제를 포함해서 시공을 초월해서 모든 교회의 문제는 (세상사를 포함해서) 성령의 권능을 받지 않고 자기 판단대로 하려 하기 때문이라는 사실을 깊이 명심하고 빨리 자세를 바꾸라.
☞ **딤후 4:3-4** 때가 이르리니 사람이 바른 교훈을 받지 아니하며 귀가 가려워서 자기의 사욕을 따를 스승을 많이 두고 또 그 귀를 진리에서 돌이켜 허탄한 이야기를 따르리라
☞ **고후 10:4-6** 우리의 싸우는 무기는 육신에 속한 것이 아니요 오직 어떤 견고한 진도 무너뜨리는 하나님의 능력이라 모든 이론을 무너뜨리며 하나님 아는 것을 대적하여 높아진 것을 다 무너뜨리고 모든 생각을 사로잡아 그리스도에게 복종하게 하니 너희의 복종이 온전하게 될 때에 모든 복종하지 않는 것을 벌하려고 준비하는 중에 있노라
고후 10:6에 이 명령을 순종하지 않으면 "벌하려 준비 중에 있다"고 경고하시는 말씀을 롯의 사위처럼 농담으로 여기지 말라.(창 19:14)

요한 계시록
학습 자료 89-1 "요한계시록 입문" 참조
학습 자료 89-2 "성경에 나타난 주요 숫자의 상징적 의미와 용례" 참조
학습 자료 89-3 "요한계시록 해석 논쟁" 참조
학습 자료 89-4 "연도표 참조" 참조

계 2:6, 15
학습 자료 89-5 "니골라 당" 참조

을 그이 위에 기록하리라 13 귀 있는 자는 성령이 교회들에게 하시는 말씀을 들을지어다

라오디게아 교회에 보내는 말씀

14 라오디게아 교회의 사자에게 편지하라 아멘이시요 충성되고 참된 증인이시요 하나님의 창조의 근본이신 이
가 이르시되 15 내가 네 행위를 아노니 네가 차지도 아니하고 뜨겁지도 아니하도다 네가 차든지 뜨겁든지 하기
를 원하노라 16 네가 이같이 미지근하여 뜨겁지도 아니하고 차지도 아니하니 내 입에서 너를 토하여 버리리라 17
네가 말하기를 나는 부자라 부요하여 부족한 것이 없다 하나 네 곤고한 것과 가련한 것과 가난한 것과 눈 먼 것
과 벌거벗은 것을 알지 못하는도다 18 내가 너를 권하노니 내게서 불로 연
단한 금을 사서 부요하게 하고 흰 옷을 사서 입어 벌거벗은 수치를 보이
지 않게 하고 안약을 사서 눈에 발라 보게 하라 19 무릇 내가 사랑하는 자
를 책망하여 징계하노니 그러므로 네가 열심을 내라 회개하
라 20 볼지어다 내가 문 밖에 서서 두드리노니 누구든지 내
음성을 듣고 문을 열면 내가 그에게로 들어가 그와 더
불어 먹고 그는 나와 더불어 먹으리라 21 이기는 그
에게는 내가 내 보좌에 함께 앉게 하여 주기를 내
가 이기고 아버지 보좌에 함께 앉은 것과 같이 하
리라 22 귀 있는 자는 성령이 교회들에게 하시는 말
씀을 들을지어다

계 3:20 당신의 예수님은 당신의 삶 가운데 계시는 Insider이신가? 아니면 여러분의 삶 밖에서 여러분과 상관이 없으신 분(Outsider)이신가?

	칭찬	비판	가르침	약속
에베소 (2:1-7)	악한 자를 용납하지 않고, 견디고 인내했다.	처음 사랑을 버렸다.	처음 행위를가져라.	생명나무의 과실
서머나 (2:8-11)	은혜롭고, 환난과 궁핍을 견뎠다.	없음	죽도록 충성하라.	생명의 면류관
버가모 (2:12-17)	믿음을 저버리지 않았다.	부도덕, 우상숭배, 음행을 허용했다.	회개하라.	감추었던 만나와 새 이름을 새긴 돌
두아디라 (2:18-29)	사랑, 섬김, 믿음, 인내가 처음보다 더했다.	우상숭배의 제단과 부도덕을 허용했다.	심판이 다가온다. 믿음을 지켜라.	만국을 다스리는 권세와 새벽별
사데 (3:1-6)	믿음을 지킨 사람들이 있었다.	죽은 교회다.	회개하라. 남은 것을 굳게 하라.	명예를 얻고, 흰 옷을 입을 것이다.
빌라델비아 (3:7-13)	믿음 안에서 견뎠다.	없음	믿음을 지켜라.	하나님이 임재하시는 장소, 새 이름, 새 예루살렘
라오디게아 (3:14-22)	없음	무관심	열심을 내라. 회개하라.	예수님의 보좌에 함께 앉음

요한계시록 4장~5장 : 하늘의 계시

요한계시록 4장

하늘의 예배

[1] 이 일 후에 내가 보니 하늘에 열린 문이 있는데 내가 들은 바 처음에 내
게 말하던 나팔 소리 같은 그 음성이 이르되 이리로 올라오라 이 후에 마
땅히 일어날 일들을 내가 네게 보이리라 하시더라 [2] 내가 곧 성령에 감동
되었더니 보라 하늘에 보좌를 베풀었고 그 보좌 위에 앉으신 이가 있는데
[3] 앉으신 이의 모양이 벽옥과 홍보석 같고 또 무지개가 있어 보좌에 둘렸
는데 그 모양이 녹보석 같더라 [4] 또 보좌에 둘려 이십사 보좌들이 있고 그
보좌들 위에 이십사 장로들이 흰 옷을 입고 머리에 금관을 쓰고 앉았더
라 [5] 보좌로부터 번개와 음성과 우렛소리가 나고 보좌 앞에 켠 등불 일곱
이 있으니 이는 하나님의 일곱 영이라 [6] 보좌 앞에 수정과 같은 유리 바다
가 있고 보좌 가운데와 보좌 주위에 네 생물이 있는데 앞뒤에 눈들이 가
득하더라 [7] 그 첫째 생물은 사자 같고 그 둘째 생물은 송아지 같고 그 셋
째 생물은 얼굴이 사람 같고 그 넷째 생물은 날아가는 독수리 같은데 [8]
네 생물은 각각 여섯 날개를 가졌고 그 안과 주위에는 눈들이 가득하더
라 그들이 밤낮 쉬지 않고 이르기를 거룩하다 거룩하다 거룩하다 주 하나
님 곧 전능하신 이여 전에도 계셨고 이제도 계시고 장차 오실 이시라 하고
[9] 그 생물들이 보좌에 앉으사 세세토록 살아 계시는 이에게 영광과 존귀와 감사를 돌릴 때에 [10] 이십사 장로들이
보좌에 앉으신 이 앞에 엎드려 세세토록 살아 계시는 이에게 경배하고 자기의 관을 보좌 앞에 드리며 이르되 [11]
우리 주 하나님이여 영광과 존귀와 권능을 받으시는 것이 합당하오니 주께서 만물을 지으신지라 만물이 주의 뜻
대로 있었고 또 지으심을 받았나이다 하더라

❖ Ⅲ. 하늘 보좌와 예배
· 계 4장
땅(일곱 교회)으로부터 장면이 천상으로 바뀐다. 핍박받고 고군분투하며 신앙을 지키려고 애쓰는 지상교회의 모습과는 정반대의 모습이 나타나는 것이다. 갖가지 형언할 수 없는 색깔과 보석으로 표현될 수 밖에 없는 천국의 모습이다. 거기에는 장로들이 하나님 보좌에 둘러 앉아 끊임없는 찬양과 예배로 하나님의 영광을 노래하고 있는 모습이다.

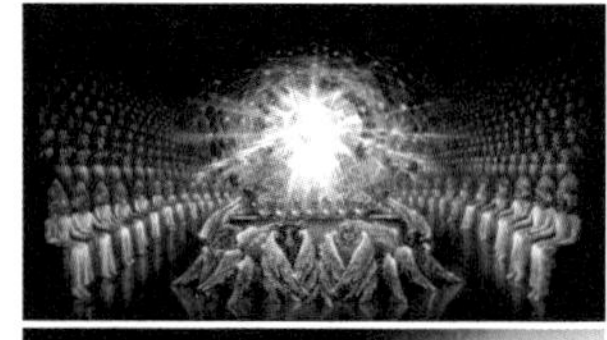

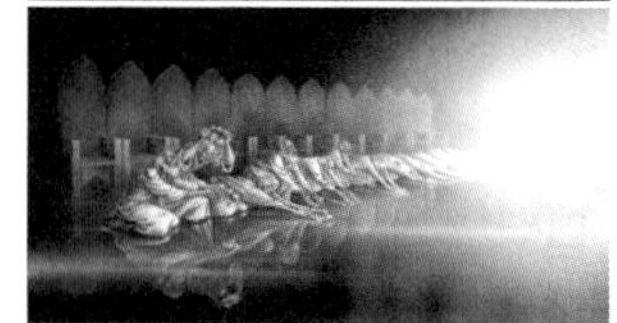

요한계시록 5장

책과 어린 양

[1] 내가 보매 보좌에 앉으신 이의 오른손에 두루마리가 있으니 안팎으로
썼고 일곱 인으로 봉하였더라 [2] 또 보매 힘있는 천사가 큰 음성으로 외치
기를 누가 그 두루마리를 펴며 그 인을 떼기에 합당하냐 하나 [3] 하늘 위에
나 땅 위에나 땅 아래에 능히 그 두루마리를 펴거나 보거나 할 자가 없더
라 [4] 그 두루마리를 펴거나 보거나 하기에 합당한 자가 보이지 아니하기
로 내가 크게 울었더니 [5] 장로 중의 한 사람이 내게 말하되 울지 말라 유
대 지파의 사자 다윗의 뿌리가 이겼으니 그 두루마리와 그 일곱 인을 떼
시리라 하더라 [6] 내가 또 보니 보좌와 네 생물과 장로들 사이에 한 어린
양이 서 있는데 일찍이 죽임을 당한 것 같더라 그에게 일곱 뿔과 일곱 눈
이 있으니 이 눈들은 온 땅에 보내심을 받은 하나님의 일곱 영이더라 [7] 그
어린 양이 나아와서 보좌에 앉으신 이의 오른손에서 두루마리를 취하시니라 [8] 그 두루마리를 취하시매 네 생물
과 이십사 장로들이 그 어린 양 앞에 엎드려 각각 거문고와 향이 가득한 금 대접을 가졌으니 이 향은 성도의 기
도들이라 [9] 그들이 새 노래를 불러 이르되 두루마리를 가지시고 그 인봉을 떼기에 합당하시도다 일찍이 죽임을

❖ Ⅳ. 일곱 인봉 책과 어린 양
· 계 5장 **일곱 인봉 책과 어린 양**
요한은 일곱 인봉된 책을 보고 그 책을 열 자가 없음을 알고 애석해하며 크게 울었다. 왜냐하면 그 책의 인봉이 열리지 않으면 종말은 오지 않고 하나님 나라의 회복은 이루어지지 않음을 요한은 알고 있었기 때문이다. 그때 장로 중 하나가 어린 양 예수님이 그 인봉을 떼시기에 합당한 분이라는 사실을 알려 준다.

당하사 각 족속과 방언과 백성과 나라 가운데에서 사람들을 피로 사서 하나님께 드리시고 10 그들로 우리 하나
님 앞에서 나라와 제사장들을 삼으셨으니 그들이 땅에서 왕 노릇 하리로다 하더라 11 내가 또 보고 들으매 보
좌와 생물들과 장로들을 둘러 선 많은 천사의 음성이 있으니 그 수가 만만이요 천천이라 12 큰 음성으로 이르되
죽임을 당하신 어린 양은 능력과 부와 지혜와 힘과 존귀와 영광과 찬송을 받으시기에 합당하도다 하더라 13 내
가 또 들으니 하늘 위에와 땅 위에와 땅 아래와 바다 위에와 또 그 가운
데 모든 피조물이 이르되 보좌에 앉으신 이와 어린 양에게 찬송과 존귀와
영광과 권능을 세세토록 돌릴지어다 하니 14 네 생물이 이르되 아멘 하고
장로들은 엎드려 경배하더라

요한계시록 6장~11장 : 7가지 재앙

요한계시록 6장

일곱 봉인에 담긴 심판

1 내가 보매 어린 양이 일곱 인 중의 하나를 떼시는데 그
때에 내가 들으니 네 생물 중의 하나가 우렛소리 같이
말하되 오라 하기로 2 이에 내가 보니 흰 말이 있는
데 그 탄자가 활을 가졌고 면류관을 받고 나아가
서 이기고 또 이기려고 하더라 3 둘째 인을 떼
실 때에 내가 들으니 둘째 생물이 말하되 오라

심판 시리즈의 구조(계시록 6장~16장)

논리적 순번	1	2	3	4	5	6	삽입	7
인 심판	흰 말 : 전쟁	붉은 말 : 전쟁	검은 말 : 기근	청황색 말 : 죽음	순교자의 탄원	천체의 변화	7장 : 인치심 (144,000)	지진, 뇌성, 음성, 번개
나팔 심판	우박, 불 : 땅	불 붙은 큰 산 : 바다	횃불같이 타는 큰 산 : 강	해, 달, 별, 천체	황충	네 천사의 전쟁	10장 : 천사의 작은 책 11장 : 두 증인	번개, 음성, 우레, 지진, 큰 우박
삽입	12장 : 여자와 용의 싸움 13장 : 두 짐승 이야기 14장 : 144,000의 찬양 15장 : 대접심판 시작의 징조							
대접 심판	땅 : 종기	바다 : 피	강, 바다 : 피	해 : 불로 사람을 태움	짐승의 왕좌	큰 강 유브라데	없음	번개, 음성, 우레소리

❖ Ⅴ. 대 환난과 하나님의 진노(6장~19장)

· 계 6 ~ 11장 **7가지 재앙 Ⅰ**

☞ 7가지 재앙의 사이클

6~16장에 나오는 일곱 심판의 세 가지 사이클은 일곱 인, 일곱 나팔, 일곱 대접으로 구성되어 있다.(7재앙의 내용 도표 참조)

· **일곱 인** 위엄 있게 보좌에 앉으신 하나님께서 안팎으로 쓰여 일곱 인으로 봉한 책을 붙들고 계신다. 유다의 사자 외에는 그 인을 떼어 내 그 내용을 드러낼 자가 없다. 처음의 여섯 인들이 떼어질 때 땅 위에는 전쟁, 기근, 죽음, 지진 그리고 하늘의 대변동을 수반하는 참화가 쏟아진다. 땅의 임금은 그 진노의 순간에 낙담한다.

· **일곱 나팔** 마지막 일곱째 인이 떼어질 때 일곱 나팔이 드러난다. 각각의 나팔들이 차례로 울리면서 자연과 하늘의 재앙들이 다시 한번 일어난다. 그것들은 우박, 불, 떨어지는 별들, 죽음, 어두움, 화 등 '사람들이 죽기를 구해도 얻지 못하게 하는 재앙'(9:6)이었다. 이 재앙 중 몇 가지는 모세 시대의 애굽에서 있었던 열 가지 재앙들(출 7:12-12:36)과 유사한 것들이다.

· **일곱 대접** 144,000명이 하나님의 보좌 앞에서 새 노래를 부르며 두 번째로 요한의 환상 가운데 나타나고, 하늘 한가운데 있는 천사들은 심판의 시간이 이르렀다는 소식을 알린다. 손에 낫을 든 인자가 땅의 추수를 시작하기 위해 오시고, 심판을 위해 익은 포도들은 하나님의 진노의 포도주 틀에 던져진다. 그때 일곱 천사가 일곱 대접에 담긴 마지막 재앙을 가지고 등장한다. 그 재앙들은 종기, 피, 태우는 불, 어두움, 고통, 지진, 우박 그리고 아마겟돈이라 불리는 곳에서의 거대한 전쟁을 포함한다.

이러한 일곱 심판의 사이클 중 내용이 삽입된 부분이 네 곳 있다. 인과 나팔, 대접 재앙의 여섯째와 일곱째 사이에 예언의 말씀이 삽입되어 있고 나팔 심판과 대접 심판 사이에 긴 내용이 삽입되어 있다. 각각의 심판 중에서 일곱째 심판은 서로 유사점이 있어서 세 종류의 심판이 동시에 일어나거나 약간씩 겹치는 부분이 있어서 그리스도께서 다시 오시는 때를 기점으로 모두 끝난다고 볼 수도 있다. 또한 일부에서는 세 가지 종류의 심판들이 연달아 일어나는 것으로 해석하기도 하는데, 이 해석은 일곱째 인이 일곱 나팔이며, 일곱째 나팔이 일곱 대접이라고 본다.

하니 4 이에 다른 붉은 말이 나오더라 그 탄자가 허락을 받아 땅에서 화평
을 제하여 버리며 서로 죽이게 하고 또 큰 칼을 받았더라 5 셋째 인을 떼
실 때에 내가 들으니 셋째 생물이 말하되 오라 하기로 내가 보니 검은 말
이 나오는데 그 탄 자가 손에 저울을 가졌더라 6 내가 네 생물 사이로부터
나는 듯한 음성을 들으니 이르되 한 데나리온에 밀 한 되요 한 데나리온
에 보리 석 되로다 또 감람유와 포도주는 해치지 말라 하더라 7 넷째 인을
떼실 때에 내가 넷째 생물의 음성을 들으니 말하되 오라 하기로 8 내가
보매 청황색 말이 나오는데 그 탄 자의 이름은 사망이니 음부가 그 뒤를
따르더라 그들이 땅 사분의 일의 권세를 얻어 검과 흉년과 사망과 땅의
짐승들로써 죽이더라 9 다섯째 인을 떼실 때에 내가 보니 하나님의 말씀
과 그들이 가진 증거로 말미암아 죽임을 당한 영혼들이 제단 아래에 있어
10 큰 소리로 불러 이르되 거룩하고 참되신 대주재여 땅에 거하는 자들을
심판하여 우리 피를 갚아 주지 아니하시기를 어느 때까지 하시려 하나이
까 하니 11 각각 그들에게 흰 두루마기를 주시며 이르시되 아직 잠시 동안
쉬되 그들의 동무 종들과 형제들도 자기처럼 죽임을 당하여 그 수가 차기
까지 하라 하시더라 12 내가 보니 여섯째 인을 떼실 때에 큰 지진이 나며
해가 검은 털로 짠 상복 같이 검어지고 달은 온통 피 같이 되며 13 하늘의
별들이 무화과나무가 대풍에 흔들려 설익은 열매가 떨어지는 것 같이 땅
에 떨어지며 14 하늘은 두루마리가 말리는 것 같이 떠나가고 각 산과 섬이
제 자리에서 옮겨지매 15 땅의 임금들과 왕족들과 장군들과 부자들과 강
한 자들과 모든 종과 자유인이 굴과 산들의 바위 틈에 숨어 16 산들과 바
위에게 말하되 우리 위에 떨어져 보좌에 앉으신 이의 얼굴에서와 그 어린
양의 진노에서 우리를 가리라 17 그들의 진노의 큰 날이 이르렀으니 누가
능히 서리요 하더라

요한계시록 7장

인 치심을 받은 십사만 사천 명

1 이 일 후에 내가 네 천사가 땅 네 모퉁이에 선 것을 보니 땅의 사방의 바
람을 붙잡아 바람으로 하여금 땅에나 바다에나 각종 나무에 불지 못하게
하더라 2 또 보매 다른 천사가 살아 계신 하나님의 인을 가지고 해 돋는
데로부터 올라와서 땅과 바다를 해롭게 할 권세를 받은 네 천사를 향하
여 큰 소리로 외쳐 3 이르되 우리가 우리 하나님의 종들의 이마에 인치기
까지 땅이나 바다나 나무들을 해하지 말라 하더라 4 내가 인침을 받은 자
의 수를 들으니 이스라엘 자손의 각 지파 중에서 인침을 받은 자들이 십
사만 사천이니

각 나라에서 온 무리

5 유다 지파 중에 인침을 받은 자가 일만 이천이요 르우벤 지파 중에 일만
이천이요 갓 지파 중에 일만 이천이요 6 아셀 지파 중에 일만 이천이요 납
달리 지파 중에 일만 이천이요 므낫세 지파 중에 일만 이천이요 7 시므온
지파 중에 일만 이천이요 레위 지파 중에 일만 이천이요 잇사갈 지파 중

❖ 계 6장 일곱 인의 재앙이 내려진다(도표를 참조). 이 재앙들은 예수님 재림 전에 내려지는 것이고, 오직 하나님의 섭리로 이루어지며, 이 땅 위의 모든 영역에 미치는 것이다.
- 첫째 말 : 흰 말 – 군사적인 정복(전쟁)
- 둘째 말 : 붉은 말 – 난폭한 학살
- 셋째 말 : 검은 말 – 기근
- 넷째 말 : 청황색 말 – 사망과 음부가 땅의 $1/4$을 죽이다.

❖ 인 심판의 다섯 번째 심판
☞ 순교자들의 탄원을 듣고 기다리라고 하심
위엄 있게 보좌에 앉으신 하나님께서 안팎으로 쓰여 일곱 인으로 봉한 책을 붙들고 계신다. 유다의 사자 외에는 그 인을 떼어 내 그 내용을 드러낼 자가 없다. 처음의 여섯인들이 떼어질 때 땅 위에는 전쟁, 기근, 죽음, 지진 그리고 하늘의 대변동을 수반하는 참화가 쏟아진다. 땅의 임금은 그 진노의 순간에 낙담한다.

❖ 계 7장 나팔 재앙이 일어나기 전에 환난에서 구원받는 자가 있음을 알려 준다. 이들은 하나님의 인치심을 받은 십사만 사천 명(1-8절)과 흰옷 입은 자(9-17절)들이다. 본 장은 최후의 때가 되면 견디기 힘든 핍박과 재난이 온다는 것을 경고하지만, 하나님 백성들의 구원과 영생에 대한 하나님의 약속이 신실함을 강조하고, 그들은 극심한 환난 중에도 구원을 얻게 된다는 것을 알려 준다.
☞ 인 치심
- 144000=12지파 x 12사도 x 1000(많다는 의미)
- 각 나라에서 온 흰옷 입은 무리

☞ 인 치심의 의미는 신적 보호의 표시이다. 구속사의 핵심은 하나님 백성의 지위를 회복하고 그를 보호하며 복 주시는 데 있음을 잊지 말라.

85일~90일

	일곱 인(6:1–19:6) 어린 양이 뗌	일곱 나팔(8:6–11:19) 일곱 천사가 붊	일곱 대접(15:1–19:6) 일곱 천사가 쏟음
1	흰 말: 정복자	우박과 불: 식물의 1/3이 소화됨	헌데
2	붉은 말: 전쟁	불붙는 큰 산: 바다 생물의 1/3이 파괴됨	바다가 피가 됨: 모든 바다 생물이 죽음
3	검은 말: 기근	쑥이라는 이름의 별이 떨어짐: 물의 1/3이 쓰임	강과 물 근원이 피가 됨
4	청황색 말: 죽음	부분적인 어둠: 해, 달, 별들의 1/3이 어두워짐	불타는 듯한 해가 사람들을 태움
5	순교자들을 안심하게 함	첫 번째 화: 천사가 무저갱에서 황충을 풀어 줌	짐승의 나라에 어두움이 임함
6	진노의 큰 날: 지진과 하늘의 징조들	두 번째 화: 유브라데에 결박된 네 천사가 지상의 사람 1/3을 도살함	유브라데 강이 메마름: 전쟁을 위해 왕들이 아마겟돈에 집결함
휴지기	144,000에게 인침 (7:1–17)	작은 책과 두 증인 (10:1–11:14)	아마겟돈(16:13–16)
7	반 시간 동안의 고요: 우뢰, 번개, 지진	뇌성, 지진, 우박	번개, 뇌성

에 일만 이천이요 8 스불론 지파 중에 일만 이천이요 요셉 지파 중에 일만
이천이요 베냐민 지파 중에 인침을 받은 자가 일만 이천이라 9 이 일 후에
내가 보니 각 나라와 족속과 백성과 방언에서 아무도 능히 셀 수 없는 큰
무리가 나와 흰 옷을 입고 손에 종려 가지를 들고 보좌 앞과 어린 양 앞
에 서서 10 큰 소리로 외쳐 이르되 구원하심이 보좌에 앉으신 우리 하나님
과 어린 양에게 있도다 하니 11 모든 천사가 보좌와 장로들과 네 생물의
주위에 서 있다가 보좌 앞에 엎드려 얼굴을 대고 하나님께 경배하여 12 이
르되 아멘 찬송과 영광과 지혜와 감사와 존귀와 권능과 힘이 우리 하나
님께 세세토록 있을지어다 아멘 하더라 13 장로 중 하나가 응답하여 나에
게 이르되 이 흰 옷 입은 자들이 누구며 또 어디서 왔느냐 14 내가 말하기
를 내 주여 당신이 아시나이다 하니 그가 나에게 이르되 이는 큰 환난에
서 나오는 자들인데 어린 양의 피에 그 옷을 씻어 희게 하였느니라 15 그
러므로 그들이 하나님의 보좌 앞에 있고 또 그의 성전에서 밤낮 하나님을
섬기매 보좌에 앉으신 이가 그들 위에 장막을 치시리니 16 그들이 다시는
주리지도 아니하며 목마르지도 아니하고 해나 아무 뜨거운 기운에 상하
지도 아니하리니 17 이는 보좌 가운데에 계신 어린 양이 그들의 목자가 되
사 생명수 샘으로 인도하시고 하나님께서 그들의 눈에서 모든 눈물을 씻
어 주실 것임이라

요한계시록 8장

일곱째 봉인과 금향로

1 일곱째 인을 떼실 때에 하늘
이 반시간쯤 고요하더니 2 내
가 보매 하나님 앞에 일곱 천사
가 서 있어 일곱 나팔을 받았더
라 3 또 다른 천사가 와서 제단 곁에 서서 금향로를 가지고 많은 향을 받
았으니 이는 모든 성도의 기도와 합하여 보좌 앞 금 제단에 드리고자 함

❖ 계 8~9장 **나팔 재앙이 진행됨을 보여준다.**

❖ 계 8장 **나팔 심판의 시작**
☞ 각각의 나팔들이 차례로 울리면서 자연과 하늘의 재앙들이 다시 한번 일어난다. 그것들은 우박, 불, 떨어지는 별들, 죽음, 어두움, 화 등 '사람들이 죽기를 구해도 얻지 못하게 하는 재앙'(9:6)이었다. 이 재앙 중 몇 가지는 모세 시대의 애굽에서 있었던 열 가지 재앙(출7:12~12:36)과 유사한 것들이다.

2032 하나님의 나팔소리

J. M. Black 작곡

85일~90일

이라 [4]향연이 성도의 기도와 함께 천사의 손으로부터 하나님 앞으로 올라가는지라 [5]천사가 향로를 가지고 제
단의 불을 담아다가 땅에 쏟으매 우레와 음성과 번개와 지진이 나더라

나팔 소리

[6]일곱 나팔을 가진 일곱 천사가 나팔 불기를 준비하더라 [7]첫째 천사가 나팔을 부니 피 섞인 우박과 불이 나와서
땅에 쏟아지매 땅의 삼분의 일이 타 버리고 수목의 삼분의 일도 타 버리고 각종 푸른 풀도 타 버렸더라 [8]둘째 천
사가 나팔을 부니 불 붙는 큰 산과 같은 것이 바다에 던져지매 바다의 삼분의 일이 피가 되고 [9]바다 가운데 생명
가진 피조물들의 삼분의 일이 죽고 배들의 삼분의 일이 깨지더라 [10]셋째 천사가 나팔을 부니 횃불 같이 타는 큰
별이 하늘에서 떨어져 강들의 삼분의 일과 여러 물샘에 떨어지니 [11]이 별 이름은 쓴 쑥이라 물의 삼분의 일이 쓴
쑥이 되매 그 물이 쓴 물이 되므로 많은 사람이 죽더라 [12]넷째 천사가 나팔을 부니 해 삼분의 일과 달 삼분의 일
과 별들의 삼분의 일이 타격을 받아 그 삼분의 일이 어두워지니 낮 삼분의 일은 비추임이 없고 밤도 그러하더라
[13]내가 또 보고 들으니 공중에 날아가는 독수리가 큰 소리로 이르되 땅에 사는 자들에게 화, 화, 화가 있으리니
이는 세 천사들이 불어야 할 나팔 소리가 남아 있음이로다 하더라

요한계시록 9장

[1]다섯째 천사가 나팔을 불매 내가 보니 하늘에서 땅에 떨어진 별 하나
가 있는데 그가 무저갱의 열쇠를 받았더라 [2]그가 무저갱을 여니 그 구멍
에서 큰 화덕의 연기 같은 연기가 올라오매 해와 공기가 그 구멍의 연기
로 말미암아 어두워지며 [3]또 황충이 연기 가운데로부터 땅 위에 나오매
그들이 땅에 있는 전갈의 권세와 같은 권세를 받았더라 [4]그들에게 이르
시되 땅의 풀이나 푸른 것이나 각종 수목은 해하지 말고 오직 이마에 하
나님의 인침을 받지 아니한 사람들만 해하라 하시더라 [5]그러나 그들을
죽이지는 못하게 하시고 다섯 달 동안 괴롭게만 하게 하시는데 그 괴롭
게 함은 전갈이 사람을 쏠 때에 괴롭게 함과 같더라 [6]그 날에는 사람들
이 죽기를 구하여도 죽지 못하고 죽고 싶으나 죽음이 그들을 피하리로다
[7]황충들의 모양은 전쟁을 위하여 준비한 말들 같고 그 머리에 금 같은 관
비슷한 것을 썼으며 그 얼굴은 사람의 얼굴 같고 [8]또 여자의 머리털 같은
머리털이 있고 그 이빨은 사자의 이빨 같으며 [9]또 철 호심경 같은 호심경이 있고 그 날개들의 소리는 병거와 많
은 말들이 전쟁터로 달려 들어가는 소리 같으며 [10]또 전갈과 같은 꼬리와 쏘는 살이 있어 그 꼬리에는 다섯 달
동안 사람들을 해하는 권세가 있더라 [11]그들에게 왕이 있으니 무저갱의 사자라 히브리어로는 그 이름이 아바돈
이요 헬라어로는 그 이름이 아볼루온이더라 [12]첫째 화는 지나갔으나 보라 아직도 이후에 화 둘이 이르리로다 [13]
여섯째 천사가 나팔을 불매 내가 들으니 하나님 앞 금 제단 네 뿔에서 한 음성이 나서 [14]나팔 가진 여섯째 천사
에게 말하기를 큰 강 유브라데에 결박한 네 천사를 놓아 주라 하매 [15]네 천사가 놓였으니 그들은 그 년 월 일 시
에 이르러 사람 삼분의 일을 죽이기로 준비된 자들이더라 [16]마병대의 수는 이만 만이니 내가 그들의 수를 들었
노라 [17]이같은 환상 가운데 그 말들과 그 위에 탄 자들을 보니 불빛과 자줏빛과 유황빛 호심경이 있고 또 말들
의 머리는 사자 머리 같고 그 입에서는 불과 연기와 유황이 나오더라 [18]이 세 재앙 곧 자기들의 입에서 나오는
불과 연기와 유황으로 말미암아 사람 삼분의 일이 죽임을 당하니라 [19]이 말들의 힘은 입과 꼬리에 있으니 꼬리
는 뱀 같고 또 꼬리에 머리가 있어 이것으로 해하더라 [20]이 재앙에 죽지 않고 남은 사람들은 손으로 행한 일을
회개하지 아니하고 오히려 여러 귀신과 또는 보거나 듣거나 다니거나 하지 못하는 금, 은, 동과 목석의 우상에게
절하고 [21]또 그 살인과 복술과 음행과 도둑질을 회개하지 아니하더라

❖ 계 9장 **황충의 심판**
황충은 메뚜기처럼 생긴 큰 벌레다.
황충 재앙은
① 하나님의 보호 표시가 없는 이들을 다루는 재앙이다.
황충의 권세는 전갈 권세다. 전갈의 독은 죽음에 이를 만큼의 매서운 고통과 아픔이 따른다. 그러나 황충의 권세는 인침을 받은 자를 건드리지 못한다.
② 죽이지는 못하고 괴롭게만 하는 재앙이다.
황충 재앙의 날엔 괴로움이 극심하다. 마치 전갈이 사람을 쏠 때와도 같다.
③ 고통의 기간이 있는 재앙이다.
계 9:5을 보면 "다섯 달 동안"이다.

계 9:1-2
학습 자료 89-6 "무저갱" 참조

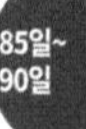

요한계시록 10장

천사와 작은 책

[1] 내가 또 보니 힘 센 다른 천사가 구름을 입고 하늘에서 내려오는데 그
머리 위에 무지개가 있고 그 얼굴은 해 같고 그 발은 불기둥 같으며 [2] 그
손에는 펴 놓인 작은 두루마리를 들고 그 오른 발은 바다를 밟고 왼 발
은 땅을 밟고 [3] 사자가 부르짖는 것 같이 큰 소리로 외치니 그가 외칠 때
에 일곱 우레가 그 소리를 내어 말하더라 [4] 일곱 우레가 말을 할 때에 내
가 기록하려고 하다가 곧 들으니 하늘에서 소리가 나서 말하기를 일곱 우
레가 말한 것을 인봉하고 기록하지 말라 하더라 [5] 내가 본 바 바다와 땅을
밟고 서 있는 천사가 하늘을 향하여 오른손을 들고 [6] 세세토록 살아 계신
이 곧 하늘과 그 가운데에 있는 물건이며 땅과 그 가운데에 있는 물건이
며 바다와 그 가운데에 있는 물건을 창조하신 이를 가리켜 맹세하여 이르
되 지체하지 아니하리니 [7] 일곱째 천사가 소리 내는 날 그의 나팔을 불려
고 할 때에 하나님이 그의 종 선지자들에게 전하신 복음과 같이 하나님의
그 비밀이 이루어지리라 하더라 [8] 하늘에서 나서 내게 들리던 음성이 또
내게 말하여 이르되 네가 가서 바다와 땅을 밟고 서 있는 천사의 손에 펴
놓인 두루마리를 가지라 하기로 [9] 내가 천사에게 나아가 작은 두루마리를
달라 한즉 천사가 이르되 갖다 먹어 버리라 네 배에는 쓰나 네 입에는 꿀
같이 달리라 하거늘 [10] 내가 천사의 손에서 작은 두루마리를 갖다 먹어 버
리니 내 입에는 꿀 같이 다나 먹은 후에 내 배에서는 쓰게 되더라 [11] 그가
내게 말하기를 네가 많은 백성과 나라와 방언과 임금에게 다시 예언하여야 하리라 하더라

❖ 계 10장 6번째 나팔 재앙과 7번째 나팔 재앙 사이에 부가적으로 삽입된 부분으로 일곱 번째 나팔 재앙을 향한 점진적 과도기를 형성하고 있으며 그 준비 과정을 묘사하고 있다. 힘센 천사가 나타나 작은 책을 요한에게 주고 요한은 그것을 먹는다. 이것은 사도 요한이 예언자적 사명을 받는 것을 의미한다.

☞ 겔 2:8-9 너 인자야 내가 네게 이르는 말을 듣고 그 패역한 족속같이 패역하지 말고 네 입을 벌리고 내가 네게 주는 것을 먹으라 하시기로 내가 보니 보라 한 손이 나를 향하여 펴지고 보라 그 안에 두루마리 책이 있더라

요한계시록 11장

두 증인

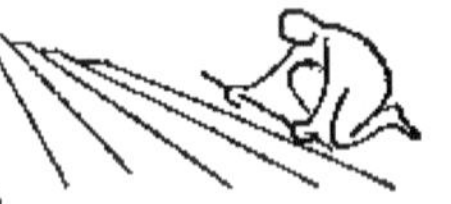

[1] 또 내게 지팡이 같은 갈대를 주며 말하기를 일어나서 하나님의
성전과 제단과 그 안에서 경배하는 자들을 측량하되 [2] 성전 바깥
마당은 측량하지 말고 그냥 두라 이것은 이방인에게 주었은즉 그
들이 거룩한 성을 마흔두 달 동안 짓밟으리라 [3] 내가 나의 두 증
인에게 권세를 주리니 그들이 굵은 베옷
을 입고 천이백육십 일을 예언하리라 [4] 그
들은 이 땅의 주 앞에 서 있는 두 감람나무
와 두 촛대니 [5] 만일 누구든지 그들을 해하고자 하면 그들의 입에서 불이
나와서 그들의 원수를 삼켜 버릴 것이요 누구든지 그들을 해하고자 하면
반드시 그와 같이 죽임을 당하리라 [6] 그들이 권능을 가지고 하늘을 닫아
그 예언을 하는 날 동안 비가 오지 못하게 하고 또 권능을 가지고 물을 피
로 변하게 하고 아무 때든지 원하는 대로 여러 가지 재앙으로 땅을 치리
로다 [7] 그들이 그 증언을 마칠 때에 무저갱으로부터 올라오는 짐승이 그
들과 더불어 전쟁을 일으켜 그들을 이기고 그들을 죽일 터인즉 [8] 그들의
시체가 큰 성 길에 있으리니 그 성은 영적으로 하면 소돔이라고도 하고
애굽이라고도 하니 곧 그들의 주께서 십자가에 못 박히신 곳이라 [9] 백성

계 11:1-13
학습 자료 89-7 "7년 대환란 이해" 참조

❖ 계 11장 두 증인의 활동과 죽음과 일곱 번째 천사의 나팔로 나누어진다. 두 증인은 성전 측량과 그들의 예언 그리고 무저갱에서 올라 온 짐승에 의한 두 증인의 죽음과 부활을 묘사하고 있다.

☞ 성전 측량

갈대는 측량을 위한 것이고, 이렇게 측량하는 것은 소유하기 위한 것이다(계 21:15, 겔 40:3, 42:16-19). 하지만 지팡이는 형벌을 암시한다(잠 10:13, 사 10:5, 11:4). 따라서 지팡이와 같은 갈대는 소유하기 위해 형벌과 더불어 측량하는 것을 가리킨다. 여기서 하늘에 있는 하나님의 성전(내전)과 분향단을 측량하는 것은 대환난 동안 하늘에 속한 것들은 손상당하지 않고 보존되리라는 것을 가리킨다. 성전 밖에 있는 뜰은 땅에 속한 것들을 의미한다. 심지어 땅 위에 있는 이 세상의 성전과 예루살렘까지도 적그리스도와 이방인들에게 주어져 그들에게 짓밟힐 것이다. 마지막 이레의 중간에 적그리스도가 이스라엘과의 언약을 깨뜨리고 하나님께 경배하지 못하도록 할 것인데(단

들과 족속과 방언과 나라 중에서 사람들이 그 시체를 사흘 반 동안을 보
며 무덤에 장사하지 못하게 하리로다 10 이 두 선지자가 땅에 사는 자들
을 괴롭게 한 고로 땅에 사는 자들이 그들의 죽음을 즐거워하고 기뻐하
여 서로 예물을 보내리라 하더라 11 삼 일 반 후에 하나님께로부터 생기가
그들 속에 들어가매 그들이 발로 일어서니 구경하는 자들이 크게 두려워
하더라 12 하늘로부터 큰 음성이 있어 이리로 올라오라 함을 그들이 듣고
구름을 타고 하늘로 올라가니 그들의 원수들도 구경하더라 13 그 때에 큰
지진이 나서 성 십분의 일이 무너지고 지진에 죽은 사람이 칠천이라 그 남
은 자들이 두려워하여 영광을 하늘의 하나님께 돌리더라 14 둘째 화는 지
나갔으나 보라 셋째 화가 속히 이르는도다

일곱째 나팔 소리

15 일곱째 천사가 나팔을 불매 하늘에 큰 음성들이 나서 이르되 세상 나
라가 우리 주와 그의 그리스도의 나라가 되어 그가 세세토록 왕 노릇 하
시리로다 하니 16 하나님 앞에서 자기 보좌에 앉아 있던 이십사 장로가 엎드려 얼굴을 땅에 대고 하나님께 경배
하여 17 이르되 감사하옵나니 옛적에도 계셨고 지금도 계신 주 하나님 곧 전능하신 이여 친히 큰 권능을 잡으시
고 왕 노릇 하시도다 18 이방들이 분노하매 주의 진노가 내려 죽은 자를 심판하시며 종 선지자들과 성도들과 또
작은 자든지 큰 자든지 주의 이름을 경외하는 자들에게 상 주시며 또 땅을 망하게 하는 자들을 멸망시키실 때로
소이다 하더라 19 이에 하늘에 있는 하나님의 성전이 열리니 성전 안에 하나님의 언약궤가 보이며 또 번개와 음
성들과 우레와 지진과 큰 우박이 있더라

9:27), 그 후 삼 년 반(마흔두 달) 동안 그는 하나님을 모독하고 그분의 백성들을 박해할 것이다(계 13:5-7, 단 7:25, 12:7). 이것은 대 환난을 의미한다(마 24:21).

☞ 두 증인

두 증인이 제사장 여호수아와 왕족인 스룹바벨 각각 두 증인에게 중요한 특징을 부여한다. 그것은 바로 두 증인은 제사장적이며 왕적인 신분을 갖는다는 의미이다. 이것은 바로 계 5:10의 "저희로 우리 하나님 앞에서 나라와 제사장을 삼으셨으니 저희가 땅에서 왕 노릇하리로다 하더라"에서 교회 공동체가 '하나님 나라와 제사장'의 신분을 가지고 있는 것을 말한다. 곧, 두 증인에 의해 상징되는 교회 공동체는 '왕 같은 제사장이요 거룩한 나라'이다(벧전 2:9).

해설자 주

※ 일일 요약은 90일차에 함께 있음 ※ 요한계시록 입문 자료를 "학습 자료집"을 참고하여 공부할 것

그러면 어떻게 살 것인가?

인위뚝·신위고!

☑ 세계관 점검 – 묵상하기 (영상 강의와 교재 내용의 이해를 바탕으로)

89일차 영상 강의가 무려 1시간 8분이나 이어진다. 계시록은 창세기에서 시작된 하나님의 구속의 역사가 최종적으로 마무리되어 우리의 처음 모습이 원래 창조의 의도대로 회복되는 것을 보여 준다. 그래서 창세기에서 시작된 하나님의 구속 역사가 왜, 어떻게 시작되고 전개되었는가의 성경 전체 구속사의 스토리 라인을 정리할 필요가 있다. 강의를 들으며 정리하라.

계 1:5-6의 계시록 저술 의도가 곧 구속사의 완결을 보여 주는 대목이다. ▶ 영상 강의 내용을 잘 이해하라.

신적 계시(divine revelation)로서의 종말 예언

성경 66권은 모두 하나님의 성령에 의해 영감을 받은 저자들에 의해 기록되었다. 그런데 그중에서도 특히 요한계시록은 더 직접적으로 예수 그리스도의 계시로 기록된 것이다(1:1, 11, 22:16, 20). 즉 요한계시록은 요한 개인의 환상과 예언이 아니라, 그리스도께서 천사를 통해 보여 주신 환상과 예언을 요한이 기록한 것임을 명백히 밝히고 있다. 바로 이것이 요한계시록과 기존 묵시 문학과의 중요한 차이이다. 언제나 그렇듯이 종말은 인류의 중대 관심사이다. 따라서 종말에 관한 많은 예언과 문학 작품들이 나와 사람들의 관심을 끌며 특히 핵, 환경, 천재지변 등의 문제로 지구촌에 예전에 없었던 위기가 고조된 현대에 이르러 더욱 그러하다. 그러나 종말에 관한 수많은 예언 중 신적 계시를 갖는 것은 성경 외에는 그 어떤 것도 없다. 이 예언의 말씀을 읽는 자와 듣는 자와 지키는 자가 복된 것은(1:3, 22:7) 바로 요한계시록의 예언이 인간 저자의 상상물이 아니라 신적 계시이기 때문이다.

예수님은 일곱 교회에 권면하면서 "귀 있는 자는 성령이 교회들에게 하시는 말씀을 들을지어다"(계 2:7, 11, 17, 29, 3:5-6, 13, 22)라는 권면과 사도행전 1:8에 "..성령의 권능을 받아라.."와의 관계성을 매우 깊이 묵상하라. "인위를 신위 앞에 내려놓아라."라는 매우 심각한 명령이다. 그렇게 생각하지 않는 자가 문제를 일으킨다.

인간 역사의 진정한 주관자 예수 그리스도

본서 제5장에는 하나님의 손에 있는 일곱 인(印)으로 봉한 두루마리 책에 관한 내용이 나온다. 이 책은 인간 역사의 미래와 하나님의 구속 역사의 계획이 담겨 있는 책이다. 그런데 누구도 그 책을 펼쳐볼 자가 없었으나 오직 죽임을 당하신 어린 양, 곧 예수 그리스도께서 그 책의 봉인을 떼고 펼치신다. 이는 곧 인간 역사의 미래와 구속 역사의 계획을 오직 예수 그리스도께서만 온전히 아시고 또 성취하실 수 있다는 것을 보여 준다. 요한계시록은 우리에게 죽으시고 부활하사 하늘에 오르신 그리스도께서 남은 인간의 역사를 어떻게 이끌어 가실지를 선명하게 보여 준다.

☑ 결단기도와 실행하기

약 2:26 영혼 없는 몸이 죽은 것 같이 행함이 없는 믿음은 죽은 것이니라
시 119:28 나의 영혼이 눌림으로 말미암아 녹사오니 주의 말씀대로 나를 세우소서

요한계시록 12장~16장 : 7가지 재앙 계속

요한계시록 12장

여자와 용

1 하늘에 큰 이적이 보이니 해를 옷 입은 한 여자가 있는데 그 발 아래에
는 달이 있고 그 머리에는 열두 별의 관을 썼더라 2 이 여자가 아이를 배어
해산하게 되매 아파서 애를 쓰며 부르짖더라 3 하늘에 또 다른 이적이 보
이니 보라 한 큰 붉은 용이 있어 머리가 일곱이요 뿔이 열이라 그 여러 머
리에 일곱 왕관이 있는데 4 그 꼬리가 하늘의 별 삼분의 일을 끌어다가 땅
에 던지더라 용이 해산하려는 여자 앞에서 그가 해산하면 그 아이를 삼키
고자 하더니 5 여자가 아들을 낳으니 이는 장차 철장으로 만국을 다스릴
남자라 그 아이를 하나님 앞과 그 보좌 앞으로 올려가더라 6 그 여자가 광
야로 도망하매 거기서 천이백육십 일 동안 그를 양육하기 위하여 하나님
께서 예비하신 곳이 있더라 7 하늘에 전쟁이 있으니 미가엘과 그의 사자
들이 용과 더불어 싸울새 용과 그의 사자들도 싸우나 8 이기지 못하여 다
시 하늘에서 그들이 있을 곳을 얻지 못한지
라 9 큰 용이 내쫓기니 옛 뱀 곧 마귀
라고도 하고 사탄이라고도 하며 온
천하를 꾀는 자라 그가 땅으로 내쫓
기니 그의 사자들도 그와 함께 내쫓기
니라 10 내가 또 들으니 하늘에 큰 음성
이 있어 이르되 이제 우리 하나님의 구원과
능력과 나라와 또 그의 그리스도의 권세가 나타났으니 우리 형제들을 참
소하던 자 곧 우리 하나님 앞에서 밤낮 참소하던 자가 쫓겨났고 11 또 우리 형제들이 어린 양의 피와 자기들이 증
언하는 말씀으로써 그를 이겼으니 그들은 죽기까지 자기들의 생명을 아끼지 아니하였도다 12 그러므로 하늘과
그 가운데에 거하는 자들은 즐거워하라 그러나 땅과 바다는 화 있을진저 이는 마귀가 자기의 때가 얼마 남지 않
은 줄을 알므로 크게 분내어 너희에게 내려갔음이라 하더라 13 용이 자기가 땅으로 내쫓긴 것을 보고 남자를 낳
은 여자를 박해하는지라 14 그 여자가 큰 독수리의 두 날개를 받아 광야
자기 곳으로 날아가 거기서 그 뱀의 낯을 피하여 한 때와 두 때와 반 때를
양육 받으매 15 여자의 뒤에서 뱀이 그 입으로 물을 강 같이 토하여 여자
를 물에 떠내려 가게 하려 하되 16 땅이 여자를 도와 그 입을 벌려 용의 입
에서 토한 강물을 삼키니 17 용이 여자에게 분노하여 돌아가서 그 여자의
남은 자손 곧 하나님의 계명을 지키며 예수의 증거를 가진 자들과 더불어
싸우려고 바다 모래 위에 서 있더라

❖ 계 12~16장 **7가지 재앙 Ⅱ**
나팔 재앙과 마지막 재앙인 대접 재앙이 있기 전 그 중간에 일어나는 재앙이다.

❖ 계 12~14장은 계시록의 핵심을 이루는 부분이다. 한 여자를 삼키려는 붉은 용의 대결(12장) 그리고 사탄의 하수인인 두 짐승(13장) 등 어둠의 권세와의 대결이 첨예하게 전개되지만, 그 엄청난 영적 싸움에서 하나님의 백성은 하나님과 그리스도의 승리로 그 승리에 동참하게 되며 보호받는다는 것이다.
鬼 → 魔 (동영상 강의 설명 참조)

❖ 계 12장의 이야기는 창 3:15을 염두에 두고 성경 전체의 구속사의 흐름을 근거로 이해해야 한다.

계 12:17
학습 자료 90-1 "적그리스도" 참조

요한계시록 13장

짐승 두 마리

1 내가 보니 바다에서 한 짐승이 나오는데 뿔이 열이요 머리가 일곱이라 그 뿔에는 열 왕관이 있고 그 머리들에

는 신성 모독 하는 이름들이 있더라 2 내가 본 짐승은 표범과 비슷하고 그 발은 곰의 발 같고 그 입은 사자의 입
같은데 용이 자기의 능력과 보좌와 큰 권세를 그에게 주었더라 3 그의 머리 하나가 상하여 죽게 된 것 같더니 그
죽게 되었던 상처가 나으매 온 땅이 놀랍게 여겨 짐승을 따르고 4 용이 짐승에게 권세를 주므로 용에게 경배하
며 짐승에게 경배하여 이르되 누가 이 짐승과 같으냐 누가 능히 이와 더불어 싸우리요 하더라 5 또 짐승이 과장
되고 신성 모독을 말하는 입을 받고 또 마흔두 달 동안 일할 권세를 받으니라 6 짐승이 입을 벌려 하나님을 향하
여 비방하되 그의 이름과 그의 장막 곧 하늘에 사는 자들을 비방하더라 7 또 권세를 받아 성도들과 싸워 이기게
되고 각 족속과 백성과 방언과 나라를 다스리는 권세를 받으니 8 죽임을 당한 어린 양의 생명책에 창세 이후로
이름이 기록되지 못하고 이 땅에 사는 자들은 다 그 짐승에게 경배하리라 9 누구든지 귀가 있거든 들을지어다 10
사로잡힐 자는 사로잡혀 갈 것이요 칼에 죽을 자는 마땅히 칼에 죽을 것이니 성도들의 인내와 믿음이 여기 있느
니라 11 내가 보매 또 다른 짐승이 땅에서 올라오니 어린 양 같이 두 뿔이 있고 용처럼 말을 하더라 12 그가 먼저
나온 짐승의 모든 권세를 그 앞에서 행하고 땅과 땅에 사는 자들을 처음 짐승에게 경배하게 하니 곧 죽게 되었
던 상처가 나은 자니라 13 큰 이적을 행하되 심지어 사람들 앞에서 불이 하늘로부터 땅에 내려오게 하고 14 짐승
앞에서 받은 바 이적을 행함으로 땅에 거하는 자들을 미혹하며 땅에 거하는 자들에게 이르기를 칼에 상하였다
가 살아난 짐승을 위하여 우상을 만들라 하더라 15 그가 권세를 받아 그
짐승의 우상에게 생기를 주어 그 짐승의 우상으로 말하게 하고 또 짐승의
우상에게 경배하지 아니하는 자는 몇이든지 다 죽이게 하더라 16 그가 모
든 자 곧 작은 자나 큰 자나 부자나 가난한 자나 자유인이나 종들에게 그
오른손에나 이마에 표를 받게 하고 17 누구든지 이 표를 가진 자 외에는
매매를 못하게 하니 이 표는 곧 짐승의 이름이나 그 이름의 수라 18 지혜
가 여기 있으니 총명한 자는 그 짐승의 수를 세어 보라 그것은 사람의 수
니 그의 수는 육백육십육이니라

계 13:14-18
학습 자료 90-2 "짐승의 수 666" 참조

요한계시록 14장

십사만 사천 명이 부르는 노래

1 또 내가 보니 보라 어린 양이 시온 산에 섰고 그와 함께 십사만 사천이
서 있는데 그들의 이마에는 어린 양의 이름과 그 아버지의 이름을 쓴 것
이 있더라 2 내가 하늘에서 나는 소리를 들으니 많은 물 소리와도 같고 큰
우렛소리와도 같은데 내가 들은 소리는 거문고 타는 자들이 그 거문고를
타는 것 같더라 3 그들이 보좌 앞과 네 생물과 장로들 앞에서 새 노래를
부르니 땅에서 속량함을 받은 십사만 사천 밖에는 능히 이 노래를 배울
자가 없더라 4 이 사람들은 여자와 더불어 더럽히지 아니하고 순결한 자라 어린 양이 어디로 인도하든지 따라가
는 자며 사람 가운데에서 속량함을 받아 처음 익은 열매로 하나님과 어린 양에게 속한 자들이니 5 그 입에 거짓
말이 없고 흠이 없는 자들이더라

❖ 계 14장은 온갖 핍박과 고난 가운데 놓인 하나님의 백성들에게 장차 있을 하나님의 공의로운 심판을 미리 계시해 보여 줌으로 그들을 위로하고 격려하는 내용이다. 짐승의 표를 받기를 거절하다 죽임을 당한 신실한 성도들이 받을 상급과 짐승을 경배한 자들이 받을 최후의 심판에 대한 예언적 선포이다. 그리고 세 천사에 대한 심판의 예고, 알곡인 신자의 구원, 포도송이로 비유된 불신자들의 심판이 14장의 주요 내용이다.

세 천사가 전하는 말

6 또 보니 다른 천사가 공중에 날아가는데 땅에 거주하는 자들 곧 모든 민족과 종족과 방언과 백성에게 전할 영
원한 복음을 가졌더라 7 그가 큰 음성으로 이르되 하나님을 두려워하며 그에게 영광을 돌리라 이는 그의 심판의
시간이 이르렀음이니 하늘과 땅과 바다와 물들의 근원을 만드신 이를 경배하라 하더라 8 또 다른 천사 곧 둘째
가 그 뒤를 따라 말하되 무너졌도다 무너졌도다 큰 성 바벨론이여 모든 나라에게 그의 음행으로 말미암아 진노
의 포도주를 먹이던 자로다 하더라 9 또 다른 천사 곧 셋째가 그 뒤를 따라 큰 음성으로 이르되 만일 누구든지 짐
승과 그의 우상에게 경배하고 이마에나 손에 표를 받으면 10 그도 하나님의 진노의 포도주를 마시리니 그 진노의

이마에 어린 양의 이름과 아버지의 이름이 기록된 사람들(14:1)	성령으로 거듭나사 하나님의 소유물이라는 표시가 있는 사람들
보좌와 네 생물과 장로들 앞에서 새 노래를 부르는 사람들(14:3)	새 노래는 질적으로 새로운 노래를 말하는 것으로, 거듭난 사람만이 새 노래를 부를 수 있다.
여자로 더불어 더럽히지 않은 사람들(14:4)	도덕적인 순결, 신앙의 절개를 지킨 사람들
정절이 있는 사람들(14:4)	예수님께만 순종하는 사람들
그 입에 거짓이 없는 사람들(14:5)	예수님을 부인하지 않고(요일 2:22), 형제 자매를 사랑하는 사람들(요일 4:20)
흠이 없는 사람들(14:5)	오직 예수 그리스도의 보혈로 씻겨서 정결하게 될 때에만 흠이 없어질 수 있다(벧전 1:19).

잔에 섞인 것이 없이 부은 포도주라 거룩한 천사들 앞과 어린 양 앞에서 불과 유황으로 고난을 받으리니 11 그 고
난의 연기가 세세토록 올라가리로다 짐승과 그의 우상에게 경배하고 그의 이름 표를 받는 자는 누구든지 밤낮
쉼을 얻지 못하리라 하더라 12 성도들의 인내가 여기 있나니 그들은 하나님의 계명과 예수에 대한 믿음을 지키는
자니라 13 또 내가 들으니 하늘에서 음성이 나서 이르되 기록하라 지금 이후로 주 안에서 죽는 자들은 복이 있도
다 하시매 성령이 이르시되 그러하다 그들이 수고를 그치고 쉬리니 이는 그들의 행한 일이 따름이라 하시더라

마지막 수확

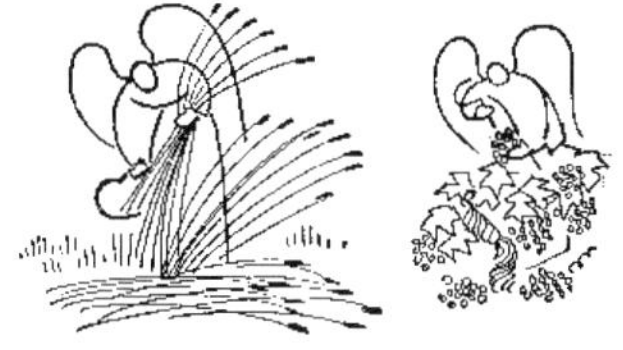

14 또 내가 보니 흰 구름이 있고 구름 위에 인자와 같은 이가 앉으셨는데 그 머
리에는 금 면류관이 있고 그 손에는 예리한 낫을 가졌더라 15 또 다른 천사가
성전으로부터 나와 구름 위에 앉은 이를 향하여 큰 음성으로 외쳐 이르되 당
신의 낫을 휘둘러 거두소서 땅의 곡식이 다 익어 거둘 때가 이르렀음이니이다
하니 16 구름 위에 앉으신 이가 낫을 땅에 휘두르매 땅의 곡식이 거두어지니라

마지막 재난을 가지고 온 천사

17 또 다른 천사가 하늘에 있는 성전에서 나오는데 역시 예리한 낫을 가졌더라 18 또 불을 다스리는 다른 천사가 제
단으로부터 나와 예리한 낫 가진 자를 향하여 큰 음성으로 불러 이르되 네 예리한 낫을 휘둘러 땅의 포도송이를
거두라 그 포도가 익었느니라 하더라 19 천사가 낫을 땅에 휘둘러 땅의 포도를 거두어 하나님의 진노의 큰 포도주
틀에 던지매 20 성 밖에서 그 틀이 밟히니 틀에서 피가 나서 말굴레에까지 닿았고 천육백 스다디온에 퍼졌더라

요한계시록 15장

❖ 계 15장과 16장은 마지막 재앙인 대접 심판이 준비되고 시행되는 것을 보여 준다.

1 또 하늘에 크고 이상한 다른 이적을 보매 일곱 천사가 일곱 재앙을 가졌
으니 곧 마지막 재앙이라 하나님의 진노가 이것으로 마치리로다 2 또 내
가 보니 불이 섞인 유리 바다 같은 것이 있고 짐승과 그의 우상과 그의 이
름의 수를 이기고 벗어난 자들이 유리 바다 가에 서서 하나님의 거문고를
가지고 3 하나님의 종 모세의 노래, 어린 양의 노래를 불러 이르되 주 하
나님 곧 전능하신 이시여 하시는 일이 크고 놀라우시도다 만국의 왕이시여 주의 길이 의롭고 참되시도다 4 주여
누가 주의 이름을 두려워하지 아니하며 영화롭게 하지 아니하오리이까 오직 주만 거룩하시니이다 주의 의로우

신 일이 나타났으매 만국이 와서 주께 경배하리이다 하더라 5 또 이 일 후에 내가 보니 하늘에 증거 장막의 성전
이 열리며 6 일곱 재앙을 가진 일곱 천사가 성전으로부터 나와 맑고 빛난 세마포 옷을 입고 가슴에 금 띠를 띠고
7 네 생물 중의 하나가 영원토록 살아 계신 하나님의 진노를 가득히 담은 금 대접 일곱을 그 일곱 천사들에게 주
니 8 하나님의 영광과 능력으로 말미암아 성전에 연기가 가득 차매 일곱 천사의 일곱 재앙이 마치기까지는 성전
에 능히 들어갈 자가 없더라

요한계시록 16장

진노의 일곱 대접

1 또 내가 들으니 성전에서 큰 음성이 나서 일곱 천사에게 말하되 너희는
가서 하나님의 진노의 일곱 대접을 땅에 쏟으라 하더라 2 첫째 천사가 가
서 그 대접을 땅에 쏟으매 짐승의 표를 받은 사람들과 그 우상에게 경배
하는 자들에게 악하고 독한 종기가 나더라 3 둘째 천사가 그 대접을 바다
에 쏟으매 바다가 곧 죽은 자의 피 같이 되니 바다 가운데 모든 생물이 죽
더라 4 셋째 천사가 그 대접을 강과 물 근원에 쏟으매 피가 되더라 5 내가
들으니 물을 차지한 천사가 이르되 전에도 계셨고 지금도 계신 거룩하신
이여 이렇게 심판하시니 의로우시도다 6 그들이 성도들과 선지자들의 피
를 흘렸으므로 그들에게 피를 마시게 하신 것이 합당하니이다 하더라 7
또 내가 들으니 제단이 말하기를 그러하다 주 하나님 곧 전능하신 이시여
심판하시는 것이 참되시고 의로우시도다 하더라 8 넷째 천사가 그 대접을
해에 쏟으매 해가 권세를 받아 불로 사람들을 태우니 9 사람들이 크게 태
움에 태워진지라 이 재앙들을 행하는 권세를 가지신 하나님의 이름을 비
방하며 또 회개하지 아니하고 주께 영광을 돌리지 아니하더라 10 또 다섯째 천사가 그 대접을 짐승의 왕좌에 쏟
으니 그 나라가 곧 어두워지며 사람들이 아파서 자기 혀를 깨물고 11 아픈 것과 종기로 말미암아 하늘의 하나님
을 비방하고 그들의 행위를 회개하지 아니하더라 12 또 여섯째 천사가 그 대접을 큰 강 유브라데에 쏟으매 강물
이 말라서 동방에서 오는 왕들의 길이 예비되었더라 13 또 내가 보매 개구리 같은 세 더러운 영이 용의 입과 짐승
의 입과 거짓 선지자의 입에서 나오니 14 그들은 귀신의 영이라 이적을 행하여 온 천하 왕들에게 가서 하나님 곧
전능하신 이의 큰 날에 있을 전쟁을 위하여 그들을 모으더라 15 보라 내가 도둑 같이 오리니 누구든지 깨어 자기
옷을 지켜 벌거벗고 다니지 아니하며 자기의 부끄러움을 보이지 아니하는 자는 복이 있도다 16 세 영이 히브리어
로 아마겟돈이라 하는 곳으로 왕들을 모으더라 17 일곱째 천사가 그 대접을 공중에 쏟으매 큰 음성이 성전에서
보좌로부터 나서 이르되 되었다 하시니 18 번개와 음성들과 우렛소리가 있고 또 큰 지진이 있어 얼마나 큰지 사

❖ 계 16장 **진노의 일곱 대접 심판**

☞ 144,000명이 하나님의 보좌 앞에서 새 노래를 부르며 두 번째로 요한의 환상 가운데 나타나고, 하늘 한가운데 있는 천사들은 심판의 시간이 이르렀다는 소식을 알린다. 손에 낫을 든 인자가 땅의 추수를 시작하기 위해 오시고, 심판을 위해 익은 포도들은 하나님 진노의 포도주 틀에 던져진다. 그때 일곱 천사가 일곱 대접에 담긴 마지막 재앙을 가지고 등장한다. 그 재앙들은 종기, 피, 태우는 불, 어두움, 고통, 지진, 우박 그리고 아마겟돈이라 불리는 곳에서의 거대한 전쟁을 포함한다.

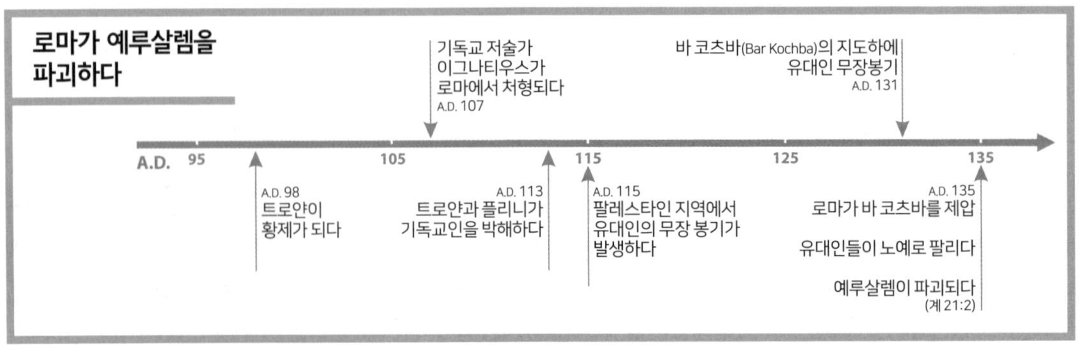
로마가 예루살렘을 파괴하다
기독교 저술가 이그나티우스가 로마에서 처형되다 A.D. 107
바 코츠바(Bar Kochba)의 지도하에 유대인 무장봉기 A.D. 131
A.D.
95
105
115
125
135
A.D. 98 트로얀이 황제가 되다
A.D. 113 트로얀과 플리니가 기독교인을 박해하다
A.D. 115 팔레스타인 지역에서 유대인의 무장 봉기가 발생하다
A.D. 135 로마가 바 코츠바를 제압
유대인들이 노예로 팔리다
예루살렘이 파괴되다 (계 21:2)

람이 땅에 있어 온 이래로 이같이 큰 지진이 없었더라 [19] 큰 성이 세 갈래로 갈라지고 만국의 성들도 무너지니 큰
성 바벨론이 하나님 앞에 기억하신 바 되어 그의 맹렬한 진노의 포도주 잔을 받으매 [20] 각 섬도 없어지고 산악도
간 데 없더라 [21] 또 무게가 한 달란트나 되는 큰 우박이 하늘로부터 사람들에게 내리매 사람들이 그 우박의 재앙
때문에 하나님을 비방하니 그 재앙이 심히 큼이러라

요한계시록 17장~19장 : 죄악의 도성과 적 그리스도

❖ 계 17~19장 **죄악의 도성과 적그리스도**
17~18장 일곱 번째 대접 재앙과 그리스도의 재림 사이에 있는 상황이다. 음녀 바벨론의 멸망을 언급하고 있다. 즉 17장에는 음녀의 등장과 그녀를 심판한 내용이, 18장에는 큰 성 바벨론의 멸망이 나오고 있는데, 음녀와 바벨론은 동일한 것이기 때문에 17장과 18장은 같은 내용을 다른 각도에서 하나의 연속적인 주제를 형성하고 있다.

요한계시록 17장

큰 음녀에게 내릴 심판

[1] 또 일곱 대접을 가진 일곱 천사 중 하나가 와서 내게 말하여 이르되 이
리로 오라 많은 물 위에 앉은 큰 음녀가 받을 심판을 네게 보이리라 [2] 땅
의 임금들도 그와 더불어 음행하였고 땅에 사는 자들도 그 음행의 포도주
에 취하였다 하고 [3] 곧 성령으로 나를 데리고 광야로 가니라 내가 보니 여
자가 붉은 빛 짐승을 탔는데 그 짐승의 몸에 하나님을 모독하는 이름들
이 가득하고 일곱 머리와 열 뿔이 있으며 [4] 그 여자는 자주 빛과 붉은 빛 옷
을 입고 금과 보석과 진주로 꾸미고 손에 금 잔을 가졌는데 가증한 물건
과 그의 음행의 더러운 것들이 가득하더라 [5] 그의 이마에 이름이 기록되었
으니 비밀이라, 큰 바벨론이라, 땅의 음녀들과 가증한 것들의 어미라 하였
더라 [6] 또 내가 보매 이 여자가 성도들의 피와 예수의 증인들의 피에 취한
지라 내가 그 여자를 보고 놀랍게 여기고 크게 놀랍게 여기니 [7] 천사가 이
르되 왜 놀랍게 여기느냐 내가 여자와 그가 탄 일곱 머리와 열 뿔 가진 짐승의 비밀을 네게 이르리라 [8] 네가 본 짐
승은 전에 있었다가 지금은 없으나 장차 무저갱으로부터 올라와 멸망으로 들어갈 자니 땅에 사는 자들로서 창세
이후로 그 이름이 생명책에 기록되지 못한 자들이 이전에 있었다가 지금은 없으나 장차 나올 짐승을 보고 놀랍게
여기리라 [9] 지혜 있는 뜻이 여기 있으니 그 일곱 머리는 여자가 앉은 일곱 산이요 [10] 또 일곱 왕이라 다섯은 망하였
고 하나는 있고 다른 하나는 아직 이르지 아니하였으나 이르면 반드시 잠시 동안 머무르리라 [11] 전에 있었다가 지
금 없어진 짐승은 여덟째 왕이니 일곱 중에 속한 자라 그가 멸망으로 들어가리라 [12] 네가 보던 열 뿔은 열 왕이니
아직 나라를 얻지 못하였으나 다만 짐승과 더불어 임금처럼 한동안 권세를 받으리라 [13] 그들이 한 뜻을 가지고 자
기의 능력과 권세를 짐승에게 주더라 [14] 그들이 어린 양과 더불어 싸우려니와 어린 양은 만주의 주시요 만왕의 왕
이시므로 그들을 이기실 터이요 또 그와 함께 있는 자들 곧 부르심을 받고 택하심을 받은 진실한 자들도 이기리
로다 [15] 또 천사가 내게 말하되 네가 본 바 음녀가 앉아 있는 물은 백성과 무리와 열국과 방언들이니라 [16] 네가 본
바 이 열 뿔과 짐승은 음녀를 미워하여 망하게 하고 벌거벗게 하고 그의 살을 먹고 불로 아주 사르리라 [17] 이는 하
나님이 자기 뜻대로 할 마음을 그들에게 주사 한 뜻을 이루게 하시고 그들의 나라를 그 짐승에게 주게 하시되 하
나님의 말씀이 응하기까지 하심이라 [18] 또 네가 본 그 여자는 땅의 왕들을 다스리는 큰 성이라 하더라

요한계시록 18장

바벨론의 패망

[1] 이 일 후에 다른 천사가 하늘에서 내려 오는 것을 보니 큰 권세를 가졌는데 그의 영광으로 땅이 환하여지더라

[2]힘찬 음성으로 외쳐 이르되 무너졌도다 무너졌도다 큰 성 바벨론이여 귀신의 처소와 각종 더러운 영이 모이는
곳과 각종 더럽고 가증한 새들이 모이는 곳이 되었도다 [3]그 음행의 진노의 포도주로 말미암아 만국이 무너졌으
며 또 땅의 왕들이 그와 더불어 음행하였으며 땅의 상인들도 그 사치의 세력으로 치부하였도다 하더라 [4]또 내
가 들으니 하늘로부터 다른 음성이 나서 이르되 내 백성아, 거기서 나와 그의 죄에 참여하지 말고 그가 받을 재
앙들을 받지 말라 [5]그의 죄는 하늘에 사무쳤으며 하나님은 그의 불의한 일을 기억하신지라 [6]그가 준 그대로 그
에게 주고 그의 행위대로 갑절을 갚아 주고 그가 섞은 잔에도 갑절이나 섞어 그에게 주라 [7]그가 얼마나 자기를
영화롭게 하였으며 사치하였든지 그만큼 고통과 애통함으로 갚아 주라 그가 마음에 말하기를 나는 여왕으로
앉은 자요 과부가 아니라 결단코 애통함을 당하지 아니하리라 하니 [8]그러므로

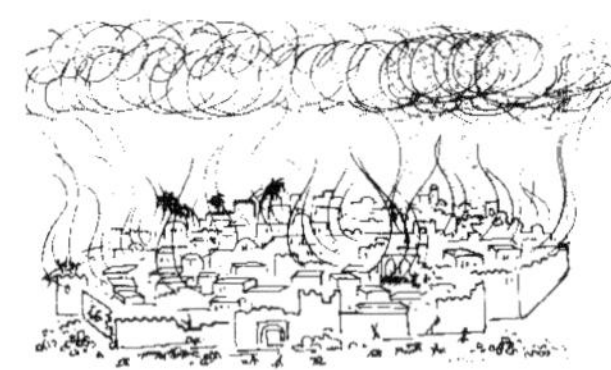

하루 동안에 그 재앙들이 이르리니 곧 사망과 애통함과 흉년이라 그가 또한
불에 살라지리니 그를 심판하시는 주 하나님은 강하신 자이심이라 [9]그와 함께
음행하고 사치하던 땅의 왕들이 그가 불타는 연기를 보고 위하여 울고 가슴을
치며 [10]그의 고통을 무서워하여 멀리 서서 이르되 화 있도다 화 있도다 큰 성, 견
고한 성 바벨론이여 한 시간에 네 심판이 이르렀다 하리로다 [11]땅의 상인들이 그
를 위하여 울고 애통하는 것은 다시 그들의 상품을 사는 자가 없음이라 [12]그 상품은 금과 은과 보석과 진주와
세마포와 자주 옷감과 비단과 붉은 옷감이요 각종 향목과 각종 상아 그릇이요 값진 나무와 구리와 철과 대리석
으로 만든 각종 그릇이요 [13]계피와 향료와 향과 향유와 유향과 포도주와 감람유와 고운 밀가루와 밀이요 소와
양과 말과 수레와 종들과 사람의 영혼들이라 [14]바벨론아 네 영혼이 탐하던 과일이 네게서 떠났으며 맛있는 것
들과 빛난 것들이 다 없어졌으니 사람들이 결코 이것들을 다시 보지 못하리로다 [15]바벨론으로 말미암아 치부한
이 상품의 상인들이 그의 고통을 무서워하여 멀리 서서 울고 애통하여 [16]이르되 화 있도다 화 있도다 큰 성이여
세마포 옷과 자주 옷과 붉은 옷을 입고 금과 보석과 진주로 꾸민 것인데 [17]그러한 부가 한 시간에 망하였도다
모든 선장과 각처를 다니는 선객들과 선원들과 바다에서 일하는 자들이 멀리 서서 [18]그가 불타는 연기를 보고
외쳐 이르되 이 큰 성과 같은 성이 어디 있느냐 하며 [19]티끌을 자기 머리에 뿌리고 울며 애통하여 외쳐 이르되 화
있도다 화 있도다 이 큰 성이여 바다에서 배 부리는 모든 자들이 너의 보배로운 상품으로 치부하였더니 한 시간
에 망하였도다 [20]하늘과 성도들과 사도들과 선지자들아, 그로 말미암아 즐거워하라 하나님이 너희를 위하여 그
에게 심판을 행하셨음이라 하더라 [21]이에 한 힘 센 천사가 큰 맷돌 같은 돌을 들어 바다에 던져 이르되 큰 성 바
벨론이 이같이 비참하게 던져져 결코 다시 보이지 아니하리로다 [22]또 거문고 타는 자와 풍류하는 자와 퉁소 부
는 자와 나팔 부는 자들의 소리가 결코 다시 네 안에서 들리지 아니하고 어떠한 세공업자든지 결코 다시 네 안
에서 보이지 아니하고 또 맷돌 소리가 결코 다시 네 안에서 들리지 아니하고 [23]등불 빛이 결코 다시 네 안에서
비치지 아니하고 신랑과 신부의 음성이 결코 다시 네 안에서 들리지 아니하리로다 너의 상인들은 땅의 왕족들이
라 네 복술로 말미암아 만국이 미혹되었도다 [24]선지자들과 성도들과 및 땅 위에서 죽임을 당한 모든 자의 피가
그 성 중에서 발견되었느니라 하더라

요한계시록 19장

어린 양의 혼인 잔치

[1]이 일 후에 내가 들으니 하늘에 허다한 무리의 큰 음성 같은 것이 있어 이르되 할렐루야 구원과 영광과 능력이
우리 하나님께 있도다 [2]그의 심판은 참되고 의로운지라 음행으로 땅을 더럽게 한 큰 음녀를 심판하사 자기 종
들의 피를 그 음녀의 손에 갚으셨도다 하고 [3]두 번째로 할렐루야 하니 그 연기가 세세토록 올라가더라 [4]또 이
십사 장로와 네 생물이 엎드려 보좌에 앉으신 하나님께 경배하여 이르되 아멘 할렐루야 하니 [5]보좌에서 음성이
나서 이르시되 하나님의 종들 곧 그를 경외하는 너희들아 작은 자나 큰 자나 다 우리 하나님께 찬송하라 하더라
[6]또 내가 들으니 허다한 무리의 음성과도 같고 많은 물 소리와도 같고 큰 우렛소리와도 같은 소리로 이르되 할

85일~
90일

렐루야 주 우리 하나님 곧 전능하신 이가 통치하시도다 7 우리가 즐거워
하고 크게 기뻐하며 그에게 영광을 돌리세 어린 양의 혼인 기약이 이르렀
고 그의 아내가 자신을 준비하였으므로 8 그에게 빛나고 깨끗한 세마포
옷을 입도록 허락하셨으니 이 세마포 옷은 성도들의 옳은 행실이로다 하
더라 9 천사가 내게 말하기를 기록하라 어린 양의 혼인 잔치에 청함을 받
은 자들은 복이 있도다 하고 또 내게 말하되 이것은 하나님의 참되신 말
씀이라 하기로 10 내가 그 발 앞에 엎드려 경배하려 하니 그가 나에게 말
하기를 나는 너와 및 예수의 증언을 받은 네 형제들과 같이 된 종이니 삼
가 그리하지 말고 오직 하나님께 경배하라 예수의 증언은 예언의 영이라
하더라

❖ 계 19장
큰 음녀 바벨론의 멸망으로 대 환난은 끝나고 그리스도의 영광스러운 재림과 최후의 전쟁에 의한 짐승, 즉 적그리스도의 멸망이 나오고 있다. 바벨론의 완전한 심판에 대한 찬양(1-5절), 어린 양의 혼인 잔치(6-10절), 예수 그리스도의 재림(11-18절), 그리고 아마겟돈 전쟁(19-21절)의 순으로 묘사 되고 있다.

백마를 탄 자

11 또 내가 하늘이 열린 것을 보니 보라 백마와 그것을 탄 자가 있으니 그
이름은 충신과 진실이라 그가 공의로 심판하며 싸우더라 12 그 눈은 불꽃
같고 그 머리에는 많은 관들이 있고 또 이름 쓴 것 하나가 있으니 자기밖
에 아는 자가 없고 13 또 그가 피 뿌린 옷을 입었는데 그 이름은 하나님의
말씀이라 칭하더라 14 하늘에 있는 군대들이 희고 깨끗한 세마포 옷을 입
고 백마를 타고 그를 따르더라 15 그의 입에서 예리한 검이 나오니 그것으로 만국을 치겠고 친히 그들을 철장으
로 다스리며 또 친히 하나님 곧 전능하신 이의 맹렬한 진노의 포도주 틀을 밟겠고 16 그 옷과 그 다리에 이름을
쓴 것이 있으니 만왕의 왕이요 만주의 주라 하였더라 17 또 내가 보니 한 천사가 태양 안에 서서 공중에 나는 모
든 새를 향하여 큰 음성으로 외쳐 이르되 와서 하나님의 큰 잔치에 모여 18 왕들의 살과 장군들의 살과 장사들의
살과 말들과 그것을 탄 자들의 살과 자유인들이나 종들이나 작은 자나 큰 자나 모든 자의 살을 먹으라 하더라
19 또 내가 보매 그 짐승과 땅의 임금들과 그들의 군대들이 모여 그 말 탄 자와 그의 군대와 더불어 전쟁을 일으
키다가 20 짐승이 잡히고 그 앞에서 표적을 행하던 거짓 선지자도 함께 잡혔으니 이는 짐승의 표를 받고 그의 우
상에게 경배하던 자들을 표적으로 미혹하던 자라 이 둘이 산 채로 유황불 붙는 못에 던져지고 21 그 나머지는 말
탄 자의 입으로부터 나오는 검에 죽으매 모든 새가 그들의 살로 배불리더라

요한계시록 20장 : 천년 왕국

❖ Ⅵ. 천년 왕국과 최후의 심판
· 계 20장 **천년 왕국**
20장은 천국 왕국에 관한 내용이다. 그 견해가 다 다르기 때문에 그것을 도표화해서 비교해 보았다.
학습 자료에 실린 도표를 참조할 것

요한계시록 20장

천 년 왕국

계 20:1-6
학습 자료 90-3 "천년 왕국 논쟁" 참조

1 또 내가 보매 천사가 무저갱의 열쇠와 큰 쇠사슬을 그의
손에 가지고 하늘로부터 내려와서 2 용을 잡으니 곧 옛 뱀
이요 마귀요 사탄이라 잡아서 천 년 동안 결박하여 3 무저갱에 던져 넣어 잠그고 그 위에 인봉하
여 천 년이 차도록 다시는 만국을 미혹하지 못하게 하였는데 그 후에는 반드시 잠깐 놓이리라 4 또
내가 보좌들을 보니 거기에 앉은 자들이 있어 심판하는 권세를 받았더라 또 내가 보니 예수를 증
언함과 하나님의 말씀 때문에 목 베임을 당한 자들의 영혼들과 또 짐승과 그의 우상에게 경배하지
아니하고 그들의 이마와 손에 그의 표를 받지 아니한 자들이 살아서 그리스도와 더불어 천 년 동안 왕 노릇 하니
5 (그 나머지 죽은 자들은 그 천 년이 차기까지 살지 못하더라) 이는 첫째 부활이라 6 이 첫째 부활에 참여하는 자들은 복이
있고 거룩하도다 둘째 사망이 그들을 다스리는 권세가 없고 도리어 그들이 하나님과 그리스도의 제사장이 되어

천 년 동안 그리스도와 더불어 왕 노릇 하리라

사탄의 패망

[7] 천 년이 차매 사탄이 그 옥에서 놓여 [8] 나와서 땅의 사방 백성 곧 곡과 마
곡을 미혹하고 모아 싸움을 붙이리니 그 수가 바다의 모래 같으리라 [9] 그
들이 지면에 널리 퍼져 성도들의 진과 사랑하시는 성을 두르매 하늘에서
불이 내려와 그들을 태워버리고 [10] 또 그들을 미혹하는 마귀가 불과 유황
못에 던져지니 거기는 그 짐승과 거짓 선지자도 있어 세세토록 밤낮 괴로
움을 받으리라

크고 흰 보좌에서 심판을 내리시다

[11] 또 내가 크고 흰 보좌와 그 위에 앉으신 이를 보니 땅과 하늘이 그 앞
에서 피하여 간 데 없더라 [12] 또 내가 보니 죽은 자들이 큰 자나 작은 자나
그 보좌 앞에 서 있는데 책들이 펴 있고 또 다른 책이 펴졌으니 곧 생명책
이라 죽은 자들이 자기 행위를 따라 책들에 기록된 대로 심판을 받으니
[13] 바다가 그 가운데에서 죽은 자들을 내주고 또 사망과 음부도 그 가운데에서 죽은 자들을 내주매 각 사람이
자기의 행위대로 심판을 받고 [14] 사망과 음부도 불못에 던져지니 이것은 둘째 사망 곧 불못이라 [15] 누구든지 생
명책에 기록되지 못한 자는 불못에 던져지더라

성경에 나오는 4권의 하나님 책

1. **섭리책**(The Book of destiny of God's Redemption plan) – 계 5:1
2. **생명책** – 계 21:15
3. **행위책** – 계 20:12,13 롬 2:6-11
4. **기념책** – 여호와를 경외하고 그 이름을 존중히 여기는 특별한 사람의 이름을 적어 놓는 책. 영적 성장과 성숙을 이룬 자와 주님을 위해 핍박과 고난을 받고 눈물을 흘린 자들의 이름이 적혀 있다 – 말 3:16, 시 56:8

요한계시록 21장~22장 : 새 하늘과 새 땅

계 21:1-27

학습 자료 90-4 "새 하늘과 새 땅 및 예루살렘" 참조

학습 자료 90-5 "이사야의 새 하늘과 새 땅" 참조

요한계시록 21장

새 하늘과 새 땅

[1] 또 내가 새 하늘과 새 땅을 보니 처음 하늘과 처음 땅이 없어졌고 바다
도 다시 있지 않더라 [2] 또 내가 보매 거룩한 성 새 예루살렘이 하나님께로
부터 하늘에서 내려오니 그 준비한 것이 신부가 남편을 위하여 단장한 것
같더라 [3] 내가 들으니 보좌에서 큰 음성이 나서 이르되 보라 하나님의 장
막이 사람들과 함께 있으매 하나님이 그들과 함께 계시리니 그들은 하나
님의 백성이 되고 하나님은 친히 그들과 함께 계셔서 [4] 모든 눈물을 그 눈
에서 닦아 주시니 다시는 사망이 없고 애통하는 것이나 곡하는 것이나 아
픈 것이 다시 있지 아니하리니 처음 것들이 다 지나갔음이러라 [5] 보좌에
앉으신 이가 이르시되 보라 내가 만물을 새롭게 하노라 하시고 또 이르시
되 이 말은 신실하고 참되니 기록하라 하시고 [6] 또 내게 말씀하시되 이루
었도다 나는 알파와 오메가요 처음과 마지막이라 내가 생명수 샘물을 목
마른 자에게 값없이 주리니 [7] 이기는 자는 이것들을 상속으로 받으리라
나는 그의 하나님이 되고 그는 내 아들이 되리라 [8] 그러나 두려워하는 자
들과 믿지 아니하는 자들과 흉악한 자들과 살인자들과 음행하는 자들과
점술가들과 우상 숭배자들과 거짓말하는 모든 자들은 불과 유황으로 타
는 못에 던져지리니 이것이 둘째 사망이라

Ⅶ. 새 하늘과 새 땅

· 계 21~22장 **하나님 나라의 완전한 회복**

☞ **알파와 오메가**

창세기가 시작에 관한 책이라면, 요한계시록은 완성에 관한 책이다. 이런 말이 있다. "종말은 창조를 완성하고, 창조는 종말을 전망한다."(Eschatology is Protology; Protology is Eschatology.) 이것은 구속 역사의 완성이고 하나님 나라의 온전한 회복이며 에덴의 회복이다. 창세기가 시작에 관한 책이라면, 요한계시록은 완성에 관한 책이다. 요한계시록 21~22장은 타락이 존재하지 않는 새로운 창세기라고 할 수 있다. 성경은 창조, 구속, 새 창조에 있어서 하나님의 하시는 일을 이야기한 것으로 예수 그리스도의 성육신을 중심점으로 삼고 있다. 역사의 종말은 심판에 있는 것이 아니고 하나님 나라의 회복에 있는 것이다. 사탄의 간교에 속아 인간이 죄를 범함으로 잃어버린 낙원인 에덴, 즉 하나님 나라는 하나님의 첫 약속처럼 그 대적 사탄의 머리를 짓밟고 승리할 여인의 후손, 예수 그리스도께서 오심으로 영적 싸움은 시작되었다. 그것이 바로 하나님 나라의 성취였다. 그 나라의 완성은 대적 사탄을 최종적으로 무찌르고 그를 무저갱에 버림으로 하나님

85일~90일

새 예루살렘

9 일곱 대접을 가지고 마지막 일곱 재앙을 담은 일곱 천사 중 하나가 나아
와서 내게 말하여 이르되 이리 오라 내가 신부 곧 어린 양의 아내를 네게
보이리라 하고 10 성령으로 나를 데리고 크고 높은 산으로 올라가 하나님
께로부터 하늘에서 내려오는 거룩한 성 예루살렘을 보이니 11 하나님의
영광이 있어 그 성의 빛이 지극히 귀한 보석 같고 벽옥과 수정 같이 맑더
라 12 크고 높은 성곽이 있고 열두 문이 있는데 문에 열두 천사가 있고 그
문들 위에 이름을 썼으니 이스라엘 자손 열두 지파의 이름들이라 13 동쪽
에 세 문, 북쪽에 세 문, 남쪽에 세 문, 서쪽에 세 문이니 14 그 성의 성곽에
는 열두 기초석이 있고 그 위에는 어린 양의 열두 사도의 열두 이름이 있
더라 15 내게 말하는 자가 그 성과 그 문들과 성곽을 측량하려고 금 갈대
자를 가졌더라 16 그 성은 네모가 반듯하여 길이와 너비가 같은지라 그 갈
대 자로 그 성을 측량하니 만 이천 스다디온이요 길이와 너비와 높이가
같더라 17 그 성곽을 측량하매 백사십사 규빗이니 사람의 측량 곧 천사의
측량이라 18 그 성곽은 벽옥으로 쌓였고 그 성은 정금인데 맑은 유리 같더
라 19 그 성의 성곽의 기초석은 각색 보석으로 꾸몄는데 첫째 기초석은 벽
옥이요 둘째는 남보석이요 셋째는 옥수요 넷째는 녹보석이요 20 다섯째
는 홍마노요 여섯째는 홍보석이요 일곱째는 황옥이요 여덟째는 녹옥이
요 아홉째는 담황옥이요 열째는 비취옥이요 열한째는 청옥이요 열두째
는 자수정이라 21 그 열두 문은 열두 진주니 각 문마다 한 개의 진주로 되
어 있고 성의 길은 맑은 유리 같은 정금이더라 22 성 안에서 내가 성전을
보지 못하였으니 이는 주 하나님 곧 전능하신 이와 및 어린 양이 그 성전
이심이라 23 그 성은 해나 달의 비침이 쓸 데 없으니 이는 하나님의 영광
이 비치고 어린 양이 그 등불이 되심이라 24 만국이 그 빛 가운데로 다니
고 땅의 왕들이 자기 영광을 가지고 그리로 들어가리라 25 낮에 성문들을
도무지 닫지 아니하리니 거기에는 밤이 없음이라 26 사람들이 만국의 영
광과 존귀를 가지고 그리로 들어가겠고 27 무엇이든지 속된 것이나 가증
한 일 또는 거짓말하는 자는 결코 그리로 들어가지 못하되 오직 어린 양
의 생명책에 기록된 자들만 들어가리라

이 최종적 승리를 쟁취하심으로 잃어버린 낙원, 에덴이 온전히 회복된 것이다. 계시록은 그 새 에덴인 새 하늘과 새 땅을 다음과 같이 묘사한다.

☞ **계시록 21:1-4** "1 또 내가 새 하늘과 새 땅을 보니 처음 하늘과 처음 땅이 없어졌고 바다도 다시 있지 않더라 2 또 내가 보매 거룩한 성 새 예루살렘이 하나님께로부터 하늘에서 내려오니 그 준비한 것이 신부가 남편을 위하여 단장한 것 같더라 3 내가 들으니 보좌에서 큰 음성이 나서 이르되 보라 하나님의 장막이 사람들과 함께 있으매 하나님이 그들과 함께 계시리니 그들은 하나님의 백성이 되고 하나님은 친히 그들과 함께 계셔서 4 모든 눈물을 그 눈에서 닦아 주시니 다시는 사망이 없고 애통하는 것이나 곡하는 것이나 아픈 것이 다시 있지 아니하리니 처음 것들이 다 지나갔음이러라"

☞ **계시록 22:1-2** "1 또 그가 수정 같이 맑은 생명수의 강을 내게 보이니 하나님과 및 어린 양의 보좌로부터 나와서 2 길 가운데로 흐르더라 강 좌우에 생명나무가 있어 열두 가지 열매를 맺되 달마다 그 열매를 맺고 그 나무 잎사귀들은 만국을 치료하기 위하여 있더라"

이제야말로 온전한 안식에 이르게 됐다. 하나님 나라는 온전히 회복되었다. 새 하늘과 새 땅은 이루어 졌다. 이것은 우리가 누릴 소망이다. 이 모든 일들은 예수님이 재림하셔서 최후의 싸움에서 이김으로 이루어지는 우리의 소망이다. 이제 우리의 믿음은 예수님이 다시 오시는 재림에 초점을 맞추고 그날까지 이 땅에 하나님의 나라를 이루어 가는 새 이스라엘로서 섞이지 않는 삶을 살아가야 할 것이다.

☞ **계시록 22:20-21** "20 이것들을 증언하신 이가 이르시되 내가 진실로 속히 오리라 하시거늘 아멘 주 예수여 오시옵소서 21 주 예수의 은혜가 모든 자들에게 있을지어다 아멘"

요한계시록 22장

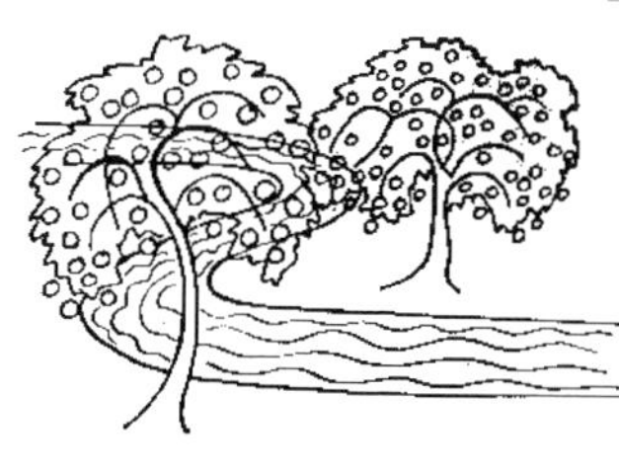

1 또 그가 수정 같이 맑은 생명수의 강을 내게 보이니 하나님과 및 어린 양의 보좌
로부터 나와서 2 길 가운데로 흐르더라 강 좌우에 생명나무가 있어 열두 가지 열
매를 맺되 달마다 그 열매를 맺고 그 나무 잎사귀들은 만국을 치료하기 위하여
있더라 3 다시 저주가 없으며 하나님과 그 어린 양의 보좌가 그 가운데에 있으
리니 그의 종들이 그를 섬기며 4 그의 얼굴을 볼 터이요 그의 이름도 그들의
이마에 있으리라 5 다시 밤이 없겠고 등불과 햇빛이 쓸 데 없으니 이는 주 하
나님이 그들에게 비치심이라 그들이 세세토록 왕 노릇 하리로다

주 예수여 오시옵소서

6 또 그가 내게 말하기를 이 말은 신실하고 참된지라 주 곧 선지자들의 영의 하나님이 그의 종들에게 반드시 속

히 되어질 일을 보이시려고 그의 천사를 보내셨도다 7 보라 내가 속히 오리니 이 두루마리의 예언의 말씀을 지
키는 자는 복이 있으리라 하더라 8 이것들을 보고 들은 자는 나 요한이니 내가 듣고 볼 때에 이 일을 내게 보이
던 천사의 발 앞에 경배하려고 엎드렸더니 9 그가 내게 말하기를 나는 너와 네 형제 선지자들과 또 이 두루마리
의 말을 지키는 자들과 함께 된 종이니 그리하지 말고 하나님께 경배하라 하더라 10 또 내게 말하되 이 두루마리
의 예언의 말씀을 인봉하지 말라 때가 가까우니라 11 불의를 행하는 자는 그대로 불의를 행하고 더러운 자는 그
대로 더럽고 의로운 자는 그대로 의를 행하고 거룩한 자는 그대로 거룩하게 하라 12 보라 내가 속히 오리니 내가
줄 상이 내게 있어 각 사람에게 그가 행한 대로 갚아 주리라 13 나는 알파와 오메가요 처음과 마지막이요 시작과
마침이라 14 자기 두루마기를 빠는 자들은 복이 있으니 이는 그들이 생명
나무에 나아가며 문들을 통하여 성에 들어갈 권세를 받으려 함이로다 15
개들과 점술가들과 음행하는 자들과 살인자들과 우상 숭배자들과 및 거
짓말을 좋아하며 지어내는 자는 다 성 밖에 있으리라 16 나 예수는 교회
들을 위하여 내 사자를 보내어 이것들을 너희에게 증언하게 하였노라 나
는 다윗의 뿌리요 자손이니 곧 광명한 새벽 별이라 하시더라 17 성령과 신
부가 말씀하시기를 오라 하시는도다 듣는 자도 오라 할 것이요 목마른 자
도 올 것이요 또 원하는 자는 값없이 생명수를 받으라 하시더라 18 내가
이 두루마리의 예언의 말씀을 듣는 모든 사람에게 증언하노니 만일 누구
든지 이것들 외에 더하면 하나님이 이 두루마리에 기록된 재앙들을 그에
게 더하실 것이요 19 만일 누구든지 이 두루마리의 예언의 말씀에서 제하
여 버리면 하나님이 이 두루마리에 기록된 생명나무와 및 거룩한 성에 참
여함을 제하여 버리시리라 20 이것들을 증언하신 이가 이르시되 내가 진
실로 속히 오리라 하시거늘 아멘 주 예수여 오시옵소서 21 주 예수의 은혜
가 모든 자들에게 있을지어다 아멘

창세기 1-3장		요한계시록 20-22장
창조	구속	새창조
A	†	Ω

85일~
90일

89, 90일차 읽기의 요약

(계 1~22)

요한계시록은 1세기 말 로마 제국의 극심한 박해 속에 있는 초대교회 교인들을 위해 장차 세상의 종말에 이루어질 하나님 나라의 완전한 회복의 과정을 사도 요한에게 환상과 계시로 보여 주셔서 기록한 묵시적 서신서이다. 특히 소아시아 일곱 교회의 성도들에게 장차 하나님께서 예비하신 새 하늘과 새 땅에 대한 소망을 품고 제국의 박해를 믿음으로 견디도록 성령께서 각 교회에 주시는 구체적인 메시지를 기록하고 있다.

창세기의 에덴에서 시작된 하나님의 나라는 사탄과의 전쟁에 대한 선전 포고로 영적인 전쟁이 시작되어 예수님의 초림에 의한 십자가 사건으로 절정에 이르고 장차 계시록에 예언된 대로 예수님의 재림을 통해 완성될 것이다.

마지막 때에 하나님 보좌 우편에 계신 예수 그리스도께서 일곱 인으로 봉해진 심판의 책의 인봉을 떼시면 대 환난과 하나님 진노의 심판이 시작될 것이다. 그 심판 이후에 하나님께서 예비하신 새 하늘과 새 땅, 거룩한 성 새 예루살렘이 하늘로부터 내려오게 될 것이다.

이처럼 창세기에서 시작된 하나님의 종말론적인 구속의 역사는 요한계시록에서 예수님의 재림과 바벨론으로 대표되는 세상 나라에 대한 하나님 진노의 심판으로 끝나지 않고, 그 가운데 열방 가운데서 하나님의 계명을 지켜 행하며 여인의 후손으로 오신 예수 그리스도를 믿는 하나님의 백성들이 마침내 하나님께서 예비하신 새 예루살렘에 들어가게 되므로 완성될 것이다.

그러면 어떻게 살 것인가?

인위뚝·신위고!

세계관 점검 – 묵상하기 (영상 강의와 교재 내용의 이해를 바탕으로)

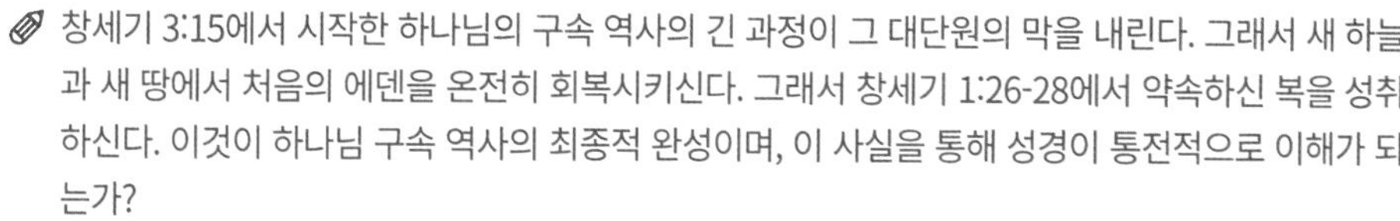

창세기 3:15에서 시작한 하나님의 구속 역사의 긴 과정이 그 대단원의 막을 내린다. 그래서 새 하늘과 새 땅에서 처음의 에덴을 온전히 회복시키신다. 그래서 창세기 1:26-28에서 약속하신 복을 성취하신다. 이것이 하나님 구속 역사의 최종적 완성이며, 이 사실을 통해 성경이 통전적으로 이해가 되는가?
그 하나님의 크신 경륜(신위)앞에 나의 중심성을 온전히 내려놓아야 이유를 충분히 알았는가?
그래서 이제 이후로 하나님은 창조주 하나님, 섭리주 하나님, 구속주 하나님으로 나의 유일하신 진정한 주인으로 섬기기를 다시 다짐하며 결단할 수 있는가?

본서는 큰 음녀(the great prostitute)인 바벨론(Babylon)의 멸망에 대해 여러 차례 경고하며 그 파멸의 과정도 상세하게 묘사하고 있다 (14:8; 16:19;17, 18장). 큰 음녀 바벨론이란 그 이름에서도 알 수 있듯이 거대한 세속 도시, 혹은 죄악된 세속 문명의 총체라고 할 수 있다. 바벨론의 멸망에 대한 예언은 인간이 지금까지 이룩해 놓은 세속 문명이 결국 하나님 심판의 때에 철저하게 파멸하게 될 것이라는 예언이다. 적지 않은 현대인들이 인류 문명이 지속적으로 번영하고 유토피아(Utopia)가 건설될 것이라는 잘못된 환상을 가지고 있다. 그러나 세속적인 인간 문명은 아무리 그것이 화려하고 아름답게 보여도 결국 붕괴하여 흔적도 없이 사라질 수밖에 없다. 따라서 성도들은 화려한 세속 문명에 현혹되어 그 죄와 재앙에 동참하는 일이 없도록 경계해야 할 것이다.

인류의 원수 사탄의 최후 멸망, 요한계시록은 모든 종류의 악(惡)에 대해 최종적이고도 완전한 심판이 이루어진다는 것을 보여 준다. 그중에서도 특히 인류 최대의 원수인 사탄(Satan)이 그의 하수인 노릇을 한 짐승 및 사망과 더불어 영원한 유황불 못에 던져지게 되는 것을 확인할 수 있다(19:20, 20:7, 20:14). 성경의 첫 권인 창세기에서 우리는 사탄이 인류에게 죄와 죽음을 몰고 온 것을 보았다. 그러나 성경의 마지막 권인 계시록에서 우리는 인류에게 불행을 몰고 왔던 원수 사탄이 최후로 멸망하는 것을 본다. 사탄의 최후 멸망으로, 실낙원(Paradise Lost)의 역사는 끝이 나고 진정한 의미에서 복락원(Paradise Regained)의 역사가 펼쳐지는 것이다.

결단기도와 실행하기

약 2:26 영혼 없는 몸이 죽은 것 같이 행함이 없는 믿음은 죽은 것이니라
시 119:28 나의 영혼이 눌림으로 말미암아 녹사오니 주의 말씀대로 나를 세우소서

90일 통독 성경 개역개정 찾아보기

사무엘하

열왕기상

열왕기하

역대상

역대하

에스라

느헤미야

에스더

욥기

시 편

잠 언

전도서

아 가

이사야

예레미야

예레미야애가

에스겔

다니엘

호세아

요엘

아모스

오바댜

요나

미가

나훔

하박국

스바냐

학개

스가랴

말라기

신약

마태복음

마가복음

누가복음

요한복음

사도행전

로마서

고린도전서

하나님 나라 관점으로 읽는 90일 통큰통독 읽독표

성경 읽기 전 1분 기도

나의 삶의 주인 되신 하나님, 성경을 읽게 하시니 감사합니다. **이 성경이 하나님의 말씀**임을 믿습니다. 특별히 **나에게 주시는 하나님의 말씀**임을 믿습니다. 그러나 그 말씀을 내 관점으로 읽게 하지 마시고 **하나님의 관점으로 읽어 하나님의 마음을 알게 하시고,** 그 마음을 받아 나의 중심청을 하나님의 뜻 앞에 내려지게 하시고 순종하게 하시어 변화되게 하옵소서. **말씀을 삶으로 이루는 성경읽기가** 되게 역사하여 주옵소서. 예수님 이름으로 기도합니다. 아멘.

일	범위	시대
1	창 1-11	창조시대
2	창 12-23	족장시대
3	창 24-36	
4	창 37-50	
5	출 1-12	출애굽 광야시대
6	출 13-24	
7	출 25-40	
8	레 1-10	
9	레 1-27	
10	민 1-14	
11	민 15-27	
12	민 28-36 / 신 1-3	
13	신 4-18	
14	신 19-34 / 시 90	
15	수 1-12	가나안 정복시대
16	수 13-24	
17	삿 1-12	사사시대
18	삿 13-21 / 룻 1-4	
19	삼상 1-16 / 시 23	통일 왕국시대
20	대상 9:35-10장 / 삼상 17-21장 / 시 59, 56, 34 / 삼상 22 / 시 52 / 삼상 23 / 시 63 / 삼상 24 / 시 57, 142 / 시 54 / 삼상 25	
21	삼상 26-31 / 삼하 1 / 시 18 / 삼하 2-7	
22	대상 11-15 / 시 8, 19, 29, 65, 68, 103, 108, 138 / 대상 15	
23	시 96, 105, 106, 39, 62, 50, 73, 74, 75, 76, 77, 78, 79, 80, 81, 81, 82, 83, 88 / 대상 17 / 삼하 8-12:15(상)	
24	시 32, 51 / 삼하 12:15(하)-15장 / 시 3 / 삼하 16:1-14 / 시 7 / 삼하 16:15-20장	
25	삼하 21-23 / 대상 18-20 / 시 60 / 삼하 24 / 대상 21 / 시 4, 5, 6, 9, 10, 11, 12, 13	
26	시 14, 16, 17, 22, 25, 26, 27, 28, 31, 35, 36, 38, 40, 41, 53, 55	
27	시 58, 61, 64, 69, 70, 71, 86, 102, 109, 139, 140, 141, 143	통일 왕국시대
28	시 37 / 대상 22 / 시 30 / 대상 23-26 / 시 15, 24, 42, 43, 44, 45, 46, 47, 48, 49, 84, 85, 87	
29	대상 27-29 / 시 2, 20, 21, 72, 93, 94, 95, 97, 98, 99, 101, 110, 144, 145	
30	왕상 1-11	
31	잠언 1-16	
32	잠 17-22:16 / 아 1-8	
33	전 1-12	
34	대하 1-9	
35	왕상 12-16 / 대하 10-16	분열 왕국시대
36	왕상 17-22 / 대하 17-20	
37	왕하 1-12	
38	대하 21-22:9 / 왕하 13-14 / 대하 22:10-25장 / 욘 1-4 / 암 1-9	
39	왕하 15-16:9 / 대하 26 / 호 1-14	
40	사 6 / 사 1-5 / 사 7-10:4 / 사 17 / 사 14:24-32	
41	왕하 16:10-20 / 미 1-7 / 대하 27-28 / 왕하 17:1-4 / 시 28-29 / 왕하 17:5-41 / 사 10:5-12장	
42	왕하 18:1-12 /잠언 25-29 / 사 15-16 / 사 18-20 / 사 22:15-25 / 사 30-32 / 왕하 20:1-19 / 사 38-39 / 왕하 18:13-19장	
43	사 36-37 / 왕하 20:20, 21 / 사 22:1-14 / 사 23-27 / 대하 29-32 / 왕하 21 / 습 1-3	
44	왕하 22-23:25 / 대하 33-35:19 / 시 33, 66, 67, 100 / 왕하 23:26, 27 / 나 1-3 / 렘 1-6	
45	왕하 23:28-34 / 렘 22:10-17 / 대하 35:20-36:4 / 합 1-3 / 왕하 23:35-37 / 렘 26:1-6 / 렘 7-8:3 / 렘 26:7-24 / 렘 11-12	
46	렘 47 / 렘 46:1-12 / 렘 13:1-14 / 렘 18:1-17 / 렘 45 / 렘 36 / 렘 25:1-14 / 렘 14-17 / 렘 8:4-10:16	

47	왕하 24:1-4 / 렘 35 / 렘 23:9-40 / 렘 18:18-20장 / 왕하 24:5-9 / 렘 22:18-30 / 렘 13:15-27 / 왕하 24:10-17 / 대하 36:5-10 / 렘 24 . 단 1-4	
48	왕하 24:18, 19 / 대하 36:11, 12 / 렘 52:1, 2 / 렘 27-29 / 렘 25:15-38 / 렘 48-51	
49	겔 1-3:21 / 왕하 24:20-25:3 / 렘 52:3-6 / 렘 10:17-25 / 렘 21-22:9 / 렘 34 / 렘 46:13-28 / 렘 37 / 렘 30-33 / 렘 23:1-8 / 렘 38	
50	대하 36:13-16 / 겔 8-11 / 겔13-18 / 겔 20-21:17 / 겔 22:1-22 / 겔 23	
51	겔 21:18-32 / 겔 24 / 겔 3:22-7장 / 겔 29:1-16 / 겔 30:20-31장 / 왕하 25:4-21 / 렘 52:7-11 / 렘 39:1-7 / 대하 36:17-21 / 겔 12 / 렘 52:12-27 / 렘 39:8-10 / 시 89	포로시대
52	ㅇㅐ 1-5 / 왕하 25:22-26 / 렘 39:11-44장 / 겔 33:21-33 / 겔 19 / 겔 22:23-31 / 겔 25-28 / 겔 32	
53	옵 1 / 시 137 / 렘 52:28-30 / 겔 33:1-20 / 겔 34-39	
54	겔 40-48 / 겔 29:17-21 / 겔 30:1-19 / 왕하 25:27-30 / 렘 52:31-34 / 사 13-14:23 / 사 21, 33-35 / 단 5	
55	사 40-55	
56	잠 22:17-24장 / 잠 30-31 / 욥 1-11	
57	욥 12-24	
58	욥 25-42	
59	대하 36:22, 23 / 스 1-4:5, 4:24-5:1 / 학 1-2	
60	슥 1-8 / 스 5:2-6 / 단 6	
61	대상 1-9:34 / 에 1-2	
62	에 3-10 / 스 4:6-23 / 스 7-10	
63	느 1-10 / 욜 1-3	
64	시 1, 91, 119 / 느 11-12:30 / 시 120-127	귀환시대
65	시 128-134 / 느 12:31-47 / 시 104, 107, 111-113	
66	시 114-118, 135, 136, 146-150	
67	느 13:1-22 / 시 92 / 느 13:23-31 / 말 1-4 / 사 56-66	
68	슥 9-14 / 단 7-12	중간시대
69	눅 1:1-4 / 요 1:1-5, 9-13절 / 마 1:1-17 / 눅 3:23-38 / 눅 1:5-2:7 / 마 1:18-25 / 요 1:14 / 눅 2:8-39 / 마 2:1-23 / 눅 2:40-52 / 요 1:6-8, 15-34 / 마 3 ? 막 1:1-11 / 눅 3:1-18, 21-22 / 마 4:1-11 / 막 1:12-13 / 눅 4:1-13 / 요 1:35-51, 2:1-12 / 요 3 / 마 14:3-5 / 막 6:17-20 / 눅 3:19-20 / 마 4:12 / 막 1:14 / 요 4:1-44 / 마 4:13-17 / 막 1:15 / 눅 4:14-30 / 요 4:45-54 / 마 4:18-22 / 막 1:16-20 / 눅 5:1-11	복음시대

70	마 8:14-17 / 막 1:21-34 / 눅 4:31-41 / 마 4:23-24 / 막 1:35-39 / 묵 4:42-44 / 마 8:2-4 / 막 1:40-45 / 묵 5:12-16 / 마 9:2-17 / 막 2:1-22 / 눅 5:17-39 / 요 5 / 마 12:1-21 / 막 2:23-3:12 / 눅 6:1-11 / 마 10:2-4 / 막 3:13-19 / 눅 6:12-16 / 마 5:1-8:1 / 눅 6:17-49 / 마 8:5-13 / 눅 7:1-17 / 마 11:2-30 / 눅 7:18-35	
71	눅 7:36-50, 8:1-3 / 마 14:6-12 / 막 6:21-29 / 마 12:22-50 / 막 3:20-35 / 눅 8:19-21 / 마 13:1-53 / 막 4:1-34 / 눅 8:4-18 / 마 8:18, 23-9:1 / 막 4:35-5:20 / 눅 8:22-39 / 마 9:18-34 / 막 5:21-43 / 눅 8:40-56 / 마 13:54-58 / 막 6:1-6(상) / 마 9:35-38 / 막 6:6(하) / 마 10:1, 5-11:1, 14:1-2 / 막 6:7-16, 30 / 눅 9:1-10(상) / 마 14:13-15:20 / 막 6:31-7:23 / 눅 9:10(하)-17 / 요 6	
72	마 15:21-16:4 / 막 7:24-8:12 / 마 16:5-20 / 막 8:13-30 / 눅 9:18-21 / 마 16:21-28 / 막 8:31-9:1 / 눅 9:22-27 / 마 17:1-13 / 막 9:2-13 / 눅 9:28-36 / 마 17:14-18, 8:19-22 / 막 9:14-50 / 눅 9:37-62 / 요 7-10:21	복음시대
73	눅 10:1-13:21 / 요 10:22-39 / 눅 13:22-18:14 / 요 10:40-11:54 / 마 19:1-20:28 / 막 10:1-45 / 눅 18:15-34	
74	마 20:29-34 / 막 10:46-52 / 눅 18:35-19:28 / 요 11:55-12:1, 9-11 / 마 21-23 / 막 11-12 / 눅 19:29-20:40 / 눅 21:37-38 / 눅 20:41-21:4 / 요 12:12-19 / 요 2:13-25 / 요 12:20-50	
75	마 24-25 / 막 13 / 눅 21:5-36 / 마 26:1-46 / 막 14:1-42 / 눅 22:1-46 / 요 12:2-8 / 요 13-18:1	
76	마 26:47-27 / 막 14:43-16:1 / 눅 22:47-23 / 요 18:2-19 / 마 28 / 막 16:2-20 / 눅 24 / 요 20-21	
77	행 1-12	
78	약 1-5 / 행 13-15:35 / 갈 1-6	
79	행 15:36-18:22 / 살전 1-5 / 살후 1-3 / 행 18:23-19:22 / 고전 1-6	
80	고전 7-16	
81	행 19:23-20:1 / 고후 1-13	
82	행 20:2, 3(상) / 롬 1-16	교회시대
83	행 20:3(하) 28장	
84	빌 1-4 / 몬 1 / 골 /-4	
85	엡 1-6 / 딤전 1-6	
86	딛 1-3 / 딤후1-4 / 벧전 1-5	
87	유 1 / 벧후 1-3 / 히 1-7	
88	히 8-13 / 요일 1-5 / 요이 1 / 요삼 1	
89	계 1-1	마지막 때
90	계 12-22	(종말)

90일 통독 성경 일독 가이드

90일 개인 성경 일독 방법

❶ 『통큰통독』(도서출판 에스라)과 『90일 통큰통독 해설성경』(도서출판 에스라)을 준비합니다.

❷ 『통큰통독』 영상 강의를 수강하여 매일 읽기 분량의 강의를 시청합니다.
(동영상 강의 신청은 www.90daystongdok.com으로 직접 신청하시거나, www.90daysbible,com 또는 haejoo518@gmail.com으로 문의해 주세요.)

❸ 『통큰통독』 서론에 제시된, 또는 영상 강의 서론 부분의 '하나님 나라의 관점'을 공부합니다.

❹ 첨부한 '90일 성경 일독표'를 따라 매일 성경을 읽습니다.

❺ 성경 통독은 주일을 제외한 월요일에서 토요일까지 90일을 읽으면 15주에 일독을 할 수 있으며 1년에 삼 독이 가능합니다.

❻ 혼자보다 짝 또는 소그룹을 이루어 함께 통독할 때 더 큰 은혜를 경험할 수 있습니다.

90일 성경 일독학교 운영 방법

❶ '90일 성경 일독학교'는 16주 프로그램으로 개설합니다.

❷ 조를 구성하고, 조 안에서 다시(동성) 짝을 정합니다.

❸ 『통큰통독』(도서출판 에스라)과 『90일 통큰통독 해설성경』(도서출판 에스라)을 준비하도록 합니다.

❹ 『90일 통큰통독 해설성경』에 있는 '90일 성경 통독 일독표'에 시작일과 종료일을 표기하여 참석자 모두가 공유합니다.

❺ 모임은 1주일에 한 번 2시간 정도 갖습니다.

❻ 1시간은 강사가 앞으로 한 주 동안 읽을 성경의 내용을 요약, 정리합니다.

❼ 30분은 조별 나눔과 기도 시간을 갖습니다.

❽ 나눔은 성경을 읽고 살았던 '신위'의 삶뿐만 아니라 '인위'의 삶도 고백하며 나눕니다.

❾ 조별로 한 명씩 전체 앞에서 간증하면, 성경 통독의 은혜가 더욱 풍성해집니다.

❿ 조장은 출석과 매일 완독을 격려하고 확인하여 철저하게 관리합니다.

⓫ 이 일독 학교의 개설에 도움이 필요하면 "에스라 성경 통독 사역원"에 접속하셔서 도움을 요청하시기를 바랍니다.

"하루 한 시간 90일이면,
성경 일독합니다."

책임 편집자
주해홍 목사

- 연세대학교 행정학과 졸업
- Boston University School of Management 경영학 석사
- Pacific Christian College School of Church Dynamics 목회학 석사
- 미국 ANC 온누리 교회 부목사 역임(성경 대학 담당)
- 현 동 교회 협동 목사
- 현 미주 장로회 신학 대학 대학원 통독 교수
- 현 미주 에스라 성경 통독 사역원 상임 대표

저서
- 『하나님 나라 관점에서 읽는 90일 성경 일독 통큰 통독』(두란노 2012, 도서출판 에스라 2017)
- 『성경 그리고 삶』(도서출판 에스라 2017)

역서
- 『주여 잘못된 예배에서 구하여 주옵소서』(도서출판 아산 1996)

편저
- 『통큰통독 연대기 성경』(두란노 2012, 아가페 2017)
- 『통큰통독 연대기 해설 성경 학습 자료집』(도서출판 에스라 2024)

초판 1쇄 발행 2024년 7월 15일
초판 2쇄 발행 2025년 3월1일

해설편집 주해홍
펴 낸 이 주해홍
펴 낸 곳 도서출판 에스라
디 자 인 조윤정

주 소 경기도 성남시 분당구 황새울로 200번길
전 화 한국 010-4652-5057 / 미국 714-713-8833
이 메 일 haejoo518@gmail.com
홈페이지 http://www.90daysbible.com

공 급 처 (주)비젼북
전 화 031-907-3927

등록번호 제2018-000009호
I S B N 979-11-976757-4-4 03230

* 파손 및 잘못 만들어진 책은 교환해드립니다.

도서출판 에스라 "에스라가 여호와의 율법을 연구하여 준행하며 율례와 규례를 이스라엘에게 가르치기로 결심하였었더라"(에스라 7:10)

하나님이 이 모든 말씀으로 말씀하여 이르시되
나는 너를 애굽 땅, 종 되었던 집에서 인도하여 낸 네 하나님 여호와니라.

제일은, 너는 나 외에는 다른 신(神)들을 네게 두지 말라.

제이는, 너를 위하여 새긴 우상을 만들지 말고,
또 위로 하늘에 있는 것이나, 아래로 땅에 있는 것이나,
땅 아래 물 속에 있는 것의 어떤 형상도 만들지 말며,
그것들에게 절하지 말며, 그것들을 섬기지 말라.
나 네 하나님 여호와는 질투하는 하나님인즉 나를 미워하는 자의 죄를 갚되,
아버지로부터 아들에게로 삼사 대까지 이르게 하거니와,
나를 사랑하고 내 계명을 지키는 자에게는 천 대까지 은혜를 베푸느니라.

제삼은, 너는 네 하나님 여호와 이름을 망령되게 부르지 말라.
여호와는 그의 이름을 망령(妄靈)되게 부르는 자를 죄 없다 하지 아니하리라.

제사는, 안식일(安息日)을 기억하여 거룩하게 지키라.
엿새 동안은 힘써 네 모든 일을 행할 것이나, 일곱째 날은 네 하나님
여호와의 안식일인즉, 너나 네 아들이나, 네 딸이나, 네 남종이나, 네 여종이나,
네 가축이나, 네 문 안에 머무는 객이라도 아무 일도 하지 말라.
이는 엿새 동안에 나 여호와가 하늘과 땅과 바다와 그 가운데 모든 것을
만들고 일곱째 날에 쉬었음이라. 그러므로 나 여호와가 안식일(安息日)을
복되게 하여, 그날을 거룩하게 하였느니라.

제오는, 네 부모를 공경(恭敬)하라.
그리하면 네 하나님 여호와가 네게 준 땅에서 네 생명이 길리라.